Beck'sches Formularbuch
Arbeitsrecht

Beck'sches Formularbuch Arbeitsrecht

Herausgegeben von

Bernd Klemm
Rechtsanwalt und Fachanwalt für Arbeitsrecht in München

Dr. Hendrik Kornbichler
Rechtsanwalt und Fachanwalt für Arbeitsrecht in München

Dr. Kerstin Neighbour
Rechtsanwältin und Fachanwältin für Arbeitsrecht in Frankfurt am Main

Dr. Ingrid Ohmann-Sauer
Rechtsanwältin und Fachanwältin für Arbeitsrecht in München

Matthes Schröder
Rechtsanwalt in Hamburg

Dr. Eckard Schwarz
Rechtsanwalt und Fachanwalt für Arbeitsrecht in Hamburg

Bearbeitet von:

Henning Abraham, Rechtsanwalt und Fachanwalt für Arbeitsrecht in Hamburg; *Dr. Thomas Frank*, Rechtsanwalt in München; *Dr. Leif H. Hansen*, Rechtsanwalt und Fachanwalt für Arbeitsrecht in Hamburg; *Dr. Tim Gero Joppich*, Rechtsanwalt in Düsseldorf; *Bernd Klemm*, Rechtsanwalt und Fachanwalt für Arbeitsrecht in München; *Dr. Hendrik Kornbichler*, Rechtsanwalt und Fachanwalt für Arbeitsrecht in München; *Dr. Hans-Peter Löw*, Rechtsanwalt in Frankfurt am Main (bis 2. Aufl.); *Dr. Lars Mohnke*, Rechtsanwalt in München; *Dr. Kerstin Neighbour*, Rechtsanwältin und Fachanwältin für Arbeitsrecht in Frankfurt am Main; *Dr. Ingrid Ohmann-Sauer*, Rechtsanwältin und Fachanwältin für Arbeitsrecht in München; *Dr. Martin Pflüger*, Rechtsanwalt in München; *Stefan Richter*, Rechtsanwalt in Düsseldorf; *Matthes Schröder*, Rechtsanwalt in Hamburg; *Dr. Eckard Schwarz*, Rechtsanwalt und Fachanwalt für Arbeitsrecht in Hamburg; *Thomas Ubber*, Rechtsanwalt und Fachanwalt für Arbeitsrecht in Frankfurt am Main (bis 2. Aufl.); *Tim Wybitul*, Rechtsanwalt und Fachanwalt für Arbeitsrecht in Frankfurt am Main; *Andreas Zürn*, Rechtsanwalt in München

3., überarbeitete und erweiterte Auflage 2014

C.H.BECK

Zitiervorschlag:
BeckFormBArbR/*Bearbeiter* Form. A. I. 1

www.beck.de

ISBN 978 3 406 62565 7

Wilhelmstraße 9, 80801 München

Satz: Reemers Publishing Services GmbH, Krefeld
Druck und Bindung: Druckerei C. H. Beck Nördlingen
(Adresse wie Verlag)

Gedruckt auf säurefreiem, alterungsbeständigem Papier
(hergestellt aus chlorfrei gebleichtem Zellstoff)

Vorwort zur 3. Auflage

Mit der 3. Auflage haben Herausgeber und Autoren die Chance genutzt, das Formularhandbuch umfassend fortzuentwickeln, um das Werk auf diese Weise noch besser an den aktuellen Herausforderungen der praktischen Personalarbeit auszurichten. Der Erfolg der ersten beiden Auflagen war dabei Verpflichtung, dem Formularanwender auch mit der 3. Auflage wieder praxis*taugliche* – und praxis*erprobte* – Gestaltungsvorschläge für all die vielfältigen Situationen an die Hand zu geben, die einvernehmliche Regelungen mit Arbeitnehmern, Betriebs- oder Tarifparteien erfordern oder Raum für eine einseitige Gestaltung durch den Arbeitgeber lassen.

Während die 2. Auflage noch unter dem Eindruck der damaligen Wirtschaftskrise entstand, sehen sich Unternehmen inzwischen in vielen Branchen nahezu einer Vollbeschäftigung am Arbeitsmarkt gegenüber, die den Wettbewerb um die besten Arbeitskräfte verschärft und die Anforderungen an eine erfolgreiche Mitarbeiterbindung deutlich erhöht. Dabei zeigen die Erfahrungen der Herausgeber und Autoren, dass Instrumente wie Kündigungen (vgl. beispielsweise → Form. A. XIV. 2) und Sozialpläne (→ Form. C. I. 8) keinesfalls verschwunden sind. Auch ist es nicht so, dass sich die Personalabteilungen nur noch mit Regelungen zu Sabbaticals (→ Form. A. XI. 9) oder Betriebsvereinbarungen über flexible Arbeitszeit (→ Form. C. II. 6) beschäftigen würden. Dennoch sorgen die überwiegend positive wirtschaftliche Situation, der Fachkräftebedarf wie auch die vielbeschworene „neue Generation von Arbeitnehmern" mit ihren gewandelten Ansprüchen dafür, dass sich die Schwerpunkte in der Personalarbeit verändern. Dem muss ein für die Praxis geschriebenes Formularbuch angemessen Rechnung tragen.

Da dieses Buch für alle wesentlichen Situationen des Arbeitslebens Hilfestellungen bieten soll, stehen im Mittelpunkt der 3. Auflage natürlich auch weiterhin solche Formulare, die eine zentrale Bedeutung im Zyklus eines Arbeitsverhältnisses einnehmen. Neben dem vollständig überarbeiteten Arbeitsvertrag ohne Tarifbindung (→ Form. A. II. 1) sind dies im Kapitel A vor allem befristete Arbeitsverträge, die Ausgestaltung von Regelungen zur Vergütung oder Sachzuwendungen (z.B. Dienstwagen), die Freistellung für besondere Anlässe (wie z.B. für Fortbildung) bis hin zur Beendigung des Arbeitsverhältnisses durch Aufhebungsvertrag oder Kündigung.

Aufgegriffen werden aber auch weitere Fragestellungen, die in der Beratungspraxis der Herausgeber und Autoren seit Erscheinen der Vorauflage im Jahr 2009 an Bedeutung gewonnen haben. Dies sind insbesondere Themen wie arbeitsrechtliche Compliance (s. Kapitel E), SE-Umwandlungen und die Beteiligung der Arbeitnehmervertretungen in diesem Zusammenhang (→ Form. G. 1) sowie die Zunahme der Nutzung der englischen Sprache im Rechtsverkehr und bei Vertragsschlüssen (s. Kapitel H). Auch scheinbar Altbekanntes kann neu gedacht werden, wie im neustrukturierten Kapitel C. III das Formular zur Beschleunigung von Interessenausgleichsverhandlungen (→ Form. C. III. 2) zeigt.

Sämtliche Formulare der 3. Auflage weisen den Rechtsstand 1. Februar 2014 aus. Viele neue und wesentliche arbeitsrechtliche Weichenstellungen der Gerichte und des Gesetzgebers konnten damit seit der 2. Auflage berücksichtigt werden. Beispielhaft genannt seien etwa die gewandelte Rechtsprechung des Bundesarbeitsgerichts zum Urlaubsrecht und zur „Zuvor-Beschäftigung" im Rahmen sachgrundlos befristeter Arbeitsverhältnisse sowie die Reform des Arbeitnehmerüberlassungsgesetzes.

Die Herausgeber und Autoren weisen darauf hin, dass die in diesem Buch enthaltenen Formulare Mustertexte darstellen. Sie sollen eine praktische Hilfe beim Verfassen von

Dokumenten sein, die rechtserhebliche Erklärungen enthalten. Bei der Erstellung solcher Dokumente ist stets eine Würdigung aller Umstände des jeweiligen Einzelfalls und seiner Besonderheiten unter Berücksichtigung der aktuellen Rechtslage erforderlich. Dabei geht es nicht nur darum, Gesetzesverstöße und sonstige Fehler zu vermeiden, sondern auch darum, die eigene Rechtsposition im jeweiligen Einzelfall voll auszuschöpfen, was durch die unreflektierte Übernahme eines Musters nicht gewährleistet ist. Dieses Buch beinhaltet keine rechtliche Beratung. Es ersetzt eine solche rechtliche Beratung auch nicht.

Aus Gründen der besseren Lesbarkeit wurde in den Formularen einheitlich die männliche Sprachform verwendet. Auf eine zusätzliche weibliche Formulierung wurde verzichtet. Die ausschließliche Verwendung der männlichen Sprachform ist als geschlechtsunabhängig zu verstehen. Gemeint sind jeweils beide Geschlechter.

Neben den namentlich genannten Autoren haben an der Entstehung dieser 3. Auflage wiederum auch alle anderen Rechtsanwälte der deutschen Praxisgruppe Arbeitsrecht von Hogan Lovells tatkräftig mitgewirkt. Ihnen danken die Herausgeber für ihre wertvollen Beiträge, denn ohne ihre Mitwirkung wäre die 3. Auflage nicht zustande gekommen. Immer wieder haben für Spezialthemen aber auch Experten anderer Praxisgruppen wichtige Hinweise geliefert. Ihnen gilt der Dank der Herausgeber ebenso wie den wissenschaftlichen Mitarbeitern und Referendaren, die bei der Umsetzung der redaktionellen Vorgaben unverzichtbare Unterstützung geleistet haben. Gedankt sei auch den Sekretärinnen, die viele Ideen oft erst in eine lesbare Form gebracht haben.

Besonderer Dank gilt Sebastian Müller, Hogan Lovells München, der das Projekt engagiert und zuverlässig koordiniert hat, und Regina Ragnit-Krack, Hogan Lovells Hamburg, in deren bewährten Händen erneut die Endredaktion lag.

Schließlich ist an dieser Stelle auch dem Verlag zu danken, der große Geduld gegenüber vielbeschäftigten Rechtsanwälten aufbringen musste.

Wie immer sind die Herausgeber und Autoren über Rückmeldungen der Leser zu ihren Erfahrungen im Umgang mit den Formularen, über weiterführende Anmerkungen oder Anregungen außerordentlich dankbar.

Hamburg, Frankfurt, München
im Mai 2014

Die Herausgeber

Vorwort zur 1. Auflage

Von einer Renaissance des Arbeitsvertrags war in den vergangenen Jahren häufig die Rede. Wenn der Arbeitsvertrag als Rechtsquelle aus vielfältigen Gründen an Bedeutung gewinnt, sollten dem Rechtsanwender praxistaugliche Gestaltungsvorschläge für die unterschiedlichsten Situationen des Arbeitslebens zur Hand gegeben werden. Diesem Ziel dient das Formularbuch Arbeitsrecht. Aber nicht nur zur Anbahnung, Begründung, inhaltlichen Ausgestaltung und Änderung des Arbeitsverhältnisses finden sich Formulare, sondern auch zum Betriebsverfassungs- und Personalvertretungsrecht, zum Tarifvertragsrecht und zur betrieblichen Altersversorgung.

Die Autoren sind Rechtsanwälte der internationalen Sozietät Lovells und haben langjährige Erfahrung in der Beratung von Arbeitgebern. Aus diesem Blickwinkel sind die Formulare gestaltet. Selbstredend verpflichtet schon die AGB-Kontrolle zur angemessenen Berücksichtigung der Interessen der anderen Partei.

Jedes Formular geht von einem konkreten Sachverhalt aus, der eingangs der Anmerkungen beschrieben ist. Das Formular versteht sich als Regelungsvorschlag für diesen Sachverhalt. Die dem Vorschlag zugrunde liegenden rechtlichen und praktischen Erwägungen erschließen sich jeweils aus den Anmerkungen. Gleichzeitig wird der Leser dort auf rechtliche Risiken und Wechselwirkungen mit anderen Regelungen aufmerksam gemacht. Schließlich ergeben sich daraus Hinweise für andere Gestaltungsmöglichkeiten.

Insgesamt geht es Verlag und Herausgebern um die Orientierung des Werkes an der konkreten betrieblichen Situation des Formularverwenders. Deshalb stehen die Hinweise zu praktischen Problemlösungen im Vordergrund vor theoretisch-systematischen Auseinandersetzungen mit einzelnen Rechtsfragen. Den interessierten Leser werden die den Anmerkungen vorangestellten erschöpfenden Literaturhinweise weiterführen.

Das Buch wendet sich sowohl an den im Arbeitsrecht nicht nur forensisch, sondern auch gestaltend tätigen Anwalt als auch an Mitarbeiter von Personal- und Rechtsabteilungen – mit und ohne arbeitsrechtliche Erfahrungen. Die Anmerkungen enthalten sowohl Handlungsempfehlungen für Entscheidungsträger als auch praktische Hinweise für die im operativen Personalmanagement tätigen Mitarbeiter zur Anwendung der Formulartexte.

Die Formulare weisen grundsätzlich den Rechtsstand zum 1. Juli 2005 aus und berücksichtigen somit etwa die Auswirkungen des neuen Zuwanderungsrechts und des Alterseinkünftegesetzes wie auch die Neuregelungen im Berufsbildungsgesetz. Einige Formulare und deren Anmerkungen sind noch weit aktueller und berücksichtigen zum Zeitpunkt des Redaktionsschlusses voraussehbare Änderungen, die erhebliche Auswirkungen auf Unternehmen haben werden. Dies gilt etwa für das Formular C. II. 23 – Equal Opportunity Policy – im Hinblick auf die Einführung eines Antidiskriminierungsgesetzes in Deutschland, die Formulare des Kapitels Personalvertretungsrecht im Hinblick auf die anstehende Reform des Tarifrechts im öffentlichen Dienst zum 1. Oktober 2005 oder etwa für das Formular eines Dienstvertrags für ein Vorstandsmitglied (B. II. 1), welches bereits das kurz vor Redaktionsschluss verabschiedete Gesetz über die Offenlegung von Vorstandsbezügen berücksichtigt. Selbstverständlich werden in allen Anmerkungen die aktuellen, zum Teil auch noch unveröffentlichten Entscheidungen der Arbeitsgerichtsbarkeit wiedergegeben. Rechtsprechung und Schrifttum sind – soweit möglich – bis zum 1. Juli 2005 berücksichtigt. Auch soweit einzelne BAG-Entscheidungen zum Zeitpunkt der Drucklegung noch nicht amtlich veröffentlicht waren (vgl. z. B. das Urteil des BAG vom 31. Mai 2005 – 1 AZR 254/04 –

zu sog. „Turbo-Prämien" in den Anmerkungen zum Formular A. XIII. 4, das einer der Herausgeber erstritten hat) wurden diese bereits durch die Autoren berücksichtigt.

Neben den genannten Autoren haben auch alle anderen Rechtsanwälte der Lovells Praxisgruppe Arbeitsrecht Deutschland an der Entstehung des Buches tatkräftig mitgewirkt. Ihnen allen danken die Herausgeber für ihre Beiträge, ohne die das umfangreiche Werk nicht zustande gekommen wäre. Dank gilt auch den vielen fleißigen Referendaren, die bei der Umsetzung der redaktionellen Vorgaben unverzichtbare Unterstützung geleistet haben. Schließlich ist zu danken den geduldigen Sekretärinnen, die bis zum Tag der Manuskriptabgabe die Arbeit der Autoren lesbar gestaltet haben.

Für die ausgezeichnete Koordination des Projektes und die Redaktionsleitung danken die Herausgeber Herrn Silvio Fricke, Lovells München.

Besonderen Dank sagen die Herausgeber den Herren Dr. Thomas Schäfer und Dr. Burkhard Schröder vom C. H. Beck Verlag für die Unterstützung bei diesem Projekt.

Die CD-Rom unterstützt das Anliegen der Herausgeber, den Nutzern des Formularbuchs einen Fundus an Texten zum fortlaufenden Gebrauch in der Praxis an die Hand zu geben.

Herausgeber und Autoren sind jederzeit für Berichte über Erfahrungen im Umgang mit den Formularen dankbar, ebenso für weiterführende Anmerkungen oder Anregungen der Leser.

Frankfurt, Hamburg, München
im Juli 2005

Die Herausgeber

Inhaltsverzeichnis

A. Individualarbeitsrecht

B. Dienstverträge und andere Verträge

C. Betriebsverfassungsrecht

D. Tarifvertragsrecht

E. Compliance im Arbeitsrecht

F. Betriebliche Altersversorgung

G. Mitbestimmung auf Unternehmensebene

H. Zweisprachige Formulare (Deutsch-Englisch)

Bearbeiterverzeichnis

Im Einzelnen haben die 3. Aufl. bearbeitet:

Henning Abraham HOGAN LOVELLS Hamburg	A. XVI
Dr. Thomas Frank HOGAN LOVELLS München	F. II, III, V
Dr. Leif H. Hansen HOGAN LOVELLS Hamburg	A. VI, VIII, IX, X
Dr. Tim Gero Joppich HOGAN LOVELLS Düsseldorf	D; G. 1
Bernd Klemm HOGAN LOVELLS München	C. II. 7; F. I, IV
Dr. Hendrik Kornbichler HOGAN LOVELLS München	A. I; A. XV; C. I, C. II. 1–5, 8–15, 22–24; C. III. 2
Dr. Lars Mohnke HOGAN LOVELLS München	A. III; G. 2, 3
Dr. Kerstin Neighbour HOGAN LOVELLS Frankfurt am Main	A. XIV
Dr. Ingrid Ohmann-Sauer HOGAN LOVELLS München	B. I–III; C. II. 6; C. III. 1; E; H
Dr. Martin Pflüger HOGAN LOVELLS München	A. IV. 3
Stefan Richter HOGAN LOVELLS Düsseldorf	A. VII; C. II. 20–21
Matthes Schröder HOGAN LOVELLS Hamburg	A. II, V
Dr. Eckard Schwarz HOGAN LOVELLS Hamburg	A. XI, XII, XIII

Bearbeiterverzeichnis

Tim Wybitul
HOGAN LOVELLS
Frankfurt am Main .... A. IV. 4, 5

Andreas Zürn
HOGAN LOVELLS
München .... A. IV. 1, 2, 6–11; C. II. 16–19

Abkürzungs- und Literaturverzeichnis

a. A.	anderer Ansicht
ABA	Arbeitsgemeinschaft für betriebliche Altersversorgung
abgedr.	abgedruckt
Abh.	Abhandlung(en)
ABl.	Amtsblatt
abl.	ablehnend
ABl. (EG)	Amtsblatt der Europäischen Gemeinschaften
ABM	Arbeitsbeschaffungsmaßnahme(n)
Abs.	Absatz
Abschn.	Abschnitt
abw.	abweichend
Adler/Düring/Schmaltz	Rechnungslegung und Prüfung der Unternehmen, 6. Aufl. 1998
AE	Arbeitsrechtliche Entscheidungen (Zeitschrift)
a. E.	am Ende
AEntG	Gesetz über zwingende Arbeitsbedingungen bei grenzüberschreitenden Dienstleistungen (Arbeitnehmer-Entsendegesetz) vom 26.2.1996 (BGBl. I S. 227)
AEUV	Vertrag über die Arbeitsweise der Europäischen Union i.d.F. der Bek. vom 9.5.2008
ähnl.	ähnlich
ÄndG	Gesetz zur Änderung
a. F.	alte(r) Fassung
AFG	Arbeitsförderungsgesetz vom 25.6.1969 (BGBl. I S. 582)
AG	Aktiengesellschaft; Die Aktiengesellschaft (Zeitschrift); Amtsgericht
AGB	Allgemeine Geschäftsbedingungen
AGG	Allgemeines Gleichbehandlungsgesetz vom 14.8.2006 (BGBl. I S. 1897)
AGBG	Gesetz zur Regelung des Rechts der Allgemeinen Geschäftsbedingungen i. d. F. der Bek. vom 29.6.2000 (BGBl. I S. 946)
AGBGB	Ausführungsgesetz zum BGB
AIB	Allgemeine Versicherungsbedingungen für die Insolvenzsicherung der betrieblichen Altersversorgung
AiB	Arbeitsrecht im Betrieb (Zeitschrift)
AKBGB/*Bearbeiter*	Alternativkommentar zum Bürgerlichen Gesetzbuch, hrsg. v. *Wassermann*, 1979 ff.
AktG	Aktiengesetz vom 6.9.1965 (BGBl. I S. 1089)
allg. A.	allgemeine Ansicht
allg. M.	allgemeine Meinung
Alt.	Alternative
Altvater/Baden/Kröll/Lemcke/Peiseler/Rothländer	BPersVG Bundespersonalvertretungsgesetz mit Wahlordnung und ergänzenden Vorschriften, Kommentar, 7. Aufl. 2011
AltersteilzeitG	Altersteilzeitgesetz i. d. F. vom 23.7.1996 (BGBl. I S. 1078)
AltZertG	Gesetz über die Zertifizierung von Altersvorsorge- und Basisrentenverträgen vom 26.6.2001 (BGBl. I S. 1310)
a. M.	anderer Meinung

AMStG .... Gesetz zur arbeitsmarktadäquaten Steuerung der Zuwanderung Hochqualifizierter und zur Änderung weiterer aufenthaltsrechtlicher Regelungen (Arbeitsmigrationssteuerungsgesetz) i. d. F. vom 20.12.2008 (BGBl. I S. 2846)
Amtl. Begr. .... Amtliche Begründung
Amtl. Mitt. .... Amtliche Mitteilungen
ANBA .... Amtliche Nachrichten der Bundesagentur für Arbeit
AnfG .... Gesetz über die Anfechtung von Rechtshandlungen eines Schuldners außerhalb des Insolvenzverfahrens vom 5.10.1994 (BGBl. I S. 2911)
Anh. .... Anhang
Anm. .... Anmerkung
Annuß/Thüsing .... Teilzeit- und Befristungsgesetz, 3. Aufl. 2012
AnwBl. .... Anwaltsblatt (Zeitschrift)
AnwKomm BGB/*Bearbeiter* .... *Dauner-Lieb/Heidel/Ring*, AnwaltKommentar BGB, Bd. 2/1 und Bd. 2/2, 2. Aufl. 2012
AO .... Abgabenordnung (2002) i. d. F. der Bek. vom 1.10.2002 (BGBl. I S. 3866, ber. 2003, S. 61)
AP .... Arbeitsrechtliche Praxis, Nachschlagewerk des Bundesarbeitsgerichts
A/P/S/*Bearbeiter* .... *Ascheid/Preis/Schmidt* (Hrsg.), Kündigungsrecht, Großkommentar zum gesamten Recht der Beendigung von Arbeitsverhältnissen, 4. Aufl. 2012
ArbG .... Arbeitsgericht
ArbGG .... Arbeitsgerichtsgesetz i. d. F. der Bek. vom 2.7.1979 (BGBl. I S. 853, ber. S. 1036)
ArbMedVV .... Verordnung zur arbeitsmedizinischen Vorsorge vom 18.12.2008 (BGBl. I S. 2768)
ArbPlSchG .... Gesetz über den Schutz des Arbeitsplatzes bei Einberufung zum Wehrdienst (Arbeitsplatzschutzgesetz) i. d. F. der Bek. vom 14.2.2001 (BGBl. I S. 253)
ArbRAktuell .... Arbeitsrecht Aktuell (Zeitschrift)
ArbRB .... Der Arbeits-Rechts-Berater (Zeitschrift)
AR-Blattei .... Arbeitsrecht-Blattei, Handbuch für die Praxis, begr. v. *Sitzler*, hrsg. v. *Oehmann* und *Dieterich*
ArbnErfG .... Gesetz über Arbeitnehmererfindungen vom 25.7.1957 (BGBl. I S. 756)
ArbSchG .... Gesetz über die Durchführung von Maßnahmen des Arbeitsschutzes zur Verbesserung der Sicherheit und des Gesundheitsschutzes der Beschäftigten bei der Arbeit (Arbeitsschutzgesetz) vom 7.8.1996 (BGBl. I S. 1246)
ArbuR .... Arbeit und Recht (Zeitschrift)
ArbStättR .... Arbeitsstättenrichtlinien
ArbStättV .... Verordnung über Arbeitsstätten vom 12.8.2004 (BGBl. I S. 2179)
ArbZG .... Arbeitszeitgesetz vom 6.6.1994 (BGBl. I S. 1170)
arg. e .... argumentum e
ARS .... Arbeitsrecht-Sammlung, Entscheidungen des Reichsarbeitsgerichts und der Landesarbeitsgerichte (1928–1944)
ARSt .... Arbeitsrecht in Stichworten (Entscheidungssammlung)
Art. .... Artikel
ASiG .... Gesetz über Betriebsärzte, Sicherheitsingenieure und andere Fachkräfte für Arbeitssicherheit vom 12.12.1973 (BGBl. I S. 1885)

Assmann/Pötzsch/ Schneider/*Bearbeiter*	WpÜG, Kommentar, 2. Aufl. 2013
Ast	Antragssteller
AT-Angestellte	außertariflich Angestellte
ATG	Altersteilzeitgesetz vom 23.7.1996 (BGBl. I S. 1078)
ATO	Allgemeine Tarifordnung für Arbeitnehmer im öffentlichen Dienst
AuA	Arbeit und Arbeitsrecht (Zeitschrift)
AuB	Arbeit und Beruf (Zeitschrift)
AufenthG	Gesetz über den Aufenthalt, die Erwerbstätigkeit und die Integration von Ausländern im Bundesgebiet (Aufenthaltsgesetz) i. d. F. der Bek. vom 25.2.2008 (BGBl. I S. 162)
AufenthV	Aufenthaltsverordnung vom 25.11.2004 (BGBl. I S. 2945)
Aufhauser	Bildschirmarbeitsverordnung, 2012
Aufl.	Auflage
AÜG	Arbeitnehmerüberlassungsgesetz i. d. F. der Bek. vom 3.2.1995 (BGBl. I S. 158)
AuR	Arbeit und Recht, Zeitschrift für die Arbeitsrechtspraxis
ausf.	ausführlich
AusfG	Ausführungsgesetz
AusfVO	Ausführungsverordnung
AuslandsrentenVO	Verordnung über die Zahlung von Renten ins Ausland
AVB	Allgemeine Versicherungsbedingungen; Allgemeine Vertragsbedingungen
AWD	Außenwirtschaftsdienst des Betriebsberaters (Zeitschrift, 4. 1958 – 20. 1974; vorher und anschließend RIW)
AWG	Außenwirtschaftsgesetz i. d. F. der Bek. vom 26.6.2006 (BGBl. I S. 1386)
AUB 2013	Allgemeine Unfallversicherungs-Bedingungen 2013
Az.	Aktenzeichen
BA	Bundesagentur für Arbeit
Bader/Bram/Dörner	Kündigungsschutzgesetz, Kommentar, Loseblatt
Baeck/Deutsch	Arbeitszeitgesetz, Kommentar, 3. Aufl. 2014
BaFin	Bundesanstalt für Finanzdienstleistungsaufsicht
BAföG	Bundesgesetz über individuelle Förderung der Ausbildung (Bundesausbildungsförderungsgesetz) i. d. F. der Bek. vom 6.6.1983 (BGBl. I S. 645)
BAG	Bundesarbeitsgericht
BAG GS	Großer Senat des Bundesarbeitsgerichts
BAGE	Entscheidungen des Bundesarbeitsgerichts
Bamberger/Roth/ *Bearbeiter*	Kommentar zum Bürgerlichen Gesetzbuch, 3. Aufl. 2012
BAnz.	Bundesanzeiger
Bartenbach/Volz	Arbeitnehmererfindergesetz, Kommentar, 5. Aufl. 2013
BAT	Bundesangestelltentarif; Bundesangestelltentarifvertrag
BAT-O	Tarifvertrag zur Anpassung des Tarifrechts – Manteltarifliche Vorschriften
Bauer	Gewissensschutz im Arbeitsverhältnis, 2004
Bauer/Diller	Wettbewerbsverbote, 6. Aufl. 2012
Bauer/Göpfert/Krieger	Allgemeines Gleichbehandlungsgesetz, Kommentar, 3. Aufl. 2011
Bauer/Krieger/Arnold	Arbeitsrechtliche Aufhebungsverträge, 9. Aufl. 2014
Bauer/Lingemann/Diller/ Haußmann/*Bearbeiter*	Anwalts-Formularbuch Arbeitsrecht, 5. Aufl. 2014

Baumbach/Hopt	Handelsgesetzbuch, Kommentar, 36. Aufl. 2014
Baumbach/Hueck	GmbH-Gesetz, Kommentar, 20. Aufl. 2013
Baumbach/Lauterbach/ Albers/Hartmann	Zivilprozessordnung, Kommentar, 72. Aufl. 2014
BayObLG	Bayerisches Oberstes Landesgericht
BB	Betriebs-Berater (Zeitschrift)
BBergG	Bundesberggesetz vom 13.8.1980 (BGBl. I S. 1310)
BBG	Bundesbeamtengesetz i. d. F. der Bek. vom 31.3.1999 (BGBl. I S. 675)
BBiG	Berufsbildungsgesetz vom 23.3.2005 (BGBl. I S. 931)
BBK	Buchführung, Bilanzierung, Kostenrechnung (Zeitschrift)
BC	Bilanzbuchhalter und Controller (Zeitschrift)
Bd. (Bde.)	Band (Bände)
BDA	Bundesvereinigung der Deutschen Arbeitgeberverbände
BDI	Bundesverband der Deutschen Industrie
BDSG	Bundesdatenschutzgesetz i. d. F. der Bek. vom 14.1.2003 (BGBl. I S. 66)
Bearb.; bearb.	Bearbeitung/Bearbeiter; bearbeitet
BeckOF	Beck'sche Online-Formulare
BeckOK	Beck'scher Online-Kommentar
BeckOK Arb.	Beck'scher Online-Kommentar Arbeitsrecht
BeckOK BDSG	Beck'scher Online Kommentar Datenschutzrecht
BeckOK Soz.	Beck'scher Online-Kommentar Sozialrecht
BeckRS	Beck'scher Rechtsprechungsreport
beE	betriebsorganisatorisch eigenständige Einheiten
BEEG	Gesetz zum Elterngeld und zur Elternzeit (Bundeselterngeld- und Elternzeitgesetz) i. d. F. der Bek. vom 19.8.2007 (BGBl. I. S. 1970)
Begr.	Begründung, Begründer
BehindertenR	Behindertenrecht (Zeitschrift)
Beisel/Klumpp	Der Unternehmenskauf, 6. Aufl. 2009
Bek.	Bekanntmachung
BEM	Betriebliches Eingliederungsmanagement
Bengelsdorf	Aufhebungsvertrag und Abfindungsvereinbarungen, 5. Aufl. 2011
Bepler/Böhle/Meerkamp/ Stöhr/*Bearbeiter*	TVÖD: Kommentar zum Tarifrecht der Beschäftigten im öffentlichen Dienst im Bereich des Bundes und der VKA, Loseblatt
ber.	berichtigt
Berscheid/Kunz/Brand/ Nebeling	Praxis des Arbeitsrechts, 4. Aufl. 2013
BErzGG	Gesetz zum Erziehungsgeld und zur Elternzeit (Bundeserziehungsgeldgesetz) i. d. F. der Bek. vom 9.2.2004 (BGBl. I S. 206)
Beschl.	Beschluss
BeschV	Verordnung über die Beschäftigung von Ausländerinnen und Ausländern vom 6.6.2013 (BGBl. I S. 1499)
bspw.	beispielsweise
bestr.	bestritten
betr.	betreffend, betrifft
BetrAV	Betriebliche Altersversorgung, Mitteilungsblatt der Arbeitsgemeinschaft für betriebliche Altersversorgung
BetrAVG	Gesetz zur Verbesserung der betrieblichen Altersversorgung vom 19.12.1974 (BGBl. I S. 3610)

BetriebssicherheitsVO	Verordnung über Sicherheit und Gesundheitsschutz bei der Bereitstellung von Arbeitsmitteln und deren Benutzung bei der Arbeit, über Sicherheit beim Betrieb überwachungsbedürftiger Anlagen und über die Organisation des betrieblichen Arbeitsschutzes (Betriebssicherheitsverordnung) vom 27.9.2002 (BGBl. I S. 3777)
BetrVerf.	Betriebsverfassung
BetrVG	Betriebsverfassungsgesetz i. d. F. der Bek. vom 25.9.2001 (BGBl. I S. 2518)
BfA	Bundesversicherungsanstalt für Angestellte
BFH	Bundesfinanzhof
BFHE	Sammlung der Entscheidungen und Gutachten des Bundesfinanzhofes
BG	Berufsgenossenschaft (auch Zeitschrift)
BGB	Bürgerliches Gesetzbuch i. d. F. der Bek. vom 2.1.2002 (BGBl. I S. 42, ber. S. 2909 und 2003 S. 738)
BGBl.	Bundesgesetzblatt
BGH	Bundesgerichtshof
BGH GS	Bundesgerichtshof Großer Senat
BGHZ	Entscheidungen des Bundesgerichtshofs in Zivilsachen
BGleiG	Gesetz zur Gleichstellung von Frauen und Männern in der Bundesverwaltung und in den Gerichten des Bundes (Bundesgleichstellungsgesetz) vom 30.11.2001 (BGBl. I S 3234)
BildscharbV	Verordnung über Sicherheit und Gesundheitsschutz bei der Arbeit an Bildschirmgeräten vom 4.12.1996 (BGBl. I S. 1841)
BiostoffVO	Verordnung über Sicherheit und Gesundheitsschutz bei Tätigkeiten mit biologischen Arbeitsstoffen (Biostoffverordnung) vom 27.1.1999 (BGBl. I S. 50)
BKR	Zeitschrift für Bank- und Kapitalmarktrecht
Blanke	Außertarifliche Angestellte, 3. Aufl. 2003
Blomeyer/Rolfs/Otto	Betriebsrentengesetz, Kommentar, 5. Aufl. 2010
BlStSozArbR	Blätter für Steuerrecht, Sozialversicherung und Arbeitsrecht (Zeitschrift)
BMAS	Bundesminister(ium) für Arbeit und Soziales
BMF	Bundesminister(ium) der Finanzen
BMI	Bundesminister(ium) des Innern
BMJ	Bundesminister(ium) der Justiz und für Verbraucherschutz
BMWi	Bundesminister(ium) für Wirtschaft und Energie
Bobrowski/Gaul	Das Arbeitsrecht im Betrieb: von der Einstellung bis zur Entlassung, 8. Aufl. 1986
Bode/Grabner	Pensionsfonds und Entgeltumwandlung in der betrieblichen Altersversorgung, 2002
Boecken/Joussen	Teilzeit- und Befristungsgesetz, Handkommentar, 3. Aufl. 2012
Boemke	Gewerbeordnung, Kommentar, 2003
Boemke/Lembke	Arbeitnehmerüberlassungsgesetz, Kommentar, 3. Aufl. 2013
Böhm	Non-Compliance und Arbeitsrecht, 2011
Böhm/Spiertz/Sponer/ Steinherr	BAT Kommentar, 31. Aufl. 2006
Böttcher	Eltern- und Mutterschutzrecht, Basiskommentar, 2. Aufl. 2001
BPatG	Bundespatentgericht
BPersVG	Bundespersonalvertretungsgesetz vom 15.3.1974 (BGBl. I S. 693)
BR	Betriebsrat
Brand/*Bearbeiter*	SGB III, Kommentar, 6. Aufl. 2012

BRat	Bundesrat
BRatE	Entwurf des Deutschen Bundesrates
Braun	Kommentar zur Insolvenzordnung, 3. Aufl. 2007
BR-Drucks.	Drucksache des Deutschen Bundesrates
Brecht	Entgeltfortzahlung an Feiertagen und im Krankheitsfall, 1995
BReg.	Bundesregierung
BRG	Betriebsrätegesetz vom 4.2.1920 (RGBl. S. 147)
BRiNV	Verordnung über die Nebentätigkeit der Richter im Bundesdienst vom 15.10.1965 (BGBl. I S. 1719)
Bröhl	Die außerordentliche Kündigung mit notwendiger Auslauffrist, 2005
Brox/Rüthers	Arbeitskampfrecht – Handbuch für die Praxis, 2. Aufl. 1982
BR-Prot.	Protokoll des Deutschen Bundesrates
Bruck/Möller	Versicherungsvertragsgesetz, Großkommentar, 9. Aufl. 2010
BSG	Bundessozialgericht
BSGE	Entscheidungen des Bundessozialgerichts
BSHG	Bundessozialhilfegesetz i. d. F. der Bek. vom 23.3.1994 (BGBl. I S. 646, ber. S. 2975)
BStBl.	Bundessteuerblatt
BT	Besonderer Teil/Bundestag
BT-Drucks.	Drucksache des Deutschen Bundestages
BT-Prot.	Protokoll des Deutschen Bundestages
Buchner/Becker	Mutterschutzgesetz und Bundeselterngeld- und Elternzeitgesetz, Kommentar, 8. Aufl. 2008
Bürgers/Körber/*Bearbeiter*	Aktiengesetz, 3. Aufl. 2014
BUrlG	Mindesturlaubsgesetz für Arbeitnehmer (Bundesurlaubsgesetz) vom 8.1.1963 (BGBl. I S. 2)
Büro	Das Büro (Zeitschrift)
Buschmann/Dieball/Stevens-Bartol	Das Recht der Teilzeitarbeit (TZA), 2. Aufl. 2001
Bussmann/Pietzcker/Kleine	Gewerblicher Rechtsschutz und Urheberrecht, 3. Aufl. 1962
BuW	Betrieb und Wirtschaft (Zeitschrift)
BVerfG	Bundesverfassungsgericht
BVerfGE	Entscheidungen des Bundesverfassungsgerichts
BVerwG	Bundesverwaltungsgericht
BVerwGE	Entscheidungen des Bundesverwaltungsgerichts
BVG	Besonderes Verhandlungsgremium
BZA	Bundesverband Zeitarbeit Personal-Dienstleistungen
bzgl.	bezüglich
bzw.	beziehungsweise
ca.	circa
CCZ	Corporate Compliance Zeitschrift
CEO	Chief Executive Officer
CGZP	Tarifgemeinschaft Christliche Gewerkschaften Zeitarbeit und PSA
c. i. c.	culpa in contrahendo
COD	Ordinary legislative procedure (ex-codecision procedure)
Corp.	Corporation
CR	Computer und Recht (Zeitschrift)
Cramer	Die Schwerbehindertenvertretung, 1990

Cramer/Fuchs/Hirsch/Ritz SGB IX	SGB IX – Kommentar zum Recht schwerbehinderter Menschen, 6. Aufl. 2011
CTA	Contractual Trust Agreements
DAG	Deutsche Angestellten-Gewerkschaft
DAngVers.	Die Angestelltenversicherung (Zeitschrift)
DAV	Deutscher Anwaltsverein
Däubler	Arbeitskampfrecht, 3. Aufl. 2011
Däubler	Gläserne Belegschaften? Datenschutz in Betrieb und Dienststelle, 5. Aufl. 2009
Däubler	Internet und Arbeitsrecht, 4. Aufl. 2013
Däubler	Tarifvertragsrecht, 3. Aufl. 1993
Däubler/*Bearbeiter*	Tarifvertragsgesetz mit Arbeitnehmer-Entsendegesetz, Kommentar, 3. Aufl. 2012
Däubler I, II	Das Arbeitsrecht: Leitfaden für Arbeitnehmer, Bd. 1, 16. Aufl. 2006; Bd. 2, 2009
Däubler/Bertzbach	Allgemeines Gleichbehandlungsgesetz, 3. Aufl. 2013
Däubler/Bonin/Deinert	AGB-Kontrolle im Arbeitsrecht, 3. Aufl. 2010
Däubler/Hjort/Schubert/ Wolmerath/*Bearbeiter*	Arbeitsrecht, Individualarbeitsrecht mit kollektiven Bezügen, Handkommentar, 3. Aufl. 2013
Däubler/Kittner/Lörcher	Internationale Arbeits- und Sozialordnung, 2. Aufl. 1994
DAX	Deutscher Aktienindex
DB	Der Betrieb (Zeitschrift)
dbr	der betriebsrat (Zeitschrift)
DCGK	Deutscher Corporate Governance Kodex
DDR	Deutsche Demokratische Republik
Denecke/Neumann/ Biebl	Arbeitszeitordnung, Kommentar, 11. Aufl. 1991; s. auch *Neumann/Biebl*
ders.	derselbe
Dersch/Neumann	Bundesurlaubsgesetz, Kommentar, 8. Aufl. 1997; s. auch *Neumann/Fenski*
DesignG	Gesetz über den rechtlichen Schutz von Design vom 24.2.2014 (BGBl. I S. 122)
DGB	Deutscher Gewerkschaftsbund
d. h.	das heißt
dies.	dieselbe(n)
Dietz/Richardi	Betriebsverfassungsgesetz, Kommentar, 6. Aufl. Bd. 1, 1981; Bd. 2, 1982; s. auch *Richardi*
Dietz/Richardi BPersVG	Bundespersonalvertretungsgesetz, Kommentar, 2. Aufl. Bd. 1, 1978; Bd. 2, 1978; s. auch *Richardi/Dörner/Weber*
DIN	Deutsches Institut für Normung
Dipl.-Kfm.	Diplom-Kaufmann
D/K/K/W/*Bearbeiter*	*Däubler/Kittner/Klebe/Wedde* (Hrsg.), Betriebsverfassungsgesetz, Kommentar, 13. Aufl. 2012
D&O-Versicherung	Director's and Officer's Liability Insurance
Dorndorf/Weller/Hauck	Heidelberger Kommentar zum Kündigungsschutzgesetz, 4. Aufl. 2001
Dörner	Der befristete Arbeitsvertrag, 2. Aufl. 2011
Dörner/Luczak/ Wildschütz/Baeck/Hoß	Handbuch des Fachanwalts für Arbeitsrecht, 11. Aufl. 2014
Dreyer/Kotthoff/Meckel	Urheberrecht, 3. Aufl. 2013

Dreier/Schulze	Urhebergesetz, 4. Aufl. 2013
DRiG	Deutsches Richtergesetz vom 19.4.1970 (BGBl. I S. 713)
DrittelbG	Gesetz über die Drittelbeteiligung der Arbeitnehmer im Aufsichtsrat (Drittelbeteiligungsgesetz) vom 18.5.2004 (BGBl. I S. 974)
DRV	Deutsche Rentenversicherung Bund
DSB	Datenschutz-Berater (Zeitschrift)
DSG NRW	Gesetz zum Schutz personenbezogener Daten (Datenschutzgesetz Nordrhein-Westfalen i.d.F. der Bek. vom 9.6.2000 (GV NRW S. 542))
DStR	Deutsches Steuerrecht (Zeitschrift)
DStRE	Deutsches Steuerrecht-Entscheidungsdienst
DStZ	Deutsche Steuerzeitung
DuD	Datenschutz und Datensicherheit (Zeitschrift)
DVKA	Deutsche Verbindungsstelle Krankenversicherung Ausland
DVO	Durchführungsverordnung
Dunkl/Moeller/Baur/Feldmeier	Handbuch des vorläufigen Rechtsschutzes, 3. Aufl. 1999
Düwell/*Bearbeiter*	Betriebsverfassungsgesetz, 3. Aufl. 2010
DZWIR	Deutsche Zeitschrift für Wirtschaft- und Insolvenzrecht
E	Entwurf; Entscheidung (in der amtlichen Sammlung)
EBIT	earnings before interest and taxes – Gewinn vor Zinsaufwand und Steuern
EBRG	Gesetz über Europäische Betriebsräte (Europäische Betriebsräte-Gesetz) vom 28.10.1996 (BGBl. I S. 1548, ber. S. 2022)
EDV	Elektronische Datenverarbeitung
EFG	Entscheidungen der Finanzgerichte (Zeitschrift)
EFTA	European Free Trade Association
EFZG/EntgeltFG	Gesetz über die Zahlung des Arbeitsentgelts an Feiertagen und im Krankheitsfall (Entgeltfortzahlungsgesetz) vom 26.5.1994 (BGBl. I S. 1014)
EG	Einführungsgesetz; Europäische Gemeinschaften
EGBGB	Einführungsgesetz zum Bürgerlichen Gesetzbuche i. d. F. der Bek. vom 21.9.1994 (BGBl. I S. 2494, ber. 1997 S. 1061)
EGMR	Europäischer Gerichtshof für Menschenrechte
Einf.	Einführung
Einl.	Einleitung
EKMR	Europäische Kommission für Menschenrechte
EN	Europäische Norm
ELStAM	elektronische Lohnsteuerabzugsmerkmal
Eltert	Gruppenarbeit, 2001
entspr.	entsprechend
EPA	Europäisches Patentamt
EPÜ	Europäisches Patentübereinkommen
ErfKomm/*Bearbeiter*	Erfurter Kommentar zum Arbeitsrecht, 14. Aufl. 2014
Erg.	Ergänzung
ErgVO	Ergänzungsverordnung
Erl.	Erlass; Erläuterung
Erman/*Bearbeiter*	Handkommentar zum Bürgerlichen Gesetzbuch, Bd. 1 und 2, 13. Aufl. 2011
Eser	Das Arbeitsverhältnis im multinationalen Unternehmen, 2. Aufl. 2003
EStB	Der Ertragsteuerberater (Zeitschrift)

EStG .... Einkommenssteuergesetz i. d. F. der Bek. vom 19.10.2002 (BGBl. I S. 4210)
etc. .... et cetera
EU .... Europäische Union
EuGH .... Gerichtshof der Europäischen Gemeinschaften
EuGHE .... Entscheidungen des Gerichtshofes der Europäischen Gemeinschaften
EuGVO/EuGVVO .... Verordnung (EG) Nr. 44/2001 des Rates vom 22.12.2000 über die gerichtliche Zuständigkeit und die Anerkennung und Vollstreckung von Entscheidungen in Zivil- und Handelssachen (ABl. 2001 Nr. L 12 S. 1, ber. ABl. Nr. L 307 S. 28)
EuGVÜ .... Übereinkommen über die gerichtliche Zuständigkeit und Vollstreckung gerichtlicher Entscheidungen in Zivil- und Handelssachen vom 27.9.1968 (BGBl. II 1972 S. 774, 1986 II S. 1020)
EUR .... Euro
EuZW .... Europäische Zeitschrift für Wirtschaftsrecht
e. V. .... eingetragener Verein
evtl. .... eventuell
EWG .... Europäische Wirtschaftsgemeinschaft
EWiR .... Entscheidungen zum Wirtschaftsrecht (Zeitschrift)
EWR .... Europäischer Wirtschaftsraum
EWS .... Europäisches Währungssystem
EzA .... Entscheidungen zum Arbeitsrecht, hrsg. von *Stahlhacke* und *Kreft*
EzA-SD .... Entscheidungssammlung zum Arbeitsrecht Schnelldienst (Zeitschrift), hrsg. von *Schwerdtner* und *Stahlhacke*
EzAÜG .... Entscheidungssammlung zum Arbeitnehmerüberlassungsgesetz und zum sonstigen drittbezogenen Personaleinsatz, hrsg. von *Leinemann* und *Düwell*

f., ff. .... folgend(e)
FA .... Fachanwalt Arbeitsrecht (Zeitschrift)
FamRZ .... Zeitschrift für das gesamte Familienrecht
FAS .... Financial Accounting Standard
FD-ArbR .... Fachdienst Arbeitsrecht
FedEx .... Federal Express
Fenski .... Außerbetriebliche Arbeitsverhältnisse – Heim und Telearbeit, 2. Aufl. 2000
Fitting .... *Fitting/Engels/Schmidt/Trebinger/Linsenmaier*, Betriebsverfassungsgesetz, Kommentar, 26. Aufl. 2012
FG .... Finanzgericht
FGG .... Gesetz über die Angelegenheiten der freiwilligen Gerichtsbarkeit i. d. F. der Bek. vom 20.5.1898 (RGBl. S. 369, 711)
Fischer .... Strafgesetzbuch, 61. Aufl. 2014
Flexi-II-Gesetz .... Gesetz zur Verbesserung der Rahmenbedingungen für die Absicherung flexibler Arbeitszeitregelungen und zur Änderung anderer Gesetze i.d.F. der Bek. vom 21.12.2008 (BGBl. I S. 2940)
Fn. .... Fußnote
Forst .... Die Beteiligungsvereinbarung nach § 21 SEBG, 1. Aufl. 2010
Förster/Cisch/Karst .... Betriebsrentengesetz, Kommentar, 13. Aufl. 2012
FPfZG .... Gesetz über die Familienpflegezeit (Familienpflegezeitgesetz) vom 6.12.2011 (BGBl. I S. 2564)
FreizügG/EU .... Gesetz über die allgemeine Freizügigkeit von Unionsbürgern vom 30.7.2004 (BGBl. I S. 1950)

Friedemann	Das Verfahren der Einigungsstelle für Interessenausgleich und Sozialplan, 1997
FS	Festschrift
Furtmayr	Das neue Altersvermögensgesetz, 2002
G	Gesetz
GA	Geschäftsanweisung
GAAP	Generally Accepted Accounting Principles
Gäbeler	Die Auslegung von Bezugnahmeklauseln bei Tarifpluralität, 2013
Gagel/*Bearbeiter*	SGB II / SGB III, Kommentar, Loseblatt
Galperin/Löwisch	Betriebsverfassungsgesetz, Kommentar, Bd. 1 und 2, 6. Aufl. 1982
Gamillscheg	Arbeitsrecht, Bd. 1 (Arbeitsvertrags- und Arbeitsschutzrecht), 8. Aufl. 2000; Bd. 2 (Kollektives Arbeitsrecht), 7. Aufl. 2008
Gassner/Lang/Lechner/Schuch/Staringer	Arbeitnehmer im Recht der Doppelbesteuerungsabkommen, 2003
Gaul	Das Arbeitsrecht der Betriebs- und Unternehmensspaltung, 1. Aufl. 2002
GBl.	Gesetzblatt; Gesetzblatt der Deutschen Demokratischen Republik
GbR	Gesellschaft bürgerlichen Rechts
GefahrstoffVO	Verordnung zum Schutz vor Gefahrstoffen (Gefahrstoffverordnung) vom 23.12.2004 (BGBl. I S. 3758)
Geibel/Süßmann/*Bearbeiter*	WpÜG, Kommentar, 2. Aufl. 2008
Geimer/Schütze	Europäisches Zivilverfahrensrecht, 3. Aufl. 2010
gem.	gemäß
GenG	Gesetz betreffend die Erwerbs- und Wirtschaftsgenossenschaften i. d. F. der Bek. vom 16.10.2006 (BGBl. I S. 2230)
Gentechnik-SicherheitsVO	Verordnung über die Sicherheitsstufen und Sicherheitsmaßnahmen bei gentechnischen Arbeiten in gentechnischen Anlagen i. d. F. der Bek. vom 14.3.1995 (BGBl. I S. 297)
Gerauer	Auslandseinsatz von Arbeitnehmern im Arbeits-, Sozialversicherungs- und Steuerrecht, 2000
GEW	Gewerkschaft Erziehung und Wissenschaft
GewA	Gewerbe-Archiv (Zeitschrift)
GewO	Gewerbeordnung i. d. F. der Bek. vom 22.2.1999 (BGBl. I S. 202)
GG	Grundgesetz für die Bundesrepublik Deutschland vom 23.5.1949 (BGBl. I S. 1)
ggf.	gegebenenfalls
GKAFG/*Bearbeiter*	Gemeinschaftskommentar zum AFG, Loseblatt
GKAktG/*Bearbeiter*	Großkommentar zum Aktiengesetz, 4. Aufl. 2004 ff.
GKArbGG/*Bearbeiter*	Gemeinschaftskommentar zum Arbeitsgerichtsgesetz, Loseblatt
GKBetrVG/*Bearbeiter*	Gemeinschaftskommentar zum Betriebsverfassungsgesetz (2 Bde.), 10. Aufl. 2014
GKBUrlG/*Bearbeiter*	Gemeinschaftskommentar zum Bundesurlaubsgesetz, 5. Aufl. 1992
GKEFZR/*Bearbeiter*	Gemeinschaftskommentar zum Entgeltfortzahlungsrecht, Loseblatt
GKG	Gerichtskostengesetz i. d. F. vom 5.5.2004 (BGBl. I S. 718)

GKMitbestG/*Bearbeiter*	Gemeinschaftskommentar zum Mitbestimmungsgesetz, Loseblatt
GKÖD/*Bearbeiter*	Gesamtkommentar Öffentliches Dienstrecht, Loseblatt
GKSGBIII/*Bearbeiter*	Gemeinschaftskommentar zum SGB III, Loseblatt
GKSGBVI/*Bearbeiter*	Gemeinschaftskommentar zum SGB IV, Loseblatt
GKTzA/*Bearbeiter*	Gemeinschaftskommentar zum Teilzeitarbeitsrecht, 1987
GmbH	Gesellschaft mit beschränkter Haftung
GmbHG	Gesetz betreffend die Gesellschaften mit beschränkter Haftung i. d. F. der Bek. vom 20.5.1998 (RGBl. S. 846)
GmbHR	GmbH-Rundschau (Zeitschrift)
GmbH-StB	GmbH-Steuer-Berater (Zeitschrift)
GMBL	Gemeinsames Ministerialblatt
G/M/P/*Bearbeiter*	*Germelmann/Matthes/Prütting* (Hrsg.), Arbeitsgerichtsgesetz, Kommentar, 8. Aufl. 2013
Gnade/Kehrmann	*Gnade/Kehrmann/Schneider/Klebe/Ratayczak,* Betriebsverfassungsgesetz, Kommentar, 10. Aufl. 2002
Gnann/Gerauer	Arbeitsvertrag bei Auslandsentsendung, 2. Aufl. 2002
GNotKG	Gesetz über die Kosten der freiwilligen Gerichtsbarkeit für Gerichte und Notare vom 23.7.2013 (BGBl. I S. 2586)
Gola/Klug	Grundzüge des Datenschutzrechts, 1. Aufl. 2003
Gola/Schomerus	Bundesdatenschutzgesetz, 11. Aufl. 2012
Gola/Wronka	Handbuch zum Arbeitnehmerdatenschutz, 6. Aufl. 2013
Görner/Bullinger	Leitfaden Bildschirmarbeit – Sicherheit und Gesundheitsschutz, 2. Aufl. 1997
Gotthardt	Arbeitsrecht nach der Schuldrechtsreform, 2. Aufl. 2003
Greiner	Rechtsfragen der Koalitions-, Rechts- und Arbeitskampfpluralität, 2. Aufl. 2011
Greiner	Ideelle Unzumutbarkeit, 2004
Grobys/Panzer/*Bearbeiter*	Stichwortkommentar Arbeitsrecht, 2013
Grönert	Erziehungsgeld, Mutterschutz, Erziehungsurlaub, 2. Aufl. 2001
Gröninger/Thomas	Mutterschutzgesetz, Kommentar, Loseblatt
Grunsky/*Bearbeiter*	*Grunsky/Waas/Benecke/Greiner*, Arbeitsgerichtsgesetz, Kommentar, 8. Aufl. 2014
Grunsky	Wettbewerbsverbot für Arbeitnehmer, 2. Aufl. 1987
GRUR	Gewerblicher Rechtsschutz und Urheberrecht (Zeitschrift)
GS	Großer Senat; Gesetzessammlung
GSG	Gesetz über technische Arbeitsmittel (Gerätesicherheitsgesetz) i. d. F. der Bek. vom 11.5.2001 (BGBl. I S. 866)
GSZ	Großer Senat in Zivilsachen
Gutmann	Arbeiten im Ausland, 1994
GV	Gesetz- und Verordnungsblatt
GVG	Gerichtsverfassungsgesetz i. d. F. der Bek. vom 9.5.1975 (BGBl. I S. 1077)
GWB	Gesetz gegen Wettbewerbsbeschränkungen i. d. F. der Bek. vom 15.7.2005 (BGBl. I S. 2114)
Haas/Ohlendorf	Anstellungsvertrag des Vorstandsmitglieds der Aktiengesellschaft, 2. Aufl. 2010
h. A.	herrschende Ansicht
Habersack/Drinhausen/ *Bearbeiter*	Beck'scher Kurzkommentar SE-Recht, 1. Aufl. 2013
HAG	Heimarbeitsgesetz vom 14.3.1951 (BGBl. I S. 191)
Halbach/Paland/Schwedes/ Wlotzke	Übersicht über das Arbeitsrecht, 8. Aufl. 2000

HaKo-KSchG/ *Bearbeiter*	*Fiebig/Gallner/Mestwerdt/Nägele* (Hrsg.), Handkommentar zum Kündigungsschutzrecht, 4. Aufl. 2012
Halbbd.	Halbband
Halbs.	Halbsatz
Hanau/Arteaga/Rieble/ Veit	Entgeltumwandlung, 3. Aufl. 2014
Happ/*Bearbeiter*	Aktienrecht, Kommentar, 3. Aufl. 2007
Harbauer	Rechtsschutzversicherung, 8. Aufl. 2010
Harrer	Mitarbeiterbeteiligung und Stock-Option-Pläne, 2. Aufl. 2004
Hartmann	Kostengesetze, Kommentar, 43. Aufl. 2013
Hartung/Römermann	Berufs- und Fachanwaltsordnung, Kommentar, 5. Aufl. 2012
Hartung/Römermann/ Schons	Praxiskommentar zum Rechtsanwaltsvergütungsgesetz, 2. Aufl. 2006
Hauck/Helml/Biebl	Arbeitsgerichtsgesetz, Kommentar, 4. Aufl. 2011
Hauck/Noftz	Sozialgesetzbuch SGB III Arbeitsförderung, Kommentar, Loseblatt
HBV	Gewerkschaft Handel, Banken und Versicherungen
Hdb.	Handbuch
Heckelmann/*Bearbeiter*	Praxishandbuch Betriebsverfassungsrecht, 2003
Heidel/*Bearbeiter*	Aktienrecht und Kapitalmarktrecht, 3. Aufl. 2011
Heinz/Schuhmann/ Busemann	Ausländische Arbeitnehmer – Aufenthalts-, Arbeitsgenehmigungs-, Arbeits-, Steuer- und Sozialversicherungsrecht, 2. Aufl. 2002
Henssler	Soziale Mächtigkeit und organisatorische Leistungsfähigkeit als Voraussetzungen der Tariffähigkeit von Gewerkschaften, 2006
Henssler/Prütting	Bundesrechtsanwaltsordnung, Kommentar, 4. Aufl. 2014
Herschel/Löwisch	Kommentar zum Kündigungsschutzgesetz, 6. Aufl. 1984
Heuser/Heidenreich/ Förster	Auslandsentsendung und Beschäftigung ausländischer Arbeitnehmer, 4. Aufl. 2011
HFR	Höchstrichterliche Finanzrechtsprechung (Zeitschrift)
HGB	Handelsgesetzbuch vom 10.5.1897 (RGBl. S. 219)
H/H/P/R/W	*Heubeck/Höhne/Paulsdorff/Rau/Weinert*, Kommentar zum Betriebsrentengesetz, 2. Aufl. 1982
HintO (HO)	Hinterlegungsordnung vom 10.3.1937 (RGBl. I S. 285)
h. L.	herrschende Lehre
h. M.	herrschende Meinung
Höfer	Gesetz zur Verbesserung der betrieblichen Altersversorgung, Kommentar, Loseblatt
Höfer	Das neue Betriebsrentenrecht, 2003
Hölters/*Bearbeiter*	Handbuch Unternehmenskauf, 7. Aufl. 2010
Hölters/*Bearbeiter*	Aktiengesetz, 1. Aufl. 2011
Hoeren/Sieber/Holznagel/ *Bearbeiter*	Handbuch Multimedia-Recht, Loseblatt
Hoffmann/Liebs	Der GmbH-Geschäftsführer. Handbuch für die Praxis des Unternehmers und Managers, 3. Aufl. 2009
Honsell	Berliner Kommentar zum Versicherungsvertragsgesetz, 1999
v. Hoyningen-Huene/ Linck	Kündigungsschutzgesetz, Kommentar, 15. Aufl. 2013
HRB	Handelsregister Abteilung B

Hrsg.; hrsg.	Herausgeber; herausgegeben
HS	Halbsatz
H/W/G/N/R/H/*Bearbeiter*	*Hess/Worzalla/Glock/Nicolai/Rose/Huke* (Hrsg.), Kommentar zum BetrVG, 9. Aufl. 2014
Huber	Das Arbeitszeugnis in Recht und Praxis, 14. Aufl. 2012
Hueck/Nipperdey I, II/1, II/2	Lehrbuch des Arbeitsrechts, 7. Aufl. Bd. 1, 1963; Bd. 2, 1. Halbband, 1967; Bd. 2, 2. Halbband, 1970
Hüffer	Aktiengesetz, Kommentar, 10. Aufl. 2012
Hümmerich/Boecken/Düwell	AnwaltKommentar Arbeitsrecht (2 Bde.), 2. Aufl. 2010
Hümmerich /Lücke/Mauer	Arbeitsrecht, 7. Aufl. 2011
Hümmerich/Reufels	Gestaltung von Arbeitsverträgen, 2. Aufl. 2011
Hümmerich/Spirolke/Boecken	Das arbeitsrechtliche Mandat, 6. Aufl. 2011
Hunold	Arbeitsrecht im Außendienst, 2. Aufl. 2006
Hunold	Befristete Arbeitsverträge nach neuem Recht, 2001
HwB AR	*Bürger/Oehmann/Matthes,* Handwörterbuch des Arbeitsrechts für die tägliche Praxis, Loseblatt
H/W/K/*Bearbeiter*	*Henssler/Willemsen/Kalb* (Hrsg.), Arbeitsrecht Kommentar, 5. Aufl. 2012
HzA	Handbuch zum Arbeitsrecht, hrsg. von *Leinemann,* Loseblatt
i. A.	im Allgemeinen
IAS	International Accounting Standard
IBR	Immobilien- und Baurecht (Zeitschrift)
i. d. F. (v.)	in der Fassung (vom)
i. d. R.	in der Regel
i. d. S.	in diesem Sinn(e)
i. E.	im Ergebnis
i. e. S.	im engeren Sinne
IFRS	International Financial Reporting Standards
IfSG	Gesetz zur Verhütung und Bekämpfung von Infektionskrankheiten beim Menschen (Infektionsschutzgesetz) vom 20.7.2000, BGBl I S.1045
IG	Industriegewerkschaft
iGZ	Interessenverband Deutscher Zeitarbeitsunternehmen
IHK	Industrie- und Handelskammer
i. H. v.	in Höhe von
InsO	Insolvenzordnung vom 5.10.1994 (BGBl. I S. 2866)
InstitutsVergV	Instituts-Vergütungsverordnung, Verordnung über die aufsichtsrechtlichen Anforderungen an Vergütungssysteme von Instituten vom 16.12.2013 (BGBl. I S. 4270)
i. R. d.	im Rahmen (der, des)
i. R. e. .	im Rahmen (einer, eines)
IRZ	Zeitschrift für Internationale Rechnungslegung
i. S. d.	im Sinne (der, des)
ISO	International Organisation für Normung
IStR	Internationales Steuerrecht (Zeitschrift)
i. S. v.	im Sinne von
IT	Informationstechnik
i. Ü.	im Übrigen
i. V. m.	in Verbindung (mit)
i. W.	im Weiteren

IWB	Internationale Wirtschaftsbriefe
i. w. S.	im weiteren Sinne
i. Zw.	im Zweifel
JA	Juristische Arbeitsblätter (Zeitschrift)
Jacobs	Internationale Unternehmensbesteuerung, 7. Aufl. 2011
Jacobs	Tarifeinheit und Tarifkonkurrenz, 1999
Jacobs/Krause/ Oetker/Schubert	Tarifvertragsrecht, 2. Aufl. 2013
Jaeger/Röder/Heckelmann/*Bearbeiter*	Praxishandbuch Betriebsverfassungsrecht, 2003
Jäger/Rödl/ Campos Nave	Praxishandbuch Corporate Compliance, 2009
JArbSchG	Gesetz zum Schutz der arbeitenden Jugend (Jugendarbeitsschutzgesetz) vom 12.4.1976 (BGBl. I S. 965)
Jauernig/*Bearbeiter*	Bürgerliches Gesetzbuch, Kommentar, 15. Aufl. 2014
Jessnitzer/Blumberg	Bundesrechtsanwaltsordnung, Kommentar, 9. Aufl. 2000
Joha	Vergütung und Nebenleistungen bei Auslandsbeschäftigung, 2. Aufl. 2002
Junker	Internationales Arbeitsrecht im Konzern, 1992
jurisPR-ArbR	juris PraxisReport Arbeitsrecht (Zeitschrift)
JuS	Juristische Schulung (Zeitschrift)
JW	Juristische Wochenschrift (Zeitschrift)
K/D/H/K/*Bearbeiter*	*Kaiser/Dunkl/Hold/Kleinsorge* (Hrsg.), Entgeltfortzahlungsgesetz, 5. Aufl. 2000
KAGB	Kapitalanlagegesetzbuch vom 4.7.2013 (BGBl. I S. 1981)
Kaiser	Handbuch zum Mutterschutzgesetz, 17. Aufl. 2005
Kallmeyer/*Bearbeiter*	Kommentar zum Umwandlungsgesetz, 5. Aufl. 2013
Kallmeyer/*Bearbeiter*	GmbH-Handbuch, Loseblatt
Kap.	Kapitel
Kapovaz	Kapazitätsorientierte Arbeitszeit
KassKomm/*Bearbeiter*	Kasseler Kommentar Sozialversicherungsrecht, Loseblatt
K/D/Z/*Bearbeiter*	*Kittner/Däubler/Zwanziger* (Hrsg.), KSchR – Kündigungsschutzrecht, Kommentar für die Praxis, 8. Aufl.2011
Kempen/Zachert/ *Bearbeiter*	Tarifvertragsgesetz – Kommentar für die Praxis, 5. Aufl. 2014
Kfz	Kraftfahrzeug
KG	Kammergericht (Berlin); Kommanditgesellschaft
KGaA	Kommanditgesellschaft auf Aktien
KHzA/*Bearbeiter*	*Leinemann* (Hrsg.), Kasseler Handbuch zum Arbeitsrecht (2 Bde.), 2. Aufl. 2000
Kilian/Heussen	Computerrechts-Handbuch, 32. Aufl. 2013, Loseblatt
Kittner/Pieper	Arbeitsschutzrecht, Kommentar, 3. Aufl. 2006
Kittner/Trittin	Kündigungsschutzrecht, Kommentar, 3. Aufl. 1999
KKBeschFG/*Bearbeiter*	*Mager/Winterfeld/Göbel/Seelmann,* Beschäftigungsförderungsgesetz, Kurzkommentar, 1985
K/K/M/W	*Knigge/Ketelsen/Marschall/Wissing,* Kommentar zum Arbeitsförderungsgesetz, Loseblatt
Klemm/Hamisch	Betriebliche Altersversorgung, 3. Aufl. 2009
Klebe/Ratayczak/ Heilmann/Spoo	Betriebsverfassungsgesetz, Basiskommentar mit Wahlordnung, 17. Aufl. 2012
Knorr/Bichlmeier/ Kremhelmer	Handbuch des Kündigungsrechts, 4. Aufl. 1998

Kraßer	Patentrecht, 6. Aufl. 2009
Krimphove	Europäisches Arbeitsrecht, 2. Aufl. 2001
KO	Konkursordnung (abgelöst durch die InsO)
KölnKommAktG/*Bearbeiter*	Kölner Kommentar zum Aktiengesetz, 3. Aufl. 2004 ff.
KölnKommWpÜG/*Bearbeiter*	Kölner Kommentar zum WpÜG, 2. Aufl. 2010
Kollmer	Arbeitsschutzgesetz und -verordnungen, 3. Aufl. 2008
Kollmer/Blachnitzky/Kossens	Die neuen Arbeitsschutzverordnungen, 1999
Kossens/v. der Heide/Maaß	Praxiskommentar zum Behindertenrecht (SGB IX), 3. Aufl. 2009
KPK/*Bearbeiter*	*Sowka/Schiefer/Heise* (Hrsg.), Kölner Praxiskommentar zum Kündigungsschutzgesetz und zu sonstigen kündigungsrechtlichen Vorschriften, 4. Aufl. 2012
KR	Kontrollrat
KR/*Bearbeiter*	*Etzel/Bader/Fischermeier u.a.*, Gemeinschaftskommentar zum Kündigungsschutzgesetz und zu sonstigen kündigungsschutzrechtlichen Vorschriften, 10. Aufl. 2013
Krause	Standortsicherung und Arbeitsrecht, 2007
KRG	Kontrollratsgesetz
krit.	kritisch
Krüger	Arbeiten mit dem Bildschirm – aber richtig, hrsg. vom Bayrischen Staatsministerium für Arbeit und Sozialordnung, 12. Aufl. 1995
KSchG	Kündigungsschutzgesetz i. d. F. der Bek. vom 25.8.1969 (BGBl. I S. 1317)
KSzW	Kölner Schrift zum Wirtschaftsrecht (Zeitschrift)
KTS	Zeitschrift für Konkurs-, Treuhand- und Schiedsgerichtswesen
Küttner/*Bearbeiter*	Personalbuch 2012, 20.Aufl. 2013
Kühling/Sivridis/Seidel	Datenschutzrecht, 2. Aufl. 2011
KUG	Kurzarbeitergeld
KuR	Kommunikation und Recht
Küstner/Thume	Handbuch des gesamten Vertriebsrechts, Band 1, 4. Aufl. 2012
KWG	Gesetz über das Kreditwesen (Kreditwesengesetz) i. d. F. der Bek. vom 9.9.1998 (BGBl. I S. 2776)
L	Landes- . . . . . .
LAG	Landesarbeitsgericht
LAGE	Entscheidungen des Landesarbeitsgerichts
LasthandhabV	Verordnung über Sicherheit und Gesundheitsschutz bei der manuellen Handhabung von Lasten bei der Arbeit i. d. F. vom 4.12.1996 (BGBl. I S. 1842)
Langohr-Plato	Betriebliche Altersversorgung, 6. Aufl. 2013
LärmVibrationsArbSchV	Verordnung zum Schutz der Beschäftigten vor Gefährdungen durch Lärm und Vibrationen vom 6.3.2007 (BGBl. I S. 261)
Laux/Schlachter	Teilzeit- und Befristungsgesetz, 2. Aufl. 2011
LDSG BW	Landesdatenschutzgesetz Baden-Württemberg i. d. F. der Bek. vom 18.9.2000 (GBl. S. 648)
LStDV	Lohnsteuer-Durchführungsverordnung
LG	Landgericht
Leinemann/Linck	Urlaubsrecht, 2. Aufl. 2001

Lingscheid	Antidiskriminierung im Arbeitsrecht, 2004
Lit.	Literatur
lit.	Litera, Buchstabe
LM	*Lindenmaier/Möhring,* Nachschlagewerk des Bundesgerichtshofs
LohnFG	Gesetz über die Fortzahlung des Arbeitsentgelts im Krankheitsfalle (Lohnfortzahlungsgesetz) vom 27.7.1969 (BGBl. I S. 946)
Löwe	Der Interessenausgleich zwischen Arbeitgeber und Arbeitnehmer beim nachvertraglichen Wettbewerbsverbot, 1988
Löwisch	Arbeitskampf- und Schlichtungsrecht, 1997
Löwisch/Kaiser	Betriebsverfassungsgesetz, Kommentar, 6. Aufl. 2010
Löwisch/Rieble	Tarifvertragsgesetz, Kommentar, 3. Aufl. 2012
LPartG	Gesetz über die Eingetragene Lebenspartnerschaft (Lebenspartnerschaftsgesetz) vom 16.2.2001 (BGBl. I S. 266)
LPK-SGB IX/*Bearbeiter*	*Dau/Düwell/Joussen* (Hrsg.), Lehr- und Praxiskommentar SGB IX, 4. Aufl. 2014
Ls.	Leitsatz
LSG	Landessozialgericht
LStR/LStH	Lohnsteuerrichtlinien
Lutter/*Bearbeiter*	Umwandlungsgesetz, Kommentar, 5. Aufl. 2014
Lutter/Hommelhoff/ *Bearbeiter*	GmbHG, Kommentar, 18. Aufl. 2012
Lutter/Krieger	Rechte und Pflichten des Aufsichtsrats, 5. Aufl. 2009
LVA	Landesversicherungsanstalt
m. abl. Anm.	mit ablehnender Anmerkung
MAH ArbR/*Bearbeiter*	*Moll* (Hrsg.), Münchener Anwaltshandbuch Arbeitsrecht, 3. Aufl. 2012
Mahnhold	Compliance und Arbeitsrecht, 2004
Marienhagen/Pulte	Arbeitsverträge bei Auslandseinsatz, 3. Aufl. 2004
Martinek/Semler/ Habermeier/Flohr	Handbuch des Vertriebsrechts, 3. Aufl. 2010
Marsch-Barner/Schäfer/ *Bearbeiter*	Handbuch börsennotierte AG, 2. Aufl. 2009
Mauer	Personaleinsatz im Ausland, 2. Aufl. 2013
Mayer/Manz/Schröder/ *Bearbeiter*	Europäische Aktiengesellschaft SE, 2. Aufl. 2010
MdE	Minderung der Erwerbsfähigkeit
MDR	Monatsschrift für Deutsches Recht (Zeitschrift)
Meinel/Heyn/Herms	Teilzeit- und Befristungsgesetz, Kommentar, 4. Aufl. 2012
Meinel/Heyn/Herms	Allgemeines Gleichbehandlungsgesetz, Kommentar, 2. Aufl. 2010
Meisel/Sowka	Mutterschutz und Erziehungsurlaub, 5. Aufl. 1999
Merten	Gesundheitsschutz und Mitbestimmung bei der Bildschirmarbeit, 2000
MfS	Ministerium für Staatssicherheit
Mio.	Million(en)
MitbestErgG	Gesetz zur Ergänzung des Gesetzes über die Mitbestimmung der Arbeitnehmer in den Aufsichtsräten und Vorständen der Unternehmen des Bergbaus und der Eisen und Stahl erzeugenden Industrie (Montanmitbestimmungsergänzungsgesetz) vom 7.8.1956 (BGBl. I S. 707)
MitbestG	Gesetz über die Mitbestimmung der Arbeitnehmer (Mitbestimmungsgesetz) vom 4.5.1976 (BGBl. I S. 1153)

m. krit. Anm. .... mit kritischer Anmerkung
m. i. Erg. zust. Anm. .... mit im Ergebnis zustimmender Anmerkung
m. zust. Anm. .... mit zustimmender Anmerkung
MMR .... Multimediarecht (Zeitschrift)
Mohnke .... Zielvereinbarungen im Arbeitsverhältnis unter besonderer Berücksichtigung von Zielbonussystemen, 1. Aufl. 2006
Möhring/Nicolini/*Bearbeiter* .... Urheberrechtsgesetz, 2. Aufl. 2000
Montan-MitbestG .... Gesetz über die Mitbestimmung der Arbeitnehmer in den Aufsichtsräten und Vorständen der Unternehmen des Bergbaus und der Eisen und Stahl erzeugenden Industrie (Montanmitbestimmungsgesetz) vom 21.5.1951 (BGBl. I S. 347)
MRK .... Konvention zum Schutze der Menschenrechte und Grundfreiheiten (Menschenrechts-Konvention) i. d. F. der Bek. vom 17.5.2002 (BGBl. II S. 1055)
MTV .... Manteltarifvertrag
Müller .... Die Entsendung von Arbeitnehmern in der Europäischen Union, 1997
Müller/Berenz .... Entgeltfortzahlungsgesetz, 3. Aufl. 2001
MünchHdbArbR/*Bearbeiter* .... Münchener Handbuch zum Arbeitsrecht, 3. Aufl. 2009
MünchHdbGesR/*Bearbeiter* .... Münchener Handbuch des Gesellschaftsrechts, 4. Aufl. 2012 ff.
MünchKommAktG/*Bearbeiter* .... Münchener Kommentar zum Aktiengesetz, 3. Aufl. 2008 ff.
MünchKommBGB/*Bearbeiter* .... Münchener Kommentar zum Bürgerlichen Gesetzbuch, 6. Aufl. 2013 ff.
MünchKommGmbHG/*Bearbeiter* .... Münchener Kommentar zum GmbHG, 1. Aufl. 2012
MünchKommHGB/*Bearbeiter* .... Münchener Kommentar zum Handelsgesetzbuch, 2. Aufl. 2005 ff.
MünchKommInsO/*Bearbeiter* .... Münchener Kommentar zur Insolvenzordnung, 2. Aufl. 2007 ff.
MünchKommZPO/*Bearbeiter* .... Münchener Kommentar zur Zivilprozessordnung, 4. Aufl. 2012 ff.
MünchVertrHdb/*Bearbeiter* .... Münchener Vertragshandbuch, 7. Aufl. 2013
MuSchG .... Gesetz zum Schutze der erwerbstätigen Mutter (Mutterschutzgesetz) i. d. F. der Bek. vom 20.6.2002 (BGBl. I S. 2318)
Musielak/*Bearbeiter* .... ZPO, Kommentar, 10. Aufl. 2013
Mutterschutzrichtlinien VO .... Verordnung zur ergänzenden Umsetzung der EG-Mutterschutz-Richtlinie (Mutterschutzrichtlinienverordnung) vom 15.4.1997 (BGBl. I S. 782)
MwSt. .... Mehrwertsteuer
m. w. N. .... mit weiteren Nachweisen

NA/*Bearbeiter* .... Neues Arbeitsrecht, Loseblatt
Nachw. .... Nachweis

NachwG	Gesetz über den Nachweis der für ein Arbeitsverhältnis geltenden wesentlichen Bedingungen (Nachweisgesetz) vom 20.7.1995 (BGBl. I S. 946)
Nagel/Freis/Kleinsorge/*Bearbeiter*	Die Beteiligung der Arbeitnehmer in der Europäischen Gesellschaft – SE, 2005
Nägele	Der Dienstwagen. Arbeits- und Steuerrecht von A-Z, 2. Aufl. 2010
Nerlich/Römermann	Insolvenzordnung, Loseblatt, 25. Aufl. 2013
Neuhaus	Sicherheit und Gesundheitsschutz bei Büro und Bildschirmarbeit, 2002
Neumann/Biebl	Arbeitszeitgesetz, Kommentar, 16. Aufl. 2012
Neumann/Fenski	Bundesurlaubsgesetz, Kommentar, 10. Aufl. 2011
Neumann/Pahlen	*Neumann/Pahlen/Majerski-Pahlen,* Sozialgesetzbuch IX, Kommentar, 12. Aufl. 2010
Niebler/Biebl/Ross	Arbeitnehmerüberlassungsgesetz, 2. Aufl. 2003
Nikisch I, II, III	Arbeitsrecht, Bd. 1 (Allgemeine Lehren und Arbeitsvertragsrecht), 3. Aufl. 1961; Bd. 2 (Koalitionsrecht, Arbeitskampfrecht und Tarifvertragsrecht), 2. Aufl. 1959; Bd. 3 (Betriebsverfassungsrecht), 2. Aufl. 1966
Nimscholz/Oppermann/Ostrowicz	Altersteilzeit, 7. Aufl. 2011
Nirk/Ziemons/Binnewies/*Bearbeiter*	Handbuch der Aktiengesellschaft – Apartwerk, Loseblatt
NJOZ	Neue Juristische Online-Zeitschrift
NJW	Neue Juristische Wochenschrift
NJW-RR	NJW-Rechtsprechungs-Report, Zivilrecht (Zeitschrift)
n. rkr.	nicht rechtskräftig
Nr.	Nummer(n)
NRW	Nordrhein-Westfalen
n. F.	neue Fassung
n. v.	nicht veröffentlicht
NVwZ	Neue Zeitschrift für Verwaltungsrecht
NWB	Neue Wirtschaftsbriefe für Steuer- und Wirtschaftsrecht (ohne Eilnachrichten) (Zeitschrift)
NZA	Neue Zeitschrift für Arbeitsrecht
NZA-RR	NZA-Rechtsprechungs-Report
NZG	Neue Zeitschrift für Gesellschaftsrecht
NZI	Neue Zeitschrift für das Recht der Insolvenz und Sanierung
NZM	Neue Zeitschrift für Miet- und Wohnungsrecht
NZS	Neue Zeitschrift für Sozialrecht
NZV	Neue Zeitschrift für Verkehrsrecht
o.	oben
o. a.	oben angegeben
o. Ä.	oder Ähnliches
OECD	Organization of Economic Cooperation and Development
OEEC	Organization for European Economic Cooperation
Oetker/*Bearbeiter*	Kommentar zum Handelsgesetzbuch, 3. Aufl. 2013
öffentl.	öffentlich
o. g.	oben genannte (-r/-s)
OHG	offene Handelsgesellschaft
OLG	Oberlandesgericht
OLGR	OLG Report, Schnelldienst zur Zivilrechtsprechung des Bundesgerichtshofs und der Oberlandesgerichte

OLGZ .... Rechtsprechung der Oberlandesgerichte in Zivilsachen, Amtliche Entscheidungssammlung
ÖPNV .... öffentlicher Personennahverkehr
Orth/Welkoborsky .... Landespersonalvertretungsgesetz Nordrhein-Westfalen, 6. Aufl. 2002
ÖTV .... Gewerkschaft öffentliche Dienste, Transport und Verkehr
Otten .... Heim- und Telearbeit, Kommentar zum HAG und heimarbeitsrelevanten Normen sowie Erläuterungen zur Telearbeit, 1996
Otto .... Arbeitskampf- und Schlichtungsrecht, 2006
Otto .... Personale Freiheit und soziale Bindung, 1978
OVG .... Oberverwaltungsgericht
OWiG .... Gesetz über Ordnungswidrigkeiten i. d. F. der Bek. vom 19.2.1987 (BGBl. I S. 602)

p. a. .... per anno
Palandt/*Bearbeiter* .... Bürgerliches Gesetzbuch, Kommentar, 73. Aufl. 2014
PBA .... paritätischer Bildungsausschuss
PatG .... Patentgesetz i. d. F. der Bek. vom 16.12.1980 (BGBl. I S. 1)
Pauly/Osnabrügge/*Bearbeiter* .... Handbuch Kündigungsrecht, 3. Aufl. 2010
Peix .... Errichtung und Fortbestand des Gesamtbetriebsrates unter besonderer Berücksichtigung von gewillkürten Arbeitnehmervertretungen und Unternehmensumstrukturierungen, 2008
Personal .... Personal Mensch und Arbeit im Betrieb (Zeitschrift)
PersF .... Personalführung (Zeitschrift)
PersV .... Die Personalvertretung (Zeitschrift)
Peter .... Betriebswirtschaftliche und sozialpolitische Aspekte neuer Konzepte der Gruppenarbeit im Rahmen von Lean-Management, 1997
PflegeZG .... Gesetz über die Pflegezeit (Pflegezeitgesetz) vom 28.5.2008 (BGBl. I S. 874)
PflR .... PflegeRecht (Zeitschrift)
Picot/Schnitker .... Arbeitsrecht bei Unternehmenskauf und Restrukturierung, 2001
Pieper .... Arbeitsschutzrecht, Kommentar für die Praxis zum Arbeitsschutzgesetz, Arbeitssicherheitsgesetz und zu den anderen Arbeitsschutzvorschriften, 5. Aufl. 2012
Pieper .... Arbeitsschutzgesetz, Basiskommentar, 6. Aufl. 2014
Pieper/Vorath .... Handbuch Arbeitsschutz – Sicherheit und Gesundheitsschutz bei der Arbeit, 2. Aufl. 2005
Piper/Ohly/Sosnitza/*Bearbeiter* .... Gesetz gegen den unlauteren Wettbewerb, 5. Aufl. 2010
PKBAT/*Bearbeiter* .... *Bruse/Görg/Hamer/Hannig/Mosebach/Rzadkowski/Schelter/Schmalz/Wolf*, BAT und BAT-Ost, Kommentar, 2. Aufl. 1993
Pkw .... Personenkraftwagen
PM .... Pressemitteilung
Powietzka/Rolf .... Bundesurlaubsgesetz, Kommentar, 2012
Preis Individualarbeitsrecht .... Arbeitsrecht, Individualarbeitsrecht, Lehrbuch für Studium und Praxis, 4. Aufl. 2012
Preis Kollektivarbeitsrecht .... Arbeitsrecht, Kollektivarbeitsrecht, Lehrbuch für Studium und Praxis, 3. Aufl. 2012
Preis Arbeitsvertrag .... Der Arbeitsvertrag, 4. Aufl. 2011
Prössl/Martin .... Versicherungsvertragsgesetz, Kommentar, 28. Aufl. 2010

PSV .... Pensions-Sicherungs-Verein
Pünnel/Isenhardt .... Die Einigungsstelle des BetrVG 1972, 4. Aufl. 1997

RdA .... Recht der Arbeit (Zeitschrift)
Rn. .... Randnummer(n)
RE .... Rechtsentscheid
Recht .... Das Recht (Zeitschrift)
RefE .... Referentenentwurf
RegE .... Regierungsentwurf
Reinartz .... Personalvertretungsgesetz Nordrhein-Westfalen mit Wahlordnung, 1990
Reinfeldt .... Das nachvertragliche Wettbewerbsverbot im Arbeits- und Wirtschaftsrecht, 1993
Reischauer/Kleinhans .... Kreditwesengesetz, Kommentar, Loseblatt
RG .... Reichsgericht
RGBl. .... Reichsgesetzblatt
RGRK/*Bearbeiter* .... Das Bürgerliche Gesetzbuch mit besonderer Berücksichtigung der Rechtsprechung des Reichsgerichts und des Bundesgerichtshofes, Kommentar, hrsg. von Mitgliedern des Bundesgerichtshofs, 2001
RGZ .... Entscheidungen des Reichsgerichts in Zivilsachen, Nachschlagewerk des Reichsgerichtshofes in Bd. ab 1880
RiA .... Recht im Amt, Zeitschrift für den öffentlichen Dienst
Richardi/*Bearbeiter* .... Betriebsverfassungsgesetz, Kommentar, 14. Aufl. 2014
Richardi/Dörner/Weber ... Personalvertretungsrecht, 4. Aufl. 2012
Richenhagen .... Bildschirmarbeitsplätze, 3. Aufl. 1997
Richenhagen/Prümper/Wagner .... Handbuch der Bildschirmarbeit, 3. Aufl. 2002
Rieder/*Bearbeiter* .... Rechtsfragen im angestellten Außendienst, 2. Aufl. 2001
Ring .... Gesetz über Teilzeitarbeit und befristete Arbeitsverträge, 2001
Rittweger/Petri/Schweikert/*Bearbeiter* .... Altersteilzeit, 2. Aufl. 2002
RIW .... Recht der internationalen Wirtschaft (Zeitschrift)
rkr. .... rechtskräftig
RL .... Richtlinie(n)
RNE .... Rat für nachhaltige Entwicklung
RNotZ .... Rheinische Notar-Zeitschrift
Rödder/Hötzel/Mueller-Thuns .... Unternehmenskauf, Unternehmensverkauf, 2003
Rolfs .... Teilzeit und Befristungsgesetz, 2002
Römer/Langheid .... Versicherungsvertragsgesetz, Kommentar, 3. Aufl. 2012
RöntgenVO .... Verordnung über den Schutz vor Schäden durch Röntgenstrahlung i. d. F. der Bek. vom 30.1.2003 (BGBl. I S. 604)
Roßnagel .... Handbuch Datenschutzrecht, 2003
Rot/Altmeppen/*Bearbeiter* .... Gesetz betreffend die Gesellschaft mit beschränkter Haftung: GmbH, Kommentar, 7. Aufl. 2012
Rs. .... Rechtssache
Rspr. .... Rechtsprechung
RV .... Die Rentenversicherung (Zeitschrift)
RVG .... Gesetz über die Vergütung der Rechtsanwältinnen und Rechtsanwälte (Rechtsanwaltsvergütungsgesetz) vom 5.5.2004 (BGBl. I S. 718)
RWP .... Rechts- und Wirtschaftspraxis (Loseblatt-Ausgabe)

S. .... Seite; Satz
s. .... siehe
SAE .... Sammlung arbeitsrechtlicher Entscheidungen (Zeitschrift)
SAR .... Stock Appreciation Rights
Schack/Tacke/Thau .... Praktiker-Handbuch zur Umsetzung der betrieblichen Altersversorgung, 2. Aufl. 2005
Schaefer .... Das Nachweisgesetz, 2000
Schaffland/Wiltfang .... Bundesdatenschutzgesetz, Loseblattsammlung
Schaub .... *Schaub/Künzl*, Arbeitsgerichtsverfahren – Handbuch, 7. Aufl. 2004
Schaub/*Bearbeiter* .... *Schaub/Koch/Linck/Treber/Vogelsang*, Arbeitsrechts-Handbuch, 15. Aufl. 2013
Schaub Formularhandbuch .... *Schaub/Schrader/Straube/Vogelsang*, Arbeitsrechtliches Formular- und Verfahrenshandbuch, 10. Aufl. 2013
Schaub/Schindele .... Kurzarbeit, Massenentlassung, Sozialplan, 3. Aufl. 2011
SchG .... Gesetz über die Errichtung und das Verfahren der Schiedsstellen für Arbeitsrecht vom 29.6.1990 (GBl. I Nr. 38 S. 505)
Schiek/*Bearbeiter* .... *Laskowski/Schiek/Welti*, Allgemeines Gleichbehandlungsgesetz – ein Kommentar aus europäischer Perspektive, 2007
Schleßmann .... Das Arbeitszeugnis, 20. Aufl. 2012
Schleusener/Suckow/Voigt .... AGG, Kommentar zum Allgemeinen Gleichbehandlungsgesetz, 4. Aufl. 2013
Schliemann/Meyer .... Arbeitszeitrecht, 2. Aufl. 2002
Schmidt .... Einkommenssteuergesetz, 32. Aufl. 2013
Schmidt .... Gesellschaftsrecht, 4. Aufl. 2002
Schmidt/Lutter/*Bearbeiter* AktG, Kommentar, 2. Aufl. 2010
Schmitt .... Entgeltfortzahlungsgesetz und Aufwendungsausgleichsgesetz, Kommentar, 7. Aufl. 2012
Schoden .... Betriebliche Altersversorgung – Kommentar für die Praxis, 2. Aufl. 2003
Scholz/*Bearbeiter* .... GmbHG, Kommentar, 11. Aufl. 2012
Schönke/Schröder/*Bearbeiter* .... Strafgesetzbuch, 28. Aufl. 2010
Schricker/Loewenheim ...... Urheberrecht, 4. Aufl. 2010
Schulte-Zurhausen .... Organisation, 5. Aufl. 2010
Schüren/Hamann .... Arbeitnehmerüberlassungsgesetz, Kommentar, 4. Aufl. 2010
Schwab/Weth/*Bearbeiter* .... Arbeitsgerichtsgesetz, Kommentar, 3. Aufl. 2011
Schwark/Zimmer/*Bearbeiter* .... Kapitalmarktrechts-Kommentar, 4. Aufl. 2010
SchwBeschG .... Schwerbeschädigtengesetz vom 16.6.1953 (BGBl. I S. 389)
SchwbG .... Gesetz zur Sicherung der Eingliederung Schwerbehinderter in Arbeit, Beruf und Gesellschaft (Schwerbehindertengesetz) i. d. F. der Bek. vom 26.8.1986 (BGBl. I S. 1422)
Schwedes .... Vertragliche Wettbewerbsbeschränkungen für die Zeit nach Beendigung des Arbeitsverhältnisses, 1990
SE .... Societas Europaea/Statut der Europäischen Gesellschaft
SEAG .... Gesetz zur Ausführung der Verordnung (EG) Nr. 2157/2001 des Rates vom 8. Oktober 2001 über das Statut der Europäischen Gesellschaft (SE), (SE-Ausführungsgesetz) i. d. F. der Bek. vom 22.12.2004 (BGBl. I S. 3675)

SEBG .... Gesetz über die Beteiligung der Arbeitnehmer in einer Europäischen Gesellschaft (SE-Beteiligungsgesetz) i. d. F. der Bek. vom 22.12.2004 (BGBl. I S. 3675)
SEC .... United States Securities and Exchange Commission (US-Börsenaufsichtsbehörde)
Sec. .... Section (Paragraph)
SeeArbG .... Seearbeitsgesetz vom 20.4.2013 (BGBl. I S. 868)
Seidel .... Der Kündigungsschutz für schwerbehinderte Menschen im Arbeitsleben (SGB IX), 3. Aufl. 2010
SE-Komm/*Bearbeiter* .... *Lutter/Hommelhoff* (Hrsg.), Kommentar, 2008
Semler/Stengel/*Bearbeiter* Umwandlungsgesetz, Kommentar, 3. Aufl. 2012
SE-VO .... Societas Europaea/Statut der Europäischen Gesellschaft-Verordnung
SFAS .... Statement of Financial Accounting Standards
SG .... Sozialgericht
SGB .... Sozialgesetzbuch
SGb. .... Die Sozialgerichtsbarkeit (Zeitschrift)
SGG .... Sozialgerichtsgesetz i. d. F. der Bek. vom 23.9.1975 (BGBl. I S. 2535)
Sievers .... Teilzeit- und Befristungsgesetz, Kommentar, 4. Aufl. 2012
Simitis/*Bearbeiter* .... Bundesdatenschutzgesetz, 7. Aufl. 2011
s. o. .... siehe oben
Soergel/*Bearbeiter* .... Bürgerliches Gesetzbuch mit Einführungsgesetz und Nebengesetzen, Kommentar, 13. Aufl. 1999 ff.
sog. .... sogenannt(e)
Soll-FTE .... Soll-Full-Time-Equivalent
Söllner/Waltermann .... Arbeitsrecht, 16. Aufl. 2012
Soll-MAK .... Soll-Maximale-Arbeitsplatz-Konzentration
Spindler/Stilz/*Bearbeiter* ... Kommentar zum Aktiengesetz: AktG, 2. Aufl. 2010
Sponer/Steinherr .... Befristete Arbeitsverhältnisse: unter Berücksichtigung der Besonderheiten des öffentlichen Dienstes (SR 2y BAT), 2002
SprAuG .... Gesetz über die Sprecherausschüsse der leitenden Angestellten (Sprecherausschussgesetz) vom 20.12.1988 (BGBl. I S. 2312)
st. .... stetige; ständige
StA .... Staatsangehörigkeit/Staatsanwalt(-schaft)
Stahlhacke/Preis/Vossen ... Kündigung und Kündigungsschutz im Arbeitsverhältnis, 10. Aufl. 2010
Staub .... *Staub* (Begr.), *Canaris/Habersack/Schäfer* (Hrsg.), Handelsgesetzbuch (HGB) Großkommentar, 5. Aufl. 2008 ff.
Staudinger/*Bearbeiter* .... Kommentar zum Bürgerlichen Gesetzbuch, 12. Aufl. 1978 ff.; Neubearbeitungen 1993 ff.
Stege/Weinspach/ Schiefer .... Handkommentar zum Betriebsverfassungsgesetz, 9. Aufl. 2002
Std. .... Stunde
Stege/Weinspach/ Schiefer .... Betriebsverfassungsgesetz, Handkommentar für die betriebliche Praxis, 9. Aufl. 2002
Steinmeyer/Häger/ *Bearbeiter* .... WpÜG, Kommentar, 2. Aufl. 2007
StGB .... Strafgesetzbuch i. d. F. der Bek. vom 13.11.1998 (BGBl. I S. 3322)
Stöber .... Handbuch zum Vereinsrecht, 9. Aufl. 2004
str. .... streitig
StrahlenschutzVO .... Verordnung über den Schutz vor Schäden von ionisierenden Strahlen vom 30.6.1989 (BGBl. I S. 1329)

st. Rspr.	ständige Rechtsprechung
StVG	Straßenverkehrsgesetz vom 5.3.2005 (BGBl. I S. 310, 319)
StVO	Straßenverkehrs-Ordnung vom 6.3.2013 (BGBl. I S. 367)
StVZO	Straßenverkehrszulassungsordnung vom 26. 4 2010 (BGBl. I S. 679)
s. u.	siehe unten
SuP	Sozialrecht + Praxis (Zeitschrift)
SvEV	Verordnung über die sozialversicherungsrechtliche Beurteilung von Zuwendungen des Arbeitgebers als Arbeitsentgelt (Sozialversicherungsentgeltverordnung) vom 21.12.2006 (BGBl. I S. 3385)
Taeger/Gabel	Bundesdatenschutzgesetz, 2010
teilw.	teilweise
Teusch	Die Organisation der Betriebsverfassung durch Tarifrecht, 2007
TG	Transfergesellschaft
Thomas/Putzo	Zivilprozessordnung mit Gerichtsverfassungsgesetz, den Einführungsgesetzen und europarechtlichen Vorschriften, Kommentar, 34. Aufl. 2013
Thüsing	Arbeitnehmerdatenschutz und Compliance, 2010
Thüsing	AGB-Kontrolle im Arbeitsrecht, 2007
Thüsing	Arbeitsrechtlicher Diskriminierungsschutz, 2. Aufl. 2013
Tinnefeld/Buchner/Petri	Einführung in das Datenschutzrecht, 5. Aufl. 2012
Tipke/Kruse	Abgabenordnung, Kommentar, Loseblatt
TKG	Telekommunikationsgesetz vom 22.6.2004 (BGBl. I S. 1190)
TMG	Telemediengesetz vom 26.2.2007 (BGBl. I S. 179)
Tschöpe/*Bearbeiter*	Anwalts-Handbuch Arbeitsrecht, 8. Aufl. 2013
TÜV	Technischer Überwachungsverein
TV	Tarifvertrag
TVG	Tarifvertragsgesetz i. d. F. der Bek. vom 25.8.1969 (BGBl. I S. 1323)
TVöD	Tarifvertrag für den öffentlichen Dienst
TVöD-B	Tarifvertrag für den öffentlichen Dienst, Besonderer Teil Pflege- und Betreuungseinrichtungen
TzBfG	Gesetz über Teilzeitarbeit und befristete Arbeitsverträge (Teilzeit- und Befristungsgesetz) vom 21.12.2000 (BGBl. I S. 1966)
u.	und; unten; unter
u. a.	unter anderem, und andere
u. Ä.	und Ähnliche(s)
u. a. m.	und anderes mehr
u. E.	unseres Erachtens
Ulber	AÜG – Arbeitnehmerüberlassungsgesetz, 4. Aufl. 2011
Ulmer/Habersack/Henssler	Mitbestimmungsrecht, Kommentar, 3. Aufl. 2013
Umnuß	Corporate Compliance Checklisten, 2. Aufl. 2012
UmwG	Umwandlungsgesetz vom 28.10.1994 (BGBl. I S. 3210, ber. 1995 S. 428)
unstr.	unstreitig
UPS	United Postal Service
UrhG	Urheberrechtsgesetz vom 9.9.1965 (BGBl. I S. 1273)
Urt.	Urteil
USD	US-Dollar

US-GAAP	United States Generally Accepted Accounting Principles
usw.	und so weiter
u. U.	unter Umständen
v.	vom; von
VAG	Gesetz über die Beaufsichtigung der Versicherungsunternehmen (Versicherungsaufsichtsgesetz) i. d. F. der Bek. vom 17.12.1992 (BGBl. 1993 I S. 2)
VBG	Verwaltungs- Berufsgenossenschaft
VBL	Versorgungsanstalt des Bundes und der Länder
ver.di	Vereinigte Dienstleistungsgewerkschaft
VerfGH	Verfassungsgerichtshof
VersAusglG	Gesetz über den Versorgungsausgleich (Versorgungsausgleichsgesetz) vom 3.4.2009 (BGBl. I S. 700)
VersR	Versicherungsrecht, Juristische Rundschau für die Individualversicherung (Zeitschrift)
VersVergV	Versicherungs-Vergütungsverordnung
VersW	Versicherungswirtschaft (Zeitschrift)
VG	Verwaltungsgericht; Verwertungsgesellschaft
VGH	Verfassungsgerichtshof
vgl.	vergleiche
v. H.	von (vom) Hundert
vhw	Bundesverband für Wohnen und Stadtentwicklung
VO	Verordnung
Vogelsang	Entgeltfortzahlung, 2003
Vollkommer/Greger/Heinemann	Anwaltshaftungsrecht, 3. Aufl. 2009
Voraufl.	Vorauflage
Vorb.	Vorbemerkung
VuR	Verbraucher und Recht (Zeitschrift)
VVG	Gesetz über den Versicherungsvertrag vom 23.11.2007 (BGBl. I S. 2631)
VwGO	Verwaltungsgerichtsordnung i. d. F. der Bek. vom 19.3.1991 (BGBl. I S. 686)
WahlO	Wahlordnung
Wandt	Versicherungsrecht, 5. Aufl. 2010
Wandtke/Bullinger/*Bearbeiter*	Praxiskommentar zum Urheberrecht, 3. Aufl. 2009
Weber	Mutterschutzgesetz, Kommentar, 22. Aufl. 2002
Weber/Dahlbender	Verträge für GmbH-Geschäftsführer und Vorstände, 2. Aufl. 2000
Weber/Ehrich/Burmester/Fröhlich	Handbuch der arbeitsrechtlichen Aufhebungsverträge, 5. Aufl. 2009
Weiß/Weyand	Betriebsverfassungsgesetz, 3. Aufl. 1994
Wendeling-Schröder/Stein	Allgemeines Gleichbehandlungsgesetz, Kommentar, 2008
Weyand	Jugendarbeitsschutzgesetz, 1. Aufl. 2012
v. Weyhe	Die Entsendung von Mitarbeitern ins Ausland, 1997
WG	Wechselgesetz vom 21.6.1933 (RGBl. I S. 399)
W/H/S/S/*Bearbeiter*	*Willemsen/Hohenstatt/Schweibert/Seibt*, Umstrukturierung und Übertragung von Unternehmen, 4. Aufl. 2011
Wichmann/Langer	Öffentliches Dienstrecht, Kommentar, 7. Aufl. 2014
Wiedemann/*Bearbeiter*	Tarifvertragsgesetz, Kommentar, 7. Aufl. 2007
Wiedemann/Kunz	Schwerbehindertenrecht, 7. Aufl. 1996

Wieland	Recht der Firmentarifverträge, 1998
Wieser	Arbeitsgerichtsverfahren, 1994
Wiezer	Insolvenzsicherung von Arbeitszeitkonten, 2004
Willikonsky	Kommentar zum Mutterschutzgesetz, 2. Aufl. 2007
Wilkesmann	Gruppenarbeit, 1992
WO 1953	Erste Rechtsverordnung zur Durchführung des Betriebsverfassungsgesetzes (Wahlordnung 1953) vom 18.3.1953 (BGBl. I S. 58), geändert durch VO vom 7.2.1962 (BGBl. I S. 64)
WO 1972	Erste Verordnung zur Durchführung des Betriebsverfassungsgesetzes (Wahlordnung 1972) vom 16.1.1972 (BGBl. I S. 49)
WO 2001	Erste Verordnung zur Durchführung des Betriebsverfassungsgesetzes (Wahlordnung 2001) vom 11.12.2001 (BGBl. I S. 3494)
Wohlgemuth/*Bearbeiter*	Berufsbildungsgesetz, 1. Aufl. 2011
Wolf/Lindacher/Pfeiffer	AGB-Recht, Kommentar, 6. Aufl. 2013
Wolfin/Schmidt	Schwerbehinderte im Betrieb, 1998
WOMitbestG (1., 2., 3.)	Erste, Zweite, Dritte Wahlordnung zum Mitbestimmungsgesetz
Worzalla/Mailänder/ Worch/Heise/Will	Teilzeitarbeit und befristete Arbeitsverträge, 2001
WPHdb/*Autor*	*Dörner/Hense/Gelhausen* (Hrsg.), WP Handbuch 2008, Bd. 2 Wirtschaftsprüferhandbuch
WpHG	Gesetz über den Wertpapierhandel (Wertpapierhandelsgesetz) i. d. F. der Bek. vom 9.9.1998 (BGBl. I S. 2708)
WpÜG	Wertpapiererwerbs- und Übernahmegesetz vom 20.12.2001 (BGBl. I S. 3822)
WuM	Wohnungswirtschaft & Mietrecht (Zeitschrift)
Wybitul	Handbuch Datenschutz im Unternehmen, 2011
ZAAR	Zentrum für Arbeitsbeziehungen und Arbeitsrecht
z. B.	zum Beispiel
ZAR	Zeitschrift für Ausländerrecht und Ausländerpolitik
ZBVR online	Zeitschrift für Betriebsverfassungsrecht
ZD	Zeitschrift für Datenschutz
ZESAR	Zeitschrift für europäisches Sozial- und Arbeitsrecht
ZEV	Zeitschrift für Erbrecht und Vermögensnachfolge
ZfA	Zeitschrift für Arbeitsrecht
z. Hd.	zu Händen
ZHR	Zeitschrift für das gesamte Handelsrecht und Wirtschaftsrecht (früher Zeitschrift für das gesamte Handelsrecht und Konkursrecht)
Ziff.	Ziffer(n)
ZIP	Zeitschrift für Wirtschaftsrecht und Insolvenzrecht
ZIR	Zeitschrift für internationales Recht (früher NiemeyersZ)
Zirngibl	Die Due Diligence bei der GmbH und der Aktiengesellschaft, 2004
Zmarzlik/Anzinger	Jugendarbeitsschutzgesetz, Kommentar, 5. Aufl. 1998
Zmarzlik/Zipperer/ Viethen/Vieß	Mutterschutzgesetz, Mutterschaftsleistungen, 9. Aufl. 2006
ZMR	Zeitschrift für Miet- und Raumrecht
Zöller/*Bearbeiter*	Kommentar zur Zivilprozessordnung, 30. Aufl. 2014
Zöllner/Loritz/ Hergenröder	Arbeitsrecht, 6. Aufl. 2008
ZPO	Zivilprozessordnung i. d. F. der Bek. vom 5.12.2005 (BGBl. I S. 3202, ber. 2006 S. 431 und 2007 S. 1781)
ZRP	Zeitschrift für Rechtspolitik (Beil. zur NJW)
z. T.	zum Teil
ZTR	Zeitschrift für Tarifrecht

ZUM	Zeitschrift für Urheber- und Medienrecht
zust.	zuständig; zustimmend
zutr.	zutreffend
z. Z.	zurzeit
zzgl.	zuzüglich

A. Individualarbeitsrecht

I. Die Anbahnung des Arbeitsverhältnisses

1. Einladung zum Vorstellungsgespräch

[Briefkopf der Gesellschaft]

Herrn . . . . . . (Name und Anschrift des Bewerbers)

. . . . . . (Datum)

Ihre Bewerbung vom . . . . . .

Sehr geehrter Herr . . . . . .,

wir danken Ihnen für Ihre Bewerbung für die Position als . . . . . . in unserem Unternehmen.

Wir möchten Sie gerne persönlich kennen lernen und laden Sie zu einem ersten Vorstellungsgespräch mit Herrn . . . . . . am . . . . . . um . . . . . . Uhr in . . . . . . ein.[1] Wir gehen davon aus, dass dieses Gespräch ungefähr bis . . . . . . Uhr dauern wird.

Sollten Sie zu diesem Termin verhindert sein, setzen Sie sich bitte zur Abstimmung eines anderen Termins mit Herrn . . . . . . in Verbindung (Telefon: . . . . . .).

Die Ihnen für die Anreise zu dem Vorstellungsgespräch und die Rückreise tatsächlich entstehenden Fahrtkosten erstatten wir bis zur Höhe der Kosten für eine Bahnfahrt 2. Klasse und Nutzung des ÖPNV, ausgehend von Ihrem in der Bewerbung angegebenen derzeitigen Wohnort. Bitte haben Sie Verständnis, dass wir sonstige Vorstellungskosten, wie z.B. Verpflegungs- oder Übernachtungskosten sowie etwaigen Verdienstausfall nicht erstatten.[2]

(Alternative:

Wir weisen darauf hin, dass wir in dieser frühen Phase des Auswahlverfahrens Vorstellungskosten sowie etwaigen Verdienstausfall nicht übernehmen.)[3, 4]

Mit freundlichen Grüßen

. . . . . .

Unterschrift der Gesellschaft[5]

Anmerkungen

1. **Erstattung der Vorstellungskosten.** Lädt der Arbeitgeber einen Bewerber zum Vorstellungsgespräch ein, hat der Bewerber grundsätzlich **Anspruch auf Erstattung** der ihm entstandenen Vorstellungskosten (BAG NZA 1989, 468). Dieser Anspruch besteht unabhängig von einer späteren Begründung des Arbeitsverhältnisses (ArbG Köln NZA-RR 2005, 577). Der Arbeitgeber kann daher die Kosten nicht vom Bewerber zurückfordern, wenn dieser vertragswidrig seine Stelle nicht antritt (*Becker-Schaffner* BlStSozArbR 1985, 161, 163). Der Ausschluss der Erstattung ist zulässig. Hierzu ist eine ausdrückliche und eindeutige Erklärung des Arbeitgebers vor Durchführung des Bewerbungsgesprächs erforderlich (allgemeine Ansicht, LAG Nürnberg BeckRS 1995, 30852262; MünchKommBGB/*Henssler* § 629 Rn. 27; MünchHdbArbR/*Reichold* § 85 Rn. 39).

2. Regelung der Vorstellungskosten. Eine ausdrückliche Regelung der Erstattung der Vorstellungskosten ist zu empfehlen, insbesondere zur Vermeidung von Streitigkeiten mit abgelehnten Bewerbern. Die Regelung sollte zu Beweiszwecken in die schriftliche Einladung zum Vorstellungsgespräch aufgenommen werden. Das Formular enthält eine Bestimmung über erstattungsfähige Vorstellungskosten, die im Normalfall angemessen ist: Die Fahrtkosten werden bis zu einer gewissen Grenze erstattet, die Erstattung sonstiger Kosten ist ausgeschlossen. Durch den Hinweis auf den Wohnort des Bewerbers wird vermieden, dass der Bewerber die Erstattung der Kosten der Anreise zum Bewerbungsgespräch von einem weiter entfernten Ort als seinem Wohnort verlangt. Bei Vorstellungsgesprächen zur Besetzung besonders herausgehobener Positionen mag eine großzügigere Regelung angebracht sein.

In der Praxis wird häufig **keine ausdrückliche Regelung** über die Erstattung der Vorstellungskosten getroffen. Ein Erstattungsanspruch des Bewerbers ist dann bereits zu bejahen, wenn das Bewerbungsgespräch jedenfalls auch im erklärten Interesse des Arbeitgebers stattgefunden hat. Auf die Frage, auf wessen Initiative das Gespräch geführt wurde, kommt es nicht an. Die einzelne Abgrenzung ist streitig. So verlangt das LAG Nürnberg (BeckRS 1995, 30852262) als Voraussetzung eines Erstattungsanspruchs lediglich, dass der Arbeitgeber der Initiative des Bewerbers nicht entgegengetreten ist, sondern seinen Terminvorschlag (kommentarlos) bestätigt hat, das Bewerbungsgespräch also „mit Wissen und Wollen" des Arbeitgebers stattfindet. Dem tritt die wohl herrschende Meinung entgegen, die einen Erstattungsanspruch ablehnt, wenn der Arbeitgeber einem Vorschlag des Bewerbers nur zustimmt (*Becker-Schaffner* BlStSozArbR 85, 161; MünchKommBGB/*Henssler* § 629 Rn. 28; ähnlich ErfKomm/*Müller-Glöge* § 629 BGB Rn. 13). Nach allgemeiner Ansicht besteht jedenfalls dann kein Erstattungsanspruch, wenn der Bewerber bei dem Arbeitgeber unaufgefordert (d.h. ohne vorherige Kontaktaufnahme, z.B. nur aufgrund einer Stellenanzeige) oder auf Vermittlung der Agentur für Arbeit vorspricht (ErfKomm/*Preis* § 611 BGB Rn. 245). Ein Erstattungsanspruch besteht im Übrigen auch dann, wenn nicht der Arbeitgeber das Vorstellungsgespräch mit dem Bewerber vereinbart, sondern der vom Arbeitgeber mit der Personalsuche beauftragte Unternehmensberater (BAG NZA 1989, 468).

Liegt keine ausdrückliche oder konkludente Zusage der Kostenerstattung seitens des Arbeitgebers vor, ziehen das BAG und die herrschende Ansicht in der Literatur als Grundlage für den Kostenerstattungsanspruch §§ 670, 662 BGB heran (Staudinger/*Preis* § 629 Rn. 25; MünchKommBGB/*Henssler* § 629 Rn. 26; ErfKomm/*Müller-Glöge* § 629 BGB Rn. 13; MünchHdbArbR/*Reichold* § 37 Rn. 20); kritisch zur Anspruchsgrundlage *Sieber/Wagner* NZA 2003, 1312 ff.). Der Erstattungsanspruch umfasst diejenigen Kosten, die der Bewerber den Umständen nach für erforderlich halten durfte (BAG AP BGB § 196 Nr. 8; BAG NZA 1989, 468).

Erstattungsfähig sind die **Fahrtkosten**, bei Benutzung öffentlicher Verkehrsmittel in Höhe der Kosten für die 2. Klasse, bei Benutzung eines Kraftfahrzeuges gemäß den steuerlichen Bestimmungen für die Kilometergeld-Pauschalen bei Benutzung eines eigenen Fahrzeugs zu Dienstreisen (h.M. LAG Nürnberg BeckRS 1995, 30852262; LAG Frankfurt a.M. DB 1981, 1000; MünchKommBGB/*Henssler* § 629 Rn. 31; a.A. LAG München LAGE BGB § 670 Nr. 4).

Flugkosten sind nach bisheriger erstinstanzlicher Rechtsprechung grundsätzlich nicht zu erstatten, etwas anderes soll nur bei besonders qualifizierten Stellen und besonderem Interesse des Arbeitgebers gelten (ArbG Hamburg NZA 1995, 428; ArbG Düsseldorf

NZA-RR 2012, 488). Angesichts der in jüngerer Zeit stark gesunkenen Flugpreise erscheint die Erstattungsfähigkeit von Flugkosten jedenfalls dann vertretbar, wenn sie die Kosten der Benutzung öffentlicher Verkehrsmittel in der 2. Klasse oder des privaten PKW nicht übersteigen (ebenso MünchKommBGB/*Henssler* § 629 Rn. 32).

Missverständnisse bei der Einschränkung der Erstattungspflicht können zu Schadensersatzpflichten des Arbeitgebers aus Verschulden bei Vertragsverhandlungen führen. Nennt eine Anreisebeschreibung ausdrücklich die Möglichkeit der Fahrt mit dem Taxi vom Bahnhof zum Betrieb des Arbeitgebers, so soll ein Vertrauenstatbestand zugunsten des Bewerbers auch dann entstehen, wenn im Einladungsschreiben die Kostenerstattung auf Bahn- und ÖPNV-Nutzung beschränkt ist. Den Bewerber trifft jedoch ein Mitverschulden, wenn er die Möglichkeit hatte, das Missverständnis zu erkennen und durch Rückfrage beim Arbeitgeber auszuräumen (ArbG Köln NZA-RR 2005, 577). Es empfiehlt sich daher, in Wegbeschreibungen nur diejenigen Verkehrsmittel anzugeben, deren Kosten der Arbeitgeber auch tatsächlich übernehmen will.

Im Übrigen können die erforderlichen Mehrkosten für **Übernachtung** und **Verpflegung** geltend gemacht werden (BAG NZA 1989, 468). Übernachtungskosten sind aber nur dann zu erstatten, wenn sie wegen der Dauer der An- und Abreise oder der zeitlichen Lage des Vorstellungsgespräches erforderlich sind. Der **Verdienstausfall** ist i. d. R. nicht erstattungsfähig, da der neue Arbeitgeber wegen des Entgeltfortzahlungsanspruchs des Bewerbers nicht mit einer Entgelteinbuße des Bewerbers rechnen muss (str.; gegen einen Erstattungsanspruch MünchKommBGB/*Henssler* § 629 Rn. 35; a. A. ErfKomm/*Müller-Glöge* § 629 BGB Rn. 15) und der Bewerber das Risiko beruflicher Veränderungen selbst zu tragen hat (*Becker-Schaffner* BlStSozArbR 1985, 161, 163).

Der Erstattungsanspruch verjährt nach § 195 BGB in drei Jahren. Ob das Bewerbungsgespräch zur Begründung eines Arbeitsverhältnisses geführt hat, ist grundsätzlich unerheblich (MünchKommBGB/*Henssler* § 629 Rn. 36). Eine Ausgleichsklausel in einem gerichtlichen Vergleich, durch den „alle eventuellen finanziellen Ansprüche aus dem Arbeitsverhältnis und seiner Beendigung" erledigt werden sollen, erfasst allerdings regelmäßig auch Vorstellungskosten (Schaub/*Linck* § 25 Rn. 29). Nach Auffassung von *Ehlers* können nach Einstellung des Bewerbers sogar arbeitsvertragliche oder tarifliche Ausschlussfristen anwendbar sein (*Berscheid/Kunz/Brand/Nebeling* Teil 2 J Rn. 115).

Der Anspruch auf Erstattung der Vorstellungskosten unterfällt den Regeln zur Verwirkung. Das Arbeitsgericht hält das Zeitmoment für gegeben, wenn seit Anspruchsentstehung ein knappes Jahr vergangen ist; für das Umstandsmoment soll die Aufnahme eines anderweitigen Beschäftigungsverhältnisses genügen (ArbG Köln BeckRS 2010, 65877).

3. Ausschluss des Erstattungsanspruchs. Der Ausschluss jeglicher Erstattung von Vorstellungskosten ist eher unüblich. Soll ein Ausschluss der Kostenerstattung erfolgen, ist ebenfalls eine ausdrückliche und eindeutige Erklärung des Arbeitgebers in die schriftliche Einladung zum Vorstellungsgespräch aufzunehmen. Nicht ausreichend sind Formulierungen, wonach dem Bewerber die Vorstellung „anheimgestellt wird" (Schaub/*Linck* § 25 Rn. 26; ErfKomm/*Müller-Glöge* § 629 BGB Rn. 13). Eine ausdrückliche Regelung ist auch bei einer Beschränkung des Erstattungsanspruchs erforderlich, z. B. bei Pauschalerstattung.

Soweit der Arbeitgeber die Kostenerstattung ausdrücklich ausschließt, besteht für arbeitslose oder von Arbeitslosigkeit bedrohte Bewerber (Arbeitssuchende) ein Anspruch auf Erstattung der Vorstellungskosten gegen die Agentur für Arbeit (§ 44 SGB III). Voraussetzung ist nicht die individuelle Bedürftigkeit, sondern lediglich eine vorherige Antragstellung (§§ 323 f. SGB III). Die angestrebte Arbeitsstelle muss zudem der Versicherungspflicht unterfallen (§ 16 Abs. 1 Nr. 2 SGB III). Der Arbeitgeber muss daher im Einzelfall entscheiden, ob es zweckmäßig ist, die Erstattung der Vorstellungskosten auszuschließen und dem Bewerber dadurch die Erstattungsmöglichkeit gegenüber der Agentur für Arbeit zu eröffnen.

4. Vorstellungsgespräch und AGG Nach § 6 Abs. 1 S. 2 AGG ist der Anwendungsbereich des AGG auch im arbeitsrechtlichen Bewerbungsverfahren eröffnet. Stellenanzeigen, die sich von vornherein beispielsweise nur an männliche Bewerber richten, verstoßen daher gegen das AGG. Bei derartigen Verstößen gegen das Benachteiligungs- und Diskriminierungsverbot kann der Bewerber nach § 15 AGG Schadensersatz bzw. bei Nichtvermögensschäden Entschädigung fordern. Einen Anspruch auf Begründung eines Beschäftigungsverhältnisses gewährt das AGG nicht (§ 15 Abs. 6 AGG).

Öffentliche Arbeitgeber müssen § 82 S. 2 SGB IX beachten, wonach schwerbehinderte Bewerber zum Vorstellungsgespräch einzuladen sind, sofern deren fachliche Eignung nicht offensichtlich fehlt (BAG BeckRS 2013, 74790; ErfKomm/*Rolfs* § 82 SGB IX Rn. 3). Andernfalls begründet die Verletzung dieser Pflicht die Vermutung der Benachteiligung eines Bewerbers aufgrund seiner Behinderung i. S. d. § 7 Abs. 1 AGG (BAG BeckRS 2013, 74790; BAG BeckRS 2013, 69476; BAG NZA 2007, 507; a. A. LAG Mainz BeckRS 2006, 40214). Diese Vermutungswirkung entfällt nicht dadurch rückwirkend, dass der öffentliche Arbeitgeber nach einem entsprechenden Hinweis durch den schwerbehinderten Bewerber die zunächst unterbliebene Einladung zu einem Vorstellungsgespräch nachholt (BAG BeckRS 2013, 74790). Ferner sind öffentliche und private Arbeitgeber gem. § 81 Abs. 1 S. 2 SGB IX verpflichtet, vor der Besetzung der freien Stelle frühzeitig mit der Agentur für Arbeit Verbindung aufzunehmen, um zu klären, ob dort für die Stelle geeignete behinderte Bewerber gemeldet sind. Die Vermutung einer Diskriminierung bei Verstoß gegen diese Pflichten kann nur widerlegt werden, wenn keine vernünftigen Zweifel daran bestehen, dass die Ablehnung des Bewerbers aus sachlichen, von der Behinderung unabhängigen Gründen erfolgte (BAG BeckRS 2013, 74790; BAG BeckRS 2013, 69476; BAG NZA 2007, 507).

5. Unterschrift. Die Unterzeichnung der Einladung zum Vorstellungsgespräch wird häufig durch einen für Personalangelegenheiten zuständigen und entsprechend bevollmächtigten Mitarbeiter des Arbeitgebers erfolgen. Zur Vertretungsbefugnis des Unterzeichnenden allgemein → Form. A. II. 1 Anm. 32.

2. Personalfragebogen

[Briefkopf des Arbeitgebers]

Personalfragebogen[1]

Bewerbung für eine Position als: . . . . . .

Der Personalfragebogen dient der Ergänzung der von Ihnen eingereichten Bewerbungsunterlagen. Die darin abgefragten Daten sind von besonderer Bedeutung für die Bewertung Ihrer Bewerbung.[2]

Wir fühlen uns dem Schutz unserer Bewerber und Mitarbeiter vor Diskriminierungen und anderen Eingriffen in ihr Persönlichkeitsrecht besonders verpflichtet. Beachten Sie unter diesem Gesichtspunkt die einzelnen Hinweise darauf, Fragen mit „Nein“ beantworten zu können, soweit eine positive Antwort Rückschlüsse auf die nach § 1 des Allgemeinen Gleichbehandlungsgesetzes geschützten Merkmale Rasse, ethnische Herkunft, Geschlecht, Religion oder Weltanschauung, Behinderung, Alter oder sexuelle Identität oder andere sensible Eigenschaften zulassen würde.[3]

Im Rahmen des Bewerbungsverfahrens bitten wir Sie, diesen Fragebogen vollständig und wahrheitsgemäß auszufüllen. Sollte der Platz für die Beantwortung einzelner Fragen nicht

ausreichen, machen Sie bitte ergänzende Angaben auf einem separaten Blatt Papier und heften Sie dieses an den Fragebogen an.

A. Angaben zur Person:

I. Allgemeines[4]

Name und Vorname: . . . . . .

Geburtsname: . . . . . .

Straße, Hausnummer: . . . . . .

Postleitzahl, Wohnort: . . . . . .

Telefon: . . . . . .

E-Mail: . . . . . .

Im Falle der Minderjährigkeit des Bewerbers:

Name und Anschrift des/der gesetzlichen Vertreter/s: . . . . . .

II. Bei Bewerbern mit ausländischer Staatsangehörigkeit:[5]

Sind Sie Staatsangehöriger folgender EU-Staaten (Belgien, Bulgarien, Dänemark, Estland, Finnland, Frankreich, Griechenland, Irland, Italien, Lettland, Litauen, Luxemburg, Malta, Niederlande, Österreich, Polen, Portugal, Rumänien, Schweden, Slowakei, Slowenien, Spanien, Tschechien, Ungarn, Vereinigtes Königsreich, Zypern), der EWR-Staaten (Island, Liechtenstein, Norwegen) oder der Schweiz?

Wenn nicht: Besitzen Sie einen Aufenthaltstitel mit Berechtigung zur Erwerbstätigkeit?

Ausgestellt von (Behörde): . . . . . .

Gültig bis: . . . . . .

Wenn Sie kroatischer Staatsangehöriger sind: Besitzen Sie eine Arbeitsgenehmigung-EU?

Arbeitsgenehmigung-EU ausgestellt von (Behörde): . . . . . .

Gültig bis: . . . . . .

B. Ausbildung und beruflicher Werdegang[6]

I. Schulbildung

Grundschule von . . . . . . bis . . . . . .

Name der Schule: . . . . . ., in . . . . . .

Weiterführende Schule von . . . . . . bis . . . . . .

Schulart: . . . . . .

Name der Schule: . . . . . ., in . . . . . .

Art des Abschlusses: . . . . . . Abschlussnote: . . . . . .

Sonstige Schule von . . . . . . bis . . . . . .

Name der Schule: . . . . . ., in . . . . . .

Art des Abschlusses: . . . . . . Abschlussnote: . . . . . .

II. Berufsausbildung

Ausbildung zum . . . . . . von . . . . . . bis . . . . . .

Ausbildungsbetrieb: . . . . . ., in . . . . . .

Art des Abschlusses: . . . . . . Abschlussnote: . . . . . .

Berufsbildende Schule von . . . . . . bis . . . . . .

Name der Schule: . . . . . ., in . . . . . .

Art des Abschlusses: . . . . . . Abschlussnote: . . . . . .

III. Hochschulstudium

Art der Hochschule (Universität/Fachholschule): . . . . . ., von . . . . . . bis . . . . . .

Studiengang: . . . . . .

Name der Universität/Fachhochschule: . . . . . ., in . . . . . .

Art des Abschlusses: . . . . . . Abschlussnote: . . . . . .

IV. Weiterbildung/Lehrgänge

Art der Maßnahme: . . . . . ., von . . . . . . bis . . . . . .

Ggf. Art der Prüfung, Abschlussnote: . . . . . .

Name und Anschrift des durchführenden Instituts: . . . . . .

V. Bisherige berufliche Tätigkeit(en)

Tätigkeit als . . . . . . von . . . . . . bis . . . . . .

Name und Anschrift des Arbeitgebers: . . . . . .

Arbeitsstunden pro Woche (nur bei Teilzeitbeschäftigung): . . . . . .

C. Sonstige Fähigkeiten[7]

I. Sprachkenntnisse (mit Angabe des Grades: verhandlungssicher; fließend in Wort und Schrift; gute Kenntnisse; Grundkenntnisse):

1. Deutsch Grad: . . . . . .
2. Sprache: . . . . . . Grad: . . . . . .
3. Sprache: . . . . . . Grad: . . . . . .

II. Computerkenntnisse (mit Angabe des Grades: sichere Beherrschung, gute Kenntnisse, Grundkenntnisse):

1. Programm/Sprache: . . . . . . Grad: . . . . . .
2. Programm/Sprache: . . . . . . Grad: . . . . . .
3. Programm/Sprache: . . . . . . Grad: . . . . . .

III. Auslandsaufenthalte:

Von . . . . . . bis . . . . . . in . . . . . .

Zweck des Aufenthalts: . . . . . .

IV. Sonstiges:

1. Führerschein (Klasse): . . . . . . seit: . . . . . .

2. Sonstige Qualifikationen (z. B. Maschinenschreiben, Stenographie): . . . . . .

D. Verschiedenes

1. Waren Sie bereits bei unserer Gesellschaft oder ihren Rechtsvorgängern beschäftigt?[8] . . . . . .

2. Soweit Ihr bisheriges Arbeitsverhältnis bereits gekündigt oder beendet wurde: Wurde eine verhaltensbedingte Arbeitgeberkündigung ausgesprochen?[9]. . . . . .

3. Falls Sie in einem ungekündigten Arbeitsverhältnis stehen: Mit welcher Frist können Sie kündigen und wann wäre der frühestmögliche Termin der Aufnahme der Tätigkeit? . . . . . .

4. Waren Sie bei einem Ihrer früheren Arbeitgeber für einen längeren Zeitraum freigestellt?[10]. . . . . .

Wenn ja, aus welchem Grund? . . . . . .

HINWEIS: Erfolgte die Freistellung wegen Mutterschutzes oder Elternzeit, aufgrund ihrer religiösen oder weltanschaulichen Überzeugung oder im Zusammenhang mit einer Betriebsratstätigkeit, dürfen Sie die Frage nach der Freistellung unabhängig von den diesbezüglichen Freistellungszeiten mit „Nein“ beantworten.

5. Sind Wettbewerbsverbote mit einem früheren Arbeitgeber vereinbart, die Auswirkungen auf die angestrebte Tätigkeit haben können?[11]. . . . . .

6. Welche Gehaltsvorstellung haben Sie (Bruttojahresgehalt)? . . . . . . EUR (in Worten . . . . . . Euro) brutto.

7. Sind Sie bereit, im Bedarfsfall vorübergehend oder dauerhaft an anderen Orten außerhalb des für Ihre Tätigkeit vorgesehenen Betriebes eingesetzt zu werden?[12]. . . . . .

8. Sind Sie bereit, Schichtarbeit zu leisten?[13]. . . . . .

9. Üben Sie eine Beschäftigung gegen Entgelt aus, die Sie nach einer Einstellung bei unserer Gesellschaft fortführen möchten (gegebenenfalls bitte Art und Umfang der Tätigkeit angeben)?[14]. . . . . .

10. Erfüllen Sie die wesentlichen und erforderlichen gesundheitlichen Voraussetzungen zur Ausübung Ihrer vorgesehenen Tätigkeit , so dass Beeinträchtigungen des betrieblichen Ablaufs (z. B. durch eine erhebliche Einschränkungen Ihrer Leistungsfähigkeit für die beabsichtigte Tätigkeit, konkrete Ansteckungs- oder Verletzungsgefahren für Kollegen oder Kunden), ggf. unter Inanspruchnahme von Hilfsmitteln oder nach Umgestaltung des Arbeitsplatzes (jeweils in zumutbarem Maß), ausgeschlossen oder auf ein unwesentliches Maß begrenzt werden können?[15]. . . . . .

HINWEIS: Sie dürfen die Frage trotz bestehender Arbeitsverhinderungen mit „Ja“ beantworten, wenn die Verhinderung auf einer Schwangerschaft beruht.

11. Sind Sie bereit, auf unsere Kosten eine ärztliche Einstellungsuntersuchung durchführen zu lassen, bei der Sie im Hinblick auf die Erfüllung der wesentlichen und entscheidenden gesundheitlichen Voraussetzungen bezogen auf die Art oder Bedingungen Ihrer angestrebten Tätigkeit untersucht werden und den untersuchenden Arzt in dem Umfang von der ärztlichen Schweigepflicht zu befreien, in dem die Mitteilung seines Befundes zur Beurteilung Ihrer Eignung nach dem vorstehenden Maßstab erforderlich ist?[16]. . . . . .

12. Sind Ihnen zum gegenwärtigen Zeitpunkt Umstände bekannt, die dazu führen können, dass Sie in absehbarer Zeit an der Ausübung Ihrer Tätigkeit gehindert sein werden (z.B. durch dauerhaften Verlust Ihrer Eignung für die Tätigkeit, beabsichtige Inanspruchnahme von Pflegezeit, geplante Operationen, bewilligte Kuren, akute Erkrankungen)? Bitte nennen Sie die voraussichtlichen Fehlzeiten, soweit bekannt?[17] ......

HINWEIS: Sie dürfen die Frage trotz bevorstehender Arbeitsverhinderungen mit „Nein" beantworten, wenn die bevorstehende Verhinderung auf einer Schwangerschaft beruht. Sie sind nicht verpflichtet, den Grund für etwa bevorstehende Arbeitsverhinderungen zu nennen.

13. Wird gegen Sie derzeit ein staatsanwaltschaftliches Ermittlungsverfahren durchgeführt oder ist ein Strafverfahren anhängig, das Zweifel an Ihrer Eignung für die angestrebte Tätigkeit wecken könnte?[18] ......

(Optional: Weitere Fragen für spezielle Tätigkeiten, Positionen oder Unternehmen:[19]

1. Sind Sie HIV-positiv oder leiden Sie an einer ansteckenden Krankheit?[20] ......

2. Liegen bei Ihnen Lohn- oder Gehaltspfändungen bzw. -abtretungen vor?[21] ......

3. Sind Sie Mitglied der IAS (International Association of Scientologists) oder wenden Sie die Theorien oder Lehren von L. Ron Hubbard an?[22] ......

4. Welcher Religionsgemeinschaft gehören Sie an?[23] ......

5. Gehören Sie einer Gewerkschaft an?[24] ......

6. Sind Sie in der Zeit nach 1970 für das Ministerium für Staatssicherheit tätig gewesen?[25] ......

7. Falls Sie eine leistungsabhängige Vergütung erhalten haben, wie hoch war diese im letzten Jahr?[26] *...... EUR (in Worten ......) brutto ......*

8. Sind Sie im Bereich ...... vorbestraft?[27] ......

HINWEIS: Sie dürfen die Frage trotz Vorbestrafung mit „Nein" beantworten, wenn die Strafe nicht in Ihr polizeiliches Führungszeugnis aufgenommen oder bereits getilgt wurde.)

Dieser Personalfragebogen wird Bestandteil des Arbeitsvertrags, sofern ein solcher zustande kommt. Mir ist bekannt, dass die Gesellschaft zur Anfechtung des Arbeitsvertrags wegen arglistiger Täuschung (mit der Folge der Nichtigkeit des Arbeitsvertrags, §§ 123 Abs. 1, 142 Abs. 1 BGB) oder zur Kündigung des Arbeitsvertrags (gegebenenfalls aus wichtigem Grund ohne Einhaltung einer Kündigungsfrist, § 626 Abs. 1 BGB) berechtigt sein kann, wenn sich nach Abschluss eines Arbeitsvertrags herausstellen sollte, dass ich eine zulässige Frage bewusst unwahr oder unvollständig beantwortet habe. Das Recht zur Falschbeantwortung jener Fragen, bei denen ein entsprechender Hinweis von der Pflicht zur wahrheitsgemäßen Beantwortung entbindet, bleibt davon unberührt.[28, 29]

......

Ort, Datum

......

Unterschrift des Bewerbers[30]

(Alternativ: Fragenkatalog nach Abschluss des Arbeitsvertrages:[31]

I. Allgemeines[32]

Geburtsdatum: . . . . . .

Sozialversicherungsnummer: . . . . . .

Steuer-Identifikationsnummer: . . . . . .

Handelt es sich um ein Haupt- oder Nebenarbeitsverhältnis? . . . . . .

Familienstand: . . . . . .

Anzahl unterhaltsberechtigter Kinder: . . . . . .

Krankenversicherung: . . . . . .

II. Weitere Informationen[33]

Liegen bei Ihnen Krankheiten vor, von denen wir als Arbeitgeber unter dem Gesichtspunkt der uns obliegenden Fürsorgepflichten wissen sollten (z. B. besondere Allergien, Epilepsie, Bluterkrankheit)? . . . . . .

Sind Sie schwerbehindert i. S. d. § 2 Abs. 2 SGB IX oder einem Schwerbehinderten gleichgestellt (ggf. Nachweis erforderlich)? . . . . . .

Hinweis: Sie dürfen die Frage trotz bestehender Schwerbehinderung mit „Nein" beantworten, wenn ihr Arbeitsverhältnis zum Zeitpunkt der Frage noch nicht länger als sechs Monate besteht.

Sind Sie Mitglied einer Gewerkschaft? Wenn ja, in welcher? . . . . . .)

Anmerkungen

1. Sachverhalt und Anwendungsbereich. Das Formular eines Personalfragebogens ist fur die Verwendung im Bewerbungsverfahren konzipiert. Es dient dazu, einen geordneten Überblick über die persönlichen Daten des Bewerbers und seinen beruflichen Werdegang zu erhalten, sowie das Vorliegen der für die ausgeschriebene Position wesentlichen Qualifikationen abzufragen. Daneben ist der Arbeitgeber aber regelmäßig daran interessiert, auch weitere Umstände in Erfahrung zu bringen, die für das künftige Arbeitsverhältnis und daher für die Einstellungsentscheidung von Bedeutung sein können. Dies gilt z. B. für die Frage nach einem bestehenden Wettbewerbsverbot oder gesundheitlichen Einschränkungen des Bewerbers (→ Anm. 11, 15). Die wesentlichen rechtlichen Probleme von Personalfragebögen liegen im Bereich des **Fragerechts** (→ Anm. 2). Das Formular liefert ein Grundgerüst, das nach den Anforderungen des jeweiligen Betriebes und der konkreten Verwendung individuell angepasst werden sollte. Bei Bewerbungsverfahren für Positionen mit einem geringeren Anforderungsprofil können die nicht zweckmäßig erscheinenden Fragen gegebenenfalls gestrichen werden. Andererseits sollte der Fragebogen ergänzt werden, wenn für den Arbeitgeber spezielle Kenntnisse oder Fähigkeiten des Bewerbers wichtig sind. So kann beispielsweise ein Technischer Zeichner oder Konstrukteur nach den von ihm beherrschten Zeichenprogrammen gefragt werden. Aber auch Fragen, die die sensiblen Kriterien aus § 1 AGG, also namentlich Rasse, ethnische Herkunft, Geschlecht, Religion oder Weltanschauung, Behinderung, Alter oder sexuelle Identität betreffen, können nach § 8 AGG gerechtfertigt sein, wenn ein spezielles Merkmal eine wesentliche und entscheidende berufliche Anforderung für die betreffende Tätigkeit darstellt. Für eine Ungleichbehandlung wegen der Religion oder der Weltanschauung bzw. des Alters greifen weitere mögliche Rechtfertigungsgründe, so etwa bei der Einstellung durch einen Tendenzbetrieb (§ 9 AGG) oder die Förderung der beruflichen Eingliederung von Jugendlichen oder älteren Beschäftigten (§ 10 AGG).

Wird der Bewerber eingestellt, kann der Personalfragebogen zur Personalakte genommen werden. Während des Bewerbungsverfahrens und hinsichtlich abgelehnter oder zurückgestellter Bewerbungen sollte eine Einwilligung des Bewerbers in die Speicherung und Nutzung seiner Daten eingeholt werden (→ Form. A. I. 3)

Personalfragebögen bedürfen gemäß § 94 Abs. 1 BetrVG der Zustimmung des Betriebsrats. Die Beachtung von Beteiligungsrechten ist Zulässigkeitsvoraussetzung der Datenerhebung/-verarbeitung i. S. d. BDSG. Wird das Mitbestimmungsrecht verletzt, führt dies zu einer Erhebungs- und Verarbeitungssperre. Die Daten dürfen nicht gespeichert werden (BAG NJW 1987, 2459, 2460; Simitis/*Seifert* § 32 Rn. 154); bereits gespeicherte Daten sind vom Arbeitgeber zu löschen. Eine Verletzung des Mitbestimmungsrechts bei ansonsten zulässigen Fragen nimmt dem Arbeitgeber jedoch nicht das Recht, bei wahrheitswidriger Beantwortung den Arbeitnehmer zu entlassen bzw. den Arbeitsvertrag anzufechten (BAG NZA 2001, 107, 108; → Anm. 28).

2. Fragerecht des Arbeitgebers. Nach der Rechtsprechung des BAG ist eine Frage des Arbeitgebers grundsätzlich dann zulässig, wenn der Arbeitgeber ein berechtigtes, billigenswertes und schutzwürdiges Interesse an der Beantwortung seiner Frage im Hinblick auf das Arbeitsverhältnis hat (st. Rspr.; BAG NZA 2001, 315; LAG Kiel ArbRAktuell 2012, 127; LAG Dresden Urt. v. 8.12.2011 – 6 Sa 468/11 – n. v.). Dies bedeutet i. d. R., dass die Beantwortung der Frage jedenfalls für den angestrebten Arbeitsplatz und die zu verrichtende Tätigkeit von Bedeutung sein muss (exemplarisch zur Frage nach Vorstrafen BAG AP BGB § 242 Nr. 25; BAG NZA 1996, 637, 638; LAG Dresden Urt. v. 8.12.2011 – 6 Sa 468/11 – n. v. zur Frage nach Stasi-Tätigkeit). Anhand dieser Grundsätze löst die Rechtsprechung den Konflikt der **widerstreitenden Interessen** im Rahmen einer umfassenden Abwägung (vgl. die Darstellung bei *Kaehler* ZfA 2006, 519): Auf der einen Seite steht das Interesse des Arbeitgebers, möglichst umfassende Informationen über den Bewerber zu erhalten, geschützt durch die Informationserhebungsfreiheit als Ausfluss der Vertragsabschlussfreiheit. Auf der anderen Seite stehen die grundrechtlich geschützten Positionen des Arbeitnehmers, namentlich Religions- und Glaubensfreiheit, Schutz von Ehe und Familie, Meinungsfreiheit, Koalitionsfreiheit und subsidiär auch das Recht auf informationelle Selbstbestimmung als Ausprägung des Allgemeinen Persönlichkeitsrechts (MünchHdbArbR/*Buchner* § 30 Rn. 238 ff., insb. 241, 248; *Ehrich* DB 2000, 421).

3. Diskriminierungsverbote. Mit dem am 18.8.2006 in Kraft getretenen Allgemeinen Gleichbehandlungsgesetz (AGG) setzte der Gesetzgeber vier europäische Antidiskriminierungsrichtlinien (2000/43/EG, 2000/78/EG, 2002/73/EG, 2004/113/EG) in nationales Recht um. Das AGG hat zum Ziel, Benachteiligungen aus Gründen der Rasse oder wegen der ethnischen Herkunft, des Geschlechts, der Religion oder Weltanschauung, einer Behinderung, des Alters oder der sexuellen Identität zu verhindern (§ 1 AGG). Das AGG untersagt unmittelbare und mittelbare Diskriminierungen aufgrund eines geschützten Merkmals nach § 1 AGG. Dies gilt auch für Auswahlverfahren im Rahmen eines arbeitsrechtlichen Anbahnungsverhältnisses. Fragen, die direkt auf ein Diskriminierungsmerkmal des § 1 AGG abzielen oder sich auf eine aus einem solchen Merkmal resultierende Folge beziehen (mittelbarer Bezug) sind deshalb nur noch zulässig, wenn hierfür ein sachlicher Grund vorliegt (Näheres in §§ 8 bis 10 AGG).

Die bisherige Rechtsprechung zum Fragerecht des Arbeitgebers ist durch die Schaffung des AGG keineswegs Makulatur geworden. Vielmehr kann weiterhin auf die richterrechtlich geschaffenen Grenzen des Fragerechts zurückgegriffen werden (MünchHdbArbR/*Buchner* § 30 Rn. 257 f.). Für Arbeitnehmer in der unmittelbaren und mittelbaren Bundesverwaltung normiert § 7 Abs. 2 BGleiG einen Katalog unzulässiger Fragen. Danach sind in

Vorstellungs- oder Auswahlgesprächen Fragen nach dem Familienstand, einer bestehenden oder geplanten Schwangerschaft sowie der Sicherstellung der Betreuung von Kindern, behinderten oder pflegebedürftigen Angehörigen neben der Berufstätigkeit unzulässig.

Zu den Folgen der wahrheitswidrigen Beantwortung zulässiger und unzulässiger Fragen sowie zu den Rechtsfolgen einer eine Diskriminierung intendierenden Befragung → Anm. 28, 29.

Einige im Bewerbungsverfahren unzulässige Fragen kann der Arbeitgeber nach Abschluss des Arbeitsvertrages nachholen, soweit dies für die Abwicklung des Arbeitsverhältnisses erforderlich ist, → Anm. 31.

4. Allgemeine Fragen zur Person des Bewerbers. Mit § 32 BDSG wurde im Jahr 2009 eine vorläufige „Grundsatzregelung zum Arbeitnehmerdatenschutzrecht" (*Erfurth* NJOZ 2009, 2914) geschaffen. Die Erhebung von Daten ist danach insbesondere zulässig, wenn dies für die Entscheidung über die Begründung eines Beschäftigungsverhältnisses oder für dessen anschließende Durchführung erforderlich ist. Allgemeine Fragen zur Person des Bewerbers sind daher in jedem Fall zulässig (*Berscheid/Kunz/Brand/Nebeling* Teil 2 Kap. 6 A. I. Rn. 8). Dazu gehören insbesondere **Name, Anschrift, Telefonnummer, E-Mail-Adresse** sowie ggf. Name und Anschrift der gesetzlichen Vertreter.

Ob die Frage nach dem **Geburtsdatum** oder **Alter** zulässig ist, wird in der Literatur unterschiedlich beurteilt (gegen ein Fragerecht *Künzl* ArbRAktuell 2012, 235, 235; ErfKomm/*Preis* § 611 BGB Rn. 274; differenzierend Schaub/*Linck* § 26 Rn. 19). Das AGG nennt das Lebensalter als Diskriminierungsmerkmal, so dass die Frage nach Geburtsdatum oder Alter dort, wo ein gewisses Alter keine wesentliche und entscheidende berufliche Anforderung darstellt und nicht ausnahmsweise ein bestimmtes Alter hinsichtlich der Sicherung der Altersstruktur erforderlich ist, unzulässig sein dürfte (*Däubler/Bertzbach* § 7 Rn. 37). Auch wenn hierzu – soweit ersichtlich – noch keine Entscheidung eines Arbeitsgerichts vorliegt, sollten Alter oder Geburtsdatums nicht mehr abgefragt werden. Beide ergeben sich aber i.d.R. aus den üblichen Bewerbungsunterlagen. Eine gewisse Einschätzung ergibt sich zudem spätestens im Vorstellungsgespräch (so auch *Wisskirchen/Bissels* NZA 2007, 169, 172). Die Frage nach dem **Geburtsort** zielt mittelbar auf die ethnische Herkunft des Bewerbers ab. Da ein berechtigtes Interesse des Arbeitgebers an dieser Information i.d.R. fehlt, sollte auf sie verzichtet werden (*Ertel* DuD 2012, 126,126).

Die Frage nach dem **Geburtsnamen** wird von Teilen der Literatur für unzulässig erachtet (BeckOK TV-L/*Kuner* § 2 Rn. 78, wohl auch *Thüsing* Arbeitnehmerdatenschutz Rn. 387). Die Angabe eines Geburtsnamens lässt den Schluss zu, dass der Bewerber oder die Bewerberin nicht mehr ledig ist. Weitere Rückschlüsse auf den Familienstand oder gar die sexuelle Orientierung sind aber nicht ohne Weiteres möglich, da das deutsche Namensrecht Lebenspartner und Eheleute weitgehend gleich behandelt (vgl. § 1355 BGB, § 3 LPartG). Da ein Ehe-/Lebenspartner den Ehenamen auch nach Beendigung der Ehe/Lebenspartnerschaft weiterführen darf, kann auch nicht auf das Bestehen einer Ehe oder Lebenspartnerschaft geschlossen werden. In der Literatur wird allerdings darauf hingewiesen, dass die Angabe des Geburtsnamens zur Offenlegung einer Geschlechtsumwandlung und damit auch zur Offenbarung der sexuellen Orientierung zwingt (*Thüsing* Arbeitnehmerdatenschutz Rn. 387). Andererseits hat der Arbeitgeber ein berechtigtes Interesse an der Angabe des Geburtsnamens, weil nur auf diese Weise die Authentizität der mit den Bewerbungsunterlagen übergebenen Zeugnisse, die i.d.R. teilweise auf den Geburtsnamen lauten werden, überprüft werden kann. Da die Rechtsprechung zu dieser Frage bislang nicht Stellung genommen hat, verbleibt indes ein Rest an Rechtsunsicherheit (vgl. *Kleinebrink* ArbRB 2006, 374, 375).

Mit der Einführung des AGG dürfte die Frage nach dem Familienstand unzulässig sein, weil sie eine mittelbare Benachteiligung wegen der sexuellen Identität bedeuten könnte (ErfKomm/*Preis* § 611 BGB Rn. 275; *Wisskirchen/Bissels* NZA 2007, 169, 173). Nach denselben Erwägungen ist auch die Frage nach den übrigen **familiären Verhältnissen,** namentlich nach Ehegatten und Kindern samt deren namentlicher Ausweisung unzulässig (Schaub/*Linck* § 26 Rn. 21a f.; *Künzl* ArbRAktuell 2012, 235, 236). Zwar kann von diesen Angaben die Versetzungsmöglichkeit des Arbeitnehmers oder die Auswahl des Beschäftigungsortes mit entsprechenden Folgeproblemen (z. B. Wohnraumbedarf oder Schulprobleme) abhängen. Dennoch dürfte sich der Streit mit Blick auf das AGG erledigt haben: Gegen die Angabe der Daten von Partner und Kindern dürften die gleichen Argumente wie bei der Frage nach dem Familienstand sprechen. Soweit die Angaben für die Durchführung des Arbeitsverhältnisses von Bedeutung sind, kann der Arbeitgeber sie nach der Einstellung erfragen (ErfKomm/*Preis* § 611 BGB Rn. 276; Schaub/*Linck* § 26 Rn. 21; → Anm. 32).

Da eine Ausforschung der **Intimsphäre** unzulässig ist (Küttner/*Kania* Personalauswahl Rn. 10), darf weder nach Homosexualität (Tschöpe/*Wisskirchen/Bissels* Teil 1 C Rn. 83) noch danach gefragt werden, wer die Kinder des Bewerbers versorgt (K/D/Z/*Däubler* §§ 123, 124 Rn. 13; vgl. auch *F/E/S/T/L* § 94 Rn. 20). Fragen nach dem Bestehen einer nichtehelichen Lebensgemeinschaft, einer bevorstehenden Heirat oder einer Scheidung sind unzulässig (Richardi/*Thüsing* § 94 Rn. 23). Selbst im kirchlichen Dienst können diese Umstände keine Kündigung rechtfertigen (K/D/Z/*Däubler* §§ 123, 124 Rn. 13). Ebenfalls unzulässig ist die Frage nach dem Bestehen einer eingetragenen Lebenspartnerschaft, da dies unweigerlich die gleichgeschlechtliche sexuelle Orientierung des Bewerbers offenbart (*Däubler* NZA 2001, 874, 877; Richardi/*Thüsing* § 94 Rn. 23).

5. Ausländer. Nach § 1 AGG ist eine Benachteiligung aufgrund der ethnischen Herkunft unzulässig. Die Frage nach der Staatsangehörigkeit des Bewerbers ist deshalb nicht uneingeschränkt gestattet. Es besteht aber ein berechtigtes Interesse des Arbeitgebers daran, sicherzustellen, dass der Bewerber über eine gültige Arbeitserlaubnis verfügt. Dieser Konflikt kann dadurch gelöst werden, dass nicht explizit nach der konkreten Staatsangehörigkeit, sondern nur nach den entsprechenden Kategorien (Staatsangehöriger eines Mitgliedsstaats der EU- beziehungsweise EWR-Staaten) gefragt wird. Denn die Frage nach Aufenthaltstitel und Arbeitserlaubnis ist insofern nach § 8 Abs. 1 AGG gerechtfertigt (vgl. *Däubler/Bertzbach* § 7 Rn. 22; *Wisskirchen/Bissels* NZA 2007, 169, 171; *Ohlendorf/Schreier* BB 2008, 2458, 2461). Die im Formular gestellte Frage führt die Länder auf, deren Staatsangehörige umfassende Arbeitnehmerfreizügigkeit genießen und keine Arbeitsgenehmigung benötigen. Seit dem 1.5.2011 ist die Einschränkung der Arbeitnehmerfreizügigkeit für Estland, Lettland, Litauen, Polen, Slowakei, Slowenien, Tschechien und Ungarn und seit dem 1.1.2014 auch für Bulgarien und Rumänien entfallen, sodass Staatsangehörige dieser Länder keine Arbeitsgenehmigung (mehr) benötigen. Hingegen ist die Arbeitnehmerfreizügigkeit bei Staatsangehörigen Kroatiens, das am 1.7.2013 der EU beigetreten ist, zunächst bis zum 30.6.2015 (Verlängerung bis zum 30.6.2020 möglich) eingeschränkt, sodass diese eine Arbeitsgenehmigung-EU nach § 284 Abs. 1 SGB III für die Ausübung einer Beschäftigung in der Bundesrepublik benötigen.

Besitzt der ausländische Bewerber die erforderliche Genehmigung nicht, muss er dies ungefragt offenbaren, da er gemäß § 4 Abs. 3 AufenthG bzw. § 284 Abs. 1 SGB III einem Beschäftigungsverbot unterliegt (MünchHdbArbR/*Buchner* § 30 Rn. 316, § 29 Rn. 7 ff.; vgl. auch LAG Nürnberg NZA 1995, 228). Dennoch ist dringend anzuraten, die Frage auch im Personalfragebogen zu stellen. Wird der Arbeitnehmer ohne Arbeitsgenehmigung beschäftigt, so kann dies gemäß § 404 Abs. 2 Nr. 3, Abs. 3 SGB III mit einem Bußgeld bis zu 500.000 EUR geahndet werden und bei vorsätzlicher Begehung einen Straftatbestand erfüllen, §§ 10, 11 SchwarzArbG (weitere Ordnungswidrigkeiten und Straftatbestände finden sich in Spezialgesetzen wie etwa §§ 15 ff. AÜG). Weiterhin haftet der Arbeitgeber für die Kosten, die durch eine Abschiebung oder Zurückschiebung des Ausländers entstehen (§ 66 Abs. 4 S. 1 AufenthG). Beachtet der Arbeitgeber allerdings die gebotene

Sorgfalt, indem er prüft, ob der Ausländer zum Aufenthalt und zur Aufnahme einer Beschäftigung befugt ist, tritt keine Haftung ein (OVG Berlin BeckRS 2011, 56881).

6. Ausbildung und beruflicher Werdegang. Der Bewerber ist verpflichtet, auf Fragen des Arbeitgebers nach Ausbildung, Prüfungsnote und Hochschulort wahrheitsgemäß zu antworten (*Berscheid/Kunz/Brand/Nebeling* Teil 2 Kap. 6 A. I. Rn. 9; *Ehrich* DB 2000, 421, 421). Zulässig ist auch die Frage nach früheren Arbeitgebern (BAG AP BGB § 123 Nr. 17) und der Dauer der jeweiligen Beschäftigung (LAG Frankfurt a.M. BeckRS 2011, 68915). Ob der Arbeitgeber befugt ist, einen lückenlosen Lebenslauf zu verlangen, ist umstritten. Gegen die Zulässigkeit spricht, dass ein solcher Lebenslauf auch Zeiträume offen legen müsste, die mit der beruflichen Entwicklung des Bewerbers nichts zu tun haben (MünchHdbArbR/*Buchner* § 30 Rn. 269; a.A. KHzA/*Künzl* 2.1 Rn. 74). Dem Arbeitgeber bleibt es jedenfalls unbenommen, aus größeren Lücken im Lebenslauf Rückschlüsse zu ziehen.

7. Qualifikationen. Fragen nach allgemein berufsbezogenen Fähigkeiten sind auch dann zulässig, wenn sie sich nicht auf die für den konkret vorgesehenen Arbeitsplatz notwendigen Qualifikationen beschränken (MünchHdbArbR/*Buchner* § 30 Rn. 265). Es unterliegt allein der Organisationsgewalt des Arbeitgebers festzulegen, welche Anforderungen er an den Bewerber für eine bestimmte Stelle stellen will (BAG AP BetrVG 1972 § 93 Nr. 2). So kann etwa nach EDV-Kenntnissen gefragt werden, selbst wenn die zunächst vorgesehene Arbeitsaufgabe der zu besetzenden Position keine entsprechenden Fähigkeiten erfordert.

Fragen nach dem Besitz eines Führerscheins können zwar unter Umständen ein Indiz für eine mittelbare Benachteiligung wegen einer Behinderung liefern. Diese Ungleichbehandlung ist jedoch durch einen sachlichen Grund gerechtfertigt, wenn die Fahrerlaubnis zur Ausübung der konkreten Tätigkeit erforderlich ist (*Kleinebrink* ArbRB 2006, 374, 376).

Die allgemeine Frage nach **Sprachkenntnissen** dürfte nach Inkrafttreten des AGG nur noch eingeschränkt zulässig sein. Jedenfalls die Frage nach der Muttersprache lässt diskriminierungsrelevante Rückschlüsse auf die ethnische Herkunft zu. An ihrer Stelle sollte wie vorgeschlagen die Kategorie „verhandlungssicher" verwendet werden, soweit nicht ausnahmsweise muttersprachliche Fähigkeiten benötigt werden (wie z.B. in Übersetzungsbüros). Um zwischen Muttersprache und Fremdsprache nicht zu differenzieren, sollte einheitlich der Begriff „Sprachkenntnisse" statt „Fremdsprachenkenntnisse" verwendet werden. Da die Angabe verhandlungssicherer Sprachkenntnisse in eher exotischen Sprachen auch unter Verwendung der vorgeschlagenen Formulierungen Rückschlüsse auf die ethnische Herkunft des Bewerbers zulässt, sollte die Frage nur dann gestellt werden, wenn die Sprachkenntnisse für die berufliche Verwendung von Bedeutung sind (ebenso *Däubler/Bertzbach* § 7 Rn. 24; *Ohlendorf/Schreier* BB 2008, 2458, 2461).

8. Vorherige Beschäftigung. Die Frage nach einer Vorbeschäftigung bei der Gesellschaft oder ihren Rechtsvorgängern hat immer dann Bedeutung, wenn mit dem Bewerber ein sachgrundlos befristeter Arbeitsvertrag abgeschlossen werden soll. Eine solche sachgrundlose Befristung ist unzulässig, wenn der Arbeitnehmer bereits bei dem Arbeitgeber oder einem seiner Rechtsvorgänger beschäftigt war (§ 14 Abs. 2 S. 2 TzBfG). Rechtsfolge ist das Entstehen eines unbefristeten Arbeitsverhältnisses (§ 16 S. 1 TzBfG; → Form. A. V. 1). Die Gesetzesbegründung zum TzBfG enthält den Hinweis, dass der Arbeitgeber nach der Vorbeschäftigung fragen darf und der Arbeitnehmer hierauf wahrheitsgemäß antworten muss (BT-Drucks. 14/4374 S. 19).

9. Frage nach verhaltensbedingter Kündigung. Der Arbeitgeber kann Auskunft über den Sachverhalt verlangen, auf den eine verhaltensbedingte Kündigung im früheren Arbeitsverhältnis gestützt wurde. Überwiegend wird auch die Vorfrage für zulässig gehalten, ob der Bewerber zum Zeitpunkt der Bewerbung noch in einem ungekündigten Arbeitsverhältnis steht (MünchHdbArbR/*Buchner* § 30 Rn. 322; GKBetrVG/Raab § 94 Rn. 28).

10. Freistellung. Der Bewerber muss wahrheitsgemäß auf die Frage nach einer längeren Freistellung bei einem früheren Arbeitgeber antworten (LAG Frankfurt a.M. FHArbSozR 27 Nr. 1703). Auch insoweit ist aber nach den Gründen der Freistellung zu differenzieren. Denkbar sind auch Freistellungen aufgrund einer Behinderung oder der Religion. Fragen nach einer früheren Betriebsratstätigkeit sind – auch über dem Umweg der Frage nach einer früheren Freistellung – schon bisher unzulässig gewesen (§ 78 BetrVG, der eine Benachteiligung wegen einer Betriebsratstätigkeit durch jedermann, also auch den potentiellen neuen Arbeitgeber, verbietet; vgl. zum allgemeinen Benachteiligungsverbot wegen einer Betriebsratstätigkeit Richardi/*Thüsing* § 78 Rn. 19 ff.; zum Adressatenkreis ErfKomm/*Kania* § 78 BetrVG Rn. 6).

11. Wettbewerbsverbote. Nach herrschender Ansicht darf der Arbeitgeber nach Wettbewerbsverboten fragen, wenn sie sich auf das einzugehende Arbeitsverhältnis beziehen (ErfKomm/*Preis* § 611 Rn. 280; MünchHdbArbR/*Buchner* § 30 Rn. 317; zweifelnd K/D/Z/*Däubler* §§ 123, 124 BGB Rn. 6). Dafür spricht insbesondere das Risiko des Arbeitgebers, dass der Bewerber nach Abschluss des Arbeitsvertrags seine Tätigkeit nicht aufnimmt oder sie wieder aufgibt, wenn der frühere Arbeitgeber wegen eines wirksam vereinbarten Wettbewerbsverbots gegen ihn vorgeht (Richardi/*Thüsing* § 94 Rn. 21). Da hierdurch die Verfügbarkeit des Arbeitnehmers direkt betroffen ist, geht die herrschende Ansicht über das Fragerecht hinaus von einer Offenbarungspflicht des Arbeitnehmers aus (MünchHdbArbR/*Buchner* § 30 Rn. 317; Staudinger/*Richardi/Fischinger* § 611 BGB Rn. 200).

12. Mobilität. Fragen nach der Mobilität des Bewerbers, insbesondere seiner Versetzungsbereitschaft, sind zulässig, sofern diese Bereitschaft Vertragsbestandteil werden soll (MünchHdbArbR/*Buchner* § 30 Rn. 309 f.).

13. Bereitschaft zum Schichtdienst. Die Frage nach der Bereitschaft, Schichtdienst zu leisten, ist ebenso wie die Frage nach der Versetzungsbereitschaft (→ Anm. 12) zulässig, wenn diese Bereitschaft Vertragsbestandteil werden soll (MünchHdbArbR/*Buchner* § 30 Rn. 311).

14. Weitere Beschäftigungsverhältnisse/Nebentätigkeiten. Die Frage nach weiteren Tätigkeiten ist zulässig, wenn es um die Klärung der Verfügbarkeit des Bewerbers geht (*Preis* Arbeitsvertrag II P 10 Rn. 39). Die Frage nach dem Umfang der aus einem anderen Arbeitsverhältnis zu leistenden Wochenarbeitszeit ist im Hinblick auf §§ 3, 22 ArbZG zulässig (MünchHdbArbR/*Buchner* § 30 Rn. 318). Ferner können zeitliche Kollisionen zwischen den Arbeitsverhältnissen auftreten. Soll der Bewerber als geringfügig Beschäftigter eingestellt werden, ist ein berechtigtes Interesse des Arbeitgebers an der Frage auch im Hinblick auf die sozialversicherungsrechtlichen und steuerrechtlichen Konsequenzen mehrerer Beschäftigungsverhältnisse (s. dazu §§ 8 Abs. 2 SGB IV, 3 Nr. 39 EStG) anzuerkennen (*Künzl* ArbRAktuell 2012, 235, 236; *Preis* Arbeitsvertrag II P 10 Rn. 41 ff.). Die Frage nach der Ausübung einer Konkurrenztätigkeit zur Zeit der geplanten Einstellung und der Absicht, diese weiterhin auszuüben, ist zulässig. Dies ergibt sich bereits aus dem gesetzlichen Wettbewerbsverbot des § 60 HGB, ferner aus dem berechtigten Interesse des Arbeitgebers, die Weitergabe von Betriebsgeheimnissen zu verhindern (MünchHdbArbR/*Buchner* § 30 Rn. 319).

15. Mangelnde gesundheitliche Eignung für die beabsichtigte Tätigkeit. Der Arbeitgeber hat ein begründetes Interesse daran, sicherzustellen, dass der Bewerber in seiner Person die Anforderungen des angebotenen Arbeitsplatzes grundsätzlich erfüllen kann. Dazu gehört insbesondere seine gesundheitliche Eignung. Das BAG gestand in der Vergangenheit einem Arbeitgeber das uneingeschränkte Recht zur Frage nach einer **Schwerbehinderteneigenschaft** des Bewerbers oder einer entsprechenden Gleichstellung zu (zuletzt BAG NZA 2001, 315). Diese Ansicht kann nach der Schaffung der Diskriminierungsverbote in § 81 Abs. 2 SGB IX sowie dem Allgemeinen Gleichbehandlungsgesetz nicht mehr aufrechterhalten werden (*Bayreuther* NZA 2010, 679, 679; *Künzl* ArbRAktuell 2012, 235, 236). Das BAG selbst hat seine Rechtsprechung zwar noch nicht explizit aufgegeben (zuletzt offen gelassen in NZA 2012, 34, 35), aber bereits klargestellt, dass die Frage nach einer Behinderung im Einstellungsgespräch ein Indiz i.S.v. § 22 AGG darstellt (NZA 2010, 383, 386 f.) und somit den Weg zu einem Rechtsprechungswechsel geebnet (so deutet *Bayreuther* NZA 2010, 679, 679 f. die Entscheidung; auch die jüngste Entscheidung des BAG, NZA 2012, 555, in der es die Frage nach der Schwerbehinderung nach Ablauf der Sechsmonatsfrist in § 90 SGB IX zulässt, weist in diese Richtung). Die aktuellen Entscheidungen der ersten und zweiten Instanz, haben bereits einen ausdrücklichen Rechtsprechungswechsel vollzogen (LAG Frankfurt a.M. AE 2011, 39; LAG Hamm BeckRS 2007, 40902; ArbG Stuttgart BeckRS 2011, 78478). Die **tätigkeitsneutrale Frage** nach einer Behinderung ist demnach grundsätzlich **unzulässig** (*Däubler/Bertzbach* § 7 Rn. 35; *Joussen* NZA 2007, 174, 176; MünchKommBGB/*Thüsing* § 11 AGG Rn. 24; *Wisskirchen/Bissels* NZA 2007, 169 (173); LAG Hamm BeckRS 2007, 40902; LAG Frankfurt a.M. AE 2011, 39; ArbG Stuttgart BeckRS 2011, 78478). Tätigkeitsneutrale Fragen sind solche, die keinen Bezug zur in Aussicht genommenen Tätigkeit haben, sondern nur darauf abzielen, den Behindertenstatus in Erfahrung zu bringen und zwar unabhängig davon, welche Auswirkungen die Behinderung im Einzelfall für die vorgesehene Beschäftigung hat (LAG Frankfurt a.M. AE 2011, 39). Die Frage ist nur dann ausnahmsweise zulässig, wenn die Behinderung die vertragsgemäße Arbeitsleistung dauerhaft unmöglich macht und ihr Nichtvorliegen daher eine wesentliche und entscheidende berufliche Anforderung i.S.d. § 8 Abs. 1 AGG darstellt (MünchKommBGB/*Thüsing* § 11 AGG Rn. 24; ErfKomm/*Preis* § 611 Rn. 274; *Kania/Merten* ZIP 2007, 8, 11; LAG Hamm BeckRS 2007, 40902; ArbG Stuttgart BeckRS 2011, 78478; ähnlich auch LAG Frankfurt a.M. AE 2011, 39).

Wenn das Nichtvorhandensein bestimmter Schwerbehinderungen eine wesentliche und entscheidende Anforderung für die vorgesehene Tätigkeit darstellt, darf sich der Arbeitgeber auch danach erkundigen. Das Frageverbot bezieht sich also allein auf die Erkundigung, ob eine Schwerbehinderung im formellen Sinne vorliegt (mithin administrativ festgestellt wurde); verboten ist nicht die Frage nach Behinderungen, die zugleich den materiellen Tatbestand einer Schwerbehinderung erfüllen (so jedenfalls *Bayreuther* NZA 2010, 679, 680).

Ob die tätigkeitsneutrale Frage nach der Schwerbehinderung dann zulässig ist, wenn der Arbeitgeber Schwerbehinderte fördern – mit anderen Worten „positiv diskriminieren“ – möchte, ist umstritten (dafür *Joussen* NZA 2007, 174, 177; dagegen *Bayreuther* NZA 2010, 679, 680). Einerseits sieht § 5 AGG die Möglichkeit sogenannter „positiver Maßnahmen“ ausdrücklich vor. Andererseits wird zu Bedenken gegeben, ein solcher Rechtfertigungsgrund öffne Tür und Tor zur Umgehung des tätigkeitsneutralen Frageverbots (*Bayreuther* NZA 2010, 679, 680). Die Erhöhung der Beschäftigtenquote sei auch mit weniger umgehungsträchtigen Maßnahmen zu erreichen, wie zum Beispiel einem Hinweis in der Stellenausschreibung (*Bayreuther* NZA 2010, 679, 680) oder der gezielten Zusammenarbeit mit der Bundesagentur für Arbeit.

Richtigerweise wird man den Rechtfertigungsgrund i.S.v. §§ 5, 8 AGG im Falle solcher positiver Maßnahmen jedoch bejahen müssen (*Düwell* BB 2006, 1741, 1743). Weitere Vorteile hat der Arbeitgeber durch diese Maßnahme jedoch nicht. Im Gegenteil, dem Arbeitnehmer bleibt sein „Recht zur Lüge“ in diesem Fall erhalten (MünchKommBGB/*Thüsing* § 11 AGG Rn. 24). Der Arbeitgeber kann sich nämlich bei einem wahrheitswidrigen Verschweigen einer Schwerbehinderung nicht mehr durch Anfechtung von dem Arbeitsvertrag lösen. Die Berufung auf § 123 BGB bleibt nach dem Gebot von Treu und Glauben (§ 242 BGB) dem verwehrt, dessen erklärtes Anliegen die bevorzugte Einstellung von Schwerbehinderten war (*Düwell* BB 2006, 1741, 1743). Ohne die Ankündigung positiver Maßnahmen kann der Arbeitgeber anfechten, wenn der Arbeitnehmer eine Behinderung verschweigt, die ihm die Ausführung der Tätigkeit unmöglich macht. Denn der Bewerber muss eine Behinderung dann ungefragt offenbaren, wenn er wegen der Behinderung überhaupt nicht in der Lage ist, die für ihn vorgesehene Arbeitsaufgabe zu übernehmen (ErfKomm/*Preis* § 611 BGB Rn. 290; zur Offenbarung auch nach Inkrafttreten des AGG vgl. *Kania/Merten* ZIP 2007, 8, 12).

Der Arbeitgeber hatte wegen des erheblichen Eingriffs in die Intimsphäre des Bewerbers schon bisher kein uneingeschränktes Fragerecht nach **Krankheiten** oder dem Gesundheitszustand eines Bewerbers. Die allgemein gehaltene Frage nach dem Gesundheitszustand ist daher unzulässig (ErfKomm/*Preis* § 611 BGB Rn. 282). Der Umfang des Fragerechts richtet sich vielmehr danach, ob die Frage im Zusammenhang mit dem einzugehenden Arbeitsverhältnis steht. Während bei Behinderungen das AGG greift, gilt es für Krankheiten nicht. Dabei stellt sich jedoch die schwierige Frage der Abgrenzung von Behinderungen und (langwierigen) Krankheiten. Der EuGH hat in der Entscheidung in der Sache *Chacon Navas* (NZA 2006, 839) zur Abgrenzung von Krankheit und Behinderung Stellung genommen. Demnach ist eine Behinderung eine physische, geistige oder psychische Beeinträchtigung, die ein Hindernis für die Teilhabe am Berufsleben bildet und wahrscheinlich von langer Dauer ist. In der Entscheidung *HK Danmark* hat der EuGH die Auslegung des Begriffs „Behinderung" dahin verfeinert, dass er einen Zustand einschließt, der durch eine ärztlich diagnostizierte heilbare oder unheilbare Krankheit verursacht wird, wenn diese Krankheit eine Einschränkung mit sich bringt, die insbesondere auf physische, geistige oder psychische Beeinträchtigungen zurückzuführen ist, die in Wechselwirkung mit verschiedenen Barrieren den Betreffenden an der vollen und wirksamen Teilhabe am Berufsleben, gleichberechtigt mit den anderen Arbeitnehmern, hindern können, und wenn diese Einschränkung von langer Dauer ist (EuGH BeckRS 2013, 80743). Wegen der Schwierigkeiten bei der Abgrenzung nach der Formel des EuGH bestimmt das BAG den Begriff der Behinderung ausgehend von § 2 Abs. 1 SGB IX, wonach Menschen behindert sind, wenn ihre „körperliche Funktion, geistige Fähigkeit oder seelische Gesundheit mit hoher Wahrscheinlichkeit länger als sechs Monate von dem für ihr Alter typischen Zustand abweichen und daher ihre Teilhabe am Leben in der Gesellschaft beeinträchtigt ist" (BAG NZA 2010, 280; NZA 2010, 383). In der Literatur wird vorgeschlagen, das Vorliegen einer Behinderung zumindest dann zu verneinen, wenn ein Zustand ohne größere Anstrengungen beseitigt werden kann bzw. medizinisch therapierbar ist (ErfKomm/*Schlachter* § 1 AGG Rn. 9; MünchKomm/*Thüsing* § 1 AGG Rn. 82). Die vom BAG und in der Literatur entwickelten Differenzierung werfen indes mehr Fragen auf, als sie beantworten (etwa: was ist ein für ein bestimmtes Alter „typischer Zustand" und welche Abweichungen sind gravierend genug, um als „Beeinträchtigung der Teilhabe am Leben in der Gesellschaft" angesehen zu werden?). Vorsorglich ist daher mit *Wisskirchen/Bissels* (NZA 2007, 169, 172) von einem relativ weiten Begriff der Behinderung auszugehen. Folglich sollten Fragen nach (langwierigen) Erkrankungen wie Fragen nach einer Behinderung behandelt werden. Bei einer zu weit gefassten Formulierung dürfte der Bewerber ansonsten die Frage wahrheitswidrig beantworten, so dass sie ihren Sinn im Bewerbungsverfahren verlieren würde (→ Anm. 29).

Bei der Frage nach AIDS ist zwischen der Frage nach einer **AIDS-Erkrankung** und der Frage nach einer **HIV-Infektion** zu unterscheiden (MünchHdbArbR/*Buchner* § 30 Rn. 286 ff.; *Berscheid/Kunz/Brand/Nebeling* Teil 2 Kap. 6 A V. Rn. 15). Die Frage nach der AIDS-Erkrankung ist als zulässig anzusehen (*Roesner* BC 2012, 214, 216; ErfKomm/*Preis* § 611 BGB Rn. 274; MünchHdbArbR/*Buchner* § 30 Rn. 286 ff.; *Berscheid/Kunz/Brand/Nebeling* Teil 2 Kap. 6 A V. Rn. 15 f.). Auch wenn die AIDS-Erkrankung nach dem Urteil des EuGH (NZA 2006, 839 – Chacon Navas) nunmehr als Behinderung i. S. d. AGG zu bewerten sein dürfte, ist die Nachfrage im Hinblick auf etwa zu erwartende negative Auswirkungen auf die Arbeitsfähigkeit nach § 8 Abs. 1 AGG gerechtfertigt

(ErfKomm/*Preis* § 611 Rn. 274). Nach neuester Rechtsprechung des BAG stellt auch eine symptomlose HIV-Infektion eine Behinderung i. S. d. AGG dar (vgl. BAG FD-ArbR 2013, 353725). Die Frage nach der HIV-Infektion ist nur zulässig, wenn die Art der Tätigkeit ein erhöhtes Ansteckungsrisiko für Arbeitskollegen, Kunden oder Patienten birgt, so etwa bei Heilberufen, bei Küchenpersonal und in Berufen, die sich mit der Herstellung von Lebensmitteln oder Arzneimitteln (LAG Berlin-Brandenburg NZA-RR 2012, 183) befassen (ErfKomm/*Preis* § 611 BGB Rn. 283), und der Arbeitgeber den risikolosen Einsatz des mit HIV infizierten Bewerbers durch angemessene Vorkehrungen nicht ermöglichen kann (BAG FD-ArbR 2013, 353725; → Anm. 20).

Ob die Frage nach einer **Drogen- und/oder Alkoholabhängigkeit** den Anwendungsbereich des AGG eröffnet, ist noch nicht abschließend geklärt. Überwiegend wird eine körperliche Abhängigkeit von Alkohol oder Drogen als Krankheit eingestuft (Tschöpe/*Wisskirchen/Bissels* Teil 1 C Rn. 70; ErfKomm/*Preis* § 611 BGB Rn. 274; MünchHdbArbR/Buchner § 30 Rn. 289; MünchKomm/*Thüsing* § 1 AGG Rn. 85; a. A. wohl Schaub/*Linck* § 26 Rn. 18 mit Hinweis auf die Entscheidung BAG NZA 2005, 839 in der Suchtkranke als Behinderte i. S. d. Caritas-Richtlinien qualifiziert wurden). Das BAG (NZA 2005, 839) hat bereits eine Drogensucht als Behinderung i. S. v. § 2 Abs. 1 S. 1 SGB IX qualifiziert, allerdings erging diese Entscheidung zum Anspruch auf Heimzulage nach den Richtlinien der Caritas. Ob diese Rechtsprechung auch zum AGG aufrechterhalten werden wird und damit eine Diskriminierungsproblematik eröffnet, ist derzeit nicht abzusehen. Doch selbst wenn die strengen Voraussetzungen des § 8 Abs. 1 AGG eingreifen würden, wäre die Frage nach einer Drogen- oder Alkoholsucht gerechtfertigt: Abgesehen von besonders einfach gelagerten Tätigkeiten, ist die Leistungsfähigkeit zumeist so gravierend beeinträchtigt, dass die Einsetzbarkeit nicht mehr gegeben sein wird (ErfKomm/*Preis* § 611 BGB Rn. 274; MünchHdbArbR/*Buchner* § 30 Rn. 289, 314). Bei Tätigkeiten mit Sicherheitsrisiko besteht zudem die Gefahr der Verletzung von Arbeitskollegen oder Dritten, so dass insbesondere die Fürsorgepflicht den Arbeitgeber zu vorbeugenden Maßnahmen und damit zur Erkundigung zwingt. In einigen Berufen besteht deswegen sogar eine Offenbarungspflicht des Arbeitnehmers, so etwa bei Kraftfahrern (ArbG Kiel BB 1982, 804, 804), Gerüstbauern, Maschinenführern, Piloten und Betreuern im Therapiezentrum oder im Erziehungswesen (Tschöpe/*Wisskirchen/Bissels* Teil 1 C Rn. 70).

Die Frage nach der **Raucher- oder Nichtrauchereigenschaft** ist grundsätzlich unzulässig (Richardi/*Thüsing* § 94 Rn. 19; MünchHdbArbR/*Buchner* § 30 Rn. 313; ErfKomm/*Preis* § 611 BGB Rn. 282). Eine Ausnahme besteht nur dann, wenn der Bewerber bei der Herstellung von Erzeugnissen mitwirken soll, die – wie z. B. Mikrochips – empfindlich auf Tabakrauch reagieren (Tschöpe/*Wisskirchen/Bissels* Teil 1 C Rn. 86).

Insgesamt empfiehlt sich vor diesem Hintergrund, Fragen nach dem Gesundheitszustand nur unter Bezugnahme auf die konkreten Anforderungen des Arbeitsplatzes zu stellen. Dabei ist der Maßstab des § 8 Abs. 1 AGG zugrunde zu legen, nach dem nur nach „wesentlichen und entscheidenden“ Einschränkungen der Leistungsfähigkeit gefragt werden darf. Wird die Frage, wie hier vorgeschlagen, entsprechend speziell formuliert, muss nicht zwischen behinderungs-, sucht- oder abhängigkeits-, infektions- und krankheitsbedingten Ursachen unterschieden werden, denn sie ist in jedem Fall – auch hinsichtlich einer Behinderung – nach § 8 AGG gerechtfertigt (s. o.). Eine spezielle, weitergehende Frage nach Krankheiten kann vor dem Hintergrund der ungeklärten Abgrenzung des Krankheitsbegriffs vom Behindertenbegriff nur unter Vorbehalt empfohlen werden. Die Frage müsste jedenfalls auf die konkrete Eignung für die angestrebte Tätigkeit bezogen sein und jeden Bezug zu möglichen Behinderungen ausschließen.

Nach der bei der Durchführung des Arbeitsverhältnisses zu berücksichtigenden Schwerbehinderteneigenschaft kann nach Abschluss des Arbeitsvertrages, jedenfalls sobald der Sonderkündigungsschutz greift (BAG NZA 2012, 555), gefragt werden, ebenso nach sicherheitsrelevanten Erkrankungen (→ Anm. 33).

16. Einwilligung in eine Einstellungsuntersuchung. Die Frage sollte bereits im Bewerbungsverfahren gestellt werden, um die Bereitschaft des Bewerbers bestätigen zu lassen, gesetzlich zwingende (z.B. nach §§ 32 ff. JArbSchG; § 43 Abs. 1 IfSG; §§ 11 ff. SeeArbG; §§ 37 ff. RöntgenVO; §§ 60 ff. StrahlenschutzVO; § 4 ArbMedVV i.V.m. Teil 1 Abs. 1, 2 Abs. 1 , 2 Abs. 1, 4 Abs. 1 Anhang ArbMedVV) oder besonders vorgeschriebene (z.B. aufgrund tarifvertraglicher Regelungen oder besonderer Erfordernisse der Tätigkeit) Einstellungsuntersuchungen durchführen zu lassen. Unter demselben Gesichtspunkt, unter dem auch die Frage nach einer Behinderung oder Krankheit zulässig ist, kann die Einwilligung des Bewerbers in eine Einstellungsuntersuchung zur Grundlage der Entscheidung über seine Einstellung gemacht werden (vgl. ErfKomm/*Preis* § 611 BGB Rn. 299). Die Untersuchung muss sich dabei – wie schon nach bisheriger Rechtslage – auf diejenigen Umstände beschränken, die Auskunft über die konkrete Eignung für die angestrebte Tätigkeit geben. Ist Grund der Eignungseinschränkung eine Behinderung, so darf dieser Umstand nur dann zur Grundlage einer ablehnenden Entscheidung gemacht werden, wenn dadurch eine „wesentliche und entscheidende" Voraussetzung für die Ausübung der Tätigkeit fehlt, § 8 Abs. 1 AGG (→ Anm. 15). Genau dies berücksichtigt die vorgeschlagene Formulierung, wobei aufgrund der Schwierigkeiten bei der Abgrenzung zwischen Behinderung und Krankheit auf eine Differenzierung bewusst verzichtet wurde. Wird die Frage nach der Bereitschaft verneint, kann der Arbeitgeber die Einstellung ablehnen, ohne damit den Anschein einer Diskriminierung (§ 22 AGG, → Anm. 29) zu erwecken.

17. Bevorstehende Arbeitsverhinderung. Der Arbeitgeber darf grundsätzlich von einem Bewerber Auskunft darüber verlangen, ob der Bewerber über die erforderliche Eignung für die angestrebte Tätigkeit verfügt. Dies gilt jedenfalls für die Eignung zum Zeitpunkt des Dienstantritts. Zu der Frage, ob sich der Arbeitgeber darüber hinaus danach erkundigen darf, ob in absehbarer Zeit mit einem Verlust dieser Eignung oder einer Verhinderung zu rechnen ist, hat sich die Rechtsprechung bislang nicht geäußert. In der Literatur wird vertreten, dass die Eignung in diesem Fall zu verneinen sei (ErfKomm/*Preis* § 611 BGB Rn. 282; *Bayreuther* NZA 2010, 679, 680). Dem Arbeitgeber sei daher auch ein Fragerecht nach absehbaren gesundheitsbedingten Ausfallzeiten einzuräumen. Zumindest in Fällen, die einen personenbedingten Kündigungsgrund darstellen, sollte auch die für die Einstellung erforderliche Eignung verneint werden. Voraussetzung ist also – in Übereinstimmung mit dem Kündigungsrecht – eine negative Gesundheitsprognose, dass absehbar signifikante Fehlzeiten auftreten, die die betrieblichen Interessen beeinträchtigen werden (*Bayreuther* NZA 2010, 679, 680). Daraus folgt: Umstände, die ein überwiegendes Interesse des Arbeitgebers an der Vertragsbeendigung begründen, müssen auch bei der Vertragsanbahnung Berücksichtigung finden dürfen (*Bayreuther* NZA 2010, 679, 680). Nichts anderes gilt im Übrigen, wenn die Verhinderung auf eine Behinderung zurückzuführen ist. Die Frage nach dem Vorliegen einer **Schwangerschaft** (und die damit einhergehende Arbeitsverhinderung) stellt stets eine verbotene geschlechtsbedingte Diskriminierung dar und ist damit unzulässig (§ 3 Abs. 1 S. 2 AGG). Die Diskriminierung ist auch dann verboten, wenn die Arbeitnehmerin die Tätigkeit während der Schwangerschaft wegen eines mutterschutzrechtlichen Beschäftigungsverbots zunächst nicht ausüben darf (BAG NZA 2003, 848). Nach aktueller Rechtsprechung des EuGH ist die Frage nach einer Schwangerschaft selbst dann als diskriminierend zu bewerten, wenn die Arbeitnehmerin nur befristet eingestellt werden soll und feststeht, dass sie im Falle einer Schwangerschaft während eines wesentlichen Teils der Vertragszeit nicht arbeiten kann (EuGH NJW 2002, 123; ErfKomm/*Preis* § 611 BGB Rn. 274; *Künzl* ArbRAktuell 2012, 235, 236). Die BAG-Entscheidung aus dem Jahr 2003 hingegen stützt sich in der Begründung wesentlich auf das Argument, dass die Frau „nach Ablauf der Schutzfristen die vereinbarte Arbeit leisten" kann. Folgerichtig lässt diese Entscheidung die Frage nach der Schwangerschaft bei einem befristeten Arbeitsverhältnis wohl dann zu, wenn ein mutterschutzrechtliches Beschäftigungsverbot der Arbeitsleistung für die gesamte Vertragsdauer entgegen steht (*Ertel* DuD 2012, 126, 127 f.). Es bleibt indes abzuwarten, ob das BAG dieses Verständnis bestätigen wird.

Aus ähnlichen Erwägungen heraus wird auch die Frage nach einem künftigen **Wehr- oder Ersatzdienst** heute weitgehend für unzulässig gehalten (Schaub/*Linck* § 26 Rn. 36; *Boemke* RdA 2008, 129, 134; Richardi/*Thüsing* § 94 Rn. 25; Tschöpe/*Wisskirchen*/*Bissels* Teil 1 C Rn. 113; für ein eingeschränktes Fragerecht: *F/E/S/T/L* § 94 Rn. 23; ErfKomm/*Preis* § 611 BGB Rn. 273). Da lediglich Männer von der Wehrpflicht oder dem Ersatzdienst betroffen sind, knüpft die Frage – ebenso wie die Frage nach einer Schwangerschaft – unmittelbar an das Geschlecht an und ist damit als geschlechtsspezifische Diskriminierung generell unzulässig. Nicht anders zu beurteilen ist die Frage nach einem bereits abgeleisteten (Pflicht-)Wehr- oder Ersatzdienst, da auch sie nur Männern gestellt werden kann (Richardi/*Thüsing* § 94 Rn. 25) und außerdem auf das Diskriminierungsmerkmal der Weltanschauung abstellt und damit AGG-widrig ist (MünchHdbArbR/*Buchner* § 30 Rn. 315). Mit der Aussetzung der Wehrpflicht zum 1.7.2011 hat die Problematik – jedenfalls im Hinblick auf deutsche Bewerber – an Brisanz verloren (weitere arbeitsrechtliche Folgen bei *Düwell* jurisPR-ArbR 28/2011 Anm. 1).

Ein Arbeitnehmer, der sich um eine unbefristete Stellung bewirbt, muss ungefragt eine rechtskräftig verhängte und demnächst zu verbüßende mehrmonatige **Freiheitsstrafe** offenbaren (ErfKomm/*Preis* § 611 BGB Rn. 281). Dies gilt nicht, sofern die Strafe zur Bewährung ausgesetzt oder mit der Einräumung eines Freigängerstatus zu rechnen ist und dieser auch tatsächlich eingeräumt wird (BAG AP BGB § 123 Nr. 32).

Die Frage nach zukünftig in Anspruch zu nehmender oder bereits in Anspruch genommener und noch nicht beendeter **Elternzeit** (Tschöpe/*Wisskirchen*/*Bissels* Teil 1 C Rn. 98) dürfte ebenfalls vor dem Hintergrund des Verbots der Geschlechtsdiskriminierung, jedenfalls aber bezogen auf das Merkmal der sexuellen Identität unzulässig sein.

Ein Verhinderungsgrund kann sich auch aufgrund der **Weltanschauung** oder **Religion** des Bewerbers ergeben. Das BAG hat die Erfüllung religiöser Pflichten zu den subjektiven Leistungshindernissen i.S.d. § 616 Abs. 1 BGB gezählt (zum Recht auf Freistellung bei kirchlicher Eheschließung BAG NJW 1983, 2600; zum Recht auf Wahrnehmung muslimischer Gebetspausen LAG Hamm NZA 2002, 1090; allerdings kein generelles Recht auf Arbeitsbefreiung an religiösen Feiertagen EGMR NZA 2006, 1401). In Einzelfällen wird auch die Arbeitsverweigerung bestimmter Tätigkeiten gerechtfertigt sein, wenn religiöse Hindernisse entgegenstehen. Hier ist die Situation bei der Einstellung entscheidend: Wenn der Bewerber bei der Einstellung vorhersehen konnte, dass er mit Tätigkeiten betraut werden würde, die einen Glaubenskonflikt verursachen, dann überwiegt das Interesse des Arbeitgebers an der Vertragserfüllung. Stellt sich das Hindernis erst in der konkreten Arbeitssituation, so kann ein Leistungsverweigerungsrecht zwar bejaht werden, dies schließt aber eine gerechtfertigte personenbedingte Kündigung nicht aus (BAG NZA 2011, 1087). Gestaltete sich die Situation bei Einstellung jedoch so, dass der Arbeitgeber erkennen musste, dass die Ausführung bestimmter Tätigkeiten zu einem Glaubenskonflikt bei dem Bewerber führen würden, kann er später nicht fordern, dass der Arbeitnehmer seinen religiösen Überzeugungen zuwiderhandelt.

18. Ermittlungs- oder Strafverfahren. Einzelfallabhängig ist die Frage nach anhängigen Ermittlungsverfahren zulässig. Die in Art. 6 Abs. 2 EMRK verankerte Unschuldsvermutung steht dem nicht entgegen, denn sie bindet unmittelbar nur den über die Anklage befindenden Strafrichter. Vielmehr ist es falsch anzunehmen, dass die Unschuldsvermutung gebiete, dem Betroffenen aus der Tatsache, dass ein Ermittlungsverfahren gegen ihn anhängig ist, überhaupt keine Nachteile erwachsen zu lassen (BAG AP Nr. 50

zu § 123 BGB; BAG AP BGB § 242 Nr. 25 LAG Kiel BeckRS 2012, 66207; LAG Stuttgart BeckRS 2011, 73684; LAG Hamm BeckRS 2011, 72485). Demnach hat etwa ein Kindergärtner, gegen den ein Ermittlungsverfahren wegen sexuellen Missbrauchs von Kindergartenkindern in dem vorhergehenden Arbeitsverhältnis durchgeführt wird, regelmäßig kein hinreichend schützenswertes Interesse daran, eine erneute Einstellung dadurch zu erreichen, dass er bei der Bewerbung wahrheitswidrig angibt, es gebe kein Verfahren (BAG AP BGB § 242 Nr. 25). Gleiches gilt für einen Bewerber für den mittleren Polizeidienst hinsichtlich laufender Verfahren wegen Verstößen gegen das Pflichtversicherungsgesetz und Sachbeschädigung (BAG AP BGB § 242 Nr. 25).

19. Zusätzliche Fragen. Die hier aufgeführten Fragen sind nur für bestimmte Tätigkeiten, Positionen oder Unternehmen zulässig. Es ist daher im Einzelfall zu entscheiden, ob und welche Fragen zulässigerweise in den Personalfragebogen aufgenommen werden dürfen.

20. Ansteckende Krankheiten/HIV-Status. Die Frage nach ansteckenden Krankheiten ist grundsätzlich zulässig, soweit sie sich auf die Eignung für die beabsichtigte Tätigkeit bezieht (s. ausführlich → Anm. 15). Soweit eine Tätigkeit **besonders hohe Infektionsrisiken** mit sich bringt, kann auch die allgemeine Frage nach ansteckenden Erkrankungen zulässig sein. Die Frage nach der HIV-Infektion ist – anders als die Frage nach einer AIDS-Erkrankung (→ Anm. 15) – nur zulässig, wenn die Art der Tätigkeit ein **erhöhtes Ansteckungsrisiko** für Arbeitskollegen, Kunden oder Patienten birgt, so etwa bei Heilberufen, bei Küchenpersonal, bei Optikern, die Kontaktlinsen anpassen und in Berufen, die sich mit der Herstellung von Lebensmitteln oder Arzneimitteln (LAG Berlin-Brandenburg NZA-RR 2012, 183) befassen (ErfKomm/Preis § 611 BGB Rn. 283) und der Arbeitgeber den risikolosen Einsatz des mit HIV infizierten Bewerbers durch angemessene Vorkehrungen nicht ermöglichen kann (BAG FA – ArbR 2013, 353, 725).

21. Lohnpfändungen. Bei der Frage nach den Vermögensverhältnissen, insbesondere Lohn- und Gehaltspfändungen, ist danach zu unterscheiden, ob die angestrebte Tätigkeit ein **besonderes Vertrauensverhältnis** zum Arbeitnehmer voraussetzt, so zum Beispiel wenn der Arbeitnehmer mit Finanzen betraut ist oder das Risiko einer Bestechlichkeit zum Geheimnisverrat ausgeschlossen werden muss. Ist dies der Fall, darf der Arbeitgeber entsprechende Fragen stellen (Richardi/*Thüsing* § 94 Rn. 26; ErfKomm/*Preis* § 611 BGB Rn. 280). Liegt keine Vertrauensstellung vor, ist die Zulässigkeit der Frage umstritten. Die wohl herrschende Auffassung geht von der grundsätzlichen Unzulässigkeit der Frage aus (vgl. ErfKomm/*Preis* § 611 BGB Rn. 280; MünchHdbArbR/*Buchner* § 30 Rn. 351 f.; *Ehrich* DB 2000, 421, 422). Die Frage kann jedoch dann zulässig sein, wenn im Einzelfall zahlreiche Lohnpfändungen oder -abtretungen einen derartigen Arbeitsaufwand des Arbeitgebers verursachen, dass dies zu wesentlichen Störungen im Arbeitsablauf (etwa in der Lohnbuchhaltung oder Rechtsabteilung) führt (zur Zulässigkeit einer Kündigung vgl. BAG NJW 1982, 1062; MünchHdbArbR/*Buchner* § 30 Rn. 351; ohne Vertrauensstellung ablehnend ErfKomm/*Preis* § 611 BGB Rn. 280). Ein Teil der Literatur will die Frage aufgrund der Mehrarbeit des Arbeitgebers durch Lohnpfändungen generell zulassen (Staudinger/*Richardi/Fischinger* § 611 Rn. 205).

22. Scientology-Mitgliedschaft. Die Zulässigkeit der Frage nach den Beziehungen eines Bewerbers zur Scientology Organisation ist nicht eindeutig geklärt. Verbreitet wurde die Zulässigkeit der Frage anerkannt, wenn die konkreten arbeitsplatzbezogenen Anforderungen mit einer Scientology-Zugehörigkeit unvereinbar sind. Zulässig sei die Frage daher insbesondere bei der Besetzung von Vertrauensstellungen (*Ehrich* DB 2000, 421, 426; Richardi/*Thüsing* § 94 Rn. 16). Angenommen wird die Zulässigkeit der Frage auch dann, wenn der Arbeitgeber konkrete Anhaltspunkte für verfassungsfeindliche Handlungen des Arbeitnehmers hat. Solche Anhaltspunkte sind nicht schon durch die bloße Mitgliedschaft oder durch die Bekleidung von niedrigen Positionen in der Organisation gegeben (ArbG München NZA-RR 2001, 296).

Zwar hat das BAG festgestellt, dass die Scientology-Organisation **keine Religions- oder Weltanschauungsgemeinschaft** ist (BAG AP ArbGG § 5 Nr. 21), allerdings ist noch nicht absehbar, ob die Rechtsprechung zur Definition des AGG-Merkmals der Religion bzw. Weltanschauung diese Sicht beibehält. Neben Gerichten in Frankreich und den USA (vgl. die Rechtsprechungsnachweise bei *Wiedemann/Thüsing* DB 2002, 463, 466) hat nunmehr auch das Bundesverwaltungsgericht (NJW 2006, 1303) Scientology als religiöses bzw. weltanschauliches Bekenntnis anerkannt, auch wenn es dabei ausdrücklich offen ließ, ob die Scientology-Kirche Deutschland selbst als Weltanschauungs- oder Religionsgemeinschaft anzusehen und deshalb in den Schutz des Art. 4 GG einzubeziehen ist. Insoweit besteht eine gewisse Rechtsunsicherheit (Tschöpe/*Wisskirchen/Bissels* Teil 1 C Rn. 90 f.; ErfKomm/*Preis* § 611 BGB Rn. 274; Richardi/*Thüsing* § 94 Rn. 16). Soweit also kein besonderes Interesse an der Frage besteht, sollte hiervon abgesehen werden (ErfKomm/*Preis* § 611 BGB Rn. 274; *Wisskirchen/Bissels*, NZA 2007, 169, 173). Unstreitig steht die Frage **Tendenzbetrieben** zu, die sich auf § 9 AGG („Kirchenklausel“) berufen können (Richardi/*Thüsing* § 94 Rn. 16).

23. Religionszugehörigkeit. Schon vor Geltung des AGG waren wegen der Glaubens- und Gewissensfreiheit (Art. 4 Abs. 1 GG) sowie des Rechts auf informationelle Selbstbestimmung (Art. 2 Abs. 1 i. V. m. Art. 1 Abs. 1 GG) Fragen nach der Religionszugehörigkeit nur zulässig, wenn es sich bei dem zukünftigen Arbeitgeber um einen religiös bestimmten **Tendenzbetrieb** (bspw. Krankenhäuser, Kindergärten, Schulen, Pflegeheime etc.) handelte (LAG Hamm NZA 2002, 675, 677; *Ehrich* DB 2000, 421, 426). An dieser Rechtslage hat die Einführung des AGG nichts geändert (Schaub/*Linck* § 26 Rn. 31). Die Frage ist nunmehr nach § 1 AGG grundsätzlich unzulässig; eine Ausnahme gilt nach § 9 AGG für Tendenzbetriebe. Allerdings ist bei entsprechendem Aufgabenbezug die Frage erlaubt, ob bei den ins Auge gefassten Tätigkeiten bei dem Bewerber ein Glaubenskonflikt entstehen könnte. Anlassbezogen darf der Arbeitgeber auf diese Weise der Einstellung von Arbeitnehmern mit begründeten Leistungsverweigerungsrechten vorbeugen, falls diese für ihn die Eignung des Bewerbers entfallen lassen, so etwa im Fall eines muslimischen Arbeitnehmers, der sich seinem Glauben in einer Weise verpflichtet fühlte, die ihm jegliche Mitwirkung bei der Verbreitung von alkoholischen Getränken verbiete, weshalb er keine Ladenregale mit alkoholischen Getränken auffüllen könne (BAG NJW 2011, 3319).

24. Gewerkschaftszugehörigkeit. Nach der Gewerkschaftszugehörigkeit darf wegen der in Art. 9 Abs. 3 S. 2 GG verankerten Koalitionsfreiheit grundsätzlich nicht gefragt werden (BAG NZA 2000, 1294; ErfKomm/*Preis* § 611 BGB Rn. 278; Richardi/*Thüsing* § 94 Rn. 20; Schaub/*Linck* § 26 Rn. 24). Etwas anderes gilt nur für **Tendenzbetriebe** (*Ehrich* DB 2000, 421, 426; ErfKomm/*Preis* § 611 BGB Rn. 278). Ist der Arbeitgeber tarifgebunden, so kann er sich im Hinblick auf seine Verpflichtung, den Tariflohn zu bezahlen, nach der Einstellung des Bewerbers nach dessen Gewerkschaftszugehörigkeit erkundigen (*Braun* MDR 2004, 64, 66; s. Anm. 33). Eine Gewerkschaftszugehörigkeit ist nicht als „Weltanschauung“ i. S. d. AGG zu verstehen, da es sich insoweit nicht um ein umfassendes Verständnis vom menschlichen Sein handelt. Das AGG ändert insoweit an den etablierten Grundsätzen nichts (a. A. *Wisskirchen/Bissels* NZA 2007, 169, 172).

25. Stasi-Mitarbeit. Hinsichtlich der Frage nach der Arbeit für das frühere Ministerium für Staatssicherheit der DDR („Stasi“) ist zwischen dem öffentlichen Dienst und der Tätigkeit für private Arbeitgeber zu unterscheiden.

Im öffentlichen Dienst ist die Frage jedenfalls dann zulässig, wenn sich die Frage auf Vorgänge aus der Zeit nach 1970 bezieht (BVerfG NJW 1997, 2307, 2310; vgl. auch BAG NZA 2006, 624, wonach ein Zeitmoment von zehn Jahren zwischen MfS-Tätigkeit und

Beschäftigung zu kurz sei, „um die Annahme zu rechtfertigen, die MfS-Tätigkeit habe so lange zurückgelegen, dass allein der Ablauf der Zeit die Wunden geheilt habe"). Das AGG kann in diesen Fällen betroffen sein, wenn sich der Bewerber auf seine marxistisch-leninistische Überzeugung beruft. Der Marxismus-Leninismus ist zwar als Weltanschauung anzuerkennen (ArbG Berlin NZA-RR 2010, 70). Allerdings wird die Ungleichbehandlung regelmäßig nicht gerade wegen der Weltanschauung erfolgen, sondern wegen des Konfliktpotentials, das die Tätigkeit für eine Organisation mit „der bekannten Vorgehensweise des MfS" hervorbringt. Außerdem kann „unter Berücksichtigung des in der DDR herrschenden gesellschaftlichen Drucks" nicht ausgeschlossen werden, „dass Personen trotz der umfassenden Überprüfung durch das MfS auch aus anderen Gründen für das MfS tätig waren und nicht allein nur aufgrund ihrer politischen Überzeugung". So liegt in der unterschiedlichen Behandlung eines Bewerbers mit dem Hinweis auf einen vorhersehbaren Konflikt mit langjährig Beschäftigten, der sich an der früheren Tätigkeit des Bewerbers entzündet, keine unerlaubte Benachteiligung wegen der Weltanschauung (ArbG Berlin NZA-RR 2010, 70). In der Privatwirtschaft ist die Frage hingegen grundsätzlich unzulässig (*Braun* MDR 2004, 64, 68). Eine Ausnahme bilden Arbeitsplätze, bei denen eine frühere Tätigkeit für das MfS im Einzelfall gravierende Eignungsmängel erkennen lässt (BAG NJOZ 2002, 1333, 1335). Ein solcher Eignungsmangel ist unter anderem bei Tendenzträgern in **Tendenzbetrieben** sowie bei Tätigkeiten in **sicherheitsrelevanten Bereichen** denkbar (*Ehrich* DB 2000, 421, 423). Das BAG hält die Frage bei einem privaten Arbeitgeber dann für zulässig, wenn der Bewerber dort Aufgaben übernehmen soll, die der öffentlichen Verwaltung zuzurechnen oder mit öffentlich-rechtlichen Aufgaben eng verbunden sind (BAG NJOZ 2002, 1333, 1336). Die Zulässigkeit der Frage wurde von der Rechtsprechung im Einzelnen bejaht bei einem Redakteur in einem Presseunternehmen (vgl. BAG NZA 2003, 265, 266 in Bezug auf die Zulässigkeit einer Kündigung), bei einem Beschäftigten eines Gewerkschaftsunternehmens (LAG Hamm LAGE BetrVG 1972 § 118 Nr. 17) sowie bei einem Angestellten der Flugsicherung (BAG NJOZ 2002, 1333, 1335).

26. Bisherige Vergütung. Die Frage nach der bisherigen Vergütung ist nur unter Einschränkungen zulässig, da die bisherigen Einkommensverhältnisse die Individualsphäre des Bewerbers betreffen und ihre Offenlegung die Position des Arbeitnehmers bei der Gehaltsverhandlung schwächt (Richardi/*Thüsing* § 94 Rn. 26). Nach der Rechtsprechung des BAG ist davon auszugehen, dass die Frage jedenfalls dann unzulässig ist, wenn die bisherige Vergütung für die erstrebte Stelle keine Aussagekraft hat (BAG AP BGB § 123 Nr. 25). Die Aussagekraft der früheren Vergütung erkennt das Gericht nur an, wenn sie entweder vom Bewerber selbst zur Mindestbedingung erhoben wird oder wenn sie Schlüsse auf seine Eignung für den angestrebten Posten erlaubt (BAG AP BGB § 123 Nr. 25). Letzteres ist nach der Rechtsprechung des BAG der Fall, wenn die bisherige und die angestrebte Tätigkeit zumindest **vergleichbare Kenntnisse oder Fähigkeiten** erfordern oder der Bewerber eine „**erfolgsabhängige Vergütung**" bezogen hat, die dafür spricht, dass er Eigenschaften wie Eigeninitiative und Einsatzbereitschaft besitzt, die er in jeder Position einsetzen kann (BAG AP BGB § 123 Nr. 25; vgl. auch ErfKomm/*Preis* § 611 BGB Rn. 279). Im Formular wird der Begriff „leistungsabhängige Vergütung" verwendet, da diese eher den Rückschluss auf Leistungen des Arbeitnehmers erlaubt als die erfolgsabhängige Vergütung, die z. B. allein auf dem Erfolg des Unternehmens beruhen kann.

27. Vorstrafen. Nach Vorstrafen darf der Arbeitgeber bei der Einstellung fragen, wenn und soweit die Art des zu besetzenden Arbeitsplatzes dies erfordert (zuletzt LAG Kiel BeckRS 2012, 66207; LAG Stuttgart BeckRS 2011, 73684; LAG Hamm BeckRS 2011, 72485; zuvor schon BAG NJOZ 2002, 1333; AP BGB § 242 Nr. 25; Richardi/*Thüsing* § 94 Rn. 24 m. w. N.). Grundsätzlich muss der Arbeitgeber also mit seiner Frage zum Ausdruck bringen, für welche Arten von Anzeigen, Ermittlungsverfahren, Strafverfahren und Verurteilungen er eine Auskunft einholen möchte (LAG Stuttgart BeckRS

2011, 73684). So kann ein Bankkassierer nach Vorstrafen auf vermögensrechtlichem Gebiet, ein Berufskraftfahrer nach verkehrsrechtlichen Vorstrafen und ein Angestellter des Verfassungsschutzamtes nach Vorstrafen auf politischem Gebiet gefragt werden (BAG NJOZ 2002, 1333; zuletzt auch LAG Stuttgart BeckRS 2011, 73684).

Bei **Führungskräften** besteht ein weitergehendes Fragerecht (MünchHdbArbR/*Buchner* § 30 Rn. 343; Tschöpe/*Wisskirchen/Bissels* Teil 1 C Rn. 109). In der betrieblichen Praxis besteht daher streng genommen das Erfordernis, die Frage nach Vorstrafen jeweils im Hinblick auf den zu besetzenden Arbeitsplatz anzupassen und nur nach bestimmten Vorstrafen zu fragen.

Der Bewerber darf eine Vorstrafe **verschweigen**, wenn die Strafe nach dem Bundeszentralregister-Gesetz nicht in das Führungszeugnis oder nur in ein Führungszeugnis nach § 30 Abs. 3 und 4 BZRG aufzunehmen oder im Register zu tilgen ist (Schaub/*Linck* § 26 Rn. 35). Wer sich um eine besondere Vertrauensposition bewirbt, bei der es erkennbar auf die Integrität des Stelleninhabers ankommt, muss ungefragt über Vorstrafen aufklären (ErfKomm/*Preis* § 611 BGB Rn. 289).

28. Unrichtige und unvollständige Antworten auf zulässige Fragen. Beantwortet der Arbeitnehmer vor Abschluss des Arbeitsvertrags eine zulässige Frage wahrheitswidrig, kann der Arbeitgeber nach seiner Wahl den Arbeitsvertrag gemäß § 123 Abs. 1 BGB wegen arglistiger Täuschung anfechten oder eine Kündigung aussprechen (BAG AP BGB § 123 Nr. 35; MünchHdbArbR/*Buchner* § 30 Rn. 367 ff.). Die **Kündigung** kann grundsätzlich entweder wegen der Lüge an sich als verhaltensbedingte ordentliche oder außerordentliche Kündigung oder (so MünchHdbArbR/*Buchner* § 30 Rn. 369) – wegen des Fehlens fachlicher oder persönlicher Qualifikationsmerkmale – als personenbedingte (i. d. R. ordentliche) Kündigung ausgesprochen werden, wobei das Vorliegen des Kündigungsgrundes jeweils gesondert festzustellen ist. Die **Anfechtung** ist gemäß § 124 BGB innerhalb einer Frist von einem Jahr zu erklären, wobei die Frist erst nach Entdeckung der Täuschung zu laufen beginnt. Auch vor Ablauf dieser Frist kann die Anfechtung jedoch wegen eines Verstoßes gegen Treu und Glauben verwirkt sein, wenn der Anfechtungsgrund für die weitere Durchführung des Arbeitsverhältnisses so sehr an Bedeutung verloren hat, dass er die Auflösung des Vertrages nicht mehr rechtfertigen kann (BAG NZA 2001, 317, 320). Im Übrigen spielt es keine Rolle, ob die Kündigung vor der Anfechtung oder zeitgleich mit ihr ausgesprochen wird, die Kündigung des Arbeitsverhältnisses kann in diesen Fällen nicht als Bestätigung des Arbeitsvertrages i. S. d. § 144 BGB angesehen werden (BAG NJOZ 2006, 2031).

Unter gewissen Voraussetzungen hat der Bewerber auch ohne eine entsprechende Frage des Arbeitgebers gewisse Informationen über seine Person von sich aus zu offenbaren. Eine solche **Offenbarungspflicht** besteht nur ausnahmsweise, wenn der Arbeitgeber nach Treu und Glauben eine Auskunft erwarten kann (BAG AP BGB § 123 Nr. 35). Dies ist der Fall, wenn die verschwiegenen Umstände dem Arbeitnehmer die Erfüllung der arbeitsvertraglichen Leistungspflicht unmöglich machen oder sonst ausschlaggebende Bedeutung für den Arbeitsplatz haben (BAG AP BGB § 123 Nr. 35). Eine entsprechende Offenbarungspflicht wird beispielsweise angenommen, wenn der Bewerber gesundheitlich überhaupt nicht in der Lage ist, die für ihn vorgesehene Arbeitsaufgabe zu übernehmen (BAG AP BGB zu § 123 Nr. 130; ErfKomm/*Preis* § 611 BGB Rn. 288 ff. mit weiteren Beispielen).

29. Rechtsfolgen unzulässiger Fragen. Stellt der Arbeitgeber eine Frage, die nicht vom Fragerecht gedeckt ist, so ist der Arbeitnehmer nicht nur berechtigt zu schweigen, sondern darf auch wahrheitswidrig antworten („**Recht zur Lüge**"; st. Rspr.; vgl. BAG NZA 2003, 848; aktuell LAG Stuttgart BeckRS 2011, 73684). Diese Rechtsprechung berücksichtigt, dass der Bewerber, der eine unzulässige Frage wahrheitsgemäß beantwortet oder schweigt, im Bewerbungsverfahren um die angestrebte Stelle oftmals chancenlos wäre (ErfKomm/*Preis* § 611 BGB Rn. 286).

Beantwortet der Bewerber eine unzulässige Frage wahrheitsgemäß und kommt ein Arbeitsverhältnis deshalb nicht zustande, ist ein **Schadensersatzanspruch** des Bewerbers möglich, § 823 Abs. 1 BGB i.V.m. Art. 1, 2 GG, §§ 311 Abs. 2, 280 Abs. 1 BGB (vgl. *Braun* MDR 2004, 64, 65). Ein Schadensersatzanspruch nach § 15 AGG kommt in Betracht, wenn der Bewerber wegen eines Merkmals gem. § 1 AGG nicht eingestellt wurde und dem Arbeitgeber kein Rechtfertigungsgrund gem. §§ 8 ff. AGG zur Seite steht. Hinsichtlich der Kausalität zwischen der Antwort auf die unzulässige Frage und der Ablehnungsentscheidung des Arbeitgebers greift dann die Beweislastumkehr des § 22 AGG (vgl. *Grobys* NZA 2006, 898, 902). Der Arbeitgeber muss dann zur Abwehr etwaiger Schadensersatzansprüche nachweisen, dass die Ablehnung auch ohne die Antwort auf die unzulässige Frage erfolgt wäre (rechtmäßiges Alternativverhalten, vgl. *Grobys* NZA 2006, 898, 901).

Keinen Ausweg bietet hier die Möglichkeit, Fragen besonders offen zu formulieren, um Anknüpfungspunkte an die nach § 1 AGG geschützten Merkmalen zu vermeiden (LAG Stuttgart BeckRS 2011, 73684; ArbG München NZA-RR 2001, 296). Umfasst der Gegenstand der Frage auch Bereiche, die mit diesen Merkmalen im Zusammenhang stehen, so kann aus der Frage jedenfalls dann auf eine Diskriminierungsabsicht geschlossen werden, wenn Bewerber, die das entsprechende Merkmal aufweisen, vom Arbeitgeber unterdurchschnittlich häufig berücksichtigt wurden oder in der vergleichbaren vorhandenen Belegschaft unterrepräsentiert sind (*Däubler/Bertzbach* § 22 Rn. 38; *Grobys* NZA 2006, 898, 902; zur Indizwirkung von Statistiken vgl. auch LAG Berlin NZA 2009, 43).

30. **Unterschrift.** → Form. A. II. 1 Anm. 32.

31. **Fragen nach Einstellung.** Einige Informationen zur Person des Arbeitnehmers, die bei der Entscheidung über die Einstellung noch nicht berücksichtigt werden dürfen, werden vom Arbeitgeber zur Durchführung des Arbeitsverhältnisses unbedingt benötigt. Der Arbeitgeber darf solche Informationen deshalb nach Abschluss des Arbeitsvertrages abfragen (vgl. ErfKomm/*Preis* § 611 BGB Rn. 276). Nach den oben dargestellten Grundsätzen müssen auch hier sachliche Gründe für die Fragen vorliegen, die nachfolgend in Form einer Übersicht dargestellt werden.

32. **Allgemeines.** Die Angabe des **Geburtsdatums** ist z.B. erforderlich zur Berechnung des Eintrittsdatums in die Altersrente. Die **Sozialversicherungsnummer** wird zur Anmeldung bei Kranken- und Rentenversicherung benötigt. Die Lohnsteuerkarte wurde durch das elektronische Verfahren mit dem Namen **Elektronische Lohnsteuerabzugsmerkmale (ELStAM)** ersetzt. Damit der Arbeitgeber das Verfahren durchführen kann, hat der Arbeitnehmer dem Arbeitgeber die Steuer-Identifikationsnummer und das Geburtsdatum mitzuteilen. Darüber hinaus muss der Arbeitnehmer angeben, ob es sich um das erste oder ein weiteres Arbeitsverhältnis handelt (Haupt- oder Nebenarbeitsverhältnis) und ggf. in welcher Höhe ein Freibetrag nach § 39a Abs. 1 S. 1 Nr. 7 EStG (Übertragung des Grundfreibetrags) abgerufen werden soll (§ 39e Abs. 4 S. 1 EStG). Der Arbeitgeber ruft die Lohnsteuerabzugsmerkmale beim Bundeszentralamt für Steuern ab (§ 39e Abs. 4 EStG).

Der **Familienstand** und die Anzahl der **unterhaltsberechtigten Kinder** sind bei einer vorzunehmenden Sozialauswahl zu berücksichtigen. Gleiches gilt für Entscheidungen über Versetzungen im Rahmen des Direktionsrechts nach § 106 GewO.

33. **Weitere Informationen.** Die Frage der **Schwerbehinderung** ist relevant für die Höhe eventueller Ausgleichszahlungen des Arbeitgebers nach § 77 SGB IX, für die Einrichtung einer Schwerbehindertenvertretung und die Feststellung der diesbezüglich wahlberechtigten Arbeitnehmer, § 94 SGB IX, sowie den Urlaubsanspruch, § 125 SGB IX. Das BAG hat die Frage nach der Schwerbehinderteneigenschaft im bestehenden Beschäftigungsverhältnis jedenfalls dann als zulässig angesehen, wenn die Frist aus § 90

SGB IX abgelaufen war und der Arbeitgeber sich deswegen berechtigterweise nach dem Eingreifen von Sonderkündigungsschutz erkundigen darf (BAG NZA 2012, 555).

Die Frage nach nicht ansteckenden, aber den Arbeitnehmer **selbst gefährdenden Erkrankungen**, die ggf. ein Einschreiten des Arbeitgebers erforderlich machen, genügt den Anforderungen an die Fürsorgepflicht des Arbeitgebers, § 618 Abs. 1 BGB.

Die Frage der **Gewerkschaftsmitgliedschaft** ist nur dann zulässig, wenn der Arbeitgeber tarifgebunden ist und sich daraus die Anwendbarkeit eines Tarifvertrages ergibt.

3. Einwilligung des Bewerbers in die Datenerhebung/-verarbeitung/-nutzung

Erhebung, Verarbeitung und Nutzung personenbezogener Daten Einwilligung nach dem Bundesdatenschutzgesetz (BDSG)[1, 2]

Im Rahmen des Bewerbungsverfahrens werden von . . . . . . (Gesellschaft) personenbezogene Daten[3] erhoben, verarbeitet und genutzt.[4]

Bei den personenbezogenen Daten handelt es sich um die für die Durchführung des Bewerbungsverfahrens bestimmten Angaben, insbesondere die Bewerbungsunterlagen, die Angaben im Einstellungsfragebogen und die Ergebnisse eines durchzuführenden Bewerbungsgespräches oder Assessment-Centers. Die Erhebung, Verarbeitung und Nutzung erfolgt zum Zweck der Durchführung des Bewerbungsverfahrens, insbesondere zur Beurteilung der Eignung des Bewerbers, und zu statistischen Zwecken, beispielsweise der Untersuchung von Bewerberverhalten.[5]

Für die genannten Zwecke können die Daten auch an folgende Unternehmen übermittelt werden: . . . . . . Hierbei befinden sich die Unternehmen . . . . . . in Ländern außerhalb des Europäischen Wirtschaftsraums (EWR), in denen ein geringerer Datenschutzstandard gelten kann, als im EWR.[6]

(Alternative:

Zu den Dienstleistern, die im Auftrag von . . . . . . (Gesellschaft) tätig werden, und an die personenbezogene Daten zu den vorstehend genannten Zwecken übermittelt werden können, zählen insbesondere . . . . . .)[7]

In die Erhebung, Verarbeitung und Nutzung meiner personenbezogenen Daten in dem oben beschriebenen Rahmen willige ich ein.[8]

Insbesondere willige ich in die Erhebung, Verarbeitung und Nutzung der Daten ein, die ich . . . . . . (Gesellschaft) im Rahmen meiner Bewerbung ohne deren Anforderung mitgeteilt habe, auch wenn es sich dabei um personenbezogene Daten zu Rasse, ethnischer Herkunft, Geschlecht, sexueller Identität, Religion, Weltanschauung, Gewerkschaftszugehörigkeit, Gesundheit, Behinderung, Alter oder gleichermaßen geschützte Angaben handelt.[9]

(Optional:

Einer dauerhaften Speicherung der Daten stimme ich zu. Soweit ein berechtigtes Interesse der . . . . . . (Gesellschaft) an der Speicherung der Daten nicht besteht, kann ich die Löschung der Daten jederzeit verlangen.)[10]

Mir ist bekannt, dass die Erklärung der vorstehenden Einwilligung im Hinblick auf mein Arbeitsverhältnis/auf einen etwaigen Arbeitsvertragsabschluss nicht notwendig ist, ich die Einwilligung nicht abgeben muss und an die Nichterteilung keine Nachteile geknüpft sind.[11]

……

Ort, Datum

……

Unterschrift des Bewerbers

Anmerkungen

1. Sachverhalt/Anwendungsbereich. Das Formular regelt die Einwilligung des Bewerbers in die Erhebung, Verarbeitung und Nutzung seiner personenbezogenen Daten im Rahmen des Bewerbungsverfahrens (zur Datenschutzverpflichtung für Arbeitnehmer mit datenverarbeitender Tätigkeit → Form. A. IV. 4). Gesetzliche Grundlage des Formulars sind die Bestimmungen des Bundesdatenschutzgesetzes (BDSG). Das BDSG regelt das Recht öffentlicher und nicht-öffentlicher Stellen, Daten zu erheben, zu verarbeiten und zu speichern und gilt damit auch für private Arbeitgeber. Neben dem BDSG enthalten teilweise die Datenschutzgesetze der Länder Bestimmungen zum Datenschutz bei Dienst- und Arbeitsverhältnissen (z. B. § 29 DSG NRW; § 35 DSG M-V; § 36 LDSG BW).

2. Erfordernis der Einwilligung nach dem BDSG. Zum Schutz der Persönlichkeitsrechte des Bewerbers (vgl. hierzu *Hold* RDV 2006, 249) ist die Erhebung, Verarbeitung und Nutzung personenbezogener Daten nur mit seiner **Einwilligung** zulässig, wenn nicht das BDSG oder eine andere Rechtsvorschrift die Erhebung, Verarbeitung oder Nutzung der Daten ausdrücklich erlaubt, § 4 Abs. 1 BDSG. Als Rechtsvorschriften in diesem Sinn gelten zwar auch Tarifverträge und Betriebsvereinbarungen (Simitis/*Sokol* § 4 Rn. 11; differenzierend *Gola/Schomerus* § 4 Rn. 10 f., die eine Abweichung zuungunsten der Arbeitnehmer durch Betriebsvereinbarung für unzulässig halten). Normcharakter haben Betriebsvereinbarungen indes nur für die Angehörigen des jeweiligen Betriebs, zu denen ein Bewerber vor Abschluss eines Arbeitsvertrages nicht zählt (ErfKomm/*Kania* § 77 BetrVG Rn. 32 f.; a. A. *Kreutz* ZfA 2003, 361, 384, der den persönlichen Anwendungsbereich einer Betriebsvereinbarung nicht auf die aktive Belegschaft beschränkt). Durch Betriebsvereinbarungen zum Datenschutz von Bewerberdaten kann deshalb nur der Arbeitgeber einseitig gebunden werden. Rechte des Bewerbers, insbesondere der Vorbehalt der Einwilligung nach § 4 Abs. 1 BDSG, können durch Betriebsvereinbarungen nicht wirksam eingeschränkt werden. Von praktischer Relevanz im Zuge des Bewerbungsverfahrens ist vor allem der Erlaubnistatbestand des § 32 Abs. 1 S. 1 BDSG. Mit der Schaffung des für die Verarbeitung von Beschäftigtendaten maßgeblichen § 32 BDSG im Jahr 2009 hat der Gesetzgeber, ungeachtet des insofern irreführenden Wortlauts, im Wesentlichen keine inhaltlichen Veränderungen oder Einschränkungen bewirken, sondern die bestehende Rechtsprechung kodifizieren wollen (BT-Drucks. 16/13657 S. 20 f.; *Wybitul* ZD 2012, 1).

§ 32 BDSG gestattet das Erheben, Verarbeiten (in den Formen des Speicherns, Veränderns und Übermittelns) und die Nutzung von personenbezogenen Daten für Zwecke des Beschäftigungsverhältnisses **ohne Einwilligung** des Betroffenen, wenn dies für die Entscheidung über die Begründung eines Beschäftigungsverhältnisses oder nach Begründung des Beschäftigungsverhältnisses für dessen Durchführung oder Beendigung erforderlich ist. Der Begriff des Beschäftigten umfasst gem. § 3 Abs. 11 Nr. 7 BDSG auch Bewerber.

Welche Daten des Bewerbers erhoben, verarbeitet oder genutzt werden können, richtet sich nach den **Grundsätzen des arbeitsrechtlichen Fragerechts** (*Ertel* DuD 2012, 126). Die Datenerhebung, -verarbeitung und -nutzung muss dem Zweck dienen, die Eignung des Bewerbers festzustellen. Das umfasst auch das Recht des Arbeitgebers, sich ein grobes Bild über die allgemeine Persönlichkeit des Bewerbers zu machen (*Gola/Wronka* Rn. 489). Auch nach der Einfügung von § 32 BDSG kann auf den mannigfaltigen Fundus an Rechtsprechung und Literatur zum Fragerecht des Arbeitgebers zurückgegriffen werden (Simitis/*Seifert* § 32 Rn. 22). Grundsätzlich ist hierbei die in § 32 Abs. 1 S. 1 BDSG festgeschriebene Erforderlichkeitsprüfung vorzunehmen. Insofern gilt: Jede Information, nach der der Arbeitgeber im Rahmen des Bewerbungsverfahrens zulässigerweise fragen darf, darf auch ohne Einwilligung des Arbeitnehmers datenschutzrechtlich erhoben, verarbeitet oder genutzt werden. Zum Umfang des Fragerechts des Arbeitgebers → Form. A. I. 2 Anm. 2 (eingehend auch *Ertel* DuD 2012, 126); zu Einschränkungen für sensible Daten → Anm. 9.

In welchem Umfang der Arbeitgeber eine **Internetrecherche** über den Bewerber ohne dessen Einwilligung durchführen kann, ist in der Literatur umstritten und hängt von den Umständen des Einzelfalls ab (s. hierzu *Howald* öAT 2013, 133; *Kania/Sansone* NZA 2012, 360; *Bissels/Lützeler/Wisskirchen* BB 2010, 2433; *Forst* NZA 2010, 427; *Oberwetter* BB 2008, 1562). Folgende Grundsätze sollten beachtet werden: Vom Arbeitgeber selbst oder in seinem Auftrag recherchierte Informationen können ohne Einwilligung erhoben, verarbeitet oder genutzt werden, wenn sie allgemein zugänglich sind und vom Bewerber selbst ins Internet gestellt wurden (vgl. *Forst* NZA 2010, 427, 431; *Kania/Sansone* NZA 2012, 360, 363). Informationen sind allgemein zugänglich, wenn sie mittels Suchmaschinen von jedem aufgerufen werden können. Nicht dazu zählen Informationen aus sozialen Netzwerken wie z.B. Facebook, da die Betreiber regelmäßig eine ausschließliche Nutzung für private Zwecke vorsehen und damit keine allgemeine Zugänglichkeit für den Arbeitgeber besteht. Anders sind berufsorientierte Netzwerke wie XING oder LinkedIn zu bewerten, da hier die Daten bewusst allen Mitgliedern zugänglich sein sollen (vgl. *Howald* öAT 2013, 133, 135; *Kania/Sansone* NZA 2012, 360, 363 f.). Auch bei der Internetrecherche gilt, dass die Datenerhebung, -verarbeitung und -nutzung dem Zweck dienen muss, die Eignung des Bewerbers festzustellen. Daher müssen die über die Internetrecherche gewonnenen Daten in Bezug zu dem zu besetzenden Arbeitsplatz stehen (vgl. *Oberwetter* BB 2008, 1562, 1563 ff.). Über das Fragerecht des Arbeitgebers hinausgehende Erkenntnisse dürfen nicht gewonnen werden (vgl. *Howald* öAT 2013, 133, 134). Wenn bei der Internetrecherche besonders sensible Daten (→ Anm. 9) i.S.v. § 3 Abs. 9 BDSG (rassische und ethnische Herkunft, politische Meinungen, religiöse oder philosophische Überzeugungen, Gewerkschaftszugehörigkeit, Gesundheit oder Sexualleben) gewonnen wurden, wird die Datenerhebung nur zulässig sein, wenn – zusätzlich zu den beschriebenen Anforderungen – der Betroffene die Daten i.S.v. § 28 Abs. 6 Nr. 2 BDSG offenkundig öffentlich gemacht hat (einschränkend *Oberwetter* BB 2008, 1562, 1563). Eine Veröffentlichung ist offenkundig, wenn sie eindeutig von dem Betroffenen veranlasst wurde (*Gola/Schomerus* § 28 Rn. 77). Daten, die von **Personalvermittlern** auf Anforderung zur Verfügung gestellt wurden, müssen entsprechend daraufhin überprüft werden, ob die ihnen zugrunde liegenden Quellen allgemein zugänglich sind. Andernfalls ist eine Einwilligung des Bewerbers erforderlich; einen entsprechenden Nachweis sollte der vorausschauende Arbeitgeber bei der die Daten zur Verfügung stellenden Stelle einfordern.

Auf der Grundlage des § 32 BDSG ist ein weiter Bereich der arbeitsrechtlichen Datenerhebung, -verarbeitung und -nutzung ohne Einwilligung des Bewerbers zulässig. Die Einholung einer umfassenden, schriftlichen Einwilligung ist aber dennoch zu empfehlen. Diese gewährleistet zum einen eine höhere Rechtssicherheit, weil Unsicherheiten bei der Auslegung des generalklauselartigen § 32 BDSG damit irrelevant werden. Zum anderen kann das Recht zur Datenverarbeitung durch eine Einwilligung sinnvoll erweitert werden. Dies gilt insbesondere für die Weitergabe von Daten an Dritte (→ Anm. 6) und die dauerhafte Speicherung (→ Anm. 10).

Die Einwilligung des Bewerbers ist auch erforderlich, wenn vom Bewerber zur Verfügung gestellte Bewerbungsunterlagen verarbeitet oder genutzt werden sollen, die Informationen enthalten, die unter keinen der Ausnahmetatbestände des § 32 BDSG fallen. Hinterlegt ein Bewerber z.B. im Rahmen eines Online-Bewerbungsverfahrens einen Lebenslauf, der Informationen zu seinem Geschlecht, seinem Alter, seinem Familienstand und möglicherweise einer Gewerkschaftszugehörigkeit enthält, so wäre der Arbeitgeber ohne Einwilligung des Bewerbers in der Regel daran gehindert, diesen Lebenslauf zu verarbeiten oder zu nutzen, weil er besonders geschützte Daten enthält (vgl. hierzu ausführlich → Anm. 9). Dies gilt entsprechend für umfangreiche Daten, die im Rahmen langwieriger Bewerbungsverfahren wie z.B. Assessment-Centern erhoben werden.

Vorformulierte Einwilligungserklärungen sollten bereits in ihrer **Überschrift** ihren Rechtscharakter deutlich machen und deshalb das Wort „Einwilligung" enthalten. Eine Klausel mit der Überschrift „Datenschutz" genügt den gesetzlichen Anforderungen nicht (AG Elmshorn RDV 2005, 174; *Gola/Schomerus* § 4a Rn. 26).

3. **Personenbezogene Daten.** Bei den im Rahmen eines Bewerbungsverfahrens erlangten Informationen handelt es sich in aller Regel um personenbezogene Daten. Personenbezogene Daten i.S.d. BDSG sind alle Einzelangaben über persönliche oder sachliche Verhältnisse einer bestimmten oder bestimmbaren natürlichen Person, § 3 Abs. 1 BDSG. Allgemein sind dies Informationen zu körperlichen Merkmalen, Handlungen und Äußerungen, Meinungen und Überzeugungen, Beziehungen und allen übrigen Identifikationsmerkmalen einer Person (Simitis/*Dammann* § 3 Rn. 10). Hierzu gehören beispielsweise Name, Anschrift, Familienstand, Geburtsdatum, Staatsangehörigkeit, Konfession, Beruf, Erscheinungsbild und Gesundheitszustand aber auch Fotografien oder Fingerabdrücke (*Gola/Schomerus* § 3 Rn. 6). Auch pseudonymisierte Daten können personenbezogen sein, wenn die Verbindung zur betroffenen Person noch nachvollziehbar, sie also „bestimmbar" ist, vgl. § 3 Abs. 6 BDSG (vgl. Simitis/*Dammann* § 3 Rn. 23).

4. **Erhebung, Verarbeitung und Nutzung.** Tatbestandlich vom BDSG erfasst werden das **„Erheben"** (Beschaffen), **„Verarbeiten"** (Speichern, Verändern, Übermitteln, Sperren und Löschen) und **„Nutzen"** (jede sonstige Verwendung) personenbezogener Daten, § 1 Abs. 2 i.V.m. § 3 Abs. 3 bis 5 BDSG. Eine Datenerhebung i.S.d. BDSG liegt schon dann vor, wenn ein Bewerber auf eine Stellenanzeige durch Übersendung seiner Bewerbungsunterlagen antwortet oder ein – vom Arbeitgeber erstelltes – Bewerbungsformular im Internet ausfüllt (*Dammann* RDV 2002, 70; *Gola/Schomerus* § 3 Rn. 24). Etwas anderes gilt für Initiativbewerbungen auf herkömmlichem Wege (ErfKomm/*Franzen* § 3 BDSG Rn. 4 zu „unaufgefordert zugeleiteten Daten").

Das BDSG gilt im Bewerbungsverfahren, anders als bei der Anbahnung anderer Vertragsverhältnisse, nicht nur bei der Datenverarbeitung unter Einsatz von **Datenverarbeitungsanlagen,** nicht automatisierten Dateien, sowie der Erhebung zu diesen Zwecken (§ 1 Abs. 2 Nr. 3 BDSG), sondern auch dann, wenn die Datenverarbeitung nicht automatisiert erfolgt (§ 32 Abs. 2 BDSG). Dies stellt eine erhebliche Ausweitung des Beschäftigtendatenschutzes dar (Simitis/*Seifert* § 32 Rn. 14). Der Anwendungsbereich des BDSG ist deshalb etwa bereits dann eröffnet, wenn der Arbeitgeber lediglich die Bewerbungsunterlagen entgegennimmt, liest und ohne weitere Be- oder Verarbeitungsvorgänge das Bewerbungsverfahren durchführt.

5. **Umfang und Zweckbestimmung.** Die Information des Betroffenen über den Zweck der Erhebung, Verarbeitung und Nutzung seiner personenbezogenen Daten ist Wirksamkeitsvoraussetzung für die Einwilligung, § 4a Abs. 1 S. 2 BDSG. Logische Voraussetzung

einer zweckgebundenen Einwilligung ist darüber hinaus, dass der Einwilligende weiß, auf welche Daten sich die Einwilligung bezieht (*Gola/Schomerus* § 4a Rn. 26; Simitis/*Simitis* § 4a Rn. 77 m.w.N.). Der Umfang der Einwilligung ist also sowohl hinsichtlich des Gegenstands (Welche Daten sind betroffen?) als auch des Verwendungswecks (Wofür dürfen die Daten genutzt werden?) konkret zu beschreiben. Mit Verwendungszweck ist sowohl der Zweck der ursprünglichen Speicherung gemeint, wie auch der Zweck und der Empfänger etwaiger Datenübermittlungen (*Gola/Schomerus* § 4a Rn. 27). Unklarheiten gehen zu Lasten des Arbeitgebers, führen also im Zweifelsfall zur Unwirksamkeit der Einwilligung (Simitis/*Simitis* § 4a Rn. 85 m.w.N.). Die im Formular vorgesehene Verwendung auch für statistische Zwecke empfiehlt sich, weil zu diesem Zwecke auch eine über das Bewerbungsverfahren hinausgehende dauerhafte Speicherung zweckgerecht sein wird (→ Anm. 10). Ein weiterer denkbarer Zweck wären Maßnahmen des Personalmarketings.

6. Weitergabe von Daten an Dritte. Die im Rahmen eines Bewerbungsverfahrens relevanten Daten sind regelmäßig nicht zur Übermittlung an Dritte vorgesehen. Wird mit der Abwicklung des Bewerbungsverfahrens ein Außenstehender, beispielsweise eine Personalrecruitingagentur, beauftragt, ist hierzu die ausdrückliche Einwilligung des Bewerbers erforderlich. Auch die Übermittlung von Bewerberdaten innerhalb eines Konzerns bedarf grundsätzlich der Einwilligung des Betroffenen, beispielsweise im Falle des Betreibens einer konzernweiten Bewerberdatenbank. **Ausnahmen** von dem Erfordernis der Einwilligung sind zu machen, wenn die Weitergabe zur Zweckerfüllung, also der Durchführung des Bewerbungsverfahrens, offenkundig erforderlich ist, beispielsweise wenn der Mutterkonzern sich die Entscheidung über die Einstellung vorbehalten hat (*Gola/Klug* 5. Kapitel B. III. 2. d) a.E.). Eine Einwilligung ist auch nicht im Falle der Auftragsdatenverarbeitung erforderlich, wenn der potentielle Arbeitgeber selbst zur Datenverarbeitung berechtigt war und diese an einen Dienstleister weiterreicht, § 11 BDSG (vgl. hierzu *Hold* RDV 2006, 249). Eine Auftragsdatenverarbeitung kann beispielsweise vorliegen, wenn ein externer Dienstleister mit der Entgegennahme und Aufbereitung der Bewerberdaten beauftragt wird. Der Dienstleister fungiert hier gleichsam als „verlängerter Arm" des Arbeitgebers, der als „Herr der Daten" die volle Verfügungsgewalt behält (*Gola/Schomerus* § 11 Rn. 3). Im Gegensatz dazu liegt eine unter Einwilligungsvorbehalt stehende Funktionsübertragung (zum Begriff vgl. *Schafft* AuA 2006, 517) vor, wenn über die reine Verwaltung der Daten hinaus auch die Aufgabe übertragen wird, zu deren Erfüllung die Daten benötigt werden (*Gola/Schomerus* § 11 Rn. 9).

Die Zulässigkeit der **Weitergabe** von Arbeitnehmerdaten in das **Ausland** richtet sich zusätzlich danach, ob im Empfängerland ein dem hiesigen vergleichbares Datenschutzniveau herrscht. Seit der Umsetzung der EG-Datenschutzrichtlinie (RL 95/46/EG vom 24.10.1995 zum Schutz natürlicher Personen bei der Verarbeitung personenbezogener Daten und zum freien Datenverkehr, abgedruckt in EuZW 1996, 557) mit Wirkung zum 23.5.2001 ist diese Problematik für die Mitgliedsstaaten der EU und des EWR entfallen, da sie dem Inland gleichgestellt werden (§ 4b Abs. 1 BDSG). Für Nicht-EU-Staaten entscheidet gemäß Art. 25 Abs. 6 der EG-Datenschutzrichtlinie die EU-Kommission über das Vorliegen eines angemessenen Schutzniveaus (derzeit bejaht für Argentinien, Australien, Guernsey, die Isle of Man, Kanada und die Schweiz, vgl. *Gola/Schomerus* § 4b Rn. 14 m.w.N.; für die USA greift ein Abkommen der EU mit den USA (ABl. 2000 L 215/7), wonach Daten an ein Unternehmen mit Sitz in den USA übertragen werden dürfen, wenn sich das US-amerikanische Unternehmen den Grundsätzen des **safe harbor** unterworfen hat, s. www.export.gov/safeharbor). Ist das Schutzniveau angemessen, so ist eine Übermittlung entsprechend den Regeln für inländische Übermittlungen zulässig. Andernfalls ist eine ausdrückliche Einwilligung auch hier erforderlich (§ 4c Abs. 1 S. 1 Nr. 1 BDSG). Auch hierbei gilt, dass der Bewerber über die Reichweite seiner Erklärung hinreichend informiert sein muss (*Gola/Schomerus* § 4c Rn. 5). Beabsichtigt der Arbeitgeber demnach eine Übermittlung in ein Land mit besonders niedrigem Schutzniveau, ist der Bewerber hierüber gesondert aufzuklären.

7. Angabe der Datenempfänger. Sollen Daten an eher untypische Empfänger weitergegeben werden, empfiehlt sich eine möglichst genaue Beschreibung der empfangenden Stelle (*Gola/Schomerus* § 4 Rn. 32 ff.). Hierzu kann die als Alternative vorgeschlagene Formulierung verwendet werden. Nach § 4 Abs. 3 S. 1 Nr. 3 BDSG ist bei der Weitergabe von Daten erforderlich, dass der von der Datenerhebung Betroffene über die „Kategorien" der Datenempfänger informiert wird, sofern er nicht ohnehin mit der Weitergabe an diese Empfänger rechnen muss. Die Vorschrift erfasst den unternehmensinternen Datenfluss sowie die Datenübermittlung nach außen. Mit der Weitergabe an den Betriebsrat zum Zwecke der Mitbestimmung bei der Einstellungsentscheidung wird der Betroffene regelmäßig rechnen, weshalb ein Hinweis entbehrlich ist.

8. Wirksamkeitsvoraussetzungen der Einwilligungserklärung. Die Einwilligung muss nach allgemeiner Meinung bereits **vor dem Datenvorgang** erteilt werden. Die (nachträgliche) Genehmigung ändert nichts an der Rechtswidrigkeit der Datennutzung (Simitis/*Simitis* § 4a Rn. 29). Die Datenerhebung wird hingegen aus praktischen Erwägungen auch dann für zulässig gehalten, wenn die Einwilligung erst unmittelbar nach Abschluss der Erhebung erteilt wird. Dies beruht auf der Einsicht, dass der Betroffene – unter Berücksichtigung des Zwecks der Datenerhebung – erst nach der Erhebung beurteilen kann, welche Daten erhoben werden und welche Konsequenzen daraus gezogen werden können (Simitis/*Simitis* § 4a Rn. 28). Im Bewerbungsverfahren sollte deshalb die Einwilligungserklärung möglichst gleichzeitig mit dem Beginn der Erhebung oder Nutzung eingeholt werden. Erklärt der Bewerber nachträglich seine Einwilligung, so sind damit eventuelle Schadensersatzansprüche nach § 7 BDSG in der Regel ausgeschlossen (Simitis/*Simitis* § 4a Rn. 29). Die nachträglich erteilte Einwilligung wird regelmäßig als Einwilligung für die Zukunft auszulegen sein, so dass die Daten ab diesem Zeitpunkt rechtmäßig genutzt werden können (*Gola/Schomerus* § 4a Rn. 32).

Die Einwilligung bedarf der **Schriftform** – also einer eigenhändig unterzeichneten Urkunde – soweit nicht wegen besonderer Umstände eine andere Form angemessen ist, § 4a Abs. 1 S. 3 BDSG. Eine Ausnahme vom Schriftformerfordernis wird bei Bewerbungsverfahren regelmäßig nicht in Betracht kommen. Soll die Einwilligung zusammen mit anderen Erklärungen erteilt werden, ist sie besonders hervorzuheben. Anstelle der Schriftform kann auch die **elektronische Form** gewählt werden (§ 126a BGB). Diese Variante stellt derzeit die einzige Möglichkeit dar, wirksame Einwilligungen im Rahmen eines reinen Online-Bewerbungsverfahrens zu erklären. Nur im Ausnahmefall wird der Bewerber aber über die dafür erforderliche qualifizierte elektronische Signatur verfügen, so dass ein praktikables Modell der Einwilligung im Online-Verfahren derzeit fehlt. Der umsichtige Arbeitgeber wird deshalb bei der Ausgestaltung des Verfahrens darauf achten, bereits keine Daten zu erfassen, hinsichtlich derer eine Einwilligung erforderlich sein könnte (→ Anm. 2; ebenso *Ege* AuA 2008, 154).

Die Einwilligung muss **höchstpersönlich** erklärt werden. Eine Stellvertretung ist ausgeschlossen (h. M., statt vieler vgl. Simitis/*Simitis* § 4a Rn. 30 f.).

Die Einwilligung muss **freiwillig** erklärt werden, § 4a Abs. 1 S. 1 BDSG (→ Anm. 11).

9. Einwilligung betreffend besondere Arten personenbezogener Daten. Bestimmte „**sensible" Daten** unterliegen gemäß §§ 4a Abs. 3, 3 Abs. 9 BDSG einem erhöhten Schutz. Bei Angaben über Gewerkschaftszugehörigkeit, Gesundheit, Sexualleben, rassische und ethnische Herkunft, politische Meinungen oder religiöse oder philosophische Überzeugungen ist die Einwilligung nur wirksam erteilt, wenn sie sich ausdrücklich auf diese Daten bezieht. Auch die sonstigen in § 1 AGG aufgeführten Diskriminierungsmerkmale sind ergänzend zu berücksichtigen (*Gola/Schomerus* § 28 Rn. 79; wohl a. A. Simitis/*Simitis* § 3 Rn. 256). Das

Erfordernis der besonderen Einwilligung in die Datennutzung entfällt nicht dadurch, dass dem Arbeitgeber im Rahmen des Bewerbungsverfahrens ausnahmsweise ein Fragerecht zusteht. Wird beispielsweise in einem Personalfragebogen eines kirchlichen Krankenhauses nach der Religionszugehörigkeit des Bewerbers gefragt, entspricht eine allgemein gehaltene Formulierung (z.B. „Ich willige in die Erhebung und Speicherung meiner personenbezogenen Daten ein.") nicht den Anforderungen der §§ 4a Abs. 3, 3 Abs. 9 BDSG. Nur unter den sehr engen Voraussetzungen des § 28 Abs. 6 BDSG ist eine Einwilligung für die Erhebung, Verarbeitung und Nutzung der Daten gemäß § 3 Abs. 9 BDSG nicht erforderlich, so wenn es z.B. um den Schutz lebenswichtiger Interessen des Betroffenen geht und dieser selbst eine Einwilligung nicht erteilen kann.

10. Dauerhafte Speicherung/Löschung/Widerruf. Wird ein Bewerber abgelehnt, müssen die Bewerbungsunterlagen zurückgegeben oder vernichtet und gespeicherte Daten gelöscht werden, § 35 Abs. 2 S. 2 Nr. 3 BDSG (BAG NZA 1984, 321). Eine Ausnahme ist zu machen, wenn der Bewerber in die weitere Verarbeitung seiner Daten einwilligt oder der Arbeitgeber ein fortbestehendes berechtigtes Interesse an den Daten hat (BAG NZA 1984, 321; MünchHdbArbR/*Reichold* § 88 Rn. 64). Ein berechtigtes Interesse besteht etwa bei einer lediglich zurückgestellten Bewerbung oder einem aus dem Anbahnungsverhältnis entstandenen Rechtsstreit. Gleiches gilt im Zusammenhang mit der Dokumentation des Bewerbungsverfahrens zur Abwehr von Schadensersatzansprüchen nach § 15 AGG. § 15 Abs. 4 AGG sieht für solche Ansprüche eine Verfallfrist von zwei Monaten nach Zugang der Ablehnung der Bewerbung vor, während der die Daten nach § 28 Abs. 1 S. 1 Nr. 2 BDSG weiter gespeichert werden dürfen (*Ege* AuA 2008, 154; *Moos/Bandehzadeh/Bodenstedt* DB 2007, 1194; *Schafft* AuA 2006, 517).

Der Streit um die Europarechtswidrigkeit von § 15 Abs. 4 AGG kann mit der Entscheidung des EuGH vom 8.7.2010 (EuGH NZA 2010, 869) als beigelegt betrachtet werden. Die zweimonatige Geltendmachungsfrist ist hiernach mit dem Europarecht vereinbar, wenn diese Frist nicht ungünstiger ist, als vergleichbare Fristen im Bereich des Arbeitsrechts (Äquivalenzgrundsatz). § 15 Abs. 4 AGG wahrt den Äquivalenzgrundsatz (BAG NZA 2010, 387). Legt man § 15 Abs. 4 AGG richtlinienkonform dahingehend aus, dass die Frist erst mit Kenntnis des Betroffenen von der Diskriminierung beginnt, so ist § 15 Abs. 4 AGG nunmehr als unionsrechtskonform anzusehen (*Mückl* EWiR 2010, 589).

Die Zulässigkeit der dauerhaften Nutzung für statistische Zwecke ergibt sich nach den hier gewählten Formulierungen schon aus der Zweckbestimmung. Die als Option vorgeschlagene Ergänzung kann aus Gründen der Rechtssicherheit mit in das Formular aufgenommen werden. Darüber hinaus ist sie notwendig, wenn der vereinbarte Zweck eingeschränkt wird, so dass das Erfordernis der dauerhaften Speicherung nicht mehr unmittelbar daraus folgt.

Soweit die Datennutzung nicht aufgrund gesetzlicher Vorschriften zulässig ist, sondern allein auf der Einwilligung des Bewerbers beruht, sind die Daten zu löschen, sobald der Bewerber seine Einwilligung **widerruft.** Ein Widerruf ist nur dann unzulässig, wenn er willkürlich erfolgt oder in anderer Weise gegen das Gebot von Treu und Glauben verstößt (*Gola/Schomerus* § 4a Rn. 38). Steht die Einwilligung im Zusammenhang mit einem rechtsgeschäftlichen Verhältnis, so kann nur widerrufen werden, wenn die Fortsetzung der Datennutzung dem Betroffenen objektiv nicht mehr zuzumuten ist (Simitis/*Simitis* § 4a Rn. 99). Bei Bewerbern wird ein Widerruf deshalb regelmäßig hinsichtlich der Einwilligung in die Nutzung besonders sensibler Daten (→ Anm. 9) und der dauerhaften Nutzung nach erfolgloser Beendigung des Bewerbungsverfahrens statthaft sein.

11. Betonung der Freiwilligkeit der Erklärung. Liegt eine Einwilligung des Bewerbers vor, ist damit nicht ohne weiteres eine Erweiterung des Katalogs der zugänglichen Daten geschaffen. Denn die Einwilligung muss **freiwillig** erteilt werden (§ 4a Abs. 1 BDSG) und darf dem Bewerber nicht in Ausnutzung der wirtschaftlichen Vormachtstellung abgerungen werden. Eine aufgrund arglistiger Täuschung oder rechtswidriger Drohung erklärte Einwilligung ist unwirksam, § 123 Abs. 1 BGB. Im Rahmen eines Bewerbungsverfahrens wird die Freiwilligkeit der Einwilligung in der Regel bereits durch das zwischen Arbeitgeber und Bewerber bestehende Abhängigkeitsverhältnis beeinträchtigt, so dass jedenfalls kein weiterer Druck, eine Einwilligung zu erklären, auf den Bewerber ausgeübt werden sollte (*Däubler* NZA 2001, 874, 877; ähnlich Simitis/*Simitis* § 4a Rn. 62 f. – „Koppelungsverbot"). Nach § 4a Abs. 1 S. 2 BDSG muss der Bewerber auch auf die **Folgen der Verweigerung der Einwilligung** hingewiesen werden, sofern er dies verlangt oder soweit es nach den Umständen des Einzelfalls erforderlich ist, falls er ansonsten nach objektiver Sicht „die Sachlage nicht erkennen kann" (vgl. Art. 2 lit. h der EG-Datenschutzrichtlinie). Ein Bewerber darf keinesfalls allein aufgrund der Verweigerung der datenschutzrechtlichen Einwilligung abgelehnt werden (Simitis/*Simitis* § 4a Rn. 91 f.). Um einer Situation vorzubeugen, in der sich der Bewerber gezwungen sieht, die Einwilligungserklärung abzugeben, führt das Formular dem Unterzeichnenden abschließend vor Augen, dass keine Pflicht zur Erklärung der Einwilligung besteht.

4. Einwilligung in psychologische Eignungsuntersuchung/ werks- oder vertrauensärztliche Untersuchung/ Durchführung eines Drogenscreenings

Einwilligung in die psychologische Eignungsuntersuchung

(Alternative: **Einwilligung in die werks- oder vertrauensärztliche Untersuchung***)*

(Alternative: **Einwilligung in die Durchführung eines Drogenscreenings***)*[1]

Name des Bewerbers: . . . . . .

Angestrebte Tätigkeit: . . . . . .

Hiermit erkläre ich meine Einwilligung in die Durchführung einer psychologischen Eignungsuntersuchung.[2] Die Einwilligung ist beschränkt auf Untersuchungen, die zur Feststellung der wesentlichen und entscheidenden gesundheitlichen Voraussetzungen für die Ausübung der angestrebten Tätigkeit erforderlich sind. Den durchführenden Psychologen entbinde ich in dem Umfang von der Schweigepflicht, in dem die Mitteilung seines Befundes zur Beurteilung meiner Eignung nach dem vorstehenden Maßstab erforderlich ist.[3]

(Alternative:

Hiermit erkläre ich meine Einwilligung in die Durchführung einer werks- oder vertrauensärztlichen Untersuchung (Optional: inklusive einer Blutuntersuchung).[4] *Die Einwilligung ist beschränkt auf Untersuchungen, die zur Feststellung der wesentlichen und entscheidenden gesundheitlichen Voraussetzungen für die Ausübung der angestrebten Tätigkeit erforderlich sind. Den durchführenden Arzt entbinde ich in dem Umfang von der ärztlichen Schweigepflicht, in dem die Mitteilung seines Befundes zur Beurteilung meiner Eignung nach dem vorstehenden Maßstab erforderlich ist.)*[5]

(Alternative:

Hiermit erkläre ich meine Einwilligung in die Durchführung eines Drogenscreenings.)[6]

(Optional: Ich bin damit einverstanden, dass der Arbeitsvertragsschluss unter der aufschiebenden Bedingung meiner Tauglichkeit (ausweislich des Ergebnisses der Einstellungsuntersuchung) für den Einsatz im vorgesehenen Arbeitsbereich steht.)[7]

......

Ort, Datum

......

Unterschrift des Bewerbers

Anmerkungen

1. Sachverhalt. In der Praxis werden bei der Bewerberauswahl häufig sowohl die geistige als auch die körperliche Eignung eines Bewerbers überprüft. Derartige Untersuchungen bedürfen der Einwilligung des Bewerbers und müssen zudem auf arbeitsplatzbezogene Merkmale beschränkt werden. Das Formular ist als Einwilligungserklärung des Bewerbers gestaltet, die dem Bewerber z.B. nach erfolgreicher Durchführung der ersten Phase des Auswahlverfahrens vom Arbeitgeber zur Unterschrift übersandt werden kann. Mit Unterzeichnung der Erklärung erteilt der Bewerber seine Einwilligung in die Untersuchung und die Mitteilung des Untersuchungsergebnisses in dem nach der Rechtsprechung zulässigen Maße.

2. Psychologische Eignungsuntersuchung. Mit der Durchführung einer psychologischen Eignungsuntersuchung ist eine Gefährdung des verfassungsrechtlich geschützten Persönlichkeitsrechts (Art. 1 Abs. 1 und Art. 2 Abs. 1 GG) verbunden. Diese Gefährdung macht grundsätzlich die **Einwilligung** des Bewerbers in die psychologische Eignungsuntersuchung erforderlich (BAG AP BGB § 123 Nr. 24). Eine Pflicht des Bewerbers zur Einwilligung besteht nicht. Allerdings steht der Bewerber unter einem erheblichen tatsächlichen Zwang zur Einwilligung, da er ansonsten mit der Ablehnung seiner Bewerbung rechnen muss.

In der Literatur wird verbreitet gefordert, dass der Bewerber über die „Funktionsweise und den Zweck des Tests“ aufgeklärt sein muss (ErfKomm/*Preis* § 611 BGB Rn. 309; *Kaehler* DB 2006, 277, 278; bestätigt durch LAG Chemnitz BeckRS 2004, 31044074). Zweckmäßigerweise wird diese Aufklärung über Einzelheiten des Tests von dem durchführenden Psychologen vorgenommen, der dann die Unterrichtung sowie die Einwilligung des Bewerbers dokumentiert. Eine detaillierte Auflistung der zu untersuchenden Persönlichkeitsmerkmale in der dem Bewerber vom Arbeitgeber vorgelegten Einwilligungserklärung ist nicht praktikabel.

Die Untersuchung darf sich nur auf solche persönlichen Merkmale erstrecken, die einen konkreten Bezug zu dem in Aussicht genommenen Arbeitsplatz haben. Im Rahmen der Verhältnismäßigkeitsprüfung ist zu berücksichtigen, ob die Bedeutung der zu besetzenden Position die Untersuchung rechtfertigt. Untersuchungen, die der Erfassung der Gesamtpersönlichkeit dienen, können nur in Ausnahmefällen als zulässig angesehen werden (ErfKomm/*Preis* § 611 BGB Rn. 310; BAG AP BGB § 123 Nr. 24). Auch reinen Intelligenztests, mit denen lediglich der Intelligenzquotient ermittelt wird, fehlt i.d.R. der Bezug zum konkreten Arbeitsplatz (ErfKomm/*Preis* § 611 BGB Rn. 309;).

Des Weiteren ist bei der Zulässigkeit der Überprüfung von psychischen Einschränkungen des Bewerbers zwischen Krankheiten und **Behinderungen** zu unterscheiden. Testverfahren zur Aufdeckung einer psychischen Krankheit oder Beeinträchtigung sind i.d.R. bereits zulässig, wenn die Krankheit die Eignung des Bewerbers für die vorgesehene Tätigkeit beeinträchtigen oder Dritte gefährden kann. Hingegen wäre ein solches Verfahren zur Aufdeckung einer psychischen Behinderung nur dann zulässig, wenn das Fehlen der Behinderung eine „wesentliche und entscheidende berufliche Anforderung“ für die Tätigkeit ist, § 8 Abs. 1 AGG (MünchKomm/*Thüsing* § 11 AGG Rn. 24; im Einzelnen → Anm. 4.). Aufgrund der schwierigen Abgrenzung zwischen Behinderung und Krankheit (→ Form. A. I. 2 Anm. 15) sollte auf eine Differenzierung derzeit verzichtet werden. Nur durch das Anlegen des für Behinderungen durch § 8 Abs. 1 AGG vorgeschriebenen, zurückhaltenden Maßstabs auf den gesamten Untersuchungsgegenstand kann derzeit Rechtssicherheit erreicht werden und damit die Verweigerung der Einwilligung in die Einstellungsuntersuchung zur Grundlage einer Ablehnung des Bewerbers gemacht werden (→ Form. A. I. 2 Anm. 16). Dies wird mit der vorgeschlagenen Formulierung berücksichtigt. Durch die Aufnahme der „wesentlichen und entscheidenden beruflichen Anforderung" i.S.v. § 8 Abs. 1 AGG kann die Einwilligungserklärung auch schon im Bewerbungsverfahren vorgelegt werden. Werden die Vorgaben des § 8 Abs. 1 AGG nicht zum Maßstab gemacht, sollte dagegen die Einstellung abgewartet werden. Anderenfalls läge ein Indiz für eine Benachteiligung i.S.d. AGG nahe. Eine auflösende Bedingung für den Fall, dass der Eignungstest eine Untauglichkeit ergibt, wäre dann ebenso unzulässig.

Bei **Assessment-Centern** handelt es sich um „systematische Verfahren zur qualifizierten Festlegung von Verhaltensleistungen und Verhaltensdefiziten, die von mehreren Beobachtern gleichzeitig für mehrere Teilnehmer in Bezug auf vorher definierte Anforderungen angewandt werden" (ErfKomm/*Preis* § 611 BGB Rn. 308). Der Betriebsrat hat ein Mitbestimmungsrecht nach §§ 94, 95 BetrVG (ErfKomm/*Preis* § 611 BGB Rn. 308). Bereits die Aufnahme in ein Assessment-Center kann der Mitbestimmung des Betriebsrats nach § 99 BetrVG unterliegen, wenn im Rahmen des Assessment-Centers auch Ausbildungsinhalte für die spätere berufliche Tätigkeit vermittelt werden (BAG NZA 1993, 1096, 1097). Sofern das Assessment-Center den Charakter eines psychologischen Eignungstests hat, gelten die o.g. Zulässigkeitsanforderungen, insbesondere das Erfordernis einer wirksamen Einwilligung.

Die Erstellung psychologischer oder ärztlicher Fragebögen, mit denen der Arbeitgeber Vorgaben trifft, welche Untersuchungen vorzunehmen sind, unterliegen nicht dem Beteiligungsrecht aus § 94 Abs. 1 BetrVG. Anders als bei Personalfragebögen bekommt der Arbeitgeber die Ergebnisse der Untersuchungen nicht zu sehen, denn die Entbindung von der Schweigepflicht ist auf die pauschale Mitteilung der Tauglichkeit für die angestrebte Tätigkeit beschränkt (*Fuhlrott/Hoppe* ArbRAktuell 2010, 183, 186).

3. Entbindung von der Schweigepflicht. Psychologische Tests sind nur zulässig, wenn sie von diplomierten Psychologen durchgeführt werden (ErfKomm/*Preis* § 611 BGB Rn. 309). Die untersuchenden Psychologen unterliegen der Schweigepflicht i.S.v. § 203 Abs. 1 Nr. 2 StGB. Die **Bekanntgabe des Untersuchungsergebnisses** an den Arbeitgeber darf daher nur mit Einwilligung des Bewerbers erfolgen. Ob bereits in der Einwilligung des Bewerbers in die Untersuchung eine stillschweigende Einwilligung in diese Bekanntgabe zu sehen ist, ist zumindest zweifelhaft (so aber wohl ErfKomm/*Preis* § 611 BGB Rn. 296). Daher ist es ratsam, mit der Einwilligung in die psychologische Untersuchung auch eine ausdrückliche Erklärung über die Entbindung von der ärztlichen Schweigepflicht einzuholen. Allerdings darf auch dann dem Arbeitgeber nur das Gesamtergebnis der Untersuchung mitgeteilt werden. Einzelne Befunde dürfen nicht weitergegeben werden, sofern nicht zusätzlich eine ausdrücklich darauf bezogene Einwilligung vorliegt (MünchHdbArbR/*Buchner* § 30 Rn. 410; *Kaehler* DB 2006, 277, 279). Auch der Umfang der Entbindung von der Schweigepflicht ist auf das nach § 8 Abs. 1 AGG gesetzlich zulässige Maß zu beschränken (→ Anm. 2).

4. Werks- oder vertrauensärztliche Untersuchung. Sie dient der Feststellung, ob der Bewerber physisch den Anforderungen des Arbeitsplatzes gewachsen ist. Wie die psychologische Eignungsuntersuchung erfordert sie ebenfalls die **Einwilligung** des Bewerbers. In bestimmten Fällen ist eine Untersuchung zum Schutz des Bewerbers oder der Allgemeinheit gesetzlich vorgeschrieben (z.B. bei Jugendlichen: §§ 32 ff. JArbSchG; im Lebensmittelbereich: § 43 Abs. 1 IfSG; im Gefahrstoffbereich: § 4 ArbMedVV i.V.m. Teil 1 Abs. 1, 2 Abs. 1, 3 Abs. 1, 4 Abs. 1 Anhang ArbMedVV). Erzwingbar ist die Teilnahme des Bewerbers an der Untersuchung auch in diesen Fällen nicht (KHzA/*Striegan* 2.10 Rn. 182). Bis zur Vorlage einer ärztlichen Bescheinigung über die Untersuchung besteht in diesen Fällen allerdings ein Beschäftigungsverbot (vgl. z.B. §§ 32 Abs. 1, 33 Abs. 3 JArbSchG). Weigert sich der Bewerber, die Untersuchung durchführen zu lassen, hat er die rechtlichen Folgen aus der Unmöglichkeit der Beschäftigung zu tragen (KHzA/*Striegan* 2.10 Rn. 182; *Stück/Wein* NZA-RR 2005, 505, 506). Eine körperliche Einstellungsuntersuchung kann auch tarifvertraglich vorgesehen sein (vgl. z.B. den früheren § 7 BAT).

Der mit der körperlichen Untersuchung verbundene Eingriff in das Persönlichkeitsrecht des Bewerbers ist nur soweit gerechtfertigt, wie ihm ein **berechtigtes Interesse** des Arbeitgebers an Informationen über den Gesundheitszustand und die körperliche Leistungsfähigkeit eines Bewerbers gegenübersteht. Art und Umfang der Untersuchung sind daher auf die körperliche Eignung des Bewerbers für den konkret in Aussicht genommenen Arbeitsplatz zu beschränken (BAG AP BAT § 7 Nr. 1; *Fuhlrott/Hoppe* ArbRAktuell 2010, 183). Die Untersuchung muss sich zudem auf die gegenwärtige Eignung des Bewerbers beziehen. Dies ist der Fall, wenn die Untersuchung ergeben soll, ob eine Krankheit oder Beeinträchtigung des Gesundheitszustands vorliegt, welche die Eignung des Bewerbers für die konkret angestrebte Tätigkeit auf Dauer oder in periodisch wiederkehrenden Abständen erheblich beeinträchtigt oder aufhebt (BAG AP BGB § 123 Nr. 26; LAG Mainz BeckRS 2008, 50526).

Problematisch ist, dass körperliche Einstellungsuntersuchungen auch zur Aufdeckung von **Behinderungen** des Bewerbers führen können. In diesem Fall kann die Untersuchung zu einer Diskriminierung des behinderten Bewerbers führen (§§ 3 Abs. 1 S. 1 AGG, 81 SGB IX). Eine Rechtfertigung kommt gemäß § 8 Abs. 1 AGG nur in Betracht, wenn eine Einschränkung des Bewerbers betroffen ist, deren Fehlen wesentliche und entscheidende berufliche Anforderung für die Tätigkeit ist (ArbG Berlin NZA-RR 2005, 608 ff. zur RL 2000/78/EG; *Düwell* BB 2006, 1741, 1742; ErfKomm/*Preis* § 611 Rn. 274; *Wisskirchen* DB 2006, 1491, 1494; vgl. auch *Joussen* NZA 2007, 174, 177 zur normativen Entwicklung des § 81 SGB IX). Aufgrund der insoweit unterschiedlichen Zulässigkeitsanforderungen bei Eignungstests wäre eine Abgrenzung von „Krankheit" und „Behinderung" erforderlich. Nach Ansicht des EuGH sind die Begriffe nicht gleichzusetzen. Eine gesundheitliche Einschränkung stelle dann eine Behinderung i.S.d. Richtlinie 2000/78/EG dar, wenn sie einen Zustand einschließt, der durch eine ärztlich diagnostizierte heilbare oder unheilbare Krankheit verursacht wird, wenn diese Krankheit eine Einschränkung mit sich bringt, die insbesondere auf physische, geistige oder psychische Beeinträchtigungen zurückzuführen ist, die in Wechselwirkung mit verschiedenen Barrieren den Betreffenden an der vollen und wirksamen Teilhabe am Berufsleben, gleichberechtigt mit den anderen Arbeitnehmern, hindern können, und wenn diese Einschränkung von langer Dauer ist (EuGH BeckRS 2013, 80743 – HK Danmark; EuGH NZA 2006, 839 – Chacon Navas). Damit ist insbesondere bei lang andauernden oder chronischen Krankheiten eine Überschneidung mit dem Begriff der Behinderung möglich. Wegen der Schwierigkeiten bei der Abgrenzung nach der Formel des EuGH bestimmt das BAG den Begriff der Behinderung ausgehend von § 2 Abs. 1 SGB IX, wonach Menschen behindert sind, wenn ihre „körperliche Funktion, geistige Fähigkeit oder seelische Gesundheit mit hoher Wahrscheinlichkeit länger als sechs Monate von dem für ihr Alter typischen Zustand abweichen und daher ihre Teilhabe am Leben in der Gesellschaft beeinträchtigt ist" (BAG NZA 2010, 280; BAG NZA 2010, 383). Die insofern vom BAG entwickelte Differenzierung wirft indes mehr Fragen auf, als sie beantwortet (etwa: was ist ein für ein bestimmtes Alter „typischer Zustand" und welche Abweichungen sind gravierend genug, um als „Beeinträchtigung der Teilhabe am Leben in der Gesellschaft" angesehen zu werden?). Für die Praxis gilt damit bis auf Weiteres: Unproblematisch ist allein die Situation, bei der die Überprüfung des Vorliegens einer Behinderung gem. § 8 Abs. 1 AGG gerechtfertigt ist. Der Untersuchung sollte daher ein einheitlicher Maßstab zugrunde gelegt werden, der den Anforderungen des § 8 Abs. 1 AGG gerecht wird. Zwar verzichtet der Arbeitgeber auf diese Weise auf zulässige Untersuchungen hinsichtlich bestehender Krankheiten. Diese Einschränkung besteht aber nur hinsichtlich unwesentlicher Erkrankungen (Umkehrschluss aus § 8 Abs. 1 AGG) und kann deshalb zugunsten einer höheren Rechtssicherheit hingenommen werden. Mit der vorgeschlagenen Formulierung kann der Arbeitgeber insbesondere die Verweigerung der Einstellungsuntersuchung zur Grundlage der Ablehnung eines Bewerbers machen, ohne sich dem Risiko einer Schadensersatzklage nach § 15 AGG auszusetzen (→ Form. A. I. 2 Anm. 16, 29).

Bezüglich der Zulässigkeit einer körperlichen Eignungsuntersuchung im Hinblick auf AIDS ist zwischen einer **AIDS-Erkrankung** und einer **HIV-Infektion** zu unterscheiden (→ Form. A. I. 2 Anm. 15, 20). Auch wenn eine AIDS-Erkrankung nach dem Urteil des EuGH (EuGH NZA 2006, 839 – Chacon Navas) nunmehr als Behinderung i. S. d. AGG zu bewerten sein dürfte, ist eine diesbezügliche Eignungsuntersuchung im Hinblick auf etwa zu erwartende negative Auswirkungen auf die Arbeitsfähigkeit nach § 8 Abs. 1 AGG gerechtfertigt (*Roesner* BC 2012, 214, 216; ErfKomm/*Preis* § 611 Rn. 274; MünchHdbArbR/*Buchner* § 30 Rn. 286 ff.; *Berscheid/Kunz/Brand/Nebeling* Teil 2 Kap. 6 A V. Rn. 15). Nach neuester Rechtsprechung des BAG stellt auch eine symptomlose HIV-Infektion eine Behinderung i. S. d. AGG dar (vgl. BAG FD-ArbR 2013, 353725; → Form. A. I. 2 Anm. 15). Eine körperliche Eignungsuntersuchung im Hinblick auf eine HIV-Infektion ist nach § 8 Abs. 1 AGG gerechtfertigt, wenn die Art der Tätigkeit ein erhöhtes Ansteckungsrisiko für Arbeitskollegen, Kunden oder Patienten birgt, so etwa bei Heilberufen, bei Küchenpersonal und in Berufen, die sich mit der Herstellung von Lebensmitteln oder Arzneimitteln (LAG Berlin NZA-RR 2012, 183) befassen (ErfKomm/*Preis* § 611 Rn. 283), und der Arbeitgeber den risikolosen Einsatz des mit HIV infizierten Bewerbers durch angemessene Vorkehrungen nicht ermöglichen kann (vgl. BAG FD-ArbR 2013, 353725). Hingegen besteht bei normalen Arbeitskontakten mit einem HIV-Infizierten keine ernsthafte Gefahr nachteiliger Folgen für andere Beschäftigte oder Kunden des Arbeitgebers. Die Beurteilung, ob ein Bewerber mit einer HIV-Infektion für die in Aussicht genommene Stelle geeignet ist, obliegt dem untersuchenden Arzt. Die Eignung wird vom Arzt aber nur in allgemeiner Form bescheinigt. Der konkrete Befund darf nicht mitgeteilt werden.

Im Übrigen werden bei der Ermittlung des zulässigen Untersuchungsumfangs die für die Begrenzung des Fragerechts des Arbeitgebers aufgestellten Grundsätze herangezogen (ErfKomm/*Preis* § 611 BGB Rn. 293; *Kaehler* DB 2006, 277, 279; → Form. A. I. 2, insbesondere → Anm. 2). Für die **Bekanntgabe des Untersuchungsergebnisses** gelten die oben dargestellten Grundsätze (→ Anm. 3).

Gendiagnostische und Genomuntersuchungen von Bewerbern sind seit dem 1.2.2010 gem. § 19 GenDG verboten. Der Arbeitgeber darf weder die Vornahme genetischer Untersuchungen verlangen (§ 19 Nr. 1 GenDG), noch die Mitteilung von Ergebnissen bereits vorgenommener genetischer Untersuchungen entgegennehmen (§ 19 Nr. 2 GenDG). Das Verbot steht nicht zur Disposition des Bewerbers. Es greift also auch dann, wenn der Bewerber mit dem Verlangen des Arbeitgebers einverstanden ist oder sogar von sich aus Informationen über seine genetischen Eigenschaften herausgeben will (*Fischinger* NZA 2010, 65, 68).

Ein Mitbestimmungsrecht des Betriebsrats wird für die physische Eignungsuntersuchung abgelehnt (ErfKomm/*Preis* § 611 BGB Rn. 298; *Stück/Wein* NZA-RR 2005, 505, 509)

5. Entbindung von der Schweigepflicht. → Anm. 3.

6. Drogenscreening/Alkoholtest. Drogenscreenings und Alkoholtests werden für zulässig erachtet, wenn mit der angestrebten Tätigkeit eine besondere Risikolage für den Beschäftigten oder Dritte verbunden ist, z. B. bei Chirurgen, Piloten, Kraftfahrern (*Diller/Powietzka* NZA 2001, 1227) oder wenn hinreichend sichere tatsächliche Feststellungen eine Alkohol- oder Drogenabhängigkeit nahe liegend erscheinen lassen (BAG AP KSchG 1969 § 1 Verhaltensbedingte Kündigung Nr. 41). Auch in dieser Hinsicht besteht grundsätzlich die Gefahr einer Diskriminierung wegen einer Behinderung i. S. d. § 1 AGG. Zwar lässt sich der Standpunkt vertreten, dass Suchtkrankheiten trotz ihrer langen Dauer heilbar und mithin nicht als Behinderung einzustufen sind (ErfKomm/*Schlachter* § 1 AGG Rn. 9; vgl. auch MünchKommBGB/*Thüsing* § 1 AGG Rn. 84). Andererseits hat sich die Rechtsprechung schon bei einer länger als sechs Monate andauernden Suchttherapie – unabhängig von der grundsätzlichen Therapierbarkeit – auf den Standpunkt gestellt, dass ein Drogensüchtiger unter den Behindertenbegriff des § 2 Abs. 1 SGB IX fällt (BAG NZA 2005, 839; vgl. auch *Wisskirchen/Bissels* NZA 2007, 169, 171).

7. **Einstellung unter auflösender oder aufschiebender Bedingung.** Der Bewerber kann auch unter der auflösenden oder der aufschiebenden Bedingung eingestellt werden, dass die Untersuchung – nach dem Maßstab des § 8 Abs. 1 AGG – die gesundheitliche Nichteignung oder Eignung des Bewerbers ergibt (zur auflösenden Bedingung LAG Mainz BeckRS 2008, 50526; zur aufschiebenden Bedingung LAG Hamm PflR 2007, 81).

Eine entsprechende Klausel sollte in den Arbeitsvertrag aufgenommen werden. Wenn die **Einwilligungserklärung vor Vertragsabschluss** unterzeichnet wird, kann eine entsprechende Formulierung optional auch in die Einwilligungserklärung aufgenommen werden.

II. Die Begründung und der Inhalt des Arbeitsverhältnisses

1. Arbeitsvertrag ohne Tarifbindung

Arbeitsvertrag[1]

zwischen

...... (Name und Anschrift des Arbeitgebers) „Gesellschaft"

und

Herrn ...... (Name und Anschrift des Arbeitnehmers) „Mitarbeiter"

§ 1 Position/Versetzung/Weisungen[2]

(1) Der Mitarbeiter wird bei der Gesellschaft als ...... in ...... tätig. Zu seinen Aufgaben und Pflichten zählen insbesondere ......

(2) Die Gesellschaft ist berechtigt, dem Mitarbeiter jederzeit ein anderes, seinen Fähigkeiten und Qualifikationen entsprechendes, zumindest gleichwertiges Aufgaben- und Verantwortungsgebiet zu übertragen, soweit dies bei Abwägung der Interessen der Gesellschaft und des Mitarbeiters zumutbar ist.

(3) Die Gesellschaft behält sich vor, den Mitarbeiter an einen anderen Ort zu versetzen, soweit dies bei Abwägung der Interessen der Gesellschaft und des Mitarbeiters zumutbar ist.

(4) Der Mitarbeiter ist verpflichtet, die Richtlinien und Anweisungen der Gesellschaft sowie alle betrieblichen Regelungen in ihrer jeweils gültigen Fassung sowie die Anordnungen seiner Vorgesetzten zu beachten.

§ 2 Arbeitszeit

(1) Die regelmäßige wöchentliche Arbeitszeit beträgt ...... Stunden. Die Lage der Arbeitszeit sowie der Pausen wird im Rahmen der gesetzlichen und betrieblichen Regelungen von der Gesellschaft bestimmt.[3]

(2) Der Mitarbeiter ist im Rahmen der gesetzlichen und betrieblichen Regelungen verpflichtet, auf Anordnung der Gesellschaft Überstunden zu leisten. Etwaige Überstunden werden nach Wahl der Gesellschaft durch Freizeit oder Geld ausgeglichen.[4]

(Alternative 1:

(2) Der Mitarbeiter ist im Rahmen der gesetzlichen und betrieblichen Regelungen verpflichtet, auf Anordnung der Gesellschaft Überstunden zu leisten. Bis zu ...... Überstunden pro Monat sind mit der in § 3 Abs. (1) bestimmten Vergütung abgegolten. Alle darüber hinausgehenden Überstunden werden nach Wahl der Gesellschaft durch Freizeit oder Geld ausgeglichen.)

(Alternative 2:

(2) Der Mitarbeiter ist im Rahmen der gesetzlichen und betrieblichen Regelungen verpflichtet, auf Anordnung der Gesellschaft Überstunden zu leisten. Jegliche Überstunden sind mit der in § 3 Abs. (1) bestimmten Vergütung abgegolten.)

(3) Die Gesellschaft kann Kurzarbeit anordnen, wenn die gesetzlichen Voraussetzungen für die Gewährung von Kurzarbeitergeld erfüllt sind. (Optional: Die Gesellschaft verpflichtet sich, bei der Anordnung von Kurzarbeit gegenüber dem Mitarbeiter eine Ankündigungsfrist von mindestens drei Wochen zu wahren.) Der Mitarbeiter ist damit einverstanden, dass für die Dauer der Kurzarbeit die Vergütung dem Verhältnis der verkürzten zur regelmäßigen Arbeitszeit entsprechend reduziert wird. (Optional: Durch die Kurzarbeit darf sich das Netto-Einkommen des Mitarbeiters einschließlich Kurzarbeitergeld um maximal 25 Prozent gegenüber dem individuellen Netto-Einkommen vor Einführung der Kurzarbeit reduzieren, es sei denn, der Mitarbeiter stimmt einer weitergehenden Reduzierung zu.)

(4) Der Mitarbeiter ist im Rahmen der gesetzlichen und betrieblichen Regelungen verpflichtet, auf Anordnung der Gesellschaft Dienstreisen zu unternehmen.[5]

§ 3 Vergütung/Sonstige Zahlungen

(1) Der Mitarbeiter erhält als Vergütung für seine Tätigkeit ein Brutto-Monatsgehalt von . . . . . . EUR (in Worten: . . . . . . Euro), zahlbar bargeldlos jeweils zum Monatsende auf ein vom Mitarbeiter schriftlich mitzuteilendes inländisches Bankkonto.[6]

(2) Dem Mitarbeiter ist es nicht gestattet, seine Vergütungsansprüche ohne vorherige schriftliche Zustimmung der Gesellschaft an Dritte abzutreten oder zu verpfänden. Die Zustimmung darf nur aus sachlichen Gründen verweigert werden.[7]

(3) Der Mitarbeiter verpflichtet sich, etwa zu viel bezogene Zahlungen an die Gesellschaft zurückzuerstatten.[8]

(4) Eine Zahlung von etwaigen Gratifikationen, Einmalzahlungen, Sonderzahlungen oder Zulagen, die jeweils nicht häufiger als halbjährlich erfolgt, weshalb diese Leistungen kein laufendes Entgelt darstellen, erfolgt stets freiwillig in dem Sinne, dass allein durch eine wiederholte Zahlung kein Rechtsanspruch des Mitarbeiters auf zukünftige entsprechende Leistungen – weder dem Grunde noch der Höhe nach – begründet wird.

(5) Die Gesellschaft behält sich vor, die Zusage aller nicht-freiwilligen Zahlungen im konkreten Einzelfall mit einem Widerrufsvorbehalt zu versehen.[9]

§ 4 Abwesenheit/Krankheit/Ärztliche Untersuchung[10]

(1) Der Mitarbeiter hat in jedem Fall einer unvorhergesehenen Abwesenheit die Gesellschaft unverzüglich über seine Arbeitsunfähigkeit oder den sonstigen Verhinderungsgrund und die voraussichtliche Dauer seiner Abwesenheit zu informieren. Dabei hat der Mitarbeiter die Gesellschaft auf vordringlich zu erledigende Aufgaben hinzuweisen.

(2) Dauert eine Arbeitsunfähigkeit aufgrund Krankheit oder Unfall länger als drei Kalendertage, hat der Mitarbeiter eine ärztliche Bescheinigung über das Bestehen der Arbeitsunfähigkeit sowie deren voraussichtliche Dauer („Arbeitsunfähigkeitsbescheinigung") spätestens an dem auf den dritten Kalendertag der Arbeitsunfähigkeit folgenden Arbeitstag vorzulegen. Die Gesellschaft ist berechtigt, die Vorlage der Arbeitsunfähigkeitsbescheinigung auch schon ab dem ersten Tag der Arbeitsunfähigkeit zu verlangen. Dauert die Arbeitsunfähigkeit länger als in der vorgelegten Arbeitsunfähigkeitsbescheinigung angegeben, ist der Mitarbeiter verpflichtet, eine Folgebescheinigung spätestens am ersten Arbeitstag nach Ablauf der vorhergehenden Bescheinigung vorzulegen.

(Optional:

(3) Die Einstellung erfolgt unter dem Vorbehalt der gesundheitlichen Eignung des Mitarbeiters für seine Tätigkeit nach diesem Arbeitsvertrag. Der Mitarbeiter ist ver-

pflichtet, sich innerhalb der ersten drei Monate nach Vertragsbeginn („Untersuchungszeitraum“) durch einen Arzt seines Vertrauens auf Kosten der Gesellschaft auf seine gesundheitliche Eignung für seine Tätigkeit nach diesem Arbeitsvertrag untersuchen zu lassen. Der Mitarbeiter entbindet den Arzt von der ärztlichen Schweigepflicht, soweit dies für die Mitteilung über seine gesundheitliche Eignung notwendig ist. Ergibt die ärztliche Untersuchung die Nichteignung des Mitarbeiters, so endet der Arbeitsvertrag zwei Wochen nach Zugang der schriftlichen Mitteilung der Gesellschaft an den Mitarbeiter über die festgestellte gesundheitliche Nichteignung (Alternative: , so endet der Arbeitsvertrag mit Zugang der schriftlichen Mitteilung der Gesellschaft an den Mitarbeiter über die festgestellte gesundheitliche Nichteignung). Kommt der Mitarbeiter seiner Untersuchungspflicht nicht nach, so endet der Arbeitsvertrag zwei Wochen nach Zugang der schriftlichen Mitteilung der Gesellschaft an den Mitarbeiter über seinen Verstoß gegen die Untersuchungspflicht (Alternative: , so endet der Arbeitsvertrag mit Ablauf des Untersuchungszeitraums).

(4) Der Mitarbeiter wird sich auch nach Ablauf der Probezeit bei Vorliegen tatsächlicher Anhaltspunkte, die Zweifel an der fortdauernden Eignung des Mitarbeiters begründen, oder wenn ein Wechsel der Tätigkeit oder des Arbeitsplatzes des Mitarbeiters beabsichtigt ist, welcher eine erneute Untersuchung erfordert, oder bei Vorliegen vergleichbarer sachlicher Gründe auf Verlangen der Gesellschaft durch einen Arzt seines Vertrauens auf Kosten der Gesellschaft auf seine gesundheitliche Eignung für die Tätigkeit nach diesem Arbeitsvertrag untersuchen lassen. Der Mitarbeiter entbindet den Arzt von der ärztlichen Schweigepflicht, soweit dies für die Mitteilung über seine gesundheitliche Eignung notwendig ist.)

§ 5 Reisekosten/Auslagen[11]

Die Gesellschaft erstattet dem Mitarbeiter notwendige und angemessene Auslagen und Reisekosten im Rahmen der gesetzlichen und betrieblichen Regelungen, insbesondere unter Berücksichtigung der jeweils anwendbaren steuerlichen Regelungen.

§ 6 Urlaub[12]

(1) Der Mitarbeiter hat einen Urlaubsanspruch von insgesamt . . . . . . Arbeitstagen pro Kalenderjahr („Jahresurlaub“). Der Jahresurlaub beinhaltet einen über den gesetzlichen Urlaubsanspruch nach dem Bundesurlaubsgesetz („gesetzlicher Mindesturlaub“) hinausgehenden vertraglichen Zusatzurlaub von . . . . . . Arbeitstagen („vertraglicher Zusatzurlaub“). Arbeitstage sind alle Tage, die am Arbeitsort weder Samstage noch Sonntage oder gesetzliche Feiertage sind. Bei der Festlegung von Zeitpunkt und Dauer des Urlaubs werden die betrieblichen Interessen und Bedürfnisse angemessen berücksichtigt. Der Mitarbeiter hat die Gesellschaft rechtzeitig über seine Urlaubspläne zu informieren. Ist der Mitarbeiter nicht das ganze Kalenderjahr über beschäftigt, so hat der Mitarbeiter für jeden vollen Monat des Bestehens des Anstellungsverhältnisses im jeweiligen Kalenderjahr Anspruch auf ein Zwölftel des Jahresurlaubs. Für den Fall, dass der dem Mitarbeiter aufgrund gesetzlicher Vorschriften zustehende, gegebenenfalls auch zeitanteilig berechnete Mindesturlaub durch vorstehende Berechnungsweise unterschritten wird, wird der dem Mitarbeiter aufgrund der gesetzlichen Vorschriften zustehende Mindesturlaub gewährt.

(2) Der gesamte Urlaub ist grundsätzlich im laufenden Kalenderjahr zu nehmen. Eine Übertragung des Urlaubs auf das nächste Kalenderjahr erfolgt nur, wenn dringende betriebliche oder in der Person des Mitarbeiters liegende Gründe dies rechtfertigen. Der so übertragene Urlaub verfällt, wenn er nicht innerhalb der ersten drei Monate des Folgejahres („Übertragungszeitraum“) genommen wird. Ist der Mitarbeiter infolge einer ärztlich nachgewiesenen, krankheitsbedingten Arbeitsunfähigkeit daran gehindert, den übertrage-

nen Urlaub innerhalb des Übertragungszeitraums zu nehmen, besteht nur der Anspruch auf den gesetzlichen Mindesturlaub weitere zwölf Monate nach Ablauf des Übertragungszeitraums fort, bevor er verfällt.

(3) Genommener Urlaub wird zuerst auf den Anspruch auf gesetzlichen Mindesturlaub angerechnet.

(4) Bei Beendigung des Arbeitsvertrages erfolgt eine Urlaubsabgeltung nur für zum Beendigungszeitpunkt nicht genommene und nicht verfallene Ansprüche auf gesetzlichen Mindesturlaub.

§ 7 Nebentätigkeiten[13]

(1) Der Mitarbeiter wird der Gesellschaft seine volle Arbeitskraft widmen und deren Interessen fördern.

(2) Jede weitere entgeltliche oder üblicherweise entgeltliche Tätigkeit bedarf der vorherigen schriftlichen Zustimmung der Gesellschaft. Dieses Zustimmungserfordernis gilt auch für eine unentgeltliche Tätigkeit, die nach Art oder Umfang die Interessen der Gesellschaft beeinträchtigen kann. Der Mitarbeiter hat jede beabsichtigte Tätigkeit gemäß S. 1 und 2 der Gesellschaft schriftlich unter Angabe von Ort, Art und Dauer anzuzeigen. Die Gesellschaft wird ihre Zustimmung nur verweigern, wenn die Interessen der Gesellschaft beeinträchtigt sind. Bei Vorliegen sachlicher Gründe, insbesondere einer Beeinträchtigung der Tätigkeit des Mitarbeiters für die Gesellschaft, kann eine etwaige Zustimmung jederzeit widerrufen werden.

(3) Der Mitarbeiter hat bei Ausübung jeglicher Nebentätigkeit eine strikte Loyalitätspflicht gegenüber der Gesellschaft und i. S. d. § 15 AktG mit der Gesellschaft verbundenen Unternehmen („Verbundene Unternehmen") zu beachten und wird deren geschäftliche oder etwaige sonstige Interessen nicht beeinträchtigen.

§ 8 Geheimhaltung/Behandlung und Rückgabe von Gegenständen und Daten/Löschung von Daten[14]

(1) Der Mitarbeiter ist verpflichtet, alle vertraulichen Angelegenheiten, insbesondere Betriebs- und Geschäftsgeheimnisse, der Gesellschaft und Verbundener Unternehmen streng geheim zu halten. Technische, kaufmännische und persönliche Vorgänge und Verhältnisse, die dem Mitarbeiter im Zusammenhang mit seiner Tätigkeit bekannt werden, gelten im Zweifel als vertrauliche Angelegenheiten. Vor der etwaigen Offenlegung derartiger Angelegenheiten ist der Mitarbeiter verpflichtet, die Zustimmung der Gesellschaft einzuholen.

(2) Diese Verpflichtung nach Abs. (1) gilt auch nach Beendigung des Arbeitsvertrages. Soweit der Mitarbeiter dadurch in seinem beruflichen Fortkommen unangemessen behindert werden sollte, kann er von der Gesellschaft die Einschränkung der Geheimhaltungspflicht verlangen.

(3) Alle die Gesellschaft oder Verbundene Unternehmen betreffenden Unterlagen, insbesondere alle Notizen, Präsentationen, Protokolle, Berichte, Korrespondenz und ähnliche Dokumente, alle Datenträger/Daten sowie Kopien oder sonstige – auch elektronische – Reproduktionen hiervon („Dienstliche Unterlagen") müssen sorgfältig verwahrt und gegen Einsichtnahme unbefugter Dritter geschützt werden und dürfen nicht zu anderen als dienstlichen Zwecken fotokopiert, gespeichert, in anderer Weise vervielfältigt, verarbeitet, genutzt oder versendet werden. Dienstliche Unterlagen dürfen nur aufgrund einer Erlaubnis in einer betrieblichen Regelung oder mit schriftlicher Zustimmung der Gesellschaft aus den Geschäftsräumen der Gesellschaft entfernt werden. Solange keine

betriebliche Regelung und keine Anordnung des Vorgesetzten dem Mitarbeiter die Entfernung von Dienstlichen Unterlagen aus den Geschäftsräumen der Gesellschaft verbietet oder in bestimmter Weise beschränkt, ist der Mitarbeiter berechtigt, die seinen Arbeitsbereich betreffenden Dienstlichen Unterlagen auch außerhalb der Geschäftsräume der Gesellschaft mit sich zu führen, soweit dies zur Ausübung seiner Tätigkeit erforderlich ist.

(4) Alle dem Mitarbeiter dienstlich überlassenen Gegenstände (z.B. Handy, Laptop usw.) müssen sorgfältig behandelt werden. Sie dürfen nur mit vorheriger schriftlicher Zustimmung der Gesellschaft zu anderen als dienstlichen Zwecken verwendet werden.

(5) Zum Zeitpunkt der Beendigung des Arbeitsverhältnisses oder einer unwiderruflichen Freistellung nach § 10 Abs. (5) wird der Mitarbeiter der Gesellschaft unaufgefordert, während des Bestehens seines Arbeitsvertrages auf Anforderung, unverzüglich alle in seinem Besitz befindlichen und in Abs. (3) und (4) genannten Unterlagen, Datenträger und Gegenstände zurückgeben. Unter den vorgenannten Voraussetzungen sind auch alle in Abs. (3) genannten Daten oder Programme, die dem Mitarbeiter im Hinblick auf seine Tätigkeit überlassen oder während seiner Tätigkeit gespeichert worden sind, der Gesellschaft auf geeigneten Datenträgern herauszugeben und anschließend zu löschen. Dem Mitarbeiter ist es nicht gestattet, Sicherungskopien hiervon zu behalten. Ferner teilt der Mitarbeiter der Gesellschaft alle Passwörter, Codes und Zugangssperren o. Ä. mit und wird von diesen selbst keinen Gebrauch mehr machen.

(6) Der Mitarbeiter erkennt an, dass die in Abs. (3), (4) und (5) genannten Unterlagen, Datenträger/Daten und Gegenstände allein der Gesellschaft oder mit ihr Verbundenen Unternehmen zustehen. Der Mitarbeiter hat daran kein Zurückbehaltungsrecht.

§ 9 Schutzrechte[15]

(1) Der Mitarbeiter überträgt der Gesellschaft ausschließliche, zeitlich, räumlich und inhaltlich unbeschränkte Nutzungs- und Verwertungsrechte für alle etwaigen nach dem Urhebergesetz schutzfähigen Arbeitsergebnisse, die der Mitarbeiter während der Dauer seines Arbeitsvertrages während seiner Arbeitszeit oder, sofern sie Bezug zu seinen arbeitsvertraglichen Aufgaben haben, auch außerhalb seiner Arbeitszeit erstellt. Die Übertragung der urheberrechtlichen Nutzungs- und Verwertungsrechte umfasst auch etwaige bei Vertragsschluss noch unbekannte Nutzungsarten. Die Übertragung der Nutzungs- und Verwertungsrechte umfasst insbesondere auch die Erlaubnis zur Bearbeitung und Lizenzvergabe an Dritte. Der Mitarbeiter verzichtet ausdrücklich auf sonstige ihm etwa als Urheber zustehende Rechte an den Arbeitsergebnissen, insbesondere auf das Recht auf Namensnennung, auf Bearbeitung und auf Zugänglichmachung des Werkes.

(2) Der Gesellschaft stehen die Arbeitsergebnisse zu, die der Mitarbeiter während der Dauer seines Arbeitsvertrages während seiner Arbeitszeit oder, sofern sie Bezug zu seinen arbeitsvertraglichen Aufgaben haben, auch außerhalb seiner Arbeitszeit erstellt und die eine patent- oder gebrauchsmusterfähige Erfindung beinhalten. Der Mitarbeiter hat diese Erfindungen der Gesellschaft unverzüglich anzuzeigen. Soweit die Gesellschaft die Erfindung in Anspruch nimmt, gehen alle vermögenswerten Rechte an der Erfindung, insbesondere Rechte nach dem Patentgesetz oder dem Gebrauchsmustergesetz, nach Maßgabe des Gesetzes über Arbeitnehmererfindungen auf die Gesellschaft über.

(3) Soweit Arbeitsergebnisse, die der Mitarbeiter während der Dauer seines Arbeitsvertrages während seiner Arbeitszeit oder, sofern sie Bezug zu seinen arbeitsvertraglichen Aufgaben haben, auch außerhalb seiner Arbeitszeit erstellt, nicht bereits nach Abs. (1) und (2) übertragen sind, überträgt der Mitarbeiter der Gesellschaft sämtliche Rechte an

diesen Arbeitsergebnissen, insbesondere Marken- und sonstige Kennzeichenrechte sowie Design-/Geschmacksmusterrechte.

(4) Die Einräumung von Rechten und der Verzicht auf Rechte nach diesem § 9 sind vollumfänglich mit der in § 3 Abs. (1) geregelten Vergütung abgegolten. Das gilt nicht für Ansprüche nach Abs. (2).

(5) Die Vorschriften des Arbeitnehmererfindungsgesetzes sowie § 69b UrhG bleiben unberührt.

§ 10 Laufzeit/Kündigung/Vertragsstrafe/Freistellung/Vorfälligkeit

(1) Der Arbeitsvertrag beginnt am . . . . . . und ist auf die Dauer der Probezeit von sechs Monaten befristet. Während der Probezeit können beide Parteien den Arbeitsvertrag unter Einhaltung einer Kündigungsfrist von zwei Wochen kündigen. Vor Beginn des Arbeitsvertrages ist die ordentliche Kündigung ausgeschlossen.[16]

(2) Wird das Arbeitsverhältnis nach Ablauf der Befristung als unbefristetes fortgesetzt, so geht es in ein Arbeitsverhältnis auf unbestimmte Zeit zu den in diesem Arbeitsvertrag geregelten Bedingungen über. Beide Parteien können den Arbeitsvertrag unter Einhaltung der gesetzlichen Kündigungsfristen kündigen. Eine Verlängerung der für die Gesellschaft maßgeblichen Kündigungsfristen gilt auch für den Mitarbeiter.[17]

(Alternative:[18]

(1) Der Arbeitsvertrag beginnt am . . . . . . und wird auf unbestimmte Zeit geschlossen.

(2) Die ersten sechs Monate gelten als Probezeit. Während der Probezeit können beide Parteien den Arbeitsvertrag unter Einhaltung einer Kündigungsfrist von zwei Wochen kündigen. Vor Beginn des Arbeitsvertrages ist die ordentliche Kündigung ausgeschlossen. Nach Ablauf der Probezeit können beide Parteien den Arbeitsvertrag unter Einhaltung der gesetzlichen Kündigungsfristen kündigen. Eine Verlängerung der für die Gesellschaft maßgeblichen Kündigungsfristen gilt auch für den Mitarbeiter.)

(3) Die Kündigung bedarf der Schriftform.[19]

(4) Kündigt der Mitarbeiter vor Beginn des Arbeitsvertrages, nimmt er seine Tätigkeit endgültig nicht auf oder stellt er seine Tätigkeit unter Missachtung der geltenden Kündigungsfrist endgültig ein, verwirkt er eine Vertragsstrafe. Der Mitarbeiter nimmt seine Tätigkeit endgültig nicht auf oder stellt seine Tätigkeit endgültig ein, wenn er nach Ablauf einer von der Gesellschaft zu setzenden angemessenen Frist zur Leistung seine Tätigkeit nicht erbringt. Hat der Mitarbeiter die Erbringung seiner Tätigkeit ernsthaft und endgültig verweigert, ist die Fristsetzung entbehrlich. Ebenfalls verwirkt der Mitarbeiter eine Vertragsstrafe, wenn die Gesellschaft durch vertragswidriges Verhalten des Mitarbeiters zur fristlosen Kündigung des Arbeitsvertrages veranlasst wird. Eine Vertragsstrafe ist nur verwirkt, wenn der Mitarbeiter rechtswidrig und schuldhaft gehandelt hat. Für den Fall der endgültigen Einstellung der Tätigkeit unter Missachtung der geltenden Kündigungsfrist entspricht die Höhe der Vertragsstrafe für jeden Tag der Zuwiderhandlung der Bruttovergütung, die nach § 3 Abs. (1) für einen Tag geschuldet ist, insgesamt jedoch nicht mehr als die Bruttovergütung, die nach § 3 Abs. (1) für den Zeitraum der jeweils einschlägigen Kündigungsfrist geschuldet ist, maximal aber zwei Brutto-Monatsgehältern. Im Übrigen entspricht die Höhe der Vertragsstrafe der Bruttovergütung nach § 3 Abs. (1), die für den Zeitraum der jeweils einschlägigen Kündigungsfrist geschuldet ist, maximal aber zwei Brutto-Monatsgehältern. Die Gesellschaft behält sich die Geltendmachung weiteren Schadens vor.[20]

(5) Die Gesellschaft ist im Falle der Kündigung des Arbeitsvertrages durch die Gesellschaft berechtigt, den Mitarbeiter von seiner weiteren Tätigkeit für die Gesellschaft freizustellen *(Optional:, wenn hierfür ein sachlicher Grund (z.B. Konkurrenztätigkeit, Geheimnisverrat, sonstige Beeinträchtigung der Vertrauensgrundlage, Wegfall des Beschäftigungsbedarfs) vorliegt)*. Während der Zeit der Freistellung behält der Mitarbeiter seinen Anspruch auf die vertragliche Vergütung; er muss sich jedoch den Wert desjenigen anrechnen lassen, was er infolge des Unterbleibens der Dienstleistung erspart oder durch anderweitige Verwendung seiner Dienste erwirbt oder zu erwerben böswillig unterlässt. Das vertragliche Wettbewerbsverbot bleibt von der Freistellung unberührt. Im Fall einer unwiderruflichen Freistellung wird die Freistellungszeit auf etwaige Urlaubs- oder Freizeitausgleichsansprüche angerechnet. Die vorstehenden Regelungen gelten entsprechend für eine Kündigung durch den Mitarbeiter.[21]

(6) Sollte der Mitarbeiter der Gesellschaft bei Ausspruch einer Kündigung durch die Gesellschaft Beträge aufgrund von Gehaltsvorschüssen oder ähnlichen Vorauszahlungen schulden, werden sämtliche Beträge sofort fällig und – unter Beachtung der Pfändungsgrenzen – aufrechenbar. Dem Mitarbeiter gewährte Darlehen gelten mit Ausspruch der Kündigung als ordentlich mit einer Frist von einem Monat gekündigt. Entsprechendes gilt bei Ausspruch einer Kündigung durch den Mitarbeiter, es sei denn, es liegt eine von der Gesellschaft zu vertretende außerordentliche Kündigung vor.[22]

(7) Der Arbeitsvertrag endet ohne Kündigung mit Ablauf des Monats, in dem der Mitarbeiter das Alter erreicht, ab dem er erstmals einen Anspruch auf gesetzliche Regelaltersrente erwirbt.

(8) Der Mitarbeiter ist verpflichtet, die Gesellschaft unverzüglich darüber zu informieren, wenn er die gesetzlichen Voraussetzungen zum Bezug der gesetzlichen Regelaltersrente erfüllt oder wenn ihm ein Bescheid über die Feststellung einer zeitlich unbegrenzten Erwerbsminderung zugestellt wird. Er verpflichtet sich auch, die Gesellschaft auf Anfrage stets über den Stand von eigenen Anträgen auf Alters- oder Erwerbsminderungsrente zu informieren.[23]

§ 11 Ausschlussfristen/Verjährung[24]

(1) Alle Ansprüche der Parteien aus dem Arbeitsverhältnis verfallen, wenn sie nicht innerhalb von drei Monaten schriftlich gegenüber der jeweils anderen Partei geltend gemacht werden. Dies gilt nicht bei Ansprüchen wegen Verletzung des Lebens, des Körpers oder der Gesundheit sowie bei vorsätzlichen Pflichtverletzungen. Die Ausschlussfrist beginnt, wenn der Anspruch fällig ist und der Anspruchsteller von den anspruchsbegründenden Umständen Kenntnis erlangt oder grob fahrlässig keine Kenntnis erlangt hat. Die Versäumung der Ausschlussfrist führt zum Verlust des Anspruchs.

(2) Lehnt der Anspruchsgegner den Anspruch ab oder äußert er sich nicht innerhalb von zwei Wochen nach schriftlicher Geltendmachung gemäß Abs. (1), verfällt dieser Anspruch, wenn er nicht innerhalb von drei Monaten nach der Ablehnung oder nach dem Ablauf der Äußerungsfrist gerichtlich geltend gemacht wird.

(3) Die Verjährungsfrist für alle Ansprüche der Parteien aus dem Arbeitsverhältnis beträgt ein Jahr. Dies gilt nicht bei vorsätzlichen Pflichtverletzungen. Im Übrigen bleiben die gesetzlichen Vorschriften über den Eintritt der Verjährung unberührt.

(4) Die vorstehenden Regelungen gelten auch für Ansprüche der Parteien, die mit dem Arbeitsverhältnis im Zusammenhang stehen.

§ 12 Öffnungsklausel für Betriebsvereinbarungen[25]

Rechte und Pflichten aus dem Arbeitsverhältnis können nach Abschluss des Arbeitsvertrages durch Betriebsvereinbarung geändert werden. Es gelten vom Zeitpunkt der Änderung an ausschließlich die jeweiligen Regelungen der Betriebsvereinbarung, auch wenn sie für den Mitarbeiter ungünstiger sind.

§ 13 Schlussbestimmungen/Mitteilungspflicht/Aufhebung früherer Vereinbarungen und Anstellungsverhältnisse/Schriftform

(1) Unvollständige oder unrichtige Angaben bei der Einstellung, insbesondere im Personalfragebogen, können zur Beendigung des Arbeitsvertrages führen.[26]

(2) Der Mitarbeiter wird der Gesellschaft alle Änderungen über die Angaben zu seiner Person, soweit sie für das Arbeitsverhältnis von Bedeutung sind, wie etwa Änderungen der Lohnsteuerklasse, der Kinderfreibeträge oder des Schwerbehindertenstatus, unverzüglich mitteilen. Der Mitarbeiter versichert, unter der jeweils angegebenen Adresse postalisch erreichbar zu sein und der Gesellschaft Änderungen der Zustelladresse unverzüglich schriftlich mitzuteilen. Aus der Nichtbeachtung dieser Verpflichtung etwa entstehende Nachteile gehen zu Lasten des Mitarbeiters.[27]

(3) Dieser Arbeitsvertrag ersetzt alle eventuellen vorherigen Vereinbarungen zwischen den Parteien über das Arbeitsverhältnis und etwaige zuvor bestehende Anstellungsverhältnisse jeder Art. Mündliche Nebenabreden bestehen nicht. Änderungen oder Ergänzungen dieses Arbeitsvertrages einschließlich dieser Bestimmung bedürfen zu ihrer Wirksamkeit der Schriftform, es sei denn, diese wurden nachweislich zwischen den Parteien ausgehandelt. Das Schriftformerfordernis bezieht sich auch auf etwaige Ansprüche aus betrieblicher Übung.[28]

(4) Sollte eine Bestimmung dieses Arbeitsvertrages ganz oder teilweise unwirksam sein oder werden, so wird hiervon die Wirksamkeit der übrigen Bestimmungen dieses Arbeitsvertrages nicht berührt. An die Stelle der unwirksamen Bestimmung tritt die gesetzlich zulässige Bestimmung, die dem mit der unwirksamen Bestimmung Gewollten wirtschaftlich am nächsten kommt. Dasselbe gilt für den Fall einer vertraglichen Lücke.[29]

(5) Erfüllungsort und Gerichtsstand richten sich nach den gesetzlichen Vorschriften.[30]

. . . . . .	. . . . . .
Ort, Datum	Ort, Datum
. . . . . .	. . . . . .
Unterschrift der Gesellschaft[31]	Unterschrift des Mitarbeiters

Empfangsbestätigung des Mitarbeiters[32]

Der Mitarbeiter bestätigt, dass er eine von der Gesellschaft unterschriebene vollständige Ausfertigung dieses Arbeitsvertrages am . . . . . . (Datum) erhalten hat.

. . . . . .

Ort, Datum

. . . . . .

Unterschrift des Mitarbeiters

Anmerkungen

1. Regelungsinhalt. Der Arbeitsvertrag stellt nicht auf ein bestimmtes Berufsbild, eine bestimmte Branche oder eine bestimmte auszuübende Tätigkeit ab (zu Sonderformen des Arbeitsverhältnisses → Form. A. VII). Er unterscheidet auch nicht zwischen gewerblichen und kaufmännischen Arbeitnehmern (Arbeiter und Angestellte). Soweit der Inhalt der zu leistenden Arbeit betroffen ist, ermöglicht die Tätigkeitsbeschreibung des Formulars im Einzelfall hinreichende Differenzierungen (→ Anm. 2). Im Übrigen finden sich heute allenfalls in Teilbereichen von Tarifverträgen noch Sonderregeln für Arbeiter und Angestellte (s. z.B. BAG NZA 2010, 521; BAG NZA 2003, 275; BAG NZA 2001, 508). Im vorliegenden Fall wird vorausgesetzt, dass der Arbeitsvertrag keiner Tarifbindung unterliegt und auch eine teilweise tarifliche Anbindung (z.B. in Form von Bezugnahmeklauseln) nicht beabsichtigt ist. Ob und inwieweit gegebenenfalls bestehende betriebliche Regelungen (insbesondere Betriebsvereinbarungen) eine Änderung oder Ergänzung einzelner Vertragsbestimmungen erforderlich machen, bedarf stets einer Prüfung im Einzelfall.

Das Formular setzt sich aus vorformulierten Arbeitsbedingungen zusammen, die nicht nur für einen Einzelfall gelten sollen und die von dem einzustellenden Mitarbeiter voraussichtlich ohne substantielle Änderungen akzeptiert werden. Da das BAG (BAG AP BGB § 310 Nr. 1; BAG AP ArbZG § 6 Nr. 8) Arbeitnehmer als Verbraucher ansieht mit der Folge, dass vorformulierte Vertragsbedingungen i.d.R. als vom Arbeitgeber gestellt gelten (§ 310 Abs. 3 BGB), handelt es sich regelmäßig um **Allgemeine Geschäftsbedingungen** i.S.d. § 305 Abs. 1 BGB. Die einzelnen Vertragsbestimmungen unterliegen daher einer Rechtskontrolle nach §§ 305 ff. BGB. Allerdings müssen „die im Arbeitsrecht geltenden Besonderheiten" angemessen berücksichtigt werden (§ 310 Abs. 4 S. 2 BGB; dazu *Preis* NZA 2004, 1014; *v. Steinau-Steinrück/Hurek* NZA 2004, 965). Mit der Rechtsprechung des BAG ist hierbei das Rechtsgebiet des Arbeitsrechts als Ganzes in Bezug genommen. Das BAG geht davon aus, dass nicht nur rechtliche, sondern auch tatsächliche Besonderheiten (insbesondere die Üblichkeit bestimmter Klauseln in Arbeitsverträgen) Berücksichtigung finden können (vgl. BAG NZA 2005, 1111; BAG NZA 2006, 746; a.A. *Thüsing* AGB-Kontrolle Rn. 108 f.; *Preis* NZA 2004, 1014 m.w.N.).

Bei der Verwendung des Formulars ist die Erteilung eines gesonderten **Nachweises** über die wesentlichen Vertragsbedingungen entbehrlich, da der Arbeitsvertrag bereits sämtliche vom NachwG geforderten Informationen enthält (§ 2 Abs. 1 S. 1 i.V.m. § 2 Abs. 4 NachwG; → Form. A. II. 6 Anm. 1). Sofern allerdings im Einzelfall besondere betriebliche Regelungen – insbesondere Betriebsvereinbarungen – bestehen, muss insoweit ein Zusatz in den Arbeitsvertrag aufgenommen werden, um die Nachweispflicht gemäß § 2 Abs. 1 S. 2 Nr. 10 NachwG zu erfüllen (→ Form. A. II. 6 Anm. 13).

Besteht ein **Betriebsrat,** ist dieser vor der Einführung von Standard-Arbeitsverträgen unter Vorlage eines Vertragsmusters gemäß § 80 Abs. 1 BetrVG zu informieren (BAG NZA 2000, 837). Der Betriebsrat ist berechtigt, die in den Standard-Arbeitsverträgen verwendeten Vertragsbedingungen auf ihre Vereinbarkeit mit den Vorgaben des NachwG und der §§ 305 ff. BGB zu kontrollieren (BAG NZA 2006, 553). Dieses Überwachungsrecht ist auf die Rechtskontrolle des Vertragsinhalts beschränkt; nicht davon erfasst ist die Entwicklung eigener Vertragsbedingungen (vgl. Hümmerich/Reufels/*Schiefer* § 1 Rn. 304). Bei Verwendung von mit dem Betriebsrat abgestimmten Standard-Arbeitsverträgen kann dieser die Vorlage individualisierter Arbeitsverträge zur Erfüllung seiner Aufgaben nur noch dann verlangen, wenn er konkrete Anhaltspunkte für die Erforderlichkeit weiterer Informationen darlegt (BAG NZA 2000, 837).

2. Position/Versetzung/Weisungen. Die Regelungen hinsichtlich der Position des Mitarbeiters in § 1 Abs. (1) und den Möglichkeiten einer Versetzung in den Abs. (2) und (3) stehen nicht isoliert nebeneinander, sondern müssen als Einheit betrachtet werden. Ohne die in den Abs. (2) und (3) enthaltenen **Versetzungsklauseln** wäre der Arbeitgeber – vorbehaltlich einer Änderungskündigung oder einer einvernehmlichen Änderung des Arbeitsvertrages – zeitlich unbefristet an die mit dem Mitarbeiter vereinbarte Tätigkeit (z.B. „Sachbearbeiter KFZ-Schaden") und den vereinbarten Arbeitsort (z.B. „Geschäftsstelle Düsseldorf-Süd") gebunden. Dies entspricht im Regelfall nicht den Bedürfnissen der Praxis, da ein flexibler Personaleinsatz damit erheblich erschwert wird. Allerdings hätten eine enge Tätigkeitsbeschreibung und ein gleichzeitiger Verzicht auf eine Versetzungsklausel den Vorteil, dass damit im Fall einer betriebsbedingten Kündigung der Kreis der in die Sozialauswahl einzubeziehenden Mitarbeiter entscheidend eingeschränkt werden kann (BAG AP KSchG 1969 § 1 Soziale Auswahl Nr. 36). Das Formular sieht am Ende von Abs. (1) eine kurze Beschreibung der geschuldeten Tätigkeit vor. Damit wird dem Erfordernis nach § 2 Abs. 1 S. 2 Nr. 5 NachwG Rechnung getragen. Alternativ kann auch auf eine gesonderte Stellenbeschreibung verwiesen werden, die dem Vertrag als Anlage beigefügt wird („Die Aufgaben und Pflichten des Mitarbeiters ergeben sich aus der diesem Arbeitsvertrag beigefügten Stellenbeschreibung."). Zu eng gefasste Positions- und Tätigkeitsbeschreibungen im Arbeitsvertrag oder zusätzlichen Stellenbeschreibungen können allerdings den Nachteil haben, dass damit eine zusätzliche Bindungswirkung geschaffen wird. So umfasst die Position einer „Sekretärin" – ohne jedes Gebrauchmachen vom zusätzlich vereinbarten Versetzungsvorbehalt – von vornherein deutlich mehr einseitig zuweisbare Aufgaben als die einer „stellvertretenden Chefsekretärin Geschäftsführung Finanzen".

Mit der in § 1 Abs. (2) vorgesehenen **tätigkeitsbezogenen Versetzungsklausel** wird das Direktionsrecht des Arbeitgebers hinsichtlich der Art der Arbeitsleistung näher konkretisiert (vgl. *Boemke* § 106 Rn. 144 ff.). Dadurch können dem Mitarbeiter auch andere als die zunächst vereinbarten Arbeitsaufgaben übertragen werden. Der Arbeitgeber muss bei der Ausübung des Versetzungsrechts die Grenzen billigen Ermessens beachten (§§ 315 BGB, 106 GewO). Nach der ständigen Rechtsprechung des BAG (vgl. BAG AP BGB § 611 Direktionsrecht Nr. 61) ist eine Versetzung im Einklang mit § 315 BGB dann zulässig, wenn der Arbeitgeber die wesentlichen Umstände des Falles und die beiderseitigen Interessen der Vertragsparteien angemessen berücksichtigt hat. Für die Abgrenzung, welche Änderung noch vom Direktionsrecht und vom Arbeitsvertrag gedeckt ist und welche bereits des Ausspruchs einer Änderungskündigung bedarf, sind alle Besonderheiten des Einzelfalles zu berücksichtigen. Generell gilt, dass ein unternehmensinterner Tätigkeitswechsel, der ohne Vergütungseinbußen für den Arbeitnehmer angeordnet wird und durch den dem Arbeitnehmer keine im Vergleich zur bisherigen Tätigkeit „niedere" Arbeit zugewiesen wird, kaum zu beanstanden sein wird (vgl. *Salamon/Fuhlrott* NZA 2011, 839; KR/*Rost* § 2 KSchG Rn. 39 ff.). Die Beschränkung der Versetzungsmöglichkeit auf zumindest gleichwertige Positionen sollte bereits in der Versetzungsklausel zum Ausdruck kommen, da das BAG eine Klausel ohne diese Beschränkung in der Vergangenheit für unwirksam erachtet hat (BAG NZA 2007, 145). Wenngleich das BAG in späteren Entscheidung hiervon wohl stillschweigend wieder abgerückt ist (BAG NZA-RR 2008, 504), kann und sollte das Kriterium der Gleichwertigkeit dennoch weiter aufgenommen werden, entspricht doch bei der Ausübung des Versetzungsrechts im Einzelfall ohnehin nur eine Versetzung auf gleichwertige Positionen den Anforderungen billigen Ermessens.

Ein **Wechsel des Arbeitsortes** (§ 1 Abs. (3) des Formulars) stellt – abhängig von der Art der Tätigkeit und der räumlichen Entfernung – nicht zwangsläufig eine derart gravierende Veränderung der Arbeitsvertragsbedingungen dar, dass diese nur mittels einer Änderungskündigung herbeigeführt werden könnte (vgl. KR/*Rost* § 2 KSchG Rn. 41). Es ist weder erforderlich einen maximalen Entfernungsradius noch eine angemessene Ankündigungsfrist für eine mögliche Versetzung zu vereinbaren (BAG DB 2010, 2805). Zwar werden örtliche Versetzungsklauseln vereinzelt auf das Gebiet der Bundesrepublik Deutschland beschränkt, eine solche Beschränkung sollte aber kein Wirksamkeitserfordernis der Klausel sein.

Inwieweit eine Versetzung ins Ausland zulässig ist, ist Frage der Billigkeit im Rahmen der Ausübung des Versetzungsrechts im Einzelfall. Auch schließt die Benennung eines bestimmten Tätigkeitsorts im Arbeitsvertrag eine spätere Versetzung nicht aus, wenn beispielsweise eine Einsatzmöglichkeit im gesamten Unternehmen im Arbeitsvertrag ausdrücklich vereinbart ist. Dementsprechend hat das BAG in einer neueren Entscheidung eine örtliche Versetzungsklausel gebilligt, die ähnlich wie § 1 Abs. (3) des Formulars die Zuweisung eines anderen Arbeitsortes unter Wahrung der Mitarbeiterinteressen vorsah (BAG NZA 2011, 631).

In der Praxis haben sich solche Versetzungsklauseln aufgrund der damit für den Arbeitgeber verbundenen Flexibilität weitgehend durchgesetzt. Mit einer wirksamen Erweiterung des Direktionsrechts ist allerdings der **Nachteil** verbunden, dass sich die Sozialauswahl im Fall einer betriebsbedingten Kündigung auf sämtliche Mitarbeiter erstrecken muss, deren Positionen dem „an sich" zu kündigenden Mitarbeiter über die Versetzungsklausel zugewiesen werden können (vgl. *Bader/Bram/Dörner* § 1 KSchG Rn. 319a m.w.N.; zu „bereichsspezifischen" Versetzungsklauseln s. BAG NZA 2000, 822). Die Beschränkung der Sozialauswahl auf den jeweiligen Betrieb wird durch eine örtliche Versetzungsklausel hingegen nicht beeinträchtigt.

Zu beachten ist, dass die Versetzungsentscheidung selbst der **Ausübungskontrolle** unterliegt. Hierbei ist auch zu berücksichtigen, welche persönlichen wirtschaftlichen Erschwernisse mit dem Wechsel verbunden sind, inwieweit das Arbeitsverhältnis bislang auf den alten Tätigkeitsort beschränkt war und welche Stellung der Mitarbeiter im Unternehmen innehat.

Hinsichtlich der Wirksamkeit der sogenannten **„Jeweiligkeitsklausel"** in Abs. (4), welche auf die jeweils gültigen Richtlinien und Anweisungen der Gesellschaft sowie alle betrieblichen Regelungen verweist, ist zu differenzieren. Betriebliche Regelungen, mit denen in erster Linie Betriebsvereinbarungen gemeint sind, gelten ohnehin auch ohne vertragliche Verweisungsklausel gemäß § 77 Abs. 4 S. 1 BetrVG. Gleiches gilt für alle Richtlinien und Anweisungen, die der Arbeitgeber kraft seines Direktionsrechts einseitig erlassen kann, ohne der Zustimmung der Mitarbeiter zu bedürfen. Für diese Regelungen hat die hier empfohlene Klausel also nur deklaratorische Wirkung. Sofern der Arbeitgeber für einzelne Richtlinien oder sonstige Regelungen der Zustimmung der Mitarbeiter bedarf, weil sie einen Eingriff in vertragliche Rechte bedeuten, ist der Verweis auf die jeweils gültige Regelung hingegen nach neuerer Rechtsprechung des BAG unwirksam. Solche Klauseln werden wegen des einseitigen Änderungsrechts des Arbeitgebers nach § 308 Nr. 4 BGB für unzulässig gehalten. Während der 10. Senat des BAG eine solche Klausel für gänzlich unwirksam erachtet hat (vgl. BAG NZA 2009, 428), hält der 6. Senat eine geltungserhaltende Reduktion für möglich, sodass die Verweisung auf das Regelwerk im Zeitpunkt des Vertragsschlusses Vertragsbestandteil bleibt (vgl. BAG AP BGB § 611 Kirchendienst Nr. 57; *Zimmermann* ArbRAktuell 2011, 279). Will der Arbeitgeber in diesem Bereich also die Anwendung der jeweils aktuellen Regelungen sicherstellen, muss er jede Neufassung gesondert mit allen Mitarbeitern vereinbaren (vgl. *Straube/Klagges* ArbRAktuell 2011, 421). Dies ist insbesondere dann gründlich zu erwägen, wenn sogenannte Betriebsordnungen eine Vielzahl „freiwilliger" Leistungen an die Mitarbeiter vorsehen. In diesem Fall kann der Arbeitgeber sich nicht darauf verlassen, dass er diese Leistungen allein im Wege der Änderung der Betriebsordnung auf Grundlage der „Jeweiligkeitsklausel" einseitig entziehen kann. Stattdessen bedürfte es grundsätzlich einer Vertragsänderung. Die hier gewählte Formulierung eines Verweises auf die jeweils gültige Richtlinie ist insoweit daher lediglich als eine Art „Programmsatz" aufgenommen worden, um die grundsätzliche Geltung der aktuellen Richtlinien und Anweisungen zu betonen.

3. Dauer der Arbeitszeit. Die **Dauer** der im Einzelfall maßgeblichen Arbeitszeit muss von den Parteien im Arbeitsvertrag ausdrücklich vereinbart werden (BAG BB 1985, 731; zum

Aushilfs- sowie zum Abrufarbeitsvertrag → Form. A. VII. 1 sowie → Form. A. VII. 9). Die Arbeitszeit ist dann vorbehaltlich einer Reduzierung nach besonderen gesetzlichen Vorschriften (vgl. § 8 TzBfG, § 15 Abs. 7 BEEG) oder einer einvernehmlichen Änderung für die Dauer des Arbeitsvertrages verbindlich. Hinsichtlich der **Lage** der Arbeitszeit enthält der Arbeitsvertrag keine besonderen Vorgaben. Dadurch kann der Arbeitgeber die Arbeitszeitlage einschließlich Beginn und Ende der Pausen sowie die Verteilung der Arbeitszeit auf die einzelnen Arbeitstage im Rahmen der gesetzlichen und betrieblichen Regelungen kraft Direktionsrechts nach billigem Ermessen festlegen (§ 106 S. 1 GewO; BAG AP BAT § 4 Nr. 11; BAG AP BGB § 611 Direktionsrecht Nr. 54; *Lakies* BB 2003, 364, 365). Auch eine Begrenzung der Arbeitsverpflichtung auf bestimmte Wochentage sieht der Arbeitsvertrag nicht vor. Soweit an Samstagen, Sonntagen oder Feiertagen regelmäßig gearbeitet wird (z. B. im Hotel- und Gaststättengewerbe) sollte aber zur Klarstellung ein zusätzlicher Hinweis in den Arbeitsvertrag aufgenommen werden („Als Arbeitstage gelten sämtliche Wochentage, insbesondere auch Samstage, Sonntage und Feiertage.“). Gleiches gilt für regelmäßig erforderliche Arbeitsbereitschaft, Bereitschaftsdienst, Nacht- oder Schichtarbeit („Der Mitarbeiter erklärt sich bereit, im Rahmen der gesetzlichen und betrieblichen Regelungen Arbeitsbereitschaft/Bereitschaftsdienst/Nachtarbeit/Schichtarbeit zu leisten.“). Von einer generellen Aufnahme solcher Regelungen in das Formular wurde jedoch abgesehen, um nicht solche Mitarbeiter abzuschrecken, bei denen diese besonderen Arbeitsbedingungen gar nicht in Betracht kommen.

Besteht ein **Betriebsrat**, sind bei der Bestimmung der Lage der Arbeitszeit und der Anordnung von Überstunden (→ Anm. 4) die Mitbestimmungsrechte gemäß § 87 Abs. 1 Nr. 2 BetrVG und § 87 Abs. 1 Nr. 3 BetrVG zu beachten. Danach hat der Betriebsrat bei Regelungen über Beginn und Ende der täglichen Arbeitszeit (einschließlich einer vorübergehenden Verlängerung oder Verkürzung derselben), der Verteilung der Arbeitszeit auf die einzelnen Wochentage, der Einführung von Gleitzeit sowie der Pausen ein Mitbestimmungsrecht (vgl. *Boemke* § 106 Rn. 87 ff., 91 f.). Die Festlegung der **Dauer** der Arbeitszeit wird hiervon aber nicht umfasst (*F/E/S/T/L* § 87 Rn. 103 m. w. N.).

Das **Arbeitszeitgesetz** regelt (öffentlich-rechtliche) **Höchstgrenzen**, die bei der Vereinbarung oder der tatsächlichen Durchführung der Arbeitszeit von den Parteien nicht überschritten werden dürfen. Die gesetzlich zulässige Regelarbeitszeit beträgt 48 Wochenstunden (§ 3 S. 1 ArbZG). Das Arbeitszeitgesetz geht hierbei von sechs Arbeitstagen (Montag bis Samstag, jeweils acht Stunden täglich) aus. Bei einer Fünf-Tage-Woche (Montag bis Freitag) kann die an dem arbeitsfreien Samstag ausgefallene Arbeitszeit von acht Stunden auf die verbleibenden fünf Wochentage „umgelegt“ werden, sodass die gesetzlich zulässige Arbeitszeit an diesen Tagen 9,6 Stunden beträgt. Die tägliche Arbeitszeit kann unabhängig davon bis zu maximal zehn Stunden verlängert werden, wenn innerhalb von sechs Monaten oder innerhalb von 24 Wochen im Durchschnitt 48 Wochenstunden nicht überschritten werden. Intransparent und somit unwirksam ist jedoch eine Klausel, die eine monatliche Durchschnittsarbeitszeit des Arbeitnehmers vorsieht, ohne einen Bezugszeitraum für die Ermittlung dieses Durchschnitts festzulegen (vgl. BAG BB 2011, 2868; *Richter* BB 2011, 3133). Eine Verlängerung der täglichen Arbeitszeit über zehn Stunden hinaus ist nur in besonderen Ausnahmefällen möglich, z. B. aufgrund tariflicher Regelung (§ 7 ArbZG), in Notfällen (§ 14 ArbZG) oder nach Erlaubnis durch die Aufsichtsbehörde (§ 15 ArbZG). Der Arbeitgeber ist verpflichtet, die über die gesetzlich zulässige Regelarbeitszeit von acht Stunden täglich hinausgehende Arbeitszeit jedes Arbeitnehmers aufzuzeichnen und diese Aufzeichnungen mindestens zwei Jahre aufzubewahren (§§ 3, 16 Abs. 2 ArbZG). Sonn- und Feiertagsarbeit ist nach den Vorschriften des Arbeitszeitgesetzes nur in Ausnahmefällen zulässig. Gegebenenfalls bedarf es hierfür der Erlaubnis der zuständigen Behörde. Einzelheiten hierzu sind in §§ 9 ff. ArbZG geregelt. Gegenüber dem Arbeitnehmer sind Anweisungen oder Vereinbarungen, die gegen das Arbeitszeitgesetz verstoßen (z. B. Anordnungen von Überstunden entgegen der Höchstarbeitszeitgrenze; unzulässige Sonn- oder Feiertagsarbeit) unwirksam. Der Arbeitnehmer kann in solchen Fällen die Arbeitsleistung verweigern.

4. Anordnung von Überstunden und Kurzarbeit. Eine vertragliche Verpflichtung zur Ableistung von erforderlichen **Überstunden** begegnet grundsätzlich keinen Bedenken (vgl. *Boemke* § 106 Rn. 81 ff.). Teilweise wird jedoch vertreten, dass Regelungen, die eine zeitliche Begrenzung für Überstunden nicht vorsehen, unwirksam seien. Wer jedes Risiko vermeiden will, sollte daher zusätzlich die Zahl der maximal zu leistenden Überstunden vertraglich begrenzen und die Höhe ihrer Vergütung explizit regeln.

Von der Anordnungsbefugnis zu unterscheiden ist die Frage, inwieweit eine **Vergütungspflicht für Überstunden** besteht. Eine pauschale Vergütung sämtlicher Überstunden mit dem Festgehalt ist wegen eines Verstoßes gegen das Transparenzgebot i. S. d. § 307 Abs. 1 S. 2 BGB unwirksam, da für den Mitarbeiter bei Vertragsschluss nicht ersichtlich ist, was „auf ihn zukommt" und welche Leistung er für die vereinbarte Vergütung maximal erbringen muss (vgl. BAG NJW 2012, 552; BAG NZA 2012, 861; BAG NZA 2012, 1147; BAG DB 2011, 61; ErfKomm/*Preis* § 310 BGB Rn. 92). Um einen Verstoß gegen das Transparenzgebot zu vermeiden, sollte die Zahl der abgegoltenen Überstunden daher vertraglich beschränkt werden. Der Mitarbeiter kann sich in diesem Fall ausrechnen, welche Leistung ihm für „sein Geld" abverlangt wird. Ob Pauschalierungsabreden, die mit einer Vereinbarung über die Befugnis des Arbeitgebers zur Anordnung von Überstunden kombiniert sind, kontrollfähige Preisnebenabreden sind und somit neben einer Transparenz- auch einer Angemessenheitskontrolle unterliegen, wurde vom BAG bisher ausdrücklich offen gelassen (vgl. BAG NZA 2012, 908; für eine Kontrollfähigkeit etwa LAG Hamm AE 2007, 312; ErfKomm/*Preis* § 310 BGB Rn. 91; *Schramm/Kuhnke* NZA 2012, 127, 128). Eine ausschließlich die Vergütung von Überstunden, nicht aber die Anordnungsbefugnis des Arbeitgebers zur Leistung von Überstunden, regelnde Klausel hat das BAG allerdings als kontrollfreie Hauptleistungsabrede angesehen (BAG NZA 2012, 908). Um vorsorglich eine Störung des Äquivalenzverhältnisses und damit eine unangemessene Benachteiligung i. S. d. § 307 Abs. 1 S. 1 BGB zu vermeiden, sollte die Anzahl der mit dem regulären Gehalt abgegoltenen Überstunden dabei zehn bis 25 Prozent der regelmäßigen Arbeitszeit nicht überschreiten. Eine nähere Festlegung wird hierbei nur in Ansehung der konkreten Bezüge erfolgen können. Eine pauschale Abgeltung von Überstunden innerhalb der Höchstgrenzen des Arbeitszeitgesetzes (bei einer 40-Stunden-Woche also acht Überstunden pro Woche) hätte das BAG vermutlich nicht beanstandet (vgl. BAG NJW 2012, 552, 553). Folgt man dieser Grenze, würden im Falle einer 40-Stunden-Woche die maximal abgeltbaren Überstunden somit nur 20 Prozent der regelmäßigen Arbeitszeit umfassen. Mangels einer sich aus der Rechtsprechung des BAG ergebenden klaren Aussage zur zulässigen Höchstzahl der mit dem Gehalt pauschal abgeltbaren Überstunden empfiehlt es sich, die mit dem Gehalt abgegoltenen Überstunden eher niedrig anzusetzen. Angemessen dürfte es in jedem Fall sein, Überstunden von bis zu zehn Prozent der regelmäßigen Arbeitszeit pauschal abzugelten (ErfKomm/*Preis* § 310 BGB Rn. 92; *Schramm/Kuhnke* NZA 2012, 127, 128). Zudem ist zu beachten, dass die Höhe der abgegoltenen Überstunden nicht zu einem sittenwidrig niedrigen (Gesamt-)Gehalt führen darf und dass die Höhe der pauschal abgegoltenen Überstunden nicht in einem Missverhältnis zur vereinbarten Regelarbeitszeit stehen darf (Grobys/Panzer/*Wahlig* Überstunden/Mehrarbeit Rn. 22).

Nach einem neueren Urteil des BAG ist auch bei Diensten höherer Art eine Klausel, nach der durch die übliche Vergütung etwaige Überstunden abgegolten sind, nach § 307 Abs. 1 S. 2 BGB unwirksam (BAG NJW 2012, 552). Eine Bezahlung von Überstunden ist in diesen Fällen gleichwohl nicht erforderlich, wenn eine solche objektiv nicht erwartet werden konnte. Das Bestehen einer Vergütungserwartung ist dabei anhand eines objektiven Maßstabs unter Berücksichtigung der Verkehrssitte, der Art, des Umfangs und der Dauer der

Dienstleistung sowie der Stellung der Beteiligten zueinander festzustellen, ohne dass es auf deren persönliche Meinung ankäme (BAG NJW 2012, 552, 553; BAG NZA 2012, 861; BAG NZA 2012, 1147, 1148). Regelmäßig wird es an der objektiven Vergütungserwartung fehlen, wenn arbeitszeitbezogene und arbeitszeitunabhängig vergütete Arbeitsleistungen zeitlich verschränkt sind oder wenn Dienste höherer Art geschuldet sind oder insgesamt eine deutlich herausgehobene Vergütung gezahlt wird (BAG NZA 2012, 861; BAG NZA 2012, 1147, 1148). Letzteres ist regelmäßig dann anzunehmen, wenn das Entgelt die Beitragsbemessungsgrenze in der gesetzlichen Rentenversicherung überschreitet.

Das Formular sieht im Ausgangsfall eine generelle Abgeltungspflicht des Arbeitgebers (wahlweise durch Freizeit oder Geld) und in der ersten Alternative eine Pauschalabgeltung für ein zeitlich begrenztes Überstundenkontingent vor. Die zweite Alternative beinhaltet eine pauschale Abgeltung aller Überstunden (zu einer ähnlichen Regelung s. auch den Arbeitsvertrag für Führungskräfte → Form. A. II. 3). Wie bereits ausgeführt, ist eine solche pauschale Abgeltung aller Überstunden allerdings unwirksam. Ungeachtet der Unwirksamkeit einer solchen Klausel ist eine pauschale Abgeltung in der Praxis keineswegs unüblich und dürfte bei gleichzeitiger Verwendung wirksamer Ausschlussklauseln die von der Arbeitgeberseite gewünschte Wirkung nicht verfehlen. Zudem kann die Verwendung einer solchen Klausel bei Arbeitnehmern, die Dienste höherer Art leisten oder die zu den „Gutverdienern" mit einem oberhalb der Beitragsbemessungsgrenze der gesetzlichen Rentenversicherung liegenden Gehalt zählen, dazu dienen, einer unberechtigten Erwartungshaltung im Hinblick auf die Vergütung von Überstunden entgegenzuwirken. Denn auch wenn die Abgeltungsklausel als solche unwirksam ist, sind Überstunden nur bei Bestehen einer objektiven Vergütungserwartung zu vergüten. Eine solche objektive Vergütungserwartung von Überstunden wird bei diesen Arbeitnehmergruppen nach der Rechtsprechung jedoch regelmäßig fehlen (s. o.), sodass etwaige Überstunden im Ergebnis trotz einer unwirksamen Abgeltungsklausel von dem Arbeitgeber nicht zu vergüten sind. Zur Mitbestimmung des **Betriebsrats** bei der Anordnung von Überstunden → Anm. 3.

Kurzarbeit ist das Unterschreiten der individualvertraglich vereinbarten und regelmäßig auch betrieblichen Arbeitszeit wegen eines vorübergehend gesunkenen Arbeitsbedarfs. Zur einseitigen Einführung von Kurzarbeit ist der Arbeitgeber im betriebsratslosen Betrieb nur aufgrund ausdrücklicher einzelvertraglicher Vereinbarung berechtigt (vgl. MAH Moll/*Gragert* § 14 Rn. 58). Ohne vertragliche Vorkehrungen ist die Einführung von Kurzarbeit nicht bereits vom Direktionsrecht erfasst (BAG NZA 1991, 607). Eine Vereinbarung kann sowohl einzelfallbezogen (→ Form. A. XIII. 5) oder aber bereits vorab im Arbeitsvertrag getroffen werden. Fehlt es an einer solchen Ermächtigung des Arbeitgebers, käme die Einführung allein im Wege der Änderungskündigung in Betracht. Eine arbeitsvertragliche Regelung hat den Angemessenheits- und Transparenzkriterien zu entsprechen (§ 307 Abs. 1 BGB). Unangemessen soll eine Klausel nach einer neuen instanzgerichtlichen Entscheidung jedenfalls dann sein, wenn sie keine Frist für die Anordnung von Kurzarbeit vorsieht (LAG Berlin-Brandenburg NZA-RR 2011, 65; LAG Berlin-Brandenburg BeckRS 2011, 69844). Optional sieht das Formular daher eine dreiwöchige Ankündigungsfrist vor, welche in jedem Fall als angemessen anzusehen sein dürfte (vgl. *Bauer/Günther* BB 2009, 662, 665), andererseits aber den Handlungsspielraum des Arbeitgebers bei kurzfristig erforderlicher Kurzarbeit nicht unerheblich einschränkt. Sowohl vor dem Hintergrund der Rechtsprechung des BAG zum Recht der vorformulierten Vertragsbedingungen (vgl. BAG NZA 2005, 465) als auch der Anforderungen an die Bestimmtheit kollektivrechtlicher Regelungen (BAG NZA 1995, 134; BAG NZA 1995, 1064) spricht vieles dafür, dass auch die einzelvertragliche Klausel den Tatbestand für die einseitige Einführung der Kurzarbeit näher beschreiben muss. In Anbetracht des Umstands, dass die Kurzarbeit den Bestand des Unternehmens retten soll und die Reduzierung der Arbeitszeit damit durch eine betriebliche Notwendigkeit bedingt ist, dürfte die Ermächtigung des Arbeitgebers jedenfalls dann keine unangemessene Benachteiligung darstellen, wenn die gesetzlichen Voraussetzungen für die Gewährung von Kurzarbeitergeld (§§ 95 ff. SGB III) vorliegen (vgl. MAH Moll/*Gragert* § 14 Rn. 59).

Nicht ganz auszuschließen ist allerdings, dass die Rechtsprechung – in Anlehnung an die Grundsätze des BAG zur Abrufarbeit bzw. zu Widerrufsvorbehalten (BAG NZA 2006, 423, BAG NZA 2005, 465) – auch im Rahmen der Kurzarbeit lediglich eine formularmäßige Absenkung der Arbeitszeit, die zu einer Senkung der Vergütung um höchstens 25 Prozent führt, für zulässig erachten könnte. Dieser Gefahr trägt die optional vorgeschlagene Zusatzklausel Rechnung. Abgestellt wird dabei auf die Reduzierung der Netto-Vergütung, da das pauschalierte Netto-Entgelt Maßstab für die Berechnung der Höhe des von der Bundesagentur für Arbeit zu zahlenden Kurzarbeitergeldes ist.

Besteht ein Betriebsrat, so hat dieser bei der Einführung und Ausgestaltung von Kurzarbeit mitzubestimmen (§ 87 Abs. 1 Nr. 3 BetrVG). Eine Betriebsvereinbarung ersetzt in diesem Fall die einzelvertragliche Absprache (§ 77 Abs. 4 BetrVG). → Form. C. II. 11 Anm. 1.

5. **Reisezeiten.** Die Befugnis des Arbeitgebers zur Anordnung von Dienstreisen wird sich im Regelfall bereits weitgehend – insbesondere bei höherwertigen Tätigkeiten – aus dem Direktionsrecht ergeben (§ 106 S. 1 GewO; vgl. BAG DB 1992, 147).

Inwieweit **Reisezeiten** als vergütungspflichtige Arbeitszeit gelten, lässt sich nicht generell beurteilen (vgl. dazu *Preis* Arbeitsvertrag II A 90 Rn. 40). Das BAG stellt darauf ab, ob den Umständen nach eine berechtigte Vergütungserwartung besteht (BAG NZA 1998, 540), hält aber abweichende vertragliche Vereinbarungen grundsätzlich für zulässig (so ausdrücklich BAG DB 2013, 759; BAG AP BAT § 17 Nr. 3; BAG NZA 2007, 155; ebenso Küttner/*Griese* Dienstreise Rn. 8). Nach neuer Rechtsprechung des BAG setzt eine wirksame abweichende Vereinbarung im Rahmen eines formularmäßigen Arbeitsvertrags allerdings voraus, dass – ähnlich wie bei Überstunden – der zeitliche Umfang der abgegoltenen Reisezeiten genau bestimmt wird. Intransparent und damit ungültig ist jedenfalls eine Klausel, nach der Reisezeiten mit der Bruttomonatsvergütung abgegolten sind, wenn sich aus dem Arbeitsvertrag nicht ergibt, welche Reisetätigkeit von ihr in welchem Umfang erfasst werden soll (BAG NZA 2011, 917).

Für die Praxis wird häufig gelten, dass in verbindlichen betrieblichen Regelwerken, in bestimmtem Umfang auch in Betriebsvereinbarungen, nähere Regelungen dazu getroffen werden, ob und wie Reisezeiten als Arbeitszeiten zu erfassen sind und wie die Vergütungspflicht oder die Pflicht zum Freizeitausgleich ausgestaltet werden. Deshalb nimmt die Klauselformulierung im Formular auch bewusst Abstand von detaillierten Regelungen, welche in den allermeisten Fällen nur in Ansehung der konkreten Tätigkeit des Unternehmens wie der betroffenen Mitarbeitergruppe sinnvoll getroffen werden können; so etwa die Definition bestimmter „Reisetätigkeiten" als bezahlte Arbeitszeit (z. B. Terminsvorbereitung durch Aktenstudium, notwendiges Selbstfahren eines Kfz), der Ausschluss bestimmter „inaktiver" Reisezeiten (z. B. Zeitunglesen im Zug, Beifahrer im Kfz), die Pauschalierung von Vergütungspflichten für Reisezeiten außerhalb der regelmäßigen Arbeitszeit (beispielsweise 50 Prozent der regelmäßigen Stundenvergütung), Freizeitausgleich bestimmten Umfanges sowie Regelungen zu Reisebeginn und Reiseende etc. Festzuhalten ist, dass Arbeitgeber mit solchen maßgeschneiderten betrieblichen Regelungen durchaus die Möglichkeit haben, einer pauschalen Bewertung jedweder Reisezeiten als bezahlte Arbeitszeit entgegenzuwirken.

Werden keine ergänzenden Regelungen als für das Arbeitsverhältnis verbindlich vereinbart, so dürften bei angeordneten Dienstreisen solche Reisezeiten, die außerhalb der regelmäßigen täglichen Arbeitszeit anfallen, i. d. R. als Überstunden zu vergüten sein. Das Formular vermeidet es bewusst, ein über die Regelungen des § 2 hinausgehendes, eigenes Vergütungsregime festzuschreiben. Häufig dürfte dies im Interesse der Arbeitgeberseite liegen, wenn nämlich „überschießende" Reisezeiten in der Praxis nicht oder nicht durchgehend als Überstunden geltend gemacht werden.

Eine noch weitergehende psychologische Wirkung kann es haben, wenn Reisezeiten außerhalb der regelmäßigen täglichen Arbeitszeit ausdrücklich von jeder zusätzlichen Vergütung ausgenommen werden.

Alternative:

(4) Der Mitarbeiter ist im Rahmen der gesetzlichen und betrieblichen Regelungen verpflichtet, auf Anordnung der Gesellschaft Dienstreisen zu unternehmen. Reisezeiten, die außerhalb der regelmäßigen, im Rahmen des § 2 Abs. (1) festgelegten täglichen Arbeitszeit anfallen, gelten nicht als Arbeitszeit und werden nicht gesondert vergütet.

In rechtlicher Hinsicht dürfte eine solche Klausel allerdings vor dem Hintergrund der Rechtsprechung des BAG erheblichen Wirksamkeitsbedenken begegnen. Sie gewinnt ihre Berechtigung allenfalls als ein faktisch beachteter Programmsatz.

Wiederum alternativ könnte hinsichtlich der Vergütung von Reisezeiten, die außerhalb der regelmäßigen Arbeitszeit anfallen, auch ausdrücklich auf die Regelungen zu Überstunden im Arbeitsvertrag verwiesen werden, was sich insbesondere dann anbietet, wenn der Vertrag eine Abgeltung einer bestimmten Anzahl von Überstunden mit der Vergütung vorsieht (→ Anm. 4).

Alternative:

(4) Der Mitarbeiter ist im Rahmen der gesetzlichen und betrieblichen Regelungen verpflichtet, auf Anordnung der Gesellschaft Dienstreisen zu unternehmen. Für Reisezeiten, die außerhalb der regelmäßigen, im Rahmen des § 2 Abs. (1) festgelegten täglichen Arbeitszeit anfallen, gilt § 2 Abs. (2). Als Reisezeit gilt dabei die Zeit für alle auf Anordnung der Gesellschaft unternommenen Wege und/oder Reisen zum und vom auswärtigen Arbeitsort mit Ausnahme der Pausen.

6. Vergütung. Die Vergütungsregelung sieht in Abs. (1) ein Festgehalt vor. Weitere Vergütungsbestandteile (→ Form. A. III) können ergänzend in den Vertrag aufgenommen werden. Besteht ein **Betriebsrat**, sind insbesondere die Mitbestimmungsrechte gemäß § 87 Abs. 1 Nr. 4 BetrVG (Zeit, Ort und Art der Auszahlung der Vergütung) und gemäß § 87 Abs. 1 Nr. 10 BetrVG (Betriebliche Lohngestaltung) zu beachten.

7. Abtretungsverbot. Gegen ein vertragliches Verbot der **Abtretung** und **Verpfändung** von Vergütungsansprüchen bestehen grundsätzlich keine AGB-rechtlichen Bedenken (vgl. BGH NJW 1990, 1601; BGH NJW 2006, 3486). Eine entsprechende Regelung ist für den Arbeitgeber empfehlenswert, um eine irrtümliche Auszahlung des Arbeitsentgelts an den falschen Gläubiger infolge einer unerkannten Abtretung von Vergütungsansprüchen zu vermeiden. Bezogen auf Vergütungsansprüche wird allerdings teilweise die Auffassung vertreten, ein Abtretungsverbot im Formulararbeitsvertrag stelle eine unangemessene Benachteiligung nach § 307 Abs. 1 S. 1 BGB dar, da das Interesse des Arbeitnehmers, seine Vergütungsforderungen als Sicherheit zu verwenden, gegenüber dem Interesse des Arbeitgebers, nicht einer Vielzahl von Gläubigern gegenüberzustehen, überwiege. Diesen Bedenken trägt der Zustimmungsvorbehalt Rechnung.

8. Rückzahlungsverpflichtung. Die vorgesehene **Rückzahlungsverpflichtung** für etwa zu viel bezogene Vergütung soll in erster Linie eine Berufung des Mitarbeiters auf den Wegfall der Bereicherung gemäß § 818 Abs. 3 BGB erschweren. Es ist allerdings auch darauf hinzuweisen, dass die hier vorgeschlagene Klausel einigen Wirksamkeitsbedenken begegnet (vgl. *Preis* Arbeitsvertrag II A 80 Rn. 7 ff.). Alternativ könnte eine – die zumindest faktisch für die Arbeitgeberseite positiven Wirkungen einer uneingeschränkten Rückzahlungspflicht allerdings stark begrenzende – Klausel verwendet werden.

Alternative:
(3) Der Mitarbeiter verpflichtet sich, etwa zu viel bezogene Zahlungen nach den Grundsätzen über die Herausgabe einer ungerechtfertigten Bereicherung an die Gesellschaft zurückzuerstatten. Er kann sich dabei auf den Wegfall der Bereicherung nicht berufen, wenn eine rechtsgrundlose Überzahlung so offensichtlich war, dass der Mitarbeiter dies hätte erkennen müssen, oder wenn eine Überzahlung auf Umständen beruhte, die der Mitarbeiter zu vertreten hat.

9. Sonderzahlungen. Für Gratifikationen oder sonstige Zulagen, die kein laufendes Entgelt darstellen, enthält § 3 Abs. (4) einen sog. Freiwilligkeitsvorbehalt. Der Mitarbeiter hat also auf zukünftige entsprechende Leistungen von vornherein keinen Rechtsanspruch. Dies gilt nach neuerer Rechtsprechung unabhängig davon, ob die Zahlungen längere Betriebstreue oder erbrachte Arbeitsleistungen honorieren sollen (BAG NZA 2008, 1173). Der Begriff des laufenden Entgelts wurde von der Rechtsprechung allerdings noch nicht hinreichend konkretisiert. Während monatliche Zahlungen i.d.R. dem laufenden Entgelt zuzuordnen sein dürften, wird man bei jährlichen oder halbjährlichen Zahlungen kaum mehr von laufendem Entgelt sprechen können. Dazwischen liegt jedoch ein noch nicht hinreichend durch die Rechtsprechung ausgefüllter „Graubereich“, in welchem Zahlungen – je nach ihrer konkreten Ausgestaltung – entweder als laufendes Entgelt oder als Sondervergütungen angesehen werden können. Da Freiwilligkeitsvorbehalte in der Praxis vor allen Dingen das Entstehen einer betrieblichen Übung im Hinblick auf jährliche Leistungen wie Urlaubs- oder Weihnachtsgeld verhindern sollen, zielt auch die im Formular gewählte Formulierung eher auf einen wirksamen Vorbehalt für derartige Leistungen als auf ein weitestmögliches „Ausreizen“ der Gestaltungsmöglichkeiten ab. Das Formular sieht daher einen Freiwilligkeitsvorbehalt nur für solche Zahlungen vor, die nicht häufiger als halbjährlich geleistet werden. Für Sonderzahlungen mit einem abweichenden Zahlungsrhythmus sollte individuell geprüft werden, ob es sich schon um laufendes Entgelt handelt oder jedenfalls mit jeder konkreten einzelnen Auszahlung ein wirksamer Freiwilligkeitsvorbehalt verbunden werden kann. Außerdem ist zu beachten, dass eine bereits im Eintrittszeitpunkt bestehende betriebliche Übung, welche nach der Rechtsprechung des BAG bereits vor der ersten individuellen Gewährung auch für Neueinstellungen gilt, durch den Freiwilligkeitsvorbehalt wohl nicht wirksam verhindert werden kann. Hier mag allerdings die Schriftformklausel in § 13 Abs. (3) helfen, wobei vorsichtige Arbeitgeber allerdings eine zusätzliche konkrete Vereinbarung über den Ausschluss genau benannter bereits vor Eintritt bestehender betrieblicher Übungen schließen sollten.

Im Übrigen begegnet auch im Hinblick auf das formularmäßige Verbot von Änderungsvorbehalten (§ 308 Nr. 4 BGB) die Gewährung „freiwilliger Leistungen“ keinen Bedenken, da der Arbeitgeber hier – anders als bei einem Widerrufsvorbehalt – ein bestimmtes Verhalten in Zukunft nicht verspricht, sondern gerade die Entstehung eines Anspruchs verhindert (BAG NZA 2009, 535; *Hanau/Hromadka* NZA 2005, 73, 74). Allerdings ist darauf zu achten, dass die Leistung in dem Arbeitsvertrag nicht ausdrücklich zugesagt und erst recht nicht der Höhe nach bestimmt ist, da ansonsten ein Verstoß gegen das Transparenzgebot (§ 307 Abs. 1 S. 2 BGB) vorliegt, der zur Unwirksamkeit des Freiwilligkeitsvorbehalts führen kann (BAG NZA 2008, 1173). Des Weiteren darf der Vorbehalt nicht mit anderen Regelungen über Sonderzahlungen (z.B. Zusatzvereinbarungen zum Arbeitsvertrag, betriebliche Gratifikationsrichtlinien, Betriebsvereinbarungen usw.) im Widerspruch stehen (§ 305c Abs. 2 BGB). Zur Vermeidung einer unangemessenen Benachteiligung des Arbeitnehmers i.S.v. § 307 Abs. 1 S. 1, Abs. 2 Nr. 1 und Nr. 2 BGB sollte der vertragliche Freiwilligkeitsvorbehalt zudem eine Konkretisierung auf bestimmte Leistungen oder zumindest auf eine bestimmte Art von Leistungen enthalten und auf den Entstehungsgrund der Leistung abstellen (vgl. BAG NZA 2012, 81). Außerdem müssen Individualabreden i.S.v. § 305b BGB vom vertraglichen Freiwilligkeitsvorbehalt unberührt bleiben (vgl. BAG NZA 2012, 81). Da das BAG überdies

Bedenken geäußert hat, ob ein vertraglicher Freiwilligkeitsvorbehalt dauerhaft den Erklärungswert einer ohne jeden Vorbehalt und ohne den Hinweis auf die vertragliche Regelung erfolgten Zahlung so erschüttern kann, dass der Arbeitnehmer das spätere konkludente Verhalten des Arbeitgebers entgegen seinem gewöhnlichen Erklärungswert nicht als Angebot zur dauerhaften Leistungserbringung verstehen kann (BAG NZA 2012, 81), bietet allein der vertragliche Freiwilligkeitsvorbehalt nun wohl keinen absoluten Schutz mehr vor der Entstehung einer betrieblichen Übung (vgl. *Crisolli/Zaumseil* BB 2012, 1281). Sicherheitshalber sollte der Freiwilligkeitsvorbehalt daher unbedingt zusammen mit der konkreten Zahlung nochmals ausdrücklich (z.B. durch separates Rundschreiben) gegenüber den betroffenen Mitarbeitern wiederholt werden, auch wenn dies nach Ansicht des BAG (10. Senat) nicht zwingend erforderlich ist (BAG NZA 2008, 1173). Zu Stichtagsklauseln vgl. BAG NZA 2008, 40.

Soweit der Arbeitgeber dem Mitarbeiter Boni oder andere Sonderzahlungen als laufendes Entgelt zukommen lassen möchte, lässt sich im Wege eines Freiwilligkeitsvorbehalts keine Flexibilität herstellen. Jedenfalls der 5. Senat des BAG hält den Freiwilligkeitsvorbehalt für unwirksam, soweit die Zahlung im unmittelbaren Gegenseitigkeitsverhältnis zur Arbeitsleistung steht (vgl. BAG NZA 2007, 853; weitergehend wohl der Zehnte Senat des BAG NZA 2008, 1173). Arbeitgeber, die monatliche Leistungszulagen an ihre Angestellten erbringen wollen, sollten daher zur Gewährleistung einer hinreichenden Flexibilität für die Zukunft einen Widerrufsvorbehalt vereinbaren. Die Vereinbarung eines Widerrufsrechts ist nach der Rechtsprechung (BAG NZA 2005, 465) für den Arbeitnehmer jedenfalls dann zumutbar und wirksam (§ 308 Nr. 4 BGB), wenn ihm die tarifliche oder mindestens die übliche Vergütung verbleibt und der Schutz gegenüber Änderungskündigungen nicht umgangen wird. Dies setzt mit dem BAG voraus, dass ein Widerruf höchstens 25 bis 30 Prozent der Gesamtvergütung erfasst; der im Gegenseitigkeitsverhältnis zur Arbeitsleistung stehende widerrufliche Teil muss unter 25 Prozent liegen, ansonsten kann er sich auf bis zu 30 Prozent erhöhen (BAG NJW 2007, 536). Außerdem darf der Widerruf nicht ohne rechtfertigenden Grund erfolgen. Dieser Grund muss sich aus der vertraglichen Regelung selbst ergeben (wirtschaftliche Gründe, Gründe hinsichtlich Leistung oder Verhalten des Arbeitnehmers). Außerdem muss der Grad der Störung im Vertrag konkretisiert werden (BAG NJW 2007, 536). Noch nicht abschließend geklärt ist jedoch, wie detailliert die Widerrufsgründe formuliert sein müssen (s. dazu ausführlich Grobys/Panzer/*Schönhöft* Widerrufsvorbehalt Rn. 6). So verlangt etwa der 9. Senat des BAG, dass ein konkreter Sachgrund für den Widerruf in der Widerrufsklausel genannt werden muss (BAG NZA 2007, 809; BAG NZA-RR 2010, 457), während der 5. Senat des BAG lediglich fordert, dass in der Klausel die Richtung angegeben wird (z.B. wirtschaftliche Gründe, Leistung oder Verhalten des Arbeitnehmers), aus der der Widerruf möglich sein soll (BAG NZA 2007, 87, BAG NZA 2011, 796; BAG NZA 2012, 616). Aufgrund der unklaren Rechtslage empfiehlt es sich, die Widerrufsgründe sicherheitshalber sehr konkret zu formulieren. In Anbetracht dieser uneinheitlichen Rechtsprechung wurde auf die Aufnahme eines allgemeinen Widerrufsvorbehalts im Formular verzichtet, da sich die Widerrufsgründe und der Grad der erforderlichen Störung sinnvoller Weise nur unter Berücksichtigung der konkreten Leistung beschreiben lassen und nicht pauschal für alle denkbaren widerruflichen Leistungen dieselben Gründe einen Widerruf rechtfertigen können. Zudem wäre auch bei einer allgemeinen Regelung im Vertrag immer noch ein zusätzlicher Hinweis auf die Widerruflichkeit im Zusammenhang mit der Zusage der Leistung erforderlich, da der Widerrufsvorbehalt ansonsten wegen Verstoßes gegen das Transparenzgebot unwirksam sein könnte. Ohnehin dürfen Freiwilligkeits- und Widerrufsvorbehalte nach neuerer Rechtsprechung nicht miteinander kombiniert werden, da dies widersprüchlich wäre. Eine solche Klausel wäre im Formulararbeitsvertrag unwirksam (BAG NZA 2012, 81).

10. Abwesenheit/Krankheit/Ärztliche Untersuchung. Das Formular enthält in den ersten beiden Absätzen zusammengefasst einige wesentliche Rechte und Pflichten der Parteien bei **Arbeitsunfähigkeit** des Mitarbeiters. Es handelt sich um deklaratorische Bestimmungen, die vereinfacht den Inhalt der §§ 3, 4, 5 EFZG wiedergeben. Hervorzuheben ist das Recht des Arbeitgebers, die Vorlage einer Arbeitsunfähigkeitsbescheinigung auch schon vor Ablauf des dritten Krankheitstages zu verlangen (§ 5 Abs. 1 S. 3 EFZG). Hierfür ist ein besonderer Grund nicht erforderlich (BAG NJW 2013, 892). Auch unterliegt das Verlangen des Arbeitgebers keiner Billigkeitskontrolle (BAG NJW 2013, 892; ErfKomm/*Reinhard* § 5 EFZG Rn. 12; a. A. H/W/K/*Schliemann* § 5 EFZG Rn. 36; Staudinger/*Oetker* § 616 BGB Rn. 316 m. w. N.). Begrenzt wird das Verlangen nach einer Vorlage der ärztlichen Arbeitsunfähigkeitsbescheinigung schon ab dem ersten Tag einer Erkrankung jedoch durch die allgemeinen Schranken jeder Rechtsausübung, insbesondere darf das Verlangen nicht schikanös oder willkürlich sein und weder gegen den allgemeinen Gleichbehandlungsgrundsatz noch gegen Diskriminierungsverbote verstoßen (BAG NJW 2013, 892). Besteht ein **Betriebsrat**, muss dieser allerdings nach Auffassung des BAG jedenfalls dann gemäß § 87 Abs. 1 Nr. 1 BetrVG beteiligt werden, wenn der Arbeitgeber eine generelle Anweisung zum vorzeitigen Nachweis der Arbeitsunfähigkeit erlässt (BAG NZA 2000, 665). Sofern die Anweisung nur im Einzelfall (z. B. wiederholtes Zuspätkommen eines einzelnen Mitarbeiters) erteilt wird, dürfte es dagegen an dem von § 87 BetrVG geforderten kollektiven Bezug fehlen (vgl. dazu *F/E/S/T/L* § 87 Rn. 14 ff.).

Die gesetzliche Regelung des § 616 BGB verlagert in Fällen, in denen der Arbeitnehmer wegen eines in seiner Person liegenden Grundes unverschuldet für eine „verhältnismäßig unerhebliche“ Zeit an der Arbeit gehindert ist, das Entgeltrisiko auf den Arbeitgeber. Der Arbeitgeber schuldet demnach auch für diese Ausfallzeiten die Vergütung (wenngleich unter Anrechnung von Leistungen der Sozialversicherungsträger). Werden Arbeitgeber mit derartigen Arbeitsverhinderungen konfrontiert (der häufigste Fall ist wohl das erkrankte Kind, welches zu Hause der elterlichen Fürsorge bedarf), kann dies in Summe zu nicht gänzlich unerheblichen wirtschaftlichen Belastungen führen. Auch wenn eine Abbedingung der Regelungen des § 616 BGB in der Praxis weiterhin nicht allzu häufig anzutreffen ist, ist diese doch zulässig und können Arbeitgeber hierdurch zumindest einer leichtfertigen Berufung auf eine persönliche Arbeitsverhinderung ein Stück weit entgegenwirken, indem diese Arbeitsausfälle sich nämlich unmittelbar auf die Vergütungshöhe des Arbeitnehmers auswirken. Zwar wird in der Literatur vertreten, dass eine generelle Abbedingung von § 616 BGB gegen § 307 Abs. 2 BGB verstoße, wenn sie nicht ausnahmsweise durch besondere betriebliche Gründe legitimiert sei (MünchKommBGB/*Henssler* § 616 BGB Rn. 67 m. w. N.). Diese Auffassung stellt jedoch eine nicht zu begründende Einschränkung der Dispositivität der Norm und daher der Vertragsfreiheit der Parteien dar (so auch BeckOK Arb. § 616 BGB Rn. 7). Auch das BAG hat die Frage nach der einzelvertraglichen Abdingbarkeit von § 616 BGB in einer älteren Entscheidung ausdrücklich offen gelassen (BAG NJW 1980, 903) und in einem neueren Urteil jedenfalls außerhalb eines Arbeitsverhältnisses die formularmäßige Abbedingung des § 616 BGB bei einem Gastvertrag eines Bühnenkünstlers für zulässig erachtet (BAG NZA 2007, 1072). Aus der pauschalen Abbedingung von § 616 BGB folgt freilich keinesfalls, dass der Arbeitgeber kategorisch in jedem Fall einer persönlichen Arbeitsverhinderung das Entgeltrisiko dem betroffenen Arbeitnehmer auferlegen muss. Es ist dem Arbeitgeber unbenommen, für bestimmte Tatbestände die Fortzahlung der Vergütung zuzusagen. In der Praxis häufig anzutreffen sind (betriebliche) Regelungen über bezahlten Sonderurlaub für bestimmte (festliche) Familienanlässe, wie die Hochzeit des Arbeitnehmers, Geburt und Taufe eines Kindes sowie für Trauerfälle im (näher zu bestimmenden) Familienkreis.

Will der Arbeitgeber von dieser Gestaltungsmöglichkeit Gebrauch machen, so wäre § 3 entsprechend zu ergänzen.

Optional:

(6) **Die Bestimmungen des § 616 BGB werden abbedungen.**

Optional sieht das Formular vor, das Anstellungsverhältnis unter die **auflösende Bedingung** der gesundheitlichen Nichteignung des Mitarbeiters zu stellen. Auflösende Bedingungen in Arbeitsverträgen sind grundsätzlich zulässig (§ 21 TzBfG). Das Fehlen der **gesundheitlichen Eignung** stellt nach allgemeiner Auffassung einen sachlichen Grund i. S. d. § 14 Abs. 1 Nr. 6 TzBfG dar (*Annuß/Thüsing* § 21 Rn. 20 m. w. N.). Insbesondere in Berufen, in denen die gesundheitliche Eignung eine zwingende berufstypische Voraussetzung ist, wird eine solche Regelung jedoch häufig schon deshalb nicht erforderlich sein, weil der Arbeitgeber sich die gesundheitliche Eignung des Mitarbeiters bereits vor Vertragsschluss bescheinigen lassen wird (beispielsweise durch ein Gesundheitszeugnis). § 4 Abs. (3) sieht eine solche Regelung daher lediglich als optionalen Vorschlag vor. In praktischer Hinsicht kann die Untersuchung durch einen vom Mitarbeiter gewählten Arzt oder den Betriebsarzt erfolgen. Dem Arzt sind in jedem Fall die Anforderungen an die geschuldete Tätigkeit mitzuteilen, damit er den Mitarbeiter gezielt untersuchen kann. Eine Entbindung von der ärztlichen Schweigepflicht kann im Voraus zulässigerweise nur begrenzt auf das Ergebnis der Untersuchung („gesundheitlich geeignet/nicht geeignet") erklärt werden, da nur insoweit ein berechtigtes Informationsinteresse des Arbeitgebers besteht. Die Mitteilung bestimmter Krankheitsursachen kann dagegen im Hinblick auf das Persönlichkeitsrecht des Mitarbeiters nicht verlangt werden. Inwieweit eine Mitteilung des Eintritts der auflösenden Bedingung durch den Arbeitgeber an den Arbeitnehmer nach § 21 i. V. m. § 15 Abs. 2 TzBfG auch dann erforderlich ist, wenn die auflösende Bedingung in der Sphäre oder Person des Arbeitnehmers liegt und dieser daher auch ohne Mitteilung des Arbeitgebers davon Kenntnis erlangt, ist in der Literatur umstritten (s. dazu A/P/S/*Backhaus* § 15 TzBfG Rn. 6 m. w. N.). Die Rechtsprechung hat zu dieser Frage bisher keine Stellung bezogen. Ein vorsichtiger Arbeitgeber sollte daher in Anlehnung an § 21 i. V. m. § 15 Abs. 2 TzBfG eine Konkretisierung des Beendigungstermins durch vorherige Mitteilung mit einer anschließenden zweiwöchigen Frist bis zum Wirksamwerden der Beendigung vornehmen. Eine solche Konkretisierung sieht das Formular in der Ausgangsvariante sowohl für die Beendigung aufgrund fehlender gesundheitlicher Eignung als auch für den Fall, dass der Mitarbeiter sich vertragswidrig keiner Untersuchung unterzogen hat, vor. Da eine Mitteilung durch den Arbeitgeber und die damit verbundene Zweiwochenfrist in diesen Fällen jedoch praktisch wenig geboten erscheint, können risikobewusstere Arbeitgeber stattdessen die in der jeweiligen Alternative vorgeschlagene Regelung verwenden, welche auf eine Mitteilung des Arbeitgebers und die damit verbundene Zweiwochenfrist verzichtet und das Arbeitsverhältnis damit früher enden lässt.

Ob der Arbeitgeber auch noch zu einem späteren Zeitpunkt – etwa wenn sich Anhaltspunkte für einen Wegfall der gesundheitlichen Eignung nach Ablauf der Dreimonatsfrist ergeben – eine ärztliche Untersuchung verlangen kann, ist umstritten. Zum Teil wird dies wegen eines unzulässigen Verzichts auf den gesetzlichen Kündigungsschutz abgelehnt (vgl. A/P/S/*Backhaus* § 14 TzBfG Rn. 217 m. w. N.). Das BAG hat eine tarifliche Untersuchungsanordnung jedenfalls bei Vorliegen sachlicher Gründe für zulässig gehalten (BAG AP BGB § 626 Nr. 142). Nicht entschieden hat es allerdings die Frage, ob der Bestand des Arbeitsverhältnisses **generell** an den Vorbehalt der gesundheitlichen Eignung geknüpft werden kann (zweifelnd A/P/S/*Backhaus* § 14 TzBfG Rn. 216 f. m. w. N.). In § 4 Abs. (4) ist eine solche Regelung daher lediglich als optionaler Vorschlag vorgesehen.

Sollen die Untersuchungsergebnisse in Dateien gespeichert werden, sind ebenfalls die Vorschriften des BDSG zu beachten.

Unbeschadet der vertraglichen Regelung können in bestimmten Fällen zum Schutz des Arbeitnehmers oder zum Schutz der Allgemeinheit besondere gesetzliche Untersuchungsanordnungen bestehen (vgl. zu Einzelheiten ErfKomm/*Preis* § 611 BGB Rn. 746).

11. Reisekosten/Auslagen. Der Arbeitgeber ist auch ohne besondere vertragliche Regelung verpflichtet, dem Mitarbeiter diejenigen Aufwendungen zu ersetzen, die im Zusammenhang mit der Ausführung der geschuldeten Arbeitstätigkeit entstanden sind und die der Mitarbeiter den Umständen nach für erforderlich halten durfte (§ 670 BGB). In bestimmten Grenzen wird man allerdings Pauschalierungsvereinbarungen (z.B. in einer betrieblichen Reisekostenordnung) für zulässig halten müssen, sofern sich solche Regelungen nicht einseitig zu Lasten des Mitarbeiters auswirken (BAG AP BPersVG § 46 Nr. 14; BAG AP BGB § 611 Aufwandsentschädigung Nr. 5; Küttner/*Griese* Aufwendungsersatz Rn. 4). Der im Formular enthaltene Hinweis auf die gesetzlichen steuerlichen Rahmenbedingungen stellt klar, dass der Arbeitnehmer keinen Anspruch auf eine Zuwendung (überobligatorischer) geldwerter Vorteile hat (vgl. zur lohnsteuerrechtlichen Behandlung von Auslagenersatz Küttner/*Thomas* Aufwendungsersatz Rn. 23 ff.).

Hinsichtlich der Verwendung der Jeweiligkeitsklausel → Anm. 2. Sofern die Reisekostenordnung nur den Aufwendungsersatzanspruch des Mitarbeiters in zulässiger Weise pauschaliert, wird der Arbeitgeber deren Geltung einseitig anordnen können und damit auch die Jeweiligkeitsklausel nicht zu beanstanden sein. Enthält die Reisekostenordnung hingegen weitergehende Regelungen, die eine Zustimmung des Mitarbeiters erforderlich machen, müsste grundsätzlich die Geltung jeder geänderten Fassung mit dem Mitarbeiter gesondert vereinbart werden. In diesem Fall kann die Jeweiligkeitsklausel allenfalls eine faktische Wirkung entfalten.

12. Urlaub. Der gesetzliche Mindesturlaub beträgt gemäß § 3 Abs. 1 BUrlG 24 Werktage bei sechs Arbeitstagen in der Woche (vgl. § 3 Abs. 2 BUrlG). Der Mindesturlaubsanspruch beläuft sich also auf vier Wochen. Die Urlaubsregelung im Formular geht von der im Arbeitsleben üblichen Fünf-Tage-Woche aus. Dem Mitarbeiter sind mithin mindestens 20 Urlaubstage zu gewähren. Gewährt der Arbeitgeber darüber hinaus – wie in der Praxis üblich – zusätzliche Urlaubstage, gelten die Bestimmungen des BUrlG hierfür grundsätzlich entsprechend. Allerdings sind vertraglich abweichende Vereinbarungen hinsichtlich des „freiwilligen", d.h. über die gesetzliche Mindestgrenze hinaus gewährten, Urlaubs zulässig (vgl. § 13 Abs. 1 BUrlG). Dem tragen die Regelungen unter Abs. (1) S. 2 und 6, Abs. (2) S. 4, Abs. (3) und Abs. (4) Rechnung. Insbesondere sieht das Formular unter Abs. (1) eine Differenzierung zwischen dem gesetzlichen Mindesturlaub und dem vertraglichen Zusatzurlaub vor. Im Falle einer Fünf-Tage-Woche sind hier also die über 20 Tage im Jahr hinausgehenden Urlaubstage einzutragen.

Ergänzend regelt Abs. (4) in Abweichung von § 7 Abs. 4 BUrlG, dass im Fall einer Beendigung des Arbeitsvertrages lediglich der gesetzliche Mindesturlaub abzugelten ist, soweit dieser noch nicht verbraucht wurde. Das BAG hat zudem in neueren Urteilen die Anwendbarkeit tariflicher Ausschlussfristen auf Urlaubsabgeltungsansprüche nach Beendigung des Arbeitsverhältnisses ausdrücklich für zulässig erklärt (BAG NZA 2011, 1421; BAG NJOZ 2012, 406; BAG NZA 2012, 514; BAG NZA 2012, 750). Diese Entscheidungen dürften auch auf vertragliche Ausschlussfristen anwendbar sein (vgl. Grobys/Panzer/*Schönhöft* Ausschlussfristen Rn. 31). Der Abgeltungsanspruch dürfte damit zusätzlich auch den in § 11 Abs. (1) und Abs. (2) des Formulars geregelten Ausschlussfristen unterliegen.

Abs. (2) S. 4 und Abs. (3) stellen hingegen eine Reaktion auf die Rechtsprechung des EuGH zum Fortbestand des Urlaubs im Falle langanhaltender Krankheit dar. Konnte der Mitarbeiter seinen Urlaub aufgrund langer Krankheit nicht nehmen, verliert er seinen gesetzlichen Urlaubsanspruch wegen Art. 7 der Gemeinschaftsrichtlinie über die Arbeitszeit (2003/88/EG) nach der Rechtsprechung des EuGH und des BAG nämlich grundsätzlich nicht (EuGH NZA 2009, 135; BAG NZA 2009, 538). Dies gilt jedoch nur für den gesetzlichen Urlaub; für den vertraglichen Urlaub ist ein Verfall hingegen zulässig, wenn wie in Abs. (2) S. 4 zwischen beiden Ansprüchen hinreichend differenziert wird. Selbst für den gesetzlichen Urlaub hat der EuGH tarifvertragliche Regelungen für zulässig erklärt, die einen Verfall des Urlaubs nach Ablauf eines Übertragungszeitraums von 15 Monaten vorsehen (EuGH NZA 2011, 1333). Zudem ist nach neuen Entscheidungen des BAG § 7 Abs. 3 S. 3 BUrlG, wonach im Fall der Übertragung der Urlaub in den ersten drei Monaten des folgenden Kalenderjahres gewährt und genommen werden muss, bei längerfristig arbeitsunfähigen Arbeitnehmern unionsrechtskonform so auszulegen, dass ihr Urlaubsanspruch erst 15 Monate nach Ablauf des Urlaubsjahres verfällt (BAG NZA 2012, 1216; BAG NJW 2013, 1179). Das Formular berücksichtigt diese neue Rechtsprechung der Gerichte und sieht deshalb bei längerfristig arbeitsunfähigen Arbeitnehmern erst 15 Monate nach Ablauf des Urlaubsjahres einen Verfall des Urlaubsanspruchs vor.

Im Übrigen haben die vertraglichen Regelungen zur zeitlichen Festlegung des Urlaubs, der Urlaubsübertragung und dem Verfall von Urlaubsansprüchen weitgehend deklaratorischen Charakter und entsprechen der gesetzlichen Regelung in § 7 BUrlG. Bei Teilzeitbeschäftigten kommt es für die Berechnung des Mindesturlaubs auf die Zahl der wöchentlich vereinbarten Arbeitstage an (s. ausführlich *Leinemann/Linck* § 3 BUrlG Rn. 29 ff.; zum Teilzeitarbeitsvertrag allgemein → Form. A. VI. 2).

13. Nebenbeschäftigungen. Hinsichtlich einer etwaigen Nebenbeschäftigung enthält das Formular ein sog. **Verbot mit Erlaubnisvorbehalt.** Es bezieht sich nicht nur auf entgeltliche, sondern auch auf unentgeltliche Nebentätigkeiten.

Während ein absolutes Nebentätigkeitsverbot wegen Art. 12 GG insgesamt unwirksam wäre, wird ein Verbot mit Erlaubnisvorbehalt für Nebentätigkeiten grundsätzlich als zulässig erachtet (BAG NZA 2002, 98 ff. m.w.N.). Allerdings hat der Arbeitnehmer im Hinblick auf die verfassungsrechtlich garantierte Berufsfreiheit einen Anspruch auf Erlaubniserteilung, sofern keine Beeinträchtigung der Interessen des Arbeitgebers vorliegt (BAG AP BGB § 611 Nebentätigkeit Nr. 5 m.w.N.). Der Arbeitgeber muss vor der Genehmigung also eine Prognose anstellen, ob unter Berücksichtigung der erfahrungsgemäß zu erwartenden Entwicklung eine Beeinträchtigung betrieblicher Interessen (z.B. durch eine rufschädigende Nebentätigkeit oder ein Verstoß gegen das Arbeitszeitgesetz in Summe der Haupt- und Nebentätigkeit) wahrscheinlich ist (BAG NZA 2002, 98, 100). Jedenfalls unzulässig ist eine Nebentätigkeit, bei der der Arbeitnehmer nach § 60 Abs. 1 HGB mit dem Hauptarbeitgeber in Wettbewerb tritt (Grobys/Panzer/*Schönhöft* Nebentätigkeit Rn. 7). Um zusätzlichen Verwaltungsaufwand zu vermeiden, könnte auch eine Fiktionswirkung vereinbart werden, wonach die Genehmigung als erteilt gilt, wenn der Arbeitgeber nicht bis zu einem bestimmten Zeitpunkt widerspricht. Im Sinne einer klaren „Aktenlage“ dürfte die hier vorgeschlagene Klausel allerdings vorteilhafter sein.

Die Vereinbarung einer **Anzeigepflicht** für den Arbeitnehmer bietet den Vorteil, dass im Falle einer Verletzung dieser Pflicht eine Abmahnung unabhängig von dem Vorliegen einer Beeinträchtigung der betrieblichen Interessen durch die Nebentätigkeit erfolgen kann (BAG NZA 2002, 965).

14. Geheimhaltung/Behandlung und Rückgabe von Gegenständen und Daten/Löschung von Daten. Die Vorschrift regelt die Pflichten des Mitarbeiters im Zusammenhang mit vertraulichen Informationen und Geschäftsgeheimnissen sowie die Pflicht zur sorgfältigen Behandlung und Rückgabe von Unterlagen, Gegenständen und Daten (zum Dienstwagen → Form. A. III. 1).

Auch ohne eine vertragliche Regelung ist der Arbeitnehmer zur **Geheimhaltung** aufgrund einer arbeitsvertraglichen Nebenpflicht sowie aus den §§ 823, 826 BGB, §§ 3, 17 UWG verpflichtet. Dies gilt grundsätzlich auch nach Beendigung des Arbeitsverhältnisses, wobei die Reichweite nachvertraglicher arbeitsvertraglicher Treuepflichten – ähnlich wie § 17 Abs. 2 UWG – auf die Verschwiegenheit über Geschäfts- und Betriebsgeheimnisse beschränkt ist (BAG AP BGB § 611 Betriebsgeheimnis Nr. 1). Da im Einzelnen vieles unklar ist, empfiehlt es sich, die Reichweite der vertraglichen und nachvertraglichen Verschwiegenheitspflichten im Arbeitsvertrag zu regeln. Darüber hinaus ist die psychologische Wirkung einer Geheimhaltungsklausel nicht zu unterschätzen. Zu beachten ist, dass eine vertragliche Geheimhaltungsverpflichtung den Arbeitnehmer nicht an der Aufnahme einer Konkurrenztätigkeit nach Beendigung des Arbeitsverhältnisses, d.h. der Verwendung des erworbenen Wissens für eigene Zwecke, hindert. Hierfür bedarf es grundsätzlich eines nachvertraglichen Wettbewerbsverbots, das nur gegen Zahlung einer Karenzentschädigung zulässig ist (→ Form. A. IV. 1). Aus diesem Grund sind Geheimhaltungsvereinbarungen aber häufig auch nur von begrenztem Wert. Die Abgrenzung zwischen einer – entschädigungslos zulässigen – Verschwiegenheitsverpflichtung und einem entschädigungspflichtigen Wettbewerbsverbot kann im Einzelfall schwierig sein (dazu instruktiv *Bauer/Diller* Rn. 116 ff.). Das BAG hat mehrfach entschieden, dass zu weit gefasste Geheimhaltungsverpflichtungen, die den Arbeitnehmer im Einzelfall unzumutbar in seinem beruflichen Fortkommen beschränken, als (unwirksames) Wettbewerbsverbot zu qualifizieren sind (BAG BB 1994, 1078, 1079; BAG BB 1999, 212, 213; vgl. auch BGH WM 2001, 1824, 1828 f.). Aus diesem Grund beschränkt sich die Regelung in § 8 Abs. (1) des Formulars zur **Geheimhaltung während des bestehenden Arbeitsverhältnisses** auf die „vertraulichen" Angelegenheiten, insbesondere Geschäfts- und Betriebsgeheimnisse (zum Begriff vgl. BAG ZIP 1988, 733, 735). Besteht an der Geheimhaltung einzelner, besonders wichtiger Geheimnisse ein gesteigertes Interesse, empfiehlt es sich, diese ausdrücklich im Vertrag zu nennen (vgl. BAG AP BGB § 611 Betriebsgeheimnis Nr. 1). Nach dem Regelungsvorschlag im Formular werden technische, kaufmännische und persönliche Vorgänge im Zweifel als Geschäftsgeheimnisse bezeichnet; ob diese Reichweite einer gerichtlichen Prüfung standhält, ist allerdings zweifelhaft. Soweit es um die Offenlegung solcher Angelegenheiten geht, hat der Arbeitnehmer zunächst eine Weisung des Arbeitgebers einzuholen. Abzulehnen ist dagegen der teilweise gemachte Vorschlag, Geheimhaltungsvereinbarungen generell mit einem Zumutbarkeitsvorbehalt zu versehen. Dadurch kann bei dem Mitarbeiter leicht der Eindruck entstehen, er sei befugt, über die Preisgabe des Geheimnisses selbst zu entscheiden. Im Rahmen der **nachvertraglichen Geheimhaltungspflicht** enthält § 8 Abs. (2) des Formulars eine Öffnungsklausel, um eine unangemessene Benachteiligung des Arbeitnehmers nach § 307 Abs. 1 S. 1 BGB zu vermeiden.

Ob diese Öffnungsklausel tatsächlich ausreicht, um eine Unwirksamkeit der nachvertraglichen Geheimhaltungspflicht zu vermeiden, ist allerdings fraglich. Sollte die Klausel nämlich wie ein Wettbewerbsverbot wirken, wäre sie unabhängig von einer etwaigen Einschränkung durch den Arbeitgeber insgesamt unwirksam. Eine wirksame nachvertragliche Geheimhaltungspflicht könnte etwa wie folgt lauten:

Alternative:

(2) Nach Beendigung des Arbeitsvertrages gilt die Verpflichtung gemäß Abs. (1) fort. Im Rahmen einer von dem Mitarbeiter nach Beendigung der Anstellung ausgeübten beruflichen oder unternehmerischen Tätigkeit kann er sein während der Dauer der Anstellung erworbenes Wissen einsetzen, sofern dabei die gesetzlichen Beschränkungen – insbesondere §§ 3, 17 UWG und §§ 823, 826 BGB sowie das Bundesdatenschutzgesetz – strikt beachtet werden.

Durch eine solche Klausel könnte bei dem Mitarbeiter allerdings der Eindruck erweckt werden, er sei nicht an die Geheimhaltungspflicht gebunden. Zudem gelten die zitierten gesetzlichen Vorschriften auch ohne vertragliche Regelung. Insofern ist die im Formular vorgeschlagene Klausel jedenfalls wegen ihrer wohl weitergehenden faktischen Wirkung zu empfehlen.

Zu erwägen ist, die Geheimhaltungsverpflichtung ergänzend mit einer **Vertragsstrafe** abzusichern.

Die in Abs. (6) vorgesehene Bestätigung, dass sämtliche Unterlagen und Gegenstände allein dem Arbeitgeber zustehen und dem Mitarbeiter hieran kein **Zurückbehaltungsrecht** zusteht, entspricht für die meisten Fallkonstellationen der gesetzlichen Situation. Ein Zurückbehaltungsrecht des Arbeitnehmers ist i. d. R. ausgeschlossen. Lediglich bei einzelnen Gegenständen, etwa einem Dienstwagen, der auch zur Privatnutzung überlassen wurde, könnte sich der Arbeitnehmer gegenüber dem Arbeitgeber auf ein Besitzrecht berufen (vgl. *Preis* Arbeitsvertrag II Z 20 Rn. 25). Daher empfiehlt sich die Aufnahme der vorgeschlagenen Vertragsklausel. Bei besonders wertvollen Gegenständen und Dokumenten kann es zudem sinnvoll sein, sich ihre Aushändigung gesondert quittieren zu lassen, um später einen Herausgabeanspruch besser beweisen zu können.

15. Schutzrechte. Die Vorschrift regelt die Übertragung von urheberrechtsfähigen oder sonst schutzrechtsfähigen Arbeitsergebnissen auf den Arbeitgeber. Vertragliche Abreden in diesem Bereich sind grundsätzlich zulässig. Für patent- oder gebrauchsmusterfähige Erfindungen enthält das Arbeitnehmererfindungsgesetz allerdings zwingende Schutzvorschriften zu Gunsten des Erfinders (vgl. §§ 1 ff. ArbnErfG sowie → Form. A. IV. 3). So können etwa die Rechte aus einer Arbeitnehmererfindung nicht im Voraus abbedungen werden (§ 22 ArbnErfG; dazu *Kraßer* § 21 I b) Nr. 3). Hier ist im Einzelfall **nach** Erfindungsmeldung durch den Mitarbeiter (§ 5 ArbnErfG) eine entsprechende Vereinbarung über den Rechteübergang **nur gegen Vergütung** (§§ 9 ff. ArbnErfG) zu schließen (zur Berechnungsmethode s. die Richtlinien für die Vergütung von Arbeitnehmererfindungen im privaten Dienst des Bundesministeriums für Arbeit und Soziales).

Insbesondere für Urheberrechte ist aufgrund der sog. **„Zweckübertragungslehre"** – die über § 43 UrhG auch im Arbeitsrecht anwendbar ist – allgemein anerkannt, dass der Arbeitnehmer dem Arbeitgeber im Zweifel auch ohne ausdrückliche Vereinbarung das Recht zur Nutzung der von ihm erstellten Werke überträgt, sofern er sie im Rahmen seiner Arbeitsaufgabe, in unmittelbarem Zusammenhang mit seiner Arbeitstätigkeit und auf Kosten des Arbeitgebers oder unter Ausnutzung betrieblichen Erfahrungswissens geschaffen hat (BAG NJW 1984, 1579; BAG AP UrhG § 2 Nr. 1; LAG München BB 1987, 837; Schaub/*Schaub* § 115 Rn. 5). In diesem Fall ist im Allgemeinen von einer stillschweigenden Einräumung der Nutzungsrechte auszugehen, soweit dies für eine zweckgerechte Werkverwertung durch den Arbeitgeber erforderlich ist. Das vertraglich vereinbarte Arbeitsentgelt wird dann grundsätzlich als angemessene Gegenleistung für die Rechtsübertragung angesehen (vgl. für viele BAG AP UrhG § 2 Nr. 1). Die im Formular vorgesehene Regelung entfaltet daher in erster Linie in Randbereichen konstitutive Wirkung, z. B. bei der Bestimmung eines ausschließlich und zeitlich unbegrenzten Nutzungsrechts sowie dem Verzicht des Mitarbeiters auf bestimmte Rechte, z. B. das Recht auf Namensnennung und das Recht auf Bearbeitung des Werkes. Im Übrigen führt die vorgesehene pauschale Nutzungsrechtsübertragung vor dem Hintergrund der Zweckübertragungslehre nur dazu, dass die im Einzelfall vom Arbeitgeber (objektiv) benötigten Rechte übertragen werden. Soweit es also um besonders ungewöhnliche oder für den Arbeitgeber besonders wichtige Nutzungsrechte geht, empfiehlt sich ergänzend deren ausdrückliche Nennung im Arbeitsvertrag.

Seit dem 1.1.2008 eröffnet § 31a UrhG die Möglichkeit, urheberrechtliche Nutzungsrechte auch für **unbekannte Nutzungsarten** einzuräumen (s. Abs. (1) S. 2 der Vertragsklausel). Allerdings hat der Urheber ein Widerrufsrecht, welches drei Monate nach Mitteilung des Arbeitgebers in Bezug auf die beabsichtigte Aufnahme der neuen Art der Werksnutzung erlischt. Zu beachten ist, dass dem Urheber nach den §§ 32, 32a UrhG ein **zwingender** Anspruch auf **angemessene Vergütung** und gegebenenfalls auf weitere Beteiligung zusteht. Den Arbeitgeber kann daher im Einzelfall eine erweiterte Vergütungspflicht treffen, sofern das gezahlte Arbeitsentgelt und der Wert des übertragenen Werkes ausnahmsweise in keinem angemessenen Verhältnis stehen (zu Einzelheiten vgl. *Grobys/Foerstl* NZA 2002, 1015, 1016 ff.). Liegen die Voraussetzungen für eine erweiterte Vergütungspflicht vor, läuft die im Formular in Abs. (4) vorgesehene pauschale Abgeltung leer.

Für **Computerprogramme** ist danach zu unterscheiden, ob diese im Einzelfall eine Erfindung i. S. d. Arbeitnehmererfindungsgesetzes darstellen. Insofern gilt das oben zu den Arbeitnehmererfindungen Gesagte. Für den urheberrechtlichen Gehalt von Computerprogrammen besteht dagegen in § 69b UrhG eine gesetzliche Sonderregelung. Danach ist der Arbeitgeber zur Wahrnehmung aller vermögensrechtlichen Befugnisse an dem Programm berechtigt, sofern der Arbeitnehmer das Programm in Wahrnehmung seiner arbeitsvertraglichen Aufgaben oder nach Anweisung des Arbeitgebers geschaffen hat. Diese „cessio legis" verdrängt als speziellere Regelung die im Rahmen des § 43 UrhG anwendbaren Grundsätze zur Zweckübertragungslehre. Auch im Anwendungsbereich von § 69b UrhG war nach bislang herrschender Auffassung die Übertragung der umfassenden vermögensrechtlichen Verwertungsbefugnis an den Arbeitgeber mit dem Arbeitsentgelt abgegolten (BGH NJW-RR 2002, 339; Schaub/*Schaub* § 115 Rn. 14). Es spricht allerdings vieles dafür, dass die Vorschriften zur erweiterten Vergütungspflicht hier ebenfalls ergänzend anwendbar sind (§§ 32, 32a UrhG; vgl. zum Streitstand *Grobys/Foerstl* NZA 2002, 1015,1019 m.w.N.).

16. Befristetes Probearbeitsverhältnis. Der Arbeitsvertrag sieht für die Dauer der **Probezeit** eine **Befristung** von sechs Monaten (sog. „befristetes Probearbeitsverhältnis") vor. Die Befristung des Arbeitsverhältnisses zur Probe ist als Sachgrund allgemein anerkannt (§ 14 Abs. 1 Nr. 5 TzBfG). Sollte sich die Eignung des Mitarbeiters ausnahmsweise bis zum Ablauf der Probezeit nicht hinreichend beurteilen lassen oder eine Verlängerung der Befristung aus anderen Gründen geboten erscheinen, soll eine Verlängerung der Befristung bis zur Gesamtdauer von zwei Jahren selbst ohne Vorliegen eines Sachgrundes gemäß § 14 Abs. 2 S. 1 Halbs. 2 TzBfG zulässig sein. Eine solche sachgrundlose Verlängerung der Befristung soll nämlich grundsätzlich auch dann möglich sein, wenn es sich bei dem ersten befristeten Arbeitsvertrag um einen solchen mit sachlichem Grund gemäß § 14 Abs. 1 TzBfG gehandelt hat (LAG Nürnberg BeckRS 2008, 52530; A/P/S/*Backhaus* § 14 TzBfG Rn. 378 m.w.N.; zum Verlängerungsvertrag → Form. A. V. 2). Für die Wirksamkeit der Verlängerung müssen lediglich die Voraussetzungen des § 14 Abs. 2 S. 1 Halbs. 2 TzBfG objektiv vorliegen, insbesondere dürfen in dem Verlängerungsvertrag keine weitergehenden Regelungen hinsichtlich der Arbeitsvertragsbedingungen getroffen werden (vgl. LAG Nürnberg BeckRS 2008, 52530). Mangels einer Entscheidung des BAG in dieser Sache, ist die Wirksamkeit einer sachgrundlosen Verlängerung eines sachlich gerechtfertigten befristeten Arbeitsvertrages allerdings noch mit einer gewissen Rechtsunsicherheit verbunden.

Alternativ besteht daher auch die Möglichkeit den Arbeitsvertrag zunächst sachgrundlos zu befristen und sich eine ordentliche Kündigung vorzubehalten (zur sachgrundlosen Befristung → Form. A. V. 1). Mit dieser vertraglichen Regelung ließe sich die Befristung im Bedarfsfall unproblematisch verlängern (zur Verlängerung eines sachgrundlos befristeten Arbeitsvertrags → Form. A. V. 2). In der Praxis wird eine solche Konstruktion allerdings oft nur schwer durchsetzbar sein, da die Mitarbeiter mit einer solchen Vereinbarung – anders als bei einer „klassischen" und gemeinhin akzeptierten Probezeitregelung – oft nicht einverstanden sein werden. Für den Fall, dass der Arbeitgeber aber in einer besonders starken Verhandlungsposition ist und er hinsichtlich der Verlängerungsmöglichkeit der Befristung „auf Nummer sicher gehen" möchte, kann es sinnvoll sein, folgende alternative Regelung in den Arbeitsvertrag aufzunehmen und damit lediglich eine sachgrundlose Befristung zu vereinbaren.

Alternative:

(1) Der Arbeitsvertrag beginnt am . . . . . . und ist auf die Dauer von sechs Monaten befristet. Während dieser sechs Monate können beide Parteien den Arbeitsvertrag unter Einhaltung einer Kündigungsfrist von zwei Wochen kündigen. Vor Beginn des Arbeitsvertrages ist die ordentliche Kündigung ausgeschlossen.

Die formularmäßige Vereinbarung einer sechsmonatigen Probezeitdauer unterliegt nicht der Inhaltskontrolle, da die Vertragsparteien hiermit lediglich die gesetzlich zur Verfügung gestellten Regelungsmöglichkeiten nutzen (BAG NZA 2008, 521). Eine Befristungsvereinbarung hat den Vorteil, dass das Arbeitsverhältnis nicht gekündigt werden muss, sofern es nicht über den Ablauf der Probezeit hinaus fortgesetzt werden soll. Besondere Kündigungsbeschränkungen (z.B. wegen Schwangerschaft) müssen daher bei mangelnder Bewährung des Mitarbeiters nicht beachtet werden. Das Formular enthält aber zusätzlich eine Kündigungsmöglichkeit, um der Gesellschaft eine Lösung vom Probearbeitsverhältnis auch vor dem Ablauf der Befristung zu ermöglichen (vgl. § 622 Abs. 3 BGB). In der Praxis besteht häufig das Bedürfnis, die einmal vereinbarte Probezeit für einen gewissen Zeitraum (z.B. weitere drei Monate) zu verlängern. Hieran hat die Rechtsprechung in der Vergangenheit strenge Anforderungen gestellt (vgl. BAG AP BGB § 620 Befristeter Arbeitsvertrag Nr. 45). Das BAG hält eine Probezeitverlängerung – im konkreten Fall vier Monate – jedenfalls dann für zulässig, wenn dem Mitarbeiter für den Bewährungsfall verbindlich eine unbefristete Übernahme zugesagt wird (BAG AP BGB § 620 Aufhebungsvertrag Nr. 22). Diese auf den ersten Blick arbeitgeberfreundliche Rechtsprechung hat den Nachteil, dass sich der Arbeitgeber damit praktisch seiner Einschätzungsprärogative hinsichtlich der Eignung begibt. Denn der Mitarbeiter erwirbt mit der Verlängerungszusage das Recht, seine „Bewährung" im Streitfall gerichtlich überprüfen zu lassen. In der Praxis sollte man daher nur sehr zurückhaltend von der Verlängerungsmöglichkeit Gebrauch machen. Soll ein befristetes Probearbeitsverhältnis begründet werden, so ist zwingend darauf zu achten, dass vor tatsächlicher Arbeitsaufnahme eine schriftliche Vereinbarung getroffen wird (§§ 14 Abs. 4, 16 TzBfG). Eine nur mündlich vereinbarte Befristung und eine nachfolgende schriftliche Vereinbarung erst nach Arbeitsantritt führen zur Begründung eines unbefristeten Arbeitsverhältnisses (BAG NZA 2005, 575).

Soll neben einem befristeten Probearbeitsverhältnis eine (längere) allgemeine Befristung vereinbart werden, ist ein besonderes Augenmerk auf die Klarheit der Regelung und deren optische Gestaltung zu richten. Eine gestaffelte Befristung von Probezeit und Zeitbefristung ist als solche nicht überraschend (LAG Mainz BeckRS 2009, 59332). Das Überraschungsmoment kann sich allenfalls daraus ergeben, dass die Zeitbefristung im Gegensatz zur Befristung der Probezeit drucktechnisch hervorgehoben wird. In diesem Fall muss der Arbeitnehmer mit der Probezeitbefristung nicht rechnen (vgl. BAG NZA 2008, 876). Zu weiteren Empfehlungen → Form. A. V. 1 Anm. 15.

17. Kündigungsfrist. Hinsichtlich der **Kündigungsfristen** verweist das Formular auf die gesetzliche Regelung in § 622 BGB. Danach gilt eine Grundkündigungsfrist von vier Wochen zum 15. eines Monats oder zum Monatsende, die sich in Abhängigkeit der Betriebszugehörigkeit für den Arbeitgeber verlängert. Dabei ist zu beachten, dass nach der Rechtsprechung § 622 Abs. 2 S. 2 BGB, wonach Beschäftigungszeiten vor dem vollendeten 25. Lebensjahr nicht mitgerechnet werden, europarechtswidrig ist und daher bei der Berechnung der Kündigungsfristen nicht angewandt werden darf (EuGH NZA 2010, 85; BAG NZA 2010, 1409). Da sich mit zunehmender Beschäftigungsdauer i.d.R. auch das Bindungsinteresse des Arbeitgebers erhöht, sieht der Vertrag eine entsprechende Verlängerung der Kündigungsfristen auch für eine Kündigung durch den Mitarbeiter vor. Längere als die gesetzlichen Kündigungsfristen können – in den Grenzen von § 138 BGB und § 15 Abs. 4 TzBfG – vereinbart werden, solange nicht für den Arbeitnehmer eine längere Frist als für den Arbeitgeber gelten soll (§ 622 Abs. 6 BGB). Ob und inwieweit die Generalklausel des § 307 BGB der formularmäßigen Vereinbarung von Kündigungsfristen Grenzen setzt, ist bislang ungeklärt. Es dürfte wohl keine Notwendigkeit bestehen, den Arbeitsvertragsparteien die Vereinbarung bestimmter – auch längerer – Kündigungsfristen zu verbieten. Gerade in diesem Punkt besteht im Regelfall Verhandlungsparität, da einem etwaigen Bindungsinteresse des Arbeitgebers stets die für ihn mit langen Kündigungsfristen verbundenen wirtschaftlichen Risiken entgegenstehen (vgl. zum Ganzen *Preis* Arbeitsvertrag II K 10 Rn. 59 ff.).

18. Unbefristetes Arbeitsverhältnis mit vorgeschalteter Probezeit. In Abweichung zu der Ausgangsformulierung ist die Probezeit in der Alternative nicht als echte Befristung, sondern nur als besondere Kündigungsregelung ausgestaltet. Die Parteien schließen damit vom ersten Tag an einen unbefristeten Arbeitsvertrag, der für die Dauer von sechs Monaten die gesetzlich zulässige Mindestkündigungsfrist von zwei Wochen vorsieht (§ 622 Abs. 3 BGB). Sofern sich der Arbeitgeber zum Ablauf der Probezeit von seinem Mitarbeiter trennen will, muss folglich eine Kündigung ausgesprochen werden. Eine Verlängerung der zweiwöchigen Kündigungsoption über den Zeitraum von sechs Monaten hinaus ist nur in den in § 622 Abs. 5 BGB genannten Ausnahmefällen möglich. Auch beim unbefristeten Probearbeitsverhältnis ist eine „Verlängerung der Probezeit" durch einen Aufhebungsvertrag innerhalb der Probezeit oder den Ausspruch einer Probezeitkündigung mit verlängerter Kündigungsfrist („sozialer Auslauffrist") zulässig (BAG AP BGB § 620 Aufhebungsvertrag Nr. 22). Welche Gestaltung der Probezeit sinnvoll und durchsetzbar ist, hängt vom Einzelfall ab. Aus Arbeitgebersicht erscheint die Vereinbarung eines befristeten Probearbeitsverhältnisses (→ Anm. 16) aus Gründen der Rechtssicherheit vorzugswürdig.

19. Schriftform. Das Schriftformerfordernis entspricht der gesetzlichen Regelung in § 623 BGB. Die Klausel hat also nur deklaratorische Bedeutung.

20. Vertragsstrafe. Das BAG hat die Zulässigkeit von Vertragsstrafen im Formulararbeitsvertrag auch nach der Schuldrechtsreform grundsätzlich bejaht (BAG NZA 2004, 727; BAG NZA 2009, 1337). Die Tatsache, dass ein Arbeitnehmer zur Erbringung der Arbeitsleistung gemäß § 888 Abs. 3 ZPO nicht durch Zwangsgeld oder Zwangshaft angehalten werden kann, stellt mit dem BAG eine Besonderheit des Arbeitsrechts i. S. d. § 310 Abs. 4 S. 2 BGB dar, die eine formularmäßige Vereinbarung von Vertragsstrafen für den Fall des Nichtantritts der Arbeit grundsätzlich gestattet und der Anwendung von § 309 Nr. 6 BGB entgegensteht. Auch die Nichteinhaltung der vereinbarten Kündigungsfrist stellt einen tauglichen Anknüpfungspunkt einer Vertragsstrafenregelung dar (BAG NZA 2004, 727). Soweit vom BAG die Veranlassung einer außerordentlichen Kündigung des Arbeitgebers durch schuldhaft vertragswidriges Verhalten des Arbeitnehmers – jedenfalls ohne nähere Konkretisierung von Fallgruppen – nicht als eine solche taugliche Anknüpfung gesehen wird (BAG NZA 2005, 1053), verdient dies keine Zustimmung (vgl. *Preis* Arbeitsvertrag II V 30 Rn. 39). Im Formular wird auf einen entsprechenden Vertragsstrafentatbestand daher bewusst nicht verzichtet. Eine zusätzliche Konkretisierung von Fallgruppen, bei denen wohl auch nach Auffassung des BAG bei Veranlassung der fristlosen Kündigung eine Vertragsstrafenvereinbarung zulässig wäre – wie etwa bei bestimmten Eigentums- oder Vermögensdelikten des Arbeitnehmers (BAG NZA 2005, 1053) – wäre dagegen stets fehleranfällig und vor allem für die Praxis unvollständig. Eine solche wird daher nicht vorgenommen. Das BAG hat später eine Klausel, welche den entsprechenden Vertragsstrafentatbestand in allgemeiner Formulierung enthielt, welcher aber im konkreten Fall nicht einschlägig war, jedenfalls nicht insgesamt für unwirksam erachtet (BAG NZA 2009, 1337).

Die Unwirksamkeit einer Vertragsstrafenregelung kann sich im Einzelfall aus § 307 BGB ergeben, wobei die Rechtsprechung zum Schutz des Arbeitnehmers einen strengen Maßstab anlegt (BAG NZA 2006, 34; BAG NZA 2008, 170; BAG NZA 2009, 1337). Auch die **Vereinbarung einer zu hohen Vertragsstrafe** kann zu einer unangemessenen Benachteiligung des Arbeitnehmers führen. In diesem Falle ist die Vertragsstrafenregelung insgesamt unwirksam. Insbesondere kann die zu hoch vereinbarte Strafe – entgegen der verwirkten Strafe nach § 343 BGB – nicht geltungserhaltend auf ein angemessenes Maß herabgesetzt werden (BAG NZA 2011, 89). Das BAG nimmt im Rahmen der Angemessenheitskontrolle eine generalisierende Betrachtung vor. Eine generelle Höchstgrenze für Vertragsstrafen lehnt es in seiner neueren Rechtsprechung ausdrücklich ab (BAG NZA 2009, 370). Es hält jedoch daran fest, dass eine Vertragsstrafe, die höher ist als das bis zur Beendigung des Arbeitsverhältnisses zu zahlende Gehalt, i. d. R. nach § 307 Abs. 1 BGB unwirksam ist (BAG NZA-RR 2009, 519). Die im Formular verwendete Vertragsstrafenklausel knüpft die Höhe der Vertragsstrafe im Regelfall an die jeweilige Kündigungsfrist, begrenzt diese jedoch auf maximal zwei Brutto-Monatsgehälter. Dadurch soll die ohne eine solche Begrenzung sonst maximal mögliche Vertragsstrafe von bis zu sieben Brutto-Monatsgehältern (vgl. § 622 Abs. 2 S. 1 Nr. 7 BGB) abgemildert werden. Es ist allerdings auch möglich, weder einen Höchst- noch einen Mindestbetrag der Vertragsstrafe festzusetzen und lediglich flexibel an die jeweilige Kündigungsfrist anzuknüpfen (vgl. *Günther/Nolde* NZA 2012, 62). Für den Fall einer endgültigen Einstellung der Tätigkeit unter Missachtung der geltenden Kündigungsfrist sieht das Formular vorsorglich eine „taggenaue" Berechnungsweise vor, die sich an der ausstehenden Vergütung für den Zeitraum des Vertragsbruchs orientiert. Auch wenn die Aufnahme des Tatbestandes der vorzeitigen Tätigkeitseinstellung die Vertragsstrafenregelung damit deutlich komplexer werden lässt, erscheint dies doch sinnvoll, da so insbesondere die in der Praxis häufig bedeutsame Übergabe von Aufgaben, Kontakten etc. vor Beendigung der Tätigkeit zusätzlich abgesichert wird.

Um zu vermeiden, dass die Vertragsstrafenregelung für den Arbeitnehmer einen **Überraschungseffekt** (§ 305c Abs. 1 BGB) hat, kann diese drucktechnisch hervorgehoben werden (z. B. durch Großbuchstaben oder Fettdruck). Damit dürfte der Einwand, die Klausel sei an einer unerwarteten Stelle im Vertragstext untergebracht, in jedem Fall entkräftet sein (vgl. dazu BAG DB 1996, 989, 990; kritisch hierzu *Schwarz* BB 1996, 1434). Zwingend erforderlich ist eine derartige Hervorhebung jedoch nicht (BAG NZA 2008, 170; LAG Kiel BB 2005, 896). Da die Vertragsstrafe bereits in der Überschrift des § 10 erwähnt wird, verzichtet das Formular auf eine gesonderte drucktechnische Hervorhebung.

Im praktisch wichtigen Fall der Verweigerung der Erfüllung des eingegangenen Arbeitsvertrages durch endgültiges Nichterscheinen, etwa wegen vertragswidriger Tätigkeitsaufnahme bei einem anderen Arbeitgeber wie im Falle der vorzeitigen Einstellung der Tätigkeit unter Missachtung der anwendbaren Kündigungsfrist (vgl. BAG NZA 2009, 1337) sieht das Formular vor, dass dem Mitarbeiter eine angemessene (daher ggf. auch nur sehr kurze) Frist zu setzen ist, bis zu deren Ablauf er seine Arbeit (wieder) aufnehmen muss. Kommt er dieser Aufforderung – die sich etwa auch gut in Verbindung mit einer Abmahnung aussprechen lässt – nicht nach, ist von einer endgültigen Arbeitsverweigerung auszugehen und die Vertragsstrafe verwirkt. Auch eine nur verspätete Aufnahme der Tätigkeit nach Vertragsbeginn oder die nur vorübergehende Arbeitsverweigerung könnten mit einer Vertragsstrafe belegt werden (vgl. BAG NZA 2009, 1337). Allerdings stehen dem Arbeitgeber für solche Arbeitsverweigerungen auch andere Druckmittel – etwa die Aussprache einer Abmahnung – zur Verfügung, so dass es i. d. R. einer so umfassenden Vertragsstrafenregelung im Arbeitsvertrag nicht bedarf.

21. Freistellung. Für den Kündigungsfall enthält der Vertrag zu Gunsten des Arbeitgebers ein **Freistellungsrecht** verbunden mit einer ausdrücklichen Regelung über die Anrechnung von Zwischenverdienst (vgl. § 615 S. 2 BGB; hierzu BAG NJW 1964, 1243; BAG NZA 2002, 1055). Zu beachten ist, dass die Freistellungsbefugnis im Einzelfall unbeschadet der getroffenen Vereinbarung durch gesonderte Erklärung, z. B. im Kündigungsschreiben, gegenüber dem Arbeitnehmer aktualisiert werden muss (→ Form. A. XIV. 3 Anm. 3, 4). Auch wenn die Freistellung von Mitarbeitern bis zum Ablauf der ordentlichen Kündigungsfrist gelebte Praxis ist, liegen bislang keine eindeutigen Aussagen des BAG zu diesem Fragenkomplex vor. Schon vor dem Hintergrund der verfassungsrechtlichen Absicherung des Beschäftigungsanspruchs (vgl. dazu grundlegend BAG AP BGB § 611 Beschäftigungspflicht Nr. 14) ist die Vereinbarung einer generellen und zeitlich unbegrenzten Freistellungsbefugnis des Arbeitgebers problematisch. Eine Freistellung begegnet jedenfalls dann keinen Bedenken, wenn hieran im Einzelfall ein überwiegendes schutzwertes Interesse des Arbeitgebers besteht.

Vielfach wird die Auffassung vertreten, die **Freistellung nach Kündigung ohne Vorliegen besonderer Umstände** sei im Rahmen vorformulierter Vertragsbedingungen in Anbetracht des allgemeinen Beschäftigungsanspruchs wegen § 307 Abs. 1 S. 1 BGB unwirksam (LAG München LAGE § 307 BGB 2002 Nr. 2; ArbG Frankfurt a. M. DB 2004, 934; ArbG Berlin BB 2006, 559; ArbG Stuttgart BeckRS 2005, 31044480; *Hunold* NZA-RR 2006, 113; *Preis* Arbeitsvertrag II F 10 Rn. 9; vgl. auch *Fischer* NZA 2004, 233). Eine wirksame Suspendierung des Beschäftigungsanspruchs wäre damit nur bei Vorliegen sachlicher Gründe möglich, die in der Freistellungsklausel aufgeführt werden müssten. Dieser Ansicht trägt der optional vorgesehene Zusatz Rechnung.

Trotz der rechtlichen Bedenken dürfte es sich weiterhin als zweckmäßig erweisen, eine umfassende Freistellungsmöglichkeit im Arbeitsvertrag festzulegen (s. § 10 Abs. (5) des Formulars). Der Arbeitnehmer kann einen Beschäftigungsanspruch regelmäßig nur im Wege einstweiligen Rechtsschutzes und wohl auch nur bei längeren Kündigungsfristen (etwa ab drei Monaten) praktisch durchsetzen. Hiervon mag ihn die Freistellungsklausel abhalten. Im Falle einer Kündigung muss der Arbeitgeber die Freistellung zudem stets noch einmal ausdrücklich erklären. Versucht der Arbeitnehmer seinen Beschäftigungsanspruch im Einzelfall tatsächlich gerichtlich durchzusetzen, kann der Arbeitgeber dann noch immer konkrete Tatsachen für ein überwiegendes schutzwertes Interesse an der Nichtbeschäftigung vortragen.

22. Vorfälligkeitsregelung. Für den Fall der Beendigung des Arbeitsvertrages sieht das Formular eine sofortige Pflicht zur vorzeitigen **Rückgewähr** von etwaigen Gehaltsvorschüssen oder anderen Vorauszahlungen des Arbeitgebers vor. Für den Mitarbeiter liegt darin keine unzulässige Kündigungserschwerung, da die Bestimmung keine (zusätzliche) materielle Verpflichtung begründet, sondern lediglich die Modalitäten der Abrechnung des Arbeitsverhältnisses betrifft. Allerdings dürfte die automatisch eintretende Vorfälligstellung unangemessen sein, sofern der Arbeitgeber den wichtigen Grund für eine (außerordentliche) Eigenkündigung des Arbeitnehmers zu vertreten hat. Das Formular nimmt diesen Fall daher ausdrücklich von der Vorfälligstellung aus. Darüber hinaus ist hinsichtlich der Darlehensrückzahlung das gesetzliche Leitbild der ordentlichen Kündbarkeit zu beachten. Die ordentliche Kündigungsfrist beträgt bei unbestimmter Laufzeit drei Monate (§ 488 Abs. 3 BGB). Die Regelung ist zwar dispositiv. Dennoch dürfte eine sofortige Fälligstellung des Darlehens ohne Grund und ohne Frist im Fall der Kündigung dem Grundgedanken der gesetzlichen Regelung widersprechen und damit unangemessen i. S. d. § 307 Abs. 2 BGB sein. Das Formular sieht daher insoweit eine „Mindestkündigungsfrist" von einem Monat vor. Da für die Rückforderung von Vorschüssen oder Ähnlichem ein vergleichbares gesetzliches Leitbild nicht besteht, begegnet die sofortige Fälligstellung mit Ausspruch der Kündigung hier keinen Bedenken. Es ist auch unbedenklich, die Kündigung des Darlehensvertrages mit dem Ausspruch der Kündigung zu fingieren. Sicherheitshalber sollte der Mitarbeiter im Kündigungsschreiben aber nochmals ausdrücklich auf diese Rechtsfolge aufmerksam gemacht werden. Sollte ein separater Vertrag über die Darlehensgewährung bestehen (→ Form. A. IV. 6), ist darauf zu achten, dass dessen Bestimmungen mit der hier vorgeschlagenen Regelung in Einklang stehen. Denn Widersprüche und Zweifel bei der Auslegung formularmäßiger Arbeitsbedingungen gehen zu Lasten des Arbeitgebers (§ 305c Abs. 2 BGB).

23. Altersgrenze. Neben der vereinbarten Kündigungsmöglichkeit enthält das Formular eine **Altersgrenze** als eigenständigen Beendigungstatbestand. Der Vorteil für den Arbeitgeber liegt darin, dass das Arbeitsverhältnis mit Erreichen der Altersgrenze automatisch endet, ohne dass die Voraussetzungen für eine ordentliche Kündigung vorliegen müssen. Insbesondere bedarf es keines Nachweises einer etwaigen altersbedingten Leistungsminderung, der in der Praxis nur äußerst schwer zu führen ist. Bei der Altersgrenzenregelung handelt es sich um eine **Befristung,** die nach ganz h. M. sowohl einzelvertraglich als auch kollektivrechtlich nach allgemeinen Grundsätzen zulässig ist (vgl. nur BAG DB 2003, 394; Küttner/*Kreitner* Altersgrenze Rn. 6 ff.). Erforderlich ist demnach ein sachlicher Grund, der den Anforderungen der arbeitsrechtlichen Befristungskontrolle genügt (§ 14 Abs. 1 TzBfG). Vereinbarungen, die auf einen Zeitpunkt abstellen, in dem der Arbeitnehmer durch den Bezug einer gesetzlichen Altersrente wirtschaftlich abgesichert ist, werden insoweit überwiegend für zulässig erachtet (BAG DB 2003, 394, 395 m.w.N.; vgl. zu weiteren Fallgruppen Küttner/*Kreitner* Altersgrenze Rn. 7 m.w.N.). Dies gilt jedenfalls dann, wenn der Arbeitnehmer nach Inhalt und Dauer des Arbeitsverhältnisses eine gesetzliche Altersrente erwerben kann oder bereits erworben hat (BAG NZA 2006, 37). Das Formular stellt daher auf den Anspruch auf die **gesetzliche Regelaltersrente** als Beendigungstatbestand und somit mittelbar auch auf die gesetzliche **Regelaltersgrenze** ab (vgl. § 35 SGB VI; zur Erhöhung der Regelaltersgrenze s. Altersgrenzenanpassungsgesetz vom 20.4.2007 (BGBl. I S. 554)). Diese Grenze ist für Männer und Frauen identisch. Sie darf nicht mit dem Anspruch auf vorgezogene Altersrente verwechselt werden (vgl. §§ 237, 237a SGB VI). Vereinbarungen, die eine automatische Beendigung des Arbeitsverhältnisses zu einem Zeitpunkt vorsehen, zu dem der Arbeitnehmer vor Erreichen der Regelaltersgrenze Rente wegen Alters beantragen kann, gelten aufgrund der gesetzlichen Fiktion gemäß § 41 S. 2 SGB VI als auf das Erreichen der Regelaltersgrenze abgeschlossen, es sei denn, sie wurden innerhalb der letzten drei Jahre vor diesem Zeitpunkt abgeschlossen oder von dem Arbeitnehmer bestätigt.

Die Vereinbarung der Altersgrenze stellt auch keine unzulässige Altersdiskriminierung im Hinblick auf die Richtlinie 2000/78/EG zur Festlegung eines allgemeinen Rahmens für die Verwirklichung der Gleichbehandlung in Beschäftigung und Beruf dar (EuGH NZA 2009, 305; EuGH NZA 2007, 1219 – Palacios; EuGH DB 2010, 171; BAG NZA 2012, 271; A/P/S/*Backhaus* § 14 TzBfG Rn. 117; ErfKomm/*Müller-Glöge* § 14 TzBfG Rn. 56), solange mit allen vergleichbaren Arbeitnehmern ein solcher Beendigungstatbestand vereinbart ist. Art. 6 der RL 2000/78/EG lässt eine Ungleichbehandlung wegen des Alters zu, wenn diese objektiv und angemessen ist und im Rahmen des nationalen Rechts durch ein legitimes Ziel, hier insbesondere die Beschäftigungspolitik und die Entlastung des Arbeitsmarktes, gerechtfertigt und zur Erreichung dieses Ziels angemessen und erforderlich ist (*Lingscheid* 217, 238; H/W/K/*Schmalenberg* § 14 TzBfG Rn. 72). Ohne den regulativen Effekt der Altersgrenzen würde sich das Angebot von Arbeitskräften erweitern.

In Betrieben, in denen Mitglieder von berufsständischen Versorgungswerken beschäftigt sind, ist ein Verweis auf den Bezug der von diesen Versorgungswerken gezahlten Rente sinnvoll, um zu verdeutlichen, dass es in diesen Fällen nicht auf den Bezug der Regelaltersrente durch die gesetzliche Rentenversicherung ankommt.

Abgesehen wurde davon, den Bezug einer **Berufsunfähigkeits-** oder **Erwerbsunfähigkeits-** oder **Erwerbsminderungsrente** als (zusätzlichen) Befristungsgrund vorzusehen. Das BAG hat zwar grundsätzlich die Möglichkeit einer automatischen Beendigung des Arbeitsverhältnisses wegen Bezugs von gesetzlichen Berufsunfähigkeitsleistungen jedenfalls im Rahmen von Tarifverträgen anerkannt (vgl. A/P/S/*Backhaus* § 14 TzBfG Rn. 162 ff.). Es ist jedoch nicht abschließend geklärt, ob diese Rechtsprechung auch auf Formulararbeitsverträge anzuwenden ist. Tatsächlich hat das BAG seine Rechtsprechung im Laufe der Jahre aber mit zahlreichen Einschränkungen versehen, unter anderem der Voraussetzung, dass der Arbeitnehmer zum Zeitpunkt der Rentenbewilligung tatsächlich nicht mehr auf seinem bisherigen oder einem anderen freien Arbeitsplatz weiterbeschäftigt werden kann (vgl. BAG BB 2003, 476, 477 f. m.w.N.; zur Entwicklung der Rechtsprechung A/P/S/*Backhaus* § 14 TzBfG Rn. 162 ff.). Durch die Einführung der neuen Erwerbsminderungsrente (vgl. § 43 SGB VI), die nicht mehr auf einen konkreten Berufsschutz, sondern nur auf die Arbeitsfähigkeit auf dem allgemeinen Arbeitsmarkt abstellt, ergeben sich im Hinblick auf die sachliche Rechtfertigung derartiger Befristungen zusätzliche Fragen (vgl. dazu *Preis* Arbeitsvertrag II A 20 Rn. 30 ff.). Angesichts dieser Unwägbarkeiten wurde die Vereinbarung auf den Bezug von Regelaltersrente beschränkt.

24. Ausschlussfristen, Verjährung. Das Formular enthält sowohl eine Regelung zum Ausschluss und dem Verfall von Ansprüchen, die während oder nach der Beendigung des Arbeitsverhältnisses nicht rechtzeitig gegenüber der anderen Partei geltend gemacht werden als auch eine Regelung zur Abkürzung der gesetzlichen Verjährungsfrist.

Das Formular enthält in § 11 Abs. (1) und Abs. (2) eine sog. **zweistufige Ausschlussfrist.** Die Regelungen sind in einer **gesonderten Vertragsklausel** enthalten, um einen Verstoß gegen § 305c BGB zu vermeiden (vgl. BAG NZA 1996, 702). Hinsichtlich des **Fristbeginns** knüpft das Formular jeweils nicht an die Beendigung des Arbeitsverhältnisses, sondern an die Fälligkeit des Anspruchs sowie die positive Kenntnis oder grobfahrlässige Unkenntnis des Anspruchstellers an. Der Verfall von Ansprüchen, die der Arbeitnehmer mangels Kenntnis gar nicht geltend machen kann, dürfte ihn nämlich unangemessen benachteiligen (vgl. BAG NZA 2006, 783). Die mit der Vereinbarung von Ausschlussklauseln bezweckte Rechtssicherheit nach Ablauf einer klar zu bestimmenden Frist kann damit allerdings nicht in allen Fallkonstellationen erreicht werden. Die **Folge der Versäumung** der Ausschlussfrist, nämlich der Verlust der Ansprüche, wird in der Vertragsklausel aus Transparenzgründen klar bezeichnet (vgl. BAG NZA 2006, 324). Im Rahmen vorformulierter Vertragsbedingungen werden einseitige Ausschlussfristen, die allein den Verfall von Ansprüchen des Arbeitnehmers vorsehen, nicht wirksam vereinbart werden können (so wohl BAG NZA 2004, 852; BAG NZA 2005, 1204; *Preis* Arbeitsvertrag II A 150 Rn. 34). Dementsprechend bezieht sich das Formular auf **beidseitige Ansprüche.** Ansprüche wegen **vorsätzlicher Schädigung** werden nicht von dem Verfall erfasst. Das BAG wendet nämlich das Verbot im Voraus vereinbarter Verjährungsverkürzungen bei vorsätzlicher Schädigung auch auf Ausschlussfristen an (BAG NZA 2005, 1111). Darüber hinaus werden Ansprüche wegen Verletzung des Lebens, des Körpers oder der Gesundheit ausgeklammert, um Bedenken unter dem Gesichtspunkt der unangemessenen Benachteiligung vorzubeugen. In einer neuen Entscheidung des BAG scheint das Gericht davon auszugehen, dass die Parteien eines Arbeitsvertrages mit einer Ausschlussklausel ohne besondere Anzeichen regelmäßig nicht auch Fragen der Vorsatzhaftung regeln wollen (BAG NZA 2013, 1265). Danach wäre eine ausdrückliche Ausnahme von Ansprüchen wegen vorsätzlicher Schädigung von den Ausschlussfristen nicht mehr erforderlich. Es bleibt abzuwarten, ob das Gericht diese Auslegung beibehält oder ggf. sogar auf weitere bisher stets ausdrücklich zu regelnde Ausnahmen von den Ausschlussfristen ausdehnt. Vorsorglich sollten jedoch weiterhin Ansprüche wegen vorsätzlicher Schädigung ausdrücklich von den Ausschlussfristen ausgenommen werden.

Einstufige Ausschlussfristen können grundsätzlich auch in Formulararbeitsverträgen wirksam vereinbart werden. Allerdings muss die Länge der Ausschlussfrist **mindestens drei Monate** betragen, damit eine unangemessene Benachteiligung des Arbeitnehmers entgegen Treu und Glauben vermieden wird. Eine Unterschreitung dieser Frist wäre mit den Grundgedanken des Verjährungsrechts unvereinbar und könnte zu einer Gefährdung des Vertragszwecks führen (BAG NZA 2005, 1111; BAG NZA 2008, 293; BAG NZA 2008, 699; ArbG Frankfurt a.M. NZA-RR 2004, 238). Bei **zweistufigen Ausschlussklauseln** muss die Frist auf jeder Stufe mindestens drei Monate betragen (BAG NZA 2005, 1111; BAG NZA 2008, 699). Grundsätzlich ist auch die Verwendung nur der einstufigen Ausschlussfrist durch Streichung des Abs. (2) möglich, wenn der Arbeitgeber den Arbeitnehmer nicht zur Einleitung gerichtlicher Verfahren drängen will.

Werden Ausschlussfristen von weniger als drei Monaten vereinbart, sind diese grundsätzlich nach § 307 Abs. 1 S. 1 BGB **insgesamt unwirksam;** eine geltungserhaltende Reduktion kommt nicht in Betracht. Allerdings sind bei der zweistufigen Ausschlussfrist beide Stufen gesondert zu betrachten (BAG NZA 2008, 699; vgl. auch BAG NZA 2012, 971, 973 f.).

Nach Abs. (4) werden von den Ausschlussfristen auch Ansprüche der Parteien erfasst, die mit dem Arbeitsverhältnis „im Zusammenhang“ stehen. Im Einzelfall ist es allerdings schwierig zu bestimmen, welche Ansprüche bereits „aus dem Arbeitsverhältnis" stammen oder lediglich im „Zusammenhang mit dem Arbeitsverhältnis" stehen. Grenzfälle sind etwa Ansprüche auf die Rückzahlung eines dem Arbeitgeber zur Arbeitsplatzsicherung vom Arbeitnehmer gewährten Darlehens, Ansprüche auf die Rückzahlung eines vom Arbeitgeber mit Rücksicht auf das Arbeitsverhältnis dem Arbeitnehmer gewährten Darlehens, Ansprüche auf Nebenleistungen aus dem Arbeitsverhältnis (z.B. Ansprüche auf betriebliche Altersversorgung, Ansprüche auf die Gewährung von Mitarbeiterrabatten oder die Nutzung von Freizeit- und Sporteinrichtungen) oder Ansprüche auf Versicherungsleistungen aus einer vom Arbeitgeber abgeschlossenen Versicherung. Gerade für solche Grenzfälle ist die in Abs. (4) vorgesehene Erweiterung der Ausschlussfristen auch auf Ansprüche, die im „Zusammenhang mit dem Arbeitsverhältnis" stehen, taktisch sinnvoll, da es im Streitfall dann nicht darauf ankommt, ob der in Rede stehende Anspruch „aus dem Arbeitsverhältnis" stammt oder lediglich im „Zusammenhang mit dem Arbeitsverhältnis" steht.

Noch nicht geklärt ist allerdings, ob die Einbeziehung von **Ansprüchen „im Zusammenhang" mit dem Arbeitsverhältnis** als intransparent i.S.d. § 307 Abs. 1 S. 2 zu erachten ist. Um die sich hieraus ergebenden Risiken zu begrenzen, werden diese Ansprüche gesondert in Abs. (4) in die Verfallsklausel einbezogen. Damit sollte sichergestellt sein, dass rechtliche Bedenken gegen diese Regelung nicht auch die Unwirksamkeit der Verfallsklausel im Übrigen bewirkt (vgl. BAG NZA 2008, 699, sog. „blue-pencil-test").Wer jegliches Restrisiko einer möglichen Unwirksamkeit der gesamten Ausschlussfristenregelung vermeiden will, nimmt die mit Abs. (4) vereinbarte Einbeziehung von Ansprüchen, die „im Zusammenhang" mit dem Arbeitsverhältnis stehen, jedoch lieber nicht mit in den Vertrag auf.

Zu beachten ist, dass **zwingende tarifliche und betriebsverfassungsrechtliche Ansprüche** generell nicht von arbeitsvertraglichen Ausschlussfristen erfasst werden (vgl. § 77 Abs. 4 S. 4 BetrVG; § 4 Abs. 4 S. 3 TVG). Dies gilt grundsätzlich auch für zwingende gesetzliche Ansprüche (z.B. Anspruch auf Entgeltfortzahlung im Krankheitsfall, Betriebsrente), wobei die Einzelheiten hier umstritten sind (s. dazu MünchHdbArbR/*Krause* § 64 Rn. 16; Küttner/*Eisemann* Ausschlussfrist Rn. 5 ff. jeweils m.w.N.). Die Haftung für Ansprüche aus vorsätzlichem Handeln kann nicht im Voraus erlassen werden (§ 276 Abs. 3 BGB; vgl. *Reinecke* BB 2005, 378, 379). Da es kaum möglich ist alle zwingenden Ansprüche von den Ausschlussfristen ausdrücklich auszunehmen, beschränkt sich das Formular auf den Ausschluss von Ansprüchen wegen einer Verletzung der in § 309 Nr. 7 a) BGB genannten Rechtsgüter und von Ansprüchen wegen vorsätzlichen Pflichtverletzungen.

Hinsichtlich einer Abkürzung der **gesetzlichen Verjährung** kann man sich an der bisherigen Rechtsprechung des BGH zu § 9 AGBG a.F. orientieren. In einem Handelsvertreterverhältnis hat der BGH die vertragliche Verkürzung der vierjährigen Verjährung (§ 88 HGB) auf sechs Monate jedenfalls unter der Voraussetzung nicht beanstandet, dass die Kenntnis der Anspruchsentstehung eine Voraussetzung für den Lauf der abgekürzten Frist ist (BGH NJW-RR 1991, 35). Im entschiedenen Fall durfte die Verjährungsfrist auf ein Achtel des gesetzlichen Wertes verkürzt werden. Demnach dürfte auch die im Formular vorgeschlagene Verkürzung der im Arbeitsrecht maßgeblichen Regelverjährungsfrist von drei Jahren (§ 195 BGB) auf ein Jahr zulässig, eine unzumutbare Beeinträchtigung der Anspruchsdurchsetzung hierin nicht zu sehen sein (§ 307 BGB).

25. Öffnungsklausel. Aufgrund des Günstigkeitsprinzips, welches das gesamte Arbeitsrecht beherrscht, können individuell ausgehandelte Vertragsbedingungen durch spätere Betriebsvereinbarungen oder Tarifverträge grundsätzlich nicht zum Nachteil des Arbeitnehmers abgeändert werden (Rechtsgedanke des § 4 Abs. 3 TVG; dazu näher Schaub/*Treber* § 207 Rn. 19 ff.). Mit einer einzelvertraglichen Öffnungsklausel wird insoweit sichergestellt, dass der Arbeitsvertrag im Ergebnis „betriebsvereinbarungsoffen" ist (vgl. dazu BAG AP BetrVG 1972 § 77 Nr. 4), also auch ungünstigere Regelungen vereinbart werden können. Es ist penibel darauf zu achten, dass eine „ablösende" Betriebsvereinbarung die betroffenen arbeitsvertraglichen Regelungen hinreichend genau benennt.

26. Personalfragebogen. Der Hinweis auf die mögliche Beendigung des Arbeitsverhältnisses bei unrichtigen Einstellungsangaben hat lediglich deklaratorische Bedeutung. Damit soll der Mitarbeiter in erster Linie angehalten werden, den **Personalfragebogen** gewissenhaft auszufüllen. Nicht jede unrichtige Angabe berechtigt den Arbeitgeber allerdings zu einer Kündigung oder einer Anfechtung des Arbeitsverhältnisses. Dies kann nur im Einzelfall entschieden werden und hängt maßgeblich davon ab, ob der Arbeitgeber an der wahrheitsgemäßen Beantwortung einer bestimmten Frage ein berechtigtes Interesse hat oder nicht (→ Form. A. I. 2 Anm. 2 ff. sowie *Messingschlager* NZA 2003, 301, 302; MünchHdbArbR/*Buchner* § 30 Rn. 261 ff.). Eine Anfechtung kommt jedoch nur dann in Betracht, wenn die falsche Beantwortung einer Frage ursächlich für den Vertragsabschluss war (BAG NZA 2012, 34).

27. Mitteilungspflicht. Die Pflicht zur Anzeige von **Adressänderungen** soll in erster Linie Warnfunktion entfalten. Gemäß § 308 Nr. 6 BGB sind formularmäßige Regelungen über eine Zugangsfiktion bei Willenserklärungen grundsätzlich unzulässig. Die Vertragsbestimmung führt daher nicht dazu, dass eine Kündigung, die vom Arbeitgeber infolge eines Umzugs des Mitarbeiters versehentlich an die (frühere) falsche Adresse geschickt wurde, gegenüber dem Mitarbeiter dennoch als zugegangen gilt. Eine solche Rechtsfolge lässt sich nach h. M. rechtsgeschäftlich nicht wirksam vereinbaren (vgl. ErfKomm/*Preis* §§ 305 bis 310 BGB Rn. 101; a. A. *Grobys* DStR 2002, 1002, 1007 unter Hinweis auf „arbeitsrechtliche Besonderheiten"). In der Praxis muss daher darauf geachtet werden, dass dem Arbeitnehmer Willenserklärungen nach allgemeinen Grundsätzen (§§ 130 ff. BGB) zugehen (s. dazu ausführlich → Form. A. XIV. 9). Bei einer urlaubsbedingten Abwesenheit nimmt das BAG Zugang grundsätzlich auch während des Urlaubs an (BAG NZA 1988, 875). Dagegen soll eine Erklärung bei einem unangekündigten Wohnungswechsel grundsätzlich erst dann als zugegangen gelten, wenn sie den Empfänger tatsächlich an seiner neuen Adresse erreicht (vgl. BAG AP BGB § 130 Nr. 10; a. A. wohl MünchKommBGB/*Einsele* § 130 BGB Rn. 37). In besonders krassen Fällen, in denen sich der Arbeitnehmer gerade deshalb zu einem Umzug entschließt, weil er mit dem Eingang einer Kündigung rechnen muss, wird man allerdings mit Treu und Glauben (§ 242 BGB) helfen können (für die unterlassene Abholung eines Einschreibens vgl. BAG DB 2003, 833). Im Übrigen kommt nur eine öffentliche Zustellung unter den Voraussetzungen des § 132 Abs. 2 BGB in Betracht.

28. Schriftformerfordernis. § 13 Abs. (3) enthält zunächst eine sog. **„Vollständigkeitsklausel"**. Solchen Klauseln wird vorwiegend deklaratorische Wirkung beigemessen (vgl. *Preis* Arbeitsvertrag II V 60 Rn. 5). Dem anderen Vertragsteil (insbesondere dem Mitarbeiter) kann dadurch nicht der Beweis abgeschnitten werden, zu seinen Gunsten seien vor oder nach Inkrafttreten des Arbeitsvertrages ergänzende oder abweichende Arbeitsbedingungen vereinbart worden. Insbesondere vorherige mündliche Abreden zwischen den Parteien lassen sich durch eine solche Vollständigkeitsklausel nicht formularmäßig aufheben.

Außerdem sieht Abs. (3) ausdrücklich eine Beendigung sämtlicher zuvor bestehender Anstellungsverhältnisse vor und stellt die Vertragsbeziehungen der Parteien damit auf eine neue, einheitliche Grundlage. Sollen einzelne „Alt-Vereinbarungen" fortgelten, ist dies ausdrücklich zu regeln. Zu beachten ist allerdings, dass etwaige vorherige Anstellungsverhältnisse mit anderen Gesellschaften hierdurch nicht wirksam beendet werden, selbst wenn diese konzernverbunden sind. Hier wäre dann für eine ausdrückliche und schriftliche Beendigung durch gesonderten Aufhebungsvertrag zu sorgen.

Gemäß § 305b BGB haben individuelle Vertragsabreden in jedem Fall Vorrang vor Allgemeinen Geschäftsbedingungen. Dieser „Vorrang der Individualabrede" setzt sich auch gegenüber einem formularmäßig vereinbarten Schriftformerfordernis durch (so im Ergebnis BGH NJW 1986, 1809 m. w. N.; BGH NJW-RR 1995, 179). Erweckt eine Schriftformklausel im Formulararbeitsvertrag den Eindruck, mit ihr könne auch der Vorrang der Individualabrede ausgeschlossen werden, so ist sie intransparent und damit unwirksam; auch hier findet eine geltungserhaltende Reduktion nicht statt (BAG NZA 2008, 1233). Die hier vorgeschlagene **doppelte Schriftformklausel** unterstellt zwar grundsätzlich auch Änderungen der Schriftformklausel selbst einer besonderen Form; hiervon werden aber zwischen den Parteien ausgehandelte Vereinbarungen ausgeklammert. Damit verfolgt die Klausel den Zweck, die dauerhafte Übernahme von Verpflichtungen durch den Arbeitgeber im Wege der betrieblichen Übung zu verhindern (BAG NZA 2008, 1233; BAG AP BGB § 242 Betriebliche Übung Nr. 63). Ungeachtet dieser Rechtsprechung (vgl. kritisch *Roloff* NZA 2004, 1191) sollte insbesondere im Fall von Sonderzahlungen ein allgemeiner vertraglicher Freiwilligkeitsvorbehalt stets ausdrücklich gegenüber den betroffenen Mitarbeitern mit jeder Zahlung konkretisiert werden (→ Anm. 9).

29. Salvatorische Klausel. Mit der salvatorischen Klausel soll zu Gunsten des Arbeitgebers eine Reduktion teilweise unwirksamer Vertragsklauseln auf das rechtlich noch zulässige Maß bewirkt werden. Mit der Rechtsprechung des BAG (BAG NZA 2012, 738, 740 f.; BAG NZA 2005, 1111; BAG NZA 2004, 727; vgl. hierzu auch *Bayreuther* NZA 2004, 953) kommt im Regelfall **keine geltungserhaltende Reduktion** unwirksamer Klauseln im Rahmen vorformulierter Vertragsbedingungen in Betracht. Der Arbeitgeber soll als Verwender vorformulierter Verträge nicht ungefährdet bis zur Grenze dessen gehen können, was zu seinen Gunsten in gerade noch vertretbarer Weise angeführt werden kann. Er soll das Risiko einer vollständigen Klauselunwirksamkeit tragen (BAG NZA 2012, 738, 741; BAG NZA 2004, 727, 734). Ungeachtet dessen sollte die hier gewählte Klausel weiter Bestandteil des Arbeitsvertrages bleiben. Mindestens faktisch kann sie zur Bereitschaft der einvernehmlichen Anpassung von Rechten und Pflichten der Parteien beitragen.

Ferner ist eine praktisch erhebliche Einschränkung des Verbots der geltungserhaltenden Reduktion aufgrund der Rechtsprechung zum sog. **„blue-pencil-test"** zu beachten (BAG NZA 2008, 699; vgl. BGH NJW 1984, 2816). Lässt sich nach Streichung des unwirksamen Teils einer Klausel eine selbständige, für sich genommen sinnvolle und verständliche Regelung aufrechterhalten, bleibt diese wirksamer Bestandteil der vertraglichen Vereinbarung.

30. Erfüllungsort/Gerichtsstand. Ein besonderer **Gerichtsstand** oder ein besonderer **Erfüllungsort** können im Arbeitsvertrag nicht wirksam vereinbart werden. Das Formular enthält daher lediglich einen Hinweis auf die gesetzlichen Vorschriften. Hierbei ist § 48 Abs. 1a ArbGG zu beachten, der für bestimmte arbeitsrechtliche Streitigkeiten einen besonderen Gerichtsstand des Arbeitsortes eröffnet (vgl. zu Einzelheiten ErfKomm/*Koch* § 48 ArbGG Rn. 20). Daneben gelten die allgemeinen Vorschriften der ZPO. Gerichtsstandsvereinbarungen sind nur unter den in § 38 ZPO genannten Voraussetzungen zulässig, die bei Abschluss eines Arbeitsvertrages allerdings nie vorliegen. Der Mitarbeiter kann daher eine Klage gegen den Arbeitgeber am Firmensitz (§ 17 ZPO), am Ort einer Niederlassung (§ 21 ZPO) oder am Gerichtsstand des Erfüllungsorts (§ 29 ZPO) erheben. Da hinsichtlich des Erfüllungsortes ein ausdrückliches Derogationsverbot besteht (§ 29 Abs. 2 ZPO), bringt auch eine vertragliche Definition keinen Vorteil. Der Gerichtsstand des Erfüllungsortes nach § 29 ZPO dürfte i. d. R. mit dem des Arbeitsortes nach § 48 Abs. 1a ArbGG identisch sein (vgl. zu weiteren Einzelheiten, insbesondere bei wechselnden Arbeitsorten G/M/P/*Germelmann* § 48 Rn. 34 ff.).

Bei Verträgen mit EU-Bezug ist die EuGVVO zu beachten, → Form. A. II. 4 Anm. 25.

31. Unterzeichnung des Arbeitsvertrages. Ein wirksamer Arbeitsvertrag setzt voraus, dass der Arbeitgeber bei dessen Abschluss ordnungsgemäß vertreten ist. Die **Vertretungsbefugnis** des Unterzeichnenden kann entweder kraft **Gesetzes** oder kraft rechtsgeschäftlich erteilter **Vollmacht** bestehen. Für juristische Personen sind ihre Organmitglieder (d. h. Vorstände einer AG und Geschäftsführer einer GmbH) kraft Gesetzes zur Außenvertretung befugt, wobei sich nähere Einzelheiten – insbesondere im Hinblick auf eine etwa erforderliche Gesamtvertretung – aus der Satzung oder aus dem Gesellschaftsvertrag ergeben können (vgl. § 78 AktG, § 35 GmbHG). Das Gleiche gilt für Personengesellschaften (oHG, KG, PartG, GbR), die gesetzlich durch ihre Gesellschafter oder Partner vertreten werden (§§ 125, 161 Abs. 2 HGB, § 7 Abs. 3 PartGG, §§ 709, 710 BGB). Als rechtsgeschäftliche Vollmachten, die zum Abschluss eines Arbeitsvertrages berechtigen, kommen insbesondere die Prokura (§§ 48, 49 HGB) und die Handlungsvollmacht (§ 54 HGB) in Betracht. Daneben kann grundsätzlich jede natürliche Person durch Einzelvollmacht gemäß § 167 BGB zum Abschluss des Arbeitsvertrages im Namen des Arbeitgebers ermächtigt werden. Fehlt es an einer wirksamen Vertretung bei Vertragsschluss, ist der Arbeitsvertrag zunächst schwebend unwirksam; der Vertretungsmangel kann gegebenenfalls durch nachträgliche Genehmigung gemäß § 177 BGB behoben werden. Wird das Arbeitsverhältnis nachfolgend tatsächlich in Vollzug gesetzt, werden dem Arbeitnehmer Aufgaben zugewiesen und von diesem ausgeführt, wird regelmäßig von einer (konkludenten) Genehmigung auszugehen sein.

Besondere Formvorschriften sind beim Abschluss eines Arbeitsvertrages nicht zu beachten. Die in der Laiensphäre häufig anzutreffende Vorstellung, nur schriftlich geschlossene Verträge seien wirksam, findet im geltenden Recht keine Grundlage (vgl. aber § 623 BGB für Aufhebungsverträge sowie §§ 14 Abs. 4, 21 TzBfG für befristete und auflösend bedingte Arbeitsverträge). Für die aus Arbeitgebersicht vorzugswürdige Variante des Abschlusses eines wirksam befristeten Probearbeitsverhältnisses (vgl. § 10 Abs. (1) des Formulars) gilt allerdings ein echtes Schriftformerfordernis (→ Anm. 16). Die wesentlichen Bedingungen des Arbeitsverhältnisses sind schriftlich niederzulegen (§ 2 Abs. 1 NachwG); zur Unwirksamkeit des Arbeitsverhältnisses führen Verstöße gegen diese Dokumentationspflicht hingegen nicht (zu den Konsequenzen → Form. A. II. 6 Anm. 1).

32. Empfangsbestätigung des Mitarbeiters. Da eine Bestätigung bestimmter Tatsachen in vorformulierten Arbeitsverträgen gemäß § 309 Nr. 12b BGB nur eingeschränkt zulässig ist, ist die **Übergabe** des unterzeichneten Arbeitsvertrages an den Mitarbeiter ergänzend in anderer geeigneter Form (z. B. eigenhändig unterschriebenes Empfangsbekenntnis/Übergabe unter Zeugen) in der Personalakte zu dokumentieren. Das Formular sieht deshalb eine gesonderte Empfangsbestätigung des Mitarbeiters vor.

2. Arbeitsvertrag mit Tarifbindung

Arbeitsvertrag[1]

zwischen

. . . . . . (Name und Anschrift des Arbeitgebers) „Gesellschaft“

und

Herrn . . . . . . (Name und Anschrift des Arbeitnehmers) „Mitarbeiter“

§ 1 Geltung von Tarifverträgen[2, 3]

(1) Auf das Arbeitsverhältnis finden die im Betrieb jeweils einschlägigen Tarifverträge in ihrer jeweils gültigen Fassung Anwendung. Dies sind nach Kenntnis der Gesellschaft derzeit die Tarifverträge für ...... (Spezifizierung), abgeschlossen zwischen ...... (Arbeitgeber/Arbeitgeberverband) und ...... (Gewerkschaft).

(2) Ist die Gesellschaft an Tarifverträge mit unterschiedlichen Gewerkschaften gebunden, so gelten die Tarifverträge, in deren Geltungsbereich das Arbeitsverhältnis fällt. Fällt das Arbeitsverhältnis in den Geltungsbereich mehrerer konkurrierender Tarifverträge, so finden auf das Arbeitsverhältnis im Zweifel die Tarifverträge Anwendung, die spezieller sind. Dies sind die Tarifverträge, die dem Betrieb räumlich, betrieblich, fachlich und persönlich am nächsten stehen und deshalb den Erfordernissen und Eigenarten des Betriebs und der dort tätigen Arbeitnehmer am besten gerecht werden.

(3) Die Gesellschaft kann aus wirtschaftlichen Gründen die Anwendung der nach Abs. (1) geltenden Tarifverträge auf das Arbeitsverhältnis durch schriftliche Erklärung gegenüber dem Mitarbeiter auf die zum Zeitpunkt der Erklärung geltende Fassung beschränken.

(4) Die dynamische Bezugnahme nach Abs. (1) und (2) dient der Gleichstellung nicht tarifgebundener und tarifgebundener Mitarbeiter. Sie soll lediglich eine gegebenenfalls fehlende Tarifbindung des Mitarbeiters ersetzen. Die dynamische Verweisung auf zukünftige Tarifänderungen steht daher unter der auflösenden Bedingung der unmittelbaren Tarifbindung der Gesellschaft. Das heißt, sie gilt, weil und solange die Gesellschaft nach § 3 Abs. 1 Tarifvertragsgesetz unmittelbar tarifgebunden ist. Die Gesellschaft wird dem Mitarbeiter das Ende der unmittelbaren Tarifbindung mitteilen. Endet die unmittelbare Tarifbindung der Gesellschaft nach § 3 Abs. 1 Tarifvertragsgesetz, insbesondere durch den Austritt der Gesellschaft aus dem Arbeitgeberverband oder den Wechsel in eine Mitgliedschaft ohne Tarifbindung, oder wirken die nach Abs. (1) und (2) in Bezug genommenen Tarifverträge nur noch nach § 4 Abs. 5 Tarifvertragsgesetz nach, gelten die zu diesem Zeitpunkt nach Abs. (1) und (2) anwendbaren Tarifverträge statisch in der zuletzt gültigen Fassung fort, soweit sie nicht durch andere Abmachungen ersetzt werden. Dies gilt solange, bis für die Gesellschaft wieder aufgrund unmittelbarer Tarifbindung nach § 3 Abs. 1 Tarifvertragsgesetz oder aufgrund gesetzlicher Anordnung Tarifverträge i.S.d. § 4 Abs. 1 Tarifvertragsgesetz normativ Anwendung finden.

(5) Im Falle eines Betriebsübergangs gilt Abs. (4) entsprechend, sofern der neue Arbeitgeber nicht tarifgebunden ist. Ist der neue Arbeitgeber tarifgebunden, finden die bei ihm einschlägigen Tarifverträge nach Maßgabe dieses Paragraphen Anwendung.

(6) Die vorstehenden Abs. (1) bis (5) gelten nicht, soweit auf das Arbeitsverhältnis Tarifverträge aufgrund einer Tarifgebundenheit des Mitarbeiters oder gesetzlicher Anordnung anzuwenden sind.[4]

(Alternative:[5]

(1) Auf das Arbeitsverhältnis finden die Tarifverträge für ...... (Spezifizierung) in der Fassung vom ...... und die diese ergänzenden, ändernden oder ersetzenden Tarifverträge in ihrer jeweils gültigen Fassung Anwendung. Diese Regelung bezweckt nicht die Gleichstellung nicht organisierter und organisierter Mitarbeiter. (Optional: Die Gesellschaft kann aus wirtschaftlichen Gründen die Anwendung der nach Abs. (1) geltenden Tarifverträge auf das Arbeitsverhältnis durch schriftliche Erklärung gegenüber dem Mitarbeiter auf die zum Zeitpunkt der Erklärung geltende Fassung beschränken.)

(Alternative für Abs. (1):[6]

(1) Auf das Arbeitsverhältnis finden die Tarifverträge für . . . . . . (Spezifizierung) in der Fassung vom . . . . . . Anwendung. Änderungen der Tarifbestimmungen werden nicht erfasst. (Optional: Änderungen der Tarifbestimmungen werden nicht erfasst, es sei denn, die Gesellschaft erkennt diese durch schriftliche Mitteilung an den Mitarbeiter ausdrücklich an.)

(2) Wird der Mitarbeiter an einen anderen Arbeitsort versetzt und vereinbart die Gesellschaft mit den dort einzustellenden vergleichbaren Mitarbeitern die Geltung anderer Tarifverträge, so endet die Geltung des vorstehenden Abs. (1) mit der Versetzung. Gleiches gilt, wenn die Gesellschaft mit den dort einzustellenden vergleichbaren Mitarbeitern keine Anwendung von Tarifverträgen vereinbart. In den genannten Fällen werden die Parteien unter Berücksichtigung der an dem anderen Arbeitsort üblichen Arbeitsbedingungen und der Interessen beider Parteien eine anderweitige Regelung vereinbaren, die den Mitarbeiter nicht benachteiligt.

(3) Die vorstehenden Abs. (1) und (2) gelten nicht, soweit auf das Arbeitsverhältnis Tarifverträge aufgrund einer Tarifgebundenheit des Mitarbeiters oder gesetzlicher Anordnung anzuwenden sind.)

§ 2 Laufzeit/Freistellung[7]

(1) Der Arbeitsvertrag beginnt am . . . . . . und wird auf unbestimmte Zeit geschlossen.

(2) Die ersten sechs Monate gelten als Probezeit. Während der Probezeit können beide Parteien den Arbeitsvertrag unter Einhaltung einer Kündigungsfrist von zwei Wochen kündigen.

(3) Die Gesellschaft ist im Falle der Kündigung des Arbeitsvertrages durch die Gesellschaft berechtigt, den Mitarbeiter von seiner weiteren Tätigkeit für die Gesellschaft freizustellen *(Optional:, wenn hierfür ein sachlicher Grund (z. B. Konkurrenztätigkeit, Geheimnisverrat, sonstige Beeinträchtigung der Vertrauensgrundlage, Wegfall des Beschäftigungsbedarfs) vorliegt)*. Während der Zeit der Freistellung behält der Mitarbeiter seinen Anspruch auf die vertragliche Vergütung; er muss sich jedoch den Wert desjenigen anrechnen lassen, was er infolge des Unterbleibens der Dienstleistung erspart oder durch anderweitige Verwendung seiner Dienste erwirbt oder zu erwerben böswillig unterlässt. Das vertragliche Wettbewerbsverbot bleibt von der Freistellung unberührt. Im Fall einer unwiderruflichen Freistellung wird die Freistellungszeit auf etwaige Urlaubs- oder Freizeitausgleichsansprüche angerechnet. Die vorstehenden Regelungen gelten entsprechend für eine Kündigung durch den Mitarbeiter.

§ 3 Position/Versetzung/Weisungen[8]

§ 4 Arbeitszeit

(1) Der Mitarbeiter ist vollzeitbeschäftigt. Die Arbeitszeit richtet sich nach den anwendbaren Tarifverträgen. Die regelmäßige wöchentliche Arbeitszeit beträgt derzeit . . . . . . Stunden. Die Lage der Arbeitszeit sowie der Pausen wird im Rahmen der gesetzlichen, tariflichen und betrieblichen Regelungen von der Gesellschaft bestimmt.

(Alternative:

(1) Der Mitarbeiter ist teilzeitbeschäftigt. Die Arbeitszeit des Mitarbeiters beträgt . . . . . . Prozent der regelmäßigen wöchentlichen Arbeitszeit eines entsprechenden vollzeitbeschäftigten Mitarbeiters nach den anwendbaren Tarifverträgen. Damit beträgt die

regelmäßige wöchentliche Arbeitszeit des Mitarbeiters derzeit ...... Stunden. Die Lage der Arbeitszeit sowie der Pausen wird im Rahmen der gesetzlichen, tariflichen und betrieblichen Regelungen von der Gesellschaft bestimmt.)

(Alternative:

(1) Der Mitarbeiter ist teilzeitbeschäftigt. Die regelmäßige wöchentliche Arbeitszeit des Mitarbeiters beträgt ...... Stunden. Die Lage der Arbeitszeit sowie der Pausen wird im Rahmen der gesetzlichen, tariflichen und betrieblichen Regelungen von der Gesellschaft bestimmt.)

(2) Der Mitarbeiter ist im Rahmen der gesetzlichen, tariflichen und betrieblichen Regelungen verpflichtet, auf Anordnung der Gesellschaft Dienstreisen zu unternehmen.

§ 5 Vergütung/Eingruppierung/Sonstige Zahlungen[9]

(1) Die Vergütung richtet sich nach den anwendbaren Tarifverträgen.

(2) Der Mitarbeiter ist als ...... (Tätigkeitsbezeichnung) derzeit in die Vergütungsgruppe ...... eingruppiert.

(3) Die Gewährung von Weihnachts-, Urlaubsgeld oder sonstigen Sonderzahlungen richtet sich nach den anwendbaren Tarifverträgen.

(4) Die Gewährung von etwaigen über- und außertariflichen Leistungen (z.B. Gratifikationen, Einmalzahlungen, Sonderzahlungen oder Zulagen), die jeweils nicht häufiger als halbjährlich erfolgt, weshalb diese Leistungen kein laufendes Entgelt darstellen, erfolgt stets freiwillig in dem Sinne, dass allein durch eine wiederholte Leistung kein Rechtsanspruch des Mitarbeiters auf zukünftige entsprechende Leistungen – weder dem Grunde noch der Höhe nach – begründet wird.

(5) Die Gesellschaft behält sich vor, die Zusage aller nicht-freiwilligen über- und außertariflichen Leistungen im konkreten Einzelfall mit einem Widerrufsvorbehalt zu versehen.

(6) Die Gesellschaft kann alle nicht-freiwilligen über- und außertariflichen Leistungen auf die tarifliche Vergütung anrechnen, wenn sich diese aufgrund von Tariferhöhungen oder einer Umgruppierung des Mitarbeiters erhöht.

§ 6 Reisekosten/Auslagen[10]

Die Gesellschaft erstattet dem Mitarbeiter notwendige und angemessene Auslagen und Reisekosten im Rahmen der gesetzlichen, tariflichen und betrieblichen Regelungen, insbesondere unter Berücksichtigung der jeweils anwendbaren steuerlichen Regelungen.

§ 7 Nebentätigkeiten[11]

§ 8 Geheimhaltung/Behandlung und Rückgabe von Gegenständen und Daten/ Löschung von Daten[12]

§ 9 Schutzrechte[13]

§ 10 Ausschlussfristen[14]

Soweit die anwendbaren Tarifverträge Ausschluss- oder Verfallfristen enthalten, gelten diese Regelungen für alle Ansprüche aus dem Arbeitsverhältnis.

§ 11 Einsichtnahme in Tarifverträge und Betriebsvereinbarungen[15]

Die Tarifverträge und Betriebsvereinbarungen liegen in der Personalabteilung aus und können dort während der regulären Betriebszeiten eingesehen werden.

§ 12 Schlussbestimmungen/Mitteilungspflicht/Aufhebung früherer Vereinbarungen und Anstellungsverhältnisse/Schriftform[16]

......	......
Ort, Datum	Ort, Datum
......	......
Unterschrift der Gesellschaft[17]	Unterschrift des Mitarbeiters

Empfangsbestätigung des Mitarbeiters[18]

Der Mitarbeiter bestätigt, dass er eine von der Gesellschaft unterschriebene vollständige Ausfertigung dieses Arbeitsvertrages am ...... (Datum) erhalten hat.

......

Ort, Datum

......

Unterschrift des Mitarbeiters

Anmerkungen

1. Vorbemerkung. Das Formular geht davon aus, dass der Arbeitgeber die Arbeitsbedingungen weitgehend durch Bezugnahme auf tarifvertragliche Regelungen gestalten möchte. Die **Beweggründe** hierfür mögen unterschiedlicher Natur sein. Womöglich ist der Arbeitgeber nicht tarifgebunden, möchte sich aber dennoch umfassend an das tarifliche Regelwerk für seine Branche binden. Denkbar ist es auch, dass der Arbeitgeber Mitglied eines Arbeitgeberverbandes ist oder einen Haustarifvertrag geschlossen hat; die einschlägigen tarifvertraglichen Regelungen möchte er nun im Interesse **einheitlicher Arbeitsbedingungen** auch auf Außenseiter erstrecken. Abhängig von der arbeitgeberseitigen Motivation ist die Art und Reichweite der Bezugnahme auf Tarifverträge zu bestimmen.

Des Weiteren ist bei der Gestaltung des Arbeitsvertrages zu prüfen, in welchem Umfang die in Bezug genommenen tarifvertraglichen Regelungen die regelungsbedürftigen Sachverhalte erfassen und inwieweit **weitergehender Regelungsbedarf** besteht. Sind bestimmte Regelungsbereiche bereits Gegenstand der Tarifverträge, stellt sich die Frage, ob einzelvertragliche Bestimmungen aufgrund einer **Öffnungsklausel** möglich bleiben; ansonsten könnten nur für Arbeitnehmer günstigere Bestimmungen vereinbart werden. Je nach dem Ergebnis der entsprechenden Prüfung sind die in dem Formular vorgeschlagenen Klauseln zu ergänzen oder zu streichen.

Das **NachwG** schreibt im Einzelnen vor, welche Vertragsbedingungen schriftlich niedergelegt werden müssen (§ 2 Abs. 1 NachwG; → Form. A. II. 6 Anm. 1). Auf die Angabe wesentlicher Vertragsbedingungen kann verzichtet werden, wenn stattdessen auf einschlägige Tarifverträge verwiesen wird (§ 2 Abs. 3 NachwG). Das Formular geht von einer Verweisung auf ein umfassendes Tarifwerk aus, so dass der Vertragsinhalt deutlich reduziert werden kann. Lediglich die Angaben zur Bezeichnung der Vertragsparteien, Beginn des Arbeitsverhältnisses, Teil- oder Vollzeitbeschäftigung, Aufgaben sowie Arbeitsort des Arbeitnehmers sind dann noch erforderlich. Diese Vertragsbedingungen sind tarifvertraglich nicht regelbar.

2. Bezugnahmeklauseln. Bezugnahmeklauseln verweisen auf einen oder mehrere Tarifverträge und verleihen ihnen damit **schuldrechtliche Geltung** zwischen den Parteien.

Nach ihrer Wirkungsweise sind verschiedene **Formen** von Bezugnahmeklauseln zu unterscheiden:

In zeitlicher Hinsicht kann der Arbeitgeber auf einen Tarifvertrag mit seinem Inhalt zu einem ganz bestimmten Zeitpunkt verweisen (**statische Verweisung**), aber auch auf Tarifverträge in ihrer jeweils gültigen Fassung (**dynamische Verweisung**). Des Weiteren kann in sachlicher Hinsicht danach differenziert werden, ob die Verweisung lediglich einen ganz konkreten Tarifvertrag in seiner jeweiligen Fassung beinhalten soll (**kleine dynamische Verweisung**) oder ob die jeweils für den Arbeitgeber geltenden Tarifverträge in ihrer jeweiligen Fassung erfasst werden sollen (**große dynamische Verweisung oder Tarifwechselklausel**). Da Verweisungsklauseln den in Bezug genommenen Tarifverträgen schuldrechtliche Geltung verschaffen, kann sowohl auf einen fachfremden als auch auf einen fachlich einschlägigen Tarifvertrag verwiesen werden. Auch ein Verweis auf einen zeitlich abgelaufenen Tarifvertrag ist möglich (BAG NZA 2007, 1369). Nur im Falle großer dynamischer Verweisungen erfasst die Inbezugnahme bereits denknotwendig ausschließlich solche Tarifverträge, die im Betrieb sowohl fachlich als auch zeitlich tatsächlich anwendbar sind.

Die Reichweite der Bezugnahmeklausel ist für die Frage von Bedeutung, welche Rechtsfolgen mit einer **Änderung der tariflichen Gegebenheiten** verbunden sind. Der aktuelle Tarifvertrag kann durch eine Neuregelung ersetzt werden, der Arbeitgeber kann aus dem tarifschließenden Verband austreten oder der Unternehmensgegenstand kann sich derart verändern, dass der Geltungsbereich des in Bezug genommenen Tarifvertrages verlassen wird. Die Reichweite der Verweisung hängt in diesen Fällen maßgeblich von der Art der Verweisung ab.

Unverkennbar ist, dass es bei zeitlich (kleine dynamische Verweisung) und erst recht auch bei zusätzlich sachlich (große dynamische Verweisung) dynamischen Bezugnahmeklauseln für den Arbeitnehmer zu **überraschenden Entwicklungen** kommen kann, so dass sich die Frage nach der generellen Unwirksamkeit als überraschende Klausel stellen kann. Wann eine Verweisungsklausel i. S. d. § 305c Abs. 1 BGB überraschend ist, ist bislang höchstrichterlich nicht in allen Einzelheiten abschließend geklärt. Einerseits soll eine dynamische Bezugnahme auf eine tarifliche Pensionsordnung nur dann wirksam sein, wenn sich Änderungen im Rahmen des Angemessenen halten (BAG AP BGB § 242 Ruhegehalt Nr. 78). Andererseits ist unbestritten, dass aufgrund ihrer Gewerkschaftszugehörigkeit unmittelbar tarifgebundene Arbeitnehmer ohne Weiteres die Verschlechterung ihrer Arbeitsbedingungen hinnehmen müssen (BAG NZA 2001, 268). Das muss dann auch für eine Tarifgeltung kraft individualrechtlicher Vereinbarung im Rahmen vorformulierter Vertragsbedingungen gelten. Jedenfalls sieht das BAG dynamische Verweisungen auf einschlägige Tarifverträge in Formularverträgen nicht als überraschend an (BAG AP TVG § 1 Bezugnahme auf Tarifvertrag Nr. 80; ErfKomm/*Preis* §§ 305–310 BGB Rn. 30). Wird hingegen einzelvertraglich auf einen branchen- oder ortsfremden Tarifvertrag verwiesen, ist umstritten, ob eine solche Verweisungsklausel überraschend i. S. v. § 305c Abs. 1 BGB ist (dafür ErfKomm/*Preis* §§ 305–310 BGB Rn. 30; dagegen Staudinger/*Richardi/Fischinger* § 611 BGB Rn. 413). Jedenfalls wenn die Einbeziehung eines branchen- oder ortsfremden Tarifvertrages im Einzelfall üblich ist und der Mitarbeiter daher mit einer derartigen Verweisung rechnen musste, ist die Verweisungsklausel nach Ansicht des BGH jedoch nicht überraschend (vgl. BGH NJW-RR 2002, 485; ErfKomm/*Preis* §§ 305–310 BGB Rn. 30).

Ist die Reichweite einer Bezugnahmeklausel unklar, geht dies nach § 305c Abs. 2 BGB zulasten des Arbeitgebers und es gilt die für den Arbeitnehmer günstigere Regelung (BAG NZA 2006, 202). Allerdings darf auf die **Unklarheitenregel** erst dann zurückgegriffen werden, wenn trotz Ausschöpfung der anerkannten Auslegungsmethoden nicht behebbare Zweifel verbleiben (BAG NZA 2006, 923). Da sich die Frage der Günstigkeit der Verweisung in ihrer Gesamtheit für den Arbeitnehmer nur selten eindeutig beantworten lässt, wird die Anwendung der Unklarheitenregelung auf Bezugnahmeklauseln sowohl vom Fünften als auch vom Sechsten Senat abgelehnt (BAG AP TVG § 1 Bezugnahme auf Tarifvertrag Nr. 80; BAG NZA 2009, 154).

Der global in Bezug genommene Tarifvertrag selbst unterliegt nach §§ 307 Abs. 3, 310 Abs. 4 BGB keinerlei Billigkeitskontrolle. Tarifverträgen wird wegen des Kräftegleichgewichts der Tarifparteien eine **Richtigkeitsgewähr** attestiert (st. Rspr., vgl. BAG AP BGB § 611 Ausbildungsbeihilfe Nr. 22; BAG NZA 2009, 154). Bei der Bezugnahme auf branchen- oder ortsfremde Tarifverträge gilt diese Richtigkeitsgewähr jedoch nicht (Staudinger/*Richardi/Fischinger* § 611 BGB Rn. 389). Dies ist damit zu begründen, dass die Regelungen eines Tarifvertrages auf den wirtschaftlichen Gegebenheiten der jeweiligen Branche, für die er erlassen wurde, basieren und ein Tarifvertrag daher die Richtigkeitsgewähr für andere Branchen nicht beanspruchen kann. In solchen Fällen ist somit eine Inhaltskontrolle eröffnet (ErfKomm/*Preis* §§ 305–310 BGB Rn. 30; Staudinger/*Richardi/Fischinger* § 611 BGB Rn. 389). Gleiches gilt, wenn lediglich auf Teile oder Einzelregelungen eines Tarifvertrags Bezug genommen wird (ErfKomm/*Franzen* § 3 TVG Rn. 34).

3. Auslegung von Bezugnahmeklauseln. Ist der Arbeitgeber zum Zeitpunkt des Abschlusses des Arbeitsvertrages gem. § 3 TVG tarifgebunden, so behandelt das BAG dynamische Bezugnahmeklauseln in **vor dem 1.1.2002 geschlossenen Arbeitsverträgen** nach ständiger Rechtsprechung als sog. Gleichstellungsabreden (BAG NZA-RR 2009, 537). Mittels solcher Klauseln will ein seinerseits tarifgebundener Arbeitgeber nach Ansicht der Rechtsprechung erreichen, dass für alle Mitarbeiter – unabhängig von deren Tarifgebundenheit – die gleichen Arbeitsbedingungen gelten (BAG NZA-RR 2009, 537). Für die gewerkschaftlich nicht organisierten Arbeitnehmer gilt kraft vertraglicher Verweisung dasselbe wie für die gewerkschaftlich organisierten Arbeitnehmer.

Das hat z. B. Konsequenzen für den Austritt eines Arbeitgebers aus dem tarifschließenden Verband. Für die gewerkschaftlich organisierten Arbeitnehmer gilt der Tarifvertrag in diesem Fall nach § 3 Abs. 3 TVG nur noch statisch weiter. Wegen der Gleichstellungsklausel gilt dies auch für die nicht organisierten Arbeitnehmer (Däubler/*Lorenz* § 3 TVG Rn. 231). Liegt eine Gleichstellungsklausel vor, so nimmt also ein Arbeitnehmer nur für die Dauer der Tarifgebundenheit des Arbeitgebers an der Tarifentwicklung des in Bezug genommenen Tarifvertrages teil (BAG NZA-RR 2009, 537). Für **nach dem 31.12.2001 geschlossene Arbeitsverträge** gilt die Vermutung einer Gleichstellungsabrede allerdings seit der Rechtsprechungsänderung des BAG vom 18.4.2007 (BAG NZA 2007, 965) nicht mehr. Stattdessen muss sich aus dem Vertragswortlaut oder aus den Begleitumständen des Vertragsschlusses entnehmen lassen, dass die Tarifgebundenheit des Arbeitgebers zur auflösenden Bedingung der Vereinbarung gemacht worden ist (BAG NZA-RR 2009, 537; BAG NZA 2007, 965). Von einer Gleichstellungsklausel ist also für nach dem 31.12.2001 geschlossene Arbeitsverträge nur dann auszugehen, wenn die Regelung den Gleichstellungszweck eindeutig erkennen lässt (vgl. *Schwarz* BB 2010, 1021). Andernfalls – und somit für „Neuverträge" im Regelfall – gilt der in Bezug genommene Tarifvertrag auch nach Beendigung der arbeitgeberseitigen Tarifbindung dynamisch weiter. Dies gilt sowohl für gewerkschaftlich organisierte als auch für nicht organisierte Arbeitnehmer (**sog. unbedingte zeitdynamische Verweisung**). Auch die Bezugnahme in den Arbeitsverträgen tarifgebundener Arbeitnehmer hat nach der Rechtsprechung nicht nur deklaratorische, sondern konstitutive Geltung. Neben dem Tarifvertrag existiert also mit der im Arbeitsvertrag getroffenen schuldrechtlichen Verweisung ein zweiter Rechtsgrund (BAG NZA 2008, 364).

Als ausschlaggebend für diese Rechtsprechungsänderung für ab dem 1.1.2002 geschlossene Arbeitsverträge sieht das BAG die Wertungen des Rechts der Allgemeinen Geschäftsbedingungen an: Insbesondere die Unklarheitenregel des § 305c Abs. 2 BGB, das Transparenzgebot des § 307 Abs. 1 S. 2 BGB und das in § 306 BGB normierte Verbot der geltungserhaltenden Reduktion sprechen nach Auffassung des BAG gegen eine durch das Ende einer ursprünglich bestehenden Tarifgebundenheit auflösend bedingte Dynamik in Bezug genommener Tarifverträge ohne besondere Anhaltspunkte im Vertragswortlaut oder in den den Vertragsschluss begleitenden Umständen. Lediglich aus Gründen des Vertrauensschutzes gilt die vom BAG ursprünglich favorisierte Auslegungsregel jedoch für solche Arbeitsverträge weiter, die vor dem 1.1.2002 geschlossen worden sind (BAG NZA-RR 2009, 537). Ist ein vor dem 1.1.2002 geschlossener Arbeitsvertrag nach dem 1.1.2002 geändert worden, so hängt die Frage, ob es sich in diesem Fall weiterhin um einen Altvertrag handelt, davon ab, ob die Klausel im Änderungsvertrag Gegenstand der rechtsgeschäftlichen Willensbildung der Vertragsparteien geworden ist (BAG AP TVG § 1 Bezugnahme auf Tarifvertrag Nr. 83; BAG NZA-RR 2010, 530).

4. **Gleichstellungsklausel.** Die als Ausgangsvariante vorgeschlagene Bezugnahmeklausel verfolgt den Zweck, nicht tarifgebundene und tarifgebundene Arbeitnehmer weitestgehend gleichzustellen. Sie baut auf einer **großen dynamischen Bezugnahmeklausel (Tarifwechselklausel)** auf, enthält aber darüber hinaus **weitere Regelungen**, mit denen der Effekt der Gleichstellung auch nach der BAG-Rechtsprechung für nach dem 31.12.2001 abgeschlossene Arbeitsverträge (BAG NZA 2007, 965) erreicht wird.

So nimmt Abs. (1) zunächst auf die **geltenden Tarifverträge in ihrer jeweiligen Fassung** Bezug. Um der Nachweispflicht nach § 2 Abs. 1 S. 2 Nr. 10 NachwG Rechnung zu tragen, wird erwähnt, um welche Tarifverträge es sich hierbei zum Zeitpunkt des Vertragsschlusses nach Kenntnis des Arbeitgebers handelt (vgl. *Giesen* NZA 2006, 625, 629).

Zu Problemen führt die große dynamische Bezugnahmeklausel seit der Aufgabe des Grundsatzes der Tarifeinheit durch das BAG (BAG NZA 2010, 1068) allerdings, wenn im Betrieb des Arbeitgebers Tarifpluralität herrscht, also Tarifverträge mit unterschiedlichen Gewerkschaften im Betrieb nebeneinander Geltung beanspruchen (vgl. hierzu *Gäbeler* S. 244 ff.). Folgt man dem Wortlaut der Klausel, würden in diesem Fall nämlich sämtliche konkurrierenden Tarifverträge in das Arbeitsverhältnis einbezogen werden, ohne dass erkennbar wäre, welche Klausel im Kollisionsfall vorgeht. Wenn im Betrieb des tarifgebundenen Arbeitgebers Tarifpluralität besteht oder diese jedenfalls zukünftig vorstellbar ist, sollte daher im Arbeitsvertrag stets eine Regelung aufgenommen werden, die für Fälle der Tarifpluralität klarstellt, welcher der konkurrierenden Tarifverträge auf die nicht organisierten Arbeitnehmer kraft Verweisung Anwendung finden soll (vgl. *Bayreuther* NZA 2009, 935, 937). Diesen Zweck erfüllt die Regelung in Abs. (2), in dem sie den für den Betrieb räumlich, betrieblich, fachlich und persönlich speziellsten Tarifvertrag für anwendbar erklärt. Das Kriterium der Spezialität erscheint als Anknüpfungspunkt am besten geeignet, ist jedoch nicht das einzig denkbare Kriterium auf das zur Festlegung des anwendbaren Tarifvertrags im Falle der Tarifpluralität abgestellt werden kann (vgl. *Bayreuther* NZA 2009, 935, 937). So könnte auch statt des speziellsten der (für die Arbeitnehmer oder den Arbeitgeber) günstigste Tarifvertrag für anwendbar erklärt werden (vgl. *Preis/Greiner* NZA 2007, 1073, 1077). Wann ein Tarifvertrag günstiger oder spezieller ist, bedarf aufgrund der mangelnden Präzision dieser beiden Begriffe einer weiteren Konkretisierung im Arbeitsvertrag (so *Preis/Greiner* NZA 2007, 1073, 1077; jedenfalls für den Spezialitätsbegriff anders sieht es *Bayreuther* NZA 2009, 935, 937). Ebenfalls denkbar ist die Verweisung auf den für den Betrieb repräsentativsten Tarifvertrag, also den Tarifvertrag, welcher für die Mehrheit der Beschäftigten im Betrieb gilt. Allerdings bringt die Bezugnahme auf den repräsentativsten Tarifvertrag nicht nur Gefahren der Intransparenz und Rechtsunsicherheit mit sich (Wie soll die Repräsentativität in Grenzfällen ermittelt werden?); sie ist zudem eher volatil, da sich durch Änderungen der Gewerkschaftsmitgliedschaft die Mehrheitsverhältnisse und damit die Arbeitsbedingungen gravierend ändern können (*Preis/Greiner* NZA 2007, 1073, 1077). Diskutiert wird auch, ob der Arbeitgeber sich vertraglich vorbehalten kann, jeweils durch einseitige Leistungsbestimmung (§ 315 BGB) festzulegen, welcher Tarifvertrag arbeitsvertraglich gelten soll (dafür *Löwisch/Rieble* § 3 TVG Rn. 635). Allerdings wird eine solche Regelung einer AGB-Kontrolle wohl nicht standhalten, da sie zum einen intransparent ist (§ 307 Abs. 1 S. 2 BGB) und zum anderen gegen § 308 Nr. 4 BGB verstößt (*Bayreuther* NZA 2009, 935, 937 m.w.N.).

Abs. (3) räumt dem Arbeitgeber ein **Gestaltungsrecht** dahingehend ein, die Dynamik durch einseitige Erklärung zu beseitigen. Diese Klausel war bislang noch nicht Gegenstand höchstrichterlicher Rechtsprechung. Da es sich hierbei um ein einseitiges Gestaltungsrecht i.S.d. § 308 Nr. 4 BGB handeln könnte, ist die Wirksamkeit dieser Bestimmung jedenfalls fraglich. Der Arbeitgeber wird sich auch genau fragen müssen, ob er von einem solchen Recht zur Schlechterstellung der nicht organisierten Arbeitnehmer Gebrauch machen will. Ebenfalls fraglich ist, ob der Verweis auf wirtschaftliche Gründe (vgl. *Preis/Greiner* NZA 2007, 1073, 1079) noch der Rechtsprechung des BAG zu Widerrufsvorbehalten genügt oder besser konkrete Widerrufsgründe aufgenommen werden sollten (→ Form. A. II. 1 Anm. 9).

Bei **Beendigung der Tarifbindung** (§ 3 Abs. 3 TVG) oder **Ablauf eines Tarifvertrages** (§ 4 Abs. 5 TVG) wirken dessen Regelungen gegenüber den normativ tarifgebundenen Arbeitnehmern statisch fort. Im Interesse einer Gleichstellung der nicht organisierten Arbeitnehmer sieht Abs. (4) eine entsprechende Rechtsfolge vor.

Abs. (5) orientiert sich weitgehend an der Systematik des § 613a Abs. 1 S. 2 und 3 BGB für tarifgebundene Arbeitnehmer. Ist im Falle des **Betriebsübergangs** der neue Arbeitgeber nicht tarifgebunden, so gelten für die organisierten Arbeitnehmer die tariflichen Regelungen statisch als Inhalt des Arbeitsverhältnisses weiter (§ 613a Abs. 1 S. 2 BGB). Diese Situation zeichnet Abs. (5) S. 1 auch für nicht organisierte Arbeitnehmer nach. Im Falle einer anderweitigen Tarifbindung des neuen Arbeitgebers erfolgt nach Abs. (5) S. 2 eine Gleichstellung mit den dort bereits vorhandenen Arbeitnehmern, wobei im Falle des Bestehens einer Tarifpluralität beim Erwerber der speziellere Tarifvertrag Anwendung findet. Da es um die Gleichstellung nicht tarifgebundener Arbeitnehmer geht, wird – im Gegensatz zu § 613a Abs. 1 S. 3 BGB – keine kongruente Tarifbindung vorausgesetzt. Obwohl die Rechtsfolgen von denen des § 613a BGB für nicht organisierte Arbeitnehmer abweichen, dürfte die Orientierung am gesetzlichen Leitbild für organisierte Arbeitnehmer mit AGB-Recht vereinbar sein (*Preis/Greiner* NZA 2007, 1073, 1078).

Abs. (6) beschränkt die Geltung der Verweisungsklausel ausdrücklich auf die Arbeitnehmer, für die die Tarifverträge nicht schon normativ gelten. Dadurch soll vermieden werden, dass es zu einem **Nebeneinander zwischen normativ geltendem Tarifvertrag und individualvertraglicher Geltung kraft Bezugnahmeklausel** kommt, das nach dem Günstigkeitsprinzip (§ 4 Abs. 3 TVG) aufzulösen wäre (→ Anm. 3; *Giesen* NZA 2006, 625, 627 f.).

5. Kleine dynamische Verweisung. Die hier vorgeschlagene kleine dynamische Bezugnahmeklausel kann nicht mehr als Verweis auf den jeweils fachlich/betrieblich geltenden Tarifvertrag, also als Tarifwechselklausel, ausgelegt werden (zuletzt BAG NZA 2009, 151). Sie eignet sich demzufolge in erster Linie für **tarifungebundene Unternehmen, die sich der Dynamik eines bestimmten Tarifvertrages unterwerfen wollen.**

Ähnlich wie der vorgeschlagene Zusatz unter Abs. (3) der großen dynamischen Bezugnahmeklausel soll auch die hier optional vorgeschlagene Regelung dem Arbeitgeber die Gestaltungsmöglichkeit eröffnen, den **Ausstieg aus der Dynamik** zu erklären. → Anm. 4.

6. Statische Verweisung. Die als zweite Alternative vorgeschlagene statische Bezugnahmeklausel nimmt einen genau bestimmten Tarifvertrag in der zur Zeit der Bezugnahme geltenden Fassung in Bezug. Damit wirken sich **Änderungen des Tarifvertrags** nur noch für unmittelbar tarifgebundene Mitarbeiter aus, allein aufgrund der vertraglichen Bezugnahmeklausel nimmt der Arbeitnehmer an der Tarifentwicklung nicht teil.

Statische Verweisungsklauseln sind in erster Linie dazu geeignet, einheitliche Arbeitsbedingungen bei Unternehmen herzustellen, die **nicht kraft Verbandsmitgliedschaft oder aufgrund des Abschlusses eines Haustarifvertrages tarifgebunden** sind. Der Arbeitgeber begibt sich nicht in die Abhängigkeit der Tarifvertragsparteien. Er hat es selbst in der Hand, anlässlich der jeweiligen Tarifänderungen zu entscheiden, ob die Arbeitnehmer an den künftigen Tarifentwicklungen teilnehmen sollen und auf welche Weise dies umzusetzen ist. Ähnlich wie der optional vorgeschlagene Zusatz unter Abs. (1) bei der kleinen dynamischen Verweisungsklausel dem Arbeitgeber die Gestaltungsmöglichkeit eröffnet aus der Dynamik auszusteigen, soll die hier in Abs. (1) optional vorgeschlagene Regelung dem Arbeitgeber die Möglichkeit eröffnen Tarifänderungen durch einseitige Erklärung in den Arbeitsvertrag einzubeziehen.

Abs. (2) soll verhindern, dass der Mitarbeiter im Falle einer Versetzung zu einem Betrieb innerhalb eines anderen Tarifbezirks oder zu einem Betrieb, in dem üblicherweise keine Bezugnahmeklauseln vereinbart werden, weiterhin **nach den – nicht mehr passenden – Tarifbestimmungen behandelt** werden muss. Allerdings muss damit gerechnet werden, dass damit die einseitige Versetzungsmöglichkeit des Arbeitgebers erheblich eingeschränkt wird, da ein vollkommener Wegfall der bisherigen Arbeitsbedingungen nur in Ausnahmefällen noch billigem Ermessen entsprechen wird.

Zu Abs. (3) s. zunächst Anm. 4. Abs. (3) trägt zudem dem Umstand Rechnung, dass die statische Bezugnahmeklausel im Fall einer normativen Tarifbindung nicht mehr passt. Um einen **doppelten Geltungsgrund** des Tarifvertrags aufgrund der konstitutiven Wirkung von Bezugnahmeklauseln auch für tarifgebundene Arbeitnehmer zu vermeiden (→ Anm. 3), wird die Verweisung entsprechend begrenzt.

Das BAG geht davon aus, dass **regelmäßig eine dynamische Verweisung** gewollt ist (BAG NZA 2007, 634; BAG NZA 2002, 634; LAG Köln NZA-RR 2008, 529). Vor diesem Hintergrund ist darauf zu achten, dass der Ausschluss der Dynamik in der Verweisungsklausel deutlich zum Ausdruck kommt, was hier durch den Hinweis auf die Nichtberücksichtigung von Änderungen geschehen ist.

7. Laufzeit/Freistellung. In Tarifverträgen sind üblicherweise Regelungen zur Beendigung des Arbeitsverhältnisses enthalten, sodass hier von einer umfassenden Darstellung wie im Arbeitsvertrag ohne Tarifbindung (→ Form. A. II. 1) abgesehen wurde. Der Arbeitgeber sollte allerdings stets durch Abgleich mit dem Arbeitsvertrag ohne Tarifbindung prüfen, welche Regelungen der anwendbare Tarifvertrag tatsächlich enthält und welche ergänzenden Regelungen er in den Arbeitsvertrag aufnehmen möchte (→ Anm. 1).

8. Position/Versetzung/Weisungen. → Form. A. II. 1, dort unter § 1.

9. Vergütung/Eingruppierung/Sonstige Zahlungen. Auch bei einer Verweisung auf einen Tarifvertrag ist in Arbeitsverträgen regelmäßig eine Angabe zur Vergütung oder zur tariflichen Vergütungsgruppe enthalten. Diese Angabe kann verschiedene Bedeutungen haben, die von der Auslegung des Tarif- und des Arbeitsvertrages abhängt.

Bestimmt der in Bezug genommene Tarifvertrag, dass der Arbeitnehmer bei Erfüllung bestimmter Tätigkeitsmerkmale Anspruch auf eine bestimmte Vergütung hat, ergibt sich aus § 4 Abs. 1 TVG, dass damit der Tarifvertrag unmittelbar die Gegenleistung bestimmt (sog. **Tarifautomatik**). Die Angabe der Vergütung oder der Vergütungsgruppe im Arbeitsvertrag ist dann keine rechtsgestaltende Erklärung. Sie ist lediglich Bestätigung des bei Anwendung des Tarifvertrages gefundenen Ergebnisses (BAG AP BetrVG 1972 § 99 Eingruppierung Nr. 23; *Seel* ÖAT 2011, 97). Angaben im Arbeitsvertrag haben dann lediglich deklaratorischen Charakter (BAG AP TVG § 1 Tarifverträge: Kirchen Nr. 3). Ändert sich die tarifliche Vergütung, ist die vertragliche Festlegung bedeutungslos. Nur wenn der Tarifvertrag den Parteien des Arbeitsvertrages einen eigenen Beurteilungsspielraum eröffnet, kann die Angabe der Vergütung oder der Vergütungsgruppe konstitutive Wirkung haben.

Die Unterscheidung der Wirkung der Vergütungsregelung im Arbeitsvertrag wird dann relevant, wenn die Angabe sich später als fehlerhaft herausstellt, etwa weil die Vertragsparteien von falschen Tätigkeitsmerkmalen ausgegangen sind. Ist der Arbeitnehmer zu niedrig eingruppiert, gilt § 4 Abs. 1 TVG. Die tariflichen Regelungen haben zwingenden Charakter und gehen den vertraglichen Regelungen vor. Die Vergütung richtet sich dann nach der tatsächlich richtigen Eingruppierung (BAG AP BetrVG 1972 § 99 Nr. 105). Ist der Arbeitnehmer zu hoch eingruppiert, so ist der Arbeitgeber nach § 4 Abs. 3 TVG an diese Eingruppierung gebunden und auf eine Änderungskündigung nach den §§ 1, 2 KSchG angewiesen (BAG AP KSchG 1969 § 2 Nr. 28). Für den Bereich des Öffentlichen Dienstes hat das BAG allerdings Ausnahmen zugelassen. Hier kann der Arbeitgeber bei einer fehlerhaften Eingruppierung eine korrigierende **Rückgruppierung** vornehmen, wenn die ursprüngliche Eingruppierung auf einem Irrtum des Arbeitgebers beruhte (*Seel* ÖAT 2011, 97). Begründet wird diese Ausnahme damit, dass der Arbeitgeber des Öffentlichen Dienstes für den Arbeitnehmer erkennbar an die öffentliche Haushaltsdisziplin gebunden ist und deshalb grundsätzlich keine höhere als die tarifliche Vergütung zusagen will (BAG AP BAT 1975 § 22 Nr. 233). Der Schutz des KSchG steht dem Arbeitnehmer jedoch dann zu, wenn der Arbeitgeber des Öffentlichen Dienstes bewusst eine zu hohe Vergütung zugesagt und sich damit über den Tarifvertrag hinweggesetzt hat (BAG NZA-RR 2001, 216). Gleiches gilt aufgrund eines Verstoßes gegen § 242 BGB, wenn der Arbeitgeber wiederholt korrigierende Rückgruppierungen bei unveränderter Tarifrechtslage und Tätigkeit des Arbeitnehmers vornimmt (BAG ZTR 2010, 298).

Die Begründung für diese „umgekehrte Tarifautomatik" lässt sich grundsätzlich auch auf die private Wirtschaft übertragen. Auch hier will der Arbeitgeber mit der Verweisung auf einen Tarifvertrag eben diesen zur Anwendung bringen und keine übertarifliche Vergütung vereinbaren. Ob das BAG insoweit seine Rechtsprechung ändern wird und auch in diesem Bereich die korrigierende Rückgruppierung akzeptieren wird, ist allerdings bislang offen und eher unwahrscheinlich. Eine Übertragung der korrigierenden Rückgruppierung auf die Privatwirtschaft wird jedenfalls abgelehnt vom LAG Stuttgart (LAG Stuttgart ArbRB 2009, 196).

Zum **Freiwilligkeits- und Widerrufsvorbehalt** in Abs. (4) und (5) → Form. A. II. 1 Anm. 9.

Der unter Abs. (6) geregelte **Anrechnungsvorbehalt** ist mit dem AGB-Recht vereinbar. Er stellt eine Besonderheit des Arbeitsrechts dar und ist weder nach § 308 Nr. 4 BGB unwirksam noch verstößt er gegen das Transparenzgebot des § 307 Abs. 1 S. 2 BGB (BAG NZA 2006, 746).

10. Reisekosten/Auslagen. → Form. A. II. 1 Anm. 11.

11. Nebentätigkeiten. → Form. A. II. 1, dort unter § 7.

12. Geheimhaltung/Behandlung und Rückgabe von Gegenständen und Daten/Löschung von Daten. → Form. A. II. 1, dort unter § 8.

13. Schutzrechte. → Form. A. II. 1, dort unter § 9.

14. Ausschlussfristen. → Form. A. II. 1 Anm. 24. Auch hier schützen aber die §§ 307 Abs. 3, 310 Abs. 4 BGB vor einer Angemessenheitskontrolle durch die Arbeitsgerichte, wenn und solange global auf einen einschlägigen Tarifvertrag verwiesen wird.

15. Auslegungspflichten. Um den Dokumentationspflichten nachzukommen, schreibt § 2 Abs. 1 S. 2 Nr. 10 NachwG lediglich die **Bezeichnung oder die Benennung** der anwendbaren Tarifverträge vor. Die Tarifvorschriften müssen dem Arbeitsvertrag weder beigefügt noch gar im Einzelnen wiederholt werden. Diese Regelung entspricht auch der europäischen Nachweisrichtlinie (EuGH BB 2001, 1255).

Die für den Betrieb maßgebenden Tarifverträge sind an geeigneter Stelle im Betrieb auszulegen, § 8 TVG. Die Verletzung der **Auslegungspflicht** ist im Gesetz nicht sanktioniert. Sie stellt auch keine positive Vertragsverletzung dar, die gegebenenfalls Schadensersatzansprüche des Arbeitnehmers auslösen könnte (BAG NZA 2002, 800; LAG München FA 2005, 219). Die im Formular vorgesehene Regelung ist damit aus rechtlichen Gründen nicht notwendig. Sie ist auch aus Transparenzgründen nicht erforderlich (BAG NZA 2007, 1045).

16. Schlussbestimmungen/Mitteilungspflicht/Aufhebung früherer Vereinbarungen und Anstellungsverhältnisse/Schriftform. → Form. A. II. 1, dort unter § 13.

17. Unterzeichnung des Arbeitsvertrages. → Form. A. II. 1 Anm. 31.

18. Empfangsbestätigung des Mitarbeiters. → Form. A. II. 1 Anm. 32.

3. Arbeitsvertrag für Führungskräfte

Anstellungsvertrag[1]

zwischen

...... (Name und Anschrift des Arbeitgebers) „Gesellschaft“

und

Herrn ...... (Name und Anschrift des Arbeitnehmers) „Angestellter“

§ 1 Position/Versetzung/Weisungen/Arbeitszeit

(1) Der Angestellte wird bei der Gesellschaft als ...... in ...... tätig. Zu seinen Aufgaben und Pflichten zählen insbesondere ...... *(Optional: Der Angestellte berichtet – vorbehaltlich einer anderweitigen Bestimmung der Gesellschaft – an den ...... (Funktion), derzeit ...... (Name).)* Aufgrund seiner Funktion ist der Angestellte dem Mitarbeiterkreis der ...... (AT-Angestellten/leitenden Angestellten) zuzurechnen.[2]

(2) Die Gesellschaft ist berechtigt, dem Angestellten jederzeit ein anderes, seinen Fähigkeiten und Qualifikationen entsprechendes, zumindest gleichwertiges Aufgaben- und Verantwortungsgebiet zu übertragen, soweit dies bei Abwägung der Interessen der Gesellschaft und des Angestellten zumutbar ist.

(3) Die Gesellschaft behält sich vor, den Angestellten an einen anderen Ort zu versetzen, soweit dies bei Abwägung der Interessen der Gesellschaft und des Angestellten zumutbar ist.

(4) Die Gesellschaft ist nach Maßgabe der vorstehenden Abs. (2) und (3) auch berechtigt, den Angestellten vorübergehend in einem Betrieb eines mit der Gesellschaft i. S. d. § 15 AktG verbundenen Unternehmens („Verbundenes Unternehmen“) einzusetzen. Gleiches gilt für vorübergehende Auslandseinsätze mit einer Dauer von bis zu ...... Monaten.[3]

(5) Der Angestellte ist verpflichtet, die Richtlinien und Anweisungen der Gesellschaft sowie alle betrieblichen Regelungen in ihrer jeweils gültigen Fassung sowie die Anordnungen seiner Vorgesetzten zu beachten.

(6) Der Angestellte wird der Gesellschaft – unabhängig von den betriebsüblichen Arbeitszeiten – seine volle Arbeitskraft widmen und ihre Interessen fördern. Er ist bereit, bei Bedarf auch erforderliche Dienstreisen zu unternehmen.[4]

(Alternative:

(6) Die Arbeitszeit des Angestellten entspricht den besonderen Herausforderungen der Position, beträgt jedoch mindestens 40 Stunden pro Woche. Die Tätigkeit des Angestellten ist mit Dienstreisen verbunden.)

§ 2 Vergütung/Dienstwagen/Sonstige Zahlungen

(1) Der Angestellte erhält als Vergütung für seine gesamte Tätigkeit ein Brutto-Jahresgehalt („Grundgehalt") von ...... EUR (in Worten: ...... Euro) zahlbar bargeldlos in zwölf gleichen Raten jeweils zum Monatsende auf ein vom Angestellten schriftlich mitzuteilendes inländisches Bankkonto.[5]

(2) Zusätzlich zum Grundgehalt nach Abs. (1) erhält der Angestellte eine erfolgsabhängige variable Vergütung. Die Einzelheiten ergeben sich aus Anlage 1, die Bestandteil dieses Anstellungsvertrages ist.[6]

(3) Der Angestellte hat Anspruch auf einen Dienstwagen. Hierüber schließen die Parteien einen gesonderten Dienstwagenvertrag.[7]

(4) Dem Angestellten ist es nicht gestattet, seine Vergütungsansprüche ohne vorherige schriftliche Zustimmung der Gesellschaft an Dritte abzutreten oder zu verpfänden. Die Zustimmung darf nur aus sachlichen Gründen verweigert werden.[8]

(5) Der Angestellte verpflichtet sich, etwa zu viel bezogene Zahlungen an die Gesellschaft zurückzuerstatten.[9]

(6) Eine Zahlung von etwaigen Gratifikationen, Einmalzahlungen, Sonderzahlungen oder Zulagen, die jeweils nicht häufiger als halbjährlich erfolgt, weshalb diese Leistungen kein laufendes Entgelt darstellen, erfolgt stets freiwillig in dem Sinne, dass allein durch eine wiederholte Zahlung kein Rechtsanspruch des Angestellten auf zukünftige entsprechende Leistungen – weder dem Grunde noch der Höhe nach – begründet wird.

(7) Die Gesellschaft behält sich vor, die Zusage aller nicht-freiwilligen Zahlungen im konkreten Einzelfall mit einem Widerrufsvorbehalt zu versehen.

§ 3 Abwesenheit/Krankheit/Ärztliche Untersuchung[10]

(1) Der Angestellte hat in jedem Fall einer unvorhergesehenen Abwesenheit die Gesellschaft unverzüglich über seine Arbeitsunfähigkeit oder den sonstigen Verhinderungsgrund und die voraussichtliche Dauer seiner Abwesenheit zu informieren. Dabei hat der Angestellte die Gesellschaft auf vordringlich zu erledigende Aufgaben hinzuweisen.

(2) Im Krankheitsfall hat der Angestellte Anspruch auf die Fortzahlung seiner Vergütung gemäß § 2 Abs. (1) für die Dauer von drei Monaten. Auf die Entgeltfortzahlung werden Leistungen angerechnet, die der Angestellte aufgrund der Krankheit von Dritten (insbesondere einer gesetzlichen oder privaten Krankenversicherung) bezieht. Soweit aufgrund der Arbeitsunfähigkeit Schadensersatzansprüche gegenüber anderen Personen bestehen, tritt der Angestellte diese in Höhe der von der Gesellschaft geleisteten Zahlungen an die Gesellschaft ab.

(Optional:

(3) Die Einstellung erfolgt unter dem Vorbehalt der gesundheitlichen Eignung des Angestellten für seine Tätigkeit nach diesem Anstellungsvertrag. Der Angestellte ist verpflichtet, sich innerhalb der ersten drei Monate nach Vertragsbeginn („Untersuchungszeitraum") durch einen Arzt seines Vertrauens auf Kosten der Gesellschaft auf seine gesundheitliche Eignung für seine Tätigkeit nach diesem Anstellungsvertrag unter-

suchen zu lassen. Der Angestellte entbindet den Arzt von der ärztlichen Schweigepflicht, soweit dies für die Mitteilung über seine gesundheitliche Eignung notwendig ist. Ergibt die ärztliche Untersuchung die Nichteignung des Angestellten, so endet der Anstellungsvertrag zwei Wochen nach Zugang der schriftlichen Mitteilung der Gesellschaft an den Angestellten über die festgestellte gesundheitliche Nichteignung (Alternative:, so endet der Anstellungsvertrag mit Zugang der schriftlichen Mitteilung der Gesellschaft an den Angestellten über die festgestellte gesundheitliche Nichteignung). Kommt der Angestellte seiner Untersuchungspflicht nicht nach, so endet der Anstellungsvertrag zwei Wochen nach Zugang der schriftlichen Mitteilung der Gesellschaft an den Angestellten über seinen Verstoß gegen die Untersuchungspflicht (Alternative:, so endet der Anstellungsvertrag mit Ablauf des Untersuchungszeitraums).

(4) Der Angestellte wird sich auch nach Ablauf der Probezeit bei Vorliegen tatsächlicher Anhaltspunkte, die Zweifel an der fortdauernden Eignung des Angestellten begründen, oder wenn ein Wechsel der Tätigkeit oder des Arbeitsplatzes des Angestellten beabsichtigt ist, welcher eine erneute Untersuchung erfordert, oder bei Vorliegen vergleichbarer sachlicher Gründe auf Verlangen der Gesellschaft durch einen Arzt seines Vertrauens auf Kosten der Gesellschaft auf seine gesundheitliche Eignung für die Tätigkeit nach diesem Anstellungsvertrag untersuchen lassen. Der Angestellte entbindet den Arzt von der ärztlichen Schweigepflicht, soweit dies für die Mitteilung über seine gesundheitliche Eignung notwendig ist.)

§ 4 Versicherungen/Versorgungszusage

(1) Die Gesellschaft schließt zugunsten des Angestellten eine private Versicherung für den Invaliditäts- und Todesfall ab. Die Beiträge hierfür sowie etwa darauf entfallende Steuern werden von der Gesellschaft getragen.[11]

(2) Die Gesellschaft erteilt dem Angestellten eine Versorgungszusage gemäß Anlage 2, die Bestandteil dieses Anstellungsvertrags ist.[12]

§ 5 Reisekosten/Auslagen[13]

§ 6 Urlaub[14]

§ 7 Nebentätigkeiten[15]

(1) Jede weitere entgeltliche oder üblicherweise entgeltliche Tätigkeit bedarf der vorherigen schriftlichen Zustimmung der Gesellschaft. Dieses Zustimmungserfordernis gilt auch für eine unentgeltliche Tätigkeit, die nach Art oder Umfang die Interessen der Gesellschaft beeinträchtigen kann. Der Angestellte hat jede beabsichtigte Tätigkeit und Beteiligung an Unternehmen gemäß S. 1 und 2 der Gesellschaft schriftlich unter Angabe von Ort, Art und Dauer anzuzeigen. Die Gesellschaft wird ihre Zustimmung nur verweigern, wenn die Interessen der Gesellschaft beeinträchtigt sind. Bei Vorliegen sachlicher Gründe, insbesondere einer Beeinträchtigung der Tätigkeit des Angestellten für die Gesellschaft, kann eine etwaige Zustimmung jederzeit widerrufen werden.

(2) Der Angestellte hat bei Ausübung jeglicher Nebentätigkeit eine strikte Loyalitätspflicht gegenüber der Gesellschaft und Verbundenen Unternehmen zu beachten und wird deren geschäftliche oder etwaige sonstige Interessen nicht beeinträchtigen.

(3) Eine Mitgliedschaft in Aufsichts- oder Beiräten anderer Gesellschaften sowie sonstiger Institutionen, die im Zusammenhang mit dem Geschäftsgegenstand der Gesellschaft steht oder sonst die Interessen der Gesellschaft oder eines Verbundenen Unternehmens ersichtlich berührt, bedarf ebenfalls der vorherigen schriftlichen Zustimmung der Gesellschaft.

(4) Außerdienstliche Veröffentlichungen, Präsentationen und Vorträge des Angestellten, die in Zusammenhang mit seiner Tätigkeit nach diesem Anstellungsvertrag oder dem Geschäftsbereich der Gesellschaft oder Verbundener Unternehmen stehen, bedürfen entsprechend Abs. (1) der vorherigen schriftlichen Zustimmung der Gesellschaft.

(5) Der Angestellte ist bereit, in zumutbarem Umfang Ämter in Aufsichtsräten oder Beiräten von Verbundenen Unternehmen zu übernehmen. Bei Beendigung des Anstellungsvertrages wird der Angestellte unaufgefordert, im Übrigen auf Wunsch der Gesellschaft, solche Ämter niederlegen.

§ 8 Geheimhaltung/Behandlung und Rückgabe von Gegenständen und Daten/ Löschung von Daten[16]

§ 9 Schutzrechte[17]

§ 10 Laufzeit/Kündigung/Freistellung/Vorfälligkeit

(1) Der Anstellungsvertrag beginnt am . . . . . . und wird auf unbestimmte Zeit geschlossen.

(2) Die ersten sechs Monate gelten als Probezeit. Während der Probezeit können beide Parteien den Anstellungsvertrag unter Einhaltung einer Kündigungsfrist von zwei Monaten kündigen. Vor Beginn des Anstellungsvertrages ist die ordentliche Kündigung ausgeschlossen. Nach Ablauf der Probezeit gilt eine Kündigungsfrist von . . . . . . Monaten zum . . . . . . Eine Verlängerung der für die Gesellschaft maßgeblichen Kündigungsfristen gilt auch für den Angestellten.[18]

(3) Die Kündigung bedarf der Schriftform.[19]

(4) Die Gesellschaft ist im Falle der Kündigung des Anstellungsvertrages durch die Gesellschaft berechtigt, den Angestellten von seiner weiteren Tätigkeit für die Gesellschaft freizustellen *(Optional:, wenn hierfür ein sachlicher Grund (z.B. Konkurrenztätigkeit, Geheimnisverrat, sonstige Beeinträchtigung der Vertrauensgrundlage, Wegfall des Beschäftigungsbedarfs) vorliegt)*. Während der Zeit der Freistellung behält der Angestellte seinen Anspruch auf die vertragliche Vergütung; er muss sich jedoch den Wert desjenigen anrechnen lassen, was er infolge des Unterbleibens der Dienstleistung erspart oder durch anderweitige Verwendung seiner Dienste erwirbt oder zu erwerben böswillig unterlässt. Das vertragliche Wettbewerbsverbot bleibt von der Freistellung unberührt. Im Fall einer unwiderruflichen Freistellung wird die Freistellungszeit auf etwaige Urlaubs- oder Freizeitausgleichsansprüche angerechnet. Die vorstehenden Regelungen gelten entsprechend für eine Kündigung durch den Angestellten.[20]

(5) Sollte der Angestellte der Gesellschaft bei Ausspruch einer Kündigung durch die Gesellschaft Beträge aufgrund von Gehaltsvorschüssen oder ähnlichen Vorauszahlungen schulden, werden sämtliche Beträge sofort fällig und – unter Beachtung der Pfändungsgrenzen – aufrechenbar. Dem Angestellten gewährte Darlehen gelten mit Ausspruch der Kündigung als ordentlich mit einer Frist von einem Monat gekündigt. Entsprechendes gilt bei Ausspruch einer Kündigung durch den Angestellten, es sei denn, es liegt eine von der Gesellschaft zu vertretende außerordentliche Kündigung vor.[21]

(6) Der Anstellungsvertrag endet ohne Kündigung mit Ablauf des Monats, in dem der Angestellte das Alter erreicht, ab dem er erstmals einen Anspruch auf gesetzliche Regelaltersrente erwirbt.

(7) Der Angestellte ist verpflichtet, die Gesellschaft unverzüglich darüber zu informieren, wenn er die gesetzlichen Voraussetzungen zum Bezug der gesetzlichen Regelaltersrente

erfüllt oder wenn ihm ein Bescheid über die Feststellung einer zeitlich unbegrenzten Erwerbsminderung zugestellt wird. Er verpflichtet sich auch, die Gesellschaft auf Anfrage stets über den Stand von eigenen Anträgen auf Alters- oder Erwerbsminderungsrente zu informieren.[22]

§ 11 Ausschlussfristen/Verjährung[23]

§ 12 Schlussbestimmungen/Aufhebung früherer Vereinbarungen und Anstellungsverhältnisse/Schriftform[24]

(1) Dieser Anstellungsvertrag ersetzt alle eventuellen vorherigen Vereinbarungen zwischen den Parteien über das Arbeitsverhältnis. Mündliche Nebenabreden bestehen nicht. Änderungen oder Ergänzungen dieses Anstellungsvertrages einschließlich dieser Bestimmung bedürfen zu ihrer Wirksamkeit der Schriftform, es sei denn, diese wurden nachweislich zwischen den Parteien ausgehandelt. Das Schriftformerfordernis bezieht sich auch auf etwaige Ansprüche aus betrieblicher Übung.

(2) Sollte eine Bestimmung dieses Anstellungsvertrages ganz oder teilweise unwirksam sein oder werden, so wird hiervon die Wirksamkeit der übrigen Bestimmungen dieses Anstellungsvertrages nicht berührt. An die Stelle der unwirksamen Bestimmung tritt die gesetzlich zulässige Bestimmung, die dem mit der unwirksamen Bestimmung Gewollten wirtschaftlich am nächsten kommt. Dasselbe gilt für den Fall einer vertraglichen Lücke.

(3) Erfüllungsort und Gerichtsstand richten sich nach den gesetzlichen Vorschriften.

. . . . . .	. . . . . .
Ort, Datum	Ort, Datum
. . . . . .	. . . . . .
Unterschrift der Gesellschaft[25]	Unterschrift des Angestellten

Empfangsbestätigung des Angestellten[26]

Der Angestellte bestätigt, dass er eine von der Gesellschaft unterschriebene vollständige Ausfertigung dieses Anstellungsvertrages am . . . . . . (Datum) erhalten hat.

. . . . . .

Ort, Datum

. . . . . .

Unterschrift des Angestellten

Anmerkungen

1. Regelungsinhalt. Das Formular ist für Mitarbeiter auf der oberen Ebene der Unternehmenshierarchie konzipiert. Bei solchen Personen kann es sich um „leitende Angestellte" und/oder – im Falle der Anwendung von Tarifverträgen im Unternehmen – um „AT-Angestellte" (außertarifliche Angestellte) handeln, wobei beide Begriffe selten deckungsgleich sind (s. Küttner/*Kania* AT-Angestellte Rn. 2; *Eckert* DStR 2012, 2541, 2544). Einen einheitlichen Begriff des **leitenden Angestellten** gibt es nicht; vielmehr finden sich in einzelnen Gesetzen unterschiedliche Definitionen (vgl. nur § 5 Abs. 3 BetrVG einerseits sowie § 14 Abs. 2 KSchG andererseits; näher zum Ganzen *Fuhlrott* ArbRAktuell 2011, 55; *Klette* BC 2012, 218; *Schulze/Hintzen* ArbRAktuell 2012, 137). Prägend und regelmäßig in Bezug genommen ist allerdings der Begriff des leitenden Angestellten nach

§ 5 Abs. 3 BetrVG (Schaub/*Vogelsang* § 13 Rn. 4; *Fuhlrott* ArbRAktuell 2011, 55). Bei **AT-Angestellten** dagegen handelt es sich um Personen, die aufgrund ihrer Tätigkeit und/oder der Höhe ihrer Gesamtbezüge nicht mehr unter den persönlichen Geltungsbereich des einschlägigen Tarifvertrags fallen (vgl. BAG DB 1974, 1917; BAG NZA 1994, 461, 462; *Hunold* NZA-RR 2010, 505). Das Formular soll einheitlich für Mitarbeiter in leitenden Positionen („Führungskräfte") verwandt werden können, wobei darauf zu achten sein wird, dass – je nach anwendbarem Tarifgefüge – keineswegs jede AT-Position bereits eine Führungsposition im Unternehmen darstellen muss. Geprägt werden tatsächliche Position und rechtliche Ausgestaltung der Vertragsbeziehungen von Führungskräften im Allgemeinen durch ein besonderes „Näheverhältnis" zum Arbeitgeber, das mit der diesem Personenkreis übertragenen Verantwortung entsteht. So wird der Arbeitgeber bei der Vereinbarung von Arbeitsbedingungen mit Führungskräften oft weniger stark geneigt sein, den ihm möglichen rechtlichen Gestaltungsrahmen voll „auszuschöpfen". Daher werden solche Verträge seltener besonders einschneidende Regelungen wie z. B. Vertragsstrafen enthalten. Im Einzelfall sollte stets überprüft werden, welche Arbeitsbedingungen im Hinblick auf den Status des betroffenen Mitarbeiters als angemessen erachtet werden. Anstellungsverträge mit Führungskräften unterliegen dabei in vollem Umfang den allgemeinen arbeitsrechtlichen Kontrollmechanismen, insbesondere einer Überprüfung anhand der §§ 305 ff. BGB (→ Form. A. II. 1 Anm. 1). Mitwirkungsrechte des **Betriebsrats** vor oder bei Vertragsschluss kommen nur in Betracht, soweit die Führungskraft in den Geltungsbereich des Betriebsverfassungsgesetzes fällt (vgl. § 5 Abs. 3 BetrVG; dazu *F/E/S/T/L* § 5 Rn. 347 ff.).

2. Tätigkeit und Arbeitsort. Die Festlegung der Tätigkeit und des Arbeitsorts dient der Konkretisierung der beiderseitigen Hauptleistungspflichten. Gleichzeitig wird damit dem Erfordernis eines ausreichenden Nachweises der vereinbarten Arbeitsbedingungen gemäß § 2 Abs. 1 S. 2 Nr. 4 und Nr. 5 NachwG Rechnung getragen. Auch wenn Führungskräfte häufiger wechselnde Tätigkeits- und Einsatzorte haben werden, ist die Festlegung eines bestimmten Ortes als Dienstsitz meist empfehlenswert, um wenigstens für bestimmte Abwicklungsvorgänge (z. B. die Erfüllung von Berichtspflichten, die Über-/Rückgabe von Unterlagen und Gegenständen) in Zweifelsfällen einen Anhaltspunkt zu haben. Optional sieht das Formular eine Berichtspflicht des Angestellten vor. Eine solche Vereinbarung ist insbesondere für Führungskräfte in international ausgerichteten Unternehmen oder in Konzernen mit Matrixstrukturen sinnvoll, um eine Berichtspflicht auch über die Gesellschaftsgrenzen hinweg zu gewährleisten. Die ausdrückliche Bezeichnung des Mitarbeiters als „leitender Angestellter" im Anstellungsvertrag ist durchaus üblich und vom Mitarbeiter „gern gesehen", hat als solche aber i. d. R. keine eigenständige rechtliche Bedeutung. Die Rechtsfolgen, die – etwa in Gestalt der Nichtanwendung des Betriebsverfassungsgesetzes – die tatsächliche Erfüllung aller Voraussetzungen des Begriffs des leitenden Angestellten begleiten, können nicht allein durch Parteivereinbarung herbeigeführt werden. Im Übrigen gelten die Ausführungen in → Form. A. II. 1 Anm. 2 auch für dieses Formular entsprechend.

Sofern die Erteilung bestimmter **Vollmachten** (z. B. Prokura, Handlungsvollmacht) nach Ablauf einer bestimmten Frist beabsichtigt ist, kann dies ergänzend im Anstellungsvertrag erwähnt werden.

Optional:
Die Gesellschaft erteilt dem Angestellten nach dem Ablauf von sechs Monaten bei entsprechender Bewährung Handlungsvollmacht.

Die Vollmachtserteilung selbst erfolgt durch eine gesonderte Erklärung.

3. Versetzung. Die Bestimmung enthält in Abs. (2) und (3) eine sachliche und örtliche Versetzungsklausel (→ Form. A. II. 1 Anm. 2). Bei Führungskräften entspricht es darüber häufig einem Bedürfnis des Arbeitgebers, das Direktionsrecht auch hinsichtlich eines Einsatzes bei verbundenen Unternehmen (Mutter-, Tochter- oder Schwestergesellschaften) zu erweitern (Abs. (4), sog. **„Konzernversetzungsklausel"**; s. dazu ausführlich *Preis* Arbeitsvertrag II D 30 Rn. 211 ff.). Im vorliegenden Fall ist das Recht zur Konzernversetzung in der Weise ausgestaltet, dass das ursprünglich mit der Gesellschaft begründete Arbeitsverhältnis während des „externen" Einsatzes grundsätzlich mit allen Rechten und Pflichten bestehen bleibt (vgl. *Preis* Arbeitsvertrag II D 30 Rn. 218). Lediglich das Direktionsrecht wird ganz oder teilweise für die Dauer des Einsatzes auf die Konzerngesellschaft übertragen. Dies kann zu einer Arbeitnehmerüberlassung (→ Form. A. IX. 3) führen, die aufgrund der ausdrücklichen Ausnahme in § 1 Abs. 3 Nr. 2 AÜG allerdings nicht erlaubnispflichtig ist, solange der Arbeitnehmer nicht zum Zweck der Überlassung eingestellt und beschäftigt wird (vgl. näher ErfKomm/*Wank* § 1 AÜG Rn. 57 ff.; *Hamann* RdA 2011, 321, 332 f.; zu den europarechtlichen Bedenken gegen diese Ausnahmeregelung vgl. *Lembke* BB 2012, 2497, 2499 m. w. N.; ErfKomm/*Wank* § 1 AÜG Rn. 57). Zu beachten ist zudem, dass ein Konzernversetzungsvorbehalt den Arbeitgeber vor Ausspruch einer betriebsbedingten Kündigung im Regelfall dazu verpflichtet, etwaige Weiterbeschäftigungsmöglichkeiten nicht nur im eigenen, sondern auch in sämtlichen verbundenen Unternehmen zu prüfen und ggf. auf die (Weiter-)Beschäftigung des Angestellten in einem solchen Unternehmen hinzuwirken (BAG NZA 2007, 30; BAG BeckRS 2013, 65579). Dadurch kann für den betroffenen Arbeitnehmer praktisch ein **konzerndimensionaler Kündigungsschutz** bestehen (dazu eingehend *Weber/Ehrich/Burmester/Fröhlich* Teil 1 Rn. 321).

Inwieweit Konzernversetzungsklauseln AGB-rechtlich zulässig sind, ist noch nicht abschließend geklärt (offen gelassen BAG NJOZ 2010, 2625, 2626; vgl. auch ErfKomm/*Preis* §§ 305 bis 310 BGB Rn. 86). Vor dem Hintergrund der hohen fachlichen Qualifikationen von Führungskräften und ihrer besonderen Stellung im Unternehmen („Nähe zum Arbeitgeber") kann dieser Personengruppe wohl ein erhöhtes Maß an Loyalität nicht nur dem eigenen Arbeitgeber, sondern auch dem Konzern gegenüber abverlangt werden (vgl. im Übrigen die Ausführungen zur allgemeinen Versetzungsklausel in → Form. A. II. 1 Anm. 2).

Zusätzlich zu dem Konzernversetzungsvorbehalt enthält Abs. (4) im letzten Satz eine Berechtigung der Gesellschaft zur Anordnung von zeitlich befristeten **Auslandseinsätzen**. Welcher Zeitraum hierfür maximal als angemessen betrachtet werden kann, wird man nur im Einzelfall unter Berücksichtigung der konkreten Tätigkeit, des Berufsbildes und der Verkehrsanschauung sowie der Stellung des Angestellten innerhalb der Unternehmenshierarchie beurteilen können. Die Anordnung eines (vorübergehenden) Auslandsaufenthalts kraft Direktionsrechts darf nicht mit der Entsendung eines Arbeitnehmers auf der Grundlage eines Delegationsvertrags verwechselt werden (zu letzterem → Form. A. VIII. 3).

4. Arbeitszeit. Bei Führungskräften wird es im Regelfall an der Vereinbarung einer konkret geschuldeten Arbeitszeit fehlen. Vielmehr lässt sich bei solchen Personen auch ohne besondere Vereinbarung – aufgrund der übertragenen Verantwortung und Stellung innerhalb der Unternehmenshierarchie – davon ausgehen, dass im Zweifel ein Einsatz der gesamten verfügbaren Arbeitskraft geschuldet ist (vgl. BAG NJW 1967, 1631). Dies schließt bei Führungskräften nach der Verkehrsanschauung auch die Verpflichtung zur Durchführung von **Dienstreisen** in angemessenem Umfang ein. Zur Klarstellung und zur Vermeidung von Missverständnissen ist aber zu letztgenanntem Punkt eine ausdrückliche Regelung im Anstellungsvertrag zu empfehlen. Sofern die Führungskraft zu einer der in § 18 Abs. 1 ArbZG genannten Personen gehört, also insbesondere leitender Angestellter i. S. d. § 5 Abs. 3 BetrVG ist, müssen öffentlich-rechtliche Arbeitszeitvorschriften bei der Vertragsgestaltung nicht beachtet werden (→ Form. A. II. 1 Anm. 3). Dies bedeutet, dass die Höchstgrenzen für den zulässigen Arbeitszeitumfang von durchschnittlich 48 Wochenstunden nicht einschlägig sind (vgl. § 3 ArbZG). In der praktischen Vertragsdurchführung werden sich Einschränkungen hinsichtlich des Arbeitsumfangs dann vorwiegend aus allgemeinen Zumutbarkeitserwägungen ergeben. Besondere Bestimmungen zur Anordnung oder Abgeltung von **Überstunden** dürften in diesem Falle nicht erforderlich sein. Da nach der Ausgangsklausel ein bestimmtes (Mindest-) Arbeitszeitkontingent nicht vereinbart ist, können Überstunden schon begrifflich nicht entstehen (*Hümmerich/Rech* NZA 1999, 1132, 1133). Daraus folgt zugleich, dass mit der geschuldeten Vergütung sämtliche Tätigkeiten des Angestellten für die Gesellschaft abgegolten sind (→ Anm. 5). Zudem wird es an der objektiven Erwartung einer besonderen Vergütung von Überstunden regelmäßig fehlen, wenn Dienste höherer Art geschuldet sind oder insgesamt eine deutlich herausgehobene Vergütung gezahlt wird (BAG NZA 2011, 1335; BAG NZA 2012, 861). Letzteres wird regelmäßig der Fall sein, wenn das Entgelt die Beitragsbemessungsgrenze in der gesetzlichen Rentenversicherung überschreitet (BAG NZA 2012, 861). Die alternativ vorgeschlagene Regelung legt hingegen eine Untergrenze von 40 Wochenstunden fest. Dadurch wird für den Angestellten ersichtlich, wie viele Wochenstunden er in jedem Fall arbeiten muss.

5. Grundgehalt. Bei Führungskräften ist die Vereinbarung eines Jahresgehalts üblich, das in zwölf gleichen Raten ausgezahlt wird und mit dem sämtliche Tätigkeiten und Leistungen des Angestellten abgegolten sind. Jedenfalls bei leitenden Angestellten bestehen gegen eine derartige „Pauschalvergütung", bei der nicht zwischen Regelarbeitszeit und Überstunden differenziert wird, keine Bedenken (so schon BAG NJW 1967, 413). Zwar ist eine pauschale Abgeltungsklausel, nach der durch die übliche Vergütung etwaige Überstunden abgegolten sind, auch bei Diensten höherer Art nach § 307 Abs. 1 S. 2 BGB unwirksam (BAG NZA 2011, 1335), eine Bezahlung von Überstunden ist in diesen Fällen gleichwohl nicht erforderlich, wenn eine solche objektiv nicht erwartet werden konnte (zur objektiven Vergütungserwartung → Anm. 4; → Form. A. II. 1 Anm. 4).

6. Variable Vergütung. Üblicherweise erhalten Führungskräfte neben ihrem Grundgehalt eine – meist variable – Sonderzahlung, deren nähere Ausgestaltung aus praktischen Gründen in einer gesonderten Anlage zum Anstellungsvertrag erfolgen sollte (zu Beispielen für die Vereinbarung von Sonderzahlungen einschließlich Aktienoptionen vgl. → Form. A. III. 4 bis → Form. A. III. 12, → Form. A. IV. 10).

7. Dienstwagen. Für die Überlassung eines Dienstwagens empfiehlt sich der Abschluss eines gesonderten Dienstwagenvertrages, in dem die Rechte und Pflichten der Parteien ausführlich geregelt werden (→ Form. A. III. 1). Eine einfache Dienstwagenklausel enthält → Form. A. III. 2. Alternativ wäre es auch möglich, eine KFZ-Nutzungspauschale (zur sog. Car Allowance vgl. auch → Form. A. III. 3) im Anstellungsvertrag zu vereinbaren.

8. Abtretungsverbot. → Form. A. II. 1 Anm. 7.

9. Rückzahlungsverpflichtung. → Form. A. II. 1 Anm. 8.

10. Abwesenheit/Krankheit/Ärztliche Untersuchung. Hinsichtlich der **Entgeltfortzahlung** im Krankheitsfall gilt auch für leitende Mitarbeiter das Entgeltfortzahlungsgesetz. Im Hinblick auf die gesteigerte Vertrauensbeziehung, die im Normalfall zwischen Arbeitgeber und Führungskraft besteht, wurde davon abgesehen, detaillierte Nachweispflichten für den Krankheitsfall in den Vertrag aufzunehmen. Die Rechte zur Vorlage einer Arbeitsunfähigkeitsbescheinigung – bei Bedarf auch ab dem ersten Krankheitstag – verbleiben dem Arbeitgeber ohnehin (vgl. § 5 Abs. 1 S. 3 EFZG). Für die Ausübung dieses Rechts ist kein besonderer Grund erforderlich und die Ausübung unterliegt auch keiner Billigkeitskontrolle (BAG NZA 2013, 322, 323). Begrenzt wird das Verlangen nach einer Vorlage der Arbeitsunfähigkeitsbescheinigung schon ab dem ersten Tag einer Erkrankung jedoch durch die allgemeinen Schranken jeder Rechtsausübung, insbesondere darf das Verlangen weder schikanös noch willkürlich sein und nicht gegen den allgemeinen Gleichbehandlungsgrundsatz oder Diskriminierungsverbote verstoßen (BAG NZA 2013, 322, 323).

Als (freiwillige) **Zusatzleistung** des Arbeitgebers sieht das Formular eine Entgeltfortzahlung über den gesetzlichen Rahmen von sechs Wochen hinaus bis zur Dauer von drei Monaten vor (vgl. § 3 Abs. 1 EFZG). Derartige Regelungen sind nicht nur bei Geschäftsführern und Vorständen, sondern häufig auch bei leitenden Mitarbeitern anzutreffen. Zwingend sind sie nicht. Die in diesem Zusammenhang vereinbarte Abtretung von Schadensersatzansprüchen beruht auf dem Gedanken, dass potentielle Schädiger durch die vereinbarte Entgeltfortzahlung nicht begünstigt werden sollen. Für den gesetzlichen Lohnfortzahlungszeitraum von sechs Wochen sieht § 6 Abs. 1 EFZG einen solchen Anspruchsübergang bereits kraft Gesetzes vor.

Die optionalen Regelungen in Abs. (3) (Einstellungsuntersuchung) und in Abs. (4) (allgemeine Untersuchungsverpflichtung nach Ablauf der Probezeit) entsprechen den Bestimmungen des Arbeitsvertrags ohne Tarifbindung (→ Form. A. II. 1 Anm. 10). Insoweit gelten für Führungskräfte keine Besonderheiten.

11. Unfallversicherung. Der Abschluss einer privaten Unfallversicherung ist häufig Bestandteil von Anstellungsverträgen für Führungskräfte. Im vorliegenden Fall trifft der Vertrag keine bestimmte Aussage über die Höhe der Deckungssumme. Ihre Bestimmung steht im freien Ermessen der Gesellschaft. Für die Besteuerung von Versicherungsbeiträgen sowie der ggf. vom Arbeitnehmer zu beziehenden Versicherungsleistungen hat das BMF verschiedene Grundsätze aufgestellt (vgl. BMF-Schreiben v. 28.10.2009 – IV C 5 – S 2332/09/10004).

12. Altersversorgung. Die Zusage einer betrieblichen Altersversorgung steht grundsätzlich im Ermessen der Gesellschaft. Im Bedarfsfall empfiehlt sich hier aus Gründen der Übersichtlichkeit, die Details in einer separaten Vertragsanlage zu regeln (→ Form. F. II. 1).

13. Reisekosten/Auslagen. → Form. A. II. 1, dort unter § 5.

14. Urlaub. → Form. A. II. 1, dort unter § 6.

15. Nebentätigkeiten. Gemäß Abs. (1) bedürfen entgeltliche und unentgeltliche Nebentätigkeiten der vorherigen schriftlichen Zustimmung der Gesellschaft (→ Form. A. II. 1 Anm. 13). Darüber hinaus erstreckt der Vertrag das Zustimmungserfordernis in Abs. (4) auf sonstige außerdienstliche Aktivitäten mit Bezug zur Arbeitstätigkeit. Schließlich kann im Einzelfall aufgrund spezieller Kenntnisse eines Angestellten das Bedürfnis bestehen, ihm Ämter in Überwachungsorganen (Aufsichts- oder Beiräten) von Konzerngesellschaften zu übertragen. Eine Verpflichtung zur Übernahme solcher Ämter sieht der Vertrag in Abs. (5) vor. Die Regelung darf allerdings nicht darüber hinwegtäuschen, dass ihre Umsetzung in der Praxis ohne das Einverständnis (und eine entsprechende Motivation) des Betroffenen wertlos ist. Rechtlich kann die Übernahme eines entsprechenden Amtes ohnehin nicht erzwungen werden (vgl. § 888 Abs. 3 ZPO).

16. Geheimhaltung/Behandlung und Rückgabe von Gegenständen und Daten/Löschung von Daten. → Form. A. II. 1, dort unter § 8.

17. Schutzrechte. → Form. A. II. 1, dort unter § 9.

18. Probezeit/Kündigungsfrist. Im Formular ist die Anstellung als **unbefristeter Arbeitsvertrag** mit vorgeschalteter Probezeit ausgestaltet (zum Begriff → Form. A. II. 1 Anm. 18). Bereits während dieser „Probezeit" wird regelmäßig eine gegenüber den gesetzlichen Fristen deutlich verlängerte Kündigungsfrist vereinbart werden; nicht selten wird bei Führungskräften überhaupt keine Probezeit festgelegt. Ein Angebot der Gesellschaft, zunächst für die Dauer der Erprobung ein **befristetes Arbeitsverhältnis** einzugehen (→ Form. A. II. 1

Anm. 16), würde jedenfalls eher „kleinlich" wirken. Denn die Parteien werden regelmäßig bereits bei Vertragsschluss ein gesteigertes Vertrauen in die gemeinsame Zukunft legen.

Die **Kündigungsfristen** nach Ablauf der Probezeit werden mit Führungskräften im Regelfall individuell vereinbart. Dabei weicht häufig nicht nur die Länge der Frist, sondern auch die Bestimmung des maßgeblichen Kündigungstermins (z.B. Quartals-, Halbjahres- oder Jahresende) von der gesetzlichen Regelung in § 622 BGB ab. Da längere Kündigungsfristen typischerweise den Interessen beider Parteien dienen, bestehen gegen entsprechende Vereinbarungen – in den Grenzen von § 138 BGB und § 15 Abs. 4 TzBfG – keine rechtlichen Bedenken (→ Form. A. II. 1 Anm. 17). Allerdings ist natürlich auch für Führungskräfte zu beachten, dass für die Kündigung durch den Arbeitnehmer keine längere Frist als für die Kündigung durch den Arbeitgeber vereinbart wird (vgl. § 622 Abs. 6 BGB).

19. Schriftform. Das Schriftformerfordernis entspricht der gesetzlichen Regelung in § 623 BGB. Die Klausel hat also nur deklaratorische Bedeutung.

20. Freistellung. → Form. A. II. 1 Anm. 21.

21. Vorfälligkeitsregelung. → Form. A. II. 1 Anm. 22.

22. Altersgrenze. → Form. A. II. 1 Anm. 23.

23. Ausschlussfristen/Verjährung. → Form. A. II. 1, dort unter § 11.

24. Schlussbestimmungen/Aufhebung früherer Vereinbarungen und Anstellungsverhältnisse/Schriftform. Die Schlussbestimmungen entsprechen im Wesentlichen den Formulierungen des Arbeitsvertrages ohne Tarifbindung (→ Form. A. II. 1 Anm. 26–30). Ein möglicher Hinweis auf die Falschbeantwortung von Fragen bei der Einstellung sowie die Aufforderung zur Mitteilung von Anschriftsänderungen (→ Form. A. II. 1 Anm. 26, 27) sind in Anstellungsverträgen von Führungskräften dagegen eher unüblich.

25. Unterzeichnung des Anstellungsvertrages. → Form. A. II. 1 Anm. 31.

26. Empfangsbestätigung des Angestellten. → Form. A. II. 1 Anm. 32.

4. Arbeitsvertrag mit ausländischem Arbeitnehmer

Arbeitsvertrag[1]

zwischen

. . . . . . (Name und Anschrift des Arbeitgebers) „Gesellschaft"

und

Herrn . . . . . . (Name und Anschrift des Arbeitnehmers) „Mitarbeiter"

§ 1 Position/Versetzung/Weisungen[2]

§ 2 Arbeitszeit[3]

§ 3 Vergütung/Sonstige Zahlungen[4, 5, 6]

§ 4 Abwesenheit/Krankheit/Ärztliche Untersuchung[7]

§ 5 Reisekosten/Auslagen[8]

§ 6 Urlaub[9]

§ 7 Nebentätigkeiten[10]

§ 8 Geheimhaltung/Behandlung und Rückgabe von Gegenständen und Daten/ Löschung von Daten[11]

§ 9 Schutzrechte[12]

§ 10 Laufzeit/Kündigung/Vertragsstrafe/Freistellung/Vorfälligkeit[13]

§ 11 Aufenthaltstitel mit Berechtigung zur Ausübung einer Beschäftigung, Arbeitsgenehmigung-EU[14]

Der Mitarbeiter ist verpflichtet, rechtzeitig und selbständig die Erteilung oder Verlängerung des erforderlichen Aufenthaltstitels, der zur Ausübung einer Beschäftigung berechtigt, oder der erforderlichen Arbeitsgenehmigung-EU zu beantragen.[15, 16, 17, 18, 19] Er hat der Gesellschaft auf Verlangen Auskunft über den Stand des Verfahrens zu erteilen. Bei Ablehnung der Erteilung oder Verlängerung des erforderlichen Aufenthaltstitels oder der Arbeitsgenehmigung-EU hat der Mitarbeiter die Gesellschaft ohne Aufforderung unverzüglich zu informieren.[20, 21]

§ 12 Ausschlussfristen/Verjährung[22]

§ 13 Öffnungsklausel für Betriebsvereinbarungen[23]

§ 14 Rechtswahl[24]

(1) Das Arbeitsverhältnis und der Arbeitsvertrag unterliegen dem Recht der Bundesrepublik Deutschland.

(Optional:[25]

(2) Hat der Mitarbeiter seinen Wohnsitz im Nicht-EU-Ausland oder in einem Land, für welches das Lugano-Übereinkommen nicht gilt, verlegt er seinen Wohnsitz oder gewöhnlichen Aufenthaltsort in eines dieser Länder oder ist sein Wohnsitz oder sein gewöhnlicher Aufenthalt zum Zeitpunkt der Klageerhebung unbekannt, so wird der Sitz der Gesellschaft als Gerichtsstand vereinbart.)

§ 15 Schlussbestimmungen/Mitteilungspflicht/Aufhebung früherer Vereinbarungen und Anstellungsverhältnisse/Schriftform[26]

......	......
Ort, Datum	Ort, Datum
......	......
Unterschrift der Gesellschaft[27]	Unterschrift des Mitarbeiters

Empfangsbestätigung des Mitarbeiters[28]

Der Mitarbeiter bestätigt, dass er eine von der Gesellschaft unterschriebene vollständige Ausfertigung dieses Arbeitsvertrages am . . . . . . (Datum) erhalten hat.

. . . . . .

Ort, Datum

. . . . . .

Unterschrift des Mitarbeiters

Anmerkungen

1. Sachverhalt und Anwendungsbereich. Das Formular ist für die Anstellung eines ausländischen Arbeitnehmers bei einem Arbeitgeber mit Sitz in Deutschland konzipiert, wobei der Arbeitnehmer seine **Tätigkeit in Deutschland** ausübt. Rechtliche Besonderheiten gegenüber der Beschäftigung deutscher Arbeitnehmer ergeben sich insbesondere in den Bereichen Besteuerung der Vergütung (→ Anm. 5), Aufenthaltstitel und Arbeitsgenehmigung-EU (→ Anm. 14 ff.) sowie der Gerichtsstandsvereinbarung (→ Anm. 25). Das Formular beruht im Übrigen auf dem Arbeitsvertrag ohne Tarifbindung (→ Form. A. II. 1). Sofern ausländische Führungskräfte beschäftigt werden, können ergänzend die Regelungen des Arbeitsvertrages für Führungskräfte (→ Form. A. II. 3) herangezogen werden.

2. Position/Versetzung/Weisungen. → Form. A. II. 1, dort unter § 1.

3. Arbeitszeit. → Form. A. II. 1, dort unter § 2.

4. Vergütung/Sonstige Zahlungen. Zur vertraglichen Regelung der Vergütung im Allgemeinen → Form. A. II. 1, dort unter § 3 und → Anm. 6–9.

Darüber hinaus sind auch hier die **Vorgaben des AGG und des allgemeinen arbeitsrechtlichen Gleichbehandlungsgrundsatzes** zu beachten (zum Verhältnis von AGG und arbeitsrechtlichem Gleichbehandlungsgrundsatz vgl. BAG NZA 2006, 1217). Eine unterschiedliche Vergütung aufgrund der Ausländereigenschaft wird i. d. R. den Anwendungsbereich des AGG eröffnen. § 8 Abs. 2 AGG setzt das Bestehen des Gebotes der Entgeltgleichheit voraus, normiert dieses aber nicht selbst (ErfKomm/*Schlachter* § 8 AGG Rn. 8). Die Rechtsprechung entnimmt dieses Gebot nunmehr dem Rechtsgedanken des § 2 Abs. 2 Nr. 2 AGG (BAG AP AGG § 2 Nr. 1). Die Vereinbarung einer unterschiedlichen Vergütung für gleiche oder gleichwertige Arbeit wegen irgendeines in § 1 AGG genannten Diskriminierungsmerkmales ist daher als **Benachteiligung i. S. d. § 2 AGG** zu qualifizieren. Der Gesetzgeber hat auf diese Weise den Anwendungsbereich des Gebotes der Entgeltgleichheit über die Vorgaben der Richtlinie 2000/78/EG hinaus ausgedehnt – im ausländischen Recht finden sich keine Beispiele einer entsprechenden Normierung (MünchKomm/*Thüsing* § 8 AGG Rn. 45). Ob eine gleiche oder zumindest gleichwertige Arbeit vorliegt, bestimmt sich vordringlich nach einem Gesamtvergleich aller Tätigkeiten der fraglichen Arbeitnehmer; allein die Tatsache, dass einzelne Tätigkeiten übereinstimmen, reicht hingegen nicht aus (ErfKomm/*Schlachter* § 8 AGG Rn. 9 m. w. N.).

Überdies verlangen die Vorschriften des AGG **keine strikte Gleichstellung** von In- und Ausländern. Liegt z. B. eine mittelbare Benachteiligung vor, wird also die Vereinbarung der nachteiligen Bezahlung nicht direkt an die Ausländereigenschaft, sondern an andere, scheinbar neutrale Merkmale geknüpft, die jedoch von Ausländern wesentlich häufiger als von Inländern erfüllt werden, dann reicht gemäß § 3 Abs. 2 AGG als Rechtfertigung bereits aus, dass die geringere Bezahlung durch ein rechtmäßiges Ziel sachlich gerechtfertigt und als Mittel zu diesem Zweck erforderlich und angemessen ist (*Schleusener/Suckow/Voigt* § 3 AGG Rn. 71; *Willemsen/Schweibert* NJW 2006, 2583, 2585). Für Fälle der unmittelbaren Diskriminierung, die allerdings in der Praxis selten sind, da regelmäßig die Zahlung einer geringeren Vergütung nicht ausdrücklich an das Merkmal „Ausländer" geknüpft wird (*Schleusener/Suckow/Voigt* § 3 AGG Rn. 115), enthalten die §§ 5, 8 bis 10 AGG eine Reihe von Rechtfertigungstatbeständen, die eine unterschiedliche Behandlung erlauben. Im Zusammenhang mit unterschiedlicher Bezahlung dürfte wohl vor allem der Rechtfertigungsgrund der beruflichen Anforderungen gemäß § 8 AGG Bedeutung erlangen (näher zu diesem Rechtfertigungstatbestand i.V.m. den Benachteiligungsmerkmalen „Rasse" bzw. „ethnische Herkunft" vgl. *Meinel/Heim/Herms* AGG § 8 Rn. 16 ff.). Insbesondere die Gesichtspunkte der Ausbildung und der Vorkenntnisse – z.B. sprachlicher Natur – können dabei als Differenzierungsmerkmale dienen (vgl. *Thüsing*, Arbeitsrechtlicher Diskriminierungsschutz, Rn. 359; *Hinrichs/Stütze* NZA-RR 2011, 113). Das Benachteiligungsverbot des AGG gilt – trotz der in § 2 Abs. 2 AGG enthaltenen Verweisung auf das Betriebsrentengesetz – auch für den Bereich der **betrieblichen Altersversorgung** (BAG AP AGG § 2 Nr. 1). Wenn eine betriebliche Versorgungsordnung eine Gesamtversorgung vorsieht, dann ist grundsätzlich auch eine Anrechnung ausländischer Renten nach Maßgabe des § 5 Abs. 2 S. 2 BetrAVG möglich (BAG AP BetrAVG § 5 Nr. 41). Zu beachten sind in diesem Zusammenhang europarechtliche Regelungen (wie z.B. die Verordnung (EG) 883/2004 zur Koordinierung der Systeme der sozialen Sicherheit) und sonstige zwischenstaatliche Vereinbarungen.

Angehörige eines EU-Mitgliedstaates sind zudem durch Art. 45 AEUV und Art. 7 Abs. 1 der VO (EU) Nr. 492/2011 vom 5.4.2011 über die Freizügigkeit der Arbeitnehmer innerhalb der Union vor Diskriminierung hinsichtlich der Beschäftigungs- und Arbeitsbedingungen besonders geschützt.

5. Einkommensteuer. Die Einkommensteuer wird bei Einkünften aus nichtselbständiger Tätigkeit grundsätzlich im Wege des **Lohnsteuerabzugverfahrens** erhoben, sofern der Arbeitgeber in Deutschland ansässig ist (§ 38 Abs. 1 S. 1 Nr. 1 EStG). Der Arbeitgeber ist verpflichtet, die Lohnsteuer einzubehalten und abzuführen (§§ 38 Abs. 3 S. 1, 41a Abs. 1 EStG). Die Besteuerung ausländischer Arbeitnehmer knüpft unabhängig von deren Staatsangehörigkeit an den Wohnsitz oder den gewöhnlichen Aufenthaltsort des Arbeitnehmers (Ansässigkeit) an (§ 1 Abs. 1 EStG; zur Bestimmung des Wohnsitzes s. *Tipke/Kruse* § 8 AO Rn. 1 ff.; zum gewöhnlichen Aufenthalt *Tipke/Kruse* § 9 Rn. 1 ff.). Bei der Besteuerung ausländischer Arbeitnehmer mit Tätigkeit in Deutschland sind im Wesentlichen zwei Fallgestaltungen relevant: Der ausländische Arbeitnehmer hat seinen Wohnsitz bzw. Aufenthaltsort nur in Deutschland oder er behält seine heimatliche Ansässigkeit (z.B. bei Pendlern in Grenzregionen).

Befinden sich **Wohnsitz oder gewöhnlicher Aufenthaltsort nur in Deutschland**, ist der in Deutschland tätige Arbeitnehmer in Deutschland unbeschränkt steuerpflichtig, § 1 Abs. 1 EStG. Die Staatsangehörigkeit berührt die Steuerpflicht grundsätzlich nicht (Schmidt/*Heinicke* EStG § 1 Rn. 11). Besteht eine unbeschränkte Einkommenssteuerpflicht, besteuert der Staat das gesamte Welteinkommen des Steuerpflichtigen.

Behält der ausländische Arbeitnehmer seine heimatliche Ansässigkeit bei (dies richtet sich nach dem dort geltenden nationalen Recht), folgt daraus i.d.R. die (beschränkte) Besteuerung der Einkünfte aus nichtselbständiger Arbeit in Deutschland. Besteht mit dem Heimatstaat des Arbeitnehmers ein **Doppelbesteuerungsabkommen** (DBA) (eine alphabetische Auflistung von Staaten, mit denen ein DBA besteht, findet sich auf den Internetseiten des Bundesministeriums der Finanzen, www.bundesfinanzministerium.de), folgt die beschränkte Steuerpflicht aus Art. 15 Abs. 1 OECD-Musterabkommen zur Vermeidung von Doppelbesteuerung (das OECD-MA liegt den mit verschiedenen Staaten geschlossenen einzelnen Doppelbesteuerungsabkommen zugrunde). Gilt **kein DBA** und hat der Arbeitnehmer weder Wohnsitz noch gewöhnlichen Aufenthalt in Deutschland, folgt die beschränkte Steuerpflicht aus §§ 1 Abs. 4; 49 Abs. 1 Nr. 4 EStG.

Ist der Arbeitnehmer **sowohl in seinem Heimatland als auch in Deutschland ansässig** und besteht mit dem Heimatstaat des Arbeitnehmers ein DBA (doppelte Ansässigkeit), bestimmt Art. 4 Abs. 2 OECD-MA, welcher Vertragsstaat für die Anwendung des Musterabkommens als alleiniger Ansässigkeitsstaat gilt. Gilt Deutschland als alleiniger Ansässigkeitsstaat, so ist der Arbeitnehmer in Deutschland unbeschränkt steuerpflichtig. Gilt im Fall der doppelten Ansässigkeit kein DBA, so ist der ausländische Arbeitnehmer in Deutschland unbeschränkt steuerpflichtig und unterliegt zudem dem nationalen Steuerrecht seines Heimatlandes.

6. Sozialversicherung. Grundsätzlich unterliegen auch ausländische Staatsbürger den inländischen Vorschriften über die Sozialversicherungspflicht und die Sozialversicherungsberechtigung, wenn sie in Deutschland als Arbeitnehmer beschäftigt sind, § 3 Nr. 1 SGB IV. Zu beachten sind über- und zwischenstaatliche Regelungen zur Sozialversicherung, die dem deutschen Recht vorgehen, § 6 SGB IV. So regelt die Verordnung (EG) 883/2004 die Kollision der Sozialversicherungsvorschriften mehrerer EU/EWR-Staaten dahingehend, dass grundsätzlich die Vorschriften des Staates anwendbar sind, in dem der Arbeitnehmer abhängig beschäftigt ist (Art. 11 Abs. 3 lit. a) VO (EG) 883/2004). Im Falle der abhängigen Beschäftigung eines EU-Ausländers in Deutschland für einen deutschen Arbeitgeber ist daher grundsätzlich das deutsche Sozialversicherungsrecht anwendbar.

7. Abwesenheit/Krankheit/Ärztliche Untersuchung. → Form. A. II. 1, dort unter § 4.

8. Reisekosten/Auslagen. → Form. A. II. 1, dort unter § 5.

9. Urlaub. → Form. A. II. 1, dort unter § 6.

10. Nebentätigkeiten. → Form. A. II. 1, dort unter § 7.

11. Geheimhaltung/Behandlung und Rückgabe von Gegenständen und Daten/Löschung von Daten. → Form. A. II. 1, dort unter § 8.

12. Schutzrechte. → Form. A. II. 1, dort unter § 9.

13. Laufzeit/Kündigung/Vertragsstrafe/Freistellung/Vorfälligkeit. → Form. A. II. 1, dort unter § 10.

Auch die gegenüber einem ausländischen Arbeitnehmer abgegebene Kündigungserklärung geht in dem Moment zu, in dem dieser die abstrakte Möglichkeit der Kenntnisnahme hat. Dies gilt auch dann, wenn das **Kündigungsschreiben in deutscher Sprache** – und damit nicht in der Muttersprache des Arbeitnehmers – verfasst ist und dieser aufgrund beschränkter Sprachkenntnisse vielleicht eine Übersetzung des Kündigungsschreibens benötigt. In der Sphäre oder der Person des Empfängers liegende Umstände wie Schreib- und Lese-, aber eben auch Sprachkenntnisse, fallen in dessen Risikosphäre und bleiben daher bei der Bestimmung des Zugangszeitpunktes unberücksichtigt (*Stahlhacke/Preis/Vossen* § 7 Rn. 126; *Hinrichs/Stütze* NZA-RR 2011, 113, 120). Der Zugangszeitpunkt wird auch nicht um den Zeitraum nach hinten verschoben werden, der für die eventuelle Inanspruchnahme eines Übersetzers oder Dolmetschers benötigt würde (LAG Köln NJW 1988, 1870; Palandt/*Ellenberger* § 130 BGB Rn. 5; a. A. noch LAG Hamm EzA BGB § 130 Nr. 9). Die entgegengesetzte Ansicht, die auf das Wissen des Erklärenden und das Vorliegen solcher besonderen Umstände in der Person des Empfängers abstellt (*Freckmann* BB 2000, 1402, 1406), erscheint angesichts der Rechtsprechung des BAG (BAG AP BGB § 130 Nr. 17; BAG AP BGB § 130 Nr. 16), die – wenn auch in anderem Zusammenhang – allein die abstrakte Möglichkeit der Kenntnisnahme berücksichtigt, obsolet. Hinsichtlich der Berechnung der Kündigungsfrist und der Einhaltung der materiellen Ausschlussfrist des § 4 KSchG ergeben sich daher keine Unterschiede zwischen der gegenüber einem inländischen und einem ausländischen Arbeitnehmer ausgesprochenen Kündigung. Allerdings ist es angesichts der immer noch nicht höchstrichterlich abschließend geklärten Fragen der Berücksichtigung der Sprachkenntnisse ratsam, dem sprachunkundigen Arbeitnehmer die Kündigungserklärung – soweit im konkreten Fall möglich – mit einem gewissen zeitlichen Vorlauf zuzustellen. Auch sind natürlich Übersetzungen durch den Arbeitgeber möglich, wobei dann das zusätzliche Risiko von Übersetzungsfehlern besteht.

Auf eine unverschuldete Fristversäumnis gemäß § 5 Abs. 1 KSchG kann sich der ausländische Arbeitnehmer nur berufen, wenn er die notwendige Sorgfalt zur Wahrung seiner eigenen Rechte im Arbeitsleben seines Gastlandes angewendet hat. Hierzu gehört auch, dass er ein für ihn unverständliches Schreiben seines Arbeitgebers unverzüglich nach Erhalt übersetzen lassen muss, um dann die notwendigen Schritte zur fristgerechten Klageerhebung ergreifen zu können (LAG Hamburg NZA 1985, 127; *Freckmann* BB 2000, 1402, 1406). Zur Kündigung wegen fehlendem Aufenthaltstitel bzw. Arbeitsgenehmigung-EU vgl. Anm. 20.

14. Beschäftigung von Ausländern. Grundsätzlich benötigen Ausländer, die in Deutschland eine unselbständige Erwerbstätigkeit ausüben wollen, neben einem gültigen Pass oder Passersatz einen Aufenthaltstitel, der zur Ausübung einer Beschäftigung berechtigt, § 4 Abs. 3 AufenthG (→ Anm. 17). Ausnahmen gelten insbesondere für Bürger aus EU-Staaten (s. dazu Anm. 15), aber auch für Hochqualifizierte (→ Anm. 18). Verfügt der ausländische Arbeitnehmer nicht über einen entsprechenden Aufenthaltstitel, darf der Arbeitgeber ihn nicht beschäftigen, § 4 Abs. 3 AufenthG (→ Anm. 20). Für EU-Bürger sind für den Aufenthalt und die Aufnahme einer Beschäftigung in Deutschland die Vorschriften des Gesetzes über die allgemeine Freizügigkeit von Unionsbürgern (**Freizügigkeitsgesetz/EU** – FreizügG/EU) maßgeblich. Für Ausländer aus Drittstaaten gilt das Gesetz über den Aufenthalt, die Erwerbstätigkeit und die Integration von Ausländern im Bundesgebiet (**Aufenthaltsgesetz** – AufenthG).

15. Aufenthaltsrecht und Erwerbstätigkeit bei EU-/EWR-Staatsangehörigen. Die Beschäftigung von **EU-Staatsangehörigen** ist durch das Freizügigkeitsgesetz/EU weiter erleichtert worden. Das Freizügigkeitsgesetz/EU regelt die Einreise und den Aufenthalt von Staatsangehörigen anderer Mitgliedsstaaten der EU (Unionsbürger) und ihrer Familienangehörigen (§ 1 FreizügG/EU). Unionsbürger bedürfen für die Einreise keines Visums und für den Aufenthalt keines Aufenthaltstitels (§ 2 Abs. 4 FreizügG/EU). Allein die Einreise berechtigt **automatisch zur Aufnahme einer Erwerbstätigkeit**, ohne dass hierfür eine Arbeitsgenehmigung oder sonstige Erlaubnis erforderlich wäre. Es besteht lediglich eine Meldepflicht bei den Meldebehörden.

Familienangehörige, die nicht Unionsbürger sind, bedürfen für die Einreise eines Visums, sofern eine Rechtsvorschrift dies vorsieht. Weitere Einzelheiten des Einreise- und Aufenthaltsrechts von Familienangehörigen regelt § 3 FreizügG/EU. Freizügigkeitsberechtigten Unionsbürgern und ihren Familienangehörigen mit Staatsangehörigkeit eines EU-Staates wird von Amts wegen eine Bescheinigung über das Aufenthaltsrecht ausgestellt, § 5 Abs. 1 FreizügG/EU. Demgegenüber erhalten Familienangehörige von EU-Bürgern, die aus Drittstaaten stammen, von Amts wegen eine Aufenthaltskarte, § 5 Abs. 2 FreizügG/EU. Sowohl die Bescheinigung als auch die Aufenthaltskarte sind lediglich deklaratorischer Natur, so dass der Aufenthalt im Bundesgebiet, ohne im Besitz eines solchen Dokuments zu sein, unschädlich und nicht mit ordnungsbehördlichen oder bußgeldrechtlichen Sanktionen belegt ist (vgl. §§ 3, 8, 10 FreizügG/EU).

Das Freizügigkeitsgesetz/EU gilt – ohne Einschränkung – auch für **Staatsangehörige der EWR-Staaten** (Island, Norwegen und Lichtenstein) und ihre Familienangehörigen, § 12 FreizügG/EU. Die Schweiz ist dem EWR nicht beigetreten. Aufgrund einer bilateralen Vereinbarung zwischen der Schweiz und der EG und ihren Mitgliedsstaaten vom

21.6.1999 (in Kraft getreten zum 1.6.2002) sind Schweizer Bürger i.S.d. Freizügigkeitsregelung den EU-Bürgern und den EWR-Staatsangehörigen gleichgestellt. Durch die Regelung in § 28 AufenthV wird dies bestätigt.

Eine bedeutsame Einschränkung der Freizügigkeit gilt noch für Bürger Kroatiens, das am 1.7.2013 der EU beigetreten ist. Staatsangehörige dieses Staates bedürfen für die Aufnahme einer Beschäftigung noch bis zum Ende der Beschränkung der Arbeitnehmerfreizügigkeit (30.6.2015) einer Arbeitsgenehmigung-EU, die als Arbeitserlaubnis-EU oder Arbeitsberechtigung-EU erteilt wird. Arbeitgeber müssen daher genau prüfen, ob der einzustellende Arbeitnehmer aus diesem Beitrittsland kommt. Ohne diese Arbeitsgenehmigung-EU dürfen Bürger dieses Staates nicht beschäftigt werden, § 284 Abs. 1 SGB III. Die Erteilung der Arbeitsgenehmigung-EU unterliegt den Voraussetzungen des § 39 Abs. 2 bis 4 und 6 AufenthG und damit den Anforderungen, die auch für Nicht-EU-Ausländer gelten (→ Anm. 17). Für die Aufnahme einer Beschäftigung, die eine qualifizierte Berufsausbildung voraussetzt, haben sie jedoch Vorrang gegenüber Staatsangehörigen von Drittstaaten, die zum Zweck der Beschäftigung einreisen, § 39 Abs. 6 Satz 2 AufenthG. Für die Aufnahme einer Beschäftigung, die keine qualifizierte Berufsausbildung voraussetzt, gelten zusätzliche enge Voraussetzungen für die Erteilung einer Arbeitserlaubnis, § 284 Abs. 4 S. 1 SGB III.

16. Aufenthaltsrecht bei Nicht-EU/Nicht-EWR-Staatsangehörigen. Ausländer aus Nicht-EU/EWR-Staaten bedürfen für die Einreise und den Aufenthalt im Bundesgebiet eines **Aufenthaltstitels.** Ausnahmen bestehen aufgrund von Rechtsverordnungen oder falls aufgrund des Abkommens vom 12.9.1963 zur Gründung einer Assoziation zwischen der Europäischen Wirtschaftsgemeinschaft und der Türkei (Assoziationsabkommen EWG/Türkei) ein Aufenthaltsrecht besteht, § 4 Abs. 1 AufenthG (s. dazu Anm. 19). Mit der Einführung des Aufenthaltsgesetzes zum 1.1.2005 sowie dessen Modifizierungen durch das Arbeitsmigrationsgesetz (BGBl. I 2008 S. 2846) sowie des Gesetzes zur Umsetzung der Hochqualifizierten-Richtlinie der Europäischen Union (BGBl. I 2012 S. 1224) sind im Bereich des Aufenthaltsrechts und im Bereich des Arbeitserlaubnisrechts (→ Anm. 18) für Nicht-EU/EWR-Ausländer erhebliche Neuerungen eingetreten.

Das AufenthG sieht fünf Aufenthaltstitel vor: Das **Visum** (§ 6 AufenthG) wird als Schengen-Visum für die Durchreise oder für kurzfristige Aufenthalte in der Bundesrepublik Deutschland erteilt, § 6 Abs. 1 Nr. 1 AufenthG. Für längerfristige Aufenthalte ist ein nationales Visum erforderlich, § 6 Abs. 2 AufenthG. Die **Aufenthaltserlaubnis** (§§ 7, 8 AufenthG) ist ein befristeter, aber verlängerbarer Aufenthaltstitel. Sie wird für bestimmte Zwecke z.B. zur Ausbildung, zur Ausübung einer Erwerbstätigkeit oder aus familiären Gründen erteilt bzw. verlängert. Die **Niederlassungserlaubnis** (§ 9 AufenthG) ist ein unbefristeter Aufenthaltstitel. Sie setzt u.a. den fünfjährigen Besitz einer Aufenthaltserlaubnis sowie einen gesicherten Lebensunterhalt voraus und berechtigt automatisch zur Ausübung einer Erwerbstätigkeit. Mit dem Gesetz zur Umsetzung aufenthalts- und asylrechtlicher Richtlinien der Europäischen Union, das am 28.8.2007 in Kraft getreten ist, wurde die Erlaubnis zum Daueraufenthalt-EG als neuer Aufenthaltstitel eingeführt. Die **Daueraufenthaltserlaubnis-EG** (§ 9a AufenthG) entspricht hinsichtlich der Erteilungsvoraussetzungen im Wesentlichen denen der Niederlassungserlaubnis. Der wesentliche Unterschied zwischen den beiden Aufenthaltstiteln besteht darin, dass die Daueraufenthaltserlaubnis-EG zur sog. „Mobilität" berechtigt, d.h. der Inhaber dieser Erlaubnis besitzt einen Rechtsanspruch darauf, in einem anderen Mitgliedstaat der Europäischen Union auch längerfristigen Aufenthalt und sogar Aufenthalt zur Ausübung einer Beschäftigung zu nehmen, während Inhaber der „nationalen" Niederlassungserlaubnis in den Mitgliedsaaten lediglich die sog. Schengen-Reisefreiheit nutzen können (Aufenthalt lediglich zu Besuchszwecken für die Dauer von längstens drei Monaten). Aufgrund der Richtlinie 2009/50/EG des Rates der Europäischen Union vom 25 .5 .2009 über die Bedingungen für die Einreise und den Aufenthalt von Drittstaatsangehörigen zur Ausübung einer hochqualifizierten Beschäftigung (Hochqualifizierten-Richtlinie), hat der deutsche Gesetzgeber das Gesetz zur Umsetzung der Hochqualifizierten-Richtlinie der Europäischen Union verabschiedet, das zum 1.8.2012 in Kraft getreten ist. Aus diesem resultiert ein neuer Aufenthaltstitel – die **Blaue Karte EU** (§ 19a AufenthG). Die Blaue Karte EU ist eine befristete Aufenthaltserlaubnis für (hoch-)qualifizierte Fachkräfte, die aus Drittstaaten in das Bundesgebiet zuwandern (→ Anm. 18).

Staatsangehörige bestimmter Staaten, nämlich Australien, Israel, Japan, Kanada, Republik Korea, Neuseeland und der USA können auch für einen Aufenthalt, der die Drei-Monats-Grenze eines Kurzaufenthalts überschreitet, visumsfrei nach Deutschland einreisen und sich hier aufhalten. Im Falle einer Erwerbstätigkeit können sie den erforderlichen Aufenthaltstitel innerhalb von drei Monaten nach der Einreise ins Bundesgebiet einholen (§ 41 Abs. 1, 3 AufenthV).

17. Erlaubnis der Beschäftigung für Nicht-EU/Nicht-EWR-Staatsangehörige. Arbeitgeber dürfen Angehörige der Nicht-EU/EWR-Staaten grundsätzlich nur beschäftigen, wenn der Ausländer über einen Aufenthaltstitel verfügt, der eine Beschäftigung erlaubt, § 4 Abs. 3 Satz 1 AufenthG. Da jeder Aufenthaltstitel erkennen lassen muss, ob die Ausübung einer Erwerbstätigkeit erlaubt ist, ist die Kontrolle durch den Arbeitgeber einfach, § 4 Abs. 2 S. 2 AufenthG. Über die Frage, ob einem ausländischen Arbeitnehmer der Zugang zum deutschen Arbeitsmarkt eröffnet werden soll, entscheidet allein die jeweilige **Auslandsvertretung im Visumsverfahren oder die zuständige Ausländerbehörde** unter verwaltungsinterner Mitwirkung der Bundesagentur für Arbeit. Das bisherige doppelte Genehmigungsverfahren bei der Ausländerbehörde zwecks Aufenthalt einerseits und der Bundesagentur für Arbeit zwecks Arbeit andererseits entfällt somit.

Die Bundesagentur für Arbeit kann gemäß § 39 Abs. 2 AufenthG der Erteilung und Verlängerung eines Aufenthaltstitels nur zustimmen, wenn sich durch die Beschäftigung von Ausländern **nachteilige Auswirkungen auf den Arbeitsmarkt** nicht ergeben (§ 39 Abs. 2 S. 1 Nr. 1 a) AufenthG) und wenn für die Beschäftigung deutsche Arbeitnehmer sowie vorrangig zu berücksichtigende Ausländer – etwa aus EU-Staaten oder bereits länger erwerbstätige Drittstaatsangehörige – nicht zur Verfügung stehen (§ 39 Abs. 2 S. 1 Nr. 1 b) AufenthG – sog. Vorrangprüfung), oder wenn sie durch Prüfung nach § 39 Abs. 2 S. 1 Nr. 1 a) und b) AufenthG für einzelne Berufsgruppen oder für einzelne Wirtschaftszweige festgestellt hat, dass die Besetzung der offenen Stelle mit ausländischen Bewerbern arbeitsmarkt- und integrationspolitisch verantwortbar ist (§ 39 Abs. 2 S. 1 Nr. 2 AufenthG). Ferner darf der ausländische Arbeitnehmer nicht zu ungünstigeren Arbeitsbedingungen als vergleichbare deutsche Arbeitnehmer beschäftigt werden, § 39 Abs. 2 S. 1 AufenthG. Für die Beschäftigung stehen deutsche Arbeitnehmer und diesen gleichgestellte Ausländer auch dann zur Verfügung, wenn sie nur mit Förderung der Bundesagentur für Arbeit vermittelt werden können, § 39 Abs. 2 S. 2 AufenthG. Die Zustimmung der Bundesagentur für Arbeit kann die Dauer und berufliche Tätigkeit festlegen sowie die Beschäftigung auf bestimmte Betriebe oder Bezirke beschränken, § 39 Abs. 4 AufenthG. Grundsätzlich gilt weiterhin ein **Anwerbestopp für nicht- und geringqualifizierte Ausländer** aus Nicht EU-/Nicht-EWR-Staaten, § 18 Abs. 3 AufenthG. Erfordert die Beschäftigung keine qualifizierte Berufsausbildung, darf eine Aufenthaltserlaubnis nur erteilt werden, wenn dies entweder durch eine zwischenstaatliche Vereinbarung oder eine Rechtsverordnung nach § 42 AufenthG vorgesehen ist.

Auch der **Arbeitgeber** kann bei der Prüfung der Bundesagentur für Arbeit beteiligt werden. Er hat im Rahmen des Verfahrens zur Erteilung der Aufenthaltserlaubnis zur Ausübung einer Beschäftigung Auskunft über Arbeitsentgelt, Arbeitszeiten und sonstige Arbeitsbedingungen zu erteilen, § 39 Abs. 2 S. 3 AufenthG. Der Arbeitgeber wird dem (künftigen) Arbeitnehmer auch bestätigen müssen, dass er ihn einstellen will, da ein

Aufenthaltstitel zur Ausübung einer Beschäftigung nur erteilt werden darf, wenn ein konkretes Arbeitsplatzangebot vorliegt, § 18 Abs. 5 AufenthG.

Die (interne) Zustimmung der Bundesagentur für Arbeit ist **nicht in jedem Fall für die Aufnahme einer Beschäftigung** notwendig. Ausnahmen von dem (internen) Zustimmungserfordernis können durch Rechtsverordnung oder zwischenstaatliche Vereinbarung vorgesehen sein (vgl. § 18 Abs. 2, 3 AufenthG). Die am 1.7.2013 in Kraft getretene Verordnung über die Beschäftigung von Ausländerinnen und Ausländern (Beschäftigungsverordnung – BeschV; BGBl. I 2013 S. 1499), die die bis dahin geltende Beschäftigungsverfahrensordnung und Beschäftigungsverordnung ablöst, regelt entsprechende Ausnahmetatbestände, insbesondere für Hochqualifizierte und hinsichtlich der Beschäftigung von Ausländern in Ausbildungsberufen (→ Anm. 18).

Die Anwerbung ausländischer Arbeitnehmer aus dem Nicht-EU/Nicht-EWR-Ausland für eine Beschäftigung im Inland kann für bestimmte Berufe und Tätigkeiten gemäß § 292 SGB III durch Rechtsverordnung auf die Bundesagentur für Arbeit übertragen werden. Soweit ersichtlich, sind derartige Verordnungen bislang nicht ergangen. Es ist aber anzuraten, die Verordnungslage vor einer Anwerbung aus dem Nicht-EU/EWR-Ausland erneut zu überprüfen.

18. Ausnahmeregelungen für Hochqualifizierte/geduldete Ausländer/Ausbildungsberufe. Das **Aufenthaltsgesetz** sieht besondere **Regelungen für hochqualifizierte Personen aus dem Ausland** vor. Nach § 19 Abs. 1 AufenthG kann einem hochqualifizierten Ausländer in besonderen Fällen eine Niederlassungserlaubnis erteilt werden. Als Beispiele werden Wissenschaftler mit besonderen fachlichen Kenntnissen, Lehrpersonen oder wissenschaftliche Mitarbeiter in herausgehobener Funktion genannt. Zusätzlich muss die Annahme gerechtfertigt sein, dass die **Integration in die Lebensverhältnisse der Bundesrepublik Deutschland und die Sicherung des Lebensunterhalts ohne staatliche Hilfe** gewährleistet ist. Die Niederlassungserlaubniserteilung an Hochqualifizierte bedarf nach der neuen BeschV nicht mehr der (internen) Zustimmung der Bundesagentur für Arbeit (§ 2 Abs. 1 Nr. 1 BeschV).

Mit der neu eingeführten **Blaue Karte EU** (§ 19a AufenthG) wurde ein neuer Aufenthaltstitel für Ausländer mit akademischem oder diesem gleichwertigen Qualifikationsniveau und einem bestimmten Mindestgehalt in das Aufenthaltsgesetz aufgenommen. Sie wird von der kommunalen Ausländerbehörde am Wohnsitz des ausländischen Arbeitnehmers im Bundesgebiet erteilt und erlaubt den Aufenthalt und die Beschäftigungsaufnahme für eine qualifizierte Tätigkeit in der Bundesrepublik Deutschland. Voraussetzungen für die Erteilung sind: Ein deutscher oder anerkannter ausländischer oder vergleichbarer Hochschulabschluss (§ 19a Abs. 1 Nr. 1 AufenthG), ein angemessener und konkreter Arbeitsplatz (§ 19a Abs. 1 Halbs. 1 i.V.m. § 18 Abs. 5 AufenthG) sowie grundsätzlich der Nachweis eines jährlichen Mindestbruttogehalts in Höhe von zwei Drittel der jährlichen Beitragsbemessungsgrenze in der allgemeinen Rentenversicherung (entspricht im Jahr 2014 47.600 EUR) (§§ 19a Abs. 1 Nr. 3, Abs. 2 Nr. 1 AufenthG i.V.m. § 2 Abs. 1 Nr. 2 a) BeschV). Liegen diese Voraussetzungen vor, bedarf es auch hier nicht der (internen) Zustimmung der Bundesagentur für Arbeit (§ 2 Abs. 1 Nr. 2 BeschV) und die Blaue Karte EU wird (bei erstmaliger Erteilung) auf höchstens vier Jahre befristet erteilt (§ 19a Abs. 3 AufenthG). Ausnahmsweise wird das geforderte jährliche Mindestbruttogehalt auf 52 Prozent der jährlichen Beitragsbemessungsgrenze in der allgemeinen Rentenversicherung herabgesetzt (§ 2 Abs. 2 BeschV). Das ist der Fall, wenn es um die Beschäftigung eines hochqualifizierten Ausländers in einem sog. Mangelberuf geht, also einem Beruf, in dem ein besonderer Bedarf an Drittstaatsangehörigen besteht und der zu den Hauptgruppen 1 und 2 der internationalen Standardklassifikation der Berufe (ISCO) zählt; hierzu gehören beispielsweise Ingenieure, Ärzte, IT-Fachkräfte, Mathematiker und Naturwissenschaftler. Bei Erfüllung dieser Voraussetzungen entfällt die Vorrangprüfung vollständig, die Bundesagentur für Arbeit muss jedoch zustimmen (§ 2 Abs. 2 BeschV).

Darüber hinaus enthält § 18a AufenthG Regelungen, denen zufolge auch **geduldete Ausländer**, die über eine bestimmte Ausbildungsqualifikation verfügen, eine Aufenthaltserlaubnis zur Ausübung einer der beruflichen Qualifikation entsprechenden Beschäftigung erhalten können. Ausländer, die in Deutschland erfolgreich ein Hochschulstudium oder eine Berufsausbildung in einem anerkannten oder vergleichbar geregelten Ausbildungsberuf absolviert haben und andere Fachkräfte erhalten demzufolge eine Arbeits- und Aufenthaltserlaubnis, wenn sie eine ihrem Abschluss entsprechende und für ihren Lebensunterhalt ausreichende Arbeitsstelle finden. In diesen Fällen erfolgt gemäß § 18a Abs. 1 Nr. 1 a) bis c) AufenthG auch keine Vorrangprüfung i. S. d. § 39 Abs. 2 S. 1 AufenthG.

Durch die neue BeschV werden zudem insbesondere die Voraussetzungen neu geregelt, unter denen ausländische Fachkräfte zu Beschäftigungen in **Ausbildungsberufen** zugelassen werden können. Nunmehr können neben Ausländern, die eine Berufsausbildung in Deutschland absolviert haben und im erlernten Beruf arbeiten möchten (§ 18 Abs. 4, 2 AufenthG i. V. m. § 6 Abs. 1 BeschV) auch ausländische Fachkräfte, die ihre berufliche Qualifikation im Ausland erworben haben, künftig grundsätzlich zur Beschäftigung in allen stattlich anerkannten oder vergleichbar geregelten Ausbildungsberufen zugelassen werden, soweit die Zulassung erforderlich wird, um die Nachfrage nach entsprechend qualifizierten Kräften ausreichend zu decken und damit Engpässe an Fachkräften zu Lasten der deutschen Wirtschaft zu vermeiden (§ 18 Abs. 4, 2 AufenthG i. V. m. § 6 Abs. 2 BeschV). Die Bundesagentur für Arbeit ermittelt in einer halbjährlichen Engpassanalyse die sog. Engpassberufe und erstellt eine entsprechende Positivliste, die regelmäßig an die Arbeitsmarktentwicklung angepasst wird.

19. Aufenthaltsgenehmigung bei türkischen Staatsangehörigen. Türkische Staatsangehörige unterliegen nicht den erleichterten Aufenthaltsbestimmungen des FreizügigkeitsG/EU, da die Türkei nicht der EU oder dem EWR angehört. Erleichterte Regelungen gelten jedoch gemäß § 4 Abs. 5 AufenthG aufgrund des **Assoziierungsabkommens EG-Türkei** vom 12.9.1963 (BGBl. II 1964 S. 509) und des hierzu ergangenen Zusatzprotokolls vom 23.11.1970 (BGBl. II 1972 S. 385) sowie der Beschlüsse des Assoziationsrats. Von Bedeutung sind insbesondere die Assoziationsratsbeschlüsse ARB 2/76 und 1/80, die unmittelbar anwendbar sind (vgl. EuGH NVwZ 1991, 255; EuGH NVwZ 1993, 258). Durch die beiden Beschlüsse sind die näheren Umstände und Bedingungen für die Aufnahme von Arbeitsverhältnissen und den Aufenthalt türkischer Arbeitnehmer, die dem regulären Arbeitsmarkt eines Mitgliedsstaats angehören, geregelt worden (KHzA/*Braasch* 1.2 Rn. 30). Gemäß Art. 6 ARB 1/80 kann ein türkischer Arbeitnehmer je nach Länge einer vorhergehenden ordnungsgemäßen Beschäftigung in Deutschland einen erleichterten Anspruch auf Erneuerung seiner Arbeitserlaubnis haben. Nach der Rechtsprechung des EuGH gelten wegen der engen Verknüpfung von Aufenthalts- und Arbeitsgenehmigungsrecht jedenfalls die Regelungen des Art. 6 Abs. 1, 1. und 3. ARB 1/80 nicht nur für die Erneuerung der Arbeitserlaubnis, sondern auch für die Aufenthaltsberechtigung (EuGH NVwZ 1993, 258, 260 – Kus-Urteil; EuGH NVwZ 1991, 255, 256 – Sevince-Urteil). Besteht demnach ein Aufenthaltsrecht, ist es von dem türkischen Arbeitnehmer nachzuweisen, dem dann eine Aufenthaltserlaubnis ausgestellt wird, § 4 Abs. 5 AufenthG.

20. Fehlen des erforderlichen Aufenthaltstitels. Hat der erlaubnispflichtige ausländische Arbeitnehmer keinen Aufenthaltstitel bzw. keine Arbeitsgenehmigung, so führt dies nicht zur Unwirksamkeit des Arbeitsvertrages, sondern nur zum **Verbot der tatsächlichen Beschäftigung** gemäß § 4 Abs. 3 AufenthG, § 284 Abs. 1 SGB III. Der Bestand des Arbeitsvertrages hängt maßgeblich davon ab, ob die Genehmigung bereits bei Abschluss des Arbeitsvertrages nicht vorgelegen hat oder ob sie (etwa durch Zeitablauf) nachträglich weggefallen ist.

Wird ein **Arbeitsvertrag geschlossen, bevor eine Genehmigung vorliegt,** so ist der Vertrag nur dann gemäß § 134 BGB nichtig, wenn er nach der Absicht der Vertragsparteien trotz Kenntnis des Genehmigungserfordernisses ohne Genehmigung durchgeführt werden sollte (BAG AP AFG § 19 Nr. 4; BAG AP AVAVG § 35 Nr. 4; *Freckmann* BB 2000, 1402, 1406). Dagegen ist der Vertrag zunächst schwebend unwirksam, wenn mit der Erteilung der Arbeitsgenehmigung gerechnet werden kann (BAG AP AVAVG § 35 Nr. 4). Wird die Arbeitsgenehmigung in diesem Fall verweigert, so ist der Arbeitsvertrag endgültig unwirksam. Wird dagegen die Arbeitsgenehmigung vor Arbeitsbeginn erteilt, so wird der Vertrag von Anfang an wirksam (BAG AP AVAVG § 35 Nr. 4). Hat bei Vertragsschluss ein **Aufenthaltstitel bzw. eine Arbeitsgenehmigung vorgelegen und wird diese nicht verlängert,** bleibt der Arbeitsvertrag wirksam (BAG AP KSchG 1969 § 1 Personenbedingte Kündigung Nr. 14).

Besteht ein Beschäftigungsverbot nach § 4 Abs. 3 AufenthG, § 284 Abs. 1 S. 1 SGB III, so sind die **wechselseitigen Vertragsverpflichtungen suspendiert** (vgl. *Hauck/Noftz* § 284 Rn. 135). Der Arbeitgeber kommt gemäß § 297 BGB **nicht in Annahmeverzug i.S.d. § 615 BGB,** wenn er die Annahme der Arbeitsleistung verweigert, es sei denn, er hat einer bestehenden vertraglichen Pflicht zur Mitwirkung bei der Beschaffung der Arbeitsgenehmigung nicht entsprochen (*Hauck/Noftz* § 284 Rn. 135; KR/*Spilger* § 11 KSchG Rn. 17). Sofern der ausländische Arbeitnehmer trotz fehlender Arbeitsgenehmigung arbeitet, gelten die Regeln über das **faktische Arbeitsverhältnis** entsprechend; dies hat zur Folge, dass trotz des Verstoßes gegen das Beschäftigungsverbot ein Vergütungsanspruch des ausländischen Arbeitnehmers entsteht (ErfKomm/*Preis* § 611 BGB Rn. 9). Fallen Zeiten von fehlender Arbeitsgenehmigung und Arbeitsunfähigkeit zusammen, hängt die Entgeltfortzahlungspflicht des Arbeitgebers davon ab, ob bei rechtzeitiger Beantragung eine neue Arbeitsgenehmigung erteilt worden wäre. Ist dies der Fall, muss der Arbeitgeber trotz des Beschäftigungsverbots Entgeltfortzahlung im Krankheitsfall leisten, da die Arbeitsunfähigkeit die alleinige Ursache für den Arbeitsausfall darstellt (BAG AP EntgeltFG § 3 Nr. 2; vgl. *Hauck/Noftz* § 284 Rn. 136).

Hat der Arbeitgeber das Fehlen der Arbeitsgenehmigung nicht zu vertreten und ist mit der Erteilung in absehbarer Zeit auch nicht zu rechnen, besteht für den Arbeitgeber die Möglichkeit, das Arbeitsverhältnis **personenbedingt ordentlich zu kündigen** (*Hauck/Noftz* § 284 Rn. 134 m.w.N.). Allein der Ablauf einer – befristeten – Aufenthaltserlaubnis ist hingegen kein personenbedingter Kündigungsgrund, wenn der Aufenthalt des ausländischen Arbeitnehmers trotzdem als erlaubt gilt und der Arbeitnehmer eine gültige Arbeitsgenehmigung besitzt (KR/*Griebeling* § 1 KSchG Rn. 290). Eine **verhaltensbedingte Kündigung** kommt hingegen in Betracht, wenn sich der Arbeitnehmer nicht um die Arbeitsgenehmigung bemüht (KR/*Griebeling* § 1 KSchG Rn. 291). Grundsätzlich ist es nämlich der Arbeitnehmer selbst, dem die Verpflichtung zukommt, sich um die Verlängerung seiner Arbeitsgenehmigung zu bemühen (*Hauck/Noftz* § 284 Rn. 135). Es besteht auch keine Hinweispflicht des Arbeitgebers auf das Auslaufen der Arbeitsgenehmigung (BAG AP EntgeltFG § 3 Nr. 2). Allerdings kann aus einer früher erfolgten Hilfeleistung des Arbeitgebers bei der Beantragung des Aufenthaltstitels ein Vertrauenstatbestand entstehen. Unterlässt der Arbeitgeber in diesem Fall die erforderliche Mitwirkung, kann es ihm verwehrt sein, sich auf einen fehlenden Aufenthaltstitel zu berufen (vgl. BAG AP EntgeltFG § 3 Nr. 2; BAG AP AFG § 19 Nr. 3). Die fehlende Arbeitsgenehmigung kann in Einzelfällen auch einen wichtigen Grund für eine außerordentliche Kündigung i.S.d. § 626 Abs. 1 BGB darstellen, so z.B. wenn der Arbeitnehmer gegenüber dem Arbeitgeber verschweigt, dass er zur Ausreise aufgefordert, seine Ausreisepflicht für sofort vollziehbar erklärt wurde und deshalb seine Arbeitserlaubnis entfallen ist (LAG Nürnberg LAGE BGB § 626 Nr. 81).

21. Haftung des Arbeitgebers. Die Beschäftigung eines ausländischen Arbeitnehmers ohne Arbeitsgenehmigung kann gemäß § 404 Abs. 2 Nr. 3, Abs. 3 SGB III mit einem

Bußgeld bis zu 500.000 EUR geahndet werden (zur erschlichenen Arbeitserlaubnis vgl. BayObLG NZA-RR 1996, 474). Weiterhin haftet der Arbeitgeber für die Kosten, die durch eine **Abschiebung** entstehen, § 66 Abs. 4 AufenthG. Die Haftung entfällt jedoch, sofern der Arbeitgeber seinen Verpflichtungen nachgekommen ist, zu prüfen, ob der Ausländer einen Aufenthaltstitel mit entsprechender Berechtigung zur Erwerbstätigkeit vorweisen kann und er eine Kopie dieses Aufenthaltstitels in elektronischer Form oder Papierform für die Dauer der Beschäftigung aufbewahrt und überdies die Vorschriften des § 28a SGB IV beachtet, § 66 Abs. 4a AufenthG. Der Arbeitgeber darf sich dabei jedoch nicht auf Angaben des Arbeitnehmers verlassen, sondern muss den Inhalt der Genehmigung zur Kenntnis nehmen (BVerwG NVwZ 1987, 1086; *Hauck/Noftz* § 404 Rn. 21). Im Falle eines unvorhersehbaren Widerrufs der Genehmigung haftet der Arbeitgeber jedoch nicht (BayOLG AP SGB III § 404 Nr. 1). Beschäftigt der Arbeitgeber einen Arbeitnehmer aufgrund einer von der Agentur für Arbeit erteilten Auskunft, der Arbeitnehmer dürfe bis zur endgültigen Entscheidung arbeiten, muss sich der Arbeitgeber nach dem Ausgang des Verfahrens erkundigen (BayObLG NZA-RR 1998, 423).

22. Ausschlussfristen/Verjährung. → Form. A. II. 1, dort unter § 11.

23. Öffnungsklausel für Betriebsvereinbarungen. → Form. A. II. 1, dort unter § 12.

24. Rechtswahl. Treffen die Arbeitsvertragsparteien keine Rechtswahl, gilt bereits aufgrund objektiver Anknüpfung **deutsches Recht,** da bei dem zugrunde gelegten Sachverhalt der ausländische Arbeitnehmer, der von einem deutschen Arbeitgeber eingestellt wird, seine Arbeit in Deutschland verrichtet (Art. 8 Abs. 2 Rom I-VO). Eine ausdrückliche Regelung im Arbeitsvertrag, wie in dem Formular in § 14 vorgesehen, ist jedoch aus Gründen der Klarstellung empfehlenswert.

25. Gerichtsstandsvereinbarung. Optional sieht das Formular eine Gerichtsstandsvereinbarung vor. Eine solche ist nur zulässig, wenn § 38 ZPO, die EuGVVO (Verordnung (EG) Nr. 44/2001 vom 22.12.2000, abgedruckt bei *Thomas/Putzo*; auch EuGVO) oder das revidierte, mit der EuGVVO inhaltlich übereinstimmende, Lugano-Übereinkommen vom 30.10.2007 sie gestattet. Ob eine Beurteilung nach den Vorschriften der deutschen ZPO, nach der EuGVVO oder dem Lugano-Übereinkommen erfolgt, hängt i. d. R. davon ab, in welchem Staat der Wohnsitz des Arbeitnehmers liegt. So richtet sich die Wirksamkeit von Gerichtsstandsvereinbarungen mit Arbeitnehmern, die ihren Wohnsitz im **Nicht-EU-Ausland** (zum EU-Ausland gehören im Folgenden auch die Länder, für die das Lugano-Übereinkommen gilt – das sind zurzeit Island, Norwegen und die Schweiz) haben, grundsätzlich nach § 38 ZPO (vgl. *Preis* Arbeitsvertrag II G.20 Rn. 5 ff.). Daher wird für Fälle, in denen der Arbeitnehmer seinen Wohnsitz im Nicht-EU-Ausland hat, hier eine an den Wortlaut des § 38 Abs. 2, 3 ZPO angelehnte Klausel vorgeschlagen, allerdings mit der Einschränkung, dass eine Verlegung des Wohnsitzes nicht in das EU-Ausland erfolgt. Hat der Arbeitnehmer seinen Wohnsitz nämlich im **EU-Ausland,** wirkt eine Gerichtsstandsvereinbarung nur zugunsten des Arbeitnehmers (*Junker* NZA 2005 199, 201), was i. d. R. vom Arbeitgeber nicht gewollt ist. In diesen Fällen richtet sich die Wirksamkeit der Gerichtsstandsvereinbarung nämlich entweder nach der EuGVVO (für einen Wohnsitz in den EU-Mitgliedsstaaten inklusive Dänemark vgl. MünchKommZPO/*Gottwald* Art. 1 EuGVO Rn. 31) oder dem Lugano-Übereinkommen (für einen Wohnsitz in Island, Norwegen oder der Schweiz).

Am Beispiel der EuGVVO gilt dann Folgendes:

Der **Arbeitnehmer** hat bei Klagen gegen den Arbeitgeber ein **Wahlrecht:** Er kann den Arbeitgeber vor den Gerichten des Mitgliedsstaates verklagen, in dem der Arbeitgeber seinen Wohnsitz hat, oder in einem anderen Mitgliedstaat, vor dem Gericht des Ortes, an dem er seine Arbeit gewöhnlich verrichtet oder zuletzt gewöhnlich verrichtet hat, oder wenn er seine Arbeit gewöhnlich nicht in ein und demselben Staat verrichtet hat, vor dem

Gericht des Ortes, an dem sich die Niederlassung, die den Arbeitnehmer eingestellt hat, befindet oder befand (Art. 19 EuGVVO).

Klagen des **Arbeitgebers** gegen den Arbeitnehmer können nach Art. 20 Abs. 1 EuGVVO hingegen grundsätzlich **nur am Wohnsitz des Arbeitnehmers** erhoben werden. Der Gerichtsstand hängt also davon ab, ob der Arbeitnehmer oder der Arbeitgeber klagende Partei ist. Maßgeblich ist der Wohnsitz zum Zeitpunkt der Klageerhebung. Dies gilt auch für den Fall, dass Wohnsitz und Arbeitsort des Arbeitnehmers nicht identisch sind (vgl. MünchKommZPO/*Gottwald* Art. 20 EuGVO Rn. 1).

Eine im Arbeitsvertrag und damit vor Entstehen einer konkreten Streitigkeit getroffene Gerichtsstandsvereinbarung entfaltet gegenüber dem Arbeitnehmer nur rechtliche Wirkung, wenn sie ihm einen **zusätzlichen Gerichtsstand** einräumt (Art. 21 Nr. 2, 23 Abs. 5 EuGVVO). Ein solcher Gerichtsstand tritt demnach nur einseitig zu Gunsten des Arbeitnehmers neben die nach der EuGVVO eröffneten Gerichtsstände. Dem Arbeitgeber ist für Fälle, in denen der Arbeitnehmer seinen Wohnsitz im EU-Ausland hat, daher die Vereinbarung einer Gerichtsstandsvereinbarung i. d. R. nicht zu empfehlen.

Lediglich im schon laufenden Rechtsstreit kann eine Gerichtsstandvereinbarung getroffen werden, die neben dem Arbeitnehmer auch dem Arbeitgeber einen zusätzlichen Gerichtsstand eröffnet (Art. 21 Nr. 1 EuGVVO). Möglich ist des Weiteren, dass sich der Arbeitnehmer nach Art. 24 EuGVVO auf ein Verfahren vor einem unzuständigen Gericht rügelos einlässt und so die Zuständigkeit des Gerichts begründet (str., vgl. MünchKommZPO/*Gottwald* Art. 21 EUGVO Rn. 1 m. w. N. auch zur Gegenansicht).

26. Schlussbestimmungen/Mitteilungspflicht/Aufhebung früherer Vereinbarungen und Anstellungsverhältnisse/Schriftform. → Form. A. II. 1, dort unter § 13.

27. Unterzeichnung des Arbeitsvertrages. → Form. A. II. 1 Anm. 31.

28. Empfangsbestätigung und Sprachrisiko. Zur Empfangsbestätigung → Form. A. II. 1 Anm. 32. Es besteht regelmäßig keine rechtliche Verpflichtung, mit ausländischen Arbeitnehmern, die die deutsche Sprache nicht oder nicht ausreichend gut beherrschen, Arbeitsverträge in einer anderen Sprache abzuschließen oder dem Arbeitnehmer eine Übersetzung zur Verfügung zu stellen. Vielmehr kommt ein schriftlich geschlossener Arbeitsvertrag in deutscher Sprache mit einem ausländischen Arbeitnehmer mit seinem Gesamtinhalt zustande, auch wenn der Arbeitnehmer der deutschen Sprache ganz oder teilweise nicht mächtig ist.

5. Engagement-Letter

[Briefkopf des Arbeitgebers]

Herrn . . . . . . (Name und Anschrift des Arbeitnehmers)

. . . . . . (Datum)

Arbeitsvertrag[1]

Sehr geehrter Herr . . . . . .,

unter Bezugnahme auf Ihre Bewerbung vom . . . . . . und unser Gespräch vom . . . . . . stellt Sie . . . . . . („Gesellschaft") hiermit ab dem . . . . . . zu folgenden Bedingungen[2] ein:

1. Sie werden bei der Gesellschaft als . . . . . . in . . . . . . tätig sein.[3] Die Gesellschaft ist berechtigt, Ihnen jederzeit ein anderes, Ihren Fähigkeiten und Qualifikationen entsprechendes, zumindest gleichwertiges Aufgaben- und Verantwortungsgebiet zu übertragen,

soweit dies bei Abwägung Ihrer und der Interessen der Gesellschaft zumutbar ist. Ferner behält sich die Gesellschaft vor, Sie an einen anderen Ort zu versetzen, soweit dies bei Abwägung Ihrer und der Interessen der Gesellschaft zumutbar ist. Sie sind verpflichtet, die Richtlinien und Anweisungen der Gesellschaft sowie alle betrieblichen Regelungen in ihrer jeweils gültigen Fassung sowie die Anordnungen Ihrer Vorgesetzten zu beachten.

2. Ihre regelmäßige wöchentliche Arbeitszeit beträgt . . . . . . Stunden. Die Lage der Arbeitszeit sowie der Pausen wird im Rahmen der gesetzlichen und betrieblichen Regelungen von der Gesellschaft bestimmt.[4] Sie sind verpflichtet, im Rahmen der gesetzlichen und betrieblichen Regelungen auf Anordnung der Gesellschaft Überstunden zu leisten. Etwaige Überstunden werden nach Wahl der Gesellschaft durch Freizeit oder Geld ausgeglichen.[5]

3. Sie erhalten für Ihre Tätigkeit ein Brutto-Monatsgehalt von . . . . . . EUR (in Worten: . . . . . . Euro), zahlbar bargeldlos jeweils zum Monatsende auf ein von Ihnen schriftlich mitzuteilendes inländisches Bankkonto.[6]

4. Sofern Ihnen darüber hinaus Gratifikationen, Einmalzahlungen, Sonderzahlungen oder Zulagen gezahlt werden, bei denen die Zahlung jeweils nicht häufiger als halbjährlich erfolgt, weshalb diese Leistungen kein laufendes Entgelt darstellen, erfolgt dies stets freiwillig in dem Sinne, dass allein durch eine wiederholte Zahlung kein Rechtsanspruch auf zukünftige entsprechende Leistungen – weder dem Grunde noch der Höhe nach – begründet wird.[7]

5. Sie haben einen Urlaubsanspruch von . . . . . . Arbeitstagen pro Kalenderjahr.[8]

6. Sie werden der Gesellschaft Ihre volle Arbeitskraft widmen und deren Interessen fördern. Jede weitere entgeltliche oder üblicherweise entgeltliche Tätigkeit bedarf der vorherigen schriftlichen Zustimmung der Gesellschaft. Dieses Zustimmungserfordernis gilt auch für eine unentgeltliche Tätigkeit, die nach Art oder Umfang die Interessen der Gesellschaft beeinträchtigen kann. Sie haben der Gesellschaft jede beabsichtigte Tätigkeit gemäß S. 2 und 3 der Gesellschaft schriftlich unter Angabe von Ort, Art und Dauer anzuzeigen. Die Gesellschaft wird ihre Zustimmung nur verweigern, wenn die Interessen der Gesellschaft beeinträchtigt sind. Bei Vorliegen sachlicher Gründe, insbesondere einer Beeinträchtigung Ihrer Tätigkeit für die Gesellschaft, kann eine etwaige Zustimmung jederzeit widerrufen werden.[9]

7. Ihr Arbeitsverhältnis ist zunächst auf die Dauer der Probezeit von sechs Monaten befristet. Während dieser Probezeit können sowohl Sie als auch die Gesellschaft das Arbeitsverhältnis unter Einhaltung einer Kündigungsfrist von zwei Wochen kündigen. Vor Beginn des Arbeitsvertrages ist die ordentliche Kündigung ausgeschlossen. Wird das Arbeitsverhältnis nach Ablauf der Befristung als unbefristetes fortgesetzt, so geht es in ein Arbeitsverhältnis auf unbestimmte Zeit zu den in diesem Arbeitsvertrag geregelten Bedingungen über. Nach Ablauf der Probezeit kann das Arbeitsverhältnis unter Einhaltung der gesetzlichen Kündigungsfristen von beiden Parteien gekündigt werden. Eine Verlängerung der für die Gesellschaft maßgeblichen Kündigungsfristen gilt auch für Sie. Im Falle einer Kündigung des Arbeitsvertrages ist die Gesellschaft berechtigt, Sie von Ihrer weiteren Tätigkeit unter Fortzahlung der vertraglichen Vergütung freizustellen *(Optional:, wenn hierfür ein sachlicher Grund (z. B. Konkurrenztätigkeit, Geheimnisverrat, sonstige Beeinträchtigung der Vertrauensgrundlage)* vorliegt). Das Arbeitsverhältnis endet ohne Kündigung mit Ablauf des Monats, in dem Sie das Alter erreicht haben, ab dem Sie erstmals einen Anspruch auf gesetzliche Regelaltersrente erwerben.[10]

8. Rechte und Pflichten aus dem Arbeitsverhältnis können nach Abschluss des Arbeitsvertrages durch Betriebsvereinbarung geändert werden. Es gelten vom Zeitpunkt der

Änderung an ausschließlich die jeweiligen Regelungen der Betriebsvereinbarung, auch wenn diese für Sie ungünstiger sind.[11]

Sie erhalten dieses Schreiben in zweifacher Ausfertigung. Falls Sie mit den vorstehenden Bedingungen einverstanden sind, bitten wir Sie, ein Exemplar bis zum . . . . . . unterschrieben an uns zurückzusenden. Bitte haben Sie Verständnis dafür, dass wir uns an das Angebot nur bis zu diesem Tag gebunden halten.[12]

Wir freuen uns auf eine angenehme Zusammenarbeit.

Mit freundlichen Grüßen

. . . . . .

Unterschrift der Gesellschaft[13]

Das Angebot auf Abschluss eines Anstellungsvertrages zu den vorstehenden Bedingungen nehme ich hiermit an.

. . . . . .

Ort, Datum

. . . . . .

Unterschrift des Mitarbeiters

Anmerkungen

1. Regelungsinhalt. In zahlreichen Unternehmen ist es üblich, **Arbeitsverträge in Briefform** abzufassen. Der Engagement-Letter des Arbeitgebers stellt hierbei ein Angebot auf Abschluss eines Arbeitsvertrages dar, das der Arbeitnehmer durch Gegenzeichnung und Rücksendung eines zusätzlichen Exemplars annimmt. Häufig werden sich die Vertragsparteien bereits im Rahmen des Bewerbungsgesprächs mündlich über die Einstellung und die (wesentlichen) Konditionen des Arbeitsverhältnisses verständigt haben, so dass der Engagement-Letter insoweit der schriftlichen Dokumentation der Arbeitsbedingungen dient.

Ob zur Begründung des Arbeitsverhältnisses ein Formular in Vertragsform (→ Form. A. II. 1) oder ein vom Arbeitnehmer gegenzuzeichnendes Schreiben verwendet wird, ist zum einen eine „Geschmacksfrage". Die Wiedergabe der Regelungen in Briefform wird häufig wegen der **„persönlicheren Note"** bevorzugt. Sie bringt zugleich ein gewisses Vertrauen der Gesellschaft zum Ausdruck, die es nämlich nicht für erforderlich hält, noch deutlich umfangreichere Regelungen in vertraglicher Form festzuhalten. Die bei der Abfassung des Arbeitsvertrages in Briefform gebotene Kürze bringt jedoch zum anderen zwangsläufig **Risiken für die Arbeitgeberseite** mit sich. Ein Anstellungsvertrag in Briefform erschiene unübersichtlich, wenn er mit allen erdenklichen Detailregelungen überfrachtet würde. Regelungen, die in ausführlichen Verträgen weitgehend üblich sind, wie etwa Abtretungs- und Verpfändungsverbote, Rückzahlungspflichten, Bestimmungen über ärztliche Untersuchungen, Geheimhaltungs- und Rückgabeklauseln, Schutzrechteklauseln, Vertragsstrafenregelungen, Verfallklauseln und Schlussbestimmungen, würden das Format eines üblichen Engagement-Letters sprengen. Es bedarf daher der sorgfältigen Abwägung, ob die Gesellschaft auf entsprechende Klauseln verzichten kann und will. Ebenso kann natürlich erwogen werden, zumindest ausgewählte der vorstehend erwähnten Regelungen wegen ihrer im Einzelfall besonderen Bedeutung für das Arbeitsverhältnis (z.B. Schutzrechteklauseln) doch in den Engagement-Letter aufzunehmen (vgl. insoweit die umfassenden Regelungen in → Form. A. II. 1)

In der Praxis wird ein Engagement-Letter – dann in anderer Gestalt als dieses Formular – manchmal auch nur begleitend zum Abschluss eines „normalen" Arbeitsvertrages (→ Form. A. II. 1) verwendet. Dabei werden dem Arbeitnehmer im Engagement-Letter unter Umständen bestimmte zusätzliche Leistungen zugesagt (Umzugskosten, „Bonusgarantien" für einen befristeten Zeitraum), ggf. auch verschiedene Regelwerke beigelegt und/oder nochmals ausdrücklich zum Vertragsbestandteil gemacht.

Die Wiedergabe der Arbeitsbedingungen in Briefform wie im vorliegenden Formular ändert nichts daran, dass es sich hierbei i. d. R. um **Allgemeine Geschäftsbedingungen** i. S. d. §§ 305 ff. BGB handeln wird. Hierzu wird auf die Ausführungen zu → Form. A. II. 1 Anm. 1 verwiesen.

2. Nachweis der wesentlichen Arbeitsbedingungen. Auch beim Abschluss des Arbeitsvertrages in Briefform sind die wesentlichen Bedingungen des Arbeitsverhältnisses nach dem NachwG schriftlich niederzulegen (→ Form. A. II. 6). Die Verpflichtung zur Aushändigung eines gesonderten schriftlichen Nachweises entfällt nur, soweit bereits der Vertrag die erforderlichen Angaben enthält (§ 2 Abs. 1 S. 1 i. V. m. § 2 Abs. 4 NachwG). Das Formular beinhaltet die Angaben, die unter die **Dokumentationspflicht** fallen. Finden auf das Arbeitsverhältnis **Betriebsvereinbarungen** Anwendung, so ist hierauf allerdings ergänzend hinzuweisen (→ Form. A. II. 6 Anm. 13).

3. Position, Versetzung und Weisungen. → Form. A. II. 1 Anm. 2. Ungeachtet der mit dem Engagement-Letter angestrebten Kürze, dürfte sich doch die Aufnahme von Versetzungsklauseln auch hier mittlerweile empfehlen. Gleiches gilt für die Verpflichtung auf die Richtlinien und Anweisungen der Gesellschaft wie die betrieblichen Regelungen.

4. Dauer und Lage der Arbeitszeit. → Form. A. II. 1 Anm. 3.

5. Anordnung von Überstunden. → Form. A. II. 1 Anm. 4. In Abweichung zu Form. A. II. 1 enthält der Engagement-Letter keine Vereinbarung, die den Arbeitgeber zur einseitigen Anordnung von Kurzarbeit berechtigt.

6. Vergütung. → Form. A. II. 1 Anm. 6. Der Arbeitsvertrag in Briefform regelt nur die Höhe des monatlichen Bruttogehalts. Auf ein Abtretungs- und Verpfändungsverbot sowie eine Verpflichtung des Arbeitnehmers zur Rückzahlung zuviel bezogener Zahlungen wurde verzichtet (→ Form. A. II. 1 Anm. 7 f.).

7. Sonderzahlungen. → Form. A. II. 1 Anm. 9.

8. Urlaub. → Form. A. II. 1 Anm. 12. Weitergehende Detailregelungen zum Urlaub geben in der Regel nur die gesetzlichen Bestimmungen wieder (§ 7 BUrlG). Allerdings fehlt hier im Gegensatz zur Vertragsform die wichtige Regelung, welche bei Beendigung des Arbeitsverhältnisses die Abgeltung auf den gesetzlichen Mindesturlaub begrenzt (→ Form. A. II. 1 Anm. 12).

9. Nebenbeschäftigungen. → Form. A. II. 1 Anm. 13.

10. Befristetes Probearbeitsverhältnis und Kündigungsfrist. → Form. A. II. 1 Anm. 16 f. Der Engagement-Letter sieht die Begründung eines befristeten Probearbeitsverhältnisses vor, das bei Fortsetzung in ein unbefristetes Arbeitsverhältnis übergeht. Im Vergleich zum Arbeitsvertrag in Vertragsform fehlen eine Vertragsstrafenregelung bei Kündigung vor Beginn der Laufzeit, eine Regelung über die Anrechnung des Zwischenverdienstes bei Freistellung sowie eine Vorfälligkeitsregelung (→ Form. A. II. 1 Anm. 20 bis 22).

11. Öffnungsklausel. → Form. A. II. 1 Anm. 25.

12. Schriftform und Annahmefrist. Während Arbeitsverträge grundsätzlich **formlos** geschlossen werden können (zur Dokumentationspflicht nach § 2 Abs. 1 NachwG s. aber

→ Form. A. II. 6 Anm. 1), bedarf das nach Ziffer 7 zu vereinbarende **befristete Probearbeitsverhältnis der Schriftform** (§ 14 Abs. 4 TzBfG). Dieses Schriftformerfordernis ließe sich zwar auch dadurch wahren, dass jede Partei das jeweils für die andere Partei bestimmte Exemplar unterzeichnet (§ 126 Abs. 2 S. 2 BGB), der Arbeitnehmer also gebeten wird, lediglich ein (nicht seitens der Gesellschaft unterzeichnetes) Zweitexemplar unterschrieben zurückzuschicken. In diesem Falle können sich aber in der Praxis für die Arbeitgeberseite Beweisschwierigkeiten ergeben. Sie ist möglicherweise nicht in der Lage, den Nachweis zu erbringen, dass der Arbeitnehmer eine im Original unterschriebene Ausfertigung erhalten hat. Daher ist es zu empfehlen, dem Mitarbeiter zwei Originalschreiben zu übermitteln, von denen er ein Exemplar gegengezeichnet zurückzuschicken hat.

Da im Falle der Absage des Arbeitnehmers womöglich andere Bewerber in Betracht gezogen werden sollen, wird der Gesellschaft an einer kurzfristigen Entscheidung gelegen sein. Ohne eine zeitliche Begrenzung des Angebots ist zweifelhaft, bis wann der Arbeitnehmer das Angebot annehmen kann. Nach der gesetzlichen Regelung kann die Annahme nämlich bis zu dem Zeitpunkt erklärt werden, in welchem der Eingang der Antwort unter regelmäßigen Umständen erwartet werden darf (§ 147 Abs. 2 BGB). Diese Unsicherheit wird durch eine klare **Annahmefrist** (§ 148 BGB) ausgeräumt.

13. Unterzeichnung des Arbeitsvertrages. → Form. A. II. 1 Anm. 31.

6. Dokumentation nach dem Nachweisgesetz

Niederschrift der wesentlichen Vertragsbedingungen des Arbeitsverhältnisses[1]		
1.	Arbeitgeber[2] • Name • Anschrift	 ....
2.	Arbeitnehmer • Name • Anschrift	 ....
3.	Beginn des Arbeitsverhältnisses[3]	......
4.	Dauer des Arbeitsverhältnisses[4]	[ ] unbefristet [ ] befristet bis: ...... [ ] Zweckbefristung: ...... [ ] auflösende Bedingung: ......
5.	Arbeitsort[5]	......
6.	Beschäftigungsmöglichkeit an verschiedenen Orten	[ ] nein [ ] ja, nämlich ......
7.	Tätigkeitsbeschreibung[6]	......
8.	Höhe des Arbeitsentgelts[7] Gesamtbetrag brutto, jährlich in EUR	......

9.	Arbeitsentgeltbestandteile,[8] Beträge brutto, jährlich in EUR				
	• Grundgehalt				
	• Betrag	......			
	• Fälligkeit	......			
	• Zuschläge	[ ]	nein	[ ]	ja, nämlich
	• Art				......
	• gemäß Kollektivvereinbarung	[ ]	nein	[ ]	ja, nämlich gemäß
					......
	• Betrag oder Berechnung				
	• Fälligkeit	......			
	• widerrufliche Leistung	......			
		[ ]	nein	[ ]	ja, nämlich
					......
	• Zulagen	[ ]	nein	[ ]	ja, nämlich
	• Art				......
	• gemäß Kollektivvereinbarung	[ ]	nein	[ ]	ja, nämlich gemäß
					......
	• Betrag oder Berechnung				
	• Fälligkeit	......			
	• widerrufliche Leistung	......			
		[ ]	nein	[ ]	ja, nämlich
					......
	• Prämien	[ ]	nein	[ ]	ja, nämlich
	• Art				......
	• gemäß Kollektivvereinbarung	[ ]	nein	[ ]	ja, nämlich gemäß
					......
	• Betrag oder Berechnung				
	• Fälligkeit	......			
	• widerrufliche Leistung	......			
		[ ]	nein	[ ]	ja, nämlich
					......
	• Sonderzahlungen	[ ]	nein	[ ]	ja, nämlich
	• Art				......
	• gemäß Kollektivvereinbarung	[ ]	nein	[ ]	ja, nämlich gemäß
					......
	• Betrag oder Berechnung				
	• Fälligkeit	......			
	• freiwillige oder widerrufliche	......			
	Leistung	[ ]	nein	[ ]	ja, nämlich
					......

	• Provisionen	[ ] nein	[ ] ja, nämlich
	• Art		……
	• gemäß Kollektivvereinbarung	[ ] nein	[ ] ja, nämlich gemäß ……
	• Betrag oder Berechnung		
	• Fälligkeit	……	
	• widerrufliche Leistung	……	
		[ ] nein	[ ] ja, nämlich ……
	• sonstige Entgeltbestandteile	[ ] nein	[ ] ja, nämlich
	• Art		……
	• gemäß Kollektivvereinbarung	[ ] nein	[ ] ja, nämlich gemäß ……
	• Betrag oder Berechnung		
	• Fälligkeit	……	
	• freiwillige oder widerrufliche	……	
	Leistung	[ ] nein	[ ] ja, nämlich ……
10.	Arbeitszeit[9]		
	• gemäß Kollektivvereinbarung	[ ] nein	[ ] ja, nämlich gemäß ……
	• Arbeitszeitmodell	……	
	• regelmäßige Arbeitszeit pro Woche/Monat/Jahr	……	
	• Lage der Arbeitszeit	……	
	• Verpflichtung zur Leistung von Überstunden/Kurzarbeit	[ ] nein	[ ] ja
11.	Urlaubsdauer[10]		
	• gemäß Kollektivvereinbarung	[ ] nein	[ ] ja, nämlich gemäß ……
	• gesetzlich	[ ] nein	[ ] ja
	• Arbeitstage	……	
12.	Kündigungsfristen[11]		
	• gemäß Kollektivvereinbarung	[ ] nein	[ ] ja, nämlich gemäß ……
	• gesetzlich	[ ] nein	[ ] ja
	• Fristen	……	
13.	Sonstige wesentliche Vertragsbedingungen[12]	……	

14.	Auf das Arbeitsverhältnis finden folgende Kollektivvereinbarungen Anwendung:[13]	
	• Tarifverträge	Tarifverträge für den Tarifbereich …… wie im Betrieb ausgelegt gemäß nach § 8 TVG (*Alternative*: Haustarifverträge mit der Gewerkschaft ……) (*Alternative*: …… vom …… …… vom …… …… vom ……) [ ] in ihrer jeweils gültigen Fassung [ ] in der jeweils angegebenen Fassung
	• Betriebsvereinbarungen	Betriebsvereinbarungen, Gesamtbetriebsvereinbarungen und Konzernbetriebsvereinbarungen wie im Betrieb ausgelegt gemäß § 77 Abs. 2 BetrVG (*Alternative*: …… vom …… …… vom …… …… vom ……) in ihrer jeweils gültigen Fassung
	• Dienstvereinbarungen	Dienstvereinbarungen wie im Betrieb ausgelegt (*Alternative*: …… vom …… …… vom …… …… vom ……) in ihrer jeweils gültigen Fassung
	• Sonstige Kollektivvereinbarungen	……
15.	Auslandseinsatz[14]	
	• Dauer	von …… bis ……
	• Währung, in der das Arbeitsentgelt ausgezahlt wird	……
	• Zusatzleistungen	
	• zusätzliches Arbeitsentgelt	……
	• zusätzliche Sachleistungen	……
	• Rückkehrbedingungen	……

16.	**Hinweis auf Rentenversicherungsoption**[15]	[ ]	**Als geringfügig Beschäftigter können Sie sich nach § 6 Abs. 1b SBG VI auf Antrag von der Versicherungspflicht in der gesetzlichen Rentenversicherung befreien lassen. Der schriftliche Befreiungsantrag ist der Gesellschaft zu übergeben. Der Antrag ist für die Dauer der Beschäftigung bindend.**
Ausstellung der Niederschrift[16] . . . . . . Ort, Datum . . . . . . Unterschrift Arbeitgeber		Erhalt der Niederschrift . . . . . . Ort, Datum . . . . . . Unterschrift Arbeitnehmer	

Anmerkungen

1. Regelungsinhalt. Auf der Grundlage der Richtlinie 91/533/EWG über die Pflicht des Arbeitgebers zur Unterrichtung des Arbeitnehmers über die für seinen Arbeitsvertrag oder sein Arbeitsverhältnis geltenden Bedingungen (ABl. EG 1991 Nr. L 288 S. 32) regelt das Nachweisgesetz die Verpflichtung des Arbeitgebers, die **wesentlichen Bedingungen des Arbeitsverhältnisses** schriftlich niederzulegen (§ 2 Abs. 1 S. 1 NachwG). Die Nachweispflicht soll der Gefahr eines auf Arbeitnehmerseite bestehenden Informationsdefizits hinsichtlich der geltenden Vertragsbedingungen entgegenwirken und dient damit in erster Linie der Rechtssicherheit und Rechtsklarheit. Gerade bei kleineren Unternehmen verfügen – insbesondere gewerbliche – Arbeitnehmer nämlich häufig nicht über schriftliche Arbeitsverträge; außerdem werden Änderungen der Konditionen häufig nicht schriftlich dokumentiert. Die Praxis der überwiegenden Zahl von Unternehmen zeigt allerdings, dass eine gesonderte Dokumentation der wesentlichen Vertragsbedingungen in dem hier dargestellten Umfang nur in den seltensten Fällen erfolgt, da bereits schriftliche Arbeitsverträge die Vertragsbedingungen wiedergeben.

Grundsätzlich erfasst die Nachweispflicht **alle Arbeitsverhältnisse;** auch leitenden Angestellten sowie geringfügig Beschäftigten ist eine Niederschrift auszuhändigen. Vom Anwendungsbereich des Nachweisgesetzes ausgenommen sind jedoch Arbeitnehmer, die nur zur vorübergehenden Aushilfe von höchstens einem Monat eingestellt werden (§ 1 NachwG) sowie arbeitnehmerähnliche Personen (vgl. ErfKomm/*Preis* § 1 NachwG Rn. 2). Spezialgesetzliche Regelungen gelten für Leiharbeitnehmer (§ 11 AÜG), Auszubildende (§ 11 BBiG), Volontäre und Praktikanten (§ 26 BBiG) und Seeleute (§ 28 SeeArbG).

Erheblich eingeschränkt wird die Dokumentationspflicht durch § 2 Abs. 4 NachwG. Danach entfällt die Verpflichtung zur schriftlichen Niederlegung der wesentlichen Vertragsbedingungen, wenn dem Arbeitnehmer ein **schriftlicher Arbeitsvertrag** ausgehändigt worden ist (→ Form. A. II. 1). Allerdings gilt dies nur, soweit dieser Arbeitsvertrag auch die gesetzlichen Mindestangaben enthält. Werden also nicht alle wesentlichen Vertragsbedingungen im Arbeitsvertrag aufgeführt oder zumindest in weiteren schriftlichen Dokumenten angegeben, bleibt der Arbeitgeber zur Aushändigung der Niederschrift verpflichtet.

In der Praxis verlassen sich Arbeitgeber häufig darauf, dass der Arbeitsvertrag die wesentlichen Vertragsbedingungen enthält. Ein gesonderter Nachweis in dem hier wiedergegebenen Umfang ist nur **höchst selten** anzutreffen.

Erfüllt der Arbeitgeber die Nachweispflicht nicht, so hat dies nämlich auf die Rechtswirksamkeit des Arbeitsverhältnisses oder einzelner Regelungen keinen Einfluss. Die

Verletzung der Nachweispflicht hat auch nicht zur Folge, dass die vereinbarten Vertragsbedingungen nach § 242 BGB unanwendbar sind (BAG NZA 2005, 64). Das NachwG enthält im Übrigen keine Sanktionen für den Fall der Verletzung der Nachweispflicht.

Dennoch kann die Verletzung der Nachweispflicht **Konsequenzen** nach sich ziehen. Zunächst einmal kann der Arbeitnehmer **Erfüllungsansprüche** auf Niederlegung, Unterzeichnung und Aushändigung der Niederschrift geltend machen, was allerdings nur selten vorkommen wird. Von größerer Bedeutung ist es, dass die Verletzung der Nachweispflicht **Schadensersatzansprüche** aus § 280 Abs. 1 BGB begründen kann, beispielsweise dann, wenn Ansprüche des Arbeitnehmers aufgrund einer Ausschlussfrist, die er wegen fehlenden Nachweises nicht kannte, verfallen sind (BAG NZA 2005, 64, 65; BAG NZA 2012, 750); allerdings wird es hier häufig an der Kausalität der Nachweispflichtverletzung für den Schadenseintritt fehlen (vgl. ArbG Frankfurt a. M. NZA-RR 1999, 648). Ferner soll der Arbeitnehmer bei nicht oder nicht ordnungsgemäßer Erteilung des Nachweises seine **Arbeitsleistung nach § 273 BGB zurückbehalten** können (*Bergwitz* BB 2001, 2316, 2317; *Schaefer* D Rn. 190).

Umstritten ist, ob die Nichterteilung des Nachweises eine **Beweislastumkehr** zugunsten des Arbeitnehmers nach sich zieht (dafür *Birk* NZA 1996, 281, 289). Muss also beispielsweise bei fehlendem Nachweis der Urlaubstage der die Urlaubsabgeltung geltend machende Arbeitnehmer beweisen, dass eine entsprechende Vereinbarung getroffen wurde oder muss der Arbeitgeber den Nachweis dafür erbringen, dass ein über den gesetzlichen Anspruch hinausgehender Urlaub nicht vereinbart wurde? Weit überwiegend wird eine Beweislastumkehr abgelehnt (vgl. statt vieler *Hohmeister* BB 1998, 587, 588; *Richardi* NZA 2001, 57, 60), da der RL 91/533/EWG gerade nicht die Verpflichtung zu derartigen Konsequenzen zu entnehmen ist und der Gesetzgeber einem entsprechenden Vorschlag des Bundesrats nicht folgte.

Der EuGH hat entschieden, dass die nationalen Beweislastregeln durch die RL 91/533/EWG nicht berührt werden (EuGH NZA 1998, 137). Vielmehr hätten die nationalen Gerichte die nationalen Beweislastregeln im Lichte des Zwecks der Richtlinie anzuwenden und auszulegen. Der schriftlichen Mitteilung des Arbeitgebers komme allerdings eine starke Vermutung der Richtigkeit zu; die Möglichkeit des Gegenbeweises bleibe zudem ebenfalls möglich (ebenso EuGH BB 2001, 1255).

Richtigerweise führt ein Verstoß gegen die Nachweispflicht regelmäßig nicht zu einer Beweislastumkehr. Abhängig von den Umständen des Einzelfalls kann aber eine **Beweisvereitelung** durch den Arbeitgeber vorliegen. Diese ist im Rahmen des § 286 ZPO zu berücksichtigen und kann zu einer erheblichen Erleichterung der Beweisführung für den Arbeitnehmer, im Einzelfall auch bis hin zur Beweislastumkehr, führen (LAG Hamm NZA-RR 1999, 210; LAG Köln NZA 1999, 545; LAG Düsseldorf DB 2001, 1995; LAG Frankfurt a. M. AiB 2002, 575). Macht also beispielsweise der Arbeitnehmer Vergütungen geltend und ist er „mangels Erstellung einer Niederschrift durch den Arbeitgeber" nicht in der Lage, die entsprechende Entgeltvereinbarung zu beweisen, kann dies zu Lasten des Arbeitgebers gehen (LAG Hannover NZA-RR 2003, 520; LAG Mainz BeckRS 2012, 71656).

Die Überwachung der in Formulararbeitsverträgen enthaltenen Bestimmungen auf ihre Vereinbarkeit mit dem Nachweisgesetz gehört zu den Aufgaben des Betriebsrats nach § 80 Abs. 1 Nr. 1 BetrVG (BAG NZA 2006, 553, 555).

Häufig wird davon abgeraten, die Nachweispflicht anhand eines Formblattes abzuarbeiten. Um den komplexen Anforderungen an die Dokumentation nachzukommen, kann sich das vorliegende Formular dennoch als hilfreich erweisen, sei es auch nur als „**Checkliste**". Einige Angaben (z. B. die Berechnung variabler Entgeltbestandteile) erfordern jedenfalls ausführliche Erläuterungen, die im Rahmen eines Formulars nicht in einer oder in wenigen Zeile(n) unterzubringen sind. Wichtig ist, dass bei Verwendung des Formulars die folgenden Anmerkungen genauestens beachtet werden sollten.

2. Vertragsparteien. Durch die Angabe des Namens und der Anschrift der Vertragsparteien (§ 2 Abs. 1 S. 2 Nr. 1 NachwG) soll sichergestellt werden, dass der Arbeitnehmer über die **Identität des Arbeitgebers** in Kenntnis gesetzt wird. Dadurch sollen Unklarheiten über den richtigen Klagegegner und den Schuldner in der Zwangsvollstreckung vermieden werden (LAG Köln NZA-RR 1998, 513; ErfKomm/*Preis* § 2 NachwG Rn. 11). Anzugeben sind bei natürlichen Personen der Familienname und zumindest ein Vorname. Zwar verlangt das NachwG nicht die (zweckmäßige) Angabe der Rechtsform des Arbeitgebers; die Verpflichtung hierzu ergibt sich jedoch meist aus gesellschafts- und handelsrechtlichen Vorschriften (vgl. § 4 GmbHG, § 4 AktG, §§ 17 ff. HGB). Nachdem die Teilrechtsfähigkeit der GbR durch die Rechtsprechung anerkannt ist (BGH NJW 2002, 1207; BAG NZA 2005, 318, 319), genügt auch hier die Angabe des Namens der Gesellschaft; die Namen und Anschriften aller Gesellschafter müssen nicht mehr aufgeführt werden. Als Anschrift ist beim Arbeitgeber der Betrieb anzugeben, in dem die Personalverwaltung vorgenommen wird.

3. Beginn des Arbeitsverhältnisses. Zeitpunkt des Beginns des Arbeitsverhältnisses (§ 2 Abs. 1 S. 2 Nr. 2 NachwG) ist der Beginn der **Vertragslaufzeit,** der nicht zwingend mit dem Tag der tatsächlichen Arbeitsaufnahme übereinstimmen muss (ErfKomm/*Preis* § 2 NachwG Rn. 12).

4. Dauer der Befristung. Bei befristeten Arbeitsverhältnissen ist nach § 2 Abs. 1 S. 2 Nr. 3 NachwG die voraussehbare Dauer des Arbeitsverhältnisses anzugeben; ohnehin sieht § 14 Abs. 4 TzBfG nunmehr ein konstitutives Schriftformerfordernis für Befristungen vor.

Bei der **kalendermäßigen Befristung** (§ 3 Abs. 1 S. 2 TzBfG) genügt es, das Enddatum oder die Dauer des befristeten Arbeitsverhältnisses festzulegen; die Angabe des Befristungsgrundes ist nicht erforderlich. Im Falle der **Zweckbefristung** (§§ 3 Abs. 1 S. 2, 15 TzBfG) ist der Befristungszweck konkret anzugeben. Wurde eine **auflösende Bedingung** vereinbart (§ 21 TzBfG), so ist das Ereignis, bei dessen Eintreten das Vertragsverhältnis endet, so konkret wie möglich in den Nachweis aufzunehmen.

5. Arbeitsort. § 2 Abs. 1 S. 2 Nr. 4 NachwG verlangt die Angabe des Arbeitsortes. Dies ist der **geographische Ort,** an dem der Arbeitnehmer seine Leistungen zu erbringen hat, nicht etwa ein bestimmter Arbeitsplatz (*Schaefer* D Rn. 36). Besteht eine **räumliche Versetzungsmöglichkeit,** so ist auch deren Inhalt in die Niederschrift aufzunehmen (ErfKomm/*Preis* § 2 NachwG Rn. 14; *Preis* Arbeitsvertrag II D 30 Rn. 101 ff.). Des Weiteren ist anzugeben, ob der Arbeitnehmer vereinbarungsgemäß im Rahmen des arbeitgeberseitigen Direktionsrechts an verschiedenen Orten beschäftigt werden kann.

6. Tätigkeitsbeschreibung. Während § 2 Abs. 1 S. 2 Nr. 5 NachwG in seiner ursprünglichen Fassung nur die Bezeichnung oder eine allgemeine Beschreibung der vom Arbeitnehmer zu leistenden Tätigkeit verlangte, ist nach einer Gesetzesänderung eine **kurze Charakterisierung oder Beschreibung der Tätigkeit** (einschließlich einer etwaigen Amtsbezeichnung, Art und Kategorie der Stelle sowie ggf. einer tarifliche Eingruppierung) in den Nachweis aufzunehmen (Gesetz zur Änderung des Bürgerlichen Gesetzbuchs und des Arbeitsgerichtsgesetzes vom 29.6.1998, BGBl. I S. 1694, aufgrund EuGH NZA 1998, 137). Es genügt daher nicht, eine bloße Funktionsbezeichnung in den Nachweis aufzunehmen. Allerdings werden detaillierte Ausführungen, wie sie sich etwa in einer Stellenbeschreibung befinden, nicht verlangt. Können dem Arbeitnehmer aufgrund einer Versetzungsklausel oder im Rahmen des Direktionsrechts auch andere Tätigkeiten zugewiesen werden, sollte dies in dem Nachweis angegeben werden.

Die im Nachweis aufgeführte Charakterisierung oder Beschreibung der Tätigkeit kann Auswirkungen auf die **Eingruppierung** des Arbeitnehmers, die Reichweite des **Direktionsrechts** und damit wiederum auf den im Rahmen der **Sozialauswahl** zu berücksichtigenden

Kreis der vergleichbaren Arbeitnehmer haben. Dies sollte bei der Formulierung der Angaben bedacht werden.

7. Höhe des Arbeitsentgelts. § 2 Abs. 1 S. 2 Nr. 6 NachwG regelt die Angabe der Zusammensetzung und der Höhe des Arbeitsentgelts. Unter Nr. 8 des Formulars ist der Gesamtbetrag der Bruttojahresvergütung anzugeben. Ist dies aufgrund variabler Vergütungsbestandteile nicht möglich, so bleibt dieses Feld offen.

8. Zusammensetzung des Arbeitsentgeltes. Detaillierte Angaben sind über die einzelnen Bestandteile des Arbeitsentgelts erforderlich. Zu diesen zählen – neben der Grundvergütung – insbesondere Zuschläge, Zulagen, Prämien und Sonderzahlungen. Darüber hinaus sind auch andere Entgeltbestandteile in den Nachweis aufzunehmen, wie etwa Provisionen, Gratifikationen, Angaben zur betrieblichen Altersversorgung und geldwerte Vorteile (z. B. die Privatnutzung eines Dienstfahrzeuges oder eines Mobiltelefons).

Die einzelnen Vergütungsbestandteile sind zunächst nach ihrer **Art** zu beschreiben (z. B. Überstunden-, Sonn- und Feiertagszuschläge, Leistungs-, Erschwernis- und Funktionszulagen). Grundsätzlich sind die einzelnen Vergütungsbestandteile mit ihrem **Betrag** anzugeben. Soweit dies wegen des variablen Charakters des Entgeltbestandteils nicht möglich ist, genügt die Erläuterung des **Berechnungsmodus.**

Niederzulegen sind auch Angaben zur **Fälligkeit** der einzelnen Vergütungsbestandteile. Beim Grundgehalt gehören hierzu auch Angaben über die Anzahl der Monatsgehälter.

Auch **freiwillige oder widerrufliche Leistungen** fallen unter die Nachweispflicht (ErfKomm/*Preis* § 2 NachwG Rn. 18; *Müller-Glöge* RdA 2001, Sonderbeilage zu Heft 5, 46, 48). Wichtig ist es, die Freiwilligkeit oder Widerruflichkeit jeweils bezüglich der einzelnen Entgeltbestandteile im Nachweis zu erwähnen. Ansonsten wird es dem Arbeitgeber kaum gelingen, eine mündliche Vereinbarung eines Freiwilligkeits- oder Widerrufsvorbehalts nachzuweisen.

Soweit die Entgeltbestandteile in **Kollektivvereinbarungen,** also insbesondere einem Tarifvertrag, einer Betriebs- oder Dienstvereinbarung geregelt sind, genügt es nach § 2 Abs. 3 NachwG, auf diese Regelungswerke in konkreter Form zu verweisen. Es ist also jeweils für den einzelnen Vergütungsbestandteil anzugeben, in welchem Kollektivvertrag dieser geregelt wurde. Damit erübrigen sich weitere Angaben zu dem entsprechenden Entgeltbestandteil.

9. Arbeitszeit. Die vereinbarte Arbeitszeit ist nach § 2 Abs. 1 S. 2 Nr. 7 NachwG in die Niederschrift aufzunehmen.

Aufgrund der Komplexität vieler Arbeitszeitmodelle (Gleitzeit, Vertrauensarbeitszeit, Jahresarbeitszeit, Lebensarbeitszeit, kapazitätsorientierte variable Arbeitszeit) empfiehlt es sich auch hier, auf **Kollektivvereinbarungen** Bezug zu nehmen, soweit dies möglich ist. Anderenfalls ist das **Arbeitszeitmodell** kurz zu beschreiben. Die **Dauer der regelmäßigen Arbeitszeit** muss – je nach der geltenden Regelung wöchentlich, monatlich oder jährlich – angegeben werden. Daneben sind auch Angaben über die **Lage der Arbeitszeit** von der Nachweispflicht umfasst (*Schaefer* D Rn. 91). Gleiches gilt für die Verpflichtung zur Leistung von **Überstunden und Kurzarbeit** (jedenfalls nach § 2 Abs. 1 S. 1 NachwG; vgl. EuGH BB 2001, 1255; *Schaefer* D Rn. 97).

10. Urlaubsdauer. Nach § 2 Abs. 1 S. 2 Nr. 8 NachwG ist die Dauer des jährlichen **Erholungsurlaubs** zu dokumentieren. Angaben zu etwaigen „Sonderurlauben" sind daher ebenso wenig erforderlich wie Hinweise auf Modalitäten der Urlaubsgewährung (*Birk* NZA 1996, 281, 286; *Schaefer* D Rn. 123).

Auch hier empfiehlt es sich – soweit einschlägig – auf die tariflichen Bestimmungen zu verweisen. Wird nur der gesetzliche Mindesturlaub (§ 3 Abs. 1 BUrlG) gewährt, sind unter Umständen einschlägige Sonderregelungen für besondere Personengruppen zu erwähnen (§ 19 JArbSchG, § 125 SGB IX).

11. Kündigungsfristen. Auch hinsichtlich der aufzunehmenden Kündigungsfristen (§ 2 Abs. 1 S. 2 Nr. 9 NachwG) empfiehlt es sich, von den Verweisungsmöglichkeiten nach § 2 Abs. 3 NachwG Gebrauch zu machen. Soweit sich die Kündigungsfristen nach gesetzlichen Vorschriften richten, genügt ein allgemeiner Hinweis. Sollen sich die Kündigungsfristen nicht nach den gesetzlichen Vorschriften richten, müssen auch die maßgeblichen Kriterien für die Bemessung der Kündigungsfristen in die Niederschrift aufgenommen werden (*Birk* NZA 1996, 281, 286).

12. Sonstige wesentliche Vertragsbedingungen. Auch den Nachweis aller sonstigen wesentlichen Vertragsbedingungen des Arbeitsverhältnisses muss die Niederschrift enthalten (§ 2 Abs. 1 S. 1 NachwG). Wesentlich sind alle Vertragsbedingungen, die **üblicherweise in den Arbeitsverträgen bestimmter Arbeitnehmer vereinbart werden** (LAG Hannover NZA-RR 2001, 145, 146; ErfKomm/*Preis* § 2 NachwG Rn. 8). Dazu zählen beispielsweise Haftungsregelungen, Vertragsstrafenbestimmungen, Nebentätigkeitsbeschränkungen, Verschwiegenheitspflichten, nachvertragliche Wettbewerbsverbote und Vereinbarungen über die Rückzahlungen von Fortbildungskosten. Vereinbarungen hierüber werden allerdings in der Praxis aus Wirksamkeitsgründen (§ 74 Abs. 1 HGB) und zu Beweiszwecken schriftlich getroffen, weshalb sich ein gesonderter Nachweis regelmäßig erübrigt.

13. Hinweis auf Kollektivvereinbarungen. Nach § 2 Abs. 1 S. 2 Nr. 10 NachwG ist in die Niederschrift auch ein Hinweis auf die auf das Arbeitsverhältnis anzuwendenden Tarifverträge, Betriebs- oder Dienstvereinbarungen aufzunehmen. Nach Ansicht des BAG gebietet es der Zweck der Vorschrift, im Sinne der Rechtsklarheit und Rechtssicherheit auf die auf das Arbeitsverhältnis anzuwendenden Kollektivregelungen hinzuweisen; nicht erforderlich ist, die tariflichen Bestimmungen quasi „wiederholend" nachzuweisen. Der Arbeitgeber ist bereits verpflichtet, die für den Betrieb maßgeblichen Tarifverträge an geeigneter Stelle auszulegen (§ 8 TVG). Daher reicht es für die gesetzliche Verpflichtung nach § 2 Abs. 1 S. 2 Nr. 10 NachwG aus, wenn **allgemein auf die Geltung von Tarifverträgen unter Angabe des einschlägigen Tarifbereichs** hingewiesen wird (BT-Drucks. 13/668 S. 11). Eine detaillierte Auflistung der Regelungsinhalte der anwendbaren Tarifverträge ist somit nicht nötig (BAG NZA 2002, 800). Dies gilt auch, soweit es sich um wesentliche Vertragsbedingungen, etwa um Ausschlussfristen, handelt (BAG NZA 2005, 64). Für Betriebsvereinbarungen, die ebenfalls nach § 77 Abs. 2 im Betrieb auszulegen sind, kann nichts anderes gelten.

Hinzuweisen ist nicht nur auf Tarifverträge und tarifvertragliche Regelungen, die aufgrund **individualvertraglicher Bezugnahme** gelten (so aber LAG Köln NZA-RR 2001, 261; *Birk* NZA 1996, 281, 287). Auch Tarifverträge, die wegen **beiderseitiger Tarifgebundenheit** oder wegen ihrer **Allgemeinverbindlichkeit** gelten, sind nachzuweisen (BAG NZA 2002, 800, 802; *Müller-Glöge* RdA 2001, Sonderbeilage zu Heft 5, 46, 54). Bei einzelvertraglicher Inbezugnahme ist auch aufzunehmen, ob es sich um eine statische oder dynamische Verweisung handelt.

Das Formular sieht vor, dass im Regelfall die einschlägigen Tarifverträge nach dem jeweiligen Tarifbereich angegeben werden. Wurden Haustarifverträge geschlossen, ist zu deren Beschreibung die vertragschließende Gewerkschaft anzugeben (Alternative 1). Gelten nur einzelne Tarifverträge kraft einzelvertraglicher Verweisung, sind diese in der Niederschrift im Einzelnen aufzulisten (Alternative 2); erstreckt sich die einzelvertragliche Bezugnahme nur auf einzelne Regelungen, so ist lediglich auf diese hinzuweisen.

14. Auslandseinsatz. Hat der Arbeitnehmer seine Arbeitsleistung länger als einen Monat im Ausland zu erbringen, so muss die Niederschrift nach § 2 Abs. 2 NachwG zusätzliche Mindestangaben enthalten; sie muss dem Arbeitnehmer vor seiner Abreise ausgehändigt werden. In der Praxis wird ein gesonderter Nachweis hierüber nicht erforderlich sein, da die Konditionen des Auslandseinsatzes regelmäßig schriftlich vereinbart werden.

Anzugeben sind die **Dauer** des Auslandseinsatzes (ggf. auch ein Hinweis auf eine Auslandstätigkeit auf unbestimmte Zeit), die **Währung,** in der das Arbeitsentgelt ausgezahlt wird, ein etwaiges **zusätzliches Arbeitsentgelt und zusätzliche Sachleistungen** (z.B. Kostenübernahme für Heimreisen, Unterkunft und Verpflegung) und die vereinbarten **Bedingungen für die Rückkehr** des Arbeitnehmers nach Beendigung des Auslandsaufenthalts.

15. Rentenversicherungsoption bei geringfügig Beschäftigten. Durch die Neufassung des § 2 Abs. 2 S. 4 NachwG durch das Gesetz zu Änderungen im Bereich der geringfügigen Beschäftigung vom 5.12.2012 (BGBl. I S. 2474) ist die Hinweispflicht des Arbeitgebers hinsichtlich des Verzichts auf die Versicherungsfreiheit geringfügig Beschäftigter in der Rentenversicherung ab 1.1.2013 entfallen. Für geringfügig Beschäftigte besteht nunmehr Versicherungspflicht, wenn sie nicht gemäß § 6 Abs. 1 b SGB VI einen Antrag auf Versicherungsfreiheit stellen. Der schriftliche Befreiungsantrag ist dem Arbeitgeber zu übergeben. Die vollständige Streichung der Hinweispflicht ist jedoch nicht empfehlenswert, insbesondere sollte ein Hinweis auf die gemäß § 6 Abs. 1 b SGB VI eintretende Bindung an den Befreiungsantrag für die Dauer der Beschäftigung erfolgen (s. Däubler/Hjort/Schubert/Wolmerath/*Schubert* § 2 NachwG Rn. 15).

16. Aushändigung der unterzeichneten Niederschrift. Die Niederschrift ist **eigenhändig** durch den Arbeitgeber zu unterzeichnen (§ 126 BGB) und dem Arbeitnehmer **im Original auszuhändigen.** Aus Beweisgründen sollte der Arbeitnehmer gebeten werden, den Erhalt der Niederschrift auf einem Zweitexemplar zu bestätigen.

Auch gegenüber ausländischen Arbeitnehmern genügt die Aushändigung einer in deutscher Sprache abgefassten Niederschrift. Dies insbesondere vor dem Hintergrund, dass nach der Bestimmung des § 2 Abs. 3 S. 2 NachwG bestimmte Bedingungen (Dauer des Erholungsurlaubes und Kündigungsfristen) durch Verweis auf das (deutsche) Gesetz nachgewiesen werden können. Zudem wurde eine Übersetzungspflicht des Arbeitgebers sowohl bei Erlass der RL 91/533/EWG als auch vom deutschen Gesetzgeber diskutiert, dann aber jeweils verworfen. Eine andere Sprache können die Parteien jedoch vereinbaren, wenn dafür ein sachlicher Grund – etwa die dann bessere Verständlichkeit für den ausländischen Arbeitnehmer – gegeben ist (*Riesenhuber* NZA 1999, 798; anders bei nichtdeutschen Leiharbeitnehmern nach § 11 Abs. 2 S. 2 AÜG, die auf Verlangen den Nachweis in ihrer Muttersprache erhalten müssen).

Die Niederschrift ist spätestens **einen Monat** nach dem vereinbarten Beginn des Arbeitsverhältnisses auszuhändigen. Kommt es später zu **Änderungen** der wesentlichen Vertragsbedingungen, sind diese dem Arbeitnehmer spätestens einen Monat nach der Änderung schriftlich mitzuteilen. Ändern sich lediglich gesetzliche Vorschriften, Tarifverträge, Betriebs- oder Dienstvereinbarungen und ähnliche für das Arbeitsverhältnis geltenden Regelungen, ist dies entbehrlich (§ 3 NachwG).

III. Vergütung

Sachbezüge

1. Dienstwagenvertrag

Vertrag[1] zwischen der

...... (Name und Anschrift der Gesellschaft) „Gesellschaft"

und

Herrn ...... (Name und Anschrift des Mitarbeiters) „Mitarbeiter"

§ 1 Dienstwagen[2]

(1) Die Gesellschaft stellt dem Mitarbeiter mit Wirkung vom ...... einen Dienstwagen im Wert von maximal ...... EUR (in Worten: ...... Euro) (inländischer Brutto-Listenpreis inklusive Sonderausstattung und Umsatzsteuer) zur Verfügung. Die Wahl der Fahrzeugmarke und des -typs sowie der Erwerbsart (Kauf, Leasing o. Ä.) obliegt der Gesellschaft.

(Alternative:

(1) Die Gesellschaft stellt dem Mitarbeiter mit Wirkung vom ...... einen Dienstwagen Marke ......, Typ ...... oder ähnlicher Kategorie zur Verfügung.)

(2) Die Gesellschaft ist jederzeit zum Austausch des Dienstwagens (Ersatzbeschaffung) berechtigt.

§ 2 Nutzungsumfang[3]

(1) Der Dienstwagen wird zur dienstlichen und privaten Nutzung zur Verfügung gestellt. Auslandsfahrten sind nur in EU-Mitgliedsstaaten sowie nach Liechtenstein, Norwegen und in die Schweiz gestattet.

(2) Die Nutzung des Dienstwagens durch Dritte ist unzulässig. Hiervon ausgenommen ist die Nutzung durch den Ehegatten, Lebenspartner i. S. d. LPartG sowie in häuslicher Gemeinschaft lebende Lebensgefährten und Kinder des Mitarbeiters, sofern diese Dritten jeweils seit mindestens drei Jahren über eine gültige Fahrerlaubnis verfügen. Vor Überlassung des Dienstwagens an diese Dritten hat sich der Mitarbeiter den Führerschein vorlegen zu lassen und zu prüfen, ob sie bereits seit mindestens drei Jahren über eine gültige Fahrerlaubnis verfügen. Zudem hat der Mitarbeiter diese Dritte vor Überlassung des Dienstwagens über die Regelungen nach diesem Dienstvertrag zum Umgang mit dem Dienstwagen zu informieren.

(3) Der Mitarbeiter hat alle sich aus der Nutzung des Dienstwagens ergebenden gesetzlichen Pflichten zu erfüllen. Dies gilt insbesondere für die Vorschriften des Straßenverkehrsgesetzes (StVG), der Straßenverkehrsordnung (StVO) und der Straßenverkehrszulassungsordnung (StVZO). Diese Verpflichtungen des Mitarbeiters bestehen auch unmittelbar gegenüber der Gesellschaft.

§ 3 Übernahme

(1) Bei der Übernahme des Dienstwagens werden dem Mitarbeiter Fahrzeugschein, Fahrzeugschlüssel, Verbandskasten und Warndreieck ausgehändigt. Zubehör des Dienstwagens sind außerdem vier Sommer- und vier Winterreifen.

(2) Der Mitarbeiter erhält eine Tank- und Service-Karte („Tankkarte"). Über die Tankkarte sind alle mit der Nutzung des Dienstwagens verbundenen Kosten abzurechnen. Ist die Nutzung der Tankkarte ausnahmsweise nicht möglich, übernimmt die Gesellschaft die mit der Dienstwagennutzung verbundenen Kosten gegen Vorlage entsprechender Belege.

(3) Bei Übernahme des Dienstwagens wird ein Übergabeprotokoll erstellt. Hierin werden etwaige Mängel oder Beschädigungen des Dienstwagens, die Vollständigkeit der vorgesehenen Ausstattung, der Kilometerstand sowie die Übergabe des/r Fahrzeugschlüssel/s, einer Tankkarte und des Fahrzeugscheins festgehalten. Der Mitarbeiter erhält eine Kopie des Übergabeprotokolls.[4]

§ 4 Fahrerlaubnis/Führerschein/Fahrzeugschein/Fahrtenbuch

(1) Vor der Nutzung des Dienstwagens hat der Mitarbeiter der Gesellschaft seinen Führerschein vorzulegen. Auch zu einem späteren Zeitpunkt ist der Mitarbeiter verpflichtet, der Gesellschaft den Führerschein auf Verlangen jederzeit vorzulegen. Bei der Nutzung des Dienstwagens hat der Mitarbeiter Fahrzeug- und Führerschein mitzuführen.

(2) Sollte der Führerschein in Verwahrung genommen, sichergestellt oder beschlagnahmt, die Fahrerlaubnis entzogen oder das Führen eines Kraftfahrzeugs verboten werden, ist die Gesellschaft unverzüglich hiervon zu unterrichten. Die Nutzung des Dienstwagens ist unverzüglich einzustellen.

(3) Die Gesellschaft behält sich das Recht vor, dem Mitarbeiter die Führung eines Fahrtenbuches aufzuerlegen.

§ 5 Instandhaltung

(1) Der Mitarbeiter hat für eine ordnungsgemäße Pflege und Wartung des Dienstwagens zu sorgen. Dazu gehören u.a. Wagenwäsche sowie Prüfung des Ölstands, der Batterie und der Bereifung.

(2) Der Mitarbeiter hat die im Kundendienst-Scheckheft vorgesehenen Inspektionen sowie die Fälligkeit zur Vorführung zur Haupt- und Abgasuntersuchung zu beachten. Er hat den Dienstwagen hierzu rechtzeitig in einer Vertragswerkstatt vorzuführen. Die Gesellschaft kann die aufzusuchende Vertragswerkstatt festlegen.

(3) Notwendige Reparaturen hat der Mitarbeiter unverzüglich ausführen zu lassen. Die Gesellschaft kann die aufzusuchende Vertragswerkstatt festlegen. Reparaturen, deren Kosten sich voraussichtlich auf mehr als ...... EUR (in Worten: ...... Euro) belaufen, sind der Gesellschaft unverzüglich und vor Durchführung der Reparatur anzuzeigen. Die Gesellschaft entscheidet dann über das weitere Vorgehen.

§ 6 Kosten/Versicherung[5]

(1) Die Kosten des Betriebs, der Pflege, der Wartung und der Reparaturen sowie die Kfz-Steuern trägt die Gesellschaft.

(2) Die Gesellschaft schließt – jeweils zu marktüblichen Bedingungen – eine Vollkaskoversicherung mit einer Selbstbeteiligung i.H.v. ...... EUR (in Worten: ...... Euro) sowie eine Haftpflichtversicherung ab und übernimmt die Versicherungsbeiträge.

§ 7 Schäden[6]

(1) Der Mitarbeiter haftet bei Beschädigung oder Verlust des Dienstwagens („Schaden") im Rahmen dienstlicher Nutzung, wenn der Schaden von ihm vorsätzlich verursacht wurde, in voller Höhe. Bei grober Fahrlässigkeit haftet der Mitarbeiter in der Regel ebenfalls in voller Höhe; eine lediglich anteilige Haftung kommt ausnahmsweise aufgrund der Abwägung der Einzelfallumstände in Betracht. Bei mittlerer Fahrlässigkeit haftet der Mitarbeiter anteilig; hierbei sind die Einzelfallumstände abzuwägen. Bei der Abwägung der Einzelfallumstände gemäß Sätzen 2 und 3 sind insbesondere die Höhe des Arbeitsentgelts, dessen Verhältnis zum Schaden, die finanzielle Leistungsfähigkeit des Mitarbeiters und der Grad des Verschuldens einzubeziehen.

(2) Für Schäden im Rahmen privater Nutzung durch den Mitarbeiter oder durch Dritte haftet der Mitarbeiter unabhängig vom Verschuldensgrad.

(3) Ersetzt eine Versicherung den Schaden und nimmt nicht Rückgriff gegen die Gesellschaft und/oder den Mitarbeiter, haftet der Mitarbeiter beschränkt. Er hat in diesem Fall lediglich den Schaden durch den Verlust des Schadenfreiheitsrabatts und die Selbstbeteiligung zu erstatten.

(4) Wenn die Gesellschaft im Zusammenhang mit der Nutzung des Dienstwagens von Dritten in Anspruch genommen wird, haftet der Mitarbeiter der Gesellschaft entsprechend den in Abs. (1) bis (3) genannten Grundsätzen.

(5) Bei einem Unfall hat der Mitarbeiter die Polizei zum Unfallort zu rufen und der Gesellschaft ist der Unfall unverzüglich schriftlich unter Angabe des polizeilichen Aktenzeichens zu melden.

§ 8 Herausgabe/Widerruf der Nutzung[7]

(1) Bei Beendigung des Arbeitsverhältnisses hat der Mitarbeiter den Dienstwagen samt Zubehör am Sitz der Gesellschaft zurückzugeben.

(2) Die Gesellschaft ist berechtigt, für die Zukunft

- das Recht zur privaten Nutzung des Dienstwagens zu widerrufen und die Herausgabe des Dienstwagens zu verlangen oder
- den Inhalt des Rechts zur privaten Nutzung des Dienstwagens zu ändern,

wenn sachliche Gründe vorliegen, also aufgrund der wirtschaftlichen Entwicklung der Gesellschaft, in der Person des Mitarbeiters liegender Gründe, der Leistung oder des Verhaltens des Mitarbeiters, und sofern dies dem Mitarbeiter zumutbar ist.

(3) Ein sachlicher Grund im Sinne von Abs. (2) liegt insbesondere vor bei

- berechtigter Freistellung des Mitarbeiters von der Verpflichtung zur Arbeitsleistung,
- Wegfall tatsächlicher Arbeitsleistung (z.B. bei Krankheit oder Sonderurlaub) nach Ablauf etwaiger Entgelt(fort)zahlungszeiträume,
- Ruhen des Arbeitsverhältnisses (z.B. wegen Elternzeit),
- Inverwahrungnahme, Sicherstellung oder Beschlagnahme des Führerscheins, Entzug der Fahrerlaubnis oder Verbot zum Führen eines Kraftfahrzeugs,
- Änderung der Arbeitsaufgabe, wenn die Überlassung des Dienstwagens im Zusammenhang mit der ursprünglichen Arbeitsaufgabe stand und nach der Änderung der Arbeitsaufgabe der Dienstwagen hierfür nicht mehr oder nicht mehr im bisherigen Umfang für die neue Arbeitsaufgabe erforderlich ist,

- einem groben oder mehrmaligen Verstoß des Mitarbeiters gegen Vorschriften dieser Vereinbarung,
- Durchführung von Wartungs- und Reparaturarbeiten oder Ersatzbeschaffung.

(4) Im Fall des Widerrufs gemäß vorstehenden Abs. (2) und (3) ist der Mitarbeiter zur unverzüglichen Herausgabe des Dienstwagens samt Zubehör am Sitz der Gesellschaft verpflichtet. Ein Anspruch auf Entschädigung für die entgangene private Nutzungsmöglichkeit besteht nicht.

(5) Ein etwaiges Zurückbehaltungsrecht steht dem Mitarbeiter für den Fall des Widerrufs gemäß vorstehenden Abs. (2) und (3) nicht zu.

§ 9 Steuerliche Behandlung/Altersversorgung[8]

(1) Die Steuer und die Arbeitnehmeranteile zur Sozialversicherung, die auf den in der privaten Nutzungsmöglichkeit des Dienstwagens liegenden geldwerten Vorteil entfallen, sind vom Mitarbeiter zu tragen. Höhe, Abzug und Abführung von Steuern und Sozialversicherungsabgaben bestimmen sich nach den jeweils geltenden gesetzlichen Vorschriften.

(2) Für Zwecke einer etwa bestehenden betrieblichen Altersversorgung bleibt der in der privaten Nutzungsmöglichkeit des Dienstwagens liegende geldwerte Vorteil unberücksichtigt.

§ 10 Einbauten/Veränderungen[9]

Der Mitarbeiter ist ohne ausdrückliche vorherige schriftliche Einwilligung der Gesellschaft nicht berechtigt, elektronische Geräte oder sonstiges Zubehör in den Dienstwagen einzubauen oder sonstige Umbauten oder Veränderungen an diesem vorzunehmen.

§ 11 Ordnungswidrigkeiten und Straftaten[10]

Soweit infolge der Nutzung des Dienstwagens durch den Mitarbeiter oder Dritte Ordnungswidrigkeiten oder Straftaten begangen werden, trägt der Mitarbeiter sämtliche sich hieraus ergebenden Verpflichtungen (z.B. Verwarnungs- und Bußgelder, Strafen, Verfahrens- und Abschleppkosten).

§ 12 Schlussbestimmungen[11]

(1) Mündliche Nebenabreden bestehen nicht. Änderungen oder Ergänzungen dieses Dienstwagenvertrags, einschließlich dieser Bestimmung, bedürfen zu ihrer Wirksamkeit der Schriftform, es sei denn, diese wurden nachweislich zwischen den Parteien ausgehandelt. Das Schriftformerfordernis bezieht sich auch auf etwaige Ansprüche aus betrieblicher Übung.

(2) Sollte eine Bestimmung dieses Dienstwagenvertrags ganz oder teilweise unwirksam sein oder werden, so wird hiervon die Wirksamkeit der übrigen Bestimmungen nicht berührt. An die Stelle der unwirksamen Bestimmung tritt die gesetzlich zulässige Bestimmung, die dem mit der unwirksamen Bestimmung Gewollten wirtschaftlich am nächsten kommt. Entsprechendes gilt für den Fall einer vertraglichen Lücke.

......	......
Ort, Datum	Ort, Datum
......	......
Unterschrift der Gesellschaft	Unterschrift des Mitarbeiters

Anmerkungen

1. Vertragliche Regelung. Das Formular regelt die Überlassung eines Dienstwagens auf Basis eines separaten Dienstwagenvertrags. Der Abschluss eines solchen Dienstwagenvertrags bietet sich an, wenn es bei der Gesellschaft **keine Richtlinie** (oder Betriebsvereinbarung) gibt, die die Bereitstellung und Nutzung von Dienstwagen regelt. Existiert dagegen eine solche Richtlinie (oder Betriebsvereinbarung), kann der Textbaustein für den Arbeitsvertrag (→ Form. A. III. 2) verwendet werden. Der hier vorgeschlagene Dienstwagenvertrag enthält detaillierte Regelungen zur Bereitstellung und Nutzung des Dienstwagens.

Noch nicht abschließend geklärt ist, ob durch die Überlassung eines Dienstwagens zur privaten Nutzung das **Mitbestimmungsrecht des Betriebsrats** zu Fragen der betrieblichen Lohngestaltung ausgelöst wird (§ 87 Abs. 1 Nr. 10 BetrVG). Das BAG hat diese Frage offen gelassen (vgl. BAG BeckRS 1983, 04772). In Literatur und instanzgerichtlicher Rechtsprechung werden unterschiedliche Auffassungen vertreten. Teilweise wird das Mitbestimmungsrecht bejaht (tendenziell ArbG Hamburg AiB 1994, 760; ErfKomm/*Kania* § 87 BetrVG Rn. 97; *Bachner* NZA 2007, 536, 537; Küttner/*Griese* Dienstwagen Rn. 15; *Hunold* AR-Blattei SD 590 Rn. 212). Teilweise wird die Erlaubnis zur privaten Nutzung nur als unwesentlicher Reflex der (vorrangigen) dienstlichen Nutzung angesehen mit der Folge, dass das Mitbestimmungsrecht verneint wird (vgl. Jaeger/Röder/Heckelmann/*Haußmann* Kapitel 10 Rn. 14). Werden Verhaltensrichtlinien im Zusammenhang mit der Dienstwagennutzung (z.B. Führung eines Fahrtenbuchs, Sicherheitsvorschriften) aufgestellt, dürfte eine mitbestimmungspflichtige Regelung zum Ordnungsverhalten vorliegen (§ 87 Abs. 1 Nr. 1 BetrVG; vgl. *Moll/Roebers* DB 2010, 2672; *Oelkers* NJW-Spezial 2009, 514). Es empfiehlt sich daher, vorsorglich den Betriebsrat zu beteiligen. Vorsorglich kann der Dienstwagenvertrag auch betriebsvereinbarungsoffen ausgestaltet werden (→ Form. A. II. 1, dort unter § 12 und → Anm. 25).

2. Dienstwagen. Durch Angabe des maximalen Wertes des Dienstwagens verbunden mit dem Recht, Fahrzeugmarke und -typ zu wählen, behält sich der Arbeitgeber einen großen Spielraum vor. Dadurch lassen sich bei einer etwa erforderlichen Ersatzbeschaffung (z.B. bei Beendigung des Leasingvertrags oder Beschädigung des Dienstwagens) Streitigkeiten mit dem Arbeitnehmer über die Beschaffenheit des Ersatzfahrzeugs vermeiden. Weniger flexibel ist der Arbeitgeber, wenn er Marke und Typ genau bezeichnet. Ein in der Praxis üblicher Mittelweg wird in der Alternativregelung vorgestellt. Dort wird das Fahrzeug zwar auch durch Angabe von Marke und Typ konkretisiert (z.B. BMW 5 er-Serie, Audi A6). Es wird jedoch zusätzlich vereinbart, dass der Dienstwagen auch „ähnlicher Kategorie" sein kann. In diesem Fall hat der Arbeitgeber die Möglichkeit, ein Fahrzeug entsprechender Kategorie zur Verfügung zu stellen (vgl. LAG Chemnitz BeckRS 1997, 30863108). Nicht empfehlenswert, weil zu ungenau, sind Formulierungen wie „gehobene Mittelklasse". Gemäß § 1 Abs. (1) ist der Zeitpunkt der Überlassung anzugeben. Für das rechtliche Verhältnis zwischen Arbeitgeber und Arbeitnehmer hinsichtlich der Überlassung eines Dienstwagens ist es weitgehend unerheblich, ob der Arbeitgeber das Fahrzeug least oder es in seinem Eigentum steht. Die meisten Unternehmen bieten ihren Arbeitnehmern Leasingfahrzeuge an. Dies hat den Vorteil, dass die Anschaffungskosten für den Arbeitgeber überschaubar bleiben und die Kreditlinie geschont wird. Mit einem sog. „Full-Service-Leasing", d.h. das Leasingunternehmen übernimmt Wartung, Reparaturen, Kfz-Steuer und -versicherung etc., kann sich der Arbeitgeber zudem Verwaltungs- und Zeitaufwand ersparen.

Natürlich ist es möglich, dem Mitarbeiter ein **Mitspracherecht** bei der Auswahl und der Ausstattung des Dienstwagens einzuräumen. Werden hierdurch die eingeplanten Kosten überschritten, kann dann eine Kostenbeteiligung vorgesehen werden. In der Praxis wird hiervon regelmäßig abgesehen, weil der Verwaltungsaufwand erhöht wird und es zu unnötigen Streitigkeiten kommen kann.

Probleme entstehen häufig dann, wenn der **Mitarbeiter vor dem Auslaufen des Leasingvertrags ausscheidet.** Klauseln, die den Mitarbeiter verpflichten, die Beteiligung an den Kosten für den Leasingvertrag, die bis zum Auslaufen des Leasingvertrags angefallen wären, mit einer Einmalzahlung zu begleichen, sind nach der Rechtsprechung unwirksam (BAG NZA 2004, 484; LAG Düsseldorf BeckRS 2011, 76731; LAG Berlin BeckRS 2008, 54759). Für den Fall, dass der Arbeitgeber das Fahrzeug erwirbt, wird es jedoch teilweise für zulässig gehalten, dass der Mitarbeiter die Kosten für eine von ihm gewählte Sonderausstattung auch dann tragen muss, wenn das Arbeitsverhältnis vor Ablauf der vorgesehenen Nutzungsdauer endet. Es müsse allerdings geregelt werden, dass der auf die Sonderausstattung entfallende Mehrerlös im Falle eines späteren Verkaufs des Dienstwagens dem Mitarbeiter ausgezahlt wird (LAG Mainz BeckRS 2012, 76222).

Es fragt sich, welche Rechte der Arbeitnehmer für den Fall hat, dass ihm der Dienstwagen, gleich aus welchem Grund, entgegen der vertraglichen Vereinbarung **nicht oder verspätet zur Verfügung gestellt wird.** Die h. M. sieht hierin wegen des Fixschuldcharakters der Überlassung einen Fall der Unmöglichkeit mit der Folge eines **Schadensersatzanspruches** für den Arbeitnehmer gemäß §§ 280, 283 BGB, wenn diesem der Dienstwagen auch zur privaten Nutzung überlassen wurde. Die Frage der Berechnung der Schadenshöhe hat das BAG unterschiedlich beantwortet: Zunächst hat es eine abstrakte Berechnung der Gebrauchsvorteile anhand der ADAC-Tabelle gebilligt (vgl. BAG NZA 1994, 1128). Später hat es dazu tendiert, den Arbeitnehmer auf eine konkrete Schadensberechnung i. S. d. Ersatzes von tatsächlich erbrachten Aufwendungen für die Nutzung seines privaten Kfz zu verweisen (vgl. BAG NZA 1996, 415). Nach aktueller Rechtsprechung ist der geldwerte Vorteil der privaten Nutzungsmöglichkeit in Höhe ihrer steuerlichen Bewertung (§ 6 Abs. 1 Nr. 4 EStG) anzusetzen (vgl. BAG NZA 2012, 616; BAG NZA 2007, 809). In der Praxis wird all dies zumeist nicht im Zusammenhang mit der erstmaligen Bereitstellung des Dienstwagens oder einer etwa verzögerten Ersatzbeschaffung relevant, sondern im Zusammenhang mit dem Entzug des Dienstwagens durch den Arbeitgeber bei Ausspruch einer Kündigung. Einem Schadensersatzanspruch des Arbeitnehmers kann durch sachgerechte Vertragsgestaltung vorgebeugt werden (vgl. § 8 und → Anm. 7).

3. Nutzungsumfang. Die Bestimmung des Nutzungsumfangs ist von erheblicher Bedeutung. Das Formular sieht die in der Praxis übliche Konstellation vor, dass der Arbeitgeber den Dienstwagen **zur dienstlichen und zur privaten Nutzung** zur Verfügung stellt. Die Möglichkeit zur privaten Nutzung des Dienstwagens ist eine **Gegenleistung für die Arbeitsleistung.** Die Überlassung des Dienstwagens stellt insoweit **Arbeitslohn** in Form eines Sachbezugs dar (vgl. § 9 und → Anm. 8). Die Regelung des Nutzungsumfangs hat auch Bedeutung für die Frage, wer die im Zusammenhang mit der Dienstwagennutzung entstehenden Kosten tragen muss. Vorbehaltlich einer abweichenden Regelung treffen sämtliche anfallenden Kosten den Arbeitgeber, z. B. die im Urlaub des Arbeitnehmers aufgewandten Kraftstoffkosten (LAG Hamm NZA-RR 2012, 293).

Auslandsfahrten wurden im Formular auf EU-Mitgliedsstaaten, Liechtenstein, Norwegen und die Schweiz beschränkt. Natürlich steht es dem Arbeitgeber frei, die private Nutzung noch weiter einzuschränken. Denkbar ist es, Auslandsfahrten gänzlich auszuschließen oder von einer vorherigen Zustimmung des Arbeitgebers abhängig zu machen.

Ob auch **andere Personen** den Dienstwagen fahren dürfen, unterliegt grundsätzlich der freien Vereinbarung. Im Formular wurde eine für den Mitarbeiter großzügige Regelung aufgenommen, die natürlich auch eingeschränkt werden kann (z. B. Ausschluss von Kindern des Mitarbeiters). Um die Nutzung des Dienstwagens durch Fahranfänger und die damit verbundenen Risiken zu vermeiden, wurde vorgesehen, dass Dritte seit mindestens drei Jahren über eine Fahrerlaubnis verfügen müssen.

Im Formular sind keine Einschränkungen bzgl. Personen vorgesehen, die im Dienstwagen mitgenommen werden dürfen. Dies ist – anders als Einschränkungen zum Kreis der Fahrer des Dienstwagens – auch nicht üblich. Gleichwohl ist es natürlich möglich, auch den Kreis der **Mitfahrer** einzuschränken. Ausgenommene Personen müssten dann im Formular klar genannt oder umschrieben werden.

4. Übernahme. Es empfiehlt sich, bei der Übergabe des Dienstwagens ein **separates Übergabeprotokoll** zu erstellen. Damit wird dokumentiert, dass der Dienstwagen samt Zubehör entsprechend der Regelung im Dienstwagenvertrag auch tatsächlich übergeben wurde. Zudem wird damit protokolliert, was der Mitarbeiter am Ende der Nutzungsdauer zurückgeben muss.

5. Kosten/Versicherung. Grundsätzlich hat der Arbeitgeber sämtliche Kosten im Zusammenhang mit der Dienstwagennutzung zu tragen (LAG Hamm NZA-RR 2012, 293). Soll hiervon abgewichen werden, bedarf es einer ausdrücklichen Regelung. Das Formular sieht eine Kostentragung durch den Arbeitgeber vor. Das schließt auch eine Vollkaskoversicherung ein. Eine solche Absicherung empfiehlt sich, denn dann beschränken sich etwaige Auseinandersetzungen auf die bei der Vollkaskoversicherung vorgesehene Selbstbeteiligung und den Rückstufungsschaden. Eine abweichende Regelung, wonach der Mitarbeiter einen Teil der Kosten (z. B. die durch die private Nutzung enstandenen Kosten) tragen soll, ist möglich (vgl. *Schimmelpfenning/Falkner* BeckOF 2.1.20.1 Rn. 8). In der Praxis wird hiervon wegen des damit verbundenen Verwaltungsaufwands regelmäßig abgesehen und stattdessen allenfalls eine pauschale Beteiligung des Mitarbeiters an den Kosten für den Dienstwagen vorgesehen.

6. Schäden. Wegen Schäden am Dienstwagen haftet der Mitarbeiter nur, wenn er schuldhaft gehandelt hat. Für Schäden, die im Rahmen einer dienstlichen Nutzung entstehen, muss der Arbeitgeber wegen der besonderen für das gelenden Arbeitsrecht **Beweislastregel** beweisen, dass der Mitarbeiter den Schaden schuldhaft verursacht hat (§ 619a BGB). Das BAG scheint diese Regel für sämtliche Auseinandersetzungen zwischen Arbeitgeber und Arbeitnehmer anzuwenden (BAG NZA 2007, 462 für Pfändungen Dritter gegen den Mitarbeiter), so dass der Arbeitgeber auch bei einer Beschädigung des Dienstwagens im Rahmen einer privaten Nutzung zur Durchsetzung eines Schadenersatzanspruchs das Verschulden des Arbeitnehmers nachweisen müsse (ebenso wohl Palandt/*Weidenkaff* § 619a Rn. 3; a. A. Staudinger/*Richardi/Fischinger* § 619a BGB Rn. 5; Erman/*D. W. Belling* § 619a BGB Rn. 9; ErfKomm/*Preis* § 619a BGB Rn. 4 m. w. N.).

Für die dienstliche Nutzung ergibt sich als weitere Besonderheit, dass der Umfang der Haftung des Arbeitnehmers für **Schäden infolge betrieblich veranlasster Tätigkeiten** nach der Rechtsprechung beschränkt sein kann (vgl. BAG NZA 1994, 1083). Danach gilt Folgendes: Bei Vorsatz des Arbeitnehmers kommt eine Haftungsbeschränkung grundsätzlich nicht in Betracht. Dasselbe gilt bei grober Fahrlässigkeit. Eine Ausnahme wird hier nur gemacht, wenn der Verdienst des Arbeitnehmers in einem deutlichen Missverhältnis zum Schadensrisiko seiner Tätigkeit steht (BAG NJW 2011, 1096; BAG NZA 2013, 640). Bei leichter Fahrlässigkeit haftet der Arbeitnehmer überhaupt nicht. Bei mittlerer Fahrlässigkeit ist der Schaden zwischen dem Arbeitnehmer und dem Arbeitgeber auf Basis einer Abwägung aller Gesamtumstände aufzuteilen. Hierbei sind der Grad des dem Arbeitnehmer zur Last fallenden Verschuldens, die Gefahrgeneigtheit der Arbeit, die Höhe des Schadens, ein vom Arbeitgeber einkalkuliertes oder durch Versicherung deckbares Risiko, die Stellung des Arbeitnehmers im Betrieb und die Höhe des Arbeitsentgelts sowie u. U. die persönlichen Verhältnisse des Arbeitnehmers zu berücksichtigen. Bzgl. Schäden am Dienstwagen vertritt die Rechtsprechung die Auffassung, dass sich die Höhe des ersatzfähigen Schadens auf die Selbstbeteiligung einer Vollkaskoversicherung beschränkt (vgl. BAG NZA 1988, 584).

Diese Haftungsbeschränkung gilt aber ausschließlich bei betrieblich veranlassten Tätigkeiten (vgl. LAG Köln BeckRS 1998, 30776131; LAG Köln NZA 1993, 1163). Der Arbeitgeber ist nicht mit dem allgemeinen Lebensrisiko des Arbeitnehmers zu belasten. Deshalb enthält das Formular in § 7 Abs. (2) eine klarstellende Bestimmung dahingehend, dass bei **privater Nutzung oder Nutzung des Dienstwagens durch Dritte** kein solches Haftungsprivileg besteht. Eine Privatnutzung des Kfz ist auch die Fahrt zum Arbeitsplatz. Die Rechtsprechung sieht den Arbeitgeber aus Gründen der Schadensminderung in der Pflicht, auch die private Nutzung durch Abschluss einer Kaskoversicherung abzusichern (vgl. LAG Köln BeckRS 2005, 41410). Es wurde daher für die dienstliche und private Nutzung vorgesehen, dass sich die Haftung auf den Verlust des Schadenfreiheitsrabatts und die Selbstbeteiligung beschränkt, wenn eine Versicherung den Schaden trägt (vgl. § 7 Abs. (3)).

7. **Herausgabe/Widerruf der Nutzung.** Streitigkeiten ergeben sich häufig im Zusammenhang mit dem Entzug des Dienstwagens, sei es, weil der Arbeitgeber die Herausgabe verlangt, sei es, weil er dem Mitarbeiter den Dienstwagen einseitig wegnimmt. In Rechtsprechung und Literatur wird intensiv darüber diskutiert, bei welcher Situation ein Herausgabeverlangen des Arbeitgebers rechtmäßig ist und ob der Entzug des Dienstwagens dem Arbeitnehmer entschädigt werden muss. Eine abschließende Klärung ist noch nicht erfolgt.

Die Herausgabe oder der Entzug eines Dienstwagens, der (auch) zur privaten Nutzung überlassen wurde, führt zunächst dazu, dass der Mitarbeiter einen entsprechenden Vergütungsbestandteil verliert. Sicher ist, dass der Mitarbeiter den Dienstwagen bei Beendigung des Arbeitsverhältnisses zurückzugeben hat (zur Übernahme des Dienstwagens durch den Arbeitnehmer aufgrund eines Aufhebungsvertrags (→ Form. A. XV. 1, dort unter § 7 Abs. (3) und → Anm. 34 ff.). Im Übrigen schien bisher anerkannt, dass der Arbeitgeber auch ohne entsprechende Klausel in all den Fällen die Herausgabe des Dienstwagens verlangen konnte, in denen er kein Entgelt mehr an den Mitarbeiter erbringen muss, z. B. nach Ablauf des Entgeltfortzahlungszeitraums bei Krankheit (vgl. § 3 Abs. 3 EFZG; vgl. BAG NZA 2011, 569; LAG Köln NZA 1996, 986; a. A. LAG Berlin EzA-SD 2007, Nr. 12, 10; *Fischer* FA 2003, 105, 107). Dagegen lässt sich allein aufgrund der Tatsache, dass die dienstliche Nutzung des Dienstwagens im Einzelfall nicht mehr gegeben ist, z. B. wegen Urlaubs oder nach Kündigung und Freistellung, keine Herausgabepflicht begründen. Die Rechtsprechung hat eine Pflicht des Arbeitgebers zur weiteren Überlassung des Dienstwagens sogar bei Wegfall seiner Verpflichtung zur Zahlung von Arbeitsentgelt angenommen, wenn auf „anderer Grundlage“ (im konkreten Fall: Verpflichtung zur Zahlung eines Zuschusses zum Mutterschaftsgeld während des Beschäftigungsverbots nach dem MuSchG) die Überlassung weiterhin geschuldet sei (vgl. BAG NZA 2001, 445). Dagegen kann der Dienstwagen bei einer berechtigten Freistellung herausverlangt werden (BAG NZA 2012, 616).

Die intensive Diskussion darüber, unter welchen Voraussetzungen das Herausgabeverlangen des Arbeitgebers gerechtfertigt ist, „vernebelt“ die Tatsache, dass durch sachgerechte Vertragsgestaltung eine Lösung zugunsten des Arbeitgebers gefunden werden kann. Der Arbeitgeber muss sich den **Widerruf der privaten Nutzungsmöglichkeit** im Dienstwagenvertrag vorbehalten. Die Wirksamkeit eines Widerrufsvorbehalts prüft die Rechtsprechung in zwei Stufen (vgl. BAG NZA 2007, 87; BAG NZA 2005, 465). Auf erster Stufe wird die Wirksamkeit der Widerrufsklausel (Klauselkontrolle) und auf zweiter Stufe die Ausübung des Widerrufs (Ausübungskontrolle) geprüft.

Auf erster Stufe prüft die Rechtsprechung den Widerrufsvorbehalt im Rahmen der **Klauselkontrolle,** ob er die Vorgaben der §§ 307, 308 Nr. 4 BGB erfüllt. Der **widerrufliche Teil** der Vergütung darf zusammen mit anderen widerruflichen Leistungen 25 Prozent der regelmäßigen Gesamtvergütung nicht überschreiten und der Tariflohn darf nicht unterschritten werden. Sind Zahlungen des Arbeitgebers widerruflich, die nicht eine unmittelbare Gegenleistung für die Arbeitsleistung, sondern Ersatz für Aufwendungen darstellen, erhöht sich der widerrufliche Teil der Vergütung auf bis zu 30 Prozent der Gesamtvergütung. **Art und Höhe** der widerruflichen Leistung müssen klar bestimmt sein. Zudem verlangt die Rechtsprechung die Angabe von **Widerrufsgründen.** Der Mitarbeiter müsse wissen, aus welcher Richtung ein Widerruf möglich ist. Der pauschale Hinweis auf wirtschaftliche Gründe, Leistung oder Verhalten des Arbeitnehmers soll jedoch genügen. Das eröffnet dem Gericht dann aber einen weiten Prüfungsrahmen bei der Ausübungskontrolle auf der zweiten Stufe. Die Alternative ist, die Widerrufsgründe in der Klausel genau zu definieren. Will man beispielsweise den Widerruf vom Grad der Störung abhängig machen (wirtschaftliche Notlage, negatives wirtschaftliches Ergebnis, nicht ausreichender Gewinn o. Ä.), muss dies klar und deutlich aus der Klausel hervorgehen. Dabei besteht jedoch das Risiko, dass man hierdurch den Rahmen für eine einseitige Änderungsmöglichkeit zu eng setzt. Einzelne Widerrufsgründe könnten übersehen werden. Das Nennen einer Ankündigungsfrist im Widerrufsvorbehalt ist jedenfalls nicht erforderlich (BAG NZA 2012, 616).

Das Formular geht einen Mittelweg. In § 8 Abs. (2) wurde eine abstrakte Umschreibung (wirtschaftliche Entwicklung, Leistung oder Verhalten des Arbeitnehmers) aufgenommen, um möglichst alle Konstellationen zu erfassen. Entsprechend § 308 Nr. 4 BGB wurde der Widerruf daran geknüpft, dass er dem Mitarbeiter zumutbar ist. § 8 Abs. (3) enthält eine Aufzählung der wichtigsten Widerrufsgründe. Zwar ist noch nicht durch die Rechtsprechung entschieden, ob alle aufgezählten Widerrufsgründe wirksam sind. Die Aufzählung empfiehlt sich aber bereits wegen ihrer „Appellfunktion".

Im Rahmen der **Ausübungskontrolle** auf zweiter Stufe wird der ausgeübte Widerruf auf die **Einhaltung billigen Ermessens** hin überprüft (§ 315 BGB). Dies geschieht anhand der konkreten Umstände des Einzelfalls durch Abwägung der beiderseitigen Interessen (vgl. BAG NZA 1993, 67). Aus Sicht des Arbeitgebers reichen „vernünftige Gründe" für die Angemessenheit eines Widerrufs nicht aus. Vielmehr sind „sachliche Gründe" erforderlich (vgl. BAG NZA 1988, 95, 96). Dabei muss der Grund für den Widerruf am Zweck der Leistung gemessen werden. Bei der Abwägung der beiderseitigen Interessen sind auch steuerliche Gesichtspunkte zu beachten. Da der Arbeitnehmer verpflichtet ist, die private Nutzung eines Dienstwagens für den jeweiligen Monat auch dann komplett zu versteuern, wenn der Dienstwagen nur einen Teil des Monats zur Verfügung gestellt war (§ 6 Abs. 1 Nr. 4 EStG), ist ein Entzug des Dienstwagens vor dem Monatsende regelmäßig unzulässig. Insoweit bedarf es einer Auslauffrist (BAG NZA 2012, 616).

Aufgrund der aufgezeigten Beschränkungen der Möglicheit eines wirksamen Widerrufs könnte daran gedacht werden, stattdessen einen **Freiwilligkeitsvorbehalt** zu vereinbaren (→ Form. A. III. 4 Anm. 4). Die private Nutzungsmöglichkeit eines Dienstwagens wird aber regelmäßig als fester Vergütungsbestandteil verstanden und vereinbart. Die Rechtsprechung geht davon aus, dass monatliche Vergütungsbestandteile grundsätzlich nicht unter einen Freiwilligkeitsvorbehalt gestellt werden können (vgl. BAG NZA 2012, 81; BAG NZA 2007, 853). Von der Aufnahme eines Freiwilligkeitsvorbehalts wurde daher abgesehen.

Das BAG hat entschieden, dass die berechtigte Rücknahme des Dienstwagens **keine Entschädigungspflicht** für den Arbeitgeber auslöst (vgl. BAG BeckRS 1998, 30371143). An diesem Grundsatz dürfte sich auch durch die AGB-Kontrolle nichts geändert haben. Vorsorglich wird im Formular noch einmal klargestellt, dass eine Entschädigungspflicht nicht besteht.

Da es sich bei Überlassung eines Dienstwagens (auch) zur privaten Nutzung nicht um die Zurverfügungstellung eines Arbeitsmittels handelt, ist ein **Zurückbehaltungsrecht des Arbeitnehmers** (vgl. § 273 Abs. 1 BGB) jedenfalls nicht wegen der Eigenart des Gegenstandes unter dem Gesichtspunkt der Natur des Schuldverhältnisses ausgeschlossen. Damit besteht das Risiko, dass der Mitarbeiter sich einem auf Ausübung des Widerrufsrechts gestützten Herausgabeverlangen des Arbeitgebers unter Berufung auf (vermeintliche) Gegenansprüche widersetzt und ein Zurückbehaltungsrecht geltend macht. Deshalb wurde eine Klausel aufgenommen, derzufolge ein etwaiges Zurückbehaltungsrecht ausgeschlossen wird. Die AGB-Kontrollvorschriften verbieten allerdings den Ausschluss eines Leistungsverweigerungsrechts des Vertragspartners (§ 309 Nr. 2 BGB). Die Rechtsprechung hat bisher noch nicht geklärt, ob die „Besonderheiten des Arbeitsrechts" (vgl. § 310 Abs. 4 S. 2 BGB) für diesen Fall dennoch die Rechtmäßigkeit eines Ausschlusses des Zurückbehaltungsrechts bei Dienstwagen bedingen (so aber *Grobys* DStR 2002, 1002, 1007).

8. Steuerliche Behandlung/Altersversorgung. Die private Nutzung des Dienstwagens ist **als geldwerter Vorteil steuerlich zu erfassen.** Dies gilt selbst dann, wenn die private Nutzungsmöglichkeit eingeräumt wurde, der Dienstwagen aber tatsächlich gar nicht privat genutzt wurde (BFH DStR 2013, 1421). Die Besteuerung kann auf Basis eines Einzelnachweises (§ 8 Abs. 2 S. 4 EStG) oder durch Ansatz einer Nutzungspauschale (§ 8 Abs. 2 S. 2 i.V.m. § 6 Abs. 1 Nr. 4 EStG) erfolgen. Der Einzelnachweis wird kaum praktiziert, denn er verlangt eine detaillierte Erfassung der dienstlichen Fahrten in einem Fahrtenbuch (vgl. R 8.1 Abs. 9 Nr. 2 LStR 2011; BFH DStR 2012, 1011). Verbreitet ist deshalb die Anwendung der Nutzungspauschale (R 8.1 Abs. 9 Nr. 1 LStR 2011). Hierbei werden ein Prozent des inländischen Brutto-Listenpreises des Kraftfahrzeuges zum Zeitpunkt der Erstzulassung zuzüglich der Kosten für Sonderausstattungen einschließlich der Umsatzsteuer für jeden Kalendermonat als Besteuerungsgrundlage angesetzt (sog. „Ein-Prozent-Regelung"). Dies gilt auch für gebrauchte Dienstwagen (BFH DStR 2013, 1327). Nachträgliche Einbauten (z.B. Flüssiggasanlage), mit denen der Dienstwagen nicht bereits werkseitig ausgestattet war, sollen dagegen weder dem Listenpreis noch den Kosten für die Sonderausstattung zuzurechnen sein (BFH DStR 2011, 207). Diese Grundsätze gelten für nach dem 31.12.2005 beginnende Wirtschaftsjahre nur noch für die private Nutzung eines Kfz, das zu mehr als 50 Prozent betrieblich genutzt wird (§§ 8 Abs. 2 S. 2, 6 Abs. 1 Nr. 4, 52 Abs. 16 S. 15 EStG). Mit dieser Pauschalierung werden allerdings nur die Fahrten rein privaten Zwecks abgegolten. Für die Fahrten zwischen Wohnung und erster Tätigkeitsstätte müssen zusätzlich 0,03 Prozent des o.g. Listenpreises pro einfachem Entfernungskilometer als weiterer geldwerter Vorteil bei der Berechnung der Lohnsteuer angesetzt werden (§ 8 Abs. 2 S. 3 EStG; R 8.1 Abs. 9 Nr. 1 LStR 2011). Bei der Ermittlung dieses Zuschlags ist von der Entfernung zwischen Wohnung und erster Tätigkeitsstätte die (Teil-) Strecke in Abzug zu bringen, die der Mitarbeiter tatsächlich nicht mit dem Dienstwagen zurückgelegt hat (z.B. Bahnfahrt; vgl. BFH DStR 2008, 1182). Der Zuschlag hängt ferner von den tatsächlich durchgeführten Fahrten ab. Zur Ermittlung des Zuschlags ist eine Bewertung der einzelnen Fahrten mit 0,002 % des Listenpreises je Entfernungskilometer vorzunehmen, sofern der Arbeitnehmer weniger als 15 Fahrten pro Monat zwischen Wohnung und erster Tätigkeitsstätte unternimmt (BFH DStR 2010, 2627; BMF-Schreiben v. 1.4.2011 – IV C 5 – S 2334/08/10010).

Die Festlegung der ersten Tätigkeitsstätte richtet sich insbesondere nach § 9 Abs. 1 Nr. 4 und Abs. 4 EStG (vgl. hierzu BMF-Schreiben v. 30.9.2013 – IV C5-S2325/13/ 10004). Wenn eine Festlegung im Dienstwagenvertrag getroffen werden soll, könnte in § 9 folgender neuer zusätzlicher Abs. (2) eingefügt werden:

Optional:

(2) Für Zwecke der Besteuerung wird zunächst als erste Tätigkeitsstätte ...... (Ort und Anschrift) festgelegt. Die Möglichkeit zur Versetzung des Mitarbeiters bleibt hiervon unberührt.

Die Privatnutzung des Dienstwagens ist auch **Arbeitsentgelt im sozialversicherungsrechtlichen Sinne** (§ 3 Abs. 1 S. 2 SvEV i.V.m. § 8 Abs. 2 S. 2, 3, 4 und 5 EStG) und unterliegt damit der sozialversicherungsrechtlichen Beitragspflicht (§ 14 SGB IV).

Es ist nicht ratsam, die im Zeitpunkt des Vertragsschlusses maßgeblichen steuer- und sozialversicherungsrechtlichen Vorschriften explizit in den Vertragstext aufzunehmen. Dies könnte den Arbeitnehmer dazu veranlassen, für den Fall einer steuer- oder sozialversicherungsrechtlichen Veränderung zu seinen Lasten vom Arbeitgeber Ausgleich der Einbuße zu verlangen. Hinreichend und empfehlenswert ist es, lediglich auf die steuer- und sozialversicherungsrechtliche Lage abstrakt hinzuweisen.

Zur Vermeidung einer Berücksichtigung der geldwerten Vorteile aus der privaten Nutzungsmöglichkeit des Dienstwagens im Rahmen der **betrieblichen Altersversorgung** muss eine entsprechende Regelung getroffen werden. Anderenfalls fließt der geldwerte Vorteil als Vergütungsbestandteil in die Berechnung der Anwartschaften mit ein, soweit die Versorgungsregelungen keine abweichenden Bestimmungen enthalten (vgl. BAG AP BetrAVG § 1 Auslegung Nr. 39). Die Klausel im Formular geht von der Situation aus, dass zwar gegenwärtig keine betriebliche Altersversorgung besteht, eine solche aber künftig eingeführt werden könnte.

9. Einbauten/Veränderungen. Die Vornahme von Einbauten und Veränderungen können zum Wertverlust am Dienstwagen führen. Diesen müsste der Arbeitgeber bei Rückgabe eines Leasingfahrzeuges dem Leasinggeber erstatten. Bei einem vom Arbeitgeber selbst angeschafften Fahrzeug tritt der Wertverlust unmittelbar bei ihm ein. Es ist daher ratsam, dem Mitarbeiter zu untersagen, ohne vorherige Gestattung durch den Arbeitgeber Einbauten oder Veränderungen am Dienstwagen vorzunehmen.

10. Ordnungswidrigkeiten und Straftaten. Die Regelungen zur Kostentragungspflicht bei Ordnungswidrigkeiten- und Strafverfahren hat eine „Appellfunktion“ gegenüber dem jeweiligen Arbeitnehmer zu gesetzeskonformem Verhalten bei der Nutzung des Dienstwagens.

11. Schlussbestimmungen. → Form. A. II. 1 Anm. 28, 29.

2. Dienstwagenklausel

§ . . . . . . Dienstwagen[1]

(1) Die Gesellschaft stellt dem Mitarbeiter mit Wirkung vom . . . . . . einen Dienstwagen im Wert von maximal . . . . . . EUR (in Worten: . . . . . . Euro) (inländischer Brutto-Listenpreis inklusive Sonderausstattung und Umsatzsteuer) zur dienstlichen und privaten Nutzung zur Verfügung. Die Wahl der Fahrzeugmarke und des -typs sowie der Erwerbsart (Kauf oder Leasing o. Ä.) obliegt der Gesellschaft.[2]

(Alternative:

(1) Die Gesellschaft stellt dem Mitarbeiter mit Wirkung vom . . . . . . einen Dienstwagen (Marke . . . . . ., Typ . . . . . .) zur dienstlichen und privaten Nutzung zur Verfügung.)

(2) Die Gesellschaft ist berechtigt, für die Zukunft

- **das Recht zur privaten Nutzung des Dienstwagens zu widerrufen und die Herausgabe des Dienstwagens zu verlangen oder**
- **den Inhalt des Rechts zur privaten Nutzung des Dienstwagens zu ändern,**

wenn sachliche Gründe vorliegen, also aufgrund der wirtschaftlichen Entwicklung der Gesellschaft, in der Person des Mitarbeiters liegender Gründe, der Leistung oder des Verhaltens des Mitarbeiters, und sofern dies dem Mitarbeiter zumutbar ist.[3]

(3) Ein sachlicher Grund im Sinne von Abs. (2) liegt insbesondere vor bei

- berechtigter Freistellung des Mitarbeiters von der Verpflichtung zur Arbeitsleistung,
- Wegfall tatsächlicher Arbeitsleistung (z.B. bei Krankheit, Sonderurlaub o. Ä.) nach Ablauf etwaiger Entgelt(fort)zahlungszeiträume,
- Ruhen des Arbeitsverhältnisses (z.B. wegen Elternzeit),
- Inverwahrungnahme, Sicherstellung oder Beschlagnahme des Führerscheins, Entzug der Fahrerlaubnis oder Verbot zum Führen eines Kraftfahrzeugs,
- Änderung der Arbeitsaufgabe, wenn die Überlassung des Dienstwagens im Zusammenhang mit der ursprünglichen Arbeitsaufgabe stand und nach der Änderung der Arbeitsaufgabe der Dienstwagen hierfür nicht mehr erforderlich ist,
- einem groben oder mehrmaligen Verstoß des Mitarbeiters gegen die Richtlinie der Gesellschaft über die Benutzung von Dienstwagen,
- Durchführung von Wartungs- und Reparaturarbeiten oder Ersatzbeschaffung.

(4) Im Fall des Widerrufs gemäß vorstehendem Abs. (2) und (3) ist der Mitarbeiter zur unverzüglichen Herausgabe des Dienstwagens samt Zubehör am Sitz der Gesellschaft verpflichtet. Ein Anspruch auf Entschädigung für die entgangene private Nutzungsmöglichkeit besteht nicht.

(5) Ein etwaiges Zurückbehaltungsrecht steht dem Mitarbeiter für den Fall des Widerrufs gemäß vorstehendem Abs. (2) und (3) nicht zu.

(6) Die Steuer und die Arbeitnehmeranteile zur Sozialversicherung, die auf den in der privaten Nutzungsmöglichkeit des Dienstwagens liegenden geldwerten Vorteil entfallen, sind vom Mitarbeiter zu tragen. Höhe, Abzug und Abführung von Steuern und Sozialversicherungsabgaben bestimmen sich nach den jeweils geltenden gesetzlichen Vorschriften.[4]

(7) Die Richtlinie der Gesellschaft über die Benutzung von Dienstwagen in ihrer jeweils geltenden Fassung findet Anwendung. Die aktuelle Fassung dieser Richtlinie ist als Anlage A beigefügt.[5]

Anmerkungen

1. Vertragliche Regelung. Dieser Textbaustein regelt die wesentlichen Aspekte für die Überlassung eines Dienstwagens an den Mitarbeiter. Er basiert auf der Annahme, dass bei der Gesellschaft eine Richtlinie über die Benutzung von Dienstwagen besteht (s. Abs. (7)), in der weitere Einzelheiten geregelt sind (z.B. Nutzung durch Dritte, Übergabe- und Rückgabeverfahren, Übernahme von Betriebs-, Unterhaltungs- und Versicherungskosten, Haftung bei Beschädigung oder Verlust, Vorschriften zu Betrieb, Pflege, Wartung und Reparatur). Ist eine solche Dienstwagenrichtlinie nicht vorhanden, sollte anstelle des Textbausteins ein gesonderter Dienstwagenvertrag (→ Form. A. III. 1) geschlossen werden, der die Bereitstellung und Nutzung von Dienstwagen ausführlich und abschließend regelt.

2. Dienstwagen. Die Regelung zur Bestimmung des Dienstwagens und der Alternativvorschlag entsprechen inhaltlich der im Dienstwagenvertrag vorgeschlagenen Regelung (→ Form. A. III. 1, dort unter § 1). Der Nutzungsumfang erstreckt sich auch hier auf die private Nutzung des Dienstwagens (→ Form. A. III. 1 Anm. 3).

3. Herausgabe/Widerruf der Nutzung. → Form. A. III. 1 Anm. 7.

4. Versteuerung. Wenn ein Dienstwagen privat genutzt wird, ist die Privatnutzung als geldwerter Vorteil zu versteuern (§ 8 Abs. 2 EStG; → Form. A. III. 1 Anm. 8).

5. Einbeziehung Dienstwagenrichtlinie. Da die Überlassung des Dienstwagens notwendigerweise der Ergänzung durch die Regelungen der Dienstwagenrichtlinie bedarf, sollte diese in Bezug genommen werden. Das Formular verweist auf die Dienstwagenrichtlinie „in ihrer jeweils gültigen Fassung". Das BAG sieht sog. „Jeweiligkeitsklauseln" kritisch (BAG NZA 2009, 428). Es sieht darin einen Änderungsvorbehalt, weil sich der Arbeitgeber damit offen halten will, die Dienstwagenrichtlinie später einseitig ändern zu können. Die Regelung wird daher als Änderungsvorbehalt verstanden und den insoweit geltenden Grundsätzen unterworfen (→ Form. A. III. 1 Anm. 7). Deshalb müssten insbesondere die Gründe für die spätere Änderung bereits in der Klausel genannt sein. Hieran fehlt es regelmäßig bei einer Jeweiligkeitsklausel. Der in ihr liegende Änderungsvorbehalt ist dann unwirksam und spätere einseitige Änderungen sind auf dieser Basis nicht möglich.

Das führt aber nicht dazu, dass die in Bezug genommene Dienstwagenrichtlinie gar keine Bedeutung mehr hat. Vielmehr wird die zum Zeitpunkt des Vertragsschlusses geltende Richtlinie Vertragsbestandteil (vgl. BAG AP BGB § 611 Kirchendienst Nr. 59 unter Hinweis auf den blue pencil Test). Diese wiederum unterliegt ihrerseits der AGB-Kontrolle, insbesondere dem Transparenzgebot (§ 307 Abs. 1 S. 2 BGB) und dem Überraschungsschutz (§ 305c Abs. 1 BGB).

Um dennoch eine gewisse Dynamik zu erhalten, wird teilweise vorgeschlagen die Dienstwagenrichtlinie in einer Betriebsvereinbarung zu regeln (*Polloczek/Pruksch* DStR 2011, 1764, 1765 f.). Das Formular geht einen anderen Weg und kombiniert den Verweis auf die Dienstwagenrichtlinie (vgl. Abs. (7)) mit einem eigenständigen Widerrufsvorbehalt (vgl. Abs. (2) bis (5)).

3. Car Allowance

Vertrag[1] zwischen der

...... (Name und Anschrift der Gesellschaft) „Gesellschaft"

und

...... (Name und Anschrift des Mitarbeiters) „Mitarbeiter"

§ 1 Nutzung des privaten Kfz[2]

(1) Der Mitarbeiter ist verpflichtet, sein privates Kfz (derzeit Marke ......, polizeiliches Kennzeichen ......) gegen Kostenerstattung durch die Gesellschaft zu dienstlichen Zwecken zu benutzen. Kosten, die dem Mitarbeiter durch die dienstliche Nutzung eines anderen Verkehrsmittels entstehen, werden durch die Gesellschaft nur dann erstattet, soweit die Gesellschaft der dienstlichen Nutzung dieses Verkehrsmittels vorher schriftlich zugestimmt hat.

(2) Die Parteien sind sich darüber einig, dass Art und Marke eines für dienstliche Zwecke genutzten privaten Kfz für eine angemessene und gebührende Repräsentanz sowie eine positive Außenwirkung der Gesellschaft von wesentlicher Bedeutung sind.

(3) Soweit der Mitarbeiter ein anderes als das in vorstehendem Abs. (1) genannte Kfz zu dienstlichen Zwecken nutzen möchte, ist er verpflichtet, dies der Gesellschaft im Vorfeld der dienstlichen Nutzung anzuzeigen und hierüber eine Einigung mit der Gesellschaft herbeizuführen.

§ 2 Nutzungspauschale[3]/Fahrtenbuch[4]

(1) Die Gesellschaft zahlt dem Mitarbeiter einen monatlichen Betrag i. H. v. . . . . . . EUR (in Worten: . . . . . . Euro) brutto, zahlbar bargeldlos jeweils zum Monatsende („Nutzungspauschale").

(2) Die Gesellschaft geht davon aus, dass der Mitarbeiter sein privates Kfz in einem Umfang von ca. . . . . . . km pro Kalenderjahr für dienstliche Zwecke nutzen wird.

(3) Die Nutzungspauschale dient zur Abgeltung der mit der dienstlichen Nutzung des Kfz entstehenden Kosten für die Benutzung des Kfz (insbesondere Beiträge zur Haftpflicht- und Vollkaskoversicherung, Kfz-Steuern, laufende Betriebskosten, Kosten der Pflege, der Instandhaltung und der Wartung) sowie im Besonderen zur Abgeltung des mit der Bereitstellung des Kfz zu dienstlichen Zwecken verbundenen Unfallrisikos (insbesondere Schäden am Kfz, Wertminderungen, Nutzungsausfall und sonstige unvorhersehbare Kosten sowie sonstige Schäden infolge der dienstlichen Nutzung des Kfz). Zur Abgeltung des Unfallrisikos enthält die Nutzungspauschale gemäß Abs. (1) einen Betrag i. H. v. . . . . . . EUR (in Worten: . . . . . . Euro).

(4) Der Mitarbeiter ist verpflichtet, ein Fahrtenbuch über dienstlich veranlasste Fahrten zu führen. Im Fahrtenbuch sind die Eintragungen vorzunehmen, die die Finanzverwaltung für die Nutzung von Dienstwägen verlangt, insbesondere Datum und Kilometerstand zu Beginn und am Ende der dienstlichen Fahrt, Ziel der Fahrt (bei Umwegen auch die Reiseroute), Zweck der Fahrt und aufgesuchte Geschäftspartner. Das Fahrtenbuch ist der Gesellschaft auf Verlangen vorzulegen.

(5) Bei Über- oder Unterschreitung des in vorstehendem Abs. (2) genannten dienstlichen Nutzungsumfangs um mindestens zehn Prozent wird die Gesellschaft die Höhe der Nutzungspauschale anpassen. Der Mitarbeiter legt hierfür nach Ablauf des Kalenderjahrs das Fahrtenbuch vor.

§ 3 Versicherung[5]

Der Mitarbeiter ist verpflichtet, eine Vollkaskoversicherung mit einer Selbstbeteiligung i. H. v. . . . . . . EUR (in Worten: . . . . . . Euro) sowie eine Haftpflichtversicherung – jeweils zu marktüblichen Bedingungen – abzuschließen.

§ 4 Instandhaltung

(1) Der Mitarbeiter hat sicherzustellen, dass das Kfz für dienstliche Zwecke zur Verfügung steht.

(2) Der Mitarbeiter ist verpflichtet, dafür zu sorgen, dass durch die Nutzung des Kfz eine angemessene und gebührende Repräsentanz sowie eine positive Außenwirkung der Gesellschaft sichergestellt sind. Er hat daher insbesondere für eine ordnungsgemäße Pflege und Wartung des Kfz zu sorgen. Dazu gehören u. a. Wagenwäsche sowie Prüfung des Ölstands, der Batterie und der Bereifung. Schäden am Kfz sind zu beseitigen.

§ 5 Kosten/Schäden[6]

(1) Sämtliche Ansprüche des Mitarbeiters im Zusammenhang mit der dienstlichen Nutzung seines Kfz sind mit der Nutzungspauschale abgegolten und erledigt.

(2) Abs. (1) gilt nicht für Schäden, welche aus der Verletzung des Lebens, des Körpers oder der Gesundheit des Mitarbeiters resultieren und auf einer vorsätzlichen oder fahrlässigen Pflichtverletzung der Gesellschaft, eines gesetzlichen Vertreters der Gesellschaft oder Erfüllungsgehilfen der Gesellschaft beruhen. Abs. (1) gilt ebenfalls nicht für sonstige

Schäden, soweit diese auf einer vorsätzlichen oder grob fahrlässigen Pflichtverletzung der Gesellschaft, eines gesetzlichen Vertreters der Gesellschaft oder eines Erfüllungsgehilfen der Gesellschaft beruhen.

§ 6 Fahrerlaubnis/Führerschein/Fahrzeugschein

(1) Vor oder bei Unterzeichnung dieser Vereinbarung hat der Mitarbeiter der Gesellschaft seinen Führerschein vorzulegen. Auch zu einem späteren Zeitpunkt ist der Mitarbeiter verpflichtet, der Gesellschaft den Führerschein auf Verlangen jederzeit vorzulegen.

(2) Sollte der Führerschein in Verwahrung genommen, sichergestellt oder beschlagnahmt, die Fahrerlaubnis entzogen oder das Führen eines Kfz verboten werden, so ist die Gesellschaft unverzüglich hiervon zu unterrichten. Die dienstliche Benutzung des Kfz ist unverzüglich einzustellen.

(3) Bei der dienstlichen Nutzung des Kfz hat der Mitarbeiter Fahrzeug- und Führerschein mitzuführen.

§ 7 Widerruf/Abänderung der Nutzungspauschale[7]

(1) Die Gesellschaft ist berechtigt, die Nutzungspauschale für die Zukunft aus sachlichen Gründen, also aufgrund der wirtschaftlichen Entwicklung der Gesellschaft, in der Person des Mitarbeiters liegender Gründe, der Leistung oder des Verhaltens des Mitarbeiters, zu widerrufen oder abzuändern, sofern dies dem Mitarbeiter zumutbar ist.

(2) Ein sachlicher Grund im Sinne von Abs. (1) liegt insbesondere vor bei

- berechtigter Freistellung des Mitarbeiters von der Verpflichtung zur Arbeitsleistung,
- Wegfall tatsächlicher Arbeitsleistung (z.B. bei Krankheit oder Sonderurlaub) nach Ablauf etwaiger Entgelt(fort)zahlungszeiträume,
- Ruhen des Arbeitsverhältnisses (z.B. wegen Elternzeit),
- Inverwahrungnahme, Sicherstellung oder Beschlagnahme des Führerscheins, Entzug der Fahrerlaubnis oder Verbot zum Führen eines Kraftfahrzeugs,
- Änderung der Arbeitsaufgabe, wenn die Kfz-Nutzung im Zusammenhang mit der ursprünglichen Arbeitsaufgabe stand und nach der Änderung der Arbeitsaufgabe das Kfz nicht mehr oder nicht mehr im bisherigen Umfang für die neue Arbeitsaufgabe erforderlich ist,
- einem groben oder mehrmaligen Verstoß des Mitarbeiters gegen Vorschriften dieser Vereinbarung,
- Benutzung eines anderen als dem in § 1 Abs. (1) genannten Kfz zu dienstlichen Zwecken, soweit der Mitarbeiter seinen Verpflichtungen nach § 1 Abs. (3) nicht nachgekommen ist. Dies gilt nicht, soweit das andere Kfz in das gleiche Fahrzeugsegment wie das in § 1 Abs. (1) genannte Kfz einzuordnen ist und einen vergleichbaren Zustand (insbesondere Alter) wie das in § 1 Abs. (1) genannte Kfz aufweist. Maßgeblich sind die Fahrzeugsegmente des Kraftfahrt-Bundesamtes.

§ 8 Steuerliche Behandlung/Altersversorgung[8]

(1) Die Steuer und die Arbeitnehmeranteile zur Sozialversicherung, die auf die Nutzungspauschale entfallen, sind vom Mitarbeiter zu tragen. Höhe, Abzug und Abführung von Steuern und Sozialversicherungsabgaben bestimmen sich nach den jeweils geltenden gesetzlichen Vorschriften.

(2) Für Zwecke einer etwa bestehenden betrieblichen Altersversorgung bleibt die Nutzungspauschale unberücksichtigt.

§ 9 Schlussbestimmungen[9]

(1) Mündliche Nebenabreden bestehen nicht. Änderungen oder Ergänzungen dieser Vereinbarung, einschließlich dieser Bestimmung, bedürfen zu ihrer Wirksamkeit der Schriftform, es sei denn, diese wurden nachweislich zwischen den Parteien ausgehandelt. Das Schriftformerfordernis bezieht sich auch auf etwaige Ansprüche aus betrieblicher Übung.

(2) Sollte eine Bestimmung dieser Vereinbarung ganz oder teilweise unwirksam sein oder werden, so wird hiervon die Wirksamkeit der übrigen Bestimmungen nicht berührt. An die Stelle der unwirksamen Bestimmung tritt die gesetzlich zulässige Bestimmung, die dem mit der unwirksamen Bestimmung Gewollten wirtschaftlich am nächsten kommt. Entsprechendes gilt für den Fall einer vertraglichen Lücke.

......	......
Ort, Datum	Ort, Datum
......	......
Unterschrift der Gesellschaft	Unterschrift des Mitarbeiters

Anmerkungen

1. Vertragliche Regelung. Soll kein eigener Fuhrpark aufgebaut werden, kann der Arbeitgeber auch die Nutzung der privaten Kfz seiner Mitarbeiter finanziell bezuschussen. Hierfür bestehen mehrere Möglichkeiten. Der Arbeitgeber kann sich darauf beschränken, einen **teilweisen oder vollständigen Ersatz für die dienstliche Nutzung** des Kfz zu leisten. Er kann sich die entstandenen Aufwendungen einzeln (z.B. monatlich) abrechnen lassen oder eine Pauschale zahlen. Der Arbeitgeber kann aber auch über einen Aufwendungsersatz hinausgehen und sowohl die **Kosten für die dienstliche als auch die private Nutzung** übernehmen. Das Formular ist darauf beschränkt, die im Zusammenhang mit der dienstlichen Nutzung des privaten Kfz des Arbeitnehmers entstehenden Kosten sowie das Unfallrisiko pauschal abzugelten.

Besteht ein Betriebsrat, stellt sich die Frage, ob er im Hinblick auf das **Mitbestimmungsrecht** zu Fragen der betrieblichen Lohngestaltung beteiligt werden muss (§ 87 Abs. 1 Nr. 10 BetrVG). Werden lediglich dienstlich veranlasste Aufwendungen ersetzt und somit das Vermögen des Mitarbeiters nicht vermehrt, besteht kein Mitbestimmungsrecht. Dieses wird erst dann ausgelöst, wenn als Auslagen deklarierte Beträge gezahlt werden, die nicht den Zweck haben, entstandene Kosten in pauschalierter Form abzugelten (vgl. BAG NZA 1999, 381). Soweit die Pauschale gezahlt wird, um die mit der Nutzung des privaten Kfz entstandenen Kosten abzugelten, ist daher kein Mitbestimmungsrecht gegeben. Noch nicht entschieden ist, ob ein Mitbestimmungsrecht besteht, wenn eine Pauschale für die Abgeltung des Unfallrisikos gezahlt wird. Hier kann im Ergebnis jedoch nichts anderes gelten. Fehlt es an einer entsprechenden Vereinbarung, kann der Arbeitnehmer sowohl für entstandene Kosten als auch für entstandene Schäden Ersatz verlangen (§ 670 BGB analog; → Anm. 6). Auch mitbestimmungsrechtlich kann daher eine pauschale Abgeltung des Unfallrisikos nicht anders als eine pauschale Abgeltung entstandener Aufwendungen behandelt werden. Denn eine pauschale Abgeltung des Unfallrisikos mehrt nicht das Vermögen des Mitarbeiters, sondern gibt diesem lediglich die Möglichkeit, sich gegen Schäden bei der dienstlichen Nutzung seines Kfz abzusichern. Zu einer etwaigen Mitbestimmung gem. § 87 Abs. 1 Nr. 1 BetrVG (→ Form. A. III. 1 Anm. 1).

2. Nutzung des privaten Kfz. Nutzt der Mitarbeiter sein privates Kfz zu dienstlichen Zwecken, hat der Arbeitgeber, insbesondere dann, wenn er hierfür eine Nutzungspauschale zahlt, ein Interesse, dass sein Unternehmen gebührend repräsentiert wird und eine positiven

Außenwirkung gegenüber seinen Kunden sichergestellt ist. Es besteht zudem ein Interesse daran, dass keine finanzielle **Doppelbelastung** dadurch entsteht, dass der Arbeitgeber die Nutzungspauschale zahlt und der Arbeitnehmer für die dienstliche Nutzung eines anderen Kfz (z.B. das des Ehegatten) zusätzlich Aufwendungsersatzansprüche geltend macht.

Das Formular sieht eine Verpflichtung des Mitarbeiters vor, sein privates Kfz zu nutzen. Um der dargestellten Interessenlage gerecht zu werden, ist vorgesehen, dass vorab festgelegt wird, welches konkrete Fahrzeug genutzt wird (s. § 1 Abs. (1) S. 1). Für die dienstliche Nutzung eines anderen Kfz bedarf es der vorherigen schriftlichen Zustimmung (s. § 1 Abs. (1) S. 2 und Abs. (3)). Hierdurch wird dafür gesorgt, dass der Arbeitgeber (z.B. bei einem Fahrzeugwechsel) vorher prüfen kann, ob er sich auch ausreichend repräsentiert fühlt. Auch ist die Nutzung eines anderen Kfz ohne vorherige Zustimmung nicht dienstlich veranlasst, so dass keine Aufwendungsersatzansprüche bestehen.

3. Nutzungspauschale. Die Nutzungspauschale ist im Formular als monatlicher Bruttobetrag ausgestaltet. Sie setzt sich aus zwei Bestandteilen zusammen. Sie dient zum einen der Abgeltung der infolge der dienstlichen Nutzung des Kfz entstehenden Kosten („**Aufwendungspauschale**"). Zum anderen dient die Nutzungspauschale zur Abgeltung des mit der dienstlichen Nutzung einhergehenden Unfallrisikos („**Risikopauschale**"). Dem Arbeitnehmer soll hierdurch insbesondere eine finanzielle Unterstützung gewährt werden, um sich gegen das Unfallrisiko abzusichern.

Bei der Bemessung der **Höhe der Nutzungspauschale** ist zwischen der Aufwendungs- und Risikopauschale zu unterscheiden. Zudem kommt es darauf an, in welchem Umfang das private Kfz voraussichtlich zu dienstlichen Zwecken genutzt wird. Bzgl. der Aufwendungspauschale kann man sich an den pauschalierten Beträgen der Lohnsteuer-Richtlinien zur Benutzung eines privaten Kfz zu dienstlichen Zwecken orientieren (derzeit 0,30 EUR/km; vgl. H 9.5 LStH 2013). Setzt man die dienstliche Nutzung z.B. mit 20.000 km an, ergibt sich ein Betrag von 6.000 EUR pro Jahr (20.000 km × 0,30 EUR/km) und somit von 500 EUR pro Monat.

Um mit der Risikopauschale das Unfallrisiko vollständig auf den Mitarbeiter abwälzen zu können, muss sie so bemessen sein, dass sie die Kosten für eine Vollkaskoversicherung abdeckt (→ Anm. 6). Betragen die Kosten für eine Vollkaskoversicherung beispielsweise 600 EUR pro Jahr, wäre die Nutzungspauschale um 50 EUR pro Monat zu erhöhen. Im Beispielsfall würde sich eine monatliche Nutzungspauschale i.H.v. 550 EUR ergeben. Im Hinblick auf eine Abwälzung des Unfallrisikos ist vorgesehen, dass der hierauf entfallende Betrag der Nutzungspauschale gesondert ausgewiesen wird (s. § 2 Abs. (3) S. 2).

Da es sich bei der angesetzten Jahresfahrleistung nur um eine Schätzung handelt, wurde im Formular eine Anpassung der Nutzungspauschale vorgesehen, wenn die Jahresfahrleistung tatsächlich erheblich höher oder niedriger ist (s. § 2 Abs. (5) S. 1).

4. Fahrtenbuch. Das Formular sieht eine Verpflichtung des Arbeitnehmers zur Führung eines Fahrtenbuchs über dienstlich veranlasste Fahrten vor. Bei dem Umfang der aufzuzeichnenden Daten orientiert sich das Formular an den Angaben, die die Finanzverwaltung bzgl. Fahrtenbüchern bei der Nutzung eines Dienstwagens aufgestellt hat (R 8.1 Abs. 9 Nr. 2 S. 3 LStR 2011). Das Fahrtenbuch ist auf entsprechendes Verlangen des Arbeitgebers (s. § 2 Abs. (4) S. 3) und unabhängig davon nach Ablauf des Kalenderjahres zur Überprüfung der Erforderlichkeit einer Anpassung der Nutzungspauschale (s. § 2 Abs. (5) S. 2) vorzulegen.

5. Versicherung. Es empfiehlt sich, den Arbeitnehmer zum Abschluss einer **Vollkaskoversicherung** zu verpflichten. Denn in diesem Fall beschränken sich etwaige Auseinandersetzungen hinsichtlich Schäden am Kfz des Arbeitnehmers auf die Selbstbeteiligung der Vollkaskoversicherung (→ Anm. 6).

6. Kosten/Schäden. Auch ohne entsprechende Regelung zum Aufwendungsersatz kann der Mitarbeiter Ersatz der im Zusammenhang mit der Nutzung des privaten Kfz entstandenen **Aufwendungen** verlangen (§ 670 BGB analog). Voraussetzung hierfür ist, dass die Aufwendungen im Zusammenhang mit der Arbeitsausführung entstanden sind, der Arbeitnehmer diese für erforderlich halten durfte und diese nicht bereits durch das Arbeitsentgelt abgegolten sind (vgl. BAG NZA 1995, 836; BAG NZA 1996, 883; ErfKomm/*Preis* § 611 BGB Rn. 553, 555). Zu den ersatzfähigen Aufwendungen gehören insbesondere laufende Betriebskosten wie Kraftstoffkosten sowie Kosten der Wartung und Reparatur. Regelmäßig werden hierfür Pauschalen vereinbart, was durch die Rechtsprechung gebilligt ist (vgl. BAG NZA 1996, 883).

Das Formular sieht die Zahlung einer Nutzungspauschale vor, die eine pauschale Abgeltung für die entstehenden Aufwendungen darstellt (vgl. § 2 Abs. (1) und → Anm. 2). Hierbei orientiert man sich häufig an den in den jeweils gültigen Lohnsteuer-Richtlinien vorgesehenen Kilometerpauschalen (derzeit 0,30 EUR/km; vgl. H 9.5 LStH2013). Ob eine formularmäßige Pauschalierung unterhalb der lohnsteuerrechtlichen Pauschalbeträge zulässig ist, wurde durch die Rechtsprechung bislang nicht geklärt. Die Literatur geht zum Teil davon aus, dass ein Arbeitnehmer Aufwendungen im Zusammenhang mit der Nutzung eines privaten Kfz nicht automatisch in Höhe der steuerlich anerkannten Pauschalbeträge geltend machen kann (Küttner/*Griese* Aufwendungsersatz Rn. 3). Eine Vereinbarung einer Aufwendungspauschale unterhalb der lohnsteuerrechtlichen Kilometerpauschale sollte in angemessener und kostendeckender Höhe erfolgen. Sind diese Anforderungen nicht erfüllt, kann die pauschale Abgeltung unangemessen und unwirksam sein (§ 307 Abs. 1 S. 1 BGB). Der Arbeitnehmer kann dann anstelle der Nutzungspauschale Ersatz der tatsächlich entstandenen Kosten verlangen (§ 670 BGB analog).

Erleidet der Mitarbeiter im Zusammenhang mit der dienstlichen Nutzung seines Kfz **Schäden**, muss zwischen Personen- und Sachschäden unterschieden werden. Für **Personenschäden** muss der Arbeitgeber grundsätzlich nicht haften. Eine Ausnahme besteht nur dann, wenn der Arbeitgeber den Personenschaden vorsätzlich verursacht hat (§ 104 Abs. 1 S. 1 SGB VII). Für **Sachschäden** bei der dienstlichen Nutzung des Kfz hat die Rechtsprechung dem Mitarbeiter einen Ersatzanspruch zugebilligt (§ 670 BGB analog; vgl. BAG NZA 2011, 406; BAG NZA 1995, 836; BAG GS NJW 1962, 411). Das betrifft insbesondere Schäden am Kfz selbst und Nutzungsausfallschäden. Auf den Ersatzanspruch finden die Grundsätze der beschränkten Arbeitnehmerhaftung Anwendung (vgl. BAG NZA 2012, 91; BAG NZA 2011, 406; BAG NZA 1997, 1346; *Frieges* NZA 1995, 403; *Nägele* NZA 1997, 1196, 1198). Wenn der Schaden durch den Arbeitnehmer nicht nur leicht fahrlässig verursacht wurde, ist der Ersatzanspruch entsprechend der Umstände des Einzelfalls zu kürzen. Bei Vorsatz und (im Regelfall) bei grober Fahrlässigkeit des Arbeitnehmers ist der Ersatzanspruch vollständig ausgeschlossen (→ Form. A. III. 1 Anm. 6). Verlangt der Arbeitnehmer den vollen Aufwendungsersatz gem. § 670 analog, muss er darlegen und gegebenenfalls beweisen, dass er den Schaden höchstens leicht fahrlässig verursacht hat (BAG NZA 2012, 91; BAG NZA 2011, 406).

Das Formular sieht für **Schäden** des Arbeitnehmers, welche aus der dienstlichen Nutzung des Kfz resultieren, vor, dass diese durch die in der Nutzungspauschale enthaltene Risikopauschale **abgegolten** sind. Eine pauschale Abgeltung des Unfallrisikos bereits mit der vereinbarten Kilometerpauschale soll dagegen nicht möglich sein (vgl. LAG Stuttgart NZA 1992, 458). Der Ersatzanspruch für Sachschäden besteht nur dann nicht, wenn der Mitarbeiter eine adäquate Gegenleistung zur Abdeckung des Unfallrisikos erhält (vgl. BAG NZA 2011, 406; BAG NZA 1997, 1346; BAG NZA 1996, 417; BAG NZA 1990, 27). Es muss daher eine Risikopauschale gezahlt werden, die zur Abdeckung des Unfallrisikos angemessen ist. Was eine **angemessene Höhe** ist, wurde durch die Rechtsprechung noch nicht abschließend geklärt. Das LAG Stuttgart hat einen Betrag in Höhe der Kosten für eine Vollkaskoversicherung nicht beanstandet (LAG Stuttgart NZA 1992, 458). Werden die

Kosten für eine Vollkaskoversicherung bei der Bemessung der Nutzungspauschale einbezogen (→ Anm. 3), trägt der Mitarbeiter das Unfallrisiko allein. Vorsorglich sollte die Risikopauschale gesondert ausgewiesen werden (s. § 2 Abs. (3) S. 2).

In Allgemeinen Geschäftsbedingungen darf die Haftung nur in engen Grenzen ausgeschlossen oder begrenzt werden (§ 309 Nr. 7 BGB). Der Ausschluss der Haftung durch die Zahlung der Nutzungspauschale wurde daher in § 5 Abs. (2) entsprechend begrenzt.

7. Widerruf/Abänderung der Nutzungspauschale. Die Vorgaben für einen wirksamen Widerrufs- und Änderungsvorbehalt sind im Formular berücksichtigt, indem sachliche Gründe für den Widerruf der Nutzungspauschale aufgeführt werden (→ Form. A. III. 1 Anm. 7). Beispielhaft sind im Formular eine Reihe von Gründen aufgezählt, in denen typischerweise ein Interesse an einem Widerruf oder an einer Abänderung der Nutzungspauschale besteht. Zwar ist noch nicht durch die Rechtsprechung entschieden, ob alle aufgeführten Gründe wirksam sind. Die Aufzählung empfiehlt sich aber bereits wegen ihrer „Appellfunktion".

8. Steuerliche Behandlung. Die Pauschalen zur Besteuerung der privaten Nutzungsmöglichkeit eines Dienstwagens (→ Form. A. III. 1 Anm. 8) sind vorliegend nicht anwendbar, da eine bloße Kostenerstattung für ein privates Kfz nicht zur Übertragung der Nutzungsbefugnis auf den Arbeitgeber führt (BFH DStR 2002, 210). Etwas anderes gilt nur, soweit der Arbeitnehmer das Kfz auf Veranlassung des Arbeitgebers least, dieser sämtliche Kosten des Kfz übernimmt und im Innenverhältnis zum Arbeitnehmer allein über die Nutzung des Kfz bestimmt (vgl. BFH NJW 2002, 1671). Hiervon geht das Formular aber nicht aus.

Die Erstattung von Kosten, die dem Arbeitnehmer durch die dienstliche Nutzung seines Kfz entstehen, sind als **Fahrtkostenerstattungen** grundsätzlich steuerfrei, soweit höchstens die als Werbungskosten abziehbaren Beträge erstattet werden (§ 3 Nr. 16 EStG, H 9.5 LStH 2012). Der Arbeitnehmer hat dem Arbeitgeber hierfür die Unterlagen vorzulegen, aus denen sich die Voraussetzungen für die Steuerfreiheit ergeben (R 9.5 Abs. 2 LStR 2011). Wenn der Arbeitnehmer dies unterlässt, hat der Arbeitgeber eine etwaig gewährte Erstattungspauschale insgesamt als steuerpflichtigen Arbeitslohn zu behandeln und den entsprechenden Lohnsteuerabzug vorzunehmen (vgl. *Nägele,* Der Dienstwagen, S. 138). Denn dem Arbeitgeber obliegt im Rahmen des Lohnsteuer-Abzugsverfahrens die objektive Beweislast dafür, dass die an den Arbeitnehmer geleisteten Zahlungen zu Recht steuerfrei erfolgt sind (vgl. BFH BeckRS 1993, 22010919). Dem Arbeitnehmer bleibt es dabei jedoch unbenommen, auf die steuerfreie Erstattung in Höhe der pauschalen Kilometersätze durch den Arbeitgeber zu verzichten und stattdessen die tatsächlich entstandenen Kosten als Werbungskosten steuermindernd geltend zu machen (§ 9 Abs. 1 EStG). Soweit der Arbeitgeber die Fahrtkosten nur teilweise ersetzt, kann der Arbeitnehmer die entsprechende Differenz zu den lohnsteuerrechtlich vorgesehenen Pauschalbeträgen als Werbungskosten geltend machen. Die Risikopauschale für die Abgeltung des Unfallrisikos ist stets steuerpflichtiger Arbeitslohn (§ 19 Abs. 1 S. 1 Nr. 1 EStG, R 19.3 Abs. 1 LStH 2012).

Soweit dem Arbeitnehmer steuerfreie Zulagen (z. B. pauschalierte Fahrtkostenerstattung) gewährt werden, handelt es sich dabei nicht um Arbeitslohn im sozialversicherungsrechtlichen Sinne (§ 14 SGB IV i. V. m. § 1 Abs. 1 S. 1 Nr. 1 SvEV). Anders verhält es sich bei der Risikopauschale, die als steuerpflichtiger Arbeitslohn auch sozialversicherungspflichtig ist.

9. Schlussbestimmungen. → Form. A. II. 1 Anm. 28, 29.

Sonderzahlungen

4. 13. Monatsgehalt

§ . . . . . . **Vergütung**[1]

(1) (. . . . . .)[2]

(2) Der Mitarbeiter erhält pro Kalenderjahr ein 13. Monatsgehalt, zahlbar mit dem Novembergehalt.[3]

(3) Die Gesellschaft ist berechtigt, für die Zukunft das 13. Monatsgehalt zu widerrufen, wenn sachliche Gründe vorliegen, also aufgrund der wirtschaftlichen Entwicklung der Gesellschaft, in der Person des Mitarbeiters liegender Gründe, der Leistung oder des Verhaltens des Mitarbeiters, und dies dem Mitarbeiter zumutbar ist.[4]

(4) Bei unterjährigem Beginn oder unterjähriger Beendigung des Arbeitsverhältnisses sowie für Zeiten des Ruhens des Arbeitsverhältnisses (z. B. infolge Elternzeit oder unbezahltem Urlaub) wird das 13. Monatsgehalt zeitanteilig gekürzt.[5] Für Fehlzeiten ohne gesetzliche Entgeltfortzahlungsansprüche, mit Ausnahme von Zeiten des Mutterschutzes, gilt S. 1 entsprechend.[6]

Anmerkungen

1. 13. Monatsgehalt. Das Formular sieht ein 13. Monatsgehalt vor, das eine **Sonderzahlung mit reinem Entgeltcharakter** (Arbeitsentgelt im engeren Sinne) darstellt. Die Zahlung hat keinen über die Entlohnung erbrachter Arbeitsleistung hinausgehenden Zweck. Deshalb wird sie auch als arbeitsleistungsbezogene Sonderzahlung bezeichnet (vgl. BAG NZA 2001, 785; BAG NZA 2001, 512). Den Sonderzahlungen mit reinem Entgeltcharakter stehen **Sonderzahlungen nur für Betriebstreue** und **Sonderzahlungen mit Mischcharakter** (Arbeitsentgelt im weiteren Sinne) gegenüber. Mit diesen wird zumindest auch die Betriebstreue honoriert (→ Form. A. III. 5 Anm. 1).

Im Rahmen der Vertragsgestaltung ist die Frage des **Zwecks einer Sonderzahlung** von entscheidender Bedeutung (vgl. *Swoboda/Kinner* BB 2003, 418, 419). Hiervon hängt ab, ob und in welchem Umfang Ausschluss-, Kürzungs- und Stichtagsregelungen wirksam vereinbart werden können. Der Zweck der Sonderzahlung ist durch **Auslegung** zu ermitteln (§§ 133, 157 BGB). Ergibt sich kein eindeutiges Auslegungsergebnis, so ist die Sonderzahlung im Zweifel als Arbeitsentgelt im engeren Sinne zu verstehen (vgl. BAG AP BGB § 611 Gratifikationen Nr. 100: Zusage einer „Jahresleistung" ohne Nennung weiterer Anspruchsvoraussetzungen; LAG Düsseldorf NZA-RR 1996, 441). Die vertragliche Regelung muss deshalb so präzise gefasst werden, dass kein Zweifel verbleibt, welchen Zweck die Sonderzahlung verfolgt. Dafür bedarf es zunächst der **Verwendung eindeutiger Begriffe.** Der Bezeichnung „13. Monatsgehalt" kommt zwar nur Indizwert zu. Sie spricht aber dafür, dass allein die Arbeitsleistung vergütet werden soll, mithin kein anderer Zweck mit der Zahlung verbunden ist (vgl. BAG NZA 1991, 318; BAG NZA 2001, 512).

Will der Arbeitgeber über eine Stichtagsregelung diejenigen Arbeitnehmer von der Gewährung ausschließen, die zum Auszahlungszeitpunkt nicht mehr bei ihm beschäftigt sind oder sich in gekündigter Stellung befinden, kann er die Zahlung nicht ausschließlich zur Belohnung der Arbeitsleistung (z. B. 13. Monatsgehalt) und auch nicht neben der Honorierung der Betriebstreue auch zur Belohnung der Arbeitsleistung (Sonderzahlung mit Mitschcharakter) erbringen. In diesen Fällen sind Stichtagsregelungen unzulässig (→ Anm. 5). Will der Arbeitgeber eine Stichtagsregelung vorsehen, muss er die Betriebstreue als alleinigen Zweck der Zahlung aufnehmen (→ Form. A. III. 5 Anm. 1, 11).

Als Vergütungsbestandteil ist das 13. Monatsgehalt **Teil des Annahmeverzugslohns,** den der Arbeitgeber dem Arbeitnehmer gemäß §§ 611 Abs. 1 i.V.m. 615 S. 1 BGB zu zahlen hat, wenn er mit der Annahme der Arbeitsleistung in Verzug gerät (vgl. Palandt/*Weidenkaff* § 615 Rn. 3, 16).

Der Betriebsrat hat ein **erzwingbares Mitbestimmungsrecht** bei Fragen der betrieblichen Lohngestaltung (§ 87 Abs. 1 Nr. 10 BetrVG). Das gilt auch für das 13. Monatsgehalt (insbesondere das Verhältnis zu anderen Vergütungsbestandteilen oder ggf. nach Betriebszugehörigkeit oder anderen Kriterien differenzierende Regelungen).

2. Ergänzende Regelung. Die Klausel ist eine Ergänzung zu → Form. A. II. 1. Sie ist im Anschluss an die Vergütungsregelung (§ 3) nach Abs. (1) einzufügen. Die Folgeregelungen in § 3 von → Form. A. II. 1 müssen dann angepasst werden.

3. Fälligkeit. Das 13. Monatsgehalt ist erst zum vertraglich vereinbarten Zeitpunkt auszuzahlen (vgl. BAG NZA 1991, 318; BAG NZA 1997, 55). Das gilt auch dann, wenn der Arbeitnehmer unterjährig ausscheidet (für „Treueprämie" vgl. BAG AP BGB § 611 Gratifikation Nr. 77). Natürlich ist es möglich, bei der Abwicklung des Arbeitsverhältnisses (z.B. im Aufhebungsvertrag) zu vereinbaren, dass das 13. Monatsgehalt zum Beendigungstermin abgerechnet und ausgezahlt wird. Die im Formular verwendete Regelung einer Auszahlung „. . . . . . mit dem Novembergehalt . . . . . ." knüpft die Fälligkeit des 13. Monatsgehalts an die Fälligkeit der monatlichen Bezüge (hier: des Novemberbezugs). Letztere sollte sich dann aus anderweitigen Regelungen im Vertragswerk ergeben. Eine alternative Formulierung ist natürlich möglich.

4. Widerrufsvorbehalt. Das 13. Monatsgehalt ist unter einen Widerrufsvorbehalt gestellt. Die Vorgaben der Rechtsprechung für einen wirksamen Widerrufsvorbehalt sind im Formular berücksichtigt, indem sachliche Gründe für den Widerruf aufgeführt werden. Es ist zu beachten, dass ein wirksamer Widerrufsvorbehalt nur dann vereinbart werden kann, wenn das 13. Monatsgehalt (zusammen mit sonstigen widerruflichen Vergütungsbestandteilen) 25 Prozent der regelmäßigen Gesamtvergütung nicht übersteigt (vgl. BAG NZA 2005, 465; BAG NZA 2007, 809; BAG NZA 2009, 428, zu weiteren Einzelheiten hinsichtlich der Wirksamkeit eines Widerrufsvorbehalts → Form. A. III. 1 Anm. 7).

An sich wäre die Vereinbarung eines **Freiwilligkeitsvorbehalts** vorzugswürdig, da für dessen Ausübung anders als bei einem Widerrufsvorbehalt keine besonderen Gründe erforderlich sind. Bei einem Freiwilligkeitsvorbehalt entscheidet der Arbeitgeber nach freiem Ermessen, ob er die Leistung weiter gewährt oder nicht. Allerdings tendiert das BAG dahin, Freiwilligkeitsvorbehalte nur für Vergütungen zuzulassen, die als vom laufenden Arbeitsentgelt unabhängige zusätzliche Sonderzahlung gewährt werden. Dagegen soll es bzgl. Vergütungen, die im unmittelbaren Gegenseitigkeitsverhältnis zur Arbeitsleistung stehen, unzulässig sein. Es empfiehlt sich daher, Freiwilligkeitsvorbehalte nur bei Sonderzahlungen zu vereinbaren, die nicht im unmittelbaren Gegenseitigkeitsverhältnis zur Arbeitsleistung stehen (→ Form. A. II. 1 Anm. 9). Da es sich bei dem in diesem Formular geregelten 13. Monatsgehalt um eine Sonderzahlung mit reinem Entgeltcharakter handelt (→ Anm. 1), wäre ein Freiwilligkeitsvorbehalt unzulässig. Daher wurde von dessen Aufnahme abgesehen.

5. Kürzung bei unterjährigem Ein- und Austritt sowie Ruhen des Arbeitsverhältnisses. Aus dem reinen Entgeltcharakter des 13. Monatsgehalts ergibt sich der Rückschluss darauf, in welchen Fällen das 13. Monatsgehalt überhaupt nicht oder nur anteilig gezahlt werden muss. Für Zeiten, in denen das Arbeitsverhältnis nicht besteht, wird grundsätzlich keine Zahlung geschuldet. Die im Formular vorgesehene Regelung, dass bei unterjährigem Beginn oder unterjähriger Beendigung des Arbeitsverhältnisses eine nur zeitanteilige Auszahlung erfolgt, ist also nur deklaratorisch. Sie empfiehlt sich zur Vermeidung von Streitigkeiten.

Eine überproportionale Kürzung des 13. Monatsgehalts für Zeiten, in denen das Arbeitsverhältnis noch nicht bestand (Fall des **unterjährigen Eintritts**), ist aufgrund des reinen Entgeltcharakters des 13. Monatsgehalts unzulässig. Dieses wird durch die laufende Erbringung der Arbeitsleistung – unabhängig von vergangener oder künftiger Betriebstreue – durch den Arbeitnehmer „verdient" (vgl. BAG AP BGB § 611 Gratifikationen Nr. 84).

Aus diesem Grund ist auch der Bestand des Arbeitsverhältnisses zum Auszahlungstermin (Fall des **unterjährigen Austritts**) keine Anspruchsvoraussetzung. Die Auszahlung des 13. Monatsgehalts kann deshalb nicht von der Bedingung abhängig gemacht werden, dass das Arbeitsverhältnis an einem bestimmten Tag noch besteht (sog. Stichtagsregelung; vgl. BAG EzA BGB § 611 Gratifikation, Prämie Nr. 86; BAG NZA 2011, 989; BAG BB 2013, 2931). Wenn vor allem Wert auf die Vereinbarung einer Stichtagsregelung gelegt wird, dann sollte die Sonderzahlung **deutlich als Sonderzahlung ausschließlich zur Belohnung der Betriebstreue** und nicht als 13. Monatsgehalt ausgestaltet werden (→ Form. A. III. 5 Anm. 1, 9). Entscheidet sich der Arbeitgeber jedoch dafür, eine Sonderzahlung als 13. Monatsgehalt auszugestalten, ist (wie im Formular geschehen) auf eine Stichtagsregelung zu verzichten.

Für Zeiten, in denen das **Arbeitsverhältnis ruht** (z. B. Elternzeit, unbezahlter Urlaub oder Freistellungsphasen), kann das 13. Monatsgehalt auch ohne ausdrückliche Regelung anteilig gekürzt werden. Dies folgt aus dem Grundsatz „Ohne Arbeit kein Lohn". Erbringt der Arbeitnehmer beispielsweise im Bezugszeitraum (hier: Kalenderjahr) nur einen Monat lang seine Arbeitsleistung bei im Übrigen ruhendem Arbeitsverhältnis, so schuldet der Arbeitgeber auch nur ein Zwölftel des 13. Monatsgehalts (zur Elternzeit vgl. EuGH NZA 1999, 1325; BAG NZA 1995, 1098; BAG NZA 1991, 318; anders bei Teilzeittätigkeit bei demselben Arbeitgeber während der Elternzeit BAG NZA 2000, 1060; zur Teilnahme an einem rechtmäßigen Streik BAG NJW 2000, 1285). Das Formular enthält gleichwohl eine klarstellende Regelung zur Vermeidung von Streitigkeiten.

6. Kürzung bei Fehlzeiten. Für Fehlzeiten, in denen das Arbeitsverhältnis zwar nicht ruht, aber dennoch keine gesetzlichen Entgeltfortzahlungsansprüche bestehen, ist eine anteilige Kürzung des 13. Monatsgehalts vorgesehen. Dies folgt wiederum aus dem Grundsatz „Ohne Arbeit kein Lohn".

Für **Mutterschutzzeiten** (§§ 3 Abs. 2, 6 Abs. 1 MuSchG) ist nach Ansicht des BAG allerdings eine Kürzung von Sonderzahlungen ausgeschlossen. Denn die Verpflichtung des Arbeitgebers zur Zahlung der Vergütung werde während dieser Zeiten „. . . . . . nicht in vollem Umfang aufgehoben . . . . . .". Vielmehr bleibe der Arbeitgeber zur Zahlung eines Zuschusses zum Mutterschaftsgeld verpflichtet (vgl. BAG NZA 1999, 766; BAG NZA 1999, 772). Diese Entscheidungen sind nur schwer nachvollziehbar. Denn der Arbeitgeberzuschuss zu einer gesetzlichen Sozialleistung kann nicht als „Kompensation" für die entfallene Vergütung zur Aufrechterhaltung des ungekürzten Anspruchs auf das 13. Monatsgehalt fungieren. Der Rechtsprechung folgend wurden die Mutterschutzzeiten jedoch explizit von der Kürzungsregelung ausgenommen.

5. Gratifikation für Betriebstreue

§ . . . . . . **Vergütung**[1]

(1) (. . . . . .)[2]

(2) Die Gesellschaft entscheidet jährlich neu, ob sie dem Mitarbeiter *(Optional: frühestens ab dem . . . . . . Jahr der Betriebszugehörigkeit)*[3] mit dem Novembergehalt eine Gratifikation bis zu einer Höhe von . . . . . . EUR (in Worten: . . . . . . Euro) brutto gewährt. Wird eine Gratifikation gewährt und ist der Mitarbeiter in Teilzeit tätig, wird die Gratifikation nur anteilig im Verhältnis der vereinbarten Arbeitszeit zur Arbeitszeit von Vollzeitarbeitskräften gezahlt.[4] Entscheidet sich die Gesellschaft für die Gewährung einer Gratifikation, wird hiermit ausschließlich die Belohnung der in der Vergangenheit gezeigten Betriebstreue und die Förderung zukünftiger Betriebstreue des Mitarbeiters bezweckt.[5]

(Alternative:[6]

(2) Die Gesellschaft entscheidet jährlich neu, ob und in welcher Höhe sie dem Mitarbeiter mit dem Novembergehalt eine Gratifikation gewährt. In diesem Fall wird die Gratifikation – abhängig von der ununterbrochenen Betriebszugehörigkeit – folgende Höchstbeträge nicht übersteigen:

bei mindestens einem Jahr Betriebszugehörigkeit maximal . . . . . . EUR (in Worten: . . . . . . Euro) brutto
bei mindestens zwei Jahren Betriebszugehörigkeit maximal . . . . . . EUR (in Worten: . . . . . . Euro) brutto
bei mindestens vier Jahren Betriebszugehörigkeit maximal . . . . . . EUR (in Worten: . . . . . . Euro) brutto
bei mindestens sechs Jahren Betriebszugehörigkeit maximal . . . . . . EUR (in Worten: . . . . . . Euro) brutto
bei mindestens acht Jahren Betriebszugehörigkeit maximal . . . . . . EUR (in Worten: . . . . . . Euro) brutto
bei mindestens zehn Jahren Betriebszugehörigkeit maximal . . . . . . EUR (in Worten: . . . . . . Euro) brutto
(. . . . . .).

Wird eine Gratifikation gewährt und ist der Mitarbeiter in Teilzeit tätig, wird die Gratifikation nur anteilig im Verhältnis der vereinbarten Arbeitszeit zur Arbeitszeit von Vollzeitarbeitskräften gezahlt. Entscheidet sich die Gesellschaft für die Gewährung einer Gratifikation, wird hiermit ausschließlich die Belohnung der in der Vergangenheit gezeigten Betriebstreue und die Förderung zukünftiger Betriebstreue des Mitarbeiters bezweckt.)

(3) Sofern die Gesellschaft eine Gratifikation gewährt, erfolgt dies freiwillig und mit der Maßgabe, dass auch bei wiederholter Zahlung ein Anspruch des Mitarbeiters nur auf die jeweils erhaltene, nicht aber auf weitere Gratifikationen in der Zukunft entsteht.[7]

(4) Wird eine Gratifikation gewährt, wird sie bei unterjährigem Beginn des Arbeitsverhältnisses nur zeitanteilig gezahlt.[8]

(5) Eine etwaige Gratifikation wird nur dann gezahlt, wenn

- das Arbeitsverhältnis zum Auszahlungstermin noch besteht und

- bis zum Auszahlungstermin keine außerordentliche und keine ordentliche Kündigung aus personenbedingten, verhaltensbedingten oder betriebsbedingten Gründen durch die Gesellschaft erklärt wurde und
- bis zum Auszahlungstermin keine außerordentliche und keine ordentliche Kündigung durch den Mitarbeiter erklärt wurde und
- bis zum Auszahlungstermin auch kein Aufhebungsvertrag abgeschlossen wurde.
  S. 1 gilt nicht, wenn die Gratifikation 200 EUR brutto oder weniger beträgt.[9]

(6) Wurde eine Gratifikation gezahlt, ist sie zurückzuzahlen, wenn

- eine außerordentliche oder eine ordentliche Kündigung aus personenbedingten, verhaltensbedingten oder betriebsbedingten Gründen durch die Gesellschaft erklärt wird oder
- eine außerordentliche oder eine ordentliche Kündigung durch den Mitarbeiter erklärt wird oder
- ein Aufhebungsvertrag abgeschlossen wird oder
- eine Befristung vereinbart ist
  und das Arbeitsverhältnis hierdurch vor Ablauf des 31. 3. des folgenden Kalenderjahrs oder, sofern die Gratifikation eine Monatsvergütung übersteigt, vor Ablauf des 30.6. des folgenden Kalenderjahrs endet. Eine Rückzahlungsverpflichtung besteht nicht, wenn die Gratifikation 200 EUR brutto oder weniger beträgt.[13]

Anmerkungen

1. Gratifikation. Die Gratifikation ist eine Zuwendung des Unternehmens zu einem bestimmten Anlass (z.B. Weihnachten, Urlaub, Jubiläum). Gratifikationen sind **Arbeitsentgelt im weiteren Sinne.** Mit ihnen wird über die Entlohnung erbrachter Arbeitsleistung hinaus ein weitergehender Zweck verfolgt, insbesondere die Honorierung von **Betriebstreue** (vgl. BAG AP BGB § 611 Gratifikation Nr. 135; *Preis* Arbeitsvertrag II S 40 Rn. 30). Der Arbeitnehmer soll durch diese Sonderzahlung, die zusätzlich zum Arbeitsentgelt im engeren Sinne geleistet wird, an den Betrieb „gebunden" werden. Daher wird teilweise auch die Bezeichnung „Sonderzahlungen mit Bindungswirkung" verwendet. Die Terminologie ist nicht einheitlich und so wird der Begriff „Gratifikation" teilweise auch für Sonderzahlungen mit reinem Entgeltcharakter verwendet, die ausschließlich die bereits erbrachte Arbeitsleistung belohnen sollen (**Arbeitsentgelt im engeren Sinne,** z.B. 13. Monatsgehalt, → Form. A. III. 4; vgl. *Reiserer* DB 1997, 426; Bauer/Lingemann/Diller/Haußmann/*Lingemann* 1. Alternative zu Form. M 12.15). Im Formular ist eine Gratifikation geregelt, die als Sonderzahlung zur Honorierung der Betriebstreue ausgestaltet ist.

Die Unterscheidung zwischen den einzelnen Arten von Sonderzahlungen ist nicht nur theoretisch. Hiervon hängt ab, ob und in welchem Umfang ein Gestaltungsspielraum hinsichtlich Ausschluss-, Kürzungs- und Stichtagsregelungen besteht. Zusätzliche Leistungen des Arbeitgebers in Form von **Sonderzahlungen mit reinem Entgeltcharakter** (13. Monatsgehalt; → Form. A. III. 4) entlohnen ausschließlich die bereits erbrachte **Arbeitsleistung.** Für die Abgrenzung zu den Sonderzahlungen zur Honorierung der Betriebstreue und den Sonderzahlungen mit Mischcharakter zieht die Rechtsprechung Indizien heran, um die Zweckrichtung zu bestimmen. Die Bezeichnung (z.B. als Weihnachtsgratifikation) und die Abhängigkeit der Zahlung vom (ungekündigten) Bestand des Arbeitsverhältnisses an einem bestimmten Tag (sog. Stichtagsregelung) sprechen für die Bindungswirkung und damit gegen das Vorliegen einer Sonderzahlung mit reinem Entgeltcharakter (vgl. LAG Düsseldorf BeckRS 1996, 30908152). Gegen den Charakter einer Sonderzahlung mit reinem Entgeltcharakter und für das Vorliegen einer Gratifikation spricht auch die Staffelung der Höhe der Auszahlungssumme nach der Betriebszugehörigkeit (vgl. BAG AP BGB § 611 Gratifikation Nr. 93), die Abhängigkeit des

Anspruchs auf Sonderzahlung von der Erfüllung einer bestimmten Wartezeit und die Aufnahme eines Freiwilligkeitsvorbehalts (vgl. MünchHdbArbR/*Krause* § 59 Rn. 7).

Sonderzahlungen nur zur Honorierung der Betriebstreue sind **ohne jeglichen Bezug zur Arbeitsleistung** ausgestaltet. In der Regel soll dann nicht nur die vom Arbeitnehmer in der Vergangenheit gezeigte Betriebstreue belohnt, sondern auch die Betriebstreue in der Zukunft gefördert werden. Diese Form der Gratifikation war für die Praxis in der Vergangenheit von geringer Bedeutung. Häufig wählte der Arbeitgeber in der Vergangenheit eine **Sonderzahlung mit Mischcharakter.** Mit dieser wird nicht nur die gezeigte und zukünftige Betriebstreue, sondern auch die Arbeitsleistung belohnt. Aufgrund der Änderung der Rechtsprechung des BAG sind Stichtags- und Rückzahlungsklauseln nur noch bei Sonderzahlungen zur Honorierung der Betriebstreue und nicht mehr für Sonderzahlungen mit Mischcharakter zulässig (→ Anm. 9, 10). Kommt es dem Arbeitgeber vorrangig darauf an, mit der Sonderzahlung zu erreichen, dass das Arbeitsverhältnis zu einem bestimmten Stichtag noch besteht, muss er die Zahlung wie im Formular als Sonderzahlung zur Honorierung der Betriebstreue ausgestalten. Der Nachteil dieser Gestaltung ist, dass keine Kürzung bei Fehlzeiten ohne Entgeltfortzahlungsanspruch oder bei ruhendem Arbeitsverhältnis möglich ist, weil der mit der Gratifikation verfolgte Zweck auch ohne tatsächlich erbrachte Arbeit erreicht wird (zur Kürzung bei ruhendem Arbeitsverhältnis vgl. BAG NJW 1975, 278; BAG NZA 1995, 1096; *Hanau/Vossen* DB 1992, 213, 218; Küttner/*Griese* Einmalzahlungen Rn. 12 ff.; zur Kürzung bei Krankheit vgl. BAG NZA 2005, 655; *Salamon* NZA 2013, 590, 592).

Auch wenn der Arbeitgeber eine Gratifikation freiwillig – d.h. ohne Verpflichtung aufgrund Gesetzes, Tarifvertrages oder Betriebsvereinbarung – gewährt, muss er bei seiner Entscheidung, ob und unter welchen Voraussetzungen er „freiwillige" Gratifikationen gewährt, den **allgemeinen arbeitsrechtlichen Gleichbehandlungsgrundsatz** beachten. Danach ist es dem Arbeitgeber verwehrt, einzelne Arbeitnehmer oder Gruppen von Arbeitnehmern von allgemein begünstigenden Regelungen auszunehmen, wenn kein **sachlicher Grund** für die Ungleichbehandlung vorliegt (vgl. BAG NZA 1998, 1298; BAG NZA 2007, 687; BAG NZA 2007, 1424; *Freitag* NZA 2002, 294, 296). Ein sachlicher Grund ist gegeben, wenn nach dem Zweck der Leistung Gründe bestehen, die es unter Berücksichtigung aller Umstände rechtfertigen, einem Arbeitnehmer die vergleichbaren Arbeitnehmern gewährte Leistung vorzuenthalten. Ein solcher Grund kann beispielsweise gegeben sein, wenn der Arbeitgeber mit der Leistung eine bestimmte Arbeitnehmergruppe stärker an den Betrieb binden will, weil deren Weggang zu besonderen Belastungen führen würde (vgl. BAG NZA 2003, 724).

Der **Betriebsrat hat ein erzwingbares Mitbestimmungsrecht** bei Fragen der betrieblichen Lohngestaltung (§ 87 Abs. 1 Nr. 10 BetrVG) und damit, soweit der Aspekt der Verteilung betroffen ist, auch bei Gratifikationen.

2. Ergänzende Regelung. Die Klausel ist eine Ergänzung zu → Form. A. II. 1. Sie ist im Anschluss an die Vergütungsregelung (§ 3) nach Abs. (1) einzufügen. Die folgenden Absätze in § 3 von → Form. A. II. 1 rücken dann entsprechend nach hinten.

3. Wartezeitregelung. Die in der Alternative vorgesehene Wartezeitregelung verdeutlicht den Zweck der Gratifikation, die Betriebstreue zu honorieren. Die Verknüpfung einer Gratifikation mit einer Wartezeitregelung in Abhängigkeit von der Betriebszugehörigkeit ist grundsätzlich **zulässig** (vgl. *Preis* Arbeitsvertrag II S 40 Rn. 35).

4. Teilzeitarbeit. Gegen das **Schlechterstellungsverbot von Teilzeitarbeitskräften** (vgl. § 4 Abs. 1 S. 1, S. 2 TzBfG) wird verstoßen, wenn Teilzeitbeschäftigte aufgrund ihres unterschiedlichen Arbeitspensums von einer Gratifikationsregelung völlig ausgeschlossen werden. Zulässig ist es jedoch, Teilzeitbeschäftigten nur eine ihrer Arbeitszeit entsprechende anteilige Gratifikation zu gewähren (vgl. BAG NZA 1991, 350). Soll die als

Festbetrag vorgesehene Gratifikation Teilzeitbeschäftigten nur anteilig gewährt werden, muss dies ausdrücklich vertraglich geregelt werden (im Form. jeweils Abs. (2) S. 2). Denn bei einer Gratifikation, die die Betriebstreue des Arbeitnehmers belohnt, ergibt sich eine anteilige Gewährung nicht automatisch. Knüpft die Höhe der Gratifikation dagegen an das **Monatsgehalt** des Arbeitnehmers an, ergibt sich automatisch eine Berücksichtigung einer etwaigen Teilzeittätigkeit. Einer gesonderten Kürzungsregelung bedarf es dann nicht. Abs. (2) S. 2 ist daher bei Anknüpfung der Gratifikationshöhe an das Monatsgehalt zu streichen, da es sonst zu einer unzulässigen überproportionalen Benachteiligung von Teilzeitbeschäftigten kommt.

5. Zweck. Um die in der Praxis häufig auftretenden Auslegungsprobleme hinsichtlich der Zweckrichtung zu vermeiden, wurde der Zweck der Gratifikation im Formular **ausdrücklich genannt.** Die Belohnung der vergangenen Betriebstreue und die Förderung der zukünftigen Betriebstreue belegen, dass es sich eine Sonderzahlung zur Honorierung der Betriebstreue handelt. Hierfür sprechen auch die im Formular verwendeten Stichtags- und Rückzahlungsklausel (s. Form. Abs. (5) und (6)). Allerdings darf sich die Gratifikation nur im üblichen Rahmen einer Treuegratifikation bewegen und keinen wesentlichen Anteil an der Gesamtvergütung des Arbeitnehmers ausmachen (BAG NZA 2012, 620, 622). Dieser übliche Rahmen ist bei einem Monatsgehalt sicher nicht überschritten (*Reinecke* BB 2013, 437, 440). Eine dahingehende Entscheidung des BAG steht jedoch noch aus. Der Zweck der Honorierung der Betriebstreue tritt wohl in den Hintergrund, wenn die Gratifikation mehr als drei Monatsgehälter der Gesamtvergütung des Arbeitnehmers ausmacht (vgl. BAG NZA 2009, 783).

6. Staffelung nach Betriebszugehörigkeit. Die Gratifikationshöhe ist in der Alternative nach der Dauer der Betriebszugehörigkeit gestaffelt. Auch durch die Staffelung der Gratifikationshöhe wird deutlich, dass es sich um eine Sonderzahlung zur Honorierung der Betriebstreue handelt.

7. Freiwilligkeitsvorbehalt. Der Freiwilligkeitsvorbehalt **verhindert** von vornherein die **Entstehung eines Anspruchs auf eine Gratifikation** (BAG NZA 2010, 445; BAG NZA 2011, 628). Der Freiwilligkeitsvorbehalt hat zur Folge, dass der Arbeitgeber die Leistungen **ohne die Erfüllung weiterer Voraussetzungen** einstellen kann. Eine Ausübungskontrolle findet anders als beim Widerrufsvorbehalt (→ Form. A. III. 1 Anm. 7) nicht statt. Es bedarf daher weder eines sachlichen Grunds noch der Beachtung der Grundsätze billigen Ermessens (BAG AP BGB § 307 Nr. 38). Der Freiwilligkeitsvorbehalt bezieht sich nicht nur auf Gratifikationen in der Zukunft, sondern auch auf Leistungen für den laufenden Bezugszeitraum (vgl. BAG NZA 1996, 1028 unter Aufgabe von BAG AP BGB § 611 Gratifikation Nr. 86). Ein Rechtsanspruch auf die Gratifikation für ein bestimmtes Jahr entsteht daher erst mit einer vorbehaltlosen Zusage oder mit der tatsächlichen Erbringung der Leistung (vgl. BAG AP BGB § 611 Gratifikation Nr. 187; BAG NZA 2000, 944).

Um dem Transparenzgebot gerecht zu werden (dazu sogleich), ist es zu empfehlen, dass im Freiwilligkeitsvorbehalt geregelt wird, dass der Arbeitgeber jährlich neu entscheidet, ob und in welcher Höhe er eine Leistung gewährt. Derartige Formulierungen wurden teilweise als ein einseitiges Leistungsbestimmungsrecht verstanden. Das verstoße zwar nicht gegen das AGB-Recht. Allerdings müsse das einseitige Leistungsbestimmungsrecht nach billigem Ermessen (vgl. § 315 BGB) ausgeübt werden (zu Bonuszahlungen vgl. BAG NZA 2013, 148; zu Weihnachtsgratifikationen vgl. BAG NZA 2013, 1013; ausführlich *Lakies* ArbRAktuell 2013, 251). Mit diesem Verständnis wäre die Ausübung des Vorbehalts dann doch wieder justiziabel.

Es ist umstritten, **welche Vergütungsbestandteile** unter einen Freiwilligkeitsvorbehalt gestellt werden können. Das BAG hat diese Frage bislang nicht abschließend geklärt (→ Form. A. II. 1 Anm. 9). Das Formular sieht eine jährliche Zahlung einer Gratifikation vor, die nicht die Arbeitsleistung, sondern die Betriebstreue honoriert. Ein Freiwilligkeitsvorbehalt ist für eine solche Leistung möglich.

Die Rechtsprechung zu Freiwilligkeitsvorbehalten ist sehr restriktiv geworden. So sind allgemeine Freiwilligkeitsvorbehalte in einem Anstellungsvertrag unwirksam, die sämtliche Zusatzleistungen erfassen sollen (BAG BeckRS 2013, 67714; BAG BeckRS 2013, 69281, → Form. A. II. 1 Anm. 9).

Soweit Leistungen überhaupt noch unter einen Freiwilligkeitsvorbehalt gestellt werden können, werden an dessen Formulierung hohe Anforderungen unter dem Gesichtspunkt des **Transparenzgebots** (§ 307 Abs. 1 S. 2 BGB) gestellt (BAG NZA 2008, 1173; BAG AP BGB § 307 Nr. 38; BAG NZA 2011, 628). Der Freiwilligkeitsvorbehalt (an sich) muss klar und verständlich sein. Er darf sich nicht in dem bloßen Hinweis erschöpfen, dass die Leistung über sonstige bestehende Regelung hinaus „freiwillig" erfolgt. Vielmehr muss deutlich werden, dass kein Anspruch auf die Leistung besteht. Das betrifft nicht nur die Klausel zum Freiwilligkeitsvorbehalt selbst. Vielmehr muss strikt darauf geachtet werden, dass sich nicht aus anderen Regelungen der Vereinbarung der Eindruck ergibt, dass die Gratifikation fest zugesagt werden soll. Auch das würde sich in Widerspruch zum Freiwilligkeitsvorbehalt setzen. Der Eindruck einer fest zugesagte Leistung könne aber auch entstehen, wenn geregelt ist, dass der Arbeitnehmer eine bestimmte Leistung „erhält" oder er an der Ausschüttung eines bestimmten Vergütungsbestandteils „teilnimmt" oder sogar von einem „Anspruch des Arbeitnehmers" die Rede ist. Ein Anspruch würde auch suggeriert, wenn die Voraussetzungen und die Höhe der Leistungen präzise formuliert sind. Um dem Transparenzgebot gerecht zu werden und um den Eindruck eines Anspruchs zu vermeiden, wird im Formular die Regelung zur Gratifikation damit eingeleitet, dass die Gesellschaft jährlich neu entscheidet, ob eine Gratifikation gewährt wird. Es wird auch keine bestimmte Höhe, sondern nur ein Höchstbetrag geregelt. In den weiteren Regelungen wird darauf hingewiesen, dass sie nur bei einer entsprechenden Gewährung der Gratifikation zur Anwendung kommen.

Aufgrund der verschärften Rechtsprechung ist dringlich zu empfehlen, den **Freiwilligkeitsvorbehalt vor jeder Zahlung einer Gratifikation zu wiederholen** (→ Form. A. II. 1 Anm. 9). Ein solcher Hinweis wirkt auch dem Entstehen einer betrieblichen Übung oder einer vertraglichen Bindung durch konkludente Willenserklärung entgegen (BAG NZA 2011, 826 Rn. 28; BAG NJW 2013, 1021; *Lakies* ArbRAktuell 2013, 343941).

Formulierungsvorschlag:

Sehr geehrte/r Frau/Herr ......,

wir freuen uns, Ihnen mitzuteilen, dass sich die Gesellschaft entschieden hat, in diesem Jahr eine Gratifikation zu zahlen.

Die Gratifikation beträgt für Sie in diesem Jahr

...... EUR brutto.

Wir weisen darauf hin, dass dies eine freiwillige Leistung ist. Auch bei wiederholter Zahlung entsteht ein Anspruch nur auf die jeweils erhaltene, nicht aber auf zukünftige Gratifikationen. Im Übrigen gelten die Bestimmungen gemäß § ...... Abs. .... bis ...... des Arbeitsvertrags.

Mit freundlichen Grüßen

......

Unterschrift der Gesellschaft

8. Anteilige Zahlung bei Eintritt. Bei Gratifikationen zur Honorierung der Betriebstreue ist aufgrund des Zwecks auch eine Klausel zulässig, die die **zeitanteilige Kürzung** der Gratifikation **bei unterjährigem Eintritt** vorsieht. Eine anteilige Kürzung bei einem unterjährigen Austritt ist hier nicht enthalten. Für diesen Fall greift die Stichtagsregelung (vgl. im Form. Abs. (5) und → Anm. 10) und schließt einen Anspruch vollständig aus.

Abs. (4) ist zu streichen, wenn von der Wartezeitregelung (Option in Abs. (2) S. 1) oder der Staffelung der Gratifikation nach Betriebszugehörigkeit mit einer Mindestbetriebszugehörigkeit von einem Jahr Gebrauch gemacht wird (Alternative zu Abs. (2)).

9. Stichtagsregelung. Bei Verwendung einer Stichtagsregelung kommt die Gratifikation nur dann zur Auszahlung, wenn das Arbeitsverhältnis zu einem bestimmten Zeitpunkt noch besteht, es ungekündigt ist und auch kein Aufhebungsvertrag abgeschlossen wurde. Früher wurden Stichtagsregelungen sowohl bei Sonderzahlungen mit Mischcharakter als auch bei Sonderzahlungen zur Honorierung der Betriebstreue für zulässig gehalten (BAG NZA 1993, 353). Nur bei Sonderzahlungen mit reinem Entgeltcharakter wurden Stichtagsregelungen für unzulässig erklärt. Diese Rechtsprechung hat der 10. Senat aufgegeben (BAG NZA 2012, 561). Stichtagsregelungen sind weiterhin für Sonderzahlungen mit reinem Entgeltcharakter und nunmehr auch für Sonderzahlungen mit Mischcharakter unzulässig. Möglich sind Stichtagsregelungen nur noch für Sonderzahlungen, die nicht (auch nicht zum Teil) die Arbeitsleistung belohnen, sondern allein die Betriebstreue honorieren oder lediglich eine Beteiligung an den erhöhten Aufwendungen zu Weihnachten darstellen (BAG NZA 2012, 561). Die im Formular geregelte Gratifikation honoriert ausschließlich die Betriebstreue. Eine Stichtagsregelung ist daher möglich.

Weitere Voraussetzung für eine wirksame Stichtagsregelung ist, dass der Stichtag **innerhalb des Bezugszeitraums** liegt (vgl. *Preis* Arbeitsvertrag II S 40 Rn. 56). Das ist der Zeitraum, für den die Gratifikation gezahlt wird. Soweit ein Stichtag gewählt wird, der außerhalb des Bezugszeitraums und nach Fälligkeit der Gratifikationszahlung liegt, ist dies keine Stichtagsregelung, sondern eine (verdeckte) Rückzahlungsklausel (→ Anm. 10). Im Formular wurde vorgesehen, die Gratifikation mit dem Novembergehalt auszuzahlen. An diesen **Auszahlungstermin** knüpft auch die Stichtagsregelung an.

Unter dem Gesichtspunkt des Vorliegens einer unangemessenen Benachteiligung (§ 307 Abs. 1 S. 1 BGB) prüft das BAG, ob Stichtagsregelungen zu einer **überlangen Bindungsdauer** führen (BAG NZA 2008, 40). Eine solche Fallkonstellation ist denkbar, wenn sehr lange Kündigungsfristen zu einer längeren Bindung führen würden, als sie über eine Rückzahlungsklausel erreicht werden könnte. Das BAG hat jedoch nicht entschieden, wann eine überlange Bindungsdauer vorliegt, sondern offen gelassen, ob insoweit auf die für Rückzahlungsklauseln entwickelten Grenzen (→ Anm. 10) zurückgegriffen werden kann. Es hat lediglich darauf hingewiesen, dass sich auch eine Stichtagsklausel an der Höhe der jeweiligen Gratifikation orientieren muss. Um diesem Umstand Rechnung zu tragen, wurde im Formular vorgesehen, dass Kleingratifikationen bis 200 EUR nicht von der Stichtagsklausel erfasst werden.

Maßgeblich für den Anspruch auf eine Gratifikation nach der hier vorgeschlagenen Regelung ist, dass sich der Arbeitnehmer am Stichtag in einem **ungekündigten Arbeitsverhältnis** befindet und auch **kein Aufhebungsvertrag** abgeschlossen ist. Das BAG geht davon aus, dass **alle Arten der Kündigung** des Arbeitsverhältnisses von einer Stichtagsregelung erfasst werden können. Das betrifft ordentliche und außerordentliche Kündigungen sowie Arbeitgeber- und Arbeitnehmerkündigungen. Auch der Grund der Kündigung (betriebs-, personen- oder verhaltensbedingt) ist unerheblich (BAG BeckRS 1983, 04923; BAG AP BGB § 611 Gratifikation Nr. 167; BAG AP BGB § 242 Betriebliche Übung Nr. 55; BAG NZA 2012, 620).

Ist die arbeitgeberseitige **Kündigung unwirksam**, so ist zu unterscheiden: Greift der Arbeitnehmer die Kündigung nicht fristgemäß gerichtlich an, gilt sie als rechtswirksam (§ 7 KSchG). Das Arbeitsverhältnis endet dann aufgrund dieser Kündigung, so dass die Gratifikation nach der Stichtagsregelung ausgeschlossen ist. Eine Berufung auf die Stichtagsregelung kann ausnahmsweise dann ausgeschlossen sein, wenn der Arbeitgeber den Eintritt der Bedingung treuwidrig herbeigeführt hat (§ 162 Abs. 2 BGB; vgl. BAG NZA 2012, 620). Wird die Kündigung angegriffen und stellt ein Gericht fest, dass sie unwirksam war, greift die Stichtagsregelung nicht und die Gratifikation ist zu zahlen. Allein der Umstand, dass eine (in diesem Fall unwirksame) Kündigung ausgesprochen wurde, lässt die Gratifikation nicht entfallen. Aufgrund des Urteils werden alle nachteiligen Folgen der Kündigung beseitigt. Das Gleiche gilt, wenn die Unwirksamkeit der Kündigung gerichtlich festgestellt und das Arbeitsverhältnis nur aufgrund eines Auflösungsantrags nach §§ 9, 10 KSchG aufgelöst wird (vgl. BAG NZA 1990, 490).

Es ist wichtig, die Stichtagsklausel auf den Fall zu erstrecken, dass zum vorgesehenen Stichtag bereits ein **Aufhebungsvertrag** geschlossen ist. Ohne entsprechende Regelung wäre dieser Fall nicht von der Stichtagsregelung umfasst, da ein vor dem Stichtag abgeschlossener Aufhebungsvertrag einer Kündigung des Arbeitsverhältnisses nicht gleichsteht (vgl. BAG AP BGB § 611 Gratifikation Nr. 146).

Endet das Arbeitsverhältnis bereits vor dem Stichtag infolge des Auslaufens einer **Befristung**, ist keine Gratifikation zu zahlen (LAG Mainz BeckRS 2011, 71725). Ob eine Gratifikation auch dann ausgeschlossen werden kann, wenn der Arbeitnehmer zum maßgeblichen Stichtag in einem befristeten Arbeitsverhältnis steht, wurde noch nicht abschließend durch die Rechtsprechung entschieden. Klar ist nur, dass es hierfür einer ausdrücklichen Regelung bedürfte, weil eine Befristung nicht einer Kündigung gleichsteht (vgl. BAG AP BGB § 611 Gratifikation Nr. 160; BAG NZA 2007, 687, 689). Offen ist dagegen, ob es überhaupt zulässig ist, den Anspruch auf eine Gratifikation von dem Bestehen eines am Stichtag unbefristeten Arbeitsverhältnisses abhängig zu machen. Bedenken ergeben sich aufgrund des Verbots der Schlechterstellung befristet beschäftigter Arbeitnehmer (§ 4 Abs. 2 TzBfG). Danach dürfen befristet beschäftigte Arbeitnehmer im Verhältnis zu vergleichbaren unbefristet beschäftigten Arbeitnehmern (auch im Hinblick auf das Arbeitsentgelt) nur dann unterschiedlich behandelt werden, wenn hierfür sachliche Gründe vorliegen. Vom Zweck der Gratifikation her, auch die zukünftige Betriebstreue zu honorieren, ließe sich argumentieren, dass bei Auslaufen einer Befristung diese Voraussetzung nicht mehr erreicht werden kann. Allerdings entsteht infolge der zum Teil sehr langen Befristungszeiträume ein Widerspruch zur möglichen Bindungsdauer im Rahmen einer Rückzahlungsklausel. Ist eine Rückzahlungsklausel vorgesehen, muss der Arbeitnehmer die Gratifikation zurückzahlen, wenn er das Arbeitsverhältnis vor dem 31.3. oder 30.6. des Folgejahres beendet. Würde der Arbeitnehmer der Gratifikation verlustig gehen, weil sein Arbeitsverhältnis aufgrund einer Befristung zu einem späteren Zeitpunkt endet, wäre er stärker gebunden als ein unbefristet beschäftigter Arbeitnehmer. Der bloße Umstand, dass zum Stichtag bereits feststeht, dass das Arbeitsverhältnis aufgrund einer Befristung enden wird, wurde daher nicht aufgenommen. Die verwendete Klausel führt daher nur dann zum Ausschluss, wenn das Arbeitsverhältnis vor dem Stichtag infolge des Auslaufens der Befristung bereits geendet hat. Die Beendigung des Arbeitsverhältnisses nach dem Stichtag infolge einer Befristung hat jedoch im Rahmen der Rückzahlungsklausel Bedeutung. Hierdurch wird dann eine Gleichstellung mit den unbefristet beschäftigten Arbeitnehmern erreicht (vgl. sogleich → Anm. 10).

10. Rückzahlungsklauseln. Durch eine Rückzahlungsklausel kann geregelt werden, dass die Gratifikation zurückgezahlt werden muss, wenn der Arbeitnehmer vor einem bestimmten, nach der Auszahlung der Gratifikation liegenden Zeitpunkt, aus dem Arbeitsverhältnis ausscheidet. Hierfür bedarf es einer ausdrücklichen Vereinbarung, in der die **Voraussetzungen,** die die Rückzahlungspflicht auslösen, klar geregelt sind. Außerdem darf die Rückzahlungspflicht den Arbeitnehmer nicht unangemessen lange binden (vgl. BAG AP BGB § 611 Gratifikation Nr. 176; BAG AP BGB § 611 Gratifikation Nr. 250). Rückzahlungsklauseln werden im Zweifel eng ausgelegt. Verbleibende Unklarheiten gehen zulasten des Arbeitgebers (vgl. § 305c Abs. 2 BGB).

Das BAG hat noch nicht entschieden, wie hoch der Anteil der Vergütung sein darf, der einer Rückzahlungspflicht unterliegen kann. Im Zusammenhang mit einer Beendigung aufgrund einer betriebsbedingten Kündigung hat es sich aber dahin geäußert, dass eine Überschreitung von 25 Prozent des Gesamtverdienstes kaum interessengerecht sei (vgl. BAG NZA 2008, 40, 43). Da das BAG diese Grenze auch in anderem Zusammenhang angewandt hat (→ Form. A. III. 1 Anm. 7 bzgl. eines Widerrufsvorbehalts, → Form.

A. VII. 9 Anm. 3 bzgl. Arbeit auf Abruf), spricht viel dafür, dass 25 Prozent des Gesamtverdienstes auch als absolute **Höchstgrenze** angesehen werden.

Nachdem der Unterschied zwischen Stichtags- und Rückzahlungsklauseln lediglich darin liegt, ob vergangene („Treueprämie") oder zukünftige Betriebstreue („Halteprämie") honoriert werden soll, gilt die Rechtsprechung des BAG zu den Stichtagsregelungen (→ Anm. 10) entsprechend für die Rückzahlungsklauseln, so dass an sämtliche Beendigungsgründe angeknüpft werden kann.

Die Rückzahlungspflicht bei Kündigungen umfasst nicht die Konstellation, dass der Arbeitnehmer infolge eines **Aufhebungsvertrags** aus dem Arbeitsverhältnis ausscheidet (vgl. LAG Hamm NZA-RR 1999, 514). Daher muss auch dieser Fall ausdrücklich geregelt werden.

In die Rückzahlungsklausel wurde auch der Fall aufgenommen, dass das Arbeitsverhältnis infolge einer **Befristung** vor dem festgelegten Termin endet. Ob auch dieser Tatbestand von einer Rückzahlungsverpflichtung erfasst werden kann, ist vom BAG noch nicht entschieden worden. Da hierdurch keine Schlechterstellung gegenüber unbefristet beschäftigten Arbeitnehmern, sondern eine Gleichstellung mit diesen erfolgt (→ Anm. 9), ist diese Gestaltung jedoch als zulässig zu erachten (in diesem Sinne auch LAG Mainz BeckRS 2011, 71725).

Rückzahlungsklauseln dürfen den Arbeitnehmer nicht in unzulässiger Weise in seiner grundrechtlich geschützten Berufsfreiheit (konkret: Recht auf freie Wahl des Arbeitsplatzes, vgl. Art. 12 Abs. 1 GG) einschränken (BAG NZA 2012, 561). Dies überprüft die Rechtsprechung unter dem Gesichtspunkt einer unangemessenen Benachteiligung (§ 307 Abs. 1 S. 1 BGB; vgl. BAG NZA 2004, 924). Die Rechtsprechung hat ein **gestuftes System zulässiger Bindungszeiten** entwickelt. Auch wenn unter Geltung der AGB-Kontrolle noch nicht alle Fallgruppen bestätigt wurden, so ist doch sehr wahrscheinlich, dass das BAG an seiner bisherigen Rechtsprechung festhalten wird (vgl. insoweit BAG NZA 2007, 687). Die entwickelten Grenzwerte sind grundsätzlich auch dann zu beachten, wenn eine Gratifikation in zwei Teilbeträgen ausgezahlt wird. Für die Beurteilung der zulässigen Bindungsdauer ist dann auf den Fälligkeitszeitpunkt des jeweiligen Teilbetrages abzustellen (BAG NZA 2003, 1032). Das Formular baut auf dem Muster-Anstellungsvertrag auf. Dort ist die Zahlung der Vergütung zum Monatsende vorgesehen (→ Form. A. II. 1, dort unter § 3 Abs. (1)). Die Rückzahlungsklausel stellt daher darauf ab, dass die Gratifikation mit dem Novembergehalt, also zum Ende des Monats November gezahlt wird. Soweit ein anderer Auszahlungszeitpunkt gewählt wird, muss die Klausel entsprechend der Rechtsprechung zur zulässigen Bindungsdauer angepasst werden. Sieht der Anstellungsvertrag eine Zahlung der Vergütung zum Anfang des Monats vor, sollte die Auszahlung der Gratifikation mit dem Dezembergehalt vorgesehen werden. Hinsichtlich der Bindungsfristen ist zu beachten, dass keine Bindung an den Arbeitgeber über die maximal zulässige Bindungsfrist hinaus verlangt werden kann. Kündigt der Arbeitnehmer zum letzten Tag der Bindungsfrist, ist diese eingehalten, weil das Arbeitsverhältnis auch erst mit Ablauf dieses Tages und damit zum Ablauf der Bindungsfrist endet. Zu den Grenzwerten im Einzelnen:

Gratifikationen i. H. v. bis zu 100 EUR (**Kleingratifikationen**) dürfen grundsätzlich keiner Rückzahlungspflicht unterworfen werden (vgl. BAG NZA 2007, 687; BAG NZA 2004, 925; Palandt/*Weidenkaff* § 611 Rn. 90). Im Formular wurde vorsorglich ein etwas höherer Betrag (200 EUR) aufgenommen.

Bei Gratifikationen über dieser Grenze **bis zu einem Monatsverdienst** ist eine ca. dreimonatige Bindungsfrist zulässig (vgl. BAG NZA 2007, 687; BAG NZA 2004, 925). Bei einer Gratifikation, die Ende November fällig wird und der damit im Hinblick auf Weihnachten eine besondere Bedeutung zukommt, ist eine Bindung bis zum 31. 3. des folgenden Jahrs und damit für ca. vier Monate zulässig (vgl. BAG AP BGB § 611 Nr. 22; BAG NZA 1993, 935; BAG AP BGB § 611 Gratifikation Nr. 250; BAG NZA 2004, 924). Entscheidend ist, dass das Arbeitsverhältnis nicht bereits vor dem 31. 3. endet.

Kündigt der Arbeitnehmer zum 31. 3. und endet das Arbeitsverhältnis (erst) mit Ablauf des 31. 3., hat sich der Arbeitnehmer auch bis zu diesem Termin gebunden und es entsteht folglich keine Rückzahlungspflicht.

Bei Gratifikationen **i. H. v. genau einem Monatsverdienst** ist eine mehr als dreimonatige Bindung, nämlich eine Bindung bis zum nächstmöglichen Kündigungstermin nach Ablauf der drei Monate, maximal jedoch eine sechsmonatige Bindung zulässig. Bei einer Gratifikation i. H. v. einem Monatsverdienst, die zum Ende eines Jahres gezahlt wird, wäre daher eine Bindung bis zu dem ersten nach dem 31. 3. des Folgejahrs liegenden Kündigungstermin, maximal bis zum 30. 6. des Folgejahrs möglich (vgl. BAG NJW 1962, 1537; BAG AP BGB § 611 Gratifikation Nr. 82; BAG NZA 2004, 924; LAG Hamm AP BGB § 611 Gratifikation Nr. 208). Im Formular wurde diese Möglichkeit aufgrund der Vielzahl von Kündigungsterminen nicht berücksichtigt. Vielmehr ist der Arbeitnehmer nach der hier vorgeschlagenen Klausel bei einer Gratifikation in Höhe eines Monatsverdienstes nur bis zum 31. 3. des Folgejahres gebunden.

Bei Gratifikationen **i. H. v. mehr als einem Monatsverdienst** ist eine Bindung von ca. sechs Monaten oder – soweit die Gratifikation im November fällig wird – eine Bindung von ca. sieben Monaten bis zum 30. 6. des Folgejahrs zulässig (vgl. BAG AP BGB § 611 Gratifikation Nr. 25; BAG AP BGB § 611 Gratifikation Nr. 62; BAG NJW 1970, 582). Überschreitet die Zuwendung nicht das Doppelte der Monatsvergütung, ist eine Bindung über den 30. 6. nicht möglich (ArbG Berlin BeckRS 2012, 76387 mit Verweis auf BAG AP BGB § 611 Gratifikation Nr. 24). Aus diesem Grund kann eine Verfünffachung der Gratifikation nicht zu einer Bindung von fast fünf Jahren führen (ArbG Berlin BeckRS 2012, 76387). Eine übermäßig lange Bindungsdauer führt zur Unwirksamkeit der gesamten Regelung. Entscheidend ist, dass das Arbeitsverhältnis nicht bereits vor dem 30. 6. endet. Kündigt der Arbeitnehmer zum 30. 6. und endet das Arbeitsverhältnis (erst) mit Ablauf des 30. 6., hat sich der Arbeitnehmer auch bis zu diesem Termin gebunden und es entsteht folglich keine Rückzahlungspflicht.

Für die Bestimmung des maßgeblichen Monatsverdienstes kommt es nicht auf die durchschnittliche Jahresvergütung, sondern auf den vertraglich geschuldeten **Monatsverdienst** des Arbeitnehmers zum **Zeitpunkt der Auszahlung** der Gratifikation an (vgl. BAG AP BGB § 611 Gratifikation Nr. 250; BAG NZA 2004, 924).

Bei einer wirksamen Rückzahlungsklausel verbleibt dem Arbeitnehmer nicht der Sockelbetrag in Höhe der Kleingratifikation. Er muss vielmehr die vollständige Leistung zurückgewähren (vgl. BAG AP BGB § 611 Gratifikation Nr. 36).

Wurde eine zu lange Bindungsfrist gewählt, ist die Rückzahlungsklausel insgesamt unwirksam. Eine **geltungserhaltende Reduktion** findet nicht statt (BAG NZA 2009, 666).

6. Anwesenheitsprämie

§ . . . . . . Vergütung[1]

(1) (. . . . . .)[2]

(2) Die Gesellschaft entscheidet jährlich neu, ob sie dem Mitarbeiter *(Optional: frühestens ab dem . . . . . . Jahr der Betriebszugehörigkeit)*[3] mit dem Novembergehalt zusätzlich zur Vergütung als Sondervergütung eine Anwesenheitsprämie[4] bis zu einer Höhe von . . . . . . EUR (in Worten: . . . . . . Euro) brutto gewährt. Wird eine Anwesenheitsprämie gewährt und ist der Mitarbeiter in Teilzeit tätig, wird die Anwesenheitsprämie nur anteilig dem Verhältnis der vereinbarten Arbeitszeit zur Arbeitszeit von Vollzeitarbeitskräften gezahlt.[5] Entscheidet sich die Gesellschaft für die Gewährung einer Anwesen-

heitsprämie, wird hiermit neben der Honorierung der Betriebstreue die Vermeidung von Abwesenheiten bezweckt.

(Alternative:[6]

(2) Die Gesellschaft entscheidet jährlich neu, ob und in welcher Höhe sie dem Mitarbeiter mit dem Novembergehalt zusätzlich zur Vergütung als Sondervergütung eine Anwesenheitsprämie gewährt. In diesem Fall wird die Anwesenheitsprämie – abhängig von der ununterbrochenen Betriebszugehörigkeit – folgende Höchstbeträge nicht übersteigen:

bei mindestens einem Jahr Betriebszugehörigkeit maximal . . . . . . EUR (in Worten: . . . . . . Euro) brutto
bei mindestens zwei Jahren Betriebszugehörigkeit maximal . . . . . . EUR (in Worten: . . . . . . Euro) brutto
bei mindestens vier Jahren Betriebszugehörigkeit maximal . . . . . . EUR (in Worten: . . . . . . Euro) brutto
bei mindestens sechs Jahren Betriebszugehörigkeit maximal . . . . . . EUR (in Worten: . . . . . . Euro) brutto
bei mindestens acht Jahren Betriebszugehörigkeit maximal . . . . . . EUR (in Worten: . . . . . . Euro) brutto
bei mindestens zehn Jahren Betriebszugehörigkeit maximal . . . . . . EUR (in Worten: . . . . . . Euro) brutto
(. . . . . .).

Wird eine Anwesenheitsprämie gewährt und ist der Mitarbeiter in Teilzeit tätig, wird die Anwesenheitsprämie nur anteilig dem Verhältnis der vereinbarten Arbeitszeit zur Arbeitszeit von Vollzeitarbeitskräften gezahlt. Entscheidet sich die Gesellschaft für die Gewährung einer Anwesenheitsprämie, wird hiermit neben der Honorierung der Betriebstreue die Vermeidung von Abwesenheiten bezweckt.)

(3) Sofern die Gesellschaft eine Anwesenheitsprämie gewährt, erfolgt dies freiwillig und mit der Maßgabe, dass auch bei wiederholter Zahlung ein Anspruch des Mitarbeiters nur auf die jeweils erhaltene, nicht aber auf weitere Abwesenheitsprämien in der Zukunft entsteht.[7]

(4) Wird eine Anwesenheitsprämie gewährt, wird sie bei unterjährigem Beginn oder unterjährigem Ende des Arbeitsverhältnisses nur zeitanteilig gezahlt.[8]

(5) Wird eine Anwesenheitsprämie gewährt, wird sie für Zeiten des Ruhens des Arbeitsverhältnisses im Bezugszeitraum (z.B. infolge Elternzeit oder unbezahltem Urlaub) zeitanteilig gekürzt.[9]

(6) Wird eine Anwesenheitsprämie gewährt, wird sie für jeden Tag der Arbeitsunfähigkeit infolge Krankheit (unabhängig davon, ob ein Entgeltfortzahlungsanspruch besteht oder nicht) im Bezugszeitraum um ein Viertel des Arbeitsentgelts, das im Jahresdurchschnitt auf einen Arbeitstag entfällt, gekürzt.[10] Der Jahresdurchschnittsverdienst bemisst sich nach dem in den zwölf Monaten vor dem Auszahlungsmonat verdienten Arbeitsentgelt.[11] Arbeitsentgelt sind alle geldwerten Leistungen, die gegenüber dem Arbeitnehmer erbracht werden, gleich ob es sich um Geld- oder Sachbezüge handelt.[12] Zur Ermittlung des auf einen Arbeitstag entfallenden Teils des Arbeitsentgelts wird von 260 Jahresarbeitstagen ausgegangen.[13]

(7) Für sonstige Fehlzeiten, in denen kein gesetzlicher Entgeltfortzahlungsanspruch besteht, erfolgt eine Kürzung i.H.v. je $^1/_{60}$ der Anwesenheitsprämie pro Fehltag.[14]

(Alternative, sofern die Anwesenheitsprämie 70 Prozent eines Monatsgehaltes nicht erreicht:[15]

(7) Für sonstige Fehlzeiten, in denen kein gesetzlicher Entgeltfortzahlungsanspruch besteht, gilt Abs. (6) entsprechend.)

Anmerkungen

1. Anwesenheitsprämie. Verspricht ein Arbeitgeber einem Arbeitnehmer eine Anwesenheitsprämie, so will er ihm einen Anreiz dafür bieten, Fehlzeiten im Bezugszeitraum möglichst gering zu halten (ErfKomm/*Reinhard* § 4a EFZG Rn. 3). Der hierdurch vom Arbeitgeber gewünschte Effekt ist die Steigerung der Produktivität durch eine regelmäßigere Arbeitsleistung des Arbeitnehmers. Die Höhe der versprochenen Anwesenheitsprämie wird oftmals pauschal festgelegt (zumeist ein Monatsgehalt), kann aber auch umsatz- oder gewinnabhängig sein (Schaub/*Linck* § 79 Rn. 1). Für Fehlzeiten, die beim Arbeitnehmer auftreten, wird die Anwesenheitsprämie dann um einen gewissen Betrag gekürzt (**„Kürzungsvereinbarung"**).

Für die Praxis relevant ist die Frage, ob eine Anwesenheitsprämie als **„Sondervergütung"** oder als **„laufender Bezug"** ausgestaltet wird. Je nach Ausgestaltung sind unterschiedliche Kürzungsmöglichkeiten zulässig. So kann nur bei einer Anwesenheitsprämie mit Sondervergütungscharakter (Arbeitsentgelt im weiteren Sinne) eine Kürzung für krankheitsbedingte Fehlzeiten mit Entgeltfortzahlungsanspruch (vgl. § 3 Abs. 1 S. 1 EFZG) vorgenommen werden (vgl. § 4a EFZG). Ist die Anwesenheitsprämie dagegen als laufender Bezug (Arbeitsentgelt im engeren Sinne) ausgestaltet, ist eine Kürzung für Fehlzeiten wegen Arbeitsunfähigkeit infolge Krankheit mit gesetzlichem Entgeltfortzahlungsanspruch nicht möglich. Denn als laufender Bezug ist sie unmittelbare Gegenleistung für die erbrachte Arbeitsleistung des Arbeitnehmers und somit durch ihren Entgeltcharakter vom gesetzlichen Entgeltfortzahlungsanspruch (§ 3 Abs. 1 EFZG) vollumfänglich erfasst (vgl. BAG NJW 1979, 2119; BAG NZA 1990, 601). Eine abweichende vertragliche Vereinbarung wäre unwirksam (§ 12 EFZG). Demgegenüber lässt die Rechtsprechung bei Anwesenheitsprämien in Form eines laufenden Bezugs für andere als krankheitsbedingte Fehlzeiten deutlich stärkere Kürzungen zu. Denn mit diesen wird alleine der Zweck verfolgt, die tatsächliche Arbeitsleistung zu belohnen und Ausfallzeiten zu vermeiden (vgl. BAG NZA 1996, 133).

Da krankheitsbedingte Fehlzeiten mit gesetzlichem Entgeltfortzahlungsanspruch den größten Anteil an den Gesamtausfallzeiten ausmachen, empfiehlt es sich – wie im Formular geschehen – die Anwesenheitsprämie als Sondervergütung auszugestalten (→ Anm. 4).

Stichtags- und Rückzahlungsklauseln sind nur noch in einem eng begrenzten Bereich möglich (→ Form. A. III. 5 Anm. 9, 10). Über diese Klauseln dürfen bereits durch die Arbeitsleistung verdiente Vergütungen nicht wieder entzogen werden. Da die Anwesenheitsprämie durch die tatsächliche Erbringung der Arbeitsleistung verdient wird, kann für diese keine Stichtags- und Rückzahlungsklauseln verwendet werden (zur Stichtagsklausel vgl. LAG Düsseldorf BeckRS 2010, 71469).

2. Ergänzende Regelung. Die Klausel ist eine Ergänzung zu → Form. A. II. 1. Sie ist im Anschluss an die Vergütungsregelung (§ 3) nach Abs. (1) einzufügen. Die folgenden Absätze in § 3 von → Form. A. II. 1 rücken dann entsprechend nach hinten.

3. Wartezeit. → Form. A. III. 5 Anm. 3.

4. Anwesenheitsprämie als Sondervergütung. Um auch für Krankheitszeiten mit gesetzlichem Entgeltfortzahlungsanspruch Kürzungen vornehmen zu können, ist die Anwesenheitsprämie im Formular als Sondervergütung ausgestaltet (→ Anm. 1). Nach der Rechtsprechung ist für die Abgrenzung zur Anwesenheitsprämie als laufender Bezug (Vergütung im engeren Sinne) entscheidend, dass sich der Zweck der Prämienzahlung nicht in der

Belohnung der im Bezugszeitraum geleisteten Arbeit erschöpft. Nur wenn mit der Zahlung neben der im Bezugsjahr erbrachten Arbeitsleistung zusätzlich die in der Vergangenheit und/oder Zukunft erwiesene Betriebstreue belohnt werden soll, ist sie aufgrund ihres **Mischcharakters** als Sondervergütung einzuordnen (vgl. BAG NZA 2007, 687; *Vossen* NZA 2005, 734, 735). Die entsprechenden Zweckrichtungen wurden zur Verdeutlichung des Mischcharakters unmittelbar in das Formular aufgenommen (vgl. Abs. (2) S. 3).

Das Formular sieht vor, dass die Anwesenheitsprämie **einmalig im Kalenderjahr** gezahlt wird. Es ist zwar auch denkbar, eine Anwesenheitsprämie in Form der Sondervergütung mehrmals jährlich (z.B. quartalsweise) auszuzahlen (vgl. BAG BeckRS 2001, 30195783). Je kürzer die Leistungsperioden sind, desto mehr drängt sich jedoch der Bezug zum laufenden Arbeitsentgelt auf, was für den Charakter einer Anwesenheitsprämie als Arbeitsentgelt im engeren Sinne spricht. Demgegenüber indiziert ein jährlicher Zahlungsrhythmus das Vorliegen einer Sondervergütung (vgl. ErfKomm/*Reinhard* § 4a EFZG Rn. 5).

Ein weiteres Element des Formulars, welches die Betriebstreue des Arbeitnehmers berücksichtigt und somit den Mischcharakter der Anwesenheitsprämie verdeutlicht, ist die **Wartezeitregelung** (→ Anm. 3). Zum **arbeitsrechtlichen Gleichbehandlungsgrundsatz** bei Sonderzahlungen → Form. A. III. 5 Anm. 1.

5. Teilzeitarbeit. → Form. A. III. 5 Anm. 4.

6. Staffelung nach Betriebszugehörigkeit. Die Anwesenheitsprämie ist in der Alternative entsprechend der Dauer der Betriebszugehörigkeit der Höhe nach gestaffelt. Ähnlich einer Wartezeitregelung stellt die Staffelung ein Element zur Honorierung geleisteter Betriebstreue dar und ist somit ein Indiz für den Sondervergütungscharakter der Anwesenheitsprämie (→ Anm. 4).

7. Freiwilligkeitsvorbehalt. → Form. A. III. 5 Anm. 7.

8. Anteilige Zahlung bei unterjährigem Ein- und Austritt. → Form. A. III. 5 Anm. 8. Wenn von der Wartezeitregelung (Option in Abs. (2) S. 1) oder der Staffelung der Anwesenheitsprämie nach Betriebszugehörigkeit mit einer Mindestbetriebszugehörigkeit von einem Jahr (Alternative zu Abs. (2)) Gebrauch gemacht wird, ist in Abs. (3) der Fall des unterjährigen Eintritts zu streichen.

9. Anteilige Kürzung für Ruhenszeiten. Das Arbeitsverhältnis ruht, wenn die Hauptleistungspflichten aus dem Arbeitsverhältnis suspendiert sind (vgl. BAG NZA 1989, 759). Ein Ruhen des Arbeitsverhältnisses liegt z.B. vor bei Elternzeit (BAG NZA 1996, 31), unbezahltem Sonderurlaub (vgl. BAG NZA 1994, 546) oder rechtmäßigem Arbeitskampf (vgl. BAG NZA 1996, 491). Im Formular ist vorgesehen, dass die Anwesenheitsprämie für Ruhenszeiten anteilig gekürzt wird. Damit sind **alle vertraglichen oder gesetzlichen Ruhenstatbestände** von der Kürzungsregelung erfasst.

10. Kürzungsvereinbarung für krankheitsbedingte Fehlzeiten. Die Kürzung der Anwesenheitsprämie in Form der Sondervergütung ist für **krankheitsbedingte Fehlzeiten** auch während der Zeit **mit gesetzlichem Entgeltfortzahlungsanspruch** zulässig. Die Kürzungsmöglichkeit unterliegt jedoch zwei gesetzlichen Beschränkungen: Zum einen muss die Kürzungsvereinbarung vor Entstehung der Fehlzeiten geschlossen worden sein (vgl. § 4a S. 1 EFZG). Eine Kürzungsvereinbarung für vergangene Fehlzeiten ist nicht möglich. Zum anderen ist die Kürzung der Höhe nach beschränkt (§ 4a S. 2 EFZG). Sie darf pro Krankheitstag maximal ein Viertel des im Jahresdurchschnitt auf einen Arbeitstag entfallenden Arbeitsentgelts betragen.

Möglich ist grundsätzlich auch eine Regelung, wonach der Anspruch auf die Anwesenheitsprämie aufgrund krankheitsbedingter Fehltage nicht in voller Höhe zur Entstehung gelangt (sog. **Aufbauprämie**). Die Aufbauprämie ist lediglich das funktionale Äquivalent zur Kürzungsvereinbarung („Kürzungsvereinbarung in anderem Gewand"). Es macht daher im Ergebnis keinen Unterschied, ob eine anteilige Kürzung oder ein anteiliger Aufbau einer Anwesenheitsprämie vereinbart ist. Lediglich die Technik der vertraglichen Regelung ist verschieden (vgl. BAG BeckRS 2001, 30195783; *Schmitt* § 4a Rn. 18).

Auf die **Ursache der Krankheit** kommt es für die Kürzung nicht an (vgl. für Krankheit infolge eines Arbeitsunfalls BAG NZA 2000, 1062; vgl. für Krankheit infolge Schwangerschaft BAG NZA 1995, 233). Kürzungen der Anwesenheitsprämie können grundsätzlich auch für Zeiten von Kuraufenthalten oder Rehabilitationsmaßnahmen vereinbart werden. Denn die Kürzungsmöglichkeit nach § 4a EFZG für krankheitsbedingte Fehlzeiten ist auch auf diese Zeiten entsprechend anwendbar (vgl. § 9 Abs. 1 EFZG).

Es ist umstritten, in welcher Höhe für **krankheitsbedingte Fehlzeiten ohne gesetzlichen Entgeltfortzahlungsanspruch** eine Kürzung vorgenommen werden kann. Zum Teil wird vertreten, dass die von der Rechtsprechung für sonstige Fehlzeiten aufgestellten Grundsätze (→ Anm. 14) nicht übertragbar seien. Die für krankheitsbedingte Fehlzeiten mit gesetzlichem Entgeltfortzahlungsanspruch vorgesehene Kürzungsregel (§ 4a EFZG) sei weder unmittelbar noch analog auf andere krankheitsbedingte Fehlzeiten anwendbar (vgl. *Vossen* NZA 2005, 734, 736). Nach anderer Auffassung kommt § 4a EFZG auch für krankheitsbedingte Fehlzeiten ohne Entgeltfortzahlungsanspruch zur Anwendung (vgl. ErfKomm/*Preis* § 611 BGB Rn. 543; *Vogelsang* Rn. 588; K/D/H/K/*Hold* § 4a Rn. 12). Durch die höchstrichterliche Rechtsprechung ist diese Frage noch nicht entschieden. Im Formular wurde daher der rechtssichere Weg gewählt. Die gesetzliche Kürzungsregelung wird vorsorglich sowohl für krankheitsbedingte Fehlzeiten mit als auch für solche ohne gesetzlichen Entgeltfortzahlungsanspruch angewandt.

11. Jahresdurchschnittsverdienst. Zur Berechnung des „täglichen Arbeitsentgelts" i. S. v. § 4a EFZG ist zunächst der Jahresdurchschnittsverdienst des Arbeitnehmers zu ermitteln. Hierbei ist auf das vorangegangene Zeitjahr – also die vorangegangenen zwölf Monate – abzustellen (vgl. Schaub/*Linck* § 79 Rn. 16; ErfKomm/*Reinhard* § 4a EFZG Rn. 12; MünchKommBGB/*Müller-Glöge* § 4a EFZG Rn. 14).

12. Arbeitsentgelt. Zur Berechnung des „täglichen Arbeitsentgelts" i. S. v. § 4a EFZG ist weiterhin zu ermitteln, welche Entgeltbestandteile in den Jahresdurchschnittsverdienst (vgl. Anm. 11) einzubeziehen sind. Das Gesetz enthält hierzu keine entsprechende Regelung. Rechtsprechung zu dieser Frage ist nicht ersichtlich (ausdrücklich offen gelassen in BAG NZA 2000, 1062), sodass zur Vermeidung von Konflikten eine (formular-) vertragliche Regelung aufgenommen werden sollte. Dabei sollte darauf geachtet werden, dass letztlich der Berechnung ein möglichst hoher Jahresdurchschnittsverdienst zugrunde gelegt werden kann. Denn je höher der Jahresdurchschnittsverdienst ist, desto höher ist auch der zulässige Kürzungshöchstbetrag. In der Literatur wird überwiegend vertreten, dass unter den Begriff des Arbeitsentgelts i. S. v. § 4a EFZG alle die Beträge einzubeziehen sind, die als Arbeitsentgelt i. S. v. § 611 BGB anzusehen sind (vgl. Schaub/*Linck* § 79 Rn. 15; ErfKomm/*Reinhard* § 4a EFZG Rn. 13; MünchKommBGB/*Müller-Glöge* § 4a EFZG Rn. 15). Darunter fallen sowohl Geldbezüge als auch Sachbezüge (z. B. Überlassung eines Dienstwagens zur privaten Nutzung; vgl. BAG NZA 2007; 809; BAG AP BGB § 280 Nr. 1). Unter diesen Entgeltbegriff fallen aber auch alle Sonderzahlungen und nach herrschender Ansicht in der Literatur sogar die zu kürzende Anwesenheitsprämie selbst, sodass der Betrag, der ohne Fehlzeiten geschuldet wäre, ebenfalls in die Berechnung eingestellt werden kann (vgl. Schaub/*Linck* § 79 Rn. 15; ErfKomm/*Reinhard* § 4a EFZG Rn. 13; MünchKommBGB/*Müller-Glöge* § 4a EFZG Rn. 15; *Bauer/Lingemann* BB-Special 1996, Nr. 17, Beilage zu Heft 44, 8, 15; a. A. H/W/K/*Schliemann* § 4a EFZG Rn. 24; *Vogelsang* Rn. 584).

13. Anzahl der jährlichen Arbeitstage. Zur Berechnung des täglichen Arbeitsentgelts i. S. v. § 4a EFZG ist weiterhin die Anzahl der jährlichen Arbeitstage maßgeblich. Die

Anzahl der jährlichen Arbeitstage richtet sich nach der vertraglichen Verpflichtung des Arbeitnehmers unter Anwendung der für die Berechnung des Urlaubs angewandten Formel. Das Formular geht von einer Fünf-Tage-Woche aus. Bei 52 Kalenderwochen ergeben sich 260 Arbeitstage. Die Urlaubstage sind dabei nach überwiegender Meinung nicht in Abzug zu bringen, da für sie gesetzliche Entgeltfortzahlungsansprüche bestehen (vgl. ErfKomm/*Reinhard* § 4a EFZG Rn. 14; Schaub/*Linck* § 79 Rn. 17; a.A. *Bauer/Lingemann* BB-Special 1996, Nr. 17, Beilage zu Heft 44, 8, 13).

14. **Sonstige Fehlzeiten.** Die Kürzungsregelung des Formulars differenziert zwischen krankheitsbedingten Fehlzeiten und sonstigen Fehlzeiten. § 4a EFZG sieht eine Beschränkung der Kürzungsmöglichkeit nur für krankheitsbedingte Fehlzeiten vor, wobei der zulässige Kürzungsbetrag an die Höhe des auf einen Arbeitstag entfallenden Arbeitsentgelts (und nicht an die Höhe der Anwesenheitsprämie, → Anm. 10) anknüpft. Daher besteht keine gesetzliche Beschränkung für Kürzungsvereinbarungen bei **nicht krankheitsbedingten Fehlzeiten** („sonstige Fehlzeiten").

Insoweit wäre daran zu denken, eine Kürzungsmöglichkeit zu schaffen, die **an der Höhe der Anwesenheitsprämie selbst anknüpft.** Eine solche Kürzungsmöglichkeit könnte eine proportionale, eine unterproportionale oder eine überproportionale Kürzung zulassen. Unter einer proportionalen Kürzung versteht man die anteilige Kürzung der Anwesenheitsprämie pro Fehltag (pro rata temporis). Soweit man hierbei – wie üblicherweise – etwa von 260 Arbeitstagen im Jahr ausgeht, beträgt der Kürzungsfaktor $^1/_{260}$. Unter einer unterproportionalen Kürzung versteht man die Kürzung der Anwesenheitsprämie mit einem geringeren Kürzungsfaktor als $^1/_{260}$ (z.B. $^1/_{300}$). Die Kürzung fällt dann geringer aus als bei einer proportionalen Kürzung. Eine überproportionale Kürzung ist dagegen bei einem Faktor von mehr als $^1/_{260}$ gegeben (z.B. $^1/_{160}$). Die Kürzung fällt dann höher aus als bei einer proportionalen Kürzung.

Nach bisheriger Rechtsprechung – ausgehend von 260 Jahresarbeitstagen bei einer Fünf-Tage-Woche – ist die **überproportionale Kürzung** einer Anwesenheitsprämie für Fehlzeiten aufgrund einzelvertraglicher Vereinbarung i.H.v. höchstens $^1/_{60}$ der Prämie pro Fehltag und aufgrund Betriebsvereinbarung i.H.v. höchstens $^1/_{30}$ der Prämie pro Fehltag möglich (vgl. BAG NZA 1990, 601; BAG NZA 1995, 266).

Da die Neuregelung des § 4a EFZG nur auf krankheitsbedingte Fehlzeiten Anwendung findet, spricht viel dafür, dass die von der Rechtsprechung ursprünglich aufgestellten Grundsätze bei sonstigen Fehlzeiten weiter angewandt werden können (so auch MünchKommBGB/*Müller-Glöge* § 4a EFZG Rn. 4). Auch stellt die formularmäßige Vereinbarung einer überproportionalen Kürzung keine unangemessene Benachteiligung des Arbeitnehmers dar (vgl. § 307 Abs. 1 BGB). Im Formular wurde daher eine Kürzungsrate von $^1/_{60}$ pro Fehltag – ausgehend von 260 Jahresarbeitstagen – vorgesehen. Eine höhere Kürzungsrate ($^1/_{30}$) wäre nach der Rechtsprechung nur bei einer Regelung in einer Betriebsvereinbarung möglich.

Unter sonstige **Fehlzeiten** fallen begrifflich auch solche **mit einem gesetzlichen Entgeltfortzahlungsanspruch,** wie etwa Urlaubstage (vgl. § 11 BUrlG), Fehlzeiten infolge **mutterschutzrechtlicher Beschäftigungsverbote** (vgl. § 11 MuSchG) oder **Zeiten vorübergehender Verhinderung** i.S.d. § 616 BGB (vgl. Überblick zu § 616 BGB bei ErfKomm/*Preis* § 616 BGB Rn. 4 ff.). Eine Kürzung der Anwesenheitsprämie wegen Abwesenheiten infolge Urlaubs und infolge mutterschutzrechtlicher Beschäftigungsverbote ist unzulässig (so für Abwesenheiten infolge Urlaubs MünchHdbArbR/*Krause*, § 59 Rn. 32; so für Fehlzeiten infolge mutterschutzrechtlicher Beschäftigungsverbote EuGH NZA 1999, 1325; ErfKomm/*Preis* § 611 Rn. 545; *Preis* Arbeitsvertrag II S 40 Rn. 82; ablehnend noch BAG NZA 1995, 1165). Bezüglich Fehlzeiten i.S.v. § 616 BGB kommt es darauf an, ob diese Vorschrift wirksam im Anstellungsvertrag abbedungen wurde. Nur wenn das der Fall ist, greift die Kürzung, weil dann kein gesetzlicher Entgeltfortzahlungsanspruch besteht.

Eine Kürzung für sonstige Fehlzeiten ist im Formular daher nur für solche Fehlzeiten vorgesehen, bzgl. derer kein gesetzlicher Entgeltfortzahlungsanspruch besteht. Sonstige Fehlzeiten i.S.v. Abs. (7) sind folglich nur noch Abwesenheitszeiten des Arbeitnehmers, in denen erstens das Arbeitsverhältnis nicht ruht (sonst gilt Abs. (5)), zweitens der Mitarbeiter nicht krankheitsbedingt fehlt (sonst gilt Abs. (6)) und ihm drittens kein gesetzlicher Entgeltfortzahlungsanspruch zusteht. Erfasst werden daher insbesondere unberechtigte Fehlzeiten des Arbeitnehmers. Hierunter fallen beispielsweise Zeiten eigenmächtiger Abwesenheit („Blaumachen") und die Teilnahme an einem rechtswidrigen Streik.

15. Alternative – allgemeine Anwendung der gesetzlichen Kürzungsregelung. Durch die Regelung des § 4a EFZG wurde eine gesetzliche Verhältnismäßigkeitsgrenze für Kürzungen von Sondervergütungen bei krankheitsbedingten Fehlzeiten aufgestellt (→ Anm. 10). Geht man von einer Anwesenheitsprämie in Höhe eines Monatsgehalts aus, so übersteigt der Kürzungsbetrag der in Abs. (7) (Ausgangsregelung) getroffenen Kürzungsregelung ($^1/_{60}$ des Prämienbetrages pro Fehltag) den Kürzungsbetrag, der sich nach der Kürzungsregelung des § 4a EFZG ergeben würde. Bei kleinen Anwesenheitsprämien (unter 70 Prozent eines Monatsgehalts) führt die unterschiedliche Berechnung der Kürzung (§ 4a EFZG: Anknüpfung an Tagesverdienst; Kürzung für sonstige Fehlzeiten: Anknüpfung unmittelbar an Prämienbetrag) dazu, dass bei (den durch das Gesetz besonders geschützten) krankheitsbedingten Fehlzeiten im Ergebnis eine höhere Kürzung als bei sonstigen Fehlzeiten eintritt.

Beispiel: Bei einem Monatsgehalt von 4.000 EUR und einer Anwesenheitsprämie in Höhe eines halben Monatsgehalts (2.000 EUR) würde ein Krankheitstag zu einer Kürzung von 48,08 EUR ($^1/_4$ × (12 × 4.000 EUR + 2.000 EUR) × $^1/_{260}$) führen. Für einen sonstigen Fehltag würde die Anwesenheitsprämie demgegenüber nur um 33,33 EUR gekürzt werden ($^1/_{60}$ × 2.000 EUR). Man käme hier zu dem unbefriedigenden Ergebnis, dass der Kürzungsbetrag für unberechtigte Fehlzeiten (etwa „Blaumachen") geringer als für krankheitsbedingte Fehlzeiten ausfällt.

Zur Vermeidung dieser Ungereimtheit wird alternativ auch für sonstige Fehlzeiten eine Kürzungsregelung entsprechend der Regelung für krankheitsbedingte Fehlzeiten vorgeschlagen. Zwar überschreitet eine Kürzung nach der Regelung des § 4a EFZG dann den vom BAG aufgestellten Höchstsatz von $^1/_{60}$ der Anwesenheitsprämie pro Fehltag. Auch hat sich das BAG seit Einführung des § 4a EFZG noch nicht mit der Frage auseinandergesetzt, ob bei sonstigen Fehlzeiten eine Kürzung nicht unter Anknüpfung an die Prämie selbst, sondern unter Anknüpfung an den Tagesverdienst möglich ist. Da die Alternativklausel die dargestellten Unbilligkeiten jedoch vermeidet und sich im Rahmen von § 4a EFZG hält, ist die Klausel mangels größerer Schutzwürdigkeit sonstiger Fehlzeiten als wirksam zu betrachten.

Variable Vergütung

7. Vermittlungsprovision

Provisionsvereinbarung

zwischen

...... (Name und Anschrift des Arbeitgebers) „Gesellschaft“

und

Herrn ...... (Name und Anschrift des Arbeitnehmers) „Mitarbeiter“

§ 1 Vermittlungsprovision[1]

Der Mitarbeiter erhält neben dem monatlichen Grundgehalt[2] gemäß § ...... des Arbeitsvertrags ab dem ...... eine monatliche Vermittlungsprovision i. H. v. ...... Prozent[3] der Netto-Rechnungsbeträge (§ 5), die sich aus den provisionspflichtigen Geschäften (§ 3 Abs. (1)) ergeben. *(Optional: Die monatliche Vermittlungsprovision beträgt maximal ...... EUR (in Worten: ...... Euro).[4]*

§ 2 Vertriebsgebiet und -produkte

(1) Dem Mitarbeiter wird im Rahmen des Weisungsrechts zunächst die Vermittlung von Geschäften der Gesellschaft in dem in Anlage 1 definierten Vertriebssgebiet („Vertriebsgebiet“) zugewiesen.[5]

(2) Zudem wird dem Mitarbeiter die Vermittlung der in Anlage 2 genannten Erzeugnisse und Leistungen der Gesellschaft („Vertriebsprodukte“) zugewiesen.[6]

(3) Zur rechtsgeschäftlichen Vertretung der Gesellschaft und zum Inkasso ist der Mitarbeiter nicht berechtigt.[7]

(Alternative:

(3) Der Mitarbeiter ist berechtigt, die von ihm vermittelten Geschäfte als rechtsgeschäftlicher Vertreter der Gesellschaft in deren Namen abzuschließen. Zum Inkasso ist er nicht berechtigt.)

(4) Das Versetzungsrecht gemäß § ...... des Arbeitsvertrags vom ...... bleibt hiervon unberührt.[8]

§ 3 Provisionspflichtige Geschäfte

(1) Provisionspflichtige Geschäfte sind solche, die der Mitarbeiter während seines Arbeitsverhältnisses im Vertriebsgebiet in Bezug auf die Vertriebsprodukte vermittelt.[9]

(2) Geschäfte, die vor Beginn des Arbeitsverhältnisses abgeschlossen wurden, sind auch dann nicht provisionspflichtig, wenn sie erst nach Beginn des Arbeitsverhältnisses ausgeführt werden.[10]

(3) Ist der Abschluss eines Geschäftes nicht allein auf die Vermittlungstätigkeit des Mitarbeiters zurückzuführen, sondern haben eine oder mehrere andere Personen in zulässiger Weise zum Abschluss des Geschäfts beigetragen, so wird der Provisionsanspruch auf die am Abschluss des Geschäfts Beteiligten nach dem Ausmaß ihrer Mitursächlichkeit verteilt.

Die Beteiligten haben sich auf eine angemessene Aufteilung zu einigen. Kommt eine Einigung nicht zustande, entscheidet die Gesellschaft nach billigem Ermessen.[11]

(4) Für Geschäfte, die innerhalb von . . . . . . Monaten nach Beendigung des Arbeitsverhältnisses abgeschlossen werden, entsteht ein Provisionsanspruch, wenn der Mitarbeiter diese Geschäfte noch während seines Arbeitsverhältnisses vermittelt oder eingeleitet und so vorbereitet hat, dass der Abschluss überwiegend auf seine Tätigkeit zurückzuführen ist.[12] Der Provisionsanspruch steht einem in die Position des Mitarbeiters nachfolgenden Mitarbeiter anteilig zu, sofern wegen besonderer Umstände eine Teilung der Provision der Billigkeit entspricht.[13]

§ 4 Entstehung und Wegfall des Provisionsanspruchs

(1) Der Anspruch auf Provision entsteht, sobald und soweit der Kunde seine Gegenleistung erbracht hat.[14] Unabhängig davon hat der Mitarbeiter einen Anspruch auf Provisionsvorschuss,[15] wenn die Gesellschaft das Geschäft ausgeführt hat. Der Provisionsvorschuss beläuft sich auf die Hälfte der Provision, die dem Mitarbeiter für die Vermittlung dieses Geschäftes zusteht. Der Provisionsvorschuss wird am letzten Tag des Monats fällig, der dem Monat folgt, in dem die Gesellschaft das Geschäft ausgeführt hat.

(2) Der Provisionsanspruch entfällt oder mindert sich anteilig, wenn die Gesellschaft das Geschäft ganz oder teilweise nicht ausführt oder nicht so ausführt, wie es abgeschlossen worden ist, wenn und soweit die nur teilweise Ausführung oder Nichtausführung von der Gesellschaft nicht zu vertreten ist.[16]

(3) Der Anspruch auf Provision entfällt, wenn feststeht, dass der Kunde nicht leistet. In diesem Fall sind gezahlte Vorschüsse zurückzuzahlen. Der Einwand der Entreicherung ist ausgeschlossen. Zur gerichtlichen Geltendmachung und Vollstreckung des Erfüllungsanspruchs gegen den Kunden ist die Gesellschaft nur verpflichtet, wenn diese Maßnahmen nach den Umständen des Einzelfalls für die Gesellschaft zumutbar sind.[17]

§ 5 Bemessungsgrundlage des Provisionsanspruchs

Bemessungsgrundlage für die Provision ist der Netto-Rechnungsbetrag. Netto-Rechnungsbetrag ist der Rechnungsbetrag abzüglich Mehrwertsteuer, Nebenkosten für Transport, Fracht, Verpackung, Zoll, Steuern sowie abzüglich Nachlässen bei Barzahlung.[18]

§ 6 Provisionsabrechnung und Fälligkeit

(1) Die Gesellschaft hat dem Mitarbeiter bis spätestens zum 20. eines jeden Kalendermonats eine Abrechnung über die im vorhergehenden Kalendermonat entstandenen Ansprüche auf Provision zu erteilen.[19]

(2) Die Provision wird in dem Monat, in dem die Abrechnung zu erfolgen hat, mit dem Grundgehalt zum Monatsende ausgezahlt.[20]

(3) Die erteilte Provisionsabrechnung ist vom Mitarbeiter unverzüglich zu überprüfen. Er hat der Gesellschaft eine Kopie der Abrechnung mit der Erklärung, ob und inwieweit er die Abrechnung anerkennt, innerhalb von zwei Wochen nach Erhalt der Abrechnung zurückzusenden.[21]

(Optional:

(4) Im ersten Monat der Geltung dieser Vereinbarung erhält der Mitarbeiter neben einem eventuellen Provisionsvorschuss nach § 4 Abs. (1) einen Vorschuss i. H. v. . . . . . . EUR (in Worten: . . . . . . Euro). Dieser Vorschuss wird gleichmäßig mit den Provisions-

ansprüchen und/oder dem Grundgehalt der nächsten drei Monate, spätestens jedoch bei Beendigung des Arbeitsverhältnisses als Gehaltsvorschuss verrechnet.)[22]

§ 7 Änderungs- und Widerrufsvorbehalt[23]

(1) Die Gesellschaft ist berechtigt, die Verpflichtung zur Zahlung einer Provision nach den vorstehenden Regelungen jederzeit für die Zukunft mit Wirkung zum Ablauf eines Kalendermonats aus sachlichen Gründen, also aufgrund der wirtschaftlichen Entwicklung der Gesellschaft, in der Person des Mitarbeiters liegender Gründe, der Leistung oder des Verhaltens des Mitarbeiters, zu ändern oder ganz zu widerrufen, sofern dies dem Mitarbeiter zumutbar ist.

(2) Ein sachlicher Grund im Sinne von Abs. (1) liegt insbesondere vor, wenn

- das Vertriebsgebiet neu strukturiert wird,
- die Vertriebsprodukte und/oder die diesbezügliche Preisgestaltung geändert werden und/oder
- es der Gesellschaft aufgrund der wirtschaftlichen Lage nicht zumutbar ist, weiterhin am Provisionssystem festzuhalten.

§ 8 Schlussbestimmungen[24]

……	……
Ort, Datum	Ort, Datum
……	……
Unterschrift der Gesellschaft	Unterschrift des Mitarbeiters

Anmerkungen

1. Vermittlungsprovision. Das Formular regelt eine Vermittlungsprovision. Dabei handelt es sich um eine **erfolgsabhängige Vergütung**. Die Provision knüpft an die Vermittlung des Abschlusses eines Geschäfts zwischen dem Arbeitgeber und dem Kunden und damit an einen konkreten Geschäftserfolg des Mitarbeiters an. Der Mitarbeiter erhält die Provision nicht für seine Tätigkeit, sondern für den Erfolg. Von der Vermittlungsprovision ist die **Bezirksprovision** zu unterscheiden. Bei der Bezirksprovision erhält der Vermittler eine Provision auf alle in seinem zugewiesenen Bezirk vermittelten Geschäfte unabhängig davon, ob sie unmittelbar auf seine Tätigkeit zurückzuführen sind oder nicht (§ 87 Abs. 1 S. 1 HGB).

Bei der Ausgestaltung von Provisionsvereinbarungen werden den Vertriebsmitarbeitern oft bestimmte Postleitzahlengebiete oder sog. „named accounts" (namentlich genannte Kunden) zugewiesen. Es stellt sich dann die Frage, ob damit lediglich der Tätigkeitskreis des Vertriebsmitarbeiters beschränkt oder eine Bezirksprovision vereinbart wurde. Letzteres ist regelmäßig nicht gewollt. Wegen der Unklarheitsregel (§ 305c Abs. 2 BGB) ist auf eine eindeutige Formulierung zu achten. In diesem Zusammenhang ist die Art der Vermittlungstätigkeit besonders zu berücksichtigen. Versicherungs- und Bausparkassenvertreter haben nur einen Provisionsanspruch für Geschäfte, die auf ihre Vermittlungstätigkeit zurückzuführen sind (§ 92 Abs. 3 und Abs. 5 HGB). Ihnen steht deshalb kein Provisionsanspruch für Nachbestellung, Folgeaufträge und ebenfalls keinen Anspruch auf Bezirks- oder Kundenprovisionen zu (*Thume* BB 2012, 975). Im Formular wurde daher klarstellend geregelt, dass es auf den Vermittlungserfolg ankommt (§ 3 Abs. (1)).

Die Provision knüpft an den für das abgeschlossene Geschäft in Rechnung gestellten Betrag an. Unberücksichtigt bleibt dabei, ob das Geschäft für den Arbeitgeber einen

Gewinn eingebracht hat, nur kostendeckend war oder gar mit einem Verlust verbunden war. In der Praxis wird deshalb zunehmend versucht, bestimmte Deckungsbeiträge zu verprovisionieren oder zusätzlich zu umsatzbezogenen Provisionen Boni für das Erreichen sonstiger qualitativer oder nicht umsatzbezogener quantitativer Ziele zu gewähren. Soll eine Provision individualvertraglich vereinbart werden, so kann dies entweder im Arbeitsvertrag oder – wie im Formular – in Form einer **gesonderten Vereinbarung** erfolgen. Das Formular ist für die Verwendung in einem Arbeitsverhältnis zugeschnitten (zur Abgrenzung von Handelsvertreter und Arbeitnehmer → Form. A. VII. 7 Anm. 1). Für Handlungsgehilfen ordnet § 65 HGB die Anwendung des § 87 Abs. 1 und Abs. 3 sowie der §§ 87a–87c HGB an (handelsrechtliche Vorschriften des Handelsvertreterrechts). Handlungsgehilfe ist, wer in einem Handelsgewerbe zur Leistung kaufmännischer Dienste gegen Entgelt angestellt ist (§ 59 S. 1 HGB). Die Einordnung als Handlungsgehilfe hat in der Praxis aber keine weitere Bedeutung, weil auch auf andere Arbeitnehmer die in § 65 HGB in Bezug genommenen Vorschriften entsprechend angewendet werden (vgl. *Preis* Arbeitsvertrag II A 70 Rn. 48; MünchKommHGB/*v. Hoyningen-Huene* § 65 HGB Rn. 2).

Bei der Einführung und Ausgestaltung von Provisionsvereinbarungen besteht ein **Mitbestimmungsrecht des Betriebsrats**, weil die Lohngestaltung betroffen ist (§ 87 Abs. 1 Nr. 10 BetrVG). Der Mitbestimmung unterliegen die Festlegung der Provisionsarten, die Staffelung der Provisionssätze und das Verhältnis von Provision und Festgehalt oder einzelner Provisionen zueinander (Richardi/*Richardi* § 87 Rn. 828). Dagegen ist die Ein- und Zuteilung der Bearbeitungsgebiete an die Mitarbeiter nicht mitbestimmungspflichtig (BAG AP BetrVG 1972 § 87 Lohngestaltung Nr. 49). Nach der Rechtsprechung greift das Mitbestimmungsrecht bei Leistungsentgelten (§ 87 Abs. 1 Nr. 11 BetrVG) nicht ein, weil es bei der Vermittlungsprovision an einer Bezugsleistung fehlt, zu der die Leistung des Mitarbeiters ins Verhältnis gesetzt werden könnte (BAG NZA 1984, 296).

Im **Krankheitsfall** bestimmen sich die Bezüge sowohl nach dem Grundgehalt des Mitarbeiters, als auch nach der Provision. Die Höhe der Provision ermittelt sich aus der für den Mitarbeiter maßgebenden regelmäßigen Arbeitszeit (§ 4 Abs. 1a S. 2 EFZG). Als Grundlage dienen die Vergleichszahlen aus dem Vorjahr unter Einschluss der Steigerung oder Minderung des laufenden Geschäftsjahres (ErfKomm/*Reinhard* § 4 EFZG Rn. 16 m.w.N.). Während des **Urlaubs** ist das Urlaubsentgelt auf Basis des Provisionsdurchschnitts der letzten abgerechneten 13 Wochen vor Urlaubsantritt zu zahlen (§ 11 BUrlG). Provisionen, die während des Urlaubs fällig werden, dürfen hierauf nicht angerechnet werden (BAG BB 1970, 581). Eine abweichende für den Mitarbeiter ungünstigere Berechnungsmethode kann nur durch Tarifvertrag, nicht jedoch durch Einzelarbeitsvertrag festgelegt werden (§ 13 BUrlG).

2. Festgehalt und Provision. Im Rahmen von Arbeitsverträgen wird üblicherweise vereinbart, dass die Provision neben ein Grundgehalt tritt. Ob ein Arbeitsvertrag **ausschließlich auf Provisionsbasis** – ohne Festgehalt oder Garantie einer Mindestprovision – zulässig ist, wird kontrovers beurteilt. Ein Teil der Rechtsprechung und Literatur ordnet die Vereinbarung einer ausschließlich erfolgsabhängigen Vergütung als unzulässige Abwälzung des Betriebs- und Wirtschaftsrisikos auf den Mitarbeiter ein. Daher sei eine derartige Regelung sittenwidrig (§ 138 Abs. 1 BGB; LAG Hamm ZIP 1990, 880; *Schiek* BB 1997, 310, 312; *Wank* RdA 2002, 110, 115). Nach Auffassung des BAG ist die Vereinbarung einer ausschließlichen Provisionsvergütung im Rahmen der Vertragsfreiheit grundsätzlich zulässig (BAG BB 1967, 501; BAG NZA 2012, 1307). Sittenwidrigkeit ist nur dann anzunehmen, wenn von vornherein absehbar ist, dass der Mitarbeiter auf Basis der Provisionsvereinbarung keinen angemessenen Verdienst erreichen kann (BAG NZA 1989, 843; LAG Berlin LAGE BGB § 138 Nr. 1; LAG Köln BeckRS 2009, 67774).

Dagegen findet eine Überprüfung der Regelungen zur Provisionshöhe (Entgeltvereinbarung) auf eine unangemessene Benachteiligung des Mitarbeiters am (strengeren) Maßstab des § 307 Abs. 1 S. 1 und Abs. 2 BGB nicht statt. Denn eine Inhaltskontrolle ist nur für Allgemeine Geschäftsbedingungen durchzuführen, die von Rechtsvorschriften abweichen oder ergänzende Regelungen enthalten (§ 307 Abs. 3 S. 1 BGB). Dadurch sollen die Hauptleistungspflichten, insbesondere die Entgelthöhe, der Inhaltskontrolle entzogen werden (ErfKomm/*Preis* §§ 305–310 BGB Rn. 36).

Eine Überprüfung der Regelungen zur Provisionshöhe auf eine eventuelle unangemessene Benachteiligung findet auch nicht anhand des geltenden Tariflohngefüges statt. § 310 Abs. 4 S. 1 BGB entzieht **Tarifverträge und Betriebsvereinbarungen** zwar dem Anwendungsbereich der §§ 305 ff. BGB. Durch deren Gleichstellung mit Rechtsnormen in § 310 Abs. 4 S. 3 BGB sollte aber lediglich vermieden werden, dass Tarifverträge und Betriebsvereinbarungen bei einzelvertraglicher Bezugnahme mittelbar einer Inhaltskontrolle unterzogen werden (BT-Drucks. 14/6857 S. 54). Nicht bezweckt war hingegen, kollektive Vereinbarungen selbst zum Maßstab der Klauselkontrolle zu erheben (ErfKomm/*Preis* §§ 305–310 BGB Rn. 39 m.w.N.; a.A. *Däubler/Bonin/Deinert* § 307 BGB Rn. 272 ff.). Ungeachtet dessen ist auch für Entgeltabreden das **Transparenzgebot** (§ 307 Abs. 3 S. 2 i.V.m. Abs. 1 S. 2 BGB) zu beachten. Eine vollständige Überprüfung anhand der AGB-Vorschriften findet dagegen hinsichtlich der sonstigen, nicht die Provisionshöhe betreffenden Regelungen (z.B. Widerrufsvorbehalt) statt.

3. Provisionssatz. Hinsichtlich der Höhe des Provisionssatzes besteht Gestaltungsspielraum. Hierbei kann auch zwischen verschiedenen Arten von vermittelten Geschäften unterschieden werden. Insbesondere für die Vermittlung von Dauerschuldverhältnissen (Versicherungs-, Bauspar-, Energielieferungs-, Telefondienst-, Abfallbeseitungs-, Miet-, Pacht- und Finanzdienstleitungsverträge) ist zu überlegen, eine Einmalprovision zu vereinbaren (BGH NJW 2010, 298; BGH NJW-RR 2005, 1274). Dadurch kann die Dauer des Provisionszahlungsanspruchs verkürzt werden.

Unterfällt das Arbeitsverhältnis einem Tarifvertrag, ist darauf zu achten, dass die tarifliche Mindestvergütung gesichert ist. Regelmäßig werden Festgehalt und Provision zusammen das Tarifgehalt übersteigen. Die Rechtsprechung hat gebilligt, dass sich die Vergütung aus einem **untertariflichen Festgehalt zuzüglich Provisionszahlungen** zusammensetzt. Die versprochenen Provisionszahlungen dienen dann der Auffüllung des Gehalts bis zur Erreichung der tariflichen Mindestvergütung. Sie gelangen erst mit ihrem dieses Delta übersteigenden Teil „effektiv" zur Auszahlung (LAG Köln NZA-RR 1996, 296). Die tarifliche Mindestvergütung kann somit nicht zusätzlich oder unabhängig von der Höhe der verdienten Provisionen verlangt werden (BAG NZA 2000, 1300; LAG Mainz BeckRS 2002, 41029).

Soweit die Provisionszahlungen in einem Monat nicht ausreichen, um die Differenz zwischen vereinbartem Festgehalt und tariflicher Mindestvergütung „aufzufüllen", ist der Arbeitgeber verpflichtet, jedenfalls die tarifliche Mindestvergütung zu zahlen. Aufgrund der unmittelbaren und zwingenden Wirkung geht die tarifliche Regelung vor (§ 4 Abs. 1 TVG). Als günstigere Regelung (§ 4 Abs. 3 Alt. 2 TVG) kommt die individualvertragliche Regelung erst dann zum Tragen, wenn Festgehalt und Provision zusammen die tarifliche Mindestvergütung überschreiten. Wenn der Arbeitgeber dann zum Zwecke der „Auffüllung" der Differenz zur tariflichen Mindestvergütung geleistete Zahlungen mit überschüssigen Provisionen im Folgemonat verrechnen will, so bedarf es hierfür einer ausdrücklichen Abrede. Hierfür könnte in § 1 ein weiterer Absatz mit folgender Klausel angefügt werden:

Optional:

(2) Soweit auf das Arbeitsverhältnis ein Tarifvertrag Anwendung findet, werden, falls im laufenden Monat das Grundgehalt gemäß § . . . . . . des Arbeitsvertrags vom . . . . . . zuzüglich der Provisionszahlung nicht das tarifliche Mindestgehalt erreicht, zusätzliche Zahlungen in Höhe der Differenz zum tariflichen Mindestgehalt geleistet. Die zur Erreichung des tariflichen Mindestgehalts geleisteten zusätzlichen Zahlungen werden mit Provisionszahlungen der Folgemonate verrechnet, soweit es dadurch nicht zu einer Unterschreitung des tariflichen Mindestgehalts kommt.

4. Obergrenze. Um eine unvernünftig hohe Provision zu vermeiden, kann auch eine Obergrenze für die Provision vorgesehen werden. Die Provision kann beispielsweise auf das Zwei- oder Dreifache der Festvergütung „gedeckelt" werden.

5. Vertriebsgebiet. Das Vertriebsgebiet sollte zweifelsfrei festgelegt werden. Dies kann z.B. erfolgen durch Markierung des Vertriebsgebietes in einem Kartenausschnitt, der der Vereinbarung beigelegt wird. Es genügt aber auch die Bezeichnung von Stadtgebieten, Kreisen, Regierungsbezirken, Ländern oder sonstigen Gebieten, wenn die Grenzen ausreichend definiert sind. Das **Formular** sieht in **§ 2 Abs.** (1) vor, dass der Mitarbeiter mit der Vertretung der Gesellschaft in einem bestimmten Gebiet betraut wird und dass der Vereinbarung eine Anlage beigefügt ist, aus der sich das Vertriebsgebiet ergibt. Die Anlage kann z.B. wie folgt aussehen:

Anlage 1/Vertriebsgebiet
Dem Mitarbeiter werden im Rahmen des Weisungsrechts zunächst folgende Postleitzahlengebiete als Vertriebsgebiet zugewiesen:

1. ......
2. ......
3. ......

Die Zuweisung eines anderen Vertriebsgebiets im Rahmen des Versetzungsrechts bleibt unberührt.

......	......
Ort, Datum	**Ort, Datum**
......	......
Unterschrift der Gesellschaft	**Unterschrift des Mitarbeiters**

Die Möglichkeit für eine einseitige Änderung des Vertriebsgebiets wurde zusätzlich durch den Änderungs- und Widerrufsvorbehalt in § 7 gesichert (→ Anm. 23). Aufgrund der Vertragsfreiheit kann eine Änderung auch im Wege einer einverständlichen Regelung erfolgen. Dabei ist darauf zu achten, dass die Schriftform beachtet wird (vgl. § 8 Abs. (1)).

6. Vertriebsprodukte. Die Palette der Produkte, auf die sich die Tätigkeit des Mitarbeiters bezieht, kann individuell zugeschnitten werden. Soll sich die Tätigkeit nur auf bestimmte Produkte beziehen, ist die im **Formular** in **§ 1 Abs.** (3) enthaltene Regelung zu wählen. Dies hat für die Gesellschaft den Vorteil, dass sich die Provision nicht automatisch auf die Vermittlung zukünftiger oder anderer Produkte bezieht, sondern diese nur nach vorheriger Zuweisung oder Vereinbarung einbezogen werden. Die Anlage kann z.B. wie folgt aussehen:

Anlage 2/Vertriebsprodukte
Dem Mitarbeiter wird zunächst die Vermittlung folgender Erzeugnisse und Leistungen der Gesellschaft („Vertriebsprodukte") zugewiesen:

1. ......
2. ......
3. ......

Die Zuweisung der Vermittlung anderere Vertriebsprodukte im Rahmen des Versetzungsrechts bleibt unberührt.

......	......
Ort, Datum	**Ort, Datum**
......	......
Unterschrift der Gesellschaft	**Unterschrift des Mitarbeiters**

Soll sich die Vertretung des Mitarbeiters hingegen auf sämtliche von der Gesellschaft gegenwärtig und zukünftig vertriebenen Erzeugnisse beziehen, bietet sich folgende Formulierung an:

Alternative 1:
Dem Mitarbeiter wird zunächst die Vermittlung sämtlicher von der Gesellschaft gegenwärtig und zukünftig vertriebener Erzeugnisse sowie aller sonstiger von der Gesellschaft angebotenen Leistungen („Vertriebsprodukte") zugewiesen. Eine Änderung der durch den Mitarbeiter zu vermittelnden Vertriebsprodukte im Rahmen des Versetzungsrechts bleibt unberührt.

In diesem Falle werden die neuen Produkte dann automatisch erfasst. Es bedarf keiner gesonderten Zuweisung oder Vereinbarung darüber, dass auch zukünftige Produkte vom Mitarbeiter vertrieben werden sollen.

Es kann allerdings auch in dem Fall der Alternative 1 eine **Einschränkung auf Produkte aus bestimmten Produktsparten** stattfinden. Eine derartige Klausel könnte z. B. lauten:

Alternative 2:
Dem Mitarbeiter wird zunächst die Vermittlung sämtlicher von der Gesellschaft in der Produktsparte ...... gegenwärtig und zukünftig vertriebener Erzeugnisse sowie aller sonstigen von der Gesellschaft in dieser Produktsparte angebotenen Leistungen („Vertriebsprodukte") zugewiesen. Eine Änderung der durch den Mitarbeiter zu vermittelnden Vertriebsprodukte im Rahmen des Versetzungsrechts bleibt unberührt.

Es kann z. B. auch sinnvoll sein, **bestimmte Produkte**, die spezifisches Know-how erfordern, ganz **auszunehmen**, z. B. durch folgende Alternativregelung:

Alternative 3:
Dem Mitarbeiter wird zunächst die Vermittlung sämtlicher von der Gesellschaft gegenwärtig und zukünftig vertriebener Erzeugnisse sowie aller sonstiger von der Gesellschaft angebotenen Leistungen („Vertriebsprodukte") zugewiesen. Hiervon sind folgende Erzeugnisse ausgenommen: ...... Eine Änderung der durch den Mitarbeiter zu vermittelnden Vertriebsprodukte im Rahmen des Versetzungsrechts bleibt unberührt.

Auch insoweit kommt zusätzlich eine Anpassung über den Widerrufsvorbehalt oder über eine einverständliche Regelung in Betracht (→ Anm. 5).

7. Rechtsgeschäftliche Vertretung der Gesellschaft durch den Mitarbeiter. Das Formular geht vom bloßen **Vermittlungsvertreter** aus. Die Alternative ist für den **Abschlussvertreter** vorgesehen. Hier wird der Mitarbeiter nicht nur vermittelnd für die Gesellschaft tätig, sondern kann diese auch rechtsgeschäftlich verpflichten. Ob von dieser Alternative Gebrauch gemacht werden soll, ist daher sorgfältig abzuwägen. In beiden Varianten ist das Inkasso, also die Einziehung und Entgegennahme von Geldern ausgeschlossen.

8. Versetzungsrecht. → Form. A. VII. 7 § 1 Abs. (2) und (3) sowie → Anm. 4.

9. Kausalzusammenhang zwischen Geschäftsabschluss und Vermittlungstätigkeit. Die Klausel ist deklaratorisch, sollte aber aus Gründen der Rechtssicherheit und Abgrenzung zur Bezirksprovision (→ Anm. 1) in den Vertrag aufgenommen werden. Der Anspruch auf Provision entsteht nur dann, wenn die Vermittlungstätigkeit des Mitarbeiters ursächlich für den Abschluss des provisionspflichtigen Geschäfts war. Für den Kausalzusammenhang reicht Mitursächlichkeit aus (OLG München BeckRS 2013, 08873; LAG Köln NZA-RR 2007, 236; LAG München BeckRS 2009, 73863). Die Beweislast für die Kausalität seiner Vermittlungsbemühungen trifft – wie auch für die anderen Anspruchsvoraussetzungen – den Mitarbeiter (LAG Köln NZA-RR 2007, 236). Allerdings gelten für den Nachweis der Kausalität die Grundsätze des Anscheinsbeweises (MünchKommHGB/*v. Hoyningen-Huene* § 87 HGB Rn. 50; ErfKomm/*Oetker* § 87 HGB Rn. 9).

Die Vermittlungstätigkeit des Mitarbeiters ist auch dann ursächlich, wenn der Arbeitgeber mit einem vom Mitarbeiter neu geworbenen Kunden Geschäfte gleicher Art abschließt (§ 87 Abs. 1 Halbs. 2 HGB). Neue Kunden sind solche, zu denen der Arbeitgeber erst aufgrund der Vermittlung des Mitarbeiters Geschäftsbeziehungen unterhält. Bei diesen Geschäften gleicher Art ist keine weitere Vermittlungstätigkeit erforderlich, weil bereits vermittelte Geschäfte erneut abgeschlossen werden (sog. Nachbestellungen). Einlaufende Nachbestellungen von Altkunden, die bereits mit der Gesellschaft in Geschäftskontakt standen, sind nur dann provisionspflichtig, wenn der Geschäftsabschluss auf einem eigenen Arbeitseinsatz des Mitarbeiters beruht (MünchKommHGB/*v. Hoyningen-Huene* § 87 HGB Rn. 43, 46). Soweit die Anzahl der Altkunden, die im Vertriebsgebiet des Mitarbeiters ansässig sind, überschaubar sind, könnten diese in einer separaten Anlage aufgeführt werden.

10. Geschäftsabschlüsse vor Beginn des Arbeitsverhältnisses. Der Kausalzusammenhang fehlt, wenn das Geschäft vor Einstellung des Mitarbeiters geschlossen wurde. Der Geschäftsabschluss kann nicht auf die Tätigkeit des Mitarbeiters während seines Vertragsverhältnisses zurückgeführt werden. Auch wenn dies eindeutig erscheint, sollte insoweit eine klarstellende Regelung aufgenommen werden.

11. Provisionsteilungsabrede. Soweit eine mögliche **„Provisionskollision"** zwischen Mitarbeitern denkbar ist, empfiehlt es sich, eine Provisionsteilungsabrede zu treffen. Damit beugt der Arbeitgeber dem Risiko vor, dass er die Provision jeweils in voller Höhe an mehrere Mitarbeiter zahlen muss, obwohl diese insgesamt nur ein Geschäft vermittelt haben. Die jeweilige Provisionsteilungsabrede wirkt nur inter partes, weshalb eine Provisionsteilungsabrede **mit allen potentiellen Provisionskonkurrenten** abgeschlossen werden muss. Übersieht der Arbeitgeber nur einen der potentiellen Konkurrenten, so läuft er Gefahr, dass er die Provision doppelt zahlen muss. Der Kreis der Provisionskonkurrenten wird durch die Beschränkung „...... in zulässiger Weise ......" von vornherein eingeschränkt: In zulässiger Weise trägt ein Mitarbeiter nur dann zu einem Geschäftsabschluss bei, wenn ihm dies erlaubt war. Ist ihm untersagt, den Geschäftsabschluss mit einem bestimmten Kunden zu vermitteln, so findet sein Vermittlungsbeitrag keine Berücksichtigung. Hierzu können Regelungen zu **„Exklusivkunden"** aufgenommen werden. Ist einem Mitarbeiter die Vermittlung von Geschäften mit bestimmten Kunden untersagt, entsteht hinsichtlich dieses Kunden kein Anspruch auf anteilige Auszahlung der Provision. Sein „Anteil" wächst vielmehr den anderen Beteiligten zu. Zum Zweck der Entlastung sollte der Arbeitgeber mögliche Auseinandersetzungen über die angemessene Aufteilung zunächst den beteiligten Mitarbeitern überlassen und erst dann eingreifen, wenn diese keine Einigung erzielen. Wenn der Arbeitgeber über die Aufteilung des Provisionsanspruchs nach den Anteilen der Mitursächlichkeit der Konkurrenten entscheidet, unterliegt seine Entscheidung allerdings der gerichtlichen Kontrolle (§ 315 BGB).

12. Nachgeschäft. Die Regelung entspricht § 87 Abs. 3 Nr. 1 HGB und ist daher deklaratorisch. Das Gesetz verlangt, dass das Geschäft innerhalb einer angemessenen Frist nach Beendigung des Arbeitsverhältnisses abgeschlossen worden sein muss. Was angemessen ist, bestimmt sich nach Art und Bedeutung des Geschäftes. Je länger die Vorbereitung eines einzelnen Geschäftsabschlusses üblicherweise dauert, desto länger dauert auch die Provisionspflicht nach Vertragsende. Bei Saisonartikeln beispielsweise muss der Abschluss i.d.R. innerhalb der Saison erfolgen (Schaub/*Vogelsang* § 75 Rn. 16). Aus Gründen der Rechtssicherheit sieht das Formular vor, einen **genauen Zeitraum** anzugeben, innerhalb dessen ein Geschäftsabschluss noch provisionspflichtig ist. Die Bemessung der Frist sollte sich an den Besonderheiten der typischen provisionspflichtigen Geschäfte orientieren, die der Mitarbeiter vermitteln soll. Die Regelung des § 87 Abs. 3 HGB ist für den Handelsvertreter disponibel, nicht aber für den Arbeitnehmer, da dieser keinen Ausgleichsanspruch nach § 89b HGB hat (BAG AP HGB § 87 Nr. 9; BAG AP HGB § 87 Nr. 11).

Von den Nachgeschäften ist die **Überhangprovision** zu unterscheiden. Diese entsteht für die Geschäfte, die zwar vor Beendigung des Arbeitsverhältnisses abgeschlossen werden, aber erst danach zur Ausführung kommen. Ob die Überhangprovision ausgeschlossen werden kann, ist unklar. Die Rechtsprechung ging davon aus, dass dies individualvertraglich zulässig sei (BAG AP HGB § 87 Nr. 11; BGH NJW 1960, 1996; BGH NJW-RR 2008, 629; offen gelassen BGH NJW 2010, 298). Bei Vorliegen eines sachlichen Grunds sollte dies auch in Allgemeinen Geschäftsbedingungen möglich sein (BAG AP HGB § 65 Nr. 2, 6, 7; BAG AP HGB § 87 Nr. 9). Das BAG hat seine Rechtsprechung zwar nicht ausdrücklich aufgegeben. In einem obiter dictum hat es jedoch erklärt, dass viel dafür spricht, dass der Anspruch auf die Überhangprovision überhaupt nicht abbedungen werden kann (BAG AP HGB § 87 Nr. 11). Das Formular sieht daher keinen entsprechenden Ausschluss vor.

13. Teilung der Provision. Die Regelung übernimmt § 87 Abs. 3 S. 2 HGB und ist damit **deklaratorisch.** Der Nachfolger wird nur dann an der Provision beteiligt, wenn **besondere Umstände** vorliegen, die eine Teilung aus Billigkeitsgründen gebieten. Bei einer nur geringen Mitwirkung des Nachfolgers erhält der Mitarbeiter deshalb die volle Provision. Aus Billigkeitsgründen ist eine Teilung dagegen erforderlich, wenn sich der Nachfolger noch um die Klärung wesentlicher regelungsbedürftiger Punkte bemühen musste, die nach der Vermittlungstätigkeit des Mitarbeiters noch offen geblieben waren (MünchKommHGB/*v. Hoyningen-Huene* § 87 Rn. 114).

14. Entstehung des Anspruchs. Die Entstehung des Provisionsanspruchs knüpft an die Ausführung des Geschäfts durch den Arbeitgeber an (§ 87a Abs. 1 S. 1 HGB). Bis dahin hat der Mitarbeiter eine Anwartschaft auf die Provision (*Thume* BB 2012, 975, 976). Die Vorschrift ist disponibel. Im Formular hängt die Provision deshalb davon ab, dass der Geschäftsgegner seine Leistung erbringt. Die Vorteile einer derartigen Regelung liegen auf der Hand: Der Arbeitgeber muss die Provision erst dann ausbezahlen, wenn der Kunde gezahlt hat. Falls der Kunde nicht zahlt, erfolgt demnach auch keine Provisionszahlung. Folglich entfällt der Aufwand einer etwaigen Rückabwicklung für den Arbeitgeber. Allerdings bleibt der Provisionsanspruch bestehen, wenn der Geschäftsgegner nicht zahlt, weil der Unternehmer das Geschäft ganz oder teilweise wegen von ihm zu vertretenen Gründen nicht so ausführt, wie es abgeschlossen war (→ Anm. 16).

Nach der Rechtsprechung besteht keine Obergrenze für den Anteil der Provision an der Gesamtvergütung. Es ist sogar eine ausschließliche Provisionsvergütung möglich, wenn der Mitarbeiter auf Basis der Provisionsabrede einen angemessenen Verdienst erreichen kann (→ Anm. 2). Provisionsvereinbarungen, die einen hohen Provisionsanteil an der Gesamtvergütung haben die Entstehung des Provisionsanspruchs zusätzlich daran geknüpft wird, dass der Kunde zunächst seine Leistung erbringt, werden kritisch gesehen. Das LAG Kiel geht bei dieser Kombination von einer unangemessenen Benachteiligung des Mitarbeiters aus, weil der Arbeitgeber mit der Entscheidung, ob er Zahlungsansprüche gegen seine Kunden durchsetzt oder nicht, einseitig in die Vergütung des Mitarbeiters eingreifen könnte (LAG Kiel BeckRS 2013, 69221).

15. Provisionsvorschuss. Die Entstehung des Provisionsanspruchs hängt nur dann von der Erbringung der Leistung des Geschäftsgegners ab, wenn der Arbeitgeber dem Mitarbeiter einen angemessenen Vorschuss zahlt (§ 87a Abs. 1 S. 2 HGB). Der Mitarbeiter hat unter Umständen erhebliche Aufwendungen getätigt. Zu deren Vorfinanzierung soll er aber nicht verpflichtet sein. Die Angemessenheit des Vorschusses richtet sich vor allem nach der zeitlichen Nähe und der Sicherheit der Geschäftserfüllung durch den Kunden, dem Bedürfnis des Mitarbeiters und der Zahlungsfähigkeit des Unternehmens (*Baumbach/Hopt* § 87a

Rn. 9). Es empfiehlt sich, eine bestimmte Prozentangabe aufzunehmen. Das Formular sieht die Zahlung eines Vorschusses in Höhe der Hälfte der erwarteten Provision vor.

16. Provisionsanspruch trotz (Teil-)Nichtausführung des Geschäfts durch Gesellschaft. Das Gesetz gibt **zwingend** vor, unter welchen Voraussetzungen der Provisionsanspruch trotz eines Geschäftsabschlusses entfällt (§ 87a Abs. 2 Halbs. 1, Abs. 3 HGB). Jede Abweichung hiervon zum Nachteil des Mitarbeiters ist unwirksam (§ 87a Abs. 5 HGB). Dadurch soll verhindert werden, dass der Unternehmer das geschäftliche Risiko auf den Mitarbeiter verlagert (*Thume* BB 2012, 975, 977).

Der Anspruch auf Provision entfällt, sobald (objektiv) feststeht, dass der **Kunde nicht leistet** (§ 87a Abs. 2 Halbs. 1 HGB). Grundsätzlich muss die Gesellschaft erst ihre Rechte gegenüber dem Kunden einklagen, sonst liegt keine Nichtleistung des Kunden vor. Voraussetzung für diese Pflicht der Gesellschaft ist allerdings, dass ein gerichtliches Vorgehen dem Unternehmen zumutbar ist (vgl. hierzu *Baumbach/Hopt* § 87a Rn. 15; *Küstner/Thume* Bd. 1 Rn. 1138). Unzumutbarkeit liegt bspw. vor, wenn der Dritte auf absehbare Zeit zahlungsunfähig ist, wobei die bloße Annahme der Zahlungsunfähigkeit nicht genügt (OLG Celle NJW 1972, 879). Der Zeitpunkt, zu dem der Anspruch auf Provision entfällt, kann also nicht durch Vereinbarung vorverlegt werden. Unwirksam sind wohl auch Vereinbarungen, wonach die Gesellschaft grundsätzlich nicht verpflichtet sein soll, die Erfüllung der vermittelten Geschäfte zu erzwingen oder gerichtliche Verfahren durchzuführen (*Küstner/Thume* Bd. 1 Rn. 1138; allgemein zu abweichenden vertraglichen Abreden *Küstner/Thume* Bd. 1 Rn. 1157 f.). In einem Fall, in dem objektiv feststeht, dass der Kunde nicht leistet, hat der Mitarbeiter bereits empfangene Beträge (Provisionen und Vorschüsse) an die Gesellschaft zurückzuzahlen (§ 87a Abs. 2 Halbs. 2 HGB).

Gemäß § 4 Abs. (1) des Formulars entsteht der Anspruch auf Provision erst, sobald und soweit der Kunde die Zahlung geleistet hat. Ist klar, dass der Kunde nicht leistet, kann ein Provisionsanspruch streng genommen nicht mehr entstehen, der entfallen könnte (vgl. hierzu *Baumbach/Hopt* § 87a Rn. 13). § 4 Abs. (2) und (3) wurde der Klarstellung halber jedoch trotzdem aufgenommen, vor allem, weil Vorschüsse bereits bei Ausführung des Geschäfts durch das Unternehmen zu zahlen sind.

Der Anspruch auf Provision entfällt weiterhin im Falle der Nichtausführung durch den **Unternehmer**, wenn und soweit die Nichtausführung auf Umständen beruht, die vom Unternehmer nicht zu vertreten sind (§ 87a Abs. 3 S. 2 HGB). Vertretenmüssen bedeutet hier Einstehenmüssen für zurechenbare Risiken. Der Anspruch auf Provision bleibt – je nach den Umständen des Einzelfalles – bei einer wirtschaftlichen Fehlentscheidungen der Gesellschaft, einer fehlerhaften Kalkulation oder einem Abspringen des Kunden wegen Lieferversäumnis des Unternehmens erhalten (vgl. m. w. N. *Baumbach/Hopt* § 87a Rn. 26; *Abrahamczik* Anm. zu § 8). Nicht zu vertreten ist die Nichtausführung z. B. wohl dann, wenn Streiks beim Unternehmen zur Nichtausführung des Geschäfts führen oder unvermeidbare Transportschwierigkeiten (z. B. bei Überschwemmungen) vorliegen (vgl. m. w. N. *Baumbach/Hopt* § 87a Rn. 28; *Küstner/Thume* Bd. 1 Rn. 1167 ff.). § 4 Abs. (2) des Formulars hat somit im Ergebnis nur klarstellende Bedeutung.

17. Wegfall des Provisionsanspruchs bei Nichtausführung des Geschäfts durch Kunden. → Anm. 16.

18. Bemessungsgrundlage. Fehlt eine Vereinbarung zur Bemessungsgrundlage, gelten i. Zw. die gesetzlichen Regelungen (§ 87b Abs. 2 und Abs. 3 HGB). Die Provision ist von dem Entgelt zu berechnen, das der Kunde zu leisten hat, also vom **geschuldeten Entgelt** (§ 87b Abs. 2 S. 1 HGB). **Nachlässe**, die dem Kunden von vornherein zugesagt werden, mindern bereits das geschuldete Entgelt. Nachlässe bei Barzahlung (Skonto) mindern das geschuldete Entgelt hingegen nicht (§ 87b Abs. 2 S. 2 Halbs. 1 HGB). **Nebenkosten** für Fracht, Verpackung, Zoll, Steuern mindern das geschuldete Entgelt ebenfalls nicht, außer sie wurden dem Kunden besonders in Rechnung gestellt (§ 87b Abs. 2 S. 2 Halbs. 2 HGB). Eine Ausnahme gilt für die **Umsatzsteuer.** Diese mindert trotz gesonderter Ausweisung auf der Rechnung das geschuldete Entgelt grundsätzlich nicht (§ 87b Abs. 2 S. 3 HGB). Die Provision ist daher mangels besonderer Vereinbarung aus dem Bruttobetrag zu zahlen (vgl. Einzelheiten zur gesetzlichen Regelung *Baumbach/Hopt* § 87b Rn. 4 ff.).

Die gesetzlichen Vorschriften sind disponibel. Die Parteien können die Bemessungsgrundlage für die Berechnung der Provision daher grundsätzlich frei vereinbaren (*Baumbach/Hopt* § 87b Rn. 18). So kann beispielsweise mit Automobilverkäufern vereinbart werden, dass bei dem Verkauf eines Neuwagens unter Inzahlunggabe eines gebrauchten Fahrzeugs die Provision lediglich aus dem Neupreis abzüglich des Anrechnungswerts für den in Zahlung genommenen alten Wagen zu berechnen ist (BAG AP HGB § 87b Nr. 1). Ebenso kann die Mehrwertsteuer von der Provisionspflicht ausgenommen werden (BAG AP HGB § 87c Nr. 18).

Die im Formular verwendete Regelung orientiert sich an § 87b Abs. 2 HGB und ist im Arbeitgeberinteresse ausgestaltet. Es wurde von der Möglichkeit Gebrauch gemacht, die Mehrwertsteuer von der Provisionspflicht auszunehmen. Abweichend von der gesetzlichen Regelung ist vorgesehen, dass Nebenkosten, unabhängig von einer gesonderten Ausweisung in der Rechnung, sowie Nachlässe bei Barzahlung ebenfalls nicht bei der Berechnung der Provision berücksichtigt werden.

19. Abrechnungszeitraum. Da der Mitarbeiter die Möglichkeit haben muss, die Richtigkeit der Abrechnungen im Einzelnen zu kontrollieren, müssen bestimmte, periodische Abrechnungszeiträume vereinbart werden. Der Abrechnungszeitraum kann bis zu drei Monaten betragen (§ 87c Abs. 1 S. 1 HGB). Die Rechtsprechung verlangt, dass in der Abrechnung die Namen der Kunden oder deren Kennziffern, Art und Menge der verkauften Waren, Geschäftswert, Geschäftsausführung, Provisionshöhe und Fälligkeit aufgeführt werden (BAG AP BGB § 242 Nr. 3; vgl. auch Schaub/*Vogelsang* § 75 Rn. 55).

20. Fälligkeit. Das Formular geht davon aus, dass die Provision neben dem Grundgehalt gewährt wird (vgl. § 1). Daher wird auch eine Auszahlung der Provision zusammen mit dem Grundgehalt vorgeschlagen. Es ist deshalb darauf zu achten, dass diese Fälligkeitsregelung mit der im Arbeitsvertrag vorgesehenen Regelung harmonisiert wird (→ Form. A. II. 1, dort unter § 3 Abs. (1)). Wenn eine Vergütung ausschließlich auf Provisionsbasis vorgesehen wird (→ Anm. 2), ist eine Auszahlung mit dem Grundgehalt naturgemäß nicht möglich. Die Fälligkeit muss dann eigenständig geregelt sein.

21. Bestätigung der Abrechnung. Ziel der Abrechnung ist es, die Grundlage für ein Schuldanerkenntnis (§§ 781, 782 BGB) zu schaffen. Der Arbeitgeber erkennt den von ihm ermittelten Saldo der Provisionsabrechnung als richtig und für ihn verbindlich an. Mit der Übersendung der Abrechnung bietet er dem Mitarbeiter an, den ermittelten Saldo ebenfalls als richtig anzuerkennen und damit ein Schuldanerkenntnis zu vereinbaren. Die Annahme dieses Angebots kann der Mitarbeiter nur durch ausdrückliches oder konkludentes Handeln erklären (BAG AP HGB § 87c Nr. 18; *Stötter* DB 1983, 867, 869). Die im Formular verwendeten Klauseln dienen der Rechtssicherheit, da der Mitarbeiter gehalten ist, eine ausdrückliche Erklärung abzugeben, ob und inwieweit er die Abrechnung anerkennt.

Allerdings fehlt es insoweit an einer Sanktion, wenn der Mitarbeiter eine entsprechende Erklärung nicht abgibt. Man könnte daher an eine Regelung denken, nach der das Anerkenntnis mit Ablauf einer bestimmten Frist fingiert wird. AGB-rechtlich wäre hierfür an sich nur erforderlich, dass dem Mitarbeiter eine angemessene Frist zur Abgabe einer ausdrücklichen Erklärung eingeräumt wird und der Arbeitgeber sich bereits in der Klausel verpflichtet, den Mitarbeiter bei Beginn der Frist besonders darauf hinzuweisen, was geschieht, wenn er sich nicht innerhalb der Frist erklärt (§ 308 Nr. 5 BGB). Allerdings hat das BAG entschieden, dass derartige Klauseln die Rechte nach § 87c Abs. 1 bis 4 HGB beschränken, was nach § 87c Abs. 5 HGB unzulässig ist (BAG AP HGB § 87c Nr. 18; BAG AP HGB § 87c Nr. 13). Klauseln, die ein Anerkenntnis fingieren sollen, sind daher unwirksam. Im Formular wurde die Regelung folglich auf die Verpflichtung des Mitarbeiters zur Abgabe einer entsprechenden Erklärung beschränkt.

22. Vorschuss. Nach der vorgeschlagenen Fälligkeitsregelung (§ 6 Abs. (2)) erhält der Mitarbeiter eine Provision erst am Ende des zweiten Monats nach Geltung der Provisionsvereinbarung erstmals. Der Mitarbeiter muss hier in Vorlage treten. Bei einem hohen Anteil des variablen Vergütungsbestandteils an der Gesamtvergütung kann dies beim Mitarbeiter zu finanziellen Engpässen führen. Es kann daher die Zahlung eines einmaligen Vorschusses vorgesehen werden, um derartige Belastungen auszugleichen. Klarstellend sollte – wie im Formular geschehen – darauf hingewiesen werden, dass es sich lediglich um einen Vorschuss handelt, der mit späteren Ansprüchen auf Provision und Grundgehalt verrechnet wird.

23. Änderungs- und Widerrufsvorbehalt. Die Vorgaben der Rechtsprechung für einen wirksamen Änderungs- und Widerrufsvorbehalt sind im Formular berücksichtigt, indem sachliche Gründe für den Widerruf der Provisionszahlungen aufgeführt werden. Es ist zu beachten, dass ein wirksamer Widerrufsvorbehalt nur dann vereinbart werden kann, wenn die Provision (zusammen mit sonstigen widerruflichen Vergütungsbestandteilen) 25 Prozent der regelmäßigen Gesamtvergütung nicht übersteigt (BAG NZA 2005, 465; BAG NZA 2007, 809; zu weiteren Einzelheiten hinsichtlich der Wirksamkeit eines Widerrufsvorbehalts → Form. A. III. 1 Anm. 7). Durch die Rechtsprechung ist ungeklärt, ob bei einer Provision insoweit auf eine durchschnittlich erzielbare, die in einem Referenzzeitraum tatsächlich erzielte oder die maximal erzielbare Provision abgestellt wird.

Aufgrund der aufgezeigten Beschränkungen könnte daran gedacht werden, stattdessen einen **Freiwilligkeitsvorbehalt** zu vereinbaren. Dieser kann auch ohne Vorliegen eines sachlichen Grunds ausgeübt werden (zum Freiwilligkeitsvorbehalt → Form. A. III. 5 Anm. 7). Allerdings ist ein Freiwilligkeitsvorbehalt nach der Rechtsprechung des BAG bei laufendem Arbeitsentgelt eine unangemessene Benachteiligung und deshalb unwirksam (§ 307 Abs. 1 S. 1 BGB; vgl. BAG NZA 2007, 853). Die Vermittlungsprovision wird mit dem jeweiligen Geschäftsabschluss während des Jahres verdient. Sie kann daher nicht unter einen Freiwilligkeitsvorbehalt gestellt werden (so bereits *Kania* DB 1998, 2418, 2419; *Simon/Greßlin* BB 2008, 2465, 2468; *Preis* Arbeitsvertrag II V 70 Rn. 62).

Ein Widerrufsrecht für den laufenden Abrechnungszeitraum ist ausgeschlossen, da der Mitarbeiter die Provision entsprechend der vermittelten Geschäfte verdient hat. Ein bereits entstandener Vergütungsanspruch kann nicht einseitig durch den Arbeitgeber genommen werden.

24. Schlussbestimmungen. → Form. A. III. 3, dort unter § 9.

8. Regelung im Arbeitsvertrag zur Zielvereinbarung

§ . . . . . . Vergütung[1]

(. . . . . .) Zusätzlich zum Grundgehalt gemäß Abs. . . . . . . kann der Mitarbeiter als variable Vergütung einen erfolgsabhängigen jährlichen Bonus erhalten. Dieser beträgt bei 100 Prozent Zielerreichung . . . . . . EUR (in Worten: . . . . . . Euro) brutto („Zielbonus").[2] ***(Optional: Ein Anspruch kann erstmals bezogen auf das der Einstellung folgende Geschäftsjahr erworben werden.)***[3]

(. . . . . .) Die Einzelheiten,[4] insbesondere zum Verfahren der Zielfestlegung, zur Feststellung der Zielerreichung und zur Fälligkeit ergeben sich aus dem Rahmenvertrag zur Zielvereinbarung in seiner jeweils geltenden Fassung. Die Art der Ziele, die Voraussetzungen für ihre Erreichung und ihre Gewichtung zueinander werden für das jeweilige Geschäftsjahr[5] in einer gesonderten Zielfestlegung niedergelegt.

Anmerkungen

1. Zielvereinbarung. Mit einer Zielvereinbarung werden Teile des Arbeitsentgelts von der Erreichung bestimmter Ziele abhängig gemacht. Der Arbeitgeber kann mittels Zielvereinbarung die Personalkosten über die Vereinbarung von Unternehmenszielen zu einem gewissen Teil an den Unternehmenserfolg koppeln. Außerdem kann für die Mitarbeiter ein Leistungsanreiz über die Festlegung persönlicher Ziele gesetzt werden. Um diesen doppelten Effekt zu erzielen, werden häufig beide Zielarten miteinander verknüpft. Mit Zielvereinbarungen schafft der Arbeitgeber eine erfolgsabhängige Vergütung. Soweit die Bonuszahlung an die Erreichung **persönlicher Ziele** des Mitarbeiters anknüpft, ist sie von der Arbeitsleistung abhängig. Knüpft sie dagegen an die Erreichung von **Unternehmenszielen** an, steht sie im Zweifel außerhalb des Synallagmas. Denn die Arbeitsleistung eines einzelnen Arbeitnehmers hat i.d.R. keine unmittelbare Auswirkung auf die Erreichung der Unternehmensziele. Möglich ist auch eine zusätzliche Verknüpfung mit **Bereichszielen.** Sie beziehen sich im Gegensatz zu Unternehmenszielen nicht auf das gesamte Unternehmen, sondern auf einen bestimmten Unternehmensbereich (z.B. Betrieb, Abteilung). Bei der Festlegung von Bereichszielen sollte darauf geachtet werden, dass auch der Unternehmensbereich, dem der Mitarbeiter zugeordnet ist und auf den sich die Bereichsziele beziehen, möglichst genau festgelegt wird, damit es später nicht zu Streitigkeiten kommt.

Soweit **Tarifverträge** zur variablen Vergütung bestehen (z.B. Banken, Metall- und Elektroindustrie sowie öffentlicher Dienst), müssen diese beachtet werden. Im Bereich der **Banken und Versicherungen** sind zudem die Vorgaben der Instituts-Vergütungsverordnung (InstitutsVergV; vgl. *Diller/Arnold* ZIP 2011, 837; *Heuchemer/Kloft* WM 2010, 2241) und der Versicherungs-Vergütungsverordnung (VersVergV; vgl. *Annuß* BB 2011, 115; *Armbrüster* VersR 2011, 1; *Barthel/Bilobrk/Zopf* BB 2011, 1269; *Diller/Arnold* ZIP 2011, 837) zu berücksichtigen.

Gegenüber Zielvereinbarungsmodellen bestehen grundsätzlich keine rechtlichen Bedenken. Da der Arbeitnehmer seine Grundvergütung auch dann erhält, wenn er seine Ziele nicht erreicht, wird mit einer Zielvereinbarung auch **kein unzulässiges werkvertragliches Element** in den Arbeitsvertrag eingeführt. Denn der Arbeitnehmer wird nicht zusätzlich mit einem Erfolgsrisiko belastet. Die Provisionsvorschriften (§§ 65, 87 Abs. 1 und 3, 87a bis 87c HGB) finden daher auf Zielvereinbarungen keine Anwendung. Unter einer Provision versteht die Rechtsprechung nur die Abschluss- und Vermittlungsprovision und nicht sonstige auf Absatzerfolge abstellende Vergütungsbestandteile (vgl. BAG BeckRS 2000, 30786283; zur Provision → Form. A. III. 7). Es ist jedoch nicht ausgeschlossen, dass Gerichte im Rahmen der Klauselkontrolle Rechtsgedanken aus den HGB-Vorschriften wegen der eventuell im Einzelfall gegebenen Nähe eines Zielvereinbarungssystems zu einem Provisionssystem heranziehen.

Existiert ein Betriebsrat, muss der Arbeitgeber im Zusammenhang mit der Einführung von Zielvereinbarungen dessen **Mitbestimmungsrechte** beachten. Bei der Einführung oder Änderung von Zielvereinbarungsmodellen sind insbesondere **Fragen der betrieblichen Lohngestaltung i.S.d. § 87 Abs. 1 Nr. 10 BetrVG** betroffen (vgl. BAG NZA 2009, 1159). Das Mitbestimmungsrecht der Arbeitnehmervertretung ist jedoch nicht umfassend. Der Arbeitgeber kann frei darüber entscheiden, ob er überhaupt ein Zielvereinbarungssystem einführen will und welchen Zweck sowie welchen finanziellen Rahmen dieses System haben soll. Darüber hinaus kann er auch frei festlegen, welchem – nach abstrakten Kriterien bestimmten – Personenkreis er den Bonus zukommen lassen will (vgl. BAG NZA 2004, 803; BAG NZA 2008, 774). Das Mitbestimmungsrecht greift erst ein, wenn die Ausgestaltung des Zielvereinbarungssystems im Einzelnen betroffen ist.

Soweit der Bonus an die Erreichung persönlicher Ziele geknüpft ist, stellt sich auch die Frage nach einem Mitbestimmungsrecht wegen eines **vergleichbaren leistungsbezogenen Entgelts i.S.d. § 87 Abs. 1 Nr. 11 BetrVG** (vgl. BAG NZA 2004, 936; *Kolmhuber* ArbRB 2003, 117; *Mohnke,* Zielvereinbarungen im Arbeitsverhältnis, S. 212 ff.; *Preis* Arbeitsvertrag II Z 5 Rn. 52; *Rieble/Gistel* BB 2004, 2462, 2463). Ein dem Akkord- und Prämienlohn vergleichbares leistungsbezogenes Entgelt im Sinne dieser Vorschrift liegt nur vor, wenn eine Leistung des Arbeitnehmers gemessen, mit einer Bezugsleistung verglichen und das nach dem Verhältnis der gezeigten Leistung zur Bezugsleistung bemessene Entgelt für eben diese gezeigte Leistung gezahlt wird. Dieser Zusammenhang fehlt, wenn die für die Zahlung maßgebliche Leistung nicht aufgrund objektiv messbarer Kriterien, sondern aufgrund einer Beurteilung festgestellt wird (vgl. BAG NZA 1986, 296). Bei „weichen" Zielen (z.B. Kundenzufriedenheit, Führungskompetenz, etc.) fehlt es an objektiv messbaren Kriterien, weshalb eine Beurteilung hinsichtlich der Zielerreichung regelmäßig notwendig ist. Insoweit besteht kein Mitbestimmungsrecht nach § 87 Abs. 1 Nr. 11 BetrVG. Anders ist dies bei „harten" Zielen. Sie sind dadurch gekennzeichnet, dass messbare Kriterien aufgestellt werden (z.B. individueller Umsatz, Anzahl von Kundenbeschwerden, etc.). Liegt eine entsprechende Bezugsleistung vor, wird das Mitbestimmungsrecht ausgelöst.

Ein Mitbestimmungsrecht wegen **Aufstellung allgemeiner Beurteilungsgrundsätze oder Beurteilungsrichtlinien i.S.d. § 94 Abs. 2 BetrVG** besteht dagegen nach zutreffender Auffassung nicht. Denn das Mitbestimmungsrecht aus § 94 Abs. 2 BetrVG wird durch das speziellere Mitbestimmungsrecht aus § 87 Abs. 1 Nr. 10 BetrVG verdrängt, wenn die Beurteilung der Entgeltfindung dient (vgl. Richardi/*Thüsing* § 94 Rn. 57; *Rieble/Gistel* BB 2004, 2462, 2463 f.).

Bei der elektronischen Erfassung von Ergebnissen der Mitarbeiter wird i.d.R. ein Mitbestimmungsrecht wegen **Einführung und Anwendung technischer Überwachungseinrichtungen i.S.d. § 87 Abs. 1 Nr. 6 BetrVG** ausgelöst. Ausreichend ist hier, dass die technische Einrichtung objektiv zur Überwachung geeignet ist. Einer entsprechenden Zweckbestimmung bedarf es nicht (vgl. BAG NJW 1984, 1476). Das Mitbestimmungsrecht greift nicht nur dann, wenn verhaltens- und leistungsrelevante Daten der Mitarbeiter mittels einer technischen Einrichtung erhoben werden. Es ist auch dann einschlägig, wenn die auf nichttechnischem Wege erhobenen Daten in ein elektronisches Datenverarbeitungs- oder Informationssystem eingegeben werden, soweit hierdurch Aussagen über das Verhalten oder die Leistung einzelner Mitarbeiter gewonnen werden können (vgl. BAG AP BetrVG 1972 § 87 Überwachung Nr. 9).

2. Zielbonus. Im Regelfall wird eine Zielvereinbarungsvergütung in Geld vereinbart. Die Bonusleistung kann aber auch in Sachwerten bestehen. Der Zielbonus ist für den Fall einer Zielerreichung von 100 Prozent zugesagt. Es ist strikt darauf zu achten, dass der Betrag des Zielbonus in der Regelung im Arbeitsvertrag zur Zielvereinbarung (dieses Formular) identisch ist mit dem Betrag des Zielbonus im Rahmenvertrag zur Zielvereinbarung (→ Form. A. III. 9, dort unter § 1 Abs. (2) und → Anm. 3). Das Formular sieht als Zielbonus einen Festbetrag vor. Ebenso ist es denkbar, einen prozentualen Anteil vom Grundgehalt zu vereinbaren. Dies führt bei Erhöhung des Grundgehalts automatisch zu einer Erhöhung des Zielbonus, es sei denn die vertragliche Regelung spezifiert, dass statisch an ein bestimmtes Grundgehalt zu einem bestimmten Zeitpunkt angeknüpft wird (etwa zum Zeitpunkt des Abschlusses des Arbeitsvertrages). Das gleiche Ergebnis kann erreicht werden, wenn bei einer Erhöhung des Grundgehalts jeweils in einem Nachtrag eine entsprechende Anhebung des Zielbonus geregelt wird. Dies führt zwar zu einem zusätzlichen Aufwand. Es kann aber eine dauerhafte Dynamik durch die Ankoppelung an das Grundgehalt vermieden werden. Bei Erhöhungen des Grundgehalts (z.B. infolge von Tariflohnsteigerungen) kann der Arbeitgeber dann jeweils neu entscheiden, ob er auch entsprechend den Zielbonus anheben will.

3. Ausschluss für das Jahr der Einstellung. Das Verfahren zur Zielfestlegung erfordert einen gewissen Aufwand. Zunächst sind die Unternehmensziele zu bestimmen, die dann auf die einzelnen Mitarbeiterebenen „heruntergebrochen" werden müssen. Bei der Vereinbarung persönlicher Ziele kommt es entscheidend auf die Kenntnisse und Fähigkeiten des jeweiligen Mitarbeiters an. Am Anfang des Arbeitsverhältnisses wird es schwierig zu beurteilen sein, wie der neue Mitarbeiter am besten zur Erreichung der Unternehmensziele beitragen kann. Damit der Mitarbeiter seine Tätigkeit nach den vereinbarten Zielen ausrichten kann, müssen diese auch bereits vor Beginn des jeweiligen Berechnungszeitraums festgelegt sein. Ein Ausschluss von der Beteiligung am Zielvereinbarungssystem im Einstellungsjahr ist deshalb gerechtfertigt. Im Übrigen ist die Erfüllung von Wartezeiten als sachlicher Grund für eine unterschiedliche Behandlung gesetzlich anerkannt (vgl. § 4 Abs. 2 S. 3 TzBfG). Der Bonus wird dann erst ab dem folgenden Geschäftsjahr (vgl. zum Berechnungszeitraum → Anm. 5) gezahlt. Wird die optionale Klausel verwendet, ist darauf zu achten, dass auch der Rahmenvertrag zur Zielvereinbarung (→ Form. A. III. 9) entsprechend angepasst wird.

Um die geschilderten typischen Probleme zu Beginn der Anstellung zu berücksichtigen und den finanziellen Bedürfnissen des Mitarbeiters Rechnung zu tragen, kann für die ersten sechs oder zwölf Monaten des Arbeitsverhältnisses auch ein Mindestbetrag garantiert werden; sog. „Garantiebonus" (→ Form. A. III. 9, dort unter § 4 Abs. (8) und → Anm. 17; zu den entsprechenden regulatorischen Rahmenbedingungen vgl. § 3 Abs. 7 InstitutsVergV; § 4 Abs. 2 S. 3 VersVergV).

4. Verweisung auf Rahmenvertrag und Zielfestlegung. Die Einzelheiten, insbesondere zum Verfahren der Zielfestlegung, zur Feststellung der Zielerreichung, zur Fälligkeit des Bonus, zur Art der Ziele, zu den Voraussetzungen für ihre Erreichung und zur Gewichtung der Ziele sind dem Rahmenvertrag zur Zielvereinbarung und der Zielfestlegung vorbehalten. Auf diese Weise wird eine „Überfrachtung" des Arbeitsvertrags mit Detailregelungen verhindert. Auf eine Verweisung im Arbeitsvertrag sollte jedoch nicht verzichtet werden. Der Mitarbeiter, der nach den Bestandteilen seiner Vergütung im Zweifelsfall zunächst nur im Arbeitsvertrag „suchen" wird, sollte bereits dort einen Hinweis auf die gesonderten Regelungen finden. Der Einwand, die ausgelagerten Bestimmungen seien überraschend, kann hierdurch vermieden werden (§ 305c Abs. 1 BGB).

5. Berechnungszeitraum. Nach welchem Zeitraum die Ziele neu vereinbart werden sollen, können die Parteien frei bestimmen. Eine „Faustregel" für den idealen Turnus gibt es nicht. Dieser hängt von den Umständen des Einzelfalls ab. In der Praxis erfolgt die Zielfestlegung meist für ein Jahr. Kürzere Perioden erscheinen angesichts des von der Gesellschaft zu betreibenden Aufwands, die Ziele festzulegen und nach Ablauf des Zeitraums die Zielerreichung festzustellen, wenig effektiv. Auch kann der Erreichungsgrad im Hinblick auf Unternehmensziele oftmals vor Ende des Geschäfts- oder Kalenderjahres nicht bestimmt werden. Je länger dagegen der Berechnungszeitraum ist, umso weniger flexibel ist die Gesellschaft für die Anpassung des Zielvereinbarungssystems an die aktuelle Situation.

Das Formular knüpft an das Geschäftsjahr an. Alternativ kann auch auf das Kalenderjahr oder einen anderen Berechnungszeitraum abgestellt werden. Weicht das Geschäftsjahr vom Kalenderjahr ab, empfiehlt es sich, auf ersteres abzustellen, damit die Erreichung der Unternehmensziele für den Berechnungszeitraum ohne die Aufstellung etwaiger Zwischenbilanzen festgestellt werden kann. Wird das Kalenderjahr gewählt, ist darauf zu achten, dass dieses durchgängig in die Regelung im Arbeitsvertrag zur Zielvereinbarung (dieses Formular), in den Rahmenvertrag zur Zielvereinbarung (→ Form. A. III. 9) und in die Zielfestlegung (→ Form. A. III. 10) übernommen wird.

9. Rahmenvertrag zur Zielvereinbarung

Rahmenvertrag

zwischen

...... (Name und Anschrift des Arbeitgebers) „Gesellschaft"

und

Herrn ...... (Name und Anschrift des Arbeitnehmers) „Mitarbeiter"

§ 1 Gegenstand der Vereinbarung[1]

(1) Der Mitarbeiter kann neben dem Grundgehalt als variable Vergütung einen Bonus erhalten (§ ...... Abs. ...... des Arbeitsvertrags vom ......).

(Alternative:

(1) Der Mitarbeiter kann neben dem Grundgehalt als variable Vergütung einen Bonus erhalten. Mit dieser Vereinbarung werden die Regelungen zur ...... (vgl. § ...... Abs. ...... des Arbeitsvertrages vom ......) abgelöst.)[2]

(2) Die Höhe des Bonus beträgt bei 100 Prozent Zielerreichung ...... EUR (in Worten: ...... Euro) brutto („Zielbonus").[3] Die Regelungen in §§ 5 bis 7 bleiben hiervon unberührt.

(3) Diese Vereinbarung regelt die allgemeinen Anspruchsvoraussetzungen und die Verfahrensweise zur Bemessung und Auszahlung des Bonus.

§ 2 Ziele

(1) Der Bonus hängt von der Erreichung von Zielen ab. Die Ziele setzten sich aus Unternehmenszielen und persönlichen Zielen zusammen.[4]

(2) Die Art der Ziele, die Voraussetzungen für ihre Erreichung und ihre Gewichtung für die Bemessung des Bonus werden für jedes Geschäftsjahr[5] in einer gesonderten Zielfestlegung[6] näher konkretisiert.

§ 3 Verfahren zur Zielfestlegung

(1) Spätestens im vierten Quartal des Geschäftsjahrs werden die Art der Unternehmensziele und die Voraussetzungen für ihre Erreichung für das folgende Geschäftsjahr durch die Gesellschaft nach billigem Ermessen[7] festgelegt und in der Zielfestlegung niedergelegt. Nimmt der Mitarbeiter seine Tätigkeit für die Gesellschaft unterjährig auf, wird dieses Verfahren für das laufende Geschäftsjahr innerhalb von einem Monat ab der Tätigkeitsaufnahme für den Rest des laufenden Geschäftsjahrs durchgeführt.[8]

(2) Spätestens im vierten Quartal des Geschäftsjahrs werden die Art der persönlichen Ziele, die Voraussetzungen für ihre Erreichung sowie die Gewichtung der Unternehmensziele und persönlichen Ziele für die Bemessung des Bonus für das folgende Geschäftsjahr

in einem Zielvereinbarungsgespräch zwischen der Gesellschaft und dem Mitarbeiter einvernehmlich festgelegt[9] und in der Zielfestlegung niedergelegt. Nimmt der Mitarbeiter seine Tätigkeit für die Gesellschaft unterjährig auf, wird dieses Verfahren für das laufende Geschäftsjahr innerhalb von einem Monat ab der Tätigkeitsaufnahme für den Rest des laufenden Geschäftsjahrs durchgeführt.[10]

(3) Kann im Zielvereinbarungsgespräch über die Art der persönlichen Ziele, die Voraussetzungen für ihre Erreichung und/oder die Gewichtung der Unternehmensziele und/oder der persönlichen Ziele für die Bemessung des Bonus keine Einigung erreicht werden, erfolgt insoweit die Festlegung durch die Gesellschaft nach billigem Ermessen.[11]

(4) Der Mitarbeiter hat keinen Anspruch auf die Festlegung bestimmter Arten von Unternehmenszielen und persönlichen Zielen, bestimmter Voraussetzungen für deren Erreichung oder einer bestimmten Gewichtung der Unternehmensziele und persönlichen Ziele für die Bemessung des Bonus, auch wenn für mehrere Berechnungszeiträume insoweit gleiche oder ähnliche Faktoren festgelegt wurden.[12]

(Optional:

(5) Zeigt sich während des laufenden Geschäftjahrs, dass die Zielerreichung aufgrund der Änderung wesentlicher Umstände unmöglich ist, können die Parteien auch rückwirkend eine Änderung der festgelegten Ziele vereinbaren. Ein Anspruch des Mitarbeiters auf eine solche Vereinbarung besteht nicht.)[13]

§ 4 Feststellung der Zielerreichung und Ermittlung der Bonushöhe

(1) Im dritten Quartal des Geschäftsjahrs soll ein Zielkontrollgespräch zwischen dem Mitarbeiter und der Gesellschaft stattfinden, in welchem der voraussichtliche Grad der Erreichung der persönlichen Ziele für dieses Geschäftsjahr besprochen wird.

(2) Innerhalb von drei Monaten nach Feststellung und Vorliegen des Jahresabschlusses stellt die Gesellschaft die Erreichung der Ziele fest und ermittelt die Höhe des Bonus. Soweit der Gesellschaft bei der Feststellung des Grads der Erreichung der Ziele ein Beurteilungsspielraum verbleibt, erfolgt die Feststellung nach billigem Ermessen.[14]

(4) Der Bonus wird anhand des Grads der Erreichung der in der Zielfestlegung bestimmten Ziele sowie der dort festgelegten Gewichtung der einzelnen Ziele zueinander errechnet.

(5) Bei einer Zielerreichung von 100 Prozent besteht ein Anspruch auf Bonus in Höhe des Zielbonus.

(6) Bei einer Zielerreichung von über 100 Prozent (Übererfüllung) erhöht sich der Bonus gemäß der Staffelung in der Zielfestlegung, maximal jedoch auf den dort genannten Höchstbetrag.[15]

(7) Bei einer Zielerreichung von unter 100 Prozent (Untererfüllung) entsteht der Anspruch auf Bonus nur bei Erreichung des in der Zielfestlegung genannten Mindestziels.[16] Die Höhe des Bonus richtet sich dann nach der Staffelung in der Zielfestlegung.

(Optional:

(8) Für das Geschäftsjahr . . . . . . wird dem Mitarbeiter ein Betrag von . . . . . . EUR (in Worten: . . . . . . Euro) brutto als Bonus garantiert.)[17]

§ 5 Fehlzeiten und Ruhen des Arbeitsverhältnisses

(1) Bei der Feststellung der Erreichung der persönlichen Ziele sind krankheitsbedingte Fehlzeiten des Mitarbeiters, in denen ihm ein Entgeltfortzahlungsanspruch nach dem

Entgeltfortzahlungsgesetz (EFZG) zusteht, zu berücksichtigten. Insoweit ist der Zielerreichungsgrad zu ermitteln, den der Mitarbeiter erreicht hätte, wenn er während dieser Zeit gearbeitet hätte.[18]

(2) Für krankheitsbedingte und anderweitige Fehlzeiten, in denen kein gesetzlicher Entgeltfortzahlungsanspruch besteht, wird der Zielbonus gemäß § 1 Abs. (2) zeitanteilig gekürzt.[19] Die Regelungen in § 4 bleiben hiervon unberührt.

(3) Für Zeiten, in denen das Arbeitsverhältnis ruht (z.B. wegen Elternzeit) wird der Zielbonus gemäß § 1 Abs. (2) zeitanteilig gekürzt. Die Regelungen in § 4 bleiben hiervon unberührt.[20]

§ 6 Unterjähriger Ein- und Austritt und Freistellung

(1) Nimmt der Mitarbeiter unterjährig seine Tätigkeit für die Gesellschaft auf oder wird das Arbeitsverhältnis unterjährig beendet, wird der Zielbonus gemäß § 1 Abs. (2) zeitanteilig gekürzt. Die Regelungen in § 4 bleiben hiervon unberührt. Ein Anspruch auf Erstellung einer Zwischenbilanz für den Zeitpunkt der Aufnahme der Tätigkeit oder der Beendigung des Arbeitsverhältnisses besteht nicht.[21]

(2) Für Zeiten, in denen der Mitarbeiter einvernehmlich oder berechtigt einseitig durch die Gesellschaft von seiner Arbeitspflicht freigestellt ist, wird der Zielbonus gemäß § 1 Abs. (2) zeitanteilig gekürzt. Die Regelungen in § 4 bleiben hiervon unberührt.[22]

§ 7 Außerordentliche Kündigung

Im Falle einer unberechtigten außerordentlichen Kündigung durch den Mitarbeiter oder einer berechtigten außerordentlichen verhaltensbedingten Kündigung durch die Gesellschaft entfällt der gesamte Bonusanspruch für das laufende Geschäftsjahr.[23]

§ 8 Fälligkeit

Der Bonus wird mit Ablauf von drei Monaten nach Feststellung und Vorliegen des Jahresabschlusses der Gesellschaft zur Zahlung fällig. Er wird mit der nächstmöglichen, darauf folgenden Gehaltsabrechnung ausgezahlt.[24]

§ 9 Änderungs- und Widerrufsvorbehalt[25]

(1) Die Gesellschaft ist berechtigt, die Verpflichtung zur Zahlung eines Bonus nach den vorstehenden Regelungen jederzeit für die Zukunft mit Wirkung zum Ablauf des Geschäftsjahrs aus sachlichen Gründen, also aufgrund der wirtschaftlichen Entwicklung der Gesellschaft, der Leistung oder des Verhaltens des Mitarbeiters, zu ändern oder ganz zu widerrufen, sofern dies dem Mitarbeiter zumutbar ist.

(2) Ein sachlicher Grund im Sinne von Abs. (1) liegt insbesondere vor, wenn

- nach einer Erprobungszeit von ...... Jahren das Unternehmensergebnis vor Steuern nicht um insgesamt ...... Prozent gesteigert wird und/oder
- es der Gesellschaft aufgrund einer schlechten wirtschaftlichen und konjunkturellen Lage nicht zumutbar ist, weiterhin am Bonussystem festzuhalten.

§ 10 Schlussbestimmungen[29]

......	......
Ort, Datum	Ort, Datum
......	......
Unterschrift der Gesellschaft	Unterschrift des Mitarbeiters

Anmerkungen

1. Rahmenvertrag zur Zielvereinbarung. Aufgrund des Umfangs der erforderlichen Regelungen zum Verfahren der Zielfestlegung und der Feststellung der Zielerreichung ist es empfehlenswert, die Rahmenregelungen zur Zielvereinbarung in eine separate Vereinbarung auszugliedern.

Das Formular setzt sich aus **vorformulierten Vergütungsbedingungen** zusammen und soll i.d.R. nicht nur im Einzelfall verwendet werden. Es wird meist ohne Vertragsverhandlung akzeptiert werden. Die Bestimmungen unterliegen als Allgemeine Geschäftsbedingungen der AGB-Kontrolle (§§ 305 ff. BGB). Zu beachten sind insbesondere die Unklarheitenregelung (§ 305c Abs. 2 BGB) und das Transparenzgebot (§ 307 Abs. 1 S. 2 BGB).

2. Ablösung anderer Vergütungsbestandteile. Die Alternative ist für den Fall vorgesehen, dass ein Zielvereinbarungssystem nachträglich eingeführt wird und bisher gewährte Vergütungsbestandteile ablöst werden sollen (z.B. 13. Monatsgehalt, Gratifikation). Diese klarstellende Klausel sollte vorsorglich auch dann verwendet werden, wenn sich der Arbeitgeber von den früheren Vergütungsbestandteilen durch ein Flexibilisierungsinstrument (z.B. Freiwilligkeits- oder Widerrufsvorbehalt) gelöst hat. Eine ausdrückliche vertragliche Regelung vermeidet Streitigkeiten, ob eine einseitige Lösung möglich war.

3. Zielbonus. → Form. A. III. 8 Anm. 2. Es ist strikt darauf zu achten, dass der Betrag des Zielbonus im Rahmenvertrag zur Zielvereinbarung (dieses Formular) identisch ist mit dem Betrag des Zielbonus in der Regelung im Arbeitsvertrag zur Zielvereinbarung (→ Form. A. III. 8).

4. Ziele. Unternehmensziele knüpfen nur indirekt an die Leistung des einzelnen Mitarbeiters an, weil sein Einfluss auf den Erfolg des gesamten Unternehmens meist nur schwer feststellbar ist. Unter Berücksichtigung des allgemeinen arbeitsrechtlichen **Gleichbehandlungsgrundsatzes** müssen identische Ziele für die Mitarbeiter festgelegt werden, soweit nicht sachliche Gründe dafür sprechen, für verschiedene Mitarbeitergruppen (vgl. zur Gruppenbildung BAG NZA 2012, 1307) unterschiedliche Unternehmensziele zu bestimmen (vgl. BAG BeckRS 2013, 71104). Ebenso ist bei möglichen Bereichszielen für die Mitarbeiter desselben Unternehmensbereichs zu verfahren. Dagegen sind Differenzierungen bei der Höhe des Zielbonus und bei den persönlichen Zielen leichter möglich. Denn aufgrund der individuellen Situation, insbesondere der Fähigkeiten und Kenntnisse des Mitarbeiters, wird hier i.d.R. ein sachlicher Grund für eine unterschiedliche Festlegung gegeben sein.

Persönliche Ziele können zum einen sog. **„weiche" Ziele** sein, deren Bewertung objektiven Kriterien weitgehend entzogen ist, z.B. Kundenzufriedenheit, Führungsqualität, Teamfähigkeit, Weiterentwicklung der eigenen Fähigkeiten. Vor allem hier ist das Transparenzgebot zu beachten (§ 307 Abs. 3 S. 2 i.V.m. Abs. 1 S. 2 BGB). Es sollte deshalb darauf Wert gelegt werden, dass auch die qualitativen Ziele möglichst an messbare Faktoren geknüpft werden (z.B. maximale Anzahl von Kundenbeschwerden pro Monat). Sollen „weiche" Ziele in die Zielfestlegung aufgenommen werden, ist es nicht einfach, am Ende des Berechnungszeitraums den Grad der Zielerreichung zu bestimmen (vgl. *Mauer* NZA 2002, 540, 541). Vorzugswürdig ist deshalb die Vereinbarung sog. **„harter" Ziele.** Bei diesen kann der Grad der Zielerreichung direkt anhand von objektiven und messbaren Kriterien ermittelt werden (z.B. erfolgreicher Abschluss eines Projekts, erzielte Umsätze und Akquisitionserfolge).

5. Berechnungszeitraum. → Form. A. III. 8 Anm. 5.

6. Gesonderte Zielfestlegung. Eine Aufteilung in einen allgemeinen Rahmenvertrag zur Zielvereinbarung und separate jährliche Zielfestlegungen erscheint sinnvoll, da eine größere Flexibilität für die Gesellschaft erreicht wird. Der Mitarbeiter hat durch die Verweisung im Arbeitsvertrag und den Rahmenvertrag zur Zielvereinbarung Gewissheit über die grundsätzliche Zusammensetzung der Vergütung. Die Gesellschaft hat die Möglichkeit, durch Anpassungen (z. B. an die aktuelle Marktlage und die Unternehmenssituation) die jährliche Zielfestlegung vorzunehmen, ohne sämtliche Vertragsbestandteile erneut verhandeln und vereinbaren zu müssen.

7. Einseitige Festlegung der Unternehmensziele. Das Formular sieht eine Festlegung der Unternehmensziele im letzten Quartal eines Jahres für das Folgejahr vor. Die Erreichung der Unternehmensziele ist nicht von den besonderen Fähigkeiten und Kenntnissen des Mitarbeiters abhängig. Auch ist häufig das Interesse der Gesellschaft vorhanden oder es besteht aufgrund des allgemeinen arbeitsrechtlichen Gleichbehandlungsgrundsatzes eine entsprechende Pflicht (→ Anm. 4), diese Ziele – vorbehaltlich sachlicher Gründe für eine unterschiedliche Behandlung – einheitlich vorzugeben und nicht zur Disposition zu stellen. Das Formular sieht deshalb eine einseitige Festlegung durch die Gesellschaft vor. Da sich der Arbeitgeber auf diese Weise ein einseitiges Leistungsbestimmungsrecht vorbehält, ist die Festlegung an **billiges Ermessen** geknüpft (§ 315 Abs. 1 BGB). Die Festlegung durch den Arbeitgeber unterliegt daher der gerichtlichen Billigkeitskontrolle (vgl. BAG NZA 2008, 409; BAG BeckRS 2013, 71104). Die Darlegungs- und Beweislast dafür, dass die Leistungsbestimmung der Billigkeit entspricht, trägt der Arbeitgeber (BAG AP BGB § 315 Nr. 107; BAG NZA 2013, 148).

8. Zielfestlegung bei unterjährigem Eintritt. Das Formular sieht eine turnusmäßige Festlegung der Ziele vor Beginn des Geschäftsjahrs vor (→ Anm. 7). Für unterjährig eintretende Mitarbeiter erfolgt die Zielfestlegung innerhalb von einem Monat nach der Tätigkeitsaufnahme.

Abs. (1) S. 2 ist zu streichen, wenn der Bonus erst in dem auf die Einstellung folgenden Geschäftsjahr gezahlt werden soll (→ Form. A. III. 8 Anm. 3).

9. Einvernehmliche Festlegung der persönlichen Ziele und Zielgewichtung. Das Formular geht von einer einverständlichen Bestimmung der persönlichen Ziele und der Gewichtung der Unternehmensziele sowie der persönlichen Ziele für die Bemessung des Bonus aus. Hierzu sind Zielvereinbarungsgespräche rechtzeitig zu führen. Im Sinne eines ständigen kontinuierlichen Verbesserungsprozesses soll auch der Mitarbeiter seine Erfahrungen einbringen können, auf welche Weise er am besten zur Verwirklichung der übergeordneten Unternehmensziele beitragen kann. Dabei kommt es entscheidend auf die Fähigkeiten und Kenntnisse des Mitarbeiters an. Schließlich soll der Mitarbeiter an den persönlichen Zielen auch seine Tätigkeit ausrichten. Eine einverständliche Festlegung erhöht zudem die Transparenz und Akzeptanz des Zielsystems sowie die Motivation des Mitarbeiters.

Werden die persönlichen Ziele und die Zielgewichtung vereinbart, **entfällt die Kontrolle nach § 315 BGB,** weil es dann an einem einseitigen Leistungsbestimmungsrecht des Arbeitgebers fehlt (BAG NZA 2008, 409). Entgeltabreden sind lediglich am Transparenzgebot zu messen (§ 307 Abs. 3, 1 S. 2 BGB). Eine Überprüfung der einvernehmlichen Festlegung der persönlichen Ziele und der Zielgewichtung ist im Hinblick auf die hierin enthaltende Vergütungschance daher nur auf Vorliegen von Sittenwidrigkeit möglich (§ 138 Abs. 1 BGB; vgl. *Mohnke,* Zielvereinbarungen im Arbeitsverhältnis, S. 113 ff.). Soweit es nicht um die Vergütungshöhe und die Ziele für die Bemessung der zu zahlenden Vergütung geht, verbleibt es bei der AGB-Kontrolle.

10. Zielfestlegung bei unterjährigem Eintritt. → Anm. 8.

11. Regelung für Nichteinigung. Aus der Zielvereinbarung ergibt sich die vertragliche **Nebenpflicht,** Gespräche mit dem Mitarbeiter zu führen und mit diesem die Ziele für den jeweiligen Berechnungszeitraum festzulegen. Hierfür muss der Arbeitgeber erreichbare Ziele anbieten. Verletzt der Arbeitgeber diese Nebenpflicht, ist er zum **Schadenersatz** verpflichtet (vor Ablauf des Berechnungszeitraums aus § 280 Abs. 1 BGB, nach Ablauf des Berechnungszeitraums nach §§ 280 Abs. 3, 283 S. 1 BGB; vgl. BAG NZA 2008, 409; BAG NZA 2009, 256). Vor dem Ablauf des Berechnungszeitraums besteht daneben ein entsprechender Erfüllungsanspruch. Die Nebenpflicht besteht selbst dann, wenn vertraglich geregelt ist, dass im Fall einer unterbliebenen Zielvereinbarung die für das Vorjahr vereinbarten Ziele weiter gelten sollen (BAG NZA 2010, 1009). In diesem Fall kann es bereits genügen, dass der Arbeitgeber die Ziele aus der Zielvereinbarung des Vorjahres anbietet. Voraussetzung ist dann aber, dass sich die maßgebenden Umstände nicht wesentlich verändert haben und das Erreichen der Ziele dem Mitarbeiter nach wie vor möglich ist (BAG NZA 2009, 256).

Die Rechtsprechung geht davon aus, dass der Mitarbeiter den vereinbarten Bonus i. d. R. als entgangenen Gewinn verlangen kann (§ 252 S. 1 BGB). Insoweit kommen für den Mitarbeiter Erleichterungen bei der **Darlegungs- und Beweiserleichterung** in Betracht. Er muss nur die Umstände darlegen, aus denen sich nach dem gewöhnlichen Verlauf der Dinge oder den besonderen Umständen des Einzelfalles die Wahrscheinlichkeit der Zielerreichung ergibt (§ 252 S. 2 BGB). Insoweit werden keine strengen Anforderungen gestellt (BAG NZA 2008, 409; BAG NZA 2009, 256). Trifft den Mitarbeiter ein Mitverschulden, dass keine Zielvereinbarung abgeschlossen wurde, kann dies zu einer Kürzung des Schadenersatzanspruchs führen (§ 254 BGB). Nicht entschieden wurde durch die Rechtsprechung, ob diese Grundsätze auch dann gelten, wenn die Möglichkeit vorgesehen ist, einen 100 Prozent übersteigenden Bonus zu erzielen. Es besteht das Risiko, dass die Rechtsprechung den pauschalen Hinweis auf einen entgangenen Gewinn auch genügen lässt, um einen Schadenersatz in Höhe der vereinbarten Obergrenze zu verlangen. Es empfiehlt sich deshalb für den Arbeitgeber dringend, Zielvereinbarungsgespräche rechtzeitig zu führen. Andernfalls läuft er Gefahr, dass der Mitarbeiter geltend macht, die Möglichkeit zur vollständigen Zielerreichung sei ihm genommen worden und ihm deshalb vom Arbeitsgericht der maximal erreichbare Bonus zugesprochen wird.

Finden Gespräche statt, wird aber **keine Einigung** erzielt, stellt sich die Frage, welche Ziele und welche Gewichtung nun gelten. Im Formular ist für diesen Fall vorgesehen, dass der Gesellschaft die **Letztentscheidung** verbleibt. Es handelt sich dabei um eine sinnvolle **Auffangregelung.** Die einseitige Zielfestlegung durch die Gesellschaft unterliegt einer gerichtlichen Billigkeitskontrolle gemäß § 315 Abs. 1 BGB (→ Anm. 7).

12. Betriebliche Übung. Diese Formulierung soll eine betriebliche Übung vermeiden, wenn in mehreren Jahren die gleichen Ziele vereinbart wurden (vgl. *Mauer* NZA 2002, 540, 543).

13. Nachträgliche Änderung. Während des Berechnungszeitraums mögen Umstände eintreten, die die festgelegten Ziele unerreichbar machen (z. B. unerwartet starker Umsatzeinbruch, Ausscheiden mehrerer Leistungsträger). Im Interesse einer konsensualen Lösung ist im Formular vorgesehen, dass die Parteien in solchen Fällen eine Änderung der festgelegten Ziele vereinbaren können. Durch eine derartige Nachverhandlung und gegebenenfalls erneute Einigung werden wiederum die Transparenz des Systems und die ihm innewohnende Motivationswirkung verstärkt. Soweit eine neue Vereinbarung geschlossen wird, „überholt" diese die bisherigen Festlegungen.

Alternativ wäre denkbar, der Gesellschaft bei unvorhergesehenen Umständen eine einseitige Änderungsmöglichkeit einzuräumen. Eine solche Klausel wäre als Änderungsvorbehalt auszulegen. Hierfür müssten die für den Änderungs- und Widerrufsvorbehalt geltenden Anforderungen beachtet werden (→ Anm. 25).

Grundsätzlich hat der Arbeitgeber keine Pflicht, seine Organisation so zu gestalten, dass der Mitarbeiter ein maximales variables Entgelt erzielen kann (BAG BB 2012, 571). Die variable Vergütung ist ihrem Wesen nach in der Höhe von Einflüssen des Marktes, der Organisation des Arbeitgebers oder solchen, die von der Person des Mitarbeiters ausgehen, abhängig. Zur Klarstellung ist im Formular deshalb geregelt, dass der Mitarbeiter keinen eigenständigen Anspruch auf eine Anpassung der Ziele hat. Eine Pflicht zur Anpassung besteht nur in den seltenen Fällen der **Störung der Geschäftsgrundlage** (§ 313 BGB). Zwar wird dem Mitarbeiter durch die Zielvereinbarung ein konkreter Bezug nicht nur zum Erfolg, sondern auch zum Misserfolg des Unternehmens und seiner Leistung vermittelt. Negativ wirkende nachträgliche Umstände wirken sich nach der vertraglichen Regelung zu seinen Lasten aus. Fallen diese Umstände allerdings ausnahmsweise in die Risikosphäre beider Vertragsparteien, kommt eine Anpassung des Zielsystems an die geänderte Lage in Betracht. Dabei ist dann zu berücksichtigen, was die Parteien festgelegt hätten, wenn der überraschend hinzutretende Umstand bereits bekannt gewesen wäre.

14. Zielfeststellung. Der Bonus kann nicht vor Feststellung der Zielerreichung ausgezahlt werden. Für die Ermittlung der Erreichung von Unternehmenszielen ist oft das Vorliegen des Jahresabschlusses erforderlich. Bei persönlichen Zielen muss gegebenenfalls eine Beurteilung erstellt werden. Das Formular gibt hierfür ausreichend Spielraum. Es ist vorgesehen, dass die Erreichung der Ziele innerhalb von drei Monaten nach Feststellung und Vorliegen des Jahresabschlusses festzustellen ist. Die Vereinbarung eines kürzeren oder längeren Zeitraums ist möglich. In diesem Fall ist jedoch darauf zu achten, dass auch die Regelung zur Fälligkeit angepasst wird (vgl. § 8 und → Anm. 24).

Praktische Schwierigkeiten können dann auftreten, wenn sich Arbeitgeber und Mitarbeiter uneins sind, in welchem Maß ein bestimmtes Ziel erreicht worden ist. Es stellt sich dann die Frage, wen die **Darlegungs- und Beweislast** trifft. Erfolgt die Feststellung der Zielerreichung, insbesondere im Rahmen einer **Beurteilung,** einseitig durch den Arbeitgeber, muss er darlegen und beweisen, dass er billiges Ermessen eingehalten hat (BAG NZA 2013, 1150). Es gilt eine abgestufte Darlegungslast. Maßgeblich sind zunächst die Beurteilungen in der Zielvereinbarung. Erst wenn der Mitarbeiter bestimmte Bewertungen bestreitet, ist der Arbeitgeber verpflichtet, diese in einem Tatsachenvortrag substanziiert zu begründen. Der Arbeitgeber muss also seine Wertungen soweit wie möglich konkretisieren und plausibel machen. Dem Arbeitgeber verbleibt hierbei ein Beurteilungsspielraum. Geht es dagegen um die Erreichung sog. „harter" Ziele (z. B. Umsatz- oder Kundenzahlen, die Durchführung bestimmter Veranstaltungen etc.) so ist ein konkreter Vortrag des Arbeitgebers möglich und erforderlich.

Umstritten ist dagegen, wer die Darlegungs- und Beweislast trägt, wenn in der Zielvereinbarung abschließend alle Faktoren und deren finanzielle Auswirkungen bestimmt sind, so dass **kein Ermessensspielraum** verbleibt. Teilweise wird vorgeschlagen, die von der Rechtsprechung für Zeugnisrechtsstreitigkeiten entwickelten Regeln entsprechend heranzuziehen. Danach trägt der Mitarbeiter die Darlegungs- und Beweislast für eine überdurchschnittliche und der Arbeitgeber die Darlegungs- und Beweislast für eine unterdurchschnittliche Beurteilung (vgl. *Mauer* NZA 2002, 540, 549). Nach der Gegenauffassung trägt der Mitarbeiter die volle Beweislast für die Zielerreichung (vgl. LAG Hamm BeckRS 2011, 78965; *Behrens/Rinsdorf* NZA 2003, 364; *Mohnke,* Zielvereinbarungen im Arbeitsverhältnis, S. 298 ff.). Das Bundesarbeitsgericht hat eine Entscheidung zu dieser Frage ausdrücklich offen gelassen (BAG NZA 2013, 1150).

Um etwaige Streitigkeiten über den Grad der Zielerreichung sachgerecht zu lösen, wird teilweise vorgeschlagen, eine **Schiedsklausel** zu vereinbaren (vgl. *Mauer* NZA 2002, 540, 549). Hiervon wurde im Formular abgesehen, weil ein Schiedsverfahren aufwendig ist und eine gerichtliche Überprüfung weiter möglich bleibt.

15. Übererfüllung. Den Fall der „Übererfüllung" zusätzlich zu belohnen, hat den Vorteil, dass auch bei vorzeitiger Erreichung des Jahresziels weiterhin ein Leistungsanreiz für besonders erfolgreiche Mitarbeiter existiert. Um den Bonus für die Gesellschaft nicht unkalkulierbar zu machen, sollte eine **Obergrenze** vereinbart werden. Das Formular sieht hierfür eine Regelung in der gesonderten Zielfestlegung vor (→ Form. A. III. 10, dort unter Ziff. 3 Abs. (2) und → Anm. 11).

16. Untererfüllung. Eine fehlende Zielerreichung führt an sich dazu, dass kein Anspruch auf einen Bonus entsteht. Etwas anderes gilt nur, wenn für Fälle der **„Untererfüllung"** – wie im Formular geschehen – eine Staffelung des Bonus vorgesehen wird. Dann sollte aber immer ein **Mindestziel** festgelegt werden, bei dessen Unterschreitung kein Anspruch auf einen Bonus besteht.

17. Garantiebonus. Es kann sinnvoll sein, dem Mitarbeiter einen gewissen Bonusbetrag fest zuzusagen. Das gilt vor allem bei der erstmaligen Einführung des Zielsystems (für das Jahr der Einführung des Systems) oder im Jahre der Einstellung des Mitarbeiters (zu den regulatorischen Grenzen vgl. § 3 Abs. 7 InstitutsVergV; § 4 Abs. 2 S. 3 VersVergV). Teilweise werden Garantien aber auch gewährt, wenn feste Vergütungsbestandteile in einen Bonus umgewandelt werden. Hierdurch wird eine finanzielle Absicherung des Mitarbeiters bewirkt, die Akzeptanz des Systems gewährleistet und das Vertrauen des Mitarbeiters in das System gestärkt.

18. Auswirkungen von Krankheit bei persönlichen Zielen. Soweit von Teilen der Literatur davon ausgegangen wird, dass krankheitsbedingte Fehlzeiten bei der Berechnung außer Betracht zu bleiben haben, weil nur bei vollständiger Zielerreichung der Zielbonus geschuldet sei (vgl. *Kolmhuber* ArbRB 2003, 117, 118; *Bauer/Diller/Göpfert* BB 2002, 882, 885), kann dem nicht gefolgt werden. Etwas anderes ergibt sich bereits aus § 4 Abs. 1a S. 2 EFZG, wonach bei einer arbeitsleistungsbezogenen Vergütung der erzielbare Durchschnittsverdienst bei der Berechnung der Entgeltfortzahlung zugrunde zu legen ist. Aufgrund des zwingenden Charakters der §§ 3, 4 EFZG sind abweichende Vereinbarungen nicht zulässig (§ 12 EFZG). Bei Krankheitsfehlzeiten mit Entgeltfortzahlungsanspruch ist daher fiktiv zu ermitteln, wie hoch die Zielerreichung und damit der Bonus ohne die Fehlzeit gewesen wäre (vgl. *Berwanger* BB 2003, 1499, 1503; *Lindemann/Simon* BB 2002, 1807, 1813 f.; *Mohnke,* Zielvereinbarungen im Arbeitsverhältnis, S. 288 ff.). Dies kann jedoch nicht schematisch dadurch geschehen, dass das vorgegebene Ziel entsprechend der Fehltage herab- oder die Bonuszahlung entsprechend heraufgesetzt wird. § 4 Abs. 1 EFZG liegt das Lohnausfallprinzip zugrunde. Dies bedeutet, dass der Mitarbeiter so gestellt werden muss, als hätte er während der Fehlzeit seine Arbeitsleistung erbringen können. Dann hätte er die Möglichkeit gehabt, die persönlichen Ziele zu erreichen. Also bedarf es einer hypothetischen Betrachtung. Im Einzelfall kann diese auch dazu führen, dass keine Anhebung des Bonus erforderlich ist, weil sich beispielsweise kurze Abwesenheitszeiten nicht ausgewirkt haben oder der Arbeitgeber über eine Krankheitsvertretung etwaige Einbußen verhindert hat.

Bei Unternehmenszielen bedarf es der genannten hypothetischen Betrachtung nicht. Hier ist ein Einfluss von Fehlzeiten im Regelfall nicht messbar. Der Ausfall des Mitarbeiters wird i. d. R. durch die Kollegen, durch Vertretung oder Leistung von Mehrarbeit abgedeckt. Das nach der Zielvereinbarung zu erreichende Ziel kann aber nur dann einer bestimmten Arbeitsleistung zugeordnet werden, wenn es durch die Arbeit des Mitarbeiters überhaupt beeinflussbar ist. Eine Erkrankung wirkt sich daher im Zweifel nicht negativ auf die Erreichung von Unternehmenszielen aus (vgl. zur Beeinflussbarkeit bei Umsatzvorgaben *Gaul* BB 1998, 101 unter Besprechung von LAG Berlin NZA 1997, 224).

19. Fehlzeiten ohne Entgeltfortzahlungsanspruch. Für Fehlzeiten, in denen kein Entgeltfortzahlungsanspruch besteht, ist eine **zeitanteilige Kürzung** des Zielbonus vorgesehen.

Soweit man in der Zahlung des Bonus eine Vergütung mit reinem Entgeltcharakter sieht, ergibt sich dies auch ohne entsprechende Kürzungsvereinbarung. Zur Klarstellung ist die Aufnahme einer entsprechenden Regelung jedoch ratsam. Der Hinweis in § 5 Abs. (2) S. 2 des Formulars, demzufolge die Regelungen in § 4 unberührt bleiben, soll dem Missverständnis vorbeugen, dass bei krankheitsbedingten und anderweitigen Fehlzeiten ohne Entgeltfortzahlungsanspruch stets der pro rata temporis gekürzte Zielbonus zu zahlen wäre. Vielmehr wird zunächst der Zielbonus pro rata temporis gekürzt und dann auf Basis dieser neuen Berechnungsgrundlage der konkret geschuldete Bonus errechnet.

20. Ruhen des Arbeitsverhältnisses. Da ein Bonus nur dann gezahlt werden soll, wenn der Mitarbeier tatsächlich gearbeitet hat, sieht das Formular für Ruhenszeiten eine **zeitanteilige Kürzung** des Zielbonus vor. Bei „harten" persönlichen Zielen wird sich das Problem zwar häufig nicht stellen, weil diese Ziele ohne Arbeitsleistung nicht erreicht werden können. Anders verhält es sich dagegen bei Unternehmenszielen. Die Gesellschaft kann auch im Ruhenszeitraum ein gutes Unternehmensergebnis erreichen. Regelmäßig hat sie jedoch kein Interesse, einen Mitarbeiter, der nicht einmal mittelbar durch seine Arbeitsleistung hierzu beigetragen hat, daran zu beteiligen.

21. Unterjähriger Ein- und Austritt. Durch die **zeitanteilige Kürzung** des Zielbonus als Bezugsgröße für die Bemessung des Bonus wird das Recht des Mitarbeiters zur Kündigung nicht in unzulässiger Weise eingeschränkt (vgl. § 622 Abs. 6 BGB). Die Zahlung des Bonus ist auf das Jahr bezogen. Durch die Regelung verbleibt dem Mitarbeiter der auf seine Beschäftigungszeit entfallende Teil der variablen Vergütung.

Stichtagsregelungen, die den Bonus bei einem unterjährigen Ausscheiden ausschließen, sind unzulässig (BAG NZA 2008, 40; BAG NZA 2013, 1150; a. A. offenbar BAG NZA 2009, 783; LAG Köln BeckRS 2010, 68826; zur Unzulässigkeit einer Stichtagsregelung in einer Betriebsvereinbarung vgl. BAG NZA 2011, 989; BAG AP BetrVG 1972 § 87 Lohngestaltung Nr. 139; zu Stichtagsregelungen → Form. A. III. 5 Anm. 12). Eine entsprechende Klausel wurde daher nicht aufgenommen.

Etwas komplizierter liegen die Dinge beim unterjährigen Eintritt. Hier ist in § 1 Abs. (2) der Betrag des für das gesamte Jahr erreichbaren Zielbonus anzugeben. Infolge der Regelung in § 6 Abs. (1) kürzt sich dieser dann wieder entsprechend dem Zeitraum der „verspäteten" Aufnahme der Tätigkeit des Mitarbeiters. Gemäß § 3 Abs. (1) S. 2 hat die Gesellschaft dann die Unternehmensziele und die Voraussetzungen für ihre Erreichung innerhalb eines Monats ab Tätigkeitsaufnahme für den Rest des laufenden Jahres festzulegen. Gemäß § 3 Abs. (2) S. 2 soll die Zielvereinbarung hinsichtlich der persönlichen Ziele für das laufende Jahr ebenfalls innerhalb dieses Zeitraums erfolgen. Gemäß § 4 ist dann die Zielerreichung festzustellen und die Bonushöhe unter Zugrundelegung des pro rata temporis gekürzten Zielbonus zu ermitteln. Wurde von der Möglichkeit Gebrauch gemacht, den Bonus erst in dem auf die Einstellung folgenden Geschäftsjahr zu zahlen (→ Form. A. III. 8 Anm. 3), ist der Fall des Eintritts in § 6 Abs. (1) zu streichen.

Zwar hat der Mitarbeiter auch bei Fehlen einer entsprechenden Regelung keinen Anspruch auf Erstellung einer **Zwischenbilanz** bei unterjährigem Ein- oder Austritt. Denn ein solcher Anspruch besteht nur, wenn dies ausdrücklich vereinbart worden ist (vgl. BAG DB 1958, 804). Dennoch empfiehlt sich eine Klarstellung.

22. Freistellung. Weitgehend ungeklärt ist bislang die Frage, wie sich eine Freistellung des Mitarbeiters auf den Bonusanspruch auswirkt, insbesondere ob und inwieweit der Arbeitgeber für diesen Fall zur (anteiligen) Kürzung der Zahlung berechtigt ist. Um einen Streit über diesen Punkt zu vermeiden, sollte eine Regelung für den Freistellungsfall aufgenommen werden. Im Formular ist insoweit eine Kürzung des Zielbonus für Zeiten vorgesehen, in denen der Mitarbeiter **einvernehmlich oder berechtigt einseitig durch die Gesellschaft freigestellt** ist.

Im Falle einer formularmäßigen Abbedingung des Anspruches auf Zahlung von Annahmeverzugslohn nach § 615 S. 1 BGB ist nach dem BAG eine Angemessenheitsprüfung gemäß § 307 BGB vorzunehmen. Denn hierdurch werde von dem wesentlichen Grundgedanken des § 615 BGB, dass das Betriebs- und Beschäftigungsrisiko beim Arbeitgeber liege, abgewichen (§ 307 Abs. 2 Nr. 1 BGB). Ob der Mitarbeiter durch die Abbedingung unangemessen benachteiligt wird, sei dann anhand einer umfassenden Interessenabwägung zu beurteilen (vgl. BAG NZA 2006, 423, 427). Bei dem im Formular vorgeseshenen Regelungsvorschlag kann unseres Erachtens nicht von einer unangemessenen Benachteiligung der Interessen des Mitarbeiters ausgegangen werden. Für eine einvernehmliche Freistellung bedarf es seiner Zustimmung. Im Fall einer berechtigten einseitigen Freistellung durch die Gesellschaft ist stets einen Anlass für die Freistellung (z. B. durch Abwerben von Kunden) gegeben, der die Freistellungsmaßnahme des Arbeitgebers als angemessene Reaktion erscheinen lässt.

Die im Formular vorgesehene Vereinbarung einer **anteiligen Kürzung** des Zielbonus ist sachgerecht. Der Ausschluss des gesamten Bonusanspruchs im Falle einer (möglicherweise nur wenige Tage andauernden) Freistellung dürfte dagegen als unzulässige unangemessene Benachteiligung des Mitarbeiters nicht wirksam sein (vgl. § 307 Abs. 1 BGB).

23. Außerordentliche Kündigung. Das Formular sieht einen Ausschluss des Bonus für die Fälle unberechtigter außerordentlicher Kündigung durch den Mitarbeiter oder berechtigter außerordentlicher Kündigung durch die Gesellschaft vor. Darin liegt keine unzulässige Erschwerung der Kündigungsmöglichkeit für den Mitarbeiter (vgl. § 622 Abs. 6 BGB). Berechtigte außerordentliche Kündigungen durch den Mitarbeiter werden gerade nicht erfasst. Für den Fall der unterjährigen Beendigung des Arbeitsverhältnisses infolge ordentlicher Kündigung durch den Mitarbeiter ist (nur) eine zeitanteilige Kürzung des Zielbonus vorgesehen (vgl. § 6 Abs. (1) und → Anm. 21). Die hier vorgeschlagene Klausel zum Wegfall des Bonus bei außerordentlicher Kündigung ist nach unserer Ansicht auch keine unzulässige Vertragsstrafen- (vgl. § 309 Nr. 9 BGB) oder Verwirkungsregelung (vgl. § 307 BGB).

24. Fälligkeit. Im Formular ist vorgesehen, dass der Bonus mit der dem Ablauf des Drei-Monats-Zeitraums nach Feststellung und Vorliegen des Jahresabschlusses folgenden Gehaltsabrechnung ausgezahlt wird. Anstelle einer Einmalzahlung können auch **Abschlagszahlungen** vereinbart werden. Dies erscheint vor allem dann sinnvoll, wenn der Anteil der variablen Vergütung an der gesamten Vergütung hoch ist. In diesem Fall sollten eine Anrechnung des gezahlten Abschlags sowie Rückzahlungsmodalitäten bei Überzahlung, insbesondere der Ausschluss des Entreicherungseinwands des Mitarbeiters, geregelt werden.

25. Änderungs- und Widerrufsvorbehalt. Neben dem **Widerrufsvorbehalt**, der unter bestimmten Voraussetzungen eine vollständige Einstellung der Bonuszahlung für die Zukunft ermöglicht, ist im Formular auch ein **Änderungsvorbehalt** vorgesehen. Dieser ermöglicht statt der vollständigen Einstellung der Zahlung eine Anpassung der Voraussetzungen, unter denen der Bonus gezahlt wird, an geänderte Umstände.

Die Vorgaben der Rechtsprechung für einen wirksamen Widerrufsvorbehalt sind im Formular berücksichtigt, indem sachliche Gründe für den Widerruf aufgeführt werden. Es ist zu beachten, dass ein wirksamer Widerrufsvorbehalt nur dann vereinbart werden kann, wenn der Bonus (zusammen mit sonstigen widerruflichen Vergütungsbestandteilen) 25 Prozent der regelmäßigen Gesamtvergütung nicht übersteigt (→ Form. A. III. 1 Anm. 7).

Da die Vereinbarung eines **Freiwilligkeitsvorbehalts** geringeren Beschränkungen unterworfen ist als die Vereinbarung eines Änderungs- und Widerrufsvorbehalts (→ Form. A. III. 4 Anm. 7), könnte daran gedacht werden, auch bezüglich einer Zielvereinbarung auf den Freiwilligkeitsvorbehalt zurückzugreifen. Bei monatlichen Leistungszulagen hält der 5. Senat des BAG die Vereinbarung eines Freiwilligkeitsvorbehalts jedoch für unzulässig (vgl. BAG NZA 2007, 853). Hinsichtlich eines Bonus, der nur einmal im Jahr gezahlt wird, ist die Diskussion in der Rechtsprechung noch nicht abgeschlossen. Eine Entscheidung des 10. Senats des BAG könnte dahin verstanden werden, dass auch bei leistungsabhängigen jährlichen Zahlungen ein Freiwilligkeitsvorbehalt in Betracht kommt (vgl. BAG NZA 2008, 1173). In dieser Entscheidung wird aber darauf hingewiesen, dass eine Zahlung, die Verhalten und Leistung des Mitarbeiters beeinflussen soll, im Zweifel verbindlich zugesagt ist. Ein Freiwilligkeitsvorbehalt ist dann regelmäßig wegen Widersprüchlichkeit und Verstoß gegen das Transparenzgebot (§ 307 Abs. 1 S. 2 BGB) unwirksam. In späteren Entscheidungen hat jedoch der 1. Senat des BAG angedeutet, dass es auf die Fälligkeit der Zahlung (monatlich oder jährlich) nicht ankommt (vgl. BAG NZA 2011, 1234, 1237; BAG AP BetrVG 1972 § 87 Lohngestaltung Nr. 139 zu). Auch die überwiegende Meinung im Schrifttum geht davon aus, dass arbeitsleistungsbezogene Zahlungen allgemein nicht unter einen Freiwilligkeitsvorbehalt gestellt werden können (vgl. *Kania* DB 1998, 2418, 2419; *Lakies* ArbAktuell 2012, 469; *Mestwerdt* ArbAktuell 2012, 547; ErfKomm/*Preis* §§ 305–310 BGB Rn. 71; *Preis* Arbeitsvertrag II V 70 Rn. 63; *Reinecke* BB 2013, 437; *Riesenhuber/v. Steinau-Steinrück* NZA 2005, 785, 792; a.A. *Mohnke,* Zielvereinbarungen im Arbeitsverhältnis, S. 340 f.). Im Formular wurde daher kein Freiwilligkeitsvorbehalt aufgenommen.

Eine hiervon zu trennende Frage ist, ob ein **erfolgsabhängiges Vergütungssystem** auch auf einen **bestimmten Zeitraum befristet** werden kann. Das BAG prüft die Befristung einzelner Vertragsbedingungen auf das Vorliegen einer unangemessenen Benachteiligung (vgl. BAG NZA 2006, 40). Eine solche ist in der Regel nicht gegeben, wenn ein sachlicher Grund vorliegt. Als Sachgrund kommen z. B. die Erprobung des Bonussystems oder die Gewährung eines einmaligen Anreizes zur Bewältigung einer Produktionsumstellung oder zur Erschließung eines neuen Geschäftsfeldes in Betracht (vgl. dazu *Lindemann/Simon* BB 2002, 1807; *Annuß* NZA 2007, 290, 292). Das Vorliegen einer unsicheren wirtschaftlichen Lage wird dagegen im Zweifel allein nicht genügen.

Die Frage nach einer eventuell unzulässigen Befristung von Arbeitsbedingungen stellt sich aber nicht nur hinsichtlich der Befristung des Zielsystems an sich, sondern auch hinsichtlich der **für den jeweiligen Berechnungszeitraum (zumeist: Geschäftsjahr) festgelegten Ziele**. Denn die Ziele gelten nur im Berechnungszeitraum und sind Teil der Berechnungsgrundlage für die Ermittlung des Bonus. Die sachliche Rechtfertigung der Befristung liegt hier darin, dass die Ziele entweder bereits Unternehmensziele sind oder – handelt es sich um persönliche Ziele – zumindest an den übergeordneten Unternehmenszielen ausgerichtet sind. Unternehmensziele bedürfen aber einer kontinuierlichen Anpassung. Das ist den Arbeitsvertragsparteien bewusst und dem Zielvereinbarungsmodell immanent. Die in diesem Formular, in der Regelung im Arbeitsvertrag zur Zielvereinbarung (→ Form. A. III. 8) und in der Zielfestlegung (→ Form. A. III. 10) vorgesehene Zielfestlegung für das jeweilige Geschäftsjahr begegnet daher keinen Bedenken.

Ein Widerrufsrecht für den laufenden Berechnungszeitraum ist ausgeschlossen, da der Mitarbeiter den Bonus entsprechend seinem bisherigen Zielerreichungsgrad bereits verdient hat. Ein bereits entstandener Vergütungsanspruch kann jedoch nicht einseitig durch den Arbeitgeber beseitigt werden.

26. Schlussbestimmungen. → Form. A. III. 3, dort unter § 9.

10. Zielfestlegung

Unter Bezugnahme auf den Anstellungsvertrag vom . . . . . . und den Rahmenvertrag zur Zielvereinbarung vom . . . . . . werden nachfolgend die Art der Ziele,[1] die Voraussetzungen für deren Erreichung und die Gewichtung der einzelnen Ziele zueinander für die Bemessung des Bonus für das Geschäftsjahr[2]. . . . . . bestimmt.

1. Unternehmensziele[3]

(1) Unternehmensziele sind:

- Ziel 1: Erreichen eines bestimmten EBIT
- Ziel 2: Erreichen eines bestimmten Deckungsbeitrags in der Abteilung . . . . . .

Innerhalb der Unternehmensziele haben die Ziele folgende Gewichtung:

- Ziel 1: 50 Prozent
- Ziel 2: 50 Prozent.

(2) Im Geschäftsjahr . . . . . . soll das EBIT (earnings before interest and taxes – Gewinn vor Zinsaufwand und Steuern) einen Betrag von 1.700.000 EUR erreichen. Maßgeblich ist die Steuerbilanz *(Alternative: Handelsbilanz)*.

Der Grad der Zielerreichung bestimmt sich wie folgt:[4]

EBIT	Zielerreichungsgrad
≥ 2.000.000 EUR	150 %
< 2.000.000 EUR ≥ 1.800.000 EUR	125 %
< 1.800.000 EUR ≥ 1.600.000 EUR	100 %
< 1.600.000 EUR ≥ 1.400.000 EUR	75 %
< 1.400.000 EUR ≥ 1.200.000 EUR	50 %
< 1.200.000 EUR ≥ 1.000.000 EUR	25 %
< 1.000.000 EUR	0 %

(3) Im Geschäftsjahr . . . . . . soll der Deckungsbeitrag in der Abteilung . . . . . . einen Betrag von 300.000 EUR erreichen. Der Deckungsbeitrag ist wie folgt zu errechnen: . . . . . .[5]
Der Grad der Zielerreichung bestimmt sich wie folgt:

Deckungsbeitrag	Zielerreichungsgrad
≥ 360.000 EUR	150 %
< 360.000 EUR ≥ 320.000 EUR	125 %
< 320.000 EUR ≥ 280.000 EUR	100 %
< 280.000 EUR ≥ 240.000 EUR	75 %
< 240.000 EUR ≥ 200.000 EUR	50 %
< 200.000 EUR ≥ 160.000 EUR	25 %
< 160.000 EUR	0 %

......	......
Ort, Datum	Ort, Datum
......	Zur Kenntnis genommen:[6]
Unterschrift der Gesellschaft	......
	Unterschrift des Mitarbeiters

2. Persönliche Ziele[7]

(1) Persönliche Ziele sind:

- Ziel 1: erfolgreiche Auftragsbearbeitung
- Ziel 2: Kundenzufriedenheit
- Ziel 3: erfolgreiche Fortbildung

Innerhalb der persönlichen Ziele haben die Ziele folgende Gewichtung:

- Ziel 1: 50 Prozent
- Ziel 2: 25 Prozent
- Ziel 3: 25 Prozent.

(2) Erfolgreiche Auftragsbearbeitung bedeutet, dass der Mitarbeiter Geschäfte für die Gesellschaft mit Gewinn abschließt. Im Geschäftsjahr ...... wird vom Mitarbeiter ein Gewinn in Höhe von 50.000 EUR erwartet. Der Gewinn ist wie folgt zu errechnen: ......[8] Der Grad der Zielerreichung bestimmt sich wie folgt:

Gewinn	Zielerreichungsgrad
≥ 65.000 EUR	150 %
< 65.000 EUR ≥ 55.000 EUR	125 %
< 55.000 EUR ≥ 45.000 EUR	100 %
< 45.000 EUR ≥ 35.000 EUR	75 %
< 35.000 EUR ≥ 25.000 EUR	50 %
< 25.000 EUR ≥ 15.000 EUR	25 %
< 15.000 EUR	0 %

(3) Maßgeblich für die Bestimmung der Kundenzufriedenheit ist die Anzahl der Kundenbeschwerden.[9] Diese bedürfen keiner bestimmten Form. Im Geschäftsjahr ...... sollen nicht mehr als zwei Kundenbeschwerden bei der Gesellschaft eingehen. Der Grad der Zielerreichung bestimmt sich wie folgt:

Anzahl der Kundenbeschwerden	Zielerreichungsgrad
0	150 %
1	125 %
2	100 %
3	75 %
4	50 %
5	25 %
6 und mehr	0 %

(4) Das Ziel der erfolgreichen Fortbildung ist erreicht, wenn der Mitarbeiter im Geschäftsjahr ...... die Fortbildungsmaßnahme ...... erfolgreich abschließt. Der Grad der Zielerreichung bestimmt sich wie folgt:

Note	Zielerreichungsgrad
1	150 %
2	100 %
3	50 %
4 und schlechter	0 %

3. Zusammensetzung und Obergrenze des Bonus

(1) Die Unternehmensziele bestimmen 40 Prozent des Bonus, die persönlichen Ziele bestimmen 60 Prozent des Bonus.[10]

(2) Der Bonus kann maximal 150 Prozent[11] des Zielbonus betragen.

......
Ort, Datum
......
Unterschrift der Gesellschaft

......
Ort, Datum
Einverstanden:[12]
......
Unterschrift des Mitarbeiters

Anmerkungen

1. Zielfestlegung. Die Festlegung der Ziele muss anhand der konkreten Gegebenheiten und Bedürfnisse des Unternehmens erfolgen. Dabei sind zunächst die vom Unternehmen verfolgten Zielstellungen zu ermitteln. Diese sind dann auf die Mitarbeiterebene „herunterzubrechen". Das Formular kann deshalb nicht ohne Anpassung an den konkreten Fall benutzt werden. Es soll lediglich als **Beispiel** eine Hilfestellung bieten, wie die Ziele für den jeweiligen Mitarbeiter niedergelegt werden können. Das Formular geht von einem Vertriebsmitarbeiter aus. Er soll an einem positiven Unternehmens- und Abteilungsergebnis beteiligt werden („Unternehmensziele"). Dieses will die Gesellschaft im Beispielsfall durch erfolgreiche Vertriebsmitarbeiter, hohe Kundenzufriedenheit und kompetente Ansprechpartner erreichen. Die individuelle Zielstellung ist deshalb im Beispiel auf gewinnorientierte Geschäftsabschlüsse, das Vermeiden von Kundenbeschwerden und die Steigerung des Kenntnisstands ausgerichtet („Persönliche Ziele").

Grundsätzlich können die Parteien jedes Ziel festsetzen, solange keine gesetzes- oder sittenwidrige Handlung verlangt und nicht die Grenze der – aus der Funktion des Arbeitsverhältnisses folgenden – Risikozuweisungen überschritten wird. Soll das **Betriebsrisiko** auf den Arbeitnehmer abgewälzt werden, ist dies unzulässig. Eine Vereinbarung mit diesem Zweck oder Effekt wäre sittenwidrig (§ 138 Abs. 1 BGB; vgl. *Berwanger* BB 2003, 1499, 1502).

Bei der Auswahl der persönlichen Ziele ist darauf zu achten, dass die Ziele möglichst messbar, realistisch und erreichbar sind sowie mit der übergeordneten Unternehmensstrategie übereinstimmen. Zusammengefasst wird dies mit der **SMART-Regel.** Das bedeutet: Ziele sollen **S**pezifisch; **M**essbar, d.h. in Zahlen ausdrückbar, nachvollziehbar und überprüfbar; **A**nspruchsvoll, d.h. eine Herausforderung darstellend, aber dennoch **R**ealistisch und erreichbar; sowie **T**erminiert, d.h. auf einen konkreten Zeitraum bezogen sein (vgl. *Mohnke* AuA 2008, 342). Ferner sollte die Anzahl übersichtlich bleiben, um größtmögliche Transparenz zu gewährleisten. In der Praxis werden daher selten mehr als fünf Ziele vereinbart. Es muss sichergestellt werden, dass der Mitarbeiter die Ziele versteht. Nur wer weiß, was von ihm verlangt wird, arbeitet motiviert.

Im Rahmen der Zielfestlegung ist der **Gleichbehandlungsgrundsatz** zu beachten (→ Form. A. III. 9 Anm. 4). Es empfiehlt sich daher, für sämtliche Mitarbeiter eines Unternehmens dieselben Unternehmensziele und für Mitarbeiter desselben Bereichs dieselben Bereichsziele festzulegen. Auch die Erfolgsquote sollte identisch sein. Bei den persönlichen Zielen werden sich häufig für eine Unterscheidung sachliche Gründe wegen Funktion, Aufgabenstellung, Qualifikation und Kenntnissen darstellen lassen. Der Zielbonus wird nach Funktion und Vergütungsstufen unterschiedlich hoch ausfallen. Bei vergleichbaren Leistungen muss eine Ungleichbehandlung im Rahmen der Zieldefinition oder Zielbewertung einen sachlichen Grund haben.

2. Berechnungszeitraum. → Form. A. III. 8 Anm. 5.

3. Unternehmensziele. Anstelle des EBIT und des Deckungsbeitrags einer Abteilung können auch andere Unternehmenskennziffern verwendet werden. Aus der Formulierung der Ziele muss für den Mitarbeiter deutlich werden, was sich hinter dem Ziel verbirgt. Nur so wird dem Transparenzgebot Genüge getan (vgl. § 307 Abs. 3 S. 2 i.V.m. Abs. 1 S. 2 BGB). Im Übrigen verhindert eine klare Umschreibung der Ziele spätere Streitigkeiten über den Grad der Zielerreichung. Bei mehreren Zielen muss stets ihre Gewichtung zueinander angegeben werden.

4. Voraussetzungen für die Zielerreichung. Die Voraussetzungen für die Zielerreichung und die Spannen für den jeweiligen Zielerreichungsgrad sollten genau angegeben werden.

5. Definitionen. Aus Transparenzgründen und zur Vermeidung von Streitigkeiten sollten Begriffe, die nicht allgemeingültig sind, definiert werden.

6. Einseitige Festlegung der Unternehmensziele. Der Aufbau des Beispiels für die Zielfestlegung orientiert sich am Formular zum Rahmenvertrag zur Zielvereinbarung (→ Form. A. III. 9, dort unter § 3 Abs. (1) S. 1 und → Anm. 7). Dort ist vorgesehen, dass die Unternehmensziele durch die Gesellschaft festgelegt werden. Entscheidet man sich dafür, dass auch über die Unternehmensziele Einvernehmen mit dem Mitarbeiter erzielt werden soll, entfällt die Unterschriftenzeile zur Kenntnisnahme des Mitarbeiters an dieser Stelle. Es verbleibt dann bei der Unterschriftenzeile zur Erklärung des Einverständnisses des Mitarbeiters am Ende der Zielfestlegung (→ Anm. 12).

7. Persönliche Ziele. Statt der vorgeschlagenen Ziele „erfolgreiche Auftragsbearbeitung", „Kundenzufriedenheit" und „erfolgreiche Fortbildung" kann auch jedes andere Ziel gewählt werden. Die Parteien sind insoweit frei. Die gewählten Ziele müssen aber für den Mitarbeiter erreichbar sein.

8. Definitionen. → Anm. 5.

9. Weiche Ziele. Weiche Ziele (→ Form. A. III. 9 Anm. 4) sollten soweit wie möglich objektiviert werden. Dies kann durch einen **Kriterienkatalog** erreicht werden. Welche Kriterien dabei relevant sind, kann der Arbeitgeber entscheiden und dadurch seine Personal- und Unternehmenspolitik zum Ausdruck bringen. Im Formular wurde das weiche Ziel „Kundenzufriedenheit" durch die Anzahl der eingehenden Kundenbeschwerden näher konkretisiert.

Wenig hilfreich sind **pauschale Umschreibungen**, z.B. Skalen von „sehr deutlich unterschritten" über „voll erreicht" bis „sehr deutlich überschritten". Wenn sich objektive Kriterien, wie im Formular verwendet, nicht finden lassen, sollte zumindest eine möglichst konkrete Beschreibung für den jeweiligen Grad der Zielerreichung gesucht werden.

Bei „Aufgabenerfüllung" könnte die Skala z. B. von „Alle übertragenen Aufgaben wurden uneingeschränkt erledigt; es wurden darüber hinaus zusätzliche Aufgaben übernommen." über „Alle übertragenen Aufgaben wurden uneingeschränkt erledigt." usw. bis „Von den übertragenen Aufgaben wurden mehrere, z. T. auch wichtige, nicht ausreichend erledigt." reichen (vgl. *Lindemann/Simon* BB 2002, 1807, 1809).

10. Gewichtung der Ziele. Die Gewichtung der Ziele zueinander muss angegeben werden. Die Gewichtung ist grundsätzlich frei wählbar. Im Formular erfolgte an dieser Stelle die Angabe des Verhältnisses von Unternehmenszielen und persönlichen Zielen zueinander. Die Gewichtung der Einzelziele innerhalb dieser Zielgruppen zueinander ist jeweils nach der Aufzählung der Einzelziele angegeben (vgl. Ziff. 1 Abs. (1) und Ziff. 2 Abs. (1)).

11. Obergrenze. Um den Bonus kalkulierbar zu machen, sollte eine Obergrenze angegeben werden (→ Form. A. III. 9 Anm. 17). Die Mindestvoraussetzungen für die Ausschüttung eines Bonus – also die **Untergrenze** – sind jeweils bei der Definition der Einzelziele tabellarisch festgelegt.

12. Einvernehmliche Festlegung der persönlichen Ziele und Zielgewichtung. Der Aufbau des Beispiels für die Zielfestlegung folgt auch hier dem Formular zum Rahmenvertrag zur Zielvereinbarung (→ Form. A. III. 9, dort unter § 3 Abs. (2) S. 1 und → Anm. 9). Dort ist vorgesehen, dass die persönlichen Ziele und die Zielgewichtung einvernehmlich bestimmt werden. Kann mit dem Mitarbeiter kein Einvernehmen über diese Festlegungen erzielt werden, ist im Rahmenvertrag vorgesehen, dass in diesem Fall die Gesellschaft nach billigem Ermessen entscheidet (→ Form. A. III. 9, dort unter § 3 Abs. (3) und → Anm. 11). Dies muss dann auch in der Unterschriftenzeile deutlich gemacht werden. Wie in der Unterschriftenzeile nach Ziff. 1 der Zielfestlegung muss es dann statt „Einverstanden" „Zur Kenntnis genommen" lauten. Es genügt dann eine Unterschriftenzeile am Ende des Dokuments. Die in dieser Konstellation inhaltsgleiche Unterschriftenzeile nach Ziff. 1 im Formular kann dann gestrichen werden.

13. Anhang – Beispielsrechnung. Die nachstehende Beispielsrechnung soll der Verdeutlichung dienen. Zugrunde gelegt wurde, dass das Unternehmen einen Gewinn von 1.475.000 EUR und die Abteilung einen Deckungsbeitrag von 375.000 EUR erzielt hat. Der Mitarbeiter hat einen Gewinn von 38.000 EUR erwirtschaftet, eine Kundebeschwerde erhalten und die Fortbildung mit der Note „2" bestanden. Seine Tätigkeit hat der Mitarbeiter erst zum 1.3. aufgenommen. Während seiner Tätigkeit hat er an zehn Kalendertage ohne Anspruch auf Entgeltfortzahlung gefehlt. Vereinbart war ein Zielbonus, bezogen auf das gesamte Geschäftsjahr, i. H. v. 25.000 EUR.

Zielerreichung Unternehmensziele				
	Erreichtes Ergebnis	Zielerreichung Einzelziele (Ziff. 1 Abs. 2 u. 3 ZFL)	Gewichtung bzgl. Unternehmens-zielen (Ziff. 1 Abs. 1 ZFL)	Anteil an Unternehmenszielen
Ziel 1 (EBIT)	1.475.000 EUR	75 %	50 %	37,50 %
Ziel 2 (Deckungsbeitrag)	375.000 EUR	150 %	50 %	75,00 %
			Unternehmensziele	112,50 %

Zielerreichung persönliche Ziele				
	Erreichtes Ergebnis	**Zielerreichung Einzelziele** (Ziff. 2 Abs. 2 bis 4 ZFL)	**Gewichtung bzgl. persönlicher Ziele** (Ziff. 2 Abs. 1 ZFL)	**Anteil an persönlichen Zielen**
Ziel 1 (Gewinn)	38.000 EUR	75 %	50 %	37,50 %
Ziel 2 (Kundenzufriedenheit)	1	125 %	25 %	31,25 %
Ziel 3 (Fortbildung)	2	100 %	25 %	25,00 %
			Persönliche Ziele	**93,75 %**

Zielerreichung gesamt				
		Zielerreichung Gruppenziele	**Gewichtung bzgl. Zielerreichung** (Ziff. 3 Abs. 1 ZFL)	**Anteil an Zielerreichung**
	Unternehmensziele	112,50 %	40 %	45,00 %
	Persönliche Ziele	93,75 %	60 %	56,25 %
			Zielerreichung	**101,25 %**

Bereinigter Zielbonus					
Zielbonus (§ 1 Abs. 2 RV)	**Kürzung gem. § 5 RV**	**Kürzung gem. § 6 RV**	**Ausschluss** (§ 7 RV)	**Kürzung gesamt**	**Bereinigter Zielbonus**
25.000 EUR	10/365	59/365	nein	69/365	20.273,97 EUR
	2,74 %	16,16 %		18,90 %	

Bonus		
Bereinigter Bonus	**Zielerreichung**	**Bonus**
20.273,97 EUR	101,25 %	**20.527,39 EUR**

* RV: Rahmenvertrag zur Zielvereinbarung (→ Form. A. III. 9)

ZFL: Zielfestlegung (→ Form. A. III. 10)

Soziale Absicherung

11. Arbeitgeberfinanzierte private Unfallversicherung

§ . . . . . . Unfallversicherung[1]

(1) Die Gesellschaft wird zugunsten des Mitarbeiters für die Dauer des Arbeitsverhältnisses auf ihre Kosten eine private Unfallversicherung bei der Versicherungsgesellschaft . . . . . . für den Invaliditäts- und Todesfall abschließen[2] und unterhalten.[3] Sie deckt Unfälle des Mitarbeiters sowohl im dienstlichen als auch im privaten Bereich ab.[4] Die Unfallversicherung wird für folgende Deckungssummen abgeschlossen:

für den Todesfall: ...... EUR (in Worten: ...... Euro)

für den Invaliditätsfall: ...... EUR (in Worten: ...... Euro).

(Alternative:

(1) Der Mitarbeiter nimmt während der Dauer des Arbeitsverhältnisses an der bei der Versicherungsgesellschaft ...... für die Mitarbeiter der Gesellschaft abgeschlossenen Gruppenversicherung zur privaten Unfallversicherung auf Kosten der Gesellschaft teil. Die Einzelheiten der Gruppenversicherung und des Versicherungsschutzes ergeben sich aus der Anlage ...... zu diesem Arbeitsvertrag. Sollte es zu einer Änderung der zurzeit bestehenden Gruppenversicherung kommen, wird alternativ ein äquivalenter Versicherungsschutz zur Verfügung gestellt.)

(2) Im Todesfall ist die vom Mitarbeiter benannte Person bezugsberechtigt. Fehlt es an einer solchen Bestimmung, sind im Todesfall die Erben des Mitarbeiters bezugsberechtigt. Im Invaliditätsfall ist der Mitarbeiter bezugsberechtigt.[5]

(3) Im Invaliditätsfall wird eine etwaige Entgeltfortzahlung im Krankheitsfall auf Leistungen aus der privaten Unfallversicherung[6] wegen Invalidität angerechnet.[7]

(4) Die Pflicht der Gesellschaft zur Prämienzahlung erlischt mit Beendigung des Arbeitsverhältnisses. Der Mitarbeiter ist berechtigt, die Versicherung – vorbehaltlich der Zustimmung der Versicherungsgesellschaft – auf seine Kosten zu übernehmen, wobei er die Gesellschaft von allen Verpflichtungen aus der Versicherung ab dem Zeitpunkt der Beendigung des Arbeitsverhältnisses freizustellen hat. Der Mitarbeiter erstattet der Gesellschaft etwaige für Zeiträume nach Beendigung des Arbeitsverhältnisses bereits durch die Gesellschaft geleistete Prämien.[7]

Anmerkungen

1. Unfallversicherung. Mitarbeiter sind gegen berufsbedingte Arbeitsunfälle und Berufskrankheiten im Rahmen des SGB VII **gesetzlich unfallversichert.** Abgedeckt werden von der gesetzlichen Unfallversicherung die Folgen von **Arbeitsunfällen,** worunter auch Unfälle auf dem Weg zur und von der Arbeit fallen (§ 8 SGB VII), sowie von **Berufskrankheiten** (§ 9 SGB VII), sofern diese in einem inneren Zusammenhang mit dem Beschäftigungsverhältnis stehen. Träger der gesetzlichen Unfallversicherung sind die **Berufsgenossenschaften** (Anlage 1 zu § 114 SGB VII). Finanziert wird die gesetzliche Unfallversicherung allein durch Beiträge der Arbeitgeber. Nach Eintritt eines Versicherungsfalls (§ 7 Abs. 1 SGB VII), also eines Arbeitsunfalls oder einer Berufskrankheit, hat der Versicherte Anspruch auf Heilbehandlung, Leistungen zur Teilhabe am Arbeitsleben, Leistungen zur Teilhabe am Leben in der Gemeinschaft und ergänzende Leistungen, Pflege und Geldleistungen (§§ 26 ff. SGB VII). Für bleibende Unfallfolgen werden u. U. Renten, Beihilfen oder Abfindungen gewährt (§§ 56 ff. SGB VII).

Gegenstand des Formulars ist die Zusage des Arbeitgebers auf Abschluss und Finanzierung einer **privaten Unfallversicherung.** Die private Unfallversicherung dient der **zusätzlichen Absicherung** des Mitarbeiters vor Unfallfolgen. Ziel der privaten Unfallversicherung ist es, die Arbeitsfähigkeit wiederherzustellen und Einkommensverluste sowie Einbußen bei der Lebensqualität auszugleichen.

Die private Unfallversicherung ist im VVG sowie in den Allgemeinen Unfallversicherungs-Bedingungen 2013 (AUB 2013) geregelt. Nach Ziff. 1.3 AUB 2013 liegt ein Unfall dann vor, „wenn die versicherte Person durch ein plötzlich von außen auf ihren Körper wirkendes Ereignis (Unfallereignis) unfreiwillig eine Gesundheitsschädigung erleidet".

Folgen solcher Unfälle können neben der Gesundheitsschädigung auch Invalidität und Tod sein. Die private Unfallversicherung gilt regelmäßig weltweit und „rund um die Uhr". Sie kann für eine Person (**Einzelunfallversicherung**) oder für eine bestimmte Gruppe (**Gruppenunfallversicherung**), z. B. für die bei einer Gesellschaft tätigen Mitarbeiter, abgeschlossen werden. Das Formular sieht beide Alternativen in Abs. (1) vor. Inhaltlich kann es sich um eine **Vollversicherung** handeln, die gegen sämtliche Unfallfolgen auf der Grundlage der Allgemeinen Unfallversicherungsbedingungen Schutz bietet oder um eine sog. **Ausschnittsversicherung**, die nur bestimmte Tätigkeiten versichert, z. B. Freizeit-, Jagd-, Sportboot- oder Reitunfälle. Kernstück der privaten Unfallversicherung ist die **Invaliditätsleistung**. Darüber hinaus können beispielsweise auch **Todesfallleistungen, Krankenhaustagegeld, Kurbeihilfen, Bergungskosten** oder **Rettungsflüge** vereinbart werden. Die Einzelheiten ergeben sich aus dem jeweiligen Versicherungspaket. Der Mitarbeiter sollte daher die Einzelheiten der Einzel- oder Gruppenunfallversicherung kennen. Bei bereits bestehender Gruppenunfallversicherung bietet sich insoweit an, dem Arbeitsvertrag die Versicherungsbedingungen in einer Anlage beizufügen.

2. Vertragliche Zusage des Arbeitgebers. Ohne entsprechende Zusage des Arbeitgebers besteht grundsätzlich **kein Anspruch** des Mitarbeiters auf Abschluss einer privaten Unfallversicherung. Ob und gegebenenfalls wem der Arbeitgeber die Teilhabe an einer privaten Unfallversicherung anbietet, steht in seinem **Ermessen**. Allerdings sind der Gleichbehandlungsgrundsatz und die gesetzlichen Diskriminierungsverbote zu beachten. In der Praxis sind die von der arbeitgeberfinanzierten privaten Unfallversicherung begünstigten Mitarbeiter häufig **leitende Angestellte**. Gängig ist eine solche Versicherungszusage auch im Rahmen von Geschäftsführerdienstverträgen. Selbstverständlich kann sie aber auch gegenüber allen übrigen Mitarbeitern erfolgen. Entscheidet sich der Arbeitgeber dafür, für den Mitarbeiter eine Unfallversicherung abzuschließen, so sollte dies in einer **schriftlichen Vereinbarung** festgehalten werden. Das Formular sieht hierfür eine ergänzende Klausel zum Arbeitsvertrag (→ Form. A. II. 1) vor, die die Frage der privaten Unfallversicherung abschließend regelt.

Da die Vereinbarung mit dem Mitarbeiter für die Versicherung keine Wirkung hat, muss darauf geachtet werden, dass der **Versicherungsvertrag** sämtliche Mitarbeiter einschließt, denen gegenüber eine Zusage auf Abschluss einer entsprechenden Unfallversicherung gegeben werden soll. Auch sollte der Versicherungsvertrag daraufhin geprüft werden, dass er keine Ausschlüsse enthält (z. B. von Teilzeitkräften), der arbeitsrechtlich nicht umsetzbar ist. Schließt der Versicherungsvertrag Mitarbeiter nicht ein, denen gegenüber eine Zusage abgegeben wurde, oder schließt er Mitarbeiter aus, die aus arbeitsrechtlichen Gründen (z. B. Gleichbehandlungsgrundsatz oder Diskriminierungsverbote) nicht hätten ausgeschlossen werden dürfen, drohen Schadenersatz- und Entschädigungsansprüche. Diese können bei Eintritt eines entsprechenden Versicherungsfalls eine erhebliche Höhe erreichen.

Schließt der Arbeitgeber für seinen Mitarbeiter eine private Einzel- oder Gruppenunfallversicherung ab, so ist er Versicherungsnehmer und der Mitarbeiter Versicherter. Es handelt sich um eine sog. Versicherung für fremde Rechnung, auch **Fremdversicherung** genannt, bei der der Arbeitgeber die Versicherung im eigenen Namen abschließt (§ 43 VVG). Die Person des Versicherten muss hierbei nicht benannt werden (§ 43 Abs. 1 VVG). Ob es sich bei der Fremdversicherung um einen Vertrag zu Gunsten Dritter handelt (§§ 328 ff. BGB), ist umstritten, für die Praxis jedoch weitgehend irrelevant (vgl. *Römer/Langheid* § 74 Rn. 3). Die Rechte aus dem Versicherungsvertrag stehen dem **Mitarbeiter** als Versichertem zu (§ 44 Abs. 1 S. 1 VVG). Dem **Arbeitgeber** als Versicherungsnehmer steht jedoch die **Verfügungsberechtigung** über die Ansprüche gegenüber dem Versicherungsunternehmen zu (§ 45 Abs. 1 VVG). Obwohl der Mitarbeiter also Inhaber der Ansprüche auf Versicherungsleistungen ist, steht grundsätzlich ausschließlich dem Arbeitgeber das Recht zu, diese Ansprüche gegenüber dem Versicherungsunternehmen geltend zu machen. Der Mitarbeiter kann ohne Zustimmung des Arbeitgebers über seine Rechte nur verfügen, wenn er im Besitz des Versicherungsscheins ist (§ 44 Abs. 2 VVG). Dies gilt auch für die gerichtliche Geltendmachung im Versicherungsfall. Es ist daher Nebenpflicht des Arbeitgebers, den Eintritt eines Versicherungsfalls und die Erfolgsaussichten einer Klage gegen das Versicherungsunternehmen zu prüfen. Der Arbeitgeber muss zwar nicht auf eigenes Risiko gegen das Versicherungsunternehmen klagen, allerdings muss er Klage erheben, wenn der Mitarbeiter die Prozesskosten übernimmt (vgl. Küttner/*Reinecke* Unfallversicherung Rn. 3).

Der Arbeitgeber ist verpflichtet, die Prämien selbst direkt an das Versicherungsunternehmen zu erbringen. Kommt er mit der Zahlung der Versicherungsprämie in **Verzug**, haftet er dem Mitarbeiter für den Ausfall der Versicherungsleistungen, der dem Mitarbeiter aufgrund des Prämienrückstandes oder durch eine vorzeitige Kündigung des Versicherungsvertrags durch das Versicherungsunternehmen entsteht (Küttner/*Reinecke* Unfallversicherung Rn. 2). Zudem hat der Arbeitgeber seinen sonstigen Obliegenheiten als Versicherungsnehmer nach dem VVG und den AUB nachzukommen, will er Schadensersatzansprüche des Mitarbeiters vermeiden (vgl. LAG Köln BeckRS 1995, 30753688).

3. Lohnsteuer und Sozialversicherungsbeiträge. Ob die Beitragsleistungen des Arbeitgebers als **lohnsteuerpflichtiger Arbeitslohn** anzusehen sind, hängt davon ab, wem die Ausübung der Rechte aus dem Versicherungsvertrag zusteht. Steht sie **ausschließlich dem Arbeitgeber** zu, wie es bei der Fremdversicherung regelmäßig der Fall ist, so sind die Beitragsleistungen **kein Arbeitslohn** (vgl. BFH DStR 1999, 1149).

Wie im Fall eines Versicherungsfalls wegen eines im privaten Bereich erlittenen Unfalls mit den Zahlungen der Versicherung zu verfahren ist, die der Arbeitgeber an den Mitarbeiter auskehrt, war umstritten. Die Rechtsfrage wurde durch den BFH entschieden (BFH DStR 2009, 317), dessen Einschätzung von der Finanzverwaltung geteilt wird (vgl. Ziff. 2.1 BMF DStR 2009, 2373). Die Versicherungssumme selbst stellt keinen steuerpflichtigen Arbeitslohn dar. Werden jedoch Versicherungsleistungen an den Mitarbeiter ausgeschüttet, fließen diesem die von dem Arbeitgeber zur Finanzierung des Versicherungsschutzes bis zur Auszahlung der Versicherungsleistung gezahlten Beiträge – betragsmäßig begrenzt auf die Höhe der an den Kläger ausgezahlten Versicherungsleistung – als steuerpflichtiger Arbeitslohn zu. Zur Ermittlung des Arbeitslohns sind alle seit Begründung des Arbeitsverhältnisses entrichteten Beiträge zu berücksichtigen. Dabei spielt es keine Rolle, ob es sich um einen oder mehrere Versicherungsverträge handelt. Sofern ein Arbeitgeberwechsel erfolgt ist, ist lediglich das aktuelle Arbeitsverhältnis maßgeblich, auch wenn der neue Arbeitgeber den Versicherungsvertrag fortgeführt hat. Dies gilt jedoch nicht bei einem Betriebsübergang nach § 613a BGB, da der Erwerber nicht als neuer Arbeitgeber gilt. Aus Vereinfachungsgründen ist es möglich, die Beiträge unter Berücksichtigung der Beschäftigungsdauer auf Basis des vor Eintritt des Versicherungsfalles zuletzt gezahlten Beitrages hochzurechnen. Treten mehrere Versicherungsfälle nacheinander ein, so sind bei der Berechnung lediglich die Beiträge seit der letzten Versicherungsleistung zu berücksichtigen (vgl. Ziff. 2.1.2 BMF DStR 2009, 2373).

Der auf das Risiko beruflicher Unfälle entfallende Prämienanteil kann als Werbungskosten durch den Mitarbeiter geltend gemacht werden. Im Regelfall ist davon auszugehen, dass die Beiträge jeweils hälftig auf das Risiko privater und beruflicher Unfälle entfallen.

Liegt der bei einer Fremdversicherung seltene Fall vor, dass der **Mitarbeiter** nach den Versicherungsbedingungen **berechtigt** ist, den Versicherungsanspruch **unmittelbar gegenüber dem Versicherungsunternehmen geltend** zu machen, gehören bereits die **Beitragsleistungen** zum lohnsteuerpflichtigen **Arbeitslohn** (vgl. Ziff. 2.2.1 BMF DStR 2009, 2373, 2374). Dies ist auch dann anzunehmen, wenn der Anspruch zwar durch den Arbeitgeber geltend gemacht werden kann, jedoch vertraglich vorgesehen ist, dass der Versicherer die Versicherungsleistung in jedem Fall an den Mitarbeiter auszahlt. Dies gilt unabhängig davon, ob es sich um eine Einzel- oder Gruppenunfallversicherung handelt. Beiträge zur

Gruppenunfallversicherung sind nach der Zahl der versicherten Mitarbeiter auf diese aufzuteilen; der jeweils auf die einzelnen Mitarbeiter entfallende Beitrag ist als lohnsteuerpflichtiger Arbeitslohn zu versteuern.

Auch die Spitzenverbände der **Sozialversicherung** differenzieren danach, wem die Ausübung der Rechte aus dem Versicherungsvertrag zusteht. Dementsprechend sind die Beitragsleistungen auch sozialversicherungsrechtlich **kein Arbeitsentgelt**, wenn – wie bei einer Fremdversicherung üblich – die Ausübung der Rechte aus dem Versicherungsvertrag **ausschließlich** dem **Arbeitgeber** zusteht (vgl. Mitteilung der Spitzenverbände der Sozialversicherung DB 2000, 1467).

4. Reichweite des Versicherungsschutzes. Der Versicherungsschutz erstreckt sich nicht nur auf Arbeitsunfälle und Berufskrankheiten, sondern auch auf nicht berufsbedingte Unfälle, sog. **Freizeitunfälle.**

5. Bezugsberechtiger. Zur Vermeidung von Streitigkeiten sollte das Bezugsrecht klar geregelt sein. Es ist durchaus üblich, dass hinsichtlich der **Todesfallleistung** dem Mitarbeiter ein Bestimmungsrecht hinsichtlich der bezugsberechtigten Person eingeräumt wird. Die Erben wurden im Formular als Bezugsberechtigte nur für den Fall vorgesehen, dass keine Bestimmung getroffen wurde. Die **Invaliditätsleistungen** werden dagegen an den Mitarbeiter selbst erbracht.

6. Versicherungsleistung. Der Versicherer zahlt die Versicherungsleistung **an den Arbeitgeber**, soweit dieser im Besitz des Versicherungsscheins ist (§ 45 Abs. 2 VVG). Die Rechtsbeziehung zwischen dem Arbeitgeber als Versicherungsnehmer und dem Mitarbeiter als Versicherten wird als Treuhandverhältnis eingeordnet. Der Mitarbeiter ist außerdem der materiell-rechtlich Berechtigte. Der Arbeitgeber ist daher verpflichtet, dem Mitarbeiter die erhaltenen Versicherungsleistungen weiterzuleiten (vgl. BAG Urt. v. 23.4.1998 – 8 AZR 652/96 – n. v.). Dies gilt auch für den Fall, dass die Konzernmutter Versicherungsnehmerin ist und die Versicherungsleistung an die Tochter erbracht wurde (vgl. BAG NZA 1998, 376). Zudem wird zum Teil vertreten, dass der Arbeitgeber auch verpflichtet ist, zugunsten des Mitarbeiters auf sein Verfügungsrecht zu verzichten (vgl. LAG Mainz BeckRS 2005, 43888).

7. Anrechnung. Eine Anrechnung der Leistungen aus der (Gruppen-)Unfallversicherung auf etwaige (Rück-)Zahlungsansprüche gegenüber dem Mitarbeiter scheidet regelmäßig aus (BAG NZA 1998, 376). Etwas anderes gilt nur dann, wenn eine ausdrückliche **Anrechungsvereinbarung** zwischen den Parteien besteht. Dies bietet sich z. B. bei Entgeltfortzahlungskosten im Krankheitsfall an, um etwaige Doppelansprüche des Mitarbeiters zu vermeiden. Das Formular sieht daher vor, dass im Falle des Zusammentreffens von Invaliditätsleistungen aus der privaten Unfallversicherung und Entgeltfortzahlung im Krankheitsfall durch den Arbeitgeber eine Anrechung erfolgt.

8. Beendigung des Arbeitsverhältnisses. Das Formular sieht vor, dass die Übernahme der Prämienleistung nur für die Dauer des Arbeitsverhältnisses erfolgt. Um dem Mitarbeiter jedoch die Fortführung der privaten Unfallversicherung nach Beendigung des Arbeitsverhältnisses zu ermöglichen, wurde eine Fortführungsberechtigung geregelt. Da der Arbeitgeber Vertragspartner des Versicherungsunternehmens ist, steht diese Fortführung allerdings unter dem Vorbehalt der Zustimmung des Versicherungsunternehmens. Die Fortführung gestaltet sich i. d. R. bei Gruppenunfallversicherungen schwierig, da hier die Versicherungsunternehmen erhebliche Rabatte auf die Beitragsleistungen gewähren und dementsprechend erst neue Beiträge ausgehandelt werden müssten. Kommt es zu einer Fortführung durch den Mitarbeiter, hat er ab dem Beendigungszeitpunkt die Beitragsleistungen zu erbringen und den Arbeitgeber von allen Verpflichtungen aus dem Versicherungsverhältnis freizustellen. Häufig wird der Arbeitgeber zu Beginn eines jeden Kalenderjahres die Beitragsleistung für das gesamte Versicherungsjahr vorab geleistet haben, so dass von ihm bereits Beiträge für Zeiträume nach Beendigung des Arbeitsverhältnisses gezahlt wurden. Deshalb sieht das Formular einen eigenständigen Erstattungsanspruch des Arbeitgebers für die zeitanteilig zu viel entrichteten Beiträge vor.

12. Sterbegeld

§ . . . . . . Sterbegeld[1]

(1) Beim Tod des Mitarbeiters während der Dauer des Arbeitsverhältnisses erhält sein nächster Hinterbliebener ein Sterbegeld. Als nächster Hinterbliebener gilt nach Maßgabe folgender Stufenfolge:[2]

a) der Ehegatte oder der Lebenspartner i. S. d. LPartG,

b) unterhaltsberechtigte Kinder, die mit dem Mitarbeiter zum Zeitpunkt seines Todes in einem Haushalt lebten oder für die er das Sorgerecht hatte,

(Optional:

c) der Lebensgefährte, der mit dem Mitarbeiter zum Zeitpunkt seines Todes in häuslicher Gemeinschaft lebte,

d) Kinder, Eltern und Geschwister, die nachweislich vom Mitarbeiter unterhalten wurden.)

Die Existenz eines Hinterbliebenen einer höheren Stufe schließt eine Anspruchsberechtigung Hinterbliebener nachfolgender Stufen aus. Bei gleichzeitigem Tod des Mitarbeiters und eines eigentlich anspruchsberechtigten Hinterbliebenen ist der nach Maßgabe der Stufenfolge nächste Hinterbliebene gleicher oder nachfolgender Stufe anspruchsberechtigt.[3]

(2) Zweck des Sterbegelds ist es, die dem nächsten Hinterbliebenen durch den Tod des Mitarbeiters entstehenden finanziellen Belastungen zu verringern. *(Optional: Des Weiteren soll die Betriebstreue des Mitarbeiters honoriert werden.)*[4]

(3) Als Sterbegeld wird die Vergütung für die restlichen Kalendertage des Sterbemonats sowie die Vergütung für weitere . . . . . . Monate gezahlt.[5] Der Berechnung ist das im Zeitpunkt des Todes durch den Mitarbeiter bezogene Bruttomonatsgrundgehalt zugrunde zu legen.[6] Gratifikationen, Tantiemen, Provisionen und andere variable Gehaltsbestandteile bleiben bei der Berechnung außer Betracht.

(Alternative Pauschalbetrag:

(3) Als Sterbegeld wird ein Betrag i. H. v. . . . . . . EUR (in Worten: . . . . . . Euro) brutto gezahlt.)

(Alternative Pauschalbetrag mit Steigerung nach Dauer der Betriebszugehörigkeit:

(3) Als Sterbegeld wird ein Betrag i. H. v. . . . . . . EUR (in Worten: . . . . . . Euro) brutto gezahlt. Der Betrag erhöht sich pro vollendetem Jahr der Betriebszugehörigkeit des Mitarbeiters um . . . . . . Prozent.)

(4) Soweit die Gesellschaft nach Tarifvertrag oder Betriebsvereinbarung verpflichtet ist, ein Sterbegeld zu zahlen, wird das nach Abs. (3) zu zahlende Sterbegeld auf diese Zahlung angerechnet. Die Anrechnung ist davon unabhängig, ob der sich nach Abs. (1) ergebende nächste Hinterbliebene mit dem nach Tarifvertrag oder Betriebsvereinbarung anspruchsberechtigten Hinterbliebenen identisch ist.[7]

(5) Das Sterbegeld wird auch gewährt, wenn zum Zeitpunkt des Todes des Mitarbeiters (z.B. wegen Krankheit oder Elternzeit) kein Anspruch auf Vergütung bestand.[8] Der Berechnung ist dann, das durch den Mitarbeiter zuletzt bezogene Bruttomonatsgrundgehalt zugrunde zu legen.[9]

(Alternative:

(5) Das Sterbegeld wird nicht gewährt, wenn das Arbeitsverhältnis zum Zeitpunkt des Todes des Mitarbeiters geruht hat.)[10]

(6) War das Arbeitsverhältnis im Zeitpunkt des Todes bereits gekündigt oder eine Vereinbarung über die Beendigung des Arbeitsverhältnisses geschlossen, besteht der Sterbegeldanspruch längstens für den Zeitraum bis zum Kündigungstermin oder vereinbarten Beendigungstermin. *(Alternative, falls in Abs. (3) ein Pauschalbetrag gewählt wurde: War das Arbeitsverhältnis im Zeitpunkt des Todes bereits gekündigt oder eine Vereinbarung über die Beendigung des Arbeitsverhältnisses geschlossen, ist der Sterbegeldanspruch der Höhe nach auf das Bruttomonatsgrundgehalt beschränkt, das der Mitarbeiter im Zeitraum bis zum Kündigungstermin oder vereinbarten Beendigungstermin fiktiv verdient hätte.)* Dies gilt nicht, wenn die Vereinbarung über die Beendigung des Arbeitsverhältnisses darauf beruhte, dass der Mitarbeiter im Anschluss Altersrente oder Rente wegen teilweiser oder voller Erwerbsminderung in Anspruch nehmen oder in Vorruhestand gehen wollte.

(7) Über den Sterbetag hinaus an den Mitarbeiter gezahlte Vergütungen oder Vorschüsse werden auf das Sterbegeld angerechnet. Die Rückforderungsansprüche der Gesellschaft gegen den Mitarbeiter oder dessen Erben gehen in Höhe der Anrechnung auf den nächsten Hinterbliebenen über.[11] Bestehen mehrere Rückforderungsansprüche, bestimmt die Gesellschaft, welcher Anspruch übergeht.

(8) Mehrere nächste Hinterbliebene einer Stufe sind Gesamtgläubiger (§ 428 BGB). Die Gesellschaft kann nach ihrer freien Entscheidung an jeden einzelnen dieser nächsten Hinterbliebenen mit schuldbefreiender Wirkung leisten.[12]

(9) Wer den Tod des Mitarbeiters vorsätzlich und widerrechtlich herbeigeführt hat, hat keinen Anspruch auf Sterbegeld.[13]

(10) Der nächste Hinterbliebene ist zur Mitteilung seines Geburtsdatums sowie seiner steuerlichen Identifikationsnummer verpflichtet. Ferner hat er die Gesellschaft durch einen Antrag beim zuständigen Finanzamt für den Abruf seiner elektronischen Lohnsteuerabzugsmerkmale (ELStAM) zu benennen.[14] Die Gesellschaft wird vom Sterbegeld Steuern und etwaige sonstige Abgaben[15] einbehalten und abführen und den sich ergebenden Nettobetrag an den nächsten Hinterbliebenen ausbezahlen.

Anmerkungen

1. Sterbegeld. Zweck des Sterbegeldes ist es, die Zeit zwischen dem Tod des Mitarbeiters und der Zahlung gesetzlicher oder sonstiger Renten zu überbrücken. Zudem wird damit die Betriebstreue des Mitarbeiters belohnt. Sterbegelder sind unpfändbar (§ 850a Nr. 7 ZPO).

Bei einer Vereinbarung über Sterbegeld handelt es sich um einen **echten Vertrag zugunsten Dritter** (§§ 328 ff. BGB; vgl. BAG BeckRS 2001, 30172793; ErfKomm/*Franzen* § 1 TVG Rn. 51). Das bedeutet, dass der Berechtigte einen eigenen Anspruch gegen den Arbeitgeber erwirbt. Vertragsschließender und Anspruchsberechtigter sind beim Sterbegeld nicht identisch. Da ein eigener Anspruch des Hinterbliebenen auf Sterbegeld begründet wird, fällt dieser Anspruch **nicht in den Nachlass** des verstorbenen Mitarbeiters und kann deshalb auch nicht von dessen Erben beansprucht werden. Anders verhält es sich bei den Vergütungsansprüchen, die bis zum Tod des Mitarbeiters entstanden sind. Da der Mitarbeiter diese bereits erworben hatte, stehen sie seinen Erben zu. Abgesehen von dieser Besonderheit ist das Sterbegeld mit einer Gratifikation vergleichbar. Es besteht keine gesetzliche Verpflichtung für den Arbeitgeber, ein Sterbegeld zu zahlen. Allerdings ist in vielen Tarifverträgen die Zahlung eines Sterbegelds vorgesehen. Die vertragliche Regelung ist bei Vorliegen einer solchen tariflichen Regelung entsprechend anzupassen, damit es nicht zu Überschneidungen oder ungewollten Doppelansprüchen kommt. Eine Anpassung ist jedoch nicht möglich, falls die kollektivrechtliche Vereinbarung erst später abgeschlossen wird und daher bei der Klausel zum Sterbegeld nicht berücksichtigt werden konnte. Hiervor schützt eine Anrechnungsklausel (→ Anm. 7).

2. Auswahl der Berechtigten. Bei der Auswahl der Berechtigten sollte auf eine möglichst klare Regelung geachtet werden. Die Berechtigten sollten so bezeichnet werden, dass sie ohne große Nachforschungen ermittelt werden können. Zu Schwierigkeiten kann beispielsweise eine Benennung „der Erben" führen. Der Arbeitgeber wird nur schwer oder überhaupt nicht feststellen können, ob und welche letztwilligen Verfügungen der Mitarbeiter getroffen hat, ob diese wirksam sind und wer aufgrund gewillkürter Erbfolge anspruchsberechtigt wäre. Auch die gesetzliche Erbfolge kann unter Umständen schwer zu ermitteln sein. Im Formular wurde daher auf erster Stufe der Ehegatte oder der Lebenspartner i. S. d. des LPartG benannt. Auf zweiter Stufe sind die unterhaltsberechtigten Kinder, die mit dem Mitarbeiter in einem Haushalt lebten oder für die er das Sorgerecht hatte, berechtigt. Zu Abgrenzungsschwierigkeiten kann der optional unter Buchstabe c) genannte Lebensgefährte führen. Die Regelung trägt dem Umstand Rechnung, dass immer mehr Paare eine außereheliche Lebensgemeinschaft bilden. Unter Umständen kann es zu Streitigkeiten mit den auf nächster Stufe Berechtigten kommen, wenn es um die Frage geht, ob die Beziehung eine so hinreichende Verfestigung erfahren hat, dass es sich bereits um einen Lebensgefährten handelt. Im Formular wurde zur Konkretisierung auf das Bestehen einer häuslichen Gemeinschaft abgestellt. Es ist daher abzuwägen, ob man den gesellschaftlichen Verhältnissen Rechnung tragen will oder einer klaren Abgrenzung der Berechtigten den Vorrang einräumt. Auf letzter Stufe sind optional die Kinder, Eltern und Geschwister genannt, die nachweislich vom Mitarbeiter unterhalten wurden. Abs. (8) gibt einen gewissen Schutz, wenn mehrere Berechtigte auf gleicher Stufe um das Sterbegeld streiten. Besteht Streit um den Anspruch zwischen Hinterbliebenen unterschiedlichen Stufen, bietet sich die Hinterlegung (§§ 372 ff. BGB) an, wenn sich die Anspruchsberechtigung nicht klären lässt.

3. Gleichzeitiges Versterben. Für den Fall des gleichzeitigen Todes des Mitarbeiters und des eigentlich Anspruchsberechtigten (z. B. bei einem Unfall), regelt das Formular, dass der nach Maßgabe der Stufenfolge nächste Hinterbliebene derselben oder einer nachfolgenden Stufe anspruchsberechtigt wird.

4. Zweckangabe. Zweck des Sterbegelds ist es, die momentan durch den Tod des Mitarbeiters entstehenden finanziellen Belastungen aufzufangen oder zu verringern, z. B. die Kosten der Beerdigung und der letzten Krankheit (BAG NZA 2006, 50). Das Sterbegeld soll eine „Überbrückungshilfe" für den Hinterbliebenen des regelmäßig unterhaltspflichtigen Mitarbeiters sein (vgl. BAG NZA 1994, 515). Um Zweifel auszuschließen und Streitigkeiten zu vermeiden, empfiehlt es sich, diesen Zweck der Zahlung in den Vertragstext aufzunehmen. Dabei kann auch auf den weiteren Zweck, die Honorierung der Betriebstreue des Mitarbeiters, hingewiesen werden.

5. Höhe. Bei der Bestimmung der Höhe des Sterbegelds ist der Arbeitgeber, vorbehaltlich etwaiger kollektivrechtlicher Regelungen, frei. Das Formular sieht die Zahlung der restlichen Vergütung für den Sterbemonat und für eine darüber hinausgehende Anzahl weiterer Monate vor. Anstelle der Fortzahlung der Bezüge kann auch ein Pauschalbetrag vorgesehen werden (vgl. Abs. (3) Alt. 1). Der Pauschalbetrag kann auch entsprechend der Betriebszugehörigkeit des verstorbenen Mitarbeiters (z.B. prozentual) steigen (vgl. Abs. (3) Alt. 2).

6. Vergütung. Wird an die Vergütung des Mitarbeiters angeknüpft, empfiehlt es sich, – wie im Formular vorgesehen – variable Vergütungsbestandteile beim Sterbegeld außer Betracht zu lassen. Das vereinfacht die Berechnung und beschränkt die Höhe des Anspruchs. Sollen variable Vergütungsbestandteile in das Sterbegeld einfließen, muss die Bemessungsgrundlage präzise festgelegt werden, um Streit über die zutreffende Berechnung des Sterbegelds zu vermeiden. Vorbehaltlich einer abweichenden Regelung sind bei einem Mitarbeiter in Alersteilzeit die Teilzeitbezüge unabhängig davon maßgeblich, ob der Mitarbeiter im Rahmen eines Blockmodells in der aktiven oder passiven Phase war (BAG NZA 2006, 50).

7. Anrechnungsklausel. Dem Arbeitgeber wird i.d.R. nicht daran gelegen sein, das individualvertraglich zugesagte Sterbegeld zusätzlich zu Zahlungen an Hinterbliebene zu leisten, zu denen er aufgrund eines Tarifvertrages oder einer Betriebsvereinbarung verpflichtet ist. Sind solche kollektivrechtlichen Vereinbarungen bei Vertragsschluss bekannt, können sie bei der Formulierung der individualvertraglichen Sterbegeldregelung berücksichtigt werden (→ Anm. 1). Auf kollektivrechtlicher Ebene können solche Zahlungspflichten jedoch auch später noch begründet oder abgeändert werden. Das Formular sieht daher eine Anrechnung vor. Zur Vermeidung von Doppelzahlungen wurde die Anrechnung auch für den Fall vorgesehen, dass die Berechtigten in individualvertraglicher und kollektivrechtlicher Vereinbarung nicht identisch sind.

8. Gewährung bei fehlendem Vergütungsanspruch. Das Sterbegeld hat einen über den Entgeltcharakter hinausgehenden Zweck (vgl. Abs. (2) sowie → Anm. 4). Aus diesem Grund kommt es nicht darauf an, ob zum Zeitpunkt des Todes ein Vergütungsanspruch bestand oder nicht. Der Zweck der Überbrückung finanzieller Engpässe des Hinterbliebenen und der Honorierung von Betriebstreue kann auch dann erfüllt werden, wenn sich der Mitarbeiter im Zeitpunkt des Todes in Elternzeit befand oder wenn ihm aufgrund längerer Krankheit kein Entgeltfortzahlungsanspruch mehr zustand. Nach längerer Krankheit wird der Unterhaltsbedarf der Hinterbliebenen regelmäßig auch höher sein (vgl. BAG NZA 1991, 679). Daher wurde im Formular vorgesehen, dass auch in diesen Fällen Sterbegeld zu zahlen ist.

9. Pauschalbetrag. Wurde für die Berechnung des Sterbegelds nicht auf die Vergütung des Arbeitnehmers abgestellt, sondern ein Pauschalbetrag (gegebenenfalls mit Erhöhung nach Betriebszugehörigkeit) gewählt (vgl. Abs. (3) sowie → Anm. 5), so spielt das Bruttomonatsgehalt für die Berechnung keine Rolle. Dieser Satz entfällt daher.

10. Ausschluss bei Ruhen des Arbeitsverhältnisses. Die Alternativklausel sieht vor, dass ein Anspruch auf Sterbegeld nicht besteht, wenn das Arbeitsverhältnis des Mitarbeiters im Zeitpunkt seines Todes ruht. Dieser Anspruchsausschluss begegnet keinen rechtlichen Bedenken. Denn beim Sterbegeld geht es nicht um Ansprüche des Mitarbeiters, sondern um eigene Ansprüche des Hinterbliebenen als Dritten. Etwas anderes ergibt sich auch dann nicht, wenn man wegen des Zusammenhangs des Sterbegelds mit dem vormaligen Arbeitsverhältnis die BAG-Rechtsprechung zu Sonderzahlungen übertragen möchte. Denn auch hiernach können bei Sonderzahlungen mit Entgeltcharakter Zeiten des Ruhens des Arbeitsverhältnisses anspruchsmindernd berücksichtigt werden (→ Form. A. III. 4 Anm. 8).

11. Anrechnung. Der Arbeitgeber kann vor dem Problem stehen, dass er an den Mitarbeiters gegebenenfalls Vorauszahlungen geleistet hat und er Rückzahlungsansprüche dann gegenüber den Erben durchsetzen müsste. Es bietet sich daher an, diese Leistungen auf das Sterbegeld anzurechnen. Zu bedenken ist insoweit jedoch, dass der durch die Sterbegeldregelung begünstigte Hinterbliebene nicht zwangsläufig Erbe des Mitarbeiters sein muss. Ein bloßer Anrechnungsvorbehalt erscheint deshalb problematisch im Hinblick auf § 307 BGB, weil er Personen treffen kann, die nicht gleichzeitig erbrechtlich verpflichtet sind. Es käme dann zu einer einseitigen Begünstigung der tatsächlichen Erben. Das Formular geht einen Mittelweg. Vorgesehen ist eine Anrechnung. Allerdings gehen im Fall einer Anrechnung in entsprechender Höhe die Rückzahlungsansprüche des Arbeitgebers auf den nächsten Hinterbliebenen über. Ist der begünstigte Hinterbliebene identisch mit dem Erben, erlischt der Rückzahlungsanspruch (Konfusion). Andernfalls ist der nächste Hinterbliebene nicht (wie bei einem bloßen Anrechnungsvorbehalt) rechtlos gestellt, sondern kann jedenfalls Ansprüche bis zur maximalen Höhe des (entgangenen) Sterbegelds gegen die Erben geltend machen. Die Überwälzung des Insolvenzrisikos bezüglich der Erben auf den nächsten Hinterbliebenen erscheint bei einer Gesamtbetrachtung angemessen. Die Zahlung eines Sterbegelds ist ausschließlich begünstigend. Sie erfolgt, weil der Verstorbene im Arbeitsverhältnis stand. Daher ist es nicht unangemessen, dass der Arbeitgeber die Leistung des Sterbegelds in der Weise erbringt, dass er dem nächsten Hinterbliebenen Zahlungsansprüche gegenüber dem Mitarbeiter respektive dessen Erben (als Gesamtrechtsnachfolger) überträgt.

12. Gesamtgläubigerschaft. Das Formular sieht eine Gesamtgläubigerschaft der nächsten Hinterbliebenen derselben Stufe vor (§ 428 BGB). Das hat den Vorteil, dass der Arbeitgeber von der Pflicht zur Zahlung des Sterbegelds bereits dadurch frei wird, dass er den gesamten Betrag an einen Anspruchsberechtigten zahlt. Die Entscheidung über den Empfänger der Zahlung steht in seinem Belieben. Der Arbeitgeber muss allerdings einen (von mehreren) Berechtigten der zutreffenden Stufe im Rahmen der Stufenfolge wählen. Die Anspruchsberechtigten dieser Stufe müssen dann untereinander zu einem Ausgleich kommen (§ 430 BGB).

13. Ausschluss bei Tötung. Die vorsätzliche und widerrechtliche Tötung stellt einen Grund für die Erbunwürdigkeit dar (§ 2339 Abs. 1 Ziff. 1 BGB). Es ist daher auch angemessen, den Anspruch auf Sterbegeld in dieser Konstellation auszuschließen.

14. Lohnsteuer. Das Sterbegeld gehört zu den **steuerbegünstigten Versorgungsbezügen** (§ 19 Abs. 2 EStG, R 19.9 Abs. 3 Ziff. 2 und 3 LStH 2011). Der ursprünglich im jeweiligen Veranlagungszeitraum steuerfreie Betrag von 40 Prozent, höchstens 3.000 EUR, wird im Zeitraum von 2005 bis 2040 bis auf Null „abgeschmolzen". Die Besteuerung richtet sich im Übrigen nach den steuerlichen Verhältnissen des Berechtigten. Der Arbeitgeber muss den Lohnsteuerabzug auf das Sterbegeld vornehmen. Der Berechtigte muss hierfür sein Geburtsdatum sowie seine Lohnsteueridentifikationsnummer nennen (§ 39e Abs. 4 S. 1 EStG). Dann kann der Arbeitgeber die elektronischen Lohnsteuerabzugsmerkmale abrufen. Die Lohnsteuerkarte wurde durch das elektronische System (ElsterLohn) ersetzt. Nachdem grundsätzlich nur der aktuelle und entsprechend authentifizierte Arbeitgeber zum Abruf der elektronischen Lohnsteuerabzugsmerkmale berechtigt ist, muss der Berechtigte den Arbeitgeber für den Abruf benennen. Dies ist durch Antrag beim zuständigen Finanzamt möglich. Nennt der Berechtigte dem Arbeitgeber nicht die erforderlichen Informationen oder benennt er ihn nicht beim Finanzamt, so ist die Lohnsteuer nach Steuerklasse VI zu ermitteln (vgl. § 39c Abs. 1 S. 1 EStG).

15. Keine Sozialversicherungspflicht. Beiträge zur Sozialversicherung sind für das Sterbegeld nicht abzuführen. Es stellt kein Arbeitsentgelt (§ 14 SGB IV) dar, weil es kein Anspruch des Verstorbenen für geleistete Dienste, sondern ein eigenständiger Anspruch des Hinterbliebenen ist. Es handelt sich auch nicht um Versorgungsbezüge, die in der Kranken- und Pflegeversicherung beitragspflichtig sind (§§ 226 Abs. 1 S. 1 Ziff. 3, 229

SGB V, 57 Abs. 1 SGB XI). Für das Sozialversicherungsrecht ist der Begriff der beitragspflichtigen Versorgungsbezüge gesondert definiert. Erfasst sind insoweit auch Renten der betrieblichen Altersversorgung, auch wenn sie als Einmalzahlung erbracht werden (§ 229 Abs. 1 S. 1 Ziff. 5 und S. 3 SGB V). Sterbegelder sind jedoch nicht der betrieblichen Altersversorgung zuzuordnen (vgl. BAG AP BetrVG 1972 § 77 Betriebsvereinbarung Nr. 29). Denn sie sollen die mit dem Tod des Mitarbeiters verbundenen vorrübergehenden besonderen finanziellen Belastungen mildern, nicht jedoch einer nachhaltigen Versorgung dienen (vgl. *Höfer* BetrAVG I ART Rn. 79 ff.; *Blomeyer/Rolfs/Otto* § 1 Rn. 64). Anders verhält es sich jedoch, wenn das Sterbegeld über einen längeren Zeitraum gezahlt wird und es dadurch seinen „Überbrückungscharakter" verliert. Ein Zeitraum von drei über den Sterbemonat hinausgehenden Monaten dürfte jedoch unbedenklich sein. Es kann nicht ausgeschlossen werden, dass Sterbegeldzahlungen durch entsprechende Gesetzgebung zukünftig in der Sozialversicherung beitragspflichtig werden. Im Formular wurde daher vorsorglich geregelt, dass etwaige sonstige Abgaben vom Sterbegeld ebenfalls in Abzug gebracht werden.

IV. Sonstige Abreden

1. Nachvertragliches Wettbewerbsverbot für Arbeitnehmer

Vereinbarung[1]

zwischen

. . . . . . GmbH (Name und Anschrift des Arbeitgebers) „Gesellschaft"

und

Herrn . . . . . . (Name und Anschrift des Arbeitnehmers) „Mitarbeiter"

In Ergänzung des Arbeitsvertrages vom . . . . . . wird folgende Vereinbarung zu einem nachvertraglichen Wettbewerbsverbot für den Mitarbeiter geschlossen:

(1) Der Mitarbeiter unterliegt nach Beendigung seines Anstellungsverhältnisses mit der Gesellschaft einem nachvertraglichen Wettbewerbsverbot für die Dauer von . . . . . . (maximal 24) Monaten nach Maßgabe der folgenden Bestimmungen.[2]

(2) Während der Dauer des nachvertraglichen Wettbewerbsverbotes wird der Mitarbeiter weder unmittelbar noch mittelbar, weder als Angestellter, Leiharbeitnehmer, Geschäftsführer, Vorstandsmitglied, Dienstnehmer oder Berater noch in einer sonstigen Funktion, weder entgeltlich noch unentgeltlich, für ein Unternehmen tätig sein, welches mit der Gesellschaft im Wettbewerb steht („Konkurrenzunternehmen"). In gleicher Weise ist es dem Mitarbeiter untersagt, während der Dauer des nachvertraglichen Wettbewerbsverbotes ein solches Konkurrenzunternehmen zu errichten, zu erwerben oder sich an einem solchen unmittelbar oder mittelbar zu beteiligen. Vom Verbot der Beteiligung ausgenommen ist der Erwerb von Wertpapieren ausschließlich zu Vermögensbildungszwecken, solange dadurch kein Einfluss auf die Geschäftsführung ermöglicht wird.

Als Konkurrenzunternehmen gelten insbesondere

- . . . . . .,
- . . . . . .,
- . . . . . .,
- . . . . . .

Während der Dauer dieses nachvertraglichen Wettbewerbsverbotes wird der Mitarbeiter ferner weder unmittelbar noch mittelbar, weder als Angestellter, Leiharbeitnehmer, Geschäftsführer, Vorstandsmitglied, Dienstnehmer oder Berater noch in einer sonstigen Funktion, weder entgeltlich noch unentgeltlich eine Konkurrenztätigkeit ausüben.

Unter Konkurrenztätigkeit verstehen die Parteien . . . . . . (Genaue Beschreibung der Tätigkeit) („Konkurrenztätigkeit").

(Alternative:

Unter Konkurrenztätigkeit verstehen die Parteien jedwede Tätigkeit, die mit der vom Mitarbeiter in den letzten beiden Jahren seiner Anstellung bei der Gesellschaft für die Gesellschaft ausgeübten Tätigkeit identisch oder gleichartig ist („Konkurrenztätigkeit").)

Während der Dauer dieses nachvertraglichen Wettbewerbsverbotes wird der Mitarbeiter mit Konkurrenzunternehmen nur dann ein Anstellungs-, Dienst- oder Beratungsverhältnis eingehen oder erfüllen, oder auf sonstige Weise solche Leistungen gegenüber einem Konkurrenzunternehmen erbringen und er wird während der Dauer dieses nachvertraglichen Wettbewerbsverbots ein Konkurrenzunternehmen nur errichten, erwerben oder sich an einem Konkurrenzunternehmen direkt oder mittelbar nur beteiligen, wenn er gegenüber dem Geschäftsführer der Gesellschaft unaufgefordert einen klaren und überzeugenden Nachweis erbringt, dass seine Tätigkeit innerhalb eines Konkurrenzunternehmens sowohl vertraglich wie auch tatsächlich so abgegrenzt ist, dass er keine Konkurrenztätigkeit erbringt.[3]

(3) Das nachvertragliche Wettbewerbsverbot erstreckt sich räumlich auf die Gebiete, in denen die Gesellschaft bei Beendigung der Anstellung geschäftlich tätig ist, und auf die Gebiete, in denen die Gesellschaft bei Beendigung der Anstellung die Aufnahme einer Geschäftstätigkeit geplant hat.

(Alternative:

(3) Das nachvertragliche Wettbewerbsverbot erstreckt sich räumlich auf das Gebiet von . . . . . . (Genaue Beschreibung des Gebiets).)[4]

(4) Für die Dauer des nachvertraglichen Wettbewerbsverbots verpflichtet sich die Gesellschaft, als Gegenleistung für die Einhaltung des nachvertraglichen Wettbewerbsverbots eine Entschädigung zu zahlen, welche für jedes Jahr des Verbotes die Hälfte *(Alternative: . . . . . . (Genaue Prozentangabe ≥ 50 Prozent))* der vom Mitarbeiter zuletzt bezogenen vertragsmäßigen Leistungen erreicht.[5] Die Entschädigung unterfällt dem Lohnsteuerabzug und ist zahlbar im Nachhinein am Monatsende. Sämtliche Steuer auf diese Entschädigung trägt der Mitarbeiter.

(5) Bis zur Beendigung des Anstellungsverhältnisses kann die Gesellschaft schriftlich auf das nachvertragliche Wettbewerbsverbot mit der Wirkung verzichten, dass mit Ablauf eines Jahres seit der Erklärung die Verpflichtung zur Zahlung der Entschädigung nach obigem Abs. (4) entfällt.[6]

(6) Sofern der Mitarbeiter gegen die übernommenen Verpflichtungen aus diesem nachvertraglichen Wettbewerbsverbot verstößt, kann die Gesellschaft von ihm für jeden einzelnen Fall der Zuwiderhandlung eine Vertragsstrafe in Höhe . . . . . . (eines) vom Mitarbeiter zuletzt bezogenen Brutto-Festgehalts verlangen. Ein solcher einzelner Fall der Zuwiderhandlung liegt vor, wenn der Mitarbeiter an einem Tag einmal oder mehrmals durch eine Konkurrenztätigkeit, insbesondere für ein Konkurrenzunternehmen oder eine Beteiligung an einem Konkurrenzunternehmen, gegen das nachvertragliche Wettbewerbsverbot verstößt. Wenn der Mitarbeiter an zumindest zwei Tagen in einem Kalendermonat gegen das nachvertragliche Wettbewerbsverbot verstößt, gilt jeder Tag (nach dem ersten Tag) als weiterer einzelner Fall der Zuwiderhandlung. Dies gilt auch im Fall einer fortgesetzten Konkurrenztätigkeit im Rahmen der verbotswidrigen Eingehung eines Dauerschuldverhältnisses, insbesondere eines Arbeits- oder Dienstverhältnisses (als freier Mitarbeiter, Handelsvertreter oder Berater) oder bei der Errichtung eines Konkurrenzunternehmens oder der Beteiligung an einem Konkurrenzunternehmen.

In jedem Fall kann die Summe der pro Monat verwirkten Vertragsstrafen höchstens einen Betrag in Höhe von . . . . . . (zwei) vom Mitarbeiter pro Monat bezogenen Brutto-Festgehältern betragen.

Die Geltendmachung sonstiger Rechte durch die Gesellschaft, insbesondere Unterlassungsansprüche und Ansprüche auf Ersatz eines weitergehenden Schadens, bleibt hiervon unberührt.[7]

(7) Der Mitarbeiter ist damit einverstanden, dass das nachvertragliche Wettbewerbsverbot auf einen möglichen Rechtsnachfolger der Gesellschaft oder bei einer Veräußerung des Betriebes oder Betriebsteils auf den Betriebs(teil)erwerber übergeht. Dies gilt auch für den Fall, dass sein Anstellungsverhältnis schon geendet hat, aber der Verbotszeitraum nach obigem Abs. (1) noch andauert.[8]

(Optional:[9]

(8) Das nachvertragliche Wettbewerbsverbot tritt nicht in Kraft und es besteht damit auch keine Pflicht zur Zahlung der Entschädigung, wenn der Mitarbeiter zu dem Zeitpunkt aus dem Anstellungsverhältnis ausscheidet, zu dem er erstmals Anspruch auf die gesetzliche Regelaltersrente erwirbt.)

(9) Das nachvertragliche Wettbewerbsverbot wird erst mit Ablauf des . . . . . . Vertragsjahres der Laufzeit des Arbeitsvertrages vom . . . . . . wirksam.)

(10) Das Wettbewerbsverbot ist auch zu Gunsten der mit der Gesellschaft i. S. d. § 15 AktG verbundenen Unternehmen gültig und wirkt auch gegenüber Unternehmen, die mit dem Konkurrenzunternehmen i. S. d. § 15 AktG verbunden sind.)

(8) §§ 74 ff. HGB gelten ergänzend.[10, 11]

(9) Mündliche Nebenabreden bestehen nicht. Änderungen oder Ergänzungen dieses nachvertraglichen Wettbewerbsverbotes einschließlich dieser Bestimmung bedürfen zu ihrer Wirksamkeit der Schriftform.

(10) Sollte eine Bestimmung dieses nachvertraglichen Wettbewerbsverbotes ganz oder teilweise unwirksam sein oder werden, so wird hiervon die Wirksamkeit der übrigen Bestimmungen dieses nachvertraglichen Wettbewerbsverbotes nicht berührt. An die Stelle der unwirksamen Bestimmung tritt die gesetzlich zulässige Bestimmung, die dem mit der unwirksamen Bestimmung Gewollten wirtschaftlich am nächsten kommt. Dasselbe gilt für den Fall einer vertraglichen Lücke.[12]

. . . . . .	. . . . . .
Ort, Datum	Ort, Datum
. . . . . .	. . . . . .
Unterschrift der Gesellschaft	Unterschrift des Mitarbeiters

Empfangsbestätigung des Mitarbeiters

Der Mitarbeiter bestätigt, dass er eine von der Gesellschaft unterschriebene vollständige Ausfertigung dieses nachvertraglichen Wettbewerbsverbotes am . . . . . . (Datum) erhalten hat.[13]

. . . . . .

Ort, Datum

. . . . . .

Unterschrift des Mitarbeiters

Anmerkungen

1. Einführung. Die vorliegende Regelung ist als Zusatzvereinbarung zu einem bestehenden Arbeitsvertrag formuliert. Sie kann alternativ in den Arbeitsvertrag (→ Form. A. II. 1) übernommen werden, wobei sich in diesem Fall als Standort ein neuer Paragraf nach § 7 des → Form. A. II. 1 unter der Überschrift „Nachvertragliches Wettbewerbsverbot“ empfiehlt. Von der Aufnahme des nachvertraglichen Wettbewerbsverbots in einen bereits bestehenden anderen Paragrafen des Arbeitsvertrags sollte abgesehen werden, da dann die Gefahr besteht, dass die Regelungen als überraschende Klauseln nicht Bestandteil des Vertrages werden (§ 305c Abs. 1 BGB; LAG Hamm LAGE HGB § 74 Nr. 19).

Im bestehenden Arbeitsverhältnis ist es dem Mitarbeiter auch ohne ausdrückliche vertragliche Regelung untersagt, ohne Einwilligung des Arbeitgebers mit diesem in Wettbewerb zu treten. Dieses vertragliche Wettbewerbsverbot ergibt sich aus der Treuepflicht des Arbeitnehmers und dient dem Schutz vor der Beeinträchtigung der berechtigten Unternehmensinteressen, § 241 Abs. 2 BGB (vgl. *Neighbour* AuA 2011, 89). Diese Treuepflicht wird durch § 60 HGB konkretisiert, der auf Arbeitnehmer entsprechend anzuwenden ist. Die Pflicht des Arbeitnehmers, sich des Wettbewerbs zu enthalten, endet jedoch mit der Beendigung des Arbeitsverhältnisses (vgl. *Laskawy* NZA 2012, 1011). Einem ausgeschiedenen Mitarbeiter steht es daher grundsätzlich frei, zu seinem ehemaligen Arbeitgeber in Wettbewerb zu treten – es gilt der Grundsatz der Wettbewerbsfreiheit (BAG AP BGB § 611 Konkurrenzklausel Nr. 40; vgl. LAG Köln BeckRS 2008, 56517). Zwar ist auch diese Freiheit nicht grenzenlos gewährleistet, die vom Mitarbeiter einzuhaltenden gesetzlichen Schranken dürften allerdings nur in Ausnahmefällen relevant werden: So darf eine Wettbewerbstätigkeit nicht in einer Art und Weise erfolgen, dass sie als rechtswidrige und schuldhafte Verletzung eines eingerichteten und ausgeübten Gewerbebetriebs (§§ 823 Abs. 1, 826 BGB) oder als verbotener unlauterer Wettbewerb (§ 3 UWG) anzusehen ist. Der ehemalige Arbeitgeber kann sich daher in der Regel nur durch die Vereinbarung eines nachvertraglichen Wettbewerbsverbots dagegen schützen, dass ein ausgeschiedener Mitarbeiter in Konkurrenz zu ihm tritt. Zu beachten ist in diesem Zusammenhang auch, dass im Sinne eines umfänglichen Know-how-Schutzes neben einem nachvertraglichen Wettbewerbsverbot im besten Falle bereits im Arbeitsvertrag auch eine nachvertragliche Verschwiegenheitsverpflichtung vereinbart werden sollte (siehe hierzu, insbesondere auch zur Abgrenzung → Form. A. II. 1 Anm. 14).

Arbeitgeber sollten es vermeiden, für alle Mitarbeiter standardmäßig nachvertragliche Wettbewerbsverbote vorzusehen. In vielen Fällen sind ein nachvertragliches Wettbewerbsverbot und damit auch die Zahlung einer Karenzentschädigung unnötig, gerade wenn der Arbeitgeber weiß, dass der betroffene Arbeitnehmer nach der Beendigung des Arbeitsverhältnisses keine wettbewerbsrelevanten Tätigkeiten entfalten wird. Bei Mitarbeitern in Führungspositionen, Mitarbeitern mit besonderen Kundenbeziehungen oder Trägern von Sonderwissen bietet sich hingegen die Vereinbarung eines nachvertraglichen Wettbewerbsverbotes an. Denn hier besteht nicht selten die Gefahr, dass diese Mitarbeiter nach einem Ausscheiden beim Arbeitgeber ihre Kenntnisse bei einem Konkurrenzunternehmen einbringen und dem Arbeitgeber dadurch erheblichen Schaden zufügen. Aber auch bei dieser Mitarbeitergruppe wird der Arbeitgeber stets im bestehenden Arbeitsverhältnis regelmäßig im Einzelfall prüfen müssen, ob dieser besondere Mitarbeiter bei einem etwaigen Ausscheiden noch „seine Karenzentschädigung“ wert ist.

Bei der Formulierung eines nachvertraglichen Wettbewerbsverbots muss der Arbeitgeber eine Reihe von zwingenden gesetzlichen Vorschriften und von der Rechtsprechung entwickelten Erfordernissen beachten, die sich auf Umfang, Inhalt und Durchführung des Verbots beziehen; insbesondere muss er dem Arbeitnehmer auch eine Entschädigung für den Verzicht auf Wettbewerb (Karenzentschädigung) zahlen. Andernfalls kann das nachvertragliche Wettbewerbsverbot nichtig oder jedenfalls nicht durchsetzbar sein.

Die gesetzlichen Erfordernisse finden sich in den §§ 74 ff. HGB. Diese Vorschriften gelten direkt nur für sog. Handlungsgehilfen. Sie werden aber entsprechend auf alle Arbeitsverhältnisse angewendet (so § 110 S. 2 GewO). Grund für die gesetzlichen Restriktionen ist der Schutz der Berufsfreiheit des Arbeitnehmers (Art. 12 Abs. 1 GG). Das

Wettbewerbsverbot darf deshalb nur einen so engen Umfang haben, dass es dem **Schutz der berechtigten geschäftlichen Interessen des Arbeitgebers dient** (§ 74a Abs. 1 S. 1 HGB) und unter Berücksichtigung der gewährten Entschädigung nach Ort, Zeit oder Gegenstand das **Fortkommen des Arbeitnehmers nicht unbillig erschwert** (§ 74a Abs. 1 S. 2 HGB). Die berechtigten Interessen des Arbeitgebers an der Wettbewerbsenthaltung müssen also höherrangig sein als die berechtigten Interessen des Arbeitnehmers am beruflichen Fortkommen. Berechtigte und höherrangige Interessen des Arbeitgebers an einem Wettbewerbsverbot liegen vor, wenn das Wettbewerbsverbot entweder **dem Schutz von Geschäfts- oder Betriebsgeheimnissen dient oder den Einbruch in den Kunden- oder Lieferantenstamm verhindern soll.** Das bloße Interesse, Konkurrenz einzuschränken, genügt nicht. Wenn sich bei einer Tätigkeit des Mitarbeiters für die Konkurrenz diese Gefahren nicht realisieren können, ist ein vereinbartes Wettbewerbsverbot nicht durchsetzbar. Dies kann z. B. der Fall sein, wenn der Mitarbeiter keinen Zugang zu von der Konkurrenz verwertbaren Geschäftsgeheimnissen gehabt hatte und ein Einbruch in den Kundenstamm z. B. wegen der Langlebigkeit der vom Arbeitgeber vertriebenen Produkte (einmalige Investitionen der Kunden) nicht zu befürchten wäre (vgl. BAG AP HGB § 74a Nr. 5). Auch kann die Betätigung auf einer anderen Handelsebene i. d. R. nicht untersagt werden. So hat das BAG entschieden, dass einem Arbeitnehmer, der bisher bei seinem alten Arbeitgeber Fenster und Türen ausschließlich an den Fachhandel verkauft hat, nicht verboten werden kann, zukünftig Fenster direkt an Endverbraucher zu verkaufen (vgl. BAG AP HGB § 74a Nr. 6). Bei einer rein untergeordneten Stellung des Mitarbeiters wird überdies nur in Ausnahmefällen ein durchsetzbares Wettbewerbsverbot möglich sein, weil wegen der untergeordneten Stellung oftmals ein berechtigtes geschäftliches Interesse des Arbeitgebers am Wettbewerbsverbot fehlen wird. Im Streitfall wird dabei auf die jeweils konkreten Verhältnisse abgestellt, also auf die tatsächlich vom Mitarbeiter beim ehemaligen Arbeitgeber durchgeführten Tätigkeiten und auf die (geplante oder bereits begonnene) Tätigkeit des Mitarbeiters für den neuen Arbeitgeber.

Werden die vorstehend beschriebenen Grenzen bei der Formulierung des Verbots nicht eingehalten, so kommt es entweder zur **Nichtigkeit** oder zur **Unverbindlichkeit** des Wettbewerbsverbots. In anderen Fällen kann es auch zu einer **teilweisen Unverbindlichkeit** kommen.

Zur **Nichtigkeit** kommt es in der Regel nur dann, wenn überhaupt keine Entschädigung vereinbart wurde. Zur (teilweisen) **Unverbindlichkeit** kommt es nach der gesetzlichen Regelung, wenn die Wettbewerbsverbotsabrede dem Arbeitnehmer nicht die Mindestkarenzentschädigung zusagt (§ 74 Abs. 2 HGB, vgl. Anm. 5), wenn sie nicht dem Schutz der berechtigten Interessen des Arbeitgebers dient (§ 74a Abs. 1 S. 1 HGB) oder eine unbillige Erschwerung des Fortkommens des Arbeitnehmers enthält (§ 74a Abs. 1 S. 2 HGB).

Nichtigkeit bedeutet, dass weder Arbeitgeber noch Mitarbeiter irgendwelche Rechte aus der Vereinbarung herleiten können.

Unverbindlichkeit bedeutet, dass der Mitarbeiter ein Wahlrecht hat (vgl. BAG AP HGB § 75 Nr. 11). Entscheidet er sich, Wettbewerb zu betreiben, so kann er dies tun, der Anspruch auf die vereinbarte Karenzentschädigung entfällt aber. Enthält sich der Mitarbeiter des Wettbewerbs, kann er hingegen die vereinbarte Karenzentschädigung einfordern. Wegen des Wahlrechts des Mitarbeiters ist ein unverbindliches Wettbewerbsverbot für den Arbeitgeber häufig sogar ungünstiger als ein nichtiges Wettbewerbsverbot. Denn ein ausgeschiedener Mitarbeiter wird von dem Wahlrecht je nach seiner Interessenlage Gebrauch machen: Wird er von der Konkurrenz umworben, wird er sich nicht an das Wettbewerbsverbot halten. Hat er kein Angebot vom Wettbewerb (regelmäßig deshalb, weil er vom Wettbewerb nicht für interessant genug gehalten wird), wird er sich an das Wettbewerbsverbot halten und die Karenzentschädigung einfordern. Der ehemalige Arbeitgeber kann sich selbst nicht auf die Unverbindlichkeit eines Wettbewerbsverbots berufen, da die Regelungen der §§ 74 ff. HGB zur Unverbindlichkeit allein dem Schutz des Arbeitnehmers dienen; er kann nur auf das Wettbewerbsverbot verzichten, wobei dieser Verzicht nur bis zur rechtlichen Beendigung des Anstellungsverhältnisses erfolgen kann (zum Verzicht → Anm. 6; BAG AP BGB § 615 Nr. 25).

Ein in sachlicher, geografischer und/oder zeitlicher Hinsicht zu weit gefasstes nachvertragliches Wettbewerbsverbot stellt aufgrund fehlendem berechtigten Interesse des Arbeitgebers bzw. unbilliger Erschwerung des Fortkommens des Arbeitnehmers einen **Verstoß gegen § 74a Abs. 1 S. 1 bzw. S. 2 HGB** dar. Rechtsfolge eines solchen Verstoßes ist die regelmäßig **teilweise Unverbindlichkeit** des nachvertraglichen Wettbewerbsverbots. Die Vorschrift des § 74a Abs. 1 S. 1 HGB wird dabei so interpretiert, dass sie gesetzlich eine **geltungserhaltende Reduktion** anordnet. Das Wettbewerbsverbot bleibt also in dem Umfang wirksam, der von einem berechtigten geschäftlichen Interesse des Arbeitgebers gedeckt ist bzw. in dem keine Unbilligkeit besteht. Das nach AGB-Recht geltende Verbot einer geltungserhaltenden Reduktion (§ 306 Abs. 2 BGB) steht dem nach verbreiteter Ansicht nicht entgegen, da bezüglich der sachlichen, geografischen und zeitlichen Reichweite des nachvertraglichen Wettbewerbsverbots eine Inhaltskontrolle nach den §§ 307 ff. BGB überhaupt nicht vorzunehmen ist und damit eine Anwendung des § 306 BGB ausscheidet, weil § 307 Abs. 3 BGB die Kontrolle der Hauptleistungspflichten einer Vereinbarung verbietet (vgl. LAG Hamm NZA-RR 2003, 513; LAG Stuttgart NZA-RR 2008, 508; LAG Mainz NZA-RR 2013, 15; *Diller* NZA 2005, 250, 251, vor allem in den Fällen, in denen das nachvertragliche Wettbewerbsverbot in einer separaten Zusatzvereinbarung vereinbart wird). Hier ist allerdings nach wie vor fraglich, ob sich das BAG dieser Meinung anschließen wird. Zwar hat das BAG jüngst bestätigt, dass aufgrund § 74a Abs. 1 S. 1 HGB eine geltungserhaltende Reduktion des Wettbewerbsverbots auf das erlaubte Maß erfolgt (vgl. BAG NZA 2010, 1175), ohne jedoch auf das Verhältnis zu den AGB-Vorschriften einzugehen. Abschließende Rechtssicherheit ist in diesem Punkt daher nicht gegeben. Brächte das BAG bei formularmäßigen Wettbewerbsverboten das Verbot der geltungserhaltenden Reduktion des AGB-Rechts neben den Regelungen des § 74a HGB zur Anwendung, müsste eine geltungserhaltende Reduktion abgelehnt werden.

Auch wenn (richtigerweise) eine Inhaltskontrolle nach § 307 ff. BGB nicht vorzunehmen ist, unterliegen die Bedingungen eines nachvertraglichen Wettbewerbsverbots für Arbeitnehmer dennoch einer grundsätzlichen **Rechtskontrolle nach den §§ 305 ff. BGB**, wenn die Gesellschaft vorformulierte Vertragsbedingungen verwendet, die in der Praxis vom Arbeitnehmer zumeist auch ohne substanzielle Änderungen akzeptiert werden. Die übrigen Vorschriften der §§ 305 ff. BGB, insbesondere das **Transparenzgebot nach § 307 Abs. 1 S. 2 BGB** und das Verbot überraschender Klauseln nach § 305c Abs. 1 BGB, finden daher in jedem Fall Anwendung, und zwar unabhängig davon, ob das nachvertragliche Wettbewerbsverbot im Arbeitsvertrag selbst oder in einer gesonderten Abrede vereinbart wurde.

Selbst man also davon ausgeht, dass ein zu weit gefasstes nachvertragliches Wettbewerbsverbot insoweit für den Arbeitgeber unschädlich ist, als dass dieses mit der h. M. geltungserhaltend reduziert wird, wird sich der Arbeitgeber dennoch gerade bei sehr weiten und offenen Formulierungen oftmals dem Vorwurf der Intransparenz ausgesetzt sehen.

Auch vor diesem Hintergrund wurde im Formular bevorzugt der sicherere Weg gewählt, möglichst enge Formulierungen zu verwenden, die auch den Anforderungen der AGB-Kontrolle Rechnung tragen sollen.

2. Dauer des Verbots/Karenzzeit. Das Formular sieht in Abs. (1) vor, dass die Parteien eine feste Dauer des nachvertraglichen Verbots vereinbaren. Dabei muss der Arbeitgeber beachten, dass ein nachvertragliches Wettbewerbsverbot nach der zwingenden Bestimmung des § 74a Abs. 1 S. 3 HGB **maximal für die Dauer von zwei Jahren** nach der Beendigung des Arbeitsverhältnisses vereinbart werden kann. Mit Beendigung des Arbeitsverhältnisses ist die rechtliche Beendigung gemeint, nicht beispielsweise eine im Rahmen einer ausgesprochenen Kündigung schon früher erfolgte tatsächliche Freistellung. In der Praxis wird dieser zeitliche Rahmen oft voll ausgeschöpft. Die gesetzliche Höchstgrenze bedeutet jedoch nicht, dass eine zweijährige Verbotsdauer auch immer zulässig vereinbart werden kann. Der Arbeitgeber muss vielmehr bei der Entscheidung, welchen Zeitraum er in Abs. (1) des Formulars vereinbart, darauf achten, dass nur eine Verbotsdauer vereinbart werden darf, die erforderlich ist, um legitime Arbeitgeberinteressen zu schützen. Kann beispielsweise eine Konkurrenztätigkeit des Mitarbeiters wegen eines schnell veraltenden technischen Spezialwissens für den Arbeitgeber nur für die Dauer von wenigen Monaten nach Beendigung der Anstellung „gefährlich" werden, darf das Wettbewerbsverbot auch nur für diese wenigen Monate verbindlich vereinbart werden. Wird eine Dauer vereinbart, die über den Zeitraum hinausgeht, der zum Schutz der legitimen Arbeitgeberinteressen notwendig ist, wird das Wettbewerbsverbot nicht insgesamt unwirksam, sondern nur für den Zeitraum unverbindlich, der die zulässige Höchstdauer überschreitet. Hinsichtlich des verbleibenden Zeitraums hat der Arbeitnehmer demzufolge ein Wahlrecht, ob er das Wettbewerbsverbot einhält oder Wettbewerb betreiben möchte. Ebenso verhält es sich, falls der Arbeitgeber einen Verbotszeitraum von mehr als zwei Jahren festlegt (vgl. *Bauer/Diller* Rn. 359).

3. Sachlicher Umfang des Verbots. Das Formular regelt in Abs. (2) den sachlichen Umfang des Wettbewerbsverbots. Die Regelung setzt dabei auf eine **Kombination aus einem tätigkeits- und unternehmensbezogenen Wettbewerbsverbot.** Maßgeblich ist zum einen die Tätigkeit, die der Mitarbeiter in den letzten beiden Jahren beim Arbeitgeber ausgeübt hat. Diese wird als „Konkurrenztätigkeit" definiert. Dem Mitarbeiter ist verboten, selbst die so definierte Konkurrenztätigkeit auszuüben oder in irgendeiner Weise für ein Unternehmen tätig zu sein, welches seinerseits – durch seine Mitarbeiter – eine solche Konkurrenztätigkeit ausübt. Bestimmte derartige Unternehmen, die vom Arbeitgeber und Mitarbeiter schon bei Abschluss der nachvertraglichen Wettbewerbsbeschränkung identifiziert werden können, werden in der Vereinbarung ausdrücklich genannt. Da es Unternehmen geben wird, die so groß und so diversifiziert sind, dass sie neben den Tätigkeiten, die identisch mit den zuletzt ausgeübten Tätigkeiten des Mitarbeiter sind, auch eine Vielzahl anderer Geschäftsbereiche haben und andere Tätigkeiten ausüben, wird dem Mitarbeiter erlaubt, für solche Unternehmen zu arbeiten, solange sichergestellt ist, dass er dort keine Konkurrenztätigkeit erbringt.

Diese Regelungstechnik von Abs. (2) des Formulars wird gewählt, um den in Bezug auf die inhaltliche Reichweite des Verbots bestehenden gesetzlichen Beschränkungen Rechnung zu tragen (→ Anm. 1). Vor diesem Hintergrund ist es empfehlenswert, die durch das Wettbewerbsverbot untersagten Tätigkeiten so genau und so eng zu definieren, dass sie dem Mitarbeiter eindeutig die verbotene Tätigkeit klarmachen, sein berufliches Fortkommen nicht unbillig erschweren und einer Transparenzkontrolle standhalten. Grundsätzlich kann gesagt werden: Je mehr die im Verbot untersagte Tätigkeit den Arbeitgeber in dessen berechtigten geschäftlichen Interessen schädigen würde (je mehr sie dem Arbeitgeber also „weh tun" würde), je enger die Reichweite des Verbots nach Gegenstand, Ort und Zeit ist, je exakter die Tätigkeiten formuliert sind und je mehr die zugesagte Karenzentschädigung das gesetzliche Mindestmaß überschreitet, desto bessere Chancen auf Wirksamkeit hat das nachvertragliche Wettbewerbsverbot. Dabei ist es ausreichend, dass die Reichweite des nachvertraglichen Wettbewerbsverbotes bei Beendigung des Arbeitsverhältnisses objektiv feststellbar ist, da ansonsten die Wettbewerbsabrede, beispielsweise im Hinblick auf bestimmte Produkte etc., ständig aktualisiert werden müsste (LAG Hannover NZA-RR 2006, 426). Unter AGB-rechtlichen Gesichtspunkten hat das LAG Hamm (BeckRS 2010, 67131) entschieden, dass die Erstreckung eines nachvertraglichen Wettbewerbsverbotes auf

„indirekte Wettbewerbstätigkeit" sowie die „Tätigkeit für verbundene Unternehmen" nicht zwangsläufig zu einer Intransparenz des Verbots nach § 307 BGB führt.

Die untersagte **Konkurrenztätigkeit** wird im Formular genau umschrieben. Diese Alternative wird aber oft nicht verwendet werden können, wenn nicht sicher ist, ob sich das Tätigkeitsfeld des Mitarbeiters bis zu seinem Ausscheiden ändern oder erweitern wird. In der Alternative wird stattdessen flexibler formuliert, indem auf die Tätigkeiten des Mitarbeiters abgestellt wird, die er in den letzten zwei Jahren seiner Anstellung beim Arbeitgeber ausgeübt hat. Dies dient zum einen einer Flexibilisierung der Art der verbotenen Tätigkeit, weil bei einem länger andauernden Anstellungsverhältnis der Aufgabenbereich eines Mitarbeiters wechseln kann. Zum anderen dient es der Beschränkung des Verbots auf ein überschaubares – und damit den Mitarbeiter nicht unbillig in seinem Fortkommen einschränkendes – und transparentes Tätigkeitsfeld.

Am rechtssichersten wäre es, wenn die verbotene Konkurrenztätigkeit konkret beschrieben wird und nur diese untersagt wird, ohne dass zugleich auch die Tätigkeit bei einem Konkurrenzunternehmen als solche untersagt wird. Dies würde jedoch das Risiko in sich bergen, dass der Mitarbeiter zu einem Unternehmen wechselt, das in Konkurrenz zum ehemaligen Arbeitgeber steht, und dort formal eine Stelle einnimmt, die nicht die untersagte Konkurrenztätigkeit beinhaltet, er faktisch jedoch sein Wissen auch in Bezug auf Konkurrenztätigkeiten einbringt. Bei einer solchen Konstellation – die für den ehemaligen Arbeitgeber nicht minder schädlich sein kann als eine unmittelbare Konkurrenztätigkeit – schützt ein alleiniges Verbot von Konkurrenztätigkeit die Interessen des ehemaligen Arbeitgebers wohl nicht ausreichend. Daher ist in Abs. (2) des Formulars vorgesehen, dass generell auch die Tätigkeit bei **Konkurrenzunternehmen** untersagt ist. Einige dieser Unternehmen – die besonders gefährlichen direkten Konkurrenten – sind beispielhaft aufzuzählen, um für diese Klarheit zu schaffen und Anhaltspunkte für die Geschäftsstruktur eines „Konkurrenzunternehmens" zu spezifizieren. Dabei ist die Aufzählung auf **wenige** Unternehmen zu beschränken. Von einer abschließenden Aufzählung muss jedoch gerade vor dem Hintergrund der sich oft schnell ändernden Märkte gewarnt werden. Dem Mitarbeiter müssen darüber hinaus auch genügend potenzielle neue Arbeitgeber verbleiben, mit denen er auch unter Einhaltung des Wettbewerbsverbots eine seinen Fähigkeiten und seinem Wissen entsprechende Anstellung eingehen kann. Dies kann bei extremen Spezialisierungen des Arbeitnehmers und einer eng begrenzten Zahl von potenziellen Arbeitgebern, die Mitarbeiter mit dieser Spezialisierung beschäftigen, dazu führen, dass einige der weniger „gefährlichen" Konkurrenzunternehmen ausdrücklich aus dem Verbot ausgeschlossen werden müssen, damit dem Arbeitnehmer überhaupt die Möglichkeit verbleibt, einen neuen Arbeitgeber zu finden.

Das allgemeine Verbot der Tätigkeit bei Konkurrenzunternehmen kann jedoch wiederum zu einem zu weiten und damit (teilweise) unverbindlichen Wettbewerbsverbot führen. Bei grundsätzlich zum ehemaligen Arbeitgeber in Konkurrenz stehenden großen Unternehmen mit weit gefächerten Geschäftsfeldern wird es beispielsweise möglich sein, dass der ehemalige Mitarbeiter dort eine Stelle annimmt, die vom konkurrierenden Geschäftsbereich so abgegrenzt ist, dass durch die Tätigkeit des ehemaligen Mitarbeiters keine Gefahren für berechtigte Interessen des ehemaligen Arbeitgebers entstehen. Das Wettbewerbsverbot wäre in diesem Fall „insoweit" unverbindlich, also grundsätzlich verbindlich und nur in Hinsicht auf die vertraglich untersagte aber nicht mehr dem Schutz berechtigter Interessen des ehemaligen Arbeitgebers dienenden Tätigkeiten – dem „überschießenden Teil" – unverbindlich (§ 74a Abs. 1 S. 1 HGB). Um dem Risiko der Unverbindlichkeit wegen zu weiter Umschreibung von Konkurrenzunternehmen zu begegnen, ist im Formular vorgesehen, dass der Mitarbeiter bei einer angestrebten Tätigkeit für ein Konkurrenzunternehmen den Nachweis führen kann, dass seine Tätigkeit für dieses Unternehmen keine Konkurrenztätigkeit darstellt. Da Feststellungen zur vertraglichen und tatsächlichen Tätigkeit des Mitarbeiters bei seinem neuen Arbeitgeber durch den alten Arbeitgeber kaum erhoben werden können, wird dem Mitarbeiter aufgegeben nachzuweisen, dass seine Tätigkeit beim neuen Arbeitgeber keine Konkurrenztätigkeit ist. Dies beeinträchtigt den Mitarbeiter nicht unbillig, da ihm so die Möglichkeit gegeben wird, auch bei einem Konkurrenzunternehmen gewisse Tätigkeiten aufzunehmen, die ihm ohne diese Nachweismöglichkeit nach der vertraglichen Vereinbarung verboten wären; gerichtlich erprobt ist diese Klausel jedoch noch nicht. Die Beweislast dafür, dass das Wettbewerbsverbot nicht von den berechtigten Interessen des Arbeitgebers gedeckt ist, liegt nach herrschender Auffassung beim Arbeitnehmer (vgl. *Bauer/Diller* Rn. 331), sodass mit der Formulierung keine Veränderung der Beweislast herbeigeführt wird, die nach § 309 Nr. 12 BGB zur Unwirksamkeit führen würde. Wenn der Mitarbeiter bei einem Konkurrenzunternehmen eine Führungsposition einnimmt, wird dies oftmals als Konkurrenztätigkeit anzusehen sein, da Führungskräfte regelmäßig nicht nur einen engen technischen Bereich betreuen, sondern Einfluss auf alle Bereiche des Unternehmens haben, also auch auf den Bereich, der untersagte Konkurrenztätigkeit darstellen würde. Ein weiteres Risiko hinsichtlich der Unverbindlichkeit ist die häufig verwendete Formulierung des Verbots der (un-)mittelbaren Beteiligung an Konkurrenzunternehmen. Der Begriff der (un-)mittelbaren Beteiligung ist sehr weit und dementsprechend problematisch. Rein begrifflich erfasst er z. B. auch den Erwerb von Aktien eines Konkurrenzunternehmens zu privaten Zwecken. Im Hinblick darauf, dass die Klausel auch Fälle wie das obige Beispiel erfasst, die aber keinen Wettbewerbsverstoß darstellen (vgl. *Bauer/Diller* Rn. 256) und an deren Verhinderung der Verwender somit auch kein schutzwürdiges Interesse haben kann, erscheint es ratsam, den Anwendungsbereich auf wettbewerbsrelevante Konstellationen zu beschränken. Daher wird dem Mitarbeiter im Formular gestattet, Wertpapiere ausschließlich zu Vermögensbildungszwecken zu erwerben, solange dadurch kein Einfluss auf die Geschäftsführung ermöglicht wird.

4. Geografische Erstreckung des Verbots. Abzustellen ist für die zulässige geografische Reichweite darauf, in welchem örtlichen Bereich der Arbeitnehmer im Rahmen seiner Tätigkeit erworbene Kenntnisse über Betriebs- und Geschäftsgeheimnisse bei einem Konkurrenten des Arbeitgebers verwenden könnte (vgl. LAG Hamm BeckRS 2008, 53985). Eine Erstreckung auf ein größeres Gebiet kann trotz der Beschränkung eines Tätigkeitsgebietes des Arbeitnehmers zulässig sein, wenn der Arbeitgeber in einem größeren Gebiet tätig ist und daher befürchten muss, dass der Arbeitnehmer trotz seiner ursprünglichen Beschränkung wegen seiner Kenntnisse (beispielsweise eines technischen Spezialwissens) tatsächliche oder mögliche Kunden abwirbt (vgl. LAG Hannover NZA-RR 2006, 426). Die geografische Reichweite des Verbots wurde in Abs. (3) des Formulars in der ersten Alternative relativ weit und flexibel ausgestaltet. Eine derartig weite Erstreckung des Verbots wird nur dann in diesem Umfang wirksam sein, wenn der Arbeitgeber zu befürchten hat, dass ihm in all den räumlichen Gebieten Konkurrenz droht, in denen er geschäftstätig ist oder die Aufnahme von Geschäftstätigkeit plant. Eine deutschlandweite oder internationale Aufstellung der Konkurrenz begründet durchaus die Gefahr, dass ein Konkurrenzunternehmen – auch bei Anstellung des Mitarbeiters in großer Entfernung zu seinem bisherigen Arbeitsort – Betriebs- oder Geschäftsgeheimnisse des ehemaligen Arbeitgebers für sich ausnutzen kann oder in den Kundenstamm des ehemaligen Arbeitgebers einbricht. Hat der Arbeitgeber nur ein räumlich kleines Geschäftsgebiet (beispielsweise einen Friseursalon mit nur einer Filiale) oder beschränkt sich die Gefahr des Einbruchs in den Kundenstamm nur auf ein kleines Gebiet, so muss das Wettbewerbsverbot räumlich auf dieses Gebiet beschränkt werden, also die zweite Alternative des Formulars verwendet werden. Die Umschreibung des Gebietes sollte dann möglichst genau erfolgen, beispielsweise durch die Angabe von (Bundes-)Ländern oder Postleitzahlenbezirken. Unterlässt es der Arbeitgeber, eine geografische Beschränkung des Wettbewerbsverbots zu definieren, gilt das Verbot unbeschränkt, also auch im Ausland. Es wird aber meist das berechtigte geschäftliche Interesse des Arbeitgebers für eine weltweite Geltung fehlen, sodass i.d.R. eine Begrenzung auf die tatsächlichen Interessengebiete des Arbeitgebers vorzunehmen sein wird, da § 74a Abs. 1 HGB nur den Teil des Wettbewerbsverbots für unverbindlich erklärt, für den kein berechtigtes geschäftliches Interesse besteht.

5. **Vereinbarung der Karenzentschädigung.** Abs. (4) des Formulars sagt dem Mitarbeiter eine Entschädigung für die Einhaltung des Wettbewerbsverbots zu. Mit dem Wettbewerbsverbot muss dem Mitarbeiter eine Karenzentschädigung für die Dauer des Verbots zugesagt werden. Die Höhe der Karenzentschädigung beträgt nach § 74 Abs. 2 HGB mindestens „für jedes Jahr des Verbots die Hälfte der zuletzt bezogenen vertragsmäßigen Leistungen". Wenn **überhaupt keine** Entschädigung zugesagt wird, ist das Wettbewerbsverbot grundsätzlich **nichtig** (vgl. BAG AP BGB § 611 Konkurrenzklausel Nr. 24; BAG AP HGB § 74 Nr. 65). Sieht ein Anstellungsvertrag ein umfassendes Wettbewerbsverbot für die Dauer des Arbeitsverhältnisses vor und soll dieses Wettbewerbsverbot „im Rahmen des rechtlich Zulässigen" auch über die Beendigung des Arbeitsverhältnisses hinaus gelten, kann dadurch ein nachvertragliches Wettbewerbsverbot mit der Verpflichtung zur Zahlung einer Karenzentschädigung entstehen (LAG Köln BeckRS 2010, 74441). Allerdings genügt nach der Rechtsprechung des BAG die Bezugnahme auf die §§ 74 ff. HGB, um alle wesentlichen Elemente eines nachvertraglichen Wettbewerbsverbotes, so auch der Karenzentschädigung zu regeln (vgl. BAG NZA 2006, 1157). Eine Auslegung der Bezugnahme ergibt dann im Zweifel, dass die Karenzentschädigung in der gesetzlichen Mindesthöhe zugesagt ist. Wenn eine **zu geringe** Entschädigung zugesagt wird, ist das Wettbewerbsverbot **insgesamt unverbindlich.** Im Regelfall wird die Zusage der gesetzlichen Mindestentschädigung von 50 Prozent der zuletzt bezogenen vertragsmäßigen Leistungen ausreichen. In Sonderfällen, beispielsweise wenn räumlich oder inhaltlich ein besonders weit reichendes Wettbewerbsverbot vereinbart wird, kann die Zusage einer über 50 Prozent liegenden Entschädigung eine Unverbindlichkeit des Wettbewerbsverbots unter Umständen vermeiden. Denn bei einer höheren Entschädigung können die Interessen des Mitarbeiters an seinem beruflichen Fortkommen eher zurücktreten (vgl. § 74a Abs. 1 S. 2 HGB). Die Formulierung der Karenzentschädigung orientiert sich am Wortlaut des § 74 Abs. 2 HGB. Es ist davon abzuraten, von der gesetzlichen Formulierung abzuweichen, da bereits geringe Abweichungen zur Unverbindlichkeit des Wettbewerbsverbotes gem. § 307 Abs. 1 S. 2 BGB (Transparenzkontrolle) oder gem. § 305c Abs. 2 BGB führen können, wie eine aktuelle Entscheidung des LAG Hamm (NZA-RR 2010, 515) zeigt: „Die Zusage einer Karenzentschädigung, bei der nach dem Vertragstext zur Berechnung der Höhe auf den Durchschnitt der Vergütungsleistungen innerhalb eines abweichend von § 74 Abs. 2, § 74b Abs. 2 HGB bestimmten Zeitraums abgestellt und lediglich die Hälfte dieses Durchschnitts zugesagt wird, entspricht nicht der in § 74 Abs. 2 HGB vorgeschriebenen Höhe. Handelt es sich um eine Klausel in einem vom Arbeitgeber vorformulierten Arbeitsvertrag, ist zumindest unklar i.S.d. § 305c Abs. 2 BGB, ob eine gesetzeskonforme Karenzentschädigung zugesagt wird. Dies führt zur Unverbindlichkeit des nachvertraglichen Wettbewerbsverbots. Es ist insbesondere darauf zu achten, dass die Wortwahl „zuletzt bezogenen vertragsmäßigen Leistungen" in die Vereinbarung Eingang findet und die Angabe der Höhe der Karenzentschädigung nicht durch einen fixen Betrag, sondern durch Prozentangaben von 50 Prozent oder höher erfolgt. Denn welche Vergütungsbestandteile in welcher Höhe als „bezogene vertragsmäßige Leistungen" gelten, ist nicht abschließend geklärt. Bei der Angabe eines fixen Betrages besteht also die Gefahr, dass dieser im entscheidenden Zeitpunkt des Ausscheidens des Mitarbeiters unter der 50-Prozent-Grenze liegt, was zu einer Unverbindlichkeit des gesamten Wettbewerbsverbots führen würde. Eine Begrenzung der Bemessungsgrundlage auf einzelne Vergütungsbestandteile würde nahezu zwangsläufig zur Unverbindlichkeit des Verbots führen. Teilweise hat die

Rechtsprechung allerdings Wettbewerbsverbote im Wege der Auslegung als verbindlich gelten lassen, obwohl sie wegen der Höhe der zugesagten Karenzentschädigung rechtlich angreifbar waren (→ Anm. 12).

Der Arbeitgeber muss entscheiden, ob die Wettbewerbsenthaltung ihm die Zahlung der Hälfte der zuletzt bezogenen vertragsmäßigen Leistungen als Gegenleistung wert ist. Dabei ist zu berücksichtigen, dass auch dem Mitarbeiter gewährte Aktienoptionen unter die vertragsgemäßen Leistungen fallen (→ Anm. 10). Dies kann in Zeiten florierender Aktienmärkte zu einem erheblichen „Aufschlag" auf die Karenzentschädigung führen.

Ist ein Wettbewerbsverbot sachlich zu weit gefasst und daher für den Arbeitnehmer nur zum Teil verbindlich (→ Anm. 1), hat der Arbeitnehmer trotz dieser Reduzierung des nachvertraglichen Wettbewerbsverbots, wenn er sich an den verbindlichen Teil hält, Anspruch auf die vertraglich vereinbarte Karenzentschädigung (BAG NZA 2010, 1175). Die Karenzentschädigung wird nicht entsprechend gekürzt. Wäre der Arbeitnehmer bei einem „überschießenden" Wettbewerbsverbot verpflichtet, sein Wahlrecht bezogen auf das gesamte Verbot auszuüben und müsste er folglich auch den für ihn unverbindlichen Teil der Abrede beachten, hätte es der Arbeitgeber in der Hand, durch eine weit gefasste Konkurrenzklausel den Arbeitnehmer bei Inanspruchnahme der Karenzentschädigung von einer beruflichen Tätigkeit fast beliebig auszuschließen, auch wenn diese einem berechtigten Interesse des vormaligen Arbeitgebers nicht zuwiderläuft (vgl. *Neighbour* AuA 2011, 89, 91). Der Arbeitgeber sollte daher bereits im Vorfeld gut überlegen, ob er auch für ein möglicherweise im Nachhinein reduziertes Wettbewerbsverbot dennoch die im Gesetz vorgesehene 50-prozentige Karenzentschädigung bezahlen würde.

Oftmals wird von US-amerikanischen Unternehmen, die Tochtergesellschaften in Deutschland unterhalten, die Gewährung von Aktienoptionen davon abhängig gemacht, dass der Mitarbeiter sich einem nachvertraglichen entschädigungslosen Wettbewerbsverbot unterwirft. Eine solche Regelung begegnet rechtlichen Bedenken. Ungeachtet der Frage des anwendbaren Rechts (siehe hierzu *Driver-Polke/Melot de Beauregard* BB 2004, 2350 ff.) dürfte eine solche Regelung nach deutschem Recht unwirksam sein, denn allein die Gewährung von Aktienoptionen stellt keine eindeutige und vorbehaltslose Zusage einer Karenzentschädigung dar.

Wenn ein wirksames nachvertragliches Wettbewerbsverbot vereinbart wurde und der Arbeitgeber das Anstellungsverhältnis ordentlich kündigt, muss er sich sogar (schon bei Ausspruch der Kündigung) bereit erklären, die vollen zuletzt vom Mitarbeiter bezogenen vertragsmäßigen Leistungen als Karenzentschädigung zu zahlen. Andernfalls kann der Mitarbeiter sich vom Wettbewerbsverbot lösen (§ 75 Abs. 2, 1 HGB, → Anm. 11).

Da die Anrechnung anderweitigen Erwerbs auf die Karenzentschädigung für Arbeitnehmer in § 74c HGB gesetzlich geregelt ist, bedarf es keiner ausdrücklichen Regelung im Formular (→ Anm. 10).

6. Verzicht auf das Wettbewerbsverbot durch den Arbeitgeber. Das Formular sieht in Absatz (5) eine **einseitige Möglichkeit für den Arbeitgeber** vor, sich vom Wettbewerbsverbot durch Ausübung eines Verzichts zu lösen. In regelmäßigen Abständen, spätestens bei einem voraussichtlichen Ausscheiden des Mitarbeiters in absehbarer Zeit, sollte der Arbeitgeber überdenken, ob für das nachvertragliche Wettbewerbsverbot noch ein Bedarf besteht oder er nicht vorzeitig auf das Wettbewerbsverbot verzichten will. Der Verzicht des Arbeitgebers, der in § 75a HGB vorgesehen und im Formular klarstellend erwähnt wird, ist eine einseitige, empfangsbedürftige und der Schriftform unterliegende Erklärung. Er muss eindeutig erklärt werden und das gesamte Wettbewerbsverbot umfassen. Ein Verzicht kann nur bis zur rechtlichen Beendigung der Anstellung – regelmäßig also bis zum Ablauf der Kündigungsfrist – erklärt werden. Hierfür ist erforderlich, dass der Arbeitgeber klar zum Ausdruck bringt, dass er nicht nur selbst keine Karenzentschädigung zahlen, sondern auch den Arbeitnehmer mit sofortiger Wirkung von dessen Pflichten aus dem Wettbewerbsverbot entbinden will (vgl. BAG AP HGB § 75 Nr. 7). Ein erklärter Verzicht hat die Wirkung, dass der Arbeitgeber von der Verpflichtung zur Zahlung der Entschädigung, die mit Beendigung der Anstellung einsetzt, ein Jahr nach Ausspruch der Verzichtserklärung frei wird. Wenn also der Arbeitgeber am 30.6. dem Mitarbeiter die wirksame Erklärung des Verzichts auf das Wettbewerbsverbot übergibt, gleichzeitig mit einer wirksamen Kündigung des Arbeitsverhältnisses zum 30.9. des gleichen Jahres, ist Karenzentschädigung nur bis zum 30. 6. des Folgejahres zu zahlen. Da die Zahlung der Karenzentschädigung erst mit dem Ende des Arbeitsverhältnisses beginnt (30.9.), muss der Arbeitgeber dann nur neun Monate lang die Karenzentschädigung zahlen (1.10. bis 30.6. des Folgejahres), statt der regelmäßig vereinbarten 24 Monate; selbstverständlich gelten auch für diesen Zeitraum die Anrechnungsvorschriften (§ 74c HGB). Der Mitarbeiter darf bei einem erklärten Verzicht jedoch unmittelbar nach dem Ausscheiden Wettbewerb betreiben.

Das Wettbewerbsverbot kann aber **jederzeit einvernehmlich aufgehoben** werden, insbesondere auch in einem Aufhebungs- oder Abwicklungsvertrag. Ist nur eine allgemeine Abgeltungsklausel vorgesehen, kann diese so auszulegen sein, dass durch sie das nachvertragliche Wettbewerbsverbot aufgehoben wird (vgl. BAG NZA 2005, 1376; LAG Frankfurt a.M. BeckRS 2007, 47239). Auch eine allgemeine Ausgleichsklausel in einem gerichtlichen oder außergerichtlichen Vergleich über die Beendigung des Arbeitsverhältnisses kann das nachvertragliche Wettbewerbsverbot ohne ausdrückliche Erwähnung „im Zweifel“ umfassen (vgl. BAG NZA 2009, 139). Aus Gründen der Rechtsklarheit und zur Vermeidung von Auslegungsproblemen ist jedoch stets eine ausdrückliche Aufhebung des nachvertraglichen Wettbewerbsverbots zu empfehlen.

7. **Vertragsstrafe.** Nach der Regelung in Abs.(6) des Formulars muss der Mitarbeiter eine Vertragsstrafe zahlen, wenn er dem Wettbewerbsverbot zuwiderhandelt (vgl. allgemein zur Wirksamkeit der Vereinbarung einer Vertragsstrafe → Form. A. II. 1 Anm. 20). Ohne die Vereinbarung einer Vertragsstrafe ist das Wettbewerbsverbot oft wertlos, denn der Nachweis eines konkreten Schadens wird dem ehemaligen Arbeitgeber nahezu unmöglich sein und eine Unterlassungsverfügung (→ Anm. 10) wird oftmals zu spät ergehen, um den Schaden durch die Konkurrenztätigkeit zu verhindern. Die Vereinbarung einer Vertragsstrafe stellt hier keinen Fall des § 309 Nr. 6 BGB dar (vgl. LAG Hamm NZA-RR 2003, 513). Die Höhe der Strafe kann bei einer Klage des zahlungspflichtigen ehemaligen Mitarbeiters vom Gericht überprüft und gegebenenfalls herabgesetzt werden (§ 75c Abs. 1 S. 2 HGB, § 343 BGB). Nach der Rechtsprechung zur AGB-Kontrolle im Arbeitsrecht wird jedoch die Vereinbarung einer zu hohen Vertragsstrafe bereits zur Unwirksamkeit der gesamten Vertragsstrafenvereinbarung führen (vgl. BAG NZA 2004, 727). Über die Folge einer überhöhten Vertragsstrafe im Rahmen eines nachvertraglichen Wettbewerbsverbots besteht dennoch keine abschließende Klarheit. Denn das Verhältnis von § 75c Abs. 1 S. 2 HGB zu dem vom BAG im Rahmen der Anwendung des AGB-Rechts vertretenen Verbot der geltungserhaltenden Reduktion ist bislang nicht höchstrichterlich geklärt worden. Das LAG Hamm ging jedoch für den Fall einer unangemessen hohen Vertragsstrafe in einem Wettbewerbsverbot von der Gesamtnichtigkeit des Vertragsstrafeversprechens aus, da eine Herabsetzung nur bei einer verwirkten, also wirksam vereinbarten Vertragsstrafe in Betracht komme (vgl. LAG Hamm BeckRS 2007, 43975).

Für die Vertragsstrafenregelung wurde mit Blick auf die BAG-Rechtsprechung (vgl. BAG NZA 2008, 170) eine Formulierung gewählt, die nicht mehr zwischen einem Einzelverstoß und einem fortlaufenden Verstoß differenziert. Nach dem BAG ist die (bisher wohl in den meisten Vertragsstrafenklauseln) übliche Formulierung „für jeden Fall der Zuwiderhandlung“ und „dauerhaften Verletzung“ ohne die Benennung konkreterer Qualifizierungsmerkmale wegen Unverständlichkeit und Unklarheit und einer hieraus folgenden unangemessenen Benachteiligung des Arbeitnehmers insgesamt unwirksam (vgl. BAG NZA 2008, 170 unter Hinweis auf § 307 Abs. 1 S. 2 i.V.m. S. 1

BGB; vgl. hierzu *Diller* NZA 2008, 574). Um somit den vom BAG formulierten Anforderungen zu genügen, ist es daher erforderlich, die vertragsstrafenbegründende Pflichtverletzung des Mitarbeiters möglichst genau zu konkretisieren, damit dieser weiß, was er zu unterlassen hat. Allerdings sollte die Klausel nicht zu umfangreich und unübersichtlich sein, um hierdurch einen Verstoß gegen das Transparenzgebot zu vermeiden (vgl. *Diller* NZA 2008, 574, 575). Um diese Abgrenzungsschwierigkeiten zwischen Einzel- und Dauerverstößen zu vermeiden, wird in der Regelung allein auf den einzelnen Pflichtverstoß abgestellt. Zusätzlich wird klargestellt, dass der Arbeitnehmer an jedem Tag, an dem er einen solchen Pflichtverstoß begeht, auch eine entsprechende Vertragsstrafe verwirkt (so auch *Schramm* NJW 2008, 1494, 1495). Zusätzlich wird die Vertragsstrafe insgesamt auf höchstens zwei Brutto-Monatsgehälter für jeden Monat limitiert. Diese Begrenzung dient dazu, insbesondere bei länger andauernden Verstößen die „Übersicherung“ zu vermeiden, welche wiederum zu einer unangemessenen Benachteiligung des Arbeitnehmers führen würde. Eine Begrenzung auf zwei Monatsgehälter dürfte dabei zwar zulässig sein, da sich diese nur realisiert, wenn der Mitarbeiter fortgesetzt gegen das Wettbewerbsverbot verstößt; mehr Sicherheit bietet hier lediglich die Alternative, den maximalen Höchstbetrag auf ein Monatsgehalt zu reduzieren. Denn eine klärende Entscheidung, welche **Vertragsstrafenhöhe** das BAG als zulässig ansieht, blieb bisher aus. Überwiegend wird aber aus einem Urteil des BAG, in welchem es eine Vertragsstrafe in Höhe von ein bis drei Monaten nicht mehr als angemessen für jeden Wettbewerbsverstoß ansah (vgl. BAG AP BGB § 336 Nr. 1), abgeleitet, dass eine Vertragsstrafe in Höhe von drei Monatsgehältern unzulässig, in Höhe von einem Monatsgehalt aber zulässig sein soll (vgl. *Schramm* NJW 2008, 1494, 1496). Als Höhe der Vertragsstrafe wird daher ein Brutto-Monatsgehalt für den Fall eines einmaligen Verstoßes vorgeschlagen. Eine abschließende Beurteilung der zulässigen Höhe wird aber nach typisierender Betrachtungsweise von der Stellung im Unternehmen und dem vom Arbeitgeber zu erwartenden Schaden abhängen (vgl. *Schramm* NJW 2008, 1494, 1496).

Zur **Berechnung** der monatlichen Vertragsstrafe wurde nur auf das Bruttofestgehalt des Mitarbeiters abgestellt. Eine alternative Regelung, die auf das durchschnittliche Brutto-Monatseinkommen beispielsweise in den letzten zwölf Monaten abstellt, ist zwar ebenso möglich. Es besteht dann aber eine Unsicherheit, welcher Zeitraum der Berechnung zu Grunde zu legen sein wird (vgl. *Schramm* NZA 2008, 1494, 1496). Hierzu liegt noch keine höchstrichterliche Rechtsprechung vor.

Die Vertragsstrafe ist verwirkt, wenn der Mitarbeiter schuldhaft gegen das wirksam vereinbarte Wettbewerbsverbot verstoßen hat, wobei der Arbeitgeber hierfür die Darlegungs- und Beweislast trägt (vgl. *Bauer/Diller* Rn. 909 ff., 955 ff.).

8. Rechtsnachfolger. Die Regelungen in Abs. (7) des Formulars zur Rechtsnachfolge sollen sicherstellen, dass das Wettbewerbsverbot auch auf einen Rechtsnachfolger übergeht. Die Veräußerung eines Betriebs(-teils) wird oftmals dazu führen, dass der durch das Wettbewerbsverbot geschützte Geschäftsbereich beim Veräußerer wegfällt, er also nach der Veräußerung keine berechtigten Interessen an dem Wettbewerbsverbot mehr hat. Der Erwerber hat dann die geschäftlichen Interessen, die bei einem „Verbleib“ des Wettbewerbsverbots beim Veräußerer mangels eigener Ansprüche aus dem Wettbewerbsverbot nicht gegen Konkurrenztätigkeit geschützt wären. Ob ein Wettbewerbsverbot auch ohne eine entsprechende ausdrückliche Vereinbarung übergeht, ist umstritten (vgl. *Bauer/Diller* Rn. 984 ff.). Bei einer Rechtsnachfolge im Zeitraum zwischen Ausscheiden des Arbeitnehmers und Ende des Verbotszeitraumes geht es nach der Rechtsprechung ohne eine vertragliche Vereinbarung nicht nach § 613a BGB auf den Rechtsnachfolger über (vgl. LAG Frankfurt a. M. NZA 1994, 1033). Ob eine ausdrückliche Zustimmung des Mitarbeiters zu einem Übergang auch für diesen Zeitraum wirksam möglich ist, ist gerichtlich nicht geklärt, jedoch nach herrschender Meinung zu bejahen (vgl. *Bauer/Diller*

Rn. 1006 m.w.N.). Bei einer Rechtsnachfolge ist darauf zu achten, dass geprüft wird, ob die Reichweite des Verbots auch berechtigte Interessen des Rechtsnachfolgers schützt. Gegebenenfalls ist die Vereinbarung einvernehmlich abzuändern.

9. Zusatzklauseln. Für besondere Konstellationen kann es zu empfehlen sein, eine oder mehrere der im Formular vorgeschlagenen Zusatzklauseln in die Vereinbarung einzufügen (sinnvollerweise vor Abs. (8) des Formulars). Die im Formular exemplarisch vorgeschlagenen Zusatzklauseln knüpfen das Wirksamwerden des Wettbewerbsverbots an objektive Bedingungen, was zulässig ist.

Die erste Zusatzklausel bestimmt, dass das Wettbewerbsverbot nicht in Kraft tritt, wenn der Mitarbeiter bei seinem Ausscheiden das Alter erreicht hat, in dem er Anspruch auf die gesetzliche Regelaltersrente erhält. Der Arbeitgeber kann ein Interesse daran haben, dass das Wettbewerbsverbot und die Verpflichtung zur Zahlung einer Karenzentschädigung nicht eingreifen, wenn der Mitarbeiter bei seinem Ausscheiden eine bestimmt Altersgrenze erreicht hat. Die Festlegung einer objektiven Altersgrenze ist rechtswirksam möglich, sofern sie nicht von weiteren Bedingungen – wie z.B. dem Rentenbezug – abhängig gemacht wird (vgl. *Bauer/Diller* Rn. 518). Es besteht bei Verwendung dieser Zusatzklausel für den Arbeitgeber jedoch das Risiko, dass der Mitarbeiter zwar nach Erreichen der Altersgrenze ausscheidet, jedoch nicht in den Ruhestand geht und Konkurrenztätigkeit aufnimmt.

Die zweite Zusatzklausel ermöglicht dem Arbeitgeber, den Beginn des Wettbewerbsverbotes an einen bestimmten Zeitablauf zu knüpfen. Bei einer Neuanstellung kann es für den Arbeitgeber unerwünscht sein, dass der Mitarbeiter bei einem Ausscheiden nach nur kurzer Betriebszugehörigkeit auch dem Wettbewerbsverbot unterliegen soll und die Karenzentschädigung zu zahlen ist. Dies insbesondere, wenn die Gefahren durch eine Konkurrenztätigkeit bei einem frühen Ausscheiden nicht gegeben sind. Das BAG hält eine solche Klausel auch nicht für überraschend i.S.d. § 305c Abs. 1 BGB und hat den Beginn eines Wettbewerbsverbotes nach einem Zeitablauf von zwei Jahren (ab Vertragsbeginn) als zulässig anerkannt (vgl. BAG AP HGB § 74 Nr. 78).

Unverbindlich sind hingegen Wettbewerbsverbote mit bedingten Verboten, bei denen die Verpflichtung zur Wettbewerbserhaltung allein von einer noch ungewissen Entscheidung des Arbeitgebers abhängig sein soll, beispielsweise die Vereinbarung, dass das Wettbewerbsverbot nur gelten soll, wenn der Arbeitgeber seine Einhaltung verlangt (vgl. BAG AP HGB § 74 Nr. 51). Ebenso unverbindlich sind nach einem aktuellen Urteil des BAG (NZA 2011, 413) Vorverträge, die den Abschluss eines nachvertraglichen Wettbewerbsverbots ohne zeitliche Beschränkung alleine vom Willen des Arbeitgebers abhängig machen. Im zu entscheidenden Fall verpflichtete der Vorvertrag den Arbeitnehmer ohne zeitliche Beschränkung, eine Wettbewerbsabrede mit bereits feststehendem Inhalt abzuschließen, sobald der Arbeitgeber dies verlangte. Eine solche zeitlich unbeschränkte Verpflichtung führt nach Ansicht des BAG zu einer erheblichen Unsicherheit des Arbeitnehmers. Diese Unsicherheit, nicht zu wissen, ob er im Anschluss an sein Arbeitsverhältnis eine Konkurrenztätigkeit aufnehmen darf oder nicht, erschwert sein berufliches Fortkommen in unbilliger Weise. Dies führt wie bei einem bedingten Wettbewerbsverbot zur Unverbindlichkeit des Vorvertrages. Der Arbeitnehmer hat ein Wahlrecht zwischen der Wettbewerbsfreiheit ohne Karenzentschädigung und der Wettbewerbsenthaltung zu den Bedingungen des Vorvertrages. Vorverträge sind nach Ansicht des BAG nur dann unbedenklich, wenn eine feste zeitliche Grenze für das Inkrafttreten des Wettbewerbsverbots dergestalt vereinbart wird, dass nach Ausspruch der Kündigung keine Verpflichtung zum Abschluss eines Wettbewerbsverbots mehr besteht.

Die dritte Zusatzklausel bestimmt zum einen, dass das Wettbewerbsverbot auch zu Gunsten der mit der Gesellschaft i.S.d. § 15 AktG verbundenen Unternehmen gelten soll. Dadurch erfolgt eine Erstreckung des Wettbewerbsverbots auch auf Konkurrenten von mit dem Arbeitgeber verbundenen Unternehmen (vgl. hierzu LAG Hamm BuW 2002, 264). Ob ein solcher Einbezug konzernverbundener Unternehmen im Rahmen von nachvertraglichen Wettbewerbsverboten zulässig ist, ist bislang noch nicht abschließend höchstrichterlich geklärt. Bei der Verwendung dieser Klausel sollte der Arbeitgeber jedenfalls darauf achten, dass auch die Einbeziehung der verbundenen Unternehmen einem berechtigten geschäftlichen Interesse dienen muss, welches meist nicht für alle Geschäftsbereiche der verbundenen Unternehmen zu bejahen sein wird (vgl. *Bauer/Diller* Rn. 260 f.). Die Folge wäre die Unverbindlichkeit des Wettbewerbsverbots, soweit ein berechtigtes geschäftliches Interesse des Arbeitgebers fehlen würde (→ Anm. 1). Dennoch empfiehlt sich die Aufnahme einer solchen Klausel auch bei einer Unsicherheit über das tatsächliche Bestehen eines berechtigten geschäftlichen Interesses, da im Falle des Fehlens eines solchen das Wettbewerbsverbot nur auf den zulässigen Teil geltungserhaltend reduziert wird und in diesem Umfang wirksam bleibt. Zum anderen bestimmt die Klausel, dass das Wettbewerbsverbot auch gegenüber den mit dem Konkurrenzunternehmen i. S. d. § 15 AktG verbundenen Unternehmen gelten soll. Die Frage nach dem berechtigten geschäftlichen Interesse i. S. d. § 74a Abs. 1 S. 1 HGB bekommt hier eine noch stärkere Bedeutung, wenn ein nachvertraglichen Wettbewerbsverbot auch gegenüber einem Unternehmen gelten soll, welches mit einem Konkurrenzunternehmen des ehemaligen Arbeitgebers lediglich verbunden ist (*Bauer/Diller* Rn. 262). Zur Begründung eines solchen berechtigten Interesses muss zum einen zwischen den beiden Unternehmen, d. h. zwischen dem Unternehmen, demgegenüber das Wettbewerbsverbot wirken soll, und demjenigen, das ein Konkurrenzunternehmen des ehemaligen Arbeitgebers ist, eine strukturell verfestigte Verbindung bestehen. Zum anderen muss der Arbeitgeber darlegen, dass die Tätigkeit in dem nicht konkurrierenden Unternehmen für ihn eine konkrete Gefahr darstellt (*Bauer/Diller* Rn. 316 f.).

10. Gesetzliche Regelungen zu den Wirkungen eines Wettbewerbsverbots. Die Vereinbarung verweist in Abs. (8) zur Klarstellung auf die (ohnehin) geltenden zwingenden gesetzlichen Regelungen der §§ 74 ff. HGB für das nachvertragliche Wettbewerbsverbot. Das BAG hat eine solche Bezugnahme im Übrigen als ausreichend angesehen, um alle wesentlichen Elemente eines nachvertraglichen Wettbewerbsverbotes abzudecken (vgl. BAG NZA 2006, 1157, → Anm. 5). Diese Regelungen sollen nachfolgend kurz dargestellt werden, damit die Auswirkungen (insbesondere die Kostenbelastung für den Arbeitgeber), die beim Ausscheiden eines an ein Wettbewerbsverbot gebundenen Mitarbeiters entstehen, vom Arbeitgeber eingeschätzt werden können.

Während der Dauer des nachvertraglichen Wettbewerbsverbots hat sich der ehemalige Mitarbeiter der umschriebenen Wettbewerbstätigkeit zu enthalten. Er schuldet also nur die bloße Unterlassung des Wettbewerbs. Warum er den Wettbewerb unterlässt und ob es ihm überhaupt möglich ist, Wettbewerb zu treiben, ist unerheblich. Wenn jedoch der Verdacht besteht, dass der ehemalige Mitarbeiter Wettbewerb betreibt, hat der ehemalige Arbeitgeber **Auskunftsansprüche** gegen den Mitarbeiter, ob und welche berufliche Tätigkeit dieser entwickelt hat oder entwickelt. Bei einem festgestellten und nachweisbaren Verstoß gegen das Wettbewerbsverbot kann der ehemalige Arbeitgeber **Unterlassensansprüche** gegen den Mitarbeiter geltend machen, die gerichtlich auch im Wege einer **einstweiligen Verfügung** durchgesetzt werden können. Ferner entfällt für den ehemaligen Arbeitgeber die Pflicht zur Zahlung der Karenzentschädigung für den Zeitraum, in dem der ehemalige Mitarbeiter Wettbewerb betreibt. Dem ehemaligen Arbeitgeber können Schadensersatzansprüche gegen den ehemaligen Mitarbeiter zustehen, wenn diese in der Höhe die vereinbarte Vertragsstrafe übersteigen. In Einzelfällen könnte der ehemalige Arbeitgeber auch vom Wettbewerbsverbot zurücktreten (vgl. *Bauer/Diller* Rn. 914 ff.).

Der ehemalige Arbeitgeber hat als Gegenleistung für die Unterlassung des Wettbewerbs dem ehemaligen Mitarbeiter für die Dauer des nachvertraglichen Wettbewerbsverbots die vereinbarte **Karenzentschädigung** zu zahlen. Da die Karenzentschädigung regelmäßig in einem Verhältnis zu den vertragsmäßigen Leistungen angegeben wird, hängt die Berechnung von der Höhe der „zuletzt bezogenen vertragsmäßigen Leistungen" ab.

Die zuletzt bezogenen vertragsmäßigen Leistungen sind das monatliche Bruttofestgehalt (wobei etwaiges Urlaubsgeld und Weihnachtsgeld monatlich anteilig berücksichtigt wird) plus das monatliche Brutto etwaiger variabler Vergütung (wobei im Gegensatz zu den festen Vergütungsbestandteilen bei deren Berechnung es auf den letzten Monatsbetrag bzw. den letzten Abrechnungszeitraum ankommen soll [vgl. LAG Hamm NZA-RR 2010, 515] nach § 74b Abs. 2 HGB der Durchschnitt der variablen Vergütung der letzten drei Jahre anzusetzen ist) plus der monatliche geldwerte Vorteil der Nutzung eines Firmenwagens plus sonstige vertragsmäßige Leistungen, die dem Mitarbeiter gewährt wurden (jeweils im monatlichen Durchschnitt). Zu den „vertragsmäßigen Leistungen" i.S.v. § 74 Abs. 2 HGB gehört auch eine dem Arbeitnehmer geschuldete Gewinnbeteiligung. Sie ist für die Zeiten zu berücksichtigen, für die sie gezahlt wird. Dabei kommt es nicht darauf an, wann der Anspruch auf die Gewinnbeteiligung fällig geworden ist oder tatsächlich ausgezahlt wird (vgl. BAG AP HGB § 74 Nr. 59). Letztlich sind also nahezu alle Vorteile, die der Arbeitgeber dem Mitarbeiter gewährt hat, in Geld umzurechnen und zu berücksichtigen (mit Ausnahme von Spesen, § 74b Abs. 3 HGB; umstritten ist dies für Erfindervergütungen – vgl. hierzu genauer *Bauer/Diller* Rn. 379). Auch dem Mitarbeiter gewährte Aktienoptionen sind zu berücksichtigen (vgl. LAG Frankfurt a.M. NJOZ 2001, 45, 48; LAG Stuttgart BeckRS 2011, 65940), wobei allerdings die Ermittlung des zu veranschlagenden Wertes von nicht ausgeübten Optionen nicht geklärt ist. Der so ermittelte Betrag der vertragsmäßigen Leistungen ist mit der vereinbarten Verhältnisangabe zu multiplizieren, um den Bruttobetrag der monatlich zu zahlenden Karenzentschädigung zu ermitteln. Der ermittelte Betrag ist gem. § 74b Abs. 1 HGB am Ende jedes Monats für die Dauer des Wettbewerbsverbots auszuzahlen. Es ist aber möglich, zu Gunsten des Arbeitnehmers von dieser Regelung abzuweichen, insbesondere die Karenzentschädigung als Einmalbetrag unmittelbar bei Beendigung des Arbeitsverhältnisses auszubezahlen. Für die Karenzentschädigung ist Lohnsteuer abzuführen (§ 2 Abs. 2 Nr. 4 LStDV; BFH BStBl. II 87, 386). Da die Karenzentschädigung aber kein Arbeitsentgelt i.S.v. § 14 SGB IV darstellt, unterliegt sie jedoch nicht der Beitragspflicht in der Sozialversicherung und der Arbeitslosenversicherung (KassKomm/*Seewald* § 14 SGB IV Rn. 87).

Wenn der ehemalige Mitarbeiter während der Laufzeit des Wettbewerbsverbots **anderes Einkommen** durch die Verwertung seiner Arbeitskraft erzielt, beispielsweise durch eine neue Anstellung, die keine Konkurrenztätigkeit ist, oder durch selbstständige Tätigkeit auf einem Nicht-Konkurrenz-Feld, so ist dieses Einkommen nach § 74c HGB in einem bestimmten Umfang auf die Karenzentschädigung **anzurechnen**. Das neue Einkommen wird dabei nach den gleichen Regeln berechnet wie die „vertragsmäßigen Leistungen", die der Mitarbeiter von seinem ehemaligen Arbeitgeber erhalten hat (vgl. BAG AP HGB § 74 Nr. 59, zur Anrechnung von Betriebsrenten vgl. LAG München BeckRS 2009, 61889). Angerechnet wird das neue Einkommen, wenn und soweit es zusammen mit der vom ehemaligen Arbeitgeber zu zahlenden Karenzentschädigung **110 Prozent** der bisherigen vertragsmäßigen Leistungen beim ehemaligen Arbeitgeber überschreitet. Ist der Mitarbeiter wegen des Wettbewerbsverbots zu einem Wechsel des Wohnsitzes gezwungen worden, erhöht sich die Anrechnungsgrenze auf **125 Prozent**.

Folgendes Beispiel soll der Veranschaulichung dienen:

Eckdaten:

„alte" vertragsmäßige Leistungen beim ehemaligen Arbeitgeber:	5.000 EUR brutto im Monat
zugesagte Karenzentschädigung (50 Prozent der „alten" vertragsmäßigen Leistungen):	2.500 EUR brutto im Monat

„neue" vertragsmäßige Leistungen beim neuen Arbeitgeber:	4.000 EUR brutto im Monat

Anrechnung dem Grunde nach:

Die „neuen" Leistungen addiert mit der zugesagten Karenzentschädigung (= 6.500 EUR brutto) übersteigen 110 Prozent der „alten" Leistungen (= 5.500 EUR brutto), sodass eine Anrechnung dem Grunde nach erfolgt.

Anrechnung der Höhe nach:

110 Prozent der „alten" Leistungen:	5.500 EUR brutto
– „neue" Leistungen:	4.000 EUR brutto
= zu zahlende Entschädigung:	1.500 EUR brutto

Es wäre also im Beispielsfall eine Karenzentschädigung von 1.500 EUR brutto im Monat zu zahlen.

Über die Höhe der neuen vertragsmäßigen Leistungen steht dem ehemaligen Arbeitgeber ein Auskunftsanspruch gegen den Mitarbeiter zu. Es ist also darauf zu achten, dass von einem mit einem nachvertraglichen Wettbewerbsverbot ausgeschiedenen Mitarbeiter diese Auskunft eingefordert wird, die er auch i. d. R. zu belegen hat (vgl. BAG AP HGB § 74c Nr. 6).

Wenn der ehemalige Mitarbeiter böswillig anderen (erlaubten) Erwerb während der Karenzzeit unterlässt, sind die Bezüge anzurechnen, deren Erwerb er böswillig unterlassenen hat (§ 74c Abs. 1 S. 1 Alt. 2 HGB). Böswillig handelt ein Arbeitnehmer, wenn er eine ihm mögliche und den gesamten Umständen nach zumutbare Tätigkeit nicht aufnimmt. An die „Böswilligkeit" werden jedoch hohe Anforderungen gestellt und oftmals wird der Nachweis des böswilligen Unterlassens dem ehemaligen Arbeitgeber nicht möglich sein. Beispielsweise muss die Aufnahme eines Studiums durch den Mitarbeiter während der Karenzzeit kein böswilliges Unterlassen anderen Erwerbs darstellen (vgl. BAG AP HGB § 74c Nr. 18).

Wenn der ehemalige Mitarbeiter **Arbeitslosengeld** (BAG AP HGB § 74c Nr. 8) oder **Gründungszuschüsse** i.S.v. § 93 SGB III erhält, so ist dies auf die zu zahlende Karenzentschädigung anzurechnen. Jüngst hat das BAG (NZA-RR 2012, 98) die Anrechnung von Arbeitslosengeld mangels „planwidriger" Regelungslücke nach der Aufhebung von § 148 SGB III angezweifelt, diese Frage aber im Ergebnis offengelassen, sodass weiterhin von einer Anrechnung auszugehen ist. Nach der wohl vorherrschenden Meinung ist nur der Betrag des Arbeitslosengeldes, den der Mitarbeiter „netto" erhält, nach den oben angeführten Regeln anzurechnen (§ 148 Abs. 1 S. 2 a.F. SGB III, § 74c HGB; vgl. BAG NZA 2005, 411; BAG NZA-RR 2012, 98; LAG München BeckRS 2009, 61889). Meist wird wegen der 110-Prozent-Grenze das Arbeitslosengeld nicht anzurechnen sein, weil es zusammen mit der Karenzentschädigung 110 Prozent der bisherigen vertragsmäßigen Leistungen nicht überschreiten wird.

11. Gesetzliche Regelungen zu den Auswirkungen der Art der Beendigung des Arbeitsverhältnisses. Die Art der Beendigung des Arbeitsverhältnisses kann nach dem Gesetz Auswirkungen auf das Wirksamwerden des Wettbewerbsverbots haben und Handlungsbedarf oder Gestaltungsmöglichkeiten für beide Parteien ergeben (vgl. § 75 HGB). Um das vereinbarte Wettbewerbsverbot im Fall eines Ausscheidens des Mitarbeiters handhaben zu können, ist es nötig, dass diese Auswirkungen berücksichtigt werden. Sie sollen im Folgenden kurz umrissen werden:

Wenn der Mitarbeiter selbst das Arbeitsverhältnis ordentlich kündigt, treten keine Besonderheiten auf. Diese Konstellation wird der „Normalfall" sein, in dem der Arbeitgeber besonderes Interesse an der Wettbewerbsenthaltung hat.

Wenn demgegenüber der Arbeitgeber das Arbeitsverhältnis ordentlich kündigt (oder außerordentlich aus Gründen, die nicht auf einem vertragswidrigen Verhalten des Arbeitnehmers beruhen), so muss der Arbeitgeber, wenn das Wettbewerbsverbot aufrechterhalten werden soll, dem Mitarbeiter **schon bei Ausspruch der Kündigung erklären,** dass er nicht nur die vereinbarte Entschädigung von regelmäßig 50 Prozent der letzten Vergütung zahlen werde, sondern die vollen zuletzt bezogenen vertragsmäßigen Leistungen (§ 75 Abs. 2 HGB). Andernfalls kann der Mitarbeiter sich innerhalb eines Monats nach Zugang der Kündigung durch schriftliche Erklärung vom Wettbewerbsverbot lösen. Die Zusage der Zahlung von 100 Prozent der letzten Vergütung als Karenzentschädigung wird regelmäßig für den Arbeitgeber uninteressant sein, da ein ordentlich gekündigter Mitarbeiter meist keine Gefahr für den Arbeitgeber darstellen wird – andernfalls wäre er wohl nicht gekündigt worden –, also wird der Arbeitgeber kein Interesse an der Aufrechterhaltung des Wettbewerbsverbots gegen erhöhte Zahlungen haben. Wenn kein Interesse an der Aufrechterhaltung des Wettbewerbsverbots besteht, sollte der Arbeitgeber entweder das Wettbewerbsverbot einvernehmlich mit dem Mitarbeiter aufheben oder zumindest vor Ablauf der Kündigungsfrist auf das Wettbewerbsverbot verzichten (→ Anm. 6).

Eine Ausnahme gilt für eine ordentliche Kündigung, die der Arbeitgeber erklärt, weil in der Person des Mitarbeiters ein erheblicher Anlass vorliegt. Sofern dieser Anlass tatsächlich gegeben ist, also ein verhaltensbedingter oder personenbedingter Kündigungsgrund vorliegt, bleibt das Wettbewerbsverbot wirksam, ohne dass eine erhöhte Zahlung zugesagt werden muss. Es ist bisher nicht gerichtlich entschieden worden, ob dafür jeder nach dem KSchG anerkannte personen- oder verhaltensbedingte Grund ausreicht. Dies kann angezweifelt werden, weil das KSchG später in Kraft trat als die Vorschriften über das nachvertragliche Wettbewerbsverbot des HGB.

Wenn der Mitarbeiter selbst außerordentlich aus wichtigem Grund wegen vertragswidrigen Verhaltens des Arbeitgebers wirksam kündigt – oder zu einer solchen Kündigung berechtigt gewesen wäre, aber ein anderer Weg der Beendigung gewählt wird (ordentliche Kündigung, gerichtlicher Auflösungsantrag) –, kann er innerhalb eines Monats nach Zugang der Kündigung schriftlich erklären, dass er sich an das Wettbewerbsverbot nicht gebunden erachtet (§ 75 Abs. 1 HGB). Wenn er diese Lossagung erklärt, wird das Wettbewerbsverbot unwirksam. Wenn er die Lossagung nicht erklärt, bleibt das Wettbewerbsverbot bestehen. Jedoch kommen bei einer Lossagung nach außerordentlicher Kündigung durch den Mitarbeiter Schadensersatzansprüche des Mitarbeiters nach § 628 Abs. 2 BGB gegen den Arbeitgeber in Betracht.

Die Konstellation der **außerordentlichen Kündigung des Arbeitgebers** wegen vertragswidrigen Verhaltens des Arbeitnehmers war in § 75 Abs. 3 HGB geregelt. Dieser Absatz wurde vom BAG schon im Jahr 1977 für verfassungswidrig gehalten, sodass jetzt eine Regelungslücke besteht. Diese Regelungslücke wird so auszufüllen sein, dass dem Arbeitgeber in dieser Konstellation die gleichen Rechte zugebilligt werden, die der Mitarbeiter bei seiner außerordentlichen Kündigung wegen vertragswidrigen Verhaltens des Arbeitgebers hat (vgl. BAG AP HGB § 75 Nr. 6). Der Arbeitgeber kann daher in diesem Fall innerhalb eines Monats schriftlich die Lösung vom Wettbewerbsverbot erklären.

Das Gesetz enthält keine Sonderregeln für eine **einvernehmliche Beendigung** der Anstellung. In den entsprechenden Vereinbarungen (Aufhebungsvertrag oder gerichtlicher Vergleich) ist auf eine eindeutige Regelung zum Schicksal des Wettbewerbsverbots zu achten. Eine allgemeine Ausgleichsklausel einer Ausscheidensvereinbarung wird das Wettbewerbsverbot regelmäßig aufheben (→ Anm. 6).

12. Salvatorische Klausel. Abs. (10) des Formulars enthält eine salvatorische Klausel (→ Form. A. II. 1 Anm. 29). Diese wurde hier verwendet – flankierend und ergänzend zu den gesetzlichen Möglichkeiten des § 74a Abs. 1 S. 1 HGB (→ Anm. 3) –, um den Gerichten die Möglichkeit einer geltungserhaltenden Reduktion offenzuhalten. Denn in Einzelfällen haben Landesarbeitsgerichte den Arbeitgeber bei zweifelhaften Formulierungen (insbesondere in Hinsicht auf die zugesagte Höhe der Karenzentschädigung) nicht mit der Folge der

Unverbindlichkeit „bestraft", sondern über die Auslegung der Vertragsbestimmungen entschieden, dass das Wettbewerbsverbot trotzdem verbindlich sei (vgl. LAG Hamm NZA-RR 2003, 513). Die Auslegung, dass der Parteiwille zum Ausdruck gekommen sei, ein verbindliches Wettbewerbsverbot zu schaffen, hat das BAG aus revisionsrechtlicher Sicht in einer Entscheidung nicht beanstandet (vgl. BAG AP HGB § 74 Nr. 59).

13. Formelle Wirksamkeitsvoraussetzungen. Die Vereinbarung eines nachvertraglichen Wettbewerbsverbots bedarf der **Schriftform.** Enthält ein befristeter Arbeitsvertrag eine Vereinbarung über ein Wettbewerbsverbot und wird dieser befristete Vertrag mündlich verlängert, so muss allerdings das nachvertragliche Wettbewerbsverbot erneut schriftlich abgeschlossen werden. Geschieht dies nicht, ist das Wettbewerbsverbot wegen Verstoßes gegen § 74 Abs. 1 HGB hinfällig; das Arbeitsverhältnis besteht dann ohne ein wirksam vereinbartes nachvertragliches Wettbewerbsverbot (vgl. LAG Hamm LAGE HGB § 74 Nr. 21). Zusätzlich muss dem Mitarbeiter nachweislich ein vom Arbeitgeber unterschriebenes Exemplar ausgehändigt werden (§ 74 Abs. 1 HGB). Erfolgt dies nicht, so führt dies nach neuer Rechtsprechung nicht zur Nichtigkeit, sondern zur Unverbindlichkeit des Wettbewerbsverbots (vgl. BAG NZA 2005, 411). Das Wettbewerbsverbot ist daher in zwei Originalen auszufertigen, bei einem Umfang von über einer Seite sind die Seiten dauerhaft zu verbinden, jede Seite sollte von beiden Parteien paraphiert werden und beide Originale sind von beiden Parteien zu unterschreiben. Ein Original ist dem Mitarbeiter auszuhändigen. Der Mitarbeiter soll den Empfang auf dem Exemplar quittieren, das beim Arbeitgeber verbleibt. Wegen § 309 Nr. 12b BGB sollte die Empfangsbestätigung gesondert unter der Unterschrift unter der Vereinbarung erfolgen.

2. Nachvertragliches Wettbewerbsverbot für ein Organmitglied

Vereinbarung[1, 2]

zwischen

. . . . . . GmbH (Name und Anschrift der Gesellschaft) „Gesellschaft"

und

Herrn . . . . . . (Name und Anschrift des Geschäftsführers) „Geschäftsführer"

In Ergänzung des Geschäftsführerdienstvertrages vom . . . . . . wird folgende Vereinbarung zu einem nachvertraglichen Kundenschutz sowie zu einem nachvertraglichen Wettbewerbsverbot geschlossen:

(1) Der Geschäftsführer ist verpflichtet, nach der Beendigung des Dienstverhältnisses für die Dauer von 24 Monaten nicht in geschäftliche Beziehungen zu solchen Lieferanten oder Kunden zu treten, die während der letzten drei Jahre vor der Beendigung des Dienstverhältnisses Geschäftskontakte zu der Gesellschaft unterhalten haben („nachvertraglicher Kundenschutz").[3] Unter Geschäftskontakten verstehen die Parteien auch Kontakte, welche dem Geschäftsführer im Rahmen von Akquisitionsmaßnahmen bekannt geworden sind. Für die Einhaltung dieses Verbotes erhält der Geschäftsführer keine gesonderte Entschädigung.

(2) Darüber hinaus unterliegt der Geschäftsführer nach Beendigung seines Dienstverhältnisses mit der Gesellschaft einem nachvertraglichen Wettbewerbsverbot für die Dauer von 24 Monaten nach Maßgabe der folgenden Abs. (3) bis (8) („nachvertragliches Wettbewerbsverbot").[4, 5] Im Fall einer Freistellung des Geschäftsführers nach § . . . . . . des

Geschäftsführerdienstvertrages verkürzt sich die Dauer des nachvertraglichen Wettbewerbsverbots um die Dauer der Freistellung.

(3) Während der Dauer des nachvertraglichen Wettbewerbsverbotes wird der Geschäftsführer weder unmittelbar noch mittelbar, weder als Angestellter, Leiharbeitnehmer, Geschäftsführer, Vorstandsmitglied, Dienstnehmer oder Berater noch in einer sonstigen Funktion, weder entgeltlich noch unentgeltlich, für ein Unternehmen tätig sein, welches mit der Gesellschaft in Wettbewerb steht („Konkurrenzunternehmen"). In gleicher Weise ist es dem Geschäftsführer untersagt, während der Dauer des nachvertraglichen Wettbewerbsverbots ein solches Konkurrenzunternehmen zu errichten, zu erwerben oder sich an einem solchen unmittelbar oder mittelbar zu beteiligen. Vom Verbot der Beteiligung ausgenommen ist der Erwerb von Wertpapieren ausschließlich zu Vermögensbildungszwecken, solange dadurch kein Einfluss auf die Geschäftsführung ermöglicht wird.

Als Konkurrenzunternehmen gelten insbesondere

- ......,
- ......,
- ......,
- ......

Der Geschäftsführer wird während der Dauer dieses nachvertraglichen Wettbewerbsverbots weder unmittelbar noch mittelbar, weder als Angestellter, Leiharbeitnehmer, Geschäftsführer, Vorstandsmitglied, Dienstnehmer oder Berater noch in einer sonstigen Funktion, weder entgeltlich noch unentgeltlich, eine Konkurrenztätigkeit ausüben. Unter Konkurrenztätigkeit verstehen die Parteien ...... (Genaue Beschreibung der Tätigkeit) („Konkurrenztätigkeit").

(Alternative:

Unter Konkurrenztätigkeit verstehen die Parteien jedwede Tätigkeit, die mit der vom Geschäftsführer in den letzten beiden Jahren seiner Anstellung bei der Gesellschaft (im Fall einer Freistellung des Geschäftsführers nach § ...... des Geschäftsführerdienstvertrags in den letzten beiden Jahren vor der Freistellung) für die Gesellschaft ausgeübten Tätigkeit identisch oder gleichartig ist („Konkurrenztätigkeit").)

Der Geschäftsführer wird mit Konkurrenzunternehmen nur dann ein Anstellungs-, Dienst- oder Beratungsverhältnis eingehen oder erfüllen, oder auf sonstige Weise solche Leistungen gegenüber einem Konkurrenzunternehmen erbringen und er wird während des in Abs. (2) vorgesehenen Zeitraumes ein Konkurrenzunternehmen nur errichten, erwerben oder sich an einem Konkurrenzunternehmen direkt oder mittelbar nur beteiligen, wenn er gegenüber der Gesellschaft unaufgefordert einen klaren und überzeugenden Nachweis erbringt, dass seine Tätigkeit innerhalb eines Konkurrenzunternehmens sowohl vertraglich wie auch tatsächlich so abgegrenzt ist, dass er keine Konkurrenztätigkeit erbringt.

(4) Das nachvertragliche Wettbewerbsverbot erstreckt sich räumlich auf die Gebiete, in denen die Gesellschaft bei Beendigung des Dienstverhältnisses tätig ist, und auf die Gebiete, in denen die Gesellschaft bei Beendigung des Dienstverhältnisses die Aufnahme einer Geschäftstätigkeit geplant hat.

(Alternative:

(4) Das nachvertragliche Wettbewerbsverbot erstreckt sich räumlich auf das Gebiet von ...... (Genaue Beschreibung des Gebiets).)[6]

(5) Für die Dauer des nachvertraglichen Wettbewerbsverbots nach Abs. (2) verpflichtet sich die Gesellschaft, als Gegenleistung für die Einhaltung des nachvertraglichen Wett-

bewerbsverbots eine Entschädigung zu zahlen, welche für jeden Monat des Verbotes ...... (Zahl) Prozent des zum Zeitpunkt der Beendigung des Dienstverhältnisses geschuldeten Monats-Brutto-Festgehalts nach § ...... des Geschäftsführerdienstvertrages beträgt.[7] Die Entschädigung unterfällt dem Lohnsteuerabzug und ist zahlbar im Nachhinein am Monatsende. Sämtliche Steuer auf diese Entschädigung trägt der Geschäftsführer.

Etwaige anderweitige Vergütung, die der Geschäftsführer während der Dauer des nachvertraglichen Wettbewerbsverbots durch Verwertung seiner Arbeitskraft erzielt oder zu erzielen böswillig unterlässt, wird auf die Entschädigung für den Monat angerechnet, auf den die anderweitige Vergütung entfällt, sofern die anderweitige Vergütung zusammengerechnet mit der Entschädigung die Höhe des zuletzt bezogenen Monats-Brutto-Festgehalts nach § ...... des Geschäftsführerdienstvertrages übersteigt.[8] Der Geschäftsführer ist verpflichtet, die Aufnahme einer Beschäftigung der Gesellschaft unverzüglich schriftlich anzuzeigen und zum Ende eines jeden Quartals unaufgefordert der Gesellschaft schriftlich mitzuteilen, in welcher Höhe er anderweitige Vergütung erzielt hat. Der Geschäftsführer hat diese Angaben auf Aufforderung der Gesellschaft durch geeignete Nachweise zu belegen.

(6) Bis zur Beendigung des Dienstverhältnisses (und damit auch während der Freistellung nach § ...... des Geschäftsführerdienstvertrages) kann die Gesellschaft jederzeit schriftlich auf das nachvertragliche Wettbewerbsverbot mit der Wirkung verzichten, dass die Verpflichtung zur Zahlung der Entschädigung nach obigem Abs. (5) mit Ablauf von sechs Monaten seit der Erklärung entfällt und dass der Geschäftsführer mit Zugang der Erklärung und Beendigung seines Dienstverhältnisses frei ist, Wettbewerb zu treiben. Ein solcher Verzicht berührt die Wirksamkeit des nachvertraglichen Kundenschutzes des Abs. (1) nicht.[9]

(7) Das Verzichtsrecht nach vorstehendem Abs. (6) steht der Gesellschaft auch nach Beendigung des Dienstverhältnisses zu.[10]

(Optional:

(8) Das Wettbewerbsverbot tritt nicht in Kraft und es besteht damit auch keine Pflicht zur Zahlung der Entschädigung, wenn der Geschäftsführer aus dem Dienstverhältnis ausscheidet und in den Ruhestand eintritt oder spätestens zu dem Zeitpunkt, in dem er das gesetzliche Renteneintrittsalter erreicht.[11]

(9) Das Wettbewerbsverbot ist auch zu Gunsten der mit der Gesellschaft i. S. d. § 15 AktG verbundenen Unternehmen gültig und wirkt auch gegenüber Unternehmen, die mit dem Konkurrenzunternehmen i. S. d. § 15 AktG verbunden sind.)

(8) Soweit die in diesem nachvertraglichenWettbewerbsverbot enthaltenen Regelungen nichts anderes bestimmen, gelten im Übrigen die §§ 74 ff. HGB mit Ausnahme des § 75 Abs. 2 HGB ergänzend. Dies gilt insbesondere für die geltungserhaltende Reduktion des § 74a HGB. Im Fall einer wirksamen außerordentlichen Kündigung des Dienstverhältnisses wegen vertragswidrigen Verhaltens des Geschäftsführers kann sich die Gesellschaft innerhalb von einem Monat nach Ausspruch der außerordentlichen Kündigung durch schriftliche Erklärung gegenüber dem Geschäftsführer aus dem nachvertraglichen Wettbewerbsverbot mit sofortiger Wirkung lösen, womit die Gesellschaft von der Verpflichtung zur Zahlung der Entschädigung nach Abs. (5) frei wird.[12]

(9) Sofern der Geschäftsführer gegen die übernommenen Verpflichtungen aus dieser Vereinbarung verstößt, kann die Gesellschaft von ihm für jeden einzelnen Fall der Zuwiderhandlung eine Vertragsstrafe[13] in Höhe ...... (zweier) vom Geschäftsführer zuletzt bezogener Monats-Brutto-Festgehälter nach § ...... des Geschäftsführerdienstvertrages verlangen. Ein solcher einzelner Fall der Zuwiderhandlung liegt vor, wenn der

Geschäftsführer an einem Tag einmal oder mehrmals durch eine Konkurrenztätigkeit, insbesondere für ein Konkurrenzunternehmen oder eine Beteiligung an einem Konkurrenzunternehmen, gegen das nachvertragliche Wettbewerbsverbot verstößt. Wenn der Geschäftsführer an zumindest zwei Tagen in einem Kalendermonat gegen das nachvertragliche Wettbewerbsverbot verstößt, gilt jeder Tag (nach dem ersten Tag) als weiterer einzelner Fall der Zuwiderhandlung. Dies gilt auch im Fall einer fortgesetzten Konkurrenztätigkeit im Rahmen der verbotswidrigen Eingehung eines Dauerschuldverhältnisses, insbesondere eines Arbeits- oder Dienstverhältnisses (als freier Mitarbeiter, Handelsvertreter oder Berater) oder bei der Errichtung eines Konkurrenzunternehmens oder der Beteiligung an einem Konkurrenzunternehmen.

In jedem Fall kann die Summe der pro Monat verwirkten Vertragsstrafen höchstens einen Betrag in Höhe von ...... (sechs) der vom Geschäftsführer zuletzt bezogenen Monats-Brutto-Festgehälter nach § ...... des Geschäftsführerdienstvertrages betragen.

Die Geltendmachung sonstiger Rechte durch die Gesellschaft, insbesondere Unterlassungsansprüche und Ansprüche auf Ersatz eines weitergehenden Schadens, bleibt hiervon unberührt.

(10) Die Parteien sind sich einig, dass der Geschäftsführer vor Aufnahme einer Tätigkeit in Zweifelsfällen über die Reichweite des nachvertraglichen Wettbewerbsverbots nach diesem Vertrag eine Klärung mit dem Vorsitzenden der Gesellschafterversammlung herbeizuführen verpflichtet ist, soweit ein solcher nach Kenntnis des Geschäftsführers von der Gesellschafterversammlung gewählt wurde, ansonsten mit allen bei der Gesellschaft angemeldeten Gesellschaftern.

(11) Diese Vereinbarung ersetzt alle eventuellen vorherigen Vereinbarungen zwischen den Parteien über nachvertraglichen Kundenschutz und nachvertragliche Wettbewerbsenthaltung.

(12) Mündliche Nebenabreden bestehen nicht. Änderungen oder Ergänzungen dieser Vereinbarung einschließlich dieser Bestimmung bedürfen zu ihrer Wirksamkeit der Schriftform, es sei denn, diese wurden nachweislich zwischen den Parteien ausgehandelt.[14]

(13) Sollte eine Bestimmung dieser Vereinbarung ganz oder teilweise unwirksam sein oder werden, so wird hiervon die Wirksamkeit der übrigen Bestimmungen dieser Vereinbarung nicht berührt. An die Stelle der unwirksamen Bestimmung tritt die gesetzlich zulässige Bestimmung, die dem mit der unwirksamen Bestimmung Gewollten wirtschaftlich am nächsten kommt. Dasselbe gilt für den Fall einer vertraglichen Lücke.[15]

......

Ort, Datum

...... GmbH

hier vertreten durch ihre Gesellschafterversammlung,

die Alleingesellschafterin ...... AG,

diese vertreten durch ihren Vorstand

....
Unterschrift des Vorstandsmitglieds Unterschrift des Vorstandsmitglieds[16]

......
Unterschrift des Geschäftsführers

Anmerkungen

1. Regelungsgegenstand. Das vorliegende Formular enthält ein nachvertragliches Wettbewerbsverbot für ein Organmitglied. Zur Veranschaulichung wurde hier die Form einer Zusatzvereinbarung zu einem bestehenden Geschäftsführerdienstvertrag für einen Fremd-Geschäftsführer gewählt. Das Formular kann auch unmittelbar in den Geschäftsführerdienstvertrag (→ Form. B. I. 1) aufgenommen werden, wobei sich als Standort ein neuer Paragraf nach § 9 des Form. B. I. 1 empfiehlt. Die folgenden Kommentierungen gelten ebenfalls für Vorstände. Denn die rechtlichen Grenzen für ein nachvertragliches Wettbewerbsverbot mit einem Vorstand werden zumindest nicht enger sein als die Grenzen eines nachvertraglichen Wettbewerbsverbots mit einem Geschäftsführer. § 88 AktG, der dem Vorstand ein Wettbewerbsverbot für die Zeit während seiner Amtsausübung auferlegt, gilt grundsätzlich nicht für die Zeit nach der Abberufung und Beendigung des Dienstverhältnisses des Vorstandes (→ Form. B. II. 1 Anm. 36; OLG Frankfurt a. M. NZG 2000, 738; selbst dann nicht, wenn das Vorstandsmitglied seine Kündigung angreift). Dem ehemaligen Vorstand ist es lediglich weiterhin untersagt, unbefugt Betriebs- und Geschäftsgeheimnisse zu offenbaren (§ 404 AktG).

Auch einem Geschäftsführer ist es während seiner Amtszeit untersagt, in Wettbewerb mit seiner Gesellschaft zu treten. Obgleich dies – im Gegensatz zu § 88 AktG für Vorstände – gesetzlich nicht ausdrücklich geregelt ist, wird ein Wettbewerbsverbot während der Dauer des Dienstvertrages aus einer entsprechenden Anwendung von § 88 AktG bzw. aus der allgemeinen Treuepflicht des Geschäftsführers abgeleitet (vgl. *Bauer/Diller* Rn. 1027). Ebenso darf der Geschäftsführer nach Beendigung seines Anstellungsverhältnisses keine Betriebs- und Geschäftsgeheimnisse unbefugt offenbaren (§ 85 GmbHG). **Nach Beendigung seiner Anstellung unterliegt ein Geschäftsführer jedoch** – ebenso wie ein Arbeitnehmer – **ohne gesonderte Vereinbarung keinem Wettbewerbsverbot,** auch wenn seine nachwirkenden Treuepflichten weiter gehen als die eines Arbeitnehmers. Ist das Dienstverhältnis des Geschäftsführers gekündigt und ist dieser freigestellt, soll ein gekündigter Geschäftsführer sogar schon während des Laufs der Kündigungsfrist ein Konkurrenzunternehmen gründen dürfen, wenn kein nachvertragliches Wettbewerbsverbot besteht, solange dieses Konkurrenzunternehmen nicht eine nach außen wirkende werbende Tätigkeit aufgenommen hat. Der Geschäftsführer kann sodann sofort nach Ablauf der Kündigungsfrist eine Konkurrenztätigkeit mit diesem Konkurrenzunternehmen aufnehmen (vgl. LG Nürnberg-Fürth BB 2008, 451 f.; für Arbeitnehmer LAG Köln BeckRS 2008, 56517; LAG Köln NZA-RR 2005, 595). Selbst wenn das Dienstverhältnis wegen schwerer Pflichtverletzung außerordentlich gekündigt wird, ermöglicht nicht einmal die Schadensersatzpflicht des Geschäftsführers bei vertragswidrigem Verhalten (§ 628 Abs. 2 BGB), ihn bis zum Ablauf der vereinbarten Kündigungsfrist an einer Konkurrenztätigkeit zu hindern (vgl. OLG Frankfurt a. M. BeckRS 1997, 11933).

Soll der Geschäftsführer nun (zeitlich begrenzt) an Konkurrenztätigkeiten gehindert werden, muss mit ihm zwingend ein nachvertragliches Wettbewerbsverbot vereinbart werden. Wenn der Geschäftsführer in einer starken Verhandlungsposition ist, wird er sich oftmals gegen die Vereinbarung eines nachvertraglichen Wettbewerbsverbots sperren oder versuchen, für sich bessere Konditionen auszuhandeln als im Formular vorgesehen – insbesondere hinsichtlich einer Erhöhung der Entschädigung. Denn ein Geschäftsführer verliert vergleichsweise schnell seinen „Marktwert" als Manager, wenn er längere Zeit nicht am Geschäftsverkehr teilgenommen hat. Wenn er also ein Wettbewerbsverbot hinnimmt, wird er zumindest bestrebt sein, eine möglichst hohe Entschädigungszahlung zu erhalten, die auch einen eventuellen „Verlust an Marktwert" ausgleichen soll.

Ein nachvertragliches Wettbewerbsverbot mit einem **Geschäftsführer** unterliegt nach der h. M. **grundsätzlich nicht der Kontrolle** anhand der für die Gesellschaft restriktiven

Bestimmungen **der §§ 74 ff. HGB** (vgl. BGH NJW 1984, 2366; BGH NJW 1992, 1892; BGH DStR 2002, 735; BGH NZG 2008, 753; Schmidt/Lutter/*Seibt* § 88 Rn. 16 m.w.N.; a.A. in Teilen der Literatur, vgl. etwa *Kamanabrou* ZGR 2002, 898, 907 m.w.N.). Allerdings kann auch ein nachvertragliches Wettbewerbsverbot mit einem Geschäftsführer nicht vollkommen frei vereinbart werden, sondern muss sich innerhalb der **Grenzen** des **§ 138 BGB – i.V.m. Art. 2 und 12 GG** – und der hierzu ergangenen Rechtsprechung bewegen, wobei die **Rechtsprechung bezüglich der Zulässigkeit** solcher Vereinbarungen **strenge Anforderungen** stellt und die **Rechtsgrundsätze, die in den §§ 74 ff. HGB zum Ausdruck kommen**, zur Ermittlung der Grenzen heranzieht (vgl. BGH NJW 1984, 2366).

Vor diesem Hintergrund prüft die Rechsprechung nachvertragliche Wettbewerbsverbote **in zwei Stufen** (vgl. zu dieser Prüfungsreihenfolge: *Bauer/Diller* Rn. 1047 m.w.N. und OLG Hamm BeckRS 1988, 31363931): Auf der **ersten Stufe** wird geprüft, ob die Gesellschaft für das konkrete Verbot überhaupt ein **berechtigtes geschäftliches Interesse** hat. Ist dieses nicht gegeben, ist das Verbot per se unwirksam (unabhängig von der Frage, ob und in welcher Höhe eine Karenzentschädigung zugesagt wird). Die Reichweite der berechtigten geschäftlichen Interessen der Gesellschaft ist besonders zu beachten, wenn weit reichende Tätigkeitsverbote oder auch konzernweite Verbote aufgestellt werden. Das bloße Interesse der Gesellschaft, den Geschäftsführer von jedweder potenziell zum Wettbewerb geeigneten Tätigkeit fernzuhalten – also ihn als Konkurrenten auszuschalten –, wird gerade nicht als berechtigtes schutzwürdiges Interesse anerkannt, da die vollständige Ausschaltung als Wettbewerber mit der verfassungsrechtlich geschützten Freiheit der Berufausübung nicht vereinbar ist. Ebenso wenig kann ein nachvertragliches Wettbewerbsverbot mit dem Wunsch gerechtfertigt werden, den Geschäftsführer für den Fall seines Ausscheidens einer Sanktion zu unterwerfen (vgl. BGH NJW 2005, 3061). Das Wettbewerbsverbot darf somit nur zu dem Zweck vereinbart werden, die Gesellschaft vor illoyaler Verwertung ihr zustehender Arbeitserfolge und vor einer missbräuchlichen Ausnutzung der Berufsfreiheit des Geschäftsführers zu ihren Lasten zu schützen (vgl. OLG Düsseldorf NZG 2000, 737; OLG Düsseldorf NZG 1999, 405). Nur wenn das berechtigte Interesse der Gesellschaft am Wettbewerbsverbot grundsätzlich gegeben ist, wird auf der **zweiten Stufe** die Frage geprüft, ob eine **unbillige Erschwerung des beruflichen Fortkommens** des Geschäftsführers (in räumlicher, zeitlicher und gegenständlicher Hinsicht) vorliegt. Erst auf dieser Stufe ist bei der Einzelfallprüfung ein möglicherweise entscheidendes Kriterium, in welchem Umfang eine Karenzentschädigung zugesagt wurde. Die Differenzierung zwischen bloßer Unverbindlichkeit und Nichtigkeit der Wettbewerbsvereinbarung – wie bei Wettbewerbsverboten mit Arbeitnehmern – ist von der Rechtsprechung bisher nicht in Erwägung gezogen worden. Die Rechtsprechung geht bei Verstößen gegen eine oder mehrere Wirksamkeitsvoraussetzungen vielmehr von der **Nichtigkeit der Wettbewerbsabrede** aus (vgl. BGH NJW 1984, 2366) und lässt eine geltungserhaltende Reduktion und damit eine teilweise Aufrechterhaltung des Verbots im gesetzlich zulässigen Maße – ohne Vereinbarung einer salvatorischen Klausel – bisher nur bei einer zu langen Laufzeit des Wettbewerbsverbots zu (→ Anm. 15).

Weiterhin unterliegen die Bedingungen eines nachvertraglichen Wettbewerbsverbots für Organmitglieder einer Rechtskontrolle nach den §§ 305 ff. BGB, wenn die Gesellschaft vorformulierte Vertragsbedingungen verwendet, die in der Praxis vom Geschäftsführer zumeist ohne substanzielle Änderungen akzeptiert werden. Zwar sollen die sachliche, geografische und zeitliche Reichweite des nachvertraglichen Wettbewerbsverbots nach verbreiteter Ansicht nicht Gegenstand einer Inhaltskontrolle nach § 307 Abs. 1 BGB sein (→ Form. A. IV. 1 Anm. 1); die übrigen Vorschriften der §§ 305 ff. BGB, insbesondere das Transparenzgebot nach § 307 Abs. 1 S. 2 BGB und das Verbot überraschender Klauseln nach § 305c Abs. 1 BGB, finden allerdings auf jeden Fall Anwendung.

2. Zweigeteilte Vereinbarung – Kundenschutz und Wettbewerbsverbot. In Rechtsprechung und Literatur **wird zwischen** reinen **Kunden-/Mandantenschutzklauseln und „echten" nachvertraglichen Wettbewerbsverboten unterschieden.** Kundenschutzklauseln bezwecken nur die Verhinderung des Einbruchs in den Kunden- und/oder Lieferantenstamm, verbieten also nicht den Wettbewerb an sich. Ihre Vereinbarung ist ohne Zusage einer Karenzentschädigung möglich. Nachvertragliche Wettbewerbsverbote gehen demgegenüber weiter: Sie verbieten Konkurrenztätigkeiten, auch wenn nicht in den Kunden-/Lieferantenstamm eingebrochen wird. Sie müssen regelmäßig von der Zusage einer Karenzentschädigung flankiert werden, um durchsetzbar zu sein. In Gerichtsentscheidungen wurden nachvertragliche Wettbewerbsverbote oftmals wegen Verstoßes gegen § 138 Abs. 1 BGB für nichtig erklärt, wohingegen Kunden-/Mandantenschutzklauseln regelmäßig für wirksam gehalten wurden. Aus diesen Gründen sieht das Formular eine zweigeteilte Vereinbarung vor: eine Kundenschutzklausel und zusätzlich ein nachvertragliches Wettbewerbsverbot. Durch diese Zweiteilung soll erreicht werden, dass die Gesellschaft, wenn ein Gericht die Unwirksamkeit des nachvertraglichen Wettbewerbsverbots annehmen sollte, zumindest noch durch die Kundenschutzklausel geschützt ist (wenn auch in einem geringeren Umfang).

3. Kundenschutzklausel. Abs. (1) des Formulars regelt eine solche **Kundenschutzklausel.** Dem Geschäftsführer werden hierbei Geschäftskontakte mit Kunden/Lieferanten der Gesellschaft untersagt. Den Wettbewerb an sich verbietet sie dem Geschäftsführer nicht. Vergleichbare Klauseln finden sich auch oftmals bei Mitarbeitern freier Berufe, denen der Einbruch in den Mandantenstamm untersagt wird (Mandantenschutzklausel).

Auch Kundenschutzklauseln sind nicht unbegrenzt von den berechtigten Interessen der Gesellschaft gedeckt. Sie dürfen sich nur auf **aktuelle Kunden** der Gesellschaft beziehen. Von der Rechtsprechung als zulässig anerkannt wird regelmäßig auf solche Kunden abgestellt, die in den letzten drei Jahren vor dem Ausscheiden des Geschäftsführers noch im Geschäftskontakt mit der Gesellschaft gestanden haben. Bei „älteren" Kunden, die schon seit mehr als drei Jahren keine Geschäftskontakte mehr mit der Gesellschaft hatten, wird regelmäßig davon ausgegangen, dass sich die Kundenbindung innerhalb dieser Zeit so „verflüchtigt" hat, dass die Gesellschaft keine berechtigten Interessen daran hat, dass diese (ehemaligen) Kunden nicht vom ausscheidenden Geschäftsführer umworben werden.

Das Formular legt zudem fest, dass auch Kontakte aus Akquisitionsmaßnahmen unter den Begriff „Geschäftskontakte" fallen. Dies bezweckt, dem ausscheidenden Geschäftsführer zu verbieten, die „Früchte zu ernten", die er in seiner Funktion als Geschäftsführer für die Gesellschaft zuvor „gesät" hat. Potenzielle Kunden, die umworben werden, ohne dass dies dem Geschäftsführer bekannt ist (beispielsweise während einer Freistellung nach Kündigung), werden demgegenüber nicht zu den „berechtigt geschützten" potenziellen Kunden gehören. Denn hinsichtlich dieser Kontakte hätte der Geschäftsführer keine aus seiner Geschäftsführerzeit bezogenen Kontakte oder Informationen, die er ausnützen könnte. Daher sieht das Formular die Einschränkung vor, dass nur auf dem Geschäftsführer bekannte Akquisitionsmaßnahmen abgestellt wird.

Der Kundenstamm darf auch nicht auf eine unbegrenzte Zeit durch eine Kundenschutzklausel geschützt werden. Regelmäßig wird davon auszugehen sein, dass **zwei Jahre** Abstinenz nach dem Ausscheiden des Geschäftsführers ausreichen, um der Gesellschaft zu ermöglichen, den Kundenstamm vor Einbrüchen durch den ehemaligen Geschäftsführer hinreichend zu sichern. Denn dessen Kundenkontakte und -kenntnisse verlieren nach dem Ausscheiden an Intensität und werden nach zwei Jahren meist kein solches Gefahrenpotenzial mehr darstellen, dass ein längerer Kundenschutz gerechtfertigt wäre.

Das Formular sieht keine Entschädigung für die Einhaltung der Kundenschutzbestimmung vor. Denn eine Kundenschutzklausel mit einem Geschäftsführer kann wegen des mit ihr verbundenen eher geringen Eingriffs in die Berufsfreiheit **grundsätzlich auch**

ohne Zusage einer Karenzentschädigung vereinbart werden (vgl. BGH DStR 2002, 735; BGH NZG 2008, 664 f.; OLG Düsseldorf NJW-RR 1997, 164; OLG Düsseldorf NZG 2000, 737).

Es wird allgemein davon ausgegangen, dass eine derartige begrenzte Kundenschutzklausel die Berufsausübung oder sonstige wirtschaftliche Betätigung des Geschäftsführers zeitlich, örtlich und gegenständlich nicht unbillig erschwert, also einer Kontrolle am Maßstab des § 138 BGB standhält. Denn dem Geschäftsführer steht bereits unmittelbar nach seinem Ausscheiden der Markt offen und er darf auch Konkurrenz treiben – solange er nicht Geschäfte mit den Kunden/Lieferanten der Gesellschaft macht. Allerdings könnte im Fall eines Marktes mit extrem wenigen Kunden/Lieferanten, die größtenteils Geschäftspartner der Gesellschaft sind, auch eine bloße Kundenschutzklausel den Geschäftsführer möglicherweise unbillig einschränken und damit unwirksam sein.

4. Nachvertragliches Wettbewerbsverbot. Die Abs. (2) bis (8) des Formulars stellen ein (echtes) nachvertragliches Wettbewerbsverbot auf, das es dem Geschäftsführer (zusätzlich zur Kundenschutzklausel) im damit festgelegten Rahmen verbietet, zu der Gesellschaft in Wettbewerb zu treten.

5. Dauer des Verbots. Die in Abs. (2) des Formulars festgelegte Dauer des Wettbewerbsverbots beträgt **zwei Jahre.** Dies ist die regelmäßig **maximal zulässige Dauer.** Nachdem für Arbeitnehmer nach § 74a Abs. 1 S. 3 HGB ein Verbot von maximal zwei Jahren zulässig ist, dürfte bei Geschäftsführern in jedem Fall auch ein maximaler Verbotszeitraum von zwei Jahren erlaubt sein, sofern die berechtigten Interessen der Gesellschaft ein derartig langes Verbot rechtfertigen. Von der Vereinbarung eines über zwei Jahre dauernden Wettbewerbsverbots ist abzuraten. Ein auf drei Jahre angelegtes Wettbewerbsverbot wird mit sehr hoher Wahrscheinlichkeit nichtig sein (vgl. BGH NJW 1968, 1717). Oftmals wird jedoch ohnehin ein kürzeres Verbot als zwei Jahre ausreichend sein. Auch wenn ein Verbotszeitraum von zwei Jahren zulässig wäre oder gegebenenfalls sogar schon vereinbart ist, kann es die Gesellschaft aus finanziellen Erwägungen (zur Verringerung der Verpflichtung zur Zahlung der Karenzentschädigung) in Betracht ziehen, nur einen kürzeren Verbotszeitraum zu wählen oder vor Ablauf der zwei Jahre auf das Wettbewerbsverbot nach Abs. (6) oder (7) des Formulars zu verzichten (→ Anm. 9).

Im Formular ist vorgesehen, dass sich die **Dauer des Wettbewerbsverbots um die Zeit verkürzt, die der Geschäftsführer vor Ablauf der Kündigungsfrist freigestellt wird.** Diese Kürzung scheint nach der Rechtsprechung des BGH (vgl. BGH DStR 2002, 735) rechtlich zulässig zu sein, soweit sie sich eindeutig aus der Regelung ergibt, und dürfte im Interesse beider Parteien liegen. Der Geschäftsführer hat daran ein Interesse, weil er früher von der Beschränkung des Wettbewerbsverbots befreit wird. Die Gesellschaft hat daran ein Interesse, weil sie für kürzere Zeit die Karenzentschädigung zu zahlen hat und das Wettbewerbsrisiko auch schon während einer Freistellung durch den Verlust des Kontaktes zum Markt abnimmt. Während der Freistellung bis zum Ende des Dienstverhältnisses unterliegt der Geschäftsführer ohnehin noch dem vertraglichen Wettbewerbsverbot.

6. Reichweite des Verbots. Das Formular bietet in seinen Abs. (3) und (4) für die Umschreibung der sachlichen und geografischen Reichweite des Verbots jeweils **zwei Alternativformulierungen** an (zur sachlichen Reichweite → Form. A. IV. 1 Anm. 3). Bei einem Verbot mit einem Geschäftsführer ist insbesondere in Ermangelung der Anwendung der unmittelbar gesetzlichen geltungserhaltenden Reduktion (→ Anm. 1) insbesondere darauf zu achten, dass die sachliche und räumliche Reichweite des Wettbewerbsverbots nur so weit festgelegt wird, wie dies zum Schutz der berechtigten Interessen der Gesellschaft erforderlich ist. Dem Geschäftsführer muss nach seinem Ausscheiden ein ausreichender „Spielraum“ verbleiben, in dem er ohne Verstoß gegen das Wettbewerbsverbot tätig werden kann. Jedoch wird ein nachvertragliches Wettbewerbsverbot mit einem

Geschäftsführer tendenziell eine weitere Reichweite haben dürfen als ein Wettbewerbsverbot mit einem Arbeitnehmer. Denn Konkurrenz durch den ehemaligen Geschäftsführer kann – wegen seines umfassenderen Einblicks in die Geschäfte der Gesellschaft – grundsätzlich in einem weiten sachlichen und geografischen Feld so schadensträchtig für die Gesellschaft sein, dass ein entsprechend weites Wettbewerbsverbot von den berechtigten Interessen der Gesellschaft noch gedeckt ist.

7. Karenzentschädigung. Das Formular sieht in Abs. (5) die Zahlung einer Entschädigung für die Einhaltung des Wettbewerbsverbots in Höhe eines festzulegenden Prozentsatzes der Festvergütung vor. Wird in einem nachvertraglichen Wettbewerbsverbot keine Karenzentschädigung vorgesehen, kann der Geschäftsführer zwar keinen Anspruch auf eine solche aus § 74 Abs. 2 HGB geltend machen, da dieser auf Geschäftsführerverträge keine Anwendung findet (vgl. BGH NZG 2008, 753). Allerdings wäre das nachvertragliche Wettbewerbsverbot auch nach der Rechtsprechung sittenwidrig und somit nach § 138 BGB unwirksam (vgl. OLG Hamm BeckRS 1988, 31363931; OLG München NZG 1998, 113; Kallmeyer/*Kallmeyer* GmbH-Handbuch 10. Abschnitt Rn. 2193; für Vorstandsmitglieder: MünchKommAktG/*Spindler* § 88 Rn. 47 m. w. N.). Zur Möglichkeit des Verweises auf die §§ 74 ff. HGB und somit eines etwaigen Wahlrechts des Geschäftsführers → Anm. 12. Nur die Vereinbarung einer bloßen Kundenschutzklausel kann auch ohne Karenzentschädigung zulässig sein (→ Anm. 3).

Hinsichtlich der Höhe der zu gewährenden Karenzentschädigung besteht keine Einigkeit. Diese Entschädigung ist nach den Umständen des Einzelfalls und der Reichweite des Verbots (nach Zeit, Ort und Gegenstand) festzusetzen. Will die Gesellschaft sichergehen, dass die Wirksamkeit des Wettbewerbsverbots nicht an der Höhe der zugesagten Entschädigung scheitert, sollte – wie beim Arbeitnehmer – vereinbart werden, dass als Karenzentschädigung mindestens 50 Prozent (sämtlicher) zuletzt bezogener, vertragsmäßiger Leistungen gezahlt werden. Diese Höhe sollte insbesondere dann vereinbart werden, wenn ein sachlich und geografisch sehr umfassendes und weitreichendes Wettbewerbsverbot vereinbart werden soll. Jedoch kann auch die Zusage einer hohen Karenzentschädigung ein Wettbewerbsverbot nicht „retten", das nicht von den berechtigten geschäftlichen Interessen der Gesellschaft gedeckt ist. Im Regelfall müssen jedoch zumindest wohl 50 Prozent des Festgehalts (ohne variable oder sonstige Entgeltbestandteile und Nebenleistungen) als Entschädigung vorgesehen werden. Diese Beschränkung ist in der Praxis üblich und es spricht auch viel für deren Zulässigkeit (vgl. *Thüsing* NZG 2004, 9, 12 m. w. N.); zumindest sofern sich die Gesamtvergütung des Geschäftsführers nicht zu einem hohen Anteil aus variablen Vergütungsbestandteilen zusammensetzt.

8. Anrechnung anderen Erwerbs. Abs. (5) des Formulars enthält eine im Vergleich zu Wettbewerbsverboten mit Arbeitnehmern weiter reichende Anrechnungsmöglichkeit anderweitigen Erwerbs auf die an den ausgeschiedenen Geschäftsführer zu zahlende Karenzentschädigung (→ Form. A. IV. 1 Anm. 9). Denn ein anderweitiger Erwerb des ausgeschiedenen Geschäftsführers während der Karenzzeit (durch Tätigkeit, die keine Wettbewerbstätigkeit darstellt) ist nach dem Formular bereits dann anzurechnen, wenn er zusammengerechnet mit der Karenzentschädigung 100 Prozent der letzten Festvergütung des Geschäftsführers erreicht. Damit werden dem Geschäftsführer alle anderweitigen Einkünfte (also auch eventuell variable Bestandteile) so angerechnet, dass die Karenzentschädigung diese Einkünfte nur auf maximal 100 Prozent der letzten Festvergütung „aufstockt". Ob eine derart umfangreiche Anrechnung zulässig ist, ist in der Rechtsprechung bislang nicht geklärt. Unseres Erachtens müsste sie aber zumindest dann zulässig sein, wenn die Gesamtvergütung des Geschäftsführers zu einem hohen Anteil aus Festvergütung besteht. Denn dann wird trotz der Anrechnung die wirtschaftliche und soziale Absicherung des Geschäftsführers während der Karenzzeit gesichert sein (zur Höhe des anzurechnenden anderen Erwerbs und dem Modus der Anrechnung → Form.

A. IV. 1 Anm. 9). Die hier vorgesehene Anrechnungsregelung führt dazu, dass keine Karenzentschädigung zu zahlen ist, wenn der Geschäftsführer eine neue Anstellung findet, die ihm eine Gesamtvergütung bietet, die sein letztes Festgehalt erreicht. Zur Absicherung der Gesellschaft wird dem Geschäftsführer im Formular aufgegeben, die Aufnahme einer neuen Beschäftigung anzuzeigen, die Höhe des anderweitigen Erwerbs quartalsweise mitzuteilen und auf Anforderung durch geeignete Nachweise zu belegen.

Alternativ kann auch die Regelung des § 74c Abs. 1 HGB und damit die für Arbeitnehmer geltende Regelung zur Anwendung gebracht werden; hierzu bedarf es jedoch eines ausdrücklichen Verweises auf diese Vorschrift, weil sie ohne ausdrückliche Regelung nur auf Arbeitnehmer, nicht aber Geschäftsführer anwendbar ist (vgl. BGH NZG 2008, 664). Die Anrechnungsmöglichkeit in § 74c Abs. 1 HGB ist jedoch für die Gesellschaft weniger vorteilhaft als die im Formular geregelte (→ Form. A. IV. 1 Anm. 9).

9. Verzicht vor Ende des Dienstverhältnisses. In Abänderung der für Arbeitnehmer geltenden Vorschrift des § 75a HGB ist in Abs. (6) des Formulars vorgesehen, dass die Gesellschaft auf das Wettbewerbsverbot mit einer Frist von nur sechs Monaten verzichten kann (vgl. zu dieser Sechs-Monats-Frist nachfolgend → Anm. 10). Bei einem Zugang der Verzichtserklärung vor oder gleichzeitig mit dem Ende des Dienstverhältnisses wäre der Geschäftsführer somit mit dem Ende der Anstellung frei, Wettbewerb zu treiben; die Zahlungsverpflichtungen der Gesellschaft erlöschen hingegen erst sechs Monate nach Zugang der Verzichtserklärung. Bei einem Zugang der Verzichtserklärung mindestens sechs Monate vor dem Ende des Dienstverhältnisses würden somit keine Zahlungsverpflichtungen aus dem Wettbewerbsverbot für die Gesellschaft entstehen (vgl. hierzu *Bergwitz* GmbHR 2007, 523). Allerdings wird die Kundenschutzklausel des Abs. (1) des Formulars vom Verzicht ausdrücklich ausgenommen, sodass der Geschäftsführer weiter an diese gebunden bliebe.

10. Verzicht nach Ende des Dienstverhältnisses. Abs. (7) des Formulars sieht vor, dass der Verzicht auch nach dem Ende des Dienstverhältnisses erklärt werden kann. § 75a HGB allein würde nur einen Verzicht bis zum Zeitpunkt des Ausscheidens erlauben. Eine vertragliche Regelung, die die Verzichtsmöglichkeit so ausdehnt wie im Formular vorgesehen, ist nach der Rechtsprechung zulässig (vgl. OLG München BeckRS 2010, 18611; OLG Koblenz NZG 2000, 653, 654). Dabei wird allerdings diskutiert, wie lange nach Erklärung des Verzichts die Entschädigung noch weiterbezahlt werden muss. Eine Sechs-Monats-Frist kann wohl nicht als unbillig kurz bezeichnet werden (vgl. hierzu auch OLG Düsseldorf NJW-RR 1997, 164, das sogar eine Drei-Monats-Frist für zulässig gehalten hat) – zumindest dann nicht, wenn auch die Kündigungsfrist des Geschäftsführerdienstvertrags nicht länger ist (vgl. OLG München BeckRS 2010, 18611, wonach sich die Frist an der vereinbarten Kündigungsfrist zu orientieren habe). Rechtssicher wäre es, bis zu einer abschließenden Feststellung der Fristlänge durch den BGH die Jahresfrist des § 75a HGB der Fristlänge zugrunde zu legen.

11. Zusatzklausel. Im Bedarfsfall kann noch die vorgeschlagene Zusatzklausel hinsichtlich des Nicht-Inkrafttretens des Wettbewerbsverbots verwendet werden (→ Form. A. IV. 1 Anm. 9). Unseres Erachtens ist dies aber nur selten angebracht, insbesondere weil die Gesellschaft bei einem Geschäftsführer ohnehin die Möglichkeit eines Verzichts mit kurzer Frist auch nach Beendigung der Anstellung hat. Zur Möglichkeit der Erstreckung des Wettbewerbsverbots auf mit der Gesellschaft i.S.d. § 15 AktG verbundenen Unternehmen und der Geltung des Wettbewerbsverbots gegenüber den mit dem Konkurrenzunternehmen i.S.d. § 15 AktG verbundenen Unternehmen → Form. A. IV. 1 Anm. 9. Jedoch soll darauf hingewiesen werden, dass aufgrund der grds. Nichtanwendung der Grundsätze der geltungserhaltenden Reduktion (→ Anm. 1) bei Organmitgliedern verstärkt auf das berechtigte geschäftliche Interesse geachtet werden muss, welches bei einem

Wettbewerbsverbot für einen Geschäftsführer eines herrschenden Konzernunternehmens eher zu bejahen sein dürfte als bei einem solchen eines abhängigen Konzernunternehmens (vgl. OLG Nürnberg BeckRS 2010, 01746).

12. Einbeziehung der §§ 74 ff. HGB. Das Formular enthält im Abs. (8) die Bestimmung, dass die Regelungen der §§ 74 ff. HGB auf das nachvertragliche Wettbewerbsverbot ergänzend Anwendung finden. Sie soll sicherstellen, dass die zu Gunsten der Gesellschaft geltenden Regelungen der §§ 74 ff. HGB zumindest für den Fall der Unwirksamkeit vertraglicher Regelungen Anwendung finden (vgl. *Bauer/Diller* Rn. 1042). Ohne gesonderte Vereinbarung ist der Regelungskomplex der §§ 74 ff. HGB grundsätzlich nicht insgesamt auf Wettbewerbsverbote mit Geschäftsführern anwendbar. Hier wird die Anwendung der §§ 74 ff. HGB beschränkt auf „zu Gunsten" der Gesellschaft geltende gesetzliche Bestimmungen und explizit § 75 Abs. 2 HGB ausgeklammert. Dies soll gewährleisten, dass sich der Geschäftsführer bei einer ordentlichen Kündigung nicht vom Wettbewerbsverbot lösen kann. Ein Ausschluss für das Unternehmen ungünstiger Normen ist zulässig. Denn der BGH hat entschieden, dass die Regelungen der §§ 74 ff. HGB, die zum Ziel haben, die Interessen der Gesellschaft zu wahren, auch ohne ausdrückliche vertragliche Abrede Anwendung finden können (vgl. BGH NJW 1992, 653; Lutter/Hommelhoff/*Kleindiek* Anhang § 6 Rn. 25 f.). Eine Vereinbarung, die diese beschränkte Anwendung ausdrücklich bestimmt, sollte also erlaubt sein.

Aus Gründen der Rechtssicherheit wurde in das Formular ausdrücklich noch das Lösungsrecht der Gesellschaft bei außerordentlicher Kündigung wegen vertragswidrigen Verhaltens des Geschäftsführers aufgenommen. Da ein entsprechendes Lösungsrecht der Gesellschaft bei Arbeitsverhältnissen aus einer analogen Anwendung des § 75 Abs. 1 HGB sogar kraft Gesetzes besteht (→ Form. A. IV. 1 Anm. 11), sollte die vertragliche Vereinbarung im Geschäftsführeranstellungsverhältnis zulässig sein (vgl. BGH NZG 2008, 753).

13. Vertragsstrafe. Das Formular sieht in Abs. (9) eine Vertragsstrafe vor. Schadensersatzansprüche wären i. d. R. nur schwer nachweis- und durchsetzbar, können aber zusätzlich – ebenso wie Unterlassungsansprüche – vorbehalten werden. Die Höhe der Vertragsstrafe soll hierfür einerseits abschrecken, andererseits aber auch dem Maßstab des § 307 BGB genügen. Im Formular wird eine Vertragsstrafe von zwei Monatsgehältern bei Einzelverstößen bei einer monatlichen Obergrenze von sechs Monatsgehältern vorgeschlagen. In Anbetracht des hohen Schadenspotenzials, welches durch eine Konkurrenztätigkeit des ausgeschiedenen Geschäftsführers erwächst, erscheint eine solche Vertragsstrafenvereinbarung zumindest angemessen und kann im Einzelfall durchaus auch höher anzusetzen sein – auch im Vergleich zu der für Arbeitnehmer bei gleichartigen Verstößen vorgeschlagenen geringeren Vertragsstrafe (→ Form. A. VI. 1 Anm. 7). Zur übrigen Formulierung der Klausel unter Einbeziehung der jüngeren BAG-Rechtsprechung → Form. A. VI. 1 Anm. 7.

14. Schriftform des nachvertraglichen Wettbewerbsverbots. Nach der Rechtsprechung des BGH ist auch die Formvorschrift des § 74 Abs. 1 HGB nicht anzuwenden. Somit könnte das nachvertragliche Wettbewerbsverbot an sich auch mündlich vereinbart werden. Es sollte aber schon aus Beweiszwecken in jedem Fall schriftlich abgeschlossen werden (zur Schriftformklausel → Form. A. II. 1 Anm. 28).

15. Salvatorische Klausel. Das Formular enthält auch eine salvatorische Klausel. Die Rechtsprechung dazu, ob ein zu weit reichendes nachvertragliches Wettbewerbsverbot teilweise aufrechterhalten werden kann oder nicht, ist uneinheitlich (vgl. *Thüsing* NZG 2004, 9, 13 f. m.w.N.). Der BGH hat eine Aufrechterhaltung des nachvertraglichen Wettbewerbsverbots im gesetzlich zulässigen Maße bislang nur für eine überlange Verbotsdauer anerkannt (BGH NJW 2000, 2584). Eine salvatorische Klausel gibt dem

Gericht im Streitfall aber zumindest die Möglichkeit, ein Wettbewerbsverbot, das inhaltlich zu weit reichend formuliert ist (also nicht mehr von den berechtigten geschäftlichen Interessen gedeckt ist), im noch wirksamen Teil aufrechtzuerhalten (Teilnichtigkeit) (vgl. OLG Zweibrücken NJW-RR 1990, 482; OLG Köln NZG 2001, 165) und ist daher dringend anzuraten. → Form. A. II. 1 Anm. 29.

16. Unterzeichnung. → Form. B. I. 1 Anm. 39.

3. Urheberrechte

Vereinbarung[1, 2]

zwischen

...... (Name und Anschrift des Arbeitgebers) „Gesellschaft"

und

Herrn ...... (Name und Anschrift des Arbeitnehmers) „Mitarbeiter"

In Ergänzung des Arbeitsvertrages vom ...... wird folgende Vereinbarung zur Übertragung von Urheberrechten geschlossen:

§ 1 Urheberrechte

(1) Der Mitarbeiter räumt der Gesellschaft die ausschließlichen, zeitlich, räumlich und inhaltlich unbeschränkten[3] Nutzungsrechte für alle etwaigen nach Urheberrecht schutzfähigen Arbeitsergebnisse ein, die der Mitarbeiter während der Dauer seines Arbeitsverhältnisses, während seiner Arbeitszeit oder, sofern sie Bezug zu seinen arbeitsvertraglichen Aufgaben haben, auch außerhalb seiner Arbeitszeit erstellt. Die Gesellschaft nimmt die Rechteeinräumung an.

(2) Die der Gesellschaft gemäß Abs. (1) eingeräumten Rechte umfassen insbesondere auch die Erlaubnis zur Bearbeitung der Arbeitsergebnisse (unter Wahrung der geistigen Eigenart der Werke) sowie zur Vergabe von Unterlizenzen und Übertragung der Rechte an Dritte. Die Gesellschaft erhält ferner das Recht, Arbeitsergebnisse auf eine zum Zeitpunkt des Vertragsschlusses noch nicht bekannte Art zu nutzen.

(3) Die Einräumung von Rechten nach diesem § 1 ist vollumfänglich mit der unter § ...... Abs. (......) des Arbeitsvertrages geregelten Vergütung abgegolten, und zwar auch für die Zeit nach Beendigung des Arbeitsverhältnisses.[4]

(4) Der Mitarbeiter verzichtet, sofern im Einzelfall nicht anders vereinbart, auf die Ausübung des Rechts auf Namensnennung und auf Zugänglichmachung des Werks.[5, 6]

(5) Eine Verpflichtung der Gesellschaft zur Ausübung und Verwertung der eingeräumten Nutzungsrechte besteht nicht.[7]

§ 2 Schlussbestimmungen

(1) Mündliche Nebenabreden bestehen nicht. Änderungen oder Ergänzungen dieser Vereinbarung einschließlich dieser Bestimmung bedürfen zu ihrer Wirksamkeit der Schriftform, es sei denn, diese wurden nachweislich zwischen den Parteien ausgehandelt. Das Schriftformerfordernis bezieht sich auch auf etwaige Ansprüche aus betrieblicher Übung.[8]

(2) Sollte eine Bestimmung dieser Vereinbarung ganz oder teilweise unwirksam sein oder werden, so wird hiervon die Wirksamkeit der übrigen Bestimmungen dieser Zusatzvereinbarung nicht berührt. An die Stelle der unwirksamen Bestimmung tritt die gesetzlich zulässige Bestimmung, die dem mit der unwirksamen Bestimmung Gewollten wirtschaftlich am nächsten kommt. Dasselbe gilt für den Fall einer vertraglichen Lücke.[9]

......	......
Ort, Datum	Ort, Datum
......	......
Unterschrift der Gesellschaft[10]	Unterschrift des Mitarbeiters
Empfangsbestätigung des Mitarbeiters[11]	

Der Mitarbeiter bestätigt, dass er eine von der Gesellschaft unterschriebene vollständige Ausfertigung dieser Vereinbarung am ...... (Datum) erhalten hat.

......

Ort, Datum

......

Unterschrift des Mitarbeiters

Anmerkungen

1. Einräumung von Nutzungsrechten. Das Formular regelt die umfassende Einräumung der Nutzungsrechte an etwaigen **urheberrechtlich schutzfähigen** Arbeitsergebnissen eines Arbeitnehmers auf den Arbeitgeber. Die Klausel wird für den Normalfall ausreichend sein; bei einer über den arbeitsvertraglichen Zweck der Werkerstellung hinausgehenden Verwertung sowie in speziellen Branchen (z. B. im Medien oder Technologiebereich) ist es jedoch empfehlenswert, differenziertere und auf den Einzelfall zugeschnittene Klauseln zu verwenden (→ Anm. 3). Sofern neben urheberrechtlichen Nutzungsrechten die Übertragung oder Einräumung weiterer Schutzrechte (etwa Designrechte, Kennzeichenrechte oder Rechte an Know-how) in Betracht kommt, sollte eine weitergehende Klausel verwendet werden, die sämtliche Schutzrechte aufführt (zur Ausnahme hinsichtlich Arbeitnehmererfindungen → Anm. 2). Gleichfalls sollte die Übertragung oder Einräumung von Rechten an Werken, die der Arbeitnehmer bereits in der Vergangenheit geschaffen hat und in das Unternehmen des Arbeitgebers einbringen soll, oder auf die er seine während des Arbeitsverhältnisses für den Arbeitgeber geschaffenen Arbeitsergebnisse stützt, ausdrücklich geregelt werden, um sicherzustellen, dass der Arbeitgeber auch insoweit die zur umfassenden Verwertung erforderlichen Rechte erhält.

Die Vorschriften des UrhG über die Einräumung und Vergütung urheberrechtlicher Nutzungsrechte sind **auch auf Arbeitsverhältnisse anwendbar** (§ 43 UrhG). Dabei unterscheidet das UrhG zwischen Verwertungs- (§§ 15 ff. UrhG) und Nutzungsrechten (§§ 31 ff. UrhG). Während die Verwertungsrechte dem Urheber zugeordnet und nicht übertragbar sind (vgl. § 29 UrhG), kann der Urheber gleichwohl Dritten (i. d. R. entgeltlich) ein Nutzungsrecht einräumen.

Da die Klausel auf die Einräumung von Nutzungsrechten an künftigen Werken zielt, die überhaupt nicht näher oder nur der Gattung nach bestimmt sind, ist (vor allem wegen des Streits über die Anwendbarkeit des Schriftformerfordernisses des § 40 UrhG im Arbeitsverhältnis) für die Vereinbarung die **Schriftform** dringend zu empfehlen (zum Meinungsstand: Wandtke/Bullinger/*Wandtke* § 43 Rn. 48). Zwingend ist die Schriftform für die Einräumung von Rechten für unbekannte Nutzungsarten (§ 31a Abs. 1 S. 1 UrhG in der seit 1.1.2008 geltenden Fassung).

2. Arbeitnehmererfindungen. Im Formular wird ganz bewusst keine Klausel für Arbeitnehmererfindungen vorgeschlagen. Denn der Umgang mit Arbeitnehmererfindungen ist im Gesetz über Arbeitnehmererfindungen geregelt, dessen Regelungen zu Lasten des Mitarbeiters vor Meldung einer konkreten Erfindung nicht abdingbar sind (vgl. § 22 ArbnErfG). Vertragliche Regelungen, die zukünftige Erfindungen des Arbeitnehmers erfassen sollen, wären demnach unzulässig.

Für Arbeitgeber ist es jedoch von großer Wichtigkeit, jede Arbeitnehmererfindung nach ihrer Meldung durch den Arbeitnehmer streng nach den Regeln des Arbeitnehmererfindungsgesetzes zu behandeln. Der Arbeitnehmer ist gemäß § 5 Abs. 1 ArbnErfG zur unverzüglichen schriftlichen Meldung der Diensterfindung verpflichtet. Der Arbeitgeber kann die Erfindung gemäß § 6 ArbnErfG durch Erklärung gegenüber dem Arbeitnehmer in Anspruch nehmen. Die Inanspruchnahme gilt als erklärt, wenn der Arbeitgeber die Erfindung nicht bis zum Ablauf von vier Monaten nach Eingang der ordnungsgemäßen Meldung durch Erklärung in Textform freigibt. Mit der Inanspruchnahme gehen alle vermögenswerten Rechte an der Erfindung auf den Arbeitgeber über (§ 7 ArbnErfG). Im Gegenzug entsteht ein Vergütungsanspruch des Arbeitnehmers, dessen Art und Höhe sich nach den §§ 9 ff. ArbNErfG berechnet. Gibt der Arbeitgeber die Erfindung frei, kann der Arbeitnehmer über die Erfindung beliebig verfügen. Besondere Regelungen bestehen für freie Erfindungen (d.h. Erfindungen, die nicht während der Dauer des Arbeitsverhältnisses gemacht wurden, nicht aus der dem Arbeitnehmer im Betrieb oder in der öffentlichen Verwaltung obliegenden Tätigkeit entstanden sind oder nicht maßgeblich auf Erfahrungen oder Arbeiten des Betriebes oder der öffentlichen Verwaltung beruhen; vgl. § 4 ArbnErfG).

3. Umfang der Einräumung. Bei der Einräumung von urheberrechtlichen Nutzungsrechten ist die **Zweckübertragungslehre** zu beachten, die in § 31 Abs. 5 S. 1 UrhG ihren Niederschlag gefunden hat. Diese besagt in ihrem Kern, dass im Zweifel keine weitergehenden Rechte eingeräumt werden, als dies der Zweck des Vertrages (hier also des Arbeitsvertrages) erfordert. In dieser Auslegungsregelung kommt der rechtspolitische Willen des Gesetzgebers zum Ausdruck, dass die urheberrechtlichen Befugnisse die Tendenz haben, soweit wie möglich beim Urheber als geistigem Schöpfer zu verbleiben, damit dieser in angemessener Weise an den Erträgnissen seines Werkes beteiligt wird (BGH GRUR 1996, 121, 122 – Pauschale Rechteübertragung). Dies gilt auch für die Frage, ob die Nutzungsrechte dem Arbeitgeber ausschließlich (d.h. auch unter Ausschluss der Nutzung durch den Urheber selbst) oder lediglich einfach (Urheber bleibt selbst zur Nutzung berechtigt und kann auch Dritten Nutzungsrechte an dem Werk einräumen) eingeräumt werden, sowie für den Umfang und etwaige Einschränkungen der eingeräumten Nutzungsrechte (§ 31 Abs. 5 S. 2 UrhG). Als Maßstab einer Inhaltskontrolle von allgemeinen Geschäftsbedingungen kommt der Schutzgedanke des § 31 Abs. 5 UrhG hingegen nicht in Betracht (BGH GRUR 2012, 1031, 1035 – Honorarbedingungen Freie Journalisten).

Entgegen der vermeintlich eindeutigen Formulierung der hier vorgeschlagenen Rechteklausel, nach der dem Arbeitgeber scheinbar sämtliche denkbaren Nutzungsrechte eingeräumt werden, werden tatsächlich nur die zur Erfüllung des Vertragszwecks erforderlichen Rechte eingeräumt. Um welche Rechte es sich dabei handelt, ist im Wege der Auslegung des Vertrages stets im Einzelfall zu ermitteln. Die Darlegungs- und Beweislast dafür, dass eine pauschale Nutzungsrechteeinräumung dem Vertragszweck entspricht, trägt derjenige, der sich darauf beruft.

Die sich hieraus ergebenden Unsicherheiten können durch eine stärker **ausdifferenzierte Klausel** vermieden werden. Die Bestimmung des § 31 Abs. 5 UrhG greift ihrer Natur als Auslegungsregel entsprechend erst ein, wenn es an einer ausdrücklichen vertraglichen Regelung fehlt oder über den Umfang einer Rechtseinräumung Unklarheiten bestehen

(BGH GRUR 2012, 1031, 1035 – Honorarbedingungen Freie Journalisten). Um eine möglichst weitgehende Rechteeinräumung sicherzustellen, sollte somit entweder der Vertragszweck weit definiert werden oder es sollten die gewünschten Nutzungsarten im Einzelnen aufgezählt werden. Beide Vorgehensweisen können auch kombiniert werden. Die vom Einzelfall gelöste, abstrakte Formulierung einer entsprechenden Klausel ist jedoch schwierig, insbesondere müsste eine Liste der gewünschten Nutzungsarten erstellt werden. Der Umfang, der für die betriebliche Auswertung eines Werkes notwendig ist, ist in der Regel stillschweigend übertragen. Probleme tauchen insbesondere dann auf, wenn der Betriebszweck verändert wird (andere Produkte, Erweiterung des Geschäftsbetriebs). Diese Änderung ist aber nicht vorhersehbar und damit auch nicht abstrakt regelbar.

Eine Ausnahme von der eingeschränkten Rechteübertragung sieht das Urheberrecht nur für **Computerprogramme** vor, die von Arbeitnehmern in Wahrnehmung ihrer Aufgaben oder nach den Vorgaben des Arbeitgebers geschaffen werden. Gemäß § 69b UrhG ist insoweit ausschließlich der Arbeitgeber zur Ausübung aller vermögensrechtlichen Befugnisse an dem Computerprogramm befugt, soweit nichts anderes vereinbart ist. Sofern die Arbeitsergebnisse auch Computerprogramme umfassen, sollte in der Vereinbarung zur Rechteeinräumung somit ausdrücklich klargestellt werden, dass eine Rechteeinräumung nach § 69b UrhG unberührt bleibt.

Um sicherzustellen, dass der Arbeitgeber vom Arbeitnehmer sämtliche Rechte erhält, die er für die von ihm beabsichtigte Verwendung des Werks benötigt, bietet sich insbesondere an, den **Vertragszweck** des Arbeitsvertrages so genau wie möglich zu beschreiben. Ist beispielsweise beabsichtigt, Schriftwerke sowohl in einem Printobjekt als auch in einem korrespondierenden Online-Auftritt zu veröffentlichen, so sollte dies im Vertrag ausdrücklich geregelt werden. Beabsichtigt der Arbeitgeber, die Werke nicht nur selbst, sondern auch durch andere Konzerngesellschaften oder sonstige Dritte verwerten zu lassen, so sollte dies ebenfalls ausdrücklich geregelt werden, da Nutzungsrechte nur mit Zustimmung des Urhebers **übertragbar** sind (§ 34 Abs. 1 S. 1 UrhG). Zwar kann eine Zustimmung auch stillschweigend erteilt werden, insbesondere soweit der Betriebszweck eine Übertragung an Dritte fordert (*Dreier/Schulze* § 43 UrhG Rn. 21). Dennoch sollte vor dem Hintergrund der Zweckübertragungslehre eine ausdrückliche Regelung getroffen werden. Gleichfalls bedarf auch die Erteilung von **Unterlizenzen** der Zustimmung des Urhebers (vgl. § 35 Abs. 1 S. 1 UrhG für den ausschließlichen Nutzungsrechteinhaber). Deshalb sollte zusätzlich vertraglich geregelt werden, dass der Urheber grundsätzlich einer Übertragung der dem Arbeitgeber eingeräumten Nutzungsrechte auf Dritte sowie einer Einräumung von Unterlizenzen zustimmt. Dies gilt gleichermaßen für das Recht des Arbeitgebers, **Bearbeitungen** an den überlassenen Werken vorzunehmen und diese zu verwerten (insbesondere vor dem Hintergrund der Auslegungsregelung des § 37 Abs. 1 UrhG, wonach dem Urheber im Falle der Einräumung eines Nutzungsrechts im Zweifel das Recht der Einwilligung zur Veröffentlichung oder Verwertung einer Bearbeitung verbleibt).

Die möglichst genaue Umschreibung des Vertragszwecks des Arbeitsvertrages allein ist dann nicht ausreichend, wenn auch Rechte eingeräumt werden sollen, die zur Erreichung des Vertragszwecks nicht zwingend erforderlich sind (BGH GRUR 2004, 938 – Comic-Übersetzungen III). Dies ist z.B. dann der Fall, wenn ein angestellter Autor für eine TV-Serie Drehbücher verfasst, die der Arbeitgeber nicht nur zur Verfilmung nutzen möchte, sondern vielmehr auch als Grundlage eines von einem Drittautor zu verfassenden „Buchs zur Serie" nutzen und verwerten will. Derartige Rechte, die zur Erfüllung des Vertragszwecks nicht erforderlich sind, sind in der Rechteklausel detailliert aufzunehmen, um deren Erwerb sicherzustellen. In der Praxis wird häufig ein umfassender, d.h. ein **über den Vertragszweck hinausgehender Rechteerwerb** gewünscht, damit die Arbeitgeber die Werke in jeder denkbaren Nutzungsart auswerten können. Hierzu verwenden Unternehmen in den unterschiedlichen Bereichen zumeist umfangreiche, detaillierte Nutzungsrechtsklauseln, in denen sämtliche für die jeweilige Branche und das Unternehmen relevanten Nutzungsrechte aufgeführt werden. Da die Anforderungen und Üblichkeiten zwischen den unterschiedlichen Branchen differieren, wird an dieser Stelle von der Wiedergabe einer ausführlichen Rechteklausel, die lediglich exemplarischen Charakter haben kann, abgesehen. Es ist vielmehr mit Blick auf die besonderen Üblichkeiten der Branche und die konkreten Erfordernisse des Unternehmens stets im Einzelfall herauszuarbeiten, wie die Rechteklausel auszugestalten ist. Beispiele für ausführliche Rechteklauseln finden sich in MünchVertrHdb/*Nordemann* u.a. Kap. XI. Nach neuer Rechtslage können gemäß § 31a UrhG n.F. auch Rechte an noch **unbekannten Nutzungsarten** eingeräumt werden. § 31 Abs. 4 UrhG a.F., nach dem die Einräumung von Nutzungsrechten für bei Vertragsschluss noch nicht bekannte Nutzungsarten sowie Verpflichtungen hierzu unwirksam waren, ist weggefallen. Allerdings hat der Urheber ein unabdingbares Widerrufsrecht (§ 31a Abs. 1 S. 3 UrhG), welches auch pauschal für alle zukünftigen Nutzungsarten ausgeübt werden kann. Gemäß § 31a Abs. 1 S. 4 UrhG erlischt das Widerrufsrecht drei Monate, nachdem der Nutzungsberechtigte an den Urheber eine Mitteilung über die neue Werknutzung abgesendet hat. Für den Fall, dass der Arbeitgeber die neue Art der Werksnutzung aufnimmt, hat der Urheber einen Anspruch auf eine gesonderte angemessene Vergütung (§ 32c Abs. 1 S. 1 UrhG). Die Einräumung von Rechten für noch unbekannte Nutzungsarten bedarf der Schriftform (§ 31a Abs. 1 S. 1 UrhG).

Die Verpflichtung zur Einräumung von urheberrechtlichen Nutzungsrechten auf den Arbeitgeber kann sich auch aus **Tarifverträgen** ergeben (z.B. Tarifvertrag für auf Produktionsdauer beschäftigte Film- und Fernsehschaffende mit Wirkung vom 1.1.2012 in der Fassung vom 21.11.2011, Manteltarifvertrag für Redakteure und Redakteurinnen an Zeitschriften mit Wirkung vom 1.1.2010 in der Fassung vom 4.11.2011). Sind beide Vertragsparteien tariflich gebunden, wird die Geltung des Tarifvertrages durch den Arbeitsvertrag im Einzelfall vereinbart oder sollte der Tarifvertrag für allgemeinverbindlich erklärt worden sein, so ergibt sich der Umfang der einzuräumenden Nutzungsrechte aus den entsprechenden tarifvertraglichen Regelungen. Auch insoweit ist aber unter Berücksichtigung der Zweckübertragungslehre eine Einschränkung der einzuräumenden Rechte hinsichtlich des betrieblichen Zwecks des Arbeitgebers vorzunehmen. Vertragliche Vereinbarungen zulasten des Arbeitnehmers sind in diesem Fall nur möglich, wenn diese durch den entsprechenden Tarifvertrag gestattet sind. Darüber hinaus können sich aus den tarifvertraglichen Regelungen auch ergänzende Vergütungsansprüche des Arbeitnehmers für bestimmte Nutzungsarten ergeben (Wandtke/Bullinger/*Wandtke* § 43 Rn. 130).

Soweit die Nutzungsrechte nicht dem Arbeitgeber eingeräumt wurden, steht es dem Arbeitnehmer frei, diese anderweitig zu verwerten. Einschränkungen können sich aber u.a. aus der arbeitsvertraglichen Treuepflicht und aus Wettbewerbsverboten ergeben.

4. Vergütung. Eine gesonderte Vergütung für die Rechteeinräumung – abgesehen von dem vertraglichen Arbeitsentgelt – ist für die Übertragung der Nutzungsrechte nicht vereinbart. Dass die Rechteeinräumung mit dem Arbeitsentgelt abgegolten ist, kann sich regelmäßig bereits aus der arbeitsvertraglichen Pflicht des Urhebers zur Herstellung der Arbeitsergebnisse ergeben (vgl. BGH GRUR 2002, 149, 151 – Wetterführungspläne II), sollte aber ausdrücklich klargestellt werden. Zudem sollte hervorgehoben werden, dass auch eine Nutzung nach Beendigung des Arbeitsverhältnisses mit der vertraglich geschuldeten Vergütung abgegolten ist, da hierüber zumindest teilweise Streit besteht (zum Streitstand: *Dreier/Schulze* § 43 UrhG Rn. 32). Im Formular müsste – soweit als Ergänzung in → Form. A. II. 1 eingepflegt – dort auf § 3 Abs. (1) verwiesen werden. Soweit ein anderer Arbeitsvertrag verwendet wird, ist der Verweis entsprechend anzupassen.

Sofern die arbeitsvertraglich geschuldete Vergütung jedoch unangemessen ist, hat der Urheber einen Anspruch gegen den Arbeitgeber als Vertragspartner auf **Anpassung der Vergütung** nach § 32 Abs. 1 S. 3 UrhG. Eine abweichende vertragliche Regelung ist unzulässig (§ 32 Abs. 3 S. 1 UrhG). Auch hinsichtlich zum Zeitpunkt des Vertragsschlusses noch nicht bekannter Nutzungsarten besteht gemäß § 32c Abs. 1 S. 1 UrhG ein Anspruch auf eine angemessene gesonderte Vergütung. Auch auf diesen Anspruch kann nicht im Voraus verzichtet werden (§ 32c Abs. 3 S. 1 UrhG).

Ob eine Vergütung angemessen ist, kann nicht nach festen Grundsätzen oder Richtlinien bestimmt werden. Dies ist vielmehr in jedem Einzelfall individuell zu ermitteln. Hierbei ist für die Angemessenheit darauf abzustellen, ob die Vergütung im Zeitpunkt des Vertragsschlusses dem entspricht, „was im Geschäftsverkehr nach Art und Umfang der eingeräumten Nutzungsmöglichkeiten, insbesondere nach Dauer und Zeitpunkt der Nutzung, unter Berücksichtigung aller Umstände üblicher- und redlicherweise zu leisten ist" (§ 32 Abs. 2 S. 2 UrhG). Dem Arbeitnehmer kann insoweit nicht alleine mit dem Argument begegnet werden, dass bestimmte Vergütungssätze branchenüblich sind, da diese Sätze über die Üblichkeit hinaus auch redlich sein müssen. Auch eine Pauschalvergütung kann der Redlichkeit entsprechen, wenn sie bei objektiver Betrachtungsweise zum Zeitpunkt des Vertragsschlusses eine angemessene Beteiligung am voraussichtlichen Gesamtertrag der Nutzung gewährleistet (BGH GRUR 2012, 1031, 1037). Die Angemessenheit der Vergütung ist vor allen Dingen auch im Hinblick auf den Umfang der eingeräumten Nutzungsrechte zu überprüfen. Hierauf sollte bei der Verwendung von Klauseln geachtet werden, die eine über den eigentlichen Vertragszweck hinausgehende Verwertung gestatten. Da die hier vorgeschlagene Klausel nur eine Rechteeinräumung in dem durch den Zweck des Arbeitsvertrages bestimmten Umfang sichern kann (→ Anm. 3), sollte das vertraglich geschuldete Arbeitsentgelt – sofern dieses der üblicher- und redlicherweise geleisteten Vergütung für die arbeitsvertraglich vorgesehenen Aufgaben entspricht – im Regelfall eine angemessene Beteiligung des Arbeitnehmers ermöglichen.

Haben Urhebervereinigungen mit Vereinigungen von Werknutzern oder einzelnen Werknutzern gemeinsame Vergütungsregeln (§ 36 UrhG) aufgestellt, so ist eine nach diesen Vergütungsregeln ermittelte Vergütung als angemessen anzusehen (§ 32 Abs. 2 UrhG).

Im Falle einer **tarifvertraglichen Regelung** der Vergütung für die Nutzung seiner Werke entfällt der Anspruch des Urhebers, von seinem Arbeitgeber die Einwilligung in die Änderung des Vertrages zu verlangen, durch die dem Urheber die angemessene Vergütung gewährt wird (§ 32 Abs. 4 UrhG). Die Tarifverträge sehen häufig prozentuale Mindestbeteiligungsansprüche des Urhebers an den Erlösen aus bestimmten Nutzungsarten vor. Auch hier gilt, dass die in den Tarifverträgen genannten Mindestbeteiligungssätze nicht zulasten des Arbeitnehmers anderweitig vertraglich geregelt werden dürfen.

Ist die für die Einräumung der Nutzungsrechte gewährte Vergütung zwar angemessen i. S. d. § 32 UrhG, steht das Honorar aber in einem auffälligen Missverhältnis zu den Erträgen aus der Werknutzung, so hat der Urheber gegen den Arbeitgeber einen Anspruch auf Einwilligung in eine Vertragsänderung, durch die dem Urheber eine **weitere angemessene Beteiligung** gewährt wird (§ 32a UrhG). Auf den Anspruch auf eine weitere angemessene Beteiligung kann nicht im Voraus verzichtet werden (§ 32a Abs. 3 UrhG). Er entfällt, sofern eine Vergütung nach einer gemeinsamen Vergütungsregel (§ 36 UrhG) oder tarifvertraglich bestimmt worden ist (§ 32a Abs. 4 UrhG). Anders als im Fall des § 32 UrhG ist Anspruchsgegner bei dem Anspruch auf weitere Beteiligung derjenige, im Verhältnis zu dem sich das auffällige Missverhältnis zwischen gewährter Vergütung und den Erträgen oder Vorteilen aus der Werksnutzung ergibt. Hat der Arbeitgeber daher beispielsweise Nutzungsrechte an Dritte weiter lizenziert und erzielt ausschließlich der Dritte – nicht der Arbeitgeber selbst – entsprechende Erträge aus der Nutzung, so ist der Anspruch des Urhebers unmittelbar gegen den Dritten zu richten; die Haftung des Arbeitgebers entfällt in diesem Fall (§ 32a Abs. 2 S. 2 UrhG).

5. Verzicht auf Namensnennung. Grundsätzlich hat der Arbeitnehmer – wie jeder andere Urheber auch – einen Anspruch darauf, dass sein Name an dem von ihm geschaffenen Werk angebracht wird (Recht der Namensnennung, § 13 UrhG). Das

Recht auf Anerkennung der Urheberschaft ist als Ausfluss des Urheberpersönlichkeitsrechts des Urhebers in seinem Kern unverzichtbar. Im Einzelfall kann der Arbeitnehmer aber schuldrechtlich auf die Ausübung seines Rechts auf Namensnennung verzichten. Hinsichtlich des Verzichts besteht zwar weder ein Formerfordernis, noch muss dieser ausdrücklich erklärt werden. Da aber im Falle der Nutzung urheberrechtlich geschützter Werke ohne Urhebernennung erhebliche Schadensersatzforderungen drohen und der Arbeitgeber im Streitfall den Verzicht darzulegen und zu beweisen hat (was äußerst schwierig sein dürfte), sollte der Verzicht aus Gründen der Rechtssicherheit stets ausdrücklich im Vertrag geregelt sein. Hierbei sollte der Verzicht im Hinblick auf eine möglichst konkrete Nutzung des Werkes erklärt werden. Die Wirksamkeit einer generellen Regelung zur Ausübung des Namensnennungsrechts ist umstritten. Da im Rahmen des hier vorgeschlagenen allgemeinen Formulars jedoch nur eine pauschale Regelung getroffen werden kann, sollte – sofern die Regelung für den konkreten Anwendungsbereich nicht weiter spezifiziert werden kann – im Einzelfall erwogen werden, einen weiteren Verzicht auf die Ausübung des Rechts auf Namensnennung für die konkrete Nutzung einzuholen (etwa bei Arbeitsergebnissen, deren beabsichtigte Verwertung durch das Namensnennungsrecht aus Sicht des Arbeitgebers wesentlich eingeschränkt würde).

Ist die Nennungsverpflichtung nicht ausdrücklich abbedungen, so kann sich aber auch aus den Umständen ein Verzicht auf die Namensnennung ergeben. Dabei spielt insbesondere auch die Branchenüblichkeit eine Rolle; sie reicht alleine für die Annahme eines Verzichts auf die Namensnennung allerdings nicht aus, da ansonsten eine missbräuchliche Praxis zu Lasten der Urheber festgeschrieben werden könnte. Würde aber beispielsweise die wirtschaftliche Nutzung eines Werks durch die Anbringung einer Urheberbezeichnung leiden, so kann daraus unter Umständen der Verzicht des Arbeitnehmers auf Nennung abgeleitet werden. Auch hier gibt es aufgrund der Vielfältigkeit der denkbaren Fallkonstellationen keine einheitliche Richtlinie, in welchen Fällen von einem (stillschweigenden) Verzicht auf Namensnennung ausgegangen werden kann. Auch daher empfiehlt sich eine möglichst eindeutige Regelung.

6. Verzicht auf Zugang zum Werk. Gleiches gilt für das Recht des Urhebers, vom Arbeitgeber Zugang zu dem von ihm hergestellten Werk (Original oder Vervielfältigungsstück) zu verlangen, soweit das zur Herstellung von Vervielfältigungsstücken oder zur Bearbeitung des Werkes erforderlich ist und keine berechtigen Interessen des Arbeitgebers entgegenstehen (§ 25 UrhG). Auch hier empfiehlt sich eine möglichst konkrete vertragliche Regelung, die einen schuldrechtlichen Verzicht auf die Ausübung des Rechts auf Zugang zum Werk im Einzelfall festlegt. Insbesondere bei Kunstwerken sowie nach Beendigung des Arbeitsverhältnisses mag der Arbeitnehmer aber ein gesteigertes Interesse am Zugang zu seinem Werk haben, so dass die Wirksamkeit eines allgemeinen Verzichts auf die Ausübung des Rechts auf Zugang zum Werk umstritten ist. Ein pauschaler Verzicht auf das Zugangsrecht als solches ist nicht möglich, da auch das Zugangsrecht als Ausfluss des Urheberpersönlichkeitsrechts einen unverzichtbaren Kern enthält.

7. Rückrufsrecht. Übt der Inhaber eines ausschließlichen Nutzungsrechts das Recht nicht oder nur unzureichend aus und werden dadurch berechtigte Interessen des Urhebers erheblich verletzt, so kann dieser das Nutzungsrecht zurückrufen, es sei denn, dass die Nichtausübung oder unzureichende Ausübung überwiegend auf Umständen beruht, deren Behebung dem Urheber zuzumuten ist (§ 41 Abs. 1 UrhG). Auf das Rückrufsrecht des Urhebers kann im Voraus nicht verzichtet werden (§ 41 Abs. 4 S. 1 UrhG). Jedoch kann seine Ausübung bis zu fünf Jahren ausgeschlossen werden (§ 41 Abs. 3 S. 2 UrhG). Der Rückruf kann erst erklärt werden, nachdem der Urheber dem Arbeitgeber unter Ankündigung des Rückrufs eine angemessene Nachfrist zur zureichenden Ausübung des Nutzungsrechts bestimmt hat (§ 41 Abs. 3 S. 1 UrhG). Zwar ist das Rückrufsrecht im

Arbeitsverhältnis oftmals eingeschränkt, da das Interesse des Arbeitgebers an der Verwertung des Werks im Regelfall Vorrang haben dürfte. Dennoch empfiehlt sich zumindest dann eine ausdrückliche Regelung, wenn mit der Ausübung der Nutzungsrechte abgewartet werden soll. Hierzu kann Abs. (5) wie folgt ergänzt werden:

Optional:
Ein etwaiger Rückruf der eingeräumten Nutzungsrechte gemäß § 41 UrhG wegen Nichtausübung der Nutzungsrechte ist für die Dauer von fünf Jahren ab deren Einräumung ausgeschlossen. Ein etwaiger Rückruf kann auch nach Ablauf der Frist erst erklärt werden, nachdem der Mitarbeiter unter Ankündigung des Rückrufs eine angemessene Nachfrist zur zureichenden Ausübung des jeweiligen Nutzungsrechts gesetzt hat.

8. Schriftformklausel. → Form. A. II. 1 Anm. 28.

9. Salvatorische Klausel. → Form. A. II. 1 Anm. 29.

10. Unterschrift. → Form. A. II. 1 Anm. 31.

11. Empfangsbestätigung. → Form. A. II. 1 Anm. 32.

4. Datenschutzverpflichtung für Personen mit datenverarbeitender Tätigkeit

Verpflichtungserklärung nach § 5 Bundesdatenschutzgesetz (BDSG)

[Briefkopf des Arbeitgebers]

Herr . . . . . . (Name und Anschrift des Arbeitnehmers) „Mitarbeiter“

wird hiermit auf das Datengeheimnis,[1] wie folgt verpflichtet:[2]

1. Der Mitarbeiter übt im Rahmen seiner Tätigkeit als . . . . . . eine datenverarbeitende Tätigkeit[3] i. S. d. Bundesdatenschutzgesetzes (BDSG) aus. Er erhält hierbei Kenntnis von personenbezogenen Daten,[4] d. h. von Einzelangaben über persönliche oder sachliche Verhältnisse bestimmter oder bestimmbarer natürlicher Personen.

2. Der Mitarbeiter darf personenbezogene Daten nicht unbefugt erheben, verarbeiten oder nutzen (Datengeheimnis).[5] Das Datengeheimnis gilt auch über die Beendigung des Arbeitsverhältnisses hinaus.[6]

3. Der Mitarbeiter wird darauf hingewiesen, dass Verstöße gegen das Datengeheimnis nach §§ 43 Abs. 2 BDSG mit Geldbußen von bis zu 300.000 EUR pro Verstoß geahndet werden können. Schwere Verstöße gegen die Vorgaben des BDSG können nach § 44 BDSG i. V. m. § 43 Abs. 2 BDSG und nach anderen Strafvorschriften mit Freiheits- oder Geldstrafe geahndet werden. Abschriften der genannten einschlägigen Bestimmungen (§§ 4 Abs. 1, 5, 43 Abs. 2 und 44 BDSG) sind beigefügt.[7]

4. Dem Mitarbeiter ist bekannt, dass er sich bei weiteren Fragen jederzeit an den betrieblichen Datenschutzbeauftragten wenden kann.

5. Allgemeine Geheimhaltungspflichten des Mitarbeiters gelten neben den Bestimmungen des BDSG und werden durch diese Verpflichtungserklärung nicht berührt.

. . . . . .

Ort, Datum

. . . . . .

Unterschrift des Arbeitgebers

Empfangsbestätigung des Mitarbeiters

Die vorstehende Verpflichtungserklärung habe ich heute erhalten. Meine Verpflichtung auf das Datengeheimnis habe ich zur Kenntnis genommen und verstanden.[8]

. . . . . .

Ort, Datum

. . . . . .

Unterschrift des Arbeitnehmers

(Alternative:

Die vorstehende Verpflichtungserklärung wurde dem Mitarbeiter heute ausgehändigt.

. . . . . .

Ort, Datum

. . . . . .

Unterschrift des Personalsachbearbeiters)

Anmerkungen

1. Verpflichtungserklärung. Ein Arbeitgeber muss sicherstellen, dass sein Unternehmen die Vertraulichkeit personenbezogener Daten wahrt. Unter anderem muss er diejenigen Personen, die personenbezogene Daten erheben, verarbeiten oder nutzen, ausdrücklich auf das sog. Datengeheimnis verpflichten, § 5 S. 2 BDSG. Der Arbeitgeber muss die betroffenen Personen bereits bei der Aufnahme ihrer Tätigkeit auf das Datengeheimnis verpflichten. Diese **Verpflichtung auf das Datengeheimnis** ist zur Information der betroffenen Personen über die Anforderungen des Datenschutzes gesetzlich vorgeschrieben. Die Verpflichtung auf das Datengeheimnis bezieht sich auf die Beachtung gerade der Vorschriften des Datenschutzes. Arbeitsvertragliche Verschwiegenheitspflichten beziehen sich dagegen i. d. R. eben nicht auf die spezifischen Anforderungen des BDSG. Die Verpflichtung ist zwar an keine besonderen Formvorschriften gebunden. Allerdings muss der Arbeitgeber die bei der Datenerhebung und -verwendung eingesetzten Personen über die für das Datengeheimnis geltenden gesetzlichen Regelungen aufklären (vgl. *Gola/Schomerus* § 5 BDSG Rn. 12). Es empfiehlt sich, der Vereinbarung die jeweils geltenden und maßgeblichen Regelungen des **Bundesdatenschutzgesetzes (BDSG)** im Volltext beizufügen, namentlich § 4 Abs. 1 BDSG (Verbot mit Erlaubnisvorbehalt), § 5 BDSG (Datengeheimnis), § 43 BDSG (Bußgeldvorschrift) und § 44 BDSG (Strafvorschrift). Das BDSG sieht zwar keine direkten Sanktionen für den Fall vor, dass ein Unternehmen die in § 5 BDSG genannten Personen nicht auf das Datengeheimnis verpflichtet. Man kann Unternehmen indes nur raten, die Vorgaben von § 5 BDSG zu beachten. Kommt es zu Fehlern oder Verstößen beim Datenschutz, können fehlende Verpflichtungen auf das Datengeheimnis haftungsrechtlich nachteilig sein, indem sie etwa einen Entlastungsbeweis nach § 7 S. 2 BDSG ausschließen (vgl. *Wybitul* S. 261). Zudem prüfen die Aufsichtsbehörden für den Datenschutz bei Kontrollen nach § 38 BDSG regelmäßig, ob ein Unternehmen die Vorgaben von § 5 BDSG erfüllt.

2. Pflicht zur Einhaltung des Datengeheimnisses. Das Datengeheimnis gilt unabhängig davon, ob der Arbeitgeber den Mitarbeiter auf das Datengeheimnis verpflichtet hat. § 5

S. 1 BDSG verbietet es den bei der Datenverarbeitung beschäftigten Personen, personenbezogene Daten unbefugt zu erheben, verarbeiten oder zu nutzen. § 5 S. 2 BDSG schreibt Unternehmen vor, diese Personen auf das Datengeheimnis zu verpflichten. Dies dient vorrangig der Information derjenigen, die der Arbeitgeber mit dem Erheben, Verarbeiten und Nutzen personenbezogener Daten beschäftigt. Unternehmen und deren Mitarbeiter sind nach § 4 Abs. 1 BDSG verpflichtet, personenbezogene Daten nur dann zu erheben, zu verarbeiten oder zu verwenden, wenn eine Rechtsvorschrift dies erlaubt oder anordnet oder der Betroffene (also die Person, um deren personenbezogene Daten es geht, vgl. § 3 Abs. 1 BDSG) eingewilligt hat. Die Vorschriften des BDSG sollen einen Ausgleich zwischen dem informationellen Selbstbestimmungsrecht des vom Erheben, Verarbeiten oder Nutzen seiner personenbezogenen Daten Betroffenen und den Interessen von Unternehmen oder anderen Daten verarbeitenden Stellen schaffen. Das BDSG setzt die EG-Datenschutzrichtlinie 95/46/EG vom 24.10.1995 (ABl. Nr. L 281 S. 31 ff.) in deutsches Recht um. Unternehmen unterliegen beim Umgang mit personenbezogenen Daten nach § 1 Abs. 2 Nr. 3 i. V. m. §§ 27 ff. BDSG den Vorgaben des BSDG. Danach gilt das BDSG unter anderem für die Erhebung, Verarbeitung und Nutzung personenbezogener Daten durch nicht-öffentliche Stellen, sofern sie nicht ausschließlich für persönliche oder familiäre Tätigkeiten erfolgt. Personenbezogene Daten definiert das BDSG als Einzelangaben über persönliche oder sachliche Verhältnisse einer bestimmten oder bestimmbaren natürlichen Person, § 3 Abs. 1 BDSG. Das BDSG ist ein Auffanggesetz; nach § 1 Abs. 3 S. 1 BDSG ist das BDSG nicht anwendbar, soweit es von anderen bundesgesetzlichen Regelungen verdrängt wird, etwa im Rahmen des TKG oder beim Sozialdatenschutz.

3. Betroffener Personenkreis. Auf das Datengeheimnis sind alle im Unternehmen mit der **Datenverarbeitung beschäftigten Personen** zu verpflichten. Dies betrifft nicht nur Arbeitnehmer, sondern all diejenigen Personen, die im Rahmen der Datenverarbeitung typischerweise mit personenbezogenen Daten in Berührung kommen. Darunter fallen im modernen Arbeitsleben weitgehend alle Mitarbeiter, denen der Arbeitgeber einen Computerarbeitsplatz zur Verfügung stellt, insbesondere die Mitarbeiter der Personalabteilung sowie der Lohnbuchhaltung. Es sind grundsätzlich auch solche Mitarbeiter betroffen, denen keine unmittelbare Datenverarbeitungsbefugnis zukommt, die jedoch im Rahmen ihrer arbeitsvertraglichen Tätigkeit mit personenbezogenen Daten in Berührung kommen. Dies können Boten, Schreibkräfte oder aber auch das Wartungspersonal im Rahmen des IT-Supports sein (vgl. *Gola/Schomerus* § 5 BDSG Rn. 9).

Der arbeitsrechtliche Status der bei der Datenverarbeitung beschäftigten Personen spielt keine Rolle. Es kann sich um Arbeitnehmer, Praktikanten oder freie Mitarbeiter handeln, auch wenn sie nur kurzfristig mit der Datenverarbeitung beauftragt sind. Sollen Mitarbeiter von Drittunternehmen beauftragt werden, so müssen diese nicht noch einmal gesondert auf das Datengeheimnis verpflichtet werden, wenn sie von ihrem Arbeitgeber bereits verpflichtet sind. Es empfiehlt sich aber, eine schriftliche Bestätigung der erfolgten Verpflichtung vom Drittunternehmen einzuholen.

Auch Betriebsratsmitglieder sind als bei der Datenverarbeitung beschäftigte Personen i. S. d. § 5 S. 1 BDSG anzusehen (BAG DB 2003, 2496, 2498). Die Verschwiegenheitspflichten des BDSG treffen damit auch Betriebsratsmitglieder und werden nicht von etwaigen Informations- oder Unterrichtungsrechten sowie Verschwiegenheitspflichten nach dem BetrVG verdrängt. Der Betriebsrat muss vielmehr in jedem Einzelfall eine Prüfung der datenschutzrechtlichen Zulässigkeit etwa der Weitergabe von personenbezogenen Daten vornehmen (BAG DB 2003, 2496, 2498). Nach wie vor umstritten ist die Frage, ob der Arbeitgeber Betriebsratsmitglieder gemäß § 5 BDSG verpflichten muss und darf (vgl. zum Meinungsstand *Gola/Schomerus* § 5 BDSG Rn. 16 m. w. N.). Der Datenschutzbeauftragte hat im Übrigen nach der Rechtsprechung keine Kontrollbefugnis gegenüber dem Betriebsrat (BAG NZA 1998, 385).

4. Personenbezogene Daten. Gegenstand des Datengeheimnisses sind personenbezogene Daten. Diese sind definiert als Einzelangaben über persönliche und sachliche Verhältnisse einer bestimmten oder bestimmbaren Person (§ 3 Abs. 1 BDSG). Letztlich stellt das Gesetz für die Personenbezogenheit darauf ab, ob ein Unternehmen eine Information einer bestimmten Person zuordnen kann.

5. Inhalt des Datengeheimnisses – Verbot der unbefugten Erhebung, Verarbeitung und Nutzung von personenbezogenen Daten. Die in § 5 BDSG genannten Personen dürfen keine personenbezogenen Daten unbefugt erheben, verarbeiten oder nutzen. Datenerhebung ist das Beschaffen von Daten über den Betroffenen (§ 3 Abs. 3 BDSG). Datenverarbeitung ist das Speichern, Verändern, Übermitteln, Sperren und Löschen personenbezogener Daten (§ 3 Abs. 4 BDSG). Nutzen ist ein Auffangbegriff und umfasst jede andere Datenverwendung, die nicht ein Verarbeiten darstellt (§ 3 Abs. 5 BDSG). Unbefugt ist der Umgang mit personenbezogenen Daten dann, wenn er nicht den Anforderungen des BDSG entspricht. Unbefugt handelt zunächst, wer ihm intern zugewiesenen Zugriffsberechtigungen oder der Zweckbestimmung der Datenverarbeitung zuwiderhandelt. Zwar wird teilweise vertreten, dass bereits ein Umgang mit personenbezogenen Daten unter Missachtung von Mitbestimmungsrechten des Betriebsrats unbefugt sein soll (so etwa *Gola/Schomerus* § 5 BSDG Rn. 5). Diese Auffassung würde allerdings auf eine weder im BDSG noch im BetrVG angelegte Kontrollpflicht der bei der Datenverarbeitung beschäftigten Personen hinauslaufen und ist daher abzulehnen.

6. Dauer des Datengeheimnisses. Die Datenschutzverpflichtung ist dauerhaft (§ 5 S. 3 BDSG). Sie gilt nicht nur für den Zeitraum der Daten verarbeitenden Tätigkeit, sondern auch für den Zeitraum nach Beendigung der konkreten datenverarbeitenden Tätigkeit.

7. Hinweis auf gesetzliche Bestimmungen. Der zu verpflichtende Mitarbeiter ist in der Verpflichtungserklärung auch auf die einschlägigen gesetzlichen Bestimmungen hinzuweisen. Es ist daher zweckmäßig, dem Mitarbeiter eine Zusammenstellung der auf die Gesellschaft anwendbaren Gesetze, Betriebsvereinbarungen etc. in Form eines Merkblattes auszuhändigen (*Gola/Schomerus* § 5 BDSG Rn. 12).

8. Verpflichtungsnachweis. Für die Verpflichtung der mit der Datenverarbeitung beschäftigten Personen ist **keine besondere Form** erforderlich. Dem Schutzzweck des § 5 BDSG dürfte nur eine persönlich an den Arbeitnehmer gerichtete Verpflichtungserklärung entsprechen. Ein Aushang am schwarzen Brett oder ein Hinweis im Rahmen einer Betriebsordnung reichen daher nicht aus (so auch *Gola/Schomerus* § 5 BDSG Rn. 11). Aus dem Wortlaut von § 5 S. 2 BDSG ist zu schließen, dass ein klarer und eindeutiger Hinweis auf das Datengeheimnis erfolgen muss. Aus Beweisgründen empfiehlt sich ein **schriftlicher Hinweis.** Der Arbeitgeber sollte sich die Verpflichtungserklärung vom Daten verarbeitenden Mitarbeiter durch seine Unterschrift bestätigen lassen und ein Exemplar zur Personalakte nehmen (*Schaffland/Wiltfang* § 5 BDSG Rn. 22). Die Bestätigung des Empfangs dient lediglich Beweiszwecken. Sie ist keine Voraussetzung für eine wirksam erfolgte Verpflichtung nach § 5 S. 2 BDSG. In jedem Fall sollte die Personalabteilung die Aushändigung der Erklärung dokumentieren.

5. Vereinbarung über private Internet- und E-Mail-Nutzung am Arbeitsplatz

Vereinbarung[1]

zwischen

...... (Name und Anschrift des Arbeitgebers) „Gesellschaft“

und

Herrn ...... (Name und Anschrift des Arbeitnehmers) „Mitarbeiter“

In Ergänzung des Arbeitsvertrages[2] vom ...... wird folgende Vereinbarung zur Nutzung des Internets, des Intranets sowie von E-Mails (nachfolgend zusammen „IT-Systeme“) geschlossen:

§ 1 Nutzung des Internets[3, 4, 5, 6, 7, 8]

(1) Der Mitarbeiter hat den betrieblichen Internetzugang (einschließlich etwaiger Internetzugänge über von der Gesellschaft zur Verfügung gestellte mobile Computer oder Kommunikationsgeräte, nachfolgend insgesamt: „Internetzugang am Arbeitsplatz“) grundsätzlich und vorrangig für dienstliche Zwecke zu nutzen.

(2) Der Mitarbeiter darf den Internetzugang am Arbeitsplatz unter Beachtung der in dieser Vereinbarung aufgestellten Regeln auch privat nutzen, sofern er die dieser Vereinbarung beigefügte Einwilligung erteilt und solange er diese nicht widerruft. Die Parteien sind sich darüber einig, dass jede private Internetnutzung mit den Interessen der Gesellschaft vereinbar sein muss und insbesondere die Erfüllung der Arbeitsverpflichtung des Mitarbeiters sowie den Arbeitsablauf nicht beeinträchtigen darf.

§ 2 Nutzung von E-Mail-Adressen[9, 10]

(1) Der Mitarbeiter darf den dienstlichen E-Mail-Zugang, insbesondere seine dienstliche E-Mail-Adresse, ausschließlich für dienstliche Zwecke benutzen. Jede private Nutzung des dienstlichen E-Mail-Zugangs ist untersagt. Der Mitarbeiter ist angewiesen, Dritte, die ihm private E-Mails an seinen dienstlichen E-Mail-Zugang schicken, unverzüglich auf das Verbot der Privatnutzung hinzuweisen.

(2) Sofern die Gesellschaft dem Mitarbeiter neben der dienstlichen E-Mail-Adresse eine zweite auf ihn ausgestellte E-Mail-Adresse zur Verfügung stellt, darf der Mitarbeiter diese unter Beachtung der in dieser Vereinbarung geregelten Vorgaben ausschließlich für private Zwecke nutzen.

§ 3 Nutzung des Intranets[11]

(1) Das von der Gesellschaft zur Verfügung gestellte Intranet dient ausschließlich der unternehmensinternen Information und der Kommunikation zu dienstlichen Zwecken.

(2) Jede private Nutzung des Intranets ist ausgeschlossen, soweit von der Gesellschaft nicht ausdrücklich erlaubt.

§ 4 Benutzungsregeln[12]

(1) Der Mitarbeiter hat eine private Nutzung der IT-Systeme auf ein tägliches Maß von höchstens ...... Minuten zu beschränken. Daneben hat der Mitarbeiter etwa herunter-

geladene, gespeicherte oder versendete Datenmengen auf ein angemessenes Maß zu beschränken. Grundsätzlich sind für die private Nutzung der IT-Systeme ausschließlich die Pausen oder Zeiten außerhalb der täglichen Arbeitszeit zu nutzen. Eine private Nutzung der IT-Systeme darf die Interessen der Gesellschaft keinesfalls beeinträchtigen. Insbesondere darf eine private Nutzung weder die Erfüllung der Arbeitsverpflichtung des Mitarbeiters noch den Arbeitsablauf beeinträchtigen noch den dienstlichen Gebrauch der Kommunikationsmittel behindern oder stören.

(2) Das Erstellen, Besuchen, Speichern, Herunterladen, Verbreiten sowie jeglicher sonstige Gebrauch von Internetseiten mit strafrechtlich relevantem, fremdenfeindlichem, verfassungsfeindlichem, gewaltverherrlichendem oder pornografischem Inhalt oder von nicht vertrauenswürdigen Seiten ist unzulässig. Unzulässig ist auch jede rechtswidrige oder sonstige Nutzung der IT-Systeme, die geeignet ist, den Interessen der Gesellschaft oder ihrem Ansehen in der Öffentlichkeit zu schaden.[13]

(3) Das Kopieren oder Installieren jeglicher Programme sowie das Speichern sonstiger privater Daten auf vom Arbeitgeber zur Verfügung gestellten Speichermedien ist untersagt. Dies gilt insbesondere für Free- und Shareware sowie das Herunterladen und Streamen von Spielfilmen, Musikstücken oder vergleichbar großer Datenmengen.

(4) Der Mitarbeiter darf über den Internetzugang an seinem Arbeitsplatz weder chatten, bloggen, twittern, Dialer benutzen noch kostenpflichtige Seiten besuchen oder kostenpflichtige Inhalte herunterladen.

(5) Der Mitarbeiter hat, sofern es nicht ausnahmsweise unerlässlich ist, die Speicherung von Inhalten aus privat recherchierten Internetseiten und aus nicht dienstlichen E-Mails zu unterlassen. In von der Gesellschaft erlaubten Ausnahmefällen sind die Daten auf eigenen Datenträgern oder auf dem Server in einem für die Ablage privater Dokumente vorgesehenen Bereich zu speichern und kurzfristig wieder zu entfernen.

(6) Die Gesellschaft behält sich vor, Spam- und virenbehaftete E-Mails herauszufiltern und zu löschen sowie sonstige Schritte gegen Schadsoftware oder sonstige Programme oder Handlungen vorzunehmen, die geeignet sind, die Interessen der Gesellschaft zu schädigen.

(7) Veränderungen der technischen Spezifikation und der installierten Software sind ausschließlich der Gesellschaft vorbehalten. Für durch unzulässige Eingriffe entstandene Schäden haftet der Mitarbeiter. Die Gesellschaft behält sich die Installation von Firewalls oder sonstiger Maßnahmen zur Vermeidung von Schäden der Gesellschaft vor.

§ 5 Vertraulichkeit, Sicherheit

(1) Der Mitarbeiter hat die ihm zugeteilten Zugangsdaten, insbesondere seine Passwörter, geheim zu halten und darf sie nicht an Dritte weitergeben. Die Weitergabe der Passwörter an vertrauensvolle Mitarbeiter der Gesellschaft ist nur in Ausnahmefällen zulässig, sofern dies für den Arbeitsablauf unerlässlich ist. Jegliche Nutzung der IT-Systeme, die auf die unbefugte Weitergabe seiner Zugangsdaten zurückzuführen ist, wird dem Mitarbeiter zugerechnet.

(2) Die Weitergabe von vertraulichen Daten über das Internet oder per E-Mail darf nur nach vorheriger Rücksprache mit dem Vorgesetzten erfolgen. Dabei ist in Zusammenarbeit mit den IT-Verantwortlichen der Gesellschaft sicherzustellen, dass der Zugriff Dritter auf diese Daten nach den verfügbaren technischen Möglichkeiten ausgeschlossen ist und dass die Daten als „persönlich/vertraulich“ gekennzeichnet sind.[14]

(3) Der Mitarbeiter hat bei jeder Nutzung der IT-Systeme allgemeine Sicherheitsstandards zu berücksichtigen; insbesondere muss er die Vorgaben von § 9 S. 1 BDSG berücksichtigen und darf nur auf sichere Seiten im Internet zugreifen. Der Mitarbeiter darf zudem E-Mails und Dateien unbekannter Herkunft nicht öffnen und hat regelmäßig eine Viruskontrolle durchzuführen. Der Mitarbeiter ist verpflichtet, bei Zweifelsfällen bei den IT-Verantwortlichen der Gesellschaft nachzufragen.[15]

(4) Der Mitarbeiter ist verpflichtet, Sicherheitsprobleme oder wesentliche Fehler-/Warnmeldungen der IT-Systeme unverzüglich den IT-Verantwortlichen der Gesellschaft zu melden.

§ 6 Kontrolle[16]

(1) Die Gesellschaft behält sich vor, alle auf der dienstlichen E-Mail-Adresse ein- und ausgehenden E-Mails nach Maßgabe der anwendbaren rechtlichen Vorgaben zu verwenden. In diesem Rahmen kann es etwa notwendig werden, dass die Gesellschaft bei konkretem Anlass gezielt oder ansonsten stichprobenartig E-Mails auswertet. Dies gilt auch, wenn die auf der dienstlichen E-Mail-Adresse ein- und ausgehenden E-Mails als „privat", „vertraulich", „persönlich" oder in ähnlicher Weise gekennzeichnet sein sollten.

(2) § 6 Abs. (1) dieser Vereinbarung gilt entsprechend für dienstlich veranlasste Internetrecherchen.

§ 7 Folgen der Missachtung[17]

(1) Der Mitarbeiter hat bei Missachtung der in dieser Vereinbarung festgelegten Regeln mit rechtlichen Konsequenzen bis hin zur Abmahnung oder Kündigung zu rechnen.

(2) Die Gesellschaft behält sich die Geltendmachung von Ersatzansprüchen bei missbräuchlicher Nutzung der IT-Systeme vor.

(3) Die Gesellschaft behält sich vor, im Falle der Missachtung der Regeln dieser Vereinbarung dem Mitarbeiter den Zugang zu den IT-Systemen nach Maßgabe der anwendbaren rechtlichen Vorgaben dauerhaft oder zeitweilig zu sperren oder nur noch unter Einschränkungen freizugeben.

§ 8 Freiwilligkeitsvorbehalt[18]

Der Mitarbeiter hat keinen Rechtsanspruch auf eine private Nutzung der IT-Systeme. Die Gesellschaft ist jederzeit und ohne Angabe von Gründen berechtigt, die Nutzung der IT-Systeme ohne Zustimmung des Mitarbeiters zu ändern oder vollständig aufzuheben. Für eine derartige Änderung oder Aufhebung genügt die schriftliche Mitteilung durch die Gesellschaft.

§ 9 Ausnahmen

Sollte in Ausnahmefällen ein Abweichen von den Regelungen dieser Vereinbarung für dienstliche Zwecke erforderlich werden, so ist dies nur nach vorheriger Zustimmung durch den Vorgesetzten des Mitarbeiters und der IT-Verantwortlichen der Gesellschaft erlaubt.

§ 10 Schlussbestimmungen[19]

(1) Mündliche Nebenabreden bestehen nicht. Änderungen oder Ergänzungen dieser Vereinbarung einschließlich dieser Bestimmung bedürfen zu ihrer Wirksamkeit der Schriftform, es sei denn, diese wurden individuell zwischen den Parteien ausgehandelt. Das Schriftformerfordernis bezieht sich auch auf etwaige Ansprüche aus betrieblicher Übung.

(2) Sollte eine Bestimmung dieser Vereinbarung ganz oder teilweise unwirksam sein oder werden, so wird hiervon die Wirksamkeit der übrigen Bestimmungen dieser Vereinbarung nicht berührt. An die Stelle der unwirksamen Bestimmung tritt die gesetzlich zulässige Bestimmung, die dem mit der unwirksamen Bestimmung Gewollten wirtschaftlich am nächsten kommt. Dasselbe gilt für den Fall einer vertraglichen Lücke.

(3) Der Mitarbeiter hat eine Ausfertigung dieser Vereinbarung erhalten.

......	......
Ort, Datum	Ort, Datum
......	......
Unterschrift der Gesellschaft	Unterschrift des Mitarbeiters

Einwilligung des Mitarbeiters nach §§ 4 Abs. 1, 4a BDSG:[20]

Ich erteile hiermit meine Einwilligung zur Erhebung, Verarbeitung und Nutzung

- aller auf der dienstlichen E-Mail-Adresse ein- und ausgehenden E-Mails,
- der diesen zugrunde liegenden Verkehrsdaten sowie
- der Internetverbindungsdaten (Tag, Uhrzeit, Beginn, Ende der Onlineverbindung sowie aufgerufene Internetseiten und heruntergeladene Dateien)

nach Maßgabe der anwendbaren rechtlichen Vorgaben. Ich bin damit einverstanden, dass die Gesellschaft anhand dieser Daten bei konkreten Verdachtsfällen gezielt oder ansonsten durch Stichproben nachprüft, ob sich die Nutzung des Internets und des dienstlichen E-Mail-Zugangs im Rahmen der Erlaubnis nach dieser Vereinbarung hält. Dies gilt insbesondere beim Vorliegen von Verdachtsmomenten, die auf mögliche Straftaten, Ordnungswidrigkeiten, Verletzungen arbeitsvertraglicher Pflichten, sonstige Rechtsverstöße oder auf die Verletzung der Vereinbarung über die private Internet- und E-Mail-Nutzung am Arbeitsplatz hindeuten. Insbesondere gestatte ich der Gesellschaft in konkreten Verdachtsfällen ausdrücklich den Zugriff auf meine dienstlichen E-Mails, um eine etwaige Beteiligung an einer Straftat, Ordnungswidrigkeit oder einer anderen Gesetzesüberschreitung mit Bezug auf die Geschäftstätigkeit der Gesellschaft oder Verstößen gegen die Compliance-Richtlinien der Gesellschaft aufzuklären.

Ich willige in diese Maßnahmen auch dann ein, wenn die auf der dienstlichen E-Mail-Adresse ein- und ausgehenden E-Mails entgegen § 2 Abs. (1) der Vereinbarung über private Internet- und Email-Nutzung am Arbeitsplatz als „privat", „vertraulich", „persönlich" o. ä. gekennzeichnet sein sollten.

Weiterhin gestatte ich der Gesellschaft, auf meinen dienstlichen E-Mail-Zugang zuzugreifen, falls dies zur Aufrechterhaltung betrieblicher Abläufe erforderlich ist. Durch einen solchen Zugriff auf meinen dienstlichen E-Mail-Zugang darf die Gesellschaft insbesondere sicherstellen, dass die laufenden Geschäfte im Falle meiner urlaubsbedingten oder krankheitsbedingten Abwesenheit, meines unentschuldigten Fehlens oder meiner Freistellung nach einer Kündigung des Arbeitsverhältnisses aufrecht erhalten bleiben können.

In jedem Fall sichert mir die Gesellschaft zu, dass eine dauerhafte Auswertung meiner Internet- und E-Mail-Daten nicht erfolgt.

Die Gesellschaft wird die in diesem Zusammenhang erhobenen Daten nach Maßgabe von § 35 BDSG löschen. Nach dieser Vorschrift ist das Löschen von personenbezogenen Daten insbesondere dann vorgeschrieben, wenn diese Daten für den Zweck ihrer Speicherung nicht mehr erforderlich sind.

Die Gesellschaft hat mich darüber informiert, dass das Erheben, Verarbeiten und Nutzen meiner personenbezogenen Daten bereits aufgrund gesetzlicher Vorschriften, wie etwa § 28 Abs. 1 S. 1 Nr. 2 BDSG oder § 32 Abs. 1 S. 1, S. 2 BDSG erlaubt sein kann. In diesem Zusammenhang hat mich die Gesellschaft ausdrücklich darauf hingewiesen, dass sie sich – etwa für den Fall, dass ich die erbetene Einwilligung nicht erteilen möchte oder meine Einwilligung zunächst erteile und sie später widerrufe – vorbehält, meine personenbezogenen Daten im Rahmen der anwendbaren Rechtsvorschriften in angemessener Weise allein auf der Grundlage gesetzlicher Vorschriften zu erheben, zu verarbeiten oder zu nutzen. Alle im Rahmen dieser Einwilligungserklärung genannten gesetzlichen Regelungen habe ich zur Kenntnis genommen.

Mir ist bewusst, dass meine Einwilligung in den Umgang mit meinen personenbezogenen Daten völlig freiwillig ist. Die Gesellschaft hat mich darauf hingewiesen, dass ich diese Einwilligung jederzeit widerrufen kann. Mir ist bekannt, dass jedwede Erlaubnis zur privaten Nutzung von Internet und E-Mail-Funktion erst mit Erteilung dieser Einwilligung wirksam wird und im Falle des Widerrufs der Einwilligung mit sofortiger Wirkung entfällt.

. . . . . .

Ort, Datum

. . . . . .

Unterschrift des Mitarbeiters

Anmerkungen

1. Vorteile einer Regelung. Die Nutzung von IT-Systemen ist im Arbeitsalltag vieler Arbeitnehmer zum festen Bestandteil geworden. Arbeitgeber sollten aus mehreren Gründen klare Regeln für die IT-Nutzung aufstellen. Zum einen sprechen betriebliche Gründe dafür. Erfahrungsgemäß widmen manche Arbeitnehmer einen nicht unerheblichen Teil ihrer Arbeitszeit der privaten Nutzung von Internet und E-Mail. Neben möglichen negativen Auswirkungen auf die Arbeitsleistung dieser Arbeitnehmer kann eine übermäßige Privatnutzung auch zu einer Aus- bzw. Überlastung der Kommunikationssysteme führen. Darüber hinaus drohen Rufschäden, wenn Arbeitnehmer anstößige Inhalte verbreiten oder entsprechende Internetseiten aufrufen. Erhebliche Schäden drohen auch, wenn Server oder andere IT-Systeme des Arbeitgebers im Zuge der Privatnutzung mit Viren befallen werden.

Die Vereinbarung über die private Internet- und E-Mail-Nutzung kann insbesondere ein Mittel für einen rechtssicheren Umgang mit Beschäftigtendaten sein. Derzeit bestehen erhebliche Strafbarkeitsrisiken, wenn Arbeitgeber ihren Mitarbeitern die private Nutzung der betrieblichen IT-Systeme gestatten (vgl. *Kempermann* ZD 2012, 12 ff.). Die Frage, ob sich Arbeitgeber bei Zugriffen auf die IT-Systeme nach § 206 Abs. 1 StGB i. V. m. § 88 TKG wegen eines Verstoßes gegen das Fernmeldegeheimnis strafbar machen, wird kontrovers diskutiert. Da ein striktes Verbot der privaten Nutzung der IT-Systeme nicht üblich ist, kann eine Vereinbarung praxisgerecht sein, nach der der Arbeitnehmer die private und dienstliche Nutzung des E-Mail-Zugangs strikt trennen muss (→ Anm. 9, 10) und in Zugriffe des Arbeitgebers auf seine personenbezogenen Daten einwilligt (→ Anm. 20).

Der Vorteil einer **eindeutigen Regelung** liegt auch darin, dass der Arbeitgeber Regelverstöße arbeitsrechtlich leichter ahnden kann (vgl. zu diesen Konsequenzen → Anm. 17). Ferner kann mit Abschluss dieser Vereinbarung der Anspruch auf Privatnutzung aus einer etwaigen betrieblichen Übung beseitigt werden (vgl. Küttner/*Kreitner* Betriebliche

Übung Rn. 11; Schaub/*Koch* § 111 Rn. 26; *Barton* NZA 2006, 460, 463; ErfKomm/*Preis* § 61 BGB Rn. 225).

Es gibt **verschiedene Möglichkeiten,** um die private Nutzung von Internet und des E-Mail-Zugangs am Arbeitsplatz zu regeln. Solche Regelungen können durch Individualvertrag, eine Betriebsvereinbarung (→ Form. C. II. 13) oder eine Firmenrichtlinie, die Bestandteil jedes Arbeitsvertrages wird, erfolgen. Die Vor- und Nachteile der jeweiligen Gestaltungsvarianten sind im Einzelfall abzuwägen. Eine **Betriebsvereinbarung** kann wegen der Mitbestimmungsrechte (siehe sogleich und → Form. C. II. 13 Anm. 1) **vorzugswürdig** sein. Außerdem können die Betriebsparteien in einer Betriebsvereinbarung auch zu Ungunsten der Arbeitnehmer von den Vorschriften des BDSG geringfügig abweichen (BAG BB 1986, 2333; *Wybitul* Rn. 222). Bei einer einseitigen Gestaltung durch **Firmenrichtlinie, ohne Vereinbarung mit dem Arbeitnehmer,** kann der Arbeitgeber nur die Bereiche regeln, die dem Weisungsrecht unterliegen, da im Übrigen eine Zustimmung des Mitarbeiters notwendig ist. Nutzt der Arbeitnehmer das IT-System auf der Grundlage einer ihm bekannten Nutzungsordnung oder Betriebsvereinbarung, willigt er konkludent in die Datenerfassung ein (*Gola/Schomerus* § 4a Rn. 18). Für die erste Variante, die **Individualvereinbarung,** gibt das Formular einen Formulierungsvorschlag, in dem die Benutzung des Internets und der E-Mail-Funktion geregelt ist. Die Individualvereinbarung ist für Unternehmen nützlich, die beispielsweise auch im Rahmen von Compliance-Maßnahmen mit den personenbezogenen Daten ihrer Mitarbeiter umgehen wollen.

2. Individualvertragliche Vereinbarung. Das Formular regelt die private Internet- und E-Mail-Nutzung in Ergänzung zum bestehenden Arbeitsvertrag. Es erfasst zudem die Benutzung des Intranets.

3. Persönlicher Anwendungsbereich. Anwendbar ist das Formular auf **Mitarbeiter ohne Sonderstatus.** Gegenüber Betriebsräten ist gegebenenfalls von einer solchen Vereinbarung abzusehen, weil der Arbeitgeber den Betriebsrat gem. § 78 S. 1 BetrVG nicht bei seiner Betriebsratsarbeit behindern darf (vgl. *Ernst* NZA 2002, 585, 590; Hoeren/Sieber/Holznagel/*Elschner* 22.1 Rn. 194 f.). Auch bei Datenschutzbeauftragten sollte der Arbeitgeber die Internet- und E-Mail-Nutzung nicht ohne Weiteres kontrollieren, weil auch vertrauliche personenbezogene Daten von Arbeitnehmern betroffen sein können, die der Verschwiegenheitspflicht nach § 4f Abs. 4 BDSG unterliegen. Hier sind beim Abschluss einer entsprechenden Vereinbarung jedenfalls Sonderregelungen notwendig.

4. Gesetzliche Vorgaben. An **gesetzlichen Regelungen** sind insbesondere das BetrVG und das BDSG zu beachten. Im Verhältnis zwischen Arbeitgeber und Arbeitnehmer können auch das TMG und das TKG zur Anwendung kommen. Bei einer rein betriebsinternen Nutzung eines unternehmenseigenen Telemediendienstes oder bei Eröffnung des Zugriffs auf Internetangebote zu rein dienstlichen Zwecken findet jedoch vorrangig das BDSG Anwendung (vgl. *Wybitul* Rn. 62). Viele durch die Nutzung des Internets und des E-Mail-Zugangs aufkommende Daten sind als **personenbezogene Daten** grundsätzlich vom Anwendungsbereich des BDSG erfasst. Beispiele hierfür sind neben **den Inhalten von E-Mails** auch die sog. **E-Mail-Logfiles,** die lediglich Aufschluss darüber geben, wer an wen eine E-Mail welcher Größe geschickt hat (vgl. *Thüsing*, Arbeitnehmerdatenschutz und Compliance, Rn. 249 f.). Ebenso sind auch **Internetverkehrsdaten** als personenbezogene Daten zu werten, da der Arbeitgeber anhand dieser in Erfahrung bringen kann, wann der Arbeitnehmer welche Internetseiten aufgerufen hat. Dem Betriebsrat, der schon generell bei der Einführung von Telekommunikationseinrichtungen nach § 87 Abs. 1 Nr. 6 BetrVG mitzubestimmen hat, steht auch bei der Einführung der Ordnungsregeln für deren Benutzung ein Mitbestimmungsrecht nach § 87 Abs. 1 Nr. 1 BetrVG zu (vgl. *Wybitul/Böhm* RdA 2011, 362, 364). Außerdem hat der Betriebsrat nach § 80 Abs. 1

Nr. 1 BetrVG darüber zu wachen, dass der Arbeitgeber datenschutzrechtliche Vorgaben einhält (*Däubler*, Gläserne Belegschaft? Datenschutz in Betrieb und Dienststelle, Rn. 630). Mitbestimmungsfrei ist jedoch der Fall eines umfassenden Verbots der privaten Nutzung durch den Arbeitgeber (LAG Hamm NZA-RR 2007, 20). Zu beachten ist, dass das Recht der **Personalvertretung** hier einige Unterschiede aufweist (vgl. *Däubler*, Gläserne Belegschaft? Datenschutz in Betrieb und Dienststelle, Rn. 839 ff.).

5. Entscheidungsrahmen. Die Gesellschaft kann nach freiem Ermessen darüber entscheiden, ob sie die private Internet- und E-Mail-Nutzung zulassen will oder nicht. Ein Anspruch des Arbeitnehmers zur privaten Nutzung von Betriebsmitteln des Arbeitgebers besteht grundsätzlich nicht (LAG Hamm NZA-RR 2007, 20; *Ernst* NZA 2002, 585; insbesondere kann auch der Betriebsrat nicht erzwingen, dass der Arbeitgeber den am Arbeitsplatz vorhandenen Anschluss für die private Nutzung freigibt, vgl. *Beckschulze* DB 2007, 1526, 1534). Grundsätzlich sollte die Gesellschaft überlegen, ob sie die private Nutzung überhaupt gestatten will. Ein Verbot hat für die Gesellschaft den Vorteil, dass bessere Kontrollmöglichkeiten bestehen. Bei einer rein dienstlichen Nutzung von Internet und E-Mail gilt nur das BDSG und nicht das insofern strengere TKG.

6. Eingeschränkte Erlaubnis. Im Formular wird beispielhaft – neben der dienstlichen Nutzung – auch eine eingeschränkte Privatnutzung von Internet und E-Mail zugelassen. Zu beachten ist, dass die dienstliche Nutzung auch die dienstlich motivierte Privatnutzung erfasst, z.B. wenn der Mitarbeiter aus dienstlichen Gründen (wegen Überstunden etc.) seine Freizeit umplanen muss und dies per E-Mail anstatt per Telefon erledigt (*Ernst* NZA 2002, 585, 588). Ebenso ist ein E-Mail-Austausch im Rahmen des sozialen Kontakts am Arbeitsplatz als dienstliche Nutzung grundsätzlich zulässig (*Ernst* NZA 2002, 585, 588).

7. Erlaubte Privatnutzung. Oft soll Arbeitnehmern die private Nutzung der IT-Systeme erlaubt bzw. jedenfalls nicht ausdrücklich verboten sein. Das Formular greift den hierdurch entstehenden Regelungsbedarf auf und orientiert sich an den dann einschlägigen gesetzlichen Vorgaben.

Grundsätzlich müssen Arbeitgeber bei Kontrollen der Internetnutzung und des E-Mail-Zugangs die strengen gesetzlichen Regelungen des TMG bzw. TKG beachten. Nach (wohl noch) überwiegender Ansicht in der Literatur erbringen Arbeitgeber, die ihren Mitarbeitern die private Nutzung der IT-Systeme erlauben, geschäftsmäßig Telekommunikationsdienste nach **§ 3 Nr. 6 TKG** (zum Meinungsstand *Wybitul* ZD 2011 69, 70 ff. m. w. N.). Auch die Mehrheit der Aufsichtsbehörden für den Datenschutz vertreten (noch) diese Auffassung. Nach dieser Auffassung finden die weniger einschränkenden Vorgaben des BDSG bei erlaubter Privatnutzung nur ergänzend Anwendung. Zwar sehen die Landesarbeitsgerichte Niedersachsen und Berlin-Brandenburg Arbeitgeber auch dann nicht als Diensteanbieter an, wenn diese ihren Arbeitnehmern eine Privatnutzung der dienstlichen IT-Systeme erlaubt haben (LAG Hannover MMR 2010, 639, 640; LAG Berlin ZD 2011, 43, 44). Diese Entscheidungen hat die Fachliteratur im Ergebnis teilweise begrüßt (*Tiedemann* ZD 2011, 45; *Wybitul* ZD 2011, 69, 73; *Deiters* ZD 2012, 109, 110; *Fülbier/Splittgerber* NJW 2012, 1995, 1999; a. A. etwa *Fischer* ZD 2012, 265, 267). Dennoch sollten Unternehmen abwarten, wie sich die Datenschutzbehörden und andere Gerichte positionieren und sich im Falle der erlaubten Privatnutzung an den strengen Vorgaben des TKG und des TMG orientieren. Soweit der Arbeitgeber die erlaubte **private Nutzung** überwachen will, sollte er deshalb das nach § 88 TKG i. V. m. § 206 StGB strafbewehrte Fernmeldegeheimnis beachten.

Die im Formular vorgeschlagene Einwilligung des Mitarbeiters in die Preisgabe der ihn betreffenden fernmelderelevanten Informationen soll die vorstehend beschriebenen Risiken reduzieren (→ Anm. 20). Um Rechtssicherheit bei der Kontrolle des dienstlichen E-

Mail-Zugangs herzustellen, sollten Arbeitgeber ihren Mitarbeitern die private Nutzung des dienstlichen E-Mail-Zugangs verbieten (→ Anm. 9, 16). Dann unterliegt der Zugriff auf den E-Mail-Zugang unstreitig nicht mehr dem Fernmeldegeheimnis. Arbeitgeber können ihren Mitarbeitern etwa eine zweite E-Mail-Adresse zur ausschließlichen Privatnutzung einrichten oder ihnen die private Nutzung internetbasierter E-Mail-Zugänge von Drittanbietern gestatten, um ihnen weiterhin eine private E-Mail-Nutzung zu ermöglichen. Bei Trennung der privaten von der dienstlichen E-Mail-Adresse wäre ein Zugriff auf den dienstlichen E-Mail-Zugang jedenfalls unter den weniger einschränkenden Vorgaben des BDSG zulässig.

Fraglich sind die rechtlichen Konsequenzen, wenn der Arbeitgeber das im Formular enthaltene Verbot der privaten Nutzung des dienstlichen E-Mail-Zugangs nicht kontrolliert. In diesen Fällen entsteht richtigerweise kein Anspruch des Mitarbeiters auf private Nutzung aus „betrieblicher Übung" (*Wybitul* Rn. 194; *Thüsing*, Arbeitnehmerdatenschutz und Compliance, Rn. 215; vgl. auch *Beckenschulze/Henkel* DB 2001, 1491, 1492 in Bezug auf private Telefonate; a. A. *Barton* NZA 2006, 460, 465). Die **betriebliche Übung** setzt voraus, dass eine entsprechende Praxis für den Arbeitgeber erkennbar ist und der Arbeitnehmer davon ausgehen kann, dass der Arbeitgeber auch künftig an ihr festhalten will (s. zur betrieblichen Übung bei privater Internetnutzung *Waltermann* NZA 2006, 529). Ein vertragswidriges Verhalten kann jedoch keinen Anspruch aus betrieblicher Übung begründen. Arbeitnehmer können nicht darauf vertrauen, dass sie die IT-Systeme privat nutzen dürfen, wenn sie nur häufig genug das Verbot der Privatnutzung missachtet haben. Im Formular beugt auch die in § 10 Abs. (1) vorgesehene **Schriftformklausel** dem Entstehen einer betrieblichen Übung vor. Daher kann der Arbeitgeber Kontrollen der IT-Systeme nach zutreffender Ansicht auch dann auf das BDSG stützen, wenn er Verstöße gegen eine verbotene Privatnutzung toleriert (vgl. *Wybitul* Rn. 194). Anders ist dies allerdings dann, wenn etwa ein Vorgesetzter Ausnahmen von dem Verbot der Privatnutzung erlaubt.

8. Reichweite des Fernmeldegeheimnisses. In der Rechtsprechung ist anerkannt, dass der Schutz des Fernmeldegeheimnisses in dem Moment endet, in dem die E-Mail beim Empfänger angekommen und der Übertragungsvorgang beendet ist (BVerfG MMR 2009, 673 ff.; LAG Hannover MMR 2010, 639, 640; LAG Berlin ZD 2011, 43, 44; vgl. bzgl. Chat-Protokollen auch LAG Hamm BeckRS 2012, 71605). Das sollte Arbeitgeber jedoch nicht dazu verleiten, ohne Weiteres auf die E-Mails ihrer Mitarbeiter zuzugreifen. Denn solange die E-Mail noch auf einem zentralen E-Mail-Server liegt, ist nach Auffassung des Bundesverfassungsgerichts die Kommunikation noch nicht abgeschlossen, so dass das Fernmeldegeheimnis greift (BVerfG MMR 2009, 673 ff.). Unabhängig davon darf der Arbeitgeber nur in eng begrenzten Ausnahmefällen in das Persönlichkeitsrecht seiner Mitarbeiter eingreifen (→ Anm. 16), etwa nach § 32 Abs. 1 BDSG.

9. Zweite private E-Mail-Adresse. Bei Einrichtung einer zweiten E-Mail-Adresse zur ausschließlichen Privatnutzung darf der Arbeitgeber den dienstlichen E-Mail-Zugang kontrollieren. Die Kontrolle unterliegt dann dem BDSG (vgl. *Wybitul* Rn. 194). Dürfte der Mitarbeiter die dienstliche E-Mail-Adresse auch privat nutzen, so müsste die Gesellschaft gegebenenfalls das Fernmeldegeheimnis wahren. Sie dürfte dann möglicherweise nicht einmal rein dienstliche E-Mails lesen, falls nach außen nicht erkennbar ist, ob es sich um private oder dienstliche Nachrichten handelt (*Koch* NZA 2008, 911, 913). Um der Gesellschaft aber die Kontrolle zumindest über die elektronisch geführte Geschäftspost zu erhalten, kann dem Mitarbeiter für seine **private Korrespondenz** eine eigene E-Mail-Adresse eingerichtet werden. Das Formular schlägt daher diese Gestaltung vor. Der Inhalt der zweiten privaten E-Mail-Adresse kann (anders als ein geschäftlicher E-Mail-Zugang) in einem solchen Fall nur für eine **Störungsbehebung** und **Missbrauchskontrolle** oder mit **richterlicher Anordnung** eingesehen werden (*Beckschulze/Henkel* DB 2001,

1491, 1494). Arbeitgeber, die den hiermit verbundenen Aufwand scheuen, sollten dafür sorgen, dass die Mitarbeiter ihre E-Mails jedenfalls geordnet ablegen, um hierdurch die Trennung zwischen privaten und dienstlichen E-Mails zu bewirken (*Olbert* AuA 2008, 76; *Wybit*ul Rn. 198). Nur bedingt praktikabel erscheint die teilweise vorgeschlagene Lösung, dem Mitarbeiter nur eine E-Mail-Adresse zur Verfügung zu stellen, ihn aber dazu zu verpflichten, die privaten E-Mails bereits in der Betreffzeile zu kennzeichnen.

10. Bedingte Erlaubnis zur Privatnutzung. Eine weitere Alternative besteht darin, eine Privatnutzung des E-Mail-Zugangs nur dann zu erlauben, wenn der Mitarbeiter in einen Zugriff auf seinen E-Mail-Zugang einwilligt. Gegen diese Vorgehensweise spricht allerdings die teilweise in der Fachliteratur vertretene Auffassung, dass man eine Einwilligung aller Teilnehmer einer Telekommunikation bräuchte, also auch des Kommunikationspartners des Mitarbeiters.

Alternative zu § 2 Abs. (1):

(1) Der Mitarbeiter darf den dienstlichen E-Mail-Zugang, insbesondere seine dienstliche E-Mail-Adresse, in angemessenem Umfang grundsätzlich auch für private Zwecke benutzen.

(2) Sollte der Mitarbeiter die nachstehend in der Anlage enthaltene Einwilligung nicht erteilen bzw. diese widerrufen, ist ihm jede private Nutzung des dienstlichen E-Mail-Zugangs untersagt. Der Mitarbeiter ist dann angewiesen, Dritte, die ihm private E-Mails an seinen dienstlichen E-Mail-Zugang schicken, unverzüglich auf das Verbot der Privatnutzung hinzuweisen.

Größere Rechtssicherheit im Hinblick auf bestehende Strafbarkeitsrisiken bietet jedoch die im Formular vorgeschlagene strikte Trennung der privaten und dienstlichen E-Mail-Adresse.

11. Intranet. Das Verbot der privaten Nutzung des Intranets wurde vor allem zur **Klarstellung** aufgenommen. Oft hat in Unternehmen nur ein beschränkter Personenkreis einen Zugang zum Intranet. Dadurch kann die Gesellschaft bereits durch eine Auswahl, welchen Mitarbeitern sie in welchem Umfang Zugang zum Intranet gewährt, faktisch steuern, welcher Mitarbeiter welche Inhalte im Intranet veröffentlicht.

12. Benutzungsregelungen – Umfang der Nutzung. Neben üblichen Benutzungsregelungen ist vor allem der Umfang der Nutzung festzulegen. Der Arbeitgeber hat hierzu verschiedene Möglichkeiten. So kann er die Benutzung durch eine genaue Bezeichnung des zeitlichen Umfangs oder Nennung einer maximalen Obergrenze (pro Tag nur eine gewisse Anzahl an E-Mails, die eine bestimmte Größe nicht überschreiten dürfen etc.) konkretisieren oder ganz allgemein eine maßvolle Nutzung erlauben.

Alternative zu § 4 Abs. (1):

Der Mitarbeiter hat die private Nutzung von Internet und E-Mail im Hinblick auf die Interessen der Gesellschaft auf ein vernünftiges Maß zu beschränken. Insbesondere hat der Mitarbeiter etwaig heruntergeladene, gespeicherte oder versendete Datenmengen auf ein vernünftiges Maß zu beschränken. Für die private Nutzung sind, außer in begründeten Ausnahmefällen, ausschließlich die Pausen oder Zeiten außerhalb der täglichen Arbeitszeit zu nutzen. Eine private Nutzung darf weder die Erfüllung der Arbeitsverpflichtung des Mitarbeiters noch den Arbeitsablauf beeinträchtigen noch den dienstlichen Gebrauch der Kommunikationsmittel behindern oder stören.

Bei Gestattung einer Privatnutzung im „vernünftigen Maß" oder im „angemessenen Umfang" besteht jedoch das Problem zu definieren, wann die Grenze eines „vernünftigen Maßes" oder eines „angemessenen Umfanges" überschritten ist. Will der Arbeitgeber dies konkretisieren kann er durchaus auch zeitliche Höchstgrenzen festlegen, etwa 15 Minuten pro Arbeitstag.

Zur Klarstellung wird im Formular ausdrücklich darauf hingewiesen, dass der Mitarbeiter die private Internetnutzung auf die Zeiten außerhalb der Arbeitszeit und auf die Pausen zu beschränken hat. Auch ohne eine solche Regelung ist die Privatnutzung während der Arbeitszeit eine Verletzung der arbeitsvertraglichen Hauptleistungspflicht, da der Arbeitnehmer die arbeitsvertraglich geschuldete Arbeitsleistung nicht erbringt (BAG NZA 2006, 98).

13. Klarer Ausschluss von Internetseiten. Auch wenn der Arbeitnehmer ohnehin keine strafrechtlich relevanten oder anstößigen Internetseiten aufrufen darf, sollten Arbeitgeber dieses Verbot zur Klarstellung ausdrücklich regeln. Im Einzelfall kann es sogar sinnvoll sein, bestimmte Internetadressen ausdrücklich in das Verbot mit einzubeziehen (*Ernst* NZA 2002, 585, 586) oder darauf hinzuweisen, dass der Zugriff auf einzelne Internetseiten durch den Arbeitgeber gesperrt werden kann.

14. Vertrauliche Daten. Sofern der Arbeitgeber intern einheitliche Kategorien für vertrauliche Daten (z. B. Einstufung als „vertraulich" oder als „streng vertraulich") hat, kann an dieser Stelle auch die konkrete Kategorie von Daten genannt werden, deren Übertragung ausgeschlossen sein soll.

15. Sicherheit. Zusätzlich zu den allgemeinen im Formular genannten Sicherheitsstandards bleibt es dem Arbeitgeber vorbehalten, alle Internetfunktionen zu blockieren, die möglicherweise zu einem Missbrauch führen können, z. B. alle Programme, die zur Benutzung von Spielen oder zum Ansehen von Videoclips und Filmen im Netz erforderlich sind. Die Verpflichtung, im Zweifel bei den für die IT verantwortlichen Mitarbeitern nachzufragen, vermindert das Risiko schädlicher Verhaltensweisen und stellt eine einheitliche Verfahrensweise sicher.

16. Kontrolle. Wegen des Fernmeldegeheimnisses nach § 88 TKG unterliegt der Arbeitgeber nach Auffassung vieler Aufsichtsbehörden für den Datenschutz im Grundsatz einem generellen Kontrollverbot, sobald er die private Nutzung des betrieblichen E-Mail-Zugangs erlaubt, vgl. zu diesem Meinungsstreit die entsprechende Darstellung in → Anm. 8. In diesem Fall darf er sich nach § 88 Abs. 3 S. 1 TKG grundsätzlich nur in dem für die geschäftsmäßige Erbringung der Telekommunikationsdienste einschließlich des Schutzes seiner technischen Systeme erforderlichen Maß Kenntnis vom Inhalt oder den näheren Umständen der Telekommunikation verschaffen. Die im Arbeitsverhältnis zweckmäßigen Kontrollen gehen jedoch deutlich über das nach § 88 Abs. 3 S. 1 TKG zulässige Maß hinaus. Auch auf die nach §§ 88 Abs. 3 S. 3, 97 TKG zulässige Erhebung und Speicherung der für eine Abrechnung notwendigen Verbindungsdaten können Arbeitgeber weitgehende Kontrollen ihrer IT-Systeme regelmäßig nicht stützen.

Vor diesem Hintergrund sieht das Formular eine strikte Trennung des privaten und **dienstlichen E-Mail-Zugangs** vor. Arbeitgeber, die ihren Mitarbeitern die private Nutzung der IT-Systeme verbieten, sind bezüglich des dienstlichen E-Mail-Zugangs nicht an die strengen Vorgaben des TMG bzw. TKG gebunden. Vielmehr dürfen sie den dienstlichen E-Mail-Zugang unter Beachtung der Vorgaben des BDSG kontrollieren. Nach § 4 Abs. 1 BDSG ist die Erhebung, Verarbeitung und Nutzung personenbezogener Daten zulässig, soweit das BDSG oder eine andere Rechtsvorschrift dies erlaubt oder anordnet oder der Betroffene eingewilligt hat. Die E-Mail-Kontrolle kann nach zutreffender Ansicht auf der Grundlage einer Einwilligung des Mitarbeiters (§§ 4 Abs. 1, 4a Abs. 1 BDSG) rechtmäßig sein (vgl. auch die entsprechende Anm. 20). Praxisrelevant sind auch die Erlaubnistatbestände nach § 28 Abs. 1 S. 1 Nr. 2 BDSG, § 32 Abs. 1 S. 1 BDSG und § 32 Abs. 1 S. 2 BDSG. Hierbei sollte der Arbeitgeber stets einen verhältnismäßigen Umgang mit personenbezogenen Daten sicherstellen (vgl. BAG NZA 2013, 1433 ff.; BAG NZA 2014, 143 ff.; *Wybitul* Rn. 30 ff.). Das bedeutet, dass das Unternehmen zunächst den legitimen Zweck des Erhebens, Verarbeitens oder Nutzens von Daten genau festlegen muss. Ferner müssen Dauer und Umfang der Kontrollmaßnahme zur Verwirklichung des beabsichtigten Zwecks erforderlich sein. In diesem Zusammenhang sind **flächendeckende Kontrollen** sowie **andauernde inhaltliche Prüfungen** grundsätzlich unzulässig (vgl. *Mengel* BB 2004, 2014,

2018). Wenn der Arbeitgeber beispielsweise auf die E-Mail-Zugänge seiner Mitarbeiter zugreifen möchte, um im Zusammenhang mit der Beschäftigung stehende Straftaten aufzuklären, sollte er die Kontrollen auf die Mitarbeiter beschränken, bei denen Anhaltspunkte für eine Strafbarkeit vorliegen und bestehende Verdachtsmomente schriftlich festhalten. Die Kontrolle der E-Mail-Zugänge aller Mitarbeiter einer Abteilung wäre im Beispiel hingegen regelmäßig unzulässig. Dem Zugriff auf den dienstlichen E-Mail-Zugang muss schließlich eine umfassende Interessenabwägung des arbeitgeberseitigen Kontrollinteresses mit dem Persönlichkeitsrecht des Mitarbeiters vorausgehen. Falls schutzwürdige Belange des betroffenen Mitarbeiters überwiegen, muss der Arbeitgeber von einer geplanten Maßnahme absehen.

Bei einem Zugriff auf **Internetverbindungsdaten** (z. B. Tag, Uhrzeit, Beginn, Ende der Onlineverbindung sowie aufgerufene Internetseiten) hat der Arbeitgeber im Hinblick auf die im Formular erlaubte private Internetnutzung die Spezialgesetze des TKG und des TMG zu beachten. Dennoch kann der Mitarbeiter unter Beachtung der restriktiven Voraussetzungen der §§ 4 Abs. 1, 4a BDSG wirksam in Kontrollen **einwilligen** (→ Anm. 20). Eine Einwilligung rechtfertigt Kontrollen allerdings nur in engem Umfang. Eine wesentliche Einschränkung ergibt sich insbesondere durch den voranstehend erläuterten Verhältnismäßigkeitsgrundsatz.

Unzulässige Kontroll- oder Überwachungsmaßnahmen verletzen den Mitarbeiter in seinem Persönlichkeitsrecht. Bei Rechtsverstößen drohen Haft- oder Geldstrafen (vgl. § 206 Abs. 1 StGB sowie § 44 BDSG) bzw. Bußgelder von bis zu 300.000 EUR pro Fall (vgl. § 43 Abs. 2 BDSG). Gegen unzulässige Kontrollen der Gesellschaft hat der Mitarbeiter zudem einen **Unterlassungsanspruch** analog §§ 823 Abs. 1, 1004 Abs. 1 BGB. Ein **Löschungsanspruch** steht dem Mitarbeiter aus § 35 BDSG zu (ErfKomm/*Wank* § 35 BDSG Rn. 3 ff.). Daneben kann eine unzulässige Kontrolle gegebenenfalls sogar dazu führen, dass das Kontrollergebnis mit einem **Beweisverwertungsverbot** belegt wird, soweit mit der unzulässigen Kontroll- und Überwachungsmaßnahme Persönlichkeitsrechte des Arbeitnehmers erheblich verletzt werden und diese Verletzung nicht durch die Wahrnehmung überwiegender schutzwürdiger Interessen des Arbeitgebers gerechtfertigt ist (BAG NZA 2014, 143 ff.; BAG AP BetrVG 1972 § 87 Überwachung Nr. 36; BAG AP § 626 BGB Nr. 210). Maßgeblich kann hierbei sein, ob der Arbeitnehmer mit einer vertraulichen Behandlung seiner personenbezogenen Daten rechnen konnte (vgl. LAG Hamm BeckRS 2012, 71605). Auch **Schadensersatzansprüche** sind bei schuldhafter Verletzung des Persönlichkeitsrechts denkbar. Diese können sich, soweit es um den Ersatz von Vermögensschäden geht, aus § 7 BDSG ergeben (*Gola/Schomerus* § 7 Rn. 12). Für erlittene Beeinträchtigungen ihrer Persönlichkeitsrechte können Mitarbeiter nach den allgemeinen Grundsätzen gemäß §§ 280 Abs. 1, 241 Abs. 2 BGB bzw. § 823 Abs. 1 BGB auch Schmerzensgeld verlangen.

Zur Einwilligung des Mitarbeiters → Anm. 20.

17. Arbeitsrechtliche Konsequenzen bei Missbrauch. Ist die private Nutzung generell verboten oder liegt keine Gestattung einer privaten Nutzung vor, ist eine gleichwohl erfolgende private Nutzung eine Nebenpflichtverletzung. Denn der Mitarbeiter nimmt Betriebsmittel des Arbeitgebers unberechtigterweise in Anspruch und begründet ein abmahnungs- bzw. kündigungsrelevantes Verhalten (BAG NZA 2006, 98; BAG NZA 2007, 922). Gleiches muss gelten, wenn der Mitarbeiter im Falle eines genau definierten Nutzungsrechts den Rahmen der gestatteten privaten Nutzung überschreitet. Insbesondere liegt ein möglicher Abmahnungs- bzw. Kündigungsgrund auch dann vor, wenn eine an sich (außerhalb der Arbeitszeit) gestattete private Nutzung während der Arbeitszeit erfolgt. Denn der Mitarbeiter verletzt in diesem Fall seine vertraglich geschuldete Arbeitspflicht und damit eine Hauptleistungspflicht (BAG NZA 2006, 98; BAG NZA 2006, 977; BAG NZA 2007, 922). Als kündigungsrelevante Pflichtverletzung kommt außerdem das verbotswidrige Herunterladen von Inhalten in Betracht, insbesondere wenn eine

Infizierung durch Viren oder eine Störung betrieblicher Systeme möglich erscheint. Das Herunterladen strafbarer oder pornographischer Darstellungen, bei deren Rückverfolgung es zu Rufschädigungen des Arbeitgebers kommen kann, kann ebenfalls einen Kündigungsgrund darstellen (BAG NZA 2006, 98; BAG NZA 2006, 977). Ein Mitarbeiter verletzt seine arbeitsvertraglichen Nebenpflichten auch dann, wenn er eine Anonymisierungssoftware installiert, weil er damit das Verbot der Softwareinstallation missachtet sowie Arbeitsmittel entgegen seiner Obhuts- und Betreuungspflicht eigenmächtig verändert. Zudem nimmt er durch die Anonymisierungssoftware dem Arbeitgeber die Möglichkeit, seine Betriebsmittel selbst zu überwachen und ggf. zu kontrollieren (BAG NZA 2006, 980).

Grundsätzlich bedarf eine verhaltensbedingte Kündigung wegen Verstößen gegen Vorgaben zur IT-Nutzung einer vorherigen **Abmahnung** durch den Arbeitgeber. Eine **außerordentliche Kündigung** ohne vorherige Abmahnung wäre nur dann gerechtfertigt, wenn der Mitarbeiter das Internet so exzessiv nutzt, dass er nicht mehr davon ausgehen kann, der Arbeitgeber werde eine private Nutzung in einem derartigen Umfang akzeptieren (BAG NZA 2006, 981). Gleiches gilt, wenn eine Verhaltensänderung für die Zukunft nicht mehr zu erwarten ist (BAG NZA 2006, 980 bei Installation einer Anonymisierungssoftware). Eine außerordentliche Kündigung kommt auch dann in Betracht, wenn der Mitarbeiter ein ausdrückliches und fortlaufend wiederholtes Verbot des Arbeitgebers zur Internetnutzung missachtet und in erheblichem Umfang auf das Internet zugreift (BAG NZA 2006, 977).

Der **Arbeitgeber** muss im Falle eines Kündigungsschutzprozesses die Voraussetzungen der Pflichtverletzung **beweisen** (vgl. hierzu BAG NZA 2007, 922; *Kramer* NZA 2007, 1338). Nutzen mehrere Personen gemeinsam einen Computer, sollten beispielsweise Passwörter eingeführt werden, um im Zweifel eine übermäßige Internetnutzung oder einen unbefugten Download einer bestimmten Person zuordnen zu können.

Den durch eine missbräuchliche Nutzung der IT-Systeme entstandenen Schaden kann der Arbeitgeber unter Berücksichtigung der Grundsätze des innerbetrieblichen Schadensausgleichs geltend machen (vgl. *Beckenschulze/Henkel* DB 2001, 1491, 1498).

18. Bedingungen und Freiwilligkeitsvorbehalt. Der Arbeitgeber sollte die (eingeschränkte) Erlaubnis zur privaten Nutzung von Internet und E-Mail ausschließlich solchen Arbeitnehmern gewähren, die bereit sind, die gewünschte Einwilligungserklärung zu erteilen. Aufgrund des im Formular geregelten Freiwilligkeitsvorbehalts haben Arbeitnehmer keinen Anspruch auf eine private Nutzung der IT-Systeme. Der Arbeitgeber ist vielmehr flexibel und kann die Gestattung zur Privatnutzung wieder aufheben. Alternativ kann er als ebenfalls sicheres, aber weniger effektives Gestaltungsmittel ein Widerrufsvorbehalt regeln (*Reiserer* NZA 2007, 1249). Der Arbeitgeber darf nur im Rahmen billigen Ermessens von einem Widerrufsvorbehalt Gebrauch machen (§ 315 Abs. 3 BGB).

19. Schlussbestimmungen. → Form. A. II. 1 Anm. 28 f..

20. Einwilligung. Wie unter Anm. 16 dargestellt, besteht hinsichtlich der privaten Nutzung von Internet und E-Mail im Grundsatz ein Kontrollverbot für den Arbeitgeber. Schließt der Arbeitgeber die private Nutzung des dienstlichen E-Mail-Zugangs, wie im Formular vorgeschlagen, aus, können Arbeitnehmer unter den restriktiven Vorgaben der §§ 4 Abs. 1, 4a BDSG in die **E-Mail-Kontrollen** einwilligen.

Die Einwilligung erstreckt sich im Formular auch auf die Überwachung der dem Arbeitnehmer **zu privaten Zwecken erlaubten Internetnutzung**. In diesem Zusammenhang kann die Einwilligung gegebenenfalls eine wirksame Rechtfertigungsgrundlage für einen Eingriff des Arbeitgebers in die fernmelderelevanten Informationen seiner Arbeitnehmer darstellen (vgl. *Gola/Schomerus* § 4a Rn. 18; *Thüsing*, Arbeitnehmerdatenschutz und Compliance, Rn. 141). Denn Arbeitnehmer können auf der Grundlage des Formulars richtigerweise wirksam in Kontrollen der Internetnutzung einwilligen. Denn eine Einwilligung ist grundsätzlich immer dann möglich, wenn der Betroffene auf den Schutz des Rechtsguts verzichten kann. Auch in Bezug auf das Fernmeldegeheimnis nach Art. 10 GG vertritt das Bundesverfassungsgericht die Ansicht, dass der Betroffene grundsätzlich einem Eingriff in Telekommunikationsvorgänge zustimmen kann (BVerfG NJW 2007, 2752). Die Konsequenz hieraus ist, dass Mitarbeiter auch dann wirksam in die Erhebung, Verarbeitung und Nutzung ihrer personenbezogenen Daten einwilligen können, wenn ihnen die private Nutzung der IT-Systeme erlaubt ist. Arbeitgeber sollten hierbei beachten, dass das BDSG höhere Voraussetzungen an wirksame Einwilligungen als das StGB stellt. Dies kann dazu führen, dass die Einwilligung gegebenenfalls eine Strafbarkeit nach § 206 StGB oder § 44 BDSG ausschließt, aber als Rechtfertigung für den Umgang mit personenbezogenen Daten nach § 4 Abs. 1 BDSG nicht ausreicht. Vor diesem Hintergrund stellen die Vorgaben der §§ 4 Abs. 1, 4a BDSG sicher, dass der Arbeitgeber nicht nach Belieben vom Grundsatz des Fernmeldegeheimnisses abweichen kann.

Nach § 4a Abs. 1 S. 1 BDSG muss die Einwilligung eindeutig auf einer freien Entscheidung des Betroffenen beruhen. Die **Freiwilligkeit der Entscheidung** ist unter Berücksichtigung aller Umstände des Einzelfalls besonders sorgfältig zu prüfen. In der Regel unterliegen Arbeitnehmer nach richtiger Auffassung keiner grundsätzlichen Drucksituation, in der ihnen eine freie Entscheidung darüber, ob sie eine Einwilligung erteilen möchten, nicht möglich wäre (vgl. BT-Drs. 16/13657 S. 20; *Gola/Schomerus* § 4a Rn. 18; *Wybitul* Rn. 120; a. A. *Trittin/Fischer* NZA 2009, 343). Freiwillig ist die Entscheidung des Betroffenen nur, wenn er frei darüber entscheiden kann, ob und wie seine Daten erhoben, verarbeitet und genutzt werden (*Kühling/Sivridis/Seidel* S. 121). Schließlich muss der Arbeitnehmer nach § 4a Abs. 1 S. 2 BDSG umfassend über den Zweck des Erhebens, Verarbeitens und Nutzens seiner personenbezogenen Daten informiert sein. Der Arbeitnehmer muss wissen, worin er einwilligt (*Gola/Schomerus* § 4a Rn. 25). Der Arbeitgeber muss den Arbeitnehmer auch darüber informieren, welche Folgen eine Verweigerung der Einwilligung hat, wenn der Arbeitnehmer dies verlangt. In der Praxis hat es sich aus Arbeitgebersicht bewährt, Umstände zu dokumentieren, die für die Freiwilligkeit einer konkret abgegebenen Einwilligung sprechen.

Zu beachten ist grundsätzlich auch das Schriftformerfordernis nach § 4a Abs. 1 S. 3 BDSG.

Das Formular setzt die anwendbaren restriktiven gesetzlichen Vorgaben so weit wie möglich um. Es legt fest, in welchen Situationen der Arbeitgeber die IT-Systeme kontrollieren darf und welchen Zweck der Arbeitgeber mit der jeweiligen Maßnahme verfolgt. Zudem beschreibt es die nach § 35 BDSG zulässige Speicherdauer. Da die Einwilligung zusammen mit der Vereinbarung über private Internet- und E-Mail-Nutzung am Arbeitsplatz erfolgt, ist sie entsprechend des § 4a Abs. 1 S. 4 BDSG besonders hervorzuheben. Die Einschränkung der Kontrollen auf Stichproben oder bei konkretem Anlass ist notwendig, da auch eine einzelvertraglich eingeräumte Kontrollbefugnis dem Verhältnismäßigkeitsmaßstab genügen muss (*Ernst* NZA 2002, 585, 591).

Arbeitgeber können das Formular auf ihre Bedürfnisse anpassen. Es bietet sich beispielsweise an, den in der Einwilligung festgelegten Katalog um Situationen zu erweitern, in denen eine Datenerhebung, -verarbeitung und -nutzung darüber hinaus zweckmäßig sein kann (*Wybitul* ZD 2011, 69 gibt einen Überblick über mögliche Gründe für angemessene Kontrollen).

6. Arbeitgeberdarlehen

Darlehensvertrag[1, 2, 3, 4, 5]

zwischen der

...... (Name und Anschrift des Arbeitgebers) „Gesellschaft“

und

Herrn ...... (Name und Anschrift des Arbeitnehmers) „Mitarbeiter“

Im Hinblick auf das bestehende Arbeitsverhältnis vereinbaren die Parteien folgendes Darlehen:

§ 1 Darlehen[6]

Die Gesellschaft gewährt dem Mitarbeiter ein Darlehen in Höhe von ...... EUR (in Worten: ...... Euro) („Darlehensbetrag“).

§ 2 Fälligkeit der Auszahlung[7]

Die Auszahlung des Darlehensbetrages erfolgt am ...... („Auszahlungstag“).

§ 3 Zins/Lohnsteuer[8, 9]

(1) Das Darlehen ist mit ...... Prozent (Zinssatz) beginnend mit dem ...... (Datum des Beginns der Verzinsung) zu verzinsen. Die Zinsen werden kalendervierteljährlich berechnet.

(2) Aufgrund der Darlehensgewährung zu vorgenanntem Zinssatz entstehende Lohnsteuer trägt der Mitarbeiter.

(3) Die kalendervierteljährlich berechneten Zinsen sind zusammen mit der jeweils letzten Tilgungsrate des jeweiligen Kalendervierteljahres fällig.

§ 4 Tilgung

(1) Das Darlehen ist in monatlichen Raten von ...... EUR (in Worten: ...... Euro) (Höhe der Einzelraten), beginnend mit dem ...... (Datum der ersten Ratenzahlung), zu tilgen.

(2) Nach der ersten Ratenzahlung sind die Tilgungsraten jeweils am Ersten eines Monats fällig.

§ 5 Einbehalt[10]

(1) Die Gesellschaft ist berechtigt, fällige und pfändbare Lohnansprüche des Mitarbeiters mit den jeweils fälligen Darlehenstilgungs- und Zinsansprüchen der Gesellschaft zu verrechnen.

(2) Bei Kündigung des Darlehens ist die Gesellschaft berechtigt, den etwa ausstehenden Darlehensrestbetrag samt etwaigen Zinsansprüchen gegen den Abfindungsanspruch des Mitarbeiters zu verrechnen, soweit ein Abfindungsanspruch besteht.

§ 6 Vorzeitige Beendigung des Darlehens[11, 12, 13]

(1) Der ausstehende Darlehensrestbetrag wird insgesamt fällig, wenn das Arbeitsverhältnis, gleich aus welchem Grunde, beendet wird.

(2) Dies gilt nicht für die Fälle der betriebsbedingten Kündigung, der durch die Gesellschaft veranlassten Eigenkündigung, der einvernehmlichen Aufhebung des Arbeitsverhältnisses oder der gerichtlichen Auflösung des Arbeitsverhältnisses.

§ 7 Sicherheiten[14, 15]

(1) Der Mitarbeiter bestellt der Gesellschaft zur Sicherheit eine Grundschuld . . . . . . (Rang) Ranges am Grundstück . . . . . . Grundbuch . . . . . . Flurnummer . . . . . . (Bezeichnung des Grundstücks) in Höhe von . . . . . . (in Worten: . . . . . . Euro) (Betrag).

(2) Der Mitarbeiter tritt hiermit im Voraus den jeweils pfändbaren Teil seines Lohn- und Gehaltsanspruchs gegen seinen jeweiligen Arbeitgeber in Höhe der offenen Tilgungs- und Zinszahlungen nach §§ 3 und 4 dieses Vertrags an die Gesellschaft ab. Die Abtretung bezieht sich auch auf alle zukünftigen Vergütungsansprüche aus Dienstverträgen oder Verträgen als freier Mitarbeiter, Provisionsansprüche, Abfindungen und Tantiemen. Die Gesellschaft wird gegenüber einem neuen Arbeitgeber die Abtretung nur offenlegen, wenn der Mitarbeiter seinen Zahlungsverpflichtungen nach Ausscheiden aus dem Arbeitsverhältnis bei der Gesellschaft nicht nachkommt. Von der Abtretung wird nur in Höhe der noch ausstehenden Forderungen Gebrauch gemacht werden.

§ 8 Schlussbestimmungen[16, 17]

(1) Der Mitarbeiter verpflichtet sich, unabhängig vom Bestehen des Arbeitsverhältnisses, der Gesellschaft unverzüglich jede Änderung seiner Anschrift für die Dauer dieses Darlehensvertrages mitzuteilen. Insbesondere ist der Mitarbeiter verpflichtet, der Gesellschaft Name und Anschrift von zukünftigen Arbeitgebern sowie sämtliche Pfändungen, Verpfändungen und Abtretungen seiner Vergütungsansprüche mitzuteilen.

(2) Bislang sind die Vergütungsansprüche des Mitarbeiters wie folgt abgetreten:

- . . . . . .,
- . . . . . .

(3) Mündliche Nebenabreden bestehen nicht. Änderungen oder Ergänzungen dieser Vereinbarung einschließlich dieser Bestimmung bedürfen zu ihrer Wirksamkeit der Schriftform, es sei denn, diese wurden nachweislich zwischen den Parteien ausgehandelt. Das Schriftformerfordernis bezieht sich auch auf etwaige Ansprüche aus betrieblicher Übung.[18]

(4) Sollte eine Bestimmung dieser Vereinbarung ganz oder teilweise unwirksam sein oder werden, so wird hiervon die Wirksamkeit der übrigen Bestimmungen dieser Vereinbarung nicht berührt. An die Stelle der unwirksamen Bestimmung tritt die gesetzlich zulässige Bestimmung, die dem mit der unwirksamen Bestimmung Gewollten wirtschaftlich am nächsten kommt. Dasselbe gilt für den Fall einer vertraglichen Lücke.[19]

. . . . . .	. . . . . .
Ort, Datum	Ort, Datum
. . . . . .	. . . . . .
Unterschrift der Gesellschaft[20]	Unterschrift des Mitarbeiters

Anmerkungen

1. Arbeitgeberdarlehen. Das Formular regelt die Gewährung eines sog. **Arbeitgeberdarlehens.** Ein solches Arbeitgeberdarlehen liegt vor, wenn ein Arbeitgeber einem Arbeitnehmer Kapital zur vorübergehenden Nutzung, typischerweise zu günstigeren Bedingungen als auf dem Kapitalmarkt überlässt (ErfKomm/*Preis* § 611 BGB Rn. 426). Von Arbeitgeberdarlehen spricht man allerdings nicht schon dann, wenn zwischen den Parteien des Darlehensvertrages gleichzeitig ein Arbeitsverhältnis besteht, sondern nur dann, wenn die Gesellschaft ihrem Mitarbeiter das Darlehen gerade im Hinblick auf das bestehende Arbeitsverhältnis und außerhalb ihres sonstigen Geschäftszweiges und/oder zu Sonderkonditionen gewährt. Kein Arbeitgeberdarlehen ist daher das Darlehen eines Kreditinstituts an seine Mitarbeiter zu marktüblichen Konditionen (*Preis* Arbeitsvertrag II D 10 Rn. 1). Umgekehrt spricht man von einem **Arbeitnehmerdarlehen,** wenn der Mitarbeiter der Gesellschaft Geld zur Verfügung stellt (Küttner/*Thomas* Arbeitnehmerdarlehen Rn. 1; *Preis* Arbeitsvertrag II D 10 Rn. 2; ErfKomm/*Preis* § 611 BGB Rn. 427).

2. Anwendbare Vorschriften. Ein formularmäßig abgefasstes Arbeitgeberdarlehen unterliegt der **Inhaltskontrolle** nach den zwingenden Vorschriften über die Einbeziehung und Wirksamkeit von Allgemeinen Geschäftsbedingungen (§§ 305 ff. BGB). Weiterhin sind die **Darlehensvorschriften** der §§ 488 ff. BGB (vertragstypische Pflichten, Kündigungsvorschriften, Vorschriften über das Verbraucherdarlehen) maßgeblich (Küttner/*Griese* Arbeitgeberdarlehen Rn. 2, 4; *Preis* Arbeitsvertrag II D 10 Rn. 5). Die zwingenden und spezielleren Vorschriften über das Verbraucherdarlehen nach §§ 491 ff. BGB (betreffend Form, Vertragsinhalt und Widerrufsrecht) sind trotz der grundsätzlichen Verbrauchereigenschaft des Mitarbeiters (§ 13 BGB) meist nicht zu beachten, weil das Arbeitgeberdarlehen i. d. R. zinslos bzw. zu niedrigeren als den marktüblichen Zinsen gewährt werden wird (§ 491 Abs. 2 Nr. 4 BGB). Sofern das Arbeitgeberdarlehen aber zu marktüblichen Zinsen vergeben wird und sich nur durch anderweitige Sonderkonditionen auszeichnet, greift die Ausnahmevorschrift des § 491 Abs. 2 Nr. 4 BGB nicht und die zwingenden und spezielleren Vorschriften über das Verbraucherdarlehen (§§ 491 ff. BGB) sind wieder zu beachten.

3. Zweck eines Arbeitgeberdarlehens. Der Mitarbeiter kann das Arbeitgeberdarlehen für alle Zwecke verwenden, außer für den Kauf von Produkten oder Dienstleistungen der Gesellschaft. Die Finanzierung eines Kaufs der vom Arbeitgeber selbst hergestellten oder vertriebenen Produkte oder Dienstleistungen ist nach § 107 Abs. 2 S. 2 GewO (Verbot der kreditmäßigen Überlassung von Waren an den Arbeitnehmer; sog. Truck-Verbot) verboten und kreditfinanzierte Kaufverträge über Produkte oder Dienstleistungen des Arbeitgebers sind somit nichtig gemäß § 134 BGB (Nichtigkeit eines Rechtsgeschäfts wegen Verstoßes gegen ein gesetzliches Verbot). Sittenwidrig und somit nichtig nach § 138 Abs. 1 BGB ist im Übrigen ein Arbeitgeberdarlehensvertrag, mit welchem der Mitarbeiter auf Wunsch des Arbeitgebers seine Arbeitsmittel finanzieren soll (MünchHdbArbR/*Krause* § 60 Rn. 17).

4. Keine Pflicht zur Vermögensberatung. Grundsätzlich trifft den Arbeitgeber keine Pflicht zur Vermögensberatung des Arbeitnehmers. Gewährt der Arbeitgeber einem Mitarbeiter allerdings ein Arbeitgeberdarlehen und erfolgt die Verwendung dieses Darlehens für einen auch im Interesse des Arbeitgebers liegenden Zweck (z. B. die Finanzierung von nicht börsennotierten Unternehmensaktien), so treffen den Arbeitgeber aus arbeitsvertraglicher Nebenpflicht die entsprechenden **Aufklärungspflichten** (§ 241 Abs. 2 BGB). Verletzt der Arbeitgeber diese Pflichten, haftet der Arbeitgeber. Dadurch kann der Mitarbeiter als Folge dieser Haftung des Arbeitgebers sogar von der Verpflichtung zur

Rückzahlung des Darlehens (z. B. Zug um Zug gegen Rückgabe der Aktien) freizustellen sein (BAG NZA 2006, 545). Der Arbeitgeber sollte den Arbeitnehmer daher umfassend aufklären und sich zu Beweiszwecken eine umfassende Aufklärung bestätigen lassen.

5. Mitbestimmung des Betriebsrates. Die generelle Ausgestaltung von vergünstigten Arbeitgeberdarlehen unterliegt, sofern diese nach bestimmten Richtlinien erfolgt, gemäß § 87 Abs. 1 Nr. 10 BetrVG der Mitbestimmung des Betriebsrats. Dies gilt jedoch nicht für die einzelvertragliche Gewährung selbst (s. hierzu BAG AP BetrVG 1972 § 87 Lohngestaltung Nr. 5 und BAG AP BetrVG 1972 § 87 Lohngestaltung Nr. 22; LAG Mainz BeckRS 2007 44500). Aufgrund des Grundsatzes der Freiwilligkeit betrieblicher Sozialleistungen ist ein Arbeitgeber aber nicht verpflichtet, seinen Arbeitnehmern überhaupt zinsbegünstigte Arbeitgeberdarlehen einzuräumen. Werden aber solche Arbeitgeberdarlehen an mehrere Mitarbeiter in gleichförmiger Weise gewährt, können aber eventuell auch andere Mitarbeiter unter Hinweis auf den Gleichbehandlungsgrundsatz die Gewährung eines Arbeitgeberdarlehens verlangen (BAG AP BGB § 611 Arbeitnehmerdarlehen Nr. 2).

6. Darlehen. Ein Darlehen muss von einem bloßen Vorschuss abgegrenzt werden. Unter einem Vorschuss versteht man eine Leistung auf das künftig noch zu verdienende Entgelt (Küttner/*Griese* Arbeitgeberdarlehen Rn. 1). Die Abgrenzung richtet sich nach den tatsächlichen Umständen des Einzelfalls. Indiz für das Vorliegen eines Darlehensvertrages im Gegensatz zu einer Vorschussvereinbarung ist z. B. die Vereinbarung der Zinshöhe und einer Rückzahlungsverpflichtung (s. hierzu LAG Düsseldorf AP BGB § 614 Gehaltsvorschuss Nr. 1; *Preis* Arbeitsvertrag II D 10 Rn. 7). Diese Unterscheidung ist bei einer etwaigen Aufrechnung von Relevanz, weil sich das Darlehen im Gegensatz zum Vorschuss gemäß § 394 BGB (Nichtaufrechenbarkeit von unpfändbaren Forderungen) nur gegen den pfändbaren Teil des Arbeitseinkommens aufrechnen lässt (für die Anrechnung einer vom Arbeitgeber geleisteten Abschlagszahlung auf den unpfändbaren Teil der Vergütung des Arbeitnehmers s. BAG AP ZPO § 850 Nr. 11).

Im Einzelfall ist daher zu überlegen, ob es im Hinblick auf die uneingeschränkte Anrechenbarkeit für die Gesellschaft nicht eine günstigere Alternative darstellen kann, dem Mitarbeiter lediglich einen Vorschuss zu gewähren.

7. Fälligkeit der Darlehensauszahlung. Im Formular ist die vollständige Auszahlung des Darlehensbetrags zu einem bestimmten Datum, dem Auszahlungstag, vereinbart. Die Fälligkeit der Auszahlung kann auch in Teilbeträgen oder alternativ wie folgt geregelt werden:

Alternative:
Der Darlehensbetrag kann vom Mitarbeiter nach Bedarf zweckgebunden abgerufen werden.

Diese Formulierung ermöglicht es dem Arbeitnehmer, das Darlehen erst zu dem Zeitpunkt und nur in der Höhe in Anspruch zu nehmen, zu welchem und in welcher er es auch tatsächlich benötigt.

8. Zinsen und deren steuerliche Behandlung. Bei Arbeitgeberdarlehen ist eine niedrigere als die marktübliche Verzinsung üblich; hiervon geht auch das Formular aus. Soll das Arbeitgeberdarlehen allerdings völlig zinslos gewährt werden, muss dies entsprechend klargestellt werden. Fehlt eine solche Festlegung, gilt der gesetzliche Zinssatz als vereinbart (Palandt/*Weidenkaff* § 488 Rn. 14). Zur Vereinbarung der Zinslosigkeit des Darlehens kann folgende Formulierung verwendet werden:

Alternative:
(1) Das Darlehen ist nicht zu verzinsen.

Mit der Gewährung des vergünstigten Arbeitgeberdarlehens sind für den Arbeitnehmer Zinsvorteile verbunden. Bezüglich der Besteuerung dieser Zinsvorteile ist zu differenzieren: Sofern die Kreditvergabe zu den üblichen Handelsgeschäften der Gesellschaft gehört, erhält der Mitarbeiter durch die zinslose Darlehensgewährung bzw. durch die Gewährung zu einem erniedrigten Zinssatz einen **geldwerten Vorteil** i.S.v. § 8 Abs. 3 EStG (Bewertung von Belegschaftsrabatten, s. hierzu BFH DStR 1995, 90). Dieser geldwerte Vorteil ist vom Mitarbeiter entsprechend zu versteuern, wobei aber gemäß § 8 Abs. 3 S. 1 EStG der Bewertungsabschlag in Höhe von vier Prozent sowie gemäß § 8 Abs. 3 S. 2 EStG der Rabattfreibetrag von derzeit 1.080 EUR zu beachten sind. Gemäß dieser Vorschriften muss lediglich der um vier Prozent geminderte Endpreis versteuert werden, zu dem der Arbeitgeber die Dienstleistung (in diesem Fall das Darlehen) fremden Letztverbrauchern im allgemeinen Geschäftsverkehr anbietet. Ebenfalls sind die Vorteile steuerfrei, die sich nach Abzug der vom Arbeitgeber gezahlten Entgelte ergeben, soweit sie aus dem Dienstverhältnis insgesamt 1.080 EUR im Kalenderjahr nicht übersteigen. Vergibt hingegen eine nicht im Kreditwesen tätige Gesellschaft ein Arbeitgeberdarlehen, so liegt in dem Zinsvorteil ein steuerbarer Arbeitslohn als Sachbezug nach § 8 Abs. 2 EStG (Bewertung der nicht in Geld bestehenden Einnahmen) (BFH ZEV 2001, 414). Der Rabattfreibetrag des § 8 Abs. 3 S. 2 EStG (s.o.) gilt nicht (BFH NZA 2003, 36). Auf die Zinsvorteile des Mitarbeiters wird die Freigrenze von § 8 Abs. 2 S. 9 EStG in Höhe von 44 EUR angewandt. Zu beachten ist, dass bei Überschreiten dieser Grenze, beispielsweise durch Gewährung anderer Vorteile, die Lohnsteuerpflicht für alle steuerpflichtigen Sachbezüge ausgelöst wird und die Vorteile der Freigrenze entfallen (vgl. hierzu *Seifert* DStZ 2008, 182).

Der Zinsvorteil besteht grundsätzlich in der Differenz zwischen dem marktüblichen und dem vereinbarten Zinssatz (*Preis* Arbeitsvertrag II D 10 Rn. 26). Die früher geltenden Vereinfachungsregeln der Finanzverwaltung sind ab dem Kalenderjahr 2008 entfallen. Bis dahin galt nach den Lohnsteuerrichtlinien (R 31 Abs. 11 LStR 2005) ein Darlehen nur dann als steuerpflichtiger Arbeitslohn, wenn am Ende des Lohnzahlungszeitraums die Summe aller noch nicht getilgten Darlehen 2.600 EUR überschritt (Beschränkung auf sog. Kleindarlehen) und der Effektivzins – bezogen jeweils auf die einzelnen Darlehen – fünf Prozent unterschritt. Nach der nunmehr geltenden Auffassung der Finanzverwaltung (BMF BStBl I 2008, 892) gilt zwar noch die Freigrenze von 2.600 EUR für Kleindarlehen, aber nicht mehr die feste Grenze von fünf Prozent. Vielmehr liegt steuerpflichtiger Arbeitslohn in der Höhe vor, in der der konkret vereinbarte Zinssatz den marktüblichen Zinssatz unterschreitet. Ist ein fester Zinssatz vereinbart, ist der marktübliche Zinssatz bei Vertragsabschluss maßgeblich; bei wechselnden Zinssätzen ist der beim jeweiligen Wechsel marktübliche Zinssatz maßgeblich. Dabei wird es aus Vereinfachungsgründen nicht beanstandet, wenn als marktüblicher Zinssatz der von der Deutschen Bundesbank im Internet zuletzt veröffentlichte Effektivzinssatz unter Berücksichtigung eines Abschlags von vier Prozent herangezogen wird (vgl. hierzu *Schramm/Schwertfeger* NWB Fach 6, 4993). Für Darlehen, die vor dem 1.1.2008 abgeschlossen wurden, gilt nach Auffassung der Finanzverwaltung Folgendes: Zur Ermittlung des geldwerten Vorteils bis einschließlich Kalenderjahr 2007 kann die Regelung in R 31 Abs. 11 LStR 2005 in allen offenen Fällen herangezogen werden. Für die Ermittlung des geldwerten Vorteils nach dem Kalenderjahr 2007 können bei einem Vertragsschluss ab dem Kalenderjahr 2003 grundsätzlich zur Vereinfachung der Feststellung des Maßstabszinssatzes die bei Vertragsabschluss von der Deutschen Bundesbank zuletzt veröffentlichten Effektivzinssätze herangezogen werden. Bei einem Vertragsabschluss vor dem Kalenderjahr 2003 kann stattdessen die frühere Bundesbank-Zinsstatistik „Erhebung über Soll- und Habenzinsen ausgewählter Kredit- und Einlagenarten" zur Ermittlung des geldwerten Vorteils herangezogen werden, wobei die Untergrenze der Streubreite der statistisch erhobenen Zinssätze, ohne Abschlag von vier Prozent, zu Grunde zu legen ist.

Die Gesellschaft kann – als arbeitnehmerfreundliche Alternative – die Zahlung der Steuer übernehmen. Dies bedeutet dann allerdings einen weiteren, zu versteuernden geldwerten Vorteil. Eine solche Regelung würde wie folgt lauten:

Alternative:
§ 3 Zins/Lohnsteuer
(1) Das Darlehen ist nicht zu verzinsen.
(2) Aufgrund der zinslosen Darlehensgewährung entstehende Lohnsteuer trägt die Gesellschaft.

In der Alternative der zinslosen Darlehensgewährung ist zu beachten, dass der Mitarbeiter hier zur jederzeitigen Rückzahlung des Darlehensbetrages unabhängig von einer Kündigung berechtigt ist (§ 488 Abs. 3 S. 3 BGB).

Die Auszahlung des Darlehensbetrags selbst führt nicht zu einer Besteuerung beim Mitarbeiter, da wegen der Rückzahlungspflicht das Darlehen selbst kein Einkommen darstellt (*Preis* Arbeitsvertrag II D 10 Rn. 25). Sofern die Gesellschaft allerdings auf die Rückzahlung des ausstehenden Restbetrages verzichtet, hätte der Mitarbeiter in Höhe des Betrages, auf dessen Rückzahlung verzichtet wurde, steuerbare Einkünfte (s. hierzu BFH ZEV 2001, 414). Sind sich Arbeitgeber und Arbeitnehmer schon von vorneherein einig, dass in der Zukunft auf die Rückzahlung verzichtet werden soll, ist es ratsam, einen Verzicht im Darlehensvertrag lediglich als Möglichkeit vorzusehen und für den Fall des Verzichts etwaige lohnsteuerrechtliche Folgen zu regeln. So könnte z. B. für den Fall des Verzichts zur Tilgung der dadurch anfallenden Lohnsteuer ein weiteres Darlehen gewährt werden, welches durch eine zu erwartende Lohnsteuerrückerstattung zu tilgen ist. Hierzu kann folgende Formulierung verwendet werden:

Optional:
§ . . . . . . Verzicht/Zweites Darlehen
(1) Für den Fall des Verzichts auf die Rückzahlung des ersten Darlehens gewährt die Gesellschaft dem Mitarbeiter ein zweites Darlehen. Die Darlehenshöhe ist begrenzt auf die durch den Verzicht ausgelöste Lohnsteuer, etwaige Kirchensteuer und den Solidaritätszuschlag hierauf.
(2) Das Darlehen nach Abs. (1) ist im Zeitpunkt des Verzichts zur Auszahlung fällig. Die Gesellschaft wird das Darlehen nicht an den Mitarbeiter auszahlen, sondern als Lohnsteuer i. S. v. § 38 Abs. 3 EStG für den Mitarbeiter direkt an das zuständige Finanzamt entrichten.
(3) Das Darlehen nach Abs. (1) ist mit . . . . . . Prozent jährlich beginnend mit dem Zeitpunkt der Entrichtung an das Finanzamt zu verzinsen.
(4) Das Darlehen zuzüglich Zinsen hierauf ist zum Ende des Monats, in welchem dem Mitarbeiter der Einkommensteuerbescheid für das Jahr . . . . . . bekannt gegeben worden ist, zurückzuzahlen. Der Mitarbeiter hat der Gesellschaft die Bekanntgabe des Einkommensteuerbescheides unverzüglich mitzuteilen.
(5) Der Mitarbeiter verpflichtet sich, spätestens bis 31. 5. . . . . . . (Jahr) eine Einkommensteuererklärung abzugeben.
(6) Der Mitarbeiter versichert, dass nach seiner Kenntnis weder aus dem bestehenden Arbeitsverhältnis noch aus anderen Einkunftsquellen für das Jahr . . . . . . Steuernachzahlungen zu erwarten sind.

Diese Fallkonstellation ist die eines atypischen Arbeitgeberdarlehens. Dementsprechend müssen auch die restlichen Klauseln – wie in der Alternative vorgeschlagen – im Formular abgeändert werden. So ist zunächst die Festschreibung der Konditionen für das erste Darlehen nötig. Auch ist es ratsam, die geplante Vorgehensweise in einer Präambel zu beschreiben.

9. Weiterführung zu geänderten Konditionen. Es bleibt den Parteien im Übrigen unbenommen, unabhängig vom Bestehen des Arbeitsverhältnisses eine Weiterführung des Darlehens zu geänderten Zinskonditionen zu vereinbaren. Zu beachten ist aber, dass in diesem Fall dem Mitarbeiter nicht das Risiko der Zinssatzänderung aufgebürdet werden darf, d. h., der erhöhte Zinssatz muss von Anfang an bestimmt sein (BAG NZA 1999, 1212; LAG Saarbrücken NJW-RR 1988, 1008). Formulierungen wie „Prozentpunkte über dem Basiszinssatz“ oder „zu marktüblichen Konditionen“ sind daher mit Blick auf das Transparenzgebot zu vermeiden. Ist in einer automatischen Zinsanpassungsklausel der erhöhte Zinssatz bereits vereinbart, bestehen nach dem BAG keine rechtlichen Bedenken gegen eine Zinsanpassungsklausel. Sie führen grundsätzlich nicht zu einer unangemessenen Benachteiligung (BAG NZA 1999, 1212).

Zu beachten ist hierbei ebenfalls, dass mit der Erhöhung des Zinssatzes auf einen marktüblichen Zinssatz das Darlehen zu einem Verbraucherdarlehen wird. Wenn also diese Alternative gewählt wird, muss der gesamte Vertrag – von Anfang an oder gegebenenfalls durch spätere Abänderung – den Anforderungen genügen, die an ein Verbraucherdarlehen gestellt werden. Denn nur so kann gewährleistet werden, dass die Auszahlung der Valuta von Anfang an auf einer wirksamen Vertragsgrundlage basiert. So muss z. B. ein Widerrufsrecht i. S. v. § 355 BGB (allgemeine Vorschrift über die Pflicht zur Einräumung eines Widerrufsrechts bei Verbraucherverträgen) vorgesehen sein. Ein solches könnte wie folgt vereinbart werden:

Optional:
§ . . . . . . Widerrufsrecht
(1) Der Mitarbeiter kann die Erklärung zu diesem Vertrag vom . . . . . . innerhalb von zwei Wochen ohne Angabe von Gründen schriftlich der Gesellschaft gegenüber widerrufen. Die Frist beginnt frühestens mit Erhalt dieser Belehrung. Zur Wahrung der Widerrufsfrist genügt die rechtzeitige Absendung des Widerrufs.
(2) Im Falle des wirksamen Widerrufs sind die beiderseitig empfangenen Leistungen zurückzugewähren und gegebenenfalls gezogene Nutzungen herauszugeben.
(3) Der Widerruf gilt als nicht erfolgt, wenn der Mitarbeiter das bereits empfangene Darlehen nicht binnen zweier Wochen nach Erklärung des Widerrufs oder Auszahlung des Darlehens zurückzahlt.

. . . . . .
Ort/Datum

. . . . . .
Unterschrift des Mitarbeiters

Wichtig ist, dass das Widerrufsrecht vom Mitarbeiter gesondert unterzeichnet wird. Weitere im Rahmen eines Verbraucherdarlehens zu beachtende Erfordernisse finden sich insbesondere in § 492 BGB, nämlich: Schriftform, Angabe des Nettodarlehensbetrages, Angabe des Gesamtbetrages aller vom Darlehensnehmer zur Tilgung des Darlehens sowie zur Zahlung der Zinsen und sonstiger Kosten zu entrichtender Teilzahlungen, Angabe der Art und Weise der Rückzahlung des Darlehens, Angabe des Zinssatzes sowie aller weiteren Kosten, Angabe des effektiven Jahreszinses, Angabe der Kosten einer Restschuld- oder sonstigen Versicherung, Angabe der zu bestellenden Sicherheiten.

Unwirksam ist ebenfalls die Vereinbarung einer rückwirkenden Aufhebung der Zinsvergünstigung. Vielmehr kann die Anpassung immer nur für die Zukunft erfolgen (in diesem Sinne auch BAG NZA 1992, 793).

10. Einbehalt. Mit der Klausel in § 5 Abs. (1) des Formulars ist die Aufrechenbarkeit des Lohnanspruchs hergestellt (sog. Aufrechnungsvertrag, vgl. MünchKommBGB/*Schlüter* § 387 Rn. 51). Zu beachten ist aber die absolute Pfändungsgrenze von Arbeitseinkommen (§ 850c ZPO), die in diesem Fall wegen der oben dargelegten Verknüpfung von Aufrechenbarkeit und Pfändbarkeit (§ 394 BGB) auch die Verrechnungsmöglichkeit begrenzt. Es ist daher bei Einsetzung der Tilgungsraten in § 4 Abs. (1) des Formulars darauf zu achten, dass dem Mitarbeiter trotz der Aufrechenbarkeit nach Abzug seiner Unterhaltsverpflichtungen monatlich noch der unpfändbare Teil seines Einkommens verbleibt. Die Aufrechnungsmöglichkeit ist in § 5 Abs. (2) des Formulars ebenfalls auf mögliche Abfindungsansprüche bezogen. Damit soll eine Aufrechnung in den Fällen erleichtert werden, in welchen das Arbeitsverhältnis unter Zahlung einer Abfindung aufgehoben wird und der noch ausstehende Darlehensrestbetrag zum Beendigungstermin und damit gleichzeitig mit der Auszahlung der Abfindung fällig wird.

11. Vorzeitige Fälligkeit bei Beendigung. Grundsätzlich besteht der Darlehensvertrag unabhängig vom Arbeitsverhältnis, wird also nicht von der Beendigung des Arbeitsverhältnisses berührt. Eine Pflicht zur Rückzahlung des Darlehens bei Beendigung des Arbeitsverhältnisses kann i.d.R. weder durch ergänzende Vertragsauslegung nach §§ 133, 157 BGB (Vorschriften über die Auslegung von Willenserklärungen nach dem wirklichen Willen und Verträgen nach Treu und Glauben und mit Rücksicht auf die Verkehrssitte) noch unter Anwendung von § 313 BGB (Vorschrift über den Wegfall der Geschäftsgrundlage, welche als Konsequenz zunächst eine Vertragsanpassung anordnet) erreicht werden (MünchHdbArbR/*Krause* § 60 Rn. 23).

Weil es hierbei im Interesse eines Arbeitgebers liegt, nur eigenen Mitarbeitern ein – regelmäßig wirtschaftlich vorteilhaftes – Arbeitgeberdarlehen zu gewähren, wird durch die Klausel in § 6 Abs. (1) des Formulars der Gleichlauf zwischen Beendigung des Arbeitsverhältnisses und Laufzeit des Darlehens, d.h. Fälligkeit des Darlehensrestbetrages, hergestellt. Die Regelung dieses Gleichlaufs ist grundsätzlich möglich (MünchHdbArbR/*Krause* § 60 Rn. 27; *Preis* Arbeitsvertrag II D 10 Rn. 16). Sie muss allerdings den Anforderungen der Inhaltskontrolle nach §§ 305 ff. BGB standhalten. Welcher Maßstab für eine Inhaltskontrolle bei derartigen Fälligkeitsklauseln anzuwenden ist, wurde jedoch höchstrichterlich bisher nicht entschieden. In der Literatur werden unterschiedliche Anforderungen an die Gestaltung einer derartigen Klausel gestellt. Nach einer Auffassung soll die Zulässigkeit unter ähnlichen Aspekten wie Rückzahlungsklauseln bei Gratifikationen beurteilt werden (vgl. ErfKomm/*Preis* § 611 BGB Rn. 426), während nach einer anderen Auffassung die vom BAG aufgestellten Grundsätze wegen der von Vertragsbeginn an bestehenden Absehbarkeit der Rückzahlungspflicht eines Darlehens nicht übertragbar sein sollen (*Preis* Arbeitsvertrag II D 10 Rn. 16). Besondere Bedeutung für die Zulässigkeit einer Fälligkeitsklausel kommt aber nach allen Auffassungen – allerdings unterschiedlich bewertet – dem Beendigungsgrund des Arbeitsvertrages zu (→ Anm. 12).

12. Unterschiedliche Behandlung nach dem Beendigungsgrund. Bei der Regelung eines Gleichlaufs zwischen Beendigung des Arbeitsverhältnisses und Fälligkeit des Darlehensrestbetrages ist im Hinblick auf die Inhaltskontrolle und das Verbot der unangemessenen Benachteiligung insbesondere umstritten, ob die genannte Verknüpfung für den Mitarbeiter eine Erschwerung für eine Eigenkündigung darstellt. Eine solche Kündigungserschwerung ist unzulässig (vgl. § 622 Abs. 6 BGB; Küttner/*Griese* Arbeitgeberdarlehen Rn. 9). Hier wird vor allem argumentiert, dass ein kündigungswilliger Mitarbeiter die eigentlich beabsichtigte Eigenkündigung nur deshalb unterlasse, weil er den dann fälligen Darlehensrestbetrag nicht bezahlen könne. Dem wird jedoch entgegengehalten, dass dem Mitarbeiter von Anfang an bekannt gewesen sei, dass er das Darlehen in jedem Fall später einmal zurückzahlen müsse, und dass wegen dieser Kenntnis gerade keine unzulässige Kündigungserschwerung vorliege (*Preis* Arbeitsvertrag II D 10 Rn. 16).

Umstritten ist auch, ob die Regelung des Gleichlaufs für die Fälle wirksam sein kann, in denen der Arbeitgeber eine betriebsbedingte Kündigung ausspricht oder eine Eigenkündigung des Mitarbeiters veranlasst. Denn in diesen Fällen führt der Arbeitgeber unmittelbar (durch die betriebsbedingte Kündigung) oder indirekt (bei der durch den Arbeitgeber veranlassten Eigenkündigung) selbst die Fälligkeit des Darlehens herbei. Dies soll nach dem Rechtsgedanken des § 162 Abs. 2 BGB unwirksam sein, weil treuwidriges Verhalten nicht zum eigenen Vorteil gereichen darf (vgl. Palandt/*Ellenberger* § 162 BGB Rn. 6). Zwar erscheint diese Ansicht zu weitgehend (MünchHdbArbR/*Stoffels* § 60 Rn. 29; *Preis* Arbeitsvertrag II D 10 Rn. 17; a.A. Schaub/*Linck* § 70 Rn. 21; Küttner/*Griese* Arbeitgeberdarlehen Rn. 8). Allerdings hat das BAG in einer früheren Entscheidung für den Fall der vom Arbeitgeber veranlassten Eigenkündigung des Arbeitnehmers eine ergänzende Auslegung nach §§ 133, 157 BGB (s.o.) vorgenommen und die gleichzeitige Fälligkeit des Darlehens abgelehnt (BAG AP BGB § 607 Nr. 1). Aufgrund dieser Rechtsunsicherheit wurde in § 6 Abs. (2) des Formulars für die Fälle der betriebsbedingten Kündigung sowie der vom Arbeitgeber veranlassten Eigenkündigung die sofortige Rückzahlungspflicht ausdrücklich ausgeschlossen, sodass die Wirksamkeit der Koppelungsklausel im Übrigen auch unter Berücksichtigung der oben geschilderten Meinungen in Rechtsprechung und Literatur gewährleistet sein dürfte.

Unklar ist zudem, ob eine Abrede über die sofortige Rückzahlungspflicht auch dann wirksam ist, wenn sie für den Fall der einvernehmlichen Beendigung des Arbeitsverhältnisses oder für den Fall einer im Kündigungsschutzverfahren erfolgten gerichtlichen Auflösung des Arbeitsverhältnisses vereinbart wurde (s. hierzu BAG AP BGB § 607 Nr. 2). Aus diesem Grunde wurden auch diese Fälle in § 6 Abs. (1) des Formulars ausgenommen.

13. Kündigung des Darlehens. Ist kein Rückzahlungstermin vereinbart, ist die Rückzahlung des Darlehens nach der Gesetzeslage erst nach einer Kündigung des Darlehensvertrages fällig (§ 488 Abs. 3 S. 1 BGB). Die Kündigungsfrist beträgt grundsätzlich für beide Parteien drei Monate (§ 488 Abs. 3 S. 2 BGB). Eine einzelvertragliche Verkürzung dieser dreimonatigen Kündigungsfrist ist möglich (Palandt/*Weidenkaff* § 488 Rn. 22, 10; *Preis* Arbeitsvertrag II D 10 Rn. 21); sie erscheint aber vor dem Hintergrund einer Inhaltskontrolle nach § 307 BGB bzw. § 242 BGB (→ Anm. 12) nicht ratsam (siehe allgemein zur Angemessenheit von Kündigungsfristen und den hierbei entwickelten Grundsätzen BGH WM 1985, 1128; BGH WM 1985, 1437).

Daneben gilt gemäß § 489 Abs. 4 S. 1 BGB für den Mitarbeiter das nicht abdingbare Kündigungsrecht nach § 489 BGB, wonach z. B. gemäß Abs. 1 Nr. 1 der Darlehensnehmer einen Darlehensvertrag, bei dem für einen bestimmten Zeitraum ein fester Zinssatz vereinbart wurde, ganz oder teilweise kündigen kann, wenn die Zinsbindung vor der für die Rückzahlung bestimmten Zeit endet und keine neue Vereinbarung über den Zinssatz getroffen wurde (*Preis* Arbeitsvertrag II D 10 Rn. 13).

Die Kündigungsproblematik wird jedoch bei Verwendung des Formulars regelmäßig nicht relevant, da in § 6 Abs. (1) der Gleichlauf von Darlehen und Arbeitsverhältnis vereinbart wurde. Wäre kein Gleichlauf von Darlehen und Arbeitsverhältnis gewollt, müsste § 6 in diesem Fall alternativ wie folgt formuliert werden:

Alternative:

§ 6 Laufzeit des Darlehens/Kündigung

(1) Das Darlehen wird unabhängig vom Bestehen des Arbeitsverhältnisses durchgeführt, allerdings beträgt der Zinssatz ab Beendigung des Arbeitsverhältnisses ...... Prozent (Zinssatz) pro Jahr.

(2) Im Übrigen kann jede Partei das Darlehen nach § 488 Abs. 3 BGB jederzeit mit einer Frist von drei Monaten kündigen.

In dieser Alternativklausel sollte der Zinssatz, der nach Beendigung des Arbeitsverhältnisses gelten soll, durch konkrete Bezifferung von Anfang an festgelegt werden. Formulierungen wie „Prozentpunkte über dem Basiszinssatz" oder „zu marktüblichen Konditionen" sollten nicht gewählt werden und werden im Formular bewusst vermieden, da diese dem Mitarbeiter das Risiko der Zinsänderung aufbürden würden und § 6 in diesem Falle einer richterlichen Überprüfung nicht stand hielte (→ Anm. 9).

14. Sicherheiten. Mit dem in § 5 des Vertrages geregelten Einbehalt ist die Gesellschaft zumindest während des laufenden Arbeitsverhältnisses durch den sofortigen Zugriff auf den Lohn bzw. die Abfindung abgesichert. Dies deckt in Verbindung mit der Vorauszession aller künftigen Lohnansprüche das erste Sicherungsbedürfnis der Gesellschaft ab. Je nach Höhe des Darlehens kann aber darüber hinaus eine Gewährung von weiteren Sicherheiten angebracht sein. Sofern das Darlehen zur Finanzierung von Immobilien wie einer Wohnung oder eines Hauses verwendet wird, empfiehlt sich, wie in § 7 Abs. (1) des Formulars vorgesehen, die Einräumung einer Grundschuld oder (Brief-)Hypothek. In diesem Fall würde dadurch allerdings der Darlehensvertrag formbedürftig (§ 311b BGB, notarielle Beurkundung). Bei anderen Wertgegenständen wie z. B. einem Kfz ist je nach

Interessenlage auch eine Sicherungsübereignung der Gegenstände denkbar, welche als Alternative zu § 7 Abs. (1) wie folgt formuliert werden könnte:

Alternative:
(1) Der Mitarbeiter übereignet der Gesellschaft zur Sicherheit . . . . . . (Auto, Wertpapiere oder sonstiger Wertgegenstand). Die Parteien sind sich hiermit über den Eigentumsübergang einig. Die Besitzübergabe wird dadurch ersetzt, dass

. . . . . ,

. . . . . ,

. . . . . .

15. Vorausabtretung. Die in § 7 Abs. (2) des Formulars vorgesehene Vorausabtretung der Lohn- und Gehaltsansprüche gegen zukünftige Arbeitgeber schützt die Gesellschaft für den Fall, dass das Arbeitsverhältnis bereits beendet ist, obwohl der Mitarbeiter noch ausstehende Tilgungs- und Zinszahlungen zu leisten hat. Insbesondere bei der Darlehensgewährung zur Hausfinanzierung schützt die Vorausabtretung die Gesellschaft vor etwaigen Pfändungen durch Bauunternehmer und Handwerker. Sollte der Mitarbeiter etwaige Vergütungsansprüche schon an andere Gläubiger abgetreten haben, empfiehlt es sich, wie in § 8 Abs. (2) vorgesehen, dies in den Darlehensvertrag mit aufzunehmen. Falls dies nicht zutrifft, sollte folgende Alternative zu § 8 Abs. (2) aufgenommen werden:

Alternative:
(2) Der Mitarbeiter versichert, dass bislang keinerlei Vergütungsansprüche abgetreten oder verpfändet wurden.

16. Gerichtliche Geltendmachung. Der Darlehensvertrag ist als rechtlich selbstständiger Vertrag neben dem Arbeitsverhältnis anzusehen. Gleichwohl ist im Regelfall eine Zuständigkeit der Arbeitsgerichte anzunehmen. Zwar sind Ansprüche aus dem Darlehensvertrag keine Ansprüche i. S. d. § 2 Abs. 1 Nr. 3a ArbGG (Zuständigkeit der Arbeitsgerichte für bürgerliche Rechtsstreitigkeiten zwischen Arbeitnehmer und Arbeitgeber über Ansprüche aus dem Arbeitsverhältnis). Wohl aber können die Arbeitsgerichte gemäß § 2 Abs. 1 Nr. 4a ArbGG (Zuständigkeit der Arbeitsgerichte für bürgerliche Rechtsstreitigkeiten zwischen Arbeitnehmer und Arbeitgeber über Ansprüche, die mit dem Arbeitsverhältnis in rechtlichem oder unmittelbar wirtschaftlichem Zusammenhang stehen) zuständig sein, nämlich dann, wenn das Darlehen durch das Arbeitsverhältnis beeinflusst war. Eine Beeinflussung durch das Arbeitsverhältnis soll regelmäßig bereits dann anzunehmen sein, wenn das Darlehen zu einem günstigeren Zinssatz gewährt wird oder – wie in § 6 Abs. (1) des Formulars – das Darlehen an den Bestand des Arbeitsverhältnisses gekoppelt wurde (LAG München BeckRS 2009, 61922). Allerdings wird teilweise zusätzlich verlangt, dass das Arbeitgeberdarlehen nicht nur im Hinblick auf das bestehende Arbeitsverhältnis gegeben wurde, sondern auch den Zweck verfolgt, den Arbeitnehmer an den Betrieb zu binden (LAG Mainz BeckRS 2008 53371).

17. Ausgleichsklauseln. Weil Arbeits- und Darlehensvertrag grundsätzlich unabhängig voneinander zu beurteilen sind, erfassen Ausgleichsklauseln, mit denen z. B. in einem Aufhebungsvertrag oder einem gerichtlichen Vergleich alle gegenseitigen Ansprüche aus dem Arbeitsverhältnis und seiner Beendigung abgegolten sein sollen, den Anspruch auf Rückzahlung des Darlehens grundsätzlich nicht (BAG AP BGB § 611 Arbeitgeberdarlehen Nr. 4). Allerdings ist bei fehlender ausdrücklicher Regelung stets auf die Umstände des Einzelfalls abzustellen und durch Auslegung zu ermitteln, ob die Ausgleichsklausel nicht doch auch das Darlehen erfasst (so z. B. bei Arbeitgeberdarlehen, die zur Finanzierung von Mitarbeiterbeteiligungen verwendet werden sollen, BAG NZA 2010, 356).

18. Schriftformklausel. → Form. A. II. 1 Anm. 28.

19. Salvatorische Klausel. → Form. A. II. 1 Anm. 29.

20. Unterschrift. → Form. A. II. 1 Anm. 31.

7. Fortbildungsvertrag

Vertrag

zwischen

...... (Name und Anschrift des Arbeitgebers) „Gesellschaft"

und

Herrn ...... (Name und Anschrift des Arbeitnehmers) „Mitarbeiter"

In Ergänzung des Arbeitsvertrages vom ...... wird folgende Vereinbarung zur Fortbildung[1, 2, 3] des Mitarbeiters geschlossen:

§ 1 Fortbildung

Der Mitarbeiter nimmt vom ...... (Beginn der Fortbildung) bis zum ...... (Ende der Fortbildung) an ...... (Bezeichnung der Schulung/des Kurses) bei ...... (Bezeichnung des Ausbilders/Instituts) („Fortbildung") teil.

§ 2 Freistellung

(1) Während der Dauer der Fortbildung wird der Mitarbeiter freigestellt. Die Parteien sind sich einig, dass es sich bei dieser Freistellung nicht um Urlaub handelt.[4]

(2) Der Mitarbeiter erhält während der Dauer der Fortbildung seine Vergütung weiterbezahlt. Die monatliche Vergütung wird dabei nach dem Durchschnittsverdienst berechnet, den der Mitarbeiter in den dem Beginn der Fortbildung unmittelbar vorangegangenen drei Monaten hatte.[5]

(3) Nach Ende der Teilnahme an der Fortbildung, voraussichtlich am ...... (vorgesehenes Ende der Fortbildung), wird der Mitarbeiter weiter in seiner bisherigen Position als ...... (Funktionsbezeichnung) gemäß dem Arbeitsvertrag vom ...... (Datum des Arbeitsvertrages) tätig sein.[6]

§ 3 Fortbildungskosten[7, 8]

(1) Die Gesellschaft trägt die Kosten der Fortbildung, d.h. ...., soweit sie beim Mitarbeiter tatsächlich anfallen.

(2) Soweit der Mitarbeiter Kosten nach Abs. (1) bereits verauslagt hat, erstattet die Gesellschaft die Auslagen nach Vorlage entsprechender Belege.

(3) Soweit die Agentur für Arbeit, ein Sozialversicherungsträger oder eine andere Stelle die Kosten übernimmt bzw. Förderungsmittel gewährt, sind vorrangig diese in Anspruch zu nehmen und auf die Leistungen des Arbeitgebers anzurechnen. Ein Kostenerstattungsanspruch des Mitarbeiters entfällt insoweit.

§ 4 Rückzahlung[9, 10, 11, 12]

(1) Endet das Arbeitsverhältnis durch Kündigung des Mitarbeiters aus einem nicht von der Gesellschaft zu vertretenden Grund, durch Kündigung der Gesellschaft oder durch Vereinbarung aus einem Grund, den der Mitarbeiter zu vertreten hat, ist der Mitarbeiter verpflichtet, der Gesellschaft die nach § 2 gezahlte Vergütung und die nach § 3 dieser Vereinbarung von der Gesellschaft übernommenen Fortbildungskosten zurückzuerstatten.

(2) Die Rückzahlung dieser Kosten erfolgt in Raten von monatlich . . . . . . EUR (in Worten: . . . . . . Euro) (Monatsrate). Die Zahlung beginnt mit dem Kalendermonat, der auf den Monat folgt, in welchem das die Rückzahlung auslösende Ereignis lag.

(3) Der vom Mitarbeiter zurückzuerstattende Gesamtbetrag kürzt sich für jeden Monat, währenddessen er nach Abschluss der Fortbildung bei der Gesellschaft in einem Arbeitsverhältnis stand, um ein 36-stel.[13]

§ 5 Wohlverhalten, Rückzahlung bei schuldhaftem Misserfolg[14]

(1) Der Mitarbeiter verpflichtet sich, die Fortbildungsveranstaltung stetig zu besuchen und den erfolgreichen Abschluss der Fortbildung nicht durch schuldhaftes Verhalten wie unentschuldigtes Fernbleiben oder mangelnden Arbeitseinsatz zu gefährden.

(2) Erreicht der Mitarbeiter das Fortbildungsziel schuldhaft nicht, so ist er zur vollständigen Rückzahlung der von der Gesellschaft nach § 2 gezahlten Vergütung und der von der Gesellschaft getragenen Fortbildungskosten nach § 3 dieser Vereinbarung verpflichtet. Der Mitarbeiter erstattet den Gesamtbetrag in Monatsraten in der in § 4 Abs. (2) genannten Höhe, beginnend mit dem ersten Kalendermonat, der auf den Monat des Endes der Fortbildung folgt.

(3) Entschließt sich der Mitarbeiter nach mehr als . . . . . . der Fortbildung aus von ihm zu vertretenden Gründen, diese abzubrechen, ist er der Gesellschaft zur Erstattung der bis dahin bezahlten Bezüge und entstandenen Fortbildungskosten verpflichtet. Der Mitarbeiter erstattet den Gesamtbetrag in Monatsraten in der in § 4 Abs. (2) genannten Höhe, beginnend mit dem ersten Kalendermonat, der auf den Monat des Fortbildungsabbruchs folgt.

§ 6 Schlussbestimmungen[15, 16]

. . . . . .	. . . . . .
Ort, Datum	Ort, Datum
. . . . . .	. . . . . .
Unterschrift der Gesellschaft[17]	Unterschrift des Mitarbeiters

Anmerkungen

1. Berufliche Fortbildung. Die berufliche Fortbildung, die Gegenstand dieses Formulars ist, ist die Stufe nach einer Erstausbildung (z. B. einem Studium oder einer Lehre). Sie soll dem Einzelnen ermöglichen, auf dem Arbeitsmarkt verwertbare berufliche Kenntnisse und Fertigkeiten zu erhalten, zu erweitern, der technischen Entwicklung anzupassen oder aber beruflich aufzusteigen (§ 1 Abs. 4 BBiG). Die berufliche Fortbildung ist abzugrenzen von der sog. **Einarbeitung** in ein bestimmtes Arbeitsgebiet oder eine kurze Anweisung für die Erledigung einer Arbeitsaufgabe. Eine Einarbeitung liegt vor, wenn ein Kurs nur sicherstellen soll, dass der Arbeitnehmer gerade die Anforderungen an einen bestimmten Arbeitsplatz beim Arbeitgeber erfüllen kann. Der Mitarbeiter kann diese Fähigkeiten bei keinem anderen Arbeitgeber verwenden, und es erwachsen ihm keine Vorteile, die über die Wahrnehmung des derzeitigen Arbeitsplatzes hinausgehen und die für ihn auf dem Arbeitsmarkt gewinnbringend sind. Bei Teilnahme an Einarbeitungsmaßnahmen erfüllt der Arbeitnehmer seine Arbeitspflicht, der Arbeitgeber ist zur Lohnzahlung verpflichtet. Eine Rückzahlung (→ Anm. 9) der Einarbeitungskosten ist daher nicht möglich (vgl. LAG Düsseldorf NZA-RR 2002, 292).

2. **Anspruch auf eine berufliche Fortbildung.** Grundsätzlich liegt es in der Hand der Gesellschaft, **ob und welchem Mitarbeiter** sie eine Fortbildung gewähren will. Gleichwohl kann sich **im Einzelfall** für Mitarbeiter ein **Anspruch auf Fortbildung** ergeben. Dies ist dann der Fall, wenn ein einschlägiger Tarifvertrag oder eine Betriebsvereinbarung einen entsprechenden Anspruch begründen oder dem Mitarbeiter bereits in seinem Arbeitsvertrag ein Anspruch auf Fortbildung eingeräumt wurde. Schließlich kann sich auch unter dem Gesichtspunkt des arbeitsrechtlichen Gleichbehandlungsgrundsatzes unter Umständen ein Anspruch auf Fortbildung ergeben (vgl. Küttner/*Reinecke* Fortbildung Rn. 14). Weiterhin dürfte der Arbeitgeber zur Abwendung betriebs- oder personenbedingter Kündigungen im Rahmen seiner Möglichkeiten zu zumutbaren betrieblichen Fortbildungsmaßnahmen verpflichtet sein (vgl. hierzu *Mauer/Holthausen* NZA 2003, 1370, 1373). Denn eine ordentliche Kündigung ist sozialwidrig und damit unwirksam, wenn eine Weiterbeschäftigung des Arbeitnehmers nach zumutbaren Umschulungs- und Fortbildungsmaßnahmen möglich ist (§ 1 Abs. 2 S. 3 KSchG).

3. **Fortbildungsvertrag.** Der Fortbildungsvertrag regelt nun den Fall, dass eine Gesellschaft es einem Mitarbeiter ermöglichen möchte, während der Arbeitszeit eine berufliche Fortbildung zu besuchen. Dem Formular liegt die typische Situation zugrunde, dass der Mitarbeiter von seiner Arbeitspflicht befreit wird und für einen längeren Zeitraum (von mehreren Wochen oder Monaten) durchgängig an einer vom Arbeitgeber finanzierten Fortbildungsveranstaltung teilnimmt. Das Formular regelt für diesen Fall den Zeitraum der Fortbildung, die Kostentragung, die Freistellung von der normalen Arbeitstätigkeit und die Wiederaufnahme derselben und es enthält im Interesse der Gesellschaft vor allem eine Klausel über die Rückzahlung der Fortbildungskosten. Im Formular sollte zur möglichst präzisen Beschreibung der Fortbildungsveranstaltung neben deren genauer Bezeichnung auch angegeben werden, ob die Fortbildungsveranstaltung ganztägig stattfindet oder es sich um eine berufsbegleitende Fortbildung handelt. In letzterem Fall sollten möglichst die Zeiträume, in denen die Fortbildung stattfindet, angegeben werden sowie der Umfang der Arbeitsbefreiung.

Eine gesetzliche Regelung zum Fortbildungsvertrag fehlt. Insbesondere gelten die §§ 3 bis 19 BBiG nicht für Fortbildungsverträge. Die berufliche Fortbildung ist gerade keine Berufsausbildung, sondern baut auf dieser auf. Für den Fortbildungsvertrag gilt damit im Grundsatz das **Prinzip der Vertragsfreiheit.** Der Vertragsfreiheit werden allerdings Grenzen gezogen durch das Grundrecht der Berufsfreiheit des Arbeitnehmers (Art. 12 GG), welches über die Generalklausel des § 242 BGB Eingang in das Arbeitsrecht findet. Daneben sind Formulararbeitsverträge einer AGB-Kontrolle nach den §§ 305 ff. BGB zu unterziehen.

Im Formular wird davon ausgegangen, dass der Fortbildungsvertrag im Rahmen eines bestehenden Arbeitsverhältnisses geschlossen wird. In diesem Fall tritt der Fortbildungsvertrag zum bestehenden Arbeitsvertrag hinzu. Der sich fortbildende Arbeitnehmer bleibt Betriebsangehöriger wie jeder andere Mitarbeiter des Betriebs. Denkbar ist aber auch die Konstellation, dass gleichzeitig mit dem Fortbildungsvertrag ein (unbefristetes oder befristetes) Arbeitsverhältnis begründet wird, insbesondere mit Übernahmeaussichten nach deren Beendigung. In diesem Fall sind die Klauseln des Fortbildungsvertrages als Bestandteil in den dann zu schließenden Arbeitsvertrag aufzunehmen.

Der Fortbildungsvertrag sollte aus Gründen der Rechtsklarheit und Beweissicherung stets vor der Teilnahme des Arbeitnehmers an der Fortbildungsmaßnahme (→ Anm. 9) und vor allem auch schriftlich abgeschlossen werden. Dadurch vermeidet der Arbeitgeber den Vorwurf, er habe den Arbeitnehmer unter einen unerlaubten Druck gesetzt, was die Vereinbarung, insbesondere eine Rückzahlungsklausel, unwirksam machen würde (vgl. BAG AP BGB § 611 Ausbildungsbeihilfe Nr. 5; offengelassen BAG NZA 2010, 342). Darüber hinaus ist eine schriftliche Niederlegung der Vertragsbedingungen, soweit der Fortbildungsvertrag Teil des Arbeitsvertrages ist, auch mit Blick auf die (nicht abschließend aufgezählte) Nachweispflicht nach § 2 Abs. 1 NachwG zu empfehlen.

4. Freistellung und Urlaub. Hat der Arbeitgeber sich zur Fortbildung des Mitarbeiters verpflichtet, so ist der Mitarbeiter zur Durchführung dieser Fortbildung auch entsprechend von der Verpflichtung zu seiner Arbeitsleistung freizustellen (vgl. MünchHdbArbR/*Natzel* § 323 Rn. 10). Die Arbeitspflicht des Arbeitnehmers tritt hierbei zu Gunsten der verpflichtenden Teilnahme an der Fortbildungsmaßnahme entweder ganz – bei einer Vollzeitteilnahme – oder teilweise – bei einer berufsbegleitenden Maßnahme – zurück. Dies regelt das Formular in § 2 Abs. (1). Die Freistellung für Zwecke der beruflichen Fortbildung stellt **keine Urlaubsgewährung** dar. Somit bleibt der Anspruch des Arbeitnehmers auf seinen Erholungsurlaub von der Freistellung zur Teilnahme an der Fortbildung unangetastet (vgl. Küttner/*Reinecke* Fortbildung Rn. 5). Bei der Festlegung des eigentlichen Urlaubs hat der Arbeitnehmer allerdings zu beachten, dass die Teilnahme an der Weiterbildung nicht durch den Urlaub gestört wird (vgl. Schaub/*Schaub* § 176 Rn. 12). Die Weiterbildung dürfte somit als ein betrieblicher Umstand i. S. d. § 7 Abs. 1 S. 1 und Abs. 2 S. 1 BUrlG anzusehen sein, welcher nach diesen Vorschriften einer Berücksichtigung der Urlaubswünsche des Arbeitnehmers bei der zeitlichen Festlegung des Urlaubs oder der zusammenhängenden Gewährung desselben entgegensteht.

Alternativ zu einer Freistellung des Arbeitnehmers für Zwecke der Fortbildung, gegebenenfalls unter Fortzahlung des Arbeitsentgelts, kann zwischen Arbeitgeber und Arbeitnehmer auch vereinbart werden, dass dem Arbeitnehmer für die Dauer der Teilnahme an der Fortbildungsveranstaltung Erholungsurlaub gewährt wird. Dies soll allerdings nur dann zulässig sein, wenn die Fortbildung auf Wunsch des Arbeitnehmers erfolgt (vgl. jedoch Küttner/*Reinecke* Bildungsurlaub Rn. 2 ff. zu landesgesetzlich geregelten Ansprüchen auf Bildungsurlaub für berufliche Weiterbildung). § 2 des Formulars wäre dann folgendermaßen zu formulieren:

***Alternative*:**
§ 2 Freistellung
Die Gesellschaft erteilt dem Arbeitnehmer für die Dauer der Fortbildung Erholungsurlaub.

5. Weiterzahlung des Arbeitsentgelts. Während der Zeiten einer Freistellung zur Teilnahme an der Fortbildung ist ein Arbeitgeber grundsätzlich nicht zur (Fort-)Zahlung der Vergütung verpflichtet (vgl. BAG NJW 1962, 1981; MünchHdbArbR/*Natzel* § 323 Rn. 15; a. A. Schaub/*Vogelsang* § 176 Rn. 9, der auf die im Fortbildungsvertrag getroffenen Vereinbarungen abstellt sowie darauf, inwieweit der Arbeitnehmer im betreffenden Zeitraum auch im Betrieb Arbeitsleistungen erbringt; differenzierend Küttner/*Reinecke* Fortbildung Rn. 5, welcher eine Zahlungsverpflichtung zumindest bei völliger Freistellung von der Arbeit bei Wahrnehmung einer außerbetrieblichen längerfristigen Fortbildung und gleichzeitiger Vereinbarung unbezahlten Urlaubs verneint). Als Hauptargument für das Fehlen einer Zahlungsverpflichtung wird angeführt, dass die Teilnahme an der Fortbildungsveranstaltung nicht an die Stelle der Arbeitspflicht des Arbeitnehmers tritt und der Arbeitgeber seinerseits bereits mit der Gewährung der Fortbildung die ihm obliegende Hauptpflicht erfüllt. Stellt die Fortbildung dagegen einen Teil der Arbeitsleistung dar – nach der Rechtsprechung des BAG ist dies jedenfalls der Fall bei kurzfristigen Schulungen, die Kenntnisse vermitteln, welche unmittelbar der arbeitsvertraglich vereinbarten Tätigkeit dienen –, ist sie ausnahmsweise zu vergüten (BAG NZA 2010, 342). Zahlt nun die Gesellschaft – wie in § 2

Abs. (2) des Formulars vorgeschlagen – während der Zeit der Fortbildung die Vergütung weiter, ohne dafür eine Arbeitsleistung seitens des Mitarbeiters zu erhalten, so sind die gezahlten Bezüge auch rückforderungsfähig (vgl. BAG NZA 1984, 288). Dies gilt allerdings nur für den Betrag, den der Arbeitgeber tatsächlich aufgewendet hat, höchstens jedoch für den vereinbarten Betrag (vgl. BAG AP BGB § 611 Ausbildungsbeihilfe Nr. 37). Anderenfalls würde es sich bezüglich des Mehrbetrages um eine in diesem Fall unzulässige Vertragsstrafe handeln. Die Rückforderungsmöglichkeit besteht hingegen nicht, wenn der Arbeitnehmer tatsächlich nicht an einer beruflichen Fortbildung, sondern lediglich an einer Einarbeitungsmaßnahme teilgenommen hat (zur Abgrenzung von Fortbildung und Einarbeitung → Anm. 1). Denn in diesem Fall erbringt der Mitarbeiter seine Arbeitsleistung gerade durch die Teilnahme an der Einarbeitung, sodass die Gesellschaft auch zur Erbringung der Vergütungszahlung als Hauptleistung verpflichtet ist.

§ 2 Abs. (2) stellt zur Berechnung der während der Fortbildung fortzuzahlenden Vergütung auf den Durchschnittsverdienst des Mitarbeiters während des unmittelbar vor dem Beginn der Fortbildungsmaßnahme liegenden Dreimonatszeitraums ab. Hierbei kann der Arbeitgeber steuern, in welcher Höhe er eine Fortzahlung wünscht. Sollen z. B. **Prämien, Boni** und andere **Gratifikationen,** die als Arbeitsentgelt ebenfalls unter den in § 2 Abs. (2) gewählten Begriff „Durchschnittsverdienst" fallen würden, von der Fortzahlung ausgenommen werden, kann dies auch so geregelt werden. Hierzu kann folgende Alternativformulierung von § 2 Abs. (2) verwendet werden:

Alternative zu § 2 Abs. (2):
(2) Der Mitarbeiter erhält während der Dauer der Teilnahme seinen Lohn weiterbezahlt. Die Vergütung wird dabei nach dem Durchschnittsverdienst der letzten drei Monate mit Ausnahme von . . . . . . berechnet.

6. Wiederaufnahme der Tätigkeit zum Ende der Freistellung. Die Freistellung nach § 2 Abs. (1) soll aus Sicht des Arbeitgebers nur solange andauern, wie der Mitarbeiter tatsächlich an der Fortbildung teilnimmt. § 2 Abs. (4) des Formulars stellt deshalb sicher, dass die Freistellung mit dem Ende der (tatsächlichen) Teilnahme an der Fortbildung endet. Aber auch für den Fall, dass der Mitarbeiter die Fortbildung abbricht, eine erforderliche Zwischenprüfung nicht besteht oder die Fortbildung durch eine vorgezogene Prüfung vorzeitig beendet, ist durch die Klausel in § 2 Abs. (4) sichergestellt, dass ab diesem Zeitpunkt die Freistellung endet und der Mitarbeiter seine bisherige Arbeit wieder aufnehmen muss.

§ 2 Abs. (4) des Formulars stellt zudem klar, dass der Arbeitnehmer auch bei erfolgreicher Absolvierung der Fortbildung allein aus der Teilnahme an der Fortbildungsmaßnahme keinen Anspruch auf Beförderung oder Höherstufung herleiten kann. Vielmehr lebt nach Abschluss der Fortbildungsmaßnahme das ursprüngliche Arbeitsverhältnis unverändert wieder auf.

7. Kostenübernahme durch die Gesellschaft. Das Formular sieht in § 3 vor, dass die Gesellschaft die Kosten der Fortbildung vollständig übernimmt. Kosten der Fortbildung sind hierbei alle durch die Fortbildung veranlassten Kosten, wie z. B. die Schulungskosten selbst, Übernachtungs- und Anreisekosten, Verpflegungskosten etc. Art und Höhe der übernommenen Kosten der Fortbildung sollten möglichst detailliert aufgelistet werden; falls die Höhe noch nicht bestimmbar ist, sollten zumindest die Parameter für die Berechnung der Kosten angegeben werden. Denn für die Frage, welche Kosten der Fortbildung zurückgefordert werden können, wird – wie in der Praxis häufig – auch in diesem Formular auf die Regelung zur Kostenübernahme Bezug genommen. Für Rückzahlungsklauseln hat das BAG in einem neuen Urteil entschieden, dass diese nur dann hinreichend transparent i. S. d. § 307 Abs. 1 BGB sind, wenn die einzelnen Positionen (z. B. Lehrgangsgebühren, Fahrt-, Unterbringungs- und Verpflegungskosten), aus denen sich die Rückforderung zusammensetzen soll, und zumindest die Parameter, nach denen die einzelnen Positionen berechnet werden (z.B. Kilometerpauschale für Fahrtkosten, Tagessätze für Übernachtungs- und Verpflegungskosten), genau und abschließend angegeben sind (vgl. hierzu BAG NJW 2013, 410).

Selbstverständlich kann auch vorgesehen werden, dass die Gesellschaft die Kosten nur teilweise übernimmt (z.B. nur die Schulungskosten) oder dass die Kostenübernahme auf einen Höchstbetrag beschränkt wird (vgl. MünchHdbArbR/*Natzel* § 323 Rn. 16; Schaub/*Vogelsang* § 176 Rn. 11). Will der Arbeitgeber nur spezielle Kosten übernehmen, kann dies auch geregelt werden.

8. Steuerliche Behandlung der Kostenübernahme. Bei der steuerlichen Behandlung der Kostenübernahme durch die Gesellschaft ist zu unterscheiden, in wessen Interesse die Fortbildung erfolgt.

So hat ein Arbeitnehmer die vom Arbeitgeber getragenen Fortbildungskosten nur dann nicht als Arbeitslohn zu versteuern, wenn die Fortbildung im ganz überwiegenden betrieblichen Interesse des Arbeitgebers erfolgt (R 19.7 Abs. 1, 2 LStR 2011). Im Falle eines solchen ganz überwiegenden betrieblichen Interesses des Arbeitgebers liegt gemäß § 3 Nr. 50 EStG auch kein steuerpflichtiger Lohn vor, wenn der Arbeitgeber dem Arbeitnehmer die Fortbildungskosten erstattet, die der Arbeitnehmer verauslagt hat (vgl. § 3 Abs. (2) des Formulars).

Liegt hingegen kein ganz überwiegendes betriebliches Interesse des Arbeitgebers vor, so stellt eine Kostenübernahme der Fortbildungsmaßnahme durch den Arbeitgeber einen steuerpflichtigen Sachbezug dar, dessen Wert nach § 8 Abs. 2 EStG zu ermitteln ist. Auch ersetzte Aufwendungen des Arbeitnehmers sind dann als steuerpflichtige Einnahmen zu erfassen. Allerdings kann der Arbeitnehmer gegebenenfalls entsprechende Werbungskosten bei seinen Einkünften aus nichtselbstständiger Arbeit geltend machen, sofern die Aufwendungen getätigt werden, um die Kenntnisse und Fertigkeiten im ausgeübten Beruf zu erhalten, zu erweitern oder den sich ändernden Anforderungen anzupassen (R 19.7 Abs. 2 S. 7 LStR 2011 und allgemein zur steuerrechtlichen Behandlung von Aus- und Fortbildungskosten *Morsch/Becker* DStR 2004, 73; *Stöcker* NJW 2004, 249; *Roscher/v. Bornhaupt* DStR 2003, 964; *Wohlfarth* BBK 2011, 629).

Für die neben den eigentlichen Fortbildungskosten anfallenden weiteren Kosten (z.B. Reisekosten) gelten gemäß R 19.7 Abs. 3 LStR 2011 die allgemeinen Grundsätze.

Um Gewissheit darüber zu erlangen, ob die Übernahme der Fortbildungskosten zu (lohn-)steuerpflichtigen Einkünften beim Arbeitnehmer führt, bietet sich für den Arbeitgeber bzw. den Arbeitnehmer ggf. die Einholung einer – kostenfreien – **Lohnsteueranrufungsauskunft** gemäß § 42e EStG an.

Für den Arbeitgeber sind die Aufwendungen im Zusammenhang mit der beruflichen Fortbildung unabhängig von der steuerlichen Behandlung beim Arbeitnehmer in jedem Fall abzugsfähige Betriebsausgaben.

9. Rückzahlungsklausel. Die Rückzahlungsklausel in § 4 des Formulars ist das Herzstück des Fortbildungsvertrages. Nur mit ihr kann die Gesellschaft sicherstellen, dass sie entweder für eine angemessene Zeit von dem Mitarbeiter und seinen erweiterten Kenntnissen profitiert oder zumindest ihre Aufwendungen für die Fortbildung ersetzt bekommt.

Nach ständiger Rechtsprechung des BAG kann eine Rückzahlungspflicht grundsätzlich vereinbart werden, wobei jedoch bestimmte inhaltliche Vorgaben einzuhalten sind (vgl. BAG NZA 2012, 738; BAG DB 2013, 2152).

Insbesondere ist eine Rückzahlungsklausel am AGB-Recht zu messen. Danach darf der Arbeitnehmer durch die Rückzahlungsklausel nicht unangemessen benachteiligt werden, § 307 Abs. 1 BGB. Die Feststellung einer unangemessenen Benachteiligung setzt eine wechselseitige Berücksichtigung und Bewertung rechtlich anzuerkennender Interessen der Vertragspartner voraus (vgl. nur BAG NZA 2012, 738). Eine Rückzahlungsklausel ist danach zulässig, wenn sie bei Abwägung aller Umstände des Einzelfalles **für den Arbeitnehmer zumutbar** ist und aus dem Blickwinkel eines verständigen Betrachters einem **begründeten und billigenswerten Interesse des Arbeitgebers** entspricht. Zur Ausfüllung dieser unbestimmten Rechtsbegriffe nimmt das BAG in ständiger Rechtsprechung eine Abwägung zwischen dem Grundrecht des Arbeitnehmers auf freie Wahl des Arbeitsplatzes (Art. 12 GG) und den Interessen des Arbeitgebers an einer Amortisation der Fortbildungskosten durch die möglichst langfristige Nutzung für seinen Betrieb vor (vgl. nur BAG NZA 2012, 738; BAG NZA 2009, 666).

Bei der Abwägung der Umstände des Einzelfalles sind nach der Rechtsprechung des BAG im Rahmen der Zumutbarkeitserwägungen aufseiten des Arbeitnehmers, insbesondere der **Weiterbildungsvorteil für den Arbeitnehmer,** die **Höhe der Kosten der Fortbildung** sowie die **Bindungsdauer an das Arbeitsverhältnis** maßgeblich. Die Rückzahlung von Fortbildungskosten ist dem Arbeitnehmer nach der BAG-Rechtsprechung deshalb zumutbar, wenn er durch die Fortbildung eine auf dem Arbeitsmarkt chancenreich vermarktbare Qualifikation und damit einen **geldwerten Vorteil** erwirbt, welche als angemessene Gegenleistung des Arbeitgebers für die durch die Rückzahlungspflicht bezweckte und bewirkte Bindung des Mitarbeiters an die Gesellschaft angesehen werden kann (vgl. hierzu BAG NZA 2009, 666; LAG Frankfurt a.M. DB 1989, 887, wonach ein dreiwöchiges Seminar zur Auffrischung bereits vorhandener Kenntnisse keine angemessene Gegenleistung darstellt, welche eine Bindung des Mitarbeiters durch eine Rückzahlungsklausel angemessen erscheinen lässt). Das Interesse des Arbeitgebers an der Rückzahlung der Fortbildungskosten wird dann als begründet und billigenswert angesehen werden können, wenn für diesen mit der Fortbildung **hohe Kosten** verbunden waren, diese sich als **sehr zeitintensiv** gestaltet hat und sie **nicht nur im Interesse der Gesellschaft** stattfand. Eine **zu lange Bindungsdauer** (→ Anm. 13) soll nach der BAG-Rechtsprechung gegen die Zulässigkeit einer Rückzahlungsklausel sprechen.

Zu beachten ist, dass das BAG auf alle „rechtlichen Konstruktionen", die wirtschaftlich einer Rückzahlungsklausel entsprechen, ebenfalls die genannten Grundsätze anwendet (vgl. hierzu BAG AP BGB § 611 Ausbildungsbeihilfe Nr. 14; BAG AP BGB § 611 Ausbildungsbeihilfe Nr. 19). Die vom BAG postulierten Beschränkungen für die Rückzahlungsvereinbarung können also nicht dadurch vermieden werden, dass die Fortbildungskosten dem Arbeitnehmer als Darlehen zur Verfügung gestellt werden und die Rückzahlung des Darlehens für den Fall einer vorzeitigen Beendigung des Arbeitsverhältnisses vorgesehen wird (vgl. *Düwell/Ebeling* DB 2008, 406, 410). Auch wenn der Arbeitgeber die Ausbildungskosten durch den Arbeitnehmer vorfinanzieren lässt, gelten bezüglich der Rückzahlung der Kosten die Grundsätze des BAG zu den Rückzahlungsklauseln (vgl. ArbG Karlsruhe NZA-RR 2006, 516), sodass auch auf diese Weise eine Erweiterung der Gestaltungsmöglichkeiten durch den Arbeitgeber kaum besteht.

Ergänzend ist anzumerken, dass Rückzahlungsvereinbarungen, die erst nach dem Beginn der Fortbildung in Form einer Zusatzvereinbarung zum Arbeitsvertrag abgeschlossen werden, im Hinblick auf eine Inhaltskontrolle Bedenken begegnen (vgl. BAG AP BGB § 611 Ausbildungsbeihilfe Nr. 5; BAG EzB BGB § 611 Aus- und Weiterbildungskosten Nr. 43; offengelassen BAG NZA 2010, 342). Denn dem Arbeitnehmer soll es dann nicht mehr möglich sein, die mit der Teilnahme an der Ausbildung entstehenden beruflichen Vorteile und die durch die Bindungsklausel entstehenden Nachteile abzuwägen. Er könne daher die Folgen, die sich aus dem Abschluss einer solchen Vereinbarung für ihn ergeben, nicht mehr erkennen, sodass eine solche Rückzahlungsbestimmung unangemessen sei (vgl. ArbG Krefeld NZA-RR 2008, 15; hierzu *Düwell/Ebeling* DB 2008, 406, 407). Daher ist eine entsprechende Fortbildungsvereinbarung **stets vor dem Fortbildungsbeginn abzuschließen.**

Die **Darlegungs- und Beweislast** für die Voraussetzungen der wirksamen Rückzahlungsklausel trifft grundsätzlich die Gesellschaft (vgl. BAG AP BGB § 611 Ausbildungsbeihilfe

Nr. 3; BAG AP BGB § 611 Ausbildungsbeihilfe Nr. 14). Nach der neueren Rechtsprechung (vgl. BAG NZA 1994, 937; BAG NZA 1995, 727) müssen Arbeitgeber jedoch lediglich die Umstände darlegen und beweisen, aus welchen sich ergibt, dass im Zeitpunkt der Vereinbarung der Rückzahlungsklausel durch die Weiterbildung ein beruflicher **Vorteil** für den Arbeitnehmer **mit überwiegender Wahrscheinlichkeit** zu erwarten war (hierzu enger *Stück* DStR 2008, 2020, 2022, der dabei einen konkreten Vortrag des Arbeitgebers zu den erhaltenen Vorteilen verlangt). Diese Rechtsprechung erleichtert die Durchsetzung einer Rückzahlungsklausel, wie sie in § 4 des Formulars vorgesehen ist.

Ob die Vereinbarung einer Rückzahlungsklausel **gemäß §§ 96 ff. BetrVG mitbestimmungspflichtig** ist, ist **umstritten** (dies bejahend z. B. Küttner/*Reinecke* Betriebliche Berufsbildung Rn. 12; *Hanau* ZIP 2001, 1981; a. A. teilweise ErfKomm/*Kania* § 98 BetrVG Rn. 6; *Franzen* NZA 2001, 865). Das BAG hat allerdings zuletzt die Wirksamkeit einer Klausel trotz fehlender Beteiligung eines Personalrates bejaht. Das Vorliegen eines Mitbestimmungstatbestandes konnte im Ergebnis offenbleiben, da nach der vom BAG vertretenen Wirksamkeitstheorie die tatsächlich durchgeführte Mitbestimmung lediglich Wirksamkeitsvoraussetzung für Maßnahmen zum **Nachteil** des Arbeitnehmers ist. Eine Fortbildung ist aber im Rahmen der hierfür heranzuziehenden Gesamtbetrachtung aller Umstände gerade kein Nachteil (vgl. BAG NZA-RR 2008, 107). Selbst bei Verletzung der Mitbestimmungsrechte hat dies zumindest keine Unwirksamkeit des Fortbildungsvertrages und damit zusammenhängend der Rückzahlungsklausel zur Folge. Mangels höchstrichterlicher Rechtsprechung im Rahmen des BetrVG ist allerdings ratsam, sofern ein Betriebsrat vorhanden ist und Kollektivbezug besteht, vor Abschluss von Fortbildungsverträgen diesen zu beteiligen.

10. Nur Rückerstattung von Fortbildungsbeihilfen. Die Rückzahlungsklausel darf die während der Fortbildung weitergezahlte Vergütung allerdings nur insoweit umfassen, als es sich bei dieser um Fortbildungsbeihilfen und nicht um echtes Arbeitsentgelt gehandelt hat (→ Anm. 5). Diese Differenzierung erlangt insbesondere bei berufsbegleitenden Fortbildungsmaßnahmen Bedeutung. Hier kann nur der Anteil der Vergütung zurückgefordert werden, der für die Zeiten der Teilnahme an der Fortbildungsveranstaltung (und damit während einer Freistellung von der Arbeitsleistung) gezahlt wurde. Soweit dagegen die Vergütung zur Abgeltung einer während der Fortbildungsphase tatsächlich erbrachten Arbeitsleistung gezahlt wurde, kann sie nicht zurückgefordert werden.

11. Differenzierung nach dem Beendigungstatbestand. Um wirksam sein zu können, muss eine Rückzahlungsklausel danach differenzieren, wessen Verantwortungs- und Risikobereich die Beendigung des Arbeitsverhältnisses zuzurechnen ist (vgl. BAG DB 2013, 2152; BAG NZA 2012, 738; BAG NZA 2007, 748; BAG NZA 2006, 1042).

Eine Rückzahlungsklausel kann daher, wie im Formular vorgesehen, wirksam nur für die Fälle vereinbart werden, in denen es der Arbeitnehmer selbst in der Hand hat, durch eigene Betriebstreue seiner Rückzahlungspflicht zu entgehen. Aus dieser Überlegung heraus darf eine Rückzahlungsklausel dann greifen, wenn **der Mitarbeiter selbst kündigt** bzw. das Arbeitsverhältnis auf seinen Wunsch hin **aufgelöst** wird, **es sei denn,** der Grund für eine Kündigung seitens des Mitarbeiters stammt aus der Sphäre des Arbeitgebers und berechtigt den Arbeitnehmer gerade zur Eigenkündigung bzw. zur Auflösung. Fehlt letztere Einschränkung im Wortlaut, benachteiligt die Rückzahlungsklausel den Arbeitnehmer unangemessen, da es im Arbeitsleben nicht völlig fernliegend ist, dass eine Arbeitnehmerkündigung vom Arbeitgeber veranlasst wurde, etwa bei vertragswidrigem Verhalten des Arbeitgebers (vgl. nur BAG DB 2013, 2152; BAG NZA 2012, 738). Eine durch den Arbeitnehmer veranlasste wirksame **verhaltensbedingte ordentliche oder außerordentliche Kündigung des Arbeitgebers** stellt ebenfalls einen Beendigungstatbestand im Risikobereich des Arbeitnehmers dar, für den eine Rückzahlungspflicht vereinbart werden kann (vgl.

BAG EzA BGB § 611 2002 Ausbildungsbeihilfe Nr. 7; *Schönhöft* NZA-RR 2009, 625; zur Provokation einer arbeitgeberseitigen Kündigung vgl. BAG NZA 2004, 1035).

Hingegen können Rückzahlungsklauseln nicht wirksam für Fälle einer **betriebsbedingten ordentlichen Kündigung** vereinbart werden. Denn hier hat der Mitarbeiter keine Chance, die Rückzahlungspflicht durch Abwarten der Bindungszeit zu vermeiden, da er die Vertragsbeendigung nicht beeinflussen kann (vgl. BAG NZA 2009, 435; BAG NZA 2007; BAG NZA 2006, 1042; BAG NZA 1999, 79 sowie bereits *Blomeyer* Anm. zu BAG AP BGB § 611 Ausbildungsbeihilfe Nr. 1).

Fehlt bei einer Rückzahlungsklausel diese zutreffende Differenzierung nach Verantwortungs- und Risikobereichen und ist hierdurch der die Rückzahlungspflicht auslösende Tatbestand zu weit gefasst, benachteiligt die Vertragsbestimmung den Arbeitnehmer unangemessen nach § 307 Abs. 1 S. 1 BGB. Die Rückzahlungsklausel ist deshalb **insgesamt unwirksam.** Denn auch hier gilt das **Verbot der geltungserhaltenden Reduktion.** Unwirksame Vertragsklauseln dürfen danach nicht auf das gerade noch zulässige Maß reduziert werden; der Klauselverwender trägt vielmehr das Risiko vollständiger Unwirksamkeit (vgl. BAG DB 2013, 2152). Das BAG schließt dabei in seinen Entscheidungen auch ausdrücklich eine bloße Teilunwirksamkeit für die Gründe aus, die im Risiko und Verantwortungsbereich des Arbeitgebers liegen, da der unzulässige Teil sprachlich nicht abtrennbar ist und keinen eigenen Regelungsteil darstellt (sog. blue-pencil Test).

Die höchstrichterliche Rechtsprechung hat bislang nicht geklärt, inwieweit Rückzahlungsklauseln auch bei der **Ausübung von Sonderkündigungsrechten** wie § 10 Abs. 1 MuSchG (Sonderkündigungsrecht während der Schwangerschaft und während der Schutzfrist nach der Entbindung) oder § 19 BErzGG (Sonderkündigungsrecht zum Ende der Elternzeit) eingreifen. Wahrscheinlich darf aber gerade das Sonderkündigungsrecht nicht durch eine Rückzahlungsklausel behindert werden (vgl. *Hennige* NZA-RR 2000, 617, 619). Daher wurde die Rückzahlungsklausel in § 4 Abs. (1) des Formulars auf Fälle einer „normalen“ Kündigung des Mitarbeiters beschränkt.

12. Angabe der Rückzahlungshöhe. → Anm. 7.

13. Dauer der Bindung. Das Formular sieht als Beispiel eine Kürzungsrate von einem 36-stel vor. Dies entspricht einer Bindungsdauer von drei Jahren. Das heißt, erst drei Jahre nach Abschluss der Fortbildungsmaßnahme kann der Mitarbeiter ohne irgendwelche Rückzahlungsverpflichtungen das Arbeitsverhältnis beendigen. Wird eine Kürzungsrate mit höherem Divisor (z.B. 48) vereinbart, entspricht dies einer längeren angestrebten Bindungsdauer, eine Kürzungsrate mit niedrigerem Divisor (z.B. zwölf) einer kürzeren angestrebten Bindungsdauer.

Die durch die Kürzungsrate ausgedrückte Dauer der angestrebten Bindung des Arbeitnehmers ist entscheidend für die Beurteilung der Zulässigkeit der Rückzahlungsklausel. Wird der Arbeitnehmer unangemessen lange dazu verpflichtet, bei selbst veranlasstem Ausscheiden aus dem Arbeitsverhältnis die Fortbildungskosten zurückzuzahlen, so wird dies als unzulässiger Eingriff in sein Recht aus Art. 12 GG auf freie Berufswahl bewertet und der Arbeitnehmer kann die Rückzahlung mit Hinweis auf § 307 BGB verweigern. Die Dauer der angestrebten Bindung muss aus diesem Grunde gegenüber der Dauer der Fortbildung, den Fortbildungskosten und dem Vorteil für den Mitarbeiter aus der Fortbildung angemessen sein (→ Anm. 9).

Eine mathematische Gleichung zwischen Fortbildungsdauer und Höchstdauer der zulässigen Bindung wird von der BAG-Rechtsprechung nicht vorgegeben (vgl. hierzu BAG NZA 1996, 314, welches dies im Leitsatz ausdrücklich klarstellt). Das BAG hat allerdings bisher Zeiträume von sechs Monaten (vgl. BAG NZA 2003, 559) bis zu fünf Jahren (vgl. BAG NZA-RR 2008, 107; BAG AP BGB § 611 Ausbildungsbeihilfe Nr. 1; BAG AP BGB § 611 Ausbildungsbeihilfe Nr. 4; BAG AP BGB § 611 Ausbildungsbeihilfe Nr. 22) anerkannt. Im Einzelfall abweichend kann auch eine verhältnismäßig längere

Bindung gerechtfertigt sein, wenn der Arbeitgeber ganz erhebliche Mittel aufwendet (vgl. BAG NZA 2006, 542). Länger als fünf Jahre darf die Bindung jedoch schon wegen § 624 BGB (Möglichkeit der ordentlichen Kündigung eines Dienstverhältnisses auf Lebenszeit oder über einen längeren Zeitraum als fünf Jahre nach Ablauf von fünf Jahren) nicht dauern (vgl. Küttner/*Reinecke* Rückzahlungsklausel Rn. 10).

Aus diesem Grunde enthält die in § 4 des Formulars vorgeschlagene Rückzahlungsklausel keinen festen Wert für die Bindungsdauer. Vielmehr muss im konkreten Einzelfall die noch zulässige Bindungsdauer ermittelt werden, wobei hierfür der Maximalzeitraum fünf Jahre beträgt. Als **grobe Orientierungsskala** für die höchst zulässige Bindungsdauer können folgende Richtwerte aus der Rechtsprechung herangezogen werden. Diese allerdings geben keine verlässliche Aussage für die im Einzelfall unter Berücksichtigung aller konkreten Umstände noch zulässige Bindungsdauer (vgl. BAG NZA 2009, 666):

Lehrgangsdauer	**Bindungsdauer**
bis zu einem Monat	bis zu sechs Monate
bis zu zwei Monate	bis zu zwölf Monate
bis zu vier Monate	bis zu 24 Monate
sechs bis zwölf Monate	bis zu 36 Monate
mehr als 24 Monate	bis zu 60 Monate

Entsprechend dem Verbot der geltungserhaltenden Reduktion (→ Anm. 10) ist eine Rückzahlungsklausel bei einer **unzulässig langen Bindung** des Arbeitnehmers grundsätzlich insgesamt unwirksam (vgl. BAG NZA 2009, 666). Nur ausnahmsweise lässt das BAG eine Kürzung der überlangen Bindungsdauer im Wege einer ergänzenden Vertragsauslegung zu, wenn es für den Arbeitgeber objektiv schwierig war, die zulässige Bindungsdauer zu bestimmen und sich dieses Prognoserisiko für den Arbeitgeber realisiert hat (vgl. BAG NZA 2009, 666; LAG Rostock EzB BGB § 307 Nr. 21b). Deshalb sollte besonders darauf geachtet werden, keine unzulässig langen Bindungszeiten zu vereinbaren (d.h. die Kürzungsraten im Formular nicht zu niedrig anzusetzen).

14. Rückzahlung bei schuldhaftem Misserfolg der Fortbildung. Es besteht ein starkes Interesse der Gesellschaft daran, dass der Mitarbeiter das Fortbildungsziel auch tatsächlich erreicht. Denn im Falle des Nichterreichens des Fortbildungsziels oder des Abbruchs der Fortbildung sind für die Gesellschaft die Aufwendungen genauso vergeblich wie im Falle der sofortigen/baldigen Beendigung des Arbeitsverhältnisses nach erfolgreichem Abschluss der Fortbildung.

Mit den Klauseln in § 5 Abs. (2) und § 5 Abs. (3) des Formulars wird deshalb versucht, eine Rückzahlungspflicht auch für die Fälle eines **vorzeitigen Abbruchs der Fortbildung** oder eines **schuldhaften Nichtbestehens der Prüfung** einzuführen. Laut BAG ist im Rahmen der Prüfung der Zulässigkeit einer solchen Rückzahlungsklausel das Interesse des Arbeitgebers an der Nutzung der erworbenen Kenntnisse im Betrieb abzuwägen gegen die Möglichkeit des Arbeitnehmers, an der Fortbildung teilzunehmen und dadurch etwaige Qualifikationen und Chancen auf dem Arbeitsmarkt zu erwerben (vgl. BAG AP BGB § 611 Ausbildungsbeihilfe Nr. 2). Die tatsächlichen Grenzen derartiger Rückzahlungsklauseln sind allerdings noch unklar, da sich bislang nur der fünfte Senat des BAG in zwei Fällen damit auseinandergesetzt hat (vgl. BAG AP BGB § 611 Ausbildungsbeihilfe Nr. 2 und BAG AP BGB § 611 Ausbildungsbeihilfe Nr. 4). Somit ist nicht sicher, ob die vorliegende Rückzahlungsklausel einer richterlichen Überprüfung standhalten würde. Da das BAG jedoch klargestellt hat, dass im Falle der Vereinbarung einer Rückzahlungsklausel auch für den Fall des vorzeitigen Abbruchs und des verschuldeten Misserfolgs eine solche nur zulässig ist, wenn der Abbruch der Fortbildung nicht von der Gesellschaft zu vertreten ist (vgl. BAG AP BGB § 611 Ausbildungsbeihilfe Nr. 4), wurde im Formular die Rückzahlung nur für den Fall vorgesehen, dass der Arbeitnehmer den Abbruch oder das Nichterreichen des Fortbildungsziels zu vertreten hat. Damit werden die Chancen auf Wirksamkeit der Klausel erhöht. Trotz der vorstehend beschriebenen Rechtsunsicherheit sollte diese Klausel auf jeden Fall in einen Fortbildungsvertrag aufgenommen werden. Denn hierdurch kann im Regelfall die Motivation des Arbeitnehmers für eine engagierte Durchführung der Fortbildung nicht unerheblich erhöht werden.

Wenn, wie im Formular in § 5 Abs. (3), eine Rückzahlungspflicht auch bei Abbruch der Fortbildung vereinbart wird, sollte dem Mitarbeiter zumindest auch eine **Bedenkzeit** eingeräumt werden, innerhalb derer er ohne jegliches Kostenrisiko die Fortbildung abbrechen kann (vgl. BAG AP BGB § 611 Ausbildungsbeihilfe Nr. 2). Diese Bedenkzeit ist deshalb im Formular vorgesehen. Im Formular ist die Dauer dieser Bedenkzeit offengelassen. Im Normalfall sollte ca. ein Drittel der Gesamtdauer der Fortbildung als Bedenkzeit ausreichen. Dies ist jedoch keine feste Größe. Die Bedenkzeit könnte vielmehr im Einzelfall länger sein müssen, damit z. B. der Mitarbeiter bei mehrteiligen Fortbildungen innerhalb der Bedenkzeit die Möglichkeit hat, sowohl nach der Teilnahme an der theoretischen als auch an der praktischen Fortbildung die Konsequenzen eines Abbruchs hinreichend zu reflektieren. Ebenfalls kann im Einzelfall eine kürzere Bedenkzeit angebracht sein. Nach der neueren Rechtsprechung des BAG kann eine Rückzahlungsklausel allerdings auch ohne Einräumung einer Bedenkzeit wirksam sein, wenn die Fortbildungsmaßnahme nicht zum Ziel hat, dem Arbeitnehmer durch eine längere Ausbildung die Ausübung eines weiteren Berufes zu ermöglichen, sondern lediglich auf den Erwerb einer Zusatzqualifikation innerhalb eines Berufsbildes gerichtet ist (BAG NZA 2012, 85). Außerdem bedarf es keiner Überlegungsfrist, wenn der Arbeitnehmer vor Abschluss des Fortbildungsvertrages Gelegenheit hatte, sich darüber klar zu werden, ob die Fortbildungsmaßnahme für ihn geeignet ist, z. B. durch die Teilnahme an einer Vorbereitungs- oder Einführungsveranstaltung. Ob aufgrund dieser Entscheidung das von der früheren Rechtsprechung aufgestellte Erfordernis, dem Arbeitnehmer Bedenkzeit einzuräumen, vollständig aufgegeben wurde, hat das BAG ausdrücklich offengelassen. Es empfiehlt sich daher nach wie vor eine Bedenkzeit vorzusehen.

15. Schriftformklausel. → Form. A. IV. 5 Anm. 19.

16. Salvatorische Klausel. → Form. A. IV. 5 Anm. 19.

17. Unterschrift. → Form. A. II. 1 Anm. 31.

8. Werkwohnung

Mietvertrag über eine Werkwohnung[1]

zwischen

...... (Name und Anschrift des Arbeitgebers) „Gesellschaft“

und

Herrn ...... (Name und Anschrift des Arbeitnehmers) „Mitarbeiter“

(Alternative:

und

Herrn/Frau . . . . . . (Name und Anschrift der Ehefrau/Lebenspartnerin/des Lebenspartners des Arbeitnehmers))[2]

Im Hinblick auf das bestehende Arbeitsverhältnis wird folgender Mietvertrag über eine Werkwohnung getroffen:

§ 1 Mietgegenstand[3]

(1) Die Gesellschaft vermietet an den Mitarbeiter folgende Werkwohnung: . . . . . . (Anschrift, Geschoss, Lage), bestehend aus . . . . . . (Anzahl) Zimmern, Küche und Bad, insgesamt ca. . . . . . . (Anzahl) qm. Die Angabe der Grundfläche der Wohnung stellt keine Zusicherung dar.

(Optional:

Mitvermietet sind auch . . . . . . (Keller(-abteil), Speicher, Garage, Stellplatz etc.). Der Mitarbeiter ist berechtigt, folgende Gemeinschaftseinrichtungen/-anlagen mitzubenutzen: . . . . . . (Bezeichnung der betreffenden Anlagen).)

(2) Der überlassene Wohnraum ist funktionsgebunden i. S. v. § 576 Abs. 1 Nr. 2 BGB wegen . . . . . . (Begründung der Nähe oder sonstigen Beziehung zur Arbeitsstätte).[4]

(Optional:

Der Mitarbeiter ist zum Bezug der überlassenen Wohnung im Hinblick auf die Funktionsgebundenheit seines Arbeitsverhältnisses verpflichtet.)

(3) Der Mitarbeiter wird die Wohnung allein bewohnen.

(Alternative:

(3) Der Mitarbeiter wird die Wohnung zusammen mit seiner Ehefrau/Lebenspartnerin/ seinem Lebenspartner (Optional: und . . . . . . (Anzahl) Kindern) bewohnen.)

(4) Jede Veränderung der Anzahl der Mitbewohner wird der Mitarbeiter der Gesellschaft unverzüglich anzeigen.

§ 2 Mietzins und Betriebskosten[5]

(1) Der Mietzins beträgt monatlich . . . . . . EUR (in Worten: . . . . . . Euro) (Mietzins).

(2) Während des laufenden Arbeitsverhältnisses reduziert sich der monatliche Mietzins auf . . . . . . Prozent (Prozentzahl) des unter Abs. (1) genannten Mietzinses und beträgt demnach . . . . . . EUR (in Worten: . . . . . . Euro).

(3) Der Mitarbeiter trägt die in §§ 1, 2 der Betriebskostenverordnung in ihrer jeweils gültigen Fassung aufgelisteten Betriebskosten. Eine Aufstellung der Betriebskosten ist beigefügt.

(4) Für die Betriebskosten ist eine monatliche Vorauszahlung von derzeit . . . . . . EUR (in Worten: . . . . . . Euro) (Höhe der Vorauszahlung) zu leisten.

(5) Die Abrechnung der Betriebskosten erfolgt jährlich. Die Höhe der Vorauszahlung wird angeglichen, wenn die Betriebskosten steigen oder die jährliche Abrechnung der Betriebskosten eine Anpassung erfordert.

(6) Der Mietzins und die Betriebskostenvorauszahlung sind zum dritten Werktag jeden Kalendermonats fällig. Der aus der Betriebskostenabrechnung geschuldete Betrag wird nach Zugang der Abrechnung fällig.

(7) Die Gesellschaft verrechnet den Mietzins und die Betriebskostenvorauszahlung monatlich mit der Nettovergütung des Mitarbeiters.

(8) Sofern und soweit eine Verrechnung nicht möglich ist, sind der Mietzins und die Betriebskostenvorauszahlung zum Fälligkeitszeitpunkt auf das Konto der Gesellschaft zu überweisen.

§ 3 Dauer des Mietverhältnisses[6]

(1) Das Mietverhältnis beginnt am . . . . . . (Datum).

(2) Das Mietverhältnis ist unbefristet.

(Alternative:

(2) Das Mietverhältnis ist befristet und endet automatisch am . . . . . . (Datum), ohne dass es einer Kündigung bedarf, weil die Gesellschaft die Räume nach Ablauf der Mietzeit an einen zur Dienstleistung Verpflichteten vermieten will.)

§ 4 Kündigung, Rückgabe[7]

(1) Es gelten die gesetzlichen Kündigungsfristen. Auf die besonderen Bestimmungen der §§ 576 ff. BGB wird hingewiesen.

(2) Die ordentliche Kündigung dieses Mietverhältnisses ist für beide Vertragspartner auch während des bestehenden Arbeitsverhältnisses zulässig.

(3) Die Kündigung bedarf der Schriftform.

(4) Die Wohnung ist geräumt und besenrein zu übergeben. Beschädigungen der Wohnung, die der Mitarbeiter, seine Familienmitglieder oder seine Erfüllungsgehilfen sowie Dritte, für die der Mitarbeiter verantwortlich ist, schuldhaft verursacht haben, sind vom Mitarbeiter zu beseitigen.

(5) Der Mitarbeiter hat folgende, ihm beim Einzug *(Alternative: beim Vertragsschluss)* übergebene Schlüssel herauszugeben: . . . . . . (Bezeichnung der Schlüssel und jeweilige Anzahl). Einen Verlust der Schlüssel hat der Mitarbeiter jederzeit unverzüglich zu melden. In diesem Fall ist die Gesellschaft berechtigt, auf Kosten des Mitarbeiters einen Nachschlüssel anfertigen zu lassen oder, sofern aus Sicherheitsgründen erforderlich, auf seine Kosten das betreffende Schloss austauschen zu lassen.

(6) Setzt der Mitarbeiter den Gebrauch der Wohnung nach Ablauf der Mietzeit fort, so gilt das Mietverhältnis nicht als verlängert. § 545 BGB findet keine Anwendung.

§ 5 Kaution[8]

(1) Der Mitarbeiter leistet an die Gesellschaft eine Kaution in Höhe von drei monatlichen Mietzinsen gemäß § 2 Abs. (2), also insgesamt . . . . . . EUR (in Worten: . . . . . . Euro) (Höhe der Kaution). Der Mitarbeiter ist berechtigt, die Kaution in drei Monatsraten zu zahlen. Die erste Rate ist zu Beginn des Mietverhältnisses fällig. Die weiteren Raten sind zusammen mit den unmittelbar folgenden Mietzinszahlungen fällig.

(Alternative:

(1) Der Mitarbeiter und seine Ehefrau/Lebenspartnerin/sein Lebenspartner haften gesamtschuldnerisch für die Forderungen aus diesem Mietverhältnis.)

(2) Die Gesellschaft wird die Kaution nach vollständigem Erhalt bei einem Kreditinstitut zu dem für Spareinlagen mit dreimonatiger Kündigungsfrist üblichen Zinssatz anlegen.

(3) Nach Beendigung der Mietzeit, Abnahme der Wohnung und Schlussabrechnung der Betriebskosten rechnet die Gesellschaft über die Kaution ab und zahlt die verbleibende Kautionssumme einschließlich der Zinsen an den Mitarbeiter aus. Der Rückzahlungsanspruch des Mitarbeiters wird frühestens zwei Monate nach Ablauf der Mietzeit fällig.

§ 6 Schönheitsreparaturen und Pflege[9]

(1) Der Mitarbeiter hat die Wohnung und die darin befindlichen Einrichtungsgegenstände der Gesellschaft sorgsam zu behandeln.

(2) Der Mitarbeiter hat die Schönheitsreparaturen fachgerecht durchzuführen, wenn sie erforderlich werden. In der Regel werden Schönheitsreparaturen in folgenden Zeitabständen, gerechnet vom Beginn des Mietverhältnisses, erforderlich:

- Küche, Bad und Toilette alle fünf Jahre,
- alle übrigen Räume alle acht Jahre,
- in Nebenräumen alle zehn Jahre.

(3) Sind bei Vertragsbeendigung die Schönheitsreparaturen entsprechend Ziffer 2 noch nicht fällig, hat der Mitarbeiter an die Gesellschaft einen Kostenersatz für die seit der letzten Durchführung der Schönheitsreparaturen erfolgte Abnutzungszeit im Fristenzeitraum gemäß Ziffer 2 zu zahlen, es sei denn, der Mitarbeiter führt die Schönheitsreparaturen durch oder der unmittelbar folgende Nachmieter erklärt sich zur Durchführung von Schönheitsreparaturen bereit oder übernimmt hierfür die Kosten.

Der von dem Mitarbeiter an die Gesellschaft zu zahlende anteilige Kostenersatz errechnet sich auf der Grundlage eines von der Gesellschaft einzuholenden Kostenvoranschlages eines Fachbetriebes für die vollständige Ausführung der Schönheitsreparaturen. Die Berechnung der von dem Mitarbeiter zu zahlenden Abgeltungsquote erfolgt grundsätzlich dergestalt, dass die bisherige Nutzungsdauer seit der letzten Schönheitsreparatur ins Verhältnis zu setzen ist zu der Zeit, nach der bei Fortdauer des Mietverhältnisses, also bei einer weiteren Nutzung der Räume durch den Mitarbeiter, voraussichtlich eine Renovierung nach den genannten Fristen gemäß Ziffer 2 erforderlich sein würde. Ist der tatsächliche Abnutzungsgrad geringer als die bisherige Nutzungsdauer, ist eine fiktive Nutzungsdauer zugrunde zu legen, die dem tatsächlichen Abnutzungsgrad entspricht.

Endet das Mietverhältnis z.B. nach vier Jahren (nach Übergabe der neuen/renovierten Räume oder nach der letzten Durchführung der Schönheitsreparaturen) und entspricht der Abnutzungsgrad von sonstigen Wohnungen aber nur einer zweijährigen Abnutzung, so wird die Berechnung der Abgeltungsquote in der Weise vorgenommen, dass zwar die Regelfrist zugrunde gelegt wird, dazu aber nicht die tatsächliche Nutzungsdauer, sondern die der Abnutzung entsprechende (fiktive) Nutzungsdauer ins Verhältnis gesetzt wird. In dem hier gebildeten Beispiel beträgt die der Abnutzung entsprechende Nutzungsdauer zwei Jahre. Bei einer Regelfrist von fünf Jahren folgt daraus eine Abgeltungsquote des Mitarbeiters von zwei Fünfteln (fiktive Nutzungsdauer/Regelfrist).

Können sich Mitarbeiter und Gesellschaft nicht über die fiktive Nutzungsdauer einigen, so beauftragen sie gemeinsam einen Sachverständigen mit der Feststellung der fiktiven Nutzungsdauer. Können sich Mitarbeiter und Gesellschaft nicht auf einen Sachverständigen einigen, so ist ein Sachverständiger von der örtlich zuständigen Industrie- und Handelskammer zu bestimmen. In beiden Fällen sind die Kosten des Sachverständigen zur Feststellung der fiktiven Nutzungsdauer vom Mitarbeiter und Gesellschaft je zur Hälfte zu tragen.

Der Mitarbeiter ist berechtigt, durch eigenen Kostenvoranschlag eines Fachbetriebs geringere Kosten für die Ausführung der Schönheitsreparaturen darzulegen. Legt der

Mitarbeiter geringere Kosten dar, hat die Gesellschaft die Angemessenheit der Höhe der von ihr geltend gemachten Kosten nachzuweisen.

(4) Der Mitarbeiter hat die als Anlage . . . . . (Bezeichnung der Anlage) beigefügten Pflege- und Benutzungshinweise für . . . . . . (Fußboden/Parkett/Teppichboden/Spülmaschine/Waschmaschine/Herd/Kühlschrank etc.) zu beachten.

(Optional:

(5) Der Mitarbeiter ist verpflichtet, wöchentlich/abwechselnd mit den übrigen Hausbewohnern . . . . . . (Treppenhaus/Gang auf dem Stockwerk/Hof) zu reinigen. Der Mitarbeiter übernimmt die Verkehrssicherungspflichten und hat die zur Wohnung und zum Haus gehörigen Wege ordnungsgemäß zu kehren und bei Glätte entsprechende Maßnahmen zu ergreifen.)

§ 7 Mängel[10]

(1) Der Mitarbeiter hat Mängel an der Wohnung unverzüglich gegenüber der Gesellschaft anzuzeigen. Das Gleiche gilt, wenn sich ein Dritter Rechte an der Wohnung anmaßt.

(2) Unterlässt der Mitarbeiter die Anzeige nach vorstehendem Abs. (1), so ist er zum Ersatz des daraus entstehenden Schadens verpflichtet. Gleiches gilt, wenn der Mitarbeiter die Anzeige verspätet erstattet. Er ist, soweit die Gesellschaft infolge der unterlassenen Anzeige außerstande ist, Abhilfe zu schaffen, nicht berechtigt, die in § 536 BGB (Mietminderung) bestimmten Rechte geltend zu machen oder nach § 543 Abs. 2 Nr. 1, Abs. 3 BGB ohne Bestimmung einer Frist zu kündigen oder Schadenersatz wegen Nichterfüllung zu verlangen.

(3) Bagatellreparaturen bis zu jeweils 50 EUR sind bis zu einem Gesamtbetrag von insgesamt acht Prozent der Bruttomonatsmiete (Summe aus Mietzins und Betriebskosten), maximal jedoch bis zu 150 EUR pro Jahr, vom Mitarbeiter zu tragen. Dies gilt nur für Reparaturen an Gegenständen, auf die der Mitarbeiter oder seine Mitbewohner häufig und direkt zugreifen, wie Armaturen, Tür- und Fenstergriffe, Licht- und sonstige Stromschalter, Gas- und Wasserhähne, Jalousien/Fensterläden und Ähnliches.

§ 8 Betreten der Mieträume

(1) Die Gesellschaft ist zur Prüfung des Zustandes der Wohnung oder zum Ablesen von Messgeräten in angemessenen Abständen und nach rechtzeitiger Ankündigung während der üblichen Besuchszeiten berechtigt, die Wohnung durch einen Vertreter oder Beauftragten zu betreten. Dabei ist auf eine persönliche Verhinderung des Mitarbeiters Rücksicht zu nehmen.

(2) In Fällen dringender Gefahr kann die Wohnung durch Vertreter und Beauftragte der Gesellschaft zu jeder Tages- und Nachtzeit auch bei Abwesenheit des Mitarbeiters betreten werden.

(3) Der Mitarbeiter hat sicherzustellen, dass bei Zeiten längerer Abwesenheit die Schlüssel zur Wohnung für Notfälle an einem bekannten Ort hinterlegt sind.

(4) Der Mitarbeiter hat nach Ausspruch der Kündigung eine Besichtigung der Wohnung durch potenzielle Mieter, eventuell in Begleitung von Beauftragten der Gesellschaft, nach Vorankündigung zu dulden. Das Gleiche gilt entsprechend, wenn die Gesellschaft die Wohnung verkaufen will und die Wohnung mit einem Kaufinteressenten besichtigen will.

§ 9 Modernisierungen[11]

(1) Der Mitarbeiter hat Erhaltungsmaßnahmen i. S. d. § 555a BGB und Modernisierungsmaßnahmen i. S. d. § 555b BGB zu dulden. Die §§ 555c, 555d und 555e BGB sind beidseitig zu beachten. Der Mitarbeiter hat die in Betracht kommenden Räume nach vorheriger Terminabsprache zugänglich zu halten und darf die Ausführungen der Arbeiten nicht behindern oder verzögern; andernfalls hat er für die dadurch entstehenden Mehrkosten und Schäden aufzukommen.

(2) Der Mitarbeiter ist nicht befugt, ohne Zustimmung der Gesellschaft bauliche Veränderungen an der Wohnung vorzunehmen.

§ 10 Untervermietung[12]

Die entgeltliche und unentgeltliche Untervermietung ist nur mit schriftlicher Erlaubnis der Gesellschaft gestattet.

§ 11 Hausordnung[13]

(1) Die als Anlage ...... (Bezeichnung der Anlage) beigefügte Hausordnung ist in ihrer jeweils gültigen Form Teil des Mietvertrags und zu beachten.

(2) Der Mitarbeiter trägt dafür Sorge, dass die Hausordnung von ihm, den Mitbewohnern der Wohnung sowie seinen Gästen und Erfüllungsgehilfen eingehalten wird.

§ 12 Schlussbestimmungen

(1) Der Mitarbeiter wird der Gesellschaft, unabhängig vom Bestehen des Arbeitsverhältnisses, jede Änderung seiner Anschrift unverzüglich mitteilen.

(2) Mündliche Nebenabreden bestehen nicht. Änderungen oder Ergänzungen dieser Vereinbarung einschließlich dieser Bestimmung bedürfen zu ihrer Wirksamkeit der Schriftform, es sei denn, diese wurden nachweislich zwischen den Parteien ausgehandelt. Das Schriftformerfordernis bezieht sich auch auf etwaige Ansprüche aus betrieblicher Übung.[14]

(3) Sollte eine Bestimmung dieses Mietvertrages ganz oder teilweise unwirksam sein oder werden, so wird hiervon die Wirksamkeit der übrigen Bestimmungen dieses Vertrages nicht berührt. An die Stelle der unwirksamen Bestimmung tritt die gesetzlich zulässige Bestimmung, die dem mit der unwirksamen Bestimmung Gewollten wirtschaftlich am nächsten kommt. Dasselbe gilt für den Fall der vertraglichen Lücke.[15]

(4) Erfüllungsort und Gerichtsstand richten sich nach den gesetzlichen Vorschriften.[16]

(5) Der Mitarbeiter hat eine Ausfertigung dieses Mietvertrages erhalten.

......	......
Ort, Datum	Ort, Datum
......	......
Unterschrift der Gesellschaft	Unterschrift des Mitarbeiters

(Optional:

......

Ort, Datum

......

(Unterschrift Ehefrau/Lebenspartnerin/Lebenspartner des Mitarbeiters)

Anmerkungen

1. Regelungsinhalt. Durch einen Werkwohnungsmietvertrag wird einem Arbeitnehmer Wohnraum mit Rücksicht auf das Arbeitsverhältnis überlassen. Im Gegensatz zu der unter → Form. A. IV. 9 behandelten Überlassung einer Dienstwohnung ist das Arbeitsverhältnis dabei nur äußerer Anlass, aber nicht ausschlaggebend für den Abschluss des Mietvertrages (vgl. BAG NZA 2000, 277; BAG AP BetrVG 1972 § 87 Werkmietwohnungen Nr. 4). Mietvertrag und Arbeitsvertrag bleiben deshalb rechtlich selbstständig. Rechtlich betrachtet unterscheidet sich der Werkwohnungsmietvertrag von einem regulären Mietvertrag nur durch die **besonderen Kündigungsvorschriften in §§ 576, 576a BGB** und die **Mitbestimmungsrechte** des Betriebsrats (vgl. *Buch* NZM 2000, 167; *Schmitz-Justen* WuM 2000, 582).

Im Hinblick auf eine Werkwohnung steht dem Betriebsrat ein **Mitbestimmungsrecht** gemäß § 87 Abs. 1 Nr. 9 BetrVG zu. Der Arbeitgeber kann allerdings allein darüber entscheiden, ob er Arbeitnehmern überhaupt Wohnraum zur Verfügung stellen will und in welchem finanziellen Rahmen er sich dafür engagieren möchte. Wie bei sonstigen freiwilligen Arbeitgeberleistungen kann der Arbeitgeber auch bei der Vergabe von Wohnräumen frei den abstrakt begünstigten Personenkreis bestimmen (vgl. BAG AP BetrVG 1972 § 87 Werkmietwohnungen Nr. 8; *F/E/S/T/L* § 87 Rn. 389). Folgerichtig ist auch die Entscheidung des Arbeitgebers mitbestimmungsfrei, einen bisher gleichmäßig allen Arbeitnehmern zur Verfügung gestellten Wohnungsbestand in Zukunft nur noch leitenden Angestellten zur Verfügung zu stellen. Stellt der Arbeitgeber jedoch den Wohnraum nicht nur leitenden Angestellten, sondern auch anderen Arbeitnehmern zur Verfügung, besteht das Mitbestimmungsrecht des Betriebsrates bei der Zuweisung von Wohnräumen auch insoweit, als die Zuweisungen von Wohnungen an leitende Angestellte betroffen ist. Hintergrund dafür ist, dass durch eine Zuweisung von Wohnraum an leitende Angestellte der den anderen Arbeitnehmern zur Verfügung stehende Wohnraum vermindert wird (vgl. nur BAG AP BetrVG 1972 § 87 Werkmietwohnungen Nr. 7). Das Mitbestimmungsrecht des Betriebsrats umfasst die Zuweisung der Wohnung, die Erstellung des Mustermietvertrages sowie der Hausordnung, die Festlegung der Grundsätze über die Mietzinsbildung und die Kündigung der Werkwohnung; nicht umfasst vom Mitbestimmungsrecht des Betriebsrats ist die individuelle Festlegung des Mietzinses (vgl. BAG AP BetrVG 1972 § 87 Werkmietwohnungen Nr. 1; *Wiese* NZA 2003, 1113, 1117; Richardi/*Richardi* § 87 Rn. 710; *F/E/S/T/L* § 87 Rn. 400; GKBetrVG/*Wiese* § 87 Rn. 764 ff.). Werden die Werkwohnungen als Sozialeinrichtung betrieben, so kann die Mitbestimmungspflicht sich auch aus § 87 Abs. 1 Nr. 8 BetrVG ergeben. Das Mitbestimmungsrecht gemäß § 87 Abs. 1 Nr. 9 BetrVG ist streng genommen ein Sonderfall des Rechtes aus § 87 Abs. 1 Nr. 8 BetrVG. Gemäß Nr. 9 ist eine soziale Zielrichtung jedoch nicht erforderlich, um das Mitbestimmungsrecht des Betriebsrates zu begründen (vgl. Richardi/*Richardi* § 87 Rn. 688).

Insbesondere die **Zuweisung der vorhandenen Werkwohnungen** an einzelne Arbeitnehmer bedarf der Zustimmung des Betriebsrates. Nach der Theorie der Wirksamkeitsvoraussetzung im Bereich des § 87 BetrVG schlägt die fehlende Beteiligung des Betriebsrates auch auf die individualrechtliche Ebene durch. Dies bedeutet, dass eine Wohnungszuweisung an einen Arbeitnehmer, die ohne vorherige ordnungsgemäße Beteiligung des Betriebsrates erfolgt ist, diesem gegenüber unwirksam ist (vgl. *F/E/S/T/L* § 87 Rn. 393). Zwar bleibt der Werkwohnungsmietvertrag, der ohne Beteiligung des Betriebsrats abgeschlossen wurde, zivilrechtlich wirksam. Der Betriebsrat kann aber dessen Kündigung verlangen (vgl. GKBetrVG/*Wiese* § 87 Rn. 782; ErfKomm/*Kania* § 87 BetrVG Rn. 89). Hat der Arbeitgeber selbst kein (Letzt-)Entscheidungsrecht über die Belegung der Wohnräume, sondern kann dem Vermieter nur einen Vorschlag unterbreiten, besteht das Mitbestimmungsrecht des Betriebsrates nur in Bezug auf den dem Vermieter unterbreiteten Belegungsvorschlag (vgl. *Wiese* NZA 2003, 1113, 1117).

Dem Betriebsrat steht ein Mitbestimmungsrecht auch zu, soweit die **Kündigung** des Wohnraumes betroffen ist (vgl. *F/E/S/T/L* § 87 Rn. 394, → Anm. 7). Nicht mitbestimmungspflichtig ist hingegen die einvernehmliche Aufhebung des Mietverhältnisses (vgl. GKBetrVG/*Wiese* § 87 Rn. 786).

Neben der Mitbestimmung in Bezug auf die Zurverfügungstellung des Wohnraumes an Mitarbeiter kann der Betriebsrat auch mitbestimmen, soweit die **Nutzungsbedingungen** für den Wohnraum allgemein festgelegt werden (vgl. *F/E/S/T/L* § 87 Rn. 399 ff.). Damit sind insbesondere der standardmäßige Inhalt von Mietverträgen, die Festlegung einer Hausordnung und die Festsetzung von Grundsätzen über die Mietzinsbildung innerhalb der arbeitgeberseitig vorgegebenen Dotierung mitbestimmungspflichtig (vgl. BAG AP BetrVG 1972 § 87 Werkmietwohnungen Nr. 7).

2. Vertragsparteien. Mietvertragsparteien sind i.d.R. der Arbeitgeber als Vermieter und der Arbeitnehmer als Mieter. Dabei können auf Arbeitnehmerseite auch Ehegatten und Lebenspartner beteiligt sein. Auf Arbeitgeberseite muss nicht der Arbeitgeber selbst Vertragspartner des Mietvertrages sein. Vielmehr kann dies auch eine dem Arbeitgeber „nahestehende Person" sein (vgl. *Schmitz-Justen* WuM 2000, 582); als solche kommt etwa ein mit dem Arbeitgeber verbundenes Unternehmen in Betracht.

3. Mietgegenstand. Entsprechend den mietrechtlichen Rahmenbestimmungen sollte der Mietgegenstand, d.h. die Wohnung mit allen gemieteten Flächen und Räumen, so genau wie möglich bezeichnet werden. Formulierungsvorschläge hierzu sowie zu den übrigen mietvertraglichen Klauselvorschlägen können speziellen Vertragshandbüchern entnommen werden (vgl. MünchVertrHdb/*Blank* Bd. 5).

4. Funktionsgebundenheit. Wegen der Auswirkungen auf die Kündigung ist zu empfehlen, eine etwaige **Funktionsgebundenheit** des Wohnraums von Anfang an klarzustellen. Nach § 576 Abs. 1 Nr. 2 BGB kann von einer funktionsgebundenen Werkwohnung gesprochen werden, wenn die Überlassung des Wohnraumes bereits durch das zugrunde liegende Arbeitsverhältnis erfordert wird, der Wohnraum also in unmittelbarer Beziehung oder Nähe zur Arbeitsstätte steht (vgl. Küttner/*Griese* Dienstwohnung Rn. 2). Liegt eine funktionsgebundene Werkwohnung vor, kann der Arbeitnehmer auch zum Bezug verpflichtet werden. In solchen Fällen kann den Arbeitgeber die Verpflichtung zur Tragung von Umzugskosten treffen. Liegt eine Funktionsgebundenheit vor, sollte diese ausdrücklich im Mietvertrag dargestellt werden, da insoweit die erleichterte Kündigungsmöglichkeit gemäß § 576 Abs. 1 Nr. 2 BGB bewirkt werden kann.

5. Mietzins und Mieterhöhung. In der Regel wird der Arbeitgeber dem Arbeitnehmer als besonderen Anreiz die Wohnung zu einem gegenüber den marktüblichen Konditionen niedrigeren Mietzins überlassen wollen. Dies kann dadurch geschehen, dass bereits von vornherein ein (gegenüber der marktüblichen Miete) reduzierter monatlicher Mietzins ausgewiesen wird. Zu empfehlen ist aber der hier vorgeschlagene Weg der **prozentualen Kürzung für die Dauer des Arbeitsverhältnisses** (§ 5 Abs. (2) des Formulars). Da die Gesellschaft nicht vorhersehen kann, ob das Mietverhältnis die Dauer des Arbeitsverhältnisses übersteigt, sollte für diesen Fall bereits eine angemessene Miete vereinbart werden.

Im Übrigen kann die Gesellschaft bei den jeweiligen **Mieterhöhungen** angeben, zu welchem Prozentsatz die Erhöhung während des laufenden Arbeitsverhältnisses wirksam sein soll. Auf diese Weise kann sie zwar den Mitarbeiter subventionieren, verhindert aber gleichzeitig, bei Beendigung des Arbeitsverhältnisses auf eine unrealistisch niedrige Miete zurückzufallen. Da der Werkwohnungsmietvertrag mit wenigen Ausnahmen wie ein normaler Wohnraummietvertrag behandelt wird, gelten für die Mieterhöhungen die allgemeinen gesetzlichen Bestimmungen. Gemäß § 557 BGB sind Mieterhöhungen grundsätzlich nur im Einvernehmen zwischen Vermieter und Mieter möglich. Dabei kann gemäß § 557a BGB eine sog. Staffelmiete oder gemäß § 557b BGB eine sog. Indexmiete vorgesehen werden. Eine einseitige Mieterhöhung während des Laufes des Mietvertrages ist an die Voraussetzungen der §§ 558 bis 560 BGB geknüpft.

Der Mitbestimmung des Betriebsrates unterliegt nicht die Festlegung des Mietzinses im konkreten Einzelfall. Jedoch kann der Betriebsrat bei der Festlegung von Grundsätzen, nach denen der Mietzins ermittelt wird, mitbestimmen (vgl. *F/E/S/T/L* § 87 Rn. 400).

Steuerrechtlich ist die verbilligte Überlassung des Wohnraums als sonstiger Sachbezug nach § 8 EStG zu behandeln.

Wenn die Überlassung von Wohnraum nicht zur Leistungspalette des Arbeitgebers gehört, ist für die steuerliche Bewertung des Sachbezugs § 8 Abs. 2 EStG maßgeblich. Nach Auffassung der Finanzverwaltung besteht dann der zu versteuernde Vorteil in der Differenz zwischen der vom Arbeitnehmer tatsächlich gezahlten Miete und dem ortsüblichen Mietwert der Wohnung (vgl. Abschnitt R 8.1 Abs. 6 LStR 2011). Solange die vom Arbeitnehmer tatsächlich gezahlte Miete innerhalb der Mietpreisspanne des örtlichen Mietspiegels für vergleichbare Wohnungen liegt, scheidet die Annahme eines geldwerten Vorteils regelmäßig aus (vgl. BFH BStBl. II 2006, 71). Zu beachten ist die Freigrenze von 44 EUR pro Monat gemäß § 8 Abs. 2 S. 9 EStG, die allerdings für sämtliche Sachbezüge eines Monats nur einmal gilt.

Gehört hingegen die Überlassung von Wohnraum zur Leistungspalette des Arbeitgebers (sog. Belegschaftsrabatte), bestimmt sich die steuerliche Bewertung des Sachbezugs nach § 8 Abs. 3 EStG. Dann besteht der zu versteuernde Vorteil in der Differenz zwischen der vom Arbeitnehmer tatsächlich gezahlten Miete und dem um vier Prozent geminderten Endpreis, zu dem der Arbeitgeber vergleichbare Wohnungen fremden Letztverbrauchern im allgemeinen Geschäftsverkehr anbietet. Bei Belegschaftsrabatten gilt nicht die Freigrenze von 44 EUR pro Monat, sondern ein Rabatt-Freibetrag von 1.080 EUR pro Kalenderjahr. Hinzuweisen ist noch auf die Möglichkeit einer Steuerfreiheit gemäß § 3 Nr. 16 EStG, wenn es sich um eine beruflich veranlasste Auswärtstätigkeit oder um eine doppelte Haushaltsführung handelt (vgl. Lohnsteuer-Hinweise 2011 H 19.3 „Beispiele").

§ 556 BGB verweist (ab 1.1.2007) für die umlagefähigen **Betriebskosten** auf die Betriebskostenverordnung. Bei der Festlegung von Grundsätzen der Weitergabe von Betriebskosten an Mitarbeiter ist das Mitbestimmungsrecht des Betriebsrates zu beachten. § 556b BGB setzt seit der Mietrechtsreform die **Vorleistungspflicht** des Mieters fest.

6. Dauer des Mietverhältnisses. Das Mietverhältnis kann entweder auf eine bestimmte Zeit **befristet oder unbefristet** abgeschlossen werden, wobei für den Abschluss eines befristeten Mietvertrages ein Befristungsgrund nach den § 575 BGB vorliegen muss. Eine Befristung ist gemäß § 575 Abs. 1 Nr. 3 BGB auch bei Werkwohnungen zulässig (vgl. Palandt/*Weidenkaff* § 575 Rn. 8). Eine derartige Befristung des Mietverhältnisses bietet sich vor allem bei befristeten Arbeitsverhältnissen an. Dem Mitarbeiter muss allerdings der Befristungsgrund bei Vertragschluss wie im Formular vorgesehen schriftlich mitgeteilt werden (§ 575 Abs. 1 S. 2 BGB). Eine **Bedingung,** wonach das Mietverhältnis automatisch mit der Beendigung des zugrunde liegenden Arbeitsverhältnisses endet, verstieße als Bedingung zum Nachteil des Mitarbeiters gegen § 572 Abs. 2 BGB, sodass sich die Gesellschaft hierauf nicht berufen könnte.

7. Kündigung. Das Formular lässt in § 4 Abs. (2) explizit die ordentliche Kündigung auch während des bestehenden Arbeitsverhältnisses zu. Fehlt eine solche Festlegung, besteht die Gefahr, dass von einem konkludenten Ausschluss des Kündigungsrechtes während des Bestandes des Arbeitsverhältnisses ausgegangen wird (vgl. *Schmitz-Justen* WuM 2000, 582, 585; *Buch* NZM 2000, 167, 168; Staudinger/*Rolfs* § 576 Rn. 18 jeweils m. w. N.).

Da auch der Werkwohnungsmietvertrag ein „normaler" Mietvertrag ist, richtet sich die **Kündigung grundsätzlich nach den Bestimmungen der §§ 568 ff. BGB.** Für die ordentliche Kündigung gilt dabei gemäß § 573 Abs. 1 S. 1 BGB, dass einer ordentlichen Kündigung ein berechtigtes Interesse des Vermieters zugrunde liegen muss. Dieses liegt nach § 573 Abs. 2 Nr. 1 bis 3 BGB insbesondere vor, wenn der Mieter seine vertraglichen Pflichten schuldhaft nicht unerheblich verletzt hat (Mietrückstand), der Vermieter Eigenbedarf angemeldet hat oder der Vermieter durch die Fortsetzung des Mietverhältnisses an einer angemessenen wirtschaftlichen Verwertung des Grundstücks gehindert und dadurch erhebliche Nachteile erleiden würde. Gemäß § 573 Abs. 3 BGB muss das Kündigungsschreiben die Gründe für das berechtigte Interesse des Vermieters enthalten. Von dieser Regel kann gemäß § 573 Abs. 4 BGB zum Nachteil des Mieters nicht durch vertragliche Vereinbarung abgewichen werden. Die Fristen für die ordentliche Kündigung bestimmen sich gemäß § 573c BGB. Danach ist die Kündigung (beidseitig) spätestens am dritten Werktag eines Kalendermonats zum Ablauf des übernächsten Monats zulässig. Für den Vermieter verlängert sich die Kündigungsfrist nach fünf bzw. acht Jahren Laufzeit um jeweils drei Monate.

Für die ordentliche Kündigung des Wohnraummietvertrages in der Zeit **nach Beendigung des Arbeitsverhältnisses** (d.h. nach Ablauf der arbeitsrechtlichen Kündigungsfrist) gelten die **besonderen Kündigungsbestimmungen der §§ 576, 576a BGB.** Die Kündigung des Wohnraummietvertrages ist dabei rechtlich unabhängig von der Kündigung des Arbeitsverhältnisses (vgl. Staudinger/*Rolfs* § 576 BGB Rn. 19 ff.; Küttner/*Griese* Dienstwohnung Rn. 8). Die Sonderregeln gelten nur für eine Kündigung des Mietvertrages nach Beendigung des Arbeitsverhältnisses (vgl. Staudinger/*Rolfs* § 576 BGB Rn. 17; *Buch* NZM 2000, 167, 168). Teilweise wird die Auffassung vertreten, dass § 576 BGB nur dann Anwendung findet, wenn die Kündigung über den Wohnraum im zeitlichen Zusammenhang mit der Beendigung des Arbeitsverhältnisses steht (vgl. *Schmitz-Justen* WuM 2000, 582, 587; *Buch* NZM 2000, 167, 168; a.A. Staudinger/*Rolfs* § 578 BGB Rn. 72). Auch bei einer ordentlichen Kündigung des Wohnraummietvertrages nach Beendigung des Arbeitsverhältnisses sind die allgemeinen Kündigungsvoraussetzungen zu berücksichtigen. Dies umfasst insbesondere die Schriftlichkeit der Kündigung und die Benennung der Kündigungsgründe gemäß §§ 573 Abs. 3, 568 Abs. 1 BGB.

Bei den Kündigungsfristen gemäß § 576 BGB ist danach zu unterscheiden, ob es sich um eine **gewöhnliche** Werkwohnung (Abs. 1 Nr. 1) oder um eine **funktionsgebundene** Werkwohnung (Abs. 1 Nr. 2) handelt. Bei einer gewöhnlichen Werkwohnung erschöpft sich die Besonderheit der Umstände darin, dass diese unter Rücksicht auf das Arbeitsverhältnis zur Verfügung gestellt wird. Verkürzte Kündigungsfristen greifen nach § 576 Abs. 1 Nr. 1 BGB nur dann ein, wenn das Mietverhältnis weniger als zehn Jahre besteht. Bei einer funktionsgebundenen Werkwohnung wird nach § 576 Abs. 1 Nr. 2 BGB zunächst die Kündigungsfrist weitergehend verkürzt. Voraussetzung hierfür ist, dass der funktionsgebundene Wohnraum nach der Kündigung aus dem gleichen (funktionsgebundenen) Grund für einen anderen zur Dienstleistung Verpflichteten benötigt wird. Nach richtiger Auffassung muss der neue Mieter dabei im Kündigungsschreiben nicht genannt werden. Es genügt der Hinweis darauf, dass wegen eines Funktionszusammenhanges die Wohnung für einen anderen Arbeitnehmer benötigt wird (vgl. LG Berlin BeckRS 2011, 00827; Staudinger/*Rolfs* § 576 BGB Rn. 43).

Zu beachten ist, dass eine ordentliche Kündigung unter verkürzten Kündigungsfristen gemäß § 576 BGB nur bei einer **rechtswirksamen Beendigung** des daneben bestehenden Arbeitsverhältnisses möglich ist. Dies bedeutet also, dass während eines arbeitsgerichtlichen Rechtsstreits über die Wirksamkeit der Kündigung des Arbeitsverhältnisses Unklarheit darüber besteht, ob eine verkürzte Kündigungsfrist für den Wohnraum gilt. Insofern kann der mietrechtliche Räumungsstreit gemäß § 148 ZPO ausgesetzt werden (vgl. Staudinger/*Rolfs* § 576 BGB Rn. 30 m.w.N.). Zu beachten ist auch, dass § 576 BGB ausweislich des Wortlautes nur bei Kündigungen über den Wohnraum nach Beendigung des Arbeitsverhältnisses gilt. Dies bedeutet, dass die Kündigung über den Wohnraum erst nach Beendigung des Arbeitsverhältnisses (d.h. nach Ablauf der arbeitsrechtlichen Kündigungsfrist) zugehen darf (vgl. Staudinger/*Rolfs* § 576 BGB Rn. 25).

Gemäß den §§ 574 ff. BGB kann der Mieter der Kündigung schriftlich (§ 574b BGB) unter den dort genannten Voraussetzungen widersprechen und so die Fortsetzung des Mietverhältnisses verlangen. Das Widerspruchsrecht des Mitarbeiters ist aber zu Gunsten der Gesellschaft nach § 576a Abs. 2 BGB eingeschränkt. Danach ist bei einer funktionsgebundenen Wohnung, bei Kündigung seitens des Mitarbeiters bzw. bei berechtigter verhaltensbedingter Kündigung ein Widerspruch nicht möglich.

Unabhängig davon, ob es sich um eine Kündigung nach den §§ 573 ff. BGB oder nach §§ 576, 576a BGB handelt, ist die **Kündigung nach § 87 Abs. 1 Nr. 9 BetrVG mitbestimmungspflichtig** (→ Anm. 1). Die Kündigung von Werkwohnungen ist dabei nicht nur dann mitbestimmungspflichtig, wenn der Mieter ein Arbeitnehmer ist, sondern auch dann, wenn der Mieter leitender Angestellter oder ein sonstiger Dritter ist, aber der Mietraum insgesamt nicht nur diesen, sondern auch „normalen" Arbeitnehmern zur Verfügung gestellt wird (vgl. BAG AP BetrVG 1972 § 87 Werkmietwohnungen Nr. 7; *Schmitz-Justen* WuM 2000, 582, 584; *Buch* NZM 2000, 167, 168 ff.; Küttner/*Griese* Dienstwohnung Rn. 16 f.; → Anm. 1). Das Mitbestimmungsrecht des Betriebsrates hat auch Auswirkungen auf die Wirksamkeit der Kündigung über den Wohnraummietvertrag selbst; eine Kündigung ohne Zustimmung des Betriebsrates ist rechtsunwirksam (vgl. LG Aachen ZMR 1984, 280, Küttner/*Griese* Dienstwohnung Rn. 16; *Schmitz-Justen* WuM 2000, 582, 584). Der Mitarbeiter oder sonstige Mieter einer Werkwohnung kann die Kündigung gemäß den §§ 182, 111 S. 2 und 3 BGB zurückweisen, wenn ihm nicht mit der Kündigung die schriftliche Zustimmung des Betriebsrates übergeben wird (vgl. GKBetrVG/*Wiese* § 87 Rn. 787; Richardi/*Richardi* § 87 Rn. 725; *Schmitz-Justen* WuM 2000, 582, 584). Stimmt der Betriebsrat der Kündigung nicht zu, verbleibt dem Arbeitgeber nur der Weg über die Einigungsstelle. Im Hinblick darauf sollte mit dem Betriebsrat eine Vereinbarung getroffen werden, die einen schnelleren Konfliktlösungsmechanismus für den Fall vorsieht, dass Betriebsrat und Arbeitgeber keine Einigung darüber erzielen können, ob Wohnraum gekündigt werden soll oder nicht. Das Fehlen der Zustimmung des Betriebsrates wird auch im mietrechtlichen Räumungsprozess von den ordentlichen Gerichten berücksichtigt (vgl. OLG Frankfurt a.M. WuM 1992, 525; LG Aachen ZMR 1984, 280). Das Zustimmungserfordernis entfällt nicht, weil der Betriebsrat seinerzeit sein Einverständnis mit der Fassung der Mietverträge erklärt hat, da das Mitbestimmungsrecht stets im Einzelfall auszuüben ist (vgl. LG Aachen ZMR 1984, 280). Nach Auffassung des BAG besteht das Mitbestimmungsrecht des Betriebsrates auch nach Beendigung des Arbeitsverhältnisses weiterhin unverändert fort (so BAG AP BetrVG 1972 § 87 Werkmietwohnungen Nr. 7 im Falle der Vergabe sowohl an Mitarbeiter als auch an Dritte; a.A. OLG Frankfurt a.M. NJW-RR 1992, 1294; LG Ulm WuM 1979, 244; Palandt/*Weidenkaff* § 576 Rn. 3; Richardi/*Richardi* § 87 Rn. 705, der aber auf ein Initiativrecht zur Freikündigung wegen vorrangig bedürftiger Arbeitnehmer verweist).

8. Kaution. Gemäß § 551 Abs. 1 BGB ist die Höhe einer zu entrichtenden Kaution auf das Dreifache der auf einen Monat entfallenden Miete (ausschließlich der Betriebskosten) beschränkt. Des Weiteren hat der Mieter gemäß § 551 Abs. 2 BGB ein Recht darauf, die Sicherheit in drei Monatsraten zu leisten. Die Verpflichtung des Vermieters, die zur Sicherheit geleistete Kaution zinsbringend anzulegen, ergibt sich aus § 551 Abs. 3 BGB.

9. Schönheitsreparaturen und Pflege. Bezüglich der in vielen Standardmietverträgen vorgesehenen Verpflichtung des Mieters zur Vornahme von **Schönheitsreparaturen** in festgelegten zeitlichen Abständen ist die aktuelle BGH-Rechtsprechung zu beachten. Danach kann eine solche Klausel den Mieter – insbesondere in Verbindung mit einer Endrenovierungsverpflichtung – bei Auszug unangemessen benachteiligen und beide Verpflichtungen daher unwirksam sein, wenn auch eine beider Klauseln für sich genommen wirksam wäre (vgl. BGH NZM 2003, 594; BGH NJW 2003, 3192; BGH NJW 2004, 3045; BAG NJW 2006, 2116 auch für Zusammentreffen formularmäßiger und individualvertraglicher Klausel). Im Hinblick auf die aktuelle Rechtsprechung sieht das Vertragsmuster keine strikt bindenden Fristen für die Vornahme von Schönheitsreparaturen vor, da diese den Mieter nach § 307 BGB unangemessen benachteiligen würden (vgl. BGH NJW 2006, 2115). Vor dem Hintergrund der aktuellen Diskussion, ob die bisher üblichen Fristen in Mustermietverträgen mit Blick auf die inzwischen veränderten Wohnverhältnisse und verbesserten Dekorationsmaterialien zu kurz seien, wurde die Fristenlänge im Formular auf fünf bis zehn Jahre festgelegt. Die höchstrichterliche Rechtsprechung hat zwar nunmehr Fristen von drei bis sieben Jahren zumindest nicht beanstandet. Allerdings hat der BGH auch nur den Fall eines starren Fristenplans entschieden und nicht über die Fristen an sich geurteilt (vgl. BGH NJW 2009, 62). Ob eine solche Fristenregelung wie im Formular daher ausreichend ist, bleibt somit im Ergebnis unsicher (vgl. hierzu LG Düsseldorf Urt. v. 22.2.2007 – 21 S 241/04 – n. v. (Vorinstanz zu BGH NJW 2008, 1438)), welches eine Zeitspanne von drei Jahren für Toiletten als zu kurz erachtete). Teilweise wird daher auch vorgeschlagen, wegen der Diskussion um die Angemessenheit bisher üblicher Fristen ganz auf einen Fristenplan zu verzichten (vgl. *vhw* NZM 2008, 474; kritisch *Beyer* NZM 2008, 465).

Die Verpflichtung zur Renovierung bzw. Abgeltung bei Auszug vor Fälligkeit der Schönheitsreparaturen berücksichtigt, dass eine starre Abgeltungsquote den Mieter unangemessen benachteiligen würde (vgl. BGH NJW 2006, 3778). In der Klausel wird bei der Berechnung der tatsächliche Erhaltungszustand der Wohnung berücksichtigt, indem bei der Ermittlung der zu tragenden Quote auf die tatsächliche Abnutzung abgestellt wird. Die Formulierung der Berechnung der Quote wird dabei eindeutig und so klar wie möglich gefasst. Anderenfalls würde sie dem Verwender ungerechtfertigten Auslegungsspielraum eröffnen und daher wegen Verstoßes gegen das Transparenzgebot unwirksam sein (vgl. BGH NJW 2007, 3632). Die Klausel berücksichtigt dabei das jüngste Urteil des BGH zu Quotenabgeltungsklauseln, nach dem dem Mieter das Recht belassen werden muss, die Angemessenheit des Kostenvoranschlags zu bestreiten (BGH NJW 2013, 2505). Zusammenfassend ist allerdings nach wie vor wegen der noch offenen Fragestellungen hierzu (vgl. z. B. BGH NJW 2008, 1438) schwer möglich, eine vollständig risikofreie Klausel zu konstruieren.

In den meisten Wohnhäusern/Wohnanlagen wird mittlerweile eine von der Hausverwaltung angestellte Reinigungskraft oder der Hausmeister die Pflege des Treppenhauses und ähnliche Aufgaben übernehmen. Sollte dies nicht der Fall sein, ist die in der Alternative vorgeschlagene Regelung zusätzlich zu übernehmen. Bei der Vereinbarung von Pflichten des Mieters zur Treppenhausreinigung und Ähnlichem ist das Mitbestimmungsrecht des Betriebsrates gemäß § 87 Abs. 1 Nr. 9 BetrVG bezüglich der allgemeinen Nutzungsbedingungen (→ Anm. 1) zu beachten.

10. Mängel. Liegen Mängel vor, so berechtigen diese den Mitarbeiter zur **Minderung.** Ein Ausschluss des Minderungsrechts verstößt gegen § 536 Abs. 4 BGB und ist unwirksam. Die Minderung bezieht sich nur auf die Bruttomiete, d. h. die Grundmiete mit allen Nebenkosten. Dabei ist es unerheblich, ob die Nebenkosten als Pauschale oder Vorauszahlung geschuldet werden (vgl. BGH NJW 2005, 1713; Palandt/*Weidenkaff* § 536 Rn. 33; a. A. OLG Dresden ZMR 2008, 531: Minderung der Heizkosten nur wegen Heizungsmangel, wenn weitere Mängel damit nicht in Zusammenhang stehen und sich nicht auf die Heizkosten auswirken). Durch das Mietrechtsänderungsgesetz 2013 wurden die Minderungsrechte des Mieters bei einer energetischen Modernisierung allerdings temporär eingeschränkt. Mängel, die ihre Ursache in solchen Modernisierungsarbeiten haben, berechtigen nach dem neuen § 536 I a BGB für die Dauer von drei Monaten nicht zu einer Minderung, solange sie nicht von einer Intensität sind, die die Gebrauchstauglichkeit der Mietsache vollkommen aufhebt (§ 536 Abs. 1 S. 1 BGB).

Die Abwälzung der **Kosten für Bagatellschäden** wurde bewusst niedrig gehalten, da hier nach der bisherigen Rechtsprechung sehr schnell eine Überforderung des Mieters i.S.v. § 307 BGB gesehen wird (vgl. nur BGH NJW 1992, 1759). Insbesondere musste eine Höchstgrenze angegeben werden, um eine zu weitgehende Übertragung auf den Mieter und damit eine unangemessene Benachteiligung zu vermeiden (BayObLG NJW-RR 1997, 1371).

11. Modernisierungen. Die rechtliche Zulässigkeit von Modernisierungsmaßnahmen bestimmt sich nach den durch das Mietrechtsänderungsgesetz 2013 teilweise neu geregelten Bestimmungen zu Erhaltungs- und Modernisierungsmaßnahmen, §§ 555a ff. BGB. Soweit dadurch Mieterhöhungen gerechtfertigt werden sollen, ist § 559 BGB zu berücksichtigen. Auf die entsprechende Kommentierung zum Mietrechtsänderungsgesetz 2013 wird verwiesen (z.B. *Flatow* NJW 2013, 1185).

12. Untervermietung. Der Mieter ist grundsätzlich nicht berechtigt, ohne Erlaubnis des Vermieters den Gebrauch der Mietsache einem Dritten zu überlassen, diese insbesondere weiterzuvermieten (§ 540 Abs. 1 BGB). Im Einzelnen kann der Mieter jedoch ein berechtigtes Interesse daran haben, die Wohnung unterzuvermieten. Dem kann der Vermieter dann nur mit berechtigten Eigeninteressen entgegentreten (vgl. MünchVertrHdb/*Blank* Bd. 5, → Form. II. 1 Anm. 184).

13. Hausordnung. Bei Erlass einer Hausordnung ist an das Mitbestimmungsrecht des Betriebsrates gemäß § 87 Abs. 1 Nr. 9 BetrVG (→ Anm. 1) zu denken.

14. Schriftformklausel. → Form. A. II. 1 Anm. 28.

15. Salvatorische Klausel. → Form. A. II. 1 Anm. 29.

16. Gerichtsstand. Die **gerichtliche Zuständigkeit** für Streitigkeiten in Bezug auf den Mietvertrag liegt wie bei jedem Mietverhältnis ausschließlich beim Amtsgericht, § 23 Nr. 2a GVG i.V.m. § 29a Abs. 1 ZPO (vgl. BAG NZA 2000, 277; LAG Düsseldorf AP BGB § 565b Nr. 1; LG München WuM 1999, 464; LG Berlin WuM 1991, 697). Dies schließt es allerdings nicht aus, dass die Arbeitsvertragsparteien im Rahmen der einvernehmlichen Beendigung des Arbeitsverhältnisses auch vor den Arbeitsgerichten einen Räumungsvergleich vereinbaren. Hierbei sollten insbesondere der Auszugstermin festgelegt und etwaige Streitfragen für die Restlaufzeit des Mietverhältnisses geklärt werden, beispielsweise die Höhe des Mietzinses und die Übernahme von Renovierungsarbeiten (vgl. MAH Moll/*Bengelsdorf* § 46 Rn. 245). Bei der Vereinbarung einer Vertragsstrafe für den Fall der verspäteten Rückgabe der Werkwohnung ist zu berücksichtigen, dass eine verschuldensunabhängige Schadensersatzpflicht des Arbeitnehmers sowie Vereinbarungen, die ihm das Recht nehmen, sich gegenüber dem Schadensersatzanspruch auf Billigkeitsgründe zu berufen, unwirksam sind (§ 571 Abs. 1, 3 BGB).

9. Dienstwohnung

Vereinbarung über die Überlassung einer Dienstwohnung[1]

zwischen

. . . . . . (Name und Anschrift des Arbeitgebers) „Gesellschaft"

und

Herrn . . . . . . (Name und Anschrift des Arbeitnehmers) „Mitarbeiter"

In Ergänzung des Arbeitsvertrages vom ...... wird folgende Vereinbarung über eine Dienstwohnung im Rahmen des bestehenden Arbeitsverhältnisses geschlossen:

§ 1 Dienstwohnung[2]

(1) Im Hinblick auf das bestehende Arbeitsverhältnis überlässt die Gesellschaft dem Mitarbeiter folgenden Wohnraum als Dienstwohnung: ...... (Anschrift, Geschoss, Lage), bestehend aus ...... (Anzahl) Zimmern, Küche und Bad, insgesamt ca. ...... (Anzahl) qm. Die Angabe der Grundfläche der Wohnung stellt keine Zusicherung dar.

(Optional:

Mitüberlassen werden auch ...... (Keller(-abteil), Speicher, Garage, Stellplatz etc.). Der Mitarbeiter ist berechtigt, folgende Gemeinschaftseinrichtungen/-anlagen mitzubenutzen: ...... (Bezeichnung der betreffenden Anlagen).

Die Wohnung ist mit folgenden Einrichtungsgegenständen ausgestattet: ...... (Bezeichnung der Einrichtungsgegenstände).)

(2) Die Wohnung ist Dienstwohnung i. S. v. § 576b BGB.

(Alternative:

(2) Der Mitarbeiter ist verpflichtet, ab Beginn des Arbeitsverhältnisses am ...... (Datum) die Wohnung zu beziehen. Die Gesellschaft trägt die Umzugskosten bis zu einer Höhe von maximal ...... EUR (in Worten: ...... Euro) (Betrag).)

(3) Der Mitarbeiter wird die Wohnung allein bewohnen.

(Alternative:

(3) Der Mitarbeiter wird die Wohnung zusammen mit seiner Ehefrau/Lebenspartnerin/ seinem Lebenspartner (Optional: und ...... (Anzahl) Kindern) bewohnen.)

(4) Jede Veränderung der Anzahl der Mitbewohner wird der Mitarbeiter der Gesellschaft unverzüglich anzeigen.

(Alternative:

(4) Der Mitarbeiter ist nicht berechtigt, die vollständig möblierte Wohnung mit eigenen Einrichtungsgegenständen auszustatten.)

(Alternative:

(4) Der Mitarbeiter darf die weitgehend möblierte Wohnung nur mit folgenden Einrichtungsgegenständen ausstatten: ...... (Bezeichnung der Einrichtungsgegenstände).)

§ 2 Mietzins und Betriebskosten[3]

(1) Die Überlassung der Wohnung erfolgt unentgeltlich. Die Parteien sind sich darüber einig, dass der Wert der Überlassung der Wohnung derzeit monatlich ...... EUR (in Worten: ...... Euro) (Wert) beträgt.

(Alternative:

(1) Der Mietzins beträgt monatlich ...... EUR (in Worten: ...... Euro) (Mietzins).)

(2) Der Mitarbeiter trägt die in §§ 1, 2 der Betriebskostenverordnung in ihrer jeweils gültigen Fassung aufgelisteten Betriebskosten. Eine Aufstellung der Betriebskosten ist beigefügt.

(3) Für die Betriebskosten ist eine monatliche Vorauszahlung von derzeit . . . . . . EUR (in Worten: . . . . . . Euro) (Höhe der Vorauszahlung) zu leisten.

(4) Die Abrechnung der Betriebskosten erfolgt jährlich. Die Höhe der Vorauszahlung wird angeglichen, wenn die Betriebskosten steigen oder die jährliche Abrechnung der Betriebskosten eine Anpassung erfordert.

(5) *(Optional: Der Mietzins und)* Die Betriebskostenvorauszahlung ist *(Alternative: sind)* zum dritten Werktag jeden Kalendermonats fällig. Der aus der Betriebskostenabrechnung geschuldete Betrag wird nach Zugang der Abrechnung fällig.

(6) Die Gesellschaft verrechnet *(Optional: den Mietzins und)* die Betriebskostenvorauszahlung monatlich mit der Nettovergütung des Mitarbeiters.

(7) Sofern und soweit eine Verrechnung nicht möglich ist, ist *(Alternative: sind der Mietzins und)* die Betriebskostenvorauszahlung zum Fälligkeitszeitpunkt auf das Konto der Gesellschaft zu überweisen.

§ 3 Dauer der Überlassung[4]

(1) Die Überlassung der Wohnung endet mit der Beendigung des Arbeitsverhältnisses, ohne dass es einer Kündigung bedarf.

(2) Die Gesellschaft ist berechtigt, die Überlassung der Wohnung nach den vorstehenden Regelungen für die Zukunft zu widerrufen, wenn sich die Arbeitsaufgabe des Mitarbeiters nicht nur vorübergehend dergestalt ändert, dass die Überlassung der Wohnung für diese Arbeitsaufgabe nicht mehr nötig ist. Der Widerruf der Überlassung der Wohnung muss dem Mitarbeiter zumutbar sein.

(3) Hat der Mitarbeiter die Wohnung überwiegend mit eigenen Einrichtungsgegenständen ausgestattet oder lebt er in der Wohnung mit seiner Familie oder mit Personen, mit denen er einen auf Dauer angelegten gemeinsamen Haushalt führt, so gelten für die Beendigung der Überlassung der Wohnung entgegen Abs. (1) und (2) ausschließlich die gesetzlichen Vorschriften über Mietverhältnisse entsprechend. Auf die besonderen Bestimmungen der §§ 576 ff. BGB wird hingewiesen. Die Kündigung bedarf der Schriftform.

(4) Die Wohnung ist geräumt und besenrein zu übergeben. Beschädigungen der Wohnung, die der Mitarbeiter, seine Familienmitglieder oder seine Erfüllungsgehilfen sowie Dritte, für die der Mitarbeiter verantwortlich ist, schuldhaft verursacht haben, sind vom Mitarbeiter zu beseitigen.

(5) Der Mitarbeiter hat folgende, ihm beim Einzug *(Alternative: beim Vertragsschluss)* übergebene Schlüssel herauszugeben: . . . . . . (Bezeichnung der Schlüssel und jeweilige Anzahl). Einen Verlust der Schlüssel hat der Mitarbeiter jederzeit unverzüglich zu melden. In diesem Fall ist die Gesellschaft berechtigt, auf Kosten des Mitarbeiters einen Nachschlüssel anfertigen zu lassen oder, sofern aus Sicherheitsgründen erforderlich, auf seine Kosten das betreffende Schloss austauschen zu lassen.

(6) Setzt der Mitarbeiter den Gebrauch der Wohnung nach Beendigung der Überlassung fort, so kommt kein Mietverhältnis auf unbestimmte Zeit zustande. § 545 BGB findet keine entsprechende Anwendung.

§ 4 Kaution[5]

§ 5 Schönheitsreparaturen und Pflege[6]

§ 6 Mängel[7]

§ 7 Betreten Mieträume[8]

§ 8 Modernisierungen[9]

§ 9 Untervermietung[10]

§ 10 Hausordnung[11]

§ 11 Schlussbestimmungen[12, 13, 14]

......	......
Ort, Datum	Ort, Datum
......	......
Unterschrift der Gesellschaft	Unterschrift des Mitarbeiters

Anmerkungen

1. Regelungsinhalt. Dienstwohnungen sind Wohnungen, die der Arbeitgeber dem Mitarbeiter **im Rahmen des Arbeitsverhältnisses** überlässt. **Grundlage** für die Überlassung des Wohnraums ist also das Bestehen des Arbeitsverhältnisses (vgl. BAG NZA 2000, 277; Küttner/*Griese* Dienstwohnung Rn. 3; *Buch* NZM 2000, 167; Staudinger/*Rolfs* § 576b BGB Rn. 4). Typische Beispielsfälle sind die Dienstwohnungen von Hausmeistern und Heimleitern (in Altersheimen/Internaten), die Dienstwohnung des Betriebsleiters auf dem Werksgelände sowie andere Wohnräume, die für Mitarbeiter mit Rufbereitschaft zur Verfügung gestellt werden. Allerdings reicht auch jeder andere Raum zum vorübergehenden Gebrauch im Rahmen des Dienstverhältnisses aus.

Arbeitsverhältnis und Mietverhältnis bilden bei einer Dienstwohnung einen **gemischten Vertrag,** in dem das Arbeitsverhältnis vorherrscht. Der Dienstwohnungsvertrag bildet unabhängig von der rechtlichen Konstruktion eine rechtliche Einheit mit dem Arbeitsvertrag. Daher ist es grundsätzlich unerheblich, ob die entsprechenden Regelungen in die Urkunde über den Arbeitsvertrag mit aufgenommen werden oder in einer davon getrennten Urkunde abgehandelt werden (vgl. BAG NZA 1990, 191 ff.). Im Falle der Überlassung der Dienstwohnung zu Beginn des Arbeitsverhältnisses empfiehlt es sich, die hier behandelten Regelungen in den Arbeitsvertrag mit aufzunehmen; dadurch werden jegliche Zweifel, es handele sich tatsächlich um ein gesondertes Mietverhältnis über eine Werkmietwohnung (→ Form. A. IV. 8), ausgeschlossen. Das Formular ist auch deshalb als Ergänzungsvereinbarung zum Arbeitsvertrag ausgestaltet. Den Parteien steht es auch frei, die Überlassung von Wohnraum nach ursprünglich „normalem" Miet- oder Werkmietvertrag später einvernehmlich als Überlassung einer Dienstwohnung zu vereinbaren (vgl. Staudinger/*Rolfs* § 576b BGB Rn. 8). Dabei sollte jedoch eindeutig zum Ausdruck kommen, dass nunmehr eine Dienstwohnung vorliegt.

Abgesehen von der Sonderregelung zur Kündigung von Dienstwohnungen im Falle des § 576b BGB (→ Anm. 4) richten sich die Rechte und Pflichten des Arbeitnehmers grundsätzlich nach den arbeitsrechtlichen Vereinbarungen und nicht nach den Vorschriften des Mietrechts (vgl. BAG AP BGB § 310 Nr. 10, in dem die Anwendung des Mietminderungsrechts auf Dienstwohnungen verneint wird).

Im Unterschied zur Werkmietwohnung (→ Form. A. IV. 8 Anm. 1) unterliegen weder die Zuweisung oder Kündigung der Wohnung noch die Ausgestaltung der Nutzungsbedingungen dem **Mitbestimmungsrecht des Betriebsrats** (grundlegend BAG AP BetrVG 1972 § 87 Werkmietwohnungen Nr. 3). Die Überlassung der Dienstwohnung ist zur Erledigung der Dienstverpflichtung erforderlich und somit keine soziale Angelegenheit.

Unter Umständen kann jedoch ein Mitbestimmungsrecht des Betriebsrates nach § 87 Abs. 1 Nr. 10 BetrVG (betriebliche Lohngestaltung) in Betracht kommen.

2. Beschreibung der Wohnung. → Form. A. IV. 8 Anm. 3.

3. Mietzins und Mieterhöhung. Die Überlassung der Dienstwohnung ist **Teil des Arbeitsentgelts.** Mieterhöhungen sind somit, da es sich immer auch um eine Änderung der Vergütung handelt, nur aufgrund einer Änderungskündigung oder einer einvernehmlichen Vertragsänderung möglich (vgl. ArbG Hannover BB 1991, 554, zur steuerrechtlichen Behandlung → Form. A. IV. 8 Anm. 5). Probleme können dann auftreten, wenn die Überlassung des Wohnraums unentgeltlich erfolgte und diese nach Beendigung des Arbeitsverhältnisses fortgesetzt wird. Dann ist im Einzelnen streitig, wie sich der Mietzins errechnen soll (vgl. Staudinger/*Rolfs* § 576b BGB Rn. 18 m. w. N.). Es empfiehlt sich daher, den **Wert der Überlassung** in der Vereinbarung explizit zu nennen, auch wenn dieser „Mietzins" faktisch nicht vom Arbeitnehmer getragen wird.

4. Dauer des Nutzungsverhältnisses und Kündigung. Die rechtliche Einheit des Nutzungsverhältnisses mit dem Arbeitsverhältnis hat zur Folge, dass das Mietverhältnis nicht gesondert gekündigt werden kann. Eine separate Kündigung der Überlassung des Wohnraums ist als **unzulässige Teilkündigung** nicht möglich (vgl. BAG NZA 1990, 191 ff.).

Die Überlassung einer Dienstwohnung kann aber wohl mit einem **Widerrufsvorbehalt** verbunden werden, wie dies in Abs. (2) vorgesehen wurde. Ein solcher kommt jedenfalls für die Fälle in Betracht, in denen das Arbeitsverhältnis nicht endet, aber der Arbeitnehmer eine andere Tätigkeit verrichtet, die nicht mit der Dienstwohnung zusammenhängt und deren Nutzung damit nicht mehr nötig ist. Ein derartiger Widerrufsvorbehalt unterliegt bei Formularverträgen einer Inhaltskontrolle nach den §§ 305 ff. BGB sowie einer Ausübungskontrolle im Einzelfall gemäß § 315 BGB (vgl. LAG Köln BeckRS 2008, 54044). Ein Widerrufsvorbehalt ist danach nur zulässig, wenn die entsprechenden Widerrufsgründe hinreichend transparent gemacht und entsprechend im Vertrag bezeichnet wurden. Zudem darf die Mietvergünstigung im Verhältnis zu einer marktüblichen Miete nicht mehr als 25 Prozent der Vergütung des Arbeitnehmers betragen (zum Widerrufsvorbehalt vgl. ausführlich → Form. A. III. 1 Anm. 7 und → Form. A. III. 4 Anm. 4).

Wegen der rechtlichen Einheit von Miet- und Arbeitsverhältnis **endet das Nutzungsrecht am Wohnraum grundsätzlich mit dem Ende des Arbeitsverhältnisses.** Eine gesonderte Kündigung ist dann nicht notwendig (vgl. Palandt/*Weidenkaff* § 576b Rn. 2; MünchKommBGB/*Artz* § 576 Rn. 4). Im Falle eines befristeten Arbeitsverhältnisses ist das Mietverhältnis gleichfalls befristet und endet gemäß § 542 Abs. 2 BGB. Eine **mietrechtliche Ausnahme** gilt allerdings nach **§ 576b Abs. 1 BGB.** Danach sind mietrechtliche Vorschriften entsprechend anwendbar, wenn der Mitarbeiter entweder den Wohnraum überwiegend mit eigenen Einrichtungsgegenständen ausgestattet hat oder darin mit seiner Familie oder anderen Personen lebt, mit denen er einen auf Dauer angelegten gemeinsamen Haushalt führt. Dies hat zur Konsequenz, dass der Arbeitgeber im Falle der Kündigung des Arbeitsverhältnisses das „Mietverhältnis" gesondert kündigen muss. Die Ausführungen in → Form. A. IV. 8 (Anm. 7) gelten dann mit der Maßgabe, dass ein Mitbestimmungsrecht des Betriebsrats nicht besteht.

Wird die Überlassung der Wohnung über die Beendigung des Arbeitsverhältnisses hinaus **fortgesetzt,** so ist streitig, welche Rechtsnatur der Fortsetzung zukommt. Vertreten wird, es handele sich um ein Abwicklungsverhältnis, es entstehe ein Mietverhältnis kraft Gesetzes oder es bestehe ein gesetzliches Mietverhältnis nach § 242 BGB (vgl. Staudinger/*Rolfs* § 576b BGB Rn. 17; *Schmitz-Justen,* WuM 2000, 582, 587; MünchKommBGB/*Artz* § 576b Rn. 5).

5. Kaution. → Form. A. IV. 8, dort unter § 5.

6. **Schönheitsreparaturen und Pflege.** → Form. A. IV. 8, dort unter § 6.

7. **Mängel.** → Form. A. IV. 8, dort unter § 7.

8. **Betreten der Mieträume.** → Form. A. IV. 8, dort unter § 8.

9. **Modernisierungen.** → Form. A. IV. 8, dort unter § 9.

10. **Überlassung der Dienstwohnung an Dritte.** → Form A. IV. 8, dort unter § 10.

11. **Hausordnung.** → Form. A. IV. 8, dort unter § 11.

12. **Schriftformklausel.** → Form. A. IV. 8, dort unter § 12.

13. **Salvatorische Klausel.** → Form. A. IV. 8, dort unter § 12.

14. **Gerichtsstand.** → Form. A. IV. 8, dort unter § 12. Solange das Arbeitsverhältnis noch besteht, fallen Streitigkeiten in den **Zuständigkeitsbereich der Arbeitsgerichte** (vgl. BAG NZA 2000, 277). Für alle anderen Fälle sind höchstrichterliche Entscheidungen noch nicht ersichtlich. Richtigerweise entsteht nach Beendigung des Arbeitsverhältnisses bei gleichzeitiger Fortführung der Wohnraumnutzung ein „normales" Mietverhältnis. Dann entfällt die Zuständigkeit der Arbeitgerichtsbarkeit, da ein Bezug zum Arbeitsverhältnis nicht mehr besteht; die **allgemeine Zuständigkeit der Amtsgerichte** ist begründet gemäß §§ 23 Nr. 2a GVG, § 29a Abs. 1 ZPO (vgl. *Schmitz-Justen* WuM 2000, 582, 583).

10. US-Stock-Options im Anstellungsvertrag

§ . . . . . . US-Stock-Options[1, 2, 3, 4, 5, 6, 7, 8, 9, 10]

(1) Unter der Bedingung der entsprechenden Zustimmung des Board of Directors der . . . . . . Inc. (US-Obergesellschaft) erhält der Mitarbeiter . . . . . . (Anzahl) Optionen zum Erwerb von Anteilen an der . . . . . . Inc. (US-Obergesellschaft) gewährt. Die Parteien sind sich hierzu einig, dass im Fall einer fehlenden Zustimmung des Board of Directors zur Gewährung dieser Optionen ein Anspruch auf die Optionsgewährung nicht entsteht. Der Ausübungspreis (Strike Price) für die Optionen ist der am Tag der Gewährung (Grant Date) maßgebliche Verkehrswert, sofern bei der Gewährung nicht schriftlich ein anderer Ausübungspreis bestimmt wird.

(2) Die Erlangung der Ausübungs- und Verwertungsreife (Vesting), die Ausübung und der Verfall sowie alle etwaigen sonstigen Rechte und Pflichten bezüglich der Optionen richten sich nach den Bestimmungen desjenigen Stock-Option-Plans der . . . . . . Inc. (US-Obergesellschaft), nach welchem sie ausgegeben wurden. Die Parteien sind sich einig, dass für alle Rechte und Pflichten, welche im Stock-Option-Plan geregelt sind, diejenige Rechtsordnung maßgeblich sein soll, welche der Stock-Option-Plan selbst als maßgebliches Planstatut vorsieht.

Anmerkungen

1. **Gewährung von US-Stock-Options durch eine deutsche Tochtergesellschaft.** Das Formular geht von der Konstellation aus, dass einem in Deutschland tätigen Arbeitnehmer einer deutschen Gesellschaft, die in einen weltweit tätigen US-Konzern eingebunden ist, zu Beginn des Anstellungsverhältnisses Optionen zum Erwerb von Anteilen an der

US-amerikanischen Konzernobergesellschaft versprochen werden sollen. Um diese Gewährung umzusetzen, ist zunächst zu klären, wer gegenüber dem Arbeitnehmer die Zusage der Optionsgewährung übernimmt und ihm gegenüber aus dem Optionsplan verpflichtet sein soll. Hierfür bestehen folgende grundsätzliche Gestaltungsmöglichkeiten: Die Optionsvereinbarung kann ausschließlich und allein zwischen der emittierenden US-amerikanischen Konzernobergesellschaft und dem Arbeitnehmer (ohne Beteiligung der deutschen Gesellschaft) geschlossen werden. Diese Gestaltung ist in der Praxis jedoch seltener anzutreffen (zu dieser Gestaltungsvariante → Anm. 10). Üblicher ist vielmehr, dass sich die deutsche Gesellschaft (allein oder zusammen mit der US-amerikanischen Konzernobergesellschaft) zur Gewährung der Optionen verpflichtet. Denn die Mitarbeiter oder der Betriebsrat werden im Regelfall darauf bestehen, dass die Gewährung der Optionen (auch) vom deutschen Arbeitgeber zugesagt wird; zudem ist es auch aus organisatorischen Gründen zumeist nicht möglich, die Vereinbarungen nur mit der US-amerikanischen Konzernobergesellschaft zu treffen. Das Formular unterstellt daher diese zweite Variante. Vertragsparteien sind die deutsche (Tochter-)Gesellschaft und der Arbeitnehmer, sodass die vorgeschlagene Klausel als eigener Paragraf in den Arbeitsvertrag übernommen werden kann. Soll die Gewährung erst während eines laufenden Arbeitsverhältnisses erfolgen, ist eine entsprechende Zusatzvereinbarung (zu Vertragsänderungen während des Arbeitsverhältnisses → Form. A. XI. 1) zu schließen; auch hierzu kann die Klausel Verwendung finden.

2. **Gestaltung der wirtschaftlichen Eckdaten einer Optionsvereinbarung.** In Abs. (1) des Formulars werden die jeweiligen wirtschaftlichen Eckdaten der Optionsgewährung geregelt (Anzahl der Optionen, Gewährungszeitpunkt und Ausübungspreis).

Das Formular macht die Gewährung und die Anzahl der gewährten Optionen von der **Zustimmung des „Board of Directors“** der US-amerikanischen Konzernobergesellschaft abhängig. Das „Board of Directors“ ist als Leitungs- und Kontrollgremium der US-amerikanischen Konzernobergesellschaft im Regelfall für diese Entscheidung zuständig. Dieser Vorbehalt entspricht auch den Erfordernissen des US-amerikanischen Gesellschafts- und Steuerrechts, welches auf die US-amerikanische Konzernobergesellschaft Anwendung findet, und ist im Übrigen auch schon deshalb notwendig, weil sichergestellt sein muss, dass nicht mehr Optionen zugesagt werden als die US-amerikanische Konzernobergesellschaft überhaupt ausgeben kann oder will. Dies bedeutet, dass der deutsche Arbeitgeber die Gewährung einer bestimmten Anzahl von Optionen im Anstellungsvertrag nur in Aussicht stellen kann, die Gewährung letztlich aber davon abhängig ist, dass das „Board of Directors“ der US-Konzernobergesellschaft seine Zustimmung gegeben hat. Zum Zweck der Klarstellung ist ausdrücklich geregelt, dass ein Anspruch auf Optionsgewährung nicht vorliegen soll, wenn diese Zustimmung nicht erfolgt.

Das Formular beziffert den **Ausübungspreis** nicht, weil dieser regelmäßig dem Verkehrswert am Tag der endgültigen Gewährung (Grant Date) entspricht und dieses Datum erst dann feststeht, wenn klar ist, an welchem Tag das „Board of Directors“ der US-amerikanischen Konzernobergesellschaft die Zustimmung zur Gewährung der Optionen gibt. Deshalb verweist das Formular, wie in der Praxis üblich, insoweit nur auf diese Gegebenheit und bestimmt den Ausübungspreis abstrakt als den maßgeblichen Verkehrswert (= Aktienkurs) am Tag der Zustimmung des „Board of Directors“ und damit der Gewährung der Optionen. Das Formular sieht zudem die Möglichkeit vor, dass bei der Gewährung ein anderer Ausübungspreis bestimmt werden kann. Dabei ist allerdings im Einzelfall zu beachten, dass US-Stock-Option-Pläne i.d.R. den Verkehrswert am Grant Date als „Mindestausübungspreis“ vorsehen (sog. „fair market value“). Die in den Klammerzusätzen verwendeten englischsprachigen Begriffe („Strike Price“ und „Grant Date“ in Abs. (1), „Vesting“ in Abs. (2)) müssen den im jeweiligen Stock-Option-Plan verwendeten Begriffen entsprechen; durch den Verweis auf die Begrifflichkeiten aus dem

Stock-Option-Plan wird der notwendige Bezug und Gleichlauf zu diesem hergestellt, was der Klarheit und Vermeidung von späteren Streitigkeiten dient.

Bis auf den Zustimmungsvorbehalt können die individualisierenden Regelungen in Abs. (1) sogar ganz entfallen, wenn nach der endgültigen Zustimmung zur Optionsgewährung durch das „Board of Directors" die individuelle Options-Gewährung in einem Schreiben an den einzelnen Mitarbeiter bestätigt wird, in dem die Einzelheiten wie die Anzahl der gewährten Optionen, der Tag der Gewährung („Grant Date") und der genaue Ausübungspreis festgeschrieben werden. Wenn der deutsche Arbeitgeber bei Abschluss des Anstellungsvertrages die Eckdaten der Optionsgewährung deshalb noch nicht kennen sollte, kann er auf ihre Angabe im Anstellungsvertrag verzichten und stattdessen lediglich auf ein entsprechendes Schreiben der US-Konzernobergesellschaft verweisen, in dem diese Eckdaten zusammengefasst werden. In diesem Fall könnte Abs. (1) der Klausel alternativ wie folgt lauten:

Alternative:
(1) Unter der Bedingung der entsprechenden Zustimmung des Board of Directors der ...... Inc. (US-Obergesellschaft) erhält der Mitarbeiter Optionen zum Erwerb von Anteilen an der ...... Inc. (US-Obergesellschaft) gewährt. Die Parteien sind sich hierzu einig, dass im Fall einer fehlenden Zustimmung des Board of Directors zur Gewährung der Optionen ein Anspruch auf die Optionsgewährung nicht entsteht. Die Anzahl der gewährten Optionen sowie der Ausübungspreis (Strike Price) für die Optionen bestimmt sich nach dem bei der Gewährung von der ...... Inc. (US-Obergesellschaft) hierzu herausgegebenen Schreiben.

3. Verweis auf US-Stock-Option-Plan hinsichtlich der weiteren Vertragsbedingungen. Die vorgeschlagene Klausel regelt den sonstigen Inhalt der gewährten Optionen nicht selbst, sondern verweist insoweit in Abs. (2) auf den maßgeblichen US-Stock-Option-Plan. Dies ist sinnvoll, weil diese Pläne typischerweise bereits ein dichtes Regelwerk enthalten und alle vorhersehbaren Konstellationen in Bezug auf Gewährung, das Datum des unwiderruflichen Rechtserwerbs (sog. Vesting), Ausübung und Verfall der Optionen in großer Detailliertheit regeln. Insbesondere legt ein solcher US-Stock-Option-Plan im Regelfall folgende Inhalte fest:

- Festlegung des Preises bei der Optionsgewährung (sog. „Ausübungspreis"), der regelmäßig dem Aktienkurs am Tag der Gewährung der Optionen entspricht.
- Festlegung von Mindestwartezeiten, sog. „Vesting Periods", oder die Regelung, dass diese innerhalb eines bestimmten Rahmens individuell vereinbart werden können. Diese „Vesting Periods" sind nicht selten so ausgestaltet, dass 20 Prozent der gewährten Optionen zum ersten Jahrestag der Einstellung ausübungsreif werden und je weitere 20 Prozent zu den darauf folgenden Jahrestagen, sodass nach fünf Jahren Tätigkeit in der Gesellschaft alle Optionen ausübungsreif werden. Wenn der Mitarbeiter ausübungsreife Optionen ausübt (was er typischerweise nur tun wird, wenn der bei Ausübungsreife maßgebliche Kurswert der Aktie über dem Ausübungspreis liegt), erzielt der Mitarbeiter einen Gewinn in Höhe der Differenz zwischen dem maßgeblichen Ausübungspreis und dem aktuellen Kurs zum Zeitpunkt der Ausübung der Option.
- Festlegung von Regelungen zur Ausübung der Option durch schriftliche Erklärung gegenüber einer bestimmten, typischerweise im Stock-Option-Plan definierten Ausübungsstelle. Ist im Stock-Option-Plan hierbei ein finanzielles Engagement des Mitarbeiters vorgesehen, überweist der Mitarbeiter den Ausübungspreis auf ein bestimmtes Konto und erhält dafür die benannte Zahl an Anteilen übertragen. Häufig erfolgt die Ausübung aber ohne finanzielles Engagement des Mitarbeiters: Dabei werden die Aktien (z.B. durch einen Makler) erworben und in einer zeitgleichen Transaktion wieder verkauft. Die Differenz zwischen dem Ausübungspreis und dem Verkaufspreis wird dann an den Mitarbeiter ausgeschüttet.

- Festlegung der Regelungen, die bei einer Beendigung des Anstellungsverhältnisses gelten sollen. Im Regelfall ist vorgesehen, dass bei Beendigung des Anstellungsverhältnisses noch nicht ausübungsreife Optionen nicht mehr ausübungsreif werden und ersatzlos verfallen. Bereits ausübungsreife Optionen können i.d.R. nach den Bestimmungen der Stock-Option-Pläne nur noch während eines bestimmten Zeitraums (regelmäßig 60 bis 90 Tage) nach Beendigung der Anstellung ausgeübt werden („Ausübungsfrist"). Bei Nicht-Ausübung innerhalb dieses Zeitraums verfallen sie ersatzlos.

Da die Stock-Option-Pläne allerdings in der Praxis zumeist alle paar Jahre in einer neuen Fassung herausgegeben werden, muss im Formular klargestellt werden, welcher Stock-Option-Plan auf die jeweils gewährten Optionen Anwendung findet. Hierfür verwendet Abs. (2) der Musterklausel eine abstrakte Definition, wonach sich die Rechte und Pflichten nach den Bestimmungen desjenigen Plans richten sollen, nach welchem sie ausgegeben wurden. Diese Klausel ist dann ausreichend, wenn im individuellen Gewährungsschreiben der maßgebliche Plan genau bezeichnet wird.

4. Anwendbares Recht. Auf das Arbeitsverhältnis als solches und damit auch auf die Optionsvereinbarung wird grundsätzlich **deutsches Recht anwendbar** sein. Dies gilt auch ohne ausdrückliche vertragliche Rechtswahlklausel zu Gunsten des deutschen Rechts (Art. 8 Abs. 2 Rom I VO).

Weil jedoch US-amerikanische Optionen gewährt werden, für die mit dem Stock-Option-Plan bereits ein ausgefeiltes Regelungswerk vorliegt, sollte stets überlegt und geprüft werden, die Optionsgewährung und sämtliche mit der Gewährung zusammenhängende Rechtsfragen ausdrücklich demjenigen ausländischen Recht zu unterstellen, welches für den Stock-Option-Plan selbst zur Anwendung kommt (US-amerikanische Stock-Option-Pläne enthalten i.d.R. eine Rechtswahlklausel, die sie dem Recht desjenigen US-Bundesstaates unterstellen, in dem die US-Obergesellschaft ihren tatsächlichen Sitz hat). Hierbei ist allerdings zu berücksichtigen, dass eine solche Rechtswahl für eine im deutschen Arbeitsvertrag zugesagte Optionsgewährung nur in begrenztem Umfang anerkannt würde. Zwar unterliegt ein Vertrag grundsätzlich dem von den Parteien gewählten Recht (Art. 3 Abs. 1 S. 1 Rom I VO). Bei Arbeitsverträgen und Arbeitsverhältnissen aber darf eine Rechtswahl nicht dazu führen, dass dem Arbeitnehmer zwingende Schutzbestimmungen des deutschen Arbeitsrechts (welches ohne Rechtswahl Anwendung finden würde) entzogen werden (Art. 8 Abs. 1 S. 2 Rom I VO). Die Rechtswahl wird durch die Anwendung der zwingenden Schutzvorschriften des Arbeitsrechts zwar nicht unwirksam. Zwingende Schutzbestimmungen des deutschen Arbeitsrechts setzen sich aber gegen das individuell gewählte Vertragsstatut durch, wenn diese für den Arbeitnehmer günstiger sind. Das Arbeitsverhältnis unterliegt dann quasi einem „Mischrecht" aus beiden anwendbaren Rechtsordnungen (ErfKomm/*Schlachter* Art. 9 Rom I VO Rn. 19). Diese zwingenden Schutzvorschriften können im Übrigen neben den arbeitsrechtlichen Normen auch Vorschriften des zwingenden allgemeinen Vertragsrechts umfassen (vgl. MünchKommBGB/*Martiny* Art. 8 Rom I VO Rn. 34; Staudinger/*Magnus* Art. 8 Rom I VO Rn. 75), wie z.B. das Recht der AGB-Kontrolle (vgl. ErfKomm/*Schlachter* Art. 9 Rom I VO Rn. 19).

Das Formular sieht lediglich eine eingeschränkte Rechtswahl vor, die das ausländische Planstatut insoweit für maßgeblich erklärt, als es um die im Stock-Option-Plan geregelten und aufgrund der – anderweitig vereinbarten – Gewährung der Optionen bestehenden Rechte und Pflichten geht, wie insbesondere die Erlangung der Ausübungs- und Verwertungsreife (Vesting) sowie die Ausübung und der Verfall. Nach den dargestellten Grundsätzen ist aber bei der getroffenen Teilrechtswahl davon auszugehen, dass die zwingenden Schutzbestimmungen des deutschen Arbeitsrechts gelten. Diese Regelungen würden im Übrigen erst recht gelten, wenn die Optionsgewährung von vorneherein und ausschließlich deutschem Recht unterstellt worden wäre. Hieraus ergeben sich die im

Folgenden dargestellten wesentlichen Einschränkungen im Hinblick auf die Vertragsgestaltung einer Optionsgewährung.

5. Gleichbehandlung. Die einzelvertragliche Regelung über die Anzahl der gewährten Optionen kann überlagert und korrigiert werden durch den **allgemeinen arbeitsrechtlichen Gleichbehandlungsgrundsatz.** Vergibt der Arbeitgeber Aktienoptionen unter Aufstellung von abstrakten Merkmalen für die Gewährung und erfüllt ein Arbeitnehmer diese Voraussetzungen, so kann ein Anspruch auf Gewährung von Aktienoptionen aus dem Gleichbehandlungsgrundsatz bestehen (vgl. BAG AP BGB § 242 Gleichbehandlung Nr. 210). Verstößt der Arbeitgeber bei seiner Entscheidung, einem Mitarbeiter (nur) eine bestimmte Anzahl an Optionen zu gewähren, gegen den Gleichbehandlungsgrundsatz, hat der Mitarbeiter trotz der vertraglich vereinbarten (niedrigeren) Zahl an Optionen einen Anspruch auf Gewährung einer höheren Zahl von Optionen. Gewährt der Arbeitgeber die Optionen zu unterschiedlichen Bedingungen (z. B. Ausübungspreis, Wartefristen etc.), kann der Gleichbehandlungsgrundsatz den Arbeitgeber auch dazu zwingen, einem Mitarbeiter günstigere Optionsbedingungen einzuräumen als sie in der einzelvertraglichen Regelung vereinbart worden sind. Eine zulässige, sachlich gerechtfertigte Differenzierung und damit eine zulässige Ungleichbehandlung liegt in der Beschränkung der Gewährung von Optionen auf bestimmte Hierarchieebenen, z. B. die Führungsebene (BAG AP BGB § 242 Gleichbehandlung Nr. 210; *Harrer* Rn. 428; Küttner/*Röller* Aktienoptionen Rn. 8). Die Gruppe der Bezugsberechtigten muss sich jedoch klar von der vom Bezugsrecht ausgenommenen abgrenzen lassen, damit eine willkürliche Auswahl ausgeschlossen ist (BAG AP BGB § 242 Gleichbehandlung Nr. 210). Denkbar scheint auch, dass innerhalb derselben Hierarchieebene eine Differenzierung nach Leistungskriterien für zulässig und nicht als Verstoß gegen den Gleichbehandlungsgrundsatz angesehen würde (so auch *Baeck/Diller* DB 1998, 1405, 1409).

Eine spezielle Ausprägung des Gleichbehandlungsgrundsatzes findet sich im gesetzlich normierten Diskriminierungsverbot für **Teilzeitkräfte** (§ 4 Abs. 1 S. 1 TzBfG). Teilzeitkräfte haben daher aufgrund Anwendbarkeit des deutschen Arbeitsrechts bzw. der zwingenden Schutzbestimmungen des deutschen Arbeitsrechts grundsätzlich auch dann einen anteiligen Anspruch auf die Gewährung von Stock-Options, wenn der US-Stock-Option-Plan dies nicht vorsieht. Von diesem Grundsatz kann nur abgewichen werden, wenn dafür sachliche Gründe vorliegen. In der Literatur wird ein solcher sachlicher Grund für den Ausschluss von Teilzeitbeschäftigten in Betracht gezogen, wenn der Stock-Option-Plan der US-Konzernobergesellschaft nur bei Ausschluss von Teilzeitbeschäftigten steuerlich begünstigt wäre (so auch *Lembke* BB 2001, 1469, 1472; weitere Beispiele bei *Baeck/Diller* DB 1998, 1405, 1408). Dagegen rechtfertigt allein ein höherer Verwaltungsaufwand für Teilzeitbeschäftigte wohl keine Ungleichbehandlung zwischen Voll- und Teilzeitkräften, da dieser erhöhte Aufwand in der Natur des Teilzeitarbeitsverhältnisses angelegt ist und daher wohl keinen sachlichen Differenzierungsgrund darstellt (a. A. *Baeck/Diller* DB 1998, 1408, die einen Ausschluss dann für zulässig halten, wenn der Verwaltungsaufwand bei anteiliger Gewährung z. B. an geringfügig Beschäftigte außer Verhältnis zum Wert der Ansprüche steht; diesen zustimmend *Buhr/Radtke* DB 2001, 1882, 1886).

Daneben sind die nach dem Allgemeinen Gleichbehandlungsgesetz (AGG) unzulässigen Diskriminierungsmerkmale bei der Gewährung von Aktienoptionen zu beachten.

6. AGB-Kontrolle. Im Zusammenhang mit der Gewährung von Aktienoptionen sind auch die Regelungen der AGB-Kontrolle zu beachten (zur Anwendbarkeit des AGB-Rechts auch bei der Rechtswahl zu Gunsten ausländischen Rechts → Anm. 4). Bedeutsam ist dies vor allem für die in Optionsbedingungen im Regelfall sehr restriktiv geregelten **Bindungs- und Verfallklauseln.** Solche Regelungen sehen insbesondere vor, dass die Optionen erstmals nach Ablauf einer Wartezeit und bei Vorliegen der Ausübungsvoraussetzungen nur während bestimmter Ausübungszeiträume ausgeübt werden können bzw.

nur dann ausgeübt werden dürfen, wenn der Arbeitnehmer bei der Ausübung noch in einem ungekündigten Arbeitsverhältnis steht. Derartige Regelungen können jedoch – je nach ihrer Ausgestaltung – eine unzulässige Kündigungserschwerung und damit eine unangemessene Benachteiligung des Arbeitnehmers darstellen (§ 307 Abs. 1 i.V.m. § 622 Abs. 6 BGB). In einem ersten Urteil zu diesem Problemkomplex hielt nun das BAG derartige Regelungen für grundsätzlich zulässig und interessengerecht (vgl. BAG NZA 2008, 1066). Insbesondere hat das BAG klargestellt, dass die zu Sonderzahlungen des Arbeitgebers aufgestellten Grundsätze und Höchstbindungsfristen (→ Form. A. III. 5 Anm. 11) nicht uneingeschränkt auf Aktienoptionen übertragbar sind. Im Gegensatz zu diesen Sondervergütungen, die vor allem eine zusätzliche Vergütung für eine im Kalender- oder Geschäftsjahr erbrachte Leistung bezwecken oder auf den Unternehmenserfolg in diesem Zeitraum abstellen, hätten Aktienoptionen einen ungleich höheren spekulativen Charakter. Bei den Optionen entstehe aufgrund der vielfältigen Unwägbarkeiten für den Arbeitnehmer deswegen nur eingeschränkt ein schutzwürdiges Vertrauen auf einen finanziellen Vorteil. Darüber hinaus spreche auch § 193 Abs. 2 Nr. 4 AktG gegen eine entsprechende Anwendung, der in der früheren Fassung eine Wartezeit von mindestens zwei Jahren für die erstmalige Ausübung festgelegt habe, wobei der Gesetzgeber keine Obergrenze festgelegt habe. Da in §§ 193 Abs. 2 Nr. 4, 192 Abs. 2 Nr. 3 AktG n.F. vor dem Hintergrund der Stärkung des Nachhaltigkeitsgedankens nunmehr festgelegt ist, dass die Bezugsrechte erst nach einer Wartezeit von mindestens vier Jahren ausgeübt werden dürfen, sollte nunmehr eine Wartezeit von vier Jahren noch angemessen sein. Darüber hinaus ist es auch zulässig, bei Verfallklauseln nicht danach zu differenzieren, ob die Beendigung des Arbeitsverhältnisses in den Verantwortungsbereich des Arbeitgebers oder des Arbeitnehmers fällt (BAG NZA 2008, 1066, 1073) – anders als im Fall der Rückzahlungsklauseln bei Ausbildungskosten (→ Form. A. IV. 7 Anm. 11).

7. Mitbestimmungsrechte des Betriebsrats. Durch eine etwaige Rechtswahl werden auch die Rechte des Betriebsrates einer deutschen Tochtergesellschaft nicht berührt. Denn für die Anwendbarkeit des BetrVG gilt ausschließlich das Territorialitätsprinzip (vgl. ErfKomm/*Koch* § 1 BetrVG Rn. 5); es findet somit – unabhängig von einer etwaigen Rechtswahl – stets Anwendung, solange sich ein Betrieb nur in Deutschland befindet. Wurde bei der einzelvertraglichen Gewährung von Stock-Options ein etwaiges Mitbestimmungsrecht des Betriebsrats nicht beachtet, kann dies dazu führen, dass der Anspruch des Mitarbeiters auf die Gewährung von Stock-Options über das hinausgeht, was einzelvertraglich vereinbart wurde. Denn der Betriebsrat kann in diesem Fall auch noch später sein Mitbestimmungsrecht einfordern und u.U. eine andere Verteilung der dem deutschen Arbeitgeber insgesamt von der US-Konzernobergesellschaft zur Verfügung gestellten Gesamtzahl an Stock-Options auf die Belegschaft erzwingen, als sie der Arbeitgeber zunächst – ohne Abstimmung mit dem Betriebsrat – vorgenommen hat. Ein etwaiges Mitbestimmungsrecht des Betriebsrats kann sich aus § 87 Abs. 1 Nr. 10 BetrVG ergeben (so auch Küttner/*Röller* Aktienoptionen Rn. 17; *Baeck/Diller* DB 1998, 1405, 1410 f.; kritisch *Kau/Kukat* BB 1999, 2505 ff.). Das LAG Nürnberg will dem Betriebsrat die Nachprüfung eines solchen Mitwirkungsrechts des deutschen Arbeitgebers und damit des Mitbestimmungsrechts des Betriebsrats sogar dadurch ermöglichen, dass es dem Betriebsrat einen Anspruch auf Zurverfügungstellung der erforderlichen Unterlagen gibt (vgl. LAG Nürnberg NZA-RR 2002, 247; kritisch hierzu *Annuß/Lembke* BB 2003, 2230, 2231 f.).

8. Sonstige zu beachtende Pflichten – Abführung der Lohnsteuer. Im Rahmen einer Optionsgewährung ist auch zu beachten, dass der deutsche Arbeitgeber für etwaige Optionsgewinne, die bei ihm angestellte und in Deutschland arbeitende Mitarbeiter von der US-Konzernobergesellschaft ausgezahlt erhalten haben, **Lohnsteuer** einzubehalten und abzuführen hat. Denn arbeitet der Mitarbeiter in Deutschland, muss der Gewinn, den der Mitarbeiter durch die Ausübung der Optionen erzielt, in Deutschland voll versteuert werden. Der bloße Umstand, dass es sich um die Gewährung von Anteilsoptionen an einem US-amerikanischen Unternehmen handelt oder die Optionen von Dritten gewährt werden, ändert nichts daran, dass es sich um einen in Deutschland steuerpflichtigen Vorgang handelt, der vom deutschen Arbeitgeber auch der Lohnsteuer zu unterwerfen ist.

Für die lohnsteuerliche Behandlung der gewährten Stock-Options ist Folgendes zu beachten: Nach der Rechtsprechung des BFH liegt bei Aktienoptionen der maßgebliche steuerpflichtige **Zufluss** nicht bereits mit Einräumung des Optionsrechts vor, sondern nach **Ausübung** der Option bzw. deren Verwertung. Denn erst mit der Ausübung (bzw. der Verwertung des Optionsrechts) fließt dem Mitarbeiter ein geldwerter Vorteil in Höhe der Differenz zwischen dem Ausgabepreis laut Vereinbarung und dem Verkehrswert (z. B. Börsenkurs) der Aktien im Zeitpunkt der Ausübung zu (vgl. für nicht handelbare Optionen BFH NZA-RR 2001, 376; BFH DStR 2001, 931; BFH DStR 2001, 1341; BFH HFR 2002, 701; für handelbare Optionen BFH BeckRS 2008, 24003556; vgl. auch Schmidt/*Krüger* EStG § 11 Rn. 50 „Option" m. w. N.; anders noch die frühere Verwaltungsauffassung, nach der ein steuerlich relevanter Zufluss bereits mit der Einräumung des Optionsrechts vorlag).

9. Auswirkung der Optionsgewährung auf andere arbeitsvertragliche Regelungen. Bei der Vereinbarung zur Gewährung von Optionen ist immer zu prüfen, ob die beabsichtigte Gewährung auch Auswirkungen auf andere arbeitsvertragliche Regelungen haben kann. Ist z. B. in dem Anstellungsvertrag ein nachvertragliches Wettbewerbsverbot vereinbart (→ Form. A. IV. 1), so kann die Gewährung der Stock-Options im Rahmen der Berechnung einer Karenzentschädigung zu berücksichtigen sein (vgl. hierzu *Bauer/Diller* Rn. 254a; *Busch* BB 2000, 1294, 1296 und Küttner/*Röller* Aktienoptionen Rn. 16; zur Anwendbarkeit der §§ 74 ff. HGB im internationalen Konzern vgl. *Fischer* DB 1999, 1702 ff.).

10. Alternative: US-Konzernobergesellschaft als Vertragspartei. Als generelle Alternative kann die Optionsvereinbarung ausschließlich und allein zwischen der emittierenden US-amerikanischen Konzernobergesellschaft und dem Arbeitnehmer (ohne Beteiligung der deutschen Gesellschaft) abgeschlossen werden. Hierzu muss im Rahmen der Vertragsgestaltung und dem Prozess des Vertragsabschlusses stets klargestellt werden, dass es sich ausschließlich um eine Vereinbarung mit der US-amerikanischen Konzernobergesellschaft handelt, an der die deutsche Tochtergesellschaft nicht beteiligt sein soll. Der deutsche Arbeitgeber sollte daher auch nicht – beispielsweise in Einstellungsgesprächen – mit den Aktienoptionen als zusätzlichem Entgelt werben oder (Sonder-)Vereinbarungen bezüglich der Gewährung von Aktienoptionen mit dem Arbeitnehmer treffen (z. B. Verzicht auf Barvergütung des Arbeitnehmers gegen Aktien der Konzernmutter; vgl. Küttner/*Röller* Aktienoptionen Rn. 6).

Auch wenn diese Gestaltungsform in der Praxis unüblich ist (→ Anm. 1), sollte gleichwohl stets geprüft werden, ob sie im konkreten Fall umsetzbar ist; denn diese Variante bringt – in arbeitsrechtlicher Hinsicht – für die deutsche Tochtergesellschaft erhebliche Vorteile:

So stünde eine direkte Zusage der US-Konzernobergesellschaft rechtlich selbstständig neben dem Arbeitsvertrag des Arbeitnehmers mit der deutschen Tochtergesellschaft und wäre somit nicht Bestandteil des Arbeitsverhältnisses. Ansprüche aus dieser Vereinbarung könnten auch nur gegenüber der US-Konzernobergesellschaft geltend gemacht werden, nicht aber gegenüber der deutschen Tochtergesellschaft (vgl. BAG NZA 2003, 487; BAG NZA 2008, 836). Zudem erhöhte eine direkte Zusage der US-Konzernobergesellschaft die Wahrscheinlichkeit, dass eine Rechtswahl zu Gunsten des auf den Stock-Option-Plan anwendbaren US-amerikanischen Rechts auch für die individuelle Stock-Option-Vereinbarung wirksam ist. Denn bei einer solchen Vereinbarung ist der Vertrag über die Aktienoptionsgewährung nicht Bestandteil des Arbeitsvertrages. Das anwendbare Recht richtet sich deshalb nicht nach Art. 8 Rom I VO, sondern nach Art. 3 ff. Rom I VO (vgl. OLG München OLGR München 2008, 800; *Annuß/Lembke* BB 2003, 2230, 2234; a.A. *Buhr/Radtke* DB 2001, 1882, 1883; MünchHdbArbR/*Oetker* § 11 Rn. 71). Dies würde – vorbehaltlich einer entsprechenden ausdrücklichen Rechtswahl in der Gewährungsvereinbarung zwischen Mitarbeiter und US-Konzernobergesellschaft – dazu führen, dass das gewählte ausländische Recht auf die Optionsvereinbarung **und** auf alle aus ihr abgeleiteten Rechte und Pflichten anwendbar wäre. Grenzen der Anwendung ausländischen Rechts würden sich nach dieser Ansicht allenfalls aus Art. 9 und Art. 6 Rom I VO ergeben. Einschlägige Rechtsprechung existiert zu dieser Frage allerdings noch nicht. Eine direkte Zusage der US-Konzernobergesellschaft verbesserte auch die „Verkäuflichkeit" des Betriebes, weil dann nach dem sog. Nokia-Urteil (vgl. BAG NZA 2003, 487) etwaige Optionsansprüche im Fall eines Betriebsüberganges nicht als Bestandteil des Arbeitsverhältnisses gelten und somit nicht gegen den Erwerber gerichtet werden können (vgl. zum Nokia-Urteil auch die Anm. *v. Steinau-Steinrück* NZA 2003, 473; *Urban-Crell/Manger* NJW 2004, 125). Auch dürfte für die Gewährung der Optionen kein Mitbestimmungsrecht des Betriebsrates bestehen, wenn nicht der deutsche Arbeitgeber, sondern allein die US-Konzernobergesellschaft entscheidet, wie viele Stock-Options an die einzelnen Mitarbeiter der deutschen Belegschaft verteilt werden und der deutsche Arbeitgeber bei dieser Entscheidung überhaupt kein Mitsprache- oder Vorschlagsrecht hat. Zieht man die vom BAG hierzu aufgestellten Grundsätze heran (vgl. BAG NZA 2003, 487 – Nokia; BAG NZA 2008, 836), so würde eine Mitbestimmung an einer nach § 87 Abs. 1 BetrVG notwendigen vermögenswerten Arbeitgeberleistung scheitern; höchstrichterliche Rechtsprechung zu genau dieser Frage existiert allerdings noch nicht (wie hier auch *Buhr/Radtke* DB 2001, 1882, 1886; *Lingemann/Diller/Mengel* NZA 2000, 1191, 1200; *Annuß/Lembke* BB 2003, 2230, 2231 f.; gegen ein Mitbestimmungsrecht auch *Lembke* BB 2003, 1071, 1072; zur de facto Aushebelung der Mitbestimmungsrechte *Baeck/Diller* DB 1998, 1405, 1411). Bei Streitfragen aus einer ausschließlich mit der US-Konzernobergesellschaft abgeschlossenen Vereinbarung wären zudem nicht die deutschen Arbeitsgerichte zuständig (vgl. LAG Köln AE 2007, 173; LAG München BeckRS 2009, 67637; Küttner/*Röller* Aktienoptionen Rn. 18).

11. US-Stock-Options im Aufhebungsvertrag

§ . . . . . **US-Stock-Options**[1]

Der Mitarbeiter hat Optionen zum Erwerb von Anteilen an der . . . . . . Inc. (US-Obergesellschaft) erhalten. Die Parteien sind sich einig, dass sich Verwertungsreife, Ausübung, Verfall und alle anderen Rechte und Pflichten bezüglich der gewährten Stock-Options nach den bei der Gewährung schriftlich getroffenen einzelvertraglichen Regelungen sowie den Bestimmungen desjenigen Stock-Option-Plans der . . . . . . Inc. (US-Obergesellschaft) richten, nach welchem sie ausgegeben wurden.

(Alternative:[2]

(1) Der Mitarbeiter hat Optionen zum Erwerb von Anteilen an der . . . . . . Inc. (US-Obergesellschaft) gewährt erhalten. Die Parteien sind sich einig, dass zum Beendigungstermin . . . . . . (Anzahl) dieser Stock-Options zu einem Bezugspreis von . . . . . . pro Aktie sowie weitere . . . . . . (Anzahl) Stock-Options zu einem Bezugspreis von . . . . . . verwertungsreif („vested") sind. Eine Verwertungsreife bezüglich weiterer Optionen wird nicht mehr eintreten. Sofern diese Optionen nicht spätestens innerhalb von . . . . . . Tagen nach dem Beendigungstermin ausgeübt werden, verfallen sie.

(2) Die Parteien sind sich einig, dass sich Verwertungsreife, Ausübung, Verfall und alle anderen Rechte und Pflichten bezüglich der gewährten Stock-Options im Übrigen nach den bei der Gewährung oder danach schriftlich getroffenen einzelvertraglichen Regelungen sowie den Bestimmungen desjenigen Stock-Option-Plans der . . . . . . Inc. (US-Obergesellschaft) richten, nach welchem sie ausgegeben wurden.)

§ . . . . . . Abgeltung

(. . . . . .) Mit Unterzeichnung dieses Aufhebungsvertrags sind mit Ausnahme der sich aus diesem Aufhebungsvertrag ergebenden Ansprüche alle Ansprüche des Mitarbeiters aus dem Arbeitsverhältnis oder im Zusammenhang mit dessen Beendigung sowie aus sonstigem Rechtsgrund, gleich welcher Art, gegen die Gesellschaft *(Optional: und eine andere Gesellschaft der . . . . . .-Gruppe)* abgegolten und erledigt.[3]

Anmerkungen

1. Knappe Klausel im Aufhebungsvertrag. Das Formular schlägt eine (zusätzliche) Klausel für einen Aufhebungsvertrag vor (zum Aufhebungsvertrag → Form. A. XV. 1). Sie kann bei der einvernehmlichen Beendigung des Arbeitsverhältnisses eines Arbeitnehmers verwendet werden, dem Optionen zum Erwerb von Anteilen an der US-amerikanischen Konzernobergesellschaft versprochen wurden (vgl. zur Ausgangskonstellation und der Gewährung als solcher: → Form. A. IV. 10 Anm. 1). Da die entsprechend anwendbaren Stock-Option-Pläne typischerweise detaillierte Bestimmungen dazu enthalten, wie bei Beendigung des Anstellungsverhältnisses mit noch nicht ausübungsreifen Optionen einerseits und ausübungsreifen Optionen andererseits verfahren wird, genügt i. d. R. eine knappe Regelung im Aufhebungsvertrag. Diese muss lediglich die Tatsache ansprechen, dass der Mitarbeiter Optionen erhalten hat, um sie auf diese Weise von der Erledigungswirkung einer umfassenden Abgeltungsklausel auszunehmen. Sie kann sich im Übrigen darauf beschränken, auf den jeweils anwendbaren Stock-Option-Plan zu verweisen (vgl. insbesondere zur Wirksamkeit der darin enthaltenen Bindungs- und Verfallklauseln: → Form. A. IV. 10 Anm. 6).

2. Alternative – Detailliertere Regelung. Um Unklarheiten und spätere Streitigkeiten zu vermeiden, kann es sich aber auch empfehlen, im Aufhebungsvertrag genau anzugeben und damit klarzustellen, wie viele Optionen des Mitarbeiters – unter Anwendung des entsprechenden Stock-Option-Plans – bei Beendigung der Anstellung ausübungsreif (= vested) sind. Dies kann insbesondere dann sinnvoll sein, wenn es während der Anstellung einen oder mehrere Aktien-Splits gegeben hat oder wenn die Dokumentation über die Zahl der gewährten Optionen sowie den maßgeblichen Ausübungspreis aus irgendeinem Grund nicht vollständig oder nicht aussagekräftig ist. Es kann sich auch dann empfehlen, wenn dem Mitarbeiter mehrmals nacheinander Optionen zu unterschiedlichen Bedingungen gewährt wurden, z. B. unter Festlegung unterschiedlicher Ausübungspreise oder auf der Grundlage verschiedener Stock-Option-Pläne. Eine derartige Regelung enthält die Alternative. In Abs. (1) der Alternative ist deshalb genau geregelt, wie viele Aktien zu welchem Bezugspreis bei Beendigung der Anstellung ausübungsreif sind und dass diese spätestens innerhalb der angegebenen Zahl von Tagen nach dem Beendigungstermin ausgeübt werden müssen. Zudem wird klargestellt, dass eine Ausübungsreife bezüglich weiterer Optionen nicht mehr eintreten wird.

Die maßgebliche Ausübungsfrist (Zahl der Tage) muss individuell ergänzt werden. Sie kann dabei entweder der im Stock-Option-Plan vorgesehenen Verfallfrist entsprechen oder – im Fall einer individuellen Verlängerung der Ausübungsfrist – die individuell vereinbarte und damit ausnahmsweise maßgebliche Verfallfrist angeben. Gelegentlich versuchen Mitarbeiter, in den Verhandlungen über einen Aufhebungsvertrag eine **Verlängerung der Ausübungsfrist** für gewährte und bei Beendigung ausübungsreife Stock-Options zu erreichen, um noch längere Zeit nach dem Ausscheiden von einem (erhofften) steigenden Aktienkurs profitieren zu können. Deutsches Recht stünde einer einzelvertraglichen Abmachung im Aufhebungsvertrag oder einer separaten Vereinbarung über die Verlängerung der Ausübungsfrist nicht entgegen. Allerdings wird der deutsche Arbeitgeber eine solche Verlängerung der Ausübungsfrist im Aufhebungsvertrag nur festschreiben, wenn er zuvor das Einverständnis der den Plan verwaltenden US-Konzernobergesellschaft eingeholt hat. Diese sind in der Praxis jedoch nur selten bereit, derartige individuelle Abweichungen von ihren Stock-Option-Plänen zu erlauben, unter anderem auch deshalb, weil sie keine Präzedenzfälle schaffen wollen, auf die sich dann andere Mitarbeiter (weltweit) berufen könnten. Wenn im Einzelfall die US-Konzernobergesellschaft eine Ausnahme macht und zulässt, dass eine Verlängerung der Ausübungsfrist erfolgen kann, sollte die Dauer der Verlängerung und die Anzahl der Optionen, für die sie Geltung haben soll, präzise im Aufhebungsvertrag geregelt werden.

3. **Abgeltungsklausel im Aufhebungsvertrag.** Eine Abgeltungsklausel im Aufhebungsvertrag erfasst grundsätzlich auch Ansprüche aus Aktienoptionen, wenn eine Optionsvereinbarung mit Beteiligung der deutschen Gesellschaft zustande kam (vgl. BAG NZA 2008, 1066, → Form. A. IV. 10 Anm. 1, 10). Denn eine jedenfalls auch vom Arbeitgeber (und nicht ausschließlich von der US-Konzernobergesellschaft) gewährte Aktienoption ist Bestandteil der arbeitsvertraglichen Vergütungsregelung und damit arbeitsrechtlich als Arbeitsentgelt zu qualifizieren.

Wenn allerdings Zweifel daran bestehen, ob der deutsche Arbeitgeber auf etwaige Gewinne eines Mitarbeiters aus Stock-Options ordnungsgemäß Lohnsteuer abgeführt hat (vgl. zur Lohnsteuerpflicht → Form. A. IV. 10 Anm. 8), sollte der Arbeitgeber einen etwaigen Regressanspruch ausdrücklich von der Abgeltungsklausel ausnehmen. Denn der deutsche Arbeitgeber unterliegt der Lohnsteuerhaftung und könnte sich durch eine beiderseitige Abgeltungsklausel im Aufhebungsvertrag den Regressanspruch, den er im Fall einer Inanspruchnahme aus der Lohnsteuerhaftung gegen den Mitarbeiter hätte (aus Auftragsrecht oder über § 426 BGB), abschneiden.

V. Befristung

Sachgrundlose Befristung gemäß § 14 Abs. 2 TzBfG

1. Befristeter Arbeitsvertrag ohne Sachgrund gemäß § 14 Abs. 2 TzBfG

Arbeitsvertrag[1]

zwischen

. . . . . . (Name und Anschrift des Arbeitgebers) „Gesellschaft“

und

Herrn . . . . . . (Name und Anschrift des Arbeitnehmers) „Mitarbeiter“

§ 1 Position/Versetzung/Weisungen[2]

§ 2 Arbeitszeit[3]

§ 3 Vergütung/Sonstige Zahlungen[4]

§ 4 Abwesenheit/Krankheit[5]

§ 5 Reisekosten/Auslagen[6]

§ 6 Urlaub[7]

§ 7 Nebentätigkeiten[8]

§ 8 Geheimhaltung/Behandlung und Rückgabe von Gegenständen und Daten/Löschung von Daten[9]

§ 9 Schutzrechte[10]

§ 10 Laufzeit/Kündigung[11]**/Vertragsstrafe/Freistellung/Vorfälligkeit**

(1) Der gemäß § 14 Abs. 2 TzBfG[12, 13] befristete Arbeitsvertrag beginnt am . . . . . . und endet mit Ablauf des . . . . . .,[14] ohne dass es einer Kündigung bedarf.

(2) Beide Parteien können den Arbeitsvertrag unter Einhaltung einer Kündigungsfrist[15] von . . . . . . kündigen. Vor Beginn des Arbeitsvertrages ist die ordentliche Kündigung ausgeschlossen.

(3) Die Kündigung bedarf der Schriftform.[16]

(4) Kündigt der Mitarbeiter vor Beginn des Arbeitsvertrages, nimmt er seine Tätigkeit endgültig nicht auf oder stellt er seine Tätigkeit unter Missachtung der geltenden Kündigungsfrist endgültig ein, verwirkt er eine Vertragsstrafe. Der Mitarbeiter nimmt seine Tätigkeit endgültig nicht auf oder stellt seine Tätigkeit endgültig ein, wenn er nach Ablauf einer von der Gesellschaft zu setzenden angemessenen Frist zur Leistung seine

Tätigkeit nicht erbringt. Hat der Mitarbeiter die Erbringung seiner Tätigkeit ernsthaft und endgültig verweigert, ist die Fristsetzung entbehrlich. Ebenfalls verwirkt der Mitarbeiter eine Vertragsstrafe, wenn die Gesellschaft durch vertragswidriges Verhalten des Mitarbeiters zur fristlosen Kündigung des Arbeitsvertrages veranlasst wird. Eine Vertragsstrafe ist nur verwirkt, wenn der Mitarbeiter rechtswidrig und schuldhaft gehandelt hat. Für den Fall der endgültigen Einstellung der Tätigkeit unter Missachtung der geltenden Kündigungsfrist entspricht die Höhe der Vertragsstrafe für jeden Tag der Zuwiderhandlung der Bruttovergütung, die nach § 3 Abs. (1) für einen Tag geschuldet ist, insgesamt jedoch nicht mehr als die Bruttovergütung, die nach § 3 Abs. (1) für den Zeitraum der jeweils einschlägigen Kündigungsfrist geschuldet ist, maximal aber zwei Brutto-Monatsgehältern. Im Übrigen entspricht die Höhe der Vertragsstrafe der Bruttovergütung nach § 3 Abs. (1), die für den Zeitraum der jeweils einschlägigen Kündigungsfrist geschuldet ist, maximal aber zwei Brutto-Monatsgehältern. Die Gesellschaft behält sich die Geltendmachung weiteren Schadens vor.[17]

(5) Die Gesellschaft ist im Falle der Kündigung des Arbeitsvertrages durch die Gesellschaft berechtigt, den Mitarbeiter von seiner weiteren Tätigkeit für die Gesellschaft freizustellen *(Optional:, wenn hierfür ein sachlicher Grund (z.B. Konkurrenztätigkeit, Geheimnisverrat, sonstige Beeinträchtigung der Vertrauensgrundlage, Wegfall des Beschäftigungsbedarfs) vorliegt)*. Während der Zeit der Freistellung behält der Mitarbeiter seinen Anspruch auf die vertragliche Vergütung; er muss sich jedoch den Wert desjenigen anrechnen lassen, was er infolge des Unterbleibens der Dienstleistung erspart oder durch anderweitige Verwendung seiner Dienste erwirbt oder zu erwerben böswillig unterlässt. Das vertragliche Wettbewerbsverbot bleibt von der Freistellung unberührt. Im Fall einer unwiderruflichen Freistellung wird die Freistellungszeit auf etwaige Urlaubs- oder Freizeitausgleichsansprüche angerechnet. Die vorstehenden Regelungen gelten entsprechend für eine Kündigung durch den Mitarbeiter.[18]

(6) Sollte der Mitarbeiter der Gesellschaft bei Ausspruch einer Kündigung durch die Gesellschaft Beträge aufgrund von Gehaltsvorschüssen oder ähnlichen Vorauszahlungen schulden, werden sämtliche Beträge sofort fällig und – unter Beachtung der Pfändungsgrenzen – aufrechenbar. Dem Mitarbeiter gewährte Darlehen gelten mit Ausspruch der Kündigung als ordentlich mit einer Frist von einem Monat gekündigt. Entsprechendes gilt bei Ausspruch einer Kündigung durch den Mitarbeiter, es sei denn, es liegt eine von der Gesellschaft zu vertretende außerordentliche Kündigung vor.[19]

§ 11 Ausschlussfristen/Verjährung[20]

§ 12 Neueinstellung[21]

Der Mitarbeiter erklärt, in den letzten drei Jahren vor dem Beginn dieses Arbeitsverhältnisses in keinem Arbeitsverhältnis[22] mit der Gesellschaft oder einer Rechtsvorgängerin[23] gestanden zu haben. Dem Mitarbeiter ist bewusst, dass eine unrichtige Erklärung die Gesellschaft zur Anfechtung und zur fristlosen Kündigung des Arbeitsvertrages aus wichtigem Grund berechtigen kann.[24]

§ 13 Schlussbestimmungen/Mitteilungspflicht/Aufhebung früherer Vereinbarungen und Anstellungsverhältnisse/Schriftform[25]

……	……
Ort, Datum	Ort, Datum
……	……
Unterschrift der Gesellschaft[26]	Unterschrift des Mitarbeiters

Empfangsbestätigung des Mitarbeiters[27]

Der Mitarbeiter bestätigt, dass er eine von der Gesellschaft unterschriebene vollständige Ausfertigung dieses Arbeitsvertrages am . . . . . . (Datum) erhalten hat.

. . . . . .

Ort, Datum

. . . . . .

Unterschrift des Mitarbeiters

Anmerkungen

1. Befristete Arbeitsverträge. Kapitel A. V behandelt die Befristung von Arbeitsverhältnissen. Auch der „Standard-Arbeitsvertrag" (→ Form. A. II. 1) ist als befristeter (Probe-) Vertrag ausgestaltet. Diese Ausgestaltung ist wegen besonderer Kündigungsbeschränkungen, die bereits vor der Wartefrist aus § 1 Abs. 1 KSchG eingreifen, notwendig (→ Form. A. II. 1 Anm. 16). **Anders als** → Form. A. II. 1 **sind die befristeten Arbeitsverträge in Kapitel A. V** aber nicht darauf ausgerichtet, das Arbeitsverhältnis unbefristet zu unveränderten Bedingungen fortzuführen. Ausgegangen wird für die Formulare in Kapitel A. V davon, dass entweder bei Vertragsschluss gar keine Fortführung des Arbeitsverhältnisses geplant ist oder jedenfalls dessen Bedingungen geändert werden sollen. Soweit zum Ende einer Befristung gemäß § 14 Abs. 2 TzBfG eine **befristete Fortführung** des Arbeitsverhältnisses in Betracht kommt, stehen insbesondere der Verlängerungsvertrag (s. → Form. A. V. 2) sowie die weiteren Befristungsmöglichkeiten aus § 14 TzBfG (→ Form. A. V. 3–5) zur Verfügung. Auch spezialgesetzliche Befristungen kommen grundsätzlich für eine befristete Fortführung in Betracht.

Sollen die verschiedenen **Befristungsmöglichkeiten aus § 14 Abs. 1 und 2 TzBfG** nacheinander genutzt werden, muss auf Arbeitgeberseite unbedingt auf die **richtige Reihenfolge** geachtet werden. An die sachgrundlose Befristung gemäß § 14 Abs. 2 TzBfG kann eine Sachgrundbefristung (→ Form. A. V. 3–5, 8) angeschlossen werden. Die umgekehrte Reihenfolge kann wegen § 14 Abs. 2 S. 2 TzBfG unzulässig sein. Denn die für den Arbeitgeber günstige Befristung ohne Sachgrund kommt nur in Betracht, wenn mit dem Arbeitnehmer zuvor noch kein Arbeitsverhältnis (befristet oder unbefristet) bestanden hat. Zweck der Vorschrift ist die Vermeidung von so genannten Befristungsketten. Nach der Rechtsprechung des BAG greift das Verbot der Vorbeschäftigung nach § 14 Abs. 2 S. 2 TzBfG nur dann nicht, wenn das Ende des vorangegangenen Arbeitsverhältnisses mehr als drei Jahre zurückliegt (BAG NZA 2011, 905; BAG NZA 2012, 255; → Anm. 22). Bei mehreren Befristungen nacheinander muss also mit der sachgrundlosen Befristung gemäß § 14 Abs. 2 TzBfG begonnen werden, es sei denn, dass das vorangegangene Arbeitsverhältnis seit weniger als drei Jahren nicht mehr besteht. Das gilt auch, soweit durch **mehrere sachgrundlose Befristungen nacheinander** die zulässige Höchstdauer von zwei Jahren ausgeschöpft werden soll. Nach § 14 Abs. 2 TzBfG kann z. B. ein zunächst auf ein halbes Jahr geschlossener Arbeitsvertrag dreimal jeweils um ein halbes Jahr verlängert werden.

2. Position/Versetzung/Weisungen. → Form. A. II. 1, dort unter § 1.

3. Arbeitszeit. → Form. A. II. 1, dort unter § 2.

4. Vergütung/Sonstige Zahlungen. → Form. A. II. 1, dort unter § 3.

5. Abwesenheit/Krankheit. → Form. A. II. 1, dort unter § 4. Hier sollte allerdings auf die Aufnahme einer ärztlichen Untersuchungspflicht für den Arbeitnehmer verzichtet werden. Denn oftmals steht bei einem befristeten Arbeitsverhältnis der damit verbundene Aufwand beim Arbeitgeber (organisatorische Abwicklung, Kosten der Untersuchung) außer Verhältnis zum möglichen Vorteil. Die **gesetzlichen Untersuchungspflichten** sind ohnehin stets zu beachten.

Sollte dennoch – beispielsweise bei längeren Befristungszeiträumen – eine Regelung zur ärztlichen Untersuchungspflicht im Arbeitsvertrag gewünscht sein, kann die im Arbeitsvertrag ohne Tarifbindung dazu enthaltene Regelung in diesen Vertrag grundsätzlich übernommen werden (→ Form. A. II. 1, dort unter § 4 Abs. (3) und (4)). Zu berücksichtigen wäre allerdings, dass im vorliegenden befristeten Vertrag – anders als in → Form. A. II. 1 – **keine Probezeit** vorgesehen ist (→ Form. A. II. 1 Anm. 16). Daher sollte der Arbeitnehmer hier verpflichtet werden, die ärztliche Untersuchung bereits im ersten Monat der Vertragslaufzeit (und nicht innerhalb der ersten drei Monate) durchführen zu lassen. Zudem wäre die Formulierung „nach Ablauf der Probezeit" aus → Form. A. II. 1 durch die Formulierung „während der weiteren Vertragslaufzeit" zu ersetzen.

6. Reisekosten/Auslagen. → Form. A. II. 1, dort unter § 5.

7. Urlaub. → Form. A. II. 1, dort unter § 6.

8. Nebentätigkeiten. → Form. A. II. 1, dort unter § 7.

9. Geheimhaltung/Behandlung und Rückgabe von Gegenständen und Daten/Löschung von Daten. → Form. A. II. 1, dort unter § 8.

10. Schutzrechte. → Form. A. II. 1, dort unter § 9.

11. Kündigungsmöglichkeit. Während des befristeten Arbeitsverhältnisses ist die ordentliche Kündigung grundsätzlich ausgeschlossen (§ 15 Abs. 3 TzBfG). Soweit neben außerordentlicher Kündigung gemäß § 626 BGB und Aufhebungsvertrag auch die ordentliche Kündigung als Beendigungstatbestand zur Verfügung stehen soll, muss die **Möglichkeit der ordentlichen Kündigung vertraglich vereinbart werden.** Verweist der Arbeitsvertrag auf die gesetzlichen Kündigungsfristen, kann grundsätzlich davon ausgegangen werden, dass die Parteien die ordentliche Kündbarkeit nach § 15 Abs. 3 TzBfG vereinbart haben (BAG NZA 2012, 112). Etwas anderes gilt in der Insolvenz. Gemäß § 113 Abs. 1 InsO kann der Insolvenzverwalter ein Arbeitsverhältnis mit einer Frist von drei Monaten zum Monatsende kündigen, auch wenn im befristeten Arbeitsvertrag kein Recht zur ordentlichen Kündigung vereinbart wurde. § 113 Abs. 1 InsO geht als spezialgesetzliche Regelung § 15 Abs. 3 TzBfG vor, so dass ein ordentliches Kündigungsrecht auch ohne ausdrückliche vertragliche Regelung besteht (BAG NZA 2006, 270).

Die **Aufnahme des Rechts zur ordentlichen Kündigung in den Arbeitsvertrag ist zu empfehlen.** Über die Befristung des Vertrages hinaus wird dadurch der Handlungsspielraum des Arbeitgebers weiter erhöht. Zudem führt eine unwirksame Befristung zum Vorliegen eines unbefristeten Arbeitsverhältnisses. Dieses kann gemäß § 16 TzBfG vom Arbeitgeber nur dann vor vereinbartem Vertragsende durch ordentliche Kündigung beendet werden, wenn eine vertragliche Kündigungsmöglichkeit vereinbart wurde.

Allerdings unterliegt auch die Kündigung im befristeten Arbeitsverhältnis dem **allgemeinen** und dem **besonderen Kündigungsschutz.** Insbesondere muss die ordentliche Kündigung gemäß § 1 KSchG sozial gerechtfertigt sein, soweit das Arbeitsverhältnis bei entsprechender Betriebsgröße länger als sechs Monate bestanden hat (§§ 1 Abs. 1, 23 Abs. 1 KSchG). Diese Dauer des Arbeitsverhältnisses kann auch über die Verlängerung eines befristeten Arbeitsvertrags erreicht werden.

12. Zitiergebot. Die Norm – § 14 Abs. 2 TzBfG – muss im Arbeitsvertrag nicht genannt werden. Denn es besteht **kein Zitiergebot für § 14 Abs. 2 TzBfG** (*Meinel/Heyn/Herms* § 14 TzBfG Rn. 275). Die Wirksamkeit einer sachgrundlosen Befristung hängt weder von der Einigung der Vertragsparteien über die Anwendung dieser Norm noch von der Nennung von § 14 Abs. 2 TzBfG im Vertrag ab (BAG NZA 2011, 1151; ErfKomm/*Müller-Glöge* § 14 TzBfG Rn. 83). Enthält ein einschlägiger Tarifvertrag jedoch ein Zitiergebot, so ist dieses für die Wirksamkeit der Befristung zu beachten (BAG NZA 2003, 152).

In der Praxis sollte eine eindeutige Vereinbarung getroffen werden, um spätere Auseinandersetzungen über die Wirksamkeit der sachgrundlosen Befristung zu vermeiden. Bei **Nennung von § 14 Abs. 2 TzBfG im Arbeitsvertrag** kann der Arbeitnehmer nicht einwenden, dass eine Sachgrundbefristung gewollt war, der Sachgrund aber tatsächlich nicht vorgelegen habe. Bei einer sachgrundlosen Befristung gemäß § 14 Abs. 2 TzBfG sollte der Arbeitgeber also darauf achten, dass die Norm auch im Arbeitsvertrag genannt wird.

13. Befristung/Schriftform. Die sachgrundlose Befristung ist gemäß § 14 Abs. 2 S. 1 TzBfG bis zu einer Höchstdauer von zwei Jahren zulässig, sofern nicht eine Neugründung i. S. v. § 14 Abs. 2a TzBfG vorliegt (Höchstgrenze dann bei vier Jahren), es sich um einen Fall der Altersbefristung handelt (§ 14 Abs. 3 TzBfG; → Anm. 14) oder tarifvertraglich eine andere Grenze gilt (§ 14 Abs. 2 S. 3 TzBfG). Insofern können die gesetzlichen Befristungsmöglichkeiten durch Tarifvertrag auch zum Nachteil des Arbeitnehmers geändert werden. Die Fristberechnung richtet sich nach den §§ 187 Abs. 2 S. 1, 188 Abs. 2 und 3 BGB, wobei jeweils an den vertraglich vorgesehenen Arbeitsbeginn angesetzt wird (BeckOK Arb. § 14 TzBfG Rn. 83). Unzulässig wäre daher beispielsweise eine sachgrundlose Befristung vom 1.1.2014 bis zum 1.1.2016.

Für die Wirksamkeit einer sachgrundlosen Befristung kommt es alleine auf das **objektive Vorliegen der Befristungsvoraussetzungen bei Vertragsschluss** an. Es bedarf keiner Vereinbarung der Arbeitsvertragsparteien, die Befristung auf § 14 Abs. 2 TzBfG zu stützen (BAG NZA 2011, 1151; vgl. auch *Boecken/Joussen* § 14 Rn. 115). Selbst wenn hieraus gefolgert werden kann, dass sich der Arbeitgeber bei Vorliegen der Voraussetzungen von § 14 Abs. 2 TzBfG auch dann auf eine sachgrundlose Befristung berufen darf, wenn ein tatsächlich nicht vorliegender Sachgrund im Vertrag genannt ist (BAG NZA 2011, 1151; vgl. auch *Boecken/Joussen* § 14 Rn. 20), sollte doch auf die Aufnahme eines etwaigen „zusätzlichen" Befristungsgrundes in jedem Falle verzichtet werden.

Nach der Rechtsprechung des BAG können Arbeitgeber und Arbeitnehmer die **Möglichkeit der sachgrundlosen Befristung abbedingen.** „Wesentliches Indiz" für einen solchen Ausschluss stellt die Benennung eines Sachgrundes im Vertrag dar (BAG NZA 2011, 1151). Zwar genügt dieses allein für eine Abbedingung nicht, erforderlich ist vielmehr, dass mit dem näher bestimmten Sachgrund die Befristung „stehen und fallen" soll (BAG NZA 2011, 1151). Kann der Arbeitgeber aber die Befristung zulässig auf § 14 Abs. 2 TzBfG stützen, erweist sich die zusätzliche Festschreibung eines – an sich nicht erforderlichen – Sachgrundes letztlich nur als streitanfällig und damit nachteilig.

Die Befristung des Arbeitsverhältnisses bedarf der **Schriftform** (§ 14 Abs. 4 TzBfG). Wird die Schriftform nicht beachtet, so gilt das Arbeitsverhältnis als auf unbestimmte Zeit geschlossen (§ 16 TzBfG). In diesem Fall können beide Seiten unabhängig von einer Vereinbarung nach § 15 Abs. 3 TzBfG zu einem Zeitpunkt vor dem vereinbarten Ende des befristeten Arbeitsvertrags ordentlich kündigen (BAG NZA 2009, 1260). Formbedürftig ist allein die Befristungsabrede, nicht der gesamte Arbeitsvertrag. Dies gilt unabhängig davon, aus welcher gesetzlichen Bestimmung die Zulässigkeit der Befristung folgt (BAG NZA 2007, 34). Im Fall einer Stellvertretung muss aus der Urkunde das Vertretungsverhältnis, also das Handeln für den Arbeitgeber, erkennbar sein. Für die Wahrung der Schriftform ist es unerheblich, ob der Unterzeichner tatsächlich bevollmächtigt war (BAG BeckRS 2009, 69343).

Es ist zwingend darauf zu achten, dass **vor tatsächlicher Arbeitsaufnahme** eine schriftliche Vereinbarung getroffen wird (§§ 14 Abs. 4, 16 TzBfG). Eine zunächst nur mündlich vereinbarte Befristung und die schriftliche Vereinbarung erst nach Tätigkeitsbeginn führen i.d.R. zur Begründung eines unbefristeten Arbeitsverhältnisses (BAG NZA 2005, 575). Das Schriftformerfordernis ist jedoch gewahrt, wenn dem Arbeitnehmer vor Arbeitsaufnahme ein vom Arbeitgeber unterzeichneter Arbeitsvertrag zur Unterschrift übersandt wird und der Arbeitnehmer ihn erst nach Arbeitsantritt unterzeichnet (BAG NZA 2008, 1184). Für die Praxis sollte jedoch auf das Vorliegen einer von beiden Parteien unterzeichneten Vereinbarung vor Arbeitsaufnahme im Zweifel nicht verzichtet werden.

14. Altersbefristung. Gemäß § 14 Abs. 3 TzBfG in seiner Fassung vom 1.5.2007 ist die Befristung eines Arbeitsvertrags für bis zu fünf Jahre zulässig, wenn der Arbeitnehmer über 52 Jahre alt ist und er zuvor mindestens vier Monate beschäftigungslos war, Transferkurzarbeitergeld bezogen oder an einer öffentlich geförderten Beschäftigungsmaßnahme teilgenommen hat.

§ 14 Abs. 3 TzBfG in seiner ursprünglichen Form vom 1.1.2003 war **europarechtswidrig,** (EuGH NZA 2005, 1345 – Mangold-Entscheidung), da er gegen den gemeinschaftsrechtlichen Gleichbehandlungsgrundsatz und gegen Art. 6 Abs. 1 der EG-Richtlinie 2000/78/EG verstieß. In der ursprünglichen Form war der Abschluss befristeter Arbeitsverträge mit Arbeitnehmern über 52 Jahren uneingeschränkt zulässig, sofern nicht ein enger sachlicher Zusammenhang zu einem vorhergehenden unbefristeten Vertrag bei demselben Arbeitgeber bestand. Dies stellte eine direkt auf dem Alter beruhende Ungleichbehandlung dar. War das Ziel der ursprünglichen Regelung, die Förderung der Beschäftigung älterer Arbeitnehmer, noch legitim, so war doch die Ungleichbehandlung laut EuGH nicht erforderlich und angemessen, und damit die Ungleichbehandlung nicht gerechtfertigt. Die ursprüngliche Regelung lief darauf hinaus, dass mit jedem Arbeitnehmer ab 52 Jahren unabhängig von seinen Chancen am Arbeitsmarkt und unabhängig davon, ob er zuvor tatsächlich arbeitslos war, unbegrenzt verlängerbare, befristete Arbeitsverhältnisse eingegangen werden konnten. Erforderlich wäre laut EuGH vielmehr eine Regelung, die die Struktur des Arbeitsmarktes und die persönliche Situation des Arbeitnehmers berücksichtigt, um die in der Altersbefristung liegende Ungleichbehandlung zu rechtfertigen. Mit der Entscheidung des EuGH war die Vorschrift sofort unanwendbar; so bestätigt ebenfalls vom BAG, welches auch keinen Vertrauensschutz gewährte (BAG NZA 2006, 1162).

Die **Neufassung** des § 14 Abs. 3 TzBfG in seiner Fassung vom 1.5.2007 diente der Anpassung an die europarechtlichen Vorgaben. Ob dies aber gelungen ist und die Vorschrift nunmehr eine wirksame Befristung gestattet, wird nun schon seit langem kontrovers beurteilt.

Orientierte man sich eng an den Vorgaben des EuGH, wäre wohl eine echte Einzelfallabwägung nötig, die zudem die strukturellen Besonderheiten der jeweiligen Branche berücksichtigt (*Bayreuther* BB 2007, 1113; *Perreng* AiB 2007, 386). Deshalb wird die Neufassung von einem Teil der Literatur abgelehnt, die zum Teil schon die Eignung und Erforderlichkeit der Maßnahme in Frage stellt (*Kast/Hermann* BB 2007, 1841; *Kothe* AuR 2007, 168; *Perreng* AiB 2007, 386). Außerdem sei zweifelhaft, ob bei einer Karenzzeit von nur vier Monaten angenommen werden kann, dass der betreffende Arbeitnehmer schwer vermittelbar ist, zumal nicht auf Arbeitslosigkeit, sondern vielmehr auf Beschäftigungslosigkeit abgestellt wird. Beschäftigungslos ist der Arbeitnehmer aber u.a. auch dann, wenn er in einem noch bestehenden Arbeitsverhältnis von der Arbeitsleistung freigestellt ist oder aus rein persönlichen Gründen keiner Arbeit nachgeht (BeckOK Arb. § 14 TzBfG Rn. 125). Die Bedenken reichen aber noch weiter: Der Gesetzgeber soll durch die fünfjährige Befristungsmöglichkeit und den Wegfall des Anschlussverbots seine Verpflichtung zur Gewährung eines Mindestbestandsschutzes des Arbeitsverhältnisses, die sich verfassungsrechtlich aus dem Schutzbereich des Art. 12 GG ergibt, verletzt haben (*Kast/Hermann* BB 2007, 1841; ebenfalls kritisch KR/*Lipke* § 14 TzBfG Rn. 487).

Gleichwohl ist nach der wohl h.M. die Neuregelung im Ergebnis europarechtskonform, da eine Einzelfallabwägung unter Berücksichtigung struktureller Besonderheiten kaum praktikabel wäre und zu erheblichen Rechtsunsicherheiten führen würde (ErfKomm/*Müller-Glöge* § 14 TzBfG Rn. 108 ff.; *Bayreuther* BB 2007, 1113; *ders.* in BeckOK Arb. § 14 TzBfG Rn. 125; *Grimm/Brock* ArbRB 2007, 154). Daher sei das Interesse des Gesetzgebers an einer Pauschalisierung der erforderlichen Voraussetzungen für die Ungleichbehandlung zu berücksichtigen, um ein Mindestmaß an Rechtssicherheit zu bieten und die Regelung praxistauglich zu machen. Folgerichtig dient nach dieser Auffassung die Regelung einem legitimen Ziel, ist geeignet, erforderlich und angemessen (ErfKomm/*Müller-Glöge* § 14 TzBfG Rn. 108 ff.; KR/*Lipke* § 14 TzBfG Rn. 486; *Bader* NZA 2007, 713; *Bauer* NZA 2007, 544; *Grimm/Brock* ArbRB 2007, 154; *Schiefer/Köster/Korte* DB 2007, 1081; kritisch: *Bayreuther* BB 2007, 1113; *ders.* in BeckOK Arb. § 14 TzBfG Rn. 125).

Bis zur Klärung durch die Rechtsprechung verbleiben Unsicherheiten. Wäre § 14 Abs. 3 TzBfG in seiner derzeit geltenden Fassung nicht europarechtskonform, hätte dies nach der neueren Rechtsprechung von EuGH und BAG zur Folge, dass die Norm durch die Arbeitsgerichte nicht angewandt werden dürfte (BAG NZA 2006, 1162; BeckOK Arb. § 14 TzBfG Rn. 123). Wo immer möglich, sollte daher auf andere Befristungstatbestände ausgewichen werden.

Sollte allerdings die Rechtsprechung den § 14 Abs. 3 TzBfG für europarechtskonform und verfassungsgemäß erklären, so wären an eine entsprechende Befristungsabrede **folgende Anforderungen** zu stellen: Der Arbeitnehmer muss am Tag der vereinbarten Arbeitsaufnahme das 52. Lebensjahr vollendet haben; die Befristungsdauer darf maximal fünf Jahre betragen; der Arbeitnehmer muss vor Beginn der befristeten Tätigkeit mindestens vier Monate beschäftigungslos i.S.v. § 138 Abs. 1 Nr. 1 SGB III gewesen sein, Transferkurzarbeitergeld nach § 111 SGB III bezogen oder an einer öffentlichen Beschäftigungsmaßnahme nach dem SGB II bzw. SGB III teilgenommen haben.

Beschäftigungslosigkeit ist dabei nicht gleichbedeutend mit Arbeitslosigkeit, die nach § 138 Abs. 1 SGB III der Erfüllung weiterer Voraussetzungen bedarf. Beschäftigungslos ist, wer nicht in einem Beschäftigungsverhältnis steht, § 138 Abs. 1 Nr. 1 SGB III, oder weniger als 15 Std./Woche eine Beschäftigung, selbstständige Tätigkeit oder eine Tätigkeit als mithelfender Familienangehöriger ausübt, § 138 Abs. 3 SGB III (*Laux/Schlachter* § 14 TzBfG Rn. 152; vgl. ausführlich zu den Anforderungen *Schiefer/Köster/Korte* DB 2007, 1081 sowie *Bader* NZA 2007, 713). Inwieweit der Begriff der Beschäftigungslosigkeit auch Zeiten der unwiderruflichen Freistellung erfasst, wird nicht einheitlich beurteilt (dafür *Schiefer/Köster/Korte* DB 2007, 1081; dagegen *Laux/Schlachter* § 14 TzBfG Rn. 153). Ob kurzzeitige Unterbrechungen der Beschäftigungslosigkeit schaden, ist ebenfalls umstritten (so *Bader* NZA 2007, 713; a.A. *Bauer* NZA 2007, 544). Daher sollten auch hier bis zu einer eindeutigen Klärung nur Arbeitnehmer eingestellt werden, die eine Beschäftigungslosigkeit hinreichend nachweisen können. Sicher jedenfalls ist dies bei Nachweis der Arbeitslosigkeit i.S.d. § 138 Abs. 1 SGB III. Zur Überprüfung der vorherigen Beschäftigungslosigkeit steht dem Arbeitgeber ein Fragerecht zu, von dem er unbedingt Gebrauch machen sollte, da er anderenfalls das Risiko der Begründung eines unbefristeten Arbeitsverhältnisses trägt (KR/*Lipke* § 14 TzBfG Rn. 496).

Mehrfache Verlängerungen des Ausgangsarbeitsvertrags sind zulässig, auch das Vorbeschäftigungsverbot des § 14 Abs. 2 TzBfG gilt nicht. Hinsichtlich des Begriffs der Verlängerung ergeben sich die gleichen Anforderungen wie bei der sachgrundlosen Befristung nach § 14 Abs. 2 TzBfG (→ Form. A. V. 2 Anm. 2).

Auch dann, wenn die Wirksamkeit von § 14 Abs. 3 TzBfG zukünftig grundsätzlich bestätigt wird, sollten dessen Gestaltungsmöglichkeiten doch mit Augenmaß genutzt werden. So ist durchaus fraglich, ob das Arbeitsverhältnis eines Arbeitnehmers mit ein und demselben Arbeitgeber nach zunächst unbefristeter oder befristeter Beschäftigung und nachfolgender Einhaltung einer viermonatigen Pause nochmals nach § 14 Abs. 3 TzBfG altersbefristet werden darf, und ab wann solche Gestaltungen als rechtsmissbräuchlich anzusehen sowie entsprechende Abreden aufgrund europarechtskonformer Gesetzesauslegung unwirksam sind (vgl. zu den einzelnen Problemfällen *Bader* NZA 2007, 713; einschränkend *Schiefer/Köster/Korte* DB 2007, 1081).

Eine den gesetzlichen Anforderungen genügende **Formulierung** würde im obigen Formular § 10 Abs. (1) sowie § 12 ersetzen und wäre folgendermaßen zu fassen:

Alternative zu § 10 Abs. (1):
§ 10 Laufzeit/Kündigung/Vertragsstrafe/Freistellung/Vorfälligkeit
(1) Der gemäß § 14 Abs. 3 TzBfG befristete Arbeitsvertrag beginnt am ...... und endet mit Ablauf des ....., ohne dass es einer Kündigung bedarf.
Alternative zu § 12:
§ 12 Altersbefristung
Der Mitarbeiter erklärt, am Tag der Arbeitsaufnahme das 52. Lebensjahr vollendet zu haben. Des Weiteren versichert er, dass er mindestens die letzten vier Monate vor Arbeitsaufnahme beschäftigungslos war, Transferkurzarbeitergeld bezogen oder an einer öffentlich geförderten Beschäftigungsmaßnahme teilgenommen hat. Dem Mitarbeiter ist bewusst, dass eine unrichtige Erklärung die Gesellschaft zur Anfechtung und zur fristlosen Kündigung des Arbeitsvertrages aus wichtigem Grund berechtigen kann.

15. Kündigungsfrist. Soweit Arbeitgeber und Arbeitnehmer nichts anderes vereinbaren, gelten die gesetzlichen Kündigungsfristen (→ Form. A. II. 1 Anm. 17). Verweist der Arbeitsvertrag auf die gesetzlichen Kündigungsfristen, kann grundsätzlich davon ausgegangen werden, dass die Parteien die ordentliche Kündbarkeit nach § 15 Abs. 3 TzBfG vereinbart haben (BAG DB 2011, 2552). Bei einer individuellen Regelung sollte zur übersichtlicheren Handhabung neben der Kündigungsfrist auch der Kündigungstermin (z. B. Monats- oder Quartalsende) vertraglich fixiert werden.

Anders als → Form. A. II. 1 enthält dieser befristete Vertrag keine Probezeitregelung. Arbeitgeber und Arbeitnehmer können allerdings auch in einen befristeten Vertrag eine **Probezeit** aufnehmen (Tschöpe/*Schmalenberg* Teil 1 E Rn. 66; *Preis* Arbeitsvertrag II B 10 Rn. 25 ff.). Anwendung findet dann die kurze, zweiwöchige Kündigungsfrist des § 622 Abs. 3 BGB. Es bestehen zumindest Bedenken, einem befristeten Vertrag eine Probezeitregelung als eigenständigen befristeten Vertrag vorzuschalten (BAG NZA 1997, 378; offen gelassen BAG NZA 2008, 876; *Annuß/Thüsing* § 14 Rn. 48). Wird dessen ungeachtet bei einem befristeten Formulararbeitsvertrag eine echte zusätzliche Probezeitbefristung vereinbart, ist zumindest – etwa durch drucktechnische Hervorhebung – darauf zu achten, dass die zusätzliche Probezeitbefristung keine überraschende Klausel darstellt, die nach § 305c Abs. 1 BGB nicht Vertragsbestandteil wird (BAG NZA 2008, 876). Soll bei vereinbartem Recht zur ordentlichen Kündigung zusätzlich eine Probezeit zur Verkürzung der Kündigungsfrist auf zwei Wochen aufgenommen werden, müssen Probezeit, Vertragslaufzeit und Tätigkeit in einem angemessenen Verhältnis zueinander stehen. Daher wird für befristete Arbeitsverträge von kurzer Dauer allenfalls eine sehr kurze Probezeit angemessen sein.

16. Schriftform. → Form. A. II. 1 Anm. 19.

17. Vertragsstrafe. → Form. A. II. 1 Anm. 20. Die Höhe der Vertragsstrafe wird an den für den Lauf der Frist für die ordentliche Kündigung des befristeten Arbeitsvertrags erzielbaren Bruttoverdienst des Arbeitnehmers geknüpft. Wurde eine Probezeit vereinbart, so ist die zweiwöchige Kündigungsfrist für die Berechnung der Vertragsstrafenhöhe maßgeblich (BAG NJW 2011, 408).

18. Freistellung. → Form. A. II. 1 Anm. 21.

19. Vorfälligkeitsregelung. → Form. A. II. 1 Anm. 22.

20. Ausschlussfristen/Verjährung. → Form. A. II. 1, dort unter § 11.

21. Fragerecht des Arbeitgebers. Eine sachgrundlose Befristung gemäß § 14 Abs. 2 TzBfG kommt grundsätzlich nicht in Frage, wenn zwischen Arbeitgeber und Arbeitnehmer bereits zuvor ein befristetes oder unbefristetes Arbeitsverhältnis bestanden hat (§ 14 Abs. 2 S. 2 TzBfG). Etwas anderes gilt nach der Rechtsprechung des BAG, wenn das Ende des vorangegangenen Arbeitsverhältnisses mehr als drei Jahre zurückliegt (BAG NZA 2011, 905; BAG NZA 2012, 255; → Anm. 22).

Ungeachtet dieser Rechtsprechungsänderung birgt die **Regelung in § 14 Abs. 2 S. 2 TzBfG** für den Arbeitgeber noch immer ein gewisses **Gefahrenpotenzial** in folgender Konstellation: Die Voraussetzungen für eine Sachgrundbefristung liegen nicht vor. Der Arbeitgeber beabsichtigt eine sachgrundlose Befristung gemäß § 14 Abs. 2 TzBfG, übersieht aber ein vorheriges Arbeitsverhältnis mit dem Arbeitnehmer, dessen Ende im Zeitpunkt der Neubegründung nicht mehr als drei Jahre zurückliegt. Damit entsteht ungewollt ein unbefristetes Arbeitsverhältnis. Regelmäßig hätte der Arbeitgeber in dieser Konstellation aber von einer Einstellung insgesamt abgesehen, wenn ihm die Unzulässigkeit der sachgrundlosen Befristung bewusst gewesen wäre.

Dem Arbeitgeber steht gegenüber dem Arbeitnehmer aber ein **Fragerecht im Hinblick auf ein vorheriges Arbeitsverhältnis** zu (BT-Drucks. 14/4374 S. 19; Schaub/*Koch* § 39 Rn. 16; *Kliemt* NZA 2001, 296, 300). Von diesem Fragerecht sollte der Arbeitgeber vor Abschluss des Arbeitsvertrags unbedingt Gebrauch machen. Die Formulierung in § 12 dokumentiert (formularmäßig) die Erklärung des Arbeitnehmers, dass zuvor kein Arbeitsverhältnis mit der Gesellschaft oder einer Rechtsvorgängerin bestanden hat. Zusätzlich sollte diese Erklärung des Arbeitnehmers noch in Form eines vom Arbeitnehmer gegengezeichneten Vermerks in die Personalakte aufgenommen werden.

22. Vorheriges Arbeitsverhältnis. Zwischen Arbeitgeber und Arbeitnehmer darf nach § 14 Abs. 2 S. 2 TzBfG zuvor kein befristetes oder unbefristetes Arbeitsverhältnis bestanden haben. Andere Vertragsverhältnisse sind nicht betroffen (BAG NZA 2006, 154). Das **Anschlussverbot wegen eines „Bereits zuvor-Arbeitsverhältnisses"** i. S. d. § 14 Abs. 2 S. 2 TzBfG findet keine Anwendung bei einem Anstellungsverhältnis als freier Mitarbeiter, einer Beschäftigung im Rahmen eines freiwilligen sozialen Jahres, einer Tätigkeit als Leiharbeitnehmer oder einer Tätigkeit aufgrund eines Eingliederungsvertrages.

Der wichtige Fall eines früheren **Berufsausbildungsverhältnisses** führt ebenfalls zu keinem Anschlussverbot (BAG NZA 2012, 255)

Auch bei einer berufsvorbereitenden Beschäftigung als **Praktikant** bleibt eine sachgrundlose Befristung zulässig, wenn mit diesem kein Arbeitsvertrag abgeschlossen wurde (BAG NZA 2006, 154).

Eine **Umschulung** kann aufgrund eines isolierten Berufsausbildungsvertrages oder im Rahmen eines echten Arbeitsverhältnisses erfolgen (BAG NZA 2007, 97). Da nach einer Umschulung – also nur im erstgenannten Fall – ein befristeter Arbeitsvertrag gemäß § 14 Abs. 2 TzBfG abgeschlossen werden kann, ist besondere Vorsicht geboten.

Im Bereich der **Arbeitnehmerüberlassung** ist es grundsätzlich zulässig, dass ein Arbeitnehmer, der zunächst sachgrundlos bei einem Arbeitgeber beschäftigt war, nach Ablauf seines auf zwei Jahre sachgrundlos befristeten Vertrags von einem Leiharbeitsunternehmen angestellt wird, welches ihn wiederum für zwei Jahre bei seinem vorherigen Arbeitgeber – nunmehr Entleiher – zu den Beschäftigungsbedingungen des Entleihers einsetzt. U. a. § 3 Abs. 1 Nr. 3 S. 4 AÜG verhindert allerdings, dass Arbeitnehmer nach Beendigung des Vertragsverhältnisses mit ihrem alten Arbeitgeber als Leiharbeitnehmer zu schlechteren Bedingungen wieder auf ihrem ehemaligen Arbeitsplatz eingesetzt werden. Eine faktisch

„zweite" sachgrundlose Befristung durch diese Form der Rücküberlassung ist nicht per se unwirksam, es dürfen aber die Arbeitsbedingungen typischerweise nicht verschlechtert werden (Vermeidung eines „Drehtüreffekts"). Eine nochmalige Verlängerung des Einsatzes aufgrund sachgrundloser Befristung bei einem weiteren – insbesondere sachlich und rechtlich verbundenen – Verleihunternehmen dürfte jedoch wegen Rechtsmissbrauchs unzulässig sein (BAG NZA 2007, 443; vgl. zudem → Form. A. IX. 2 Anm. 9).

Nach der **früheren Rechtsprechung** kam es entsprechend der Formulierung in § 14 Abs. 2 S. 2 TzBfG nicht darauf an, wann das vorhergehende Arbeitsverhältnis bestanden hat (so noch BAG ZTR 2009, 544). Das BAG hat diese Auslegung von § 14 Abs. 2 S. 2 TzBfG nunmehr ausdrücklich aufgegeben (BAG NZA 2011, 905; BAG NZA 2012, 255). Nach der **neuen Rechtsprechung** steht ein früheres Arbeitsverhältnis des Arbeitnehmers mit demselben Arbeitgeber der Möglichkeit, ein Arbeitsverhältnis nach § 14 Abs. 2 S. 1 TzBfG ohne Sachgrund bis zu zwei Jahre zu befristen, nicht entgegen, wenn das Ende des **vorangegangenen Arbeitsverhältnisses mehr als drei Jahre zurückliegt.** Zwar deutet der Wortlaut der Vorschrift eher auf ein zeitlich unbeschränktes Verständnis des Verbots einer Vorbeschäftigung hin. Der Gesetzeszweck von § 14 Abs. 2 S. 2 TzBfG ist jedoch nicht in der pauschalen Verhinderung befristeter Arbeitsverträge sondern in der Vermeidung von Befristungsketten zu sehen. Ein zeitlich unbeschränktes Verbot der Vorbeschäftigung würde die Privatautonomie der Arbeitsvertragsparteien und die Berufsfreiheit der Arbeitnehmer unverhältnismäßig beschränken, so dass eine zeitliche Beschränkung des Verbots geboten ist (*Fink* AuA 2012, 16; *Kuhnke* NJW 2011, 3131; *Schiefer* DB 2011, 1220, 1221; a.A. *Höpfner* NZA 2011, 893). Die zeitliche Beschränkung des Verbots der Vorbeschäftigung auf drei Jahre entnimmt das BAG der regelmäßigen Verjährungsfrist nach § 195 BGB, mit der Begründung, diese weise eine wertungsmäßige Parallele zu § 14 Abs. 2 S. 2 TzBfG hinsichtlich des Interesses an Rechtssicherheit und Vertrauensschutz auf.

Das LAG Stuttgart stellt sich allerdings ausdrücklich gegen die vom BAG vorgenommene einschränkende Auslegung des § 14 Abs. 2 S. 2 TzBfG und erachtet es (weiterhin) für unerheblich, wann das vorhergehende Arbeitsverhältnis bestanden hat (LAG Stuttgart BeckRS 2013, 72731). Der Arbeitgeber sollte sich bei der Vertragsgestaltung aber dennoch weiterhin an der Rechtsprechung des BAG orientieren, da das LAG Stuttgart zwar die Revision zum BAG zugelassen hat, aber eine erneute Rechtsprechungsänderung des BAG nicht zu erwarten ist.

Nach der weiter maßgeblichen Rechtsprechung des BAG, wäre es theoretisch auch möglich, die Karenzzeit von drei Jahren durch Verträge mit anderen, insbesondere konzernverbundenen Arbeitgebern zu überbrücken. Eine Unwirksamkeit einer solchen Befristung aufgrund Rechtsmissbrauchs kommt zwar in Betracht. Das BAG nimmt dies allerdings nur unter besonderen Bedingungen an, etwa wenn die verschiedenen Arbeitgeber kollusiv abwechselnd befristete Arbeitsverträge schließen, um den Arbeitnehmer für eine unangemessene Zeit über die gesetzlichen Befristungsmöglichkeiten hinaus beschäftigen zu können (BAG NZA 2011, 791, 794).

23. Arbeitgeber/Rechtsvorgänger. Abgestellt wird auf die Identität der natürlichen oder juristischen Person des Arbeitgebers als Vertragspartner (BAG NZA 2005, 514). Betreiben mehrere natürliche oder juristische Personen einen **gemeinsamen Betrieb,** sind sie nicht als ein Arbeitgeber anzusehen (*Annuß/Thüsing* § 14 Rn. 78). Identität der Arbeitgeber liegt aber bei einem vorangegangenen Arbeitsverhältnis in einem anderen Betrieb desselben Unternehmens vor (*Annuß/Thüsing* § 14 Rn. 75).

Keine Identität besteht bei einer vorangegangenen Tätigkeit für andere Unternehmen desselben **Konzerns** (BAG NZA 2007, 443; *Rolfs* § 14 Rn. 77). § 14 Abs. 2 S. 2 TzBfG steht einer sachgrundlosen Befristung aber entgegen, wenn bei einer Versetzung im Konzern das ursprüngliche Arbeitsverhältnis ruht (*Annuß/Thüsing* § 14 Rn. 75). Das

Konzernunternehmen, mit dem das ruhende Arbeitsverhältnis besteht, kann den Arbeitnehmer bei Rückkehr nicht sachgrundlos befristet beschäftigen. Dagegen ist die Konzentration der Personalentscheidung innerhalb eines Konzerns für die Annahme eines einheitlichen Arbeitgebers und damit die Anwendung von § 14 Abs. 2 S. 2 TzBfG nicht ausreichend (*Meinel/Heyn/Herms* § 14 TzBfG Rn. 207).

Ausgliederungen, Verschmelzungen oder die Veräußerung von Betrieben oder Betriebsteilen führen häufig zu Betriebsübergangen gemäß § 613a BGB. Die beim Veräußerer beschäftigten Arbeitnehmer gehen auf den Erwerber über. Nach einem **Arbeitgeberwechsel gemäß § 613a BGB** ist neben dem Veräußerer auch der Erwerber gehindert, einen sachgrundlos befristeten Arbeitsvertrag abzuschließen (ErfKomm/*Müller-Glöge* § 14 TzBfG Rn. 93). Denn durch den Übergang des Arbeitsverhältnisses auf den Erwerber ist auch dieser Arbeitgeber geworden. Damit steht § 14 Abs. 2 S. 2 TzBfG auch einer sachgrundlosen Befristung zwischen Arbeitnehmer und Erwerber entgegen. Ein **nach dem Ausscheiden des Arbeitnehmers vollzogener Betriebsübergang gemäß § 613a BGB** steht der sachgrundlos befristeten Beschäftigung des Arbeitnehmers beim Erwerber nicht entgegen. Denn in dieser Konstellation war der Arbeitnehmer nie beim Erwerber beschäftigt (BAG NZA 2005, 514). Bei einer **Unternehmensverschmelzung** nach § 2 Nr. 1 UmwG gilt das übernehmende Unternehmen nicht als derselbe Arbeitgeber wie das übertragende, weil dieses durch die Verschmelzung erlischt (BAG NZA 2005, 514).

24. Anfechtung/außerordentliche Kündigung des Arbeitsverhältnisses bei Falschbeantwortung. Der Arbeitnehmer ist verpflichtet, die Frage nach einem vorangegangen Arbeitsverhältnis wahrheitsgemäß zu beantworten (BT-Drucks. 14/4374 S. 19).

Eine Falschbeantwortung berechtigt den Arbeitgeber zur **Anfechtung des Arbeitsvertrags wegen arglistiger Täuschung gemäß § 123 Abs. 1 Alt. 1 BGB** (Schaub/*Koch* § 39 Rn. 16; *Meinel/Heyn/Herms* § 14 TzBfG Rn. 199). Verschweigt der Arbeitnehmer unwissentlich ein vorangegangenes Arbeitsverhältnis, besteht insoweit ein beiderseitiger Irrtum. Die Frage der Vorbeschäftigung ist aber keine verkehrswesentliche Eigenschaft, so dass kein Anfechtungsgrund gemäß § 119 Abs. 2 BGB vorliegt (*Annuß/Thüsing* § 14 Rn. 79; a. A. *Kliemt* NZA 2001, 296, 300; *Osnabrügge* NZA 2003, 639, 643, die auch eine Anfechtungsmöglichkeit nach § 119 Abs. 2 BGB sehen). Neben der Anfechtung kann eine **außerordentliche Kündigung des Arbeitsverhältnisses gemäß § 626 BGB** in Betracht kommen.

25. Schlussbestimmungen/Mitteilungspflicht/Aufhebung früherer Vereinbarungen und Anstellungsverhältnisse/Schriftform. → Form. A. II. 1, dort unter § 13.

26. Unterzeichnung des Arbeitsvertrages. → Form. A. II. 1 Anm. 31.

27. Empfangsbestätigung des Mitarbeiters. → Form. A. II. 1 Anm. 32.

2. Verlängerungsvertrag zum befristeten Arbeitsvertrag ohne Sachgrund gemäß § 14 Abs. 2 TzBfG

Vertrag[1]

zwischen

...... (Name und Anschrift des Arbeitgebers) „Gesellschaft"

und

Herrn ...... (Name und Anschrift des Arbeitnehmers) „Mitarbeiter"

§ 1 Verlängerungsabrede[2]

Die Gesellschaft und der Mitarbeiter haben am ...... einen gemäß § 14 Abs. 2 TzBfG befristeten Arbeitsvertrag mit einer Laufzeit von ...... bis ...... geschlossen. Dieser Vertrag wird bis zum Ablauf des ...... gemäß § 14 Abs. 2 TzBfG verlängert.

§ 2 Fortgeltung der Vertragsbedingungen[3]

Die Bedingungen des am ...... zwischen der Gesellschaft und dem Mitarbeiter gemäß § 14 Abs. 2 TzBfG befristet geschlossenen Arbeitsvertrags gelten unverändert auch für den Verlängerungszeitraum gemäß § 1 dieses Vertrages.

......	......
Ort, Datum	**Ort, Datum**
......	......
Unterschrift der Gesellschaft[4]	**Unterschrift des Mitarbeiters**

Anmerkungen

1. **Befristete Arbeitsverträge.** → Form. A. V. 1 Anm. 1.

2. **Verlängerung.** Nach § 14 Abs. 2 S. 1 Halbs. 2 TzBfG ist die dreimalige Verlängerung eines kalendermäßig befristeten Arbeitsverhältnisses bis zu einer Höchstdauer von maximal zwei Jahren zulässig.

Verlängerung i. S. d. § 14 Abs. 2 S. 1 TzBfG ist das **einvernehmliche Hinausschieben des Endtermins** des befristeten Arbeitsverhältnisses durch eine Vereinbarung, welche allein die Befristungsdauer betrifft, den weiteren Vertragsinhalt aber unverändert bestehen lässt (BAG NZA 2007, 204; BAG NZA 2008, 701).

Eine Vertragsverlängerung muss **vor Ablauf des befristeten Vertrages** vereinbart werden (BAG NZA 2007, 204; BAG BeckRS 2009, 74191). Ist er mit Ablauf des Befristungszeitraumes dagegen erst einmal beendet, so sind die wechselseitigen Rechte und Pflichten erloschen und müssen für eine Fortsetzung neu vereinbart werden (BAG NZA 2007, 204). Von einer Verlängerung kann dann begrifflich nicht mehr gesprochen werden.

Schon eine Unterbrechung von einem Tag führt zu einem Neuabschluss eines Arbeitsvertrags (*Annuß/Thüsing* § 14 Rn. 64 m. w. N.). Dies gilt auch dann, wenn dieser Tag gesetzlicher Feiertag ist (ErfKomm/*Müller-Glöge* § 14 TzBfG Rn. 88).

Auch die befristete Verlängerung eines befristeten Vertrages bedarf nach § 14 Abs. 4 TzBfG der Schriftform (*Annuß/Thüsing* § 14 Rn. 66; *Meinel/Heyn/Herms* § 14 TzBfG Rn. 212). Als Änderung des formbedürftigen befristeten Arbeitsvertrags im Hinblick auf dessen Laufzeit muss die Verlängerung selbst der für den befristeten Arbeitsvertrag vorgeschriebenen Form genügen (*Preis/Gotthardt* NZA 2000, 348, 357 f.; einschränkend LAG Düsseldorf LAGE TzBfG § 17 Nr. 1; in dieser Sache BAG NZA 2004, 283 ohne Stellungnahme).

Die einvernehmliche „rückwirkende Verlängerung" nach Ablauf der ursprünglichen Befristungsdauer stellt eine neue arbeitsvertragliche Abrede dar, da sie eine Regelung des Fortbestehens der Pflichten aus dem Arbeitsverhältnis zwischen ursprünglich vorgesehener Beendigung und Abschlusszeitpunkt enthält. Sie ist keine Verlängerung i. S. d. § 14 Abs. 2 S. 1 TzBfG, da keine Unterbrechung der Vertragskontinuität innerhalb der Zweijahresfrist des § 14 Abs. 2 TzBfG zulässig ist (ErfKomm/*Müller-Glöge* § 14 TzBfG Rn. 88).

Für die Praxis ist folglich zu beachten: Der Arbeitgeber hat bei beabsichtigter Fortsetzung der Tätigkeit des Arbeitnehmers mit diesem stets vor Ablauf der ursprünglichen Befristungsdauer einen Verlängerungsvertrag zu schließen. Geschieht dies nicht, so ist zumindest darauf zu achten, dass der Arbeitnehmer nicht ohne unverzüglichen Widerspruch wissentlich über die ursprüngliche Befristungsdauer hinaus beschäftigt wird, da sonst die Begründung eines unbefristeten Arbeitsverhältnisses droht (§ 15 Abs. 5 TzBfG).

Liegt eine Unterbrechung von weniger als drei Jahren vor, so kann der neue Arbeitsvertrag wegen § 14 Abs. 2 S. 2 TzBfG (Unzulässigkeit bei vorherigem Arbeitsverhältnis) nicht ohne Vorliegen eines Sachgrundes nochmals befristet ausgestaltet werden (→ Form. A. V. 1 Anm. 22).

Gemäß § 14 Abs. 2 S. 3 TzBfG kann durch Tarifvertrag von der gesetzlichen Regelung der Höchstdauer und der Anzahl der Verlängerungsmöglichkeiten abgewichen werden. Eine Abweichung sowohl von der Höchstdauer wie der Anzahl der Verlängerungen soll nach der klaren Gesetzesbegründung kumulativ möglich sein (BT-Drucks. 14/4374 S. 20). Der Tarifvertrag kann für den Arbeitnehmer sowohl günstigere als auch ungünstigere Regelungen enthalten (*Annuß/Thüsing* § 14 Rn. 67; BT-Drucks. 14/4374 S. 20). Zulässig ist insbesondere, dass Tarifverträge Befristungen nur bei Bestehen eines sachlich rechtfertigenden Grundes zulassen, eine sachgrundlose Befristung nach § 14 Abs. 2 S. 1 TzBfG aber ausschließen (BAG NZA 2001, 1141, 1142). Im Geltungsbereich eines Tarifvertrages können auch nicht tarifgebundene Arbeitnehmer und Arbeitgeber die Anwendung der abweichenden tariflichen Regelung vereinbaren (§ 14 Abs. 2 S. 4 TzBfG).

3. Fortgeltung der Vertragsbedingungen. Für die Wirksamkeit eines Verlängerungsvertrages gemäß § 14 Abs. 2 S. 1 Halbs. 2 TzBfG dürfen die bisherigen Vertragsbedingungen nicht geändert werden, da dies zu einem Neuabschluss führen würde (ErfKomm/*Müller-Glöge* § 14 TzBfG Rn. 88; *Hromadka* BB 2001, 621, 627; *Richter/Wilke* RdA 2011, 305). **Alle Vertragsbestandteile** mit Ausnahme des Beendigungszeitpunktes müssen von der Parteivereinbarung unberührt bleiben (BAG NZA 2007, 204; BAG NZA 2008, 701; *Bauer* NZA 2011, 241, 242).

Es sollte deshalb vermieden werden, Vertragsänderungen – auch solche zugunsten des Arbeitnehmers (vgl. BAG NZA 2007, 204, 206) – in der Verlängerungsvereinbarung vorzunehmen.

Die Parteien des Arbeitsvertrags sind gleichwohl nicht durch § 14 Abs. 2 S. 1 TzBfG an jeglicher einvernehmlicher Veränderung der Arbeitsbedingungen während der Dauer der sachgrundlosen Befristung gehindert. Mit dem BAG sind Vereinbarungen von Arbeitnehmer und Arbeitgeber über die Änderung von Arbeitsbedingungen im laufenden Arbeitsverhältnis zulässig und unterliegen nicht selbst einer gesonderten Befristungskontrolle im Sinne einer unzulässigen Verlängerung (BAG BeckRS 2009, 74191; BAG NJOZ 2010, 59). Die Befristungskontrolle durch die Gerichte erfolgt nur dann, wenn (auch) die Laufzeit des bisherigen Vertrages verändert wird (BAG NZA 2007, 204). Sollen also Arbeitsbedingungen einvernehmlich ohne eine Veränderung der Laufzeit geändert werden, so ist sicherzustellen, dass diese Einigung gesondert und möglichst zeitlich vor oder nach dem Abschluss der Verlängerungsvereinbarung erfolgt.

Unschädlich ist es außerdem, Änderungen, auf die der Arbeitnehmer einen Anspruch hat oder die eine geänderte Rechtslage zum Verlängerungszeitpunkt widerspiegeln, zusammen mit der Verlängerung vorzunehmen (BAG NZA 2008, 701; BAG BeckRS 2009, 74191). Dies ist denkbar, wenn im Rahmen der Verlängerungsvereinbarung allein eine tarifliche Lohnerhöhung weitergegeben wird (BAG FA 2001, 242) oder bei einer Vertragsanpassung, die allen Beschäftigten gewährt wird, so dass der Arbeitgeber die befristet Beschäftigten wegen des Diskriminierungsverbots des § 4 Abs. 2 S. 1 TzBfG nicht ausnehmen darf (BAG NZA 2007, 204), oder wenn mit der Verlängerung auch eine Arbeitszeiterhöhung vereinbart wird, auf die der Arbeitnehmer nach § 9 TzBfG Anspruch hatte (BAG NZA 2008, 701). Allein die Tatsache allerdings, dass in der Verlängerungsvereinbarung für den Arbeitnehmer günstige Änderungen aufgenommen werden, genügt diesen Anforderungen nicht. So hat das BAG auch den Verzicht des Arbeitgebers auf ein zuvor vereinbartes ordentliches Kündigungsrechts in der Verlängerungsvereinbarung als Neuabschluss gewertet (vgl. BAG AP TzBfG § 14 Nr. 43).

Haben die Parteien eine weite Versetzungsklausel vereinbart (s. → Form. A. II. 1 Anm. 2), ist die Zuweisung einer geänderten Tätigkeit ebenfalls ohne eine Vertragsänderung möglich, so dass eine Befristungskontrolle nicht ausgelöst wird.

4. Unterzeichnung des Verlängerungsvertrages. → Form. A. II. 1 Anm. 31.

Sachgrundbefristung gemäß § 14 Abs. 1 TzBfG

3. Zeitbefristeter Arbeitsvertrag mit Sachgrund gemäß § 14 Abs. 1 TzBfG

Arbeitsvertrag[1, 2, 3, 4]

zwischen

...... (Name und Anschrift des Arbeitgebers) „Gesellschaft“

und

Herrn ...... (Name und Anschrift des Arbeitnehmers) „Mitarbeiter“

§ 1 Position/Versetzung/Weisungen[5]

§ 2 Arbeitszeit[6]

§ 3 Vergütung/Sonstige Zahlungen[7]

§ 4 Abwesenheit/Krankheit[8]

§ 5 Reisekosten/Auslagen[9]

§ 6 Urlaub[10]

§ 7 Nebentätigkeiten[11]

§ 8 Geheimhaltung/Behandlung und Rückgabe von Gegenständen und Daten/Löschung von Daten[12]

§ 9 Schutzrechte[13]

§ 10 Laufzeit/Kündigung[14]/Vertragsstrafe/Freistellung/Vorfälligkeit

(1) Der Arbeitsvertrag beginnt am ...... und endet mit Ablauf des ......, ohne dass es einer Kündigung bedarf.

(2) Beide Parteien können den Arbeitsvertrag unter Einhaltung einer Kündigungsfrist[15] von ...... kündigen. Vor Beginn des Arbeitsvertrages ist die ordentliche Kündigung ausgeschlossen.

(3) Die Kündigung bedarf der Schriftform.[16]

(4) Kündigt der Mitarbeiter vor Beginn des Arbeitsvertrages, nimmt er seine Tätigkeit endgültig nicht auf oder stellt er seine Tätigkeit unter Missachtung der geltenden Kündigungsfrist endgültig ein, verwirkt er eine Vertragsstrafe. Der Mitarbeiter nimmt seine Tätigkeit endgültig nicht auf oder stellt seine Tätigkeit endgültig ein, wenn er nach Ablauf einer von der Gesellschaft zu setzenden angemessenen Frist zur Leistung seine Tätigkeit nicht erbringt. Hat der Mitarbeiter die Erbringung seiner Tätigkeit ernsthaft und endgültig verweigert, ist die Fristsetzung entbehrlich. Ebenfalls verwirkt der Mitarbeiter eine Vertragsstrafe, wenn die Gesellschaft durch vertragswidriges Verhalten des Mitarbeiters zur fristlosen Kündigung des Arbeitsvertrages veranlasst wird. Eine Vertragsstrafe ist nur verwirkt, wenn der Mitarbeiter rechtswidrig und schuldhaft gehandelt hat. Für den Fall der endgültigen Einstellung der Tätigkeit unter Missachtung der geltenden Kündigungsfrist entspricht die Höhe der Vertragsstrafe für jeden Tag der Zuwiderhandlung der Bruttovergütung, die nach § 3 Abs. (1) für einen Tag geschuldet ist, insgesamt jedoch nicht mehr als die Bruttovergütung, die nach § 3 Abs. (1) für den Zeitraum der jeweils einschlägigen Kündigungsfrist geschuldet ist, maximal aber zwei Brutto-Monatsgehältern. Im Übrigen entspricht die Höhe der Vertragsstrafe der Bruttovergütung nach § 3 Abs. (1), die für den Zeitraum der jeweils einschlägigen Kündigungsfrist geschuldet ist, maximal aber zwei Brutto-Monatsgehältern. Die Gesellschaft behält sich die Geltendmachung weiteren Schadens vor.[17]

(5) Die Gesellschaft ist im Falle der Kündigung des Arbeitsvertrages durch die Gesellschaft berechtigt, den Mitarbeiter von seiner weiteren Tätigkeit für die Gesellschaft freizustellen *(Optional:, wenn hierfür ein sachlicher Grund (z.B. Konkurrenztätigkeit, Geheimnisverrat, sonstige Beeinträchtigung der Vertrauensgrundlage, Wegfall des Beschäftigungsbedarfs) vorliegt)*. Während der Zeit der Freistellung behält der Mitarbeiter seinen Anspruch auf die vertragliche Vergütung; er muss sich jedoch den Wert desjenigen anrechnen lassen, was er infolge des Unterbleibens der Dienstleistung erspart oder durch anderweitige Verwendung seiner Dienste erwirbt oder zu erwerben böswillig unterlässt. Das vertragliche Wettbewerbsverbot bleibt von der Freistellung unberührt. Im Fall einer unwiderruflichen Freistellung wird die Freistellungszeit auf etwaige Urlaubs- oder Freizeitausgleichsansprüche angerechnet. Die vorstehenden Regelungen gelten entsprechend für eine Kündigung durch den Mitarbeiter.[18]

(6) Sollte der Mitarbeiter der Gesellschaft bei Ausspruch einer Kündigung durch die Gesellschaft Beträge aufgrund von Gehaltsvorschüssen oder ähnlichen Vorauszahlungen schulden, werden sämtliche Beträge sofort fällig und – unter Beachtung der Pfändungsgrenzen – aufrechenbar. Dem Mitarbeiter gewährte Darlehen gelten mit Ausspruch der Kündigung als ordentlich mit einer Frist von einem Monat gekündigt. Entsprechendes gilt bei Ausspruch einer Kündigung durch den Mitarbeiter, es sei denn, es liegt eine von der Gesellschaft zu vertretende außerordentliche Kündigung vor.[19]

§ 11 Ausschlussfristen/Verjährung[20]

§ 12 Schlussbestimmungen/Mitteilungspflicht/Aufhebung früherer Vereinbarungen und Anstellungsverhältnisse/Schriftform[21]

......	......
Ort, Datum	Ort, Datum
......	......
Unterschrift der Gesellschaft[22]	Unterschrift des Mitarbeiters

Empfangsbestätigung des Mitarbeiters[23]

Der Mitarbeiter bestätigt, dass er eine von der Gesellschaft unterschriebene vollständige Ausfertigung dieses Arbeitsvertrages am . . . . . . (Datum) erhalten hat.

. . . . . .

Ort, Datum

. . . . . .

Unterschrift des Mitarbeiters

Anmerkungen

1. Sachgrunderfordernis. Kommt der Abschluss eines befristeten Arbeitsvertrags gemäß § 14 Abs. 2, Abs. 2a oder Abs. 3 TzBfG nicht in Betracht, bedarf jeder befristete Vertrag des Vorliegens eines sachlichen Grundes (§ 14 Abs. 1 TzBfG).

Bereits vor Schaffung des TzBfG war die Wirksamkeit der sog. Sachgrundbefristung durch das BAG anerkannt. Das Erfordernis des sachlich rechtfertigenden Grundes sollte die Umgehung des gesetzlichen Kündigungsschutzes durch den Abschluss befristeter Arbeitsverträge verhindern. Der Gesetzgeber hat mit der Schaffung des § 14 Abs. 1 TzBfG die bis dahin gültige Rechtsprechung aufgenommen und insbesondere die vom BAG anerkannten Sachgründe gesetzlich fixiert. Mit der ausdrücklichen Regelung im TzBfG sind folglich weder für Kleinbetriebe (vgl. § 23 Abs. 1 KSchG) noch für die ersten sechs Monate der Beschäftigung (vgl. § 1 Abs. 1 KSchG) oder für die befristete Beschäftigung leitender Angestellter (vgl. § 14 Abs. 2 KSchG) Ausnahmen vom Sachgrunderfordernis zu machen. Zugleich gilt, dass auch für Arbeitnehmer mit besonderem Kündigungsschutz keine über § 14 Abs. 1 TzBfG hinausgehenden Anforderungen an den Abschluss befristeter Arbeitsverträge zu stellen sind (vgl. §§ 9 MuSchG, 18 BEEG, 85 SGB IX).

Der Sachgrund muss **im Zeitpunkt des Vertragsschlusses** vorliegen (*Annuß/Thüsing* § 14 Rn. 8 m.w.N.). Fällt der sachliche Grund später weg, wird die einmal zulässige Befristung des Arbeitsverhältnisses nicht unwirksam (BAG DB 1975, 842). Dagegen führt das erstmalige Vorliegen eines Sachgrundes nach Abschluss des Vertrages nicht zur nachträglichen Zulässigkeit der in diesem Fall von Anfang an unwirksamen Befristung (*Annuß/Thüsing* § 14 Rn. 8; KR/*Lipke* § 14 TzBfG Rn. 75 a).

Nach der bisherigen Rechtsprechung bedurfte die **Dauer** der Befristung keiner eigenständigen Rechtfertigung in Form eines Sachgrunds (BAG DB 1989, 1677). Diese Rechtsprechung hat auch weiterhin Gültigkeit (*Annuß/Thüsing* § 14 Rn. 9; KR/*Lipke* § 14 TzBfG Rn. 74). Für eine enge Verknüpfung von Sachgrund und Dauer der Befristung ergeben sich nur Anhaltspunkte, wenn die Dauer der Befristung ein Teil des Sachgrunds ist (beispielsweise Befristungen zur Erprobung gemäß § 14 Abs. 1 S. 2 Nr. 5 TzBfG; KR/*Lipke* § 14 TzBfG Rn. 74 e). Im Übrigen ist das bloße Zurückbleiben der vereinbarten Vertragsdauer hinter der bei Vertragsabschluss voraussehbaren Dauer des sachlichen Befristungsgrundes nicht stets und ohne weiteres geeignet, den Sachgrund für die Befristung in Frage zu stellen (BAG DB 1989, 1677).

Schließen Arbeitgeber und Arbeitnehmer nacheinander mehrere befristete Arbeitsverträge (sog. **Kettenarbeitsverträge**), führen allein die große Anzahl der mit dem Arbeitnehmer abgeschlossenen befristeten Arbeitsverträge oder die Gesamtdauer der Befristungskette nicht dazu, dass an den Sachgrund strengere Anforderungen zu stellen sind (BAG NZA 2012, 1351; zu beachten ist dabei, dass auf § 14 Abs. 1 S. 2 Nr. 2 TzBfG (Anschlussbefristung) gestützte Verlängerungen oder wiederholte Befristungen wegen des Normzwecks von § 14 Abs. 1 S. 2 Nr. 2 TzBfG unzulässig sind, → Anm. 2).

Bei mehrfachen Befristungen prüft das BAG grundsätzlich nur die **Wirksamkeit der letzten Befristungsabrede** (BAG NZA 2009, 1143, 1144; BAG NZA 2012, 1351, 1352). Ohnehin würde die Unwirksamkeit jeder einzelnen Befristung jeweils innerhalb der Klagefrist des § 17 TzBfG gerichtlich geltend zu machen sein (*Bayreuther* NZA 2013, 23). Erhebt der Arbeitnehmer nicht innerhalb von drei Wochen nach dem vereinbarten Befristungsende Feststellungsklage zum Arbeitsgericht, wird die Befristung mit Ablauf dieser Frist wirksam und ist nachfolgend nicht mehr Gegenstand gerichtlicher Überprüfung (BAG DB 2008, 131). In einer neueren Entscheidung hat das BAG jedoch hervorgehoben, dass § 17 TzBfG zwar die Feststellung der Rechtsunwirksamkeit einzelner vorheriger Befristungen hindere, aber die notwendige Berücksichtigung der Gesamtumstände im Fall einer Kettenbefristung mit Sachgründen auch die Betrachtung der vorherigen Befristungen erfordere (BAG NZA 2012, 1351; KR/*Lipke* § 14 TzBfG Rn. 76 d). Damit folgt das BAG den Vorgaben des EuGH in der Rechtssache Kücük (EuGH NZA 2012, 135), wonach bei Mehrfachbefristungen eine umfassende **Missbrauchskontrolle** unter Einbeziehung sämtlicher Umstände einschließlich der Zahl und der Gesamtdauer der in der Vergangenheit mit demselben Arbeitgeber geschlossenen befristeten Arbeitsverträge zu erfolgen hat. Diese zusätzliche Prüfung nimmt das BAG nach den Grundsätzen des institutionellen Rechtsmissbrauchs (§ 242 BGB) vor (BAG NZA 2012, 1351). Starre Obergrenzen hat es dabei nicht festgelegt. Im zu entscheidenden Fall hat das BAG jedoch betont, dass eine elf Jahre währende Gesamtdauer – bei insgesamt 13 befristeten Arbeitsverträgen – dafür spreche, dass der bei der letzten Befristungsabrede vorhandene Sachgrund der Vertretung missbräuchlich angeführt wurde (BAG NZA 2012, 1351). Zu beachten ist jedoch, dass die Entscheidung sich auf Befristungssachverhalte zu § 14 Abs. 1 S. 2 Nr. 3 TzBfG und § 21 BEEG bezieht, so dass eine Verallgemeinerung auf Kettenbefristungen mit anderen Sachgründen nur begrenzt möglich ist (KR/*Lipke* § 14 TzBfG Rn. 76 d).

Muss die Unwirksamkeit jeder einzelnen Befristung innerhalb der Klagefrist des § 17 TzBfG gerichtlich geltend werden, so sind Ausnahmen von dieser Regel doch möglich, falls die Parteien bei Abschluss des letzten befristeten Arbeitsvertrags dem Arbeitnehmer das Recht vorbehalten haben, die in dem früheren Vertrag vereinbarte Befristung gerichtlich überprüfen zu lassen, oder falls es sich bei dem letzten Vertrag lediglich um einen unselbstständigen Annex zu den vorausgegangenen handelt, mit dem das bisherige befristete Arbeitsverhältnis nur hinsichtlich des Endzeitpunkts modifiziert werden soll (BAG DB 2008, 131).

Beim nur zeitbefristeten Arbeitsvertrag muss – anders als bei der Zweckbefristung – der **Sachgrund nicht in den Vertragstext** aufgenommen werden (zur Zweckbefristung → Form. A. V. 4 Anm. 3). Die früher von der Rechtsprechung für den Befristungsgrund der Erprobung anerkannte **Ausnahme** hat das BAG für Befristungen nach § 14 Abs. 1 S. 2 Nr. 5 TzBfG nicht mehr aufrechterhalten (BAG NZA 2004, 1333).

Aus Arbeitgebersicht besteht darüber hinaus auch keine Veranlassung, sich ohne Not vorzeitig auf einen Sachgrund festzulegen (*Kliemt* NZA 2001, 296, 299). Es genügt, wenn der Arbeitgeber im Streitfall darlegen und beweisen kann, dass der Sachgrund im Zeitpunkt des Vertragsschlusses vorlag. Daher kann der Arbeitgeber für den Fall, dass die Berufung auf einen zunächst angeführten Sachgrund zur Unwirksamkeit der Befristung führen würde, die Befristung auch auf weitere, bislang nicht erwähnte, Sachgründe stützen (BAG BeckRS 2009, 74191). Maßgeblich ist, dass irgendein rechtfertigender Sachgrund bei Vertraggschluss tatsächlich vorlag. Bedarf es also der ausdrücklichen Festlegung im Vertrag nicht, so ist doch dringend anzuraten, dass der Arbeitgeber die Einzelheiten des sachlichen Grundes zumindest für die eigenen Unterlagen in geeigneter Form festhält.

2. **§ 14 Abs. 1 S. 2 Nr. 1 TzBfG (Vorübergehender Arbeitsbedarf).** → Form. A. V. 4 Anm. 15.

§ 14 Abs. 1 S. 2 Nr. 2 TzBfG (Anschlussbefristung). Die befristete Beschäftigung eines Auszubildenden oder Studenten gemäß § 14 Abs. 1 S. 2 Nr. 2 TzBfG im Anschluss an das Ende der Ausbildung bedarf einer ausdrücklichen Vereinbarung. Wird keine Befristungsabrede getroffen, entsteht bei Weiterbeschäftigung des Auszubildenden ein unbefristetes Arbeitsverhältnis (§ 24 BBiG). § 14 Abs. 1 S. 2 Nr. 2 TzBfG wurde in Anlehnung an tarifliche Regelungen entwickelt, welche Auszubildenden nach Abschluss der Ausbildung einen Anspruch auf befristete Beschäftigung gewähren. Es sollte der Tatsache Rechnung getragen werden, dass befristete Arbeitsverhältnisse den Berufsstart erleichtern können (BT-Drucks. 14/4374 S. 19).

§ 78a BetrVG schützt Auszubildende, die Mitglieder der Jugend- und Auszubildendenvertretung oder des Betriebsrats sind. Ein **Auszubildender, auf den die Voraussetzungen des § 78a BetrVG zutreffen,** hat im Regelfall Anspruch auf unbefristete Weiterbeschäftigung im Ausbildungsbetrieb. Dies steht einer Befristungsvereinbarung jedoch nicht entgegen (*Ring* § 14 TzBfG Rn. 52). Es steht Arbeitgeber und Auszubildendem frei, einen befristeten Vertrag auf Wunsch des Auszubildenden abzuschließen (vgl. *Ring* § 14 TzBfG Rn. 52).

Umstritten ist, ob unter den **Begriff der Ausbildung** nur die Berufsausbildung i. S. d. BBiG und öffentlich-rechtlich ausgestaltete Ausbildungen fallen oder ob der Begriff weiter zu fassen ist. So wird vertreten, dass auch Weiterbildung und Umschulung in den Anwendungsbereich von § 14 Abs. 1 S. 2 Nr. 2 TzBfG fallen, da für den Ausbildungsbegriff ein systematisch vermitteltes Ausbildungsziel ausreichend sei (*Rolfs* § 14 Rn. 23; *Meinel/Heyn/Herms* § 14 TzBfG Rn. 64 für die Umschulung zustimmend, abl. jedoch für die Weiterbildung). Aufgrund der geschichtlichen Entwicklung der Norm sind **Weiterbildungs- und Umschulungsmaßnahmen** aber nicht unter den Begriff der Ausbildung gemäß § 14 Abs. 1 S. 2 Nr. 2 TzBfG zu fassen (so auch *Annuß/Thüsing* § 14 Rn. 30; ErfKomm/*Müller-Glöge* § 14 TzBfG Rn. 31; K/D/Z/*Däubler* § 14 TzBfG Rn. 53, 55). Dafür spricht auch, dass § 10 TzBfG zwischen Aus- und Weiterbildung unterscheidet.

Eine allgemeine Aus- und Weiterbildung, wie sie mit nahezu jeder mehrjährigen Berufsausübung einhergeht, genügt nach dem BAG für eine Befristung des Arbeitsverhältnisses nach § 14 Abs. 1 S. 2 Nr. 2 TzBfG jedenfalls nicht. Hierzu ist vielmehr erforderlich, dass ein bestimmtes Ausbildungsziel systematisch verfolgt wird und die dem Arbeitnehmer vermittelten Kenntnisse, Erfahrungen oder Fähigkeiten auch außerhalb der Organisation des Arbeitgebers beruflich verwertbar sind. So fällt eine lediglich auf die betrieblichen Bedürfnisse zugeschnittene Fortbildung nicht unter § 14 Abs. 1 S. 2 Nr. 2 TzBfG (BAG DB 2012, 292).

Nach § 14 Abs. 1 S. 2 Nr. 2 TzBfG muss die befristete Beschäftigung im **Anschluss** an eine Ausbildung oder ein Studium erfolgen. In entsprechender Anwendung des § 14 Abs. 3 S. 3 TzBfG a. F. wird teilweise eine **kurze Unterbrechung** von bis zu sechs Monaten zugelassen (*Kliemt* NZA 2001, 296, 297; nach *Däubler* ZIP 2001, 217, 223 sogar nur drei Monate). Mit guten Gründen wird darüber hinaus auch eine **länger andauernde Unterbrechung** beispielsweise für die Dauer der Elternzeit oder bei Langzeitarbeitslosen als ausreichend angesehen (*Rolfs* § 14 Rn. 25; *Meinel/Heyn/Herms* § 14 TzBfG Rn. 65; ErfKomm/*Müller-Glöge* § 14 TzBfG Rn. 32). Nach der Gesetzesbegründung soll mit der Regelung der Berufsstart erleichtert werden (BT-Drucks. 14/4374 S. 19). Diese Begründung greift für die erste Beschäftigungsaufnahme auf der Grundlage eines Arbeitsvertrags auch nach Elternzeit oder Langzeitarbeitslosigkeit. Zu beachten ist aber, dass wegen des Normzwecks, den Berufseinstieg zu erleichtern, eine wiederholte Befristung oder eine Verlängerung, die auf § 14 Abs. 1 S. 2 Nr. 2 TzBfG gestützt wird, unzulässig ist, da nach einmal erfolgter Anstellung der Normzweck erreicht wurde und die weitere Anwendung des § 14 Abs. 1 S. 2 Nr. 2 TzBfG ausgeschlossen ist (BAG AP TzBfG § 14 Nr. 85; BAG NZA 2008, 295). Ob in Ausnahmefällen eine „Zwischenbeschäftigung" für wenige Stunden oder Tage unbeachtlich ist, hat das BAG ausdrücklich offengelassen. Schon zur

Vermeidung von Rechtsunsicherheiten sollte aber auch in diesen Fällen von einer Befristung nach § 14 Abs. 1 S. 2 Nr. 2 TzBfG abgesehen werden.

Die **Dauer der Befristung** nach § 14 Abs. 1 S. 2 Nr. 2 TzBfG ist nicht gesetzlich geregelt. Bezugnehmend auf das Tarifrecht wird teilweise eine Höchstdauer von sechs Monaten bis zu einem Jahr angenommen (K/D/Z/*Däubler* § 14 TzBfG Rn. 56; *Kliemt* NZA 2001, 296, 298). In Anlehnung an § 14 Abs. 2 TzBfG wird aufgrund der Ähnlichkeit dieses Befristungsgrunds zur sachgrundlosen Befristung andererseits auch die Höchstgrenze von zwei Jahren entsprechend angewendet (LAG Köln BeckRS 2006, 44457, insoweit bestätigt durch BAG NZA 2008, 295; *Meinel/Heyn/Herms* § 14 TzBfG Rn. 67; *Annuß/Thüsing* § 14 Rn. 32; KR/*Lipke* § 14 TzBfG Rn. 129 m.w.N.; *Hromadka* BB 2001, 621, 623). Letztlich besteht keine starre Höchstgrenze. Für jeden Einzelfall muss eine Abwägung getroffen werden (vgl. auch ErfKomm/*Müller-Glöge* § 14 TzBfG Rn. 33). Sinn und Zweck der Regelung rechtfertigen eine Befristung bis zu zwei Jahren, die aber nicht überschritten werden sollte.

§ 14 Abs. 1 S. 2 Nr. 3 TzBfG (Vertretung). → Form. A. V. 5 Anm. 15.

§ 14 Abs. 1 S. 2 Nr. 4 TzBfG (Eigenart der Arbeitsleistung). Die „Eigenart der Arbeitsleistung" gemäß § 14 Abs. 1 S. 2 Nr. 4 TzBfG fasst die durch die Rechtsprechung anerkannten Befristungsgründe der Rundfunkfreiheit und die sog. Verschleißtatbestände zusammen (*Preis* Arbeitsvertrag II B 10 Rn. 53; K/D/Z/*Däubler* § 14 TzBfG Rn. 67).

Nach der Rechtsprechung des BVerfG ist eine Befristung bei Mitarbeitern zulässig, die eine **programmgestaltende Tätigkeit** ausüben (BVerfG NZA 2000, 653; MünchHdb-ArbR/*Wank* § 95 Rn. 71; *Annuß/Thüsing* § 14 Rn. 40 f.). Im Bereich **Theater und Bühne** kann für Solisten sowie für künstlerische Mitarbeiter eine Befristung gerechtfertigt sein (BAG DB 1971, 246; BAG DB 1981, 2080; *Annuß/Thüsing* § 14 Rn. 43). Auch Tätigkeiten als **Sporttrainer** oder **Profisportler** können unter den Befristungsgrund des § 14 Abs. 1 S. 2 Nr. 4 TzBfG fallen (BAG NZA 2000, 102; BAG BB 1999, 1118). Gleiches gilt für **Mitarbeiter von Parlamentsfraktionen** für die Dauer der Legislaturperiode (BAG NZA 1999, 149; *Annuß/Thüsing* § 14 Rn. 45).

Nicht zulässig ist eine Befristung von Arbeitsverhältnissen deutscher im Ausland tätiger **Lehrer** sowie von **Fremdsprachenlektoren** (EuGH NZA 1994, 115). Die Begründung, der allgemeine kulturelle und sprachliche Bezug zum Heimatland ginge mit der Zeit verloren, wurde als unzutreffend abgelehnt (BAG NZA 1995, 1169; K/D/Z/*Däubler* § 14 TzBfG Rn. 79).

§ 14 Abs. 1 S. 2 Nr. 5 TzBfG (Befristung zur Erprobung). Um dem Arbeitgeber das Kennenlernen der persönlichen und fachlichen Eignung des Arbeitnehmers zu ermöglichen, kann eine Befristung vereinbart werden. Auch der Arbeitnehmer soll entscheiden können, ob die Stellung und die betrieblichen Verhältnisse seinen Erwartungen entsprechen. Typischerweise wird eine Befristung zur Erprobung im Rahmen eines auf unbestimmte Zeit angelegten Arbeitsvertrags als vorgeschaltetes befristetes Probearbeitsverhältnis vereinbart (→ Form. A. II. 1 Anm. 16). Die Erprobung nimmt keine Sonderstellung neben den weiteren Sachgründen des § 14 Abs. 1 TzBfG ein. Das gesetzliche Schriftformerfordernis findet auch bei der Erprobung keine Anwendung auf den sachlichen Grund selbst (BAG NZA 2004, 1333). Das TzBfG sieht keine Höchstfrist für die Befristung zur Erprobung vor. Die vereinbarte Dauer der Erprobungszeit muss allerdings in einem angemessenen Verhältnis zu der in Aussicht genommenen Tätigkeit stehen. Typischerweise wird ein Zeitraum von sechs Monaten genügen (BAG NZA 2010, 1293). Hierfür spricht die Vorbildwirkung anderer gesetzlicher Regelungen (§ 1 Abs. 1 KSchG, § 622 Abs. 3 BGB). Diese stehen einer längeren Befristungsdauer aber nicht entgegen, wenn der Arbeitgeber die Eignung und Leistung des Arbeitnehmers in dem typischen Sechs-Monats-Zeitraum nicht beurteilen kann (BAG NZA 2010, 1293). Die Zulässigkeit einer über sechs Monate hinausgehenden Probezeit kann sich auch aus Umständen in der Person des Arbeitnehmers ergeben (BAG, NZA 2010, 1293: zwölf Monate wegen psychisch begründeten Leistungsdefiziten; vgl. ErfKomm/*Müller-Glöge* § 14 TzBfG Rn. 49). Bestand zwischen den Parteien nicht bereits zuvor ein Arbeitsverhältnis, dessen Ende noch keine drei Jahre zurückliegt, wird die – erstmalige – Befristung auf § 14 Abs. 2 TzBfG gestützt werden können, so dass es des Bestehens eines Sachgrundes in vielen Fällen gar nicht bedarf (→ Form. A. V. 1 Anm. 22). An eine solche erste Befristung wird allerdings i. d. R. eine nochmalige Befristung zur Erprobung nicht wirksam angeschlossen werden können (ErfKomm/*Müller-Glöge* § 14 TzBfG Rn. 50 m. w. N.). Ausnahmen können gerechtfertigt sein, wenn der neue Arbeitsplatz abweichende Anforderungen stellt oder eine frühere Beschäftigung bereits länger zurückliegt (ErfKomm/*Müller-Glöge* § 14 TzBfG Rn. 50 m. w. N.).

3. § 14 Abs. 1 S. 2 Nr. 6 TzBfG (In der Person des Arbeitnehmers liegende Gründe). Hierzu gehört die Befristung aus **sozialen Gründen.** Diese liegen vor, wenn der Arbeitgeber den Arbeitnehmer im Anschluss an ein wirksam gekündigtes Arbeitsverhältnis weiterbeschäftigt, um ihm die Suche nach einem neuen Arbeitsplatz zu erleichtern (BAG DB 1980, 1498; *Meinel/Heyn/Herms* § 14 TzBfG Rn. 143). Daneben ist eine Beschäftigung im Rahmen von Arbeitsförderungsmaßnahmen nach dem SGB III als Befristungsgrund denkbar (KR/*Lipke* § 14 TzBfG Rn. 260 ff.). Auch eine **Beschäftigung infolge sozialhilferechtlicher Zuweisung** kann in Ausnahmefällen einen Sachgrund gemäß § 14 Abs. 1 S. 2 Nr. 6 TzBfG darstellen (KR/*Lipke* § 14 TzBfG Rn. 259; zur Lage vor dem 1.1.2005 bei Beschäftigung nach §§ 18 ff. BSHG vgl. BAG NZA 2001, 605 sowie KR/*Lipke* § 14 TzBfG Rn. 255 bis 257). Des Weiteren können soziale Gründe im **Erwerb einer Versorgungsanwartschaft** zum **Ausgleich sozialversicherungsrechtlicher Nachteile** und zum **Erwerb fehlender Qualifikationen** zu sehen sein (K/D/Z/*Däubler* § 14 TzBfG Rn. 106; A/P/S/*Backhaus* § 14 TzBfG Rn. 288). Der Einstellung eines Arbeitnehmers aus sozialen Gründen steht ein **eigenes Interesse des Arbeitgebers** nicht entgegen. Die sozialen Gesichtspunkte müssen jedoch überwiegen (BAG BB 1986, 1502).

Unter § 14 Abs. 1 S. 2 Nr. 6 TzBfG fällt auch der **Wunsch des Arbeitnehmers** auf Abschluss eines befristeten Arbeitsvertrags. Bei der gerichtlichen Überprüfung eines auf Wunsch des Arbeitnehmers befristeten Arbeitsvertrags wird jedoch ein strenger Maßstab angelegt. Voraussetzung ist danach, dass der Arbeitnehmer selbst bei einem Angebot auf Abschluss eines unbefristeten Arbeitsverhältnisses nur eine befristete Tätigkeit gewollt hätte (BAG BB 1997, 1797; ErfKomm/*Müller-Glöge* § 14 TzBfG Rn. 61; A/P/S/*Backhaus* § 14 TzBfG Rn. 351; a. A. *Meinel/Heyn/Herms* § 14 TzBfG Rn. 140 f.). Nach diesem Prüfungsmaßstab des BAG müssen zum Zeitpunkt des Vertragsschlusses objektive Anhaltspunkte vorliegen, aus denen ein Interesse des Arbeitnehmers gerade an einem befristeten Vertrag folgt (A/P/S/*Backhaus* § 14 TzBfG Rn. 352). Dem ist jedenfalls dann genügt, wenn der Arbeitgeber einen unbefristeten und einen befristeten Vertrag zu sonst gleichen Konditionen angeboten hat. Dann lässt sich auf den vom Arbeitgeber nicht beeinflussten Wunsch des Arbeitnehmers, nur befristet beschäftigt zu werden, schließen. Gegen ein wirkliches Interesse des Arbeitnehmers an befristeter Beschäftigung spricht allerdings, wenn bereits die Kündigungsmöglichkeit in einem unbefristeten Arbeitsverhältnis den Interessen des Arbeitnehmers ausreichend Rechnung trägt (ErfKomm/*Müller-Glöge* § 14 TzBfG Rn. 62).

Nicht-EU-Ausländer benötigen einen Aufenthaltstitel zur Ausübung einer Beschäftigung (§§ 4, 18 AufenthG). Wird für dessen Gültigkeitsdauer ein befristeter Arbeitsvertrag geschlossen, muss zum Zeitpunkt des Vertragsschlusses hinreichend wahrscheinlich sein, dass der Titel nicht verlängert werden wird (BAG BB 2000, 933; *Rolfs* § 14 Rn. 49).

§ 14 Abs. 1 S. 2 Nr. 7 TzBfG (Haushaltsrechtliche Gründe). Der Befristungsgrund des § 14 Abs. 1 S. 2 Nr. 7 TzBfG findet bei **privatrechtlichen Arbeitgebern** keine Anwendung (*Preis* Arbeitsvertrag II B 10 Rn. 66; *Annuß/Thüsing* § 14 Rn. 60). Nach der Rechtsprechung des BAG können haushaltsrechtliche Gründe die Befristung eines Arbeitsvertrags rechtfertigen, wenn der **öffentliche Arbeitgeber** im Zeitpunkt des Vertragsschlusses aufgrund konkreter Tatsachen die Prognose erstellen kann, dass für die Beschäftigung des Arbeitnehmers Haushaltsmittel nur vorübergehend zur Verfügung stehen werden (BAG NZA 2009, 676; BAG NZA 2002, 443). Das BAG hält es für fraglich, ob diese Rechtsprechung mit dem allgemeinen Gleichheitssatz und der unionsrechtlichen Pflicht der Mitgliedstaaten vereinbar ist, missbräuchlichen Kettenbefristungen entgegenzuwirken und hat die Frage dem EuGH zur Entscheidung nach Art. 267 AEUV vorgelegt. Es bestehe die Gefahr, dass öffentliche Arbeitgeber sich durch eine entsprechende Haushaltsplanung selbst einen Befristungsgrund schaffen, welcher privaten Arbeitgebern nicht zusteht (BAG NZA-RR 2011, 272). Bis zur Klärung dieser Frage durch den EuGH sollten öffentliche Arbeitgeber daher sorgsam mit diesem Befristungsgrund umgehen.

§ 14 Abs. 1 S. 2 Nr. 8 TzBfG (Gerichtlicher Vergleich). Der Gesetzgeber hat ausdrücklich den **gerichtlichen Vergleich** als Sachgrund aufgenommen. Nach der Gesetzesbegründung gewährleistet die Mitwirkung des Gerichts ausreichend die Wahrung der Schutzinteressen des Arbeitnehmers (BT-Drucks. 14/4374 S. 19). Nach der Rechtsprechung vor Inkrafttreten des TzBfG war auch der außergerichtliche Vergleich ein Sachgrund zur Befristung (BAG NZA 1984, 34). Unter dem TzBfG gilt das nicht mehr. Gesetzesbegründung und Wortlaut lassen eine analoge Anwendung von § 14 Abs. 1 S. 2 Nr. 8 TzBfG nicht zu. Die Regelung stellt ausdrücklich auf die Mitwirkung des Gerichts ab (BAG NZA 2012, 919; Erf-Komm/*Müller-Glöge* § 14 Rn. 77), wobei nicht jeder gerichtliche Vergleich, wie der Wortlaut vermuten ließe, sondern nur ein Vergleich in einem Verfahren über den Fortbestand eines Arbeitsverhältnisses genügt (Erf-Komm/*Müller-Glöge* § 14 Rn. 75). Ein Vergleich i.S.v. § 278 Abs. 6 S. 1 Alt. 1 ZPO, bei dem die Parteien dem Gericht einen schriftlichen Vergleichsvorschlag unterbreiten, reicht nicht aus (BAG NZA 2012, 919). Außerdem ist das Bestehen eines offenen Streits der Parteien hinsichtlich des Arbeitsverhältnisses erforderlich (BAG NZA 2012, 919). Dies ist nicht gegeben, wenn der Arbeitgeber die Kündigung lediglich angedroht hat oder wenn ein Kündigungsschutz- oder Befristungskontrollverfahren nur deshalb eingeleitet wurde, um eine gerichtsfeste Befristung zu schaffen. Vielmehr müssen die Parteien tatsächlich gegenteilige Rechtsstandpunkte vertreten, die unter Mitwirkung des Gerichts in einem Vergleich ausgeglichen werden (BAG AP TzBfG § 14 Vergleich Nr. 1). Darüber hinaus ist zu beachten, dass sich jeweils nur ein einzelner befristeter Vertrag im Vergleichswege vereinbaren lässt (*Annuß/Thüsing* § 14 Rn. 61).

4. Befristete Arbeitsverträge. → Form. A. V. 1 Anm. 1.

5. Position/Versetzung/Weisungen. → Form. A. II. 1, dort unter § 1.

6. Arbeitszeit. → Form. A. II. 1, dort unter § 2.

7. Vergütung/Sonstige Zahlungen. → Form. A. II. 1, dort unter § 3.

8. Abwesenheit/Krankheit. → Form. A. V. 1, dort unter § 4.

9. Reisekosten/Auslagen. → Form. A. II. 1, dort unter § 5.

10. Urlaub. → Form. A. II. 1, dort unter § 6.

11. Nebentätigkeiten. → Form. A. II. 1, dort unter § 7.

12. Geheimhaltung/Behandlung und Rückgabe von Gegenständen und Daten/Löschung von Daten. → Form. A. II. 1, dort unter § 8.

13. Schutzrechte. → Form. A. II. 1, dort unter § 9.

14. Kündigungsmöglichkeit. → Form. A. V. 1 Anm. 11.

15. Kündigungsfrist. → Form. A. V. 1 Anm. 15.

16. Schriftform. → Form. A. II. 1 Anm. 19.

17. Vertragsstrafe. → Form. A. V. 1 Anm. 17.

18. Freistellung. → Form. A. II. 1 Anm. 21.

19. Vorfälligkeitsregelung. → Form. A. II. 1 Anm. 22.

20. Ausschlussfristen/Verjährung. → Form. A. II. 1, dort unter § 11.

21. Schlussbestimmungen/Mitteilungspflicht/Aufhebung früherer Vereinbarungen und Anstellungsverhältnisse/Schriftform. → Form. A. II. 1, dort unter § 13.

22. Unterzeichnung des Arbeitsvertrages. → Form. A. II. 1 Anm. 31.

23. Empfangsbestätigung des Mitarbeiters. → Form. A. II. 1 Anm. 32.

4. Zeit- und zweckbefristeter Arbeitsvertrag gemäß § 14 Abs. 1 S. 2 Nr. 1 TzBfG

Arbeitsvertrag[1, 2, 3, 4]

zwischen

. . . . . . (Name und Anschrift des Arbeitgebers) „Gesellschaft“

und

Herrn . . . . . . (Name und Anschrift des Arbeitnehmers) „Mitarbeiter“

§ 1 Position/Versetzung/Weisungen[5]

§ 2 Arbeitszeit[6]

§ 3 Vergütung/Sonstige Zahlungen[7]

§ 4 Abwesenheit/Krankheit[8]

§ 5 Reisekosten/Auslagen[9]

§ 6 Urlaub[10]

§ 7 Nebentätigkeiten[11]

§ 8 Geheimhaltung/Behandlung und Rückgabe von Gegenständen und Daten/Löschung von Daten[12]

§ 9 Schutzrechte[13]

§ 10 Laufzeit/Kündigung[14]/Vertragsstrafe/Freistellung/Vorfälligkeit

(1) Der Arbeitsvertrag beginnt am . . . . . . Der Mitarbeiter wird befristet bis zum Abschluss von . . . . . . (zusätzlicher Arbeitsbedarf) eingestellt.[15] Das Arbeitsverhältnis

endet mit dem Wegfall des zusätzlichen Arbeitsbedarfs, ohne dass es einer Kündigung bedarf.[16] Der Arbeitsvertrag endet jedoch spätestens mit Ablauf des ......, ohne dass es einer Kündigung bedarf.[17] Letzteres gilt auch dann, wenn der Mitarbeiter seine Tätigkeit zunächst über den Zeitpunkt des Wegfalls des zusätzlichen Arbeitsbedarfs hinaus fortsetzen sollte.

(2) Beide Parteien können den Arbeitsvertrag unter Einhaltung einer Kündigungsfrist[18] von ...... kündigen. Vor Beginn des Arbeitsvertrages ist die ordentliche Kündigung ausgeschlossen.

(3) Die Kündigung bedarf der Schriftform.[19]

(4) Kündigt der Mitarbeiter vor Beginn des Arbeitsvertrages, nimmt er seine Tätigkeit endgültig nicht auf oder stellt er seine Tätigkeit unter Missachtung der geltenden Kündigungsfrist endgültig ein, verwirkt er eine Vertragsstrafe. Der Mitarbeiter nimmt seine Tätigkeit endgültig nicht auf oder stellt seine Tätigkeit endgültig ein, wenn er nach Ablauf einer von der Gesellschaft zu setzenden angemessenen Frist zur Leistung seine Tätigkeit nicht erbringt. Hat der Mitarbeiter die Erbringung seiner Tätigkeit ernsthaft und endgültig verweigert, ist die Fristsetzung entbehrlich. Ebenfalls verwirkt der Mitarbeiter eine Vertragsstrafe, wenn die Gesellschaft durch vertragswidriges Verhalten des Mitarbeiters zur fristlosen Kündigung des Arbeitsvertrages veranlasst wird. Eine Vertragsstrafe ist nur verwirkt, wenn der Mitarbeiter rechtswidrig und schuldhaft gehandelt hat. Für den Fall der endgültigen Einstellung der Tätigkeit unter Missachtung der geltenden Kündigungsfrist entspricht die Höhe der Vertragsstrafe für jeden Tag der Zuwiderhandlung der Bruttovergütung, die nach § 3 Abs. (1) für einen Tag geschuldet ist, insgesamt jedoch nicht mehr als die Bruttovergütung, die nach § 3 Abs. (1) für den Zeitraum der jeweils einschlägigen Kündigungsfrist geschuldet ist, maximal aber zwei Brutto-Monatsgehältern. Im Übrigen entspricht die Höhe der Vertragsstrafe der Bruttovergütung nach § 3 Abs. (1), die für den Zeitraum der jeweils einschlägigen Kündigungsfrist geschuldet ist, maximal aber zwei Brutto-Monatsgehältern. Die Gesellschaft behält sich die Geltendmachung weiteren Schadens vor.[20]

(5) Die Gesellschaft ist im Falle der Kündigung des Arbeitsvertrages durch die Gesellschaft berechtigt, den Mitarbeiter von seiner weiteren Tätigkeit für die Gesellschaft freizustellen *(Optional:, wenn hierfür ein sachlicher Grund (z.B. Konkurrenztätigkeit, Geheimnisverrat, sonstige Beeinträchtigung der Vertrauensgrundlage, Wegfall des Beschäftigungsbedarfs) vorliegt)*. Während der Zeit der Freistellung behält der Mitarbeiter seinen Anspruch auf die vertragliche Vergütung; er muss sich jedoch den Wert desjenigen anrechnen lassen, was er infolge des Unterbleibens der Dienstleistung erspart oder durch anderweitige Verwendung seiner Dienste erwirbt oder zu erwerben böswillig unterlässt. Das vertragliche Wettbewerbsverbot bleibt von der Freistellung unberührt. Im Fall einer unwiderruflichen Freistellung wird die Freistellungszeit auf etwaige Urlaubs- oder Freizeitausgleichsansprüche angerechnet. Die vorstehenden Regelungen gelten entsprechend für eine Kündigung durch den Mitarbeiter.[21]

(6) Sollte der Mitarbeiter der Gesellschaft bei Ausspruch einer Kündigung durch die Gesellschaft Beträge aufgrund von Gehaltsvorschüssen oder ähnlichen Vorauszahlungen schulden, werden sämtliche Beträge sofort fällig und – unter Beachtung der Pfändungsgrenzen – aufrechenbar. Dem Mitarbeiter gewährte Darlehen gelten mit Ausspruch der Kündigung als ordentlich mit einer Frist von einem Monat gekündigt. Entsprechendes gilt bei Ausspruch einer Kündigung durch den Mitarbeiter, es sei denn, es liegt eine von der Gesellschaft zu vertretende außerordentliche Kündigung vor.[22]

§ 11 Ausschlussfristen/Verjährung[23]

§ 12 Schlussbestimmungen/Mitteilungspflicht/Aufhebung früherer Vereinbarungen und Anstellungsverhältnisse/Schriftform[24]

……	……
Ort, Datum	Ort, Datum
……	……
Unterschrift der Gesellschaft[25]	Unterschrift des Mitarbeiters

Empfangsbestätigung des Mitarbeiters[26]

Der Mitarbeiter bestätigt, dass er eine von der Gesellschaft unterschriebene vollständige Ausfertigung dieses Arbeitsvertrages am …… (Datum) erhalten hat.

……

Ort, Datum

……

Unterschrift des Mitarbeiters

Anmerkungen

1. Zweckbefristung. Neben der kalendermäßigen Befristung, welche durch bloßen Zeitablauf das Arbeitsverhältnis beendet, ohne dass es einer Kündigung oder einer sonstigen Erklärung bedarf, sieht das TzBfG auch die Möglichkeit einer sog. Zweckbefristung vor.

Bei einer solchen Zweckbefristung ergibt sich die Dauer des Vertrages aus **der Art, dem Zweck oder der Beschaffenheit der Arbeitsleistung.** Das Arbeitsverhältnis soll mit einem Ereignis enden, dessen Eintritt an sich von den Parteien als gewiss, allein aber in zeitlicher Hinsicht als ungewiss angesehen wird (BAG NZA 2005, 873, 874; BAG NZA 2012, 1366).

Die Möglichkeit zweckbefristeter Verträge ist in den Fällen des § 14 Abs. 1 S. 2 Nr. 1 TzBfG (vorübergehender betrieblicher Bedarf an der Arbeitsleistung), des § 14 Abs. 1 S. 2 Nr. 3 TzBfG (Vertretung, → Form. A. V. 5) sowie bei der sog. Prozessbeschäftigung (→ Form. A. V. 9) anerkannt. Im Anwendungsbereich von § 14 Abs. 1 S. 2 Nr. 1 und Nr. 3 TzBfG kann die Befristung ohne kalendermäßig bestimmbare Dauer angegeben werden (Ende des Projekts, Rückkehr des vertretenen Mitarbeiters). Für alle diese Fälle wäre folglich auch eine alleinige Zweckbefristung denkbar, ist aber nicht ratsam (→ Anm. 2).

2. Doppelbefristung. Für den Arbeitgeber sind Doppelbefristungen, also zugleich zeit- und zweckbefristete Arbeitsverträge, attraktiv, da sie zu einer Beendigung des Arbeitsverhältnisses mit **Eintritt des jeweils zeitlich früheren Ereignisses oder kalendermäßig bestimmten Zeitpunktes** führen. Erweist sich die Zweckbefristung als unwirksam oder wird der Arbeitnehmer über diese hinaus beschäftigt, führt die kalendermäßige Höchstbefristung – wiederum soweit wirksam – dennoch zur Beendigung des Arbeitsverhältnisses. Die eigenständige Beendigungswirkung von Zeit- und Zweckbefristung führt folglich zu einer Absicherung des Arbeitgebers gegen die ungewollte Begründung eines unbefristeten Arbeitsverhältnisses. Auch für den Arbeitnehmer bietet die Doppelbefristung den Vorteil, dass er sich auf die Beendigung spätestens zum genannten Termin der kalendermäßigen Befristung einstellen kann (BAG NZA 1985, 561).

Vor Geltung des TzBfG hat das BAG die Zulässigkeit einer solchen Gestaltung zumindest auch darauf gestützt, dass die Parteien des Arbeitsvertrags mit einer Doppelbefristung wirksam eine Abweichung von § 625 BGB vereinbart hätten (BAG DB 1994, 98). Der Ablauf der kalendermäßigen Befristung konnte folglich das Arbeitsverhältnis wirksam auch noch dann beenden, wenn der Arbeitnehmer seine Tätigkeit nach Eintritt des vereinbarten Zwecks fortgesetzt hatte. Die Entstehung eines unbefristeten Arbeitsverhältnisses durch die Fortsetzung der Tätigkeit über den Zeitpunkt der Zweckerreichung hinaus (§ 625 BGB) war wirksam ausgeschlossen.

Nach Inkrafttreten des TzBfG war die Frage nach der Wirkung der Doppelbefristung in den praktisch bedeutsamen Fällen, in denen das **Arbeitsverhältnis trotz Zweckerreichung fortgesetzt** wird und in denen dann die Höchstbefristung zu einer wirksamen Beendigung führen soll, dagegen lange Zeit nicht endgültig geklärt. Die Regelung des § 15 Abs. 5 TzBfG, die bei Fortsetzung des Arbeitsverhältnisses mit Wissen des Arbeitgebers nach Zweckerreichung eine Verlängerung des Arbeitsverhältnisses auf unbestimmte Zeit anordnet, soweit der Arbeitgeber nicht dem Arbeitnehmer die Zweckerreichung unverzüglich mitteilt, kann nicht zu Lasten des Arbeitnehmers abbedungen werden (§ 22 Abs. 1 TzBfG). Hieraus wurde teilweise gefolgert, dass Doppelbefristungen die gewünschte „Auffangwirkung" nicht mehr zukommen könne (A/P/S/*Backhaus* § 15 TzBfG Rn. 90 m. w. N.).

Das BAG hat nun allerdings die Frage der Wirkung von Doppelbefristungen bei Fortsetzung des Arbeitsverhältnisses trotz Zweckerreichung geklärt und für die Kombination von auflösender Bedingung und zeitlicher Höchstbefristung entschieden, dass bei widerspruchsloser Weiterarbeit über den Bedingungseintritt hinaus kein unbefristetes Arbeitsverhältnis zustande kommt (BAG NZA 2011, 1346). Die Regelung des § 15 Abs. 5 TzBfG findet mit der Maßgabe Anwendung, dass das Arbeitsverhältnis nur für die Dauer der zeitlichen Höchstbefristung fortbesteht. Der Kalenderbefristung kommt somit weiterhin die gewünschte Auffangwirkung zu. Dies gilt auch für die **Kombination einer Zweckbefristung mit einer zeitlichen Höchstbefristung**. Eine solche Doppelbefristung verletzt nicht das Transparenzgebot des § 307 Abs. 1 S. 2 BGB, da der Arbeitnehmer erkennen kann, dass die Wirksamkeit der beiden Beendigungstatbestände rechtlich getrennt zu beurteilen ist. Die Rechtsfolge des § 15 Abs. 5 TzBfG ist bei Doppelbefristungen oder bei auflösenden Bedingungen, die mit Zeitbefristungen kombiniert sind, auf einen nur befristeten Fortbestand des Arbeitsverhältnisses für die Dauer der Kalenderbefristung beschränkt (BAG NZA 2011, 1346). Der durch die Weiterarbeit trotz Zweckerreichung ausgedrückte übereinstimmende Parteiwille ist im Fall der Doppelbefristung nicht auf eine unbefristete Fortführung des Arbeitsverhältnisses gerichtet, sondern auf einen nur befristeten Fortbestand. Die Fiktion eines unbefristeten Arbeitsverhältnisses gemäß § 15 Abs. 5 TzBfG ginge über den mit der widerspruchslosen Weiterarbeit konkludent erklärten Willen der Arbeitsvertragsparteien hinaus. Die Einschränkung der Fiktionswirkung des § 15 Abs. 5 TzBfG durch das BAG entspricht deshalb dem Sinn und Zweck der Norm (BAG NZA 2011, 1346).

Der Abschluss von doppelt befristeten Arbeitsverträgen empfiehlt sich daher mit folgender Maßgabe: Der Arbeitgeber sollte sorgfältig den Eintritt eines vereinbarten Zweckes **vor** Ablauf der kalendermäßigen Befristung **überwachen** und dem Arbeitnehmer gemäß § 15 Abs. 2 TzBfG den Zeitpunkt der Zweckerreichung mitteilen, um die Beendigungswirkung der Zweckbefristung zu erreichen (ausführlich zur Mitteilungspflicht bei Zweckerreichung → Form. A. V. 8). Der Arbeitnehmer darf nicht wissentlich über die objektive Zweckerreichung hinaus tatsächlich beschäftigt werden, ohne dass ihm unverzüglich Mitteilung von der Zweckerreichung gemacht wird (§ 15 Abs. 5 TzBfG). Ist die Mitteilung in Verkennung der Rechtslage unterblieben, ist derzeit ungeklärt, ob dieser Umstand geeignet ist, die Rechtsfolge des § 15 Abs. 5 TzBfG auszulösen. Im Fall einer wirksamen Doppelbefristung würde das Arbeitsverhältnis jedoch stets nur bis zur zusätzlich vereinbarten zeitlichen Höchstbefristung fortgelten (BAG NZA 2011, 1346).

Die Doppelbefristung behält somit ihre „Auffangwirkung", insbesondere für die Fälle, in denen der vereinbarte Zweck tatsächlich – entgegen der Annahme bei Vertragsschluss

– nicht oder nicht vor Ablauf der kalendermäßigen Befristung eintritt oder das Arbeitsverhältnis trotz Zweckerreichung fortgesetzt wird.

Im Zeitpunkt des Vertragsschlusses kann oft nicht sicher vorhergesagt werden, ob und wann der vereinbarte Zweck eintreten wird. Die Vereinbarung der Zweckbefristung neben der kalendermäßigen Befristung bei Überwachung und rechtzeitiger Mitteilung des Zweckeintritts stellt damit zunächst einmal sicher, dass das Arbeitsverhältnis nicht über den – allein wirtschaftlich sinnvoll – gewollten Zeitraum des vorübergehend erhöhten Arbeitskräftebedarfs hinaus andauert.

Tritt dagegen der zunächst bei Vertragsschluss in Aussicht genommene Zweck wider Erwarten nicht ein, so bewirkt die zusätzliche kalendermäßige Befristung die Beendigung des Arbeitsverhältnisses zum näher bestimmten Zeitpunkt (*Preis* Arbeitsvertrag II B 10 Rn. 137).

Vom Instrument eines ausdrücklichen vertraglichen Ausschlusses der Wirkungen des § 15 Abs. 5 TzBfG kann zwar unter Geltung des TzBfG nicht zulässig Gebrauch gemacht werden (§ 22 Abs. 1 TzBfG). Gerade die zusätzliche Höchstbefristung allerdings führt dazu, dass es an der Fiktion einer Fortsetzung des Arbeitsverhältnisses über eine für den Arbeitnehmer nicht absehbare Dauer auch bei einer Beschäftigung über den Eintritt der Zweckerreichung hinaus fehlt. Zur Vermeidung jeglicher Auslegungsschwierigkeiten wird klargestellt, dass auch bei einer solchen Weiterbeschäftigung über den Zeitpunkt der Zweckerreichung hinaus das Arbeitsverhältnis jedenfalls mit dem Eintritt der kalendermäßigen Höchstbefristung seine Beendigung findet (BAG NZA 2011, 1346; *Annuß/Thüsing* § 3 Rn. 5).

Eine kombinierte Zeit- und Zweckbefristung sollte auch dann vereinbart werden, wenn eine sachgrundlose Befristung nach § 14 Abs. 2 TzBfG, insbesondere wegen eines vorherigen Arbeitsverhältnisses mit demselben Arbeitgeber innerhalb der letzten drei Jahre (→ Form. A. V. 1 Anm. 22), nicht zulässig wäre. Die sachgrundlose, allein kalendermäßige Befristung nach § 14 Abs. 2 TzBfG (→ Form. A. V. 1) ist für den Arbeitgeber stets vorzugswürdig, da es hierfür im Streit um die Entstehung eines unbefristeten Arbeitsverhältnisses der Darlegung und des Beweises eines sachlich rechtfertigenden Grundes nicht bedarf. Die Möglichkeit der bis zu dreimaligen Verlängerung (zum Verlängerungsvertrag → Form. A. V. 2) einer ersten sachgrundlosen Befristung innerhalb einer Gesamtdauer von zwei Jahren schafft bei Vereinbarung einer zunächst angemessen kurzen Erstbefristung eine hinreichende Flexibilität.

Auch vor dem Hintergrund von Entscheidungen des BAG, die erhöhte Anforderungen an die Transparenz bei Vereinbarung mehrerer „Beendigungstatbestände" in formularmäßigen Vereinbarungen schaffen, kann ferner eine **drucktechnische Hervorhebung** der „Doppelbefristungsklausel" erwogen werden (vgl. BAG DB 2008, 133; BAG NZA 2008, 876). Allerdings tendiert das BAG wohl zu einer weniger strengen AGB-Kontrolle. So hegte es beispielsweise beim Wortlaut: „Das Arbeitsverhältnis ist befristet für die Dauer der Erkrankung der Lehrkraft, längstens bis zum . . . . . ." keine Bedenken im Hinblick auf die Transparenz der Regelung bzw. das Vorliegen einer überraschenden Klausel, §§ 305c, 307 Abs. 1 BGB (BAG NZA 2011, 1346, 1347 f.).

Ein zusätzlich vereinbartes **ordentliches Kündigungsrecht** (→ Form. A. V. 1 Anm. 11) sorgt für eine weitere Absicherung des Arbeitgebers. Bei Vorliegen einer Beschäftigung über die Dauer von sechs Monaten hinaus und einer entsprechenden Arbeitnehmerzahl (§§ 1 Abs. 1, 23 KSchG), muss aber die Kündigung den Voraussetzungen des § 1 KSchG genügen. Hier gelten für die ordentliche Kündigung des befristeten Arbeitsverhältnisses keine Besonderheiten.

Vom Abschluss eines **allein** zweckbefristeten Vertrages sollte in jedem Falle abgesehen werden: Im Fall einer unwirksamen Zweckbefristung wäre das Arbeitsverhältnis auf unbestimmte Zeit geschlossen. Dieses Risiko für den Arbeitgeber kann durch die Aufnahme einer zusätzlichen kalendermäßigen Befristung ausgeschlossen werden (BAG NZA 2011, 1346).

3. Aufnahme des Sachgrunds in den zweckbefristeten Vertrag. Anders als beim nur zeitbefristeten Vertrag gemäß § 14 Abs. 1 TzBfG (→ Form. A. V. 3) müssen beim (zumindest auch) zweckbefristeten Vertrag gemäß § 14 Abs. 1 TzBfG Angaben zum Sachgrund in den Vertragstext aufgenommen werden (BAG NZA 2006, 321). Zwar bedarf nach § 14 Abs. 4 TzBfG grundsätzlich nur die Befristungsabrede, nicht aber der Sachgrund der Befristung oder gar der Arbeitsvertrag insgesamt der Schriftform (BAG NZA 2004, 1333; *Meinel/Heyn/Herms* § 14 TzBfG Rn. 275; MünchHdbArbR/*Wank* § 95 Rn. 139). Bei der Zweckbefristung allerdings ist zusätzlich auch das vertragsbeendende Ereignis schriftlich zu fixieren (BAG NZA 2006, 321; *Annuß/Thüsing* § 3 Rn. 4; *dies.* § 14 Rn. 87; *Meinel/Heyn/Herms* § 14 TzBfG Rn. 273). Hier tritt der vereinbarte Zweck an die Stelle des Enddatums bei der kalendermäßigen Befristung. Der Zweck ist wesentlicher Bestandteil der formbedürftigen Befristungsabrede und sonach schriftlich zu vereinbaren (BAG NZA 2006, 321). Eine – vom BAG formal aufrechterhaltene – Unterscheidung von Sachgrund und Zweck ist dabei für die Praxis wenig relevant, stimmt doch der Zweck regelmäßig mit dem Sachgrund überein. Die Anforderungen an die Beschreibung des Zweckes sind allerdings nicht gering. Da die Zweckerreichung an die Stelle der stets eindeutigen Datums- oder Zeitangabe bei der kalendermäßigen Befristung tritt, muss auch hier zweifelsfrei feststellbar sein, bei Eintritt welchen Ereignisses das Arbeitsverhältnis enden soll (BAG NZA 2006, 321).

4. Befristete Arbeitsverträge. → Form. A. V. 1 Anm. 1.

5. Position/Versetzung/Weisungen. → Form. A. II. 1, dort unter § 1.

6. Arbeitszeit. → Form. A. II. 1, dort unter § 2.

7. Vergütung/Sonstige Zahlungen. → Form. A. II. 1, dort unter § 3.

8. Abwesenheit/Krankheit. → Form. A. V. 1, dort unter § 4.

9. Reisekosten/Auslagen. → Form. A. II. 1, dort unter § 5.

10. Urlaub. → Form. A. II. 1, dort unter § 6.

11. Nebentätigkeiten. → Form. A. II. 1, dort unter § 7.

12. Geheimhaltung/Behandlung und Rückgabe von Gegenständen und Daten/Löschung von Daten. → Form. A. II. 1, dort unter § 8.

13. Schutzrechte. → Form. A. II. 1, dort unter § 9.

14. Kündigungsmöglichkeit. → Form. A. V. 1 Anm. 11.

15. § 14 Abs. 1 S. 2 Nr. 1 (Vorübergehender Arbeitsbedarf). Bereits vor Inkrafttreten des TzBfG war der nur vorübergehende betriebliche Mehrbedarf an Arbeitskräften vom BAG anerkannter Sachgrund für die Befristung von Arbeitsverhältnissen. Der Gesetzgeber hat mit § 14 Abs. 1 S. 2 Nr. 1 TzBfG an diese Rechtsprechung ausdrücklich anknüpfen wollen (BT-Drucks. 14/4374 S. 19).

Eine sachlich gerechtfertigte Befristung liegt vor, wenn diese aufgrund eines von vornherein feststehenden, nur **vorübergehenden Arbeitskräftebedarfs** erfolgt, nicht aber, wenn die Befristung allein einer Unsicherheit über die künftige wirtschaftliche Entwicklung und den hierdurch hervorgerufenen wechselnden Arbeitskräftebedarf geschuldet ist (BT-Drucks. 14/4374 S. 19; BAG NZA 2002, 666).

Die Befristung kann **nicht** auf § 14 Abs. 1 S. 2 Nr. 1 TzBfG gestützt werden, wenn an der Beschäftigung des Arbeitnehmers tatsächlich ein **Dauerbedarf** besteht. Dies kann dann der Fall sein, wenn der Arbeitnehmer zum Abbau unerledigt gebliebener Arbeiten im Bereich der Daueraufgaben des Arbeitgebers befristet eingestellt wird, die wegen einer von vornherein zu geringen Personalausstattung entstanden sind (BAG NZA 2010, 633).

Sollte aber für diesen Dauerbedarf bereits eine anderweitige Besetzung geplant sein, so ist die befristete Einstellung eines Arbeitnehmers bis zu dem Zeitpunkt der anderweitigen Besetzung gerechtfertig, wenn der Arbeitgeber bei Abschluss des befristeten Arbeitsvertrags mit dem anderen – als Dauerbesetzung vorgesehenen – Arbeitnehmer bereits vertraglich gebunden war (BAG NZA 2010, 495).

Konjunkturell oder konkret betriebswirtschaftlich bedingte Schwankungen gehören zum unternehmerischen Risiko. Sie rechtfertigen für sich keine Befristung gemäß § 14 Abs. 1 S. 2 Nr. 1 TzBfG. Für diese Fälle bietet die sachgrundlose Befristung hinreichende Gestaltungsmöglichkeiten (§ 14 Abs. 2 TzBfG), wie insbesondere die Regelung des § 14 Abs. 2a S. 1 TzBfG für Unternehmen in der Gründungsphase verdeutlicht. Eine unzulässige Dauerbefristung liegt nicht vor, wenn beim Abschluss des Arbeitsvertrags feststeht, dass über das Ende des Vertrages hinaus ein weiterer Vertretungsbedarf besteht (BAG NZA 2010, 633).

Die Situation der vorübergehend verstärkten Arbeitskräftenachfrage und des im Anschluss hieran vollständigen Wegfalls dieses Mehrbedarfs ist einerseits für Zeiten eines **erhöhten Personalbedarfs** (Beispiel: Schlussverkauf) anerkannt, kann aber auch dann vorliegen, wenn ein **Absinken des Arbeitskräftebedarfs** bevorsteht (Beispiel: bevorstehende Betriebsstilllegung), der bisherige Personalbedarf folglich nicht aufrechterhalten werden soll und aus diesem Grunde der Mehrbedarf vorübergehender Natur ist. Dabei muss der befristet beschäftigte Arbeitnehmer nicht in dem Bereich eingesetzt werden, in dem der Mehrbedarf entstanden ist. Der Arbeitgeber ist befugt, die vorhandene Arbeitsmenge zu verteilen und die zusätzlichen Arbeiten anderen Arbeitnehmern zuzuweisen (BAG NZA 2010, 633, 634).

Ein **vorübergehend erhöhter Mehrbedarf** wurde vom BAG in folgenden Fällen angenommen: vorübergehend erhöhter Auftragseingang (BAG NZA 1989, 891); Abarbeitung von Auftragsspitzen (BAG BB 1997, 371); vorübergehend höhere Schülerzahlen (BAG NJW 1982, 1475); befristete Kampagnen- und Saisonarbeitsverträge (BAG NJW 1961, 798; BAG NZA 1987, 627). Unter den Begriff der Saisonarbeit fallen beispielsweise die Erntearbeit, die Urlaubssaison in Hotelbetrieben und das Weihnachtsgeschäft. Saisonbetriebe sind zwar ganzjährig tätig, bestimmte Zeitabschnitte aber weisen eine stark erhöhte Geschäftstätigkeit auf. Kampagnebetriebe sind Betriebe, deren Tätigkeit außerhalb der Kampagnezeit vollständig ruht (z.B. Freibäder, Skilifte) (*Annuß/Thüsing* § 14 Rn. 28; MünchHdbArbR/*Wank* § 95 Rn. 52). Auch die Abwicklung eines zeitlich begrenzten Projekts kann einen vorübergehend erhöhten Mehrbedarf darstellen (BAG NZA 1986, 820; BAG AP BGB § 620 Befristeter Arbeitsvertrag Nr. 102). Hier ist zu beachten, dass es sich bei den im Rahmen des Projekts zu erledigenden Aufgaben um eine auf vorübergehende Dauer angelegte und gegenüber den Daueraufgaben des Arbeitgebers abgrenzbare Zusatzaufgabe handeln muss. Dies ist nicht der Fall bei Tätigkeiten, die der Arbeitgeber im Rahmen des von ihm verfolgten Betriebszwecks dauerhaft wahrnimmt oder zu deren Durchführung er verpflichtet ist. Kein „Projekt" in diesem Sinne ist daher die Übernahme eines Auftrags zur Erstellung eines bestimmten Bauwerks für ein Bauunternehmen, da die Erbringung baulicher Leistungen zu dessen Daueraufgaben zählt (BAG NZA 2008, 467). Zudem ist zu beachten, dass die projektbezogene Tätigkeit den Arbeitnehmer voraussichtlich überwiegend beanspruchen muss. Ist das nicht der Fall – werden dem Arbeitnehmer also auch im größeren Umfang projektfremde Aufgaben übertragen – so hat der Arbeitgeber kein schützenswertes Interesse am Abschluss eines nur befristeten Vertrags (BAG AP TzBfG § 14 Nr. 65; BAG BeckRS 2008, 56307).

Eine für einen späteren Zeitpunkt geplante Übertragung einer Tätigkeit an Leiharbeitnehmer rechtfertigt weder die Befristung nach § 14 Abs. 1 S. 2 Nr. 1 TzBfG noch stellt sie einen sonstigen, von § 14 Abs. 1 TzBfG ungenannten Sachgrund dar (BAG NZA 2009, 723, 725; BAG NZA 2007, 566). In diesen Fällen besteht der betriebliche Bedarf an Arbeitskräften fort, ist nicht nur vorübergehend. Im Rahmen der Befristungskontrolle macht es daher keinen Unterschied, ob der Arbeitgeber eigene Arbeitnehmer beschäftigt oder seinen Bedarf mit Arbeitnehmern eines anderen Arbeitgebers deckt, die er dann wiederum wie eigene Arbeitnehmer in seine betriebliche Organisation eingliedert (BAG NZA 2007, 566, 569).

Ein **in Zukunft wegfallender Bedarf** wurde vom BAG in diesen Konstellationen anerkannt: Freihaltung von Planstellen, wenn der Arbeitgeber vertraglich verpflichtet ist, andere Arbeitnehmer zu übernehmen (BAG DB 1994, 98; BAG BB 1997, 1797); Betriebs- oder Dienststellenschließung (BAG NZA 1998, 1000). Nach der Gesetzesbegründung kann auch die Inbetriebnahme einer neuen technischen Anlage einen Fall des künftig wegfallenden Arbeitskräftebedarfs darstellen (BT-Drucks. 14/4374 S. 19).

Die Eröffnung des Insolvenzverfahrens ist für sich kein hinreichender Befristungsgrund gemäß § 14 Abs. 1 S. 2 Nr. 1 TzBfG (LAG Saarbrücken ZIP 1988, 528; LAG Düsseldorf LAGE BGB § 620 Nr. 33). Gleichwohl können konkrete Umstände, etwa Restabwicklungsaufgaben, einen sachlich rechtfertigenden Grund darstellen (LAG Düsseldorf LAGE BGB § 620 Nr. 33).

Ein vorübergehender Mehrbedarf an Arbeitskräften wie auch der zukünftige Wegfall eines Bedarfs sind vom Arbeitgeber in Form einer **Bedarfsprognose** darzulegen. Im Zeitpunkt des Vertragsschlusses muss mit hinreichender Sicherheit zu erwarten sein, dass nach dem vorgesehenen Vertragsende für eine Beschäftigung des befristet eingestellten Arbeitnehmers kein Bedarf mehr besteht (BAG NZA 2007, 566). Allerdings muss sich die Prognose dabei nicht auf den konkreten Beendigungszeitpunkt, folglich die Laufzeit der konkreten Befristung richten. Der Arbeitgeber muss nur darlegen, dass der betriebliche Bedarf an der Arbeitsleistung des befristet beschäftigten Arbeitnehmers nur zeitweise und nicht dauerhaft gegeben ist. Der Arbeitgeber kann bei allein kalendermäßiger Befristung im Übrigen frei darüber entscheiden, ob er den Zeitraum des von ihm prognostizierten Arbeitskräftebedarfs ganz oder nur teilweise durch den Abschluss von befristeten Arbeitsverträgen abdeckt und sich so etwa die Möglichkeit eines personellen Austausches des befristeten Arbeitnehmers offen hält. Es ist folglich zulässig, eine Befristung kürzer zu wählen als der Mehrbedarf prognostiziert ist (BAG AP TzBfG § 14 Nr. 45).

Die Prognose selbst unterliegt hohen Anforderungen. Ihr müssen konkrete Anhaltspunkte zugrunde liegen, nicht allein die Unsicherheit über eine künftige Entwicklung (BAG NZA 1997, 313). Der Arbeitgeber sollte daher generell von der Sachgrundbefristung nach § 14 Abs. 1 S. 2 Nr. 1 TzBfG nur zurückhaltend und unter Beachtung hoher Anforderungen an die Dokumentation im Zeitpunkt des Vertragsschlusses Gebrauch machen. Der Nachweis der von ihm geforderten Prognoseentscheidung im Streit um die Wirksamkeit einer Befristung vor Gericht ist durch die Rechtsprechung des BAG oft nur schwer zu führen. Weitaus mehr als bei anderen sachlichen Befristungsgründen muss der Arbeitgeber seine Prüfung und Nachweissicherung besonders sorgfältig an den Maßstäben einer späteren richterlichen Kontrolle ausrichten.

Das BAG nimmt für den Nachweis vorübergehenden Mehrbedarfs eine abgestufte Darlegungslast an. Erklärt der Arbeitnehmer, es bestehe ein dauerhafter, nicht nur vorübergehender Bedarf an seiner Arbeitsleistung, muss der Arbeitgeber diejenigen Tatsachen vortragen, die eine Prognose über Umfang und Dauer des im Zeitpunkt des Vertragsschlusses voraussichtlichen Mehrbedarfs zulassen. Der Arbeitgeber muss seine konkreten Erkenntnisquellen für dieses Wahrscheinlichkeitsurteil offen legen.

Für den Fall eines erhöhten Arbeitskräftebedarfs sind für die Prognose zunächst das gewöhnliche Arbeitsaufkommen und der hierfür benötigte Personalbedarf zu ermitteln und darzulegen. In einem zweiten Schritt ist nun die voraussichtliche Entwicklung des Arbeitsaufkommens zu bestimmen und auf dieser Grundlage schließlich der zusätzliche Arbeitskräftebedarf zu ermitteln (BAG NZA 1997, 313). Inhalt der prognostischen Betrachtung muss sein, ob im Zeitpunkt des Ablaufs der Befristung mit hinreichender Wahrscheinlichkeit kein dauerhafter Bedarf mehr an der Weiterbeschäftigung des Arbeitnehmers besteht

(BAG AP TzBfG § 14 Nr. 45). Wird die Prognose durch die spätere Entwicklung des Arbeitskräftebedarfs tatsächlich bestätigt, so besteht eine ausreichende Vermutung dafür, dass sie hinreichend fundiert erstellt worden ist. Es wäre am Arbeitnehmer, Tatsachen vorzutragen, nach denen zumindest im Zeitpunkt des Vertragsabschlusses diese Prognose nicht gerechtfertigt war. Hat sich die Prognose dagegen nicht bestätigt, muss der Arbeitgeber die ihm zum Zeitpunkt des Vertragsschlusses bekannten Tatsachen vortragen, die ihm jedenfalls damals den hinreichend sicheren Schluss darauf erlaubten, dass nach Ablauf der Befristung kein dauerhafter Bedarf mehr an der Arbeitsleistung des eingestellten Arbeitnehmers besteht. Außerdem muss der Arbeitnehmer zur Deckung dieses Mehrbedarfs eingestellt worden sein, was aber nicht bedeutet, dass er keine anderen Aufgaben zugewiesen bekommen kann. Es ist lediglich ein – vom Arbeitgeber darzulegender – kausaler Zusammenhang zwischen dem zeitweiligen Mehrbedarf und der befristeten Einstellung nötig (BAG AP TzBfG § 14 Nr. 45). Wenn der prognostizierte vorübergehende Bedarf über das vereinbarte Ende des Arbeitsverhältnisses hinaus besteht, führt das nicht zur Unrichtigkeit der Prognose. Sollte das vereinbarte Vertragsende jedoch erheblich hinter der projektbezogenen Beschäftigung liegen, so sieht das BAG darin ein Indiz, dass der Sachgrund des vorübergehenden Bedarfs nur vorgeschoben war (BAG AP TzBfG § 14 Nr. 65).

Für das praktische Vorgehen empfiehlt sich daher eine im Zeitpunkt des Vertragsschlusses **sorgfältige Dokumentation** des Arbeitgebers, welche die vorstehend näher beschriebene Prognoseentscheidung und ihre tatsächlichen Grundlagen für die Zwecke etwaiger späterer Auseinandersetzungen festhält. Trotz objektiver Rechtfertigung der Befristung im Abschlusszeitpunkt fällt es Arbeitgebern oft genug schwer, ihrer Darlegungs- und Beweislast im späteren Prozess hinreichend zu genügen.

Im Formular ist im Einzelnen zu ergänzen (→ Anm. 3), worin der zusätzliche Arbeitsbedarf besteht, aufgrund dessen die Befristung vorgenommen wird. Die Beschreibung muss von solcher Art sein, dass sich aus ihr eindeutig die Umstände ergeben, mit deren Eintritt oder Wegfall das Arbeitsverhältnis enden soll (Zweckbefristung).

16. Zweckerreichung, Beendigung und Mitteilung des Arbeitgebers. Der befristete Arbeitsvertrag endet mit objektiver Zweckerreichung gemäß § 15 Abs. 2 TzBfG, wenn der Arbeitgeber mindestens zwei Wochen vor Zweckerreichung dem Arbeitnehmer schriftlich den Zeitpunkt der Zweckerreichung mitgeteilt hat. Versäumt er eine entsprechende Mitteilung, endet das Arbeitsverhältnis erst zwei Wochen nach Zugang derselben (→ Form. A. V. 8 Anm. 2). Teilt der Arbeitgeber dem Arbeitnehmer die Zweckerreichung nicht rechtzeitig mit und wird das Arbeitsverhältnis über den Zeitpunkt der objektiven Zweckerreichung hinaus tatsächlich fortgesetzt, so fingiert § 15 Abs. 5 TzBfG im Regelfall zwar das Bestehen eines unbefristeten Arbeitsverhältnisses (→ Form. A. V. 8 Anm. 4). Im Falle der hier gewählten Doppelbefristung wirkt dieses jedoch nur bis zu dem Zeitpunkt der Kalenderhöchstbefristung fort (→ Anm. 2).

17. Beendigungszeitpunkt. → Anm. 1.

18. Kündigungsfrist. → Form. A. V. 1 Anm. 15.

19. Schriftform. → Form. A. II. 1 Anm. 19.

20. Vertragsstrafe. → Form. A. V. 1 Anm. 17.

21. Freistellung. → Form. A. II. 1 Anm. 21.

22. Vorfälligkeitsregelung. → Form. A. II. 1 Anm. 22.

23. Ausschlussfristen/Verjährung. → Form. A. II. 1, dort unter § 11.

24. Schlussbestimmungen/Mitteilungspflicht/Aufhebung früherer Vereinbarungen und Anstellungsverhältnisse/Schriftform. → Form. A. II. 1, dort unter § 13.

25. Unterzeichnung des Arbeitsvertrages. → Form. A. II. 1 Anm. 31.

26. Empfangsbestätigung des Mitarbeiters. → Form. A. II. 1 Anm. 32.

5. Zeit- und zweckbefristeter Arbeitsvertrag gemäß § 14 Abs. 1 S. 2 Nr. 3 TzBfG

Arbeitsvertrag[1, 2, 3, 4]

zwischen

...... (Name und Anschrift des Arbeitgebers) „Gesellschaft"

und

Herrn ...... (Name und Anschrift des Arbeitnehmers) „Mitarbeiter"

§ 1 Position/Versetzung/Weisungen[5]

§ 2 Arbeitszeit[6]

§ 3 Vergütung/Sonstige Zahlungen[7]

§ 4 Abwesenheit/Krankheit[8]

§ 5 Reisekosten/Auslagen[9]

§ 6 Urlaub[10]

§ 7 Nebentätigkeiten[11]

§ 8 Geheimhaltung/Behandlung und Rückgabe von Gegenständen und Daten/Löschung von Daten[12]

§ 9 Schutzrechte[13]

§ 10 Laufzeit/Kündigung/Vertragsstrafe[14]/Freistellung/Vorfälligkeit

(1) Der Arbeitsvertrag beginnt am ...... Der Mitarbeiter wird befristet zur Vertretung[15] des arbeitsunfähigen Mitarbeiters[16]. ...... für die Dauer der Arbeitsunfähigkeit eingestellt.[17] Der Arbeitsvertrag endet mit dem Ende der Arbeitsunfähigkeit, ohne dass es einer Kündigung bedarf. Der Arbeitsvertrag endet jedoch spätestens mit Ablauf des ....., ohne dass es einer Kündigung bedarf.[18] Letzteres gilt auch dann, wenn der Mitarbeiter seine Tätigkeit zunächst über den Zeitpunkt des Endes der Arbeitsunfähigkeit des Mitarbeiters ...... hinaus fortsetzen sollte.

(Alternative:

(1) Der Arbeitsvertrag beginnt am ...... Der Mitarbeiter wird befristet zur Vertretung des beurlaubten Mitarbeiters ...... für die Dauer der Beurlaubung eingestellt. Der Arbeitsvertrag endet mit dem Ende der Beurlaubung, ohne dass es einer Kündigung bedarf. Der Arbeitsvertrag endet jedoch spätestens mit Ablauf des ....., ohne dass es einer Kündigung bedarf. Letzteres gilt auch dann, wenn der Mitarbeiter seine Tätigkeit

zunächst über den Zeitpunkt des Endes der Beurlaubung des Mitarbeiters . . . . . . hinaus fortsetzen sollte.)

(2) Beide Parteien können den Arbeitsvertrag unter Einhaltung einer Kündigungsfrist[19] von . . . . . . kündigen. Vor Beginn des Arbeitsvertrages ist die ordentliche Kündigung ausgeschlossen.

(3) Die Kündigung bedarf der Schriftform.[20]

(4) Kündigt der Mitarbeiter vor Beginn des Arbeitsvertrages, nimmt er seine Tätigkeit endgültig nicht auf oder stellt er seine Tätigkeit unter Missachtung der geltenden Kündigungsfrist endgültig ein, verwirkt er eine Vertragsstrafe. Der Mitarbeiter nimmt seine Tätigkeit endgültig nicht auf oder stellt seine Tätigkeit endgültig ein, wenn er nach Ablauf einer von der Gesellschaft zu setzenden angemessenen Frist zur Leistung seine Tätigkeit nicht erbringt. Hat der Mitarbeiter die Erbringung seiner Tätigkeit ernsthaft und endgültig verweigert, ist die Fristsetzung entbehrlich. Ebenfalls verwirkt der Mitarbeiter eine Vertragsstrafe, wenn die Gesellschaft durch vertragswidriges Verhalten des Mitarbeiters zur fristlosen Kündigung des Arbeitsvertrages veranlasst wird. Eine Vertragsstrafe ist nur verwirkt, wenn der Mitarbeiter rechtswidrig und schuldhaft gehandelt hat. Für den Fall der endgültigen Einstellung der Tätigkeit unter Missachtung der geltenden Kündigungsfrist entspricht die Höhe der Vertragsstrafe für jeden Tag der Zuwiderhandlung der Bruttovergütung, die nach § 3 Abs. (1) für einen Tag geschuldet ist, insgesamt jedoch nicht mehr als die Bruttovergütung, die nach § 3 Abs. (1) für den Zeitraum der jeweils einschlägigen Kündigungsfrist geschuldet ist, maximal aber zwei Brutto-Monatsgehältern. Im Übrigen entspricht die Höhe der Vertragsstrafe der Bruttovergütung nach § 3 Abs. (1), die für den Zeitraum der jeweils einschlägigen Kündigungsfrist geschuldet ist, maximal aber zwei Brutto-Monatsgehältern. Die Gesellschaft behält sich die Geltendmachung weiteren Schadens vor.[21]

(5) Die Gesellschaft ist im Falle der Kündigung des Arbeitsvertrages durch die Gesellschaft berechtigt, den Mitarbeiter von seiner weiteren Tätigkeit für die Gesellschaft freizustellen *(Optional:, wenn hierfür ein sachlicher Grund (z.B. Konkurrenztätigkeit, Geheimnisverrat, sonstige Beeinträchtigung der Vertrauensgrundlage, Wegfall des Beschäftigungsbedarfs) vorliegt)*. Während der Zeit der Freistellung behält der Mitarbeiter seinen Anspruch auf die vertragliche Vergütung; er muss sich jedoch den Wert desjenigen anrechnen lassen, was er infolge des Unterbleibens der Dienstleistung erspart oder durch anderweitige Verwendung seiner Dienste erwirbt oder zu erwerben böswillig unterlässt. Das vertragliche Wettbewerbsverbot bleibt von der Freistellung unberührt. Im Fall einer unwiderruflichen Freistellung wird die Freistellungszeit auf etwaige Urlaubs- oder Freizeitausgleichsansprüche angerechnet. Die vorstehenden Regelungen gelten entsprechend für eine Kündigung durch den Mitarbeiter.[22]

(6) Sollte der Mitarbeiter der Gesellschaft bei Ausspruch einer Kündigung durch die Gesellschaft Beträge aufgrund von Gehaltsvorschüssen oder ähnlichen Vorauszahlungen schulden, werden sämtliche Beträge sofort fällig und – unter Beachtung der Pfändungsgrenzen – aufrechenbar. Dem Mitarbeiter gewährte Darlehen gelten mit Ausspruch der Kündigung als ordentlich mit einer Frist von einem Monat gekündigt. Entsprechendes gilt bei Ausspruch einer Kündigung durch den Mitarbeiter, es sei denn, es liegt eine von der Gesellschaft zu vertretende außerordentliche Kündigung vor.[23]

§ 11 Ausschlussfristen/Verjährung[24]

§ 12 Schlussbestimmungen/Mitteilungspflicht/Aufhebung früherer Vereinbarungen und Anstellungsverhältnisse/Schriftform[25]

......	......
Ort, Datum	Ort, Datum
......	......
Unterschrift der Gesellschaft[26]	Unterschrift des Mitarbeiters

Empfangsbestätigung des Mitarbeiters[27]

Der Mitarbeiter bestätigt, dass er eine von der Gesellschaft unterschriebene vollständige Ausfertigung dieses Arbeitsvertrages am ...... (Datum) erhalten hat.

......

Ort, Datum

......

Unterschrift des Mitarbeiters

Anmerkungen

1. **Zweckbefristung.** → Form. A. V. 4 Anm. 1.

2. **Doppelbefristung.** → Form. A. V. 4 Anm. 2.

3. **Aufnahme des Sachgrundes in den zweckbefristeten Arbeitsvertrag.** → Form. A. V. 4 Anm. 3.

4. **Befristete Arbeitsverträge.** → Form. A. V. 1 Anm. 1.

5. **Position/Versetzung/Weisungen.** → Form. A. II. 1, dort unter § 1.

6. **Arbeitszeit.** → Form. A. II. 1, dort unter § 2.

7. **Vergütung/Sonstige Zahlungen.** → Form. A. II. 1, dort unter § 3.

8. **Abwesenheit/Krankheit.** → Form. A. V. 1, dort unter § 4.

9. **Reisekosten/Auslagen.** → Form. A. II. 1, dort unter § 5.

10. **Urlaub.** → Form. A. II. 1, dort unter § 6.

11. **Nebentätigkeiten.** → Form. A. II. 1, dort unter § 7.

12. **Geheimhaltung/Behandlung und Rückgabe von Gegenständen und Daten/Löschung von Daten.** → Form. A. II. 1, dort unter § 8.

13. **Schutzrechte.** → Form. A. II. 1, dort unter § 9.

14. **Kündigungsmöglichkeit.** → Form. A. V. 1 Anm. 11.

15. **§ 14 Abs. 1 S. 2 Nr. 3 TzBfG (Vertretung).** Die Vertretung eines vorübergehend ausfallenden Arbeitnehmers war schon vor Inkrafttreten des TzBfG nach der Rechtsprechung des BAG **anerkannter Sachgrund** für die wirksame Befristung eines Arbeitsverhältnisses (BAG NZA 2002, 896). Die sachliche Rechtfertigung einer solchen Befristungsabrede liegt darin, dass der Arbeitgeber bereits zu einem vorübergehend ausfallenden Mitarbeiter in einem Rechtsverhältnis steht und mit der Rückkehr dieses Mitarbeiters rechnet (BAG NZA 2002, 896). Für die Wahrnehmung der Aufgaben, die bislang dem ausfallenden Mitarbeiter oblagen, besteht von vornherein ein zeitlich begrenztes Bedürfnis (BAG NZA 2001, 1382). Die Regelung in § 14 Abs. 1 S. 2 Nr. 3 TzBfG übernimmt diesen anerkannten Sachgrund.

Der Ausfall des Mitarbeiters kann durch Krankheit, Beurlaubung, durch Freistellungen nach den Bestimmungen des BetrVG oder Personalvertretungsrechts sowie durch Abordnung ins Ausland verursacht werden (BT-Drucks. 14/4374 S. 19; K/D/Z/*Däubler* § 14 TzBfG Rn. 58; KR/*Lipke* § 14 TzBfG Rn. 140; *Meinel/Heyn/Herms* § 14 TzBfG Rn. 69), die einen **vorübergehenden Beschäftigungsbedarf** für den befristet eingestellten Mitarbeiter entstehen lassen. Zulässig ist eine Vertretung auch dann, wenn der Arbeitnehmer bis zur Übernahme eines Auszubildenden nach erfolgreicher Beendigung der Ausbildung beschäftigt werden soll. Es ist nicht notwendig, dass dem Auszubildenden bereits eine entsprechende Zusage erteilt worden ist (BAG NZA 1994, 167; *Preis* Arbeitsvertrag II B 10 Rn. 50).

Die **Vertretung eines Arbeitnehmers in Elternzeit oder Mutterschutz ist in § 21 BEEG** (→ Form. A. V. 7) geregelt. § 21 BEEG und § 14 Abs. 1 S. 2 Nr. 3 TzBfG bestehen als Sachgründe nebeneinander (*Annuß/Thüsing* § 23 Rn. 115).

Teil des Sachgrundes der Vertretung ist die Prognose des Arbeitgebers über den voraussichtlichen Wegfall des Vertretungsbedarfs, mithin, ob der zu vertretende Mitarbeiter seinen Dienst wieder antreten wird. Grundsätzlich nicht Gegenstand der Prognoseentscheidung ist dagegen die Frage, zu welchem Zeitpunkt mit der Rückkehr des zu vertretenden Mitarbeiters zu rechnen ist (BAG NZA 2002, 896; BAG NZA 2005, 469, 471; BAG NZA 2010, 34, 35).

Für die typische **Krankheits- und Urlaubsvertretung** heißt dies: Liegen nicht besondere Umstände vor, kann der Arbeitgeber grundsätzlich davon ausgehen, dass die zu vertretende Stammkraft zurückkehren wird. Erweiterte Pflichten zur Einholung von Informationen über die gesundheitliche Entwicklung des Erkrankten oder die Planungen des beurlaubten Arbeitnehmers bestehen vor Abschluss des befristeten Vertrages zur Vertretung grundsätzlich nicht (BAG NZA 2001, 1382). Allein bei erheblichen Zweifeln daran, dass der zu vertretende Mitarbeiter überhaupt zurückkehren wird, kann dies dafür sprechen, dass der Sachgrund der Vertretung nur vorgeschoben ist (BAG NZA 2001, 1382). Die Befristung ist in diesen Fällen unwirksam, wenn der zu vertretende Arbeitnehmer dem Arbeitgeber bereits vor Abschluss des befristeten Arbeitsvertrags mit der Vertretungskraft verbindlich erklärt hat, dass er die Arbeit nicht wieder aufnehmen werde. Eine unverbindliche Erklärung reicht dagegen nicht aus, da unvorhergesehene Ereignisse dazu führen können, dass die Stammkraft entgegen ihrer ursprünglichen Absicht beschließt zurückzukehren. Solange dieser zu vertretende Arbeitnehmer einen Anspruch hat, seine Tätigkeit wieder aufzunehmen, muss und darf der Arbeitgeber mit seiner Rückkehr rechnen, so dass eine Befristung gerechtfertigt ist (vgl. BAG AP TzBfG § 14 Vertretung Nr. 3).

Wird aus Gründen der Personalplanung ein befristeter Arbeitsvertrag abgeschlossen, um die Zeit bis zur unbefristeten Neuanstellung eines anderen, neuen Mitarbeiters zu überbrücken, muss bereits zum Zeitpunkt des Abschlusses des befristeten Vertrages eine vertragliche Verpflichtung gegenüber dem neuen Mitarbeiter bestehen. Sonst fehlt es an einer sachlichen Rechtfertigung der Befristung (BAG BB 1997, 1797; *Rolfs* § 14 Rn. 32).

In Abgrenzung zu § 14 Abs. 1 S. 2 Nr. 1 TzBfG besteht im Falle der Befristung zur Vertretung kein vorübergehend erhöhter Bedarf an der Arbeitsleistung. Die befristete Einstellung dient allein zur Deckung des unveränderten Bedarfs bei Ausfall des Vertretenen (ErfKomm/*Müller-Glöge* § 14 TzBfG Rn. 34).

Unzulässig ist folglich regelmäßig die Anknüpfung der Zweckbefristung an das Ausscheiden des vertretenen Arbeitnehmers aus dem Dienst, da der Bedarf des Arbeitgebers an der Verrichtung der vormals vom Vertretenen auszuübenden Tätigkeit dann gerade nicht zeitlich begrenzt ist (BAG AP BGB § 620 Befristeter Arbeitsvertrag Nr. 235; BAG NZA 1998, 419). Anderes kann gelten, wenn der Arbeitgeber den Vertreter aufgrund konkreter Anhaltspunkte bei Vertragsschluss als zeitweilige Aushilfe, nicht aber als

Dauerbesetzung für geeignet hält und deshalb den Arbeitsplatz bei Ausscheiden des Vertretenen anderweitig mit einem anderen qualifizierten Mitarbeiter besetzen will (BAG AP BGB § 620 Befristeter Arbeitsvertrag Nr. 235; BAG NZA 1998, 419). Praktischen Schwierigkeiten begegnet daher der Fall, dass eine alleinige Zweckbefristung an die Rückkehr des Vertretenen anknüpft. Eine solche Absprache wird für den Fall des Ausscheidens des Vertretenen anstelle der Rückkehr mit der Rechtsprechung des BAG (BAG NZA 1998, 419) auch nicht ergänzend dahin ausgelegt werden können, auch das Ausscheiden sei Beendigungstatbestand. Der Begründung eines unbefristeten Arbeitsverhältnisses kann damit allein durch die hier vorgesehene Zeit- und Zweckbefristung (Doppelbefristung) begegnet werden (→ Form. A. V. 4 Anm. 2).

Eine Befristung wegen einer Vertretung kann auch **wiederholt** erfolgen (EuGH NZA 2012, 135 – Kücük; BAG NZA 2012, 1351). Gegenstand der Prognose ist grundsätzlich nur, dass der zu vertretende Mitarbeiter seinen Dienst wieder antritt, nicht aber, wann dies der Fall sein wird (BAG NZA 2005, 469, 471; BAG NZA 2010, 34, 35). Der die Befristung rechtfertigende Sachgrund nach § 14 Abs. 1 S. 2 Nr. 3 TzBfG wird nicht dadurch in Frage gestellt, dass der Arbeitnehmer wiederholt zur Vertretung desselben vorübergehend zu vertretenden Arbeitnehmers befristet beschäftigt wird. Allein die Anzahl der mit der Vertretungskraft abgeschlossenen befristeten Arbeitsverträge führt nicht dazu, dass an die Prüfung des Sachgrundes erhöhte Anforderungen zu stellen sind (BAG NZA 2010, 34; BAG NZA 2012, 1351). Den Arbeitgeber trifft keine Pflicht bei wiederkehrendem Vertretungsbedarf einen Notfall-Pool an Arbeitskräften (sprich: unbefristet angestellte „Stand-By-Springer") bereitzuhalten (BAG NZA 2012, 1359, 1362).

Dauervertretungen (z. B. als „Springer") sind nach der Rechtsprechung des BAG **unwirksam** (BAG NZA 2010, 34, 36). Eine Dauervertretung liegt vor, wenn im Zeitpunkt des Vertragsschlusses schon eine über das Ende des befristeten Vertrages hinausgehende befristete Beschäftigung des Arbeitnehmers vorgesehen ist (BAG NZA 1985, 561; BAG NZA 2010, 34, 36; ErfKomm/*Müller-Glöge* § 14 TzBfG Rn. 36; *Annuß/Thüsing* § 14 Rn. 36). Unschädlich ist aber, wenn die vorgesehene Befristung auf einen im Zeitpunkt des Befristungsvertragsschlusses erkennbaren neuen Vertretungsbedarf gestützt wird (BAG NZA 2010, 34, 36).

Nach der Rechtsprechung des BAG reicht es für die Annahme einer Dauervertretung nicht aus, dass beim Arbeitgeber ein ständiger Vertretungsbedarf besteht (BAG NZA 2010, 34). Allerdings hat der 7. Senat des BAG die Frage, ob es mit Unionsrecht vereinbar ist, § 14 Abs. 1 S. 2 Nr. 3 TzBfG dahin auszulegen und anzuwenden, dass ein die wiederholte Befristung rechtfertigender sachlicher Grund auch im Falle eines ständigen Vertretungsbedarfs gegeben ist, obwohl dieser Vertretungsbedarf auch durch eine unbefristete Einstellung des Arbeitnehmers gedeckt werden könnte, gemäß Art. 267 AEUV dem EuGH zur Vorabentscheidung vorgelegt (BAG NZA 2011, 34). Nach der Rechtsprechung des EuGH in der Rechtssache „Angelidaki" kann es dem Unionsrecht widersprechen, wenn eine nationale Regelung die Grundlage für die Verlängerung von Verträgen bilden kann, obwohl in Wirklichkeit der damit gedeckte Bedarf faktisch kein zeitweiliger, sondern ein ständiger und dauerhafter ist (EuGH BeckRS 2009, 70428). Der EuGH hat die Frage nach der Vereinbarkeit der Auslegung des BAG mit Unionsrecht bejaht. Er verlangt vom Arbeitgeber grundsätzlich nicht, einen ständigen Vertretungsbedarf durch eine Personalreserve aus unbefristet beschäftigten Arbeitnehmern auszugleichen (EuGH NZA 2012, 135, 139 – Kücük; BAG NZA 2012, 1359, 1362). Daher hält das BAG an seiner Rechtsprechung fest, wonach ein beim Arbeitgeber tatsächlich vorhandener ständiger Vertretungsbedarf dem Vorliegen eines Sachgrundes nach § 14 Abs. 1 S. 2 Nr. 3 TzBfG nicht entgegensteht (BAG NZA 2012, 1359, 1362).

Nicht notwendig ist es, dass der Vertreter die Arbeit des zu Vertretenden übernimmt (BAG NZA 2011, 1178, 1182 f.; ErfKomm/*Müller-Glöge* § 14 TzBfG Rn. 37). Es ist **kein unmittelbares „Einrücken"** in die Position des Vertretenen erforderlich, sondern allein die

Deckung des durch den Ausfall des Vertretenen entstehenden Arbeitsbedarfs (BAG NZA 2004, 925; BAG AP BAT § 2 SR 2y Nr. 21). Notwendig, aber auch ausreichend, ist der ursächliche Zusammenhang der befristeten Einstellung mit dem zeitweiligen Ausfall des Vertretenen (BAG AP BAT § 2 SR 2y Nr. 21). Zu beachten ist jedoch, dass sich der Arbeitgeber dann nicht auf den Befristungsgrund des § 14 Abs. 1 S. 2 Nr. 3 TzBfG berufen kann, wenn er dem zur Vertretung eingestellten Arbeitnehmer Aufgaben überträgt, die er der vertretenen Stammkraft im Falle ihrer Anwesenheit nicht im Rahmen seines Direktionsrechts übertragen könnte (BAG NZA 2011, 507; BAG NZA 2011, 1178, 1183). Der Arbeitgeber muss bei einer mittelbaren Vertretung konkret vortragen, in welcher Weise eine Umorganisation erfolgte, um den befristet beschäftigten Arbeitnehmer als Vertretung ansehen zu können. Dieser Vortrag darf sich nicht in der Darstellung einer nur allgemeinen Personalsituation erschöpfen (BAG NZA 2004, 925). Schon aus Darlegungs- und Beweisgesichtspunkten sollte der Arbeitgeber folglich im Streitfall den Nachweis des von der Rechtsprechung geforderten allein kausalen Zusammenhanges nicht durch eine erhebliche Neuorganisation der Aufgabenbereiche unnötig erschweren.

Zusammenfassend sind folgende Konstellationen der Vertretungsbefristung denkbar (BAG NJW 2009, 3180; BAG NZA 2010, 942; BAG BeckRS 2010, 69454; *Kossens* jurisPR-ArbR 13/2013; → Anm. 4):

- unmittelbare Vertretung: Vertreter übernimmt selbst die Aufgaben des Vertretenen
- mittelbare Vertretung: die Aufgaben des Vertretenen werden ganz oder zum Teil auf andere Arbeitnehmer übertragen, deren Aufgaben werden wiederum vom Vertreter übernommen
- Vertretung nach Umorganisation: Arbeitgeber nimmt im Anschluss an den Fortfall des Vertretenen eine Umorganisation vor. Aus dem neuen Arbeitsplan geht ein neuer Arbeitsplatz hervor.
- Vertretung kraft Direktionsrecht: Vertreter nimmt Aufgaben wahr, die der Arbeitgeber dem Vertretenen kraft seines Direktionsrechts übertragen könnte.

16. Arbeitnehmer. Der Begriff des zu vertretenden Arbeitnehmers umfasst entgegen dem Wortlaut des § 14 Abs. 1 S. 2 Nr. 3 TzBfG auch die Vertretung von Beamten (BT-Drucks. 14/4374 S. 19; MünchHdbArbR/*Wank* § 95 Rn. 63; ErfKomm/*Müller-Glöge* § 14 TzBfG Rn. 39).

17. Zweckerreichung und Mitteilung des Arbeitgebers. → Form. A. V. 4 Anm. 16.

18. Beendigungszeitpunkt. → Form. A. V. 4 Anm. 17.

19. Kündigungsfrist. → Form. A. V. 1 Anm. 15.

20. Schriftform. → Form. A. II. 1 Anm. 19.

21. Vertragsstrafe. → Form. A. V. 1 Anm. 17.

22. Freistellung. → Form. A. II. 1 Anm. 21.

23. Vorfälligkeitsregelung. → Form. A. II. 1 Anm. 22.

24. Ausschlussfristen/Verjährung. → Form. A. II. 1, dort unter § 11.

25. Schlussbestimmungen/Mitteilungspflicht/Aufhebung früherer Vereinbarungen und Anstellungsverhältnisse/Schriftform. → Form. A. II. 1, dort unter § 13.

26. Unterzeichnung des Arbeitsvertrages. → Form. A. II. 1 Anm. 31.

27. Empfangsbestätigung des Mitarbeiters. → Form. A. II. 1 Anm. 32.

6. Vorübergehende Übertragung einer höherwertigen Tätigkeit

Zusatzvereinbarung

zwischen

...... (Name und Anschrift des Arbeitgebers) „Gesellschaft"

und

Herrn ...... (Name und Anschrift des Arbeitnehmers) „Mitarbeiter"

§ 1 Veränderte Position[1, 2, 3, 4]

In Abänderung des Arbeitsvertrags vom ...... wird der Mitarbeiter bei der Gesellschaft ab dem ...... als ...... in ...... tätig. Zu seinen Aufgaben und Pflichten zählen insbesondere ......

§ 2 Laufzeit der Zusatzvereinbarung

Diese Vereinbarung tritt ab dem ...... in Kraft und endet mit Ablauf des ......, ohne dass es einer Kündigung bedarf.

§ 3 Vergütung[5]

Für die Laufzeit der Zusatzvereinbarung erhält der Mitarbeiter als Vergütung für seine Tätigkeit ein Brutto-Monatsgehalt von ...... EUR (in Worten: ...... Euro).

(Alternative 1:

Für die Laufzeit der Zusatzvereinbarung ist der Mitarbeiter als ...... (Tätigkeitsbezeichnung) in die Vergütungsgruppe ...... eingruppiert.)

(Alternative 2:

Für die Laufzeit der Zusatzvereinbarung bleibt der Mitarbeiter weiterhin als ...... (Tätigkeitsbezeichnung) in die Vergütungsgruppe ...... eingruppiert und erhält eine übertarifliche Zulage i. H. v. ...... EUR (in Worten: ...... Euro).)

§ 4 Fortgeltung des Arbeitsvertrags

Soweit in dieser Zusatzvereinbarung nichts anderes geregelt ist, gelten die Regelungen des Arbeitsvertrags vom ...... fort. Ab Beendigung dieser Zusatzvereinbarung gelten allein die Regelungen des Arbeitsvertrags vom ...... unverändert fort.

......	......
Ort, Datum	Ort, Datum
......	......
Unterschrift der Gesellschaft[6]	Unterschrift des Mitarbeiters

Anmerkungen

1. Veränderte Position. Dieses Formular regelt die kalendermäßig befristete Übernahme einer höherwertigen Tätigkeit durch den Arbeitnehmer im Wege der vertraglichen Vereinbarung auf der Grundlage eines fortbestehenden Arbeitsvertrags der Parteien.

Nicht das gesamte Arbeitsverhältnis erfährt eine inhaltliche Änderung. Es werden allein einzelne Arbeitsbedingungen einer befristeten Neubestimmung unterworfen.

Der Inhalt der vom Arbeitnehmer geschuldeten Tätigkeit bestimmt sich zunächst nach der im bisherigen Arbeitsvertrag enthaltenen Tätigkeitsbeschreibung. Die einseitige Zuweisung einer geringerwertigen Tätigkeit ist – auch unter Fortzahlung der bislang geschuldeten Vergütung – nicht möglich (BAG NZA 1996, 440). Ausnahmen können für Notfälle gelten.

Ob es für die vorübergehende Zuweisung einer **höherwertigen Tätigkeit** einer gesonderten vertraglichen Vereinbarung bedarf oder diese einseitig durch die Ausübung des Direktionsrechts (→ Form. A. II. 1 Anm. 2) erfolgen kann, ist Frage des Einzelfalles.

Zu unterscheiden ist die einseitige vorübergehende Zuweisung einer höherwertigen Tätigkeit innerhalb des Direktionsrechts, die einseitige vorübergehende Zuweisung unter Überschreitung des Direktionsrechts und schließlich die einvernehmliche Übertragung im Wege einer vertraglichen Vereinbarung (vorliegendes Formular).

2. Zuweisung kraft Direktionsrechts. Die vorübergehende Zuweisung einer höherwertigen Tätigkeit innerhalb des Direktionsrechts des Arbeitgebers muss nach billigem Ermessen erfolgen (§§ 106 S. 1 GewO, 315 BGB). Der Arbeitgeber muss die wesentlichen Umstände des Einzelfalles abwägen und die Interessen beider Parteien angemessen berücksichtigen. Dies wird vor allem eine Rolle spielen, wenn der Arbeitnehmer sich später allein gegen die zeitliche Begrenzung der Zuweisung der höherwertigen Tätigkeit wendet und deren Übertragung auf Dauer fordert. Es unterliegt dann der gerichtlichen Kontrolle (§ 315 Abs. 3 BGB), ob die Tätigkeit – entgegen der ursprünglichen Absicht des Arbeitgebers – auf Dauer zu übertragen ist. Unter Abkehr von seiner vorherigen Rechtsprechung zur Missbrauchskontrolle nimmt das BAG nunmehr eine **„doppelte Billigkeitsprüfung"** vor, die die Tätigkeitsübertragung an sich wie die „Nicht-Dauerhaftigkeit" umfasst (BAG NZA 2003, 159). Es bedarf hiernach ausdrücklich keines rechtfertigenden Sachgrundes vergleichbar dem für die Befristung des Arbeitsverhältnisses insgesamt, wohl aber der Prüfung der Billigkeit der Einzelübertragungen, gegebenenfalls auch im Rahmen eines dahinter stehenden Gesamtkonzepts. Entspricht die nur vorübergehende Übertragung der höherwertigen Tätigkeit innerhalb des Direktionsrechts nicht billigem Ermessen, so können die Gerichte im Rahmen der Leistungsbestimmung nach § 315 Abs. 3 S. 2 BGB die Übertragung für dauerhaft erklären oder deren zeitlichen Rahmen abweichend bestimmen (BAG NZA 2003, 159). Eine allgemeingültige Beschreibung der anzuwendenden Billigkeitsmaßstäbe ist nicht möglich. Jedenfalls dort, wo bei tariflicher Eingruppierung mit der vorübergehenden Übertragung auch automatisch eine höhere Vergütung geschuldet ist, ist das Interesse des Arbeitnehmers an der Beibehaltung der höherwertigen Tätigkeit und der besseren Bezahlung angemessen zu würdigen (BAG NZA 2003, 159). Eine vorübergehende Übertragung von höherwertigen Aufgaben zum Zwecke der Erprobung im Wege der Ausübung des Direktionsrechtes kann – obgleich grundsätzlich zur Prüfung der eigenverantwortlichen Bewältigung von Aufgaben vertretbar – etwa unbillig sein, wenn bei Überschreitung von sechs Monaten der Arbeitgeber besondere Gründe für die Dauer der Erprobungszeit nicht darlegen kann (LAG Hamm NZA-RR 2004, 111 f.).

Mit der vom Direktionsrecht gedeckten Zuweisung erfolgt i. d. R. keine Konkretisierung des Arbeitsverhältnisses auf die höherwertige Tätigkeit (LAG Mainz NZA 1988, 471 f.). Der Arbeitgeber ist folglich grundsätzlich nicht gehindert, dem Arbeitnehmer zu einem späteren Zeitpunkt wieder seine ursprüngliche Tätigkeit zu übertragen.

Gleichwohl kann sich der Arbeitgeber mit der Ausübung seines Direktionsrechtes und den mit der Zuweisung der Tätigkeit verbundenen Erklärungen **selbst binden.** Erfolgt die vorübergehende Aufgabenzuweisung etwa allein mit der Maßgabe, der Arbeitnehmer solle sich auf der höherwertigen Stelle „bewähren", kann der Arbeitgeber gehindert sein, aus anderen Gründen die endgültige Zuweisung der Tätigkeit zu verweigern (BAG NZA 1998, 555).

Über das praktisch wesentliche Beispiel der Erprobung hinaus ist eine kategorisierende Angabe von Fallgruppen und Billigkeitskriterien der nur vorübergehenden Zuweisung einer höherwertigen Tätigkeit im Rahmen des arbeitgeberseitigen Direktionsrechts nur eingeschränkt möglich.

Die Wirksamkeitsanforderungen entsprechen nicht denjenigen des sachlichen Grundes i.S.d. § 14 Abs. 1 TzBfG, typische Fallgruppen aber werden erfasst. So wird hier insbesondere die der Vertretung eine wesentliche Rolle spielen.

Im Geltungsbereich von Tarifverträgen wird der Arbeitgeber oftmals aufgrund ausdrücklicher Regelungen oder – bei nicht nur ganz kurzfristiger Zuweisung – aufgrund Tarifautomatik dem Arbeitnehmer erhöhte Bezüge zahlen müssen. Außerhalb des Geltungsbereichs von Tarifverträgen kann eine erhöhte Vergütung nach § 612 Abs. 2 BGB geschuldet sein, wobei die Qualifikation des Arbeitnehmers wie die Dauer der Übertragung von Bedeutung sind. Allgemeingültige Regeln lassen sich der Rechtsprechung hierzu nicht entnehmen. Wohl aber soll von einem höher qualifizierten Arbeitnehmer die Übernahme einer höherwertigen Tätigkeit ohne zusätzliche Vergütung eher erwartet werden können (*Roth/Olbrisch* DB 1999, 2110).

3. Zuweisung in Überschreitung des Direktionsrechts. Überschreitet der Arbeitgeber bei einseitiger Zuweisung sein arbeitsvertragliches Direktionsrecht, erfolgt hierdurch auch bei tatsächlicher Ausübung der Tätigkeit durch den Arbeitnehmer **regelmäßig keine stillschweigende Vertragsänderung** (LAG Hamm LAGE BGB § 611 Direktionsrecht Nr. 12). Der Arbeitnehmer ist allerdings nicht verpflichtet, die ihm in Überschreitung des Direktionsrechts zugewiesene Tätigkeit auszuüben.

4. Vertragliche Vereinbarung. Erlaubt schließlich das Direktionsrecht des Arbeitgebers keine einseitige Zuweisung, so bedarf es einer vertraglichen Regelung der Parteien zur – befristeten – Abänderung des Inhalts des Arbeitsvertrags (vorliegendes Formular). Auch dann, wenn im Arbeitsvertrag eine weite Versetzungsklausel vereinbart wird, wird die Zuweisung einer höherwertigen Tätigkeit oftmals nicht vom Direktionsrecht des Arbeitgebers gedeckt sein, da von einer solchen Versetzungsklausel regelmäßig nur die Zuweisung gleichwertiger Tätigkeiten wirksam umfasst ist (→ Form. A. II. 1 Anm. 2).

Bereits vor Schaffung des TzBfG hatte das BAG die Möglichkeit der **Befristung einzelner Arbeitsbedingungen** anerkannt (BAG AP KSchG 1969 § 2 Nr. 19). Erfordernis für die wirksame Befristung der Übertragung einer höherwertigen Tätigkeit im Rahmen eines bestehenden unbefristeten Arbeitsverhältnisses war danach das Bestehen eines sachlich rechtfertigenden Grundes, wenn bei unbefristeter Änderung die neuen Arbeitsbedingungen dem Änderungsschutz des Kündigungsschutzgesetzes (§ 2 KSchG) unterliegen würden (BAG AP KSchG 1969 § 2 Nr. 19). Fehlte es bei einer befristeten Zuweisung einer höherwertigen Tätigkeit an einem sachlichen Grund, so sollte eine „objektiv funktionswidrige Vertragsgestaltung" vorliegen mit der Folge, dass die unwirksam befristete Vertragsbedingung auf unbestimmte Zeit galt (BAG AP KSchG 1969 § 2 Nr. 19).

Der Gesetzgeber hat mit Schaffung des TzBfG von einer ausdrücklichen Regelung der Anforderungen an die Befristung einzelner Arbeitsbedingungen abgesehen. Die Vorschriften beziehen sich allein auf die „Befristung eines Arbeitsvertrags" (vgl. Wortlaut § 14 Abs. 1 S. 1, Abs. 2 S. 1 TzBfG), nicht aber auf die von einzelnen Arbeitsbedingungen.

Die unter Geltung des TzBfG und mit Inkrafttreten des Gesetzes zur Schuldrechtsmodernisierung anzulegenden Anforderungen an die Befristung einzelner Arbeitsbedingungen waren anfangs umstritten (*Annuß/Thüsing* § 14 Rn. 16; sowie umfassend *Maschmann* RdA 2005, 212). Ohne zunächst auf zusätzliche Anforderungen in der Folge der Schuldrechtsmodernisierung eingehen zu müssen, hatte das BAG entschieden (BAG NZA 2004, 719), dass für die wirksame Befristung einzelner Arbeitsbedingungen die

Vorschriften des TzBfG nicht anwendbar seien. Das Gericht hielt an der bisherigen Rechtsprechung zur Notwendigkeit eines rechtfertigenden Sachgrundes wegen des sonst möglichen Entzugs des gesetzlichen Änderungsschutzes (§ 2 KSchG) fest.

Mit Urteil vom 27.7.2005 allerdings änderte das BAG seine Haltung grundlegend. Demzufolge sind die vor Inkrafttreten des Schuldrechtsmodernisierungsgesetzes entwickelten richterrechtlichen Grundsätze bei Vorliegen allgemeiner Geschäftsbedingungen nicht mehr anwendbar. Vielmehr unterliegen nunmehr auch Befristungen einzelner Arbeitsbedingungen der **AGB-Kontrolle nach §§ 305 ff. BGB** und hier vorrangig der Inhaltskontrolle nach § 307 BGB (BAG NZA 2006, 40).

Dass die in der Praxis häufigsten Befristungen von Arbeitsbedingungen Hauptleistungspflichten der Arbeitsvertragsparteien betreffen, die nach § 307 Abs. 3 BGB nicht der richterlichen Inhaltskontrolle unterliegen, ist nach Auffassung des BAG unschädlich, da sich die Kontrolle auf die Befristung der Hauptleistungspflichten, nicht etwa auf den Umfang ihrer Änderung bezieht (BAG NZA 2008, 229). Die Befristung stellt eine bloße Nebenabrede dar (*Preis/Bender* NZA-RR 2005, 337, 340). Die Unsicherheiten nach der früheren Rechtsprechung, wonach eine qualifizierte Überprüfung möglicherweise nur in einem „geschützten Kernbereich" des Arbeitsverhältnisses vorzunehmen war (BAG AP KSchG 1969 § 2 Nr. 34; BAG EzA BGB § 620 Nr. 173; BAG AP BeschFG 1996 § 1 Nr. 12), sind wohl ausgeräumt (*Lunk/Leder* NZA 2008, 504, mit Nachweisen zur Gegenansicht). Dennoch gilt: Umso mehr der „Kernbereich" des Arbeitsverhältnisses durch die zeitlich befristete Arbeitsbedingung betroffen ist, umso eher kann eine unangemessene Benachteiligung des Arbeitnehmers vorliegen (*Preis/Bender* NZA-RR 2005, 337, 341).

Nach § 307 Abs. 1 S. 1 BGB sind Bestimmungen unwirksam, die den Vertragspartner unangemessen benachteiligen. Unangemessen ist jede Beeinträchtigung eines rechtlich anerkannten Interesses des Arbeitnehmers, die nicht durch begründete oder billigenswerte Interessen des Arbeitgebers gerechtfertigt ist oder durch gleichwertige Vorteile ausgeglichen wird (BAG AP BGB § 305 Nr. 8). Es ist also eine Abwägung zwischen den Nachteilen der Änderung sowie der Befristung der Änderung und ihren Gründen vorzunehmen. Dabei ist zu beachten, dass der Änderungsschutz des unbefristeten Arbeitsverhältnisses gemäß § 2 KSchG den Vergleichsmaßstab vorgibt, da das unbefristete Arbeitsverhältnis der Normalfall und der befristete Vertrag die Ausnahme darstellen soll. Insofern besteht eine Parallele zum normalen Befristungsrecht. Mit dem BAG sind **Umstände, die die Befristung eines Arbeitsvertrags insgesamt nach § 14 Abs. 1 S. 2 TzBfG rechtfertigen könnten, zugunsten des Arbeitgebers zu berücksichtigen** (BAG NZA 2008, 229; BAG NZA 2009, 1253). Bei Vorliegen eines solchen Sachgrundes überwiegt dann entsprechend den im TzBfG zum Ausdruck kommenden Wertungsmaßstäben i. d. R. das Arbeitgeberinteresse an der Befristung der Änderung, es sei denn, der Arbeitnehmer kann außergewöhnliche Umstände geltend machen, die ausnahmsweise zu einer anderen Bewertung führen. Bereits entschieden hat das BAG dies für den Fall einer befristeten Arbeitszeiterhöhung, die auf Umständen beruhte, die eine Befristung des Arbeitsvertrags insgesamt nach § 14 Abs. 1 S. 2 Nr. 3 TzBfG (Vertretung) sachlich rechtfertigen würden (BAG NZA 2008, 229; BAG NZA 2009, 1253), sowie im Fall der befristeten Arbeitszeiterhöhung für teilzeitbeschäftigte Lehrkräfte, die ihre Rechtfertigung in den Besonderheiten des Schulbereichs fand (BAG NZA 2006, 40). Die bloße Ungewissheit des Arbeitgebers hinsichtlich seines zukünftigen Arbeitskräftebedarfs reicht hingegen nicht aus. Diese Ungewissheit darf als Teil des unternehmerischen Risikos nicht auf den Arbeitnehmer verlagert werden (BAG NZA 2006, 40). Zu weiteren Sachgründen des § 14 Abs. 1 S. 2 TzBfG existiert für die nur befristete Änderung einzelner Arbeitsbedingungen noch keine neuere höchstrichterliche Rechtsprechung. Dennoch ist davon auszugehen, dass das Vorliegen von anderen Sachgründen die Angemessenheit der Befristung regelmäßig indiziert. Auch bezüglich der vorübergehenden Übertragung einer höherwertigen Tätigkeit (dieses Formular), wird folglich regelmäßig das Vorliegen eines Sachgrundes i. S. d. § 14 Abs. 1 S. 2 TzBfG zugunsten des Arbeitgebers zu berücksichtigen sein, sein Interesse an einer Befristung der geänderten Arbeitsbedingungen in diesem Falle überwiegen. Zwar könnte man argumentieren, dass eine Übertragung höherwertiger Tätigkeiten für den Arbeitnehmer ohnehin fast immer vorteilhaft sei, ist sie doch zumeist auch mit einer höheren Vergütung verbunden. Es ist allerdings selten zweifelsfrei möglich, durch Vergleich von vorübergehend geänderter Leistung und Gegenleistung festzustellen, ob die Vereinbarung tatsächlich für den Arbeitnehmer vorteilhaft ist (höhere Verantwortung des Mitarbeiters bei gleichzeitig erhöhter Vergütung). Tatsächlich ist es der spätere Entfall der geänderten Arbeitsbedingungen kraft Befristung, welchen die Inhaltskontrolle nach § 307 Abs. 1 S. 1 BGB zum Gegenstand hat. Der im Übrigen „garantierte Rückfall" auf den ursprünglichen Status nach Ablauf der Befristung lässt die Notwendigkeit einer richterlichen Kontrolle nicht entfallen (vgl. *Maschmann* RdA 2005, 212), mag auch ein Risiko der Beendigung des Arbeitsverhältnisses insgesamt nicht bestehen.

Bei einer befristeten Übertragung einer höherwertigen Tätigkeit wird neben dem Vorliegen des **Sachgrundes der Vertretung entsprechend § 14 Abs. 1 S. 2 Nr. 3 TzBfG** insbesondere der **Sachgrund der Erprobung für eine höherwertige Tätigkeit entsprechend § 14 Abs. 1 S. 2 Nr. 5 TzBfG** zugunsten des Arbeitgebers zu berücksichtigen sein. Die konkrete Befristungsdauer ist dabei stets am jeweiligen Erprobungszweck zu messen. Eine Beschränkung auf den sonst regelmäßig maßstäblichen Sechs-Monats-Zeitraum des § 1 Abs. 1 KSchG ist für die Übertragung höherwertiger Tätigkeiten zur Erprobung allerdings wohl nicht zwingend.

Umstritten ist, ob eine Befristung einzelner Arbeitsbedingungen ohne Vorliegen jedes die Angemessenheit indizierenden Sachgrundes in den Fällen zulässig ist, in denen eine Befristung des Arbeitsverhältnisses insgesamt entsprechend § 14 Abs. 2 und Abs. 3 TzBfG möglich wäre (dagegen *Schramm/Naber* NZA 2009, 1318, 1321; dafür *Simon/Hidalgo/Koschker* NZA 2012, 1071, 1075 f.). Das BAG hat dies bislang nicht entschieden, so dass für die Praxis vorsorglich auch in diesen Fällen das Vorliegen von Sachgründen entsprechend § 14 Abs. 1 S. 2 TzBfG geprüft werden sollte. Auch die Frage, ob bei Nichtvorliegen von Sachgründen entsprechend § 14 Abs. 1 S. 2 TzBfG eine Angemessenheitskontrolle gleichwohl noch immer zugunsten des Arbeitgebers ausfallen kann, wird für die Praxis in ähnlicher Weise beantwortet werden müssen. Solange durch die Rechtsprechung nicht geklärt ist, dass auch in diesem Fall befristete Änderungen von Arbeitsbedingungen zulässig sind und vor allem welche Anforderungen es dann zu beachten gilt, sollte schon vorsorglich auf die Sachgründe des § 14 Abs. 1 S. 2 TzBfG entsprechend zurückgegriffen werden können (vgl. zum Streitstand *Lunk/Leder* NZA 2008, 504 m. w. N.).

Bei **mehreren aufeinander folgenden befristeten Änderungen** wird nur die jeweils letzte einer richterlichen Kontrolle unterzogen, falls nicht ein entsprechender Vorbehalt vereinbart wurde. Insofern werden die Grundsätze der Rechtsprechung zur Überprüfbarkeit bei mehreren aufeinander folgenden befristeten Arbeitsverträgen entsprechend angewandt (BAG NZA 2006, 40).

Auch eine erst nachträgliche Befristung der Änderung einzelner Arbeitsbedingungen ist möglich, unterfällt dann aber wiederum der Inhaltskontrolle nach § 307 BGB (*Annuß/Thüsing* § 14 TzBfG Rn. 16 a).

Selbstverständlich erfordert schließlich das Transparenzgebot des § 307 Abs. 1 S. 2 BGB, dass sich der Vereinbarung zur Übertragung einer höherwertigen Tätigkeit eindeutig entnehmen lassen muss, dass die geänderten Arbeitsbedingungen nicht auf Dauer gelten, vielmehr zu einem bestimmten Zeitpunkt wieder entfallen sollen. Der Grund für eine kalendermäßig befristete Änderung der Arbeitsbedingungen muss jedoch nicht im Vertrag angegeben werden (BAG NZA 2009, 1253). Bei Zweckbefristungen oder auflösenden Bedingungen muss allerdings sehr wohl auch bei der Befristung einzelner Arbeitsbedingungen darauf geachtet werden, das zukünftige Ereignis, von dem die Geltung der geänderten Bedingungen abhängen soll, so genau wie möglich zu beschreiben (*Lunk/Leder* NZA 2008, 504; *Maschmann* RdA 2005, 212).

Bei der Befristung einzelner Arbeitsbedingungen besteht **kein generelles Schriftformerfordernis,** wie sich schon aus der Unanwendbarkeit von § 14 Abs. 4 TzBfG ergibt (BAG NZA 2009, 1253, 1254; BAG AP TzBfG § 14 Nr. 52). Sicherlich ist gleichwohl schon aus Darlegungs- und Beweisgründen die Einhaltung der Schriftform regelmäßig geboten. Die Unanwendbarkeit des § 14 Abs. 4 TzBfG galt bereits vor Inkrafttreten des Schuldrechtsmodernisierungsgesetzes (BAG NZA 2004, 255 ff.). Das BAG folgerte auch, dass die §§ 15 Abs. 5 TzBfG und 625 BGB keine Anwendung finden sollen, so dass auch nach widerspruchsloser Fortsetzung des Arbeitsverhältnisses zu den geänderten Bedingungen nach Ablauf der kalendermäßigen Befristung keine Fiktion des Fortbestehens zu den geänderten Bedingungen eingreifen würde. Ob diese Rechtsprechung so allerdings weiterhin gilt, ist nicht ganz eindeutig. Jedenfalls zur Vermeidung unnötiger Risiken sollte darauf geachtet werden, dass mit Ablauf der vereinbarten Frist der Arbeitnehmer zu seiner ursprünglichen Tätigkeit zurückkehrt und auch der Arbeitgeber nurmehr die ursprünglich vereinbarten vertraglichen Leistungen erbringt.

Sollten die **§§ 305 ff. BGB ausnahmsweise nicht anwendbar** sein, da es sich um eine echte Individualvereinbarung handelt (→ Form. A. II. 1 Anm. 1, 28), so spricht viel dafür, dass man auf die vor Inkrafttreten des Schuldrechtsmodernisierungsgesetzes entwickelten Grundsätze der Rechtsprechung zurückgreifen wird müssen (MünchKommBGB/*Hesse* § 14 TzBfG Rn. 17). Denkbar wäre es aber auch, die Beschränkung der AGB-Kontrolle zu akzeptieren und insofern der Privatautonomie Raum zu geben (so A/P/S/*Greiner* § 14 TzBfG Rn. 55 m. w. N.). Eine Individualvereinbarung liegt insbesondere dann vor, wenn die Veränderung der Arbeitsbedingungen auf Wunsch des Arbeitnehmers hin vorgenommen wurde (BAG NZA 2009, 1253, 1254).

Im Streitfalle gilt: Die **Klagefrist des § 17 TzBfG findet keine Anwendung** auf die Kontrolle der Befristung einzelner Arbeitsbedingungen (BAG NZA 2009, 1253, 1254; BAG AP TzBfG § 14 Nr. 52; BAG NJOZ 2003, 3482 ff.; *Annuß/Thüsing* § 14 TzBfG Rn. 15).

5. Vergütung. → Form. A. II. 1 Anm. 6, → Form. A. II. 2 Anm. 9. Häufig wird sich der Arbeitgeber für den Zeitraum der vorübergehenden Übertragung einer höherwertigen Tätigkeit zur **Zahlung einer angemessen erhöhten Vergütung** verpflichten. Die Notwendigkeit und die konkrete Ausgestaltung einer solchen Vergütungsregelung folgen maßgeblich dem Charakter des im Übrigen fortgeltenden Arbeitsvertrages.

Regelmäßig bedarf es lediglich der Vereinbarung eines konkreten Betrages der geschuldeten Bruttovergütung für den Zeitraum der Befristung. Besondere Aufmerksamkeit ist allerdings geboten, wenn der Inhalt des Arbeitsverhältnisses durch tarifvertragliche Regelungen bestimmt ist. So kann der Arbeitgeber auch ohne neue vertragliche Vergütungsregelung schon kraft unmittelbar und zwingend gültigen oder vertraglich in Bezug genommenen Tarifvertrages eine höhere Vergütung schulden, was insbesondere vor Vereinbarung einer übertariflichen Zulage für die Zeit der befristeten Übertragung höherwertiger Tätigkeiten sorgfältig geprüft werden muss.

6. Unterzeichnung der Zusatzvereinbarung. → Form. A. II. 1 Anm. 31.

7. Zeit- und zweckbefristeter Arbeitsvertrag gemäß § 21 BEEG oder § 6 PflegeZG

Arbeitsvertrag[1, 2, 3, 4]

zwischen

...... (Name und Anschrift des Arbeitgebers) „Gesellschaft"

und

Herrn ...... (Name und Anschrift des Arbeitnehmers) „Mitarbeiter"

§ 1 Position/Versetzung/Weisungen[5]

§ 2 Arbeitszeit[6]

§ 3 Vergütung/Sonstige Zahlungen[7]

§ 4 Abwesenheit/Krankheit[8]

§ 5 Reisekosten/Auslagen[9]

§ 6 Urlaub[10]

§ 7 Nebentätigkeiten[11]

§ 8 Geheimhaltung/Behandlung und Rückgabe von Gegenständen und Daten/Löschung von Daten[12]

§ 9 Schutzrechte[13]

§ 10 Laufzeit/Kündigung[14]**/Vertragsstrafe/Freistellung/Vorfälligkeit**

(1) Der Arbeitsvertrag beginnt am ...... Der Mitarbeiter wird befristet für die Dauer[15] des Mutterschutzes nach dem MuSchG zur Vertretung[16] der Mitarbeiterin ...... eingestellt. Der Arbeitsvertrag endet mit dem Ende des Mutterschutzes, jedoch spätestens mit Ablauf des ......,[17] ohne dass es einer Kündigung bedarf. Letzteres gilt auch dann, wenn der Mitarbeiter seine Tätigkeit zunächst über den Zeitpunkt des Endes des Mutterschutzes hinaus fortsetzen sollte.

(Alternative 1:

(1) Der Arbeitsvertrag beginnt am ...... Der Mitarbeiter wird befristet für die Dauer der Elternzeit nach dem BEEG der Mitarbeiterin (Alternative: des Mitarbeiters) ...... eingestellt. Das Arbeitsverhältnis endet mit dem Ende der Elternzeit, jedoch spätestens mit Ablauf des ......, ohne dass es einer Kündigung bedarf. Letzteres gilt auch dann, wenn der Mitarbeiter seine Tätigkeit zunächst über den Zeitpunkt des Endes der Elternzeit der Mitarbeiterin (Alternative: des Mitarbeiters) ...... hinaus fortsetzen sollte.)

(Alternative 2:

(1) Der Arbeitsvertrag beginnt am ...... Der Mitarbeiter wird befristet für die Dauer des Mutterschutzes nach dem MuSchG und die Dauer der Elternzeit nach dem BEEG der

Mitarbeiterin . . . . . . eingestellt. Das Arbeitsverhältnis endet mit dem Ende der Elternzeit, jedoch spätestens mit Ablauf des . . . . . ., ohne dass es einer Kündigung bedarf. Letzteres gilt auch dann, wenn der Mitarbeiter seine Tätigkeit zunächst über den Zeitpunkt des Endes der Elternzeit der Mitarbeiterin . . . . . . hinaus fortsetzen sollte.)

(Alternative 3:

(1) Der Arbeitsvertrag beginnt am . . . . . . Der Mitarbeiter wird befristet für die Dauer des Sonderurlaubs zum Zwecke der Kinderbetreuung der Mitarbeiterin (Alternative: des Mitarbeiters) . . . . . . eingestellt. Das Arbeitsverhältnis endet mit dem Ende des Sonderurlaubs, jedoch spätestens mit Ablauf des . . . . . ., ohne dass es einer Kündigung bedarf. Letzteres gilt auch dann, wenn der Mitarbeiter seine Tätigkeit zunächst über den Zeitpunkt des Endes des Sonderurlaubs der Mitarbeiterin (Alternative: des Mitarbeiters) . . . . . . hinaus fortsetzen sollte.)

(Alternative 4:

(1) Der Arbeitsvertrag beginnt am . . . . . . Der Mitarbeiter wird befristet für die Dauer der Pflegezeit (Alternative: der kurzzeitigen Arbeitsverhinderung) nach dem PflegeZG der Mitarbeiterin (Alternative: des Mitarbeiters) . . . . . . eingestellt. Das Arbeitsverhältnis endet mit dem Ende der Pflegezeit, jedoch spätestens mit Ablauf des . . . . . ., ohne dass es einer Kündigung bedarf. Letzteres gilt auch dann, wenn der Mitarbeiter seine Tätigkeit zunächst über den Zeitpunkt des Endes der Pflegezeit der Mitarbeiterin (Alternative: des Mitarbeiters) . . . . . . hinaus fortsetzen sollte.)

(2) Beide Parteien können den Arbeitsvertrag unter Einhaltung einer Kündigungsfrist[18] von . . . . . . kündigen. Vor Beginn des Arbeitsvertrages ist die ordentliche Kündigung ausgeschlossen.

(3) Die Kündigung bedarf der Schriftform.[19]

(4) Kündigt der Mitarbeiter vor Beginn des Arbeitsvertrages, nimmt er seine Tätigkeit endgültig nicht auf oder stellt er seine Tätigkeit unter Missachtung der geltenden Kündigungsfrist endgültig ein, verwirkt er eine Vertragsstrafe. Der Mitarbeiter nimmt seine Tätigkeit endgültig nicht auf oder stellt seine Tätigkeit endgültig ein, wenn er nach Ablauf einer von der Gesellschaft zu setzenden angemessenen Frist zur Leistung seine Tätigkeit nicht erbringt. Hat der Mitarbeiter die Erbringung seiner Tätigkeit ernsthaft und endgültig verweigert, ist die Fristsetzung entbehrlich. Ebenfalls verwirkt der Mitarbeiter eine Vertragsstrafe, wenn die Gesellschaft durch vertragswidriges Verhalten des Mitarbeiters zur fristlosen Kündigung des Arbeitsvertrages veranlasst wird. Eine Vertragsstrafe ist nur verwirkt, wenn der Mitarbeiter rechtswidrig und schuldhaft gehandelt hat. Für den Fall der endgültigen Einstellung der Tätigkeit unter Missachtung der geltenden Kündigungsfrist entspricht die Höhe der Vertragsstrafe für jeden Tag der Zuwiderhandlung der Bruttovergütung, die nach § 3 Abs. (1) für einen Tag geschuldet ist, insgesamt jedoch nicht mehr als die Bruttovergütung, die nach § 3 Abs. (1) für den Zeitraum der jeweils einschlägigen Kündigungsfrist geschuldet ist, maximal aber zwei Brutto-Monatsgehältern. Im Übrigen entspricht die Höhe der Vertragsstrafe der Bruttovergütung nach § 3 Abs. (1), die für den Zeitraum der jeweils einschlägigen Kündigungsfrist geschuldet ist, maximal aber zwei Brutto-Monatsgehältern. Die Gesellschaft behält sich die Geltendmachung weiteren Schadens vor.[20]

(5) Die Gesellschaft ist im Falle der Kündigung des Arbeitsvertrages durch die Gesellschaft berechtigt, den Mitarbeiter von seiner weiteren Tätigkeit für die Gesellschaft freizustellen *(Optional:, wenn hierfür ein sachlicher Grund (z.B. Konkurrenztätigkeit, Geheimnisverrat, sonstige Beeinträchtigung der Vertrauensgrundlage, Wegfall des Beschäftigungsbedarfs) vorliegt)*. Während der Zeit der Freistellung behält der Mitarbeiter seinen An-

spruch auf die vertragliche Vergütung; er muss sich jedoch den Wert desjenigen anrechnen lassen, was er infolge des Unterbleibens der Dienstleistung erspart oder durch anderweitige Verwendung seiner Dienste erwirbt oder zu erwerben böswillig unterlässt. Das vertragliche Wettbewerbsverbot bleibt von der Freistellung unberührt. Im Fall einer unwiderruflichen Freistellung wird die Freistellungszeit auf etwaige Urlaubs- oder Freizeitausgleichsansprüche angerechnet. Die vorstehenden Regelungen gelten entsprechend für eine Kündigung durch den Mitarbeiter.[21]

(6) Sollte der Mitarbeiter der Gesellschaft bei Ausspruch einer Kündigung durch die Gesellschaft Beträge aufgrund von Gehaltsvorschüssen oder ähnlichen Vorauszahlungen schulden, werden sämtliche Beträge sofort fällig und – unter Beachtung der Pfändungsgrenzen – aufrechenbar. Dem Mitarbeiter gewährte Darlehen gelten mit Ausspruch der Kündigung als ordentlich mit einer Frist von einem Monat gekündigt. Entsprechendes gilt bei Ausspruch einer Kündigung durch den Mitarbeiter, es sei denn, es liegt eine von der Gesellschaft zu vertretende außerordentliche Kündigung vor.[22]

§ 11 Ausschlussfristen/Verjährung[23]

§ 12 Schlussbestimmungen/Mitteilungspflicht/Aufhebung früherer Vereinbarungen und Anstellungsverhältnisse/Schriftform[24]

. . . . . .	. . . . . .
Ort, Datum	Ort, Datum
. . . . . .	. . . . . .
Unterschrift der Gesellschaft[25]	Unterschrift des Mitarbeiters

Empfangsbestätigung des Mitarbeiters[26]

Der Mitarbeiter bestätigt, dass er eine von der Gesellschaft unterschriebene vollständige Ausfertigung dieses Arbeitsvertrages am . . . . . . (Datum) erhalten hat.

. . . . . .

Ort, Datum

. . . . . .

Unterschrift des Mitarbeiters

Anmerkungen

1. Befristete Arbeitsverträge gemäß § 21 BEEG. Mit § 21 BEEG hat der Gesetzgeber einzelne, die Befristung eines Arbeitsverhältnisses sachlich rechtfertigende Gründe ausdrücklich geregelt (§ 21 Abs. 1 und Abs. 2 BEEG) und weitere geringfügige Erleichterungen für den Arbeitgeber in Fällen der befristeten Vertretung einer Stammkraft für Zeiten des Mutterschutzes, der Elternzeit oder einer sonstigen Arbeitsfreistellung zum Zwecke der Kinderbetreuung geschaffen (§ 21 Abs. 4 bis Abs. 7 BEEG). Inhaltlich entspricht § 21 BEEG dabei dem ehemaligen § 21 BErzGG. Vor diesem Hintergrund können auch die bislang zu § 21 BErzGG entwickelten Grundsätze auf die Befristung nach § 21 BEEG übertragen werden.

Die Regelung einer Befristung zu Vertretungszwecken in § 21 BEEG hat neben § 14 Abs. 1 S. 2 Nr. 3 TzBfG wie dem bereits vor dessen Geltung richterrechtlich anerkannten Sachgrund der Vertretung vor allem klarstellende und bestätigende Bedeutung (BAG DB 2002, 152; BAG DB 2004, 80). Beide Vorschriften stehen daher nebeneinander (BAG NZA 2011, 34, 36).

In den Zeiten des Mutterschutzes bestehen zugunsten der Stammarbeitnehmerin Schutzfristen und Beschäftigungsverbote, während der Elternzeit ruhen die Pflichten aus dem Arbeitsverhältnis. Für diese Zeiträume besteht regelmäßig Bedarf an der Beschäftigung einer Vertretungskraft bis zur Rückkehr der Stammarbeitnehmerin an den Arbeitsplatz.

Gleiches gilt für die Zeiten, in denen der Arbeitgeber aufgrund Tarifvertrages, Betriebsvereinbarung oder einzelvertraglicher Vereinbarung eine Arbeitsfreistellung zur Betreuung eines Kindes (Sonderurlaub) gewährt. Im Fall verschiedener Vertretungsfälle kann von der Befristungsmöglichkeit auch mehrfach Gebrauch gemacht werden (BAG NZA 2011, 34).

Die **Befristungsgründe nach § 21 BEEG** im Einzelnen:

Das **MuSchG** enthält eine Mehrzahl von Tatbeständen, bei deren Eingreifen eine Beschäftigung der betroffenen Stammarbeitnehmerin insgesamt ausgeschlossen ist (s. § 10 Abs. (1) des Formulars). Zunächst sind dies die Schutzfristen von sechs Wochen vor und i. d. R. acht Wochen nach der Entbindung (§§ 3 Abs. 2 und 6 Abs. 1 MuSchG). Umfasst ist ebenfalls das Verbot der Beschäftigung, soweit nach ärztlichem Zeugnis das Leben oder die Gesundheit von Mutter oder Kind bei einer Fortdauer der Beschäftigung gefährdet sind (§ 3 Abs. 1 MuSchG). Daneben existieren Beschäftigungsverbote für schädliche Arbeiten (§ 4 MuSchG), für Arbeiten, welche die nach ärztlichem Attest eingeschränkte Leistungsfähigkeit übersteigen (§ 6 Abs. 2 MuSchG), für stillende Mütter wegen näher bestimmter Arbeiten (§ 6 Abs. 3 MuSchG) wie schließlich für bestimmte Arbeitszeiten (§ 8 MuSchG). Nicht alle diese Beschäftigungsverbote führen zu einem vollständigen Entfall der Beschäftigungsmöglichkeit der Stammarbeitnehmerin. In dem Umfang, in dem die Tätigkeit ausgeschlossen ist, ist die befristete Beschäftigung einer Vertretung nach § 21 BEEG grundsätzlich sachlich gerechtfertigt (A/P/S/*Backhaus* § 21 BEEG Rn. 14; KR/*Lipke* § 21 BEEG Rn. 11).

Für Arbeitnehmer, die sich in **Elternzeit gemäß §§ 15, 16 BEEG** befinden, ist eine befristete Einstellung für die Dauer der Elternzeit oder Teile hiervon zulässig (s. § 10 Abs. (1) Alt. 1 des Formulars). Die Regelungen zur Inanspruchnahme der Elternzeit sind noch unter Geltung des BErzGG deutlich flexibilisiert worden (beide Elternteile, auch im Wechsel oder gleichzeitig). Die siebenwöchige Frist für die schriftliche Ankündigung der Inanspruchnahme (§ 16 Abs. 1 S. 1 BEEG) soll dem Arbeitgeber eine Arbeitskräftedisposition ermöglichen. Zwar muss die Stammarbeitskraft die Zeiträume, innerhalb derer Elternzeit genommen werden soll, angeben (§ 16 Abs. 1 BEEG). Die Verlängerungsmöglichkeit (§ 16 Abs. 3 BEEG) wie das mögliche Teilzeitverlangen (§ 15 Abs. 6 und 7 BEEG) bedeuten hier aber eine erhebliche Planungserschwernis für den Arbeitgeber (KR/*Lipke* § 21 BEEG Rn. 12). Mit der Rechtsprechung des BAG zur Fassung des BErzGG vor 1996 war für die Befristung nach § 21 BErzGG zu fordern, dass die Stammkraft bereits die Gewährung von Elternzeit zu Recht verlangt hat (BAG BB 1995, 361; a. A. LAG Köln BeckRS 2010, 69152). Folglich konnte dem Arbeitgeber nicht empfohlen werden, ohne das Vorliegen eines solchen Verlangens einen befristeten Arbeitsvertrag mit einer Ersatzkraft zu schließen. Spricht auch einiges dafür, dass sich diese Rechtsprechung mit der Streichung der Worte „zu Recht verlangten" zum 1.1.1992 und der nachfolgenden Einführung der Zweckbefristung in § 21 Abs. 3 BErzGG zum 1.10.1996 nicht mehr wird halten lassen (BT-Drucks. 13/4612 S. 18 f.; A/P/S/*Backhaus* § 21 BEEG Rn. 16), so fehlt es doch an einer Abkehr des BAG von seiner bisherigen Rechtsprechung. Eine Änderung hat sich bislang auch nach Ablösung des § 21 BErzGG durch den § 21 BEEG nicht ergeben. Es kann daher derzeit im Rahmen des § 21 BEEG nicht zu einem einheitlichen befristeten Arbeitsvertrag über den Lauf der Mutterschutzfristen und der Elternzeit geraten werden, falls die Stammarbeitskraft nicht bereits die Elternzeit verlangt hat (für den Fall eines solchen frühzeitigen Verlangens s. § 10 Abs. (1) Alt. 2 des Formulars). Zulässig und anzuraten ist die Begründung eines befristeten Arbeitsvertrags für die Zeiten des Mutterschutzes und der erneute Abschluss für den Zeitraum der Elternzeit, sobald diese von der Stammkraft tatsächlich verlangt wird (vgl. *Annuß/Thüsing* § 23 TzBfG Rn. 127; s. § 10 Abs. (1) und § 10 Abs. (1) Alt. 1 des Formulars).

Auch die **Arbeitsfreistellung zur Betreuung eines Kindes** stellt einen sachlichen Befristungsgrund dar (s. § 10 Abs. (1) Alt. 3 des Formulars). Weder schreibt das Gesetz hierzu die Notwendigkeit einer Betreuung im direkten Anschluss an die Elternzeit noch Altersgrenzen bezüglich des betreuten Kindes vor. Die Freistellung kann – unter Fortbestand des Arbeitsverhältnisses – aufgrund von Regelungen in Tarifverträgen, Betriebsvereinbarungen und einzelvertraglichen Absprachen mit der Stammarbeitskraft erfolgen. Die eigenständige Bedeutung der Regelung gegenüber dem Tatbestand des § 14 Abs. 1 S. 2 Nr. 3 TzBfG ist eher gering.

Weder der Mutterschutz noch die Elternzeit von Beamten wird durch das BEEG geregelt (vgl. für Bundesbeamte § 79 Abs. 1 S. 1 BBG, §§ 1 ff. Mutterschutz- und Elternzeitverordnung). Ob die Vorschrift des § 21 BEEG entsprechende Anwendung findet, ist vom BAG bisher offen gelassen worden, da in den zu entscheidenden Fällen der Sachgrund der Vertretung (§ 14 Abs. 1 S. 2 Nr. 3 TzBfG) vorlag (BAG BeckRS 1997, 30928071; zust. ErfKomm/*Müller-Glöge* § 21 BEEG Rn. 4; abl. A/P/S/*Backhaus* § 21 BEEG Rn. 17).

2. Befristung gemäß § 6 PflegeZG. Eine ähnlich gelagerte Befristungsmöglichkeit sieht § 6 PflegeZG vor. Danach liegt ein sachlicher Grund für eine befristete Beschäftigung bei Vertretung eines Beschäftigten vor, der seine Ansprüche auf Pflegezeit aus §§ 2 und 3 PflegeZG wahrnimmt. Wie bei der Befristung nach § 21 BEEG ist davon auszugehen, dass § 6 PflegeZG einen eigenständigen Befristungstatbestand darstellt, der neben den Sachgrund der Vertretung nach § 14 Abs. 1 S. 2 Nr. 3 TzBfG tritt (→ Anm. 1).

Voraussetzung einer Befristung nach § 6 PflegeZG ist zunächst, dass die zu vertretende Person Beschäftigter i. S. v. § 7 Abs. 1 PflegeZG ist, folglich als Arbeitnehmer, zur Berufsbildung Beschäftigter, arbeitnehmerähnliche Person oder Heimarbeiter beschäftigt wird. Das PflegeZG ist auf diesen Personenkreis unabhängig von der jeweiligen Beschäftigungsdauer anwendbar. Da das PflegeZG den Begriff der Berufsbildung verwendet (§ 1 BBiG), werden nicht nur Auszubildende, sondern auch andere zur Berufsbildung Beschäftigte i. S. v. § 26 BBiG erfasst, wie z. B. Volontäre und Praktikanten (*Müller* BB 2008, 1058). Bei den arbeitnehmerähnlichen Personen wird nur die wirtschaftliche Abhängigkeit als Voraussetzung genannt, nach der Begründung des Gesetzentwurfs ist daneben aber auch eine besondere mit Arbeitnehmern vergleichbare soziale Schutzbedürftigkeit notwendig (BR-Drucks. 718/07 S. 225). Folglich ist eine insoweit einschränkende Auslegung des Begriffs der arbeitnehmerähnlichen Person in § 7 Abs. 1 Nr. 3 PflegeZG geboten (vgl. *Müller* BB 2008, 1058).

Der Beschäftigte muss einen Anspruch aus §§ 2 oder 3 PflegeZG wahrnehmen. Die bis zu zehntägige kurzzeitige Arbeitsverhinderung nach § 2 PflegeZG wird dabei allerdings für die Befristung nach § 6 PflegeZG wohl kaum eine praktische Rolle spielen.

Der hier weitaus bedeutsamere Pflegezeitanspruch nach § 3 PflegeZG kann von vornherein nur in Unternehmen mit i. d. R. 15 oder mehr Beschäftigten entstehen (zur Kritik an diesem neuartigen Schwellenwert und dem PflegeZG insgesamt vgl. *Preis/Weber* NZA 2008, 82). Gemäß § 3 PflegeZG muss der Beschäftigte einen pflegebedürftigen nahen Angehörigen in häuslicher Umgebung pflegen wollen. Die Pflegebedürftigkeit richtet sich nach § 7 Abs. 4 PflegeZG und muss (im Gegensatz zum Anspruch nach § 2 PflegeZG) bereits bestehen. Die Höchstdauer der Pflegezeit für einen nahen Angehörigen beträgt gemäß § 4 Abs. 1 PflegeZG sechs Monate. Außerdem muss der Beschäftigte die Pflegezeit form- und fristgerecht nach § 3 Abs. 3 PflegeZG ankündigen. Im Zeitpunkt der Ankündigung nach § 3 Abs. 3 PflegeZG genügt dabei allerdings eine entsprechende Absicht, der Beschäftigte muss noch keine Pflegeleistungen erbringen. Während der Pflegezeit muss diese Leistung dann aber tatsächlich erbracht werden.

Befindet sich also ein Beschäftigter in der Pflegezeit, so ist die Einstellung einer befristet beschäftigten Vertretung gemäß § 6 PflegeZG sachlich gerechtfertigt. Die Befristung hat sich dabei nach der Dauer der Pflegezeit zu richten, wobei sich die Prognose an dem entsprechenden Antrag des zu vertretenden Beschäftigten orientieren sollte. Über die nach § 6 Abs. 1 S. 1 PflegeZG mögliche Höchstdauer der Befristung ist ausnahmsweise auch eine Verlängerung zum Zwecke der Einarbeitung möglich. Für die Fälle vorzeitiger Rückkehr des Vertretenen steht dem Arbeitgeber in Parallele zum BEEG ein Sonderkündigungsrecht gemäß § 6 Abs. 3 S. 1 PflegeZG zu (→ Anm. 14).

3. **Zeit und Zweck.** Gemäß § 21 Abs. 3 BEEG und § 6 Abs. 2 PflegeZG kann neben der **Zeitbefristung** eine **Zweckbefristung** abgeschlossen werden (zur Zweckbefristung allgemein → Form. A. V. 4 Anm. 1). Bei der Zweckbefristung muss die Dauer der Befristung der gesamten Ausfallzeit der Stammarbeitskraft entsprechen, für die Befristung einzelner Teile der Ausfallzeit ist nur die Zeitbefristung möglich. Auch für die Fälle der Befristungen nach § 21 BEEG und § 6 PflegeZG bietet sich eine sog. Doppelbefristung, die kombinierte kalendermäßige und Zweckbefristung, an (zur Doppelbefristung s. ausführlich → Form. A. V. 4 Anm. 2). Der Zweck, welcher zur Beendigung des befristeten Arbeitsverhältnisses führen soll, muss so genau bezeichnet sein, dass das in Bezug genommene Ereignis zweifelsfrei feststellbar ist. Dies begegnet mit dem Ende des Mutterschutz-, Elternzeit- oder Sonderurlaubszeitraums oder der Pflegezeit regelmäßig keinen praktischen Schwierigkeiten. Eine Zweckerreichung ist dem Arbeitnehmer unverzüglich anzuzeigen (vgl. § 15 Abs. 2 und 5 TzBfG). Sollte sich der vertretene Arbeitnehmer entscheiden, nicht mehr an seinen Arbeitsplatz zurückzukehren, muss durch eine ergänzende Vertragsauslegung ermittelt werden, ob die Vertragsparteien die Fortsetzung des Arbeitsverhältnisses geplant hätten (BAG DB 1996, 2289). Insbesondere in diesem Fall ist die Doppelbefristung von Vorteil, bewirkt sie doch die Beendigung des befristeten Arbeitsverhältnisses zum zusätzlich vereinbarten Termin (→ Form. A. V. 4 Anm. 2).

Im Rahmen der Befristung der Vorgängervorschrift, des § 21 BErzGG, war zunächst umstritten, ob die Stammarbeitskraft auch dann, wenn sie vollständige Freistellung begehrt und nicht zugleich einen Teilzeitanspruch schon vor Beginn der Elternzeit geltend macht, einen Teilzeitanspruch noch während der Elternzeit erfolgreich geltend machen kann (§ 15 Abs. 5 bis 7 BEEG; vgl. ErfKomm/*Gallner* § 15 BEEG Rn. 12). Mittlerweile aber hat das BAG diese Möglichkeit eindeutig bejaht (BAG DB 2005, 2582). Eine Mehrbelastung des Arbeitgebers durch die Beschäftigung der Vertretung und der Stammarbeitskraft (bis zu 30 Wochenstunden) lässt sich nicht durch Vorkehrungen im befristeten Vertrag mit der Ersatzkraft nach § 21 BEEG verhindern. Es sprechen in diesem Fall aber „dringende betriebliche Gründe" für die berechtigte Ablehnung des Teilzeitverlangens der Stammkraft (§ 15 Abs. 7 Nr. 4 BEEG, so auch BAG DB 2005, 2582).

4. **Verhältnis zu anderen Befristungsregelungen.** Nach § 23 TzBfG soll die Befristung von Arbeitsverhältnissen nach gesetzlichen Vorschriften außerhalb des TzBfG „unberührt" bleiben. Hieraus wird ganz überwiegend geschlossen, dass insbesondere die Normen des § 14 Abs. 1 und Abs. 2 TzBfG neben § 21 BEEG stehen und alternative Befristungsmöglichkeiten bieten (*Meinel/Heyn/Herms* § 23 TzBfG Rn. 58 m. w. N.). Dies gilt wohl auch für die Befristung nach dem PflegeZG, auch wenn der Anwendungsbereich des PflegeZG weiter ist (*Müller* BB 2008, 1058). Auch dann, wenn eine Befristung nach § 21 BEEG oder § 6 PflegeZG zulässig in Betracht kommt, sollte für Arbeitnehmer, mit denen innerhalb der letzten drei Jahre kein Arbeitsverhältnis bestand (→ Form. A. V. 1 Anm. 22), von der Möglichkeit einer sachgrundlosen Befristung für einen Maximalzeitraum von zwei Jahren Gebrauch gemacht werden (§ 14 Abs. 2 TzBfG). Ist dies nicht möglich, kann die Befristung zur Vertretung neben § 21 BEEG oder § 6 PflegeZG auch auf § 14 Abs. 1 S. 2 Nr. 3 TzBfG gestützt werden (→ Form. A. V. 5). Es können allerdings tarifvertragliche Vorschriften zu beachten sein, welche für den Vertreter günstigere Regelungen beinhalten (Beispiel: zwingende Angabe des Befristungsgrundes oder Höchstdauer von Befristungen).

5. Position/Versetzung/Weisungen. → Form. A. II. 1, dort unter § 1.

6. Arbeitszeit. → Form. A. II. 1, dort unter § 2.

7. Vergütung/Sonstige Zahlungen. → Form. A. II. 1, dort unter § 3.

8. Abwesenheit/Krankheit. → Form. A. V. 1, dort unter § 4.

9. Reisekosten/Auslagen. → Form. A. II. 1, dort unter § 5.

10. Urlaub. → Form. A. II. 1, dort unter § 6.

11. Nebentätigkeiten. → Form. A. II. 1, dort unter § 7.

12. Geheimhaltung/Behandlung und Rückgabe von Gegenständen und Daten/Löschung von Daten. → Form. A. II. 1, dort unter § 8.

13. Schutzrechte. → Form. A. II. 1, dort unter § 9.

14. Kündigungsmöglichkeit. Neben der ausdrücklich individualvertraglich vereinbarten Kündigungsmöglichkeit, § 15 Abs. 3 TzBfG (→ Form. A. V. 1 Anm. 11), bietet § 21 Abs. 4 BEEG ebenso wie § 6 Abs. 3 PflegeZG dem Arbeitgeber ein **gesetzliches Sonderkündigungsrecht** für den Fall, dass die Elternzeit ohne Zustimmung des Arbeitgebers vorzeitig endet und der Stammarbeitnehmer die vorzeitige Beendigung der Eltern- oder Pflegezeit mitgeteilt hat. Dieses ermöglicht eine Kündigung des Vertreters mit einer kurzen Frist von drei Wochen im Falle der Elternzeit (und zwei Wochen im Falle der Pflegezeit) insbesondere für den Fall, dass der Stammarbeitnehmer vor Beendigung der ursprünglich begehrten Eltern- oder Pflegezeit seine Arbeit wieder aufnimmt. Längere Kündigungsfristen nach § 622 BGB sowie das KSchG finden keine Anwendung (*Annuß/Thüsing* § 23 Rn. 145 f.). Das Sonderkündigungsrecht gilt beim Tod des zu betreuenden Kindes (§ 16 Abs. 4 BEEG), bei der Geburt eines weiteren Kindes, bei der Eigenkündigung des Stammarbeitnehmers (BT-Drucks. 14/3553 S. 23), bei vorzeitigem Ende der Pflegebedürftigkeit sowie bei Unzumutbarkeit oder Unmöglichkeit der häuslichen Pflege (§ 4 Abs. 2 S. 1 PflegeZG). Des Weiteren greift das Sonderkündigungsrecht auch bei besonderen Härtefällen des § 16 Abs. 3 S. 2 BEEG, beispielsweise bei schwerer Erkrankung eines Elternteils oder bei der Gefährdung der wirtschaftlichen Existenz.

Das Sonderkündigungsrecht des § 21 Abs. 4 BEEG ist nur auf Befristungen während der Elternzeit anwendbar und nicht analog auf die anderen Sachgründe des § 21 BEEG übertragbar (ErfKomm/*Müller-Glöge* § 21 BEEG Rn. 9; KR/*Lipke* § 21 BEEG Rn. 22).

§ 21 Abs. 7 BEEG schafft ebenso wie § 6 Abs. 4 PflegeZG eine **Sonderregelung zur Ermittlung der Zahl der Arbeitnehmer respektive Arbeitsplätze** im Falle der Vertretung einer Stammarbeitskraft in der Eltern- oder Pflegezeit oder für Zeiten der Freistellung zur Betreuung. Erhebliche Bedeutung hat dies vor allem für die Anwendung des KSchG (§ 23 Abs. 1 S. 2 KSchG), die Errichtung eines Betriebsrats und das Bestehen einzelner Beteiligungsrechte (§§ 1, 99, 111 BetrVG). Eine Vertretung führt nicht zu einer Erhöhung der relevanten Arbeitnehmer- oder Arbeitsplatzzahlen, da entweder die Stammarbeitskraft oder der Vertreter, nie aber beide in eine Zahlenermittlung einzubeziehen sind.

15. Dauer der Befristung. Die Dauer der Befristung nach § 21 BEEG und § 6 PflegeZG richtet sich nach den Zeiträumen der Beschäftigungsverbote des Mutterschutzes, der in Anspruch genommenen Eltern- oder Pflegezeit oder der Freistellung zur Betreuung des Kindes. Hierbei ist es auch möglich, Zeiten der Einarbeitung mit zu berücksichtigen. Dies gilt sowohl für die Einarbeitung der Vertretung als auch später für die Einarbeitung des Vertretenen (*Annuß/Thüsing* § 23 Rn. 128; A/P/S/*Backhaus* § 21 BEEG Rn. 23; KR/*Lipke*

§ 21 BEEG Rn. 15a). Ob der Arbeitgeber eine Vertretung für die ganze Zeit des Ausfalls oder nur für einzelne Teile davon einstellt, liegt grundsätzlich in seinem Ermessen (BAG NZA 2001, 721). Anderes aber gilt bei Vereinbarung einer Zweckbefristung (→ Anm. 3).

16. Vertretung. Für den Sachgrund der Vertretung gemäß § 21 BEEG oder § 6 PflegeZG wird, wie auch bei der allgemeinen Regelung für Vertretungen, § 14 Abs. 1 S. 2 Nr. 3 TzBfG (→ Form. A. V. 5), eine **Prognose** des Arbeitgebers über den voraussichtlichen Wegfall des Vertretungsbedarfs vorausgesetzt (*Annuß/Thüsing* § 23 Rn. 136; ErfKomm/*Müller-Glöge* § 21 BEEG Rn. 8). Es muss durch einen zeitweiligen Ausfall der Stammkraft aus den in § 21 Abs. 1 BEEG oder § 6 PflegeZG genannten Gründen ein als vorübergehend einzustufender Bedarf an der Beschäftigung der Vertretungskraft entstehen und diese muss gerade wegen dieses vorübergehenden Bedarfs eingestellt werden.

Die an diese Prognose zu stellenden Anforderungen – insbesondere auch bei Mehrfachbefristungen – sind wesentlich geringer als bei der Vertretung nach § 14 Abs. 1 S. 2 Nr. 3 TzBfG (KR/*Lipke* § 21 BEEG Rn. 10f f.).

Im Hinblick auf ein noch nicht erfolgtes Elternzeitverlangen der Stammarbeitskraft kann derzeit nicht empfohlen werden, eine auf § 21 BEEG gestützte Befristung auf der Grundlage einer „Wahrscheinlichkeitsprognose" über die Anmeldung der Elternzeit vorzunehmen (→ Anm. 1).

Ein unmittelbarer Einsatz des Vertreters auf dem Arbeitsplatz des Vertretenen ist nicht erforderlich (vgl. BAG NZA-RR 2013, 185, 187). Vielmehr ist lediglich ein **Kausalzusammenhang** zwischen der befristeten Einstellung und dem Ausfall des Stammarbeitnehmers notwendig (*Annuß/Thüsing* § 23 Rn. 132; *Buchner/Becker* § 21 BEEG Rn. 9; ErfKomm/*Müller-Glöge* § 21 BEEG Rn. 6; zur sog. „mittelbaren Vertretung" und ihren Grenzen s. ausf. → Form. A. V. 5 Anm. 15).

17. Doppelbefristung. Auch im Rahmen der Sachgrundbefristung nach § 21 BEEG oder § 6 PflegeZG empfiehlt sich die Vereinbarung einer kombinierten Zeit- und Zweckbefristung (→ Anm. 3 und → Form. A. V. 4 Anm. 2).

18. Kündigungsfrist. → Form. A. V. 1 Anm. 15.

19. Schriftform. → Form. A. II. 1 Anm. 19.

20. Vertragsstrafe. → Form. A. II. 1 Anm. 20.

21. Freistellung. → Form. A. II. 1 Anm. 21.

22. Vorfälligkeitsregelung. → Form. A. II. 1 Anm. 22.

23. Ausschlussfristen/Verjährung. → Form. A. II. 1, dort unter § 11.

24. Schlussbestimmungen/Mitteilungspflicht/Aufhebung früherer Vereinbarungen und Anstellungsverhältnisse/Schriftform. → Form. A. II. 1, dort unter § 13.

25. Unterzeichnung des Arbeitsvertrages. → Form. A. II. 1 Anm. 31. Auch für die Befristungsabrede im Rahmen der Sachgrundbefristung nach § 21 BEEG oder § 6 PflegeZG gilt das **Schriftformerfordernis** (§ 14 Abs. 4 TzBfG). Grundsätzlich bedarf nur die Befristungsabrede, nicht aber der Sachgrund selbst der Schriftform (→ Form. A. V. 1 Anm. 13), dies gilt bei der Befristung gemäß § 21 BEEG oder § 6 PflegeZG entsprechend. Soll indes – wie hier – von der Möglichkeit der Zweckbefristung nach § 21 Abs. 3 BEEG oder § 6 Abs. 2 PflegeZG Gebrauch gemacht werden, so ist der Sachgrund schriftlich in den Vertrag aufzunehmen (→ Form. A. V. 4 Anm. 3).

26. Empfangsbestätigung des Mitarbeiters. → Form. A. II. 1 Anm. 32.

8. Mitteilung der Zweckerreichung gemäß § 15 Abs. 2 TzBfG – zweckbefristeter Arbeitsvertrag

[Briefkopf des Arbeitgebers]

Herrn . . . . . . (Name und Anschrift des Arbeitnehmers)

. . . . . . (Datum)

Ihr Arbeitsvertrag vom . . . . . .

Sehr geehrter Herr . . . . . .,

hiermit teilen wir Ihnen mit, dass Ihr Arbeitsvertrag mit Ablauf des . . . . . .[3] aufgrund Zweckerreichung[1, 2] enden wird.[4, 5]

Zugleich widersprechen wir schon jetzt vorsorglich einer Fortsetzung des Arbeitsverhältnisses.

Vorsorglich weisen wir Sie darauf hin, dass Sie sich innerhalb von drei Tagen bei der zuständigen Agentur für Arbeit zu melden sowie eigene Aktivitäten bei der Suche nach einer anderen Beschäftigung zu entfalten haben.[6]

Mit freundlichen Grüßen

. . . . . .

Unterschrift des Arbeitgebers[7]

Anmerkungen

1. Zweckbefristung. → Form. A. V. 4 Anm. 1.

2. Mitteilung der Zweckerreichung. Der zweckbefristete Arbeitsvertrag endet grundsätzlich mit dem Zeitpunkt des objektiven Eintritts des vertraglich vereinbarten Zwecks (der vertretene Mitarbeiter kehrt zurück, das Projekt wird beendet). Dies gilt allerdings nur unter der Voraussetzung, dass der Arbeitgeber dem Arbeitnehmer diesen Zeitpunkt mindestens zwei Wochen vor Zweckeintritt schriftlich mitgeteilt hat (§ 15 Abs. 2 TzBfG). Der Gesetzgeber hat bei Schaffung des TzBfG die Rechtsprechung des BAG aufgenommen, wonach wegen der für den Arbeitnehmer oftmals mangelnden Erkennbarkeit des Zeitpunkts des Zweckeintritts für die wirksame Beendigung des zweckbefristeten Arbeitsverhältnisses eine Ankündigung durch den Arbeitgeber unter Beachtung der Mindestkündigungsfrist erforderlich war (BAG NZA 1987, 238). Anderenfalls käme die Wirkung einer nicht voraussehbaren und nicht in überschaubarer Zeit liegenden Zweckerfüllung für den Arbeitnehmer einer außerordentlichen Kündigung gleich. Auf dieser Grundlage verpflichtet nunmehr § 15 Abs. 2 TzBfG den Arbeitgeber, den Arbeitnehmer schriftlich über den Zeitpunkt der Zweckerreichung zu unterrichten.

Nur dann, wenn dem Arbeitnehmer eine entsprechende Erklärung rechtzeitig zugegangen ist, endet das Arbeitsverhältnis mit dem objektiven Eintritt des Befristungszwecks. Erfolgt die Mitteilung verspätet, so endet das Arbeitsverhältnis frühestens zwei Wochen nach Zugang der Mitteilung, auch wenn der vereinbarte Zweck inzwischen tatsächlich eingetreten ist (§ 15 Abs. 2 TzBfG).

Noch nicht höchstrichterlich geklärt ist die Frage, inwieweit ein **Zweckfortfall** (Beispiel: vorzeitige Projektbeendigung durch Kündigung des Auftraggebers) immer auch zur wirksamen Beendigung des Arbeitsverhältnisses führt. Jedenfalls wird eine Zweckabrede bei einer Befristung nach § 14 Abs. 1 S. 2 Nr. 1 TzBfG, deren Formulierung einen solchen vorübergehend erhöhten Arbeitsbedarf selbst beinhaltet (→ Form. A. V. 4), nicht dazu führen können, dem Arbeitgeber die Berufung auf die Beendigung des befristeten Arbeitsverhältnisses bei ordnungsgemäßer Mitteilung nach § 15 Abs. 2 TzBfG wegen des von ihm zu tragenden „Wirtschaftsrisikos" zu versagen (so aber K/D/Z/*Däubler* § 15 TzBfG Rn. 4; dagegen *Meinel/Heyn/Herms* § 15 TzBfG Rn. 10 f.).

Die **Mitteilung** der Zweckerreichung nach § 15 Abs. 2 TzBfG muss **durch den Arbeitgeber oder ordnungsgemäß Bevollmächtigte** erfolgen. Eine Mitteilung durch nicht bevollmächtigte Dritte führt nicht zur gewünschten Beendigung (*Meinel/Heyn/Herms* § 15 TzBfG Rn. 13; K/D/Z/*Däubler* § 15 TzBfG Rn. 6). Es genügt hierfür insbesondere auch keine sonstige unabhängige Kenntniserlangung des Arbeitnehmers von der alsbaldigen Erreichung des Zwecks.

Obgleich es sich rechtstechnisch nicht um eine Willenserklärung handelt, besteht weitgehend Einigkeit, dass die Mitteilung der **Schriftform** des § 126 BGB entsprechen muss. Bei der Mitteilung der Zweckerreichung handelt es sich um eine Wissenserklärung (*Rolfs* § 15 Rn. 14). Die Entstehungsgeschichte des § 15 TzBfG macht aber deutlich, dass der für die Kündigung nach § 623 BGB geltende Schutz des § 126 BGB auch für die Zweckankündigung gelten soll (*Annuß/Thüsing* § 15 Rn. 4; *Rolfs* § 15 Rn. 14). Hieraus folgt, dass ein Zugang per E-Mail oder Telefax nicht genügt, sondern dem Arbeitnehmer vielmehr das Original der Mitteilung überlassen werden muss (*Annuß/Thüsing* § 15 Rn. 4). Rechtsfolgen werden erst durch ordnungsgemäßen Zugang der Mitteilung über den Zeitpunkt der Zweckerreichung beim Arbeitnehmer ausgelöst; es finden die Regelungen für den Zugang von Willenserklärungen entsprechende Anwendung (*Annuß/Thüsing* § 15 Rn. 7).

Inhalt der Mitteilung gemäß § 15 Abs. 2 TzBfG ist der genaue Zeitpunkt der Zweckerreichung (→ Anm. 3; *Annuß/Thüsing* § 15 Rn. 6; *Meinel/Heyn/Herms* § 15 TzBfG Rn. 14 ff.). Eine Pflicht des Arbeitgebers, darüber hinaus den Zweck genau zu bezeichnen und die Umstände der Zweckerreichung nachvollziehbar zu umschreiben, lässt sich nicht begründen. Weder der Wortlaut des § 15 Abs. 2 TzBfG noch die Gesetzesmaterialien oder die frühere Rechtsprechung des BAG lassen ein solches Erfordernis erkennen. Sofern der Zeitpunkt der Zweckerreichung in der Mitteilung konkret benannt wird und der Zweck selbst im befristeten Arbeitsvertrag festgehalten ist (→ Form. A. V. 4 Anm. 3), sind weitergehende Anforderungen an den Inhalt der Erklärung nicht zu beachten. Der mit der Mitteilung nach § 15 Abs. 2 TzBfG verfolgte Zweck, den Arbeitnehmer vor einer überraschenden Beendigung des Arbeitsverhältnisses zu schützen, rechtfertigt keine Ausdehnung der Anforderungen über den Wortlaut der Vorschrift hinaus (*Meinel/Heyn/Herms* § 15 TzBfG Rn. 14).

3. Beendigungszeitpunkt. Der Zeitpunkt der Zweckerreichung ist in der Mitteilung nach § 15 Abs. 2 TzBfG genau zu bezeichnen. Anzugeben ist das konkrete Datum. Unbestimmte Zeiträume oder prognostische Angaben genügen nicht (A/P/S/*Backhaus* § 15 TzBfG Rn. 10). Die Berechnung der Zweiwochenfrist folgt den §§ 186 ff. BGB. Fristbeginn ist der Tag des Zugangs der Unterrichtung. Dieser Tag zählt bei der Fristberechnung nicht mit.

Zur Illustration: Wird der objektive Zweck eines Arbeitsvertrags am Dienstag, dem 15. des Monats, erreicht, muss der Arbeitgeber eben diesen 15. des Monats in der Mitteilung angeben und für einen Zugang der Mitteilung noch am Montag, dem 1. des Monats, sorgen. Die Zweiwochenfrist beginnt am Dienstag, dem 2. des Monats, zu laufen und endet mit dem Zeitpunkt der Zweckerreichung am 15. des Monats. Zu diesem Zeitpunkt ist das Arbeitsverhältnis beendet. Unschädlich ist es, wenn der Arbeitgeber die Erklärung, der Zweck werde am Dienstag, dem 15. des Monats erreicht, bereits vor Montag, dem 1. des Monats, zugehen lässt. Das Arbeitsverhältnis endet mit Zweckerreichung am 15. des Monats.

Mit dem Wortlaut des § 15 Abs. 2 TzBfG ist die Annahme eines zusätzlichen Beurteilungsspielraums des Arbeitgebers (so aber *Meinel/Heyn/Herms* § 15 TzBfG Rn. 15 ff.) im Hinblick auf den Zeitpunkt der Zweckerreichung abzulehnen.

4. Entstehung eines unbefristeten Arbeitsverhältnisses. Das Arbeitsverhältnis wird auf unbestimmte Zeit verlängert, wenn es „. . . . . . nach Zweckerreichung mit Wissen des Arbeitgebers fortgesetzt . . . . . ." wird, und „. . . . . . der Arbeitgeber nicht unverzüglich widerspricht oder dem Arbeitnehmer die Zweckerreichung nicht unverzüglich mitteilt . . . . . ." (§ 15 Abs. 5 TzBfG). Auf einen tatsächlichen Willen beider Parteien zur Verlängerung kommt es nicht an. Mit der Schaffung des § 15 Abs. 5 TzBfG wurde der frühere Streit um die Anwendbarkeit des § 625 BGB auf den zweckbefristeten Arbeitsvertrag gegenstandslos. Die Norm soll sicherstellen, „. . . . . . dass der Arbeitgeber trotz objektiver Zweckerreichung das Ende des befristeten Arbeitsverhältnisses nicht beliebig hinausschieben kann . . . . . ." (BT-Drucks. 14/4374 S. 21).

Gemäß § 15 Abs. 2 TzBfG (→ Anm. 2) hätte es der Arbeitgeber anderenfalls durch das Unterlassen der rechtzeitigen schriftlichen Mitteilung der Zweckerreichung in der Hand, den rechtlichen Beendigungszeitpunkt unabhängig vom Eintritt der objektiven Zweckerreichung einseitig zu bestimmen. § 15 Abs. 5 TzBfG sanktioniert ein solches willentliches Unterlassen durch die Begründung eines unbefristeten Arbeitsverhältnisses kraft Gesetzes.

Die **Fortsetzung des Arbeitsverhältnisses** i. S. d. § 15 Abs. 5 TzBfG ist die tatsächliche Arbeitsleistung des Arbeitnehmers über den Zeitpunkt der Zweckerreichung hinaus. Mit der Schaffung des § 15 Abs. 5 TzBfG ist zuletzt fraglich geworden, ob für dessen Anwendung allein Fortsetzungshandlungen des Arbeitnehmers in Betracht kommen (so noch bei § 625 BGB) oder aber auch einseitige Fortsetzungshandlungen des Arbeitgebers zur Begründung eines unbefristeten Arbeitsverhältnisses führen können (A/P/S/*Backhaus* § 15 TzBfG Rn. 62 m. w. N.). Ihre praktische Bedeutung gewinnt diese Frage dort, wo der Arbeitgeber etwa Entgeltfortzahlung über den mitgeteilten Beendigungszeitpunkt hinaus leistet oder „Urlaub" erteilt. Eine Stellungnahme des BAG hierzu steht weiterhin aus. Spricht auch vieles dafür, die gesetzliche Fiktion des unbefristeten Arbeitsverhältnisses weiter allein von Fortsetzungshandlungen des Arbeitnehmers abhängig zu machen, so sollte doch der Arbeitgeber stets darauf achten, den Arbeitnehmer nach Zweckerreichung nicht wie in einem fortbestehenden Arbeitsverhältnis zu behandeln. Solche Handlungen können als Indizien für eine konkludente Vereinbarung über die Fortsetzung des Arbeitsverhältnisses bewertet werden, womit es der Fiktion des § 15 Abs. 5 TzBfG gar nicht mehr bedürfte (vgl. BAG NZA 1998, 482). Unschädlich sind dagegen all diejenigen Handlungen, welche sich gerade aus der Beendigung ergeben (Überstunden- und Urlaubsabgeltung, Zeugniserteilung etc.).

Praktisch wesentliche Handlungsrichtlinie für den Arbeitgeber bleibt es, eine Fortsetzung der Tätigkeit des Arbeitnehmers über den vertraglich vereinbarten Zweck hinaus nicht ohne unverzügliche Reaktion geschehen zu lassen.

Die Fortführung der Tätigkeit muss in unmittelbarem Anschluss an die Zweckerreichung erfolgen. Bereits eine kurze Unterbrechung führt zur Nichtanwendbarkeit der gesetzlichen Fiktion des § 15 Abs. 5 TzBfG (BAG NZA 1998, 482).

Einigkeit besteht, dass das **Wissen des Arbeitgebers** sich mindestens auf die tatsächliche Arbeitsleistung des Arbeitnehmers beziehen muss. Hierbei wird auch die Kenntnis derjenigen Personen dem Arbeitgeber zugerechnet, welche zu seiner Vertretung befugt sind (BAG BeckRS 1993, 30916210; BAG AP BGB § 620 Befristeter Arbeitsvertrag Nr. 85). Zu fordern ist die positive Kenntnis des Arbeitgebers oder seiner Vertretungsberechtigten, die Kenntnis von sonstigen Arbeitskollegen des Arbeitnehmers genügt dagegen nicht.

Streit besteht dagegen, ob die Kenntnis des Arbeitgebers neben der Fortsetzung der Tätigkeit auch die Tatsache der Zweckerreichung umfassen muss. Mit der Mehrheit der Stimmen in der Literatur ist eine solche zusätzliche Kenntnis des Arbeitgebers für die

Anwendung des § 15 Abs. 5 TzBfG nicht erforderlich (vgl. *Annuß/Thüsing* § 15 Rn. 20; *Meinel/Heyn/Herms* § 15 TzBfG Rn. 55 m. w. N.). Das BAG hat hierzu noch nicht explizit Stellung nehmen können, wenngleich es wohl dazu neigt, eine solche zusätzliche Kenntnis auch von der Beendigung des Arbeitsverhältnisses – hier allein die Kenntnis der objektiven Zweckerreichung – zu fordern, um die Fiktion des § 15 Abs. 5 TzBfG eingreifen zu lassen (so angedeutet in BAG DB 1985, 2304). Folge der verbleibenden Unsicherheit muss es für den Arbeitgeber sein, die im Grundsatz sinnvolle Vereinbarung eines – zumindest auch – zweckbefristeten Arbeitsvertrags mit einer genauen Beobachtung der Zweckerreichung zu verknüpfen (→ Form. A. V. 4 Anm. 2). Oftmals wird die Zweckerreichung unmittelbar erkennbar sein (Projektende, Rückkehr des vertretenen Arbeitnehmers), kann aber auch gesonderter Prüfung und Überwachung bedürfen (mittelbare Vertretung). Praktische Schwierigkeiten können sich insbesondere durch die Zurechnung etwaigen Wissens der vertretungsberechtigt für den Arbeitgeber handelnden Personen ergeben.

Die Beweislast im Hinblick auf die Kenntnis des Arbeitgebers von der Fortsetzung der Tätigkeit trägt derjenige, der sich auf die Rechtsfolge des § 15 Abs. 5 TzBfG beruft. Dies wird in der Regel der Arbeitnehmer sein (vgl. BAG NZA 2001, 609, 612; *Meinel/Heyn/Herms* § 15 TzBfG Rn. 56).

Erlangt der Arbeitgeber Kenntnis von der Fortsetzung der Tätigkeit, muss er dem Arbeitnehmer gegenüber **unverzüglich** – ohne schuldhaftes Zögern (§ 121 BGB) – eine Erklärung nach § 15 Abs. 5 TzBfG abgeben. Einheitliche Anforderungen für die einzuhaltende Mitteilungsfrist bestehen nicht. Der Arbeitgeber sollte sich indes nicht auf eine teilweise angenommene Höchstgrenze von einer Woche (KR/*Fischermeier* § 625 Rn. 35 m. w. N.) verlassen, sondern in jedem Fall ab Kenntnis umgehend eine Erklärung abgeben (*Meinel/Heyn/Herms* § 15 TzBfG Rn. 58).

Eine nicht mehr unverzügliche – folglich schuldhaft verzögerte – Mitteilung kommt wohl nur dort in Betracht, wo der Arbeitgeber – gegebenenfalls zurechenbare – Kenntnis nicht allein von der Fortsetzung der Tätigkeit an sich (die vor Zweckerreichung in gleicher Weise geschuldet wäre) hat, er vielmehr auch Kenntnis von der objektiven Zweckerreichung erlangt. Insoweit bleiben die praktischen Auswirkungen des oben dargelegten Streits um die Kenntnis des Arbeitgebers allein von der Fortsetzung der Tätigkeit oder zusätzlich auch von der Zweckerreichung im Falle hinreichender Überwachung gering.

5. Praktische Anforderungen (§ 15 Abs. 2 und Abs. 5 TzBfG). Es bedarf zur wirksamen Beendigung des zweckbefristeten Arbeitsverhältnisses neben der objektiven Zweckerreichung weiterer Erklärungen des Arbeitgebers. Der Arbeitgeber ist gehalten, den objektiven Zweckeintritt sorgfältig zu überwachen und nachfolgend nochmals zusammengefassten Mitteilungspflichten zu genügen (umfassend hierzu *Meinel/Heyn/Herms* § 15 TzBfG Rn. 26 ff. m. w. N.). Daneben ist eine kalendermäßige Höchstbefristung (Doppelbefristung) geeignet, die Entstehung eines unbefristeten Arbeitsverhältnisses wirsam zu vermeiden (ausführlich dazu → Form. A. V. 4 Anm. 2).

Liegt eine **rechtzeitige und ordnungsgemäße Mitteilung nach § 15 Abs. 2 TzBfG vor objektiver Zweckerreichung** vor, so endet das Arbeitsverhältnis mit dem objektiven Eintritt des vereinbarten Zwecks. Beschränkt der Arbeitgeber den Abschluss doppelt befristeter Arbeitsverträge auf diejenigen Fälle, in welchen er eine ordnungsgemäße Überwachung des Zweckeintritts und die rechtzeitige und inhaltlich wie formell ordnungsgemäße Unterrichtung sicherstellen kann, wird die Zweckbefristung zur unmittelbaren – wirtschaftlich sinnvollen – Beendigung des befristeten Arbeitsverhältnisses führen. Dennoch sollte auch in diesen Fällen sichergestellt werden, dass der Arbeitnehmer seine Tätigkeit nicht tatsächlich über den Termin des objektiven Zweckeintritts hinaus fortsetzt.

Erfolgt die **Mitteilung nach § 15 Abs. 2 TzBfG nicht rechtzeitig, aber noch vor objektiver Zweckerreichung,** so endet das Arbeitsverhältnis nicht mit objektiver Zweckerreichung, sondern erst mit Ablauf von 14 Tagen nach Zugang der Mitteilung nach § 15 Abs. 2 TzBfG. Es spricht vieles dafür, dass die Fortsetzung der Tätigkeit über den objektiven Zweckeintritt hinaus bis zum Ablauf der Zweiwochenfrist keinen Widerspruch nach § 15 Abs. 5 TzBfG notwendig macht. Das Formular nimmt allein vorsorglich nochmals einen Widerspruch auf. Jedenfalls dann aber, wenn der Arbeitnehmer noch nach Ablauf der Zweiwochenfrist nach Zugang der Mitteilung gemäß § 15 Abs. 2 TzBfG seine Tätigkeit fortsetzt, kann ohne unverzüglichen Widerspruch die Begründung eines unbefristeten Arbeitsverhältnisses nicht ausgeschlossen werden.

Liegt **keine ordnungsgemäße Mitteilung nach § 15 Abs. 2 TzBfG bis zur objektiven Zweckerreichung** vor, so ist zu unterscheiden:

Setzt der Arbeitnehmer seine Tätigkeit nach objektiver Zweckerreichung nicht fort, hat der Arbeitgeber für den – möglichst alsbaldigen – Zugang einer ordnungsgemäßen Mitteilung nach § 15 Abs. 2 TzBfG zu sorgen. Das Arbeitsverhältnis endet mit Ablauf der Zweiwochenfrist nach Zugang der Erklärung.

Setzt der Arbeitnehmer dagegen seine Tätigkeit nach objektiver Zweckerreichung mit Wissen des Arbeitgebers fort, so muss der Arbeitgeber unverzüglich die ordnungsgemäße Mitteilung nachholen (§ 15 Abs. 5 TzBfG). Anderenfalls droht die Entstehung eines unbefristeten Arbeitsverhältnisses.

Liegt eine **rechtzeitige und ordnungsgemäße Mitteilung nach § 15 Abs. 2 TzBfG vor objektiver Zweckerreichung** vor, **verzögert sich aber der tatsächliche Zweckeintritt**, so kommt es nicht zu einer automatischen Beendigung des Arbeitsverhältnisses zum mitgeteilten Zeitpunkt. Zwar wird sich der Arbeitnehmer einseitig zum zunächst vorgesehenen Zeitpunkt vom Vertrag lösen können, falls er etwa bereits eine Anschlussbeschäftigung gefunden hat. Eine vollwirksame rechtliche Beendigung des Arbeitsverhältnisses bedarf aber einer nochmaligen ordnungsgemäßen Mitteilung nach § 15 Abs. 2 TzBfG. Diese sollte der Arbeitgeber in jedem Fall sofort mit Kenntnis des tatsächlichen Zeitpunkts des objektiven Zweckeintritts abgeben, um eine frühestmögliche Beendigung zu erreichen. Setzt der Arbeitnehmer mit Wissen des Arbeitgebers seine Tätigkeit über den Zeitpunkt des objektiven Zweckeintritts hinaus fort, droht dagegen wiederum die Entstehung eines unbefristeten Arbeitsverhältnisses (§ 15 Abs. 5 TzBfG). Absolutes Mindesterfordernis ist folglich die unverzügliche Mitteilung der Zweckerreichung nach Eintritt des objektiven Zwecks.

Liegt eine **Mitteilung nach § 15 Abs. 2 TzBfG vor objektiver Zweckerreichung** vor, erfolgt **aber der tatsächliche Zweckeintritt früher** als mitgeteilt, so bedarf es der erneuten Mitteilung nach § 15 Abs. 2 TzBfG unter Angabe des zutreffenden Termins. Das Arbeitsverhältnis endet dann mit Ablauf der Zweiwochenfrist ab Zugang dieser Erklärung oder mit objektiver Zweckerreichung, falls diese erst nach Ablauf der Zweiwochenfrist eintritt.

Ist der **objektive Zweck bereits eingetreten**, und **noch keine Mitteilung nach § 15 Abs. 2 TzBfG** erfolgt, so richten sich die Anforderungen nach § 15 Abs. 5 TzBfG. Der Arbeitgeber muss unverzüglich die Mitteilung der Zweckerreichung nachholen. Das Arbeitsverhältnis wird dann mit Ablauf der 14-Tages-Frist nach Zugang der Mitteilung beendet. Setzt der Arbeitnehmer seine Tätigkeit mit Wissen des Arbeitgebers über den Zeitpunkt der Zweckerreichung fort und versäumt der Arbeitgeber die unverzügliche Nachholung, so gilt das Arbeitsverhältnis als auf unbestimmte Zeit verlängert (§ 15 Abs. 5 TzBfG). Durch Vereinbarung einer Doppelbefristung kann eine solche Rechtsfolge jedoch vermieden werden, da das Arbeitsverhältnis in diesem Fall nur bis zum Ablauf der zeitlichen Befristung fortbestehen würde (s. zur Doppelbefristung → Form. A. V. 4 Anm. 2).

6. Information nach § 2 Abs. 2 Nr. 3 SGB III. → Form. A. XIV. 2 Anm. 5.

7. Unterzeichnung der Mitteilung. → Form. A. II. 1 Anm. 31.

9. Zweckbefristeter Arbeitsvertrag wegen Prozessbeschäftigung

Prozessbeschäftigungsvertrag[1, 2, 3]

zwischen

...... (Name und Anschrift des Arbeitgebers) „Gesellschaft"

und

Herrn ...... (Name und Anschrift des Arbeitnehmers) „Mitarbeiter"

Präambel[4]

Die Gesellschaft hat den Anstellungsvertrag mit dem Mitarbeiter vom ...... mit Schreiben vom ...... ordentlich fristgerecht zum ...... gekündigt *(Alternative: außerordentlich fristlos und hilfsweise ordentlich fristgerecht zum ...... gekündigt).* Der Mitarbeiter hat Klage zum Arbeitsgericht ...... (Az.: ......) auf Feststellung erhoben, dass das Arbeitsverhältnis durch die Kündigung vom ...... nicht aufgelöst ist. *(Optional: Das Arbeitsgericht hat mit Urteil vom ...... die Kündigungsschutzklage abgewiesen/der Kündigungsschutzklage stattgegeben. Gegen dieses Urteil hat der Mitarbeiter/die Gesellschaft Berufung zum Landesarbeitsgericht ...... (Az.: ......) eingelegt.)* Die Gesellschaft geht davon aus, dass die Kündigung vom ...... das zwischen den Parteien bestehende Anstellungsverhältnis zum ...... beendet hat.

(Alternative:[5]

Die Gesellschaft geht davon aus, dass das auf der Grundlage des Anstellungsvertrags vom ...... bestehende befristete Anstellungsverhältnis mit dem Mitarbeiter mit Ablauf des ...... geendet hat. Der Mitarbeiter hat Klage zum Arbeitsgericht ...... (Az.: ......) auf Feststellung erhoben, dass das Arbeitsverhältnis aufgrund der Befristung nicht beendet ist. (Optional: Das Arbeitsgericht hat mit Urteil vom ...... die Entfristungsklage abgewiesen/der Entfristungsklage stattgegeben. Gegen dieses Urteil hat der Mitarbeiter/die Gesellschaft Berufung zum Landesarbeitsgericht ...... (Az.: ......) eingelegt.))

Im Rahmen des laufenden gerichtlichen Verfahrens vereinbaren die Parteien ohne Präjudiz für die Sach- und Rechtslage folgende befristete Prozessbeschäftigung:

§ 1 Position/Versetzung/Weisungen[6]

§ 2 Arbeitszeit[7]

§ 3 Vergütung/Sonstige Zahlungen[8]

§ 4 Laufzeit/Kündigung[9]

(1) Der Prozessbeschäftigungsvertrag beginnt am ...... Der Mitarbeiter wird befristet bis zum rechtskräftigen Abschluss des Kündigungsschutzverfahrens *(Alternative: Entfristungsverfahrens)* eingestellt. Der Prozessbeschäftigungsvertrag endet mit dem rechtskräftigen Abschluss des Kündigungsschutzverfahrens *(Alternative: Entfristungsverfahrens),* ohne dass es einer Kündigung bedarf. Letzteres gilt auch dann, wenn der Mitarbeiter seine Tätigkeit zunächst über den Zeitpunkt des rechtskräftigen Abschlusses des Kündigungsschutzverfahrens *(Alternative: Entfristungsverfahrens)* hinaus fortsetzen sollte.

(Alternative:[10]

(1) Der Prozessbeschäftigungsvertrag beginnt am ...... Der Mitarbeiter wird befristet bis zum rechtskräftigen Abschluss des Kündigungsschutzverfahrens (Alternative: Entfristungsverfahrens) eingestellt. Der Prozessbeschäftigungsvertrag endet mit dem rechtskräftigen Abschluss des Kündigungsschutzverfahrens (Alternative: Entfristungsverfahrens), spätestens jedoch mit Ablauf des ......, ohne dass es einer Kündigung bedarf. Letzteres gilt auch dann, wenn der Mitarbeiter seine Tätigkeit zunächst über den ...... bzw. den Zeitpunkt des rechtskräftigen Abschlusses des Kündigungsschutzverfahrens (Alternative: Entfristungsverfahrens) hinaus fortsetzen sollte.)

(2) Beide Parteien können den Prozessbeschäftigungsvertrag unter Einhaltung der gesetzlichen Kündigungsfristen kündigen.[11]

(3) Die Kündigung bedarf der Schriftform.[12]

§ 5 Sonstige Arbeitsbedingungen[13]

Soweit in diesem Prozessbeschäftigungsvertrag nichts anderes geregelt ist, gelten die Regelungen des Anstellungsvertrages vom ...... fort. Eine Fortgeltung des Anstellungsvertrages vom ...... im Übrigen wird hierdurch nicht begründet.

§ 6 Schlussbestimmungen/Mitteilungspflicht/Aufhebung früherer Vereinbarungen und Anstellungsverhältnisse/Schriftform[14]

......	......
Ort, Datum	Ort, Datum
......	......
Unterschrift der Gesellschaft[15]	Unterschrift des Mitarbeiters

Empfangsbestätigung des Mitarbeiters[16]

Der Mitarbeiter bestätigt, dass er eine von der Gesellschaft unterschriebene vollständige Ausfertigung dieses Prozessbeschäftigungsvertrages am ...... (Datum) erhalten hat.

......

Ort, Datum

......

Unterschrift des Mitarbeiters

Anmerkungen

1. **Zweckbefristung.** → Form. A. V. 4 Anm. 1.

2. **Aufnahme des Sachgrundes in den zweckbefristeten Arbeitsvertrag.** → Form. A. V. 4 Anm. 3.

3. **Prozessbeschäftigung.** Bei der sog. Prozessbeschäftigung geht es um die (vorläufige) Weiterbeschäftigung eines gekündigten Arbeitnehmers nach Ablauf der Kündigungsfrist für die Dauer des Kündigungsschutzprozesses. Neben der einseitig erzwungenen Weiterbeschäftigung aufgrund des betriebsverfassungsrechtlichen Weiterbeschäftigungsanspruchs aus § 102 Abs. 5 S. 1 BetrVG oder bei (vorläufigem) Obsiegen des Mitarbeiters mit einem Antrag auf Weiterbeschäftigung zu den bisherigen Arbeitsbedingungen im Kündigungsschutzprozess kann auch eine **einvernehmliche Weiterbeschäftigung für die**

Dauer des Kündigungsschutzprozesses in Betracht kommen, welche für den Arbeitgeber das wirtschaftlich bedeutsame Risiko der Zahlung von Annahmeverzugslohn für den Fall des rechtskräftigen Obsiegens des Arbeitnehmers im gerichtlichen Bestandsschutzverfahren wirksam begrenzt.

Im Falle einer unwirksamen Kündigung ist anerkannt, dass der Arbeitgeber sich für die Zeit **nach Ablauf der Kündigungsfrist** regelmäßig **in Annahmeverzug** befindet (vgl. BAG NZA 2008, 1410, 1411; BAG NZA 2012, 260; MünchHdbArbR/*Boewer* § 69 Rn. 15), was bereits unmittelbar aus § 296 BGB folgt, da der Arbeitgeber zur Erfüllung seiner Beschäftigungspflicht verpflichtet ist, dem Arbeitnehmer einen funktionsfähigen Arbeitsplatz und eine Tätigkeit zuzuweisen. Unterlässt der Arbeitgeber diese Mitwirkungshandlung, gerät er in Annahmeverzug, ohne dass der Arbeitnehmer seine Arbeitsleistung wörtlich oder gar tatsächlich anbieten müsste. Etwas anderes gilt nur, wenn der Arbeitnehmer nicht leistungsfähig oder nicht leistungswillig ist, z.B. bei Krankheit, aber auch wenn der Arbeitgeber wirksam Urlaub oder Freizeitausgleich angeordnet hat (BAG NZA 2005, 1348), da dem Arbeitnehmer die Arbeitsleistung dann tatsächlich oder rechtlich unmöglich ist. Der Annahmeverzug im Falle der Unwirksamkeit der Kündigung wird als solcher auch durch eine Prozessbeschäftigung bis zum rechtskräftigen Abschluss des Kündigungsschutzprozesses nicht beendet, denn der Arbeitgeber nimmt die Arbeitsleistung im Rahmen der Prozessbeschäftigung gerade nicht als Erfüllung des gekündigten Arbeitsverhältnisses an (BAG NZA 2004, 90). Letzteres besteht aus seiner Sicht nicht mehr. Der Arbeitgeber trägt damit nach Ablauf der Kündigungsfrist grundsätzlich das Risiko, dass er dem Arbeitnehmer im Falle rechtskräftiger Feststellung der Unwirksamkeit der Kündigung für einen Zeitraum von mehreren Monaten Annahmeverzugslohn nachzahlen muss, ohne hierfür eine entsprechende Arbeitsleistung erhalten zu haben.

Diesem Risiko aber tragen die **Anrechnungsregeln des § 615 S. 2 BGB und § 11 Nr. 1 und 2 KSchG** Rechnung. Trotz des abweichenden Wortlauts besteht ein inhaltlicher Unterschied zwischen den beiden Vorschriften nicht (BAG NZA 2012, 260, 261); § 11 KSchG geht im Falle des Annahmeverzugs nach Ausspruch einer Kündigung jedoch als lex specialis vor (BAG NZA 2004, 90). Danach muss sich der Arbeitnehmer auf seinen Annahmeverzugslohnanspruch dasjenige anrechnen lassen, was er durch anderweitige Arbeit verdient hat oder hätte verdienen können, wenn er es nicht böswillig unterlassen hätte, eine ihm **zumutbare** Arbeit anzunehmen. Böswilligkeit liegt bereits dann vor, wenn der Arbeitnehmer vorsätzlich eine ihm bekannte Arbeitsmöglichkeit nicht wahrnimmt, eine Schädigungsabsicht ist nicht erforderlich, grobe Fahrlässigkeit andererseits ist nicht ausreichend (BAG NZA 2004, 90). Die Beweislast für das Vorliegen eines Anrechnungstatbestands liegt allerdings beim Arbeitgeber und stellt diesen in der Praxis häufig vor kaum überwindbare Probleme, da er von dem Bestehen einer zumutbaren Arbeitsmöglichkeit für den Arbeitnehmer bei Dritten nur in Ausnahmefällen überhaupt Kenntnis erlangen wird.

Vor diesem Hintergrund kann es ein probates Mittel zur Reduzierung des Annahmeverzugsrisikos für den Arbeitgeber darstellen, wenn dieser dem Arbeitnehmer selbst im Rahmen einer Prozessbeschäftigung eine anderweitige Erwerbsmöglichkeit anbietet. Nimmt der Arbeitnehmer dieses Angebot an, ist die erhaltene Vergütung auf den möglichen Annahmeverzugslohn anzurechnen. Der Arbeitgeber ist also zur Zahlung der vereinbarten Vergütung verpflichtet, erhält aber im Rahmen der Prozessbeschäftigung im Gegenzug auch eine entsprechende Arbeitsleistung. Lehnt der Arbeitnehmer das Angebot hingegen ab, kann das fiktive Entgelt aus der angebotenen Prozessbeschäftigung dennoch auf den Annahmeverzugslohn angerechnet werden, wenn die angebotene Prozessbeschäftigung zumutbar war.

Die **Zumutbarkeit der angebotenen Prozessbeschäftigung** ist stets anhand aller Umstände des Einzelfalls nach Treu und Glauben zu bewerten (BAG NZA 2004, 90).

Grundsätzlich kann eine Beschäftigung beim bisherigen Arbeitgeber zumutbar sein (BAG NZA 2004, 90). Bei verhaltensbedingten, insbesondere außerordentlichen Kündigungen kann jedoch die Art und das Gewicht der erhobenen Vorwürfe die Unzumutbarkeit begründen, sofern die Tatsachengrundlage der Vorwürfe nicht ausnahmsweise unstreitig ist oder der Arbeitnehmer im Kündigungsschutzverfahren einen Antrag auf vorläufige Weiterbeschäftigung gestellt hat (BAG NZA 2004, 90). Handelt es sich um eine personen- oder betriebsbedingte Kündigung oder hat der Arbeitnehmer einen Antrag auf Weiterbeschäftigung gestellt, hat er jedenfalls dann darzulegen, aus welchen Gründen eine Weiterbeschäftigung unzumutbar sein soll, wenn die Prozessbeschäftigung zu unveränderten Bedingungen angeboten wird. Eine Unzumutbarkeit kommt nach den Umständen hingegen bei Änderungen der bisherigen Arbeitsbedingungen im Rahmen der Prozessbeschäftigung in Betracht, wobei aber auch Gehaltskürzungen nicht von vornherein unzumutbar sind (BAG NZA 2004, 1155). Auch eine Überschreitung des arbeitgeberseitigen Direktionsrechts, wie dies im bisherigen Arbeitsverhältnis für die Zuweisung einer anderweitigen Tätigkeit hätte ausgeübt werden können, führt nicht automatisch zur Unzumutbarkeit der angebotenen Arbeit (BAG NZA 2007, 561). Es muss sich also bei der Arbeitspflicht im Rahmen der Prozessbeschäftigung nicht um die vertraglich geschuldete Tätigkeit handeln. Wird dem Arbeitnehmer gekündigt, weil er eine vertragswidrige Tätigkeit abgelehnt hat, so führt dies zwar regelmäßig zur Unwirksamkeit der verhaltensbedingten Kündigung, die Zuweisung einer vertragswidrigen Tätigkeit im Rahmen der Prozessbeschäftigung kann aber gleichwohl eine „zumutbare" Tätigkeit i.S.v. § 11 Nr. 2 KSchG darstellen (BAG NZA 2012, 260, 261). Das Angebot einer vertragswidrigen Tätigkeit schließt die Zumutbarkeit also nicht aus – im Gegenteil, das Angebot einer vertragsgemäßen Tätigkeit in Erfüllung der Verbindlichkeit aus dem Arbeitsverhältnis würde den Annahmeverzug beenden (BAG NZA 2012, 260, 261; *Baeck/Winzer* NZG 2012, 255, 257). Auch die arbeitsvertragswidrige Beschäftigung darf der Arbeitnehmer damit nur ablehnen, wenn sie unzumutbar ist. Maßgeblich bleiben stets sämtliche Umstände des Einzelfalls. Eine Besonderheit besteht bei **Änderungskündigungen.** Hier kann schon das in Verbindung mit einer Änderungskündigung erklärte Angebot auf Beschäftigung zu geänderten Bedingungen die Obliegenheit zur Annahme der angebotenen zumutbaren Arbeit auslösen. Wird dieses Angebot abgelehnt, indem z.B. der Arbeitnehmer nicht die Möglichkeit einer Annahme unter Vorbehalt nach § 2 S. 1 KSchG wahrnimmt, bedarf es für eine Anrechnung keines neuen Angebots seitens des Arbeitgebers auf Prozessbeschäftigung (BAG NZA 2008, 1063).

Bei allen freiwilligen, d.h. nicht durch den gesetzlichen Weiterbeschäftigungsanspruch aus § 102 Abs. 5 S. 1 BetrVG oder eine gerichtliche Entscheidung erzwungenen, Angeboten auf Prozessbeschäftigung ist jedoch zu beachten, dass es sich hierbei um den **Abschluss eines neuen Arbeitsvertrags** handelt, der selbständig neben dem gekündigten Arbeitsverhältnis steht, da dessen Fortbestand von der Wirksamkeit der ausgesprochenen Kündigung abhängig und damit unsicher ist. Das Prozessarbeitsverhältnis soll nach seinem Sinn und Zweck jedoch nur bis zu einer endgültigen, d.h. rechtskräftigen Entscheidung über den Fortbestand des alten Arbeitsverhältnisses im Rahmen des Kündigungsrechtsstreits gelten und muss daher in seiner Laufzeit entsprechend begrenzt werden. Auf diese Art der Prozessbeschäftigung findet das TzBfG in vollem Umfang Anwendung, wobei die Prozessbeschäftigung als eigenständiger **ungeschriebener sachlicher Grund für eine Befristung** anerkannt ist (BAG NZA 2004, 1275). Folglich ist bei der Vereinbarung einer Prozessbeschäftigung unbedingt die **Schriftform gemäß § 14 Abs. 4 TzBfG** zu beachten (BAG NZA 2004, 1275). Im Falle eines Verstoßes gegen das Schriftformerfordernis entsteht nach § 16 S. 1 TzBfG ein weiteres unbefristetes Arbeitsverhältnis, welches unabhängig von dem Ausgang des Kündigungsrechtsstreits fortbesteht. Anders als bei einem solchen vereinbarten Prozessarbeitsverhältnis unterliegt die schlichte Prozessbeschäftigung – die nur zur Erfüllung des titulierten Weiterbeschäftigungsanspruchs erfolgt – nicht dem Schriftformerfordernis gemäß § 14 Abs. 4 TzBfG (LAG Kiel BeckRS 2012, 65203; *Böhm* ArbRB 2012, 382, 383).

Aufgrund der aus dem Erfordernis einer Einzelfallprüfung folgenden Unsicherheiten bei der Beurteilung der Zumutbarkeit eines Angebots auf Prozessbeschäftigung wird ein „vorsichtiger" Arbeitgeber nach Möglichkeit stets eine Weiterbeschäftigung zu unveränderten Bedingungen anbieten, da eine solche dem Arbeitnehmer in aller Regel zumutbar sein dürfte. Ohne ausdrückliche Erklärung des Arbeitgebers wird daher i. d. R. davon auszugehen sein, dass für die Prozessbeschäftigung die bisherigen Arbeitsbedingungen gelten sollen. Für die zeitliche Beschränkung einer solchen Prozessbeschäftigung kommen sowohl eine Befristung auf den Zeitpunkt des rechtskräftigen Abschlusses des Kündigungsschutzprozesses als auch eine auflösende Bedingung durch die rechtskräftige Abweisung der Kündigungsschutzklage in Betracht. Eine **Vereinbarung über die Fortsetzung des Arbeitsverhältnisses zu unveränderten Bedingungen in der Form eines auflösend bedingten Prozessbeschäftigungsvertrages** während laufenden Kündigungsschutzverfahrens erster Instanz könnte daher auch wie folgt abgeschlossen werden:

Alternative:
Die Gesellschaft hat den Anstellungsvertrag mit dem Mitarbeiter vom . . . . . . mit Schreiben vom . . . . . . ordentlich fristgerecht zum . . . . . . gekündigt (Alternative: außerordentlich fristlos und hilfsweise ordentlich fristgerecht zum . . . . . . gekündigt). Der Mitarbeiter hat Klage zum Arbeitsgericht . . . . . . (Az.: . . . . . .) auf Feststellung erhoben, dass das Arbeitsverhältnis durch die Kündigung vom . . . . . . nicht aufgelöst ist. Die Gesellschaft geht davon aus, dass die Kündigung vom . . . . . . das zwischen den Parteien bestehende Anstellungsverhältnis zum . . . . . . beendet hat.

Im Rahmen des laufenden gerichtlichen Verfahrens vereinbaren die Parteien ohne Präjudiz für die Sach- und Rechtslage folgenden auflösend bedingten Prozessbeschäftigungsvertrag:

(1) Der Mitarbeiter wird ab dem . . . . . . zu den Bedingungen des Anstellungsvertrages vom . . . . . . bis zum rechtskräftigen Abschluss des Kündigungsschutzverfahrens eingestellt. Der Prozessbeschäftigungsvertrag ist auflösend bedingt und endet mit dem rechtskräftigen Abschluss des Kündigungsschutzverfahrens, ohne dass es einer Kündigung bedarf. Letzteres gilt auch dann, wenn der Mitarbeiter seine Tätigkeit zunächst über den Zeitpunkt des rechtskräftigen Abschlusses des Kündigungsschutzverfahrens hinaus fortsetzen sollte.

(2) Beide Parteien können den Prozessbeschäftigungsvertrag unter Einhaltung der gesetzlichen Kündigungsfristen kündigen.

(3) Die Kündigung bedarf der Schriftform.

. . . . . .	. . . . . .
Ort, Datum	Ort, Datum
. . . . . .	. . . . . .
Unterschrift der Gesellschaft	Unterschrift des Mitarbeiters

Empfangsbestätigung des Mitarbeiters

Der Mitarbeiter bestätigt, dass er eine von der Gesellschaft unterschriebene vollständige Ausfertigung dieses Prozessbeschäftigungsvertrages am . . . . . . (Datum) erhalten hat.

. . . . . .
Ort, Datum
. . . . . .
Unterschrift des Mitarbeiters

Allerdings wird eine Fortsetzung des Arbeitsverhältnisses zu unveränderten Bedingungen vielfach nicht im Interesse des Arbeitgebers liegen. Ohnehin muss der Arbeitgeber vor einem Angebot auf Prozessbeschäftigung stets gründlich prüfen, ob die angebotene Prozessbeschäftigung nicht geeignet ist, die Gründe für die ausgesprochene Kündigung zu widerlegen. So wird beispielsweise im Falle einer außerordentlichen Kündigung das Angebot einer Prozessbeschäftigung zu unveränderten Bedingungen nicht mit der für eine außerordentliche Kündigung erforderlichen Unzumutbarkeit einer Weiterbeschäftigung bis zum Ablauf der regulären Kündigungsfrist in Einklang zu bringen sein. Gleiches gilt bei ordentlichen verhaltensbedingten Kündigungen, welche auf den endgültigen Wegfall der Vertrauensgrundlage für das Arbeitsverhältnis abstellen. Bei betriebsbedingten Kündigungen kann dagegen insbesondere die Möglichkeit bestehen, den Arbeitnehmer mit Aushilfs- und Abwicklungsarbeiten zu beschäftigen, ohne dadurch die zuvor erklärte Kündigung zu entwerten. Im Übrigen gilt natürlich auch hier – bei gelegentlich faktischer Erschwerung der Position im Kündigungsrechtsstreit, dass auch die Wirksamkeit der betriebsbedingten Kündigung im Zugangszeitpunkt zu prüfen ist und spätestens nach Ablauf der Kündigungsfrist keine Wiedereinstellungspflichten bestehen.

Es sind demnach viele Fallgestaltungen denkbar, in denen der Arbeitgeber gewisse Modifizierungen an den Arbeitsbedingungen vornehmen muss, um eine auch für ihn akzeptable Weiterbeschäftigungsmöglichkeit anzubieten. Dementsprechend knüpft dieses Formular nicht einfach an den bisherigen Arbeitsvertrag an, sondern zielt darauf, einen weitgehend eigenständigen Vertrag zu begründen, der damit auch andere Arbeitsbedingungen enthalten kann. Schließlich hat auch das BAG sogar eine Veränderung des Entgelts im Rahmen der Prozessbeschäftigung nicht für von vornherein unzulässig erklärt. Dennoch wird der Arbeitgeber bei der Ausgestaltung seines Angebots zu beachten haben, dass im Falle der Ablehnung durch den Arbeitnehmer nur ein zumutbares Angebot zu der gewünschten Anrechnung auf den Annahmeverzugslohn führt. Zwar ist die nicht vertragsgemäße Arbeit nicht ohne Weiteres mit unzumutbarer Arbeit gleichzusetzen (BAG NZA 2012, 260, 261), eine nicht nur unerhebliche Veränderung des Entgelts oder der Arbeitszeit sowie eine Versetzung an einen weit entfernten Arbeitsort werden allerdings eher zu einer Unzumutbarkeit führen, als etwa das Angebot einer gleichwertigen neuen Tätigkeit.

Dennoch bleibt es dem Arbeitgeber natürlich unbenommen, dem Arbeitnehmer Arbeitsbedingungen anzubieten, die einer Zumutbarkeitsprüfung eventuell nicht standhalten. Das Risiko der Beurteilung der Zumutbarkeit verlagert sich auf diese Weise in gewissem Umfang auf den Arbeitnehmer. Nimmt dieser das „unzumutbare" Angebot an, erfolgt unabhängig von der Frage der Zumutbarkeit eine Anrechnung auf den Annahmeverzugslohn. Lehnt der Arbeitnehmer das Angebot hingegen ab, trägt er das Risiko, dass die angebotenen Änderungen der Arbeitsbedingungen als zumutbar anzusehen sind und er sich das nicht erzielte Entgelt auf seinen Annahmeverzugslohn anrechnen lassen muss. Zudem kann der Arbeitgeber sein Angebot immer noch „nachbessern". Die Frage der konkret anzubietenden Arbeitsbedingungen richtet sich daher maßgeblich nach taktischen Erwägungen und den Umständen des Einzelfalls. Bei einer Änderung der Arbeitsbedingungen kommt eine – in der Praxis sonst nicht selten verwandte auflösend bedingte Fortsetzung des bisherigen Anstellungsverhältnisses naturgemäß nicht in Betracht, möglich ist allein eine Zweckbefristung auf den rechtskräftigen Abschluss des Kündigungsschutzprozesses.

Abgrenzung zur erzwungenen Weiterbeschäftigung: Bei der Beschäftigung des Arbeitnehmers zur **Abwendung der Zwangsvollstreckung** aus einem (erst-)instanzlichen Urteil wird i.d.R. kein eigenständiges Arbeitsverhältnis begründet (BAG NZA 2004, 90; LAG Kiel BeckRS 2012, 65203). Fordert der Arbeitgeber den Arbeitnehmer in Erfüllung des Titels lediglich zur Wiederaufnahme seiner Tätigkeit im Betrieb auf, fehlt es mangels Willenserklärung des Arbeitgebers auch an den Voraussetzungen für ein fehlerhaftes Arbeitsverhältnis. Vielmehr hat der Arbeitnehmer in dieser Konstellation einen Anspruch auf Wertersatz für die geleistete Arbeit. Erweist sich die Kündigung nach Urteil höherer Instanz als unwirksam, so ist mangels vertraglicher Vereinbarung über Bereicherungsrecht abzuwickeln (BAG NZA 2004, 90). In diesen Fällen sollte der Arbeitgeber bei der Aufforderung zur Weiterbeschäftigung jedoch ausdrücklich klarstellen, dass die Weiterbeschäftigung lediglich zur Abwendung der Zwangsvollstreckung und nicht auf vertraglicher Grundlage erfolgt. Ob ein befristetes Prozessarbeitsverhältnis auf vertraglicher Basis oder lediglich eine schlichte Prozessbeschäftigung ohne Rechtsbindungswillen in Erfüllung des titulierten Weiterbeschäftigungsanspruchs vorliegt, ist durch Auslegung zu ermitteln. Ein Indiz für ein vertragliches Prozessarbeitsverhältnis hat das LAG Kiel in der Tatsache gesehen, dass der Arbeitnehmer auch nach einem klageabweisenden Berufungsurteil, mithin nachdem die Prozessbeschäftigung nicht mehr durch Zwangsvollstreckung durchsetzbar war, noch weiterbeschäftigt worden ist (LAG Kiel BeckRS 2012, 65203).

Bei der Weiterbeschäftigung, zu der der Arbeitgeber bei einem **Betriebsratswiderspruch gemäß § 102 Abs. 5 BetrVG** verpflichtet ist, besteht das ursprüngliche Arbeitsverhältnis kraft Gesetzes auflösend bedingt durch die rechtskräftige Klageabweisung fort (BAG NZA 1986, 424). Weiterer Erklärungen von Arbeitnehmer und Arbeitgeber bedarf es nach Geltendmachung des Anspruchs durch den Arbeitnehmer nicht. Der Arbeitgeber kann sich hier lediglich im Wege einstweiligen Rechtsschutzes von der Verpflichtung zur Weiterbeschäftigung entbinden lassen.

4. Präambel. Bei der Prozessbeschäftigung handelt es sich um ein zweckbefristetes Arbeitsverhältnis. Um den Zeitpunkt der Zweckerreichung und damit der Beendigung des Arbeitsverhältnisses eindeutig feststellen zu können, muss der Zweck – hier also das gerichtliche Verfahren, für dessen Dauer die Prozessbeschäftigung vereinbart werden soll – präzise beschrieben werden. Hierzu bietet es sich an, in der Präambel vorab die derzeitige prozessuale Situation unter Angabe des Verfahrensgegenstands, des befassten Gerichts und des Aktenzeichens darzustellen. Im Rahmen der eigentlichen Befristungsabrede kann dann auf diese Ausführungen Bezug genommen werden. Die Darstellungen in der Präambel müssen zu diesem Zweck so ausführlich und exakt wie möglich sein.

5. Präambel Befristung. Die alternative Präambel ist für den Fall einer Prozessbeschäftigung während einer Entfristungsklage nach § 17 TzBfG gedacht. Auch hier ist das betreffende Gerichtsverfahren so präzise wie möglich zu beschreiben (→ Anm. 4).

Eine solche Prozessbeschäftigung kann im Rahmen einer Entfristungsklage nach § 17 TzBfG vereinbart werden, wenn der Arbeitgeber von einer wirksamen Beendigung des Arbeitsverhältnisses aufgrund einer vereinbarten Befristung ausgeht, der Arbeitnehmer diese Befristung jedoch für unwirksam hält. Die Ausführungen aus der → Anm. 3 gelten hier sinngemäß.

6. Position/Versetzung/Weisungen. → Form. A. II. 1, dort unter § 1. In diesem Punkt dürfte der größte Anpassungsbedarf im Vergleich zum gekündigten Anstellungsvertrag bestehen, insbesondere im Falle einer betriebsbedingten Kündigung. Ebenso besteht hier im Hinblick auf die Zumutbarkeit der angebotenen Änderungen der größte Gestaltungsspielraum. Das Angebot eines Arbeitsplatzes, welcher auch im Rahmen des Direktionsrechts des ursprünglichen Arbeitsverhältnisses hätte zugewiesen werden können, ist i.d.R. zumutbar. Daneben sind auch Tätigkeiten, die der bislang geschuldeten Tätigkeit gleichwertig sind, i.d.R. zumutbar. Gleiches dürfte für die erstmalige Aufnahme einer zulässigen Versetzungsklausel in den Prozessbeschäftigungsvertrag gelten. Bei einer nicht mehr gleichwertigen Tätigkeit ist hingegen stets anhand aller Umstände des Einzelfalls zu ermitteln, ob die angebotene Vertragsänderung noch zumutbar ist. Allerdings muss der Arbeitgeber nicht davor zurückschrecken, vertragswidrige Tätigkeiten anzubieten. Denn die nichtvertragsgemäße Arbeit ist nicht ohne Weiteres mit unzumutbarer Arbeit gleichzusetzen (BAG NZA 2012, 260, 261). Eine unzumutbare Statusverschlechterung läge etwa vor, wenn der Arbeitnehmer vormaligen Kollegen oder sogar Untergebenen unterstellt wird (BAG NZA 2012, 260, 261).

7. Arbeitszeit. → Form. A. II. 1, dort unter § 2. Bei der angebotenen Arbeitszeit werden Abweichungen von den bisherigen Vereinbarungen nicht grundsätzlich zur

Unzumutbarkeit des Änderungsangebots führen (vgl. BAG NZA 2012, 260, 261). Zwar hat die Festlegung des Umfangs der geschuldeten Arbeitszeit in aller Regel unmittelbare Auswirkungen auf den Lohnanspruch. Der Arbeitnehmer müsste sich allerdings auf seinen Anspruch auf Annahmeverzugslohn dann auch nur einen geringeren Betrag anrechnen lassen. Dennoch kann eine deutliche Verringerung des zeitlichen Umfangs der angebotenen Tätigkeit zur Unzumutbarkeit führen, wenn dadurch die Wertigkeit der bisherigen Tätigkeit deutlich gemindert wird, wie es etwa bei einem Wechsel von Vollzeit zu einer geringfügigen Beschäftigung der Fall wäre (vgl. LAG Stuttgart BeckRS 2008, 54082). In diesem Fall kann der Arbeitnehmer nach den Umständen des Einzelfalls berechtigt sein, statt der Prozessbeschäftigung lieber auf ein anderes Vertragsangebot in Vollzeit oder die Beendigung des Gerichtsverfahrens zu warten.

8. Vergütung/Sonstige Zahlungen. → Form. A. II. 1, dort unter § 3. Änderungen bei der Vergütung werden am ehesten zu einer Unzumutbarkeit führen, sind nach der Rechtsprechung des BAG allerdings nicht generell ausgeschlossen. Insofern werden jedenfalls gewisse Anpassungen an eine neue Tätigkeit und/oder geänderte Arbeitszeit zulässig sein. Massive Eingriffe können hingegen, wenn der Arbeitnehmer das Angebot nicht annimmt, zur Unzumutbarkeit führen und damit einer Anrechnung auf den Annahmeverzugslohn entgegenstehen.

9. Zweckbefristung. Der Arbeitsvertrag wegen Prozessbeschäftigung wird im Wege der Zweckbefristung bis zum rechtskräftigen Abschluss des bereits in der Präambel erwähnten Gerichtsverfahrens befristet. Grundsätzlich kann die Befristung bei mehreren Kündigungen respektive mehreren anhängigen gerichtlichen Verfahren auch auf den rechtskräftigen Abschluss aller genannten Verfahren bezogen werden. Unerlässlich ist jedoch eine eindeutige Formulierung unter konkreter Bezeichnung aller in Bezug genommener Beendigungstatbestände und gerichtlicher Verfahren. Zu vermeiden ist die Befristung auf die „rechtskräftige Abweisung" der Kündigungsschutzklage. Da der Eintritt der „rechtskräftigen Abweisung" anders als der „rechtskräftige Abschluss" ein ungewisses Ereignis ist, liegt keine Zweckbefristung und kein in diesem Sinne von der Rechtsprechung anerkannter ungeschriebener Befristungsgrund vor. Die Befristung bedürfte dann eines anderen sachlichen Grundes nach § 14 Abs. 1 TzBfG, ansonsten wäre sie unwirksam und der Arbeitsvertrag auf unbestimmte Zeit geschlossen (LAG Köln BeckRS 2012, 71361; *Kossens* jurisPR-ArbR 33/2012 Anm. 5).

Achtung: Das Arbeitsverhältnis endet im Falle einer Zweckbefristung gemäß § 15 Abs. 2 TzBfG nur dann mit Erreichen des Zwecks, wenn der Arbeitgeber den Arbeitnehmer mindestens zwei Wochen vorher schriftlich über den Zeitpunkt der Zweckerreichung informiert. Unterlässt der Arbeitgeber eine solche Mitteilung und arbeitet der Arbeitnehmer über den Zeitpunkt der Zweckerreichung – hier den rechtskräftigen Abschluss des Gerichtsverfahrens – hinaus weiter, kann ein unbefristetes Arbeitsverhältnis entstehen. Der Arbeitgeber muss daher den Eintritt der Rechtskraft im Gerichtsverfahren genau im Blick behalten und rechtzeitig vorher den Arbeitnehmer informieren, → Form. A. V. 8 Anm. 2.

In der ersten und zweiten Instanz tritt die Rechtskraft grundsätzlich mit Ablauf der Rechtsmittelfrist ein, wenn keine Partei ein Rechtsmittel einlegt. Da der Arbeitgeber die Einlegung von Rechtsmitteln durch den Arbeitnehmer nicht sicher absehen kann, sollte er den Arbeitnehmer vorsorglich zwei Wochen vor Ablauf der Rechtsmittelfrist über den möglichen Eintritt der Zweckerreichung informieren, sofern er selbst kein Rechtsmittel einlegen will oder kann. Eine solche bedingte Information führt für den Arbeitnehmer nicht zu einer nicht hinnehmbaren Unsicherheit über die Zweckerreichung, da er selbst entscheiden kann, ob er ein Rechtsmittel einlegen will. In Verfahren vor dem BAG tritt die Rechtskraft hingegen regelmäßig mit Verkündung der Entscheidung ein, so dass der Arbeitgeber spätestens zwei Wochen vor dem Verkündungstermin den Arbeitnehmer über die Zweckerreichung informieren muss.

10. Doppelbefristung. → Form. A. V. 4 Anm. 2. Eine Doppelbefristung macht bei der Prozessbeschäftigung besonders in den Fällen Sinn, in denen der Arbeitgeber schon bei Abschluss des Prozessbeschäftigungsvertrags sicher weiß, dass er den Arbeitnehmer nur für einen bestimmten Zeitraum einsetzen kann. Dies kann beispielsweise bei einer zu einem bestimmten Datum vorgesehenen (Teil-)Betriebsstilllegung oder einer zeitlich befristeten Beschäftigung zur Vertretung eines anderen Mitarbeiters der Fall sein, wenn der Arbeitgeber den Arbeitnehmer danach unabhängig von dem Ausgang des Gerichtsverfahrens nicht mehr einsetzen kann. In allen anderen Fällen macht die Vereinbarung einer zusätzlichen Zeitbefristung als Absicherung der Prozessbefristung eher wenig Sinn, weil sich der Zeitpunkt bis zum rechtskräftigen Abschluss des gerichtlichen Verfahrens sich in vielen Fällen nicht annähernd verlässlich abschätzen lassen wird.

11. Kündigung. Auch in einem befristeten Prozessbeschäftigungsverhältnis sollte eine Kündigungsmöglichkeit aufgenommen werden (zur Kündigungsmöglichkeit in befristeten Arbeitsverhältnissen → Form. A. V. 1 Anm. 11).

Für die Länge der Kündigungsfrist sind grundsätzlich die gesetzlichen (ggf. auch tariflichen) Bestimmungen maßgeblich. Insbesondere bei der Berechnung der Kündigungsfrist kommt es dann entscheidend darauf an, ob die Betriebszugehörigkeit aus dem vorangegangenen Arbeitsverhältnis mit einzubeziehen ist. Dafür ist nach der Rechtsprechung des BAG maßgeblich, ob zwischen dem bisherigen Arbeitsverhältnis und der Prozessbeschäftigung ein enger sachlicher und zeitlicher Zusammenhang besteht (BAG NZA 2004, 319). Dies wird insbesondere der Fall sein, wenn die Prozessbeschäftigung zu unveränderten Bedingungen direkt nach Ablauf der Kündigungsfrist vereinbart wird. In diesem Fall kann die Berücksichtigung der vorherigen Betriebszugehörigkeit dann unter Umständen zu sehr langen Kündigungsfristen für das Prozessbeschäftigungsverhältnis führen. Je länger hingegen die Zeitspanne zwischen dem Ablauf der Kündigungsfrist und dem Beginn der Prozessbeschäftigung ist und je stärker die neuen Arbeitsbedingungen von den bisherigen abweichen, desto eher wird eine Zusammenrechnung der Betriebszugehörigkeitszeiten ausscheiden. Maßgeblich sind jedoch stets die konkreten Umstände des Einzelfalls. Die so verbleibenden Unsicherheiten bei der Bestimmung der konkreten Kündigungsfrist können freilich nicht dazu führen, auf die Vereinbarung einer Kündigungsmöglichkeit für beide Parteien zu verzichten.

12. Schriftform. → Form. A. II. 1 Anm. 19.

13. Sonstige Arbeitsbedingungen. Häufig wird es sich anbieten, alle sonstigen Arbeitsbedingungen des bisherigen Anstellungsvertrags in Bezug zu nehmen, um in diesem Punkt möglichst nah am bisherigen Arbeitsverhältnis zu bleiben und damit eine Unzumutbarkeit des Angebots zu vermeiden. Allerdings ist in jedem Einzelfall genau zu prüfen, ob wirklich alle sonstigen Arbeitsbedingungen des bisherigen Anstellungsvertrags für die Prozessbeschäftigung sinnvoll einbezogen werden können oder aber Ausnahmen erforderlich sind.

14. Schlussbestimmungen/Mitteilungspflicht/Aufhebung früherer Vereinbarungen und Anstellungsverhältnisse/Schriftform. → Form. A. II. 1, dort unter § 13.

15. Unterzeichnung des Prozessbeschäftigungsvertrages. → Form. A. II. 1 Anm. 31.

16. Empfangsbestätigung des Mitarbeiters. → Form. A. II. 1 Anm. 32.

10. Anschreiben an Mitarbeiter wegen Prozessbeschäftigung

[Briefkopf des Arbeitgebers]

Herrn . . . . . . (Name und Anschrift des Arbeitnehmers)

. . . . . . (Datum)

Prozessbeschäftigung[1, 2]

Sehr geehrter Herr . . . . . .,

wie Ihnen bekannt ist, haben wir das mit Ihnen auf der Grundlage des Anstellungsvertrags vom . . . . . . bestehende Anstellungsverhältnis mit Schreiben vom . . . . . . ordentlich fristgerecht zum . . . . . . gekündigt *(Alternative: außerordentlich fristlos und hilfsweise ordentlich fristgerecht zum . . . . . . gekündigt).* Wir gehen daher davon aus, dass das Anstellungsverhältnis zum . . . . . . beendet ist.[3]

Sie haben Klage zum Arbeitsgericht . . . . . . (Az.: . . . . . .) auf Feststellung erhoben, dass das Arbeitsverhältnis durch die Kündigung vom . . . . . . nicht aufgelöst ist. *(Optional: Das Arbeitsgericht hat mit Urteil vom . . . . . . die Kündigungsschutzklage abgewiesen/ der Kündigungsschutzklage stattgegeben. Gegen dieses Urteil haben Sie/haben wir Berufung zum Landesarbeitsgericht . . . . . . (Az.: . . . . . .) eingelegt.)*[4]

(Alternative:

Nach unserer Auffassung hat das mit Ihnen auf der Grundlage des Anstellungsvertrags vom . . . . . . bestehende befristete Anstellungsverhältnis mit Ablauf des . . . . . . geendet. Wir gehen daher davon aus, dass kein wirksames Anstellungsverhältnis mehr besteht.[5]

Sie haben Klage zum Arbeitsgericht . . . . . . (Az.: . . . . . .) auf Feststellung erhoben, dass das Arbeitsverhältnis aufgrund der Befristung nicht beendet ist. (Optional: Das Arbeitsgericht hat mit Urteil vom . . . . . . die Entfristungsklage abgewiesen/der Entfristungsklage stattgegeben. Gegen dieses Urteil haben Sie/haben wir Berufung zum Landesarbeitsgericht . . . . . . (Az.: . . . . . .) eingelegt.[6]*))*

Ohne Präjudiz für die Sach- und Rechtslage und allein zur Verringerung unseres Annahmeverzugsrisikos[7] bieten wir Ihnen hiermit an, Sie bis zum rechtskräftigen Abschluss des oben genannten Gerichtsverfahrens im Rahmen einer Prozessbeschäftigung ab dem . . . . . . befristet als . . . . . . zu beschäftigen. Diese befristete Prozessbeschäftigung soll unabhängig von dem gekündigten Anstellungsverhaltnis erfolgen. An sämtlichen Beendigungstatbeständen/-erklärungen halten wir ausdrücklich fest.

Die Bedingungen der angebotenen Prozessbeschäftigung entnehmen Sie bitte dem als Anlage beigefügten befristeten Arbeitsvertrag.[8]

(Alternative:

Wir bieten Ihnen die Prozessbeschäftigung befristet unter Beibehaltung der bisherigen Regelungen Ihres Anstellungsvertrags vom . . . . . . an.)[9]

Dazu fügen wir in der Anlage einen von uns bereits unterzeichneten befristeten Arbeitsvertrag einschließlich einer Zweitausfertigung bei. Möchten Sie dieses Angebot annehmen, bitten wir Sie darum, die Zweitausfertigung im Original zu unterzeichnen und an uns zu übermitteln. Bitte haben Sie Verständnis dafür, dass wir uns an dieses Vertragsangebot einstweilen nur . . . . . .[10] Wochen nach Zugang dieses Schreibens bei Ihnen gebunden halten. Sollte es bei Ihnen zeitliche oder sonstige Probleme geben, die Sie an der

Annahme des Prozessbeschäftigungsangebots hindern, nehmen Sie bitte Kontakt zu uns auf, damit wir hierfür gemeinsam eine angemessene Lösung finden können.

Wir weisen Sie darauf hin, dass wir die Aufnahme einer Beschäftigung bei uns solange ablehnen, bis uns die von Ihnen unterzeichnete Zweitausfertigung des Arbeitsvertrages im Original vorliegt.[11]

Außerdem weisen wir Sie ausdrücklich darauf hin, dass Sie sich im Falle Ihres rechtskräftigen Obsiegens in dem oben genannten Gerichtsverfahren auf Ihre etwaigen Ansprüche auf Annahmeverzugslohn gemäß § 615 S. 1 und 2 BGB, § 11 Nr. 1 und 2 Kündigungsschutzgesetz den Betrag anrechnen lassen müssen, den Sie während des Annahmeverzugs durch anderweitige Arbeit verdienen oder hätten verdienen können, wenn Sie es nicht böswillig unterlassen hätten, eine Ihnen zumutbare Arbeit anzunehmen. Nach unserer Auffassung ist Ihnen die Aufnahme der angebotenen Prozessbeschäftigung zumutbar, so dass Sie sich im Falle der Ablehnung des Angebots den möglichen Verdienst aus dem Prozessbeschäftigungsverhältnis auf Ihren Annahmeverzugslohn anrechnen lassen müssten.

Sollten Sie zwischenzeitlich dagegen ein neues Anstellungsverhältnis bei einem anderen Arbeitgeber eingegangen oder auf selbstständiger Basis tätig sein, teilen Sie uns dies bitte unverzüglich schriftlich unter Angabe der erzielten Vergütung sowie von Namen und Anschrift des Arbeitgebers oder der Höhe Ihrer Einnahmen aus selbstständiger Tätigkeit mit.[12]

Mit freundlichen Grüßen

. . . . . .

Unterschrift des Arbeitgebers[13]

Anmerkungen

1. Prozessbeschäftigung. → Form. A. V. 9 Anm. 3.

2. Anschreiben. Ein ausführliches begleitendes Anschreiben zum Angebot einer Prozessbeschäftigung wird immer dann sinnvoll sein, wenn eine mündliche Erläuterung dieses Angebots gegenüber dem Mitarbeiter nicht möglich ist, beispielsweise weil dieser nach Ablauf der Kündigungsfrist bereits aus dem Betrieb ausgeschieden ist. Das Anschreiben verfolgt den Zweck, einerseits dem Mitarbeiter die Hintergründe des Angebots zu erläutern und ihn insbesondere über die Anrechnungsmöglichkeiten auf den Annahmeverzugslohn zu informieren, andererseits aber auch – über den Vertragstext hinaus – klarzustellen, dass es sich ausschließlich um eine befristete Tätigkeit handelt und damit kein Verzicht auf die Rechte aus der Kündigung verbunden ist.

3. Kündigung. Das Formular geht von dem Grundfall aus, dass der Arbeitgeber eine oder mehrere Kündigungen des Anstellungsverhältnisses ausgesprochen hat. Diese Kündigungen sollten nach Art und Datum möglichst genau bezeichnet werden, um den Anknüpfungspunkt der Prozessbeschäftigung präzise zu bezeichnen (→ Anm. 4).

4. Kündigungsschutzklage. Die Befristung der Prozessbeschäftigung knüpft an den rechtskräftigen Abschluss eines oder mehrerer laufender Gerichtsverfahren zwischen den Parteien an. Diese Verfahren sind daher nach Art, Gericht und Aktenzeichen möglichst genau zu bezeichnen, um den Zeitpunkt der Zweckerreichung für die Beendigung der Prozessbeschäftigung präzise feststellen zu können.

5. Befristung. Ebenso wie bei der Kündigung kommt eine Prozessbeschäftigung auch im Falle einer gerichtlichen Auseinandersetzung über die Wirksamkeit der Beendigung eines Anstellungsverhältnisses aufgrund einer Befristung in Betracht. Auch in diesem Fall sollte die Befristung präzise beschrieben werden.

6. Entfristungsklage. → Form. A. V. 10 Anm. 4.

7. Annahmeverzugsrisiko. → Form. A. V. 9 Anm. 3.

8. Vertragsangebot. Grundsätzlich können im Rahmen einer Prozessbeschäftigung vollkommen neue Vertragsbedingungen vereinbart werden. Häufig kann der Arbeitgeber den Arbeitnehmer im Hinblick auf die Gründe für die ausgesprochene Kündigung/ggf. auch im Hinblick auf die Sachgründe für eine Befristung nicht auf dem bisherigen Arbeitsplatz und zu den bisherigen Bedingungen beschäftigen. Lehnt der Arbeitnehmer das Angebot jedoch ab, kommt eine Anrechnung auf den Annahmeverzugslohn nur in Betracht, wenn die angebotenen Vertragsbedingungen zumutbar waren. Das heißt also, dass nicht vertragsgemäße Arbeit nicht unweigerlich mit unzumutbarer Arbeit gleichzusetzen ist. Auch das Angebot vertragswidriger Arbeit kann geeignet sein, eine Anrechnungspflicht auszulösen (BAG NZA 2012, 260, 261). → Form. A. V. 9 Anm. 3.

9. Beibehaltung Arbeitsbedingungen. Das Angebot einer Prozessbeschäftigung zu den bisherigen Arbeitsbedingungen wird i.d.R. für den Mitarbeiter zumutbar sein und im Falle der Ablehnung eine Anrechnung auf den Annahmeverzugslohn ermöglichen. Der Arbeitgeber ist allerdings bei dem Angebot einer Prozessbeschäftigung in den Grenzen der Zumutbarkeit nicht darauf beschränkt, dem Mitarbeiter die bisherigen vertragsgemäßen Bedingungen anzubieten. → Form. A. V. 9 Anm. 3, 6.

10. Annahmefrist. Der Arbeitgeber sollte die Annahme des Angebots auf Prozessbeschäftigung nur bis zu einem bestimmten Zeitpunkt zulassen, um sich seine Dispositionsbefugnis zu erhalten. Durch eine relativ kurze Frist – beispielsweise zwei Wochen – kann der Mitarbeiter zusätzlich unter einen gewissen Entscheidungsdruck gesetzt werden.

11. Arbeitsaufnahme. Im Rahmen einer Prozessbeschäftigung ist es von überragender Bedeutung, dass der Mitarbeiter erst nach der schriftlichen Annahme der Prozessbeschäftigungsvereinbarung tatsächlich wieder im Betrieb eingesetzt wird. Nach der Rechtsprechung des BAG gilt für die Befristung der Prozessbeschäftigung auf vertraglicher Basis das Schriftformerfordernis des § 14 Abs. 4 TzBfG (BAG NZA 2004, 1275; LAG Kiel BeckRS 2012, 65203). Nimmt der Arbeitnehmer seine Arbeit daher vor Unterzeichnung der Prozessbeschäftigungsvereinbarung wieder auf, entsteht im Regelfall ein unbefristetes Arbeitsverhältnis gemäß § 16 TzBfG, welches dann unabhängig von dem Ausgang der anhängigen Gerichtsverfahren fortbesteht.

12. Auskunftsverlangen. Der Mitarbeiter ist im Falle des Fortbestands des Arbeitsverhältnisses aufgrund gerichtlich festgestellter Unwirksamkeit der Kündigung oder Befristung verpflichtet, dem Arbeitgeber die gewünschte Auskunft über weitere Arbeitsverhältnisse und Einkünfte zu erteilen. Nur in diesem Fall würde auch die Anrechnungsmöglichkeit auf den Annahmeverzugslohn überhaupt relevant.

13. Unterzeichnung des Anschreibens. Das Anschreiben selbst unterliegt keinem Schriftformerfordernis und muss daher – im Gegensatz zu dem beigefügten Anstellungsvertrag – nicht von einer vertretungsberechtigten Person unterschrieben sein.

VI. Teilzeit

1. Ablehnung eines Teilzeitverlangens nach § 8 TzBfG und § 15 BEEG

[Briefkopf des Arbeitgebers]

Herrn . . . . . . (Name und Anschrift des Arbeitnehmers)

. . . . . . (Datum)

Ablehnung Ihres Teilzeitverlangens[1, 2]

Sehr geehrter Herr . . . . . .,

wir beziehen uns auf Ihr Schreiben *(Alternative: Gespräch mit Herrn/Frau . . . . . .)* vom . . . . . ., in dem Sie uns mitgeteilt hatten, dass Sie ab dem . . . . . . Ihre Tätigkeit in Teilzeit durchführen wollen[3] und unser Gespräch am . . . . . ., in dem wir keine Einigung über Ihren Teilzeitwunsch finden konnten.[4]

Sie hatten uns mitgeteilt, dass Sie . . . . . . (Inhalt des Teilzeitbegehrens, *Beispiel*: eine Halbierung Ihrer wöchentlichen Arbeitszeit anstreben und die verringerte Arbeitszeit gleichmäßig auf alle Arbeitstage verteilt – jedoch nur vormittags – leisten wollen).

Wir lehnen die von Ihnen gewünschte Verringerung und Verteilung der Arbeitszeit hiermit ab,[5] da Ihrem Wunsch betriebliche Gründe entgegenstehen.[6]

(Optional:

Eine Teilzeittätigkeit wäre in unserem Unternehmen jedoch auf der Position . . . . . . im Bereich . . . . . . möglich. Diese Position wäre für eine Teilzeittätigkeit geeignet und könnte von der Arbeitszeit her Ihren Wünschen entsprechend ausgestaltet werden. Wir bitten Sie, sich mit uns in Verbindung zu setzen, falls Sie Interesse an dieser Position haben.[7])

(Optional:

Wir fordern Sie auf, auch nach dem . . . . . . zu den vereinbarten Arbeitszeiten zu arbeiten. Bei einer eigenmächtigen Verringerung der Arbeitszeit müssen Sie damit rechnen, dass wir Ihr Arbeitsverhältnis – ordentlich oder außerordentlich – kündigen werden.[8])

Wir dürfen Sie noch darauf hinweisen, dass Sie eine Verringerung der Arbeitszeit erst nach Ablauf von zwei Jahren wieder verlangen können.[9]

Mit freundlichen Grüßen

. . . . . .

Unterschrift des Arbeitgebers.[10]

Erhalten:

. . . . . .

Ort, Datum

. . . . . .

Unterschrift des Arbeitnehmers[11]

Anmerkungen

1. Allgemein. Jeder Arbeitnehmer hat unter bestimmten Voraussetzungen einen **gesetzlichen, unabdingbaren Anspruch auf Teilzeitarbeit** (§§ 8, 22 TzBfG). Wenn der Arbeitgeber auf ein ordnungsgemäßes Teilzeitverlangen nicht nach den Regeln des TzBfG reagiert, insbesondere dieses nicht ordnungsgemäß ablehnt, tritt eine grundsätzlich unbefristete „automatische" Verringerung der Arbeitszeit entsprechend dem Verlangen des Arbeitnehmers ein, ohne dass dieser weitere Schritte unternehmen muss (§ 8 Abs. 5 S. 2 TzBfG). Das Formular enthält eine nach Aufbau und Inhalt zweckmäßige Mitteilung, mit der der Arbeitgeber ein Teilzeitbegehren ablehnt. Es stellt damit den Abschluss des gesetzlich vorgesehenen außergerichtlichen Verfahrens dar. Im Folgenden wird auch dieses Verfahren dargestellt, da Kenntnisse darüber für den Arbeitgeber unabdingbar sind, um ein Teilzeitbegehren wirksam ablehnen zu können. Will der Arbeitnehmer sein Teilzeitverlangen weiter verfolgen, nachdem es ordnungsgemäß abgelehnt wurde, muss der Arbeitnehmer es gerichtlich durchsetzen (→ Anm. 5). Das Teilzeitbegehren kann vom Arbeitgeber nur dann wirksam abgelehnt werden, wenn ihm betriebliche Gründe entgegenstehen (§ 8 Abs. 4 TzBfG). Ob im Einzelfall tatsächlich betriebliche Gründe vorliegen, die zur Ablehnung eines Teilzeitverlangens berechtigen, kann nur aufgrund des konkreten Sachverhalts und unter Berücksichtigung der jeweiligen betrieblichen Situation bestimmt werden. Das Formular lehnt das Teilzeitbegehren ab. Es kann grundsätzlich in allen Konstellationen verwendet werden, in denen der Arbeitgeber dem Teilzeitbegehren nicht nachkommen will.

Die **Besonderheiten des Teilzeitverlangens bei Elternzeit nach dem BEEG** und dessen Ablehnung werden in den jeweiligen Anmerkungen erläutert. Für die Ablehnung eines solchen Antrags kann der Aufbau des Formulars herangezogen werden, sie muss aber anders formuliert und schriftlich begründet werden (§ 15 Abs. 7 S. 4 BEEG). Das TzBfG lässt spezialgesetzliche Ansprüche auf Teilzeit unberührt (§ 23 TzBfG). Zwischen einem **Teilzeitverlangen nach dem TzBfG** und einem **Teilzeitverlangen nach dem BEEG** besteht Anspruchskonkurrenz. Ein Arbeitnehmer in Elternzeit kann sich daher grundsätzlich aussuchen, auf welche Anspruchsgrundlage er sich beruft (BAG AP TzBfG § 8 Nr. 21). Ein Teilzeitantrag nach dem BEEG ist teilweise „günstiger" für den Arbeitnehmer als ein Teilzeitverlangen nach dem TzBfG (zur Ablehnung sind dringende betriebliche Gründe nötig), teilweise auch „ungünstiger" (keine automatische Verringerung bei unterlassener form- und fristgerechter Ablehnung). Insgesamt ist der Teilzeitanspruch nach dem BEEG wohl als günstiger für den Arbeitnehmer zu werten, da er ein „Rückkehrrecht" zur vorherigen Arbeitszeit vorsieht (§ 15 Abs. 5 S. 4 BEEG – befristete Verringerung der Arbeitszeit nach dem BEEG). Das TzBfG dagegen sieht ein solches Rückkehrrecht nicht vor. Es geht vielmehr vom Modell einer unbefristeten Verringerung der Arbeitszeit nach einem „erfolgreichen" Teilzeitverlangen aus. Wenn ein Mitarbeiter, bei dem beide Anspruchsgrundlagen gegeben wären (§ 15 BEEG und § 8 TzBfG) ein Teilzeitverlangen stellt, ist zunächst zu prüfen, ob sich durch Wortlaut oder Auslegung ergibt, auf welche Anspruchsgrundlage er sich stützen will. Wenn sich ein Teilzeitantrag beispielsweise außerhalb des im BEEG vorgegebenen Arbeitszeitkorridors von 15 bis 30 Wochenstunden bewegt, wird der Antrag auf das TzBfG gestützt sein. Gleiches gilt, wenn der Mitarbeiter deutlich macht, dass er unbefristet in Teilzeit arbeiten will, also nicht nur für die Dauer der Elternzeit. Wenn sich nicht eindeutig ermitteln lässt, auf welche Anspruchsgrundlage sich der Arbeitnehmer festgelegt hat, sollte der Arbeitgeber bei einer Ablehnung die entsprechenden Vorschriften aus beiden Gesetzen kumulativ einhalten. Der Arbeitnehmer wird eventuell absichtlich offen lassen, auf welche Grundlage er sein Teilzeitbegehren stützt, um seine Position durch die Ungewissheit zu verbessern.

2. Anspruch auf Verringerung der Arbeitszeit. Voraussetzung für den **allgemeinen Anspruch auf Teilzeit** nach dem TzBfG ist, dass der Arbeitnehmer länger als **sechs Monate im Arbeitsverhältnis** steht und dass der Arbeitgeber in der Regel **mehr als 15 Arbeitnehmer** beschäftigt (§ 8 Abs. 1, 7 TzBfG). Der Arbeitnehmer braucht **keine Gründe für sein Teilzeitbegehren.** Seine Interessen für das Teilzeitbegehren sind unerheblich, so dass grundsätzlich (außer im einstweiligen Rechtsschutz, → Anm. 5) keine Abwägung gegenläufiger Interessen von Arbeitnehmer und Arbeitgeber stattfindet (vgl. BAG AP TzBfG § 8 Nr. 8; BAG NZA 2008, 289). Der Teilzeitantrag einer allein erziehenden Mutter, die nur noch vormittags arbeiten will, weil sie ihr Kind nachmittags betreuen muss, wird also grundsätzlich nicht anders behandelt als der gleichlautende Teilzeitantrag eines Mitarbeiters, der „das Geld nicht braucht“ und mehr Freizeit haben möchte (BAG NZA 2008, 314).

§ 8 TzBfG gewährt dem Arbeitnehmer keinen Anspruch auf eine **befristete Verringerung** der Arbeitszeit (BAG NJW 2009, 2395, 2396). In einem solchen Fall liegt kein wirksames Verringerungsverlangen vor, sondern ein Antrag auf Änderung des Arbeitsvertrages. Der Arbeitgeber kann frei entscheiden, ob er diesen Antrag annimmt oder ablehnt sowie ob er überhaupt reagiert (BAG NZA 2007, 253). Nach bisheriger Rechtsprechung des BAG tritt deshalb bei nicht rechtzeitiger Ablehnung des Antrags auf Zustimmung zur befristeten Verringerung der Arbeitszeit die Fiktionswirkung des § 8 Abs. 5 S. 2 TzBfG nicht ein. Nach Inkrafttreten des § 7c Abs. 1 Nr. 1 lit. c) 2. Halbs. SGB IV zum 1.1.2009 ist allerdings fraglich, ob an dieser Rechtsprechung noch uneingeschränkt festzuhalten ist. Nach § 7c SGB IV können vom Arbeitnehmer angesparte Wertguthaben auch zur „Finanzierung“ von Teilzeitverlangen gem. § 8 TzBfG eingesetzt werden. § 8 TzBfG gilt hier ausdrücklich mit der Maßgabe, dass die Verringerung der Arbeitszeit auf die Dauer der Entnahme aus dem Wertguthaben befristet werden kann (Schaub/*Linck* § 43 Rn. 105).

Nach § 15 Abs. 4 bis 7 BEEG haben **Arbeitnehmer während der** Inanspruchnahme der **Elternzeit** (also befristet auf die Dauer der Elternzeit) Anspruch auf Teilzeitbeschäftigung beim Arbeitgeber, sofern

- der Arbeitgeber in der Regel mehr als 15 Arbeitnehmer beschäftigt (ausschließlich Personen in der Berufsausbildung),
- das Arbeitsverhältnis im Betrieb oder Unternehmen mehr als sechs Monate bestanden hat,
- die Arbeitszeit für mindestens zwei Monate auf einen Umfang zwischen 15 und 30 Wochenstunden verringert werden soll,
- der Anspruch dem Arbeitgeber mindestens sieben Wochen vorher schriftlich mitgeteilt wurde und
- der Arbeitnehmer während der Elternzeit nicht schon zweimal eine Verringerung der Arbeitszeit beansprucht hat.

Nach dem BAG kann ein Mitarbeiter, der zunächst für eine bestimmte Dauer Elternzeit „Null“ beantragt hat, später – auch während er sich bereits in Elternzeit befindet und von der Arbeitspflicht befreit ist – noch einen Anspruch auf Teilzeittätigkeit nach dem BEEG geltend machen. Der Arbeitgeber kann aber diesem Begehren ggf. entgegenhalten, dass er schon eine Vertretung eingestellt hat (BAG AP BErzGG § 15 Nr. 44, 47).

3. Teilzeitverlangen. Der Arbeitnehmer muss dem Arbeitgeber seinen Wunsch nach Verringerung und den gewünschten Umfang der Verringerung nach dem TzBfG spätestens **drei Monate vor** dem gewünschten **Beginn** der Verringerung der Arbeitszeit mitteilen (§ 8 Abs. 2 TzBfG). Lässt das Verringerungsverlangen des Arbeitnehmers den Umfang der Reduzierung der Arbeitszeit offen, ohne dem Arbeitgeber das Recht zur Festlegung des Umfangs der verringerten wöchentlichen Arbeitszeit nach billigem Ermessen einzuräumen, ist es nicht hinreichend bestimmt. Es löst weder die Fiktionswirkungen des § 8 Abs. 5 S. 2 und 3 TzBfG noch die zweijährige Sperrfrist des § 8 Abs. 6 TzBfG aus (BAG NZA 2008, 289). Des Weiteren soll er die von ihm angestrebte Verteilung der verringerten Arbeitszeit angeben. Diese Eckdaten werden im Formular wiedergegeben. Nicht ausreichend ist es, wenn der Arbeitnehmer nur einen Arbeitszeitrahmen vorgibt, da dieser als nicht hinreichend bestimmt und damit unwirksam ist (LAG Köln BB 2010, 955). Wenn der Mitarbeiter eine Verteilung der Arbeitszeit nicht spätestens im Erörterungsgespräch mit dem Arbeitgeber angibt, kann der Arbeitgeber im Rahmen des Direktionsrechts die Verteilung der Arbeitszeit einseitig regeln (vgl. BAG DB 2005, 1279) ggf. unter Wahrung der Mitbestimmungsrechte des Betriebsrats nach § 87 Abs. 1 Nr. 2 BetrVG bei kollektivem Bezug (vgl. BAG AP TzBfG § 8 Nr. 27; LAG Hamm BeckRS 2003, 31015847; → Form. A. II. 1 Anm. 3, → Form. A. VI. 2 Anm. 3). Es sind auch atypische Teilzeitverlangen möglich, beispielsweise das Begehren der Verteilung der Arbeitszeit auf „einen Monat Vollzeit, einen Monat Arbeitszeit Null" und der damit verbundenen Reduzierung der Arbeitszeit um die Hälfte (vgl. § 2 Abs. 1 TzBfG; LAG Düsseldorf NZA-RR 2002, 407). Eine besondere Art der Teilzeittätigkeit wird im TzBfG nicht vorgeschrieben. Nach dem Gesetz liegt Teilzeitarbeit vor, wenn die Arbeitszeit im Durchschnitt eines Zeitraums von bis zu einem Jahr unter der Arbeitszeit eines vergleichbaren Vollzeitbeschäftigten liegt (§ 2 Abs. 1 S. 2 TzBfG). Das TzBfG schreibt – anders als das BEEG – **keine besondere Form** des „Antrags" auf Verringerung der Arbeitszeit vor, so dass der Arbeitnehmer seinen Wunsch **auch mündlich** äußern kann. Insbesondere bei einem mündlichen Teilzeitverlangen besteht für den Arbeitgeber die Gefahr, dass der zuständige Vorgesetzte des Mitarbeiters, an den letzterer das Teilzeitverlangen heranträgt, dieses schlicht vergisst oder nicht ernst nimmt und es von Arbeitgeberseite nicht ordnungsgemäß bearbeitet wird. Dann tritt die gesetzliche Zustimmungsfiktion ein (§ 8 Abs. 5 S. 2 TzBfG → Anm. 5). Wenn ein Mitarbeiter seinem Vorgesetzten gegenüber äußert „Ich möchte in Zukunft nur noch halbtags arbeiten" kann dies durchaus ein ordnungsgemäßes Teilzeitverlangen darstellen, das – nachweisbar – abgelehnt werden muss, um nicht automatisch zur Verringerung der Arbeitszeit zu führen (sofern der Mitarbeiter im Streitfall seine Äußerung nachweisen kann).

Ein Teilzeitwunsch ist vom Arbeitgeber also immer ernst zu nehmen und es ist darauf zu achten, dass die Kommunikation mit klaren und eindeutigen Worten erfolgt. Vage Äußerungen sind zu vermeiden. Sie würden im Streitfall meist dem Arbeitgeber schaden. Zur Absicherung der Rechtsposition in einem eventuell nachfolgenden Prozess sollte der Arbeitgeber sicherstellen, dass die Kommunikation nachgewiesen werden kann. Soweit möglich, sollte sie also schriftlich erfolgen. Gespräche sollten unter Hinzuziehung eines Zeugen erfolgen und in Form eines vom Zeugen unterzeichneten Aktenvermerks dokumentiert werden.

Wenn der Arbeitnehmer seinen Wunsch nach Verringerung der Arbeitszeit weniger als drei Monate vor dem von ihm ausdrücklich gewünschten Beginn der Verringerung geltend macht – also mit **zu kurzer Vorlauffrist** – ist der Arbeitgeber nicht verpflichtet, dem Wunsch zu diesem Datum nachzukommen. Auch die Zustimmungsfiktion des § 8 Abs. 5 S. 2, 3 TzBfG wird nicht zum im verspäteten Antrag angegebenen Zeitpunkt ausgelöst (BAG AP TzBfG § 8 Nr. 11; vgl. zur Zustimmungsfiktion → Anm. 5). Der Antrag des Mitarbeiters ist dann aber regelmäßig so auszulegen, dass der Beginn der Verringerung der Arbeitszeit zum nächstmöglichen Zeitpunkt erfolgen soll, also drei Monate nach Äußerung des Verringerungswunsches. Da jedenfalls nicht ausgeschlossen ist, dass das BAG die Zustimmungsfiktion an den korrigierten Teilzeitbeginn knüpft (vgl. BeckOK Arb. § 8 TzBfG Rn. 22), sollte der Antrag stets vorsorglich abgelehnt werden. Zu beachten ist zudem, dass der Arbeitgeber auf die Einhaltung der Drei-Monats-Frist verzichten kann, auch durch schlüssiges Verhalten. Ein solcher Verzicht kann beispielsweise in einer vorbehaltlosen Erörterung des Teilzeitbegehrens mit dem Mitarbeiter in Kenntnis der Fristversäumung liegen (BAG NZA 2009, 565). Bei Nichteinhaltung der Vorlauffrist ist dem Arbeitgeber zu empfehlen, den Arbeitnehmer zunächst auf die nicht eingehaltene Frist hinzuweisen. Dann muss der Arbeitnehmer dem Arbeitgeber verdeutlichen, wie sein Verlangen auszulegen ist. Erst nach dieser Präzisierung muss der Arbeitgeber die entgegenstehenden betrieblichen Gründe mit dem Arbeitnehmer erörtern (vgl. BAG AP TzBfG § 8 Nr. 11).

Bei einem **Teilzeitverlangen während der Elternzeit** nach dem BEEG muss der Anspruch dem Arbeitgeber mindestens sieben Wochen vorher **schriftlich** mitgeteilt werden. Das BEEG gibt im Gegensatz zum TzBfG einen „Arbeitszeitkorridor" vor: Der Mitarbeiter muss die Arbeitszeit für mindestens zwei Monate auf einen Umfang zwischen 15 und 30 Wochenstunden verringern wollen (§ 15 Abs. 7 S. 1 Nr. 3 BEEG).

4. Erörterung des Verlangens. Das Formular enthält auch einen Hinweis auf ein erfolgloses Erörterungsgespräch mit dem Mitarbeiter über dessen Teilzeitverlangen. Denn § 8 Abs. 3 TzBfG sieht vor, dass **mit dem Arbeitnehmer** die gewünschte **Verringerung** der Arbeitszeit **erörtert** und **möglichst eine Einigung** über die Verringerung und Verteilung **erzielt wird.** Im Falle einer Einigung kann selbstverständlich von der ursprünglich gewünschten Verringerung und Verteilung der Arbeitszeit abgewichen werden. Sofern eine Einigung erzielt wird, sollte diese schriftlich niedergelegt werden. § 8 Abs. 3 TzBfG zeigt, dass das Gesetz vorrangig eine Verhandlungslösung anstrebt. Es handelt sich dabei jedoch um eine Verhandlungsobliegenheit, nicht um eine einklagbare Verhandlungspflicht (BAG AP TzBfG § 8 Nr. 1). Wenn der Arbeitgeber also den Antrag des Arbeitnehmers ablehnt, ohne vorher mit ihm verhandelt zu haben, so führt dies alleine nicht zur Unwirksamkeit der Ablehnung.

Dem Arbeitgeber ist ohnehin in aller Regel schon deshalb zu Verhandlungen (und zu einer Dokumentation des Verhandlungsverlaufs) zu raten, weil im Verhandlungsweg eventuell eine Regelung getroffen werden kann, die weniger in die betrieblichen Abläufe eingreift als der ursprünglich vom Arbeitnehmer geäußerte Wunsch nach Verringerung und Verteilung der Arbeitszeit. Das Eingehen eines Kompromisses ist für den Arbeitgeber sinnvoll, wenn er „schlechte Karten" für die rechtliche Untermauerung einer Ablehnung des Teilzeitwunsches hat. Denn sollte der Arbeitgeber nach Ablehnung des Teilzeitverlangens in einem späteren Rechtsstreit unterliegen, wird das Gericht dem Arbeitgeber die Verringerung und Verteilung der Arbeitszeit so aufzwingen, wie sie der Arbeitnehmer ursprünglich beantragt hat. Außerdem muss sich der Arbeitgeber ernsthaft mit den Wünschen des Arbeitnehmers befassen und prüfen, ob sie sich mit zumutbarem Aufwand verwirklichen lassen. Er darf keine Blockadehaltung einnehmen (vgl. LAG Hamm BeckRS 2003, 31015847). Das BAG nimmt sogar an, dass der Arbeitgeber in einem nachfolgenden Prozess über den Teilzeitanspruch mit solchen Einwendungen ausgeschlossen (präkludiert) ist, die vom Arbeitnehmer im Rahmen der Erörterung hätten ausgeräumt werden können. Eine solche Einwendung soll im Prozess also unberücksichtigt bleiben (vgl. BAG AP TzBfG § 8 Nr. 1, 4). Die Annahme einer solchen Präklusion ist rechtlich nicht zu begründen. Denn die Verhandlungen über den Teilzeitwunsch dienen gerade dazu, eine Einigung zwischen den Parteien zu erzielen, die durchaus von dem ursprünglichen Teilzeitbegehren abweichen kann. Erst wenn es zu keiner Einigung kommt, muss über eine Ablehnung des konkreten Teilzeitwunsches und deren Begründung nachgedacht werden. In Anbetracht der vorgenannten Rechtsprechung ist eine Ausarbeitung der „Argumentationslinie" aber schon zu einem frühen Zeitpunkt anzuraten.

Die Verhandlungen müssen **spätestens einen Monat vor dem gewünschten Beginn der Verringerung abgeschlossen** sein, damit der Arbeitgeber dem Arbeitnehmer eine schriftliche Ablehnung des Teilzeitwunsches ggf. noch rechtzeitig innerhalb der Frist des § 8 Abs. 5 TzBfG zukommen lassen kann. Es empfiehlt sich also, die Verhandlungen möglichst frühzeitig aufzunehmen und abzuschließen.

Bei einem **Teilzeitverlangen während der Elternzeit** nach dem BEEG soll vor der Ablehnung eine Verhandlung zwischen Arbeitgeber und Arbeitnehmer stattfinden, in der nach Möglichkeit eine Einigung über die Verringerung der Arbeitszeit und deren Ausgestaltung erzielt werden soll (§ 15 Abs. 5 S. 2 BEEG). Die Verhandlungsobliegenheit besteht auch, wenn der Antrag des Arbeitnehmers nicht form- und fristgerecht gestellt wurde.

5. **Schriftliche Ablehnung des Teilzeitverlangens/Fiktion der Verringerung der Arbeitszeit.** Das Formular lehnt das Teilzeitbegehren des Mitarbeiters ausdrücklich ab. Sofern es zu keiner Einigung über die Verringerung und Verteilung der Arbeitszeit nach § 8 TzBfG kommt und der Arbeitgeber das Teilzeitbegehren ablehnen will, muss er dies **dem Arbeitnehmer spätestens einen Monat vor** dem gewünschten **Beginn** der Verringerung **schriftlich** mitteilen. Abzustellen ist auf den Zugang des Ablehnungsschreibens beim Arbeitnehmer. Der Zugang sollte deshalb unbedingt gerichtsverwertbar dokumentiert werden. Empfehlenswert ist eine Übergabe des Ablehnungsschreibens im Betrieb (mit Empfangsbestätigung des Arbeitnehmers auf einer Kopie des Schreibens wie im Formular vorgesehen, → Anm. 11) oder eine Zustellung durch Boten. Nach § 8 Abs. 5 S. 2, 3 TzBfG tritt **kraft Gesetzes die Verringerung (und ggf. Verteilung) der Arbeitszeit entsprechend den Wünschen des Arbeitnehmers ein, wenn das Ablehnungsschreiben** dem Arbeitnehmer **nicht rechtzeitig,** also spätestens einen Monat vor dem gewünschten Beginn der Verringerung, zugegangen ist.

Regelmäßig wird der Arbeitnehmer, wenn er eine Verringerung und eine bestimmte Verteilung der Arbeitszeit verlangt, die Verringerung mit der Verteilung derartig verknüpfen, dass das Teilzeitverlangen nur einheitlich abgelehnt werden kann (vgl. BAG AP TzBfG § 8 Nr. 2; BAG NZA 2008, 1289). Das Begehren der Verringerung kann also mit dem Begehren auf Verteilung der verringerten Arbeitszeit eine Einheit bilden, die nur insgesamt angenommen oder abgelehnt werden kann. Wenn ein Mitarbeiter beispielsweise seine Arbeitszeit halbieren und nur noch vormittags arbeiten will (weil er z. B. nachmittags seine Kinder betreuen will), kann der Arbeitgeber nicht isoliert der Verringerung zustimmen, aber die Arbeitszeit auf nachmittags festsetzen. Wenn sich aus dem Teilzeitbegehren selbst nicht hinreichend sicher ergibt, ob der Arbeitnehmer eine derartige Verknüpfung herstellen will, ist er im Erörterungsgespräch aufzufordern, sich festzulegen. Wenn der Mitarbeiter keine Verknüpfung zwischen Verringerung und Verteilung der Arbeitszeit herstellt und mit ihm Einigkeit über die Verringerung der Arbeitszeit besteht, kann auch nur die angestrebte Verteilung der Arbeitszeit abgelehnt werden.

Das Unterlassen der rechtzeitigen schriftlichen Ablehnung hat gravierende Auswirkungen auf das Arbeitsverhältnis. Es ist daher darauf zu achten, dass Teilzeitbegehren von Arbeitnehmern rechtzeitig erfasst, bearbeitet und – falls ihnen nicht nachgekommen werden soll – innerhalb der Monatsfrist schriftlich abgelehnt werden. Insbesondere ist sicherzustellen, dass in der Personalakte dokumentiert wird, wann ein Arbeitnehmer einen Teilzeitwunsch geäußert hat (auch wenn dieser Wunsch nur mündlich oder per E-Mail geäußert wurde) und dass daraufhin rechtzeitig die notwendigen Schritte eingeleitet werden. Hat der Arbeitnehmer sein Teilzeitbegehren mindestens drei Monate vor dem gewünschten Beginn der Verringerung gestellt und versäumt der Arbeitgeber, das Teilzeitbegehren form- und fristgerecht abzulehnen, so darf der Arbeitnehmer – ohne dass von seiner Seite weitere Schritte veranlasst wären – ab dem von ihm gewünschten Zeitpunkt zu dem von ihm gewünschten Umfang und mit der von ihm gewünschten Verteilung der Arbeitszeit weiterarbeiten. Nach § 8 Abs. 5 S. 4 TzBfG kann der Arbeitgeber nur dann die Verteilung der Arbeitszeit wieder ändern, wenn das betriebliche Interesse an einer anderen Verteilung das Interesse des Arbeitnehmers an der Beibehaltung erheblich überwiegt und dem Arbeitnehmer die Änderung spätestens einen Monat vorher angekündigt wird. Eine Änderung des Umfangs der Arbeitszeit ist also regelmäßig nur noch einvernehmlich oder im Wege einer Änderungskündigung möglich.

Der Mitarbeiter kann, wenn sein Teilzeitverlangen nach dem TzBfG form- und fristgerecht abgelehnt wurde, rechtliche Schritte unternehmen, um es durchzusetzen:

Er kann **Klage** vor dem zuständigen Arbeitsgericht **auf Zustimmung des Arbeitgebers zur Verringerung und Verteilung der Arbeitszeit** stellen. Der Anspruch des Arbeitnehmers auf Verringerung der Arbeitszeit und deren Verteilung i.S.v. § 8 TzBfG richtet sich auf die Abgabe von Willenserklärungen des Arbeitgebers. Diese Erklärungen gelten mit Rechtskraft einer stattgebenden Entscheidung nach § 894 ZPO als abgegeben (BAG AP TzBfG § 8 Nr. 4). Im Verfahren wird die Einhaltung der formalen Vorschriften (Form, Frist) im Hinblick auf das Ablehnungsschreiben geprüft. Die entgegenstehenden betrieblichen Gründe muss der Arbeitgeber im Verfahren genau darlegen.

Bis zur rechtskräftigen Entscheidung in der Hauptsache kann der Arbeitnehmer beim Arbeitsgericht zudem einen Antrag auf **Erlass einer einstweiligen Verfügung zur vorläufigen Regelung der Arbeitszeit** gemäß seinem Teilzeitbegehren stellen (Leistungsverfügung als vorläufige Regelung unter teilweiser Vorwegnahme der Hauptsache). Das Gericht wird die einstweilige Verfügung nur in Ausnahmefällen ohne mündliche Verhandlung erlassen. Denn der Erlass der einstweiligen Verfügung hat gravierende Einschnitte in die betrieblichen Abläufe zur Folge. An die Darlegung und Glaubhaftmachung von Verfügungsanspruch und -grund sind grundsätzlich strenge Anforderungen zu stellen, da es sich (teilweise) um eine Leistungsverfügung handelt. Verfügungsanspruch ist der Anspruch auf Teilzeitarbeit nach § 8 TzBfG. Das Gericht wird in einer summarischen Prüfung die Voraussetzungen für den Teilzeitanspruch und die vom Arbeitgeber glaubhaft gemachten „entgegenstehenden betrieblichen Gründe" prüfen. Als Verfügungsgrund muss der Arbeitnehmer glaubhaft machen, dass die Verringerung der Arbeitszeit für ihn zur Abwehr wesentlicher Nachteile erforderlich erscheint, er also auf die Reduzierung (und Verteilung) der Arbeitszeit dringend angewiesen ist. Dies wird ihm oftmals gelingen, wenn der Grund für die von ihm geforderte Verringerung der Arbeitszeit die Kindesbetreuung ist. Voraussetzung ist, dass er die „freiwerdende" Arbeitszeit für die Kindesbetreuung nutzen muss und er ohne die beantragte Arbeitszeitverkürzung nicht in der Lage ist, die Betreuung seiner Kinder zuverlässig zu gewährleisten. Der Arbeitnehmer hat insoweit darzulegen und glaubhaft zu machen, dass er alle ihm zumutbaren Anstrengungen unternommen hat, die Betreuung der Kinder so sicherzustellen, dass er zumindest zunächst zu den bisherigen Arbeitszeiten weiterarbeiten kann, und dass diese Anstrengungen erfolglos waren (vgl. LAG Mainz NZA 2002, 856). Im Verfahren des einstweiligen Rechtsschutzes werden also auch die Motive berücksichtigt, die der Arbeitnehmer für sein Teilzeitbegehren hat. Regelmäßig wird der Erlass einer einstweiligen Verfügung ausgeschlossen sein, wenn es sich um einen bloßen Wunsch nach „mehr Freizeit" handelt.

Die Ablehnung eines **Teilzeitbegehrens nach dem BEEG** muss **schriftlich** erfolgen **und** eine **schriftliche Begründung** enthalten (§ 15 Abs. 7 S. 4 BEEG). Zumindest einer der zulässigen Ablehnungsgründe (→ Anm. 6) muss also im Ablehnungsschreiben aufgeführt werden. Nach der schriftlichen Mitteilung des Arbeitnehmers muss die schriftliche Ablehnung **innerhalb von vier Wochen** dem Arbeitnehmer zugehen. Im Gegensatz zum Teilzeitbegehren nach dem TzBfG tritt aber bei einem Teilzeitbegehren nach dem BEEG selbst bei einem ordnungsgemäßen schriftlichen Antrag des Mitarbeiters keine automatische Verringerung der Arbeitszeit ein, wenn der Arbeitgeber die Ablehnung nicht frist- und formgerecht erklärt hat. Der Arbeitnehmer ist also auch dann auf den Klageweg verwiesen, wenn die Ablehnung nicht ordnungsgemäß oder gar nicht erfolgt.

6. Ablehnungsgründe. Das Formular enthält die schlichte Aussage, dass betriebliche Gründe dem Teilzeitwunsch entgegenstehen. Denn die schriftliche **Ablehnung** des Teilzeitverlangens **nach dem TzBfG muss nicht begründet werden.** Dies ergibt sich aus dem unterschiedlichen Wortlaut des § 8 Abs. 5 TzBfG im Vergleich zu § 15 Abs. 7 S. 4 BEEG. Letzterer verlangt ausdrücklich eine schriftliche Begründung der Ablehnung. § 8 TzBfG verlangt vom Arbeitgeber nur die rechtzeitige schriftliche Ablehnung und nicht auch die Angabe einer Begründung. Der Arbeitgeber ist im Prozess weder an mitgeteilte Gründe gebunden noch daran gehindert, jedenfalls solche Gründe, die im Zeitpunkt der Ablehnung objektiv vorlagen, neu vorzutragen (vgl. LAG Düsseldorf NZA-RR 2004, 234). Eine Präklusion im Hinblick auf dem Mitarbeiter nicht mitgeteilte Einwendungen hat das BAG bisher nur bei Einwendungen angenommen, die im Rahmen der Erörterung des Teilzeitwunsches mit dem Mitarbeiter nach § 8 Abs. 3 TzBfG nicht angesprochen wurden (→ Anm. 4) – nicht jedoch bei Einwendungen, die im Ablehnungsschreiben nicht angesprochen wurden. In den meisten Fällen wird es taktisch klüger sein, keine Gründe im Ablehnungsschreiben anzuführen. Dies zum einen, um ein faktisches Präjudiz für einen späteren Rechtsstreit zu vermeiden und dem Arbeitnehmer nicht die Argumentationslinie vorzeitig aufzuzeigen. Denn ein Gericht wird oftmals seine rechtliche Prüfung auf im Ablehnungsschreiben ausdrücklich angeführte Gründe konzentrieren. Der Arbeitnehmer wird, wenn er die Begründung im Detail schon aus dem Ablehnungsschreiben kennt, oftmals besser auf einen Rechtsstreit vorbereitet sein und seine Erfolgsaussichten besser einschätzen können. Der Arbeitgeber könnte also seine Position im nachfolgenden Rechtsstreit durch die Angabe von Gründen im Ablehnungsschreiben schwächen. Zum anderen hat das Weglassen der Begründung den Vorteil, dass eine genaue rechtliche Prüfung zunächst nicht erfolgen muss. Eine stichhaltige Begründung der Ablehnung im Ablehnungsschreiben würde eine vorhergehende vertiefte rechtliche Prüfung der Gründe verlangen. Diese vorzunehmende juristische Prüfung und Ausformulierung der Begründung wäre jedoch im Ergebnis überflüssig, wenn der Arbeitnehmer nach Erhalt des Ablehnungsschreibens davon Abstand nimmt, sein Teilzeitverlangen gerichtlich durchzusetzen. Unabhängig davon wird der vorausschauende Arbeitgeber aber sein Vorgehen planen wollen, um seine Prozessaussichten zu steigern. Aus juristischer Sicht ist, wie oben beschrieben, nur ein geplantes und bewusstes Vorgehen sinnvoll.

In den Fällen, in denen es der Arbeitgeber mit einem vermutlich einsichtigen Mitarbeiter zu tun hat, kann ggf. aus Gründen des „Fair Play" und zur Vermeidung eines Rechtsstreits erwogen werden, die Ablehnungsgründe knapp auszuführen. Die Ausführungen sollten dann aber juristisch solide fundiert sein, damit der gewünschte Effekt, dass der Arbeitnehmer das Teilzeitbegehren nicht weiter verfolgt, erreicht wird. Es kann sich auch lohnen, die Ablehnungsgründe dem Arbeitnehmer nur mündlich in einem persönlichen Gespräch mitzuteilen. Ein solches Gespräch sollte dann aber unter Zeugen stattfinden und dokumentiert werden. Egal, ob mündlich oder schriftlich vorgegangen wird, sollte jedenfalls zum Ausdruck gebracht werden, dass die genannten betrieblichen Gründe nicht abschließend aufgezählt wurden.

§ 8 Abs. 4 TzBfG bestimmt, dass der Arbeitgeber der Verringerung zuzustimmen und die Verteilung entsprechend den Arbeitnehmerwünschen festzulegen hat, soweit **betriebliche Gründe nicht entgegenstehen.** Oft wird der Arbeitgeber kein Interesse an der vom Arbeitnehmer gewünschten Verringerung und Verteilung der Arbeitszeit haben, da die ausfallende Arbeit dann von anderen Mitarbeitern erledigt werden muss. Dies verursacht regelmäßig erhöhte Kosten und führt zu „unproduktiver" Arbeitszeit durch die erforderliche Übergabe der Arbeit zwischen den Mitarbeitern. Nach dem BAG begründet die Notwendigkeit des Informationsaustauschs zwischen zwei Teilzeitkräften jedoch nicht zwangsläufig einen dem Teilzeitverlangen entgegenstehenden betrieblichen Grund. Die mit einer Arbeitsplatzteilung einhergehenden üblichen Reibungsverluste und Ablaufstörungen seien vom Arbeitgeber grundsätzlich hinzunehmen (BAG AP TzBfG § 8 Nr. 21). Das schließe aber nicht aus, dass sie im Einzelfall derartiges Gewicht erlangen, dass sie einer Teilung des Arbeitsplatzes entgegenstehen können (z. B. unproduktive 45-minütige Übergabezeit während der Mittagessenszeit).

Nach dem Gesetz liegt ein betrieblicher Grund insbesondere vor, wenn die Verringerung der Arbeitszeit die **Organisation**, den **Arbeitsablauf** oder die **Sicherheit im Betrieb wesentlich beeinträchtigt** oder **unverhältnismäßige Kosten** verursacht (§ 8 Abs. 4 S. 2 TzBfG). Die Gesetzesbegründung spricht davon, dass keine unzumutbaren Anforderungen an die Ablehnung gestellt werden, und dass rationale, nachvollziehbare Gründe für die Ablehnung ausreichen sollen (BT-Drucks. 14/4374 S. 17). Die Gründe müssen hinreichend gewichtig sein (vgl. BAG AP TzBfG § 8 Nr. 2; BAG NZA 2008, 314). Den Nachweis für die entgegenstehenden betrieblichen Gründe hat im Streitfall der Arbeitgeber zu führen. Die Behauptung des Arbeitnehmers, er könne aufgrund einer **Leistungsverdichtung** dasselbe Arbeitspensum in geringerer Zeit erledigen, ist in diesem Zusammenhang unbeachtlich (vgl. BAG AP TzBfG § 8 Nr. 14). Der maßgebliche Zeitpunkt für die rechtliche Bewertung der Ablehnungsgründe ist der Zugang des Ablehnungsschreibens an den Arbeitnehmer (vgl. BAG AP TzBfG § 8 Nr. 1, 6, 9).

Durch Tarifverträge können die Ablehnungsgründe festgelegt werden. Arbeitnehmer und Arbeitgeber können sich auch im Geltungsbereich eines mangels Tarifgebundenheit nicht anwendbaren Tarifvertrags auf die Anwendung der entsprechenden tariflichen Regeln einigen (§ 8 Abs. 4 S. 3, 4 TzBfG). Der sich im Anwendungsbereich von Tarifvertägen befindliche Arbeitgeber muss also prüfen, ob die anwendbaren Tarifverträge entsprechende Festlegungen treffen.

Eine wirksame Ablehnung können insbesondere die im Folgenden dargestellten praxisrelevanten Ablehnungsgründe tragen.

Ablehnungsgrund: Unverhältnismäßige Kosten. Wenn der Arbeitgeber die Ablehnung des Teilzeitverlangens aus Kostengründen erwägt, hat er folgende Einschränkungen und Vorgaben zu bedenken: Dass durch die Teilzeittätigkeit regelmäßig Mehrkosten entstehen, reicht alleine nicht, um das Teilzeitbegehren abzulehnen. In der Gesetzesbegründung wird erwähnt, dass nach einem Jahr generell von einer allgemeinen Kostenneutralität des Arbeitsplatzes ausgegangen werden kann. Zudem könnten dem Mehraufwand durch die Einstellung zusätzlicher Mitarbeiter laufende Kosteneinsparungen durch Produktivitätssteigerungen und bessere Kapitalnutzung gegenüberstehen (vgl. BT-Drucks. 14/4374 S. 4, 11). Die Kosten, die regelmäßig durch die Neueinstellung eines weiteren Mitarbeiters entstehen (erhöhter Verwaltungsaufwand, Einarbeitungszeit) begründen also grundsätzlich kein Ablehnungsrecht des Arbeitgebers. Jedoch ist es möglich, dass bei einer Aufteilung des bisherigen Arbeitsplatzes auf zwei Personen im Einzelfall unverhältnismäßig hohe Kosten entstehen, insbesondere wenn es sich nicht um einmalige Kosten handelt, sondern um laufend anfallende höhere Kosten. In Betracht kommen z. B. zusätzliche **Schulungs- und Fortbildungskosten,** sofern diese laufend in erheblichem Umfang anfallen und erforderlich sind, um die Mitarbeiter produktiv einsetzen zu können (vgl. BAG AP TzBfG § 8 Nr. 14; LAG Düsseldorf EzA-SD 2002, Nr. 6, 9 bis 11 für den Fall, dass die Ersatzkraft fünf Stunden die Woche für die Verschaffung von Produktkenntnissen benötigt; LAG München AE 2008, 182). Auch die notwendige **Anschaffung eines weiteren Dienstwagens** für die Ersatzkraft kann zu unverhältnismäßigen Kosten für den Arbeitgeber führen (vgl. LAG Hannover BB 2003, 905). Es ist ferner möglich, dass die durch die Einstellung einer Ersatzkraft entstehenden einmaligen Kosten für den Arbeitgeber unverhältnismäßig hoch sind. Dies ist beispielsweise anzunehmen, wenn die **Einrichtung eines zusätzlichen, teuren Arbeitsplatzes** erforderlich wäre, also insbesondere wenn die Mitarbeiter von einem auszustattenden **Home-Office** aus oder zeitlich zumindest teilweise parallel in der Betriebsstätte arbeiten müssten, also zwei Arbeitsplätze auszustatten wären. Auch wenn die Einarbeitung einer Ersatzkraft eine erhebliche Zeit dauern würde, kommt eine Ablehnung des Teilzeitbegehrens aus Kostengesichtspunkten in Betracht. Eine **unverhältnismäßig lange Einarbeitungszeit** kann auch eine wesentliche Beeinträchtigung des Arbeitsablaufs darstellen. Welcher Einarbeitungsaufwand dem Arbeitgeber noch zuzumuten ist, wird von den individuellen betrieblichen Umständen abhängen. Als Orientierungshilfe könnte hierbei die Rechtsprechung zur Vergleichbarkeit von Arbeitnehmern im Kündigungsrecht herangezogen werden, wonach bei einer Einarbeitungszeit von drei Monaten eine Vergleichbarkeit nicht mehr gegeben ist (LAG Hannover NZA-RR 2004, 123, 125). Nach dem ArbG Frankfurt am Main (AiB 2002, 781) stellen im Gegensatz dazu eine Fortbildung von neun Arbeitstagen und Schulungskosten in Höhe von 1.000 EUR noch keine „nicht hinnehmbare Kostenbelastung" des Arbeitgebers dar. Arbeitgeber, die die Ablehnung des Teilzeitbegehrens auf den Gesichtspunkt der unzumutbaren Kosten stützen möchten, sollten zur Vorbereitung eines eventuellen Rechtsstreits dokumentieren, warum welche zusätzlichen Kosten in welcher Höhe und für welche Zeit durch das Teilzeitbegehren des Mitarbeiters eintreten würden.

Ablehnungsgrund: Fehlen einer Ersatzkraft. Zur Ablehnung des Teilzeitverlangens kann sich der Arbeitgeber darauf berufen, keine geeignete zusätzliche Arbeitskraft finden zu können, die dem Berufsbild des seine Arbeitszeit reduzierenden Arbeitnehmers entspricht und die seine ausfallende Arbeitszeit ausgleichen könnte (vgl. BT-Drucks. 14/4374 S. 17; BAG AP TzBfG § 8 Nr. 6). Dabei muss er die im Folgenden dargestellten Einschränkungen der Rechtsprechung berücksichtigen:

Zunächst ist erforderlich, dass die ausfallende Arbeitszeit **nicht durch andere zumutbare organisatorische Maßnahmen aufgefangen werden kann.** Dies wäre beispielsweise nicht möglich, wenn der das Teilzeitverlangen stellende Mitarbeiter der einzige Mitarbeiter mit einer bestimmten Qualifikation ist und es aus betrieblichen Gründen notwendig ist, dass grundsätzlich während der gesamten betrieblichen Arbeitszeit ein Mitarbeiter mit dieser Qualifikation arbeitet. Als organisatorische Maßnahme sind die Anordnung von Überstunden für andere Mitarbeiter oder der Einsatz von Leiharbeitnehmern (zumindest wenn nicht ohnehin ständig Leiharbeit in Anspruch genommen wird) dem Arbeitgeber ebenso wenig zuzumuten wie der Abbau von Überstunden anderer Mitarbeiter bei Anstellung einer neuen Vollzeitkraft. Der Arbeitgeber hat keine Maßnahmen zu ergreifen, die über den bloßen Ausgleich des Arbeitszeitausfalls hinausgehen (vgl. BAG AP TzBfG § 8 Nr. 8).

Wenn diese „Hürde genommen" ist, also andere zumutbare organisatorische Maßnahmen nicht in Betracht kommen, wird der Ablehnungsgrund „Fehlen einer Ersatzkraft" in vielen Fällen für den Arbeitgeber mit überschaubarem Aufwand nachzuweisen sein. Denn der Arbeitgeber muss „nur" den Nachweis führen, dass keine geeignete Ersatzkraft auf dem für ihn maßgeblichen Arbeitsmarkt zur Verfügung steht. Insbesondere wenn es sich bei dem das Teilzeitverlangen stellenden Arbeitnehmer um eine spezialisierte Fachkraft handelt und er eine für ihn „günstige" Verteilung der Arbeitszeit wünscht (z. B. nur vormittags oder nur montags bis donnerstags), wird eine Ersatzkraft für die ausfallende Arbeitszeit tatsächlich kaum zu finden sein. Überhöhte Anforderungen dürfen an einen solchen Nachweis des Arbeitgebers nicht gestellt werden. In jedem Fall wird er jedoch für die Stelle der Ersatzkraft der zuständigen **Agentur für Arbeit einen Vermittlungsauftrag erteilen** und eine **innerbetriebliche Stellenausschreibung** erfolglos durchführen müssen. Anzeigen in Tageszeitungen oder Stellenausschreibungen im Internet sind wohl nur erforderlich, wenn sie betriebsüblich sind; empfehlenswert sind sie für den Arbeitgeber jedoch immer. Um das Teilzeitverlangen wirksam ablehnen zu können, muss der Arbeitgeber bei der Formulierung der Stellenausschreibung beachten, dass die fachlichen Anforderungen, die an die Ersatzkraft gestellt werden, nicht überhöht sind. Andernfalls kann der Ablehnungsgrund „Fehlen einer geeigneten Ersatzkraft" nicht darauf gestützt werden, dass sich auf die Ausschreibung hin kein Bewerber gemeldet hat (vgl. BAG AP TzBfG § 8 Nr. 6). Sofern aus betrieblichen Gründen erforderlich ist, dass die Ersatzkraft zeitlich versetzt zu dem Arbeitnehmer arbeitet, der das Teilzeitbegehren stellt – also dessen ausfallende Arbeitszeit auch der Lage nach 1:1 ausgleicht – müsste es ausreichend sein, dass keine geeignete Ersatzkraft für die abzudeckenden Zeiträume zu finden ist. Der Arbeitgeber hat zu dokumentieren, dass sich auf seine Bemühungen hin keine geeignete Ersatzkraft gemeldet hat, damit er dies in einem Rechtsstreit nachweisen kann. Unseres Erachtens müsste ein Teilzeitbegehren auch dann wirksam abgelehnt werden können, wenn sich zwar grundsätzlich geeignete Ersatzkräfte gemeldet haben, der Arbeitgeber sie aber aus billigenswerten, nachvollziehbaren Gründen nicht einstellen möchte. Ansonsten würde der Arbeitgeber indirekt gegen seinen Willen gezwungen, eine bestimmte Person einzustellen. Im deutschen Recht gibt es aber grundsätzlich keinen Kontrahierungszwang.

Ablehnungsgrund: Entgegenstehendes Organisationskonzept. Der Ablehnungsgrund des Organisationskonzepts, das zu einer Arbeitszeitregelung führt, die dem Teilzeitverlangen entgegensteht, ist der in der BAG-Rechtsprechung wohl am weitesten ausgearbeitete Ablehnungsgrund. Das BAG stellt aber hohe Anforderungen an eine Ablehnung aus diesem Grund, denen der Arbeitgeber oftmals nicht gerecht werden können wird. Unternehmerische Vorstellungen über die „richtige" Arbeitszeitverteilung alleine rechtfertigen keine Ablehnung (BAG NZA 2008, 314). Als Begründung kann der Arbeitgeber daher nicht anführen, dass er grundsätzlich nur Vollzeitkräfte beschäftige (vgl. auch LAG Köln NZA-RR 2006, 343: Je näher das behauptete unternehmerische Konzept an die Entscheidung, keine Teilzeitbeschäftigung zuzulassen, heranrücke, um so höher seien die Anforderungen an die Darlegung des Konzepts). Andernfalls wäre der gesetzliche Teilzeitanspruch im Ergebnis oft wertlos. Eine Ablehnung wird regelmäßig nur dann auf diesen Grund gestützt werden können, wenn das Organisationskonzept schon bestand, bevor das Teilzeitverlangen gestellt wurde, und auch im Betrieb keine vergleichbaren Teilzeitkräfte beschäftigt werden. Unseres Erachtens eignet sich dieser Ablehnungsgrund daher hauptsächlich dann, wenn er „von langer Hand" durch das Erstellen und Durchführen von organisatorischen Konzepten zukünftigen unerwünschten Teilzeitbegehren entgegenwirken kann.

Das **BAG** hat eine **Drei-Stufen-Prüfung** entwickelt, anhand der geprüft wird, ob ein betriebliches Organisationskonzept dem Teilzeitbegehren entgegensteht (BAG NZA 2008, 314):

In der **ersten Stufe** ist festzustellen, **ob** überhaupt ein **und,** wenn ja, **welches Organisationskonzept** der vom Arbeitgeber als erforderlich angesehenen Arbeitszeitregelung zugrunde liegt. Die Darlegungslast dafür, dass das Organisationskonzept die Arbeitszeitregelung bedingt, liegt beim Arbeitgeber (BAG AP TzBfG § 8 Nr. 21). Die dem Organisationskonzept zugrunde liegende unternehmerische Aufgabenstellung und die daraus abgeleiteten organisatorischen Entscheidungen sind vom Gericht hinzunehmen, soweit sie nicht willkürlich sind. Voll überprüfen kann das Gericht hingegen, ob das vorgetragene Konzept auch tatsächlich im Betrieb durchgeführt wird. Das Organisationskonzept muss also tatsächlich – bereits vor Stellung des Teilzeitbegehrens – vorliegen und im Unternehmen umgesetzt werden. Wenn Teilzeitbegehren zu erwarten und grundsätzlich aus betrieblichen Erwägungen eher unerwünscht sind, ist es dem Arbeitgeber zu raten, ein Organisationskonzept aufzustellen, das seine berechtigten Interessen hinreichend und angemessen schützt, dieses im Betrieb rechtzeitig und nachweisbar zu kommunizieren und auch „durchzuhalten". Bei Teilzeitbegehren, die erst nach der Kommunikation des Konzepts gestellt werden, entsteht dann nicht der Anschein, dass das Konzept erst (defensiv) zur Abwehr des individuellen Teilzeitanspruchs konstruiert wurde. Ein präventives Organisationskonzept, das auf nachvollziehbaren Gründen beruht, kann eher einem Teilzeitbegehren entgegen gehalten werden als das Berufen auf die gleichen Gründe, wenn sie nicht durch ein Organisationskonzept „abgesichert" sind.

Das BAG hat beispielsweise das Ziel eines Teppichgeschäfts, seinen Kunden jeweils nur einen Verkäufer als Ansprechpartner zu präsentieren, als ein nachvollziehbares servicefreundliches Organisationskonzept anerkannt (BAG AP TzBfG § 8 Nr. 5). Bei einem Beratungsdienstleister soll ein anerkennenswertes Organisationskonzept vorliegen, wenn der Arbeitgeber sicherstellen will, dass die Berater den Kunden täglich zur sofortigen Erteilung von Auskünften zur Verfügung stehen (BAG AP TzBfG § 8 Nr. 2). Gegen die ernsthafte Durchführung eines Konzepts spricht nicht unbedingt, dass der Arbeitgeber im Einzelfall vom Konzept vorübergehend abweicht. Es kommt vielmehr auf den Grund der Abweichung an (z. B. Krankheit, Urlaub), da vorübergehende Abweichungen von einem

Konzept im betrieblichen Alltag unvermeidlich sind (vgl. BAG AP TzBfG § 8 Nr. 4; BAG AP TzBfG § 8 Nr. 6).

Dem Verteilungswunsch eines Mitarbeiters kann auch eine auf das Arbeitsverhältnis anwendbare **Betriebsvereinbarung zur Arbeitszeit** entgegenstehen (BAG AP TzBfG § 8 Nr. 5). Die Regelung des § 8 TzBfG lässt die Mitbestimmungsrechte des Betriebsrats im Hinblick auf Lage und Verteilung der Arbeitszeit (§ 87 Abs. 1 Nr. 2 BetrVG) unberührt (vgl. BAG AP TzBfG § 8 Nr. 2). Voraussetzung hierfür ist aber, dass die verlangte Teilzeitarbeit den in der Betriebsvereinbarung festgelegten Regelungen widersprechen würde, der Arbeitgeber sich also bei Gewährung des Teilzeitverlangens einem Unterlassungsanspruch des Betriebsrats ausgesetzt sähe (vgl. § 77 Abs. 1 BetrVG). Vom Arbeitgeber kann nicht verlangt werden, dass er sich betriebsverfassungswidrig verhält. Entscheidend ist mithin, ob die vom Mitarbeiter gewünschte Arbeitszeitverteilung einen kollektiven Bezug hat, sich also abstrakt auf den ganzen Betrieb oder eine Gruppe von Arbeitnehmern oder einen Arbeitsplatz (nicht einen einzelnen Arbeitnehmer) bezieht (vgl. BAG AP TzBfG § 8 Nr. 10). Im Bereich von erzwingbaren Betriebsvereinbarungen über die Lage der Arbeitszeit ist anerkannt, dass diese einen betrieblichen Ablehnungsgrund darstellen und die Arbeitnehmerinteressen zurückstehen müssen (BAG NZA 2003, 1392).

In einer **zweiten Stufe** ist zu prüfen, **inwieweit** die **Arbeitszeitregelung dem Arbeitszeitverlangen** des Arbeitnehmers tatsächlich **entgegensteht.** Die bloße Behauptung des Arbeitgebers, dass die Teilzeitbeschäftigung nicht mit seinem Organisationskonzept zu vereinbaren sei, ist nicht ausreichend. An dieser Stelle wird vom BAG auch geprüft, ob das bestehende Organisationskonzept nicht durch zumutbare Änderungen von betrieblichen Abläufen oder des Personaleinsatzes mit dem Teilzeitverlangen des Arbeitnehmers in Einklang gebracht werden kann (auch wenn dieser Punkt sachlich eher auf der dritten Stufe zu prüfen wäre). Folgende Aspekte können beispielsweise im Rahmen eines bestehenden Organisationskonzepts gegen dem Arbeitgeber zumutbare Änderungen der Arbeitsabläufe sprechen: der Arbeitsablauf verlangt die Kundenbetreuung aus „einer Hand“, der Mitarbeiter muss regelmäßig an im Voraus nicht planbaren Besprechungen teilnehmen oder es wären lange kosten- und zeitintensive Übergabegespräche bei einer „Teilung“ der Stelle nötig.

In der **dritten Stufe** wird das **Gewicht der entgegenstehenden betrieblichen Gründe** geprüft. Hier ist zu klären, ob durch die vom Arbeitnehmer gewünschte Abweichung das betriebliche Organisationskonzept oder die ihm zugrunde liegende unternehmerische Aufgabenstellung **wesentlich beeinträchtigt** werden. Von einer wesentlichen Beeinträchtigung des Organisationskonzeptes ist z. B. auszugehen, wenn der Arbeitsplatz nicht teilbar ist und der Arbeitgeber dies mit organisatorischen Gründen begründet (BAG NZA 2010, 339). Dies muss aber für jeden Einzelfall plausibel begründet werden. Beispielsweise soll dies dann nicht der Fall sein, wenn das Konzept des Teppichgeschäfts, einem Kunden jeweils nur einen Verkäufer als Ansprechpartner zu präsentieren, schon deshalb nicht durchgehalten werden kann, weil einer Ladenöffnungszeit von mindestens 62 Stunden die Woche die Wochenarbeitszeit einer Vollzeitkraft von nur 37,5 Stunden gegenübersteht (vgl. BAG AP TzBfG § 8 Nr. 5). Abgesehen davon, dass dies schon an der Ernsthaftigkeit des Konzepts zweifeln lässt (was auf der ersten Stufe zu prüfen ist), würde eine Teilzeittätigkeit in das Konzept nicht wesentlich eingreifen. Das Ziel, dass ein Kunde nur mit einem Verkäufer zu tun haben soll, kann offensichtlich ohnehin nicht durchgehend erreicht werden. Es kann jedoch auch in einem solchen Fall eine „Überforderung“ des Arbeitgebers durch eine Häufung von Teilzeitverlangen eintreten. Dies berechtigt aber nur dann zur Ablehnung, wenn die Überforderungsgrenze für den Arbeitgeber durch eine Vielzahl von Teilzeitverlangen tatsächlich erreicht ist, also nicht schon dann, wenn bei weiteren, zeitlich späteren Teilzeitbegehren eine Überforderung eintreten könnte. Als Anhaltspunkt für die Überforderungsgrenze kann die Regelung in § 3 Abs. 1 Nr. 3 ATG herangezogen werden. Danach muss bei staatlich geförderter Altersteilzeit grundsätzlich sichergestellt werden, dass der Arbeitgeber nicht mehr als fünf Prozent der Belegschaft Altersteilzeit gewähren muss.

Ein **Antrag auf Teilzeit nach dem BEEG** darf demgegenüber nur abgelehnt werden, wenn **dringende betriebliche Gründe** dem Begehren entgegenstehen (§ 15 Abs. 7 S. 1 Nr. 4 BEEG). Die Ablehnung hat eine **schriftliche Begründung** zu enthalten (§ 15 Abs. 7 S. 4 BEEG). Die Ablehnungsgründe, die die Ablehnung eines Teilzeitverlangens nach dem TzBfG erlauben würden, werden nicht stets auch eine Ablehnung eines Teilzeitverlangens nach dem BEEG rechtfertigen. Denn das TzBfG spricht „nur" von betrieblichen Gründen. Jedoch sind die Ansatzpunkte für die Ablehnungsgründe grundsätzlich dieselben, die auch nach dem TzBfG gelten. Sie müssen aber stärker ausgeprägt, also „dringend" sein. Hierunter sind nach dem BAG nur Gründe zu verstehen, die „zwingend" oder „unabweisbar" sind (BAG AP TzBfG § 8 Nr. 16). Die dringenden betrieblichen Gründe müssen zwar keine unüberwindbaren, aber doch besonders gewichtige Hindernisse für die beantragte Verkürzung und Umverteilung der Arbeitszeit sein (BAG AP BEEG § 15 Nr. 2). Derartige Gründe liegen u.a. vor, wenn der Arbeitsplatz nicht teilbar ist, der Arbeitnehmer mit der verringerten Arbeitszeit nicht eingeplant werden kann oder keine Beschäftigungsmöglichkeit besteht (BAG AP BErzGG § 15 Nr. 49).

7. Alternativangebot. Das Formular schlägt eine Formulierung vor, die verwendet werden kann, wenn der Arbeitgeber dem Mitarbeiter eine andere Teilzeitstelle anbieten kann (und will), die dessen Wunsch nach Verringerung und Verteilung der Arbeitszeit gerecht wird. Ein solches „Angebot" kann angezeigt sein, wenn eine Eskalation vermieden werden soll und ein Einsatz des Mitarbeiters auf der Alternativstelle sinnvoll ist. Es handelt sich dabei um kein Angebot im Rechtssinn, sondern um eine Aufforderung mit dem Arbeitgeber in Verhandlungen über eine Änderung der Arbeitsbedingungen zu treten. Die Alternativstelle kann durchaus geringer vergütet sein oder geringere Anforderungen stellen, denn es geht bei dem Angebot nicht um eine Erfüllung des Teilzeitbegehrens, sondern um eine einvernehmliche Änderung der Arbeitsbedingungen. Sollte es mit dem Mitarbeiter zu einer Einigung über die Aufnahme der Tätigkeit auf der Alternativstelle kommen, ist eine schriftliche Änderungsvereinbarung mit dem Mitarbeiter zu schließen.

8. Vorweggenommene Abmahnung. Das Formular enthält eine Formulierung mit einem Hinweis darauf, dass dem Mitarbeiter eine Kündigung droht, wenn er trotz Ablehnung des Teilzeitbegehrens seine Arbeitszeit „eigenmächtig" reduziert. Die Aufnahme dieses Hinweises erscheint wegen der „harten" Aussage nur dann angezeigt, wenn es sich um einen Mitarbeiter handelt, bei dem ein Einlenken ausgeschlossen ist und von dem sich der Arbeitgeber im Ergebnis trennen möchte. Die Formulierung stellt eine vorweggenommene Abmahnung dar (→ Form. A. X. 1 Anm. 3), die es dem Arbeitgeber eventuell erleichtert, bei einer eigenmächtigen Reduzierung der Arbeitszeit ohne weitere Abmahnung eine wirksame Kündigung auszusprechen. Eine Kündigung kann aber auch dann nur wirksam ausgesprochen werden, wenn der Arbeitgeber form- und fristgerecht das Teilzeitbegehren abgelehnt hat und der Mitarbeiter trotzdem die Arbeitszeit eigenmächtig reduziert. Denn bei nicht form- und fristgerechter Ablehnung durfte der Arbeitnehmer seine Arbeitszeit reduzieren (→ Anm. 5).

9. „Sperrfrist" von zwei Jahren. Das Formular enthält einen deklaratorischen Hinweis, dass der Arbeitnehmer erst nach zwei Jahren erneut Teilzeit verlangen kann. Nach § 8 Abs. 6 TzBfG hat der Arbeitnehmer nach berechtigter Ablehnung oder Zustimmung zu seinem Teilzeitbegehren eine Sperrfrist von zwei Jahren. Diese Regelung dient der **Planungssicherheit** für den Arbeitgeber. Wichtig ist dies auch für ein laufendes Gerichtsverfahren. Denn hat der Arbeitgeber das Angebot auf Verringerung und Verteilung der Arbeitszeit berechtigterweise abgelehnt, ist das vorgerichtliche Verfahren des § 8 TzBfG abgeschlossen. Der Arbeitnehmer kann jedenfalls ab diesem Zeitpunkt seinen Verteilungswunsch auch im gerichtlichen Verfahren nicht mehr ändern. Nach Ablehnung durch den Arbeitgeber ist der geänderte Verteilungswunsch nur durch neuerliche Geltendmachung von Verringerung und Verteilung unter den Voraussetzungen des § 8 Abs. 6 TzBfG durchsetzbar (BAG NZA 2008, 1289). Eine unberechtigte Ablehnung des Teilzeitverlangens löst die Sperrfrist aber nicht aus. Es kann also die Konstellation entstehen, dass bei einem zweiten Teilzeitverlangen, das innerhalb der Sperrfrist aus diesem Grund abgelehnt wird, im Streitfall inzident geprüft wird, ob das vorhergehende erste Teilzeitverlangen berechtigt abgelehnt wurde. Dem Arbeitgeber ist also im Hinblick auf ein möglicherweise nachfolgendes weiteres Teilzeitbegehren anzuraten, die für die Ablehnung aufgestellte Dokumentation der Ablehnungsgründe für zwei Jahre aufzubewahren, auch wenn der Mitarbeiter das vorgehende erste Teilzeitbegehren nicht gerichtlich durchzusetzen versucht.

Für **Teilzeitverlangen nach dem BEEG** gibt es keine derartige Sperrfrist. Indirekt ergeben sich aber Grenzen durch die Beschränkung auf zweimalige Beanspruchung der Verringerung nach § 15 Abs. 6 BEEG und die „Vorlaufzeit“ von sieben Wochen nach § 15 Abs. 7 S. 1 Nr. 5 BEEG.

10. Unterschrift. → Form. A. XIV. 2 Anm. 6.

11. Empfangsbestätigung. Nachdem die Ablehnung des Teilzeitbegehrens fristgemäß zugehen muss, sieht das Formular ein Empfangsbestätigung des Arbeitnehmers vor (→ Form. A. XIV. 2 Anm. 7).

2. Teilzeitarbeitsvertrag

Teilzeitarbeitsvertrag[1]

zwischen

. . . . . . (Name und Anschrift des Arbeitgebers) „Gesellschaft“

und

Herrn . . . . . . (Name und Anschrift des Arbeitnehmers) „Mitarbeiter“

§ 1 Position und Aufgaben[2]

§ 2 Arbeitszeit

(1) Die regelmäßige wöchentliche Arbeitszeit des Mitarbeiters im Rahmen dieses Teilzeitarbeitsvertrags beträgt . . . . . . Stunden.

(2) Die Lage der regelmäßigen wöchentlichen Arbeitszeit bestimmt sich bis auf weiteres wie folgt:

- Montag: . . . . . . Uhr bis . . . . . . Uhr
- Dienstag: . . . . . . Uhr bis . . . . . . Uhr
  (. . . . . .)

Die Gesellschaft ist im Rahmen billigen Ermessens berechtigt, eine Änderung der Verteilung der Arbeitszeit vorzunehmen.[3]

(Alternative:

(2) Die Lage der regelmäßigen wöchentlichen Arbeitszeit bestimmt sich wie folgt:

- *Montag: . . . . . . Uhr bis . . . . . . Uhr*
- *Dienstag: . . . . . . Uhr bis . . . . . . Uhr*

  (. . . . . .)

Die Gesellschaft ist berechtigt, eine Änderung der Verteilung der Arbeitszeit unter Einhaltung einer Ankündigungsfrist von einem Monat vorzunehmen, wenn dringende betriebliche Gründe vorliegen und diese das Interesse des Mitarbeiters an der Beibehaltung der vereinbarten Verteilung überwiegen.[4]*)*

(3) Der Mitarbeiter ist im Rahmen der gesetzlichen und betrieblichen Regelungen verpflichtet, auf Anordnung der Gesellschaft Überstunden zu leisten. Etwaige Überstunden werden nach Wahl der Gesellschaft durch Freizeit oder Geld ausgeglichen.

(Alternative 1:

(3) Der Mitarbeiter ist im Rahmen der gesetzlichen und betrieblichen Regelungen verpflichtet, auf Anordnung der Gesellschaft Überstunden zu leisten. Bis zu . . . . . . Überstunden pro Monat sind mit der in § 3 Abs. (1) bestimmten Vergütung abgegolten. Alle darüber hinausgehenden Überstunden werden nach Wahl der Gesellschaft durch Freizeit oder Geld ausgeglichen.)

(Alternative 2:

(3) Der Mitarbeiter ist im Rahmen der gesetzlichen und betrieblichen Regelungen verpflichtet, auf Anordnung der Gesellschaft Überstunden zu leisten. Jegliche Überstunden sind mit der in § 3 Abs. (1) bestimmten Vergütung abgegolten.[5]*)*

(4) Die Gesellschaft kann Kurzarbeit anordnen, wenn die gesetzlichen Voraussetzungen für die Gewährung von Kurzarbeitergeld erfüllt sind. *(Optional: Die Gesellschaft verpflichtet sich, bei der Anordnung von Kurzarbeit gegenüber dem Mitarbeiter eine Ankündigungsfrist von mindestens drei Wochen zu wahren.)* Der Mitarbeiter ist damit einverstanden, dass für die Dauer der Kurzarbeit die Vergütung dem Verhältnis der verkürzten zur regelmäßigen Arbeitszeit entsprechend reduziert wird. *(Optional: Durch die Kurzarbeit darf sich das Netto-Einkommen des Mitarbeiters einschließlich Kurzarbeitergeld um maximal 25 Prozent gegenüber dem individuellen Netto-Einkommen vor Einführung der Kurzarbeit reduzieren, es sei denn, der Mitarbeiter stimmt einer weitergehenden Reduzierung zu.)*

(5) Der Mitarbeiter ist im Rahmen der gesetzlichen und betrieblichen Regelungen verpflichtet, auf Anordnung der Gesellschaft Dienstreisen zu unternehmen.[6]

§ 3 Vergütung[7]

§ 4 Abwesenheit/Krankheit/Ärztliche Untersuchung[8]

§ 5 Reisekosten/Auslagen[9]

§ 6 Urlaub[10]

(1) Der Mitarbeiter hat aufgrund seiner Tätigkeit in Teilzeit einen Urlaubsanspruch der anteilig . . . . . . Arbeitstagen pro Kalenderjahr eines an fünf Tagen pro Woche vollzeitbeschäftigten Mitarbeiters entspricht („Jahresurlaub"). Der Jahresurlaub beinhaltet einen über den gesetzlichen Urlaubsanspruch nach dem Bundesurlaubsgesetz („gesetzlicher

Mindesturlaub") hinausgehenden vertraglichen Zusatzurlaub, der anteilig . . . . . . Arbeitstagen pro Kalenderjahr eines an fünf Tagen pro Woche vollzeitbeschäftigten Mitarbeiters entspricht („vertraglicher Zusatzurlaub"). Arbeitstage sind alle Tage, die am Arbeitsort weder Samstage noch Sonntage oder gesetzliche Feiertage sind und an denen der Mitarbeiter nach § 2 Abs. (2) zur Arbeitsleistung verpflichtet ist. Bei der Festlegung von Zeitpunkt und Dauer des Urlaubs werden die betrieblichen Interessen und Bedürfnisse angemessen berücksichtigt. Der Mitarbeiter hat die Gesellschaft rechtzeitig über seine Urlaubspläne zu informieren. Ist der Mitarbeiter nicht das ganze Kalenderjahr über beschäftigt, so hat der Mitarbeiter für jeden vollen Monat des Bestehens des Anstellungsverhältnisses im jeweiligen Kalenderjahr Anspruch auf ein Zwölftel des Jahresurlaubs. Für den Fall, dass der dem Mitarbeiter aufgrund gesetzlicher Vorschriften zustehende, ggf. auch zeitanteilig berechnete Mindesturlaub durch vorstehende Berechnungsweise unterschritten wird, wird der dem Mitarbeiter aufgrund der gesetzlichen Vorschriften zustehende Mindesturlaub gewährt.

(2) Der gesamte Urlaub ist grundsätzlich im laufenden Kalenderjahr zu nehmen. Eine Übertragung des Urlaubs auf das nächste Kalenderjahr erfolgt nur, wenn dringende betriebliche oder in der Person des Mitarbeiters liegende Gründe dies rechtfertigen. Der so übertragene Urlaub verfällt, wenn er nicht innerhalb der ersten drei Monate des Folgejahres („Übertragungszeitraum") genommen wird. Ist der Mitarbeiter infolge einer ärztlich nachgewiesenen, krankheitsbedingten Arbeitsunfähigkeit daran gehindert, den übertragenen Urlaub innerhalb des Übertragungszeitraums zu nehmen, besteht nur der Anspruch auf den gesetzlichen Mindesturlaub weitere zwölf Monate nach Ablauf des Übertragungszeitraums fort, bevor er verfällt.

(3) Genommener Urlaub wird zuerst auf den Anspruch auf gesetzlichen Mindesturlaub angerechnet.

(4) Bei Beendigung des Anstellungsvertrages erfolgt eine Urlaubsabgeltung nur für zum Beendigungszeitpunkt nicht genommene und nicht verfallene Ansprüche auf gesetzlichen Mindesturlaub.

§ 7 Nebentätigkeiten

(1) Der Mitarbeiter wird der Gesellschaft seine Arbeitskraft in dem in § 2 geregelten Umfang widmen und deren Interessen fördern.

(2) Der Mitarbeiter versichert, dass er bei Anstellungsbeginn gemäß § 10 Abs. (1) in keinem anderen Arbeitsverhältnis steht.[11]

(Alternative:

(2) Der Mitarbeiter hat in einer Anlage zu diesem Vertrag sämtliche von ihm eingegangenen und bestehenden Arbeitsverhältnisse aufgelistet und den zeitlichen Umfang seiner nach diesen Arbeitsverhältnissen bestehenden Arbeitsverpflichtungen angegeben.)

(3) Jede weitere entgeltliche oder üblicherweise entgeltliche Tätigkeit bedarf der vorherigen schriftlichen Zustimmung der Gesellschaft. Dieses Zustimmungserfordernis gilt auch für eine unentgeltliche Tätigkeit, die nach Art oder Umfang die Interessen der Gesellschaft beeinträchtigen kann. Der Mitarbeiter hat jede beabsichtigte Tätigkeit gemäß S. 1 und 2 der Gesellschaft schriftlich unter Angabe von Ort, Art und Dauer anzuzeigen. Die Gesellschaft wird ihre Zustimmung nur verweigern, wenn die Interessen der Gesellschaft beeinträchtigt sind. Bei Vorliegen sachlicher Gründe, insbesondere einer Beeinträchtigung der Tätigkeit des Mitarbeiters für die Gesellschaft, kann eine etwaige Zustimmung jederzeit widerrufen werden.[12]

(4) Der Mitarbeiter hat bei Ausübung jeglicher Nebentätigkeit eine strikte Loyalitätspflicht gegenüber der Gesellschaft und i. S. d. § 15 AktG mit der Gesellschaft verbundenen Unternehmen („Verbundene Unternehmen") zu beachten und wird deren geschäftliche oder etwaige sonstige Interessen nicht beeinträchtigen.

§ 8 Geheimhaltung/Behandlung von Gegenständen und Daten/Löschung von Daten[13]

§ 9 Schutzrechte[14]

§ 10 Laufzeit/Kündigung/Vertragsstrafe/Freistellung/Vorfälligkeit[15]

§ 11 Ausschlussfristen/Verjährung[16]

§ 12 Öffnungsklausel für Betriebsvereinbarungen[17]

§ 13 Schlussbestimmungen[18]

......	......
Ort, Datum	Ort, Datum
......	......
Unterschrift der Gesellschaft[19]	Unterschrift des Mitarbeiters

Anmerkungen

1. Teilzeitarbeitsverträge. Dieses Formular ist ein Anstellungsvertrag für in Teilzeit beschäftigte Mitarbeiter. Das Formular wurde auf Basis des „Arbeitsvertrags ohne Tarifbindung" (→ Form. A. II. 1) erstellt. Es ist auf solche Fälle zugeschnitten, bei denen einvernehmlich schon zu Beginn der Anstellung ein Teilzeitarbeitsverhältnis vereinbart wird. Soweit ein Mitarbeiter von Vollzeit- in Teilzeittätigkeit wechselt (z. B. aufgrund eines Teilzeitverlangens, dem nachgekommen wird oder das er durchsetzt), kann dieses Formular ebenfalls für vertragliche Regelungen verwendet werden. Eine echte Änderungsvereinbarung zur Herabsetzung der Arbeitszeit im laufenden Arbeitsverhältnis behandelt → Form. A. XI. 5.

Das Teilzeitarbeitsverhältnis ist rechtlich ein **Arbeitsverhältnis wie jedes andere auch**, es unterliegt lediglich in einigen Punkten besonderen Regelungen, insbesondere denen der §§ 6 ff. TzBfG. Im TzBfG kommt die gesetzgeberische Zielsetzung zum Ausdruck, die Teilzeitarbeit zu fördern und die Diskriminierung von teilzeitbeschäftigten Arbeitnehmern zu verhindern. Teilzeitbeschäftigt ist nach der gesetzlichen Definition des § 2 TzBfG ein Arbeitnehmer, dessen regelmäßige Wochenarbeitszeit kürzer ist als die eines vergleichbaren vollzeitbeschäftigten Arbeitnehmers. Teilzeitbeschäftigt ist jedoch auch ein Arbeitnehmer, dessen regelmäßige Jahresarbeitszeit unter der eines vergleichbaren vollzeitbeschäftigten Arbeitnehmers liegt. In der Praxis bilden Arbeitsverhältnisse den Schwerpunkt, in denen der teilzeitbeschäftigte Mitarbeiter entweder jeden regelmäßigen Arbeitstag mit einer geringeren Stundenzahl beschäftigt ist (z. B. Montag bis Freitag von 8.00 Uhr bis 12.00 Uhr – die „klassische" Halbtagskraft), oder in denen er eine tägliche Arbeitszeit wie ein vollzeitbeschäftigter Mitarbeiter hat, jedoch nur an einzelnen Tagen die Woche arbeitet (z. B. Montag bis Mittwoch von 8.00 Uhr bis 17.00 Uhr). Auf diese Konstellation ist das Formular ausgerichtet.

Unterformen der Teilzeitbeschäftigung mit gesetzlichen Sondervorschriften sind die Arbeit auf Abruf (§ 12 TzBfG; → Anm. 3) und das Jobsharing, das in der Praxis allerdings kaum zur Anwendung kommt (Arbeitsplatzteilung – § 13 TzBfG). Ferner finden sich Sonderregeln in §§ 15 Abs. 4 bis 7, 18 Abs. 2 BEEG für Teilzeitarbeit während der Elternzeit und im ATG für die Altersteilzeit. Auch geringfügig Beschäftigte auf 450-Euro-Basis (§ 8 SGB IV) sind regelmäßig Teilzeitbeschäftigte und unterfallen dem vollen Schutz des Arbeitsrechts. Für sie gelten lediglich sozialversicherungs- und steuerrechtliche Besonderheiten. Das vorliegende Formular kann mit leichten Anpassungen für diese Unterformen verwendet werden. Für einen Altersteilzeitvertrag → Form. A. XV. 3.

Unter bestimmten Voraussetzungen haben Mitarbeiter einen gesetzlichen **Anspruch auf Teilzeitbeschäftigung:** § 8 TzBfG (alle Arbeitnehmer → Form. A. VI. 1), § 15 Abs. 4 bis 7 BEEG (Arbeitnehmer in Elternzeit → Form. A. VI. 1) und § 81 Abs. 5 SGB IX (Schwerbehinderte Mitarbeiter und denen Gleichgestellte – vgl. *Berkowsky* NZI 2001, 188; *Rolfs* RdA 2001, 129, 132).

Beschäftigte in Teilzeitarbeit sind bei der Bestimmung von **Schwellenwerten** nach einzelnen Gesetzen regelmäßig entweder nach Kopfzahl (vgl. §§ 1, 5, 7 BetrVG) – unabhängig von der Arbeitszeit – oder anteilig (vgl. § 23 Abs. 1 S. 4 KSchG, § 7 Abs. 3 S. 2 ATG) – in Abhängigkeit von der Arbeitszeit – zu berücksichtigen. Zeiten, die ein Mitarbeiter in Teilzeitarbeit zurückgelegt hat, sind bei der Bestimmung der **Betriebszugehörigkeit** grundsätzlich wie Zeiten in Vollzeitarbeit zu bewerten. In Sozialplänen wird jedoch oftmals geregelt, dass für die Berechung der Abfindung Teilzeitarbeit nur anteilig einfließt.

Oftmals enthalten auch **Tarifverträge** Bestimmungen zur Teilzeitarbeit, die in ihrem Geltungsbereich verbindlich sind. Der Arbeitgeber hat also die für ihn geltenden Tarifverträge daraufhin zu prüfen, ob die von ihm gewünschte Gestaltung nach den Regelungen für Teilzeitbeschäftigte in den Tarifverträgen zulässig ist.

2. Position und Aufgaben. → Form. A. II. 1, dort unter § 1.

3. Festlegung der Arbeitszeit. Im Anstellungsvertrag für den Teilzeitbeschäftigten sollte die zu leistende Arbeitszeit und deren Verteilung möglichst festgeschrieben werden.

In § 2 des Formulars wurde der Weg gewählt, sowohl die regelmäßige **wöchentliche Arbeitszeit** festzuschreiben (Abs. (1)) als auch die Festlegung der Arbeitstage innerhalb der Woche und die Lage der Arbeitszeit an diesen Tagen (Abs. (2)). Es ist darauf zu achten, dass die Summe der Arbeitsstunden nach Abs. (2) mit der in Abs. (1) eingesetzten wöchentlichen Gesamtstundenzahl – unter Berücksichtigung von Arbeitspausen – übereinstimmt. Der Vorteil der genauen Festschreibung der Arbeitszeit liegt darin, dass Arbeitnehmer und Arbeitgeber sich dauerhaft auf diese Arbeitszeiten einstellen können. Für den Arbeitnehmer ist dies insbesondere erwünscht, wenn er anderweitig zeitlich gebunden ist, beispielsweise durch Kinderbetreuung oder eine weitere Tätigkeit. Der Nachteil einer Festlegung liegt für den Arbeitgeber darin, dass eine möglicherweise angezeigte Flexibilisierung der Lage der Arbeitszeit gegen den Willen des Arbeitnehmers nicht möglich ist, wenn die Lage der Arbeitszeit fest vertraglich vereinbart wurde. Denn in diesem Fall ist das Direktionsrecht gem. § 106 GewO entsprechend eingeschränkt. Daher sieht das Formular mit § 2 Abs. (2) letzter Satz eine flexibilisierende Komponente vor, durch die dem Arbeitgeber eine Veränderung der Lage der Arbeitszeit im Rahmen billigen Ermessens ermöglicht wird.

Die Lage der Arbeitszeit, also deren täglicher Beginn und Ende sowie die Verteilung auf einzelne Wochentage, unterliegt nach § 87 Abs. 1 Nr. 2 der **Mitbestimmung des Betriebsrats.** Die Dauer der vereinbarten wöchentlichen Arbeitszeit unterliegt demgegenüber nicht der Mitbestimmung (vgl. BAG AP BetrVG 1972 § 87 Arbeitszeit Nr. 24; *Buschmann* NZA 1986, 177; *Heinze* NZA 1997, 681, 688; *Lipke* NZA 1990, 758, 763). Es ist darauf zu achten, dass in Betriebsvereinbarungen zu flexibler Arbeitszeit Regelungen zur Teilzeitbeschäftigung aufgenommen werden.

4. Weitere Festlegung der Arbeitszeit. Die in § 2 des Formulars vorgeschlagene Alternativformulierung kann verwendet werden, wenn eine derart weitgehende Flexibilisierung nicht gewünscht ist, aber gleichwohl auch keine völlige Festschreibung der Arbeitszeit erfolgen soll. Die Alternativformulierung greift die Regelung des § 8 Abs. 5 S. 4 TzBfG auf und geht so einen Mittelweg.

5. Überstunden. → Form. A. II. 1 Anm. 4. Tarifverträge sehen oftmals vor, dass Überstunden nur dann zuschlagspflichtig sind, wenn sie über die für Vollzeitbeschäftigte festgelegte Regelarbeitszeit hinausgehen. Dies ist zulässig (EuGH AP BGB § 611 Teilzeit Nr. 7; BAG AP BAT § 34 Nr. 2; MünchHdbArbR/*Schüren* § 162 Rn. 214 ff.). Sofern die Überstunden in Geld ausgeglichen werden, erhalten die Arbeitnehmer in diesen Fällen daher für die Überstunden, die zwischen der vereinbarten Arbeitszeit und der regelmäßigen Arbeitszeit eines vollzeitbeschäftigten Mitarbeiters liegen, nur die zuschlagsfreie Regelvergütung. Überstundenzuschläge erhalten sie erst, wenn die regelmäßige wöchentliche Arbeitszeit eines Vollzeitarbeitnehmers auch von ihnen überschritten wird.

6. Dienstreisen. → Form. A. II. 1 Anm. 5.

7. Vergütung. Da in § 2 Abs. (1) des Formulars eine feste wöchentliche Arbeitzeit festgelegt wird, kann in § 3 Abs. (1) ein festes Brutto-Monatsgehalt eingesetzt werden. Insbesondere bei der Festlegung der Vergütung ist zu beachten, dass Teilzeitbeschäftigte gegenüber Vollzeitbeschäftigten nicht diskriminiert werden dürfen. Der Teilzeitarbeitnehmer muss also, wenn er beispielsweise die Hälfte eines vergleichbaren Vollzeitarbeitnehmers arbeitet, mindestens die Hälfte des Vollzeitfestgehalts erhalten.

§ 4 Abs. 1 TzBfG verbietet jede Diskriminierung teilzeitbeschäftigter Arbeitnehmer wegen der Teilzeitarbeit, also jede unterschiedliche Behandlung gegenüber vollzeitbeschäftigten Arbeitnehmern, sofern kein sachlicher Grund eine unterschiedliche Behandlung rechtfertigt (vgl. *Annuß/Thüsing* § 4 TzBfG Rn. 8; ErfKomm/*Preis* § 4 TzBfG Rn. 25 ff.). Bei einer Diskriminierung von Teilzeitbeschäftigten wird häufig auch eine mittelbare Geschlechterdiskriminierung gegeben sein (vgl. § 1 AGG, Art. 157 AEUV), da die überwiegende Zahl der Teilzeitbeschäftigten Frauen sind. Als sachlicher Grund für eine unterschiedliche Behandlung von Teilzeitbeschäftigten bei der Arbeitsvergütung ist der **Pro-rata-temporis-Grundsatz** anerkannt, der auch in § 4 Abs. 1 S. 2 TzBfG erwähnt wird. Dieser Grundsatz besagt in diesem Zusammenhang, dass **teilbare Leistungen,** die **Entgeltcharakter** haben und **arbeitszeitbezogen** sind, einem Teilzeitbeschäftigten nur in zeitanteiliger Höhe gewährt werden müssen. Sie können also in dem Verhältnis gekürzt werden, in dem die vereinbarte Arbeitszeit des Teilzeitbeschäftigten die Arbeitszeit eines vollzeitbeschäftigten vergleichbaren Mitarbeiters im Betrieb unterschreitet. Eine Besserstellung der Teilzeitbeschäftigten im Vergleich zu Vollzeitbeschäftigten ist nach dem TzBfG zulässig, kann jedoch eventuell nach dem allgemeinen Gleichbehandlungsgrundsatz wiederum zu Ansprüchen der dann ungleich behandelten Vollzeitarbeitnehmer gegen den Arbeitgeber führen (vgl. *Annuß/Thüsing* § 4 TzBfG Rn. 32).

Bei Sonderformen der Vergütung ist zu unterscheiden: Sofern diese Entgeltcharakter haben und arbeitszeitbezogen sind, können sie ebenfalls zeitanteilig gekürzt werden. Dies aber nur soweit sie teilbar sind. Wenn die Sonderleistung allein an die Betriebstreue oder an die individuelle Leistung geknüpft ist, darf sie nicht gekürzt werden. Provisionen oder betragsmäßig festgelegte Jubiläumsprämien sind beispielsweise nicht arbeitszeitbezogen und müssen daher den Teilzeitbeschäftigten in gleicher Höhe wie den Vollzeitbeschäftigten gewährt werden. Provisionen sind also nach dem getätigten Umsatz zu ermitteln und dürfen nicht wegen der Teilzeittätigkeit gekürzt werden (vgl. *Kelber/Zeißig* NZA 2001, 577, 581). Bei Teilzeitbeschäftigten wird der Umsatz aber ohnehin regelmäßig geringer sein als der Umsatz der Vollzeitbeschäftigten. Betriebstreueprämien (Jubiläumsgeld) sind bei Erreichen der entsprechenden Betriebszugehörigkeit auszuzahlen und dürfen, wenn sie betragsmäßig festgelegt sind, nicht wegen einer Teilzeitbeschäftigung gekürzt werden (BAG AP BAT § 39 Nr. 1; MünchHdbArbR/*Schüren* § 162 Rn. 126). Das Weihnachtsgeld wird demgegenüber regelmäßig als Entlohnung für geleistete Arbeitszeit angesehen und kann daher – wenn es nicht schon die individuelle monatliche Vergütung als Bezugsgröße hat – zeitanteilig gekürzt werden. Es darf jedoch den teilzeitbeschäftigten Mitarbeitern nicht völlig vorenthalten werden.

Problematisch und nicht vollständig geklärt ist die Behandlung von **unteilbaren Leistungen,** wie z. B. die Überlassung eines Firmenwagens auch zur privaten Nutzung (vgl. *Kelber/Zeißig* NZA 2001, 577, 579). Regelmäßig werden sie dem Teilzeitbeschäftigten „voll" zu gewähren sein (vgl. *Meinel/Heyn/Herms* § 4 TzBfG Rn. 44). Jedoch ist ein gewisser Gestaltungsspielraum vorhanden: Sofern beispielsweise der Firmenwagen nur auf Grundlage des Arbeitsvertrags überlassen wird, ist darauf zu achten, dass die Überlassung je nach Intention im Teilzeitarbeitsvertrag geregelt wird. Dies ist insbesondere wichtig bei einem einvernehmlichen Wechsel von Vollzeit- in Teilzeittätigkeit. Beruht die Überlassung des Dienstwagens hingegen auf einer kollektiven Regelung, kann diese kollektive Regelung unseres Erachtens wirksam vorsehen, dass ein Teilzeitbeschäftigter, der seiner Stellung nach eigentlich Anspruch auf einen Firmenwagen hätte, entweder einen Firmenwagen niedrigerer Kategorie als ein Vollzeitbeschäftigter erhält oder aber einen angemessenen finanziellen Ausgleich dafür erhält, dass ihm kein Firmenwagen zur Verfügung gestellt wird. Dies dürfte aus dem sachlichen Grund gerechtfertigt sein, dass der Teilzeitbeschäftigte den Wagen zeitlich in geringerem Umfang für dienstliche Zwecke verwendet als ein Vollzeitbeschäftigter. Der Mitarbeiter, der von Vollzeit in Teilzeit wechseln möchte und seinen Firmenwagen behält, sollte beachten, dass dann weiterhin der volle geldwerte Vorteil des Fahrzeugs auf seine geringere Teilzeitvergütung angerechnet wird. Im Übrigen → Form. A. II. 1 Anm. 6–9.

In Hinblick auf die **betriebliche Altersversorgung** gilt, dass Teilzeitbeschäftigte nicht vollständig aus der betrieblichen Altersversorgung ausgenommen werden dürfen. Vor Abschluss eines Teilzeitvertrags ist zu prüfen, ob die kollektiven Regelungen zur betrieblichen Altersversorgung ausreichende Bestimmungen zur Berücksichtigung von Teilzeittätigkeit enthalten. Ggf. sind in dem Teilzeitvertrag gesonderte Regelungen zur Berücksichtigung der geringeren Arbeitszeit bei der betrieblichen Altersversorgung zu treffen. Die Zeit für die Unverfallbarkeit der Anwartschaften läuft ohne Berücksichtigung der verringerten Arbeitszeit. Eine gleich hohe betriebliche Altersversorgung wie Vollzeitbeschäftigte können Teilzeitkräfte jedoch nicht fordern.

8. Abwesenheit/Krankheit/Ärztliche Untersuchung. → Form. A. II. 1 Anm. 10. Auch der Mitarbeiter in Teilzeit muss seine unvorhergesehene Abwesenheit unverzüglich mitteilen, sofern die Abwesenheit auf einen Tag fällt, an dem er nach § 2 zu arbeiten hätte. Er muss nach § 5 EFZG bei einer länger als drei **Kalendertagen** dauernden Arbeitsunfähigkeit am darauf folgenden Arbeitstag, also an einem Tag, an dem er nach § 2 zu arbeiten hätte, die Arbeitsunfähigkeitsbescheinigung vorlegen. Auch die Tage, an denen er nach § 2 nicht arbeiten müsste, werden bei der Ermittlung der drei Kalendertage mitgezählt. Entgeltfortzahlung erhält der Mitarbeiter nur für die Krankheitstage, an denen er andernfalls gearbeitet hätte – und auch nur für die Stundenzahlen, die er dann gearbeitet hätte (Entgeltausfallprinzip). Bei flexibler Arbeitszeit ist zu ermitteln, ob der Mitarbeiter an den Krankheitstagen zur Arbeit herangezogen worden wäre und in welchem Umfang. Nur wenn sich dies nicht ermitteln lässt (beispielsweise an Hand von bereits aufgestellten Einsatzplänen für den Krankheitszeitraum oder bereits erfolgtem Abruf der Arbeitsleistung für den Zeitraum der Erkrankung), kann dabei auf die regelmäßige Verteilung der Arbeitszeit in den letzten drei Monaten vor der Erkrankung zurückgegriffen werden.

9. Reisekosten/Auslagen. → Form. A. II. 1, dort unter § 5.

10. Urlaub. Das Formular sieht in Einklang mit der Rechtsprechung des BAG vor, dass der Teilzeitarbeitnehmer einen Urlaubsanspruch hat, der anteilig dem Urlaub eines vollzeitbeschäftigten Mitarbeiters entspricht. Einzusetzen in das Formular ist deshalb der Anspruch eines vergleichbaren vollzeitbeschäftigten Mitarbeiters. Diese Regelung hat den Vorteil, dass sie auch bei einer Änderung der Verteilung der Arbeitszeit Bestand haben kann.

Die Ermittlung der einem Teilzeitarbeitnehmer zustehenden **Anzahl von Urlaubstagen** kann in der Praxis Schwierigkeiten bereiten. Ein Teilzeitarbeitnehmer, der an den gleichen Tagen der Woche tätig ist wie ein Vollzeitarbeitnehmer, jedoch nur mit einer gleich bleibenden geringeren Stundenzahl (z.B. die „Halbtagskraft"), hat Anspruch auf die gleiche Anzahl von Urlaubstagen wie eine Vollzeitkraft. Er arbeitet ja auch die gleiche Anzahl von Tagen wie eine Vollzeitkraft und an „seinem" Urlaubstag fallen weniger Arbeitsstunden aus als bei einer Vollzeitkraft. Leicht fällt auch die Ermittlung der Urlaubstage einer Teilzeitkraft, die gleich bleibende tägliche Arbeitszeiten hat, jedoch nur an wenigen Tagen in der Woche arbeitet. Die Anzahl der Urlaubstage für einen Vollzeitbeschäftigten wird dann entsprechend der verringerten Anzahl von Arbeitstagen des Teilzeitbeschäftigten gekürzt. Arbeitet ein Vollzeitbeschäftigter beispielsweise im Rahmen einer Fünf-Tage-Woche, steht ihm nach dem BUrlG ein gesetzlicher Mindesturlaub von 20 Tagen zu. Erhält er darüber hinaus einen vertraglichen Zusatzurlaub von 10 Tagen, stehen ihm insgesamt 30 Urlaubstage pro Kalenderjahr zu. Einem Teilzeitbeschäftigten, der an drei Tagen pro Woche tätig ist, stehen dann (30/5 × 3 =) 18 Tage Urlaub zu, und zwar (20/5 × 3 =) 12 Tage gesetzlicher Mindesturlaub zuzüglich (10/5 × 3=) 6 Tage vertraglichen Zusatzurlaubs.

Für die Ermittlung des Urlaubsanspruchs einer Teilzeitkraft, die über die Wochen verteilt eine unterschiedliche Anzahl von Wochenarbeitstagen hat, sind längere Zeiträume zu bilden, nach denen sich jeweils die Verteilung wiederholt, längstens ein Zeitraum von einem Kalenderjahr (vgl. ErfKomm/*Dörner* § 3 BUrlG Rn. 20). Für diese in sich abgeschlossenen Zeiträume ist die Anzahl der Arbeitstage zu ermitteln, die wiederum in Relation zu setzen ist zu der Anzahl der Arbeitstage eines Vollzeitmitarbeiters in diesem Referenzzeitraum. Die Verhältnisangabe ist dann mit der Anzahl der Urlaubstage, die ein Vollzeitmitarbeiter in diesem Zeitraum hat, zu multiplizieren. Arbeitet ein Mitarbeiter in Teilzeit beispielsweise in unregelmäßigem Umfang in den einzelnen Wochen, aber im Durchschnitt von sechs Kalendermonaten an drei Tagen die Woche und hat ein Vollzeitbeschäftigter 30 Tage Urlaub im Jahr bei einer Fünf-Tage-Woche, so hat der Mitarbeiter in Teilzeit einen Urlaubsanspruch von 18 Tagen.

11. Nebentätigkeiten. § 7 Abs. (1) des Formulars wurde im Vergleich zu → Form. A. II. 1 leicht abgeändert. Der Mitarbeiter in Teilzeit ist nicht verpflichtet, der Gesellschaft seine volle Arbeitskraft zu widmen, sondern nur seine anteilige Arbeitskraft.

In das Formular wurde eine Formulierung aufgenommen, wodurch der Mitarbeiter versichert, dass er in **keinem anderen Beschäftigungsverhältnis** steht. Dies ist notwendig, weil bei mehreren (Teilzeit-)Arbeitsverhältnissen des Mitarbeiters die Gefahr besteht, dass diese zusammengerechnet die Höchstarbeitszeiten nach dem Arbeitszeitgesetz überschreiten (§ 2 Abs. 1 S. 1 ArbZG). Das BAG hält bei einer sehr erheblichen Überschreitung der zulässigen Höchstarbeitszeit das zeitlich später eingegangene Arbeitsverhältnis für nichtig (vgl. BAG AP BGB § 611 Doppelarbeitsverhältnisse Nr. 1).

Sollte es dem Mitarbeiter nicht möglich sein, den Arbeitsvertrag mit dieser Formulierung zu unterschreiben, weil er bereits ein anderes Teilzeitarbeitsverhältnis eingegangen ist, ist die im Formular alternativ vorgeschlagene Formulierung zu wählen. Der Mitarbeiter hat dann vor Unterzeichnung des Arbeitsvertrags eine Anlage zu erstellen, in der er insbesondere auch den **zeitlichen Umfang seiner bestehenden Arbeitsverhältnisse angibt.** Der Arbeitgeber sollte nicht nur prüfen, ob die anderen Arbeitsverhältnisse seine Interessen wegen einer Konkurrenztätigkeit beeinträchtigen, sondern auch und insbesondere, ob die Arbeitszeiten der verschiedenen Arbeitsverhältnisse zusammengerechnet die Höchstarbeitszeitgrenzen des ArbZG überschreiten.

12. Untersagung von Nebentätigkeiten. In § 7 Abs. (3) des Formulars wurde aufgenommen, dass der Mitarbeiter nicht nur anzuzeigen hat, dass er eine Nebentätigkeit aufnehmen möchte, sondern auch, welchen zeitlichen Umfang diese haben soll. Dies soll dem Arbeitgeber ermöglichen festzustellen, ob die Nebentätigkeit nach dem ArbZG unzulässig wäre. Dem Arbeitgeber wird es dann erlaubt sein, dem Mitarbeiter die Nebentätigkeit zu untersagen. Zu beachten ist, dass die Ordnungswidrigkeits- und Strafvorschriften der §§ 22, 23 ArbZG bei Beschäftigung über die Arbeitszeitgrenzen hinaus auch eingreifen können, wenn erst durch das Eingehen einer Nebentätigkeit die Höchstarbeitszeitgrenze überschritten wird (vgl. *Hunold* NZA 1995, 558, 559). → Form. A. II. 1 Anm. 13.

13. Geheimhaltung/Behandlung von Gegenständen und Daten/Löschung von Daten. → Form. A. II. 1, dort § 8.

14. Schutzrechte. → Form. A. II. 1, dort § 9.

15. Laufzeit/Kündigung/Vertragsstrafe. → Form. A. II. 1, dort § 10.

16. Ausschlussfristen/Verjährung. → Form. A. II. 1, dort § 11.

17. Öffnungsklausel für Betriebsvereinbarungen. → Form. A. II. 1, dort § 12.

18. Schlussbestimmungen. → Form. A. II. 1, dort § 13.

19. Unterzeichung des Arbeitsvertrags. → Form. A. II. 1, → Anm. 31.

VII. Sonderformen des Arbeitsverhältnisses

1. Aushilfsarbeitsvertrag

Aushilfsarbeitsvertrag[1]

zwischen

...... (Name und Anschrift des Arbeitgebers) „Gesellschaft“

und

Herrn ...... (Name und Anschrift des Arbeitnehmers) „Mitarbeiter“

§ 1 Position/Versetzung/Weisungen[2]

§ 2 Arbeitszeit[3]

§ 3 Vergütung/Sonstige Zahlungen[4]

§ 4 Abwesenheit/Krankheit[5]

§ 5 Urlaub[6]

§ 6 Nebentätigkeiten[7]

§ 7 Geheimhaltung/Behandlung und Rückgabe von Gegenständen und Daten/Löschung von Daten[8]

§ 8 Laufzeit/Kündigung/Freistellung[9]

(1) Das Arbeitsverhältnis beginnt am ...... Es ist befristet für die Dauer der Erkrankung des Mitarbeiters Herrn ......

(2) Das Arbeitsverhältnis endet, ohne dass es einer Kündigung bedarf, mit Ablauf von 14 Tagen ab dem Ende der Woche, in der der erkrankte Mitarbeiter Herr ...... wieder an seinen Arbeitsplatz zurückkehrt. Die Gesellschaft wird den Mitarbeiter unverzüglich unterrichten, wenn dieser Zeitpunkt absehbar ist.

(Alternative:

(1) Das Arbeitsverhältnis beginnt am ...... Es ist befristet bis zum ...... Der Mitarbeiter erklärt, nicht innerhalb der letzten drei Jahre bei der Gesellschaft oder einer ihrer Rechtsvorgängerin in einem Arbeitsverhältnis gestanden zu haben.

(2) Das Arbeitsverhältnis endet mit Fristablauf, ohne dass es einer Kündigung bedarf.)

(3) Während der Dauer der Befristung sowie bei einer etwaigen Verlängerung für die Dauer der Verlängerung ist das Arbeitsverhältnis von beiden Parteien ordentlich kündbar. Während der ersten drei Monate gilt beiderseits eine tägliche Kündigungsfrist, danach gelten die gesetzlichen Kündigungsfristen. Das Recht zur fristlosen Kündigung bleibt hierdurch unberührt.

(4) Die Kündigung bedarf der Schriftform.

(5) Die Gesellschaft ist im Falle der Kündigung des Arbeitsvertrages durch die Gesellschaft berechtigt, den Mitarbeiter von seiner weiteren Tätigkeit für die Gesellschaft freizustellen *(Optional:, wenn hierfür ein sachlicher Grund (z. B. Konkurrenztätigkeit, Geheimnisverrat, sonstige Beeinträchtigung der Vertrauensgrundlage, Wegfall des Beschäftigungsbedarfs) vorliegt).*

Während der Zeit der Freistellung behält der Mitarbeiter seinen Anspruch auf die vertragliche Vergütung; er muss sich jedoch den Wert desjenigen anrechnen lassen, was er infolge des Unterbleibens der Dienstleistung erspart oder durch anderweitige Verwendung seiner Dienste erwirbt oder zu erwerben böswillig unterlässt. Das vertragliche Wettbewerbsverbot bleibt von der Freistellung unberührt. Im Fall einer unwiderruflichen Freistellung wird die Freistellungszeit auf etwaige Urlaubs- oder Freizeitausgleichsansprüche angerechnet. Die vorstehenden Regelungen gelten entsprechend für eine Kündigung durch den Mitarbeiter.

(6) Sollte der Mitarbeiter der Gesellschaft bei Ausspruch einer Kündigung durch die Gesellschaft Beträge aufgrund von Gehaltsvorschüssen oder ähnlichen Vorauszahlungen schulden, werden sämtliche Beträge sofort fällig und – unter Beachtung der Pfändungsgrenzen – aufrechenbar. Dem Mitarbeiter gewährte Darlehen gelten mit Ausspruch der Kündigung als ordentlich mit einer Frist von einem Monat gekündigt. Entsprechendes gilt bei Ausspruch einer Kündigung durch den Mitarbeiter, es sei denn, es liegt eine von der Gesellschaft verschuldete außerordentliche Kündigung vor.

§ 9 Ausschlussfristen/Verjährung[10]

§ 10 Öffnungsklausel für Betriebsvereinbarungen[11]

§ 11 Schlussbestimmungen/Mitteilungspflicht/Aufhebung früherer Vereinbarungen und Anstellungsverhältnisse/Schriftform[12]

. . . . . .	. . . . . .
Ort, Datum	Ort, Datum
. . . . . .	. . . . . .
Unterschrift der Gesellschaft	Unterschrift des Mitarbeiters

Anmerkungen

1. Regelungsgegenstand. Ein Aushilfsarbeitsverhältnis setzt voraus, dass ein Arbeitnehmer von vornherein zu dem Zweck eingestellt wird, einen vorübergehenden Bedarf an Arbeitskräften abzudecken. Dieser kann durch den Ausfall von Arbeitskräften (**personenbedingte Aushilfe**) oder einen zeitlichen begrenzten zusätzlichen Arbeitsanfall begründet sein (**aufgabenbezogene Aushilfe**, vgl. BAG AP BGB § 622 Nr. 23; *Hunold* NZA 2002, 255).

Wird der Arbeitnehmer für höchstens einen Monat zur Aushilfe eingestellt, ist die schriftliche Niederlegung der wesentlichen Vertragsbedingungen zwar entbehrlich (§ 1 NachwG), aus Beweisgründen aber dennoch anzuraten.

2. Position/Versetzung/Weisungen. → Form. A. II. 1, dort unter § 1.

3. Arbeitszeit. → Form. A. II. 1, dort unter § 2.

4. Vergütung/Sonstige Zahlungen. → Form. A. II. 1, dort unter § 3.

5. Abwesenheit/Krankheit. → Form. A. II. 1, dort unter § 4. Eine ärztliche Untersuchung, wie sie im Arbeitsvertrag ohne Tarifbindung enthalten ist, dürfte für den Antritt einer Aushilfstätigkeit in der Regel nicht erforderlich sein und sollte daher im Vertrag nicht vorgesehen werden.

6. Urlaub. → Form. A. II. 1, dort unter § 6.

7. Nebentätigkeiten. → Form. A. II. 1, dort unter § 7.

8. Geheimhaltung/Behandlung und Rückgabe von Gegenständen und Daten/Löschung von Daten. → Form. A. II. 1, dort unter § 8.

9. Befristungsdauer. S. dazu zunächst ausführlich → Form. A. V. 4, → Form. A. V. 5. Das Formular sieht die **befristete** Einstellung von Aushilfsarbeitskräften entsprechend der gesetzlichen Regelung in § 14 Abs. 1 S. 2 Nr. 1 TzBfG (nur vorübergehend bestehender betrieblicher Bedarf an der Arbeitsleistung) oder § 14 Abs. 1 S. 2 Nr. 3 TzBfG (Beschäftigung zur Vertretung eines anderen Arbeitnehmers) vor.

Wird eine personen- oder aufgabenbedingte Aushilfe eingestellt, empfiehlt es sich, den **Grund** für die Aushilfsbeschäftigung aufzunehmen. Die bloße Benennung eines Sachgrundes im Arbeitsvertrag führt nach der Rechtsprechung des BAG in der Regel nicht dazu, dass die Möglichkeit einer sachgrundlosen Befristung gem. § 14 Abs. 2 TzBfG ausgeschlossen wird (BAG NZA 2011, 1151).

Beispielhaft führt das Formular hier personenbedingt die Erkrankung eines Mitarbeiters auf, dessen Rückkehr nach Wiedergenesung zur Beendigung des Aushilfsarbeitsverhältnisses führt. Andere Gründe können z. B. Schwangerschaft, Elternzeit oder Urlaub sein. Gründe für die Einstellung einer aufgabenbezogenen Aushilfe können z. B. die Erledigung von Eilaufträgen, besondere Produktionsaufträge, starker Kundenandrang in Kaufhäusern und Geschäften an verkaufsoffenen Sonntagen und vor Feiertagen, Inventur oder Sonderverkäufe sein (*Hunold* NZA 2002, 255). Es muss sich um Gründe handeln, die ihrer Natur nach einen vorübergehenden Beschäftigungsbedarf schaffen.

Eine Befristung gemäß § 14 Abs. 1 S. 2 Nr. 1 TzBfG ist dagegen unzulässig, wenn an der Beschäftigung des Arbeitnehmers tatsächlich ein Dauerbedarf besteht. Dies kann z. B. der Fall sein, wenn ein Arbeitnehmer dauerhaft als „Springer" eingesetzt wird (*Eisemann* NZA 2009, 1113, 1116). Auch ist es nicht zulässig, wenn der Arbeitnehmer zum Abbau unerledigt gebliebener Arbeiten im Bereich der Daueraufgaben des Arbeitgebers eingestellt wird, die wegen einer von vornherein zu geringen Personalausstattung entstanden sind und auch nach Abarbeitung des Arbeitsrückstandes wieder entstehen würden (BAG NZA 2010, 633, 634 f.). In einer solchen Situation kann aber eine sachgrundlose Befristung nach § 14 Abs. 2 TzBfG in Betracht kommen, auch wenn insoweit der Vorteil der verkürzten Kündigungsfristen (§ 622 Abs. 5 Nr. 1 BGB) entfällt.

Wegen der Zwecksetzung des Aushilfsarbeitsverhältnisses muss im Vertrag eine Regelung enthalten sein, wonach das Arbeitsverhältnis automatisch mit **Zweckfortfall** endet. Dies kann die Rückkehr des erkrankten Mitarbeiters oder der Ablauf der für den erhöhten Arbeitsanfall kalkulierten Frist sein. Wird das Arbeitsverhältnis allerdings trotz Fristablaufs oder Zweckerreichung mit Wissen des Arbeitgebers **fortgesetzt,** wandelt es sich kraft Gesetzes in ein unbefristetes Arbeitsverhältnis, sofern der Arbeitgeber nicht unverzüglich widerspricht oder dem Arbeitnehmer die Zweckerreichung unverzüglich mitteilt (§ 15 Abs. 5 TzBfG). Zu beachten ist, dass § 15 Abs. 5 TzBfG, anders als die entsprechende Regelung in § 625 BGB, nach § 22 Abs. 1 TzBfG zwingend ist und daher vertraglich nicht abbedungen werden kann (*Kliemt* NZA 2001, 296, 302 m. w. N.).

Die Möglichkeit zur ordentlichen Kündigung des befristeten Aushilfsarbeitsverhältnisses ist ausdrücklich einzelvertraglich zu vereinbaren (§ 15 Abs. 3 TzBfG). Ansonsten kann das befristete Arbeitsverhältnis nicht ordentlich gekündigt werden.

Gemäß § 622 Abs. 5 S. 1 Nr. 1 BGB kann in Aushilfsarbeitsverhältnissen für die ersten drei Monate eine Kündigungsfrist vereinbart werden, die **kürzer** als die gesetzliche Grundkündigungsfrist des § 622 Abs. 1 BGB ist; einer Mindestkündigungsfrist bedarf es nicht (ErfKomm/*Müller-Glöge* § 622 BGB Rn. 17). Soweit die persönlichen, betrieblichen und zeitlichen Voraussetzungen für die Anwendung des KSchG gegeben sind, können sich Aushilfsarbeitskräfte wie andere Arbeitnehmer auch auf den allgemeinen Kündigungsschutz berufen. Gleiches gilt für den besonderen Kündigungsschutz, z. B. gemäß § 9 Abs. 1 MuSchG, §§ 85 ff. SGB IX. Vergleiche im Übrigen die Anmerkungen zu → Form. A. V. 4.

10. Ausschlussfristen/Verjährung. → Form. A. II. 1, dort unter § 11.

11. Öffnungsklausel für Betriebsvereinbarungen. → Form. A. II. 1, dort unter § 12.

12. Schlussbestimmungen/Mitteilungspflicht/Aufhebung früherer Vereinbarungen und Anstellungsverhältnisse/Schriftform. → Form. A. II. 1, dort unter § 13.

2. Berufsausbildungsvertrag

Berufsausbildungsvertrag[1]

zwischen

...... (Name und Anschrift der Gesellschaft) „Gesellschaft[2]"

und

Herrn ...... (Name und Anschrift des Auszubildenden) „Auszubildender"

gesetzlich vertreten[3] durch ...... (Name und Anschrift des/der gesetzlichen Vertreter/s)

§ 1 Gegenstand des Vertrages[4]

(1) Der Auszubildende wird im Ausbildungsberuf ...... nach Maßgabe der Ausbildungsordnung ausgebildet.

(2) Die sachliche und zeitliche Gliederung der Berufsausbildung ergibt sich aus dem anliegenden Ausbildungsplan.

(Alternative:

Die Berufsausbildung gliedert sich sachlich und zeitlich wie folgt: ......)

§ 2 Beginn und Dauer der Berufsausbildung[5]

(1) Die Ausbildungszeit beträgt nach der Ausbildungsordnung ...... Monate.

(Alternative:

Die Ausbildungszeit beträgt nach der Ausbildungsordnung ...... Monate. Sie verkürzt sich nach Maßgabe des § 8 Abs. 1 BBiG um ...... Monate.)

(Alternative:

Die Ausbildungszeit beträgt nach der Ausbildungsordnung ...... Monate. Hierauf wird nach Maßgabe der Rechtsverordnung ...... der Besuch der berufsbildenden Schule ...... mit ...... Monaten/die Berufsausbildung in der Einrichtung ...... mit ...... Monaten/die Berufsausbildung im Ausbildungsberuf ...... bei ...... mit ...... Monaten angerechnet.)

(2) Das Berufsausbildungsverhältnis beginnt am . . . . . . und endet am . . . . . .

(3) Besteht der Auszubildende vor Ablauf der in Abs. (1) genannten Ausbildungszeit die Abschlussprüfung, so endet das Berufsausbildungsverhältnis mit dem Tage der förmlichen Bekanntgabe des Prüfungsergebnisses.

(4) Besteht der Auszubildende die Abschlussprüfung nicht, so verlängert sich das Ausbildungsverhältnis auf sein Verlangen bis zur nächstmöglichen Wiederholungsprüfung, für den Fall des Nichtbestehens der Wiederholungsprüfung verlängert sich das Ausbildungsverhältnis auf sein Verlangen bis zur zweiten Wiederholungsprüfung, jedoch höchstens um insgesamt ein Jahr. Ein entsprechendes Verlangen ist innerhalb angemessener Zeit der Gesellschaft mitzuteilen.

§ 3 Probezeit[6]

(1) Die Probezeit beträgt . . . . . . Monate.

(2) Wird die Berufsausbildung während der Probezeit um mehr als einen Monat unterbrochen, verlängert sich die Probezeit um den Zeitraum der Unterbrechung.

§ 4 Ausbildungsstätte[7]

(1) Die Ausbildung findet im Betrieb der Gesellschaft in . . . . . . statt.

(2) Der Auszubildende ist verpflichtet, auch an Ausbildungsmaßnahmen außerhalb der Ausbildungsstätte in . . . . . . teilzunehmen.

§ 5 Dauer der regelmäßigen täglichen Ausbildungszeit[8]

(1) Die regelmäßige tägliche Ausbildungszeit beträgt . . . . . . Stunden.

(2) Die Gesellschaft stellt den Auszubildenden für die Teilnahme am Berufsschulunterricht, an Prüfungen und Ausbildungsmaßnahmen außerhalb der Ausbildungsstätte unter Anrechnung auf die Ausbildungszeit frei.

§ 6 Vergütung[9]

(1) Die Gesellschaft zahlt dem Auszubildenden eine angemessene Vergütung in Höhe von monatlich brutto

a) im ersten Ausbildungsjahr . . . . . . EUR (in Worten: . . . . . . Euro),

b) im zweiten Ausbildungsjahr . . . . . . EUR (in Worten: . . . . . . Euro),

c) im dritten Ausbildungsjahr . . . . . . EUR(in Worten: . . . . . . Euro).

(2) Die Gesellschaft wird die Vergütung auch während der Freistellung gemäß § 5 Abs. (2) fortzahlen. Darüber hinaus ist dem Auszubildenden die Vergütung bis zur Dauer von sechs Wochen zu zahlen, wenn er sich für die Berufsausbildung bereithält, diese aber ausfällt, oder er aus einem sonstigen, in seiner Person liegenden Grund unverschuldet verhindert ist, seine Pflichten aus dem Berufsausbildungsverhältnis zu erfüllen. Kann der Auszubildende während der Zeit, für welche die Vergütung fortzuzahlen ist, aus berechtigtem Grund Sachleistungen nicht abnehmen, so sind diese abzugelten.

(3) Eine über die vereinbarte regelmäßige tägliche Ausbildungszeit hinausgehende Beschäftigung wird besonders vergütet oder durch entsprechende Freizeit ausgeglichen.

(4) Die Vergütung wird dem Auszubildenden spätestens am letzten Arbeitstag des Monats ausgezahlt.

§ 7 Pflichten der Gesellschaft[10]

(1) Die Gesellschaft verpflichtet sich, einen fachlich und persönlich geeigneten Ausbilder ausdrücklich mit der Ausbildung zu beauftragen. Die Gesellschaft hat nach Maßgabe der Ausbildungsordnung dafür zu sorgen, dass dem Auszubildenden durch Übertragung ausbildungsbezogener Aufgaben die berufliche Handlungsfähigkeit vermittelt wird, die zum Erreichen des Ausbildungsziels erforderlich ist, und die Berufsausbildung nach Maßgabe des Ausbildungsplans so durchzuführen, dass das Ausbildungsziel in der vorgesehenen Ausbildungszeit erreicht werden kann.

(2) Die Gesellschaft hat dem Auszubildenden die erforderlichen Arbeitsmittel für die Ausbildung sowie zum Ablegen der Zwischen- und Abschlussprüfungen kostenlos zur Verfügung zu stellen.

(3) Die Gesellschaft hat den Auszubildenden zum Besuch der Berufsschule und sonstigen Ausbildungsmaßnahmen außerhalb der Ausbildungsstätte sowie gegebenenfalls zum Führen von vorgeschriebenen Berichtsheften oder Ausbildungsnachweisen anzuhalten und diese durchzusehen. Die Gesellschaft hat ferner dafür zu sorgen, dass der Auszubildende charakterlich gefördert sowie sittlich und körperlich nicht gefährdet wird.

§ 8 Pflichten des Auszubildenden[11]

(1) Der Auszubildende hat sich zu bemühen, die berufliche Handlungsfähigkeit zu erwerben, die zur Erreichung des Ausbildungsziels erforderlich ist.

(2) Der Auszubildende verpflichtet sich, die ihm im Rahmen seiner Ausbildung übertragenen Verrichtungen und Aufgaben sorgfältig auszuführen. Er hat Weisungen der Gesellschaft, des Ausbilders oder jeder anderen weisungsberechtigten Person, die ihm im Rahmen der Berufsausbildung erteilt werden, zu folgen sowie die in der Ausbildungsstätte geltende Ordnung zu beachten.

(3) Der Auszubildende ist verpflichtet, am Berufsschulunterricht, an Prüfungen sowie an Ausbildungsmaßnahmen außerhalb der Ausbildungsstätte teilzunehmen, für die er nach § 5 Abs. (2) freigestellt wird.

(4) Der Auszubildende verpflichtet sich, die Gesellschaft insbesondere bei Fernbleiben von der Ausbildungsstätte, vom Berufsschulunterricht und von Ausbildungsmaßnahmen außerhalb der Ausbildungsstätte unter Angabe von Gründen unverzüglich zu benachrichtigen. Der Auszubildende verpflichtet sich ferner, der Gesellschaft bei Krankheit von mehr als drei Kalendertagen vor Ablauf des darauf folgenden Arbeitstags eine ärztliche Bescheinigung über das Bestehen der Arbeitsunfähigkeit und deren voraussichtliche Dauer vorzulegen. Die Gesellschaft ist berechtigt, die Vorlage der Arbeitsunfähigkeitsbescheinigung auch schon ab dem ersten Tag der Arbeitsunfähigkeit zu verlangen. Dauert die Arbeitsunfähigkeit länger als in der vorgelegten Arbeitsunfähigkeitsbescheinigung angegeben, ist der Auszubildende verpflichtet, eine Folgebescheinigung spätestens am ersten Arbeitstag nach Ablauf der vorhergehenden Bescheinigung vorzulegen.

(5) Der Auszubildende hat Werkzeuge, Maschinen und sonstige Einrichtungen sowie die ihm von der Gesellschaft überlassenen Ausbildungsmittel pfleglich zu behandeln, sie nur zu den ihm übertragenen Tätigkeiten zu verwenden und nach Beendigung des Berufsausbildungsverhältnisses an die Gesellschaft zurückzugeben.

(6) Der Auszubildende verpflichtet sich, über die ihm bekannt gewordenen Betriebs- und Geschäftsgeheimnisse Stillschweigen zu bewahren.

(7) Der Auszubildende verpflichtet sich, während des Bestehens des Berufsausbildungsverhältnisses jeden mittelbaren oder unmittelbaren Wettbewerb gegenüber der Gesell-

schaft zu unterlassen; der Auszubildende darf fremden Wettbewerb gegenüber der Gesellschaft nicht fördern.

(8) Der Auszubildende verpflichtet sich, soweit er noch nicht 18 Jahre alt ist, sich gemäß §§ 32, 33 JArbSchG ärztlich untersuchen zu lassen und zwar

a) vor Beginn der Ausbildung sowie

b) erneut vor Ablauf des ersten Ausbildungsjahres.

Die Bescheinigungen dieser Untersuchungen wird der Auszubildende der Gesellschaft vorlegen.[12]

§ 9 Urlaub[13]

(1) Die Gesellschaft gewährt dem Auszubildenden Erholungsurlaub nach den geltenden gesetzlichen Bestimmungen. Es besteht ein Urlaubsanspruch in Höhe von ...... Arbeitstagen/Jahr. (Optional: Er erhöht sich im Jahr ...... auf ...... und im Jahr ...... auf ...... Arbeitstage.)

(2) Der Urlaub soll zusammenhängend und in der Zeit der Berufsschulferien gewährt und genommen werden.[14]

§ 10 Kündigung[15]

(1) Während der Probezeit nach § 3 kann das Ausbildungsverhältnis jederzeit ohne Einhaltung einer Kündigungsfrist gekündigt werden.

(2) Nach der Probezeit kann das Ausbildungsverhältnis durch die Gesellschaft nur aus wichtigem Grund gekündigt werden.

(3) Der Auszubildende kann das Arbeitsverhältnis nach der Probezeit aus wichtigem Grund ohne Einhaltung einer Kündigungsfrist oder, wenn er sich anderweitig ausbilden lassen oder die Berufsausbildung aufgeben will, mit einer Frist von vier Wochen kündigen.

(4) Die Kündigung muss schriftlich erfolgen und in den Fällen des Abs. (2) und (3) die Angabe der Kündigungsgründe enthalten.

(5) Eine Kündigung aus wichtigem Grund ist unwirksam, wenn die ihr zugrunde liegenden Tatsachen dem zur Kündigung Berechtigten länger als zwei Wochen bekannt sind. Ist ein Güteverfahren nach § 13 Abs. (2) eingeleitet, so wird bis zu dessen Beendigung der Lauf dieser Frist gehemmt.

(6) Wird das Berufsausbildungsverhältnis nach der Probezeit vorzeitig gelöst, so kann die Gesellschaft oder der Auszubildende Ersatz des Schadens verlangen, wenn die andere Person den Grund für die Auflösung zu vertreten hat. Dies gilt nicht bei Kündigungen nach Abs. (3) Alt. 2. Der Anspruch erlischt, wenn er nicht innerhalb von drei Monaten nach Beendigung des Berufsausbildungsverhältnisses geltend gemacht wird.

§ 11 Zeugnis[16]

(1) Die Gesellschaft wird dem Auszubildenden bei Beendigung des Berufsausbildungsverhältnisses ein Zeugnis ausstellen, das Angaben über Art, Dauer und Ziel der Berufsausbildung, über die erworbenen beruflichen Fertigkeiten, Kenntnisse und Fähigkeiten des Auszubildenden sowie auf Verlangen des Auszubildenden auch über Verhalten und Leistung enthält.

(2) Das Zeugnis soll auch der Ausbilder unterschreiben.

§ 12 Tarifverträge und Betriebsvereinbarungen[17]

(1) Auf das Ausbildungsverhältnis finden die folgenden Betriebsvereinbarungen Anwendung:

......

(2) Auf das Ausbildungsverhältnis finden die folgenden Tarifverträge Anwendung, soweit der Auszubildende tarifgebunden ist:

......

§ 13 Schlussbestimmungen

(1) Mündliche Nebenabreden bestehen nicht. Änderungen oder Ergänzungen dieses Vertrags einschließlich dieser Bestimmung bedürfen zu ihrer Wirksamkeit der Schriftform, es sei denn, diese wurden nachweislich zwischen den Parteien ausgehandelt. Das Schriftformerfordernis bezieht sich auch auf etwaige Ansprüche aus betrieblicher Übung.[18]

(2) Bei Streitigkeiten aus dem bestehenden Berufsausbildungsverhältnis ist vor Anrufung des Arbeitsgerichts ein nach § 111 Abs. 2 Arbeitsgerichtsgesetz etwaig gebildeter Ausschuss einzuschalten.[19]

......	......
Ort, Datum	Ort, Datum
......	......
Unterschrift der Gesellschaft	Unterschrift des Auszubildenden
	......
	Unterschrift des/der gesetzlichen Vertreter/s

Anmerkungen

1. Vertragliche Regelung. Ein Berufsausbildungsverhältnis kann nur durch einen entsprechenden Vertrag begründet werden (§ 10 Abs. 1 BBiG). Der Berufsausbildungsvertrag geht übereinstimmend mit dem BBiG von der **Berufsausbildung** im Sinne einer Erst- oder Zweitausbildung im Anschluss an die Vollzeitschulpflicht aus (vgl. ErfKomm/*Schlachter* § 1 BBiG Rn. 4). Mit dem Berufsausbildungsvertrag verpflichten sich der Ausbildende (im Formular „Gesellschaft" genannt) zur Ausbildung und der Auszubildende zum Erlernen des Ausbildungsberufes.

Die Berufsausbildung erfolgt im „dualen System", d. h. sie findet regelmäßig parallel im Betrieb und der Berufsschule statt. Der hier abgebildete Berufsausbildungsvertrag betrifft in erster Linie die betriebliche Berufsausbildung. Der Ausbildende hat unverzüglich nach Abschluss des Berufsausbildungsvertrages bei der zuständigen Industrie- und Handelskammer oder Handwerkskammer die Eintragung des Vertrages in das Verzeichnis der Berufsausbildungsverhältnisse zu beantragen, § 36 BBiG. Entsprechendes gilt bei späteren Änderungen des wesentlichen Vertragsinhalts, § 11 Abs. 4 BBiG.

Auf einen Berufsausbildungsvertrag sind gemäß § 10 Abs. 2 BBiG grundsätzlich die für einen **Arbeitsvertrag** geltenden Rechtsvorschriften und Rechtsgrundsätze anzuwenden. Abweichungen können sich insbesondere aus dem BBiG sowie aus dem Wesen und Zweck des Berufsausbildungsvertrages ergeben. Da alle **Vorschriften des BBiG** über das Berufsausbildungsverhältnis nach § 25 BBiG **unabdingbar** sind, ist eine vertragliche Vereinbarung, die zuungunsten des Auszubildenden von diesen Vorschriften abweicht, nichtig.

Der Berufsausbildungsvertrag ist auch **ohne Schriftform** wirksam. Die gemäß § 11 Abs. 1 BBiG unverzüglich nach Abschluss des Vertrages bis spätestens zum tatsächlichen Beginn der Ausbildung durch den Ausbildenden notwendige schriftliche Abfassung des Vertrages, die den in § 11 Abs. 1 S. 2 BBiG festgelegten Mindestinhalt haben und dem Auszubildenden sowie gegebenenfalls dessen gesetzlichen Vertretern ausgehändigt werden muss (§ 11 Abs. 3 BBiG), hat insoweit nur deklaratorische Wirkung (BAG AP BBiG § 15 Nr. 1; BAG NZA 1998, 37). Bei einem Verstoß gegen § 11 Abs. 1, 3 und 4 BBiG liegt jedoch eine **Ordnungswidrigkeit** i. S. d. § 102 Abs. 1 BBiG vor, die nach § 102 Abs. 2 BBiG mit einer Geldbuße von bis zu 1.000 EUR geahndet werden kann. Ferner hat der Auszubildende Anspruch auf **Schadensersatz,** wenn und soweit er durch die Nichteinhaltung der nachträglichen Niederschrift einen Schaden erleidet (BAG NZA 1998, 37; BAG NZA 2004, 105).

Hinsichtlich **bestimmter Vertragsklauseln** sieht das BBiG in § 12 ausdrücklich deren **Nichtigkeit** vor. Bei der Vertragsgestaltung ist deshalb darauf zu achten, dass der Berufsausbildungsvertrag den Auszubildenden für die Zeit nach Beendigung des Ausbildungsverhältnisses nicht in der Ausübung seiner beruflichen Tätigkeit beschränkt (z. B. durch eine „Weiterarbeitsklausel", BAG AP BBiG § 5 Nr. 1). Auch eine Verpflichtung des Auszubildenden oder seiner Eltern, für die Berufsausbildung eine Entschädigung zu zahlen, ist unzulässig (vgl. BAG AP BBiG § 5 Nr. 5 zur Kostenfreiheit der Ausbildung). Eine Regelung, die Schadensersatzansprüche ausschließt oder beschränkt, die Höhe des Schadensersatzes in Pauschbeträgen festsetzt oder Vertragsstrafen vorsieht, die nicht lediglich der Sicherung einer Vereinbarung nach § 12 Abs. 1 S. 2 BBiG dienen (BAG AP BBiG § 5 Nr. 4), ist ebenfalls unzulässig.

Bei der Durchführung von Maßnahmen der betrieblichen Berufsbildung und der Einstellung von Auszubildenden besteht ein **Mitbestimmungsrecht** des Betriebsrats nach §§ 97 Abs. 2, 98, 99 BetrVG, soweit die zu ihrer Berufsausbildung Beschäftigten Arbeitnehmer i. S. d. § 5 Abs. 1 BetrVG sind, d. h. nicht in einem reinen Ausbildungsbetrieb beschäftigt werden (BAG AP BetrVG 1972 § 5 Ausbildung Nr. 8).

2. Gesellschaft (Ausbildender). Ausbildender ist nach § 10 Abs. 1 BBiG derjenige, der mit dem Auszubildenden den **Ausbildungsvertrag schließt,** also der Betriebsinhaber. Umstritten ist, ob bei juristischen Personen die juristische Person selbst oder das für sie handelnde Organ (Vorstand, Geschäftsführer) Ausbildender ist. Nach der wohl h. M. ist es die juristische Person selbst (vgl. z. B. ErfKomm/*Schlachter*, § 10 BBiG Rn. 2). Der Ausbildende muss über eine entsprechende **persönliche Eignung** verfügen (§ 28 Abs. 1 S. 1 BBiG). Diese fehlt gemäß § 29 BBiG, wenn er Kinder und Jugendliche gemäß § 25 JArbSchG nicht beschäftigen darf oder wiederholt oder schwer gegen das BBiG verstoßen hat.

Ausbilder ist demgegenüber, wem die Ausbildung ausdrücklich übertragen wurde, was in § 7 Abs. (1) reflektiert wurde. Die Bestellung eines Ausbilders ist nach § 28 Abs. 2 BBiG erforderlich, wenn der Ausbildende nicht selbst über die fachliche Eignung zur Berufsausbildung verfügt (→ Anm. 10). Die Wirksamkeit des Berufsausbildungsvertrages wird von Mängeln in diesem Bereich zwar nicht berührt (§ 10 Abs. 4 BBiG), jedoch kann der Auszubildende den Vertrag kündigen und gegebenenfalls nach § 23 Abs. 1 BBiG Schadensersatz geltend machen (MünchHdbArbR/*Natzel* § 322 Rn. 13). Zudem stellt ein Verstoß gegen § 28 Abs. 1, 2 BBiG eine Ordnungswidrigkeit dar, die mit einer Geldbuße von bis zu 5.000 EUR geahndet werden kann (§ 102 Abs. 1 Nr. 5, Abs. 2 BBiG).

3. Gesetzliche Vertretung. Sofern der Auszubildende noch nicht volljährig ist, muss der Vertrag auch durch die gesetzlichen Vertreter unterzeichnet werden, wie sich mittelbar aus § 11 Abs. 2 BBiG ergibt. **§ 113 BGB gilt** insoweit **nicht** für den Berufsausbildungsvertrag (Palandt/*Ellenberger* § 113 BGB Rn. 2; ErfKomm/*Schlachter* § 10 BBiG Rn. 4). Daher empfiehlt es sich, die gesetzlichen Vertreter bereits in der Präambel aufzuführen. Grundsätzlich sind nach § 1629 Abs. 1 BGB beide Elternteile gemeinsam zur Vertretung berechtigt. Sofern ein Vormund bestellt wurde, ist für den Abschluss des Berufsausbildungsvertrages die Genehmigung des Familiengerichts erforderlich.

4. Gegenstand des Vertrages. Im Ausbildungsvertrag sind nach § 11 Abs. 1 S. 2 Nr. 1 BBiG ausdrücklich Art, sachliche und zeitliche Gliederung sowie Ziel der Ausbildung festzulegen. Insbesondere ist anzugeben, zu welchem Ausbildungsberuf der Auszubildende ausgebildet werden soll. Art und Ziel der Berufsausbildung sind regelmäßig in der für den angestrebten Beruf geregelten **Ausbildungsordnung** nach § 5 BBiG, § 25 HandwO festgelegt (vgl. § 1 Abs. (1)). Sofern eine solche nicht besteht, sind nach § 104 BBiG die bereits vor In-Kraft-Treten des BBiG anerkannten Lehrberufe zugrunde zu legen. Die sachliche und zeitliche Gliederung der Berufsausbildung ergibt sich entweder aus dem von der Gesellschaft für den Betrieb auf der Grundlage des Ausbildungsrahmenplans und der jeweiligen Ausbildungsordnung entwickelten **Ausbildungsplan** (vgl. § 1 Abs. (2)) oder wird alternativ dazu direkt im Vertrag geregelt. Im ersten Fall ist der Ausbildungsplan dem Vertrag als Anlage beizufügen.

Mit Blick auf den Ausbildungsplan sind im Wesentlichen zwei Varianten möglich: Es kann eine herkömmliche Monoausbildung oder eine Stufenausbildung (vgl. § 5 Abs. 2 BBiG) durchgeführt werden. In beiden Fällen müssen sachlichen Ausbildungsinhalten konkrete Zeitabschnitte zugeordnet werden. Bei der Stufenausbildung ist zusätzlich zu beachten, dass der Ausbildungsvertrag über die gesamte Regelausbildungsdauer abzuschließen ist.

5. Ausbildungsdauer. Beginn und Dauer der Ausbildung sind ebenfalls nach § 11 Abs. 1 S. 2 Nr. 2 BBiG im Vertrag festzuhalten. Die Dauer richtet sich nach der für den einzelnen Ausbildungsberuf maßgeblichen Ausbildungsordnung und beträgt **in der Regel drei Jahre,** § 5 Abs. 1 Nr. 2 BBiG (vgl. § 2 Abs. (1)). Verkürzungen oder Verlängerungen der Ausbildungszeit sind nach Maßgabe der §§ 7 und 8 BBiG möglich. Auf **Verkürzungen** beziehen sich die beiden alternativen Formulierungsvorschläge in § 2 Abs. (1). Anrechnungsverordnungen i. S. d. § 7 Abs. 1 BBiG rechnen bestimmte Vorkenntnisse als erstes Jahr der Berufsausbildung auf die Ausbildungszeit an. Dies hat auch Auswirkungen auf die Vergütung (→ Anm. 9). Keinen Einfluss auf die Vergütung haben dagegen Verkürzungen gemäß § 8 Abs. 1 BBiG, die die Industrie- und Handelskammer, die Handwerkskammer oder eine andere für die Berufsausbildung zuständige Stelle gemäß § 71 ff. BBiG auf Antrag vornimmt, wenn zu erwarten ist, dass der Auszubildende das Ausbildungsziel in der gekürzten Zeit erreicht (vgl. BAG AP BBiG § 29 Nr. 1).

Das Berufsausbildungsverhältnis **beginnt** mit dem Tag, an dem die Ausbildung tatsächlich aufgenommen werden soll und **endet** – auch ohne eine Abschlussprüfung (BAG AP BBiG § 14 Nr. 13) – mit dem Ablauf der Ausbildungszeit beziehungsweise der letzten Stufe automatisch ohne Ausspruch einer Kündigung, § 21 Abs. 1 BBiG (vgl. § 2 Abs. (2)).

Das **vorzeitige Ende** des Ausbildungsverhältnisses tritt nach § 21 Abs. 2 BBiG mit dem **Bestehen der Abschlussprüfung** vor Ablauf der Ausbildungszeit ein. Mithin hat § 2 Abs. (3) nur klarstellende Bedeutung. Die Abschlussprüfung ist bestanden, wenn das Prüfungsverfahren abgeschlossen und das Ergebnis der Prüfung mitgeteilt worden ist (BAG AP BBiG § 14 Nr. 12). Anderweitige Regelungen kann die jeweilige **Prüfungsordnung** enthalten, § 47 BBiG.

Die **Verlängerung bei Nichtbestehen** der Prüfung ist in § 21 Abs. 3 BBiG geregelt. Erklärt der Auszubildende trotz Nichtbestehens der Prüfung, die Ausbildung fortsetzen zu wollen, verlängert sich das Ausbildungsverhältnis unmittelbar kraft Gesetzes und ungeachtet der Bereitschaft des Ausbildenden (BAG AP BBiG § 14 Nr. 11; ErfKomm/*Schlachter* § 21 BBiG Rn. 4). Ein vor Ablauf der vereinbarten Ausbildungszeit erklärtes Fortsetzungsverlangen verlängert das Ausbildungsverhältnis unabhängig davon, wie lange der Auszubildende vor Geltendmachung bereits Kenntnis vom Nichtbestehen der Prüfung hatte (BAG AP BBiG § 14 Nr. 11). Nach Ablauf der vereinbarten Ausbildungszeit muss der Auszubildende eine Verlängerung unverzüglich verlangen, was im Einzelfall aber auch eine angemessene Überlegungsfrist einschließen kann (BAG AP BBiG § 14 Nr. 11). Für den Fall, dass der Auszubildende die erste Wiederholungsprüfung auch nicht besteht, verlängert sich das Ausbildungsverhältnis bis zur zweiten Wiederholungsprüfung, wenn diese noch innerhalb eines Jahres nach Ende der Ausbildungszeit abgelegt wird und der Auszubildende ein entsprechendes Fortsetzungsverlangen äußert (BAG AP BBiG § 14 Nr. 10; bestätigt durch BAG NZA 2002, 232). In analoger Anwendung des § 21 Abs. 3 BBiG kann der Auszubildende auch dann eine Verlängerung verlangen, wenn er die Abschlussprüfung krankheitsbedingt nicht absolvieren konnte (BAG AP BBiG § 14 Nr. 9). Im Übrigen sind weitere Verlängerungen kraft Gesetzes (§ 9 MuSchG, § 20 Abs. 1 S. 2 BEEG) oder vertraglicher Vereinbarung (§ 8 Abs. 2 BBiG) möglich.

Werden Auszubildende im Anschluss an das Ausbildungsverhältnis mit Wissen und Wollen oder nach Weisungen des Arbeitgebers beschäftigt, ohne dass hierüber ausdrücklich etwas vereinbart worden ist, so wird ein **Arbeitsverhältnis auf unbestimmte Zeit begründet,** § 24 BBiG (vgl. hierzu *Benecke* NZA 2009, 820). Findet die Abschlussprüfung erst nach dem vertraglich vereinbarten Ende des Ausbildungsverhältnisses statt oder wird das Prüfungsergebnis erst hiernach verkündet und der Auszubildende während dieses Zeitraums beschäftigt, so ist umstritten, ob sich in diesen Fällen das Berufsausbildungsverhältnis verlängert oder ein Arbeitsverhältnis nach § 24 BBiG begründet wird. Das BAG lehnt eine automatische Verlängerung gemäß § 24 BBiG grundsätzlich ab (BAG NZA 2009, 738). Gleichwohl geht es davon aus, dass eine Verlängerung des Berufsausbildungsverhältnis in analoger Anwendung des § 21 Abs. 3 BBiG in Betracht komme, wenn der Auszubildende die Verlängerung des Berufsausbildungsverhältnisses bis zur Bekanntgabe des Prüfungsergebnisses verlange (BAG NZA 2009, 738; MünchHdbArbR/*Natzel* § 322 Rn. 27; *Natzel* SAE 2009, 250, 251 f.). Daher empfiehlt es sich, in einer solchen Sonderkonstellation eine explizite Regelung zu der Frage der Weiterbeschäftigung zu vereinbaren. Will der Arbeitgeber den Abschluss eines Arbeitsverhältnisses auf unbestimmte Zeit verhindern, den Auszubildenden aber trotzdem (vorübergehend) weiterbeschäftigen, muss er mit ihm einen befristeten Arbeitsvertrag abschließen (§ 14 Abs. 1 S. 2 Nr. 2, Abs. 4 TzBfG); dabei ist § 12 Abs. 1 BBiG zu beachten.

Das BAG hat hinsichtlich einer Befristung eines Arbeitsverhältnisses gem. § 14 Abs. 2 TzBfG klargestellt, dass ein Berufsausbildungsverhältnis kein Arbeitsverhältnis im Sinne des Vorbeschäftigungsverbotes nach § 14 Abs. 2 S. 2 TzBfG ist (BAG NZA 2012, 255). Damit ist die Möglichkeit eröffnet, neben der Anschlussbefristung mit Sachgrund nach § 14 Abs. 2 S. 2 Nr. 2 TzBfG auch ein sachgrundlos befristetes Arbeitsverhältnis nach § 14 Abs. 2 TzBfG bis zur Dauer von zwei Jahren abzuschließen.

6. Probezeit. Auch die Festlegung einer Probezeit gehört zu den Mindestvertragsbestandteilen nach § 11 Abs. 1 S. 2 Nr. 5 BBiG. Diese muss gemäß § 20 S. 1 BBiG zwischen mindestens einem und höchstens vier Monaten liegen. Das BBiG enthält keine Regelung über eine **Verlängerung** der Probezeit, sofern diese unterbrochen wurde. Demnach sollte vertraglich vereinbart werden, dass sich die Probezeit bei einer Unterbrechung von mehr als einem Monat um diesen Zeitraum verlängert (vgl. § 3 Abs. (2)). Diese Gestaltung ist mit § 25 BBiG vereinbar, auch wenn dadurch insgesamt die Vier-Monats-Grenze überschritten werden kann (vgl. BAG AP BBiG § 13 Nr. 1; MünchHdbArbR/*Natzel* § 322 Rn. 45). Auf die Verlängerung der Probezeit kann sich der Ausbildende allerdings nicht berufen, wenn er selbst die **Unterbrechung vertragswidrig** herbeigeführt hat (BAG AP BBiG § 13 Nr. 1). Da sich die Dauer der Probezeit unmittelbar auf die nach dem BBiG eingeschränkte Zulässigkeit der ordentlichen Kündigung auswirkt (vgl. § 10 und → Anm. 15), sollte die Möglichkeit der viermonatigen Probezeit regelmäßig voll ausgeschöpft werden (so auch *Schweighöfer* AuA 2012, 136, 138).

7. Ausbildungsstätte. § 11 Abs. 1 S. 2 Nr. 3 BBiG bestimmt, dass auch Ausbildungsmaßnahmen außerhalb der Ausbildungsstätte, an welcher die Berufsausbildung erfolgen soll, vertraglich festgehalten werden sollen (vgl. § 4 Abs. (2)). Werden Auszubildende eines reinen Ausbildungsbetriebs zum Zwecke ihrer praktischen Ausbildung vorübergehend in einem anderen Betrieb eingesetzt, stellt dies nach Auffassung des BAG für diesen Betrieb eine Einstellung i. S. v. § 99 Abs. 1 S. 1 BetrVG dar, die der Zustimmung des dort gewählten Betriebsrats bedarf (BAG NZA 2009, 112).

Außerbetriebliche Ausbildungsmaßnahmen sind deswegen sinnvoll, weil oft nicht alle Kenntnisse im Betrieb des Ausbildenden vermittelt werden können, z. B. wenn Tätigkeiten in Laboratorien, Gemeinschaftslehrwerkstätten oder auf Baustellen vorgenommen werden müssen oder Auslandspraktika geplant sind (vgl. ErfKomm/*Schlachter* § 11 BBiG Rn. 3; Schaub/*Vogelsang* § 173 Rn. 10). Nach § 5 Abs. 2 Nr. 6 BBiG, § 26 Abs. 2 Nr. 6 HandwO können derartige Maßnahmen in Ausbildungsordnungen festgelegt werden. Gemäß § 12 Abs. 2 Nr. 1 BBiG sind Vertragsklauseln nichtig, die den Auszubildenden verpflichten, für außerbetriebliche Ausbildungsmaßnahmen eine Entschädigung zu zahlen. Die dem Auszubildenden durch die Fahrt zu den Ausbildungsmaßnahmen außerhalb der Ausbildungsstätte **entstehenden Kosten** muss der Ausbildende allerdings nur bei entsprechender Regelung im Ausbildungsvertrag erstatten.

8. Tägliche Ausbildungszeit. Anzugeben ist im Vertrag lediglich die **regelmäßige** tägliche Ausbildungszeit (vgl. § 5 Abs. (1)), so dass kürzere Beschäftigungszeiten an Samstagen oder Montagen sowie betriebliche Restausbildungszeiten, wenn der Berufsschulunterricht weniger als fünf Stunden beträgt, hierbei keine Rolle spielen (MünchHdbArbR/*Natzel* § 322 Rn. 29). Zu berücksichtigen ist hier insbesondere ein ggf. für das Berufsausbildungsverhältnis geltender **Tarifvertrag.** Begrenzt ein Tarifvertrag z. B. die regelmäßige tägliche Ausbildungszeit auf 7,5 Stunden, so muss diese Dauer im Hinblick auf den Anspruch auf besondere Vergütung und entsprechende Freizeit nach § 17 Abs. 3 BBiG im Vertrag angegeben werden. Bei der Dauer der regelmäßigen täglichen Ausbildungszeit, welche nach § 11 Abs. 1 S. 2 Nr. 4 BBiG ebenfalls zum Mindestinhalt des Berufsausbildungsvertrages gehört, sind bei Auszubildenden, die noch nicht volljährig sind, §§ 8 Abs. 1, 4 Abs. 1 JArbSchG zu beachten. Demnach dürfen **Jugendliche** nicht mehr als acht Stunden täglich beschäftigt werden.

Für die Teilnahme am Berufsschulunterricht und an Prüfungen wird der jugendliche Auszubildende von der Arbeit freigestellt, § 9 Abs. 1 S. 1 JArbSchG (vgl. § 5 Abs. (2)). Unterricht und Prüfungen sind keine Arbeitszeit, werden aber auf diese **angerechnet,** wie sich aus § 9 Abs. 2, 10 Abs. 2 JArbSchG ergibt. Die Vorschriften des JArbSchG müssen jedoch im Vertrag nicht erwähnt werden. Bei volljährigen Auszubildenden gelten grundsätzlich keine Besonderheiten, § 3 ArbZG findet für die regelmäßige tägliche Arbeitszeit Anwendung (ErfKomm/*Schlachter* § 11 BBiG Rn. 3). Die Pflicht zur Freistellung des Auszubildenden ergibt sich dann aus § 15 BBiG. Mangels gesetzlicher Regelung findet eine Anrechnung der Berufsschulpflicht nicht statt. Insoweit muss dies im Vertrag ausdrücklich geregelt werden (BAG AP BBiG § 7 Nr. 2; vgl. § 5 Abs. (2)).

9. Ausbildungsvergütung. Nach § 17 Abs. 1 BBiG ist dem Auszubildenden eine angemessene Vergütung zu zahlen, die entsprechend dem Lebensalter des Auszubildenden mit fortschreitender Berufsausbildung **mindestens jährlich ansteigt**. Sie ist nach § 11 Abs. 1 S. 2 Nr. 6 BBiG vertraglich festzulegen (§ 6 Abs. (1)). Dabei handelt es sich um eine Nebenpflicht des Ausbildenden (ErfKomm/*Schlachter* § 17 BBiG Rn. 1; MünchHdbArbR/*Natzel* § 322 Rn. 79). Verkürzungszeiten nach § 7 Abs. 1 BBiG (vgl. § 2 Abs. (1) 2. Alt.) gelten hierbei im Umfang ihrer Anrechnung als abgeleistete Zeiten eines Berufsausbildungsverhältnisses (BAG AP BBiG § 29 Nr. 1), so dass bereits zu Beginn eines Ausbildungsverhältnisses eine Vergütung wie im zweiten Ausbildungsjahr möglich ist. Dagegen beeinflussen Verkürzungen nach § 8 Abs. 1 BBiG die Vergütungshöhe nicht (BAG AP BBiG § 29 Nr. 1;

Wohlgemuth/*Pieper* § 17 Rn. 23 ff.). Als angemessen gilt eine Vergütung, wenn sie dem Auszubildenden hilft, die Lebenshaltungskosten zu bestreiten und zugleich eine Mindestentlohnung seiner Leistungen darstellt (BAG AP BBiG § 10 Nr. 11; BAG AP BBiG § 17 Nr. 8). Eine wichtige Orientierungshilfe für die Bestimmung der Angemessenheit der Vergütung sind etwaig anwendbare Tarifverträge (vgl. BAG BeckRS 2013, 69474). Fehlt eine tarifliche Regelung, dienen die Empfehlungen der Kammern und Innungen als Orientierung (BAG AP BBiG § 10 Nr. 15). Eine Bezugnahme auf die jeweils tariflich vereinbarte Ausbildungsvergütung ist ausreichend, jedoch muss die bei Vertragsschluss geltende Höhe dann für die einzelnen Lehrjahre im Vertrag angegeben werden (MünchHdbArbR/*Natzel* § 322 Rn. 32); ein allgemein gehaltener Hinweis auf Tarifverträge wie in § 12 vorgesehen genügt diesen Anforderungen daher in einem solchen Fall nicht. Das Formular sieht indes ohnehin vor, dass die Vergütung für die einzelnen Lehrjahre angegeben wird, so dass die Regelung im Ergebnis auch für tarifliche Situationen passt.

Eine Ausbildungsvergütung, die sich an einem entsprechenden Tarifvertrag ausrichtet, ist stets als angemessen anzusehen (BAG AP BBiG § 10 Nr. 11; BAG AP BBiG § 10 Nr. 15). Liegt die Ausbildungsvergütung um mehr als 20 Prozent unter den Regelungen des einschlägigen Tarifvertrages, so ist zu vermuten, dass sie nicht mehr angemessen i.S.v. § 17 Abs. 1 S. 1 BBiG ist, es sei denn, die Ausbildung wird durch die öffentliche Hand finanziert (BAG AP BBiG § 10 Nr. 14)). Eine Anrechnung von Sachleistungen wie die Zurverfügungstellung einer Wohnung ist durch besondere vertragliche Vereinbarung möglich; die angerechneten Sachleistungen dürfen jedoch nicht mehr als 75 Prozent der Bruttovergütung betragen, § 17 Abs. 2 BBiG.

Bei der Ausbildungsvergütung handelt es sich zwar auch um Entgelt für geleistete Arbeit (BAG AP BBiG § 10 Nr. 15; a.A. *Natzel* DB 1992, 1521, 1524), als Erziehungsgeld i.S.d. § 850a Nr. 6 ZPO ist sie jedoch unpfändbar und kann infolgedessen weder abgetreten noch verpfändet werden und ist auch einer Aufrechnung nicht zugänglich (ErfKomm/*Schlachter* § 17 BBiG Rn. 2).

Für die Dauer der Freistellung zum Besuch der Berufsschule oder wegen Prüfungen und außerbetrieblicher Ausbildungsmaßnahmen hat der Ausbildende nach §§ 9 Abs. 3, 10 Abs. 2 S. 2 JArbSchG dem jugendlichen Auszubildenden das **Entgelt fortzuzahlen.** Bei volljährigen Auszubildenden ergibt sich diese Verpflichtung aus § 19 Abs. 1 S. 1 Nr. 1 BBiG (s. § 6 Abs. (2)). Insoweit ist die Vereinbarung einer unverzüglichen Anzeigepflicht des Auszubildenden für den Fall seiner Verhinderung sinnvoll (vgl. § 8 Abs. (4)). Eine Entgeltfortzahlungspflicht besteht weiterhin in den in § 19 Abs. 1 Nr. 2 BBiG genannten Fällen. Im Unterschied zu § 616 S. 1 BGB ist die Fortzahlung bei Leistungsverhinderung aus persönlichen Gründen (§ 19 Abs. 1 Nr. 2 b) BBiG) nicht abdingbar und zeitlich nicht beschränkt (ErfKomm/*Schlachter* § 19 BBiG Rn. 5). Nach § 19 Abs. 2 BBiG sind aus berechtigtem Grund nicht abgenommene Sachleistungen abzugelten. Das BBiG regelt die Entgeltfortzahlung **nicht abschließend,** so dass im Übrigen u.a. das EFZG und das MuSchG gelten (vgl. MünchHdbArbR/*Natzel* § 322 Rn. 110).

Überstunden sind nach § 17 Abs. 3 BBiG zu vergüten oder durch Freizeit auszugleichen (vgl. § 6 Abs. (3)). Zu beachten ist, dass bei Jugendlichen keine Abgeltung möglich ist, sondern nur der Ausgleich durch Verkürzung der Arbeitszeit an anderen Tagen oder Freizeitausgleich innerhalb der darauf folgenden drei Wochen, § 21 Abs. 1 und 2 JArbSchG (zu den Einzelheiten *Weyand* § 21 Rn. 8 ff.).

10. Pflichten der Gesellschaft (des Ausbildenden). Auszubildende darf nur einstellen, wer hierzu **persönlich und fachlich geeignet** ist, § 28 Abs. 1 BBiG. Ist der Ausbildende lediglich persönlich (vgl. Anm. 2), aber nicht fachlich geeignet, muss er dementsprechend jemand anderen als **Ausbilder bestellen,** der die persönliche und fachliche Eignung, d.h. die erforderlichen beruflichen Fertigkeiten und Kenntnisse sowie die erforderlichen berufs- und arbeitspädagogischen Kenntnisse, besitzt (vgl. § 7 Abs. (1)). Ansonsten liegt eine Ordnungswidrigkeit gemäß § 102 Abs. 1 Nr. 5, 6 BBiG vor, die mit einer Geldbuße bis zu 5.000 EUR geahndet werden kann. Der Betriebsrat hat bei der Bestellung des Ausbilders gemäß § 98 Abs. 2 BetrVG ein Mitbestimmungsrecht.

Die im Formular in § 7 aufgeführten Pflichten des Ausbildenden ergeben sich bereits aus §§ 14 ff. BBiG. Insoweit sind die dahingehend vertraglichen Regelungen nur deklaratorischer Natur. Gleichwohl empfiehlt sich eine vertragliche Abbildung, um den Parteien die gesetzlichen Pflichten aufzuzeigen. **Hauptpflicht** des Ausbildenden ist naturgemäß dafür zu sorgen, dass dem Auszubildenden die berufliche Handlungsfähigkeit für den angestrebten Beruf vermittelt wird, § 14 Abs. 1 Nr. 1 BBiG (vgl. § 7 Abs. (1)). Ziel der Ausbildung ist nicht die Ablegung oder das Bestehen der Abschlussprüfung, sondern lediglich die Vermittlung der für die Ausübung einer qualifizierten beruflichen Tätigkeit notwendigen beruflichen Handlungsfähigkeit gemäß des Ausbildungsberufsbildes in den Ausbildungsordnungen (→ Anm. 4; MünchHdbArbR/*Natzel* § 322 Rn. 126). Jedoch kommt ein Schadensersatzanspruch des Auszubildenden in Betracht, wenn das Nichtbestehen der Abschlussprüfung auf der fehlenden Vermittlung von Fertigkeiten und Kenntnissen beruht (BAG AP BBiG § 6 Nr. 2). Daneben bestehen noch **Erziehungs-, Ordnungs- und Schutzpflichten** (vgl. § 7 Abs. (2) und (4)). Die ausdrückliche Aufnahme einer Freistellungspflicht für den Berufsschulunterricht in § 5 Abs. 2 ist konstitutiv für Auszubildende, die nicht berufsschulpflichtig sind (BAG AP BBiG § 7 Nr. 1; ErfKomm/*Schlachter* § 15 BBiG Rn. 1, § 14 BBiG Rn. 5). Im Übrigen ergibt sich die Freistellungspflicht bereits aus §§ 9 Abs. 1, 10 Abs. 1 Nr. 1 JArbSchG, § 15 BBiG.

11. Pflichten des Auszubildenden. Die Pflichten des Auszubildenden ergeben sich zum größten Teil aus den Regelungen in § 13 BBiG. Der Auszubildende hat sich aktiv zu bemühen, die berufliche Handlungsfähigkeit zu erwerben, die zur Erreichung des Ausbildungsziels notwendig ist (vgl. § 8 Abs. (1); ErfKomm/*Schlachter* § 13 BBiG Rn. 1). Unter diese Vertragspflicht des Auszubildenden fällt nicht der Lehrstoff der Berufsschule, § 38 BBiG. Ansonsten würde man auch den Ausbildenden verpflichten, gegebenenfalls den Lehrstoff der Berufsschule zu vermitteln. Im Hinblick auf § 8 Abs. (2) muss der Auszubildende nur Tätigkeiten ausführen und Weisungen befolgen, die mit der Berufsausbildung zusammenhängen, § 13 Nr. 1 und 3 BBiG. Der Auszubildende muss den Ausbildenden über seinen Stundenplan in der Berufsschule informieren, damit dieser ihn entsprechend freistellen kann. Es empfiehlt sich, dem Auszubildenden die Pflicht zur Teilnahme an Ausbildungsmaßnahmen ausdrücklich im Vertrag vor Augen zu führen, da ihm für Fehltage nach § 18 Abs. 1 BBiG die Vergütung gekürzt werden kann und die Nichtteilnahme im Wiederholungsfall nach vorheriger Abmahnung einen fristlosen Kündigungsgrund darstellt (MünchHdbArbR/*Natzel* § 322 Rn. 118). Die **Anzeigepflicht** bei Verhinderung in § 8 Abs. (4) folgt im Krankheitsfall aus § 5 Abs. 1 EFZG, im Übrigen aus der Treuepflicht des Auszubildenden gegenüber dem Ausbildenden im Hinblick auf mögliche Entgeltfortzahlungsansprüche (→ Anm. 9). Ebenfalls in der Treuepflicht des Auszubildenden begründet ist das in § 8 Abs. (5) aufgenommene Wettbewerbsverbot, das, da auf die Laufzeit des Berufsausbildungsverhältnisses beschränkt, nicht gegen § 12 Abs. 1 BBiG verstößt (BAG AP HGB § 60 Nr. 13). Ergänzend kann unter § 8 auch die Pflicht festgelegt werden, nach den Ausbildungsordnungen vorgeschriebene Berichtshefte oder Ausbildungsnachweise zu führen (vgl. BAG AP BBiG § 6 Nr. 1), zumal das Führen von Ausbildungsnachweisen nach §§ 43 Abs. 1 Nr. 2 BBiG, 36 Abs. 1 Nr. 2 HandwO Zulassungsvoraussetzung für die Abschlussprüfung ist.

12. Ärztliche Untersuchung. Die Regelung unter § 8 Abs. (8) erklärt sich vor dem Hintergrund, dass **jugendliche Auszubildende** erst beschäftigt werden dürfen, wenn sie nach § 32 JArbSchG von einem Arzt untersucht worden sind. Anderenfalls besteht ein gesetzliches Beschäftigungsverbot (*Weyand* § 32 Rn. 6). Der Vertrag ist bis zur Vorlage der Bescheinigung oder bis zur Volljährigkeit des Auszubildenden schwebend unwirksam

(BAG AP BBiG § 15 Nr. 1). Nach § 33 JArbSchG ist zudem eine Nachuntersuchung zwischen dem neunten und zwölften Beschäftigungsmonat erforderlich, worüber der Auszubildende dem Ausbildenden ebenfalls eine Bescheinigung vorzulegen hat.

13. Urlaub. Der dem Auszubildenden zustehende Jahresurlaub ist, wie sich aus § 11 Abs. 1 S. 2 Nr. 7 BBiG ergibt, vertraglich festzuhalten. Das Formular bezieht sich in § 9 Abs. (1) auf die gesetzlichen Urlaubsregelungen. Sofern der Auszubildende Jugendlicher i. S. d. § 2 Abs. 2 JArbSchG ist, muss für die Dauer des Urlaubs § 19 Abs. 2 JArbSchG beachtet werden. Danach steht dem Jugendlichen je nach Alter unterschiedlich viel Urlaub zu, so dass im Vertrag der Urlaub **für jedes einzelne Kalenderjahr angegeben** werden muss. Im Übrigen ist das BUrlG anzuwenden sowie der gegebenenfalls einschlägige Tarifvertrag zu beachten. Die Angabe des Urlaubs für jedes einzelne Kalenderjahr ist aber auch bei volljährigen Auszubildenden notwendig. Bloße Hinweise auf gesetzliche oder tarifvertragliche Regelungen genügen nicht (ErfKomm/*Schlachter* § 11 BBiG Rn. 3). Fehlt eine vertragliche Urlaubsregelung, gilt der gesetzliche Mindestumfang.

14. Zeitpunkt des Urlaubs. Ist der Auszubildende Jugendlicher i. S. d. § 2 Abs. 2 JArbSchG, sollte der Ausbildende den Urlaub **während der Berufsschulferien** gewähren (vgl. § 9 Abs. (2)), da ansonsten für jeden Berufsschultag ein weiterer Urlaubstag gewährt werden müsste, § 19 Abs. 3 JArbSchG.

15. Kündigung. Gemäß § 11 Abs. 1 S. 2 Nr. 8 BBiG hat der Vertrag die Voraussetzungen zu enthalten, unter denen er gekündigt werden kann. Das Formular erschöpft sich hier in der Wiederholung der Kündigungsvoraussetzungen, die in § 22 BBiG ausdrücklich und **zwingend** geregelt sind. Ein Hinweis auf die Kündigungsvorschriften des BBiG im Vertrag genügt gleichwohl nicht. Während der **Probezeit** kann eine ordentliche Kündigung jederzeit und fristlos erfolgen (vgl. § 10 Abs. (1)). Eine Auslauffrist ist zulässig, sofern sie nicht unangemessen lang ist (BAG AP BBiG § 15 Nr. 8). Nach der Probezeit ist seitens des Ausbildenden nur noch eine **außerordentliche Kündigung** aus wichtigem Grund i. S. d. § 626 BGB erlaubt (vgl. § 10 Abs. (2); zu wichtigen Gründen ErfKomm/*Schlachter* § 22 BBiG Rn. 4). Die einzelvertragliche Konkretisierung wichtiger Gründe ist im Rahmen der gesetzlichen Bestimmungen unter Berücksichtigung der Besonderheiten des Ausbildungsverhältnisses möglich (vgl. BAG AP BGB § 626 Nr. 67). Der Auszubildende kann demgegenüber auch mit einer vierwöchigen Frist **ordentlich kündigen,** sofern er sich anderweitig ausbilden lassen oder die Berufsausbildung aufgeben will (vgl. § 10 Abs. (3)). In beiden Fällen ist eine Begründung der Kündigung notwendig. Die **Vereinbarung einer ordentlichen Kündigungsmöglichkeit** des Ausbildenden ist nicht zulässig und wäre nach § 25 BBiG **nichtig.** Soll in Ergänzung zur gesetzlichen Regelung eine Kündigung vor Beginn der Ausbildung ausgeschlossen sein, so muss dies ausdrücklich vereinbart werden (vgl. BAG AP BBiG § 15 Nr. 7; ErfKomm/*Schlachter* § 22 BBiG Rn. 1).

Die Regelung zur **Ausschlussfrist** in § 10 Abs. (5) folgt aus § 22 Abs. 4 BBiG, der sich an § 626 Abs. 2 BGB anlehnt. Die **Schadensersatzregelung** in § 10 Abs. (6) entspricht § 23 BBiG und gilt nicht nur für Kündigungen, sondern für **jegliche vorzeitige Beendigung** des Ausbildungsverhältnisses nach der Probezeit unabhängig von der rechtlichen Zulässigkeit der Beendigung (BAG AP BBiG § 3 Nr. 7; BAG AP BBiG § 14 Nr. 14). Zu beachten ist, dass die dreimonatige Ausschlussfrist des § 23 Abs. 2 BBiG erst mit der vertraglich vereinbarten Beendigung des Ausbildungsverhältnisses (vgl. § 2 Abs. (2)) zu laufen beginnt (BAG AP BBiG § 14 Nr. 14).

16. Zeugnis. Die Regelung in § 11 über die Erteilung des Zeugnisses ergibt sich bereits zwingend aus § 16 BBiG und ist insoweit deklaratorisch. Die **Pflicht** des Ausbildenden zur Ausstellung eines Zeugnisses besteht unabhängig von der Art und Weise oder dem Zeitpunkt der Beendigung des Ausbildungsverhältnisses. Der Zeugnisanspruch des Auszubildenden setzt insbesondere nicht das Bestehen der Abschlussprüfung voraus und besteht auch, wenn der Auszubildende nach Beendigung der Ausbildung im Betrieb weiterbeschäftigt wird (Wohlgemuth/*Banke* § 16 Rn. 1). Werden bei einer Stufenausbildung nach § 5 Abs. 2 Nr. 1 BBiG nicht alle Stufen in demselben Betrieb durchlaufen, besteht ein Zeugnisanspruch für jede Stufe (MünchHdbArbR/*Natzel* § 322 Rn. 180). Zwecks Klarstellung kann dies ergänzend im Vertrag festgehalten werden.

17. Kollektive Vereinbarungen. Sofern auf das Berufsausbildungsverhältnis Tarifverträge, Betriebs- oder Dienstvereinbarungen anzuwenden sind, ist dies wie in der Alternative gemäß § 12 Abs. (1) durch einen **allgemeinen Hinweis** auf diese Regelungen vertraglich festzuhalten, § 11 Abs. 1 S. 2 Nr. 9 BBiG. Das dient der Kenntnisnahme von besonderen Arbeitsbedingungen, insbesondere auch von tariflichen Ausschlussfristen. Eine Verletzung dieser Hinweispflicht kann Schadensersatzansprüche begründen (BAG NZA 2004, 105; Wohlgemuth/*Banke* § 11 Rn. 41).

18. Abänderung des Vertrages. Nach § 11 Abs. 4 BBiG gelten für Änderungen des Vertrages § 11 Abs. 1 bis 3 BBiG entsprechend. Änderungen des Berufsausbildungsvertrages sind daher **schriftlich** zu vereinbaren (vgl. § 12 Abs. (1)). → Form. A. II. 1, dort unter § 13.

19. Streitigkeiten. Die Regelung in § 12 Abs. (3) greift § 111 Abs. 2 ArbGG auf, wonach zur Beilegung von Streitigkeiten aus einem bestehenden Berufsausbildungsverhältnis die zuständigen Stellen Ausschüsse bilden können, deren Verhandlungen einem Verfahren vor dem Arbeitsgericht vorangehen müssen (**unverzichtbare Prozessvoraussetzung**). Streitigkeiten müssen demnach zuerst in einem **Schlichtungsverfahren** behandelt werden, sofern ein entsprechender Ausschuss existiert. Verpflichtend ist die Einrichtung eines solchen Ausschusses jedoch nicht (A/P/S/*Biebl* § 111 ArbGG Rn. 3). Streitigkeiten aus einem bestehenden Ausbildungsverhältnis setzen grundsätzlich dessen unanfechtbaren Bestand voraus, das BAG verlangt jedoch auch bei Streitigkeiten über die Wirksamkeit einer außerordentlichen Kündigung die Anrufung des Schlichtungsausschusses (BAG AP ArbGG 1953 § 111 Nr. 2; BAG NZA 1999, 934; A/P/S/*Biebl* § 111 ArbGG Rn. 7).

3. Job-Sharing Vertrag

Job-Sharing Vertrag[1, 2]

zwischen

. . . . . . (Name und Anschrift des Arbeitgebers) „Gesellschaft“

und

Herrn . . . . . . (Name und Anschrift des Arbeitnehmers) „Mitarbeiter“

§ 1 Position/Versetzung/Weisungen[3]

(1) Der Mitarbeiter wird zum . . . . . . als . . . . . . im Job-Sharing System eingestellt. Er teilt sich den Arbeitsplatz mit . . . . . . (Job-Sharing Partner).

(2) Die Gesellschaft ist berechtigt, dem Mitarbeiter jederzeit ein anderes, seinen Fähigkeiten und Qualifikationen entsprechendes, zumindest gleichwertiges Aufgaben- und Verantwortungsgebiet zu übertragen, soweit dies bei Abwägung der Interessen der Gesellschaft und des Mitarbeiters zumutbar ist.

(3) Die Gesellschaft behält sich vor, den Mitarbeiter an einen anderen Ort zu versetzen, soweit dies bei Abwägung der Interessen der Gesellschaft und des Mitarbeiters zumutbar ist.

(4) Der Mitarbeiter ist verpflichtet, die Richtlinien und Anweisungen der Gesellschaft sowie alle betrieblichen Regelungen in ihrer jeweils gültigen Fassung sowie die Anordnungen seiner Vorgesetzten zu beachten.

§ 2 Arbeitszeit[4]

(1) Der regelmäßige wöchentliche *(Alternative: monatliche)* Arbeitszeitanteil des Mitarbeiters beträgt . . . . . . Stunden.

(2) Der Mitarbeiter wird sich im Rahmen der in vorgenanntem Abs. (1) vereinbarten Arbeitszeit mit dem/den Job-Sharing Partner(n), mit dem/denen er sich den Arbeitsplatz teilt, über die Aufteilung der Arbeitszeit abstimmen.

(3) Die Arbeitszeiteinteilung hat so zu erfolgen, dass der Arbeitsplatz zu der betriebsüblichen Arbeitszeit ständig besetzt ist und die am gleichen Arbeitsplatz beschäftigten Mitarbeiter wöchentlich ihre vertraglich vereinbarten Arbeitszeitanteile erreichen. Eine gleichzeitige Besetzung des Arbeitsplatzes ist ausgeschlossen.

(4) Die Übertragung von Arbeitszeitguthaben oder Arbeitszeitschulden bis zu . . . . . . Stunden in die darauf folgende Woche ist zulässig. Eine weitergehende Übertragung bedarf der vorherigen Zustimmung der Gesellschaft.[5]

(5) Der Mitarbeiter wird die Gesellschaft über die Arbeitszeiteinteilung informieren.[6]

(Alternative:

(5) Der Mitarbeiter wird der Gesellschaft für den Zeitraum von . . . . . . Wochen/ Monaten einen Arbeitsplan über die Arbeitsaufteilung bis eine Woche vor Beginn des Zeitraumes vorlegen.)

(6) Können sich die Mitarbeiter über die Aufteilung der Arbeitszeit bis eine Woche vor Beginn des Zeitraums nicht einigen, kann die Gesellschaft diese unter Berücksichtigung der Interessen der beteiligten Mitarbeiter verbindlich festlegen.[7]

(Alternative:

(6) Legt der Mitarbeiter nicht innerhalb der in Abs. (5) genannten Frist einen Arbeitsplan vor, kann die Gesellschaft die Arbeitszeit unter Berücksichtigung der Interessen der beteiligten Mitarbeiter festlegen.)

§ 3 Vertretung[8]

(1) Der Mitarbeiter ist, wenn hierfür ein dringendes betriebliches Erfordernis vorliegt, zur Vertretung des Job-Sharing Partners verpflichtet, sofern dieser an der Ausübung der Tätigkeit verhindert ist. Dies gilt nicht, wenn dem Mitarbeiter die Vertretung im Einzelfall nicht zuzumuten ist.

(2) Übernimmt der Mitarbeiter die Vertretung, so wird die Vertretungszeit nicht auf den Arbeitszeitanteil angerechnet. Sie wird nach § 5 Abs. (2) dieses Vertrages besonders vergütet.

§ 4 Überstunden[9]

Der Mitarbeiter ist im Rahmen der gesetzlichen und betrieblichen Regelungen verpflichtet, auf Anordnung der Gesellschaft Überstunden zu leisten. Etwaige Überstunden werden nach Wahl der Gesellschaft durch Freizeit oder Geld ausgeglichen. Überstunden liegen vor, wenn die erbrachte Arbeitsleistung die in § 2 Abs. (1) dieses Vertrags vereinbarte Arbeitszeit überschreitet.

(Alternative 1:

Der Mitarbeiter ist im Rahmen der gesetzlichen und betrieblichen Regelungen verpflichtet, auf Anordnung der Gesellschaft Überstunden zu leisten. Bis zu . . . . . . Überstunden pro Monat sind mit der in § 5 Abs. (1) bestimmten Vergütung abgegolten. Alle darüber hinausgehenden Überstunden werden nach Wahl der Gesellschaft durch Freizeit oder Geld ausgeglichen. Überstunden liegen vor, wenn die erbrachte Arbeitsleistung die in § 2 Abs. (1) dieses Vertrags vereinbarte Arbeitszeit überschreitet.)

(Alternative 2:

Der Mitarbeiter ist im Rahmen der gesetzlichen und betrieblichen Regelungen verpflichtet, auf Anordnung der Gesellschaft Überstunden zu leisten. Jegliche Überstunden sind mit der in § 5 Abs. (1) bestimmten Vergütung abgegolten. Überstunden liegen vor, wenn die erbrachte Arbeitsleistung die in § 2 Abs. (1) dieses Vertrags vereinbarte Arbeitszeit überschreitet.)

§ 5 Vergütung/Sonstige Zahlungen[10]

(1) Der Mitarbeiter erhält als Vergütung für seine Tätigkeit ein Bruttogehalt von . . . . . . EUR (in Worten: Euro . . . . . .) monatlich *(Alternative: pro Stunde)*, zahlbar bargeldlos jeweils zum Monatsende auf ein vom Mitarbeiter zu benennendes Bankkonto.

(2) Jede Überstunde gemäß § 4 des Vertrages wird mit . . . . . . EUR (in Worten: Euro . . . . . .) brutto vergütet.

(Alternative:

(2) Etwaige Überstunden werden nach Wahl der Gesellschaft durch Freizeit oder Geld ausgeglichen.)

(3) Dem Mitarbeiter ist es nicht gestattet, seine Vergütungsansprüche ohne vorherige schriftliche Zustimmung der Gesellschaft an Dritte abzutreten oder zu verpfänden. Die Zustimmung darf nur aus sachlichen Gründen verweigert werden.

(4) Der Mitarbeiter verpflichtet sich, etwa zu viel bezogene Zahlungen an die Gesellschaft zurückzuerstatten.

(5) Eine Zahlung von etwaigen Gratifikationen, Einmalzahlungen, Sonderzahlungen oder Zulagen, die jeweils nicht häufiger als halbjährlich erfolgt und die damit kein laufendes Entgelt darstellt, erfolgt stets freiwillig in dem Sinne, dass allein durch eine wiederholte Zahlung kein Rechtsanspruch des Mitarbeiters auf zukünftige entsprechende Leistungen – weder dem Grunde noch der Höhe nach – begründet wird.

(6) Die Gesellschaft behält sich vor, die Zusage aller nicht-freiwilligen Zahlungen im konkreten Einzelfall mit einem Widerrufsvorbehalt zu versehen.

§ 6 Urlaub[11]

(1) Der Mitarbeiter hat einen Urlaubsanspruch von insgesamt . . . . . . Arbeitstagen pro Kalenderjahr („Jahresurlaub"). Der Jahresurlaub beinhaltet einen über den gesetzlichen Urlaubsanspruch nach dem Bundesurlaubsgesetz („gesetzlicher Mindesturlaub") hinausgehenden vertraglichen Zusatzurlaub von . . . . . . Arbeitstagen („vertraglicher Zusatzurlaub"). Arbeitstage sind alle Tage, die am Arbeitsort weder Samstage noch Sonntage oder gesetzliche Feiertage sind. Bei der Festlegung von Zeitpunkt und Dauer des Urlaubs

werden die betrieblichen Interessen und Bedürfnisse angemessen berücksichtigt. Der Mitarbeiter hat die Gesellschaft rechtzeitig über seine Urlaubspläne zu informieren. Ist der Mitarbeiter nicht das ganze Kalenderjahr über beschäftigt, so hat der Mitarbeiter für jeden vollen Monat des Bestehens des Anstellungsverhältnisses im jeweiligen Kalenderjahr Anspruch auf ein Zwölftel des Jahresurlaubs. Für den Fall, dass der dem Mitarbeiter aufgrund gesetzlicher Vorschriften zustehende, gegebenenfalls auch zeitanteilig berechnete Mindesturlaub durch vorstehende Berechnungsweise unterschritten wird, wird der dem Mitarbeiter aufgrund der gesetzlichen Vorschriften zustehende Mindesturlaub gewährt. Während des Urlaubs des Job-Sharing Partners kann Urlaub nicht genommen werden.

(2) Der gesamte Urlaub ist grundsätzlich im laufenden Kalenderjahr zu nehmen. Eine Übertragung des Urlaubs auf das nächste Kalenderjahr erfolgt nur, wenn dringende betriebliche oder in der Person des Mitarbeiters liegende Gründe dies rechtfertigen. Der so übertragene Urlaub verfällt, wenn er nicht innerhalb der ersten drei Monate des Folgejahres („Übertragungszeitraum“) genommen wird. Ist der Mitarbeiter infolge einer ärztlich nachgewiesenen, krankheitsbedingten Arbeitsunfähigkeit daran gehindert, den übertragenen Urlaub innerhalb des Übertragungszeitraums zu nehmen, besteht nur der Anspruch auf den gesetzlichen Mindesturlaub weitere zwölf Monate nach Ablauf des Übertragungszeitraums fort, bevor er verfällt.

(3) Genommener Urlaub wird zuerst auf den Anspruch auf gesetzlichen Mindesturlaub angerechnet.

(4) Bei Beendigung des Arbeitsvertrages erfolgt eine Urlaubsabgeltung nur für zum Beendigungszeitpunkt nicht genommene und nicht verfallene Ansprüche auf gesetzlichen Mindesturlaub.

§ 7 Abwesenheit/Krankheit/Ärztliche Untersuchung[12]

§ 8 Nebentätigkeiten[13]

§ 9 Geheimhaltung/Behandlung und Rückgabe von Gegenständen und Daten/Löschung von Daten[14]

§ 10 Laufzeit/Kündigung/Vertragsstrafe/Freistellung/Vorfälligkeit[15]

§ 11 Tarifvertrag

Auf dieses Arbeitsverhältnis finden die Vorschriften des geltenden Tarifvertrages ...... Anwendung. Dessen Bestimmungen gelten vorrangig auch, wenn diese zu Ungunsten des Mitarbeiters von den Bestimmungen dieses Vertrages abweichen.[16]

§ 12 Öffnungsklausel für Betriebsvereinbarungen[17]

§ 13 Schlussbestimmungen/Mitteilungspflicht/Aufhebung früherer Vereinbarungen und Anstellungsverhältnisse/Schriftform[18]

......	......
Ort, Datum	Ort, Datum
......	......
Unterschrift der Gesellschaft	Unterschrift des Mitarbeiters

Anmerkungen

1. Ausgangslage. Das Formular geht von der Beschäftigung eines Arbeitnehmers im Job-Sharing System (auch „Arbeitsplatzteilung“) aus und bildet die erforderlichen Sonderregelungen hierzu ab. Im Rahmen eines Job-Sharing Systems werden einzelne (Vollzeit-) Arbeitsplätze mit zwei oder mehreren Arbeitnehmern besetzt. Im Vergleich zu mehreren, unabhängig voneinander bestehenden Teilzeitarbeitsplätzen sind die Arbeitnehmer im Job-Sharing System gemeinsam für die ordnungsgemäße Erfüllung der Arbeitspflicht verantwortlich.

Insofern liegt kein (echtes) Job-Sharing System vor, wenn der Arbeitgeber zur Erfüllung von Arbeitsaufgaben zwei oder mehrere voneinander unabhängige Teilzeitarbeitsverhältnisse begründet, in denen nicht die Arbeitnehmer die Lage und Dauer der Arbeitszeit untereinander regeln, sondern der Arbeitgeber diese festlegt.

2. Regelungsgegenstand. Nach § 13 Abs. 1 S. 1 TzBfG liegt ein Job-Sharing Vertrag dann vor, wenn Arbeitgeber und Arbeitnehmer vereinbaren, dass sich der Arbeitnehmer einen Arbeitsplatz mit mindestens einem weiteren Arbeitnehmer teilt. Ein Job-Sharing System setzt voraus, dass der Arbeitgeber mit den Arbeitnehmern, die sich den Arbeitsplatz teilen sollen, jeweils ein Teilzeitarbeitsverhältnis vereinbart. Job-Sharing setzt denknotwendig außerdem voraus, dass die Job-Sharer auf einem teilbaren Arbeitsplatz eingesetzt werden.

Es ist möglich, wenn auch nicht empfehlenswert, die Arbeitsverträge der Job-Sharer in einer Vertragsurkunde zusammenzufassen, die vom Arbeitgeber und sämtlichen betroffenen Arbeitnehmern unterzeichnet wird. Allerdings liegen auch in diesem Fall zwei oder mehrere selbständige Arbeitsverträge vor.

Zwischen den Job-Sharing Partnern untereinander besteht keine vertragliche Bindung. Sie sind insbesondere nicht Gesamtschuldner im Hinblick auf die geschuldete gesamte Arbeitsleistung, sondern schulden dem Arbeitgeber lediglich ihr persönliches, vertraglich vereinbartes Arbeitsdeputat (ErfKomm/*Preis* § 13 TzBfG Rn. 2, 7; MünchHdbArbR/*Schüren* § 41 Rn. 78 f.). Im Gegensatz dazu teilen sich die Arbeitnehmer den Arbeitsplatz bei einem so genannten Job-Paring Verhältnis („Gruppenarbeitsverhältnis“) nicht nur zeitlich, sondern stehen gemeinsam für die Erbringung der Arbeitsleistung ein (Hümmerich/Boecken/Düwell/*Worzalla* § 13 TzBfG Rn. 2; → Form. A. VII. 8).

3. Position/Versetzung/Weisungen. Der Arbeitsvertrag muss eine ausdrückliche Vereinbarung in Bezug auf die Arbeitsplatzteilung enthalten (vgl. schon LAG München LAGE BeschFG 1985 § 5 Nr. 1). Aus der Natur des Job-Sharing Modells ergibt sich eine Beschränkung des Direktionsrechts des Arbeitgebers. Auch wenn die Übertragung anderer Tätigkeiten oder die Versetzung an einen anderen Ort durch einen Versetzungsvorbehalt wie in § 1 Abs. (2) und (3) des Formulars vorgesehen grundsätzlich möglich ist, reduziert sich die Reichweite des Direktionsrechts erheblich. Der Arbeitgeber kann den Arbeitnehmer insoweit weder einseitig aus dem Job-Sharing Modell herauslösen noch den Job-Sharing Partner austauschen. Auch bei der Interessenabwägung im Einzelfall darf nicht unbeachtet bleiben, dass eine Veränderung der Arbeitsbedingungen auch die Interessen des Job-Sharing Partners berühren kann.

4. Aufteilung der Arbeitszeit. Vertraglich festzulegen ist das persönliche Arbeitsdeputat des Arbeitnehmers. Demgegenüber obliegt die Festlegung der Lage der Arbeitszeit eigenverantwortlich den Arbeitnehmern, die sich den Arbeitsplatz teilen. Die Arbeitszeit kann im (halb-) täglichen, wöchentlichen oder monatlichen Wechsel zwischen den Arbeitnehmern aufgeteilt werden. Die Aufteilung der Arbeitszeit unter den Job-Sharern gehört zu der arbeitsvertraglichen Verpflichtung des Mitarbeiters. Dabei ist aber immer die mit dem Arbeitgeber vertraglich vereinbarte Arbeitszeit zu berücksichtigen.

5. Übertragung der Arbeitszeit. Sofern der Mitarbeiter in einem bestimmten Bezugszeitraum Arbeitszeitguthaben oder -defizite angesammelt hat, kann er diese auf einen späteren Bezugszeitraum übertragen. Der Bezugszeitraum ist im Formular mit einer Woche angegeben. Es empfiehlt sich, die Stundenzahl vertraglich auf einen bestimmten Umfang zu begrenzen und jede Überschreitung von der Zustimmung des Arbeitgebers abhängig zu machen. Anderenfalls hätte dies zur Folge, dass die Abstimmung mit dem Arbeitsplatzpartner erschwert wird.

6. Information des Arbeitgebers. Es empfiehlt sich, wie in § 2 Abs. (5) vorgesehen, vertraglich festzuhalten, dass der Mitarbeiter den Arbeitgeber über die Arbeitszeitaufteilung zu informieren hat. Darüber hinaus kann der Arbeitgeber auch ausdrücklich verlangen, dass bis zu einem bestimmten Termin ein Arbeitsplan für einen festgelegten Zeitraum vorzulegen ist. Die Vorlage eines Arbeitsplanes kommt insbesondere dann in Betracht, wenn nicht von vornherein davon ausgegangen werden kann, dass die Job-Sharing Partner zu einer einvernehmlichen Aufteilung der Arbeitszeit gelangen. Die Frist für die Vorlage des Arbeitsplanes sollte so bemessen sein, dass dem Arbeitgeber für den Fall der Nichteinigung genügend Zeit verbleibt, eine angemessene Aufteilung vorzunehmen und den Arbeitnehmern mit ausreichender Ankündigungsfrist bekannt zu geben.

7. Direktionsrecht. Da es gerade dem Wesen des Job-Sharing Vertrages entspricht, die Festlegung der Lage der Arbeitszeit den Arbeitnehmern zu überlassen, sollte der Arbeitgeber erst dann, wenn sich die Arbeitnehmer nicht einigen können, im Rahmen seines Direktionsrechtes die Arbeitszeiteinteilung regeln (*Meinel/Heyn/Herms* § 13 TzBfG Rn. 16).

8. Vertretung. Für den Fall, dass einer der Job-Sharer an der Erbringung seiner persönlichen Arbeitsleistung verhindert ist, enthalten § 13 Abs. 1 S. 2 und 3 TzBfG besondere Regelungen. Verhinderung im Sinne dieser Norm bedeutet dabei zunächst, dass der zu Vertretene seine Arbeitsleistung aus persönlichen Gründen wie z. B. Arbeitsunfähigkeit oder Verhinderung nach § 616 BGB nicht erbringen kann. Darunter fällt nach herrschender Ansicht nicht die bewusste Arbeitsverweigerung (LAG München LAGE BeschFG 1985 § 5 Nr. 1; *Buschmann/Dieball/Stevens-Bartol* § 13 TzBfG Rn. 29; a. A. *Meinel/Heyn/Herms* § 13 TzBfG Rn. 20). Im Fall der Verhinderung ist der Arbeitsplatzpartner gemäß § 13 Abs. 1 S. 2 TzBfG nicht automatisch zur Vertretung des anderen verpflichtet. Eine generelle, vorab vertraglich vereinbarte Vertretungspflicht ist nach § 134 BGB nichtig. Die Vertretungspflicht besteht aber dann, wenn der Mitarbeiter dieser im Einzelfall ausdrücklich zugestimmt hat. Diese Zustimmung kann auch konkludent durch Arbeitsaufnahme erklärt werden.

Des Weiteren bestimmt § 13 Abs. 1 S. 3 TzBfG als Ausnahme zum vorgenannten generellen Vertretungsverbot, dass arbeitsvertraglich die Vertretungspflicht vorab festgelegt werden kann, wenn dringende betriebliche Gründe vorliegen und dies für den Vertreter im Einzelfall zumutbar ist. Dringende betriebliche Gründe bestehen u. a. dann, wenn der Arbeitgeber keine andere Vertretung einsetzen kann und ohne eine Vertretung der Betriebsablauf erheblich gestört würde oder wesentliche Schädigungen des Betriebes eintreten würden (*Meinel/Heyn/Herms* § 13 TzBfG Rn. 21; ErfKomm/*Preis* § 13 TzBfG Rn. 10). Im Rahmen der Zumutbarkeit ist eine Interessenabwägung, insbesondere im Hinblick auf Lage, Dauer und Mitteilung der Vertretungszeit, vorzunehmen.

9. Überstunden. Gehen die Arbeitsstunden des Mitarbeiters über dessen vertraglich vereinbarte persönliche Arbeitszeit hinaus, so liegen Überstunden vor, die zu vergüten oder in Freizeit auszugleichen sind. Dies gilt nach der hier vorgesehenen Konzeption insbesondere auch für Überstunden, die durch einen Vertretungsfall nach § 3 verursacht werden. Im Übrigen → Form. A. II. 1, dort unter § 2.

10. Vergütung/Sonstige Zahlungen. Bei der Festlegung der Vergütung ist darauf zu achten, dass das in § 4 TzBfG normierte Diskriminierungsverbot auch für Job-Sharing Verträge gilt. Job-Sharer sind Teilzeitbeschäftigte und dürfen als solche gegenüber vollzeitbeschäftigten Arbeitnehmern nicht ohne sachlichen Grund unterschiedlich behandelt werden. Zu weiteren Einzelheiten → Form. A. VI. 2 Anm. 7.

11. Urlaub. Selbstverständlich hat der Teilzeitarbeitnehmer Anspruch auf Jahresurlaub entsprechend seiner Arbeitszeit nach § 1 BUrlG. Dabei ist bei der Bemessung der Urlaubsdauer wegen des Gleichbehandlungsgrundsatzes auch der Urlaubsanspruch der Vollzeitkräfte zu berücksichtigen. Es wäre z. B. unzulässig, den Teilzeitkräften den gesetzlichen Mindesturlaub zu gewähren, während ein vergleichbarer Vollzeitarbeitnehmer einen über diesen Mindesturlaub hinausgehenden Urlaubsanspruch erhält. Im Hinblick auf die Berechnung des einzelnen Urlaubsanspruchs sowie des Urlaubsentgelts wird auf die Grundsätze zur Urlaubsabgeltung von Teilzeitkräften verwiesen (vgl. z. B. MünchHdbArbR/*Schüren* § 46 Rn. 231 ff.).

Zu beachten ist, dass die Abstimmung der Lage der Arbeitszeit nicht auch die Urlaubsplanung umfasst (MünchHdbArbR/*Schüren* § 41 Rn. 115). Das bedeutet, dass aus der Autonomie der Arbeitnehmer bei der Bestimmung der Lage der Arbeitszeit nicht gleichzeitig die Autonomie zur Festlegung des Urlaubs folgt. Das Formular sieht außerdem ausdrücklich vor, dass Urlaub nicht gewährt wird, wenn der Job-Sharing Partner bereits im Urlaub ist. Damit wird eine (zumindest teilweise) Besetzung des Arbeitsplatzes gewährleistet. Ob eine solche Regelung erforderlich ist, wenn sich mehr als zwei Arbeitnehmer einen Job-Sharing Arbeitsplatz teilen, hängt nicht zuletzt auch von der Aufteilung der Arbeitszeitanteile ab.

Im Übrigen → Form. A. II. 1, dort unter § 6.

12. Abwesenheit/Krankheit/Ärztliche Untersuchung. → Form. A. II. 1, dort unter § 4.

13. Nebentätigkeiten. → Form. A. VI. 2, dort unter § 7.

14. Geheimhaltung/Behandlung und Rückgabe von Gegenständen und Daten/Löschung von Daten. → Form. A. II. 1, dort unter § 8.

15. Laufzeit/Kündigung/Vertragsstrafe/Freistellung/Vorfälligkeit. → Form. A. II. 1, dort unter § 10. § 13 Abs. 2 TzBfG enthält ein absolutes Kündigungsverbot dahingehend, dass eine Kündigung eines Arbeitsplatzpartners nicht deswegen ausgesprochen werden kann, weil der andere Partner aus dem Arbeitsverhältnis ausscheidet. Es handelt sich dabei um einen selbstständigen Kündigungsausschluss i. S. d. § 13 Abs. 3 KSchG. Die Unwirksamkeit greift somit auch in Kleinbetrieben und innerhalb der ersten sechs Monate des Arbeitsverhältnisses. Für die Geltendmachung der Unwirksamkeit muss der Arbeitnehmer aber in jedem Fall die Drei-Wochen-Frist des § 4 KSchG beachten (ErfKomm/*Preis* § 13 TzBfG Rn. 11).

Von dem absoluten Kündigungsverbot sind aber Änderungskündigungen sowie Kündigungen aus anderen Gründen ausdrücklich ausgenommen, § 13 Abs. 2 S. 2 TzBfG. Scheidet ein Arbeitsplatzpartner aus, kann der Arbeitgeber daher unter Umständen den Job-Sharing Arbeitsplatz mittels einer Änderungskündigung anpassen und den anderen Arbeitsplatzpartner mit veränderten Bedingungen weiterbeschäftigen.

16. Tarifvertrag. Gemäß § 13 Abs. 4 TzBfG kann von den Bestimmungen des § 13 Abs. 1 und 3 TzBfG durch Tarifvertrag abgewichen werden. Damit können Tarifverträge u. a. die generelle Verpflichtung des Arbeitsplatzpartners zur Vertretung des anderen Job-

Sharers festlegen. Nicht abdingbar ist hingegen das in § 13 Abs. 2 TzBfG enthaltene Kündigungsverbot. Sofern das nicht tarifgebundene Arbeitsverhältnis vom fachlichen, persönlichen und räumlichen Geltungsbereich des Tarifvertrages umfasst wird, können die Vertragsparteien auch die Geltung der tariflichen Regelungen zur Arbeitsplatzteilung vertraglich vereinbaren.

17. **Öffnungsklausel für Betriebsvereinbarungen.** → Form. A. II. 1, dort unter § 12.

18. **Schlussbestimmungen/Mitteilungspflicht/Aufhebung früherer Vereinbarungen und Anstellungsverhältnisse/Schriftform.** → Form. A. II. 1, dort unter § 13.

4. Telearbeitsvertrag

Telearbeitsvertrag[1]

zwischen

...... (Name und Anschrift des Arbeitgebers) „Gesellschaft"

und

Herrn ...... (Name und Anschrift des Arbeitnehmers) „Mitarbeiter"

§ 1 Position/Versetzung/Weisungen

(1) Der Mitarbeiter wird für die Gesellschaft in alternierender Telearbeit *(Alternative: in häuslicher Telearbeit/in mobiler Telearbeit/in Telearbeit in dem Nachbarschafts-/Satellitenbüro in ......)* als ...... tätig.[2] Die Aufgaben des Mitarbeiters ergeben sich aus der beigefügten Stellenbeschreibung.

(2) Die Gesellschaft ist berechtigt, dem Mitarbeiter jederzeit ein anderes, seinen Fähigkeiten und Qualifikationen entsprechendes, zumindest gleichwertiges Aufgaben- und Verantwortungsgebiet zu übertragen, soweit dies bei Abwägung der Interessen der Gesellschaft und des Mitarbeiters zumutbar ist.[3]

(3) Die Gesellschaft behält sich vor, den Mitarbeiter an einen anderen Ort zu versetzen, soweit dies bei Abwägung der Interessen der Gesellschaft und des Mitarbeiters zumutbar ist.

(4) Der Mitarbeiter ist verpflichtet, die Richtlinien und Anweisungen der Gesellschaft sowie alle betrieblichen Regelungen in ihrer jeweils gültigen Fassung sowie die Anordnungen seiner Vorgesetzten zu beachten.

§ 2 Arbeitsort[4]

(1) Der Mitarbeiter wird seine Arbeitsleistung sowohl in seiner Wohnung in ...... (häusliche Arbeitsstätte) als auch im Betrieb der Gesellschaft in ...... (betriebliche Arbeitsstätte) erbringen.

(Alternative:

(1) Der Mitarbeiter wird seine Arbeitsleistung ausschließlich in der häuslichen Arbeitsstätte in ...... erbringen.)

(2) Der Mitarbeiter erklärt, dass sich die häusliche Arbeitsstätte im eigenen Haushalt in einem Raum befindet, der für den dauerhaften Aufenthalt von Personen zugelassen und vorgesehen sowie zur Aufgabenerledigung des Mitarbeiters geeignet ist. Die häusliche

Arbeitsstätte muss den Anforderungen der Arbeitsstättenverordnung, der Bildschirmarbeitsverordnung, der Unfallverhütungsvorschriften und der sonst einschlägigen Bestimmungen, jeweils in ihrer gültigen Fassung, gerecht werden. Die Eignung der häuslichen Arbeitsstätte entsprechend den vorstehend genannten Voraussetzungen kann durch die Gesellschaft oder einen von ihr Beauftragten durch eine Begehung gemäß den Regelungen in § 11 dieses Vertrages überprüft werden. Der Betriebsrat ist berechtigt, an der Begehung teilzunehmen.[5]

(3) Steht der als häusliche Arbeitsstätte zu nutzende Raum nicht im alleinigen Eigentum des Mitarbeiters, so hat der Mitarbeiter unverzüglich eine schriftliche Erklärung des Eigentümers oder Miteigentümers vorzulegen, wonach dieser mit der Nutzung als häusliche Arbeitsstätte einverstanden ist. Die Wirksamkeit dieses Vertrages steht unter der aufschiebenden Bedingung (§ 158 Abs. 1 BGB), dass der Mitarbeiter eine entsprechende Erklärung vorlegt.[6]

(4) Der Mitarbeiter ist verpflichtet, in dem als häusliche Arbeitsstätte zu nutzenden Raum die erforderlichen technischen Anschlussvorrichtungen bereitzuhalten.

(5) Für die im Betrieb der Gesellschaft zu erbringende Arbeitsleistung stellt die Gesellschaft dem Mitarbeiter einen für die Aufgabenerledigung geeigneten Arbeitsbereich zur Verfügung. Ein Anspruch auf einen dauernden persönlichen Arbeitsplatz besteht nicht.[7]

§ 3 Arbeitszeit[8]

(1) Die zu leistende Arbeitszeit für die zu erledigenden Arbeitsaufgaben ist die arbeitsvertraglich vereinbarte durchschnittliche regelmäßige Arbeitszeit. Sie beträgt zurzeit ...... Stunden pro Woche.

(2) Der Mitarbeiter hat seine Arbeitsleistung jeweils an folgenden Wochentagen in der betrieblichen Arbeitsstätte zu erbringen: ......

(3) Während der Tätigkeit in der betrieblichen Arbeitsstätte gelten die betriebsüblichen Arbeitszeiten.

Während der Tätigkeit in der häuslichen Arbeitsstätte hat der Mitarbeiter zu folgenden Zeiten erreichbar zu sein:

......

......

...... (Erreichbarkeitszeit).

Im Übrigen ist der Mitarbeiter in der Einteilung der Lage der Arbeitszeit frei.

(4) Die Gesellschaft kann die Tätigkeit des Mitarbeiters in der betrieblichen Arbeitsstätte auch an Arbeitstagen verlangen, an denen er üblicherweise in der häuslichen Arbeitsstätte tätig wird, sofern dies im Einzelfall aus betrieblichen Gründen notwendig ist. Dies gilt auch, wenn die Arbeitsleistung an der häuslichen Arbeitsstätte aufgrund von Systemstörungen, Computervirenwarnungen, Mängeln oder Schäden an den überlassenen Arbeitsmitteln nicht möglich ist.

(5) Der Mitarbeiter hat auch bei seiner Tätigkeit in der häuslichen Arbeitsstätte die Bestimmungen des Arbeitszeitgesetzes einzuhalten.[9]

(6) Überstunden bedürfen der vorherigen schriftlichen Anordnung der Gesellschaft. Soweit dem Mitarbeiter Zuschläge für Wochenend-, Feiertags- und Nachtarbeit zustehen, sind diese von der Gesellschaft nur bei vorheriger schriftlicher Anordnung des Arbeitseinsatzes zu diesen Zeiten zu zahlen.[10]

(7) Die Erfassung der Arbeitszeit in der häuslichen Arbeitsstätte erfolgt durch den Mitarbeiter im Wege der Selbstdokumentation. Die Selbstdokumentation ist jeweils zum Monatsende dem Vorgesetzten des Mitarbeiters vorzulegen.[11]

(8) Fahrtzeiten zwischen betrieblicher und häuslicher Arbeitsstätte werden nicht auf die Arbeitszeit angerechnet.[12]

§ 4 Vergütung/Sonstige Zahlungen[13]

§ 5 Arbeitsmittel[14]

(1) Die Ausstattung der häuslichen Arbeitsstätte mit den notwendigen Arbeitsmitteln (Auf-, Um- und Abbau sowie deren Unterhaltung) erfolgen durch und auf Kosten der Gesellschaft. Die zur Verfügung gestellten Arbeitsmittel werden in ein Inventarverzeichnis nach Anlage 1 aufgenommen. Durch seine Unterschrift unter dem Inventarverzeichnis bestätigt der Mitarbeiter, die darin aufgeführten Arbeitsmittel erhalten zu haben. Die überlassenen Arbeitsmittel verbleiben im Eigentum der Gesellschaft und sind von dem Mitarbeiter pfleglich zu behandeln.

(2) Die überlassenen Arbeitsmittel dürfen ausschließlich zu betrieblichen Zwecken genutzt werden.[15] Sie dürfen Dritten weder zugänglich gemacht, noch diesen überlassen werden. Der Mitarbeiter hat dafür Sorge zu tragen, dass die überlassenen Arbeitsmittel vor dem Zugriff durch Dritte geschützt sind. Passwörter und Zugangswege zum Datennetz der Gesellschaft dürfen nicht an Dritte weitergegeben werden. Die Nutzung der überlassenen Kommunikationsmittel kann die Gesellschaft durch geeignete technische Maßnahmen einschränken und anhand der monatlichen Gebühren überprüfen.

(3) Die Nutzung von privaten Arbeitsmitteln ist nicht gestattet. Insbesondere ist es untersagt, private oder privat beschaffte Software auf die von der Gesellschaft zur Verfügung gestellte Hardware aufzuspielen sowie private Datenträger (USB-Sticks, externe Festplatten, optische Medien etc.) zu verwenden.[16]

(Alternative:

(3) Die Nutzung von privaten Arbeitsmitteln ist ausschließlich nach vorheriger schriftlicher Zustimmung der Gesellschaft gestattet. Auch in diesem Falle erfolgt die Nutzung privater Arbeitsmittel auf Kosten und Risiko des Mitarbeiters. In keinem Falle darf der Mitarbeiter nicht lizenzierte Software einsetzen.)

(4) Der Mitarbeiter wird die Gesellschaft unverzüglich über Systemstörungen, Computervirenwarnungen, Mängel und Schäden an den überlassenen Arbeitsmitteln unterrichten.

§ 6 Kostenerstattung[17]

(1) Die Gesellschaft erstattet dem Mitarbeiter für die im Hinblick auf die häusliche Arbeitsstätte entstehenden Kosten, einschließlich der anfallenden Miet-, Heiz-, Energie- und sonstigen Kosten, einen monatlichen Pauschalbetrag in Höhe von . . . . . . EUR (in Worten: . . . . . . Euro) brutto. Die Geltendmachung darüber hinausgehender Mehrkosten durch den Mitarbeiter ist ausgeschlossen. Die Höhe des Pauschalbetrags wird jährlich zum . . . . . . überprüft.

(2) Die Gesellschaft erstattet dem Mitarbeiter monatlich gegen Vorlage entsprechender Belege Verbrauchsmaterialien wie z. B. Druckermaterial und Bürobedarf in angemessener Höhe.

(Alternative:

(2) Die Gesellschaft erstattet dem Mitarbeiter für Verbrauchsmaterialien wie z. B. Druckermaterial und Bürobedarf einen pauschalen Auslagenersatz auf der Grundlage eines durch den Mitarbeiter zu führenden Einzelnachweises der Kosten über einen repräsentativen Zeitraum von drei Monaten. Bei einer wesentlichen Veränderung der Verhältnisse hat der Mitarbeiter die Gesellschaft unverzüglich zu informieren und den Nachweis erneut zu führen.)

(3) Fahrtkosten zwischen betrieblicher und häuslicher Arbeitsstätte werden nicht erstattet.

§ 7 Abwesenheit

(1) Der Mitarbeiter hat in jedem Fall einer unvorhergesehenen Abwesenheit die Gesellschaft unverzüglich hierüber sowie über den Grund und die Dauer seiner voraussichtlichen Abwesenheit zu informieren. Dies gilt sowohl für Arbeitsleistungen in der betrieblichen Arbeitsstätte als auch für Arbeitsleistungen, die während der Erreichbarkeitszeit in der häuslichen Arbeitsstätte zu erbringen sind.

(2) In beiden Fällen hat der Mitarbeiter die Gesellschaft auf vordringlich zu erledigende Aufgaben hinzuweisen und die hierzu notwendigen Unterlagen der Gesellschaft nach Möglichkeit zugänglich zu machen.

§ 8 Urlaub[18]

§ 9 Nebentätigkeiten

(1) Der Mitarbeiter wird der Gesellschaft seine volle Arbeitskraft widmen und deren Interessen fördern.

(2) Jede weitere entgeltliche oder üblicherweise entgeltliche Tätigkeit bedarf der vorherigen schriftlichen Zustimmung der Gesellschaft. Dieses Zustimmungserfordernis gilt auch für eine unentgeltliche Tätigkeit, die nach Art oder Umfang die Interessen der Gesellschaft beeinträchtigen kann. Der Mitarbeiter hat jede beabsichtigte Tätigkeit gemäß S. 1 und 2 der Gesellschaft schriftlich unter Angabe von Ort, Art und Dauer anzuzeigen. Die Gesellschaft wird ihre Zustimmung nur verweigern, wenn die Interessen der Gesellschaft beeinträchtigt sind. Bei Vorliegen sachlicher Gründe, insbesondere einer Beeinträchtigung der Tätigkeit des Mitarbeiters für die Gesellschaft, kann eine etwaige Zustimmung jederzeit widerrufen werden.

(3) Der Mitarbeiter hat bei Ausübung jeglicher Nebentätigkeit eine strikte Loyalitätspflicht gegenüber der Gesellschaft und i. S. d. § 15 AktG mit der Gesellschaft verbundenen Unternehmen („Verbundene Unternehmen") zu beachten und wird beim Betreiben jeglicher Nebentätigkeiten deren geschäftliche oder etwaige sonstige Interessen nicht beeinträchtigen.

(4) Nebentätigkeiten in der häuslichen Arbeitsstätte mit den Arbeitsmitteln der Gesellschaft sind auch bei Zustimmung der Gesellschaft nach vorstehendem Abs. (2) untersagt.[19]

§ 10 Schutzrechte[20]

§ 11 Zugangsrecht[21]

(1) Der Mitarbeiter ist verpflichtet, auf Verlangen der Gesellschaft oder eines von ihr Beauftragten, des Betriebsrats sowie von Personen, die aufgrund gesetzlicher Verpflichtung ein Zugangsrecht haben, Zugang zur häuslichen Arbeitsstätte zu gewähren. Der

Zugang ist mit dem Mitarbeiter zuvor abzustimmen und muss grundsätzlich innerhalb der Erreichbarkeitszeit gem. § 3 Abs. (3) liegen. In Eilfällen ist der Zugang auch außerhalb der Erreichbarkeitszeit zu gestatten.

(2) Der Mitarbeiter sichert zu, dass auch die mit ihm in häuslicher Gemeinschaft lebenden Personen mit der in Abs. (1) getroffenen Regelung einverstanden sind.

§ 12 Arbeitsunfall[22]

(1) Für Arbeitsunfälle in der häuslichen Arbeitsstätte bei der Verrichtung von Telearbeit sowie für Wegeunfälle auf dem Weg zur betrieblichen Arbeitsstätte besteht der Schutz der gesetzlichen Unfallversicherung.

(2) Bei einem Unfall obliegt dem Mitarbeiter der Nachweis darüber, dass sich der Unfall während einer versicherten Tätigkeit ereignet hat.

§ 13 Haftung/Versicherung

(1) Die Haftung des Mitarbeiters für alle im Zusammenhang mit der häuslichen Arbeitsstätte entstehenden Schäden inklusive Folgeschäden unterliegt den gleichen Regeln wie an der betrieblichen Arbeitsstätte.

(2) Bei Schäden, die durch mit dem Mitarbeiter in häuslicher Gemeinschaft lebende Personen oder berechtigte Besucher verursacht werden, gelten die allgemeinen Haftungsregelungen.[23]

(3) Die Gesellschaft schließt eine Versicherung ab, durch die Beschädigungen und Verluste der am Telearbeitsplatz eingesetzten Arbeitsmittel abgedeckt werden. Dies gilt nicht für den Fall vorsätzlicher Beschädigungen und Verluste.[24]

§ 14 Schutz von Daten und Informationen in der häuslichen Arbeitsstätte[25]

(1) Die Gesellschaft stellt die Einhaltung der einschlägigen gesetzlichen Datenschutzregelungen durch geeignete technische und organisatorische Maßnahmen sicher.

(2) Der Mitarbeiter ist verpflichtet, die gesetzlichen und betrieblichen Regelungen zum Datenschutz und zur Datensicherheit zu beachten und anzuwenden. Diese Verpflichtung gilt sowohl in der betrieblichen als auch in der häuslichen Arbeitsstätte.

(3) Der Mitarbeiter ist verpflichtet, sämtliche ihm überlassene Arbeitsmittel und Unterlagen so aufzubewahren und zu sichern, dass ein Zugriff Dritter, insbesondere auch in häuslicher Gemeinschaft mit dem Mitarbeiter lebender Personen, ausgeschlossen ist.

(4) Der Mitarbeiter wird alle nicht mehr benötigten Arbeitsmittel und Unterlagen zuverlässig vernichten. Die Vernichtung und Entsorgung hat in dem Betrieb der Gesellschaft zu erfolgen.

§ 15 Laufzeit/Kündigung/Vertragsstrafe/Freistellung/Vorfälligkeit[26]

§ 16 Beendigung der Telearbeit

(1) Während der Probezeit können der Mitarbeiter und die Gesellschaft die Telearbeit unter Einhaltung einer Frist von . . . . . . Monaten zum Monatsende widerrufen. Nach Ablauf der Probezeit beträgt die Widerrufsfrist . . . . . . Monate.

(2) Im Übrigen kann die Telearbeit von dem Mitarbeiter und der Gesellschaft jederzeit aus wichtigem Grund widerrufen werden. Ein wichtiger Grund auf Seiten der Gesell-

schaft liegt insbesondere vor, wenn der Mitarbeiter das der Telearbeit zugrunde liegende besondere Vertrauensverhältnis missbraucht.[27]

(3) Der Widerruf bedarf der Schriftform.

(4) Mit Wirksamwerden des Widerrufs endet die Telearbeit. Der Mitarbeiter hat sodann seine Arbeitsleistung in vollem Umfang in der betrieblichen Arbeitsstätte zu verrichten.

(5) Im Falle eines Wohnungswechsels, den der Mitarbeiter der Gesellschaft unverzüglich anzuzeigen hat, endet die Telearbeit mit sofortiger Wirkung. Die etwaige Fortsetzung der Telearbeit in der neuen Wohnung des Mitarbeiters bedarf einer erneuten Vereinbarung.[28]

§ 17 Rückgabe von Arbeitsmitteln

(1) Die von der Gesellschaft gestellten Arbeitsmittel hat der Mitarbeiter bei Beendigung des Arbeitsverhältnisses unverzüglich an die Gesellschaft am Sitz der Gesellschaft zurückzugeben. Abbau und Rücktransport erfolgen durch und auf Kosten der Gesellschaft. Dies gilt auf Verlangen der Gesellschaft auch bei einer längerfristigen Freistellung von der Arbeitsleistung. Bei Rückgabe der Gegenstände bestätigt die Gesellschaft dem Mitarbeiter die Rückgabe in schriftlicher Form.[29]

(2) Abs. (1) gilt bei Beendigung der Telearbeit entsprechend.

§ 18 Ausschlussfristen/Verjährung[30]

§ 19 Öffnungsklausel für Betriebsvereinbarungen[31]

§ 20 Schlussbestimmungen/Mitteilungspflicht/Aufhebung früherer Vereinbarungen und Anstellungsverhältnisse/Schriftform[32]

......	......
Ort, Datum	Ort, Datum
......	......
Unterschrift der Gesellschaft	Unterschrift des Mitarbeiters

Anlage 1 zum Arbeitsvertrag vom ......

Inventarverzeichnis	
Arbeitsmittel	Anmerkungen

......	......
Ort, Datum	Ort, Datum
......	......
Unterschrift der Gesellschaft	Unterschrift des Mitarbeiters

Anmerkungen

1. Regelungsgegenstand. Mit der Vereinbarung von Telearbeit wird zwar regelmäßig – aber nicht zwingend – ein Arbeitsverhältnis begründet. Andere Beschäftigungsformen (Heimarbeit, freie Mitarbeit etc.) sind möglich. Die Abgrenzung erfolgt nach dem allgemeinen Arbeitnehmerbegriff, insbesondere also nach der persönlichen Abhängigkeit des zur Telearbeit Verpflichteten (*Wank* NZA 1999, 225). Der **Telearbeitsvertrag** geht davon aus, dass mit einem neu einzustellenden Mitarbeiter eine **umfassende Vereinbarung** über das (Tele-)Arbeitsverhältnis getroffen wird. Denkbar ist es auch, ein bereits bestehendes Normalarbeitsverhältnis mittels Zusatzvereinbarung ganz oder teilweise in ein Telearbeitsverhältnis umzuwandeln. In diesem Fall erübrigen sich Regelungen zu den allgemeinen Arbeitsbedingungen (Urlaub, Vergütung, Kündigung des Arbeitsverhältnisses etc.), so dass nur auf die durch die Telearbeit bedingten Besonderheiten einzugehen wäre.

Der Begriff „Telearbeit" beschreibt allgemein Tätigkeiten, die mit einer gewissen Regelmäßigkeit und unter Nutzung von elektronischen Diensten und Netzen sowie von Computern außerhalb der Betriebsstätte des Arbeitgebers erfolgen (*Wedde* NJW 1999, 527). Der Telearbeitsvertrag geht im Grundentwurf von der Erbringung **alternierender Telearbeit** aus. Diese Form der Telearbeit, bei der die Tätigkeit sowohl von zu Hause (aus dem so genannten „Home Office") als auch im Betrieb des Arbeitgebers ausgeübt wird, dürfte praktisch die größte Bedeutung besitzen (*Boemke* BB 2000, 147; *Körner* NZA 1999, 1190). Weitere Formen der Telearbeit sind die häusliche oder ausschließliche Telearbeit, die nur außerhalb der Betriebsstätte in der Wohnung des Arbeitnehmers oder an einem anderen von ihm selbst gewählten Ort erbracht wird (Arbeit im „Home Office") sowie die mobile Telearbeit als Variante des herkömmlichen Außendiensts, bei der die Tätigkeit insbesondere in Betrieben von Kunden oder Lieferanten ausgeübt wird (*Wedde* NJW 1999, 527).

2. Tätigkeit als Telearbeitnehmer. Bereits bei der Beschreibung der Position und der Arbeitsaufgaben sollte aufgenommen werden, dass der Mitarbeiter für die Gesellschaft in Telearbeit tätig wird. Dabei kann festgelegt werden, in welcher Form der Telearbeit der Mitarbeiter tätig wird.

3. Versetzungsvorbehalt. → Form. A. II. 1 Anm. 2. Spezifische Regelungen zur Änderung und Beendigung der Telearbeit finden sich in § 16 des Formulars.

4. Arbeitsort. Grundsätzlich bestimmt sich der Ort der Arbeitsleistung allein nach dem Arbeitsvertrag. Ohne eine besondere vertragliche Regelung können dem Arbeitnehmer lediglich Tätigkeiten innerhalb des Betriebs zugewiesen werden, da dieser in aller Regel als alleiniger Leistungsort anzusehen sein wird. Telearbeit setzt aber gerade eine Tätigkeit außerhalb der Betriebsstätte des Arbeitgebers voraus, so dass eine entsprechende Regelung im Arbeitsvertrag immer erforderlich ist (*Boemke* BB 2000, 147, 149). Soweit der Arbeitsvertrag den konkreten Umfang der Leistungserbringung an den jeweiligen Einsatzorten nicht konkret festlegt, kann der Arbeitgeber den konkreten Arbeitsort im Rahmen seines Direktionsrechts bestimmen (vgl. auch LAG Köln BeckRS 2012, 67572). Möglich ist auch die Festlegung des Arbeitsplatzes bei einem Kunden des Arbeitgebers. Regelungen zur Gestaltung des Arbeitsplatzes beim Arbeitnehmer sind dann in der Regel entbehrlich.

5. Geeignete Räumlichkeiten. → Form. C. II. 10 Anm. 11.

6. Schriftliche Erklärung der Eigentümer. Grundsätzlich entspricht die Nutzung eines Wohnraums als Arbeitsplatz nicht der im Mietvertrag vorgesehenen Nutzung, so dass eine **Genehmigung** des Vermieters notwendig ist. Entsprechendes gilt, wenn die Wohnung im Miteigentum des Arbeitnehmers und einer oder mehrerer weiterer Personen steht.

Zweckmäßigerweise ist die Genehmigung frühzeitig vom Mitarbeiter beizubringen, um Planungssicherheit für den Telearbeitgeber hinsichtlich der Anschaffung von Arbeitsmitteln und der organisatorischen Vorbereitung zu gewährleisten. Aus Gründen der Rechtsklarheit wurde die Wirksamkeit des Vertrages im Formular unter die aufschiebende Bedingung der Vorlage einer erforderlichen Genehmigung gestellt.

7. **Kein Anspruch auf einen individuellen Arbeitsplatz.** Soll die Telearbeit zumindest auch dem Ziel des Arbeitgebers dienen, Kosten einzusparen, empfiehlt es sich, den Anspruch des Telearbeitnehmers auf einen ständigen persönlichen Arbeitsplatz im Betrieb auszuschließen, um nicht für jeden einzelnen Telearbeitnehmer einen betrieblichen Arbeitsplatz vorhalten zu müssen.

8. **Arbeitszeit.** Hinsichtlich der Arbeitszeitdauer ergeben sich keine Unterschiede zum Normalarbeitsverhältnis. Im Arbeitsvertrag kann eine bestimmte wöchentliche, monatliche oder jährliche Arbeitszeit vereinbart werden; selbstverständlich kann Telearbeit sowohl in Teilzeit als auch in Vollzeit erfolgen.

Bei der **Lage** der Arbeitszeit sind die Interessen des Telearbeitgebers und des Telearbeitnehmers in aller Regel gegenläufig. Der Telearbeitgeber hat ein Interesse daran, zu bestimmten Zeiten auf die Arbeitsleistung zugreifen zu können, während das Interesse des Telearbeitnehmers dahin geht, seine Arbeitszeit selbst zu bestimmen und ggf. auch kurzfristig an anderweitige Verpflichtungen anpassen zu können (*Boemke* BB 2000, 147, 150). Die Parteien können vertraglich Zeiten festlegen, in denen der Telearbeitgeber aus betrieblichen Gründen auf die Arbeitsleistung zugreifen kann, so dass der Telearbeitnehmer in dieser Zeit an seiner häuslichen Arbeitsstätte erreichbar sein muss. Soweit es die betrieblichen Bedürfnisse zulassen, kann aber auch eine vollkommen selbstbestimmte Arbeitszeit festgelegt werden, bei der es allein der Entscheidung des Telearbeitnehmers überlassen bleibt, zu welchen Zeiten er arbeitet (→ Form. C. II. 10 Anm. 18).

9. **Einhaltung arbeitszeitrechtlicher Bestimmungen.** Die Fürsorgepflicht des Telearbeitgebers gebietet es, darauf zu achten, dass der Telearbeitnehmer bei Erbringung der Arbeitsleistung die gesetzlichen Vorschriften, insbesondere des Arbeitszeitgesetzes, beachtet. Da der Telearbeitgeber jedoch keine **Einflussmöglichkeit** auf den selbstbestimmten Arbeitszeitanteil hat, muss insoweit eine vertragliche Verlagerung der Verantwortlichkeit auf den Telearbeitnehmer erfolgen.

10. **Überstunden.** Der Telearbeitnehmer kann innerhalb gewisser Grenzen die Lage und die tägliche Dauer seiner Arbeitszeit selbst bestimmen. Mit dieser Selbstbestimmtheit wäre es unvereinbar, wenn der Telearbeitgeber Überstundenzuschläge oder Zuschläge für Arbeitsleistungen zu ungünstigen Zeiten zahlen müsste. Die Zahlung von Zuschlägen und sonstigen Ausgleichsregelungen wird daher in § 3 Abs. (6) davon abhängig gemacht, dass die Gesellschaft den Arbeitseinsatz zu diesen Zeiten ausdrücklich angeordnet hat (*Hohmeister/Küper* NZA 1998, 1206, 1208; *Boemke* BB 2000, 147, 151).

11. **Erfassung der Arbeitszeit.** → Form. C. II. 10 Anm. 19.

12. **Fahrtzeiten zwischen betrieblicher und häuslicher Arbeitsstätte.** Die Arbeitspflicht stellt nach allgemeinen arbeitsrechtlichen Grundsätzen eine Bringschuld dar, so dass Fahrten zwischen unterschiedlichen Arbeitsorten grundsätzlich nicht als Arbeitsleistung angesehen werden können (*Boemke* BB 2000, 147, 150). Wegen der Besonderheiten der alternierenden Telearbeit (wechselnde betriebliche und häusliche Tätigkeiten) sollte klargestellt werden, dass Fahrtzeiten zwischen der betrieblichen und häuslichen Arbeitsstätte nicht als Arbeitszeiten gelten. Demgegenüber sind Fahrtzeiten von der häuslichen Arbeitsstätte zu einem Kunden und zurück i. d. R. als Arbeitszeit zu qualifizieren und entsprechend zu vergüten (vgl. BAG NZA-RR 2010, 231).

13. Vergütung/Sonstige Zahlungen. → Form. A. II. 1, dort unter § 3.

14. Arbeitsmittel. → Form. C. II. 10 Anm. 12.

15. Ausschluss der Privatnutzung der Arbeitsmittel. → Form. C. II. 10 Anm. 13.

16. Verwendung privater Arbeitsmittel. → Form. C. II. 10 Anm. 14.

17. Kostenerstattung. → Form. C. II. 10 Anm. 16.

18. Urlaub. → Form. A. II. 1, dort unter § 6.

19. Nebentätigkeiten mit Arbeitsmitteln der Gesellschaft. Wenn und soweit der Arbeitgeber Eigentümer der Arbeitsmittel in der häuslichen Arbeitsstätte bleibt, ist es ihm möglich, Nebentätigkeiten mit diesen Arbeitsmitteln zu untersagen. Die Regelung dient der Klarstellung, nachdem die Nutzung der Arbeitsmittel bereits durch § 5 Abs. (2) auf betriebliche Zwecke beschränkt ist.

20. Schutzrechte. → Form. A. II. 1, dort unter § 9.

21. Zugangsrecht. → Form. C. II. 10 Anm. 22.

22. Arbeitsunfall. Der Schutz der gesetzlichen Unfallversicherung greift auch dann, wenn der Telearbeitnehmer seine Arbeitsleistung in der häuslichen Arbeitsstätte erbringt. Insoweit liegt eine versicherte Tätigkeit i.S.d. § 8 Abs. 1 S. 1 SGB VII vor. Allerdings wird es i.d.R. schwierig sein, nachzuweisen, ob sich ein Unfall des Telearbeitnehmers während der Erbringung der Arbeitsleistung oder während der Freizeitphase ereignet hat. Daher erlegt § 12 Abs. (2) dem Mitarbeiter den Nachweis hierüber auf.

23. Haftung. → Form. C. II. 10 Anm. 23.

24. Versicherung. → Form. C. II. 10 Anm. 24.

25. Datenschutz. Durch die räumliche Entfernung zum Betrieb und die Zugriffsmöglichkeiten Dritter ist die Telearbeit datenschutzrechtlich besonders sensibel (dazu ausführlich *Boemke/Ankersen* BB 2000, 1570, 1571). Daher empfiehlt es sich, eine Verpflichtung des Mitarbeiters zum Schutz vertraulicher Daten und Informationen ausdrücklich in den Telearbeitsvertrag aufzunehmen. Im Übrigen → Form. C. II. 10, dort unter § 8 und → Anm. 21.

26. Laufzeit/Kündigung/Vertragsstrafe/Freistellung/Vorfälligkeit. → Form. A. II. 1, dort unter § 10.

27. Widerruf wegen Vertrauensverlusts. Das Formular sieht vor, dass die Telearbeit vom Telearbeitgeber widerrufen werden kann. Dieser Widerrufsvorbehalt unterliegt der AGB-rechtlichen Inhaltskontrolle. Obgleich bisher keine gerichtlichen Entscheidungen zu dem hier verwendeten Widerrufsvorbehalt ersichtlich sind, dürfte die verwendete Klausel einer gerichtlichen Kontrolle standhalten, da der Telearbeitgeber den Widerruf nur ausüben darf, wenn der Mitarbeiter das der Telearbeit zugrunde liegende besondere Vertrauensverhältnis missbraucht. → Form. C. II. 10 Anm. 26.

28. Wohnungswechsel. → Form. C. II. 10 Anm. 27.

29. Rückgabe von Arbeitsmitteln. Die dem Telearbeitnehmer vom Telearbeitgeber überlassenen Arbeitsmittel müssen bei Beendigung des Telearbeitsverhältnisses/der Telearbeit an den Arbeitgeber zurückgegeben werden. Dabei ist insbesondere festzulegen, ob der Telearbeitgeber die Arbeitsmittel beim Arbeitnehmer abholen oder ob dieser die Arbeitsmittel in den Betrieb des Arbeitgebers zurückbringen muss. Wegen der technischen Anforderungen an die Rückgabe der Gegenstände ist hier eine Verpflichtung des Arbeitgebers vorgesehen, die Gegenstände beim Telearbeitnehmer abzuholen. Zur Sicherstellung einer ordnungsgemäßen Rückgabe empfiehlt es sich, ein schriftliches Protokoll der Rückgabe anzufertigen. Alternativ kann der Arbeitgeber die Rückgabe auch auf dem Inventarverzeichnis gemäß Anlage 1 zu dem Formular bestätigen.

30. Ausschlussfristen/Verjährung. → Form. A. II. 1, dort unter § 11.

31. Öffnungsklausel für Betriebsvereinbarungen. S. zunächst → Form. A. II. 1, dort unter § 12.

§ 5 Abs. 1 BetrVG bezieht Telearbeitnehmer ausdrücklich in den Geltungsbereich des BetrVG ein. Zu den Beteiligungsrechten des Betriebsrats bei der Einführung und Durchführung von Telearbeit vgl. *Wiese* RdA 2009, 344.

32. Schlussbestimmungen/Mitteilungspflicht/Aufhebung früherer Vereinbarungen und Anstellungsverhältnisse/Schriftform. → Form. A. II. 1, dort unter § 13.

5. Traineevertrag

Traineevertrag[1]

zwischen

. . . . . . (Name und Anschrift des Arbeitgebers) „Gesellschaft“

und

Herrn . . . . . . (Name und Anschrift des Arbeitnehmers) „Mitarbeiter“

§ 1 Position/Versetzung/Weisungen

(1) Der Mitarbeiter wird von der Gesellschaft für die Zeit vom . . . . . . bis . . . . . . als Trainee eingestellt. Die Aufgaben und Einsatzbereiche des Mitarbeiters ergeben sich aus dem Ausbildungsplan nach Anlage 1.[2]

(2) Der Mitarbeiter ist verpflichtet, die Richtlinien und Anweisungen der Gesellschaft in ihrer jeweiligen Fassung sowie die Anordnungen seiner Vorgesetzten zu beachten.

§ 2 Befristung[3]

(1) Das Arbeitsverhältnis endet mit Ablauf des in § 1 Abs. (1) genannten Zeitraums, ohne dass es einer Kündigung bedarf (befristetes Arbeitsverhältnis). Der Mitarbeiter erklärt, in den letzten drei Jahren vor dem Beginn dieses Arbeitsverhältnisses in keinem Arbeitsverhältnis mit der Gesellschaft oder einer Rechtsvorgängerin gestanden zu haben. Dem Mitarbeiter ist bewusst, dass eine unrichtige Erklärung die Gesellschaft zur Anfechtung und zur fristlosen Kündigung des Arbeitsvertrages aus wichtigem Grund berechtigen kann.

(2) Die Befristung erfolgt, um dem Mitarbeiter die Einarbeitung in die speziellen Aufgabenfelder und Tätigkeitsbereiche der Gesellschaft zu ermöglichen und ihm alle im Bereich . . . . . . notwendigen Kenntnisse und Fertigkeiten zu vermitteln.

(Alternative:

(2) Die Befristung erfolgt, um dem Mitarbeiter im Rahmen seines Studiums Einblicke in die betriebliche Praxis zu vermitteln.)

(Alternative:

(2) Die Befristung erfolgt im Anschluss an das Studium, um den Übergang des Mitarbeiters in eine Anschlussbeschäftigung zu erleichtern.)

§ 3 Arbeitszeit[4]

§ 4 Vergütung/Sonstige Zahlungen[5]

§ 5 Abwesenheit/Krankheit/Ärztliche Untersuchung[6]

§ 6 Urlaub[7]

§ 7 Nebentätigkeiten[8]

§ 8 Geheimhaltung/Behandlung und Rückgabe von Gegenständen und Daten/Löschung von Daten[9]

§ 9 Schutzrechte[10]

§ 10 Laufzeit/Kündigung/Freistellung/Vorfälligkeit[11]

(1) Die Parteien vereinbaren eine Probezeit von sechs Monaten. Während der Probezeit können beide Parteien das Arbeitsverhältnis unter Einhaltung einer Kündigungsfrist von zwei Wochen kündigen. Vor Beginn des Arbeitsvertrages ist die ordentliche Kündigung ausgeschlossen. Nach Ablauf der Probezeit ist eine ordentliche Kündigung des Arbeitsvertrages für beide Parteien unter Einhaltung der gesetzlichen Kündigungsfristen möglich.

(2) Das Recht zur außerordentlichen Kündigung bleibt unberührt.

(3) Die Kündigung bedarf der Schriftform.

(4) Die Gesellschaft ist im Falle der Kündigung des Arbeitsvertrages berechtigt, den Mitarbeiter von seiner weiteren Tätigkeit für die Gesellschaft freizustellen *(Optional:, wenn hierfür ein sachlicher Grund (z. B. Konkurrenztätigkeit, Geheimnisverrat, sonstige Beeinträchtigung der Vertrauensgrundlage, Wegfall des Beschäftigungsbedarfs)* vorliegt). Während der Zeit der Freistellung behält der Mitarbeiter seinen Anspruch auf die vertragliche Vergütung; er muss sich jedoch den Wert desjenigen anrechnen lassen, was er infolge des Unterbleibens der Dienstleistung erspart oder durch anderweitige Verwendung seiner Dienste erwirbt oder zu erwerben böswillig unterlässt. Das vertragliche Wettbewerbsverbot bleibt von der Freistellung unberührt. Im Falle einer unwiderruflichen Freistellung wird die Freistellungszeit auf etwaige Urlaubs- oder Freizeitausgleichsansprüche angerechnet. Die vorstehenden Regelungen gelten entsprechend für eine Kündigung durch den Mitarbeiter.

(5) Sollte der Mitarbeiter der Gesellschaft bei Ausspruch einer arbeitgeberseitigen Kündigung durch die Gesellschaft Beträge auf Grund von Gehaltsvorschüssen oder ähnlichen Vorauszahlungen schulden, werden sämtliche Beträge sofort fällig und – unter Beachtung der Pfändungsgrenzen – aufrechenbar. Dem Mitarbeiter gewährte Darlehen gelten mit Ausspruch der Kündigung als ordentlich mit einer Frist von einem Monat gekündigt. Entsprechendes gilt bei Ausspruch einer Kündigung durch den Mitarbeiter, es sei denn, es liegt eine von der Gesellschaft verschuldete außerordentliche Kündigung vor.

§ 11 Ausschlussfristen/Verjährung[12]

§ 12 Öffnungsklausel für Betriebsvereinbarungen[13]

§ 13 Schlussbestimmungen/Mitteilungspflicht/Aufhebung früherer Vereinbarungen und Anstellungsverhältnisse/Schriftform[14]

……	……
Ort, Datum	Ort, Datum
……	……
Unterschrift der Gesellschaft	Unterschrift des Mitarbeiters

Anmerkungen

1. Regelungsgegenstand. Die Bezeichnung „Trainee" ist kein feststehender rechtlicher Begriff. Als Trainees werden vor allem **Hochschulabsolventen** bezeichnet, denen im Wege eines „training on the job" der Einstieg in ein Unternehmen zur Vorbereitung auf spätere Fach- und Führungsaufgaben ermöglicht wird (vgl. exemplarisch den Sachverhalt bei BAG NZA 2005, 1358 und LAG Frankfurt a. M. NZA-RR 1998, 505). Im Vordergrund steht dabei der Erwerb praktischer Kenntnisse über innerbetriebliche Abläufe und Verfahren, der u. a. durch den Wechsel in verschiedene Abteilungen des Unternehmens und besondere Ausbildungsangebote gewährleistet wird (vgl. auch Wohlgemuth/*Pepping* § 26 BBiG Rn. 30). Für das Unternehmen hat die Traineeausbildung den Vorteil, dass eine weitreichende „Erprobung" des Trainees in verschiedenen Bereichen, sowohl im Hinblick auf dessen generelle Eignung als auch die konkreten späteren Einsatzbereiche, möglich ist. Denkbar sind ferner Traineeverträge mit **Studierenden**, die schon im Rahmen ihres Studiums praktische Erfahrungen gewinnen möchten. Dies wird aber eher die Ausnahme sein.

Eine spezielle gesetzliche Regelung über Traineeverträge existiert nicht. Vielmehr handelt es sich bei dem Traineevertrag um eine Sonderform eines – in der Regel befristeten – Arbeitsvertrages, wenn – wovon das Formular ausgeht – der Austauschcharakter von Arbeitsleistung und Vergütung dem Rechtsverhältnis sein Gepräge gibt (vgl. auch *Maties* RdA 2007, 135, 141; in diesem Sinne auch LAG Köln NZA-RR 2004, 586). Stehen dagegen Ausbildungsaspekte im Vordergrund des Trainee-Verhältnisses, so ist dieses nicht als Arbeitsverhältnis, sondern als besonderes Ausbildungsverhältnis im Sinne des § 26 BBiG zu qualifizieren (*Orlowski* RdA 2009, 38, 39). Für ein solches besonderes Ausbildungsverhältnis (z. B. ein Praktikum oder Volontariat) gelten wesentliche Vorschriften des Berufsbildungsgesetzes mit bestimmten Einschränkungen (ErfKomm/*Schlachter* § 26 BBiG Rn. 1).

2. Ausbildungsplan. Ein Unternehmen, das eine Traineeausbildung anbietet, wird in aller Regel über einen allgemeinen Ausbildungsplan für Trainees verfügen, der Regelungen zu den Stationen des Einsatzes, der jeweiligen Verweildauer, den Schulungsmaßnahmen etc. enthält. Denkbar ist es auch, einen derartigen Ausbildungsplan konkret-individuell auf die Bedürfnisse der Vertragsparteien zuzuschneiden. In jedem Fall empfiehlt sich die arbeitsvertragliche Einbeziehung des Ausbildungsplans, um dessen Regelungen individuell verbindlich zu gestalten.

3. Befristung. Wie jedes andere Arbeitsverhältnis kann der Traineevertrag unbefristet oder befristet ausgestaltet werden. Die Regel wird jedoch eine Befristung sein, bei der die Anforderungen der §§ 14 ff. TzBfG eingehalten werden müssen.

Nach § 14 Abs. 2 TzBfG ist die kalendermäßige Befristung eines Arbeitsvertrages ohne Vorliegen eines sachlichen Grunds bis zur Dauer von zwei Jahren zulässig. Bis zu dieser Gesamtdauer von zwei Jahren ist auch die höchstens dreimalige Verlängerung eines kalendermäßig befristeten Arbeitsvertrages zulässig. Eine solche sachgrundlose Befristung ist nicht zulässig, wenn mit demselben Arbeitgeber innerhalb der letzten drei Jahre ein befristetes oder unbefristetes Arbeitsverhältnis bestanden hat (vgl. BAG NZA 2011, 905). Diese Beschränkung erklärt die vorgeschlagene Regelung in § 2 Abs. (1) S. 2 des Formulars.

§ 14 Abs. 1 TzBfG regelt die Befristung eines Arbeitsverhältnisses für den Fall, dass die Befristung durch einen sachlichen Grund gerechtfertigt ist. Eine solche Sachgrundbefristung kann auch über zwei Jahre hinausgehen. Als Sachgrund bei der Beschäftigung von Hochschulabsolventen kann insbesondere § 14 Abs. 1 S. 2 Nr. 2 TzBfG in Betracht kommen. Danach liegt ein sachlicher Grund insbesondere vor, wenn die Befristung im Anschluss an eine Ausbildung oder ein Studium erfolgt, um den Übergang des Arbeitnehmers in eine Anschlussbeschäftigung zu erleichtern. Dem entspricht die zweite Alternative in § 2 Abs. (2).

Eine Befristung kann im Übrigen auch dann als sachgrundlose Befristung gerechtfertigt sein, wenn im Arbeitsvertrag ein Sachgrund genannt ist (vgl. BAG NZA 2011, 1151). Da § 14 Abs. 2 TzBfG ein Zitiergebot nicht enthält, reicht es aus, dass die Voraussetzungen dieser Vorschrift bei Vertragsschluss objektiv vorlagen (BAG a. a. O.).

Wird das Arbeitsverhältnis trotz Fristablaufs oder Zweckerreichung mit Wissen des Arbeitgebers fortgesetzt, wandelt es sich kraft Gesetzes in ein unbefristetes Arbeitsverhältnis, sofern der Arbeitgeber nicht unverzüglich widerspricht oder dem Arbeitnehmer die Zweckerreichung unverzüglich mitteilt (§ 15 Abs. 5 TzBfG). Zur Befristung → Form. A. V. 1 bis → Form. A. V. 6.

4. Arbeitszeit. → Form. A. II. 1, dort unter § 2.

5. Vergütung/Sonstige Zahlungen. → Form. A. II. 1, dort unter § 3.

6. Abwesenheit/Krankheit/Ärztliche Untersuchung. → Form. A. II. 1, dort unter § 4.

7. Urlaub. → Form. A. II. 1 dort unter § 6.

8. Nebentätigkeiten. → Form. A. II. 1, dort unter § 7.

9. Geheimhaltung/Behandlung und Rückgabe von Gegenständen und Daten/Löschung von Daten. → Form. A. II. 1, dort unter § 8.

10. Schutzrechte. → Form. A. II. 1, dort unter § 9.

11. Kündigung. Grundsätzlich endet ein kalendermäßig befristeter Arbeitsvertrag mit Ablauf der vereinbarten Zeit. Da gemäß § 15 Abs. 3 TzBfG eine ordentliche Kündigung während der Laufzeit des Vertrages nur möglich ist, wenn dies einzelvertraglich oder in einem anwendbaren Tarifvertrag vereinbart ist, sollte eine entsprechende Regelung in den Traineearbeitsvertrag aufgenommen werden. → Form. A. V. 1 Anm. 11.

Das Recht zur außerordentlichen Kündigung gemäß § 626 BGB besteht dagegen ohne weiteres auch im (befristeten) Traineearbeitsverhältnis.

12. Ausschlussfristen/Verjährung. → Form. A. II. 1, dort unter § 11.

13. Öffnungsklausel für Betriebsvereinbarungen. → Form. A. II. 1, dort unter § 12.

14. Schlussbestimmungen/Mitteilungspflicht/Aufhebung früherer Vereinbarungen und Anstellungsverhältnisse/Schriftform. → Form. A. II. 1, dort unter § 13.

6. Heimarbeitsvertrag

Heimarbeitsvertrag[1, 2]

zwischen

. . . . . . (Name und Anschrift des Auftraggebers) „Gesellschaft"

und

Herrn . . . . . . (Name und Anschrift des Heimarbeiters) „Heimarbeiter"[3]

§ 1 Art der Tätigkeit[4]

(1) Herr . . . . . . wird bei der Gesellschaft als Heimarbeiter beschäftigt.

(2) Die Gesellschaft überträgt dem Heimarbeiter folgende Tätigkeiten: . . . . . . Die dem Heimarbeiter übergebene Arbeitsbeschreibung wird Bestandteil dieses Vertrages; gleiches gilt für ausgehändigte Schablonen und Muster.

§ 2 Umfang der Tätigkeit[5]

(1) Der Heimarbeiter verpflichtet sich zur Annahme folgender Arbeiten: . . . . . .

(Alternative:

(1) Der Heimarbeiter verpflichtet sich, monatlich eine Heimarbeitsmenge zu bearbeiten und abzuliefern, deren Bearbeitungszeit unter Berücksichtigung der Normalleistung . . . . . . Stunden monatlich beträgt.)

(2) Die Gesellschaft verpflichtet sich, entsprechende Arbeiten auszugeben, mindestens . . . . . . Stück pro . . . . . .

§ 3 Anlagen/Geräte/technische Einrichtungen

(1) Die übertragene Tätigkeit verrichtet der Heimarbeiter mit eigenen Anlagen/Geräten/technischen Einrichtungen. Die notwendigen Anlagen/Geräte/technischen Einrichtungen stehen beim Heimarbeiter funktionsfähig zur Verfügung; die Bereitstellung erfolgt auf Kosten des Heimarbeiters.

(2) Der Heimarbeiter hält die notwendigen Anlagen/Geräte/technischen Einrichtungen auf seine Kosten einsatzbereit. Er trägt dafür Sorge, dass die Anlagen/Geräte/technischen Einrichtungen bei Beschädigung oder Ausfall kurzfristig repariert oder ersetzt werden.

§ 4 Arbeitszeit[6]

Der Heimarbeiter ist in der Einteilung seiner Arbeitszeit frei und unterliegt nicht den Weisungen der Gesellschaft.

§ 5 Anlieferung des Materials und Abholung der fertig gestellten Artikel[7]

Die Anlieferung des Materials sowie die Abholung der fertig gestellten Artikel erfolgt durch die Gesellschaft einmal wöchentlich *(Alternative: monatlich)*, und zwar am . . . . . . in der Zeit von . . . . . . bis . . . . . . Uhr.

(Alternative:

Der Heimarbeiter hat das Material abzuholen und wöchentlich (Alternative: monatlich) bei der Gesellschaft sowie die fertig gestellten Artikel abzuliefern und zwar einmal wöchentlich (Alternative: monatlich) und zwar am ...... in der Zeit von ...... bis ...... Uhr.)

§ 6 Vergütung[8]

(1) Der Heimarbeiter erhält als reines Entgelt die im Entgeltverzeichnis aufgeführten Stückentgelte.

(2) Das Entgelt ist so zu bemessen, dass bei Nutzung einer Arbeitsstunde mindestens ein Entgelt von ...... EUR erreicht wird.

(3) Das Entgeltverzeichnis liegt bei der Gesellschaft in den Räumen der Ausgabe und Abnahme offen aus. Soweit Musterbücher Verwendung finden, werden sie dem Entgeltverzeichnis beigefügt. Wird die Heimarbeit dem Heimarbeiter in die Wohnung oder Betriebsstätte gebracht, trägt die Gesellschaft Sorge dafür, dass das Entgeltverzeichnis zur Einsichtnahme vorgelegt wird.

(4) Das Entgeltverzeichnis enthält die Entgelte für jedes einzelne Arbeitsstück. Können Entgelte für das einzelne Arbeitsstück nicht aufgeführt werden, wird eine zuverlässige und klare Berechnungsgrundlage eingetragen.

(Alternative:

(1) Die Vergütung erfolgt nach Maßgabe der einschlägigen Entgeltregelung i. S. v. § 17 Abs. 2 HAG und der darauf basierenden Stückentgelte.

(2) Die einschlägige Entgeltregelung i. S. v. § 17 Abs. 2 HAG liegt bei der Gesellschaft in den Räumen der Ausgabe und Abnahme offen aus. Soweit Musterbücher Verwendung finden, werden sie der Entgeltregelung beigefügt. Wird die Heimarbeit dem Heimarbeiter in die Wohnung oder Betriebsstätte gebracht, trägt die Gesellschaft Sorge dafür, dass die einschlägige Entgeltregelung i. S. v. § 17 Abs. 2 HAG zur Einsichtnahme vorgelegt wird.)

§ 7 Zuschläge zur Vergütung[9]

(1) Der Heimarbeiter erhält bei der letzten Entgeltzahlung vor Urlaubsantritt ein Urlaubsentgelt[10] nach Maßgabe des § 12 Nr. 1 BUrlG.

(2) Der Heimarbeiter erhält ein Feiertagsgeld[11] nach Maßgabe des § 11 Abs. 2 EFZG. Das Feiertagsgeld wird jeweils bei der Entgeltzahlung vor dem Feiertag gezahlt.

(3) Der Heimarbeiter erhält einen Zuschlag zur Vergütung zur wirtschaftlichen Sicherung im Krankheitsfall[12] nach Maßgabe des § 10 EFZG.

(4) Der Heimarbeiter erhält einen Heimarbeitszuschlag[13] in Höhe von ...... EUR, mit dem alle Unkosten der Heimarbeit pauschal abgegolten sind.

§ 8 Entgeltbuch/Abrechnung[14]

(1) Dem Heimarbeiter wird auf Kosten der Gesellschaft ein Entgeltbuch ausgehändigt. Das Entgeltbuch verbleibt beim Heimarbeiter. Er hat für die ordnungsgemäße Aufbewahrung zu sorgen. Der Heimarbeiter ist verpflichtet, das Entgeltbuch bis zum Ablauf des dritten Kalenderjahrs, das auf das Jahr der letzten Eintragung folgt, aufzubewahren.

(2) Der Heimarbeiter hat in das Entgeltbuch bei jeder Ausgabe und Abnahme von Arbeit ihre Art und ihren Umfang, die Entgelte und die Tage der Ausgabe und der Lieferung einzutragen.

(3) Die Abrechnung erfolgt wöchentlich *(Alternative: monatlich)*. Die Auszahlung erfolgt bargeldlos. Dies gilt sowohl für das reine Entgelt nach § 7 dieses Vertrags als auch für die Zuschläge nach § 8 dieses Vertrags, sofern nichts anderes bestimmt ist.

§ 9 Urlaub[15]

(1) Der Heimarbeiter hat einen Urlaubsanspruch von insgesamt ...... Arbeitstagen pro Kalenderjahr („Jahresurlaub"). Der Jahresurlaub beinhaltet einen über den gesetzlichen Urlaubsanspruch nach dem Bundesurlaubsgesetz („gesetzlicher Mindesturlaub") hinausgehenden vertraglichen Zusatzurlaub von ...... Arbeitstagen („vertraglicher Zusatzurlaub"). Arbeitstage sind alle Tage, die am Arbeitsort weder Samstage noch Sonntage oder gesetzliche Feiertage sind. Bei der Festlegung von Zeitpunkt und Dauer des Urlaubs werden die betrieblichen Interessen und Bedürfnisse angemessen berücksichtigt. Der Heimarbeiter hat die Gesellschaft rechtzeitig über seine Urlaubspläne zu informieren. Ist der Heimarbeiter nicht das ganze Kalenderjahr über beschäftigt, so hat der Heimarbeiter für jeden vollen Monat des Bestehens des Anstellungsverhältnisses im jeweiligen Kalenderjahr Anspruch auf ein Zwölftel des Jahresurlaubs. Für den Fall, dass der dem Heimarbeiter aufgrund gesetzlicher Vorschriften zustehende, gegebenenfalls auch zeitanteilig berechnete Mindesturlaub durch vorstehende Berechnungsweise unterschritten wird, wird der dem Heimarbeiter aufgrund der gesetzlichen Vorschriften zustehende Mindesturlaub gewährt.

(2) Die Vorschriften des BUrlG finden nach Maßgabe des § 12 BUrlG Anwendung.

§ 10 Geheimhaltung/Behandlung und Rückgabe von Gegenständen und Daten/ Löschung von Daten[16]

(1) Der Heimarbeiter ist verpflichtet, alle vertraulichen Angelegenheiten, insbesondere Betriebs- und Geschäftsgeheimnisse, der Gesellschaft und Verbundener Unternehmen streng geheim zu halten. Technische, kaufmännische und persönliche Vorgänge und Verhältnisse, die dem Heimarbeiter im Zusammenhang mit seiner Tätigkeit bekannt werden, gelten im Zweifel als vertrauliche Angelegenheiten. Vor der etwaigen Offenlegung derartiger Angelegenheiten ist der Heimarbeiter verpflichtet, die Zustimmung der Gesellschaft einzuholen.

(2) Die Verpflichtung nach Abs. (1) gilt auch nach Beendigung des Heimarbeitsvertrages. Soweit der Heimarbeiter dadurch in seinem beruflichen Fortkommen unangemessen behindert werden sollte, kann er von der Gesellschaft die Einschränkung der Geheimhaltungspflicht verlangen.

(3) Alle die Gesellschaft betreffenden Unterlagen, insbesondere Arbeitsbeschreibungen, Schablonen, Muster und ähnliche Dokumente (sowie Kopien oder sonstige – auch elektronische – Reproduktionen hiervon), alle Datenträger/Daten und dem Heimarbeiter überlassene Gegenstände, insbesondere Roh- und Hilfsstoffe sowie Werkzeuge, müssen sorgfältig behandelt werden. Sie dürfen nur mit vorheriger schriftlicher Zustimmung der Gesellschaft zu anderen als aus diesem Vertrag folgenden Zwecken verwendet oder vervielfältigt werden.

(4) Zum Zeitpunkt der Beendigung des Heimarbeitsverhältnisses wird der Heimarbeiter der Gesellschaft unaufgefordert, während des Bestehens seines Heimarbeitsvertrages auf Anforderung, alle in seinem Besitz befindlichen und in Abs. (3) genannten Unterlagen,

Datenträger und Gegenstände zurückgeben. Unter den vorgenannten Voraussetzungen sind auch alle in Abs. (3) genannten Daten oder Programme, die dem Heimarbeiter im Hinblick auf seine Tätigkeit überlassen oder während seiner Tätigkeit gespeichert worden sind, der Gesellschaft auf geeigneten Datenträgern herauszugeben und anschließend zu löschen. Dem Heimarbeiter ist es nicht gestattet, Sicherungskopien hiervon zu behalten. Ferner teilt der Heimarbeiter der Gesellschaft alle Passwörter, Codes und Zugangssperren o. Ä. mit und wird von diesen selbst keinen Gebrauch mehr machen.

(5) Der Heimarbeiter erkennt an, dass die in Abs. (3) und (4) genannten Unterlagen, Datenträger/Daten und Gegenstände alleiniges Eigentum der Gesellschaft oder mit ihr Verbundener Unternehmen sind. Der Heimarbeiter hat daran kein Zurückbehaltungsrecht.

§ 11 Laufzeit/Kündigung[17]

(1) Das Heimarbeitsverhältnis beginnt am . . . . . . und wird für unbestimmte Zeit geschlossen. Die ersten sechs Monate gelten als Probezeit. Während der Probezeit können beide Parteien das Heimarbeitsverhältnis unter Einhaltung einer Kündigungsfrist von zwei Wochen kündigen. Vor Beginn des Heimarbeitsverhältnisses ist die ordentliche Kündigung ausgeschlossen.

(2) Der Heimarbeitsvertrag kann nach Ablauf der Probezeit von jedem Vertragspartner nach Maßgabe des § 29 HAG gekündigt werden. Eine Verlängerung der für die Gesellschaft maßgeblichen Kündigungsfristen gilt auch für den Heimarbeiter.

(3) Die Kündigung bedarf der Schriftform.

§ 12 Ausschlussfristen/Verjährung[18]

§ 13 Öffnungsklausel[19]

Sollten einzelne Rechte und Pflichten aus dem Heimarbeitsverhältnis durch Tarifvertrag oder bindende Festsetzungen nach § 19 HAG geändert werden, so gelten vom Zeitpunkt der Änderung an ausschließlich die jeweiligen Regelungen des Tarifvertrags oder der bindenden Festsetzung.

§ 14 Schlussbestimmungen/Mitteilungspflicht/Aufhebung früherer Vereinbarungen und Anstellungsverhältnisse/Schriftform[20]

. . . . . .	. . . . . .
Ort, Datum	Ort, Datum
. . . . . .	. . . . . .
Unterschrift der Gesellschaft[21]	Unterschrift des Heimarbeiters

Anmerkungen

1. Regelungsgegenstand. Das Formular ist als Vertrag zwischen einem Gewerbetreibenden (Auftraggeber) und einem Heimarbeiter i. S. v. § 2 Abs. 1 Heimarbeitsgesetz (HAG) konzipiert. Der Vertrag stellt auf keine bestimmte Branche ab. Besonderheiten bei geringfügiger Beschäftigung sind nicht berücksichtigt (zur geringfügigen Beschäftigung → Form. A. VI. 2 Anm. 1). Des Weiteren wird davon ausgegangen, dass der Heimarbeiter überwiegend von der Gesellschaft beschäftigt wird, was den arbeitnehmerähnlichen Charakter des Heimarbeiters besonders betont.

2. In Heimarbeit Beschäftigte. In Heimarbeit Beschäftigte sind nach der Legaldefinition des § 1 Abs. 1 HAG Heimarbeiter und Hausgewerbetreibende sowie die ihnen in § 2 Abs. 2 HAG Gleichgestellten. Die Verbreitung der Heimarbeit ist stark rückläufig. Während im Jahr 1955 noch rund 160.000 Heimarbeiter beschäftigt wurden, waren im Jahre 2002 noch rund 60.000 und im Jahr 2006 rund 45.000 Menschen in Heimarbeit tätig (Däubler/Hjort/Schubert/Wolmerath/*Berg* Vorb. zu §§ 1, 2 HAG Rn. 3). Im Jahr 2010 wurden schließlich nur noch rund 36.000 Heimarbeiter beschäftigt (GMBL 2011, 711). Die in Heimarbeit Beschäftigten sind zu ca. 75 Prozent Frauen; branchenmäßige Schwerpunkte bilden die Eisen-, Metall-, Elektro- und optische Industrie, die chemische und kunststoffverarbeitende Industrie und die Papier- und Pappeverarbeitung (GMBL 2011, 711).

3. Heimarbeiter. Heimarbeiter ist nach der Definition des § 2 Abs. 1 S. 1 HAG, wer in selbst gewählter Arbeitsstätte (dies kann die eigene Wohnung oder eine andere selbst gewählte Betriebsstätte sein) allein oder mit seinen Familienangehörigen (§ 2 Abs. 5 HAG) im Auftrag von Gewerbetreibenden oder Zwischenmeistern (§ 2 Abs. 3 HAG) erwerbsmäßig arbeitet, jedoch die Verwertung der Arbeitsergebnisse dem unmittelbar oder mittelbar in Auftrag gebenden Gewerbetreibenden überlässt. Die selbst gewählte Arbeitsstätte muss nicht im Eigentum des Heimarbeiters stehen, sie kann auch gemietet oder gepachtet sein, sofern der Heimarbeitnehmer die Kosten trägt und das volle Verfügungsrecht über die Arbeitsstätte hat (MünchHdbArbR/*Heenen* § 315 Rn. 5). Erwerbsmäßigkeit liegt vor, wenn die Heimarbeit auf Dauer angelegt ist und zum Lebensunterhalt beitragen soll (BAG AP HAG § 2 Nr. 10). Der Heimarbeiter trägt jedoch nicht das unternehmerische Risiko, seine Produkte am Markt absetzen zu können. Vielmehr muss das in Heimarbeit gefertigte Produkt wieder an den Auftraggeber zurücklaufen, wobei es genügt, wenn es der Auftraggeber selbst als Letztverbraucher verwertet (MünchHdbArbR/*Heenen* § 315 Rn. 8). Beschafft der Heimarbeiter die Rohstoffe und Hilfsstoffe selbst, so wird hierdurch seine Eigenschaft als Heimarbeiter nicht beeinträchtigt, § 2 Abs. 1 S. 2 HAG. Die Eigenschaft als Heimarbeiter, Hausgewerbetreibender und Zwischenmeister ist auch dann gegeben, wenn Personen, Personenvereinigungen oder Körperschaften des privaten oder öffentlichen Rechts, welche die Herstellung, Bearbeitung oder Verpackung von Waren nicht zum Zwecke der Gewinnerzielung betreiben, die Auftraggeber sind, § 2 Abs. 4 HAG.

Bei Heimarbeitern handelt es nicht um Arbeitnehmer, sondern um **arbeitnehmerähnliche Personen** (BAG AP BetrVG 1972 § 5 Nr. 52; Däubler/Hjort/Schubert/Wolmerath/*Berg*, Vorb. zu §§ 1, 2 HAG Rn. 2; ErfKomm/*Preis* § 611 BGB Rn. 114). Aus § 1 Abs. 2 S. 2 HAG folgt, dass Heimarbeiter wirtschaftlich, nicht aber persönlich abhängig sind. Heimarbeiter unterliegen nicht dem Direktionsrecht ihres Auftraggebers, da sie in selbst gewählter Arbeitsstätte Beginn und Ende der Arbeitszeit sowie deren Dauer und Lage bestimmen können. Ferner können Heimarbeiter nach der Definition des § 2 Abs. 1 HAG Familienangehörige zur Verrichtung der ihnen übertragenen Tätigkeit heranziehen, während Arbeitnehmer gemäß § 613 BGB im Zweifel in Person zu leisten haben. Auch ordnet das HAG für den Pfändungsschutz eine entsprechende Geltung der im Arbeitsrecht einschlägigen Vorschriften an.

Entscheidend für die Abgrenzung von anderen Beschäftigungsformen, insbesondere von der Telearbeit (→ Form. A. VII. 4) und den Arbeitsverhältnissen mit Mitarbeitern im Außendienst (→ Form. A. VII. 7), ist die fehlende Weisungsgebundenheit des Heimarbeitnehmers. In der Praxis unterfällt der überwiegende Teil der Beschäftigten, die ihre Arbeitsleistung an einem häuslichen Arbeitsplatz („Home Office") erbringen, aufgrund der bestehenden Weisungsgebundenheit nicht dem Anwendungsbereich des HAG.

Nach der Fiktion des § 12 Abs. 2 SGB IV gelten Heimarbeiter sozialversicherungsrechtlich als Beschäftigte. Heimarbeiter unterliegen der Beitrags- und Versicherungspflicht in der Kranken- und Pflegeversicherung (§§ 5 Abs. 1 Nr. 1 SGB V, 20 Abs. 1 S. 1 SGB XI), der Rentenversicherung (§ 1 Abs. 1 Nr. 1 SGB VI), der Arbeitslosen- (§§ 13, 24, 25 SGB III) und der Unfallversicherung (§ 2 Abs. 1 Nr. 1 SGB VIII).

4. Art der Tätigkeit. Eine möglichst genaue Tätigkeitsbeschreibung empfiehlt sich im Hinblick auf § 7a HAG. Danach hat, wer Heimarbeit aus- oder weitergibt, die Person, die die Arbeit entgegennimmt, vor Aufnahme der Beschäftigung über die Art und Weise der zu verrichtenden Arbeit zu unterrichten.

5. Umfang der Tätigkeit. Die Heimarbeit beruht auf mindestens zwei Verträgen (*Otten* Vorb. § 1 HAG Rn. 14). Die vertragliche Begründung des Heimarbeitsverhältnisses (**Heimarbeitsvertrag**) soll als Dauerschuldverhältnis nur den äußeren Rahmen regeln. Aus § 11 Abs. 3 S. 2 und 3 HAG wird abgeleitet, dass der Heimarbeiter durch den Heimarbeitsvertrag allein nicht verpflichtet ist, einen Auftrag anzunehmen und vollständig auszuführen (*Otten* NZA 1995, 289). Vielmehr bedarf es hierzu noch der Begründung eines konkreten **Auftragsverhältnisses** (oder auch eines **Werk- oder Werklieferungsvertrages beziehungsweise eines Dienstvertrages**), das durch die Aus- und Weitergabe von Heimarbeit (Angebot) und deren Entgegennahme (Annahme) zustande kommt (*Otten* NZA 1995, 289). Auch mit der wiederholten Auftragserteilung oder -ausführung soll keine Pflicht zur weiteren Auftragsvergabe oder -entgegennahme verbunden sein (*Otten* Vorb. § 1 HAG Rn. 15).

Die Vereinbarung einer bestimmten Mindestarbeitsmenge ist schon im Hinblick auf § 29 Abs. 8 HAG erforderlich und im Übrigen auch aus Gründen der Klarheit empfehlenswert. § 29 Abs. 8 HAG gewährt dem Heimarbeiter einen besonderen Entgeltschutz für den Fall, dass der Auftraggeber die jährliche Arbeitsmenge um mindestens ein Viertel herabsetzt. Die Festlegung einer Mindestarbeitsmenge ermöglicht es dem Heimarbeiter zudem, seinen voraussichtlichen monatlichen Verdienst einzuschätzen.

Gemäß § 11 HAG soll derjenige, der Heimarbeit an mehrere Heimarbeiter ausgibt, die Arbeitsmenge auf die Beschäftigten gleichmäßig unter Berücksichtigung ihrer Leistungsfähigkeit verteilen.

6. Arbeitszeit. Das ArbZG findet auf Heimarbeiter keine Anwendung. Vielmehr können Heimarbeiter ihre Arbeitszeit selbst einteilen (MünchHdbArbR/*Heenen* § 315 Rn. 23). Einen gewissen Arbeitszeitschutz bieten insoweit § 10 HAG (→ Anm. 7) und § 11 HAG.

7. Anlieferung des Materials und Abholung der fertig gestellten Artikel. Gemäß § 10 S. 1 HAG hat derjenige, der Heimarbeit ausgibt oder abnimmt, dafür zu sorgen, dass unnötiges Zeitversäumnis bei der Ausgabe oder Abnahme vermieden wird.

Die Oberste Arbeitsbehörde des Landes oder die von ihr bestimmte Stelle kann im Benehmen mit dem Heimarbeitsausschuss die zur Vermeidung unnötigen Zeitversäumnisses bei der Abfertigung erforderlichen Maßnahmen anordnen, § 10 S. 2 HAG. Bei Anordnungen gegenüber einem einzelnen Auftraggeber kann die Beteiligung des Heimarbeitsausschusses unterbleiben, § 10 S. 3 HAG. Die in § 10 S. 2 und 3 HAG genannten Anordnungen sind Verwaltungsakte, welche mit dem je nach Landesrecht einschlägigen Rechtsbehelf (Anfechtungsklage, Widerspruchsverfahren) angegriffen werden können.

8. Vergütung. Gemäß § 8 HAG sind die Entgelte für jedes einzelne Arbeitsstück in Entgeltverzeichnisse aufzunehmen, die dem Heimarbeiter zugänglich gemacht werden müssen. Der Vertragstext gibt im Wesentlichen die gesetzliche Regelung des § 8 HAG wieder.

Die Pflichten des § 8 HAG treffen jeden, der Heimarbeit ausgibt oder annimmt. Der Verstoß gegen die Pflichten des § 8 HAG stellt eine Ordnungswidrigkeit dar und kann ein Bußgeld von bis zu 2.500 EUR zur Folge haben (vgl. § 32a HAG).

Die Vergütung kann nur insoweit frei vereinbart werden, als keine zwingenden Entgeltregelungen Anwendung finden. Zwingende Entgeltregelungen sind gemäß § 17 Abs. 2 HAG

Tarifverträge (vgl. hierzu auch § 17 Abs. 1 HAG), bindende Festsetzungen von Entgelten und sonstigen Vertragsbedingungen (§ 19 HAG) sowie Festsetzungen von Mindestarbeitsbedingungen für fremde Hilfskräfte (§ 22 HAG). Sind in einer bindenden Festsetzung Entgeltgruppen enthalten, so hat der Betriebsrat bei der Eingruppierung der Heimarbeiter ein Mitbestimmungsrecht nach § 99 BetrVG (BAG AP BetrVG 1972 § 99 Nr. 83).

Gemäß § 20 S. 1 HAG sind die Entgelte für Heimarbeiter in der Regel als Stückentgelte, und zwar möglichst auf der Grundlage von Stückzeiten zu regeln. Die Vorschrift richtet sich in erster Linie an die Tarifvertragsparteien und bindet den Heimarbeitsausschuss (MünchHdbArbR/*Heenen* § 312 Rn. 30).

Stückentgelte sollen als Zeitakkord (Vorgabezeit je Stück × produzierte Menge × Geldfaktor = Akkordlohn) und können hilfsweise als Geldakkord (Arbeitsmenge × Geldfaktor = Akkordlohn) festgesetzt werden (MünchHdbArbR/*Heenen* § 312 Rn. 30).

Sind Stückentgelte nicht möglich, sind Zeitentgelte festzusetzen, die der Stückentgeltberechnung im Einzelfall zugrunde gelegt werden, § 20 S. 2 HAG. Die Vorschrift greift vor allem dann ein, wenn das herzustellende Stück aus einer Vielzahl von einzelnen abgrenzbaren Arbeitsvorgängen besteht, die auch als Teilfertigung ausgeführt werden (MünchHdbArbR/*Heenen* § 312 Rn. 30).

Gemäß § 23 HAG hat die Oberste Arbeitsbehörde des Landes für eine wirksame Überwachung der Entgelte durch Entgeltprüfer Sorge zu tragen. Einzelheiten hierzu regeln die §§ 23 bis 28 HAG.

9. Zuschläge zur Vergütung. Der Heimarbeiter hat einen Anspruch auf Zuschläge zur Abgeltung von Urlaubsentgelt, Entgeltfortzahlung im Krankheitsfall und an Feiertagen sowie das Stillzeitentgelt (§ 12 BUrlG, § 19 Abs. 4 JArbSchG, §§ 10, 11 EFZG, §§ 7 Abs. 4, 8 Abs. 5 MuSchG). → Anm. 10–12.

10. Urlaubsentgelt. § 12 BUrlG ersetzt für Heimarbeiter die allgemeine Regelung des § 11 BUrlG zum Urlaubsentgelt vollständig (ErfKomm/*Gallner* § 12 BUrlG Rn. 14). Das Urlaubsentgelt richtet sich gemäß § 12 Nr. 1 BUrlG nach dem vom Heimarbeiter verdienten Brutto-Arbeitsentgelt. Maßgebend ist das Arbeitsentgelt vor Abzug der Steuern und der Sozialversicherungsbeiträge, jedoch ohne einen etwa gewährten Kostenzuschlag und ohne die Vergütung, die für Feiertage, Krankheit und Urlaub zu zahlen ist („reines Arbeitsentgelt"; vgl. auch *Neumann/Fenski* § 12 Rn. 22).

11. Feiertagsgeld. Der Vertragstext ist deklaratorisch. Er verweist lediglich auf die gesetzlichen Bestimmungen des § 11 EFZG, von denen gemäß § 12 EFZG nicht zu Ungunsten des Heimarbeiters abgewichen werden kann.

Heimarbeiter können für solche Feiertage das gesetzliche Feiertagsgeld verlangen, an denen die Arbeit allein wegen des an diesem Feiertag bestehenden Arbeitsverbots ausfällt. Dieses Vergütungsausfallprinzip findet trotz des Wortlauts („jeder") des § 11 Abs. 2 S. 1 EFZG Anwendung, da der Gesetzgeber dem Heimarbeiter einen Anspruch nicht unabhängig vom Arbeitsausfall durch einen Feiertag gewähren wollte. Der Heimarbeiter hat demzufolge keinen Anspruch auf Vergütung für solche Feiertage, an denen er erkrankt oder im Urlaub ist. Er hat auch keinen Anspruch auf die Vergütung solcher Feiertage, die auf einen Sonntag fallen, es sei denn, der Heimarbeiter hätte an dem betreffenden Sonntag gearbeitet (BAG AP FeiertagslohnzahlungsG § 1 Nr. 34).

Da für die Berechnung des Feiertagsgeldes nach § 11 Abs. 2 EFZG der jeweils vorhergehende Zeitraum vom 1. November bis 30. April oder vom 1. Mai bis 31. Oktober zugrunde zu legen ist, erhält der Heimarbeiter während des ersten Halbjahreszeitraums seiner Beschäftigung kein Feiertagsgeld, da ein Berechnungszeitraum fehlt (ErfKomm/*Dörner* § 11 EFZG Rn. 5). Als Ausgleich dafür sind ihm bei Beendigung des Beschäftigungsverhältnisses alle noch fehlenden Feiertage des laufenden und alle Feiertage des folgenden Halbjahreszeitraums zu bezahlen (MünchKommBGB/*Müller-Glöge* § 11 EFZG

Rn. 7). Die Berechnung erfolgt zweimal jährlich, nicht gesondert vor jedem Feiertag. Dadurch werden Schwankungen im Verdienst aufgefangen (MünchKommBGB/*Müller-Glöge* § 11 EFZG Rn. 5).

12. Wirtschaftliche Sicherung im Krankheitsfall. Der Vertragstext ist deklaratorisch. Er verweist lediglich auf die gesetzlichen Bestimmungen des § 10 EFZG. Gemäß § 12 EFZG kann davon nicht zu Ungunsten des Heimarbeiters abgewichen werden.

13. Heimarbeitszuschlag. Die Gewährung eines Heimarbeitszuschlags ist fakultativ. Der Heimarbeiter hat nur dann einen Anspruch auf den Unkostenzuschlag, wenn dies in einer bindenden Festsetzung so vorgeschrieben ist. Der Vorteil eines solchen Zuschlags ist, dass den Umständen des Einzelfalls Rechnung getragen werden kann und z. B. eine höhere Belastung eines Heimarbeiters aufgrund hoher Mietkosten etc. ausgeglichen werden kann, ohne das Entgeltverzeichnis anpassen zu müssen (→ Anm. 8).

14. Entgeltbuch/Abrechnung. Der Vertragstext ist deklaratorisch, da er im Wesentlichen den Wortlaut der gesetzlichen Regelung des § 9 Abs. 1 und 3 HAG wiedergibt. Anstelle von Entgeltbüchern können auch Entgelt- oder Arbeitszettel mit den zu einer ordnungsgemäßen Sammlung geeigneten Heften ausgegeben werden, falls die Oberste Arbeitsbehörde des Landes oder die von ihr bestimmte Stelle dies genehmigt hat, § 9 Abs. 2 HAG.

Da die Entgeltbelege Grundlage der staatlichen Entgeltprüfung gemäß § 23 HAG (→ Anm. 8) sind, findet sich in §§ 10 bis 12 HAGDV eine eingehende Regelung der inhaltlichen und formellen Anforderungen („Erste Rechtsverordnung zur Durchführung des Heimarbeitsgesetzes", HAGDV, abrufbar z. B. unter beck-online oder http://www.gesetze-im-internet.de).

15. Urlaub. Das BUrlG findet auf Heimarbeiter nur teilweise Anwendung. Ausgenommen sind die Vorschriften über die Wartezeit, den Teilurlaub, den Ausschluss von Doppelansprüchen, der Urlaubsübertragung und -abgeltung sowie die Vorschriften zur Berechnung des Urlaubsentgelts gemäß § 11 BUrlG. Grundsätzlich anwendbar sind demgegenüber die Vorschriften über die Dauer und den Zeitpunkt des Urlaubs, über die Erwerbstätigkeit und Arbeitsunfähigkeit während des Urlaubs und insbesondere über die Unabdingbarkeit des Urlaubs. Diese Regelungen werden aber zum Teil durch § 12 BUrlG modifiziert.

Für ständig beschäftigte Heimarbeiter besteht grundsätzlich ein Urlaubsanspruch in Höhe von 24 Werktagen (§ 3 BUrlG). Soweit ein Heimarbeiter jedoch nicht ständig beschäftigt ist, ist der Umfang seines Urlaubs entsprechend seiner durchschnittlichen Tagesverdiensten gemäß § 12 Ziffer 2 BUrlG zu berechnen (zur Berechnung vgl. ErfKomm/*Gallner* § 12 BUrlG Rn. 9).

Da der Heimarbeiter über seine Arbeitszeiteinteilung frei verfügen kann, wird i. d. R. der Urlaub nur formal gewährt; ggf. muss der Auftraggeber für die Dauer des Urlaubs mit der Übertragung von weiteren Aufträgen aussetzen oder die Lieferfristen entsprechend verlängern.

Gemäß § 12 Nr. 1 BUrlG errechnet sich das Urlaubsentgelt nach dem vom Heimarbeiter verdienten Arbeitsentgelt (→ Anm. 10). Daraus wird gefolgert, dass auch der Anspruch auf Urlaub erst entsteht, wenn er durch die Einkünfte des Heimarbeiters gedeckt ist („Ansammlungsprinzip", vgl. *Leinemann/Linck* § 12 BUrlG Rn. 19; MAH Moll/*Jacobsen* § 25 Rn. 170; einen allgemeinen Überblick gibt *Wachter* DB 1982, 1406). Der Anspruch auf Jahresurlaub soll demzufolge in voller Höhe erst nach Ablauf eines vollen Kalenderjahres entstehen (MAH Moll/*Jacobsen* § 25 Rn. 170); zur anteiligen Berechnung des Urlaubsanspruchs s. o.

Eine Abgeltung des Urlaubs für Heimarbeiter sieht das Gesetz nicht vor; § 7 Abs. 4 BUrlG ist für Heimarbeiter nicht anwendbar. Allerdings berechnet sich das Urlaubsentgelt gemäß § 12 Nr. 1 BUrlG nach dem in der Zeit vom 1. 5. bis zum 30. 4. des folgenden Jahres oder bis zur Beendigung des Beschäftigungsverhältnisses verdienten Arbeitsentgelts. Nach Ansicht des BAG enthält die Vorschrift insoweit eine eigenständige Abgeltungsregelung. Nicht gewährter oder nicht genommener Urlaub „verfällt" daher nicht bei Beendigung der Beschäftigung, sondern ist in die Schlussabrechnung aufzunehmen (BAG AP HAG § 29 Nr. 5).

16. Geheimhaltung/Behandlung und Rückgabe von Gegenständen und Daten/Löschung von Daten. → Form. A. II. 1 Anm. 14.

17. Laufzeit/Kündigung. → Form. A. II. 1 Anm. 16, 18.

Hinsichtlich der Kündigungsfristen ist § 29 Abs. 1 bis 4 HAG zu beachten. Danach kann das Vertragsverhältnis von jedem Vertragspartner innerhalb der ersten vier Wochen grundsätzlich an jedem Tag für den Ablauf des folgenden Tages (§ 29 Abs. 1 HAG), danach mit einer Frist von zwei Wochen (§ 29 Abs. 2 HAG) gekündigt werden.

Soweit Heimarbeiter überwiegend nur für einen Auftraggeber tätig werden, gilt die Kündigungsfrist gemäß § 29 Abs. 3 HAG, die der Frist des § 622 BGB für Arbeitnehmer entspricht. Gemäß § 29 Abs. 4 HAG gelten abhängig von der Dauer des Heimarbeitsverhältnisses verlängerte Kündigungsfristen für eine Kündigung durch den Auftraggeber oder Zwischenmeister. Soweit die Kündigungsfristen gemäß § 29 Abs. 3 und 4 HAG Anwendung finden, sollte auch – wie im Formular vorgesehen – eine Probezeit vereinbart werden, deren Dauer sechs Monate nicht überschreiten darf (vgl. § 29 Abs. 3 S. 2 HAG).

Für die Kündigung aus wichtigem Grund gilt § 626 BGB entsprechend, § 29 Abs. 6 HAG.

Für die Dauer der Kündigungsfrist greift der Entgeltschutz des § 29 Abs. 7 HAG, der dafür Sorge tragen soll, dass der Auftraggeber den gekündigten Heimarbeiter während des Laufs der Kündigungsfrist bei der Auftragsvergabe auch weiterhin berücksichtigt (MünchHdbArbR/*Heenen* § 315 Rn. 41 ff.).

Heimarbeiter sind keine Arbeitnehmer i. S. d. KSchG, so dass das KSchG auf sie nicht anwendbar ist. Jedoch gelten die besonderen Kündigungsschutzvorschriften des § 9 Abs. 4 MuSchG und der §§ 18, 20 BEEG (MünchHdbArbR/*Heenen*§ 315 Rn. 36). Das in § 623 BGB statuierte Schriftformerfordernis für die Kündigung von Arbeitsverhältnissen ist auf Heimarbeitsverträge weder direkt noch analog anwendbar, so dass diese auch mündlich wirksam gekündigt werden können (Hümmerich/Boecken/Düwell/*Hümmerich/Lehmacher* § 623 BGB Rn. 4; MünchKommBGB/*Henssler* § 623 BGB Rn. 6). Gleichwohl empfiehlt sich bereits aus Dokumentations- und Beweiszwecken die Kündigung in schriftlicher Form, so dass das Formular ein entsprechendes vertragliches Schriftformerfordernis beinhaltet. Im Übrigen sind die allgemeinen Wirksamkeitsvoraussetzungen für Kündigungen (§§ 134, 138, 242, 612a BGB) zu berücksichtigen.

§ 613a BGB ist auf Heimarbeitsverhältnisse weder direkt noch analog anwendbar (BAG NZA 1998, 1001).

Der Heimarbeiter hat als arbeitnehmerähnliche Person bei Beendigung des Heimarbeitsvertrags einen auf § 630 BGB gestützten Anspruch auf Zeugniserteilung (ErfKomm/*Müller-Glöge* § 630 BGB Rn. 2).

18. Ausschlussfristen/Verjährung. → Form. A. II. 1, dort § 11.

19. Öffnungsklausel. → Form. A. II. 1 Anm. 25.

20. Schlussbestimmungen/Mitteilungspflicht/Aufhebung früherer Vereinbarungen und Anstellungsverhältnisse/Schriftform. → Form. A. II. 1, dort § 13.

21. Unterschrift der Gesellschaft. → Form. A. II. 1 Anm. 31.

7. Arbeitsvertrag mit Mitarbeiter im Außendienst

Arbeitsvertrag[1]

zwischen

...... (Name und Anschrift des Arbeitgebers) „Gesellschaft“

und

Herrn ...... (Name und Anschrift des Arbeitnehmers) „Mitarbeiter“

§ 1 Position/Versetzung/Weisungen

(1) Der Mitarbeiter wird bei der Gesellschaft als Mitarbeiter im Außendienst tätig.[2] Zu seinen Aufgaben zählen insbesondere die Vermittlung von Verkaufsgeschäften und die Betreuung von Kunden der Gesellschaft. Einzelheiten ergeben sich aus der beigefügten Stellenbeschreibung.[3]

(2) Die Gesellschaft ist berechtigt, dem Mitarbeiter jederzeit ein anderes, seinen Fähigkeiten und Qualifikationen entsprechendes, zumindest gleichwertiges Aufgaben- und Verantwortungsgebiet zu übertragen, soweit dies bei Abwägung der Interessen der Gesellschaft und des Mitarbeiters zumutbar ist.

(3) Die Gesellschaft behält sich vor, den Mitarbeiter an einen anderen Ort zu versetzen, soweit dies bei Abwägung der Interessen der Gesellschaft und des Mitarbeiters zumutbar ist.

(4) Der Mitarbeiter ist verpflichtet, die Richtlinien und Anweisungen der Gesellschaft sowie alle betrieblichen Regelungen in ihrer jeweils gültigen Fassung sowie die Anordnungen seiner Vorgesetzten zu beachten.

§ 2 Vertriebsgebiet und -produkte[4]

(1) Dem Mitarbeiter wird im Rahmen des Weisungsrechts zunächst die Vermittlung von Geschäften der Gesellschaft in dem in Anlage 1 definierten Vertriebsgebiet („Vertriebsgebiet“) zugewiesen.

(2) Zudem wird dem Mitarbeiter im Rahmen des Weisungsrechts zunächst die Vermittlung der in Anlage 2 genannten Erzeugnisse und Leistungen der Gesellschaft („Vertriebsprodukte“) zugewiesen.

(3) Das Versetzungsrecht gemäß § 1 bleibt hiervon unberührt.

(4) Innerhalb des ihm nach Abs. 1 zugewiesenen Vertriebsgebiets ist der Mitarbeiter für die Betreuung der Kunden der Gesellschaft verantwortlich. Insbesondere hat der Mitarbeiter die im Vertriebsgebiet bestehenden Geschäftsverbindungen zu pflegen und die Kunden regelmäßig zu besuchen und zu beraten. Dabei ist jeder Kunde mindestens ...... pro Jahr aufzusuchen, es sei denn, eine geringere Besuchsfrequenz ist durch sachliche Gründe gerechtfertigt.

§ 3 Arbeitszeit[5]

(1) Die regelmäßige wöchentliche Arbeitszeit beträgt ...... Stunden. Die Lage der Arbeitszeit sowie der Pausen bestimmt der Mitarbeiter entsprechend seiner Aufgabenstellung gemäß § 1 dieses Vertrags unter angemessener Berücksichtigung der betrieblichen Interessen und Bedürfnisse.

(2) Die Vorschriften des Arbeitszeitgesetzes finden Anwendung. Der Mitarbeiter ist verpflichtet, selbst für die Einhaltung der gesetzlichen Bestimmungen Sorge zu tragen.

(3) Der Mitarbeiter ist verpflichtet, seine Arbeitszeit eigenverantwortlich im Wege der Selbstdokumentation zu erfassen. Die Selbstdokumentation ist jeweils zum Monatsende dem Vorgesetzten des Mitarbeiters vorzulegen.

(4) Der Mitarbeiter ist im Rahmen der gesetzlichen und betrieblichen Regelungen verpflichtet, auf Anordnung der Gesellschaft Überstunden zu leisten. Etwaige Überstunden werden nach Wahl der Gesellschaft durch Freizeit oder Geld ausgeglichen.

(Alternative:

(4) Der Mitarbeiter ist im Rahmen der gesetzlichen und betrieblichen Regelungen verpflichtet, auf Anordnung der Gesellschaft Überstunden zu leisten. Bis zu . . . . . . Überstunden pro Monat sind mit der in § 4 Abs. (1) bestimmten Vergütung abgegolten. Alle darüber hinausgehenden Überstunden werden nach Wahl der Gesellschaft durch Freizeit oder Geld ausgeglichen.)

§ 4 Vergütung/Sonstige Zahlungen[6]

(1) Der Mitarbeiter erhält als Vergütung für seine Tätigkeit ein Brutto-Monatsgehalt von . . . . . . EUR (in Worten: . . . . . . Euro), zahlbar bargeldlos jeweils zum Monatsende auf ein vom Mitarbeiter schriftlich mitzuteilendes inländisches Bankkonto.

(2) Zusätzlich erhält der Mitarbeiter eine Provision nach Maßgabe der Provisionsvereinbarung.

(Alternative:

(2) Zusätzlich erhält der Mitarbeiter eine Provision nach Maßgabe der Provisionsordnung der Gesellschaft in der jeweiligen Fassung.)

(3) Die Zahlung von etwaigen Gratifikationen, Einmalzahlungen, Sonderzahlungen oder Zulagen, die jeweils nicht häufiger als halbjährlich erfolgt und die damit kein laufendes Entgelt darstellt, erfolgt stets freiwillig in dem Sinne, dass allein durch eine wiederholte Zahlung kein Rechtsanspruch des Mitarbeiters auf zukünftige entsprechende Leistungen – weder dem Grunde noch der Höhe nach – begründet wird.

(4) Die Gesellschaft behält sich vor, die Zusage aller nicht-freiwilligen Zahlungen im konkreten Einzelfall mit einem Widerrufsvorbehalt zu versehen.

(5) Dem Mitarbeiter ist es nicht gestattet, seine Vergütungsansprüche ohne vorherige schriftliche Zustimmung der Gesellschaft an Dritte abzutreten oder zu verpfänden. Die Zustimmung darf nur aus sachlichen Gründen verweigert werden.

(6) Der Mitarbeiter verpflichtet sich, etwa zuviel bezogene Vergütung an die Gesellschaft zurückzuerstatten.

§ 5 Kosten/Auslagen[7]

(1) Die Gesellschaft erstattet dem Mitarbeiter notwendige und angemessene Auslagen und Reisekosten nach den jeweils maßgeblichen betrieblichen Richtlinien unter Berücksichtigung der jeweils anwendbaren steuerlichen Regelungen.

(2) Alle Aufwendungen und Auslagen sind vom Mitarbeiter zu dokumentieren und zusammen mit den entsprechenden Belegen gemeinsam mit der Stundendokumentation gemäß vorstehendem § 3 Abs. (3) jeweils zum Monatsende dem Vorgesetzten des Mit-

arbeiters vorzulegen. Die Abrechnung durch die Gesellschaft erfolgt mit der nächsten Gehaltszahlung.

§ 6 Dienstwagen,[8] Unfallversicherung[9]

§ 7 Abwesenheit/Krankheit/Ärztliche Untersuchung[10]

§ 8 Urlaub[11]

§ 9 Nebentätigkeiten[12]

§ 10 Geheimhaltung/Behandlung und Rückgabe von Gegenständen und Daten/ Löschung von Daten[13]

§ 11 Nachvertragliches Wettbewerbsverbot[14]

§ 12 Laufzeit/Kündigung/Vertragsstrafe/Freistellung/Vorfälligkeit[15]

§ 13 Ausschlussfristen/Verjährung[16]

§ 14 Öffnungsklausel für Betriebsvereinbarungen[17]

§ 15 Schlussbestimmungen/Mitteilungspflicht/Aufhebung früherer Vereinbarungen und Anstellungsverhältnisse/Schriftform[18]

......	......
Ort, Datum	Ort, Datum
......	......
Unterschrift der Gesellschaft[19]	Unterschrift des Mitarbeiters

Anmerkungen

1. **Regelungsgegenstand.** Das vorliegende Formular stellt auf einen angestellten Außendienstmitarbeiter ohne Tarifbindung ab und orientiert sich dabei maßgeblich an einem Außendienstmitarbeiter im Vertrieb.

Der unselbständige angestellte Mitarbeiter im Außendienst ist vom **selbständigen Handelsvertreter** abzugrenzen (dazu ausführlich *Abrahamczik* DStR 1996, 184; *Wagner* DStR 1999, 503; vgl. auch *Martinek/Semler/Habermeier/Flohr* § 13 Rn. 32 ff.). Die Unterscheidung ist wichtig, weil einerseits dem selbständigen Handelsvertreter nach Beendigung des Vertragsverhältnisses mit dem Unternehmer ein Ausgleichsanspruch gemäß § 89b HGB zusteht, der unselbständige Angestellte andererseits dem Arbeits- und Sozialversicherungsrecht unterfällt (*Abrahamczik* DStR 1996, 184).

Ansatzpunkt der Abgrenzung ist **§ 84 HGB.** Danach ist Handelsvertreter, wer als selbständiger Gewerbetreibender ständig damit betraut ist, für einen anderen Unternehmer Geschäfte zu vermitteln oder in dessen Namen abzuschließen. Nach der gesetzlichen Definition in § 84 Abs. 1 S. 2 HGB ist selbständig, wer im Wesentlichen frei seine Tätigkeit gestalten und seine Arbeitszeit bestimmen kann.

Die Abgrenzung zwischen selbständigem Handelsvertreter und (unselbständigem) Arbeitnehmer erfolgt insoweit nach dem Grad der **persönlichen Abhängigkeit.** Für die Abgrenzung ist eine Gesamtwürdigung aller Umstände des Einzelfalles durchzuführen. Entscheidend ist das Gesamtbild der vertraglichen Gestaltung und tatsächlichen Handhabung. Widersprechen sich vertragliche Gestaltung und tatsächliche Handhabung, so ist letztere maßgeblich (ständige Rechtsprechung, vgl. nur BAG NJW 2012, 2903).

Entscheidend ist, inwieweit der Außendienstmitarbeiter Weisungen im Hinblick auf **Arbeitszeit, Arbeitsart und Arbeitsort** seiner Tätigkeit unterliegt.

Für die Selbständigkeit eines Handelsvertreters sprechen z. B. ein Auftreten unter eigener Firma, der Unterhalt eigener Geschäftsräume, eine eigene Buchführung, die Beschäftigung eigenen Personals und die Tätigkeit für mehrere Auftraggeber. Dabei ist es mit dem Selbständigenstatus eines Handelsvertreters durchaus vereinbar, dass er einem gewissen Weisungsrecht des Auftraggebers unterliegt, weil der Handelsvertreter schon von Gesetzes wegen allgemeinen Weisungen des Unternehmens unterliegt (§§ 675, 665 BGB).

Das Formular beinhaltet typische arbeitsvertragliche Regelungen, nach denen der Außendienstmitarbeiter vollständig in die betriebliche Struktur des Arbeitgebers eingegliedert wird. Eine freie Gestaltung seiner Arbeit wird dem Außendienstmitarbeiter allein im für Außendienstmitarbeiter „typischen Rahmen" zugestanden, die vor allem durch die umfangreiche Reisetätigkeit bedingt ist.

2. Positionsbeschreibung. Die Bezeichnung als Mitarbeiter im Außendienst ist lediglich ein Oberbegriff. Es sind unterschiedliche, zumeist **branchenbezogene** Erscheinungsformen denkbar. Beispiele sind der Versicherungsvertreter, der Pharmaberater und diverse „neudeutsche" Bezeichnungen wie „Field Service Engineer" oder „Sales Representative" (vgl. auch die Beispiele bei *Hunold*, Arbeitsrecht im Außendienst, Rn. 27 ff.).

3. Stellenbeschreibung. Die Aufgabenbeschreibung kann für Außendienstmitarbeiter sehr unterschiedlich ausfallen. Sie hat sich am konkreten Arbeitsverhältnis zu orientieren und muss demzufolge den individuellen Erfordernissen anpasst werden.

Beispielhaft seien die Entgegennahme von Kundenbestellungen und -reklamationen und deren Übermittlung an die Gesellschaft, die Beobachtung der rechtlichen und wirtschaftlichen Verhältnisse der Kunden (Bonität, Kreditwürdigkeit) und eine entsprechende Berichtspflicht an die Gesellschaft sowie die Berichterstattung über die Besuchsplanung der kommenden Woche und über die Tätigkeiten in der vergangenen Woche genannt. Ferner sollte geregelt werden, ob der Außendienstmitarbeiter eine Abschluss- oder eine Inkassovollmacht für die Gesellschaft besitzt. Je nach den Umständen des Einzelfalls kann der Mitarbeiter auch zur Aufbewahrung von Waren oder Werbematerial in seiner Privatwohnung verpflichtet werden, z. B. wenn Wohnsitz des Mitarbeiters und Firmensitz räumlich weit auseinander fallen. Umgekehrt bedarf eine Außendiensttätigkeit begriffsnotwendig der Zurverfügungstellung der erforderlichen Informationen, Unterlagen und Gegenstände durch die Gesellschaft.

Die Verpflichtung zur regelmäßigen Berichterstattung erleichtert dem Arbeitgeber eine Kontrolle, ob der Mitarbeiter effektiv und umsatzsteigernd arbeitet. Dieses Berichtssystem ist deshalb von besonderer Bedeutung, weil die Tätigkeit des Mitarbeiters im Außendienst vom Arbeitgeber regelmäßig nicht in der gleichen Weise überwacht werden kann wie die Tätigkeit eines Mitarbeiters im Innendienst. Die entsprechenden Berichte ermöglichen, Minderleistungen zu erkennen und entsprechend gegenzusteuern. Im Konfliktfall können sich aus den Berichten Ansatzpunkte für arbeitsrechtliche Sanktionen ergeben. Gerade bei der Beschäftigung einer Vielzahl von Außendienstmitarbeitern wird es sich anbieten, entsprechende Formblätter für die Berichterstattung vorzuhalten, die eine weitere interne Bearbeitung und Revision erleichtern.

4. Vertriebsgebiet und -produkte. Üblicherweise wird dem Außendienstmitarbeiter ein regionaler Tätigkeitsbereich zugewiesen, innerhalb dessen er für die Kundenbetreuung allein zuständig ist. Die Intensität der Kundenbetreuung, die zweckmäßigerweise in Besuchsintervallen (alternativ auch in Kontaktintervallen z. B. via Telefon oder E-Mail) festzulegen ist, hängt maßgeblich von der Größe des Vertriebsgebiets und von den ebenfalls festzulegenden Vertriebsprodukten ab. So rechtfertigen Produkte des täglichen Bedarfs, die in größeren Mengen abgenommen werden können, eine andere Besuchsfrequenz als hochtechnisierte Geräte, bei denen der Nutzer/Verwender nach dem Kauf möglicherweise noch über einen längeren Zeitraum erhöhten Beratungs- oder Betreuungsbedarf hat.

Das Formular stellt überdies klar, dass der Arbeitgeber im Rahmen seines Direktionsrechts gem. § 106 S. 1 GewO berechtigt ist, das Vertriebsgebiet und die entsprechenden Vertriebsprodukte einseitig unter Berücksichtigung der Interessen des Mitarbeiters zu verändern.

Solange der Aufgabenbereich vertraglich nicht näher eingegrenzt ist, hat der Mitarbeiter keinen Anspruch auf Zuweisung eines bestimmten – räumlich oder kundendefinierten – Vertriebsgebiets (LAG München BeckRS 2013, 73836). Selbst wenn der Mitarbeiter im vorherigen Zeitraum einen bestimmten Kundenstamm betreut hat, kann der Arbeitgeber sein Direktionsrecht nach § 106 S. 1 GewO entsprechend ausüben und jede Tätigkeit innerhalb des im Arbeitsvertrag festgelegten Tätigkeitsbereich zuweisen (LAG Rheinland-Pfalz BeckRS 2013, 67664). Grenze der Dispositionsbefugnis ist nach h.M. nur Willkür (*Emde* VersR 2012, 536, 537 m.w.N.).

Auch die Zuweisung von Vertriebsprodukten ist im Formular nur im Rahmen der Ausübung des Direktionsrechts vorgesehen. Soweit Vertriebsprodukte im Gegensatz zu der im Formular vorgesehenen Konzeption Inhalt des zwischen den Parteien bestehenden Arbeitsvertrags werden, indem z.B. eine verbindliche Vereinbarung über das Produktportfolio getroffen wird, ergibt sich daraus eine Verpflichtung des Arbeitgebers, an den Vertragsprodukten festzuhalten (BAG NZA 2012, 1307). Allerdings schränkt diese Pflicht die Freiheit des Arbeitgebers nicht ein, seinen Betrieb hinsichtlich der Produkte umzugestalten, wie es ihm wirtschaftlich und persönlich sinnvoll erscheint (vgl. BGH NJW 1968, 394). Auch wenn der Arbeitgeber in den Tätigkeitsbereich des Mitarbeiters eingreift, ist er nicht verpflichtet, unrentable Produkte weiter anzubieten (BGH NJW 1959, 1964). Dies gilt solange sich der Arbeitgeber nicht über schutzwürdige Belange willkürlich oder ohne vertretbaren Grund hinwegsetzt (BGH NJW 1968, 394).

Sowohl die Zuweisung eines neuen Vertriebsgebiets als auch die Versetzung in den Innendienst kann die **betriebsverfassungsrechtliche Ebene** tangieren. Dies gilt unabhängig davon, ob die Maßnahme individualrechtlich zulässig ist (*F/E/S/T/L* § 99 BetrVG Rn. 118 ff.). Gemäß § 99 BetrVG hat der Betriebsrat ein Mitbestimmungsrecht bei Versetzungen. Eine Versetzung i.S.d. BetrVG ist die Zuweisung eines anderen Arbeitsbereichs, die voraussichtlich die Dauer von einem Monat überschreitet oder mit einer erheblichen Änderung der Umstände verbunden ist, unter denen die Arbeit zu leisten ist, § 95 Abs. 3 BetrVG. Die Zuweisung eines neuen Verkaufsgebiets stellt demnach regelmäßig eine Versetzung gemäß §§ 99, 95 Abs. 3 BetrVG dar (BAG AP BetrVG 1972 § 95 Nr. 34; Rieder/*Puzicha* S. 78.

5. Arbeitszeit. Für Außendienstmitarbeiter gelten zunächst keine anderen arbeitszeitrechtlichen Bestimmungen wie für Innendienstler (→ Form. A. II. 1 Anm. 3).

Bei der rechtlichen Handhabung der **Fahrtätigkeit** des Außendienstmitarbeiters ist zum einen umstritten, ob die Fahrzeiten vergütungspflichtig sind und zum anderen, ob die Fahrzeit auch Arbeitszeit i.S.d. ArbZG darstellt. Mittlerweile ist höchstrichterlich geklärt, dass die Reisezeit eines Außendienstmitarbeiters regelmäßig als Hauptleistung des Arbeitnehmers zu vergüten ist, soweit das wirtschaftliche Ziel der gesamten Tätigkeit darauf gerichtet ist, verschiedene Kunden zu besuchen (BAG AP BGB § 611 Wegezeit Nr. 11).

Soweit die Reisezeit des Außendienstmitarbeiters als Bestandteil der Hauptleistungspflicht zu qualifizieren ist, so ist sie konsequenterweise auch als Arbeitszeit nach dem ArbZG anzusehen (ErfKomm/*Wank* § 2 ArbZG Rn. 17; *Heins/Leder* NZA 2007, 249, 250). Zu Reisezeiten im Arbeitsverhältnis → Form. A. II. 1 Anm. 5.

Die Verpflichtung zur **Aufzeichnung der Arbeitszeit** mittels Selbstdokumentation, die im Formular als vertragliche Nebenpflicht ausgestaltet ist, ist notwendig, da der Arbeitgeber bei Außendienstmitarbeitern nur durch die Aufzeichnungen des Arbeitnehmers dessen Tätigkeit nachvollziehen kann (Küttner/*Griese* Aufzeichnungspflichten Rn. 4). Da dies auch ein Kontrollelement enthält, unterliegt die EDV-gestützte Auswertung manuell aufgezeichneter Daten der **betrieblichen Mitbestimmung** gemäß § 87 Abs. 1 Nr. 6 BetrVG.

Die Verpflichtung zur Selbstdokumentation ist unter dem Gesichtspunkt der arbeitszeitrechtlichen Aufzeichnungspflicht des § 16 Abs. 2 S. 1 ArbZG nicht unproblematisch. Danach ist der Arbeitgeber verpflichtet, die über die werktägliche Arbeitszeit des § 3 S. 1 ArbZG hinausgehende Arbeitszeit der Arbeitnehmer aufzuzeichnen. Der Aufsichtsbehörde soll so eine Kontrolle über die Einhaltung der arbeitszeitrechtlichen Vorschriften ermöglicht werden (ErfKomm/*Wank* § 16 ArbZG Rn. 3). Die Aufzeichnungspflicht erfasst sowohl die sonn- und feiertägliche Arbeitszeit als auch die acht Stunden werktäglich überschreitende Arbeitszeit.

Da § 16 Abs. 2 S. 1 ArbZG einerseits eine **Aufzeichnungsverpflichtung des Arbeitgebers** normiert, andererseits aber nicht festlegt, in welcher Form die Aufzeichnung zu erfolgen hat, ist umstritten, ob eine Selbstdokumentation durch die Mitarbeiter den gesetzlichen Anforderungen genügt (in diesem Sinne *Baeck/Deutsch* § 16 Rn. 28 m. w. N.; ErfKomm/*Wank* § 16 ArbZG Rn. 5; a. A. *Trittin* NZA 2001, 1003, 1006).

Da sich bei Außendiensttätigkeiten eine Aufzeichnung anders als durch Selbstdokumentation der Mitarbeiter nicht realisieren lässt, müssen zumindest effektive Vorkehrungen zur Information und Überwachung der Mitarbeiter erfolgen. In jedem Fall hat der Arbeitgeber daher die organisatorischen Voraussetzungen dafür zu schaffen, dass der Mitarbeiter die Arbeitszeitnachweise führen kann (*Schlottfeld/Hoff* NZA 2001, 530, 532). Hier sollten entsprechende Formulare vorgehalten und den Mitarbeitern in ausreichender Zahl ausgehändigt werden. Eine effektive Überwachung erfordert neben stichprobenartigen Kontrollen auch die Sanktionierung von Verstößen gegen die Aufzeichnungspflichten (*Schlottfeld/Hoff* NZA 2001, 530, 532).

Der Arbeitgeber ist verpflichtet, die Arbeitszeitaufzeichnungen für mindestens zwei Jahre aufzubewahren. Verstöße gegen die Aufzeichnungs- oder Aufbewahrungspflicht stellen Ordnungswidrigkeiten dar, die gemäß § 22 Abs. 1 Nr. 9 ArbZG mit einer Geldbuße von bis zu 15.000 EUR geahndet werden können.

6. Vergütung/Sonstige Zahlungen. Das Formular sieht – wie in der Praxis am weitesten verbreitet – eine zusammengesetzte Vergütung aus einem **festen Sockelbetrag** und einem **variablen Vergütungsbestandteil**, der Provision, vor. Zur Möglichkeit, eine Vergütung ausschließlich auf Provisionsbasis zu vereinbaren → Form. A. III. 7 Anm. 2.

Treffen die Parteien des Arbeitsverhältnisses eine **Provisionsabrede**, finden aufgrund der Verweisung in § 65 HGB die Vorschriften der §§ 87 Abs. 1 und 3, 87a bis 87c HGB auch auf angestellte Mitarbeiter im Außendienst Anwendung. Von der Verweisung ausgenommen sind nur die Bezirksprovision des § 87 Abs. 2 HGB sowie die Inkassoprovision des § 87 Abs. 4 HGB. Auf diese besteht ein Anspruch nur bei ausdrücklicher Vereinbarung.

Der Arbeitnehmer hat **Anspruch** auf die **vereinbarte Provision**, sobald und soweit der Arbeitgeber das Geschäft ausgeführt hat, § 87a Abs. 1 S. 1 HGB. Eine abweichende Vereinbarung ist zulässig, jedoch hat der Arbeitnehmer mit der Ausführung des Geschäfts durch den Arbeitgeber Anspruch auf einen angemessenen Vorschuss, der spätestens am letzten Tag des folgenden Monats fällig wird, § 87a Abs. 1 S. 2 HGB. Unabhängig von einer Vereinbarung hat der Arbeitnehmer Anspruch auf Provision, sobald und soweit der Dritte das Geschäft ausgeführt hat, § 87a Abs. 1 S. 3 HGB. Der Arbeitgeber hat die Provision, auf die der Arbeitnehmer Anspruch hat, monatlich abzurechnen, wobei der Abrechnungszeitraum auf höchstens drei Monate erstreckt werden kann, § 87c Abs. 1

S. 1 HGB. Der Anspruch auf Provision wird am letzten Tag des Monats fällig, in dem nach § 87c Abs. 1 HGB der Anspruch abzurechnen ist.

Die gesetzlichen Vorschriften können grundsätzlich abbedungen werden, soweit nicht im Gesetz selbst eine zwingende Geltung vorgesehen ist (vgl. §§ 87a Abs. 5, 87c Abs. 5 HGB) oder sich Einschränkungen aus der Natur des Anstellungsverhältnisses ergeben (zur Berücksichtigung der Provision bei der Entgeltfortzahlung im Krankheitsfall und beim Urlaubsentgelt s. u.).

Das Formular geht von einer **Vermittlungsprovision** aus, d. h. einer Beteiligung an dem Wert solcher Geschäfte, die durch den Provisionsberechtigten zustande gekommen sind (→ Form. A. III. 7). Weiterhin denkbar sind **Bezirksprovisionen** für solche Geschäfte, die mit Kunden eines bestimmten Bezirks oder einem vorbehaltenen Kundenstamm abgeschlossen werden. Auch **Umsatzprovisionen**, d. h. die Beteiligung an dem Wert sämtlicher Geschäfte eines Unternehmens oder einer Abteilung, deren Höhe nicht allein von der Leistung des Provisionsberechtigten, sondern auch von der der übrigen Mitarbeiter abhängig ist, sind möglich (vgl. zum Ganzen auch ErfKomm/*Oetker* § 65 HGB Rn. 1 f.).

Das Formular verweist in der Alternative des Absatzes (2) auf eine Provisionsordnung der Gesellschaft „. . . . . . in der jeweiligen Fassung . . . . . .“. Nach der Rechtsprechung des BAG zu „Jeweiligkeitsklauseln“ (BAG NZA 2009, 428) besteht ein nicht unerhebliches Risiko, dass die Jeweiligkeitsklausel als unwirksam qualifiziert werden könnte (→ Form. A. III. 2 Anm. 5.). In praktischer Hinsicht ist es daher zu empfehlen, eine neu gefasste Provisionsordnung den Mitarbeitern jeweils vorzulegen und sich die Kenntnisnahme und das Einverständnis schriftlich bestätigen zu lassen.

Zur Beteiligung des Betriebsrats bei der Gestaltung der Provisionsregelungen → Form. A. III. 7 Anm. 1.

Besonderheiten können sich bei der **Entgeltfortzahlung an Feiertagen** gemäß § 2 EFZG ergeben. Die gesetzlichen Feiertage sind durch Bundes- oder Landesgesetz geregelt. Grundsätzlich gilt das Feiertagsrecht des Arbeitsorts, d. h. des Orts, an dem der Außendienstmitarbeiter seine Arbeitsverpflichtung erfüllt (ErfKomm/*Dörner* § 2 EFZG Rn. 5; MünchKommBGB/*Müller-Glöge* § 2 EFZG Rn. 8; zur Bestimmung des Erfüllungsorts → Anm. 18). Bei einer länger andauernden Entsendung in ein anderes Bundesland ist das dortige Feiertagsrecht anzuwenden (Däubler/Hjort/Schubert/Wolmerath/*Spengler* § 2 EFZG Rn. 8).

Vereinbaren die Parteien des Arbeitsverhältnisses eine Entlohnung auf Provisionsbasis, ist § 4 Abs. 1a S. 2 EFZG für die **Entgeltfortzahlung im Krankheitsfall** zu beachten. Es ist der erzielbare Durchschnittsverdienst unter Einbeziehung einer fiktiven Provision zugrunde zu legen. Da die Höhe der monatlichen Provisionszahlungen nicht nur wegen der Zahl der Geschäftsabschlüsse, sondern auch wegen besonderer Fälligkeits- und Stornierungsregelungen schwankt, kann ein Rückgriff auf einen kurzen Vergleichszeitraum in der Vergangenheit zu unangemessenen Ergebnissen führen (ErfKomm/*Dörner* § 4 EFZG Rn. 16). In einem Fall schwankender Arbeitszeit hat das BAG einen Rückgriff auf den Durchschnitt der vergangenen zwölf Monate für angemessen erachtet (BAG AP EFZG § 4 Nr. 56).

Zu Provisionsfragen → Form. A. III. 7.

7. Kosten/Auslagen. Wegen der mit der Außendiensttätigkeit üblicherweise verbundenen erhöhten Aufwendungen (z. B. Hotelübernachtungen, Tank-, Telefon- und Bewirtungskosten) ist es zweckmäßig, den Mitarbeiter zur gesammelten Einreichung der Belege zu verpflichten. Das Formular sieht eine monatliche Einreichung mit der Arbeitszeitdokumentation des Mitarbeiters vor. Alternativ kann die Aufstellung der Auslagen auch mit den wöchentlichen Berichten eingereicht werden.

Ist der Mitarbeiter vertraglich zur Aufbewahrung von Waren in seiner Privatwohnung verpflichtet (→ Anm. 3), sollte – solange diese Verpflichtung tatsächlich besteht – für die Raumnutzung zusätzlich eine Pauschalzahlung vorgesehen werden. → Form. A. II. 1 Anm. 11.

8. Dienstwagen. → Form. A. III. 1.

9. Unfallversicherung. → Form. A. III. 11.

10. Abwesenheit/Krankheit/Ärztliche Untersuchung. → Form. A. II. 1, dort unter § 4. Zur Behandlung von Provisionen im Rahmen von § 4 Abs. 1a S. 2 EFZG → Anm. 6.

11. Urlaub. → Form. A. II. 1, dort unter § 6. Befindet sich der Arbeitnehmer im Urlaub, zählen zu dem für das **Urlaubsentgelt** gemäß § 11 Abs. 1 S. 1 BUrlG maßgeblichen Durchschnittsverdienst der letzten dreizehn Wochen vor Urlaubsbeginn auch die vertragsgemäß erhaltenen Provisionen (BAG AP BUrlG § 11 Nr. 48).

12. Nebentätigkeiten. → Form. A. II. 1, dort unter § 7.

13. Geheimhaltung/Behandlung und Rückgabe von Gegenständen und Daten/Löschung von Daten. → Form. A. II. 1, dort unter § 8.

14. (Nachvertragliches) Wettbewerbsverbot. Während der Dauer des Arbeitsverhältnisses ist der Arbeitnehmer gemäß § 60 HGB zur Wettbewerbsenthaltung verpflichtet, ohne dass es einer ausdrücklichen vertraglichen Regelung bedarf. Danach darf der Handlungsgehilfe ohne Einwilligung des Prinzipals weder ein Handelsgewerbe betreiben noch in dem Geschäftszweig des Prinzipals für eigene oder fremde Rechnung Geschäfte machen. Zwar gilt die Vorschrift ihrem Wortlaut nach nur für kaufmännische Angestellte (so die moderne Terminologie für Handlungsgehilfen), doch ist sie nach ständiger Rechtsprechung des BAG Ausdruck eines allgemeinen Rechtsgedankens, der für alle Arbeitnehmer gleichermaßen gilt (BAG AP GG Art. 12 Nr. 141; AP BGB § 242 Auskunftspflicht Nr. 13); diese „Treuepflicht" ist nunmehr auch in § 241 Abs. 2 BGB verankert.

Trotz des weit gefassten Wortlauts des § 60 HGB kann dem Arbeitnehmer aber nicht jegliche anderweitige Tätigkeit verboten werden. Vielmehr ist im Rahmen einer Gesamtwürdigung aller Umstände des Einzelfalls die Reichweite des Wettbewerbsverbots zu bestimmen; insbesondere (Hilfs-) Tätigkeiten ohne Wettbewerbsbezug sind in der Regel nicht vom arbeitsvertraglichen Wettbewerbsverbot erfasst (BAG AP GG Art. 12 Nr. 141).

Zudem ist der Arbeitnehmer für die Dauer des Arbeitsverhältnisses durch § 60 HGB nicht gehindert, Vorbereitungsmaßnahmen für die Gründung eines eigenen Unternehmens nach Beendigung des Arbeitsverhältnisses zu treffen (BAG AP HGB § 60 Nr. 8), insbesondere eine eigene Gesellschaft zum Handelsregister anzumelden und Mitarbeiter anzuwerben (zur Sittenwidrigkeit der Abwerbung von Mitarbeitern vgl. LAG Tübingen DB 1961, 508). Gestattet ist auch der Besuch von Vorstellungsgesprächen bei Konkurrenzunternehmen bis hin zum Abschluss eines Arbeitsvertrags.

Das gesetzliche Wettbewerbsverbot endet mit der rechtlichen Beendigung des Arbeitsverhältnisses, bei einer fristlosen Kündigung also mit deren Ausspruch, im Übrigen mit dem Ablauf der Kündigungsfrist. Von dem Wettbewerbsverbot wird der Arbeitnehmer allerdings nicht befreit, wenn der Arbeitgeber eine **außerordentliche Kündigung** ausspricht, die der Arbeitnehmer (zu Recht) für unwirksam hält und deswegen gerichtlich angreift (BAG AP BGB § 626 BGB Nr. 227; AP BGB § 626 Nr. 104). Die Beendigung oder Suspendierung des Wettbewerbsverbotes kann **bis zur gerichtlichen Klärung der Wirksamkeit der Kündigung** nicht allein mit der Erwägung begründet werden, der Arbeitgeber habe mit seiner Kündigung bereits als erster die Treue aufgekündigt und deswegen brauche sich auch der Arbeitnehmer zunächst nicht mehr an vertragliche Bindungen zu halten (BAG AP BGB § 626 Nr. 104; vgl. auch *Salamon/Fuhlrott* BB 2011, 1018).

Soll das Wettbewerbsverbot über das Arbeitsverhältnis hinaus Bestand haben, bedarf es der Vereinbarung eines **nachvertraglichen Wettbewerbsverbots** (§§ 74 ff. HGB, → Form. A. IV. 1). Gerade bei Außendienstmitarbeitern besteht die Gefahr, dass sie sich nach längerer Tätigkeit ein eigenes „Vertriebsnetz" aufbauen, das sie bei Ausscheiden aus der Gesellschaft für eigene Zwecke nutzen könnten. Von daher sollte bei Außendienstmitarbeitern sorgfältig abgewogen werden, ob zusätzlich ein nachvertragliches Wettbewerbsverbot vereinbart wird. Anders als beim gesetzlichen Wettbewerbsverbot ist dann aber für die Dauer der nachvertraglichen Wettbewerbsenthaltung eine Karenzentschädigung zu zahlen, die für jedes Jahr des Verbots mindestens die Hälfte der zuletzt bezogenen vertragsmäßigen Leistungen erreicht (§ 74 Abs. 2 HGB).

15. Laufzeit/Kündigung/Vertragsstrafe/Freistellung/Vorfälligkeit. → Form. A. II. 1, dort unter § 10.

16. Ausschlussfristen/Verjährung. → Form. A. II. 1, dort unter § 11.

17. Öffnungsklausel für Betriebsvereinbarungen. → Form. A. II. 1, dort unter § 12.

18. Schlussbestimmungen/Mitteilungspflicht/Aufhebung früherer Vereinbarungen und Anstellungsverhältnisse/Schriftform. → Form. A. II. 1, dort unter → Anm. 30.

Die **Bestimmung des Erfüllungsorts** (§ 29 ZPO) bereitet beim Außendienstmitarbeiter naturgemäß Probleme. Nach der Rechtsprechung des BAG ist bei Arbeitsverhältnissen regelmäßig von einem einheitlichen Erfüllungsort auszugehen (BAG AP GVG § 17a Nr. 11). Erfüllungsort ist demnach der Ort, an dem der Arbeitnehmer die Arbeitsleistung zu erbringen hat. Auf die Frage, wo das Arbeitsentgelt gezahlt wird und wo sich die Personalverwaltung der Gesellschaft befindet, komme es regelmäßig nicht an (BAG AP GVG § 17a Nr. 11). Erfüllungsort für die Arbeitsleistung eines für die Bearbeitung eines größeren Bezirks angestellten Mitarbeitern ist demzufolge dessen Wohnsitz, wenn er von dort aus seine Reisetätigkeit ausübt. Dies soll unabhängig davon gelten, ob er täglich nach Hause zurückkehrt und in welchem Umfang er vom Arbeitgeber Anweisungen für die Gestaltung seiner Reisetätigkeit erhält (BAG AP GVG § 17a Nr. 11; BAG BeckRS 2010, 67711). Der Gesetzgeber führte zum 1.4.2008 in § 48 Abs. 1a ArbGG ergänzend den besonderen **Gerichtsstand des Arbeitsortes** ein und kodifizierte damit die Rechtsprechung des BAG zum Erfüllungsort (vgl. *Weers-Hermanns* NZA 2010, 492 m.w.N.). Entsprechend ist der Wohnort eines im Außendienst eingesetzten Mitarbeiters schon dann der Ort, von dem aus er i.S.d. § 48 Abs. 1a S. 2 ArbGG gewöhnlich seine Arbeit verrichtet, wenn er dort in „gewissem Umfang" Arbeitsleistungen erbringt (vgl. LAG Frankfurt a.M. BeckRS 2008, 56759). Es genügt, wenn er in einem Home Office dienstlich veranlasste Reisen vor- oder nachbereitet oder Berichte über diese verfasst, ohne dass ein bestimmter Umfang vorausgesetzt wird (LAG Hamm BeckRS 2011, 69653).

19. Unterschrift der Gesellschaft. → Form. A. II. 1 Anm. 31.

8. Gruppenarbeitsvertrag

Arbeitsvertrag[1]

zwischen

...... (Name und Anschrift des Arbeitgebers) „Gesellschaft"

und

Herrn ...... (Name und Anschrift des Arbeitnehmers) „Mitarbeiter"

§ 1 Position/Weisungen

(1) Der Mitarbeiter wird bei der Gesellschaft in ...... in der Betriebsgruppe ...... tätig. Seine Aufgaben und Pflichten werden unter Berücksichtigung des der Gesellschaft im Einzelfall geschuldeten Arbeitsergebnisses innerhalb der Betriebsgruppe festgelegt.[2]

(2) Der Mitarbeiter ist verpflichtet, die Richtlinien und Anweisungen der Gesellschaft in ihrer jeweiligen Fassung sowie die Anordnungen seiner Vorgesetzten zu beachten.

(3) Der Mitarbeiter ist verpflichtet, die Position des Gruppensprechers oder des stellvertretenden Gruppensprechers zu besetzen, sofern er von den Mitgliedern der Betriebsgruppe oder von der Gesellschaft hierzu bestimmt wird.[3]

§ 2 Arbeitszeit[4]

(1) Die regelmäßige wöchentliche Arbeitszeit beträgt ...... Stunden. Die Lage der Arbeitszeit sowie der Pausen wird unter Berücksichtigung der geforderten Arbeitsmenge und der vorgegebenen Termine autonom von der Betriebsgruppe bestimmt, wobei die gesetzlichen Regelungen, insbesondere die des Arbeitszeitgesetzes, zu beachten sind.

(2) Der Mitarbeiter ist verpflichtet, sofern betriebliche Belange dies erfordern, Überstunden (einschließlich Samstags-, Sonn- und Feiertagsarbeit) zu leisten. Etwaige Überstunden werden nach Abstimmung innerhalb der Betriebsgruppe durch Freizeit ausgeglichen.

(3) Der Mitarbeiter ist verpflichtet, seine Arbeitszeit im Wege der Selbstdokumentation zu erfassen. Die Dokumentation ist jeweils zum Monatsende dem Vorgesetzten des Mitarbeiters vorzulegen.

§ 3 Vergütung/Sonstige Zahlungen[5]

§ 4 Gruppenprämie[6]

(1) Zusätzlich zur Zahlung der Vergütung gemäß vorstehendem § 3 erhält der Mitarbeiter eine gruppenbezogene Prämie, deren Höhe vom Gruppenergebnis abhängt.

(2) Bei der Bewertung des Gruppenergebnisses werden die Arbeitsmenge und -qualität und die Reduzierung von Gemeinkosten, Leerlaufzeiten und Mehrarbeitsstunden ebenso berücksichtigt wie die Termintreue der Betriebsgruppe. Einzelheiten regelt die Betriebsvereinbarung ...... vom ......

(3) Jedes Gruppenmitglied erhält den gleichen Betrag als Prämie.

(Alternative:

(3) Über die interne Verteilung der Gruppenprämie entscheidet die Betriebsgruppe autonom.

(4) Der Mitarbeiter erklärt sich mit der Auszahlung der Gruppenprämie an den Gruppensprecher ausdrücklich einverstanden und ermächtigt diesen zur Entgegennahme der Prämienzahlung.)

§ 5 Qualifizierung[7]

(1) Der Mitarbeiter ist verpflichtet, an Qualifizierungsmaßnahmen teilzunehmen, die die Gruppenarbeit begleiten.

(2) Die Qualifizierungsmaßnahmen finden während der Arbeitszeit statt.

§ 6 Abwesenheit/Krankheit/Ärztliche Untersuchung[8]

(1) Der Mitarbeiter hat in jedem Fall einer unvorhergesehenen Abwesenheit die Gesellschaft und dem Gruppensprecher unverzüglich über seine Arbeitsunfähigkeit oder den sonstigen Verhinderungsgrund und die voraussichtliche Dauer seiner Abwesenheit zu informieren. Dabei hat der Mitarbeiter diese auf vordringlich zu erledigende Aufgaben hinzuweisen.

(2) Dauert eine Arbeitsunfähigkeit aufgrund Krankheit oder Unfall länger als drei Kalendertage, hat der Mitarbeiter eine ärztliche Bescheinigung über das Bestehen der Arbeitsunfähigkeit sowie deren voraussichtliche Dauer („Arbeitsunfähigkeitsbescheinigung") spätestens an dem auf den dritten Kalendertag der Arbeitsunfähigkeit folgenden Arbeitstag vorzulegen. Die Gesellschaft ist berechtigt, die Vorlage der Arbeitsunfähigkeitsbescheinigung auch schon ab dem ersten Tag der Arbeitsunfähigkeit zu verlangen. Dauert die Arbeitsunfähigkeit länger als in der vorgelegten Arbeitsunfähigkeitsbescheinigung angegeben, ist der Mitarbeiter verpflichtet, eine Folgebescheinigung spätestens am ersten Arbeitstag nach Ablauf der vorhergehenden Bescheinigung vorzulegen.

(Optional:

(3) Die Einstellung erfolgt unter dem Vorbehalt der gesundheitlichen Eignung des Mitarbeiters für seine Tätigkeit nach diesem Arbeitsvertrag. Der Mitarbeiter ist verpflichtet, sich innerhalb der ersten drei Monate nach Vertragsbeginn („Untersuchungszeitraum") durch einen Arzt seines Vertrauens auf Kosten der Gesellschaft auf seine gesundheitliche Eignung für seine Tätigkeit nach diesem Arbeitsvertrag untersuchen zu lassen. Der Mitarbeiter entbindet den Arzt von der ärztlichen Schweigepflicht, soweit dies für die Mitteilung über seine gesundheitliche Eignung notwendig ist. Ergibt die ärztliche Untersuchung die Nichteignung des Mitarbeiters, so endet der Arbeitsvertrag zwei Wochen nach Zugang der schriftlichen Mitteilung der Gesellschaft an den Mitarbeiter über die festgestellte gesundheitliche Nichteignung (Alternative:, so endet der Arbeitsvertrag mit Zugang der schriftlichen Mitteilung der Gesellschaft an den Mitarbeiter über die festgestellte gesundheitliche Nichteignung). Kommt der Mitarbeiter seiner Untersuchungspflicht nicht nach, so endet der Arbeitsvertrag zwei Wochen nach Zugang der schriftlichen Mitteilung der Gesellschaft an den Mitarbeiter über seinen Verstoß gegen die Untersuchungspflicht (Alternative:, so endet der Arbeitsvertrag mit Ablauf des Untersuchungszeitraums).

(4) Der Mitarbeiter wird sich auch nach Ablauf der Probezeit bei Vorliegen tatsächlicher Anhaltspunkte, die Zweifel an der fortdauernden Eignung des Mitarbeiters begründen, oder wenn ein Wechsel der Tätigkeit oder des Arbeitsplatzes des Mitarbeiters beabsichtigt ist, welcher eine erneute Untersuchung erfordert, oder bei Vorliegen vergleichbarer sachlicher Gründe auf Verlangen der Gesellschaft durch einen Arzt seines Vertrauens auf Kosten der Gesellschaft auf seine gesundheitliche Eignung für die Tätigkeit nach diesem Arbeitsvertrag untersuchen lassen. Der Mitarbeiter entbindet den Arzt von der ärztlichen Schweigepflicht, soweit dies für die Mitteilung über seine gesundheitliche Eignung notwendig ist.)

§ 7 Reisekosten/Auslagen[9]

§ 8 Urlaub[10]

(1) Der Mitarbeiter hat einen Urlaubsanspruch von insgesamt ..... Arbeitstagen pro Kalenderjahr („Jahresurlaub"). Der Jahresurlaub beinhaltet einen über den gesetzlichen Urlaubsanspruch nach dem Bundesurlaubsgesetz („gesetzlicher Mindesturlaub") hinausgehenden vertraglichen Zusatzurlaub von ...... Arbeitstagen („vertraglicher Zusatzurlaub"). Arbeitstage sind alle Tage, die am Arbeitsort weder Samstage noch Sonntage oder gesetzliche Feiertage sind. Zeitpunkt und Dauer des Urlaubs werden innerhalb der Betriebsgruppe festgelegt, wobei die Interessen der Betriebsgruppe und der Gesellschaft an der ordnungsgemäßen Erbringung der Gruppenarbeitsleistung angemessen berücksichtigt werden. Der Mitarbeiter hat die Gesellschaft und den Gruppensprecher rechtzeitig über seine Urlaubspläne zu informieren. Ist der Mitarbeiter nicht das ganze Kalenderjahr über beschäftigt, so hat der Mitarbeiter für jeden vollen Monat des Bestehens des Anstellungs-

verhältnisses im jeweiligen Kalenderjahr Anspruch auf ein Zwölftel des Jahresurlaubs. Für den Fall, dass der dem Mitarbeiter aufgrund gesetzlicher Vorschriften zustehende, gegebenenfalls auch zeitanteilig berechnete Mindesturlaub durch vorstehende Berechnungsweise unterschritten wird, wird der dem Mitarbeiter aufgrund der gesetzlichen Vorschriften zustehende Mindesturlaub gewährt.

(2) Der gesamte Urlaub ist grundsätzlich im laufenden Kalenderjahr zu nehmen. Eine Übertragung des Urlaubs auf das nächste Kalenderjahr erfolgt nur, wenn dringende betriebliche, arbeitsgruppenspezifische oder in der Person des Mitarbeiters liegende Gründe dies rechtfertigen. Der so übertragene Urlaub verfällt, wenn er nicht innerhalb der ersten drei Monate des Folgejahres („Übertragungszeitraum") genommen wird. Ist der Mitarbeiter infolge einer ärztlich nachgewiesenen, krankheitsbedingten Arbeitsunfähigkeit daran gehindert, den übertragenen Urlaub innerhalb des Übertragungszeitraums zu nehmen, besteht nur der Anspruch auf gesetzlichen Mindesturlaub weitere zwölf Monate nach Ablauf des Übertragungszeitraums fort, bevor er verfällt.

(3) Bei Beendigung des Arbeitsvertrags erfolgt eine Urlaubsabgeltung nur für zum Beendigungszeitpunkt nicht genommene und nicht verfallene Ansprüche auf gesetzlichen Mindesturlaub.

(4) Genommener Urlaub wird zuerst auf den gesetzlichen Urlaubsanspruch angerechnet.

§ 9 Nebentätigkeiten[11]

§ 10 Geheimhaltung/Behandlung und Rückgabe von Gegenständen und Daten/ Löschung von Daten[12]

§ 11 Schutzrechte[13]

§ 12 Laufzeit/Kündigung/Vertragsstrafe/Freistellung/Vorfälligkeit[14]

(1) Der Arbeitsvertrag beginnt am ...... und ist auf die Dauer der Probezeit von sechs Monaten befristet. Während der Probezeit können beide Parteien den Arbeitsvertrag unter Einhaltung einer Kündigungsfrist von zwei Wochen kündigen. Vor Beginn des Arbeitsvertrags ist die ordentliche Kündigung ausgeschlossen.

(2) Wird das Arbeitsverhältnis nach Ablauf der Befristung als unbefristetes fortgesetzt, so geht es in ein Arbeitsverhältnis auf unbestimmte Zeit zu den in diesem Arbeitsvertrag geregelten Bedingungen über. Nach Ablauf der Probezeit können beide Parteien den Arbeitsvertrag unter Einhaltung der gesetzlichen Kündigungsfristen kündigen. Eine Verlängerung der für die Gesellschaft geltenden Kündigungsfristen gilt auch für den Mitarbeiter.

(Alternative:

(1) Der Arbeitsvertrag beginnt am ...... und wird auf unbestimmte Zeit geschlossen.

(2) Die ersten sechs Monate gelten als Probezeit. Während der Probezeit können beide Parteien den Arbeitsvertrag unter Einhaltung einer Kündigungsfrist von zwei Wochen kündigen. Vor Beginn des Arbeitsvertrages ist die ordentliche Kündigung ausgeschlossen. Nach Ablauf der Probezeit können beide Parteien den Arbeitsvertrag unter Einhaltung der gesetzlichen Kündigungsfristen kündigen. Eine Verlängerung der für die Gesellschaft maßgeblichen Kündigungsfristen gilt auch für den Mitarbeiter.)

(3) Die Kündigung bedarf der Schriftform.

(4) Die Kündigung eines anderen Gruppenmitgliedes hat keinen Einfluss auf den Bestand dieses Arbeitsvertrages und berechtigt die Gesellschaft insbesondere nicht zur Kündigung des Mitarbeiters.

(5) Kündigt der Mitarbeiter vor Beginn des Arbeitsvertrages, nimmt er seine Tätigkeit endgültig nicht auf oder stellt er seine Tätigkeit unter Missachtung der geltenden Kündigungsfrist endgültig ein, verwirkt er eine Vertragsstrafe. Der Mitarbeiter nimmt seine Tätigkeit endgültig nicht auf oder stellt seine Tätigkeit endgültig ein, wenn er nach Ablauf einer von der Gesellschaft zu setzenden angemessenen Frist zur Leistung seine Tätigkeit nicht erbringt. Hat der Mitarbeiter die Erbringung seiner Tätigkeit ernsthaft und endgültig verweigert, ist die Fristsetzung entbehrlich. Ebenfalls verwirkt der Mitarbeiter eine Vertragsstrafe, wenn die Gesellschaft durch vertragswidriges Verhalten des Mitarbeiters zur fristlosen Kündigung des Arbeitsvertrages veranlasst wird. Eine Vertragsstrafe ist nur verwirkt, wenn der Mitarbeiter rechtswidrig und schuldhaft gehandelt hat. Für den Fall der endgültigen Einstellung der Tätigkeit unter Missachtung der geltenden Kündigungsfrist entspricht die Höhe der Vertragsstrafe für jeden Tag der Zuwiderhandlung der Bruttovergütung, die nach § 3 Abs. (1) für einen Tag geschuldet ist, insgesamt jedoch nicht mehr als die Bruttovergütung, die nach § 3 Abs. (1) für den Zeitraum der jeweils einschlägigen Kündigungsfrist geschuldet ist, maximal aber zwei Brutto-Monatsgehältern. Im Übrigen entspricht die Höhe der Vertragsstrafe der Bruttovergütung nach § 3 Abs. (1), die für den Zeitraum der jeweils einschlägigen Kündigungsfrist geschuldet ist, maximal aber zwei Brutto-Monatsgehältern. Die Gesellschaft behält sich die Geltendmachung weiteren Schadens vor.

(6) Die Gesellschaft ist im Falle der Kündigung des Arbeitsvertrages durch die Gesellschaft berechtigt, den Mitarbeiter von seiner weiteren Tätigkeit für die Gesellschaft freizustellen *(Optional:, wenn hierfür ein sachlicher Grund (z. B. Konkurrenztätigkeit, Geheimnisverrat, sonstige Beeinträchtigung der Vertrauensgrundlage, Wegfall des Beschäftigungsbedarfs)* vorliegt). Während der Zeit der Freistellung behält der Mitarbeiter seinen Anspruch auf die vertragliche Vergütung; er muss sich jedoch den Wert desjenigen anrechnen lassen, was er infolge des Unterbleibens der Dienstleistung erspart oder durch anderweitige Verwendung seiner Dienste erwirbt oder zu erwerben böswillig unterlässt. Das vertragliche Wettbewerbsverbot bleibt von der Freistellung unberührt. Im Falle einer unwiderruflichen Freistellung wird die Freistellungszeit auf etwaige Urlaubs- oder Freizeitausgleichsansprüche angerechnet. Die vorstehenden Regelungen gelten entsprechend für eine Kündigung durch den Mitarbeiter.

(7) Sollte der Mitarbeiter der Gesellschaft bei Ausspruch einer Kündigung durch die Gesellschaft Beträge aufgrund von Gehaltsvorschüssen oder ähnlichen Vorauszahlungen schulden, werden sämtliche Beträge sofort fällig und – unter Beachtung der Pfändungsgrenzen – aufrechenbar. Dem Mitarbeiter gewährte Darlehen gelten mit Ausspruch der Kündigung als ordentlich mit einer Frist von einem Monat gekündigt. Entsprechendes gilt bei Ausspruch einer Kündigung durch den Mitarbeiter, es sei denn, es liegt eine von der Gesellschaft zu vertretende außerordentliche Kündigung vor.

(8) Der Arbeitsvertrag endet ohne Kündigung mit Ablauf des Monats, in dem der Mitarbeiter das Alter erreicht, ab dem er erstmals einen Anspruch auf gesetzliche Regelaltersrente erwirbt.

(9) Der Mitarbeiter ist verpflichtet, die Gesellschaft unverzüglich darüber zu informieren, wenn er die gesetzlichen Voraussetzungen zum Bezug der gesetzlichen Regelaltersrente erfüllt oder wenn ihm ein Bescheid über die Feststellung einer zeitlich unbegrenzten Erwerbsminderung zugestellt wird. Er verpflichtet sich auch, die Gesellschaft auf Anfrage stets über den Stand von eigenen Anträgen auf Alters- oder Erwerbsminderungsrente zu informieren.

§ 13 Ausschlussfristen/Verjährung[15]

§ 14 Öffnungsklausel für Betriebsvereinbarungen[16]

§ 15 Schlussbestimmungen/Mitteilungspflicht/Aufhebung früherer Vereinbarungen und Anstellungsverhältnisse/Schriftform[17]

......	......
Ort, Datum	Ort, Datum
......	......
Unterschrift der Gesellschaft[18]	Unterschrift des Mitarbeiters

Anmerkungen

1. Regelungsgegenstand. Der Gruppenarbeitsvertrag steht in engem Zusammenhang mit der Betriebsvereinbarung über Gruppenarbeit (→ Form. C. II. 20) und setzt die dort enthaltenen Regelungen einzelvertraglich um. Es handelt sich um eine umfassende arbeitsvertragliche Regelung und nicht lediglich um eine Nebenabrede zu einem bereits bestehenden Arbeitsvertrag, durch die ein bislang in einem Normalarbeitsverhältnis stehender Mitarbeiter in ein Gruppenarbeitsverhältnis überführt wird.

Natürlich kann auch ein bereits bestehendes Arbeitsverhältnis einvernehmlich in ein Gruppenarbeitsverhältnis überführt werden; eine dahingehende Anordnung im Wege des Direktionsrechts ist demgegenüber unzulässig. Bei einer Nebenabrede zu einem bestehenden Arbeitsvertrag bedarf es nur der Regelung der gruppenarbeitsspezifischen Besonderheiten, die sich aus der weitgehenden Selbstverwaltung der Arbeitsgruppe ergeben, wie z. B. die Verpflichtung zur Übernahme des Gruppensprecheramtes und die Einführung einer Gruppenprämie.

Ein Gruppenarbeitsverhältnis ist dadurch gekennzeichnet, dass mehrere Arbeitnehmer zu einer Arbeitsgruppe zusammengefasst sind und die geschuldete Arbeit nach dem Inhalt des Leistungsversprechens als Gruppenarbeit erbracht wird. Gruppenarbeit ist abzugrenzen von bloßen Zufallsgemeinschaften, bei denen es an einer auf enge Zusammenarbeit zielenden näheren Zwecksetzung fehlt. Reine Zufallsgemeinschaften liegen daher z. B. vor, wenn sich mehrere Arbeitnehmer ein Büro teilen oder lediglich gemeinsam an einer Maschine arbeiten (Küttner/*Kreitner* Gruppenarbeitsverhältnis Rn. 1). Kein Gruppenarbeitsverhältnis, sondern ein mittelbares Arbeitsverhältnis liegt vor, wenn ein (Haupt-) Arbeitnehmer im Einverständnis mit dem Arbeitgeber einen Gehilfen mit der Erfüllung der Arbeitsverpflichtung beauftragt (vgl. hierzu MünchHdbArbR/*Schüren* § 317 Rn. 15).

Ein Gruppenarbeitsverhältnis kann entweder in Form der **Eigengruppe** oder als **Betriebsgruppe** vorliegen. Als Eigengruppe wird eine Mehrheit von Arbeitnehmern bezeichnet, die sich aus eigener Initiative zu gemeinsamer Arbeitsleistung zusammengeschlossen hat und ihre Dienstleistung als Gruppe dem Arbeitgeber anbietet (BAG AP BGB § 611 Gruppenarbeitsverhältnis Nr. 1). Beispiele aus der Praxis sind Musikkapellen oder Ehepaare, die gemeinsam eine Dienstleistung anbieten (Küttner/*Kreitner* Gruppenarbeitsverhältnis Rn. 21). Auf Bildung und Zusammensetzung der Eigengruppe hat der Arbeitgeber keinen Einfluss, weil ein Vertragsverhältnis in der Regel nur mit der Eigengruppe selbst begründet wird, nicht hingegen mit den einzelnen Arbeitnehmern (ErfKomm/*Preis* § 611 BGB Rn. 169); andere Gestaltungen sind aber möglich.

Das Formular enthält einen Arbeitsvertrag zum Einsatz eines Arbeitnehmers in einer – in der Praxis weit häufiger anzutreffenden – Betriebsgruppe. Eine solche liegt vor, wenn der Arbeitgeber mehrere Arbeitnehmer aus arbeitsorganisatorischen Gründen zur Erreichung eines höheren Arbeitserfolges zusammenfasst. Betriebsgruppen werden vielfach als

Akkordgruppen oder Montagekolonnen tätig (ErfKomm/*Preis* § 611 BGB Rn. 164 ff.; Küttner/*Kreitner* Gruppenarbeitsverhältnis Rn. 3 ff.). Die Betriebsgruppe wird vom Arbeitgeber kraft Direktionsrechts gebildet, zusammengesetzt und gegebenenfalls wieder aufgelöst. Gruppeninterne Rechtsbeziehungen bestehen hier weder in gesellschaftsrechtlicher noch in vereinsrechtlicher Form, sondern lediglich in tatsächlicher Hinsicht (Küttner/*Kreitner* Gruppenarbeitsverhältnis Rn. 8). Die Arbeitsverträge der einzelnen Gruppenmitglieder sind unabhängig voneinander zu betrachten und in aller Regel nicht vom Bestand der übrigen Arbeitsverhältnisse abhängig (BAG AP BGB § 611 Akkordkolonne Nr. 2; MünchHdbArbR/*Schüren* § 317 Rn. 9; → Anm. 14). Das bedeutet auch, dass die Vertragsbestimmungen der Einzelarbeitsverträge unterschiedlich sein können, soweit sich nicht aus dem Gesichtspunkt des allgemeinen Gleichbehandlungsgrundsatzes eine unterschiedliche Ausgestaltung verbietet.

2. Gruppenautonome Festlegung der Aufgaben und Pflichten. Im Gruppenarbeitsverhältnis schuldet nicht der einzelne Arbeitnehmer, sondern die Gruppe gemeinschaftlich die Arbeitsleistung. Dementsprechend gehört das Recht zur Selbstorganisation zu den Kernelementen der Gruppenarbeit. Zwar definiert der Arbeitgeber kraft Direktionsrechts die einzelnen von der Gruppe zu erbringenden Aufgaben (→ Form. C. II. 20, dort § 2 Abs. (3)). Intern legt die Arbeitsgruppe jedoch autonom fest, welches Gruppenmitglied welche Arbeitsgänge und Arbeitsabschnitte zu bewältigen hat (BAG AP BGB § 611 Akkordkolonne Nr. 4). Dem einzelnen Gruppenmitglied kommt insoweit keine isoliert zu beurteilende Arbeitsaufgabe zu. Seine vertragliche Arbeitspflicht besteht vielmehr allein darin, an der Erfüllung der gemeinsamen Aufgabe seinem Anteil entsprechend mitzuwirken (zu den daraus resultierenden Haftungsfragen vgl. ErfKomm/*Preis* § 611 BGB Rn. 166).

Der Gedanke der Gruppenautonomie setzt sich bei der Wahl eines Gruppensprechers (→ Anm. 3), bei der Festlegung des Urlaubs der einzelnen Gruppenmitglieder (→ Anm. 10) sowie gegebenenfalls bei der Verteilung der Gruppenprämie (→ Anm. 6) fort.

3. Gruppenleiter und Gruppensprecher. Der Arbeitgeber kann einen „Gruppenleiter" bestimmen, dem ein Teil des Direktionsrechts des Arbeitgebers übertragen wird. Der Gruppenleiter wird wie ein Vorarbeiter tätig. Er überwacht die Arbeitsausführung und ist für administrative Aufgaben (z. B. Verwaltung von Arbeitsunfähigkeitsbescheinigungen) zuständig. Er fungiert als „verlängerte Arm des Arbeitgebers" (Küttner/*Kreitner* Gruppenarbeitsverhältnis Rn. 9), → Form. C. II. 20 Anm. 14.

Als Pendant auf Arbeitnehmerseite kann ein Gruppensprecher gewählt werden. Er wird von den Gruppenmitgliedern gewählt und vertritt deren Interessen gegenüber dem Gruppenleiter oder, je nach Gestaltung, direkt gegenüber dem Arbeitgeber.

Da es an gesellschafts- oder vereinsrechtlichen Rechtsbeziehungen innerhalb der Betriebsgruppe fehlt, muss die Funktionsfähigkeit der Gruppe durch ein Mindestmaß an Organisationsstrukturen gewährleistet sein. So können dem Gruppensprecher die Koordination der Aufgabenverteilung, die Führung von Anwesenheitslisten, die Abstimmung von Pausen, Urlaubs- und Krankenvertretung etc. übertragen werden (→ Form. C. II. 20 Anm. 14). Um die Kontinuität des Gruppensprecheramtes zu gewährleisten, sollte jeder Gruppenmitarbeiter verpflichtet werden, gegebenenfalls die Position des Gruppensprechers zu besetzen. Zu den Wahlgrundsätzen und zum Wahlverfahren → Form. C. II. 20, dort unter § 6. Kann sich die Gruppe nicht auf einen Gruppensprecher einigen oder stellen sich von vornherein keine Kandidaten zur Wahl, müssen der Gruppensprecher und dessen Stellvertreter von der Gesellschaft bestimmt werden. → Form. C. II. 20, dort unter § 6 Abs. (5).

4. Arbeitszeit. → Form. C. II. 20 Anm. 15.

5. Vergütung/Sonstige Zahlungen. Der Anspruch auf Vergütung richtet sich grundsätzlich allein gegen den Arbeitgeber und nicht etwa gegen die Betriebsgruppe. → Form. A. II. 1, dort unter § 3.

6. Gruppenprämie. → Form. C. II. 20 Anm. 17. Da die Gruppenprämie durch die Arbeitsgruppe und nicht durch den einzelnen Mitarbeiter erwirtschaftet wird, sind verschiedene Möglichkeiten zur Verteilung der Gruppenprämie denkbar. Die Gruppe kann autonom entscheiden, ob alle Mitarbeiter den gleichen Prämienanteil erhalten oder ob einige Mitarbeiter wegen der Qualität ihrer Arbeitsbeiträge eine höhere oder geringere Prämie erhalten sollen.

Zweckmäßigerweise sollte die Gruppenprämie vom Arbeitgeber als Gesamtbetrag an die Gruppe ausgezahlt werden, die anschließend die interne Verteilung vornimmt. Hierzu sollte der Gruppensprecher von den einzelnen Mitarbeitern zur Entgegennahme der Gruppenprämie ermächtigt werden (Schaub/*Koch* § 181 Rn. 8). In diesem Fall liegt in der Auszahlung der Gruppenprämie an den Gruppensprecher bereits die Erfüllung des Prämienanspruchs, auch gegenüber den einzelnen Mitarbeitern (§§ 362 Abs. 2, 185 Abs. 1 BGB).

Da die Gruppenprämie vom Gruppenergebnis abhängig ist, kann sich der Arbeitgeber schadensersatzpflichtig machen, wenn er für ein ausgefallenes Gruppenmitglied nicht rechtzeitig Ersatz schafft. Gleiches gilt, wenn der Arbeitgeber der Gruppe schuldhaft ein in der Leistung unterdurchschnittliches Gruppenmitglied zuweist und sich hierdurch die Gruppenentlohnung mindert (Schaub/*Koch* § 181 Rn. 7).

7. Qualifizierung. → Form. C. II. 20 Anm. 16.

8. Abwesenheit/Krankheit/Ärztliche Untersuchung. → Form. A. II. 1, dort unter § 4. Weil die Arbeitsorganisation autonom durch die Arbeitsgruppe erfolgt, sollten die Mitarbeiter verpflichtet werden, ihren üblichen Informations-, Hinweis- und Nachweispflichten im Falle unvorhergesehener Abwesenheit auch gegenüber dem Gruppensprecher nachzukommen. Nur so kann gewährleistet werden, dass die Arbeitsgruppe auf unerwartete Arbeitsausfälle einzelner Gruppenmitglieder durch Umorganisation zeitnah reagieren kann. → Form. A. II. 1 Anm. 10.

9. Reisekosten/Auslagen. → Form. A. II. 1, dort unter § 5.

10. Urlaub. → Form. A. II. 1, dort unter § 6. Zur Einbeziehung des Gruppensprechers in die Urlaubsplanung gilt das zu → Anm. 8 Gesagte entsprechend. → Form. A. II. 1 Anm. 12.

11. Nebentätigkeiten. → Form. A. II. 1, dort unter § 7.

12. Geheimhaltung/Behandlung und Rückgabe von Gegenständen und Daten/Löschung von Daten. → Form. A. II. 1, dort unter § 8.

13. Schutzrechte. → Form. A. II. 1, dort unter § 9.

14. Laufzeit/Kündigung/Vertragsstrafe/Freistellung/Vorfälligkeit. S. zunächst → Form. A. II. 1, dort unter § 10.

Die Zusammenfassung in einer Betriebsgruppe führt in aller Regel nicht dazu, dass die Arbeitsverhältnisse der einzelnen Gruppenmitglieder in ihrem Bestand voneinander abhängig sind. Die verhaltens- oder personenbedingte Kündigung eines Gruppenmitgliedes führt nicht zum Auseinanderbrechen der Betriebsgruppe im Übrigen und berechtigt den Arbeitgeber auch nicht dazu, die Arbeitsverhältnisse der übrigen Gruppenmitglieder zu kündigen (MünchHdbArbR/*Schüren* § 317 Rn. 9; Schaub/*Koch* § 181 Rn. 3). Abs. (4) des Formulars hält dies deklaratorisch fest. Umgekehrt kann die Gruppe vom Arbeitgeber nicht verlangen, einzelne Gruppenmitglieder zu versetzen oder zu entlassen. Insbesondere rechtfertigt das Entfernungsverlangen der Gruppe oder einzelner Gruppenmitglieder eine betriebsbedingte Kündigung nicht (*Schaub/Koch* § 181 Rn. 4).

Anders kann sich – je nach konkreter Ausgestaltung – die Situation bei der Eigengruppe darstellen. Zwischen Arbeitgeber und der Eigengruppe besteht regelmäßig nur ein einheitliches Rechtsverhältnis (vgl. z.B. BAG AP BGB § 611 Hausmeister Nr. 2; LAG Halle (Saale) NZA-RR 2000, 528; Schaub/*Koch* § 181 Rn. 24 f.).

15. Ausschlussfristen/Verjährung. → Form. A. II. 1, dort unter § 11.

16. Öffnungsklausel für Betriebsvereinbarungen. → Form. A. II. 1, dort unter § 12.

17. Schlussbestimmungen/Mitteilungspflicht/Aufhebung früherer Vereinbarungen und Anstellungsverhältnisse/Schriftform. → Form. A. II. 1, dort unter § 13. Unter der Voraussetzung, dass bei Abschluss des Arbeitsvertrages die Betriebsvereinbarung zur Gruppenarbeit (→ Form. C. II. 20) bereits in Kraft ist, sollte diese zum unmittelbaren Bestandteil des Gruppenarbeitsvertrages erklärt werden. Damit erkennt der Mitarbeiter auch diejenigen Regelungen der Betriebsvereinbarung vertraglich an, die das Verhältnis zwischen Mitarbeiter und Arbeitgeber nicht unmittelbar beeinflussen (z.B. das Abhalten von Gruppengesprächen). → Form. A. II. 1 Anm. 26–30.

18. Unterschrift der Gesellschaft. → Form. A. II. 1 Anm. 31.

9. Abrufarbeitsvertrag (KAPOVAZ)

Abrufarbeitsvertrag

zwischen

. . . . . . (Name und Anschrift der Gesellschaft) „Gesellschaft“

und

Herrn . . . . . . (Name und Anschrift des Arbeitnehmers) „Mitarbeiter“

§ 1 Position/Versetzung/Weisungen[1]

§ 2 Arbeitszeit

(1) Der Mitarbeiter erbringt seine Arbeitsleistung entsprechend dem Arbeitsanfall. Die Erbringung der Arbeitsleistung erfolgt auf Abruf der Gesellschaft. Die Gesellschaft entscheidet darüber, wann und in welchem Umfang der Arbeitsanfall den Einsatz des Mitarbeiters erforderlich macht. Der Mitarbeiter kann seine Arbeitsleistung nur nach Abruf durch die Gesellschaft erbringen.[2]

(2) Die regelmäßige wöchentliche Arbeitszeit beträgt mindestens . . . . . . Stunden. Der Mitarbeiter verpflichtet sich, auf Abruf der Gesellschaft bis zu . . . . . . Stunden wöchentlich zusätzlich zu arbeiten. Ein Anspruch des Mitarbeiters auf die erhöhte Arbeitszeit entsteht auch nach mehrmaligem Abruf nicht. Die Verpflichtung des Mitarbeiters zur Ableistung von Überstunden gemäß nachstehendem Abs. (5) bleibt im Übrigen unberührt.[3]

(3) Die Gesellschaft bestimmt Beginn und Ende der täglichen Arbeitszeit und an welchen Tagen der Mitarbeiter seine Arbeitsleistung zu erbringen hat. Sie wird dem Mitarbeiter seinen Arbeitseinsatz, d.h. dessen Beginn und Dauer, jeweils mindestens vier Tage im

Voraus mitteilen.[4] Die Bestimmung des Arbeitseinsatzes kann telefonisch, mündlich[5] oder in anderer geeigneter Weise erfolgen. Die Gesellschaft bestimmt die Lage der Pausen.

(4) Ruft die Gesellschaft die Arbeitsleistung ab, beträgt die Einsatzdauer jeweils mindestens drei aufeinander folgende Stunden. Im Übrigen liegt die Verteilung der Arbeitszeit im freien Ermessen der Gesellschaft.[6]

(5) Der Mitarbeiter ist im Rahmen der gesetzlichen und betrieblichen Regelungen verpflichtet, auf Anordnung der Gesellschaft Überstunden zu leisten.[7] Etwaige Überstunden werden nach Wahl der Gesellschaft durch Freizeit oder Geld ausgeglichen.

§ 3 Vergütung/Sonstige Zahlungen[8]

(1) Der Mitarbeiter erhält als Vergütung für seine Tätigkeit ein Brutto-Monatsgehalt von ...... EUR (in Worten: ...... Euro), zahlbar auf Basis der regelmäßigen wöchentlichen Mindestarbeitszeit nach § 2 Abs. (2) bargeldlos jeweils zum Monatsende.

(2) Für Arbeitsstunden, die die Gesellschaft nach § 2 Abs. (2) dieses Vertrags zusätzlich zur regelmäßigen wöchentlichen Mindestarbeitszeit abgerufen hat, erhält der Mitarbeiter eine Vergütung in Höhe von ...... EUR (in Worten: ...... Euro) brutto pro Stunde.

(3) Dem Mitarbeiter ist es nicht gestattet, seine Vergütungsansprüche ohne vorherige schriftliche Zustimmung der Gesellschaft an Dritte abzutreten oder zu verpfänden. Die Zustimmung darf nur aus sachlichen Gründen verweigert werden.

(4) Der Mitarbeiter verpflichtet sich, etwa zu viel bezogene Zahlungen an die Gesellschaft zurückzuzahlen.

(5) Eine Zahlung von etwaigen Gratifikationen, Einmalzahlungen, Sonderzahlungen oder Zulagen, die jeweils nicht häufiger als halbjährlich erfolgt und die damit kein laufendes Entgelt darstellt, erfolgt stets freiwillig in dem Sinne, dass allein durch eine wiederholte Zahlung kein Rechtsanspruch des Mitarbeiters auf zukünftige entsprechende Leistungen – weder dem Grunde noch der Höhe nach – begründet wird.

(6) Die Gesellschaft behält sich vor, die Zusage aller nicht-freiwilligen Zahlungen im konkreten Einzelfall mit einem Widerrufsvorbehalt zu versehen.

§ 4 Abwesenheit/Krankheit/Ärztliche Untersuchung

(1) Der Mitarbeiter hat in jedem Fall einer unvorhergesehenen Abwesenheit die Gesellschaft unverzüglich hierüber sowie über den Grund und die Dauer seiner voraussichtlichen Abwesenheit zu informieren. Dies gilt auch dann, wenn die Gesellschaft die persönliche Arbeitszeit des Mitarbeiters noch nicht festgelegt und eine Arbeitsleistung noch nicht abgerufen hat.[9]

(2) Dauert eine Arbeitsunfähigkeit aufgrund Krankheit oder Unfall länger als drei Kalendertage, hat der Mitarbeiter eine ärztliche Bescheinigung über das Bestehen der Arbeitsunfähigkeit sowie deren voraussichtliche Dauer spätestens an dem auf den dritten Kalendertag folgenden Arbeitstag vorzulegen. Die Gesellschaft ist berechtigt, die Vorlage der Arbeitsunfähigkeitsbescheinigung früher zu verlangen.

(3) Wurde von dem Mitarbeiter für einen Arbeitstag, an dem er arbeitsunfähig ist, eine bestimmte Arbeitsleistung bereits abgerufen, so erhält der Mitarbeiter im Rahmen der gesetzlichen Bestimmungen Entgeltfortzahlung nach Maßgabe des zuvor angeforderten Umfangs der Arbeitsleistung. Er erhält keine Entgeltfortzahlung, wenn feststeht, dass keine Arbeit angefordert worden wäre. In den übrigen Fällen erhält der Mitarbeiter für jeden Arbeitstag der Arbeitsunfähigkeit Entgeltfortzahlung auf Basis des durchschnitt-

lichen Tagesverdienstes der vorangegangenen 13 Wochen. Arbeitstage sind alle Tage, die am Arbeitsort weder Samstage noch Sonntage oder gesetzliche Feiertage sind.[10]

(4) Für gesetzliche Feiertage gilt die Regelung des vorstehenden Absatzes sinngemäß.[11]

§ 5 Reisekosten/Auslagen[12]

§ 6 Urlaub

(1) Der Mitarbeiter hat entsprechend der gesetzlichen Regelung Anspruch auf Urlaub. Im Vergleich zu einem Vollzeitbeschäftigten wird der Anspruch entsprechend der geminderten wöchentlichen Arbeitszeit anteilig gekürzt. Bei der Festlegung von Zeitpunkt und Dauer des Urlaubs werden die betrieblichen Interessen und Bedürfnisse angemessen berücksichtigt. Der Mitarbeiter hat die Gesellschaft rechtzeitig über seine Urlaubspläne zu informieren, auch wenn die Gesellschaft die persönliche Arbeitszeit des Mitarbeiters noch nicht festgelegt hat.

(Alternative:

(1) Der Mitarbeiter hat entsprechend der gesetzlichen Regelung Anspruch auf Urlaub. Der jährliche Urlaubsanspruch wird halbjährlich, entsprechend der Verteilung der wöchentlichen Arbeitszeit, berechnet und angepasst.[13] Bei der Festlegung von Zeitpunkt und Dauer des Urlaubs werden die betrieblichen Interessen und Bedürfnisse angemessen berücksichtigt. Der Mitarbeiter hat die Gesellschaft rechtzeitig über seine Urlaubspläne zu informieren, auch wenn die Gesellschaft die persönliche Arbeitszeit des Mitarbeiters noch nicht festgelegt hat.)

(2) Der Mitarbeiter erhält ein Urlaubsentgelt, das arbeitstäglich auf der Basis des durchschnittlichen Tagesverdienstes der vorangegangenen 13 Wochen berechnet wird.[14]

(3) Der gesamte Urlaub ist grundsätzlich im laufenden Kalenderjahr zu nehmen. Eine Übertragung des Urlaubs auf das nächste Kalenderjahr erfolgt nur, wenn dringende betriebliche oder in der Person des Mitarbeiters liegende Gründe dies rechtfertigen. Der so übertragene Urlaub verfällt, wenn er nicht innerhalb der ersten drei Monate des Folgejahres („Übertragungszeitraum") genommen wird. Ist der Mitarbeiter infolge einer ärztlich nachgewiesenen, krankheitsbedingten Arbeitsunfähigkeit daran gehindert, den übertragenen Urlaub innerhalb des Übertragungszeitraums zu nehmen, besteht nur der Anspruch auf den gesetzlichen Mindesturlaub weitere zwölf Monate nach Ablauf des Übertragungszeitraum fort, bevor er verfällt.

(4) Genommener Urlaub wird zuerst auf den Anspruch auf gesetzlichen Mindesturlaub angerechnet.

(5) Bei Beendigung des Arbeitsvertrages erfolgt eine Urlaubsabgeltung nur für zum Beendigungszeitpunkt nicht genommene und nicht verfallene Ansprüche auf gesetzlichen Mindesturlaub.

§ 7 Nebentätigkeiten[15]

§ 8 Geheimhaltung/Behandlung und Rückgabe von Gegenständen und Daten/Löschung von Daten[16]

§ 9 Schutzrechte[17]

§ 10 Laufzeit/Kündigung/Vertragsstrafe/Freistellung/Vorfälligkeit[18]

§ 11 Ausschlussfristen/Verjährung[19]

§ 12 Öffnungsklausel für Betriebsvereinbarungen[20]

§ 13 Schlussbestimmungen/Mitteilungspflicht/Aufhebung früherer Vereinbarungen und Anstellungsverhältnisse/Schriftform[21]

......	......
Ort, Datum	Ort, Datum
......	......
Unterschrift der Gesellschaft[22]	Unterschrift des Mitarbeiters

Anmerkungen

1. Position/Versetzung/Weisungen. → Form. A. II. 1, dort unter § 1.

2. Abrufarbeit. Nach § 12 Abs. 1 S. 1 TzBfG können Arbeitgeber und Arbeitnehmer vereinbaren, dass der Arbeitnehmer seine Arbeitsleistung entsprechend dem Arbeitsanfall zu erbringen hat (Arbeit auf Abruf oder „kapazitätsorientierte variable Arbeitszeit" – KAPOVAZ). Nicht jede Vereinbarung einer variablen Arbeitszeit unterfällt dem Anwendungsbereich des § 12 TzBfG. Ein Arbeitsverhältnis auf Abruf i. S. d. § 12 TzBfG liegt nur dann vor, wenn der Arbeitgeber im Rahmen seines Direktionsrechts ein bestimmtes Stundendeputat abrufen kann und insoweit ein einseitiges Leistungsbestimmungsrecht hat (BAG AP TzBfG § 12 Nr. 4; LAG Mainz BeckRS 2011, 74684; ErfKomm/*Preis* § 12 TzBfG Rn. 1).

3. Dauer der wöchentlichen/täglichen Arbeitszeit. Die Vereinbarung muss eine bestimmte Dauer der wöchentlichen und täglichen Arbeitszeit festlegen (§ 12 Abs. 1 S. 2 TzBfG). Dies muss – wie in § 2 Abs. (2) vorgesehen – eine Mindestarbeitszeit sein (BAG AP TzBfG § 12 Nr. 4). Da das Gesetz insofern keine Untergrenze vorsieht, sind auch Vereinbarungen über eine (Mindest-) Arbeitszeit von weniger als zehn Stunden wöchentlich zulässig. Ist die Dauer der wöchentlichen Arbeitszeit nicht ausdrücklich festgelegt ist, gilt dagegen eine Arbeitszeit von zehn Stunden als vereinbart (§ 12 Abs. 1 S. 3 TzBfG).

Die in § 2 Abs. (2) getroffene Regelung gestattet dem Arbeitgeber, den Arbeitnehmer auch über die regelmäßige wöchentliche Arbeitszeit hinaus zu beschäftigen. Im Unterschied zu der nach § 2 Abs. (5) möglichen Anordnung von Überstunden ermöglicht die Regelung, auch einen plan- und vorhersehbaren Personalbedarf zu decken (*Hohenstatt/Schramm* NZA 2007, 238, 239). Eines besonderen, unvorhersehbaren Umstands wie bei der Anordnung von Überstunden bedarf es also gerade nicht. Nach der Rechtsprechung des BAG hält die Regelung einer Inhaltskontrolle nach § 307 Abs. 1 BGB grundsätzlich stand, solange die vom Arbeitgeber zusätzlich abrufbare Arbeit nicht mehr als **25 Prozent** der Mindestarbeitszeit beträgt (BAG AP TzBfG § 12 Nr. 4). Die Angabe eines Abrufgrundes ist nicht erforderlich (BAG AP TzBfG § 12 Nr. 4; *Hohenstatt/Schramm* NZA 2007, 238, 239). Zulässig ist demnach beispielsweise eine Regelung, die den Arbeitnehmer bei einer Mindestarbeitszeit von 30 Wochenstunden verpflichtet, wöchentlich bis zu 37,5 Stunden zu arbeiten. Zur Vergütung → Anm. 8.

Zulässig ist auch eine Vereinbarung, die zwar von einer regelmäßigen wöchentlichen Arbeitszeit ausgeht, dem Arbeitgeber aber die Befugnis einräumt, die wöchentliche Arbeitszeit um bis zu **20 Prozent zu verringern** (BAG AP TzBfG § 12 Nr. 4). In die Vergütungsvereinbarung ist dann eine Regelung aufzunehmen, wonach sich die Vergütung bei einer Verringerung der Arbeitszeit entsprechend reduziert (*Hohenstatt/Schramm* NZA 2007, 238, 240). Schließlich ist auch eine Vereinbarung denkbar, die

– ausgehend von einer regelmäßigen wöchentlichen Arbeitszeit – einen bestimmten **Arbeitszeitkorridor** festlegt, in dessen Umfang der Abruf von Arbeit erfolgen kann. Ob ein Arbeitszeitkorridor zulässig ist, wurde bis jetzt höchstrichterlich noch nicht entschieden. Gegen einen Arbeitszeitkorridor spricht, dass der Spielraum des Arbeitgebers, den Arbeitnehmer variabel einzusetzen, unangemessen erhöht würde (Grobys/Panzer/*Schumacher* Arbeit auf Abruf Rn. 18; *Reiserer* NZA 2007, 1249, 1259; *Zundel* NJW 2006, 2304, 2306). Vor dem Hintergrund der ungeklärten Rechtslage sollte auf die Vereinbarung eines Arbeitszeitkorridors im Arbeitsvertrag verzichtet werden.

4. Ankündigungsfrist. Der Arbeitgeber hat dem Arbeitnehmer gemäß § 12 Abs. 2 TzBfG die Lage seiner Arbeitszeit jeweils mindestens vier Tage im Voraus mitzuteilen. Diese Frist soll den Arbeitnehmer vor einer übermäßigen Einschränkung seiner Dispositionsfreiheit wegen zu kurzfristigem Abruf von Arbeitsleistungen schützen. Der Abruf der Arbeitsleistung ist eine einseitige, empfangsbedürftige Gestaltungserklärung des Arbeitgebers, wodurch die Arbeitspflicht des Arbeitnehmers verbindlich festgelegt wird (MünchHdbArbR/*Schüren* § 41 Rn. 30). Der Arbeitgeber kann die so festgelegte Verpflichtung zur Arbeitsleistung nur noch einvernehmlich mit dem Arbeitnehmer ändern, rückgängig kann er seine Anforderung einseitig nicht mehr machen (MünchHdbArbR/*Schüren* § 41 Rn. 30; a. A. ErfKomm/*Preis* § 12 TzBfG Rn. 28).

Die Berechnung der Vier-Tage-Frist erfolgt nach § 193 BGB. Der Tag der Ankündigung ist nach § 187 Abs. 1 BGB nicht mitzurechnen. Vom vorgesehenen Einsatztag ist daher der Ankündigungstag rückzurechnen. Fällt der so errechnete Tag auf einen Samstag, Sonntag oder Feiertag, so tritt an dessen Stelle der vorangehende Werktag (MünchHdbArbR/*Schüren* § 41 Rn. 29; tabellarische Übersicht bei ErfKomm/*Preis* § 12 TzBfG Rn. 26).

Eine Vereinbarung über eine verkürzte Ankündigungsfrist ist weder durch Arbeitsvertrag noch durch Betriebsvereinbarung zulässig (§ 22 Abs. 1 TzBfG). Eine Verkürzung der Ankündigungsfrist kann nur durch Tarifvertrag nach § 12 Abs. 3 TzBfG erfolgen, wenn der Tarifvertrag Regelungen über die tägliche und wöchentliche Arbeitszeit und die Vorankündigungsfrist vorsieht. Im Geltungsbereich eines solchen Tarifvertrages können nicht tarifgebundene Arbeitgeber und Arbeitnehmer die Anwendung der tariflichen Regelungen über die Arbeit auf Abruf vereinbaren.

5. Form des Abrufs. Bei der Form der Mitteilung über den Abruf von Arbeitsleistungen sind die Vertragsparteien grundsätzlich frei. So könnte etwa auch die Schriftform für die vorherige Mitteilung vereinbart werden. Praktisch sinnvoller und zweckdienlicher erscheint es allerdings, von einem Schriftformerfordernis abzusehen und im Regelfall eine telefonische oder mündliche Mitteilung als zulässig zu vereinbaren. Bei der Durchführung ist jedoch mindestens Textform empfehlenswert, um den Abruf i. S. d. Ausübung eines Gestaltungsrechtes im Streitfall beweisen zu können.

6. Mindestzeit pro Abruf. Wenn die Dauer der täglichen Arbeitszeit nicht festgelegt ist, hat der Arbeitgeber die Arbeitsleistung jeweils für mindestens drei aufeinander folgende Stunden in Anspruch zu nehmen (§ 12 Abs. 1 S. 4 TzBfG). Vereinbarungen über eine tägliche Arbeitszeit von weniger als drei Stunden sind dann zulässig, wenn die kürzere Arbeitszeit vertraglich festgelegt wird und dem Arbeitgeber damit kein freies Direktionsrecht über die jeweilige Arbeitszeit, sondern nur über deren Lage zusteht (ErfKomm/*Preis* § 12 TzBfG Rn. 22). Im Sinne einer interessengerechten Lösung sollte vertraglich nur in begründeten Fällen von der Drei-Stunden-Regel nach unten abgewichen werden.

7. Überstunden. → Anm. 3; → Form. A. II. 1 Anm. 4.

8. Vergütung/Sonstige Zahlungen. S. zunächst → Form. A. II. 1 Anm. 6–9. Der Arbeitnehmer hat auch dann einen Anspruch auf die in § 3 Abs. (1) vereinbarte Vergütung, wenn der Arbeitgeber die vereinbarte Mindestarbeitszeit nicht (vollumfänglich) abruft (§ 615 BGB). Die auf Abruf des Arbeitgebers zusätzlich geleistete Arbeit ist wie die innerhalb der Mindestarbeitszeit geleistete Arbeit zu vergüten (MünchHdbArbR/*Schüren* § 41 Rn. 50; *Hohenstatt/Schramm* NZA 2007, 238, 240), der Stundenlohn in § 3 Abs. (2) daher entsprechend festzusetzen.

9. Anzeige der Arbeitsverhinderung. Der Arbeitnehmer ist nach § 5 Abs. 1 EFZG auch dann verpflichtet, eine Arbeitsverhinderung anzuzeigen, wenn keine Arbeitsleistung abgerufen worden ist. Dies erleichtert es dem Arbeitgeber, die durch die Arbeitsverhinderung notwendig werdenden Dispositionen rechtzeitig zu treffen. Die Regelung in § 4 Abs. (1) ist zwar nur deklaratorisch, aus der Sicht des Arbeitgebers aber dennoch empfehlenswert, da sie den Arbeitnehmer zur Erfüllung seiner gesetzlichen Pflichten anhält.

10. Entgeltfortzahlung im Krankheitsfall. Bei der auch für die Abrufarbeit geltenden Verpflichtung des Arbeitgebers zur Entgeltfortzahlung im Krankheitsfall gemäß § 3 EFZG bedarf es aufgrund der besonderen Konstellation der Abrufarbeit einer genaueren Regelung. Insbesondere muss festgelegt werden, wie sich das fortzuzahlende Entgelt berechnet. Grundsätzlich muss die Entgeltfortzahlung im Krankheitsfall auf der Basis der hypothetischen Arbeitszeitlage abgerechnet werden (BAG AP BGB § 611 Werkstudent Nr. 4). Ist das nicht möglich oder – was häufiger sein wird – mit einigen Schwierigkeiten verbunden, liegt es nahe, auf das Durchschnittsprinzip zurückzugreifen (MünchHdbArbR/*Schüren* § 41 Rn. 61). Beide Gesichtspunkte sind in der Formulierung in § 4 Abs. (3) berücksichtigt.

11. Entgeltfortzahlung an Feiertagen. Ebenso wie im Normalarbeitsverhältnis hat auch bei der Abrufarbeit gemäß § 2 EFZG eine Entgeltfortzahlung an gesetzlichen Feiertagen zu erfolgen. Diese ist ebenso zu ermitteln wie die Entgeltfortzahlung im Krankheitsfall.

12. Reisekosten/Auslagen. → Form. A. II. 1, dort unter § 5.

13. Urlaubsanspruch. Der unabdingbare Anspruch auf Erholungsurlaub steht dem Abrufarbeitnehmer ebenso wie anderen Teilzeitbeschäftigten zu (*Laux/Schlachter* § 12 Rn. 109, § 4 Rn. 141; *Meinel/Heyn/Herms* § 12 TzBfG Rn. 54; MünchHdbArbR/*Schüren* § 41 Rn. 64). Nach § 3 Abs. 1 BUrlG beträgt der gesetzliche Mindesturlaub 24 Werktage bei einer Sechs-Tage-Woche. Allgemein anerkannt ist, dass der Urlaubsanspruch entsprechend umgerechnet werden muss, wenn der Arbeitnehmer an weniger als sechs Tagen in der Woche arbeitet (st. Rspr. vgl. BAG NZA 1987, 462; NZA 1991, 777; BAG NZA 2003, 726; ErfKomm/*Gallner* § 3 BUrlG Rn. 8). Für den „normalen" Teilzeitbeschäftigten gilt für die Berechnung des anteiligen Anspruchs die Formel: tatsächliche Arbeitstage in der Woche × Urlaubsanspruch einer Vollzeitkraft / übliche Arbeitstage einer Vollzeitkraft (ErfKomm/*Gallner* § 3 BUrlG Rn. 8; MünchHdbArbR/*Schüren* § 46 Rn. 234 ff.).

Dem Wesen der Abrufarbeit ist es immanent, dass der wöchentliche Arbeitseinsatz variiert. Die konkrete Berechnung des anteiligen Urlaubsanspruchs gestaltet sich daher schwierig, wie folgendes Beispiel verdeutlicht: Ein Abrufarbeitnehmer arbeitet in den Monaten Januar bis März regelmäßig an zwei Tagen in der Woche; aufgrund einer verbesserten Auftragslage in den Monaten April bis Juni wird die abgerufene Arbeit auf vier Tage in der Woche erhöht und in den Folgemonaten bis Dezember auf drei Tage verkürzt. Ein Vollzeitmitarbeiter (5 Tage pro Woche) hat einen arbeitsvertraglichen Urlaubsanspruch in Höhe von 30 Tagen.

In einem solchen Fall kann die Berechnung der mit Arbeitspflicht belegten Arbeitstage regelmäßig nur am Ende des Kalenderjahres aufgrund eines Jahresvergleichs vorgenommen werden (BAG NZA 2003, 726, 729; *Hümmerich/Boecken/Düwell* § 3 BUrlG Rn. 35). Die Berechnung erfolgt konkret, indem die mit Arbeitspflicht belegten Arbeitstage ins Verhältnis zu den jährlich gesetzlich möglichen Arbeitstagen gesetzt werden

(Urlaubstage eines Vollzeitmitarbeiters × tatsächliche Arbeitstage des Mitarbeiters im Jahr / gesetzlich mögliche Arbeitstage im Jahr; vgl. zu einer ähnlichen Problematik BAG NZA 2003, 1046, 1048; MünchHdbArbR/*Düwell* § 78 Rn. 35; *Hümmerich/Boecken/Düwell* § 3 BUrlG Rn. 20). Das BAG geht bei einer Fünf-Tage-Woche von 260 möglichen Jahresarbeitstagen aus (BAG NZA 2003, 726, 729; BAG NZA 2003, 1046, 1048). Für den Beispielsfall oben ergibt sich dann folgende Berechnung: Urlaubstage eines Vollzeitmitarbeiters (30) × Arbeitstage im Jahr (ca. 156) / gesetzlich mögliche Arbeitstage (260) = 18 Urlaubstage.

Diese rückwirkende Betrachtung führt natürlich zu dem Problem, dass erst nach Ablauf des jeweiligen Jahres der Urlaubsanspruch berechnet werden kann. Gerade bei signifikanten Schwankungen lässt sich nur schwer prognostizieren, wie viel Urlaub gewährt werden muss. Daher wird in der Literatur alternativ vorgeschlagen, einen Zeitraum von einem halben Jahr als Referenzzeitraum heranzuziehen (*Hümmerich/Boecken/Düwell* § 3 BUrlG Rn. 35), um den Urlaubsanspruch zu bestimmen. Des Weiteren ist denkbar, den Urlaubsanspruch fortlaufend neu zu berechnen, um eine Prognose hinsichtlich des Urlaubsanspruchs zu ermöglichen. Eine Richtigkeitsgewähr gibt es aber auch hierbei freilich nicht.

Im Formular wird aus den vorgenannten Gründen im Grundfall eine Formulierung gewählt, die die konkrete Berechnungsart des Urlaubsanspruchs nicht festlegt und daher offen für eine praktikable Handhabung je nach Umständen des Einzelfalls ist. Im Alternativvorschlag wird demgegenüber eine halbjährliche Berechnung des Urlaubsanspruchs vorgesehen, die jedenfalls einen gewissen Anhaltspunkt für die tatsächliche Handhabung mit sich bringt.

14. Urlaubsentgelt. Da Urlaub im gesetzlichen Sinne „bezahlte Freistellung von der Arbeit“ ist, ist auch für die Dauer von in Anspruch genommenen und gewährten Urlaubstagen das regelmäßige Entgelt fortzuzahlen. Dabei ist zur Berechnung des Urlaubsentgelts nach § 11 BUrlG wiederum auf die durchschnittliche Vergütung der letzten 13 Wochen zurückzugreifen.

Bei der Berechnung des Urlaubsentgelts können sich aufgrund der variierenden Arbeitszeit ebenfalls Probleme ergeben. Der Durchschnittsverdienst gemäß § 11 BUrlG ergibt sich aus dem Produkt des Geldfaktors und des Zeitfaktors (BAG NZA 2000, 1335, 1337; ErfKomm/*Gallner* § 11 BUrlG Rn. 3; *Leinemann/Linck* § 11 BUrlG Rn. 9). Während der Geldfaktor aufgrund der rückblickenden Durchschnittsbetrachtung einfach zu bestimmen ist, wird bei der Bestimmung des Zeitfaktors nicht auf einen vergangenen Referenzzeitraum Bezug genommen. Es sind vielmehr die im Urlaub tatsächlich ausfallenden Arbeitsstunden zu ermitteln, welche zu vergüten sind (ErKomm/*Gallner* § 11 BUrlG Rn. 3; *Leinemann/Linck* § 11 BUrlG Rn. 74). Lässt sich die ausgefallene Arbeitszeit weder unter Berücksichtigung der Auftragslage noch durch bestimmte Indizien feststellen, so stellt sich die Frage, wie die Zeitfaktorberechnung erfolgen kann. In Betracht kommt z. B. die vertraglich festgelegte Mindestarbeitszeit, die Höchstarbeitszeit inklusive der zusätzlich maximal möglichen Abrufarbeitszeit sowie eine Durchschnittsprognose unter Beachtung eines bestimmten, aussagekräftigen Zeitraums (in diesem Sinne LAG Frankfurt a. M. BeckRS 2003, 30928209). Hier bleiben aber mangels entsprechend klarstellender Rechtsprechung und eindeutiger gesetzlicher Regelungen schlussendlich gewisse Unsicherheiten bestehen.

15. Nebentätigkeiten. → Form. A. II. 1, dort unter § 7.

16. Geheimhaltung/Behandlung und Rückgabe von Gegenständen und Daten/Löschung von Daten. → Form. A. II. 1, dort unter § 8.

17. Schutzrechte. → Form. A. II. 1, dort unter § 9.

18. Laufzeit/Kündigung/Vertragsstrafe/Freistellung/Vorfälligkeit. → Form. A. II. 1, dort unter § 10.

19. Ausschlussfristen/Verjährung. → Form. A. II. 1, dort unter § 11.

20. Öffnungsklausel für Betriebsvereinbarungen. → Form. A. II. 1, dort unter § 12.

21. Schlussbestimmungen/Mitteilungspflicht/Aufhebung früherer Vereinbarungen und Anstellungsverhältnisse/Schriftform. → Form. A. II. 1, dort unter § 13.

22. Unterschrift der Gesellschaft. → Form. A. II. 1 Anm. 31.

10. Dreiseitiger Vertrag (Transfergesellschaft)

Dreiseitiger Vertrag[1]

zwischen

...... (Name und Anschrift des bisherigen Arbeitgebers) „Gesellschaft“

und

...... (Name und Anschrift der Transfergesellschaft) „TG“

und

Herrn ...... (Name und Anschrift des Arbeitnehmers) „Mitarbeiter“[2]

§ 1 Vertragszweck/Wirksamkeitsvoraussetzung

(1) Zweck dieses Vertrages ist die Einführung von Transferkurzarbeit. Dadurch sollen die mit der betriebsbedingten Kündigung vom ...... einhergehenden wirtschaftlichen Nachteile gemildert und die Vermittlungsaussichten des Mitarbeiters auf dem Arbeitsmarkt verbessert werden.

(2) Zur Durchführung der Transferkurzarbeit wechselt der Mitarbeiter nach Maßgabe der nachfolgenden vertraglichen Vereinbarungen in die TG.

(3) Dieser Vertrag steht unter der aufschiebenden Bedingung, dass Transferkurzarbeitergeld bewilligt wird.[3]

§ 2 Beendigung des Arbeitsverhältnisses mit der Gesellschaft

(1) Die Gesellschaft hat das Arbeitsverhältnis des Mitarbeiters am ...... ordentlich betriebsbedingt gekündigt. Die Gesellschaft und der Mitarbeiter sind sich einig, dass die Kündigungsfrist im gegenseitigen Einvernehmen abgekürzt wird, um in die TG zu wechseln. Somit endet das Arbeitsverhältnis mit der Gesellschaft am ......[4]

(2) Die an den Mitarbeiter zu zahlende Abfindung nach dem Sozialplan[5] vom ...... bleibt unabhängig vom Wechsel in die TG erhalten.[6]

§ 3 Arbeitsverhältnis mit der TG

(1) Die TG und der Mitarbeiter vereinbaren ein befristetes Arbeitsverhältnis. Das Arbeitsverhältnis mit der TG beginnt am ...... und endet am ......, ohne dass es einer Kündigung bedarf. Die fortlaufende ununterbrochene Gewährung von Transferkurzarbeitergeld i.S.d. § 111 SGB III bildet unabhängig von der aufschiebenden Bedingung

gemäß § 1 Abs. (3) die Geschäftsgrundlage für das Arbeitsverhältnis zwischen dem Mitarbeiter und der TG.[7]

(2) Die Beschäftigung in der TG erfolgt, um dem Mitarbeiter Qualifizierungsmöglichkeiten zu eröffnen und die Arbeitsmarktchancen des Mitarbeiters zu verbessern.[8]

(3) Ein Anspruch des Mitarbeiters auf Beschäftigung gegenüber der TG besteht nicht. Die TG und der Mitarbeiter sind sich darüber einig, dass in der TG „Kurzarbeit Null", d.h. eine Reduzierung der Arbeitszeit auf Null, angeordnet wird. Der Mitarbeiter erklärt sich damit ausdrücklich einverstanden.[9]

(4) Der Mitarbeiter erhält eine monatliche Vergütung in Höhe des ihm zustehenden Transferkurzarbeitergeldes gemäß § 111 SGB III sowie einen Zuschuss zum Kurzarbeitergeld, zahlbar bargeldlos jeweils zum Monatsende. Die Höhe des Zuschusses ist so bemessen, dass der Mitarbeiter zusammen mit dem Kurzarbeitergeld monatlich 80 Prozent des zuletzt bei der Gesellschaft bezogenen monatlichen Nettoentgelts bezieht. Für die Berechnung wird ein maßgebliches Nettoentgelt von . . . . . . EUR (in Worten: Euro . . . . . .) herangezogen. Zukünftige Lohnerhöhungen bei der Gesellschaft bleiben außer Betracht.[10]

(Alternative:

(4) Der Mitarbeiter erhält eine monatliche Vergütung in Höhe des ihm zustehenden Transferkurzarbeitergeldes gemäß § 111 SGB III, zahlbar bargeldlos jeweils zum Monatsende.)

(5) Der Mitarbeiter hat einen Urlaubsanspruch von . . . . . . Arbeitstagen pro Kalenderjahr. Arbeitstage sind alle Tage, die am Arbeitsort weder Samstage noch Sonntage oder gesetzliche Feiertage sind. Bei der Festlegung von Zeitpunkt und Dauer des Urlaubs werden die betrieblichen Interessen und Bedürfnisse angemessen berücksichtigt, insbesondere unter Beachtung von Qualifizierungsmaßnahmen und Vermittlungsangeboten.[11]

(6) Die Parteien sind sich darüber einig, dass die betriebliche Altersversorgung der Gesellschaft durch die TG nicht weitergeführt wird. Verpflichtungen der TG aus der betrieblichen Altersversorgung der Gesellschaft bestehen nicht. Sämtliche Ansprüche des Mitarbeiters aus der betrieblichen Altersversorgung richten sich ausschließlich gegen die Gesellschaft.[12] Dies gilt auch hinsichtlich aller sonstigen Ansprüche aus dem Arbeitsverhältnis mit der Gesellschaft.

§ 4 Qualifizierung und Vermittlung

(1) Gemäß § 111 SGB III hat der Mitarbeiter an einer Profiling-Maßnahme teilzunehmen.[13]

(2) Der Mitarbeiter ist verpflichtet, während der Dauer des Arbeitsverhältnisses mit der TG an angebotenen Weiterbildungs- und Qualifizierungsmaßnahmen teilzunehmen und die Hilfestellungen der TG, insbesondere Vermittlungsangebote (u.a. auch zu Zeitarbeitsunternehmen) aktiv zu nutzen. Qualifizierungsmaßnahmen können auch Praktika (Qualifizierung durch Arbeit) bis zur Dauer von sechs Monaten sein.[14]

(3) Der Mitarbeiter ist im Rahmen der Kurzarbeit verpflichtet, sich bei der zuständigen Agentur für Arbeit arbeitsuchend zu melden und sich in ein anderes Arbeitsverhältnis auf dem ersten Arbeitsmarkt vermitteln zu lassen.[15]

§ 5 Freistellung des Mitarbeiters während des Arbeitsverhältnisses mit der TG[16]

(1) Während der Dauer des Arbeitsverhältnisses mit der TG wird die TG den Mitarbeiter auf Wunsch für die Dauer eines Zweitarbeitsverhältnisses freistellen.

(2) Während der Freistellung ruhen die Rechte und Pflichten aus dem Arbeitsvertrag zwischen der TG und dem Mitarbeiter. Mit Beendigung des Zweitarbeitsverhältnisses leben diese Rechte und Pflichten wieder auf.

§ 6 Mitteilungspflichten[17]

(1) Der Mitarbeiter verpflichtet sich, für die Dauer der Beschäftigung in der TG dieser alle Änderungen über die Angaben zu seiner Person, soweit sie für den Arbeitsvertrag von Bedeutung sind, unverzüglich mitzuteilen. Hierzu gehören insbesondere Angaben über Nebentätigkeiten oder die Aufnahme einer selbständigen entgeltlichen Tätigkeit.

(2) Der Mitarbeiter versichert, unter der jeweils angegebenen Adresse postalisch erreichbar zu sein und der TG Änderungen der Zustelladresse unverzüglich schriftlich mitzuteilen.

(3) Aus der Nichtbeachtung dieser Verpflichtungen etwa entstehende Nachteile gehen zu Lasten des Mitarbeiters.

§ 7 Vorzeitiges Ausscheiden aus der TG[18]

(1) Während der Dauer der Befristung des Arbeitsverhältnisses mit der TG kann der Mitarbeiter jederzeit ohne Einhaltung einer Kündigungsfrist ausscheiden. Zusätzliche Ansprüche gegen die TG entstehen dadurch nicht.

(2) Die TG kann das Arbeitsverhältnis mit dem Mitarbeiter unter Einhaltung der gesetzlichen Kündigungsfristen kündigen, wenn in der Person oder im Verhalten des Mitarbeiters Gründe liegen, die die Gewährung von Transfergeld nachträglich entfallen lassen. Hierzu gehören auch alle Verletzungen von Mitwirkungshandlungen auf Seiten des Mitarbeiters, z.B. die schuldhafte Nichtteilnahme an Qualifizierungsmaßnahmen.

§ 8 Personaldaten/Arbeitspapiere[19]

(1) Der Mitarbeiter ist damit einverstanden, dass seine Personaldaten im Einklang mit den Bestimmungen des Bundesdatenschutzgesetzes gespeichert, verarbeitet und übermittelt werden. Dieses Einverständnis bezieht sich sowohl auf den Datentransfer von der Gesellschaft an die TG als auch auf die notwendigen Mitteilungen der TG gegenüber den Agenturen für Arbeit und Finanzämtern sowie an externe Dienstleister, mit denen die TG im Rahmen von Qualifizierungsmaßnahmen zugunsten des Mitarbeiters zusammenarbeitet.

(2) Die Parteien sind sich darüber einig, dass die Gesellschaft die für die Beschäftigungsaufnahme bei der TG notwendigen Arbeitspapiere (z.B. Sozialversicherungsausweis) direkt an die TG aushändigt.

§ 9 Erledigungsklausel für das Arbeitsverhältnis mit der Gesellschaft[20]

(1) Mit Abschluss dieser Vereinbarung sind sämtliche gegenseitigen Ansprüche aus dem Arbeitsverhältnis zwischen der Gesellschaft und dem Mitarbeiter und anlässlich dessen Beendigung, gleich aus welchem Rechtsgrund, erledigt.

(2) Diese Erledigung gilt ausdrücklich nicht für die Ansprüche des Mitarbeiters aus dem Sozialplan vom ...... sowie für Entgeltansprüche bis zum Wechselzeitpunkt einschließlich aller Urlaubsansprüche, Freizeitguthaben aus Arbeitszeitverkürzung, Gleitzeit und flexiblen Arbeitszeiten, Ansprüche auf unverfallbare Versorgungsanwartschaften, Ansprüche aus dem betrieblichen Vorschlagswesen und auf Erfindervergütung sowie die Ansprüche des Mitarbeiters auf ein wohlwollendes Arbeitszeugnis und die Herausgabe der Arbeitspapiere.

(3) Der Mitarbeiter verpflichtet sich, keine Kündigungsschutzklage zu erheben oder eine etwaige vor dem Arbeitsgericht anhängige Kündigungs- oder Bestandsschutzklage gegen die Gesellschaft zurückzunehmen.

§ 10 Hinweispflichten[21]

(1) Der Mitarbeiter wird hiermit darauf hingewiesen, dass er sich spätestens drei Monate vor dem Beendigungstermin des Arbeitsverhältnisses mit der TG bei der zuständigen Agentur für Arbeit zu melden sowie eigene Aktivitäten bei der Suche nach einer anderen Beschäftigung zu entfalten hat, um Rechtsnachteile beim Bezug von Arbeitslosengeld zu vermeiden. Liegen zwischen dem Abschluss dieses Vertrages und dem Beendigungstermin weniger als drei Monate, muss sich der Mitarbeiter innerhalb von drei Tagen nach Abschluss dieser Vereinbarung bei der Agentur für Arbeit melden.

(2) Die Gesellschaft weist den Mitarbeiter darauf hin, dass Auskünfte über mögliche sozialversicherungs- und steuerrechtliche Auswirkungen dieser Vereinbarung durch die Sozialversicherungsträger (insbesondere Agentur für Arbeit) sowie das Finanzamt erteilt werden. Der Mitarbeiter verzichtet insoweit auf weitere Hinweise der Gesellschaft.

§ 11 Schlussbestimmungen

(1) Mündliche Nebenabreden zu diesem Vertrag bestehen nicht. Änderungen oder Ergänzungen dieses dreiseitigen Vertrages einschließlich dieser Bestimmung bedürfen zu ihrer Wirksamkeit der Schriftform, es sei denn, diese wurden nachweislich zwischen den Parteien ausgehandelt. Das Schriftformerfordernis bezieht sich auch auf etwaige Ansprüche aus betrieblicher Übung.

(2) Sollte eine Bestimmung dieses Vertrages ganz oder teilweise unwirksam sein oder werden, so wird hiervon die Wirksamkeit der übrigen Bestimmungen dieses Vertrages nicht berührt. An die Stelle der unwirksamen Bestimmung tritt die gesetzlich zulässige Bestimmung, die dem mit der unwirksamen Bestimmung Gewollten wirtschaftlich am nächsten kommt. Dasselbe gilt für den Fall einer vertraglichen Lücke.

(3) Erfüllungsort und Gerichtsstand richten sich nach den gesetzlichen Vorschriften.

......
Ort, Datum
......
Unterschrift der Gesellschaft[22]

......
Ort, Datum
......
Unterschrift der TG

......
Ort, Datum
......
Unterschrift des Mitarbeiters

Anmerkungen

1. Transfergesellschaft – Begriff und Abgrenzung. Eine Transfergesellschaft soll die von Arbeitslosigkeit bedrohten Arbeitnehmer „auffangen" und durch Qualifizierung und Vermittlung die Wiedereingliederungschancen der Arbeitnehmer in den Arbeitsmarkt verbessern. I. d. R. handelt es sich dabei um eigenständige Rechtsträger, die im Auftrag anderer Unternehmen sog. „betriebsorganisatorisch eigenständige Einheiten" bilden, in denen Transferkurzarbeit nach § 111 SGB III durchgeführt wird. Derartige **externe Transfergesellschaften** werden in der Regel in Form einer GmbH betrieben. Denkbar ist es jedoch auch, dass der Arbeitgeber diejenigen Arbeitnehmer, die nicht mehr regulär weiterbeschäftigt werden können, in einen arbeitgebereigenen Beschäftigungsbetrieb überführt, in dem die Betroffenen qualifiziert werden (*Bissels/Jordan/Wisskirchen* NZI 2009, 865, 866). Bei der Entscheidung für eine interne Transfergesellschaft ist allerdings zu bedenken, dass eine eindeutige Trennung zwischen den Arbeitnehmern der betriebsorganisatorisch eigenständigen Einheit und denen des Betriebs unerlässlich ist (vgl. Ziffer 12.3.2 Abs. (7) der Geschäftsanweisungen „Transfermaßnahmen und Transferkurzarbeitergeld (T-Kug)" der Bundesagentur für Arbeit, Stand Juni 2013). Idealerweise sollte eine interne Transfergesellschaft daher z.B. nicht auf dem Betriebsgelände des Arbeitgebers betrieben werden.

Ein Wechsel des Arbeitnehmers vom bisherigen Arbeitgeber in eine externe Transfergesellschaft kann nur einvernehmlich bewirkt werden: Das bestehende Arbeitsverhältnis muss durch einen Aufhebungsvertrag beendet und das Arbeitsverhältnis mit der Transfergesellschaft durch den Abschluss eines Arbeitsvertrages begründet werden (zu den beiden Umsetzungsmöglichkeiten → Anm. 2). Dies führt mangels Fortführung des Betriebszwecks bei der Transfergesellschaft nicht zu einem Betriebsübergang i.S.d. § 613a BGB auf die Transfergesellschaft (→ Anm. 8).

Für den **bisherigen Arbeitgeber** besteht der wesentliche Vorteil der Einschaltung einer externen Transfergesellschaft darin, dass er durch die einvernehmliche Beendigung der Arbeitsverhältnisse das mit eventuellen Kündigungsschutzklagen verbundene Prozessrisiko vermeiden kann (*Meyer* NZS 2002, 578, 580). Da eine Sozialauswahl bei einer einvernehmlichen Beendigung des Arbeitsverhältnisses nicht erfolgt, kann auf diesem Weg auch die Altersstruktur des Unternehmens verbessert werden. Ferner kann vereinbart werden, dass die betroffenen Arbeitnehmer schon vor Ablauf ihrer individuellen Kündigungsfristen in die Transfergesellschaft wechseln. Dies spart wertvolle Zeit und ist insbesondere hinsichtlich solcher Arbeitnehmer von Vorteil, die eine lange Kündigungsfrist haben und tatsächlich nicht mehr benötigt werden. Daneben kann durch die Einschaltung einer externen Transfergesellschaft gerade auch bei größeren Umstrukturierungen eine positive Öffentlichkeitswirkung erzeugt werden (*Bachner/Schindele* NZA 1999, 130, 136). Im Ergebnis wiegen diese Vorteile üblicherweise die höheren Kosten und den größeren Verwaltungsaufwand bei weitem auf (*Bachner/Schindele* NZA 1999, 130, 135).

Für die **Arbeitnehmer** liegt der Vorteil eines Wechsels in die Transfergesellschaft vor allem darin, dass sie eine „verlängerte Kündigungsfrist" haben, während derer sie sich qualifizieren und aus einem bestehenden Arbeitsverhältnis um einen neuen Arbeitsplatz bewerben können. Nachteile beim Arbeitslosengeld, die beim Abschluss eines Aufhebungsvertrages üblicherweise zu erwarten sind (Ruhen des Arbeitslosengeldanspruchs für eine Sperrzeit, Verkürzung der Bezugsdauer), sind nicht zu befürchten, wenn zugleich der Wechsel in die Transfergesellschaft erfolgt. Auch nach Ende des befristeten Arbeitsverhältnisses mit der Transfergesellschaft droht eine Sperrzeit nach § 159 Abs. 1 S. 2 Nr. 1 SGB III nicht, wenn die Beschäftigungsdauer des Arbeitnehmers in der Transfergesellschaft die Kündigungsfrist übersteigt (vgl. auch Ziffer 12.3.2 Abs. (2) der Geschäftsanweisungen „Transfermaßnahmen und Transferkurzarbeitergeld (T-Kug)" der Bundesagentur für Arbeit, Stand Juni 2013). Damit kommt es auch nicht zu einer Minderung der Dauer des Arbeitslosengeldanspruchs nach § 148 Abs. 1 Nr. 4 SGB III. Der Nachteil einer Transfergesellschaft liegt für die Arbeitnehmer jedoch üblicherweise in einer Reduzierung des bisherigen Entgelts (→ Anm. 11).

Daneben ist mit Blick auf das etwaig zu beziehende Arbeitslosengeld auch ein mittelbarer Nachteil für den Arbeitnehmer gegeben. Für die Berechnung des Arbeitslosengeldes wird grundsätzlich das Entgelt zugrunde gelegt, welches der Arbeitnehmer in dem letzten Jahr vor seiner Arbeitslosigkeit erhalten hat (§ 150 Abs. 1 SGB III). Daher bemisst sich das Arbeitslosengeld an dem Entgelt, das der Arbeitnehmer während seiner Zeit in der Transfergesellschaft erhielt und nicht an dem Entgelt, was er bei dem früheren Arbeitgeber erzielte. Ausnahmsweise wird aber der Bezugszeitraum auf zwei Jahre erweitert, wenn es ansonsten als unbillige Härte anzusehen wäre, von dem „normalen" Zeitraum auszugehen (§ 150 Abs. 3 Nr. 3 SGB III). Das Bundessozialgericht nimmt eine solche unbillige Härte jedenfalls dann an, wenn das sogenannte Bemessungsentgelt aufgrund der Erweiterung des Bezugszeitraums auf zwei Jahre um zehn Prozent höher liegt als bei der Anwendung des einjährigen Bemessungsrahmens (BSG NZS 2013, 594). Im Ergebnis wird der mittelbare Nachteil damit jedenfalls abgemildert.

Auch für die **Verhandlungen mit dem Betriebsrat** über einen Interessenausgleich und Sozialplan kann die Vereinbarung einer Transfergesellschaft positive Auswirkungen haben. Insbesondere sehen sich Betriebsräte häufig eher in der Lage, einen „Transfersozialplan" zu vertreten als einen reinen „Abfindungssozialplan" (*Rolf/Riechwald* BB 2011, 2805).

Kommt es im Anschluss an die Übertragung der Arbeitsverhältnisse auf eine Transfergesellschaft zu einer Betriebsveräußerung, gehen die Arbeitsverhältnisse nicht (mehr) gemäß § 613a Abs. 1 BGB auf den Erwerber über. Der **Erwerber** kann sich vielmehr grundsätzlich aus den nunmehr bei der Transfergesellschaft beschäftigten Arbeitnehmern seine „Wunschmannschaft" zusammenstellen und mit ihnen völlig neue Arbeitsbedingungen vereinbaren (*Lembke* BB 2004, 773). Der bisherige Arbeitgeber kann dadurch ggf. einen höheren Preis für den Betrieb erzielen. Dieses Vorgehen ist solange mit § 613a BGB vereinbar, wie der zwischen dem bisherigem Arbeitgeber und dem Arbeitnehmer geschlossene Aufhebungsvertrag auf das endgültige Ausscheiden des Arbeitnehmers aus dem Betrieb gerichtet ist und die Übernahme in eine Transfergesellschaft nicht nur zum Schein vorgeschoben oder offensichtlich bezweckt wird, die Sozialauswahl zu umgehen (Küttner/*Kania* Beschäftigungsgesellschaft Rn. 5 ff.). Eine unzulässige Umgehung des § 613a Abs. 4 BGB liegt dann vor, wenn beim Abschluss des Aufhebungsvertrages zugleich ein neues Arbeitsverhältnis mit dem Erwerber begründet oder dem Arbeitnehmer zumindest verbindlich in Aussicht gestellt wird (BAG NZA 2012, 152; BAG AP BGB § 613a Wiedereinstellung Nr. 1; vgl. zu Rechtsfragen der Umgehung des § 613a BGB auch *Fuhlrott* NZA 2012, 549). Der Erwerber muss bei der Arbeitnehmerauswahl in jedem Fall die Vorgaben des AGG beachten, insbesondere darf er nicht willkürlich differenzieren. Bei einer Ungleichbehandlung bestünde zwar kein Einstellungs-, aber ggf. ein Schadensersatzanspruch des sachgrundlos benachteiligten Arbeitnehmers (§ 15 Abs. 1 bis 4, Abs. 6 AGG). Dringend anzuraten ist daher, den Auswahlvorgang an sich und die Gründe für die Einstellung der ausgewählten Arbeitnehmer umfassend und detailliert zu dokumentieren (*Krieger/Fischinger* NJW 2007, 2289, 2292).

Als Instrument der Frühverrentung eignet sich die Einschaltung einer Transfergesellschaft nicht. Dagegen sprechen die Förderungshöchstdauer von maximal zwölf Monaten (§ 111 Abs. 1 S. 2 SGB III) und die Betonung des Vermittlungsgedankens, von dem die Förderung durch die Agentur für Arbeit maßgeblich abhängt (→ Anm. 3).

2. Dreiseitiger Vertrag, Finanzierung der Transfergesellschaft. Das Formular stellt eine Kombination aus Aufhebungsvertrag mit dem bisherigen Arbeitgeber einerseits und befristetem neuen Arbeitsvertrag mit der Transfergesellschaft andererseits dar. Alternativ ist auch eine getrennte Regelung ohne weiteres möglich.

Neben dem dreiseitigen Vertrag, der die arbeitsrechtlichen Aspekte des Wechsels in die Transfergesellschaft abdeckt, sind Finanzierung und Kostentragung der Transfergesellschaft in einem separaten Dienstleistungs- und Kooperationsvertrag zwischen dem bisherigen Arbeitgeber und der Transfergesellschaft zu regeln (vgl. *Lembke* BB 2004, 773, 776).

Die **Finanzierung der Transfergesellschaft** erfolgt – wenn man vom Transferkurzarbeitergeld (→ Anm. 3) absieht – in erster Linie durch Zahlungen des bisherigen Arbeitgebers. Finanziert werden müssen vor allem die im Außenverhältnis von der Transfergesellschaft zu tragenden (Arbeitnehmer- und Arbeitgeber-) Beiträge zur Kranken-, Renten- und Pflegeversicherung, die Kosten der Entgeltfortzahlung während des Urlaubs und an gesetzlichen Feiertagen einschließlich der dann fälligen Sozialversicherungsbeiträge sowie eventuelle

Zuschüsse zum Transferkurzarbeitergeld. Diese Kosten werden üblicherweise durch einen vom bisherigen Arbeitgeber pro Mitarbeiter an die Transfergesellschaft zu entrichtenden Pauschalbetrag abgegolten (*Gaul/Otto* NZA 2004, 1301, 1306).

Ergänzend ist neben einzelfallbezogenen Förderungsmaßnahmen der Agenturen für Arbeit, Kommunen oder Ländern insbesondere in kleineren und mittleren Betrieben eine Teilfinanzierung von Transfergesellschaften im Rahmen des Europäischen Sozialfonds (ESF) möglich. Das Bundesprogramm für aus Mitteln des ESF mitfinanzierte zusätzliche Maßnahmen führt die Bundesagentur für Arbeit auf der Grundlage von Richtlinien des Bundesministeriums für Wirtschaft und Arbeit durch (ESF-BA-Programm). In Betracht kommt hierbei z. B. die Erstattung notwendiger Lehrgangskosten für Teilnehmer an Qualifizierungsmaßnahmen (weitere Informationen finden sich unter www.arbeitsagentur.de/esf).

3. **Transferkurzarbeitergeld.** Die Einführung von Transferkurzarbeit ist wirtschaftlich sinnlos, wenn kein Transferkurzarbeitergeld gewährt wird. Der gesamte Vertrag sollte daher unter die aufschiebende Bedingung der Gewährung von Transferkurzarbeitergeld gemäß § 158 Abs. 1 BGB gestellt werden (vgl. *Gaul/Otto* NZA 2004, 1301, 1302).

Auf der Grundlage des seit dem 1.4.2012 geltenden Rechts haben Arbeitnehmer Anspruch auf Kurzarbeitergeld zur Förderung der Eingliederung bei betrieblichen Restrukturierungen (Transferkurzarbeitergeld), wenn und solange sie von einem dauerhaften unvermeidbaren Arbeitsausfall mit Entgeltausfall betroffen sind, die betrieblichen sowie persönlichen Voraussetzungen erfüllt sind, der gesetzlich vorgesehenen Beratungspflicht Genüge getan wurde und der dauerhafte Arbeitsausfall der Agentur für Arbeit angezeigt worden ist (§ 111 Abs. 1 SGB III).

Ein **dauerhafter Arbeitsausfall** i. S. d. § 111 Abs. 2 S. 1 SGB III liegt vor, wenn infolge einer Betriebsänderung gemäß § 110 Abs. 1 S. 3 SGB III die Beschäftigungsmöglichkeiten für die Arbeitnehmer nicht nur vorübergehend entfallen. Da das Gesetz ausdrücklich nicht auf das Vorliegen einer bestimmten Unternehmensgröße oder auf die Anwendbarkeit des BetrVG abstellt, steht auch Kleinunternehmen mit bis zu 20 Arbeitnehmern die Möglichkeit einer Förderung durch Transferkurzarbeitergeld offen. Gleiches gilt für Tendenzbetriebe und Religionsgemeinschaften (§ 118 BetrVG) sowie öffentlich-rechtliche Betriebe (§ 130 BetrVG).

Wegen des Begriffes der **„Betriebsänderung"** verweisen §§ 110 und 111 SGB III auf § 111 BetrVG. Im Falle des **Personalabbaus** liegt eine Betriebsänderung i. S. d. § 111 S. 3 Nr. 1 BetrVG vor, wenn eine größere Anzahl von Arbeitnehmern vom Arbeitsplatzwegfall betroffen ist. Als Richtwert dienen hierbei die Zahlen- und Prozentangaben des § 17 Abs. 1 KSchG, allerdings mit der Maßgabe, dass in größeren Betrieben von dem Personalabbau mindestens fünf Prozent der Belegschaft des Betriebs betroffen sein müssen (BAG AP BetrVG 1972 § 112a Nr. 12).

Eine Betriebsänderung ist somit i. d. R. dann zu bejahen, wenn

- in Betrieben mit i. d. R. 21 bis 59 Arbeitnehmern mehr als fünf Arbeitnehmer,
- in Betrieben mit i. d. R. 60 bis 499 Arbeitnehmern zehn Prozent der beschäftigten Arbeitnehmer oder aber mehr als 25 Arbeitnehmer,
- oder in Betrieben mit i. d. R. mindestens 500 Arbeitnehmern mindestens fünf Prozent, aber nicht weniger als 30 Arbeitnehmer vom Personalabbau betroffen sind.

Der Arbeitsausfall ist **unvermeidbar**, wenn der Arbeitsplatz des betroffenen Arbeitnehmers infolge der Betriebsänderung wegfällt und eine betriebliche Beschäftigungsmöglichkeit nicht mehr besteht (*Gaul/Otto* NZA 2004, 1301, 1306 f.; *Welkoborsky* NZS 2004, 509, 514). Maßgeblich ist trotz des insoweit missverständlichen Wortlauts („unvermeidbar") allein die Durchführung von Rationalisierungsmaßnahmen; diese können auch auf rein innerbetrieblichen Gründen (z. B. Gewinnmaximierung) beruhen (*Gaul/Otto* NZA 2004, 1301, 1306). Vermeidbar ist der Arbeitsausfall allerdings dann, wenn aufgrund offensichtlicher Umstände lediglich ein vorübergehender Personal(mehr)bedarf anzunehmen war und gleichwohl Arbeitskapazitäten auf Dauer aufgebaut wurden, wie z. B. bei unbefristeten Einstellungen zur Bewältigung zeitlich befristeter einmaliger Projekte (BT-Drucks. 15/1515 S. 92 noch zur alten Gesetzeslage, an der sich insoweit aber nichts geändert hat).

Die **betrieblichen Voraussetzungen** sind nach § 111 Abs. 3 SGB III erfüllt, wenn in einem Betrieb Personalanpassungsmaßnahmen aufgrund einer Betriebsänderung durchgeführt und die von Arbeitsausfall betroffenen Arbeitnehmer zur Vermeidung von Entlassungen und zur Verbesserung ihrer Eingliederungschancen in einer betriebsorganisatorisch eigenständigen Einheit zusammengefasst werden. Einer Mindestzahl an Eintritten in die zu errichtende betriebsorganisatorisch eigenständige Einheit bedarf es nicht (BT-Drucks. 15/1515 S. 92). Zur Vermeidung von Missbrauchsgestaltungen ist der Anspruch auf Transferkurzarbeitergeld ausgeschlossen, wenn die Arbeitnehmer nur vorübergehend in der eigenständigen Einheit zusammengefasst werden, um anschließend im Betrieb, Unternehmen oder Konzern des (vormaligen) Arbeitgebers eingesetzt zu werden (§ 111 Abs. 8 SGB III).

Die betrieblichen Voraussetzungen sind überdies nur dann erfüllt, wenn die Organisation und Mittelausstattung der betriebsorganisatorischen Einheit den angestrebten Integrationserfolg erwarten lassen und ein System zur Sicherung der Qualität angewendet wird, soweit die Maßnahmen intern beim Arbeitgeber durchgeführt werden. Wird eine externe Transfergesellschaft genutzt, muss diese eine so genannte Trägerzulassung gemäß § 178 SGB III besitzen, die nur erteilt wird, wenn die Transfergesellschaft die entsprechenden (Qualitäts-) Voraussetzungen erfüllt. Erforderlich ist u. a. eine angemessene Zahl von Beratern, wobei Ziffer 3.2.2 Abs. (13) der Geschäftsanweisungen „Transferleistungen (§§ 110, 111 und 134 SGB III)" der Bundesagentur für Arbeit (Stand Februar 2012) ein Verhältnis von einem Berater für fünfzig Mitarbeiter vorsieht.

Die **persönlichen Voraussetzungen** für die Gewährung von Transferkurzarbeitergeld sind nach § 111 Abs. 4 SGB III erfüllt, wenn der Arbeitnehmer von Arbeitslosigkeit bedroht ist (§ 17 SGB III), nach Beginn des Arbeitsausfalls eine versicherungspflichtige Beschäftigung fortsetzt oder im Anschluss an die Beendigung eines Berufsausbildungsverhältnisses aufnimmt, nicht vom Kurzarbeitergeldbezug ausgeschlossen ist und sich vor der Überleitung in die betriebsorganisatorisch eigenständige Einheit aus Anlass der Betriebsänderung bei der Agentur für Arbeit arbeitsuchend meldet. Ferner muss der Arbeitnehmer an einer „arbeitsmarktlich zweckmäßigen Maßnahme zur Feststellung der Eingliederungsaussichten" teilgenommen haben oder diese muss im unmittelbaren Anschluss an die Überleitung innerhalb eines Monats nachgeholt werden (sog. „Profiling", → Anm. 14). Von Arbeitslosigkeit nicht bedroht sind Arbeitnehmer, die unkündbar sind. Dabei ist zu unterscheiden zwischen definitiver Unkündbarkeit, die ausnahmslos, z. B. nach Erreichen einer bestimmten Betriebszugehörigkeit oder eines bestimmten Lebensalters eintritt, und solchen Unkündbarkeitsklauseln, die Ausnahmen von der Unkündbarkeit vorsehen (z. B. bei Betriebsänderungen i. S. d. § 111 BetrVG oder dann, wenn der Arbeitnehmer nach einem Sozialplan Anspruch auf eine Abfindung hat). Nur uneingeschränkt unkündbare Arbeitnehmer sind von der Förderung durch Transferkurzarbeitergeld per se ausgenommen.

Durch die gesetzliche Novellierung im Jahr 2012 wurde die verpflichtende **Vorfeldberatung** nach § 111 Abs. 1 Nr. 4 SGB III als weitere Voraussetzung für den Bezug von Transferkurzarbeitergeld eingeführt. Danach müssen sich die Betriebsparteien im Vorfeld der Entscheidung über die Inanspruchnahme von Transferkurzarbeitergeld von der Agentur für Arbeit beraten lassen haben, damit die Agentur für Arbeit rechtzeitig Hinweise auf integrationsfördernde oder -hemmende Elemente im Interessenausgleich oder Sozialplan erteilen kann (vgl. Ziffer 10.4 Abs. (1) der Geschäftsanweisungen „Transfermaßnahmen und Transferkurzarbeitergeld (T-Kug)" der Bundesagentur für Arbeit, Stand Juni 2013).

Schließlich ist Voraussetzung für die Gewährung von Transferkurzarbeitergeld, dass der Arbeitsausfall bei der Agentur für Arbeit, in deren Bezirk der personalabgebende

Betrieb seinen Sitz hat (§ 111 Abs. 6 SGB III), angezeigt wird. Maßgeblich ist also der Betriebssitz des in der Krise befindlichen Unternehmens, nicht der Sitz der die Arbeitgeberfunktionen wahrnehmenden Transfergesellschaft.

Obwohl der Arbeitnehmer Anspruchsinhaber ist, wird die Realisierung des Anspruchs auf Gewährung von Transferkurzarbeitergeld dem bisherigen Arbeitgeber aufgrund seiner arbeitsvertraglichen Fürsorgepflichten auferlegt (Küttner/*Voelzke* Kurzarbeit Rn. 56). Der bisherige Arbeitgeber hat daher zum einen der Agentur für Arbeit den Arbeitsausfall anzuzeigen und das Vorliegen des Arbeitsausfalls und der betrieblichen Voraussetzungen glaubhaft zu machen (§§ 111 Abs. 6, 99 Abs. 1 SGB III). Der Anzeige des bisherigen Arbeitgebers ist eine Stellungnahme des Betriebsrats beizufügen, deren Fehlen die Anzeige allerdings nicht unwirksam macht. Die Stellungnahme des Betriebsrats ist aber in diesem Fall zu einem späteren Zeitpunkt nachzureichen. Zum anderen bedarf es eines schriftlichen Antrags des bisherigen Arbeitgebers auf Gewährung von Transferkurzarbeitergeld bei der Agentur für Arbeit, in deren Bezirk die für den Arbeitgeber zuständige Lohnabrechnungsstelle liegt (§§ 323 Abs. 2, 327 Abs. 3 SGB III). Auch diesem Antrag ist eine Stellungnahme des Betriebsrats beizufügen.

Gewährt die Arbeitsverwaltung Transferkurzarbeitergeld, ist die Transfergesellschaft (als neue Arbeitgeberin) verpflichtet, die auf den einzelnen Arbeitnehmer entfallenden Beträge zu errechnen und unverzüglich auszubezahlen. Dagegen besteht keine Pflicht der Transfergesellschaft, Transferkurzarbeitergeld vorzustrecken (Küttner/*Voelzke* Kurzarbeit Rn. 61).

4. Abkürzung von Kündigungsfristen. Der Wechsel in die Transfergesellschaft ermöglicht die Abkürzung von Kündigungsfristen, ohne dass Nachteile für den Arbeitnehmer beim Bezug von Arbeitslosengeld zu erwarten sind. Die garantierte Verweildauer in der Transfergesellschaft sollte aber mindestens die Kündigungsfrist des einzelnen Arbeitnehmers abdecken (→ Anm. 1).

Das Formular geht davon aus, dass eine betriebsbedingte Kündigung bereits ausgesprochen wurde. Denkbar ist demgegenüber auch, einen dreiseitigen Vertrag vor Ausspruch der Kündigung abzuschließen und damit ausdrücklich den Vertrag „zur Vermeidung einer betriebsbedingten Kündigung“ abzuschließen. Wird diese „Veremeidungsalternative“ gewählt, muss der Vertragstext in § 1 Abs. (1) und § 2 Abs. (1) entspechend angepasst werden.

5. Transfersozialplan. → Form. C. I. 10. Finanzierung und Kostentragung der Transfergesellschaft werden in einer separaten Vereinbarung zwischen dem bisherigen Arbeitgeber und der Transfergesellschaft geregelt (→ Anm. 2). Ist beim bisherigen Arbeitgeber ein Betriebsrat vorhanden, bedarf es darüber hinaus in aller Regel eines Sozialplans („Transfersozialplan“), in dem das Ob und Wie der Einschaltung einer Transfergesellschaft geregelt wird. Üblicherweise finden sich in den Sozialplänen bereits die maßgeblichen Vorgaben für die Gestaltung des Arbeitsvertrages mit der Transfergesellschaft, z. B. im Hinblick auf die Bezuschussung des Transferkurzarbeitergeldes.

6. Abfindung. Üblicherweise enthält der Transfersozialplan auch Regelungen über die Zahlung einer Abfindung an die vom Personalabbau betroffenen Mitarbeiter. Sofern diese in die Transfergesellschaft überwechseln, empfiehlt es sich, den Fälligkeitszeitpunkt für die Abfindungszahlungen auf den Zeitpunkt des Ausscheidens aus der Transfergesellschaft zu verschieben. Anderenfalls würde die Abfindung schon mit der Beendigung des Arbeitsverhältnisses zum bisherigen Arbeitgeber zur Zahlung fällig. Voraussetzung dafür ist allerdings, dass die Verschiebung der Fälligkeit im Sozialplan vorgesehen ist.

Häufig finden sich in Transfersozialplänen auch „Austrittsprämien“ oder „Sprinterprämien“, die einen vorzeitigen Austritt aus der Transfergesellschaft bei Aufnahme eines neuen Arbeitsverhältnisses oder nachweislichem Schritt in die Selbständigkeit nochmals gesondert finanziell honorieren. Auf diese Weise kann die Qualifizierungs- und Vermittlungsbereitschaft der Mitarbeiter ggf. erhöht werden (→ Form. C. I. 10, dort § 11 und → Anm. 17).

7. Befristung. Das Arbeitsverhältnis mit der Transfergesellschaft ist üblicherweise befristet. Die Befristung ist gemäß § 14 Abs. 1 S. 2 Nr. 6 TzBfG sachlich gerechtfertigt, da sich der Arbeitnehmer in der Transfergesellschaft weiterbildet und die Beschäftigung zur Aus-, Fort- oder Weiterbildung einen sachlichen Grund in der Person des Arbeitnehmers darstellt (ErfKomm/*Müller-Glöge* § 14 TzBfG Rn. 53; *Meinel/Heyn/Herms* § 14 TzBfG Rn. 183).

Davon ausgehend könnte eine Befristung eigentlich über die Zwei-Jahres-Grenze des § 14 Abs. 2 TzBfG hinaus erfolgen. Wegen der Finanzierung über Transferkurzarbeitergeld ergibt sich aber eine zeitliche Begrenzung, da die maximale Bezugsdauer von Transferkurzarbeitergeld zwölf Monate beträgt (§ 111 Abs. 1 S. 2 SGB III). Die Höchstbezugsdauer von zwölf Monaten muss von den Agenturen für Arbeit nicht „en bloc" gewährt werden, sondern kann durch mehrmalige Verlängerung auch schritt- oder lediglich teilweise abgeschöpft werden (*Gaul/Otto* NZA 2004, 1301, 1302). Da die Transfergesellschaft aber hinsichtlich der Finanzierung der von ihr beschäftigten Arbeitnehmer auf die Gewährung von Transferkurzarbeitergeld angewiesen ist, kann eine Beschäftigung nur solange erfolgen, wie Kurzarbeitergeld gewährt wird. Insoweit wird auch im Formular deutlich hervorgehoben, dass die Gewährung des Kurzarbeitergeldes gleichsam die Geschäftsgrundlage des Arbeitsverhältnisses darstellt.

8. Qualifizierung als Betriebszweck der Transfergesellschaft. Betriebszweck der Transfergesellschaft ist die Qualifizierung und Fortbildung der Arbeitnehmer zur Vorbereitung auf die Wiedereingliederung in den ersten Arbeitsmarkt. Die Transfergesellschaften übernehmen auch die Aufgabe der Vermittlung der Arbeitnehmer in neue Beschäftigungsverhältnisse, wie sich ausdrücklich aus § 111 Abs. 7 S. 1 SGB III ergibt.

Da die Transfergesellschaft die produktiven oder dienstleistungsorientierten Zwecke des bisherigen Arbeitgebers nicht weiterverfolgt, liegt im Wechsel der Arbeitnehmer auf die Transfergesellschaft kein Betriebsübergang gemäß § 613a BGB. Dies führt dazu, dass die Transfergesellschaft für die Verbindlichkeiten des bisherigen Arbeitgebers nicht haftet und die arbeitsrechtlichen Beziehungen in der Transfergesellschaft auf eine völlig neue vertragliche Grundlage gestellt werden (→ Anm. 1). Konsequenz der Nichtfortführung des ursprünglichen Betriebszwecks in der Transfergesellschaft ist weiterhin, dass für den Arbeitnehmer regelmäßig keine Arbeit mehr vorhanden sein wird. De facto bedeutet dies „Kurzarbeit Null" (→ Anm. 9).

9. „Kurzarbeit Null". Grundsätzlich ist die Anordnung von Kurzarbeit nur wirksam, wenn die Möglichkeit der Anordnung einzelvertraglich wirksam vereinbart ist, bei Tarifbindung eine tarifvertragliche Regelung besteht oder sie durch Betriebsvereinbarung gemäß § 87 Abs. 1 Nr. 3 BetrVG erfolgt. Scheiden diese Möglichkeiten aus, bleibt dem Arbeitgeber nur eine einvernehmliche Absprache mit den einzelnen Arbeitnehmern oder der Ausspruch einer Änderungskündigung (BAG AP BGB § 615 Kurzarbeit Nr. 4). Wegen der erheblichen Auswirkungen der „Kurzarbeit Null" sollte ein Hinweis auf das Einverständnis des Arbeitnehmers mit der Einführung von Kurzarbeit ausdrücklich in den Vertrag aufgenommen werden.

Ergänzend sei darauf hingewiesen, dass das Arbeitsverhältnis trotz Kurzarbeit Null weiterhin ein sozialversicherungspflichtiges Beschäftigungsverhältnis darstellt. Betriebliche Bildungsmaßnahmen sind gemäß § 7 Abs. 2 SGB IV dem Begriff der Beschäftigung gleichgesetzt. Die sozialversicherungsrechtlichen Arbeitgeberpflichten trägt daher die Transfergesellschaft als Arbeitgeberin (Küttner/*Voelzke* Beschäftigungsgesellschaft Rn. 14).

10. Vergütung. Das Transferkurzarbeitergeld beträgt gemäß §§ 111 Abs. 10, 105 Nr. 1, 149 Nr. 1 SGB III für Arbeitnehmer mit mindestens einem Kind 67 Prozent und gemäß

§§ 111 Abs. 10, 105 Nr. 2, 149 Nr. 2 SGB III für alle übrigen Arbeitnehmer 60 Prozent des pauschalierten Nettoentgelts. Das Transferkurzarbeitergeld ist steuerfrei (§ 3 Nr. 2 EStG). Es unterliegt aber dem Progressionsvorbehalt, so dass sich im Rahmen der Einkommenssteuererklärung eine Nachversteuerung ergeben kann (§ 32b Abs. 1 Nr. 1a EStG).

Häufig wird vertraglich die Zahlung eines Zuschusses zum Transferkurzarbeitergeld vereinbart, um einen Anreiz für den Wechsel in die Transfergesellschaft zu schaffen. Der Zuschuss wird zwar von der Transfergesellschaft ausgezahlt, der bisherige Arbeitgeber hat der Transfergesellschaft die entstandenen Kosten jedoch aufgrund gesonderter vertraglicher Vereinbarung regelmäßig zu erstatten. Das Formular geht von einem Zuschuss aus, mittels dessen der Arbeitnehmer 80 Prozent seines zuletzt erzielten Nettoeinkommens erreichen kann. Aus der Praxis sind Zuschüsse bekannt, die zwischen 70 Prozent und 100 Prozent des bisherigen Nettoentgelts gewährleisten (D/K/K/W/*Däubler* §§ 112, 112a Rn. 257). Wenn ein derartiger Zuschuss nicht gewollt oder nicht finanzierbar ist, ist die Alternativformulierung zu wählen. Gegen einen Zuschuss kann vor allem sprechen, dass der bisherige Arbeitgeber durch die pro Mitarbeiter an die Transfergesellschaft zu zahlenden Pauschalen für die Beiträge zur Kranken-, Renten- und Pflegeversicherung und für das Entgelt bei Urlaub und an Feiertagen finanziell bereits zu stark belastet ist (→ Anm. 2). Zudem kann eine Aufstockung auf 100 Prozent vermittlungshemmend wirken.

Zuschüsse zum Kurzarbeitergeld sind sozialversicherungsfrei, sofern sie zusammen mit dem Kurzarbeitergeld 80 Prozent des Unterschiedsbetrags zwischen Soll- und Istentgelt nicht übersteigen (§ 1 Abs. 1 Nr. 8 SvEV). Auf die Höhe des Kurzarbeitergeldes wirken sie sich nicht aus (§§ 111 Abs. 10, 106 Abs. 2 S. 2 SGB III).

11. Urlaub. Als Arbeitgeberin ist die Transfergesellschaft an die zwingenden Regelungen des BUrlG gebunden. Gemäß § 7 Abs. 1 S. 1 BUrlG hat die zeitliche Festlegung des Urlaubs unter Berücksichtigung der Urlaubswünsche des Arbeitnehmers zu erfolgen, sofern ihrer Berücksichtigung nicht dringende betriebliche Belange oder Urlaubswünsche anderer Arbeitnehmer entgegenstehen. Auf den Zweck der Transfergesellschaft bezogen bedeutet dies, dass dringende betriebliche Gründe in erster Linie zeitlich zusammenhängende Qualifizierungsmaßnahmen sein können. Die vertragliche Regelung stellt daher klar, dass hier ein Ausgleich zwischen den Urlaubswünschen des Arbeitnehmers und den betrieblichen Interessen der geordneten Durchführung einer Qualifizierungsmaßnahme stattfinden muss.

12. Betriebliche Altersversorgung. Wie in → Anm. 8 bereits ausgeführt, findet mit dem Wechsel in die Transfergesellschaft kein Betriebsübergang statt, und zwar unabhängig davon, wie viele Arbeitnehmer des alten Betriebes zum Wechsel bereit sind. Die Transfergesellschaft ist daher nicht gemäß § 613a Abs. 1 S. 1 BGB verpflichtet, in alle Rechte und Pflichten aus dem Arbeitsverhältnis mit dem bisherigen Arbeitgeber einzutreten. Dies gilt insbesondere für Verpflichtungen des bisherigen Arbeitgebers im Rahmen der betrieblichen Altersversorgung, was hier wegen der besonderen Bedeutung der betrieblichen Altersversorgung gesondert hervorgehoben wird. Soweit Anwartschaften aus der betrieblichen Altersversorgung beim bisherigen Arbeitgeber bereits unverfallbar geworden sind, bestehen diese Ansprüche ausschließlich gegenüber dem bisherigen Arbeitgeber fort. Auf das Arbeitsverhältnis mit der Transfergesellschaft wirken sie sich aber nicht aus (→ Anm. 20).

13. Profiling-Maßnahme. Transferkurzarbeitergeld erhalten Arbeitnehmer nur, wenn sie sich vor der Überleitung in die betriebsorganisatorisch eigenständige Einheit aus Anlass der Betriebsänderung bei der Agentur für Arbeit arbeitsuchend gemeldet haben und an einer „arbeitsmarktlich zweckmäßigen Maßnahme zur Feststellung der Eingliederungsaussichten" teilgenommen haben (§ 111 Abs. 4 Nr. 4 SGB III). In berechtigten Ausnahmefällen kann das Profiling auch innerhalb eines Monats nach dem Transfer nachgeholt werden. Ein berechtigter Ausnahmefall ist (nur) dann gegeben, wenn die

Entscheidung der Betriebsparteien zur Einrichtung einer betriebsorganisatorisch eigenständigen Einheit unverschuldet so kurzfristig erfolgt, dass trotz Mithilfe der Agentur für Arbeit und selbst bei vorhandener Infrastruktur eine qualitative Maßnahme der Eignungsfeststellung im Vorfeld nicht mehr durchführbar ist (vgl. Ziffer 12.3.4 Abs. (5) der Geschäftsanweisungen „Transfermaßnahmen und Transferkurzarbeitergeld (T-Kug)" der Bundesagentur für Arbeit, Stand Juni 2013).

Zweck des Profilings ist es, die Arbeitnehmer in die Lage zu versetzen, ihre eigenen Perspektiven auf dem Arbeitsmarkt besser einschätzen zu können und dementsprechend zu handeln (BT-Drucks. 15/1515 S. 92).

Die Profiling-Maßnahme kann vom bisherigen Arbeitgeber oder von einem Dritten durchgeführt werden (auch die Transfergesellschaft ist Dritte i. d. S.). Bei Durchführung durch einen Dritten ist grundsätzlich eine Förderung nach § 110 SGB III durch die Agentur für Arbeit möglich. Dagegen reicht ein im Rahmen der Arbeitssuchendmeldung (§ 38 Abs. 1 Nr. 2 SGB III) durchgeführtes Profiling der Agentur für Arbeit nicht aus, um einen Anspruch auf Transferkurzarbeitergeld begründen zu können (vgl. Ziffer 12.3.4 Abs. (4) der Geschäftsanweisungen „Transfermaßnahmen und Transferkurzarbeitergeld (T-Kug)" der Bundesagentur für Arbeit, Stand Juni 2013).

Der Eintritt in die Transfergesellschaft steht auch Arbeitnehmern offen, denen im Rahmen des Profilings gute Arbeitsmarktaussichten bescheinigt wurden. Entscheidend ist allein, dass eine Profiling-Maßnahme durchgeführt wurde.

14. Qualifizierung und Vermittlung durch die Transfergesellschaft. Arbeitnehmer, bei denen die Agentur für Arbeit oder der Arbeitgeber Qualifizierungsdefizite feststellen, sollen während des Bezugs von Transferkurzarbeitergeld geeignete Maßnahmen zur Verbesserung ihrer Eingliederungsaussichten angeboten werden. Nach § 111 Abs. 7 SGB III kommen insbesondere Maßnahmen der beruflichen Weiterbildung und eine zeitlich begrenzte Beschäftigung zum Zwecke der Qualifizierung als geeignete Mittel in Betracht. Der Mitarbeiter sollte daher ausdrücklich verpflichtet werden, die Qualifizierungsangebote auch wahrzunehmen.

Um den Vorrang der Vermittlung in Arbeit während des Bezugs von Transferkurzarbeitergeld sicherzustellen, hat die Transfergesellschaft den geförderten Arbeitnehmern Vermittlungsvorschläge zu unterbreiten, § 111 Abs. 7 SGB III (→ Anm. 8). Sofern die Überlassung der Arbeitnehmer an Dritte vorgesehen ist, muss die Transfergesellschaft über eine Überlassungserlaubnis verfügen (§ 1 Abs. 1 S. 1 AÜG). Ferner sind im Arbeitsverhältnis zwischen Transfergesellschaft und (Leih-)Arbeitnehmer die übrigen Vorschriften des AÜG (insbesondere das Schlechterstellungsverbot im Hinblick auf vergleichbare Arbeitnehmer des Entleihers („Equal Pay" und „Equal Treatment")) zu beachten.

15. Vermittlung. Gemäß §§ 111 Abs. 4 S. 2 i. V. m. 98 Abs. 4 SGB III sind Arbeitnehmer von der Gewährung des Transferkurzarbeitergeldes ausgeschlossen, wenn und solange sie bei einer Vermittlung nicht in der von der Agentur für Arbeit verlangten und gebotenen Weise mitwirken. Die Nichtannahme oder der Nichtantritt einer von der Agentur für Arbeit angebotenen, zumutbaren Beschäftigung kann zum Anspruchsausschluss führen (zur Zumutbarkeit einer Beschäftigung vgl. Ziffer 4.8.11 der Geschäftsanweisungen „Transfermaßnahmen und Transferkurzarbeitergeld (T-Kug)" der Bundesagentur für Arbeit, Stand Juni 2013).

16. Freistellung für Zweitarbeitsverhältnis. Unter der Voraussetzung, dass die Maßnahme auf maximal sechs Monate begrenzt ist, ist auch eine zum Zwecke der Qualifizierung erfolgende Beschäftigung bei einem anderen Arbeitgeber möglich (§ 111 Abs. 7 SGB III). Gegebenenfalls kann sich hieraus die Möglichkeit einer Weiterbeschäftigung über das begrenzte Zweitarbeitsverhältnis hinaus ergeben, so dass es im Interesse aller Vertragsparteien ist, diese Möglichkeit für den Arbeitnehmer zu eröffnen. Während der

Zeit dieser Beschäftigung entfällt der Anspruch auf das Kurzarbeitergeld (Küttner/*Voelzke* Beschäftigungsgesellschaft Rn. 22). Verläuft die Beschäftigung bei dem anderen Arbeitgeber ohne Erfolg, kann der Arbeitnehmer auch nach seiner Rückkehr in den Betrieb Transferkurzarbeitergeld beanspruchen (§ 111 Abs. 7 S. 5 SGB III). Diesem Umstand trägt die Vereinbarung über das Ruhen und das Wiederaufleben des Arbeitsverhältnisses mit der Transfergesellschaft Rechnung.

17. Mitteilungspflichten. Einkünfte aus anderen Tätigkeiten während des Bezuges von Transferkurzarbeitergeld wirken sich auf die Höhe des Kurzarbeitergeldes aus (§§ 111 Abs. 10 i.V.m. 106 Abs. 3 SGB III). Daher müssen entgeltliche Nebentätigkeiten der Transfergesellschaft angezeigt werden, und zwar unabhängig davon, ob es sich bei der Nebenbeschäftigung um eine abhängige oder selbständige Tätigkeit handelt.

18. Vorzeitiges Ausscheiden. Gelingt eine Vermittlung in ein anderes Arbeitsverhältnis, liegt es im Interesse aller Vertragsparteien, dem Arbeitnehmer eine schnelle Lösungsmöglichkeit anzubieten. Daher spricht nichts dagegen, es dem Arbeitnehmer zu ermöglichen, jederzeit ohne Einhaltung einer Kündigungsfrist aus dem Arbeitsverhältnis mit der Transfergesellschaft auszuscheiden. Sollten betriebliche Bedürfnisse oder ähnliches einer derart schnellen Beendigung des Arbeitsverhältnisses entgegenstehen, kann alternativ eine kurze Kündigungsfrist, z.B. von zehn Tagen oder zwei Wochen, vorgesehen werden.

19. Zurverfügungstellung von Daten und Unterlagen. Um einen reibungslosen Wechsel des Mitarbeiters in die Transfergesellschaft zu ermöglichen und auch den datenschutzrechtlichen Erfordernissen gerecht zu werden, empfiehlt es sich, ausdrücklich aufzunehmen, dass der Mitarbeiter mit der Datenübermittlung an die Transfergesellschaft einverstanden ist. Darüber hinaus benötigt die Transfergesellschaft die Arbeitspapiere des Mitarbeiters, soweit diese aus steuerlichen oder sozialversicherungsrechtlichen Gründen beim Arbeitgeber zu hinterlegen sind. Da sich die Unterlagen zum Wechselzeitpunkt noch bei dem bisherigen Arbeitgeber befinden, ist eine direkte Übermittlung an die Transfergesellschaft zweckmäßig.

20. Erledigungsklausel für bisheriges Arbeitsverhältnis. Aus der Kombination von Aufhebungsvertrag und neuem Arbeitsvertrag folgt, dass eine Regelung über das Schicksal der restlichen Ansprüche aus dem Alt-Arbeitsverhältnis getroffen werden muss. Ansprüche, die vor dem Wechsel in die Transfergesellschaft entstanden sind, sind allein durch den bisherigen Arbeitgeber zu befriedigen.

Der Hinweis auf die Nichterhebung oder Rücknahme einer Kündigungsschutzklage entfällt, wenn das Arbeitsverhältnis einvernehmlich beendet wird. Bei einer tatsächlich ausgesprochenen betriebsbedingten Kündigung sollte ein Verzicht auf die gerichtliche Geltendmachung der Unwirksamkeit dagegen aufgenommen werden, um lang andauernde Rechtsstreitigkeiten vor den Arbeitsgerichten zu vermeiden.

21. Hinweispflichten. Wegen der Befristung des Arbeitsvertrages mit der Transfergesellschaft auf maximal zwölf Monaten empfiehlt es sich schon bei Abschluss des Arbeitsvertrags, den Arbeitnehmer darauf hinzuweisen, dass er sich – bei ausbleibendem Vermittlungserfolg – spätestens drei Monate vor der Beendigung des Arbeitsverhältnisses arbeitsuchend zu melden hat, § 38 Abs. 1 SGB III.

22. Unterschrift der Gesellschaft. → Form. A. II. 1 Anm. 31.

VIII. Auslandseinsatz

1. Versetzung

Versetzungsvertrag[1]

zwischen

...... (Name und Anschrift des ausländischen Arbeitgebers) „Gesellschaft", vertreten durch ...... (Name und Anschrift des bisherigen Arbeitgebers) „bisheriger Arbeitgeber"[2]

und

Herrn ...... (Name und Anschrift des Arbeitnehmers) „Mitarbeiter"

Präambel

Der Mitarbeiter ist derzeit im Rahmen eines Arbeitsverhältnisses bei dem bisherigen Arbeitgeber beschäftigt. Er wird im Einvernehmen mit dem bisherigen Arbeitgeber für einen Zeitraum von voraussichtlich ...... Monaten/Jahren eine Tätigkeit bei der Gesellschaft in ...... (Ort, Land) übernehmen. Grundlage der Tätigkeit ist der folgende Versetzungsvertrag. Das mit dem bisherigen Arbeitgeber bestehende Arbeitsverhältnis wird für die Dauer dieses Versetzungsvertrages nach Maßgabe des gesondert abgeschlossenen Ruhensvertrages vom ...... (Datum) ruhend gestellt.

Dem Mitarbeiter ist bewusst, dass er sich mit der Aufnahme einer Tätigkeit im Ausland in ein möglicherweise ungewohntes kulturelles und gesellschaftliches Umfeld begibt. Mit der Unterzeichnung dieses Versetzungsvertrages erklärt er seine Absicht, den örtlichen Gepflogenheiten mit Respekt und Toleranz zu begegnen sowie den Dialog mit den Kollegen und Mitarbeitern bei der Gesellschaft zu suchen.

§ 1 Position/Versetzung/Weisungen

(1) Der Mitarbeiter wird bei der Gesellschaft als ...... in ...... tätig. Zu seinen Aufgaben und Pflichten zählen insbesondere ......[3]

(2) Der Mitarbeiter ist unmittelbar dem ...... (Position) unterstellt.[4]

(Alternative:

(2) Der Mitarbeiter wird nach Weisung der Unternehmensleitung der Gesellschaft in die betriebliche Organisation eingegliedert.)

(3) Der Mitarbeiter wird der Gesellschaft etwaige Hindernisse für die Aufnahme oder die Durchführung seiner Tätigkeit unverzüglich melden.

(4) Die Gesellschaft ist berechtigt, dem Mitarbeiter jederzeit ein anderes, seinen Fähigkeiten und Qualifikationen entsprechendes, zumindest gleichwertiges Aufgaben- und Verantwortungsgebiet zu übertragen, soweit dies bei Abwägung der Interessen der Gesellschaft und des Mitarbeiters zumutbar ist.

(5) Die Gesellschaft behält sich vor, den Mitarbeiter an einen anderen Ort zu versetzen, soweit dies bei Abwägung der Interessen der Gesellschaft und des Mitarbeiters zumutbar ist.

(6) Der Mitarbeiter ist verpflichtet, die Richtlinien und Anweisungen der Gesellschaft in ihrer jeweils gültigen Fassung sowie die Anordnungen seiner Vorgesetzten zu beachten.

§ 2 Arbeitszeit[5]

Es gelten die für den aufnehmenden Betrieb gültigen Regelungen zu Lage und Umfang der Arbeitszeit sowie zur Leistung und Abgeltung von Überstunden. Für die Zwecke dieses Versetzungsvertrages gilt als aufnehmender Betrieb der Betrieb der Gesellschaft, in dem der Mitarbeiter im Rahmen dieses Versetzungsvertrages eingesetzt wird.

(Alternative:

Es wird eine regelmäßige Wochenarbeitszeit von ...... Stunden vereinbart. Im Übrigen gelten die für den aufnehmenden Betrieb gültigen Regelungen zur Lage der Arbeitszeit sowie zur Leistung und Abgeltung von Überstunden. Für die Zwecke dieses Versetzungsvertrages gilt als aufnehmender Betrieb der Betrieb der Gesellschaft, in dem der Mitarbeiter im Rahmen dieses Versetzungsvertrages eingesetzt wird.)

§ 3 Vergütung[6]

(1) Der Mitarbeiter erhält als Vergütung für seine Tätigkeit ein Brutto-Monatsgehalt von ...... (Landeswährung) (in Worten: ...... Landeswährung), zahlbar bargeldlos jeweils zum Monatsende. Der Mitarbeiter ist verpflichtet, ein hierfür geeignetes Konto zu unterhalten und der Gesellschaft seine jeweilige Bankverbindung mitzuteilen. *(Optional: Zusätzlich zur Vergütung nach S. 1 erhält der Mitarbeiter eine erfolgsabhängige Leistungs-/Erfolgszulage nach den jeweils gültigen Regelungen der Gesellschaft.)*

(2) Dem Mitarbeiter ist es nicht gestattet, seine Vergütungsansprüche ohne vorherige schriftliche Zustimmung der Gesellschaft an Dritte abzutreten oder zu verpfänden. Die Zustimmung darf nur aus sachlichen Gründen verweigert werden.

(3) Der Mitarbeiter verpflichtet sich, etwa zu viel bezogene Zahlungen an die Gesellschaft zurückzuerstatten.

§ 4 Abwesenheit/Krankheit/Tod[7]

(1) Im Falle krankheitsbedingter Arbeitsunfähigkeit zahlt die Gesellschaft dem Mitarbeiter die vereinbarte Vergütung nach § 3 Abs. (1) S. 1 bis zu einem Zeitraum von ...... Wochen/Monaten pro Krankheitsfall ungekürzt fort. *(Optional: Für die Leistungs-/Erfolgszulage nach § 3 Abs. (1) S. 3 wird für den Fortzahlungszeitraum eine der bisherigen Leistung entsprechende Leistungserfüllung unterstellt.)*

(2) Der Mitarbeiter hat in jedem Fall einer unvorhergesehenen Abwesenheit die Gesellschaft unverzüglich über seine Arbeitsunfähigkeit oder den sonstigen Verhinderungsgrund und die voraussichtliche Dauer seiner Abwesenheit zu informieren. Dabei hat der Mitarbeiter die Gesellschaft auf vordringlich zu erledigende Aufgaben hinzuweisen.

(3) Dauert eine Arbeitsunfähigkeit aufgrund Krankheit oder Unfall länger als drei Kalendertage, hat der Mitarbeiter eine ärztliche Bescheinigung über das Bestehen der Arbeitsunfähigkeit sowie deren voraussichtliche Dauer („Arbeitsunfähigkeitsbescheinigung") spätestens an dem auf den dritten Kalendertag der Arbeitsunfähigkeit folgenden Arbeitstag vorzulegen. Die Gesellschaft ist berechtigt, die Vorlage der Arbeitsunfähigkeitsbescheinigung auch schon ab dem ersten Tag der Arbeitsunfähigkeit zu verlangen. Dauert die Arbeitsunfähigkeit länger als in der vorgelegten Arbeitsunfähigkeitsbescheinigung angegeben, ist der Mitarbeiter verpflichtet, eine Folgebescheinigung spätestens am ersten Arbeitstag nach Ablauf der vorhergehenden Bescheinigung vorzulegen.

(4) Sollte der Mitarbeiter während des Zeitraums seiner Tätigkeit versterben, zahlt die Gesellschaft an den Ehe- oder Lebenspartner des Mitarbeiters oder unterhaltsberechtigte Kinder (als Gesamtgläubiger) die nach § 3 vereinbarte Vergütung für den Sterbemonat und die drei auf diesen folgenden Monate fort. Sofern der Ehe- oder Lebenspartner des Mitarbeiters oder unterhaltsberechtigte Kinder mit dem Mitarbeiter in häuslicher Gemeinschaft in ...... (Ort/Land) leben, werden auch die Zuschüsse nach § 5 und § 6 bis zum Ablauf des dritten Monats nach dem Sterbemonat fortgezahlt.

(5) Auf die Entgeltfortzahlung werden Leistungen angerechnet, die der Mitarbeiter aufgrund der Krankheit von Dritten (insbesondere einer gesetzlichen oder privaten Krankenversicherung) bezieht. Soweit aufgrund der Arbeitsunfähigkeit Schadensersatzansprüche wegen des Verdienstausfalls gegenüber anderen Personen bestehen, tritt der Mitarbeiter diese in Höhe der von der Gesellschaft geleisteten Zahlungen an die Gesellschaft ab. Die Gesellschaft nimmt die Abtretung an.

(Optional:

(6) Es besteht kein Anspruch auf Lohnfortzahlung nach § 616 BGB.)

§ 5 Wohnung[8]

Die Gesellschaft stellt dem Mitarbeiter für die Dauer seiner Tätigkeit im Tätigkeitsland eine angemessene Wohnung zur Verfügung. Anfallende Miete und Nebenkosten sowie Kosten der erforderlichen Instandhaltung trägt die Gesellschaft.

(Alternative:

(1) Der Mitarbeiter erhält einen monatlichen Zuschuss auf seine Miet- und Mietnebenkosten seiner Wohnung im Tätigkeitsland i. H. v. .... (Landeswährung) brutto, jedoch nicht mehr, als die tatsächlichen Kosten betragen. Der Mitarbeiter ist verpflichtet, der Gesellschaft auf Anforderung einen geeigneten Nachweis über die Kosten zu erteilen.

(2) Zur Anmietung der Wohnung im Tätigkeitsland bei Antritt der Tätigkeit übernimmt die Gesellschaft die Maklerkosten in ortsüblicher Höhe sowie die Kosten der erforderlichen Instandsetzung vor Einzug bis zu einer Höhe von ...... (Landeswährung) brutto.)

§ 6 Kosten für Ausbildung und Sprachunterricht[9]

(1) Soweit der Mitarbeiter schulpflichtige Kinder hat, erhält er einen monatlichen Zuschuss zu den Kosten für die angemessene Ausbildung seiner schulpflichtigen Kinder (z. B. anfallende Schulgelder) i. H. v. .... (Landeswährung) brutto pro Kind, jedoch nicht mehr, als die tatsächlich bis zum Erreichen der allgemeinen Hochschulreife oder einer äquivalenten Abschlussprüfung anfallenden Kosten und längstens bis zum Ende der Laufzeit dieses Versetzungsvertrages. Der Zuschuss erhöht sich pro Kind und Monat auf ...... EUR brutto, wenn Kinder des Mitarbeiters ein Internat in Deutschland besuchen. Der Mitarbeiter ist verpflichtet, der Gesellschaft auf Anforderung einen geeigneten Nachweis über die Kosten zu erteilen.

(2) Die Gesellschaft übernimmt die Kosten für Sprachunterricht in der Landessprache für den Mitarbeiter, seinen Ehe- oder Lebenspartner und seine mit ihm in häuslicher Gemeinschaft lebenden Kinder bis zu einer Höhe von monatlich ...... (Landeswährung) brutto.

§ 7 Weitere Leistungen[10]

(1) Die Gesellschaft stellt dem Mitarbeiter einen Dienstwagen, Typ ...... oder vergleichbar zur Verfügung, den der Mitarbeiter gemäß der jeweils geltenden Firmenwagenregelung

für geschäftliche und private Zwecke nutzen kann. Sie trägt die damit verbundenen Kosten, insbesondere Steuern, Versicherungsbeiträge sowie Kosten für Kraftstoff, Wartung und Reparatur. Der Mitarbeiter ist zum sorgfältigen Umgang mit dem Dienstwagen verpflichtet. Für die Nutzung des Dienstwagens gelten die Richtlinien der Gesellschaft für die Überlassung und Nutzung von Dienstwagen in der jeweils gültigen Fassung.

(2) Die Gesellschaft wird für den Mitarbeiter für die Dauer dieses Versetzungsvertrages

- die Kosten einer Auslandskrankenversicherung mit Rückholschutz unter dem bestehenden Gruppentarif übernehmen,
- die Kosten einer Unfallversicherung unter dem bestehenden Gruppentarif übernehmen (derzeit beträgt die Versicherungssumme im Todesfall ...... (Betrag); im Falle von Invalidität beträgt die Versicherungssumme derzeit ...... (Betrag)),
- auf ihre Kosten folgende Versicherungen abschließen: ......

Die Rechte des Mitarbeiters auf Versicherungsleistungen richten sich ausschließlich nach dem jeweiligen für den Mitarbeiter geltenden Versicherungsvertrag, den der Mitarbeiter jederzeit in der Personalabteilung der Gesellschaft einsehen kann. Die Zusagen nach diesem Abs. (2) gelten nicht, soweit Deckungszusagen der Versicherer für den Mitarbeiter wegen in seiner Person liegender Gründe abgelehnt werden. Sie gelten ferner nicht, sofern entsprechende Zusagen durch den bisherigen Arbeitgeber gemacht wurden.

§ 8 Einkommensteuer[11]/Sozialversicherung[12]

(1) Die Einkommensbesteuerung ist abhängig vom Einkommensteuerrecht in Deutschland und dem Tätigkeitsland sowie ggf. bestehender Doppelbesteuerungsabkommen. Die ggf. auf Leistungen der Gesellschaft nach §§ 5 bis 7 anfallende Einkommensteuer trägt der Mitarbeiter.

(2) Die Sozialversicherungspflicht im Tätigkeitsland richtet sich nach den deutschen Vorschriften über die Ausstrahlung der Sozialversicherungspflicht gem. § 4 SGB IV. *(Alternative: Die Sozialversicherungspflicht im Tätigkeitsland richtet sich nach dem einschlägigen europäischen Recht (zurzeit der Verordnung (EG) Nr. 883/2004 des Europäischen Parlaments und des Rates vom 29.4.2004 zur Koordinierung der Systeme der sozialen Sicherheit).) (Alternative: Die Sozialversicherungspflicht im Tätigkeitsland richtet sich nach dem bilateralen Sozialversicherungsabkommen mit dem Tätigkeitsland.)* Der Mitarbeiter kann seine Mitgliedschaft in der deutschen Sozialversicherung aufrechterhalten, soweit dies rechtlich möglich ist und aus wirtschaftlicher Sicht sinnvoll erscheint. Sollten vom Mitarbeiter während der Dauer dieses Versetzungsvertrages aufgrund zwingender öffentlich rechtlicher Vorschriften oder aufgrund des vorstehenden Satzes sowohl in Deutschland als auch im Tätigkeitsland Sozialversicherungsbeiträge erhoben werden, wird die Gesellschaft den Mitarbeiter im Innenverhältnis von den für den Mitarbeiter geleisteten Sozialversicherungsbeiträgen insoweit freistellen, als diese Sozialversicherungsbeiträge die Arbeitnehmerbeiträge zur Sozialversicherung in Deutschland übersteigen.

§ 9 Urlaub[13]

(1) Der Mitarbeiter hat Anspruch auf Erholungsurlaub in dem bei der Gesellschaft üblichen Umfang.

(Alternative:

(1) Der Mitarbeiter hat Anspruch auf Erholungsurlaub im Umfang von ...... Arbeitstagen pro Jahr und auf bezahlte Freistellung für die am Einsatzort im Tätigkeitsland bestehenden gesetzlichen Feiertage.)

(2) Der Mitarbeiter hat zusätzlich zu seinem Urlaubsanspruch *(Alternative: im Rahmen seines Urlaubsanspruchs)* nach Abs. (1) zum Zwecke der Heimreise einmal jährlich Anspruch auf Gewährung eines zusammenhängenden Erholungsurlaubs bis zur Dauer von drei Wochen. Die Gesellschaft darf einen hierauf bezogenen Urlaubsantrag des Mitarbeiters nur aus dringenden betrieblichen Gründen ablehnen.

(3) Nicht in Anspruch genommener Urlaub kann im Einvernehmen der Parteien auch über die gesetzlichen Regelungen hinaus auf das Folgejahr übertragen werden.

§ 10 Nebentätigkeiten[14]

(1) Der Mitarbeiter wird der Gesellschaft seine volle Arbeitskraft widmen und deren Interessen fördern.

(2) Jede weitere entgeltliche oder üblicherweise entgeltliche Tätigkeit bedarf der vorherigen schriftlichen Zustimmung der Gesellschaft. Dieses Zustimmungserfordernis gilt auch für eine unentgeltliche Tätigkeit, die nach Art oder Umfang die Interessen der Gesellschaft beeinträchtigen kann. Der Mitarbeiter hat jede beabsichtigte Tätigkeit gemäß S. 1 und 2 der Gesellschaft schriftlich unter Angabe von Ort, Art und Dauer anzuzeigen. Die Gesellschaft wird ihre Zustimmung nur verweigern, wenn die Interessen der Gesellschaft beeinträchtigt sind. Bei Vorliegen sachlicher Gründe, insbesondere einer Beeinträchtigung der Tätigkeit des Mitarbeiters für die Gesellschaft, kann eine etwaige Zustimmung jederzeit widerrufen werden.

(3) Vorstehendes gilt nicht für Tätigkeiten bei i.S.d. § 15 AktG mit der Gesellschaft verbundenen Unternehmen („Verbundene Unternehmen“).

(4) Der Mitarbeiter hat bei Ausübung jeglicher Nebentätigkeit eine strikte Loyalitätspflicht gegenüber der Gesellschaft und Verbundenen Unternehmen zu beachten und wird deren geschäftliche oder etwaige sonstige Interessen nicht beeinträchtigen.

§ 11 Geheimhaltung/Behandlung und Rückgabe von Gegenständen und Daten/ Löschung von Daten[15]

(1) Der Mitarbeiter ist verpflichtet, alle vertraulichen Angelegenheiten, insbesondere Betriebs- und Geschäftsgeheimnisse, der Gesellschaft und Verbundener Unternehmen streng geheim zu halten. Technische, kaufmännische und persönliche Vorgänge und Verhältnisse, die dem Mitarbeiter im Zusammenhang mit seiner Tätigkeit bekannt werden, gelten im Zweifel als vertrauliche Angelegenheiten. Vor der etwaigen Offenlegung derartiger Angelegenheiten ist der Mitarbeiter verpflichtet, die Zustimmung der Gesellschaft einzuholen.

(2) Diese Verpflichtung nach Abs. (1) gilt auch nach Beendigung des Versetzungsvertrages. Soweit der Mitarbeiter dadurch in seinem beruflichen Fortkommen unangemessen behindert werden sollte, kann er von der Gesellschaft die Einschränkung der Geheimhaltungspflicht verlangen.

(3) Die Geheimhaltungspflicht gilt nicht, soweit der Mitarbeiter Berichtspflichten gegenüber dem bisherigen Arbeitgeber erfüllt.

(4) Alle die Gesellschaft oder Verbundene Unternehmen betreffenden Unterlagen, insbesondere alle Notizen, Präsentationen, Protokolle, Berichte, Korrespondenz und ähnliche Dokumente, alle Datenträger/Daten sowie Kopien oder sonstige – auch elektronische – Reproduktionen hiervon („Dienstliche Unterlagen“) müssen sorgfältig verwahrt und gegen Einsichtnahme unbefugter Dritter geschützt werden und dürfen nicht zu anderen als dienstlichen Zwecken fotokopiert, gespeichert, in anderer Weise vervielfältigt, verarbeitet, genutzt oder versendet werden. Dienstliche Unterlagen dürfen nur aufgrund einer Erlaubnis

in einer betrieblichen Regelung oder mit schriftlicher Zustimmung der Gesellschaft aus den Geschäftsräumen der Gesellschaft entfernt werden. Solange keine betriebliche Regelung und keine Anordnung des Vorgesetzten dem Mitarbeiter die Entfernung von Dienstlichen Unterlagen aus den Geschäftsräumen der Gesellschaft verbietet oder in bestimmter Weise beschränkt, ist der Mitarbeiter berechtigt, die seinen Arbeitsbereich betreffenden Dienstlichen Unterlagen auch außerhalb der Geschäftsräume der Gesellschaft mit sich zu führen, soweit dies zur Ausübung seiner Tätigkeit erforderlich ist.

(5) Alle dem Mitarbeiter dienstlich überlassenen Gegenstände (z.B. Handy, Laptop usw.) müssen sorgfältig behandelt werden. Sie dürfen nur mit vorheriger schriftlicher Zustimmung der Gesellschaft zu anderen als dienstlichen Zwecken verwendet werden.

(6) Zum Zeitpunkt der Beendigung des Arbeitsverhältnisses wird der Mitarbeiter der Gesellschaft unaufgefordert, während des Bestehens seines Versetzungsvertrages auf Anforderung, unverzüglich alle in seinem Besitz befindlichen und in Abs. (4) und (5) genannten Unterlagen, Datenträger und Gegenstände zurückgeben. Unter den vorgenannten Voraussetzungen sind auch alle in Abs. (4) genannten Daten oder Programme, die dem Mitarbeiter im Hinblick auf seine Tätigkeit überlassen oder während seiner Tätigkeit gespeichert worden sind, der Gesellschaft auf geeigneten Datenträgern herauszugeben und anschließend zu löschen. Dem Mitarbeiter ist es nicht gestattet, Sicherungskopien hiervon zu behalten. Ferner teilt der Mitarbeiter der Gesellschaft alle Passwörter, Codes und Zugangssperren o. Ä. mit und wird von diesen selbst keinen Gebrauch mehr machen.

(7) Der Mitarbeiter erkennt an, dass die in Abs. (4), (5) und (6) genannten Unterlagen, Datenträger/Daten und Gegenstände allein der Gesellschaft oder mit ihr Verbundenen Unternehmen zustehen. Der Mitarbeiter hat daran kein Zurückbehaltungsrecht.

§ 12 Laufzeit/Kündigung[16]

(1) Dieser Versetzungsvertrag wird für die Zeit vom . . . . . . bis zum . . . . . . („Beendigungstermin") geschlossen. Er endet zum Beendigungstermin, ohne dass es einer Kündigung bedarf. Über eine Verlängerung verständigen sich die Parteien spätestens drei Monate vor Ende der Vertragslaufzeit; sie bedarf für ihre Wirksamkeit der vorherigen Zustimmung des bisherigen Arbeitgebers.

(2) Die ordentliche Kündigung des Arbeitsverhältnisses ist für beide Seiten ausgeschlossen. Das Recht zur fristlosen Kündigung aus wichtigem Grund bleibt unberührt.

(3) Für den Fall, dass der bisherige Arbeitgeber den Mitarbeiter zur Rückkehr auffordert oder das durch den Ruhensvertrag ruhend gestellte Arbeitsverhältnis vor dem Beendigungstermin endet, gleich von welcher Seite gekündigt wird, sind die Parteien mit einer Frist von . . . . . . Monaten zum Monatsende zur ordentlichen Kündigung dieses Versetzungsvertrages berechtigt. Ferner ist die Gesellschaft unter Einhaltung der im vorstehenden Satz genannten Kündigungsfrist zur ordentlichen Kündigung berechtigt, wenn

a) der Zweck des Auslandsaufenthalts entfallen ist,

b) das Projekt, anlässlich dessen der Mitarbeiter im Ausland eingesetzt wurde, beendet wurde,

c) der Mitarbeiter gröblich oder wiederholt gegen die im Gastland geltenden Verhaltensregeln oder arbeitsvertragliche Pflichten verstoßen hat,

d) die Sicherheit des Mitarbeiters wegen Krieges, Unruhen, Naturkatastrophen oder ähnlichen Ereignissen gefährdet ist,

e) der Mitarbeiter aus personenbedingten Gründen nicht mehr zur Erfüllung seiner vertraglichen Pflichten in der Lage ist oder

f) ein gleichwertiger personen- oder verhaltensbedingter Grund vorliegt.

Zur Vorbereitung seines Umzugs stellt die Gesellschaft ihn spätestens eine Woche vor Beendigung des Arbeitsverhältnisses unter Fortzahlung seiner Bezüge von der Arbeitspflicht frei.

§ 13 Anwendbares Recht[17]/Gerichtsstand[18]

(1) Auf das Arbeitsverhältnis finden die Regelungen des Bürgerlichen Gesetzbuches (BGB) der Bundesrepublik Deutschland mit Ausnahme des § 613a BGB in der jeweils geltenden Fassung Anwendung. Im Übrigen gilt das am Arbeitsort geltende Recht.

(Alternative:

(1) Auf das Arbeitsverhältnis findet das Recht der Bundesrepublik Deutschland einschließlich seiner Regelungen des internationalen Privatrechts oder anderen Kollisionsrechts Anwendung. Zwingende Vorschriften des Landes, in dem die Tätigkeit ausgeübt wird, gehen dem deutschen Recht vor. Soweit deutsche Gesetze, Regelungen des internationalen Privatrechts oder anderes Kollisionsrecht im Übrigen auf anderes als deutsches Recht verweisen, finden diese Regelungen keine Anwendung.)

(2) Als Gerichtsstand wird der Sitz des bisherigen Arbeitgebers vereinbart. Andere Gerichtsstände können nur gewählt werden, wenn sie sich aus zwingendem örtlichem oder zwischenstaatlichem Recht ergeben.

(Alternative:

(2) Als Gerichtsstand wird der Sitz der Gesellschaft vereinbart. Andere Gerichtsstände können nur gewählt werden, wenn sie sich aus zwingendem örtlichem oder zwischenstaatlichem Recht ergeben.)

§ 14 Schlussbestimmungen/Mitteilungspflicht/Aufhebung früherer Vereinbarungen und Anstellungsverhältnisse/Schriftform[19]

. . . . . .	. . . . . .
Ort, Datum	Ort, Datum
. . . . . .	. . . . . .
Unterschrift der Gesellschaft	Unterschrift des Mitarbeiters

Empfangsbestätigung des Mitarbeiters[20]

Der Mitarbeiter bestätigt, dass er eine von der Gesellschaft unterschriebene vollständige Ausfertigung dieses Versetzungsvertrages am . . . . . . (Datum) erhalten hat.

. . . . . .

Ort, Datum

. . . . . .

Unterschrift des Mitarbeiters

Anmerkungen

1. Regelungsgegenstand/Ausgangssituation. International tätige Unternehmen nutzen zunehmend die Möglichkeit, besonders qualifizierte Mitarbeiter für bestimmte Projekte im Ausland einzusetzen oder einzelne Leistungsträger zur Bewährung in das Ausland zu versetzen, bevor sie nach ihrer Rückkehr herausgehobene Führungspositionen übernehmen. Der Auslandseinsatz dient in beiden Fällen einem bestimmten Zweck und ist zeitlich begrenzt. Er stellt für den Mitarbeiter i. d. R. eine besondere Chance dar, geht aber auch mit ungewohnten Belastungen einher. Der inländische Arbeitgeber verfolgt neben der sachlichen Projekterfüllung meist auch das Ziel, den Mitarbeiter internationale Arbeitserfahrung sammeln zu lassen, um auf diese später beim Einsatz im Inland zurückgreifen zu können.

Im Gegensatz zur rechtlichen Regelung eines Arbeitsverhältnisses im Inland steht beim Arbeitsvertrag mit Auslandsberührung die **Leistungsebene** im Vordergrund. Da ein Arbeitnehmer nur in den seltensten Fällen ohne seine Einwilligung ins Ausland versetzt werden kann – und dies dem Zweck des Auslandsaufenthalts regelmäßig auch zuwider laufen würde – müssen besondere Anreize für eine Auslandstätigkeit geschaffen werden. Kern der Vereinbarung ist deshalb, die gegenseitigen Leistungspflichten möglichst präzise zu beschreiben. Die mit dem Auslandseinsatz einhergehenden Mehrbelastungen und Risiken des Mitarbeiters sollten durch vergleichsweise höhere Geld- und Sachleistungen ausgeglichen, vertraglich begrenzt oder ausgeschlossen werden. Daneben muss dem Mitarbeiter eine realistische und attraktive Rückkehrperspektive eröffnet werden. Mit einer Tätigkeit im Ausland verbindet ein deutscher Arbeitnehmer regelmäßig die Befürchtung, auf das gewohnte Schutzniveau des deutschen Arbeitsrechts jedenfalls partiell verzichten zu müssen. Auch dieser Befürchtung muss der Arbeitgeber, der den Mitarbeiter zum Auslandseinsatz bewegen will, entgegentreten. Im Gegensatz zu einem Arbeitsverhältnis ohne Auslandsbezug sollten deshalb die für das Arbeitsverhältnis maßgeblichen Leistungs- und Schutzregelungen ausdrücklich zum Gegenstand einer Vereinbarung gemacht werden. Ergänzend kann die Anwendbarkeit deutschen Rechts auch während der Auslandstätigkeit vereinbart werden (→ Anm. 18). Wichtigste Grundlage eines Auslandseinsatzes ist zwar ein ungestörtes **Vertrauensverhältnis** zwischen Arbeitgeber und Mitarbeiter, das auch im Falle von Interessenkonflikten eine Basis für einvernehmliche Problemlösungen bilden können sollte. Ohne eine vertragliche Absicherung werden sich qualifizierte Mitarbeiter aber trotzdem nur selten auf einen Auslandsaufenthalt einlassen, insbesondere wenn ein außereuropäisches und eher „exotisches" Land betroffen ist.

Um Enttäuschungen zu vermeiden, sollte der Mitarbeiter vor Abschluss einer Vereinbarung über die Umstände des geplanten Auslandseinsatzes genau im Bilde sein. Bei Einsätzen an für den Mitarbeiter bisher unbekannten Orten kann es hilfreich sein, ihm – und ggf. seiner Familie – vorab einen Besuch des Tätigkeitsorts zu ermöglichen, bei dem auch der aufnehmende Betrieb besichtigt wird.

Der vorliegende Versetzungsvertrag regelt unter Berücksichtigung dieser Gesichtspunkte die Rechtsbeziehungen zwischen dem vorübergehend im Ausland tätigen Mitarbeiter und dem ausländischen Arbeitgeber während des Auslandseinsatzes. Im Gegensatz zum Entsendungsvertrag (→ Form. A. VIII. 3) wird durch den Versetzungsvertrag ein neues Arbeitsverhältnis begründet, während das bestehende Arbeitsverhältnis im Inland für den Zeitraum der Versetzung ruhend gestellt wird. Der Versetzungsvertrag, teilweise in der Literatur auch schlicht als „ausländischer Arbeitsvertrag" bezeichnet, wird daher ergänzt durch einen mit dem bisherigen Arbeitgeber, der Inlandsgesellschaft, abzuschließenden Ruhensvertrag, auch „Stammhausvertrag" (→ Form. A. VIII. 2). Man spricht daher auch vom „Zweivertragsmodell", während bei einer Ergänzung des bestehenden Arbeitsvertrages um entsendungstypische Regelungen vom „Einvertragsmodell" gesprochen wird (zu den verschiedenen Modellen und ihren Anwendungsfällen vgl. *Mastmann/Stark* BB 2005, 1849, 1849 f.; *Reiter* NZA 2004, 1246, 1247 f.).

Seinem Wesen nach ist der Versetzungsvertrag ein eigenständiger, regelmäßig befristeter Arbeitsvertrag. Er nimmt häufig nur wenige Besonderheiten der Auslandsentsendung auf. Der versetzte Arbeitnehmer wird möglichst weitgehend den lokalen Mitarbeitern der Auslandsgesellschaft gleichgestellt. Den Kern des Versetzungsvertrages bilden Regelungen der Eckpunkte des Auslandsarbeitsverhältnisses wie Positionsbeschreibung, Berichtslinie, Vergütung und Laufzeit. Hinzu kommen Klauseln zum Ausgleich der wirtschaftlichen Mehrbelastung des Arbeitnehmers aufgrund der Auslandstätigkeit (z. B. höhere Mietkosten, Schulgeld) sowie steuer- und sozialversicherungsrechtliche Sonderregelungen für den Auslandseinsatz. Klauseln, die den flexiblen Einsatz des Mitarbeiters sichern sollen (z. B. Versetzungsklauseln), treten demgegenüber in den Hintergrund. Der vorliegende Versetzungsvertrag ist deshalb unter Zugrundelegung der Annahme formuliert, dass Arbeitnehmer wie Arbeitgeber mit der Auslandstätigkeit einen gemeinsamen Zweck verfolgen, dem sie auch während der Durchführung treu bleiben werden. Diese Fokussierung ist auch dem Umstand geschuldet, dass in vielen Ländern ein effektiver Rechtsschutz auf der Grundlage eines Versetzungsvertrages weder für den Arbeitgeber noch für den Mitarbeiter zu erreichen sein wird. Sollte tatsächlich eine Störung des Auslandsarbeitsverhältnisses eintreten, wird diese i. d. R. entweder einvernehmlich beigelegt (häufig mit Unterstützung des Stammhauses) oder der Auslandseinsatz vorzeitig abgebrochen.

Dem Formular liegt der Fall der vorübergehenden Versetzung eines Mitarbeiters eines deutschen Unternehmens (Stammhaus) zu einer ausländischen Konzerngesellschaft des Stammhauses zugrunde. Dabei entspricht es gängiger Praxis, neben den Leistungen der ausländischen Gesellschaft aus dem Versetzungsvertrag ergänzende Leistungspflichten der Inlandsgesellschaft im Ruhensvertrag zu vereinbaren. Die **Verteilung der Pflichten zwischen der inländischen und der ausländischen Gesellschaft** ist nicht zwingend und unterliegt in der Praxis verschiedenen Gestaltungen, die auch steuerlichen Gegebenheiten Rechnung tragen sollten (zum Erfordernis der verursachungsgerechten Aufteilung der Entsendungskosten vgl. *Jacobs*, Internationale Unternehmensbesteuerung, S. 1385). Bei der Verteilung der Pflichten sollte ferner berücksichtigt werden, dass die Abwicklung eines Arbeitsvertrages nach fremdem Recht eine nationale Personalorganisation i. d. R. überfordern wird. Die Zuordnung der Leistungspflichten orientiert sich demnach sinnvollerweise daran, nach welchem Recht und an welchem Ort die Leistung zu erbringen ist. So sollten beispielsweise Zuschüsse zur Miete oder die Kosten des Dienstwagens von der ausländischen Gesellschaft getragen werden, weil diese mit den örtlichen Gegebenheiten besser vertraut ist und die Abwicklung der Zahlungen ohne größeren Aufwand ausführen kann. Im Falle von Unsicherheiten oder Konflikten kann es ratsam sein, die Personalabteilung der inländischen Gesellschaft mit der Vermittlung zwischen Mitarbeiter und ausländischer Gesellschaft zu betrauen. Häufig verhandelt sogar die Personalabteilung des Stammhauses die Einzelheiten des Versetzungsvertrages. Dies setzt freilich voraus, dass die inländische Gesellschaft die Möglichkeit hat, tatsächlich auf die ausländische Gesellschaft einzuwirken.

Der Versetzungsvertrag unterliegt nach international privatrechtlichen Regelungen vollständig oder wegen nur einzelner Rechte und Pflichten der Rechtsordnung des Tätigkeitsortes und richtet sich dann nach den dort geltenden gesetzlichen Bestimmungen. Die Vertragsparteien haben jedoch die Möglichkeit, die Anwendung deutschen Rechts zu vereinbaren. Eine vollständige Übertragung „deutscher Verhältnisse" auf das Arbeitsverhältnis im Ausland ist naturgemäß nicht möglich. Dem freiwillig im Ausland tätigen Mitarbeiter ist es zuzumuten, sich an die örtlichen Gepflogenheiten in angemessenem Maße anzupassen. Vom ausländischen Arbeitgeber kann es zudem kaum verlangt werden, beispielsweise seine Arbeitsschutzbestimmungen dem deutschen Standard anzupassen, nur weil ein deutscher Arbeitnehmer vorübergehend bei ihm tätig ist. Umgekehrt wird der

Arbeitnehmer i.d.R. nicht auf essentielle Schutzrechte des deutschen Arbeitsrechts, beispielsweise die gesetzliche Lohnfortzahlung, verzichten wollen. Gleichzeitig hat der Mitarbeiter i.d.R. keine Kenntnis von den im Ausland geltenden Arbeitnehmerrechten. Umgekehrt kann auch die ausdrückliche Vereinbarung der Geltung deutschen Arbeitsrechts für den Versetzungsvertrag die Geltung von Bestimmungen der ausländischen Rechtsordnung nach kollisionsrechtlichen Regeln des internationalen Privatrechts nicht vollständig ausschließen. Die Anwendung deutschen Rechts im Ausland kann im Übrigen für den ausländischen Arbeitgeber ein erhebliches praktisches Problem darstellen, das nur unter Zuhilfenahme der Inlandsgesellschaft zu bewältigen ist. Zur Interessenabwägung bei der Rechtswahl → Anm. 18.

2. Vertragsschließende Parteien. Parteien des Versetzungsvertrages sind der betroffene Mitarbeiter und die ausländische Gesellschaft, bei der der Mitarbeiter eingesetzt werden soll. Da die Vorbereitung eines langfristigen Auslandseinsatzes im Rahmen einer Versetzung regelmäßig von der Inlandsgesellschaft koordiniert wird, erscheint es jedenfalls für die hier zugrunde gelegte Konstellation einer Konzernversetzung praktikabel, den Versetzungsvertrag durch die Inlandsgesellschaft in Vertretung der Auslandsgesellschaft aushandeln und ggf. auch unterzeichnen zu lassen. Dies gilt insbesondere dann, wenn der Vertragstext in deutscher Sprache verfasst ist. Die Beteiligung der Inlandsgesellschaft stellt sicher, dass der Inhalt von Versetzungs- und Ruhensvertrag aufeinander abgestimmt ist. Gleichzeitig drückt sich durch die Beteiligung der Inlandsgesellschaft aus, dass sie mit den Inhalten des Versetzungsvertrages einverstanden ist und stellt damit eine sinnvolle vertrauensbildende Maßnahme dar. Der Mitarbeiter wird zudem häufig die Konditionen des Auslandseinsatzes mit den ihm bekannten Ansprechpartnern beim Stammhaus diskutieren wollen.

Dem Vertrag sollte, jedenfalls soweit es die ausländische Rechtsordnung erfordert, eine entsprechende Vollmachtsurkunde angehängt werden, die die vom Stammhaus abgegebene Erklärung legitimiert. Alternativ kann die vom Stammhaus ausgehandelte Vereinbarung freilich auch von der Auslandsgesellschaft selbst unterzeichnet werden. Auf Seiten des Arbeitnehmers wird eine Unterzeichnung von Versetzungsvertrag und Ruhensvertrag naturgemäß fast immer zeitgleich erfolgen.

3. Tätigkeitsbeschreibung. Die Beschreibung der vom Mitarbeiter zu verrichtenden Tätigkeit sollte unter Angabe der vorgesehenen Position im Vertrag genau benannt werden. Zur Vermeidung von Missverständnissen kann es sinnvoll sein, der deutschen Tätigkeitsbeschreibung eine englische oder in der Sprache des Tätigkeitslandes verfasste, inhaltlich gleichbedeutende Bezeichnung hinzuzufügen. Zu weiteren Einzelheiten zur Tätigkeitsbeschreibung → Form. A. II. 1 Anm. 2.

4. Eingliederung in die Arbeitsorganisation. Der besonderen Situation eines vorübergehend im Ausland eingesetzten Arbeitnehmers entspricht es, im Versetzungsvertrag eine konkrete Person als Vorgesetzten zu benennen. Dabei sollten die genaue Funktionsbezeichnung sowie ggf. der Name des Vorgesetzten angegeben werden. Die für einen Inlandsvertrag eher ungewöhnliche Präzisierung dient dazu, Missverständnisse und Schwierigkeiten bei der betrieblichen Eingliederung zu vermeiden. Sie ist zudem in solchen Fällen sachgerecht, in denen der Mitarbeiter projektbezogen arbeitet, so dass eine weitere Integration in die bestehende Betriebsorganisation nicht erforderlich ist. Der so benannte Vorgesetzte kann auf diese Weise als zentrale Ansprechperson des Mitarbeiters fungieren. Die vorgeschlagene Alternativformulierung sollte nur in den Fällen gewählt werden, in denen der Mitarbeiter aufgrund der ihm übertragenen Aufgaben vollständig in die Betriebsorganisation eingegliedert werden muss.

5. Arbeitszeit. Der Umfang der zu erbringenden Arbeitsleistung als Hauptleistungspflicht des Mitarbeiters sowie die zeitliche Lage der Arbeitszeit stellen einen Kern des

Versetzungsvertrages dar. Es wird dabei regelmäßig angemessen sein, den Mitarbeiter hinsichtlich des Umfangs und der Lage der Arbeitszeit mit seinen am Tätigkeitsort arbeitenden Kollegen gleichzustellen, um soziale Konflikte zu vermeiden. Gleiches gilt für die Leistung und Abgeltung von Überstunden. Freilich kann eine solche Regelung nur gewählt werden, wenn eine einheitliche Handhabung vor Ort existiert und das nationale Arbeitsrecht einen solchen Verweis zulässt (vgl. für Deutschland § 2 Abs. 1 S. 2 Nr. 7 NachwG, nach dem die vereinbarte Arbeitszeit schriftlich niederzulegen ist). Andernfalls empfiehlt sich die Verwendung der vorgeschlagenen Alternativformulierung. Bestimmungen des Arbeitszeitgesetzes müssen aufgrund des Territorialitätsprinzips nicht beachtet werden (vgl. zur Arbeitszeitordnung (AZO) BAG NZA 1991, 386).

6. Vergütung. Die Vergütungsfindung ist nach Lohnniveau des ausländischen Tätigkeitslandes, Lebenskosten, Kaufkraft der Auslandswährung, Inflation und Abgabenniveau Gegenstand komplexer Systeme zur Verteilung von Belastungen zwischen deutscher und ausländischer Gesellschaft (*Gnann/Gerauer* S. 125 ff.; *Mauer* Rn. 189 ff.). Es ist eine Frage des Einzelfalls, ob der Mitarbeiter eine seinem Inlandsgehalt vergleichbare oder die im Tätigkeitsland marktübliche Vergütung erhalten soll. Bedacht werden sollte dabei, dass der Mitarbeiter i. d. R. erwartet, mit der Vergütung auch im Ausland seinen inländischen Lebensstandard jedenfalls zu halten. Für die mit dem Auslandseinsatz verbundenen Erschwernisse wird i. d. R. auch ein entsprechender Zuschlag gezahlt. Nach der hier vorgeschlagenen Lastenverteilung werden alle zusätzlich zur Grundvergütung zu zahlenden **Zulagen** (insbesondere zum Ausgleich der unterschiedlichen Kaufkraft und der steuerrechtlichen Folgen der Auslandstätigkeit) von der Inlandsgesellschaft, also vom früheren Arbeitgeber getragen und sind deshalb im Ruhensvertrag geregelt (→ Form. A. VIII. 2 Anm. 6).

Die Auszahlung der Grundvergütung erfolgt in Ländern mit vergleichsweise stabilen wirtschaftlichen Verhältnissen in der jeweiligen **Landeswährung,** nur ausnahmsweise in Form lokal akzeptierter Devisen (Euro, US-Dollar). Zu berücksichtigen ist, dass eine in Euro berechnete Vergütung nicht ohne weiteres nach den aktuellen Wechselkursen in die jeweilige Landeswährung umgerechnet werden kann, ohne dass dabei ein Missverhältnis zur tatsächlichen Kaufkraft der Vergütung entstehen wird. Da die Wechselkurse keine Aussage über die Kaufkraftparität treffen, sollte – soweit nicht ohnehin die lokale Vergütung zugrunde gelegt wird – das Grundgehalt unter Heranziehung der Statistiken über die Preise für die Lebenshaltung berechnet werden. Ebenso zu berücksichtigen sind die steuer- und sozialversicherungsrechtlichen Abzüge vom Bruttolohn sowie mögliche Kosten für private Kranken- und Rentenversicherungen (vgl. zur Berücksichtigung des Steuergefälles *Jacobs*, Internationale Unternehmensbesteuerung, S. 1379 ff.).

7. Abwesenheit/Krankheit/Tod. Die vorgeschlagene Formulierung orientiert sich an den Vorgaben des EFZG. Zur einfacheren Handhabung sollte im Vertrag ein konkreter Entgeltfortzahlungszeitraum angegeben werden, der im Falle einer Auslandstätigkeit insbesondere dann, wenn der Mitarbeiter keinen ausreichenden Krankengeldanspruch hat, großzügiger bemessen sein sollte als bei einer Inlandstätigkeit üblich. Die Anzeigepflicht ist ebenfalls der deutschen Rechtslage angelehnt. Die Vereinbarung der Abtretung von Ersatzansprüchen ersetzt die in § 6 EFZG geregelte Legalzession im Falle der Dritthaftung. Auf die Entgeltfortzahlung sollten auch die Lohnersatzleistungen der Krankenkassen angerechnet werden, um eine Doppelvergütung auszuschließen. Zur Entgeltfortzahlung s. im Übrigen → Form. A. II. 3 Anm. 10. Werden zusätzlich zur Grundvergütung leistungs- oder erfolgsbezogene Zulagen gewährt, ist dies in Form der optional vorgeschlagenen Formulierung besonders zu berücksichtigen.

Die für den Fall des Todes des Mitarbeiters vorgesehene Fortzahlungsregelung erscheint unter dem Gesichtspunkt angemessen, dass seine Hinterbliebenen die mit einem

Todesfall im Ausland einhergehenden Mehrbelastungen zu tragen haben werden. Ein Rückumzug der Familie nach Deutschland wird dabei i.d.R. erst nach einigen Wochen möglich sein. Die befristete Fortzahlung der Vergütung sowie der gezahlten Zuschüsse ist deshalb sachgerecht (vgl. *Gnann/Gerauer* S. 140). Sie sollte durch Regelungen zur Tragung der Kosten des Rückumzugs der Familie im Ruhensvertrag ergänzt werden (→ Form. A. VIII. 2 Anm. 11).

Der optionale Abs. (6) schließt Entgeltfortzahlungsansprüche nach **§ 616 BGB** aus, die nach deutschem Recht im Falle der Erkrankung kleiner Kinder, der vorübergehenden Pflege naher Angehöriger oder anderer, schwerwiegender Verhinderungsgründe bestehen können (vgl. Übersicht bei ErfKomm/*Preis* § 616 BGB Rn. 4). Ein solcher Ausschluss ist schon nach deutschem Recht zulässig. Er empfiehlt sich vor dem Hintergrund, dass die ausländische Gesellschaft die von deutschen Gerichten entwickelte Kasuistik zu den Freistellungsvoraussetzungen nach § 616 BGB kaum nachvollziehen können wird. Sie dient insofern der Rechtssicherheit. Die dadurch entstehenden Nachteile für den Mitarbeiter können ggf. durch eine großzügige Urlaubsregelung kompensiert werden.

8. Wohnung. Zusätzlich zur Vergütung wird im Falle einer vorübergehenden Auslandstätigkeit i.d.R. ein Zuschuss auf die Wohnungsmiete gezahlt. Dies dient einerseits dazu, die durch die Anmietung einer dem deutschen Standard entsprechenden Wohnung im Ausland ggf. entstehenden Mehrkosten auszugleichen. Andererseits werden viele Mitarbeiter ihre in Deutschland bestehende Wohnung während einer kürzeren Versetzung nicht aufgeben wollen. Gleiches gilt, wenn der Mitarbeiter ohne seine Familie ins Ausland reist und diese die in Deutschland gelegene Wohnung weiter nutzen will.

Mit der vorgeschlagenen Klausel hat die Gesellschaft die Möglichkeit, dem Mitarbeiter eine angemessene Wohnung zur Verfügung zu stellen. Diese für beide Seiten vorteilhafte Lösung befreit den Mitarbeiter von den praktischen und rechtlichen Unwägbarkeiten einer Wohnungssuche, während gleichzeitig die Gesellschaft die Möglichkeit hat, durch die wiederholte Anmietung bewährter Wohnungen die Qualität der Unterbringung sicherzustellen und dabei günstigere Konditionen auszuhandeln, als es dem Mitarbeiter naturgemäß möglich wäre.

Die vorgeschlagene Alternative beschränkt die Pflichten der Gesellschaft auf die Gewährung eines begrenzten Zuschusses auf die Miete sowie die mit der Anmietung einhergehenden Nebenkosten. Diese Gestaltung wird hauptsächlich bei längerfristigen Versetzungen in Frage kommen.

9. Kosten für Ausbildung und Sprachunterricht. Um einem Mitarbeiter mit schulpflichtigen Kindern die Entscheidung für einen Auslandseinsatz zu erleichtern, sollte die angemessene Ausbildung der Kinder auch während der Tätigkeit im Ausland gewährleistet werden. Soweit nach den örtlichen Gegebenheiten für eine Schulausbildung, die dem deutschen Standard entspricht, **Schulgeld** verlangt wird, sollte die Gesellschaft diese Kosten unter dem Gesichtspunkt des Nachteilsausgleichs übernehmen. Dem Mitarbeiter sollte dabei die Wahl der Schule unter persönlichen Gesichtspunkten freigestellt werden. Einer übermäßigen Belastung der Gesellschaft kann durch die vorgeschlagene Höchstbetragsregelung angemessen entgegengetreten werden.

Ebenfalls unter dem Gesichtspunkt des Nachteilsausgleichs sollten die Kosten für **Sprachkurse** des Mitarbeiters sowie die den Mitarbeiter begleitenden Familienangehörigen übernommen werden, um die soziale Eingliederung am Tätigkeitsort zu fördern. Die Erlangung hinreichender Sprachkenntnisse durch den Mitarbeiter ist Voraussetzung eines erfolgreichen Einsatzes im Ausland und sollte deshalb bereits vor dem Auslandseinsatz sichergestellt werden. Für den Besuch von Sprachkursen sollte ggf. eine Freistellung von der Arbeitspflicht in Deutschland vor Antritt der Auslandstätigkeit sowie die Übernahme der dort entstehenden Kosten durch die Inlandsgesellschaft erfolgen.

10. Weitere Leistungen. Weitere Ansprüche des Mitarbeiters können zu Lasten der Auslandsgesellschaft im Versetzungsvertrag oder zu Lasten der Inlandsgesellschaft im Ruhensvertrag vereinbart werden. In Frage kommen hier die Bereitstellung eines Dienstwagens, Mitgliedsbeiträge für Sportclubs, Umzugs- und Reisekostenpauschalen, Kosten von Heimfahrten, Zuschüsse zu den Lebenshaltungskosten, Ersatz von Steuerberatungskosten sowie der Abschluss von Versicherungen (vgl. mit weiteren Beispielen *Jacobs*, Internationale Unternehmensbesteuerung, S. 1361). Das „Ob" der Gewährung ist eine Frage der Firmenkultur und des jeweiligen Zwecks der Versetzung. Bei der Entscheidung, ob die Vergünstigungen von der Auslands- oder der Inlandsgesellschaft getragen werden, sollten die Umstände der praktischen Umsetzung genau wie steuerrechtliche Folgen Berücksichtigung finden. So bietet es sich an, einen **Dienstwagen** durch die Auslandsgesellschaft stellen zu lassen, da diese über die lokalen Geschäftskontakte verfügt und bei einer länger andauernden Versetzung das Fahrzeug i. d. R. im Tätigkeitsland angemeldet sein muss. Eine ausführlichere Dienstwagenklausel enthält → Form. A. III. 2. Nach der hier vorgeschlagenen Lastenverteilung wird ein Großteil der Zusatzleistungen von der Inlandsgesellschaft erbracht und folgerichtig im Ruhensvertrag geregelt (→ Form. A. VIII. 2).

Um Lücken im Versicherungsschutz zu schließen, empfiehlt sich insbesondere der Abschluss einer privaten **Unfallversicherung.** Hierzu enthält das Formular einen Formulierungsvorschlag. Nur im Ausnahmefall erlaubt eine in Deutschland bestehende berufsgenossenschaftliche Unfallversicherung nach Satzung eine Versicherung im Ausland (Beispiel: Auslandsunfallversicherung der BG Rohstoffe und chemische Industrie). Ist dies nicht der Fall, sollte nach Möglichkeit eine private Unfallversicherung für Arbeits- und Wegeunfälle abgeschlossen werden, um eine dem deutschen Versicherungsschutz gleichwertige Absicherung zu erreichen. Üblich und angemessen ist auch die Gewährleistung eines Versicherungsschutzes für Unfallfolgen außerhalb der Arbeitszeit. Hier kann oftmals auf Gruppenversicherungen zurückgegriffen werden, was der Gestaltung des Formulars entspricht.

Ob darüber hinaus auch eine **Auslandskrankenversicherung** zu Lasten der Auslandsgesellschaft im Versetzungsvertrag oder zu Lasten der Inlandsgesellschaft im Ruhensvertrag aufgenommen wird, ist eine Frage des Einzelfalls. Wichtig ist für die Vertragsgestaltung jedenfalls, dass die Regelungen des Versetzungsvertrages mit den Regelungen des Ruhensvertrages abgestimmt werden, um eine Verdopplung von Ansprüchen zu vermeiden. Zur Auslandskrankenversicherung → Anm. 12.

11. Einkommensteuer. Für die Frage der **Besteuerung des Arbeitnehmers** als natürliche Person während der Laufzeit des Versetzungsvertrages stellen das deutsche wie auch praktisch alle ausländischen Steuersysteme wesentlich auf die **Ansässigkeit des Arbeitnehmers** ab. Mit der Ansässigkeit (zur Begriffsauslegung nach deutschem Steuerrecht vgl. *Jacobs*, Internationale Unternehmensbesteuerung, S. 1358 ff.) in einem Staat wird dort i. d. R. das gesamte Einkommen des Arbeitnehmers (Welteinkommen) unabhängig von seiner Herkunft besteuert (vgl. *Mastmann/Stark* BB 2005, 1849, 1855). Der Staat, in dem eine Ansässigkeit nicht gegeben ist, besteuert i. d. R. allein bestimmte Einkünfte aus Quellen dieses Staates (vgl. hierzu ausf. *Wellisch/Näth* IStR 2005, 433, 434). Die Ansässigkeit bestimmt sich grundsätzlich nach Maßgabe des Bestehens eines Wohnsitzes oder eines gewöhnlichen Aufenthalts in dem jeweiligen Staat. Je nach konkreter Regelung des deutschen und des ausländischen Steuerrechts und abhängig vom Einreisezeitpunkt, Beibehalten einer Wohnung in Deutschland etc. ist so die Anknüpfung des Besteuerungsrechts zu prüfen (vgl. hierzu *Jacobs*, Internationale Unternehmensbesteuerung, S. 1336 ff.). Die volle Besteuerung im Tätigkeitsland entspricht dem Normalfall während einer über sechs Monate hinausgehenden Auslandstätigkeit.

Mit vielen Staaten hat Deutschland **Doppelbesteuerungsabkommen** abgeschlossen, welche das Besteuerungsrecht für die Einkünfte des Mitarbeiters zwischen den beteiligten

Staaten aufteilen und die Methode einer Vermeidung von Doppelbesteuerung bestimmen. Für Auslandstätigkeiten, die mehr als 183 Tage andauern, ist die alleinige Besteuerung im Tätigkeitsland der Normalfall (vgl. *Jacobs*, Internationale Unternehmensbesteuerung, S. 1340). Dies gilt i. d. R. auch für Zahlungen, die von der Inlandsgesellschaft aufgrund eines Ruhensvertrages in Ergänzung der Vergütung aus dem Versetzungsvertrag erbracht werden (vgl. *Jacobs*, Internationale Unternehmensbesteuerung, S. 1354; → Form. A. VIII. 2 Anm. 12). Besteht kein Doppelbesteuerungsabkommen, kann unter bestimmten Voraussetzungen die Freistellung von der deutschen Einkommensteuerpflicht unter Bezugnahme auf den sog. Auslandstätigkeitserlass beantragt werden (vgl. *Wellisch/Näth* IStR 2005, 433, 434). Danach können im Ausland erzielte Arbeitseinkünfte steuerpflichtiger Arbeitnehmer von der deutschen Steuer mit Progressionsvorbehalt freigestellt werden (§ 34c Abs. 5 EStG). Dies gilt unabhängig davon, ob im Einsatzland eine Steuererhebung stattfindet oder nicht (vgl. *Jacobs*, Internationale Unternehmensbesteuerung, S. 1337). Zahlungen der Inlandsgesellschaft werden auf Grundlage des Verwertungsprinzips besteuert. Entscheidend ist insofern, wer die Nutzungen aus der erbrachten Arbeitsleistung tatsächlich zieht (vgl. *Wellisch/Näth* IStR 2005, 433, 434 f.). Kann der Mitarbeiter nachweisen, dass der ausländische Staat auf seine Einkünfte eine der deutschen Einkommensteuer entsprechende Steuer erhebt, kann eine Besteuerung in Deutschland dennoch entfallen (vgl. *Jacobs*, Internationale Unternehmensbesteuerung, S. 1338 f.; *Wellisch/Näth* IStR 2005, 433, 434 f.).

Aufgrund der je nach Tätigkeitsland unterschiedlichen steuerrechtlichen Gegebenheiten sollte unbedingt bereits im Vorfeld des Auslandseinsatzes eine sorgfältige steuerliche Planung erfolgen. Hierfür ist es üblich, dass dem Arbeitnehmer Steuerberatungskosten in Deutschland und vor Ort ersetzt werden (→ Form. A. VIII. 2 Anm. 6).

12. **Sozialversicherung.** Das **Territorialitätsprinzip der deutschen Sozialversicherung** (§ 3 SGB IV) knüpft die Anwendbarkeit deutschen Sozialversicherungsrechts an das Bestehen eines Beschäftigungsverhältnisses in Deutschland. Dieses Prinzip wird im Rahmen der Ausstrahlung der deutschen Versicherungsvorschriften (§ 4 SGB IV) bei einer zeitlich begrenzten Entsendung in das Ausland im Rahmen eines fortbestehenden Beschäftigungsverhältnisses im Inland durchbrochen („Entsendung im Sinne der Ausstrahlung"). Aufgrund dieser Ausstrahlungsregelung gelten inländische Beschäftigungsverhältnisse, die zeitlich begrenzt im Ausland ausgeübt werden, nämlich als inländische Beschäftigungsverhältnisse und werden dementsprechend (weiterhin) von der deutschen Sozialversicherung erfasst, sodass der Versicherungsschutz des entsandten Mitarbeiters erhalten bleibt. Bei einem ruhenden Arbeitsverhältnis mit der Gesellschaft und organisatorischer Eingliederung in die Auslandsgesellschaft scheidet eine solche Ausstrahlungswirkung aus (vgl. *Louven/Louven* NZA 1992, 9, 11). Die Vorschriften über die Ausstrahlung treten aber hinter die Regelungen über- und zwischenstaatlichen Rechts zurück (§ 6 SGB IV).

Im Geltungsbereich der **Verordnung (EG) Nr. 883/2004**, im Wesentlichen also innerhalb der EU, ist der Mitarbeiter regelmäßig in dem jeweiligen Mitgliedsstaat versicherungspflichtig (Art. 11 Abs. 3 EG-VO 883/2004), in dem er seine Beschäftigung ausübt. Die Verordnung erfasst alle Zweige der deutschen Sozialversicherung. Die Ausnahme einer Entsendung i. S. d. Art. 12 EG-VO 883/2004, mit der Folge der Fortgeltung deutschen Sozialversicherungsrechts, liegt bei einem ruhenden Inlandsarbeitsverhältnis und aktivem Auslandsarbeitsvertrag nicht vor. In Betracht kommt daher allenfalls der Abschluss einer Ausnahmevereinbarung zur Fortgeltung deutschen Sozialversicherungsrechts (Art. 16 EG-VO 883/2004; vgl. *Wellisch/Näth/Thiele* IStR 2003, 746, 754; zur Maximaldauer vgl. *Braun* ArbRB 2002, 202, 204). Die praktischen Anforderungen hieran sind je nach Mitgliedsstaat uneinheitlich. Voraussetzung ist regelmäßig das Fortbestehen einer vertraglichen Bindung in Deutschland, für welche der Ruhensvertrag genügen würde. Im Allgemeinen darf die Auslandstätigkeit fünf Jahre nicht überschreiten.

Deutschland hat mit einer Reihe von Staaten (insbesondere mit Australien, Brasilien, China, Indien, Israel, Kanada, Korea, Japan, Türkei und den USA) **Abkommen über Soziale Sicherheit** geschlossen („Abkommensstaaten"), in denen Regelungen für die Versicherungspflicht ausgewählter Zweige der Sozialversicherung getroffen sind. Es sind nicht in jedem Fall Regelungen für alle Zweige der Sozialversicherung getroffen. Für jeden Abkommensstaat muss daher gesondert der persönliche und sachliche Geltungsbereich bestimmt werden. Die Abkommen ordnen für Entsendungen in gewissen zeitlichen Grenzen die Fortgeltung deutschen Sozialversicherungsrechts an. Auch im Rahmen dieser Verträge gilt die hier behandelte Auslandsversetzung mit Ruhensvertrag nicht als Entsendung. Die Abkommen erlauben aber in diesem Fall den Abschluss von Ausnahmevereinbarungen über die Fortgeltung der deutschen Rechtsvorschriften, soweit dies den Interessen des Arbeitnehmers dient. Über diesen Weg erfolgt eine Befreiung von den Rechtsvorschriften des eigentlich zuständigen Staates zugunsten der Geltung der deutschen Rechtsvorschriften. Somit ist sichergestellt, dass im Ausland keine Beitragspflicht mehr besteht (vgl. Grobys/Panzer/*Borgmann* Auslandstätigkeit/Entsendung Rn. 78). Die optional vorgeschlagene Formulierung nimmt die praktisch wesentliche Fallgestaltung der Ausnahmevereinbarung im Bereich der Rentenversicherung in Bezug. Bei der Abführung der Beiträge an die deutsche Rentenversicherung muss sich die ausländische Gesellschaft ggf. der Hilfe der Inlandsgesellschaft bedienen.

Soll eine **Tätigkeit im „vertragslosen Ausland"** erfolgen, richtet sich die Versicherungspflicht allein nach den gesetzlichen Regelungen der beteiligten Staaten (vgl. *Braun* ArbRB 2002, 202, 205). Mangels Ausstrahlung (§ 4 SGB IV) wird dies zwar i. d. R. nicht zu einer Doppelversicherung, im Einzelfall aber zum Nichtbestehen jeglicher Versicherungspflichten und Leistungsansprüche führen können. Gleiches gilt für die Versicherungszweige, welche bei Tätigkeit in einem ausländischen „Abkommensstaat" von den zwischenstaatlichen Verträgen nicht erfasst sind.

Bei der **Rentenversicherung** gilt die Besonderheit, dass bei Nichtbestehen einer Versicherungspflicht in Deutschland und ohne Abschluss einer Ausnahmevereinbarung eine freiwillige Versicherung (§ 7 SGB VI) oder eine Versicherungspflicht auf Antrag der inländischen Gesellschaft für den Arbeitnehmer begründet werden kann (§ 4 Abs. 1 SGB VI). Die Pflichtversicherung auf Antrag ist allein bei einer – hier gegebenen – zeitlichen Begrenzung der Tätigkeit im Ausland möglich. Diese Einschränkung gilt für die freiwillige Versicherung nicht. Alternativ kann, soweit es das Recht des Tätigkeitslandes zulässt, eine private Rentenversicherung abgeschlossen werden. Die hierfür anfallenden Beiträge sollten bei der Bemessung der Vergütung berücksichtigt werden (→ Anm. 6).

Eine vergleichbare Möglichkeit der freiwilligen Versicherung auf Antrag besteht seit dem 1.2.2006 auch für die deutsche **Arbeitslosenversicherung,** soweit eine Tätigkeit außerhalb der Europäischen Union ausgeführt wird (§ 28a SGB III; vgl. hierzu *Richter/Köhler/Klatt* DStR 2006, 2218, 2220 f.). Es ist eine Frage des Einzelfalls, ob eine solche freiwillige Versicherung im Ausland und damit insbesondere die Absicherung des Versicherungsschutzes nach Rückkehr ins Inland erforderlich sind. Aufgrund des Art. 61 EG-VO 883/2004 oder zwischenstaatlicher Abkommen können im Ausland zurückgelegte Versicherungs- und Beschäftigungszeiten zur Erfüllung der Anwartschaftszeit dienen (*Gagel* § 142 SGB III Rn. 55 m. w. N.). Sicherheitshalber kann für den Fall der Nichterfüllung der Anwartschaftszeit innerhalb der Rahmenfrist (§§ 142, 143 SGB III) auch ein gesonderter, begrenzter Kündigungsausschluss nach Rückkehr oder ein entsprechender Kompensationsanspruch des Mitarbeiters im Ruhensvertrag vereinbart werden (→ Form. A. VIII. 2 Anm. 8).

Auch bei möglicher Fortgeltung deutschen Sozialversicherungsrechts für die Dauer des Versetzungsvertrages ruht der Leistungsanspruch des Arbeitnehmers gegen die deutsche **Krankenversicherung** bei einem Auslandsaufenthalt. Zur Absicherung empfiehlt sich der Abschluss einer privaten Auslandskrankenversicherung (→ Anm. 10). Dies gilt wegen möglicher Lücken des Versicherungsschutzes bei hohen ausländischen Behandlungskosten auch dann, wenn eine Erstattungspflicht des Arbeitgebers nach § 17 Abs. 1 SGB V und – dem korrespondierend – der Krankenkasse nach § 17 Abs. 2 SGB V in Höhe der im Inland ersatzfähigen Kosten in Betracht kommt. Eine (ergänzende) Privatversicherung kann auch dazu dienen, den geringeren Versicherungsschutz einer ausländischen gesetzlichen Krankenversicherung im Vergleich zum deutschen Standard auszugleichen.

13. **Urlaub.** Der Anspruch des Mitarbeiters auf **Erholungsurlaub** kann sich, wie vorgeschlagen, an den betriebsüblichen Regelungen am Tätigkeitsort richten. Freilich wird der Mitarbeiter häufig verlangen, den in Deutschland üblichen Urlaubsanspruch auch im Ausland in Anspruch nehmen zu können. Bei der Bemessung des Urlaubsanspruchs zu berücksichtigen ist weiterhin, dass die deutschen Feiertagsregelungen im Ausland nicht wirksam sind (vgl. *Gnann/Gerauer* S. 151; *Gotthardt* MDR 2001, 961, 964). Wie in der Alternative vorgesehen, kann insofern eine konkrete Vereinbarung über den Urlaubsumfang getroffen werden. Der Anspruch sollte in Arbeitstagen bemessen sein, um Missverständnisse bei der Berechnung zu vermeiden, die aus einer Bemessung in Tagen oder Wochen entstehen können.

Bei einer vorübergehenden Tätigkeit im Ausland hat der Mitarbeiter i. d. R. ein besonderes Interesse an regelmäßigem **Heimaturlaub.** Dieser kann zusätzlich zum übrigen Anspruch auf Erholungsurlaub gewährt werden (dies entspricht der üblichen Praxis vgl. *Gotthardt* MDR 2001, 961, 968). Soll der Heimaturlaub nur im Rahmen des Erholungsurlaubs genommen werden, sollte ein besonderer Anspruch auf zusammenhängende Gewährung vereinbart werden, um auch die Möglichkeit längerer Heimreisen sicherzustellen.

Die Übertragung des Urlaubsanspruchs auf das Folgejahr wird i. d. R. den beiderseitigen Erwartungen an die flexible Gestaltung des Arbeitsverhältnisses entsprechen.

Alternativ könnte auch die Urlaubsklausel des Arbeitsvertrages ohne Tarifbindung übernommen werden (→ Form. A. II. 1, dort unter § 6). Da sich die dort getroffenen Regelungen jedoch sehr an dem deutschen Recht orientieren, ist dies nur für den Fall zu empfehlen, dass deutsches Recht anwendbar ist.

14. **Nebentätigkeiten.** → Form. A. II. 1 Anm. 13.

15. **Geheimhaltung/Behandlung und Rückgabe von Gegenständen und Daten/Löschung von Daten.** Hinsichtlich der Geschäftsgeheimnisse sollte eine übliche Geheimhaltungsvereinbarung getroffen werden (→ Form. A. II. 1 Anm. 14). Mit der Pflicht zur Geheimhaltung kann eine mögliche Pflicht des Mitarbeiters aus dem Ruhensvertrag kollidieren, in regelmäßigen Abständen an die Inlandsgesellschaft über seine Tätigkeit im Ausland zu berichten (→ Form. A. VIII. 2 Anm. 4). Es sollte deshalb eine entsprechende Ausnahmeklausel in den Vertrag aufgenommen werden.

16. **Laufzeit/Kündigung.** Für die vorübergehende Versetzung ist die Dauer der Auslandstätigkeit auf einen festen Zeitraum zu begrenzen. Nach deutschem Recht ist eine Befristung ohne Sachgrund nur für maximal zwei Jahre zulässig (§ 14 Abs. 2 TzBfG). Vorbeschäftigungen beim selben Arbeitgeber schließen eine Befristung ohne Sachgrund grundsätzlich aus, sofern diese nicht mehr als drei Jahre zurückliegen (§ 14 Abs. 2 S. 2 TzBfG; BAG NZA 2011, 905). Soll unter Zugrundelegung deutschen Rechts (→ Anm. 17) das Arbeitsverhältnis für eine Dauer von mehr als zwei Jahren befristet werden, ist ein sachlicher Grund erforderlich (§ 14 Abs. 1 TzBfG; → Form. A. V. 3–5). Ggf. kann es ratsam sein, die Anwendbarkeit des deutschen TzBfG auszuschließen, soweit das Recht des Tätigkeitslandes längere Befristungen zulässt (zur Zulässigkeit einer Teilrechtswahl → Anm. 17). Die Gesamtversetzungsdauer sollte fünf Jahre nicht übersteigen, da andernfalls die Vereinbarung deutschen Sozialversicherungsrechts während des Auslandseinsatzes eingeschränkt sein kann (zu Einzelheiten vgl. *Braun* ArbRB 2002, 202, 204).

Soll der Versetzungsvertrag über die ursprünglich vereinbarte Laufzeit hinaus verlängert werden, ist es interessengerecht, dies unter die Bedingung der Zustimmung des Stammhauses zu stellen. Das Stammhaus wird die Vertretung des Mitarbeiters auch für die verlängerte Auslandstätigkeit organisieren müssen. Gleichzeitig verlängert sich der Ruhensvertrag entsprechend und verpflichtet das Stammhaus zur weiteren Leistung der vereinbarten Zulagen (→ Form. A. VIII. 2).

Für den Zeitraum der Befristung sollte das ordentliche Kündigungsrecht für beide Seiten eingeschränkt werden. Dies entspricht, gerade im Falle einer vorübergehenden Auslandstätigkeit, den Interessen beider Parteien (vgl. *Gotthardt* MDR 2001, 961, 965 m.w.N.) und stellt keine unzulässige Einschränkung der Arbeitnehmerrechte dar (vgl. § 15 Abs. 3 TzBfG). Ein Abbruch der Auslandstätigkeit sollte, auch wegen der damit verbundenen Folgen für alle Beteiligten, grundsätzlich nur im gegenseitigen Einvernehmen erfolgen. Inwieweit ein Kündigungsrecht für die Dauer des Auslandsaufenthalts im Einzelnen eingeschränkt wird, ist immer auch Verhandlungssache. Gerade Arbeitnehmer, die sich in einer starken Verhandlungsposition befinden, werden weitgehende Kündigungsregelungen nicht akzeptieren. Das Recht zur fristlosen Kündigung aus wichtigem Grund muss jedoch bestehen bleiben. Wird eine fristlose Arbeitgeberkündigung aufgrund einer schweren Vertragsverletzung des Mitarbeiters erforderlich, sollte diese auch auf das ruhende Arbeitsverhältnis durchschlagen, vgl. hierzu → Form. A. VIII. 2 Anm. 14. Aus Gründen der Rechtssicherheit müssen trotzdem sämtliche bestehende Vertragsverhältnisse separat gekündigt werden.

Ausnahmsweise sollte ein ordentliches Kündigungsrecht des Arbeitnehmers für den Fall vereinbart werden, dass die Inlandsgesellschaft ihn aus wichtigem Grund zur vorzeitigen Rückkehr auffordert. Die Voraussetzungen einer solchen Aufforderung sollten in der Ruhensvereinbarung genau bestimmt sein (→ Form. A. VIII. 2 Anm. 5). Da sich der Mitarbeiter im Fall eines vorzeitigen Rückrufs nur eingeschränkt auf die Rückkehr vorbereiten kann, sieht der Vertrag einen zusätzlichen Freistellungsanspruch zur Abwicklung des Rückumzugs vor.

17. Anwendbares Recht. Die Parteien des Versetzungsvertrages sind grundsätzlich in der Wahl des anzuwendenden Rechts frei (Artt. 3, 4 ROM I-VO). Danach steht den Parteien die Möglichkeit offen, pauschal die Anwendung des Rechts des Tätigkeitsorts oder des deutschen Rechts zu vereinbaren. Daneben kann auch hinsichtlich bestimmter Vertragsteile eine Teilrechtswahl erfolgen (vgl. BAG NZA 2005, 297). Beispielsweise kann bei Geltung des ausländischen Rechts im Übrigen die Anwendung des deutschen Kündigungsschutzrechts vereinbart werden (vgl. *Mauer* Rn. 350). Verzichten die Parteien auf eine Rechtswahl, gilt im Falle einer länger andauernden Tätigkeit das Recht am Ort der Tätigkeit (Art. 8 Abs. 2 ROM I-VO), hier also das ausländische Recht (vgl. BAG NZA 2002, 734; *Däubler/Wang* RdA 2008, 141, 142).

Einschränkungen für die Freiheit der Rechtswahl gelten dann, wenn durch die Wahl eines ausländischen Rechtsstatuts die lokalen Bestimmungen zum **Arbeitnehmerschutz** unterlaufen würden. Dem Arbeitnehmer darf durch die Rechtswahl nämlich nicht der Schutz der zwingenden Bestimmungen des mangels Rechtswahl anzuwendenden Rechts entzogen werden (Art. 8 Abs. 1 ROM I-VO; vgl. *Mauer* Rn. 353 ff.). So könnte für ein auf Dauer in Deutschland durchzuführendes Arbeitsverhältnis, auf das nach Art. 8 Abs. 2 ROM I-VO grundsätzlich deutsches Recht anzuwenden wäre, beispielsweise die Anwendbarkeit des für den Arbeitnehmer ungünstigeren chinesischen Rechts vereinbart werden (vgl. Art. 37 des Arbeitsvertragsgesetzes der Volksrepublik China, dokumentiert bei *Däubler/Wang* RdA 2008, 141, 144). Die nach deutschem Recht zwingenden Regelungen des Arbeitnehmerschutzes würden aber im Einzelfall das gewählte chinesische Recht verdrängen (Günstigkeitsvergleich, vgl. *Mauer* Rn. 355). Bei der vergleichenden Betrachtung soll es nicht auf eine Gesamtschau der Rechtsordnungen oder den Vergleich der Einzelregelungen ankommen, sondern auf den Vergleich aller Bestimmungen, die sich auf denselben Regelungsgegenstand beziehen (vgl. *Hönsch* NZA 1988, 113, 116 f.). Der Ausgang eines solchen Günstigkeitsvergleichs ist jedoch, gerade aufgrund des nicht immer klaren Maßstabs, in der Praxis bisweilen nur schwer vorhersehbar. Im Einzelfall mag eine solche Rechtswahl jedenfalls zu einem „Mosaik zwingender Schutzvorschriften verschiedener staatlicher Herkunft“ (*Gnann/Gerauer* S. 150) und einer damit einhergehenden Rechtsunsicherheit führen.

Solange noch irgendein Bezug zur deutschen Rechtsordnung besteht, gelten darüber hinaus die international zwingenden Regelungen deutschen Rechts (Art. 9 ROM I-VO). Bei einem Arbeitsvertrag zwischen einer ausländischen Gesellschaft und einer ausschließlichen Tätigkeit im Ausland, in dem auch der Arbeitnehmer seinen tatsächlichen Wohnsitz hat, wird die Anwendung dieser Norm allerdings ausgeschlossen sein (vgl. ErfKomm/*Schlachter* Art. 9 ROM I-VO Rn. 19).

Im Ausland generell nicht anwendbar sind deutsche Bestimmungen, die (auch) öffentlich-rechtlichen Charakter haben. So ist die in Deutschland erforderliche behördliche Zustimmung zur Kündigung einer Schwangeren, eines in Eltern- oder Pflegezeit befindlichen Mitarbeiters oder eines Schwerbehinderten im Ausland keine Wirksamkeitsvoraussetzung der Kündigung, da die jeweiligen Behörden für Auslandstatbestände nicht zuständig sind und folglich eine Zustimmung gar nicht erteilen könnten (sog. „Territorialitätsgrundsatz“, vgl. *Gnann/Gerauer* S. 150 f.; zur Zustimmung bei Kündigung eines Schwerbehinderten BAG NZA 1988, 135). An ihre Stelle treten, soweit vorhanden, die zwingenden öffentlich-rechtlichen Regelungen des Tätigkeitslandes. Hat die deutsche öffentlich-rechtliche Norm hingegen auch einen „privatrechtlichen Kern“, so wirkt sie über den Umweg der Fürsorgepflicht des Arbeitgebers auch über den Territorialitätsgrundsatz hinaus auf das Arbeitsverhältnis ein (vgl. MünchKommBGB/*Martiny* Art. 8 ROM I-VO Rn. 106).

Diese überaus kompliziert zu handhabende rechtliche Gemengelage ist nur schwer mit den praktischen Anforderungen an eine transparente und rechtlich verlässliche Vertragsgestaltung in Einklang zu bringen (vgl. *Gotthardt* MDR 2001, 961, 967). Dem Mitarbeiter wird die Anwendung ausländischen Arbeitsrechts i. d. R. widerstreben, weil er damit befürchtet, auf das gewohnte Schutzniveau des deutschen Rechts verzichten zu müssen. Dazu kommen praktische Probleme des Mitarbeiters, sich über das ausländische Arbeitsrecht zu informieren. Die ausländische Gesellschaft wird umgekehrt die Anwendung eines ihr fremden Arbeitsrechts auf ein mit ihr zu begründendes Arbeitsverhältnis verhindern wollen. Eine ausländische Personalabteilung kann die Anwendung deutschen Arbeitsrechts i. d. R. nicht leisten. Die Anwendung mehrerer Rechtsordnungen innerhalb eines Betriebes geht zudem zwingend mit Ungleichbehandlungen einher, die zu Missstimmungen innerhalb der Belegschaft führen können (zur Anwendbarkeit des deutschen Gleichbehandlungsgrundsatzes im ausländischen Betrieb vgl. *Bittner* NZA 1993, 161, 167 f.). Die inländische Gesellschaft wird indes nicht in der Lage sein, mit dem Mitarbeiter einen Versetzungsvertrag auf der Grundlage ausländischen Rechts auszuhandeln.

Die vorgeschlagene Formulierung sieht als Kompromiss die grundsätzliche Anwendung ausländischen Rechts vor, nimmt aber hinsichtlich des Arbeitsvertragsrechts auf das deutsche BGB Bezug. Die Anwendbarkeit der übrigen deutschen arbeitsrechtlichen Nebengesetze ist damit ausgeschlossen. Die Bereichsausnahmen stellen, gemeinsam mit den arbeitsvertraglichen Vereinbarungen, sicher, dass im Rahmen der Leistungspflichten annähernd das deutsche Schutzniveau erreicht wird. Der Kündigungsschutz, die Entgeltfortzahlung im Falle der Arbeitsverhinderung, der Anspruch auf Erholungsurlaub sowie weitere essentielle Arbeitnehmerrechte sind durch die im Vertrag vorgesehenen Regelungen sichergestellt, so dass es einer Bezugnahme auf deutsche Spezialgesetze (KSchG, EFZG, BUrlG usw.) nicht zwingend bedarf. Diesbezüglich ist aber in jedem Einzelfall vor Abschluss des Versetzungsvertrages zu prüfen, welche Vorschriften ausländischen Rechts zu Ungunsten des Arbeitgebers zwingend eingreifen.

Durch die vorgeschlagene Gestaltung werden gleichzeitig Unwägbarkeiten vermieden, die aus der Anwendung des gesamten deutschen Arbeitsrechts im Ausland resultieren könnten. Denkbar wäre hier, dass ein Mitarbeiter während der Tätigkeit im Ausland einen Antrag auf Reduzierung seiner Arbeitszeit (§ 8 Abs. 1 TzBfG) stellt oder Pflege- oder Elternzeit in Anspruch nehmen möchte. All diese Ansprüche wären mit dem Zweck einer vorübergehenden Auslandstätigkeit nur schwer vereinbar. Ähnliche Unwägbarkeiten würden entstehen, wenn ein Mitarbeiter im Ausland die Einhaltung der Antidiskriminierungsvorschriften des AGG einfordert. Wird der ausländische Betrieb während der Auslandstätigkeit veräußert, könnte sich der Mitarbeiter zudem auf das Vorliegen eines Betriebsübergangs (§ 613a BGB) berufen, so dass er die Wahl hätte, ob er sein Arbeitsverhältnis beim Veräußerer oder beim Erwerber fortsetzen will. Hierdurch würde das der Auslandstätigkeit zugrundeliegende Dreiecksverhältnis zwischen inländischer und ausländischer Gesellschaft und dem Mitarbeiter empfindlich gestört. Die vorgeschlagene Gestaltung ist bislang allerdings nicht von der Rechtsprechung überprüft worden, so dass durchaus die Gefahr besteht, dass deutsche Arbeitsgerichte zu dem Ergebnis kommen, dass über die ausdrücklich bezeichneten Regelungen hinaus weitere Normen des deutschen Arbeitsrechts auf das Arbeitsverhältnis einwirken.

Mit der vorgeschlagenen Alternative wird für das Arbeitsverhältnis hingegen insgesamt die Anwendung deutschen Rechts vereinbart. Soweit Bestimmungen des Tätigkeitslandes gegenüber dem deutschen Recht günstiger sind, haben diese Vorrang (Art. 8 Abs. 1 ROM I-VO). Da das deutsche Arbeitsrecht im internationalen Vergleich als recht arbeitnehmerfreundlich einzustufen ist, wird eine solche Kollision bei vielen Länderkonstellationen die Ausnahme sein. Beruft sich der Mitarbeiter während der Auslandstätigkeit auf seine Rechte nach der lokalen Rechtsordnung, ist dies für die örtliche Personalabteilung aufgrund ihrer eigenen Sachkunde unproblematisch. Beruft sich der Mitarbeiter dagegen auf Ansprüche nach deutschem Arbeitsrecht, kann sich die ausländische Gesellschaft der Hilfe der Inlandsgesellschaft bedienen. In manchen Fällen wird der Mitarbeiter den direkten Kontakt zur Inlandsgesellschaft suchen, die ihrerseits die ausländische Gesellschaft über die deutsche Rechtslage aufklären kann. Eine entsprechende Ansprechstelle sollte im Ruhensvertrag ausdrücklich benannt werden (→ Form. A. VIII. 2 Anm. 4).

Vorstehende Ausführungen zur Rechtswahl basieren auf der ROM I-VO. Sie gelten nur, wenn die ROM I-VO am Ort des vom Arbeitnehmer angerufenen Gerichts geltendes Recht (*lex fori*) ist. Wendet das angerufene Gericht ein anderes internationales Privatrecht an, mag es zu anderen Ergebnissen kommen.

18. Gerichtsstand. Die Wahl des Gerichtsstands sollte mit der Rechtswahl korrespondieren. Dabei bestehen je nach Sachverhalt unterschiedliche Gestaltungsmöglichkeiten für Gerichtsstandsvereinbarungen. Diese sind entweder nach den Vorschriften der deutschen ZPO (§ 38 ZPO) oder bei EU/EFTA-Auslandsberührung nach den europäischen Abkommen zu beurteilen (für die EU-Mitgliedsstaaten die Verordnung (EG) Nr. 44/2001 vom 22.12.2000 – EuGVO, abgedruckt bei *Thomas/Putzo*; für Dänemark das Brüsseler Übereinkommen vom 27.9.1968 i.d.F. vom 29.11.1996 (EuGVÜ), abgedruckt bei Zöller/*Geimer* Anh. I EuGVÜ; für Island, Norwegen und die Schweiz das revidierte, mit der EuGVO inhaltlich übereinstimmende, Lugano-Übereinkommen vom 30.10.2007, abgedruckt im ABl. (EG) 2007 L 339/3; zur Gerichtsstandsvereinbarung vgl. auch ausf. → Form. A. II. 4 Anm. 25).

Die Vereinbarung eines **Gerichtsstands** in Deutschland ist grundsätzlich zulässig, wenn mindestens eine der Vertragsparteien keinen allgemeinen Gerichtsstand in Deutschland hat (§ 38 Abs. 2 ZPO). Betreibt die Auslandsgesellschaft in Deutschland eine Niederlassung oder verfügt der Mitarbeiter noch über eine Wohnung im Inland, so kann eine Gerichtsstandsvereinbarung nur für diese Orte geschlossen werden (§ 38 Abs. 2 S. 3

ZPO). Sind beide Parteien mit einem Sitz in Deutschland vertreten, bestimmt sich die Zuständigkeit nach dem Sitz derjenigen Partei, gegen die das gerichtliche Verfahren gerichtet ist (§ 12 ZPO). Hat keine der Parteien einen Sitz in Deutschland, kann der Gerichtsstand frei gewählt werden (§ 38 Abs. 2 S. 1 ZPO). Es empfiehlt sich in diesem Fall, den Verwaltungssitz des Stammhauses zu wählen.

Daneben können die Parteien aus zwingendem örtlichem oder zwischenstaatlichem Recht berechtigt sein, am Gericht des Arbeitsortes im Ausland zu klagen. Um insofern keinen falschen Eindruck zu erwecken, sollte ein entsprechender Hinweis in die Klausel aufgenommen werden.

Im Geltungsbereich der **EuGVO** sind Vereinbarungen nach § 38 Abs. 2 ZPO ausgeschlossen (zum Vorrang des Art. 23 EuGVO als lex specialis vgl. MünchKommZPO/ *Patzina* § 38 ZPO Rn. 25).

Aus der EuGVO ergibt sich für den Arbeitnehmer bei Klagen gegen den Arbeitgeber ein **Wahlrecht:** Er kann Klage erheben vor dem Gericht am Sitz des Arbeitgebers (Art. 19 Nr. 1 EuGVO) oder demjenigen an dem Ort, an dem er seine Arbeit gewöhnlich verrichtet oder zuletzt gewöhnlich verrichtet hat (Art. 19 Nr. 2 lit. a) EuGVO). In dem wohl seltenen Fall, dass er seine Arbeit gewöhnlich nicht an ein und demselben Ort verrichtet hat, kann er an dem Gericht des Ortes klagen, in dem sich die Niederlassung, die den Arbeitnehmer eingestellt hat, befindet oder befand (Art. 19 Nr. 2 lit. b) EuGVO). Der Arbeitgeber kann ausschließlich am Wohnsitz des Arbeitnehmers klagen (Art. 20 Abs. 1 EuGVO; vgl. *Däubler* NZA 2003, 1297, 1301; *Junker* NZA 2005, 199, 201). Eine Gerichtsstandsvereinbarung nach den europäischen Abkommen hat gegenüber dem Arbeitnehmer nur dann Wirkung, wenn sie ihm einen zusätzlichen Gerichtsstand eröffnet (vgl. Art. 21 Nr. 2 EuGVO). Dies dürfte regelmäßig nicht gewünscht sein. Zweckmäßig ist für solche Konstellationen daher, wie im Formular alternativ vorgeschlagen, den Sitz der Gesellschaft als Gerichtsstand vorzusehen und gleichzeitig weitere mögliche Gerichtsstände, die sich nach den zwischenstaatlichen Abkommen oder zwingendem örtlichen Recht ergeben können, nicht auszuschließen.

Ob die Wahl am Ende aber auch jeweils wirklich zu dem gewünschten Ergebnis führt, entscheidet sich bei Klage im Ausland nach dortigem Recht.

19. **Schlussbestimmungen/Mitteilungspflicht/Aufhebung früherer Vereinbarungen und Anstellungsverhältnisse/Schriftform.** → Form. A. II. 1, dort unter § 13. Aufgrund der Versetzung kann abweichend davon auf Abs. (1) (unvollständige Angaben bei Einstellung) verzichtet werden. Zur Schriftformklausel sowie zur Salvatorischen Klausel → Form. A. II. 1 Anm. 28, 29. Zur Gerichtsstandsvereinbarung → Anm. 18.

20. **Empfangsbestätigung des Mitarbeiters.** → Form. A. II. 1 Anm. 32.

2. Ruhensvertrag

Ruhensvertrag[1]

zwischen

...... (Name und Anschrift des Arbeitgebers) „Gesellschaft“

und

Herrn ...... (Name und Anschrift des Arbeitnehmers) „Mitarbeiter“[2]

Präambel

Der Mitarbeiter ist seit dem ...... (Datum des Eintritts) bei der Gesellschaft beschäftigt, zuletzt aufgrund des Arbeitsvertrages vom ...... (Datum des letzten Arbeitsvertrages) („Arbeitsvertrag"). Für den Zeitraum von ...... bis ...... wird der Mitarbeiter im Einverständnis mit der Gesellschaft eine zeitlich befristete Tätigkeit für die ...... (Name der ausländischen Gesellschaft) in ...... (Ort), „ausländische Gesellschaft", aufnehmen. Die Rechte und Pflichten des Mitarbeiters gegenüber der ausländischen Gesellschaft sind in dem Versetzungsvertrag zwischen dem Mitarbeiter und der ausländischen Gesellschaft geregelt. Zur Aufrechterhaltung der Bindung des Mitarbeiters an die Gesellschaft und zur Regelung der Rechte und Pflichten aus dem zwischen den Parteien bestehenden Arbeitsverhältnis während der Dauer des Auslandseinsatzes des Mitarbeiters schließen die Parteien die folgende Vereinbarung:

§ 1 Ruhen des Arbeitsverhältnisses während der Versetzung[3]

(1) Für den Zeitraum von ...... bis ...... (Dauer der Auslandstätigkeit) wird das zwischen den Parteien bestehende Arbeitsverhältnis ruhend gestellt, soweit nicht nachfolgend etwas anderes bestimmt ist.

(2) Ungeachtet der Ruhendstellung gem. Abs. (1) wird der Mitarbeiter die sich aus dem Arbeitsvertrag ergebenden Nebenpflichten beachten. Vor allem ist er verpflichtet alle vertraulichen Angelegenheiten, insbesondere Betriebs- und Geschäftsgeheimnisse, der Gesellschaft und der i.S.d. § 15 AktG mit der Gesellschaft verbundenen Unternehmen streng geheim zu halten. Technische, kaufmännische und persönliche Vorgänge und Verhältnisse, die dem Mitarbeiter im Zusammenhang mit seiner Tätigkeit bekannt werden, gelten im Zweifel als vertrauliche Angelegenheiten. Vor der etwaigen Offenlegung derartiger Angelegenheiten ist der Mitarbeiter verpflichtet, die Zustimmung der Gesellschaft einzuholen.

(3) Die Geheimhaltungspflicht gem. Abs. (2) gilt auch nach Beendigung des Ruhensvertrages. Soweit der Mitarbeiter dadurch in seinem beruflichen Fortkommen unangemessen behindert werden sollte, kann er von der Gesellschaft die Einschränkung der Geheimhaltungspflicht verlangen.

(4) Die Geheimhaltungspflicht gem. Abs. (2) gilt nicht, soweit der Mitarbeiter Berichtspflichten gegenüber der ausländischen Gesellschaft erfüllt.

§ 2 Bindung an die Gesellschaft[4]

(1) Der Mitarbeiter wird während der Auslandstätigkeit bei der Gesellschaft weiter als Mitarbeiter geführt. Die Personalabteilung der Gesellschaft steht ihm auch während der Auslandstätigkeit als Ansprechstelle zur Verfügung.

(2) Der Mitarbeiter berichtet der Gesellschaft auf entsprechende Aufforderung über seine Tätigkeit bei der ...... (Name der ausländischen Gesellschaft). Diese Verpflichtung kann im Einzelfall durch Geheimhaltungspflichten des Mitarbeiters gegenüber der ...... (Name der ausländischen Gesellschaft) begrenzt sein.

(3) Die Dauer der Auslandstätigkeit gilt für das zwischen den Parteien bestehende Arbeitsverhältnis als Zeit der Betriebszugehörigkeit. Dies gilt insbesondere für Ansprüche auf betriebliche Altersversorgung, aufgrund von Betriebsjubiläen und im Rahmen der Sozialauswahl im Falle betriebsbedingter Kündigungen.

§ 3 Dauer der Auslandstätigkeit[5]

(1) Die Dauer der Auslandstätigkeit richtet sich nach der Laufzeit des Versetzungsvertrages.

(2) Der Mitarbeiter hat eine bevorstehende Beendigung der Auslandstätigkeit der Gesellschaft spätestens drei Monate vorher anzuzeigen.

(3) Die Gesellschaft kann den Mitarbeiter unter Angabe der Gründe vorzeitig aus dem Ausland abberufen und den Auslandsaufenthalt beenden, wenn

a) der Zweck des Auslandsaufenthalts entfallen ist,

b) das Projekt, anlässlich dessen der Mitarbeiter im Ausland eingesetzt wurde, beendet wurde,

c) der Mitarbeiter gröblich oder wiederholt gegen die im Gastland geltenden Verhaltensregeln oder arbeitsvertragliche Pflichten verstoßen hat,

d) die Sicherheit des Mitarbeiters wegen Krieges, Unruhen, Naturkatastrophen oder ähnlichen Ereignissen gefährdet ist,

e) der Mitarbeiter aus personenbedingten Gründen nicht mehr zur Erfüllung seiner vertraglichen Pflichten in der Lage ist oder

f) ein gleichwertiger personen- oder verhaltensbedingter Grund vorliegt.

Die Gesellschaft hat dem Mitarbeiter die durch die vorzeitige Beendigung entstehenden Nachteile zu ersetzen, soweit nicht der Mitarbeiter die Beendigung zu vertreten hat.

§ 4 Aufstockung der Vergütung/Auslandszuschlag[6]

(1) Die Gesellschaft gewährt dem Mitarbeiter während der Auslandstätigkeit zusätzlich zu der nach dem Versetzungsvertrag von der ausländischen Gesellschaft zu zahlenden Vergütung folgende Leistungen:

a) Die Gesellschaft stockt die von der ...... (Name der ausländischen Gesellschaft) gezahlte monatliche Bruttovergütung um den Betrag von ...... EUR brutto auf. Die Aufstockung dient dem Ausgleich der unterschiedlichen Kaufkraft sowie der sozial- und steuerrechtlichen Folgen der Auslandstätigkeit. Dies umfasst insbesondere im Gegensatz zum Inland unterschiedliche Belastungen mit Beiträgen zu privaten oder gesetzlichen Kranken-, Pflege-, Renten-, Arbeitslosen- oder Unfallversicherungen sowie die Besteuerung des Einkommens. Der Berechnung des aufgestockten Gehalts/des Aufstockungsbetrags liegt der Zeitpunkt des Beginns der Tätigkeit für die ...... (Name der ausländischen Gesellschaft) zugrunde.

b) Am Ende eines jeden Entsendungsjahres werden die Parteien die Höhe des Aufstockungsbetrages nach lit. a) überprüfen und ggf. eine Anpassung vornehmen. Eine Anpassung erfolgt nicht, solange sich aus der Änderung der Verhältnisse nur eine Erhöhung oder Verminderung von weniger als fünf Prozent der Summe nach lit. a) ergeben würde. Dies gilt für die Folgezeit entsprechend für den angepassten Aufstockungsbetrag. Die Parteien werden über die Anpassung im gegenseitigen Einvernehmen entscheiden. Kann ein Einvernehmen nicht hergestellt werden, entscheidet die Gesellschaft über die Anpassung nach billigem Ermessen. Sie hat ihrer Entscheidung den Zweck der Aufstockungszahlung nach lit. a) zugrunde zu legen.

c) Zusätzlich erhält der Mitarbeiter zum Ausgleich der ihm durch die Auslandstätigkeit entstehenden Belastungen einen fixen Zuschlag auf seine Vergütung i. H. v. monatlich ...... EUR brutto.

(2) Die Leistungen nach Abs. (1) werden für die Gesellschaft durch die ...... (Name der ausländischen Gesellschaft) abgerechnet und ausgezahlt.[7] Die Auszahlung erfolgt in der jeweiligen Landeswährung jeweils bargeldlos zum Monatsende. Für die Umrechnung der

Vergütung gilt der zum 15. eines jeden Monats gültige Wechselkurs. Der Mitarbeiter ist verpflichtet, ein hierfür geeignetes Konto zu unterhalten und seine jeweilige Bankverbindung mitzuteilen.

(Alternative:

(2) Die Leistungen nach Abs. (1) werden durch die Gesellschaft auf ein deutsches Girokonto des Mitarbeiters ausgezahlt. Der Mitarbeiter hat für die ordnungsgemäße Versteuerung selbst Sorge zu tragen.)

(3) Die Gesellschaft ersetzt dem Mitarbeiter die aus seinem Auslandseinsatz erwachsenen Steuerberatungskosten gegen Vorlage eines entsprechenden Nachweises bis zu einem Höchstbetrag von jährlich ...... EUR brutto.

§ 5 Ruhensbeiträge zur Krankenversicherung/Sicherung des Anspruchs auf Arbeitslosengeld[8]/betriebliche Altersversorgung[9]

(1) Soweit eine private Krankenversicherung für die Dauer der Auslandstätigkeit ruhend gestellt wird, übernimmt die Gesellschaft die hierfür anfallenden Ruhensbeiträge des Mitarbeiters, seines Ehe- oder Lebenspartners sowie seiner unterhaltsberechtigten Kinder. Die Leistungen nach S. 1 werden durch die ...... (Name der ausländischen Gesellschaft) ordnungsgemäß abgerechnet und ausgezahlt. Die Auszahlung erfolgt in der jeweiligen Landeswährung jeweils zum Monatsende. Für die Umrechnung der Vergütung gilt der zum 15. eines jeden Monats gültige Wechselkurs.

(Alternative zu S. 2 und 3:

Die Leistungen nach S. 1 werden durch die Gesellschaft auf ein deutsches Girokonto des Mitarbeiters ausgezahlt. Der Mitarbeiter hat für die ordnungsgemäße Versteuerung selbst Sorge zu tragen.)

(2) Kündigt die Gesellschaft aus betriebsbedingten Gründen das Arbeitsverhältnis mit dem Mitarbeiter nach dessen Rückkehr und hat der Mitarbeiter aufgrund seiner Tätigkeit im Ausland zu diesem Zeitpunkt die Anwartschaftszeit innerhalb der Rahmenfrist nach §§ 142, 143 SGB III nicht erfüllt, so zahlt die Gesellschaft dem Mitarbeiter eine Kompensation für die Dauer und in der Höhe, in der ihm bei Fortsetzung der Tätigkeit bei der Gesellschaft Ansprüche auf Arbeitslosengeld 1 zugestanden hätten.

(3) Auf den Mitarbeiter finden während der Dauer der Auslandstätigkeit weiter die Regelungen zur betrieblichen Altersversorgung der Gesellschaft nach Maßgabe der ...... (Bezeichnung der Versorgungsordnung) in ihrer jeweils gültigen Fassung Anwendung. Tritt während der Dauer der Auslandstätigkeit der Versorgungsfall ein, werden der Mitarbeiter oder seine Hinterbliebenen so gestellt, als wäre der Versorgungsfall im Rahmen einer fortgesetzten Inlandstätigkeit nach dem Arbeitsvertrag eingetreten. Die Höhe der Versorgungsleistung wird auf Grundlage der fortgeschriebenen Inlandsvergütung gemäß § 9 Abs. (2) ermittelt.

§ 6 Heimreisen[10]

(1) Die Gesellschaft erstattet dem Mitarbeiter während seiner Auslandstätigkeit folgende Kosten für Heimreisen:

a) Der Mitarbeiter hat je vollendete sechs Monate seiner Auslandstätigkeit Anspruch auf Kostenersatz für eine Heimreise. Eine anteilige Auszahlung, z.B. bei vorzeitiger Beendigung der Auslandstätigkeit, ist ausgeschlossen.

b) Übernommen werden Fahrtkosten, unabhängig von der Art des Verkehrsmittels, bis zur Höhe der Kosten eines Fluges in der Economy Class. Die Gesellschaft behält sich vor, die entsprechende Buchung für den Mitarbeiter selbst vorzunehmen.

(Optional:

c) Übernommen werden die Kosten für die Beförderung des Mitarbeiters, seines Ehe- oder Lebenspartners und seiner unterhaltsberechtigten Kinder.)

(2) Wird der Mitarbeiter während der Auslandstätigkeit länger als drei Wochen arbeitsunfähig krank oder erkrankt er lebensbedrohlich, trägt die Gesellschaft die Kosten eines Rücktransports nach Deutschland.

(3) Bei sonstigen Notfällen (z.B. politische Unruhen, Erdbeben, Seuchengefahr, Gefahr der Internierung) können der Mitarbeiter, sein Ehe- oder Lebenspartner und seine unterhaltsberechtigten Kinder die Reise zum nächstgelegenen sicheren Ort auf Kosten der Gesellschaft antreten.

§ 7 Umzugskosten/Ein- und Ausreise[11]

(1) Die Gesellschaft erstattet dem Mitarbeiter die Kosten seines Umzugs zur Aufnahme seiner Tätigkeit im Ausland sowie seiner Rückkehr in entsprechender Anwendung des Bundesumzugskostengesetzes (BUKG) gegen Vorlage entsprechender Nachweise.

(Alternative:

(1) Die Gesellschaft erstattet dem Mitarbeiter die erforderlichen und angemessenen Kosten seines Umzugs sowie der Anreise zur Aufnahme seiner Tätigkeit im Ausland und seiner Rückkehr bis zu einer Höhe von . . . . . . EUR brutto pro Umzug gegen Vorlage entsprechender Nachweise.)

(2) Hat der Mitarbeiter bei seinem Umzug noch keine Wohnung am Arbeitsort angemietet, trägt die Gesellschaft die Kosten für die Anmietung eines angemessenen Hotelzimmers sowie für die Einlagerung des Umzugsgutes in angemessenem Umfang bis zur Dauer von . . . . . . Wochen.

(3) Sollte der Mitarbeiter für die Auslandstätigkeit eine Aufenthalts- und Arbeitsgenehmigung benötigen, wird er diese selbständig besorgen. Die Gesellschaft wird hierbei mitwirken und insbesondere die ausländische Gesellschaft zu den nach Landesrecht im Tätigkeitsland erforderlichen Mitwirkungshandlungen anhalten. Die Gesellschaft trägt die Kosten der Beschaffung notwendiger Papiere für die Ausreise und den Aufenthalt im Tätigkeitsland sowie für die Rückkehr des Mitarbeiters nach Beendigung der Tätigkeit im Ausland.

(4) Die Abs. (1) bis (3) umfassen auch die Kosten, die für den Ehe- oder Lebenspartner und die unterhaltsberechtigten Kinder des Mitarbeiters entstehen, wenn diese ihn während seiner Tätigkeit im Ausland begleiten. Die Regelungen gelten für die Dauer von drei Monaten fort, wenn der Mitarbeiter während seiner Tätigkeit im Ausland verstirbt.

§ 8 Steuerpflicht[12]

Die ggf. auf Leistungen der Gesellschaft nach §§ 4 bis 7 anfallende Steuer trägt der Mitarbeiter oder ggf. seine Familie.

§ 9 Rückkehrgarantie[13]

(1) Der Mitarbeiter ist berechtigt, nach Beendigung seiner Auslandstätigkeit seine Arbeit bei der Gesellschaft zu den vor der Aufnahme der Auslandstätigkeit geltenden Bedingun-

gen wieder aufzunehmen und wird von der Gesellschaft einen der vor dem Auslandseinsatz ausgeübten Tätigkeit gleichwertigen Arbeitsplatz angeboten erhalten. Die Gesellschaft ist berechtigt, den Mitarbeiter, soweit es das im Arbeitsvertrag vereinbarte Versetzungsrecht vorsieht, auch an andere Orte zu versetzen, soweit dies dem Mitarbeiter zumutbar ist.

(2) Die zuletzt von der Gesellschaft gezahlte Vergütung des Mitarbeiters wird nach Wiederaufnahme der Tätigkeit für die Gesellschaft entsprechend der allgemeinen Gehaltsentwicklung in der Gesellschaft, bezogen auf vergleichbare Arbeitsplätze, angepasst (fortgeschriebene Inlandsvergütung). Dies gilt auch für die variablen Vergütungsbestandteile.

(3) Im Ausland erworbene Besitzstände (z.B. die zusätzlichen Leistungen nach § 4 Abs. (1) oder die Übertragung einer höherwertigen Tätigkeit) begründen nach der Rückkehr des Mitarbeiters keinen Anspruch auf die Gewährung gleichwertiger Bedingungen durch die Gesellschaft.

§ 10 Kündigung[14]

Für die Dauer des Auslandsaufenthalts ist der Ausspruch einer ordentlichen Beendigungskündigung in Bezug auf den ruhenden Arbeitsvertrag ausgeschlossen. Dies gilt jedoch nicht für Kündigungen aus in der Person oder dem Verhalten des Mitarbeiters liegenden Gründen. Das Recht zur außerordentlichen Kündigung bleibt unberührt.

§ 11 Entschädigungszahlung der ausländischen Gesellschaft[15]

(1) Der Mitarbeiter wird auf Abfindungs- oder Entschädigungszahlungen der ausländischen Gesellschaft oder sonstige Zahlungen aus Anlass der Beendigung der Auslandstätigkeit verzichten. Soweit er aufgrund zwingender Vorschriften im Ausland entsprechende Zahlungen erhält, führt er diese an die Gesellschaft ab. Die Gesellschaft ist berechtigt, entsprechende Zahlungen der ausländischen Gesellschaft auf bestehende oder zukünftige Ansprüche des Mitarbeiters aus diesem Ruhensvertrag oder dem Arbeitsvertrag anzurechnen.

(2) Abs. (1) gilt nicht, wenn die Parteien einvernehmlich auf eine Fortsetzung des früheren Arbeitsverhältnisses nach Beendigung des Auslandsaufenthalts verzichten. Gleiches gilt, wenn die Zahlungen auf einer nach den Maßstäben deutschen Rechts von der ausländischen Gesellschaft zu vertretenden Pflichtverletzung beruhen.

§ 12 Schlussbestimmungen/Mitteilungspflicht/Schriftform[16]

(1) Der Mitarbeiter wird der Gesellschaft alle Änderungen über die Angaben zu seiner Person, soweit sie für den Ruhens- und ruhenden Arbeitsvertrag von Bedeutung sind, wie etwa Änderungen der Lohnsteuerklasse, der Kinderfreibeträge oder des Schwerbehindertenstatus, unverzüglich mitteilen. Der Mitarbeiter versichert, unter der jeweils angegebenen Adresse postalisch erreichbar zu sein und der Gesellschaft Änderungen der Zustelladresse unverzüglich schriftlich mitzuteilen. Aus der Nichtbeachtung dieser Verpflichtung entstehende Nachteile gehen zu Lasten des Mitarbeiters.

(2) Mündliche Nebenabreden bestehen nicht. Änderungen oder Ergänzungen dieses Ruhensvertrages einschließlich dieser Bestimmung bedürfen zu ihrer Wirksamkeit der Schriftform, es sei denn, diese wurden nachweislich zwischen den Parteien ausgehandelt. Das Schriftformerfordernis bezieht sich auch auf etwaige Ansprüche aus betrieblicher Übung.

(3) Sollte eine Bestimmung dieses Ruhensvertrages ganz oder teilweise unwirksam sein oder werden, so wird hiervon die Wirksamkeit der übrigen Bestimmungen dieses Ruhensvertrages nicht berührt. An die Stelle der unwirksamen Bestimmung tritt die gesetzlich

zulässige Bestimmung, die dem mit der unwirksamen Bestimmung Gewollten wirtschaftlich am nächsten kommt. Dasselbe gilt für den Fall einer vertraglichen Lücke.

(4) Der Vertrag unterliegt deutschem Recht. Als Gerichtsstand wird der Sitz der Gesellschaft vereinbart. Andere Gerichtsstände können nur gewählt werden, wenn sie sich aus zwingendem örtlichem oder zwischenstaatlichem Recht ergeben.

. . . . . .	. . . . . .
Ort, Datum	Ort, Datum
. . . . . .	. . . . . .
Unterschrift der Gesellschaft	Unterschrift des Mitarbeiters

Empfangsbestätigung des Mitarbeiters[17]

Der Mitarbeiter bestätigt, dass er eine von der Gesellschaft unterschriebene vollständige Ausfertigung dieses Ruhensvertrages am . . . . . . (Datum) erhalten hat.

. . . . . .

Ort, Datum

. . . . . .

Unterschrift des Mitarbeiters

Anmerkungen

1. Regelungsgegenstand/Ausgangssituation. Zu den allgemeinen Rahmenbedingungen einer vorübergehenden Tätigkeit im Ausland → Form. A. VIII. 1 Anm. 1.

Der vorliegende Ruhensvertrag, auch „Stammhausvertrag" oder „Rumpfarbeitsvertrag", bildet beim „Zweivertragsmodell" das Pendant zum Versetzungsvertrag (→ Form. A. VIII. 1). Er dient dazu, die mit dem Auslandseinsatz einhergehenden Mehrbelastungen und Risiken des Mitarbeiters durch ergänzende Geld- und Sachleistungen des „entsendenden" Arbeitgebers auszugleichen. Daneben wird dem Mitarbeiter durch die Ruhensvereinbarung eine realistische und attraktive Rückkehrperspektive eröffnet.

Seinem Wesen nach ist der **Ruhensvertrag** eine zeitlich an die Laufzeit des Versetzungsvertrages gebundene Modifikation des ursprünglichen Arbeitsvertrages. Um dem Mitarbeiter die Tätigkeit im Ausland zu ermöglichen, ohne sein bisheriges Arbeitsverhältnis lösen zu müssen, wird der ursprüngliche Arbeitsvertrag in beiderseitigem Einvernehmen zweckbezogen ruhend gestellt. Dem Formular liegt, wie auch dem Versetzungsvertrag (→ Form. A. VIII. 1), der Fall der vorübergehenden Versetzung eines Mitarbeiters eines deutschen Unternehmens (Stammhaus) zu einer ausländischen Konzerngesellschaft zugrunde. Dabei wird vorausgesetzt, dass Ruhens- und Versetzungsvertrag inhaltlich aufeinander abgestimmt sind. Da der Ruhensvertrag den ursprünglichen Arbeitsvertrag ändert, sollte dieser unter konkreter Bezeichnung des Datums der letzten Änderungsvereinbarung ausdrücklich in Bezug genommen werden.

Die **Verteilung der Pflichten zwischen der inländischen und der ausländischen Gesellschaft** ist nicht zwingend und unterliegt in der Praxis verschiedenen Gestaltungen, die auch steuerlichen Gegebenheiten Rechnung tragen sollten (zum Erfordernis der verursachungsgerechten Aufteilung der Entsendungskosten vgl. *Jacobs*, Internationale Unternehmensbesteuerung, S. 1385). Die Zuordnung der Leistungspflichten orientiert sich demnach sinnvollerweise daran, nach welchem Recht und an welchem Ort die Leistung zu erbringen ist.

Während der Auslandstätigkeit wird der Mitarbeiter i.d.R. die Betreuung und Unterstützung seines Stammhauses weiter in Anspruch nehmen wollen. Angesichts der wirtschaftlichen Bedeutung der Versetzung und der vereinbarten Rückkehrperspektive dürfte auch der Arbeitgeber ein Interesse daran haben, den Kontakt zum Mitarbeiter zu erhalten. Zu diesem Zweck können besondere Berichtspflichten des Mitarbeiters während der Auslandstätigkeit vereinbart werden. Um zu dokumentieren, dass der Mitarbeiter weiter als Mitglied der Belegschaft gezählt wird, kann eine entsprechende Bindungsklausel in den Ruhensvertrag aufgenommen werden (→ Anm. 4).

Der Ruhensvertrag unterliegt – im Gegensatz zum Versetzungsvertrag – nach international privatrechtlichen Regelungen regelmäßig deutschem Recht. Dies ergibt sich aus seiner Natur als Modifikation des ursprünglichen Arbeitsvertrages. Aufgrund der Auslandstätigkeit des Mitarbeiters unterfallen jedoch die Leistungen aus dem Ruhensvertrag möglicherweise der ausländischen Steuer- und Sozialversicherungspflicht. Der Ruhensvertrag sollte deshalb hierzu ausdrückliche Regelungen enthalten und zur Rechtssicherheit eine ausdrückliche Rechtswahl treffen.

2. Vertragsschließende Parteien. Parteien des Ruhensvertrages sind der betroffene Mitarbeiter und sein Stammhaus, bei dem er vor und i.d.R. nach der Tätigkeit im Ausland beschäftigt ist. In vielen Fällen führt das Stammhaus mit dem zu versetzenden Mitarbeiter auch die Verhandlungen über den Inhalt des Versetzungsvertrages (→ Form. A. VIII. 1 Anm. 2), so dass beide Verträge vom Stammhaus inhaltlich aufeinander abgestimmt werden können.

3. Ruhen des Arbeitsverhältnisses während der Versetzung. Mit dem Ruhensvertrag werden die gegenseitigen Leistungspflichten der Parteien aus dem zwischen ihnen bestehenden Arbeitsverhältnis vorübergehend suspendiert. Die vertraglichen Nebenpflichten bleiben hingegen bestehen (vgl. *Edenfeld* NZA 2009, 938, 940). Nur zur Klarstellung wurde dies in Abs. (2) noch einmal hervorgehoben und insbesondere darauf hingewiesen, dass die Geheimhaltungspflichten aus dem ruhenden Arbeitsverhältnis nicht suspendiert werden. Vorgesehen ist im Formular eine Modifikation der Geheimhaltungspflichten, die es dem Mitarbeiter ermöglicht, während der Auslandstätigkeit mit dem ausländischen Arbeitgeber über Angelegenheiten des inländischen Arbeitgebers zu sprechen. Inwiefern dies notwendig oder gewünscht ist, sollte im Einzelfall geprüft werden. In jedem Fall sollte der ruhend zu stellende Arbeitsvertrag genau daraufhin überprüft werden, ob eine Modifikation weiterer Vorschriften erforderlich ist. Die Konstruktion des ruhenden Arbeitsverhältnisses ist aus anderen Konstellationen bekannt, so während der Inanspruchnahme von Eltern- oder Pflegezeit und bei der Berufung eines Arbeitnehmers als Organmitglied seines Arbeitgebers (vgl. A/P/S/*Biebl* § 14 KSchG Rn. 11). Ein praktisch häufiger Fall ist außerdem die Vereinbarung unbezahlten Urlaubs.

Von den Umständen des Einzelfalls abhängig ist, ob Arbeitnehmer, die für längere Dauer im Ausland tätig sind, weiter als Betriebsangehörige im betriebsverfassungsrechtlichen Sinne zählen, so dass sie bei Betriebsratswahlen wahlberechtigt wären (§ 7 BetrVG) und eine Kündigung des ruhenden Arbeitsvertrages eine Anhörung des Betriebsrats im Inland voraussetzt (§ 102 BetrVG). Ob eine Zuordnung zum Betrieb im Inland während der Auslandstätigkeit fortbesteht, entscheidet sich nach der Dauer des Auslandseinsatzes, dem Grad der Eingliederung des Mitarbeiters im ausländischen Betrieb, dem Bestehen und den Voraussetzungen eines Rückrufrechts sowie der fortbestehenden Bindung an den Arbeitgeber im Inland (BAG NZA 1990, 658; zust. *F/E/S/T/L* § 7 BetrVG Rn. 75), z.B. durch eine auf die Erfüllung eines inländischen Betriebszweckes gerichtete Tätigkeit (vgl. ErfKomm/*Koch* § 7 BetrVG Rn. 5 m.w.N.). Das LAG Hamm (NZA-RR 2005, 590) hat eine Bindung während eines ruhenden Arbeitsverhältnisses auch für längerfristige Zeiträume bejaht (ebenso *F/E/S/T/L* § 1 BetrVG Rn. 24 bei Vorliegen einer Befristung oder eines jederzeitigen

Rückrufrechts). Wegen des mit der Betriebsverfassung verbundenen Arbeitnehmerschutzes ist deshalb im Zweifel davon auszugehen, dass **ein Ruhen des Arbeitsverhältnisses die Betriebszugehörigkeit nicht beendet** (vgl. Richardi/*Thüsing* § 7 BetrVG Rn. 43; *Falder* NZA 2000, 868, 869; zurückhaltend *Reiter* NZA 2004, 1246, 1251).

Arbeitnehmer in ruhenden Arbeitsverhältnissen werden außerdem bei der Berechnung der Mitarbeiterzahl (§ 23 Abs. 1 KSchG) mitgezählt, soweit nicht eine Ersatzkraft für sie eingestellt wurde und dadurch eine Doppelzählung entstünde (vgl. BAG NZA 1991, 562).

4. Bindung an die Gesellschaft. Dient die Auslandstätigkeit des Mitarbeiters zumindest auch den Zwecken des bisherigen Arbeitgebers, wird dieser daran interessiert sein, die Bindung zum Mitarbeiter auch während seiner Abwesenheit zu erhalten. Dies gilt umso mehr für den Fall, dass der Mitarbeiter offiziell von der Inlandsgesellschaft „entsandt" wurde. In diesem Fall kommt dem Stammhaus – zwar nicht aus rechtlicher, wohl aber aus unternehmenskommunikativer Sicht – eine besondere Verantwortung für das Leistungs- und Führungsverhalten des Mitarbeiters zu. Die Gesellschaft sollte deshalb vertragliche Mechanismen vorsehen, mit Hilfe derer sie auch während der Auslandstätigkeit das Verhalten des Mitarbeiters prüfen und im Falle von Problemen oder Konflikten im Ausland eingreifend tätig werden kann.

Es empfiehlt sich deshalb zunächst, im Vertrag die dauernde Bindung des Mitarbeiters an sein Stammhaus dadurch zu dokumentieren, dass er dort weiter als Mitarbeiter geführt wird. Dies dient auch dazu, Bedenken des Mitarbeiters hinsichtlich der Verbindlichkeit seines Rückkehranspruchs entgegenzutreten. Der Personalabteilung des Stammhauses kann auch die Rolle eines **Konfliktmittlers** zukommen, insbesondere wenn für den Versetzungsvertrag die Anwendung deutschen Rechts vereinbart wurde, da in diesem Fall die ausländische Gesellschaft arbeitsrechtliche Streitigkeiten ohne Hilfe des Stammhauses kaum lösen können wird (→ Form. A. VIII. 1 Anm. 17). Um einen Überblick über die Leistungen des Mitarbeiters zu erhalten, kann eine besondere **Berichtspflicht** zu Gunsten des Stammhauses vereinbart werden. Dabei ist darauf zu achten, im Versetzungsvertrag eine entsprechende Ausnahmeklausel hinsichtlich der Geheimhaltungspflichten des Mitarbeiters zu vereinbaren (→ Form. A. VIII. 1 Anm. 15). Die entsprechende Ausnahme von den Geheimhaltungspflichten des Mitarbeiters bei Berichten an die ausländische Gesellschaft wurde in § 1 Abs. (4) aufgenommen.

Während der Auslandstätigkeit soll der Mitarbeiter weiter als Betriebszugehöriger geführt und ihm sollen die damit verbundenen Anwartschaftszeiten angerechnet werden. Die diesbezüglich relevanten Punkte sind in § 2 Abs. (3) ausdrücklich aufgeführt, um Rechtssicherheit zu erreichen.

5. Dauer der Auslandstätigkeit. Hinsichtlich der Dauer der Auslandstätigkeit verweist der Ruhensvertrag auf die Regelungen des Versetzungsvertrages. Die hier gewählte Konstruktion geht insofern davon aus, dass Mitarbeiter und ausländische Gesellschaft die Dauer des Auslandseinsatzes frei vereinbaren können. Insofern wird aber auch die Dauer der Ruhensvereinbarung zur Disposition der ausländischen Vertragspartei gestellt. Da das Stammhaus sich über die Dauer einer Auslandstätigkeit aber i. d. R. mit der ausländischen Gesellschaft unmittelbar verständigen können wird, werden sich hieraus kaum praktische Probleme ergeben. Um der verbleibenden Unsicherheit gerade in Bezug auf den Zeitpunkt der Beendigung der Auslandstätigkeit zu begegnen, sieht § 3 Abs. (2) eine **Ankündigungspflicht** des Mitarbeiters gegenüber seinem Stammhaus vor. Kommt der Mitarbeiter dieser Pflicht nicht nach, wirkt sich dies zwar – nach der hier gewählten Vertragsgestaltung – nicht negativ auf sein Rückkehrrecht (→ Anm. 13) aus, stellt aber eine vertragliche Nebenpflichtverletzung dar, die jedenfalls mit einer Abmahnung geahndet werden kann. Über die beabsichtigte Verlängerung der Auslandstätigkeit wird die Gesellschaft nach der hier vorgeschlagenen Regelung im Versetzungsvertrag schon aufgrund des Zustimmungserfordernisses informiert (→ Form. A. VIII. 1 Anm. 16). Besteht ein solcher Vorbehalt im Versetzungsvertrag nicht, sollte eine ergänzende Mitteilungspflicht des Mitarbeiters in den Ruhensvertrag aufgenommen werden.

Unter bestimmten, in Abs. (3) beschriebenen Voraussetzungen kann die Gesellschaft den Mitarbeiter aus dem Ausland zurückrufen und den Ruhensvertrag kündigen. Dies entspricht i.d.R. dem Zweck der Auslandstätigkeit. Umgekehrt hat der Mitarbeiter ein berechtigtes Interesse daran, einem vorzeitigen Rückruf nur aus gewichtigem Grund folgen zu müssen. Für einen vorübergehenden Auslandseinsatz im Wege der Entsendung steht es dem Stammhaus dem Grunde nach offen, ein jederzeitiges **Rückrufrecht** zu vereinbaren (vgl. BAG NZA 1990, 658). Dies kann auf die Versetzung nicht ohne weiteres übertragen werden, da auf diese Weise der Schutz des ausländischen Arbeitsverhältnisses umgangen würde (vgl. *Gotthardt* MDR 2001, 961, 969). Aus denselben Gründen, aus denen auch die Koppelung des Bestands des Ruhens- an den Versetzungsvertrag unzulässig sein wird (→ Anm. 14), sollte deshalb der Rückruf nur aus wichtigem Grund möglich sein. Aus Gründen der Transparenz empfiehlt es sich, Regelbeispiele als Voraussetzung für einen Rückruf zu formulieren. Die formelle Wirksamkeit des Rückrufs setzt die Angabe der ihn tragenden Gründe voraus. Mit der Rückkehraufforderung kann der Versetzungsvertrag nicht automatisch beendet werden, weil dem Stammhaus ein direkter Eingriff in den Versetzungsvertrag nicht möglich ist. Mit dem Rückruf entsteht insofern nur eine Pflicht des Mitarbeiters aus dem Ruhensvertrag, den Versetzungsvertrag zu beenden und in sein Stammhaus zurückzukehren. Verstößt der Mitarbeiter hiergegen, kann dies zum Gegenstand einer Abmahnung oder, bei beharrlicher Verweigerung, einer Kündigung des Ruhensvertrages gemacht werden. Die Durchsetzung des Rückkehranspruchs wird das Stammhaus dadurch aber (gerade) nicht erreichen. Deshalb sieht das Formular des Versetzungsvertrages ein korrespondierendes Kündigungsrecht der ausländischen Gesellschaft vor. Folgt der Mitarbeiter der Aufforderung, sind ihm die hieraus entstehenden Nachteile zu ersetzen. Denkbar sind hier Kosten für die vorzeitige Auflösung der in Erwartung des andauernden Auslandsaufenthalts abgeschlossenen Laufzeitverträge (z.B. Wohnungsmiete, Sportclubs etc.), Stornierungskosten für bereits gebuchte Reisen ab dem Tätigkeitsort im Ausland oder Mehrkosten durch die vorzeitige Rückkehr nach Deutschland (z.B. im Falle einer befristeten Zwischenvermietung der eigenen Wohnung, die nicht vorzeitig gelöst werden kann). Die Kostenübernahmepflicht durch das Stammhaus erscheint jedoch dann nicht angemessen, wenn der Grund des Rückrufs im Verhalten des Mitarbeiters liegt. Hat der Mitarbeiter beispielsweise gröblich oder wiederholt gegen die im Gastland geltenden Verhaltensregeln verstoßen (§ 3 Abs. (3) lit. c)), hat er die Mehrkosten des hieraus resultierenden vorzeitigen Rückrufs selbst zu tragen, nicht jedoch die ohnehin durch die Rückreise entstehenden Kosten (→ Anm. 11). Bei einer Entscheidung über den Umfang der Ersatzpflicht im Einzelfall kann auf die zu § 670 BGB entwickelten Grundsätze zum Anspruch des Arbeitnehmers auf Aufwendungsersatz zurückgegriffen werden (vgl. ErfKomm/*Preis* § 611 BGB Rn. 553 ff., § 619a BGB Rn. 76 ff.).

6. Aufstockung der Vergütung/Auslandszuschlag. → Form. A. VIII. 1 Anm. 6. Der im Formular enthaltene Vorschlag, einen fest vereinbarten **Aufstockungsbetrag** zu der im Versetzungsvertrag festgelegten Grundvergütung zu zahlen, stellt die einfachste und am wenigsten missverständliche Gestaltungsmöglichkeit dar. Sie setzt freilich voraus, dass bereits bei der Kalkulation der Aufstockungsbeträge sämtliche relevanten Variablen berücksichtigt werden.

Bei der Berechnung ist zu berücksichtigen, dass aufgrund der international unterschiedlichen Belastung der Bruttovergütung mit Sozialversicherungsbeiträgen und Steuern der Bruttolohn sowohl über die Lohn- und Lohnnebenkosten des Arbeitgebers als auch den dem Mitarbeiter nach Abzug aller Vorsorgeaufwendungen verbleibenden Gehaltsteil wenig aussagt. Ein einfacher Vergleich des inländischen mit dem ausländischen Bruttolohn ist deshalb nicht zielführend. Vergleichsmaßstab sollte vielmehr der wechselkurs- und kaufkraftbereinigte Lohn nach Abzug von Steuern und (öffentlichen und privaten) Sozialversicherungsbeiträgen sein. Folgendes Berechnungsbeispiel soll dies veranschaulichen:

Kategorie	Berechnungsbeispiel Deutschland	Berechnungsbeispiel Ausland
I. Eckdaten		
1. monatliches Bruttogehalt	7.500,00 EUR	6.000,00 USD
2. Krankenversicherung (KV)	15,5 %	private KV
• Arbeitgeberbeitrag	7,3 % = 295,65 EUR	0,00 USD
• Arbeitnehmerbeitrag	8,2 % = 332,10 EUR	pauschal 500,00 USD
3. Rentenversicherung (RV)	18,9 %	freiwillige RV in D: 18,9 %
• Arbeitgeberbeitrag	9,45 % = 562,27 EUR	0 % = 0,00 USD
• Arbeitnehmerbeitrag	9,45 % = 562,27 EUR	18,9 % = 1134,00 USD
4. Pflegeversicherung (PV)	2,05 %	keine gesetzliche PV
• Arbeitgeberbeitrag	1,025 % = 41,51 EUR	0,00 USD
• Arbeitnehmerbeitrag	1,275 % = 51,64 EUR	pauschal 120,00 USD
5. Arbeitslosenversicherung (AV)	3 %	keine AV
• Arbeitgeberbeitrag	1,50 % = 89,25 EUR	0,00 USD
• Arbeitnehmerbeitrag	1,50 % = 89,25 EUR	0,00 USD
6. Summe Arbeitnehmerbeiträge zur Sozialversicherung	1.035,26 EUR	1.754,00 USD
7. Summe Arbeitgeberbeiträge zur Sozialversicherung	988,68 EUR	0,00 USD
8. Lohnkosten Arbeitgeber Gesamt	8.488,68 EUR	6.000,00 USD
9. davon Sozialversicherungsbeiträge	2.023,94 EUR	1.754,00 USD
10. Lohnsteuern auf Brutto	28,52 % = 2.138,75 EUR	19,19 % = 1.151,40 USD
11. Solidaritätszuschlag	5,5 % von der Lohnsteuer = 117,63 EUR	0 % = 0,00 USD
12. Lohn nach Steuern und Versicherung	4.208,36 EUR	3.094,60 USD
II. Vergleichsberechnung		
1. Wechselkurs	1,00 EUR	1,30 USD
2. Lohn nach Steuern und Versicherung wechselkursbereinigt in Euro	4.208,36 EUR	2380,46 EUR
3. Lebenshaltungskosten	100 %	90 %

Kategorie	Berechnungsbeispiel Deutschland	Berechnungsbeispiel Ausland
4. Lohn nach Steuern und Versicherung wechselkurs- und kaufkraftbereinigt	4.208,36 EUR	2.380,46 EUR/0,90 = 2.644,96 EUR
III. Aufstockung		
Aufstockungsbetrag		1.563,40 EUR

Die Berechnung erfolgt danach wie folgt: Zunächst wird der jeweilige Lohn nach Abzug von Steuern und Versicherungsbeiträgen berechnet. In Deutschland entspricht dieser Betrag dem Nettolohn, wenn der Mitarbeiter in allen gesetzlichen Sozialversicherungen versicherungspflichtig ist. Bei der Berechnung der Sozialversicherungsbeiträge ist die jeweils anwendbare Beitragsbemessungsgrenze zu beachten. Sodann ist der in ausländischer Währung berechnete Betrag nach dem aktuellen Wechselkurs in Euro umzurechnen. Zuletzt muss die Kaufkraft des Auslandslohns in Verhältnis zur Kaufkraft in Deutschland gesetzt werden. Im Berechnungsbeispiel wird davon ausgegangen, dass die Verbraucherpreise im Ausland nur 90 Prozent des deutschen Preisniveaus betragen. Der so berechnete wechselkurs- und kaufkraftbereinigte Lohn nach Steuern und Versicherung bildet die Grundlage der Berechnung des Aufstockungsbetrags.

Anschließend ist der Aufstockungsbetrag entsprechend der Kalkulation in einen Bruttobetrag „zurückzurechnen". Dies erfolgt für das obige Beispiel wie folgt:

III. berechneter Aufstockungsbetrag (AB)	1.563,40 EUR
II.3. Kaufkraftbereinigung (Bsp.: 90 %)	1.563,40 EUR × 0,90 = 1.407,06 EUR
II.1. Wechselkursbereinigung	1.407,06 EUR × 1,30 = 1.829,18 USD
RV (I.3) und Steuer (I.10.) auf AB = 38,09 %	1.829,18 USD/(1,00–0,3809) = 2.954,58 USD

Der ausländische Bruttolohn wäre im Beispielsfall demnach um 2.954,58 USD brutto aufzustocken, um eine vergleichbare Vergütung zu erreichen. In der Beispielberechnung unberücksichtigt ist eine eventuelle Steuerprogression aufgrund des höheren Bruttolohns. Zudem ändert sich die „Zurückrechnung", sobald ein Teil der Sozialversicherungsbeiträge steuerfrei gestellt ist, wie es in Deutschland der Fall ist. In der Praxis werden – abhängig vom Ort der Auslandstätigkeit – weitere Gesichtspunkte zu berücksichtigen sein. Die genaue Kalkulation sollte deshalb stets unter Zuhilfenahme der Personalabteilung der ausländischen Gesellschaft oder eines ausländischen Steuerberaters erfolgen. Im Einzelfall (etwa wenn im Tätigkeitsland niedrigere Steuern oder Sozialversicherungsbeiträge als in Deutschland zu zahlen sind) bedarf es keiner Zahlung eines Aufstockungsbetrags. Dann sollte die Klausel zum Aufstockungsbetrag (§ 4 Abs. (1) lit. a)) nicht in den Ruhensvertrag aufgenommen werden.

Wenn sich die beschriebenen Faktoren während der Auslandstätigkeit ändern, wird i.d.R. eine Anpassung der Aufstockungszahlungen sachgerecht sein. Damit marginale Änderungen nicht ständige Neuberechnungen erforderlich machen, sieht der Vertrag eine Erheblichkeitsklausel vor, nach der eine Anpassung nur dann vorzunehmen ist, wenn der Aufstockungsbetrag um mehr als fünf Prozent nach oben oder unten zu korrigieren wäre. Ist die Aufstockung einmal angepasst, gilt für die nächste Aufstockung ebenfalls wieder die Geringfügigkeitsgrenze von fünf Prozent, dann auf den neuen Betrag bezogen. Die Anpassung soll im Einvernehmen der Parteien erfolgen. Kann ein solches Einvernehmen nicht hergestellt werden, kann der Arbeitgeber die Anpassung aufgrund der beschriebenen Berechnungsgrundlage einseitig feststellen. Eine solche Bestimmung nach billigem Ermessen kann ggf. gerichtlich überprüft werden (vgl. § 315 BGB).

Zusätzlich zu der Aufstockung nach § 4 Abs. (1) lit. a) sieht der Vertrag die Zahlung eines pauschalen **Auslandszuschlags** vor. Dieser soll nicht die gleichwertige Vergütung sicherstellen, sondern ist eine zusätzliche Gegenleistung für den mit der Auslandstätigkeit einhergehenden Aufwand. Aufgrund des Zwecks dieses Zuschlags als pauschalierte Aufwandsentschädigung ist eine laufende Anpassung sachlich nicht erforderlich.

Die Übernahme der Kosten einer **Steuerberatung** des Mitarbeiters folgt aus dem Gesichtspunkt des Nachteilsausgleichs. Sie ist vor dem Hintergrund der komplexen steuerrechtlichen Fragen einer grenzüberschreitenden Tätigkeit sachlich unverzichtbar.

7. Abrechnung und Auszahlung. Die Abrechnung und Auszahlung der Zuschläge nach § 4 Abs. (1) kann gemeinsam mit der Grundvergütung durch die ausländische Gesellschaft erfolgen. Dies wird insbesondere in den Fällen sachgerecht sein, in denen der Mitarbeiter seine Einkünfte vollständig im Ausland zu versteuern hat. Der Verwaltungsaufwand wird durch eine einheitliche Abrechnung bei der ausländischen Gesellschaft gering gehalten. Stammhaus und ausländische Gesellschaft müssen freilich untereinander den Transfer der Zahlungen aus dem Ruhensvertrag koordinieren. Soll eine einheitliche Auszahlung erfolgen, sind die in Euro vereinbarten Aufstockungs- und Zuschlagsbeträge monatlich in die jeweilige Landeswährung umzurechnen. Die Vereinbarung eines Stichtags für den Umrechnungskurs dient hier der Vermeidung von Streitigkeiten.

Alternativ kann die Auszahlung auch auf ein deutsches Girokonto des Mitarbeiters vorgenommen werden. Der Mitarbeiter hat dann für die Versteuerung seines Einkommens aus dem Ruhensvertrag selbst Sorge zu tragen (→ Anm. 12). Zur Sozialversicherungspflicht der Leistungen aus dem Ruhensvertrag → Anm. 8. Ob die Auszahlung der Zuschläge durch die In- oder Auslandsgesellschaft erfolgt, ist für das Entstehen einer Einkommensteuer- bzw. Sozialversicherungspflicht in Deutschland unerheblich, weil das Bestehen einer Sozialversicherungspflicht von einer aktiven Beschäftigung in Deutschland abhängig ist. Maßgeblich für die Einkommensteuerpflicht ist grundsätzlich der inländische Wohnsitz bzw. gewöhnliche Aufenthalt (§ 1 EStG) der Person. Als weiterer denkbarer Anknüpfungspunkt bleibt zudem noch die Ausübung oder Verwertung der nichtselbständigen Arbeit im Inland (§ 49 Abs. 1 Nr. 4 lit. a) EStG).

8. Ruhensbeiträge zur Krankenversicherung/Sicherung des Anspruchs auf Arbeitslosengeld. Im Fall des Bestehens einer **privaten Krankenversicherung** in Deutschland ermöglicht die Gesellschaft dem Arbeitnehmer die nachteilsfreie Aufrechterhaltung der Mitgliedschaft durch die Übernahme der Ruhensbeiträge. Solche Beiträge sind nicht in § 4 Abs. (1) lit. a) erfasst, da es sich nicht um eine laufende Versicherungsleistung im aktiven Arbeitsverhältnis, sondern um besitzstandswahrende Aufwendungen handelt. Zur Abrechnung und Auszahlung der Leistungen → Anm. 7.

Die Tätigkeit im Ausland unterliegt i. d. R. nicht der deutschen **Arbeitslosenversicherung.** Deshalb wird der Mitarbeiter nach seiner Rückkehr zum Stammhaus möglicherweise nicht die Anwartschaftszeit innerhalb der Rahmenfrist (§§ 142, 143 SGB III) erfüllt haben. Im Falle einer kurzfristigen Beendigung des Arbeitsvertrages stünde ihm deshalb kein Anspruch auf Arbeitslosengeld zu. Diesem Nachteil kann durch einen gesonderten, begrenzten Kündigungsausschluss nach Rückkehr oder – wie hier vorgeschlagen – einen entsprechenden Kompensationsanspruch des Mitarbeiters begegnet werden. Zur Möglichkeit der freiwilligen Mitgliedschaft in der deutschen Arbeitslosenversicherung → Form. A. VIII. 1 Anm. 12.

9. Betriebliche Altersversorgung. Ob in den Ruhensvertrag eine Regelung zur betrieblichen Altersversorgung aufgenommen werden sollte, ist vor allem im Hinblick auf steuer-, sozialversicherungs- und bilanzrechtliche Aspekte zu prüfen. Für den Arbeitnehmer ist die Fortführung der betrieblichen Altersversorgung möglicherweise wirtschaftlich wenig sinnvoll, wenn sowohl während seiner Zeit im Ausland in der Anwartschaftsphase als auch in der Leistungsphase nach Eintritt des Versorgungsfalles (im Ausland oder in Deutschland) Steuern- und Sozialversicherungsbeiträge abzuführen sind. Auch die Gesellschaft sollte insbesondere prüfen, ob die betriebliche Altersversorgung weiterhin steuer- und bilanzrechtlich als solche anerkannt wird (vgl. *Görl* IStR 2002, 443, 447; *Richter/Schanz* BB 1994, 397, 402). Sowohl für eine steuerliche Anerkennung von Beiträgen zugunsten einer betrieblichen Altersversorgung als Betriebsausgaben als auch für die Bildung von Pensionsrückstellungen in der Bilanz ist eine betriebliche Veranlassung für die Gesellschaft erforderlich. Diese könnte möglicherweise in dem Ziel einer langfristigen Bindung des Mitarbeiters an die Gesellschaft liegen.

Wird eine betriebliche Altersversorgung fortgeführt, so richten sich die Rechte des Arbeitnehmers bei ruhendem inländischem Arbeitsverhältnis nach der konkreten Versorgungsordnung bei der Gesellschaft (*Mauer* Rn. 549). Im Einzelnen können die weiteren Regelungen im Ruhensvertrag sehr unterschiedlich ausfallen. Sie könnten darauf beschränkt bleiben, die Dienstzeit während der Entsendung im Rahmen der betrieblichen Altersversorgung zu berücksichtigen (so auch in § 2 Abs. (3) des Formulars vorgesehen). Für die Ausgestaltung ist vor allem maßgeblich, ob die betriebliche Altersversorgung als Leistungszusage oder beitragsorientierte Leistungszusage durchgeführt wird und ob externe Versorgungsträger eingebunden sind. Das Formular geht von einer Direktzusage in Form einer Leistungszusage aus, bei der sich die Höhe der Versorgungsleistungen nach den zurückgelegten Dienstjahren und der Vergütung des Mitarbeiters bei Eintritt des Versorgungsfalles richtet. Da die Auslandsbezüge regelmäßig höher sind als die Inlandsvergütung, regelt das Formular, dass die fiktiv fortgeschriebene Inlandsvergütung bei Eintritt des Versorgungsfalles maßgeblich sein soll (→ Anm. 13; vgl. auch *Gotthardt* MDR 2001, 961, 968). Auch wenn die deutsche Gesellschaft sich weiterhin zur Leistung verpflichtet, könnte fraglich sein, ob es sich bei dieser Verpflichtung tatsächlich noch um eine betriebliche Altersversorgung handelt. Problematisch kann sein, ob für die Laufzeit des Versetzungsvertrages und die tatsächliche Tätigkeit im Ausland die Vorschriften des BetrAVG nur aufgrund des ruhenden Arbeitsverhältnisses in Deutschland zur Anwendung kommen oder aber ein ausgeübtes Arbeitsverhältnis erforderlich ist (vgl. *Gotthardt* MDR 2001, 961, 963). Ähnliches gilt für die Frage der Durchführung der Insolvenzsicherung über den Pensions-Sicherungs-Verein a. G.

10. Heimreisen. Bei einer vorübergehenden Tätigkeit im Ausland hat der Mitarbeiter i. d. R. ein besonderes Interesse an regelmäßigem **Heimaturlaub** für sich und seine Familie. Die Übernahme der hierfür anfallenden Reisekosten durch die Gesellschaft ist üblich und im Interesse beider Parteien geboten. Ggf. können auch die Heimreisekosten der nahen Familienmitglieder durch die Gesellschaft übernommen werden (vgl. die optionale Regelung in § 6 Abs. (1) lit. c)). Entsprechend der Konzeption des ausgeübten Arbeitsverhältnisses im Ausland und des lediglich ruhenden Arbeitsverhältnisses im Inland muss der Zusatzurlaub von der Auslandsgesellschaft gewährt werden (→ Form. A. VIII. 1 Anm. 13).

Die vorgeschlagene Regelung gewährt dem Mitarbeiter Anspruch auf Kostenerstattung für eine Heimreise je vollendetes Halbjahr der Auslandstätigkeit. Ein anderer Turnus kann je nach Dauer der Auslandstätigkeit und Entfernung des Einsatzlandes angemessen sein.

Nach deutschem Recht kann der Arbeitnehmer während einer doppelten Haushaltsführung die Aufwendungen für jeweils einen Weg vom Beschäftigungsort zum Ort des eigenen Hausstandes und zurück pro Kalenderwoche als Werbungskosten geltend machen (§ 9 Abs. 1 S. 3 Nr. 5 S. 5 EStG).

11. Umzugskosten/Ein- und Ausreise. Die Übernahme der Kosten für den **Umzug** ins Ausland und die Rückkehr nach Beendigung der Tätigkeit ist i. d. R. notwendige Voraussetzung für eine Bereitschaft des Mitarbeiters für einen Auslandseinsatz. Bei Antritt und

Beendigung des Auslandsaufenthalts ist eine volle Übernahme der Kosten des jeweiligen Umzugs durch die Gesellschaft grundsätzlich geboten (vgl. BAG NZA 1996, 30; *Gotthardt* MDR 2001, 961, 964). Wird entsprechend der vorgeschlagenen Alternativformulierung ein Höchstbetrag eingesetzt, ist deshalb darauf zu achten, dass dieser die üblicherweise anfallenden Umzugskosten auch tatsächlich umfasst.

Hat der Mitarbeiter bei Antritt seiner Tätigkeit noch keine Wohnung am Tätigkeitsort angemietet, kann es angemessen sein, ihm für einen befristeten Zeitraum die Kosten einer **Hotelunterkunft** zu erstatten. Zu berücksichtigen ist dabei freilich, welche Möglichkeiten zur Wohnungssuche dem Mitarbeiter im Einzelfall tatsächlich offengestanden haben. Auf die Klausel kann verzichtet werden, wenn die ausländische Gesellschaft dem Mitarbeiter eine Wohnung stellt (→ Form. A. VIII. 1 Anm. 8).

Von der Gesellschaft übernommen werden sollten i. d. R. auch die Kosten für Visa oder andere **Ein- oder Ausreisepapiere**, soweit diese durch die Auslandstätigkeit anfallen.

Verstirbt der Mitarbeiter im Ausland, so erscheint es interessengerecht, die hier aufgeführten Leistungen seiner Familie zukommen zu lassen. Aus Gründen der Praktikabilität und Rechtssicherheit sollte eine angemessene zeitliche Begrenzung der Kostentragungspflicht vereinbart werden.

12. **Steuerpflicht.** Eine Verpflichtung der Gesellschaft zum Einbehalt von Lohnsteuer besteht wegen der Arbeitgebereigenschaft der ausländischen Gesellschaft nicht (vgl. *Richter/Schanz* BB 1994, 397, 399). Der Mitarbeiter ist deshalb verpflichtet, für die Versteuerung der Leistungen selbst zu sorgen. Der Hinweis dient insofern der Klarstellung, dass keine Nettoleistungsabrede gewollt ist. Unter Umständen kann auch die Familie des Mitarbeiters steuerpflichtig sein, z. B. wenn diese die Leistungen erhält. Zu der steuerlichen Behandlung der Zahlungen aus dem Ruhensvertrag auf Arbeitnehmerseite vgl. *Wellisch/Näth* IStR 2005, 433, 436 f., auf Unternehmerseite vgl. *Görl* IStR 2002, 443 ff.

13. **Rückkehrgarantie („Re-Entry-Klausel").** Mit Ende des Versetzungsvertrages wird der ruhend gestellte frühere Arbeitsvertrag des Arbeitnehmers mit der Gesellschaft wieder aktiviert und die Gesellschaft schuldet die Beschäftigung des Arbeitnehmers nach Maßgabe des deutschen Arbeitsvertrages wie vor Beginn der Auslandstätigkeit. Die vereinbarte **Rückkehrgarantie** dient der Verdeutlichung des Reintegrationswillens des Arbeitgebers und legt die Mindestanforderungen an die zu übertragende Tätigkeit fest. Bei der Gestaltung dieser „Re-Entry-Klausel" sollte ein angemessener Ausgleich der stark divergierenden Interessen von Mitarbeiter und Gesellschaft gefunden werden. Interesse des Arbeitnehmers ist es, die Auslandstätigkeit in dem Wissen anzutreten, sein inländisches Arbeitsverhältnis ohne die Gefahr einer zwischenzeitlichen Beendigung oder Veränderung seiner vorherigen Tätigkeit unmittelbar nach Rückkehr fortsetzen zu können. Die Gesellschaft wird jedoch für die Dauer der Auslandstätigkeit i. d. R. personellen Ersatz finden. Der alte Arbeitsplatz des versetzten Mitarbeiters steht deshalb bei Rückkehr oft nicht mehr zur Verfügung. Das Rückkehrrecht des Mitarbeiters sollte deshalb, wie im Formular vorgesehen, nicht auf einen konkreten Arbeitsplatz gerichtet sein, sondern sich auf eine **gleichwertige Tätigkeit** beziehen.

Bei der vertraglichen Gestaltung ist zu beachten, dass der Arbeitnehmer bereits durch das bloße Wiederaufleben der Hauptpflichten des bislang ruhenden Arbeitsvertrages nach Ende des Versetzungsvertrages einen Anspruch auf vertragsgemäße Beschäftigung und Bezahlung nach Maßgabe dieses Arbeitsvertrages mit der Gesellschaft hat, ohne dass es hierzu der ausdrücklichen Rückkehrgarantie bedürfte. Es sollte daher klargestellt werden, dass die Gesellschaft lediglich verpflichtet ist, dem Mitarbeiter eine seiner früheren Tätigkeit gleichwertige Tätigkeit anzubieten und im Übrigen bei der Rückkehr auch von ihrem arbeitgeberlichen Direktionsrecht Gebrauch machen kann. Dies nimmt die Rückkehrklausel auf, indem sie auf die Reichweite des arbeitsvertraglich vereinbarten Versetzungsrechts Bezug nimmt und damit auf die Möglichkeit eines

Einsatzes an einem anderen Standort hinweist. Zu beachten ist in diesem Fall, dass das Formular ausdrücklich keine Erweiterung des arbeitsvertraglichen Versetzungsrechts vornimmt. Sollte der anwendbare Arbeitsvertrag ein Versetzungsrecht nicht vorsehen, könnte es sinnvoll sein, ein solches Versetzungsrecht bei dieser Gelegenheit zu vereinbaren. Zwingend ist dies jedoch nicht, zumal eben nur eine gleichwertige Tätigkeit angeboten werden muss.

Für die wieder aufzunehmende Tätigkeit soll der Mitarbeiter die im Arbeitsvertrag vorgesehene **Vergütung** erhalten. Dem Mitarbeiter würden aber nominale Gehaltseinbußen entstehen, wenn sich die Vergütung vergleichbarer Mitarbeiter während seiner Abwesenheit weiterentwickelt hat. Es empfiehlt sich deshalb, während der Ruhenszeit ein „Schattengehalt" zu führen, das an der Gehaltsentwicklung bei der Gesellschaft teilnimmt. Eine solche Vorgehensweise erleichtert später die nachteilsfreie Reintegration des Mitarbeiters (vgl. *Gnann/Gerauer* S. 135; *Mauer* Rn. 235 ff.). Die **fortgeschriebene Inlandsvergütung** kann zugleich als Bemessungsgrundlage für die Zwecke der betrieblichen Altersversorgung dienen. Sind Lohn- oder Gehaltstarifverträge im Inland auf das Arbeitsverhältnis anwendbar, folgt die Fortschreibung deren jeweiligen Erhöhungen. In den in der Praxis vorrangigen Fällen der Auslandsversetzung von außertariflichen Mitarbeitern ist die Gehaltsentwicklung vergleichbarer Arbeitnehmer der Gesellschaft zugrunde zu legen. Im Zweifel könnte es sinnvoll sein, vertraglich zu regeln, welche Arbeitnehmer vergleichbar sind. Waren im ruhenden Arbeitsvertrag leistungsabhängige Vergütungsbestandteile vereinbart, so bietet sich die Fortschreibung auf der Basis der letzterreichten Bezüge oder aber eines Referenzzeitraumes in der Vergangenheit an.

Die nach dem Versetzungs- und Ruhensvertrag gezahlten Vergütungsbestandteile sollen dagegen nicht über den Zeitraum der Auslandstätigkeit hinaus gewährt werden, weil der entsprechende Zweck, insbesondere des Nachteilsausgleichs, weggefallen ist. Eine entsprechende Klarstellung sieht § 9 Abs. (3) vor.

14. Kündigung. Für den Zeitraum des Ruhens sollte – wie im Formular vorgesehen – das ordentliche Kündigungsrecht für beide Seiten ausgeschlossen werden. Dies entspricht, gerade im Falle einer vorübergehenden Auslandstätigkeit, den Interessen beider Parteien (vgl. *Gnann/Gerauer* S. 180; *Preis* Arbeitsvertrag II A 140 Rn. 45). Eine Aufhebung des Ruhensvertrages, z.B. bei vorzeitigem Abbruch der Auslandstätigkeit, sollte auch wegen der damit verbundenen Folgen für alle Beteiligten nur im gegenseitigen Einvernehmen erfolgen. Das Recht zur fristlosen Kündigung des ruhenden Arbeitsverhältnisses aus wichtigem Grund bleibt daneben bestehen (s. im Übrigen → Form. A. VIII. 1 Anm. 16). Wird eine **fristlose Kündigung** des Versetzungsvertrages durch den ausländischen Arbeitgeber aufgrund einer schweren Vertragsverletzung des Mitarbeiters erforderlich, kann diese möglicherweise auch die Kündigung des ruhenden Arbeitsverhältnisses rechtfertigen. Die Gesellschaft muss hierzu allerdings unter Wahrung der vorgeschriebenen Form und Frist das ruhende Arbeitsverhältnis gesondert kündigen (§ 626 BGB). Vor dem Ausspruch einer fristlosen Kündigung ist der Betriebsrat des Betriebs anzuhören, in dem der Mitarbeiter zuletzt im Inland eingesetzt war (→ Anm. 3).

Im Ruhensvertrag eine **auflösende Bedingung** dahingehend zu vereinbaren, dass bei einer verhaltensbedingten Arbeitgeberkündigung des Versetzungsvertrages auch das (ruhende) Arbeitsverhältnis in Deutschland beendet werden soll, würde die Zulässigkeitsgrenzen des § 21 TzBfG überschreiten. Ein Sachgrund nach § 14 Abs. 1 TzBfG liegt in diesem Fall nicht vor. Tatsächlich würden im Falle der Bedingung der „. . . . . . Beendigung des Versetzungsvertrages aus vom Arbeitnehmer zu vertretenden Gründen . . . . . ." allein die Anforderungen an eine verhaltensbedingte Kündigung des ruhenden Arbeitsverhältnisses umgangen. Auch fehlt es bei den andernorts vorgeschlagenen Formulierungen zur Verknüpfung des Bestandes beider Verträge an einer abschließenden Beschreibung in der Weise, dass eine objektive Nachprüfung des Bedingungseintritts möglich ist

(A/P/S/*Backhaus* § 21 TzBfG Rn. 7; § 3 TzBfG Rn. 18). Für die Feststellung des Vertretenmüssens sind schwierige wertende Betrachtungen unerlässlich, welche i. d. R. zu einer Unzulässigkeit der Bedingung mangels hinreichender Bestimmtheit führen (BAG NZA 1989, 643). Eine unmittelbare rechtliche Verknüpfung des Bestands des Versetzungsvertrages mit dem ruhenden Arbeitsvertrag erscheint auch nicht sachgerecht. Der Mitarbeiter wird nur auf der Grundlage des Ruhensvertrages und der Rückkehrzusage für eine Auslandstätigkeit gewonnen werden können. Verstöße des Mitarbeiters gegen Pflichten aus dem ausländischen Arbeitsvertrag stellen sich nicht zwingend als Pflichtverletzungen des ruhenden Arbeitsverhältnisses dar.

Im Falle **betriebsbedingter Kündigungen** sind Arbeitnehmer im ruhenden Arbeitsverhältnis mangels Vergleichbarkeit nicht in eine soziale Auswahl einzubeziehen. Auch würde ein betriebliches Bedürfnis für eine Kündigung des ruhenden Arbeitsverhältnisses mangels tatsächlicher Beschäftigung und Vergütungspflicht fehlen (BAG NZA 1987, 775). Spätestens mit feststehendem Ende des Versetzungsvertrages aber ist die wirksame Aussprache einer Kündigung aus betriebsbedingten Gründen auf den Zeitpunkt der Rückkehr nicht mehr grundsätzlich ausgeschlossen. Es erscheint demgegenüber interessengerecht, dem Mitarbeiter wenigstens für die Dauer der ordentlichen Kündigungsfrist eine Beschäftigung oder Zahlung der vertraglichen Vergütung bei gleichzeitiger Freistellung nach Rückkehr zu garantieren. Der hier vorgeschlagene Schutz erlaubt deshalb den Ausspruch einer Kündigung frühestens am Tag der Wiederaufnahme der Tätigkeit.

Für die Praxis sollte aber folgende Leitlinie gelten:

Die hier gewählte Konstruktion – eingeschränktes Kündigungsverbot und „Re-Entry-Zusage" – schafft wesentliche, auch psychologisch bedeutsame Voraussetzungen für die Bereitschaft des Mitarbeiters, sein gewohntes Arbeitsumfeld zu verlassen und sein berufliches Fortkommen in der deutschen Gesellschaft Risiken auszusetzen.

Kann oder soll der Mitarbeiter absehbar nach Beendigung der Auslandstätigkeit nicht in Deutschland weiterbeschäftigt werden, sollte möglichst noch im Ausland während der Laufzeit des Versetzungsvertrages die einvernehmliche Beendigung der in Deutschland fortbestehenden arbeitsvertraglichen Beziehungen gegen Zahlung einer Abfindung gesucht werden. Eine Kündigung unmittelbar nach Rückkehr aus dem Ausland dürfte im Hinblick auf die interne Unternehmenskommunikation und die Bereitschaft anderer Mitarbeiter zum Auslandseinsatz selten ohne Auswirkungen bleiben.

15. Entschädigungszahlung der ausländischen Gesellschaft. In verschiedenen Ländern bestehen zwingende Vorschriften, die für Mitarbeiter Entschädigungen zum Ausgleich für das Ausscheiden aus dem Arbeitsverhältnis vorsehen. Auch dann, wenn in einem Versetzungsvertrag die Anwendung deutschen Rechts vereinbart sein sollte, welches eine solche Entschädigung nicht kennt, können sich zwingende arbeitnehmerschützende Vorschriften der ausländischen Rechtsordnung im Einzelfall durchsetzen (→ Form. A. VIII. 1 Anm. 17). Die Entschädigungszahlungen haben regelmäßig Ausgleichscharakter, etwa wegen unzureichender Absicherung der Arbeitslosigkeit oder des Verlusts von Anwartschaften auf eine betriebliche Altersversorgung. Versetzungs- und Ruhensvertrag schaffen in ihrem Zusammenspiel eine Absicherung des Arbeitnehmers, nach welcher es der Inanspruchnahme einer solchen Entschädigung nicht bedarf. Der Mitarbeiter verpflichtet sich folglich zum Verzicht auf die Entschädigung. Je nach Ausgestaltung des Entschädigungsanspruchs im Ausland ist es nicht ausgeschlossen, dass ein solcher Verzicht gegenüber der Auslandsgesellschaft nicht wirksam erklärt werden kann. Deshalb sollte die entsprechende Zahlungspflicht in den Ruhensvertrag aufgenommen und die Anrechenbarkeit auf Gegenansprüche vereinbart werden. Zur Anrechnung von Leistungen ist der Arbeitgeber nur berechtigt, soweit dieses vertraglich oder gesetzlich vorgesehen ist (näher Schaub/*Linck* § 73 Rn. 21).

Teilweise wird vorgeschlagen, eine solche Verzichts-, Abführungs- und Anrechnungsklausel nur für den Fall zu vereinbaren, dass der Mitarbeiter seine Tätigkeit für die Gesellschaft tatsächlich nach Beendigung des Versetzungsvertrages wieder aufnimmt (*Gotthardt* MDR 2001, 961, 970). Dies berücksichtigt die ergänzende Regelung des Abs. (2). Damit dürfte ausgeschlossen sein, dass im Rahmen vorformulierter Vertragsbedingungen die Klausel insgesamt als unangemessene Benachteiligung des Arbeitnehmers (§ 307 Abs. 1 BGB) gewertet wird.

16. Schlussbestimmungen/Mitteilungspflicht/Schriftform. Zur inhaltlichen Gestaltung → Form. A. II. 1, dort unter § 13. Abweichend bedarf es im Ruhensvertrag keiner Regelung zu unvollständigen oder unrichtigen Angaben des Arbeitnehmers bei der Einstellung (→ Form. A. II. 1, dort unter § 13 Abs. (1)). Da der Ruhensvertrag nicht den bestehenden aktiven Arbeitsvertrag ersetzen soll, sondern allein dessen Hauptpflichten inaktiviert, ist auch die Regelung über die Ersetzung früherer Vereinbarungen in → Form. A. II. 1 § 13 Abs. (3) S. 1 nicht zu verwenden. Zur Schriftformklausel sowie zur Salvatorischen Klausel → Form. A. II. 1 Anm. 28, 29.

Auch ohne die vorliegende Vereinbarung unterliegt der Ruhensvertrag **deutschem Recht** (Art. 8 ROM I-VO oder Art. 4 Abs. 2 ROM I-VO; vgl. auch *Gotthardt* MDR 2001, 961, 967). Es kommt dafür nicht entscheidend darauf an, ob man den Ruhensvertrag selbst als Arbeitsvertrag i. S. d. Art. 8 ROM I-VO ansieht.

Zur **Gerichtsstandsvereinbarung** → Form. A. VIII. 1 Anm. 18.

17. Empfangsbestätigung des Mitarbeiters. → Form. A. II. 1 Anm. 32.

3. Entsendungsvertrag

Entsendungsvertrag[1]

zwischen

...... (Name und Anschrift des Arbeitgebers) „Gesellschaft“

und

Herrn ...... (Name und Anschrift des Arbeitnehmers) „Mitarbeiter“

Präambel

Der Mitarbeiter ist auf der Grundlage des Arbeitsvertrages vom ...... (Datum des Arbeitsvertrages) als ...... (Position/Funktion) bei der Gesellschaft beschäftigt. Der Mitarbeiter wird für die Gesellschaft für einen bestimmten Zeitraum in ...... (Ort, Tätigkeitsland) tätig werden. Hierzu schließen die Parteien in Ergänzung des bestehenden Arbeitsvertrages des Mitarbeiters den folgenden Entsendungsvertrag.[2]

Dem Mitarbeiter ist bewusst, dass er sich im Rahmen der Entsendung in ein möglicherweise ungewohntes kulturelles und gesellschaftliches Umfeld begibt. Mit der Unterzeichnung dieses Entsendungsvertrages erklärt er seine Absicht, den örtlichen Gepflogenheiten mit Respekt und Toleranz zu begegnen sowie den Dialog mit den dortigen Kollegen und Mitarbeitern zu suchen.

§ 1 Position und Aufgaben[3]

(1) Der Mitarbeiter wird als ...... (Position/Funktion) zu ...... (ausländische Gesellschaft oder ausländischer Betrieb) in ...... (Ort, Land) entsandt.

(2) Die Entsendung dient dem Zweck ...... (genaue Beschreibung des Entsendungszwecks). Zu den Aufgaben und Pflichten des Mitarbeiters zählen insbesondere ...... (genaue Tätigkeitsbeschreibung). Die Gesellschaft ist berechtigt, dem Mitarbeiter jederzeit ein anderes, seinen Fähigkeiten und Qualifikationen entsprechendes, zumindest gleichwertiges Aufgaben- und Verantwortungsgebiet zu übertragen, soweit dies bei Abwägung der Interessen der Gesellschaft und des Mitarbeiters zumutbar ist und es dem Zweck der Entsendung entspricht.

(3) In fachlicher Hinsicht wird der Mitarbeiter Herrn ...... unterstellt. Disziplinarisch untersteht der Mitarbeiter Herrn ......

§ 2 Dauer der Entsendung[4]

(1) Die Entsendung beginnt am ...... (Datum) und endet am ...... (Datum), ohne dass es einer gesonderten Willenserklärung bedarf. Die Dauer der Entsendung kann im gegenseitigen Einvernehmen verlängert werden.

(2) Die Dauer der Entsendung gilt für das zwischen den Parteien bestehende Arbeitsverhältnis als Zeit der Betriebszugehörigkeit. Dies gilt insbesondere für Ansprüche auf betriebliche Altersversorgung, aufgrund von Betriebsjubiläen und im Rahmen der Sozialauswahl im Falle betriebsbedingter Kündigungen.

§ 3 Arbeitszeit[5]

§ 4 Vergütung/Auslandszuschlag[6]

(1) Der Mitarbeiter behält während der Entsendung den Anspruch auf die bisherige vertragliche Vergütung. Während der Entsendung wird die vertragliche Vergütung entsprechend der allgemeinen Gehaltsentwicklung in der Gesellschaft, bezogen auf vergleichbare Arbeitsplätze, angepasst (fortgeschriebene Inlandsvergütung). Dies gilt auch für die variablen Vergütungsbestandteile.

(2) Die Gesellschaft gewährt dem Mitarbeiter während der Entsendung zusätzlich zu der Vergütung nach Abs. (1) folgende zusätzlichen Leistungen:

a) Die Gesellschaft stockt die monatliche Bruttovergütung um den Betrag von ...... EUR brutto monatlich auf. Die Aufstockung dient dem Ausgleich der unterschiedlichen Kaufkraft sowie der sozial- und steuerrechtlichen Folgen der Entsendung. Dies umfasst insbesondere die im Gegensatz zum Inland unterschiedlichen Belastungen mit Beiträgen zu privaten oder gesetzlichen Kranken-, Pflege-, Renten-, Arbeitslosen- oder Unfallversicherungen sowie die Besteuerung des Einkommens. Der Berechnung des aufgestockten Gehalts/des Aufstockungsbetrages liegt der Zeitpunkt des Beginns der Entsendung nach § 2 Abs. (1) zugrunde.

b) Am Ende eines jeden Entsendungsjahres werden die Parteien die Höhe des Aufstockungsbetrages nach lit. a) überprüfen und ggf. eine Anpassung vornehmen. Eine Anpassung erfolgt nicht, solange sich aus der Änderung der Verhältnisse nur eine Erhöhung oder Verminderung von weniger als fünf Prozent der Summe nach lit. a) ergeben würde. Dies gilt für die Folgezeit entsprechend für den angepassten Aufstockungsbetrag. Die Parteien werden über die Anpassung im gegenseitigen Einvernehmen entscheiden. Kann ein Einvernehmen nicht hergestellt werden, entscheidet die Gesellschaft über die Anpassung nach billigem Ermessen. Sie hat ihrer Entscheidung den Zweck der Aufstockungszahlung nach lit. a) zugrunde zu legen.

c) Zusätzlich erhält der Mitarbeiter zum Ausgleich der ihm durch die Entsendung entstehenden Belastungen einen fixen Zuschlag auf seine Vergütung i.H.v. monatlich ...... EUR brutto.

(3) Die Zahlungen nach Abs. (2) gelten sämtliche mit der Entsendung verbundene Kosten des Mitarbeiters ab, sofern sie zum Zeitpunkt des Vertragsschlusses absehbar waren und dieser Vertrag keine abweichenden Regelungen trifft.

(4) Die Leistungen nach Abs. (1) und (2) werden durch die Gesellschaft auf ein deutsches Girokonto des Mitarbeiters gezahlt. Der Mitarbeiter hat für die ordnungsgemäße Versteuerung selbst Sorge zu tragen, soweit er der Besteuerung im Tätigkeitsland unterfällt. Besteht eine Steuerpflicht in Deutschland, wird die Gesellschaft die Lohnsteuer unmittelbar an das Finanzamt abführen.[7]

(5) Die Gesellschaft ersetzt dem Mitarbeiter die aus seiner Entsendung erwachsenen Steuerberatungskosten gegen Vorlage eines entsprechenden Nachweises bis zu einem Höchstbetrag von jährlich ...... EUR brutto.

§ 5 Sozialversicherung[8]/betriebliche Altersversorgung[9]/Entgeltfortzahlung[10]

(1) Die Parteien sind sich darüber einig, dass der Mitarbeiter während seiner Entsendung im bisherigen Umfang Mitglied der deutschen gesetzlichen Sozialversicherungen bleiben soll. Sollte eine Versicherungspflicht nicht bestehen, wird die Erteilung einer entsprechenden Ausnahmevereinbarung beantragt oder, sofern möglich, eine freiwillige Versicherung vereinbart.

(2) Die Gesellschaft ersetzt dem Mitarbeiter die Kosten einer privaten Auslandskrankenzusatzversicherung zur Deckung der Differenz zwischen den Kosten der Kranken- und Heilbehandlung im Tätigkeitsland und der Kostenbeteiligung der gesetzlichen oder seiner privaten Krankenkasse. Dies ist bei der Berechnung des Aufstockungsbetrages nach § 4 Abs. (2) lit. a) bereits berücksichtigt und der Mitarbeiter erhält hierfür daher keinen weiteren Kostenersatz.

(3) Während der Entsendung finden die Regelungen zur betrieblichen Altersversorgung der Gesellschaft nach Maßgabe der ...... (Bezeichnung der Versorgungsordnung) in ihrer jeweils gültigen Fassung auf den Mitarbeiter weiter Anwendung. Tritt während der Entsendung der Pensionsfall ein, werden der Mitarbeiter oder seine Hinterbliebenen so gestellt, als wäre der Pensionsfall im Rahmen einer fortgesetzten Inlandstätigkeit eingetreten. Die Höhe der Versorgungsleistung wird auf Grundlage der fortgeschriebenen Inlandsvergütung gemäß § 4 Abs. (1) ermittelt.

(4) Die bisherigen gesetzlichen und vertraglichen Regelungen zur Entgeltfortzahlung gelten auch während der Entsendung.

§ 6 Heimreisen[11]

(1) Die Gesellschaft erstattet dem Mitarbeiter während der Entsendung folgende Kosten für Heimreisen:

a) Der Mitarbeiter hat je vollendete sechs Monate der Entsendung Anspruch auf Kostenersatz für eine Heimreise. Eine anteilige Auszahlung, z.B. bei vorzeitiger Beendigung der Entsendung, ist ausgeschlossen.

b) Übernommen werden Fahrtkosten, unabhängig von der Art des Verkehrsmittels, bis zur Höhe der Kosten eines Fluges in der Economy Class. Die Gesellschaft behält sich vor, die entsprechende Buchung für den Mitarbeiter selbst vorzunehmen.

(Optional:

c) Übernommen werden die Kosten für die Beförderung des Mitarbeiters, seines Ehe- oder Lebenspartners und seiner unterhaltsberechtigten Kinder.)

(2) Wird der Mitarbeiter während der Entsendung länger als drei Wochen arbeitsunfähig krank oder erkrankt er lebensbedrohlich, trägt die Gesellschaft die Kosten eines Rücktransports nach Deutschland.

(3) Bei sonstigen Notfällen (z.B. politische Unruhen, Erdbeben, Seuchengefahr, Gefahr der Internierung) können der Mitarbeiter, sein Ehe- oder Lebenspartner und seine unterhaltsberechtigten Kinder die Reise zum nächstgelegenen sicheren Ort auf Kosten der Gesellschaft antreten.

§ 7 Umzugskosten/Ein- und Ausreise[12]

(1) Die Gesellschaft erstattet dem Mitarbeiter die Kosten seines Umzugs zur Aufnahme seiner Entsendungstätigkeit sowie seiner Rückkehr in entsprechender Anwendung des Bundesumzugskostengesetzes (BUKG) gegen Vorlage entsprechender Nachweise.

(Alternative:

(1) Die Gesellschaft erstattet dem Mitarbeiter die erforderlichen und angemessenen Kosten seines Umzugs sowie der Anreise zur Aufnahme seiner Entsendungstätigkeit und seiner Rückkehr bis zu einer Höhe von . . . . . . EUR brutto pro Umzug gegen Vorlage entsprechender Nachweise.)

(2) Hat der Mitarbeiter bei seinem Umzug noch keine Wohnung am Arbeitsort angemietet, trägt die Gesellschaft die Kosten für die Anmietung eines angemessenen Hotelzimmers sowie für die Einlagerung des Umzugsgutes in angemessenem Umfang bis zur Dauer von . . . . . . Wochen.

(3) Sollte der Mitarbeiter für die Entsendung eine Aufenthalts- und Arbeitsgenehmigung benötigen, wird er diese selbständig besorgen. Die Gesellschaft wird hierbei mitwirken. Die Gesellschaft trägt die Kosten der Beschaffung notwendiger Papiere für die Ausreise und den Aufenthalt im Tätigkeitsland sowie für die Rückkehr des Mitarbeiters nach Beendigung der Entsendung.

(4) Die Abs. (1) bis (3) umfassen auch die Kosten, die für den Ehe- oder Lebenspartner und die unterhaltsberechtigten Kinder des Mitarbeiters entstehen, wenn diese ihn während seiner Entsendung begleiten. Die Regelungen gelten für die Dauer von drei Monaten fort, wenn der Mitarbeiter während seiner Entsendung verstirbt.

§ 8 Wohnung[13]

Die Gesellschaft stellt dem Mitarbeiter für die Dauer der Entsendung im Tätigkeitsland eine angemessene Wohnung zur Verfügung. Anfallende Miete und Nebenkosten sowie Kosten der erforderlichen Instandhaltung trägt die Gesellschaft.

(Alternative:

(1) Der Mitarbeiter erhält einen monatlichen Zuschuss auf die Miet- und Mietnebenkosten seiner Wohnung im Tätigkeitsland i.H.v. . . . . . . EUR brutto, jedoch nicht mehr, als die tatsächlichen Kosten betragen. Der Mitarbeiter ist verpflichtet, der Gesellschaft auf Anforderung einen geeigneten Nachweis über die Kosten zu erteilen.

(2) Zur Anmietung der Wohnung im Tätigkeitsland bei Antritt der Entsendung übernimmt die Gesellschaft die Maklerkosten in ortsüblicher Höhe sowie die Kosten der erforderlichen Instandsetzung vor Einzug bis zu einer Höhe von . . . . . . EUR brutto.)

§ 9 Kosten für Ausbildung und Sprachunterricht[14]

(1) Soweit der Mitarbeiter schulpflichtige Kinder hat, erhält er einen monatlichen Zuschuss zu den Kosten für die angemessene Ausbildung seiner schulpflichtigen Kinder (z. B. anfallende Schulgelder) i. H. v. . . . . . . EUR brutto pro Kind, jedoch nicht mehr, als die tatsächlich bis zum Erreichen der allgemeinen Hochschulreife oder einer äquivalenten Abschlussprüfung anfallenden Kosten und längstens bis zum Ende der Laufzeit dieses Entsendungsvertrages. Der Zuschuss erhöht sich pro Kind und Monat auf . . . . . . EUR brutto, wenn Kinder des Mitarbeiters ein Internat in Deutschland besuchen. Der Mitarbeiter ist verpflichtet, der Gesellschaft auf Anforderung einen geeigneten Nachweis über die Kosten zu erteilen.

(2) Die Gesellschaft übernimmt die Kosten für Sprachunterricht in der Landessprache für den Mitarbeiter, seinen Ehe- oder Lebenspartner und seine mit ihm in häuslicher Gemeinschaft lebenden Kinder bis zu einer Höhe von monatlich . . . . . . EUR brutto.

§ 10 Weitere Leistungen[15]

(1) Die Gesellschaft stellt dem Mitarbeiter einen Dienstwagen, Typ . . . . . . oder vergleichbar am Arbeitsort zur Verfügung, der auch privat genutzt werden kann. Sie trägt die damit verbundenen Kosten, insbesondere Steuern, Versicherungsbeiträge sowie Kosten für Kraftstoff, Wartung und Reparatur. Der Mitarbeiter ist zum sorgfältigen Umgang mit dem Dienstwagen verpflichtet. Für die Nutzung des Dienstwagens gelten die Richtlinien der Gesellschaft für die Überlassung und Nutzung von Dienstwagen in der jeweils gültigen Fassung.

(2) Die Gesellschaft schließt für den Mitarbeiter auf ihre Kosten für die Dauer der Entsendung folgende Versicherungen ab: . . . . . .

(3) Der Mitarbeiter verpflichtet sich zur rechtzeitigen Vornahme aller für das Tätigkeitsland vorgeschriebenen Impfungen. Die Kosten für vorgeschriebene und von den deutschen Gesundheitsbehörden empfohlene Impfungen, die der Mitarbeiter, sein Ehe- oder Lebenspartner oder seine unterhaltsberechtigten Kinder wegen der Entsendung erhalten, übernimmt die Gesellschaft.

§ 11 Einkommensteuerpflicht[16]

Die ggf. auf Leistungen der Gesellschaft nach §§ 4 bis 10 anfallende Einkommensteuer trägt der Mitarbeiter.

§ 12 Urlaub[17]

(1) Der Mitarbeiter hat während der Entsendung einen Urlaubsanspruch von insgesamt . . . . . . Arbeitstagen pro Kalenderjahr.

(2) Der Mitarbeiter hat zusätzlich zu seinem Urlaubsanspruch *(Alternative: im Rahmen seines Urlaubsanspruchs)* nach Abs. (1) zum Zwecke der Heimreise einmal jährlich Anspruch auf Gewährung eines zusammenhängenden Erholungsurlaubs bis zur Dauer von drei Wochen. Die Gesellschaft darf einen hierauf bezogenen Urlaubsantrag des Mitarbeiters nur aus dringenden betrieblichen Gründen ablehnen.

(3) Nicht in Anspruch genommener Urlaub kann im Einvernehmen der Parteien auch über die gesetzlichen Regelungen hinaus auf das Folgejahr übertragen werden.

§ 13 Kündigung/Ausschluss der Kostenerstattung und Schadensersatzpflicht bei Kündigung aus wichtigem Grund[18]

(1) Während der Entsendung ist das Recht zur ordentlichen Kündigung für beide Parteien ausgeschlossen. Das Recht zur fristlosen Kündigung aus wichtigem Grund bleibt unberührt.

(2) Kündigt die Gesellschaft das Arbeitsverhältnis während der Entsendung aus einem wichtigen Grund, den der Mitarbeiter zu vertreten hat, hat dieser sämtliche Kosten, die ihm im Zusammenhang mit seiner Rückkehr nach Deutschland entstehen, selbst zu tragen. Darüber hinaus zahlt der Mitarbeiter in diesem Fall einen pauschalierten Schadensersatz in Höhe eines Bruttomonatsgehalts nach § 4 Abs. (1) (fortgeschriebene Inlandsvergütung einschließlich variabler Leistungen). Dem Mitarbeiter ist der Nachweis gestattet, dass der Gesellschaft kein oder nur ein geringerer Schaden aufgrund der vorzeitigen Beendigung der Entsendung entstanden ist.

§ 14 Rückruf- und Rückkehrrecht[19]

(1) Die Gesellschaft kann den Mitarbeiter *(Optional: nach Ablauf einer Entsendungsdauer von sechs Monaten)* nach billigem Ermessen mit einer Ankündigungsfrist von ...... Wochen/Monaten aus dem Tätigkeitsland zurückrufen.

(Optional:

(2) Der Mitarbeiter kann die Entsendung einseitig vorzeitig beenden, wenn die Rückkehr aufgrund einer konkreten Notsituation geboten ist (z. B. Gefahr der Internierung, politische Unruhen, Naturkatastrophen, Seuchengefahr).)

§ 15 Folgen der Rückkehr[20]

(1) Der Mitarbeiter ist berechtigt, nach Beendigung der Entsendung wegen Zeitablaufs, Rückrufs durch die Gesellschaft *(Optional: oder Ausübung des Rückkehrrechts gem. § 14 Abs. (2) durch den Mitarbeiter)* seine Arbeit bei der Gesellschaft zu den vor Beginn der Entsendung geltenden Bedingungen wieder aufzunehmen und wird von der Gesellschaft einen der vor der Entsendung ausgeübten Tätigkeit gleichwertigen Arbeitsplatz angeboten erhalten. Die Gesellschaft ist berechtigt, den Mitarbeiter, soweit es das im Arbeitsvertrag vereinbarte Versetzungsrecht vorsieht, auch an anderen Orten in Deutschland einzusetzen, soweit dies dem Mitarbeiter zumutbar ist.

(2) Nach seiner Rückkehr erhält der Mitarbeiter die Vergütung nach § 4 Abs. (1). Während der Entsendung erworbene Besitzstände (z. B. die zusätzlichen Leistungen nach § 4 Abs. (2) oder die Übertragung einer höherwertigen Tätigkeit) begründen nach der Rückkehr des Mitarbeiters keinen Anspruch auf die Gewährung gleichwertiger Bedingungen durch die Gesellschaft.

§ 16 Geltung des Arbeitsvertrages/(*Optional*: *Tarifverträge*)[21]

Soweit in diesem Entsendungsvertrag nichts Abweichendes geregelt ist, gelten ergänzend die Bestimmungen des Arbeitsvertrages vom ...... (Datum).

(Optional:

Auf das Arbeitsverhältnis finden auch während der Entsendung die Regelungen der Tarifverträge . . . . . . (Bezeichnung der anwendbaren Tarifverträge) in ihrer jeweils gültigen Fassung Anwendung.)

§ 17 Anwendbares Recht[22]/Gerichtsstand[23]

(1) Dieser Vertrag unterliegt deutschem Recht.

(2) Als Gerichtsstand wird der Sitz der Gesellschaft vereinbart. Andere Gerichtsstände können nur gewählt werden, wenn sie sich aus zwingendem örtlichem oder zwischenstaatlichem Recht ergeben.

§ 18 Schlussbestimmungen/Mitteilungspflicht/Schriftform[24]

. . . . . .	. . . . . .
Ort, Datum	Ort, Datum
. . . . . .	. . . . . .
Unterschrift der Gesellschaft	Unterschrift des Mitarbeiters

Empfangsbestätigung des Mitarbeiters[25]

Der Mitarbeiter bestätigt, dass er eine von der Gesellschaft unterschriebene vollständige Ausfertigung dieses Entsendungsvertrages am . . . . . . (Datum) erhalten hat.

. . . . . .

Ort, Datum

. . . . . .

Unterschrift des Mitarbeiters

Anmerkungen

1. Regelungsgegenstand/Ausgangssituation. Zu den allgemeinen Rahmenbedingungen einer vorübergehenden Tätigkeit im Ausland → Form. A. VIII. 1 Anm. 1.

Im Gegensatz zur Versetzung, bei der ein Arbeitsverhältnis zwischen Mitarbeiter und ausländischem Arbeitgeber begründet wird (→ Form. A. VIII. 1), während das inländische Arbeitsverhältnis ruht (→ Form. A. VIII. 2), erfolgt die **Entsendung** im Rahmen eines bestehenden Arbeitsverhältnisses mit dem Arbeitgeber im Inland. Die Entsendung (auch als Oberbegriff für Abordnung, Delegation oder Montage verwendet) ist i.d.R. zu empfehlen, wenn nur eine kurzzeitige Auslandstätigkeit geplant ist. Der Zweck einer Entsendung kann z.B. in der Weitergabe von speziellem Know-how, dem Aufbau einer ausländischen Tochtergesellschaft, der Durchführung eines Projekts oder der Betreuung großtechnischer Anlagen liegen. Dem Formular liegt deshalb die Annahme zugrunde, dass der Mitarbeiter länger als sechs Monate, aber nicht länger als zwei Jahre im Ausland tätig sein soll. Für längere oder hinsichtlich ihrer Dauer unbestimmte Auslandstätigkeiten empfiehlt sich das „Zweivertragsmodell", also der Abschluss von Versetzungs- und Ruhensvertrag (→ Form. A. VIII. 1 Anm. 1). Der Auslandseinsatz auf der Grundlage eines Entsendungsvertrages wird im Gegensatz dazu als „Einvertragsmodell" bezeichnet (zu den verschiedenen Modellen und ihren Anwendungsfällen ausführlich *Mastmann/Stark* BB 2005, 1849, 1849 f.; *Reiter* NZA 2004, 1246, 1247 f.). Zur Rechtsnatur und den inhaltlichen Anforderungen an den Entsendungsvertrag → Anm. 2.

In vielen Punkten entspricht die Interessenlage der Parteien des Entsendungsvertrages derjenigen bei einer Auslandstätigkeit im Rahmen des Zweivertragsmodells. Dieses Formular verweist deshalb zur Vermeidung von Wiederholungen an einigen Stellen auf die einschlägigen Anmerkungen zum Versetzungs- (→ Form. A. VIII. 1) und Ruhensvertrag (→ Form. A. VIII. 2).

2. Vertragsparteien des Entsendungsvertrages/Rechtsnatur/wesentlicher Inhalt. Der Entsendungsvertrag modifiziert und ergänzt den bestehenden Arbeitsvertrag für die Dauer der Entsendung. Er stellt deshalb keine vollständige, eigenständige vertragliche Grundlage dar, sondern muss stets zusammen mit dem Arbeitsvertrag gelesen werden. Vor Abschluss des Entsendungsvertrages ist daher eine genaue Prüfung der sonstigen arbeitsvertraglichen Vereinbarungen erforderlich. Als Änderungsvertrag zum Arbeitsvertrag sind an ihm, anders als am Versetzungsvertrag (→ Form. A. VIII. 1) nur der Mitarbeiter und der inländische Arbeitgeber beteiligt. Die Rechtsbeziehungen zum aufnehmenden Betrieb im Ausland sind im Entsendungsvertrag nur am Rande geregelt, so z.B. durch Festlegung der Weisungsbefugnis (→ Anm. 3). Sie sind im Übrigen einer Vereinbarung zwischen den beteiligten Unternehmen vorbehalten.

Der Abschluss eines Entsendungsvertrages dient der Regelung der mit einem Auslandsaufenthalt verbundenen Sonderfragen, insbesondere auf der Leistungsebene. Die Haupt- und Nebenleistungspflichten aus dem (Inlands-)Arbeitsvertrag bedürfen insofern der Änderung und Ergänzung, die nur einvernehmlich zwischen Arbeitgeber und Mitarbeiter geregelt werden kann. Der Entsendungsvertrag sollte dabei zunächst den Zweck der Entsendung definieren und darauf bezogen die Leistungspflichten des Mitarbeiters konkretisieren (→ Anm. 3). Zudem werden Regelungen zum Ausgleich der Kosten und Nachteile getroffen, die dem Mitarbeiter aufgrund der Entsendung ins Ausland entstehen. Zur Vermeidung von Problemen bei der Abwicklung des Arbeitsverhältnisses sollten darüber hinaus Vereinbarungen zu steuer- und sozialversicherungsrechtlichen Fragen sowie Rechtswahl- und Gerichtsstandsvereinbarungen aufgenommen werden. Für den Entsendungsvertrag gelten im Übrigen die Regelungen des NachwG (→ Anm. 25), in dem die schriftliche Dokumentation der wesentlichen Vertragsbedingungen angeordnet wird.

Eine Entsendung gegen den Willen des Mitarbeiters, beispielsweise aufgrund eines vereinbarten erweiterten Direktionsrechts des Arbeitgebers, sollte i.d.R. nicht erfolgen und wird in der Praxis auch nur selten einseitig durchsetzbar sein. Die besondere Situation der vorübergehenden Auslandstätigkeit erfordert grundsätzlich die Bereitschaft des Mitarbeiters zur Übernahme besonderer Pflichten und die zeitweilige Verlegung seines Lebensmittelpunktes. Ferner ist eine Reihe spezifischer Vereinbarungen erforderlich, ohne die es bei der Abwicklung des Arbeitsverhältnisses zu Problemen und Konflikten kommen kann. Eine Ausnahme gilt nur in den Fällen, in denen die Natur der Tätigkeit wechselnde Einsatzorte im In- und Ausland erfordert. In solchen Fällen sollte aber bereits der Arbeitsvertrag selbst die in diesem Entsendungsvertrag enthaltenen Regelungen beinhalten.

Die **Fürsorgepflicht des Arbeitgebers** gebietet es bei Entsendung eines Mitarbeiters ins Ausland, den Betroffenen umfassend auf den Einsatz im Ausland vorzubereiten und über bestehende Risiken aufzuklären (vgl. ausf. *Schliemann* BB 2001, 1302, 1304 f.). Bei schuldhafter Verletzung der Aufklärungspflicht kann der Arbeitgeber schadensersatzpflichtig sein. Eine allgemeine Aufklärungspflicht über den Umfang des Krankenversicherungsschutzes im Ausland besteht aber nicht (LAG Frankfurt a.M. NZA 1996, 482).

Eine **Anwendung des AÜG** kam bisher nur dann in Betracht, wenn der inländische Arbeitgeber mit der Entsendung eine Gewinnerzielungsabsicht verfolgte, also eine gewerbsmäßige Überlassung stattfand. Seit der Neufassung des AÜG im Jahr 2011 ist das AÜG nunmehr bereits anwendbar, wenn der Arbeitnehmer im Rahmen der „wirtschaftlichen Tätigkeit" des Entleihers überlassen wird. In den weit überwiegenden Fällen konzerninterner Auslandsentsendungen wird die Entsendung aber auch weiterhin erlaubnisfrei möglich sein, sofern der Arbeitnehmer nicht „zum Zweck der Überlassung" eingestellt wurde (§ 1 Abs. 3 Nr. 2 AÜG; ErfKomm/*Wank* § 1 AÜG Rn. 57 ff.). Anders ist dies allerdings in den Fällen zu beurteilen, in denen ein Arbeitnehmer von vornherein für eine Entsendung ins Ausland gesucht und dann auch eingestellt wird. Ebenfalls erlaubnisfrei ist die Überlassung im Anwendungsbereich des § 1 Abs. 3 Nr. 2a) AÜG. Diese Ausnahme ist anwendbar, wenn die Überlassung nur gelegentlich erfolgt und der Arbeitnehmer nicht zum Zweck der Überlassung eingestellt und beschäftigt wird (zu Einzelheiten vgl. *Hamann* RdA 2011, 321, 333). Liegt keiner der genannten Ausnahmefälle vor, bedarf ein in Deutschland ansässiger Verleiher für die Überlassung von Arbeitnehmern ins europäische und außereuropäische Ausland der Erlaubnis nach dem AÜG (*Schüren/Hamann* Einl. Rn. 647, 656 f.).

Regelmäßig ist davon auszugehen, dass der Mitarbeiter auch während seiner Entsendung dem Anwendungsbereich des **BetrVG** unterfällt (→ Form. A. VIII. 2 Anm. 3; vgl. auch *Boemke* NZA 1992, 112, 114 f.; BAG NZA 1990, 658). Der entsandte Mitarbeiter besitzt bei Wahlen zum Betriebsrat im Heimatbetrieb das passive und aktive Wahlrecht (vgl. BAG NZA 2000, 1119). Wird ein im Ausland tätiger Mitarbeiter in den Betriebsrat gewählt, wird er jedoch als zeitweilig verhindert gelten (§ 25 Abs. 1 S. 2 BetrVG; *Boemke* NZA 1992, 112, 115). Dem im Heimatbetrieb gebildeten Betriebsrat stehen auch die Mitbestimmungsrechte in sozialen (BAG NZA 1990, 571) und personellen (*Boemke* NZA 1992, 112, 116) Angelegenheiten zu. Die Mitbestimmung in sozialen Angelegenheiten ist insoweit eingeschränkt, als nach Sinn und Zweck des Mitbestimmungsrechts eine Beteiligung mangels Betroffenheit der im Ausland tätigen Mitarbeiter nicht in Betracht kommt (Küttner/*Kreitner* Auslandstätigkeit Rn. 19). So hat beispielsweise der Betriebsrat keine Mitbestimmungsrechte bezüglich der Tätigkeit oder des Verhaltens im ausländischen Betrieb (*Boemke* NZA 1992, 112). Die Mitbestimmungsrechte in personellen Angelegenheiten bestehen uneingeschränkt (Küttner/*Kreitner* Auslandstätigkeit Rn. 20). Daher ist insbesondere eine Beteiligung des Betriebsrats bei Versetzungen gemäß § 95 Abs. 3 BetrVG (vgl. BAG NZA 2000, 781) sowie bei Kündigungen gemäß § 102 BetrVG (vgl. BAG NZA 1990, 658) erforderlich.

3. Aufgabenbeschreibung. Zur Tätigkeitsbeschreibung → Form. A. VIII. 1 Anm. 3. Im Entsendungsvertrag sollte der Zweck der Entsendung explizit benannt werden. Eine genaue Beschreibung dient einerseits der Einordnung der Tätigkeit des Mitarbeiters in den Gesamtzusammenhang eines ausländischen Projektes. Gleichzeitig kann der Wegfall des Entsendungszwecks einen gewichtigen Grund für einen Rückruf des Mitarbeiters vor Ablauf der vorgesehenen Entsendungsdauer darstellen. Angelehnt an diesen Zweck sollte eine beschränkte Versetzungsklausel vereinbart werden, die es dem Arbeitgeber ermöglicht, den Mitarbeiter im Rahmen des Direktionsrechts auch mit anderen, gleichwertigen Aufgaben zu betrauen. Den Interessen des Mitarbeiters wird durch die Anlehnung an den Entsendungszweck und den Verzicht auf eine örtliche Versetzungsklausel Rechnung getragen. Um Konflikte zu vermeiden, sollten die konkrete Funktion des abgeordneten Mitarbeiters sowie seine fachliche und disziplinarische Eingliederung in die Organisation der Gesellschaft oder des aufnehmenden Betriebs während der Entsendung möglichst genau geregelt werden. Regelmäßig wird es sachgerecht sein, einen Disziplinarvorgesetzten im Inland zu benennen. Bei Führungskräften sind ggf. auch die Weisungsbefugnis gegenüber Mitarbeitern im Ausland, der Umfang ihrer Vertretungsmacht sowie ggf. der Umfang der Geschäftsführungsbefugnis im Innenverhältnis zum Stammhaus zu regeln (vgl. *Pohl* NZA 1998, 735, 739).

4. Dauer der Entsendung. Diesem Formular liegt die Annahme einer von vornherein zeitlich befristeten Entsendung ins Ausland zugrunde. Die Befristung bezieht sich hier nicht auf das Arbeitsverhältnis an sich, sondern nur auf die im Entsendungsvertrag vereinbarten Arbeitsbedingungen, so dass die Normen des TzBfG keine Anwendung finden (BAG NZA

2008, 229). Die in Formulararbeitsverträgen geregelten Befristungsabreden werden aber nach §§ 305 ff. BGB auf ihre Angemessenheit überprüft. Maßgeblich bei der Frage, ob der Arbeitnehmer durch eine Befristung unangemessen benachteiligt wird, ist der Grund der Befristung und dessen Tragfähigkeit (vgl. ErfKomm/*Müller-Glöge* § 3 TzBfG Rn. 16; ErfKomm/*Preis* §§ 305 bis 310 BGB Rn. 74 ff.). Die Vertragsbedingungen des Entsendungsvertrages unterliegen insbesondere der Angemessenheitskontrolle nach § 307 Abs. 1 BGB, die anhand einer umfassenden Berücksichtigung und Bewertung rechtlich anzuerkennender Interessen beider Vertragsparteien vorzunehmen ist (vgl. BAG NZA 2008, 229). Für eine vorübergehende Entsendung im „Zweivertragsmodell" hat das BAG eine Befristung über einen Zeitraum von vier Jahren für zulässig gehalten (BAG NZA 2005, 1411). Dies ergebe sich insbesondere daraus, dass für eine **Anwendung deutschen Sozialversicherungsrechts** die Befristung der Auslandstätigkeit maßgebliche Voraussetzung ist (→ Anm. 8). Nach den dieser Entscheidung zugrunde liegenden Erwägungen dürften die in diesem Formular vorgeschlagenen Regelungen insgesamt der AGB-rechtlichen Inhaltskontrolle standhalten.

Zur Berücksichtigung der Entsendungszeit als Zeit der Betriebszugehörigkeit → Form. A. VIII. 2 Anm. 4. Zur Rückkehr vor Ablauf der vereinbarten Entsendungszeit → Anm. 19.

5. Arbeitszeit. → Form. A. VIII. 1, dort unter § 2. Die im Tätigkeitsland geltenden öffentlich-rechtlichen Arbeitszeitvorschriften finden Anwendung (vgl. zur Arbeitszeitordnung (AZO) BAG NZA 1991, 386). Wegen der nur vorübergehenden Entsendung findet ansonsten deutsches Recht Anwendung (→ Anm. 22).

6. Vergütung/Auslandszuschlag. Das Inlandsgehalt des Mitarbeiters wird während der Entsendung regelmäßig weitergezahlt und sollte der betriebsüblichen Entwicklung angepasst werden. Um die höheren Belastungen der Entsendung in finanzieller Hinsicht zu kompensieren und dem Mitarbeiter den notwendigen Anreiz für den Auslandseinsatz zu geben, kann die Inlandsvergütung in zweifacher Hinsicht ergänzt werden. Die hier vorgeschlagene Vereinbarung eines pauschalen **Aufstockungsbetrages** stellt die einfachste und am wenigsten missverständliche Gestaltungsmöglichkeit dar. Sie setzt freilich voraus, dass bereits bei der Kalkulation der Aufstockungsbeträge sämtliche relevanten Variablen berücksichtigt werden. Es empfiehlt sich deshalb, die Berechnungsgrundlagen schon während der Vertragsverhandlungen transparent zu machen, so dass beide Parteien am Ende die im Entsendungsvertrag bezeichnete Summe richtig zu werten vermögen. Zu Einzelheiten der Ermittlung eines angemessenen Aufstockungsbetrages und seiner Anpassung während der Entsendung s. die ausführlichen Erläuterungen nebst Berechnungsbeispiel in → Form. A. VIII. 2 Anm. 6. Im Einzelfall (etwa wenn im Tätigkeitsland niedrigere Steuern oder Sozialversicherungsbeiträge als in Deutschland zu zahlen sind) bedarf es keiner Zahlung eines Aufstockungsbetrags. Dann sollte die Klausel zum Aufstockungsbetrag (§ 4 Abs. (2) lit. a)) nicht in den Entsendungsvertrag aufgenommen werden.

Über den Aufstockungsbetrag hinaus, der allein dem Ausgleich von Nachteilen dient, kann ein **Auslandszuschlag** gezahlt werden, der eine zusätzliche Leistung für den mit einem Auslandsaufenthalt verbundenen Aufwand darstellt (→ Form. A. VIII. 2 Anm. 6).

Der Mitarbeiter kann die ihm durch die Tätigkeit im Ausland konkret entstandenen Aufwendungen grundsätzlich nach § 670 BGB vom Arbeitgeber ersetzt verlangen. Es empfiehlt sich deshalb der Hinweis, dass vorhersehbare Aufwendungen mit der Zahlung des Aufstockungsbetrags und des Auslandszuschlags pauschal abgegolten sind.

7. Auszahlungsmodalitäten. Das Gehalt wird nach dem vorliegenden Formulierungsvorschlag in Euro auf das Inlandskonto des Mitarbeiters überwiesen. Angesichts des weltweiten Netzes an Geldautomaten und der weiten Verbreitung von Kreditkarten stellt dies, gerade bei kürzerer Entsendungsdauer, eine für beide Seiten komfortablere Lösung dar, als die Einrichtung eines neuen Girokontos im Tätigkeitsland. Diese Frage kann mit zunehmender Dauer einer Entsendung aber aus Gründen der Praktikabilität auch anders zu handhaben sein. Soweit der Mitarbeiter in Deutschland lohnsteuerpflichtig ist, hat die Gesellschaft die entsprechende Steuer jedenfalls einzubehalten und abzuführen. Auch für den Fall, dass der Mitarbeiter im Ausland lohnsteuerpflichtig ist, entbindet die Klausel in § 4 Abs. (4) S. 2 den Arbeitgeber nicht von einer ggf. bestehenden Pflicht zur Abführung der Lohnsteuer. Der Arbeitgeber muss sich daher stets informieren, ob er oder der Arbeitnehmer die Lohnsteuer abführen muss. Zur Frage der Steuerpflicht → Anm. 16.

8. Sozialversicherung. Die Sozialversicherungspflicht sowie das Recht, sich in der Sozialversicherung zu versichern, richten sich aus deutscher Sicht in erster Linie nach dem Territorialitätsprinzip (§ 3 SGB IV). Danach ist die Sozialversicherungspflicht und -berechtigung davon abhängig, ob der Beschäftigungsort im Inland liegt. Im Ausland tätige Beschäftigte werden deshalb grundsätzlich von den deutschen Vorschriften über die Versicherungspflicht und die Versicherungsberechtigung nicht erfasst (BSG NZA-RR 2000, 601). Ausnahmen sind in den §§ 4 bis 6 SGB IV normiert. Eine Rechtswahl bezüglich des anwendbaren Sozialversicherungsrechts ist nicht möglich (Küttner/*Schlegel* Auslandstätigkeit Rn. 76). Regelmäßig wird der Mitarbeiter ein besonderes Interesse daran haben, während der Auslandstätigkeit Mitglied der deutschen gesetzlichen Sozialversicherung zu bleiben. Hierauf sollte bereits bei der Vertragsgestaltung Rücksicht genommen werden.

Bei der Entsendung in den **europäischen Wirtschaftsraum** (die Staaten der EWG, bestehend aus den Mitgliedern der EU sowie Island, Liechtenstein, Norwegen und der Schweiz) sind die Verordnungen EG Nr. 883/2004 und Nr. 987/2009 einschlägig. Voraussetzung der Anwendbarkeit ist, dass der entsandte Mitarbeiter Staatsangehöriger der teilnehmenden Staaten ist. Nach diesen Regelungen findet grundsätzlich das Sozialversicherungsrecht des Staates Anwendung, in dem die Tätigkeit ausgeübt wird. Ausnahmsweise gilt das Recht des Staates, in dem das entsendende Unternehmen seinen Sitz hat, wenn der Mitarbeiter weiterhin bei der entsendenden Gesellschaft beschäftigt ist, die Auslandstätigkeit für Rechnung und im Interesse des entsendenden Unternehmens erfolgt, keine Kettenentsendung (Ablösung eines Arbeitnehmers, dessen Entsendungszeit abgelaufen ist, vgl. *Braun* ArbRB 2002, 202, 203) vorliegt und die voraussichtliche Dauer der Entsendung 24 Monate nicht überschreitet (Art. 12 Abs. 1 EG-VO 883/2004). Eine Verlängerungsmöglichkeit besteht darüber hinaus nicht. Bei einer längerfristigen Entsendung kann schon vor Aufnahme der Tätigkeit im Ausland der Abschluss einer **Ausnahmevereinbarung** zur Weiterversicherung nach deutschem Recht beantragt werden (Art. 16 EG-VO 883/2004; vgl. *Braun* ArbRB 2002, 202, 204). Die Ausnahmevereinbarung ist formlos zu beantragen bei der Deutschen Verbindungsstelle Krankenversicherung Ausland (DVKA). Im Falle der Anwendbarkeit der EG-VO sind stets sämtliche Zweige der Sozialversicherung einheitlich zu beurteilen. Zu einer doppelten sozialversicherungsrechtlichen Erfassung kann es daher nicht kommen (vgl. *Gnann/Gerauer* S. 88).

Mit einer Reihe von Staaten hat die Bundesrepublik Deutschland **bilaterale Abkommen** zur Regelung der Sozialversicherungspflicht abgeschlossen (vgl. Internetseiten der DVKA unter http://www.dvka.de/oeffentlicheseiten/arbeitenausland/Abkommensstaaten.htm). Die inhaltliche Gestaltung der Abkommen ähnelt meist der der EG-VO, wobei häufig auch längerfristige Entsendungen zulässig sind (vgl. Beispiele bei *Braun* ArbRB 2002, 202, 205). Teilweise kann auch hier der Abschluss einer Ausnahmevereinbarung beantragt werden.

Umfangreiche und aktuelle Informationen zu den jeweils anwendbaren Rechtsvorschriften bietet das Internetangebot der DVKA unter http://www.dvka.de.

Bestehen keine abweichenden über- oder zwischenstaatlichen Regelungen, besteht nach dem in § 4 SGB IV verankerten **Ausstrahlungsprinzip** die Sozialversicherungspflicht und -berechtigung in Deutschland fort, wenn ein Mitarbeiter im Rahmen eines in Deutschland bestehenden Beschäftigungsverhältnisses in das Ausland entsandt wird und die Entsendung zeitlich begrenzt ist (§ 4 Abs. 1 SGB IV). Erforderlich ist demnach eine fortbestehende Eingliederung des Mitarbeiters in den Betrieb des inländischen Arbeitgebers. Hierzu muss dem inländischen Arbeitgeber insbesondere das Weisungsrecht grundsätzlich erhalten bleiben (vgl. *Gnann/Gerauer* S. 84; Küttner/*Schlegel* Auslandstätigkeit Rn. 143). Das Vorliegen eines inländischen Beschäftigungsverhältnisses wird vermutet, wenn der Mitarbeiter nach wie vor in das inländische Lohnabrechnungsverfahren einbezogen ist und der Arbeitgeber das Recht zum jederzeitigen Rückruf hat (s. *Gnann/Gerauer* S. 84). Die Entsendung muss ferner schon im Vorhinein zeitlich begrenzt und die Rückkehr des Mitarbeiters ins Inland vorgesehen sein (vgl. *Gnann/Gerauer* S. 85; BSG NZA-RR 2000, 601). Eine Höchstgrenze der Dauer der Entsendung besteht nicht. Eine mehrjährige Entsendung steht demnach der Ausstrahlung grundsätzlich nicht entgegen (vgl. *Louven/Louven* NZA 1992, 9, 13; KassKomm/*Seewald* § 4 SGB IV Rn. 11 a). Nach der hier vorgeschlagenen Vertragsgestaltung ist der Anwendungsbereich des § 4 Abs. 1 SGB IV eröffnet, so dass der Mitarbeiter während der Entsendung in der deutschen gesetzlichen Unfall-, Arbeitslosen-, Renten-, Pflege- und Krankenversicherung versichert ist. Dies gilt im Übrigen auch für Staaten, mit denen Abkommen bestehen, soweit bestimmte Sozialversicherungszweige von diesen Abkommen nicht erfasst sind.

Für die Zweige der gesetzlichen Kranken-, Pflege-, Renten- und Arbeitslosenversicherung obliegt die Prüfung der Ausstrahlungswirkung der bisher zuständigen Einzugsstelle (Krankenkasse). Für den Zweig der gesetzlichen Unfallversicherung ist diese Beurteilung vom zuständigen Unfallversicherungsträger vorzunehmen. Sind die Vorschriften für die Weitergeltung deutschen Rechts erfüllt, schließt dies nicht aus, dass daneben die im Beschäftigungsland bestehenden gesetzlichen Vorschriften in Bezug auf die soziale Sicherheit zu berücksichtigen sind. Hierdurch kann es in einem oder mehreren Versicherungszweigen zur Doppelversicherung kommen. Muss der Arbeitnehmer auch im Ausland Sozialversicherungsbeiträge bezahlen, sind diese vom Arbeitgeber im Rahmen des Aufstockungsbetrages zu tragen (vgl. § 4 Abs. (2) lit. a)).

Zur Leistungsgewährung im Bereich der EU vgl. Küttner/*Schlegel* Auslandstätigkeit Rn. 146 ff., im Bereich bilateraler Sozialversicherungsabkommen Küttner/*Schlegel* Auslandstätigkeit Rn. 163 ff. Im Übrigen erfolgt die Erstattung der Kranken- und Heilbehandlungskosten im Ausland bis zur Höhe der Kosten, die im Inland entstanden wären, durch den Arbeitgeber, dem ein entsprechender Erstattungsanspruch gegen die deutsche gesetzliche Krankenversicherung zusteht (§ 17 Abs. 1 und 2 SGB V).

Zu den Möglichkeiten einer freiwilligen Mitgliedschaft in gesetzlichen Sozialversicherungen → Form. A. VIII. 1 Anm. 12.

Der Abschluss einer **Auslandszusatzkrankenversicherung** wird sich i. d. R. sowohl für Mitglieder der gesetzlichen Krankenversicherung, deren Versicherungsschutz im Ausland häufig nicht dem Inlandsniveau entspricht, als auch für privat Krankenversicherte empfehlen. Bei einer Entsendung in ein EU-Mitgliedsland oder einen Staat, mit dem ein Sozialversicherungsabkommen besteht, erbringt i. d. R. der ausländische Versicherungsträger die Sachleistungen der Krankenversicherung nach den Vorschriften der ausländischen Versicherung (vgl. *Gnann/Gerauer* S. 98). Die so im Vergleich zur deutschen Krankenversicherung entstehende Versicherungslücke sollte ausgeglichen werden. Gleiches gilt für eine eventuelle Ausweitung des Versicherungsschutzes der privaten Krankenversicherung auf das Tätigkeitsland. Die erforderlichen Zusatzbeiträge sollten bereits bei der Kalkulation des Aufstockungsbetrages nach § 4 Abs. (2) lit. a) berücksichtigt werden.

9. Betriebliche Altersversorgung. Die fortdauernde Anwendung der Regelungen zur betrieblichen Altersversorgung während der Auslandsentsendung ist i. d. R. unproblematisch möglich. Zu den Besonderheiten aufgrund der Tätigkeit im Ausland → Form. A. VIII. 2 Anm. 9.

10. Entgeltfortzahlung. Die vorgeschlagene Formulierung empfiehlt sich, soweit der Mitarbeiter in der deutschen gesetzlichen Krankenversicherung versichert ist oder anderweitig sichergestellt ist, dass er nach Ablauf des Lohnfortzahlungszeitraums eine Entgeltersatzleistung (z. B. Krankengeld) erhält. Ist dies aufgrund der Besonderheiten des Einzelfalls nicht gewährleistet, sollte ggf. eine umfassendere Fortzahlungsklausel vereinbart werden, → Form. A. VIII. 1, dort unter § 4 und → Anm. 7.

11. **Heimreisen.** → Form. A. VIII. 2 Anm. 10.

12. **Umzugskosten/Ein- und Ausreise.** → Form. A. VIII. 2 Anm. 11.

13. **Wohnung.** → Form. A. VIII. 1 Anm. 8.

14. **Kosten für Ausbildung und Sprachunterricht.** → Form. A. VIII. 1 Anm. 9.

15. **Weitere Leistungen.** Aus Gründen der Fürsorgepflicht sollte die Gesellschaft die Kosten für zwingend vorgeschriebene oder von deutschen Gesundheitsbehörden empfohlene **Schutzimpfungen** übernehmen. Umgekehrt sollte der Mitarbeiter sich zur Durchführung der erforderlichen Impfungen verpflichten, um eine schwere Erkrankung im Ausland zu vermeiden. Die tatsächliche Durchführung der Impfung wird der Arbeitgeber aus dieser Vereinbarung aber aufgrund des Persönlichkeitsrechts des Mitarbeiters kaum durchsetzen können.

Ist der entsandte Mitarbeiter während der Entsendung nicht nach deutschem Recht gesetzlich sozialversichert, besteht keine Möglichkeit der freiwilligen Versicherung in der gesetzlichen Unfallversicherung. Soweit im Ausland nur ein unzureichender gesetzlicher Schutz besteht oder der Mitarbeiter besonders gefährlichen Umständen ausgesetzt ist, sollte die Gesellschaft für einen ausreichenden privaten Unfallversicherungsschutz sorgen. Ein entsprechender Anspruch des Mitarbeiters besteht in diesem Fall auch unter dem Gesichtspunkt der Fürsorgepflicht des Arbeitgebers (vgl. BAG BeckRS 1983, 04911).

Zu möglichen weiteren Leistungen → Form. A. VIII. 1 Anm. 10.

16. **Einkommensteuerpflicht.** Der Mitarbeiter ist während einer Entsendung, die über einen Zeitraum von 183 Tagen innerhalb eines Steuerjahres des jeweiligen Tätigkeitslandes hinaus andauert, in Deutschland steuerfrei gestellt, wenn zwischen Deutschland und dem Tätigkeitsland ein Doppelbesteuerungsabkommen besteht, dass dem OECD-Musterabkommen (OECD-MA) folgt (vgl. Art. 15 Abs. 2 OECD-MA). Bei der Entsendung in Länder mit denen kein Doppelbesteuerungsabkommen besteht, wird der Arbeitnehmer häufig aufgrund des Auslandstätigkeitserlasses von der deutschen Einkommensteuerpflicht befreit sein (vgl. § 34c Abs. 5 EStG). Die ausländische Einkommensteuer haben in Fällen der Befreiung von der deutschen Steuerpflicht (je nach Rechtslage im Tätigkeitsland) entweder der Arbeitgeber oder der Arbeitnehmer im Tätigkeitsland abzuführen. Trifft den Arbeitnehmer diese Pflicht, sollten ihm i. d. R. die Kosten für die Inanspruchnahme eines Steuerberaters erstattet werden (→ Form. A. VIII. 2 Anm. 6). Auch wenn die Steuerfreiheit nach deutschem Recht in den oben genannten Fällen außer Frage steht, darf der Arbeitgeber von einem Lohnsteuerabzug nur dann absehen, wenn eine entsprechende Freistellungsbescheinigung des Betriebsstättenfinanzamts vorliegt (vgl. *Richter/Schanz* BB 1994, 397, 398 m. w. N.).

17. **Urlaub.** Über die getroffene Rechtswahl bestimmt sich der Urlaubsanspruch des Mitarbeiters auch während der Entsendung grundsätzlich nach dem deutschen Urlaubsrecht (vgl. zur Problematik der Rechtswahl → Anm. 22). Im Gegensatz dazu sind die deutschen Feiertagsregelungen im Ausland nicht wirksam.

Der Arbeitgeber kann statt der hier vorgeschlagenen Urlaubsregelung auch versuchen, die für ihn günstigere Urlaubsregelung aus dem Arbeitsvertrag ohne Tarifbindung (→ Form. A. II. 1, dort unter § 6) im Entsendungsvertrag zu vereinbaren. Allerdings wird sich der Arbeitnehmer, insbesondere wenn sein ursprünglicher Arbeitsvertrag bisher keine so ausdifferenzierte Urlaubsregelung enthält, nur selten auf diese Regelung einlassen. Im Übrigen → Form. A. VIII. 1 Anm. 13.

18. Kündigung/Ausschluss der Kostenerstattung und Schadensersatzpflicht bei Kündigung aus wichtigem Grund. Für den Zeitraum der Entsendung ins Ausland sollte das ordentliche Kündigungsrecht für beide Seiten ausgeschlossen werden. Dies entspricht i.d.R. den Interessen beider Parteien (vgl. *Gotthardt* MDR 2001, 961, 965 m.w.N.; s. im Übrigen → Form. A. VIII. 1 Anm. 16, → Form. A. VIII. 2 Anm. 14).

Im Falle einer außerordentlichen Kündigung durch die Gesellschaft sieht das Formular eine Freistellung der Gesellschaft von den **Kosten der Rückkehr** nach Deutschland vor. Da eine Kündigung nur aus wichtigem Grund aufgrund einer schwerwiegenden Pflichtverletzung des Mitarbeiters denkbar ist, ist eine solche Regelung interessengerecht und verstößt nicht gegen die nachvertragliche Fürsorgepflicht des Arbeitgebers (vgl. *Preis* Arbeitsvertrag II A 140 Rn. 29 m.w.N.; a.A. *Gnann/Gerauer* S. 59). Ob diese Klausel einer AGB-rechtlichen Prüfung standhält bleibt allerdings abzuwarten.

Gleichzeitig wird der Mitarbeiter verpflichtet, einen **pauschalierten Schadensersatz** in Höhe eines Bruttomonatsgehalts, anknüpfend an die fortgeschriebene Inlandsvergütung, an den Arbeitgeber zu zahlen (zur Höhe des Betrages vgl. *Preis* Arbeitsvertrag II A 140 Rn. 29; LAG Frankfurt a.M. DB 1982, 656). Damit sollen die vergeblichen Aufwendungen des Arbeitgebers ausgeglichen werden, die dieser im Vertrauen auf die Vertragserfüllung während des gesamten Entsendungszeitraums getragen hat, insbesondere die bei Antritt der Auslandsbeschäftigung entstandenen Umzugskosten. Die Formulierung der Klausel entspricht im Übrigen den Anforderungen des § 309 Nr. 5 BGB.

Regelmäßig ist davon auszugehen, dass der Mitarbeiter auch während seiner Entsendung dem Anwendungsbereich des BetrVG unterfällt (→ Anm. 2). Vor dem Ausspruch einer Kündigung ist deshalb der Betriebsrat des Betriebs anzuhören, in dem der Mitarbeiter zuletzt im Inland eingesetzt war.

19. Rückruf- und Rückkehrrecht. Der Arbeitgeber kann den ins Ausland entsandten Mitarbeiter ohne gesonderte Vereinbarung nicht allein aufgrund seines Direktionsrechts vorzeitig zurückrufen (*Preis* Arbeitsvertrag II A 140 Rn. 27). Der Entsendungsvertrag sollte deshalb eine Regelung enthalten, die die Voraussetzungen des Rückrufrechts festlegt (zur allgemeinen Zulässigkeit einer solchen Klausel vgl. BAG NZA 1990, 658). Die Ausübung des Rückrufrechts hat jedenfalls unter Einhaltung billigen Ermessens zu erfolgen, was i.d.R. die Einhaltung einer angemessenen Ankündigungsfrist voraussetzt (vgl. *Gnann/Gerauer* S. 59; *Preis* Der Arbeitsvertrag II A 140 Rn. 27). Zudem sind die Besonderheiten der sozialen Situation des Mitarbeiters zu berücksichtigen, beispielsweise familiäre Bindungen oder eine vorliegende Behinderung (vgl. § 106 S. 3 GewO). In besonderen Fällen kann es deshalb geboten sein, bereits bei der Formulierung des Entsendungsvertrages Regelbeispiele für die Ausübung des Rückrufrechts zu formulieren oder es anderweitig einzuschränken. Als Beispiel für ein Rückrufrecht nur bei Vorliegen eines wichtigen Grundes → Form. A. VIII. 2, dort unter § 3 Abs. (3).

Zugunsten des Mitarbeiters sollte im Falle dringender Gründe ein **Rückkehrrecht,** also ein Recht zur einseitigen vorzeitigen Beendigung der Entsendung vorgesehen werden. Dies ist mit der vorgeschlagenen Formulierung auf konkrete Notsituationen beschränkt. Um Streitigkeiten über das Bestehen einer konkreten Notsituation zu vermeiden, können im Vertragstext objektive Kriterien (wie etwa das Bestehen einer Reisewarnung des Auswärtigen Amts) festgelegt werden. Das Rücktrittsrecht kann außerdem nach den Bedürfnissen des Einzelfalls ggf. um weitere Tatbestände erweitert werden (z.B. Erkrankung oder Tod naher Angehöriger).

20. Folgen der Rückkehr. → Form. A. VIII. 2 Anm. 13.

21. Geltung des Arbeitsvertrages/Tarifverträge. Die Klausel dient lediglich der Klarstellung, dass auf das Arbeitsverhältnis des Mitarbeiters während der Entsendung neben den Regelungen des Entsendungsvertrages auch die Bestimmungen des Arbeitsvertrages

Anwendung finden. Sofern auf das Arbeitsverhältnis auch ein Tarifvertrag anwendbar ist, kann mit der als Option vorgesehenen Formulierung zudem festgelegt werden, dass dieser auch für die Dauer der Entsendung gilt. Zweifel daran bestehen u. U. wegen des regelmäßig beschränkten örtlichen Anwendungsbereichs von Tarifverträgen.

22. Anwendbares Recht. Zu den Grundsätzen der Rechtswahl s. die ausführliche Darstellung in → Form. A. VIII. 1 Anm. 17. Auch bei dem Entsendungsvertrag besteht nach Art. 3 Abs. 1 ROM I-VO grundsätzlich die Möglichkeit, die Anwendung des Rechts des Tätigkeitsorts oder des deutschen Rechts zu vereinbaren. Eine Einschränkung gilt aber insofern, als dem Arbeitnehmer durch die Rechtswahl nicht der Schutz der zwingenden Bestimmungen des mangels Rechtswahl anzuwendenden Rechts entzogen werden darf (Art. 8 Abs. 1 ROM I-VO). Außerdem gelten die international zwingenden Normen des deutschen Rechts auch bei einer entgegenstehenden Rechtswahl (Art. 9 ROM I-VO). Ohne eine Rechtswahl gilt im Fall einer „vorübergehenden" Entsendung das Rechts des Heimatstaates, hier also deutsches Recht (Art. 8 Abs. 3 ROM I-VO). Bei der Frage, was als vorübergehende Entsendung anzusehen ist, werden Zeiträume von ein bis drei Jahren genannt (vgl. ErfKomm/*Schlachter* Art. 8 ROM I-VO Rn. 14 m. w. N.; *Gamillscheg* ZfA 1983, 307, 333). Die bloße Vereinbarung einer Rückkehroption genügt hingegen u. U. nicht, um zu belegen, dass diese Option dem Vertragsdurchführungswillen der Parteien noch entspricht (BAG AP IPR-AR Nr. 27). Bei dem hier unterstellten Sachverhalt eines eher kurzfristigen Auslandseinsatzes und der Ausgestaltung des Formulars mit Befristung und Rückkehroption käme also auch ohne Rechtswahl nach Art. 8 Abs. 3 ROM I-VO i. d. R. deutsches Recht zur Anwendung. Vorstehende Ausführungen gelten, wie immer im Bereich des internationalen Privatrechts, nur, wenn die ROM I-VO am Ort des vom Arbeitnehmer angerufenen Gerichts geltendes Recht (*lex fori*) ist. In jedem Fall sollte aber im Interesse der Rechtssicherheit im Entsendungsvertrag eine ausdrückliche Rechtswahl getroffen werden. Den Interessen der Vertragsparteien wird es regelmäßig entsprechen, die Anwendbarkeit deutschen Rechts zu vereinbaren. Der Mitarbeiter wird nicht auf den Schutz des ihm bekannten deutschen Rechts verzichten wollen. Die entsendende Gesellschaft wird häufig schon gar nicht in der Lage sein, ein Auslandsrecht anzuwenden. Da der Mitarbeiter auch nicht wie beim Versetzungsvertrag von einer ausländischen Gesellschaft angestellt wird, die entsendende Gesellschaft die Arbeitgeberposition also vollumfänglich behält und auch sämtliche Leistungen während der Dauer des Auslandseinsatzes allein erbringt, stellt sich insofern auch weniger die Problematik einer Besserstellung oder Sonderbehandlung des entsandten Mitarbeiters im Verhältnis zu den anderen Arbeitnehmern vor Ort. Ob die Wahl am Ende aber dazu führt, dass deutsches Recht auch wirklich Anwendung findet, entscheidet sich bei Klage im Ausland nach dortigem internationalem Privatrecht.

23. Gerichtsstand. → Form. A. VIII. 1 Anm. 18.

24. Schlussbestimmungen/Mitteilungspflicht/Schriftform. → Form. A. II. 1, dort unter § 13. Aufgrund der Fortführung eines bestehenden Arbeitsverhältnisses sowie der nur vorübergehenden teilweisen Verdrängung des geltenden Arbeitsvertrages sollte auf die sonst üblichen Regelungen zu unvollständigen Angaben bei Einstellung und die Ersetzung früherer Vereinbarungen und zuvor bestehender Anstellungsverhältnisse verzichtet werden (→ Anm. 21). S. hierzu im Übrigen → Form. A. II. 1 Anm. 27, 28, → Form. A. II. 1 Anm. 29.

25. Empfangsbestätigung des Mitarbeiters. → Form. A. II. 1 Anm. 32. Dem Mitarbeiter ist ein Exemplar des **Entsendungsvertrages zu übergeben,** um den Vorschriften des § 2 Abs. 2 NachwG zu entsprechen. Hat der Mitarbeiter seine Arbeitsleistung länger als einen Monat außerhalb der Bundesrepublik Deutschland zu erbringen, muss der Arbeitgeber dem Mitarbeiter vor seiner Abreise eine Niederschrift aushändigen, die in

Ergänzung zu den allgemeinen Nachweispflichten Angaben zur Dauer der im Ausland auszuübenden Tätigkeit, zur Währung, in der das Arbeitsentgelt ausgezahlt wird, zu mit dem Auslandseinsatz verbundenem zusätzlichen Arbeitsentgelt, zu sonstigen Sachleistungen und zu den vereinbarten Bedingungen für die Rückkehr des Arbeitnehmers enthält.

IX. Arbeitnehmerüberlassung

1. Vertrag zwischen Verleiher und Entleiher

Arbeitnehmerüberlassungsvertrag[1]

zwischen

...... (Name und Anschrift der Gesellschaft) „Verleiher"

und

...... (Name und Anschrift der Gesellschaft) „Entleiher"[2]

über den Einsatz von Leiharbeitnehmern

§ 1 Erlaubnis[3]

(1) Dem Verleiher wurde von der Regionaldirektion ...... (Bundesland) der Bundesagentur für Arbeit am ...... (Datum) in ...... (Ort) die unbefristete *(Alternative: bis zum ...... befristete)* Erlaubnis zur Arbeitnehmerüberlassung im Rahmen seiner wirtschaftlichen Tätigkeit gemäß § 1 Arbeitnehmerüberlassungsgesetz (AÜG) erteilt.

(2) Der Verleiher verpflichtet sich, dem Entleiher Änderungen, insbesondere Wegfall, Nichtverlängerung, Rücknahme oder Widerruf der Erlaubnis unaufgefordert unverzüglich mitzuteilen.

§ 2 Überlassene Arbeitnehmer

Der Verleiher verpflichtet sich, dem Entleiher die in der Anlage 1 aufgeführten Arbeitnehmer zu überlassen. Die Überlassung erfolgt vorübergehend für den in der Anlage 1 genannten Zeitraum.[4]

(Alternative:

Der Verleiher verpflichtet sich, dem Entleiher für die Zeit vom ...... bis ...... (Anzahl) Arbeitnehmer zu überlassen, die die folgende Qualifikation besitzen und für die folgende Tätigkeit eingesetzt werden:

1. Anzahl der Arbeitnehmer: ......

erforderliche Qualifikation: ......

vorgesehene Tätigkeit: ......

Stundensatz: ...... EUR + MwSt.

2. Anzahl der Arbeitnehmer: ......

erforderliche Qualifikation: ......

vorgesehene Tätigkeit: ......

Stundensatz: ...... EUR + MwSt.)

§ 3 Vergütung[5]

(1) Der Entleiher zahlt an den Verleiher für jeden Leiharbeitnehmer die für diesen gemäß Anlage 1 vereinbarte Vergütung zuzüglich der jeweiligen gesetzlichen Mehrwertsteuer.

(2) Der Entleiher zahlt bei Vorlage der entsprechenden Rechnung an den Verleiher wöchentlich jeweils montags im Nachhinein einen Abschlag i.H.v. 20 Prozent der bei Durchführung dieses Vertrages voraussichtlich anfallenden Monatsvergütung. Die Endabrechnung erfolgt jeweils zum Monatsende aufgrund der vom Entleiher unterzeichneten Stundennachweise und unter Berücksichtigung der bereits geleisteten Anzahlungen. Diejenige Partei, die eine Zahlung schuldet, hat den jeweiligen Betrag bis zum ...... Werktag des auf die Endabrechnung folgenden Monats zu zahlen.

§ 4 Wesentliche Arbeitsbedingungen beim Entleiher[6]

Für die mit den in Anlage 1 genannten Leiharbeitnehmern vergleichbaren Arbeitnehmer im Betrieb des Entleihers gelten die folgenden beschriebenen wesentlichen Arbeitsbedingungen.

(1) Für die unter Ziffer 1. bis ...... der Anlage 1 genannten Arbeitnehmer:

a) Vergleichbare Tätigkeit:

b) Für die Arbeitsverhältnisse einschlägige Tarifverträge und Betriebs- oder Dienstvereinbarungen:

c) Höhe und Zusammensetzung des Arbeitsentgelts einschließlich der Zuschläge, Prämien und sonstiger Bestandteile des Arbeitsentgelts und deren Fälligkeit:

d) Aufwandsersatz:

e) Leistungen für die betriebliche Altersversorgung:

f) Arbeitszeit:

g) Dauer des Erholungsurlaubs:

h) Überstunden:

i) Pausen/Ruhezeiten:

j) Verschwiegenheitspflichten und Wettbewerbsverbote:

k) Sonstige wesentliche Arbeitsbedingungen:

(2) Für die unter Ziffer ...... bis ...... der Anlage 1 genannten Arbeitnehmer:

a) Vergleichbare Tätigkeit:

b) Für die Arbeitsverhältnisse einschlägige Tarifverträge und Betriebs- oder Dienstvereinbarungen:

c) Höhe und Zusammensetzung des Arbeitsentgelts einschließlich der Zuschläge, Prämien und sonstiger Bestandteile des Arbeitsentgelts und deren Fälligkeit:

d) Aufwandsersatz:

e) Leistungen für die betriebliche Altersversorgung:

f) Arbeitszeit:

g) Dauer des Erholungsurlaubs:

h) Überstunden:

i) Pausen/Ruhezeiten:

j) Verschwiegenheitspflichten und Wettbewerbsverbote:

k) Sonstige wesentliche Arbeitsbedingungen:

§ 5 Beschäftigung, Weisungen und Überwachung[7]

(1) Der Entleiher verpflichtet sich, die Leiharbeitnehmer nur mit Arbeiten zu beschäftigen, für die sie gemäß Anlage 1 vorgesehen sind oder die der Qualifikation der Leiharbeitnehmer entsprechen. Der Entleiher ist berechtigt, den Leiharbeitnehmern hinsichtlich der konkreten Ausgestaltung der Tätigkeit Weisungen zu erteilen und die Arbeitsausführung zu überwachen.

(2) Der Verleiher verpflichtet sich, die Voraussetzungen dafür zu schaffen, dass die Leiharbeitnehmer in den Betrieb des Entleihers integriert werden können, insbesondere die vertragliche Verpflichtung zur Tätigkeit nach Art, Ort und Zeit unter Einschluss notwendiger Überstunden besteht.

§ 6 Arbeitsschutz/Arbeitsunfälle[8]

(1) Der Entleiher verpflichtet sich, die gesetzlichen Bestimmungen des Arbeitsschutzes und die Unfallverhütungsvorschriften zu befolgen.

(2) Der Entleiher haftet gegenüber dem Verleiher für Vermögensschäden aufgrund von Arbeitsunfällen der Leiharbeitnehmer nur, wenn der Entleiher diese vorsätzlich verursacht hat.

(3) Bei einem Arbeitsunfall hat der Entleiher den Verleiher unverzüglich zu benachrichtigen. Der Verleiher wird den Arbeitsunfall dann dem Unfallversicherungsträger melden.

§ 7 Betriebliche Mitbestimmung/Zugang zu Einrichtungen[9]

(1) Der Entleiher verpflichtet sich, seinen im Verhältnis zu den Leiharbeitnehmern bestehenden betriebsverfassungsrechtlichen Pflichten nachzukommen.

(2) Der Entleiher verpflichtet sich, den Leiharbeitnehmern Zugang zu den Gemeinschaftseinrichtungen oder -diensten im Unternehmen unter den gleichen Bedingungen zu gewähren, wie vergleichbaren Arbeitnehmern im Einsatzbetrieb. Dies gilt nicht, wenn eine unterschiedliche Behandlung aus sachlichen Gründen gerechtfertigt ist.

§ 8 Treuepflicht[10]

Der Verleiher hat die überlassenen Leiharbeitnehmer arbeitsvertraglich zu verpflichten, dem Entleiher gegenüber Treue und Verschwiegenheit wie gegenüber einem Arbeitgeber zu wahren, soweit nicht berechtigte Interessen des Verleihers entgegenstehen.

§ 9 Arbeitszeit[11]

(1) Die regelmäßige Arbeitszeit der Leiharbeitnehmer richtet sich nach dem . . . . . . (Bezeichnung des einschlägigen Tarifvertrages der Zeitarbeitsbranche).

(Alternative:

(1) Die regelmäßige Arbeitszeit richtet sich nach der in § 4 genannten Arbeitszeit eines vergleichbaren Arbeitnehmers im Entleiherbetrieb.)

(2) Die Anordnung von Überstunden oder Mehrarbeit bedarf der vorherigen Genehmigung durch den Verleiher. Der vom Entleiher gemäß § 3 i.V.m. Anlage 1 zu zahlende Stundensatz erhöht sich im Fall von Mehrarbeit um ...... Prozent.

§ 10 Austausch von Leiharbeitnehmern[12]

(1) Der Verleiher ist berechtigt, während des Arbeitseinsatzes Leiharbeitnehmer ohne Einhaltung einer Frist durch andere, in gleicher Weise geeignete Arbeitnehmer auszutauschen.

(2) Der Entleiher ist berechtigt, am ersten Tag des Arbeitseinsatzes eines Leiharbeitnehmers bis 16.00 Uhr dessen Austausch ohne Angabe von Gründen zu verlangen. Nach diesem Zeitpunkt besteht ein Recht auf Austausch nur, wenn der Leiharbeitnehmer für die vorgesehene Tätigkeit nicht geeignet ist oder wenn ein Grund vorliegt, der einen Arbeitgeber zur außerordentlichen Kündigung aus wichtigem Grund nach § 626 BGB berechtigen würde. Kommt der Verleiher dem Verlangen nicht unverzüglich nach, kann der Entleiher den Vertrag hinsichtlich dieses Arbeitnehmers ohne vorherige Fristsetzung mit sofortiger Wirkung kündigen (Teilkündigung) und Schadensersatz wegen Nichterfüllung verlangen.

§ 11 Haftung[13]

Der Verleiher steht dafür ein, dass die überlassenen Leiharbeitnehmer allgemein für die jeweils in Anlage 1 angegebenen Tätigkeiten geeignet sind; er ist jedoch zur Nachprüfung von Arbeitspapieren, insbesondere von Zeugnissen der Arbeitnehmer auf ihre Richtigkeit hin oder zur Einholung von polizeilichen Führungszeugnissen nicht verpflichtet. Auch trifft ihn über die richtige Auswahl der Leiharbeitnehmer hinaus keine weitergehende Verpflichtung, insbesondere übernimmt der Verleiher keine Verantwortung für die Arbeitsleistung der überlassenen Leiharbeitnehmer. Die überlassenen Arbeitnehmer sind weder Bevollmächtigte noch Erfüllungsgehilfen des Verleihers.

§ 12 Kündigung[14]

Verleiher und Entleiher können den Arbeitnehmerüberlassungsvertrag – entweder insgesamt oder im Hinblick auf jeden einzelnen Arbeitnehmer – spätestens am 15. eines Monats zum Ende des Kalendermonats ordentlich kündigen. Die Kündigung bedarf zu ihrer Wirksamkeit der Schriftform.

§ 13 Schlussbestimmungen[15]

(1) Mündliche Nebenabreden bestehen nicht. Änderungen oder Ergänzungen dieses Vertrages einschließlich dieser Bestimmung bedürfen zu ihrer Wirksamkeit der Schriftform, es sei denn, diese wurden nachweislich zwischen den Parteien ausgehandelt.

(2) Sollte eine Bestimmung dieses Vertrages ganz oder teilweise unwirksam sein oder werden, so wird hiervon die Wirksamkeit der übrigen Bestimmungen dieses Vertrages nicht berührt. An die Stelle der unwirksamen Bestimmung tritt die gesetzlich zulässige Bestimmung, die dem mit der unwirksamen Bestimmung Gewollten wirtschaftlich am nächsten kommt. Dasselbe gilt für den Fall einer vertraglichen Lücke.

......	......
Ort, Datum	Ort, Datum
......	......
Unterschrift des Verleihers	Unterschrift des Entleihers

Anlage 1

Folgende Arbeitnehmer werden überlassen:

1. Name: . . . . . .

Vorname: . . . . . .

Geburtsdatum: . . . . . .

Staatsangehörigkeit: . . . . . .

Anschrift: . . . . . .

erforderliche Qualifikation: . . . . . .

vorgesehene Tätigkeit: . . . . . .

Stundensatz: . . . . . . EUR + MwSt.

Branche des Entleiherbetriebs: . . . . . .

Beginn der Überlassung: . . . . . .

Ende der Überlassung: . . . . . .

2. Name: . . . . . .

Vorname: . . . . . .

Geburtsdatum: . . . . . .

Staatsangehörigkeit: . . . . . .

Anschrift: . . . . . .

erforderliche Qualifikation: . . . . . .

vorgesehene Tätigkeit: . . . . . .

Stundensatz: . . . . . . EUR + MwSt.

Branche des Entleiherbetriebs: . . . . . .

Beginn der Überlassung: . . . . . .

Ende der Überlassung: . . . . . .

3. Name: . . . . . .

Vorname: . . . . . .

Geburtsdatum: . . . . . .

Staatsangehörigkeit: . . . . . .

Anschrift: . . . . . .

erforderliche Qualifikation: . . . . . .

vorgesehene Tätigkeit: . . . . . .

Stundensatz: . . . . . . EUR + MwSt.

Branche des Entleiherbetriebs: . . . . . .

Beginn der Überlassung: . . . . . .

Ende der Überlassung: . . . . . .

Anmerkungen

1. Arbeitnehmerüberlassungsvertrag. Die Arbeitnehmerüberlassung ist durch eine Dreiecksbeziehung gekennzeichnet. Zwischen zwei Unternehmen, dem Verleiher und dem Entleiher, wird ein Arbeitnehmerüberlassungsvertrag abgeschlossen. Zwischen dem Verleiher und dem Leiharbeitnehmer besteht ein Arbeitsvertrag. Zwischen Leiharbeitnehmer und Entleiher besteht hingegen kein Vertragsverhältnis.

Das Formular enthält einen Arbeitnehmerüberlassungsvertrag, welcher nach § 12 Abs. 1 AÜG der **Schriftform** bedarf. Es handelt sich dabei um einen **gegenseitigen Vertrag eigener Art** (BAG AP AÜG § 1 Nr. 19), dessen Inhalt im Wesentlichen der freien Parteivereinbarung unterliegt. Das AÜG selbst sieht neben dem Schriftformerfordernis in § 12 AÜG lediglich einige Mindestangaben über die Merkmale der für die Leiharbeitnehmer vorgesehenen Tätigkeit und die hierfür erforderlichen beruflichen Qualifikationen sowie die wesentlichen Arbeitsbedingungen vergleichbarer Arbeitnehmer im Entleiherbetrieb vor. Weiter sind Informationspflichten über den Wegfall der Arbeitnehmerüberlassungserlaubnis geregelt. In der Praxis üblich ist entweder die abschließende Regelung der vertraglichen Beziehung im Arbeitnehmerüberlassungsvertrag selbst, wie es das Formular vorsieht, oder die weitgehende Bezugnahme auf Allgemeine Geschäftsbedingungen (AGB) des Verleihers oder Entleihers.

Für die rechtliche Einordnung des Vertrages zwischen dem Verleiher und Entleiher kommt es weder auf die von den Parteien gewünschte Rechtsfolge noch auf die von ihnen gewählte Bezeichnung an. Vielmehr bestimmt der sich aus dem Wortlaut des Vertrages und dessen praktischer Durchführung ergebende wirkliche Wille der Vertragspartner den Geschäftsinhalt und damit den Vertragstyp. Die Parteien können deshalb die **zwingenden Schutzvorschriften des AÜG** nicht dadurch umgehen, dass sie eine vom tatsächlichen Geschäftsinhalt abweichende Vertragstypenbezeichnung wählen.

2. Vertragsparteien. Das Formular geht davon aus, dass es sich bei den Parteien des Arbeitnehmerüberlassungsvertrages, Entleiher und Verleiher, um zwei gesellschaftsrechtlich nicht verbundene Unternehmen handelt. Besteht dagegen zwischen den Parteien ein **Konzernverhältnis,** so handelt es sich um eine sog. **konzerninterne Arbeitnehmerüberlassung,** für die besondere Regelungen gelten (→ Form. A. IX. 3).

3. Erlaubnis und Erlaubnispflicht. Gemäß § 12 Abs. 1 AÜG hat der Verleiher in der Vertragsurkunde anzugeben, ob er die Erlaubnis nach § 1 AÜG besitzt. Einer Erlaubnis nach § 1 AÜG bedarf jeder Arbeitgeber, der als Verleiher Dritten (Entleihern) Arbeitnehmer im Rahmen seiner wirtschaftlichen Tätigkeit zur Arbeitsleistung überlassen will. Auf das Kriterium der Gewerbsmäßigkeit kommt es dagegen nicht mehr an. Des Weiteren trifft den Verleiher gemäß § 12 Abs. 2 AÜG die Pflicht, den Entleiher unverzüglich über den Zeitpunkt des Wegfalls der Erlaubnis sowie gegebenenfalls über das voraussichtliche Ende der Abwicklung und die gesetzliche Abwicklungsfrist zu unterrichten. Aus Gründen der Klarstellung wurden diese Pflichten in das Formular aufgenommen.

Erste Voraussetzung der Erlaubnispflicht ist, dass die (geplante) Rechtsbeziehung zwischen den Vertragspartnern eine **Arbeitnehmerüberlassung** betrifft. Eine **Definition** hierfür enthält das Gesetz nicht. Nach der ständigen Rechtsprechung des BAG ist nicht jeder drittbezogene Arbeitseinsatz eine Arbeitnehmerüberlassung i. S. d. AÜG. Notwendiger Inhalt eines Arbeitnehmerüberlassungsvertrages ist die Verpflichtung des Verleihers gegenüber dem Entleiher, ihm zur Förderung seiner Betriebszwecke Arbeitnehmer zur Verfügung zu stellen (BAG AP AÜG § 1 Nr. 16; BAG AP AÜG § 1 Nr. 19). Arbeitnehmerüberlassung liegt nur dann vor, wenn die Arbeitskräfte voll **in den Betrieb des Entleihers eingegliedert** sind, ihre Arbeitsleistung also allein nach dessen Weisungen ausführen und nach seinen Vorstellungen und Zielen in seinem Betrieb wie seine eigenen

Arbeitnehmer eingesetzt werden (z.B. BAG AP AÜG § 1 Nr. 2; BAG NZA 1993, 357). Die Rechtsprechung qualifiziert einen Vertrag im Rahmen einer **Gesamtbetrachtung.**

Keine Arbeitnehmerüberlassung liegt vor, wenn Arbeitnehmer lediglich als Erfüllungsgehilfen im Rahmen eines **Dienst- oder Werkvertrages** in Fremdbetrieben eingesetzt werden. Des Weiteren scheidet eine Arbeitnehmerüberlassung nach der Rechtsprechung aus, wenn sich der drittbezogene Personaleinsatz auf Seiten des Vertragsarbeitgebers nicht darauf beschränkt, einem Dritten den Arbeitnehmer zur Förderung von dessen Betriebszwecken zur Verfügung zu stellen, sondern der Vertragsarbeitgeber damit **eigene Betriebszwecke** verfolgt. Dementsprechend liegt z.B. keine Arbeitnehmerüberlassung vor, wenn die Arbeitnehmer in einen **Gemeinschaftsbetrieb** entsandt werden, zu dessen gemeinsamer Führung sich ihr Vertragsarbeitgeber und ein Dritter rechtlich verbunden haben (vgl. BAG AP AÜG § 1 Nr. 24) oder wenn zwar ein gemeinsamer Betrieb nicht vorliegt, die beteiligten Arbeitgeber aber im Rahmen einer unternehmerischen Zusammenarbeit mit dem Einsatz ihrer Arbeitnehmer jeweils ihre eigenen Betriebszwecke verfolgen.

Zweite Voraussetzung der Erlaubnispflicht ist, dass die Arbeitnehmerüberlassung im Rahmen der wirtschaftlichen Tätigkeit des Verleihers erfolgt. Die früher geforderte gewerbsmäßige Überlassung der Arbeitnehmer – und somit eine Gewinnerzielungsabsicht des Verleihers – wird nicht mehr vorausgesetzt. Eine wirtschaftliche Tätigkeit ist vielmehr „jede Tätigkeit, die darin besteht, Güter oder Dienstleistungen auf einem konkreten Markt anzubieten" (EuGH EuZW 2006, 306). Mit der Erstreckung der Erlaubnispflicht auf alle wirtschaftlichen Tätigkeiten fallen somit nun auch karitative Unternehmen in den Anwendungsbereich des AÜG (ErfKomm/*Wank* § 1 AÜG Rn. 31; *Leuchten* NZA 2011, 608, 609). Dritte Voraussetzung einer erlaubnispflichtigen Arbeitnehmerüberlassung ist schließlich, dass es sich nicht um **Arbeitsvermittlung** handelt und dass keine der Ausnahmen der §§ 1 Abs. 3, 1a AÜG (Vermeidung von Kurzarbeit, konzerninterne Arbeitnehmerüberlassung, gelegentliche Überlassung, Auslandsverleih) vorliegt. Das sog. Konzernprivileg des § 1 Abs. 3 Nr. 2 n.F. AÜG wurde erheblich eingeschränkt. Bisher galt das AÜG – mit wenigen Ausnahmen – nicht für den Verleih zwischen Konzernunternehmen. Diese großzügige Regelung wurde ersetzt durch die Formulierung, dass das Gesetz nicht anzuwenden ist auf die Arbeitnehmerüberlassung zwischen Konzernunternehmen, wenn der Arbeitnehmer nicht zum Zwecke der Überlassung eingestellt und beschäftigt wird. Auswirkungen hat dies vor allem auf konzerninterne Personalservicegesellschaften. Unterlagen diese bisher nicht dem AÜG (BAG NZA 2000, 1119), wird dies künftig auch auf derartige konzerninterne Sachverhalte Anwendung finden.

Zuständig für die Erlaubniserteilung ist die **Regionaldirektion der Bundesagentur für Arbeit,** in deren Bezirk der Antragsteller seinen Wohnsitz oder Hauptgeschäftssitz hat. Das AÜG stellt keine besonderen Anforderungen an den Inhalt des Antrags. Es ist ausreichend, wenn der Antragsteller und das Begehren auf Erteilung der Erlaubnis klar aus dem Antrag hervorgehen. Bei den für die Erlaubniserteilung zuständigen Regionaldirektionen sind entsprechende Vordrucke auf Erteilung oder Verlängerung der Erlaubnis erhältlich.

Die Gründe für die **Versagung** oder Nichtverlängerung einer Verleiherlaubnis sind in § 3 AÜG abschließend aufgeführt. Neben der mangelnden **Zuverlässigkeit** oder **Betriebsorganisation** kann ein Grund für die Versagung sein, dass der Verleiher das sog. **„Equal-Pay-Gebot"** missachtet (→ Form. A. IX. 2 Anm. 4–6).

4. Überlassungspflicht. Der Verleiher schuldet als Hauptleistungspflicht aus dem Arbeitnehmerüberlassungsvertrag, dem Entleiher während des Vertragszeitraums eine oder mehrere geeignete Arbeitskräfte zur Verfügung zu stellen. Das Formular geht von dem in der Praxis typischen Fall aus, dass mehrere Leiharbeitnehmer überlassen werden, so dass eine Bündelung mehrerer Überlassungsvereinbarungen in einem einheitlichen Vertrag vorliegt. Der Verleiher ist berechtigt, den oder die geeigneten Arbeitnehmer auszuwählen und an den Entleiher zu versenden. In der Praxis üblich, aber nicht zwingend erforderlich ist je nach Branche, dass die von dem Verleiher ausgewählten **Arbeitnehmer namentlich bezeichnet** werden, sei es – wie hier vorgeschlagen – in einer Anlage zum Vertrag, oder – wie in der Alternative dargestellt – unmittelbar als Teil des Vertragstexts. Ebenso möglich ist es, lediglich die Anzahl der einzusetzenden Arbeitnehmer festzulegen.

Die **Dauer** der Überlassung ist jeweils einzeln für jeden Arbeitnehmer in der Anlage 1 zum Arbeitnehmerüberlassungsvertrag zu bestimmen. Nach § 1 Abs. 1 S. 2 AÜG n.F. erfolgt die Überlassung von Arbeitnehmern an den Entleiher **vorübergehend**. Als bloßen Programmsatz oder schlichte Statusbeschreibung wird man die Regelung wohl nicht verstehen können: Erklärtes Ziel des Gesetzgebers ist es nämlich, den dauerhaften Verleih und damit eine Substitution von Stammarbeitnehmern durch Leiharbeitnehmer zu vermeiden. Dafür spricht auch, dass das BAG nunmehr entschieden hat, dass § 1 Abs. 1 S. 2 AÜG ein Verbotsgesetz i. S. d. § 99 Abs. 2 Nr. 1 BetrVG darstellt. Die Bestimmung enthalte nicht lediglich einen unverbindlichen Programmsatz, sondern untersage die nicht nur vorübergehende Arbeitnehmerüberlassung. Dies diene zum einen dem Schutz der Leiharbeitnehmer und solle zum anderen auch die dauerhafte Aufspaltung der Belegschaft des Entleiherbetriebs in eine Stammbelegschaft und eine entliehene Belegschaft verhindern (BAG NZA 2013, 1296). Daher wird es dem Betriebsrat des Entleiherbetriebs vermutlich möglich sein, seine Zustimmung zur Einstellung von Leiharbeitnehmern gemäß § 99 Abs. 2 Nr. 1 BetrVG zu verweigern, wenn diese im Entleiherbetrieb nicht nur vorübergehend beschäftigt sein sollen. Eine weitergehende Rechtsfolge i. S. d. Fiktion eines Arbeitsverhältnisses zwischen dem nicht nur vorübergehend überlassenen Leiharbeitnehmer und dem Entleiher gibt es jedoch nicht (BAG FD-ArbR 2013, 353262). Das BAG geht insofern davon aus, dass § 10 Abs. 1 S. 1 AÜG das Zustandekommen eines Arbeitsverhältnisses nur bei fehlender Arbeitnehmerüberlassungserlaubnis des Verleihers fingiert und es für eine analoge Anwendung des § 10 Abs. 1 S. 1 AÜG auf Fälle der nicht nur vorübergehenden Überlassung an einer planwidrigen Regelungslücke fehlt.

Mangels gesetzlicher Vorgabe wird durch die Gerichte noch genauer zu klären sein, was „vorübergehend" heißt. Die Rechtsprechung ist zurzeit noch uneinheitlich. So vertritt das LAG Düsseldorf die Ansicht, es sei nicht erforderlich, dass der Einsatz eines Leiharbeitnehmers von vornherein zeitlich befristet sei, da der Gesetzgeber den Begriff „vorübergehend" i. S. d. Leiharbeitsrichtlinie als flexible Zeitkomponente verstanden habe (LAG Düsseldorf NZA 2012, 1378). Dagegen wird jedoch in der Instanzrechtsprechung auch vertreten, dass eine Überlassung von Arbeitnehmern, die auf Dauer angelegt ist, nicht mehr vorübergehend erfolge. Das Merkmal der vorübergehenden Überlassung fehle jedenfalls, wenn die verliehenen Arbeitnehmer auf Dauerarbeitsplätzen eingesetzt würden – auch wenn für diese Arbeitsplätze keine Stammarbeitnehmer vorhanden seien (LAG Berlin BeckRS 2013, 65446, vgl. auch LAG Hannover BeckRS 2012, 74786). Wenn ein Dauerarbeitsplatz mit Leiharbeitnehmern besetzt werde, sei es unerheblich, für welchen Zeitraum der konkrete Leiharbeitnehmer eingesetzt werde. Das Merkmal „vorübergehend" sei insoweit arbeitsplatz- und nicht personenbezogen (LAG Berlin BeckRS 2013, 70634).

In dem o. g. Beschluss des BAG (BAG NZA 2013, 1296) musste zwar eine genaue Abgrenzung des Begriffs „vorübergehend" nicht vorgenommen werden. Trotzdem hielt das BAG hier fest, dass es jedenfalls dann am Merkmal der vorübergehenden Überlassung fehle, wenn eine Stammarbeitskraft durch einen ohne jegliche zeitliche Begrenzung eingesetzten Leiharbeitnehmer ersetzt werde. Fraglich ist, ob das BAG damit nun davon ausgeht, dass § 1 Abs. 1 S. 2 AÜG eine Höchstüberlassungsdauer regelt. Das LAG Stuttgart hat zumindest entschieden, dass ein siebenjähriger Einsatz bei einem Kunden nicht mehr als „vorübergehend" zu qualifizieren sei (LAG Stuttgart BeckRS 2013, 71078). In einer Linie hiermit steht eine Entscheidung des BAG, die festhält, dass eine vorübergehende Überlassung voraussetze, dass der Arbeitnehmer seine Arbeitsleistung „normalerweise" gegenüber seinem Vertragsarbeitgeber erbringe und lediglich anlassbezogen zur Erbringung der Arbeitsleistung überlassen werde (BAG NZA 2012, 1369).

Aufgrund der noch ungeklärten Rechtslage sollte daher im Vertrag zwischen Ver- und Entleiher zumindest deklaratorisch festgehalten werden, dass die Überlassung eines Leiharbeitnehmers nur „vorübergehend" erfolgt (so auch *Ludwig* BB 2013, 251, 254). Der Arbeitgeber sollte Festlegungen dahingehend vermeiden, dass bestimmte Arbeitsplätze dauerhaft durch Leiharbeitnehmer und nicht mehr durch Arbeitskräfte der Stammbelegschaft besetzt werden sollen.

5. Vergütung. In der Praxis üblich ist die Vereinbarung einer Vergütung entsprechend näher festgelegter Stundensätze. Die Gewinnmarge des Verleihers entspricht der Differenz zwischen den monatlichen Brutto-Arbeitsentgelten, die er an die Leiharbeitnehmer zu zahlen hat sowie seinen weiteren Kosten für Verwaltung, Vertrieb, Sozialversicherungsanteile, etc. und der sich aus den Stundensätzen ergebenden Gesamtvergütung für die Überlassung. Das Formular enthält neben der Vereinbarung einer **wöchentlichen Abschlagszahlung** das Erfordernis einer **monatlichen Endabrechnung.** Dies dient einerseits dem Interesse des Verleihers, nicht gegenüber dem Entleiher in Vorleistung treten zu müssen, und hält andererseits den bürokratischen Aufwand gering.

Seit dem 1.11.2012 sind für bestimmte Branchen (z.B. Metall und Elektro, Chemie, Eisenbahnverkehr) sog. Branchenzuschläge in Kraft getreten. Werden Zeitarbeitnehmer in diesen Branchen eingesetzt, erhalten sie auf ihr Tarifentgelt Zuschläge, deren Höhe sich nach der entsprechenden Branche und der Dauer des Verleihs richtet. Diese Branchenzuschläge sind tarifvertraglich geregelt. Für die Metall- und Elektroindustrie sieht z.B. der „Tarifvertrag über Branchenzuschläge" prozentuale Zuschläge auf das Stundentabellenentgelt des Entgelttarifvertrages Zeitarbeit vor. Zahlbar sind diese Zuschläge durch den Verleiher, der diese bei der Preiskalkulation berücksichtigen wird.

Es sollte explizit festgehalten werden, in welchem Betrieb des Entleihers der Leiharbeitnehmer eingesetzt wird. Dafür sollte die Branche, welcher der entleihende Betrieb zuzuordnen ist, in Anlage 1 eindeutig angegeben werden. Bei der Bestimmung der Branche des Entleihers haben Ver- und Entleiher alle ihnen zur Verfügung stehenden Mittel auszuschöpfen. Es empfiehlt sich, die maßgeblichen Kriterien zur Bestimmung der Branchenzuschlagspflicht beim zuständigen Ansprechpartner auf Seiten des Entleihbetriebs zu erfragen. Der Entleiher hat dabei eine Auskunftspflicht, die aus einer vertraglichen Nebenpflicht aus dem Arbeitnehmerüberlassungsvertrag sowie dem allgemeinen Rücksichtnahmegebot aus § 241 Abs. 2 BGB folgt (*Mehnert/Stubbe/Haber* BB 2013, 1269, 1275). Obwohl es auf die Tarifbindung des Entleihers nicht ankommt, kann die Anwendung eines bestimmten Tarifvertrags im Betrieb des Entleihers in Zweifelsfällen ein Indiz für die Branchenzugehörigkeit sein (*Böhm* ArbRB 2013, 92 f.; *Nießen/Fabritius* BB 2013, 375, 376). Problematisch sind Fälle, in denen es sich bei dem entleihenden Betrieb um einen sogenannten **„Mischbetrieb"** handelt, der Betrieb also nicht einen einzigen Zweck, sondern (mindestens zwei) unterschiedliche Zwecke verfolgt (BAG NZA 1988, 34) und der somit nicht eindeutig einer Branche zugeordnet werden kann. In diesem Fall soll es auf den Tätigkeitsschwerpunkt des Entleihbetriebs ankommen (*Legerlotz* ArbRB 2013, 21). Mögliche Abgrenzungskriterien sind die Anzahl der Arbeitnehmer, die in den einzelnen Betriebsbereichen eingesetzt werden oder auch die Anzahl der Arbeitsstunden, die in den einzelnen Betriebsbereichen geleistet werden (*Mehnert/Stubbe/Haber* BB 2013, 1269, 1272).

Wendet ein Verleiher die Branchentarifverträge absichtlich oder irrtümlich nicht an, kann dies zu einer zwingenden Gewährung von „Equal-Pay" oder zum Verlust der Arbeitnehmerüberlassungserlaubnis und zu einer Verpflichtung zur Nachzahlung des Branchenzuschlags führen (*Legerlotz* ArbRB 2013, 21, 22). Auch kann ein Bußgeld gegen den Verleiher verhängt werden (§ 10 Abs. 4 S. 2 i.V.m. §§ 16 Abs. 1 Nr. 7a und Abs. 2 AÜG). Darüber hinaus muss der Verleiher bei Vorliegen einer Erlaubnis zur Arbeitnehmerüberlassung die Sozialversicherungsbeiträge nachzahlen, wenn er weniger gezahlt haben sollte, als dem Arbeitnehmer nach dem Branchentarifvertrag zustünde

(§ 10 Abs. 4 S. 2 AÜG, §§ 28d, 28e Abs. 2 S. 3 SGB IV und § 150 Abs. 3 SGB VII). Entleiher laufen vor allem Gefahr, gem. § 28e SGB IV subsidiär für die unrichtig abgeführten Sozialversicherungsbeiträge zu haften, sollte der Verleiher in wirtschaftliche Schieflage geraten (*Mehnert/Stubbe/Haber* BB 2013, 1269, 1270).

6. Wesentliche Arbeitsbedingungen beim Entleiher. In der Vertragsurkunde muss gemäß § 12 Abs. 1 S. 3 AÜG angegeben werden, welche besonderen Merkmale die für den Leiharbeitnehmer vorgesehene **Tätigkeit** hat und welche berufliche **Qualifikation** dafür erforderlich ist. Im Formular ist vorgesehen, dies in der Anlage 1 zum Arbeitnehmerüberlassungsvertrag für jeden Leiharbeitnehmer einzeln aufzuführen. Außerdem muss die Vertragsurkunde die wesentlichen Arbeitsbedingungen enthalten, die einschließlich des Arbeitsentgelts im Betrieb des Entleihers für einen vergleichbaren Arbeitnehmer des Entleihers gelten. Teilweise werden solche Dokumentationspflichten auch in Tarifverträgen geregelt.

Die Angabe der im Entleiherbetrieb geltenden Arbeitsbedingungen ist jedoch nicht in jedem Fall erforderlich. Nach § 12 Abs. 1 S. 3 letzter Halbs. AÜG ist die Angabe dieser Arbeitsbedingungen entbehrlich, wenn ein Tarifvertrag anwendbar ist, der eine Ausnahme von dem Schlechterstellungsverbot zulässt, §§ 3 Abs. 1 Nr. 3, 9 Nr. 2 AÜG.

Der Zweck der Hinweispflicht gemäß § 12 Abs. 1 S. 3 AÜG ergibt sich aus dem **Schlechterstellungsverbot** des § 9 Nr. 2 AÜG. Danach sind Vereinbarungen zwischen Verleiher und Leiharbeitnehmer nur dann wirksam, wenn – verkürzt gesagt – entweder für die Zeit der Überlassung gleiche Arbeitsbedingungen wie im Entleiherbetrieb vorgesehen sind oder ein Tarifvertrag der Zeitarbeitsbranche Anwendung findet (s. dazu ausf. → Form. A. IX. 2 Anm. 4–7). Ein solcher Tarifvertrag darf eine nach § 3a AÜG n. F. mögliche Lohnuntergrenze nicht unterschreiten. Die Tarifvertragsparteien können dem Bundesministerium für Arbeit und Soziales gemeinsam vorschlagen, tarifvertraglich vereinbarte bundesweite Mindeststundenlöhne für Zeiten des Verleihs und verleihfreie Zeiten als Lohnuntergrenze in einer Rechtsverordnung verbindlich festzulegen. Wird eine solche Lohnuntergrenze festgesetzt, kann von ihr weder durch Arbeitsvertrag noch durch Tarifvertrag abgewichen werden.

Um den sog. Drehtüreffekt zu vermeiden, gilt eine vom Equal-Pay-Grundsatz abweichende tarifliche Regelung nicht für Leiharbeitnehmer, die in den letzten sechs Monaten vor der Überlassung an den Entleiher aus einem Arbeitsverhältnis bei diesem oder einem Arbeitgeber, der mit dem Entleiher einen Konzern bildet, ausgeschieden sind (§§ 3 Abs. 1 Nr. 3 S. 4, 9 Nr. 2 AÜG n. F.). Damit der Verleiher die vorgenannte Gleichbehandlungspflicht erfüllen kann, sieht § 12 Abs. 1 S. 3 AÜG die Aufnahme der entsprechenden Arbeitsbedingungen in den Arbeitnehmerüberlassungsvertrag vor.

Das Erfordernis der Feststellung der wesentlichen Arbeitsbedingungen ist für Verleiher und Entleiher nicht nur äußerst unpraktikabel, sondern auch mit einer erheblichen Rechtsunsicherheit belastet (→ Form. A. IX. 2 Anm. 5).

Der Sache nach handelt es sich bei § 12 Abs. 1 S. 3 AÜG um einen Auskunftsanspruch, der den Verleiher in die Lage versetzen soll, seiner Verpflichtung zur Gleichbehandlung nachkommen zu können. Die Unvollständigkeit von Angaben zu den wesentlichen Arbeitsbedingungen im Entleiherbetrieb oder deren vollständiges Fehlen führt nach richtiger Ansicht **nicht gemäß § 125 BGB zur Nichtigkeit** des Arbeitnehmerüberlassungsvertrages. Es handelt sich nämlich nicht um eine Formvorschrift, sondern um eine den Informationszwecken des Verleihers dienende Bestimmung (so auch *Boemke/Lembke* § 12 Rn. 9, 28). Für diese rechtliche Einordnung spricht, dass kein Informationsbedürfnis des Verleihers über die bei dem Entleiher geltenden Arbeitsbedingungen besteht und daher auch der Zweck der Auskunftspflicht entfällt, wenn sich die Arbeitsbedingungen für das Leiharbeitsverhältnis aus einem Tarifvertrag ergeben.

Das Formular sieht davon ab, die in § 13a AÜG geregelte Informationspflicht des Entleihers über freie Arbeitsplätze im Unternehmen zu thematisieren. Nach § 13a AÜG hat der Entleiher die Leiharbeitnehmer über Arbeitsplätze, die besetzt werden sollen, zu informieren. Die Information kann durch allgemeine Bekanntgabe an geeigneter, dem Leiharbeitnehmer zugänglicher Stelle (z. B. Aushang, Intranet) erfolgen.

7. **Beschäftigung, Weisungen und Überwachung.** Dem Wesen der Arbeitnehmerüberlassung entspricht es, dass das **Recht auf Arbeitsleistung** dem Entleiher zusteht und dass er zur Ausübung dieses Rechts ein Direktionsrecht gegenüber dem Leiharbeitnehmer hat. Aufgrund des Direktionsrechts kann der Entleiher die vom Leiharbeitnehmer zu erbringende Arbeitsleistung hinsichtlich **Zeit, Ort und Inhalt** näher konkretisieren und Einzelanweisungen erteilen. Seine **Grenzen** findet das Direktionsrecht jedoch einerseits in dem Arbeitsvertrag zwischen dem Leiharbeitnehmer und dem Verleiher und andererseits in dem Arbeitnehmerüberlassungsvertrag. Der Entleiher darf den Leiharbeitnehmer nicht zu einer anderen Tätigkeit heranziehen als im Arbeitnehmerüberlassungsvertrag vereinbart ist. Insofern dient § 5 Abs. (1) S. 1 des Formulars nur der Klarstellung.

8. **Arbeitsschutz/Arbeitsunfälle.** Da die Leiharbeitnehmer im Entleiherbetrieb arbeiten, bestimmt § 16 Abs. 1 SGB VII, dass die spezifischen **Unfallverhütungsvorschriften** sowie die **sonstigen Einrichtungen und Maßnahmen zur Unfallverhütung** auf die Leiharbeitnehmer zu erstrecken sind. Der Entleiher ist verpflichtet, für die Einhaltung zu sorgen, denn er hat im Regelfall die Unfallverhütungsvorschriften seiner Berufsgenossenschaft auszuführen. Dies stellt auch § 11 Abs. 6 S. 1 AÜG klar. Gemäß § 11 Abs. 6 S. 2 AÜG hat der Entleiher den Leiharbeitnehmer zudem über Gefahren für Sicherheit und Gesundheit sowie über etwaige Gefahrverhütungsmaßnahmen zu unterrichten. Bei der Pflicht, für sichere Arbeitsplätze zu sorgen, handelt es sich nicht nur um eine öffentlich-rechtliche Pflicht des Entleihers, sondern auch um eine Nebenpflicht im Verhältnis zum Verleiher. Das Formular enthält daher eine entsprechende Verpflichtungsklausel.

Verletzt sich der Leiharbeitnehmer bei einem Arbeitsunfall im Betrieb des Entleihers, kann es zu einem **Vermögensschaden des Verleihers** kommen, weil dieser Überlassungsaufträge nicht (mehr) ausführen kann und Entgelt fortzahlen muss. Hat der Entleiher die Verletzung des Leiharbeitnehmers – z. B. durch Verletzung seiner Fürsorge- oder Aufsichtspflicht – schuldhaft verursacht, kommt grundsätzlich eine **Haftung des Entleihers** für die Schäden des Verleihers in Betracht. Insbesondere die Haftungsbeschränkung des § 104 SGB VII ist nicht einschlägig, da sie nur das Verhältnis eines Betriebsinhabers gegenüber den im Betrieb tätigen Personen regelt. Dem Charakter der Arbeitnehmerüberlassung entspricht es jedoch eher, dass der Entleiher dem Verleiher dieses Kostenrisiko „abgekauft" hat, dass also dieses Risiko durch die reguläre Überlassungsvergütung abgegolten sein soll, so § 6 Abs. (2) des Formulars. Der Entleiher will den Leiharbeitnehmer nämlich wie eigenes Personal einsetzen können. Da in einem Arbeitsverhältnis die Haftung gemäß § 104 SGB VII beschränkt wäre, entspricht es regelmäßig dem Willen der Parteien, einen entsprechenden **Haftungsausschluss** auch gegenüber dem Verleiher zu vereinbaren (so auch *Schüren/Hamann* Einl. Rn. 435). Soweit es sich bei dem Arbeitnehmerüberlassungsvertrag um vom Entleiher gestellte AGB i. S. d. § 305 BGB handelt, ist ein Ausschluss der Haftung für grobes Verschulden wegen § 309 Nr. 7 lit. b) BGB unwirksam. Da die Vertragsformulare jedoch häufig vom Verleiher und nicht vom Entleiher gestellt werden, enthält das Formular die dann zulässige Beschränkung der Haftung auf Vorsatz (vgl. § 276 Abs. 3 BGB).

Die Versicherung in der gesetzlichen **Unfallversicherung** knüpft an das Leiharbeitsverhältnis an (§ 2 Abs. 1 Nr. 1 SGB VII i. V. m. § 7 SGB IV). Beitragspflichtig ist allein der Verleiher. Wird der Leiharbeitnehmer bei einem Arbeitsunfall im Betrieb des Entleihers verletzt, begründet dies gemäß § 2 Abs. 1 Nr. 1 SGB VII Leistungsansprüche gegen die für den Verleiher zuständige Berufsgenossenschaft. Meldepflichtig gegenüber der Berufsgenossenschaft des Verleihers als dem Unfallversicherungsträger i. S. d. § 193 Abs. 1 SGB VII sind sowohl der Entleiher als auch der Verleiher (*Schüren/Hamann* Einl. Rn. 719). Das Formular sieht deshalb vor, dass der Entleiher zur unverzüglichen Mitteilung eines Arbeitsunfalls verpflichtet ist, damit der Verleiher die Meldepflicht gegenüber dem Unfallversicherungsträger erfüllen kann.

9. Betriebliche Mitbestimmung/Zugang zu Einrichtungen. Der Leiharbeitnehmer bleibt gemäß § 14 Abs. 1 AÜG auch während der Zeit seiner Arbeitsleistung beim Entleiher Angehöriger des entsendenden Betriebs des **Verleihers.** Es handelt sich bei § 14 Abs. 1 AÜG um eine bloße Klarstellung. Denn die Entsendung in den Entleiherbetrieb lässt die primäre Weisungszuständigkeit des Verleihers, also die Entscheidung, bei welchem Entleiher der Leiharbeitnehmer mit welcher Art von Tätigkeiten und in welchem zeitlichen Umfang beschäftigt werden soll, unberührt. Da die Betriebszugehörigkeit durch die Unterstellung unter das (primäre) Weisungsrecht begründet wird, ergibt sich die Zugehörigkeit zum Verleiherbetrieb schon aus allgemeinen Grundsätzen (*Boemke/Lembke* § 14 Rn. 11).

Auch im **Entleiherbetrieb** sind im Hinblick auf den Leiharbeitnehmer jedoch Betriebsverfassungsrechte zu beachten. Bei mehr als dreimonatiger Zugehörigkeit zu dem Betrieb des Entleihers sind Leiharbeitnehmer bei Betriebsratswahlen im Entleiherbetrieb **aktiv wahlberechtigt,** § 7 S. 2 BetrVG. Die Wählbarkeit ist ihnen im Entleiherbetrieb dagegen gemäß § 14 Abs. 2 S. 1 AÜG versagt. Gemäß § 14 Abs. 3 AÜG ist zudem der Betriebsrat des Entleiherbetriebs zu beteiligen, bevor ein Leiharbeitnehmer übernommen wird.

§ 14 Abs. 2 S. 2 und 3 AÜG sehen schließlich besondere **betriebsverfassungsrechtliche Rechte** des Leiharbeitnehmers im Entleiherbetrieb vor. Die Einräumung von betriebsverfassungsrechtlichen Rechten im Entleiherbetrieb schließt allerdings nicht aus, dass dem Leiharbeitnehmer dieselben Rechte daneben auch noch im Verleiherbetrieb zustehen (BT-Drucks. 9/847 S. 9). Die Rechte des Leiharbeitnehmers im Entleiherbetrieb, die § 14 Abs. 2 S. 2 und 3 AÜG nennen, sind nicht abschließend. Darauf hat der Gesetzgeber bereits bei der Schaffung der Vorschrift hingewiesen (BT-Drucks. 9/847 S. 9). Da somit die vom Entleiher einzuhaltenden Betriebsverfassungsrechte des Leiharbeitnehmers nicht einzeln benannt werden können, enthält das Formular lediglich eine pauschale Verpflichtung zur Einhaltung von betriebsverfassungsrechtlichen Pflichten. Ausdrücklich geregelt sind in § 14 Abs. 2 S. 2 und 3 AÜG ein Recht auf Teilnahme an Sprechstunden, Unterrichtungs- und Erörterungsrechte, Anhörungs- und Vorschlagsrechte sowie ein Beschwerderecht des Leiharbeitnehmers im Entleiherbetrieb. Daneben gilt nach überwiegender Ansicht für Leiharbeitnehmer auch § 75 BetrVG, wonach Arbeitnehmer im Betrieb nach den Grundsätzen von Recht und Billigkeit zu behandeln sind und ihr Recht auf freie Entfaltung der Persönlichkeit im Betrieb zu schützen und zu fördern ist.

In einem Beschluss des BAG aus dem Jahr 2013 wurde zumindest teilweise die Frage entschieden, inwieweit Leiharbeitnehmer im Entleiherbetrieb auch bei den **Schwellenwerten** des BetrVG zu berücksichtigen sind. Es gilt hiernach, dass Leiharbeitnehmer bei der für die Größe des Betriebsrats maßgeblichen Anzahl der Arbeitnehmer eines Betriebs (vgl. § 9 BetrVG) grundsätzlich zu berücksichtigen sind (BAG NZA 2013, 789). Dafür spreche v.a. der Sinn und Zweck der Vorschrift sowie der systematische Zusammenhang zu § 7 BetrVG. Nach dieser durch das Gesetz zur Reform des Betriebsverfassungsgesetzes vom 23.7.2001 eingefügten Bestimmung sind Arbeitnehmer eines anderen Arbeitgebers, die zur Arbeitsleistung überlassen werden, wahlberechtigt, wenn sie länger als drei Monate eingesetzt werden. Darüber hinaus müssen diese auch „in der Regel" im Entleiherbetrieb beschäftigt werden. Dies ist der Fall, wenn sie den größten Teil des Jahres (mehr als sechs Monate) dort arbeiten (BAG NZA 2012, 221). Diese Entscheidung schließt an eine Entscheidung des BAG aus dem Jahr 2011 an, in der entschieden worden war, dass bei der Ermittlung der maßgeblichen Unternehmensgröße für die Beratung eines Interessenausgleichs bei einer Betriebsänderung (vgl. § 111 BetrVG) Leiharbeitnehmer, die eben genannte Voraussetzungen erfüllen, ebenfalls zu berücksichtigen sind (BAG NZA 2012, 221). Der frühere Grundsatz, Leiharbeitnehmer sollen im Einsatzbetrieb „wählen, aber nicht zählen"(LAG Düsseldorf AP BetrVG 1972 § 7 Nr. 6; LAG Hamm BeckRS 2002, 30797357; *Konzen* RdA 2001, 76, 83 f.; *Löwisch* BB 2001, 1734, 1737; *Leßmann/Liersch* DStR 2001, 1302, 1304; a.A. *Reichold* NZA 2001, 857, 861), besteht also nicht mehr (anstatt vieler *Bissels* BB 2013, 2045, 2048).

Auch im Hinblick auf die weiteren Schwellenwerte wird mit Änderungen in der Rechtsprechung zu rechnen sein. Aufgrund des in dieser Hinsicht identischen Wortlauts von § 99 Abs. 1 S. 1 BetrVG und § 111 S. 1 BetrVG, ist es naheliegend, dass der 1. Senat des BAG seine Rechtsprechung zu § 111 S. 1 BetrVG auch auf die Berechnung des Schwellenwertes in § 99 Abs. 1 S. 1 BetrVG erstrecken wird (*Haas/Hoppe* NZA 2013, 294, 298). Auch kann in Zukunft wohl nicht ausgeschlossen werden, dass Leiharbeitnehmer bei der Bestimmung der Betriebsgröße gemäß § 38 BetrVG zu berücksichtigen sein werden (*Fuhlrott* GWR 2013, 332, 334; *Bissels* BB 2013, 2045, 2048). Das Gleiche gilt für den Schwellenwert des § 106 BetrVG für die Bildung eines Wirtschaftsausschusses.

Rein deklaratorisch wurde in § 7 Abs. (2) eine Regelung zum Zugang der Leiharbeitnehmer zu den Gemeinschaftseinrichtungen oder -diensten im Unternehmen eingeführt. Ein solches Zugangsrecht ist nämlich in § 13b AÜG vorgesehen. Dieser Zugang ist hiernach unter den gleichen Bedingungen zu gewähren wie vergleichbaren Arbeitnehmern im Einsatzbetrieb, es sei denn, eine unterschiedliche Behandlung ist aus sachlichen Gründen gerechtfertigt. Dies betrifft u.a. Kinderbetreuungseinrichtungen, Gemeinschaftsverpflegung und Beförderungsmittel.

10. Treuepflicht. Da es an einem arbeitsvertraglichen Verhältnis zwischen dem Entleiher und dem Leiharbeitnehmer fehlt, bestehen zwischen diesen an sich auch keine arbeitsvertraglichen Nebenpflichten wie Treue- (Interessenwahrnehmungs- und Unterlassungspflichten) und Verschwiegenheitspflichten. Da der Entleiher hieran aber regelmäßig Interesse hat, sieht das Formular vor, dass der Verleiher den Leiharbeitnehmer vertraglich zur Einhaltung entsprechender Pflichten gegenüber dem Entleiher verpflichtet.

11. Arbeitszeit. Die Bestimmung des Umfangs, in dem der Leiharbeitnehmer dem Entleiher zur Verfügung steht, ist wesentlicher Regelungsbestandteil des Überlassungsvertrages. Wie sich aus § 3 i.V.m. Anlage 1 ergibt, hängt von der Dauer des Arbeitseinsatzes des Leiharbeitnehmers die Höhe der Überlassungsvergütung ab. Regelmäßig wird der Verleiher ein Interesse daran haben, dass die vereinbarte Überlassungszeit der Arbeitszeit entspricht, die er mit dem Leiharbeitnehmer vereinbart hat, damit keine „vermittlungsfreien" Zeiten von ihm vergütet werden müssen.

Finden auf das Leiharbeitsverhältnis keine Tarifverträge der Zeitarbeitsbranche Anwendung (→ Form. A. IX. 2 Anm. 6–7), kann auf die in § 4 von dem Entleiher genannten Arbeitszeiten eines vergleichbaren Arbeitnehmers in seinem Betrieb verwiesen werden. Richtet sich die Arbeitszeit des Leiharbeitnehmers nach bestimmten Tarifverträgen der Zeitarbeitsbranche, so sind diese in Bezug zu nehmen.

Die Befugnis, **Mehrarbeit** anzuordnen, hat grundsätzlich allein der Verleiher, nicht der Entleiher. Der Entleiher bedarf daher einer Ermächtigung im Überlassungsvertrag, um Mehrarbeit gegenüber dem Leiharbeitnehmer anordnen zu dürfen. Es ist insbesondere darauf zu achten, dass die Anordnung von Überstunden arbeitsvertraglich überhaupt zulässig ist. Sieht z.B. der Arbeitsvertrag des Leiharbeitnehmers vor, dass bis zu 20 Stunden Mehrarbeit angeordnet werden dürfen, wären vom Entleiher angeordnete Mehrarbeitsstunden, die über diese 20 Stunden wöchentlicher Mehrarbeit hinausgingen, als „übervertragsmäßige Arbeit" des Leiharbeitnehmers zu bewerten und vom Entleiher zu vergüten (*Schüren/Hamann* Einl. Rn. 190). Um solche Rechtsstreitigkeiten zu vermeiden, sieht das Formular vor, dass der Entleiher jeweils vor Anordnung der Überstunden die Einwilligung des Verleihers einzuholen hat.

12. Austausch von Leiharbeitnehmern. Es entspricht dem Charakter des Arbeitnehmerüberlassungsvertrages, dass der Verleiher die Befugnis hat, Leiharbeitnehmer während der Verleihzeit auszuwechseln. Er schuldet nur die Bereitstellung eines geeigneten Arbeitnehmers „mittlerer Art und Güte". Demzufolge hat der Verleiher auch das Recht, einen überqualifizierten Leiharbeitnehmer abzuziehen, um ihn anderweitig einzusetzen und die Position mit einem hinreichend qualifizierten anderen Arbeitnehmer zu besetzen (*Boemke* BB 2006, 997, 1001; *Schüren/Hamann* Einl. Rn. 328). Die **Ersetzungsbefugnis** kann allerdings nach Treu und Glauben ausgeschlossen sein, wenn das spezifische Anforderungsprofil der übertragenen Tätigkeit dazu führt, dass eine Erreichung der Vertragszwecke nur bei kontinuierlichem Einsatz desselben Leiharbeitnehmers gewährleistet ist. Dies kann z. B. dann der Fall sein, wenn wegen der besonderen Arbeitsumstände im Entleiherbetrieb eine ungewöhnlich lange Einarbeitungszeit erforderlich ist. Darüber hinaus kann die Ersetzungsbefugnis auch durch vertragliche Vereinbarung zwischen Verleiher und Entleiher eingeschränkt werden, z. B. auf Fälle von Krankheit, Urlaub, unentschuldigten Fehlens oder ähnlichen Gründen.

Das **Recht des Entleihers,** seinerseits den Austausch von Leiharbeitnehmern zu verlangen, wird in Arbeitnehmerüberlassungsverträgen sehr unterschiedlich geregelt. Üblich ist die im Formular vorgesehene Bestimmung, nach der der Entleiher den Austausch lediglich bis zu einer näher bestimmten Uhrzeit des ersten Tages des Arbeitseinsatzes **ohne Angabe von Gründen** verlangen kann. Hierdurch erlangt der Verleiher frühzeitig Gewissheit darüber, ob er den Vertrag mit den von ihm ausgewählten Leiharbeitnehmern erfüllen kann.

Das Formular sieht zudem vor, dass der Entleiher den Austausch später verlangen kann, wenn der Leiharbeitnehmer für die vorgesehene Tätigkeit **ungeeignet** ist oder die Voraussetzungen eines wichtigen Grundes nach § 626 BGB vorliegen. Für das Vorliegen dieser Umstände ist der Entleiher dann jedoch beweispflichtig. Eine fehlende Eignung kann sich z. B. daraus ergeben, dass der Leiharbeitnehmer bestimmte Qualifikationen oder sonstige berufliche Fähigkeiten und Fertigkeiten nicht erfüllt. Charakterliche Eigenschaften (z. B. strafrechtliches Verhalten eines Buchhalters) und sonstige subjektive Merkmale (z. B. Mutterschaft, die nach § 8 MuSchG das Verbot von Nacht- sowie Sonn- und Feiertagsarbeit zur Folge hat, fehlende Arbeitsgenehmigung eines Ausländers) können die fehlende Eignung ebenfalls begründen (*Ulber* § 12 Rn. 9).

Verlangt der Entleiher – wegen Einhaltung der Frist oder wegen der tatsächlich fehlenden Eignung – berechtigt den Austausch und kommt der Verleiher diesem Verlangen nicht unverzüglich nach, steht dem Entleiher ein Recht zur fristlosen Kündigung zu. Als unverzüglich wird die Stellung einer Ersatzkraft anzusehen sein, wenn sie bis zum Ablauf des dem Austauschverlangen folgenden Arbeitstags erfolgt. Rechtlich handelt es sich um die Kündigung eines Dauerschuldverhältnisses aus wichtigem Grund gemäß § 314 BGB, bei dem auf das Erfordernis einer Fristsetzung zur Abhilfe verzichtet wird.

Gemäß § 314 Abs. 4 BGB wird die Berechtigung, Schadensersatz zu verlangen, durch die Kündigung nicht ausgeschlossen. Allerdings setzen §§ 280 Abs. 1 S. 2 und 3, 283 BGB grundsätzlich voraus, dass der Schaden auf einer vom Schuldner zu vertretenden Pflichtverletzung beruht. Das Formular sieht dagegen einen **verschuldensunabhängigen Schadensersatzanspruch** vor. Dies erklärt sich vor dem Hintergrund, dass es sich bei dem Arbeitnehmerüberlassungsvertrag zwar um ein Dauerschuldverhältnis handelt, dass jedoch die vom Verleiher geschuldete Leistung i. d. R. eine Gattungsschuld ist, bei der den Schuldner gemäß §§ 280 Abs. 1 und 3, 283, 276 Abs. 1 S. 1 Halbs. 2 BGB eine Beschaffungspflicht trifft (*Schüren/Hamann* Einl. Rn. 320 ff.). Der Verleiher hat durch geeignete Maßnahmen der Personalbeschaffung sicherzustellen, dass ein geeigneter Leiharbeitnehmer für die vereinbarte Leistungszeit zur Verfügung steht. Stellt er dem Entleiher vertragswidrig keinen oder keinen geeigneten Leiharbeitnehmer zur Verfügung, hat der Verleiher unabhängig von einem Verschulden dem Entleiher den Schaden zu ersetzen, der ihm durch den Ausfall des Leiharbeitnehmers entsteht.

Von dem vom Entleiher verlangten Austausch des ungeeigneten Leiharbeitnehmers ist der Fall zu unterscheiden, dass ein geeigneter Leiharbeitnehmer später z. B. wegen **Kündigung, Krankheit, Mutterschutz, Urlaub oder Tod** ausfällt. Auch hier muss der Verleiher unverzüglich eine Ersatzkraft stellen, um einer Haftung aus Verzug oder aus Unmöglichkeit zu entgehen. Lösen kann sich der Entleiher vom Vertrag jedoch, da es sich nicht um eine schwerwiegende Verletzung von Vertragspflichten handelt, nur mittels der ordentlichen Kündigung gemäß § 12.

13. Haftung. Die Haftungsregelung in § 11 hat überwiegend klarstellende Funktion und wiederholt das, was nach dem Charakter des Arbeitnehmerüberlassungsvertrages ohnehin gelten würde.

Zur Hauptleistungspflicht des Verleihers gehört die ordnungsgemäße **Auswahl des Leiharbeitnehmers.** Das Formular schränkt insoweit die Anforderungen an die Sorgfaltspflicht des Verleihers ein, als es diesen von der Pflicht zur Nachprüfung von Arbeitspapieren und zur Einholung von polizeilichen Führungszeugnissen entbindet. Wählt der Verleiher Leiharbeitnehmer aus, die für die vorgesehenen Tätigkeiten schon aufgrund der vorgelegten Unterlagen **nicht geeignet** sind oder lässt er sich erforderliche Unterlagen gar nicht erst vorlegen, begeht er eine **Vertragspflichtverletzung.** Ist ein solcher Auswahlfehler kausal für den Schaden des Entleihers, weil z. B. der Leiharbeitnehmer mangels erforderlicher Ausbildung Maschinen falsch bedient, so hat der Verleiher diesen Schaden zu ersetzen. Konnte der Entleiher allerdings erkennen, dass der Leiharbeitnehmer für die vorgesehene Arbeit ungeeignet war und setzt er ihn gleichwohl ein, muss sich der Entleiher sein Mitverschulden nach § 254 Abs. 1 BGB anrechnen lassen (*Niebler/Biebl/Ross* AÜG Rn. 398).

Da der Verleiher mit der richtigen Auswahl eines beruflich, fachlich und persönlich geeigneten Leiharbeitnehmers und mit dessen Überlassung seine Leistungspflichten gegenüber dem Entleiher erfüllt hat, haftet der Verleiher nicht für Schäden einer **„normalen" Schlechtleistung** eines an sich qualifizierten Leiharbeitnehmers. Der Verleiher selbst schuldet weder als Haupt- noch als Nebenpflicht die Erbringung der Leistung selbst, so dass der Leiharbeitnehmer auch nicht als sein Erfüllungsgehilfe angesehen werden kann. Daher sind Schadensersatzansprüche des Entleihers gegen den Leiharbeitnehmer möglich, bei deren gerichtlicher Geltendmachung der Rechtsweg zu den Arbeitsgerichten eröffnet ist (BAG NZA 2011, 653).

14. Kündigung. Spezialgesetzliche Vorgaben im Hinblick auf die Beendigung des Überlassungsverhältnisses bestehen nicht. Ist die jeweilige Überlassung befristet, was regelmäßig der Fall sein dürfte, bedarf das Recht zur fristgemäßen Kündigung der besonderen vertraglichen Vereinbarung (*Schüren/Hamann* Einl. Rn. 336). Die im Formular geregelte Kündigungsfrist orientiert sich an der zulässigen Kündigungsfrist bei freien Dienstverhältnissen gemäß § 621 Nr. 3 BGB, wenn die Vergütung nach Monaten bemessen ist. Da es sich um ein Dauerschuldverhältnis, nicht aber um einen Dienstvertrag handelt, ist die Anlehnung an die dienstvertraglichen Fristen jedoch nicht zwingend.

Die Befugnis beider Seiten, den Überlassungsvertrag aus **wichtigem Grund** fristlos zu kündigen, ergibt sich bereits aus § 314 BGB. Danach können Dauerschuldverhältnisse aus wichtigem Grund gekündigt werden, wenn dem kündigenden Teil unter Berücksichtigung aller Umstände des Einzelfalls und unter Abwägung der beiderseitigen Interessen die Fortsetzung des Vertragsverhältnisses bis zur vereinbarten Beendigung oder bis zum Ablauf der Kündigungsfrist nicht zugemutet werden kann.

15. Schlussbestimmungen. → Form. A. II. 1 Anm. 28–29.

2. Vertrag zwischen Verleiher und Leiharbeitnehmer

Vertrag[1]

zwischen

...... (Name und Anschrift der Gesellschaft) „Verleiher"

und

...... (Name und Anschrift des Arbeitnehmers) „Leiharbeitnehmer"

§ 1 Erlaubnisse[2]

(1) Dem Verleiher wurde von der Regionaldirektion ...... (Bundesland) der Bundesagentur für Arbeit am ...... (Datum) in ...... (Ort) die unbefristete *(Alternative: bis zum ...... befristete)* Erlaubnis zur Arbeitnehmerüberlassung im Rahmen seiner wirtschaftlichen Tätigkeit gemäß § 1 Arbeitnehmerüberlassungsgesetz (AÜG) erteilt.

§ 2 Tätigkeit und Arbeitsumfang[3]

(1) Der Leiharbeitnehmer wird als ...... eingestellt. Der Verleiher ist berechtigt, soweit dies zumutbar ist, dem Leiharbeitnehmer auch andere, seinen fachlichen Fähigkeiten entsprechende Tätigkeiten zuzuweisen.

(2) Der Leiharbeitnehmer hat folgende Abschlüsse oder sonstige Qualifikationen erworben:

1. ......

2. ......

3. ......

Der Leiharbeitnehmer verfügt über berufliche Erfahrung in den folgenden Tätigkeitsbereichen:

1. ......

2. ......

3. ......

(3) Der Leiharbeitnehmer ist damit einverstanden, an wechselnde Entleiher zur Arbeitsleistung überlassen zu werden und verpflichtet sich bei solchen Entleihern tätig zu werden. Solange der Leiharbeitnehmer in einem Entleiherbetrieb eingesetzt ist, unterliegt er dem Weisungsrecht des Entleihers im Rahmen des Vertrages.

§ 3 Anwendung der wesentlichen Arbeitsbedingungen[4]

Die jeweiligen wesentlichen Arbeitsbedingungen einschließlich des Arbeitsentgelts eines vergleichbaren Arbeitnehmers des Entleiherbetriebs werden vor Beginn jeder Entleihung in der Anlage 1 „Wesentliche Arbeitsbedingungen beim Entleiherbetrieb" notiert. Auf das Arbeitsverhältnis finden damit die aus der jeweils einschlägigen Anlage 1 ersichtlichen wesentlichen Arbeitsbedingungen Anwendung.[5]

(Alternative[6, 7]*:*

(1) Auf das Arbeitsverhältnis finden der nachstehend bezeichnete Manteltarifvertrag in seiner jeweils gültigen Fassung und die ihn ergänzenden, ändernden und ersetzenden Tarifverträge Anwendung:

1. . . . . . .

2. . . . . . .

3. . . . . . .

(2) Im Hinblick auf solche Gegenstände, über die in den unter Abs. (1) bezeichneten Tarifverträgen keine Regelung getroffen wird, finden die folgenden zwischen dem Verleiher und dem Betriebsrat abgeschlossenen Betriebsvereinbarungen Anwendung:

1. . . . . . .

2. . . . . . .

3. . . . . . .)

§ 4 Einsatzgebiet/Wegezeiten[8]

(1) Der Verleiher ist berechtigt, den Leiharbeitnehmer jederzeit – auch kurzfristig – aus einem Entleiherbetrieb aus betrieblichen oder leistungsbedingten Gründen abzuberufen und für die Dauer des Vertrages im Rahmen der getroffenen Vereinbarungen anderweitig einzusetzen.

(2) Das übliche Einsatzgebiet des Leiharbeitnehmers ist grundsätzlich durch eine Entfernung von bis zu . . . . . . km vom Ort der einstellenden Geschäftsstelle des Verleihers in . . . . . . definiert.

(3) Der Leiharbeitnehmer ist damit einverstanden, auch an Einsatzorten außerhalb des üblichen Einsatzgebiets im gesamten Gebiet . . . . . . die ihm zugewiesenen Arbeiten aufzunehmen.

(4) Liegt ein Einsatzort außerhalb des üblichen Einsatzgebiets i. S. v. Abs. (1) und müssen für den einfachen Weg mehr als . . . . . . Minuten bei Benutzung des zeitlich günstigsten öffentlichen Verkehrsmittels aufgewendet werden, wird die bei Benutzung von Bahn oder Bus über 90 Minuten hinausgehende Wegezeit je Hin- und Rückweg als Arbeitszeit angesehen und (ohne Zuschläge) vergütet, sofern der Leiharbeitnehmer tatsächlich mindestens diese Wegezeit aufgewendet hat.

(Alternative:

(4) Einsatzgebiet und Wegezeiten richten sich nach den Bestimmungen der in § 3 bezeichneten Tarifverträge.)

§ 5 Laufzeit/Kündigung/Freistellung/Vorfälligkeit[9]

(1) Das Arbeitsverhältnis beginnt am . . . . . . und ist auf die Dauer der Probezeit von sechs Monaten befristet. Während der Probezeit können beide Parteien den Arbeitsvertrag unter Einhaltung einer Kündigungsfrist von zwei Wochen kündigen. Vor Beginn des Vertrages ist die ordentliche Kündigung ausgeschlossen.

(2) Wird das Arbeitsverhältnis nach Ablauf der Befristung als unbefristetes fortgesetzt, so geht es in ein Arbeitsverhältnis auf unbestimmte Zeit zu den in diesem Arbeitsvertrag geregelten Bedingungen über. Beide Parteien können den Arbeitsvertrag unter Einhaltung

der gesetzlichen Kündigungsfristen kündigen. Eine Verlängerung der für den Verleiher maßgeblichen Kündigungsfristen gilt auch für den Leiharbeitnehmer.

(Alternative:

(2) Die Kündigungsfristen richten sich nach den Bestimmungen der in § 3 bezeichneten Tarifverträge.)

(3) Die Kündigung bedarf der Schriftform.

(4) Der Verleiher ist im Falle der Kündigung des Arbeitsvertrages durch den Verleiher berechtigt, den Leiharbeitnehmer von seiner weiteren Tätigkeit für den Verleiher freizustellen *(Optional:, wenn hierfür ein sachlicher Grund (z.B. Konkurrenztätigkeit, Geheimnisverrat, sonstige Beeinträchtigung der Vertrauensgrundlage, Wegfall des Beschäftigungsbedarfs) vorliegt)*. Während der Zeit der Freistellung behält der Leiharbeitnehmer seinen Anspruch auf die vertragliche Vergütung; er muss sich jedoch den Wert desjenigen anrechnen lassen, was er infolge des Unterbleibens der Dienstleistung erspart oder durch anderweitige Verwendung seiner Dienste erwirbt oder zu erwerben böswillig unterlässt. Das vertragliche Wettbewerbsverbot bleibt von der Freistellung unberührt. Im Fall einer unwiderruflichen Freistellung wird die Freistellungszeit auf etwaige Urlaubs- oder Freizeitausgleichsansprüche angerechnet. Die vorstehenden Regelungen gelten entsprechend für eine Kündigung durch den Leiharbeitnehmer.

(5) Sollte der Leiharbeitnehmer dem Verleiher bei Ausspruch einer Kündigung durch den Verleiher Beträge aufgrund von Gehaltsvorschüssen oder ähnlichen Vorauszahlungen schulden, werden sämtliche Beträge sofort fällig und – unter Beachtung der Pfändungsgrenzen – aufrechenbar. Dem Leiharbeitnehmer gewährte Darlehen gelten mit Ausspruch der Kündigung als ordentlich mit einer Frist von einem Monat gekündigt.

(6) Der Arbeitsvertrag endet ohne Kündigung mit Ablauf des Monats, in dem der Leiharbeitnehmer das Alter erreicht, ab dem er erstmals einen Anspruch auf gesetzliche Regelaltersrente erwirbt.

(7) Der Leiharbeitnehmer ist verpflichtet, den Verleiher unverzüglich darüber zu informieren, wenn er die gesetzlichen Voraussetzungen zum Bezug der gesetzlichen Regelaltersrente erfüllt oder wenn ihm ein Bescheid über die Feststellung einer zeitlich unbegrenzten Erwerbsminderung zugestellt wird. Er verpflichtet sich auch, den Verleiher auf Anfrage stets über den Stand von eigenen Anträgen auf Alters- oder Erwerbsminderungsrente zu informieren.

§ 6 Vergütung/Sonstige Leistungen/Aufwendungsersatz[10]

(1) Während des Einsatzes bei einem Entleiher gelten die in § 3 bezeichneten Arbeitsbedingungen des Entleiherbetriebs.

(2) Während der Zeiten, in denen der Leiharbeitnehmer nicht verliehen wird, gewährt der Verleiher dem Leiharbeitnehmer ein Brutto-Monatsgehalt von ...... EUR (in Worten: ...... Euro), zahlbar bargeldlos jeweils zum Monatsende auf ein vom Leiharbeitnehmer schriftlich mitzuteilendes inländisches Bankkonto. Im Übrigen gelten die Arbeitsbedingungen des letzten Entleiherbetriebs weiter. Bei Nichteinsatzzeiten durch den Verleiher kann der Leiharbeitnehmer nicht verpflichtet werden, diese Zeiten nachzuarbeiten oder (bezahlten oder unbezahlten) Urlaub zu nehmen.

(3) Dem Leiharbeitnehmer ist es nicht gestattet, seine Vergütungsansprüche ohne vorherige schriftliche Zustimmung des Verleihers an Dritte abzutreten oder diese zu verpfänden. Die Zustimmung darf nur aus sachlichen Gründen verweigert werden.

(4) Der Leiharbeitnehmer verpflichtet sich, etwa zu viel bezogene Zahlungen an den Verleiher zurückzuerstatten.

(Alternative:

(4) Die Vergütung, die Gewährung sonstiger Leistungen und die Erstattung von Aufwendungen richten sich nach den Bestimmungen der in § 3 bezeichneten Tarifverträge.)

(5) Eine Zahlung von etwaigen Gratifikationen, Einmalzahlungen, Sonderzahlungen oder Zulagen, die jeweils nicht häufiger als halbjährlich erfolgt, weshalb diese Leistungen kein laufendes Entgelt darstellen, erfolgt stets freiwillig in dem Sinne, dass allein durch eine wiederholte Zahlung kein Rechtsanspruch des Leiharbeitnehmers auf zukünftige entsprechende Leistungen – weder dem Grunde noch der Höhe nach – begründet wird.

§ 7 Arbeitszeit[11]

(1) Während des Einsatzes bei einem Entleiher gelten die in § 3 bezeichneten Arbeitsbedingungen des Entleiherbetriebs. Im Übrigen gilt § 6 Abs. (2) S. 2.

(Alternative:

Die Arbeitszeit richtet sich nach den Bestimmungen der in § 3 bezeichneten Tarifverträge.)

(2) Der Leiharbeitnehmer ist im Rahmen der gesetzlichen und betrieblichen Regelungen verpflichtet, sofern betriebliche Belange dies erfordern, Überstunden (einschließlich Samstags-, Sonn- und Feiertagsarbeit) zu leisten. Etwaige Überstunden werden nach Wahl des Verleihers durch Freizeit oder Geld ausgeglichen, soweit nicht Anlage 1 etwas anderes vorsieht.

(Alternative:

(2) Der Leiharbeitnehmer ist im Rahmen der gesetzlichen und betrieblichen Regelungen verpflichtet, sofern betriebliche Belange dies erfordern, maximal . . . . . . Überstunden (einschließlich Samstags-, Sonn- und Feiertagsarbeit) im Monat zu leisten. Bis zu . . . . . . Überstunden pro Monat sind mit der in § 6 Abs. (1) bzw. (2) bestimmten Vergütung abgegolten.)

(3) Der Verleiher kann Kurzarbeit anordnen, wenn die gesetzlichen Voraussetzungen für die Gewährung von Kurzarbeitergeld erfüllt sind. *(Optional: Der Verleiher verpflichtet sich, bei der Anordnung von Kurzarbeit gegenüber dem Leiharbeitnehmer eine Ankündigungsfrist von mindestens drei Wochen zu wahren.)* Der Leiharbeitnehmer ist damit einverstanden, dass für die Dauer der Kurzarbeit die Vergütung dem Verhältnis der verkürzten zur regelmäßigen Arbeitszeit entsprechend reduziert wird. *(Optional: Durch die Kurzarbeit darf sich das Netto-Einkommen des Leiharbeitnehmers einschließlich Kurzarbeitergeld um maximal 25 Prozent gegenüber dem individuellen Netto-Einkommen vor Einführung der Kurzarbeit reduzieren, es sei denn, der Leiharbeitnehmer stimmt einer weitergehenden Reduzierung zu.)*

§ 8 Urlaub

(1) Der Leiharbeitnehmer hat einen Urlaubsanspruch von insgesamt . . . . . . Arbeitstagen pro Kalenderjahr („Jahresurlaub"). Der Jahresurlaub beinhaltet einen über den gesetzlichen Urlaubsanspruch nach dem Bundesurlaubsgesetz („gesetzlicher Mindesturlaub") hinausgehenden vertraglichen Zusatzurlaub von . . . . . . Arbeitstagen („vertraglicher Zusatzurlaub"). Arbeitstage sind alle Tage, die am Arbeitsort weder Samstage noch Sonntage oder gesetzliche Feiertage sind. Bei der Festlegung von Zeitpunkt und Dauer des Urlaubs werden die betrieblichen Interessen und Bedürfnisse angemessen berück-

sichtigt. Der Leiharbeitnehmer hat den Verleiher rechtzeitig über seine Urlaubspläne zu informieren. Ist der Leiharbeitnehmer nicht das ganze Kalenderjahr über beschäftigt, so hat der Leiharbeitnehmer für jeden vollen Monat des Bestehens des Anstellungsverhältnisses im jeweiligen Kalenderjahr Anspruch auf ein Zwölftel des Jahresurlaubs. Für den Fall, dass der dem Leiharbeitnehmer aufgrund gesetzlicher Vorschriften zustehende, gegebenenfalls auch zeitanteilig berechnete Mindesturlaub durch vorstehende Berechnungsweise unterschritten wird, wird der dem Leiharbeitnehmer aufgrund der gesetzlichen Vorschriften zustehende Mindesturlaub gewährt.

(2) Der gesamte Urlaub ist grundsätzlich im laufenden Kalenderjahr zu nehmen. Eine Übertragung des Urlaubs auf das nächste Kalenderjahr erfolgt nur, wenn dringende betriebliche oder in der Person des Leiharbeitnehmers liegende Gründe dies rechtfertigen. Der so übertragene Urlaub verfällt, wenn er nicht innerhalb der ersten drei Monate des Folgejahres („Übertragungszeitraum") genommen wird. Ist der Leiharbeitnehmer infolge einer ärztlich nachgewiesenen, krankheitsbedingten Arbeitsunfähigkeit daran gehindert, den übertragenen Urlaub innerhalb des Übertragungszeitraums zu nehmen, besteht nur der Anspruch auf den gesetzlichen Mindesturlaub weitere zwölf Monate nach Ablauf des Übertragungszeitraums fort, bevor er verfällt.

(3) Genommener Urlaub wird zuerst auf den Anspruch auf gesetzlichen Mindesturlaub angerechnet.

(4) Bei Beendigung des Arbeitsvertrages erfolgt eine Urlaubsabgeltung nur für zum Beendigungszeitpunkt nicht genommene und nicht verfallene Ansprüche auf gesetzlichen Mindesturlaub.

(5) Für die Zeit, in welcher der Leiharbeitnehmer nicht beim Verleiher, sondern beim Entleiher beschäftigt ist, gelten für den Anspruch auf Erholungsurlaub die in § 3 bezeichneten Arbeitsbedingungen des Entleiherbetriebs.

(Alternative:

(5) Für die Zeit, in welcher der Leiharbeitnehmer nicht beim Verleiher, sondern beim Entleiher beschäftigt ist, richtet sich der Anspruch auf Erholungsurlaub nach den Bestimmungen der in § 3 bezeichneten Tarifverträge.)

(Alternative:

(5) Der Anspruch auf Erholungsurlaub richtet sich nach den Bestimmungen der in § 3 bezeichneten Tarifverträge.)

§ 9 Nebentatigkeiten

Für die Zulässigkeit von Nebentätigkeiten gelten die in § 3 bezeichneten Arbeitsbedingungen des Entleiherbetriebs.

(Alternative:

Die Zulässigkeit von Nebentätigkeiten richtet sich nach den Bestimmungen der in § 3 bezeichneten Tarifverträge.)

§ 10 Ärztliche Untersuchung/Abwesenheit/Krankheit[12]

(1) Die Einstellung erfolgt unter dem Vorbehalt der gesundheitlichen Eignung des Leiharbeitnehmers für seine Tätigkeiten nach diesem Arbeitsvertrag. Der Leiharbeitnehmer ist verpflichtet, sich innerhalb der ersten drei Monate nach Vertragsbeginn („Untersuchungszeitraum") durch einen Arzt seines Vertrauens auf Kosten des Verleihers auf seine gesundheitliche Eignung untersuchen zu lassen. Der Leiharbeitnehmer entbindet den Arzt von der

ärztlichen Schweigepflicht, soweit dies zur Beurteilung seiner gesundheitlichen Eignung notwendig ist. Ergibt die ärztliche Untersuchung die Nichteignung des Leiharbeitnehmers, so endet der Arbeitsvertrag zwei Wochen nach Zugang der schriftlichen Mitteilung des Verleihers an den Leiharbeitnehmer über die festgestellte gesundheitliche Nichteignung. Kommt der Leiharbeitnehmer seiner Untersuchungspflicht nicht nach, so endet der Arbeitsvertrag zwei Wochen nach Zugang der schriftlichen Mitteilung des Verleihers an den Leiharbeitnehmer über seinen Verstoß gegen die Untersuchungspflicht *(Alternative: so endet der Arbeitsvertrag mit Ablauf des Untersuchungszeitraums).*

(2) Der Leiharbeitnehmer hat in jedem Fall einer unvorhergesehenen Abwesenheit den Verleiher unverzüglich über seine Arbeitsunfähigkeit oder den sonstigen Verhinderungsgrund und über die voraussichtliche Dauer seiner Abwesenheit zu informieren. Dabei hat der Leiharbeitnehmer den Verleiher auf vordringlich zu erledigende Aufgaben hinzuweisen.

(3) Dauert eine Arbeitsunfähigkeit aufgrund Krankheit oder Unfall länger als drei Kalendertage, hat der Leiharbeitnehmer eine ärztliche Bescheinigung über das Bestehen der Arbeitsunfähigkeit sowie deren voraussichtliche Dauer („Arbeitsunfähigkeitsbescheinigung") spätestens an dem auf den dritten Kalendertag folgenden Arbeitstag vorzulegen. Der Verleiher ist berechtigt, die Vorlage der Arbeitsunfähigkeitsbescheinigung auch schon ab dem ersten Tag der Arbeitsunfähigkeit zu verlangen. Dauert die Arbeitsunfähigkeit länger als in der vorgelegten Arbeitsunfähigkeitsbescheinigung angegeben, ist der Leiharbeitnehmer verpflichtet, eine Folgebescheinigung spätestens am ersten Arbeitstag nach Ablauf der vorhergehenden Bescheinigung vorzulegen.

(Alternative:

(3) Die Pflichten des Leiharbeitnehmers bei Arbeitsverhinderung richten sich nach den Bestimmungen der in § 3 bezeichneten Tarifverträge.)

(Optional:

(4) Der Leiharbeitnehmer wird sich auch nach Ablauf der Probezeit bei Vorliegen tatsächlicher Anhaltspunkte, die Zweifel an der fortdauernden Eignung des Leiharbeitnehmers begründen, oder wenn ein Wechsel der Tätigkeit oder des Arbeitsplatzes des Leiharbeitnehmers beabsichtigt ist, welcher eine erneute Untersuchung erfordert, oder bei Vorliegen vergleichbarer sachlicher Gründe auf Verlangen des Verleihers durch einen Arzt seines Vertrauens auf Kosten des Verleihers auf seine gesundheitliche Eignung für die Tätigkeit nach diesem Arbeitsvertrag untersuchen lassen. Der Leiharbeitnehmer entbindet den Arzt von der ärztlichen Schweigepflicht, soweit dies für die Mitteilung über seine gesundheitliche Eignung notwendig ist.)

§ 11 Arbeitsnachweis[13]

Der Leiharbeitnehmer ist verpflichtet, die geleisteten Arbeitsstunden in den jeweils vom Verleiher ausgehändigten Stundennachweis einzutragen und vom Entleiher mit Stempel und Unterschrift bestätigen zu lassen. Die Stundennachweise sind unverzüglich an den Verleiher weiterzuleiten.

§ 12 Geheimhaltung/Behandlung und Rückgabe von Gegenständen und Daten/ Löschung von Daten/Treuepflicht[14]

(1) Der Leiharbeitnehmer ist verpflichtet, alle vertraulichen Angelegenheiten des Verleihers und i.S.d. § 15 AktG mit dem Verleiher verbundenen Unternehmen („Verbundene Unternehmen"), insbesondere deren Betriebs- und Geschäftsgeheimnisse, streng geheim zu halten. Technische, kaufmännische und persönliche Vorgänge und Verhältnisse, die dem Leiharbeitnehmer im Zusammenhang mit seiner Tätigkeit bekannt werden, gelten im

Zweifel als vertrauliche Angelegenheiten. Vor der etwaigen Offenlegung derartiger Angelegenheiten ist der Leiharbeitnehmer verpflichtet, die Zustimmung des Verleihers einzuholen.

(2) Diese Verpflichtung nach Abs. (1) gilt auch nach Beendigung des Arbeitsverhältnisses. Soweit der Leiharbeitnehmer dadurch in seinem beruflichen Fortkommen unangemessen behindert werden sollte, kann er von dem Verleiher die Einschränkung der Geheimhaltungspflicht verlangen.

(3) Alle den Verleiher oder Verbundene Unternehmen betreffenden Unterlagen – insbesondere alle Notizen, Präsentationen, Protokolle, Berichte, Korrespondenz und ähnliche Dokumente, alle Datenträger/Daten sowie Kopien oder sonstige – auch elektronische – Reproduktionen hiervon („Dienstliche Unterlagen“) müssen sorgfältig verwahrt und gegen Einsichtnahme unbefugter Dritter geschützt werden und dürfen nicht zu anderen als dienstlichen Zwecken fotokopiert, gespeichert, in anderer Weise vervielfältigt, verarbeitet, genutzt oder versendet werden. Dienstliche Unterlagen dürfen nur aufgrund einer Erlaubnis in einer betrieblichen Regelung oder mit schriftlicher Zustimmung des Verleihers aus den Geschäftsräumen des Verleihers entfernt werden. Solange keine betriebliche Regelung und keine Anordnung des Vorgesetzten dem Leiharbeitnehmer die Entfernung von Dienstlichen Unterlagen aus den Geschäftsräumen des Verleihers verbietet oder in bestimmter Weise beschränkt, ist der Leiharbeitnehmer berechtigt, die seinen Arbeitsbereich betreffenden Dienstlichen Unterlagen auch außerhalb der Geschäftsräume des Verleihers mit sich zu führen, soweit dies zur Ausübung seiner Tätigkeit erforderlich ist.

(4) Alle dem Leiharbeitnehmer dienstlich überlassenen Gegenstände (z.B. Handy, Laptop usw.) müssen sorgfältig behandelt werden. Sie dürfen nur mit vorheriger schriftlicher Zustimmung des Verleihers zu anderen als dienstlichen Zwecken verwendet werden.

(5) Zum Zeitpunkt der Beendigung des Arbeitsverhältnisses oder einer unwiderruflichen Freistellung nach § 5 Abs. (4) wird der Leiharbeitnehmer dem Verleiher unaufgefordert alle in seinem Besitz befindlichen und in Abs. (3) und (4) genannten Unterlagen, Datenträger und Gegenstände zurückgeben. Unter den vorgenannten Voraussetzungen sind auch alle in Abs. (3) genannten Daten oder Programme, die dem Leiharbeitnehmer im Hinblick auf seine Tätigkeit überlassen oder während seiner Tätigkeit gespeichert worden sind, dem Verleiher auf geeigneten Datenträgern herauszugeben und anschließend zu löschen. Dem Leiharbeitnehmer ist nicht gestattet, Sicherungskopien hiervon zu behalten. Ferner teilt der Leiharbeitnehmer dem Verleiher alle Passwörter, Codes und Zugangssperren o. Ä. mit und wird von diesen selbst keinen Gebrauch mehr machen.

(6) Der Leiharbeitnehmer erkennt an, dass die in Abs. (3), (4) und (5) genannten Unterlagen und Datenträger/Daten und Gegenstände allein dem Verleiher oder mit ihm Verbundenen Unternehmen zustehen. Der Leiharbeitnehmer hat daran kein Zurückbehaltungsrecht.

(7) Im Verhältnis zu den Entleihern richten sich die Verschwiegenheitspflicht und der Umgang mit Firmeneigentum nach den in § 3 bezeichneten Arbeitsbedingungen im Entleiherbetrieb. Der Leiharbeitnehmer verpflichtet sich zur Einhaltung dieser Bestimmungen während und nach den jeweiligen Einsätzen.

(8) Der Leiharbeitnehmer ist im Übrigen gegenüber den Entleihern wie gegenüber einem Arbeitgeber zur Treue verpflichtet, soweit nicht berechtigte Interessen des Verleihers entgegenstehen.

§ 13 Unfallverhütung/Unfallmeldung[15]

(1) Der Leiharbeitnehmer verpflichtet sich, die beim Entleiher jeweils geltenden Unfallverhütungsvorschriften und arbeitssicherheitstechnischen Anweisungen einzuhalten und

sich vor dem jeweiligen Arbeitseinsatz über deren Inhalt zu informieren. Des Weiteren verpflichtet sich der Leiharbeitnehmer, zur Verfügung gestellte Arbeitskleidung, sofern diese Schutzkleidung darstellt, sowie Arbeitsschutzkleidung und Arbeitsschutzausrüstungen zu tragen.

(2) Die allgemeinen und speziellen Unfallverhütungsvorschriften liegen in den Geschäftsräumen des Verleihers sowie des Entleihers zur Einsichtnahme aus.

(3) Soweit geregelt, finden die entsprechenden, in § 3 bezeichneten Arbeitsbedingungen des Entleiherbetriebs ergänzende Anwendung.

(Alternative:

(3) Soweit geregelt, finden die entsprechenden Bestimmungen der in § 3 bezeichneten Tarifverträge ergänzende Anwendung.)

§ 14 Nachweispflicht[16]

Wenn der Leiharbeitnehmer seine Arbeitsleistung länger als einen Monat im Ausland zu erbringen hat, wird der Verleiher ihm vor der Abreise eine Niederschrift aushändigen, die Folgendes beinhalten muss (§ 2 Abs. 2 NachwG):

1. die Dauer der im Ausland auszuübenden Tätigkeit,

2. die Währung, in der das Arbeitsentgelt ausgezahlt wird,

3. ein zusätzliches, mit dem Auslandsaufenthalt verbundenes Arbeitsentgelt und damit verbundene, zusätzliche Sachleistungen,

4. die vereinbarten Bedingungen für die Rückkehr des Leiharbeitnehmers.

§ 15 Vertragsstrafe[17]

Für jeden Arbeitstag, an dem der Leiharbeitnehmer rechtswidrig und schuldhaft die ihm zugewiesene Arbeit nicht aufnimmt oder den Arbeitsplatz rechtswidrig und schuldhaft verlässt, verwirkt er eine Vertragsstrafe. Die Höhe der Vertragsstrafe entspricht der Vergütung nach § 6 Abs. (2), die auf einen Arbeitstag entfällt, maximal jedoch der Vergütung nach § 6 Abs. (2), die für den Zeitraum der anwendbaren Kündigungsfrist geschuldet ist. Beträgt die anwendbare Kündigungsfrist mehr als zwei Monate zum Monatsende, beträgt die Vertragsstrafe maximal zwei Brutto-Monatsgehälter. Eine Fehlzeit von mindestens drei Stunden an einem Arbeitstag zählt als ein Fehlarbeitstag i. S. v. S. 1. Der Verleiher behält sich die Geltendmachung weiteren Schadens vor.

§ 16 Merkblatt[18]

Der Leiharbeitnehmer bestätigt, eine gleichlautende Ausfertigung des Arbeitsvertrags und das Merkblatt der Bundesagentur für Arbeit nach § 11 AÜG bei Vertragsschluss erhalten zu haben.

§ 17 Ausschlussfristen/Verjährung[19]

§ 18 Schlussbestimmungen[20]

(1) Unvollständige oder unrichtige Angaben bei der Einstellung, insbesondere im Personalfragebogen, können zur sofortigen Beendigung des Arbeitsvertrags führen.

(2) Der Leiharbeitnehmer wird dem Verleiher alle Änderungen über die Angaben zu seiner Person, soweit sie für den Arbeitsvertrag von Bedeutung sind, unverzüglich mitteilen. Der

Leiharbeitnehmer versichert, unter der jeweils angegebenen Adresse postalisch erreichbar zu sein und dem Verleiher Änderungen der Zustelladresse unverzüglich schriftlich mitzuteilen. Aus der Nichtbeachtung dieser Verpflichtung etwa entstehende Nachteile gehen zu Lasten des Leiharbeitnehmers.

(3) Dieser Arbeitsvertrag ersetzt alle eventuellen vorherigen Vereinbarungen zwischen den Parteien über das Arbeitsverhältnis und etwaige zuvor bestehende Anstellungsverhältnisse jeder Art. Mündliche Nebenabreden bestehen nicht. Änderungen oder Ergänzungen dieses Arbeitsvertrages einschließlich dieser Bestimmung bedürfen zu ihrer Wirksamkeit der Schriftform, es sei denn, diese wurden nachweislich zwischen den Parteien ausgehandelt. Das Schriftformerfordernis bezieht sich auch auf etwaige Ansprüche aus betrieblicher Übung.

(4) Sollte eine Bestimmung dieses Arbeitsvertrags ganz oder teilweise unwirksam sein oder werden, so wird hiervon die Wirksamkeit der übrigen Bestimmungen dieses Arbeitsvertrags nicht berührt. An die Stelle der unwirksamen Bestimmung tritt die gesetzlich zulässige Bestimmung, die dem mit der unwirksamen Bestimmung Gewollten wirtschaftlich am nächsten kommt. Dasselbe gilt für den Fall einer vertraglichen Lücke.

(5) Erfüllungsort und Gerichtsstand richten sich nach den gesetzlichen Vorschriften.

......	......
Ort, Datum	Ort, Datum
......	......
Unterschrift des Verleihers	Unterschrift des Leiharbeitnehmers

Empfangsbestätigung des Leiharbeitnehmers

Der Leiharbeitnehmer bestätigt, dass er eine vom Verleiher unterschriebene vollständige Ausfertigung dieses Arbeitsvertrages am ...... (Datum) erhalten hat.

......

Ort, Datum

......

Unterschrift des Leiharbeitnehmers

Anlage 1[21]

Wesentliche Arbeitsbedingungen im Entleiherbetrieb

Zwischen

...... (Name und Anschrift der Gesellschaft) „Verleiher“

und

Herrn ...... (Name und Anschrift des Arbeitnehmers) „Leiharbeitnehmer“

wird die nachstehende Anlage zu § 3 des Arbeitsvertrags vom ...... abgeschlossen:

...... (Vor- und Nachname des Leiharbeitnehmers) wird als ...... im Entleihbetrieb ...... ab dem ...... eingesetzt.

Die nachstehend genannten wesentlichen Arbeitsbedingungen einschließlich des Arbeitsentgelts eines vergleichbaren Arbeitnehmers des Entleiherbetriebs werden ab Überlassungsbeginn in vollem Umfang gewährt:

1. Im Entleiherbetrieb findet der Tarifvertrag/die Tarifverträge . . . . . . in seiner/ihrer jeweils gültigen Fassung einschließlich der ergänzenden Lohntarifverträge, Zuwendungstarifverträge, ... Anwendung. Der Leiharbeitnehmer erhält eine Ausfertigung der Tarifverträge. Eine weitere Ausfertigung wird zur Personalakte des Leiharbeitnehmers genommen.

2. Zusätzlich zu dem unter Ziffer 1 angegebenen Tarifvertrag finden noch folgende zwischen dem Entleiherbetrieb und seinem Betriebsrat abgeschlossenen Betriebsvereinbarungen Anwendung:

1. . . . . . .

2. . . . . . .

3. . . . . . .

Der Leiharbeitnehmer erhält eine Ausfertigung der Betriebsvereinbarung/-en. Eine weitere Ausfertigung der Betriebsvereinbarung/-en wird zur Personalakte des Leiharbeitnehmers genommen.

3. Im Übrigen gelten für mit dem Leiharbeitnehmer vergleichbare Arbeitnehmer folgende Arbeitsbedingungen:

1. . . . . . .

2. . . . . . .

3. . . . . . .

4. . . . . . .

5. . . . . . .

Der Leiharbeitnehmer bestätigt, eine Ausfertigung der vorstehenden Anlage sowie eine Ausfertigung bzw. Kopie der Unterlagen nach Ziffer . . . . . . erhalten zu haben.

. . . . . .	. . . . . .
Ort, Datum	Ort, Datum
. . . . . .	. . . . . .
Unterschrift des Verleihers	Unterschrift des Leiharbeitnehmers

Anlage 2[22]

Merkblatt für Leiharbeitnehmer der Bundesagentur für Arbeit

Anmerkungen

1. Leiharbeitsvertrag. Nach der Grundkonstellation des AÜG besteht lediglich zwischen dem Verleiher und dem Leiharbeitnehmer ein Arbeitsverhältnis. Nur wenn der der Arbeitnehmerüberlassung zugrunde liegende Arbeitsvertrag zwischen Verleiher und Leiharbeitnehmer nach § 9 Nr. 1 AÜG unwirksam ist, weil der Verleiher nicht die nach § 1 AÜG erforderliche Erlaubnis hat, fingiert § 10 Abs. 1 S. 1 AÜG ein Arbeitsverhältnis zwischen Entleiher und Leiharbeitnehmer.

Das Vorliegen eines Arbeitsverhältnisses zwischen dem Verleiher und dem Leiharbeitnehmer ist zugleich Voraussetzung für die Anwendbarkeit des AÜG. Besteht zwischen Verleiher und – vermeintlichem – Leiharbeitnehmer kein Arbeitsverhältnis, sondern wird Letzterer als freier Mitarbeiter oder selbständiger Werkunternehmer tätig, findet das AÜG keine Anwendung (BAG AP AÜG § 1 Nr. 18).

Gegenüber einem herkömmlichen Arbeitsverhältnis zwischen Arbeitgeber und Arbeitnehmer ist für das Leiharbeitsverhältnis zwischen Verleiher und Leiharbeitnehmer kennzeichnend, dass der Leiharbeitnehmer verpflichtet ist, seine Arbeitsleistung einem Dritten, dem Entleiher, gegenüber zu erbringen und vorübergehend in dessen Betrieb eingegliedert ist (→ Form. A. IX. 1 Anm. 3). Die Frage, ob dem Entleiher durch den Leiharbeitsvertrag ein primärer Leistungsanspruch eingeräumt wird oder ob dem Leiharbeitsvertrag in Bezug auf den Entleiher eine drittschützende Wirkung zukommt, ist in Literatur und Rechtsprechung umstritten (*Schüren/Hamann* Einl. Rn. 130 ff. m. w. N.). Einigkeit besteht jedoch darüber, dass der Entleiher – entweder unmittelbar oder nach den Grundsätzen der Schadensliquidation im Drittinteresse (so z. B. Schaub/*Koch* § 120 Rn. 68) – vertragliche Sekundäransprüche gegen den Leiharbeitnehmer geltend machen kann.

Die ausschließliche Zuordnung des Leiharbeitnehmers zum Verleiher wird des Weiteren im Hinblick auf die Sozialversicherungsbeiträge partiell durchbrochen. Gemäß § 28e Abs. 2 S. 1 SGB IV haftet der Entleiher „wie ein selbstschuldnerischer Bürge" für diejenigen Beiträge zur Kranken-, Pflege-, Renten- und Arbeitslosenversicherung, die auf die Zeit der entgeltlichen Überlassung an ihn entfallen und vom Verleiher nicht oder nicht vollständig abgeführt wurden. Für die Beiträge zur Unfallversicherung haftet er gemäß § 150 Abs. 3 SGB VII i. V. m. § 28e Abs. 2 SGB IV in gleicher Weise.

2. Erlaubnisse. Gemäß § 11 Abs. 1 S. 2 Nr. 1 AÜG muss in dem Arbeitsvertrag neben den üblichen Nachweispflichten aus dem NachwG ein Hinweis auf die Erlaubnisbehörde sowie auf Ort und Datum der Erteilung der Erlaubnis nach § 1 AÜG erfolgen.

Verleiher und Entleiher sollten sich vergewissern, dass **ausländische Leiharbeitnehmer** über die erforderliche Erlaubnis zur Ausübung einer Beschäftigung verfügen. Dies gilt insbesondere im Hinblick auf die drakonischen Sanktionen der §§ 15, 15a AÜG. Danach droht dem Verleiher eine Freiheitsstrafe von bis zu drei Jahren (in besonders schweren Fällen von sechs Monaten bis zu fünf Jahren) oder eine Geldstrafe für die Überlassung eines Leiharbeitnehmers, der den erforderlichen Aufenthaltstitel für die Ausübung der Beschäftigung nicht besitzt, § 15 AÜG. Entleihern drohen dieselben Sanktionen, wenn ausländische Leiharbeitnehmer ohne den erforderlichen Aufenthaltstitel mit Berechtigung zur Ausübung einer Beschäftigung zu deutlich schlechteren Arbeitsbedingungen beschäftigt werden als deutsche Leiharbeitnehmer, die gleiche oder vergleichbare Tätigkeiten ausüben, § 15a AÜG. Zu den Einzelheiten der Beschäftigung von Ausländern → Form. A. II. 4.

3. Tätigkeit. Wie in jedem Arbeitsvertrag ist die vom Leiharbeitnehmer zu leistende Tätigkeit kurz zu **charakterisieren** und zu **beschreiben** (§ 2 Abs. 1 Nr. 5 NachwG). Die in Abs. (1) S. 2 enthaltene Versetzungsklausel gewährleistet, dass der Verleiher an die vereinbarte Tätigkeit nicht zeitlich unbefristet gebunden ist, sondern dem Leiharbeitnehmer im Wege des Direktionsrechts andere Tätigkeiten zuweisen kann (→ Form. A. II. 1 Anm. 2).

Besondere Bedeutung hat im Rahmen des Abschlusses eines Leiharbeitsvertrages die Feststellung der **Fähigkeiten und Qualifikationen** des Leiharbeitnehmers. Da der Leiharbeitnehmer nicht im Betrieb des Verleihers, sondern in wechselnden Betrieben von Entleihern tätig werden soll, muss der Verleiher wissen, für welche Arbeitseinsätze er den Leiharbeitnehmer einsetzen kann. Dies ist insbesondere deshalb wichtig, weil der Verleiher sich gegenüber dem Entleiher zur Auswahl geeigneter Leiharbeitnehmer verpflichtet und für Schäden, die aus einer fehlerhaften Auswahl resultieren, haftet (→ Form. A. IX. 1 Anm. 4, 13). Um spätere Rechtsstreitigkeiten darüber zu vermeiden, welche Fähigkeiten der Leiharbeitnehmer zu besitzen vorgegeben hat, sieht das Formular in § 2 Abs. (2) die ausdrückliche Auflistung der Abschlüsse und Qualifikationen (z. B. abgeschlossene Ausbildung, Meisterbrief, Hochschulstudium etc.) sowie der beruflichen Erfahrungen vor.

§ 2 Abs. (3) enthält die Einverständniserklärung des Leiharbeitnehmers zur Überlassung an wechselnde Entleiher. Hier liegt der maßgebliche Unterschied zu herkömmlichen

Arbeitsverträgen. Ein „normaler" Arbeitsvertrag lässt die **Unterstellung unter ein fremdes Weisungsrecht** nicht zu. Dies ergibt sich aus der gesetzlichen Regelung des § 613 S. 2 BGB, nach der der Anspruch auf die Arbeitsleistung des Arbeitnehmers nicht übertragbar ist. Die Auslegungsregel des § 613 S. 2 BGB kann durch eine entsprechende Vereinbarung abbedungen werden. Der Leiharbeitnehmer muss sich daher ausdrücklich verpflichten, in den ihm vom Verleiher zugewiesenen Entleiherbetrieben nach den Weisungen eines anderen Arbeitgebers zu arbeiten.

§ 2 Abs. (3) S. 2 dient lediglich der Klarstellung, denn der Einsatz des Leiharbeitnehmers in wechselnden Entleiherbetrieben fällt nicht unter den Versetzungsbegriff des § 95 Abs. 3 S. 2 BetrVG, so dass dem Betriebsrat des Verleihers kein Mitbestimmungsrecht nach § 99 BetrVG zusteht. Bei Arbeitnehmern, die aufgrund der Eigenart ihres Arbeitsverhältnisses nicht ständig an einem bestimmten Arbeitsplatz, sondern vielmehr ständig an wechselnden Arbeitsplätzen beschäftigt werden, gilt die Bestimmung des jeweiligen Arbeitsplatzes nicht als Versetzung. Bei stetig wechselnden Beschäftigungsorten prägt gerade dieser Wechseleinsatz das Arbeitsverhältnis, so dass die Begriffsmerkmale einer **Versetzung** i. S. d. § 95 Abs. 3 BetrVG nicht vorliegen. Eine Versetzung läge in einem solchen Fall vielmehr erst vor, wenn man die Beschäftigung im Wechseleinsatz aufhöbe (Richardi/*Thüsing* § 99 Rn. 117). Dem Betriebsrat des Verleihers steht deshalb kein Mitbestimmungsrecht nach § 99 BetrVG zu. Beteiligt werden muss allerdings gemäß § 14 Abs. 3 AÜG der Betriebsrat des Entleiherbetriebs, da die Übernahme des Leiharbeitnehmers als Einstellung angesehen wird. Der Entleiherbetriebsrat kann binnen einer Woche nach Zugang der Information gemäß § 99 Abs. 1 BetrVG seine Zustimmung zur Einstellung aus den in § 99 Abs. 2 BetrVG abschließend aufgeführten Gründen verweigern. Der Betriebsrat kann insbesondere die Ausschreibung von Arbeitsplätzen verlangen, die mit Leiharbeitnehmern besetzt werden sollen (BAG NJW 2011, 1757). Er hat jedoch keinen Anspruch darauf, über die Höhe des Entgelts der als Stamm- und Leiharbeitnehmer beschäftigten Mitarbeiter informiert zu werden (BAG NZA 2011, 1435).

4. Regelung der Arbeitsbedingungen. Durch das Erste Gesetz für moderne Dienstleistungen am Arbeitsmarkt ist mit Wirkung vom 1.1.2003 das Gleichstellungsgebot, auch **„Equal-Pay-Gebot"** oder präziser **„Schlechterstellungsverbot"** genannt (→ Anm. 5), eingeführt worden. Dieses wurde durch das Änderungsgesetz mit dem Untertitel „Verhinderung von Missbrauch der Arbeitnehmerüberlassung" vom 28.4.2011 weiter präzisiert. Gemäß § 9 Nr. 2 AÜG sind Verträge zwischen Verleiher und Leiharbeitnehmer **unwirksam,** wenn sie für die Zeit der Überlassung Arbeitsbedingungen vorsehen, die schlechter sind als die für einen vergleichbaren Stammarbeitnehmer des Entleihers geltenden Arbeitsbedingungen. Ausnahmen von diesem Schlechterstellungsverbot bestehen, wenn ein einschlägiger Tarifvertrag auf das Leiharbeitsverhältnis Anwendung findet. Dieser darf jedoch nicht die Mindestbedingungen einer nach § 3a AÜG in Kraft getretenen Rechtsverordnung, also einen definierten Mindestlohn, unterschreiten (→ Anm. 7). Darüber hinaus gelten für solche Leiharbeitnehmer, die in den letzten sechs Monaten vor der Überlassung bei dem Entleiherbetrieb oder einem verbundenen Konzernunternehmen beschäftigt waren, in jedem Falle die gleichen Arbeitsbedingungen wie für Stammarbeitnehmer. Im Falle eines Verstoßes gegen das Schlechterstellungsverbot kann der Leiharbeitnehmer gemäß § 10 Abs. 4 AÜG von dem Verleiher die Gewährung der im Betrieb des Entleihers für einen vergleichbaren Arbeitnehmer geltenden Arbeitsbedingungen nebst Arbeitsentgelt verlangen.

Wegen des Schlechterstellungsverbots sind Verleiher und Leiharbeitnehmer gehindert, individuell die Arbeitsbedingungen des Leiharbeitsvertrages auszuhandeln. Das Schlechterstellungsverbot verletzt weder die negative Koalitionsfreiheit noch die Berufsfreiheit der Verleiher (BVerfG NZA 2005, 153). Die Gestaltung des Vertrages zwischen Verleiher und Leiharbeitnehmer hängt maßgeblich davon ab, ob auf das Arbeitsverhältnis ein einschlägiger Tarifvertrag Anwendung findet. Das Formular geht grundsätzlich davon aus, dass dies nicht der Fall ist und sieht nur jeweils in der Alternative Klauseln vor, die im Fall einer Anwendung von Tarifverträgen der Zeitarbeitsbranche verwandt werden können.

5. Anwendung der Arbeitsbedingungen im Entleiherbetrieb. Wie dargelegt, müssen die Leiharbeitsvertragsparteien grundsätzlich mindestens die **Gewährung der wesentlichen Arbeitsbedingungen für vergleichbare Arbeitnehmer** des Entleihers vereinbaren. Da es sich nicht um ein Gleichbehandlungsgebot, sondern um ein Schlechterstellungsverbot handelt, der Ausdruck „Equal-Pay" ist insofern missverständlich, ist auch eine **Besserstellung** des Leiharbeitnehmers zulässig (zweifelnd *Freckmann* DStR 2003, 294, 295).

Maßgeblich ist, welche Arbeitsbedingungen für einen vergleichbaren Stammarbeitnehmer des Entleihers gelten. Gibt es mehrere vergleichbare Arbeitnehmer, für die unterschiedliche, individuell ausgehandelte Arbeitsbedingungen gelten, genügt es, wenn dem Leiharbeitnehmer das **Minimum** gewährt wird. Es entspricht nicht dem Sinn und Zweck des § 9 Nr. 2 AÜG, den Leiharbeitnehmer besser zu stellen als einige der Stammarbeitnehmer (so auch *Lembke* BB 2003, 98, 101; *Freckmann* DStR 2003, 294, 295). Nicht geregelt ist, was gilt, wenn es vollständig an vergleichbaren Arbeitnehmern fehlt. In einem solchen Fall muss ermittelt werden, welche Arbeitsbedingungen für vergleichbare Arbeitnehmer in ähnlichen Betrieben **üblicherweise** (z.B. durch Tarifvertrag) gelten würden (*Freckmann* DStR 2003, 294, 295; *Boemke/Lembke* § 9 Rn. 109).

Erhebliche Unsicherheit besteht darüber, welche Arbeitsbedingungen als **„wesentlich"** i.S.d. § 9 Nr. 2 Halbs. 1 AÜG anzusehen sind. Die Richtlinie über die Arbeitsbedingungen für Leiharbeitnehmer 2002/0072 (COD), auf die sich die EU-Arbeitsminister am 10.6.2008 geeinigt haben, definiert in Art. 3 Nr. 1 lit. f) RL 2008/104/EG die wesentlichen Arbeits- und Beschäftigungsbedingungen als diejenigen, die durch Gesetz, Verordnung, Verwaltungsvorschrift, Tarifvertrag und/oder sonstige Bestimmungen allgemeiner Art festgelegt sind und sich auf folgende Punkte beziehen: Dauer der Arbeit, Überstunden, Pausen, Ruhezeiten, Nachtarbeit, bezahlter Urlaub, arbeitsfreie Tage und das Arbeitsentgelt. Daneben beinhaltet dies auch den Zugang zu den Gemeinschaftseinrichtungen, wie insbesondere Kantinen, Kindergärten, Kitas sowie Fahrdienste zum Transport von Arbeitnehmern, wie § 13b AÜG nun weiterhin feststellt. Sozialleistungen einschließlich einer betrieblichen Altersversorgung oder der Dienstwagen gehören grundsätzlich ebenfalls zu den wesentlichen Arbeitsbedingungen (*Röder/Krieger* DB 2006, 2122). Bei einer Vielzahl sonstiger Bedingungen wird das Problem der Gewährung allerdings regelmäßig dadurch entschärft werden, dass Lohnnebenleistungen meist eine längere Betriebszugehörigkeit voraussetzen und damit bei Überlassungen für kurze Zeiträume nicht zu gewähren sind. Nach § 13a AÜG muss der Entleiher den Leiharbeitnehmer zusätzlich auch über offene Arbeitsplätze in seinem Unternehmen informieren. Hiermit kommt der vorübergehende Charakter der Leiharbeit zum Ausdruck. Das Gesetz strebt eine Überführung der Leiharbeitnehmer in unbefristete Beschäftigung an (BAG NJW 2011, 1757; *Leuchten* NZA 2011, 608, 611).

Da die dem Leiharbeitnehmer zu gewährenden Arbeitsbedingungen sich mit jedem Einsatz bei einem neuen Entleiherbetrieb ändern, sieht das Formular die Bezugnahme auf eine Anlage vor, in der der Leiharbeitnehmer bestätigt, die jeweils einschlägigen Arbeitsbedingungen beim Entleiherbetrieb in schriftlicher Form ausgehändigt bekommen zu haben. Die erforderlichen schriftlichen Informationen über den Entleiherbetrieb erhält der Verleiher durch den Vertragsschluss mit dem Entleiher. Dieser ist gemäß § 12 Abs. 1 S. 3 AÜG verpflichtet, in der Vertragsurkunde anzugeben, welche wesentlichen Arbeitsbedingungen einschließlich des Arbeitsentgelts in seinem Betrieb für einen vergleichbaren Arbeitnehmer gelten (→ Form. A. IX. 1 Anm. 6).

6. Anwendbarkeit von Tarifverträgen und Betriebsvereinbarungen. Die Alternative sieht eine Klausel für Leiharbeitsverträge vor, die wegen der Anwendung eines Tarifvertrags vom Schlechterstellungsverbot ausgenommen sind, § 9 Nr. 2 Halbs. 3 oder 4 AÜG.

Wirksame Zeitarbeitstarifverträge wurden etwa von **DGB-Gewerkschaften** mit dem Bundesverband Zeitarbeit Personal-Dienstleistungen e.V. (BZA) und mit dem Interessenverband Deutscher Zeitarbeitsunternehmen (iGZ e.V.) abgeschlossen. Als problematisch erweist sich eine Bezugnahme auf die Tarifverträge, die die **Tarifgemeinschaft Christliche Gewerkschaften Zeitarbeit und PSA** (CGZP) seit Anfang 2003 mit Verleihern abgeschlossen hat. Mit seiner Entscheidung vom 14.12.2010 erklärte das BAG die CGZP für nicht tariffähig. Als Folge dieser Entscheidung sind die von der CGZP abgeschlossenen Tarifverträge als von Anfang an nichtig anzusehen (BAG NZA 2011, 289).

Nach einer Mindermeinung in der Literatur erlaubt die Ausnahmevorschrift des § 9 Nr. 2 Halbs. 3, 4 AÜG nicht nur eine Abweichung vom Schlechterstellungsverbot, wenn der Tarifvertrag selbst abweichende Regelungen trifft, sondern auch dann, wenn der anwendbare Tarifvertrag Ausnahmen zulässt und die „Ausfüllung" durch die Arbeitsvertrags- oder Betriebsparteien erfolgt (*Boemke/Lembke* § 9 Rn. 233 f. m.w.N.). Richtig ist, dass der Wortlaut des § 9 Nr. 2 Halbs. 3 AÜG („. . . . . . ein Tarifvertrag kann abweichende Regelungen zulassen . . . . . .") eine solche Auslegung nahe legt. Die Begründung des Gesetzentwurfs der Regierungsfraktionen deutet jedoch in eine andere Richtung: Danach ermöglicht es die Ausnahmevorschrift „. . . . . . den Tarifvertragsparteien, die Arbeitsbedingungen flexibel zu gestalten . . . . . ." (BT-Drucks. 15/25 S. 42). Dies spricht dafür, dass eine Abweichung vom Schlechterstellungsverbot nur dann zulässig ist, wenn der anwendbare Tarifvertrag selbst entsprechende Regelungen über Arbeitsbedingungen enthält.

Die Ausnahmevorschrift ist zum einen erfüllt, wenn ein entsprechender Tarifvertrag kraft **beiderseitiger Tarifbindung normativ** gilt. Es genügt jedoch auch, dass der Tarifvertrag durch **einzelvertragliche Inbezugnahme** im Arbeitsvertrag zur Anwendung gelangt. Voraussetzung ist dann allerdings, dass der Betrieb, in dem der Leiharbeitnehmer beschäftigt wird, in den **Geltungsbereich des Tarifvertrages** fällt. Dies bestimmt § 9 Nr. 2 Halbs. 4 AÜG ausdrücklich („. . . . . . im Geltungsbereich eines solchen Tarifvertrages . . . . . ."). Dies bedeutet, dass der Tarifvertrag – abgesehen von der fehlenden Tarifbindung – einschlägig sein muss. Die Bezugnahme auf einen branchenfremden Tarifvertrag oder auf einen Firmentarifvertrag eines anderen Unternehmens genügt nicht. Für Mischunternehmen, die nicht überwiegend gewerbsmäßige Arbeitnehmerüberlassung betreiben, scheidet somit die Bezugnahme auf einen Verbandstarifvertrag der Zeitarbeitsbranche aus (*Boemke/Lembke* § 9 Rn. 420). Leiharbeitsunternehmen mit ausschließlichem Sitz im Ausland können nach Auffassung der Bundesagentur für Arbeit nicht auf einen Verbandstarifvertrag der Zeitarbeitsbranche Bezug nehmen. Begründet wird dies damit, dass der Anwendungsbereich der Zeitarbeitstarifverträge räumlich auf die Bundesrepublik Deutschland beschränkt ist und daher die Bezugnahme nur dann erfolgen kann, wenn der Sitz des Verleihers innerhalb dieses räumlichen Geltungsbereichs liegt.

Die nachträgliche Einführung einer solchen Bezugnahmeklausel kann einvernehmlich oder durch Änderungskündigung erfolgen. Diese Änderungskündigung unterliegt voll den von der Rechtsprechung aufgestellten Anforderungen an eine Änderungskündigung zur Entgeltabsenkung. Allein das Interesse des Arbeitgebers an der Vereinheitlichung der Arbeitsbedingungen in seinem Betrieb reicht nicht aus, um ein dringendes betriebliches Erfordernis zur Änderungskündigung darzulegen (BAG AP KSchG 1969 § 2 Nr. 82).

Möglich ist es schließlich, lediglich auf **einzelne Regelungskomplexe** der einschlägigen Tarifverträge zu verweisen und im Übrigen entsprechend dem Schlechterstellungsverbot die Arbeitsbedingungen beim Entleiherbetrieb anzuwenden (*Boemke/Lembke* § 9 Rn. 434). Dies wird allerdings i.d.R. nicht praktikabel sein. Das Formular sieht daher vor, dass die jeweiligen Tarifverträge der Zeitarbeitsbranche insgesamt in Bezug genommen werden. Soweit einzelne Gegenstände nicht durch diese Tarifverträge geregelt sein sollten, da es sich nicht um wesentliche Arbeitsbedingungen handelt (z.B. Rauchverbot), kann gegebenenfalls auf im Verleiherbetrieb geltende **Betriebsvereinbarungen** verwiesen werden.

7. Mindestlohn. In der Vergangenheit wurden bereits verschiedene Anläufe unternommen, um einen Mindestlohn für die Zeitarbeitsbranche gesetzlich zu verankern. Mit dem ersten Gesetz zur Änderung des Arbeitnehmerüberlassungsgesetzes zur Verhinderung von Missbrauch der Arbeitnehmerüberlassung vom 28.4.2011 wurde die Möglichkeit geschaffen, Mindestlöhne für Leiharbeitnehmer einzuführen. Hierfür muss das in § 3a AÜG vorgesehene Verfahren durchlaufen werden. Die Festlegung erfolgt durch eine Rechtsverordnung auf Anregung der in § 3a AÜG genannten Tarifvertragsparteien. Hiervon wurde auch bereits Gebrauch gemacht. Die Einführung eines bundesweiten gesetzlichen Mindestlohns wurde in den zwischen CDU/CSU und SPD vereinbarten Koalitionsvertrag für die 18. Legislaturperiode aufgenommen.

8. Einsatzgebiet/Wegezeiten. Wesentlicher Regelungsgegenstand eines Leiharbeitsvertrages ist das örtliche Einsatzgebiet des Leiharbeitnehmers. Es handelt sich hierbei um eine spezifische Leiharbeitsvertragsbestimmung, die primär die „Verleihbarkeit" des Leiharbeitnehmers betrifft. Es verstößt daher nicht gegen § 9 Nr. 2 Halbs. 1 AÜG, insoweit keine Gleichstellung mit den Arbeitnehmern im Entleiherbetrieb herbeizuführen, sondern eine eigenständige Regelung zu treffen. Eine **Ungleichbehandlung** bei Vorliegen eines solchen sachlichen Grundes ist möglich (*Lembke* BB 2003, 98, 103).

Normale Arbeitsverträge enthalten häufig gar keine oder eine sehr weitgehende **Versetzungsklausel,** die die Zuweisung einer Tätigkeit z. B. innerhalb des Gebiets der Bundesrepublik Deutschland erlaubt. Bei einem Leiharbeitsverhältnis besteht die Besonderheit, dass ein häufiger Wechsel des Einsatzgebiets bereits im Vertrag angelegt ist, d. h. dass der Leiharbeitnehmer häufig ohne Wechsel seines Wohnorts an verschiedenen Arbeitsorten eingesetzt werden soll. Da also vom Leiharbeitnehmer eine größere Flexibilität als von einem normalen Arbeitnehmer erwartet wird, ist eine Wegezeit von unter eineinhalb Stunden für den Leiharbeitnehmer regelmäßig als hinnehmbar anzusehen.

Damit die Möglichkeiten, den Leiharbeitnehmer bei interessierten Entleihern einzusetzen, nicht vorab beschränkt werden, empfiehlt sich die Aufnahme einer **kombinierten Einsatzklausel,** wie sie das Formular vorsieht. Danach wird der Leiharbeitnehmer regelmäßig innerhalb eines durch die Entfernung von der einstellenden Geschäftsstelle des Verleihers definierten Einsatzgebiets tätig. Liegt der Betrieb des Entleihers, in den der Leiharbeitnehmer entsandt wird, weiter entfernt, so wird die Wegezeit als Arbeitszeit angesehen und entsprechend vergütet, soweit eine bestimmte Zeitspanne (z. B. 90 Minuten) überschritten wird. Als Maßstab dient insoweit das günstigste öffentliche Verkehrsmittel. Die Vergütung erfolgt jedoch nur, soweit der Leiharbeitnehmer tatsächlich – z. B. mit dem Pkw – eine entsprechend lange Wegezeit aufwenden muss. Zur Klarstellung sollte darauf hingewiesen werden, dass für die zu vergütende Wegezeit keine Zulagen (z. B. Erschwerniszulagen) gezahlt werden. Da es sich, wie eingangs dargelegt, um eine spezifische Leiharbeitsvertragsbestimmung handelt, greift das Schlechterstellungsverbot nicht ein, zumal der Leiharbeitnehmer für die im Entleiherbetrieb erbrachte Arbeitsleistung die Vergütung erhält, die auch die Stammarbeitnehmer des Entleihers erhalten.

In der Alternative sieht das Formular einen Verweis auf die Tarifverträge der Zeitarbeitsbranche vor. Enthalten diese, wie z. B. der Manteltarifvertrag der BZA, selbst Einsatzregelungen, ist eine eigenständige Regelung nicht erforderlich.

9. Laufzeit/Kündigung. Der Leiharbeitsvertrag kann wie ein „normaler" Arbeitsvertrag unbefristet oder befristet abgeschlossen werden.

Die Zulässigkeit einer Befristung richtet sich nach den allgemeinen Regeln, insbesondere nach **§ 14 TzBfG** (→ Form. A. V. 1-7). Gemäß § 14 Abs. 2 TzBfG können Arbeitsverträge nur **maximal bis zu einer Dauer von zwei Jahren** befristet und in dieser Zeit **höchstens dreimal verlängert** werden. Dabei steht das Anschlussbefristungsverbot des § 14 Abs. 2 S. 2 TzBfG einem sich nach Ausschöpfung der maximal zweijährigen Befristungsdauer anschließendem Einsatz als Leiharbeitnehmer im Betrieb des bisherigen

Arbeitgebers nicht entgegen. Das Anschlussverbot knüpft nicht an eine vorangegangene Beschäftigung in demselben Betrieb an, sondern allein daran, dass der Vertragsarbeitgeber, also die natürliche oder juristische Person, die mit dem Arbeitnehmer den Arbeitsvertrag geschlossen hat, in beiden Arbeitsverhältnissen identisch ist (BAG NZA 2007, 443; LAG Hannover NZA-RR 2003, 624). Im Übrigen erfordert – von Ausnahmeregelungen und § 14 Abs. 3 TzBfG abgesehen – jede Befristung einen **Sachgrund,** § 14 Abs. 1 TzBfG. Maßgeblich ist die rechtliche Zuordnung des Leiharbeitnehmers zum Verleiher und nicht zum Entleiher. Befristungsgründe können sich also nur aus diesem Verhältnis ergeben. Ein Sachgrund für eine Befristung ist bei Leiharbeitnehmern tendenziell schwieriger zu begründen als bei normalen Arbeitnehmern. Es ist insbesondere anerkannt, dass der Befristungsgrund des § 14 Abs. 1 S. 2 Nr. 4 TzBfG – Eigenart einer Arbeitsleistung – für Leiharbeitsverhältnisse nicht einschlägig ist (*Schüren/Behrend* NZA 2003, 521, 522 m. w. N.). Auch kann der Befristungsgrund des § 14 Abs. 1 S. 2 Nr. 1 TzBfG – vorübergehender Bedarf – lediglich in Ausnahmefällen, wie z. B. bei der Einstellung von Saisonarbeitskräften, mit den zeitlich begrenzten Überlassungen begründet werden. Schließlich wird der Befristungsgrund des § 14 Abs. 1 S. 2 Nr. 3 TzBfG – Vertretung – selten vorliegen, da regelmäßig von der Austauschbarkeit der Leiharbeitnehmer auszugehen ist.

Zum unbefristeten Arbeitsvertrag mit vorgeschalteter Probezeit – wie im Formular gewählt – → Form. A. II. 1 Anm. 18.

Der **gesetzliche Kündigungsschutz** gilt ohne Einschränkung auch für Leiharbeitsverhältnisse. Fehlt es an geeigneten Überlassungsmöglichkeiten, rechtfertigt dies eine betriebsbedingte Kündigung nur, wenn es sich nicht lediglich um ein vorübergehendes Problem handelt. Wenn ein dauerhafter Überhang an Arbeitskräften wahrscheinlich ist, kann der Arbeitgeber darauf mit betriebsbedingten Kündigungen reagieren (BAG AP KSchG 1969 § 1 Betriebsbedingte Kündigung Nr. 45; BAG AP AÜG § 9 Nr. 7). Bei der Sozialauswahl ist zu berücksichtigen, dass grundsätzlich auch die gerade bei einem Entleiher eingesetzten Leiharbeitnehmer einbezogen werden müssen.

Das Abmahnungserfordernis bei einer verhaltensbedingten Kündigung gilt ohne Ausnahme auch für Arbeitnehmerüberlassungsunternehmen. Sie tragen das Risiko, dass der Arbeitnehmer aus verhaltensbedingten Gründen nicht mehr beim Kunden eingesetzt werden kann, weil der Kunde eine Beschäftigung ablehnt. Der Schutz des Arbeitnehmers wird nicht dadurch verringert, dass ein Dritter mit eigener Begründung die Beschäftigung des Arbeitnehmers für nicht möglich erklärt (LAG Hannover BeckRS 2004, 40353).

Die **Kündigungsfristen** können Verleiher und Leiharbeitnehmer im Rahmen der Grenzen des § 622 BGB frei vereinbaren. Das Schlechterstellungsverbot des § 9 Nr. 2 Halbs. 1 AÜG greift nicht ein, da im Hinblick auf die Ambivalenz von Kündigungsfristen eine Qualifizierung als „besser" oder „schlechter" nicht möglich ist. Längere Kündigungsfristen erhöhen zwar den Bestandsschutz, binden aber auch länger (so auch MünchHdbArbR/*Rieble/Klumpp* § 183 Rn. 53).

In der Alternative sieht das Formular einen Verweis auf die Tarifverträge der Zeitarbeitsbranche vor, die regelmäßig Kündigungsfristen vorsehen.

Hinsichtlich der Abs. (3) bis (6) → Form. A. II. 1 Anm. 19, 21, 22, 23.

10. Vergütung/Sonstige Leistungen/Aufwendungsersatz. Für die Vergütung, die sonstigen Leistungen und den Aufwendungsersatz während der Verleihung gilt das Schlechterstellungsverbot des § 9 Nr. 2 Halbs. 1 AÜG. § 6 Abs. (1) verweist daher vollumfänglich auf § 3 und die darin bezeichneten Arbeitsbedingungen des Entleiherbetriebs.

Das Verbot der Schlechterstellung gilt jedoch nicht in **verleihfreien Zeiten.** § 6 Abs. (2) sieht daher eine eigenständige Regelung der Vergütung für diese Zeiträume vor. Hiermit ist zugleich § 11 Abs. 1 S. 2 Nr. 2 AÜG genügt, der eine Niederschrift über die Art und Höhe der Leistungen für Zeiten verlangt, in denen der Arbeitnehmer nicht verliehen ist.

Der erforderliche sachliche Grund für diese Teilbefristung ist gegeben, da der Leiharbeitnehmer in verleihfreien Arbeitszeiten keine Arbeitsleistung erbringt und für den Verleiher keine Einkünfte erzielt. Grundsätzlich gilt insoweit die individuelle Vertragsfreiheit bis zur Grenze der Sittenwidrigkeit und des Lohnwuchers gemäß § 138 BGB (*Schüren/Hamann* § 9 Rn. 148). Das BAG hat bisher keine Richtwerte zur Feststellung eines auffälligen Missverhältnisses zwischen Leistung und Gegenleistung entwickelt, sondern lediglich festgestellt, dass weder auf den Abstand zwischen Arbeitsentgelt und Sozialhilfe abgestellt werden kann, noch die Pfändungsgrenze des § 850c ZPO Anhaltspunkte liefert (BAG AP BGB § 138 Nr. 59). In der Literatur wird vorgeschlagen, dass die Vergütung für Zwischenzeiten nicht mehr als 30 Prozent unter dem üblichen Tariflohn vergleichbarer Leiharbeitnehmer für die Einsatzzeiten liegen darf (*Schüren/Hamann* § 9 Rn. 148 m. w. N.).

Im Übrigen gelten in verleihfreien Zeiten weiterhin die Arbeitsbedingungen, die während der letzten Einsatzzeit bei einem Entleiher Anwendung fanden. Diese Regelung ist praktikabel, da sie die Parteien des Leiharbeitsvertrages davon entbindet, bei jeder kurzen Einsatzpause eine „Umstellung" sämtlicher Arbeitsbedingungen vornehmen zu müssen. Die Arbeitsbedingungen mit Ausnahme der Vergütung ergeben sich dann weiterhin aus der dem Leiharbeitnehmer bei seinem letzten Einsatz vorgelegten schriftlichen Mitteilung.

§ 6 Abs. (3) und (4) enthalten einen Zustimmungsvorbehalt bei Abtretungen oder Verpfändungen des Vergütungsanspruchs sowie einen vertraglichen Erstattungsanspruch. Es handelt sich hierbei nicht um wesentliche Arbeitsbedingungen, so dass eine Gleichbehandlung mit den Stammarbeitnehmern nicht erforderlich ist.

In der Alternative sieht das Formular einen Verweis auf die Tarifverträge der Zeitarbeitsbranche vor.

11. Arbeitszeit/Urlaub/Nebentätigkeiten. Bei der Arbeitszeit, beim Urlaub und bei der Zulässigkeit von Nebentätigkeiten handelt es sich um wesentliche Arbeitsbedingungen, für die jeweils auf vergleichbare Arbeitnehmer im Entleiherbetrieb abgestellt werden kann oder die wie im Arbeitsvertrag ohne Tarifbindung vorgesehen (→ Form. A. II. 1) geregelt werden können. In der Alternative sieht das Formular einen Verweis auf die Tarifverträge der Zeitarbeitsbranche vor.

12. Ärztliche Untersuchung/Abwesenheit/Krankheit. In § 10 Abs. (1) wird das Leiharbeitsverhältnis unter die auflösende Bedingung der gesundheitlichen Nichteignung des Leiharbeitnehmers gestellt (→ Form. A. II. 1 Anm. 10). Da diese Vertragsklausel die Begründung des Leiharbeitsverhältnisses – noch vor dem ersten Einsatz bei einem Entleiher – betrifft, kommt ein Verstoß dieser Regelung gegen das Schlechterstellungsverbot nicht in Betracht.

In § 10 Abs. (2) bis (3) enthält das Formular zusammengefasst einige wesentliche Pflichten bei Abwesenheit und Arbeitsunfähigkeit des Leiharbeitnehmers. Da es sich um deklaratorische Bestimmungen handelt, die lediglich die gesetzlichen Vorgaben des § 5 EFZG wiedergeben, ist eine Schlechterstellung gegenüber Stammarbeitnehmern grundsätzlich nicht zu befürchten. Anderes gilt nur dann, wenn Tarifverträge des Entleihers ausnahmsweise zugunsten der Stammarbeitnehmer von den Vorgaben des EFZG abweichen. In der Alternative sieht das Formular einen Verweis auf die Tarifverträge der Zeitarbeitsbranche vor.

13. Arbeitsnachweis. Im Verhältnis zwischen Verleiher und Entleiher bemisst sich die Vergütung regelmäßig nach der Anzahl der vom Leiharbeitnehmer geleisteten Stunden, für die jeweils ein bestimmter Stundensatz vereinbart wird (→ Form. A. IX. 1, dort unter § 3). Das Formular sieht deshalb eine Verpflichtung des Leiharbeitnehmers zur Erstellung und Abzeichnung von Stundennachweisen vor.

14. Geheimhaltung/Behandlung von Gegenständen und Daten/Treuepflicht. Im Verhältnis zwischen Verleiher und Leiharbeitnehmer bedarf es einer ausdrücklichen Regelung der Verschwiegenheitspflichten und der Pflichten im Umgang mit Firmeneigentum. Da es sich hierbei um wesentliche Arbeitsbedingungen handelt, sind während der Zeiten beim Entleiher die dort für vergleichbare Stammarbeitnehmer geltenden Bestimmungen maßgebend. Da ein Arbeitsverhältnis mit den vertraglichen Nebenpflichten nur zum Verleiher besteht, sieht § 12 Abs. (7) eine entsprechende Verpflichtung vor. Zur Aufnahme einer solchen vertraglichen Regelung ist der Verleiher regelmäßig auch **durch den Überlassungsvertrag verpflichtet** (→ Form. A. IX. 1, dort unter § 8).

Da sich Verschwiegenheitspflichten und Regelungen zum Umgang mit Firmeneigentum häufig nicht in Tarifverträgen finden, enthält § 12 keine Verweisklausel. Sollte dies ausnahmsweise doch der Fall sein und sind die tarifvertraglichen Regelungen für den Leiharbeitnehmer günstiger, finden diese Anwendung.

Zur **Treuepflicht** im Übrigen → Form. A. IX. 1 Anm. 10.

15. Unfallverhütung/Unfallmeldung. Da die Leiharbeitnehmer im Entleiherbetrieb arbeiten, bestimmt § 16 Abs. 1 SGB VII ausdrücklich, dass die spezifischen Unfallverhütungsvorschriften sowie die sonstigen Einrichtungen und Maßnahmen zur Unfallverhütung auch auf die Leiharbeitnehmer zu erstrecken sind. Der Entleiher ist verpflichtet, für die Einhaltung der Unfallverhütungsvorschriften seiner Berufsgenossenschaft zu sorgen. Da ein arbeitsvertragliches Verhältnis nur zwischen Leiharbeitnehmer und Verleiher besteht, ist der Leiharbeitnehmer im Leiharbeitsvertrag ausdrücklich von dem Verleiher zu verpflichten, die beim Entleiher jeweils geltenden Unfallverhütungsvorschriften und arbeitssicherheitstechnischen Anweisungen einzuhalten sowie sich über deren Inhalt zu informieren. Für den Fall, dass für die Einsatztätigkeit Schutzkleidung getragen werden muss, sollte auch insoweit eine entsprechende Verpflichtungsklausel aufgenommen werden.

In der Alternative sieht das Formular ergänzend einen Verweis auf die Tarifverträge der Zeitarbeitsbranche vor.

16. Nachweispflicht. § 14 des Formulars ist eine Wiederholung des Wortlauts von § 2 Abs. 2 NachwG.

17. Vertragsstrafe. Das Formular sieht eine in der Zeitarbeitsbranche übliche Vertragsstrafenregelung für den Fall vor, dass der Leiharbeitnehmer die ihm zugewiesene Arbeit nicht aufnimmt oder den Arbeitsplatz rechtswidrig und schuldhaft verlässt. Diese soll den Verleiher vor **unzuverlässigen Leiharbeitnehmern** schützen.

Eine Vertragsstrafenregelung war früher nach der Rechtsprechung auch in formularmäßigen Arbeitsverträgen zulässig, sofern bestimmte Höchstgrenzen beachtet wurden. Daran hat sich nach der Rechtsprechung des **BAG** auch nach der Änderung des BGB durch das Schuldrechtsmodernisierungsgesetz und der Einführung der AGB-Kontrolle von Vertragsstrafen nichts geändert. Zwar sieht § 309 Nr. 6 BGB die generelle Unzulässigkeit von Vertragsstrafen in Formularverträgen vor. Dies gilt aber nicht für **Formulararbeitsverträge,** in denen die Vereinbarung einer **Vertragsstrafe** wegen der im Arbeitsrecht geltenden Besonderheiten, § 310 Abs. 4 S. 2 BGB, insbesondere der fehlenden Vollstreckbarkeit der Arbeitspflicht – im Rahmen des Angemessenen – **zulässig** ist (BAG BB 2004, 1740, 1743). Bei der Frage der Angemessenheit ist nach der Rechtsprechung des BAG zum Schutz des Arbeitnehmers ein strenger Maßstab anzulegen, bei dessen Verletzung eine den Arbeitnehmer unangemessen benachteiligende Vertragsstrafenabrede nach § 307 Abs. 1 BGB unwirksam ist (BAG NJW 2011, 408). Die Höhe der Vertragsstrafe muss daher insbesondere in Relation zu der Pflichtverletzung stehen. Deshalb hängt im Formular die Höhe der Vertragsstrafe von der Anzahl der Fehltage ab. Will der Verleiher die Wirksamkeit einer darüber hinausgehenden Vertragsstrafenregelung sicherstellen, muss er diese mit dem Leiharbeitnehmer individuell verhandeln, was in der Praxis jedoch kaum möglich sein wird. Zur Vertragsstrafe allgemein → Form. A. II. 1 Anm. 20.

18. Arbeitsvertrag und Merkblatt. Gemäß § 11 Abs. 2 AÜG ist der Verleiher verpflichtet, dem Leiharbeitnehmer bei Vertragsschluss ein Merkblatt der Erlaubnisbehörde über den wesentlichen Inhalt des AÜG auszuhändigen. Nichtdeutsche Leiharbeitnehmer erhalten das Merkblatt auf Verlangen in ihrer Muttersprache. Das Merkblatt wird von den Regionaldirektionen der Bundesagentur für Arbeit auf Anfrage verschickt. Zudem ist das Merkblatt über das Internet verfügbar unter www.arbeitsagentur.de.

19. Ausschlussfristen/Verjährung. → Form. A. II. 1, dort unter § 11 und → Anm. 24.

20. Schlussbestimmungen. → Form. A. II. 1 Anm. 27–30.

21. Anlage 1 Wesentliche Arbeitsbedingungen beim Entleiherbetrieb. → Anm. 5.

22. Anlage 2 Merkblatt für Leiharbeitnehmer. → Anm. 18.

3. Vertrag über konzerninterne Arbeitnehmerüberlassung

Vertrag[1]

zwischen

. . . . . . (Name und Anschrift des Arbeitgebers) „Verleiher"

und

. . . . . . (Name und Anschrift der Konzerngesellschaft) „Entleiher"

und

Herrn . . . . . . (Name und Anschrift des Mitarbeiters) „Mitarbeiter"[2]

§ 1 Konzerninterner Verleih[3]

(1) Der Verleiher verpflichtet sich, dem Entleiher den Mitarbeiter vom . . . . . . bis zum . . . . . . zu überlassen. Der Mitarbeiter ist mit seiner Überlassung einverstanden.

(Alternative:

(1) Der Verleiher verpflichtet sich, dem Entleiher den Mitarbeiter zur Verfügung zu stellen. Die Überlassung endet mit dem Wegfall des zusätzlichen Arbeitsbedarfs in der Abteilung . . . . . ., ohne dass es einer Kündigung bedarf. Der Mitarbeiter ist mit seiner Überlassung einverstanden.)

(2) Verleiher und Entleiher können den Arbeitnehmerüberlassungsvertrag spätestens am 15. eines Monats zum Schluss des Kalendermonats ordentlich kündigen. Die Kündigung bedarf zu ihrer Wirksamkeit der Schriftform.[4]

§ 2 Erstattung der Personalkosten[5]

Der Entleiher erstattet dem Verleiher für die Dauer des Verleihs sämtliche Personalkosten, die der Verleiher für den Mitarbeiter zu tragen hat. Zusätzlich zahlt der Entleiher an den Verleiher eine monatliche Überlassungsvergütung i. H. v. . . . . EUR. Die Vergütung ist jeweils am . . . . . . eines Monats fällig.

§ 3 Beschäftigung, Weisungen und Überwachung[6]

Der Entleiher verpflichtet sich, den Mitarbeiter nur mit Arbeiten zu beschäftigen, deren Erbringung der Mitarbeiter arbeitsvertraglich schuldet. Der Entleiher ist berechtigt, dem Mitarbeiter hinsichtlich der konkreten Ausgestaltung der Tätigkeit Weisungen zu erteilen und die Arbeitsausführung zu überwachen.

§ 4 Arbeitsschutz/Arbeitsunfälle[7]

§ 5 Arbeitszeit und sonstige Arbeitsbedingungen[8, 9]

(1) Die Dauer der Arbeitszeit richtet sich nach dem Arbeitsvertrag des Mitarbeiters. Die Lage der Arbeitszeit richtet sich nach den betrieblichen Erfordernissen beim Entleiher.

(2) Die Anordnung von Überstunden oder Mehrarbeit durch den Entleiher ist im Rahmen der arbeitsvertraglichen Grenzen zulässig. Die zusätzlichen Kosten hat der Entleiher dem Verleiher gemäß § 2 zu erstatten.

(3) Im Übrigen gelten die im Arbeitsvertrag vom . . . . . . geregelten Arbeitsbedingungen weiter.

§ 6 Betriebliche Mitbestimmung[10]

§ 7 Treuepflicht[11]

§ 8 Schlussbestimmungen[12]

. . . . . .	. . . . . .
Ort, Datum	Ort, Datum
. . . . . .	. . . . . .
Unterschrift des Verleihers	Unterschrift des Entleihers
. . . . . .	
Ort, Datum	
. . . . . .	
Unterschrift des Mitarbeiters	

Anmerkungen

1. Konzerninterne Arbeitnehmerüberlassung. Gemäß § 1 Abs. 3 Nr. 2 AÜG ist die sog. konzerninterne Arbeitnehmerüberlassung, nämlich die Überlassung von Mitarbeitern zwischen zwei Konzernunternehmen i. S. d. § 18 AktG, unter bestimmten Voraussetzungen **privilegiert.** Dabei gilt diese Privilegierung allerdings heute nur noch für Arbeitnehmer, die nicht zum Zweck der Überlassung eingestellt und beschäftigt werden. Werden Arbeitnehmer zu diesem Zweck eingestellt, ist die Überlassung erlaubnispflichtig. Insbesondere konzerninterne Verleihgesellschaften, bei denen eine Überlassung zwar nicht gewerbsmäßig (weil ohne Gewinnerzielungsabsicht) aber dennoch im Rahmen ihrer wirtschaftlichen Tätigkeit erfolgt, unterfallen der Privilegierung nicht.

Liegt dagegen ein erlaubnisfreier Fall der konzerninternen Arbeitnehmerüberlassung vor, finden lediglich die Einschränkungen im Baugewerbe (§ 1b S. 1 AÜG) sowie die entsprechenden Ordnungswidrigkeitsbestimmungen (§ 16 Abs. 1 Nr. 1b und Abs. 2 bis 5 AÜG) und Verwaltungsvorschriften (§§ 17, 18 AÜG) Anwendung. Ohne Bedeutung sind Anlass und Zweck der Überlassung. In der Beschlussempfehlung des Ausschusses für

Arbeit und Sozialordnung sind beispielhaft die Einweisung und Ausbildung als Überlassungsgründe genannt (BT-Drucks. 10/3206 S. 33).

Zweck der Ausnahmevorschrift ist es, bürokratische Förmlichkeiten in einem Fall zu vermeiden, in dem der Schutzzweck des Gesetzes auch ohne Erlaubnis gewährleistet ist (vgl. BT-Drucks. 10/3206 S. 33).

Voraussetzung für die Anwendbarkeit des § 1 Abs. 3 Nr. 2 AÜG ist zunächst, dass die Arbeitnehmerüberlassung innerhalb eines Konzerns erfolgt. Zur Abgrenzung verweist § 1 Abs. 3 Nr. 2 AÜG auf § 18 AktG. Nach einhelliger Ansicht handelt es sich um eine rechtsformneutrale Verweisung, d.h. der **Konzernbegriff** des § 1 Abs. 3 Nr. 2 AÜG richtet sich allein danach, ob die **materiellen Merkmale eines Konzerns** vorliegen. Ein Konzern kann also auch zwischen mehreren rechtlich selbständigen Unternehmen gebildet werden, von denen keines die Rechtsform einer AG oder KGaA hat (BAG AP AÜG § 1 Nr. 8). Auch ist nicht erforderlich, dass es sich um einen rein inländischen Konzern handelt (*Schüren/ Hamann* § 1 Rn. 491). Voraussetzung ist lediglich, dass eines der beteiligten Konzernunternehmen seinen Sitz im Inland hat (*Schüren/Hamann* § 1 Rn. 491). Der Konzernbegriff richtet sich auch dann nach § 18 AktG, wenn eines der konzernangehörigen Unternehmen nach ausländischem Recht organisiert ist.

Ein Konzern i.S.d. § 18 AktG setzt voraus, dass mindestens **zwei rechtlich selbständige Unternehmen unter einheitlicher Leitung** zusammengefasst sind. Als rechtlich selbständig i.d.S. gelten auch Gemeinschaftsunternehmen, also rechtlich selbständige Unternehmen, die unter gemeinschaftlicher Leitung zweier oder mehrerer anderer Unternehmen stehen. Schon begrifflich liegt dagegen keine Arbeitnehmerüberlassung vor, wenn mehrere Unternehmen einen Gemeinschaftsbetrieb führen und ihre Arbeitnehmer dort einsetzen. In diesem Fall wird der Arbeitnehmer nämlich nicht einem anderen Arbeitgeber überlassen und in dessen Betrieb vollständig eingegliedert (BAG NZA 1998, 876; BAG AP AÜG § 1 Nr. 24).

Unerheblich ist, ob ein Unternehmen das andere beherrscht (Unterordnungskonzern, §§ 17, 18 Abs. 1 AktG) oder nicht (Gleichordnungskonzern, § 18 Abs. 2 AktG). Andererseits ist beim Unterordnungskonzern ohne Belang, ob der Arbeitnehmer vom herrschenden oder beherrschten Unternehmen überlassen wird. Beim Gemeinschaftsunternehmen greift die Privilegierung jedoch nicht, wenn die Überlassung von Arbeitnehmern zwischen den gleichberechtigt herrschenden Unternehmen erfolgt. Da die herrschenden Unternehmen mit dem Gemeinschaftsunternehmen jeweils verschiedene Konzerne bilden, läge keine konzerninterne Überlassung vor (ErfKomm/*Wank* § 1 AÜG Rn. 58).

Wie einleitend ausgeführt, ist eine weitere Voraussetzung für die Privilegierung gem. § 1 Abs. 3 Nr. 2 AÜG, dass der überlassene Arbeitnehmer „...... nicht zum Zwecke der Überlassung eingestellt und beschäftigt wird ......". Durch die Rechtsprechung wurde die Auslegung dieses Kriteriums bislang noch nicht geklärt. Es ist also fraglich, ob der Leiharbeitnehmer „überhaupt nicht" oder lediglich „nicht ausschließlich" zum Zwecke der Überlassung eingestellt und beschäftigt werden darf. Bis zur Klärung dieser Frage wird im Zweifel vorsorglich auch hier eine Erlaubnis zur Arbeitnehmerüberlassung einzuholen sein. Dies wird zum Teil auch aus einem anderen europarechtlichen Hintergrund empfohlen (*Huke/Neufeld/Luickhardt* BB 2012, 961, 966): Die Regelung zum Konzernprivileg wird nämlich in Teilen der Literatur für europarechtswidrig gehalten, da die Leiharbeitsrichtlinie keine Ausnahmetatbestände für die konzerninterne Arbeitnehmerüberlassung i.S.d. § 1 Abs. 3 Nr. 2 AÜG enthält (dazu *Hamann* ZESAR 2012, 103, 109; *Lembke* DB 2011, 414, 416).

2. Vertragsparteien. Das Formular sieht einen **dreiseitigen Vertrag** zwischen den an der Überlassung Beteiligten, dem verleihenden Arbeitgeber, dem Arbeitnehmer und der entleihenden Konzerngesellschaft vor. Der Arbeitnehmer ist ebenfalls Vertragspartei, weil die Verpflichtung zur Ableistung von Arbeit in einem anderen Konzernunternehmen in aller

Regel nicht von dessen Arbeitsvertrag gedeckt ist. Der Verleih bedarf daher der **Zustimmung** des Arbeitnehmers. Eine solche Zustimmung ist nur dann entbehrlich, wenn im Arbeitsvertrag eine **konzernweite Versetzungsklausel** vereinbart wurde. Dies wird z.T. mit dem Argument bestritten, eine Versetzungsklausel erlaube regelmäßig nicht die vollumfängliche Unterstellung unter fremdes Weisungsrecht (*Ulber* § 9 Rn. 24). Diese Ansicht ist jedoch unzutreffend. Die ausdrückliche Regelung eines Einsatzes in anderen Konzernunternehmen ist regelmäßig dahin auszulegen, dass auch ein Einsatz in Form einer Arbeitnehmerüberlassung zulässig sein sollte. In diesem Fall ist daher der Arbeitgeber aufgrund seines Direktionsrechts zur Anordnung der Überlassung befugt (so auch *Schüren/Hamann* § 1 Rn. 535).

3. **Inhalt und Form des Überlassungsvertrages.** Inhalt eines Vertrages über konzerninterne Arbeitnehmerüberlassung ist wie bei einem „normalen“ Überlassungsvertrag, dass der Verleiher dem Entleiher die Überlassung eines Arbeitnehmers und der Entleiher die Zahlung einer Vergütung schuldet (zur Vergütung → Anm. 5). Da regelmäßig das Einverständnis des Arbeitnehmers zu seiner Überlassung erforderlich ist, sieht das Formular vor, dass der Arbeitnehmer als Vertragspartei der Überlassung ausdrücklich zustimmt.

Gesetzlich notwendig ist der Abschluss eines schriftlichen Vertrages über die konzerninterne Arbeitnehmerüberlassung nicht. Das Schriftformerfordernis des § 12 Abs. 1 S. 1 AÜG gilt für die konzerninterne Arbeitnehmerüberlassung nach § 1 Abs. 3 Nr. 2 AÜG nicht. Vorausgesetzt, dass zwischen dem Arbeitnehmer und dem Verleiher bereits ein Arbeitsvertrag besteht, erfüllt dieser bereits die Voraussetzungen des § 2 Abs. 1 NachwG.

4. **Befristung und Kündigungsrecht.** § 1 Abs. 3 AÜG nennt als Voraussetzung der Konzernprivilegierung das Merkmal „vorübergehend“ nicht mehr. Das Merkmal „vorübergehend“ wurde im Zuge der Novellierung des AÜG aber in § 1 Abs. 1 S. 2 AÜG verschoben und ist heute daher ein allgemeines Merkmal der Arbeitnehmerüberlassung. In diesem Zusammenhang gewinnt der Beschluss des BAG vom 10.7.2013 (BAG NZA 2013, 1296) an Bedeutung. Hier hat das BAG jedenfalls festgehalten, dass der auf einem Dauerarbeitsplatz erfolgende Einsatz von Leiharbeitnehmern ohne jegliche zeitliche Begrenzung keinen bloß vorübergehenden Einsatz darstellt. Diese Entscheidung lässt vermuten, dass das BAG im Ergebnis doch davon ausgeht, dass § 1 Abs. 1 S. 2 AÜG eine Höchstüberlassungsdauer regelt.

Scheidet eine vorübergehende konzerninterne Arbeitnehmerüberlassung mangels Rückkehrperspektive aus, wird gemäß § 1 Abs. 2 AÜG das Vorliegen einer **unerlaubten Arbeitsvermittlung** vermutet. Die Rechtsfolge einer solchen Arbeitsvermittlung ist nach Ansicht des BAG allerdings nicht das Entstehen eines Arbeitsverhältnisses mit dem Entleiher. Durch die Aufhebung des ehemaligen § 13 AÜG mit Ablauf des 31.3.1997 sei die Rechtsgrundlage hierfür jedenfalls für nach diesem Tag begründete Arbeitsverhältnisse entfallen (BAG AP AÜG § 13 Nr. 4; a.A. *Ulber* Einl. D Rn. 47). Wenn allerdings – wie wohl zumeist in dieser Konstellation – der Verleiher nicht über die erforderliche Erlaubnis zur Arbeitnehmerüberlassung verfügt, kommt zwischen Entleiher und Leiharbeitnehmer ein Arbeitsverhältnis nach § 10 Abs. 1 S. 1 AÜG zustande. Teilweise wird – unabhängig von dem Vorliegen einer Arbeitnehmerüberlassungserlaubnis – vertreten, dass mit der Arbeitsaufnahme bei dem vermeintlichen Entleiher zwischen diesem und dem vermittelten Arbeitnehmer ein Arbeitsverhältnis begründet werde, das das regelmäßig zuvor mit dem vermeintlichen Verleiher begründete Arbeitsverhältnis beende (*Behrend* BB 2001, 2641, 2643; *Schüren/Hamann* § 1 Rn. 399).

Aufgrund der noch bestehenden Rechtsunsicherheit hinsichtlich der Auslegung des § 1 Abs. 1 S. 2 AÜG sollte, um Streitigkeiten über die Dauerhaftigkeit des Einsatzes zu vermeiden, eine Befristungsabrede in den Vertrag aufgenommen werden, um argumentieren zu können, dass keine dauerhafte Überlassung geplant war. § 1 Abs. (1) enthält eine **Zeitbefristung,** in der Alternative ist eine **Zweckbefristung** vorgesehen.

Soweit bei dem befristeten Einsatz neben der **außerordentlichen Kündigung** auch die **ordentliche Kündigung** als Beendigungstatbestand zur Verfügung stehen soll, muss die Möglichkeit der Kündigung vertraglich vereinbart werden.

5. Erstattung der Personalkosten. Anders als bei der „normalen", von einem Zeitarbeitsunternehmen betriebenen Arbeitnehmerüberlassung wird bei einer konzerninternen Arbeitnehmerüberlassung nicht immer eine Vergütung nach Stundensätzen vereinbart. Gerade wenn ein Konzernunternehmen in einem Bereich dringenden Aushilfsbedarf hat, während in einem anderen Unternehmen Überkapazitäten bestehen, kann es dem verleihenden Unternehmen vor allem um eine Erstattung der Personalkosten gehen. Gegebenenfalls wird, wie im Formular vorgesehen, eine zusätzliche monatliche Pauschalvergütung vereinbart. Gelegentlich kann dagegen – insbesondere bei regelmäßigem Verleih von mehreren Arbeitnehmern – ein Bedarf nach einer Vergütung nach Stundensätzen bestehen (→ Form. A. IX. 1, dort unter § 3 und → Form. A. IX. 2 Anm. 13).

6. Beschäftigung, Weisungen und Überwachung. → Form. A. IX. 1 Anm. 7.

7. Arbeitsschutz/Arbeitsunfälle. → Form. A. IX. 1, dort unter § 6 und Anm. 8.

8. Arbeitszeit und sonstige Arbeitsbedingungen. Im Fall der konzerninternen Arbeitnehmerüberlassung gilt das **Schlechterstellungsverbot** der §§ 3 Abs. 1 Nr. 3, 9 Nr. 2 AÜG (→ Form. A. IX. 2 Anm. 5) nicht. Die für den Arbeitnehmer im Arbeitsvertrag vereinbarten Arbeitsbedingungen gelten daher weiter. Sollten im Entleiherbetrieb andere Arbeitszeiten gelten (z. B. 38- statt 40-Stunden-Woche), ist gegebenenfalls eine entsprechende Änderung mit dem Arbeitnehmer zu vereinbaren. Jedenfalls sollte – wie im Formular vorgesehen – klargestellt werden, dass sich die Lage der Arbeitszeit nach den betrieblichen Erfordernissen des Entleihers richtet.

Da der Entleiher dem Verleiher die entstandenen Personalkosten erstattet, ist die Anordnung von Überstunden durch den Entleiher insofern unproblematisch, als dieser die Mehrkosten im Ergebnis selbst trägt.

9. Auskunfts- und Prüfungspflichten. Zu beachten ist jedoch die Einschränkung durch die sog. **„Drehtürklausel"** um den Missbrauch von Arbeitnehmerüberlassung zur Verschlechterung der Arbeitsbedingungen im Konzern zu verhindern. Um den sog. **„Drehtüreffekt"** zu vermeiden, gilt eine vom Equal-Pay/Treatment-Grundsatz abweichende tarifliche Regelung nicht für Leiharbeitnehmer, die in den letzten sechs Monaten vor der Überlassung an den Entleiher aus einem Arbeitsverhältnis bei diesem oder einem Arbeitgeber, der mit dem Entleiher einen Konzern bildet, ausgeschieden sind und nun in den abgebenden Konzern zurückverliehen werden (§§ 3 Abs. 1 Nr. 3 S. 4, 9 Nr. 2 Halbs. 4 AÜG n. F.; vgl. eingehend *Huke/Neufeld/Luickhardt* BB 2012, 961, 962 f.). Die Rechtsfolge kann in der Praxis jedoch einfach dadurch vermieden werden, dass der Leiharbeitnehmer vor dem „Rückverleih" für einen Zeitraum von mindestens sechs Monaten bei einem oder mehreren Entleihern eingesetzt wird, die nicht zum Konzern des früheren Arbeitgebers gehören (*Lembke* BB 2012, 2497, 2502). Um die Rechtsfolge zu vermeiden, ist es zu empfehlen, dass der Überlassungsvertrag regelt, dass vom Entleiher zu prüfen ist, ob der zu überlassende Leiharbeitnehmer in den letzten sechs Monaten bei ihm oder einem konzernangehörigen Unternehmen in einem Arbeitsverhältnis stand.

10. Betriebliche Mitbestimmung. Im Hinblick auf die betriebliche Mitbestimmung gilt für die konzerninterne Arbeitnehmerüberlassung dasselbe wie für die „normale" Arbeitnehmerüberlassung. Zwar ist die konzerninterne Arbeitnehmerüberlassung von der Anwendung der Vorschriften des AÜG ausgenommen, es besteht jedoch kein Grund, die betriebsverfassungsrechtliche Zuordnung anders vorzunehmen als bei der gewerbsmäßigen und der nicht gewerbsmäßigen Arbeitnehmerüberlassung (→ Form. A. IX. 1, dort unter § 7 und Anm. 9), so dass der Arbeitnehmer betriebsverfassungsrechtlich dem

Verleiherbetrieb zugeordnet bleibt und bei der Übernahme ein Mitbestimmungsrecht des Entleiher-Betriebsrats gemäß § 99 BetrVG in Betracht kommt (ErfKomm/*Wank* § 1 AÜG Rn. 62; *Schüren/Hamann* § 1 Rn. 541; MünchHdbArbR/*Joost* § 304 Rn. 62). Allerdings ist nun auch hier zu beachten, dass Leiharbeitnehmer bei der für die Größe des Betriebsrats maßgeblichen Anzahl der Arbeitnehmer eines Betriebs (vgl. § 9 BetrVG) grundsätzlich zu berücksichtigen sind (BAG NZA 2013, 789).

11. Treuepflicht. → Form. A. IX. 1, dort unter § 8 und → Anm. 10.

12. Schlussbestimmungen. → Form. A. IX. 1, dort unter § 13 sowie → Form. A. II. 1 Anm. 28, 29.

X. Störungen

1. Abmahnung wegen unerlaubter Internetnutzung

[Briefkopf des Arbeitgebers]

Herrn . . . . . . (Name und Anschrift des Arbeitnehmers)

. . . . . . (Datum)

Abmahnung wegen unerlaubter Nutzung des Internets[1]

Sehr geehrter Herr . . . . . .,

wir mahnen[2] Sie hiermit aus folgenden Gründen[3] ab: In jüngster Zeit[4] haben Sie Ihre arbeitsvertraglichen Pflichten verletzt, was wir nicht unbeanstandet hinnehmen. Bei einer Stichprobenkontrolle der Protokolle der Internetnutzung für die Zeit vom . . . . . . bis . . . . . . haben wir festgestellt, dass Sie den Internetzugang an Ihrem Arbeitsplatz am . . . . . . unerlaubt genutzt haben, indem Sie – ausweislich der Protokolle der Internetnutzung vom . . . . . . – die Homepage des Fremdenverkehrsamts S. von 14.33 Uhr bis 14.57 Uhr und weiterhin die Homepage des N-Reiseunternehmens im Zeitraum von 15.08 Uhr bis 15.46 Uhr[5] besucht haben. Diese Internetnutzung steht offensichtlich in keinem Zusammenhang mit Ihrer dienstlichen Tätigkeit für unser Haus. Die private Internetnutzung ist gemäß § 5 der Betriebsvereinbarung vom . . . . . . nicht gestattet.[6]

Wir fordern Sie hiermit auf, die Privatnutzung des Internets zukünftig zu unterlassen und Ihren Pflichten aus dem Arbeitsvertrag nachzukommen. Sollten Sie dies nicht einhalten, müssen Sie damit rechnen, dass wir im Wiederholungsfall Ihr Arbeitsverhältnis – ordentlich oder außerordentlich – kündigen werden.[7]

Eine Kopie dieser Abmahnung werden wir zu Ihrer Personalakte[8] nehmen.

Mit freundlichen Grüßen

. . . . . .

Unterschrift des Arbeitgebers[9]

Erhalten:[10]

. . . . . .

Ort, Datum

. . . . . .

Unterschrift des Arbeitnehmers

Anmerkungen

1. Sachverhalt. Der Mitarbeiter arbeitet seit drei Jahren als Lohnbuchhalter für die X-GmbH, in deren einzigem Betrieb 20 Mitarbeiter beschäftigt sind. In der Betriebsvereinbarung über die Internetnutzung findet sich in § 5 folgende Regelung:

„Die Nutzung des Internets am Arbeitsplatz zu privaten Zwecken ist nicht erlaubt. Der Arbeitgeber behält sich das Recht vor, regelmäßig Stichproben zu machen. Internet-Recherchen zur Erledigung dienstlicher Aufgaben bleiben von diesen Verboten unberührt."
Alle weiteren einschlägigen datenschutzrechtlichen Vorschriften sind gewahrt.

2. Funktion. Die Abmahnung hat als **Vorstufe zur verhaltensbedingten Kündigung** große praktische Bedeutung. Mit der Abmahnung missbilligt der Arbeitgeber die Pflichtverletzung des Arbeitnehmers und droht zusätzlich die Beendigung des Arbeitsverhältnisses für den Wiederholungsfall an (BAG NZA 1994, 656). Die Abmahnung besteht aus drei Elementen: Aus der Dokumentation des vorgeworfenen Sachverhalts (→ Anm. 5); aus dem Hinweis, dass dieses Verhalten des Mitarbeiters eine Pflichtverletzung darstellt (→ Anm. 6) und aus der Androhung, dass im Wiederholungsfall bestimmte arbeitsrechtliche Konsequenzen folgen werden (LAG Chemnitz BeckRS 2004, 31031568; → Anm. 7). Fehlt eines der drei Elemente, liegt keine Abmahnung im Rechtssinne vor. Aus den drei Elementen der Abmahnung folgen auch ihre Funktionen: die **Hinweis-**, die **Dokumentations- und** die **Warnfunktion.** Die Abmahnung kann sich auch auf die Nichterfüllung von Pflichten beziehen, deren Geltungsgrund eine kollektivrechtliche Vereinbarung ist. Sie kann sich daher z. B. auch auf die Nichterfüllung von Pflichten aus einer Betriebsvereinbarung oder einem Tarifvertrag beziehen. Auch ein Betriebsratsmitglied kann abgemahnt werden, sofern es eine Pflicht aus dem Arbeitsverhältnis verletzt hat; davon zu unterscheiden sind seine Amtspflichten als Betriebsrat.

Die Abmahnung ist **formfrei.** Sie kann deshalb sowohl mündlich als auch schriftlich ausgesprochen werden. In Tarifverträgen ist aber bisweilen ein Schriftformerfordernis enthalten. Schon aus Beweisgründen ist in der Praxis allerdings nur eine **schriftliche Abmahnung sinnvoll** (Küttner/*Eisemann* Abmahnung Rn. 24). Die ausdrückliche Bezeichnung als „Abmahnung" ist nicht erforderlich. Es genügt, dass sich aus dem Inhalt der Mitteilung ergibt, dass der Arbeitgeber eine konkret bezeichnete Pflichtverletzung des Arbeitnehmers rügt und für den Wiederholungsfall die Beendigung des Arbeitsverhältnisses androht (BAG NZA 1992, 1028; LAG Köln NZA-RR 2000, 24).

Vor Ausspruch der Abmahnung ist auch eine **Beteiligung des Betriebsrats** nicht erforderlich (BAG DB 1990, 483). Der Betriebsrat kann konsequenterweise auch nicht verlangen, dass ihm eine Durchschrift oder eine Kopie der Abmahnung zugeleitet wird (LAG Kiel DB 1983, 2145). Ebenso wenig steht dem Betriebsrat das Recht zu, eine zur Personalakte genommene Abmahnung einzusehen. Einige Personalvertretungsgesetze sehen aber eine Beteiligung des Personalrats vor Ausspruch einer Abmahnung vor, so etwa § 68 PersVG Brandenburg.

Eine **Anhörung des Arbeitnehmers** vor Ausspruch der Abmahnung **ist nicht erforderlich** (vgl. dazu BAG NZA 2009, 894, 895; *Wilhelm* NZA-RR 2002, 449, 453 m. w. N.). Nach bislang ganz herrschender Auffassung ist es auch nicht erforderlich, den Betroffenen vor Aufnahme der Abmahnung in die Personalakte anzuhören (a. A. ArbG Frankfurt/Oder NZA-RR 1999, 467; *Wilhelm* NZA-RR 2002, 449, 452). Etwas anderes gilt auch nicht für den Bereich des TVöD (Bepler/Böhle/Meerkamp/Stöhr/*Wendl* § 3 Rn. 14). Nur für die dem BAT unterfallenden Altfälle sowie im Anwendungsbereich des Tarifvertrags für den öffentlichen Dienst der Länder (TV-L) und des BAT-KF (kirchliche Fassung) gilt: Vor der Aufnahme der Abmahnung in die Personalakte ist der Betroffene anzuhören (§ 13 Abs. 2 BAT; § 3 Abs. 6 TV-L; § 13 Abs. 2 BAT-KF). Unterbleibt die Anhörung, ist die Abmahnung formell unwirksam. Gleichwohl ist die Abmahnung für die Kündigung ausreichend, da der Arbeitgeber sie auch mündlich hätte aussprechen können und ihre Warnfunktion nicht von der Form abhängt (BAG DB 1992, 2143; vgl. BAG NZA 2009, 894, 895; *Wilhelm* NZA-RR 2002, 449, 452). In Einzelfällen kann es jedoch aus Gründen der Sachverhaltsaufklärung ratsam sein, den Arbeitnehmer vor Ausspruch einer Abmahnung anzuhören. Auf diese Weise können bisweilen Umstände aufgeklärt werden, die bis zu diesem Zeitpunkt nicht bekannt waren. Zudem wird der Arbeitnehmer nach einem Personalgespräch die Abmahnung voraussichtlich eher akzeptieren.

Ungeachtet etwaiger tariflicher Formvorschriften kann eine gegen bloße Formvorschriften verstoßende Abmahnung trotzdem eine hinreichende Warnfunktion entfalten (BAG NZA 2009, 894).

Wenn ein Arbeitnehmer keinen allgemeinen Kündigungsschutz genießt, ist eine Abmahnung zur Vorbereitung einer Kündigung entbehrlich (vgl. *Schaub* NZA 1997, 1185, 1186; *Wilhelm* NZA-RR 2002, 449, 450 m.w.N.). In der **Probezeit** kann einem Arbeitnehmer also ohne vorausgegangene Abmahnung gekündigt werden. Mahnt der Arbeitgeber seinen Arbeitnehmer allerdings ab, so liegt auch außerhalb des KSchG i.d.R. ein konkludenter Verzicht auf die Kündigung wegen des abgemahnten Pflichtverstoßes vor (BAG NJW 2008, 1243; zum Verzicht durch Abmahnung → Anm. 7). Die Abmahnung ist – sofern sie nicht ausnahmsweise entbehrlich ist – Regelvoraussetzung der sozialen Rechtfertigung einer verhaltensbedingten Kündigung (vgl. BAG NZA 2013, 319). Daher kann dieses Erfordernis nicht vertraglich ausgeschlossen werden.

Daraus ergibt sich auch, dass die Abmahnung in **Dienstverhältnissen,** die keine Arbeitsverhältnisse sind, keine Funktion hat und deshalb nicht erforderlich ist. Dienstnehmer – etwa GmbH-Geschäftsführer oder Vorstände von Aktiengesellschaften – müssen deshalb vor Ausspruch einer Kündigung nicht abgemahnt werden (vgl. BGH NJW-RR 2002, 173). In der Literatur wird nach der Einführung des § 314 Abs. 2 BGB zum Teil die Ansicht vertreten, dass auch für diesen Personenkreis eine vorherige Abmahnung nunmehr erforderlich sei (MünchKommBGB/*Henssler* § 626 Rn. 101; *Horstmeier* GmbHR 2006, 400).

3. Abmahnungsgründe. Von der Art und Schwere der Pflichtverletzung hängen viele praktische Konsequenzen ab. Dies ist vor allem entscheidend für die Frage, ob vor Ausspruch der Kündigung eine Abmahnung ausgesprochen werden muss. Eine Abmahnung ist grundsätzlich bei **jedem steuerbaren Verhalten** des Arbeitnehmers erforderlich, das er in Zukunft selbst beseitigen kann. Dies gilt aber nur, sofern die Wiederherstellung der Vertragstreue und des Vertrauensverhältnisses erwartet werden kann (BAG NZA 1997, 1281; vgl. dazu *Hunold* NZA-RR 2003, 57). Mit einer Wiederherstellung der Vertragstreue und des Vertrauens ist vor allem dann zu rechnen, wenn der Arbeitnehmer davon ausgehen konnte, sein Verhalten werde von dem Arbeitgeber nicht als schwerwiegende, den Bestand seines Arbeitsverhältnisses gefährdende Pflichtverletzung betrachtet (vgl. BAG NZA 1999, 1270; *Tschöpe* BB 2002, 778, 779). Das BAG hat seine Unterscheidung zwischen Störungen im Vertrauens- oder im Leistungsbereich mittlerweile aufgegeben, so dass nunmehr eine Abmahnung unabhängig von der Art der Störung unter den oben geschilderten Voraussetzungen immer erforderlich ist (vgl. BAG NZA 2011, 1027). Auch vor Ausspruch einer verhaltensbedingten **Änderungskündigung** ist eine Abmahnung erforderlich.

Bei **personenbedingten Kündigungen** kann die Abmahnung grundsätzlich keine ihrer Funktionen erfüllen. Sollte der Arbeitnehmer – aufgrund seiner physischen Konstitution oder seiner intellektuellen Fähigkeiten – nicht in der Lage sein, die geschuldete Leistung zu erbringen, kann ihm das vertragswidrige Verhalten nicht vorgeworfen werden; eine Abmahnung ist funktionslos. Da sich in der Praxis – insbesondere bei Schlechtleistungen des Mitarbeiters – nicht exakt zwischen Unfähigkeit und fehlendem Leistungswillen unterscheiden lässt, empfiehlt es sich gleichwohl, den Arbeitnehmer vorsorglich abzumahnen. Eine womöglich nachfolgende Kündigung kann dann im Rahmen eines Kündigungsschutzverfahrens alternativ auf personen- und verhaltensbedingte Gründe gestützt werden.

Die **Beweislast für die inhaltliche Richtigkeit** der Abmahnung trifft den Arbeitgeber. Dies gilt insbesondere, wenn der Arbeitnehmer behauptet, er habe die in der Abmahnung gerügte Pflichtverletzung nicht begangen. Verbleibende Unklarheiten wirken sich zu

Lasten des Arbeitgebers aus. Beweiserleichterungen wie den Anscheinsbeweis räumt die Rechtsprechung dem Arbeitgeber nicht ein (vgl. Schaub/*Linck* § 132 Rn. 37, 49). In einem nachfolgenden Kündigungsrechtsstreit kann der Arbeitnehmer deshalb die inhaltliche Unrichtigkeit der Abmahnung einwenden und somit die Unwirksamkeit der Abmahnung geltend machen (vgl. BAG NZA 1987, 518). Die schriftliche Abmahnung entfaltet allein noch keinen Beweis für die tatsächliche Begehung der gerügten Pflichtverletzung (BAG AP KSchG 1969 § 1 Verhaltensbedingte Kündigung Nr. 18) und entfaltet auch keine urkundenähnliche Beweiskraft (vgl. *Pauly* NZA 1995, 449, 451). Ungerechtfertigt ist eine Abmahnung nicht nur dann, wenn sie auf einem unzutreffenden oder vor Gericht nicht nachweisbaren Sachverhalt beruht, sondern auch dann, wenn sie unverhältnismäßig oder verwirkt ist (LAG Kiel NZA-RR 2005, 244). Sie darf auch kein Unwerturteil enthalten, das über das mit dem Tadel notwendig verbundene Maß hinausgeht (LAG Köln NZA-RR 1996, 204).

Eine Abmahnung kann unter bestimmten Voraussetzungen **entbehrlich** sein. Dies ist jedenfalls bei solchen Pflichtverstößen der Fall, infolge derer das Vertrauensverhältnis zwischen Arbeitgeber und Mitarbeiter endgültig zerstört ist. Der Ausspruch einer Abmahnung ist auch dann nicht erforderlich, wenn der Arbeitnehmer zur Vertragstreue eindeutig nicht willens ist, was insbesondere dann der Fall sein soll, wenn der Arbeitnehmer seine Vertragsverletzung hartnäckig und uneinsichtig fortsetzt, obwohl er die Vertragswidrigkeit seines Verhaltens kannte (BAG NZA 1995, 517, 520). Eine Kündigung ohne vorausgegangene Abmahnung ist auch dann zulässig, wenn für den Arbeitnehmer die Rechtswidrigkeit seines pflichtwidrigen Verhaltens ohne weiteres erkennbar ist und er mit einer Billigung des Verhaltens durch den Arbeitgeber offensichtlich nicht mehr rechnen konnte (BAG NZA 1999, 708).

Für die Frage, wann eine Abmahnung entbehrlich ist, lässt sich **keine allgemeingültige oder schematische Regel** aufstellen (vgl. *Pauly* NZA 1995, 449, 451). Typischerweise entfällt das Erfordernis einer Abmahnung, wenn die Pflichtverletzung des Arbeitnehmers so schwer wiegt, dass der Arbeitgeber zum Ausspruch einer außerordentlichen Kündigung berechtigt ist (vgl. § 626 BGB). Entbehrlich ist die Abmahnung im Falle einer ordentlichen Kündigung bei beharrlicher Arbeitsverweigerung, schweren Störungen des Betriebsfriedens oder bei gegen den Arbeitgeber gerichteten Straftaten, z. B. Betrug durch Manipulation von Zeitkontrolleinrichtungen (BAG AP BetrVG 1972 § 103 Nr. 7). Die Rechtsprechung zur Frage der Entbehrlichkeit der Abmahnung ist kasuistisch und kann hier nicht umfassend dargestellt werden. Es sollen im Folgenden nur einige typische Fälle und Fallgruppen angesprochen werden.

Eine Abmahnung ist nicht erforderlich, wenn der Arbeitnehmer seine **Arbeitsunfähigkeit vortäuscht** und nicht zur Arbeit erscheint. Sobald der Nachweis der Täuschung einmal erbracht ist, kann keine positive Zukunftsprognose mehr getroffen werden, weil mit einer Wiederherstellung des Vertrauens nicht gerechnet werden kann (LAG Berlin NZA-RR 2001, 470). Geht ein Arbeitnehmer während seiner Arbeitsunfähigkeit einer Nebentätigkeit bei einem anderen Arbeitgeber nach, so kann die Abmahnung unter Umständen entbehrlich sein (BAG NZA 1994, 63). Bei **Straftaten** zu Lasten des Arbeitgebers ist eine Abmahnung regelmäßig entbehrlich. Dies galt nach bisheriger Rechtsprechung auch bei Bagatelldelikten (LAG Köln NZA-RR 1996, 86, 88). Neuerdings wird aber in der instanzgerichtlichen Rechtsprechung vertreten, dass eine Abmahnung bei minder schweren Straftaten erforderlich sei. So soll z. B. bei der Entwendung von Büromaterialien von geringem Wert i. d. R. eine Abmahnung erforderlich sein (LAG Köln NZA-RR 2001, 83). Ebenso soll nach neuerer Rechtsprechung des BAG eine Abmahnung bei schwerwiegendem Fehlverhalten erforderlich sein, wenn das Arbeitsverhältnis über viele Jahre hinweg ungestört bestanden hat (BAG NZA 2010, 1227). Aus dieser Änderung der Rechtsprechung folgt, dass der Arbeitgeber in weit mehr Fällen als bislang vor Ausspruch der Kündigung eine Abmahnung erwägen muss. Abmahnungen können bei kleineren Verstößen auch gezielt ausgesprochen werden, um den Einwand des über viele Jahre ungestörten Bestandes des Arbeitsverhältnisses zu unterbinden.

Hinsichtlich der unerlaubten Nutzung von **elektronischen Kommunikationsmitteln** des Arbeitgebers zeigt sich nach einer anfänglichen Unsicherheit eine gewisse Linie. So hat sich das BAG mittlerweile mehrfach mit der Zulässigkeit privater Internetnutzung beschäftigt und mehrere Fallgruppen entwickelt (vgl. z.B. BAG NJW 2013, 104). Hiernach lässt sich festhalten, dass die Rechtslage in arbeits- und datenschutzrechtlicher Hinsicht dem Arbeitgeber am günstigsten ist, wenn er die private Internet- und E-Mailnutzung, wie im hier gegebenen Beispielsfall, ausdrücklich untersagt. Dies mag freilich aus personalpolitischen Gründen häufig unerwünscht sein. Grundsätzlich lässt sich aber auch ohne ausdrückliches Verbot feststellen, dass die private Internetnutzung als solche jedenfalls während der Arbeitszeit immer eine Pflichtverletzung darstellt, falls sie nicht vom Arbeitgeber erlaubt ist (BAG NZA 2006, 98). Bei unklaren Regelungen können sich allerdings Beweisschwierigkeiten für den Arbeitgeber ergeben. Außerdem besteht die Möglichkeit der Entstehung einer betrieblichen Übung, so dass schon allein deswegen jedem Arbeitgeber zur Festlegung genauer Richtlinien zu raten ist. Daneben kommen Pflichtverletzungen in Betracht durch das Herunterladen erheblicher Datenmengen auf betriebliche Systeme, insbesondere wenn hierdurch die EDV-Systeme beeinträchtigt werden oder dem Arbeitgeber dadurch zusätzliche Kosten entstehen. Eine Pflichtverletzung kommt aber auch unter dem Gesichtspunkt damit verbundener Virusgefahren oder rufschädigender Inhalte und durch die private Internetnutzung als solche in Betracht (BAG NZA 2006, 98). Ob eine Abmahnung vor Ausspruch der Kündigung notwendig ist, ist für jeden Einzelfall gesondert zu beurteilen. Dabei ist – wie bei anderen Kündigungsgründen auch – abzuwägen, ob dem Arbeitnehmer aufgrund der Schwere der Pflichtverletzung klar sein musste, dass sein Verhalten keinesfalls toleriert werden würde oder ob trotz Abmahnung keine Besserung zu erwarten wäre. Hierbei sind vor allem Art und Umfang der unzulässigen Nutzung mit einzubeziehen sowie das Vorhandensein oder Fehlen klarer Nutzungsregeln. So ist bei exzessiver Privatnutzung eine Abmahnung in der Regel entbehrlich und evtl. auch die fristlose Kündigung möglich (BAG NZA 2006, 977; BAG NZA 2006, 98), wobei der Arbeitgeber dann nicht mehr beweisen muss, ob und inwieweit dadurch Arbeitsleistungen nicht erbracht oder gemindert wurden (BAG NZA 2007, 922). Eine erhebliche Pflichtverletzung, die eine Abmahnung entbehrlich macht, liegt auch in der unerlaubten Installation von Anonymisierungssoftware auf einem dienstlichen Computer (BAG NZA 2006, 980). Bei unerlaubtem privaten E-Mail-Verkehr soll vor einer Kündigung dagegen grundsätzlich eine Abmahnung erforderlich sein (LAG Frankfurt a.M. DB 2002, 901). Auch umfangreiche, unerlaubt geführte private Telefongespräche auf Kosten des Arbeitgebers können eine außerordentliche Kündigung grundsätzlich tragen (BAG NZA 2004, 717). Eine Abmahnung ist weiterhin bei erheblicher Störung des **Betriebsfriedens** entbehrlich (BAG DB 1985, 340, 341). Dies ist insbesondere der Fall bei grundlosen Beleidigungen anderer Arbeitnehmer (BAG DB 1985, 340, 341) oder sexuellen Übergriffen gegenüber Kollegen oder Kolleginnen (BAG NZA 1986, 467, 468), nicht aber schon, wenn der Arbeitnehmer gegenüber dem Betriebsrat bewusst falsche Behauptungen über Vorgesetzte aufstellt (LAG Berlin BeckRS 2004, 40908). Eine Abmahnung ist ebenfalls nicht erforderlich, wenn ein Arbeitnehmer in gehobener Stellung seine Vollmachten offensichtlich zugunsten eigener Interessen überschreitet und den Arbeitgeber hierdurch in Misskredit bringt (LAG Köln NZA-RR 2002, 85).

Einen Sonderfall stellt die **„vorweggenommene Abmahnung"** dar. Eine Abmahnung soll dann entbehrlich sein, wenn der Arbeitgeber eindeutig erklärt hat, dass bestimmte Pflichtverletzungen unweigerlich die Kündigung nach sich zögen (vgl. *Pauly* NZA 1995, 449, 451; *Becker-Schaffner* BB 1995, 2526, 2529). Entschieden wurde der Fall der vorweggenommenen Abmahnung u.a. für die Selbstbeurlaubung: Eine Abmahnung wegen unberechtigten Urlaubsantritts soll dann entbehrlich sein, wenn der Arbeitgeber schon im Vorgriff für diesen Fall eine Kündigung angedroht hatte (BAG NZA 2001, 893, 898; LAG Hamm LAGE BGB § 626 Nr. 105; im Ergebnis ähnlich LAG Stuttgart NZA-RR 2011, 76; LAG Köln NZA-RR 2000, 24). Eine einheitliche Rechtsprechung hat sich zu dieser Frage noch nicht entwickelt. Die Literatur steht der vorweggenommenen Abmahnung kritisch gegenüber (vgl. *v. Hoyningen-Huene/Linck* § 1 KSchG Rn. 503; vgl. aber Staudinger/*Preis* § 626 BGB Rn. 120).

4. Zeitliche Aspekte. Der **Ausspruch der Abmahnung** ist an keine Frist gebunden. Ratsam ist gleichwohl, eine Abmahnung bald nach Feststellung des Pflichtverstoßes auszusprechen. Andernfalls droht die Verwirkung der Abmahnungsberechtigung, wenn der Arbeitgeber gegenüber dem Arbeitnehmer einen Vertrauenstatbestand schafft (§ 242 BGB). Das Abmahnungsrecht ist beispielsweise verwirkt, wenn der Arbeitgeber dem Arbeitnehmer den Eindruck vermittelt, die Angelegenheit sei „vergessen" und der Arbeitnehmer sich über einen längeren Zeitraum vertragstreu verhalten hat (LAG Köln BeckRS 2004, 40607). Bisweilen nimmt die Rechtsprechung die Verwirkung bereits nach sechs Monaten an (LAG Nürnberg LAGE § 611 Abmahnung Nr. 3).

Inwieweit eine **ausgesprochene Abmahnung** nach einer gewissen Zeit ihre Wirkung – im Hinblick auf eine spätere Kündigung – verliert, ist umstritten. Eine Regelfrist für die Wirkungsdauer einer Abmahnung wird in der höchstrichterlichen Rechtsprechung – zutreffend – nicht anerkannt (BAG NZA 1987, 418). Die Rechtsprechung verweist stattdessen auf die Umstände des Einzelfalls. Einzelne Instanzgerichte nehmen dagegen an, die Abmahnung verliere ihre Wirkung nach zwei Jahren (LAG Hamm NZA 1987, 26). Ein Teil der Literatur will für die Bestimmung des Zeitraums nach der Schwere der Pflichtverletzung differenzieren (dazu *Brill* NZA 1985, 109, 110; *Falkenberg* NZA 1988, 489, 492). Duldet der Arbeitgeber rügelos weitere gleichgelagerte Pflichtverletzungen des Arbeitnehmers oder anderer Mitarbeiter, so läuft er Gefahr, dass die ausgesprochene Abmahnung wirkungslos und für einen etwaigen nachfolgenden Kündigungsrechtstreit unbeachtlich wird.

5. Dokumentationsfunktion. Die Pflichtverletzung des Mitarbeiters muss in der Abmahnung **präzise geschildert** werden. Die Rechtsprechung stellt diesbezüglich hohe Anforderungen. Der pauschale Hinweis auf ein Fehlverhalten oder die unsubstantiierte Schilderung des Fehlverhaltens genügt nicht den Anforderungen, die an eine wirksame Abmahnung gestellt werden. Allgemeine Formulierungen wie „Sie haben das Internet in unzulässiger Weise genutzt" oder „Sie sind in den vergangenen Wochen wiederholt zu spät zur Arbeit gekommen" oder „Sie haben den Betriebsfrieden erheblich gestört", „Sie waren unzuverlässig" reichen daher nicht aus. Derartige „Abmahnungen" sind unwirksam und werden deshalb in einem Kündigungsrechtsstreit nicht beachtet. Es ist vielmehr erforderlich, eine konkrete Pflichtverletzung exakt und detailliert – möglichst unter Nennung des Datums und der Uhrzeit – zu beschreiben (*Kramer* NZA 2004, 457, 462). Bei einer Abmahnung wegen mangelhafter Arbeitsleistung muss beispielsweise genau beschrieben werden, welche Arbeitsleistung vertraglich geschuldet ist und inwieweit der Arbeitnehmer die geschuldete Leistung nicht erbracht hat. Trifft der in der Abmahnung gegen den Arbeitnehmer erhobene Vorwurf nicht zu oder wird er nur schlagwortartig oder pauschal geschildert, so ist die Abmahnung unwirksam. Typischerweise scheitern viele schriftliche Abmahnungen daran, dass der Sachverhalt, auf den das Abmahnungsschreiben gestützt wird, zu pauschal geschildert wird. Auch wenn ein Personalgespräch mit dem Mitarbeiter vorangegangen ist, anlässlich dessen dieser die ihm vorgeworfenen Pflichtverletzungen eingeräumt hat, reicht es für eine – nachfolgende – schriftliche Abmahnung nicht aus, dass sich der Arbeitgeber lediglich auf die „. . . . . . Ihnen bekannten Vorkommnisse . . . . . ." oder dergleichen bezieht. Eine derartige schriftliche

„Abmahnung“ ist unwirksam, auch wenn dem Arbeitnehmer im vorangegangenen Gespräch konkret und detailliert mitgeteilt wurde, was ihm vorgeworfen wird.

Abzuraten ist von **„Sammelabmahnungen“**, in denen verschiedenartige Pflichtverstöße des Arbeitnehmers in einem Schreiben gerügt werden. Schon wenn nur einer der Vorwürfe unberechtigt oder nicht erweislich ist, steht dem Arbeitnehmer ein Anspruch auf Beseitigung der **gesamten** Abmahnung aus der Personalakte zu. Es ist aber möglich und zulässig, eine erneute Abmahnung auszusprechen, die nur auf die berechtigten Vorwürfe gestützt ist (vgl. BAG NZA 1991, 768).

6. Hinweisfunktion. Der Arbeitgeber muss zu erkennen geben, dass er das Verhalten des Arbeitnehmers als vertragswidrig ansieht; häufig wird sich dies aus den Umständen ergeben. Aus Gründen der Rechtssicherheit empfiehlt es sich, dies explizit auszusprechen.

7. Warnfunktion. Das dritte Element der Abmahnung ist die – auch konkludente – **Kündigungsandrohung** für den Wiederholungsfall. Es ist nicht erforderlich, expressis verbis die Kündigung selbst anzudrohen (vgl. BAG NZA 1994, 656), gleichwohl ist dies aus Gründen der Klarheit und Rechtssicherheit empfehlenswert. Es muss deutlich werden, dass im Wiederholungsfall der Bestand des Arbeitsverhältnisses gefährdet ist (BAG DB 1980, 1351; BAG NZA 1995, 517, 520; LAG Bremen NZA-RR 2002, 186, 191).

Wurde der Arbeitnehmer wegen eines bestimmten Vorfalls abgemahnt, kann der Arbeitgeber eine Kündigung nicht mehr auf diesen Sachverhalt stützen: Mit Ausspruch und Zugang der Abmahnung verzichtet der Arbeitgeber i. d. R. konkludent auf das Kündigungsrecht (BAG NZA 2010, 823). Nicht in jeder Abmahnung liegt jedoch automatisch ein Verzicht auf die Kündigung wegen des abgemahnten Sachverhalts. Vielmehr muss aus der Abmahnung deutlich erkennbar sein, dass der Arbeitgeber die Angelegenheit als erledigt ansieht (BAG NZA 2010, 823). Bei einmaligen und deutlich abgrenzbaren Pflichtverstößen dürfte dies meist der Fall sein. Liegt der Abmahnung hingegen ein dauerhaftes, pflichtwidriges Verhalten des Arbeitnehmers zugrunde, so kann auch nach Ausspruch der Abmahnung die Kündigung auf dieses Verhalten gestützt werden, wenn der Arbeitnehmer sein Verhalten nicht ändert (BAG AP KSchG 1969 § 1 Verhaltensbedingte Kündigung Nr. 52). Typischer Fall eines Dauerverstoßes ist die beharrliche Arbeitsverweigerung. Nimmt ein Arbeitnehmer die Arbeit hier nach Abmahnung nicht unverzüglich wieder auf, mag eine (außerordentliche) Kündigung bei Fortsetzung dieses Fehlverhaltens gerechtfertigt sein.

Bei einmaligen Pflichtverstößen ist es also nötig, dass sich der Pflichtverstoß in seiner Art nach der Abmahnung wiederholt, damit eine Kündigung möglich ist. Erforderlich ist ein **gleichartiger Verstoß** (vgl. dazu *Becker-Schaffner* BB 1995, 2526, 2528). Dies bedeutet, dass sich das Fehlverhalten unter einem einheitlichen Bezugspunkt zusammenfassen lassen muss. Kommt der Arbeitnehmer im vorstehenden Beispielsfall nicht pünktlich zur Arbeit (Kernzeit) so hat dieser Verstoß eine andere Qualität als das hier abgemahnte Verhalten. Der Arbeitgeber kann, sofern die Verspätung alleine keine Kündigung rechtfertigt, nur eine weitere Abmahnung aussprechen, die sich auf die Unpünktlichkeit bezieht. Deshalb empfiehlt es sich, vor Ausspruch einer Abmahnung zu überprüfen, ob der Sachverhalt nicht schon eine Kündigung ohne vorherige Abmahnung rechtfertigt. Dies gilt insbesondere, da die Entscheidung des Arbeitgebers zwischen Kündigung oder Abmahnung für eine Pflichtverletzung endgültig ist und er die Abmahnung nach deren Zugang nicht einseitig wieder zurücknehmen kann (LAG Berlin BB 2006, 1752). Dem Arbeitnehmer muss nach Ausspruch der Abmahnung ein gewisser Zeitraum bleiben, in dem er seine Vertragstreue unter Beweis stellen kann (vgl. *Pauly* NZA 1995, 449, 453; *Becker-Schaffner* BB 1995, 2526, 2527; *Schaub* NZA 1997, 1185, 1187; vgl. auch LAG Hamm DB 1983, 1930).

Diese Grundsätze gelten prinzipiell auch, wenn das KSchG keine Anwendung findet, so dass der Arbeitgeber dort ebenfalls durch eine Abmahnung auf sein Kündigungsrecht aus dem abgemahnten Sachverhalt verzichten kann. Kündigt der Arbeitgeber dem Arbeitnehmer in engem zeitlichem Zusammenhang mit einer Abmahnung, trägt er auch hier die Beweislast, dass sich die Kündigung auf andere Gründe als die Abmahnung stützt (BAG NJW 2008, 1243).

Eine allgemeingültige Regel, ob und wann es vor Ausspruch einer Kündigung einer **weiteren Abmahnung** bedarf, gibt es nicht. Vielmehr kommt es auf die Umstände des Einzelfalls an. Liegt die abgemahnte Pflichtverletzung des Arbeitnehmers schon länger zurück oder wiegt sie nicht besonders schwer, so kann eine – ohne erneute Abmahnung ausgesprochene – Kündigung wegen eines gleichartigen Pflichtverstoßes unverhältnismäßig und damit sozial nicht gerechtfertigt sein. Sofern der Arbeitgeber den Arbeitnehmer nicht bereits nach der ersten Abmahnung kündigen kann oder will, sind an die darauf folgenden Abmahnungen strengere Anforderungen zu stellen (LAG Saarbrücken BeckRS 2003, 30467504). Hier muss die letzte Abmahnung vor Ausspruch der Kündigung „qualifiziert" sein und dem Arbeitnehmer auf besonders eindringliche Art und Weise deutlich machen, dass der Bestand seines Arbeitsverhältnisses gefährdet ist. Andernfalls wird die Warnfunktion der Abmahnung nicht mehr erfüllt (vgl. BAG NZA 2005, 459; *Wilhelm* NZA-RR 2002, 449, 451).

8. Aufnahme in die Personalakte – Beseitigungsanspruch. Zu Dokumentationszwecken sollte eine schriftliche Abmahnung immer zur Personalakte genommen werden. Ist sie sachlich ungerechtfertigt, steht dem Arbeitnehmer ein Beseitigungsanspruch zu (vgl. BAG NZA 1986, 227). Wurde die Abmahnung zu Recht erteilt, kann der Arbeitnehmer die Entfernung aus seiner Personalakte nur dann verlangen, wenn das gerügte Verhalten für das Arbeitsverhältnis in jeder Hinsicht bedeutungslos geworden ist. Ein Anspruch auf Entfernung einer zu Recht erteilten Abmahnung setzt demnach nicht nur voraus, dass die Abmahnung ihre Warnfunktion verloren hat. Der Arbeitgeber darf auch kein sonstiges berechtigtes Interesse mehr an der Dokumentation der gerügten Pflichtverletzung haben (BAG NJW 2013, 808).

Nach Beendigung des Arbeitsverhältnisses kann der Arbeitnehmer den Beseitigungsanspruch nur dann geltend machen, wenn objektive Anhaltspunkte dafür bestehen, dass ihm der Eintrag in der Personalakte noch schaden kann (BAG NJW 1995, 1236). Davon zu unterscheiden ist der weitergehende Anspruch auf Widerruf der Abmahnung. Ein Widerrufsanspruch dient dem Schutz des Arbeitnehmers vor einer anhaltenden Beeinträchtigung seiner Rechte. Er setzt neben dem Vorliegen entsprechender Rechtsverletzungen voraus, dass diese Rechtsbeeinträchtigungen andauern und durch den begehrten Widerruf auch beseitigt werden können. Er kann dann auch noch nach der Entfernung einer Abmahnung aus der Personalakte geltend gemacht werden (BAG NZA 1999, 1037). Nach überwiegender Auffassung ist es nicht zulässig, im Beseitigungsprozess Abmahnungsgründe nachzuschieben (Schaub/*Linck* § 132 Rn. 41), weil die Abmahnung im Gegensatz zur Kündigung Dokumentationsfunktion hat und deshalb immer an einen bestimmten Sachverhalt geknüpft ist. Es bleibt dem Arbeitgeber jedoch unbenommen, eine weitere Abmahnung aufgrund anderer Gründe auszusprechen. Der Streitwert einer Beseitigungsklage wird meist mit einem halben (LAG Kiel NZA-RR 2001, 496) oder einem ganzen Brutto-Monatsverdienst angesetzt (LAG Hamm DB 1989, 2032).

9. Abmahnungsberechtigung. Zum Ausspruch einer Abmahnung ist berechtigt, wer gegenüber dem Arbeitnehmer weisungsbefugt, also autorisiert ist, Anweisungen zu erteilen, wie, wo und wann die Arbeitsleistung erbracht werden soll (BAG AP KSchG 1969 § 1 Verhaltensbedingte Kündigung Nr. 3): Dies ist regelmäßig der **Dienst- oder Fachvorgesetzte.** Eine Kündigungsberechtigung des Abmahnenden ist demgegenüber nicht erforderlich (vgl. aber *Schaub* NJW 1990, 872, 873). Um jeden Streit über die Berechtigung zur Abmahnung von vornherein zu unterbinden, empfiehlt es sich, die Abmahnung auch von einer kündigungsberechtigten Person unterzeichnen zu lassen. Möglich ist auch eine Abmahnung durch einen Bevollmächtigten (vgl. BAG NZA 1993, 220).

10. Zugang. Für die Abmahnung als geschäftsähnliche Handlung gelten die allgemeinen Regeln des Zugangs von Willenserklärungen entsprechend (§§ 130 ff. BGB). Den Arbeitgeber trifft für den Zugang und die Kenntnisnahme der Abmahnung die Darlegungs- und Beweislast. Für die Zugangsproblematik wird auf die Anmerkungen zu → Form. A. XIV. 9 verwiesen.

2. Ermahnung wegen Nichtanlegen von Schutzkleidung

[Briefkopf des Arbeitgebers]

Herrn . . . . . . (Name und Anschrift des Arbeitnehmers)

. . . . . . (Datum)

Sehr geehrter Herr . . . . . .,

wir ermahnen Sie hiermit,[1] weil Sie am . . . . . . bei der Arbeit nicht die vorgeschriebene Schutzkleidung getragen haben. Gemäß § 4 Ihres Arbeitsvertrags dürfen Sie die von unserem Unternehmen hergestellten Mikrochips ausschließlich mit speziellen Schutzhandschuhen berühren. Am . . . . . . haben Sie ohne diese Handschuhe gearbeitet. Dadurch ist eine Produktionsserie von Mikrochips unbrauchbar geworden. Wir fordern Sie hiermit auf, künftig immer die vorgeschriebene Schutzkleidung zu tragen.

Eine Kopie dieser Ermahnung werden wir zu Ihrer Personalakte[2] nehmen.

Mit freundlichen Grüßen

. . . . . .

Unterschrift des Arbeitgebers

Erhalten:

. . . . . .

Ort, Datum

. . . . . .

Unterschrift des Arbeitnehmers

Anmerkungen

1. Funktion. Mit der Ermahnung rügt der Arbeitgeber eine Pflichtverletzung des Arbeitnehmers, ohne die Beendigung des Arbeitsverhältnisses anzudrohen: Die Ermahnung hat also – im Gegensatz zur Abmahnung – **keine Warnfunktion** und ersetzt deshalb nicht die – regelmäßig vor Ausspruch einer ordentlichen verhaltensbedingten Kündigung erforderliche – Abmahnung (vgl. *Kranz* DB 1998, 1464).

Im Gegensatz zur Abmahnung „verbraucht" die Ermahnung nicht das Kündigungsrecht des Arbeitgebers: Spricht der Arbeitgeber wegen einer bestimmten Pflichtverletzung eine Abmahnung aus, kann er eine Kündigung auf diesen Sachverhalt nicht mehr stützen (BAG NZA 2010, 823). Die Kündigung aufgrund einer Pflichtverletzung, wegen derer der Arbeitnehmer lediglich ermahnt wurde, ist jedoch nicht ausgeschlossen (BAG AP BGB § 611 Abmahnung Nr. 30).

Die Ermahnung ist eine individualrechtliche Rüge. Sie verhindert die stillschweigende Änderung des Vertrages. Duldet beispielsweise der Arbeitgeber rügelos, dass der Arbeitnehmer über einen längeren Zeitraum hinweg zu spät zur Arbeit kommt, so kann darin die stillschweigende Zustimmung des Arbeitgebers liegen. Der Gefahr, dass auf diese Weise der Vertrag konkludent geändert wird, kann der Arbeitgeber daher mit einer Rüge entgegentreten. Zum Ausspruch einer bloßen Ermahnung ist dem Arbeitgeber nur dann zu raten, wenn er vorrangig daran interessiert ist, das Arbeitsverhältnis fortzusetzen und keine weitere Eskalation des Falles wünscht (vgl. *Kranz* DB 1998, 1464). Ansonsten ist der **Ausspruch einer Abmahnung vorzugswürdig,** da diese zum einen eine Rüge enthält, zum anderen aber zugleich Regelvoraussetzung einer etwaigen nachfolgenden Kündigung ist.

Wie die Abmahnung ist auch die Ermahnung nicht form- und fristgebunden. Für die Fragen der inhaltlichen Bestimmtheit, des Zuganges und des Nachweises einer Ermahnung kann auf die parallel gelagerten Ausführungen zur Abmahnung verwiesen werden (→ Form. A. X. 1 Anm. 5, 8; → Form. A. X. 1 Anm. 10). Wie die Abmahnung ist auch die Ermahnung mitbestimmungsfrei.

2. Beseitigungsanspruch. Die Rechtsprechung billigt dem Arbeitnehmer in bestimmten Fällen einen Anspruch auf **Entfernung einer unberechtigten Ermahnung aus der Personalakte** zu (LAG Halle BeckRS 2001, 30794587), soweit die missbilligende Äußerung unrichtige Tatsachenbehauptungen enthält, die den Arbeitnehmer in seiner Rechtsstellung oder seinem beruflichen Fortkommen beeinträchtigen. Nach Auffassung des BAG wird der Anspruch auf Beseitigung auch nicht durch ein Recht des Arbeitnehmers auf Gegendarstellung – etwa nach § 83 Abs. 2 BetrVG – ausgeschlossen (BAG NZA 1987, 153). Nach anderer Auffassung soll ein Beseitigungsanspruch ausgeschlossen sein (*Kranz* DB 1998, 1464, 1465; vgl. ArbG Freiburg DB 1987, 748: ein Rechtsschutzbedürfnis bestehe nur, wenn auf Entfernung einer **Abmahnung** geklagt werde).

3. Vertragsstrafe wegen Verletzung der Verschwiegenheitspflicht

§ . . . . . **Geheimhaltung/Vertragsstrafe**[1, 2]

(1) Der Mitarbeiter ist verpflichtet, alle vertraulichen Angelegenheiten, insbesondere Betriebs- und Geschäftsgeheimnisse der Gesellschaft und i. S. d. § 15 AktG mit der Gesellschaft verbundener Unternehmen streng geheim zu halten. Diese Verpflichtung gilt auch nach Beendigung des Anstellungsvertrages.

(2) Für jeden Fall[3] der Zuwiderhandlung[4] gegen die in vorstehendem Abs. (1) genannte Pflicht[5] verwirkt der Mitarbeiter eine Vertragsstrafe in Höhe[6] eines Brutto-Monatsgehalts. Die Geltendmachung eines weiteren Schadens bleibt vorbehalten.[7]

Anmerkungen

1. Funktion und Gestaltungsspielraum. Die Vertragsstrafe fungiert als individualrechtliches **Druckmittel** gegenüber dem Arbeitnehmer und erleichtert die **Durchsetzung einer Schadensersatzforderung** (BAG NZA 1986, 782; Bamberger/Roth/*Janoschek* § 339 BGB Rn. 1). Der Arbeitgeber kann die verwirkte Strafe als Mindestbetrag des Schadens verlangen (§ 340 Abs. 2 S. 1 BGB). Darin liegt ein entscheidender praktischer Vorteil der Vertragsstrafe. Der Arbeitgeber entledigt sich mit ihr der Last, einen etwaigen – durch den Arbeitnehmer verursachten – Schaden darlegen und beweisen zu müssen (BAG NJW 1972, 1893). Die Vereinbarung einer Vertragsstrafe ist in Fällen empfehlenswert, in denen der Arbeitgeber i. d. R. einen Schaden nur unter großen Schwierigkeiten nachweisen kann – etwa beim Verstoß gegen Wettbewerbsverbote. Beim Verrat von Geschäftsgeheimnissen lassen sich Schäden kaum exakt beziffern, dem Arbeitgeber drohen aber erhebliche wirtschaftliche Nachteile.

Auch wenn Vertragsstrafen in Arbeitsverträgen grundsätzlich zulässig sind (BAG NZA 1995, 695; BAG NZA 1984, 225; *Preis* Arbeitsvertrag II V 30 Rn. 8; *Winter* BB 2010, 2757), sind dem vertraglichen **Gestaltungsspielraum der Parteien** durch das Gesetz und den Schutzzweck des Arbeitsrechts Grenzen gesetzt. Nichtig sind Vertragsstrafen im Rahmen von Ausbildungsverhältnissen (§ 5 Abs. 2 Nr. 2 BBiG). Unwirksam sind sie auch dann, wenn sie eine unzulässige Kündigungserschwernis darstellen – insbesondere, wenn dem Arbeitnehmer ein einseitiger Vermögensnachteil für den Fall der Eigenkündigung auferlegt wird (*Preis* Arbeitsvertrag V 30 Rn. 15 ff.; *v. Koppenfels* NZA 2002, 598, 599). Die fristgerechte Kündigung durch den Arbeitnehmer kann deshalb nicht mit einer Vertragsstrafe sanktioniert werden; eine derartige Klausel ist unwirksam (BAG AP BGB § 622 Nr. 12). Arbeitsrechtliche Vertragsstrafen dürfen sich auch nicht in Widerspruch zu den von der Rechtsprechung entwickelten und nicht zur Disposition der Parteien stehenden Beschränkungen der Arbeitnehmerhaftung setzen (zur Arbeitnehmerhaftung vgl. BAG NZA 1993, 547; BGH NZA 1994, 270; BAG NZA 1998, 140; BAG NJW 1999, 966). Soll eine Vertragsstrafe für den Fall der Schlechtleistung des Arbeitnehmers ausbedungen werden, so ist es deswegen ratsam, allein an eine vorsätzliche Pflichtverletzung anzuknüpfen (so *Preis* Arbeitsvertrag II V 30 Rn. 41).

Vertragsstrafen können auch in vorformulierten Arbeitsverträgen vereinbart werden. § 309 Nr. 6 BGB steht dem nicht entgegen. Die Besonderheiten des Arbeitsrechts (§ 310 Abs. 4 S. 2 BGB) erfordern die Möglichkeit, insbesondere für den Fall des verschuldeten Vertragsbruchs Vertragsstrafen wirksam vereinbaren zu können (Schaub/*Linck* § 57 Rn. 9).

Formularmäßig vereinbarte Arbeitsbedingungen unterliegen seit dem 1.1.2002 aber der **AGB-Kontrolle** (vgl. § 310 Abs. 4 S. 1 und S. 2 BGB). Seit dem 1.1.2003 gilt die AGB-Kontrolle auch für Verträge, die vor dem 1.1.2003 abgeschlossen worden sind (Art. 229 § 5 EGBGB). Bei formularmäßig geregelten Vertragsstrafen besteht daher ein beachtliches Risiko, dass diese Regelungen unwirksam (geworden) sind. Nach der Rechtsprechung des BAG kommt bei unwirksamen Vertragsbestimmungen eine geltungserhaltende Reduktion nicht in Betracht (BAG NZA 2004, 727; BAG NZA 2008, 170).

Die im hier vorliegenden Formular verwendete Strafklausel unterliegt – anders als Strafklauseln für den Nichtantritt des Arbeitsverhältnisses oder vertragswidrige Kündigungen – bereits tatbestandlich nicht der Regelung des § 309 Nr. 6 BGB (→ Form. A. II. 1 Anm. 20; s. zu einer vertragswidrigen Kündigung etwa BAG NZA-RR 2009, 519). Sie unterliegt aber uneingeschränkt der Angemessenheitskontrolle nach § 307 BGB (*Lingemann/Gottschalk* DStR 2011, 774, 775; *Winter* BB 2010, 2757, 2759 f.). Die Angemessenheitskontrolle wirkt sich insbesondere auf die Regelung zur Höhe der Vertragsstrafe aus (dazu sogleich unter → Anm. 6). Eine Vertragsstrafenabrede stellt aber grundsätzlich keine überraschende Klausel i. S. d. § 305c BGB dar. Eine solche Abrede ist im Arbeitsleben nicht ungewöhnlich (LAG Kiel NZA-RR 2005, 351). Allerdings sollte darauf geachtet werden, dass eine Vertragsstrafenabrede nicht an versteckter Stelle im Vertrag steht, um den Einwand der „Überrumpelung oder Übertölpelung" des Vertragspartners zu vermeiden (LAG Kiel NZA-RR 2005, 351). Es ist deshalb z. B. nicht ratsam, eine solche Vereinbarung unter „Schlussbestimmungen" zu fassen (vgl. BAG BeckRS 2009, 56447). Zudem ist ein Überraschungsmoment umso eher zu bejahen, je belastender die Bestimmung ist (BAG NZA 2008, 170).

Da §§ 305 ff. BGB nicht für Betriebs-, Dienstvereinbarungen und auch Tarifverträge gelten (§ 310 Abs. 4 S. 3 BGB), bleibt die Möglichkeit, Vertragsstrafen in solche Regelungen aufzunehmen und damit eine **AGB-Kontrolle** zu **vermeiden.** Es bleibt dem Arbeitgeber auch unbenommen, eine Vertragsstrafe individuell zu vereinbaren (vgl. *Lingemann*

NZA 2002, 181, 192), um auf diese Weise der AGB-Kontrolle zu entgehen. Die Klausel muss dann aber von den Parteien „ausgehandelt“ werden, wobei die Rechtsprechung auch individuell vereinbarte Arbeitsverträge – einschließlich Vertragsstrafen – einer Billigkeitskontrolle unterzieht (vgl. BAG NZA 1984, 255). Unter einem „Aushandeln“ versteht die Rechtsprechung aber mehr als ein „Verhandeln“. Der Verwender muss die entsprechende Klausel inhaltlich ernsthaft zur Verfügung stellen und damit dem anderen Teil Gestaltungsfreiheit zur Wahrung seiner eigenen Interessen gewähren.

Die Vereinbarung einer Vertragsstrafe unterliegt **nicht der Mitbestimmung des Betriebsrats** nach § 87 Abs. 1 Nr. 1 BetrVG (vgl. BAG NZA 1986, 782): Die Vertragsstrafe sichert allein das individuelle Interesse des Arbeitgebers als Gläubiger der Arbeitsleistung (*Preis* Arbeitsvertrag II V 30 Rn. 3; vgl. aber Schaub/*Linck* § 57 Rn. 3).

2. Vorbemerkung. Die Klausel ist an die Geheimhaltungsverpflichtung in → Form. A. II. 1, dort unter § 8, angelehnt. Welchen genauen materiellen Inhalt die Geheimhaltungsverpflichtung haben sollte, ist vom Einzelfall abhängig und soll hier nicht vertieft dargestellt werden, da bei diesem Formular die Vertragsstrafenregelung im Zentrum steht.

3. Wiederholte Verstöße. Die Vertragsstrafe wird für jeden Fall der Zuwiderhandlung bedungen. Hierdurch wird auf den Arbeitnehmer erheblicher Druck ausgeübt, da bei wiederholten Verstößen ein großes Haftungspotential verwirklicht werden kann. Bei der Verwendung einer Formulierung wie „Die Einrede des Fortsetzungszusammenhangs ist ausgeschlossen“ ist Vorsicht geboten. Der BGH hat den uneingeschränkten Verzicht auf die „Einrede“ des Fortsetzungszusammenhangs als im Regelfall unwirksam erachtet (BGH NJW 1993, 721). Von der Verwendung einer derartigen Klausel ist deshalb i. d. R. abzuraten. Kommen Dauerverstöße in Frage (z. B. bei Wettbewerbstätigkeiten) ist es von besonderer Bedeutung, zwischen Einzel- und Dauerverstößen zu unterscheiden. Es sollte vermieden werden, zum einen eine einmalige Vertragsstrafe „für jeden Fall der Zuwiderhandlung“ und parallel dazu eine monatlich erneut fällige Vertragsstrafe für eine „dauerhafte Verletzung“ im Arbeitsvertrag festzulegen, ohne sehr sorgfältig und trennscharf zu bestimmen, wann ein Einzel- und wann ein Dauerverstoß vorliegt. In diesem Bereich kommt es sehr schnell zu Widersprüchen oder Unklarheiten, die sich zu Lasten des Arbeitgebers auswirken (vgl. BAG NZA 2008, 170).

4. Verschuldenserfordernis. Dass die Strafe nur im Falle schuldhaften Verhaltens des Arbeitnehmers verwirkt wird, muss im Vertragstext nicht explizit klargestellt werden (BAG NZA-RR 2009, 519). Soll aber umgekehrt das Verschuldenserfordernis ausgeschlossen werden, muss dies ausdrücklich vereinbart werden. In Formulararbeitsverträgen verstößt eine verschuldensunabhängige Vertragsstrafe regelmäßig gegen § 307 Abs. 2 Nr. 1 BGB; eine derartige Klausel ist daher unwirksam.

5. Inhaltliche Bestimmtheit. Angeknüpft wird im Formular an die Verletzung der Verschwiegenheitspflicht. Der Anknüpfungstatbestand der Strafe – die Pflichtverletzung des Arbeitnehmers – muss so bestimmt oder bestimmbar sein, dass der Arbeitnehmer sein Verhalten darauf einstellen kann (vgl. BAG BeckRS 1988, 30729281; *Preis* Arbeitsvertrag II V 30 Rn. 19, 74; vgl. auch BAG NZA 1986, 782; BAG NZA 2005, 1053).

Von Formulierungen wie „im Falle schwerwiegender Pflichtverletzungen“ oder „im Falle des Vertragsbruches“ als Anknüpfungstatbestand der Vertragsstrafe sollte abgesehen werden (vgl. dazu OLG Düsseldorf DB 1992, 86; *Preis* Arbeitsvertrag II V 30 Rn. 9 ff. mit zahlreichen Beispielen). Das Gleiche gilt für „globale“ Strafversprechen, die die Erfüllung sämtlicher arbeitsvertraglicher Pflichten sichern sollen, die zwar allumfassend, aber pauschal von einer „schuldhaften Nichterfüllung des Vertrages“ sprechen (vgl. dazu *Preis* Arbeitsvertrag II V 30 Rn. 72). Derartige Klauseln sind inhaltlich zu unpräzise und werden bestenfalls von den Gerichten restriktiv ausgelegt (vgl. BAG BB 1975, 1160). In formularmäßigen Vertragsklauseln verstoßen sie gegen das in § 307 Abs. 1 S. 2 BGB enthaltene Transparenzgebot (BAG NZA 2006, 34). Lediglich für den Fall, dass die strafbewehrten Verstöße noch durch eine beispielhafte Aufzählung näher konkretisiert werden, können solche „globalen" Strafversprechen unter Umständen dem Transparenzgebot genügen (BAG NZA 2006, 34, 36 f.; a. A. LAG München BeckRS 2009, 74273). Empfehlenswert sind solche Formulierungen aber gleichwohl nicht.

Soll die Erfüllung von **Nebenpflichten** durch eine Vertragsstrafe gesichert werden, so müssen diese aus Transparenzgründen eindeutig benannt werden (BAG DB 1964, 1666; vgl. dazu auch *Preis* Arbeitsvertrag II V 30 Rn. 74).

6. Höhe der Strafe. Art und Höhe der verwirkten Strafe müssen im **individuell ausgehandelten** Vertrag nicht eindeutig festgelegt werden. Es reicht aus, wenn ein **Strafrahmen** vereinbart wird, innerhalb dessen der Arbeitgeber oder ein Dritter die Höhe der Vertragsstrafe festlegen kann (BAG NZA 1986, 782). Wird die Bestimmung dem Arbeitgeber oder einem Dritten überlassen, so hat dieser nach billigem Ermessen (§ 315 BGB) zu entscheiden. Unzulässig ist jedoch eine Regelung, mit der die Bestimmung der verwirkten Strafe oder deren Höhe dem Gericht übertragen wird (vgl. BAG NJW 1981, 1799).

Bei der – regelmäßig – **formularmäßigen Vereinbarung** von Strafklauseln sind die sich aus § 307 BGB ergebenden Anforderungen zu beachten. Nicht nur der Tatbestand, der die Strafe auslösen soll, sondern auch die Art und Höhe der vereinbarten Strafe müssen klar und eindeutig bezeichnet sein, damit der Arbeitnehmer sich darauf einstellen kann (*Hümmerich* NZA 2003, 753, 762; BAG NZA 2005, 1053). Es ist auch zulässig, einen Strafrahmen formularmäßig zu vereinbaren. Dieser Rahmen muss allerdings angemessen sein. Zwar gibt es keine generelle Höchstgrenze für arbeitsvertraglich vereinbarte Vertragsstrafen (BAG NZA 2009, 370). Das BAG scheint aber eher restriktiv zu entscheiden. Eine Vertragsstrafe in Höhe des ein- bis dreifachen Monatsgehaltes für jeden Pflichtverstoß hielt das BAG für unangemessen (BAG NZA 2006, 35). Nach der früheren Rechtsprechung konnte eine unverhältnismäßig hohe Vertragsstrafe nach § 343 Abs. 1 BGB durch Urteil herabgesetzt werden (BAG NZA 1995, 695). Diese Möglichkeit zur Herabsetzung von Vertragsstrafen, besteht aber nach neuem Schuldrecht nur noch, wenn die Vertragsregelung frei ausgehandelt worden ist (LAG Hannover BeckRS 2011, 77438). Nach der Rechtsprechung, die formularmäßige Strafklauseln grundsätzlich den Regelungen zu allgemeinen Geschäftsbedingungen unterwirft, ist eine solche geltungserhaltende Reduktion nicht möglich. Die Strafklausel ist in diesem Fall im Ganzen unwirksam (BAG NZA 2004, 727; LAG Hannover MDR 2004, 638; LAG Stuttgart DB 2003, 2551; *Bayreuther* NZA 2004, 953; *Winter* BB 2010, 2757, 2760). Will der Arbeitgeber nicht die Unwirksamkeit der gesamten Vertragsstrafenregelung riskieren, empfiehlt es sich, den Betrag der verwirkten Strafe im „Normalfall" auf eine angemessene Summe (z. B. ein bis zwei Monatsgehälter) zu begrenzen. Dieser Betrag hat sich in der Rechtsprechung als übliche Grenze eines arbeitnehmerseitigen Strafversprechens eingebürgert (vgl. BAG NZA 1984, 255; LAG Düsseldorf BB 1959, 117; LAG Berlin NJW 1981, 480; LAG Stuttgart BB 1985, 1793; BAG NZA 1984, 255; BAG NZA 1995, 695). Dies schließt nicht aus, dass bei einem besonderen Interesse des Arbeitgebers im Einzelfall ein höherer Betrag vereinbart werden kann. Sollen wichtige Betriebsgeheimnisse gewahrt werden, von denen der Arbeitnehmer beispielsweise aufgrund seiner herausgehobenen Position im Unternehmen Kenntnis erhalten hat, kann eine höhere Vertragsstrafe zulässig sein. Eine Vertragsstrafenabrede, die den Arbeitnehmer für den Fall der vertragswidrigen Lösung des Arbeitsvertrags zur Zahlung einer Strafe in Höhe eines Betrages verpflichtet, der höher ist als das Arbeitsentgelt, welches der Arbeitgeber dem Arbeitnehmer für die Zeit bis zur ordnungsgemäßen Beendigung des Arbeitsverhältnisses schulden würde, ist in aller Regel unangemessen (BAG NZA-RR 2009, 519). Vorsicht ist in diesem Zusammenhang auch in Hinblick auf eine Probezeit geboten. So soll eine Vertragsstrafenabrede wegen Übersicherung unwirksam sein, die für den Fall der vertragswidrigen Beendigung eines mit zweiwöchiger Kündigungsfrist kündbaren Probearbeitsverhältnisses eine Vertragsstrafe in Höhe eines Bruttomonatsverdienstes vorsieht. Diese Klausel sei selbst dann unwirksam, wenn der Arbeitnehmer sein Arbeitsverhältnis erst nach Ende der Probezeit vorzeitig vertragswidrig beende, auch wenn die Kündigungsfrist dann einen Monat beträgt (BAG NZA 2011, 89).

7. Weitergehende Schadensersatzansprüche. Die Klausel entspricht der gesetzlichen Regelung (§§ 340 Abs. 2 S. 1, 341 Abs. 2 S. 2 BGB) und ist deshalb **deklaratorisch.** Sie sollte jedoch aus Gründen der **Rechtssicherheit** aufgenommen werden. Dem Arbeitnehmer wird damit vor Augen geführt, dass neben der verwirkten Strafe weitere Zahlungspflichten auf ihn zukommen können.

XI. Änderungen während des Arbeitsverhältnisses

1. Vertragsänderung am Beispiel verlängerter Entgeltfortzahlung

Vereinbarung[1]

zwischen

...... (Name und Anschrift des Arbeitgebers) „Gesellschaft“

und

Herrn ...... (Name und Anschrift des Arbeitnehmers) „Mitarbeiter“

1. Ab dem ...... wird der Zeitraum, für den Entgeltfortzahlung im Krankheitsfalle von der Gesellschaft zu leisten ist, auf drei Monate verlängert.[2] Dieser Zeitraum verlängert sich um jeweils einen weiteren Monat für jeweils fünf weitere Jahre der Zugehörigkeit des Mitarbeiters zum Betrieb der Gesellschaft ab dem ....., maximal jedoch auf sechs Monate.[3]

2. Alle Zahlungen, die der Mitarbeiter im Zusammenhang mit der Arbeitsunfähigkeit bezieht oder auf die sonst ein Anspruch besteht, insbesondere gegenüber Trägern der gesetzlichen Krankenversicherung oder gegenüber einer privaten Krankenversicherung, werden auf die Leistungen der Gesellschaft angerechnet.[4] Der Mitarbeiter ist verpflichtet, unaufgefordert und unverzüglich über solche Zahlungen von dritter Seite Auskunft zu geben und sie auf Verlangen der Gesellschaft zu belegen.

3. Kann der Mitarbeiter aufgrund gesetzlicher Vorschriften von einem Dritten Schadensersatz wegen des Verdienstausfalls beanspruchen, der ihm durch die Arbeitsunfähigkeit entstanden ist, so geht dieser Anspruch insoweit auf die Gesellschaft über, als diese dem Mitarbeiter aufgrund des Entgeltfortzahlungsgesetzes oder aufgrund dieser Vereinbarung Arbeitsentgelt fortgezahlt und darauf entfallende, von der Gesellschaft zu tragende Beiträge zur Bundesagentur für Arbeit, Arbeitgeberanteile an Beiträgen zur Sozialversicherung und zur Pflegeversicherung sowie zu Einrichtungen der zusätzlichen Alters- und Hinterbliebenenversorgung abgeführt hat. Der Forderungsübergang umfasst nicht Ansprüche gegen Familienangehörige, die mit dem Mitarbeiter in häuslicher Gemeinschaft leben, wenn die Schädigung nicht vorsätzlich erfolgt ist.[5] Alle übrigen gesetzlichen Bestimmungen, insbesondere Anzeige- und Nachweispflichten, bleiben unberührt und beziehen sich auch auf die verlängerte Entgeltfortzahlung nach dieser Vereinbarung.[6]

4. Die Gesellschaft kann die Zusage der verlängerten Entgeltfortzahlung nach dieser Vereinbarung jederzeit unter Wahrung einer sechsmonatigen Ankündigungsfrist schriftlich widerrufen, wenn der Gesetzgeber die Dauer der Entgeltfortzahlung im Krankheitsfall ändert oder die wirtschaftliche Lage der Gesellschaft sich nachhaltig so wesentlich verschlechtert, dass ihr die Aufrechterhaltung der zugesagten Leistung nicht mehr zugemutet werden kann.[7] Die Gesellschaft wird von diesem Widerrufsrecht nach billigem Ermessen Gebrauch machen.

5. Alle übrigen Vereinbarungen über das Arbeitsverhältnis, insbesondere gemäß Anstellungsvertrag vom ....., bleiben unberührt.[8]

......	......
Ort, Datum	Ort, Datum
......	......
Unterschrift der Gesellschaft	Unterschrift des Mitarbeiters

Anmerkungen

1. Vertragsänderung. Im Rahmen der allgemeinen arbeitsrechtlichen Regelungen (z. B. gesetzliche oder tarifvertragliche Mindestansprüche, Mitbestimmung des Betriebsrats) können die Arbeitsvertragsparteien jederzeit Änderungen an den bestehenden Bedingungen des Arbeitsverhältnisses vornehmen (**Vertragsfreiheit**). Für die Änderung von Arbeitsverträgen, die ihren Bestand unangetastet lässt, besteht an sich kein **Formzwang.** Jedoch sind die wesentlichen Vertragsbedingungen spätestens einen Monat nach Beginn des Arbeitsverhältnisses schriftlich niederzulegen, § 2 NachwG. Das gilt auch für Änderungen der wesentlichen Vertragsbedingungen, § 3 NachwG. Die Regelungen zur Entgeltfortzahlung dürften als wesentliche Vertragsbedingungen anzusehen sein. Darüber hinaus ist die Schriftform natürlich schon zu **Beweiszwecken** zu empfehlen.

Von den gesetzlichen Regelungen des Entgeltfortzahlungsgesetzes darf nicht zuungunsten des Arbeitnehmers abgewichen werden, § 12 EFZG. Das gilt für jede Abweichung. Unzulässig sind daher auch Kombinationen von Begünstigung und Benachteiligung, etwa eine Verlängerung des Fortzahlungszeitraums gegen eine Absenkung der Fortzahlungshöhe (BAG NZA 2002, 610; ErfKomm/*Dörner* § 12 EFZG Rn. 7; *Schmitt* § 12 EFZG Rn. 30).

2. Verlängerung der Entgeltfortzahlung. Die Regelungen zur Entgeltfortzahlung im Krankheitsfall modifizieren den Grundsatz „ohne Arbeit kein Lohn" zugunsten des Arbeitnehmers. In der Praxis sind Erweiterungen der Entgeltfortzahlung nicht selten. Soweit sie zugunsten der Arbeitnehmer wirken, sind sie uneingeschränkt rechtlich zulässig, § 12 EFZG (vgl. nur ErfKomm/*Dörner* § 12 EFZG Rn. 1, 2; MAH Moll/*Kolvenbach/Glaser* § 22 Rn. 167). Regelungen finden sich sowohl auf kollektivrechtlicher (z. B. § 9 III. 2. MTV Chemische Industrie vom 24.6.1992, Fassung vom 16.3.2009) als auch auf individualrechtlicher Ebene wie im Formular vorgesehen. Bei letzteren wird in aller Regel lediglich der Entgeltfortzahlungszeitraum verlängert. Gerade im Hinblick auf den Wandel am Arbeitsmarkt und den prognostizierten Fachkräftemangel wird die vertragliche Vereinbarung solcher Vergünstigungen für Arbeitnehmer voraussichtlich zunehmen.

3. Staffelung. Um einerseits Betriebstreue zu belohnen und andererseits der gesteigerten Anfälligkeit älterer Arbeitnehmer für längere Krankheitsausfallzeiten Rechnung zu tragen, bietet sich eine gestaffelte Verlängerung der Entgeltfortzahlung an. Da die im Formular vorgesehene Staffelung an die Betriebszugehörigkeit und nicht an das Alter anknüpft, scheidet eine unmittelbare Altersdiskriminierung aus (vgl. BeckOK Arb. § 3 AGG Rn. 24). Auch wenn man eine mittelbare Altersdiskriminierung annehmen wollte, sollte diese gerechtfertigt sein: Anders als etwa bei der automatischen Verlängerung von Urlaubstagen für ältere Mitarbeiter, knüpft verlängerte Entgeltfortzahlung genau an den alterstypischen Risiken häufigerer und längerer Erkrankungen an, die sich statistisch belegen lassen.

4. Anrechnung anderweitiger Leistungen. Nach der gesetzlichen Verteilung des Lohnrisikos bei Krankheit trägt der Arbeitgeber die Entgeltfortzahlung für einen Zeitraum von bis zu sechs Wochen. Danach erhält der Arbeitnehmer ein Krankengeld in Höhe von 70 Prozent seines regelmäßigen Bruttoentgelts (§§ 44 ff. SGB V). Da der Anspruch auf Krankengeld ruht, soweit und solange Versicherte beitragspflichtiges Arbeitsentgelt oder Arbeitseinkommen erhalten (§ 49 Abs. 1 Nr. 1 Hs. 1 SGB V), ist bei der Vertragsgestaltung darauf zu achten, dass die Leistungspflicht der gesetzlichen Krankenkasse während des verlängerten Entgeltfortzahlungszeitraums nicht erlischt. Um ein Erlöschen der Leistungspflicht der Krankenkasse zu vermeiden, sieht das Formular daher die **Anrechnung** krankheitsbedingter **Lohnersatzleistungen,** gleich ob aus gesetzlicher oder privater Krankenversicherung, vor. Aus dem gleichen Motiv heraus sehen **Tarifverträge** häufig lediglich einen **Zuschuss** zum Krankengeld statt einer Verlängerung des Entgeltfortzahlungszeitraums vor. Im Ergebnis macht diese unterschiedliche Konstruktion keinen Unterschied. Denn gemäß § 23c Abs. 1 S. 1 SGB IV gelten Zuschüsse des Arbeitgebers zum Krankengeld nicht als beitragspflichtiges Arbeitsentgelt (und führen somit nicht zum Ruhen des Anspruchs auf Krankengeld), wenn die Einnahmen zusammen mit dem Krankengeld das Nettoarbeitsentgelt nicht um mehr als 50 EUR im Monat übersteigen. Zwar spricht § 23c Abs. 1 S. 1 SGB IV ausdrücklich von „Zuschüssen", die im Formular vereinbarte Leistung des Arbeitgebers unter Anrechnung von Lohnersatzleistungen der Krankenversicherung ist im Ergebnis aber nichts anderes als ein Zuschuss des Arbeitgebers. Denn die Anrechnung führt letztendlich dazu, dass der Arbeitgeber nur den Differenzbetrag zwischen dem Krankengeld und dem eigentlichen Gehalt „zuschießt" (vgl. auch *Preis* Arbeitsvertrag II E 20 Rn. 13, 32, welcher auch die Verlängerung des Entgeltfortzahlungszeitraums unter Anrechnung der Lohnersatzleistungen vorsieht). Bei einzelvertraglichen Regelungen mit leitenden Angestellten oder anderen hervorgehobenen Arbeitnehmern tritt der Aspekt des Erlöschens der Leistungspflicht der Krankenkasse zurück, weil diese Arbeitnehmergruppen in aller Regel von der gesetzlichen Krankenversicherungspflicht befreit sind und private Krankenversicherungsverträge unterhalten. Diese Arbeitnehmer werden ihren privaten Versicherungsschutz an die Verlängerung des Entgeltfortzahlungszeitraums anpassen. Das ist legitim, weil auch der Arbeitgeber von den günstigeren Versicherungstarifen profitiert (§ 257 Abs. 2, 2a SGB V). Für solche Arbeitnehmer laufen die im Formular (Nr. 2) vorgesehenen Auskunfts- und Nachweispflichten regelmäßig leer.

5. Übergang von Schadensersatzansprüchen. Die Regelung ist weitgehend identisch mit der in § 6 EFZG vorgesehenen **cessio legis** von Schadensersatzansprüchen des Arbeitnehmers gegen Dritte. Mit diesem Forderungsübergang soll zum einen verhindert werden, dass der Arbeitnehmer eine **Doppelentschädigung** erhält, und zum anderen die Belastung des Arbeitgebers mit Kosten vermieden werden, die nicht aus der arbeitsvertraglichen Bindung resultieren. Die cessio legis erfasst allerdings ipso iure lediglich Zahlungen des Arbeitgebers, die dieser aufgrund des EFZG erbracht hat. Deshalb muss für darüber hinausgehende Leistungen im Krankheitsfall der Forderungsübergang gesondert vereinbart werden. Zu beachten ist, dass der gesetzliche Forderungsübergang keine Schadensersatzansprüche erfasst, die sich gegen **Familienangehörige** richten, die in häuslicher Gemeinschaft mit dem Arbeitnehmer leben, es sei denn die Schädigung erfolgte vorsätzlich. Diese für die vergleichbaren Regelungen der §§ 116 Abs. 6 SGB X und 86 Abs. 3 VVG geltende Regelung ist auf § 6 EFZG entsprechend anzuwenden (BGH NJW 1976, 1208; ErfKomm/*Dörner* § 6 EFZG Rn. 7). Entsprechend ist die Klausel im Formular gefasst, um eine von den gesetzlichen Bestimmungen abweichende Vertragslage zu vermeiden.

Vertragliche Regelungen, die z. B. die Arbeitsunfähigkeit aus bestimmten Gründen, etwa aufgrund von Risikosportarten oder Ähnliches, von der verlängerten (nicht der gesetzlichen) Entgeltfortzahlung ausnehmen, sind zulässig und verstoßen nicht gegen § 12 EFZG.

6. Anzeigepflichten. Die ansonsten für den gesetzlichen Anspruch auf Entgeltfortzahlung geltenden Melde- und Anzeigepflichten (§ 5 EFZG) sollen auch für die verlängerte Entgeltfortzahlung gelten. Damit ist klargestellt, dass auch insoweit bei unterlassener Krankmeldung oder fehlendem ärztlichen Attest für den Arbeitgeber ein Zurückbehaltungsrecht entsteht (§ 7 EFZG).

7. Widerrufsvorbehalt. Da die Verlängerung der Entgeltfortzahlung auf der gesetzlich geregelten Entgeltfortzahlung aufbaut, ist es sinnvoll, den Widerruf der Vereinbarung vorzusehen, falls die vertragliche Regelung durch Gesetzesänderung lückenhaft oder (teilweise) überflüssig wird oder gar systematisch nicht mehr zum Gesetzesinhalt passt. Die mit der Verlängerung der Entgeltfortzahlung einhergehende Kostenbelastung kann das Unternehmen in schwierigen Zeiten unter Umständen substantiell belasten. Es ist daher empfehlenswert, eine Widerrufsmöglichkeit aus wirtschaftlichen Gründen in das Formular aufzunehmen.

Seit der Schuldrechtsreform unterliegen auch Arbeitsverträge der AGB-Kontrolle (§ 310 Abs. 4 S. 1 BGB). Im Zusammenhang mit Widerrufsvorbehalten ist § 308 Nr. 4 BGB zu beachten (vgl. BAG NZA-RR 2010, 457). Das BAG überträgt dabei das bislang vom BGH in diesem Bereich angewandte Prüfungsprogramm auf das Arbeitsrecht (BAG NZA 2004, 727). Für Widerrufsvorbehalte bedeutet das, dass der Widerruf für den anderen Teil, also den Arbeitnehmer, zumutbar sein muss (vgl. zu Widerrufsklauseln → Form. A. II. 1 Anm. 9). Des Weiteren folgt aus dem Transparenzgebot des § 307 Abs. 1 S. 2 BGB, dass ein freier Widerruf nicht mehr möglich ist und die Gründe für den Widerruf angegeben werden müssen (BAG NZA 2005, 465; BAG NZA 2007, 87). Noch nicht abschließend geklärt ist jedoch, wie detailliert die Widerrufsgründe formuliert sein müssen (s. dazu ausführlich Grobys/Panzer/*Schönhöft* Widerrufsvorbehalt Rn. 6). So verlangt etwa der Neunte Senat des BAG, dass ein konkreter Sachgrund für den Widerruf in der Widerrufsklausel genannt werden muss (BAG NZA 2007, 809; BAG NZA-RR 2010, 457), während der Fünfte Senat des BAG lediglich fordert, dass in der Klausel die Richtung angegeben wird (z. B. wirtschaftliche Gründe, Leistung oder Verhalten des Arbeitnehmers), aus der der Widerruf möglich sein soll (BAG NZA 2007, 87; BAG NZA 2011, 796; BAG NZA 2012, 616). Aufgrund der unklaren Rechtslage empfiehlt es sich, die Widerrufsgründe sicherheitshalber so konkret wie möglich zu formulieren.

Wird die vertragliche Regelung durch Gesetzesänderungen lückenhaft, überflüssig oder systematisch verfehlt, ist das ein Widerrufsgrund, der auch für den Arbeitnehmer zumutbar ist, zumal der Widerruf an eine angemessene Frist gebunden ist. Die Widerrufsgründe für die wirtschaftliche Notlage entsprechen den im Bereich der betrieblichen Altersversorgung anerkannten Widerrufsgründen (→ Form. F. I. 1 Anm. 16).

8. Arbeitsvertrag bleibt unberührt. Bei allen Zusatzverträgen ist es schon aus Gründen der Transparenz sinnvoll, ausdrücklich festzuhalten, dass alle übrigen Vertragsbestimmungen, die für das Arbeitsverhältnis gelten, unberührt bleiben.

2. Versetzung (endgültig)

[Briefkopf des Arbeitgebers]

Herrn . . . . . . (Name des Arbeitnehmers)

– im Hause –

. . . . . . (Datum)

Versetzung[1]

Sehr geehrter Herr . . . . . .,

wie Sie wissen, hat die Geschäftsführung als Reaktion auf den dramatischen Rückgang der Auflage unserer Zeitung und die damit einhergehenden verringerten Anzeigeneinnahmen ein „Streamlining“ der Hamburger Redaktionsbereiche beschlossen. Auf der

Grundlage dieser Maßnahmen werden zukünftig erheblich weniger Redakteure in Hamburg beschäftigt werden. Die Geschäftsleitung ist sich aber ihrer sozialen Verantwortung bewusst und schöpft deshalb alle Möglichkeiten aus, betriebsbedingte Kündigungen zu vermeiden.

Aus diesen Gründen versetzen[2] wir Sie daher mit Wirkung vom . . . . . . in die Lübecker Redaktion unserer Zeitung. Das bisher bestehende Anstellungsverhältnis, insbesondere gemäß Arbeitsvertrag vom . . . . . ., bleibt im Übrigen unberührt.

Wie bereits in unseren ausführlichen Gesprächen über die bevorstehende Versetzung am . . . . . . sowie am . . . . . . versichert, werden wir im Rahmen des Sozialplans vom . . . . . . dazu beitragen, die für Sie mit dieser Versetzung verbundenen Nachteile abzumildern. Insbesondere steht Ihnen der gestaffelte Fahrtkostenzuschuss für die ersten zwölf Monate Ihrer Tätigkeit in Lübeck zu. Darüber hinaus sind wir – ohne Anerkenntnis einer Rechtspflicht aus dem o. a. Sozialplan – bereit, Ihnen zwei zusätzliche Tage Sonderurlaub zu gewähren, wenn Sie sich entschließen, Ihren Lebensmittelpunkt nach Lübeck zu verlegen und dorthin umzuziehen.

Der guten Ordnung halber erlauben wir uns festzuhalten, dass die Rechte des Betriebsrats gewahrt wurden.[3]

Wir hoffen auf Ihr Verständnis für unsere Entscheidung und auf weiterhin gute Zusammenarbeit. Es liegt im gemeinsamen Interesse aller Arbeitnehmer sowie der Geschäftsleitung, den Prozess „Streamlining" erfolgreich umzusetzen und damit das wirtschaftliche Überleben unserer Zeitung sowie den Fortbestand der Arbeitsplätze zu gewährleisten.

Mit freundlichen Grüßen

. . . . . .

Unterschrift des Arbeitgebers

Anmerkungen

1. Versetzungsbegriff. Zwischen dem betriebsverfassungsrechtlichen Begriff der Versetzung (vgl. § 95 Abs. 3 BetrVG) und der individualrechtlichen Versetzung ist strikt zu differenzieren. Die Versetzungsbegriffe sind nicht inhaltsidentisch, so dass z. B. eine betriebsverfassungsrechtliche Versetzung sich individualrechtlich als Änderungskündigung darstellen und zusätzlich das Mitbestimmungsrecht des Betriebsrats gemäß § 102 BetrVG auslösen kann (D/K/K/W/*Bachner* § 99 BetrVG Rn. 88).

Auch unabhängig von dieser zwar formalen, aber rechtlich bedeutsamen Differenzierung ist der Begriff der Versetzung im Hinblick auf die **„Eingriffsintensivität"** durchaus uneinheitlich (vgl. *Hunold* BB 2011, 693). Es kann die bloße „Umsetzung" von einem Büro ins benachbarte Büro, der Wechsel von der Dauernachtschicht in die Wechselschicht (vgl. BAG AP BetrVG 1972 § 87 Arbeitszeit Nr. 111), die teilweise Veränderung des Tätigkeitsbereiches (vgl. BAG NZA 1997, 112), die Versetzung einer Pflegekraft auf eine andere Station (BAG BB 2000, 1784; LAG München BeckRS 2009, 67685), die Übernahme einer Aufgabe in einem anderen Unternehmen des gleichen Konzerns (BAG NZA 1999, 539; BAG NZA 2005, 929) oder die räumliche Veränderung des Arbeitsplatzes, auch ins Ausland, gemeint sein. Auch eine über einen Monat hinausgehende betriebsinterne Ausbildung erfüllt die Voraussetzung einer Versetzung (BAG NZA 2010, 1028).

Für die Zwecke des Formulars wird vorausgesetzt, dass dem Rechtsgrunde nach ein Versetzungsrecht gegeben ist, das sich entweder aus den konkreten vertraglichen

Bestimmungen, theoretisch sogar aus einem **Tarifvertrag** (vgl. nur BAG NZA 2005, 475), oder schlicht aus den Umständen des Anstellungsverhältnisses ergeben kann.

2. Versetzung im Einzelfall. Wenn und soweit ein Versetzungsrecht des Arbeitgebers dem Grunde nach besteht, muss der Arbeitgeber gemäß §§ 106 GewO, 315 BGB bei der Ausübung dieses Gläubigerrechts die Grenzen **billigen Ermessens** beachten, was gerichtlich überprüfbar ist (ErfKomm/*Preis* § 106 GewO Rn. 6). Im Formular ist die typische Situation eines Arbeitsplatzabbaus in einem Betrieb des Arbeitgebers und die Existenz von Vakanzen in einem anderen Betrieb des Arbeitgebers als Beispiel aufgegriffen. Schon um seinen Pflichten aus dem Kündigungsschutzgesetz in der Situation **betriebsbedingter Kündigungen** nachzukommen, muss der Arbeitgeber prüfen, ob er geeignete freie Positionen verfügbar machen kann, die dem betroffenen Arbeitnehmer anzubieten sind, bevor eine betriebsbedingte Kündigung ausgesprochen werden darf. Es ist im Einzelfall schwierig abzugrenzen, ob die vom Arbeitgeber angestrebte Änderung noch von den arbeitsvertraglichen Vorgaben des Direktionsrechts erfasst ist (dann Versetzung) oder eine Vertragsänderung erfordert (dann **Änderungskündigung**). Da die Rechtsprechung am **ultima-ratio-Prinzip** festhält und deshalb grundsätzlich Änderungskündigungen für unwirksam hält, wenn eine Versetzung als milderes Mittel die gleiche Wirkung erzielt hätte, ist in Zweifelsfällen zur praktischen Durchsetzung der Arbeitgeberplanung zu einer Kombination von Versetzung und Änderungskündigung zu raten (→ Form. A. XI. 4 Anm. 4). Wenn möglich, sind einvernehmliche Lösungen natürlich stets vorzuziehen.

Da der Arbeitgeber bei der Ausübung seines Gläubigerrechtes gehalten ist, nach billigem Ermessen zu entscheiden, sind alle betrieblichen und persönlichen Interessen des Arbeitnehmers zu beachten und gegen die Interessen des Arbeitgebers abzuwägen (vgl. BAG AP BGB § 307 Nr. 45). Insbesondere hat der Arbeitgeber nach § 106 S. 3 GewO eine etwaige Behinderung des betroffenen Arbeitnehmers zu berücksichtigen. Der Begriff der Behinderung i.S.v. § 106 S. 3 GewO geht dabei über die gesetzlich definierte Schwerbehinderung (vgl. § 2 SGB IX) hinaus. Daneben kann insbesondere die familiäre Situation des Arbeitnehmers, aber auch sein schutzwürdiges Vertrauen auf die Fortsetzung einer jahrelangen Beschäftigung auf einem bestimmten Arbeitsplatz eine Rolle spielen, wenn dadurch nicht ohnehin eine **Konkretisierung** eingetreten ist, welche dem Versetzungsrecht dem Grunde nach entgegensteht (vgl. MAH Moll/*Gragert* § 10 Rn. 10 m.w.N. zur zahlreichen Rechtsprechung). Der Zeitablauf allein führt allerdings auch bei langjähriger Tätigkeit nicht zu einer Konkretisierung (BAG NZA-RR 2008, 504).

3. Beteiligung des Betriebsrats. Eine individualrechtlich zulässige Versetzung kann – auch wenn sie einvernehmlich erfolgt – mehrere Mitbestimmungsrechte des Betriebsrats auslösen. Das Mitbestimmungsrecht ergibt sich insbesondere aus § 99 BetrVG, kann sich aber im Falle der Änderungskündigung auch aus § 102 BetrVG ergeben (→ Form. C. I. 4, → Form. C. I. 1). Obwohl im Umkehrschluss aus § 102 Abs. 4 BetrVG zu entnehmen ist, dass der Mitarbeiter nicht über die Beteiligung des Betriebsrats im Falle einer Versetzung zu unterrichten ist, lehrt die praktische Erfahrung, dass ein Hinweis wie im Formular auf die Zustimmung des Betriebsrats oder zumindest auf dessen Beteiligung die Akzeptanz der Versetzung durch den betroffenen Mitarbeiter fördert.

3. Versetzung (vorübergehend)

Aktennotiz

An: Personalabteilung

Von: Abteilungsleiter ...... (Name), Abteilung ...... (Bezeichnung)

Versetzung[1] von Frau ...... in die Abteilung ......

Am ...... habe ich ein längeres Gespräch mit Frau ...... geführt und sie gebeten, in den nächsten zwei Wochen den Arbeitsplatz von Herrn ...... in der Abteilung ...... zu versehen.[2] Aufgrund des ärztlichen Attests, das Herr ...... heute Morgen hereingereicht hat, wissen wir, dass er noch zwei Wochen ausfallen wird, was – angesichts des aufgelaufenen Rückstands in der Abteilung ...... – nur durch eine interimistische Besetzung seines Arbeitsplatzes aufgefangen werden kann.

Frau ...... war wenig angetan davon, dass sie ihren eigenen Arbeitsplatz in unserer Abteilung ...... in den nächsten zwei Wochen[3] ruhen lassen muss und sich ausschließlich um den Arbeitsplatz von Herrn ...... in der Abteilung ...... kümmern soll. Auch meine Ankündigung, dass für etwa erforderliche Überstunden in der Abteilung ...... natürlich ein Freizeitausgleich erfolgen werde, sobald sie in die Abteilung ...... zurückkehrt, vermochten an ihrer geringen Begeisterung nichts zu ändern.

Im Ergebnis hat Frau ...... aber die dienstliche Weisung akzeptiert und wird ab sofort den Arbeitsplatz von Herrn ...... in der Abteilung ...... versehen. Sie ist deshalb kurzfristig unter der Telefon-Durchwahl von Herrn ...... zu erreichen.

......

Unterschrift (Absender Aktennotiz)

Anmerkungen

1. **Vorübergehende Versetzung.** Im Gegensatz zu der dauerhaften Versetzung (→ Form. A. XI. 2), die sich stets am Rande einer Vertragsänderung bewegt, ist der vorübergehende Einsatz eines Arbeitnehmers in einer anderen Abteilung, etwa aufgrund krankheitsbedingter Lücken, wesentlich weniger aufwändig, aber gleichwohl praxisrelevant. Nicht nur aufgrund der zunehmenden Flexibilisierung ist es immer wieder erforderlich, „Löcher zu stopfen", indem Arbeitnehmern angetragen wird, kurzfristig in einer anderen Abteilung auszuhelfen. Von dieser Situation geht auch das Formular aus. Um jedoch zu betonen, dass Versetzungen formfrei ausgesprochen werden können und in der Praxis häufig mit niedrigem Aufwand durchgeführt werden, ist dieses Formular bewusst in Form einer Aktennotiz eines zuständigen Abteilungsleiters gehalten, die dieser nach erfolgter mündlicher Versetzung einer Mitarbeiterin angefertigt hat.

2. **Kurzfristige Versetzung.** Prinzipiell gelten die gleichen Anforderungen an eine kurzfristige wie an eine langfristige Versetzung (→ Form. A. XI. 2). Erste Voraussetzung ist also, dass der Arbeitgeber im Rahmen seines Direktionsrechts befugt ist, dem Arbeitnehmer – auch nur für kurze Zeit – einen anderen Arbeitsplatz zuzuweisen. Dies wird in diesem Formular unterstellt.

Zudem muss der Arbeitgeber auch in dieser Situation **billiges Ermessen** (§ 106 GewO) bei seiner Entscheidung anwenden (BAG NZA 2005, 359). Selbstverständlich sind die

Anforderungen in Anbetracht der geringeren „Eingriffsintensität" bei einer nur vorübergehenden Versetzung deutlich niedriger. Bieten sich jedoch mehrere Mitarbeiter an, um – wie im Beispiel – die Lücke in einer anderen Abteilung zu schließen, muss der Arbeitgeber nicht nur die Eignung der potentiellen Kandidaten berücksichtigen, sondern auch die Auswirkungen für die betroffenen Kandidaten (vgl. BAG AP BGB § 307 Nr. 45). Dies gilt etwa im Falle veränderter Arbeitszeiten in der anderen Abteilung, die beispielsweise mit den Kinderbetreuungszeiten der betroffenen Mitarbeiterin im Einklang stehen oder gebracht werden müssen. Auch weitere individuelle Interessen der Mitarbeiter, wie z. B. die Urlaubsplanung, können eine Rolle spielen.

3. Beteiligung des Betriebsrats. Aufgrund der Fristenregelung (vgl. § 95 Abs. 3 S. 1 BetrVG) dürfte die kurzfristige, einen Monat unterschreitende Zuweisung eines anderen Arbeitsbereiches ohne erhebliche Änderung der sonstigen Arbeitsumstände in aller Regel keine mitbestimmungspflichtige Versetzung i. S. d. § 99 Abs. 1 BetrVG darstellen.

4. Änderungskündigung

[Briefkopf des Arbeitgebers]

Herrn . . . . . . (Name und Anschrift des Arbeitnehmers)

. . . . . . (Datum)

Sehr geehrter Herr . . . . . .,

hiermit kündigen wir Ihr Arbeitsverhältnis fristgemäß zum . . . . . ., hilfsweise zum nächsten zulässigen Zeitpunkt.[1, 2]

Gleichzeitig bieten wir Ihnen an, das Arbeitsverhältnis danach nicht mehr in unserem Hamburger, sondern in unserem Dresdner Betrieb zu im Übrigen unveränderten Bedingungen fortzusetzen.[3, 4]

Im Zusammenhang mit Ihrem möglichen Umzug nach Dresden können Sie Leistungen nach dem Sozialplan vom . . . . . . in Anspruch nehmen.[5]

Der Betriebsrat wurde zu der Änderungskündigung angehört und hat keine Stellungnahme abgegeben.[6]

Bitte teilen Sie uns unverzüglich, spätestens innerhalb von drei Wochen nach Zugang dieser Erklärung mit, ob Sie mit der Änderung der Arbeitsvertragsbedingungen einverstanden sind. Wenn Sie sich innerhalb dieser Frist nicht äußern oder die angebotene Änderung innerhalb der Frist nicht annehmen, erlischt das Angebot und das Arbeitsverhältnis endet zum . . . . . .[7]

Für diesen Fall weisen wir Sie vorsorglich darauf hin, dass Sie sich innerhalb von drei Tagen nach Kenntnis von dieser Kündigung *(Alternative: spätestens drei Monate vor dem Beendigungstermin)* bei der zuständigen Agentur für Arbeit zu melden sowie eigene Aktivitäten bei der Suche nach einer anderen Beschäftigung zu entfalten haben.[8]

Mit freundlichen Grüßen

. . . . . .

Unterschrift des Arbeitgebers[9]

Erhalten:

. . . . . .

Ort, Datum

. . . . . .

Unterschrift des Arbeitnehmers[10]

Anmerkungen

1. Änderungskündigung. Das Formular behandelt die „klassische" arbeitgeberseitige Änderungskündigung, bei der die Beendigungskündigung mit dem Angebot, das Arbeitsverhältnis zu veränderten Bedingungen fortzusetzen, in einer Erklärung kombiniert wird. Anstelle der Kombination von Beendigungskündigung und Änderungsangebot in einer Erklärung ist es auch zulässig (und kann sich u. U. anbieten), die Beendigungskündigung und das Angebot, das Arbeitsverhältnis zu veränderten Bedingungen fortzusetzen, in zwei Erklärungen zu trennen (Näheres zur zeitlichen Abfolge s. u.).

Praktisch eher unbedeutend ist die in der rechtswissenschaftlichen Literatur (KR/*Rost* § 2 KSchG Rn. 13 m. w. N.) behandelte Unterscheidung zwischen unbedingten und bedingten Änderungskündigungen. Das Formular ist eine **unbedingte Änderungskündigung,** mit der der Arbeitgeber Klarheit schafft, indem er das bestehende Arbeitsverhältnis kündigt und zugleich die Fortsetzung zu geänderten Bedingungen anbietet. Eine **bedingte Änderungskündigung** liegt hingegen vor, wenn der Arbeitgeber in erster Linie ein Änderungsangebot unterbreitet und nur für den Fall, dass der Arbeitnehmer dies nicht annimmt, eine Beendigungskündigung ausspricht. In der Praxis spielt diese Unterscheidung allenfalls bei der Betriebsratsanhörung eine Rolle, denn hier muss der Arbeitgeber klarstellen, ob es sich um eine unbedingte oder eine bedingte Änderungskündigung handelt.

Da jede Änderungskündigung materiell-rechtlich eine Beendigungskündigung enthält, müssen alle formalen und sonstigen rechtlichen Anforderungen einer solchen erfüllt sein, insbesondere das **Schriftformgebot** (§ 623 BGB) sowie die vorherige **Anhörung des Betriebsrats** (§ 102 BetrVG). Auch jede Art von Sonderkündigungsschutz ist grundsätzlich zu beachten, z. B. zugunsten von Schwangeren, Schwerbehinderten oder Betriebsräten (zu § 15 KSchG instruktiv BAG NZA 1987, 102). Auch außerordentliche Änderungskündigungen sind möglich. Diese unterliegen den Wirksamkeitsvoraussetzungen von § 626 BGB (vgl. ErfKomm/*Müller-Glöge* § 626 BGB Rn. 191 ff.).

Lediglich bei einzelnen Aspekten gibt es Unterschiede zwischen Beendigungs- und Änderungskündigung. So ist Bezugspunkt für die Prüfung der **sozialen Rechtfertigung** einer Änderungskündigung die Änderung der Arbeitsbedingungen und nicht die Beendigung des Arbeitsverhältnisses. Das Änderungsangebot ist also maßgeblich zu berücksichtigen (LAG Mainz BeckRS 2010, 75077; ErfKomm/*Oetker* § 2 KSchG Rn. 39; a. A. *Berkowsky* NZA 2010, Beilage zu Heft 8, 50, der den Schwerpunkt auf dem Beendigungselement liegen sieht). Daraus ergibt sich ein zweistufiges Prüfverfahren für die soziale Rechtfertigung. Zunächst ist zu prüfen, inwieweit ein betriebs-, personen- oder verhaltensbedingter Grund für die angebotene Vertragsänderung vorliegt. Anschließend ist zu prüfen, ob der Arbeitgeber nur solche Änderungen angeboten hat, die der Arbeitnehmer angesichts des jeweiligen Grundes billigerweise hinzunehmen hat (BAG NJW 2011, 251; ErfKomm/*Oetker* § 2 KSchG Rn. 42). Die zweite Stufe orientiert sich dabei am Verhältnismäßigkeitsgrundsatz, wobei das Änderungsangebot hinsichtlich aller seiner Bestandteile zu messen ist (BAG NZA 2006, 92; BAG NZA 2010 465; BAG NZA 2011, 460). Änderungskündigungen zur Anpassung vertraglicher Nebenabreden an veränderte Umstände unterliegen dabei nicht so strengen Maßstäben wie Änderungskündigungen zur Entgeltabsenkung (ErfKomm/*Oetker* § 2 KSchG Rn. 48; → Anm. 3).

Daneben hat das BAG z.B. in der „Schwimmmeister-Entscheidung" erkannt, dass die betroffenen Arbeitnehmer im Rahmen einer **Sozialauswahl** (§ 1 Abs. 3 KSchG) sowohl im Hinblick auf die wegfallende als auch im Hinblick auf die zu besetzende Position vergleichbar sein müssen (BAG NZA 1987, 155; BAG NJOZ 2008, 4233). Wenn z.B. in Abteilung A ein Arbeitsplatz wegfällt und ausgewählt werden soll, wer von der Abteilung A auf einen Arbeitsplatz in die Abteilung B wechseln soll, sind nur die Mitarbeiter in der Abteilung A in die Sozialauswahl einzubeziehen, die die Anforderungen in der Abteilung B erfüllen. Arbeitnehmer der Abteilung A, die z.B. aufgrund fehlender Qualifikation keine Position in der Abteilung B ausfüllen können, scheiden deshalb aus dem Kreis der vergleichbaren Arbeitnehmer aus. Es ist damit irrelevant, ob diese weniger qualifizierten Arbeitnehmer sozial stärker als die anderen Mitarbeiter der Abteilung A sind. In der Konsequenz kann diese Rechtsprechung dazu führen, dass sozial schutzwürdigere Mitarbeiter benachteiligt werden können, wenn sie vielseitiger sind als ihre Kollegen.

Eine Gestaltungsmöglichkeit für den Arbeitgeber bietet sich in Form von **Namenslisten bei Betriebsänderungen,** da § 1 Abs. 5 KSchG auch auf Änderungskündigungen anwendbar ist (BAG NZA 2008, 103). Werden also im Zuge einer Betriebsänderung gemäß § 111 BetrVG Änderungskündigungen ausgesprochen, so führt die vorherige Vereinbarung eines Interessenausgleichs mit dem Betriebsrat, in dem die betroffenen Arbeitnehmer genannt werden, zu einer Beweislastumkehr (zu den Einzelheiten und der Reichweite der Beweislastumkehr vgl. *Peter* BB 2008, 224).

Demgegenüber gibt es wenige gesetzliche Bestimmungen, die eindeutig nur für Beendigungskündigungen gelten, also nicht im Falle einer Änderungskündigung. Allerdings besteht der Anspruch, während des Änderungsschutzprozesses auf der bisherigen Position **weiterbeschäftigt** zu werden, nicht für Arbeitnehmer, die das Änderungsangebot des Arbeitgebers unter dem Vorbehalt der sozialen Rechtfertigung angenommen haben (vgl. § 102 Abs. 5 S. 1 BetrVG; ErfKomm/*Oetker* § 2 KSchG Rn. 22 m.w.N.).

In Hinsicht auf die **zeitliche Abfolge** von Änderungsangebot und Kündigungserklärung sind drei Varianten denkbar: Das Änderungsangebot kann vor, mit oder nach der Kündigungserklärung erfolgen. Der Fall der gleichzeitigen Abgabe beider Erklärungen ist normal, entspricht dem Formular und bedarf keiner weiteren Erläuterung.

Neben der gleichzeitigen Abgabe beider Erklärungen kann das Änderungsangebot auch bereits vor Ausspruch der Kündigung erklärt werden (ErfKomm/*Oetker* § 2 KSchG Rn. 11; *Krois* ZfA 2009, 575, 590). Allerdings ist der Arbeitgeber dann bei der späteren Erklärung der Kündigung verpflichtet klarzustellen, dass das Änderungsangebot fortgilt, da ansonsten die Erklärung des Arbeitgebers als Beendigungs- und nicht als Änderungskündigung angesehen wird (BAG NZA 2005, 1289). Nur in den seltenen Fällen, in denen ein Arbeitnehmer das Änderungsangebot „vorbehaltlos und endgültig" abgelehnt hat, darf der Arbeitgeber unmittelbar die Beendigungskündigung aussprechen (BAG NZA 2005, 1289). Für eine solche vorbehaltlose und endgültige Ablehnung muss der Arbeitnehmer bei der Ablehnung des Änderungsangebots unmissverständlich zu erkennen gegeben haben, dass er unter keinen Umständen bereit ist, zu den geänderten Arbeitsbedingungen zu arbeiten (BAG NZA 2005, 1289). Nach der Rechtsprechung darf eine Änderungskündigung daneben nur in „Extremfällen" unterbleiben (vgl. BAG NZA 2007, 431). Ein solcher „Extremfall" liegt vor, wenn das neue Vertragsangebot beleidigenden Charakter haben würde und der Arbeitgeber bei vernünftiger Betrachtung nicht mit einer Annahme des Angebots durch den Arbeitnehmer rechnen konnte (BAG NZA 2007, 431). Angesichts der hohen Anforderungen, die das BAG an das Unterbleiben einer Änderungskündigung stellt, ist allerdings jeder Arbeitgeber gut beraten, ein Änderungsangebot grundsätzlich im Wege der Änderungskündigung zu unterbreiten, auch wenn aus Arbeitgebersicht die Annahme des Änderungsangebots durch den

Arbeitnehmer möglicherweise sogar mit an Sicherheit grenzender Wahrscheinlichkeit ausscheidet (Einzelheiten hierzu → Anm. 3).

Grundsätzlich unzulässig ist es, **zuerst eine Beendigungskündigung** auszusprechen und **zu einem späteren Zeitpunkt ein Änderungsangebot** abzugeben, weil der Arbeitgeber damit die gesetzlich vorgesehene Dreiwochenfrist (§ 2 KSchG) beliebig abkürzen oder ganz eliminieren könnte (str., offen gelassen in LAG Mainz LAGE § 2 KSchG Nr. 6; vgl. zum Streitstand KR/*Rost* § 2 KSchG Rn. 22 m. w. N.). Es ist eine andere Frage, ob ein nachträgliches Änderungsangebot als selbständige Änderungskündigung auszulegen ist (vgl. hierzu KR/*Rost* § 2 KSchG Rn. 22), deren Verhältnis zu der zunächst ausgesprochenen Beendigungskündigung im Einzelfall zu klären ist (wie hier KR/*Rost* § 2 KSchG Rn. 22 sowie K/D/Z/*Zwanziger* § 2 KSchG Rn. 121, 124). In dem späteren Änderungsangebot kann zugleich ein Angebot auf Rücknahme der ersten Kündigung und der erstmalige Ausspruch einer Änderungskündigung gesehen werden (vgl. MünchKommBGB/*Hergenröder* § 2 KSchG Rn. 21 f.; a. A. *Stahlhacke/Preis/Vossen* Rn. 1291). Allerdings kann die frühere Kündigungserklärung nach ihrem Zugang grundsätzlich nicht mehr einseitig, sondern nur mit Zustimmung des Arbeitnehmers zurückgenommen werden (A/P/S/*Künzl* § 2 KSchG Rn. 29). Insbesondere wenn der Arbeitnehmer eine Kündigungsschutzklage erhoben hat, kann der Arbeitgeber praktisch das gleiche Ergebnis erzielen, indem er die Kündigung „zurücknimmt" und erklärt, hieraus keine Rechte mehr herzuleiten; diese Erklärungen müssen nicht unbedingt ausdrücklich erfolgen.

Wenn – nach wirksamer Beendigungskündigung – dem betroffenen Mitarbeiter vor Ablauf der individuellen Kündigungsfrist eine unerwartet frei werdende Position angeboten werden muss, ist dies ein Fall des Wiedereinstellungsanspruchs, der dogmatisch aus Treu und Glauben hergeleitet wird (vgl. hierzu BAG NZA 2000, 1097). Auch wenn also die Beschäftigung auf der neuen Position eine erhebliche Abweichung von den bisherigen vertraglichen Bedingungen bedeutet, liegt dogmatisch kein Fall einer Änderungskündigung vor.

Von der Beendigungskündigung mit nachgeschobenem Änderungsangebot sowie dem Fall eines Wiedereinstellungsanspruchs zu unterscheiden ist der Fall, dass der Arbeitgeber zunächst eine Änderungskündigung ausgesprochen hat und das Änderungsangebot später präzisiert oder in unbedeutenden Details korrigiert. Bei solchen Präzisierungen und Korrekturen darf es sich nicht um wesentliche Bestandteile des Änderungsangebotes handeln, sie dürfen also nur nebensächliche oder unbedeutende Aspekte betreffen, die die Entscheidung des Arbeitnehmers über die Annahme des Angebotes schlechthin nicht beeinflussen können (z. B. Korrektur einer Hausnummer bei der Adresse des neuen Betriebs in einer anderen Stadt, in der der Arbeitnehmer nach dem Angebot des Arbeitsgebers zukünftig arbeiten soll).

2. Kündigungserklärung. Das Formular enthält eine eindeutige Formulierung, wie sie auch sonst in Beendigungskündigungen verwendet wird. Arbeitgeber sind grundsätzlich (Ausnahmen z. B. § 22 Abs. 3 BBiG sowie § 9 Abs. 3 S. 2 MuSchG) nicht verpflichtet, unaufgefordert einen **Kündigungsgrund** anzugeben (arg. e § 626 Abs. 2 S. 3 BGB) und sollten dies auch tunlichst unterlassen. Gleichwohl unterliegt die Änderungskündigung dem Kündigungsschutzgesetz und muss gegebenenfalls in einem gerichtlichen Änderungsschutzverfahren sorgfältig begründet werden (zu den Besonderheiten der sozialen Rechtfertigung einer Änderungskündigung → Anm. 1). Genau wie bei Beendigungskündigungen kommen bei Änderungskündigungen nur drei Kategorien von Kündigungsgründen in Betracht, nämlich personen-, verhaltens- sowie betriebsbedingte Kündigungsgründe. Letztere überwiegen in der Praxis. Im Rahmen eines Änderungsschutzverfahrens muss der Arbeitgeber u. a. den Wegfall des bisherigen Arbeitsplatzes sowie die Vornahme einer Sozialauswahl (zu den Besonderheiten → Anm. 1; BAG NZA 1987, 155) nach den allgemeinen Grundsätzen darlegen und beweisen.

Wie bei Beendigungskündigungen ist die für den individuellen Arbeitnehmer maßgebliche **Kündigungsfrist** zu beachten, die sich aus Einzelvertrag, Tarifvertrag oder dem Gesetz ergibt.

3. Änderungsangebot. Das Änderungsangebot muss so **klar, eindeutig und abschließend** formuliert sein, dass der Mitarbeiter das Angebot mit einem einfachen „Ja" oder „Nein" beantworten kann (vgl. § 145 BGB). Dazu muss das Änderungsangebot bereits zum Zeitpunkt des Zugangs der Kündigung hinreichend klar bestimmt sein oder sich eindeutig bestimmen lassen, so dass der Mitarbeiter zweifelsfrei erkennen kann, welche Arbeitsbedingungen zukünftig gelten sollen (vgl. BAG NZA 2005, 635; BAG NZA 2009, 957; BAG NZA 2010, 333; BAG NZA 2012, 628, 631 f.; vgl. zur Auslegung von Änderungsangeboten BAG NJOZ 2011, 1376). Die Formulierung eines solchen Angebots kann im Einzelfall oft schwieriger als in dem gewählten Beispiel des Formulars sein, etwa wenn komplizierte Sachverhalte oder mehrere Vertragsbedingungen betroffen sind. In solchen Fällen ist es ratsam, anhand des existierenden Arbeitsvertrags die sich ändernden Vertragsbestimmungen genau zu bezeichnen und anzugeben, ob sie gänzlich wegfallen oder durch welche Vertragsformulierung sie ersetzt werden sollen. Auf komplette Regelungswerke Bezug zu nehmen, kann „zu unbestimmt" sein: Aus diesem Grund hat das BAG die Änderungskündigung eines Zeitarbeitsunternehmens für unwirksam gehalten, das das bisherige Arbeitsverhältnis (ohne Tarifbindung) kündigte und zugleich den Abschluss eines Arbeitsvertrages anbot, der auf Tarifverträge und, für den Fall derer Unwirksamkeit, auf andere Tarifverträge Bezug nahm (BAG NZA 2009, 957). Das Änderungsangebot klar zu formulieren, ist daher von zentraler Bedeutung. Denn die Änderungskündigung ist unwirksam, wenn das Änderungsangebot den Bestimmtheitsanforderungen nicht genügt (BAG NZA 2009, 957; BAG NZA 2010, 333; *Stahlhacke/Preis/Vossen* Rn. 1290).

Mit zwei Entscheidungen vom 21.4.2005 (BAG NZA 2005, 1289; BAG NZA 2005, 1294) hat das BAG den **Vorrang der Änderungskündigung vor der Beendigungskündigung** prominent hervorgehoben und die Anforderungen an das enthaltene Änderungsangebot präzisiert. Während bis zu dieser Entscheidung Arbeitgeber davon absehen konnten, Mitarbeitern im Wege der Änderungskündigung geringwertigere Arbeitsplätze anzubieten, wenn der Arbeitgeber sie für unzumutbar hielt, hat das BAG dieses Prinzip umgedreht: Um die Beendigung des Arbeitsverhältnisses zu vermeiden, muss der Arbeitgeber dem betroffenen Mitarbeiter, dessen Arbeitsplatz wegfällt, nahezu jede andere freie Position im Wege der Änderungskündigung anbieten, die dieser Mitarbeiter – ggf. nach zumutbarer Einarbeitung – ausfüllen kann. Danach soll der Arbeitnehmer grundsätzlich selbst entscheiden, ob er eine Weiterbeschäftigung auch zu erheblich verschlechterten Arbeitsbedingungen für zumutbar hält oder nicht (vgl. BAG NZA 2007, 431; *Stahlhacke/Preis/Vossen* Rn. 997). Auf eine mögliche Unzumutbarkeit kann der Arbeitgeber sich nur noch in Ausnahmekonstellationen berufen (vgl. die Ausführungen zu den „Extremfällen" in → Anm. 1), z. B. Angebot einer Pförtnerstelle an den bisherigen Personalchef (vgl. zu sämtlichen Einzelheiten grundlegend BAG NZA 2005, 1294). Unternehmen mit mehreren Betrieben werden also auch einfachen Arbeitnehmern freie Arbeitsplätze in weit entfernt liegenden Betrieben anbieten müssen; genauso kommen andere Arbeitsplätze mit erheblich niedrigerem Sozialprestige oder erheblich niedrigerer Vergütung in Betracht. Eine betriebsbedingte Beendigungskündigung ist unwirksam, wenn der Arbeitgeber es unterlässt, ein mögliches Änderungsangebot zu unterbreiten (*Stahlhacke/Preis/Vossen* Rn. 997), wobei es überhaupt nicht darauf ankommt, ob der Arbeitnehmer das Angebot angenommen oder abgelehnt hätte. Dies kann dazu führen, dass Arbeitgeber sich dazu entschließen, sicherheitshalber mehrere vakante Positionen anzubieten. Ob ein solches Vorgehen zulässig ist, ist jedoch umstritten (dazu ausführlich *Wagner* NZA 2008, 1333). Das LAG Hamm hält dies für unbedenklich (LAG Hamm LAGE KSchG § 2 Nr. 60 unter Verweis auf die Anerkennung durch BAG NZA 2000, 825 (dort fehlt jedoch eine Begründung); so auch *Rost*, FS Hromadka, S. 325;

zur Zulässigkeit mehrerer angebotener Möglichkeiten s. Staudinger/*Bork* § 145 Rn. 17; a.A. ArbG Düsseldorf NZA-RR 2006, 21). Allerdings soll die gesamte Änderungskündigung unwirksam sein, wenn nur eines der verschiedenen Änderungsangebote den strengen Anforderungen der Rechtsprechung an Bestimmbarkeit oder Bestimmtheit nicht genügt (vgl. *Hertzfeld/Isenhardt* DB 2011, 2034), und zwar selbst dann, wenn der Arbeitnehmer sich positiv für eines der anderen Angebote entscheidet (zweifelhaft, so aber LAG Hamm LAGE KSchG § 2 Nr. 60). Hingegen hat das LAG Frankfurt a.M. die Frage der Zulässigkeit alternativer Angebote ausdrücklich offengelassen (LAG Frankfurt a.M. BeckRS 2011, 71652). Auch das BAG hat zu dieser Frage bisher keine eindeutige Aussage getroffen (vgl. BAG NZA 2009, 957; BAG NZA 2010, 333). Da nach der Konzeption des BAG der betroffene Arbeitnehmer jedoch selbst entscheiden soll, ob er die Arbeit auf einer anderen Stelle für zumutbar hält, spricht vieles dafür, ihm unterschiedliche Angebote unterbreiten zu dürfen, aus denen er dann wählen kann (so i.E. auch *Wagner* NZA 2008, 1333; für die Unterbreitung alternativer Weiterbeschäftigungsangebote in Zweifelsfällen *Hertzfeld/Isenhardt* DB 2011, 2034). Weder aus der Fürsorgepflicht des Arbeitgebers noch aus dem Günstigkeitsprinzip kann die Unzulässigkeit mehrerer Angebote hergeleitet werden, weil der Arbeitnehmer, dessen bisheriger Arbeitsplatz wegfällt, durch die Erweiterung seiner Optionen lediglich begünstigt wird. Der Arbeitgeber sollte dabei zusätzlich klarstellen, dass die Angebote nebeneinander stehen (vgl. BAG NZA 2010, 333, 335; so auch *Herbert/Oberrath* NJW 2008, 3177).

Die umgekehrte Konstellation ist – soweit ersichtlich – noch nicht entschieden worden: Es gibt mehrere mögliche Vakanzen für den Arbeitnehmer, dessen Arbeitsplatz wegfällt, und es stellt sich die Frage, ob der Arbeitgeber verpflichtet ist, **eine bestimmte freie Stelle** für den betroffenen Arbeitnehmer auszuwählen. Ganz sicher wird der Arbeitgeber in dieser Konstellation nicht nach freiem Ermessen aussuchen können. Nach richtiger Auffassung ist der Arbeitgeber aber auch nicht verpflichtet, die für den Arbeitnehmer angenehmste Vakanz auszuwählen. In Anlehnung an die Ausführungen des BAG zu der Rolle der Verhältnismäßigkeit (BAG NZA 2006, 92) ist der Arbeitgeber vielmehr gehalten, eine Entscheidung nach billigem Ermessen zu treffen (§ 315 BGB), also sowohl die eigenen als auch die berechtigten Interessen des betroffenen Arbeitnehmers zu berücksichtigen. Da ein solcher Abwägungsprozess für den Arbeitgeber aber mit erheblichen Unsicherheiten verbunden ist, kann dies genau die Situation sein, in der der Arbeitgeber vorsorglich zwei Angebote unterbreiten möchte, um die Wirksamkeit der Beendigung zu gewährleisten (s.o. – auch deshalb ist die Diskussion, ob die Änderungskündigung mehrere Angebote enthalten darf, praktisch relevant).

Praktisch selten erfolgreich sind Änderungskündigungen mit dem Ziel der **Gehaltsherabsetzung**, weil das BAG sich insoweit streng an dem Grundsatz pacta sunt servanda orientiert. In der Praxis ist zwischen zwei Motiven des Arbeitgebers für eine Gehaltsherabsetzung zu differenzieren: Zum einen mag der Arbeitsplatz des Arbeitnehmers sich verändert haben. Zum anderen kann der Arbeitsplatz des Arbeitnehmers zwar unverändert geblieben sein, der Arbeitgeber ist aber aufgrund massiver wirtschaftlicher Probleme bestrebt, eine Gehaltsherabsetzung zu erreichen. Auch in diesem Fall ist eine Gehaltsherabsetzung nur in ganz engen Grenzen zulässig. Denkbar ist eine entsprechende Änderungskündigung, insbesondere wenn der Betrieb anderenfalls unrentabel wird, ein Sanierungsplan aufgestellt wurde und die Arbeitsverhältnisse sonst nicht zu unveränderten Bedingungen fortgeführt werden könnten (vgl. zu allen Einzelheiten m.w.N. zur BAG-Rechtsprechung K/D/Z/*Zwanziger* § 2 KSchG Rn. 169 ff.). Wenig beachtet ist eine Konsequenz, die das BAG selbst einmal (BAG NZA 1999, 1336) festgestellt hat: „Hat der Arbeitnehmer ein fest umrissenes Arbeitsgebiet, so kann, wenn die Personalkosten seines konkreten Arbeitsplatzes auf dem Markt nicht mehr durchsetzbar sind, für den Arbeitgeber die Situation entstehen, dass er für diesen konkreten Arbeitsplatz keine kostendeckenden Aufträge mehr akquirieren kann und er deshalb zur Vermeidung einer

Beendigungskündigung das Entgelt des betreffenden Arbeitnehmers an die neuen Marktbedingungen anpassen muss." Das Gleiche müsste auch gelten, wenn die Leistungen des Arbeitnehmers auf dem Arbeitsplatz nur noch eine geringere Vergütung rechtfertigen: Nach dem Ultima-Ratio-Prinzip müsste der Arbeitgeber dem Arbeitnehmer eine geringere Vergütung anbieten (wenn der Arbeitsplatz und die Besetzung durch den „Schlechtleister" für den Arbeitgeber überhaupt noch sinnvoll ist), bevor er zum Mittel der Beendigungskündigung (sog. „Low-Performance-Fälle") greift. Solche Fälle sind aus der Rechtsprechung aber nicht bekannt.

Wenn sich der Arbeitsplatz des Mitarbeiters verändert, kann auch eine Gehaltsherabsetzung durchsetzbar sein; dies gilt insbesondere, wenn der neue Arbeitsplatz lediglich die Anforderungen einer niedrigeren tariflichen Vergütungsgruppe erfüllt. In solchen Fällen ist u. U. auch schon eine korrigierende Rückgruppierung möglich, so dass der Rückgriff auf die Änderungskündigung unnötig ist (*Bröhl* BB 2007, 437). Wenn es solche tariflichen Vergütungsstrukturen nicht gibt (sog. „Tarifautomatik"), die Gehälter also frei ausgehandelt werden, treten oft erhebliche Schwierigkeiten auf, wie das neue Gehalt des Mitarbeiters zu bemessen ist, wobei insbesondere die Anforderungen des neuen Arbeitsplatzes, die Vergleichbarkeit zu anderen Mitarbeitern und die im Unternehmen erdiente Betriebszugehörigkeit des betroffenen Mitarbeiters eine Rolle spielen. Nach der Rechtsprechung des BAG müssen sämtliche mit dem Änderungsangebot vorgeschlagenen vertraglichen Änderungen einschließlich der angebotenen Gegenleistung sozial gerechtfertigt sein. Dies gilt unabhängig davon, ob das Kündigungselement der Änderungskündigung wirksam ist. Für den Arbeitgeber folgt daraus, dass er das neue Vertragsangebot nicht frei ausgestalten kann (vgl. BAG NZA 2006, 92; kritisch dazu *Berkowsky* NZA 2010, Beilage zu Heft 8, 50). **Prozessual** stellt sich für den Arbeitgeber dabei das Problem, dass ein etwa angerufenes Arbeitsgericht nicht ein angemessenes Gehalt festsetzen kann, sondern lediglich entscheidet, ob die ausgesprochene Änderungskündigung wirksam oder unwirksam ist. Wenn dabei das neue Gehalt des betroffenen Mitarbeiters – nach den Feststellungen des Arbeitsgerichts – auch nur „um einen Euro" zu niedrig angesetzt wird, ist die Änderungskündigung unwirksam und das Arbeitsverhältnis bleibt zu den bisherigen Bedingungen bestehen. Andererseits will der Arbeitgeber nicht von vornherein ein zu hohes Gehalt anbieten, nur um in einem etwaigen Änderungsschutzverfahren „auf der sicheren Seite zu stehen". Um dieses Dilemma aufzulösen und Zeitverluste durch wiederholte Änderungskündigungen zu vermeiden, bietet sich die **„Stufen-Änderungskündigung"** an. Dem betroffenen Mitarbeiter wird ein in Stufen steigendes Gehalt angeboten, so dass das etwa angerufene Arbeitsgericht das angemessene Gehalt auswählen kann. In diesem Fall würde man in der Änderungskündigung wie folgt formulieren:

Alternative:

Zugleich bieten wir Ihnen danach die Fortführung des Arbeitsverhältnisses als Buchhalter (Stellenbeschreibung anbei) in der Abteilung . . . . . . zu einem Brutto-Monatsgehalt in Höhe von 2.200 EUR an. Die übrigen Bedingungen des Arbeitsverhältnisses bleiben unverändert. Vorsorglich für den Fall, dass sich das vorstehende Änderungsangebot hinsichtlich der Vergütung als sozial ungerechtfertigt erweisen sollte, bieten wir Ihnen die Fortführung des Arbeitsverhältnisses wie beschrieben mit der Maßgabe an, dass Ihr künftiges Brutto-Monatsgehalt 2.250 EUR beträgt.

Vorsorglich für den Fall, dass sich auch das verbesserte Änderungsangebot als sozial ungerechtfertigt erweisen sollte, bieten wir Ihnen die Fortführung des Arbeitsverhältnisses wie beschrieben mit der Maßgabe an, dass Ihr zukünftiges Brutto-Monatsgehalt 2.300 EUR beträgt.

Bei der Verwendung der hier vorgeschlagenen „Stufen-Änderungskündigung" ist allerdings zu beachten, dass eine solche Konstruktion den Arbeitnehmer möglicherweise dazu verleitet, die Änderungskündigung gerichtlich überprüfen zu lassen, um für sich ein höheres Gehalt herauszuholen. Will man ein solches Risiko minimieren, sollte statt der „Stufen-Änderungskündigung" eine normale Änderungskündigung ohne ein stufenweise steigendes Gehalt ausgesprochen werden. Dabei ist dann aber darauf zu achten, dass in der Änderungskündigung direkt ein angemessenes Gehalt festgesetzt wird, da sonst die gesamte Änderungskündigung unwirksam ist und das Arbeitsverhältnis zu den bisherigen Bedingungen fortbesteht.

Weil die Änderungskündigung zur Gehaltsreduzierung mit erheblichen Unsicherheiten behaftet ist, sollten Arbeitgeber alternative Lösungswege in Erwägung ziehen. Eine Änderungskündigung kann beispielsweise auch dann sozial gerechtfertigt sein, wenn sie das Angebot einer befristeten Weiterbeschäftigung im Rahmen eines Altersteilzeitverhältnisses enthält (vgl. BAG BeckRS 2011, 73279). § 2 KSchG schließt die nachträgliche Befristung eines zunächst auf unbestimmte Zeit eingegangenen Arbeitsverhältnisses im Wege der Änderungskündigung nicht grundsätzlich aus. Das Angebot einer nur befristeten Weiterbeschäftigung muss jedoch sachlich gerechtfertigt sein (vgl. § 14 TzBfG). Unzulässig ist es etwa, wenn bei vertraglich vereinbarter Altersgrenze die Befristung des Arbeitsverhältnisses auf einen vor diesem Zeitpunkt liegenden Termin angestrebt wird. Ein sachlicher Grund kann hingegen in sozialen Erwägungen liegen, aus denen der Arbeitgeber dem Arbeitnehmer eine befristete Beschäftigung im Sinne einer Übergangsregelung ermöglichen will. Wenngleich die sozialen Erwägungen das überwiegende Motiv des Arbeitgebers sein müssen, kann eine vorübergehende Weiterbeschäftigung trotz betriebsbedingten Wegfalls der Beschäftigungsmöglichkeiten auch für den Arbeitgeber attraktiv sein (vgl. BAG BeckRS 2011, 73279).

Ein weiteres prozessuales Problem kann sich bei **Änderungskündigungen stellen, die mehrere vertragliche Aspekte betreffen,** weil nämlich schon eine sozial ungerechtfertigte Änderung zur Unwirksamkeit der gesamten Änderungskündigung führt (vgl. z. B. LAG Köln NZA-RR 2003, 247; BAG NZA 2010, 333). Dieses Problem zu lösen, indem die Änderungskündigung in mehrere förmliche Erklärungen aufgespalten wird, hat das BAG eine Absage erteilt (BAG NZA 2010, 333). Ein Arbeitgeber hatte mehrere Änderungskündigungen mit jeweils unterschiedlichen Änderungsangeboten ausgesprochen, die aufeinander verwiesen. Das BAG hielt diese Angebote für unklar, da der Arbeitgeber die Erklärungen nicht in ein bestimmtes Verhältnis zueinander gesetzt hatte. Außerdem verstoße ein solches Vorgehen gegen Grundprinzipien des Kündigungsschutzrechts, nach denen der Änderungswille in der jeweiligen Änderungskündigung vollständig abgebildet sein muss (BAG NZA 2010, 333; vgl. auch Anm. *Schwarz* BB 2010, 1031). Eine Aufspaltung in diesem Sinne ist mit Blick auf neuere Rechtsprechung daher nicht mehr ratsam (zur Frage alternativer Änderungsangebote s. o.).

4. Verhältnis Änderungskündigung/Direktionsrecht. Nach der Rechtsprechung des BAG ist eine Änderungskündigung unzulässig, wenn die Veränderung der Arbeitsvertragsbedingungen schon auf der Grundlage des Direktionsrechts des Arbeitgebers, also ohne Vertragsänderung, erreicht werden kann (sog. **„überflüssige Änderungskündigung"**, vgl. grundlegend BAG DB 1982, 1776; KR/*Rost* § 2 KSchG Rn. 106a m. w. N.). Die Grenzen des Direktionsrechts sind freilich im Einzelfall schwierig zu bestimmen, weil es auf die Auslegung unbestimmter Rechtsbegriffe wie „billiges Ermessen" (vgl. § 315 BGB, § 106 GewO) ankommt. Aufgrund der Rechtsprechung des BAG ist es für den Arbeitgeber keine sichere Variante, jedenfalls eine Änderungskündigung zu erklären.

Ursprünglich verfolgte das BAG bzw. der Zweite Senat des BAG in dieser Frage die strikte Linie, wonach eine Änderungskündigung unwirksam ist, wenn der Arbeitgeber das gleiche Ziel aufgrund des Direktionsrechts bzw. eines zulässigen Widerrufs erreichen konnte. Einzige Ausnahme waren die Fälle, in denen der Arbeitnehmer das Änderungsangebot unter Vorbehalt annahm (BAG NZA 1996, 603). Diese Unterscheidung je nach Vorliegen oder Fehlen einer Annahme stieß von Anfang an auf heftige Kritik (vgl. nur KR/*Rost* § 2 KSchG Rn. 106a ff.). Dem ist mittlerweile auch der Erste Senat des BAG gefolgt und hat entschieden, dass eine Änderungskündigung nicht erforderlich und daher unverhältnismäßig ist, wenn die Änderung auch mittels des Direktionsrechts oder wegen der normativen Wirkung einer Betriebsvereinbarung bereits eingetreten ist (BAG NZA 2005, 51). Eine entsprechende Klage ist aber auch nach Annahme unter Vorbehalt erfolglos, da Streitgegenstand der Änderungsschutzklage dann nicht mehr der Bestand des Arbeitsverhältnisses, sondern die Änderung der Arbeitsbedingungen ist (KR/*Rost* § 2 KSchG Rn. 106c f.). Aufgrund des Direktionsrechts bzw. Widerrufs gelten aber die im Änderungsangebot enthaltenen Arbeitsbedingungen bereits, so dass die Klage unbegründet ist (so auch BAG NZA 2012, 856; BAG BeckRS 2012, 72246). Anders liegt der Fall, wenn der Arbeitnehmer das Änderungsangebot nicht unter Vorbehalt angenommen hat. In solchen Fällen ist eine entsprechende Kündigungsschutzklage jedenfalls begründet (BAG BB 2008, 896). Im Übrigen hat der an sich zuständige Zweite Senat des BAG offengelassen, ob er der Rechtsprechung des Ersten Senats des BAG folgen und also Änderungskündigungen jedenfalls als unwirksam behandeln wird, wenn die angestrebte Änderung auch im Wege des Direktionsrechts erreicht werden könnte, und zwar unabhängig davon, ob die Änderungskündigung unter Vorbehalt angenommen wurde oder nicht (vgl. zu alledem ausführlich mit weiteren Nachweisen BAG BB 2008, 896).

Auch wenn diese Rechtsprechung auf den ersten Blick als arbeitgeberfreundlich erscheint, so hilft sie dem Arbeitgeber kaum, da man nicht im Vorhinein weiß, ob der Arbeitnehmer das Änderungsangebot wenigstens unter Vorbehalt annehmen wird. Außerdem wird die Rechtsprechung auch weiterhin in der Literatur kritisiert (vgl. KR/*Rost* KSchG § 2 Rn. 106a ff.). Mit Blick auf die aufgeworfene Frage des Zweiten Senats in seiner Entscheidung vom 6.9.2007, ob an der bisherigen Rechtsprechung weiterhin festgehalten wird (BAG BB 2008, 896, 898), ist eine Rechtsprechungsänderung zudem nicht ausgeschlossen (vgl. auch *Vestege* RdA 2010, 302, 307).

In der Praxis sollte der Arbeitgeber in solchen Fällen den Arbeitnehmer daher aufgrund des Direktionsrechts versetzen und hilfsweise eine Änderungskündigung erklären (dazu *Löwisch* NZA 1988, 633, 641; *Bröhl* BB 2007, 437; zur feinsinnigen Diskussion in der rechtswissenschaftlichen Literatur über die hilfsweise oder vorsorgliche Änderungskündigung vgl. *Hromadka* NZA 2008, 1338, 1339 f.; *Verstege* RdA 2010, 302, 305 ff. und *Berkowsky* NZA 2010, Beilage zu Heft 8, 50, 57 f.). Natürlich ist die Kombination der Versetzung aufgrund des Direktionsrechts und einer hilfsweisen Änderungskündigung nur sinnvoll, wenn für das Direktionsrecht wenigstens theoretisch Raum ist. Dies wäre beispielsweise nicht der Fall, wenn aufgrund des bestehenden Arbeitsvertrags eine örtliche Versetzung ausgeschlossen ist und ausschließlich eine Position an einem anderen Ort in Betracht kommt. Von der Kombination der Versetzung aufgrund des Direktionsrechts mit einer hilfsweisen Änderungskündigung ist ebenfalls abzuraten, wenn das Direktionsrecht eindeutig die Versetzung rechtfertigt. In Zweifelsfällen, also wenn eine Versetzung aufgrund des Direktionsrechts auch in Betracht kommen könnte, müsste im Formular deshalb als Alternative (nach der Anrede) folgender Satz eingefügt werden:

Alternative:

(. . . . . .)

hiermit versetzen wir Sie mit Wirkung ab dem 1.11.2013 von unserem Hamburger in unseren Dresdener Betrieb. Sie werden dort zu im Übrigen unveränderten Bedingungen weiter beschäftigt werden.

Für den Fall, dass die vorstehende Versetzung wider Erwarten unwirksam sein sollte, kündigen wir hilfsweise das zwischen Ihnen und der Gesellschaft bestehende Arbeitsverhältnis zum 31.12.2013, hilfsweise zum nächsten zulässigen Termin. In diesem Fall bieten wir Ihnen zugleich an, das Arbeitsverhältnis danach nicht mehr in unserem Hamburger, sondern in unserem Dresdner Betrieb zu im Übrigen unveränderten Bedingungen fortzusetzen.

(. . . . . .)

Neben der erhöhten Rechtssicherheit bietet die „vorgeschaltete Versetzung" aufgrund des Direktionsrechts aber noch einen weiteren Vorteil, weil **Kündigungsfristen** für solche Versetzungen nicht gelten. Die Änderungskündigung ist demgegenüber jedenfalls unwirksam, wenn sie auf eine Veränderung der Arbeitsvertragsbedingungen vor Ablauf der Kündigungsfrist abzielt (LAG Köln BeckRS 2007, 48677; BAG NZA 2007, 435). Es ist aber möglich, den Mitarbeiter z.B. mit einer Frist von sechs Wochen aufgrund des Direktionsrechts zu versetzen und hilfsweise eine Änderungskündigung zu erklären, die, wenn überhaupt, erst nach sechsmonatiger Kündigungsfrist wirksam werden würde. Der Arbeitnehmer ist grundsätzlich gut beraten, der Versetzung Folge zu leisten, weil er anderenfalls den Ausspruch einer fristlosen Kündigung wegen Arbeitsverweigerung riskiert, wenn schon das Direktionsrecht des Arbeitgebers die Versetzung gerechtfertigt haben sollte. Mit diesem Vorteil, der rascheren Umsetzung der neuen Arbeitsvertragsbedingungen, korrespondieren allerdings Nachteile des Arbeitgebers: Eine vertragswidrige Versetzung aufgrund des Direktionsrechts kann der Mitarbeiter gegebenenfalls mit dem Antrag auf Erlass einer **einstweiligen Verfügung** beantworten, mit der er die Beibehaltung des status quo durchzusetzen versucht. Da eine rechtswidrige Versetzung zudem eine Vertragsverletzung bedeutet, kann der Arbeitnehmer auch Schadensersatz vom Arbeitgeber verlangen; erfahrungsgemäß ist dieses Risiko wirtschaftlich jedoch zumeist zu vernachlässigen. Je nach den Umständen des Einzelfalls muss der betroffene Arbeitgeber prüfen, ob er solche zusätzlichen Auseinandersetzungen in Kauf nehmen will.

Unabhängig davon, ob lediglich eine Änderungskündigung erklärt wird oder ob eine Versetzung auf der Grundlage des Direktionsrechts sowie einer hilfsweisen Änderungskündigung erklärt wird, muss der Arbeitgeber die Beteiligung des **Betriebsrats** nach § 99 BetrVG und § 102 BetrVG sicherstellen (→ Anm. 6).

5. Hinweis auf etwa anwendbaren Sozialplan oder andere Informationen. Beispielhaft ist diese Formulierung im Formular aufgenommen. Da sie nicht die zukünftigen Arbeitsbedingungen betrifft, sondern nur die Modalitäten der Umsetzung der Änderungskündigung, ist diese Angabe nicht zwingend. Aber gerade wenn Arbeitgeber daran interessiert sind, dass der betroffene Arbeitnehmer das Änderungsangebot annimmt, nützt ein entsprechender Hinweis.

6. Stellungnahme des Betriebsrats. Auch bei Änderungskündigungen gilt § 102 Abs. 4 BetrVG, wonach ein Widerspruch des Betriebsrats gegen die Änderungskündigung der Kündigungserklärung beizufügen ist. Diese Vorschrift betrifft nur den Widerspruch des Betriebsrats (also keine anderen Reaktionen des Betriebsrats, z.B. eine Zustimmung, Kenntnisnahme oder eine fehlende Stellungnahme des Betriebsrats). Es ist anerkannt, dass ein Verstoß des Arbeitgebers gegen § 102 Abs. 4 BetrVG keine rechtlichen Konsequenzen hat, insbesondere ist eine unter Verstoß gegen § 102 Abs. 4 BetrVG erklärte Kündigung nicht deshalb rechtswidrig (vgl. z.B. ErfKomm/*Kania* § 102 BetrVG Rn. 16 m.w.N.).

Keine Reaktion des Betriebsrats, wie beispielhaft im Formular vorgesehen, ist als Zustimmung zu werten (§ 102 Abs. 2 S. 2 BetrVG). Trotzdem belegt die betriebliche Praxis, dass auch in diesen Fällen ein Hinweis auf die (fehlende) Reaktion des Betriebsrats eher nutzt als schadet, weil die Akzeptanz beim betroffenen Mitarbeiter gefördert wird.

Im Falle einer (örtlichen) Versetzung, wie im Formularbeispiel, ist der Betriebsrat des aufnehmenden Betriebes zudem nach § 99 BetrVG zu beteiligen (D/K/K/W/*Bachner* § 99 Rn. 43). Ein Verstoß gegen § 99 BetrVG führt zwar nicht zur Unwirksamkeit der Änderungskündigung. Die Vertragsänderung darf aber betriebsverfassungsrechtlich erst durchgeführt werden, sobald das Verfahren nach § 99 BetrVG abgeschlossen ist (BAG AP KSchG 1969 § 2 Nr. 33 m. zust. Anm. *Wlotzke,* der auch auf abw. Auffassungen hinweist; bestätigt durch BAG NZA 2010, 1235; insgesamt kritisch dazu *Berkowsky* NZA 2010, 250). Arbeitgeber haben also ein Interesse, den Abschluss dieses Verfahrens spätestens vor Ablauf der Kündigungsfrist zu erreichen. Eines Hinweises im Änderungskündigungsschreiben auf die Reaktion des Betriebsrats des aufnehmenden Betriebs im Zusammenhang mit § 99 BetrVG bedarf es nicht, weil es in dieser Vorschrift keine Parallele zu § 102 Abs. 4 BetrVG gibt. Sollte der Betriebsrat des aufnehmenden Betriebes aber schon zugestimmt haben, mag ein Hinweis hierauf sogar nützlich sein, wiederum um die Akzeptanz beim betroffenen Arbeitnehmer zu fördern.

7. **Belehrung des Mitarbeiters über rechtliche Konsequenzen.** Solche Erläuterungen werden von der Rechtsprechung des BAG nicht gefordert (vgl. z.B. BAG NZA 2003, 659). Theoretisch könnten Arbeitgeber deshalb versucht sein, diesen Hinweis wegzulassen, in der Hoffnung, dass der Arbeitnehmer sich überhaupt nicht zu der Änderungskündigung äußert und das Arbeitsverhältnis damit fristgerecht endet. Da es bei Änderungskündigungen jedoch grundsätzlich um die gütliche Fortsetzung des Arbeitsverhältnisses geht, erscheint eine faire, transparente Information der Mitarbeiter geboten, zumal betroffene Mitarbeiter sich ohnehin leicht über ihre Rechte unterrichten können.

Überdies gibt es einen weiteren wichtigen Grund dafür, dem Arbeitnehmer zumindest eine klare **Annahmefrist** für das Änderungsangebot zu setzen (§ 148 BGB). Das BAG (NZA 2003, 659) hat nämlich entschieden, dass der Arbeitnehmer anderenfalls das Änderungsangebot regelmäßig bis zu dem Tag vorbehaltlos annehmen kann, an dem der Arbeitgeber letztmalig unter Einhaltung der ordentlichen Kündigungsfrist hätte kündigen können. Auf die vorbehaltlose Annahmeerklärung ist die in § 2 S. 2 KSchG vorgesehene Dreiwochenfrist nämlich nicht entsprechend anwendbar. Bestimmt der Arbeitgeber hingegen eine Annahmefrist, ist die in § 2 S. 2 KSchG vorgesehene Frist als Mindestfrist für die vorbehaltlose Annahmeerklärung anzusehen (BAG NZA 2007, 925). Eine kürzere Frist führt allerdings nicht unmittelbar zur Unwirksamkeit der Änderungskündigung, sondern setzt nur die gesetzliche Annahmefrist des § 2 S. 2 KSchG (analog) in Lauf (BAG NZA 2006, 1092; BAG NZA 2007, 925).

Grundsätzlich haben Arbeitnehmer **vier Optionen, auf die Änderungskündigung zu reagieren:**

1. Wenn der betroffene Arbeitnehmer gar nicht reagiert, also insbesondere das Angebot nicht annimmt und keine Kündigungsschutzklage erhebt, gilt das Angebot als abgelehnt (§ 147 BGB) und die Beendigungskündigung als sozial gerechtfertigt (§ 7 KSchG). Handelte es sich um eine betriebsbedingte Änderungskündigung und enthielt die Kündigungserklärung die Hinweise nach § 1a Abs. 1 S. 2 KSchG, so kann der Arbeitnehmer nach Ablauf der Klagefrist eine entsprechende Abfindung verlangen, da § 1a Abs. 1 S. 1 KSchG auch im Rahmen von Änderungskündigungen anwendbar ist. Fehlt der Hinweis nach § 1a Abs. 1 S. 2 KSchG, besteht ein solcher Anspruch nicht (BAG NZA 2008, 528). Der Hinweis nach § 1a Abs. 1 S. 2 KSchG kann dazu dienen, die Akzeptanz einer betriebsbedingten Beendigungskündigung zu erhöhen, der praktische Gebrauch ist jedoch eher selten, so dass auch in diesem Formular darauf verzichtet wurde.

2. Wenn der betroffene Arbeitnehmer sich darauf beschränkt, gegen die Beendigung des Arbeitsverhältnisses eine Kündigungsschutzklage zu erheben, geht es um „Alles oder Nichts". In dem Kündigungsschutzprozess um die Beendigung des Arbeitsverhältnisses kann der Mitarbeiter nicht mehr vorbringen, dass der Arbeitgeber ihm die angebotene oder andere freie Positionen anstelle der Kündigung hätte anbieten müssen, jedenfalls wenn das Angebot angemessen war (K/D/Z/*Zwanziger* § 2 KSchG Rn. 140 ff. m.w.N.).

3. Wenn der Arbeitnehmer das Änderungsangebot vorbehaltlos annimmt, wird das Arbeitsverhältnis zu geänderten Bedingungen fortgesetzt.

4. Wenn der Arbeitnehmer das Änderungsangebot **„unter dem Vorbehalt der sozialen Rechtfertigung"** annimmt (§ 2 KSchG) und innerhalb von drei Wochen eine Änderungsschutzklage erhebt (vgl. § 7 KSchG), wird das Arbeitsverhältnis nach Ablauf der Kündigungsfrist und bis zum rechtskräftigen Abschluss des Änderungsschutzverfahrens zu geänderten Arbeitsvertragsbedingungen fortgesetzt. Gewinnt der Arbeitnehmer den Änderungsschutzprozess, bleibt es bei den ursprünglichen Arbeitsvertragsbedingungen (vgl. § 8 KSchG). In diesem Fall muss der Arbeitgeber ihn rückwirkend so stellen, als sei die Veränderung der Arbeitsvertragsbedingungen nach Ablauf der Kündigungsfrist tatsäch-

lich nie eingetreten. D.h. beispielsweise bei einer Gehaltsreduzierung im Wege der Änderungskündigung, dass die Differenz zu der ursprünglichen Vergütung nachgezahlt werden muss. Der Ausgang des Änderungsschutzverfahrens hängt davon ab, ob die Änderungskündigung sozial gerechtfertigt war. Gibt der Arbeitnehmer die Annahmeerklärung unter dem Vorbehalt der sozialen Rechtfertigung nicht ab, kann die Änderungsschutzklage gleichwohl erfolgreich sein. Diese Erklärung kann nämlich konkludent in der Änderungsschutzklage enthalten sein (zweifelhaft, so aber BAG NZA 1998, 1225; vgl. A/P/S/*Künzl* § 2 KSchG Rn. 219; KR/*Rost* § 2 KSchG Rn. 66). Allerdings muss die Änderungsschutzklage dem Arbeitgeber in diesem Fall innerhalb der Dreiwochenfrist zugestellt worden sein, § 167 ZPO (= § 270 Abs. 3 ZPO a.F.) gilt insoweit nicht (vgl. BAG NZA 1998, 1225).

Der Verlauf eines Kündigungsschutzprozesses hängt in der Praxis oft entscheidend von dem sog. **„Verzugslohnrisiko"** ab (vgl. §§ 615 BGB, 11 KSchG): Wenn über die Jahre des Prozessverlaufes ein hoher Verzugslohn entsteht, den der Arbeitgeber am Ende erstatten müsste, ist er eher bereit nachzugeben, als wenn überhaupt kein Verzugslohn entsteht, etwa weil der Mitarbeiter sofort eine neue Position mit gleicher oder höherer Vergütung findet. Wenn ein Kündigungsschutzprozess um die Beendigung des Arbeitsverhältnisses geführt wird, nachdem der betroffene Arbeitnehmer das Änderungsangebot des Arbeitgebers vorbehaltlos abgelehnt hat (vgl. vorstehend die zweite Option), kann sich das Verzugslohnrisiko des Arbeitgebers vermindern. Im Falle jeder Beendigungskündigung besteht nämlich die Obliegenheit des Arbeitnehmers, seine Arbeitskraft nach Ablauf der Kündigungsfrist angemessen zu verwerten, wobei Einkommen aus einer anderen Beschäftigung sowie einer hypothetischen Beschäftigung, die der Arbeitnehmer hätte annehmen können, aber „böswillig" nicht angenommen hat, obwohl es eine zumutbare Arbeit war, gegebenenfalls auf seine Gehaltsansprüche gegenüber der Gesellschaft angerechnet werden (vgl. §§ 615 BGB, 11 KSchG).

Nach der Rechtsprechung des BAG kommt im Fall der vorbehaltlosen Ablehnung des Änderungsangebots die Anrechnung böswillig nicht erzielten Zwischenverdienstes auch in Betracht, wenn die Beschäftigungsmöglichkeit bei dem gleichen Arbeitgeber bestand, der sich im Annahmeverzug befindet (BAG AP BGB § 615 Nr. 98; BAG NZA 2008, 1063). Wenn ein Arbeitnehmer das Kündigungsschutzverfahren gewinnt, stellt sich die Frage, ob er sich das hypothetische Einkommen aus der abgelehnten neuen Position bei dem gleichen Arbeitgeber auf seinen Verzugslohn anrechnen lassen muss. Diese Konstellation kann in der Praxis durchaus entstehen, etwa wenn der Arbeitgeber den Wegfall des früheren Arbeitsplatzes des Mitarbeiters nicht beweisen kann, die angetragene Änderung aber nicht unangemessen wäre. Man wird diese Frage nach den allgemeinen Kriterien lösen, indem zu prüfen ist, ob die angebotene Position eine „zumutbare Arbeit" i.S.d. § 11 Nr. 2 KSchG war. In solchen Fällen, in denen es nach dem Willen des Arbeitgebers ausschließlich um die Beendigung des Arbeitsverhältnisses geht und in denen die Ablehnung des Änderungsangebotes durch den Arbeitnehmer von vornherein feststeht, kann die Änderungskündigung also ein wichtiges taktisches Mittel des Arbeitgebers sein, das Verzugslohnrisiko einzuschränken.

8. Information über sozialversicherungsrechtliche Pflichten. Gemäß § 2 Abs. 2 Nr. 3 SGB III soll der Arbeitgeber den Arbeitnehmer darauf hinweisen, dass er sich unmittelbar nach Zugang der Kündigungserklärung bei einer Agentur für Arbeit zu melden hat (dazu ausführlich → Form. A. XIV. 2 Anm. 5). Nach der Rechtsprechung des BAG macht sich ein Arbeitgeber, der einen entsprechenden Hinweis unterlässt, allerdings nicht schadensersatzpflichtig (BAG NZA 2005, 1406). Dennoch spricht nichts dagegen einen entsprechenden Hinweis aufzunehmen (vgl. dazu auch den Alternativvorschlag unter → Form. A. XIV. 2 Anm. 5).

9. **Schriftform und Vertretungsverhältnisse.** Die Änderungskündigung unterliegt auch dem strengen Schriftlichkeitsgebot (§ 623 BGB), → Form. A. XIV. 2 Anm. 6.

Der Formzwang des § 623 BGB erstreckt sich dabei nicht allein auf die Kündigung als solche. Auch das Änderungsangebot muss schriftlich abgegeben werden (BAG DB 2005, 395; BAG NZA 2010, 333; BAG NJOZ 2011, 1376, 1378).

10. **Zugang.** Zum Zugang vgl. ausführlich → Form. A. XIV. 9.

5. Herabsetzung der Arbeitszeit

Änderungsvertrag zum Arbeitsvertrag vom . . . . . .

zwischen

. . . . . . (Name und Anschrift des Arbeitgebers) „Gesellschaft"

und

. . . . . . (Name und Anschrift des Arbeitnehmers) „Mitarbeiter"

Zur Abänderung[1] des Arbeitsvertrags vom . . . . . . und zur Erfüllung des Anspruchs des Mitarbeiters auf Teilzeitbeschäftigung nach § 8 TzBfG[2] vereinbaren die Parteien Folgendes:

§ 1 Arbeitszeit

(1) Die bisherige wöchentliche Arbeitszeit von 40 Stunden pro Woche wird ab dem . . . . . . auf 20 Stunden pro Woche reduziert.[3]

(2) Die Wochenarbeitszeit wird gleichmäßig auf die Wochentage Montag bis Freitag verteilt. Die tägliche Arbeitszeit beträgt vier Stunden von 10.00 Uhr bis 14.00 Uhr.[4]

(3) Der Mitarbeiter erklärt sich bereit, Überstunden zu leisten, wenn dies aus betrieblichen Gründen dringend erforderlich ist. Die von der Gesellschaft üblicherweise gezahlten Überstundenzuschläge erhält der Mitarbeiter nur, soweit seine Arbeitszeit 40 Stunden pro Woche überschreitet.[5]

§ 2 Vergütung

(1) Die bisherige Vergütung von . . . . . . EUR brutto (in Worten: . . . . . . Euro) monatlich wird entsprechend der Verkürzung der Arbeitszeit herabgesetzt. Sie beträgt ab dem Beginn der Teilzeitbeschäftigung . . . . . . EUR brutto (in Worten: . . . . . . EUR) monatlich.

(2) Das jährliche Urlaubsgeld von . . . . . . EUR brutto (in Worten: . . . . . . EUR) sowie der monatliche Essenszuschuss in Höhe von . . . . . . EUR brutto (in Worten: . . . . . . EUR) werden in unveränderter Höhe gezahlt.[6]

§ 3 Urlaub

(1) Der Jahresurlaub richtet sich nach den Arbeitstagen pro Woche.

(2) Bei der derzeitigen Verteilung der Arbeitszeit gemäß § 1 Abs. (2) des Vertrages ergibt sich eine Urlaubsdauer von 20 Arbeitstagen pro Jahr.[7]

§ 4 Erneute Vertragsänderung

(1) Der Mitarbeiter kann nicht vor dem Ablauf von zwei Jahren nach Beginn der Teilzeitbeschäftigung eine erneute Verringerung der Arbeitszeit verlangen.[8]

(2) Verlangt der Mitarbeiter die Verlängerung der Arbeitszeit, wird die Gesellschaft dieses Verlangen bei der Besetzung freier Stellen unter Berücksichtigung der Arbeitszeitwünsche anderer teilzeitbeschäftigter Mitarbeiter berücksichtigen.[9]

§ 5 Verschiedenes

(1) Soweit in diesem Vertrag nicht abweichend geregelt, gilt im Übrigen der Arbeitsvertrag vom . . . . . . fort.

(2) Mündliche Nebenabreden zu dieser Vertragsänderung bestehen nicht. Änderungen oder Ergänzungen dieser Vertragsänderung einschließlich dieser Bestimmung bedürfen zu ihrer Wirksamkeit der Schriftform, es sei denn, diese wurden nachweislich zwischen den Vertragsparteien ausgehandelt. Das Schriftformerfordernis bezieht sich auch auf etwaige Ansprüche aus betrieblicher Übung.[10]

(3) Sollten einzelne Bestimmungen dieses Vertrages unwirksam sein, berührt das die Wirksamkeit des Vertrages im Übrigen nicht. Die unwirksame Regelung wird durch eine wirksame Regelung ersetzt, die der unwirksamen Regelung wirtschaftlich möglichst nahe kommt und die die Parteien vereinbart hätten, wenn sie um die Unwirksamkeit der ursprünglichen Regelung gewusst hätten. Das Gleiche gilt im Falle einer vertraglichen Lücke.[11]

. . . . . .	. . . . . .
Ort, Datum	Ort, Datum
. . . . . .	. . . . . .
Unterschrift der Gesellschaft	Unterschrift des Mitarbeiters

Anmerkungen

1. Änderung des Arbeitsvertrags. Die vertraglichen Regelungen zur Dauer der Arbeitszeit gehören zum Kernbereich des Arbeitsverhältnisses (BAG NZA 1985, 321; LAG Düsseldorf NZA-RR 2003, 407, 408). Die Dauer der Arbeitszeit unterliegt damit nicht dem Direktionsrecht des Arbeitgebers und steht selbstverständlich auch nicht im Belieben des Arbeitnehmers. Die Veränderung der Arbeitszeit muss daher vertraglich geregelt werden. Bei der Gestaltung des Änderungsvertrages muss dabei im Besonderen beachtet werden, dass die Regelungen des ursprünglichen Arbeitsvertrages nur an den gewünschten Stellen abgeändert werden. Vermieden werden sollte es insbesondere, eine ausführliche Regelung aus dem ursprünglichen Arbeitsvertrag in dem Änderungsvertrag nur teilweise zu wiederholen. Dadurch könnte der Eindruck entstehen, dass die wiederholende, unvollständige Regelung die ausführlichere Regelung im ursprünglichen Arbeitsvertrag komplett ersetzen soll.

Obwohl nachfolgend überwiegend auf eine Vereinbarung der Arbeitszeitherabsetzung nach einem Teilzeitverlangen (§ 8 TzBfG) eingegangen wird, kommt eine solche Änderungsvereinbarung natürlich auch außerhalb dieses förmlichen Verfahrens in Betracht. Einen Teilzeitarbeitsvertrag behandelt → Form. A. VI. 2.

2. Anspruch auf Teilzeitbeschäftigung. § 8 TzBfG sieht einen Anspruch des Arbeitnehmers auf Abschluss einer Vereinbarung über die **Verringerung der Arbeitszeit** vor. Voraussetzung des Anspruches ist zum einen, dass das Arbeitsverhältnis ohne Unterbrechung mehr als sechs Monate bestanden hat (vgl. ErfKomm/*Preis* § 8 TzBfG Rn. 8 m. w. N.) und zum anderen, dass der Arbeitgeber in seinem gesamten Unternehmen i. d. R. mehr als 15 Mitarbeiter ohne Berücksichtigung der Auszubildenden beschäftigt. Der Arbeitnehmer muss nach § 8 Abs. 2 TzBfG den Anspruch mindestens drei Monate vor Beginn der Verringerung der Arbeitszeit geltend machen, eine bestimmte Form ist allerdings nicht vorgeschrieben. Der Arbeitnehmer soll dabei auch Angaben über die gewünschte **Verteilung der Arbeitszeit** machen. Eine isolierte Veränderung der Verteilung der regelmäßigen oder einer reduzierten Arbeitszeit kann der Arbeitnehmer allerdings nicht beanspruchen. Fehlen Angaben zur gewünschten Verteilung, so überlässt der Arbeitnehmer die Verteilung dem Arbeitgeber, der sie in Ausübung seines Direktionsrechts, § 106 S. 1 GewO, festlegen soll (BAG NZA 2004, 1225; BAG NJW 2007, 3661). Nach § 8 Abs. 3 TzBfG hat der Arbeitgeber mit dem Arbeitnehmer den Wunsch nach Verringerung und Verteilung der Arbeitszeit mit dem Ziel einer Einigung zu erörtern. Der Arbeitgeber kann dem Teilzeitwunsch des Arbeitnehmers nur betriebliche Gründe entgegensetzen. Diese liegen insbesondere vor, wenn die Organisation, der Arbeitsablauf oder die Sicherheit im Betrieb wesentlich beeinträchtigt oder unverhältnismäßige Kosten verursacht werden. Die Beweislast hierfür liegt beim Arbeitgeber (BAG NJW 2007, 3661). Die Entscheidung des Arbeitgebers über den Teilzeitwunsch des Arbeitnehmers muss diesem spätestens einen Monat vor Beginn der Teilzeit schriftlich mitgeteilt werden. Versäumt der Arbeitgeber diese Frist, wird nach § 8 Abs. 5 S. 2, 3 TzBfG dessen Zustimmung zum Verlangen des Arbeitnehmers sowohl hinsichtlich der Dauer als auch hinsichtlich der Verteilung fingiert.

Lehnt der Arbeitgeber den Teilzeitwunsch des Arbeitnehmers ab, ohne ihn vorher mit dem Arbeitnehmer erörtert zu haben, ist die Ablehnung nicht unwirksam. Der Arbeitgeber kann sich in einem eventuell anschließenden Gerichtsverfahren aber nicht auf Argumente berufen, die in Verhandlungen mit dem Arbeitnehmer hätten ausgeräumt werden können (BAG NZA 2003, 911).

Der Teilzeitwunsch des Arbeitnehmers, der sich sowohl auf die Dauer der Arbeitszeit als auch auf deren Lage bezieht, stellt i. d. R. ein **einheitliches Angebot** zur Vertragsänderung dar (vgl. BAG NZA 2009, 565). Es kann nach § 150 Abs. 2 BGB nur insgesamt angenommen oder abgelehnt werden (BAG NZA 2003, 911; BAG NZA 2008, 1289; BAG NZA 2009, 1207, 1208). Der Arbeitgeber kann in einem solchen Fall also nicht einer Verringerung der Arbeitszeit zustimmen, aber eine andere Verteilung der Arbeitszeit vornehmen.

Ein ähnlicher Teilzeitanspruch ergibt sich aus § 15 Abs. 5 BEEG für eine Teilzeitbeschäftigung während der **Elternzeit.** Auch hier ist Grundvoraussetzung, dass der Arbeitgeber i. d. R. ohne Berücksichtigung der Auszubildenden mehr als 15 Mitarbeiter beschäftigt und das Arbeitsverhältnis ohne Unterbrechung mehr als sechs Monate besteht. Wegen der während der Elternzeit nur beschränkt zulässigen Teilzeitbeschäftigung soll die verringerte Arbeitszeit zwischen 15 und 30 Stunden wöchentlich liegen. Parallel zu § 8 TzBfG sieht auch § 15 Abs. 5 BEEG vor, dass sich Arbeitgeber und Arbeitnehmer über die Teilzeitbeschäftigung einigen sollen. Die Ablehnung des Antrags muss innerhalb von vier Wochen **mit schriftlicher Begründung** erfolgen. Im Gegensatz zu § 8 TzBfG kann der Arbeitgeber dem Teilzeitverlangen nur dringende betriebliche Gründe entgegensetzen. Anders als nach § 8 Abs. 5 S. 2, 3 TzBfG gilt nach § 15 Abs. 7 BEEG aber bei Fristversäumung die Zustimmung nicht als fingiert. Der Arbeitnehmer muss Klage auf Verringerung der Arbeitszeit erheben (zu den Unterschieden zwischen § 15 Abs. 7 BEEG und § 8 Abs. 1 TzBfG vgl. *Bruns* BB 2010, 956).

Das Verlangen nach Elternteilzeit kann dabei frühestens mit dem Verlangen nach Elternzeit i. S. v. § 16 Abs. 1 S. 1 BEEG erhoben werden (BAG NZA 2007, 1352). Es ist mittlerweile gefestigte Rechtsprechung des BAG, dass die Verringerung der Arbeitszeit nach § 15 Abs. 5 bis 7 BEEG auch noch während der Elternzeit zulässig ist (vgl. nur BAG

NZA 2006, 1413). Ebenso kann eine Verringerung der Arbeitszeit nach § 8 TzBfG während der Elternzeit verlangt werden (BAG NJW 2007, 3661).

3. Verringerung der Arbeitszeit. Der Arbeitnehmer hat in seinem Antrag anzugeben, wie lang die künftige Arbeitszeit sein soll. Ein bestimmter (Mindest-)Umfang der Verringerung ist gemäß § 8 TzBfG nicht vorgeschrieben. Will der Arbeitnehmer seine bisherige Wochenarbeitszeit etwa um ein Zehntel verringern, ist dies nicht ohne weiteres rechtsmissbräuchlich (vgl. BAG NZA 2009, 1207). Allerdings wird ein rechtsmissbräuchliches Verhalten i.d.R. dann anzunehmen sein, wenn das Verringerungsverlangen nur wenige Minuten umfasst und zugleich eine erhebliche Änderung der Verteilung der Arbeitszeit geltend gemacht wird (*Meinel/Heyn/Herms* § 8 TzBfG Rn. 28 m.w.N.). Die hier vorgesehene hälftige Reduzierung ist demgemäß beispielhaft. Der Arbeitnehmer muss entweder sein Verlangen auf einen bestimmten zeitlichen Umfang konkretisieren oder dem Arbeitgeber ein Recht zur Bestimmung des Umfangs der Verringerung einräumen, da ansonsten kein Verringerungsverlangen i.S.v. § 8 Abs. 1 TzBfG vorliegt (BAG NZA 2008, 289; LAG Köln BeckRS 2010, 66883). Ein unbestimmtes Verringerungsverlangen löst freilich nicht die Sperrfrist des § 8 Abs. 6 TzBfG aus.

Ein Antrag auf eine lediglich befristete Verringerung der vertraglichen Arbeitszeit ist ebenfalls kein wirksames Verringerungsverlangen i.S.d. § 8 TzBfG (BAG NZA 2007, 253; BAG NZA 2009, 962; BAG NZA 2011, 1044, 1046).

4. Lage der Arbeitszeit. Nach § 8 Abs. 2 S. 3 TzBfG soll der Arbeitnehmer bei seinem Antrag auf Verringerung der Arbeitszeit auch die gewünschte **Verteilung der Arbeitszeit** angeben. Tut er dies nicht, liegt die Bestimmung beim Arbeitgeber (→ Anm. 2). Im Formular ist eine gleichmäßige Verteilung der Arbeitszeit auf die Wochentage vorgesehen. Das Gesetz enthält keine Vorgaben über die Verteilung der Arbeitszeiten. Es ist deshalb nicht notwendig, die Verteilung an der Wochenarbeitszeit zu orientieren, denkbar ist auch eine verringerte Monats- oder Jahresarbeitszeit (vgl. *Laux/Schlachter* § 8 TzBfG Rn. 45).

Problematisch ist, ob und inwieweit dem Betriebsrat ein **Mitbestimmungsrecht** zusteht (ausführlich zu der Problematik *Hamann* NZA 2010, 785 m.w.N.). Das Mitbestimmungsrecht kann sich dabei nach § 87 Abs. 1 Nr. 2 BetrVG nur auf die Lage der Arbeitszeit beziehen. Die Dauer der Arbeitszeit ist als Kern des Synallagmas den Arbeitsvertragsparteien vorbehalten. Die Mitbestimmungsrechte nach § 87 BetrVG werden durch die Rechte des einzelnen Arbeitnehmers nach § 8 TzBfG nicht verdrängt. Ebenso wenig verdrängen Mitbestimmungsrechte die Individualansprüche des Arbeitnehmers (*Hunold* NZA-RR 2004, 225; nach Ansicht von *Hamann* besteht das Individualrecht aus § 8 TzBfG von vornherein nur eingeschränkt durch das Mitbestimmungsrecht des Betriebsrats (*Hamann* NZA 2010, 785)). Soweit dem Arbeitgeber bei der Ausgestaltung der Arbeitszeitregelung ein Gestaltungsspielraum verbleibt und soweit ein kollektiver Bezug gegeben ist, besteht auch das Mitbestimmungsrecht nach § 87 Abs. 1 Nr. 2 BetrVG. Umgekehrt kann eine Verteilung der Arbeitszeit durch **Betriebsvereinbarung** als betrieblicher Grund dem Verteilungswunsch des Arbeitnehmers entgegengehalten werden, wenn diese den Verteilungswunsch des Arbeitnehmers ausschließt (BAG NZA 2003, 1392; BAG NZA 2009, 565).

5. Überstunden. Bei Teilzeitbeschäftigten kann die Frage auftauchen, ob diese überhaupt zur Leistung von Überstunden verpflichtet sind. Immerhin haben sie durch die Vereinbarung einer geringeren als der üblichen Arbeitszeit zu erkennen gegeben, nicht darüber hinaus für die Arbeitsleistung zur Verfügung zu stehen. Die Verpflichtung, in dringenden Fällen Überstunden zu leisten, sollte deshalb Gegenstand einer eindeutigen vertraglichen Regelung sein. **Überstundenzuschläge** können Teilzeitbeschäftigte erst dann verlangen, soweit die Arbeitszeit von Vollzeitbeschäftigten überschritten wird. Darin liegt keine nach § 4 Abs. 1 TzBfG verbotene Ungleichbehandlung, denn der Teilzeitbeschäftigte erhält pro geleisteter Arbeitsstunde die gleiche Vergütung wie ein Vollzeitbeschäftigter (BAG NZA 2004, 1119; BAG NZA 2005, 222).

Sollte in dem ursprünglichen Arbeitsvertrag eine teilweise pauschale Abgeltung von Überstunden mit dem Grundgehalt geregelt gewesen sein (so z.B. die Alternative 1 in → Form. A. II. 1 § 2 Abs. (2)) und soll diese Regelung auch für den geänderten Arbeitsvertrag gelten, ist darauf zu achten, dass die Anzahl der mit dem Grundgehalt pauschal abgegoltenen Überstunden durch die Verringerung der Arbeitszeit nicht in einem Missverhältnis zur neu vereinbarten Regelarbeitszeit steht. So sollte die Anzahl der mit dem regulären Gehalt pauschal abgegoltenen Überstunden zehn bis 25 Prozent der regelmäßigen Arbeitszeit nicht überschreiten (vgl. dazu ausführlich → Form. A. II. 1 Anm. 4). Um ein Missverhältnis aufgrund der nachträglichen Verringerung der Arbeitszeit zu vermeiden, sollte daher im Einzelfall eine Reduzierung der mit dem Grundgehalt pauschal abgegoltenen Überstunden vorgenommen werden. Dabei sollte stets die im Verhältnis zur Regelarbeitszeit gleiche Anzahl von Überstunden mit dem Grundgehalt pauschal abgegolten werden wie bei den vollzeitbeschäftigten Arbeitnehmern, um eine Diskriminierung des Teilzeitbeschäftigten i.S.d. § 4 Abs. 1 TzBfG zu vermeiden.

6. Vergütung. Nach § 4 Abs. 1 TzBfG ist die **Diskriminierung** von Teilzeitbeschäftigten untersagt. Insbesondere schreibt § 4 Abs. 1 S. 2 TzBfG vor, dass dem Teilzeitbeschäftigten Arbeitsentgelt und andere teilbare geldwerte Leistungen mindestens in dem Umfang zu gewähren sind, der dem Anteil seiner Arbeitszeit an der Arbeitszeit eines Vollzeitbeschäftigten entspricht (pro-rata-temporis). Sämtliche arbeitszeitabhängigen Entgeltbestandteile sind auch den Teilzeitbeschäftigten – freilich anteilig – zu gewähren. Das gilt auch für Funktionszulagen, soweit diese arbeitszeitabhängig sind (BAG NZA 1999, 1001 – Pflegezulage). Steht die Vergütung nicht in Abhängigkeit von der Arbeitszeit, sondern soll etwa eine besondere Belastung wegen der Lage der Arbeitszeit ausgeglichen oder die Betriebstreue belohnt werden, darf keine anteilige Kürzung vorgenommen werden. So haben Teilzeitbeschäftigte Anspruch auf gleich hohe Nachtarbeitszuschläge wie Vollzeitbeschäftigte, auch das Urlaubsgeld darf nicht gekürzt werden (BAG NZA 1997, 160). Das gilt, wie im Formular vorgesehen, auch für Essenszuschüsse und Ähnliches (BAG DB 2002, 47; vgl. *Laux/Schlachter* § 4 TzBfG Rn. 84 ff. zu weiteren Beispielen aus der Rechtsprechung).

7. Urlaub. Bei der Berechnung der **Urlaubsdauer** von Teilzeitbeschäftigten ist grundsätzlich von dem Urlaubsanspruch für Vollzeitbeschäftigte auszugehen. Die Arbeitstage des Teilzeitbeschäftigten sind zu denen der Vollzeitbeschäftigten in Relation zu setzen. Damit wird der gesetzliche Urlaubsanspruch der konkreten Arbeitsverpflichtung des Arbeitnehmers angepasst. Weiter ist bei Teilzeitbeschäftigten zu berücksichtigen, dass der Urlaubsanspruch tage- und nicht stundenweise zu berechnen ist. Die im Bundesurlaubsgesetz genannte Urlaubsdauer wird durch sechs Werktage in der Woche geteilt und mit der Anzahl der Arbeitstage multipliziert (BAG NZA 1987, 462). Für einen Teilzeitbeschäftigten, der an zwei Tagen pro Woche jeweils 4 Stunden arbeitet, ergibt sich auf dieser Grundlage folgender Urlaubsanspruch: 24 Urlaubstage: 6 Werktage × 2 Arbeitstage = 8 Urlaubstage. Bei der im Formular vorgesehenen Verteilung der Arbeitszeit ergibt sich 24 : 6 × 5 = 20 Urlaubstage und damit keine Veränderung gegenüber Vollzeitbeschäftigten. Bei der Berechnung der Urlaubsdauer ist allerdings zu beachten, dass der EuGH zu dem zweifelhaften Ergebnis gekommen ist, dass eine anteilige Kürzung eines noch nicht verbrauchten Anspruchs auf Erholungsurlaub aus einer Vollzeittätigkeit, dessen Ausübung dem Arbeitnehmer im Bezugszeitraum nicht möglich war, beim Übergang von einer Voll- zu einer Teilzeitbeschäftigung nicht mit Unionsrecht vereinbar sei (EuGH NZA 2013, 775 – Brandes). Demzufolge würde der Anspruch des Arbeitnehmers auf den Jahresurlaub, der in der Zeit der Vollzeitbeschäftigung erworben wurde, trotz Teilzeitbeschäftigung in vollem Umfang bestehen bleiben.

Zu weiteren Problemen des Urlaubsentgelts bei Änderung der Arbeitszeit siehe *Powietzka/Christ* NJW 2010, 3397.

8. Erneute Vertragsänderung. Nach § 8 Abs. 6 TzBfG kann der Arbeitnehmer eine erneute Verringerung der Arbeitszeit frühestens nach Ablauf von zwei Jahren verlangen, nachdem der Arbeitgeber einer Verringerung zugestimmt oder sie berechtigt abgelehnt hat. Das gilt auch für die Verteilung der Arbeitszeit. Der Arbeitnehmer kann allerdings nicht die Verringerung der Arbeitszeit von vornherein für eine bestimmte Zeit verlangen (vgl. BAG NZA 2009, 962). Eine solche Festlegung stünde in Widerspruch zu § 9 TzBfG, wonach bei der Besetzung von Vollzeitstellen die Interessen anderer Teilzeitbeschäftigter berücksichtigt werden müssen.

9. Erhöhung der Arbeitszeit. Die Vertragsklausel zur Erhöhung der Arbeitszeit entspricht der Regelung des § 9 TzBfG. Bei einer nicht unerheblichen Aufstockung der wöchentlichen Arbeitszeit kann es sich um eine Einstellung i. S. v. § 99 Abs. 1 S. 1 BetrVG handeln, die ein Mitbestimmungsrecht des Betriebsrats auslöst (vgl. BAG NZA 2005, 945). Von einer solchen nicht unerheblichen Aufstockung der wöchentlichen Arbeitszeit ist dabei in Anlehnung an § 12 Abs. 1 S. 3 TzBfG auszugehen, wenn die Arbeitszeit eines Arbeitnehmers im Umfang von mindestens zehn Wochenstunden für die Dauer von mehr als einem Monat erhöht wird (BAG NZA-RR 2009, 260).

10. Schriftformklausel. Aufgrund der aktuellen Rechtsprechung des BAG (vgl. BAG BB 2008, 2242) ist die Schriftformklausel in arbeitsrechtlichen Vereinbarungen derzeit im Fluss. Der Vorschlag einer Schriftformklausel im Formular entspricht der Schriftformklausel in Form. A. II. 1 und wird dort ausführlich kommentiert (→ Form. A. II. 1 Anm. 28).

11. Salvatorische Klausel. Der hier im Formular unterbreitete Vorschlag einer salvatorischen Klausel ähnelt der salvatorischen Klausel in Form. A. II. 1 und wird dort umfassend kommentiert (→ Form. A. II. 1 Anm. 29).

6. Flexibilisierung der Arbeitszeit

Änderungsvertrag zum Arbeitsvertrag vom . . . . . .

zwischen

. . . . . . (Name und Anschrift des Arbeitgebers) „Gesellschaft“

und

. . . . . . (Name und Anschrift des Arbeitnehmers) „Mitarbeiter“

Vorbemerkung[1]

Der Mitarbeiter ist im Außendienst eingesetzt. Um dem Teilzeitwunsch des Mitarbeiters einerseits und den Anforderungen des Außendienstes andererseits zu genügen, soll der Mitarbeiter die Einteilung seiner Arbeitszeit anhand der ihm gestellten Aufgaben eigenverantwortlich vornehmen. Zur Abänderung des Arbeitsvertrags vom . . . . . . und zur Einführung einer flexiblen Arbeitszeitregelung vereinbaren die Parteien Folgendes:

§ 1 Dauer und Verteilung der Arbeitszeit

(1) Die Dauer der Arbeitszeit beträgt ab dem . . . . . . statt 40 Stunden pro Woche nur noch 30 Stunden.[2]

(2) Die Arbeitszeit wird regelmäßig auf die Tage von Montag bis Freitag von 9.00 Uhr bis 15.30 Uhr einschließlich einer Pause von 30 Minuten verteilt.[3]

§ 2 Abweichungen von der regelmäßigen Verteilung der Arbeitszeit[4]

(1) Der Mitarbeiter ist berechtigt, von der regelmäßigen Verteilung der Arbeitszeit abzuweichen, wenn die Organisation seiner Aufgaben das erfordert.

(2) Abweichungen von der Arbeitszeit gemäß Abs. (1) dürfen nicht zu einer höheren Wochenarbeitszeit als 60 Stunden führen; eine Reduktion bis zu null Stunden ist zulässig.

§ 3 Aufzeichnung der Arbeitszeit[5]

(1) Der Mitarbeiter ist verpflichtet, über seine Arbeitszeiten Aufzeichnungen zu führen. Die Aufzeichnungen sind in tabellarischer und elektronisch lesbarer Form zu führen. Sie müssen Angaben zu Datum, täglicher Arbeitszeit, den täglich erledigten Aufgaben sowie eine Zusammenfassung der wöchentlichen Arbeitszeit enthalten. Dabei sind die reguläre Arbeitszeit gemäß § 1 Abs. (2) des Vertrages und die diese überschreitenden Arbeitszeiten als Überstunden getrennt kenntlich zu machen.

(2) Die Aufzeichnungen sind jeweils am Montag der nachfolgenden Woche dem Leiter der Vertriebsabteilung in elektronischer Form zu übermitteln.

§ 4 Überwachung der Arbeitszeit[6]

(1) Der Mitarbeiter hat dafür Sorge zu tragen, dass seine Arbeitszeiten die Vorgaben des § 3 Arbeitszeitgesetz (durchschnittlich höchstens acht Arbeitsstunden pro Tag in einem Zeitraum von sechs Monaten; maximal zehn Arbeitsstunden an einem Tag) nicht überschreiten.

(2) Fallen in einem Monat mehr als 50 Überstunden an, ist der Mitarbeiter verpflichtet, mit dem Leiter der Vertriebsabteilung geeignete Maßnahmen zu erörtern, um einen Ausgleich der Überstunden bei Erfüllung der anstehenden Aufgaben zu ermöglichen.

§ 5 Vergütung[7]

(1) Die fixe Vergütung wird gemäß der verringerten Arbeitszeit herabgesetzt. Sie beträgt . . . . . . EUR brutto (in Worten: . . . . . . Euro) monatlich. Für die variable Vergütung gilt die Provisionsregelung in der Fassung vom . . . . . .

(2) Die Regelungen zu Urlaubs- und Weihnachtsgeld sowie die Regelungen zur Spesenerstattung bleiben unverändert.

§ 6 Verschiedenes

(1) Soweit in diesem Vertrag nicht abweichend geregelt, gilt im Übrigen der Arbeitsvertrag vom . . . . . . fort.

(2) Mündliche Nebenabreden zu dieser Vertragsänderung bestehen nicht. Änderungen oder Ergänzungen dieses Änderungsvertrags einschließlich dieser Bestimmung bedürfen zu ihrer Wirksamkeit der Schriftform, es sei denn, diese wurden nachweislich zwischen den Vertragsparteien ausgehandelt. Das Schriftformerfordernis bezieht sich auch auf etwaige Ansprüche aus betrieblicher Übung.[8]

(3) Sollten einzelne Bestimmungen dieses Vertrages unwirksam sein, berührt das die Wirksamkeit des Vertrages im Übrigen nicht. Die unwirksame Regelung wird durch eine wirksame Regelung ersetzt, die der unwirksamen Regelung wirtschaftlich möglichst

nahe kommt und die die Parteien vereinbart hätten, wenn sie um die Unwirksamkeit der ursprünglichen Regelung gewusst hätten. Das Gleiche gilt im Falle einer vertraglichen Lücke.[9]

......	......
Ort, Datum	Ort, Datum
......	......
Unterschrift der Gesellschaft	Unterschrift des Mitarbeiters

Anmerkungen

1. Vorbemerkung. Das Formular geht von einer Situation aus, in dem ein Vertriebsmitarbeiter im Außendienst einen Teilzeitwunsch gemäß § 8 TzBfG geltend gemacht hat (vgl. dazu ausführlich → Form. A. XI. 5). Da sich im Außendienst die Arbeitszeit ohnehin nur schwerlich regelmäßig planen lässt, sollen die Spielräume, die das Arbeitszeitrecht zur Flexibilisierung lässt, in möglichst weitem Rahmen ausgenutzt werden. Für das Arbeitsverhältnis gilt kein Tarifvertrag.

2. Dauer der Arbeitszeit. Nach § 3 ArbZG beträgt die tägliche Arbeitszeit bis zu acht Stunden. Sie kann auf bis zu zehn Stunden täglich ausgedehnt werden, wenn innerhalb von sechs Kalendermonaten oder innerhalb von 24 Wochen im Durchschnitt acht Stunden werktäglich nicht überschritten werden. Die Vereinbarung eines längeren **Ausgleichszeitraums** ist nach § 7 Abs. 1 Nr. 1b ArbZG nur in einem Tarifvertrag oder aufgrund eines Tarifvertrages zulässig. Die Arbeitsvertragsparteien können den Ausgleichszeitraum – im gesetzlichen Rahmen – selbst bestimmen. Der Ausgleichszeitraum von sechs *Kalender*monaten ist mit der herrschenden Meinung (vgl. *Neumann/Biebl* § 3 Rn. 8 m.w.N.) aus pragmatischen Gründen (entgegen dem Gesetzeswortlaut) als sechs *Zeit*monate auszulegen (ErfKomm/*Wank* § 3 ArbZG Rn. 7 m.w.N. hält den Ausgleichszeitraum von sechs Kalendermonaten oder 24 Wochen ohnehin für unvereinbar mit EU-Vorgaben). Der mit den Ausgleichszeiträumen eröffnete Spielraum ist rechnerisch nicht unbeachtlich. Da die Verteilung der Arbeitszeit innerhalb des Ausgleichszeitraums nicht festgelegt ist, wäre etwa ein **Arbeitszyklus** von sechs Wochen ohne Arbeit, zwanzig Wochen 60-Stunden-Woche im ersten Halbjahr, zwanzig 60-Stunden-Wochen und sechs Wochen keine Arbeit im zweiten Halbjahr durchaus zulässig (H/W/K/*Gäntgen* § 3 ArbZG Rn. 9). In der Praxis sind derartige Gestaltungen allerdings kaum relevant. Bei einer einigermaßen gleichmäßigen Arbeitszeitverteilung ist der Spielraum für Arbeitszeitflexibilität bei Vollzeitbeschäftigung hingegen relativ gering. Der Spielraum lässt sich dadurch vergrößern, dass eine Teilzeitbeschäftigung vereinbart wird, denn damit wird eine zum Ausgleich zur Verfügung stehende Arbeitszeitmenge unterhalb der Schwelle des § 3 ArbZG geschaffen. Sollte in dem ursprünglichen Arbeitsvertrag eine teilweise pauschale Abgeltung von Überstunden mit dem Grundgehalt geregelt gewesen sein (so z.B. die Alternative 1 in → Form. A. II. 1 § 2 Abs. (2)) und soll diese Regelung auch für den geänderten Arbeitsvertrag gelten, ist darauf zu achten, dass die Anzahl der mit dem Grundgehalt pauschal abgegoltenen Überstunden durch die Verringerung der Arbeitszeit nicht in einem Missverhältnis zur neu vereinbarten Regelarbeitszeit steht (vgl. dazu ausführlich → Form. A. XI. 5 Anm. 5). Zudem sollte stets die im Verhältnis zur Regelarbeitszeit gleiche Anzahl von Überstunden mit dem Grundgehalt pauschal abgegolten werden wie bei den vollzeitbeschäftigten Arbeitnehmern, um das Risiko einer Diskriminierung des Teilzeitbeschäftigten i.S.d. § 4 Abs. 1 TzBfG zu vermeiden.

3. Verteilung der Arbeitszeit. Die regelmäßige Verteilung der Arbeitszeit auf die Wochentage dient in der dem Formular zugrunde liegenden Situation lediglich der Festlegung einer Berechnungsgrundlage. Obwohl die Flexibilisierung angestrebt wird (vgl. insbesondere § 2 des Formulars), sollte die grundsätzliche Arbeitsverteilung stets im Vertrag festgelegt werden. Damit steht die Basis fest, was tendenziell Auseinandersetzungen zu vermeiden und Unklarheitsrisiken für den Arbeitgeber zu verringern hilft.

4. Flexibilisierung der individuellen Arbeitszeit. Das Formular geht davon aus, dass der Arbeitnehmer sich seine Arbeitszeit selbständig aufgabenorientiert einteilt. Da der Sonnabend ein Werktag ist und eine tägliche Arbeitszeit bis zu zehn Stunden zulässt, ergibt sich eine zulässige **Wochenhöchstarbeitszeit** von 60 Stunden. Die Untergrenze liegt bei null Stunden werktäglicher Arbeitszeit. Ein freier Arbeitstag kann damit die Überschreitung der regelmäßigen werktäglichen Arbeitszeit an vier Arbeitstagen ausgleichen. Streitig ist die Frage, wie sich sonstige Arbeitsbefreiungen auf den Ausgleich auswirken. Sieht man den Zweck der Arbeitszeitregelungen lediglich in dem Schutz der Gesundheit der Arbeitnehmer vor einer Überlastung, spricht nichts dagegen, etwa **Arbeitsunfähigkeitszeiten** oder **Urlaubstage** in die Berechnung des Ausgleichszeitraums einzubeziehen. Gegen diese Ansicht spricht aber, dass Art. 16 b) der Arbeitszeitrichtlinie (RL 2003/88/EG) Urlaubs- und Krankheitstage nicht als Ausgleich zulässt (vgl. auch LAG Berlin-Brandenburg NZA-RR 2005, 626). Grundsätzlich ist daher davon auszugehen, dass nur solche Tage zum Ausgleich herangezogen werden können, in denen von dem Arbeitnehmer eine Arbeitsleistung verlangt werden darf. Zum Ausgleich trägt daher ein freier Sonnabend bei, nicht aber Sonntage, Arbeitsunfähigkeits- und Urlaubszeiten (H/W/K/*Gäntgen* § 3 ArbZG Rn. 10; ErfKomm/*Wank* § 3 ArbZG Rn. 10).

Die Berücksichtigung von Urlaubs- und Krankheitstagen bei der Berechnung der durchschnittlichen Arbeitszeit im Ausgleichszeitraum kann entweder in der Weise erfolgen, dass diese Tage mit einer fiktiven Arbeitszeit von acht Stunden angesetzt werden, um sie zu neutralisieren, oder dass diese Tage als mögliche Ausgleichstage abgezogen werden, mit der Folge, dass sich der Ausgleichszeitraum um einen entsprechenden Zeitraum verlängert. Dabei steht dem Arbeitgeber ein Wahlrecht zwischen diesen beiden Berechnungsmethoden zu (LAG Berlin-Brandenburg NZA-RR 2005, 626).

5. Aufzeichnung und Überwachung der Arbeitszeit. Nach § 16 Abs. 2 ArbZG ist der Arbeitgeber verpflichtet, die über die reguläre tägliche Arbeitszeit nach § 3 ArbZG hinausgehende Arbeitszeit aufzuzeichnen und diese Aufzeichnungen über mindestens zwei Jahre aufzubewahren. Die **Aufzeichnungspflicht** dient dazu, den Aufsichtsbehörden die Überprüfung der Einhaltung des ArbZG zu ermöglichen (BT-Drucks. 12/5888 S. 31). Der Arbeitgeber hat die betreffenden Auskünfte daher auch dann zu erteilen, wenn er mit Rücksicht auf eine im Betrieb geltende „Vertrauensarbeitszeit" die tatsächlichen Arbeitszeiten der Arbeitnehmer bewusst nicht zur Kenntnis nehmen will (BAG NZA 2003, 1348). Nach §§ 22, 23 ArbZG ist der Arbeitgeber für die Einhaltung der arbeitszeitrechtlichen Vorschriften (auch strafrechtlich) verantwortlich. Erforderlich ist eine Aufzeichnung der geleisteten Arbeitsstunden sowie der Ausgleichszeiträume (BeckOK Arb. § 16 ArbZG Rn. 3; a. A. *Schlottfeldt/Hoff* NZA 2001, 530). Im Rahmen der Flexibilisierung der Arbeitszeiten müssen daher Vorkehrungen getroffen werden, die dem Arbeitgeber die Überwachung der Arbeitszeiten ermöglichen und sichern. In § 4 Abs. (2) des Formulars ist daher vorgesehen, dass Mitarbeiter und Vorgesetzter bei Überschreitung einer bestimmten Grenze Maßnahmen ergreifen müssen, um einen Arbeitszeitausgleich sicherzustellen.

6. Überwachung. Die Pflichten, die dem betroffenen Arbeitnehmer mit § 4 des Formulars auferlegt werden, dürften allenfalls schuldrechtliche Wirkung entfalten. Insbesondere ändert diese Vertragsbestimmung im Ergebnis nichts an der **alleinigen bußgeldrechtlichen Verantwortung** des Arbeitgebers (LAG Stuttgart AuR 2001, 512; ErfKomm/*Wank* § 22

ArbZG Rn. 1). Allen Personen, die auf Arbeitgeberseite in verantwortlicher Position handeln, drohen Bußgelder, die § 22 ArbZG u.a. für die Überschreitung der werktäglichen Höchstarbeitszeit vorsieht. Natürlich hilft die Vertragsbestimmung im Formular trotzdem, zumindest im Hinblick auf das subjektive Verantwortungsbewusstsein des betroffenen Arbeitnehmers.

7. **Vergütung.** Die Vergütung wird – jedenfalls in ihrem festen Anteil – gemäß der verringerten Arbeitszeit herabgesetzt. Inwieweit auch variable Vergütungsbestandteile an die Arbeitszeit angepasst werden müssen, hängt von der Ausgestaltung des Provisionssystems ab. Das Formular sieht dabei einen statischen Verweis auf eine bestimmte Provisionsregelung vor. In der Praxis werden demgegenüber oft dynamische Verweisungen auf eine Provisionsregelung in ihrer „jeweils gültigen Fassung" vereinbart. Die rechtliche Wirksamkeit einer solchen dynamischen Verweisung ist jedoch zweifelhaft (vgl. BAG NZA 2009, 428; BAG BeckRS 2011, 71243; *Straube/Klagges* ArbRAktuell 2011, 421). Vergütungsbestandteile (im Formular als Beispiel: Urlaubs- und Weihnachtsgeld), die arbeitszeitunabhängig sind, müssen unverändert fortgezahlt werden (→ Form. A. XI. 5 Anm. 6).

8. **Schriftformklausel.** Aufgrund der aktuellen Rechtsprechung des BAG (vgl. BAG BB 2008, 2242) ist die Schriftformklausel in arbeitsrechtlichen Vereinbarungen derzeit im Fluss. Der Vorschlag einer Schriftformklausel im Formular entspricht der Schriftformklausel in Form. A. II. 1 und wird dort ausführlich kommentiert (→ Form. A. II. 1 Anm. 28).

9. **Salvatorische Klausel.** Der hier im Formular unterbreitete Vorschlag einer salvatorischen Klausel ähnelt der salvatorischen Klausel in → Form. A. II. 1 und wird dort umfassend kommentiert (→ Form. A. II. 1 Anm. 29).

7. Verlängerung der Arbeitszeit (ohne Lohnausgleich)

Änderungsvertrag zum Arbeitsvertrag vom . . . . . .

zwischen

. . . . . . (Name und Anschrift des Arbeitgebers) „Gesellschaft"

und

. . . . . . (Name und Anschrift des Arbeitnehmers) „Mitarbeiter"

Zur Abänderung[1] des Arbeitsvertrags vom . . . . . . vereinbaren die Vertragsparteien Folgendes:

§ 1 Arbeitszeit[2]

(1) Die bisherige wöchentliche Arbeitszeit von 37,5 Stunden pro Woche wird ab dem . . . . . . auf 40 Stunden pro Woche erhöht.

(2) Die Wochenarbeitszeit wird nach wie vor gleichmäßig auf die Wochentage Montag bis Freitag verteilt. Die tägliche Arbeitszeit erhöht sich um 30 Minuten. Die regelmäßige betriebliche Arbeitszeit beginnt arbeitstäglich um 8.00 Uhr und endet um 17.00 Uhr (einschließlich einer einstündigen, unbezahlten Mittagspause).

§ 2 Vergütung[2]

Die bisherige Vergütung von derzeit ...... EUR brutto (in Worten: ...... Euro) monatlich sowie alle sonstigen Vergütungsbestandteile bleiben unverändert.

§ 3 Sonstiges[3]

(1) Im Übrigen bleibt der Arbeitsvertrag vom ...... unberührt.

(2) Mündliche Nebenabreden zu diesem Änderungsvertrag bestehen nicht. Änderungen oder Ergänzungen dieser Vertragsänderung einschließlich dieser Bestimmung bedürfen zu ihrer Wirksamkeit der Schriftform, es sei denn, diese wurden nachweislich zwischen den Vertragsparteien ausgehandelt. Das Schriftformerfordernis bezieht sich auch auf etwaige Ansprüche aus betrieblicher Übung.[4]

(3) Sollten einzelne Bestimmungen dieses Änderungsvertrages unwirksam sein, berührt dies seine Wirksamkeit im Übrigen nicht. Die unwirksame Regelung wird durch eine wirksame Regelung ersetzt, die der unwirksamen Regelung wirtschaftlich möglichst nahe kommt und die die Vertragsparteien vereinbart hätten, wenn sie um die Unwirksamkeit der ursprünglichen Regelung gewusst hätten. Das Gleiche gilt im Falle einer vertraglichen Lücke.[5]

......	......
Ort, Datum	Ort, Datum
......	......
Unterschrift der Gesellschaft	Unterschrift des Mitarbeiters

Anmerkungen

1. Änderung des Arbeitsvertrags. Veränderungen von Entgelt und Arbeitszeit zu Lasten der anderen Vertragspartei können grundsätzlich nicht ohne Änderungen des Arbeitsvertrags durchgesetzt werden. Die Änderung im Wege des Direktionsrechts scheidet aus, weil damit in den durch § 2 KSchG geschützten Kernbereich des Arbeitsverhältnisses eingegriffen würde (BAG NZA 1994, 476; LAG Düsseldorf NZA-RR 2003, 407, 408). Bei der Gestaltung des Änderungsvertrages muss dabei im Besonderen beachtet werden, dass die Regelungen des ursprünglichen Arbeitsvertrages nur an den gewünschten Stellen abgeändert werden. Vermieden werden sollte es insbesondere, eine ausführliche Regelung aus dem ursprünglichen Arbeitsvertrag in dem Änderungsvertrag nur teilweise zu wiederholen. Dadurch könnte der Eindruck entstehen, dass die wiederholende, unvollständige Regelung die ausführlichere Regelung im ursprünglichen Arbeitsvertrag komplett ersetzen soll. Die Kehrseite besteht natürlich darin, dass bisherige Vertragsbestandteile, die nicht mehr gelten sollen, auch ausdrücklich aufgehoben werden sollten.

2. Vertragliche Regelungen. Die einzelvertragliche Umsetzung der Arbeitszeitverlängerung ohne Lohnausgleich ist rechtlich einfach. Es ist lediglich erforderlich, die neue wöchentliche Arbeitszeit, den Zeitpunkt der Vertragsänderung sowie die Auswirkungen auf die tägliche Arbeitszeit zu regeln. Wichtig ist eine ausdrückliche Regelung zur Höhe der künftigen Vergütung. Ohne eine vertragliche Regelung zur künftigen Entgelthöhe wird die Auslegung des Vertrages regelmäßig ergeben, dass eine Anpassung des Entgelts an die veränderten Arbeitszeiten beabsichtigt war, also ein Lohnausgleich erfolgen soll. Dieses Verständnis hat der Gesetzgeber nämlich auch den Regelungen im TzBfG zugrunde gelegt, in denen bei Arbeitszeitverringerung oder -erhöhung kein Wort über eine Anpassung der Vergütung verloren und von einer automatischen Anpassung ausgegangen wird (§ 4 Abs. 1 S. 2 TzBfG). Bei einer Arbeitszeitverlängerung ohne Lohnausgleich muss daher ausdrücklich geregelt werden, dass die Vergütung unverändert bleibt.

Wenn für das Arbeitsverhältnis Tarifverträge gelten, die auch die Arbeitszeit regeln, ist darauf zu achten, dass die tarifliche Arbeitszeit nicht überschritten wird. Zwar lässt sich die Auffassung vertreten, dass eine Überschreitung der tarifvertraglichen Arbeitszeit eine für den Arbeitnehmer günstigere Regelung i. S. d. § 4 Abs. 3 TVG ist (Wiedemann/*Wank* § 4 Rn. 480). Die Günstigkeit kann sich aber nur aus einer entsprechend angepassten Vergütung ergeben. Die Arbeitszeitverlängerung über die tarifliche Arbeitszeit hinaus ohne Lohnausgleich ist hingegen grundsätzlich keine günstigere Regelung mit der Folge, dass die Vertragsänderung unwirksam ist (BAG NZA 2010, 53, 59 m. w. N.). Dies liegt daran, dass die Erhöhung der Arbeitsplatzsicherheit als zu wenig konkret betrachtet wird und gar nicht in einen Günstigkeitsvergleich aufgenommen wird. Nach richtiger Ansicht soll ein Günstigkeitsvergleich aber jedenfalls dann zulässig sein, wenn der Arbeitnehmer im Gegenzug zur unbezahlten Mehrarbeit belastbare Zusagen des Arbeitgebers bekommt, z. B. einen individuellen Verzicht auf betriebsbedingte Kündigungen (a. A. BAG NZA 2010, 53, 59 m. w. N.).

Im Einzelfall kann es erforderlich sein, weitere vertragliche Absprachen zu treffen, z. B. im Hinblick auf **Überstundenvergütung** oder Auswirkungen auf den **Jahresurlaub.** Sollte nämlich ein Mitarbeiter z. B. aufgrund eines früheren Teilzeitverlangens eine Viertagewoche (32 Wochenstunden) gewählt haben, die nun auf fünf Tage (40 Wochenstunden) erhöht wird, wird sich die Anzahl der Urlaubstage um 25 Prozent erhöhen.

3. Beteiligung des Betriebsrats. Bei individuellen Abreden ist grundsätzlich keine Betriebsratsbeteiligung erforderlich. Selbst wenn es diverse gleichlautende individuelle Vereinbarungen und damit einen **„kollektiven Bezug"** geben sollte, besteht kein Mitbestimmungsrecht des Betriebsrats. Es handelt sich nämlich nicht um eine **vorübergehende** Verlängerung der Arbeitszeit (vgl. § 87 Abs. 1 Nr. 3 BetrVG). Auch die **Lage** der Arbeitszeit ist nicht betroffen, weil lediglich eine andere Arbeitszeit geregelt wird; die Dauer der wöchentlichen Arbeitszeit unterliegt nicht dem Mitbestimmungsrecht des Betriebsrats (BAG NZA 2004, 507; BAG NZA 2007, 1240; a. A. D/K/K/W/*Klebe* § 87 BetrVG Rn. 88 ff. m. w. N.).

4. Schriftformklausel. Aufgrund der aktuellen Rechtsprechung des BAG (vgl. BAG BB 2008, 2242) ist die Schriftformklausel in arbeitsrechtlichen Vereinbarungen derzeit im Fluss. Der Vorschlag einer Schriftformklausel im Formular entspricht der Schriftformklausel in → Form. A. II. 1 und wird dort ausführlich kommentiert (→ Form. A. II. 1 Anm. 28).

5. Salvatorische Klausel. Der hier im Formular unterbreitete Vorschlag einer salvatorischen Klausel ähnelt der salvatorischen Klausel in → Form. A. II. 1 und wird dort umfassend kommentiert (→ Form. A. II. 1 Anm. 29).

8. Erteilung einer Prokura

[Briefkopf der Gesellschaft]

...... (Name und Anschrift des Arbeitgebers) „Gesellschaft"

vertreten durch ...... (Bezeichnung/Name des vertretungsberechtigten Organs)[2]

erteilt hiermit Herrn ...... (Name und Anschrift des Arbeitnehmers) „Mitarbeiter"

Prokura.[1, 3]

Der Mitarbeiter ist berechtigt, die Gesellschaft gemeinschaftlich mit einem weiteren Prokuristen[4] oder einem Geschäftsführer[5] der Gesellschaft zu vertreten (Gesamtprokura). Die Prokura gilt nur für die Niederlassung der Gesellschaft in ......[6]

Der Mitarbeiter ist nicht befugt, Grundstücke zu veräußern oder zu belasten.[7] Der Mitarbeiter darf nur Geschäfte vornehmen, die den Geschäftsbereich ...... betreffen und ein Volumen von ...... EUR (in Worten: ...... Euro) nicht überschreiten.[8]

Der Mitarbeiter ist von den Beschränkungen des § 181 BGB befreit.[9]

Die Gesellschaft ist berechtigt, die Prokura jederzeit zu widerrufen, einzuschränken oder zu erweitern.[10]

......

Ort, Datum

......

Unterschrift der Gesellschaft

Anmerkungen

1. Prokura. Die Prokura ist eine **Vollmacht** i. S. d. § 167 BGB mit der Besonderheit, dass sie durch einen Kaufmann i. S. d. HGB erteilt wird (→ Anm. 2) und ihr **Umfang** durch die §§ 49, 50 HGB **gesetzlich** zwingend **festgelegt** ist. Will der Arbeitgeber den Mitarbeiter, dem er Prokura erteilt, kontrollieren oder will er sich nicht völlig auf ihn verlassen, muss der Umfang der Prokura beschränkt werden. Eine derartige Beschränkung ist grundsätzlich allerdings nur im **Innenverhältnis** wirksam (→ Anm. 8). Der Prokurist muss kein Arbeitsverhältnis zur Gesellschaft unterhalten, auch wenn dies praktisch der Regelfall ist. In der Praxis ist die Erteilung einer Prokura häufig auch ein wichtiges Instrument, verdienten Mitarbeitern eine (kostengünstige) Wertschätzung zukommen zu lassen und sie damit zu motivieren. Dies erklärt Phänomene wie z. B. die „halbseitige Gesamtprokura" (→ Anm. 4), deren Wert als Vertretungsinstrument durchaus zweifelhaft ist.

Die Vollmachtserteilung ist ein **einseitiges,** empfangsbedürftiges **Rechtsgeschäft** und bedarf zu ihrer Wirksamkeit nicht der Mitwirkung des künftigen Prokuristen. Entsprechend ist die Erteilung der Prokura im Formular als einseitige Erklärung ausgestaltet, obwohl die Erteilung einer Prokura gegen den Willen des Begünstigten praktisch nicht vorkommen dürfte.

Die Erteilung der Prokura ist in das **Handelsregister** einzutragen (§ 53 HGB). Die Eintragung im Handelsregister ist **nicht konstitutiv**, die Prokura ist auch ohne Eintragung wirksam (*Baumbach/Hopt* § 53 Rn. 1). Zur **Form** der Erteilung der Prokura gibt es keine Vorschriften. Insbesondere stehen die gesetzlichen Bestimmungen, wonach die Prokura „durch ausdrückliche Erklärung" erteilt wird (§ 48 Abs. 1 HGB) und wonach die Erteilung der Prokura zum Handelsregister anzumelden ist (§ 53 Abs. 1 HGB), etwa einer mündlichen Erteilung nicht entgegen. Da dies nicht empfehlenswert ist und nicht der Praxis entspricht, sieht das Formular Schriftlichkeit vor.

2. Bevollmächtigender. Die Prokura kann nur von dem **Inhaber** eines **Handelsgeschäfts** oder seinem gesetzlichen Vertreter erteilt werden (§ 48 Abs. 1 HGB). Der Begriff des Handelsgeschäfts entstammt dem ADHGB und ist inhaltlich mit dem des Handelsgewerbes i. S. v. § 1 Abs. 2 HGB identisch (Oetker/*Schubert* § 48 Rn. 8). Prokura können daher vor allem die Istkaufleute (§ 1 HGB), die eingetragenen Kannkaufleute (§§ 2, 3 Abs. 2 HGB), die Kaufleute kraft Eintragung (§ 5 HGB) und die Formkaufleute i. S. d. § 6 Abs. 2 HGB, wozu beispielsweise die GmbH (§ 13 Abs. 3 GmbHG) und die AG (§ 3 Abs. 1 AktG) gehören, erteilen (ausführlich MünchKommHGB/*Krebs* § 48 Rn. 5 ff.; Oetker/*Schubert* § 48 Rn. 8 ff.). Auch Handelsgesellschaften nach § 6 Abs. 1 HGB, wie etwa die oHG und die KG, sind prokurafähig (Oetker/*Schubert* § 48 Rn. 8).

3. Art der Vollmacht. Die Erteilung einer Prokura muss **ausdrücklich** erfolgen (§ 48 Abs. 1 HGB). Bestehen Zweifel, ob eine Prokura erteilt ist, fehlt es an der Ausdrücklichkeit, so dass allenfalls eine Handlungsvollmacht (§ 50 HGB) gegeben ist. Im Formular ist deshalb das Wort Prokura ausdrücklich erwähnt. Von unklaren Umschreibungen wie „alle notwendigen Vollmachten" oder Ähnlichem sollte abgesehen werden.

4. Gesamtprokura. Will sich der Arbeitgeber vor einem Missbrauch der Vollmacht schützen, ist die Prokura zweckmäßigerweise als **Gesamtprokura** auszugestalten. Die Prokura wird an mehrere Personen gemeinschaftlich erteilt mit der Konsequenz, dass sie den Arbeitgeber nur gemeinschaftlich vertreten können (§ 48 Abs. 2 HGB). Kann der Prokurist nur gemeinsam mit den anderen Prokuristen handeln, spricht man von **allseitiger Gesamtprokura.** Kombinationen sind denkbar, etwa dergestalt, dass ein Prokurist Einzelvertretungsbefugnis hat, der andere aber an die Mitwirkung eines oder aller Prokuristen gebunden ist (**halbseitige Gesamtprokura**). Um die Vertretung des Arbeitgebers zu gewährleisten, ist die Erteilung einer halbseitigen Gesamtprokura wenig zielführend, weil der einzelvertretungsberechtigte Prokurist das Rechtsgeschäft ohnehin allein abschließen kann. Trotzdem gibt es praktisch gute Gründe, eine halbseitige Gesamtprokura zu erteilen (→ Anm. 1).

5. Bindung an Prinzipal. Im Formular ist vorgesehen, dass der Prokurist nur gemeinschaftlich mit einem Geschäftsführer – es ist an eine GmbH gedacht – der Gesellschaft, also nur mit dem Vollmachtgeber (Prinzipal) handeln kann. Die Bindung des Prokuristen an die Mitwirkung des Vollmachtgebers widerspricht zwar dem gesetzlichen Leitbild des § 48 Abs. 1 HGB, wird aber für Personenhandels- und Kapitalgesellschaften in Rechtsprechung und Praxis für zulässig gehalten (BGH NJW 1987, 841) und ist recht verbreitet. Für den Einzelkaufmann besteht diese Möglichkeit nicht. Hier ist nur Einzelprokura möglich. Ist das nicht gewollt, muss auf die Erteilung einer Prokura verzichtet werden (BayObLG NJW 1998, 1161; zum Streitstand *Bärwald/Hadding* NJW 1998, 1103).

6. Filialprokura. Über die gesetzlichen Bestimmungen hinausgehende Beschränkungen des Umfangs der Prokura sind Dritten gegenüber unwirksam. Das gilt auch für Beschränkungen hinsichtlich eines bestimmten Ortes, auf den sich die Prokura beziehen soll (§ 50 Abs. 2 HGB). Unabhängig davon ist es zulässig, eine **Niederlassungs- oder Filialprokura** zu erteilen. Voraussetzung ist jedoch, dass die Niederlassungen unter verschiedenen Firmen betrieben werden, also unterscheidbar sind (§ 50 Abs. 3 HGB), z. B. „X-GmbH Niederlassung Berlin-Süd".

7. Grundstücks- und Grundlagengeschäfte. Nach dem Formular ist der Prokurist nicht bevollmächtigt, Grundstücke zu veräußern oder zu belasten. Die Prokura umfasst solche Geschäfte nur, wenn der Prokurist dazu ausdrücklich ermächtigt ist (§ 49 Abs. 2 HGB), so dass dieser Satz im Formular ohnehin nur klarstellende Funktion hat. Diese gesetzliche Beschränkung der Prokura erklärt sich daraus, dass die Prokura die Vollmacht zur Vornahme von **Handelsgeschäften** ist. Die Veräußerung oder Belastung von Grundstücken betrifft – nach historischem Verständnis – aber die Existenz des Unternehmens, also die so genannten **Grundlagengeschäfte,** die dem Inhaber bzw. den Gesellschaftern vorbehalten sind. Der Erwerb von Grundstücken oder Rechten an Grundstücken ist allerdings vom gesetzlichen Umfang der Prokura umfasst. Es gibt weitere ungeschriebene Grundlagengeschäfte (z. B. die Veräußerung des Geschäftsbetriebs im Ganzen, vgl. hierzu und zu anderen Grundlagengeschäften *Baumbach/Hopt* § 49 Rn. 2). Sinngemäß gilt auch insoweit § 49 Abs. 2 HGB: Wenn der Prokurist zur Vornahme solcher Grundlagengeschäfte berechtigt sein soll, muss dies ausdrücklich gestattet sein.

8. Einschränkung der Prokura. Auch wenn der Umfang der Prokura gesetzlich festgelegt ist und Einschränkungen gegenüber Dritten unwirksam sind, ist es in der Praxis sehr üblich, den Umfang der Vertretungsmacht einzuschränken. Diese Einschränkungen wirken, abgesehen von Fällen kollusiven Verhaltens, nur im **Innenverhältnis,** sind also rein arbeitsrechtlicher Natur. Eine Überschreitung der Vollmacht durch den Prokuristen führt i.d.R. nicht zur Unwirksamkeit des Geschäfts. Die **Vollmachtsüberschreitung** ist eine Vertragsverletzung, die eine Abmahnung und im Wiederholungsfall eine ordentliche **Kündigung** oder Schadensersatzforderungen des Arbeitgebers gegen den Prokuristen rechtfertigen. Bei entsprechender Schwere des Verstoßes kann eine außerordentliche Kündigung gerechtfertigt sein (KR/*Fischermeier* § 626 BGB Rn. 458). Die Beschränkung der Prokura kann sich, wie im Formular, auf einen bestimmten **Geschäftsbereich** und auf ein bestimmtes **Geschäftsvolumen** beziehen. Denkbar ist es auch, die einzelnen ausgeschlossenen Geschäfte aufzuzählen oder durch (dynamische) Verweisung auf die **Satzung** oder den **Gesellschaftsvertrag** die für die Geschäftsführer oder Vorstände der Gesellschaft geltenden Beschränkungen zu übernehmen. Dynamische Verweisungen („in der jeweils geltenden Fassung") auf einseitige Regelungswerke des Arbeitgebers werden wegen Verstoßes gegen § 308 Nr. 4 BGB als unwirksam angesehen (BAG NZA 2009, 428; BAG BeckRS 2011, 71243; *Straube/Klagges* ArbRAktuell 2011, 421). Aufgrund der „Sonderstellung" der Prokura (z.B. jederzeit ohne Angabe von Gründen frei widerrufbar) ist ein solcher Verweis grundsätzlich zumutbar i.S.v. § 308 Nr. 4 BGB und damit rechtswirksam. Wenn etwa der Gesellschaftsvertrag geändert wird und dadurch eine Diskrepanz zum Arbeitsvertrag entsteht, geht der Gesellschaftsvertrag im Außenverhältnis ohnehin vor. Es stellt sich nur die Frage, ob der betroffene Prokurist arbeitsrechtliche Konsequenzen (Abmahnung des Arbeitgebers, Schadensersatz, Zurückhalten der Arbeitskraft, vgl. zu dem schwerwiegenderen Fall des Entzugs der Prokura → Anm. 10) aus der Verletzung oder Beschränkung seiner arbeitsvertraglichen Befugnisse herleiten kann. Abgesehen von besonderen Ausnahmefällen ist dies abzulehnen.

9. Selbstkontrahieren. Üblicherweise kann der Vertreter nicht gleichzeitig als Vertreter und als Vertragspartner auftreten, auch nicht jeweils als Vertreter zweier Prinzipale (§ 181 BGB). Der Vollmachtgeber kann den Vertreter aber von diesem Verbot des Selbstkontrahierens befreien. Ob das sinnvoll ist, ist eine Frage des Einzelfalles, kommt aber in der Praxis durchaus vor.

10. Widerruf. Die Prokura ist ohne Rücksicht auf das der Erteilung zugrunde liegende Rechtsverhältnis **jederzeit widerruflich** (§ 52 Abs. 1 HGB). Ein objektiv nachvollziehbarer Grund ist nicht erforderlich (*v. Westphalen* DStR 1993, 1186). Der Arbeitsvertrag muss dafür nicht geändert werden, erst recht ist keine Änderungskündigung notwendig. Ein durchsetzbarer Anspruch auf (Wieder-)Erteilung einer Prokura ist ausgeschlossen (BAG NJW 1987, 862). Ein vertragswidriger Entzug der Prokura gibt dem betroffenen Arbeitnehmer aber ein (außerordentliches) Kündigungsrecht, gegebenenfalls macht sich der Arbeitgeber schadensersatzpflichtig (ErfKomm/*Oetker* § 48 HGB Rn. 4). Um solche Konsequenzen zu vermeiden und dem Arbeitgeber „freie Hand" zu belassen, sieht das Formular vorsorglich einen Widerrufs-, Änderungs- und Erweiterungsvorbehalt vor; angesichts der kritischen Rechtsprechung zu solchen Vorbehalten in anderen Bereichen (zu den Voraussetzungen eines wirksamen Widerrufsvorbehalts in Bezug auf die Überlassung eines Dienstwagens etwa BAG NZA 2012, 616) wird der Arbeitgeber bei der Ausübung solcher Rechte zumindest billiges Ermessen (§ 315 BGB) beachten müssen. Da die Prokura nichts mit der vom Arbeitgeber zu zahlenden Vergütung zu tun hat, sind die weitergehenden Belastungen, die das BAG zur Wirksamkeit von Widerrufstatbeständen in anderen Bereichen einfordert (so verlangt etwa der Neunte Senat des BAG, dass ein konkreter Sachgrund für den Widerruf in der Widerrufsklausel genannt werden muss (BAG NZA 2007, 809; BAG NZA-RR 2010, 457), während der Fünfte Senat des BAG lediglich fordert, dass in der Klausel die Richtung angegeben wird (z.B. wirtschaftliche Gründe, Leistung oder Verhalten des Arbeitnehmers), aus der der Widerruf möglich sein soll (BAG NZA 2007, 87; BAG NZA 2011, 796; BAG NZA 2012, 616; zu den Anforderungen ausführlich Grobys/Panzer/*Schönhöft* Widerrufsvorbehalt Rn. 4 ff.)), hier unbeachtlich. Der Widerruf der Prokura lässt im Übrigen das Arbeitsverhältnis unberührt, insbesondere behält der Mitarbeiter den ungeschmälerten Anspruch auf Vergütung (§ 52 Abs. 1 HGB). Umgekehrt ist zu beachten, dass in der **Kündigung** des Arbeitsverhältnisses **kein Widerruf** der Prokura liegt. Der Widerruf muss ebenso ausdrücklich erklärt werden wie die Erteilung. Die Prokura endet erst mit der Beendigung des Arbeitsverhältnisses (vgl. § 168 BGB). Zu beachten ist der Vertrauensschutz nach § 15 Abs. 1 HGB. Der Arbeitgeber muss daher rechtzeitig die Löschung der Prokura aus dem Handelsregister beantragen.

9. Sabbatical

Änderungsvertrag zum Arbeitsvertrag vom ......

zwischen

...... (Name und Anschrift des Arbeitgebers) „Gesellschaft"

und

...... (Name und Anschrift des Arbeitnehmers) „Mitarbeiter"

Zur Abänderung des Arbeitsvertrags vom ...... und zur Ermöglichung einer „Sabbatical-Zeit"[1] vereinbaren die Vertragsparteien auf eigenen Wunsch des Mitarbeiters Folgendes:

§ 1 Teilzeitarbeitsverhältnis

(1) Die Vertragsparteien sind sich darüber einig, dass das Arbeitsverhältnis ab dem ...... („Änderungsdatum") als Teilzeitarbeitsverhältnis[2] fortgeführt wird.

(2) Ab dem ...... bis zum ...... wird der Mitarbeiter gemäß den nachfolgenden Regelungen von der Arbeitsleistung freigestellt („Sabbatical-Zeit"), wenn der Mitarbeiter zuvor ein Arbeitszeitguthaben erworben hat, das mindestens der Dauer dieser Sabbatical-Zeit entspricht.

(3) Steht zu Beginn der Sabbatical-Zeit kein ausreichendes Guthaben zur Abdeckung der Sabbatical Zeit zur Verfügung, ohne dass ein Fall des § 5 dieses Änderungsvertrages vorliegt, endet die Sabbatical-Zeit entsprechend dem verfügbaren Guthaben früher als in vorstehendem Absatz (2) vorgesehen.

(4) Nach dem Ende der Sabbatical-Zeit wird das Arbeitsverhältnis wieder als Vollzeitarbeitsverhältnis gemäß dem Arbeitsvertrag vom ...... fortgeführt. Endet die Sabbatical-Zeit vor dem in vorstehendem Absatz (2) verabredeten Zeitpunkt aufgrund einer Verkürzung nach vorstehendem Absatz (3) oder aufgrund eines Falles des § 5 Abs. (3) dieses Änderungsvertrages, unterrichtet die Gesellschaft den Mitarbeiter mindestens zwei Wochen im Vorhinein schriftlich über den Termin der vorzeitigen Beendigung der Sabbatical-Zeit.[3]

(5) Die Vertragsparteien können jederzeit einvernehmlich diesen Änderungsvertrag sowie den Arbeitsvertrag vom ...... ändern, auch die Dauer des Teilzeitarbeitsverhältnisses sowie der Sabbatical-Zeit.

§ 2 Arbeitszeit und Verteilung

(1) Die regelmäßige individuelle Arbeitszeit des Mitarbeiters beträgt ab dem Änderungsdatum statt 40 Stunden pro Woche nur noch 30 Stunden pro Woche.[4]

(2) Bis zum Beginn der Sabbatical-Zeit soll die Gesellschaft dem Mitarbeiter die Gelegenheit geben, im Durchschnitt wöchentlich zehn Überstunden zu leisten, soweit keine betrieblichen Belange entgegenstehen.

(3) Während der Sabbatical-Zeit ist der Mitarbeiter nicht zur Arbeitsleistung verpflichtet.

§ 3 Vergütung[5]

Der Mitarbeiter erhält ab dem Änderungsdatum bis zum Ende der Sabbatical-Zeit eine entsprechend der gemäß § 2 Abs. (1) verringerten Arbeitszeit herabgesetzte, monatlich gleichbleibende Vergütung. Diese beträgt . . . . . . EUR brutto (in Worten: . . . . . . Euro) monatlich.

§ 4 Aufbau und Gutschrift von Zeitguthaben (Arbeitszeitkonto)[6]

Bis zum Beginn der Sabbatical-Zeit baut der Mitarbeiter durch Überschreitung der regelmäßigen individuellen Arbeitszeit gemäß § 2 Abs. (1) ein Zeitguthaben auf. Dieses Zeitguthaben wird anhand der Vergütung pro Stunde (. . . . . . EUR brutto, einschließlich des Arbeitgeberanteils am Gesamtsozialversicherungsbeitrag) in einen Geldwert umgerechnet und dem Mitarbeiter auf einem gesondert geführten Konto gutgeschrieben („Arbeitszeitkonto").

§ 5 Berücksichtigung von Krankheitszeiten[7]

(1) Im Falle krankheitsbedingter Arbeitsunfähigkeit leistet die Gesellschaft Entgeltfortzahlung nach den gesetzlichen Bestimmungen. Bemessungsgrundlage für die Entgeltfortzahlung ist die Vergütung nach § 3.

(2) Während des gesetzlichen Entgeltfortzahlungszeitraums wird dem Mitarbeiter Arbeitszeit gutgeschrieben, als wäre die Arbeitsunfähigkeit nicht eingetreten. Arbeitsunfähigkeitszeiten nach Ablauf des gesetzlichen Entgeltfortzahlungszeitraums wirken sich auf das Arbeitszeitkonto weder positiv noch negativ aus. Letzteres gilt entsprechend während der Sabbatical-Zeit.

(3) Ist zu Beginn der Sabbatical-Zeit wegen Arbeitsunfähigkeit kein ausreichendes Guthaben zur Abdeckung der Sabbatical-Zeit aufgebaut oder ist bereits vorher absehbar, dass das aufgebaute Guthaben nicht ausreichen wird, kann die Sabbatical-Zeit nach Wahl des Mitarbeiters verkürzt (§ 1 Abs. (3)) oder auf einen späteren Termin verschoben werden. Entscheidet sich der Mitarbeiter für eine Verschiebung, hat er dies der Gesellschaft unverzüglich, spätestens drei Monate vor dem ursprünglich vorgesehenen Beginn der Sabbatical-Zeit schriftlich mitzuteilen. Unterbleibt die frist- und formgemäße Mitteilung nach dem vorstehenden Satz, kommt die Verschiebung der Sabbatical-Zeit nur noch im Einvernehmen der Vertragsparteien zustande.

§ 6 Sabbatical, Abbau des Guthabens, Nebenbeschäftigung[8]

(1) Soweit in diesem Änderungsvertrag nicht anders vereinbart, ruhen während der Sabbatical-Zeit alle Rechte und Pflichten aus dem Arbeitsverhältnis.

(2) Während der Sabbatical-Zeit wird die Vergütung des Mitarbeiters aus dem Arbeitszeitkonto gezahlt. Der Mitarbeiter hat keine Vergütungsansprüche, die das auf dem Arbeitszeitkonto befindliche Guthaben übersteigen.

(3) Der Mitarbeiter ist berechtigt, während der Sabbatical-Zeit einer weiteren entgeltlichen oder unentgeltlichen Beschäftigung nachzugehen. Der Mitarbeiter wird der Gesellschaft die Aufnahme einer Beschäftigung mindestens zwei Wochen vor Beginn anzeigen. Die Gesellschaft kann die Aufnahme einer Beschäftigung untersagen, wenn der Mitarbeiter dadurch in Konkurrenz zur Gesellschaft tritt oder sonstige dringende Interessen der Gesellschaft verletzt werden können.

§ 7 Urlaub[9]

Der Urlaubsanspruch wird durch die Herabsetzung der Arbeitszeit nicht berührt. Der Urlaub ist vor Beginn der Sabbatical-Zeit zu nehmen.

§ 8 Beendigung des Arbeitsverhältnisses und Abrechnung[10]

(1) Endet das Arbeitsverhältnis vor Beginn der Sabbatical-Zeit aufgrund der Kündigung einer Vertragspartei, ist die Gesellschaft berechtigt, den Mitarbeiter während der Kündigungsfrist von der Arbeitsleistung freizustellen, wenn hierfür ein sachlicher Grund (z.B. Konkurrenztätigkeit, Geheimnisverrat, sonstige Beeinträchtigung der Vertrauensgrundlage) vorliegt. Während der Zeit der Freistellung behält der Mitarbeiter seinen Anspruch auf die vertragliche Vergütung; er muss sich jedoch den Wert desjenigen anrechnen lassen, was er infolge des Unterbleibens der Arbeitsleistung erspart oder durch anderweitige Verwendung seiner Dienste erwirbt oder zu erwerben böswillig unterlässt. Im Fall einer unwiderruflichen Freistellung wird die Freistellungszeit auf etwaige Urlaubs- und sonstige Freizeitausgleichsansprüche sowie insbesondere auf das Guthaben des Arbeitszeitkontos angerechnet. Ein bei Beendigung des Arbeitsverhältnisses etwa noch vorhandenes Guthaben wird mit der letzten Vergütung zur Auszahlung gebracht.

(2) Im Falle der Beendigung des Arbeitsverhältnisses nach Beginn, aber vor Ablauf der Sabbatical-Zeit ist das Guthaben auf dem Arbeitszeitkonto mit der letzten Vergütung zur Auszahlung zu bringen.

§ 9 Verwaltung des Arbeitszeitkontos, Übertragbarkeit[11]

(1) Das Arbeitszeitkonto wird von der Gesellschaft auf eigene Kosten verwaltet. Es wird gesondert für den Mitarbeiter geführt.

(2) Das Guthaben auf dem Arbeitszeitkonto wird mit . . . . . . Prozent pro Jahr verzinst.

(3) Der Mitarbeiter kann das Zinsguthaben entweder für eine Verlängerung der Sabbatical-Zeit verwenden oder sich am Ende der Sabbatical-Zeit auszahlen lassen.

(4) Der Mitarbeiter ist nur nach schriftlicher Einwilligung der Gesellschaft berechtigt, das Guthaben auf dem Arbeitszeitkonto auf einen anderen Mitarbeiter zu übertragen, soweit es nicht durch die Sabbatical-Zeit aufgebraucht ist. Eine Übertragung auf andere Personen ist ausgeschlossen.

(5) Das Guthaben auf dem Arbeitszeitkonto ist vererblich. Im Erbfall wird das Guthaben an die Erben in Geld ausgezahlt.

(6) Sonstige gesetzliche Ansprüche bleiben hiervon unberührt.

§ 10 Insolvenzsicherung[12]

(1) Die Gesellschaft legt das Guthaben des Mitarbeiters in einem Fonds bei einer inländischen Bank an, der ausschließlich deutsche festverzinsliche Wertpapiere hält. Zinserträge, die über den in § 9 Abs. (2) genannten Satz hinausgehen, stehen der Gesellschaft und dem Mitarbeiter je zur Hälfte zu.

(2) Die Gesellschaft verpfändet ihre Anteile an dem Fonds unwiderruflich an den Mitarbeiter. Der Mitarbeiter nimmt hiermit das Pfandrecht an. Die Gesellschaft zeigt dem Fonds unverzüglich die Verpfändung an und weist dem Mitarbeiter die Verpfändungsanzeige nach.

(3) Die Gesellschaft überlässt dem Mitarbeiter Fotokopien oder elektronische Reproduktionen der Depotauszüge.

§ 11 Schlussbestimmungen

(1) Soweit in diesem Änderungsvertrag nicht abweichend geregelt, gilt im Übrigen der Arbeitsvertrag vom . . . . . . fort.

(2) Mündliche Nebenabreden zu dieser Vertragsänderung bestehen nicht. Änderungen oder Ergänzungen dieser Vertragsänderung einschließlich dieser Bestimmung bedürfen zu ihrer Wirksamkeit der Schriftform, es sei denn, diese wurden nachweislich zwischen den Vertragsparteien ausgehandelt. Das Schriftformerfordernis bezieht sich auch auf etwaige Ansprüche aus betrieblicher Übung.[13]

(3) Sollten Bestimmungen dieses Vertrages ganz oder teilweise unwirksam sein oder werden, so wird hiervon die Wirksamkeit der übrigen Bestimmungen dieses Vertrages nicht berührt. An die Stelle der unwirksamen Bestimmung tritt die gesetzlich zulässige Bestimmung, die dem mit der unwirksamen Bestimmung Gewollten wirtschaftlich am nächsten kommt. Dasselbe gilt für den Fall einer vertraglichen Lücke.[14]

. . . . . .	. . . . . .
Ort, Datum	Ort, Datum
. . . . . .	. . . . . .
Unterschrift der Gesellschaft	Unterschrift des Mitarbeiters

Anmerkungen

1. Sabbatical. Unter Sabbatical versteht man eine über die übliche Urlaubsdauer hinausgehende Unterbrechung der Arbeitsleistung. Diese arbeitsfreien Zeiten lassen sich auf zwei Wegen erreichen. Der Arbeitsvertrag kann einvernehmlich beendet und dem Arbeitnehmer eine **Wiedereinstellungszusage** gemacht werden. Das hat den Nachteil, dass während der Freizeit kein **sozialversicherungsrechtliches Beschäftigungsverhältnis** vorliegt und also insbesondere die Krankenversicherung privat sichergestellt werden muss. Aus diesem Grund hat sich das Modell der (Lang-)**Zeitkonten** durchgesetzt. Der Arbeitnehmer baut zunächst durch Überstunden bzw. indirekt durch einen Gehaltsverzicht ein Zeitkonto auf. Das Zeitguthaben wird dann während der Freistellungsphase (Sabbatical) abgebaut. Auch die Zeit der Freistellung gilt nach § 7 Abs. 1a SGB IV als **sozialversicherungspflichtige Beschäftigung** gegen Entgelt. Nach der seit dem 1.1.2009 (Flexi-II-Gesetz) gültigen gesetzlichen Regelung gelten hierfür **folgende Voraussetzungen:** (i) Gemäß § 7 Abs. 1a SGB IV muss in der Freistellungsphase Arbeitsentgelt aus einem **Wertguthaben** i.S.d. § 7b SGB IV fällig sein und (ii) die Entgelte in der Arbeitsphase und in der Freistellungsphase dürfen nicht unangemessen voneinander abweichen. Ein Wertguthaben i.S.v. § 7b SGB IV setzt eine schriftliche Vereinbarung voraus, die nicht das Ziel der Flexibilisierung der werktäglichen oder wöchentlichen Arbeitszeit oder des Ausgleichs von Produktionszyklen hat, sondern vielmehr dazu dient, ein Arbeitszeitkonto aufzubauen, das entweder der Freistellung des Arbeitnehmers oder der Verringerung der Arbeitszeit dient. Um dieses verfolgte Ziel zu verdeutlichen, wird in der Präambel klargestellt, dass die Sabbatical-Vereinbarung auf eigenen Wunsch des Arbeitnehmers geschlossen wird (vgl. *Böhm* ArbRB 2010, 289, 290 f.). Das aus dem Wertguthaben fällige Arbeitsentgelt muss dabei durch Arbeitsleistung erzielt werden bzw. worden sein und es muss 450 EUR monatlich übersteigen, es sei denn die Tätigkeit wurde vor der Freistellung als geringfügig Beschäftigter ausgeübt (vgl. § 7b SGB IV).

Kritisiert wurde an der Regelung vor allem, dass sie noch immer keine genaue Definition des Wertguthabens bietet und es daher unklar ist, ob der Arbeitgeberanteil am **Gesamtsozialversicherungsbeitrag** Teil dieses Wertguthabens ist. Daneben verwendet der Gesetzgeber den Begriff des Wertguthabens in § 7d SGB IV scheinbar in unterschiedlichen Bedeutungen (vgl. umfassend *Ars/Blümke/Scheithauer* BB 2009, 1358; *Uckermann* BB 2008, 1898). Dennoch sollte zur Sicherheit davon ausgegangen werden, dass der Arbeitgeberanteil erfasst wird (vgl. Gemeinsames Rundschreiben der Spitzenverbände der Sozialversicherungsträger zur sozialrechtlichen Absicherung flexibler Arbeitszeitregelungen vom 31.3.2009). Dieser sollte auf Basis der jeweils aktuellen Beitragssätze berechnet werden, denn eine statische Festschreibung des Arbeitgeberanteils setzt § 7d SGB IV nicht voraus (*Ars/Blümke/Scheithauer* BB 2009, 1358; KassKomm/*Seewald* § 7d SGB IV Rn. 4 f.). Zudem begegnet eine statische Festschreibung verfassungsrechtlichen Bedenken (vgl. ErfKomm/*Rolfs* § 7d SGB IV Rn. 1). Wie bei jedem Änderungsvertrag kommt es natürlich ganz entscheidend auf die **bisherigen Bedingungen des Arbeitsverhältnisses** an. Dieses Formular geht z. B. davon aus, dass der Arbeitnehmer keinen (unabdingbaren) Anspruch auf Überstundenzuschläge oder sonstige Vergütungsbestandteile besitzt, die ansonsten noch zu berücksichtigen wären. Mehr noch als bei anderen Änderungsverträgen kommt es bei einem „Sabbatical-Änderungsvertrag" darauf an, alle einzelnen Bestimmungen (insbesondere Arbeitsvertrag, Betriebsvereinbarung und Tarifverträge) zu prüfen, die für das Arbeitsverhältnis gelten mögen.

2. Teilzeitarbeitsverhältnis. Nach dem Formular wird zunächst ein Teilzeitarbeitsverhältnis vereinbart. Sabbatical-Vereinbarungen sind häufig nur im Rahmen eines Teilzeitarbeitsverhältnisses sinnvoll. § 3 ArbZG schreibt eine tägliche Arbeitszeit von regelmäßig nicht mehr als acht Stunden vor. Eine Verlängerung auf bis zu zehn Stunden ist nur möglich, wenn in einem Ausgleichszeitraum von sechs Kalendermonaten oder 24 Wochen die durchschnittliche Arbeitszeit von acht Stunden nicht überschritten wird. Damit sind zwar extreme, aber kaum praktikable Arbeitszyklen möglich (→ Form. A. XI. 6 Anm. 2). Der Aufbau größerer Zeitguthaben über einen längeren Zeitraum ist so allerdings nicht möglich. Die Verlängerung des Ausgleichszeitraums als Ausweg kommt ebenfalls nicht immer in Betracht. Nach § 7 Abs. 1 Nr. 1b ArbZG ist die Verlängerung des Ausgleichszeitraums nur durch oder aufgrund eines Tarifvertrages möglich. Als Ausweg kommt daher die Reduzierung der vertraglichen Arbeitszeit in Betracht. Mit der Leistung von Überstunden, aus denen sich das Zeitguthaben zusammensetzt, überschreitet der Arbeitnehmer nicht die Grenzen des § 3 ArbZG, so dass auch der sechsmonatige Ausgleichszeitraum nicht eingehalten werden muss. Im Formular ist beispielhaft eine Reduzierung der vertraglich geschuldeten Arbeitszeit um ein Viertel vorgesehen. Bei Beibehaltung der vollen Arbeitszeit während der Arbeitsphase wird also ein Zeitguthaben für eine dreimonatige Sabbatical-Zeit nach zwölf Monaten erreicht, wenn der Arbeitnehmer ausreichend Arbeitszeitguthaben aufbaut (vgl. hierzu vorsorglich § 1 Abs. (2) des Formulars). Wenn es dabei Schwierigkeiten gibt (z. B. durch über sechs Wochen dauernde Arbeitsunfähigkeit vor Beginn der Sabbatical-Zeit), verkürzt sich die Sabbatical-Zeit und das Verhältnis von 1 zu 3 ändert sich.

3. Befristetes Arbeitsverhältnis. Das Formular geht von einer Situation aus, in der ein Arbeitnehmer in einem überschaubaren Zeitraum ein Zeitguthaben aufbauen und dieses auch in einem überschaubaren Zeitraum wieder auflösen möchte, etwa anlässlich einer längeren Reise. Die Sabbatical-Vereinbarung ist deshalb als befristete Vereinbarung ausgestaltet. Die Befristung beruht dabei regelmäßig auf einem Wunsch des Arbeitnehmers und ist damit nach § 14 Abs. 1 S. 2 Nr. 6 TzBfG gerechtfertigt. Grundsätzlich ist auch eine unbefristete Sabbatical-Vereinbarung möglich. Die Freistellungsphase kann dann entweder innerhalb des laufenden Arbeitsverhältnisses oder am Ende („Vorruhestand") liegen. Soll die Freistellung auch während des laufenden Arbeitsverhältnisses möglich sein, sind in den Vertrag Regelungen über Ankündigungsfristen, Mindest- und Höchstdauer der Freistellung sowie Voraussetzungen einer vorzeitigen Beendigung der Freistellungsphase durch den Arbeitgeber in Notfällen aufzunehmen. Zwecks Kalkulierbarkeit (insbesondere Ersatzbesetzung des zeitweise vakanten Arbeitsplatzes) wird dem Arbeitgeber regelmäßig an klaren Verhältnissen, insbesondere also an einer klar fixierten Dauer der Sabbatical-Zeit gelegen sein. Auch für den Fall eines unzureichenden Zeitguthabens muss eine eindeutige Regel bestehen. Das Formular sieht in den denkbaren Fällen (vgl. §§ 1 Abs. (4), 5 Abs. (3)) grundsätzlich die vorzeitige Beendigung der Sabbatical-Zeit vor; absichtlich ist die Banalität festgehalten, dass die Arbeitsvertragsparteien sich über Abweichungen verständigen können (§ 1 Abs. (5)) und nicht etwa der Arbeitnehmer dies einseitig bestimmt. Nach §§ 21, 15 Abs. 2 TzBfG endet das befristete Teilzeitarbeitsverhältnis erst zwei Wochen nach der schriftlichen Mitteilung des Arbeitgebers über die verkürzte Laufzeit der Sabbatical-Zeit, weil es sich beim vorzeitigen Ablauf des Sabbatical-Modells aufgrund unzureichenden Zeitguthabens in Wirklichkeit um eine **auflösende Bedingung** handelt. Im Formular (§ 1 Abs. (4)) wird diese Regelung, die auch ohne vertragliche Wiedergabe gelten würde, wiederholt, um Fehler auf Arbeitgeberseite zu vermeiden.

4. Arbeitszeit. Nach dem Formular wird zunächst die regelmäßige Arbeitszeit auf eine **Teilzeitbeschäftigung** reduziert. Im Anschluss ist die Verteilung der Arbeitszeit auf die Arbeitsphase und die Freistellungsphase zu regeln. Durch die Überschreitung der (reduzierten) vertraglichen Arbeitszeit während der Arbeitsphase entsteht ein Zeitguthaben, das für ein Zeitkonto zur Verfügung steht.

Zur **betrieblichen Realität der befristeten Arbeitszeitverringerung:** Im Formularbeispiel soll sich faktisch die meiste Zeit nichts ändern. Obwohl die Arbeitszeit des Arbeitnehmers „auf dem Papier" herabgesetzt wird und während der Laufzeit des Änderungsvertrages durchgehend auf dem herabgesetzten Niveau bleibt, ändert sich in den ersten 75 Prozent der Laufzeit des Änderungsvertrages praktisch nichts gegenüber den zuvor geltenden Arbeitsbedingungen, weil der Arbeitnehmer die herabgesetzte Arbeitszeit durch Überstunden in gleicher Höhe kompensiert. Erst im letzten Viertel der Laufzeit des Änderungsvertrages nimmt der Arbeitnehmer das verabredete Sabbatical und kommt gar nicht zur Arbeit. Der Arbeitgeber sollte jedenfalls eine **Überstundengarantie** vermeiden (vgl. § 2 Abs. (2) des Formulars), zumal die Flexibilität dem Arbeitnehmer im Hinblick auf das Sabbatical nutzt; er sollte also auch das Risiko tragen, dass es einmal nicht genug Arbeit (und für ihn Überstunden) gibt.

5. Vergütung. Anders als die Arbeitszeit läuft die Vergütung praktisch und vertraglich gleich: Sie beträgt während der gesamten Laufzeit des Änderungsvertrages 75 Prozent der vorherigen Vergütung. Die Vergütung wird zunächst entsprechend der Verringerung der Arbeitszeit gekürzt, aber während der gesamten Laufzeit des Vertrages gleichmäßig ausgezahlt. Damit ist sichergestellt, dass der Arbeitnehmer auch während der Freistellungsphase ein gleichmäßiges Einkommen hat. Vergütungsbestandteile, die zeitabhängig gezahlt werden, wie etwa Funktionszulagen, sind ebenfalls anteilig zu kürzen (BAG NZA 1997, 324; BAG AP TzBfG § 4 Nr. 20). Das gilt entsprechend für Sonderzuwendungen wie 13. Gehalt, Weihnachts- und Urlaubsgeld sowie Gratifikationen. Diese Sonderzuwendungen stehen Teilzeitbeschäftigten anteilig zu (BAG NZA 2001, 216). Problematisch sind Sachbezüge, die unteilbar sind wie etwa die private Nutzung eines Dienstwagens („halbierter Dienstwagen"). Es sollte im Vertrag geregelt werden, dass solche Sachbezüge ausschließlich in der Arbeitsphase gewährt werden, nicht aber während der Freistellungsphase (→ Form. A. XV. 3 Anm. 5).

Die im Gegenzug zur Herabsetzung der Arbeitszeit zu vereinbarende Gehaltsherabsetzung muss sich für den Arbeitnehmer – zumindest netto – nicht einmal „1 : 1" auswirken, da die Einkommenssteuerprogression in aller Regel zu einer überverhältnismäßigen **Absenkung der Lohnsteuer** führen wird. Zudem kann sich die Gehaltsherabsetzung für den Arbeitnehmer im Hinblick auf **staatliche Subventionen** (z.B. BAföG) positiv auswirken; nicht selten spielen solche Motive in der Praxis eine wichtige Rolle. Dagegen ist bei Sabbaticals, die in aller Regel auf Wunsch des Arbeitnehmers vereinbart werden, kein Raum für die Vereinbarung, dass die ursprüngliche Gehaltshöhe nachträglich im Hinblick auf das Arbeitslosengeld wieder hergestellt wird, weil jedenfalls seit dem 1.1.2005 eine entgegenstehende gesetzliche Regelung besteht (vgl. § 151 Abs. 3 Nr. 2 SGB III, vgl. zu einer ähnlichen Problematik → Form. A. XIII. 1).

Schwierigkeiten können sich ergeben, wenn parallel zu einem Zeitwertkontenmodell eine arbeitgeberfinanzierte betriebliche Altersversorgung besteht. Arbeitgebern ist insofern zu raten, beide Systeme aufeinander abzustimmen. Klarstellung bedarf die Frage, ob der Arbeitgeberbeitrag sich nach dem Grundgehalt des Arbeitnehmers aus der Zeit vor oder nach der Einbringung in das Zeitwertkontenmodell bemisst. Außerdem sollte geklärt werden, ob betreffende Arbeitnehmer auch während der Freistellung einen Anspruch auf den Arbeitgeberbeitrag zugunsten betrieblicher Altersversorgung haben (*Ars/Blümke/Scheithauer* BB 2009, 1358).

Das aufgebaute Zeitguthaben kann grundsätzlich nur zu denjenigen Zwecken eingesetzt werden, die die Sabbatical-Vereinbarung vorsieht. Im Fall der Kurzarbeit kann ein Arbeitnehmer hingegen grundsätzlich erst dann einen Anspruch auf Kurzarbeitergeld geltend machen, wenn sein Arbeitszeitguthaben zuvor aufgelöst worden ist, was sich aus einem Umkehrschluss aus § 96 Abs. 4 S. 3 SGB III ergibt. Allerdings kann die Auflösung des Zeitguthabens nicht von ihm verlangt werden, wenn die Voraussetzungen von § 96 Abs. 4 S. 3 Nr. 1–5 SGB III vorliegen. § 96 Abs. 4 S. 3 Nr. 2 SGB III verweist insofern auf die in § 7c Abs. 1 SGB IV genannten Zwecke. Umstritten ist, ob Langzeitkonten durch diesen Verweis pauschal geschützt werden (so *Cisch/Ulbrich* BB 2009, 550) oder ob nur die in § 7c Abs. 1 SGB IV ausdrücklich genannten Freistellungszwecke vor dem Zugriff schützen (so *Ars/Blümke/Scheithauer* BB 2009, 1358). Gegen einen generellen Schutz von Arbeitszeitkonten wird insbesondere vorgebracht, dass nur solche Freistellungszwecke einer Auflösung entgegenstehen, die eine sachliche Nähe zum Beschäftigungsverhältnis aufweisen. Dies sei nur bei Verwendungsoptionen i.S.v. § 7c Abs. 1 SGB IV der Fall, denn andernfalls hätte der Gesetzgeber auf § 7b SGB IV verweisen können (*Ars/Blümke/Scheithauer* BB 2009, 1358).

6. Zeitguthaben. Durch die Fortsetzung der Vollzeitbeschäftigung trotz der an sich verringerten Arbeitszeit baut der Arbeitnehmer während der Arbeitsphase ein Zeitguthaben auf, das auf einem **Arbeitszeitkonto** festgehalten wird. Aufgrund des Flexi-II-Gesetzes muss das Arbeitszeitkonto inzwischen „in Geld", als sog. Arbeitsentgeltguthaben, geführt werden, bei welchem das Zeitguthaben in die jeweilige Vergütung umgerechnet und diese gutgeschrieben wird. Diese Pflicht zur Umrechnung kann einen nicht unerheblichen Verwaltungsaufwand mit sich bringen. Daher ist es auch zulässig die Führung der Wertguthaben von einem Dritten, z.B. einem Treuhänder, vornehmen zu lassen (*Maiß* ArbRAktuell 2010, 9). Das Arbeitszeitkonto kann der Arbeitnehmer auch dadurch auffüllen, dass er auf einen Teil seiner laufenden Bezüge oder auf die Auszahlung von Zusatzleistungen vollständig verzichtet (vgl. *Böhm* ArbRB 2010, 289). Wertguthaben, die bereits vor dem 1.1.2009 bestanden, können nach der Übergangsregelung in § 116 SGB IV als Arbeitszeitguthaben fortgeführt werden. Zu beachten ist allerdings, dass bis dato aufgrund der mehrdeutigen Aussage des § 116 SGB IV unklar ist, inwieweit neu vereinbarte Wertguthaben aufgrund bestehender Vereinbarungen als Arbeitszeitguthaben geführt werden können bzw. was unter Neuverträgen aufgrund bestehender Vereinbarungen zu verstehen ist (vgl. *Uckermann* BB 2008, 1898). Daher sollten im Zweifel sämtliche Wertguthaben ab dem 1.1.2009 als Arbeitsentgeltguthaben geführt werden (vgl. zu Wertkonten → Form. C. II. 7).

Wünschenswert und in der ersten Auflage noch so vorgesehen wäre die Nichtberücksichtigung von Überstunden, die über die ursprüngliche Arbeitszeit hinausgehen (z.B.: „Arbeitszeiten über 40 Stunden pro Woche sind mit der Vergütung gemäß § 3 abgegolten und werden dem Arbeitszeitkonto nicht gutgeschrieben"), um jeden falschen Anreiz für **unproduktive Überstunden** zu vermeiden. Nach der neuen BAG-Rechtsprechung, nach der Überstunden nur noch bis zu einer klar bestimmten und angemessenen Grenze (z.B. 10 Prozent der vereinbarten Arbeitszeit) mit dem Grundgehalt abgegolten sein dürfen (vgl. dazu ausführlich → Form. A. II. 1 Anm. 4), sind solche vertraglichen Begrenzungen – soweit noch zulässig – schlicht zu unpraktisch. Unproduktiven Überstunden muss der Arbeitgeber durch aufmerksame Vorgesetzte entgegenwirken.

7. Arbeitsunfähigkeitszeiten. Die Vereinbarung einer Teilzeitbeschäftigung zur Erarbeitung eines Sabbatical-Guthabens ändert nichts an den zwingenden Regelungen zur Entgeltfortzahlung im Fall der Arbeitsunfähigkeit während der Arbeitsphase. Zwar sind nach § 4 Abs. 4 EFZG tarifvertragliche Regelungen möglich, die in Zeiten der Arbeitsunfähigkeit den Aufbau von Freizeitguthaben ausschließen (BAG NZA 1994, 178). In Individualverträgen ist eine solche Abweichung von § 4 EFZG nicht zulässig. Während der Arbeitsphase ist daher Entgeltfortzahlung nach den gesetzlichen Regelungen zu zahlen. Während einer langfristigen Arbeitsunfähigkeit ist der Arbeitgeber nicht zur Entgeltfortzahlung verpflichtet. Infolgedessen wird in dieser Zeit auch kein Zeitguthaben aufgebaut. Diesbezüglich gilt Entsprechendes in der Freistellungsphase (vgl. § 5 Abs. (2) a.E. des Formulars). Während einer kurzfristigen Erkrankung bis zu sechs Wochen gilt § 3 EFZG. Danach ist der Arbeitgeber nicht zur Fortzahlung verpflichtet. Entsprechend wird auch das Zeitguthaben des Arbeitnehmers nicht angegriffen. Bei Langzeiterkrankungen während der Arbeitsphase kann der Fall auftreten, dass zum vorgesehenen Beginn der Freistellungsphase noch kein ausreichendes Guthaben aufgebaut ist. Dann muss sich entweder die Freistellungsphase verkürzen oder ihr Beginn muss so weit verschoben werden, bis der Arbeitnehmer ein ausreichendes Guthaben aufgebaut hat. Für den Arbeitgeber entsteht ein Dilemma: Einerseits wird er dem unglücklichen Arbeitnehmer entgegenkommen wollen, andererseits muss er selbst planen können. Da die Verschiebung für den Arbeitgeber weniger einschneidend als die Verkürzung sein dürfte, löst das Formular (§ 5 Abs. (3)) den Konflikt durch eine Dreimonatsfrist, die im Hinblick auf die ähnliche Problematik und die ähnliche Regelung beim allgemeinen Teilzeitanspruch (§ 8 Abs. 2 S. 1 TzBfG) vertretbar erscheint.

Während der Freistellungsphase fehlen hingegen gesetzliche Regelungen für den Fall, dass der Arbeitnehmer erkrankt. § 3 EFZG findet keine Anwendung, da der Arbeitnehmer in diesem Zeitraum ohnehin nicht zur Arbeit verpflichtet ist. Krankengeldansprüche des Arbeitnehmers bei längerfristiger Arbeitsunfähigkeit ruhen gemäß § 49 Abs. 1 Nr. 6 SGB V (vgl. *Ars/Blümke/Scheithauer* BB 2009, 1358). Auch § 9 BUrlG ist nicht anwendbar, da der Arbeitgeber die Freistellung nicht wie Erholungsurlaub schuldet (vgl. *Böhm* ArbRB 2010, 289). Vertragliche Regelungen sind in der Praxis daher häufig (vgl. *Ars/Blümke/Scheithauer* BB 2009, 1358). Beispielsweise kann eine Vereinbarung die entsprechende Anwendung von § 9 BUrlG vorsehen, so dass Tage, an denen der Arbeitnehmer arbeitsunfähig krank ist, auf die Freistellung nicht angerechnet werden (vgl. *Seel* DB 2009, 2210). Dieses Formular sieht derartige Regelungen jedoch nicht vor: Wenn der Arbeitnehmer während des Sabbaticals erkrankt, sind die finanziellen Konsequenzen seine eigene Angelegenheit; die Vergütung vom Arbeitgeber bezieht er weiter.

8. Freistellungsphase. Während der Sabbatical-Zeit wird das während der Arbeitsphase aufgebaute Wertguthaben durch die Fortzahlung der Vergütung abgebaut. Die Regelungen zur Nebenbeschäftigung entsprechen den auch ansonsten während des laufenden Arbeitsverhältnisses geltenden Regelungen (ErfKomm/*Preis* § 611 BGB Rn. 724 ff.).

9. Urlaub. Die Dauer des Urlaubsanspruches hängt von der Verteilung der Arbeitszeit auf die Wochentage ab. Bei einer gleichmäßigen Verteilung der Arbeitszeit ergeben sich keine Besonderheiten (→ Form. A. XI. 5 Anm. 7). Der Urlaub ist während der Arbeitsphase zu nehmen, da Urlaubsgewährung Arbeitspflicht voraussetzt.

10. Beendigung des Arbeitsverhältnisses. Für die Gründe, aus denen das Arbeitsverhältnis während der Laufzeit der Sabbatical-Vereinbarung beendet werden kann, gelten keine vom sonstigen Arbeitsrecht abweichenden Regeln. Insbesondere kann das Arbeitsverhältnis sowohl während der Arbeitsphase als auch während der Sabbatical-Zeit betriebsbedingt gekündigt werden. Zwar hat das BAG eine betriebsbedingte Kündigung eines Arbeitnehmers in Altersteilzeit während der Freistellungsphase ausgeschlossen (BAG NZA 2003, 789; BAG NZA 2006, 270). Das zentrale Argument, dass es in diesem Fall mangels Beschäftigungspflicht nicht auf den Wegfall des Arbeitsplatzes ankommen könne, gilt nicht für Sabbatical-Zeiten während eines laufenden Arbeitsverhältnisses. Nach Ablauf der Sabbatical-Zeit muss der Arbeitnehmer weiterbeschäftigt werden, also kann bei Wegfall des Arbeitsplatzes auch ein dringendes betriebliches Bedürfnis für eine Kündigung bestehen. Die Sabbatical-Zeit hat allerdings Auswirkungen auf den richtigen Beendigungszeitpunkt. Die Kündigung ist erst zum Ende der Sabbatical-Zeit zulässig, weil sich erst dann der Wegfall des Arbeitsplatzes auf das Arbeitsverhältnis auswirkt. Eine während des Sabbaticals bestehende Kündigungsbeschränkung lässt sich zudem nicht aus einer analogen Anwendung des § 18 BEEG herleiten. Nach dieser Regelung darf der Arbeitgeber das Arbeitsverhältnis ab dem Zeitpunkt, von dem an Elternzeit verlangt worden ist, höchstens jedoch acht Wochen vor Beginn der Elternzeit, und während der Elternzeit grundsätzlich nicht kündigen. Auf den ersten Blick könnte hier eine Parallele zum Sabbatical gesehen werden, da auch während der Elternzeit die Hauptpflichten aus dem Arbeitsverhältnis ruhen. Das mit § 18 BEEG verfolgte Motiv, die Familie sowie die Eltern-Kind-Beziehung zu schützen, fehlt bei dem Sabbatical jedoch, so dass es an einer für eine Analogie erforderlichen vergleichbaren Interessenlage fehlt. Aus Arbeitgebersicht ist es auch nicht empfehlenswert, solche Kündigungsbeschränkungen zu vereinbaren.

11. Verwaltung des Arbeitszeitkontos, Übertragbarkeit. Das Zeitkonto wird vom Arbeitgeber verwaltet. Gemäß § 7d Abs. 2 SGB IV hat der Arbeitgeber den Arbeitnehmer mindestens einmal im Jahr über den aktuellen Wert seines Zeitkontos zu unterrichten. Auf dem Zeitkonto ist seit dem 1.1.2009 gemäß § 7d Abs. 1 SGB IV das Arbeitsentgeltguthaben auszuweisen (→ Anm. 6).

Wird das Wertguthaben also als Arbeitsentgeltguthaben geführt, ist bei der externen Anlage des Wertguthabens darauf zu achten, dass nach § 7d Abs. 3 SGB IV die Vermögensanlagevorschriften für die Sozialversicherungsträger gemäß §§ 80 ff. SGB IV entsprechend anzuwenden sind, wobei in Abweichung zu den Anlagevorschriften lediglich eine auf 20 Prozent begrenzte Anlage in Aktien und Aktienfonds zulässig ist (etwas anderes gilt nur bei Regelung durch oder aufgrund Tarifvertrags oder bei Lebensarbeitszeitkonten). Das erzielte Zinsguthaben kann entweder zur Verlängerung der Sabbatical-Zeit verwendet oder an den Arbeitnehmer ausgezahlt werden. Das Wertguthaben stellt eine Forderung des Arbeitnehmers gegen den Arbeitgeber dar, die grundsätzlich nach den §§ 398 ff. BGB abgetreten werden kann. Inwieweit die Abtretung eingeschränkt oder ganz ausgeschlossen wird, ist eine Frage der Praktikabilität. In einer individuellen Sabbatical-Vereinbarung mit einem einzelnen Arbeitnehmer wird der Arbeitgeber eher ein Interesse daran haben, die Abtretbarkeit auszuschließen. Werden Sabbatical-Vereinbarungen mit einer Vielzahl von Arbeitnehmern, etwa auch aufgrund einer kollektiven Regelung, getroffen und sind diese Arbeitnehmer untereinander austauschbar, etwa in einem größeren Produktionsbetrieb, spricht nichts gegen eine Abtretbarkeit jedenfalls unter den Arbeitnehmern. Das Wertguthaben ist stets vererblich.

Nach Beendigung des Arbeitsverhältnisses kann ein Wertguthaben i.S.d. Flexi-II-Gesetzes auf schriftliches Verlangen des Mitarbeiters zum einen auf einen anderen Arbeitgeber übertragen werden, wenn dieser mit einer solchen Übertragung einverstanden ist und eine eigene Wertguthabenvereinbarung mit dem Mitarbeiter schließt (§ 7f Abs. 1 S. 1 Nr. 1 SGB IV). Zum anderen kann das Wertguthaben – ebenfalls auf schriftliches Verlangen des Arbeitnehmers gegenüber dem bisherigen Arbeitgeber hin – auch auf die Deutsche Rentenversicherung Bund übertragen werden. Dazu muss das Wertguthaben – einschließlich des darin enthaltenen Gesamtsozialversicherungsbeitrages – allerdings einen Betrag in Höhe des Sechsfachen der monatlichen Bezugsgröße übersteigen (für Einzelheiten → Form. C. II. 7 Anm. 15). Um zu verdeutlichen, dass sonstige gesetzliche Ansprüche, wie beispielsweise der Anspruch aus § 7f SGB IV, bestehen bleiben sollen, hat es sich in der Praxis bewährt, dies abschließend noch einmal klarzustellen. Einen solchen „Programmsatz" sieht das Formular in § 9 Abs. (6) vor.

12. Insolvenzsicherung. Nach § 7e SBG IV sind in einer Sabbatical-Vereinbarung Vorkehrungen zu vereinbaren, die im Falle der Insolvenz die Erfüllung der Wertguthaben einschließlich des Arbeitgeberanteils am Gesamtsozialversicherungsbeitrag sicherstellen. Voraussetzung für die Insolvenzsicherungspflicht ist inzwischen nur noch, dass das Wertguthaben einschließlich des Arbeitgeberanteils am Gesamtsozialversicherungsbeitrag die monatliche Bezugsgröße nach § 18 SGB IV überschreitet. Der Arbeitgeber hat den Arbeitnehmer alsbald über die Maßnahmen des Insolvenzschutzes schriftlich zu unterrichten, wobei Textform i.S.d. § 126b BGB genügt (ErfKomm/*Rolfs* § 7e SGB IV Rn. 8). Seit dem 1.1.2009 hat der Arbeitgeber nach schriftlicher Aufforderung des Arbeitnehmers zwei Monate Zeit, um geeignete Maßnahmen zu treffen bzw. nachzuweisen, ansonsten kann der Arbeitnehmer die Vereinbarung kündigen (§ 7e Abs. 5 SGB IV).

Insolvenzsicherungskonten für die Wertguthaben sind durch Dritte zu führen, die im Falle der Insolvenz des Arbeitgebers für die Erfüllung der Ansprüche aus dem Wertguthaben für den Arbeitgeber einstehen. Dabei darf keine Rückführungsmöglichkeit bestehen und die Insolvenzschutzvorkehrungen dürfen nicht vorzeitig gekündigt werden. Besonders zu beachten ist dabei, dass der Arbeitgeber gemäß § 7e Abs. 7 SGB IV für Schäden **haftet,** die aufgrund einer mangelnden Insolvenzsicherung entstehen; bei juristischen Personen haften die organschaftlichen Vertreter im Rahmen einer Gesamtschuldnerschaft mit dem Arbeitgeber unter Umständen **persönlich.**

Bilanzielle Rückstellungen sowie zwischen Konzernunternehmen begründete Einstandspflichten wie Bürgschaften oder Patronatserklärungen sind keine geeigneten Sicherungsmittel (§ 7e Abs. 3 SGB IV). Für geeignet hält der Gesetzgeber hingegen die Verpfändung von Wertpapieren, insbesondere Fonds, Rückdeckungsversicherungen und das sog. Modell der doppelten Treuhand (§ 7e Abs. 2 SGB IV). Im Formular vorgesehen ist die Verpfändung von Anteilen an einem Wertpapierfonds zugunsten des Arbeitnehmers. Die Verpfändung von Forderungsrechten ist wegen der nicht unkomplizierten Regelungen des BGB zum Pfandrecht an Rechten (Zustimmungserfordernis des Arbeitnehmers, Anzeige an den Schuldner, §§ 1273 ff. BGB) nur bei einer geringen Zahl von Arbeitnehmern ein geeignetes Modell. Wegen der mit der Verpfändung zusammenhängenden Probleme bei einer Vielzahl von Arbeitnehmern (Rangfolge bei zeitlich nachfolgenden Verpfändungen etc.) haben sich bei kollektiven Sachverhalten doppelseitige Treuhandmodelle, sog. Contractual Trust Arrangements (CTA), weitgehend als Insolvenzsicherungsmittel durchgesetzt (→ Form. F. I. 5 sowie ausführlich *Ars/Blümke/Scheithauer* BB 2009, 2252; *Klemm* NZA 2006, 946; *ders.* DStR 2005, 1291; *Küppers/Louven* BB 2004, 337).

13. Schriftformklausel. Aufgrund der aktuellen Rechtsprechung des BAG (vgl. BAG BB 2008, 2242) ist die Schriftformklausel in arbeitsrechtlichen Vereinbarungen derzeit im Fluss. Der Vorschlag einer Schriftformklausel im Formular entspricht der Schriftformklausel in → Form. A. II. 1 und wird dort ausführlich kommentiert (→ Form. A. II. 1 Anm. 28).

14. Salvatorische Klausel. Der hier im Formular unterbreitete Vorschlag einer salvatorischen Klausel ähnelt der salvatorischen Klausel in → Form. A. II. 1 und wird dort umfassend kommentiert (→ Form. A. II. 1 Anm. 29).

XII. Der Übergang eines Arbeitsverhältnisses

1. Mitarbeiterinformation gemäß § 613a Abs. 5 BGB

Betriebsübergang[1]

[Briefkopf des bisherigen Arbeitgebers oder neuen Inhabers]

Herrn . . . . . . (Name und Anschrift des Arbeitnehmers)

– gegen Empfangsbekenntnis

. . . . . . (Datum)

Sehr geehrter Herr . . . . . .,

wie wir Ihnen bereits mündlich mitgeteilt haben, soll der Betrieb der X-GmbH . . . . . . (Anschrift) am Standort M. im Wege einer Unternehmensteilveräußerung auf die Y-GmbH mit Sitz in . . . . . . (Ort des Sitzes) und der Anschrift . . . . . . (Anschrift), derzeit vertreten durch die Geschäftsführer . . . . . . (Namen der Geschäftsführer), eingetragen im Handelsregister des Amtsgerichts . . . . . . (Name des Amtsgerichts) unter der Nummer . . . . . . (Handelsregisternummer), übertragen werden. Die Übertragung führt zu einem Betriebsübergang nach § 613a BGB, über den wir Sie nachfolgend unter Berücksichtigung der gesetzlichen Vorschriften unterrichten.[2]

Der Betriebsübergang wird nach derzeitigem Planungsstand zum . . . . . . (Datum) erfolgen.[3] Ihm liegt ein Unternehmenskaufvertrag („Asset-Deal") zugrunde, auf dessen Grundlage die Y-GmbH sämtliche materiellen und immateriellen Wirtschaftsgüter der X-GmbH am Standort M. erwerben wird. Die Veräußerung beruht auf der unternehmerischen Entscheidung der X-GmbH, sich künftig auf ihr Kerngeschäft zu konzentrieren. Dazu zählt die Geschäftssparte . . . . . . (Bezeichnung) am Standort M. nicht.[4]

Betroffen von dem Betriebsübergang sind sämtliche Mitarbeiter der X-GmbH, die derzeit dem Betrieb in M. angehören. Die Y-GmbH tritt daher mit dem Vollzug des Betriebsübergangs kraft Gesetzes in Ihr Arbeitsverhältnis ein und führt das bestehende Arbeitsverhältnis gemäß § 613a BGB mit sämtlichen Rechten und Pflichten unter Anerkennung der vollen Betriebszugehörigkeit bei der X-GmbH fort. Die Ihnen von der X-GmbH erteilte Versorgungszusage wird ebenfalls von der Y-GmbH übernommen.[5]

Die X-GmbH haftet neben der Y-GmbH für die Verpflichtungen aus dem Arbeitsverhältnis, soweit sie vor dem Betriebsübergang entstanden sind und vor Ablauf von einem Jahr nach diesem Zeitpunkt fällig werden, als Gesamtschuldner. Werden solche Verpflichtungen nach dem Betriebsübergang fällig, so haftet die X-GmbH für sie jedoch nur in dem Umfang, der dem im Zeitpunkt des Übergangs abgelaufenen Teil ihres Bemessungszeitraums entspricht.[6]

Eine Kündigung des Arbeitsverhältnisses durch die X-GmbH oder die Y-GmbH wegen des Betriebsübergangs ist unwirksam. Das Recht zur Kündigung des Arbeitsverhältnisses aus anderen Gründen bleibt unberührt.[7]

Die Y-GmbH ist – ebenso wie die X-GmbH – Mitglied im Arbeitgeberverband der . . . . . . (Industriezweig) Industrie. Daher bleiben die für Ihr Arbeitsverhältnis maßgeblichen

Tarifverträge der ...... (Industriezweig) Industrie auch nach dem Betriebsübergang weiterhin anwendbar.[8]

Da die Y-GmbH die Betriebsorganisation am Standort M. übernehmen und fortführen wird, bleiben die bestehenden Betriebsvereinbarungen auch nach dem Betriebsübergang in Kraft. Der für den Standort gewählte Betriebsrat bleibt im Amt. Eine Neuwahl aufgrund des Betriebsübergangs ist nicht erforderlich.[9]

Die Y-GmbH wird nach dem Betriebsübergang voraussichtlich mehr als 500 Arbeitnehmer beschäftigen. Infolgedessen finden die Vorschriften des Drittelbeteiligungsgesetzes Anwendung. Danach ist die Errichtung eines Aufsichtsrats bei der Y-GmbH unter der Beteiligung von Arbeitnehmern vorgesehen.[10]

Nach dem derzeitigen Planungsstand werden die betriebliche Struktur und die betriebliche Organisation am Standort M. von dem Betriebsübergang nicht berührt. Die Y-GmbH beabsichtigt, das bestehende Geschäft unverändert weiterzuführen. Maßnahmen hinsichtlich der übergehenden Mitarbeiter sind derzeit nicht in Aussicht genommen.[11]

Wir bitten Sie, Ihre Tätigkeit, wie in der Vergangenheit auch, in bewährter Weise bei Ihrem neuen Arbeitgeber, nämlich der Y-GmbH, fortzusetzen. Entscheiden Sie sich für eine solche Fortsetzung, bitten wir Sie, Ihr Einverständnis auf dem beigefügten Doppel dieses Schreibens bis spätestens zum ...... (Datum) schriftlich gegenüber der X-GmbH oder der Y-GmbH zu erklären. Sollte uns bis zu diesem Zeitpunkt eine ausdrückliche Erklärung nicht vorliegen, gehen wir von Ihrem stillschweigenden Einverständnis mit dem Betriebsübergang aus.[12]

Natürlich steht Ihnen aber auch das Recht zu, dem Übergang Ihres Arbeitsverhältnisses innerhalb eines Monats nach Zugang dieser Unterrichtung schriftlich zu widersprechen. Der Widerspruch kann gegenüber der X-GmbH ...... (Anschrift) oder der Y-GmbH ...... (Anschrift) erklärt werden.[13] Im Fall eines Widerspruchs können wir das Risiko einer betriebsbedingten Kündigung allerdings nicht ausschließen, da aufgrund des Betriebsübergangs Ihr bisheriger Arbeitsplatz bei der X-GmbH ersatzlos wegfällt und dort eine alternative Beschäftigungsmöglichkeit nicht ersichtlich ist.[14]

Für Rückfragen stehen wir Ihnen gerne zur Verfügung. Sie können sich hierfür insbesondere an die Personalleitung der Y-GmbH,[15] Herrn ...... (Name), wenden.

Mit freundlichen Grüßen

......	......
Unterschrift der X-GmbH[16]	Unterschrift der Y-GmbH[16]

Hiermit erkläre ich freiwillig, dass ich mit dem Übergang meines Arbeitsverhältnisses auf die Y-GmbH einverstanden bin.

......

Ort, Datum

......

Unterschrift des Mitarbeiters[17]

Anmerkungen

1. Sachverhalt. Dem Formular liegt die Übertragung eines kompletten Betriebs zwischen zwei Unternehmen zugrunde. Die Y-GmbH übernimmt im Wege eines „Asset-Deal", d. h. im Wege der Einzelrechtsnachfolge, sämtliche materiellen und immateriellen Wirtschaftsgüter der X-GmbH an deren Standort in M. (→ Form. A. XII. 2). Es wird davon ausgegangen, dass die Y-GmbH in derselben Branche wie die X-GmbH tätig ist und dass sie den erworbenen Betrieb am Standort M. mit der vorhandenen Geschäfts- und Belegschaftsstruktur fortführen wird. Eine Zusammenlegung des Betriebs mit anderen Betriebs- oder Unternehmensteilen der Y-GmbH ist nicht beabsichtigt. Die Veräußerung erfolgt demnach unter Wahrung der betrieblichen „Identität" (vgl. zu den damit verbundenen Konsequenzen insbesondere → Anm. 6, 7). Der Veräußerung liegt die unternehmerische Entscheidung der X-GmbH zugrunde, sich künftig auf das Kerngeschäft zu konzentrieren und ihre Aktivitäten in Randgeschäftsbereichen, zu denen auch der Standort M. zu rechnen ist, weitestgehend zu reduzieren.

Die X-GmbH beschäftigt weniger als 500 Arbeitnehmer. Ihre Beschäftigten haben am Standort M. einen Betriebsrat gewählt; Gesamt- oder Konzernbetriebsräte existieren nicht. Für die Y-GmbH wird unterstellt, dass diese bisher ebenfalls weniger als 500 Arbeitnehmer beschäftigt und dass dort bislang keine Betriebsräte existieren. Beide Gesellschaften sind Mitglied in demselben zuständigen Arbeitgeberverband und wenden kraft Verbandszugehörigkeit die für sie gültigen Tarifverträge an.

In der Praxis werden die vorzufindenden Rahmenbedingungen häufig von diesem Sachverhalt abweichen. Es wurde daher bewusst darauf verzichtet, das Formular branchenspezifisch auszugestalten oder mit komplexen tatsächlichen und rechtlichen Fragestellungen zu überfrachten, um seine Verwendbarkeit als Grundlage für möglichst viele Fallgestaltungen zu gewährleisten. Soweit erforderlich, werden in den einzelnen Anmerkungen weitere Hinweise zu den möglichen rechtlichen Implikationen bei Betriebsübergängen gegeben. Deren konkrete Umsetzung in eine Mitarbeiterinformation nach § 613a Abs. 5 BGB kann nur einzelfallbezogen erfolgen.

Zudem ist festzuhalten, dass die Anforderungen an rechtswirksame Unterrichtungsschreiben ohnehin hoch sind und die Erstellung dieser Schreiben daher im Einzelfall erhebliche Probleme bereiten kann. Dies liegt nicht zuletzt an der sehr strengen Rechtsprechung, nach der selbst kleinste Fehler eine nicht ordnungsgemäße Unterrichtung zur Folge haben können. So erwog das BAG ein Unterrichtungsschreiben bereits aufgrund einer unrichtigen Bezeichnung des Vornamens des Geschäftsführers des Betriebserwerbers für fehlerhaft zu halten (vgl. BAG NZA 2006, 1268, 1271). Diese strenge Rechtsprechung hat zur Folge, dass bisher lediglich zwei Unterrichtungsschreiben vom Achten Senat des BAG nicht beanstandet wurden (BAG NZA 2006, 1273; BAG NJOZ 2012, 860; *Lingemann* NZA 2012, 546). Auch dieser Aspekt spricht dafür, dass Formular so einfach wie möglich zu halten.

2. Unterrichtungspflicht. Die an einem Betriebsübergang auf Betriebsveräußerer- und Betriebserwerberseite beteiligten Arbeitgeber sind verpflichtet, die von dem Übergang betroffenen Arbeitnehmer über die näheren Umstände des Betriebsübergangs und seine Auswirkungen auf die übergehenden Arbeitsverhältnisse zu unterrichten. Als **Mindestinhalt** der Unterrichtung sieht § 613a Abs. 5 BGB eine Mitteilung über (Nr. 1) den Zeitpunkt oder den geplanten Zeitpunkt des Übergangs, (Nr. 2) den Grund für den Übergang, (Nr. 3) die rechtlichen, wirtschaftlichen und sozialen Folgen des Übergangs für die Arbeitnehmer und (Nr. 4) die hinsichtlich der Arbeitnehmer in Aussicht genommenen Maßnahmen vor (ausf. zu den Informationsgegenständen *Kania/Joppich,* FS Küttner, S. 383; zur europarechtlichen Dimension der Regelung krit. Staudinger/*Annuß* § 613a BGB Rn. 256 ff.; *Maschmann* BB-Special 2006, Nr. 6, Beilage zu Heft 34, 29, 30). Die Regelung muss im Zusammenhang mit dem in § 613a Abs. 6 BGB normierten Widerspruchsrecht gesehen werden. Danach können Arbeitnehmer dem Übergang ihres Arbeitsverhältnisses innerhalb eines Monats nach Zugang der Unterrichtung schriftlich widersprechen (→ Anm. 13). Die Unterrichtung dient also in erster Linie als „Auslöser" für den

Lauf der Widerspruchsfrist: Nur eine ordnungsgemäße Unterrichtung nach § 613a Abs. 5 BGB setzt die Widerspruchsfrist nach § 613a Abs. 6 BGB in Gang (BT-Drucks. 14/7760 S. 19). Weder durch eine unterbliebene noch durch eine nicht ordnungsgemäße Unterrichtung wird die Widerspruchsfrist ausgelöst (BAG NZA 2005, 1302, 1304; BAG NZA 2006, 1268, 1270; BAG NZA 2007, 682, 683; BAG NZA 2009, 547, 549; BAG NJOZ 2012, 860, 863). Daneben soll den betroffenen Arbeitnehmern eine Entscheidungsgrundlage für die Ausübung ihres Widerspruchsrechts, insbesondere vor dem Hintergrund einer wesentlichen Änderung ihrer Arbeitsbedingungen oder der beruflichen Entwicklungsmöglichkeiten infolge des Betriebsübergangs, verschafft werden (BT-Drucks. 14/7760 S. 19; vgl. BAG NZA 2006, 1268, 1270). Die Arbeitnehmer sollen die Möglichkeit haben, eine sachgerechte Entscheidung zu treffen. Schließlich soll die Regelung den beteiligten Arbeitgebern Klarheit darüber verschaffen, mit welchen der betroffenen Arbeitnehmern sie weiterhin rechnen können und müssen (BT-Drucks. 14/7760 S. 19).

Streitig ist, ob sich die Unterrichtungspflicht aufgrund dieser Interessenlage auf eine bloße Obliegenheit der beteiligten Arbeitgeber reduzieren lässt (so *Bauer/v. Steinau-Steinrück* ZIP 2002, 457, 463; a. A. *Gaul* § 11 Rn. 76 ff.; ErfKomm/*Preis* § 613a BGB Rn. 94; *Rupp* NZA 2007, 301). Bejaht man dies, bestehen weder Erfüllungs- noch im Verletzungsfall Schadensersatzansprüche (W/H/S/S/*Willemsen* G Rn. 211). Nach dem BAG handelt es sich bei der Unterrichtungspflicht um eine **echte Rechtspflicht**, die folglich auch Schadensersatzansprüche nach § 280 Abs. 1 BGB (für den Betriebserwerber i. V. m. §§ 311 Abs. 2 Nr. 3, 241 Abs. 2 BGB) begründen kann (vgl. BAG NZA 2006, 1406, 1411; BAG NZA 2008, 642, 644; BAG NZA 2008, 1297). Eine Verletzung der Unterrichtungspflicht führt nach der Rechtsprechung aber auch unter Berücksichtigung des Grundsatzes von Treu und Glauben (§ 242 BGB) nicht zur Unwirksamkeit einer nachfolgend ausgesprochenen betriebsbedingten Kündigung (BAG NZA 2005, 1302, 1304 f. m. w. N.). Der Streit über die rechtsdogmatische Einordnung der Unterrichtungspflicht ist für die Gestaltung des Unterrichtungsschreibens weitgehend irrelevant und braucht hier nicht entschieden zu werden. Allerdings lässt sich aus dem genannten Gesetzeszweck im Einzelfall eine sachgerechte Begrenzung des Unterrichtungsumfangs gewinnen (→ Anm. 5).

Unterrichtungspflicht und Widerspruchsrecht setzen einen Betriebsübergang i. S. d. § 613a BGB voraus. Es muss ein Betrieb oder Betriebsteil unter Wahrung seiner wirtschaftlichen Identität vom Betriebsinhaber durch Rechtsgeschäft auf einen Betriebserwerber übertragen werden (vgl. zu den Voraussetzungen eines Betriebsübergangs z. B. BAG NZA 2010, 499, 501 f. m. w. N.). Transaktionen, bei denen sich lediglich auf gesellschaftsrechtlicher Ebene ein Wechsel der Gesellschafter vollzieht („Share-Deal") lösen demnach keine Unterrichtungspflicht aus. Hier kann allenfalls der Wirtschaftsausschuss nach allgemeinen Grundsätzen zu informieren sein (→ Form. A. XII. 5).

Nach dem Gesetzeswortlaut hat die Unterrichtung der Arbeitnehmer **vor dem Übergang** zu erfolgen. Laut Gesetzesbegründung soll allerdings auch eine nachträgliche Unterrichtung zulässig sein (BT-Drucks. 14/7760 S. 20; so auch BAG NZA 2006, 1268, 1272). Hierfür spricht insbesondere die in § 613a Abs. 6 BGB getroffene Regelung, nach der die Widerspruchsfrist der Arbeitnehmer mit Zugang der Unterrichtung, nicht aber mit Kenntnis vom Betriebsübergang zu laufen beginnt. Auch das BAG gestattet dem Arbeitnehmer bislang einen Widerspruch unabhängig vom Zeitpunkt der Kenntniserlangung der für den Betriebsübergang maßgeblichen Tatsachen (vgl. BAG NZA 2010, 89, 91 f.). Unabhängig davon ist in der Praxis in jedem Fall eine frühzeitige Unterrichtung der Belegschaft vor dem Betriebsübergang geboten, um rechtzeitig Klarheit über die Anzahl der übergehenden Arbeitsverhältnisse und der widersprechenden Arbeitnehmer zu gewinnen (vgl. *Nebeling/Brauch* BB 2010, 1474, 1476 f.; *Willemsen/Lembke* NJW 2002, 1159, 1163). Der frühestmögliche Zeitpunkt für die Versendung des Unterrichtungsschreibens ist dabei derjenige, zu dem sinnvoll über die Katalogtatbestände des § 613a Abs. 5 BGB informiert werden kann (*Nebeling/Brauch* BB 2010, 1474, 1475 f.; *Franzen* RdA 2002, 258, 265).

Die Unterrichtung hat in **Textform** (§ 126b BGB) zu erfolgen. Andernfalls ist sie gemäß § 125 S. 1 BGB wegen Formmangels nichtig. Um der Textform zu genügen, bedarf es weder einer Urkunde noch einer eigenhändigen Unterschrift. Allerdings muss die Unterrichtungserklärung in irgendeiner Form verkörpert sein. Die Person des Erklärenden muss genannt und der Abschluss der Erklärung durch Nachbildung der Namensunterschrift oder anders erkennbar gemacht werden (vgl. Palandt/*Ellenberger* § 126b Rn. 4 f.). Denkbar ist also, die betroffenen Arbeitnehmer per E-Mail, Intranet oder durch Aushang am schwarzen Brett zu unterrichten (*Gaul/Otto* DB 2002, 634, 635; *Worzalla* NZA 2002, 353, 356; *Maschmann* BB-Special 2006, Nr. 6, Beilage zu Heft 34, 29, 34). Bei diesen Formen der Unterrichtung besteht allerdings die Schwierigkeit, im Streitfall den Zugang beim einzelnen Arbeitnehmer nachzuweisen. Hierfür gelten die allgemeinen Zugangsvorschriften für Willenserklärungen (§§ 130 ff. BGB). Die Beweislast für den Zugang trifft gegenüber dem Mitarbeiter den Betriebsveräußerer oder den Betriebserwerber. Vorzugswürdig ist daher die persönliche Übergabe eines Unterrichtungsschreibens gegen **Empfangsbekenntnis** an jeden einzelnen Arbeitnehmer oder eine Zustellung an die Wohnanschrift unter Anfertigung eines Zustellungsprotokolls. Ein Empfangsbekenntnis empfiehlt sich auch deshalb, weil sich der Beginn der Widerspruchsfrist nach dem Zeitpunkt des Zugangs beim Arbeitnehmer bestimmt.

Weitere Anforderungen an die Form des Unterrichtungsschreibens stellt das Gesetz nicht. Unterrichtungsschreiben sind daher auch als **Standardschreiben** möglich; § 613a Abs. 5 BGB verlangt keine individuelle Unterrichtung jedes einzelnen Arbeitnehmers (BAG NZA 2006, 1268, 1271; BAG NZA 2007, 682, 684). Insbesondere ist es zulässig, nur ein Unterrichtungsschreiben für sämtliche Arbeitnehmergruppen (z. B. tarifgebundene und nicht tarifgebundene) anzufertigen (BAG NJOZ 2012, 860, 865). Voraussetzung für die Möglichkeit einer einheitlichen und generalisierenden Unterrichtung ist allerdings, dass es die schriftliche Information dem Arbeitnehmer ermöglicht, sein Arbeitsverhältnis einer der im Unterrichtungsschreiben genannten Gruppen von Arbeitnehmern zuzuordnen, damit der Arbeitnehmer die beim konkreten Betriebsübergang auftretenden Rechtsfolgen erkennen kann (vgl. BAG NJOZ 2012, 860, 865). Es obliegt dann dem jeweiligen Adressaten, die Angaben mittels Subsumtion und gegebenenfalls auch durch weitere Erkundigungen für sein persönliches Arbeitsverhältnis umzusetzen (BAG NJOZ 2012, 860, 865). Besonderheiten des Arbeitsverhältnisses muss nach der Rechtsprechung aber im Unterrichtungsschreiben Rechnung getragen werden (zu diesem Zielkonflikt *Hohenstatt/Grau* NZA 2007, 13, 14), wobei das BAG freilich offengelassen hat, was Besonderheiten des Arbeitsverhältnisses sind. Die Grenze der Unterrichtungspflicht dürfte jedenfalls überschritten werden, wenn Rechtsberatung im Einzelfall zu leisten ist (*Grosjean/Biester* DB 2007, 1466 m. w. N.; → Anm. 8). Auch der Gesetzgeber sieht den Zweck der Unterrichtung lediglich darin, dass der Arbeitnehmer sich nach der Unterrichtung weitergehend informieren und beraten lassen kann (vgl. BT-Drucks. 14/7760 S. 19). Eine bloße Wiederholung des Gesetzeswortlauts genügt den Anforderungen wiederum nicht. Es bedarf nach der Rechtsprechung einer konkreten betriebsbezogenen Darstellung in einer auch für Laien möglichst verständlichen Sprache (BAG NZA 2006, 1268, 1271; BAG NZA 2007, 682, 684).

Zu beachten ist, dass die Pflicht zur Unterrichtung nach § 613a Abs. 5 BGB unabhängig von anderen gesetzlichen Informations- und Mitteilungspflichten besteht. Die Unterrichtung hat insbesondere unabhängig von etwa einschlägigen kollektiven Beteiligungsrechten (z. B. Information des Wirtschaftsausschusses gemäß § 106 BetrVG, Verhandlung und Abschluss eines Interessenausgleichs mit dem Betriebsrat gemäß §§ 111 ff. BetrVG, Informationspflichten aus einer Betriebsvereinbarung) zu erfolgen. Auch auf Betriebsübergänge, die sich in **Umwandlungsfällen** im Wege einer Gesamtrechtsnachfolge vollziehen, ist § 613a Abs. 5 BGB anwendbar (vgl. § 324 UmwG; dazu *Düwell* FA 2002, 107, 109; zum Widerspruchsrecht in diesen Fällen ausf. *Altenburg/Leister* NZA 2005, 15). Erlischt aber der bisherige Betriebsinhaber etwa infolge Verschmelzung, besteht kein

Widerspruchsrecht nach § 613a Abs. 6 BGB, da das Arbeitsverhältnis mit dem bisherigen erloschenen Arbeitgeber nicht fortgesetzt werden kann (BAG NZA 2008, 815; → Anm. 13; → Form. A. XII. 3 Anm. 9).

3. Geplanter Zeitpunkt des Übergangs. Die Arbeitnehmer müssen über den **Zeitpunkt** oder den **geplanten Zeitpunkt** des Betriebsübergangs informiert werden (§ 613a Abs. 5 Nr. 1 BGB). Der Betriebsübergang selbst erfolgt, wenn der Betriebserwerber die tatsächliche Leitungsmacht über den Betrieb oder Betriebsteil übernimmt (BeckOK Arb. § 613a BGB Rn. 72 m. w. N.). Dieser Zeitpunkt muss nicht notwendig mit dem rechtlichen Übergang des Betriebs oder Betriebsteils zusammenfallen. Erforderlich und ausreichend ist, dass der Betriebserwerber aufgrund rechtsgeschäftlicher Übereinkunft in die Lage versetzt wird, die Leitungsmacht im Betrieb mit dem Ziel der Betriebsfortführung auszuüben (BAG NZA 1997, 94, 95 f.; vgl. BAG NZA 2003, 318, 320; BAG NZA 2007, 793, 794). Dies wird im Regelfall der Stichtag sein, den Betriebsveräußerer und Betriebserwerber miteinander vereinbaren. Auch wenn dieser Zeitpunkt aus Sicht der Beteiligten bereits feststehen mag, empfiehlt sich in jedem Fall die Aufnahme eines einschränkenden Zusatzes im Unterrichtungsschreiben (z. B. Hinweis auf den „derzeitigen Planungsstand"), denn bis zum tatsächlichen Vollzug des Betriebsüberganges kann auch ein abgeschlossener Unternehmenskaufvertrag aus den verschiedensten Gründen nicht vollzogen oder wieder rückgängig gemacht werden (vgl. *Meyer* DB 2007, 858). Ein solcher Zusatz ist rechtlich unbedenklich, da das Gesetz ausdrücklich die Angabe des „geplanten" Zeitpunkts genügen lässt.

Folglich ist auch die Angabe eines bestimmten **Datums** nicht zwingend erforderlich (und wie gesagt i. d. R. nicht ratsam), z. B. wenn der Tag des rechtlichen Wirksamwerdens der Übertragung und der damit einhergehende Übergang der Leitungsmacht nicht exakt benannt werden können. Dieser Fall kann z. B. bei einer Umwandlung eintreten, da sich hier allenfalls der Tag der Antragstellung, nicht aber der Tag der Eintragung im Handelsregister beeinflussen lässt. Hier genügt ein Hinweis auf die geplante Antragstellung verbunden mit der Angabe, dass sich der Betriebsübergang mit der Eintragung im Handelsregister vollziehen wird (vgl. *Annuß*, FS 25 Jahre Arbeitsgemeinschaft Arbeitsrecht, 2006, S. 563, 568).

Fraglich ist, wie zu verfahren ist, wenn sich der geplante Zeitpunkt des Betriebsübergangs verschiebt. Gerade bei groß angelegten Restrukturierungsmaßnahmen lässt sich dies kaum vermeiden. Der Wortlaut des § 613a Abs. 5 BGB stellt auf den geplanten Zeitpunkt der Übertragung ab. Der Gesetzgeber ging damit davon aus, dass sich die tatsächlichen Umstände einschließlich der Planung ändern können, normierte aber für diesen Fall keine erneute oder ergänzende Unterrichtungspflicht (vgl. *Gaul/Otto* DB 2005, 2465, 2467). Dementsprechend ist nach der Rechtsprechung des BAG der Anspruch auf Unterrichtung erfüllt, wenn der Unterrichtungspflichtige dem Arbeitnehmer die nach § 613a Abs. 5 BGB erforderlichen Informationen nach seinem Kenntnisstand im Zeitpunkt der Unterrichtung erteilt. Ein Anspruch auf ergänzende Unterrichtung bestehe allenfalls, wenn es sich nicht mehr um denselben Betriebsübergang handele, der Betrieb etwa nach Unterrichtung auf einen anderen Betriebserwerber übergehe (BAG NZA 2006, 1273, 1276; *Annuß*, FS 25 Jahre Arbeitsgemeinschaft Arbeitsrecht, S. 563, 569; *Hohenstatt/Grau* NZA 2007, 13, 17 f.; für eine ergänzende Unterrichtung bei wesentlichen Änderungen hingegen *Worzalla* NZA 2002, 353, 354).

Unerwähnt in § 613a Abs. 5 BGB aber für die Ausübung des Widerspruchsrechts dennoch zwingend erforderlich ist die korrekte Nennung des Betriebsübernehmers mit Firmenbezeichnung, Firmensitz (zum Zwecke der Einsicht in das Handelsregister) und Anschrift (BAG NZA 2010, 89; *Jacobsen/Menke* NZA-RR 2010, 393, 394). Der Betriebsveräußerer oder der Betriebserwerber muss über die Identität des Betriebserwerbers informieren. Wer auf Nummer sicher gehen möchte, sollte zudem auch die Vertretungsverhältnisse und die Handelsregisternummer der erwerbenden Gesellschaft richtig angeben. Ein diese Angaben enthaltendes Unterrichtungsschreiben wurde jedenfalls vom BAG nicht beanstandet (vgl. BAG NJOZ 2012, 860). Ob eine fehlerhafte Angabe des Vornamens des Geschäftsführers des Betriebserwerbers einer ordnungsgemäßen Unterrichtung entgegensteht, wurde vom BAG bisher offengelassen (vgl. BAG NZA 2006, 1268, 1271). Jedenfalls gehört bei Gesellschaften, sofern eine vollständige gesetzliche Vertretung nicht angegeben wird oder angegeben werden kann, die Nennung einer identifizierbaren natürlichen Person mit Personalkompetenz als Ansprechpartner des Betriebserwerbers dazu (vgl. BAG NZA 2010, 89, 91). Soweit es sich bei dem Betriebserwerber um eine noch zu gründende Gesellschaft handelt, soll der Hinweis auf die neue Gesellschaft nicht genügen. Dadurch werde der Arbeitnehmer nicht hinreichend darüber in Kenntnis gesetzt, wer sein neuer Arbeitgeber werden solle (BAG NZA-RR 2009, 62). Weiterhin ist über den Gegenstand des Betriebsübergangs zu unterrichten. Aus dem Unterrichtungsschreiben muss sich hinreichend deutlich ergeben, welcher Betrieb(-steil) von dem Übergang betroffen ist (vgl. BAG NZA 2006, 1268, 1271; *Hohenstatt/Grau* NZA 2007, 13, 15).

4. **Grund für den Übergang.** Gemäß § 613a Abs. 5 Nr. 2 BGB ist in der Unterrichtung der **Grund** für den Übergang anzugeben. Der Gesetzeswortlaut hilft kaum weiter. Insbesondere geht aus dem Gesetz nicht hervor, ob die Angabe der rechtsgeschäftlichen Grundlage (z.B. Unternehmenskaufvertrag) oder die Angabe der wirtschaftlichen Ursachen (z.B. drohende Insolvenz des Betriebsveräußerers) erforderlich ist.

Nach der Rechtsprechung ist unter „Grund“ in erster Linie die **Angabe des Rechtsgrundes** für den Betriebsübergang zu verstehen. Beispielhaft genannt werden Kaufvertrag, Pachtvertrag und Umwandlung (BAG NZA 2006, 1268, 1271; BAG NZA 2007, 682, 684). Das Formular nennt den Unternehmenskaufvertrag als Rechtsgrund für den Betriebsübergang und beschreibt zusätzlich, dass der Betriebserwerber auf Grundlage dieses Vertrages „sämtliche“ Wirtschaftsgüter des Betriebsveräußerers erwirbt. Da es in der Praxis allerdings häufig vorkommt, dass der Betriebserwerber – entgegen der anfänglichen Vorstellung der Parteien – nicht sämtliche Wirtschaftsgüter des Betriebsveräußerers erwirbt, sollte diese Angabe stets genau hinterfragt werden.

Ob die Arbeitnehmer darüber hinaus auch über die dem Übergang zugrundeliegenden unternehmerischen Erwägungen unterrichtet werden müssen, wird in der Literatur unterschiedlich beantwortet (bejahend z.B. *Willemsen/Lembke* NJW 2002, 1159, 1162; *Nehls* NZA 2003, 822, 824; verneinend *Gaul/Otto* DB 2002, 634, 635; ErfKomm/*Preis* § 613a BGB Rn. 87; *Worzalla* NZA 2002, 353, 354). Das BAG lässt die Angabe des dem Betriebsübergang zugrundeliegenden Rechtsgeschäfts unter Hinweis auf Sinn und Zweck der Unterrichtung allein nicht ausreichen. Dem Arbeitnehmer müssten vielmehr jene **unternehmerischen Gründe** für den Betriebsübergang zumindest **schlagwortartig** mitgeteilt werden, die sich im Falle seines Widerspruchs auf den Arbeitsplatz auswirken können (BAG NZA 2006, 1268, 1271; BAG NZA 2007, 682, 684; BAG NZA 2010, 89, 92; BAG NJOZ 2012, 860, 864). Wird der Rechtsgrund für den Übergang nicht zwischen dem Betriebsveräußerer und dem Betriebserwerber, sondern zwischen dem Betriebsveräußerer und einem Dritten – etwa einer Konzernmutter – vereinbart, so ist darauf bei der Unterrichtung hinzuweisen (BAG NZA 2010, 89). Einer Unterrichtung über die veranlassenden wirtschaftlichen Gründe bedürfe es hingegen nicht (BAG NZA 2007, 682, 684).

In der Praxis sind daher nicht nur die rechtlichen, sondern – jedenfalls schlagwortartig – auch die wesentlichen tatsächlichen Gründe für den Übergang mitzuteilen. Die Rechtsprechung stellt hieran allerdings keine hohen Anforderungen (vgl. *Grau* RdA 2007, 367, 369). So ließ das BAG den schlichten Hinweis, der Arbeitgeber habe sich aus „wirtschaftlichen Gründen“ entschlossen, den Betrieb stillzulegen und zu übertragen, genügen. Der Arbeitnehmer sei damit darüber unterrichtet, dass im Falle eines Widerspruchs kein Arbeitsplatz mehr zur Verfügung stehe (BAG NZA 2006, 1268, 1271). Hinreichend sei ebenso die

Begründung einer Fremdvergabe mit gestiegenen Kosten (BAG NZA 2006, 1273, 1275). Auch Erläuterungen, wie sich die Ausgliederung eines Geschäftsbereichs vollziehe, verbunden mit dem Hinweis, dass Arbeitsplätze in diesem Geschäftsbereich wegfielen, können nach der Rechtsprechung ausreichend sein (BAG NZA 2007, 682, 684). Ebenfalls ausreichend ist der Hinweis, der Betriebsübergang erfolge zur Trennung von „Nichtkernkompetenzen" (BAG NJOZ 2012, 860, 864). Die Begründungspflicht ist damit keinesfalls mit derjenigen nach § 111 BetrVG vergleichbar (*Hohenstatt/Grau* NZA 2007, 13, 15). Eine Pflicht zur Offenlegung vertraulicher Geschäftsinhalte (z.B. Kalkulation des Kaufpreises) kommt in keinem Fall in Betracht (*Grobys* BB 2002, 726, 728). Hieran besteht im Hinblick auf die Ausübung des Widerspruchrechts kein schutzwürdiges Interesse der Beschäftigten (vgl. *Franzen* RdA 2002, 258, 265; *Hauck* NZA 2009, Beilage zu Heft 7, 18, 21; *Willemsen/Lembke* NJW 2002, 1159, 1162; weitergehend offenbar *Meyer* AuA 2002, 159, 160).

5. Rechtliche, wirtschaftliche und soziale Folgen. § 613a Abs. 5 Nr. 3 BGB sieht vor, dass die Unterrichtung auch die rechtlichen, wirtschaftlichen und sozialen Folgen des Betriebsübergangs für die Arbeitnehmer umfassen soll. Die Bestimmung wirft angesichts des weiten Gesetzeswortlauts zahlreiche rechtliche und praktische Fragen auf. Eine präzise Abgrenzung zwischen den rechtlichen, wirtschaftlichen und sozialen Auswirkungen eines Betriebsübergangs ist kaum möglich, da die meisten rechtlichen Konsequenzen (z.B. Fortbestand des Arbeitsverhältnisses) zugleich auch eine wirtschaftliche und soziale Dimension (Aufrechterhaltung der Arbeitsbedingungen) haben (vgl. *Hohenstatt/Grau* NZA 2007, 13, 15). In der Unterrichtung sollte daher darauf verzichtet werden, einzelne Folgen als rechtliche, wirtschaftliche oder soziale zu bezeichnen. Es empfiehlt sich vielmehr, die Konsequenzen des Betriebsübergangs – ausgehend vom Wortlaut des § 613a BGB – einheitlich darzustellen. Als Leitlinie gilt, dass sich Umfang und Tiefe der Information am Zweck der Unterrichtungspflicht orientieren, Entscheidungshilfe für das Widerspruchsrecht zu sein (vgl. BAG NZA 2006, 1268, 1271; BAG NZA 2006, 1273, 1276; *Maschmann* BB-Special 2006, Nr. 6, Beilage zu Heft 34, 29, 33; *Willemsen,* FS Küttner, S. 417, 425).

Die Rechtsprechung zählt zu den rechtlichen Folgen zunächst die sich **unmittelbar** aus dem Betriebsübergang als solchen ergebenden Rechtsfolgen. Dies erfordere einen Hinweis auf den Eintritt des Übernehmers in die Rechte und Pflichten aus dem bestehenden Arbeitsverhältnis (§ 613a Abs. 1 S. 1 BGB), auf die gesamtschuldnerische Haftung des Betriebserwerbers und des Betriebsveräußerers und deren Verteilung nach § 613a Abs. 2 BGB und grundsätzlich auch auf die kündigungsrechtliche Situation, so denn Kündigungen im Raum stehen (BAG NZA 2006, 1268, 1272; BAG NZA 2007, 682, 685; BAG NZA 2009, 547, 549; BAG NJOZ 2012, 860, 864). Zu den mitzuteilenden Rechtsfolgen gehört grundsätzlich weiter die Anwendbarkeit tariflicher Normen beim Übernehmer und die Frage, inwieweit beim Betriebsveräußerer geltende Tarifverträge und Betriebsvereinbarungen durch beim Betriebserwerber geltende Tarifverträge oder Betriebsvereinbarungen abgelöst werden (vgl. BAG NZA 2006, 1268, 1272; BAG NZA 2007, 682, 685; BAG NZA 2009, 552, 554; BAG NJOZ 2012, 860, 864). Dabei bedarf es keiner detaillierten Bezeichnung einzelner Tarifverträge und Betriebsvereinbarungen, da sich der Arbeitnehmer hierüber selbst näher erkundigen kann. Notwendig ist aber ein Hinweis darauf, ob die Normen kollektivrechtlich oder individualrechtlich fortwirken (BAG NZA 2006, 1268, 1272; BAG NZA 2007, 682, 685; BAG NJOZ 2012, 860, 864).

Ist im Rahmen des Betriebsübergangs die Veräußerung des dem Betriebsinhaber gehörenden Betriebsgrundstücks nebst -anlagen an einen Dritten beabsichtigt und soll der Übernehmer die Immobilien im Rahmen einer Vereinbarung mit dem Dritten nutzen dürfen, ist nach der Rechtsprechung des BAG hierüber als wirtschaftliche Folge i.S.v. § 613a Abs. 5 Nr. 3 BGB zu informieren (BAG NZA 2008, 642). Die mittelbaren Folgen (s. sogleich) einer Umgestaltung der Eigentums- und Besitzverhältnisse führen zu einer gravierenden Gefährdung der wirtschaftlichen Absicherung der Arbeitnehmer, insbesondere, da das unbewegliche Anlagevermögen nicht mehr als Kreditsicherungsmittel des Betriebsübernehmers zur Verfügung stehe. Dies begründet ein Informationsinteresse der Arbeitnehmer (BAG NZA 2008, 642, 643; a. A. *Dzida* NZA 2009, 641, 644).

Unter bestimmten Umständen kann nach der Rechtsprechung auch über **mittelbare** wirtschaftliche und soziale **Folgen** (Sekundärfolgen) zu unterrichten sein (BAG NZA 2006, 1273, 1276; vgl. BAG NZA 2005, 1302, 1304; BAG NZA 2007, 682, 685; *Willemsen/Lembke* NJW 2002, 1159, 1163). Die Unterrichtungspflicht erstreckt sich insbesondere auf eine im Falle des Widerspruchs mögliche Kündigung oder (Abfindungs-)Ansprüche aus einem Sozialplan, soweit sie in Betracht kämen (vgl. BAG NZA 2006, 1273, 1276; krit. *Grau* RdA 2007, 367, 370; ablehnend noch *Gaul/Otto* DB 2005, 2465, 2466). Nach der Rechtsprechung des BAG gebietet § 613a Abs. 5 BGB eine Information über mittelbare Folgen, wenn die ökonomischen Rahmenbedingungen des Übergangs zu einer so gravierenden Gefährdung der wirtschaftlichen Absicherung beim neuen Betriebsinhaber führen, dass diese Gefährdung als ein wesentliches Kriterium für einen möglichen Widerspruch gegen den Betriebsübergang anzusehen ist (BAG NZA 2008, 642, 643). Dies ist namentlich der Fall, wenn die Arbeitsplatzsicherheit beim Betriebserwerber maßgeblich betroffen ist (BAG NZA 2008, 642, 643 unter Hinweis auf *Kania/Joppich*, FS Küttner, S. 383).

Die Hinweise über die rechtlichen Folgen müssen **präzise** sein und dürfen **keine juristischen Fehler** enthalten (BAG NZA 2006, 1268, 1272; BAG NZA 2007, 682, 685; BAG NZA 2009, 552, 554; BAG NJOZ 2012, 860, 864). Dass die rechtlichen Ausführungen „im Kern richtig" sind, reicht nach der Rechtsprechung nicht aus (BAG NZA 2010, 89, 93). So darf z. B. beim Arbeitnehmer durch das Unterrichtungsschreiben nicht der Eindruck erweckt werden, dass die Fortgeltung der Vertragsbedingungen im Belieben des Betriebserwerbers steht, indem der Übergang des Arbeitsverhältnisses nicht als eine sich unmittelbar aus dem Gesetz ergebende Rechtsfolge des Betriebsübergangs, sondern als Übernahme einer Verpflichtung des Betriebserwerbers dargestellt wird (BAG NZA 2006, 1268, 1272; ErfKomm/*Preis* § 613a BGB Rn. 85). Eine Unterrichtung über komplexe Rechtsfragen soll aber nach der Rechtsprechung bereits dann nicht fehlerhaft sein, wenn der Arbeitgeber bei angemessener Prüfung der Rechtslage eine – unter Beachtung der höchstrichterlichen Rechtsprechung – rechtlich vertretbare Position einnimmt (BAG NZA 2006, 1273, 1275; BAG NZA 2007, 682, 685; BAG NJOZ 2012, 860, 866; vgl. *Annuß*, FS 25 Jahre Arbeitsgemeinschaft Arbeitsrecht, S. 563, 567). Praktische Relevanz dürfte dies namentlich bei den schwierigen Fragen der Fortgeltung und Ablösung kollektivrechtlicher Regelungen haben (vgl. *Willemsen* NJW 2007, 2065, 2069; näher zur Fortgeltung von Betriebsvereinbarungen *Mohnke/Betz* BB 2008, 498).

In diesem Zusammenhang stellt sich die Frage, mit welchem **Detaillierungsgrad** die einzelnen Folgen dargestellt werden müssen. Praktische Bedeutung erlangt die Frage insbesondere im Hinblick auf den Lauf der Widerspruchsfrist, die nach der Gesetzesbegründung nur bei einer „ordnungsgemäßen" Unterrichtung in Gang gesetzt werden soll (→ Anm. 13). Ähnlich wie bei den arbeitsrechtlichen Angaben in Umwandlungsfällen, z. B. in einem Verschmelzungsvertrag (vgl. § 5 Abs. 1 Nr. 9 UmwG), wird man davon ausgehen müssen, dass angesichts der Komplexität und Vielschichtigkeit der rechtlichen und tatsächlichen Auswirkungen eines Betriebsübergangs eine restriktive Auslegung des Gesetzes geboten ist (in diesem Sinn auch *Bauer/v. Steinau-Steinrück* ZIP 2002, 457, 462; *Gaul* § 11 Rn. 18; W/H/S/S/*Willemsen* G Rn. 217; vgl. zu den Angaben im Verschmelzungsvertrag Kallmeyer/*Willemsen* § 5 UmwG Rn. 50 ff.). Grundsätzlich genügt es daher, die Arbeitnehmer kollektiv – gegebenenfalls auch einzelne Arbeitnehmergruppen – abstrakt zu informieren (*Maschmann* BB-Special 2006, Nr. 6, Beilage zu Heft 34, 29, 33 m. w. N.). Das folgt schon aus dem Wortlaut des Gesetzes, der den Plural verwendet (Nr. 3: „. . . . . . Folgen des Übergangs für die Arbeitnehmer . . . . . ."; Nr. 4: „. . . . . . hinsichtlich der Arbeitnehmer . . . . . ."). Folgerichtig erlaubt das BAG grundsätzlich Unterrichtungsschreiben in standardisierter Form (→ Anm. 2). Die Erstellung eines individuellen Rechtsgutachtens ist daher in keinem Fall erforderlich (vgl. BAG NJOZ 2012, 860, 868; *Gaul/Otto* DB 2002, 634, 635; *Schiefer/Worzalla* NJW 2009, 558, 561; *Worzalla* NZA 2002, 353, 355; *Willemsen,* FS Küttner, S. 417, 421). Entscheidend ist vielmehr, dass den betroffenen Arbeitnehmern mit der Unterrichtung eine Grundlage für weitere Erkundigungen gegeben wird (vgl. BT-Drucks. 14/7760 S. 19). Den Einzelnen trifft dann die Obliegenheit, sich bei Bedarf – gegebenenfalls unter Einschaltung des Betriebsrats oder der Gewerkschaft – weitere Informationen zu verschaffen (vgl. *Hohenstatt/Grau* NZA 2007, 13, 14 m.w.N.). Zu Recht wird in diesem Zusammenhang darauf hingewiesen, es sei praktisch objektiv unmöglich, über alle rechtlichen und wirtschaftlichen Auswirkungen eines Betriebsübergangs, die unter Umständen für eine Vielzahl von Beschäftigten verschieden zu beantworten sind, vorab erschöpfend zu unterrichten (vgl. *Meyer* AuA 2002, 159, 162).

§ 613a Abs. 5 BGB sagt nicht, aus wessen Sicht und über welchen Prognosezeitraum die Auswirkungen des Betriebsübergangs für die Beschäftigten zu bestimmen sind. Grundsätzlich wird man hier von einer **„subjektiven Determination"** der Unterrichtungspflicht ausgehen müssen (vgl. *Grobys* BB 2002, 726, 728). Dies bedeutet, dass sowohl der bisherige Arbeitgeber als auch der neue Betriebsinhaber nur solche Umstände mitteilen können und müssen, die zum Zeitpunkt der Unterrichtung konkret absehbar sind. Der Gesetzgeber geht davon aus, dass in die Unterrichtung sowohl die (Er-)Kenntnisse des Betriebserwerbers als auch die des Betriebsveräußerers einfließen müssen (vgl. BT-Drucks. 14/7760 S. 19). Dies erscheint zutreffend vor dem Hintergrund, dass etliche der geforderten Angaben (z.B. nach dem Betriebsübergang in Aussicht genommene Maßnahmen) ohnehin nur der Betriebserwerber sinnvoll machen kann. Der Inhalt der Unterrichtung bestimmt sich damit nach dem **Kenntnisstand** des Betriebsveräußerers und Betriebserwerbers zum **Zeitpunkt der Unterrichtung** (BAG NZA 2006, 1268, 1272; BAG NZA 2007, 682, 684; BAG NZA 2010, 89; BAG NJOZ 2012, 860, 863). Die erteilten Informationen müssen zutreffend, vollständig und präzise sein (vgl. BAG NZA 2006, 1268, 1270; BAG NZA 2007, 682, 684; BAG NZA 2010, 89; *Hohenstatt/Grau* NZA 2007, 13, 14). Ob die Unterrichtung in diesem Sinne ordnungsgemäß erfolgt ist, unterliegt der gerichtlichen Überprüfung (BAG NZA 2006, 1268, 1270; BAG NZA 2007, 682, 684; BAG NZA 2009, 547, 549; BAG NJOZ 2012, 860, 863; *Grobys* BB 2002, 726, 729 nimmt lediglich eine beschränkte formelle Prüfungskompetenz an). Darlegungs- und beweispflichtig für die Erfüllung der Unterrichtungspflicht sind Betriebsveräußerer und Betriebserwerber (ErfKomm/*Preis* § 613a BGB Rn. 95). Ist eine Unterrichtung aber nicht offensichtlich fehlerhaft und entspricht sie formal den Anforderungen des § 613a Abs. 5 BGB, muss der Arbeitnehmer einen (behaupteten) Mangel erst näher darlegen (BAG NZA 2006, 1268, 1270; BAG NZA 2007, 682, 684; vgl. *Grau* RdA 2005, 367, 368, Fn. 12). Hierzu ist er im Rahmen einer abgestuften Darlegungslast nach § 138 Abs. 3 ZPO verpflichtet (BAG NJOZ 2012, 860, 864). Etwaige Einwände des Arbeitnehmers müssen Betriebsveräußerer und Betriebserwerber durch Darlegungen und Beweisantritte entkräften (BAG NZA-RR 2009, 62, 64; BAG NJOZ 2012, 860, 864). Das Formular beschränkt sich auf einige wesentliche Punkte, die in keiner Unterrichtung fehlen sollten. Hierzu gehören einerseits der Hinweis auf den Übergang und den unveränderten Fortbestand des Arbeitsverhältnisses gemäß § 613a Abs. 1 S. 1 BGB. Dies schließt auch einen Fortbestand einzelvertraglicher Zusagen auf Betriebsrente ein (vgl. dazu MünchHdbArbR/*Andresen/Cisch* § 151 Rn. 14). Eine besondere Erwähnung von Versorgungsansprüchen im Unterrichtungsschreiben empfiehlt sich vorwiegend aus personalpolitischen Gründen, weil sie für die Beschäftigten im Regelfall eine besondere Bedeutung haben. Rechtlich zwingend sind diese Angaben nicht. § 613a Abs. 5 BGB gibt dem Arbeitnehmer insbesondere keinen Anspruch auf Auskunft über die Höhe einer betrieblichen Altersversorgung, da diese Ansprüche weder Folge des Betriebsübergangs noch hinsichtlich der Arbeitnehmer in Aussicht genommene Maßnahmen sind (BAG

NZA 2007, 1285, 1286). Des Weiteren ist über die gesamtschuldnerische Haftung des Betriebsveräußerers und des Betriebserwerbers sowie deren Verteilung nach § 613a Abs. 2 BGB vollständig zu unterrichten (BAG NZA 2008, 1354, 1356; BAG NZA-RR 2009, 62, 65; BAG NZA 2009, 547, 549; BAG NZA 2010, 89, 93; BAG NJOZ 2012, 860, 864; *Gaul/Niklas* DB 2009, 452, 453). Das Formular knüpft in diesem Punkt an den Wortlaut von § 613a Abs. 2 BGB an (vgl. zu Einzelfragen der Haftung W/H/S/S/*Willemsen* G Rn. 198 ff.). Obligatorisch ist auch ein Hinweis auf das in § 613a Abs. 4 BGB enthaltene Kündigungsverbot. Zudem ist über das Widerspruchsrecht des Arbeitnehmers nach § 613a Abs. 6 BGB zu informieren (BAG NZA 2008, 1354, 1357; BAG BeckRS 2009, 58465; ErfKomm/*Preis* § 613a BGB Rn. 88a; a. A. *Bauer/v. Steinau-Steinrück* ZIP 2002, 457, 463; *Willemsen,* FS Küttner, S. 417, 421). Weitere rechtliche Angaben können insbesondere zu kollektivrechtlichen Fragen, z. B. der Fortgeltung von Tarifverträgen und Betriebsvereinbarungen, erforderlich sein (→ Anm. 8, 9).

Unabhängig von dem vorliegenden Sachverhalt kommen als weitere rechtliche, wirtschaftliche oder soziale Umstände für eine Unterrichtung in Betracht:

- Hinweis auf etwaige Änderungen beim Kündigungsschutz infolge des Betriebsübergangs (z. B. Absenkung der Arbeitnehmerzahl unter den Schwellenwert des § 23 KSchG).
- Hinweis auf mögliche Versetzungen im Zusammenhang mit dem Betriebsübergang (z. B. Verlagerung des Betriebs durch den Betriebserwerber).
- Änderung der funktionalen Stellung einzelner Abteilungen innerhalb der Unternehmenshierarchie infolge einer Eingliederung in den Erwerberbetrieb.
- Hinweis auf einen etwa bestehenden Interessenausgleich und Sozialplan des Betriebsveräußerers und/oder Betriebserwerbers.
- Hinweis auf etwa vom Betriebserwerber einzuhaltende Beschäftigungszusagen, befristete Kündigungsverzichte oder Standortgarantien.
- Aufklärung der Mitglieder der Arbeitnehmervertretungen über die Beeinflussung individueller Rechtspositionen durch den Betriebsübergang (z. B. Mandatsbeendigung durch Auflösung des Betriebsrats, Kündigungsschutz nach § 15 KSchG).

Vermutungen und Spekulationen über die **allgemeine** wirtschaftliche **Entwicklung** sowie die Entwicklung des übergegangenen Betriebs müssen von den Beteiligten nicht angestellt werden (vgl. BAG NJOZ 2012, 860, 866). Ebenso wenig sind grundsätzlich Angaben zur **wirtschaftlichen und finanziellen Situation des Betriebserwerbers** erforderlich. Dies sind vom Betriebsübergang unabhängige Umstände, nicht dessen wirtschaftliche Folgen (vgl. *Schnitker/Grau* BB 2007, 1342; *Willemsen,* FS Küttner, S. 417, 423 f.).

Für die Entscheidung des Arbeitnehmers, dem Übergang seines Arbeitsverhältnisses zu widersprechen, kann eine Unterrichtung über die wirtschaftliche Lage aber bedeutsam sein, wenn die wirtschaftliche Notlage des Betriebserwerbers offensichtlich ist, etwa bei einem bereits eingeleiteten **Insolvenzverfahren** (BAG NZA 2008, 642, 644). Hierüber ist der Arbeitnehmer im Rahmen der Unterrichtung nach § 613a Abs. 5 BGB zu informieren (vgl. *Hergenröder* RdA 2007, 218, 227; *Maschmann* BB-Special 2006, Nr. 6, Beilage zu Heft 34, 29, 34; für eine Informationspflicht schon bei konkreter Insolvenzgefährdung *Lindemann/Wolter-Roßteutscher* BB 2007, 938, 942; noch weitergehender *Lembke/Oberwinter* ZIP 2007, 310, 312). Ungeachtet ihrer rechtlichen Notwendigkeit können weitere (zutreffende!) Angaben zu den wirtschaftlichen Verhältnissen die Motivation der Mitarbeiter erhöhen, das Arbeitsverhältnis mit dem Betriebserwerber fortzusetzen (vgl. *Willemsen,* FS Küttner, S. 417, 424).

6. Haftung von Betriebsveräußerer und Betriebserwerber. Angaben zur Haftung von Betriebsveräußerer und Betriebserwerber anlässlich des Betriebsübergangs zählen zu den rechtlichen Folgen i. S. d. § 613a Abs. 5 Nr. 3 BGB (→ Anm. 5).

7. Kündigung. Gemäß § 613a Abs. 4 S. 1 BGB ist die Kündigung eines Arbeitsverhältnisses wegen des Übergangs eines Betriebs oder eines Betriebsteils unwirksam. Die Arbeitnehmer sind hierüber im Rahmen der Unterrichtung nach § 613a Abs. 5 Nr. 3 BGB zu informieren (→ Anm. 5).

Es handelt sich um einen eigenständigen Unwirksamkeitsgrund außerhalb und unabhängig vom Anwendungsbereich des KSchG (vgl. § 13 Abs. 3 KSchG), der ordentliche und außerordentliche Beendigungs- und Änderungskündigungen erfasst (ErfKomm/*Preis* § 613a BGB Rn. 153). Zu beachten ist aber auch insoweit die dreiwöchige Klagefrist des § 4 Abs. 1 S. 1 KSchG (BT-Drucks. 15/1204 S. 13; krit. aus europarechtlicher Sicht *Kamanabrou* NZA 2004, 950).

Das Recht zur Kündigung des Arbeitsverhältnisses aus anderen Gründen bleibt gemäß § 613a Abs. 4 S. 2 BGB unberührt. Eine Kündigung ist demzufolge wirksam, wenn sie von Kündigungsgründen außerhalb des Betriebsübergangs getragen wird. Der Betriebsübergang kann zwar den äußeren Anlass der Kündigung darstellen, nach ständiger Rechtsprechung des BAG darf er jedoch nicht tragendes Motiv der Kündigung sein (BAG AP BGB § 613a Nr. 34; BAG NZA 1989, 461, 463; BAG NZA 2007, 387, 388). Ob dies der Fall ist, entscheidet die objektive Rechtslage, nicht die Begründung der Kündigung durch den Arbeitgeber (BAG NZA 1989, 461, 463).

Der Betriebsübergang ist beispielsweise nicht das tragende Motiv, wenn die ausgesprochenen Kündigungen zu einer Rationalisierung führen, welche den Betriebsübergang erst ermöglicht und andernfalls der Betrieb hätte stillgelegt werden müssen (BAG NZA 1997, 148). Auch eine Kündigung zur Verwirklichung eines Sanierungskonzepts (Sanierungskündigung) scheitert nicht an § 613a Abs. 4 S. 1 BGB, wenn es in zeitlichem Zusammenhang zu einem Betriebsübergang kommt (BAG NZA 2007, 387, 388 f.; näher W/H/S/S/*Willemsen* H Rn. 96 ff.). Erfolgt eine Kündigung in der konkreten Absicht, den Betrieb stillzulegen, ändert jedoch der Betriebsinhaber schließlich seinen Entschluss und veräußert er den Betrieb, wird die Kündigung nicht im Nachhinein gemäß § 613a Abs. 4 BGB unwirksam. Insoweit ist allein der Zeitpunkt des Zugangs der Kündigungserklärung maßgeblich (BAG AP BGB § 613a Nr. 237; BAG AP InsO § 125 Nr. 4). Allerdings ist an einen Wiedereinstellungsanspruch des gekündigten Arbeitnehmers zu denken (BAG AP BGB § 613a Nr. 169; BAG NZA 2008, 357; *Hergenröder* RdA 2007, 221, 228; *Krieger/Willemsen* NZA 2011, 1128, 1130). Dieser richtet sich inhaltlich auf die Neubegründung des Arbeitsverhältnisses zu den ursprünglich bestehenden Bedingungen mit ex tunc-Wirkung.

8. Rechtliche Folgen: Tarifverträge. Zu den rechtlichen Folgen i.S.d. § 613a Abs. 5 Nr. 3 BGB gehört auch das Schicksal von Tarifverträgen (BAG NZA 2006, 1268, 1272; BAG NZA 2009, 552, 554; BAG NZA 2010, 89, 93; BAG NJOZ 2012, 860, 864). Sind Betriebsveräußerer und Betriebserwerber in derselben Branche tätig und im selben Arbeitgeberverband organisiert (so der vorliegende Fall), gelten die einschlägigen Tarifverträge im Regelfall unbeschadet des Betriebsübergangs **kollektivrechtlich** fort (vgl. dazu *Heinze* DB 1998, 1861, 1862; *Kania* DB 1994, 529, 533; MünchKommBGB/*Müller-Glöge* § 613a BGB Rn. 129; *Waldenmeier/Pichler* NZA-RR 2008, 1). Ist der Betriebserwerber dagegen nicht oder in einem anderen Arbeitgeberverband als der Betriebsveräußerer organisiert, findet gemäß § 613a Abs. 1 S. 2 BGB grundsätzlich eine Transformation der tarifvertraglichen Normen in das Arbeitsverhältnis zwischen Arbeitnehmer und Betriebserwerber statt, wobei die tarifvertraglichen Normen freilich ihren kollektivrechtlichen Charakter behalten (BAG NZA 2010, 41; BAG NZA 2010, 173, 174; BAG NZA 2010, 513, 517). Dabei ist der Betriebserwerber an die transformierten Regelungen in einer Weise gebunden, die der Nachbindung des aus einem tarifschließenden Arbeitgeberverband ausgetretenen Arbeitgebers gem. § 3 Abs. 3 TVG weitgehend entspricht, allerdings zeitlich begrenzt auf eine Höchstdauer von einem Jahr (BAG NZA 2010, 41, 46; BAG NZA 2010, 173, 174). Die transformierten Normen wirken in dieser Zeit vergleichbar wie Mindestarbeitsbedingungen i.S.v. von § 4 Abs. 1, 3 TVG (BAG NZA 2010, 173, 174). Dies gilt nicht, wenn die Rechte und Pflichten bei dem Betriebserwerber durch Rechtsnormen eines anderen Tarifvertrags geregelt werden, § 613a Abs. 1 S. 3 BGB (ausf. zu den denkbaren Fallkonstellationen *Gaul* § 24 Rn. 18 ff., 38 ff.). Eine neue Entscheidung des EuGH (EuGH NZA 2011, 1077 – Scattolon) könnte allerdings dahingehend zu verstehen sein, dass die Ablösung eines beim Betriebsveräußerer geltenden Tarifvertrags durch einen beim Betriebserwerber geltenden Tarifvertrag nach § 613a Abs. 1 S. 3 BGB nur noch dann möglich ist, wenn diese Ablösung mit keiner Verschlechterung für die übergehenden Arbeitnehmer einhergeht. Ob der Entscheidung des EuGH diese generelle Bedeutung beizumessen ist, wird in der Literatur allerdings uneinheitlich beurteilt (dafür *Fuhlrott* ArbRAktuell 2012, 337; *Steffan* NZA 2012, 473; dagegen *Sittard/Flockenhaus* NZA 2013, 652; *Willemsen* RdA 2012, 291, 301 ff.). Auch das BAG hat die Rechtsprechung des EuGH in dieser Sache bereits erkannt, musste dazu aber noch keine Stellung beziehen (BAG BeckRS 2012, 67538; BAG BeckRS 2012, 66993).

Für **Haustarifverträge** ist zu beachten, dass das BAG und der überwiegende Teil der Literatur (nur) bei Betriebsübergängen, die auf einer **Gesamtrechtsnachfolge** beruhen, unter Hinweis auf die umwandlungsrechtlichen Haftungsvorschriften stets von einer kollektivrechtlichen Fortgeltung des Tarifvertrags ausgehen (BAG NZA 1998, 1346, 1347; A/P/S/*Steffan* § 613a BGB Rn. 113 m.w.N.). Eine Gesamtrechtsnachfolge liegt z.B. vor, wenn sich der Unternehmenserwerb auf der Grundlage der Vorschriften des Umwandlungsgesetzes (z.B. in Form einer Verschmelzung oder Spaltung) vollzieht (vgl. §§ 2 ff., 123 ff. UmwG).

Unter Berücksichtigung der in → Anm. 5 aufgezeigten Grundsätze genügt es grundsätzlich, wenn die Beschäftigten in abstrakter Form auf die vor und nach dem Betriebsübergang anwendbaren Tarifverträge sowie den gegebenenfalls einschlägigen Ablösungsmechanismus gemäß § 613a Abs. 1 S. 2 bis S. 4 BGB hingewiesen werden. Eine namentliche Nennung aller einschlägigen Tarifwerke (z.B. Manteltarifvertrag XY, Entgelttarifvertrag XY, Tarifvertrag über Altersteilzeit XY, Tarifvertrag über Vermögensbildung XY, Tarifvertrag zur Standortsicherung XY, usw.) ist regelmäßig nicht geboten (vgl. BAG NZA 2006, 1268, 1272; BAG NZA 2007, 682, 685; BAG NZA 2010, 89, 93; BAG NJOZ 2012, 860, 864). Vielmehr genügt eine Bezugnahme auf die einschlägige Branche (Beispiel: „Tarifverträge der Chemischen Industrie“). Damit sind die anwendbaren tarifvertraglichen Regelungen bestimmbar, so dass die Arbeitnehmer bei Bedarf weitere Informationen einholen können (vgl. H/W/K/*Willemsen* § 613a BGB Rn. 327). Nach der Rechtsprechung ist aber im Unterrichtungsschreiben darauf hinzuweisen, ob die tarifvertraglichen Normen **kollektivrechtlich oder individualrechtlich** fortwirken (BAG NZA 2006, 1268, 1272; BAG NZA 2007, 682, 685; BAG NZA 2010, 89, 93; BAG NJOZ 2012, 860, 864). Da es in der Praxis oft nur zu einer teilweisen Ablösung oder Fortgeltung tarifvertraglicher Bestimmungen kommen wird, kann eine detaillierte Bezeichnung der einzelnen Vereinbarungen ebenfalls erforderlich sein. Zur Wahrung der Übersichtlichkeit des Unterrichtungsschreibens bietet sich in diesen Fällen eine Auflistung in Anlagen an (*Waldenmaier/Pichler* NZA-RR 2008, 1, 4).

Die beteiligten Arbeitgeber sind nicht Rechtsberater ihrer Beschäftigten. Eine Darstellung des Inhalts der anwendbaren Tarifverträge ist daher in aller Regel ebenso entbehrlich wie eine konkrete Subsumtion der tarifrechtlichen Folgen für jedes einzelne Arbeitsverhältnis (vgl. BAG NJOZ 2007, 192, 198 f.). Sofern erforderlich, kommt allenfalls eine pauschale Differenzierung in organisierte und nicht organisierte Arbeitnehmer in Betracht, falls die tarifrechtlichen Folgen für diese Arbeitnehmergruppen unterschiedlich zu beurteilen sind (vgl. BAG NJOZ 2012, 860, 865; vgl. dazu auch *Kania* DB 1994, 529, 532; *Maschmann* BB-Special 2006, Nr. 6, Beilage zu Heft 34, 29, 33; zum Tarifwechsel durch Branchenwechsel *Bauer/Haußmann* DB 2003, 610, 611).

9. Rechtliche Folgen: Betriebsvereinbarungen und Betriebsräte. Zu den rechtlichen Folgen i. S. d. § 613a Abs. 5 Nr. 3 BGB gehören auch Angaben zum rechtlichen Schicksal von Betriebsvereinbarungen (BAG NZA 2006, 1268, 1272; BAG NZA 2007, 682, 685; BAG NZA 2009, 552, 554; BAG NZA 2010, 89, 93; BAG NJOZ 2012, 860, 864; ausf. *Mohnke/Betz* BB 2008, 498) und Betriebsräten anlässlich des Betriebsübergangs. Soweit die Auffassung vertreten wird, die Folgen für Arbeitnehmervertretungen (z. B. Betriebsrat, Sprecherausschuss, Schwerbehindertenvertretung, usw.) seien nicht von der Unterrichtungspflicht umfasst (so W/H/S/S/*Willemsen* G Rn. 217 m. w. N.), scheint dies wenig überzeugend. Die Existenz oder Nichtexistenz dieser Organe kann für die betroffenen Beschäftigten jedenfalls eine wirtschaftliche und/oder soziale Dimension haben (vgl. *Franzen* RdA 2002, 258, 265; *Annuß*, FS 25 Jahre Arbeitsgemeinschaft Arbeitsrecht, S. 563, 571). Im vorliegenden Fall ist dieser Punkt weitgehend unproblematisch, da die **Betriebsidentität** am Standort M. von dem Übergang nicht berührt wird. Dies bedeutet, dass die betriebliche Organisation und die vorhandenen Leitungsstrukturen auch nach dem Betriebsübergang fortbestehen (s. zu den Voraussetzungen und dem Inhalt der Betriebsidentität im Einzelnen W/H/S/S/*Hohenstatt* D Rn. 68 ff.). In diesem Fall bedarf es keiner Transformation vorhandener Betriebsvereinbarungen gemäß § 613a Abs. 1 S. 2 BGB, da der Betrieb als Bezugspunkt des Kollektivrechts nicht untergeht (vgl. *Heinze* DB 1998, 1861, 1863; MünchKommBGB/*Müller-Glöge* § 613a BGB Rn. 149 m. w. N.). Liegen die genannten Voraussetzungen vor, bleibt auch das Amt des Betriebsrats von dem Betriebsübergang unberührt (*F/E/S/T/L* § 21 BetrVG Rn. 34). Wird der veräußerte Betrieb dagegen räumlich und/oder funktional in einen anderen Betrieb des Betriebserwerbers eingegliedert, so gelten die beim Betriebsveräußerer bestehenden Betriebsvereinbarungen lediglich kraft gesetzlicher Anordnung gemäß § 613a Abs. 1 S. 2 BGB weiter (vgl. MünchKommBGB/*Müller-Glöge* § 613a BGB Rn. 154), sofern sie nicht durch gleichartige Betriebsvereinbarungen beim Betriebserwerber verdrängt werden (§ 613a Abs. 1 S. 3 und S. 4 BGB). Auch bei einer Ablösung von Betriebsvereinbarungen kann möglicherweise aufgrund des Scattolon-Urteils des EuGH ein „Verschlechterungsverbot" zu beachten sein (vgl. *Sittard/Flockenhaus* NZA 2013, 652, 657; zum Scattolon-Urteil des EuGH → Anm. 8). Das Schicksal des Betriebsrats richtet sich in diesem Fall nach § 21a und § 21b BetrVG.

Rechtlich weitgehend ungeklärt ist der Fortbestand von **Konzern- und Gesamtbetriebsvereinbarungen** beim Betriebsübergang (s. dazu BAG NZA 2003, 670; *Mohnke/Betz* BB 2008, 498, 500 ff.; *Rieble/Gutzeit* NZA 2003, 233). Nach Auffassung des BAG können Gesamtbetriebsvereinbarungen, die für das Unternehmen des Betriebsveräußerers geschlossen wurden, nach einem Betriebsübergang als Einzelbetriebsvereinbarung (kollektivrechtlich) weiterbestehen, sofern der Betriebserwerber einen kompletten Betrieb erwirbt und diesen nicht in einen anderen Betrieb eingliedert (BAG NZA 2003, 670; vgl. auch BAG NJOZ 2012, 860, 866). Voraussetzung für die kollektivrechtliche Weitergeltung sei allein, dass der übertragene Betrieb seine Identität behalte (vgl. BAG NZA 2003, 670, 674). Die Dogmatik für dieses Ergebnis ist diffus (krit. auch *Rieble/Gutzeit* NZA 2003, 233, 237; ErfKomm/*Preis* § 613a BGB Rn. 115). Folgt man dem BAG, muss man bei einem Übergang sämtlicher Betriebe des Betriebsveräußerers unter Erhalt der betrieblichen Strukturen im neuen Unternehmen konsequenterweise auch von einem Fortbestand des **Gesamtbetriebsrats** ausgehen (so BAG NZA 2003, 336). Ob die Überlegungen des BAG für Gesamtbetriebsvereinbarungen auch auf Konzernbetriebsvereinbarungen anzuwenden sind, hat das Gericht noch nicht entschieden. Die Begründungserwägungen dürften ein anderes Ergebnis kaum zulassen (Staudinger/*Annuß* § 613a BGB Rn. 206; *Meyer* BB-Special 2005, Nr. 14, Beilage zu Heft 50, 5, 7 f.).

Hinsichtlich des Umfangs der Unterrichtung gelten die Ausführungen in → Anm. 8 sinngemäß. Es ist also grundsätzlich nicht erforderlich, jede einzelne Betriebsvereinbarung, die vor und nach dem Betriebsübergang anwendbar ist, aufzulisten und ihren Inhalt zu kommentieren. Dies wäre in Großunternehmen mit mehreren hundert Betriebsvereinbarungen allein aus organisatorischen und administrativen Gründen problematisch (vgl. *Mohnke/Betz* BB 2008, 498). Darüber hinaus ist es nicht Sache der beteiligten Arbeitgeber, den Beschäftigten anlässlich des Betriebsübergangs ein Rechtsgutachten über Art und Umfang ihrer Arbeitsbedingungen anzufertigen. Nur dort, wo signifikante Änderungen im Bestand der vorhandenen Betriebsvereinbarungen eintreten, kann gegebenenfalls ein schlagwortartiger Hinweis – z. B. auf die Verdrängung einzelner Regelungskomplexe durch konkurrierende Kollektivregelungen des Betriebserwerbers – geboten sein (vgl. mit unterschiedlichen Schwerpunkten *Gaul/Otto* DB 2002, 634, 635; A/P/S/*Steffan* § 613a BGB Rn. 209; *Worzalla* NZA 2002, 353, 355; *Willemsen/Lembke* NJW 2002, 1159, 1163; weitergehend *Jaeger* ZIP 2004, 433, 441). Insbesondere bei einem Fortbestand der Betriebsidentität (so der vorliegende Fall) besteht für eine Nennung einzelner Regelungsinhalte aber keine Veranlassung.

10. Rechtliche Folgen: Unternehmensmitbestimmung. Umstritten ist, ob Angaben zur Unternehmensmitbestimmung von § 613a Abs. 5 Nr. 3 BGB umfasst werden (vgl. zum Streitstand *Gaul* § 11 Rn. 17). Rechtsprechung des BAG liegt hierzu bislang nicht vor. In praktischer Hinsicht besteht die Schwierigkeit, dass die Unterrichtung bei einer Ignorierung mitbestimmungsrechtlicher Fragen unvollständig sein kann und damit die Widerspruchsfrist gemäß § 613a Abs. 6 BGB nicht in Gang gesetzt wird (→ Anm. 13). Andererseits wird der Hinweis auf eine mögliche (Um-)Bildung von Aufsichtsräten häufig nicht dem Interesse der beteiligten Unternehmen entsprechen. Dies gilt insbesondere in Fällen, in denen mitbestimmte Aufsichtsräte bislang – etwa aus Unkenntnis oder mangelnder Initiative der Belegschaft des Betriebserwerbers – entgegen den gesetzlichen Vorgaben (noch) nicht bestehen. Es besteht dann die Gefahr, mit der Unterrichtung „schlafende Hunde" zu wecken. Im Formular wurden die Angaben unbeschadet dieser Bedenken der Vollständigkeit halber aufgenommen.

11. In Aussicht genommene Maßnahmen. Die vom Betriebsübergang betroffenen Arbeitnehmer sind über die in Aussicht genommenen Maßnahmen zu unterrichten (§ 613a Abs. 5 Nr. 4 BGB). Der Begriff der **Maßnahme** ist auf die Betriebsübergangsrichtlinie zurückzuführen (krit. zur Übernahme des Richtlinienwortlauts *Willemsen,* FS Küttner, S. 417, 419). Nach der Gesetzesbegründung sollen hierunter insbesondere Weiterbildungsmaßnahmen im Zusammenhang mit geplanten Produktionsumstellungen oder Umstrukturierungen und andere Maßnahmen, die die berufliche Entwicklung betreffen, fallen (BT-Drucks. 14/7760 S. 19). Während in der Literatur neben Qualifizierungsmaßnahmen insbesondere Sekundärfolgen des Betriebsübergangs (z. B. beabsichtigte Personalreduzierungen zur Nutzung von Synergieeffekten, betriebsbedingte Kündigungen von Arbeitsverhältnissen widersprechender Arbeitnehmer) zu den Maßnahmen i. S. v. § 613a Abs. 5 Nr. 4 BGB gezählt werden (*Hohenstatt/Grau* NZA 2007, 13, 17; *Hergenröder* RdA 2007, 218, 227), will das BAG Sekundärfolgen unter bestimmten Umständen von § 613a Abs. 5 Nr. 3 BGB erfasst wissen (BAG NZA 2006, 1273, 1276). Darüber hinaus wird man aber auch solche unternehmerischen Vorhaben unter das Tatbestandsmerkmal Maßnahmen fassen müssen, die nicht nur die Arbeitnehmer, sondern auch die Entwicklung des Gesamtbetriebs (z. B. geplante Betriebsänderungen, Stilllegungen oder Betriebsverlagerungen) betreffen (a. A. *Bauer/v. Steinau-Steinrück* ZIP 2002, 457, 463 unter Hinweis auf den Gesetzeswortlaut). Nur in den seltensten Fällen wird ein Unternehmer aber die mit dem Erwerb eines Betriebs oder Betriebsteils verbundenen Konsequenzen auf operativer Ebene zum Zeitpunkt der Unterzeichnung des Kaufvertrags abschließend überschauen können. Zudem hängt die berufliche Entwicklung der übernommen Arbeitnehmer von vielen unterschiedlichen Faktoren, z. B. ihren eigenen Kenntnissen und Fertigkeiten, ihren persönlichen Leistungen und ihrer Einsatzbereitschaft, der Entwicklung des Erwerberbetriebs sowie der gesamtwirtschaftlichen Entwicklung usw., ab. Die

Vorschrift kann daher nicht so zu verstehen sein, dass den Arbeitnehmern sämtliche (theoretisch) möglichen Entwicklungen ihres Arbeitsplatzes und des Erwerberunternehmens aufgezeigt werden müssten. Ebenso wie bei § 613a Abs. 5 Nr. 3 BGB kommt es daher auf eine „subjektive Determination" der Unterrichtung an (→ Anm. 5).

Maßnahmen sind frühestens „in Aussicht genommen", wenn ein **Stadium konkreter Planung** erreicht ist (BAG NZA 2006, 1273, 1276; BAG NJOZ 2012, 860, 864; vgl. *Maschmann* BB-Special 2006, Nr. 6, Beilage zu Heft 34, 29, 3; ErfKomm/*Preis* § 613a BGB Rn. 89). Der Arbeitgeber muss die Entscheidung zur Durchführung einer bestimmten Maßnahme also dem Grunde nach schon getroffen haben (*Schnitker/Grau* BB 2005, 2238, 2241). Liegen zum Zeitpunkt der Unterrichtung (noch) keine hinreichend konkreten Planungen vor, ist – wie im vorliegenden Fall – eine Negativerklärung ausreichend (vgl. *Grau* RdA 2007, 367, 371; *Meyer* DB 2007, 858, 859).

12. Einverständniserklärung des Arbeitnehmers. Im Formular ist dem Arbeitnehmer die Möglichkeit eröffnet, sich mit dem Betriebsübergang einverstanden zu erklären. Dies bedeutet freilich nicht, dass der Übergang des Arbeitsverhältnisses von einer Einverständniserklärung abhinge. Der Eintritt in die Rechte und Pflichten aus den vom Betriebsübergang betroffenen Arbeitsverhältnissen erfolgt vielmehr kraft gesetzlicher Anordnung in § 613a Abs. 1 S. 1 BGB.

Eine Aufforderung zur Erklärung des Einverständnisses mit dem Betriebsübergang ist nicht obligatorisch. Sie empfiehlt sich aber aus praktischen Überlegungen, um die Beschäftigten zu einer positiven Stellungnahme zu bewegen. Daher sollte auch eine separate Frist für das Einverständnis bestimmt und am Ende des Unterrichtungsschreibens eine vorgefertigte Einverständniserklärung angefügt werden. Dies kann insbesondere hilfreich sein, wenn möglichst viele Arbeitnehmer – unter Verzicht auf die Ausübung des Widerspruchsrechts – zu einem Wechsel veranlasst werden sollen. Dies unterstellt, wurde in dem Formular davon abgesehen, am Ende der Unterrichtung eine (rechtlich und tatsächlich vorhandene) Wahlmöglichkeit zwischen Widerspruch und Einverständnis vorzusehen (z. B. durch Vorgabe entsprechender Kästchen zum Ankreuzen). Eine unzulässige Beeinflussung der Willensbildung liegt hierin nicht, da das Gesetz für die Gestaltung des Schreibens keine zwingenden Vorgaben enthält und die Unterrichtung im Übrigen einen umfassenden und deutlichen Hinweis auf die Widerspruchsmöglichkeit enthält. Es ist einem verständigen Arbeitnehmer zumutbar, auf einem separaten Blatt Papier ein eigenes Widerspruchsschreiben anzufertigen.

Eine Einverständniserklärung kann auch als **Verzicht auf das Widerspruchsrecht** angesehen werden. Ob ein Verzicht zulässig ist, wird unterschiedlich beurteilt. Einige Autoren halten ihn jedenfalls dann für möglich, wenn ein bestimmter Betriebsübergang konkret bevorsteht (so *Gaul* § 11 Rn. 49; *Worzalla* NZA 2002, 353, 357; ebenso bislang das BAG NZA 1998, 750, 751; BAG NZA 2007, 793, 798; vgl. BAG NZA 1984, 32, 33; zweifelnd in Fällen nicht ordnungsgemäßer Unterrichtung *Grobys* BB 2002, 726, 730; *Maschmann* BB-Special 2006, Nr. 6, Beilage zu Heft 34, 29, 35; für die Voraussetzung einer ordnungsgemäßen Unterrichtung auch LAG Saarbrücken BeckRS 2011, 65207). Nach überwiegend vertretener Ansicht muss der Verzicht entsprechend § 613a Abs. 6 S. 1 BGB schriftlich erfolgen (*Gaul/Otto* DB 2002, 634, 638; *Olbertz/Ungnad* BB 2004, 213, 218; Schaub/*Koch* § 118 Rn. 44; a. A. H/W/K/*Willemsen* § 613a BGB Rn. 362). Auch deshalb stellt das arbeitnehmerseitige Schweigen keinen Verzicht auf das Widerspruchsrecht dar. Daneben gelten bei einem formularmäßigen Verzicht die Grenzen der §§ 305 ff. BGB (vgl. *Annuß*, FS 25 Jahre Arbeitsgemeinschaft Arbeitsrecht, S. 563, 590; ErfKomm/*Preis* § 613a BGB Rn. 102). Unbeschadet dieses Streits ist es empfehlenswert, die Beschäftigten in jedem Fall zur ausdrücklichen Zustimmung mit dem Betriebsübergang zu bewegen. Liegt eine Einverständniserklärung vor, ist damit nicht nur ein starkes faktisches Präjudiz für den Übergang geschaffen (vgl. BAG NZA 1997, 722). Zusätzlich lässt sich argumentieren, damit sei eine dreiseitige rechtsgeschäftliche **„Überleitungsverein-**

barung" zwischen Betriebserwerber, Betriebsveräußerer und dem betroffenen Arbeitnehmer zustande gekommen, die unabhängig von § 613a BGB einen eigenständigen Rechtsgrund für die Fortführung des Arbeitsverhältnisses bildet. Eine solche Vereinbarung wäre im Rahmen der allgemeinen Vertragsfreiheit zulässig (*Grobys* BB 2002, 726, 730; vgl. LAG Köln NZA-RR 2004, 491, 492). Außerdem setzt sich der Arbeitnehmer dem Vorwurf widersprüchlichen Verhaltens (§ 242 BGB) aus, widerspricht er trotz erklärter Einwilligung später dem Betriebsübergang (vgl. BAG NZA 1998, 750, 751). Schließlich dürfte auch der Rechtsgedanke des § 144 BGB einem Widerspruch nach Einverständniserklärung entgegenstehen (vgl. LAG Düsseldorf BeckRS 2007, 44822; *Gehlhaar* BB 2009, 1182, 1184; offengelassen von BAG NZA 2009, 1149, 1150). Allerdings dürfe der Schadensersatzanspruch des Mitarbeiters nach einer unrichtigen Unterrichtung (§ 613a Abs. 5 BGB konstituiert eine echte Rechtspflicht → Anm. 2) nach den Prinzipien der Naturalrestitution (§ 249 Abs. 1 BGB) die Aufhebung einer solchen Überleitungsvereinbarung umfassen; schließlich sind die Vertragspartner des Arbeitnehmers, nämlich Betriebsveräußerer und Betriebserwerber, zugleich diejenigen, die ihn unrichtig unterrichtet haben, also die Schuldner seines Schadensersatzanspruchs.

13. Widerspruchsrecht. Nach § 613a Abs. 6 BGB können die von einem Betriebsübergang betroffenen Arbeitnehmer dem Übergang ihres Arbeitsverhältnisses auf den Betriebserwerber verhindern, wenn sie innerhalb eines Monats nach Zugang der Unterrichtung schriftlich gegenüber ihrem bisherigen oder dem neuen Arbeitgeber widersprechen. Für die **Schriftform** des Widerspruchs sowie die **Fristberechnung** gelten allgemeine zivilrechtliche Grundsätze (§§ 126, 126a BGB; §§ 186 ff. BGB). Erklärungen, die nach Ende der üblichen Geschäftszeiten abgegeben werden, dürften erst am nächsten Tag als zugegangen gelten (vgl. dazu Palandt/*Ellenberger* § 130 Rn. 6). Aufgrund des Schriftformerfordernisses kann bloßes **Schweigen** nicht als Widerspruch angesehen werden. Um den Beschäftigten die Zustellung ihres Widerspruchs zu erleichtern, empfiehlt sich in jedem Fall eine vollständige Angabe der Adressen von Betriebsveräußerer und Betriebserwerber in der Unterrichtung (→ Anm. 3).

Unabhängig davon, ob man einen Hinweis auf das Widerspruchsrecht im Unterrichtungsschreiben für obligatorisch erachtet (dagegen *Bauer/v. Steinau-Steinrück* ZIP 2002, 457, 463; *Willemsen*, FS Küttner, S. 417, 421; dafür BAG NZA 2008, 1354, 1357; BAG BeckRS 2009, 58465; *Hohenstatt/Grau* NZA 2007, 13, 16; A/P/S/*Steffan* § 613a BGB Rn. 210), ist eine Aufklärung der Arbeitnehmer hierüber in jedem Fall sinnvoll. Einerseits können die beteiligten Unternehmen damit deutlich machen, dass sie die Unterrichtung als vollständig betrachten und deshalb vom Beginn der Widerspruchsfrist mit Zugang des Unterrichtungsschreibens ausgehen. Zudem scheint es sinnvoll, die Beschäftigten ergänzend über die mit einem Widerspruch verbundenen Konsequenzen aufmerksam zu machen (→ Anm. 14). Dies gilt besonders in Fällen, in denen aufgrund der unternehmerischen Konzeption der Transaktion Widersprüche möglichst vermieden werden sollen.

Rechtsfolge der unterbliebenen Unterrichtung nach § 613a Abs. 5 BGB ist, dass die Widerspruchsfrist gemäß § 613a Abs. 6 S. 1 BGB nicht zu laufen beginnt (BAG NZA 2005, 1302, 1304). Nach der Gesetzesbegründung gilt dies auch bei einer nicht **„vollständigen" Unterrichtung** (BT-Drucks. 14/7760 S. 19; ebenso *Willemsen/Lembke* NJW 2002, 1159, 1164; *Worzalla* NZA 2002, 353, 355; *Gaul/Otto* DB 2002, 634, 638; *Jacobsen/Menke* NZA-RR 2010, 393; krit. *Hohenstatt/Grau* NZA 2007, 13, 18; differenzierend zwischen Unvollständigkeit und Fehlerhaftigkeit *Willemsen,* FS Küttner, S. 417, 427 ff.; für eine lediglich formelle Prüfungskompetenz der Gerichte bei der Überprüfung der Vollständigkeit *Grobys* BB 2002, 726, 729). Dem hat sich die Rechtsprechung angeschlossen. Weder durch eine unterbliebene noch durch eine nicht ordnungsgemäße Unterrichtung wird die Widerspruchsfrist ausgelöst (BAG NZA 2006, 1268, 1270; BAG NZA 2007, 682, 683 f.; BAG NZA 2009, 547, 549; BAG NJOZ

2012, 860, 863). Einer **Kausalität** zwischen fehlerhafter Unterrichtung und Ausübung des Widerspruchsrechts bedürfe es nicht (BAG NZA 2007, 682, 685; BAG NZA 2009, 547, 550; a.A. *Lindemann/Wolter-Roßteutscher* BB 2007, 938, 940 ff.). Damit kann für die an dem Betriebsübergang beteiligten Arbeitgeber erhebliche Rechtsunsicherheit entstehen. Angesichts der Vielschichtigkeit möglicher Unterrichtungsinhalte lässt sich die Frage, ob eine Unterrichtung „vollständig" und damit ordnungsgemäß ist, kaum zuverlässig beantworten. Dies bedeutet in der praktischen Konsequenz, dass nicht nur eine gänzlich unterbliebene, sondern auch eine unvollständige oder sonst mangelhafte Unterrichtung den Lauf der Widerspruchsfrist nicht auslösen kann und den betroffenen Arbeitnehmern damit – in den Grenzen der Verwirkung – ein zeitlich unbegrenztes Widerspruchsrecht und damit gegebenenfalls ein Druckmittel gegenüber den an der Transaktion beteiligten Arbeitgebern zusteht (vgl. *Grobys* BB 2002, 726, 729). Sogar nach Beendigung des Arbeitsverhältnisses kann das Widerspruchsrecht noch ausgeübt werden (BAG NZA 2008, 1354; BAG NZA-RR 2009, 294). Den Fallgruppen einer möglichen Verwirkung des Widerspruchsrechts wird daher künftig besondere Bedeutung zukommen.

Eine **Verwirkung des Widerspruchsrechts** (ausf. *Löwisch/Göpfert/Siegrist* DB 2007, 2538) kann insbesondere bei widersprüchlichem Verhalten vorliegen, z.B. wenn der Arbeitnehmer gegenüber seinem bisherigen Arbeitgeber oder dem neuen Betriebsinhaber erklärt, er werde dem geplanten Betriebsübergang keinesfalls widersprechen und er hierfür besondere finanzielle Vorteile (z.B. „Treueprämie") erhält (vgl. BAG NZA 1984, 32, 33; BAG NZA 1998, 750, 751). Nicht ausreichend für das sog. Umstandsmoment einer Verwirkung des Widerspruchsrechts ist hingegen die widerspruchslose Weiterarbeit beim Betriebserwerber nach erfolgtem Betriebsübergang, da es bei der bloßen Weiterarbeit an einer besonderen vertrauensbegründenden Verhaltensweise fehlt (BAG NZA 2008, 1294, 1296; BAG NZA-RR 2009, 62, 65). Zudem würde bei gegenteiliger Ansicht das Ziel, falsch unterrichteten Arbeitnehmern das Widerspruchsrecht zu erhalten, unterlaufen. Für die Erfüllung des Umstandsmoments ist vielmehr eine Disposition über den Bestand des Arbeitsverhältnisses erforderlich, mit welcher der Arbeitnehmer deutlich macht, dass er den Betriebserwerber als seinen neuen Arbeitgeber anerkennt oder mit der „das Arbeitsverhältnis auf eine völlig neue rechtliche Grundlage" gestellt wird (vgl. BAG NZA 2010; 393; 397; *Rudkowski* NZA 2010, 739, 740). Allerdings sind die Anforderungen an das Umstandsmoment bei der Frage der Verwirkung umso geringer, je mehr Zeit seit dem Zeitpunkt des Betriebsübergangs verstrichen ist und je länger der Arbeitnehmer bereits für den Betriebserwerber gearbeitet hat (BAG BeckRS 2012, 71870).

In praktischer Hinsicht kann sich der Betriebserwerber einen Vorteil dadurch verschaffen, dass Arbeitnehmer, die dem Betriebsübergang im Vorfeld nicht ausdrücklich zugestimmt haben, sondern ihre Tätigkeit lediglich (stillschweigend) fortsetzen, nach dem Betriebsübergang im Wege eines proaktiven „Follow-up" zu einem ausdrücklichen Einverständnis bewegt werden (z.B. durch den Abschluss eines neuen Arbeitsvertrags).

Wenn das **Unternehmen** des Betriebsveräußerers **infolge des Betriebsübergangs erlischt,** besteht kein Widerspruchsrecht des Arbeitnehmers, da das Arbeitsverhältnis mit dem bisherigen erloschenen Arbeitgeber nicht fortgesetzt werden kann (BAG NZA 2008, 815, 816; ErfKomm/*Preis* § 613a BGB Rn. 183 m.w.N.; a.A. *Grobys* BB 2002, 726, 730; *Fandel/Hausch* BB 2008, 2402; vgl. zum früheren Streit → Form. A. XII. 3 Anm. 9). Dieser Fall kann z.B. bei **Umwandlungen** in Form einer Verschmelzung (vgl. § 20 Abs. 1 Nr. 2 [i.V.m. § 36 Abs. 1 S. 1] UmwG) oder Aufspaltung (vgl. § 131 Abs. 1 Nr. 2 [i.V.m. § 135 Abs. 1 S. 1] UmwG) auftreten. Will der Arbeitnehmer das Arbeitsverhältnis bei dem neuen Arbeitgeber nicht fortsetzen, kann er (statt der Erklärung eines Widerspruchs) ohne Rechtsverlust von seinem außerordentlichen Kündigungsrecht nach § 626 BGB Gebrauch machen (vgl. BAG NZA 2008, 815, 818). Allerdings wurde höchstrichterlich bisher nicht geklärt, ob in diesen Fällen ein Unterrichtungsschreiben nach § 613a Abs. 5 BGB entbehrlich ist (dafür *Neufeld* BB 2008, 1739; nach dem Bestehen eines Betriebsrats differenzieren *Simon/Weninger* BB 2010, 117, 119; dagegen *Nießen* NJW Spezial 2008, Heft 20, 623, 624; *Otto/Mückl* BB 2011, 1978).

Trotz der bestehenden Unklarheit über das Erfordernis eines Unterrichtungsschreibens vereinfacht der Wegfall des Widerspruchsrechts in Verschmelzungsfällen die Transaktion, da jedenfalls die hohen Anforderungen an den Inhalt des Unterrichtungsschreibens nicht erfüllt werden müssen. Wesentliche Rechtsfolge eines unvollständigen oder unrichtigen Unterrichtungsschreibens ist, dass die Frist für die Ausübung des Widerspruchsrechts nicht zu laufen beginnt. Besteht allerdings gar kein Widerspruchsrecht, läuft auch keine Widerspruchsfrist. Schon aus personalpolitischen Gründen wird man aber nicht so weit gehen wollen, auf das Informationsschreiben in diesen Fällen ganz zu verzichten. Aber der aufwendige Abstimmungsprozess über Informationstiefe und Detailregelungen entfällt. Sollte man in diesen Fällen jedoch weiterhin ein ordnungsgemäßes Unterrichtungsschreiben für erforderlich halten, ist unklar, welche Rechtsfolge eine nicht ordnungsgemäße Unterrichtung nach § 613a Abs. 5 BGB statt des Nichtbeginns der Widerspruchsfrist nach sich zieht. Denkbar wäre zum einen der Nichtbeginn des Fristlaufs für die außerordentliche Kündigung nach § 626 Abs. 2 BGB, selbst wenn der Arbeitnehmer von der Umwandlung als solcher Kenntnis erlangt (*Nießen* NJW Spezial 2008, Heft 20, 623, 624). Zum anderen könnten auch Schadensersatzansprüche der vom Betriebsübergang betroffenen Arbeitnehmer in Betracht kommen (*Nießen* NJW Spezial 2008, Heft 20, 623, 624; *Otto/Mückl* BB 2011, 1978).

14. Folgen eines Widerspruchs. Der im Formular enthaltene Hinweis auf den drohenden Arbeitsplatzverlust zählt nach der Rechtsprechung zu den rechtlichen Folgen i. S. v. § 613a Abs. 5 Nr. 3 BGB. Stünden Kündigungen im Raum, sei im Unterrichtungsschreiben auf die kündigungsrechtliche Situation zwingend hinzuweisen (BAG NZA 2006, 1268, 1272; BAG NZA 2007, 682, 685; BAG NZA 2009, 547, 549; BAG NJOZ 2012, 860, 864). Ungeachtet der rechtlichen Notwendigkeit können Arbeitnehmer durch einen Hinweis auf drohende betriebsbedingte Kündigungen motiviert werden, von einem Widerspruch abzusehen.

Wird das Widerspruchsrecht wirksam ausgeübt, besteht das Arbeitsverhältnis mit dem rsprünglichen Arbeitgeber (Betriebsveräußerer) fort. Diese Rechtsfolge ist unstreitig (ausf. auch zu den kündigungsrechtlichen Folgen *Annuß*, FS 25 Jahre Arbeitsgemeinschaft Arbeitsrecht, S. 563, 581 ff.). In der Praxis besteht dann regelmäßig die Schwierigkeit, dass die widersprechenden Mitarbeiter nicht mehr beschäftigt werden können, da jedenfalls ihre „Arbeitsplätze" – unbeschadet des Widerspruchs – auf den Betriebserwerber übergegangen sind. Im Regelfall wird der Betriebsveräußerer für diese Arbeitnehmer daher betriebsbedingte **Kündigungen** in Betracht ziehen, deren Wirksamkeit sich nach allgemeinen Voraussetzungen richtet (§§ 1 ff. KSchG). Dies bedeutet insbesondere, dass neben dem Wegfall des Arbeitsplatzes geprüft werden muss, ob gegebenenfalls an anderer Stelle im Unternehmen (oder Konzern) eine Weiterbeschäftigungsmöglichkeit existiert (vgl. dazu A/P/S/*Dörner/Vossen* § 1 KSchG Rn. 98 ff.). Nach der ständigen Rechtsprechung des BAG sind auch widersprechende Arbeitnehmer in die **Sozialauswahl** (§ 1 Abs. 3 KSchG) einzubeziehen, wobei das BAG inzwischen auch die dem Widerspruch zugrundeliegenden Beweggründe des Arbeitnehmers bei der Abwägung der sozialen Auswahlkriterien nicht mehr berücksichtigt (BAG NZA 2008, 33, 38). Dies begründet das Gericht damit, dass der Gesetzgeber in § 1 Abs. 3 S. 1 KSchG die zu berücksichtigenden Auswahlkriterien abschließend aufgezählt habe, so dass die Widerspruchsgründe grundsätzlich keine Berücksichtigung finden könnten. Auch knüpfe § 613a Abs. 6 BGB das Widerspruchsrecht weder an vernünftige Gründe noch verlange die Bestimmung eine Begründung des Widerspruchs (BAG NZA 2008, 33, 38).

Darüber hinaus drohen Arbeitnehmern, die einem Betriebsübergang widersprechen und deren Arbeitsverhältnis wirksam betriebsbedingt beendet wird, u. U. Nachteile bei der Berechnung potentieller **Sozialplanabfindungen.** Da den Betroffenen die Fortsetzung ihrer Arbeitstätigkeit bei dem Betriebserwerber im Regelfall zumutbar sein wird, kann ein Sozialplan für den Fall der Ablehnung dieser Weiterbeschäftigungsmöglichkeit in zulässiger Weise den Ausschluss oder die Kürzung von Abfindungsansprüchen vorsehen (vgl. BAG NZA 2008, 232; ErfKomm/*Preis* § 613a BGB Rn. 109 m. w. N.). Eine Sperrzeit nach § 159 Abs. 1 S. 2 Nr. 1 Alt. 1 SGB III wird durch einen Widerspruch gegen den Übergang des Arbeitsverhältnisses jedoch nicht ausgelöst (vgl. BSG NJW 2010, 2459).

15. Ansprechpartner bei Rückfragen des Arbeitnehmers. Für eine ordnungsgemäße Unterrichtung ist bei Gesellschaften, sofern eine vollständige gesetzliche Vertretung nicht angegeben wird oder angegeben werden kann, zumindest die Angabe einer identifizierbaren natürlichen Person mit Personalkompetenz als Ansprechpartner des Betriebserwerbers erforderlich(vgl. BAG NZA 2010, 89, 91). Vorsorglich können auch Vertreter beider Unternehmen benannt werden, was in der Praxis nicht einmal unüblich ist.

16./17. Absender der Unterrichtung. Nach dem Gesetzeswortlaut hat entweder der Betriebserwerber oder der Betriebsveräußerer die betroffenen Arbeitnehmer zu unterrichten. Die Unterrichtung muss also nicht notwendigerweise durch beide an der Transaktion beteiligten Arbeitgeber erfolgen (s. dazu den Vorschlag in → Form. A. XII. 2). Dennoch kann in der Praxis eine gemeinsame Unterrichtung empfehlenswert sein, weil Betriebsveräußerer und Betriebserwerber im Vorfeld des Betriebsübergangs ohnehin kooperieren müssen, um den vom Gesetz geforderten Inhalt des Unterrichtungsschreibens vorzubereiten und abzustimmen. Aus diesem Grund wird wohl überwiegend eine gesamtschuldnerische Haftung der beteiligten Rechtsträger für die Unterrichtung angenommen (BAG NZA 2009, 1149, 1151; *Annuß*, FS 25 Jahre Arbeitsgemeinschaft Arbeitsrecht, S. 563, 564; *Hohenstatt/Grau* NZA 2007, 13 f.; *Mückl* RdA 2008, 343; *Nebeling/Brauch* BB 2010, 1474; *Rupp* NZA 2007, 301 f.). Folglich können etwaige Fehler in der Unterrichtung nicht mit dem Hinweis gerechtfertigt werden, dem Absender habe – mangels Kooperation der Gegenseite oder mangels eigener Kenntnis – nicht die gesetzlich geforderte Information vorgelegen. Aus Sicht der zu unterrichtenden Arbeitnehmer kommt es allein auf die objektive Tatsachen- und Rechtslage an. Etwaige Folgen einer mangelnden Kooperation zwischen Betriebsveräußerer und Betriebserwerber können daher nur im Innenverhältnis der Transaktionspartner ausgeglichen werden (→ Form. A. XII. 2 Anm. 8; zum Sonderfall widersprüchlicher Unterrichtungen *Rupp* NZA 2007, 301; zum Problem mangelnder Kooperationsbereitschaft von Betriebsveräußerer und Betriebserwerber *Mückl* RdA 2008, 343). Daneben resultiert aus dem Gesamtschuldcharakter, dass sich neuer und alter Arbeitgeber wechselseitig auf die Kenntnis des anderen vom Arbeitnehmerverhalten berufen können (BAG NZA 2009, 1149, 1151). Dies hat zur Folge, dass ein Widerspruch des Arbeitnehmers nicht gegenüber dem neuen Arbeitgeber verwirkt sein kann, weil dieser die eingetretenen „Umstände" subjektiv kennt, gegenüber dem bisherigen Arbeitgeber wegen dessen Unkenntnis jedoch nicht (BAG NZA 2009, 1149, 1151).

18. Einverständniserklärung. → Anm. 12.

2. Übergang durch Unternehmenskauf (Asset-Deal)

Vertrag[1]

zwischen

X-GmbH . . . . . . (Anschrift) „Verkäufer“

und

Y-GmbH . . . . . . (Anschrift) „Käufer“

Präambel

Der Verkäufer betreibt am Standort M. ein Unternehmen, dessen Gegenstand die Herstellung und der Vertrieb von . . . . . . (Unternehmensgegenstand) ist („Unternehmen“). Der Verkäufer ist daran interessiert, das Unternehmen im Wege der Übertragung sämtlicher dem Unternehmen zuzuordnenden Vermögensgegenstände und Vertragsverhältnisse zu veräußern. Der Käufer ist daran interessiert, das Unternehmen im Wege des Erwerbs der dazugehörigen Vermögensgegenstände und Vertragsverhältnisse zu erwerben. Verbindlichkeiten, die dem Unternehmen zuzuordnen sind, sollen nur dann von dem Erwerb des Unternehmens umfasst sein, soweit dies nachfolgend ausdrücklich vorgesehen ist.

Dies vorausgeschickt, vereinbaren die Vertragsparteien Folgendes:

§ 1 Gegenstand des Vertrags/Stichtag

(1) Der Verkäufer verkauft an und überträgt dem Käufer das Unternehmen nach Maßgabe dieses Vertrags und zwar wie folgt: . . . . . . (Inhalt des Kaufvertrages)

(2) Der Kauf und die Übertragung des Unternehmens erfolgen mit rechtlicher Wirkung zum . . . . . . (Datum) („Stichtag“).[2]

§ 2 Übergang von Arbeitsverhältnissen[3]

Mit dem Stichtag tritt der Käufer gemäß § 613a BGB in die beim Verkäufer zum Stichtag bestehenden Arbeitsverhältnisse ein, die in Anlage . . . . . . zu diesem Kaufvertrag aufgeführt sind („übergehende Arbeitnehmer“), soweit die übergehenden Arbeitnehmer dem Übergang ihres Arbeitsverhältnisses nicht widersprechen. Übergehende Arbeitnehmer, die dem Übergang ihres Arbeitsverhältnisses widersprechen, sowie Arbeitnehmer des Verkäufers, die nicht in Anlage . . . . . . aufgeführt sind, werden nachfolgend als „ausgeschlossene Arbeitnehmer“ bezeichnet.

§ 3 Unterrichtung der Arbeitnehmer und Widerspruch

(1) Der Verkäufer ist verpflichtet, die übergehenden Arbeitnehmer unverzüglich, jedoch bis spätestens . . . . . . (Datum einen Monat vor dem angestrebten Stichtag), umfassend in Textform über den Übergang ihrer Arbeitsverhältnisse gemäß § 613a BGB zu unterrichten und im Rahmen der Unterrichtung der übergehenden Arbeitnehmer sämtliche nach § 613a Abs. 5 BGB vorgeschriebenen Anforderungen zu beachten. Der Verkäufer wird den Wortlaut der Unterrichtung mit dem Käufer abstimmen und vor Absendung dessen Zustimmung einholen. Auf Wunsch des Käufers werden der Verkäufer und der Käufer eine solche Unterrichtung der übergehenden Arbeitnehmer gemeinsam durchführen. Die Vertragsparteien sind verpflichtet, sich gegenseitig die für eine Unterrichtung erforderlichen Informationen mitzuteilen und zugänglich zu machen.[4]

(2) Der Verkäufer wird sich nach besten Kräften bemühen, von den übergehenden Arbeitnehmern nach Erhalt der Unterrichtung und bis zum Stichtag eine schriftliche Erklärung zu erhalten, wonach diese dem Betriebsübergang zustimmen.[5]

(3) Die Vertragsparteien werden sich gegenseitig unverzüglich über Widersprüche einzelner Arbeitnehmer gegen den Betriebsübergang sowie über sonstige Stellungnahmen der übergehenden Arbeitnehmer, die diese im Zusammenhang mit dem Erwerb des Unternehmens machen, umfassend informieren und der jeweils anderen Vertragspartei die in diesem Zusammenhang erhaltene oder geführte Korrespondenz unverzüglich und vollständig zugänglich machen.[6]

(4) Der Widerspruch von Arbeitnehmern gegen den Übergang ihrer Arbeitsverhältnisse nach § 613a BGB berührt die Wirksamkeit dieses Kaufvertrages nicht.[7]

§ 4 Abgrenzung der arbeitsrechtlichen Verpflichtungen zum Stichtag[8]

(1) Ansprüche von übergehenden Arbeitnehmern, die bis zum Stichtag entstehen oder die auf einem Sachverhalt vor dem Stichtag beruhen, hat im Innenverhältnis der Vertragsparteien allein der Verkäufer zu erfüllen.

(2) Ansprüche von übergehenden Arbeitnehmern, die keine ausgeschlossenen Arbeitnehmer sind, die einen Entstehungszeitraum betreffen, der teilweise vor und teilweise nach dem Stichtag liegt (insbesondere Ansprüche wegen nicht genommenen Urlaubs, Gratifikationen, Bonuszahlungen, 13. Monatsgehalt, Weihnachtsgeld oder Ähnliches) sind vom Verkäufer und vom Käufer anteilig im Verhältnis der Anzahl von Tagen vom Beginn des jeweiligen Entstehungszeitraums bis zum Stichtag zur Anzahl von Tagen vom Stichtag bis zum Ende des jeweiligen Entstehungszeitraums zu tragen. Soweit Ansprüche von übergehenden Arbeitnehmern sowohl unter Abs. (1) als auch unter Abs. (2) fallen, gilt Abs. (2).

(3) Der Käufer übernimmt keine Haftung für Ansprüche von ausgeschlossenen Arbeitnehmern, unabhängig davon, ob solche Ansprüche vor oder nach dem Stichtag entstehen oder fällig werden.

(4) Sämtliche Kosten und Aufwendungen, die mit Fortbeschäftigung oder Beendigung der Arbeitsverhältnisse von ausgeschlossenen Arbeitnehmern verbunden sind (insbesondere Gehaltszahlungen, Abfindungen, Gerichts- und Anwaltskosten, Sozialversicherungsbeiträge), sind ausschließlich vom Verkäufer zu tragen. Dies gilt nicht für arbeitsvertragliche Ansprüche, die übergehenden Arbeitnehmern aufgrund einer zwischen dem Stichtag und der Ausübung des Widerspruchsrechts für den Käufer erbrachten Arbeitsleistung zustehen; diese sind allein vom Käufer zu erfüllen.

§ 5 Freistellung und Entschädigung[9]

(1) Der Verkäufer stellt den Käufer von sämtlichen Ansprüchen von ausgeschlossenen Arbeitnehmern frei, insbesondere von Ansprüchen, die unter Hinweis auf § 613a BGB erhoben werden.

(2) Weiter stellt der Verkäufer den Käufer von sämtlichen Ansprüchen von übergehenden Arbeitnehmern frei, soweit der Verkäufer sie im Innenverhältnis gemäß § 4 zu erfüllen hat.

(3) Soweit der Käufer Ansprüche erfüllt, für die er vom Verkäufer gemäß Abs. (1) oder Abs. (2) freizustellen wäre, erstattet der Verkäufer dem Käufer auf erstes Anfordern sämtliche geleisteten Zahlungen zuzüglich acht Prozent Zinsen per anno seit dem Zeitpunkt der Zahlung durch den Käufer.

(4) Die Freistellung und Erstattung umfasst insbesondere sämtliche Kosten, Schäden und Aufwendungen (insbesondere Gehaltszahlungen und Abfindungen, Gerichts- und Anwaltskosten, Sozialversicherungsbeiträge), die dem Käufer in diesem Zusammenhang entstehen.

§ 6 Garantien für Arbeitsverhältnisse[10]

Der Verkäufer sichert dem Käufer im Wege eines selbständigen, verschuldensunabhängigen Garantieversprechens i.S.d. § 311 Abs. 1 BGB zu, dass die folgenden Aussagen sowohl zum Tag des Abschlusses dieses Vertrags wie zum Stichtag richtig sind:

(1) Der Verkäufer hat alle fälligen Vergütungs- und sonstigen Ansprüche der übergehenden Arbeitnehmer vollständig befriedigt. Der Verkäufer hat sämtliche fälligen Steuern und Sozialversicherungsbeiträge ordnungsgemäß abgeführt und die gesetzlichen Bestimmungen in diesem Zusammenhang beachtet.

(2) Außer den in Anlage ...... aufgelisteten sind auf die übergehenden Arbeitnehmer keine Tarifverträge und Betriebsvereinbarungen anwendbar.

(3) Die Liste der übergehenden Arbeitnehmer einschließlich der Angaben über Geburtsdatum, Beginn des Anstellungsverhältnisses, Kündigungsfrist und Vergütung (Anlage ......) ist richtig und vollständig.

(4) Die auf die übergehenden Arbeitnehmer anwendbare Pensionsordnung ist in Anlage ...... beigefügt. Andere Pensionsordnungen sind auf die übergehenden Arbeitnehmer nicht anwendbar.

(5) In den Anlagen ...... werden alle Verpflichtungen des Verkäufers gegenüber übergehenden Arbeitnehmern aufgelistet, soweit sich solche Verpflichtungen nicht ausdrücklich aus den individuellen Arbeitsverträgen ergeben.

(6) Es bestehen keine Streitigkeiten des Verkäufers mit Gewerkschaften oder dem Betriebsrat. Weder bestehen noch drohen Streitigkeiten mit übergehenden Arbeitnehmern noch sind Gerichtsverfahren mit übergehenden Arbeitnehmern anhängig, mit Ausnahme der in Anlage ...... aufgeführten Streitigkeiten und Gerichtsverfahren.

(7) Der Verkäufer hat alle arbeitsrechtlichen, insbesondere betriebsverfassungs- und tarifrechtlichen Verpflichtungen im Zusammenhang mit dem Verkauf des Unternehmens erfüllt.

......	......
Ort, Datum	Ort, Datum
......	......
Unterschrift der X-GmbH	Unterschrift der Y-GmbH

Anmerkungen

1. **Sachverhalt.** Der Unternehmenskaufvertrag knüpft an den in → Form. A. XII. 1 Anm. 1 dargestellten Sachverhalt an. Er regelt – auszugsweise – die Rechte und Pflichten der X-GmbH und der Y-GmbH als Verkäufer und Käufer des Betriebs am Standort M. Der Vertrag ist aus Käufersicht konzipiert (Ausnahmen und Einschränkung → Anm. 7, 9). Ausgangspunkt ist die Leitlinie, dass der Käufer nicht mit gewissen wirtschaftlichen Risiken belastet werden soll, die aus der Anwendung des § 613a BGB entstehen können. Inwieweit eine solche Risikoaufteilung in den Vertragsverhandlungen durchgesetzt werden kann, ist eine Frage des Einzelfalls. Im Rahmen der vorliegenden Darstellung werden nur solche Vertragsbestimmungen wiedergegeben und kommentiert, die im Zusammenhang mit dem Übergang von Arbeitsverhältnissen von rechtlicher und wirtschaftlicher Bedeutung sind.

2. Stichtag. Die Festlegung eines bestimmten Stichtages für das Wirksamwerden des Unternehmenskaufs dient der erforderlichen Klärung der Eigentums- und sonstigen Rechtsverhältnisse der Vertragsparteien am Kaufgegenstand. Soweit nichts anderes vereinbart ist, wird damit zugleich der Zeitpunkt für die faktische Übernahme der (operativen) Leitungsmacht durch den Käufer markiert. Dieser Umstand ist von entscheidender Bedeutung für die Frage, wann die Arbeitsverhältnisse der von dem Unternehmenskauf betroffenen Arbeitnehmer nach § 613a BGB auf den Käufer übergehen (vgl. z.B. BAG NZA 2009, 905, 907).

3. Übergang von Arbeitsverhältnissen. Der Eintritt des Käufers in die beim Verkäufer zum Stichtag bestehenden Arbeitsverhältnisse ist bei Vorliegen eines – hier unterstellten – Betriebs(-teil)übergangs in § 613a BGB vorgesehen. Diese Rechtsfolge kann nicht von den Vertragsparteien abbedungen werden (vgl. *Beisel/Klumpp* Kap. 10 Rn. 75; ErfKomm/ *Preis* § 613a BGB Rn. 82; *Picot/Schnitker* Teil I Rn. 195). In der ausdrücklichen Anerkennung der Rechtsfolgen des § 613a BGB durch den Käufer kann allerdings ein (tatbestandliches) Indiz für das Vorliegen eines Betriebsübergangs liegen (so ErfKomm/*Preis* § 613a BGB Rn. 51). Die Vertragsparteien können dagegen nicht mit Wirkung für oder gegen die betroffenen Arbeitnehmer festlegen, welche Arbeitsverhältnisse auf den Käufer übergehen und welche gegebenenfalls beim Verkäufer verbleiben sollen. Dies richtet sich allein nach der Auslegung des Tatbestandsmerkmals „bestehende Arbeitsverhältnisse" in § 613a Abs. 1 S. 1 BGB (s. zu den damit verbundenen Fragen bei zweifelhafter Zuordnung W/H/S/S/*Willemsen* G Rn. 134 ff.). Mit der Regelung im Formular werden daher lediglich die Verantwortlichkeiten von Käufer und Verkäufer im **Innenverhältnis** festgelegt. Die Vertragsparteien treffen damit – i.V.m. den Regelungen in § 4 und § 5 – eine von den Wirkungen des § 613a BGB unabhängige interne Haftungsverteilung. Dem Käufer wird dadurch das wirtschaftliche Risiko unerwarteter Personalkosten abgenommen. Er ist im Ergebnis davor geschützt, andere als die im Kaufvertrag genannten Arbeitnehmer bezahlen zu müssen (→ Anm. 6). Praktisch gesehen erfolgt die Haftungsaufteilung durch Auflistung der einzelnen Arbeitsverhältnisse, die nach dem Parteiwillen vom Käufer übernommen und fortgeführt werden sollen, in einer separaten Vertragsanlage. Damit ist zugleich auch der Kreis derjenigen Mitarbeiter abgesteckt, die eine Unterrichtung nach § 613a Abs. 5 BGB erhalten (→ Form. A. XII. 1 Anm. 2). Eine Aktualisierung der Anlage bis zum Stichtag ist ratsam, aber nicht zwingend. Wird eines der genannten Arbeitsverhältnisse kurzfristig vor dem Stichtag beendet, trifft den Käufer hierfür nach dem Vertragswortlaut („. . . . . . zum Stichtag bestehende Arbeitsverhältnisse . . . . . .") keine Übernahmeverpflichtung.

4. Kooperationsverpflichtung. Die Regelung betrifft die nach § 613a Abs. 5 BGB anlässlich eines Betriebsübergangs erforderliche Unterrichtung von Arbeitnehmern (→ Form. A. XII. 1 Anm. 2). Nach dem Gesetzeswortlaut reicht es grundsätzlich aus, wenn entweder der Verkäufer oder der Käufer die betroffenen Mitarbeiter unterrichtet. Es kann sich aber auch empfehlen, dass beide Vertragsparteien ein Unterrichtungsschreiben gemeinsam erstellen, weil der Verkäufer besser den Status quo sowie die Vergangenheit kennt, während einzig der Käufer relevante Vorstellungen für die Zukunft hat. Ohne die Zusammenarbeit der Unternehmenskaufvertragsparteien besteht eine höhere Gefahr, dass die gesetzlich geforderten Angaben nur unvollständig oder unrichtig erfüllt werden. Das Formular sieht ein Wahlrecht des Käufers hinsichtlich der Unterrichtungsform vor. Im Hinblick auf einen reibungslosen Übergang wird es regelmäßig im Interesse beider Vertragsparteien liegen, das Risiko unkalkulierbarer Widersprüche (die unter Hinweis auf eine mangelhafte Unterrichtung erhoben werden) möglichst zu vermeiden. Diesem Ziel dient die in § 3 Abs. (1) getroffene Regelung. Ob sich eine entsprechende Kooperationsverpflichtung bereits als **gesetzliche Verpflichtung** aus § 613a Abs. 5 BGB ergibt, ist unklar. In der Gesetzesbegründung findet sich lediglich der Hinweis, dass Veräußerer und Erwerber „sich verständigen" sollen (BT-Drucks. 14/7760 S. 19). Diese Aussage dürfte aber eher als praktischer Hinweis zu verstehen sein. Nach dem Gesetzeswortlaut ist vielmehr eine Unterrichtung ausschließlich durch den Käufer oder ausschließlich durch den Verkäufer möglich. Nach wohl h. M. soll sich daraus ein gesetzliches **Gesamtschuldverhältnis** zwischen Veräußerer und Erwerber ergeben (→ Form. A. XII. 1 Anm. 15). Zwingende Schlussfolgerungen für das Verhältnis der Gesamtschuldner untereinander – insbesondere eine mögliche Kooperationspflicht im Vorfeld des Übergangs – folgen aus dieser Erkenntnis allerdings nicht, wenngleich teilweise eine Kooperations- oder Auskunftspflicht mit einer Nebenpflicht aus dem Gesamtschuldverhältnis begründet wird (W/H/S/S/*Willemsen* G Rn. 214 m. w. N.). Daher sollte eine ausdrückliche Kooperationsregelung in den Kaufvertrag aufgenommen werden.

Die Folgen einer **Verletzung** der Kooperationspflicht ergeben sich aus dem allgemeinen Schuldrecht. Sobald z. B. der Käufer bestimmte Umstände, die für die Unterrichtung nach § 613a Abs. 5 BGB von Bedeutung sind, schuldhaft verschweigt oder nur unvollständig offenlegt, ist er insoweit dem Verkäufer nach allgemeinen Grundsätzen zum Schadensersatz verpflichtet (§ 280 Abs. 1 BGB). Dieser Fall ist z. B. denkbar, wenn der Käufer zum Zeitpunkt der Unterzeichnung des Kaufvertrags bereits fest die Absicht hatte, den erworbenen Betrieb oder Betriebsteil nach dem Erwerb umzustrukturieren und in größerem Umfang einen Personalabbau durchzuführen. Wird dieser Umstand dem Verkäufer wissentlich verschwiegen, um keine Widersprüche derjenigen Arbeitnehmer zu provozieren, mit denen auch der Käufer langfristig zusammenarbeiten will, liegt eine schuldhafte Vertragspflichtverletzung vor, die den Käufer nach allgemeinen Grundsätzen zum Schadensersatz verpflichtet (§§ 249 ff. BGB). Ob und inwieweit auf Verkäuferseite ein ersatzfähiger Schaden entsteht, ist Tatfrage und kann nur im Einzelfall entschieden werden.

5. Einverständniserklärung. → Form. A. XII. 1 Anm. 12.

6. Information über Widersprüche. Die Regelung ergänzt die in § 3 Abs. (1) getroffene Kooperationsverpflichtung im Hinblick auf mögliche Widersprüche der von dem Übergang betroffenen Arbeitnehmer. Sie entspricht dem Interesse beider Vertragsparteien, möglichst frühzeitig von ausgeübten Widersprüchen Kenntnis zu erlangen und die Rechtmäßigkeit solcher Widersprüche anhand der geführten Korrespondenz rechtssicher beurteilen zu können. Auch wenn sich eine entsprechende allgemeine Interessenwahrungspflicht bereits als Nebenpflicht aus dem Kaufvertrag ergeben dürfte, scheint eine ausdrückliche Klarstellung im Kaufvertrag sinnvoll, um einen möglichst reibungslosen Ablauf des Unternehmenskaufs sicherzustellen.

7. Widerspruch kein Wirksamkeitshindernis. Nach der vorliegend getroffenen Regelung soll der Vollzug des Kaufvertrags von der Ausübung möglicher Widersprüche unabhängig sein. Dem Käufer ist es daher verwehrt, sich nachträglich auf einen Wegfall der Geschäftsgrundlage zu berufen, selbst wenn sich herausstellen sollte, dass sämtliche Arbeitnehmer dem Übergang ihrer Arbeitsverhältnisse (kollektiv) widersprechen (vgl. zur Wirksamkeit eines solchen „kollektiven Widerspruchs“ bis zur Grenze des institutionellen Missbrauchs BAG NZA 2005, 43; BAG NZA 2010, 89, 94). Aus wirtschaftlicher Sicht kann der Erfolg einer Transaktion – je nach Sachlage – aber auch davon abhängen, dass eine maßgebliche Anzahl von Beschäftigten ihre Arbeit bei dem Unternehmenskäufer fortsetzt. Dies gilt insbesondere für personalintensive Branchen, in denen das eigentliche „Kapital“ des veräußerten Betriebs oder Betriebsteils das Know-how der Mitarbeiter und die vorhandene Betriebsorganisation sind. Gegebenenfalls kann die Übernahme aus Käufersicht in einem solchen Fall wirtschaftlich sinnlos sein, wenn lediglich eine „Hülle ohne Kern“ erworben wird. In solchen Fällen ist es – abweichend von der vorliegenden Regelung – denkbar, den Kaufvertrag insgesamt unter die Bedingung zu stellen, dass eine bestimmte Mitarbeiteranzahl oder bestimmte namentlich genannte Mitarbeiter dem Betriebsübergang nicht widersprechen. Noch stärker (aus Sicht des Käufers) ist ein Gestaltungsrecht (Rücktritt), wenn z. B. die vorgenannten Sachverhalte nicht eintreten.

8. **Haftungs- und Erfüllungsverteilung.** Bei der Haftung des Käufers und Verkäufers für arbeitsvertragliche Ansprüche der übergehenden Arbeitnehmer muss sorgfältig zwischen dem **Außenverhältnis** (Verbindlichkeiten oder Haftung der Kaufvertragsparteien gegenüber den Arbeitnehmern) und dem **Innenverhältnis** (Lastenverteilung der Kaufvertragsparteien untereinander) unterschieden werden. Die vorliegende Regelung betrifft allein das Innenverhältnis. Welche Ansprüche von den Vertragsparteien im Außenverhältnis erfüllt werden müssen, richtet sich nach § 613a BGB.

Gemäß § 613a Abs. 1 S. 1 BGB haftet der Käufer im **Außenverhältnis** für sämtliche offenen Verbindlichkeiten aus den Arbeitsverträgen der übergehenden Arbeitnehmer, ganz gleich, ob diese vor oder nach dem Stichtag fällig geworden sind oder fällig werden. Der Käufer haftet im Außenverhältnis im Ergebnis also ohne zeitliche Beschränkung (vgl. Hölters/*Bauer/v. Steinau-Steinrück/Thees*, Handbuch Unternehmenskauf, Teil V Rn. 261). Dies gilt insbesondere auch für Ansprüche der übergehenden Arbeitnehmer auf betriebliche Altersversorgung und für noch nicht erfüllte Ansprüche aus Sozialplänen. In § 613a Abs. 2 BGB ist daneben eine **gesamtschuldnerische (Mit-)Haftung** des Veräußerers für Verbindlichkeiten angeordnet, die vor dem Stichtag entstehen und innerhalb eines Jahres **nach** dem Stichtag fällig werden. Nach Sinn und Zweck der Vorschrift werden aber auch solche Ansprüche erfasst, deren Entstehung und Fälligkeit vor dem Stichtag liegen (vgl. Hölters/*Bauer/v. Steinau-Steinrück/Thees*, Handbuch Unternehmenskauf, Teil V Rn. 264; MünchKommBGB/*Müller-Glöge* § 613a BGB Rn. 164; *Rödder/Hötzl/Mueller-Thuns* § 12 Rn. 58). Soweit die gesamtschuldnerische Haftung im Außenverhältnis reicht, kann sich der Arbeitnehmer wahlweise an den Käufer oder Verkäufer halten (Beispiel: Betriebsübergang zum 1.9.; ausstehendes Gehalt für den Monat August kann gegenüber Verkäufer oder Käufer geltend gemacht werden). Eine Sonderregelung enthält § 613a Abs. 2 S. 2 BGB für Leistungen, die sich auf einen längeren Entstehungszeitraum beziehen. Hierunter fallen z. B. Ansprüche auf Erholungsurlaub (vgl. § 1 BUrlG) und Sonderzahlungen wie Gratifikationen, Tantiemen, Einmalprovisionen oder sonstige erfolgsbezogene Zahlungen (vgl. Hölters/*Bauer/v. Steinau-Steinrück/Thees*, Handbuch Unternehmenskauf, Teil V Rn. 265). Während der Käufer für solche Ansprüche – soweit sie vor dem Stichtag vom Verkäufer noch nicht erfüllt wurden – unbeschränkt haftet (§ 613a Abs. 1 BGB), ist der Verkäufer als Gesamtschuldner im Außenverhältnis nur verpflichtet, soweit die betroffene Leistung/Zahlung der Zeit vor dem Stichtag zuzuordnen ist und diese Leistung/Zahlung innerhalb eines Jahres nach dem Stichtag fällig wird (Beispiel: Betriebsübergang am 1.9.; übergehende Arbeitnehmer können acht Zwölftel des am 30.11. fälligen 13. Monatsgehalts vom Verkäufer verlangen). In der Praxis gestaltet sich die Abwicklung dieser Ansprüche im Regelfall wie folgt: Da der Verkäufer die laufenden Gehälter und sonstigen finanziellen Leistungen bis zum Stichtag im Regelfall ordnungsgemäß erbringen wird, tritt der Käufer praktisch mit Wirkung vom Stichtag an in die laufenden Gehaltsverpflichtungen ein. Ab dem Stichtag werden dann sämtliche weiteren Leistungen (einschließlich Urlaubsgewährung, Abwicklung von Sonderzahlungen oder Ähnliches) gegenüber den übernommenen Arbeitnehmern ausschließlich von ihm erbracht.

Die für das **Innenverhältnis** in § 4 Abs. (1) getroffene Regelung orientiert sich an diesem Sachverhalt und weist dementsprechend dem Verkäufer die volle Verantwortung für die ordnungsgemäße (finanzielle) Abwicklung des Arbeitsverhältnisses bis zum Stichtag zu (vgl. *Rödder/Hötzl/Mueller-Thuns* § 12 Rn. 58). Hinsichtlich solcher Zahlungen, die einen **längeren Entstehungszeitraum** betreffen, sieht der Vertrag in § 4 Abs. (2) eine anteilige Beteiligung des Verkäufers im Verhältnis zum Stichtag vor. Nach Auffassung des BGH soll sich eine entsprechende Ausgleichspflicht im Innenverhältnis jedenfalls für Urlaubsansprüche bereits aus der Wertung des § 613a Abs. 2 BGB i. V. m. § 426 BGB ergeben (so BGH NJW 1985, 2643; bestätigt durch BGH NZA 1999, 817). Unbeschadet dessen empfiehlt sich aus Gründen der Rechtssicherheit in jedem Fall die Aufnahme einer ausdrücklichen Regelung in den Kaufvertrag.

Die Regelung in § 4 Abs. (3) stellt klar, dass der Käufer keinerlei Kosten im Zusammenhang mit etwaigen **Widersprüchen** übernimmt, die im Zuge des Unternehmenskaufs nach § 613a Abs. 6 BGB ausgesprochen werden. Für Mitarbeiter, die dem Übergang ihres Arbeitsverhältnisses **vor dem Stichtag** widersprechen, haftet der Käufer im Außenverhältnis ohnehin nicht, da ein Eintritt in die Arbeitgeberstellung infolge des Widerspruchs von vornherein nicht stattfindet. Der Käufer wird daher stets um eine rechtzeitige Unterrichtung der Beschäftigten nach § 613a Abs. 5 BGB bemüht sein, damit die einmonatige Widerspruchsfrist nach Möglichkeit noch vor dem Stichtag abläuft (→ Form. A. XII. 1 Anm. 2). Alleiniger Anspruchsgegner des widersprechenden Arbeitnehmers bleibt in diesem Fall der Verkäufer, der nach wie vor zur (Weiter-)Beschäftigung und zur Zahlung des Arbeitsentgelts verpflichtet ist. Die im Formular getroffene Regelung bestimmt darüber hinaus, dass der Verkäufer auch sämtliche „Freisetzungskosten", d.h. solche Kosten, die im Zusammenhang mit einer möglichen betriebsbedingten Kündigung/Aufhebung des Arbeitsverhältnisses nach dem Widerspruch stehen, zu tragen hat. Damit hat der Käufer im Ergebnis sämtliche wirtschaftlichen Risiken etwaiger Widersprüche auf den Verkäufer abgewälzt. Sogar eine von den ausgeschlossenen Arbeitnehmern für den Käufer erbrachte Arbeitsleistung, die solche Arbeitnehmer etwa gerichtlich durchsetzen, muss sich der Käufer nicht anrechnen lassen, obwohl die Arbeitsleistung sicherlich im Regelfall einen wirtschaftlichen Wert für den Käufer besitzen dürfte. Der Verkäufer hat allerdings ein starkes Interesse daran, dass der Käufer in solchen Fällen zumindest anteilig die Kosten für die Arbeitnehmer mitträgt, die für ihn eine Arbeitsleistung erbracht haben. Aus Sicht des Verkäufers besteht bei dieser Vertragsbestimmung somit erheblicher Nachverhandlungsbedarf.

Die beschriebene Haftungsverteilung greift grundsätzlich auch dann ein, wenn Arbeitnehmer dem Übergang ihres Arbeitsverhältnisses **nach dem Stichtag** widersprechen. Dieser Fall kann insbesondere eintreten, wenn die nach § 613a Abs. 5 BGB erfolgte Unterrichtung mangelhaft war und infolgedessen ein unbefristetes Widerspruchsrecht besteht (→ Form. A. XII. 1 Anm. 13). Der vorliegende Vertrag differenziert insoweit nicht danach, welcher Sphäre die Mangelhaftigkeit der Unterrichtung zuzuordnen ist. Der Verkäufer bleibt daher grundsätzlich auch dann zur Kostenübernahme verpflichtet, wenn die Unrichtigkeit des Unterrichtungsschreibens auf einer nachlässigen Informationspolitik des Käufers (z.B. hinsichtlich geplanter Umstrukturierungen/Entlassungen nach der Übernahme) beruht. Bei einer schuldhaften Verletzung seiner Kooperationsverpflichtung kann der Käufer dem Verkäufer allerdings zum Schadensersatz verpflichtet sein (→ Anm. 4).

Wird ein Widerspruch nach dem Stichtag wirksam ausgeübt, fällt das inzwischen beim Käufer fortgesetzte Arbeitsverhältnis mit Wirkung *ex tunc* (BAG NZA 2007, 682, 686; BeckOK Arb. § 613a BGB Rn. 171; *Gaul* § 11 Rn. 62; MünchKommBGB/*Müller-Glöge* § 613a BGB Rn. 122; a.A. *Rieble* NZA 2004, 1, 4 ff.) an den Verkäufer zurück; jedenfalls aber besteht bis zur Ausübung des Widerspruchs ein faktisches Arbeitsverhältnis mit dem Käufer. Nimmt der Verkäufer die nach dem Widerspruch angebotene Arbeitsleistung des Arbeitnehmers nicht an, gerät er nach § 615 S. 1 BGB in Annahmeverzug (ErfKomm/*Preis* § 613a BGB Rn. 105). Hat der Verkäufer allerdings bereits vor dem Betriebsübergang erklärt, dass er den Arbeitnehmer nicht weiterbeschäftigen kann, gerät er auch ohne ein Angebot der Arbeitsleistung von Seiten des Arbeitnehmers in Annahmeverzug (BAG NZA 2010, 1295, 1298). Insoweit dürfte es gerechtfertigt sein, dem Käufer in Abweichung zu der vorherigen Fallgestaltung (Widerspruch vor dem Stichtag) jedenfalls diejenigen Entgeltansprüche zuzuordnen, die den (zunächst) bis zum Widerspruch übergehenden Arbeitnehmern aufgrund einer für den Käufer erbrachten Arbeitsleistung nach § 613a Abs. 1 BGB zustehen.

Wenn ein ausgeschlossener Arbeitnehmer, der nicht zu den übergehenden Arbeitnehmern gehört, ggf. erst Jahre später den Bestand eines Arbeitsverhältnisses gegen den Käufer durchsetzt, haftet ihm der Verkäufer immer noch dafür.

9. Freistellung und Entschädigung. Die Regelung knüpft an die in § 4 getroffene Haftungsaufteilung an. Soweit der Käufer danach bestimmte Kosten nicht zu tragen hat, kann er vom Verkäufer eine entsprechende Freistellung oder, soweit im Außenverhältnis bereits Zahlungen erbracht wurden, Entschädigung verlangen. Die Klausel erfasst insbesondere den Fall, dass Mitarbeiter, die nicht als „übergehende Arbeitnehmer" in der Anlage zum Kaufvertrag aufgeführt sind und die nach dem Parteiwillen nicht vom Käufer übernommen werden sollen, unter Hinweis auf § 613a BGB eine **Klage** auf den Übergang und den **Fortbestand ihres Arbeitsverhältnisses** beim Käufer erheben. Derartige Klagen drohen in der Praxis z.B. dann, wenn lediglich ein bestimmter Teil eines Betriebs (z.B. EDV-Abteilung) verkauft werden soll. Hier kann häufig zweifelhaft sein, welche Arbeitnehmer der betroffenen Einheit zuzurechnen sind (→ Anm. 3). Darüber hinaus wird aus Käufersicht häufig der Wunsch bestehen, bestimmte Arbeitnehmer der betroffenen Betriebsabteilung nicht übernehmen zu müssen, obwohl sie dem betroffenen Betriebsteil an sich zuzuordnen sind („Cherry Picking"). Besonders in Fällen, in denen die beim Verkäufer „zurückgebliebenen" Arbeitnehmer mit arbeitsrechtlichen Maßnahmen wie Kündigung/Versetzung oder Ähnlichem rechnen müssen, besteht das Risiko, dass die Betroffenen unter Berufung auf § 613a BGB einen Anspruch auf Fortsetzung ihres Arbeitsverhältnisses beim Käufer erheben (vgl. zu diesem Fortsetzungsanspruch BAG NZA 1999, 311; BAG NZA 1999, 422). Bei einer – erfolgreichen oder erfolglosen – Durchsetzung derartiger Ansprüche gibt die vorliegende Klausel dem Käufer das Recht, damit verbundene Aufwendungen (insbesondere Gehaltszahlungen, Kosten der Rechtsverteidigung und etwaige Freisetzungskosten) vom Verkäufer ersetzt zu verlangen. Im Ergebnis trägt damit der Verkäufer das volle wirtschaftliche Risiko der im Kaufvertrag getroffenen Zuordnung von Arbeitsverhältnissen.

Die Freistellungs- und Entschädigungsregelung erfasst darüber hinaus solche Ansprüche, für die der Käufer nicht nach § 4 des Kaufvertrags einzustehen hat. Hierzu gehören z.B. Ansprüche der übergehenden Arbeitnehmer auf rückständige – d.h. vor dem Stichtag fällige – Gehaltszahlungen, die der Verkäufer im Außenverhältnis nicht befriedigt hat und die nach dem Übergang im Außenverhältnis gegenüber dem Käufer geltend gemacht werden. Darüber hinaus erfasst die Regelung die anteilige Entschädigung des Käufers für nach dem Stichtag im Außenverhältnis gewährten Urlaub und gezahlte Einmal- und Sonderzahlungen (→ Anm. 8).

Schließlich wird in § 5 Abs. (4) der **Umfang** der Freistellung und Entschädigung konkretisiert. Vorgesehen ist eine umfassende Verpflichtung des Verkäufers, die nicht nur unmittelbar aufgrund des Arbeitsvertrags geschuldete Zahlungen nebst Arbeitgeberanteilen an der Sozialversicherung erfasst, sondern auch etwaige Anwalts- und Gerichtskosten sowie Freisetzungskosten, die dem Käufer im Zusammenhang mit der gerichtlichen Durchsetzung von Fortsetzungsansprüchen entstehen können. Eine vertragsimmanente Grenze der Erstattungspflicht wird man allerdings dort ziehen müssen, wo der Käufer aus sachfremden Erwägungen heraus Verpflichtungen gegenüber den betroffenen Arbeitnehmern (z.B. in einem Aufhebungsvertrag) eingeht, die den Entschädigungsumfang unnötig in die Höhe treiben (§ 242 BGB).

10. Garantien für Arbeitsverhältnisse. Mit der Gewährleistungsregelung übernimmt der Verkäufer gegenüber dem Käufer eine verschuldensunabhängige Einstandspflicht für bestimmte rechtliche, tatsächliche und wirtschaftliche Zustände in Form einer selbständigen, verschuldensunabhängigen Garantie (vgl. *Rödder/Hötzel/Mueller-Thuns* § 10 Rn. 2; *Beisel/Klumpp* Kapitel 16 Rn. 79). Die im Einleitungssatz gewählte Formulierung stellt klar, dass es sich nicht (nur) um die gesetzliche Einstandspflicht für Rechts- und Sachmängel gemäß

§§ 434 ff. BGB handelt. Aus Käufersicht ist die Aufnahme einer entsprechenden Regelung in jedem Fall sinnvoll, selbst wenn der Käufer im Regelfall vor Vertragsunterzeichnung eine umfassende „Due Diligence" über die Werthaltigkeit des Unternehmens durchführen wird (dazu aus arbeitsrechtlicher Sicht W/H/S/S/*Seibt/Hohenstatt* K Rn. 20 ff.). Durch die Regelung in § 6 Abs. (5) des Formulars wird der Verkäufer insbesondere vor die unangenehme Wahl gestellt, entweder (bei einer „Due Diligence" für den Käufer nur schwer erkennbare) bestehende betriebliche Übungen aufzuzählen oder dafür zu haften.

In der unter § 6 Abs. (6) des Formulars getroffenen Regelung zu etwaigen Streitigkeiten ist bewusst der unpräzise Begriff „Streitigkeiten" verwendet worden. Eine präzisere Beschreibung (z. B. in Form von „Rechtsstreitigkeiten") würde allenfalls dem Verkäufer nutzen, da so bestimmte Sachverhalte (etwa persönliche Streitigkeiten) von diesem Begriff nicht mehr erfasst wären.

Inwieweit die im Formular vorgesehene Risikoverteilung, nach der der Verkäufer unabhängig von seiner Kenntnis und/oder einem Verschulden für das (Nicht-)Vorhandensein der genannten Umstände einzutreten hat, in der Praxis durchsetzbar ist, hängt von den Umständen des Einzelfalls – namentlich auch dem vereinbarten Kaufpreis – ab (vgl. *Rödder/Hötzel/Mueller-Thuns* § 10 Rn. 26). Unabhängig davon sollte zusätzlich zu den vorgeschlagenen Bestimmungen eine eigene Rechtsfolgenregelung in den Kaufvertrag aufgenommen werden. Insoweit ist eine umfassende vertragliche Regelung zu empfehlen, mit der die unterschiedlichen gesetzlichen Tatbestände (Nachbesserung/Erfüllungsanspruch, Rücktritt, Minderung, Schadensersatz) vollständig und abschließend durch eine Parteivereinbarung ersetzt werden. Der geltende § 444 BGB steht dabei der im Recht des Unternehmenskaufs gängigen Praxis, nach der Garantien summenmäßig, zeitlich oder hinsichtlich der Rechtsfolgen beschränkt werden, nicht entgegen (vgl. BT-Drucks. 15/3483 S. 22 f.).

3. Übergang durch Umwandlung (Verschmelzung)

Verschmelzungsvertrag[1]

zwischen

. . . . . . (Name und Anschrift der übertragenden GmbH) „übertragende GmbH"

und

. . . . . . (Name und Anschrift der übernehmenden GmbH) „übernehmende GmbH"

Präambel

Die übertragende GmbH und die übernehmende GmbH sind beide im Handel mit . . . . . . (Unternehmensgegenstand) tätig. Die übertragende GmbH soll im Wege der Verschmelzung durch Aufnahme mit der übernehmenden GmbH verschmolzen werden.

Dies vorausgeschickt, vereinbaren die Vertragsparteien was folgt:

§ . . . . . . Folgen der Verschmelzung für die Arbeitnehmer und deren Vertretungen und insoweit vorgesehene Maßnahmen

(1) Mit Wirksamwerden der Verschmelzung[2] kommt es zu einem Betriebsübergang nach § 613a BGB i. V. m. § 324 UmwG.[3] Die übernehmende GmbH tritt mit Wirksamwerden der Verschmelzung als neuer Arbeitgeber in sämtliche Rechte und Pflichten aus den Arbeitsverhältnissen aller Arbeitnehmer der übertragenden GmbH unter Anerkennung

der bei der übertragenden GmbH erworbenen Betriebszugehörigkeit ein und führt die Arbeitsverhältnisse fort (§ 613a Abs. 1 S. 1 BGB).[4] Eine Kündigung der bei Wirksamkeit der Verschmelzung übergehenden Arbeitsverhältnisse wegen des Betriebsübergangs ist unwirksam (§ 613a Abs. 4 S. 1 BGB). Das Recht zu einer Kündigung aus anderen Gründen bleibt unberührt (§ 613a Abs. 4 S. 2 BGB).[5]

(2) Die von dem Betriebsübergang betroffenen Arbeitnehmer der übertragenden GmbH werden nach Maßgabe des § 613a Abs. 5 BGB vor dem Betriebsübergang über dessen Auswirkungen unterrichtet.[6] Die Unterrichtung der Mitarbeiter nach § 613a Abs. 5 BGB übernimmt die übernehmende GmbH in enger Abstimmung mit der übertragenden GmbH. Ein Widerspruchsrecht[7] der Arbeitnehmer gegen den Übergang ihrer Arbeitsverhältnisse nach § 613a Abs. 6 BGB besteht nicht, da nach Wirksamwerden der Verschmelzung der bisherige Arbeitgeber, die übertragende GmbH, nicht mehr existiert und das Arbeitsverhältnis mit der übertragenden GmbH daher nicht fortgesetzt werden kann.[8, 9]

(3) Mit Wirksamwerden der Verschmelzung tritt die übernehmende GmbH gemäß § 613a BGB in alle etwaigen Rechte und Pflichten bezüglich einer betrieblichen Altersversorgung ein, soweit eine solche für Arbeitnehmer der übertragenden GmbH besteht, deren Arbeitsverhältnisse mit Wirksamwerden der Verschmelzung auf die übernehmende GmbH übergehen.[10]

(4) Die übernehmende GmbH wird infolge der Verschmelzung Gesamtrechtsnachfolgerin der übertragenden GmbH. Eine zusätzliche gesamtschuldnerische Haftung der übertragenden GmbH i.S.v. § 613a Abs. 2 BGB[11] entfällt, da die übertragende GmbH mit Wirksamwerden der Verschmelzung als Rechtsträger erlischt (§ 613a Abs. 3 BGB).

(5) Die Verschmelzung als solche führt zu keiner Veränderung der bisherigen betrieblichen Struktur der übertragenden GmbH. Eine Betriebsänderung wird durch die Verschmelzung und den damit verbundenen Betriebsübergang nicht bewirkt. Die für den Betrieb der übertragenden GmbH gültigen Betriebsvereinbarungen gelten auch nach der Verschmelzung unverändert fort; der bestehende Betriebsrat der übertragenden GmbH bleibt unbeschadet der Verschmelzung im Amt.[12]

(6) Für die Arbeitnehmer der übernehmenden GmbH und den bei der übernehmenden GmbH bestehenden Betriebsrat hat die Verschmelzung keine Folgen.

(7) Sowohl die übertragende GmbH als auch die übernehmende GmbH sind Mitglied im Arbeitgeberverband für den . . . . . . (Industriezweig) und infolgedessen an die Tarifverträge des . . . . . . (Industriezweig) gebunden. Diese Tarifverträge gelten daher nach dem Wirksamwerden der Verschmelzung für die früheren Arbeitnehmer der übertragenden GmbH kollektivrechtlich weiter.[13]

(8) Eine Unternehmensmitbestimmung ist gegenwärtig weder bei der übernehmenden GmbH noch bei der übertragenden GmbH geboten. Die Voraussetzungen für eine Unternehmensmitbestimmung nach dem DrittelbG oder dem MitbestG sind wegen der Arbeitnehmerzahlen gegenwärtig weder bei der übertragenden GmbH noch bei der übernehmenden GmbH gegeben. Hieran ändert sich auch durch das Wirksamwerden der Verschmelzung nichts.[14]

(9) Weitere Folgen ergeben sich für die Arbeitnehmer der übernehmenden GmbH oder der übertragenden GmbH durch das Wirksamwerden der Verschmelzung nicht. Im Übrigen sind keine besonderen arbeitsrechtlichen Maßnahmen aus Anlass der Verschmelzung vorgesehen.

Anmerkungen

1. Sachverhalt. Dem Formular liegt die Verschmelzung zweier Gesellschaften mit beschränkter Haftung zugrunde. Der hier dargestellte Ausschnitt aus dem Verschmelzungsvertrag zu arbeitsrechtlichen Regelungen enthält insbesondere die nach § 5 Abs. 1 Nr. 9 UmwG vorgeschriebenen Angaben. Deshalb weist der Verschmelzungsvertrag nicht Willenserklärungen als typische Elemente auf; vielmehr wirkt er wie eine Aneinanderreihung von Wissenserklärungen, was für „echte" Verträge, die nicht aufgrund gesetzlicher Anordnung geschlossen werden, gänzlich untypisch ist. Das Formular geht dabei von folgenden Annahmen aus: Bei beiden Gesellschaften besteht jeweils ein Betriebsrat; im Zusammenhang mit der Verschmelzung werden die Betriebe in ihrer derzeitigen Form fortgeführt; beide Gesellschaften sind tarifgebunden und Mitglied in dem gleichen Arbeitgeberverband; eine Unternehmensmitbestimmung ist vor Verschmelzung bei keiner der beteiligten Gesellschaften geboten, woran sich auch nach Wirksamwerden der Verschmelzung für die übernehmende Gesellschaft nichts ändert.

2. Wirksamwerden der Verschmelzung. Die Verschmelzung wird gemäß § 20 UmwG mit der Eintragung der Verschmelzung in das Register des Sitzes des übernehmenden Rechtsträgers wirksam. In diesem Zeitpunkt geht das Vermögen des übertragenden Rechtsträgers einschließlich der Verbindlichkeiten auf den übernehmenden Rechtsträger über (§ 20 Abs. 1 Nr. 1 UmwG). Der übertragende Rechtsträger erlischt, ohne dass es einer besonderen Löschung bedarf (§ 20 Abs. 1 Nr. 2 UmwG). Gemäß § 324 UmwG bleibt § 613a Abs. 1, 4 bis 6 BGB durch die Wirkung der Eintragung der Verschmelzung unberührt (→ Anm. 3).

3. Betriebsübergang. Im Falle der Verschmelzung gehen die Arbeitsverträge mitsamt allen Rechten und Pflichten aus dem Arbeitsverhältnis gemäß § 613a Abs. 1 S. 1 BGB auf den neuen Rechtsträger über. Allerdings enthält § 324 UmwG eine Rechtsgrundverweisung (vgl. *Zerres* ZIP 2001, 359; Schaub/*Koch* § 116 Rn. 11). Das bedeutet, die Voraussetzungen des Betriebsübergangs sind bei einer Verschmelzung selbständig zu prüfen (BAG NZA 2000, 1115; BAG NZA 2006, 990, 993). Da § 613a BGB zwingendes Recht darstellt (BAG NZA 1992, 1080), kann hiervon auch nicht zum Nachteil der betroffenen Arbeitnehmer abgewichen werden. Von diesem automatischen Übergang kraft Gesetzes werden nur die bestehenden Arbeitsverhältnisse erfasst. Die Vorschrift gilt daher nicht für ausgeschiedene Arbeitnehmer, insbesondere also nicht für Betriebsrentner und mit unverfallbaren Anwartschaften ausgeschiedene Mitarbeiter (vgl. A/P/S/*Steffan* § 613a BGB Rn. 86). Organmitglieder juristischer Personen fallen ebenfalls nicht in den Anwendungsbereich des § 613a Abs. 1 S. 1 BGB, weil sie keine Arbeitnehmer sind (W/H/S/S/*Willemsen* G Rn. 130 m. w. N.). Bei der Verschmelzung gehen ihre Dienstverhältnisse jedoch gemäß § 20 Abs. 1 Nr. 1 UmwG auf den übernehmenden Rechtsträger über (Semler/Stengel/*Kübler* § 20 UmwG Rn. 56). Das Gleiche gilt für Versorgungsansprüche ausgeschiedener Arbeitnehmer (vgl. Semler/Stengel/*Kübler* § 20 Rn. 36). Fallen Betriebsübergang und Verschmelzung zusammen, ist § 20 Abs. 1 Nr. 1 UmwG somit insoweit spezieller als § 613a Abs. 1 S. 1 BGB (vgl. *Simon/Weninger* BB 2010, 117). Da § 613a BGB neben dem Eintritt in die Rechte und Pflichten aus dem Arbeitsverhältnis aber auch besondere Regelungen zur Weitergeltung von Tarifnormen und Betriebsvereinbarungen sowie zur Unterrichtungspflicht und zum Widerspruchsrecht der Arbeitnehmer (→ Anm. 9) enthält, ist es dennoch von Bedeutung, ob ein Betriebsübergang vorliegt (*Simon/Weninger* BB 2010, 117). Eigenständige Bedeutung erlangt § 613a Abs. 1 S. 1 BGB allerdings, wenn der Betriebsübergang schon vor der Eintragung der Verschmelzung vollzogen wird (Semler/Stengel/*Kübler* § 20 Rn. 35).

4. Eintritt in die Rechte und Pflichten aus dem Arbeitsverhältnis. Der in § 613a Abs. 1 S. 1 BGB vorgesehene Eintritt in die Rechte und Pflichten aus dem Arbeitsverhältnis führt zu einem Austausch des Vertragspartners des Arbeitnehmers. Der neue Rechtsträger tritt vollständig in die Arbeitgeberstellung ein, aus der der übertragende Rechtsträger ausscheidet (vgl. W/H/S/S/*Willemsen* G Rn. 122). In diesem Zusammenhang bleibt insbesondere die beim übertragenden Rechtsträger zurückgelegte Betriebszugehörigkeit auch gegenüber dem neuen Rechtsträger erhalten (Semler/Stengel/*Simon* § 324 Rn. 17). Dieser muss die abgeleistete Betriebstreue bei gesetzlichen und vertraglichen Rechten des Arbeitnehmers gegen sich gelten lassen, insbesondere z.B. im Hinblick auf die persönliche Anwendbarkeit des KSchG sowie auf die Berechnung von Kündigungsfristen oder von Wartezeiten und Unverfallbarkeitsfristen im Rahmen der betrieblichen Altersversorgung (vgl. BAG AP BGB § 613a Nr. 35; BAG AP BetrAVG § 1 Unverfallbarkeit Nr. 4). Nicht zu den Rechten und Pflichten aus dem Arbeitsverhältnis zählt hingegen die sachliche Anwendbarkeit des KSchG gemäß § 23 Abs. 1 KSchG (BAG NZA 2007, 739).

5. Kündigungsverbot. Gemäß § 613a Abs. 4 S. 1 BGB ist die Kündigung eines Arbeitsverhältnisses wegen eines Betriebsübergangs unzulässig. Da § 324 UmwG auch für den Fall eines Betriebsübergangs im Rahmen einer Verschmelzung auf diese Regelung verweist, gilt dieses Kündigungsverbot auch hier. Davon unberührt bleibt die Möglichkeit zur Kündigung aus anderen Gründen (§ 613a Abs. 4 S. 2 BGB; → Form. A. XII. 1 Anm. 7).

6. Mitarbeiterinformation. Die an einem Betriebsübergang beteiligten Arbeitgeber sind gemäß § 613a Abs. 5 BGB verpflichtet, die von dem Übergang betroffenen Arbeitnehmer über die näheren Umstände des Betriebsübergangs und seine Auswirkungen auf die übergehenden Arbeitsverhältnisse zu unterrichten (→ Form. A. XII. 1). Da § 324 UmwG auf § 613a Abs. 5 BGB verweist, ist diese Informationspflicht auch im Rahmen eines Betriebsübergangs durch Verschmelzung zu beachten.

7. Widerspruchsrecht. → Form. A. XII. 1 Anm. 13.

8. Allgemeine Folgen eines Widerspruchs. → Form. A. XII. 1 Anm. 14.

9. Folgen eines Widerspruchs bei Verschmelzung. Bei einer Verschmelzung im Wege der Aufnahme besteht die Besonderheit, dass der übertragende Rechtsträger erlischt (§ 20 Abs. 1 Nr. 2 UmwG). Damit kann die im Falle eines „echten" Betriebsübergangs vorgesehene Rechtsfolge des Widerspruchs – das „Zurückfallen" des Arbeitsverhältnisses auf den bisherigen Arbeitgeber – nicht eintreten: Denn der bisherige Arbeitgeber existiert bei der Verschmelzung im Wege der Aufnahme nicht mehr. Aus diesem Grund wird in der arbeitsrechtlichen Literatur vertreten, das Institut des Widerspruchs sei für Verschmelzungsfälle unpassend, ein Widerspruchsrecht daher grundsätzlich nicht anzuerkennen (vgl. *Graef* NZA 2006, 1078; *Kreßel* BB 1995, 925; *Wlotzke* DB 1995, 40, 43). Für diese Ansicht spricht, dass in der Gesetzesbegründung zur Reform des § 613a BGB ausgeführt wird, es gebe keinen Ansatz für ein Widerspruchsrecht, wenn das übertragende Unternehmen in Folge der Umwandlung erlischt, also in den Fällen der Verschmelzung, Aufspaltung und vollständigen Vermögensübertragung (vgl. BT-Drucks. 14/7760 S. 20). Andererseits hat der Gesetzgeber mittlerweile die Verweisungsvorschrift des § 324 UmwG geändert und auch in den Fällen der Verschmelzung ausdrücklich auf die Neuregelung des Widerspruchsrechts in § 613a Abs. 6 BGB verwiesen. Diese Verweisung wäre kaum erfolgt, wenn der Gesetzgeber ein Widerspruchsrecht im Falle der Verschmelzung hätte ausschließen wollen. Daher und weil dem Arbeitnehmer die verfassungsrechtlich gewährleistete Freiheit erhalten bleiben soll, selbst zu bestimmen, für welchen Arbeitgeber er arbeitet (Art. 12 Abs. 1 S. 1 GG), wird dem Arbeitnehmer nach anderer Auffassung auch im Falle der Verschmelzung ein Widerspruchsrecht zugesprochen (ArbG Münster NZA-RR 2000, 467; *Grobys* BB 2002, 726, 730; i.E. auch *Bauer/Lingemann* NZA 1994, 1057, 1061; Semler/Stengel/

Simon § 324 Rn. 51). Andere Autoren wollen dem Arbeitnehmer hingegen statt eines Widerspruchsrechts ein Recht zur außerordentlichen Kündigung zubilligen (ErfKomm/*Preis* § 613a BGB Rn. 183; W/H/S/S/*Willemsen* G Rn. 159 m.w.N.).

Das BAG hat sich nunmehr der Meinung angeschlossen, die ein Widerspruchsrecht des Arbeitnehmers ablehnt, da das Arbeitsverhältnis mit dem bisherigen, erloschenen Arbeitgeber nicht fortgesetzt werden könne (BAG NZA 2008, 815, 816; a.A. *Fandel/Hausch* BB 2008, 2402; zu den Folgen für die Transaktionsgestaltung → Form. A. XII. 1 Anm. 13). Wolle der Arbeitnehmer das Arbeitsverhältnis bei dem neuen Arbeitgeber nicht fortsetzen, so könne er ohne Rechtsverlust von seinem außerordentlichen Kündigungsrecht nach § 626 BGB Gebrauch machen (vgl. BAG NZA 2008, 815, 818). Damit wird – in gleicher Weise wie durch das Widerspruchsrecht – das verfassungsrechtlich geschützte Prinzip der Vertragsfreiheit erhalten, wonach einer Vertragspartei nicht gegen ihren Willen durch Aktivitäten auf der anderen Vertragsseite ein neuer Schuldner aufgezwungen werden kann. Das Ergebnis des BAG überzeugt, der Weg dahin freilich nicht: Da es für den sechsten Absatz von § 613a BGB keine Vorschrift wie § 613a Abs. 3 BGB für den zweiten Absatz von § 613a BGB gibt, nimmt das BAG in Wirklichkeit eine Auslegung contra legem vor.

10. Betriebliche Altersversorgung. Da bei der Verschmelzung durch die Gesamtrechtsnachfolge kraft Gesetzes in einem Akt alle Vermögensgegenstände auf den übernehmenden Rechtsträger übergehen (§ 20 Abs. 1 Nr. 1 UmwG), gilt dies auch für Versorgungsverpflichtungen aufgrund einer betrieblichen Altersversorgung. Die Ansprüche auf betriebliche Versorgungsleistungen richten sich damit kraft Gesetzes gegen den übernehmenden Rechtsträger. Dabei werden die Versorgungszusagen von aktiven Arbeitnehmern von § 613a Abs. 1 S. 1 BGB erfasst, während die Versorgungsanwartschaften von Rentnern und mit unverfallbarer Anwartschaft ausgeschiedenen Mitarbeitern dem Regelungsbereich von § 20 Abs. 1 Nr. 1 UmwG unterfallen (→ Anm. 3).

11. Keine gesamtschuldnerische Haftung. Da § 324 UmwG gerade nicht auf § 613a Abs. 2 BGB verweist und zudem der übertragende Rechtsträger gemäß § 20 Abs. 1 Nr. 2 UmwG erlischt, kommt eine gesamtschuldnerische Haftung nicht in Betracht. § 613a Abs. 3 BGB stellt dies klar. Zur gesamtschuldnerischen Haftung im Rahmen eines Betriebsübergangs durch Unternehmenskauf → Form. A. XII. 2 Anm. 8.

12. Betriebsvereinbarungen und Betriebsräte. Im vorliegenden Fall sind die Folgen der Verschmelzung für bestehende Betriebsvereinbarungen unproblematisch, da im Zuge der Verschmelzung die Betriebsidentität des übertragenen Betriebs nicht berührt wird, da die betriebliche Organisation und die vorhandenen Leitungsstrukturen auch nach der Verschmelzung fortbestehen. Dies ist bei einer rein gesellschaftsrechtlich durchgeführten Verschmelzung, zu der keine weiterreichenden organisatorischen oder arbeitsrechtlichen Maßnahmen hinzutreten, stets der Fall. In einer derartigen Konstellation kommt es folglich nicht zu einer Transformation vorhandener Betriebsvereinbarungen gemäß § 613a Abs. 1 S. 2 BGB, da die Betriebsidentität gewahrt wird und somit der Betrieb als Bezugspunkt des kollektiven Arbeitsrechts nicht untergeht (vgl. MünchKommBGB/*Müller-Glöge* § 613a BGB Rn. 149 m.w.N.). Aus diesem Grund bleibt auch das Amt des Betriebsrats bei einer Verschmelzung durch Aufnahme im Regelfall unberührt. Werden im Zuge der Verschmelzung jedoch ein Betrieb oder Betriebsteile räumlich oder funktional in einen Betrieb des übernehmenden Rechtsträgers eingegliedert, so gelten die beim Veräußerer bestehenden Betriebsvereinbarungen lediglich einzelvertraglich gemäß § 613a Abs. 1 S. 2 BGB weiter (vgl. MünchKommBGB/*Müller-Glöge* § 613a BGB Rn. 154), sofern sie nicht durch gleichartige Betriebsvereinbarungen beim übernehmenden Rechtsträger verdrängt werden (§ 613a Abs. 1 S. 3 und S. 4 BGB; aufgrund des Scattolon-Urteils des EuGH ist bei der Ablösung von Betriebsvereinbarungen möglicherweise zudem ein „Verschlechterungsverbot" zu beachten → Form. A. XII.

1 Anm. 8, 9). Die Folgen für den Betriebsrat richten sich dann nach den Regelungen der §§ 21a und 21b BetrVG.

Zum Schicksal von Konzern- und Gesamtbetriebsvereinbarungen → Form. A. XII. 1 Anm. 9.

13. Tarifverträge. Sind sowohl der übertragende als auch der übernehmende Rechtsträger in derselben Branche tätig und im selben Arbeitgeberverband organisiert, so gelten die einschlägigen Tarifverträge im Regelfall unbeschadet der Verschmelzung kollektivrechtlich fort. Gelten die vor der Verschmelzung einschlägigen Tarifverträge hingegen nicht kollektivrechtlich fort, so findet grundsätzlich eine Transformation der tarifvertraglichen Rechte und Pflichten statt: Sie werden Inhalt des Arbeitsverhältnisses zwischen dem übernehmenden Rechtsträger und dem Arbeitnehmer, wobei sie allerdings ihren kollektivrechtlichen Charakter behalten (dies hat das BAG jedoch bisher nur für Tarifverträge so erkannt → Form. A. XII. 1 Anm. 8), und dürfen gemäß § 613a Abs. 1 S. 2 BGB nicht vor Ablauf eines Jahres ab Verschmelzung zum Nachteil der Arbeitnehmer geändert werden, soweit das Arbeitsverhältnis nach der Verschmelzung nicht dem Anwendungsbereich eines anderen Tarifvertrags unterfällt (§ 613a Abs. 1 S. 3, 4 BGB; auch bei der Ablösung von Tarifverträgen ist aufgrund des Scattolon-Urteils des EuGH möglicherweise zudem ein „Verschlechterungsverbot" zu beachten → Anm. 12). Im Hinblick auf die umwandlungsrechtlichen Vorschriften geht das BAG bei Betriebsübergängen, die auf einer Verschmelzung beruhen, hinsichtlich Haustarifverträgen stets von einem kollektivrechtlichen Fortbestand aus (BAG NZA 1998, 1346, 1347; s. auch A/P/S/*Steffan* § 613a BGB Rn. 113 m.w.N.).

14. Unternehmensmitbestimmung. Durch die Verschmelzung kann sich der Mitbestimmungsstatus des übernehmenden Rechtsträgers dadurch ändern, dass die Arbeitnehmerzahl beim übernehmenden Rechtsträger sich derart erhöht, dass die Schwellenwerte für die Anwendbarkeit der gesetzlichen Mitbestimmungsregelungen erreicht werden. Insbesondere kann es zu einem „Hineinwachsen" in die Mitbestimmung kommen, wenn durch die Verschmelzung die mitbestimmungsrelevante Arbeitnehmerzahl des übernehmenden Rechtsträgers die Schwelle von 500 Arbeitnehmern (§ 1 DrittelbG) oder von 2000 Arbeitnehmern (§ 1 MitbestG) übersteigt (ausf. zu den denkbaren Fallkonstellationen W/H/S/S/*Seibt* F Rn. 94 ff.).

Beim übertragenden Rechtsträger erlöschen die Ämter sämtlicher Organe und somit auch die Organstellung etwaiger Aufsichtsratsmitglieder (vgl. W/H/S/S/*Seibt* F Rn. 90 m.w.N.).

4. Zuleitung Verschmelzungsvertrag an Betriebsrat

[Briefkopf des Arbeitgebers]

Betriebsrat Betrieb . . . . . .

z. Hd. des Betriebsratsvorsitzenden[1]

Herrn . . . . . .

. . . . . . (Anschrift)

. . . . . . (Datum)

Verschmelzung der . . . . . . (Name der Gesellschaft) auf die . . . . . . (Name der Gesellschaft)

Sehr geehrter Herr . . . . . .,

als Anlage überreichen wir Ihnen eine Kopie des Entwurfs des Verschmelzungsvertrages zwischen der . . . . . . (Name der Gesellschaft) als übertragende Gesellschaft und der . . . . . . (Name der Gesellschaft) als aufnehmende Gesellschaft nebst Anlagen.

Da wir die rechtzeitig[2] an Sie erfolgte Zuleitung des Entwurfs des Verschmelzungsvertrages bei der Anmeldung der Verschmelzung zum Handelsregister gemäß § 17 Abs. 1 UmwG nachzuweisen haben, bitten wir Sie, den Erhalt dieses Anschreibens und des beiliegenden Entwurfs des Verschmelzungsvertrages nebst Anlagen auf den beigefügten zwei Ausfertigungen dieses Schreibens zu bestätigen und diese an uns zurückzusenden.

(Optional:

Um die Verschmelzung zu beschleunigen, bitten wir Sie weiterhin, auf die Einhaltung der Ein-Monatsfrist gemäß § 5 Abs. 3 UmwG zu verzichten und dies durch die Unterzeichnung der Verzichtserklärung zu dokumentieren.)

Wir danken für Ihre Unterstützung.

Mit freundlichen Grüßen

. . . . . .

Unterschrift der Gesellschaft

Anlage: Entwurf des Verschmelzungsvertrages nebst Anlagen

Empfangsbestätigung des Betriebsrats[3]

Wir bestätigen, heute den Entwurf des Verschmelzungsvertrages zur Verschmelzung der . . . . . . (Name der Gesellschaft) als übertragender Gesellschaft auf die . . . . . . (Name der Gesellschaft) als übernehmende Gesellschaft nebst Anlagen erhalten zu haben.

Für den Betriebsrat

. . . . . .

Ort, Datum

. . . . . .

Unterschrift des Betriebsratsvorsitzenden

(Optional:

Verzichtserklärung des Betriebsrats betreffend die Einhaltung der Ein-Monatsfrist

Der Betriebsrat bestätigt hiermit, dass er aufgrund Beschlusses vom . . . . . . auf die Einhaltung der Ein-Monatsfrist des § 5 Abs. 3 UmwG verzichtet hat.

Für den Betriebsrat

. . . . . .

Ort, Datum

. . . . . .

Unterschrift des Betriebsratsvorsitzenden)

Anmerkungen

1. Zuleitung an Betriebsräte. Die Pflicht zur Zuleitung des Verschmelzungsvertrages oder seines Entwurfs an die Betriebsräte ergibt sich aus § 5 Abs. 3 UmwG, wobei der gesamte Vertrag – nicht etwa nur die arbeitsrechtlichen Angaben – dem Betriebsrat vorgelegt werden muss (Semler/Stengel/*Schroer* § 5 Rn. 141). Der Nachweis der rechtzeitigen Zuleitung des Verschmelzungsvertrages oder seines Entwurfs an den zuständigen Betriebsrat ist gemäß § 17 Abs. 1 UmwG eine notwendige Anlage der Anmeldung zum Handelsregister und damit Eintragungsvoraussetzung. Fehlen die Angaben nach § 5 Abs. 1 Nr. 9 UmwG völlig oder sind wesentliche Teilbereiche nicht abgedeckt, so kann das Registergericht die Eintragung der Verschmelzung ablehnen (W/H/S/S/*Willemsen* C Rn. 378). Zuständiger Betriebsrat i.S.d. § 5 Abs. 3 UmwG ist der Betriebsrat jedes beteiligten Rechtsträgers, der gemäß § 13 Abs. 1 UmwG über die Zustimmung zum Verschmelzungsvertrag beschließen soll (zur Zuständigkeit von Gesamt- und Konzernbetriebsräten vgl. W/H/S/S/*Willemsen* C Rn. 357).

2. Monatsfrist für die Zuleitung. Gemäß § 5 Abs. 3 UmwG muss dem zuständigen Betriebsrat der Verschmelzungsvertrag oder sein Entwurf spätestens einen Monat vor dem Tage der Versammlung der Anteilsinhaber der abgebenden und der aufnehmenden Gesellschaft, die über die Zustimmung zum Verschmelzungsvertrag beschließen sollen, zugeleitet werden. Die Monatsfrist für die Zuleitung ist entsprechend der §§ 187 ff. BGB zu berechnen. Da die Frist rückwärts zu berechnen ist, passen diese Vorschriften zwar nicht vom Wortlaut, sie sind auf sog. Rückwärtsfristen jedoch entsprechend anzuwenden (Semler/Stengel/*Schroer* § 5 Rn. 144). Allerdings ist umstritten, an welchem Tag das fristauslösende Ereignis i.S.v. § 187 Abs. 1 BGB eintritt (vgl. zum Streitstand Lutter/*Lutter/Drygala* § 5 Rn. 147 f.). Nach zutreffender Ansicht ist zur Fristberechnung auf den Tag der Beschlussfassung abzustellen (Lutter/*Lutter/Drygala* § 5 Rn. 148; Semler/Stengel/*Simon* § 5 Rn. 144). Um Rechtsunsicherheiten zu vermeiden, sollte der Verschmelzungsvertrag oder dessen Entwurf jedoch vorsorglich einen Monat und zwei Werktage vor dem Tag der Versammlung der Anteilseigner zugeleitet werden (Semler/Stengel/*Schroer* § 5 Rn. 144). Umstritten ist zudem, ob der Betriebsrat auf die Einhaltung der Monatsfrist verzichten kann; dies wird überwiegend bejaht (ausf. *Pfaff* DB 2002, 686; W/H/S/S/*Willemsen* C Rn. 360 m.w.N.). Nicht wirksam verzichten kann der Betriebsrat jedoch auf die Zuleitung des Entwurfs oder des Verschmelzungsvertrages als solches (OLG Naumburg AP UmwG § 5 Nr. 2; a.A. Semler/Stengel/*Schroer* § 5 Rn. 146). Deshalb bieten sich – insbesondere bei zeitkritischen Verschmelzungen – gegebenenfalls die im Formular vorgesehenen optionalen Formulierungen zum Verzicht auf die Wahrung der Ein-Monatsfrist an.

3. Empfangsbekenntnisse. Die Kopien der zugeleiteten Verträge mit Empfangsbekenntnissen dienen als Nachweis der Einhaltung der Monatsfrist im Hinblick auf § 17 Abs. 1 UmwG. Empfangsberechtigt auf Seiten der Betriebsräte sind gemäß § 26 Abs. 2 S. 2 BetrVG die jeweiligen Vorsitzenden oder, im Falle ihrer Verhinderung, deren Stellvertreter. Noch nicht abschließend geklärt ist die Frage, wie vorzugehen ist, wenn sich nach Zuleitung des Entwurfs an den Betriebsrat noch Änderungen an dem Verschmelzungsvertrag ergeben. Nach einer Entscheidung des LG Essen (NZG 2002, 736) richtet sich die Frage nach einer erneuten Zuleitung an den Betriebsrat bei Änderungen im Entwurf danach, ob durch eine Nichtzuleitung eine unangemessene Benachteiligung der Betriebsratsarbeit erfolge. Das OLG Naumburg hat hingegen festgestellt, dass im Hinblick auf die Zuleitungspflicht nicht zwischen wichtigen und unwichtigen Angaben unterschieden werden könne (OLG Naumburg AP UmwG § 5 Nr. 2). Alles was Gegenstand der Anmeldung sein müsse und solle, müsse dem Betriebsrat auch zugeleitet werden. Im Gegensatz zu letzterer Entscheidung stehen die Gesetzesmaterialien. Der Rechtsausschuss des Bundestags hat in seinen Beratungen die Auffassung vertreten, unwesentliche Änderungen des Entwurfs führten nicht zu einer erneuten Zuleitungspflicht (vgl. W/H/S/S/*Willemsen* C Rn. 362). Vor dem Hintergrund der nicht abschließend geklärten Rechtslage ist es praktisch empfehlenswert, den Betriebsrat zumindest in den Fällen von Änderungen des Vertragstexts zu unterrichten – und hierdurch eine erneute Monatsfrist in Gang zu setzen – wenn die Änderungen die Folgen der Umwandlung für die Arbeitnehmer beeinflussen, und zwar wesentlich abweichend von den ursprünglichen Darlegungen.

5. Information des Wirtschaftsausschusses

[Briefkopf des Arbeitgebers]

An den Wirtschaftsausschuss der . . . . . (Name des Arbeitgebers)

. . . . . . (Datum)

Verschmelzung der . . . . . . (Name der Gesellschaft) auf die . . . . . . (Name der Gesellschaft)

Sehr geehrte Damen und Herren,

wir unterrichten hiermit den Wirtschaftsausschuss[1] darüber,[2] dass geplant[3] ist, unsere Gesellschaft („übertragende GmbH") auf die . . . . . . (Name der Gesellschaft) GmbH („übernehmende GmbH") zu verschmelzen. Die übertragende GmbH und die übernehmende GmbH sind beide im Handel mit . . . . . . (Unternehmensgegenstand) tätig. Die übertragende GmbH soll im Wege der Verschmelzung durch Aufnahme mit der übernehmenden GmbH verschmolzen werden.

Die Konsequenzen dieser Verschmelzung sind wie folgt zusammenzufassen:[4]

In arbeitsrechtlicher Hinsicht hat die Verschmelzung folgende Auswirkungen:

(1) Mit Wirksamwerden der Verschmelzung kommt es zu einem Betriebsübergang nach § 613a BGB i. V. m. § 324 UmwG.[5] Die übernehmende GmbH tritt mit Wirksamwerden der Verschmelzung als neuer Arbeitgeber in sämtliche Rechte und Pflichten aus den Arbeitsverhältnissen aller Arbeitnehmer der übertragenden GmbH unter Anerkennung der bei der übertragenden GmbH erworbenen Betriebszugehörigkeit ein und führt die Arbeitsverhältnisse fort (§ 613a Abs. 1 S. 1 BGB).[6] Jede Kündigung eines Arbeitsverhältnisses eines Arbeitnehmers, das bei Wirksamkeit der Verschmelzung auf die übernehmende GmbH übergeht, ist wegen des Betriebsübergangs unwirksam (§ 613a Abs. 4 S. 1 BGB). Kündigungen aus anderen Gründen steht § 613a Abs. 4 BGB nicht entgegen.[7]

(2) Die von dem Betriebsübergang betroffenen Arbeitnehmer der übertragenden GmbH werden gemäß § 613a Abs. 5 BGB vor dem Betriebsübergang über dessen Auswirkungen unterrichtet.[8] Die Unterrichtung der Mitarbeiter nach § 613a Abs. 5 BGB übernimmt die übernehmende GmbH in enger Abstimmung mit der übertragenden GmbH. Ein Widerspruchsrecht[9] der Arbeitnehmer gegen den Übergang ihrer Arbeitsverhältnisse nach § 613a Abs. 6 BGB besteht nicht, da nach Wirksamwerden der Verschmelzung der bisherige Arbeitgeber, die übertragende GmbH, nicht mehr existiert und das Arbeitsverhältnis mit der übertragenden GmbH daher nicht fortgesetzt werden kann.[10, 11]

(3) Mit Wirksamwerden der Verschmelzung tritt die übernehmende GmbH gemäß § 613a BGB in alle etwaigen Rechte und Pflichten bezüglich einer betrieblichen Altersversorgung ein, soweit diese für Arbeitnehmer der übertragenden GmbH besteht, deren Arbeitsverhältnisse mit Wirksamwerden der Verschmelzung auf die übernehmende GmbH übergehen.[12]

(4) Die übernehmende GmbH wird infolge der Verschmelzung Gesamtrechtsnachfolgerin der übertragenden GmbH. Eine zusätzliche gesamtschuldnerische Haftung der übertragenden GmbH i.S.v. § 613a Abs. 2 BGB[13] entfällt, da die übertragende GmbH mit Wirksamwerden der Verschmelzung als Rechtsträger erlischt (§ 613a Abs. 3 BGB).

(5) Die Verschmelzung als solche führt zu keiner Veränderung der bisherigen betrieblichen Struktur der übertragenden GmbH. Eine Betriebsänderung wird durch die Verschmelzung und den damit verbundenen Betriebsübergang nicht bewirkt. Die für den Betrieb der übertragenden GmbH gültigen Betriebsvereinbarungen gelten auch nach der Verschmelzung unverändert fort; der bestehende Betriebsrat der übertragenden GmbH bleibt unbeschadet der Verschmelzung im Amt.[14]

(6) Für die Arbeitnehmer der übernehmenden GmbH und den bei der übernehmenden GmbH bestehenden Betriebsrat hat die Verschmelzung keine Folgen.

(7) Sowohl die übertragende GmbH als auch die übernehmende GmbH sind Mitglied im Arbeitgeberverband für den . . . . . . (Industriezweig) und infolgedessen an die Tarifverträge des . . . . . . (Industriezweig) gebunden. Diese Tarifverträge gelten daher nach dem Wirksamwerden der Verschmelzung für die früheren Arbeitnehmer der übertragenden GmbH kollektivrechtlich weiter.[15]

(8) Eine Unternehmensmitbestimmung ist gegenwärtig weder bei der übernehmenden GmbH noch bei der übertragenden GmbH geboten. Die Voraussetzungen für eine Unternehmensmitbestimmung nach dem DrittelbG oder dem MitbestG sind wegen der Arbeitnehmerzahlen gegenwärtig weder bei der übertragenden GmbH noch bei der übernehmenden GmbH gegeben. Hieran ändert sich auch durch das Wirksamwerden der Verschmelzung nichts.[16]

(9) Das Amt des Wirtschaftsausschusses der übertragenden GmbH erlischt mit Wirksamwerden der Verschmelzung.[17]

(10) Weitere Folgen ergeben sich für die Arbeitnehmer der übernehmenden GmbH oder der übertragenden GmbH durch das Wirksamwerden der Verschmelzung nicht. Im Übrigen sind keine besonderen arbeitsrechtlichen Maßnahmen aus Anlass der Verschmelzung vorgesehen.

Mit freundlichen Grüßen

. . . . . .

Unterschrift des Arbeitgebers

Erhalten:

. . . . . .

Ort, Datum

Für den Wirtschaftsausschuss

. . . . . .

Unterschrift

Anmerkungen

1. Sachverhalt. Dem Formular liegt die Verschmelzung zweier Gesellschaften mit beschränkter Haftung zugrunde. Die hier dargestellte Information des Wirtschaftsausschusses zu arbeitsrechtlichen Regelungen geht dabei von folgenden Annahmen aus: Bei beiden Gesellschaften besteht jeweils ein Betriebsrat; im Zusammenhang mit der Verschmelzung werden die Betriebe in ihrer derzeitigen Form fortgeführt; beide Gesellschaften sind tarifgebunden und Mitglied im gleichen Arbeitgeberverband; eine Unternehmensmitbestimmung ist vor Verschmelzung bei keiner der beteiligten Gesellschaften geboten, woran sich auch nach Wirksamwerden der Verschmelzung für die übernehmende Gesellschaft nichts ändert.

2. Unterrichtungspflicht des Arbeitgebers. Die Unterrichtungspflicht des Arbeitgebers ergibt sich aus § 106 Abs. 2 und 3 BetrVG. Im Gegensatz zu den meisten anderen Vorschriften des BetrVG ist im Rahmen der Unterrichtungspflicht gegenüber dem Wirtschaftsausschuss der Arbeitgeber allerdings in seiner Eigenschaft als Unternehmer und nicht in seiner Funktion als Arbeitgeber angesprochen. Grund hierfür ist, dass dem Wirtschaftsausschuss derjenige gegenübertreten soll, der die wirtschaftlichen Ziele verfolgt, denen die arbeitstechnische Leistung des Betriebs zu dienen bestimmt ist und der die Unternehmensziele, den finanziellen Rahmen und damit die Planungs- und Leistungsvorgaben für die Betriebe festlegt.

3. Rechtzeitige Unterrichtung. Gemäß § 106 Abs. 2 S. 1 BetrVG hat der Unternehmer den Wirtschaftsausschuss rechtzeitig und umfassend über die wirtschaftlichen Angelegenheiten des Unternehmens zu unterrichten. Rechtzeitig bedeutet in diesem Zusammenhang, dass der Wirtschaftsausschuss vor einer Entscheidung des Unternehmers unterrichtet werden muss (vgl. ErfKomm/*Kania* § 106 BetrVG Rn. 4 m.w.N.). Der Wirtschaftsausschuss muss deshalb bereits im Planungsstadium unterrichtet werden. Zudem muss der Betriebsrat seine Beteiligungsrechte noch wahrnehmen und auf die Willensbildung des Unternehmers Einfluss nehmen können. Im Ergebnis hat die Unterrichtung daher so frühzeitig zu geschehen, dass die Angelegenheit mit dem Unternehmer noch in einer Sitzung des Wirtschaftsausschusses beraten werden und der Betriebsrat von dem Ergebnis unterrichtet werden kann (Richardi/*Annuß* § 106 Rn. 24 m.w.N.). Jedenfalls rechtzeitig ist es somit, wenn die Unterrichtung des Wirtschaftsausschusses vor der Unterrichtung des Betriebsrats erfolgt (vgl. H/W/K/*Willemsen/Lembke* § 106 BetrVG Rn. 34). Allerdings erfolgt die Unterrichtung auch dann noch rechtzeitig, wenn der Wirtschaftsausschuss und der Betriebsrat zeitgleich unterrichtet werden (vgl. H/W/K/*Willemsen/Lembke* § 106 BetrVG Rn. 34; *Maiß/Röhrborn* ArbRAktuell 2011, 341), denn zwischen dem Wirtschaftsausschuss und dem Betriebsrat kann nach der Unterrichtung noch immer eine Beratung stattfinden. Zudem ist auch im Falle einer zeitgleichen Unterrichtung noch gewährleistet, dass der Betriebsrat die Mitwirkungs- und Mitbestimmungsrechte, z.B. aus §§ 111 ff. BetrVG, noch ausüben kann, bevor die geplante Maßnahme durchgeführt wird. Außerdem kann § 106 Abs. 1 S. 2 BetrVG keine zwingende Anordnung einer zeitlichen Abfolge für die Unterrichtung entnommen werden.

4. Umfang der Unterrichtung. Die Unterrichtung hat umfassend zu sein, d.h. der Wirtschaftsausschuss muss alle Informationen erhalten, die für eine sinnvolle Beratung der Angelegenheit erforderlich sind (ErfKomm/*Kania* § 106 BetrVG Rn. 5) und die der Unternehmer subjektiv seiner Entscheidung bewusst zugrunde gelegt hat (so LAG Berlin BeckRS 2012, 69525). Im Ergebnis müssen Unternehmer und die Mitglieder des Wirtschaftsausschusses über die gleichen Informationen verfügen. Bei der Information über den Zusammenschluss oder die Spaltung von Unternehmen oder Betrieben (§ 106 Abs. 3 Nr. 8 BetrVG) muss der Wirtschaftsausschuss in arbeitsrechtlicher Hinsicht zumindest darüber informiert werden, welche Betriebe und Betriebsteile und welche Arbeitsverhältnisse bei der Transaktion auf welchen Rechtsträger übergehen sollen. Er ist darüber zu unterrichten, ob mit der Transaktion ein Wechsel in einen anderen Tarifbereich verbunden ist, ob sich Betriebsvereinbarungen wegen Verlusts der Identität ändern, ob sich der Betriebsrat verkleinert, ein Gesamtbetriebsrat wegfällt oder Ähnliches. Darüber hinaus ist der Wirtschaftsausschuss auch über später vorgesehene Maßnahmen zu unterrichten, also auch über etwaige Folgen nach der Transaktion. Dabei kann es sich insbesondere um personelle Maßnahmen (z.B. Versetzungen oder Kündigungen) oder um Betriebsänderungen i.S.v. § 111 BetrVG handeln. Vor diesem Hintergrund ist empfehlenswert, dem Wirtschaftsausschuss jedenfalls diejenigen Informationen zukommen zu lassen, die den nach § 5 Abs. 1 Nr. 9 UmwG vorgeschriebenen Angaben über die Folgen der Verschmelzung für die Arbeitnehmer und deren Vertretungen und den insoweit vorgesehenen Maßnahmen entsprechen. Das Formular orientiert sich daher an den Angaben in → Form. A. XII. 3. Daneben können im Einzelfall weitere Informationen über die wirtschaftlichen Hintergründe und Konsequenzen der Transaktion angezeigt sein, auch wenn Arbeitnehmer davon nicht unmittelbar betroffen sind. Denn die Beteiligungsrechte des Wirtschaftsausschusses betreffen gerade nicht nur arbeitsrechtliche Maßnahmen, sondern wirtschaftliche Angelegenheiten. Dabei ist der Wirtschaftsausschuss zwar sehr weitreichend über die wirtschaftlichen Angelegenheiten des Unternehmens zu unterrichten (§ 106 Abs. 3 BetrVG), er ist aber im Ergebnis auf die Unterrichtung und Beratung beschränkt, hat also kein Mitbestimmungsrecht (Richardi/*Annuß* Vorb. zum Sechsten Abschnitt des Vierten Teils Rn. 4). Dieses steht allein den Betriebsräten zu. Der Wirtschaftsausschuss ist daher kein eigenständiges Organ der Belegschaft, sondern Hilfsorgan des Betriebsrats/Gesamtbetriebsrats (BAG AP BetrVG 1972 § 108 Nr. 2; BAG AP BetrVG 1972 § 106 Nr. 17).

Die Unterrichtung hat dabei unter Vorlage der maßgeblichen Unterlagen zu erfolgen (vgl. § 106 Abs. 2 BetrVG). Wenn das Unternehmen, für das der Wirtschaftsausschuss zuständig ist, Gegenstand eines Unternehmenskaufs ist, gelten seit 2008 verstärkte Anforderungen an die Unterlagen, die dem Wirtschaftsausschuss vorzulegen sind (§ 106 Abs. 2 S. 2 BetrVG). Sofern keine Betriebs- und Geschäftsgeheimnisse gefährdet werden, hat der Unternehmer – ohne dass es eines ausdrücklichen Verlangens des Wirtschaftsausschusses bedarf – die Unterlagen vorzulegen, die auch ihm zur Verfügung stehen, gleichgültig ob er sie selbst oder ob Dritte sie angefertigt haben (so jedenfalls LAG Frankfurt LAGE BetrVG 1972 § 87 Arbeitszeit Nr. 25). Die Unterlagen müssen dem Wirtschaftsausschuss allerdings nur vorgelegt, d.h. zur Einsichtnahme überlassen werden (Richardi/*Annuß* § 106 Rn. 30). Die Mitglieder des Wirtschaftsausschusses können sich schriftliche Aufzeichnungen machen, dürfen gegen den Willen des Unternehmers aber keine Ablichtungen anfertigen (vgl. BAG AP BetrVG 1972 § 106 Nr. 3). Bei schwer erfassbaren Unterlagen, insbesondere bei umfangreichem Daten- oder Zahlenmaterial, kann der Unternehmer jedoch auch verpflichtet sein, diese Unterlagen rechtzeitig vor der Sitzung zeitweise an den Wirtschaftsausschuss auszuhändigen, um diesem eine bessere Vorbereitung auf die Sitzung zu ermöglichen (so BAG AP BetrVG 1972 § 106 Nr. 3; *v. Steinau-Steinrück/Brugger* NJW Spezial 2010, Heft 2, 50).

Ob durch die Unterrichtung ein Betriebs- oder Geschäftsgeheimnis gefährdet wird, hat der Unternehmer pflichtgemäß zu prüfen (Richardi/*Annuß* § 106 Rn. 35). Dabei besteht eine Gefährdung von Betriebs- oder Geschäftsgeheimnissen nicht bereits durch die bloße Mitteilung solcher Geheimnisse (Richardi/*Annuß* § 106 Rn. 34). Vielmehr müssen für eine Gefährdung zusätzliche Umstände vorliegen, wie etwa die besondere Bedeutung einer Tatsache für Bestand oder Entwicklung des Unternehmens oder das Vorliegen konkreter Anhaltspunkte für die Unzuverlässigkeit einzelner Mitglieder des Wirtschaftsausschusses (ErfKomm/*Kania* § 106 BetrVG Rn. 6; Richardi/*Annuß* § 106 Rn. 34).

Unterrichtungspflichtig ist der Unternehmer, also das Leitungsorgan (Geschäftsführung, Vorstand) der Zielgesellschaft. Diese Regelung wird in der Praxis zu Schwierigkeiten führen, da die Leitung der Zielgesellschaft in vielen Fällen über die beabsichtigte Transaktion nicht, erst sehr spät oder auch nicht umfassend informiert sein wird. Kein Unternehmer i.S.d. § 106 Abs. 2 BetrVG ist hingegen der Anteilseigner, der seine Gesellschaftsanteile veräußert (*Liebers/Erren/Weiß* NZA 2009, 1063, 1065). Unterrichtungsberechtigt ist nach § 106 BetrVG der Wirtschaftsausschuss. In Unternehmen, in denen kein Wirtschaftsausschuss besteht, ist nach § 109a BetrVG bei einer Übernahme des Unternehmens der Betriebsrat zu beteiligen. Auf Grundlage dieses Wortlauts wäre der Betriebsrat zunächst immer zu beteiligen, wenn mangels Überschreitens des Schwellenwerts von mehr als 100 regelmäßig beschäftigten Arbeitnehmern kein Wirtschaftsausschuss besteht. Ein solches Verständnis wäre jedoch systemwidrig, da es bisher allgemein anerkannt war, dass § 106 BetrVG auf kleinere Unternehmen nicht (entsprechend) anzuwenden ist (vgl. ErfKomm/*Kania* § 109a BetrVG Rn. 1). Die Rechte des Wirtschaftsausschusses sollten in kleineren Unternehmen dem Betriebsrat nicht im Sinne einer Auffangkompetenz zustehen (vgl. Richardi/*Annuß* § 109a Rn. 2). Es ist kein Grund ersichtlich, dass diese Grundsystematik im Fall von Übernahmen durchbrochen werden soll (*Löw* DB 2008, 758, 759; vgl. auch *Simon/Dobel* BB 2008, 1955, 1958; *Vogt/Bedkowski* NZG 2008, 725, 727). Auch in Übernahmefällen ist der Betriebsrat bei kleineren Unternehmen daher nicht über § 109a BetrVG zu beteiligen (a.A. H/W/K/*Willemsen/Lembke* § 109a BetrVG Rn. 2 m.w.N.).

Ferner käme nach dem Wortlaut des § 109a BetrVG eine Beteiligung des Betriebsrats in Betracht, wenn dieser in einem Unternehmen mit mehr als 100 regelmäßig beschäftigten Arbeitnehmern keinen Wirtschaftsausschuss gebildet hat. Hier soll der § 109a BetrVG jedoch nicht greifen und somit kein Beteiligungsrecht des Betriebsrats begründet werden, da die Nichtbildung eines Wirtschaftsausschusses eine Pflichtverletzung des Betriebsrats sei, welche nicht zu Lasten des Arbeitgebers gehen dürfe (H/W/K/*Willemsen/Lembke* § 109a BetrVG Rn. 2 m.w.N.), weil dieser – jedenfalls nach dem Verständnis der zitierten Auffassung – auf die Beratung durch den Wirtschaftsausschuss angewiesen ist. Diese Auffassung steht nicht nur im Widerspruch zum Wortlaut von § 109a BetrVG, sondern verkennt zudem den Zweck der unternehmerischen Mitbestimmung durch Arbeitnehmervertretungen. Schon die Prämisse ist falsch: Die Bildung eines Wirtschaftsausschusses in Unternehmen mit i.d.R. mehr als 100 ständig beschäftigten Arbeitnehmern ist nicht obligatorisch. Die Bildung eines Wirtschaftsausschusses ist vielmehr – genau wie die Bildung eines Betriebsrats – fakultativ (a.A. BeckOK Arb. § 106 BetrVG Rn. 8 m.w.N.). Der in § 106 Abs. 1 S. 1 BetrVG verwendete Wortlaut „ist zu bilden" ist hier missverständlich. Da folglich keine Pflichtverletzung des Betriebsrats vorliegt, besteht auch kein Grund, dem Betriebsrat sein Beteiligungsrecht in diesen Fällen zu versagen. Zudem ist der § 109a BetrVG eingeführt worden, um dem Interesse der Belegschaft, über den Erwerb wesentlicher Anteile durch Investoren informiert zu werden, Rechnung zu tragen (BT-Drucks. 16/7438 S. 15). Der Gesetzgeber kann nicht gewollt haben, die Belegschaft dafür zu „bestrafen", dass kein Wirtschaftsausschuss gebildet wurde.

Nach dem Gesetzeswortlaut wird die Unterrichtungspflicht ausgelöst bei einer Übernahme des Unternehmens, wenn hiermit der Erwerb der Kontrolle verbunden ist. Die Gesetzesbegründung verweist hier auf § 29 Abs. 2 WpÜG, der auf nicht börsennotierte Unternehmen freilich kaum passt (näher *Simon/Dobel* BB 2008, 1955, 1956). Problematisch ist zudem, ob ein lediglich mittelbarer Erwerb der Kontrolle – beispielsweise durch den Erwerb von Mehrheitsanteilen an der Konzernobergesellschaft – die Unterrichtungspflicht auslöst (dagegen *Liebers/Erren/Weiß* NZA 2009, 1063, 1065; *Simon/Dobel* BB 2008, 1955, 1956).

§ 106 Abs. 2 S. 2 BetrVG zählt zu den erforderlichen vorzulegenden Unterlagen bei Unternehmensübernahmen, die mit dem Erwerb der Kontrolle verbunden sind (§ 106 Abs. 3 Nr. 9a BetrVG), insbesondere die Angabe über den potentiellen Erwerber und dessen Absichten im Hinblick auf die künftige Geschäftstätigkeit des Unternehmens sowie die sich daraus ergebenden Auswirkungen auf die Arbeitnehmer. Diese Regelung bricht mit dem bis dahin vorherrschenden Verständnis der Pflicht zur Vorlage von Unterlagen nach § 106 Abs. 2 S. 1 BetrVG. Angaben über den potentiellen Erwerber und dessen Absichten sind keine Unterlagen, wie z. B. Wirtschaftsprüfungsberichte und Marktanalysen, sondern Informationen. Außerdem entsprach es bisher allgemeiner Auffassung, dass dem Wirtschaftsausschuss nur Unterlagen vorzulegen sind, die der Unternehmer selbst hat. Der Unternehmer war nicht verpflichtet, Unterlagen zur Vorlage herzustellen. Informationen über den potentiellen Erwerber und dessen Absichten werden jedoch bei der Übernahme eines nicht börsennotierten Unternehmens i. d. R. nicht schriftlich dokumentiert worden sein (*Simon/Dobel* BB 2008, 1955, 1957). Somit könnte der Unternehmer nun zur Erstellung solcher Unterlagen verpflichtet sein. Dies ist aber nicht der Fall (vgl. *Simon/Dobel* BB 2008, 1955, 1957). Bei Fehlen der entsprechenden Unterlagen wird der Unternehmer nur verpflichtet sein, die Informationen mündlich mitzuteilen (*Hümmerich/Boecken/Düwell* § 106 BetrVG Rn. 8a; *Simon/Dobel* BB 2008, 1955, 1957). Allerdings wird der Unternehmer über die Informationen häufig überhaupt nicht verfügen (ErfKomm/*Kania* § 106 BetrVG Rn. 6 a). Gesetzentwurf und Begründung schweigen dazu, wie diese Informationen dann zu beschaffen sein sollen (vgl. *Simon/Dobel* BB 2008, 1955, 1956). Da von dem Unternehmer nichts Unmögliches verlangt werden kann, beschränkt sich seine Informationspflicht in diesen Fällen daher auf die ihm bekannten Informationen (ErfKomm/*Kania* § 106 BetrVG Rn. 6 a). Schließlich kann der Wirtschaftsausschuss nach der allgemein gültigen Systematik der §§ 106 ff. BetrVG nur Unterlagen über die Gesellschaft verlangen. Die in der Neufassung des § 106 Abs. 2 S. 2 BetrVG so definierten „Unterlagen" betreffen aber Informationen über potentielle Erwerber und deren Absichten. Offen ist auch, wer im Fall eines Bieterverfahrens zum Kreis der potentiellen Erwerber zu zählen ist. Nach der Gesetzesbegründung gelten in einem üblichen Bieterverfahren nur diejenigen als potentielle Erwerber, welche ein verbindliches Angebot abgegeben haben (BT-Drucks. 16/9821 S. 8; so auch ErfKomm/*Kania* § 106 BetrVG Rn. 6a; Richardi/*Annuß* § 106 Rn. 26b; *Simon/Dobel* BB 2008, 1955, 1957; noch enger *Schröder/Falter* NZA 2008, 1097, 1100; *Liebers/Erren/Weiß* NZA 2009, 1063, 1066).

Abgesehen von diesen in ihrer Auswirkung teilweise unklaren Neuerungen hat sich am Umfang der Unterrichtung nichts geändert. Auch unter der Neuregelung sind Angaben zum Kaufpreis ebenso wie Informationen zur Finanzierung oder zu sonstigen Vertragskonditionen nicht erforderlich. Über den Umfang der Unterrichtungspflicht entscheidet im Streitfalle die Einigungsstelle (§ 109 BetrVG). Die Einigungsstelle ist also auch für die Entscheidung zuständig, ob Unterlagen in ausreichendem Maße vorgelegt wurden und ob ein Einsichtsrecht des Wirtschaftsausschusses besteht (Richardi/*Annuß* § 106 Rn. 59). Erfüllt der Unternehmer die ihm obliegende Auskunftspflicht nicht, wahrheitswidrig, verspätet oder unvollständig, so handelt er gemäß § 121 Abs. 1 BetrVG ordnungswidrig. Gemäß § 121 Abs. 2 BetrVG können derartige Ordnungswidrigkeiten mit einer Geldbuße bis zu 10.000 EUR geahndet werden.

5. Betriebsübergang. Im Falle der Verschmelzung gehen die Arbeitsverträge mitsamt allen Rechten und Pflichten aus dem Arbeitsverhältnis gemäß § 613a Abs. 1 S. 1 BGB auf den neuen Rechtsträger über. Allerdings enthält § 324 UmwG eine Rechtsgrundverweisung (vgl. *Zerres* ZIP 2001, 359; Schaub/*Koch* § 116 Rn. 11). Das bedeutet, dass die Voraussetzungen des Betriebsübergangs bei einer Verschmelzung selbständig zu prüfen sind (BAG NZA 2000, 1115; BAG NZA 2006, 990, 993). Zu Einzelheiten → Form. A. XII. 3 Anm. 3.

6. Eintritt in die Rechte und Pflichten aus dem Arbeitsverhältnis. Der in § 613a Abs. 1 S. 1 BGB vorgesehene Eintritt in die Rechte und Pflichten aus dem Arbeitsverhältnis führt zu einem Austausch des Vertragspartners des Arbeitnehmers. Der neue Rechtsträger tritt vollständig in die Arbeitgeberstellung ein, aus der der übertragende Rechtsträger ausscheidet (vgl. W/H/S/S/*Willemsen* G Rn. 122). Zu Einzelheiten → Form. A. XII. 3 Anm. 4.

7. Kündigungsverbot. Gemäß § 613a Abs. 4 S. 1 BGB ist die Kündigung eines Arbeitsverhältnisses wegen eines Betriebsübergangs unzulässig. Da § 324 UmwG auch für den Fall eines Betriebsübergangs im Rahmen einer Verschmelzung auf diese Regelung verweist, gilt dieses Kündigungsverbot auch hier. Davon unberührt bleibt die Möglichkeit zur Kündigung aus anderen Gründen (→ Form. A. XII. 1 Anm. 7).

8. Mitarbeiterinformation. Die an einem Betriebsübergang beteiligten Arbeitgeber sind verpflichtet, die von dem Übergang betroffenen Arbeitnehmer über die näheren Umstände des Betriebsübergangs und seine Auswirkungen auf die übergehenden Arbeitsverhältnisse zu unterrichten (→ Form. A. XII. 1).

9. Widerspruchsrecht. → Form. A. XII. 1 Anm. 13.

10. Allgemeine Folgen eines Widerspruchs. → Form. A. XII. 1 Anm. 14.

11. Folgen eines Widerspruchs bei Verschmelzung. → Form. A. XII. 3 Anm. 9.

12. Betriebliche Altersversorgung. → Form. A. XII. 3 Anm. 10.

13. Keine gesamtschuldnerische Haftung. → Form. A. XII. 3 Anm. 11. Zur gesamtschuldnerischen Haftung im Rahmen eines Betriebsübergangs durch Unternehmenskauf → Form. A. XII. 2 Anm. 8.

14. Betriebsvereinbarungen und Betriebsräte. → Form. A. XII. 3 Anm. 12.

15. Tarifverträge. → Form. A. XII. 3 Anm. 13.

16. Unternehmensmitbestimmung. → Form. A. XII. 3 Anm. 14.

17. Erlöschen der Ämter des Wirtschaftsausschusses. Sofern bei der übertragenden GmbH ein Wirtschaftsausschuss besteht, erlöschen die Ämter. Ein Übergangsmandat ist gesetzlich nicht vorgesehen. Nach Wirksamwerden der Verschmelzung wird der Wirtschaftsausschuss i. d. R. neu zu bilden sein, weil die Voraussetzungen gemäß § 106 Abs. 1 S. 1 BetrVG regelmäßig weiterhin erfüllt sein werden.

6. Unternehmensübernahme (Angebotsunterlage)

Veröffentlichung gemäß § 14 Abs. 3 Wertpapiererwerbs- und Übernahmegesetz Angebotsunterlage[1]

Öffentliches Übernahmeangebot zum Erwerb von Wertpapieren der

...... (Name und Anschrift der Gesellschaft) „Bieterin"

an alle Aktionäre der

...... (Name und Anschrift der Gesellschaft) „AG"

zum Erwerb Ihrer Aktien der AG gegen Zahlung eines Geldbetrags i. H. v. ...... EUR je Aktie.

Annahmefrist: von ...... bis ......, 24.00 Uhr

§ ...... **Voraussichtliche Folgen des Angebots für die AG/Absichten der Bieterin**[2]

(1) Die Bieterin beabsichtigt zurzeit weder eine wesentliche Änderung der Geschäftstätigkeit[3] der AG noch eine Veränderung ihrer gesellschaftsrechtlichen Verhältnisse, etwa durch eine Verschmelzung, den Abschluss eines Beherrschungs- oder Gewinnabführungsvertrages oder einen Ausschluss von Minderheitsaktionären (Squeeze-Out). Es bestehen zurzeit insbesondere keine Absichten, die zu einer kurzfristigen Änderung des Sitzes oder des Standorts wesentlicher Unternehmensteile[4] der AG führen würden. Die Durchführung des Angebots hat keine unmittelbaren Auswirkungen auf das Vermögen[5] oder die künftigen Verpflichtungen[6] der AG.

(2) Die Durchführung des Angebots hat keine unmittelbaren Auswirkungen auf die Arbeitnehmer der AG, die Arbeitnehmervertretungen *(Alternative: und die freiwilligen Arbeitnehmervertretungen der AG)*, die Mitglieder der Geschäftsführungsorgane der AG oder ihre Beschäftigungsbedingungen.[7, 8, 9]

(3) Die Bieterin beabsichtigt nach derzeitiger Planung, denjenigen Teilnehmern der bei der AG bestehenden Mitarbeiterbeteiligungsprogramme[10] eine Barabfindung zu zahlen, die auf die Ausübung ihrer sich daraus ergebenden Umtauschrechte verzichten. Die Höhe der Barabfindung soll der Differenz zwischen ...... EUR und dem jeweiligen Ausübungspreis entsprechen.

Anmerkungen

1. Sachverhalt. Dem Formular liegt das Angebot einer Übernahme nach dem Wertpapiererwerbs- und Übernahmegesetz (WpÜG) zugrunde. Die hier dargestellten Angaben des Bieters zu den voraussichtlichen Folgen des Übernahmeangebots für die Zielgesellschaft und deren verbleibende Aktionäre gehen dabei von der Annahme aus, dass keine wesentlichen Änderungen der Geschäftstätigkeit der Zielgesellschaft geplant sind. Weiterhin wird davon ausgegangen, dass sich keine unmittelbaren Auswirkungen auf die Arbeitnehmer oder die Arbeitnehmervertretungen der Zielgesellschaft ergeben und auch keine Änderungen der Beschäftigungsbedingungen geplant sind.

2. Absichten des Bieters. Gemäß § 11 Abs. 2 S. 3 Nr. 2 WpÜG hat der Bieter seine Absichten im Hinblick auf die künftige Geschäftstätigkeit der Zielgesellschaft offenzulegen. Der Sinn und Zweck dieser Verpflichtung besteht zum einen darin, den Aktionär als Adressat des Angebots umfassend über die Pläne des Bieters zu informieren (H/W/K/*Seibt* § 10 WpÜG Rn. 12). Zum anderen soll durch diese Regelung den Arbeitnehmern und Organmitgliedern der Zielgesellschaft eine Beurteilung der zu erwartenden Maßnahmen bei erfolgreichem Angebot ermöglicht werden (Schwark/Zimmer/*Noack/Holzborn* § 11 WpÜG Rn. 21). Gemäß § 11 Abs. 2 S. 3 Nr. 2 WpÜG ist der Bieter auch zu Angaben im Hinblick auf seine künftige Geschäftstätigkeit und wesentliche Änderungen der Beschäftigungsbedingungen verpflichtet. Durch diese Umsetzung von Art. 6 Abs. 3 i) Übernahmerichtlinie sollen die Arbeitnehmer des Bieters geschützt werden (vgl. Geibel/Süßmann/*Geibel/Süßmann* § 11 Rn. 39).

Bei der Offenlegung der Absichten handelt es sich bloß um die Darstellung der subjektiven Vorstellungen des Bieters (Geibel/Süßmann/*Geibel/Süßmann* § 11 Rn. 23). Eine rechtliche Bindung des Bieters gegenüber den Aktionären, der Zielgesellschaft, ihrer Verwaltung und ihren Arbeitnehmern besteht aufgrund dieser Angaben nicht (Assmann/Pötzsch/Schneider/*Meyer* § 11 Rn. 113 m. w. N.). Vor diesem Hintergrund bietet es sich eventuell sogar an, zur Vermeidung falscher Eindrücke in der Angebotsunterlage auf die Unverbindlichkeit der Absichtserklärung hinzuweisen (vgl. *Liebscher* ZIP 2001, 853, 868).

3. Künftige Geschäftstätigkeit. Die Angaben zur beabsichtigten künftigen Geschäftstätigkeit müssen insbesondere Aussagen über die in § 11 Abs. 2 S. 3 Nr. 2 WpÜG angeführten Punkte enthalten. Dabei ist bei der Erstellung der Angebotsunterlage zu beachten, dass die Bundesanstalt für Finanzdienstleistungsaufsicht (BaFin) einen pauschalen Hinweis, wonach („derzeit") keine Absichten bezüglich der künftigen Geschäftstätigkeit der Zielgesellschaft bestehen, nicht anerkennt (*Lenz/Behnke* BKR 2003, 43, 46). Nach Auffassung der BaFin muss der Bieter vielmehr zu jedem einzelnen Regelbeispiel der Nr. 2 Ausführungen machen (MünchKommAktG/*Wackerbarth* § 11 WpÜG Rn. 44). Dies gilt selbst dann, wenn hinsichtlich eines einzelnen Tatbestandsmerkmals seitens des Bieters keine Absichten vorliegen (Steinmeyer/Häger/*Steinhardt/Nestler* § 11 Rn. 72). Die fehlende Absicht muss der Bieter dann durch eine Negativerklärung ausdrücklich niederschreiben (vgl. H/W/K/*Seibt* § 10 WpÜG Rn. 15). Allenfalls bei Angeboten, bei denen der Bieter aufgrund der zu geringen Höhe der angestrebten Beteiligung ohnehin keinen Einfluss auf die Geschäftstätigkeit der Zielgesellschaft nehmen kann, kann der Bieter auf die Offenlegung etwaiger Absichten verzichten (so Steinmeyer/Häger/*Steinhardt/Nestler* § 11 Rn. 72; vgl. auch MünchKommAktG/*Wackerbarth* § 11 WpÜG Rn. 55, wonach der Bieter bei Teilangeboten unterhalb der Kontrollschwelle lediglich anzugeben hat, ob er die erworbene Beteiligung in Richtung auf eine zur Kontrolle befähigenden Beteiligung ausbauen will oder nicht).

Aus der Wendung „insbesondere" ergibt sich, dass die in § 11 Abs. 2 S. 3 Nr. 2 WpÜG aufgezählten Einzelangaben nicht abschließend sind (Steinmeyer/Häger/*Steinhardt/Nestler* § 11 Rn. 72). Folglich können im Einzelfall Angaben zu sonstigen, die künftige Geschäftstätigkeit betreffenden Punkten erforderlich sein. Inwieweit dies notwendig ist, beurteilt sich nach den Generalklauseln in § 11 Abs. 1 S. 2 und 3 WpÜG (KölnKommWpÜG/*Seydel* § 11 Rn. 69). Soweit entsprechende Absichten bestehen, sind danach insbesondere zur strategischen Ausrichtung der Zielgesellschaft, zu ihrer Diversifizierung oder umgekehrt zu ihrer Konzentration auf bestimmte Kerngeschäfte, zu Veränderungen ihres Geschäftsmodells oder ihres Produktangebots, zu ihrem Marktauftritt und ihrer regionalen Schwerpunktsetzung, zu Kooperationen mit anderen Marktteilnehmern und zu ihrer künftigen Finanzierung sowie insbesondere zu ihrer etwaigen Integration in den Konzern des Bieters Angaben zu machen (Assmann/Pötzsch/Schneider/*Meyer* § 11 Rn. 111; KölnKommWpÜG/*Seydel* § 11 Rn. 69). Letzteres betrifft beispielsweise einen geplanten Unternehmensvertrag, die Durchführung einer Eingliederung oder eines Squeeze-Outs nach §§ 327a ff. AktG oder ein etwa geplantes Delisting der Zielgesellschaft (KölnKommWpÜG/*Seydel* § 11 Rn. 69).

4. Sitz und Standort wesentlicher Unternehmensteile. Im Hinblick auf den Sitz und Standort wesentlicher Unternehmensteile ist anzugeben, ob eine Verlegung des Sitzes der Zielgesellschaft (oder ausnahmsweise des Bieters) oder von Tochtergesellschaften sowie wesentlicher Standorte oder die Schließung oder Veräußerung von Standorten geplant ist (KölnKommWpÜG/*Seydel* § 11 Rn. 70). Auch eine beabsichtigte Zusammenlegung von Standorten der Zielgesellschaft mit eigenen Standorten des Bieters muss genannt werden (Geibel/Süßmann/*Grobys* § 11 Rn. 24).

Maßgebliche Kriterien für die Wesentlichkeit einzelner Unternehmensteile sind beispielsweise Umsatz, Geschäftsvolumen, Ertrag oder Mitarbeiterzahl, wobei an die Wesentlichkeit im Zweifel keine zu hohen Anforderungen zu stellen sind (Assmann/Pötzsch/Schneider/*Meyer* § 11 Rn. 114; KölnKommWpÜG/*Seydel* § 11 Rn. 70).

5. Verwendung des Vermögens. Hinsichtlich der beabsichtigten Verwendung des Vermögens sind in erster Linie Veräußerungsabsichten in Bezug auf wesentliche Aktiva anzugeben (Assmann/Pötzsch/Schneider/*Meyer* § 11 Rn. 115). Des Weiteren sind Angaben darüber zu machen, ob Unternehmensteile ausgegliedert oder abgespalten werden sollen oder ob die Zielgesellschaft oder eines ihrer Tochterunternehmen mit einem anderen Unternehmen verschmolzen werden soll (KölnKommWpÜG/*Seydel* § 11 Rn. 71). Soll das Vermögen der Zielgesellschaft beispielsweise für künftige Unternehmensakquisitionen verwendet werden oder ist eine Veränderung der Kapitalstruktur beabsichtigt, sind auch solche Planungen anzugeben (Geibel/Süßmann/*Geibel/Süßmann* § 11 Rn. 25).

6. Künftige Verpflichtungen. Angaben zu den Absichten bezüglich künftiger Verpflichtungen betreffen vor allem eine Neugestaltung der wesentlichen Vertragsbeziehungen, Liefer- und Leistungsbeziehungen zum Bieter oder mit diesem verbundene Unternehmen sowie die Übernahme der Finanzierung der Zielgesellschaft durch den Bieter oder die Abgabe entsprechender Garantien (KölnKommWpÜG/*Seydel* § 11 Rn. 72). Auch geplante konzernrechtliche Maßnahmen, wie beispielsweise der Abschluss von Beherrschungs- und Ergebnisabführungsverträgen, sind anzugeben (Geibel/Süßmann/*Geibel/Süßmann* § 11 Rn. 26). Künftige Verpflichtungen im Rahmen der gewöhnlichen Geschäftstätigkeit sind hingegen nur anzugeben, wenn dadurch bestehende Strukturen oder Prozesse wesentlich verändert werden (Steinmeyer/Häger/*Steinhardt/Nestler* § 11 Rn. 76).

7. Arbeitnehmer und deren Vertretungen. Zudem muss der Bieter seine Absichten in Bezug auf die Arbeitnehmer und deren Vertretungen sowie hinsichtlich wesentlicher Änderungen der Beschäftigungsbedingungen einschließlich der insoweit vorgesehenen Maßnahmen angeben. Die Regelung ist grundsätzlich vergleichbar mit den Bestimmungen im Umwandlungsgesetz für die Verschmelzung (§ 5 Abs. 1 Nr. 9), die Spaltung (§ 126 Abs. 1 Nr. 11) und den Formwechsel (§ 194 Abs. 1 Nr. 7), welche eine Darstellung der Umwandlungsfolgen für die Arbeitnehmer und ihre Vertretungen im Verschmelzungs- oder Spaltungsvertrag bzw. im Umwandlungsbeschluss vorsehen (Geibel/Süßmann/*Grobys/Süßmann* § 11 Rn. 27). Sie unterscheidet sich jedoch insbesondere darin, dass nur zu den Absichten des Bieters, nicht aber zu den tatsächlichen Folgen der Übernahme Stellung zu nehmen ist (KölnKommWpÜG/*Seydel* § 11 Rn. 73). Wegen des unterschiedlichen Wortlauts und der unterschiedlichen Rechtsfolgen sind Rückschlüsse aus dem Umwandlungsrecht somit bloß bedingt zulässig (Geibel/Süßmann/*Grobys/Süßmann* § 11 Rn. 27).

Die Beschreibung der rechtlichen Folgen der vom Bieter beabsichtigten Maßnahmen ist – ausgehend vom Wortlaut der Regelung – nicht notwendig. Einem solchen Verständnis steht jedoch entgegen, dass es dann keiner ausdrücklichen Erwähnung der Arbeitnehmervertretungen im Gesetz bedurft hätte, da deren Existenz der Disposition des Bieters entzogen ist (Geibel/Süßmann/*Grobys/Süßmann* § 11 Rn. 28). Vielmehr kann sich der Fortfall von Betriebsräten oder anderen Vertretungen stets nur als Rechtsfolge einer tatsächlich beabsichtigten und entsprechend umgesetzten Umstrukturierung ergeben (Geibel/Süßmann/*Grobys/Süßmann* § 11 Rn. 28). Damit der Regelung insoweit ein sinnvoller Anwendungsbereich bleibt, ist zumindest eine schlagwortartige Angabe der rechtlichen Folgen der vom Bieter beabsichtigten Maßnahmen auf die Vertretungen der Arbeitnehmer erforderlich, etwa durch einen Hinweis auf den Fortfall von Betriebsräten bei einer Betriebszusammenführung (vgl. KölnKommWpÜG/*Seydel* § 11 Rn. 73 m. w. N.). Außerdem wird sich stets ein kurzer Hinweis auf sämtliche sonstigen Rechtsfolgen, die mit der Umsetzung der Absichten des Bieters verbunden sind, empfehlen, beispielsweise der Hinweis auf § 613a BGB im Fall einer geplanten Unternehmensveräußerung oder der Fortfall einer bestehenden Tarifbindung (Assmann/Pötzsch/Schneider/*Meyer* § 11 Rn. 117; Geibel/Süßmann/*Grobys/Süßmann* § 11 Rn. 28).

Zu den Vertretungen der Arbeitnehmer zählen alle Gremien, die kraft Gesetzes unmittelbar mit der Wahrnehmung von Arbeitnehmerinteressen befasst sind. Dies sind beispielsweise Konzern-, Gesamt- und Einzelbetriebsräte sowie Sprecherausschüsse, Jugend- und Auszubildendenvertretungen, Schwerbehindertenvertretungen und auch der Europäische Betriebsrat (Geibel/Süßmann/*Grobys/Süßmann* § 11 Rn. 31). Ungeklärt ist hingegen, ob auch mitbestimmte Aufsichtsräte zu den Vertretungen der Arbeitnehmer zu zählen sind. Zwar nimmt der Aufsichtsrat nicht unmittelbar die Interessen der Arbeitnehmer, sondern

Aufgaben innerhalb der gesellschaftsrechtlichen Kompetenzordnung wahr, jedoch ist jedenfalls im Umwandlungsrecht anerkannt, dass auch mitbestimmte Organe der Unternehmensverfassung zu den Arbeitnehmervertretungen zählen (Geibel/Süßmann/*Grobys/Süßmann* § 11 Rn. 31 m.w.N.). Im Interesse einer einheitlichen Rechtsanwendung dürfte diese Auffassung auch im Bereich des WpÜG gelten (so auch Geibel/Süßmann/*Grobys/Süßmann* § 11 Rn. 31). Der Bieter sollte somit auch Angaben zum Schicksal mitbestimmter Aufsichtsräte in die Angebotsunterlage aufnehmen (so auch Assmann/Pötzsch/Schneider/*Meyer* § 11 Rn. 117; Geibel/Süßmann/*Grobys/Süßmann* § 11 Rn. 31; KölnKommWpÜG/*Seydel* § 11 Rn. 73; *Seibt* DB 2002, 529, 533; Steinmeyer/Häger/*Steinhardt/Nestler* § 11 Rn. 77).

Angaben zu wesentlichen Änderungen von Beschäftigungsbedingungen sind nur erforderlich, wenn diese auf konkreten Maßnahmen des Bieters beruhen würden, nicht aber bei zu erwartenden Änderungen aufgrund allgemeiner wirtschaftlicher Entwicklungen (KölnKommWpÜG/*Seydel* § 11 Rn. 73). Innerhalb dieser Grenze können Angaben für die Arbeitsverträge der Beschäftigten, die Geltung von Tarifverträgen und Betriebsvereinbarungen sowie für sonstige Beschäftigungsbedingungen (beispielsweise die Einführung von Schichtarbeit oder die Einführung neuer Produktionsmethoden) erforderlich sein (KölnKommWpÜG/*Seydel* § 11 Rn. 73). Änderungen der Beschäftigungsbedingungen können somit solche rechtlicher, als auch tatsächlicher Art sein (Assmann/Pötzsch/Schneider/*Meyer* § 11 Rn. 118). Auf welche Weise der Bieter die Änderungen umsetzen will (z.B. durch individuelle Änderungskündigung, Austritt aus dem Arbeitgeberverband, Tarifwechsel infolge Branchenwechsel, Kündigung von Betriebsvereinbarungen), ist dabei unerheblich (Geibel/Süßmann/*Grobys/Süßmann* § 11 Rn. 32).

Beispiele für die gegebenenfalls anzugebenden Bieterabsichten sind (nach Geibel/Süßmann/*Grobys/Süßmann* § 11 Rn. 33): Auswirkung der geplanten Veräußerung oder Verlagerung von Unternehmen und Unternehmensteilen (gegebenenfalls auch in das Ausland) auf die Existenz von Betriebsräten, Sprecherausschüssen und mitbestimmten Aufsichtsräten; wesentliche Veränderungen tariflicher Strukturen durch strategische und operative Neuausrichtung des Geschäfts (z.B. Produktwechsel, Konzentration auf Kerngeschäftsbereiche); ein geplanter Personalabbau zur Realisierung von Synergieeffekten; die konzernweite Vereinheitlichung von Beschäftigungsbedingungen mit wesentlichen Auswirkungen für die Arbeitnehmer sowie Maßnahmen zur Abmilderung sozialer Härten in den vorgenannten Fällen.

8. Mitglieder der Geschäftsführungsorgane. Schließlich sind in der Angebotsunterlage auch die Absichten des Bieters im Hinblick auf die Mitglieder der Geschäftsführungsorgane der Zielgesellschaft offenzulegen. Dabei ist insbesondere anzugeben, ob und inwieweit das bisherige Management der Zielgesellschaft ausgetauscht werden soll (Geibel/Süßmann/*Geibel/Süßmann* § 11 Rn. 37). Auch eine beabsichtigte Ergänzung der Geschäftsführungsorgane durch Repräsentanten des Bieters oder Absichten lediglich grundsätzlicher Art (z.B. eine geplante mittelfristige Verkleinerung oder Vergrößerung der Geschäftsführungsorgane) sind zu nennen (Assmann/Pötzsch/Schneider/*Meyer* § 11 Rn. 119; KölnKommWpÜG/*Seydel* § 11 Rn. 75). Sollen Mitglieder des Vorstands der Zielgesellschaft in den Vorstand des Bieters oder eines anderen Unternehmens der Gruppe des Bieters eintreten, so ist auch diese Absicht anzugeben (KölnKommWpÜG/*Seydel* § 11 Rn. 75).

Inwiefern auch Angaben zu den Absichten hinsichtlich der Geschäftsführungsorgane der Tochtergesellschaften der Zielgesellschaft nach § 11 Abs. 2 S. 3 Nr. 2 WpÜG zu machen sind, ist umstritten. Die Verwendung des Plurals im Gesetzestext spricht dafür, dass solche Angaben erforderlich sind (KölnKommWpÜG/*Seydel* § 11 Rn. 75). Dagegen spricht jedoch, dass § 11 Abs. 2 S. 3 Nr. 2 WpÜG ausdrücklich nur Angaben hinsichtlich der Zielgesellschaft verlangt (so Geibel/Süßmann/*Geibel/Süßmann* § 11 Rn. 37). Will man hier aufgrund der bestehenden Unklarheit auf Nummer sicher gehen, empfiehlt es sich, auch Angaben zu den Absichten des Bieters hinsichtlich der Geschäftsführungsorgane der Tochtergesellschaften der Zielgesellschaft zu machen.

9. Umfang der Mitteilung. Der Bieter ist nur verpflichtet seine „Absichten" und die „insoweit vorgesehenen Maßnahmen" anzugeben. Damit ist seine Unterrichtungspflicht auf die aus seiner Sicht zum Zeitpunkt der Abfassung der Angebotsunterlage tatsächlich geplanten arbeitsrechtlichen Vorhaben und die im Hinblick auf ihre Auswirkungen geplanten Ausgleichsmaßnahmen beschränkt (Geibel/Süßmann/*Grobys/Süßmann* § 11 Rn. 29), also eindeutig subjektiviert. Dabei sind nur solche Vorhaben und Maßnahmen aufzuführen, die auf konkreten Planungen des Bieters beruhen (KölnKommWpÜG/*Seydel* § 11 Rn. 73). Im Ergebnis handelt es sich somit um eine subjektive Determination (Geibel/Süßmann/*Grobys/Süßmann* § 11 Rn. 29). Nach dieser im Betriebsverfassungsrecht entwickelten Theorie muss der Arbeitgeber dem Betriebsrat bei einer geplanten Kündigung lediglich solche Kündigungsgründe mitteilen, die er zum Zeitpunkt eines Anhörungsverfahrens nach § 102 BetrVG kennt und auf die er die Kündigung tatsächlich stützen will (vgl. hierzu BAG NZA 1989, 852, 853; BAG NZA 1992, 1028, 1031; Richardi/*Thüsing* § 102 Rn. 57). Diese Grundsätze können vom Rechtsgedanken auch hier herangezogen werden. Dies hat zur Folge, dass der Bieter zu arbeitsrechtlichen Vorgängen, deren Inhalt er bei der Erstellung der Angebotsunterlage nicht absehen kann, keine Angaben machen muss (Geibel/Süßmann/*Grobys/Süßmann* § 11 Rn. 29). Dazu zählen auch Maßnahmen, deren abschließende Planung und Umsetzung den Geschäftsleitungen einzelner Tochterunternehmen vorbehalten bleiben sollen (Geibel/Süßmann/*Grobys/Süßmann* § 11 Rn. 29).

Im Falle einer Übernahme eines herrschenden Unternehmens eines Unterordnungskonzerns i. S. d. § 18 Abs. 1 AktG sind auch Angaben zu den Beschäftigten der abhängigen Gesellschaften und ihren Vertretungen zu machen, da der Bieter mit der Zielgesellschaft mittelbar auch die Kontrolle über die abhängigen Unternehmen erlangt (Geibel/Süßmann/*Grobys/Süßmann* § 11 Rn. 30).

10. Mitarbeiterbeteiligung. Nicht selten werden bei der Zielgesellschaft Mitarbeiterbeteiligungsprogramme in Form von sog. Stock-Option-Plänen bestehen. Wenn dies der Fall ist, empfiehlt es sich, bereits in die Angebotsunterlage die beabsichtigte Regelung hinsichtlich deren Behandlung im Zuge der Übernahme darzulegen. Insbesondere kann sich eine Abfindung als Gegenleistung für den Verzicht der Mitarbeiter auf ihre Rechte aus dem Stock-Option-Plan anbieten.

XIII. Das Arbeitsverhältnis in der Unternehmenskrise

1. Gehaltsverzicht (ohne Besserungsschein)

Vereinbarung[1]

zwischen

...... (Name und Anschrift des Arbeitgebers) „Gesellschaft“

und

Herrn ...... (Name und Anschrift des Arbeitnehmers) „Mitarbeiter“

1. Mit Wirkung ab dem 1.10.2013[2] wird das Brutto-Monatsgehalt des Mitarbeiters von 3.800 EUR auf 3.300 EUR herabgesetzt. Die Herabsetzung gilt auch für die Jahressonderzahlungen i. H. v. je einem halben Brutto-Monatsgehalt im Mai sowie im November eines Kalenderjahres. Die Jahressonderzahlung, die im November 2013 fällig wird, wird 1.775 EUR brutto betragen.[3]

2. Wenn die Gesellschaft vor dem 1.10.2015[4] gegenüber dem Mitarbeiter eine betriebsbedingte Kündigung erklären sollte, erhöht sich dessen Brutto-Monatsgehalt ab dem auf die Kündigungserklärung folgenden Kalendermonat um 500 EUR, anteilig auch im Hinblick auf die Berechnung der folgenden Jahressonderzahlungen.

Zudem zahlt die Gesellschaft dem Mitarbeiter die Brutto-Gehaltsdifferenz zwischen dem bisherigen Gehalt (s. vorstehende Nr. 1 dieser Vereinbarung) und dem tatsächlich bezogenen Gehalt mit dem letzten Monatsgehalt nach, längstens aber für den Zeitraum von einem Jahr vor der Beendigung des Arbeitsverhältnisses.[5]

(Alternative 1:

Wenn die Gesellschaft vor dem 1.10.2015 gegenüber dem Mitarbeiter eine betriebsbedingte Kündigung erklärt, wird der Gehaltsverzicht gemäß der Nr. 1 dieser Vereinbarung vollständig rückabgewickelt.)[6]

(Alternative 2:

Die Gesellschaft wird vor dem 1.10.2015 gegenüber dem Mitarbeiter keine betriebsbedingte Kündigungen aussprechen.)[7]

3. Soweit in dieser Vereinbarung nicht anders geregelt, bleiben alle übrigen vertraglichen Bestimmungen über das Arbeitsverhältnis, insbesondere gemäß Arbeitsvertrag vom ......, unberührt.[8]

......	......
Ort, Datum	Ort, Datum
......	......
Unterschrift der Gesellschaft	Unterschrift des Mitarbeiters

Anmerkungen

1. Gehaltsverzicht. Um wirtschaftliche Krisen zu bewältigen, müssen betroffene Unternehmen i.d.R. die Kosten reduzieren. Der Personalabbau ist dabei nicht immer das geeignete Mittel, etwa wenn es genug Arbeit gibt, freilich nur zu anderen Preisen. Um wenigstens Marktanteile zu halten, was im Hinblick auf einen späteren wirtschaftlichen Aufschwung angezeigt sein kann, muss die Kostenreduktion ohne Personalabbau gelingen. Um dieses Ziel zu erreichen, bietet sich eine Gehaltsherabsetzung an, die freilich einseitig, also im Wege der **Änderungskündigung,** für den Arbeitgeber kaum durchsetzbar ist (zur Änderungskündigung → Form. A. XI. 4). Desgleichen können Arbeitgeber und Arbeitnehmer z.B. einen Urlaubsverzicht, eine Arbeitszeiterhöhung ohne (vollen) Lohnausgleich, den Wegfall ganzer Gehaltsbestandsteile (z.B. 13. Monatsgehalt → Form. A. III. 4) oder eine Herabsetzung anderer Bezüge vereinbaren. Es gibt Gehaltsverzichte auch in „Boomphasen", etwa um einen **„Low Performer"** zu einem angemessenen Gehalt weiterbeschäftigen zu können.

Hier werden echte Gehaltsverzichte behandelt. Eine wichtige praktische Alternative ist die einvernehmliche Umwandlung (bisher) fester in (zukünftig) variable Gehaltsbestandteile (sog. „Variabilisierung"), die in → Form. A. XIII. 2 behandelt wird. Variabilisierungen werden von Arbeitnehmern eher akzeptiert und können – bei kluger Gestaltung – auch für den Arbeitgeber eine günstigere Option darstellen als die bloße Gehaltsherabsetzung, z.B. bei im Vertrieb tätigen Mitarbeitern. Die Variabilisierung des bisherigen Fixeinkommens wird von der Rechtsprechung des BAG zu einseitigen Gehaltskürzungen durch den Arbeitgeber eher akzeptiert als bloße Herabsetzungen des bisherigen Fixeinkommens (BAG NZA 1999, 255).

Gehaltsverzichtsverträge sind **Erlassverträge** (ErfKomm/*Preis* § 611 BGB Rn. 468; Küttner/*Griese* Entgeltverzicht Rn. 1, a.A. noch Vorauflage). Diese können im Rahmen der Vertragsfreiheit und gesetzlicher Grenzen, insbesondere gemäß §§ 123, 138, 242 BGB, jederzeit zwischen den Arbeitsvertragsparteien wirksam vereinbart werden (vgl. Küttner/*Griese* Entgeltverzicht Rn. 3). Allerdings ist ein Verzicht auf die unpfändbare Arbeitsvergütung wegen des Rechtsgedankens der §§ 394, 400 BGB unwirksam (ErfKomm/*Preis* § 611 BGB Rn. 468; Schaub/*Linck* § 73 Rn. 3). Soweit die Gehaltsansprüche freilich in **Tarifverträgen** oder Betriebsvereinbarungen (letzteres ist wegen § 77 Abs. 3 BetrVG eher die Ausnahme) niedergelegt sind, setzt die Rechtswirksamkeit des Gehaltsverzichts die Zustimmung der Tarifvertrags- oder Betriebsparteien voraus (vgl. §§ 4 Abs. 4 S. 1 TVG, 77 Abs. 4 S. 2 BetrVG). Ein Günstigkeitsvergleich zwischen Arbeitsentgelt und Beschäftigungsgarantie ist nämlich nicht möglich (vgl. BAG NZA 2010, 53). In der Praxis hat es sich zudem als sinnvoll herausgestellt, die Zustimmung des Betriebsrats auch im Anwendungsbereich von § 77 Abs. 3 BetrVG einzuholen, da sie die Bereitschaft der Arbeitnehmer erhöht, Gehaltsreduzierungen zu akzeptieren (vgl. *Otto/Walk* BB 2010, 373). Im Einzelfall können zudem andere rechtliche Schranken bestehen, etwa wenn gleichzeitig ein Eingriff in eine betriebliche Altersversorgung vorliegt, die an die jeweilige Gehaltshöhe anknüpft. Da regelmäßig mehr als ein Arbeitnehmer von dem Gehaltsverzicht betroffen sein dürfte und der Arbeitgeber standardisierte Muster für die vertraglichen Vereinbarungen verwenden wird, sind schließlich auch AGB-Probleme denkbar (vgl. §§ 305 ff. BGB).

2. Erfasster Zeitraum. Es ist unerlässlich, in dem Gehaltsverzichtsvertrag anzugeben, ab wann der Gehaltsverzicht effektiv werden soll. Wenn im Einzelfall eine **Rückwirkung** vorgesehen werden soll, ist es zudem zweckmäßig, eine Regelung darüber zu treffen, ob der Arbeitnehmer zu Rückzahlungen verpflichtet sein soll. Wenn – wie im Formular – kein Enddatum angegeben ist, wirkt der Gehaltsverzicht unbefristet und dauernd. Es ist zulässig und je nach den Umständen des Einzelfalls sinnvoll, einen **befristeten** oder gar

auflösend bedingten Gehaltsverzicht zu vereinbaren. Im letztgenannten Fall empfiehlt es sich, große Sorgfalt auf die Formulierung der Bedingung zu verwenden, weil es in diesem Bereich erfahrungsgemäß leicht zu Auseinandersetzungen zwischen den Vertragsparteien kommen kann. Es ist z.B. abzuraten von allgemeinen Sätzen wie „...... bis es der Gesellschaft wieder gut geht ......" (→ Form. A. XIII. 3).

3. Genaue Betragsangaben. Es hat sich in der Praxis bewährt, die Beträge genau anzugeben, weil damit Missverständnisse aufgedeckt oder ausgeschlossen werden. Zudem senkt die höhere Transparenz der Vereinbarung das Risiko, dass hierin eine Übervorteilung oder gar eine „Überrumpelung" des Arbeitnehmers erblickt werden kann, die sogar zur Unwirksamkeit der Vereinbarung führen kann. Soweit weitere Gehaltsbestandteile (z.B. 13. Monatsgehalt → Form. A. III. 4) von dem Gehaltsverzicht (gegebenenfalls mittelbar) betroffen sind, ist dies ausdrücklich zu erwähnen. Wenn die Berechnung des Gehaltsverzichts, auch im Hinblick auf mittelbar betroffene Gehaltsbestandteile zweifelhaft werden kann, empfiehlt es sich wiederum, dass die Vertragsparteien den konkreten Betrag genau nennen. Im Formular ergibt sich die Höhe der Jahressonderzahlung, die im November ausgezahlt wird, zwar mathematisch. Trotzdem ist es zweckmäßig, deren Höhe anzugeben, um Auseinandersetzungen oder Missverständnisse über die genauen Beträge zu vermeiden.

4. Datum. Die exakte Formulierung und genaue Bestimmung des relevanten Datums bei der Wiederherstellung des früheren Zustandes gemäß Nr. 2 des Formulars ist von erheblicher Bedeutung. Dabei gibt es Gestaltungsspielräume mit erheblichen praktischen Auswirkungen. Wenn es im Formular heißt, dass der frühere Zustand wiederhergestellt wird (d.h. Erhöhung des Brutto-Monatsgehaltes um 500 EUR), wenn der Arbeitgeber vor dem 1.10.2015 eine Kündigung erklärt, ist diese Bestimmung für den Mitarbeiter günstiger, als wenn auf den 30.9.2015 abgestellt würde: Im letztgenannten Fall könnte der Arbeitgeber nämlich am 30.9.2015 eine Kündigung aussprechen, ohne dass Brutto-Monatsgehalt anschließend wieder anheben zu müssen. Der relevante Unterschied besteht darin, dass aufgrund von Monats- oder gar Quartalskündigungsfristen regelmäßig andere Beendigungszeitpunkte erreicht werden können, je nachdem ob die Kündigung am 30.9. oder dem 1.10.2015 ausgesprochen wird.

5. Wiederherstellung des ursprünglichen Gehaltsniveaus/Nachzahlung/Konsequenzen für das Arbeitslosengeld. Gehaltsverzichte werden i.d.R. vereinbart, um betriebsbedingte Kündigungen zu verhindern. Gleichwohl sind die betroffenen Arbeitnehmer daran interessiert, mit dem Gehaltsverzicht auch die Konsequenzen einer etwa dennoch erforderlichen betriebsbedingten Kündigung zu regeln, wenn diese nicht sogar gänzlich ausgeschlossen wird (→ Anm. 7). Es ist üblich, für den Fall der betriebsbedingten Kündigung eine Wiederherstellung des ursprünglichen Gehaltsniveaus und gegebenenfalls auch eine Nachzahlung der Gehaltsbestandteile zu vereinbaren, auf die der Arbeitnehmer zunächst verzichtet hatte. Da das Gehalt „nur" um den Betrag (im Formular: 500 EUR) angehoben wird, um den es zuvor gesenkt wurde, verzichten die Arbeitnehmer – im Hinblick auf den Minderungsbetrag – auf Gehaltserhöhungen, die zwischen Abschluss der Vereinbarung und Ausspruch der betriebsbedingten Kündigung erfolgen, was in dem typischen wirtschaftlichen Umfeld der schweren Krisen, in denen Gehaltsverzichte vereinbart werden, aber ohnehin eher eine theoretische Größe sein dürfte.

Eine Gehaltsherabsetzung führt zu einer Verkürzung der Bemessungsgrundlage für das **Arbeitslosengeld**, also zu einer Verringerung der Ansprüche auf Arbeitslosengeld (vgl. § 149 SGB III). Es ist in der Praxis oft zu beobachten, dass gar nicht einmal der Gehaltsverzicht als solcher, sondern vielmehr die Konsequenzen auf das Arbeitslosengeld von dem betroffenen Arbeitnehmer problematisiert werden, obwohl eine etwaige spätere Arbeitslosigkeit zum Zeitpunkt des Gehaltsverzichts alles andere als ausgemacht ist, sondern – im Gegenteil – gerade vermieden werden soll. Wie bei **„Standortsicherungs-**

Tarifverträgen" oder **„Rationalisierungs-Schutzabkommen"**, die i. d. R. zwischen Arbeitgeberverbänden und Gewerkschaften vereinbart werden, ist es auch bei einem individualrechtlichen Gehaltsverzicht verbreitet, Vorkehrungen gegen Nachteile beim Bezug von Arbeitslosengeld zu treffen. Da der Bemessungszeitraum für die Höhe des Arbeitslosengeldes i. d. R. das letzte Jahr des Arbeitsverhältnisses umfasst (vgl. § 150 SGB III, im Falle der Arbeitszeitherabsetzung ist § 150 Abs. 2 S. 1 Nr. 5 SGB III zu beachten), wird durch die Vereinbarung im Formular (Nr. 2) sichergestellt, dass der betroffene Arbeitnehmer im letzten Jahr des Arbeitsverhältnisses zumindest sein vormaliges Arbeitsentgelt weiter erzielt. Wenn es insoweit wirklich nur um die angestrebte Sicherung der Ansprüche auf Arbeitslosengeld geht, kann der Arbeitgeber natürlich vorschlagen, dass die zukünftige und nachträgliche Erhöhung des Arbeitsentgeltes nur bis zur Höhe der **Beitragsbemessungsgrenze** in der Arbeitslosenversicherung vorgenommen wird, weil darüber hinausgehende Entgeltbestandteile zur Weiterberechnung des Arbeitslosengeldes irrelevant sind. Praktisch wird er damit freilich selten durchdringen.

Nach der „reinen Lehre" sind Nachzahlungs-Vereinbarungen (genau wie „Standortsicherungs-Tarifverträge" oder „Rationalisierungs-Schutzabkommen") für die Höhe des Arbeitslosengeldes unbeachtlich, weil es sich bei den Nachzahlungen um Arbeitsentgelte handelt, die im Hinblick auf eine Arbeitslosigkeit vereinbart worden sind (vgl. § 151 Abs. 2 Nr. 1 Var. 2 SGB III; BSG NZA-RR 2009, 161). Solche Nachzahlungen können i. d. R. nicht dazu führen, dass der Mitarbeiter im Hinblick auf das Arbeitsentgelt, das der Berechnung des Arbeitslosengeldes zugrunde zu legen ist, genauso zu behandeln ist, wie bei unverändertem Verlauf des Anstellungsverhältnisses, also ohne Gehaltsverzicht (vgl. hierzu auch BeckOK Soz. § 151 SGB III Rn. 22; *Gagel* § 151 SGB III Rn. 22 f.). In der Praxis gibt es jedoch Arbeitsagenturen, die sich nicht dem mit solchen Vereinbarungen verfolgtem Ziel verschließen, auf welcher Rechtsgrundlage auch immer. Soweit das Entgelt des betroffenen Mitarbeiters ab Ausspruch der betriebsbedingten Kündigung wieder auf den ursprünglichen Stand angehoben wird, bildet es hingegen unzweifelhaft die Grundlage für die Bemessung des Arbeitslosengeldes.

6. Vollständige Korrektur des Gehaltsverzichts. Wenn nicht nur die Sorge um die Höhe des Arbeitslosengeldes bei dem vertragsschließenden Arbeitnehmer eine Rolle spielt, wird er typischerweise als Gegenleistung für den Gehaltsverzicht eine „Arbeitsplatzgarantie" (**Ausschluss betriebsbedingter Kündigung** → Anm. 7) fordern, zumindest aber die vertragliche Zusage, dass er im Falle einer betriebsbedingten Kündigung innerhalb eines bestimmten Zeitraums (im Formular: zwei Jahre) eine Rückerstattung des gesamten Gehaltsverzichtes erhält. Ob und in welchem Umfang der Arbeitgeber dieses Zugeständnis machen will oder machen muss, ist natürlich Verhandlungssache (dementsprechend sieht das Formular in der Ausgangsvariante eine Gehaltsnachzahlung für lediglich ein Jahr vor, während die erste Alternative hingegen eine vollständige Rückabwicklung des Gehaltsverzichts bestimmt). Selbst wenn der Mitarbeiter nur unter dieser Bedingung zum Gehaltsverzicht bereit ist, ist dies immer noch ein beachtliches Zugeständnis, weil der Mitarbeiter das **Insolvenzrisiko** trägt, das nicht unbeträchtlich sein dürfte, wenn schon über Gehaltsverzichte verhandelt wird.

7. Kündigungsverzicht. Alternativ können die Vertragsparteien einen Kündigungsverzicht vereinbaren, was aber zumindest einzelvertraglich selten vorkommt. Daran dürfte es auch liegen, dass die sich ergebenden komplizierten Rechtsfolgen weitgehend ungeklärt sind, falls der Arbeitgeber (oder schon der Insolvenzverwalter) – trotz der „Arbeitsplatzgarantie" – kein Gehalt mehr zahlen oder keine Arbeit mehr anbieten kann und deshalb eine betriebsbedingte Kündigung erklären müsste. Man wird insoweit die Grundsätze zur außerordentlichen Kündigung tariflich unkündbarer Mitarbeiter (BAG NZA 1998, 771) heranziehen können, weil es für den Arbeitgeber in beiden Konstellationen gleichermaßen unzumutbar ist, an dem Kündigungsausschluss festgehalten zu werden. Nach Eröffnung des Insolvenzverfahrens gilt § 113 InsO, der ein gesetzliches Kündigungsrecht einräumt, die arbeitsrechtlichen Vorschriften ansonsten jedoch unberührt lässt. Dieses Kündigungsrecht umfasst auch solche Dienstverhältnisse, für die das Recht zur ordentlichen Kündigung vertraglich ausgeschlossen ist (ErfKomm/*Müller-Glöge* § 113 InsO Rn. 6). Dem Arbeitnehmer steht im Falle der Kündigung ggf. ein Anspruch auf Ersatz des sog. Verfrühungsschadens nach § 113 S. 3 InsO zu.

8. Fortgeltung der übrigen Vertragsbestandteile. Es hat sich in der Praxis bewährt, festzuhalten, dass alle übrigen Vertragsbestandteile in Kraft bleiben.

2. Gehaltsvariabilisierung

Vereinbarung[1]

zwischen

...... (Name und Anschrift des Arbeitgebers) „Gesellschaft“

und

Herrn ...... (Name und Anschrift des Arbeitnehmers) „Mitarbeiter“

Präambel

Da die Preise für die Produkte und für die Leistungen der Gesellschaft gefallen sind, während die Kosten (insbesondere im Personalbereich) unverändert geblieben sind, ist die Gesellschaft in eine wirtschaftlich schwierige Situation geraten. Zur Anpassung der Personalkostenstruktur der Gesellschaft an die Ertragssituation und damit zur Sicherung der Arbeitsplätze vereinbaren die Vertragsparteien die Umwandlung eines Teils des Fixgehalts in eine variable, erfolgsabhängige Vergütung (Variabilisierung). Der Mitarbeiter leistet damit einen Beitrag zur wirtschaftlichen Stabilisierung des Unternehmens. Sollte diese wider Erwarten scheitern, wird der Mitarbeiter so gestellt, als wäre die Gehaltsumwandlung nicht eingetreten.

1. Mit Wirkung ab dem 1.10.2013 wird das Brutto-Monatsgehalt des Mitarbeiters von 3.800 EUR auf 3.300 EUR herabgesetzt. Die Herabsetzung gilt auch für die Jahressonderzahlungen i. H. v. je einem halben Brutto-Monatsgehalt im Mai sowie im November eines Kalenderjahres. Die Jahressonderzahlung, die im November 2013 fällig wird, wird 1.775 EUR brutto betragen.

Mit Wirkung vom 1.10.2013 erhält der Mitarbeiter einen jährlichen Bonus i. H. v. bis zu 9.750 EUR brutto, wenn und soweit die in der Anlage 1 zu diesem Vertrag (Zielvereinbarung) niedergelegten Ziele erreicht werden.[2]

Im Jahre 2013 sowie im Austrittsjahr wird der bei voller Zielerreichung zu erzielende Bonushöchstbetrag i. H. v. derzeit 9.750 EUR brutto zeitanteilig gekürzt. Der Bonushöchstbetrag beträgt für jeden vollen Monat der Betriebszugehörigkeit während der Geltung dieser Vereinbarung ein Zwölftel des Jahresbetrages. Im Jahr 2013 beträgt der Bonushöchstbetrag damit 2.437,50 EUR brutto.[3] Dieser Betrag ist verdient, wenn die entsprechend herabgesetzten Ziele aus der Zielvereinbarung vollständig erreicht werden.

2. Wenn die Gesellschaft vor dem 1.10.2015 gegenüber dem Mitarbeiter eine betriebsbedingte Kündigung erklären sollte, gilt Folgendes:

2.1 Das Brutto-Monatsgehalt des Mitarbeiters erhöht sich ab dem auf die Kündigungserklärung folgenden Kalendermonat um 500 EUR, anteilig auch im Hinblick auf die Berechnung der folgenden Jahressonderzahlungen.

2.2 Die Gesellschaft zahlt dem Mitarbeiter die Brutto-Gehaltsdifferenz zwischen dem bisherigen Gehalt (s. vorstehende Nr. 1 dieser Vereinbarung) und dem tatsächlich bezogenen Gehalt mit dem letzten Monatsgehalt nach, längstens aber für den Zeitraum von einem Jahr vor der Beendigung des Arbeitsverhältnisses.

2.3 Alle Bonuszahlungen im Zusammenhang mit der Bonuszusage gemäß Nr. 1 dieser Vereinbarung, also bereits erfolgte Bonuszahlungen sowie solche Boni, die dem Mitarbeiter noch für die Zeit bis zur Beendigung des Arbeitsverhältnisses zustehen, werden auf Leistungen der Gesellschaft nach Nr. 2.1 und Nr. 2.2 nach Maßgabe der folgenden Regelungen angerechnet:[4]

- Die Nachzahlung nach Nr. 2.2 wird um die Summe bereits ausgezahlter Boni gekürzt.
- Ist die Summe der bereits ausgezahlten Boni höher als die Nachzahlung nach Nr. 2.2, wird der die Nachzahlung übersteigende Betrag mit Gehaltsanpassungen gemäß Nr. 2.1 verrechnet. Die Gehaltsanpassungen gemäß Nr. 2.1 werden solange und soweit ausgesetzt, bis die vor Ausspruch der betriebsbedingten Kündigung ausgezahlten Boni vollständig verrechnet sind.
- Boni, die nach Ausspruch der betriebsbedingten Kündigung zur Auszahlung fällig werden, werden herabgesetzt, soweit die Gesellschaft noch Gehaltsanpassungen gemäß Nr. 2.1 gewährt hat oder noch gewähren müsste.
- Danach noch verbleibende Boni stehen dem Mitarbeiter zu.

Bei dem gesamten Anrechnungsverfahren gemäß dieser Nr. 2.3 werden stets Bruttobeträge berücksichtigt.

(Alternative:

Die Bonuszusage gemäß Nr. 1, zweiter Absatz dieser Vereinbarung wird mit Wirkung vom 1.10.2013 aufgehoben. Es finden keine Zahlungen hieraus mehr statt. Soweit Bonuszahlungen an den Mitarbeiter bereits erfolgt sind, werden diese auf die Zahlungspflichten der Gesellschaft gemäß Nr. 2.2 und Nr. 2.1 angerechnet; eine darüber hinausgehende Rückzahlung der Boni, die der Mitarbeiter bereits bezogen hat, findet nicht statt.)[5]

3. Soweit in dieser Vereinbarung nicht anders geregelt, bleiben alle übrigen vertraglichen Bestimmungen über das Arbeitsverhältnis, insbesondere gemäß Arbeitsvertrag vom ……, unberührt.

……	……
Ort, Datum	Ort, Datum
……	……
Unterschrift der Gesellschaft	Unterschrift des Mitarbeiters

Anmerkungen

1. Umwandlung fester in variable Gehaltsbestandteile. Dieses Formular beruht weitgehend auf → Form. A. XIII. 1, in dem der einvernehmliche Gehaltsverzicht behandelt wurde. Deshalb wird auf die dortigen Anmerkungen verwiesen. Nicht selten, insbesondere bei Außendienstmitarbeitern, ist den Interessen beider Vertragsparteien damit gedient, feste Gehaltsbestandteile in variable umzuwandeln (sog. „**Variabilisierung**"). Dabei erhält der Mitarbeiter gelegentlich sogar die Möglichkeit, eine höhere Vergütung zu erzielen als ohne den „Gehaltsverzicht", was natürlich die Akzeptanz erhöht und für den Arbeitgeber – bei kluger Zielvorgabe – immer noch günstiger ist als ein hohes Fixgehalt. Diesem Gedanken trägt dieses Formular Rechnung (zu den Einzelheiten → Anm. 2). Die Variabilisierung des bisherigen Fixeinkommens wird auch von der Rechtsprechung des BAG zu einseitigen Gehaltskürzungen durch den Arbeitgeber eher akzeptiert als bloße Herabsetzungen des bisherigen Fixeinkommens (BAG NZA 1999, 255). Anstelle einer einseitigen Gehaltsherabsetzung kommt es daher alternativ eher zu Gehaltsvariabilisierungen. Zu beachten ist, dass bei entgeltbezogenen Zielvereinbarungen einem etwaig bestehenden Betriebsrat ein Mitbestimmungsrecht aus § 87 Abs. 1 Nr. 10, 11 BetrVG zusteht, da sowohl Fragen der betrieblichen Lohngestaltung betroffen sind, als auch, soweit der Arbeitnehmer mit seiner Leistung das Ergebnis beeinflussen kann, ein leistungsbezogener Entgeltbestandteil vorliegt (Grobys/Panzer/*Juli* Zielvereinbarung Rn. 25; Küttner/*Griese* Zielvereinbarung Rn. 20; a. A. im Hinblick auf das Mitbestimmungsrecht nach § 87 Abs. 1 Nr. 11 BetrVG MAH Moll/*Hesse* § 23 Rn. 114).

2. Bonus statt Festgehalt. Das Konzept einer Variabilisierung ist einfach, weil feste Gehaltsbestandteile in – typischerweise – leistungsabhängige Gehaltsbestandteile umgewandelt werden; wenn die Tätigkeit des Mitarbeiters sich nicht dazu eignet, sinnvolle Leistungsziele zu setzen, kann natürlich auch das Ergebnis der Gesellschaft als Maßstab herangezogen werden. Der Mitarbeiter behält also die Chance, den Gehaltsanteil, auf den er verzichtet hat (im Formular: 6.500 EUR p. a.) weiterhin zu erzielen, wenn er die Bonusvoraussetzungen erfüllt. Der Arbeitgeber erreicht also nicht einfach nur eine Herabsetzung der Kosten, sondern möglicherweise sogar eine bessere Leistung des Mitarbeiters oder eine bessere Verwertung seiner Leistung, im Falle eines Außendienstmitarbeiters, z. B. höhere Verkaufsumsätze. Um dieses ehrgeizige Ziel zu erreichen, sind viele Arbeitgeber bereit, zusätzliche Anreize zu schaffen und deshalb die Zugeständnisse des Mitarbeiters beim Festeinkommen überproportional durch einen erhöhten Zielbonus auszugleichen. Im Formular beträgt der Zielbonus 9.750 EUR p. a., mithin 150 Prozent der Festgehaltseinbuße. In der Praxis würde man sicherlich beobachten können, dass dieser Betrag auf 10.000 EUR angehoben wird, was rechtlich unproblematisch ist, was erst recht für noch höhere Zielboni gilt.

Ganz wichtig ist es natürlich, Voraussetzungen, Einschränkungen sowie nähere Bedingungen der Bonuszahlungen zu regeln, gegebenenfalls auch durch einen Verweis auf bereits bestehende Bonusregelungen (vgl. zu Sonderzahlungen → Form. A. III. 4 f.).

3. Zielbonus im Eintritts- und Beendigungsjahr. Im Formular (Nr. 1, dritter Absatz) ist vorgesehen, dass der Zielbonus im ersten und im letzten Jahr zeitanteilig gekürzt wird (im Formular für ein Vierteljahr: Ein Viertel von 9.750 EUR, also 2.437,50 EUR). Natürlich sind auch andere Gestaltungen denkbar (→ Form. A. III. 8, → Form. A. III. 9, → Form. A. III. 10 zu Zielvereinbarung).

4. Berücksichtigung des Bonus bei der Wiederherstellung des ursprünglichen Gehaltsniveaus sowie bei der Nachzahlung von Gehältern. Wenn neben dem Gehaltsverzicht und dem wirtschaftlichen Ausgleich durch einen Bonus auch die Nachzahlung der Gehaltsbestandteile, auf die der Mitarbeiter zunächst verzichtet hatte, vereinbart war (s. Nr. 2 des Formulars sowie → Form. A. XIII. 1 Anm. 5), stellt sich die Frage nach dem Verhältnis der vertraglich vorgesehenen Nachzahlung zu dem Bonus. Am einfachsten ist es, die Bonusregelung rückwirkend vollständig aufzuheben (das sieht die Alternative vor → Anm. 5). Attraktiver für beide Vertragsparteien, wenngleich auf den ersten Blick komplizierter, ist die Nr. 2.3 des Formulars. Die Bonuszusage bleibt nämlich bestehen und kann bis zur Wirksamkeit der betriebsbedingten Kündigung noch positive Auswirkungen für den Mitarbeiter haben. Es entspricht dem beabsichtigten Motivationseffekt, der der Variabilisierung innewohnt, und dem Motiv des Arbeitgebers, eine **„Win-Win-Situation"** für Arbeitnehmer und Arbeitgeber dadurch zu schaffen, dass dem Mitarbeiter die Vorteile der Bonuszusage, soweit sie den Gehaltsverzicht übersteigen, verbleiben. In diesem Szenario hat der Arbeitnehmer engagiert daran mitgewirkt, einen letzten Versuch zur Rettung seines Arbeitsplatzes sowie möglicherweise zur Rettung des Unternehmens zu unternehmen. Sollte dies fehlgeschlagen sein, ist dies dem Arbeitnehmer in aller Regel nicht anzulasten. Es ist fair, ihm etwaige Vorteile der Bonusregelung, die den Umfang des Gehaltsverzichts übersteigen, zu belassen. Der Arbeitgeber ist insoweit nicht uneigennützig: Natürlich ist eine Variabilisierung des Gehaltes, die für den Mitarbeiter im günstigsten Fall sogar auf eine Erhöhung seiner Bezüge hinauslaufen kann, für diesen eher hinnehmbar als eine bloße Gehaltsherabsetzung oder eine Variabilisierung, die dazu führt, dass ihm bestenfalls seine bisherigen Bezüge verbleiben. Es hat sich in der Praxis ausgezahlt, durch einen überproportionalen Zielbonus die wirtschaftlichen Interessen von Arbeitgeber und Arbeitnehmer noch enger miteinander zu verknüpfen. Es ist allerdings zu konstatieren, dass diese Konstellation, in der der Mitarbeiter aufgrund guter Leistungen hohe Boni bezogen hat und gleichwohl betriebsbedingt entlassen werden muss, eher theoretisch ist.

5. Alternative. Aufhebung der Bonuszusage. Wie bereits zuvor ausgeführt (→ Anm. 4), ist dies der einfachere und auf den ersten Blick einleuchtendere Weg. Für den Mitarbeiter ist diese Regelung aber weniger attraktiv, weil er gegenüber der Hauptvariante zu Nr. 2.3 im Formular keine Einkünfte aus der Bonuszusage in der Zukunft mehr erzielen kann. Konsequent, aber unpraktikabel wäre es, den Mitarbeiter zur Rückzahlung der die Gehaltsnachzahlung übersteigenden Boni zu verpflichten. Erst damit wäre die Bonusregelung vollständig und rückwirkend aufgehoben. Für den Mitarbeiter ist die Variabilisierung unattraktiv und kaum akzeptabel, wenn ihn sogar noch **Rückzahlungspflichten** treffen können. Deshalb haben wir zu dieser theoretisch möglichen Gestaltung keine Vorschläge unterbreitet.

3. Gehaltsverzicht (mit Besserungsschein)

Vereinbarung[1, 2]

zwischen

...... (Name und Anschrift des Arbeitgebers) „Gesellschaft“

und

Herrn ...... (Name und Anschrift des Arbeitnehmers) „Mitarbeiter“

Präambel

Aufgrund der konjunkturellen Krise, die viele Kunden der Gesellschaft erfasst hat, ist auch diese in wirtschaftliche Schwierigkeiten geraten. Bei der gegenwärtigen Kostenstruktur könnten Aufträge kaum noch kostendeckend angenommen und abgearbeitet werden, von Gewinnerzielung ganz zu schweigen. Die Geschäftsführung und die Belegschaft der Gesellschaft sind jedoch der übereinstimmenden Auffassung, dass das wirtschaftliche Überleben gesichert werden kann, wenn es gelingt, die Wettbewerbsfähigkeit durch Kostensenkungen zu steigern. Die Gesellschaft hat daher beschlossen, in allen Bereichen Kosten einzusparen. Alle Mitarbeiter haben sich bereit erklärt, durch einen individuellen, dauerhaften Gehaltsverzicht einen Beitrag zur Lösung der wirtschaftlichen Krise zu leisten und damit zur Sicherung der Arbeitsplätze beizutragen. Trotz der akuten

Finanzkrise wurde ein Entgegenkommen der Banken, der Gläubiger sowie der Gesellschafter der Gesellschaft erreicht.

Dies vorausgeschickt, vereinbaren die Vertragsparteien Folgendes:

1. Mit Wirkung ab dem 1.10.2013 wird das Brutto-Monatsgehalt des Mitarbeiters von 3.800 EUR auf 3.300 EUR herabgesetzt. Die Herabsetzung gilt auch für die Jahressonderzahlungen i. H. v. je einem halben Brutto-Monatsgehalt im Mai sowie im November eines Kalenderjahres. Die Jahressonderzahlung, die im November 2013 fällig wird, wird 1.775 EUR brutto betragen.

2. Wenn die Gesellschaft vor dem 1.10.2015 gegenüber dem Mitarbeiter eine betriebsbedingte Kündigung erklären sollte, erhöht sich dessen Brutto-Monatsgehalt ab dem auf die Kündigungserklärung folgenden Kalendermonat um 500 EUR, anteilig auch im Hinblick auf die Berechnung der folgenden Jahressonderzahlungen.

Zudem zahlt die Gesellschaft dem Mitarbeiter die Brutto-Gehaltsdifferenz zwischen dem bisherigen Gehalt (s. vorstehende Nr. 1 dieser Vereinbarung) und dem tatsächlich bezogenen Gehalt mit dem letzten Monatsgehalt nach, längstens aber für den Zeitraum von einem Jahr vor der Beendigung des Arbeitsverhältnisses.[3]

(Alternative 1:

Wenn die Gesellschaft vor dem 1.10.2015 gegenüber dem Mitarbeiter eine betriebsbedingte Kündigung erklärt, wird der Gehaltsverzicht gemäß der Nr. 1 dieser Vereinbarung vollständig rückabgewickelt.)

(Alternative 2:

Die Gesellschaft wird vor dem 1.10.2015 gegenüber dem Mitarbeiter keine betriebsbedingte Kündigung aussprechen.)

3. Wenn der Mitarbeiter keine Ansprüche nach vorstehender Nr. 2 erworben und sich die wirtschaftliche Lage der Gesellschaft nach Maßgabe des nachstehenden Absatzes verbessert hat,[4] zahlt die Gesellschaft ihm eine Entschädigung i. H. v. 14.625 EUR brutto[5] für den Zeitraum bis einschließlich 31.12.2015. Die Entschädigungszahlung wird am 30.4.2016 fällig.

Die wirtschaftliche Lage der Gesellschaft gilt nur dann als verbessert i. S. d. vorstehenden Absatzes, wenn sie einen handelsrechtlichen Gewinn von mehr als drei Prozent der Umsatzerlöse im Durchschnitt der Geschäftsjahre 2013, 2014 und 2015 erzielt. Die Entschädigung wird nicht gewährt, soweit der durchschnittliche handelsrechtliche Gewinn in den genannten Geschäftsjahren – unter Berücksichtigung der Entschädigungszahlungen für Gehaltsverzichte dieser Art an den Mitarbeiter und andere Mitarbeiter der Gesellschaft – unter drei Prozent der Umsatzerlöse sinkt. Soweit Entschädigungsforderungen mehrerer betroffener Mitarbeiter der Gesellschaft bestehen, die nicht vollständig bedient werden können, werden alle Entschädigungsforderungen der betroffenen Mitarbeiter gleichmäßig prozentual herabgesetzt.

Für die Geschäftsjahre 2016 und 2017 werden nach Maßgabe dieses Absatzes ebenfalls Entschädigungen gewährt. Die Entschädigungsforderung des Mitarbeiters erhöht sich um jeweils 6.500 EUR brutto p. a., wobei gewährte Entschädigungen aus Vorjahren jeweils angerechnet werden. Zum Zwecke der Berechnung von Entschädigungszahlungen, die zum 30.4.2017 und 30.4.2018 fällig sind, wird – unter Einschluss des jeweils davor liegenden Geschäftsjahres (d. h. Referenzzeitraum von vier (30.4.2017) und fünf (30.4.2018) Geschäftsjahren) – die gleiche Betrachtung angestellt wie nach dem vorstehenden Absatz.

Für die Zeit nach dem 31.12.2017 werden keine Entschädigungen mehr gewährt.

Die Höhe der Entschädigung verringert sich entsprechend der tatsächlichen Kosteneinsparung der Gesellschaft aufgrund des geleisteten Gehaltsverzichts (Basis: 6.500 EUR brutto p. a.),[6] wenn vor einem der Berechnungsstichtage für die Entschädigungen (nämlich 31.12.2015, 31.12.2016 oder 31.12.2017)

- der Mitarbeiter aus dem Unternehmen ausscheidet,
- der Mitarbeiter zeitweise oder dauerhaft tatsächlich keine Arbeitsleistung erbringt,
- der Mitarbeiter zeitweise oder dauerhaft tatsächlich eine verringerte Arbeitsleistung erbringt oder
- das Arbeitsverhältnis ruht

und kein Fall der vorstehenden Nr. 2 vorliegt. Soweit ein Rechtsanspruch des Mitarbeiters auf Gehaltszahlung in einem der vorstehenden Fälle besteht, insbesondere nach dem Entgeltfortzahlungsgesetz, verringert sich die Entschädigung nicht. Das Gleiche gilt im Falle von Beschäftigungsverboten und während des Mutterschutzes.

4. Soweit in dieser Vereinbarung nicht anders geregelt, bleiben alle übrigen vertraglichen Bestimmungen über das Arbeitsverhältnis, insbesondere gemäß Arbeitsvertrag vom ……, unberührt.

……	……
Ort, Datum	Ort, Datum
……	……
Unterschrift der Gesellschaft	Unterschrift des Mitarbeiters

Anmerkungen

1. Gehaltsverzicht. Dieses Formular beruht auf dem unter → Form. A. XIII. 1 erläuterten Formular „Gehaltsverzicht ohne Besserungsschein“. Auf die dortige Kommentierung wird verwiesen. Das vorliegende Formular weicht nur in Nr. 3 von dem Formular unter → Form. A. XIII. 1 ab.

2. Besserungsschein. Als Besserungsschein bezeichnet man eine – zumeist in der Insolvenzpraxis bekannte – Vereinbarung, wonach die Gläubiger, die im Rahmen eines gerichtlichen oder außergerichtlichen Vergleichs zum Zwecke der Erhaltung der Liquidität des Schuldners auf einen Teil ihrer Forderungen verzichtet haben, Nachzahlungen erhalten, wenn und soweit sich die Vermögensverhältnisse des Schuldners bessern (BGH NJW 1984, 2762, 2763). Der Rechtsgrund der Forderung wird durch den Besserungsschein nicht berührt; in seiner Ausstellung liegt nach dem üblichen Sprachgebrauch keine Schuldumwandlung oder Schuldumschaffung (BGH NJW 1984, 2762). Besserungsscheine sind schon lange bekannt (vgl. nur RG RGZ 94, 290) und haben auch in der aktuellen Arbeitsrechtspraxis einen festen Platz (z. B. BAG NZA 2001, 788; *Otto/Walk* halten den Entgeltverzicht gegen Besserungsschein zu recht für eine noch häufig übersehene Möglichkeit der zeitnahen Kostensenkung (BB 2010, 373)). In dem besonderen Spannungsfeld von **Insolvenzrecht** und **betrieblicher Altersversorgung** ist das Konzept des Besserungsscheins sogar gesetzlich geregelt (vgl. § 7 Abs. 4 S. 5 BetrAVG). In der Praxis sind Besserungsscheine oft die Kompensation für den Verzicht auf Forderungen und tragen daher erheblich zur Akzeptanz von z. B. Gehaltsverzichten bei. Ein wirtschaftlich ähnliches Ergebnis ließe sich durch eine **Stundung** von Gehaltsforderungen erreichen. Allerdings nutzen Stundungen betroffenen Unternehmen häufig bilanziell nichts, weil gestundete Verbindlichkeiten – im Gegensatz zu „Verbindlichkeiten auf Besserungsschein" – nach wie vor bilanziert werden müssen.

3. Rückabwicklung des Gehaltsverzichts (keine Entschädigung) im Falle betriebsbedingter Kündigungen. Wie bereits ausführlich dargelegt (→ Form. A. XIII. 1 Anm. 5), dienen Gehaltsverzichte in aller Regel dem Arbeitsplatzerhalt. Werden Mitarbeiter trotz Gehaltsverzichts später betriebsbedingt entlassen, sehen Gehaltsverzichtsvereinbarungen in aller Regel vor, dass der Gehaltsverzicht rückabgewickelt wird (vgl. Nr. 2 dieses Formulars). Im Hinblick auf den möglichen Bezug von **Arbeitslosengeld** ist es für diese Mitarbeiter gegebenenfalls wichtig, wieder ihre frühere Gehaltshöhe zu erreichen (→ Form. A. XIII. 1 Anm. 5).

Im Formular (Nr. 2) führt nur die betriebsbedingte Kündigung zur Rückabwicklung. Dies ist deshalb naheliegend, weil der Gehaltsverzicht zum Arbeitsplatzerhalt beitragen und damit vor betriebsbedingten Kündigungen schützen soll. Es ist nicht unverbreitet, im Hinblick auf vorzeitig ausscheidende Arbeitnehmer nach den Ursachen für die vorzeitige Beendigung des Arbeitsverhältnisses noch weiter zu differenzieren (→ Anm. 6, dort zur Frage der Herabsetzung der Entschädigung). Man könnte eine Rückabwicklung z. B. ausschließen, wenn der betroffene Arbeitnehmer aufgrund einer außerordentlichen Kündigung des Arbeitgebers oder (alternativ) aus Gründen ausgeschieden ist, die er zu vertreten hat (relevant bei krankheitsbedingtem Ausscheiden). Selbstverständlich könnte man auch die Rückabwicklung gänzlich ausschließen oder – das andere Extrem – jedem vorzeitig ausscheidenden Arbeitnehmer die Rückabwicklung des Gehaltsverzichts anbieten, selbst wenn er z. B. aufgrund einer Eigenkündigung oder einer fristlosen Kündigung des Arbeitgebers wegen schwerwiegender Vertragsverletzung ausgeschieden sein sollte.

4. Entschädigung bei Besserung der wirtschaftlichen Lage („Besserungsschein"). Der einmal geübte Gehaltsverzicht als solcher wirkt nach Nr. 1 dieses Formulars dauerhaft. Wenn sich die finanziellen Verhältnisse des betroffenen Unternehmens verbessern, kann der Gehaltsverzicht für die Zukunft durch überproportionale Gehaltsanhebungen korrigiert werden. In der Praxis ist eine solche dauerhafte Herabsetzung der Festgehälter zumeist gewollt. Alternativ sind natürlich auch befristete Gehaltsverzichte (mit oder ohne Besserungsschein) möglich. Bei einem Besserungsschein geht es um den – mehr oder weniger genauen – Ausgleich für den in der Vergangenheit geübten Gehaltsverzicht und den damit von den Mitarbeitern erbrachten Beitrag zur Sanierung des Unternehmens, falls sich die wirtschaftliche Lage der Gesellschaft wieder verbessert hat. Es ist essentiell, dass sich die Vertragspartner über einen geeigneten Parameter für eine solche Verbesserung der wirtschaftlichen Lage des Unternehmens einigen. In der Praxis sind verschiedene Parameter anzutreffen; die Orientierung an einer Gewinnschwelle bezogen auf Umsatzerlöse – wie im Formular – lehnt sich an ein praktisches Beispiel aus der Rechtsprechung des BAG an (vgl. BAG NZA 2001, 788). In der Beratungspraxis ist darauf zu achten, dass die vereinbarten Parameter hinreichend klar sind und dem Unternehmen genug Zeit lassen, sich wirtschaftlich zu erholen. Es wäre weder für das Unternehmen noch für die Belegschaft viel gewonnen, wenn zwar eine kleine Verbesserung der wirtschaftlichen Lage erreicht wird, die jedoch sofort wieder durch Ausgleichszahlungen an die Mitarbeiter zunichte gemacht wird. Deshalb ist im Formular ein Zeitraum von etwas mehr als zwei Jahren vorgesehen, innerhalb dessen das Unternehmen „gesunden" soll, ohne Entschädigungsleistungen erbringen zu müssen. Wenn nach Vorlage der Bilanzen der abgelaufenen Jahre (im Formular 2014 und 2015; zumeist ist im Jahr des Gehaltsverzichts – 2013 – keine nachhaltige Verbesserung zu erwarten) die vereinbarten wirtschaftlichen Parameter erreicht werden, kann die Entschädigungsleistung gewährt werden. Die **Fälligkeit** der Entschädigungsleistung sollte so bestimmt werden, dass zuverlässig das Erreichen der vereinbarten Parameter beurteilt werden kann. Im Formular ist der 30.4. gewählt worden, weil zu diesem Zeitpunkt der Jahresabschluss des Vorjahres vorliegen sollte.

Dem Zwecke der langfristigen Erholung des Unternehmens folgend, wird in dem Formular eine Durchschnittsbetrachtung auf drei Geschäftsjahre angestellt. Wenn es der Gesellschaft – auch durch den Beitrag der Arbeitnehmer – gelingt, im dritten Jahr (2015) einen ausreichenden Gewinn zu erwirtschaften, können dadurch schlechtere Ergebnisse in den kritischen Jahren (2013 und 2014) kompensiert werden. Um allerdings zu verhindern, dass die Entschädigungsleistungen an Arbeitnehmer für in der Vergangenheit geübte Gehaltsverzichte das positive Ergebnis wieder zunichte machen, ist im Formular vorgesehen, dass die vorgesehene dreiprozentige Gewinnschwelle jedenfalls erhalten werden muss. Wenn die durchschnittliche Gewinnschwelle von drei Prozent also z. B. per 31.12.2015 um 300.000 EUR überschritten wird, aber Entschädigungsforderungen von betroffenen Mitarbeitern in Höhe von 500.000 EUR auszugleichen sind, findet – nach den Regelungen im Formular – nur eine sechzigprozentige Befriedigung aller offenen Entschädigungsforderungen statt. Dass sich durch diese Regelung im Nachhinein die Höhe der Entschädigungsverbindlichkeiten der Gesellschaft in früheren Geschäftsjahren noch ändern kann, ist im Rechnungswesen nichts Ungewöhnliches. Da **bilanziell** ohnehin Vorsorge für die Entschädigungszahlungen (z. B. durch Rückstellungen oder Rücklagen) getroffen werden muss, lässt sich trotz des späten Abrechnungstages (erstmals 30.4.2016) die Korrektur in den jeweiligen Geschäftsjahren sicherstellen.

Es ist in der Praxis nicht unüblich, **mehrere Stichtage** für die Berechnung etwaiger Entschädigungsleistungen vorzusehen, im Formular zusätzlich der 31.12.2016 und der 31.12.2017. Selbstverständlich werden etwa erfolgte Zahlungen der Vergangenheit auf aktuelle Entschädigungsforderungen angerechnet (vgl. Nr. 3, dritter Absatz, letzter Satz des Formulars). Es ist aber auch selbstverständlich (und vom Berater beim Abschluss eines Gehaltsverzichts mit Besserungsschein sicherzustellen), dass der frühere Gehaltsverzicht ab einem bestimmten Termin keine Verbindlichkeiten des Unternehmens mehr auslösen kann. Im Formular ist der 30.4.2018 vorgesehen, so dass letztmals zum 31.12.2017 festgestellt wird, ob noch eine Entschädigungspflicht für den Gehaltsverzicht aus dem Jahre 2013 besteht. Bei Verhandlungen mit Gewerkschaften ist zu beobachten, dass diese oft auf eine längerfristige Bindung der Gesellschaft hinzuwirken versuchen.

5. Berechnung der Entschädigung. Im Formular hat der betroffene Mitarbeiter ursprünglich 13 Gehälter à 3.800 EUR p. a. bezogen. Der Gehaltsverzicht betrug 500 EUR monatlich, mithin 6.500 EUR p. a. Da der Mitarbeiter im Beispielsfall zum 1. Stichtag (31.12.2015) für 2 Jahre und drei Monate (1.10.2013 bis 31.12.2015) auf 6.500 EUR p. a. verzichtet hatte, ergibt sich eine Entschädigungsforderung i. H. v. 14.625 EUR per 31.12.2015. Die Erhöhung dieser Entschädigung um jeweils 6.500 EUR p. a. für die Geschäftsjahre 2016 und 2017 entspricht exakt dem Gehaltsverzicht. Wie in der Praxis üblich, ist in dem Formular nicht vorgesehen, dass der Mitarbeiter einen Ausgleich für einen **Zinsschaden** oder eine etwa eingetretene **Inflation** bezieht. Auch mögliche Gehaltserhöhungen (oder weitere Gehaltsverzichte) bleiben bei der Berechnung außer Betracht, was der betrieblichen Praxis entspricht, die stets einfache Lösungen bezwecken sollte. Die im Formular vorgesehenen Entschädigungen haben für den Arbeitgeber den Vorteil, dass sie nicht dynamisch wie laufendes Entgelt wirken. Zusätzlich zu den zuvor aufgezählten Nachteilen (keine Verzinsung, kein Inflationsausgleich, keine Berücksichtigung von Gehaltserhöhungen) trägt der Mitarbeiter das – zumeist akute – **Insolvenzrisiko** seines Arbeitgebers.

6. Ausgeschiedene Mitarbeiter/tatsächliche geringere Arbeitsleistung. Natürlich macht die Entschädigung nur im Falle derjenigen Mitarbeiter Sinn, die real auf Gehalt verzichtet haben. Sollte der Mitarbeiter, mit dem die Vereinbarung gemäß diesem Formular geschlossen wird, das Unternehmen z. B. zum 31.12.2014 (nicht aufgrund einer betriebsbedingten Kündigung) verlassen haben, hat er real nur auf 8.125 EUR verzichtet und nur in dieser Höhe einen Beitrag zur Gesundung des Unternehmens geleistet. Die Entschädigung sollte den individuellen Sanierungsbeitrag nicht übersteigen. Das Gleiche muss natürlich gelten, wenn der Mitarbeiter aufgrund anderer Umstände (z. B. Elternzeit, Arbeitsunfähigkeit ohne Entgeltfortzahlung, Teilzeit usw.) das frühere Gehalt gar nicht (oder nicht in voller Höhe) bezogen hätte, also gar keinen tatsächlichen Gehaltsverzicht leistet. Mutterschutz oder Beschäftigungsverbote führen nach dem Formular nicht zu finanziellen Nachteilen. Wenn in der Sanierungsphase **Kurzarbeit** geleistet werden muss, sollte z. B. in einer Kurzarbeitsbetriebsvereinbarung eine Regelung getroffen werden, mit der klargestellt wird, ob die Kurzarbeit zur Herabsetzung der Entschädigung führt oder nicht. Ohne solche ergänzende Regelung fallen der tatsächliche Gehaltsverzicht des Mitarbeiters und damit die mögliche Entschädigungsforderung geringer aus. Durch die Formulierung „...... entsprechend der tatsächlichen Kosteneinsparung der Gesellschaft aufgrund des geleisteten Gehaltsverzichts ......“ (s. Nr. 3 vierter Absatz) ist sichergestellt, dass der durch die Kurzarbeit (teilweise) nicht wirksam werdende Gehaltsverzicht insoweit bei einer möglichen Entschädigung außer Betracht bleibt. An den Mitarbeiter etwa gezahltes **Kurzarbeitergeld** bleibt ebenfalls außer Betracht.

Im Unterschied zu der Rückabwicklung des Gehaltsverzichts bei betriebsbedingten Kündigungen (Nr. 2 im Formular) dürften Entschädigungszahlungen (Nr. 3 im Formular) für die Berechnung der Höhe etwaigen **Arbeitslosengeldes** in aller Regel irrelevant bleiben.

Bereits im Hinblick auf die Rückabwicklung des Gehaltsverzichts stellt sich die Frage, ob hinsichtlich der Ausscheidensgründe differenziert werden sollte (→ Anm. 3). Für die Entschädigungsforderung des Mitarbeiters kommt es nach der Regelung im Formular nicht auf den Grund für das Ausscheiden an; lediglich im Hinblick auf die Höhe der Entschädigungsforderung wird differenziert (s. o., z. B. Ausscheiden aufgrund von Elternzeit oder Mutterschutz). Im Einzelfall kann der Mitarbeiter durch seinen vorzeitigen Weggang der Sanierung des Unternehmens durchaus schaden, etwa wenn es sich um einen Spezialisten handelt, der zum Wettbewerber wechselt. Daher könnte man jede Entschädigungsleistung davon abhängig machen, dass der Mitarbeiter sich zum Zeitpunkt der Berechnung der Entschädigungsforderung noch in einem Arbeitsverhältnis mit der Gesellschaft befindet. Die Rechtswirksamkeit einer solchen Regelung ist allerdings ungewiss, da sich derzeit bezüglich der Verwendung von Stichtagsklauseln vieles im Fluss befindet (vgl. BAG NZA 2012, 561). Dass die Eigenkündigung (oder eine außerordentliche Kündigung des Arbeitsgebers im Falle einer erheblichen Vertragsverletzung des Mitarbeiters) nicht zu den gleichen – für den Arbeitnehmer günstigen – Rechtsfolgen wie eine betriebsbedingte Kündigung (vgl. im Formular nach Nr. 2) führen muss, ist keine unangemessene und damit unzulässige **Kündigungserschwerung (vgl. § 622 Abs. 6 BGB).** Es handelt sich um einen bloßen Reflex, der auch anderen Bereichen zu beobachten ist und hingenommen wird, z. B. bei der vertraglichen Pflicht zur Rückzahlung von Ausbildungskosten, wo die betriebsbedingte Kündigung für den Arbeitnehmer ebenfalls finanziell (unmittelbar) günstiger ist als die Eigenkündigung (vgl. BAG NZA 1999, 79; BAG NZA 2009, 435). Eine relevante **Ungleichbehandlung** zwischen vorzeitig austretenden und im Unternehmen verbleibenden Mitarbeitern würde durch eine Differenzierung bei den Entschädigungszahlungen auch nicht entstehen. Es ist z. B. anerkannt, dass Betriebstreue und Arbeitsleistung unterschiedliche Gratifikationen rechtfertigen (→ Form. A. III. 5 Anm. 1). Dies muss erst recht im Fall der Unternehmenskrise gelten, weil zusätzlich noch die Risikobereitschaft des verbleibenden Mitarbeiters belohnt werden muss (s. o., Insolvenzrisiko, keine Verzinsung, kein Inflationsausgleich, keine Berücksichtigung von Gehaltserhöhungen).

Im Formular ist der Entschädigungsverlust etwa bei vorzeitiger Eigenkündigung schon aus Praktikabilitätsgründen nicht umgesetzt worden: Es geht beim Gehaltsverzicht mit Besserungsschein um **Kosteneinsparungen**, nicht um Motivation. Das vorrangige Ziel der Kosteneinsparung sollte nicht ohne Not gefährdet werden.

4. Freiwilliges Abfindungsprogramm

(Entwurf eines Mitteilungsschreibens an die gesamte Belegschaft, entweder Verbreitung über das Intranet, per E-Mail, Aushänge oder persönliche Anschreiben):

[Briefkopf des Arbeitgebers]

An alle Mitarbeiter
der Gesellschaft

Freiwilliges Ausscheiden[1]

...... (Datum)

Liebe Mitarbeiter,

wie Sie wissen, befindet sich unser Unternehmen in einer schweren Krise. In den beiden letzten Geschäftsjahren haben wir erhebliche Verluste erwirtschaftet, auch im jetzt laufenden Geschäftsjahr sieht es nicht nach einer Verbesserung der Situation aus, im Gegenteil: Wenn wir unsere Mitbewerber sowie das gesamte Marktumfeld kritisch betrachten, müssen wir feststellen, dass unser Unternehmen bei weitem nicht das Einzige ist, das von der Krise betroffen wurde. In den vergangenen Jahren, Monaten und Wochen haben wir auf verschiedene Weise versucht, dagegenzusteuern. Da Umsatzzuwächse nicht zu erzielen waren, hat die Geschäftsleitung schon seit einiger Zeit das Hauptaugenmerk auf Kostenreduktion gelegt. Daher wurden z.B. Lieferantenverträge geprüft und gekündigt, Investitionen in das Fabrikgebäude verschoben, die Dienstwagen-Flotte verkleinert, die betriebliche Altersversorgung eingestellt und der Vorstand verkleinert.[2]

Nachdem alle vorgenannten Maßnahmen keinen oder nicht den ausreichenden Erfolg mit sich brachten, sieht sich die Geschäftsleitung nunmehr gezwungen, Mitarbeiter zu entlassen. Wie Sie alle sich hoffentlich vorstellen können, tut sich die Geschäftsleitung bei diesem Schritt keineswegs leicht. Wir haben versucht, durch die Kurzarbeit der vergangenen Monate diesen Schritt zu vermeiden, leider vergeblich, wie sich jetzt zeigt. Wir sind uns sehr wohl darüber bewusst, dass betriebsbedingte Kündigungen zu Arbeitslosigkeit und erheblichen Härten für die Betroffenen führen können. Auch wenn der Ausspruch betriebsbedingter Kündigungen im Ergebnis unvermeidlich sein könnte, wollen wir noch einen Versuch unternehmen, solche einseitigen Maßnahmen zu vermeiden.

Es soll in diesem Unternehmen niemand betriebsbedingt gekündigt werden, solange es noch einen anderen Mitarbeiter gibt, der an seiner Stelle das Unternehmen zu verlassen bereit ist. Daher hat sich die Geschäftsleitung entschlossen, denjenigen den Abschluss eines Abfindungsvergleichs[3] anzubieten, die sich in den nächsten drei Wochen, also bis zum ......, bei den zuständigen Personalreferenten melden, wobei wir uns vorbehalten, im Einzelfall solche Angebote nicht zu unterbreiten. Die wichtigsten Konditionen eines solchen Abfindungsvergleiches sind:

- Das Arbeitsverhältnis endet unter Beachtung der anwendbaren Kündigungsfrist.
- Die Brutto-Abfindung beträgt ein halbes Brutto-Monatsgehalt (Grundgehalt ohne Sonderzahlungen, Boni, Zuschläge, Gegenwert der Privatnutzung eines Pkw oder sonstige Ergänzungen zu dem Brutto-Monatsgehalt) pro Jahr der Betriebszugehörigkeit (kaufmännische Auf- oder Abrundung auf volle Jahre). Zusätzlich wird die Brutto-Abfindung um ein Brutto-Monatsgehalt für diejenigen Mitarbeiter erhöht, die innerhalb einer Woche, also bis zum ......, einen Abfindungsvergleich abschließen.[4]

Nach den Planungen der Geschäftsleitung werden hauptsächlich Mitarbeiter aus der Produktionsabteilung, aber auch aus dem Verwaltungsbereich und der Logistik-Abteilung entlassen werden müssen.

Nur der guten Ordnung halber erlauben wir uns den Hinweis, dass dieses Schreiben keine Rechtsansprüche begründet – insbesondere behält sich die Geschäftsleitung vor, nicht jedes Angebot eines Mitarbeiters, der freiwillig gegen Zahlung einer Abfindung ausscheiden will, anzunehmen.

Soweit individuelle Einzelheiten zu berücksichtigen sind, wird dies in den jeweiligen Vereinbarungen mit den betroffenen Mitarbeitern geschehen.

Die vorstehenden Abfindungsregelungen werden kurzfristig zu einer erheblichen Kostenbelastung führen, die nur dadurch gerechtfertigt ist, dass der Personalabbau schnell, unkompliziert und auf freiwilliger Grundlage (d. h. keine zusätzlichen Kosten) umgesetzt werden kann. Deshalb ist es nach der Auffassung der Geschäftsleitung völlig undenkbar, dass – im Falle des Scheiterns dieses freiwilligen Abfindungsprogramms – ein Sozialplan verabschiedet wird, der eine genauso großzügige Abfindungsregelung vorsieht wie dieses Angebot, geschweige denn eine noch höhere. Sollte dies jedoch wider Erwarten der Fall sein, werden wir uns verpflichten, Abfindungen, die nach diesem freiwilligen Abfindungsprogramm gewährt wurden, allen Sozialplanregelungen anzupassen, die in den nächsten sechs Monaten verabschiedet werden.[5]

Selbstverständlich wird jedem einzelnen Mitarbeiter, der sich bei uns als Freiwilliger meldet, Vertraulichkeit gegenüber allen Kollegen und Vorgesetzten zugesagt.[6]

Wir sind zuversichtlich, dass es mit diesem Schritt gelingt, unser Unternehmen rasch in eine langfristig verbesserte Kostensituation hinein- und damit aus der Krise hinauszuführen. Wir hoffen, dass es mit diesem freiwilligen Programm vermieden werden kann, diejenigen Mitarbeiter zur Beendigung des Arbeitsverhältnisses zu zwingen, die uns keinesfalls verlassen wollen.

Für Rückfragen stehen Ihnen die bekannten Personalreferenten zur Verfügung.

Mit freundlichen Grüßen

. . . . . .

Unterschrift des Arbeitgebers

Anmerkungen

1. Freiwilliges Ausscheiden. Im Vorfeld von Massenentlassungen ist immer wieder zu beobachten, dass es einen nicht unerheblichen Anteil von Mitarbeitern gibt, die geradezu auf die nächste „Chance“ warten, das Unternehmen zu verlassen und dabei noch eine Abfindung zu beziehen, insbesondere da sich der Arbeitsmarkt in Deutschland seit einigen Jahren deutlich entspannt hat. Bei Massenentlassungen ist es demgegenüber zunehmend problematischer, individuelle Kündigungen einseitig durchzusetzen, weil die Anforderungen der Rechtsprechung an eine wirksame betriebsbedingte Kündigung hoch sind und nach dem Eindruck vieler Arbeitgeber noch steigen. Kündigungsschutzprozesse werden als unberechenbar eingestuft; ließe sich der Arbeitgeber die Zeit, die den Unternehmen im Wettbewerb und im Hinblick auf die betriebsinterne Befriedung praktisch zumeist fehlt, könnten sie feststellen, dass Kündigungsschutzprozesse durchaus berechenbar und sogar für Arbeitgeber zu gewinnen sind. Neben der „gefühlten“ Unkalkulierbarkeit und der Langwierigkeit von Kündigungsschutzprozessen tragen auch die Regelungen zu den gesetzlichen Sozialversicherungssystemen dazu bei, dass einseitige Kündigungen eher schwer durchzusetzen sind. Da viele Arbeitnehmer es sich aufgrund der Regelungen zu den gesetzlichen Sozialversicherungssystemen nicht „leisten" können, arbeitslos zu werden, stößt der Arbeitgeber in Kündigungsschutzprozessen nämlich oft auf erbitterten Widerstand. Bei einem Freiwilligenprogramm ist die Wahrscheinlichkeit hingegen deutlich höher, dass es für die betroffenen Arbeitnehmer keine sozialversicherungsrechtlichen Probleme gibt, weil sich Arbeitnehmer, denen solche Probleme drohen, gar nicht erst freiwillig melden. Daher erleichtert ein Einvernehmen zwischen den Arbeitsvertragsparteien die Vertragsbeendigung erheblich. Mit einem Freiwilligenprogramm sind – zumindest auf den ersten Blick – allerdings hohe Kosten verbunden. Dem steht jedoch die allgemeine Beobachtung gegenüber, dass Arbeitgeber in der Praxis ohnehin Aufhebungsverträge beim Beendigungsmanagement bevorzugen (83 Prozent, vgl. *Alewell/Hauff* BB 2010, 3149) und regelmäßig Abfindungen zahlen (95 Prozent, vgl. *Alewell/Hauff* BB 2010, 3149).

Angesichts der genannten Befunde (einige Arbeitnehmer wollen das Unternehmen verlassen; andere Arbeitnehmer erschweren dem Arbeitgeber die Durchsetzung der Kündigung mit allen Mitteln) liegt es nahe, vor der Durchsetzung einer Massenentlassung herauszufinden, welche Mitarbeiter das Unternehmen freiwillig zu verlassen bereit sind. Zu diesem Zweck ist es in anderen Rechtsordnungen durchaus üblich, freiwillige Abfindungsprogramme (sog. **„Voluntary Severance Program"**, teilweise auch „Voluntary Leave Program" genannt, vgl. *Meyer/Röger* NZA-RR 2011, 393) aufzulegen, in Deutschland allerdings noch nicht. Erst seit kürzerer Zeit ist zu beobachten, dass auch Unternehmen in Deutschland vermehrt versuchen, einen notwendigen Personalabbau mittels freiwilliger Abfindungsprogramme umzusetzen (*Meyer/Röger* NZA-RR 2011, 393). Ein Grund für die bisherige deutsche Zurückhaltung mag in der Betriebsverfassung liegen: Ein groß angelegter Personalabbau dürfte in aller Regel auch eine **Betriebsänderung** gemäß § 111 BetrVG darstellen, so dass der Arbeitgeber – auch bei freiwilligen Abfindungsprogrammen – zunächst einen Interessenausgleich mit dem Betriebsrat herstellen müsste. Damit sind meistens die Vorteile eines freiwilligen Abfindungsprogramms, enorme Entbürokratisierung und rasche Umsetzungen, verloren, so dass viele Arbeitgeber davor zurückschrecken, ein freiwilliges Abfindungsprogramm mit ihrem Betriebsrat zu erörtern. Spricht der Arbeitgeber das freiwillige Abfindungsprogramm mit dem Betriebsrat dennoch durch, wird der Betriebsrat i. d. R. zwei Aspekte (außer der Höhe der angebotenen Abfindung) nicht gutheißen und gegebenenfalls nicht akzeptieren. Zum einen wird der Betriebsrat kritisieren, dass der Arbeitgeber einzelnen Arbeitnehmern kein Angebot auf Abschluss eines Aufhebungsvertrags unterbreiten muss. Zum anderen wird der Betriebsrat die Sorge haben, dass Arbeitnehmern, die sich mit dem Wunsch nach einem Aufhebungsvertrag „geoutet" haben und dann die Gesellschaft trotzdem nicht verlassen dürfen, Nachteile entstehen, die sich auch durch Vertraulichkeitsvereinbarungen nicht vermeiden lassen. Zumindest dem letzten Kritikpunkt (→ Anm. 6) könnte mit einem ausgeklügelten Verfahren entgegengewirkt werden.

Führt der Arbeitgeber das freiwillige Abfindungsprogramm durch, ohne den Betriebsrat zu beteiligen, drohen ungünstige Rechtsfolgen, **vor allem einstweilige Verfügungen auf Unterlassung** (in manchen Landesarbeitsgerichts-Bezirken, vgl. zum Streitstand ErfKomm/*Kania* § 111 BetrVG Rn. 27 f.) und **Nachteilsausgleichsansprüche** (§ 113 BetrVG). Wenn der Arbeitgeber sich über diese Bedenken hinwegsetzt und das freiwillige Abfindungsprogramm ohne Betriebsratsbeteiligung durchführt, wird die künftige Zusammenarbeit mit dem Betriebsrat belastet sein. Insbesondere wird der Betriebsrat bei etwa nachfolgenden Interessenausgleichs- und Sozialplanverhandlungen das Ziel verfolgen, das Abfindungsniveau des freiwilligen Abfindungsprogramms zu übersteigen. Es soll den Mitarbeitern auf diese Weise vor Augen geführt werden, dass einzig der Betriebsrat für ihre Interessen streitet und dass es sich nicht lohne, voreilig auf vermeintliche großzügige Angebote des Arbeitgebers einzugehen.

Trotz aller vorgenannten Schwierigkeiten gibt es – auch in Deutschland – immer wieder und immer häufiger Situationen, in denen ein freiwilliges Abfindungsprogramm zweckmäßig ist, zum Teil im Einvernehmen mit dem Betriebsrat. Für diese Fälle ist dieses Formular gedacht. Individualrechtlich erzeugt es noch keine unmittelbaren Rechtswirkungen, weil es als **„invitatio ad offerendum"** konzipiert ist. Das bedeutet, dass der Arbeitgeber mit dem freiwilligen Abfindungsangebot, also diesem Formular, noch kein rechtsgeschäftliches Angebot abgibt, das der Arbeitnehmer zum Zustandekommen eines Vertrages nur annehmen müsste. Es bedarf noch eines Vertragsschlusses. Insbesondere kann der Arbeitgeber damit nicht gezwungen werden, Beendigungsangebote von Mitarbeitern anzunehmen, die er gar nicht verlieren will. Trotzdem führt ein freiwilliges Abfindungsangebot zu Rechtswirkungen, z. B. im Hinblick auf mögliche Beteiligungsrechte des Betriebsrats (s. o.). Im Hinblick auf das AGG müssen Arbeitgeber zudem sicherstellen, dass die Auswahl derjenigen Mitarbeiter, deren Angebot auf Abschluss eines Beendigungsvertrages angenommen wird, nicht mit einem der dort genannten unzulässigen Differenzierungskriterien in Verbindung gebracht werden kann. Allerdings verstößt nicht jede Ungleichbehandlung in einem Freiwilligenprogramm gegen das AGG. So kann der Arbeitgeber ältere Arbeitnehmer generell von einem Personalabbau, der durch freiwillige Aufhebungsverträge unter Zahlung attraktiver Abfindungen erfolgen soll, ausnehmen, ohne dass darin zwingend eine unmittelbare Benachteiligung i. S. v. § 3 Abs. 1 S. 1 AGG gegenüber jüngeren Arbeitnehmern liegt (BAG NZA 2010, 561). Dies ist damit zu begründen, dass der Zweck des Diskriminierungsverbots wegen des Alters durch den weiteren Verbleib der älteren Arbeitnehmer im Arbeitsverhältnis verwirklicht wird.

2. **Darstellung der Alternativen und der „richtige Ton".** Ob und wie die Geschäftsleitung eines Unternehmens dessen Mitarbeiter auf ein freiwilliges Abfindungsprogramm anspricht, hängt ganz von den Verhältnissen des Einzelfalls ab, insbesondere von den Usancen im Haus. Erfahrungsgemäß steigert es die Akzeptanz bei der Belegschaft jedoch erheblich, wenn der Arbeitgeber nicht als Erstes oder als Einziges an Kostenreduktionen und Personalabbau denkt, sondern zunächst an Umsatzausweitung. Auch bei Kostensenkungsmaßnahmen ist es – wiederum rein psychologisch – hilfreich, nicht zuerst an einen Personalabbau zu denken. Reizpunkte wie Dienstwagen, Vorstandsgröße, Boni und Pensionen für Vorstandsmitglieder sollten geprüft werden, bevor Mitarbeiter entlassen werden. Nach dem erfolgreichen Einsatz der Kurzarbeit während der Finanzkrise 2009/2010 wird von jeder Geschäftsleitung erwartet, dass dieses Instrument angewendet oder zumindest in Betracht gezogen wird, selbst wenn offensichtlich strukturelle und nicht „nur" konjunkturelle Schwierigkeiten bestehen. Darüber hinaus ist es zur Absicherung des verfolgten Zweckes in erster Linie wichtig, in der jeweiligen praktischen Situation „den richtigen Ton zu treffen" und die richtigen Zeichen zu setzen. Es hat sich z. B. nicht bewährt, abfällige Bemerkungen über den Betriebsrat oder „Drohszenarien" in das Freiwilligenangebot aufzunehmen.

3. **Abfindungsvergleich.** Der Ausdruck „Abfindungsvergleich" ist an sich dem im Rahmen eines Kündigungsschutzprozesses abgeschlossenen Vergleich zur Abwicklung eines Arbeitsverhältnisses vorbehalten, hat sich darüber hinaus aber auch für außergerichtliche Aufhebungsverträge eingebürgert, obwohl hier kein Vergleich i. S. d. § 779 BGB vorliegt. Um Rechtssicherheit zu erhalten, muss der Arbeitgeber mit den Arbeitnehmern Aufhebungs- oder Abwicklungsverträge schließen. Aufhebungsverträge führen zu Nachteilen beim Bezug von Arbeitslosengeld (Sperrzeit und Verkürzung des Bezugszeitraums, §§ 148, 159 SGB III). Allerdings tritt keine Sperrzeit ein, wenn der Arbeitnehmer einen wichtigen Grund i. S. v. § 159 Abs. 1 S. 1 SGB III für sich reklamieren kann (vgl. Küttner/*Voelzke* Sperrzeit Rn. 24). Dies ist nach der Rechtsprechung und der Geschäftsanweisung zu § 159 SGB III (§ 159 SGB III n. F. entspricht § 144 SGB III a. F.) der Bundesagentur für Arbeit u. a. der Fall, wenn der Arbeitgeber mit einer betriebs-

bedingten Kündigung droht, diese zumindest gleichzeitig mit der Beendigung des Beschäftigungsverhältnis wirksam geworden und die Kündigungsfrist eingehalten worden wäre und eine Abfindung von 0,25 bis 0,5 Monatsgehältern pro Beschäftigungsjahr an den Arbeitnehmer gezahlt wird. Im Übrigen spielt die Rechtmäßigkeit der drohenden Kündigung dann keine Rolle (vgl. *Gaul/Niklas* NZA 2008, 137; so auch ausdrücklich die Geschäftsanweisung der Bundesagentur für Arbeit zu § 159 SGB III unter 159.103). Liegt die Abfindung aber außerhalb dieser Bandbreite, liegt ein wichtiger Grund nur dann vor, wenn die drohende Arbeitgeberkündigung sozial gerechtfertigt wäre (*Giesen/Ricken* NZA 2008, 218; *Lembke* BB 2009, 2594) oder ein Abwarten aus sonstigen Gründen unzumutbar wäre (vgl. Küttner/*Voelzke* Sperrzeit Rn. 27). Entscheidend sind die Umstände des Zustandekommens des Aufhebungsvertrags im Einzelfall (*Gaul/Niklas* NZA 2008, 137). Das Gleiche gilt für den Abwicklungsvertrag nach einer arbeitgeberseitigen Kündigung (BSG NZA-RR 2008, 383).

Aber auch wenn eine Sperrzeit droht, kann der Abschluss von Aufhebungs- oder Abwicklungsverträgen für Arbeitnehmer durchaus von Interesse sein, sei es, weil ein neuer Arbeitsplatz in Aussicht ist oder die Beendigung des Arbeitsverhältnisses sonst in die individuelle Lebensplanung passt (in etwa 60 Prozent aller Fälle geht die Initiative zur Lösung des Arbeitsverhältnisses vom Arbeitnehmer aus).

Da der vielfache Abschluss von gerichtlichen Vergleichen in Kündigungsschutzprozessen als von der Bundesagentur für Arbeit akzeptierter Abfindungsvergleich für das Unternehmen regelmäßig nicht praktikabel ist, bietet § 1a KSchG die Möglichkeit, dem Arbeitnehmer in Verbindung mit einer Kündigung ein Abfindungsangebot zu machen. Die Annahme des Angebots führt nach der Geschäftsanweisung der Bundesagentur für Arbeit (9.1.2 Abs. 2 der Geschäftsanweisung zu § 159 SGB III) und der Auffassung des BSG (BSG NZA-RR 1997, 109; BSG NZA-RR 2003, 162) nicht zu Nachteilen beim Bezug von Arbeitslosengeld, unabhängig davon, ob es sich um eine offensichtlich rechtswidrige Kündigung handelt oder nicht (BeckOK Arb. § 1a KSchG Rn. 61 ff., s. o., so nun auch die Geschäftsanweisung der Bundesagentur für Arbeit zu § 159 SGB III unter 159.103). Allerdings treten die Rechtsfolgen des § 1a KSchG nur ein, wenn gerade die gesetzlich vorgesehene Abfindung angeboten wird. Es ist also weder das Angebot einer höheren noch einer niedrigeren Abfindung möglich. In Fällen, in denen eine höhere als die gesetzliche Abfindung angeboten wird, dürfte die Verhängung einer Sperrzeit wiederum von der Rechtmäßigkeit einer hypothetischen Kündigung abhängen sowie davon, inwieweit das Ablehnen der Abfindung zumutbar wäre (BSG NZA-RR 2008, 383; *Gaul/Niklas* NZA 2008, 137). Zudem tritt bei einem Verfahren nach § 1a KSchG Rechtssicherheit erst nach Ablauf der dreiwöchigen Klagefrist ein. Das kann in für das Unternehmen bedrohlichen Zeiten zu lang sein. Infolgedessen bleibt das **„Voluntary Severance Program“** als praktikabler Weg zur einvernehmlichen Beendigung einer Vielzahl von Arbeitsverhältnissen sinnvoll.

4. Turbo-Zuschlag. Im Formular wird die gesetzliche Abfindung angeboten und um ein Bruttomonatsgehalt erhöht; letzterer Abfindungsanteil dient dazu, einen Anreiz zum besonders raschen Abschluss des angebotenen „Abfindungsvergleiches“ zu bieten („Turbo-Prämie“). Die Wirkung dieses Anreizes hängt natürlich von den Verhältnissen im jeweiligen Betrieb ab. Wenn dort überwiegend jüngere Mitarbeiter tätig sind, deren Abfindungen durch ein Bruttomonatsgehalt relativ erheblich erhöht werden, ist es ungleich wirksamer als in Betrieben, in denen die Mitarbeiter ohnehin aufgrund ihrer langen Betriebszugehörigkeiten schon hohe Abfindungen beziehen. Dort mag ein prozentualer Zuschlag zweckmäßiger sein. Sollte versucht werden einen besseren „Mix“ zu erzielen, indem eine Erhöhung der Abfindung an ein bestimmtes Alter geknüpft wird, so ist zu beachten, dass dies i. d. R. eine Altersdiskriminierung darstellt, für die ein entsprechendes Rechtfertigungsbedürfnis besteht.

Die Vereinbarung solcher „Turbo-Zuschläge“ in individuellen Abfindungsverträgen ist – jedenfalls nach derzeitiger Rechtslage – rechtlich unproblematisch. Nach einer Entscheidung des BAG (BAG NZA 2005, 997) sind auch angemessene Zuschläge zur Abfindung („Turbo-Prämien“) im Zusammenhang mit Sozialplänen zulässig, die für den Fall gewährt werden, dass ein Arbeitnehmer keine Kündigungsschutzklage erhebt, sondern innerhalb einer vorgegebenen Frist einen Beendigungsvertrag mit dem Arbeitgeber abschließt. Allerdings muss es für den Arbeitnehmer klar erkennbar sein, dass ein Wahlrecht zwischen der Erhebung einer Kündigungsschutzklage und der zusätzlichen Abfindung besteht (BAG NZA 2006, 1420). Demgegenüber ist der vollständige Verlust einer Sozialplanabfindung für den Fall, dass der Arbeitnehmer eine Kündigungsschutzklage erhebt, unzulässig (BAG NZA 1986, 258; BAG NZA 2005, 997 m.w.N.). Hintergrund dieser Rechtsprechung ist aber, dass den Betriebsparteien keine Regelungskompetenz hinsichtlich des individuellen Klagerechts zusteht, und dass sonst ein Verstoß gegen den betriebsverfassungsrechtlichen Gleichbehandlungsgrundsatz des § 75 Abs. 1 S. 1 BetrVG vorläge (BAG NZA 2006, 1420). Diese Argumentation trifft auf die hier vorgestellte Situation, in der die Vertragsparteien frei verhandeln und der Arbeitnehmer frei entscheidet, nicht zu (BAG NZA 1984, 53).

5. Zusicherung einer späteren Sozialplanformel. Ob der Arbeitgeber zu dem Verhältnis der vertraglich vereinbarten Abfindung zu eventuellen späteren Sozialplanabfindungen überhaupt etwas sagen sollte, hängt vom Einzelfall ab. Zumeist stehen dem Arbeitgeber nach dem freiwilligen Abfindungsprogramm noch schwierige Verhandlungen mit dem Betriebsrat bevor, so dass er seine Verhandlungsposition kaum im Vorhinein verschlechtern will. Andererseits wird ein Mitarbeiter sich leichter und vor allem rascher zu einem Abfindungsvergleich bereit erklären, wenn er weiß, dass ein schneller Vertragsschluss ihm jedenfalls keine Nachteile bringen wird. Im Zweifel spricht also einiges dafür, eine solche Zusage, wie im Formular vorgesehen, zu erteilen. Jedenfalls sollte aber in dem jeweiligen Vertrag mit dem Mitarbeiter eine Regelung aufgenommen werden, wie sich Ansprüche, die der Mitarbeiter infolge der Beendigung des Arbeitsverhältnisses noch haben könnte (insbesondere der Nachteilsausgleich nach § 113 BetrVG), zu der vertraglich vereinbarten Abfindung verhalten.

6. Vertraulichkeit. Die Zusicherung einer Vertraulichkeit ist unproblematisch, wenn dieser Mitarbeiter kurze Zeit später ausscheidet. Handelt es sich jedoch um einen solchen Mitarbeiter, den die Geschäftsleitung nicht ziehen lassen will oder bei dem die Beendigung am Ende aus anderen Gründen scheitert, ist dies schon problematischer. Auskunftsansprüche des Betriebsrats dürften nicht bestehen. Gleichwohl ist es natürlich für den Arbeitgeber bei der weiteren Personalplanung interessant zu berücksichtigen, dass dieser Mitarbeiter „auf dem Sprung“ ist. Sein Vorgesetzter wird dies bei der Übertragung von Verantwortung, der Vergabe von „Beförderungspositionen“ und sonstigen Annehmlichkeiten (z.B. Weiterbildungsmöglichkeiten) berücksichtigen wollen. Wenn der Arbeitgeber an dieser Stelle aber zusichert, dass Vertraulichkeit gewährleistet wird, muss dies auch (und aus Sicht des Mitarbeiters gerade) für die Personalentwicklung und insbesondere für den Vorgesetzten des Mitarbeiters gelten.

5. Individualvereinbarung zur Einführung von Kurzarbeit

Ergänzungsvereinbarung zur Einführung von Kurzarbeit

zwischen

...... (Name und Anschrift des Arbeitgebers) „Gesellschaft“

und

Herrn ...... (Name und Anschrift des Arbeitnehmers) „Mitarbeiter“

§ 1 Einführung von Kurzarbeit/Reduzierung der Vergütung[1]

(1) Die Gesellschaft kann ab dem ...... Kurzarbeit einführen, die längstens zwölf Monate dauern wird. Zunächst wird die Kurzarbeit voraussichtlich mit Wirkung ab dem ...... eingeführt und bis zum ...... dauern. Die Gesellschaft wird den Mitarbeiter mindestens drei Wochen im Voraus über Beginn, Dauer und Verlängerung der Kurzarbeit unterrichten.

(2) Während der Kurzarbeit wird die regelmäßige wöchentliche Arbeitszeit des Mitarbeiters von ...... Stunden auf ...... Stunden verringert.

(3) Während der Kurzarbeit wird die laufende monatliche Vergütung des Mitarbeiters entsprechend dem Verhältnis der verkürzten zur regelmäßigen individuellen Arbeitszeit reduziert.

(4) Während der Kurzarbeit werden Urlaubsgeld, vermögenswirksame Leistungen, Entgeltfortzahlung an gesetzlichen Feiertagen sowie die jährliche Sonderzuwendung so berechnet, als hätte keine Kurzarbeit stattgefunden.

§ 2 Arbeitszeiten während der Kurzarbeit[2]

(1) Die Gesellschaft entscheidet über die Lage der während der Kurzarbeit verbleibenden Arbeitszeit. Insbesondere kann die Gesellschaft anordnen, dass an einem oder mehreren Wochentagen nicht mehr gearbeitet wird.

(2) Die Gesellschaft kann die Lage der während der Kurzarbeit verbleibenden Arbeitszeit jederzeit entsprechend den betrieblichen Erfordernissen ändern, soweit dies für den Mitarbeiter zumutbar ist.

§ 3 Kurzarbeitergeld[3]

(1) Die Gesellschaft wird den durch die Kurzarbeit entstehenden Arbeitsausfall bei der zuständigen Arbeitsagentur unverzüglich anzeigen und die Zahlung von Kurzarbeitergeld beantragen. Die Abrechnung des Kurzarbeitergeldes und die Auszahlung an den Mitarbeiter durch die Gesellschaft erfolgt bei der üblichen Lohnabrechnung für den jeweiligen Bezugszeitraum.

(2) Soweit die Arbeitsagentur kein Kurzarbeitergeld bewilligt, stockt die Gesellschaft das durch die Kurzarbeit verminderte Netto-Einkommen des Mitarbeiters um einen Brutto-Betrag bis zur Höhe des rechnerischen Kurzarbeitergeldes auf.

(Optional:

*§ . . . . . **Zuschuss zum Kurzarbeitergeld***

(1) Der Mitarbeiter erhält einen Brutto-Zuschuss i. H. v. . . . . . . Prozent des Differenzbetrages zwischen seinem bisherigen durchschnittlichen Netto-Einkommen und dem Netto-Einkommen während der Kurzarbeit einschließlich des Kurzarbeitergeldes.

(2) Dieser Zuschuss wird mit dem Kurzarbeitergeld an den Mitarbeiter ausgezahlt. In der Lohnabrechnung werden Arbeitsentgelt, Kurzarbeitergeld und Zuschuss zum Kurzarbeitergeld gesondert aufgeführt.)

§ 4 Beendigung, Einschränkung und Ausweitung der Kurzarbeit[4]

(1) Die Gesellschaft kann die Kurzarbeit auch vor Ablauf des vorstehend in § 1 Abs. (1) genannten Zeitraums jederzeit durch Erklärung gegenüber dem Mitarbeiter mit sofortiger Wirkung beenden. Auf dieselbe Weise kann die Gesellschaft auch den zeitlichen Umfang der Kurzarbeit – vorübergehend oder endgültig bis zum Ende des vorstehend in § 1 Abs. (1) genannten Zeitraums – einschränken.

(2) Soweit dies aus betrieblichen Gründen erforderlich ist, kann die Gesellschaft den zeitlichen Umfang der Kurzarbeit auch über den vorstehenden § 1 Abs. (2) hinaus mit einer Ankündigungsfrist von sieben Kalendertagen ausweiten. Voraussetzung für eine Ausweitung der Kurzarbeit ist, dass die jeweiligen gesetzlichen Voraussetzungen für die Gewährung von Kurzarbeitergeld im Hinblick auf die ausgeweitete Kurzarbeit erfüllt sind. Dies ist nach den derzeitigen gesetzlichen Bestimmungen (§§ 95 ff. SGB III) der Fall, wenn ein erheblicher Arbeitsausfall mit Entgeltausfall vorliegt, die betrieblichen und persönlichen Voraussetzungen erfüllt sind und der Arbeitsausfall der Agentur für Arbeit angezeigt worden ist. *(Optional: Eine Erweiterung der Kurzarbeit durch die Gesellschaft ist nur zulässig, wenn hierdurch das Netto-Einkommen des Mitarbeiters einschließlich Kurzarbeitergeld nicht um mehr als 25 Prozent gegenüber dem Netto-Einkommen einschließlich Kurzarbeitergeld beim ursprünglich vereinbarten Umfang der Kurzarbeit gemäß vorstehendem § 1 Abs. (2) sinkt.)*

§ 5 Verzicht auf betriebsbedingte Kündigung[5]

Während der Kurzarbeit nach dieser Ergänzungsvereinbarung *(Optional: sowie im Zeitraum von . . . . . . Monaten nach Beendigung der Kurzarbeit)* ist der Ausspruch einer betriebsbedingten Kündigung unzulässig.

§ 6 Öffnungsklausel für Betriebsvereinbarungen[6]

Einzelne oder alle Rechte und Pflichten, welche sich aus dieser Ergänzungsvereinbarung ergeben, können durch eine Betriebsvereinbarung geändert werden. In diesem Fall gelten vom Zeitpunkt der Änderung an ausschließlich die Regelungen der Betriebsvereinbarung, auch wenn sie für den Mitarbeiter ungünstiger sind.

§ 7 Schlussbestimmungen

(1) Änderungen oder Ergänzungen dieser Ergänzungsvereinbarung einschließlich dieser Bestimmung bedürfen zu ihrer Wirksamkeit der Schriftform, es sei denn, diese wurden nachweislich zwischen den Vertragsparteien ausgehandelt. Das Schriftformerfordernis bezieht sich auch auf etwaige Ansprüche aus betrieblicher Übung.

(2) Sollte eine Bestimmung dieser Ergänzungsvereinbarung ganz oder teilweise unwirksam sein oder werden, so wird hiervon die Wirksamkeit der übrigen Bestimmungen

dieser Ergänzungsvereinbarung nicht berührt. An die Stelle der unwirksamen Bestimmung tritt die gesetzlich zulässige Bestimmung, die dem mit der unwirksamen Bestimmung Gewollten wirtschaftlich am nächsten kommt. Dasselbe gilt für den Fall einer vertraglichen Lücke.

(3) Sofern in dieser Ergänzungsvereinbarung nicht abweichend geregelt, bleibt es bei den bisherigen Regelungen über das Arbeitsverhältnis gemäß dem Arbeitsvertrag vom ......[7]

(Optional:

(4) Diese Ergänzungsvereinbarung wird nur unter der Bedingung wirksam, dass bis zum ...... mindestens ...... Prozent der Mitarbeiter des Betriebs eine Vereinbarung über die Einführung von Kurzarbeit mit der Gesellschaft abschließen.)[8]

......	......
Ort, Datum	Ort, Datum
......	......
Unterschrift der Gesellschaft	Unterschrift des Mitarbeiters

Anmerkungen

1. Reduzierung der Arbeitszeit und der Vergütung. Ist ein Betrieb betriebsratslos, bestehen keine tarifvertraglichen Regelungen zur Einführung von Kurzarbeit und sieht auch der Arbeitsvertrag keine entsprechende Befugnis des Arbeitgebers vor (→ Form. A. II. 1 Anm. 4), ist zur Einführung von Kurzarbeit eine zusätzliche einzelvertragliche Regelung in Form einer Ergänzungsvereinbarung zum Arbeitsvertrag erforderlich, für die keine gesetzlichen Formvorschriften bestehen (vgl. BAG NZA 2009, 689). Mündliche Ergänzungsvereinbarungen über die Einführung von Kurzarbeit sind praktisch freilich selten und zudem nicht empfehlenswert.

Den Arbeitsvertragsparteien steht es frei, den Umfang und die Dauer der Kurzarbeit zu regeln. Theoretisch ist somit auch eine „Kurzarbeit Null" möglich, während derer die Pflicht zur Arbeitsleistung und die korrespondierende Pflicht zur Zahlung der laufenden Vergütung vollständig suspendiert werden (vgl. § 96 Abs. 1 S. 1 Nr. 4 Halbs. 2 SGB III). Die Vertragsparteien können den Beginn der Kurzarbeit und die Dauer genau festlegen. Zudem besteht die Möglichkeit die Kurzarbeit im vertraglichen Rahmen zu verlängern. Diese Möglichkeit gewinnt angesichts der Verlängerung der gesetzlich auf sechs Monate begrenzten Bezugsdauer für das Kurzarbeitergeld (§ 104 Abs. 1 S. 1 SGB III) auf nunmehr zwölf Monate durch Erlass der Verordnung über die Bezugsdauer für das Kurzarbeitergeld besondere Bedeutung. Die verlängerte Bezugsdauer gilt für alle Beschäftigten, deren Anspruch auf Kurzarbeitergeld bis zum 31.12.2013 entstanden ist. Für die Zukunft ist es zudem nicht ausgeschlossen, dass in wirtschaftlich schwierigen Zeiten erneut von der Verordnungsermächtigung in § 109 Abs. 1 Nr. 2 SGB III Gebrauch gemacht und über diesen Weg die maximale Bezugsdauer für das Kurzarbeitergeld wieder verlängert wird.

Aufgrund zweier obergerichtlicher Entscheidungen, wonach eine von dem Arbeitgeber vorformulierte Vereinbarung über die einseitige Einführung von Kurzarbeit durch den Arbeitgeber gegen § 307 BGB verstößt, wenn die Kurzarbeit ohne Ankündigungsfrist angeordnet werden kann (LAG Berlin NZA-RR 2011, 65; LAG Berlin BeckRS 2011, 69844), sollte allerdings darauf geachtet werden, dass der Beginn der Kurzarbeit mit einer angemessenen Frist angekündigt wird. Aufgrund der Pflicht zur Einhaltung einer angemessenen Ankündigungsfrist kann der Beginn der Kurzarbeit zudem nicht sofort datiert werden, sondern frühestens nach Ablauf der angemessenen Ankündigungsfrist. Unklar ist jedoch, ab wann eine solche Ankündigungsfrist angemessen ist. Mit Hilfe dieser Frist soll es dem Arbeitnehmer ermöglicht werden, Vorsorge für eine konkret abzusehende Herabsetzung der Vergütung zu treffen (LAG Berlin BeckRS 2011, 69844). In der Literatur werden Ankündigungsfristen im Umfang zwischen fünf Arbeitstagen und vier Wochen diskutiert. Das Formular sieht eine dreiwöchige Ankündigungsfrist vor, welche in jedem Fall als angemessen anzusehen sein dürfte (vgl. *Bauer/Günther* BB 2009, 662, 665; *Müller/Deeg* ArbRAktuell 2010, 209). Aufgrund der schlechten Prognostizierbarkeit der – häufig auch kurzfristigen – wirtschaftlichen Entwicklung ist es aber vorteilhaft, jedenfalls mit Blick auf das Ende und am besten auch mit Blick auf den Beginn der Kurzarbeit flexibel zu sein. Da sich in der Vergangenheit gezeigt hat, dass die Arbeitnehmer der Einführung von Kurzarbeit i. d. R. offen gegenüberstehen, weil sie über diesen Weg immerhin ihren Arbeitsplatz nicht verlieren, und daher mit wenig Widerstand gegen die Einführung von Kurzarbeit zu rechnen ist, könnte es praktisch durchaus funktionieren, die Kurzarbeit auch kurzfristiger als nach Ablauf einer angemessenen Ankündigungsfrist einzuführen. Bei der Reduzierung der Vergütung entsprechend der Verringerung der Arbeitszeit wird die sozialrechtliche Lage bei der Bemessung des Kurzarbeitergeldes widergespiegelt, bei welcher gemäß § 106 Abs. 1 S. 4 SGB III einmalig gezahltes Arbeitsentgelt, d. h. insbesondere Gratifikationen, Urlaubsgeld und jährliche Boni nicht berücksichtigt werden. Entsprechend sieht das Formular auch lediglich eine Reduzierung der „laufenden Bezüge" vor, da die Einkommenseinbußen andernfalls nicht durch die Zahlung von Kurzarbeitergeld aufgefangen würden. Erfasst die Reduzierung abweichend auch einmalig gezahlte Entgeltbestandteile, könnte wegen der mangelnden sozialrechtlichen Kompensation gegebenenfalls ein Problem der unangemessenen Benachteiligung des Arbeitnehmers (§ 307 Abs. 1 S. 1 BGB) entstehen. Zur Behandlung von Entgeltfortzahlung → Form. C. II. 11 Anm. 8.

Im Hinblick auf vermögenswirksame Leistungen spiegelt das Formular (vgl. § 1 Abs. (4)) nicht die sozialrechtliche Rechtslage zur Bemessung des Kurzarbeitergeldes wider, weil vermögenswirksame Leistungen kurzarbeitergeldfähig sind. Aus verschiedenen Gründen werden vermögenswirksame Leistungen gleichwohl praktisch oft von der Kürzung ausgenommen, insbesondere wegen der staatlichen Förderung (Sparzulagen), die sich an der Höhe der vermögenswirksamen Leistungen orientiert → Form. C. II. 11 Anm. 8.

2. Festlegung der Arbeitszeiten. Wird die Arbeitszeit reduziert, bedarf es i. d. R. einer Festlegung der Lage der verbleibenden Arbeitszeit. Insbesondere in Produktionsbetrieben hat sich die Streichung ganzer Arbeitstage bewährt („Vier-Tage-Woche"), da hierdurch häufig zusätzliche Einsparungen (z. B. Bewachungs- oder Energiekosten) realisiert werden können. Das Formular verschafft dem Arbeitgeber hier eine entsprechende Flexibilität auch dann, wenn im ursprünglichen Arbeitsvertrag feste Arbeitszeiten vorgesehen sein sollten. Die Festlegung der Arbeitszeiten muss den allgemeinen Grundsätzen der Billigkeit entsprechen (§ 315 BGB).

3. Kurzarbeitergeld. Zum Kurzarbeitergeld → Form. C. II. 11 Anm. 7. Hat die Agentur für Arbeit dem Antrag auf Zahlung von Kurzarbeitergeld stattgegeben, zahlt sie das Kurzarbeitergeld an den Arbeitgeber aus. Der Arbeitgeber überweist dann den aufgrund der Kurzarbeit verringerten Lohn zusammen mit dem Kurzarbeitergeld an den Arbeitnehmer.

Für den Fall der Nicht-Gewährung von Kurzarbeitergeld durch die Agentur für Arbeit, verpflichtet sich der Arbeitgeber dazu, selbst einen Aufstockungsbetrag in Höhe des rechnerischen Kurzarbeitergeldes zu zahlen. Dies entspricht einer kalkulierbaren Verteilung des Betriebs- und Wirtschaftsrisikos zwischen Arbeitgeber und Arbeitnehmer. Nach der Rechtsprechung des BAG ist der Arbeitgeber bei einem rückwirkenden Widerruf des Bescheids über die Gewährung von Kurzarbeitergeld durch die Agentur für Arbeit zur Zahlung eines Verdienstausfalls in Höhe des rechnerischen Kurzarbeitergeldes verpflichtet (BAG NZA 1991, 67). Denkbar wäre auch eine Formulierung, wonach die Wirksamkeit der Ergänzungsvereinbarung unter der aufschiebenden Bedingung steht, dass Kurzarbeitergeld von der Agentur für Arbeit bewilligt wird. Die im Formular verwendete Regelung eines in diesem Fall zu zahlenden Aufstockungsbetrags lässt dem Arbeitgeber erheblich mehr Flexibilität, da er selbst im Falle einer – theoretisch denkbaren – Auseinandersetzung mit der zuständigen Arbeitsagentur über die Bewilligung von Kurzarbeitergeld bereits die Kurzarbeit umsetzen kann.

Die Vertragsparteien können ohne weiteres auch eine über das Kurzarbeitergeld hinausgehende, zusätzliche Aufstockung des reduzierten Netto-Entgelts durch den Arbeitgeber vereinbaren. Solche Aufstockungszahlungen führen gemäß § 106 Abs. 2 S. 2 SGB III nicht zu einer Reduzierung des Kurzarbeitergeldes. Überschreiten die Zuschüsse zusammen mit dem Kurzarbeitergeld nicht 80 Prozent der durch die Kurzarbeit entstandenen Netto-Entgeltdifferenz, sind sie sozialabgabenfrei (vgl. § 1 Abs. 1 Nr. 8 SvEV).

4. Beendigung, Einschränkung und Ausweitung der Kurzarbeit. Das Formular ermöglicht es dem Arbeitgeber, flexibel auf Änderungen der wirtschaftlichen Entwicklung zu reagieren. Insbesondere muss es dem Arbeitgeber möglich sein, z. B. bei einem Anstieg der Nachfrage die Kurzarbeit möglichst umgehend zu beenden oder einzuschränken (§ 4 Abs. (1)) und damit den „vertraglichen Normalzustand" wiederherzustellen; aus diesem Grund ist bei Beendigung und Verkürzung der Kurzarbeit eine Ankündigungsfrist wie bei der Verlängerung der Kurzarbeit (§ 1 Abs. (1)) entbehrlich. Zusätzlich regelt das Formular (§ 4 Abs. (2)) auch eine mögliche Ausweitung der Kurzarbeit. Dies ist immer dann relevant, wenn z. B. der Nachfragerückgang entgegen der Erwartung des Arbeitgebers während der Dauer der Kurzarbeit weiter sinkt. Die Ausweitung der Kurzarbeit (z. B. Verringerung der Wochenarbeitszeit um 20 Stunden statt bisher zehn Stunden) ist von der Verlängerung der Kurzarbeit (§ 1 Abs. (1), z. B. Kurzarbeitsphase dauert vier Monate nicht bloß drei Monate wie zunächst geplant) zu unterscheiden. Genau wie die Möglichkeit der Verlängerung der Kurzarbeit, hat allerdings auch die Möglichkeit der Ausweitung der Kurzarbeit – aufgrund der Verlängerung der Bezugsdauer für das Kurzarbeitergeld auf nunmehr zwölf Monate – an Bedeutung gewonnen (→ Anm. 1).

Noch nicht abschließend geklärt ist, inwieweit die Möglichkeit der einseitigen Ausweitung der Kurzarbeit möglicherweise gegen geltendes AGB-Recht der §§ 305 bis 310 BGB verstoßen könnte (→ Form. A. II. 1 Anm. 4). Diesem Umstand und insbesondere der zur einseitigen Befugnis zur Reduzierung von Vergütung ergangenen „25-Prozent"-Rechtsprechung des BAG trägt die optionale Formulierung im Formular Rechnung (vgl. *Bauer/Günther* BB 2009, 662).

Mit Blick auf die Entscheidungen des LAG Berlin (→ Anm. 1) sollte auch die Ausweitung des zeitlichen Umfangs der Kurzarbeit erst nach Einhaltung einer angemessenen Ankündigungsfrist vorgenommen werden. Berücksichtigt man den mit der Ankündigungsfrist verfolgten Zweck – dem Arbeitnehmer die Gelegenheit zur Vorsorge für eine zukünftig geringer ausfallende Vergütung zu geben – spricht hier jedoch einiges dafür, dass eine kürzere Frist ausreichend ist. Der Arbeitnehmer hat bereits aufgrund der laufenden Kurzarbeit ein verringertes Einkommen. Durch eine weitere Verringerung des Einkommens wird der Arbeitnehmer nicht mehr so stark überrascht und er kann sich deshalb schneller auf die veränderte Einkommens- und Arbeitszeitsituation einstellen. Im Formular wird hier daher von einer nur sieben Tage dauernden Ankündigungsfrist ausgegangen. Wer auf Nummer sicher gehen möchte, sollte aber auch hier die Ankündigungsfrist mit drei Wochen bemessen.

5. Verzicht auf betriebsbedingte Kündigungen. → Form. C. II. 11 Anm. 13. Die optionale Regelung einer „Sperrfrist" für den Ausspruch betriebsbedingter Kündigungen stellt in wirtschaftlichen Krisenzeiten eine erhebliche Einschränkung des Gestaltungsspielraums dar und sollte aus Arbeitgebersicht daher wenn möglich vermieden werden. Die Vereinbarung einer Sperrfrist ist eine echte „Gegenleistung" des Arbeitgebers und kann in Einzelfällen geeignet sein, Arbeitnehmer zur Unterzeichnung der Ergänzungsvereinbarung zu motivieren. Man muss berücksichtigen, dass Arbeitgeber mit Betriebsräten wegen des vorgeschriebenen Verfahrens (§§ 111 f. BetrVG) ohnehin einen zeitlichen Vorlauf einkalkulieren müssen, während einem Arbeitgeber ohne Betriebsrat, für den dieses Formular gedacht ist, die Sperrfrist wirklich schaden kann. Denn er müsste keinen zeitlichen Vorlauf beachten, wenn er keine Sperrfrist vereinbaren würde.

6. Öffnungsklausel für Betriebsvereinbarungen. Regelmäßig wird die individuelle Vereinbarung über Kurzarbeit nur in betriebsratslosen Betrieben notwendig sein, da ansonsten das Instrument der Betriebsvereinbarung als rechtliche Grundlage für die Einführung von Kurzarbeit zur Verfügung steht. Da die erstmalige Wahl eines Betriebsrats in Betrieben mit mindestens fünf wahlberechtigten Arbeitnehmern – insbesondere in Krisenzeiten – nicht ausgeschlossen werden kann, sieht das Formular vorsorglich eine sog. Öffnungsklausel für Betriebsvereinbarungen vor (zu Öffnungsklauseln für Betriebsvereinbarungen allgemein → Form. A. II. 1 Anm. 25). Eine solche Öffnungsklausel kann sich insbesondere dann als wertvoll erweisen, wenn im Wege der Einzelvereinbarungen Kurzarbeit nur in verhältnismäßig geringem Umfang eingeführt werden konnte, der neu gewählte Betriebsrat aber zu größeren Arbeitszeitreduzierungen bereit ist (vgl. *Bauer/Günther* BB 2009, 662 unter Verweis auf BAG NJW 1962, 759; ErfKomm/*Preis* § 611 Rn. 378).

7. Beibehaltung der bisherigen Bestimmungen. → Form. A. XI. 1 Anm. 8.

8. Quorum für die Einführung von Kurzarbeit. Die optionale Formulierung stellt die Wirksamkeit der Ergänzungsvereinbarung unter die aufschiebende Bedingung, dass ein bestimmtes „Quorum" unter den Arbeitnehmern erreicht wird. Dies dient zum einen dazu, eine gewisse Sicherheit bei der Einführung zu erzielen – Kurzarbeit wird häufig nur dann sinnvoll einzuführen sein, wenn alle oder fast alle der für Kurzarbeit vorgesehenen Arbeitnehmer ihr in der Ergänzungsvereinbarung zustimmen. Zugleich erhöht das Erfordernis eines Quorums durch den hiermit verbundenen sozialen Druck innerhalb der Belegschaft auch die Hemmschwelle, sich einer einvernehmlichen Einführung von Kurzarbeit zu verschließen.

XIV. Einseitige Beendigung des Arbeitsverhältnisses

Anfechtung

1. Anfechtung eines Anstellungsvertrages

[Briefkopf des Arbeitgebers]

Herrn . . . . . . (Name und Anschrift des Arbeitnehmers)

. . . . . . (Datum)

Anfechtung Ihres Anstellungsvertrags[1]

Sehr geehrter Herr . . . . . .,

hiermit fechten wir Ihren Anstellungsvertrag vom . . . . . . wegen Täuschung an.

Im Bewerbungsverfahren haben Sie in dem Ihnen vorgelegten Fragebogen angegeben, dass Sie nicht vorbestraft seien.[2] Wie wir in der Zwischenzeit feststellen mussten,[3] sind Sie jedoch im Jahre . . . . . . wegen Unterschlagung verurteilt worden. Hätten Sie wahrheitsgemäß auf Ihre Vorstrafe hingewiesen, hätten wir Sie nicht als Buchhalter eingestellt.[4]

Vorsorglich kündigen wir Ihr Arbeitsverhältnis außerordentlich fristlos, hilfsweise fristgemäß zum nächst zulässigen Zeitpunkt.[5]

Ihr Arbeitsverhältnis endet damit mit dem heutigen Tage.[6]

Vorsorglich weisen wir Sie darauf hin, dass Sie sich innerhalb von drei Tagen nach Kenntnis von dieser Kündigung bei der zuständigen Agentur für Arbeit zu melden sowie eigene Aktivitäten bei der Suche nach einer anderen Beschäftigung zu entfalten haben.[7]

Mit freundlichen Grüßen

. . . . . .

Unterschrift des Arbeitgebers[8]

Erhalten:

. . . . . .

Ort, Datum

. . . . . .

Unterschrift des Arbeitnehmers[9]

Anmerkungen

1. Anfechtung. Das Formular enthält das Muster einer Anfechtungserklärung. Ein Arbeitsvertrag kann, wie jeder andere Vertrag auch, angefochten werden. Insbesondere wird eine Anfechtung nicht dadurch ausgeschlossen, dass das Arbeitsverhältnis auch

außerordentlich fristlos gekündigt werden kann. Vielmehr handelt es sich bei der außerordentlichen fristlosen Kündigung und der Anfechtung um **zwei verschiedene Gestaltungsrechte,** die getrennt voneinander zu betrachten sind (→ Anm. 5).

Im Gegensatz zur Kündigung ist der **Betriebsrat** vor Ausspruch einer Anfechtung **nicht anzuhören.** § 102 BetrVG gilt nicht, auch nicht analog (BAG AP BGB § 123 Nr. 38). Sofern jedoch, wie im Formular, mit der Anfechtung eine Kündigung verbunden werden soll, muss der Betriebsrat vorher zur Kündigung **angehört** worden sein. Auch **Sonderkündigungsschutz,** etwa für Mütter, Mitarbeiter in Elternzeit oder Schwerbehinderte, hindert nicht die Anfechtung, wohl aber eine vorsorglich ausgesprochene Kündigung.

Der Arbeitnehmer kann die Wirksamkeit der Anfechtung gerichtlich überprüfen lassen. Der Antrag richtet sich dann auf die Feststellung, dass das zwischen den Parteien bestehende Arbeitsverhältnis über den Anfechtungszeitpunkt hinaus fortbesteht. Die dreiwöchige **Klagefrist** des § 4 KSchG ist nach überwiegender Ansicht nicht anzuwenden, wenn der Arbeitgeber das Arbeitsverhältnis angefochten hat und der Arbeitnehmer das Bestehen des Arbeitsverhältnisses wegen Unwirksamkeit der Anfechtung feststellen lassen will (ErfKomm/*Preis* § 611 BGB Rn. 370; A/P/S/*Hesse* § 4 KSchG Rn. 16). Das BAG hat diese Frage offen gelassen (BAG AP BGB § 119 Nr. 4).

2. Anfechtungsgrund. Es ist aus Rechtsgründen nicht erforderlich, den Anfechtungsgrund, also den Sachverhalt, der zur Anfechtung führte, im Anfechtungsschreiben darzulegen. Im Regelfall wird aber nichts dagegen sprechen, den Anfechtungsgrund zumindest kurz darzustellen, insbesondere wenn dies den Arbeitnehmer veranlassen könnte, davon abzusehen, gegen die Anfechtung vorzugehen. Ein möglicher Nachteil kann sich aber aus der abzulehnenden Rechtsprechung des BAG ergeben, dass nach Ablauf der Anfechtungsfrist ein **„Nachschieben" von Anfechtungsgründen** ausscheidet, wenn die Anfechtung auf einen bestimmten Grund gestützt wurde (BAG AP BGB § 119 Nr. 5). Mit Blick auf diese Rechtsprechung könnte überlegt werden, keinen Anfechtungsgrund anzugeben, um (zeitlichen) Spielraum für die endgültige Festlegung zu erhalten. Ein echter Vorteil ist dies aber wohl nicht, zumal der Anfechtungsgrund im Regelfall ohnehin feststehen dürfte.

Die Anfechtung kann auf alle gesetzlichen Anfechtungsgründe nach §§ 119, 120 und 123 BGB gestützt werden.

Praktisch bedeutsam ist vor allem die **Anfechtung wegen arglistiger Täuschung** gemäß § 123 Abs. 1 Alt. 1 BGB. Die Anfechtung wegen arglistiger Täuschung wird regelmäßig darauf gestützt, dass der Arbeitnehmer in der Bewerbungsphase vorsätzlich falsche Angaben gemacht hat, beispielsweise in einem Personalfragebogen. Voraussetzung einer erfolgreichen Anfechtung ist selbstverständlich, dass die vom Arbeitgeber gestellte **Frage zulässig** war (→ Form. A. I. 2 Anm. 1 f.), anderenfalls entfällt die Rechtswidrigkeit (vgl. BAG AP BGB § 123 Nr. 35). Eine unzulässigerweise gestellte Frage darf der Bewerber falsch beantworten, ohne dass dies den Arbeitgeber zur Anfechtung berechtigen würde. Die Frage nach Vorstrafen ist, wie im Beispielsfall, berechtigt, wenn und soweit die Art des zu besetzenden Arbeitsplatzes dies erfordert (BAG NJW 2013, 1115; BAG AP BGB § 123 Nr. 50). Auch die Frage nach noch anhängigen Straf- oder Ermittlungsverfahren kann zulässig sein, wenn solche Verfahren Zweifel an der persönlichen Eignung des Arbeitnehmers begründen können (BAG NJW 2013, 1115). Gleichermaßen darf der Arbeitgeber bei der Einstellung danach fragen, ob der Bewerber aufgrund seiner körperlichen, geistigen oder seelischen Fähigkeiten für die in Rede stehende Tätigkeit überhaupt geeignet ist (LAG Hamm BeckRS 2007, 40902). Eine abstrakte, „tätigkeitsneutrale" Frage nach der Schwerbehinderung dürfte dagegen spätestens seit Inkrafttreten des AGG unzulässig sein (*Künzl* ArbRAktuell 2012, 235; *Bayreuther* NZA 2010, 679). Allerdings hat das BAG seine anderslautende Rechtsprechung aus der Vergangenheit (vgl. z. B. BAG AP BGB 123 Nr. 49) bislang noch nicht aufgegeben (offengelassen BAG AP BGB § 123 Nr. 70; zur Frage nach der Schwerbehinderung im bestehenden Arbeitsverhältnis vgl. BAG NJW 2012, 2058). Die Frage nach einer Schwangerschaft bei der Einstellung ist wegen ihrer geschlechtsdiskriminierenden Wirkung grundsätzlich unzulässig, und zwar auch dann, wenn die Arbeitnehmerin befristet als Schwangerschaftsvertretung beschäftigt werden soll (LAG Köln NZA-RR 2013, 232).

Auch eine Anfechtung wegen **Täuschung durch Unterlassen** kommt in Betracht. Dies setzt jedoch voraus, dass den Arbeitnehmer eine Rechtspflicht traf, den Arbeitgeber auf eine bestimmte Tatsache hinzuweisen. Dies wird nur in seltenen Ausnahmefällen der Fall sein, insbesondere bei Umständen, die den Arbeitnehmer an der Leistungserbringung hindern.

Eine **Anfechtung wegen Eigenschaftsirrtums** gemäß § 119 Abs. 2 BGB kann vorliegen, wenn sich der Arbeitgeber darüber irrt, dass der Arbeitnehmer gesundheitlich in der Lage ist, die geschuldete Arbeit überhaupt zu erbringen. Im Übrigen ist ein Irrtum über die **Leistungsfähigkeit** unbeachtlich. Der Irrtum über die **Ehrlichkeit** und **Vertrauenswürdigkeit** eines Arbeitnehmers kann ausnahmsweise zur Irrtumsanfechtung berechtigen, wenn eine Vertrauensposition zu besetzen ist (vgl. BAG AP BGB § 123 Nr. 17). Dies ist bedenklich. Der Arbeitgeber hat die Möglichkeit, nach objektiven Tatsachen wie etwa Vorstrafen zu fragen, so dass er wegen arglistiger Täuschung anfechten kann, wenn der Arbeitnehmer nicht wahrheitsgemäß antwortet. Stellt er solche Fragen nicht, mag in extremen Fällen eine Täuschung durch Unterlassen in Betracht kommen. Es besteht kein Anlass, hierüber hinauszugehen, indem schon der Irrtum über objektiv und praktisch nicht messbare Charaktereigenschaften eine Anfechtung rechtfertigen soll.

Wenn eine Anfechtung sowohl wegen Täuschung als auch wegen Irrtums in Frage kommt, sollte der Text des Anfechtungsschreibens klarstellen, dass beides gewollt ist (vgl. BAG NJW 2013, 1115, 1117; BAG AP BGB § 123 Nr. 35).

3. Anfechtungsfrist. Die **Anfechtung wegen arglistiger Täuschung oder widerrechtlicher Drohung** hat gemäß § 124 BGB **innerhalb eines Jahres** nach Aufdeckung der Täuschung oder, im Falle der Drohung, nach Wegfall der Zwangslage zu erfolgen. Die Zwei-Wochen-Frist des § 626 Abs. 2 BGB gilt nicht, auch nicht analog (BAG AP BGB § 123 Nr. 25). Es handelt sich hierbei um einen wesentlichen Vorteil der Anfechtung gegenüber der außerordentlichen Kündigung. Der Arbeitgeber sollte aber im Eigeninteresse mit der Anfechtung nicht allzu lange warten. Zum einen droht der Einwand des Arbeitnehmers, die Anfechtung verstoße gegen Treu und Glauben, weil der Anfechtungsgrund durch Zeitablauf an Bedeutung verloren habe (BAG AP BGB § 123 Nr. 25; → Anm. 4). Zum anderen liegt es nahe, die vorbehaltlose Weiterbeschäftigung des Arbeitnehmers als Bestätigung i. S. d. § 144 BGB anzusehen (→ Anm. 5). Eine Anfechtung scheidet dann aus.

Eine **Anfechtung wegen Irrtums**, insbesondere eine Anfechtung wegen Irrtums über verkehrswesentliche Eigenschaften gemäß § 119 Abs. 2 BGB, hat gemäß § 121 BGB **unverzüglich** zu erfolgen. Nach der Rechtsprechung des BAG setzt Unverzüglichkeit voraus, dass die Anfechtungserklärung spätestens **innerhalb von zwei Wochen** erklärt wird, nachdem der Arbeitgeber Kenntnis vom Anfechtungsgrund erlangt hat (BAG AP BGB § 123 Nr. 35; BAG AP BGB § 119 Nr. 4). Die Anfechtungsfrist ist in diesem Fall somit an § 626 Abs. 2 BGB angepasst. Es handelt sich aber um eine **Höchstgrenze.** Auch eine noch innerhalb der Zwei-Wochen-Frist erfolgte Anfechtungserklärung kann unter Umständen nicht mehr unverzüglich sein (BAG AP BGB § 123 Nr. 35).

4. Kausalität. Zwischen dem Anfechtungsgrund und dem Abschluss des Arbeitsvertrags muss Kausalität bestehen (BAG NZA 2012, 34; LAG Frankfurt a. M. BeckRS 2011, 68915; LAG Hamm BeckRS 2009, 74891). Dies ist nicht der Fall, wenn der Irrtum des Arbeitgebers oder die Täuschung des Arbeitnehmers sich nur auf einen Umstand bezieht, der für den Abschluss des Anstellungsvertrags ohne Bedeutung war. Der Umstand, dass der Arbeitgeber in der Bewerbungsphase eine Frage stellt, indiziert, dass die Beantwortung der Frage für die Einstellungsentscheidung kausal wird. Der Umstand, dass der

Bewerber die Frage falsch beantwortet, indiziert (bedingten) Vorsatz hinsichtlich der Kausalität (BAG AP BGB § 123 Nr. 38).

Anders als bei einer außerordentlichen Kündigung findet bei einer Anfechtung zwar keine **Interessenabwägung** statt. Eine Anfechtung verstößt allerdings gegen **Treu und Glauben** (§ 242 BGB), wenn der Anfechtungsgrund nach den Umständen des Einzelfalls nach langjähriger Tätigkeit für die Durchführung des Arbeitsverhältnisses so sehr an Bedeutung verloren hat, dass er eine Auflösung des Arbeitsverhältnisses nicht mehr rechtfertigt (st. Rspr., zuletzt BAG AP BGB § 123 Nr. 64). Bei einer Anfechtung wegen arglistiger Täuschung ist zu prüfen, ob die Rechtslage des Getäuschten durch die im Rahmen der Einstellung verübte Täuschungshandlung noch beeinträchtigt ist (BAG AP BGB § 123 Nr. 38; LAG Stuttgart DB 2007, 1197). Hat der Arbeitnehmer gefälschte Zeugnisse vorgelegt und waren diese die Grundlage für die Einstellungsentscheidung des Arbeitgebers, kann dieser einen Arbeitsvertrag wegen arglistiger Täuschung auch noch nach mehrjähriger Tätigkeit des Arbeitnehmers anfechten (LAG Stuttgart DB 2007, 1197).

5. Vorsorgliche Kündigung. Zusammen mit der Anfechtungserklärung kann eine **außerordentliche Kündigung** erklärt werden. Überschneidungen können mit der Anfechtung wegen arglistiger Täuschung oder widerrechtlicher Drohung vorkommen, kaum mit einer Anfechtung wegen Irrtums. Da eine erfolgreiche Anfechtung zur Nichtigkeit des Arbeitsvertrags führt, wird die außerordentliche fristlose Kündigung nur relevant, wenn die Anfechtung unwirksam ist. Jedenfalls im bereits in Kraft gesetzten Arbeitsverhältnis unterscheiden sich die Rechtsfolgen einer außerordentlichen Kündigung nicht wesentlich von den Rechtsfolgen der Anfechtung, da auch die Anfechtung nur zur Nichtigkeit mit ex nunc-Wirkung führt.

Für die außerordentliche Kündigung gelten die allgemeinen Grundsätze (→ Form. A. XIV. 5). In materiellrechtlicher Hinsicht muss insbesondere ein **wichtiger Grund** i. S. v. § 626 Abs. 1 BGB vorliegen. Auch ein Fehlverhalten des Arbeitnehmers in der Bewerbungsphase kann eine außerordentliche fristlose Kündigung begründen, wenn es so stark nachwirkt, dass dem Arbeitgeber die Fortsetzung des Arbeitsverhältnisses auch nur bis zum Ablauf der Kündgungsfrist oder bis zum vereinbarten Ende des Arbeitsverhältnisses unzumutbar ist (BAG NZA 2012, 34). Die Zwei-Wochen-Frist des § 626 Abs. 2 BGB ist einzuhalten und der Betriebsrat ist anzuhören.

Arbeitgeber sollten hinsichtlich der Phase zwischen Kenntnis vom Anfechtungsgrund und Anfechtung einen weiteren Aspekt beachten. Gemäß § 144 BGB scheidet eine Anfechtung aus, wenn der Anfechtungsberechtigte das Rechtsgeschäft **bestätigt** hat. Eine Bestätigung des Arbeitsvertrags durch den Arbeitgeber liegt vor, wenn sein Verhalten den Schluss zulässt, dass er am Arbeitsverhältnis festhält. Dies kann beispielsweise der Fall sein, wenn er zunächst **fristgemäß kündigt** und erst später, etwa nach Beratung durch einen Rechtsanwalt, auch anficht. Der in der Kündigung zum Ausdruck kommende Wille, dass das Arbeitsverhältnis zumindest bis zum Ablauf der Kündigungsfrist aufrecht erhalten bleiben soll, kann als Bestätigung i. S. d. § 144 BGB angesehen werden (vgl. BAG AP BGB § 123 Nr. 35). Eine solche Bestätigung liegt dagegen nicht vor, wenn vor der Anfechtungserklärung eine außerordentliche Kündigung oder zeitgleich mit der Anfechtungserklärung eine ordentliche Kündigung ausgesprochen wird (BAG AP BGB § 123 Nr. 64). In beiden Fällen wird der Wille des Arbeitgebers, das Arbeitsverhältnis auf jede rechtlich zulässige Weise beenden zu wollen, hinreichend deutlich, so dass für eine Bestätigung i. S. d. § 144 BGB kein Raum bleibt.

6. Folgen der Anfechtung. Die Anfechtung führt gemäß § 142 Abs. 1 BGB an sich zu einer **rückwirkenden Vernichtung** des Vertrages (ex tunc) mit der Folge einer vollständigen Rückabwicklung der gewährten Leistungen. Dieser Grundsatz lässt sich auf die Anfechtung von Arbeitsverhältnissen nur dann ohne weiteres übertragen, wenn das Arbeitsverhältnis **noch nicht in Vollzug gesetzt** war.

Hat der Arbeitnehmer seine Arbeit hingegen bereits aufgenommen, so führt eine erfolgreiche Anfechtung, abweichend von § 142 Abs. 1 BGB, grundsätzlich zu einer **Auflösung des Arbeitsverhältnisses für die Zukunft** (ex nunc; st. Rspr. seit BAG AP BGB § 123 Nr. 2), wobei diese Folge nicht zwingend in der Anfechtungserklärung zu erwähnen ist. Bereits erbrachte Leistungen sind also nicht rückabzuwickeln. Das gilt auch dann, wenn der Arbeitnehmer Leistungen erbracht hat, für die ihm die förmliche Qualifikation fehlte, etwa wenn ein Berufskraftfahrer als solcher gearbeitet hat, obwohl ihm der Führerschein entzogen war (LAG Nürnberg BeckRS 2003, 30466061). Es spricht aber nichts dagegen, die Anfechtung auf einen Zeitpunkt rückwirken zu lassen, ab dem das Arbeitsverhältnis wieder außer Funktion gesetzt war (BAG AP BGB § 123 Nr. 24). Dies gilt etwa, wenn der Arbeitnehmer zum Zeitpunkt der Anfechtung arbeitsunfähig ist (BAG AP BGB § 123 Nr. 49).

Nach einer Irrtumsanfechtung kann der Arbeitnehmer **Schadensersatz** gemäß § 122 BGB verlangen, nach einer Täuschungsanfechtung der Arbeitgeber gemäß §§ 280, 241 Abs. 2, 311 Abs. 2 S. 1 BGB oder gemäß § 823 Abs. 2 BGB i. V. m. § 263 StGB oder gemäß § 826 BGB.

Die Auswirkungen einer Anfechtung auf ein **nachvertragliches Wettbewerbsverbot** sind nicht abschließend geklärt. Bei einem in Vollzug gesetzten Arbeitsverhältnis soll die Anfechtung nicht zwangsläufig zur Unwirksamkeit eines nachvertraglichen Wettbewerbsverbotes führen. Hat der Arbeitnehmer Gelegenheit gehabt, wettbewerblich bedeutsame Kenntnisse zu erlangen, so ist es für das Interesse des Arbeitgebers an der Einhaltung eines Wettbewerbsverbots nicht entscheidend, ob das frühere Arbeitsverhältnis rechtlich fehlerhaft oder rechtswirksam begründet wurde (vgl. BAG AP HGB § 74 Nr. 54; LAG München EzA-SD 2008 Nr. 4, 6; LAG München BeckRS 2009, 67545; so i. E. auch *Bauer/Diller* Rn. 56). In analoger Anwendung des § 75 Abs. 1 HGB soll der Arbeitgeber im Fall der Anfechtung wegen arglistiger Täuschung des Arbeitnehmers jedoch ein Wahlrecht haben, ob er an der Wettbewerbsabrede festhalten oder sich binnen eines Monats ab Erklärung der Anfechtung mit der Folge der beiderseitigen Leistungsfreiheit davon lossagen will (LAG München EzA-SD 2008 Nr. 4, 6; LAG München BeckRS 2009, 67545).

Entscheidet sich der Arbeitgeber für die Lossagung von der Wettbewerbsabrede, bietet sich folgende Ergänzung an:

Optional:

Wir sagen uns hiermit gem. § 75 HGB von dem mit Ihnen vereinbarten nachvertraglichen Wettbewerbsverbot los. Sie haben daher keinen Anspruch auf eine Karenzentschädigung.

7. Information über sozialversicherungsrechtliche Pflichten. → Form. A. XIV. 2 Anm. 5.

8. Form. Für die Anfechtungserklärung gilt **nicht** das **Schriftformerfordernis,** das § 623 BGB für Kündigungserklärungen aufstellt (*Preis/Gotthardt* NZA 2000, 348, 350; vgl. demgegenüber → Form. A. XIV. 2 Anm. 6). Die Anfechtung kann daher auch **mündlich** erklärt werden, wobei aber schon aus Beweiszwecken zu einer schriftlichen Anfechtungserklärung zu raten ist.

Bei der Anfechtung handelt es sich um eine einseitige Willenserklärung. Soweit ein Vertreter die Anfechtung erklären soll, gilt § 174 BGB mit der Folge, dass der Vertreter eine **Original-Vollmacht** vorweisen muss (→ Form. A. XIV. 2 Anm. 6).

9. Zugang. Die Anfechtungserklärung muss dem Mitarbeiter beweisbar zugehen. Die Ausführungen zum Zugang einer Kündigungserklärung gelten entsprechend (→ Form. A. XIV. 9).

Beendigungskündigung durch den Arbeitgeber

2. Ordentliche Kündigung

[Briefkopf des Arbeitgebers]

Herrn ...... (Name und Anschrift des Arbeitnehmers)

...... (Datum)

Kündigung[1, 8]

Sehr geehrter Herr ......,

hiermit kündigen wir Ihr Arbeitsverhältnis fristgemäß[2] *(Optional: aus betriebsbedingten Gründen)*[3] zum ......,[4] hilfsweise zum nächst zulässigen Zeitpunkt.

Vorsorglich weisen wir Sie darauf hin, dass Sie sich innerhalb von drei Tagen nach Kenntnis von dieser Kündigung *(Alternative: spätestens drei Monate vor dem Beendigungstermin)* bei der zuständigen Agentur für Arbeit zu melden sowie eigene Aktivitäten bei der Suche nach einer anderen Beschäftigung zu entfalten haben.[5]

Mit freundlichen Grüßen

......

Unterschrift des Arbeitgebers[6]

Erhalten:[7]

......

Ort, Datum

......

Unterschrift des Arbeitnehmers

Anmerkungen

1. Ordentliche Kündigung. Grundsätzlich kann jedes unbefristete Arbeitsverhältnis ordentlich gekündigt werden, sofern die Kündbarkeit nicht durch (Tarif-)Vertrag oder Gesetz ausgeschlossen oder beschränkt ist. Im Gegensatz zur außerordentlichen Kündigung aus wichtigem Grund, die regelmäßig fristlos erfolgt, ist die einschlägige Kündigungsfrist zu beachten (→ Anm. 2).

Das Formular stellt die „Grundversion" einer Kündigungserklärung dar. In der Praxis werden Kündigungen häufig mit weiteren Erklärungen verbunden, etwa einer Freistellung oder einem Verzicht auf ein nachvertragliches Wettbewerbsverbot. Für solche zusätzlichen Erklärungen → Form. A. XIV. 3.

Angesichts des restriktiven Kündigungsschutzes wird das Hauptaugenmerk bei der Vorbereitung der Kündigung eines Arbeitnehmers verständlicherweise auf die Prüfung gelegt, ob Kündigungsgründe nach dem KSchG vorliegen. Hierüber sollte nicht übersehen werden, dass zum einen die Kündigungserklärung strikten formalen Anforderungen unterworfen ist und zum anderen eine ganze Reihe taktischer Erwägungen in die Abfassung einfließen können. Auch ein vordergründig einfaches Dokument wie eine

Kündigungserklärung sollte daher mit der **gebotenen Sorgfalt vorbereitet und erstellt** werden. Nichts ist ärgerlicher, als wenn eine nach dem KSchG eigentlich wirksame Kündigung an einem vermeidbaren Fehler scheitert, etwa an Mängeln bei der Schriftform (→ Anm. 6) oder bei der Zustellung (→ Form. A. XIV. 9). In einem solchen Fall bleibt dem Arbeitgeber nichts anderes übrig, als die Kündigung (vorsorglich) noch einmal auszusprechen mit der Folge, dass die Kündigungsfrist erst ab dem Ausspruch der zweiten Kündigung zu laufen beginnt und das Arbeitsverhältnis gegebenenfalls später endet. Noch gravierender ist es, wenn in der Zwischenzeit **Sonderkündigungsschutz**, etwa wegen Schwangerschaft, eingetreten ist und eine Kündigung unter Umständen gar nicht mehr oder jedenfalls nur unter erheblichen Einschränkungen ausgesprochen werden kann (→ Form. A. XIV. 13).

Die Erfahrung lehrt, dass es im Zusammenhang mit dem Ausspruch einer Kündigung häufig zu **Verzögerungen** kommt, sei es im Zusammenhang mit der Unterzeichnung des Kündigungsschreibens (Geschäftsführer befindet sich auf Geschäftsreise, ist erkrankt oder im Urlaub) oder sei es, dass sich bei der Zustellung des Kündigungsschreibens Schwierigkeiten ergeben. Im Regelfall muss die Kündigung dem Arbeitnehmer aber spätestens zu einem bestimmten Termin zugehen, um – unter Berücksichtigung der anwendbaren Kündigungsfrist – das Arbeitsverhältnis zum „Wunschtermin" zu beenden. Bei einer Kündigungsfrist von drei Monaten zum Monatsende muss die Kündigungserklärung dem Arbeitnehmer spätestens am 30.9. zugehen, wenn das Arbeitsverhältnis noch am 31.12. desselben Jahres enden soll. Eine Verzögerung um auch nur einen Tag führt dazu, dass das Arbeitsverhältnis einen Monat später endet. Noch größer ist das Risiko der Gesellschaft, wenn eine Kündigungsfrist vereinbart wurde, die beispielsweise nur zwei Beendigungstermine pro Jahr vorsieht, wie dies bei Führungskräften bisweilen geschieht („. . . . . . Kündigung mit einer Frist von drei Monaten zum Halbjahres- oder Jahresende . . . . . ."). Eine Verzögerung von nur einem Tag kann hier dazu führen, dass das Arbeitsverhältnis sechs Monate länger dauert als geplant. Es kann daher nur dringend geraten werden, den **Ausspruch einer Kündigung rechtzeitig vorzubereiten und etwaige Verzögerungen einzukalkulieren.** Dies gilt natürlich umso mehr, wenn der Betriebsrat angehört werden muss (→ Form. A. XIV. 3 Anm. 2 und ausf. → Form. C. I. 1), da dies bei Ausspruch einer ordentlichen Kündigung zu einer weiteren Verzögerung von bis zu einer Woche führen kann.

2. Kündigungsfrist. Die ordentliche Kündigung beendet das Arbeitsverhältnis mit Ablauf der Kündigungsfrist. Kündigungsfristen ergeben sich insbesondere aus Gesetz (§ 622 BGB), Tarifvertrag oder Arbeitsvertrag.

Die gesetzliche Kündigungsfrist innerhalb einer vereinbarten **Probezeit** von längstens sechs Monaten beträgt zwei Wochen (§ 622 Abs. 3 BGB). Es kommt auf den Zeitpunkt des Zugangs der Kündigungserklärung an. Eine Probezeitkündigung kann somit noch bis zum letzten Tag der Probezeit zugehen, auch wenn das Arbeitsverhältnis dann erst mit Ablauf der Kündigungsfrist tatsächlich endet, also nach der Probezeit.

Nach Ablauf der Probezeit oder wenn keine Probezeit vereinbart wurde, beträgt die **gesetzliche Kündigungsfrist** vier Wochen zum 15. oder zum Ende eines Kalendermonats (§ 622 Abs. 1 BGB). Der Tag des Kündigungszugangs selbst zählt bei der Fristberechnung nicht mit (§§ 187 Abs. 1, 188 Abs. 2 BGB). Eine am 3.5. zugegangene Kündigung beendet das Arbeitsverhältnis daher zum 31.5. Mit zunehmender Beschäftigungsdauer erhöht sich die gesetzliche Kündigungsfrist (§ 622 Abs. 2 BGB) und beträgt nach

2 Jahren:	einen Monat zum Ende eines Kalendermonats,
5 Jahren:	zwei Monate zum Ende eines Kalendermonats,
8 Jahren:	drei Monate zum Ende eines Kalendermonats,
10 Jahren:	vier Monate zum Ende eines Kalendermonats,

12 Jahren:	fünf Monate zum Ende eines Kalendermonats,
15 Jahren:	sechs Monate zum Ende eines Kalendermonats,
20 Jahren:	sieben Monate zum Ende eines Kalendermonats.

Die Frage, ob die Regelung des § 622 Abs. 2 S. 2 BGB, wonach bei der Berechnung der Beschäftigungsdauer nur Zeiten nach Vollendung des 25. Lebensjahres des Arbeitnehmers berücksichtigt werden dürfen, gegen das europarechtliche Verbot der Altersdiskriminierung verstößt (für einen Verstoß *Mörsdorf* ZIP 2009, 1491; dagegen *Müller-Thele/Neu* MDR 2008, 537), ist geklärt. Der EuGH hat mit Urteil vom 19.1.2010 (EuGH NZA 2010, 85 – "Kücükdevici") § 622 Abs. 2 S. 2 BGB für europarechtswidrig erklärt, so dass zukünftig die vollständige Beschäftigungsdauer eines Arbeitnehmers zu berücksichtigen ist (dem folgend BAG NJW 2010, 3740, 3741). Legt ein Arbeitgeber irrtümlich eine zu kurze Kündigungsfrist zugrunde, führt dies in aller Regel jedoch nicht zur Unwirksamkeit der Kündigung, sondern nur zu einer Verschiebung des Beendigungstermins (→ Anm. 4).

Durch **Arbeitsvertrag** können allenfalls **längere** als die gesetzlichen Kündigungsfristen vereinbart werden (Ausnahmen bestehen bei Aushilfen und im Kleinbetrieb, § 622 Abs. 5 BGB). **Tarifverträge** können auch **kürzere** Kündigungsfristen vorsehen. Ist dies der Fall, können im Geltungsbereich des Tarifvertrages nicht tarifgebundene Arbeitgeber und Arbeitnehmer die Anwendung der kürzeren Kündigungsfristen vereinbaren (§ 622 Abs. 4 BGB), wobei die tarifliche Kündigungsregelung in ihrer Gesamtheit übernommen werden muss. Durch Tarifvertrag kann dem Arbeitgeber sogar das Recht eingeräumt werden ohne Einhaltung einer Frist („entfristet") ordentlich zu kündigen (BAG AP KSchG 1969 § 1 Soziale Auswahl Nr. 16). Ebenso lässt § 622 Abs. 4 S. 1 BGB tarifvertragliche Regelungen zu, die – jedenfalls für Kleinbetriebe – einheitliche Kündigungsfristen und Kündigungstermine ohne Staffelung nach Betriebszugehörigkeit und Alter vorsehen (BAG NZA 2008, 960, 961).

In keinem Fall darf die **vom Arbeitnehmer einzuhaltende Kündigungsfrist länger** sein als die **vom Arbeitgeber einzuhaltende Frist** (§ 622 Abs. 6 BGB).

3. Nennung des Kündigungsgrundes. Die Gesellschaft ist nur bei der Kündigung nach § 1a KSchG von Gesetzes wegen verpflichtet, in der Kündigungserklärung den Kündigungsgrund zu nennen (→ Form. A. XIV. 4 Anm. 2). Bei allen anderen Kündigungen kann auf die Nennung des Kündigungsgrundes verzichtet werden, wenn sich nicht etwas anderes aus **Arbeitsvertrag,** (freiwilliger) **Betriebsvereinbarung** oder **Tarifvertrag** ergibt (vgl. etwa BAG NZA 2003, 1055; BAG AP BMT-G II § 54 Nr. 2; MAH Moll/*Vossen* § 42 Rn. 21). Auch ohne entsprechende Pflicht spricht nichts dagegen den Kündigungsgrund zu nennen, wenn dieser offensichtlich ist (beispielsweise bei einer Betriebsschließung). In diesem Fall kann der Kündigungsgrund entweder abstrakt („. . . . . . aus betriebsbedingten Gründen . . . . . .") oder konkret („. . . . . . wegen Schließung des Betriebes/der X-Abteilung . . . . . .") bezeichnet werden. Ausführungen zum Kündigungsgrund können die Akzeptanz einer Kündigung erhöhen und bestenfalls dazu beitragen, dass ein Arbeitnehmer nicht gegen die Kündigung vorgeht.

In anderen Fällen ist aus taktischen Gründen aber zu erwägen, keine Ausführungen zum Kündigungsgrund zu machen. Dies gilt insbesondere bei einer verhaltensbedingten Kündigung, also einer Kündigung wegen Pflichtverletzungen des Arbeitnehmers. Es sollte bedacht werden, dass ein Arbeitgeber sich, wenn auch nicht rechtlich, doch tatsächlich festlegt, wenn er schon im Kündigungsschreiben den Kündigungsgrund konkret erwähnt („. . . . . . weil Sie am 15.10. 200 EUR entwendet haben . . . . . ."). Eine solche Formulierung kann dazu führen, dass **Argumentationsspielraum eingebüßt** wird. Es kann für den Arbeitgeber vorteilhaft sein, wenn er in nachfolgenden Verhandlungen mit dem Arbeitnehmer oder in einem Kündigungsschutzrechtsstreit seiner Argumentation einen anderen Schwerpunkt geben kann, ohne dass dies wegen einer ausdrücklichen

Nennung des Kündigungsgrundes im Kündigungsschreiben unglaubwürdig wirkt. Dies gilt jedoch nur eingeschränkt, wenn der Betriebsrat nach § 102 BetrVG vor Ausspruch der Kündigung anzuhören war. In diesem Fall ist nur eine nachträgliche, im Kündigungsschutzprozess erfolgende Erläuterung oder Konkretisierung der bereits dem Betriebsrat mitgeteilten Gründe zulässig. Nicht zulässig ist das Nachschieben von Kündigungsgründen im Prozess, auf die der Arbeitgeber die Kündigung stützen will und die er trotz Kenntnis dem Betriebsrat im Anhörungsverfahren nicht mitgeteilt hat (BAG AP BetrVG 1972 § 102 Nr. 22; hierzu ausführlich GKBetrVG/*Raab* § 102 Rn. 164 ff. und → Form. C. I. 1 Anm. 9).

Ein weiterer Aspekt ist, dass sich mit ausdrücklicher Nennung des Fehlverhaltens im Kündigungsschreiben die Gefahr erhöht, dass gegen den Arbeitnehmer nach Ausscheiden aus dem Arbeitsverhältnis eine **Sperrzeit** verhängt wird (§ 144 Abs. 1 Nr. 1 SGB III). Zwar muss der Arbeitgeber bei der Wahrheit bleiben, wenn er etwa in der Arbeitsbescheinigung gegenüber der Agentur für Arbeit Angaben zum Kündigungsgrund macht. Dennoch kann dieser Punkt bei Verhandlungen mit dem Arbeitnehmer über eine vergleichsweise Einigung durchaus relevant werden (vgl. *Gaul/Niklas* NZA 2008, 137; *Lembke* BB 2009, 2594).

4. Beendigungstermin. Das Formular sieht eine **konkrete Angabe** des Beendigungstermins vor. Dies ist allerdings gesetzlich nicht zwingend notwendig; eine Kündigung „. . . . . . zum nächst zulässigen Zeitpunkt . . . . . .“ reicht aus, wenn dem Arbeitnehmer die Dauer der Kündigungsfrist bekannt oder diese für ihn bestimmbar ist (BAG BeckRS 2013, 70880). Dennoch ist zu empfehlen, ein konkretes Datum zu nennen, schon um Nachfragen des Arbeitnehmers zu vermeiden, der natürlich wissen muss, wie lange das Arbeitsverhältnis nach Auffassung des Arbeitgebers noch besteht.

Sollte dem Arbeitgeber bei der Berechnung des Beendigungstermins ein Fehler unterlaufen sein, etwa weil er irrtümlich eine zu kurze Kündigungsfrist zugrunde gelegt hat, stellt sich die Frage, ob die Kündigung als eine solche zum richtigen Kündigungstermin ausgelegt werden kann. Nach der Rechtsprechung des Zweiten Senates des BAG ist dies in aller Regel möglich, so dass das Arbeitsverhältnis aufgrund der erklärten Kündigung, aber erst entsprechend später, endet (BAG AP BGB § 622 Nr. 20; BAG AP KSchG 1969 § 4 Nr. 55). Beispiel: Der Arbeitgeber kündigt im September unter Zugrundelegung einer vertraglichen Kündigungsfrist von zwei Monaten zum 30.11. Tatsächlich gilt eine gesetzliche Kündigungsfrist von drei Monaten zum Monatsende. Das Anstellungsverhältnis endet erst am 31.12. Demgegenüber legt der Fünfte Senat des BAG strengere Auslegungsmaßstäbe zugrunde. Er vertritt die Auffassung, dass eine ordentliche Kündigung, die ohne weiteren Zusatz zu einem bestimmten Datum erklärt worden ist, nicht als Kündigung zu einem anderen Termin ausgelegt werden kann (BAG NJW 2010, 3740, 3742; vgl. auch BAG BeckRS 2013, 71586). Scheidet eine Auslegung der Kündigungserklärung aus, kommt nur noch deren Umdeutung gemäß § 140 BGB in Betracht. Jedoch kann eine Kündigung mit zu kurzer Kündigungsfrist nur dann in eine solche zum richtigen Kündigungstermin umgedeutet werden, wenn sie nicht gemäß § 7 KSchG als rechtswirksam gilt (BAG NJW 2010, 3740, 3742; dazu *Eisemann* NZA 2011, 601).

Um Auslegungsprobleme zu vermeiden, ist es ratsam – wie in dem Formular vorgesehen – ausdrücklich in die Kündigungserklärung aufzunehmen, dass die Kündigung „fristgemäß“ erfolgen und selbst bei einem Fehler bei der Berechnung des Beendigungstermins jedenfalls **zum nächst zulässigen Zeitpunkt** wirken soll.

Schwieriger ist es, wenn sich der Arbeitgeber **zugunsten des Arbeitnehmers** verrechnet hat. Beispiel: Kündigung zum 30.11.; das Arbeitsverhältnis hätte fristgerecht aber schon zum 31.10. beendet werden können, was sich aber erst später – vielleicht nach anwaltlicher Beratung – herausstellt. In diesem Fall würde der Arbeitgeber wohl an seiner Kündigungserklärung selbst dann festgehalten werden, wenn er auf die Arbeitskraft des

Arbeitnehmers nicht mehr angewiesen war und dieser während des Laufes der Kündigungsfrist ohnehin freigestellt wurde (vgl. BAG AP BGB § 622 Nr. 20). Alternativ könnte im Kündigungsschreiben daher formuliert werden:

Alternative:

Hiermit kündigen wir Ihr Arbeitsverhältnis fristgemäß zum nächst zulässigen Zeitpunkt. Dies ist nach unserer Berechnung der . . . . . .

Die Formulierung stellt klar, dass eine **möglichst schnelle Beendigung** gewollt ist, so dass ein bloßer Rechenfehler – je nach den Umständen des Einzelfalles – auch zu Lasten des Arbeitnehmers korrigiert werden kann. Das BAG hat jedenfalls keine Bedenken, eine „. . . . . . zum 1.4. . . . . . .“ ausgesprochene Kündigung so auszulegen, dass das Arbeitsverhältnis fristgerecht zum 31.3. enden soll (BAG DB 2003, 156).

Kollidiert eine beispielsweise **einzelvertragliche Kündigungsfrist,** die als Beendigungstermin ein **Quartalsende** vorsieht, mit einer **gesetzlichen oder tarifvertraglichen Kündigungsfrist,** die auf das **Monatsende** als Beendigungstermin abstellt, so sind die Kündigungsfristen und Kündigungstermine regelmäßig als Einheit zu betrachten. Es muss also nicht etwa die längere Kündigungsfrist aus Gesetz oder Tarifvertrag mit dem späteren Beendigungstermin aus dem Einzelvertrag kombiniert werden. Beispiel: Der Anstellungsvertrag sieht eine Kündigungsfrist von drei Monaten zum Quartalsende vor. Die gesetzliche Kündigungsfrist beträgt vier Monate zum Monatsende. Bei Ausspruch der Kündigung am 28.3. würde das Arbeitsverhältnis gemäß vertraglicher Kündigungsfrist am 30.6. enden und bei Anwendung der gesetzlichen Kündigungsfrist am 31.7. Gesetzliche Kündigungsfrist (vier Monate) und vertraglicher Beendigungstermin (Quartalsende) sind nicht mit der Folge zu kombinieren, dass das Arbeitsverhältnis erst am 30.9. endet. Welche Kündigungsfrist in diesem Fall als günstigere zur Anwendung gelangt, beurteilt sich nach einem Gesamtvergleich (BAG AP BGB § 622 Nr. 59). Noch nicht abschließend geklärt ist allerdings, ob insoweit abstrakt festgestellt werden muss, welche der Kündigungsregelungen für die längere Zeit innerhalb des Kalenderjahres den besseren Schutz gibt (*Diller* NZA 2000, 293, 297; in diese Richtung tendierend auch BAG AP BGB § 622 Nr. 59) oder ob auf den konkreten Einzelfall abzustellen ist (*Kramer* BB 1997, 731, 733; vgl. hierzu auch die Beispiele bei Staudinger/*Preis* § 622 BGB Rn. 89a).

5. Information über sozialversicherungsrechtliche Pflichten. § 2 Abs. 2 S. 2 Nr. 3 SGB III verpflichtet den Arbeitgeber, den Arbeitnehmer vor der Beendigung des Arbeitsverhältnisses frühzeitig über die **Notwendigkeit eigener Aktivitäten** bei der Suche nach einer anderen Beschäftigung sowie über die **Verpflichtung zur Meldung** nach § 38 Abs. 1 SGB III bei der **Agentur für Arbeit** zu informieren. § 38 Abs. 1 S. 1 SGB III sieht vor, dass sich eine Person, deren Arbeitsverhältnis endet, spätestens drei Monate vor dessen Beendigung persönlich bei der Agentur für Arbeit arbeitsuchend zu melden hat. Liegen zwischen der Kenntnis des Beendigungszeitpunktes und der Beendigung des Arbeitsverhältnisses weniger als drei Monate, hat die Meldung innerhalb von drei Tagen nach Kenntnis des Beendigungszeitpunktes zu erfolgen, § 38 Abs. 1 S. 2 SGB III. Dementsprechend sieht das Formular zwei alternative Formulierungen für die Information des Arbeitnehmers vor. Die Ausgangsformulierung sollte gewählt werden, wenn zwischen dem Ausspruch der Kündigung und dem Beendigungszeitpunkt weniger als drei Monate liegen (z. B. bei Kündigungsfristen von einem Monat oder zwei Monaten zum Monatsende). Die Alternativformulierung bezieht sich dagegen auf den Fall, dass zwischen der Kenntnisnahme von der Kündigung durch den Arbeitnehmer und dem Beendigungstermin mehr als drei Monate liegen (z. B. bei Kündigungsfristen von drei Monaten zum Quartalsende oder sechs Monaten zum Monatsende). Bestehen **Zweifel,** ob eine Meldung bei der Agentur für Arbeit spätestens drei Monate vor dem Beendigungszeitpunkt noch möglich ist (z. B. bei einer Kündigung von drei Monaten zum Monatsende oder falls ungewiss ist, wann genau der

Arbeitnehmer von der Kündigung Kenntnis nimmt), sollte eine an § 38 Abs. 1 SGB III angelehnte Formulierung gewählt und wie folgt formuliert werden:

Alternative:
Vorsorglich weisen wir Sie darauf hin, dass Sie sich spätestens drei Monate vor dem Beendigungszeitpunkt bei der zuständigen Agentur für Arbeit zu melden sowie eigene Aktivitäten bei der Suche nach einer anderen Beschäftigung zu entfalten haben. Liegen zwischen Ihrer Kenntnis von dieser Kündigung und dem Beendigungstermin weniger als drei Monate, müssen Sie sich innerhalb von drei Tagen nach Kenntniserlangung bei der Agentur für Arbeit melden.

Ein Verstoß gegen die Informationspflicht des Arbeitgebers nach § 2 Abs. 2 S. 2 Nr. 3 SGB III begründet keinen Schadenersatzanspruch des Arbeitnehmers gegen den Arbeitgeber im Hinblick auf eine aus der verspäteten Meldung resultierende Kürzung des Arbeitslosengeldes. § 2 Abs. 2 S. 2 Nr. 3 SGB III ist eine öffentlich-rechtliche Vorschrift, die nicht den Schutz des Vermögens des Arbeitnehmers bezweckt und daher auch keinen Schadensersatzanspruch begründen kann (BAG NZA 2005, 1406).

6. Schriftform. Für Kündigungserklärungen gilt die strenge gesetzliche **Schriftform** gemäß §§ 623, 126 BGB. Das Kündigungsschreiben muss im **Original eigenhändig unterschrieben** sein, so dass eine **mündlich** ausgesprochene Kündigung ebenso nichtig ist wie eine Kündigung per **Telefax** (LAG Mainz BeckRS 2008, 51713), per **E-Mail** (LAG Köln BeckRS 2008, 55981) oder per **SMS** (LAG Hamm MMR 2008, 252). Auch die Übergabe einer **Kopie** des Kündigungsschreibens an den Arbeitnehmer reicht nicht aus (LAG Düsseldorf LAGE BGB 2002 § 130 Nr. 5; vgl. aber BAG NZA 2005, 513 zu einem Fall, in dem dem Arbeitnehmer das vom Arbeitgeber unterzeichnete Kündigungsschreiben übergeben wird, er auf dem Original den Empfang quittiert, es zurückgibt und dann eine Ablichtung ausgehändigt erhält). Allenfalls in höchst seltenen Ausnahmefällen kann es treuwidrig sein, wenn sich der Arbeitnehmer auf die Formnichtigkeit beruft (vgl. BAG ZTR 2010, 430; BAG NZA 2005, 162; LAG Mainz BeckRS 2010, 65475). Hingegen ist es möglich, den **Entwurf** einer Kündigungserklärung per Telefax oder E-Mail zum Unterzeichner zu senden. Dieser kann dann das Telefax oder den E-Mail-Ausdruck unterzeichnen. Das unterzeichnete Dokument wird so zum Original.

Die Unterzeichnung muss die Erklärung nach unten abschließen. Es reicht also beispielsweise nicht aus, eine Kündigungserklärung als „P.S." unter ein Schreiben mit anderem Inhalt zu setzen.

Die **Unterschrift** selbst muss nicht notwendig lesbar sein. Erforderlich ist aber, ein über eine bloße Paraphe hinausgehender, die Identität des Unterschreibenden ausreichend kennzeichnender Schriftzug, der individuelle und entsprechend charakteristische Merkmale aufweist, die die Nachahmung erschweren (BAG BeckRS 2008, 51916). Ist in dem „Gebilde" in der Unterschriftenzeile überhaupt keine Namensunterschrift mehr zu erkennen, hat dies die Formunwirksamkeit der Kündigung zur Folge (LAG Frankfurt a. M. BeckRS 2011, 74345; vgl. auch LAG Nürnberg BeckRS 2012, 70703).

Um jeden Zweifel zu vermeiden, dass der oder die Unterzeichner der Kündigungserklärung hierzu berechtigt sind, unterschreiben idealerweise Personen, deren Vertretungsmacht aufgrund gesetzlich zwingender Vorschrift nicht in Zweifel stehen kann (vgl. *Löw* MDR 2008, 1251, 1253). Bei Kündigung durch eine **GmbH** sollte die Kündigungserklärung (je nach Eintragung der Vertretungsbefugnisse im Handelsregister) von einem alleinvertretungsberechtigten **Geschäftsführer**, von mehreren gesamtvertretungsberechtigten Geschäftsführern (zur internen Ermächtigung eines Geschäftsführers vgl. BAG AP BGB § 174 Nr. 4) oder (bei gemischter Gesamtvertretungsbefugnis) von einem Geschäftsführer und einem Prokuristen unterzeichnet werden (vgl. LAG Stuttgart BeckRS 2005, 31047292). Ähnliches gilt bei Kündigung durch eine **AG** für die Unterzeichnung durch den **Vorstand.** Ein alleinvertretungsberechtigter und entsprechend ins Handelsregister eingetragener **Prokurist** kann die Kündigungserklärung unterzeichnen, und zwar auch ohne einen die Prokura andeutenden Zusatz (BAG NZA 1992, 449; BAG AP BGB § 174 Nr. 19). Bei Kündigung durch einen **Einzelkaufmann** sollte dieser unterschreiben, bei Kündigung durch eine **OHG** (vorbehaltlich anderer Satzungsbestimmung, § 125 HGB) ein Gesellschafter, bei Kündigung durch eine **KG** ein Komplementär und bei Kündigung durch eine **GmbH & Co. KG** der oder die Vertretungsberechtigten der Komplementär-GmbH (*Lohr* MDR 2000, 620, 621). Bei einer **GbR** unterzeichnen idealerweise alle Gesellschafter die Kündigungserklärung. Unterzeichnet dagegen nur ein Gesellschafter alleine, so muss das Kündigungsschreiben erkennen lassen, dass die Kündigungserklärung auch im Namen der nicht unterzeichnenden Gesellschafter erfolgt. Hierzu bedarf es eines hinreichend deutlichen Zusatzes, der das Vertretungsverhältnis anzeigt (BAG NJW 2005, 2572; ArbG Düsseldorf BeckRS 2008, 53974).

Sofern eine Person unterzeichnen soll, deren Vertretungsmacht nicht schon durch Gesetz feststeht, muss die Vertretungsmacht durch Vorlage einer **Original-Vollmacht** nachgewiesen werden (Vollmachtsurkunde → Form. A. XIV. 7). Wird dies nicht beachtet, so kann der Arbeitnehmer die Kündigungserklärung **gemäß § 174 BGB zurückweisen,** wenn ihm die Berechtigung dessen, der die Kündigungserklärung unterzeichnet, nicht ohnehin bekannt ist (§ 174 S. 2 BGB; vgl. *Meyer/Reufels* NZA 2011, 5; zur Zurückweisung der Zurückweisung → Form. A. XIV. 8). Eine Zurückweisung führt zur Unwirksamkeit der Kündigung (vgl. LAG Kiel BeckRS 2010, 74339). Es muss noch einmal gekündigt werden. **Zweifelsfälle** sollten möglichst **vermieden** werden. Insbesondere sollte sich ein Arbeitgeber nur dann darauf verlassen, dass die Berechtigung zur Unterzeichnung von Kündigungen dem Arbeitnehmer bekannt ist, wenn eine solche Bekanntmachung (nachweislich) erfolgte (*Lohr* MDR 2000, 620, 622; vgl. BAG AP BGB § 174 Nr. 21). Bei **Personalabteilungsleitern** ist regelmäßig davon auszugehen, dass dem Arbeitnehmer die Kündigungsberechtigung bekannt ist (BAG AP BGB § 174 Nr. 10; BAG AP BGB § 174 Nr. 11; LAG Hannover MDR 2004, 159: auch bei Kündigung eines Arbeitnehmers der gleichen Leitungsebene). Dies gilt hingegen nicht ohne weiteres bei **Referatsleitern** innerhalb einer Personalabteilung (BAG AP BGB § 174 Nr. 13) und solchen Personen, die im Rahmen einer Vertretungsregelung zur Vertretung des Personalabteilungsleiters berufen sind (LAG Berlin NZA-RR 2007, 15). Allein die Stellung als Niederlassungsleiter, dem nur eine vergleichsweise kleine Unternehmenseinheit untergeordnet ist (LAG Berlin NZA-RR 2007, 15: 24 Arbeitnehmer), reicht nicht aus, damit die Belegschaft zweifelsfrei von der Kündigungsbefugnis ausgehen kann. In der öffentlichen Verwaltung ist eine Tätigkeit im höheren Dienst ebenfalls nicht automatisch mit der Bevollmächtigung zu Personalentscheidungen, insbesondere zu Kündigungen, verbunden (BAG NZA 2006, 980, 982: Kündigung durch Bauoberrat). Auch bei Personen, die in eine Stellung berufen werden, die üblicherweise mit einem Kündigungsrecht verbunden ist, hängt die Möglichkeit zur Zurückweisung von der entsprechenden Kenntnis des Arbeitnehmers ab (BAG AP BGB § 174 Nr. 19).

Regelmäßig nicht formwahrend ist eine mit dem Kürzel „i. A." unterschriebene Kündigung, die nicht auf ein Vertretungs-, sondern ein Auftragsverhältnis hinweist. Zwar kann sich auch bei einer solchen Kündigung die Formwirksamkeit daraus ergeben, dass hinreichend deutlich wird, dass die Parteien das Kürzel „i. A." untechnisch verwenden und eigentlich ein Vertretungsverhältnis andeuten wollen. Hierfür werden aber hohe Anforderungen an die äußeren Umstände gestellt (BAG NZA 2008, 403; LAG Mainz NZA-RR 2008, 403, 404).

Schwierigkeiten können sich bei **ausländischen Gesellschaften** ergeben, insbesondere bei Gesellschaften, die – wie im anglo-amerikanischen Raum – einem Board-System unterliegen. Nach unserer Auffassung gelten die obigen Grundsätze auch hier: Das Kündigungsschreiben sollte von denjenigen unterschrieben werden, die nach dem jeweiligen nationalen Recht der Gesellschaft als gesetzliche Vertreter anzusehen sind. Dies ist im Einzelfall jedoch oft gar nicht so leicht festzustellen, da das Konzept ausländischer Rechtsordnungen zur Vertretungsmacht häufig nicht mit dem deutschen System vergleichbar ist. So hat in einem **Board of Directors** einer englischen Ltd. grundsätzlich nicht jeder Director Einzelvertretungsbefugnis. Vielmehr sind alle Directors gesamtvertretungsbefugt (vgl. BPatG BeckRS 2009, 26946; *Langhein* NZG 2001, 1123). Allerdings delegiert das Board i.d.R. Befugnisse an einen einzelnen Director (dann häufig Managing Director genannt). Zumindest wenn die Ermächtigung in die „Articles of Association", also die Satzung der Gesellschaft aufgenommen wurde, spricht vieles dafür, dass ein (Managing) Director eine Stellung hat, die nach deutschem Verständnis und mit Blick auf § 174 BGB der eines gesetzlichen Vertreters gleichkommt. Es lässt sich aber nicht ausschließen, dass deutsche Gerichte diese **interne Ermächtigung** als bloße **rechtsgeschäftliche Vollmacht** ansehen, die einer von nur einem Director unterzeichneten Kündigungserklärung gemäß § 174 BGB wiederum im Original beigefügt werden müsste (vgl. zur internen Ermächtigung gesamtvertretungsberechtigter Geschäftsführer BAG AP BGB § 174 Nr. 4). Ebenso ist nicht sicher, ob ein Gericht wenigstens zu dem Ergebnis käme, dass bei einem Director jedenfalls gemäß § 174 S. 2 BGB anzunehmen ist, dieser sei im Regelfall zum Ausspruch einer Kündigung ermächtigt. Um ganz sicher zu gehen, sollte in einem solchen Fall – soweit irgendwie praktikabel – das Kündigungsschreiben daher von allen Directors unterzeichnet oder jedenfalls eine vom Board ausgestellte Original-Bevollmächtigung des Alleinunterzeichners beigefügt werden.

7. Zugang. Zum Zugang vgl. ausführlich → Form. A. XIV. 9.

8. Ordentliche Kündigung als vorsorgliche Kündigung. Möglich ist es, eine ordentliche Kündigung als vorsorgliche Kündigung zu erklären. Hierbei handelt es sich um ein aus Arbeitgebersicht sehr hilfreiches Instrument, von dem insbesondere dann Gebrauch gemacht werden sollte, wenn **Zweifel an der Durchsetzbarkeit** einer schon ausgesprochenen Kündigung bestehen. Die vorsorgliche Kündigung ist aber dennoch als unbedingte Kündigung zu verstehen (LAG Köln NZA-RR 2006, 353; *Stahlhacke/Preis/Vossen* Rn. 165). In formaler Hinsicht (insbesondere Schriftform, Unterzeichnung, Zugang) müssen alle Anforderungen an eine Kündigung erfüllt sein. Siehe hierzu ausführlich die vorangegangenen Anmerkungen und → Form. A. XIV. 9.

Eine entsprechende Formulierung könnte lauten:

Sehr geehrter Herr ......,

bekanntlich haben wir Ihr Arbeitsverhältnis mit Schreiben vom ...... betriebsbedingt fristgemäß zum ...... gekündigt und Sie gleichzeitig freigestellt. Sie haben gegen diese Kündigung Kündigungsschutzklage erhoben.

In der Zwischenzeit mussten wir erfahren, dass Sie vor Ihrer Freistellung in erheblichem Umfang Spiele-Software aus dem Internet auf unsere Datensysteme heruntergeladen haben, obwohl dies in unserer Betriebsvereinbarung zur Internetnutzung ausdrücklich untersagt ist. Wir kündigen daher hiermit Ihr Arbeitsverhältnis erneut fristgemäß zum ......, hilfsweise zum nächst zulässigen Zeitpunkt.

(Alternative: Wir sind der Auffassung, dass Sie ausschließlich in einem Geschäftsführer-Anstellungsverhältnis zur Y-GmbH stehen und nicht etwa in einem Arbeits- oder anderen Dienstverhältnis zur X-GmbH. Rein vorsorglich kündigen wir hiermit ein etwaig bestehendes Arbeits- oder anderes Dienstverhältnis zwischen Ihnen und der X-GmbH fristgemäß zum ......, hilfsweise zum nächst zulässigen Zeitpunkt.)

Die Formulierung beruht in der Hauptvariante auf einem Sachverhalt, bei dem nach Ausspruch der ersten Kündigung ein neuer Kündigungsgrund eingetreten ist. Es sind aber zahlreiche weitere Anwendungsfälle denkbar, so beispielsweise wenn der Arbeitnehmer bestreitet, dass die erste Kündigungserklärung **ordnungsgemäß zugegangen** ist, wenn die erste Kündigungserklärung **gemäß § 174 BGB zurückgewiesen** wurde oder wenn der **Betriebsrat in der Zwischenzeit vorsorglich ergänzend angehört** wurde (→ Form. C. I. 1 Anm. 4). Der Text der Formulierung wäre jeweils entsprechend anzupassen.

Die vorsorgliche Kündigung wird gegenstandslos, wenn das Arbeitsverhältnis schon durch die zuvor ausgesprochene Kündigung endet. In **prozessualer Hinsicht** muss der gekündigte Arbeitnehmer die vorsorgliche Kündigung mit einem **Kündigungsschutzantrag** nach § 4 KSchG und nicht mit dem insoweit subsidiären allgemeinen Feststellungsantrag nach § 256 ZPO angreifen (ErfKomm/*Kiel* § 4 KSchG Rn. 38). Streng genommen dürfte der Kläger einen allgemeinen Feststellungsantrag daher nur in einer Phase stellen, in der er zwar mit einer weiteren Kündigung rechnen muss, diese aber noch nicht ausgesprochen wurde. Wenn er nämlich nicht mit einer weiteren Kündigung rechnen muss, ist ein allgemeiner Feststellungsantrag mangels Rechtsschutzbedürfnis i. S. d. § 256 ZPO unzulässig, worauf das Arbeitsgericht hinweisen muss (ErfKomm/*Kiel* § 4 KSchG Rn. 39). Nach Ausspruch einer weiteren Kündigung ist, wie erwähnt, § 4 KSchG die speziellere Norm und ein zuvor gestellter allgemeiner Feststellungsantrag wäre umzustellen. In der Praxis wird diese Unterscheidung häufig nicht konsequent durchgehalten. Jedenfalls besteht Einigkeit, dass eine vorsorgliche Kündigung von einem (zu Recht oder zu Unrecht) als zulässig behandelten **allgemeinen Feststellungsantrag** erfasst wird. Der allgemeine Feststellungsantrag wirkt fristwahrend i. S. d. § 4 KSchG für alle späteren Kündigungen (vgl. BAG AP KSchG 1969 § 4 Nr. 38 mit Anm. *Bittner* DB 1997, 1407), weshalb er umgangssprachlich „Schleppnetzantrag" genannt wird.

Die **Alternativformulierung** bezieht sich auf einen Fall, in dem zweifelhaft ist, ob überhaupt ein Arbeitsverhältnis besteht, das gekündigt werden müsste. Diese Konstellation tritt insbesondere dann ein, wenn ein Arbeitnehmer in **Rechtsbeziehungen zu verschiedenen Gesellschaften** steht oder zumindest stand. So könnte der Geschäftsführer einer Tochtergesellschaft (Y-GmbH) behaupten, in einem Arbeitsverhältnis zur Konzernmutter (X-GmbH) zu stehen (vgl. BAG GmbHR 1996, 289; vgl. auch BAG DB 2008, 355). Eine ähnliche Konstellation liegt vor, wenn ein Arbeitnehmer innerhalb eines Konzerns von einer Gesellschaft zu einer anderen Gesellschaft gewechselt ist, ohne dass das Arbeitsverhältnis mit dem ersten Arbeitgeber formell beendet wurde, oder – innerhalb einer Gesellschaft – beim sog. **ruhenden Arbeitsverhältnis** eines Geschäftsführers (hierzu BAG NZA 2003, 272; BAG AP ArbGG § 5 Nr. 49; *Kamanabrou* DB 2002, 148 m. w. N.). Auch in solchen Konstellationen kann sich eine vorsorgliche Kündigung empfehlen, wobei jeweils abzuwägen ist, ob nicht „schlafende Hunde geweckt" werden.

Wenn Rechtsbeziehungen zu verschiedenen Gesellschaften in Frage stehen, ist besonders darauf zu achten, dass das Kündigungsschreiben von den **richtigen Vertretungsberechtigten aller betroffenen Gesellschaften** unterzeichnet wird (vgl. *Löw* MDR 2008, 1251). Soll das Dienstverhältnis eines Geschäftsführers einer (nicht paritätisch mitbestimmten) GmbH gekündigt werden, wird die Gesellschaft von der Gesellschafterversammlung vertreten. Ist Alleingesellschafterin der GmbH eine GmbH oder AG, wird die Gesellschaft von der Muttergesellschaft vertreten, die wiederum durch ihre Geschäftsführung bzw. den Vorstand vertreten wird. Soll, wie in der obigen Alternative, vorsorglich auch ein etwaiges Arbeitsverhältnis zur Muttergesellschaft gekündigt werden, wird diese wiederum durch ihre Geschäftsführung bzw. den Vorstand vertreten. Wenn die Kündigung des Geschäftsführer-Anstellungsverhältnisses und die vorsorgliche Kündigung des Arbeitsverhältnisses im selben Dokument erklärt werden sollen, so unterzeichnet die Geschäftsführung bzw. der Vorstand der Muttergesellschaft das Kündigungsschreiben somit sowohl für die Tochtergesellschaft (hinsichtlich des Geschäftsführer-Anstellungsverhältnisses) als auch für die Muttergesellschaft (hinsichtlich eines etwaigen Arbeitsverhältnisses). Die unterschiedlichen Vertretungsverhältnisse sollten dann im Kündigungsschreiben deutlich gemacht werden, etwa durch zweimalige Unterzeichnung mit Nennung der jeweiligen Funktion.

3. Ordentliche Kündigung (ausführliche Fassung)

[Briefkopf des Arbeitgebers]

Herrn . . . . . . (Name und Anschrift des Arbeitnehmers)

. . . . . . (Datum)

Kündigung[1]

Sehr geehrter Herr . . . . . .,

hiermit kündigen wir Ihr Arbeitsverhältnis fristgemäß zum . . . . . ., hilfsweise zum nächst zulässigen Zeitpunkt.

Der Betriebsrat wurde vor Ausspruch der Kündigung angehört. Er hat der Kündigung zugestimmt.[2] *(Alternative: Er hat der Kündigung widersprochen. Eine Kopie der Stellungnahme des Betriebsrats liegt bei.)*

Wir stellen Sie hiermit mit sofortiger Wirkung *(Alternative: ab dem . . . . . .)* frei.[3] Die Freistellung erfolgt unwiderruflich und unter Anrechnung auf etwaige Urlaubs- oder Freizeitausgleichsansprüche.[4] Ihnen etwaig zustehender Urlaub wird Ihnen im Zeitraum vom . . . . . . bis zum . . . . . . gewährt.[5] Anderweitiger Verdienst während der Freistellung wird auf Ihre vertragliche Vergütung angerechnet. Es gilt § 615 S. 2 BGB.[6] Wir weisen ausdrücklich darauf hin, dass Ihr vertragliches Wettbewerbsverbot auch während der Freistellung gilt, so dass Sie vor Ablauf der Kündigungsfrist nicht für ein Konkurrenzunternehmen tätig werden dürfen.[7]

Das Recht, den Ihnen überlassenen Dienstwagen privat zu nutzen, wird hiermit widerrufen.[8] Sie haben den Dienstwagen unverzüglich in der Niederlassung . . . . . . zu Händen von Herrn . . . . . . zurückzugeben.[9] *(Optional: Sie werden für den Wegfall der privaten Nutzungsmöglichkeit vertragsgemäß entschädigt.[10])*

Sie haben alle Ihnen dienstlich überlassenen Gegenstände, insbesondere . . . . . ., und alle die Gesellschaft betreffenden Unterlagen, Daten und Datenträger unverzüglich in der Niederlassung . . . . . . zu Händen von Herrn . . . . . . zurückzugeben.[11]

Wir verzichten hiermit gemäß § 75a HGB auf das mit Ihnen vereinbarte nachvertragliche Wettbewerbsverbot.[12] Es steht Ihnen daher frei, nach Ablauf der Kündigungsfrist (nicht aber vorher) eine Konkurrenztätigkeit aufzunehmen. Unsere Verpflichtung zur Zahlung der vereinbarten Karenzentschädigung endet mit Ablauf eines Jahres nach Zugang dieser Erklärung.[13] *(Optional: Wir werden Ihnen Ihre zuletzt bezogenen vertragsmäßigen Leistungen trotz der Kündigung für die Dauer des mit Ihnen vereinbarten nachvertraglichen Wettbewerbsverbotes weitergewähren. Wir weisen darauf hin, dass Sie aus diesem Grund nicht mehr das Recht haben, sich gemäß § 75 Abs. 2 HGB i.V.m. § 75 Abs. 1 HGB von dem nachvertraglichen Wettbewerbsverbot zu lösen.[14])*

Vorsorglich weisen wir Sie darauf hin, dass Sie sich innerhalb von drei Tagen nach Kenntnis von dieser Kündigung *(Alternative: spätestens drei Monate vor dem Beendigungstermin)* bei der zuständigen Agentur für Arbeit zu melden sowie eigene Aktivitäten bei der Suche nach einer anderen Beschäftigung zu entfalten haben.

Mit freundlichen Grüßen

. . . . . .

Unterschrift des Arbeitgebers

Erhalten:

......

Ort, Datum

......

Unterschrift des Arbeitnehmers

Klageverzichtsvereinbarung

zwischen

...... (Name und Anschrift des Arbeitgebers) „Arbeitgeber“

und

Herrn ...... (Name und Anschrift des Arbeitnehmers) „Arbeitnehmer“:[15]

Der Arbeitnehmer erklärt hiermit, dass er das Kündigungsschreiben vom ...... erhalten hat und auf die Erhebung einer Kündigungsschutzklage verzichtet.

Als Gegenleistung für den Klageverzicht erhält der Arbeitnehmer eine Abfindung i.H.v. 0,25 Brutto-Monatsgehältern pro Jahr der Beschäftigung.

Dem Arbeitnehmer ist bekannt, dass Auskünfte über mögliche sozialversicherungsrechtliche Folgen dieser Vereinbarung ausschließlich durch die Sozialversicherungsträger (insbesondere die Agentur für Arbeit) erteilt werden. Er verzichtet insoweit auf weitere Hinweise des Arbeitgebers.

......

Ort, Datum

......

Unterschrift des Arbeitnehmers

......

Unterschrift des Arbeitgebers

Anmerkungen

1. Module. Um eine möglichst große Vielzahl von Sachverhalten zu erfassen, haben wir das Formular einer einfachen Kündigungserklärung (→ Form. A. XIV. 2) um verschiedene **Module** ergänzt, die je nach konkretem Fall verwendet werden können. Alle allgemeinen Anmerkungen zu → Form. A. XIV. 2, etwa zur Angabe des Kündigungsgrundes, zu Kündigungsfrist, Schriftform oder Unterzeichnung gelten auch hier.

2. Anhörung des Betriebsrats. Besteht ein Betriebsrat, ist dieser vor dem Ausspruch der Kündigung gemäß § 102 BetrVG anzuhören (→ Form. C. I. 1). Eine ohne ordnungsgemäße Anhörung des Betriebsrats ausgesprochene Kündigung ist gemäß § 102 Abs. 1 S. 3 BetrVG unwirksam. **Stimmt der Betriebsrat** der Kündigung entweder ausdrücklich oder gemäß gesetzlicher Fiktion dadurch **zu**, dass er sich nicht fristgerecht äußert, so sollte dies schon deshalb in der Kündigungserklärung erwähnt werden, um deutlich zu machen, dass die Gesellschaft bei Ausspruch der Kündigung keine „einsame Entscheidung“ getroffen hat. Hat der Betriebsrat der Kündigung hingegen **widersprochen**, verlangt das Gesetz, dass eine **Abschrift der Stellungnahme** des Betriebsrats der Kündigung beizufügen ist, § 102 Abs. 4 BetrVG. Ein Verstoß gegen diese gesetzliche Verpflichtung führt allerdings nach h. M. nicht dazu, dass die Kündigung unwirksam ist (etwa LAG Köln MDR 2001, 517; Richardi/*Thüsing* § 102 Rn. 191; a. A. *Düwell* NZA 1988, 866; *Schütte* NZA 2011, 263, 265). Allenfalls mag in praktisch eher seltenen Fällen ein Schadensersatzanspruch des Arbeitnehmers bestehen, wenn dieser dadurch Nachteile erleiden sollte, dass er über den Widerspruch des Betriebsrats nicht informiert wurde. Auch kann der Betriebsrat bei wiederholtem Verstoß einen Unterlassungsantrag nach § 23 Abs. 3 BetrVG stellen (*F/E/S/T/L* § 102 Rn. 100; Richardi/*Thüsing* § 102 Rn. 191).

3. Freistellung. Sofern der Arbeitnehmer ganz oder teilweise während des Laufes der Kündigungsfrist **freigestellt** werden soll, bietet es sich an, eine solche Erklärung unmittelbar in das Kündigungsschreiben aufzunehmen, schon weil hierdurch deren Zugang sichergestellt wird.

Ein Recht des Arbeitgebers, den Arbeitnehmer während der Kündigungsfrist freizustellen, kann sich insbesondere aus dem zugrunde liegenden Anstellungsvertrag ergeben (→ Form. A. II. 1 Anm. 21; so etwa LAG Hamm NZA-RR 2005, 358; ArbG Frankfurt a. M. BB 2006, 1915; *Nägele* BB 2003, 45; dagegen etwa ArbG Frankfurt a. M. NZA-RR 2004, 409; *Fischer* NZA 2004, 233, 234; *Meyer* NZA 2011, 1249, 1253). Unabhängig davon, ob ein Freistellungsrecht vereinbart wurde, hat aber in jedem Fall eine **Interessenabwägung** stattzufinden. Der Anspruch des Arbeitnehmers, während der Dauer des Arbeitsverhältnisses tatsächlich beschäftigt zu werden, gründet nach Ansicht des BAG in der Würde des Arbeitnehmers und seinem Recht auf freie Persönlichkeitsentfaltung und ist gemäß Art. 1 und Art. 2 GG von der Verfassung geschützt (grundlegend BAG AP BGB § 611 Beschäftigungspflicht Nr. 14). Eine Freistellung ist daher nur dann gegen den Willen des Arbeitnehmers durchsetzbar, wenn überwiegende Interessen des Arbeitgebers die Freistellung als notwendig erachten lassen (so etwa LAG Hamburg LAGE BGB § 611 Beschäftigungspflicht Nr. 39; LAG München LAGE BGB § 611 Beschäftigungspflicht Nr. 32; ArbG Frankfurt a. M. NZA-RR 2004, 409; ErfKomm/*Preis* § 611 BGB Rn. 567). Nach Ansicht des Großen Senates des BAG (AP BGB § 611 Beschäftigungspflicht Nr. 14 unter C. II. 3. c.) liegt dies nahe bei der Gefahr des Verrates von Geschäftsgeheimnissen durch den Arbeitnehmer, in Fällen strafbaren oder schädigenden Verhaltens des Arbeitnehmers oder bei einer unzumutbaren wirtschaftlichen Belastung des Arbeitgebers. Der Arbeitnehmer kann einen Beschäftigungsanspruch unter Umständen im Wege der **einstweiligen Verfügung** durchsetzen (dazu ausf. *Schrader* BB 2012, 445).

Während einer Freistellung bleibt der Anspruch des Arbeitnehmers auf die **vertragliche Vergütung** unberührt. Auch ein zur privaten Nutzung überlassener **Dienstwagen** muss dem Arbeitnehmer grundsätzlich verbleiben (vgl. aber noch → Anm. 9, 10 zum Widerruf der Dienstwagennutzung). Schwierigkeiten können sich bei **Gratifikationen, Sonderzahlungen, Tantiemen, Provisionen, Boni oder ähnlichen Leistungen** ergeben. Eine einheitliche Aussage, inwiefern eine Freistellung solche Ansprüche berührt, lässt sich nicht treffen. Die vertraglichen Grundlagen und der Zweck der Leistung sind zu berücksichtigen. Wenn die als Voraussetzung für einen Anspruch vereinbarten Kriterien aber nur deshalb nicht erfüllt wurden, weil der Arbeitnehmer freigestellt oder ihm durch die Freistellung jedenfalls die Chance zur Erfüllung genommen wurde, könnte es naheliegen, § 162 BGB anzuwenden und dem Arbeitnehmer den Anspruch zu gewähren. Hier ist etwa an den Fall zu denken, dass ein Jahresbonus von der Erreichung persönlicher Leistungsziele abhängt und der Arbeitnehmer die Ziele wegen einer längeren Freistellung nicht erreicht (a. A. *Bauer/Diller/Göpfert* BB 2002, 882, 885 f.; vgl. auch BAG NZA 2008, 409, 414, das ohne Rückgriff auf § 162 BGB für den Fall einer unterlassenen Zielvereinbarung trotz Initiativpflicht des Arbeitgebers einen Schadenersatzanspruch des Arbeitnehmers für die entgangene Bonuszahlung gemäß §§ 280 Abs. 3, 283 S. 1 BGB bejaht). Bei im **Ermessen** stehenden Leistungen bleibt es dem Arbeitgeber hingegen unbenommen, das Ausscheiden des Arbeitnehmers angemessen zu berücksichtigen (zum Tantiemeanspruch eines ausscheidenden Geschäftsführers BGH BB 1994, 2096, 2097). Dies muss auch für eine Freistellung während der Kündigungsfrist gelten, schon weil der Arbeitnehmer zum wirtschaftlichen Erfolg des Arbeitgebers in dieser Zeit nicht beigetragen hat.

Eine **einseitig** durch den Arbeitgeber ausgesprochene Freistellung ist in sozialversicherungsrechtlicher Hinsicht stets unbedenklich. Gleiches gilt (wieder) für die **Vereinbarung** einer unwiderruflichen Freistellung (etwa in einem Aufhebungs- oder Abwicklungsvertrag). Nach einer im Jahre 2005 geänderten Praxis der Sozialversicherungsträger (Besprechungsergebnis der Sozialversicherungsträger vom 5./6.7.2005) sollte das sozialversicherungsrechtliche Beschäftigungsverhältnis bereits mit Beginn der unwiderruflichen Freistellung enden. Danach sollte der Arbeitnehmer ab einer Freistellung nicht länger Mitglied in der gesetzlichen Kranken-, Pflege- und Rentenversicherung sein und hätte sich in diesen Zweigen der Sozialversicherung selbst versichern müssen. Zudem hätte er ab Beginn der einvernehmlichen unwiderruflichen Freistellung als beschäftigungslos i. S. d. Arbeitslosenversicherung gegolten mit der Folge, dass aufgrund der Einvernehmlichkeit der Freistellung eine Sperrzeit gemäß § 144 SGB III zu laufen begonnen hätte. Nachdem das BSG dieser Praxis der Sozialversicherungsträger mit Urteil vom 24.9.2008 (BSG BeckRS 2009, 54000) eine Absage erteilt hatte, beschlossen die Sozialversicherungsträger, hieran nicht mehr festhalten zu wollen (Besprechungsergebnis der Sozialversicherungsträger vom 30./31.3.2009). Auch bei einer **einvernehmlichen** unwiderruflichen Freistellung von der Arbeitsleistung ist somit von einem sozialversicherungsrechtlichen Beschäftigungsverhältnis auszugehen, solange das Arbeitsverhältnis besteht und Arbeitsentgelt gezahlt wird.

4. Anrechnung von Urlaub. Eine Freistellung soll nach dem Willen des Arbeitgebers regelmäßig dazu führen, dass mit ihr etwaig **offene Urlaubsansprüche** oder andere Freizeitausgleichsansprüche (etwa Ausgleich von Überstunden) **abgegolten** werden. Dies setzt aber voraus, dass der Wille des Arbeitgebers zur Erfüllung des Urlaubsanspruchs **eindeutig** erkennbar wird und die Freistellung **unwiderruflich** erfolgt (BAG NZA 2009, 1211; BAG AP BUrlG § 7 Nr. 32). Wenn der Arbeitnehmer damit rechnen muss, dass er seine Arbeit jederzeit wieder aufnehmen muss, wäre der Urlaubszweck nicht gewährleistet. Der Arbeitgeber muss also entscheiden, ob es notwendig werden kann, den Arbeitnehmer während des Laufs der Kündigungsfrist zu „reaktivieren". Wenn ja, sollte die Freistellung nur widerruflich erfolgen. Gerade dann muss ausstehender Urlaub aber ausdrücklich und für eine bestimmte Zeit gewährt werden, um Abgeltungsansprüche des Arbeitnehmers zu vermeiden (→ Anm. 5). Während des Urlaubs darf der Arbeitnehmer dann natürlich nicht zur Arbeit aufgefordert werden.

5. Festlegung des Urlaubs während der Freistellung. Die Rechtsprechung ging **bisher** davon aus, dass der Arbeitnehmer selbst die **zeitliche Lage des abgegoltenen Urlaubs** innerhalb einer längeren Freistellungsphase bestimmen kann, wenn der Arbeitgeber dies nicht ausdrücklich tut (BAG NZA 2008, 473, 474; BAG AP BGB § 615 Nr. 118; BAG NJOZ 2003, 1319; BAG BeckRS 2008, 56102). Urlaub und „sonstige" Freistellung haben jedoch unterschiedliche Rechtsfolgen. So kann während des Urlaubs sonstiger Verdienst nicht angerechnet werden; eine Erkrankung des Arbeitnehmers hindert die Erfüllung des Urlaubsanspruchs. Deshalb hat das BAG entschieden, dass aus der Erklärung des Arbeitgebers deutlich hervorgehen muss, wann und in welchem Umfang Urlaub gewährt werden soll (BAG NZA 2011, 1032; *Zundel* NJW 2012, 131, 132). Anderenfalls wird der Urlaubsanspruch nicht erfüllt (LAG Hamm BeckRS 2009, 74331). Diese Festlegung des Urlaubs durch den Arbeitgeber ist jedenfalls dann wirksam, wenn der Arbeitnehmer auf die Erklärung des Arbeitgebers hin keinen begründeten anderen Wunsch äußert (BAG AP BGB § 615 Nr. 93).

6. Anrechnung von Zwischenverdienst. Wenn ein Arbeitnehmer während einer längeren Kündigungsfrist unwiderruflich freigestellt ist, kommt es vor, dass er schon vor deren Ablauf eine neue Beschäftigung aufnimmt (wenn auch gegebenenfalls nicht für einen Wettbewerber, vgl. Anm. 7). Es liegt im Interesse des Arbeitgebers, vom Arbeitnehmer so erzielte **Einkünfte auf den Vergütungsanspruch anzurechnen,** wobei eine Anrechnung aber jedenfalls in dem Maße ausscheidet, als die Freistellung zur Erfüllung offener Urlaubsansprüche genutzt wird (→ Anm. 5; BAG AP BGB § 615 Nr. 118; BAG NJOZ 2003, 1319). Nicht abschließend geklärt ist, ob die Anrechnung von Zwischenverdienst ausdrücklich vereinbart werden muss oder bei Freistellung automatisch eintritt. Während der Neunte Senat des BAG ursprünglich davon ausging, dass eine ausdrückliche Vereinbarung zu erfolgen habe (BAG NJOZ 2003, 1319), hat der Fünfte Senat die Ansicht vertreten, dass der Arbeitgeber, der einen Arbeitnehmer **einseitig** von der Erbringung der Arbeitsleistung freistellt, in Annahmeverzug gerät, soweit keine besonderen Umstände vorliegen (BAG AP BGB § 615 Nr. 118). Folglich greife auch die Regelung des § 615 S. 2 BGB, so dass der Arbeitnehmer sich einen Zwischenverdienst anrechnen lassen müsse. Wegen der verbleibenden Rechtsunsicherheit sollte der Arbeitgeber die Anrechnungsmöglichkeit jedoch ausdrücklich vorsehen. Jedenfalls dann, wenn der Arbeitnehmer die Freistellung widerspruchslos akzeptiert, dürfte dies als (konkludente) Annahme zu sehen sein. Bei einer **einvernehmlichen** Freistellung bleibt es hingegen dabei, dass die Anrechnung anderweitigen Verdienstes ausdrücklich vereinbart werden muss.

7. Wettbewerbsverbot auch während Freistellung. Ein gekündigter Arbeitnehmer darf während des Laufs der Kündigungsfrist trotz Freistellung nicht für einen Wettbewerber des Arbeitgebers tätig werden. Zwar kann in der Erklärung des Arbeitgebers, die Freistellung erfolge unter dem Vorbehalt der Anrechnung anderweitigen Verdienstes, nach Ansicht das BAG ein Verzicht auf das gesetzliche Wettbewerbsverbot aus § 60 HGB liegen (BAG AP BGB § 615 Nr. 118; a. A. *Bauer* NZA 2007, 409, 410; *Bauer/Günther* DStR 2008, 2422, 2424; *Fesenmeyer* NJW 2007, 2798, 2799). Die Wirkung des Wettbewerbsverbotes bleibt aber erhalten, wenn der Arbeitgeber seinen entsprechenden Willen zum Ausdruck bringt. Es empfiehlt sich daher ein ausdrücklicher Hinweis darauf, dass das Wettbewerbsverbot während der Freistellung bestehen bleibt und trotz der Möglichkeit zur Anrechnung anderweitigen Verdienstes nicht aufgehoben ist (zum Fall einer unwirksamen fristlosen Kündigung → Form. A. XIV. 5 Anm. 6).

8. Widerruf der privaten Dienstwagennutzung. Sofern der Arbeitgeber sich arbeitsvertraglich das Recht vorbehalten hat, die **private Nutzung eines Dienstwagens zu widerrufen,** bietet es sich an, von diesem Recht während einer Freistellung des Arbeitnehmers Gebrauch zu machen. Ohne einen solchen Vorbehalt behält der Arbeitnehmer das Recht, ein zu privaten Zwecken überlassenes Fahrzeug zu nutzen, da es sich bei der Gewährung um einen **Vergütungsbestandteil** handelt, der von einer Freistellung eben unberührt bleibt.

Zur **Wirksamkeit eines vertraglichen Widerrufsvorbehaltes,** insbesondere im Lichte des § 308 Nr. 4 BGB, → Form. A. III. 1 Anm. 7 . Die **Ausübung** eines wirksam vorbehaltenen Widerrufs muss sich ferner an § 315 BGB und § 106 GewO messen lassen, also billigem Ermessen genügen.

9. Rückgabe des Dienstwagens. Wenn das Recht zur Nutzung des Dienstwagens widerrufen wird, sollte unmittelbar in die Kündigungserklärung aufgenommen werden, **wann und wo** der Dienstwagen **zurückzugeben** ist.

Praktisch stellt sich die Durchsetzung des Herausgabeanspruchs regelmäßig als schwierig dar. Arbeitnehmer berufen sich häufig auf ein **Zurückbehaltungsrecht,** welches sich daraus ergeben soll, dass noch offene Forderungen aus dem Arbeitsverhältnis bestünden.

Selbst wenn der Herausgabeanspruch des Arbeitgebers besteht, muss er durchgesetzt werden. Angesichts der Zeit, die vergeht, bis ein vollstreckbarer Titel im Hauptsacheverfahren erlangt wird, liegt es nahe, Herausgabe im Wege der **einstweiligen Verfügung** zu verlangen. Insbesondere der Verfügungsgrund (Vereitelung oder wesentliche Erschwerung eines Anspruchs) bereitet allerdings Schwierigkeiten. Eine bloß drohende Wertminderung des Dienstwagens rechtfertigt eine einstweilige Verfügung noch nicht. Wenn der Dienstwagen aber dringend für einen anderen Arbeitnehmer benötigt wird, ist eine einstweilige Verfügung nach unserer Auffassung möglich (so wohl auch LAG Köln BeckRS 2007, 45653; *Dunkl/Moeller/Baur/Feldmeier* Teil B Rn. 40, allerdings mit der Einschränkung, dass der Dienstwagen dringend für den **Nachfolger** benötigt werden muss; *Schmiedl* BB 2002, 992, 995). Sollte der Arbeitnehmer den Dienstwagen trotz Aufforderung nicht herausgeben, sollte der Arbeitgeber seinerseits von seinem Zurückbehaltungsrecht Gebrauch machen und keine weitere Vergütung zahlen. Im Übrigen kann die Verweigerung der Herausgabe des Dienstwagens u. U. einen Grund für eine weitere – außerordentliche – Kündigung darstellen (LAG Nürnberg BeckRS 2011, 71815).

10. Entschädigung wegen Widerrufs der Dienstwagennutzung. Sofern der Dienstwagen nach der vertraglichen Regelung nur gegen Zahlung einer **Entschädigung** zurückgefordert werden kann, sollte eine entsprechende Formulierung gewählt werden.

11. Rückgabe von Gegenständen. Insbesondere im Fall der Freistellung können bereits im Kündigungsschreiben die **Gegenstände**, die vom Arbeitnehmer herausgegeben werden müssen, konkret bezeichnet werden. Sofern es sich nicht ausnahmsweise (etwa bei einem privat nutzbaren Mobiltelefon) um Gegenstände handelt, deren private Nutzbarkeit Vergütungscharakter hat, können diese jederzeit vom Arbeitgeber herausverlangt werden. Zur Durchsetzbarkeit gilt das oben (→ Anm. 9) im Hinblick auf den Dienstwagen Gesagte. Die Durchsetzung eines Herausgabeanspruchs im Wege der **einstweiligen Verfügung** liegt insbesondere dann nahe, wenn etwa Geschäftsunterlagen vom Arbeitgeber dringend benötigt werden.

12. Verzicht auf nachvertragliches Wettbewerbsverbot. Sofern die Gesellschaft an einem etwaig vereinbarten nachvertraglichen Wettbewerbsverbot kein Interesse mehr hat, sollte über einen **Verzicht** gemäß § 75a HGB nachgedacht werden (→ Form. A. IV. 1). Dies gilt insbesondere dann, wenn eine lange Kündigungsfrist einzuhalten ist. Da die Pflicht zur Zahlung der Karenzentschädigung erst mit tatsächlicher Beendigung des Arbeitsverhältnisses einsetzt, aber der **Zwölf-Monats-Zeitraum,** während dessen die **Karenzentschädigung** gemäß § 75a HGB fortzuzahlen ist, bereits mit Erklärung des Verzichtes beginnt, verkürzt sich der Zahlungszeitraum bei langer Kündigungsfrist entsprechend. Beispiel: Es gilt eine Kündigungsfrist von sechs Monaten zum Monatsende. Die Kündigung wird am 28.4. ausgesprochen. Gleichzeitig wird auf das nachvertragliche Wettbewerbsverbot verzichtet. Das Arbeitsverhältnis endet am 31.10. Die Karenzentschädigung ist nur für den Zeitraum vom 1.11. bis zum 28.4. des Folgejahres zu zahlen.

Bei einer kurzen Kündigungsfrist kann es hingegen Sinn machen, auf das nachvertragliche Wettbewerbsverbot selbst dann nicht zu verzichten, wenn der Arbeitgeber eigentlich kein Interesse mehr an der Durchsetzung hat. Dies gilt insbesondere dann, wenn beispielsweise ein nachvertragliches Wettbewerbsverbot nicht für den gesetzlich längsten Zeitraum von zwei Jahren, sondern beispielsweise nur für zwölf Monate vereinbart wurde. Das Einsparpotential durch einseitigen Verzicht auf das nachvertragliche Wettbewerbsverbot ist in einem solchen Fall so gering, dass es mehr Sinn macht, mit dem Arbeitnehmer **Verhandlungen** mit dem Ziel aufzunehmen, das nachvertragliche Wettbewerbsverbot einvernehmlich aufzuheben (und sich damit in kürzerer Frist von der Verpflichtung zur Zahlung einer Karenzentschädigung zu befreien).

Der Verzicht muss **schriftlich** und **vor Beendigung des Arbeitsverhältnisses** erklärt werden und der **Zugang** muss bewiesen werden können. Dies lässt sich sicherstellen, wenn der Verzicht in die Kündigungserklärung aufgenommen wird.

13. Hinweis auf Verpflichtung zur Zahlung der Karenzentschädigung nach Verzicht auf nachvertragliches Wettbewerbsverbot. Das Formular weist ausdrücklich auf die Verpflichtung des Arbeitgebers hin, die vereinbarte Karenzentschädigung trotz Verzichts für maximal zwölf Monate zu zahlen. Der Verzicht wäre aber auch ohne eine solche Erklärung wohl wirksam (*Bauer/Diller* Rn. 580), wobei es bisher keine höchstrichterliche Entscheidung zu dieser Frage gibt.

14. Ausschluss des Lösungsrechts des Arbeitnehmers. Wenn der Arbeitgeber das Arbeitsverhältnis kündigt, ohne dass der Arbeitnehmer einen Anlass für die Kündigung gegeben hat, kann sich der Arbeitnehmer gemäß § 75 Abs. 2 HGB in Verbindung mit § 75 Abs. 1 HGB von einem nachvertraglichen Wettbewerbsverbot innerhalb eines Monats schriftlich **lösen.** Will der Arbeitgeber dies verhindern, muss er sich gemäß § 75 Abs. 2 HGB bereit erklären, die zuletzt bezogene **gesamte Vergütung** einschließlich sämtlicher Vergütungsbestandteile fortzuzahlen. Die Erklärung, wonach die gesamte Vergütung fortgezahlt wird, muss **zusammen mit der Kündigung** erfolgen. In der Praxis kommt dieser Fall eher selten vor. Der Arbeitgeber wird im Einzelfall abwägen müssen, ob ein Festhalten am nachvertraglichen Wettbewerbsverbot angesichts der damit verbundenen erheblichen Kosten tatsächlich notwendig ist.

15. Klageverzicht. Will der Arbeitnehmer die Unwirksamkeit der Kündigung gerichtlich geltend machen, muss er innerhalb von drei Wochen nach Zugang der Kündigung **Kündigungsschutzklage** erheben (§ 4 S. 1 KSchG). Um diese aus Arbeitgebersicht ungewisse Phase abzukürzen, kann mit dem ausscheidenden Arbeitnehmer ein Klageverzicht vereinbart werden. An die Wirksamkeit einer **Verzichtserklärung** stellt die Rechtsprechung jedoch recht hohe Anforderungen.

So muss der Verzicht des Arbeitnehmers, den Fortbestand des Arbeitsverhältnisses gerichtlich geltend zu machen, unmissverständlich zum Ausdruck kommen (vgl. BAG ZTR 2007, 694, 695).

Verzichtserklärungen, die im unmittelbaren zeitlichen und sachlichen Zusammenhang mit dem Ausspruch einer Kündigung getroffen werden, müssen zudem als Auflösungsverträge i.S.d. § 623 BGB von beiden Arbeitsvertragsparteien auf derselben Urkunde unterzeichnet werden (BAG NZA 2007, 1227, 1228). Hierbei müssen beide Unterschriften den Urkundentext räumlich abschließen.

Legt der Arbeitgeber dem Arbeitnehmer den Kündigungsverzicht in Form einer vorformulierten Erklarung vor, muss schließlich dem Arbeitnehmer zwingend eine kompensatorische Gegenleistung für den Verzicht angeboten werden. Anderenfalls liegt in dem Verzicht eine unangemessene Benachteiligung des Arbeitnehmers gemäß § 307 Abs. 1 S. 1 BGB (BAG NZA 2008, 219). Das BAG nennt als mögliche Gegenleistung beispielhaft eine Kompensation in Bezug auf den Beendigungszeitpunkt oder die Beendigungsart, die Zahlung einer Entlassungsentschädigung oder den Verzicht des Arbeitgebers auf Ersatzansprüche gegen den Arbeitnehmer (BAG NZA 2008, 219, 222). Noch nicht abschließend geklärt ist, welchen monetären oder sonstigen Wert die Arbeitgeberleistung haben muss, um einen angemessenen Ausgleich für den Klageverzicht des Arbeitnehmers darstellen zu können (*Müller* BB 2011, 1653, 1655). Zahlungen mit reinem „Symbolcharakter" (vgl. *Bauer/Günther* NJW 2008, 1617, 1620: Zahlung von 100 EUR an einen mehrjährig beschäftigten Arbeitnehmer) dürften jedenfalls nicht ausreichend sein. Das Formular sieht hier beispielhaft die Zahlung einer Abfindung i. H. v. 0,25 Brutto-Monatsgehältern pro Beschäftigungsjahr vor, die nach der Geschäftsanweisung der Bundesagentur für Arbeit zu § 159 SGB III auch sperrzeitunschädlich sein dürfte (s. dazu im Einzelnen → Form. A. XIV. 4 Anm. 5).

4. Ordentliche Kündigung mit Abfindungsangebot nach § 1a KSchG

[Briefkopf des Arbeitgebers]

Herrn . . . . . . (Name und Anschrift des Arbeitnehmers)

. . . . . . (Datum)

Kündigung[1]

Sehr geehrter Herr . . . . . .,

hiermit kündigen wir Ihr Arbeitsverhältnis aus dringenden betrieblichen Erfordernissen[2] fristgemäß zum . . . . . .,[3] hilfsweise zum nächst zulässigen Zeitpunkt.

Als soziale Entschädigung für den Verlust des Arbeitsplatzes bieten wir Ihnen gemäß § 1a KSchG[4] eine Abfindung an, die einen halben Monatsverdienst für jedes Jahr des Bestehens des Arbeitsverhältnisses beträgt.[5] Sie können dieses Angebot annehmen, indem Sie die Kündigung nicht gerichtlich angreifen, also die gesetzliche Drei-Wochen-Frist verstreichen lassen, innerhalb der Sie Klage erheben müssten.[6] Die Abfindung wird dann mit Ihrem letzten Gehalt ausgezahlt.[7] Sollten Sie hingegen gegen die Kündigung Klage erheben, erhalten Sie keine Abfindung.[8]

Nähere Auskünfte zur Berechnung der Abfindung und zur steuerlichen Behandlung erteilt Ihnen auf Wunsch gern die Personalabteilung.[9]

Vorsorglich weisen wir Sie darauf hin, dass Sie sich innerhalb von drei Tagen nach Kenntnis von dieser Kündigung *(Alternative: spätestens drei Monate vor dem Beendigungstermin)* bei der zuständigen Agentur für Arbeit zu melden sowie eigene Aktivitäten bei der Suche nach einer anderen Beschäftigung zu entfalten haben.

Mit freundlichen Grüßen

. . . . . .

Unterschrift des Arbeitgebers

Erhalten:

. . . . . .

Ort, Datum

. . . . . .

Unterschrift des Arbeitnehmers

Anmerkungen

1. Kündigung mit Abfindungsangebot. Durch § 1a KSchG will der Gesetzgeber Arbeitgeber und Arbeitnehmer ein (auf den ersten Blick) unkompliziertes Instrument zur Verfügung stellen, ein Arbeitsverhältnis betriebsbedingt gegen Zahlung einer gesetzlich bestimmten Abfindung zu beenden. Der Arbeitgeber bietet im Kündigungsschreiben die

Abfindung an; der Arbeitnehmer akzeptiert das Abfindungsangebot des Arbeitgebers durch schlichtes Verstreichenlassen der dreiwöchigen Klagefrist. Er muss keine Klage erheben und es ist auch nicht nötig, einen Aufhebungs- oder Abwicklungsvertrag abzuschließen.

Hinter dieser Regelung steht der zutreffende Gedanke, dass viele Arbeitnehmer selbst dann gegen eine betriebsbedingte Kündigung klagen, wenn sie eigentlich bereit wären, gegen eine angemessene Abfindung aus dem Unternehmen auszuscheiden. Bislang ist dieses Instrument in der Praxis aber kaum angenommen worden. Auf Arbeitgeberseite sollte vor allem berücksichtigt werden, dass Arbeitnehmer trotz einer im Kündigungsschreiben angebotenen Abfindung Kündigungsschutzklage mit dem Ziel erheben können, in der Güteverhandlung eine gegebenenfalls (noch) höhere Abfindung auszuhandeln. Verhandlungstaktisch kann es für den Arbeitgeber daher einen Nachteil bedeuten, wenn er schon mit der Kündigung ein Angebot unterbreitet hat.

Auch nach Einführung des § 1a KSchG bleibt es weiter die **freie Entscheidung des Arbeitgebers**, ob er überhaupt eine Abfindung anbietet und, wenn ja, ob er von § 1a KSchG Gebrauch macht. Umgekehrt bleibt es ebenso die **freie Entscheidung des Arbeitnehmers,** ob er das Angebot (durch Verstreichenlassen der Klagefrist → Anm. 6) annimmt oder ob er gegen die Kündigung vorgeht. § 1a KSchG setzt auch keinen generell unabdingbaren Mindestabfindungsanspruch bei Ausspruch betriebsbedingter Kündigungen fest. Auch bei betriebsbedingten Kündigungen steht es den Arbeitsvertragsparteien vielmehr weiterhin frei, von einem Vorgehen nach § 1a KSchG abzusehen und eine geringere oder höhere als die dort vorgesehene Abfindung zu vereinbaren. Dies schließt die Möglichkeit ein, dass der Arbeitgeber die Zahlung einer Abfindung von dem ungenutzten Verstreichenlassen der Frist zur Erhebung einer Kündigungsschutzklage abhängig macht (BAG NZA 2008, 1292, 1293; BAG NZA 2008, 528, 529; *Preis* DB 2004, 70, 73). Ob der Arbeitgeber den Hinweis nach § 1a KSchG erteilt oder ein davon abweichendes Angebot unterbreitet hat, ist durch Auslegung des Kündigungsschreibens zu ermitteln (BAG NZA 2008, 528, 529; BAG NZA 2008, 1292, 1293; → Anm. 4, 5).

Ein Vorteil des Verfahrens nach § 1a KSchG liegt darin, dass die Arbeitsverwaltung keine **Sperrzeit** verhängt, wenn bei einer betriebsbedingten Kündigung eine Abfindung gemäß § 1a KSchG gezahlt wird. In diesem Fall soll nämlich ein wichtiger Grund im Sinne des § 159 Abs. 1 S. 1 SGB III vorliegen (Geschäftsanweisung der Bundesagentur für Arbeit zu § 159 SGB III, 159.103; LSG Stuttgart BeckRS 2011, 77312; so auch BSG DB 2006, 2521). Regelmäßig steht dem Eintritt einer Sperrzeit bereits entgegen, dass das Verstreichenlassen der Klagefrist **keine aktive Beteiligung** des Arbeitnehmers an der Beendigung des Arbeitsverhältnisses darstellt, was nach der Rechtsprechung des Bundessozialgerichts Voraussetzung für eine Sperrzeit ist (BSG NZA 2004, 661, 663; BSG AP AFG § 119 Nr. 8; A/P/S/*Hesse* § 1a KSchG Rn. 13; *Lilienfeld/Spellbrink* RdA 2005, 88, 93 ff.). In der Praxis kann dies in Situationen genutzt werden, in denen ein Arbeitnehmer grundsätzlich bereit ist, gegen Zahlung einer Abfindung auszuscheiden oder sogar selbst auszuscheiden wünscht, aber das Sperrzeitrisiko scheut. Hier ist jedoch Vorsicht geboten. Jede (auch mündliche) Abrede zwischen Arbeitgeber und Arbeitnehmer, dass gemäß § 1a KSchG vorgegangen werden soll oder eine Vereinbarung im Hinblick auf die Höhe der Abfindung, dürfte als sperrzeitrelevante aktive Beteiligung des Arbeitnehmers auszulegen sein, und zwar unabhängig davon, ob sie vor oder nach Ausspruch der Kündigung getroffen wurde (vgl. BSG NZA 2004, 661, 663; Geschäftsanweisung der Bundesagentur für Arbeit zu § 159 SGB III, 159.13; a.A. *Raab* RdA 2005, 1, 12; *Bauer/Krieger* NZA 2004, 640, 642). Unerheblich ist insoweit, ob das Verstreichenlassen der Frist rechtsdogmatisch als Willenserklärung oder als Realakt einzuordnen ist (→ Anm. 6). Denn selbst wenn das Verstreichenlassen der Frist eine Willenserklärung darstellte, wäre aufgrund des eindeutigen Willens des Gesetzgebers, einen fairen Interessenausgleich zu ermöglichen, der Eintritt einer Sperrzeit abzulehnen (*Lilienfeld/Spellbrink* RdA 2005, 88, 94 f.) Zusammengefasst empfiehlt sich das Verfahren nach § 1a KSchG wohl vor allem für Fälle, in denen der Arbeitgeber ohnehin bereit ist, die von § 1a KSchG geforderte Abfindung (→ Anm. 5) zu zahlen, oder wenn der Arbeitgeber vermutet, dass ein Arbeitnehmer sich nur deshalb nicht auf einen Aufhebungsvertrag einlassen würde, weil er eine Sperrzeit fürchtet (zum Sperrzeitrisiko bei Abschluss von Aufhebungs- und Abwicklungsverträgen → Form. A. XV. 1 Anm. 10).

Für allgemeine Anmerkungen zur Kündigungserklärung → Form. A. XIV. 2. Die in → Form. A. XIV. 3 dargestellten **zusätzlichen Module** können auch hier verwendet werden.

2. Betriebsbedingter Kündigungsgrund. § 1a KSchG greift nur, wenn eine betriebsbedingte Kündigung ausgesprochen wird. Der Text des Kündigungsschreibens muss die Betriebsbedingtheit erwähnen, § 1a Abs. 1 S. 2 KSchG.

§ 1a KSchG ist auch auf die **betriebsbedingte Änderungskündigung** anwendbar, wobei dies nur für den Fall relevant wird, dass der Arbeitnehmer das Änderungsangebot ablehnt, da ansonsten das Arbeitsverhältnis nicht beendet wird (*Däubler* NZA 2004, 177, 178; *Raab* RdA 2005, 1, 5).

3. Fristgemäße Kündigung. Die Kündigung muss unter Einhaltung der anwendbaren Kündigungsfrist ausgesprochen werden (→ Form. A. XIV. 2 Anm. 2). Dem steht der Fall der **außerordentlichen Kündigung mit Auslauffrist** eines ordentlich unkündbaren Arbeitnehmers gleich (ErfKomm/*Oetker* § 1a KSchG Rn. 5; *Grobys* DB 2003, 2174; a. A. K/D/Z/*Zwanziger* § 1a KSchG Rn. 6).

4. Verweis auf § 1a KSchG im Text. Es bietet sich an, ausdrücklich auf § 1a KSchG zu verweisen. Bei **Auslegungsproblemen**, etwa hinsichtlich der Abfindungshöhe, kann dann unmittelbar auf § 1a KSchG zurückgegriffen werden (→ Anm. 5).

Ein ausdrücklicher Verweis auf § 1a KSchG führt allerdings auch dazu, dass ein Abfindungsanspruch in der in § 1a Abs. 2 KSchG genannten Höhe entsteht, selbst wenn der Arbeitgeber einen konkreten Abfindungsbetrag nennt, der den aus den gesetzlichen Vorgaben folgenden Betrag objektiv unterschreitet (BAG DB 2007, 2600; a. A. *Wolff* BB 2004, 378, 380). Die Vorschrift des § 1a KSchG sollte im Kündigungsschreiben daher nur dann genannt werden, wenn der Arbeitgeber tatsächlich die dort vorgesehene Abfindung zahlen will.

Fehlt ein ausdrücklicher Verweis auf § 1a KSchG, ist durch Auslegung zu ermitteln, ob es sich um eine Kündigung „gemäß § 1a KSchG" oder um ein **mit der Kündigung verbundenes „normales" Abfindungsangebot** handelt (BAG NZA 2008, 1292; BAG NZA 2008, 528, 529 f.). Ein solches „normales" Abfindungsangebot kann der Arbeitnehmer jedenfalls dann durch bloßes Verstreichenlassen der Klagefrist annehmen, wenn der Arbeitgeber ihn hierzu im Kündigungsschreiben entsprechend aufgefordert hat. Dogmatisch liegt in diesem Fall ein Abfindungsangebot vor, bei dem der Arbeitgeber gemäß § 151 S. 1 BGB auf den Zugang der Annahmeerklärung verzichtet hat (*Thüsing/Wege* JuS 2006, 97, 102; *Bauer/Krieger* NZA 2004, 77, 78; a. A. *Bader* NZA 2004, 65, 72 für Fälle der unbewussten Unterlassung der Klageerhebung).

Der Abfindungsanspruch des Arbeitnehmers würde auch nicht am **Formerfordernis** des § 623 BGB scheitern. Das Formerfordernis bezieht sich auf den Beendigungstatbestand, also hier auf die Kündigung. Der „Abfindungsvertrag" kann formfrei geschlossen werden.

5. Abfindungshöhe. Die Höhe der Abfindung ist in § 1a Abs. 2 KSchG definiert. Sie beträgt 0,5 Monatsverdienste für jedes Jahr des Bestehens des Arbeitsverhältnisses.

Der **Zeitfaktor** (Jahre des Bestehens des Arbeitsverhältnisses) ist verhältnismäßig leicht zu bestimmen. Für den Bestand des Arbeitsverhältnisses maßgeblich ist der Zeitraum zwischen dem Beginn des Arbeitsverhältnisses und dem Ablauf der Kündigungsfrist (BeckOK Arb. § 1a KSchG Rn. 53). Gemäß § 1a Abs. 2 S. 3 KSchG ist ein Zeitraum von mehr als sechs Monaten auf ein volles Jahr **aufzurunden.** Zeiträume von bis zu sechs

Monaten werden abgerundet und bleiben daher außer Betracht (A/P/S/*Hesse* § 1a KSchG Rn. 10; K/D/Z/*Zwanziger* § 1a KSchG Rn. 19; H/W/K/*Quecke* § 1a KSchG Rn. 20; *Kögel* RdA 2009, 358, 360; a. A. KR/*Spilger* § 1a KSchG Rn. 130; vgl. auch BAG AP BUrlG § 5 Nr. 13 für die ähnlich formulierte Regelung des § 5 Abs. 2 BUrlG). Hieraus folgt auch, dass § 1a KSchG keine Anwendung findet, wenn der Arbeitnehmer noch keine sechs Monate beschäftigt ist, die Wartezeit gemäß § 1 Abs. 1 KSchG also noch nicht vollendet ist.

War das Arbeitsverhältnis in der Vergangenheit unterbrochen, stellt sich die Frage, ob **frühere Beschäftigungszeiten** beim selben Arbeitgeber mitzurechnen sind. Es bietet sich an, auf die Rechtsprechung zu der ähnlich gelagerten Frage zurückzugreifen, ob die Wartezeit von sechs Monaten (§ 1 Abs. 1 KSchG) nach einer Unterbrechung neu zu laufen beginnt (vgl. hierzu etwa BAG AP BGB § 622 Nr. 61; ausführlich ErfKomm/*Oetker* § 1 KSchG Rn. 39 ff.).

Die Betriebszugehörigkeit bei einem **anderen Konzernunternehmen** zählt nur dann mit, wenn dies vertraglich vereinbart wurde. Ist das Arbeitsverhältnis im Wege des **Betriebsübergangs** auf den kündigenden Arbeitgeber übergegangen, sind Beschäftigungszeiten im Betrieb des Veräußerers hinzuzurechnen.

Hinsichtlich des **Geldfaktors** („0,5 Monatsverdienste") verweist § 1a Abs. 2 S. 2 KSchG auf § 10 Abs. 3 KSchG, also **nicht** auf die **Obergrenze** nach § 10 Abs. 2 KSchG. Nach § 10 Abs. 3 KSchG gilt als Monatsverdienst das, was dem Arbeitnehmer bei der für ihn maßgebenden regelmäßigen Arbeitszeit in dem Monat, in dem das Arbeitsverhältnis endet (§ 9 Abs. 2 KSchG), an Geld und Sachbezügen **brutto** zusteht. Regelmäßig gezahlte **Zulagen** sind zu berücksichtigen. Auch eine Gehaltserhöhung im Austrittsmonat führt zu einer höheren Abfindung. Reine **Aufwandsentschädigungen** wie Spesenersatz bleiben jedoch außer Betracht.

Es ist auf die **regelmäßige Arbeitszeit** abzustellen, so dass Überstunden oder Kurzarbeit herauszurechnen sind, wenn sie nur unregelmäßig anfallen (KR/*Spilger* § 10 KSchG Rn. 29; *v. Hoyningen-Huene/Linck* § 10 KSchG Rn. 12). Bezüge, die für einen längeren Zeitraum gezahlt werden (**Urlaubsgeld, Weihnachtsgeld, Gratifikationen, Boni**), sind auf einen Monat umzurechnen. (ErfKomm/*Kiel* § 10 KSchG Rn. 3; a. A. für Leistungen mit Gratifikationscharakter KR/*Spilger* § 10 KSchG Rn. 33; A/P/S/*Biebl* § 10 KSchG Rn. 18; Schaub/*Linck* § 141 Rn. 49).

Die wörtliche Anwendung von § 10 Abs. 3 KSchG im Hinblick auf die Relevanz des **Austrittsmonats** würde insbesondere bei **Provisionen** zu nicht akzeptablen Zufälligkeiten führen. Je nachdem, ob der Provisionsanspruch des gekündigten Arbeitnehmers im Austrittsmonat außergewöhnlich hoch oder außergewöhnlich niedrig war, würde sich eine erhebliche Differenz ergeben. Dies ist schon deshalb nicht sachgerecht, weil der Arbeitnehmer zu dem Zeitpunkt, zu dem er entscheidet, ob er die Klagefrist verstreichen lassen soll, kaum wissen wird, wie hoch sein Provisionsanspruch im Monat seines Ausscheidens sein wird. Sachgerecht wäre beispielsweise eine **Durchschnittsbildung** auf der Basis eines sachgerechten Referenzzeitraumes von etwa sechs Monaten bis zu einem Jahr. Eine endgültige Klärung wird jedoch erst durch die Rechtsprechung erfolgen.

Sachbezüge sind ausdrücklich erwähnt. Der geldwerte Vorteil der privaten **Dienstwagennutzung** ist daher einzurechnen.

Das Formular wiederholt hinsichtlich der Berechnung der Abfindung lediglich den Wortlaut von § 1a Abs. 2 KSchG und **verweist** im Übrigen ausdrücklich **auf § 1a KSchG.** Dies hat den Nachteil, dass der Arbeitgeber – jedenfalls bis zur Klärung der Zweifelsfälle durch die Rechtsprechung – nicht immer sicher wissen wird, wie hoch die Abfindung tatsächlich ausfallen wird. Nimmt der Arbeitnehmer das Abfindungsangebot an, indem er die Klagefrist verstreichen lässt, verlangt er dann aber unter Berufung auf eine für ihn günstige Auslegung eine höhere Abfindung als der Arbeitgeber errechnet hat, so müsste dieser Streit letztlich gerichtlich geklärt werden. Aus Sicht des Arbeitgebers wird aber ein Rechtsstreit über die Höhe der Abfindung und damit mit begrenztem Risiko einem Rechtsstreit über die Wirksamkeit der Kündigung in aller Regel vorzuziehen sein.

Als Alternative wäre zu überlegen, eine **konkrete Abfindungssumme** zu nennen. Streit über die Höhe der Abfindung würde so zunächst vermieden. Sofern der genannte Betrag die sich aus § 1a Abs. 2 KSchG tatsächlich ergebende Summe unterschreitet, entsteht der Anspruch allerdings dennoch in der gesetzlichen Höhe, wenn der Arbeitgeber das Angebot mit den Hinweisen nach § 1a Abs. 1 S. 2 KSchG verbindet und dadurch zu verstehen gibt, er wolle eine Abfindung in der gesetzlich vorgesehenen Höhe zahlen (→ Anm. 4).

Beträgt die angebotene Abfindung nicht 0,5 Monatsgehälter pro Beschäftigungsjahr, läuft der Arbeitnehmer Gefahr, bei Verstreichenlassen der Klagefrist die oben erwähnte Privilegierung zu verlieren. Danach liegt bei Vorgehen nach § 1a KSchG regelmäßig kein **Sperrzeittatbestand** vor (→ Anm. 1). Insoweit ist jedoch genauer zu unterscheiden. Bei einer Absprache über die Höhe der Abfindung tritt grundsätzlich eine Sperrzeit ein (→ Anm. 1). Bietet der Arbeitgeber eine Abfindung von weniger als 0,5 Monatsgehältern und verweist der Arbeitgeber ausdrücklich auf § 1a KSchG, entsteht der Anspruch dennoch in der in § 1a Abs. 2 KSchG genannten Höhe (→ Anm. 4) und eine Sperrzeit tritt nicht ein. Verweist der Arbeitgeber nicht auf § 1a KSchG, ist durch Auslegung zu ermitteln, ob es sich um eine Kündigung **„gemäß § 1a KSchG"** oder um ein **mit der Kündigung verbundenes „normales" Abfindungsangebot** handelt (→ Anm. 4). Weicht die im Kündigungsschreiben angebotene Abfindung in der Höhe deutlich von dem gesetzlich vorgesehenen Betrag ab, spricht vieles dafür, dass es sich um ein „normales" Abfindungsangebot handelt (BAG NZA 2008, 1292). Die Arbeitsverwaltung wird diesen Fall einer „normalen" Prüfung im Hinblick auf Sperrzeittatbestände unterziehen. Ob § 1a KSchG höhere Abfindungen erfasst, ist hingegen schwieriger zu beantworten, wobei die wohl herrschende Ansicht davon ausgeht, dass § 1a KSchG auch in diesem Fall nicht anwendbar ist (A/P/S/*Hesse* § 1a KSchG Rn. 7; *Bader* NZA 2004, 65, 72; a. A. *Giesen/Besgen* NJW 2004, 185, 186; *Raab* RdA 2005, 1, 8). Jedenfalls im Sperrzeitrecht hat eine „normale" Prüfung im Hinblick auf Sperrzeittatbestände zu erfolgen (LSG Stuttgart BeckRS 2011, 77312; LSG Stuttgart BeckRS 2011, 78985; BeckOK Soz. § 144 SGB III Rn. 7; *Voelzke* NZS 2005, 281, 288; vgl. auch BSG NZA 2006, 1359). Sofern der Arbeitgeber also wegen Unsicherheiten bei der Berechnung der Abfindung nicht „blanko" auf § 1a KSchG verweisen oder sofern er eine höhere oder niedrigere Abfindung anbieten möchte, sollte schon zur Vermeidung von Unsicherheiten ein Aufhebungs- bzw. Abwicklungsvertrag abgeschlossen werden (vgl. schon → Anm. 4).

Fraglich ist das Verhältnis zwischen tariflichen Abfindungsansprüchen und einem Anspruch des Arbeitnehmers aus § 1a KSchG. Eine automatische Anrechnung der Abfindung aus § 1a KSchG auf einen tariflichen Abfindungsanspruch kommt nicht in Betracht (vgl. *Bader* NZA 2004, 65, 72; *Willemsen/Annuß* NJW 2004, 177, 183; a. A. *Giesen/Besgen* NJW 2004, 185, 186). Es ist den Tarifvertragsparteien natürlich freigestellt, eine Anrechnung von Ansprüchen aus § 1a KSchG auf tarifliche Abfindungsansprüche ausdrücklich vorzusehen. Ob dagegen ein Tarifvertrag, der vor Einführung des § 1a KSchG abgeschlossen wurde und der eine Anrechnung von durch „Urteil oder Vergleich" zugesprochenen Abfindungen vorsieht, damit auch eine Anrechnung von Ansprüchen aus § 1a KSchG erlaubt, ist durch Auslegung der jeweiligen Tarifnorm zu ermitteln (BAG BeckRS 2011, 69269).

6. Abfindungsanspruch bei Verstreichenlassen der Klagefrist. Der Arbeitnehmer kann die Abfindung beanspruchen, wenn er die dreiwöchige Klagefrist gemäß § 4 KSchG verstreichen lässt. Der Arbeitgeber muss auf diese Folge im Kündigungsschreiben **hinweisen,** § 1a Abs. 1 S. 2 KSchG.

Liegt eine Konstellation vor, in der der Arbeitnehmer gemäß § 5 KSchG nach Ablauf der dreiwöchigen Frist **nachträglich Klage erhebt,** besteht kein Anspruch auf die Abfindung (BAG NZA 2008, 696, 699; BAG NZA 2009, 1197). Das Gleiche gilt, wenn die Klage verspätet erhoben wurde, ohne mit einem Antrag auf nachträgliche Zulassung verbunden worden zu sein (BAG NZA 2009, 1197; a. A. KR/*Spilger* § 1a KSchG Rn. 76; *Raab* RdA 2005, 1, 10). Eine etwaig bereits ausgezahlte Abfindung ist zurückzuzahlen.

Die **dogmatische Einordnung** des Verstreichenlassens der Klagefrist bedarf noch der Klärung durch die Rechtsprechung. Nach wohl herrschender Ansicht handelt es sich um einen Realakt (*Thüsing/Wege* JuS 2006, 97, 98 f.; *Willemsen/Annuß* NJW 2004, 177, 182; *Bader* NZA 2004, 65, 70; *Grobys* DB 2003, 2174; KR/*Spilger* § 1a KSchG Rn. 72 ; *Raab* RdA 2005, 1, 4; a. A. *Preis* DB 2004, 70, 71 f.; *Löwisch* NZA 2003, 689, 694; *Däubler* NZA 2004, 177, 178 ff.; *Bauer/Krieger* NZA 2004, 77; offen gelassen BAG NZA 2007, 1357, 1359). **Willensmängel** sind damit ohne Bedeutung. Eine **Anfechtung** durch den Arbeitnehmer scheidet aus.

7. Entstehung und Fälligkeit der Abfindung. Die Abfindung **entsteht** zum Beendigungstermin (d. h. mit Ablauf der Kündigungsfrist) und wird gleichzeitig **fällig** (BAG AP KSchG 1969 § 1a Nr. 3; *Däubler* NZA 2004, 177, 178; *Bader* NZA 2004, 65, 71; *Willemsen/Annuß* NJW 2004, 177, 181; unklar *Bauer/Krieger* NZA 2004, 77). Von diesem Zeitpunkt an unterliegt der Anspruch etwaigen **Verfallfristen.**

Wird während des Laufs der Kündigungsfrist wirksam **fristlos** gekündigt, entsteht der Abfindungsanspruch nicht (*Däubler* NZA 2004, 177, 178; *Willemsen/Annuß* NJW 2004, 177, 181). Das Gleiche gilt, wenn der Arbeitnehmer vor Ablauf der Kündigungsfrist **verstirbt** (BAG AP KSchG 1969 § 1a Nr. 3; *Däubler* NZA 2004, 177, 178; *Willemsen/Annuß* NJW 2004, 177, 181; KR/*Spilger* § 1a KSchG Rn. 98).

In **steuerrechtlicher Hinsicht** bestehen keine Besonderheiten. Die Abfindung ist nach der Streichung von § 3 Nr. 9 EStG a. F. nur unter den Voraussetzungen von §§ 24, 34 EStG steuerbegünstigt.

8. Keine Abfindung bei Klage gegen die Kündigung. Mit dem Abfindungsangebot ist **kein Präjudiz** hinsichtlich der Wirksamkeit der Kündigung verbunden. Hieran ändert auch die Tatsache nichts, dass die Arbeitsverwaltung bei einer Kündigung nach § 1a KSchG auf eine Rechtmäßigkeitsprüfung verzichtet (s. schon → Anm. 1). Denn eine Rechtmäßigkeitsprüfung der Arbeitsverwaltung erfolgt ohnehin nur im Hinblick auf das Vorliegen eines „wichtigen Grundes" bzgl. der Verhängung einer Sperrzeit. Die Entscheidung über die Wirksamkeit einer Kündigung obliegt den Arbeitsgerichten.

Erhebt der Arbeitnehmer Kündigungsschutzklage, wird das Abfindungsangebot **gegenstandslos.** Auch eine **Rücknahme der Klage oder des Antrages auf nachträgliche Klagezulassung** führt nicht dazu, dass der Arbeitnehmer die Abfindung nun doch noch verlangen könnte (BAG NZA 2008, 696; LAG Halle (Saale) LAGE KSchG § 1a Nr. 2; *Däubler* NZA 2004, 177, 178; *Bauer/Krieger* NZA 2004, 77, 78 f.; *Preis* DB 2004, 70, 74 f.). Will der Arbeitnehmer das Angebot nach § 1a KSchG annehmen, muss er sich jeglicher prozessualer Tätigkeit im Hinblick auf die Kündigung enthalten (vgl. A/P/S/*Ascheid/Hesse* § 1a KSchG Rn. 8).

Selbstverständlich steht es den Parteien frei, im Kündigungsschutzrechtsstreit einen Vergleich zu verhandeln, der wiederum eine Abfindung vorsieht. Besonderheiten bestehen nicht. Insbesondere ist der Arbeitgeber (rechtlich) nicht an das zuvor unterbreitete Abfindungsangebot gebunden.

9. Auskünfte. Aus den dargestellten Gründen (→ Anm. 5) erwähnt der Entwurf die konkrete Höhe der Abfindung nicht. Dies mag beim Arbeitnehmer zu **Unsicherheit** führen, welche Zahlung er denn erwarten kann, wenn er darauf verzichtet, Klage zu erheben. Es bietet sich an, diesen Bedenken durch das Angebot an den Arbeitnehmer zu begegnen, sich in der Personalabteilung zu erkundigen, wie hoch die Abfindung nach Berechnung des Arbeitgebers ausfällt. Das Gleiche gilt im Hinblick auf die steuerliche Behandlung (→ Anm. 7).

5. Außerordentliche Kündigung

[Briefkopf des Arbeitgebers]

Herrn . . . . . . (Name und Anschrift des Arbeitnehmers)

. . . . . . (Datum)[2]

Außerordentliche Kündigung[1]

Sehr geehrter Herr . . . . . .,

hiermit kündigen wir Ihr Arbeitsverhältnis außerordentlich fristlos, hilfsweise fristgemäß zum nächst zulässigen Zeitpunkt.[3] *(Alternative: Hiermit kündigen wir Ihr Arbeitsverhältnis aus wichtigem Grund unter Einhaltung einer Auslauffrist von . . . . . . Monaten zum Monatsende, also zum . . . . . ., hilfsweise zum nächst zulässigen Zeitpunkt.[4])*

(Optional: Die Gesellschaft hat sich zu diesem Schritt entschlossen, weil zu unserer Überzeugung feststeht, dass Sie am . . . . . . 20 EUR aus der Verkaufskasse entwendet haben.[5] Sie wurden hierbei beobachtet. Ihre Behauptung, das Geld nur für die Mittagspause entleihen und anschließend zurücklegen zu wollen, halten wir für unglaubwürdig. Im Übrigen zerstört aber schon der durch Ihre Einlassung nicht ausgeräumte Verdacht, dass Sie das Geld entwenden wollten, das Vertrauen in Sie als Kassierer. Wir sehen daher keine Möglichkeit für eine weitere Zusammenarbeit mit Ihnen.)

(Optional: Wir sagen uns hiermit gemäß § 75 HGB von dem mit Ihnen vereinbarten nachvertraglichen Wettbewerbsverbot los.[6] Sie haben keinen Anspruch auf die vereinbarte Karenzentschädigung.)

Vorsorglich weisen wir Sie darauf hin, dass Sie sich innerhalb von drei Tagen nach Kenntnis von dieser Kündigung bei der zuständigen Agentur für Arbeit zu melden sowie eigene Aktivitäten bei der Suche nach einer anderen Beschäftigung zu entfalten haben.

Mit freundlichen Grüßen

. . . . . .

Unterschrift des Arbeitgebers

Erhalten:

. . . . . .

Ort, Datum

. . . . . .

Unterschrift des Arbeitnehmers

Anmerkungen

1. Außerordentliche Kündigung. Die Gesellschaft kann das Arbeitsverhältnis aus wichtigem Grund außerordentlich kündigen. Eine solche außerordentliche Kündigung wird meistens fristlos, also **ohne Einhaltung einer Kündigungsfrist erfolgen**, wenn Tatsachen vorliegen, die es **unzumutbar** machen, das Arbeitsverhältnis auch nur bis zum Ablauf der Kündigungsfrist fortzusetzen, § 626 Abs. 1 BGB. Ausnahmsweise kann eine außerordentliche Kündigung aber auch unter Gewährung einer Auslauffrist ausgesprochen werden, die der „eigentlich" geltenden Kündigungsfrist entspricht (s. die Alternative des Form. und → Anm. 4).

Regelfall der außerordentlichen fristlosen Kündigung ist die verhaltensbedingte Kündigung, der ein erhebliches Fehlverhalten des Arbeitnehmers vorausgegangen sein muss (gegebenenfalls nach vorheriger Abmahnung). Umstände, die eine fristlose Kündigung rechtfertigen können, sind beispielsweise Straftaten zu Lasten der Gesellschaft, beharrliche Arbeitsverweigerung, sexuelle Belästigung von Mitarbeitern oder rassistisches Verhalten. Entscheidend ist aber immer eine Bewertung des Einzelfalles. Eine **Interessenabwägung** ist selbst bei Sachverhalten vorzunehmen, die einen wichtigen Grund i. S. d. § 626 Abs. 1 BGB darstellen würden (vgl. *Walker* NZA 2011, 1, 2 f.; *Bissels/Lützeler* BB 2012, 189, 192).

Für die **Formalien** des Kündigungsschreibens (Schriftform, Unterzeichnung, Zugang beim Arbeitnehmer) → Form. A. XIV. 2, → Form. A. XIV. 9, für weitere **optionale Textmodule** (beispielsweise Stellungnahme des Betriebsrats, Rückgabe von Gegenständen) → Form. A. XIV. 3.

2. Kündigungserklärungsfrist. Bei Ausspruch einer außerordentlichen Kündigung ist unbedingt auf die Kündigungserklärungsfrist gemäß § 626 Abs. 2 BGB zu achten. Danach muss eine außerordentliche Kündigung dem Arbeitnehmer innerhalb von **zwei Wochen** nach dem Zeitpunkt zugehen, zu dem der Arbeitgeber von dem Sachverhalt Kenntnis erlangt hat, auf den die Kündigung gestützt wird. Wenn die Kündigung auf einen **Dauertatbestand** gestützt wird, also auf eine andauernde Verletzung des Vertrages, beispielsweise unerlaubtes Fernbleiben von der Arbeit, beginnt die Ausschlussfrist nicht mit dem Beginn der Vertragsverletzung, sondern erst mit ihrer Beendigung, etwa mit dem Wiederantritt der Arbeit (BAG AP BGB § 626 Ausschlussfrist Nr. 38; ErfKomm/*Müller-Glöge* § 626 BGB Rn. 212, 214).

Es ist also regelmäßig rasches Handeln erforderlich, insbesondere wenn ein Betriebsrat anzuhören ist. Das Anhörungsverfahren gemäß § 102 BetrVG muss so rechtzeitig eingeleitet werden, dass die Kündigung auch nach Ablauf der dreitägigen Bedenkzeit des Betriebsrats (§ 102 Abs. 2 S. 3 BetrVG) noch innerhalb der Zwei-Wochen-Frist zugehen kann. Ebenso rechtzeitig muss das Verfahren zur Erlangung der Zustimmung des Integrationsamtes im Falle der Kündigung eines schwerbehinderten Arbeitnehmers betrieben werden, denn auch die in § 91 Abs. 2 S. 1 SGB IX normierte Frist verdrängt die Kündigungserklärungsfrist des § 626 Abs. 2 BGB nicht (BAG NZA 2006, 1211, 1212).

3. Vorsorglicher Ausspruch einer ordentlichen Kündigung. Es kommt nicht selten vor, dass das Fehlverhalten des Arbeitnehmers zwar keine außerordentliche, aber eventuell eine ordentliche Kündigung rechtfertigt. Nach Ansicht des BAG (BAG NZA 2010, 1348, 1351 f.; BAG AP BGB § 140 Nr. 13, BAG AP § 626 Druckkündigung Nr. 10) kann eine außerordentliche Kündigung in eine ordentliche Kündigung **umgedeutet** werden, wenn aus der außerordentlichen Kündigung für den Arbeitnehmer erkennbar der Wille des Arbeitgebers spricht, das Arbeitsverhältnis in jedem Fall zu beenden. Trotz dieser Rechtsprechung sollte unmittelbar in das Kündigungsschreiben aufgenommen werden, dass vorsorglich **zumindest eine Beendigung unter Wahrung der ordentlichen Kündigungsfrist** gewollt ist. Auch zu dieser vorsorglichen Kündigung ist der Betriebsrat – in Verbindung mit der Anhörung zur außerordentlichen Kündigung – anzuhören (→ Form. C. I. 1).

4. Außerordentliche Kündigung mit Auslauffrist. Insbesondere Tarifverträge (etwa § 34 Abs. 2 TVÖD; vgl. zu einem solchen Fall BAG DB 2007, 2488) sehen häufig vor, dass Arbeitnehmer ab einem bestimmten Alter und einer bestimmten Betriebszugehörigkeit **nicht mehr ordentlich gekündigt** werden können. Auch arbeitsvertraglich kann der Ausschluss der ordentlichen Kündbarkeit vereinbart werden (BAG BeckRS 2004, 41495).

Eine außerordentliche fristlose Kündigung, etwa bei schweren Vertragsverstößen des Arbeitnehmers, bleibt in jedem Fall weiter möglich.

Es gibt aber Fallgestaltungen, in denen einem Arbeitgeber wegen eines Fehlverhaltens des Arbeitnehmers zwar einerseits nicht zugemutet werden kann, das Arbeitsverhältnis bis zum Renteneintritt fortzusetzen, andererseits aber das Fehlverhalten nur die Qualität erreicht, die bei ordentlich kündbaren Arbeitnehmern eine **fristgemäße verhaltensbedingte Kündigung** rechtfertigen würde. Es käme zu einem offensichtlichen Wertungswiderspruch, wenn der ordentlich nicht kündbare Arbeitnehmer bei einer solchen Sachlage außerordentlich fristlos gekündigt werden könnte. Das BAG behilft sich damit, dass zwar eine außerordentliche verhaltensbedingte Kündigung gemäß § 626 BGB ausgesprochen werden kann, aber eine **Auslauffrist** einzuräumen ist. Diese entspricht der fiktiven ordentlichen Kündigungsfrist, die gelten würde, wenn der Arbeitnehmer ordentlich kündbar wäre (vgl. BAG AP BGB § 626 Nr. 150; BAG AP BGB § 626 Verdacht strafbarer Handlungen Nr. 28; LAG Köln EzA-SD 2007, Nr. 1, 5). Das Formular sieht eine Auslauffrist zum Monatsende vor. Wäre mit dem Arbeitnehmer aber etwa vertraglich eine Kündigungsfrist von drei Monaten zum Quartalsende vereinbart worden, wäre auch eine entsprechende Auslauffrist zu gewähren. Eine unwirksame außerordentliche fristlose Kündigung kann in eine außerordentliche Kündigung mit Auslauffrist umgedeutet werden (LAG Mainz BeckRS 2007, 46018; BAG BeckRS 2004, 41495).

Ebenfalls möglich ist in den Fällen eines ordentlich nicht mehr kündbaren Arbeitnehmers der Ausspruch einer **außerordentlichen betriebsbedingten Kündigung**, wenn anderenfalls ein sinnentleertes Arbeitsverhältnis entstehen würde, das gegebenenfalls bis zur Pensionierung des Arbeitnehmers allein durch Vergütungszahlungen aufrechterhalten werden müsste (vgl. BAG AP BetrVG 1972 § 102 Nr. 158; BAG AP BAT § 53 Nr. 8; BAG DB 2003, 102; BAG AP BGB § 626 Nr. 143) Gleiches gilt für die **außerordentliche personenbedingte Kündigung** (etwa BAG AP BGB § 626 Krankheit Nr. 9). Der Ausspruch einer außerordentlichen betriebs- oder personenbedingten Kündigung ist jedoch nur in Ausnahmefällen zulässig. So kann z. B. nicht jede betriebliche Umorganisation, die den Wegfall eines Arbeitsplatzes bedingt, entgegen der (tariflichen) Unkündbarkeit zu einer außerordentlichen Kündigung mit Auslauffrist führen (BAG NJOZ 2006, 2243).

Die **Zwei-Wochen-Ausschlussfrist** gemäß § 626 Abs. 2 BGB gilt grundsätzlich auch für die außerordentliche Kündigung mit Auslauffrist. Insbesondere bei einer außerordentlichen betriebsbedingten oder personenbedingten Kündigung wird aber häufig ein **Dauertatbestand** vorliegen (→ Anm. 2). In diesem Fall droht keine Verfristung (für den Fall der Betriebsstilllegung BAG AP BGB § 626 Nr. 143).

5. Angabe des Kündigungsgrundes. Es gibt keine gesetzliche Verpflichtung, den Kündigungsgrund in das Kündigungsschreiben aufzunehmen. Wie oben (→ Form. A. XIV. 2 Anm. 3) ausgeführt, sprechen regelmäßig Gründe dagegen, zum Kündigungsgrund Stellung zu nehmen. Der Arbeitgeber ist jedoch gemäß § 626 Abs. 2 S. 3 BGB verpflichtet, auf **Verlangen** des Arbeitnehmers den Kündigungsgrund unverzüglich schriftlich mitzuteilen. Ein Verstoß gegen diese Verpflichtung führt nicht zur Unwirksamkeit der Kündigung, kann aber (zumindest theoretisch) Schadensersatzansprüche nach sich ziehen, etwa wenn der Arbeitnehmer gegen die Kündigung klagt, dies aber unterlassen hätte, wenn ihm der Arbeitgeber den Kündigungsgrund mitgeteilt hätte.

Wenn ein Kündigungsgrund angegeben wird, sollte darauf geachtet werden, eine Darstellung zu wählen, die möglichst wenig Argumentationsoptionen abschneidet. Wenn, wie im gewählten Beispiel, eine Kündigung wegen einer als erwiesen erachteten Straftat ausgesprochen wird, kann im Einzelfall auch schon der bloße Verdacht die Kündigung rechtfertigen (vgl. zum Verhältnis von **Tatkündigung** und **Verdachtskündigung** LAG Stuttgart BeckRS 2008, 51623; BAG AP BGB § 626 Verdacht strafbarer Handlung

Nr. 24; BAG AP BGB § 626 Verdacht strafbarer Handlung Nr. 28; ErfKomm/*Müller-Glöge* § 626 BGB Rn. 215 ff.). Es sollten dann **vorsorgliche Ausführungen** auch zur Verdachtskündigung gemacht werden. Natürlich muss in einem solchen Fall der Betriebsrat zuvor entsprechend angehört worden sein und es müssen die weiteren Voraussetzungen der Verdachtskündigung (z. B. Anhörung des Arbeitnehmers) vorliegen.

6. Lösung vom nachvertraglichen Wettbewerbsverbot. Beruht die fristlose Kündigung, wie regelmäßig, auf einer Vertragsverletzung des Arbeitnehmers, hat der Arbeitgeber das Recht, sich von einem vereinbarten nachvertraglichen Wettbewerbsverbot bis zu einem Monat nach Ausspruch der Kündigung schriftlich zu **lösen,** § 75 Abs. 1 HGB analog (BAG AP HGB § 75 Nr. 10; MünchKommHGB/*v. Hoyningen-Huene* § 75 Rn. 18). Macht der Arbeitgeber von diesem Recht Gebrauch, kann der Arbeitnehmer grundsätzlich sofort in Wettbewerb zum Arbeitgeber treten. Das nachvertragliche Wettbewerbsverbot entfaltet dann keine Wirkung mehr. Allerdings kann der Arbeitnehmer, sofern er die außerordentliche Kündigung seines Arbeitsverhältnisses durch vertragswidriges schuldhaftes Verhalten herbeigeführt hat, dem Arbeitgeber zum Schadensersatz verpflichtet sein (§ 628 Abs. 2 BGB). Nach der nicht überzeugenden Rechtsprechung des BAG (AP HGB § 75 Nr. 6; a. A. OLG Frankfurt a. M. GmbHR 1998, 376, 378) soll sich unter dem Gesichtspunkt des Auflösungsschadens eine entschädigungslose Verpflichtung des Arbeitnehmers ergeben können, sich bis zum nächst zulässigen Kündigungstermin des Arbeitsverhältnisses nicht in Wettbewerb zum Arbeitgeber zu stellen. Überzeugender erscheint es, den Schadensersatzanspruch auf den Ausgleich des Schadens zu beschränken, der durch den vorzeitigen Wegfall des Konkurrenzschutzes und den Ausfall der Arbeitskraft des Arbeitnehmers entsteht (BAG AP HGB § 75 Nr. 6; OLG Frankfurt a. M. GmbHR 1998, 376, 378)

Wenn sich der Arbeitgeber analog § 75 Abs. 1 HGB vom nachvertraglichen Wettbewerbsverbot löst, hat der Arbeitnehmer (im Gegensatz zum Verzicht des Arbeitgebers gemäß § 75a HGB, → Form. A. XIV. 3 Anm. 12) **keinen Anspruch auf Karenzentschädigung.** § 75 Abs. 3 HGB, der dem Arbeitgeber noch weitergehende Rechte einräumte, wurde vom BAG für verfassungswidrig erklärt (BAG AP HGB § 75 Nr. 6).

Auch wenn kein nachvertragliches Wettbewerbsverbot vereinbart wurde (→ Form. A. IV. 1), ist es für den Arbeitnehmer nicht risikolos, sich nach Ausspruch einer fristlosen Kündigung in Wettbewerb zum (ehemaligen) Arbeitgeber zu stellen, also beispielsweise eine Tätigkeit für ein Konkurrenzunternehmen aufzunehmen. Dies gilt jedenfalls dann, wenn der Arbeitnehmer die Wirksamkeit der fristlosen Kündigung bestreitet und entsprechend Klage erhebt. Nach der Rechtsprechung bleibt ein Arbeitnehmer auch nach einer unwirksamen fristlosen Kündigung an das **vertragliche Wettbewerbsverbot** gebunden, da die Kündigung das Arbeitsverhältnis nicht beenden konnte (BAG NZA-RR 2010, 461; BAG AP BGB § 626 Nr. 104; LAG Hamm BeckRS 2008, 50138). Die Gesellschaft kann daher vorsorglich für den Fall, dass die fristlose Kündigung als unwirksam erachtet werden sollte, die Wettbewerbstätigkeit des Arbeitnehmers zum Anlass nehmen, eine vorsorgliche weitere Kündigung (gegebenenfalls sogar wiederum fristlos) auszusprechen, um das Risiko der Unwirksamkeit der fristlosen Kündigung zu vermindern und die Verhandlungsposition über eine mögliche vergleichsweise Einigung zu verbessern (krit. *Salamon/Fuhlrott* BB 2011, 1018, 1022). Für den Erfolg einer solchen außerordentlichen Kündigung kommt im Rahmen der vorzunehmenden Interessenabwägung dem Grad des Verschuldens sowie Art und Auswirkung der Konkurrenztätigkeit entscheidende Bedeutung zu (BAG NZA-RR 2010, 461, 462; BAG NZA 1992, 212; LAG Kiel NZA-RR 2012, 515, 517).

6. Außerordentliche Kündigung eines Auszubildenden

[Briefkopf des Ausbildenden]

Herrn . . . . . . (Name und Anschrift des Auszubildenden)[2]

. . . . . . (Datum)[3]

Außerordentliche Kündigung[1]

Sehr geehrter Herr . . . . . .,

hiermit kündigen wir Ihr Ausbildungsverhältnis außerordentlich fristlos. Wir bedauern, dass wir zu diesem Schritt wegen Ihres fortgesetzten Fehlverhaltens gezwungen sind.[4]

Ihnen war Urlaub für den Zeitraum zwischen dem . . . . . . und dem . . . . . . gewährt worden, so dass Sie am . . . . . . wieder im Betrieb hätten erscheinen müssen. Tatsächlich meldeten Sie sich erst am . . . . . . aus dem Urlaub zurück, ohne die Überschreitung entschuldigen zu können. Bekanntlich mussten wir Sie schon im . . . . . . und im . . . . . . letzten Jahres wegen ungenehmigter „Verlängerung" Ihres Urlaubes abmahnen.

Der Betriebsrat wurde vor Ausspruch der Kündigung angehört.[5] Er hat der Kündigung zugestimmt. *(Alternative: Er hat der Kündigung widersprochen. Eine Kopie der Stellungnahme des Betriebsrats liegt bei.)*

Vorsorglich weisen wir Sie darauf hin, dass Sie sich innerhalb von drei Tagen nach Kenntnis von dieser Kündigung bei der zuständigen Agentur für Arbeit zu melden sowie eigene Aktivitäten bei der Suche nach einer anderen Beschäftigung zu entfalten haben.

Mit freundlichen Grüßen

. . . . . .

Unterschrift des Ausbildenden[6]

Erhalten:

. . . . . .

Ort, Datum

. . . . . .

Unterschrift des Auszubildenden[7]

Anmerkungen

1. Kündigungserklärung. Das Formular enthält das Muster einer Erklärung, mit der einem Auszubildenden außerordentlich fristlos gekündigt wird.

Die genaue **Rechtsnatur** des Berufsausbildungsverhältnisses ist umstritten (vgl. zum Streitstand *Leinemann/Taubert* § 10 BBiG Rn. 3 ff. m. w. N.). Nach Auffassung des BAG handelt es sich nicht um ein reines Arbeitsverhältnis, sondern vielmehr um ein Vertragsverhältnis mit Mischcharakter, das durch Ausbildungs- und Erziehungsgesichtspunkte geprägt ist (BAG NZA 2001, 150; BAG NZA 2012, 255, 256). Gemäß § 10 Abs. 2 BBiG sind die für Arbeitsverträge geltenden Rechtsvorschriften und Rechtsgrundsätze nur anzuwenden, soweit sich aus Wesen und Zweck des Ausbildungsverhältnisses sowie aus dem BBiG selbst nichts anderes ergibt. Sonderregeln für die Kündigung von Ausbildungsverhältnissen sehen insbesondere die §§ 22, 23 BBiG vor.

Während der **Probezeit** von höchstens vier Monaten (vgl. § 20 BBiG), kann das Ausbildungsverhältnis beidseitig jederzeit ohne Einhaltung einer Frist gekündigt werden (§ 22 Abs. 1 BBiG; kritisch hierzu *Hirdina* NZA-RR 2010, 65, 66). Nach einem Wechsel des Ausbilders kann eine erneute Probezeit vereinbart werden (LAG Kiel BeckRS 2010, 74227). Obwohl keine Kündigungsfrist einzuhalten ist, handelt es sich um eine **ordentliche Kündigung.** Die Vorschrift ist verfassungsgemäß (BAG NZA 2005, 578 zum früheren § 15 BBiG).

Nach Ablauf der Probezeit setzt eine Kündigung durch den Ausbildenden hingegen voraus, dass ein **wichtiger Grund** vorliegt, der eine außerordentliche fristlose Kündigung rechtfertigt (§ 22 Abs. 2 Nr. 1 BBiG). Eine ordentliche Kündigung ist ausgeschlossen.

Der **Auszubildende selbst** kann hingegen mit einer Frist von vier Wochen ordentlich kündigen, wenn er die **Ausbildung aufgeben** oder sich für eine andere Berufstätigkeit ausbilden lassen will (§ 22 Abs. 2 Nr. 2 BBiG).

Gemäß § 26 BBiG gelten die Kündigungsregelungen in § 22 BBiG entsprechend auch für **Volontäre, Praktikanten** und andere Rechtsverhältnisse, sofern der Erwerb von beruflichen Kenntnissen, Fertigkeiten oder beruflichen Erfahrungen und nicht die Arbeitsleistung im Vordergrund steht (BAG AP BBiG § 19 Nr. 2).

2. Empfänger der Kündigungserklärung. Grundsätzlich ist die Kündigung gegenüber dem Auszubildenden auszusprechen.

Besonderheiten bestehen aber, wenn der Auszubildende noch **minderjährig** ist. Gemäß § 131 BGB kann in diesem Fall die Kündigung nur gegenüber dem gesetzlichen Vertreter, also regelmäßig den Eltern, ausgesprochen werden (BAG AP BBiG § 15 Nr. 4; LAG Stuttgart BeckRS 2011, 65962). Wenn beide Eltern die elterliche Sorge haben, **ist jeder Elternteil** empfangsbefugt, § 1629 Abs. 1 S. 2 BGB (Palandt/*Götz* § 1629 BGB Rn. 9). Es kann wie folgt formuliert werden:

Alternative:
Sehr geehrte Frau . . . . . ,
sehr geehrter Herr . . . . . ,
hiermit kündigen wir das Ausbildungsverhältnis Ihres Sohnes . . . . . . außerordentlich fristlos.

Beide Elternteile sollten angesprochen werden, auch wenn die Kündigung streng genommen nur einem Elternteil zugehen muss. Für den Zugang der Erklärung gelten die allgemeinen Regeln. So genügt es, wenn die Kündigung so in den Machtbereich der Eltern bzw. des empfangsbefugten Elternteils gelangt ist, dass mit der Kenntnisnahme nach normalen Umständen zu rechnen ist (vgl. BAG NZA 2012, 495 zum Zugang der Kündigung bei Urlaubsabwesenheit der Eltern).

Es ist umstritten, ob ein Auszubildender trotz seiner Minderjährigkeit empfangsberechtigt ist, wenn die gesetzlichen Vertreter ihn gemäß § 113 BGB **ermächtigt** haben, das Ausbildungsverhältnis einzugehen. Das BAG hat diese Frage bisher offen gelassen (BAG AP BBiG § 15 Nr. 4). Es spricht vieles dafür, von einer Empfangsberechtigung des minderjährigen Auszubildenden auszugehen (MünchKommBGB/*Einsele* § 131 BGB Rn. 7; a. A. BFH BeckRS 1986, 22007881; LAG Kiel EzB BGB § 113 Nr. 2; Palandt/*Ellenberger* § 113 BGB Rn. 2; Staudinger/*Singer* § 131 BGB Rn. 5). Um Zweifel zu vermeiden, sollten aber **zwei Kündigungsschreiben** ausgefertigt und zugestellt werden, eines für den Auszubildenden und eines für den gesetzlichen Vertreter.

3. Kündigungserklärungsfrist. Die Kündigung muss **innerhalb von zwei Wochen** zugehen, nachdem dem Kündigungsberechtigten die der Kündigung zugrunde liegenden Gründe bekannt geworden sind (§ 22 Abs. 4 S. 1 BBiG). Diese Regelung zur Kündigungserklärungsfrist entspricht § 626 Abs. 2 BGB und ist entsprechend auszulegen (ErfKomm/*Schlachter*

§ 22 BBiG Rn. 8). Bei eigenmächtiger Urlaubnahme oder -verlängerung beginnt die Frist somit mit Rückkehr des Auszubildenden in den Betrieb (*Leinemann/Taubert* § 22 BBiG Rn. 103).

Gemäß § 22 Abs. 4 S. 2 BBiG wird der Ablauf der Frist durch die Einleitung eines vorgesehenen **Güteverfahrens** vor einer außergerichtlichen Stelle gehemmt. Der Zeitraum, in dem das Güteverfahren durchgeführt wird, zählt also für die Zwei-Wochen-Frist nicht mit. Ein solches Güteverfahren kann beispielsweise in einem Ausbildungsvertrag, einem Tarifvertrag oder der Satzung einer Innung vorgesehen sein (*Leinemann/Taubert* § 22 BBiG Rn. 107). Das in § 111 Abs. 2 ArbGG geregelte **Verfahren vor dem Schlichtungsausschuss,** etwa der Handwerksinnung oder der IHK, ist hingegen kein „vorgesehenes" Güteverfahren in diesem Sinne (*Leinemann/Taubert* § 22 BBiG Rn. 107 ff.; a. A. A/P/S/*Biebl* § 22 BBiG Rn. 24). Zwar kann es schon vor Ausspruch der Kündigung eingeleitet werden. Eine Hemmung der Zwei-Wochen-Frist tritt aber nicht ein, so dass Vorsicht geboten ist. Etwas anderes gilt nur, wenn im Ausbildungsvertrag vorgesehen ist, dass vor Ausspruch einer Kündigung der Schlichtungsausschuss angerufen werden muss.

Nach Ausspruch einer Kündigung muss allerdings der **Auszubildende** das Schlichtungsverfahren durchführen, bevor er Klage erhebt. Es handelt sich um eine unverzichtbare Prozessvoraussetzung (BAG AP BBiG § 15 Nr. 4; BAG AP ArbGG § 111 Nr. 2). Die dreiwöchige Klagefrist gilt in diesem Fall nicht, auch nicht für die Einleitung des Schlichtungsverfahrens (BAG AP KSchG 1969 § 4 Nr. 21; a. A. G/M/P/*Prütting* § 111 Rn. 22 ff.). Voraussetzung ist, dass die Ausbildung in einem Bezirk stattfindet, in dem ein Schlichtungsausschuss gebildet wurde. Wenn ein solcher nicht besteht, muss der Auszubildende innerhalb von drei Wochen Klage erheben (BAG AP KSchG 1969 § 4 Nr. 43).

4. Kündigungsgrund. Gemäß § 22 Abs. 3 BBiG muss der Grund für die außerordentliche Kündigung **in der Kündigungserklärung angegeben** werden. Ein Verstoß gegen die Begründungspflicht führt zur **Nichtigkeit** der Kündigung. Eine Heilung durch nachträgliche Angabe des Kündigungsgrundes scheidet aus. Ein erneuter Ausspruch der Kündigung, diesmal unter Angabe des Kündigungsgrundes, wird häufig daran scheitern, dass die zweiwöchige Kündigungserklärungsfrist (→ Anm. 3) verstrichen ist.

Auch wenn nicht die gleiche Substantiierungstiefe wie in einem Gerichtsverfahren verlangt werden kann, so müssen die Kündigungsgründe zumindest so genau bezeichnet werden, dass der **Auszubildende erkennen kann, was ihm zur Last gelegt wird,** und er entscheiden kann, ob er sich gegen die Kündigung zur Wehr setzen soll (BAG AP BBiG § 15 Nr. 4; BAG AP BMT-G II § 54 Nr. 2 zu einer tariflichen Begründungspflicht; LAG Mainz BeckRS 2007, 45683). Will der Ausbildende die Kündigung auf mehrere Gründe stützen, nennt er im Kündigungsschreiben aber nur einen Grund, so ist die Kündigung zwar nicht nichtig. Der Ausbildende ist aber materiellrechtlich daran gehindert, die weiteren Kündigungsgründe in einem Rechtsstreit über die Wirksamkeit der Kündigung zu verwenden (LAG Hamburg LAGE BBiG § 15 Nr. 11; LAG Mainz EzB BBiG § 22 Abs. 2 Nr. 1 Nr. 65; ErfKomm/*Schlachter* § 22 BBiG Rn. 7).

Für die Frage, ob ein **wichtiger Grund** vorliegt, der die Kündigung **materiell** rechtfertigt, können die zu § 626 BGB entwickelten Grundsätze nicht ohne weiteres übernommen werden. Es ist nicht nur die Zweckbestimmung des Vertrages zu berücksichtigen, nämlich zu einem Berufsabschluss des Auszubildenden zu führen, sondern auch die im Zeitpunkt der Kündigung bereits zurückgelegte Ausbildungszeit im Verhältnis zur Gesamtdauer der Ausbildung (BAG AP BBiG § 15 Nr. 3). Es gilt also: Je länger das Ausbildungsverhältnis besteht, desto größer sind die Anforderungen an einen wichtigen Grund zur fristlosen Kündigung. Strengere Anforderungen als bei erwachsenen Arbeitnehmern sind auch deshalb gerechtfertigt, weil es sich bei Auszubildenden nicht selten um ältere Jugendliche und Heranwachsende handelt, deren geistige, charakterliche und körperliche Entwicklung noch nicht abgeschlossen ist (ArbG Essen NZA-RR 2006, 246).

Die außerordentliche fristlose Kündigung ist gerechtfertigt, wenn das Ausbildungsziel erheblich gefährdet und die Fortsetzung des Ausbildungsverhältnisses unzumutbar ist (LAG Hamm DB 1979, 606; ArbG Essen NZA-RR 2006, 246, 247; ErfKomm/*Schlachter* § 22 BBiG Rn. 3).

Im Sachverhalt, der dem Formular zugrunde liegt, wird eine außerordentliche Kündigung allenfalls dann wirksam sein, wenn der Auszubildende zuvor, wie geschehen, **abgemahnt** wurde (LAG Köln LAGE BBiG 2005 § 22 Nr. 1; zu einem Sachverhalt, in dem der Auszubildende wiederholt verspätet zur Ausbildung erschien LAG Hamm DB 1979, 606). Bei besonders schwerwiegenden Pflichtverletzungen, deren Rechtswidrigkeit für den Auszubildenden ohne weiteres erkennbar und bei denen eine Hinnahme durch den Ausbildenden offensichtlich ausgeschlossen ist, ist eine Abmahnung hingegen nicht erforderlich (BAG AP BBiG § 15 Nr. 11).

Eine Verdachtskündigung des Ausbildungsverhältnisses ist nur dann zulässig, wenn der Charakter des Ausbildungsverhältnisses eine vertiefte Vertrauensbasis zwischen Ausbilder und Auszubildendem erfordert. In einem normalen Ausbildungsverhältnis ohne eine solche besondere Vertrauenssituation ist hingegen nach erfolgtem Aufklärungsversuch eine Abmahnung und gegebenenfalls auch eine Versetzung vorrangig (LAG Köln LAGE BBiG 2005 § 22 Nr. 1).

Schlechte Leistungen bei der Zwischenprüfung kommen bei einem Auszubildenden, der fast zwei Drittel der Ausbildungszeit absolviert hat, als wichtiger Grund zur fristlosen Kündigung des Berufsausbildungsverhältnisses nur dann in Frage, wenn feststeht, dass aufgrund der im Rahmen der Zwischenprüfung erkennbar gewordenen Ausbildungslücken das Bestehen der Abschlussprüfung ausgeschlossen ist. Eine entsprechende negative Prognose ist regelmäßig erst dann gerechtfertigt, wenn der Auszubildende eine vorausgegangene einschlägige Abmahnung missachtet (ArbG Essen NZA-RR 2006, 246).

5. Anhörung des Betriebsrats. Sofern ein Betriebsrat besteht, ist dieser vor Ausspruch der Kündigung anzuhören (§ 102 BetrVG, → Form. C. I. 1). Besonderheiten bestehen nicht. Insbesondere ist **nicht** etwa die **Jugend- und Auszubildendenvertretung** anzuhören. Die Jugend- und Auszubildendenvertretung hat zwar das Recht, die Aussetzung von Beschlüssen des Betriebsrats zu verlangen (§ 66 Abs. 1 BetrVG). Eine etwaige Aussetzung des Beschlusses des Betriebsrats verhindert aber nicht, dass die dreitägige Anhörungsfrist abläuft (§ 102 Abs. 2 S. 3 BetrVG).

6. Schriftform. Die Kündigung muss schriftlich erfolgen (§ 22 Abs. 3 BBiG). Besonderheiten gegenüber § 623 BGB bestehen nicht. Zu Einzelheiten → Form. A. XIV. 2 Anm. 6.

7. Zugang. Der Zugang der Kündigungserklärung beim Auszubildenden und/oder gegebenenfalls beim gesetzlichen Vertreter (→ Anm. 2) ist sicherzustellen (→ Form. A. XIV. 9 Anm. 5).

7. Vollmachtsurkunde zum Ausspruch einer Kündigung

[Briefkopf des Arbeitgebers]

Vollmacht[1]

Hiermit bevollmächtigen wir Frau . . . . . ., das Arbeitsverhältnis zwischen uns und Herrn . . . . . . in unserem Namen fristgemäß zu kündigen. Diese Vollmacht umfasst das Recht zum Ausspruch weiterer Kündigungen, insbesondere vorsorglicher oder fristloser Kündigungen sowie das Recht, eine einvernehmliche Regelung über die Beendigung oder Abwicklung des Arbeitsverhältnisses von Herrn . . . . . . zu treffen.[2]

Diese Vollmacht bleibt bis zu ihrem Widerruf wirksam.[3]

……

Ort, Datum

……

Unterschrift des Arbeitgebers[4]

Anmerkungen

1. Kündigungsvollmacht. Wenn ein Kündigungsschreiben weder durch einen gesetzlichen Vertreter der Gesellschaft noch durch eine Person unterzeichnet wird, deren entsprechende Befugnis dem gekündigten Mitarbeiter bekannt war oder hätte bekannt sein müssen (→ Form. A. XIV. 2 Anm. 6), muss dem Kündigungsschreiben unbedingt eine **Vollmacht** beigefügt werden. Anderenfalls droht eine Zurückweisung der Kündigung gemäß § 174 BGB und damit deren **Unwirksamkeit** (→ Form. A. XIV. 8).

Dies gilt insbesondere auch dann, wenn ein **Rechtsanwalt** bevollmächtigt werden soll, die Kündigung auszusprechen (*Lohr* MDR 2000, 620, 623). Eine Vollmachtsurkunde ist des Weiteren im Fall einer Gesamtvertretung beizufügen, wenn ein **Gesamtvertreter** zum alleinigen Ausspruch der Kündigung berechtigt wird (*Meyer/Reufels* NZA 2011, 5, 6; *Eckert* DStR 2012, 244, 249).

Ein alleinvertretungsberechtigter und entsprechend ins Handelsregister eingetragener **Prokurist** kann die Kündigung dagegen ohne Beifügung einer Vollmachtsurkunde erklären, und dies auch ohne einen die Prokura andeutenden Zusatz (BAG NZA 2008, 753, 754; BAG AP BGB § 174 Nr. 9; a. A. *Lux* NZA-RR 2008, 393). Im Fall der Gesamtprokura gilt dies nicht (LAG Hamm BeckRS 2013, 69958). Sofern im Arbeitsvertrag geregelt ist, dass die Kündigung auch durch den Inhaber einer bestimmten Funktion (z. B. den Niederlassungsleiter) erklärt werden kann, liegt darin zwar die Kundgabe der Erteilung einer Innenvollmacht. Dies allein reicht für ein Inkenntnissetzen nach § 174 S. 2 BGB jedoch nicht aus. Auch kann der Arbeitnehmer nicht darauf verwiesen werden, dass er sich aus allgemein zugänglichen Quellen über die kündigungsbefugte Person in Kenntnis setzen konnte. Erforderlich ist vielmehr ein zusätzliches Handeln des Arbeitgebers, das es dem Arbeitnehmer vor Zugang der Kündigungserklärung ermöglicht, die Person des Kündigenden der kündigungsberechtigten Funktion zuzuordnen (BAG NZA 2011, 683).

Eine Zurückweisung nach § 174 BGB scheidet hingegen in den Fällen der organschaftlichen Vertretung aus, so dass in diesen Fällen keine Vollmachtserteilung erforderlich ist. Die Vertretungsmacht beruht hier auf der Bestellung des Vertreters zum Organ einer juristischen Person, die nur durch ihre Organe am Rechtsverkehr teilnehmen kann. Das Organ ist gleichsam Teil der juristischen Person, so dass Handlungen des Organs solche der juristischen Person selbst sind (BAG AP BGB § 174 Nr. 19; BAG AP BGB § 174 Nr. 18: auch keine analoge Anwendung).

Die Vollmachtsurkunde muss der Kündigungserklärung im **Original** beigefügt werden. Ein Telefax oder eine Kopie reichen nicht aus (*Eckert* DStR 2012, 244, 249). In der Praxis hat es sich bewährt, mehrere Originalvollmachten auszustellen und dem Bevollmächtigten zukommen zu lassen. So kann dieser mehrere Kündigungserklärungen ausfertigen, wenn verschiedene Zustellungsversuche unternommen werden sollen (→ Form. A. XIV. 9).

2. Erstreckung der Vollmacht auf weitere Erklärungen. Es kommt nicht selten vor, dass in der Folge einer Kündigung, etwa im Laufe eines Kündigungsschutzverfahrens,

weitere Kündigungen ausgesprochen werden, entweder als vorsorgliche Kündigung (→ Form. A. XIV. 2 Anm. 8) oder als außerordentliche fristlose Kündigung (→ Form. A. XIV. 5), so etwa wenn während des Laufs der Kündigungsfrist schwerwiegende Verfehlungen des Mitarbeiters bekannt werden. Es bietet sich an, die Vollmacht auch auf solche nur möglicherweise später auszusprechenden Kündigungen zu erstrecken.

Sofern mit der Kündigungserklärung **weitere Erklärungen** verbunden werden sollen, etwa eine Freistellung oder eine Lösung vom Wettbewerbsverbot (→ Form. A. XIV. 3), sollte die Vollmacht entsprechend ergänzt werden.

Es kann sich auch anbieten, in die Vollmacht das Recht des Bevollmächtigten aufzunehmen, einen **Aufhebungs- oder Abwicklungsvertrag** zu verhandeln und abzuschließen. Dabei muss aber beachtet werden, dass es als Zeichen der Unsicherheit angesehen werden kann, wenn sich schon aus der Vollmacht zum Ausspruch einer vielleicht sogar außerordentlichen fristlosen Kündigung ersehen lässt, dass der Arbeitgeber Verhandlungen über eine einvernehmliche Trennung führen will. Es kann der Eindruck entstehen, dass der Arbeitgeber selbst nicht an die Wirksamkeit der Kündigung glaubt. Deshalb ist es ggf. sinnvoll, hier separate Vollmachten zu erteilen.

3. Widerruf/Verlust der Wirksamkeit. Gegenüber dem Bevollmächtigten kann die Vollmacht jederzeit **widerrufen** werden (§ 168 BGB). Wurde dem Bevollmächtigten allerdings eine Vollmachtsurkunde ausgehändigt und die Urkunde dem zu kündigenden Mitarbeiter bereits vorgelegt, bleibt die Vollmacht in Kraft, bis die Vollmachtsurkunde **zurückgegeben** wurde oder jedenfalls dem Mitarbeiter das Erlöschen der Bevollmächtigung **bekannt** sein musste (§§ 172 Abs. 2, 173 BGB).

Ein ausdrücklicher Hinweis darauf, dass die Vollmacht bis zu ihrem Widerruf gültig bleiben soll, kann insbesondere dann hilfreich sein, wenn die Erteilung der Vollmacht bei Ausspruch der Kündigung schon einige Zeit zurückliegt. Durch die Formulierung wird deutlich, dass die Vollmacht ohne zeitliche Beschränkung gelten soll und nicht nur für eine bestimmte Situation erteilt wurde.

4. Unterzeichnung. Hinsichtlich der Unterzeichnung der Vollmacht wird auf → Form. A. XIV. 2 Anm. 6 verwiesen. Die Vollmacht sollte bei einer Gesellschaft von ihrem gesetzlichen Vertreter, also beispielsweise dem vertretungsberechtigten Geschäftsführer einer GmbH, oder von einer Person unterzeichnet werden, deren entsprechende Berechtigung dem Mitarbeiter, der gekündigt werden soll, nachweislich bekannt ist.

8. Zurückweisung einer Zurückweisung gemäß § 174 BGB

[Briefkopf des Rechtsanwaltes des Arbeitgebers]

Herrn Rechtsanwalt . . . . . . (Name und Anschrift des Rechtsanwaltes des Arbeitnehmers)

. . . . . . (Datum)[2]

Herr . . . . / . . . . GmbH

Zurückweisung Ihrer Zurückweisung[1] vom . . . . . .

Sehr geehrter Herr Kollege . . . . . .,

wir vertreten die . . . . . . GmbH. Auf uns lautende Originalvollmacht[3] liegt bei.

Unsere Mandantin hat Ihrem Mandanten, Herrn . . . . . ., mit Schreiben vom . . . . . . fristgemäß gekündigt. Das Kündigungsschreiben wurde von Frau . . . . . . unterzeichnet, der Vorgesetzten von Herrn . . . . . .

Mit Schreiben vom ...... haben Sie unserer Mandantin mitgeteilt, dass Sie Herrn ...... vertreten. Gleichzeitig haben Sie die Kündigungserklärung gemäß § 174 BGB mit der Begründung zurückgewiesen, dass die Bevollmächtigung von Frau ...... zur Unterzeichnung der Kündigungserklärung nicht durch Vorlage einer Vollmachtsurkunde belegt gewesen sei.

Nach unserer Auffassung geht diese Behauptung ins Leere.[4] Ihrem Mandanten war bekannt, dass Frau ...... zur Unterzeichnung von Kündigungserklärungen berechtigt war. So hat sie auch in der Vergangenheit Kündigungserklärungen allein unterzeichnet.

Im Übrigen weisen wir die in Ihrem Schreiben vom ...... erklärte Zurückweisung hiermit unsererseits gemäß § 174 BGB zurück. Ihre Zurückweisungserklärung ist ein einseitiges Rechtsgeschäft, das Sie als Vertreter für Herrn ...... vorgenommen haben, ohne Ihre Bevollmächtigung durch Vorlage einer Vollmachtsurkunde nachzuweisen.[5]

Mit freundlichen kollegialen Grüßen

......

Unterschrift des Rechtsanwaltes

Anmerkungen

1. Zurückweisungserklärung. Dem Formular liegt ein Fall zugrunde, in dem eine Gesellschaft einem Arbeitnehmer gekündigt hat. Der Rechtsanwalt des Arbeitnehmers hat das Kündigungsschreiben gemäß § 174 BGB zurückgewiesen (→ Form. A. XIV. 7 Anm. 1), ohne sich durch eine Vollmacht zu legitimieren. In der Praxis wird bisweilen nicht bedacht, dass das Schreiben, mit dem die Kündigungserklärung gemäß § 174 BGB zurückgewiesen wird, selbst eine **einseitige Willenserklärung** ist, auf die § 174 BGB Anwendung findet. Wenn das Zurückweisungsschreiben von einem Vertreter unterzeichnet wird (hier dem Rechtsanwalt des gekündigten Arbeitnehmers), muss daher eine auf den Unterzeichner ausgestellte **Vollmacht** beigefügt werden (vgl. Schaub/*Linck* § 123 Rn. 32; *Meyer/Reufels* NZA 2011, 5, 6). Wird dies übersehen, kann die Gesellschaft das Zurückweisungsschreiben ihrerseits gemäß § 174 BGB zurückweisen. Das Gleiche gilt, wenn der Vertreter sich zwar durch Vollmacht legitimiert, dies aber nur per Telefax erfolgt, die Vollmacht also nicht im **Original** vorgelegt wird (*Eckert* DStR 2012, 244, 249). Im Beispiel hat die Gesellschaft daher ihrerseits einen Rechtsanwalt mit der Zurückweisung beauftragt.

2. Unverzügliche Zurückweisung. Die Zurückweisung muss **unverzüglich** erfolgen, also ohne schuldhaftes Zögern. Die Zurückweisung einer Kündigungserklärung ist ohne das Vorliegen besonderer Umstände **nicht** mehr unverzüglich, wenn sie später als **eine Woche** nach der tatsächlichen Kenntnis des Empfängers von der Kündigung und der unterlassenen Vorlage der Vollmachtsurkunde erfolgt (BAG NZA 2012, 495)

3. Beifügung einer Originalvollmacht. Da es sich auch bei der Zurückweisung eines Zurückweisungsschreibens um eine einseitige Willenserklärung handelt, muss wiederum eine **Originalvollmacht** beigefügt werden, wenn sie – wie im Formular – von einem Rechtsanwalt als Vertreter der Gesellschaft erklärt wird (→ Form. A. XIV. 7 Anm. 1). Auf den Zugangsnachweis ist auch insoweit zu achten.

4. Angabe von Hilfserwägungen. Regelmäßig wird die versäumte Beifügung einer Originalvollmacht nicht das einzige Argument sein, das gegen die Zurückweisung der Kündigungserklärung durch den Arbeitnehmer (bzw. dessen Vertreter) vorgebracht werden soll. Häufig wird die vorrangige Argumentation des Arbeitgebers dahin gehen, dass das Kündigungsschreiben ohnehin nicht gegen § 174 BGB verstieß, weil dieses Schreiben von einer Person unterzeichnet wurde, deren entsprechende Berechtigung dem Arbeitnehmer bekannt war. Eine solche **vorsorgliche Argumentation** sollte in das Schreiben aufgenommen werden. Zu denken ist auch an den Fall, dass die Zurückweisungserklärung des Arbeitnehmers nicht **unverzüglich** erfolgte (→ Anm. 2).

5. Zurückweisung wegen fehlenden Nachweises der Bevollmächtigung. Die Zurückweisung der Zurückweisung muss gerade darauf gestützt werden, dass die Bevollmächtigung desjenigen, der die Zurückweisung der Kündigung unterzeichnet hat, nicht durch eine Vollmachtsurkunde nachgewiesen war. Eine Zurückweisung aus anderen Gründen reicht nicht aus. Der Text des Zurückweisungsschreibens muss daher ausdrücklich auf die unterbliebene Vorlage der Vollmachtsurkunde Bezug nehmen.

9. Bestätigung über die Zustellung einer Kündigung

ZUSTELLUNGSBESTÄTIGUNG[1, 2]

1. Zusteller[3]

Vor- und Nachname	ggf. Firma des Zustelldienstes
Straße, Hausnummer	Straße, Hausnummer/Postfach
PLZ, Wohnort	PLZ, Ort

2. Zustellobjekt[4]

Zugestellt wurde das in Kopie beigefügte Kündigungsschreiben vom ______ [Datum].

☐ Zwei Originale des zuzustellenden Kündigungsschreibens habe ich selbst in zwei an den Empfänger adressierte Briefumschläge gelegt und diese verschlossen.

☐ Das zuzustellende Kündigungsschreiben habe ich in einem an den Empfänger adressierten und verschlossenen Briefumschlag erhalten.

3. Adressat und Zustellanschrift

Vor- und Nachname	Straße, Hausnummer	PLZ, Wohnort

4. Übergabe bzw. Übergabeversuch

☐ **4.1. Übergabe**[5]

Das Kündigungsschreiben habe ich übergeben

☐ unter der Zustellanschrift (Ziff. 3) ☐ unter folgender Adresse [Straße, Hausnummer, PLZ, Ort]

☐ an den Adressaten ☐ an den Ehegatten des Adressaten: [Vor- und Nachname]

und Einwurf des 2. Originalschreibens in den Briefkasten[6]

☐ **4.2. Übergabeversuch**

☐ Weil eine empfangsberechtigte Person nicht angetroffen bzw. die Entgegennahme verweigert wurde, habe ich das zuzustellende Kündigungsschreiben in den Briefkasten mit der Aufschrift:

[ ]

eingelegt.[7]

☐ Weil ein Briefkasten mit einem Namenszug des Adressaten nicht vorhanden war, habe ich folgendermaßen für den Zugang des Kündigungsschreibens gesorgt:[8]

[(z.B. Ankleben oder Anheften an die Wohnungstür)]

5. Zeitpunkt der Zustellung

Das zuzustellende Kündigungsschreiben wurde am [Datum] um [Uhrzeit] zugestellt.

Ort, Datum	Unterschrift des Zustellers

Anmerkungen

1. Bedeutung des Zugangs. Die Kündigungserklärung ist eine **einseitige, empfangsbedürftige Willenserklärung.** Wird sie in Abwesenheit des Arbeitnehmers abgegeben, wird sie erst in dem Zeitpunkt wirksam, in welchem sie ihm zugeht (§ 130 Abs. 1 BGB). Zugegangen ist sie dann, wenn sie derart in den Machtbereich des Empfängers gelangt ist, dass dieser von der Kündigung Kenntnis nehmen kann und hiermit unter normalen Umständen zu rechnen ist (BAG NZA 1993, 259, 260). Darüber hinaus setzt erst der Zugang der Kündigungserklärung beim Arbeitnehmer kündigungsrechtlich relevante Fristen in Gang.

So berechnet sich etwa die dreiwöchige Klagefrist des § 4 S. 1 KSchG, nach deren Ablauf die Kündigung nicht mehr unter materiell-rechtlichen Gesichtspunkten angegriffen werden kann (§ 7 KSchG), nach dem Zeitpunkt des Zugangs.

Auch die Zurückweisungsfrist des § 174 BGB beginnt mit dem Zugang der Kündigung beim Arbeitnehmer (→ Form. A. XIV. 8 Anm. 2).

Der Zugang der Kündigung ist darüber hinaus das für die Berechnung der ordentlichen Kündigungsfrist nach § 622 BGB maßgebende Ereignis (ErfKomm/*Müller-Glöge* § 622 BGB Rn. 11). Danach kann das Arbeitsverhältnis mit einer mehrmonatigen Frist, abhängig von der Dauer der Beschäftigung, regelmäßig zum Ende eines Kalendermonats gekündigt werden. Geht dem Arbeitnehmer die Kündigung nicht rechtzeitig vor dem Ende des jeweiligen Kalendermonats zu, endet das Arbeitsverhältnis erst zum Ende des Folgemonats. Die Auswirkungen einer nicht rechtzeitig zugegangenen Kündigung verstärken sich, wenn einzel- oder tarifvertraglich eine Kündigungsfrist zum Quartals- oder Jahresende vereinbart wurde. Sorgt der Arbeitgeber in einem solchen Fall nicht für einen rechtzeitigen Zugang der Kündigungserklärung, treffen ihn die Lohnkosten für den entsprechenden Zeitraum.

Besonders empfindlich wirkt sich der verspätete Zugang bei einer beabsichtigten Kündigung innerhalb der sechsmonatigen Wartezeit nach § 1 Abs. 1 KSchG aus, da sich die Kündigung im Falle der Versäumung dieser Frist am strengen Maßstab des KSchG messen lassen muss (*v. Vogel* NJW-Spezial 2007, 369).

Aufgrund dieser weitreichenden Folgen kommt es zwischen den Parteien des Arbeitsvertrages häufig zum Streit darüber, ob die Kündigungserklärung dem Arbeitnehmer überhaupt zugegangen ist oder wann dies geschehen ist. Da der **Arbeitgeber** für den Zugang der Kündigungserklärung beweispflichtig ist (Schaub/*Linck* § 123 Rn. 48), sollte er besondere Sorgfalt darauf verwenden, den Zugang der Kündigungserklärung in einer solchen Weise sicherzustellen, dass er ihn auch gegebenenfalls vor Gericht beweisen kann.

2. Formular. Die sicherste Zustellungsmethode ist die **persönliche Übergabe** der Kündigungserklärung an den Arbeitnehmer. Idealerweise bestätigt der Arbeitnehmer dabei den **Erhalt der Kündigungserklärung durch Unterzeichnung einer Kopie** des Kündigungsschreibens. Das Original der Kündigungserklärung verbleibt selbstverständlich beim Arbeitnehmer. Wird dem Arbeitnehmer hingegen lediglich die Kopie der Originalerklärung überlassen, so gilt die Kündigung als nicht zugegangen (LAG Düsseldorf LAGE BGB 2002 § 130 Nr. 5).

Für den Fall, dass sich der Arbeitnehmer weigert, den Erhalt der Kündigungserklärung zu bestätigen, kann vorsorglich ein Zeuge hinzugezogen werden, der dann die persönliche Übergabe vor Gericht bestätigen kann. Als Zeugen scheiden dabei solche Personen aus, die gesetzlich zur Vertretung des Arbeitgebers berufen sind. Bei der AG ist dies der Vorstand, bei der GmbH der Geschäftsführer, bei der OHG und der GbR die Gesellschafter, soweit sie nicht durch Gesellschaftsvertrag von der Vertretungsmacht ausgeschlossen sind, und bei der KG sind dies die Komplementäre.

Ist eine persönliche Übergabe unter Zeugen nicht möglich (z. B. weil der Arbeitnehmer urlaubs- oder krankheitsbedingt nicht im Betrieb angetroffen wird), empfiehlt es sich, eine Zustellungsbestätigung nach vorliegendem Muster zu verwenden, um im Streitfall den Zugang der Kündigung beweisen zu können.

3. Zusteller. Aufgrund der Bedeutung des Zugangs kommt der Auswahl des Überbringers besondere Bedeutung zu. Auf die Beauftragung eines externen Boten (z. B. UPS, FedEx etc.) ist nur im Notfall, beispielsweise bei großer räumlicher Trennung zwischen dem Sitz des Arbeitgebers und dem Wohnort des Arbeitnehmers, zurückzugreifen. Zu empfehlen ist das Überbringen der Kündigungserklärung durch einen eigenen Mitarbeiter des Arbeitgebers, wobei abermals darauf zu achten ist, dass dieser Mitarbeiter auch als Zeuge vor Gericht auftreten kann (→ Anm. 2). Der Überbringer ist mit dem Formular auszustatten, auf dem er Umstände und Zeitpunkt der Übergabe im Einzelnen vermerkt.

4. Zustellobjekt. Der Überbringer der Kündigungserklärung sollte nach Möglichkeit selbst gesehen haben, wie die Kündigung im Original in den von ihm zuzustellenden Umschlag gelegt und der Umschlag sodann verschlossen wurde. Dadurch wird dem Erklärungsempfänger der Einwand entzogen, der Umschlag habe lediglich ein unbeschriebenes Blatt Papier oder ein Schreiben anderen Inhalts enthalten oder sei leer gewesen.

Da im Zeitpunkt der Übergabe an den Zusteller noch nicht absehbar ist, ob die Zustellung problemlos gelingt (→ Anm. 6–8), sollten dem Überbringer vorsorglich mindestens zwei Kündigungsschreiben im Original ausgehändigt werden.

5. Persönliche Übergabe. Wird der Arbeitnehmer unter der in der Personalakte angegebenen Zustellanschrift oder andernorts persönlich angetroffen, übergibt ihm der Zusteller den Umschlag mit der Kündigungserklärung und vermerkt dies unter Angabe der genauen Uhrzeit und des Übergabeortes auf der Zustellbestätigung. Die so übergebene Kündigung geht dem Empfänger sofort zu und wird damit wirksam. Dabei ist es ohne Bedeutung, wann der Empfänger das Schreiben tatsächlich liest (BAG AP BGB § 123 Nr. 22; LAG Köln NZA-RR 2011, 244).

Ist eine Kündigung gegenüber einem **Minderjährigen** auszusprechen, wird diese gemäß § 131 Abs. 2 BGB erst dann wirksam, wenn sie seinem gesetzlichen Vertreter zugeht. Ein Zugang bei dem gesetzlichen Vertreter setzt voraus, dass die Willenserklärung mit dem erkennbaren Willen abgegeben wird, dass sie den gesetzlichen Vertreter erreicht (BAG NZA 2011, 340). Insoweit genügt der Einwurf des Kündigungsschreibens in den gemeinsamen Hausbriefkasten des minderjährigen Auszubildenden und seiner ihn gesetzlich vertretenden Eltern (BAG NZA 2012, 495).

6. Antreffen dritter Personen. Wird nicht der Arbeitnehmer selbst, sondern eine dritte Person angetroffen, sollte die Kündigungserklärung nur dann überreicht werden, wenn kein Zweifel besteht, dass der Dritte zur Entgegennahme berechtigt ist. Denn nur in diesem Fall geht die Erklärung auch dem Erklärungsempfänger, also dem Arbeitnehmer, durch die Übergabe an den Dritten sicher zu (vgl. BeckOK BGB § 130 BGB Rn. 16 ff.).

Für die Frage des Zugangs ist bei der Übergabe der Kündigung an Dritte somit danach zu differenzieren, ob der Dritte Erklärungsbote, Empfangsbote oder Empfangsvertreter ist. Letzteres ist z. B. der Fall, wenn ein vom Arbeitnehmer eingeschalteter Rechtsanwalt mit **Empfangsvollmacht** ausgestattet ist. Hier geht die Kündigung bereits mit Aushändigung an den bevollmächtigten Vertreter zu, §§ 164 Abs. 3, Abs. 1 S. 1 BGB. Ist der Dritte **Empfangsbote,** geht die Kündigung dem Adressaten nicht schon dann zu, wenn diese an den Empfangsboten abgegeben wird, sondern erst nach Ablauf der Zeit, die der Empfangsbote für die Übermittlungstätigkeit unter den obwaltenden Umständen normalerweise benötigt (BAG NZA 2011, 847; MünchKommBGB/*Einsele* § 130 Rn. 25; *v. Vogel* NJW-Spezial 2007, 369; *Herbert* NZA 1994, 391, 392; a. A. Staudinger/*Singer* § 130

BGB Rn. 59). Schon dies kann zu Unklarheiten über den genauen Zugangszeitpunkt führen. Das Risiko einer unterlassenen oder nicht ordnungsgemäßen Weiterleitung trägt allerdings der Arbeitnehmer.

Empfangsbote ist allerdings nur, wer als berechtigt angesehen werden kann, Willenserklärungen für den Adressaten entgegenzunehmen. Dies ist beim **Ehegatten des Arbeitnehmers**, der mit diesem in einer gemeinsamen Wohnung lebt, sicher gewährleistet. Gleiches gilt für Lebenspartner und Partner in einer nichtehelichen Lebensgemeinschaft, sofern sie gemeinsam in einer Wohnung leben (BAG NZA 2011, 847, 848). In diesem Fall geht die Kündigung auch zu, wenn sie dem Ehegatten außerhalb der Wohnung übermittelt wird (BAG NZA 2011, 847). Zwar hat die Rechtsprechung den Zugang auch schon bei der Übergabe der Kündigungserklärung an erwachsene Familienangehörige bejaht, aber über das verwandtschaftliche Verhältnis hinaus auch eine räumliche Beziehung zum Empfänger gefordert (BAG NZA 1993, 259, 260). Da der Überbringer der Kündigungserklärung nicht erkennen und nachprüfen kann, in welchem Verhältnis die empfangsbereite Person zu dem zu kündigenden Arbeitnehmer steht und ob diese in der gleichen Wohnung wohnt oder vielleicht nur zu Besuch ist, ist die Übergabe der Kündigungserklärung an Dritte mit rechtlichen Risiken verbunden.

Ist die dritte Person nämlich weder Empfangsvertreter noch Empfangsbote, so ist sie lediglich als **Erklärungsbote** anzusehen. In diesem Fall geht die Willenserklärung erst dann zu, wenn sie der Erklärungsbote dem Arbeitnehmer zuleitet. Das Risiko, dass der Erklärungsbote die Kündigung nicht oder nicht rechtzeitig weitergibt, trägt der Arbeitgeber (*Herbert* NZA 1994, 391, 392).

Zur Sicherstellung des Zugangs empfiehlt es sich, bei Aushändigung der Kündigungserklärung an Dritte zusätzlich eine Erklärung in den Briefkasten des Arbeitnehmers zu werfen. Ist nur eine Ausfertigung zur Hand, sollte diese nicht übergeben, sondern stattdessen in den Hausbriefkasten eingeworfen werden (zum Zeitpunkt des Zugangs → Anm. 7).

7. Einwurf des Kündigungsschreibens in den Briefkasten. Bei Einwurf in den Hausbriefkasten gilt die Kündigungserklärung in dem Zeitpunkt als zugegangen, in dem unter normalen Umständen mit der Leerung des Briefkastens gerechnet werden kann.

Unter dem Postmonopol konnte eine Leerung des Briefkastens noch im Anschluss an die „üblichen Zustellzeiten" erwartet werden (BAG NJW 1997, 146, 147). Die Zustellzeiten sind inzwischen jedoch gerade nach dem Aufkommen privater Zustelldienste Schwankungen unterworfen, so dass eine ausschließliche Orientierung an der üblichen Zustellzeit der Deutsche Post AG („Post") kritisch sein dürfte (vgl. LAG Berlin-Brandenburg BeckRS 2011, 67098). Zudem kennt der Arbeitgeber im Zweifel die besonderen Gegebenheiten am Wohnort des Arbeitnehmers nicht. Es dürfte dem Arbeitgeber daher ohnehin schwer fallen, die jeweiligen „üblichen Zustellzeiten" zu ermitteln.

Wann mit einer Leerung des Briefkastens gerechnet werden kann, kann daher nicht einheitlich beantwortet werden. Es kommt auf den **Einzelfall** an.

Eine Kündigungserklärung, die um 10.15 Uhr in den Hausbriefkasten des Arbeitnehmers geworfen wird, soll diesem aber auch dann noch am selben Tag zugehen, wenn die Post bei ihm üblicherweise schon zwischen 8.00 Uhr und 8.30 Uhr zugestellt wird (LAG Berlin-Brandenburg BeckRS 2011, 67207). Gleiches gilt für einen Einwurf um 12.40 Uhr, selbst wenn der normale Posteinwurf üblicherweise etwa zwei Stunden früher erfolgt (LAG Hamm BeckRS 2004, 30460853; s.a. LAG Mainz, BeckRS 2013, 74732). Zumindest in Großstädten wie München und Berlin wird man heute mit Postzustellungen noch bis 14.00 Uhr rechnen müssen, so dass eine vor diesem Zeitpunkt eingeworfene Kündigung noch am gleichen Tag zugeht (LAG München BeckRS 2008, 51133). Ein Kündigungsschreiben, das nach 16.00 Uhr in den Briefkasten des Arbeitnehmers eingeworfen wird, geht dagegen nicht mehr am Tag des Einwurfs zu (LAG Köln NZA-RR 2011, 180; s. auch LAG Berlin-Brandenburg BeckRS 2011, 67098 für einen Einwurf nach 18.00 Uhr).

Um den Zugang an einem bestimmten Stichtag zweifelsfrei sicherzustellen, sollte die Kündigungserklärung bereits am frühen Morgen gegen 6.00 bzw. 7.00 Uhr oder besser noch am Vorabend in den Briefkasten eingeworfen werden. Die genaue Uhrzeit ist auf dem Formular zu notieren.

8. Hindernisse und Alternativen. Bei dem Versuch, eine Kündigungserklärung durch Einwurf in den Hausbriefkasten zuzustellen, treten bisweilen unerwartete Hindernisse auf. So ist zunächst denkbar, dass der Arbeitnehmer den **Zugang bewusst** (mit „Tendenz zur Arglist") **vereitelt**, indem er etwa eine falsche Adresse angegeben oder bestätigt hat. Dann muss er sich jedoch nach Treu und Glauben so behandeln lassen, als sei ihm das Schriftstück zugegangen (BAG NZA 2006, 204).

Eventuell ist aber auch kein Briefkasten vorhanden, es fehlt eine eindeutige Beschriftung oder der Briefkasten ist beschädigt. Trotz dieser Hindernisse muss der Arbeitgeber den Zugang der Kündigungserklärung sicherstellen. Eine Lösung für jeden Einzelfall gibt es dabei nicht. Die Rechtsprechung tendiert jedoch dazu, einen Arbeitgeber, der sich ernsthaft bemüht, eine Kündigungserklärung durch Einwurf in den Hausbriefkasten zuzustellen, nicht vor unüberwindbare Hürden zu stellen. So soll den Arbeitnehmer grundsätzlich die Verpflichtung treffen, nutzbare Empfangseinrichtungen bereit zu halten, so dass der Arbeitgeber den Zugang der Kündigungserklärung gegebenenfalls auch anderweitig bewirken kann. Fehlt also beispielsweise ein persönlicher Hausbriefkasten, kann eine Kündigungserklärung auch dadurch zugestellt werden, dass sie nach vergeblichem Klingeln auffällig zwischen Glasscheibe und Metallgitter der Haustür (LAG Hamm NZA 1994, 32) oder in einen gemeinsamen Briefschlitz eines Mehrfamilienhauses (LAG Düsseldorf MDR 2001, 145) gesteckt wird. Auch kann der Überbringer nach vergeblichem Klingeln das Schreiben vollständig unter der Wohnungstür hindurch schieben (ArbG Hagen DB 1976, 1159).

Selbstverständlich können der Versuch der persönlichen Übergabe und die Zustellung durch Einwurf in den Hausbriefkasten dadurch kombiniert werden, dass der Überbringer der Kündigungserklärung bei einem beispielsweise erkrankten Arbeitnehmer zu Hause klingelt, die Kündigungserklärung dann aber in den Hausbriefkasten einwirft, wenn er den Arbeitnehmer nicht persönlich erreicht. Öffnet ein Dritter, gilt das vorstehend (→ Anm. 6) bereits Ausgeführte. Insbesondere dann, wenn der Arbeitgeber schon Probleme bei der Zustellung erwartet, ist es sinnvoll, mehrere Original-Kündigungsschreiben auszufertigen und alternative Zustellmethoden zu kombinieren.

Die durch den Überbringer gewählten Zustellmethoden sind durch diesen in jedem Fall auf der Zustellungsbestätigung festzuhalten.

Sollte der Arbeitnehmer bei Einwurf der Kündigungserklärung **urlaubsbedingt abwesend** sein, führt dies nicht dazu, dass die Kündigung erst nach seiner Rückkehr als zugegangen gilt (BAG AP BGB § 130 Nr. 16). Bereits durch den Einwurf in seinen Briefkasten gerät die Kündigungserklärung in seinen Machtbereich, so dass mit einer Kenntnisnahme zu rechnen ist. Dies gilt auch dann, wenn dem Arbeitgeber die Urlaubsadresse des Arbeitnehmers bekannt ist. Zu beachten ist allerdings, dass im Falle der urlaubsbedingten Abwesenheit auch nach Ablauf der dreiwöchigen Klagefrist des § 4 S. 1 KSchG eine Kündigungsschutzklage des Arbeitnehmers gemäß § 5 Abs. 1 KSchG noch möglich ist (LAG Hamm BeckRS 2007, 44047).

Bei Abwesenheit des Arbeitnehmers wegen **Krankheit** oder Außendiensttätigkeit gelten die oben genannten Grundsätze entsprechend.

Zu den beschriebenen Möglichkeiten der Zustellung einer Kündigung, die den Zugang auch hinreichend sicherstellen, existieren praktisch keine **Alternativen**: Scheidet eine Zustellung durch persönliche Übergabe oder durch Einwurf in den Hausbriefkasten unter Einschaltung eines Boten aus, so bleibt lediglich die Zustellung per Post. Die von der Post angebotenen Zustellungswege haben jedoch Nachteile:

Von einer Versendung der Kündigungserklärung durch **einfachen Brief** ist dringend abzuraten, da in diesem Fall der Zugang beim Arbeitnehmer nicht bewiesen werden kann.

Eine per **Übergabe-Einschreiben** übersandte Kündigungserklärung (einschließlich der von der Post angebotenen Varianten „Rückschein" oder „eigenhändig") geht erst in dem Moment zu, in dem der Arbeitnehmer die Kündigungserklärung tatsächlich in Empfang nimmt. Wird das Einschreiben also bei der Postfiliale hinterlegt, weil der Arbeitnehmer nicht zu Hause angetroffen wurde, erfolgt der Zugang erst dann, wenn der Arbeitnehmer das Einschreiben bei der Post abholt. Es kommt somit in jedem Fall zu einer Verzögerung. Schlimmstenfalls erfolgt überhaupt keine Zustellung, nämlich wenn der Arbeitnehmer das Einschreiben nicht in der Postfiliale abholt (BGH NJW 1998, 976, 977; OLG Brandenburg NJW 2005, 1585). Nach der Rechtsprechung des BAG kann sich der Arbeitgeber in einem solchen Fall allerdings jedenfalls dann auf **Treu und Glauben** berufen, wenn der Arbeitnehmer damit rechnen musste, dass eine Kündigung zugestellt werden soll (BAG NZA 2003, 719), wobei der Arbeitgeber verpflichtet ist, eine zweite Zustellung zu versuchen (BAG AP SchwbG § 18 Nr. 9; LAG Köln BeckRS 2002, 30795208). Auch dies setzt aber voraus, dass der Arbeitgeber überhaupt beweisen kann, dass zumindest die Benachrichtigungskarte zugestellt wurde. Die Zustellung per Einschreiben in den Varianten „Rückschein" oder „eigenhändig" bietet sich daher allenfalls dann an, wenn eine Verzögerung unschädlich ist und gegebenenfalls auch ein weiterer Zustellungsversuch unternommen werden kann. In jedem Fall sollte versucht werden, dem Arbeitnehmer (telefonisch) mitzuteilen, dass eine Kündigungserklärung per Einschreiben zugestellt wird, wobei derjenige, der das Telefonat seitens des Arbeitgebers führt, als Zeuge vor Gericht auftreten können muss, also kein gesetzlicher Vertreter der Gesellschaft sein darf.

Das BAG vertritt im Übrigen die zutreffende Auffassung, dass auch die vertragliche Vereinbarung einer Zustellung per Einschreiben i.d.R. nur die Funktion hat den Zugang zu sichern, aber nicht zur Folge haben soll, dass eine auf anderem Weg beweisbar zugegangene Kündigung unwirksam wäre (BAG AP BGB § 125 Nr. 8). Inzwischen dürfte die Vereinbarung in einem Standard-Anstellungsvertrag, dass eine Kündigung per Einschreiben zu erfolgen hat, ohnehin gemäß § 309 Nr. 13 BGB unwirksam sein (vgl. *Däubler/Bonin/Deinert* § 309 Nr. 13 Rn. 5 m.w.N.). Das Übergabe-Einschreiben ist daher insgesamt kein taugliches Mittel, um den Zugang sicherzustellen.

Beim **Einwurf-Einschreiben** wirft der Postbote das Schreiben sogleich in den Hausbriefkasten des Empfängers ein. Die Kündigungserklärung gilt mit dem Einwurf in den Hausbriefkasten als zugegangen. Im Gegensatz zum Übergabe-Einschreiben wird das Schreiben also nicht in der Postfiliale hinterlegt, wenn der Empfänger nicht angetroffen wird. Über die Aufgabe des Einwurf-Einschreibens erteilt die Post einen Einlieferungsbeleg. Außerdem wird die Auslieferung dokumentiert. Das zur Identifizierung der Postsendung dienende sog. „Peel-off-Label" wird durch den Zusteller von der Postsendung abgezogen und auf den Auslieferungsbeleg geklebt, der mit Zustellungsdatum und Name des Zustellers versehen und elektronisch archiviert wird.

Der Vorteil des Einwurf-Einschreibens liegt in der Tatsache, dass in dem Fall, in dem sich der Arbeitgeber auf den **Anscheinsbeweis** des Auslieferungsbelegs beruft, es dem Arbeitnehmer obliegt, den Zugang substantiiert zu bestreiten. An diesen substantiierten Vortrag stellt die Rechtsprechung jedoch keine allzu hohen Anforderungen (vgl. LAG Berlin ZTR 2007, 468). In einem Fall vor dem OLG Koblenz gelang dies mit der Behauptung, es sei in dem Wohnhaus mit 40 Briefkästen in der Vergangenheit wiederholt zu Fehlzustellungen gekommen (OLG Koblenz BeckRS 2005, 19985). Darüber hinaus ist dem Auslieferungsbeleg in der unterinstanzlichen Rechtsprechung teilweise schon die Eigenschaft des Anscheinsbeweises abgesprochen worden, da ein Fehlgehen der Post generell nicht auszuschließen sei (so LAG Mainz BeckRS 2014, 65241; LG Potsdam NJW 2000, 3722; a.A. LAG Köln NZA-RR 2011, 244, 246; OLG Saarbrücken IBR 2007, 601; AG Hannover NJOZ 2004, 67, 68; AG Paderborn NJW 2000, 3722). Auch durch die Vernehmung des Postboten kann die Zustellung im Zweifelsfall nicht bewiesen werden. Dieser wird sich kaum an die konkrete Zustellung erinnern, sondern (allenfalls) aussagen können, dass er bei der Zustellung von Einwurf-Einschreiben generell vorschriftsmäßig verfährt.

Auch die Aussagekraft des sog. „Sendestatus" reicht nicht aus, um auf ihn den Anscheinsbeweis des Zugangs zu gründen. Er bietet dem Absender eines Einwurf-Einschreibens die Möglichkeit, unter Angabe der Lieferungsnummer des Einschreibens den jeweiligen Status der Sendung, und daher auch die Zustellung, bestätigt zu bekommen. Er kann jedoch nicht als hinreichend starkes Indiz dafür angesehen werden, dass ein Zugang beim Empfänger tatsächlich erfolgt ist. Aus ihm geht der Name des Zustellers nicht hervor; er beinhaltet auch keine technische Reproduktion einer Unterschrift des Zustellers, mit der dieser bekundet, die Sendung eingeworfen zu haben (AG Kempen NJW 2007, 1215).

Auch das Einwurf-Einschreiben stellt daher kein ausreichend sicheres Mittel dar, um den Zugang sicherzustellen.

Beim Zustellungsauftrag der Post („**PZA**") handelt es sich um ein Zustellverfahren, das vor allem für amtliche Schriftstücke gedacht ist, für die das Gesetz die Zustellung an den Empfänger vorsieht. Der Zusteller versucht zunächst, das Schriftstück persönlich zu übergeben. Falls er den Empfänger oder einen empfangsberechtigten Dritten nicht antrifft, wirft er das Schriftstück in den Briefkasten der Wohnung ein. Wenn auch der Einwurf in den Briefkasten nicht möglich ist, wird das Schriftstück in der Postfiliale hinterlegt.

Nach den Vorgaben der Post hat der Zusteller den Vorgang auf einer Zustellurkunde zu dokumentieren. In das dafür vorgesehene Formular ist das Aktenzeichen des entsprechenden Vorgangs einzutragen, das durch ein Sichtfenster auf dem zuzustellenden Schreiben abgelesen wird. Der Empfänger kann sich deshalb nicht darauf berufen, er habe ein leeres Blatt Papier oder ein anderes Schriftstück erhalten. Die ausgefüllte Zustellurkunde wird zum Nachweis des Zugangs an den Auftraggeber zurückgeschickt.

Trotz guter Ansätze weist der PZA einige Nachteile auf und kann deshalb nicht empfohlen werden. So dauert die Zustellung nach eigenen Angaben der Post drei bis vier Tage, wobei ein exakter Zustellzeitpunkt nicht garantiert wird. Da beim Überbringen einer Kündigungserklärung zumeist Eile geboten ist oder ein bestimmter Termin eingehalten werden muss, scheidet diese Variante der Zustellung regelmäßig schon aus diesem Grund aus. Zudem hat die Post in ihren Allgemeinen Geschäftsbedingungen ihre Verpflichtung, Schadensersatz bei Verlust des Schriftstückes zu leisten, auf Vorsatz und grobe Fahrlässigkeit beschränkt. Der Auftraggeber hat daher das Verlustrisiko zum überwiegenden Teil selbst zu tragen.

Weiterhin ist die von der Post ausgestellte Zustellurkunde auf die Erfordernisse einer Zustellung von Schriftstücken nach der Zivilprozessordnung ausgerichtet. Die Voraussetzungen sind nicht identisch mit denen für den Zugang einer Kündigungserklärung. Beispielsweise ist der Personenkreis, an den das Schriftstück übergeben werden kann, wenn der Empfänger nicht angetroffen wird, nach der Zivilprozessordnung weiter. Auch lässt die Zivilprozessordnung zur Bewirkung des Zugangs die Niederlegung des amtlichen Schriftstückes zu, was für den Zugang der Kündigungserklärung nicht ausreicht. Der Postbote kann daher u. U. die Zustellung vorschriftsgemäß durchführen, ohne dass die Kündigungserklärung nach der Rechtsprechung der Arbeitsgerichte zugeht.

Ähnliches gilt für die Zustellung durch einen kommerziellen **Kurierdienst**. Auch hier wird der Bote, der das Kündigungsschreiben überbracht hat, kaum Monate später vor Gericht die ordnungsgemäße Zustellung bezeugen können. Im Ergebnis bliebe als Beweismittel allenfalls eine standardisiert ausgestellte Bestätigung des Kurierdienstes, dass die Kündigung zugestellt wurde. Der Beweiswert einer solchen Bestätigung dürfte jedoch eher gering sein.

Sonderkündigungsschutz

10. Antrag auf Zustimmung zur ordentlichen Kündigung eines schwerbehinderten Menschen

[Briefkopf des Arbeitgebers]

An das Integrationsamt . . . . . . (Anschrift des Integrationsamtes)[2]

. . . . . . (Datum)

Antrag auf Zustimmung zur ordentlichen betriebsbedingten Kündigung[1]

Mitarbeiter: Herr . . . . . .

Sehr geehrte Frau . . . . . .,[3]

wir stellen hiermit den Antrag, der ordentlichen betriebsbedingten Kündigung unseres schwerbehinderten Mitarbeiters[4]

Herrn	. . . . . .[5]
geb. am	. . . . . .
Familienstand	. . . . . .
Anzahl der Kinder	. . . . . .
wohnhaft in	. . . . . .
betriebszugehörig seit	. . . . . .[6]

zuzustimmen. Wir sind ein Unternehmen der Versicherungsbranche. Bei uns sind derzeit insgesamt . . . . . . Arbeitnehmer[7] beschäftigt, darunter (einschließlich Herrn . . . . . .) . . . . . . schwerbehinderte bzw. gleichgestellte behinderte Menschen. Die Pflichtquote gemäß § 71 SGB IX ist erfüllt. Es wurde ein Betriebsrat gewählt. Eine Schwerbehindertenvertretung besteht nicht.[8]

Nach seinem Informatikstudium trat Herr . . . . . . als IT-Spezialist in unser Haus ein. Er ist für die Betreuung des Netzwerkes zuständig und behebt aufgetretene Störungen an Rechnern (IT-Support). Herr . . . . . . leidet seit einem Verkehrsunfall im Jahre . . . . . . an einem Wirbelsäulenschaden. Mit Bescheid vom . . . . . . hat das Versorgungsamt . . . . . . festgestellt, dass Herr . . . . . . mit Wirkung vom . . . . . . mit einem Grad der Behinderung von 50 schwerbehindert ist.[9]

Herr . . . . . . bezieht derzeit eine monatliche Bruttovergütung i. H. v. . . . . . . EUR zzgl. Weihnachtsgeld. Es gilt die gesetzliche Kündigungsfrist von zwei Monaten zum Monatsende.[10]

Wir haben uns entschlossen, aus wirtschaftlichen Gründen die Tätigkeiten im IT-Bereich von einem Dienstleister durchführen zu lassen, der die Betreuung des Netzwerkes und die Behebung auftretender Störungen übernimmt. Dies kann (je nach Art der Aufgabe) telefonisch, online oder vor Ort geschehen. Wir gehen von einer jährlichen Einsparung i. H. v. . . . . . . EUR aus, da die Dienstleistung nur dann in Anspruch genommen und bezahlt werden muss, wenn tatsächlicher Bedarf besteht. Der Vertrag mit dem Dienstleister ist unterschriftsreif und wird abgeschlossen werden, sobald feststeht, wann Herr . . . . . . ausscheidet.[11] Ein freier Arbeitsplatz, auf dem Herr . . . . . . weiterbeschäftigt werden könnte, besteht nicht. Da Herr ...... aufgrund seiner Ausbildung nicht außerhalb des IT-Bereichs eingesetzt werden kann, schied auch eine Sozialauswahl[12] aus.

Bei Ausübung pflichtgemäßen Ermessens wird das Integrationsamt der Kündigung zuzustimmen haben.[13] Die Kündigung steht in keinem Zusammenhang mit der körperlichen Behinderung. Durch die Auslagerung der Arbeiten im IT-Bereich wird der Arbeitsplatz von Herrn ...... wegfallen. Es besteht keine Möglichkeit, Herrn ...... weiter zu beschäftigen. Die Kündigung ist sogar nach dem Maßstab des Kündigungsschutzgesetzes sozial gerechtfertigt, wenngleich das Integrationsamt die arbeitsrechtliche Wirksamkeit der beabsichtigten Kündigung nicht zu überprüfen hat.[14]

Wir haben mit Herrn ...... Gespräche über eine einvernehmliche Aufhebung seines Arbeitsverhältnisses gegen Zahlung einer angemessenen Entschädigung geführt. Herr ...... war jedoch bisher zu keiner Einigung bereit. Wir sind zur Fortsetzung der Gespräche gern bereit.[15]

Wir bitten um möglichst rasche antragsgemäße Entscheidung, jedenfalls aber innerhalb der Monatsfrist des § 88 Abs. 1 SGB IX.[16] Die Kündigung soll unmittelbar nach Erteilung der Zustimmung ausgesprochen werden, möglichst also noch im ......,[17] und würde dann zum ...... wirksam werden.

Für Rückfragen stehen wir Ihnen gern zur Verfügung. Bitte wenden Sie sich in diesem Fall an Herrn ......[18]

Mit freundlichen Grüßen

......

Unterschrift des Arbeitgebers[19]

Anmerkungen

1. Sonderkündigungsschutz. Gemäß § 85 SGB IX bedarf die Kündigung des Arbeitsverhältnisses eines schwerbehinderten Menschen durch den Arbeitgeber der vorherigen Zustimmung des Integrationsamtes. Das Gleiche gilt gemäß § 68 Abs. 1 SGB IX für die Kündigung eines gleichgestellten behinderten Menschen. Eine ohne Zustimmung des Integrationsamtes ausgesprochene Kündigung ist unheilbar **nichtig.**

Das Erfordernis vorheriger Zustimmung des Integrationsamtes gilt für alle Arten der Kündigung, also beispielsweise auch für die **Änderungskündigung** (→ Form. A. XI. 4), die **vorsorgliche Kündigung** oder die außerordentliche **fristlose Kündigung** (→ Form. A. XIV. 11), nicht aber für eine **Aufhebungsvereinbarung** oder die Beendigung aufgrund **Befristung.** Auch der Antrag auf Auflösung des Arbeitsverhältnisses nach § 9 Abs. 1 S. 2 KSchG bedarf keiner Zustimmung des Integrationsamtes (BVerwG BehindertenR 2007, 107; a. A. *Müller* FA 2009, 265, 266). Allerdings kann das Arbeitsverhältnis gemäß § 9 Abs. 1 S. 2 KSchG auf Antrag des Arbeitgebers nur aufgelöst werden, wenn die Rechtsunwirksamkeit der Kündigung allein auf der Sozialwidrigkeit beruht (BAG AP KSchG 1969 § 9 Nr. 4). Ist die Kündigung hingegen (auch) wegen fehlender Zustimmung des Integrationsamtes nichtig, kommt eine Auflösung des Arbeitsverhältnisses nicht in Betracht (BAG BeckRS 2011, 78728).

Die Durchführung des **Präventionsverfahrens** nach § 84 Abs. 1 SGB IX und des **betrieblichen Eingliederungsmanagements** nach § 84 Abs. 2 SGB IX bilden zwar keine formelle Wirksamkeitsvoraussetzung für eine Kündigung gegenüber einem schwerbehinderten Menschen, stellen jedoch eine Konkretisierung des dem gesamten Kündigungsschutzrecht innewohnenden Verhältnismäßigkeitsgrundsatzes dar (BAG NZA 2007, 617). Eine Kündigung kann sich daher bei unterbliebener Durchführung des Präventionsverfahrens oder des betrieblichen Eingliederungsmanagements als unverhältnismäßig und damit unwirksam erweisen, wenn bei gehöriger Durchführung Möglichkeiten bestanden hätten, die Kündigung zu vermeiden (zum Präventionsverfahren BAG NZA 2007, 617; zum betrieblichen Eingliederungsmanagement BAG NZA 2008, 173 und BAG NZA-RR 2008, 515; zum Ganzen *Düwell* BB 2011, 2485, 2487). Ferner kann das Integrationsamt im Rahmen seiner Ermessensentscheidung zu Lasten des Arbeitgebers berücksichtigen, dass das erforderliche Verfahren nicht durchgeführt wurde (A/P/S/*Vossen* § 85 SGB IX Rn. 2a; *Beyer/Jansen* BehindertenR 2010, 117). Der Arbeitgeber ist deshalb gut beraten, vor Ausspruch einer Kündigung ein entsprechendes Verfahren durchzuführen (*Schrader/Klagges* NZA-RR 2009, 169, 174; *Eylert/Sänger* RdA 2010, 24, 34). Außerhalb des Geltungsbereiches des KSchG bleibt die Nichtdurchführung des Präventionsverfahrens oder des betrieblichen Eingliederungsmanagements jedoch stets ohne kündigungsrechtliche Folgen (BAG NZA-RR 2008, 404; a. A. *Deinert* NZA 2010, 969, 970).

2. Zuständiges Integrationsamt. Zuständig ist das Integrationsamt am **Sitz des Betriebes** des Arbeitgebers (§ 87 Abs. 1 S. 1 SGB IX). Im Gegensatz etwa zu den Regelungen zum Gerichtsstand ist für die Kündigung eines Außendienstmitarbeiters somit nicht das Integrationsamt an dessen Wohnsitz einzuschalten. Der Begriff des Betriebes deckt sich mit dem entsprechenden Begriff des Betriebsverfassungsgesetzes (vgl. § 87 Abs. 1 S. 2 SGB IX). Daher gilt beispielsweise auch ein gemäß § 4 Abs. 1 BetrVG selbständiger Betriebsteil als eigener Betrieb. Wenn Zweifel bestehen, welches Integrationsamt zuständig ist, sollten mehrere (vorsorgliche) Anträge bei verschiedenen Integrationsämtern gestellt werden. Adressen von Integrationsämtern können unter www.integrationsaemter.de abgefragt werden.

Manche Integrationsämter (etwa München für den Regierungsbezirk Oberbayern) halten **Formulare** bereit, die im **Internet** abgerufen werden können.

3. Persönliche Ansprache. Es ist zu empfehlen, den zuständigen Sachbearbeiter persönlich anzusprechen. Eine vorherige Kontaktaufnahme, etwa über das Telefon, kann den Ablauf des Verfahrens erleichtern.

4. Sonderkündigungsschutz nur für Arbeitsverhältnisse. Nur Arbeitnehmer (einschließlich leitende Angestellte und Auszubildende) genießen Sonderkündigungsschutz. Die Dienstverhältnisse schwerbehinderter **Geschäftsführer** können hingegen ohne Zustimmung des Integrationsamtes gekündigt werden (BGH NJW 1978, 1435, 1437; OLG Hamm GmbHR 1987, 307). Das Gleiche gilt für Dienstverhältnisse schwerbehinderter **Vorstände**.

Nach der Rechtsprechung des BAG ist es allerdings nicht grundsätzlich ausgeschlossen, dass ein GmbH-Geschäftsführer trotz seiner Organstellung in einem Arbeitsverhältnis steht (BAG AP GmbHG § 35 Nr. 10; ähnlich BAG NZA 2008, 168). In diesem Fall bedürfte eine Kündigung wohl der vorherigen Zustimmung des Integrationsamtes. Beruft sich ein schwerbehinderter Geschäftsführer auf diese Argumentation oder ist dies zumindest zu befürchten, bietet sich folgende Vorgehensweise an, um Verzögerungen zu vermeiden: Zunächst wird ohne Einschaltung des Integrationsamtes gekündigt. Parallel wird aber ein **vorsorglicher Antrag** an das Integrationsamt gestellt und eine vorsorgliche Kündigung nachgeschoben, nachdem entweder die Zustimmung erteilt wurde oder das Integrationsamt durch **Negativattest** erklärt hat, unzuständig zu sein (vgl. zum Negativattest BAG AP SchwbG § 12 Nr. 12; KR/*Etzel/Gallner* §§ 85 bis 90 SGB IX Rn. 54 ff.; *Düwell* BB 2004, 2811; MAH Moll/*Schulte* § 45 Rn. 108). Im Übrigen kann im Anstellungsvertrag des Organmitglieds zu seinen Gunsten die Geltung von Kündigungsschutznormen ausdrücklich vereinbart werden (vgl. zu §§ 1 ff. KSchG BGH NZA 2010, 889).

Es ist kein Grund ersichtlich, warum dies für die Anwendung des § 85 SGB IX zugunsten schwerbehinderter Organmitglieder nicht gelten sollte.

5. **Sachverhaltsdarstellung.** Grundsätzlich gilt im Verfahren vor dem Integrationsamt der **Amtsermittlungsgrundsatz** (§ 20 SGB X). Die Behörde muss alle Tatsachen ermitteln, die sie für ihre Abwägungsentscheidung benötigt (BVerwG AP SchwbG 1986 § 17 Nr. 1; BVerwG BeckRS 1992, 30440196). Schon um eine zügige Durchführung des Verfahrens zu gewährleisten, ist dem Arbeitgeber aber zu raten, von sich aus **umfassend alle Informationen** in den Antrag aufzunehmen, die das Integrationsamt für eine Entscheidung benötigen könnte (→ Anm. 13). Dabei handelt es sich insbesondere um

- persönliche Daten des Arbeitnehmers: beispielsweise Name, Alter, Anschrift (wegen der Anhörung des Arbeitnehmers gemäß § 87 Abs. 2 SGB IX), Familienstand, Unterhaltspflichten, Ausbildung,
- Informationen zum Arbeitsverhältnis: beispielsweise Position, Dauer der Betriebszugehörigkeit, Vergütung, Kündigungsfrist,
- Informationen zur Kündigung: ordentlich oder außerordentlich, Beendigungs- oder Änderungskündigung, voraussichtlicher Ausspruch der Kündigung und angestrebter Beendigungstermin,
- Informationen zum Kündigungsgrund.

Wegen des Amtsermittlungsgrundsatzes obliegt es dem Arbeitgeber nicht zwingend, **Beweismittel** zu präsentieren, etwa durch Benennung von Zeugen oder Einreichung eidesstattlicher Versicherungen. Da das Integrationsamt aber mehr als eine bloße Schlüssigkeitsprüfung durchführt (BVerwG NZA-RR 1996, 288), kann es, je nach Einzelfall, zur Vermeidung von Verzögerungen angebracht sein, dem Antrag Anlagen beizufügen oder den Sachverhalt durch (schriftliche) Aussagen von Zeugen zu belegen. Im Beispielsfall dürfte dies nicht notwendig sein, da der Sachverhalt vermutlich unstreitig ist.

6. **Wartezeit.** Innerhalb der ersten **sechs Monate** des Arbeitsverhältnisses kann eine Kündigung ausgesprochen werden, ohne dass das Integrationsamt zuzustimmen hätte (§ 90 Abs. 1 Nr. 1 SGB IX). Die Gesellschaft muss die Beendigung des Arbeitsverhältnisses dem Integrationsamt in diesem Fall zwar innerhalb von vier Tagen **anzeigen** (§ 90 Abs. 3 SGB IX). Ein Verstoß gegen diese Verpflichtung führt aber nicht zur Unwirksamkeit der Kündigung.

§ 90 SGB IX enthält weitere Ausnahmen vom Sonderkündigungsschutz (→ Anm. 9).

7. **Größe des Betriebes.** Der Sonderkündigungsschutz gilt unabhängig von der Größe des Betriebes. Ein **Schwellenwert,** wie ihn etwa das KSchG oder auch § 71 SGB IX für die Pflichtquote hinsichtlich der Beschäftigung von schwerbehinderten Menschen vorsehen, besteht nicht.

8. **Stellungnahmen von Betriebsrat und Schwerbehindertenvertretung.** Gemäß § 87 Abs. 2 SGB IX holt das Integrationsamt eine Stellungnahme des **Betriebsrats** und der **Schwerbehindertenvertretung** ein. Es sollte daher im Antrag ausdrücklich darauf hingewiesen werden, ob entsprechende Interessenvertretungen bestehen. Gemäß § 94 Abs. 1 SGB IX wird eine Schwerbehindertenvertretung in Betrieben gewählt, in denen wenigstens fünf schwerbehinderte Menschen nicht nur vorübergehend beschäftigt sind.

Erhält das Integrationsamt trotz Aufforderung keine Stellungnahme, steht dies einer Entscheidung nicht entgegen (*Kossens/v. der Heide/Maaß* § 87 Rn. 10). Ohnehin können Versäumnisse des Integrationsamtes bei der Einholung der Stellungnahmen noch in einem Widerspruchsverfahren geheilt werden (zur Stellungnahme des Betriebsrates vgl. BVerwG BeckRS 1997, 30936317; zur Stellungnahme des Arbeitsamtes vgl. BVerwG AP SchwbG 1986 § 17 Nr. 1).

9. Schwerbehinderung/Gleichstellung. Sonderkündigungsschutz genießen schwerbehinderte Menschen (§ 68 Abs. 1 i.V.m. § 2 Abs. 1 und 2 SGB IX) und diesen gleichgestellte behinderte Menschen (§ 68 Abs. 1 i.V.m. § 2 Abs. 3 SGB IX). Die Frage des Arbeitgebers nach der Schwerbehinderung ist jedenfalls nach dem Erwerb des Sonderkündigungsschutzes für schwerbehinderte Menschen (gemäß § 90 Abs. 1 Nr. 1 SGB IX nach sechsmonatigem Bestand des Arbeitsverhältnisses) insbesondere zur Vorbereitung von beabsichtigten Kündigungen zulässig (BAG ArbRAktuell 2012, 116). Bei wahrheitswidriger Beantwortung ist es dem Schwerbehinderten deshalb unter dem Gesichtspunkt widersprüchlichen Verhaltens verwehrt, sich im Kündigungsschutzprozess auf seine Schwerbehinderteneigenschaft zu berufen.

Ausnahmen vom Sonderkündigungsschutz sieht insbesondere § 90 Abs. 2a SGB IX vor. Danach besteht kein Sonderkündigungsschutz, wenn entweder zum Zeitpunkt der Kündigung die Eigenschaft als schwerbehinderter Mensch nicht nachgewiesen ist (§ 90 Abs. 2a 1. Alternative SGB IX) oder das Versorgungsamt nach Ablauf der Frist des § 69 Abs. 1 S. 2 SGB IX eine Feststellung wegen fehlender Mitwirkung nicht treffen konnte (§ 90 Abs. 2a 2. Alternative SGB IX).

„Nachgewiesen" im Sinne der ersten Alternative des § 90 Abs. 2a SGB IX ist die Schwerbehinderung, wenn zum Zeitpunkt des Ausspruches der Kündigung die Schwerbehinderung offensichtlich ist oder positiv festgestellt wurde (BT-Drucks. 15/2357 S. 24). Die zweite Alternative ist nach der Rechtsprechung des BAG als Einschränkung der ersten Alternative anzusehen (BAG NZA 2008, 302, 305; BAG NZA 2008, 361 f.). Grundsätzlich liegt daher kein Sonderkündigungsschutz vor, wenn zum Zeitpunkt der Kündigung die Eigenschaft als schwerbehinderter Mensch nicht nachgewiesen ist. Dagegen bleibt nach § 90 Abs. 2a 2. Alternative SGB IX der Sonderkündigungsschutz trotz fehlenden Nachweises bestehen, wenn der Antrag so frühzeitig vor Kündigungszugang zugestellt worden ist, dass eine Entscheidung vor Ausspruch der Kündigung, bei ordnungsgemäßer Mitwirkung des Antragstellers, binnen der Frist des § 69 Abs. 1 S. 2 SGB IX möglich gewesen wäre. Der Antrag muss also mindestens drei Wochen vor der Kündigung gestellt sein. § 90 Abs. 2a 2. Alternative SGB IX erweist sich damit als Bestimmung einer Vorfrist (BAG NZA 2008, 302). Stellt demnach der Arbeitnehmer den Antrag auf Feststellung der Schwerbehinderung mindestens drei Wochen vor Zugang der Kündigung (zu den sonstigen Mitwirkungspflichten des Arbeitnehmers LAG Kiel NZA-RR 2008, 408) und erfolgt die Feststellung erst nach Zugang der Kündigung, besteht für den Arbeitnehmer Sonderkündigungsschutz und die Kündigung ist bei fehlender Zustimmung des Integrationsamtes unwirksam. Dasselbe gilt, wenn im Zeitpunkt der Kündigung eine nicht rechtskräftige Entscheidung des Versorgungsamtes vorliegt, mit der ein Grad der Behinderung unter 50 festgestellt wird und diese Entscheidung später im Rechtsmittelverfahren zugunsten des Arbeitnehmers abgeändert wird (BAG NZA 2008, 407, 408). § 90 Abs. 2a SGB IX soll den Missbrauch von aussichtslosen Anerkennungsverfahren verhindern, die noch kurz vor der Kündigung lediglich eingeleitet wurden, um so eine bessere prozessuale Position zu erreichen (BT-Drucks. 15/2357 S. 24). Eine so weitgehende Folge wie die faktische Entziehung des Rechtsschutzes gegen unrichtige Feststellungen des Versorgungsamtes ist dagegen nicht bezweckt und hätte insbesondere einer eindeutigen Feststellung im Gesetz bedurft (BAG NZA 2008, 407). Entscheidet das Versorgungsamt fehlerhaft, muss sich der Arbeitnehmer auf eine korrigierende Entscheidung berufen können (LAG Kiel NZA-RR 2008, 408, 410). Lediglich ein sog. Negativattest, welcher dem Arbeitgeber bescheinigt, dass keine Zustimmung des Integrationsamtes erforderlich ist, kann die zunächst bestehende Kündigungssperre beseitigen. Hierzu muss das Negativattest aber vor Ausspruch der Kündigung vorliegen und bestandskräftig geworden sein (BAG NZA 2008, 407).

Die Vorschrift des § 90 Abs. 2a SGB IX sowie die oben genannten Grundsätze gelten ebenso für Schwerbehinderten gleichgestellte Arbeitnehmer i.S.d. § 68 Abs. 1 SGB IX

(BAG NZA 2008, 302). Nach Sinn und Zweck der Vorschrift ist nicht erkennbar, dass der Gesetzgeber Feststellungs- und Gleichstellungsverfahren unterschiedlich behandeln wollte; insbesondere ist kein Grund ersichtlich, weshalb der Sonderkündigungsschutz im Falle der Gleichstellung stärker ausgeprägt sein sollte als im Falle der Schwerbehinderung (BAG NZA 2008, 302).

Erlangt der Arbeitgeber bei einer geplanten Kündigung Kenntnis von einem Feststellungs- oder Gleichstellungsantrag des Arbeitnehmers, sollte er die Kündigung innerhalb von drei Wochen nach Antragstellung aussprechen, um das Eingreifen des Sonderkündigungsschutzes zu verhindern. Ist ein Zugang nicht mehr innerhalb dieses Zeitraumes möglich, bietet es sich an, die Kündigung dennoch auszusprechen. Schließlich kann es sein, dass das Versorgungsamt keine Schwerbehinderung feststellt. Gleichzeitig sollte beim Integrationsamt **vorsorglich** die Zustimmung zu einer **weiteren Kündigung** beantragt werden, die dann nach positivem Bescheid ausgesprochen wird. Das Integrationsamt kann die Zustimmung durch **vorsorglichen Verwaltungsakt** erteilen, wenn noch nicht feststeht, ob tatsächlich eine Schwerbehinderung vorliegt (BVerwG NZA 1989, 554; KR/*Etzel/Gallner* §§ 85 bis 90 SGB IX Rn. 55; *Grimm/Brock/Windeln* DB 2005, 282, 284; LPK-SGB IX/*Düwell* § 88 Rn. 8).

Die Rechtsprechung des BAG, wonach die **Kenntnis des Arbeitgebers** von einer festgestellten Schwerbehinderung/Gleichstellung (oder einem Antrag auf Feststellung) zunächst ohne Bedeutung ist (BAG NZA 2006, 1035), gilt auch nach Neufassung der §§ 85 ff. SGB IX unverändert fort (vgl. BAG NZA-RR 2011, 516). Selbst wenn dem Arbeitgeber zum Zeitpunkt des Ausspruchs der Kündigung nicht bekannt war, dass der Arbeitnehmer schwerbehindert oder gleichgestellt ist und er daher keine Veranlassung hatte, das Integrationsamt einzuschalten, greift der Sonderkündigungsschutz, d.h. die Kündigung ohne Zustimmung des Integrationsamtes ist unwirksam. Das BAG verlangt vom Arbeitnehmer allerdings, dass er nach Zugang der Kündigung innerhalb einer angemessenen Frist, die regelmäßig drei Wochen beträgt, gegenüber dem Arbeitgeber das Bestehen des Sonderkündigungsschutzes geltend macht (BAG NZA 2008, 1055; BAG NZA-RR 2011, 516; BAG NZA 2011, 411). Insoweit lässt es das BAG auch genügen, wenn der Arbeitgeber von der Schwerbehinderteneigenschaft oder der Gleichstellung seines gekündigten Arbeitnehmers erst durch die nach Ablauf von drei Wochen seit Zugang der Kündigung erfolgte Zustellung der Kündigungsschutzklage erfährt (BAG NZA 2011, 411, 412; a.A. LAG Kiel BeckRS 2010, 74080; krit. dazu *Gehlhaar* NZA 2011, 673, 674 f.). Im Einzelfall kann auch ein geringfügiges Überschreiten der Regelfrist unschädlich sein (vgl. dazu LAG München NZA-RR 2010, 19).

10. Kündigungsfrist. Die Kündigungsfrist beträgt **mindestens vier Wochen** (§ 86 SGB IX). Da während einer sechsmonatigen Wartezeit ohnehin kein Sonderkündigungsschutz besteht (§ 90 Abs. 1 Nr. 1 SGB IX; → Anm. 6), dürfte diese Mindestkündigungsfrist nur selten Bedeutung erlangen.

11. Zeitpunkt des Ausscheidens des Arbeitnehmers. Das BAG verlangt vom Arbeitgeber, der eine **betriebsbedingte Kündigung** ausspricht, eine begründete Prognose, dass zum Zeitpunkt der vorgesehenen Beendigung des Arbeitsverhältnisses der Arbeitsplatz weggefallen sein wird (BAG NJW 2002, 3795). Der Arbeitgeber muss bei seiner Planung berücksichtigen, dass wegen der ungewissen Länge des Verfahrens vor dem Integrationsamt (→ Anm. 16) nicht feststeht, wann die Kündigung ausgesprochen werden kann und wann das Arbeitsverhältnis somit tatsächlich endet. Das Verfahren vor dem Integrationsamt sollte insofern rechtzeitig eingeleitet werden. Andererseits wird das Integrationsamt aber auch keine „Vorratszustimmung" erteilen. Zum Zeitpunkt der Einleitung des Verfahrens muss daher schon hinreichend konkret feststehen, dass der Arbeitsplatz tatsächlich wegfallen wird.

12. Sozialauswahl. Eine Sozialauswahl wird nur selten zum Ergebnis haben, dass einem schwerbehinderten oder gleichgestellten Arbeitnehmer gekündigt wird. Auch wenn die Schwerbehinderung ein Kriterium ist, das bei der Sozialauswahl Berücksichtigung findet, ist es weiterhin möglich, schwerbehinderte Arbeitnehmer von der Sozialauswahl **auszunehmen** (KR/*Griebeling* § 1 KSchG Rn. 664; A/P/S/*Kiel* § 1 KSchG Rn. 701). Im Zweifel werden Arbeitgeber daher häufig einem nicht-schwerbehinderten Arbeitnehmer kündigen, schon um das Verfahren vor dem Integrationsamt zu vermeiden.

Es ist aber andererseits auch nicht ausgeschlossen, dass der Arbeitgeber bei der Entscheidung über betriebsbedingte Kündigungen eine **Sozialauswahl zwischen nicht-schwerbehinderten Arbeitnehmern und schwerbehinderten oder gleichgestellten Arbeitnehmern** durchführt, also einem schwerbehinderten Arbeitnehmer mit dem Argument kündigt, ein vergleichbarer nicht-schwerbehinderter Arbeitnehmer sei sozial schwächer und daher schutzwürdig. Entscheidet sich der Arbeitgeber hierzu, geht er aber das Risiko ein, dass das Integrationsamt seine Zustimmung zur Kündigung verweigert. Obwohl das Integrationsamt die Wirksamkeit der Kündigung in arbeitsrechtlicher Hinsicht grundsätzlich nicht überprüfen darf (→ Anm. 14; vgl. auch LPK-SGB IX/*Düwell* § 89 Rn. 6), berücksichtigt es, ob die **spezifisch aus der Schwerbehindertenfürsorge** herrührenden Gesichtspunkte in die Auswahl eingeflossen sind (BVerwG AP SchwbG 1986 § 17 Nr. 1).

Der schwerbehinderte oder gleichgestellte Arbeitnehmer könnte schließlich offensichtlich auf dem Arbeitsplatz des Arbeitnehmers weiterbeschäftigt werden, den der Arbeitgeber bei Durchführung der Sozialauswahl als sozial schwächer angesehen hat. Daher liegt für das Integrationsamt die Ablehnung der Zustimmung jedenfalls dann nahe, wenn der Arbeitgeber seine Auswahlentscheidung nicht besonders gut begründen kann. Etwas anderes gilt, wenn der Arbeitgeber darlegen kann, dass der nicht-schwerbehinderte Arbeitnehmer im Hinblick auf die übrigen Sozialdaten erheblich schutzwürdiger ist.

13. Entscheidung des Integrationsamtes/Kündigungsgrund. Das Gesetz stellt praktisch keine Kriterien für den Prüfungsumfang und die Entscheidung des Integrationsamtes auf. Das Integrationsamt muss seine Entscheidung nach **pflichtgemäßem Ermessen** treffen (BVerwG AP SchwBeschG § 14 Nr. 29; BVerwG BeckRS 1992, 30440196).

Für besondere Fallgestaltungen ist das Ermessen gebunden oder zumindest eingeschränkt, so (jeweils bei Erfüllung weiterer Kriterien) bei

- **Schließung** des Betriebes (§ 89 Abs. 1 S. 1 SGB IX),
- **wesentlicher Einschränkung** des Betriebes (§ 89 Abs. 1 S. 2 SGB IX),
- Sicherstellung eines anderen **angemessenen zumutbaren Arbeitsplatzes** (§ 89 Abs. 2 SGB IX; relevant insbesondere für die Änderungskündigung; vgl. BVerwG AP SchwBeschG § 18 Nr. 6) oder
- **Insolvenz** (§ 89 Abs. 3 SGB IX).

Wenn, wie in dem für das Formular gewählten Beispiel, keine dieser Ausnahmen einschlägig ist, hat das Integrationsamt das **Interesse des schwerbehinderten Menschen** am Erhalt seines Arbeitsplatzes und das **Interesse des Arbeitgebers**, die vorhandenen Arbeitsplätze wirtschaftlich zu nutzen, **gegeneinander abzuwägen** (BVerwG AP SchwBeschG § 14 Nr. 29; BVerwG BVerwG BeckRS 1992, 30440196). Nach dem Fürsorgecharakter des SGB IX sind die Nachteile des schwerbehinderten Menschen auf dem allgemeinen Arbeitsmarkt auszugleichen, so dass er gegenüber gesunden Arbeitnehmern nicht ins Hintertreffen gerät (BVerwG AP SchwBeschG § 18 Nr. 6; BVerwG BeckRS 1992, 30440196; BVerwG AP SchwBeschG § 14 Nr. 29). Es spricht vieles dafür, einer Kündigung zuzustimmen, wenn diese in **keinem Zusammenhang zur Schwerbehinderung** steht (OVG Schleswig BehindertenR 2003, 91; VGH Mannheim NZA-RR 2002, 417, 421). In die Interessenabwägung können die Aussichten des Arbeitnehmers auf dem Arbeitsmarkt ebenso eingehen wie der Umstand, ob der Arbeitgeber die Pflichtbeschäftigungsquote gemäß § 71 SGB IX erfüllt (LPK-SGB IX/*Düwell* § 89 Rn. 5). Auch die wirtschaftliche Situation des Unternehmens berücksichtigen Integrationsämter bisweilen, wobei dies vom Ansatz fraglich ist und die Integrationsämter überfordern dürfte.

Der Schutz des einzelnen schwerbehinderten Menschen findet seine Grenze in der **Zumutbarkeit** für den Betrieb. Das Unternehmen muss den Arbeitnehmer nicht „durchschleppen", wenn dieser wegen seiner körperlichen Behinderung auf seinem Arbeitsplatz nicht mehr eingesetzt werden kann und eine Umsetzung auf einen anderen Arbeitsplatz ausscheidet (BVerwG AP SchwBeschG § 14 Nr. 29; zweifelnd BVerwG NZA 1996, 288). Die Gestaltungsmöglichkeiten des Arbeitgebers dürfen nicht ausgehöhlt werden (BVerwG AP SchwBeschG § 14 Nr. 29; VG Augsburg BeckRS 2012, 47116). Insbesondere die Bindung an die **freie Unternehmerentscheidung** bleibt also bestehen (KR/*Etzel*/*Gallner* §§ 85 bis 90 SGB IX Rn. 82 a). Schwerbehindertenschutz verfolgt nicht den Zweck, den Schwerbehinderten praktisch unkündbar zu machen (BVerwG AP SchwBeschG § 14 Nr. 29).

Wenn die Schwerbehinderung eine Fortsetzung der Tätigkeit auf dem bisherigen Arbeitsplatz unmöglich macht, ist zu prüfen, ob eine **Weiterbeschäftigung auf einem anderen Arbeitsplatz** möglich ist, gegebenenfalls nach einer Änderungskündigung. Dem Unternehmen ist die Zuweisung eines geeigneten, freien Arbeitsplatzes aber nur zumutbar, wenn ein solcher vorhanden ist (BVerwG BVerwGE 48, 264, 267). In keinem Fall kann der Schwerbehinderte verlangen, dass das Unternehmen einen anderen Arbeitnehmer entlässt und ihn an dessen Stelle treten lässt (BVerwG AP SchwBeschG § 14 Nr. 29; OVG Schleswig BehindertenR 2003, 91). Der Schwerbehinderte hat auch kein Wahlrecht hinsichtlich eines bestimmten Arbeitsplatzes (BVerwG AP SchwBeschG § 14 Nr. 29).

Gegen die Entscheidung des Integrationsamtes kann **Widerspruch** eingelegt und gegen den Widerspruchsbescheid **Anfechtungsklage** vor dem Verwaltungsgericht erhoben werden. Lehnt das Integrationsamt ab, der Kündigung zuzustimmen, kann der Arbeitgeber die Kündigung erst aussprechen, wenn er im Widerspruchs- oder Klageverfahren eine positive Entscheidung erreicht hat.

Stimmt das Integrationsamt der Kündigung zu, ist der Arbeitgeber auch durch einen Widerspruch des Arbeitnehmers nicht gehindert, die Kündigung auszusprechen. Widerspruch und Anfechtungsklage des Arbeitnehmers haben **keine aufschiebende Wirkung** (§ 88 Abs. 4 SGB IX). Sollte aber im Widerspruchsverfahren oder durch das Verwaltungsgericht letztlich festgestellt werden, dass das Integrationsamt die Zustimmung nicht hätte erteilen dürfen, so wird die zwischenzeitlich ausgesprochene Kündigung rückwirkend unwirksam. Angesichts des Umstandes, dass dem Arbeitgeber in diesem Fall **Annahmeverzugsansprüche** gegebenenfalls für mehrere Jahre drohen, neigen Arbeitnehmervertreter dazu, gegen eine positive Entscheidung des Integrationsamtes in jedem Fall Rechtsmittel einzulegen. Das geschilderte wirtschaftliche Risiko eines laufenden Verwaltungsverfahrens veranlasst Arbeitgeber häufig dazu, einem für sie eher ungünstigen Vergleich zuzustimmen.

Dies gilt umso mehr, wenn das Arbeitsgericht – wie häufig – das Verfahren über die Wirksamkeit der zwischenzeitlich ausgesprochenen Kündigung wegen des schwebenden Verwaltungsverfahrens gemäß § 148 ZPO, § 46 Abs. 2 ArbGG **aussetzt** (zur Möglichkeit der Aussetzung s. BAG AP KSchG 1969 § 1 Krankheit Nr. 28; LAG Köln ZTR 2010, 488; LPK-SGB IX/*Düwell* § 85 Rn. 61; ErfKomm/*Rolfs* § 85 SGB IX Rn. 14). Nach der Rechtsprechung des BAG (NZA-RR 2006, 636, 641; NZA 2003, 1329, 1331) steht es im pflichtgemäßen Ermessen der Gerichte für Arbeitssachen, ob sie einen Kündigungsschutzrechtsstreit aussetzen, wenn noch ein verwaltungsgerichtlicher Rechtsstreit anhängig ist. Da bei Bestandsschutzstreitigkeiten dem gesetzlich geregelten Beschleunigungsgrundsatz (§§ 9 Abs. 1, 64 Abs. 8, 61a ArbGG) aber eine besondere Bedeutung zukommt, hat das Interesse der Parteien an der Verhinderung einander widersprechender Entscheidungen grundsätzlich zurückzutreten, so dass das Arbeitsgericht den Kündigungsrechtsstreit durchentscheiden kann (BAG NZA-RR 2006, 636, 641; BAG NZA 2003, 1329, 1331;

bei Verfahrensverzögerung von mehr als einem Jahr auch LAG Hamm BeckRS 2007, 44240; a.A. KR/*Etzel/Gallner* §§ 85 bis 90 SGB IX Rn. 143: Pflicht zur Aussetzung).

14. Keine Überprüfung der arbeitsrechtlichen Wirksamkeit der Kündigung. Die arbeitsrechtliche Wirksamkeit der Kündigung ist zunächst einmal ohne Bedeutung. Das Integrationsamt hat **kein inzidentes Kündigungsschutzverfahren** durchzuführen (BVerwG NZA-RR 1996, 288; BVerwG BeckRS 1992, 30440196; OVG Schleswig BehindertenR 2003, 91, 92; ErfKomm/*Rolfs* § 89 SGB IX Rn. 2). Es soll gewährleisten, dass die sich aus der körperlichen Beeinträchtigung ergebende besondere Schutzbedürftigkeit berücksichtigt wird, nicht aber Aspekte prüfen, die in keinem Zusammenhang mit der Behinderung stehen und ohne weiteres auch im Kündigungsschutzverfahren vor den (sachnäheren) Arbeitsgerichten geltend gemacht werden können (BVerwG BeckRS 1992, 30440196). Etwas anderes mag nur bei **offensichtlicher Rechtswidrigkeit** der Kündigung gelten (ErfKomm/*Rolfs* § 89 SGB IX Rn. 2; VGH München BeckRS 2010, 53582; offen gelassen BVerwG BeckRS 1992, 30440196), wobei hier ein sehr strenger Maßstab anzulegen ist (VGH Mannheim NZA-RR 2002, 417, 420: bei tariflicher Unkündbarkeit). Als Reflexwirkung können Fragen der sozialen Auswahl aber für die Entscheidung des Integrationsamtes von Bedeutung sein (→ Anm. 12).

15. Gütliche Einigung. Das Integrationsamt wirkt gemäß § 87 Abs. 3 SGB IX in jeder Lage des Verfahrens auf eine gütliche Einigung hin. Dies kann – je nach Fallgestaltung – auf eine Versetzung des Arbeitnehmers, aber auch auf eine einvernehmliche Trennung typischerweise gegen Zahlung einer Abfindung hinauslaufen.

16. Entscheidungsfrist. Gemäß § 88 Abs. 1 SGB IX soll das Integrationsamt seine Entscheidung **innerhalb eines Monats** nach Eingang des Antrags treffen. Die Versäumung dieser Frist bleibt jedoch folgenlos. Es gibt grundsätzlich keine Fiktion, wonach die Zustimmung ab einem gewissen Zeitpunkt als erteilt gilt. Gegebenenfalls kann – zumindest theoretisch – bei ungebührlicher Verzögerung der Entscheidung durch das Integrationsamt ein Amtshaftungsanspruch oder eine Untätigkeitsklage in Betracht kommen (ErfKomm/*Rolfs* § 88 SGB IX Rn. 1; LPK-SGB IX/*Düwell* § 88 Rn. 7).

Es gibt allerdings eine Ausnahme von dem Grundsatz, dass es folgenlos bleibt, wenn das Integrationsamt nicht innerhalb eines Monats entscheidet: Gemäß § 88 Abs. 5 SGB IX wird die Zustimmung „in den Fällen des § 89 Abs. 1 S. 1 und Abs. 3" **fingiert**, also bei **Schließung** eines Betriebes oder bei **Insolvenz** des Unternehmens.

Sollte sich das Verfahren vor dem Integrationsamt in den Fällen, in denen keine Fiktion eintritt, so lange verzögern, dass der ursprünglich beabsichtigte Beendigungstermin nicht mehr erreicht werden kann, muss der Arbeitgeber insbesondere bei einer betriebsbedingten Kündigung entscheiden, ob der Arbeitnehmer zwischen dem ursprünglich beabsichtigten Beendigungstermin und dem tatsächlichen Beendigungstermin weiterbeschäftigt oder **freigestellt** wird. Eine Freistellung muss, wie sonst auch, jedenfalls dann erwogen werden, wenn eine tatsächliche Weiterbeschäftigung über den ursprünglich beabsichtigten Beendigungstermin hinaus als Indiz gewertet werden könnte, dass der betriebsbedingte Kündigungsgrund tatsächlich nicht besteht, etwa wenn die Notwendigkeit der Kündigung mit angeblichem Arbeitsmangel wegen des bevorstehenden Wegfalls eines Auftrages begründet wurde.

17. Ausspruch der Kündigung nach Zustimmung des Integrationsamtes. Der Arbeitgeber kann kündigen, nachdem das Integrationsamt der Kündigung zugestimmt hat. Die Kündigung muss dem Arbeitnehmer innerhalb **eines Monats** nach Zustimmung zugehen (§ 88 Abs. 3 SGB IX). Gesetzlich nicht geregelt ist der Fall, dass neben der Zustimmung des Integrationsamtes eine **weitere behördliche Zustimmung** vorliegen muss (so z.B. nach § 18 BEEG bei der Kündigung eines in Elternzeit befindlichen schwerbehinderten Arbeitnehmers). In dieser Konstellation ist der Arbeitgeber nicht gezwungen, zunächst die Erlaubnis nach § 18 BEEG einzuholen und erst dann die Zustimmung des Integrationsamtes zu beantragen. Vielmehr ist es ausreichend, wenn der Arbeitgeber zunächst die Zustimmung des Integrationsamtes einholt und die weitere behördliche Erlaubnis innerhalb der Monatsfrist des § 88 Abs. 3 SGB IX beantragt. Eine nach Ablauf der Monatsfrist ausgesprochene Kündigung ist in diesem Fall jedenfalls dann wirksam, wenn sie der Arbeitgeber **unverzüglich** nach Erhalt der Erlaubnis nach § 18 BEEG ausspricht (BAG BeckRS 2012, 69242). Um Zeit zu sparen, sollte der Arbeitgeber allerdings beide Zustimmungsverfahren ohnehin parallel einleiten und nach Erhalt beider Erlaubnisse unverzüglich kündigen.

Innerhalb der Monatsfrist kann der Arbeitgeber auch mehrfach von der Zustimmung des Integrationsamtes Gebrauch machen und mehrere Kündigungen gegenüber dem Arbeitnehmer aussprechen. Ein Verbrauch der Zustimmung tritt jedenfalls bei gleich bleibendem Sachverhalt nicht ein, wenn der Ausspruch einer weiteren Kündigung lediglich im Hinblick auf bestehende formelle Bedenken hinsichtlich der zuerst ausgesprochenen Kündigung erfolgt (BAG NJW 2008, 1757).

Die Zustimmung muss dem Arbeitgeber **förmlich zugestellt** worden sein (BAG AP SchwbG § 18 Nr. 1), nicht aber dem Arbeitnehmer (BAG AP SchwbG § 15 Nr. 1). Anders als bei der außerordentlichen Kündigung (→ Form. A. XIV. 11 Anm. 5) reicht eine bloß mündliche Auskunft des Integrationsamtes, wonach die Zustimmung erteilt sei, ebenso wenig aus wie eine per Telefax übersandte Zustimmung (a. A. VG Stuttgart BeckRS 2011, 54937, auch für die Übermittlung des Originalbescheides als PDF-Datei). Einem Nicht-Juristen ist nur schwer vermittelbar, dass bei einer förmlichen Zustellung durch ein Einschreiben der Zustimmungsbescheid auch dann am dritten Tag nach Aufgabe zur Post als zugestellt gilt, wenn der Arbeitgeber den Bescheid tatsächlich vorher erhalten hat. Dies ergibt sich aus den verwaltungsrechtlichen Vorschriften, die auch im Rahmen des § 88 Abs. 3 SGB IX Anwendung finden (LAG Stuttgart EzA-SD 2007, Nr. 2, 14; LAG Hamm LAGE SchwbG 1986 § 18 Nr. 2). Umgekehrt gilt die Zustellungsfiktion nach den verwaltungsrechtlichen Vorschriften nicht, wenn dem Arbeitgeber der Zustimmungsbescheid nicht bis zum dritten Tag nach Aufgabe zur Post zugegangen ist, sondern zu einem späteren Zeitpunkt. Hier ist große Vorsicht geboten. Eine „verfrühte" Kündigung infolge Nichtbeachtung dieser Grundsätze wäre unheilbar nichtig.

Es ist unschädlich, wenn der Arbeitgeber die Kündigung vor Erteilung der Zustimmung bereits auf den Weg bringt (etwa per Post), wenn nur der **Zugang** der Kündigung beim Arbeitnehmer erst erfolgt, nachdem die Zustimmung dem Arbeitgeber förmlich zugestellt wurde (BAG AP BGB § 123 Nr. 45; LPK-SGB IX/*Düwell* § 85 Rn. 43). Wegen der hohen Fehleranfälligkeit kann aber allenfalls in Ausnahmefällen geraten werden, eine Kündigung in der Erwartung zu versenden, die Zustimmung des Integrationsamtes werde dem Arbeitgeber noch rechtzeitig vor Zugang der Kündigung beim Arbeitnehmer förmlich zugestellt werden.

Will der gekündigte Arbeitnehmer gegen die Kündigung vorgehen, muss er dies innerhalb der **dreiwöchigen Klagefrist** aus § 4 S. 1 KSchG nach Zugang der Kündigung tun, wobei die Besonderheit besteht, dass die Klagefrist **nicht vor Bekanntgabe der Entscheidung des Integrationsamtes** an den Arbeitnehmer beginnt (§ 4 S. 4 KSchG). Hat es der Arbeitgeber trotz Kenntnis der Schwerbehinderung oder Gleichstellung unterlassen, eine Zustimmung des Integrationsamtes vor Ausspruch der Kündigung einzuholen, kann der Arbeitnehmer die Unwirksamkeit der Kündigung bis zur Grenze der Verwirkung geltend machen (BAG EzA-SD 2008, Nr. 15, 12). Hatte der Arbeitgeber dagegen keine Kenntnis von der Schwerbehinderung oder Gleichstellung, kann der Arbeitnehmer nicht damit rechnen, dass ein Zustimmungsverfahren eingeleitet wurde. In diesem Fall hat der Arbeitnehmer nach § 4 S. 1 KSchG innerhalb von drei Wochen nach Zugang der Kündigung Kündigungsschutzklage zu erheben (BAG NZA 2008, 1055; ErfKomm/*Kiel* § 4 KSchG Rn. 24; KR/*Friedrich* § 4 KSchG Rn. 202a; *Schmidt* NZA 2004, 79, 81; *Preis* DB 2004, 70, 77; → Form. A. XIV. 13 Anm. 8).

18. Benennung eines Ansprechpartners. Im Interesse einer zügigen Durchführung des Verfahrens vor dem Integrationsamt ist zu empfehlen, dem Integrationsamt einen Ansprechpartner beim Arbeitgeber zu nennen, am besten unter Angabe einer Telefonnummer. Dies hat den Vorteil, dass das Integrationsamt Nachfragen zum Sachverhalt schnell und ohne Verzögerung stellen kann.

19. Form. Der Antrag muss **schriftlich** gestellt werden (§ 87 Abs. 1 S. 1 SGB IX). Eine Übermittlung per **Telefax** reicht nach herrschender Ansicht aber aus (ErfKomm/*Rolfs* § 87 SGB IX Rn. 2; *Kossens/v. der Heyde/Maß* § 87 Rn. 2; a. A. LPK-SGB IX/*Düwell* § 87 Rn. 6).

11. Antrag auf Zustimmung zur außerordentlichen Kündigung eines schwerbehinderten Menschen

[Briefkopf des Arbeitgebers]

An das Integrationsamt . . . . . . (Anschrift des Integrationsamtes)

. . . . . . (Datum)

Antrag auf Zustimmung zur außerordentlichen fristlosen, hilfsweise fristgemäßen Kündigung[1]

Mitarbeiter: Herr . . . . . .

Sehr geehrte Frau . . . . . .,

wir stellen hiermit den Antrag, der außerordentlichen fristlosen, hilfsweise fristgemäßen verhaltensbedingten Kündigung unseres schwerbehinderten Mitarbeiters

Herrn	. . . . . .
geb. am	. . . . . .
Familienstand	. . . . . .
Anzahl der Kinder	. . . . . .
wohnhaft in	. . . . . .
betriebszugehörig seit	. . . . . .

zuzustimmen (weitere Ausführungen zur Gesellschaft, zum Mitarbeiter, zur Schwerbehinderung und zum Arbeitsverhältnis).[2]

Am . . . . . . hat Herr . . . . . . zu seinem türkischen Kollegen . . . . . . gesagt, dass es diesem „schlecht ergeht, wenn wir erst an der Macht sind" und ihm geraten, „Deutschland zu verlassen, solange Du das noch kannst".[3] Der Unterzeichner – in seiner Funktion als Leiter der Personalabteilung – hat von diesem Vorfall am . . . . . . erfahren.[4] Herr . . . . . . wurde daraufhin noch am selben Tag vom Unterzeichner zur Rede gestellt. Herr . . . . . . gab zu, Mitglied einer rechtsradikalen Vereinigung zu sein. Er bestätigte, dass die Äußerungen gegenüber seinem ausländischen Kollegen so gefallen seien. Er habe damit aber nicht zum Ausdruck bringen wollen, dass dieser Angst um sein Leben habe müsse. Er sei aber der Auffassung, dass es in Deutschland zu viele Ausländer gebe und Ausländer daher ausgewiesen werden sollten. Der Bemerkung sei ein Streit mit dem Kollegen vorausgegangen.

Der Unterzeichner hat daraufhin Kollegen von Herrn ...... befragt, die erklärten, dass dieser schon in der Vergangenheit abfällige Äußerungen über Ausländer gemacht habe. So habe er während des letzten Sommerfestes erklärt, „Ausländer kommen nur nach Deutschland, um sich hier mit Hartz IV ein schönes Leben zu machen".

Der Sachverhalt dürfte unstreitig sein. Gern stehen aber unsere Mitarbeiter sowie der Unterzeichner als Zeugen bereit, um die Vorfälle und die Stellungnahme von Herrn ...... zu bestätigen.

Auch wenn Herr ...... bisher nicht einschlägig abgemahnt wurde, können wir sein Verhalten unter keinen Umständen dulden. Eine weitere Zusammenarbeit mit ihm ist nicht möglich. Wir haben ihn daher zunächst mit sofortiger Wirkung freigestellt. Herr ...... soll unverzüglich nach Erteilung der Zustimmung durch das Integrationsamt[5] fristlos, hilfsweise fristgemäß[6] gekündigt werden. Die Kündigung steht nicht im Zusammenhang mit der Behinderung von Herrn ......, so dass gemäß § 91 Abs. 4 SGB IX die Zustimmung zu erteilen sein wird.[7] Wir bitten um eine möglichst rasche Entscheidung.[8]

Für Rückfragen stehen wir Ihnen gern zur Verfügung. Bitte wenden Sie sich insoweit an den Unterzeichner.

Mit freundlichen Grüßen

......

Unterschrift des Arbeitgebers

Anmerkungen

1. Antrag auf Zustimmung zur außerordentlichen Kündigung. Gemäß § 91 Abs. 1 SGB IX gelten die Vorschriften über die Zustimmungsbedürftigkeit einer ordentlichen Kündigung grundsätzlich auch für eine außerordentliche Kündigung. Es kann daher auf unsere Anmerkungen zu → Form. A. XIV. 10 verwiesen werden. Auch das Verfahren läuft ähnlich ab. So wird das Integrationsamt auch bei einer beabsichtigten außerordentlichen fristlosen Kündigung versuchen, Stellungnahmen des Betriebsrats und der Schwerbehindertenvertretung (soweit vorhanden) einzuholen und den schwerbehinderten Menschen anhören (§ 87 Abs. 2 SGB IX).

Das BAG ist der Auffassung (BAG AP BGB § 626 Krankheit Nr. 12; BAG AP SchwbG 1986 § 21 Nr. 7; krit. LPK-SGB IX/*Düwell* § 91 Rn. 11), dass sich das Zustimmungsverfahren auch bei einer **außerordentlichen Kündigung mit Auslauffrist** (→ Form. A. XIV. 5 Anm. 4) nach § 91 SGB IX und nicht nach den Vorschriften über die ordentliche Kündigung richtet.

2. Sachverhaltsdarstellung. Für die allgemeine Sachverhaltsdarstellung verweisen wir auf → Form. A. XIV. 10 Anm. 5.

3. Darstellung des Kündigungsgrundes. Der Kündigungssachverhalt sollte ausführlich dargestellt werden. Auch wenn der Amtsermittlungsgrundsatz gilt (§ 20 SGB X), hat der Arbeitgeber sogar ein besonderes Interesse, dies zu tun, da das Integrationsamt innerhalb von zwei Wochen entscheiden muss (→ Anm. 8). Es besteht also die Gefahr, dass das Integrationsamt die Zustimmung ablehnt, wenn es den Sachverhalt nicht innerhalb dieser kurzen Frist aufklären kann. Dem Antrag können – je nach Einzelfall – Anlagen beigefügt werden oder der Sachverhalt kann durch (schriftliche) Aussagen von Zeugen belegt werden (→ Form. A. XIV. 10 Anm. 5).

Hat der Arbeitgeber den Arbeitnehmer zu dem Kündigungssachverhalt angehört, bietet es sich an, dessen Stellungnahme dem Integrationsamt zur Kenntnis zu geben. Auch dies hilft Verzögerungen zu vermeiden, die sich ergeben können, wenn das Integrationsamt erstmals durch die von ihm selbst eingeholte Stellungnahme des Arbeitnehmers von etwaig entlastenden Tatsachen erfährt und der Arbeitgeber hierauf wieder reagieren muss.

4. Einleitung des Zustimmungsverfahrens innerhalb von zwei Wochen. Gemäß § 626 Abs. 2 BGB muss eine außerordentliche Kündigung innerhalb von zwei Wochen nach dem Zeitpunkt erfolgen, zu dem der Kündigungsberechtigte von den für die Kündigung maßgebenden Tatsachen Kenntnis erlangt hat (→ Form. A. XIV. 5 Anm. 2).

Diese gesetzliche Vorgabe kann regelmäßig nicht eingehalten werden, wenn der Arbeitgeber vor Ausspruch der Kündigung ein Verwaltungsverfahren durchführen muss. § 91 Abs. 2 und 5 SGB IX lösen das Problem so, dass der Arbeitgeber innerhalb der Zwei-Wochen-Frist lediglich den **Antrag an das Integrationsamt** auf Zustimmung zur außerordentlichen Kündigung stellen und unverzüglich nach erteilter Zustimmung kündigen muss. Die Frist zur Stellung des Antrags beginnt entsprechend § 626 Abs. 2 BGB mit Kenntnis des Arbeitgebers von den für die Kündigung maßgebenden Tatsachen (§ 91 Abs. 2 S. 2 SGB IX; → Form. A. XIV. 5 Anm. 2). Entscheidend für die Einhaltung dieser Frist ist der Eingang des Antrags beim zuständigen Integrationsamt. Die Fristen des § 91 Abs. 2 SGB IX und des § 626 Abs. 2 BGB stehen selbständig nebeneinander und verdrängen sich nicht. Liegt ein bestandskräftiger zustimmender Verwaltungsakt vor, unterliegt dieser, einschließlich der Frage, ob der Arbeitgeber die Frist des § 91 Abs. 2 SGB IX eingehalten hat, zwar nicht der arbeitsgerichtlichen Kontrolle. Die Arbeitsgerichte sind dennoch nicht gehindert, die Einhaltung der Kündigungserklärungsfrist des § 626 Abs. 2 BGB gesondert zu prüfen (BAG NZA 2006, 1211).

Auch bei der außerordentlichen Kündigung eines schwerbehinderten Menschen gilt, dass die Zwei-Wochen-Frist bei einem **Dauertatbestand** erst mit dessen Beendigung zu laufen beginnt, da dieser sich fortlaufend neu verwirklicht (für die außerordentliche Kündigung mit Auslauffrist eines dauerhaft arbeitsunfähigen schwerbehinderten Arbeitnehmers, der tariflich ordentlich unkündbar ist vgl. BAG AP BGB § 626 Krankheit Nr. 12).

5. Unverzüglicher Ausspruch der Kündigung nach Erteilung der Zustimmung. Wird die Zustimmung erteilt, muss der Arbeitgeber die Kündigung grundsätzlich **unverzüglich** erklären (§ 91 Abs. 5 SGB IX). Im Gegensatz zur Zustimmung zur ordentlichen Kündigung (vgl. § 88 Abs. 3 SGB IX) kommt es **nicht** auf die **förmliche Zustellung** des Zustimmungsbescheids an, sondern darauf, dass die Entscheidung „getroffen" ist (BAG NZA 2007, 1153; → Form. A. XIV. 10 Anm. 17). Es reicht aus, wenn das Integrationsamt den Arbeitgeber beispielsweise telefonisch oder per Telefax von der Erteilung der Zustimmung in Kenntnis setzt (BAG NZA 2005, 1153, 1154; BAG AP SchwbG 1986 § 21 Nr. 6). Dieselben Grundsätze gelten auch, wenn die Zustimmung zur Kündigung erst durch einen Widerspruchsbescheid erteilt wird (BAG NZA 2005, 991, 992). Für die Frage, ob die Kündigung unverzüglich ausgesprochen wurde, kommt es – wie üblich – auf den Zugang der Kündigungserklärung an. Unverzüglich bedeutet **ohne schuldhaftes Zögern** (§ 121 Abs. 1 S. 1 BGB). Die Rechtsprechung gesteht dem Arbeitgeber eine Überlegungsfrist zu, die jedoch sehr knapp zu bemessen ist (BAG AP BetrVG 1972 § 103 Nr. 24; LAG Mainz NZA-RR 2006, 245, 246). Vereinzelt hat das BAG zwar eine zwei Wochen nach Zustimmung des Integrationsamtes zugegangene Kündigung als noch unverzüglich angesehen (BAG AP SchwbG § 12 Nr. 12). Hier ist jedoch Vorsicht geboten. Im entschiedenen Fall hat das BAG u. a. ein langes Maiwochenende mit Betriebsruhe zugunsten des Arbeitgebers berücksichtigt. Im Regelfall sollte es dem Arbeitgeber möglich sein, die Kündigung innerhalb weniger Tage auszusprechen, nachdem das Integrationsamt zugestimmt hat. Nach einer anderen Entscheidung des BAG (AP SchwbG § 18 Nr. 2) soll demgemäß bereits ein Kündigungszugang innerhalb eines Zeitraums von sechs bis acht Tagen nicht mehr unverzüglich sein. Zur Anhörung des Betriebsrats → Form. A. XIV. 12 Anm. 3.

Läuft ausnahmsweise sogar die **Zwei-Wochen-Frist** des § 626 Abs. 2 BGB noch, wenn das Integrationsamt die Zustimmung erteilt, so kann der Arbeitgeber die Kündigung bis zum Ablauf dieser Frist selbst dann erklären, wenn dies **nicht mehr „unverzüglich"** i. S. d. § 91 Abs. 5 SGB IX sein sollte (BAG AP BGB § 626 Ausschlussfrist Nr. 45). Beispiel: Der Arbeitgeber erfährt am 1.3. vom Kündigungssachverhalt und stellt noch am selben Tag den Antrag beim Integrationsamt. Das Integrationsamt stimmt am 7.3. zu. Die Kündigung kann noch am 15.3. zugestellt werden, selbst wenn dies nicht mehr „unverzüglich" nach Erteilung der Zustimmung durch das Integrationsamt wäre.

Dies wird besonders relevant, wenn die Zwei-Wochen-Frist keine Wirkung entfaltet, weil die Kündigung auf einen **Dauertatbestand** gestützt wird (→ Anm. 4). Auch in diesem Fall muss die Kündigung nicht unverzüglich nach Zustimmung durch das Integrationsamt ausgesprochen werden. Ein besonders langes Zuwarten des Arbeitgebers bis zum Ausspruch der Kündigung kann allerdings gegen Treu und Glauben verstoßen. Bei einer Kündigung etwa drei Wochen nach Zustimmung des Integrationsamtes ist jedoch noch nicht von einem Verstoß gegen Treu und Glauben auszugehen (BAG AP BGB § 626 Krankheit Nr. 12).

6. Hilfsweise fristgemäße Kündigung. Im Regelfall wird ein Arbeitgeber eine außerordentliche Kündigung nicht nur als fristlose Kündigung, sondern zusätzlich hilfsweise als fristgemäße Kündigung aussprechen wollen. Der **Antrag** an das Integrationsamt muss sich dann entsprechend **auch auf die hilfsweise fristgemäße Kündigung** beziehen. Nach einer (zweifelhaften) Auffassung in der Rechtsprechung soll nämlich die Zustimmung des Integrationsamtes zur außerordentlichen fristlosen Kündigung nicht zugleich die Zustimmung zur hilfsweisen ordentlichen fristgemäßen Kündigung enthalten (LAG Kiel LAGE SchwbG 1986 § 21 Nr. 2; LPK-SGB IX/*Düwell* § 91 Rn. 37; a. A. KR/*Etzel/Gallner* § 91 SGB IX Rn. 35). Jedenfalls eröffnet der kombinierte Antrag auf Zustimmung zur außerordentlich fristlosen und hilfsweise fristgemäßen Kündigung dem Integrationsamt die Möglichkeit, zwar die Zustimmung zur fristlosen Kündigung abzulehnen, der fristgemäßen Kündigung jedoch zuzustimmen.

7. Entscheidung des Integrationsamtes. Der Ermessensspielraum des Integrationsamtes (→ Form. A. XIV. 10 Anm. 13) ist gemäß § 91 Abs. 4 SGB IX eingeschränkt. Das Integrationsamt soll die Zustimmung erteilen, wenn die Kündigung aus einem Grund erfolgt, der **nicht im Zusammenhang mit der Behinderung** steht. Dabei hat es nur festgestellte oder offensichtliche Behinderungen zu berücksichtigen (VG Aachen BeckRS 2006, 22522; LPK-SGB IX/*Düwell* § 91 Rn. 24). Im Beispiel, das dem Formular zugrunde liegt, wird das Integrationsamt daher voraussichtlich zustimmen.

Nur wenn ein **atypischer Fall** vorliegt, besteht diese Bindung nicht. Nach Auffassung des BVerwG (AP SchwbG 1986 § 21 Nr. 1) ist dies der Fall, wenn den schwerbehinderten Menschen die Kündigung auch im Vergleich zu den gerade für Schwerbehinderte mit einer außerordentlichen Kündigung allgemein verbundenen Belastungen besonders hart trifft. In einem solchen atypischen Fall entscheidet das Integrationsamt wiederum nach **pflichtgemäßem Ermessen.** Das Gleiche gilt, wenn der Kündigungsgrund mit der Behinderung zusammenhängt. Auf die entsprechenden Ausführungen zur ordentlichen Kündigung (→ Form. A. XIV. 10 Anm. 13) wird verwiesen.

Die arbeitsrechtliche Wirksamkeit der außerordentlichen Kündigung prüft das Integrationsamt ebenso wenig wie bei einer ordentlichen Kündigung. Zweifel an der arbeitsrechtlichen Wirksamkeit der Kündigung allein führen auch nicht zum Vorliegen eines atypischen Falls (BVerwG AP SchwbG 1986 § 21 Nr. 1).

8. Entscheidung des Integrationsamtes innerhalb von zwei Wochen. Das Integrationsamt muss innerhalb von zwei Wochen vom Tage des Eingangs des Antrags an entscheiden (§ 91 Abs. 3 S. 1 SGB IX). Trifft das Integrationsamt innerhalb dieser Frist keine

Entscheidung, **gilt die Zustimmung als erteilt** (§ 91 Abs. 3 S. 2 SGB IX). Die Fiktion tritt in jedem Fall erst nach Ablauf der Frist des § 91 Abs. 3 S. 2 SGB IX ein, auch wenn das Integrationsamt bereits vorher ankündigt, es sei beabsichtigt, die Frist verstreichen zu lassen (BAG NZA 2007, 1153, 1154). Da die Verpflichtung zum **unverzüglichen** Ausspruch der Kündigung (→ Anm. 5) auch mit einer nur fiktiven Zustimmung beginnt, muss der Arbeitgeber eine **Fristkontrolle** sicherstellen.

Zunächst einmal obliegt es der Gesellschaft zu prüfen, wann der Antrag beim Integrationsamt eingegangen ist, um den **Fristbeginn** festzustellen (BAG AP SchwbG § 18 Nr. 2). Der Eingang des Antrags wird von der Behörde regelmäßig bestätigt. Dann muss die Gesellschaft den **Fristablauf** errechnen. Dies wird allerdings dadurch erschwert, dass die Zustimmungsfiktion nach Auffassung des BAG nicht greift, wenn die ablehnende Entscheidung den Machtbereich der Behörde innerhalb der Zwei-Wochen-Frist verlassen hat, auch wenn sie dem Arbeitgeber nicht innerhalb dieser Frist zugeht (BAG AP SchwbG 1986 § 21 Nr. 3). Beispiel: Wenn der Arbeitgeber am 1.3. (Eingangsdatum) beim Integrationsamt die Zustimmung zur außerordentlichen Kündigung eines Arbeitnehmers beantragt, kann er also nicht ohne weiteres am 15.3. die Kündigung aussprechen, wenn ihm bis zu diesem Zeitpunkt kein Bescheid des Integrationsamtes zugestellt (oder zumindest telefonisch bekannt gegeben) wurde. Vielmehr muss er damit rechnen, dass das Integrationsamt am 15.3. einen ablehnenden Bescheid fristgemäß zur Post gegeben hat, der dem Arbeitgeber beispielsweise erst am 17.3. zugestellt wird. Die ausgesprochene Kündigung wäre dann unwirksam. Der Arbeitgeber kann, um diesem Dilemma zu entgehen, einige Tage warten, ob ein Bescheid zugestellt wird. Wartet er zu lange, eröffnet dies dem Arbeitnehmer aber Argumentationsspielraum, die Kündigung sei nicht unverzüglich nach der (fiktiven) Zustimmung des Integrationsamtes ausgesprochen worden. Es ist daher in jedem Fall zu empfehlen, zum Fristende (im Beispiel: 15.3.) beim Integrationsamt **telefonisch anzufragen**, ob eine Entscheidung getroffen wurde. Eine **mündliche Bekanntgabe** der Zustimmung zur Kündigung reicht aus (→ Anm. 5).

12. Kündigung eines schwerbehinderten Menschen nach Zustimmung des Integrationsamtes

[Briefkopf des Arbeitgebers]

Herrn . . . . . . (Name und Anschrift des Arbeitnehmers)

. . . . . . (Datum)

Kündigung[1]

Sehr geehrter Herr . . . . . .,

hiermit kündigen wir Ihr Arbeitsverhältnis fristgemäß zum . . . . . ., hilfsweise zum nächst zulässigen Zeitpunkt. *(Alternative: Hiermit kündigen wir Ihr Arbeitsverhältnis außerordentlich fristlos, hilfsweise fristgemäß zum nächst zulässigen Zeitpunkt.)*

Das Integrationsamt hat der Kündigung mit Bescheid vom . . . . . . zugestimmt.[2]

Der Betriebsrat wurde vor Ausspruch der Kündigung angehört.[3] Er hat der Kündigung zugestimmt. *(Alternative: Er hat der Kündigung widersprochen. Eine Kopie der Stellungnahme des Betriebsrats liegt an.)*

Die Schwerbehindertenvertretung wurde ordnungsgemäß beteiligt.[4] Sie hat der Kündigung zugestimmt *(Alternative: widersprochen) (Alternative: sich nicht geäußert).*

Vorsorglich weisen wir Sie darauf hin, dass Sie sich innerhalb von drei Tagen nach Kenntnis von dieser Kündigung *(Alternative: spätestens drei Monate vor dem Beendigungstermin)* bei der zuständigen Agentur für Arbeit zu melden sowie eigene Aktivitäten bei der Suche nach einer anderen Beschäftigung zu entfalten haben.

Mit freundlichen Grüßen

. . . . . .

Unterschrift des Arbeitgebers

Erhalten:

. . . . . .

Ort, Datum

. . . . . .

Unterschrift des Arbeitnehmers

Anmerkungen

1. Kündigungserklärung. Das Formular stellt eine fristgemäße (*Alternative*: außerordentliche fristlose) Kündigung dar, die ausgesprochen wird, nachdem die gemäß § 85 SGB IX obligatorische Zustimmung des Integrationsamtes erteilt wurde.

Wegen der Anforderungen etwa an Schriftform, Unterzeichnung und Zugang eines Kündigungsschreibens sowie wegen ergänzender Erklärungen, die mit dem Kündigungsschreiben verbunden werden können, verweisen wir auf → Form. A. XIV. 2, → Form. A. XIV. 3, → Form. A. XIV. 9. Die dortigen Anmerkungen gelten entsprechend.

2. Ausspruch der Kündigung. Die **ordentliche Kündigung** muss dem Arbeitnehmer **innerhalb eines Monats** nach förmlicher Zustellung des Zustimmungsbescheides des Integrationsamtes zugehen (§ 88 Abs. 3 SGB IX; → Form. A. XIV. 10 Anm. 17). Versäumt der Arbeitgeber diese Frist, wird die Kündigungssperre des § 85 SGB IX wirksam (*Fuhlrott* ArbRAktuell 2011, 317). Die **außerordentliche Kündigung** hingegen muss **unverzüglich** nach Erteilung der Zustimmung ausgesprochen werden (§ 91 Abs. 5 SGB IX; → Form. A. XIV. 11 Anm. 5). Der Zustimmungsbescheid muss dem Kündigungsschreiben nicht beigefügt werden (ErfKomm/*Müller-Glöge* § 620 BGB Rn. 16; vgl. BAG AP BetrVG 1972 § 103 Nr. 50). Bei unter Betreuung stehenden schwerbehinderten Menschen wird eine Kündigung grundsätzlich nicht wirksam, bevor sie dem Betreuer zugeht (§§ 1903 Abs. 1 S. 2, 131 Abs. 2 S. 1 BGB). Ein Zugang beim Betreuten selbst ist dann möglich, wenn der gesetzliche Vertreter den Betreuten ermächtigt hatte, ein Arbeitsverhältnis zu begründen, da in diesem Fall § 113 BGB entsprechend anzuwenden ist (BAG NZA 2008, 1055, 1057). Im Zweifelsfall sollten vorsorglich zwei Kündigungsschreiben ausgefertigt und zugestellt werden, eines für den Betreuer und eines für den Betreuten.

3. Anhörung des Betriebsrats. Wie vor jeder Kündigung muss der **Betriebsrat** auch vor der Kündigung eines schwerbehinderten Menschen gemäß § 102 BetrVG **angehört** werden, auch wenn Ausführungen hierzu im Kündigungsschreiben nicht zwingend erforderlich sind (→ Form. A. XIV. 3 Anm. 2 und ausf. zur Anhörung des Betriebsrats → Form. C. I. 1).

Grundsätzlich bleibt es dem Arbeitgeber bei Ausspruch einer **ordentlichen Kündigung** überlassen, ob er den Betriebsrat vor, während oder nach Beendigung des Verfahrens vor dem Integrationsamt anhört (BAG AP KSchG 1969 § 1 Krankheit Nr. 38; LPK-SGB IX/

Düwell § 85 Rn. 84). Angesichts des Umstandes, dass das Verfahren vor dem Integrationsamt häufig längere Zeit dauert, ist jedoch im Regelfall nicht zu empfehlen, den Betriebsrat schon zuvor anzuhören. Wenn sich während der Dauer des Verfahrens vor dem Integrationsamt neue kündigungsrelevante Aspekte ergeben, müsste der Betriebsrat dann ohnehin erneut oder jedenfalls ergänzend angehört werden (BAG AP KSchG 1969 § 1 Krankheit Nr. 38).

Eine Anhörung erst nach Zustimmung des Integrationsamtes hat insofern einige Vorteile. Das Anhörungsverfahren kann auch ohne weiteres innerhalb der Monatsfrist des § 88 Abs. 3 SGB IX durchgeführt werden, in der die Kündigung nach Erteilung der Zustimmung ausgesprochen werden muss. Allerdings kann die weitere **Verzögerung** durch die Betriebsratsanhörung dazu führen, dass ein Kündigungstermin (etwa zum Monatsende) versäumt wird. Auch aus diesem Gesichtspunkt bietet es sich an, während des Verwaltungsverfahrens mit dem Integrationsamt Kontakt zu halten. Wenn sich abzeichnet, wann das Integrationsamt entscheidet, lässt sich auch abschätzen, wann der Betriebsrat anzuhören ist, um die Kündigung rechtzeitig aussprechen zu können.

Dies gilt grundsätzlich auch bei der **außerordentlichen Kündigung** eines schwerbehinderten Arbeitnehmers. Hier ist jedoch zu beachten, dass die Kündigung – sofern die Ausschlussfrist des § 626 Abs. 2 BGB abgelaufen ist – gemäß § 91 Abs. 5 SGB IX **unverzüglich** nach Erteilung der Zustimmung des Integrationsamtes (oder Eintritt der Fiktion gemäß § 91 Abs. 3 S. 2 SGB IX) erklärt werden muss, wobei schon das Verstreichenlassen von drei Tagen u. U. nicht mehr als unverzüglich gilt (LAG Mainz NZA-RR 2006, 245; → Form. A. XIV. 11 Anm. 5). Wird der Betriebsrat erst nach Erteilung der Zustimmung angehört, vergehen aber häufig drei weitere Tage, ehe die Kündigung ausgesprochen werden kann (§ 102 Abs. 2 S. 3 BetrVG). Dennoch akzeptiert die Rechtsprechung, dass der Betriebsrat erst nach Erteilung der Zustimmung zur außerordentlichen Kündigung angehört wird. Die Anhörung muss dann aber **sofort** nach (gegebenenfalls mündlicher, → Form. A. XIV. 11 Anm. 5) Bekanntgabe der Zustimmung (d. h. spätestens am nächsten Arbeitstag) eingeleitet werden (*Fuhlrott* ArbRAktuell 2011, 317). Nach Eingang der Stellungnahme des Betriebsrats oder nach Ablauf der Drei-Tages-Frist muss der Arbeitgeber dafür Sorge tragen, dass dem Arbeitnehmer die Kündigung sofort (d. h. spätestens am nächsten Arbeitstag) zugeht (BAG AP SchwbG § 18 Nr. 2; KR/*Etzel*/*Gallner* § 91 SGB IX Rn. 30c). In jedem Fall sollte sich der Arbeitgeber spätestens nach Ablauf der zweiwöchigen Entscheidungsfrist des Integrationsamtes bei diesem nach der Entscheidung erkundigen, um keine weitere Zeit zu verlieren.

Alternativ kann überlegt werden, den Betriebsrat schon anzuhören, während das Verfahren vor dem Integrationsamt noch läuft. Wiederum gilt aber, dass die Betriebsratsanhörung gegebenenfalls zu ergänzen oder zu wiederholen ist, wenn sich neue Erkenntnisse ergeben, die für die Kündigung von Bedeutung sein könnten, etwa durch die vom Integrationsamt eingeholte Stellungnahme des Schwerbehinderten.

4. Anhörung der Schwerbehindertenvertretung. Gemäß § 95 Abs. 2 SGB IX hat der Arbeitgeber die **Schwerbehindertenvertretung** in allen Angelegenheiten, die einen schwerbehinderten oder gleichgestellten Menschen berühren, unverzüglich und umfassend zu **unterrichten** und vor einer Entscheidung **anzuhören**, wobei Ausführungen zur Anhörung im Kündigungsschreiben nicht zwingend erforderlich sind.

Eine Schwerbehindertenvertretung ist in allen Betrieben zu wählen, in denen wenigstens fünf schwerbehinderte Menschen nicht nur vorübergehend beschäftigt sind (§ 94 Abs. 1 SGB IX).

Die Kündigung eines schwerbehinderten Menschen ist eine Angelegenheit i. S. v. § 95 Abs. 2 SGB IX. Der Arbeitgeber wird die Schwerbehindertenvertretung häufig schon angemessen beteiligen können, indem er ihr die (schriftliche) Anhörung des Betriebsrats zugänglich macht.

In Bezug auf die Beteiligung der Schwerbehindertenvertretung fehlt eine Vorschrift wie § 102 Abs. 1 S. 3 BetrVG für die Anhörung des Betriebsrats. Die Kündigung ist daher **nicht unwirksam**, wenn die Schwerbehindertenvertretung nicht oder nicht ausreichend angehört wird (BAG AP SchwbG § 22 Nr. 1; *Düwell* BB 2011, 2485). § 95 Abs. 2 S. 2 SGB IX sieht lediglich vor, dass eine ohne Beteiligung der Schwerbehindertenvertretung getroffene Kündigungsentscheidung **auszusetzen** und die Beteiligung innerhalb von sieben Tagen **nachzuholen** ist. Die Sanktionswirkung dieser Regelung ist aber begrenzt. Zum einen kann nur die Schwerbehindertenvertretung den Aussetzungsanspruch geltend machen, nicht aber der betroffene Arbeitnehmer selbst. Zum anderen ist die Gesellschaft nicht etwa dazu verpflichtet, die Kündigung zurückzunehmen, wenn diese schon ausgesprochen wurde, **bevor** die Schwerbehindertenvertretung ihr Recht auf Aussetzung der Entscheidung gerichtlich (gegebenenfalls durch einstweilige Verfügung) durchgesetzt hat. Ein Verstoß gegen die Pflicht zur Beteiligung der Schwerbehindertenvertretung stellt aber eine **Ordnungswidrigkeit** dar. Gemäß § 156 Abs. 1 Nr. 9, Abs. 2 SGB IX droht eine Geldbuße von bis zu 10.000 EUR.

In der Literatur wird vertreten, dass die Schwerbehindertenvertretung angehört werden muss, **bevor** die Zustimmung des Integrationsamtes beantragt wird (etwa LPK-SGB IX/*Düwell* § 87 Rn. 16 m. w. N.; offen gelassen von VG Halle (Saale) BeckRS 2008, 32459). Anderenfalls habe das Integrationsamt die Zustimmung zu verweigern. Dies ist abzulehnen. Da das Integrationsamt die Schwerbehindertenvertretung ohnehin unmittelbar beteiligt (§ 87 Abs. 2 SGB IX), ist für die Entscheidung der Behörde ohne Bedeutung, ob der Arbeitgeber diese bereits selbst angehört hat. Außerdem führt diese Auffassung mittelbar doch wieder dazu, dass Versäumnisse bei der Anhörung der Schwerbehindertenvertretung auf die Kündigung „durchschlagen". Das Verfahren vor dem Integrationsamt dient aber nicht der Sicherstellung der Beteiligungsrechte der Schwerbehindertenvertretung. Es steht dem Arbeitgeber daher insbesondere auch frei, die Schwerbehindertenvertretung – ebenso wie den Betriebsrat – **nach** Durchführung des Verfahrens vor dem Integrationsamt anzuhören (KR/*Etzel*/*Gallner* vor §§ 85 bis 92 SGB IX Rn. 37; inkonsequent daher LPK-SGB IX/*Düwell* § 85 Rn. 85).

Auch die Durchführung des Präventionsverfahrens nach § 84 Abs. 1 SGB IX ist keine formelle Wirksamkeitsvoraussetzung für den Ausspruch einer Kündigung dergestalt, dass eine Kündigung unwirksam wäre, wenn ein Präventionsverfahren vor ihrem Ausspruch nicht durchgeführt worden ist (→ Form. A. XIV. 10 Anm. 1). § 95 Abs. 2 SGB IX sieht **keine Frist** vor, innerhalb derer die Schwerbehindertenvertretung Stellung zu nehmen hätte. In Anlehnung an § 102 Abs. 2 BetrVG sollte der Schwerbehindertenvertretung eine Äußerungsfrist von einer Woche bei einer ordentlichen Kündigung und von drei Tagen bei einer außerordentlichen Kündigung zugestanden werden (LPK-SGB IX/*Düwell* § 85 Rn. 84).

13. Antrag auf Zulässigerklärung der ordentlichen Kündigung einer Schwangeren

[Briefkopf des Arbeitgebers]

An das . . . . . . (Anschrift der zuständigen Behörde)[2]

. . . . . . (Datum)[3]

Antrag auf Zulässigerklärung einer ordentlichen betriebsbedingten Kündigung[1]

Mitarbeiterin: Frau . . . . . .

Sehr geehrter Herr . . . . . .,[4]

wir stellen hiermit den Antrag, die ordentliche[5] betriebsbedingte Kündigung unserer Mitarbeiterin

Frau	......[6]
geb. am	......
Familienstand	......
Anzahl der Kinder	......
wohnhaft in	......
betriebszugehörig seit	......[7]

für zulässig zu erklären.

Am ...... teilte uns Frau ...... mit, dass sie schwanger ist.[8] Ärztlich bescheinigter Entbindungstermin ist der ......[9]

Unsere Gesellschaft vertreibt im deutschsprachigen Raum (Deutschland, Österreich und Schweiz) Software-Produkte, die von unserer US-amerikanischen Muttergesellschaft hergestellt werden. Wir beschäftigen derzeit ...... Mitarbeiter.[10] Es besteht ein Betriebsrat.[11] Frau ...... ist als Buchhalterin für uns tätig und verdient monatlich ...... EUR brutto. Sie nimmt an unserer betrieblichen Altersversorgung teil und hat eine unverfallbare Anwartschaft erworben. Es gilt die gesetzliche Kündigungsfrist von ...... Monaten zum Monatsende.

Im Einklang mit unserer Muttergesellschaft wurde beschlossen, dass der Vertrieb der Software im deutschsprachigen Raum in Zukunft über konzernfremde Unternehmen erfolgen soll, die auf Provisionsbasis tätig werden. Unsere Gesellschaft wird daher zum ...... ihren Geschäftsbetrieb einstellen und liquidiert werden.

Wir haben mit dem Betriebsrat am ...... einen Interessenausgleich und einen Sozialplan abgeschlossen. Danach werden sämtliche Arbeitsverhältnisse unter Beachtung der jeweiligen Kündigungsfrist mit Wirkung zum ...... gekündigt werden. Die Mitarbeiter erhalten eine Abfindung, so auch Frau ......

Die Kündigung wird antragsgemäß für zulässig zu erklären sein, § 9 Abs. 3 MuSchG.[12] Die Einstellung des Geschäftsbetriebes zum ...... stellt einen besonderen Fall dar, der eine Kündigung ausnahmsweise rechtfertigt. Über dieses Datum hinaus besteht keine Beschäftigungsmöglichkeit mehr. Da alle Mitarbeiter entlassen werden, ist keine Sozialauswahl durchzuführen. Es besteht offensichtlich kein Zusammenhang zwischen Kündigung und Schwangerschaft.[13]

Der Betriebsrat wurde bereits am ...... gemäß § 102 BetrVG zur Kündigung angehört.[14] Er hat der Kündigung am ...... zugestimmt. *(Alternative: Er hat der Kündigung widersprochen. Eine Kopie der Stellungnahme des Betriebsrats ist beigefügt.)*

Wir bitten um möglichst rasche antragsgemäße Entscheidung.[15] Die Kündigung soll spätestens im ...... ausgesprochen werden, um eine fristgerechte Beendigung zum ...... zu gewährleisten.[16]

Für Rückfragen stehen wir Ihnen gern zur Verfügung. Bitte wenden Sie sich insoweit an Herrn ......[17]

Mit freundlichen Grüßen

......

Unterschrift des Arbeitgebers[18]

Anmerkungen

1. Sonderkündigungsschutz. Sonderkündigungsschutz gemäß § 9 Abs. 1 MuSchG genießen Schwangere und Mütter bis zum Ablauf von vier Monaten nach der Entbindung. Der Arbeitgeber darf erst kündigen, nachdem die für den Arbeitsschutz zuständige oberste Landesbehörde (→ Anm. 2) die Kündigung **für zulässig erklärt** hat (§ 9 Abs. 3 S. 1 MuSchG). Eine ohne Zulässigerklärung ausgesprochene Kündigung ist unheilbar nichtig. Dies bedeutet, dass der Arbeitgeber die beantragte Zulässigerklärung nach erfolgloser Durchführung des Widerspruchsverfahrens im Wege der **Verpflichtungsklage über die Verwaltungsgerichtsbarkeit** durchsetzen muss, wenn die Behörde den Antrag ablehnt. Vorher kann eine Kündigung nicht wirksam ausgesprochen werden. Durch den Sonderkündigungsschutz soll der Arbeitsplatz als wirtschaftliche Existenzgrundlage erhalten bleiben und die Arbeitnehmerin vor der psychischen Belastung eines Kündigungsschutzprozesses geschützt werden (BAG NZA 1993, 646, 649).

Es soll (im Gegensatz etwa zum Schwerbehindertenschutz, → Form. A. XIV. 10 Anm. 4) nicht ausreichen, wenn die Behörde in Form eines **Negativattestes** erklärt, eine Zulässigerklärung sei nicht erforderlich (BAG AP MuSchG § 9 Nr. 25, allerdings zu einem Sonderfall *Meisel/Sowka* § 9 Rn. 110a). Gegebenenfalls sollte der Arbeitgeber daher auf eine **vorsorgliche Zulässigerklärung** dringen.

Die Zulässigerklärung der obersten Landesbehörde ist für **jede Art von Kündigung** einzuholen, also für eine ordentliche Kündigung ebenso wie für eine außerordentliche Kündigung, eine vorsorgliche Kündigung oder eine Änderungskündigung. Andere Beendigungsformen wie der **Aufhebungsvertrag** oder die **Befristung** sind jedoch ausgenommen. Das Gleiche gilt für eine **Eigenkündigung** der Arbeitnehmerin (vgl. § 9 Abs. 2 MuSchG) oder eine **Anfechtung** des Arbeitsverhältnisses.

Sollte die Arbeitnehmerin wegen eines weiteren Kindes zusätzlich auch **Elternzeit** in Anspruch nehmen, ist neben der Zulässigerklärung nach § 9 MuSchG auch die Zulässigerklärung gemäß § 18 BEEG erforderlich (für die inhaltsgleiche Vorgängerregelung § 18 BErzGG BAG NZA 1993, 646; *Zmarzlik/Zipperer/Viethen/Vieß* § 9 Rn. 136 f.; → Form. A. XIV. 15).

Das MuSchG ist auf **Organe**, etwa GmbH-Geschäftsführerinnen, gemäß § 1 MuSchG nicht anwendbar. Nach dem Urteil des EuGH in Sachen **Danosa** (EuGH NJW 2011, 2343) ist im Hinblick auf die in der Mutterschutzrichtlinie 92/85/EWG verankerten Schutzrechte jedoch der unionsrechtliche Arbeitnehmerbegriff maßgeblich. Arbeitnehmer ist danach – ohne Ansehung der nationalen Einordnung des zugrundeliegenden Rechtsverhältnisses als Dienst- oder Arbeitsverhältnis – auch das Organ einer Kapitalgesellschaft, wenn es seine Tätigkeit für eine bestimmte Zeit nach der Weisung oder unter der Aufsicht eines anderen Organs dieser Gesellschaft ausübt und als Gegenleistung für die Tätigkeit ein Entgelt erhält (EuGH NJW 2011, 2343, 2345). Zumindest Fremdgeschäftsführerinnen einer GmbH dürften daher Sonderkündigungsschutz nach § 9 MuSchG genießen (ablehnend für Vorstandsmitglieder einer AG dagegen *Baeck/Winzer* NZG 2011, 101).

2. Zuständige Behörde. Die Zulässigkeit der Kündigung erklärt gemäß § 9 Abs. 3 S. 1 MuSchG die für den **Arbeitsschutz zuständige oberste Landesbehörde** oder „. . . . . . die von ihr bestimmte Stelle . . . . . .“.

Die zuständige Behörde kann im Internet unter www.bmfsfj.de/BMFSFJ/familie,did=31058.html abgefragt werden. Mit Stand 22.1.2014 galt:

Baden-Württemberg: Regierungspräsidien
Bayern: Gewerbeaufsichtsämter
Berlin: Landesamt für Arbeitsschutz, Gesundheitsschutz und technische Sicherheit
Brandenburg: Landesämter für Arbeitsschutz

Bremen: Gewerbeaufsichtsämter
Hamburg: Behörde für Gesundheit und Verbraucherschutz, Amt für Arbeitsschutz
Hessen: Regierungspräsidien
Mecklenburg-Vorpommern: Landesämter für Gesundheit und Soziales, Abteilung Arbeitsschutz und technische Sicherheit
Niedersachsen: Gewerbeaufsichtsämter
Nordrhein-Westfalen: Bezirksregierungen
Rheinland-Pfalz: Struktur- und Genehmigungsdirektionen
Saarland: Landesamt für Umwelt- und Arbeitsschutz
Sachsen: Landesdirektionen, Abteilung Arbeitsschutz
Sachsen-Anhalt: Landesämter für Verbraucherschutz
Schleswig-Holstein: Unfallkasse Nord
Thüringen: Landesämter für Verbraucherschutz.

Die **örtliche Zuständigkeit** bemisst sich gemäß § 20 MuSchG nach Landesrecht (*Zmarzlik/Zipperer/Viethen/Vieß* § 20 Rn. 4). Es ist regelmäßig die Behörde zuständig, in deren Bezirk die Tätigkeit ausgeübt wird, also im Zweifel die Behörde am Sitz des Betriebes (ErfKomm/*Schlachter* § 20 MuSchG Rn. 1; → Form. A. XIV. 10 Anm. 2). Bei Zweifeln über die Zuständigkeit sollten mehrere (vorsorgliche) Anträge gestellt werden (→ Form. A. XIV. 10 Anm. 2).

3. Antragsfrist. Wenn – wie im Formular – eine **ordentliche Kündigung** ausgesprochen werden soll, muss der Arbeitgeber den Antrag nicht innerhalb einer bestimmten Frist stellen. Selbstverständlich empfiehlt sich aber eine frühzeitige Antragstellung.

Wenn eine betriebsbedingte Kündigung im Rahmen eines größeren Personalabbaus ausgesprochen werden soll, ist es möglich, einen Antrag an die Behörde zu stellen, bevor etwaige Verhandlungen mit dem Betriebsrat über einen Interessenausgleich abgeschlossen oder endgültig gescheitert sind. Dies gilt jedenfalls dann, wenn der Antrag vorbehaltlich des Ergebnisses der Verhandlungen mit dem Betriebsrat gestellt wird. Der praktische Nutzen einer so frühzeitigen Antragstellung ist jedoch begrenzt. Die Behörde wird das Verfahren erst dann effektiv betreiben, wenn die Verhandlungen mit dem Betriebsrat über einen Interessenausgleich abgeschlossen oder gescheitert sind. Außerdem kann ein frühzeitiger Antrag die Verhandlungen mit dem Betriebsrat belasten.

Bei einer **außerordentlichen Kündigung** muss der Antrag innerhalb der Frist des § 626 Abs. 2 BGB gestellt werden, also innerhalb von zwei Wochen nach Kenntnis des Arbeitgebers von den die Kündigung begründenden Tatsachen (LAG Hamm BeckRS 1986, 30459608; vgl. auch BAG AP MuSchG 1968 § 9 Nr. 6; KR/*Bader* § 9 MuSchG Rn. 79; *Meisel/Sowka* § 9 Rn. 117; *Buchner/Becker* § 9 Rn. 241; zur gleichen Frage beim Sonderkündigungsschutz Schwerbehinderter → Form. A. XIV. 11 Anm. 4).

4. Persönliche Ansprache. Die persönliche Ansprache des zuständigen Sachbearbeiters kann einen zügigeren und reibungslosen Ablauf des Verfahrens unterstützen.

5. Art der Kündigung. Die zuständige Behörde kann die Kündigung nur „in einem besonderen Fall" und nur „ausnahmsweise" für zulässig erklären (→ Anm. 12). Dies hat nichts damit zu tun, ob es sich um eine ordentliche oder um eine außerordentliche Kündigung handelt. Im Fall einer **Betriebsstilllegung** – wie im gewählten Beispiel – wird der Arbeitgeber trotz des Sonderkündigungsschutzes regelmäßig kündigen können (→ Anm. 12), aber selbstverständlich „nur" ordentlich unter Einhaltung der Kündigungsfrist. Schweres **Fehlverhalten** einer Schwangeren kann hingegen unter Umständen auch eine außerordentliche fristlose Kündigung rechtfertigen. Es ist darauf zu achten, dass sich aus dem Antrag eindeutig ergibt, was für eine Kündigung beabsichtigt ist.

Bei einer außerordentlichen fristlosen Kündigung wird regelmäßig jedenfalls hilfsweise auch eine ordentliche Kündigung gewollt sein. Der Antrag sollte entsprechend gestaltet werden.

6. Sachverhaltsdarstellung. Das MuSchG schreibt für den Antrag **keinen Mindestinhalt** vor. Zudem gilt der Amtsermittlungsgrundsatz (vgl. § 24 VwVfG). Der Arbeitgeber hat aber ein erhebliches Eigeninteresse, der Behörde selbständig alle Informationen zu unterbreiten, die diese für ihre Entscheidung benötigt. Dabei wird es sich – ähnlich wie beim Antrag an das Integrationsamt (→ Form. A. XIV. 10 Anm. 5) – insbesondere um folgende Angaben handeln:

- Persönliche Daten der Arbeitnehmerin: insbesondere Name, Alter, Anschrift, Familienstand, Unterhaltspflichten, Ausbildung,
- Informationen zum Arbeitsverhältnis: insbesondere Position, Betriebszugehörigkeit, Vergütung, Kündigungsfrist,
- Informationen zur Kündigung: ordentlich oder außerordentlich (→ Anm. 5), Beendigungs- oder Änderungskündigung, voraussichtlicher Ausspruch der Kündigung und angestrebter Beendigungstermin,
- Informationen zum Kündigungsgrund (→ Anm. 12).

Auch wirtschaftliche Folgen der Kündigung sollten erwähnt werden, wie etwa im vorliegenden Beispiel eine zu erwartende Sozialplanabfindung.

Vorhandene **Beweismittel** (etwa Unterlagen oder schriftliche Aussagen von Zeugen) können – je nach Einzelfall – beigefügt werden.

7. Dauer der Betriebszugehörigkeit. Der Sonderkündigungsschutz setzt (anders als z. B. der Kündigungsschutz schwerbehinderter Menschen, → Form. A. XIV. 10 Anm. 6) nicht voraus, dass die Arbeitnehmerin für eine bestimmte Zeit beschäftigt war. Vielmehr reicht für das Eintreten des Sonderkündigungsschutzes der Abschluss des Arbeitsvertrages aus, so dass auch eine Kündigung vor Aufnahme der Tätigkeit nichtig ist, wenn die zuständige Behörde nicht zugestimmt hat (LAG Düsseldorf NZA 1993, 1041). Dasselbe gilt für eine Kündigung während der **Probezeit** (*Meisel/Sowka* § 9 Rn. 55).

8. Kenntnis von Schwangerschaft oder Entbindung. Der Sonderkündigungsschutz setzt voraus, dass dem Arbeitgeber die Schwangerschaft oder Entbindung der Arbeitnehmerin zum Zeitpunkt der Kündigung entweder bereits bekannt war oder dass die Arbeitnehmerin dem Arbeitgeber innerhalb von zwei Wochen nach Zugang der Kündigung eine entsprechende Mitteilung macht (§ 9 Abs. 1 S. 1 Halbs. 1 MuSchG) oder eine spätere Mitteilung ohne Verschulden der Arbeitnehmerin unverzüglich erfolgt (§ 9 Abs. 1 S. 1 Halbs. 2 MuSchG).

In der ersten Variante muss der Arbeitgeber **positive Kenntnis von Schwangerschaft oder Entbindung** gehabt haben (hierzu *Buchner/Becker* § 9 Rn. 99 ff.; *Zmarzlik/Zipperer/Viethen/Vieß* § 9 MuSchG Rn. 15 ff.; *Meisel/Sowka* § 9 Rn. 82 ff.). Eine bloße Vermutung reicht nicht aus. Eine Gesellschaft muss sich die Kenntnis eines gesetzlichen Vertreters oder eines personalverantwortlichen Vorgesetzten zurechnen lassen (*Buchner/Becker* § 9 Rn. 104, 106). Hingegen ist die Kenntnis von Kollegen, des Betriebsrats oder des Betriebsarztes irrelevant (ErfKomm/*Schlachter* § 9 MuSchG Rn. 5). Die Beweislast für die Kenntnis des Arbeitgebers liegt bei der Arbeitnehmerin (*Buchner/Becker* § 9 Rn. 108), wobei die Grundsätze über den Beweis des ersten Anscheins Anwendung finden können (*Zmarzlik/Zipperer/Viethen/Vieß* § 9 Rn. 17).

Wenn der Arbeitgeber zum Zeitpunkt des Zugangs der Kündigung keine Kenntnis von der Schwangerschaft hatte, reicht es aus, wenn ihn die Arbeitnehmerin (selbst oder durch Dritte) von Schwangerschaft oder Entbindung innerhalb von **zwei Wochen** nach Zugang der Kündigung formlos hierüber **in Kenntnis** setzt. Das Gesetz nimmt damit in Kauf, dass eine Kündigung mangels vorheriger Zulässigerklärung nichtig ist, obwohl der Arbeitgeber wegen fehlender Kenntnis vom Sonderkündigungsschutz keine Möglichkeit hatte sich gesetzeskonform zu verhalten.

Unter bestimmten Umständen ist auch die **Überschreitung der Zwei-Wochen-Frist** unschädlich, nämlich dann, wenn die Arbeitnehmerin die Überschreitung **nicht zu ver-**

treten hat und der Arbeitgeber jedenfalls **unverzüglich** formlos über Schwangerschaft oder Entbindung **informiert** wird (§ 9 Abs. 1 S. 1 Halbs. 2 MuSchG; *Zmarzlik/Zipperer/Viethen/Vieß* § 9 Rn. 33 ff.). Die Schwangerschaft muss nicht innerhalb dieser Frist nachgewiesen werden (*Zmarzlik/Zipperer/Viethen/Vieß* § 9 Rn. 22). Die Versäumung der Zwei-Wochen-Frist ist insbesondere dann unverschuldet, wenn die Schwangere selbst noch keine Kenntnis von der Schwangerschaft hatte. Dabei muss sich die Schwangere aber jedenfalls dann Gewissheit verschaffen, wenn zwingende Anhaltspunkte vorliegen, die das Bestehen einer Schwangerschaft praktisch unabweisbar erscheinen lassen (BAG AP MuSchG 1968 § 9 Nr. 12; *Buchner/Becker* § 9 Rn. 133, 134; MAH Moll/*Schulte* § 45 Rn. 16). Auch urlaubsbedingte Abwesenheit kann Verschulden ausschließen (BAG AP MuSchG 1968 § 9 Nr. 22). Ebenso ist eine Versäumung unverschuldet, wenn die Schwangere die Bescheinigung über die Schwangerschaft mit normaler Post an ihren Arbeitgeber versendet und diese dann aus ungeklärten Gründen verloren geht (BAG NJW 2003, 308).

Bezüglich der Auslegung des Merkmals „unverzüglich“ ist – wie sonst auch – auf den Einzelfall abzustellen (BAG NZA 1988, 799). Eine Mitteilung innerhalb von einer Woche nach Wegfall des Hindernisses, das der Information des Arbeitgebers entgegenstand, muss wohl noch akzeptiert werden (BAG AP MuSchG 1968 § 9 Nr. 31; BAG AP MuSchG 1968 § 9 Nr. 12; ErfKomm/*Schlachter* § 9 MuSchG Rn. 7; *Buchner/Becker* § 9 Rn. 138; KR/*Bader* § 9 MuSchG Rn. 57b m. w. N.).

Konsequenterweise ist gemäß § 5 Abs. 1 S. 2 KSchG auch trotz **Überschreitens der dreiwöchigen Klagefrist** aus § 4 S. 1 KSchG eine Klage gegen die Kündigung **nachträglich zuzulassen**, wenn eine Frau aus einem von ihr nicht zu vertretenden Grund erst nach Ablauf der Frist Kenntnis von ihrer Schwangerschaft erlangt hat. Allerdings ist das Gesetz **widersprüchlich**. Gemäß § 4 S. 4 KSchG beginnt die Klagefrist in Fällen, in denen die Kündigung, wie bei einer Schwangeren, der Zustimmung durch eine Behörde bedarf, nämlich ausnahmsweise nicht mit Zugang der Kündigung, sondern frühestens mit **Bekanntgabe der Entscheidung der Behörde** an den Arbeitnehmer. Einer nachträglichen Zulassung der Klage gemäß § 5 Abs. 1 S. 2 KSchG würde es dann aber gar nicht bedürfen, da der Arbeitgeber die Zustimmung der Behörde nicht eingeholt haben wird, wenn der Schwangeren ihre Schwangerschaft nicht einmal bekannt war. Die Schwangere könnte bis zur Grenze der Verwirkung Klage erheben (vgl. BAG AP BErzGG § 18 Nr. 7). Dieser Widerspruch wird wie folgt gelöst: Die Klagefrist beginnt nur dann erst mit Bekanntgabe der Behördenentscheidung i. S. v. § 4 S. 4 KSchG, wenn dem Arbeitgeber bei Ausspruch der Kündigung **bekannt** war, dass die Arbeitnehmerin schwanger war (LAG Kiel NZA-RR 2009, 132; LAG Düsseldorf NZA-RR 2005, 382; *Keßeler* RdA 2007, 252, 253; *Preis* DB 2004, 70, 77; ErfKomm/*Kiel* § 4 KSchG Rn. 26). Wusste der Arbeitgeber nicht von der Schwangerschaft, beginnt die Klagefrist mit Zugang der Kündigung. In diesem Fall kann die gekündigte Arbeitnehmerin unter den Voraussetzungen des § 5 Abs. 1 S. 2 KSchG nachträgliche Klagezulassung verlangen (LAG Kiel NZA-RR 2009, 132).

9. Dauer des Sonderkündigungsschutzes. Der Sonderkündigungsschutz gilt **während der Schwangerschaft** und bis zum Ablauf von **vier Monaten nach der Entbindung**. Es kommt auf den Zugang der Kündigungserklärung an.

Nach ständiger Rechtsprechung des BAG ist der **Beginn der Schwangerschaft** durch Rückrechnung um **280 Tage** ausgehend vom voraussichtlichen Entbindungstermin zu ermitteln (etwa BAG AP MuSchG 1968 § 9 Nr. 24; BAG AP MuSchG 1968 § 9 Nr. 14; krit. KR/*Bader* § 9 MuSchG Rn. 64 ff. m. w. N.). Der voraussichtliche Tag der Entbindung wird regelmäßig gemäß § 5 Abs. 2 MuSchG vom Arzt oder einer Hebamme festgestellt und zählt bei der Rückrechnung nicht mit. Auch nach der Rechtsprechung des BAG besteht jedoch nur eine Vermutung, dass die Schwangerschaft an dem Tag begann, der sich durch Rückrechnung vom bescheinigten mutmaßlichen Entbindungstermin ergibt. Der Arbeitgeber kann den Beweiswert der Bescheinigung widerlegen, wenn er Umstände beweist, die belegen, dass bei Zugang der Kündigung keine Schwangerschaft bestand (BAG AP MuSchG 1968 § 9 Nr. 24).

Der Sonderkündigungsschutz endet **vier Monate nach der tatsächlichen Entbindung**, unabhängig davon, ob dieser Tag mit dem zuvor bescheinigten mutmaßlichen Entbindungstermin übereinstimmt. Der Sonderkündigungsschutz endet vorzeitig, wenn die Schwangerschaft ohne Entbindung endet, also insbesondere bei einem Schwangerschaftsabbruch oder bei einer Fehlgeburt (*Zmarzlik/Zipperer/Viethen/Vieß* § 9 Rn. 13; *Buchner/Becker* § 9 Rn. 16 ff.).

10. Größe des Betriebes. Der Sonderkündigungsschutz gilt unabhängig von der Größe des Betriebes, also auch in Kleinbetrieben.

11. Anhörungen im Verwaltungsverfahren. Im Regelfall wird die Behörde den **Betriebsrat** im Laufe des Verfahrens **anhören** (*Buchner/Becker* § 9 Rn. 244), obwohl eine entsprechende Verpflichtung grundsätzlich nicht besteht (*Meisel/Sowka* § 9 Rn. 116). Eine **Anhörung der Arbeitnehmerin** ist hingegen in jedem Fall erforderlich, wobei deren Äußerung schriftlich oder mündlich erfolgen kann (vgl. § 28 Abs. 1 VwVfG; *Buchner/Becker* § 9 Rn. 243; vgl. auch BVerwG AP MuSchG 1968 § 9 Nr. 5).

12. Entscheidung der Behörde/Kündigungsgrund. Die Behörde kann die Kündigung nur bei Vorliegen von zwei Voraussetzungen für zulässig erklären. Zum einen muss es sich um einen „besonderen Fall" handeln. Zum anderen darf die Zulässigkeitserklärung nur „ausnahmsweise" erfolgen. Das MuSchG stellt durch diese Voraussetzungen eine sehr hohe Hürde auf.

Bei dem Merkmal **„besonderer Fall"** handelt es sich um einen unbestimmten Rechtsbegriff, welcher in vollem Umfang durch die Verwaltungsgerichte überprüft werden kann (BVerwG AP MuSchG § 9 Nr. 14; *Meisel/Sowka* § 9 Rn. 112). Es müssen außergewöhnliche Umstände vorliegen, die es rechtfertigen, in einer Abwägung die vom Gesetz als vorrangig angesehenen Interessen der Schwangeren hinter die des Arbeitgebers zurücktreten zu lassen (BVerwG AP MuSchG § 9 Nr. 33; BVerwG AP MuSchG § 9 Nr. 14; *Zmarzlik/Zipperer/Viethen/Vieß* § 9 Rn. 59).

Einzelne Bundesländer haben **Verwaltungsrichtlinien** entwickelt, die der näheren Konkretisierung des unbestimmten Rechtsbegriffes im Verwaltungsgebrauch dienen (KR/*Bader* § 9 MuSchG Rn. 115).

Angesichts des unterschiedlichen Schutzzwecks von § 9 MuSchG und § 18 BEEG (noch zur Vorgängerregelung § 18 BErzGG vgl. BAG NZA 1993, 646, 648) ist hingegen eine entsprechende Anwendung der **Allgemeinen Verwaltungsvorschrift zum Kündigungsschutz bei Elternzeit** dogmatisch schwer zu begründen (KR/*Bader* § 9 MuSchG Rn. 114a). Gleichwohl dürften die in der Allgemeinen Verwaltungsvorschrift aufgeführten Fälle (→ Form. A. XIV. 15 Anm. 11) regelmäßig auch einen „besonderen Fall" i. S. v. § 9 Abs. 3 S. 1 MuSchG darstellen (*Meisel/Sowka* § 9 Rn. 113). Augenscheinlich lehnt sich auch die Rechtsprechung in den Fällen, in denen sie eine Kündigung als zulässig anerkannt hat (dazu sogleich), an die Allgemeine Verwaltungsvorschrift zum Kündigungsschutz bei Elternzeit an.

Ein besonderer Fall, der eine **betriebsbedingte Kündigung** rechtfertigt, wird insbesondere bei einer Stilllegung (so unser Beispiel im Formular; BVerwG AP MuSchG 1968 § 9 Nr. 5) oder Verlagerung des Betriebes oder bei einer Gefährdung der wirtschaftlichen Existenz der Gesellschaft (VGH Kassel BeckRS 1980, 45567; *Meisel/Sowka* § 9 Rn. 113) vorliegen. Eine Beendigungskündigung scheidet aber aus, wenn die schwangere Arbeitnehmerin nach einer Umsetzung weiterbeschäftigt werden kann (BVerwG AP MuSchG 1968 § 9 Nr. 5). Häufig mag streitig sein, ob ein Betrieb tatsächlich stillgelegt wurde oder ob nicht vielmehr ein **Betriebsübergang** gemäß § 613a BGB vorliegt. Nur bei einer Betriebsstilllegung kommt eine betriebsbedingte Kündigung in Frage. Bei einem Betriebsübergang geht das Arbeitsverhältnis der Arbeitnehmerin hingegen auf den Erwerber über. Ob eine Betriebsstilllegung oder ein Betriebsübergang vorliegt, ist jedoch – von Evidenzfällen abgesehen – nicht von der Behörde, sondern vom Arbeitsgericht zu prüfen, falls die Arbeitnehmerin gegen die ausgesprochene Kündigung vorgeht (vgl. OVG Münster AP BErzGG § 18 Nr. 5; so auch BAG BeckRS 2013, 65449 für die Kündigung während der Elternzeit; → Form. A. XIV. 15).

Eine **verhaltensbedingte Kündigung** kann für zulässig erklärt werden, wenn die Arbeitnehmerin besonders schwere Verstöße gegen arbeitsvertragliche Pflichten begangen hat, insbesondere Straftaten zu Lasten des Arbeitgebers. Allerdings muss selbst ein Fehlverhalten, das als „wichtiger Grund" eine außerordentliche fristlose Kündigung arbeitsrechtlich rechtfertigen würde, nicht zwingend dazu führen, dass die Kündigung mutterschutzrechtlich für zulässig erklärt wird (OVG Lüneburg AP MuSchG 1968 § 9 Nr. 18: Fernbleiben von der Arbeit; VGH Mannheim BB 1994, 940: Indiskretion gegenüber Ehefrau des Geschäftsführers; *Meisel/Sowka* § 9 Rn. 112).

Ein **personenbedingter Grund** wird kaum einmal einen „besonderen Fall" darstellen, der die Kündigung einer Schwangeren oder einer jungen Mutter rechtfertigt (KR/*Bader* § 9 MuSchG Rn. 122; ErfKomm/*Schlachter* § 9 MuSchG Rn. 12).

Auch nach Feststellung eines „besonderen Falles" verbleibt noch ein **Ermessensspielraum** der Behörde (BVerwG AP MuSchG § 9 Nr. 5; MAH Moll/*Schulte* Arbeitsrecht § 45 Rn. 32). Da die Kündigung trotz Vorliegens eines besonderen Falles nur „ausnahmsweise" zulässig sein soll, soll grundsätzlich dem Interesse der Arbeitnehmerin an der Erhaltung ihres Arbeitsplatzes der Vorrang einzuräumen sein (*Meisel/Sowka* § 9 Rn. 114; *Buchner/Becker* § 9 Rn. 223). Nach unserer Auffassung ist dies bedenklich, da die sehr einschränkende Auslegung des Merkmals „besonderer Fall" den Schutz der Arbeitnehmerin in ausreichendem Maße gewährleistet. Dies gilt umso mehr, als in die Auslegung des Begriffs „besonderer Fall" bereits eine Interessenabwägung einfließen soll. Im Regelfall sollte daher, wenn einmal ein besonderer Fall vorliegt, die Ermessensentscheidung zugunsten des Arbeitgebers ausfallen (zum Parallelproblem beim Sonderkündigungsschutz während der Elternzeit → Form. A. XIV. 15 Anm. 11).

13. **Kein Zusammenhang zwischen Schwangerschaft und Kündigung.** § 9 Abs. 3 MuSchG sieht ausdrücklich vor, dass eine Kündigung ausscheidet, wenn der **Kündigungsgrund** mit der Schwangerschaft oder der Situation der Mutter nach der Entbindung **im Zusammenhang** steht. Dies kann nicht nur bei gesundheitsbedingt umfangreichen Fehlzeiten der Fall sein (VG Düsseldorf BeckRS 2012, 46229), sondern auch bei einer Kündigung wegen schweren Fehlverhaltens, beispielsweise, wenn eine schwangerschaftsbedingte Persönlichkeitsveränderung (Depression) das Fehlverhalten bedingt (*Meisel/Sowka* § 9 Rn. 113).

14. **Anhörung des Betriebsrats gemäß § 102 BetrVG.** Es liegt in der Entscheidung des Arbeitgebers, ob er den Betriebsrat gemäß § 102 BetrVG vor, während oder nach dem Verfahren vor der Behörde anhört (*Meisel/Sowka* § 9 Rn. 142; zum ähnlichen Problem bei der Kündigung eines schwerbehinderten Menschen → Form. A. XIV. 12 Anm. 3). Dem Formular liegt der Fall einer Einstellung des Geschäftsbetriebs zugrunde. Es ist kaum damit zu rechnen, dass sich während des Verfahrens vor der Behörde weitere Gesichtspunkte ergeben, die eine ergänzende Anhörung des Betriebsrats erforderlich machen. In einem solchen Fall spricht daher – auch zur Verfahrensvereinfachung – einiges dafür, den Betriebsrat zu einem Zeitpunkt zur Kündigung der schwangeren Arbeitnehmerin anzuhören, zu dem er auch zur Kündigung der restlichen Belegschaft angehört wird, also regelmäßig vor der Entscheidung der Behörde über die Zulässigkeit der Kündigung der Schwangeren. Selbstverständlich muss in der Anhörung zur Sprache kommen, dass die Zulässigerklärung beantragt wurde und die Kündigung erst nach Zulässigerklärung ausgesprochen werden wird.

15. Entscheidungsfrist. Das Gesetz sieht keine Frist vor, innerhalb derer die Behörde über den Antrag des Arbeitgebers zu entscheiden hat. Es besteht jedoch Einigkeit, dass von der Behörde eine zügige Entscheidung erwartet werden kann. Sollte die Behörde unnötige Verzögerungen zu verantworten haben, kann ein Schadensersatzanspruch in Frage kommen (*Meisel/Sowka* § 9 Rn. 118). Für den vergleichbaren Fall der Kündigung eines Arbeitnehmers in der Elternzeit sieht Ziff. 5.1 der Allgemeinen Verwaltungsvorschrift zum Kündigungsschutz bei Elternzeit eine **unverzügliche** Entscheidung vor (→ Form. A. XIV. 15 Anm. 13).

16. Ausspruch der Kündigung nach Zulässigerklärung. Die Kündigung kann ausgesprochen werden, sobald die Behörde der Gesellschaft die Zulässigerklärung bekannt gegeben hat. Da das Gesetz keine förmliche Zustellung vorsieht, reicht – im Gegensatz zur ordentlichen Kündigung eines schwerbehinderten Menschen (→ Form. A. XIV. 10 Anm. 17) – eine mündliche Bekanntgabe durch die Behörde aus (*Buchner/Becker* § 9 Rn. 246 f.; vgl. auch *Meisel/Sowka* § 9 Rn. 118).

Bei einer **ordentlichen Kündigung** gibt es keine Frist, innerhalb derer die Kündigung ausgesprochen werden muss (*Meisel/Sowka* § 9 Rn. 116; anders bei der Kündigung eines schwerbehinderten Menschen → Form. A. XIV. 10 Anm. 17).

Bei einer **außerordentlichen Kündigung** muss die Kündigung **unverzüglich** erklärt werden, nachdem sie von der Behörde für zulässig erklärt wurde. § 91 Abs. 5 SGB IX ist entsprechend anzuwenden (LAG Hamm BeckRS 1986, 30459608; KR/*Bader* § 9 MuSchG Rn. 79; *Meisel/Sowka* § 9 Rn. 117; → Form. A. XIV. 11 Anm. 5).

Die Entscheidung der Behörde, durch die die Kündigung für zulässig erklärt wird, kann von der Arbeitnehmerin im Verwaltungsrechtsweg angegriffen werden. Statthafter Rechtsbehelf ist der **Widerspruch** oder (wenn die oberste Landesbehörde entschieden hat) unmittelbar die **Anfechtungsklage** zum Verwaltungsgericht (*Buchner/Becker* § 9 Rn. 250 ff.).

Da es im Gegensatz zum Sonderkündigungsschutz für schwerbehinderte Menschen (§ 88 Abs. 4 SGB IX) an einer gesetzlichen Regelung fehlt, war lange im Streit, ob Widerspruch und Anfechtungsklage **aufschiebende Wirkung** haben (vgl. KR/*Bader* § 9 MuSchG Rn. 127). Dies ist vom BAG zwar bejaht worden. Allerdings kommt das BAG zu dem Ergebnis, dass die aufschiebende Wirkung den Arbeitgeber **nicht** hindert, die Kündigung auszusprechen (BAG AP MuSchG 1968 § 9 Nr. 36; BAG AP MuSchG 1968 § 9 Nr. 33). Die Kündigung ist also nicht schon deshalb unwirksam, weil sie zu einem Zeitpunkt ausgesprochen wurde, in dem noch ein Rechtsbehelf anhängig war. Es ist daher nicht nötig, mit dem Antrag, die Kündigung für zulässig zu erklären, einen Antrag auf Anordnung der sofortigen Vollziehung zu verbinden.

Selbstverständlich wird die bereits ausgesprochene Kündigung unwirksam, wenn die Zulässigerklärung der Behörde rechtskräftig **aufgehoben** wird. Daher besteht für den Arbeitgeber unter diesem Aspekt regelmäßig ein erhebliches Annahmeverzugsrisiko.

17. Benennung eines Ansprechpartners. Es ist zu empfehlen, einen Ansprechpartner beim Arbeitgeber zu benennen, damit die Behörde Nachfragen schnell und ohne Verzögerung stellen kann.

18. Form. Es bestehen **keine Formvorschriften** (*Buchner/Becker* § 9 Rn. 240). Theoretisch könnte der Antrag daher auch mündlich gestellt werden. Selbstverständlich ist eine schriftliche Antragstellung zu empfehlen. Es bestehen aber keine Einwände, den Antrag per Telefax einzureichen.

14. Kündigung einer Schwangeren nach Zulässigerklärung durch die zuständige Behörde

[Briefkopf des Arbeitgebers]

Frau . . . . . . (Name und Anschrift der Arbeitnehmerin)

. . . . . . (Datum)

Kündigung[1]

Sehr geehrte Frau . . . . . .,

hiermit kündigen wir Ihr Arbeitsverhältnis fristgemäß zum . . . . . ., hilfsweise zum nächst zulässigen Zeitpunkt.

Die Kündigung erfolgt aus betriebsbedingten Gründen.[2] Wie Ihnen bekannt ist, wird unsere Gesellschaft ihren Geschäftsbetrieb zum . . . . . . einstellen und liquidiert werden. Da alle Mitarbeiter entlassen werden, ist eine Sozialauswahl nicht durchzuführen. Eine Weiterbeschäftigung über diesen Termin hinaus ist daher nicht möglich.

Das . . . . . . hat die Kündigung mit Bescheid vom . . . . . . für zulässig erklärt.[3]

Der Betriebsrat wurde vor Ausspruch der Kündigung angehört.[4] Er hat der Kündigung zugestimmt. *(Alternative: Er hat der Kündigung widersprochen. Eine Kopie der Stellungnahme des Betriebsrats liegt an.)*

Vorsorglich weisen wir Sie darauf hin, dass Sie sich innerhalb von drei Tagen nach Kenntnis von dieser Kündigung *(Alternative: spätestens drei Monate vor dem Beendigungstermin)* bei der zuständigen Agentur für Arbeit zu melden sowie eigene Aktivitäten bei der Suche nach einer anderen Beschäftigung zu entfalten haben.

Mit freundlichen Grüßen

. . . . . .

Unterschrift des Arbeitgebers

Erhalten:

. . . . . .

Ort, Datum

. . . . . .

Unterschrift der Arbeitnehmerin

Anmerkungen

1. Kündigungserklärung. Das Formular stellt eine Kündigung dar, die ausgesprochen wird, nachdem die Behörde die Kündigung einer Schwangeren für zulässig erklärt hat. Es orientiert sich am Sachverhalt aus → Form. A. XIV. 13.

Wegen der Anforderungen etwa an Schriftform, Unterzeichnung und Zustellung eines Kündigungsschreibens sowie wegen ergänzender Erklärungen, die mit dem Kündigungsschreiben verbunden werden können, verweisen wir auf → Form. A. XIV. 2, → Form. A. XIV. 3, → Form. A. XIV. 9. Die dortigen Anmerkungen gelten entsprechend.

2. Angabe des Kündigungsgrundes. Gemäß § 9 Abs. 3 S. 2 MuSchG bedarf die Kündigung nicht nur der **Schriftform** (→ Form. A. XIV. 2 Anm. 6). Zusätzlich muss der **Kündigungsgrund** angegeben werden. Die Mitteilung über den Kündigungsgrund nimmt am Schriftformerfordernis der Kündigung teil (*Buchner/Becker* § 9 Rn. 262; A/P/S/*Rolfs* § 9 MuSchG Rn. 93), so dass es insbesondere nicht ausreichen würde, den Kündigungsgrund auf einem gesonderten (nicht unterschriebenen) Schriftstück oder in Form eines „P.S." nach den Unterschriften zu erwähnen (*Zmarzlik/Zipperer/Viethen/Vieß* § 9 Rn. 67).

Übertriebene Anforderungen an die Mitteilung des Kündigungsgrundes dürfen nicht gestellt werden. Es muss ausreichen, wenn die Arbeitnehmerin über die **Tatsachen** in Kenntnis gesetzt wird, die die Kündigung notwendig machen (*Buchner/Becker* § 9 Rn. 263; so auch BAG NZA 2003, 1055; für tarifliche Begründungspflichten BAG AP BMT-G II § 54 Nr. 2). Bei einer betriebsbedingten Kündigung sollte auch erwähnt werden, dass eine Sozialauswahl durchgeführt wurde oder nicht durchzuführen war. Weitergehende Angaben zu den **Sozialdaten** vergleichbarer Arbeitnehmer sind wohl nicht erforderlich (BAG NZA 2003, 1055). Rein pauschale und stichwortartige Umschreibungen („wegen Vertragsverletzung", „aus betrieblichen Gründen") sollte der Arbeitgeber in jedem Fall vermeiden (*Eckert* DStR 2011, 2474, 2476). Wenn beispielsweise eine fristlose Kündigung wegen grober Vertragsverletzung ausgesprochen wird, sollten die wesentlichen Tatsachen mitgeteilt werden, auf die der Arbeitgeber seine Entscheidung stützt und die die Behörde veranlasst haben, die Kündigung für zulässig zu erklären (BAG AP BMT-G II § 54 Nr. 2). Dies gilt auch für etwaige vorsorgliche Kündigungsgründe. Wir halten es für gefährlich, wenn sich der Arbeitgeber auf den Standpunkt stellt, der Arbeitnehmerin seien die Kündigungsgründe ja schon durch ihre **Anhörung** im Rahmen des Verfahrens vor der Behörde (→ Form. A. XIV. 13 Anm. 11) bekannt (mit dieser Tendenz aber BAG AP BMT-G II § 54 Nr. 4).

3. Ausspruch der Kündigung. Die Kündigung kann erklärt werden, nachdem die Behörde die Kündigung für zulässig erklärt und ihre Entscheidung dem Arbeitgeber bekannt gegeben hat (→ Form. A. XIV. 13 Anm. 16). Die Zulässigerklärung muss dem Kündigungsschreiben nicht beigefügt werden (vgl. BAG AP BetrVG 1972 § 103 Nr. 50).

Der Arbeitgeber muss eine **ordentliche Kündigung nicht** innerhalb einer bestimmten **Frist** nach Zulässigerklärung durch die Behörde aussprechen. Eine **außerordentliche Kündigung** muss hingegen **unverzüglich** erklärt werden (→ Form. A. XIV. 13 Anm. 16).

4. Anhörung des Betriebsrats. Sofern ein Betriebsrat besteht, muss dieser gemäß § 102 BetrVG vor Ausspruch der Kündigung angehört werden. Es steht dem Arbeitgeber aber grundsätzlich frei, ob er den Betriebsrat vor, während oder nach dem Verfahren vor der Behörde anhört (→ Form. A. XIV. 13 Anm. 14).

15. Antrag auf Zulässigerklärung der ordentlichen Kündigung eines Mitarbeiters in Elternzeit

[Briefkopf des Arbeitgebers]

An das . . . . . . (Anschrift der zuständigen Behörde)[2]

. . . . . . (Datum)[3]

Antrag auf Zulässigerklärung einer ordentlichen betriebsbedingten Kündigung[1]

Mitarbeiter: Herr . . . . . .

Sehr geehrte Frau . . . . . .,[4]

wir stellen hiermit den Antrag, die ordentliche[5] betriebsbedingte Kündigung unseres Mitarbeiters

Herrn	......[6]
geb. am	......
Familienstand	......
Anzahl der Kinder	......
wohnhaft in	......
betriebszugehörig seit	......[7]

für zulässig zu erklären.

Herr ...... ist als technischer Zeichner für uns tätig und verdient derzeit monatlich EUR ...... brutto. Es wurde eine Kündigungsfrist von zwei Monaten zum Monatsende vereinbart, die die gesetzliche Kündigungsfrist übersteigt. Herr ...... befindet sich seit dem ...... in Elternzeit für seinen am ...... geborenen Sohn.[8] Die Elternzeit endet am ......

Wir sind ein Unternehmen der Metallbranche, das an derzeit vier Standorten in Deutschland ganz überwiegend Einzelteile für die Automobilindustrie zuliefert. In unserem Betrieb in ......, in dem wir bislang nahezu ausschließlich Radaufhängungen für einen namhaften deutschen Automobilhersteller produzieren, beschäftigen wir ...... Mitarbeiter.[9] Es besteht ein Betriebsrat.[10]

Nachdem uns unser Auftraggeber davon in Kenntnis gesetzt hat, dass er den Auftrag zur Produktion von Radaufhängungen über den 1.6.2014 hinaus nicht mehr verlängern, sondern neu vergeben wird, und Verhandlungen über Anschlussaufträge mit anderen Herstellern erfolglos geblieben sind, sind wir gezwungen, die Produktion am Standort ...... einzustellen. Da sich kein Interessent für die Übernahme des Betriebs gefunden hat, werden wir den Betrieb zum ...... stilllegen. Maschinen und Gerätschaften werden einzeln veräußert, der Mietvertrag für das Gebäude ist bereits gekündigt worden. Eine Kopie der Kündigung nebst Empfangsbestätigung des Vermieters fügen wir bei.

Wir haben mit dem Betriebsrat am ...... einen Interessenausgleich und einen Sozialplan abgeschlossen. Danach werden sämtliche Arbeitsverhältnisse unter Beachtung der jeweiligen Kündigungsfrist mit Wirkung zum ...... gekündigt werden.

Nach dem Sozialplan wird Herr ...... für den Verlust des Arbeitsplatzes eine Abfindung erhalten.

Die Kündigung wird antragsgemäß für zulässig zu erklären sein, § 18 Abs. 1 S. 2 BEEG.[11] Die Stilllegung des Betriebs zum ...... stellt einen besonderen Fall dar, der eine Kündigung ausnahmsweise rechtfertigt. Weiterbeschäftigungsmöglichkeiten an einem anderen Standort des Unternehmens bestehen nicht. Eine Sozialauswahl war nicht durchzuführen, da der gesamte Betrieb in ...... geschlossen wird. Es besteht offensichtlich kein Zusammenhang zwischen Kündigung und Elternzeit.

Der Betriebsrat wurde bereits am ...... gemäß § 102 BetrVG zur Kündigung angehört.[12] Er hat der Kündigung am ...... zugestimmt. *(Alternative: Er hat der Kündigung widersprochen. Eine Kopie der Stellungnahme des Betriebsrats ist beigefügt.)*

Wir bitten um möglichst rasche antragsgemäße Entscheidung.[13] Die Kündigung soll spätestens im ...... ausgesprochen werden, um eine fristgerechte Beendigung zum ...... zu gewährleisten.[14]

Für Rückfragen stehen wir Ihnen gerne zur Verfügung. Bitte wenden Sie sich insoweit an Herrn ......[15]

Mit freundlichen Grüßen

......

Unterschrift des Arbeitgebers[16]

Anmerkungen

1. Sonderkündigungsschutz. Mitarbeiter in der Elternzeit genießen Sonderkündigungsschutz gemäß § 18 BEEG. Zumindest einem Elternteil soll es möglich sein, sich in der ersten Lebensphase des Kindes dessen Betreuung und Erziehung zu widmen (BAG NZA 1993, 649; *Buchner/Becker* § 18 BEEG Rn. 1).

Die Struktur der Regelungen ähnelt der des Sonderkündigungsschutzes für Schwangere und Mütter nach der Entbindung (→ Form. A. XIV. 13). Der Arbeitgeber darf die Kündigung erst dann aussprechen, wenn sie von der für den Arbeitsschutz zuständigen obersten Landesbehörde (→ Anm. 2) für **zulässig erklärt** wurde. Anderenfalls ist die Kündigung gemäß § 134 BGB unheilbar **nichtig** (*Buchner/Becker* § 18 BEEG Rn. 17). Angesichts der ähnlichen Struktur kann zum großen Teil auf die Anmerkungen zu → Form. A. XIV. 13 verwiesen werden.

Das Formular geht von dem „Normalfall" aus, dass der Arbeitgeber das Arbeitsverhältnis beenden will. Ein besonderes Problem tritt jedoch auf, wenn der Mitarbeiter während der Elternzeit gemäß § 15 Abs. 4 S. 1 BEEG mit bis zu 30 Stunden wöchentlich in **Teilzeit** beim Arbeitgeber tätig bleibt. Im Regelfall wird davon auszugehen sein, dass es sich trotz der Teilzeittätigkeit um ein **einheitliches Arbeitsverhältnis** handelt, für das Sonderkündigungsschutz gilt (§ 18 Abs. 2 Nr. 1 BEEG) und das auch (mit Ausnahme einer Änderungskündigung) nur in seiner Gesamtheit gekündigt werden kann (vgl. BAG AP BErzGG § 17 Nr. 7; ErfKomm/*Gallner* § 18 BEEG Rn. 7; für die Möglichkeit, eine isolierte Kündbarkeit zu vereinbaren *Sowka* BB 2001, 935, 937; *Stichler* BB 1995, 355, 356 f.). Auch in den Fällen, in denen bei einem Teilzeitarbeitsverhältnis nicht nur die Arbeitszeit reduziert wird, sondern der Arbeitnehmer eine vollständig andere Tätigkeit übernimmt, handelt es sich um ein einheitliches Arbeitsverhältnis (ErfKomm/*Gallner* § 18 BEEG Rn. 7; KR/*Bader* § 18 BEEG Rn. 18; a. A. *Meisel/Sowka* § 18 BErzGG Rn. 16, der in diesen Fällen das Teilzeitarbeitsverhältnis für isoliert kündbar hält). Wird der Mitarbeiter hingegen bei einem anderen Arbeitgeber in Teilzeit tätig, so löst diese Teilzeitarbeit dort keinen Sonderkündigungsschutz nach § 18 BEEG aus, da der Mitarbeiter gegenüber diesem Arbeitgeber keine Elternzeit in Anspruch genommen hat (BAG NJW 2006, 2347; ErfKomm/*Gallner* § 18 BEEG Rn. 6; KR/*Bader* § 18 BEEG Rn. 17).

Der Sonderkündigungsschutz gilt gemäß § 18 Abs. 2 Nr. 2 BEEG sogar dann, wenn ein **Teilzeitarbeitnehmer keine Elternzeit** in Anspruch nimmt, sofern er einen Anspruch auf Elterngeld und auf Elternzeit hätte (vgl. KR/*Bader* § 18 BEEG Rn. 16 b). Aus rechtspolitischer Sicht ist diese Vorschrift bedenklich, da der Sonderkündigungsschutz schon zu beachten ist, wenn der Mitarbeiter nicht in Betracht zieht, Elternzeit zu beantragen, ja sogar, wenn der Arbeitgeber nicht einmal weiß, dass der Mitarbeiter Anspruch auf Elterngeld und Elternzeit hätte. Der Gesetzgeber hat dieses Problem offensichtlich nicht gesehen. In Analogie zu § 9 Abs. 1 S. 1 MuSchG ist zu fordern, dass der Mitarbeiter den Arbeitgeber zumindest innerhalb von zwei Wochen nach Zugang der in Unkenntnis der

Verbotsvoraussetzungen ausgesprochenen Kündigung darüber informiert, dass die Voraussetzungen für den Sonderkündigungsschutz vorliegen (KR/*Bader* § 18 BEEG Rn. 20; *Buchner/Becker* § 18 BEEG Rn. 38).

2. Zuständige Behörde. Der Antrag ist – ebenso wie der Antrag auf Zulässigerklärung der Kündigung einer Schwangeren – an die für den **Arbeitsschutz zuständige oberste Landesbehörde** oder die von dieser bestimmte Stelle zu richten. Die Ausführungen zu → Form. A. XIV. 13 Anm. 2 gelten entsprechend.

Gemäß Ziff. 4 S. 1 der Allgemeinen Verwaltungsvorschrift zum Kündigungsschutz bei Elternzeit (abrufbar unter www.verwaltungsvorschriften-im-internet.de) ist die Behörde am Sitz des Betriebes **örtlich zuständig.** Die Regelung entspricht § 87 Abs. 1 S. 1 SGB IX für die Kündigung eines schwerbehinderten Menschen (→ Form. A. XIV. 10 Anm. 2).

3. Antragsfrist. → Form. A. XIV. 13 Anm. 3.

4. Persönliche Ansprache. → Form. A. XIV. 13 Anm. 4.

5. Art der Kündigung. → Form. A. XIV. 13 Anm. 5.

6. Sachverhaltsdarstellung. Gemäß Ziff. 4 S. 2 der Allgemeinen Verwaltungsvorschrift zum Kündigungsschutz bei Elternzeit sind im Antrag der **Arbeitsort** und die **vollständige Anschrift** des Arbeitnehmers, dem gekündigt werden soll, anzugeben. Der Antrag ist zu **begründen** und etwaige **Beweismittel** sind beizufügen oder zu benennen. Über diese Regelung hinaus sollte schon deshalb zum Kündigungssachverhalt umfassend vorgetragen werden, um Nachfragen zu vermeiden, die das Verfahren verzögern (→ Form. A. XIV. 13 Anm. 6).

7. Dauer der Betriebszugehörigkeit. → Form. A. XIV. 13 Anm. 7.

8. Dauer des Sonderkündigungsschutzes. Gemäß § 18 Abs. 1 S. 1 BEEG beginnt der Sonderkündigungsschutz mit dem Zeitpunkt, in dem der Mitarbeiter vom Arbeitgeber **Elternzeit verlangt,** höchstens jedoch **acht Wochen vor** dem Tag der prognostizierten Geburt, auch wenn dieser vor dem Tag der tatsächlichen Geburt liegt (BAG NZA 2012, 208). Voraussetzung des Sonderkündigungsschutzes ist, dass der Mitarbeiter einen gemäß § 15 BEEG tatsächlich bestehenden Anspruch auf Elternzeit wirksam gemäß § 16 BEEG geltend gemacht hat (BAG NZA 2008, 1241; A/P/S/*Rolfs* § 18 BEEG Rn. 13). Dazu gehört u.a., dass der Arbeitnehmer die Elternzeit **schriftlich** gegenüber seinem Arbeitgeber verlangt. Allerdings kann die Berufung des Arbeitgebers auf die fehlende Schriftform rechtsmissbräuchlich sein, wenn er dem Arbeitnehmer in Kenntnis des fehlenden schriftlichen Antrages Elternzeit gewährt und hinnimmt, dass der Arbeitnehmer mit Beginn der „Elternzeit" nicht mehr zur Arbeit erscheint (BAG NZA 2008, 1241; HaKo-KSchG/*Fiebig/Böhm* § 18 BEEG Rn. 25). Ferner kommt es für das Eingreifen des Sonderkündigungsschutzes nicht darauf an, ob das Arbeitsverhältnis **bei Geburt des Kindes schon bestanden** hat (BAG NZA 1999, 1047; BAG NZA 2004, 155; A/P/S/*Rolfs* § 18 BEEG Rn. 13).

Wurde Elternzeit dagegen nur unter der **Bedingung** beansprucht, dass der Arbeitgeber **Elternteilzeit** gewährt, und lehnt der Arbeitgeber das Teilzeitbegehren vor dem prognostizierten Geburtstermin wirksam ab, so sind die Voraussetzungen des Sonderkündigungsschutzes nach § 18 Abs. 1 BEEG nicht gegeben (BAG BeckRS 2011, 77407).

Der Sonderkündigungsschutz dauert **während der gesamten Elternzeit** an. Sollte die Elternzeit in mehreren Blöcken genommen werden, beispielsweise für das erste und dritte Lebensjahr des Kindes, so gilt die Vorverlegung des Sonderkündigungsschutzes auf den Zeitpunkt, zu dem Elternzeit verlangt wurde, nur für den **ersten Abschnitt** (KR/*Bader* § 18 BEEG Rn. 27). Für den zweiten Abschnitt beginnt der Sonderkündigungsschutz erst mit der tatsächlichen Inanspruchnahme der Elternzeit (a.A. *Bruns* BB 2008, 386, 388).

Sollte die Gesellschaft jedoch die zwischen zwei Elternzeitabschnitten liegende Zeit, in der kein Sonderkündigungsschutz gilt, nutzen wollen, den Mitarbeiter gerade wegen der Elternzeit zu kündigen, so kann die Kündigung wegen Verstoßes gegen das Maßregelungsverbot nach § 612a BGB unwirksam sein (KR/*Bader* § 18 BEEG Rn. 27).

Ein **nachwirkender Kündigungsschutz** besteht nicht (A/P/S/*Rolfs* § 18 BEEG Rn. 20). Die Wirksamkeit der Kündigung nach Ende der Elternzeit richtet sich nach allgemeinen Regeln. Es kommt auf den Zeitpunkt des Zugangs der Kündigungserklärung an. Eine während der Elternzeit zugehende Kündigung ist daher ohne behördliche Zustimmung auch dann nichtig, wenn sie erst nach Ende der Elternzeit wirksam werden soll.

9. Größe des Betriebes. → Form. A. XIV. 13 Anm. 10.

10. Anhörungen im Verwaltungsverfahren. Gemäß Ziff. 5.2 der Allgemeinen Verwaltungsvorschrift zum Kündigungsschutz bei Elternzeit hat die Behörde dem Betriebs- oder Personalrat sowie dem betroffenen Mitarbeiter Gelegenheit zu geben, sich mündlich oder schriftlich zu äußern.

11. Entscheidung der Behörde/Kündigungsgrund. Ähnlich wie im Fall der Kündigung einer schwangeren Arbeitnehmerin kann die Behörde die Kündigung nur unter zwei Voraussetzungen für zulässig erklären: Es muss ein **„besonderer Fall"** vorliegen und die Zulässigkeitserklärung darf nur **„ausnahmsweise"** erfolgen. Auf die Ausführungen zu → Form. A. XIV. 13 Anm. 12 kann zwar weitgehend verwiesen werden, es bestehen jedoch einige Unterschiede.

Zum einen ist der unterschiedliche Schutzzweck von § 18 BEEG und § 9 MuSchG zu berücksichtigen. Der Sonderkündigungsschutz während der Elternzeit soll den Eltern ermöglichen, sich in der ersten Lebensphase des Kindes dessen Betreuung und Erziehung zu widmen, während der Sonderkündigungsschutz für Schwangere und Mütter den Arbeitsplatz als wirtschaftliche Existenzgrundlage erhalten und die Arbeitnehmerin vor den psychischen Belastungen eines Kündigungsschutzprozesses schützen soll (BAG NZA 1993, 649). Dieser Unterschied ist auch der Grund, warum im Fall einer während der Elternzeit erneut schwanger gewordenen Arbeitnehmerin der Arbeitgeber für eine Kündigung sowohl die Zulässigerklärung nach § 9 Abs. 3 MuSchG als auch die Zulässigerklärung nach § 18 Abs. 1 S. 2 BEEG benötigt (A/P/S/*Rolfs* § 18 BEEG Rn. 26).

Zum anderen ist die Behörde an die Vorgaben der Allgemeinen Verwaltungsvorschrift zum Kündigungsschutz bei Elternzeit gebunden. Gemäß Ziff. 1 S. 2 dieser Allgemeinen Verwaltungsvorschrift liegt ein „besonderer Fall" vor, wenn es gerechtfertigt erscheint, dass das als **vorrangig angesehene Interesse des Mitarbeiters am Fortbestand des Arbeitsverhältnisses wegen außergewöhnlicher Umstände hinter die Interessen des Arbeitgebers zurücktritt.** Beim Merkmal „besonderer Fall" handelt es sich um einen gerichtlich voll überprüfbaren unbestimmten Rechtsbegriff. Ziff. 2.1 der Allgemeinen Verwaltungsvorschrift zum Kündigungsschutz bei Elternzeit zählt als Varianten des besonderen Falls „insbesondere" (also nicht abschließend) auf

- Stilllegung eines Betriebes (so wie im für das Formular gewählten Beispiel),
- Stilllegung einer Betriebsabteilung,
- Verlagerung eines Betriebes oder einer Betriebsabteilung,
- Gefährdung der Existenz des Betriebes oder der wirtschaftlichen Existenz des Arbeitgebers durch Aufrechterhaltung des Arbeitsverhältnisses nach Beendigung der Elternzeit,
- Unzumutbarkeit der Aufrechterhaltung des Arbeitsverhältnisses wegen besonders schwerer Verstöße gegen arbeitsvertragliche Pflichten oder vorsätzlicher strafbarer Handlung des Mitarbeiters (zum bloßen Verdacht VG Frankfurt a. M. NZA-RR 2002, 638, 641: nicht ausreichend).

Im Falle der Stilllegung oder Verlagerung eines Betriebes oder einer Betriebsabteilung liegt ein besonderer Fall aber nur dann vor, wenn entweder keine Weiterbeschäftigungsmöglichkeiten in einem anderen Betrieb oder einer anderen Betriebsabteilung vorhanden sind (Ziff. 2.1.1 bis Ziff. 2.1.3 der Allgemeinen Verwaltungsvorschrift zum Kündigungsschutz bei Elternzeit; vgl. auch VG Düsseldorf BeckRS 2011, 56211) oder der Arbeitnehmer eine ihm angebotene **zumutbare Weiterbeschäftigung** auf einem anderen Arbeitsplatz abgelehnt hat (Ziff. 2.1.4 der Allgemeinen Verwaltungsvorschrift zum Kündigungsschutz bei Elternzeit). Dem anerkennenswerten Interesse des Arbeitgebers, die Kündigung nicht erst nach endgültiger Betriebsstillegung auszusprechen, wird dadurch Rechnung getragen, dass seine ernsthafte und endgültige **Absicht zur Betriebsstilllegung** bereits ausreicht. In diesem Fall kann die Behörde die Zulässigerklärung jedoch mit der Einschränkung verbinden, dass der Betrieb bis zum Kündigungstermin tatsächlich stillgelegt wird (*Wiebauer* NZA 2011, 177, 178).

Aus Sicht des Arbeitgebers kann der Wunsch eines Mitarbeiters, Elternzeit in Anspruch zu nehmen, insbesondere dann zu Schwierigkeiten führen, wenn er **keine Ersatzkraft** findet, die bereit ist, befristet tätig zu werden (vgl. § 21 BEEG). Gemäß Ziff. 2.2 der Allgemeinen Verwaltungsvorschrift zum Kündigungsschutz bei Elternzeit kann auch diese Situation einen „besonderen Fall" darstellen, wenn der Arbeitgeber hierdurch in die Nähe der Existenzgefährdung kommt. **Kleinbetriebe** mit höchstens fünf Arbeitnehmern können sich auf diese Konstellation unter erleichterten Voraussetzungen berufen (Ziff. 2.2.1 der Allgemeinen Verwaltungsvorschrift zum Kündigungsschutz bei Elternzeit).

Im Anschluss an die Feststellung, dass ein „besonderer Fall" vorliegt, hat die Behörde gemäß Ziff. 3 der Allgemeinen Verwaltungsvorschrift zum Kündigungsschutz bei Elternzeit im Rahmen **pflichtgemäßen Ermessens** zu entscheiden, ob das **Interesse des Arbeitgebers** an einer Kündigung während der Elternzeit so erheblich **überwiegt,** dass die Kündigung **ausnahmsweise** gerechtfertigt ist. Da gemäß Ziff. 1 S. 2 der Allgemeinen Verwaltungsvorschrift zum Kündigungsschutz bei Elternzeit schon im Rahmen der Auslegung des unbestimmten Rechtsbegriffs „besonderer Fall" eine Interessenabwägung stattfindet, erscheint eine nochmalige Abwägung im Rahmen des pflichtgemäßen Ermessens gekünstelt und in der Praxis kaum durchführbar. Wie schon bei → Form. A. XIV. 13 Anm. 12 zum Parallelproblem bei der Kündigung einer Schwangeren ausgeführt, werden nach unserer Auffassung die Interessen des Arbeitgebers regelmäßig überwiegen, wenn ein „besonderer Fall" vorliegt, wobei das Merkmal „besonderer Fall" restriktiv auszulegen ist.

12. Anhörung des Betriebsrats gemäß § 102 BetrVG. → Form. A. XIV. 13 Anm. 14.

13. Entscheidungsfrist. Gemäß Ziff. 5.1 der Allgemeinen Verwaltungsvorschrift zum Kündigungsschutz bei Elternzeit soll die Behörde ihre Entscheidung **unverzüglich** treffen. Eine zeitliche Obergrenze, wie sie § 88 Abs. 1 SGB IX für die Entscheidung des Integrationsamtes über die Zustimmung zur Kündigung eines Schwerbehinderten vorsieht (→ Form. A. XIV. 10 Anm. 16), gibt es nicht. Verzögert die Behörde die Entscheidung grundlos, können (zumindest theoretisch) Schadensersatzansprüche oder eine Untätigkeitsklage in Betracht kommen.

14. Ausspruch der Kündigung nach Zulässigerklärung. Die Zulässigerklärung ist sowohl dem Arbeitgeber als auch dem Mitarbeiter **zuzustellen** (Ziff. 7 der Allgemeinen Verwaltungsvorschrift zum Kündigungsschutz bei Elternzeit). Verwaltungsvorschriften binden grundsätzlich nur die Behörde (HaKo-KSchG/*Fiebig/Böhm* § 18 BEEG Rn. 35). Dennoch spricht angesichts der Parallele zu § 88 Abs. 2 SGB IX vieles dafür, mit dem Ausspruch der Kündigung zu warten, bis die **förmliche Zustellung** erfolgt ist (→ Form. A. XIV. 10 Anm. 17). Wenn hingegen ein früherer Ausspruch der Kündigung notwendig ist, um noch einen bestimmten Beendigungstermin zu erreichen, ist zu überlegen, nach (mündlicher) Bekanntgabe der Zulässigerklärung zu kündigen und sicherheitshalber nach förmlicher Zustellung eine weitere vorsorgliche Kündigung nachzuschieben.

Gesetzlich ist keine Frist geregelt, innerhalb derer die Kündigung nach Zulässigerklärung ausgesprochen werden muss. Insbesondere bei Ausspruch einer **außerordentlichen Kündigung** ist jedoch dringend anzuraten, diese **unverzüglich** zu erklären, nachdem die Kündigung von der Behörde für zulässig erklärt wurde. Eine Analogie zu § 91 Abs. 5 SGB IX bietet sich an (→ Form. A. XIV. 11 Anm. 5 und zur Parallelfrage bei der Kündigung einer Schwangeren → Form. A. XIV. 13 Anm. 16).

Rechtsbehelfe des Mitarbeiters gegen die Zulässigerklärung durch die Behörde hindern den Ausspruch der Kündigung nicht (zur Parallelfrage bei der Kündigung einer Schwangeren → Form. A. XIV. 13 Anm. 16).

Der gekündigte Mitarbeiter muss gemäß § 4 S. 1 KSchG innerhalb von **drei Wochen** nach Zugang der Kündigung **Kündigungsschutzklage** erheben. Allerdings beginnt die Klagefrist **nicht vor Bekanntgabe der Entscheidung** der Behörde an den Mitarbeiter (§ 4 S. 4 KSchG; → Form. A. XIV. 13 Anm. 18, → Form. A. XIV. 13 Anm. 8).

15. Benennung eines Ansprechpartners. → Form. A. XIV. 13 Anm. 17.

16. Form. Gemäß Ziff. 4 S. 1 der Allgemeinen Verwaltungsvorschrift zum Kündigungsschutz bei Elternzeit ist die Zulässigerklärung bei der zuständigen Behörde **schriftlich** oder **zu Protokoll** zu beantragen. Eine Übermittlung per **Telefax** sollte ausreichen (zur gleichen Fragestellung beim Antrag an das Integrationsamt → Form. A. XIV. 10 Anm. 19).

16. Kündigung eines Mitarbeiters in Elternzeit nach Zulässigerklärung durch die zuständige Behörde

[Briefkopf des Arbeitgebers]

Herrn . . . . . . (Name und Anschrift des Arbeitnehmers)

. . . . . . (Datum)

Kündigung[1]

Sehr geehrter Herr . . . . . .,

hiermit kündigen[2] wir Ihr Arbeitsverhältnis fristgemäß zum . . . . . ., hilfsweise zum nächst zulässigen Zeitpunkt.

Das . . . . . . hat der Kündigung mit Bescheid vom . . . . . . zugestimmt.[3]

Der Betriebsrat wurde vor Ausspruch der Kündigung angehört.[4] Er hat der Kündigung zugestimmt. *(Alternative: Er hat der Kündigung widersprochen. Eine Kopie der Stellungnahme des Betriebsrates ist beigefügt.)*

Vorsorglich weisen wir Sie darauf hin, dass Sie sich innerhalb von drei Tagen nach Kenntnis von dieser Kündigung *(Alternative: spätestens drei Monate vor dem Beendigungstermin)* bei der zuständigen Agentur für Arbeit zu melden sowie eigene Aktivitäten bei der Suche nach einer anderen Beschäftigung zu entfalten haben.

Mit freundlichen Grüßen

. . . . . .

Unterschrift des Arbeitgebers

Erhalten:

. . . . . .

Ort, Datum

. . . . . .

Unterschrift des Arbeitnehmers

Anmerkungen

1. Kündigungserklärung. Das Formular stellt eine Kündigung dar, die ausgesprochen wird, nachdem die Behörde die Kündigung eines Mitarbeiters in Elternzeit für zulässig erklärt hat.

Wegen der Anforderungen etwa an Schriftform, Unterzeichnung und Zustellung eines Kündigungsschreibens sowie wegen ergänzender Erklärungen, die mit dem Kündigungsschreiben verbunden werden können, verweisen wir auf → Form. A. XIV. 2, → Form. A. XIV. 3, → Form. A. XIV. 9. Die dortigen Anmerkungen gelten entsprechend.

2. Angabe des Kündigungsgrundes. Das Formular enthält keine Angaben zum Kündigungsgrund, weil solche Angaben im Gegensatz zur Kündigung einer Schwangeren oder jungen Mutter vom Gesetz nicht gefordert werden (→ Form. A. XIV. 14 Anm. 2). Im Regelfall dürften aber keine Bedenken bestehen, den Kündigungsgrund jedenfalls kurz zu skizzieren, zumal dieser in dem der Kündigung vorangegangenen Verwaltungsverfahren ohnehin ausführlich erläutert wurde.

3. Ausspruch der Kündigung. → Form. A. XIV. 14 Anm. 3.

4. Anhörung des Betriebsrats. → Form. A. XIV. 14 Anm. 4.

17. Antrag auf Zulässigerklärung der ordentlichen Kündigung eines Mitarbeiters in Pflegezeit bzw. Familienpflegezeit

[Briefkopf des Arbeitgebers]

An das . . . . . . (Anschrift der zuständigen Behörde)[2]

. . . . . . (Datum)[3]

Antrag auf Zulässigerklärung einer ordentlichen verhaltensbedingten Kündigung[1]

Mitarbeiter:[4] Herr . . . . . .

Sehr geehrte Frau . . . . . . ,[5]

wir stellen hiermit den Antrag, die ordentliche verhaltensbedingte Kündigung[6] unseres Mitarbeiters

Herrn	. . . . . .[7]
geb. am	. . . . . .
Familienstand	. . . . . .
Anzahl der Kinder	. . . . . .

wohnhaft in ......

betriebszugehörig seit ......[8]

für zulässig zu erklären.

Herr ...... ist für uns als kaufmännischer Angestellter tätig und verdient derzeit monatlich ...... EUR brutto. Sein Arbeitsvertrag sieht ...... als Arbeitsort vor. Es gilt die gesetzliche Kündigungsfrist von einem Monat zum Monatsende.

Herr ...... hat am ...... angekündigt, ab dem ...... Pflegezeit zur Pflege seiner Mutter in Anspruch nehmen und zu diesem Zweck für einen Zeitraum von sechs Monaten vollständig von der Arbeitsleistung freigestellt werden zu wollen. Die Pflegezeit endet am ......[9]

(Alternative bei Familienpflegezeit: Herr ...... hat am ...... beantragt, ab dem ...... Familienpflegezeit zur Pflege seiner Mutter zu nehmen und zu diesem Zweck für einen Zeitraum von sechs Monaten seine Wochenarbeitszeit auf ...... Stunden zu reduzieren. Diesem Antrag haben wir am ...... stattgegeben. Die Familienpflegezeit dauert noch bis zum ...... an.)

Unsere Gesellschaft vertreibt in Deutschland Kleidung, Schuhe und Accessoires der Marke ......, die von unserer US-amerikanischen Muttergesellschaft hergestellt werden. Unsere Gesellschaft unterhält nur eine einzige Niederlassung in Deutschland. In unserem Betrieb in ...... beschäftigen wir ...... Mitarbeiter.[10] Es besteht ein Betriebsrat.[11]

Am ...... entwendete Herr ...... aus unserem Lager mehrere Kleidungsstücke im Wert von rund ...... EUR, die er an Freunde und Bekannte privat weiterveräußerte. Dies wurde uns bekannt, als Frau ......, ebenfalls Mitarbeiterin unserer Gesellschaft, uns am ...... darüber informierte, dass Herr ...... im Kollegenkreis mit „Personalrabatten der besonderen Art" geprahlt habe. Nach persönlicher Ansprache räumte Herr ...... die Tat ein. Strafrechtliche Schritte wurden unsererseits bereits eingeleitet.

Die Kündigung wird antragsgemäß für zulässig zu erklären sein, § 5 Abs. 2 PflegeZG[12] *(Alternative bei Familienpflegezeit: § 9 Abs. 3 FPfZG).*

Die vorsätzliche strafbare Handlung des Herrn ......, die dieser durch den Diebstahl der Kleidungsstücke beging, stellt einen besonderen Fall dar, der die Kündigung ausnahmsweise rechtfertigt. Es besteht offensichtlich kein Zusammenhang zwischen der Kündigung und der angekündigten Pflegezeit *(Alternative bei Familienpflegezeit: der Familienpflegezeit).*

Der Betriebsrat wurde am ...... gemäß § 102 BetrVG zur Kündigung angehört.[13] Er hat der Kündigung am ...... zugestimmt *(Alternative: Er hat der Kündigung widersprochen. Eine Kopie der Stellungnahme des Betriebsrats liegt an.).*

Wir bitten um möglichst rasche antragsgemäße Entscheidung.[14] Die Kündigung soll möglichst schnell ausgesprochen werden.[15]

Für Rückfragen stehen wir Ihnen gerne zur Verfügung. Bitte wenden Sie sich in diesem Fall an Herrn ......[16]

Mit freundlichen Grüßen

......

Unterschrift des Arbeitgebers[17]

Anmerkungen

1. Sonderkündigungsschutz. Das Formular enthält zwei alternative Fallkonstellationen, den Antrag auf Zulässigerklärung der ordentlichen Kündigung eines Mitarbeiters in Pflegezeit einerseits und den Antrag auf Zulässigerklärung der ordentlichen Kündigung eines Mitarbeiters in Familienpflegezeit andererseits. Auch wenn das FPfZG ein eigenständiges Gesetz und nicht etwa nur eine Erweiterung des PflegeZG darstellt (*Glatzel* NJW 2012, 1175), ergeben sich bei der Ausgestaltung des Sonderkündigungsschutzes und somit für die Formulierung des Antrages an die zuständige oberste Landesbehörde (→ Anm. 2) nur wenige Abweichungen. Die Ausgangsformulierung ist zu verwenden, soweit es um den Antrag auf Zulässigerklärung der Kündigung eines Mitarbeiters in Pflegezeit geht. Für den Antrag auf Zulässigerklärung der Kündigung eines Mitarbeiters in Familienpflegezeit sind die als „Alternative bei Familienpflegezeit" gekennzeichneten Anpassungen vorzunehmen.

Das **PflegeZG** soll arbeitsrechtliche Rahmenbedingungen schaffen, um die Vereinbarkeit von Beruf und familiärer Pflege zu verbessern. Hierzu wird dem Arbeitnehmer zum einen bei einer akut aufgetretenen Pflegesituation das Recht eingeräumt, kurzzeitig der Arbeit fernzubleiben, um eine bedarfsgerechte Pflege zu organisieren oder eine pflegerische Versorgung in dieser Zeit sicherzustellen (§ 2 Abs. 1 PflegeZG). Zum anderen besteht unter den Voraussetzungen des § 3 PflegeZG ein Anspruch des Arbeitnehmers auf vollständige oder teilweise Freistellung von der Arbeitsleistung zur Pflege eines pflegebedürftigen nahen Angehörigen in häuslicher Umgebung. Ein Anspruch auf Fortzahlung des Entgelts ergibt sich aus dem PflegeZG nicht.

§ 2 Abs. 1 FPfZG definiert die **Familienpflegezeit** als die nach § 3 FPfZG förderfähige Verringerung der Arbeitszeit von Beschäftigten, die einen pflegebedürftigen nahen Angehörigen in häuslicher Umgebung pflegen, für die Dauer von längstens 24 Monaten bei gleichzeitiger Aufstockung des Arbeitsentgelts durch den Arbeitgeber. Trotz der verringerten Arbeitszeit, die wöchentlich mindestens 15 Stunden betragen muss, muss der Arbeitnehmer in der Pflegephase also keine proportionale Reduzierung seines Gehaltes hinnehmen. Die vom Arbeitgeber zu zahlenden Aufstockungsbeträge erhält dieser auf Antrag als zinsloses Darlehen vom Bundesamt für Familie und zivilgesellschaftliche Aufgaben (§ 3 Abs. 1 Nr. 1b FPfZG). An die Pflegephase schließt sich die Nachpflegephase gemäß § 3 Abs. 1 Nr. 1c FPfZG an, in der der Arbeitnehmer zwar wieder voll arbeitet, aber bis zum Ausgleich des Wert- oder Arbeitszeitguthabens weiterhin das verringerte Entgelt erhält. Auf diese Weise gleichen sich die Arbeitszeit und das Arbeitsentgelt über den gesamten Zeitraum von Pflege- und Nachpflegephase betrachtet aus. Die Rückzahlung des Darlehens durch den Arbeitgeber erfolgt ebenfalls in der Nachpflegephase (§ 6 FPfZG). Zur Absicherung des Risikos, dass der Arbeitnehmer das Wertguthaben aufgrund von Tod oder Berufsunfähigkeit nicht mehr ausgleichen kann, dient eine Familienpflegezeitversicherung gemäß § 4 FPfZG, die vom Arbeitgeber, vom Arbeitnehmer oder vom Bundesamt für Familie und zivilgesellschaftliche Aufgaben abgeschlossen werden kann. Nach § 3 Abs. 1 Nr. 3 FPfZG wird ein Darlehen durch das Bundesamt nur gewährt, wenn eine Bescheinigung über das Bestehen einer Familienpflegezeitversicherung vorgelegt wird.

Sonderkündigungsschutz gemäß § 5 PflegeZG genießen Beschäftigte von der Ankündigung bis zur Beendigung der kurzzeitigen Arbeitsverhinderung nach § 2 PflegeZG oder der Pflegezeit nach § 3 PflegeZG. Bei vom Arbeitgeber bewilligter Inanspruchnahme der Familienpflegezeit erstreckt sich der **Sonderkündigungsschutz gemäß § 9 FPfZG** auf die Familienpflegezeit gemäß § 2 Abs. 1 FPfZG sowie die Nachpflegezeit gemäß § 3 Abs. 1 Nr. 1c FPfZG. Der Arbeitgeber darf jeweils erst kündigen, nachdem die für den Arbeitsschutz zuständige oberste Landesbehörde die Kündigung **für zulässig erklärt** hat (§ 5 Abs. 2

PflegeZG; § 9 Abs. 3 S. 2 FPfZG). Eine ohne Zulässigkeitserklärung ausgesprochene Kündigung ist unheilbar nichtig (A/P/S/*Rolfs* § 5 PflegeZG Rn. 25). Mit diesem Kündigungsverbot soll das mit dem PflegeZG und dem FPfZG gleichermaßen verfolgte Gesetzesziel – die bessere Vereinbarkeit von Beruf und familiärer Pflege – gefördert werden. Den Beschäftigten soll mit Hilfe des Kündigungsschutzes die Sorge vor dem Verlust des Arbeitsplatzes genommen werden (so zum PflegeZG BT-Drucks. 16/7439 S. 93).

Die Zulässigerklärung der obersten Landesbehörde ist für **jede Art von Kündigung** einzuholen, also für eine ordentliche Kündigung ebenso wie für eine außerordentliche Kündigung, eine vorsorgliche Kündigung oder für eine Änderungskündigung. Auch eine Kündigung innerhalb der ersten sechs Monate des Arbeitsverhältnisses, innerhalb derer der Arbeitnehmer noch keinen allgemeinen Kündigungsschutz nach § 1 KSchG genießt, bedarf der Zulässigerklärung durch die oberste Landesbehörde. Weder das PflegeZG noch das FPfZG sehen insoweit eine Wartezeit vor. Der Abschluss eines **Aufhebungsvertrages** ist dagegen ohne behördliche Zulässigerklärung möglich (*Schiefer/Worzalla* DB 2012, 516, 522). Gleiches gilt für die Beendigung des Arbeitsverhältnisses durch eine (wirksam) vereinbarte **Befristung**, eine Eigenkündigung des Arbeitnehmers oder die Anfechtung des Arbeitsvertrages (*Karb* öAT 2012, 30).

2. Zuständige Behörde. Die Zulässigkeit der Kündigung erklärt gemäß § 5 Abs. 2 S. 1 PflegeZG und § 9 Abs. 3 S. 3 FPfZG die für den **Arbeitsschutz zuständige oberste Landesbehörde** oder „die von ihr bestimmte Stelle“. Die Ausführungen zu → Form. A. XIV. 13 Anm. 2 gelten entsprechend.

3. Antragsfrist. → Form. A. XIV. 13 Anm. 3.

4. Persönlicher Geltungsbereich. Der Sonderkündigungsschutz erstreckt sich gemäß § 7 Abs. 1 PflegeZG bzw. § 2 Abs. 2 FPfZG i. V. m. § 7 Abs. 1 PflegeZG nicht nur auf Arbeitnehmer und Auszubildende, sondern auch auf arbeitnehmerähnliche Personen. Zwar hat der Gesetzgeber bereits in einer Reihe von Vorschriften arbeitnehmerähnliche Personen Arbeitnehmern gleichgestellt (z. B. § 6 Abs. 1 S. 1 Nr. 3 AGG, § 2 S. 2 BUrlG, § 12a Abs. 1 Nr. 1 TVG). Das PflegeZG und das FPfZG sehen jedoch erstmals auch Regelungen zum Sonderkündigungsschutz für diese Personengruppe vor (krit. zur entsprechenden Regelung im PflegeZG *Preis/Weber* NZA 2008, 82, 84).

5. Persönliche Ansprache. → Form. A. XIV. 13 Anm. 4.

6. Art der Kündigung. Zur Art der Kündigung wird auf → Form. A. XIV. 13 Anm. 5 verwiesen. Für die Familienpflegezeit ergeben sich allerdings einige Besonderheiten. Kündigt der Arbeitgeber das Arbeitsverhältnis während der Familienpflegezeit oder in der Nachpflegephase, bleibt sein Ausgleichsanspruch gegenüber dem Beschäftigten auf Auffüllung des negativen Wertguthabens gemäß § 9 Abs. 2 S. 3 FPfZG nur erhalten, wenn der Arbeitgeber aus **verhaltensbedingten Gründen** kündigt. In diesem Fall hat der Gekündigte die mit dem Ende des Arbeitsverhältnisses fällige Ausgleichszahlung in Raten zu erbringen, deren Höhe den Raten nach § 9 Abs. 1 FPfZG entspricht. Bei einer **betriebsbedingten** oder **personenbedingten** Kündigung erlischt dagegen der Ausgleichsanspruch. Die Familienpflegezeitversicherung tritt in diesem Fall ein, wenn ein **Versicherungsfall**, beispielweise der der fingierten Berufsunfähigkeit gemäß § 4 Abs. 2 S. 1 FPfZG, vorliegt (*Göttling/Neumann* NZA 2012, 119, 125; → Form. A. XIV. 18 Anm. 5).

7. Sachverhaltsdarstellung. Weder das PflegeZG noch das FPfZG schreiben für den Antrag einen Mindestinhalt vor. Es kann daher auf → Form. A. XIV. 13 Anm. 6 verwiesen werden.

8. Dauer der Betriebszugehörigkeit. Eine Wartezeit für das Eingreifen des Sonderkündigungsschutzes sieht das PflegeZG nicht vor. Der Kündigungsschutz gilt daher **unabhängig von der Dauer** der Betriebszugehörigkeit, insbesondere auch in den ersten sechs Monaten des Bestehens des Arbeitsverhältnisses und während der Probezeit bei Auszubildenden (*Linck* BB 2008, 2738). Denkbar ist daher beispielsweise, dass ein Arbeitnehmer, der befürchtet, die Wartezeit des § 1 Abs. 1 KSchG nicht zu überstehen, die „Flucht in die Pflege" (*Rose/Dörstling* DB 2008, 2137, 2141) antritt und ein Pflegezeitverlangen für die Zeit nach Ablauf der Wartefrist stellt. In diesem Fall wird der Arbeitgeber regelmäßig auch keine rechtzeitige Zulässigerklärung der Kündigung durch die zuständige Behörde mehr erreichen können, so dass sich der Arbeitnehmer schon vor Erlangung des allgemeinen Kündigungsschutzes in den Genuss des Sonderkündigungsschutzes nach § 5 PflegeZG bringen kann. Die teilweise vorgeschlagene Beschränkung des vorgelagerten Sonderkündigungsschutzes auf acht Wochen durch analoge Anwendung des § 18 Abs. 1 S. 1 BEEG (*Linck* BB 2008, 2738) wird überwiegend abgelehnt (ErfKomm/*Gallner* § 5 PflegeZG Rn. 2; A/P/S/*Rolfs* § 5 PflegeZG Rn. 17). Dem Arbeitgeber bleibt damit nur der Einwand des Rechtsmissbrauchs, so z. B., wenn der von einer betriebsbedingten Kündigung bedrohte Arbeitnehmer den Pflegebedarf vorschiebt, um von der Sozialauswahl ausgenommen zu werden (ErfKomm/*Gallner* § 5 PflegeZG Rn. 2; → Anm. 9).

Zu einer „Flucht in die Familienpflege" kann es dagegen nicht kommen. Zwar sieht auch das FPfZG keine Wartezeit für das Eingreifen des Sonderkündigungsschutzes vor. Der Sonderkündigungsschutz kann allerdings auch nicht gegen den Willen des Arbeitgebers eintreten, da **kein Rechtsanspruch auf Familienpflegezeit** besteht und eine Familienpflegezeitvereinbarung nur mit Zustimmung des Arbeitgebers zustande kommt.

9. Dauer des Sonderkündigungsschutzes. Der Sonderkündigungsschutz beginnt gemäß § 5 Abs. 1 PflegeZG mit Zugang der **Ankündigung der Pflegezeit** beim Arbeitgeber. Die Pflegezeit ist dem Arbeitgeber gemäß § 3 Abs. 3 PflegeZG **spätestens zehn (Vollzeit-) Arbeitstage vor Beginn der Pflegezeit** schriftlich anzukündigen. Eine Höchstfrist für die Ankündigung ist gesetzlich nicht geregelt. Daher kann die Ankündigung bis zu den Grenzen des Rechtsmissbrauchs auch schon mehrere Monate vor Beginn der Pflegezeit erfolgen (*Müller* BB 2008, 1058, 1061; *Langer/Damm* AuA 2008, 536, 538; *Joussen* NZA 2009, 60, 74; a. A. *Rose/Dörstling* DB 2008, 2137, 2141: Kündigungsschutz nur für den Zeitraum der echten Pflegeleistung sowie für einen Zeitraum von zehn Tagen davor).

Das Eingreifen des Sonderkündigungsschutzes setzt nicht voraus, dass der Arbeitnehmer dem Arbeitgeber mit der Ankündigung des Pflegezeitverlangens zugleich auch die Notwendigkeit der Pflege **nachweist.** Gemäß § 3 Abs. 2 PflegeZG hat der Arbeitnehmer zwar eine Bescheinigung der Pflegekasse oder des Medizinischen Dienstes der Krankenkassen über die Pflegebedürftigkeit des nahen Angehörigen beizubringen (*Hexel/Lüders* NZS 2009, 264). Das Gesetz sieht jedoch keine zeitliche Grenze vor, bis zu der diese Bescheinigung vorzulegen ist. Daraus wird man folgern müssen, dass der Nachweis jedenfalls noch nicht mit der Ankündigung – und gegebenenfalls noch nicht einmal bis zum Beginn der Pflegezeit – erbracht sein muss. Gleichwohl ist dem Arbeitgeber natürlich zu empfehlen, die Vorlage der Bescheinigung so frühzeitig wie möglich zu verlangen (*Langer/Damm* AuA 2008, 536, 538).

Der Sonderkündigungsschutz dauert **während der gesamten Pflegezeit** an. Beim **Eintritt veränderter Umstände** während der Pflegezeit (Wegfall der Pflegebedürftigkeit durch Genesung oder Tod des nahen Angehörigen, eintretende Unmöglichkeit oder Unzumutbarkeit der häuslichen Pflege) endet die Pflegezeit – und damit auch der Sonderkündigungsschutz – vier Wochen nach Eintritt der veränderten Umstände (§ 4 Abs. 2 PflegeZG). Die Vierwochenfrist berechnet sich nach den §§ 187 Abs. 1, 188 Abs. 2 Alt. 1 BGB (ErfKomm/*Gallner* § 4 PflegeZG Rn. 2).

Ein **nachwirkender Kündigungsschutz** besteht nicht. Die Wirksamkeit der Kündigung nach Ende der Pflegezeit richtet sich nach den allgemeinen Regeln.

Der Sonderkündigungsschutz in der **Familienpflegezeit** beginnt gemäß § 9 Abs. 3 S. 1 FPfZG mit **Antritt der Familienpflegezeit** (§ 2 Abs. 1 FPfZG). Nicht erfasst ist der Zeitraum von der Antragstellung bis zum Beginn der Familienpflegezeit. Denn anders als bei der Pflegezeit besteht kein Rechtsanspruch des Arbeitnehmers auf Inanspruchnahme von Familienpflegezeit. Das FPfZG sieht vielmehr den Abschluss einer staatlich geförderten Vereinbarung zwischen dem Arbeitgeber und dem pflegewilligen Beschäftigten vor (*Barkow v. Creytz* DStR 2012, 191). Bei Anfrage nach einer freiwilligen Vereinbarung bedarf der Beschäftigte aber nicht des gleichen Schutzes wie ein Mitarbeiter, der einen rechtlich durchsetzbaren Antrag auf Pflegezeit stellt.

Der **Nachweispflicht** wird der pflegewillige Beschäftigte schon vor Bewilligung der Familienpflegezeit durch den Arbeitgeber nachkommen müssen, da der Nachweis gemäß § 3 Abs. 1 Nr. 2 FPfZG Voraussetzung für die Förderung durch das Bundesamt für Familie und zivilgesellschaftliche Aufgaben ist. Auch wird der Arbeitgeber nicht bereit sein, ohne gesicherte Förderung eine Familienpflegezeitvereinbarung abzuschließen.

Die Familienpflegezeit endet gemäß § 5 Abs. 1 S. 1 FPfZG mit Ablauf des zweiten Monats, der auf den **Wegfall** mindestens **einer Voraussetzung** für den Anspruch aus § 3 Abs. 1 FPfZG folgt, spätestens jedoch nach 24 Monaten (*Barkow v. Creytz* DStR 2012, 191, 193). Ein vorzeitiges Ende kann u.a. eintreten, wenn der Pflegebedürftige stirbt, in die stationäre Pflege überwechselt oder der Beschäftigte den Mindestumfang der wöchentlichen Arbeitszeit unterschreitet, was nur ausnahmsweise bei Kurzarbeit unschädlich ist (*Schiefer/Worzalla* DB 2012, 516, 518; *Oelkers/Rosenau* NJW-Spezial 2011, 754, 755). An die Familienpflegezeit schließt sich die **Nachpflegephase** an, die bis zum Ausgleich des Wert- oder Arbeitszeitguthabens andauert, § 3 Abs. 1 Nr. 1c FPfZG. In dieser Phase besteht der Sonderkündigungsschutz fort, § 9 Abs. 3 FPfZG.

10. Größe des Unternehmens. Ein **Anspruch auf Pflegezeit** besteht nicht gegenüber Arbeitgebern mit i.d.R. 15 oder weniger Beschäftigten, § 3 Abs. 1 S. 2 PflegeZG. Daher gilt der Sonderkündigungsschutz aufgrund der Inanspruchnahme von Pflegezeit auch nur in Unternehmen mit dieser **Mindestbeschäftigtenzahl.** Entscheidend ist die Zahl der Arbeitnehmer im Unternehmen, nicht im Betrieb. Anders als in § 23 Abs. 1 S. 4 KSchG werden die Beschäftigten (einschließlich der zu ihrer Berufsausbildung Beschäftigten und der arbeitnehmerähnlichen Personen) hier nach Kopfzahl und nicht entsprechend ihrer Arbeitszeit gezählt (*Kossens* AuA 2008, 328).

Bei kurzzeitiger Arbeitsverhinderung gemäß § 2 PflegeZG gilt diese Einschränkung nicht, so dass auch Arbeitnehmer in Klein- oder Kleinstunternehmen das Recht haben, in einer Akutsituation zur Organisation und Sicherstellung einer bedarfsgerechten Pflege bis zu zehn Tage (bei Teilzeitbeschäftigten entsprechend kürzer) von der Arbeit fernzubleiben. In der Phase zwischen Ankündigung und Ende der kurzzeitigen Arbeitsverhinderung genießen sie dementsprechend – unabhängig von der Unternehmensgröße – auch Sonderkündigungsschutz.

Der Sonderkündigungsschutz aufgrund Familienpflegezeit ist dagegen grundsätzlich **nicht** von einer Mindestbeschäftigtenzahl im Unternehmen abhängig, da kein Anspruch auf Verringerung der Arbeitszeit besteht, sondern Arbeitgeber und Arbeitnehmer die Familienpflegezeit vereinbaren müssen (*Schiefer/Worzalla* DB 2012, 516, 518).

11. Anhörungen im Verwaltungsverfahren. → Form. A. XIV. 13 Anm. 11.

12. Entscheidung der Behörde/Kündigungsgrund. Ebenso wie bei der Kündigung einer schwangeren Arbeitnehmerin oder eines Arbeitnehmers in Elternzeit kann die Behörde die Kündigung eines Beschäftigten in (Familien-)Pflegezeit nur unter zwei

Voraussetzungen für zulässig erklären. Zum einen muss es sich um einen „besonderen Fall" handeln. Zum anderen darf die Zulässigerklärung nur „ausnahmsweise" erfolgen.

Nach der Gesetzesbegründung liegt ein **besonderer Fall**, der eine Kündigung rechtfertigt, insbesondere bei einer beabsichtigten Betriebsschließung vor (BT-Drucks. 16/7439 S. 93). Auch schwere Verstöße des Beschäftigten gegen arbeitsvertragliche Pflichten sowie vorsätzliche strafbare Handlungen können die Aufrechterhaltung des Arbeitsverhältnisses für den Arbeitgeber unzumutbar machen (*Göttling/Neumann* NZA 2012, 119, 125; a.A. *Schiefer/Worzalla* DB 2012, 516, 523: Kündigung ist immer zuzulassen, wenn sie nichts mit der Inanspruchnahme der Familienpflegezeit zu tun hat).

Gemäß § 5 Abs. 2 S. 2 PflegeZG hat der Gesetzgeber die Bundesregierung ermächtigt, mit Zustimmung des Bundesrates allgemeine Verwaltungsvorschriften zur Zulässigerklärung einer Kündigung in Pflegezeit zu erlassen. Solange von dieser Ermächtigung kein Gebrauch gemacht wird, spricht viel dafür, dass in den in der Allgemeinen Verwaltungsvorschrift zum Kündigungsschutz bei Elternzeit aufgeführten „besonderen Fällen" (→ Form. A. XIV. 15 Anm. 11) auch die Kündigung eines Mitarbeiters in Pflegezeit für zulässig zu erklären sein wird. Denn der Gesetzgeber hat die Pflegezeit nicht nur in Anlehnung an die Regelungen zur Inanspruchnahme von Elternzeit ausgestaltet (vgl. BT-Drucks. 16/7439 S. 91). Auch der Schutzzweck der Regelungen zum Sonderkündigungsschutz in § 18 BEEG und § 5 PflegeZG und die in beiden Bestimmungen zum Ausdruck kommende Abwägung der Interessen von Arbeitgeber und Arbeitnehmer ähneln sich sehr (BeckOK Arb/*Joussen* § 5 PflegeZG Rn. 6).

Dementsprechend wird man bei einer Betriebsstilllegung oder -verlagerung davon ausgehen müssen, dass die Behörde auch bei der Pflegezeitkündigung einen besonderen Fall nur dann annehmen wird, wenn der Arbeitnehmer eine ihm angebotene **zumutbare Weiterbeschäftigung** auf einem anderen Arbeitsplatz abgelehnt hat (→ Form. A. XIV. 15 Anm. 11).

Auch für die Zulässigerklärung der Kündigung eines Beschäftigten in **Familienpflegezeit** hat die zuständige Behörde zu prüfen, ob ein besonderer Fall vorliegt. Das FPfZG enthält keine Ermächtigung zum Erlass allgemeiner Verwaltungsvorschriften. Da der Gesetzgeber den Kündigungsschutz in § 9 Abs. 3 FPfZG und § 5 Abs. 2 PflegeZG aber im Übrigen parallel ausgestaltet hat (vgl. BT-Drucks. 17/6000 S. 29), wird die Behörde ihre Ermessensentscheidung wohl auch an den in der Allgemeinen Verwaltungsvorschrift zum Kündigungsschutz bei Elternzeit aufgeführten „besonderen Fällen" ausrichten (*Glatzel* NJW 2012, 1175, 1178).

13. Anhörung des Betriebsrats gemäß § 102 BetrVG. → Form. A. XIV. 13 Anm. 14.

14. Entscheidungsfrist. Weder das PflegeZG noch das FPfZG sehen eine Frist vor, innerhalb derer die Behörde über den Antrag des Arbeitgebers zu entscheiden hat. Für den vergleichbaren Fall der Kündigung eines Mitarbeiters in Elternzeit sieht Ziff. 5.1 der Allgemeinen Verwaltungsvorschrift zum Kündigungsschutz bei Elternzeit eine **unverzügliche** Entscheidung vor (→ Form. A. XIV. 15 Anm. 13).

15. Ausspruch der Kündigung nach Zulässigerklärung. Die Kündigung kann ausgesprochen werden, sobald die Behörde der Gesellschaft die Zulässigerklärung bekannt gegeben hat. Eine Frist, innerhalb derer die Kündigung ausgesprochen werden muss, ist weder im PflegeZG noch im FPfZG geregelt. Insbesondere bei Ausspruch einer außerordentlichen Kündigung ist jedoch dringend anzuraten, diese **unverzüglich** zu erklären, nachdem die Kündigung von der Behörde für zulässig erklärt wurde.

16. Benennung eines Ansprechpartners. → Form. A. XIV. 13 Anm. 17.

17. Form. → Form. A. XIV. 13 Anm. 18.

18. Kündigung eines Mitarbeiters in (Familien-)Pflegezeit nach Zulässigerklärung durch die zuständige Behörde

[Briefkopf des Arbeitgebers]

Herr . . . . . . (Name und Anschrift des Arbeitnehmers)

. . . . . . (Datum)

Kündigung[1]

Sehr geehrter Herr . . . . . .,

hiermit kündigen[2] wir Ihr Arbeitsverhältnis fristgemäß zum . . . . . ., hilfsweise zum nächst zulässigen Zeitpunkt.

Das . . . . . . hat der Kündigung mit Bescheid vom . . . . . . zugestimmt.[3]

Der Betriebsrat wurde vor Ausspruch der Kündigung angehört.[4] Er hat der Kündigung zugestimmt. *(Alternative: Er hat der Kündigung widersprochen. Eine Kopie der Stellungnahme des Betriebsrates liegt an.)*

(Ergänzend bei verhaltensbedingter Kündigung in der Familienpflegezeit: Das bisher entstandene negative Wertguthaben in Höhe von . . . . . . EUR ist Ihrerseits bis zum Ende des Beschäftigungsverhältnisses am . . . . . . auszugleichen.)[5]

Wir weisen Sie vorsorglich darauf hin, dass Sie sich innerhalb von drei Tagen nach Kenntnis von dieser Kündigung *(Alternative: spätestens drei Monate vor dem Beendigungstermin)* bei der zuständigen Agentur für Arbeit zu melden sowie eigene Aktivitäten bei der Suche nach einer anderen Beschäftigung zu entfalten haben.

Mit freundlichen Grüßen

. . . . . .

Unterschrift des Arbeitgebers

Erhalten:

. . . . . .

Ort, Datum

. . . . . .

Unterschrift des Arbeitnehmers

Anmerkungen

1. Kündigungserklärung. Das Formular stellt eine Kündigung dar, die ausgesprochen wird, nachdem die Behörde die Kündigung eines Mitarbeiters in (Familien-)Pflegezeit für zulässig erklärt hat. Wegen der Anforderungen etwa an Schriftform, Unterzeichnung und Zustellung eines Kündigungsschreibens sowie wegen ergänzender Erklärungen, die mit dem Kündigungsschreiben verbunden werden können, verweisen wir auf → Form. A. XIV. 2, → Form. A. XIV. 3, → Form. A. XIV. 9. Die dortigen Anmerkungen gelten entsprechend.

2. Angabe des Kündigungsgrundes. Nach dem PflegeZG und dem FPfZG ist die Angabe des Kündigungsgrundes – anders als nach § 9 Abs. 3 S. 2 MuSchG (→ Form.

A. XIV. 14 Anm. 2) – nicht erforderlich. Bedenken gegen eine kurze Schilderung des Kündigungssachverhalts bestehen allerdings nicht, da der Arbeitnehmer diesen bereits aus dem vorgeschalteten Verfahren zur Zulässigerklärung der Kündigung kennt.

3. Ausspruch der Kündigung. → Form. A. XIV. 14 Anm. 3.

4. Anhörung des Betriebsrats. → Form. A. XIV. 14 Anm. 4.

5. Ausgleich des Wertguthabens der Familienpflegezeit. Endet das Arbeitsverhältnis des Beschäftigten in Familienpflegezeit oder der Nachpflegephase **vorzeitig** und erhält der Arbeitgeber keinen Ausgleich seiner vorher im Rahmen der Familienpflegezeit getätigten Aufwendungen über die Familienpflegezeitversicherung (→ Form. A. XIV. 17 Anm. 1), kann er nach § 9 Abs. 2 FPfZG vom Beschäftigten einen **Ausgleich in Geld** verlangen (vgl. *Schiefer/Worzalla* DB 2012, 516, 519 zur Berechnung der Wertguthaben). Dies ist jedoch nur möglich, wenn es sich um eine **verhaltensbedingte Kündigung** durch den Arbeitgeber mit Zustimmung der obersten Landesbehörde handelt, § 9 Abs. 2 S. 3 FPfZG. Bei betriebs- oder personenbedingten Kündigungen erleidet der Arbeitgeber, sofern kein Versicherungsfall vorliegt, einen entsprechenden Schaden (BeckOK Arb/*Joussen* § 9 FPfZG Rn. 8).

19. Antrag auf Zustimmung zur außerordentlichen Kündigung eines Betriebsratsmitglieds

[Briefkopf des Arbeitgebers]

An den Betriebsrat

z. Hd. des Betriebsratsvorsitzenden[2]

Herrn . . . . . .

– im Hause –

. . . . . . (Datum)[3]

Antrag auf Zustimmung zur außerordentlichen fristlosen Kündigung[1]

Mitarbeiter: Herr . . . . . .

Sehr geehrter Herr . . . . . .,

wir stellen hiermit gemäß § 103 Abs. 1 BetrVG den Antrag, der außerordentlichen fristlosen Kündigung[4] des Betriebsratsmitglieds[5]

Herrn	. . . . . .
geb. am	. . . . . .
Familienstand	. . . . . .
Anzahl der Kinder	. . . . . .
wohnhaft in	. . . . . .
betriebszugehörig seit	. . . . . .

zuzustimmen. (Weitere Ausführungen zum Mitarbeiter und zum Arbeitsverhältnis.[6])

Wie Ihnen bekannt ist, haben wir in den letzten Monaten unsere EDV-Ausrüstung erneuert und insbesondere neue PCs angeschafft. Die bisher genutzten PCs haben wir in einem Kellerraum verstaut. Über deren weitere Verwendung ist noch nicht entschieden.

Am ...... hat Herr ...... zwei dieser PCs aus dem Lagerraum entnommen und gegen einen Betrag von 200 EUR an einen Bekannten verkauft. Den Erlös führte Herr ...... der Kasse der Betriebsfußballmannschaft zu, der er angehört. Der Vorfall kam zutage, da Herr ...... am ...... seinem Kollegen ......, der ebenfalls Mitglied der Fußballmannschaft ist, erzählte, woher das Geld stammt. Hiervon haben wir am ...... Kenntnis erlangt.

Wir haben Herrn ...... am ...... zur Rede gestellt. Er erklärte, dass er sich keiner Schuld bewusst sei. Schließlich wären die PCs doch ohnehin nicht mehr verwendet worden und er habe das Geld nicht für sich verwendet, sondern der Betriebsfußballmannschaft und damit letztlich auch wieder dem Arbeitgeber zukommen lassen.

Eine Fortsetzung des Arbeitsverhältnisses mit Herrn ...... ist ausgeschlossen.[7] Herr ...... hat in schwerer Weise gegen arbeitsvertragliche Pflichten verstoßen und sich wahrscheinlich sogar strafbar gemacht. Die Grundlage für eine weitere Zusammenarbeit ist damit nicht mehr gegeben. Auch wenn Herr ...... zuvor nicht abgemahnt worden war, konnte er keinesfalls damit rechnen, dass sein Verhalten geduldet werden würde.

Der Umstand, dass er das Geld der Betriebsfußballmannschaft zugutekommen ließ, entlastet ihn nicht. Es liegt ausschließlich in der Entscheidung des Unternehmens, ob Unternehmensgegenstände verkauft werden und was mit dem Erlös geschieht. Im Gegenteil zeigt die Reaktion von Herrn ......, als er zur Rede gestellt wurde, dass er völlig uneinsichtig ist. Die außerordentliche fristlose Kündigung ist daher gemäß § 15 Abs. 1 KSchG, § 626 BGB berechtigt.

Wir bitten um möglichst rasche antragsgemäße Entscheidung.[8]

Für Rückfragen stehen wir Ihnen gerne zur Verfügung. Bitte wenden Sie sich insoweit an Herrn ......[9]

Mit freundlichen Grüßen

......

Unterschrift des Arbeitgebers[10]

Erhalten:[11]

......

Ort, Datum

......

Unterschrift des Betriebsratsvorsitzenden

Anmerkungen

1. Allgemeines. § 15 Abs. 1 bis 3 KSchG räumen bestimmten Organen **Sonderkündigungsschutz** ein, so insbesondere Betriebsratsmitgliedern (zum persönlichen und zeitlichen Geltungsbereich → Anm. 5). Betriebsratsmitglieder können gemäß § 15 Abs. 1 KSchG grundsätzlich nur gekündigt werden, wenn ein wichtiger Grund vorliegt, der eine **außerordentliche fristlose Kündigung** gemäß § 626 BGB rechtfertigt. § 15 KSchG gilt auch für Änderungskündigungen (→ Anm. 7 sowie ausf. → Form. A. XI. 4), nicht aber für andere Beendigungstatbestände wie Aufhebungsvertrag, Auslaufen einer Befristung oder Anfechtung (KR/*Etzel* § 15 KSchG Rn. 14).

Der durch § 15 KSchG vermittelte Schutz wird durch § 103 BetrVG noch einmal erheblich verstärkt. Vor Ausspruch der außerordentlichen Kündigung muss der **Betriebs-**

rat nicht wie in Fällen des § 102 BetrVG nur angehört werden, sondern er muss **der Kündigung** gemäß § 103 Abs. 1 BetrVG **zustimmen.** Eine Kündigung, die ohne vorherige Zustimmung des Betriebsrats ausgesprochen wird, ist **nichtig.** Auch eine nachträgliche Zustimmung des Betriebsrats heilt die Nichtigkeit nicht.

Das Formular enthält das Muster eines Antrags an den Betriebsrat, der außerordentlichen Kündigung eines Betriebsratsmitglieds zuzustimmen. Für die Kündigung anderer Organe, die von §§ 15 Abs. 1 bis 3 KSchG, 103 BetrVG geschützt werden (zum persönlichen Geltungsbereich → Anm. 5), also etwa eines Mitgliedes des Wahlvorstands, kann das Formular entsprechend verwendet werden.

Erteilt der Betriebsrat die Zustimmung nicht, muss der Arbeitgeber sie gemäß § 103 Abs. 2 BetrVG vom Arbeitsgericht ersetzen lassen, bevor er die Kündigung ausspricht. Örtlich zuständig ist das Arbeitsgericht am Sitz des Betriebs, § 82 Abs. 1 S. 1 ArbGG. Da die Ersetzung erst mit Rechtskraft der gerichtlichen Entscheidung wirksam wird, besteht ein ganz erhebliches **Verzögerungspotential.** Dieses wird noch dadurch verstärkt, dass das betroffene Betriebsratsmitglied zwingend Beteiligter des arbeitsgerichtlichen Beschlussverfahrens über die Ersetzung der Zustimmung wird, § 103 Abs. 2 S. 2 BetrVG. Das Betriebsratsmitglied kann selbst Rechtsmittel gegen eine dem Antrag des Arbeitgebers stattgebende Entscheidung einlegen und zwar auch dann, wenn der Betriebsrat selbst kein Rechtsmittel einlegt (st. Rspr. etwa BAG AP ArbGG 1979 § 87 Nr. 4). Dadurch hat das Betriebsratsmitglied die Möglichkeit, die Rechtskraft der Entscheidung über einen längeren Zeitraum hinauszuzögern (→ Form. A. XIV. 20 Anm. 4). Schon wenn sich das Verfahren „nur" über zwei Instanzen erstreckt, kann dies ohne weiteres länger als ein Jahr dauern.

Der Arbeitgeber bleibt während des ganzen Verfahrens, also bis zum Ausspruch der außerordentlichen Kündigung, verpflichtet, die Vergütung fortzuzahlen. Dies gilt unter dem Gesichtspunkt des **Annahmeverzugs** auch, wenn er das Betriebsratsmitglied **freistellt** (BAG AP BetrVG 1972 § 103 Nr. 8). Annahmeverzug soll zwar nicht eintreten, wenn es dem Arbeitgeber unzumutbar ist, das Betriebsratsmitglied weiter zu beschäftigen (BAG AP BetrVG 1972 § 103 Nr. 8). Der Arbeitgeber wird sich hierauf jedoch nur in seltenen Ausnahmefällen berufen können (zu einem tätlichen Angriff mit einem Beil vgl. BAG AP MuSchG § 9 Nr. 5).

Ob das Betriebsratsmitglied überhaupt wirksam freigestellt werden kann, richtet sich nach allgemeinen Grundsätzen. Eine Freistellung beendet aber jedenfalls nicht das **Betriebsratsamt** (KR/*Etzel* § 103 BetrVG Rn. 149), es sei denn, der Arbeitgeber hat erfolgreich (etwa im Wege der einstweiligen Verfügung) gemäß § 23 Abs. 1 BetrVG den Ausschluss des Betriebsratsmitglieds aus dem Betriebsrat erwirkt (→ Anm. 7).

Trotz der ganz erheblichen finanziellen Folgen wird der Arbeitgeber im Regelfall gut beraten sein, das Betriebsratsmitglied, soweit durchsetzbar, für die Dauer eines gerichtlichen Ersetzungsverfahrens freizustellen. Der Arbeitgeber setzt sich in einen **unauflösbaren Widerspruch,** wenn er einerseits die außerordentliche fristlose Kündigung des Betriebsratsmitglieds betreibt, also erklärt, ihm sei eine Weiterbeschäftigung auch nur während der Kündigungsfrist unzumutbar (→ Anm. 7), andererseits aber tatsächlich während des gerichtlichen Ersetzungsverfahrens, also über Monate, wenn nicht Jahre hinweg weiter mit ihm zusammenarbeitet.

Hat der Betriebsrat die Zustimmung zur Kündigung seines Mitglieds erst einmal verweigert, befindet sich der Arbeitgeber somit in einer **Kostenfalle,** die häufig zu einem für ihn finanziell sehr ungünstigen **Vergleich** führt: Vor die Wahl gestellt, das Ersetzungsverfahren bis zur Rechtskraft der gerichtlichen Entscheidung durchzuführen und das Betriebsratsmitglied schließlich nach einer langen „bezahlten Freistellung" außerordentlich fristlos zu kündigen, sieht sich der Arbeitgeber häufig zu einem Vergleich gezwungen, der eine **erhebliche Abfindungszahlung** vorsieht.

Dem dargestellten Dilemma entgeht der Arbeitgeber nur, wenn er erreicht, dass der Betriebsrat der außerordentlichen Kündigung des Betriebsratsmitglieds zustimmt. Es empfiehlt sich also, den Antrag an den Betriebsrat gut vorzubereiten und **Überzeugungsarbeit** zu leisten. Bisweilen zögern Betriebsräte, die gewünschte Zustimmung zu erteilen, weil sie sich nicht zum „Helfershelfer" des Arbeitgebers machen lassen wollen. Hier kann der Hinweis helfen, dass das betroffene Betriebsratsmitglied die Wirksamkeit der Kündigung auch nach Zustimmung durch den Betriebsrat vor den Arbeitsgerichten voll überprüfen lassen kann (zur Präjudizwirkung der gerichtlichen Zustimmungsersetzung → Form. A. XIV. 20 Anm. 1). Der betroffene Mitarbeiter ist also alles andere als schutzlos. Es kann auch Wirkung haben, einem verständigen Betriebsrat die erheblichen finanziellen Folgen eines Zustimmungsersetzungsverfahrens (Annahmeverzugslohn) vor Augen zu führen. Dies ändert aber nichts daran, dass der Betriebsrat eines seiner Mitglieder aus **falsch verstandener Solidarität** schlicht dadurch in eine gute Verhandlungsposition bringen kann, dass er die Zustimmung verweigert (→ Anm. 8).

2. Adressat des Antrags. Adressat des Antrags ist der Betriebsrat als Organ, vertreten durch seinen **Vorsitzenden,** § 26 Abs. 2 S. 2 BetrVG. Es gelten die gleichen Grundsätze wie beim Antrag nach § 102 BetrVG (→ Form. C. I. 1, → Form. C. I. 2).

Soll der Vorsitzende des Betriebsrats gekündigt werden, ist der Antrag an den **stellvertretenden Vorsitzenden** des Betriebsrats zu richten, vgl. § 26 Abs. 2 S. 2 BetrVG (KR/*Etzel* § 103 BetrVG Rn. 74 ff.). Hieran ändert auch die Rechtsprechung des BAG nichts, wonach der Betriebsratsvorsitzende und nicht sein Stellvertreter dafür zuständig ist, dem Arbeitgeber die Zustimmungsverweigerung des Betriebsrats zu einer personellen Einzelmaßnahme mitzuteilen, die ihn selbst betrifft (BAG AP BetrVG 1972 § 40 Nr. 77). Um Risiken zu vermeiden, die sich daraus ergeben können, dass der falsche Erklärungsempfänger gewählt wurde, kann sicherheitshalber ein Antrag an den Vorsitzenden des Betriebsrats und ein weiterer Antrag an seinen Stellvertreter gerichtet werden.

3. Antragsfrist. Wie bei jeder außerordentlichen fristlosen Kündigung findet die Zwei-Wochen-Frist des § 626 Abs. 2 BGB Anwendung (→ Form. A. XIV. 5 Anm. 2). Hierbei gelten die folgenden Grundsätze:

Der Arbeitgeber muss die Zustimmung zur Kündigung beim Betriebsrat so rechtzeitig beantragen, dass die Kündigung dem Betriebsratsmitglied nach erteilter Zustimmung noch innerhalb von zwei Wochen zugeht, nachdem der Arbeitgeber Kenntnis von den für die Kündigung maßgeblichen Tatsachen erhalten hat. Ansonsten ist die fristlose Kündigung nicht mehr möglich, während aufgrund des Sonderkündigungsschutzes des § 15 KSchG eine ordentliche Kündigung ohnehin ausscheidet (*Besgen* NZA 2011, 133). Der Betriebsrat hat analog § 102 Abs. 2 S. 3 BetrVG eine Bedenkzeit von drei Tagen (ErfKomm/*Kania* § 103 BetrVG Rn. 9).

Stimmt der Betriebsrat der Kündigung nicht zu, muss der Arbeitgeber noch innerhalb der Zwei-Wochen-Frist beim Arbeitsgericht den **Antrag** stellen, die **Zustimmung** gemäß § 103 Abs. 2 BetrVG zu **ersetzen** (BAG AP BetrVG 1972 § 103 Nr. 10). Anderenfalls ist die Kündigung gemäß § 626 Abs. 2 BGB verfristet.

Nach rechtskräftiger Ersetzung der Zustimmung durch das Arbeitsgericht muss der Arbeitgeber die Kündigung unverzüglich aussprechen (→ Form. A. XIV. 20 Anm. 2). Diese Grundsätze gelten auch, wenn der Betriebsrat keine Stellungnahme abgibt. Die Zustimmungsfiktion gemäß § 102 Abs. 2 S. 2 BetrVG findet keine Anwendung, so dass die Zustimmung als verweigert gilt, wenn sich der Betriebsrat nicht äußert (BAG AP BetrVG 1972 § 103 Nr. 10). Wegen dieser engen Fristen ist der Arbeitgeber gut beraten, die eigene Entscheidungsfindung über den Ausspruch einer Kündigung sowie die Vorbereitung des Antrags an den Betriebsrat zügig voranzutreiben.

Der Tag der Antragstellung beim Betriebsrat selbst zählt für die Frist nicht mit, § 187 Abs. 1 BGB. Die Frist zur Stellungnahme läuft also am Donnerstag um 24.00 Uhr ab, wenn der Antrag beim Betriebsrat an einem Montag gestellt wurde. Sofern dieser nicht zustimmt oder ausdrücklich ablehnt, kann der Zustimmungsersetzungsantrag an das Arbeitsgericht daher erst am Freitag gestellt werden (vgl. BAG AiB 1998, 113; a. A. Fristablauf bereits mit Ende des Dienstschlusses der Personalabteilung des Arbeitgebers LAG Hamm DB 1992, 2640). Da das Wochenende und Feiertage voll mitzählen, kann der Zustimmungsersetzungsantrag ab Dienstag gestellt werden, wenn der Antrag an den Betriebsrat an einem Freitag gestellt wurde. Fällt der Fristablauf hingegen auf einen Tag am Wochenende oder einen Feiertag, zählt dieser nicht mit, § 193 BGB. Wurde der Antrag an den Betriebsrat also an einem Mittwoch gestellt, kann der Zustimmungsersetzungsantrag ebenfalls erst am nächsten Dienstag gestellt werden.

Ein **vor Fristablauf** beim Arbeitsgericht eingegangener Zustimmungsersetzungsantrag, egal ob unbedingt oder bedingt, ist **unzulässig** und wahrt die Zwei-Wochen-Frist nicht (BAG NZA 1997, 371).

4. Außerordentliche Kündigung. Im Beispiel soll das Betriebsratsmitglied nach einem Vertragsverstoß **außerordentlich fristlos gekündigt werden.** Fehlverhalten, das „nur" eine verhaltensbedingte ordentliche Kündigung rechtfertigen würde, berechtigt gemäß § 15 Abs. 1 KSchG ohnehin nicht zur Kündigung eines Betriebsratsmitglieds. Es ist daher in diesem Fall nicht nötig, in den Antrag den sonst bei einer fristlosen Kündigung üblichen Zusatz aufzunehmen, dass die Kündigung „hilfsweise fristgemäß zum nächst zulässigen Zeitpunkt" ausgesprochen werden soll (→ Form. A. XIV. 5 Anm. 3). Auch eine verhaltensbedingte außerordentliche Kündigung mit sozialer Auslauffrist ist gegenüber einem Betriebsratsmitglied unzulässig. Eine solche Kündigung käme im Ergebnis einer ordentlichen Kündigung gleich. Dadurch würde sich die Benachteiligungsgefahr realisieren, die der Gesetzgeber durch § 15 KSchG gerade verhindern wollte (BAG NZA 2008, 777, 779; *Bröhl* RdA 2010, 170).

5. Persönlicher und zeitlicher Geltungsbereich des Sonderkündigungsschutzes. Gemäß § 15 Abs. 1 KSchG, § 103 BetrVG genießen nicht nur **Betriebsratsmitglieder** Sonderkündigungsschutz, sondern auch, worauf im Folgenden nicht näher eingegangen werden soll, Mitglieder der **Jugend- und Auszubildendenvertretung**, Mitglieder der **Bordvertretung** und Mitglieder des **Seebetriebsrats.** § 15 Abs. 3 KSchG, § 103 BetrVG erstrecken den Sonderkündigungsschutz auf Mitglieder des **Wahlvorstands** und auf **Wahlbewerber. Initiatoren einer Betriebsratswahl** genießen hingegen gemäß § 15 Abs. 3a KSchG „nur" insoweit Sonderkündigungsschutz, als eine Kündigung einen „wichtigen Grund" voraussetzt. Hingegen gilt nicht der zusätzliche Schutz, dass der Betriebsrat der Kündigung zugestimmt haben muss (A/P/S/*Linck* § 15 KSchG Rn. 58a). Somit erwähnt auch § 103 BetrVG Initiatoren einer Betriebsratswahl nicht. Denn den Betriebsrat gibt es noch nicht.

Der durch § 15 Abs. 1 S. 1 KSchG, § 103 BetrVG vermittelte Sonderkündigungsschutz für Betriebsratsmitglieder **beginnt** mit der Amtszeit des Betriebsratsmitglieds. Für Wahlbewerber beginnt der Sonderkündigungsschutz, sobald ein Wahlvorstand bestellt ist und für den Kandidaten ein Wahlvorschlag vorliegt, der die erforderliche Mindestzahl von Stützunterschriften aufweist (BAG NZA 2012, 107). Es herrscht weitgehend Einigkeit, dass Schutzlücken geschlossen werden müssen, die sich für den Zeitraum zwischen der Wahl des Mitglieds und der Aufnahme des Amts ergeben können. Denn in diesem Zeitraum ist der Arbeitnehmer kein Wahlbewerber mehr, aber auch noch kein Betriebsratsmitglied (vgl. BAG AP BetrVG 1972 § 78a Nr. 11; KR/*Etzel* § 103 BetrVG Rn. 19; ErfKomm/*Kiel* § 15 KSchG Rn. 17). Im Ergebnis erfordert eine Kündigung daher auch in diesem Zeitraum die Zustimmung des Betriebsrats.

Der Sonderkündigungsschutz gemäß § 15 Abs. 1 S. 1 KSchG **endet** mit dem Ende der Amtszeit des Betriebsrats, § 21 BetrVG, oder mit dem Erlöschen der Mitgliedschaft des Arbeitnehmers im Betriebsrat aus einem anderen Grund, § 24 BetrVG (BAG AP KSchG 1969 § 15 Nr. 6; KR/*Etzel* § 15 KSchG Rn. 60 ff.). Eine Freistellung oder das Ruhen des Arbeitsverhältnisses, etwa während einer Elternzeit, beenden den Sonderkündigungsschutz nicht, solange der Arbeitnehmer Mitglied des Betriebsrats bleibt.

Nach Ende des Sonderkündigungsschutzes genießt der Arbeitnehmer für die Dauer eines Jahres **nachwirkenden besonderen Kündigungsschutz** gemäß § 15 Abs. 1 S. 2

KSchG, es sei denn, die Beendigung der Mitgliedschaft beruhte auf einer gerichtlichen Entscheidung. Während des nachwirkenden Kündigungsschutzes muss der Betriebsrat einer außerordentlichen Kündigung nicht mehr gemäß § 103 BetrVG zustimmen. Er muss vielmehr nur gemäß § 102 BetrVG **angehört** werden (ErfKomm/*Kiel* § 15 KSchG Rn. 31).

Theoretisch kann nach Ende des (nachwirkenden) Sonderkündigungsschutzes eine ordentliche verhaltensbedingte Kündigung ausgesprochen werden, die auf Verstöße gestützt wird, die das Betriebsratsmitglied während des Sonderkündigungsschutzes begangen hat und die für eine außerordentliche Kündigung nicht ausreichten. Allerdings liegt, je nach Einzelfall, **Verwirkung** nahe und ein Gericht wird im Rahmen der Interessenabwägung berücksichtigen, dass sich das Betriebsratsmitglied über einen längeren Zeitraum beanstandungsfrei verhalten hat.

Ersatzmitglieder genießen den durch die Kombination von § 15 Abs. 1 S. 1 KSchG und § 103 BetrVG vermittelten besonders starken Schutz nur für die Zeit, in der sie zur Vertretung eines Betriebsratsmitglieds in den Betriebsrat nachgerückt sind (zu Beginn und Ende des Sonderkündigungsschutzes näher *Uhmann* NZA 2000, 576, 577 f.; KR/*Etzel* § 103 BetrVG Rn. 44 ff.; BAG NZA 2012, 400). Endet die Vertretung, weil ein zeitweilig verhindertes Betriebsratsmitglied zurückgekehrt ist, genießt das Ersatzmitglied noch nachwirkenden besonderen Kündigungsschutz gem. § 15 Abs. 1 S. 2 KSchG, aber, wie oben ausgeführt, ohne den ergänzenden Schutz, dass der Betriebsrat einer außerordentlichen Kündigung gemäß § 103 BetrVG zustimmen müsste (BAG AP KSchG 1969 § 15 Nr. 7; BAG NZA-RR 2010, 236). Es gilt § 102 BetrVG.

Arbeitgeber mögen bisweilen den Verdacht haben, dass ein Betriebsratsmitglied nur deshalb zeitweilig verhindert war, um einem Ersatzmitglied zu ermöglichen, nachzurücken und somit (nachwirkenden) Kündigungsschutz zu erlangen. In einem solchen Fall kann der Arbeitgeber versuchen, eine **rechtsmissbräuchliche Gestaltung** einzuwenden mit dem Ergebnis, dass sich das Ersatzmitglied nicht auf den Sonderkündigungsschutz berufen könnte (BAG AP KSchG 1969 § 15 Nr. 26; BAG NZA 2012, 400). In der Praxis wird dem Arbeitgeber der Nachweis einer rechtsmissbräuchlichen Gestaltung aber regelmäßig sehr schwer fallen. Denn das BAG lässt Sonderkündigungsschutz selbst dann eintreten, wenn objektiv kein Fall der Vertretung vorgelegen hat, solange sich dies dem Ersatzmitglied nur nicht aufdrängen musste (BAG AP KSchG 1969 § 15 Ersatzmitglied Nr. 1).

In **Tendenzunternehmen** i.S.d. § 118 BetrVG ist keine Zustimmung gemäß § 103 BetrVG einzuholen, wenn die Kündigung eines Tendenzträgers auf einem tendenzbedingten Grund beruht (BAG AP BetrVG 1972 § 103 Nr. 49; KR/*Etzel* § 103 BetrVG Rn. 16). Der Betriebsrat ist dann nur gemäß § 102 BetrVG anzuhören.

6. Sachverhaltsdarstellung. Hinsichtlich der Sachverhaltsdarstellung gilt für den Zustimmungsantrag nach § 103 BetrVG der gleiche Maßstab wie für die Anhörung nach § 102 BetrVG (BAG NZA 2008, 1081; KR/*Etzel* § 103 BetrVG Rn. 66; → Form. C. I. 1). Insbesondere der **Kündigungsgrund**, also im Beispiel das Verhalten des Betriebsratsmitglieds, das zur Kündigung Anlass gab, sollte unter Darlegung konkreter Tatsachen umfassend dargestellt werden (→ Anm. 7). Es gilt, den Betriebsrat zu überzeugen. Von einer tendenziösen oder gar verfälschenden Darstellung ist Abstand zu nehmen, da diese nicht nur den Betriebsrat gegen die Kündigung aufbringen wird, sondern vor allem selbst bei erteilter Zustimmung zur Unwirksamkeit der Kündigung wegen fehlerhafter Information führen kann (BAG AP LPVG NW § 72 Nr. 1). Den Arbeitnehmer entlastende Aspekte, beispielsweise dessen Einlassung im Rahmen einer Anhörung, sind darzustellen.

Der Arbeitgeber muss nur solche **Umstände** mitteilen, die **für seine Kündigungsentscheidung von Bedeutung** sind (→ Form. C. I. 1). Danach muss er persönliche Daten wie Unterhaltspflichten des Arbeitnehmers nicht erwähnen, wenn diese beispielsweise bei einer verhaltensbedingten Kündigung seinen Kündigungsentschluss nicht beeinflusst haben (vgl. BAG AP BGB § 626 Nr. 101). Da eine fristlose Kündigung ausgesprochen werden soll, ist streng genommen auch die Kündigungsfrist ohne Bedeutung. Es ist aber dennoch dazu zu raten, auch solche Daten, soweit bekannt, umfassend anzugeben. Der Arbeitgeber hat ein erhebliches Eigeninteresse, den Betriebsrat zu überzeugen und sollte den Eindruck vermeiden, er halte Informationen zurück.

Der Arbeitgeber kann die Kündigung grundsätzlich nicht auf Gründe stützen, die er dem Betriebsrat im Rahmen des Zustimmungsantrags nicht mitgeteilt hat. Erlangt der Arbeitgeber nach Einleitung des gerichtlichen Zustimmungsersetzungsverfahrens Kenntnis von weiteren Kündigungsgründen, kann er diese zur Begründung des Zustimmungsersetzungsantrags nachschieben (A/P/S/*Linck* § 103 BetrVG Rn. 26; BAG NZA 2008, 1081). Allerdings ist der Arbeitgeber verpflichtet, dem Betriebsrat die Gründe mitzuteilen, bevor er sie in das Zustimmungsersetzungsverfahren einführt. Der Betriebsrat soll dadurch Gelegenheit erhalten, die bisherige Verweigerung seiner Zustimmung im Lichte der neuen Tatsachen zu überdenken (BAG NZA 2008, 1081, 1083; *Ittmann* ArbRAktuell 2011, 6). Die erneute Unterrichtung des Betriebsrats wird auch nicht etwa dadurch ersetzt, dass der Vorsitzende des Betriebsrats durch Beteiligung am Zustimmungsersetzungsverfahren davon erfährt (BAG NZA 2008, 1081, 1083). Der erneute Antrag an den Betriebsrat muss innerhalb von zwei Wochen nach Kenntnis des neuen Kündigungssachverhaltes erfolgen (BAG AP BetrVG 1972 § 103 Nr. 1; BAG AP BetrVG 1972 § 103 Nr. 4). Bleibt der Betriebsrat bei seiner Zustimmungsverweigerung, muss der Arbeitgeber kein weiteres Zustimmungsersetzungsverfahren einleiten, sondern kann die neuen Gründe in das laufende Zustimmungsersetzungsverfahren einführen (BAG AP BetrVG 1972 § 103 Nr. 4). Dies muss nach Auffassung des BAG nicht zwingend innerhalb der Zwei-Wochen-Frist des § 626 Abs. 2 BGB geschehen (BAG AP BetrVG 1972 § 103 Nr. 1; a. A. KR/*Etzel* § 103 BetrVG Rn. 124). Arbeitgeber sind gleichwohl gut beraten, neue Kündigungsgründe nach Möglichkeit noch innerhalb von zwei Wochen nach Kenntnis in das Zustimmungsersetzungsverfahren einzuführen.

7. **Kündigungsgrund.** Die Wirksamkeit der außerordentlichen fristlosen Kündigung bemisst sich nach § 626 BGB. § 15 Abs. 1 KSchG enthält keinen abweichenden eigenen Maßstab (BAG NZA 2005, 949, 950; ErfKomm/*Kiel* § 15 KSchG Rn. 22.; KR/*Etzel* § 15 KSchG Rn. 21).

Der Regelfall ist die **außerordentliche fristlose verhaltensbedingte Kündigung** nach einem Vertragsverstoß des Betriebsratsmitglieds. Dem Formular liegt ein solcher Fall zugrunde.

Es ist allerdings zu beachten, dass ein Betriebsratsmitglied **verschiedenen Pflichtenkreisen** unterworfen ist, nämlich neben den Pflichten aus seinem Anstellungsvertrag auch betriebsverfassungsrechtlichen Pflichten aus dem BetrVG. Wenn das Betriebsratsmitglied eine **Pflicht** verletzt hat, die sich **ausschließlich aus dem Betriebsratsamt** ergibt, scheidet eine Kündigung des Arbeitsverhältnisses aus. Eine solche reine Amtspflichtverletzung liegt vor, wenn das Betriebsratsmitglied lediglich kollektivrechtliche Pflichten und keine für alle Arbeitnehmer gleichermaßen geltende arbeitsvertragliche Pflicht verletzt hat (BAG NZA-RR 2011, 15, 17). Dies gilt zum Beispiel für einen Verstoß gegen die Verschwiegenheitspflichten des Betriebsratsmitglieds nach § 99 Abs. 1 S. 3 oder § 102 Abs. 2 S. 4 BetrVG. In diesem Fall ist der Arbeitgeber darauf beschränkt, gemäß § 23 Abs. 1 BetrVG den **Ausschluss** des Betriebsratsmitglieds **aus dem Betriebsrat** zu betreiben.

Wenn das Betriebsratsmitglied **gleichzeitig Pflichten aus dem Betriebsratsamt und arbeitsvertragliche Pflichten** verletzt, kann der Arbeitgeber auch das Arbeitsverhältnis kündigen. Dies gilt aber nur, wenn der Verstoß hinreichend gravierend ist (§ 626 Abs. 1 BGB). Dabei ist ein besonders strenger Maßstab anzulegen (BAG NZA-RR 2010, 236; BAG NZA-RR 2011, 15, 16), der Raum lässt, zugunsten des Betriebsratsmitglieds einen Zusammenhang zwischen der Pflichtverletzung und der Tätigkeit im Rahmen des Betriebsratsamts zu berücksichtigen (BAG AP BetrVG 1972 § 103 Nr. 1; a. A. KR/*Etzel* § 15 KSchG Rn. 26 a). Hierfür mag beispielsweise Bedarf bestehen, wenn das Betriebsratsmitglied den Arbeitgeber im Rahmen von Verhandlungen über eine Betriebsvereinbarung beleidigt (vgl. BAG AP BGB § 626 Nr. 95).

Wenn der Betriebsrat die Zustimmung zur außerordentlichen Kündigung verweigert, sollte darüber nachgedacht werden, mit dem Zustimmungsersetzungsantrag nach § 103 Abs. 2 BetrVG einen **vorsorglichen Ausschließungsantrag** nach § 23 Abs. 1 BetrVG zu verbinden (BAG AP BetrVG 1972 § 74 Nr. 1).

Steht die Pflichtverletzung hingegen **in keinem Zusammenhang mit dem Betriebsratsamt,** bestehen keine über § 626 Abs. 1 BGB hinausgehenden besonderen Anforderungen an den Kündigungsgrund. Das Gesetz verlangt allerdings immer eine umfassende Einzelfallprüfung und Interessenabwägung. Selbst strafbare Handlungen des Arbeitnehmers stellen keine absoluten Kündigungsgründe dar (BAG BB 2011, 59). Der Sachverhalt, der dem Formular zugrunde liegt, dürfte eine außerordentliche fristlose Kündigung wohl rechtfertigen (vgl. BAG AP KSchG 1969 § 15 Nr. 42). Ein Ausschließungsantrag nach § 23 Abs. 1 BetrVG scheidet in diesem Fall aus. Denn eine Verletzung betriebsverfassungsrechtlicher Pflichten liegt nicht vor. Allerdings hat die Beendigung des Arbeitsverhältnisses nach wirksamer außerordentlicher fristloser Kündigung des Betriebsratsmitgliedes natürlich auch zur Folge, dass das Betriebsratsamt endet.

Für die Prüfung, ob dem Arbeitgeber die weitere Zusammenarbeit mit dem Betriebsratsmitglied zumutbar ist, ist nach der umstrittenen Auffassung des BAG auf die **fiktive ordentliche Kündigungsfrist** abzustellen und nicht auf das voraussichtliche Ende des Sonderkündigungsschutzes (BAG AP KSchG 1969 § 15 Nr. 42; BAG NZA 2008, 777, 778; a. A. KR/*Etzel* § 15 KSchG Rn. 22 m. w. N.). Auch eine außerordentliche verhaltensbedingte Kündigung unter Gewährung einer Auslauffrist ist gegenüber den in § 15 KSchG genannten Personen unzulässig (→ Anm. 4). Ist dem Arbeitgeber die weitere Zusammenarbeit bis zum Ablauf der fiktiven Kündigungsfrist zumutbar, scheidet demnach eine Kündigung aus (BAG NZA 2008, 777, 779).

Die oben geschilderten Fallgruppen und das Formular beruhen auf einem Sachverhalt, der eine verhaltensbedingte Kündigung eines Betriebsratsmitglieds aufgrund der Verletzung arbeitsvertraglicher Pflichten rechtfertigen soll. Hiervon zu unterscheiden ist die Kündigung aus **betriebsbedingten Gründen.**

Für eine betriebsbedingte Kündigung enthalten § 15 Abs. 4 und 5 KSchG Ausnahmen vom Sonderkündigungsschutz der Betriebsratsmitglieder und der anderen geschützten Organe. Bei einer **Stilllegung des Betriebs** kann das Betriebsratsmitglied **ordentlich gekündigt** werden (§ 15 Abs. 4 KSchG). Das Gleiche gilt bei der **Stilllegung der Betriebsabteilung,** in der das Betriebsratsmitglied tätig ist (§ 15 Abs. 5 KSchG). Eine Betriebsabteilung ist die räumlich, organisatorisch und personell abgegrenzte Einheit eines Betriebs mit eigenen technischen Betriebsmitteln und regelmäßig eigenem Betriebszweck, wozu auch Hilfsaufgaben für den Gesamtbetrieb zählen, z. B. die Buchdruckerei in einer chemischen Fabrik oder die Kartonageabteilung in einer Zigarettenfabrik (KR/*Etzel* § 15 KSchG Rn. 121; *v. Hoyningen-Huene/Linck* § 15 KSchG Rn. 179).

Die Kündigung aufgrund der Stilllegung einer Betriebsabteilung setzt nach § 15 Abs. 5 S. 1 KSchG voraus, dass das Betriebsratsmitglied nicht in einer anderen Abteilung weiterbeschäftigt werden kann. Der Arbeitgeber ist verpflichtet, mit allen ihm zur Verfügung stehenden Mitteln, gegebenenfalls auch einer **Freikündigung,** für eine Weiterbeschäftigung zu sorgen, und zwar möglichst auf einer gleichwertigen, gegebenenfalls aber auch auf einer geringwertigeren Stelle (BAG AP KSchG 1969 § 15 Nr. 49; BAG NZA 2006, 988, 990; KR/*Etzel* § 15 KSchG Rn. 126; a. A. *Leuchten* NZA 2007, 585, 587 ff.; *Schorb* ArbRAktuell 2010, 489). Der Arbeitgeber ist aber nicht verpflichtet, dem Betriebsratsmitglied einen **höherwertigen Arbeitsplatz** anzubieten. Da im Rahmen des § 1 KSchG kein „Anspruch auf Beförderung" besteht, muss Entsprechendes auch für Amtsträger im Rahmen des § 15 Abs. 5 KSchG gelten, um eine unzulässige Begünstigung i. S. d. § 78 S. 2 BetrVG zu verhindern. Dies gilt selbst in Fällen, in denen eine andere Beschäftigungsmöglichkeit nicht besteht (BAG NZA 2010, 1288; *Houben* NZA 2008, 851). Ist eine Weiterbeschäftigung in einer anderen Abteilung aus betrieblichen Gründen nicht möglich, ist die Stilllegung der Betriebsabteilung wie eine Betriebsstilllegung zu behandeln (§ 15 Abs. 5 S. 2 KSchG; *Maiß* ArbRAktuell 2010, 412).

Auch eine betriebsbedingte Kündigung eines Amtsträgers wegen Stilllegung des Betriebs ist nur gerechtfertigt, wenn keine Weiterbeschäftigungsmöglichkeit in einem **anderen Betrieb des Unternehmens** besteht (ErfKomm/*Kiel* § 15 KSchG Rn. 37). § 1 Abs. 2 S. 2 KSchG ist insoweit neben § 15 KSchG anwendbar, da Amtsträgern nach dem Gesetzeszweck ein besonderer Kündigungsschutz zukommen soll und aus diesem Grund nicht nachvollziehbar wäre, wenn den durch § 15 KSchG geschützten Personen ein schwächerer Schutz gewährt würde als den sonst von § 1 KSchG erfassten Arbeitnehmern (BAG NZA 2006, 558, 561; A/P/S/*Linck* § 15 KSchG Rn. 171).

Der geringere Schutz, den das Betriebsratsmitglied in diesen Fallgruppen genießt, spiegelt sich darin wieder, dass der Betriebsrat der Kündigung nicht gemäß § 103 BetrVG zustimmen muss. Da es sich um eine **ordentliche** Kündigung handelt, ist nur eine **Anhörung nach § 102 BetrVG** erforderlich. Das oben unter → Anm. 1 geschilderte Verzögerungspotential besteht demnach nicht.

Soweit nicht der ganze Betrieb oder eine ganze Betriebsabteilung stillgelegt wird, kommt von vornherein nur eine **außerordentliche Kündigung** des Betriebsratsmitglieds aus betriebsbedingten Gründen in Betracht. Die **Zwei-Wochen-Frist** des § 626 Abs. 2 BGB beginnt in diesem Fall nicht vor dem Zeitpunkt zu laufen, in dem der betriebsbedingte Grund umgesetzt wird, etwa der Arbeitsplatz wegfällt (BAG AP KSchG 1969 § 15 Nr. 36). Richtig erscheint es, bei einem betriebsbedingten Kündigungsgrund von einem **Dauertatbestand** auszugehen, der die Anwendung der Zwei-Wochen-Frist ganz ausschließt (zur außerordentlichen Kündigung eines tariflich unkündbaren Arbeitnehmers vgl. BAG AP BGB § 626 Nr. 143).

Wird einem Betriebsratsmitglied nach erfolgtem **Widerspruch gegen einen Betriebsübergang** gekündigt, weil keine Weiterbeschäftigungsmöglichkeit für das Betriebsratsmitglied besteht, sind § 15 Abs. 4 und 5 KSchG unmittelbar oder jedenfalls analog anzuwenden. Eine Zustimmung nach § 103 BetrVG ist nicht erforderlich (BAG AP BetrVG 1972 § 103 Nr. 35 mit Anm. *Hilbrandt*; *Bröhl* RdA 2010, 170).

Aus Arbeitgebersicht wäre es günstig, wenn der durch § 15 KSchG, § 103 BetrVG vermittelte Sonderkündigungsschutz auch in anderen Fällen einer **betriebsbedingten (Massen-)Kündigung** eingeschränkt würde, etwa durch eine analoge Anwendung von § 15 Abs. 4 und 5 KSchG oder durch eine teleologische Reduktion von § 15 Abs. 1 KSchG. Naheliegender Fall ist die **Massenänderungskündigung**, etwa wegen einer **Verlegung des Betriebs** oder zur **Änderung von Position und Vergütungsbestandteilen** im Anschluss an eine Umstrukturierung. Der Betriebsrat müsste dann nicht zustimmen, sondern nur angehört werden. Hierfur spricht viel: Zum einen verstößt eine Anwendung des Sonderkündigungsschutzes gegen das Begünstigungsverbot nach § 78 S. 2 BetrVG, da das Betriebsratsmitglied von der Kündigung in demselben Maße betroffen ist wie jedes andere Belegschaftsmitglied. Zum anderen bleibt das Betriebsratsmandat regelmäßig unberührt, da das Arbeitsverhältnis fortbesteht (so etwa *Hilbrandt* NZA 1997, 465, 467 f. und NZA 1998, 1258, 1260 f.; *F/E/S/T/L* § 103 Rn. 12). Eine grundsätzliche Herausnahme der betriebsbedingten Massen(änderungs)kündigung aus dem Schutzbereich von § 15 Abs. 1 KSchG (und damit von § 103 BetrVG) lehnt das BAG aber ab (etwa BAG NZA 1987, 807; bestätigend BAG NZA 2005, 156; *Weber/Lohr* BB 1999, 2350, 2351).

Stattdessen soll gegebenenfalls eine **außerordentliche betriebsbedingte Änderungskündigung** in Betracht kommen, die aber § 103 BetrVG unterfällt und daher der Zustimmung des Betriebsrats bedarf. Bei der Frage der Zumutbarkeit der Weiterbeschäftigung sei nicht auf die fiktive Kündigungsfrist abzustellen, sondern darauf, dass bei einem Betriebsratsmitglied die **Dauer des Sonderkündigungsschutzes** nicht absehbar ist und damit auch nicht feststeht, wann der Arbeitgeber die Änderung im Wege der ordentlichen Kündigung durchsetzen könnte (BAG AP KSchG 1969 § 15 Nr. 36; vgl. auch *Weber/Lohr* BB 1999, 2350, 2352 f.). Eine solche außerordentliche Kündigung wird aber in jedem Fall nur unter Einhaltung einer **Auslauffrist** ausgesprochen werden können, die der sonst geltenden Kündigungsfrist entspricht (BAG NZA 2005, 949, 950; zur Abgrenzung zur (unzulässigen) außerordentlichen verhaltensbedingten Kündigung mit Auslauffrist vgl. BAG NZA 2008, 777, 779; → Form. A. XIV. 5 Anm. 4).

Im Einzelfall kann **unklar** sein, ob der Betriebsrat gemäß § 102 BetrVG **anzuhören** oder gemäß § 103 BetrVG seine **Zustimmung** einzuholen ist. So kann fraglich sein, ob ein Betrieb **stillgelegt oder verlegt** wird (vgl. BAG AP BGB § 613a Nr. 67) oder ob die organisatorische Einheit, die stillgelegt wird, eine **Abteilung** i. S. d. § 15 Abs. 5 KSchG ist. Es spricht zwar vieles dafür, dass ein Antrag nach § 103 BetrVG als „Minus" auch eine Anhörung gemäß § 102 BetrVG enthält (vgl. *Zumkeller* NZA 2001, 823, 824 f.; KR/*Etzel* § 103 BetrVG Rn. 67). Dennoch ist schon aus taktischen Gründen zu empfehlen, den Betriebsrat ausdrücklich gemäß § 102 BetrVG zu einer **ordentlichen betriebsbedingten Kündigung** anzuhören und nach Ablauf der Wochenfrist unter Berufung auf § 15 Abs. 4 oder 5 KSchG ordentlich zu kündigen. Gleichzeitig sollte vorsorglich gemäß § 103 BetrVG, § 15 Abs. 1 KSchG die Zustimmung des Betriebsrats zu einer **vorsorglichen außerordentlichen betriebsbedingten Kündigung** (unter Gewährung einer Auslauffrist) beantragt werden. Verweigert der Betriebsrat die Zustimmung, kann vorsorglich das Ersetzungsverfahren gemäß § 103 Abs. 2 BetrVG eingeleitet werden.

8. Entscheidung des Betriebsrats. Der Betriebsrat hat analog § 102 Abs. 2 S. 3 BetrVG eine Bedenkzeit von drei Tagen. Mit Fristablauf gilt die Zustimmung als **verweigert.** Allerdings bleibt eine spätere Zustimmung möglich, auch wenn der Betriebsrat zuvor seine Zustimmung (ausdrücklich oder durch Fristablauf) verweigert hat (BAG NJW 1982, 2891; KR/*Etzel* § 103 BetrVG Rn. 92).

Hat der Arbeitgeber in diesem Fall bereits ein Zustimmungsersetzungsverfahren eingeleitet und stimmt der Betriebsrat nachträglich der außerordentlichen Kündigung zu, kann das gerichtliche Verfahren auf Antrag des Arbeitgebers auch dann gemäß § 83a Abs. 2 ArbGG für erledigt erklärt werden, wenn das beteiligte Betriebsratsmitglied widerspricht (BAG AP ArbGG 1979 § 83a Nr. 2).

Es liegt **nicht** etwa im **Ermessen des Betriebsrats,** ob er seine Zustimmung erteilt. Wenn ein Grund für eine außerordentliche fristlose Kündigung besteht, muss er zustimmen (*F/E/S/T/L* § 103 BetrVG Rn. 31). Die Entscheidung, ob ein Verhalten eine außerordentliche fristlose Kündigung rechtfertigt, beinhaltet allerdings immer ein **wertendes Element.** Verweigert der Betriebsrat die Zustimmung pflichtwidrig, kann der Arbeitgeber (theoretisch) gemäß § 23 Abs. 1 BetrVG die Auflösung des Betriebsrats verlangen (vgl. auch BAG NZA 2005, 156). Dieser Weg dürfte aber zum einen häufig nicht opportun und zum anderen nur in seltenen Ausnahmefällen erfolgversprechend sein. Im Ergebnis wird sich ein Betriebsrat in aller Regel auf die Position zurückziehen können, er sei ohne groben Fehler zu der Einschätzung gekommen, dass eine Kündigung nach dem Maßstab von § 626 BGB nicht gerechtfertigt gewesen wäre.

Bei der **Beschlussfassung des Betriebsrats** hat das betroffene Betriebsratsmitglied keine Stimme (BAG AP BetrVG 1972 § 103 Nr. 6; MünchHdBArbR/*Berkowsky* § 135 Rn. 64; vgl. auch BAG AP BetrVG 1972 § 40 Nr. 77). Es darf auch an der entsprechenden Sitzung des Betriebsrats nicht teilnehmen (BAG AP BetrVG 1972 § 103 Nr. 13); an seine Stelle tritt ein Ersatzmitglied (A/P/S/*Linck* § 103 BetrVG Rn. 11). Soll mehreren Betriebsratsmitgliedern wegen identischer (vielleicht sogar gemeinsamer) Verstöße gekündigt werden, so ist jedes betroffene Betriebsratsmitglied nur insofern von Beratung und Abstimmung ausgeschlossen, als es um seine eigene Kündigung geht. Hingegen soll es nach Auffassung des BAG ohne weiteres über die Zustimmung zur Kündigung eines anderen Betriebsratsmitglieds mitentscheiden dürfen (BAG AP BetrVG 1972 § 103 Nr. 6).

Interne Fehler bei der Willensbildung des Betriebsrats sollen nach Auffassung des BAG zur **Nichtigkeit** einer erteilten Zustimmung führen, etwa die Mitwirkung des betroffenen Betriebsratsmitglieds an der Entscheidung (BAG AP BetrVG 1972 § 103 Nr. 17). Die sog. Sphärentheorie (→ Form. C. I. 1 Anm. 10) gilt insoweit nicht (BAG AP KSchG 1969 § 15 Nr. 17). Allerdings soll der Arbeitgeber auf die Wirksamkeit einer erteilten Zustimmung vertrauen dürfen, wenn ihm die Tatsachen, die zur Unwirksamkeit des Beschlusses führten, weder bekannt waren noch (ohne Erkundigungspflicht) hätten bekannt sein müssen (BAG AP BetrVG 1972 § 103 Nr. 17; KR/*Etzel* § 103 BetrVG Rn. 105 ff.; *Besgen* NZA 2011, 133). Ein großer Unterschied zur Sphärentheorie dürfte im praktischen Ergebnis häufig nicht bestehen.

Die Zustimmung kann mündlich erteilt werden. Der Arbeitgeber sollte aber aus Beweisgründen auf eine **schriftliche Zustimmung** bestehen.

Auch wenn ein **Personalausschuss** (vgl. §§ 27, 28 BetrVG) besteht, kann ihm die Zustimmung zur Kündigung gemäß § 103 BetrVG nicht übertragen werden. Zuständig bleibt daher der Betriebsrat (ErfKomm/*Kania* § 103 BetrVG Rn. 7 m.w.N.; a.A. KR/*Etzel* § 103 BetrVG Rn. 76 m.w.N.).

9. Ansprechpartner. Es sollte ein Ansprechpartner für Rückfragen genannt werden.

10. Unterzeichnung und Form. Der Antrag muss nicht zwingend schriftlich gestellt werden. Schon aus Beweisgründen **empfiehlt sich** aber ein **schriftlicher Antrag**. Auf den Antrag soll nach abzulehnender Auffassung § 174 BGB anwendbar sein (KR/*Etzel* § 103 BetrVG Rn. 65). Wird das Zustimmungsersuchen jedoch – wie in der Praxis üblich – von der Geschäftsführung oder einem Personalleiter unterzeichnet, scheidet eine Zurückweisung gemäß § 174 BGB aus (→ Form. A. XIV. 2 Anm. 6).

In der Praxis hat es sich bewährt, den (schriftlichen) Antrag zu **übergeben** und **die Angelegenheit** entweder bei Übergabe des Antrags oder in einem gesonderten Termin **mündlich** mit dem Betriebsratsvorsitzenden oder dem gesamten Betriebsrat **zu besprechen.** Es muss oberstes Ziel des Arbeitgebers sein, den Betriebsrat von der Notwendigkeit der Kündigung zu überzeugen und diesen zur Zustimmung zu veranlassen. Dies geht in einem persönlichen Gespräch erfahrungsgemäß am besten. Zu beachten ist, dass auch bei dieser Besprechung an die Stelle des betroffenen Betriebsratsmitgliedes ein Ersatzmitglied treten muss, wenn das gesamte Gremium eingebunden werden soll.

11. Zugang. Zu Beweiszwecken sollte sich der Arbeitgeber den Zugang des Antrags bescheinigen lassen (→ Form. C. I. 1 Anm. 11).

20. Kündigung eines Betriebsratsmitglieds nach Zustimmung des Betriebsrats

[Briefkopf des Arbeitgebers]

Herrn . . . . . . (Name und Anschrift des Betriebsratsmitglieds)

. . . . . . (Datum)[2]

Kündigung[1]

Sehr geehrter Herr . . . . . .,

hiermit kündigen wir Ihr Arbeitsverhältnis außerordentlich fristlos. Der Betriebsrat hat der Kündigung zugestimmt. Die Zustimmungserklärung fügen wir als Anlage bei.[3]

(Alternative: Wie Ihnen bekannt ist, hat das Landesarbeitsgericht ...... die Zustimmung des Betriebsrats zu dieser Kündigung mit Beschluss vom ...... ersetzt. Der Beschluss ist rechtskräftig.)[4]

Vorsorglich weisen wir Sie darauf hin, dass Sie sich innerhalb von drei Tagen nach Kenntnis von dieser Kündigung bei der zuständigen Agentur für Arbeit zu melden sowie eigene Aktivitäten bei der Suche nach einer anderen Beschäftigung zu entfalten haben.

Mit freundlichen Grüßen

......

Unterschrift des Arbeitgebers

Erhalten:

......

Ort, Datum

......

Unterschrift des Betriebsratsmitglieds

Anmerkungen

1. Kündigungserklärung. Das Formular stellt eine außerordentliche fristlose Kündigung eines Betriebsratsmitglieds nach Zustimmung des Betriebsrats gemäß § 15 Abs. 1 KSchG, § 103 Abs. 1 BetrVG bzw., in der Alternative, nach arbeitsgerichtlicher Ersetzung der Zustimmung gemäß § 103 Abs. 2 BetrVG dar.

Dem Betriebsratsmitglied steht es frei, die Wirksamkeit der Kündigung gerichtlich anzugreifen. Sollte allerdings, wie in der Alternative, die Zustimmung durch das (Landes-) Arbeitsgericht ersetzt worden sein, so hat diese Entscheidung **Präjudizwirkung** auch für einen Kündigungsschutzprozess. Das Betriebsratsmitglied kann sich gegen die Wirksamkeit der Kündigung nicht mit Erwägungen richten, die Gegenstand des Zustimmungsersetzungsverfahrens waren oder die es (als zwingend Beteiligter) im Zustimmungsersetzungsverfahren hätte vorbringen können (st. Rspr., etwa BAG AP BetrVG 1972 § 103 Nr. 3; bestätigend BAG NZA 2003, 432, 433; KR/*Etzel* § 103 BetrVG Rn. 139). Allerdings kann das Betriebsratsmitglied im Kündigungsschutzprozess beispielsweise Formfehler der Kündigung einwenden oder vorbringen, dass die Kündigung nicht unverzüglich nach Rechtskraft der Entscheidung zur Zustimmungsersetzung zugestellt worden sei.

Wegen der Anforderungen etwa an Schriftform, Unterzeichnung und Zugang eines Kündigungsschreibens sowie wegen ergänzender Erklärungen, die mit dem Kündigungsschreiben verbunden werden können, wird auf → Form. A. XIV. 2, → Form. A. XIV. 3, → Form. A. XIV. 9 verwiesen. Die dortigen Anmerkungen gelten entsprechend.

2. Zeitpunkt der Kündigung. Grundsätzlich muss die Kündigung dem Betriebsratsmitglied gemäß § 626 Abs. 2 BGB innerhalb von **zwei Wochen** zugehen, nachdem der Arbeitgeber von den die Kündigung begründenden Tatsachen Kenntnis erlangt hat (→ Form. A. XIV. 19 Anm. 3, → Form. A. XIV. 5 Anm. 2).

Wurde die Zustimmung des Betriebsrats, wie in der Alternative des Formulars, rechtskräftig ersetzt, so hat der Arbeitgeber die außerordentliche fristlose Kündigung **unverzüglich**, also ohne schuldhaftes Zögern, nach **formeller Rechtskraft** (→ Anm. 4) der gerichtlichen Entscheidung auszusprechen (st. Rspr., etwa BAG AP BetrVG 1972 § 103 Nr. 3; bestätigend BAG AP BetrVG 1972 § 103 Nr. 12; BAG NZA 1998, 1273, 1274; a. A. *F/E/S/T/L* § 103 Rn. 46: innerhalb von zwei Wochen).

Auch wenn der Arbeitgeber (vorsorglich) vor rechtskräftiger Zustimmung eine unwirksame Kündigung ausspricht, führt dies nicht zu einem Verbrauch der erfolgten Anhörung nach § 102 Abs. 1 BetrVG und auch nicht zu einem Verbrauch des vom Arbeitgeber aufrechterhaltenen Ersuchens um Zustimmung als solches.

3. Zustimmung des Betriebsrats. Auch eine **mündlich** erteilte Zustimmung ist wirksam. Arbeitgeber sollten aber auf eine schriftliche Zustimmung bestehen. §§ 182 Abs. 3, 111 BGB sind nicht anwendbar, so dass dem Kündigungsschreiben **kein Original der schriftlichen Zustimmungserklärung** beigefügt werden muss (BAG AP BetrVG 1972 § 103 Nr. 50; a. A. LAG Hamm LAGE BetrVG 1972 § 103 Nr. 13; KR/*Etzel* § 103 BetrVG Rn. 89; *Weber/Lohr* BB 1999, 2350, 2355).

4. Rechtskraft der Ersetzung der Zustimmung. Die erstinstanzliche Entscheidung wird formell rechtskräftig, wenn weder der Betriebsrat noch das betroffene Betriebsratsmitglied gegen eine die Zustimmung ersetzende Entscheidung des **Arbeitsgerichts** Beschwerde einlegen, also mit **Ablauf der Beschwerdefrist.** Der Arbeitgeber ist gehalten zu überprüfen, wann die erstinstanzliche Entscheidung zugestellt wurde, damit er **Fristlauf** und Rechtskraft der Entscheidung **überwachen** kann. Hierzu gehört auch, beim Arbeitsgericht zu erfragen, ob Rechtsmittel eingelegt wurden (KR/*Etzel* § 103 BetrVG Rn. 136).

Entsprechendes gilt bei einer die Zustimmung ersetzenden Entscheidung durch das **Landesarbeitsgericht** als zweite Instanz. Rechtskraft tritt mit ergebnislosem **Ablauf der Rechtsbeschwerdefrist** ein oder, wenn das Landesarbeitsgericht die Rechtsbeschwerde nicht zugelassen hat, mit Ablauf der Frist für die **Nichtzulassungsbeschwerde** (BAG AP BetrVG 1972 § 103 Nr. 12; bestätigend BAG NZA 1998, 1273, 1274). Legt der Arbeitnehmer Nichtzulassungsbeschwerde ein, steht es dem Arbeitgeber frei zu warten, bis über die Nichtzulassungsbeschwerde entschieden wurde (BAG AP BetrVG 1972 § 103 Nr. 36). Falls eine Nichtzulassungsbeschwerde offensichtlich unstatthaft ist, soll er hingegen auch schon nach Zustellung der Entscheidung des Landesarbeitsgerichts kündigen können (BAG AP BetrVG 1972 § 103 Nr. 12). Die Zustellung der Gründe sollte in jedem Fall abgewartet werden (ArbG Berlin DB 1989, 486). Eine Kündigung vor Entscheidung des BAG über die Nichtzulassungsbeschwerde ist jedoch riskant: Wenn das BAG die Einschätzung des Arbeitgebers nicht teilt und der Nichtzulassungsbeschwerde stattgibt, ist die Kündigung unheilbar nichtig (BAG AP BetrVG 1972 § 103 Nr. 36) und das Zustimmungsersetzungsverfahren „verbraucht".

Geht das Verfahren in die dritte Instanz, tritt die Rechtskraft mit **Verkündung** der Entscheidung durch das **BAG** ein.

Massenentlassung

21. Massenentlassungsanzeige

Bitte Zutreffendes ausfüllen bzw. ☒ ankreuzen

An die Agentur für Arbeit	**Anzeige von Entlassungen** gemäß § 17 Kündigungsschutzgesetz (KSchG)	Bundesagentur für Arbeit

1 Angaben zum Betrieb

11 Firmenname

12 Anschrift

13 Betriebsart

14 Rückfragen beantwortet
Name | Tel.-Nr.

15 Betriebsrat ist vorhanden ☐ ja ☐ nein
Wenn ja:
Betriebsratsvorsitzender
Name | Tel.-Nr.

Wird von der Agentur für Arbeit ausgefüllt

Eingangsstempel

Lfd. Nr.	WKl. des Betriebes

16 Die Anzeige bezieht sich auf
☐ Hauptbetrieb
☐ Zweigbetrieb → Standort

Bitte beachten !
Nr. 4.1 des Merkblattes

2 Angaben zur Beschäftigungssituation

21	Insgesamt
Zahl der in der Regel beschäftigten Arbeitnehmer	

Nr. 4.3 des Merkblattes
Maßgebend ist die Zahl der beschäftigten Arbeitnehmer bei **normaler** Geschäftstätigkeit. Zu den Auszubildenden gehören auch Praktikanten und Volontäre.

22 Zum Zeitpunkt der Anzeige werden beschäftigt	Zahl der Arbeitnehmer						
	Arbeiter		Angestellte		Auszubildende		Summe
	m	w	m	w	m	w	
Insgesamt							
darunter über 45jähr.							
darunter ausl. Arbeitnehmer.							
darunter Schwb./Gleichg.							

Hier sind **alle** beschäftigte Arbeitnehmer anzugeben. Dazu zählen auch Arbeitnehmer, die nur vorübergehend aus Anlass einer außergewöhnlichen Arbeitshäufung oder als Ersatz für in Urlaub befindliche oder erkrankte Arbeitnehmer beschäftigt werden. Die Angabe dieser Zahlen ist jedoch ohne rechtliche Verpflichtung.

3 Angaben zu den Entlassungen

31 Es sollen entlassen werden	Zahl der Arbeitnehmer						
	Arbeiter		Angestellte		Auszubildende		Summe
	m	w	m	w	m	w	
Insgesamt							
davon am Datum							
darunter über 45jähr.							
darunter ausl. Arbeitn.							
darunter Schwb./Gleichg.							

Nr. 4.5 des Merkblattes
Maßgeblich ist der Tag, an dem die Kündigung ausgesprochen werden soll.

Nr. 3.1, 5.1 u. 5.3 des Merkblattes
Voraussetzung für die Wirksamkeit der Anzeige sind die Angaben über die **Gesamtzahl** der zu entlassenden Arbeitnehmer und den **Zeitraum**, in dem die Kündigungen ausgesprochen werden sollen. Die übrigen Angaben können nachgereicht werden.

32 Entlassungsgründe:

Bitte eingehend erläutern;
ggf. zusätzliches Blatt verwenden.

33 Vorgesehene Kriterien für die Auswahl der zu entlassenden Arbeitnehmer:

		Bitte beachten !
34 Eine im Einvernehmen mit dem Betriebsrat (soweit vorhanden) erstellte Liste mit Alters-, Berufs-, Staatsangehörigkeits- und sonstigen Angaben	☐ ist beigefügt ☐ wird nachgereicht	Nr. 3.2 des Merkblattes Vordruck KSchG 3 bitte verwenden.
Erklärung Die Aufgliederung der Zahl der Entlassungen unter Nr. 31 nach Geschlecht und Arbeitnehmereigenschaft sowie die Angaben in der Liste - falls beigefügt - stehen unter dem Vorbehalt etwaiger noch eintretender Änderungen	☐ ja ☐ nein	
35 In den letzten 30 Kalendertagen vor den angezeigten Entlassungen sind bereits Arbeitnehmer gekündigt worden	☐ ja ☐ nein	Nr. 4.5 und 4.6 des Merkblattes Diese Angaben sind zur Prüfung der Anzeigepflicht erforderlich.

Wenn ja:

	Datum	Zahl der AN
Kündigungserklärung am		
...		

4 **Antrag auf Abkürzung der Entlassungssperre** Für die vor Ablauf der einmonatigen Entlassungssperre geplanten Entlassungen wird die Zustimmung zur Abkürzung nach § 18 Abs. 1 KSchG beantragt - siehe unter 31 -	☐ ja ☐ nein	Nr. 6.2 des Merkblattes
Wenn ja: Begründung:		Bitte eingehend erläutern; ggf. zusätzliches Blatt verwenden. Auf die Frage, weshalb die Entlassungen nicht früher angezeigt wurden, ist besonders einzugehen.
5 **Sonstige Angaben** Die Stellungnahme des Betriebsrates zu den angezeigten Entlassungen ist beigefügt	☐ ja ☐ nein	Nr. 1.1, 1.2, 2.1 und 5.1 bis 5.3 des Merkblattes Bitte nur ausfüllen, soweit ein Betriebsrat vorhanden ist. Fehlt die Stellungnahme des Betriebsrates, sollten Sie mit der Anzeige auch den Stand der Beratungen darlegen.
Wenn nein: Der Betriebsrat wurde gemäß § 17 Abs. 2 KSchG über die Entlassungen schriftlich unterrichtet	☐ ja ☐ nein	
Wenn ja: Eine Abschrift dieser Mitteilung wurde der Agentur für Arbeit zugeleitet	☐ ja ☐ nein	
Wenn nein: Eine Abschrift der Mitteilung ist beigefügt	☐ ja ☐ nein	

Prüfen Sie bitte noch einmal, ob Sie alle Felder ausgefüllt bzw. [X] angekreuzt und die erforderlichen Unterlagen beigefügt haben.
Fehlen Angaben oder Unterlagen der unter 11, 12, 13, 21, 31, 32, 33 und 5 bezeichneten Art ganz oder teilweise, wird die Anzeige erst nach Eingang dieser vollständigen Angaben bzw. Unterlagen wirksam. Weitere Voraussetzungen für die Wirksamkeit der Anzeige sind die Angaben zu den Berufsgruppen der zu entlassenden und in der Regel beschäftigten Arbeitnehmer (siehe Vordruck „Anlage zur Anzeige von Entlassungen").

Ort und Datum	Firmenstempel und Unterschrift	Anlagen
		☐ Vordruck „Anlage zur Anzeige von Entlassungen" ☐ Liste ☐ Stellungnahme d. Betriebsrates ☐ Sonstige (bitte erläutern)

(Abrufbar nebst Anlagen unter www.arbeitsagentur.de)

Anmerkungen

1. Massenentlassungsanzeige. Entlässt der Arbeitgeber in einem bestimmten Zeitraum eine bestimmte Anzahl von Arbeitnehmern, hat er dies gemäß § 17 KSchG der Agentur für Arbeit anzuzeigen. Diese Verpflichtung soll es der Arbeitsverwaltung frühzeitig ermöglichen, Maßnahmen zur **schnellen Vermittlung der betroffenen Arbeitnehmer** vorzubereiten und einzuleiten. Als **Reflexwirkung** können aber auch gekündigte Arbeitnehmer von Versäumnissen bei der Massenentlassungsanzeige profitieren, insbesondere dadurch, dass die Kündigung das Arbeitsverhältnis – wenn überhaupt – erst zu einem späteren Zeitpunkt beendet als ursprünglich vorgesehen (→ Anm. 7, 8, → Anm. 10).

Durch das **Urteil des EuGH** in Sachen **Junk/Kühnel** (EuGH NZA 2005, 213) hat sich die ursprüngliche deutsche Dogmatik zu §§ 17, 18 KSchG in erheblichem Maße verändert. Während nach früherem Verständnis „Entlassung" i.S.d. §§ 17 ff. KSchG die tatsächliche Beendigung des Arbeitsverhältnisses war, also regelmäßig mit **Ende der Kündigungsfrist** eintrat, zwingt nach Auffassung des EuGH die den §§ 17, 18 KSchG zugrundeliegende Richtlinie 98/59/EG (sogenannte „Massenentlassungsrichtlinie") zu einer Anknüpfung an den Beendigungstatbestand, also regelmäßig den **Ausspruch der Kündigung.** Das BAG hat sich der Rechtsprechung des EuGH angeschlossen und legt den Begriff der „Entlassung" nun auch im Sinne des Ausspruches der Kündigung aus (BAG NJW 2006, 3161; BAG NZA 2010, 944; BAG NZA 2010, 1057). Auswirkungen hat dies vor allem auf die Frage, **ob eine Massenentlassung** vorliegt (→ Anm. 2, 3) und **zu welchem Zeitpunkt** die Massenentlassung anzuzeigen ist (→ Anm. 5).

Das vorstehend abgedruckte **Formular** wird zusammen mit weiteren Formularen (Anlage zur Anzeige von Entlassungen, Liste der zur Entlassung vorgesehenen Arbeitnehmer, Antrag auf Anerkennung als Ausnahmebetrieb) von der Arbeitsverwaltung im **Internet** (www.arbeitsagentur.de) bereitgestellt. Hilfestellung kann daneben das von der Bundesagentur für Arbeit herausgegebene Merkblatt 5 „Anzeigepflichtige Entlassungen für Arbeitgeber" geben. Dieses ist ebenfalls im Internet abrufbar. Durch die Verwendung der Formulare soll verhindert werden, dass der Arbeitgeber die vom Gesetz vorgeschriebenen Angaben übersieht. Allerdings ist die Verwendung nicht zwingend.

Der besseren Übersicht halber werden im Folgenden – entgegen dem sonstigen Konzept dieses Werkes – nicht die Formulare, die hier aus sich selbst heraus verständlich sind, kommentiert. Stattdessen werden Voraussetzungen, Verfahren und „Fallstricke" der Massenentlassungsanzeige unter Berücksichtigung der Rechtsprechung des EuGH und des BAG systematisch dargestellt.

2. Anzeigepflichtige Massenentlassung. Eine anzeigepflichtige Massenentlassung liegt vor, wenn in einem Betrieb

- mit i.d.R. mehr als 20 und weniger als 60 Arbeitnehmern **mehr als fünf** Arbeitnehmer,
- mit i.d.R. mindestens 60 und weniger als 500 Arbeitnehmern **10 Prozent** der im Betrieb regelmäßig beschäftigten Arbeitnehmer oder aber **mehr als 25** Arbeitnehmer,
- mit i.d.R. mehr als 500 Arbeitnehmern **mindestens 30** Arbeitnehmer

innerhalb von 30 Kalendertagen **entlassen** werden. Zur Auslegung des Begriffs „Entlassung" → Anm. 1, 3.

Es ist auf den jeweiligen **Betrieb**, nicht auf das Unternehmen abzustellen. Nach der Rechtsprechung des BAG gilt der Betriebsbegriff des BetrVG, so dass beispielsweise Betriebsteile gemäß § 4 Abs. 1 S. 1 BetrVG für die Berechnung der Schwellenwerte als eigene Betriebe anzusehen sind (BAG AP KSchG 1969 § 17 Nr. 13). In der Literatur wird demgegenüber vertreten, dass mit Blick auf die Massenentlassungsrichtlinie der gemeinschaftsrechtliche Betriebsbegriff anzuwenden sei, so dass es nicht zwingend auf eine räumliche Einheit ankomme (ErfKomm/*Kiel* § 17 KSchG Rn. 8; KR/*Weigand* § 17 KSchG

Rn. 15 f.). Für die Abgrenzung von (selbstständigen) Betriebsteilen wird aber auch nach diesen Ansichten § 4 BetrVG entsprechend angewendet, so dass Rechtsprechung und Literatur letztlich regelmäßig zu denselben Ergebnissen gelangen.

Gemäß § 22 KSchG gilt die Verpflichtung zur Massenentlassungsanzeige **nicht für Saisonbetriebe** und **Kampagne-Betriebe** bei Entlassungen, die durch die Eigenart der Betriebe bedingt sind. Saisonbetriebe sind Betriebe, die ganzjährig arbeiten, bei denen aber die Tätigkeit regelmäßig in einer bestimmten Jahreszeit verstärkt ist, z. B. Seilbahnbetriebe während der Skisaison oder Betriebe zur Herstellung von Feuerwerkskörpern für Silvester. Kampagne-Betriebe sind solche Betriebe, die regelmäßig nur einige Monate im Jahr arbeiten, z. B. im Spargelanbau, in Zuckerfabriken oder in nicht beheizten Freischwimmbädern (ErfKomm/*Kiel* § 22 KSchG Rn. 3 f.). Auch für **Kleinbetriebe** mit bis zu 20 Arbeitnehmern gilt gemäß § 17 Abs. 1 S. 1 Nr. 1 KSchG keine Verpflichtung zur Massenentlassungsanzeige.

In die Berechnung gehen **alle Arbeitsverhältnisse** einschließlich der zur **Berufsausbildung** Beschäftigten ein. Arbeitnehmer zählen **schon während der ersten sechs Monate** ihres Arbeitsverhältnisses mit. **Teilzeitkräfte** werden nicht nur anteilig, sondern wie Vollzeitkräfte gerechnet (A/P/S/*Moll* § 17 KSchG Rn. 17). Die **gesetzlichen Vertretungsorgane** der Gesellschaft bleiben unberücksichtigt (§ 17 Abs. 5 Nr. 1 und 2 KSchG), ebenso **leitende Angestellte**, die zur selbstständigen Einstellung oder Entlassung von Arbeitnehmern berechtigt sind (§ 17 Abs. 5 Nr. 3 KSchG). Im Hinblick auf die letztgenannte Ausnahme wird in der Literatur teilweise vertreten, dass sie im Widerspruch zur Massenentlassungsrichtlinie steht, aber mangels unmittelbarer Anwendbarkeit der Richtlinie weiterhin zu berücksichtigen ist (KR/*Weigand* § 17 KSchG Rn. 30; *Niklas/Koehler* NZA 2010, 913, 914).

Generell ist auf die Zahl der **i. d. R. beschäftigten** Arbeitnehmer zum Zeitpunkt der Entlassung abzustellen. Dies erfordert eine wertende Betrachtung unter Berücksichtigung sowohl der Vergangenheit als auch der zukünftigen Entwicklung (BAG AP KSchG 1969 § 17 Nr. 13). Schwankungen sind nach Möglichkeit herauszurechnen. Bei einer **Betriebsstilllegung** ist nur auf die in der Vergangenheit liegende Beschäftigtenzahl abzustellen (BAG AP KSchG 1969 § 17 Nr. 13; BAG NZA 2005, 766, 768). **Gestaffelte Entlassungen** sind bei der Bestimmung der Zahl der i. d. R. beschäftigten Arbeitnehmer zusammenzurechnen, wenn die Entlassungen auf einem einheitlichen Konzept beruhen (BAG AP KSchG 1969 § 17 Nr. 6; BAG NZA 2005, 766, 767). Ist von vornherein eine Betriebseinschränkung größeren Umfangs oder eine Betriebsstillegung geplant, handelt es sich trotz des sukzessiven Vorgehens um eine langfristige und endgültige Festlegung der Arbeitnehmerzahl. Maßgebend ist dann die Beschäftigtenzahl zum Zeitpunkt der Beschlussfassung (BAG NJOZ 2010, 854).

Bei der Bestimmung der Zahl der Entlassungen zählen nicht nur **betriebsbedingte Kündigungen**, sondern alle Arten von ordentlichen Kündigungen, also auch **verhaltens- und personenbedingte Kündigungen**. Gemäß § 17 Abs. 1 S. 2 KSchG stehen den Kündigungen andere Beendigungen des Arbeitsverhältnisses gleich, sofern sie vom Arbeitgeber veranlasst werden. **Aufhebungsverträge** und **Eigenkündigungen** zählen also mit, wenn sie nicht allein auf Initiative des Arbeitnehmers erfolgen.

Änderungskündigungen zählen nur dann mit, wenn das Arbeitsverhältnis tatsächlich endet, wenn der Arbeitnehmer also das Änderungsangebot nicht, auch nicht unter Vorbehalt, annimmt. Da der Arbeitgeber im Vorhinein nicht abschätzen kann, ob der Arbeitnehmer das Änderungsangebot annehmen wird, sollten Arbeitnehmer, die eine Änderungskündigung erhalten, **vorsorglich mitgezählt** werden (MAH Moll/*Eckhoff* § 50 Rn. 116; *Bauer/Krieger/Powietzka* DB 2005, 445, 446). Auch sind Arbeitnehmer, bei denen zum Zeitpunkt der Massenentlassung noch nicht feststeht, ob sie in eine Transfergesellschaft wechseln werden, bei der Berechnung der zu kündigenden Arbeitnehmer mitzuzählen (BAG BeckRS 2012, 72741). Wird in einer Massenentlassungsanzeige die Anzahl der zu entlassenden Arbeitnehmer zu niedrig angegeben, können sich auf diesen Fehler nur diejenigen Arbeitnehmer berufen, die von der Massenentlassungsanzeige nicht erfasst sind (BAG BeckRS 2012, 72741).

Fristlose Kündigungen zählen nicht mit (§ 17 Abs. 4 S. 2 KSchG), ebenso wenig wie die Beendigung **befristeter Arbeitsverhältnisse** durch Zeitablauf oder Zweckerreichung. Ebenso wenig liegt eine Entlassung i.S.d. § 17 KSchG vor, wenn feststeht, dass der Arbeitnehmer nach Beendigung des Arbeitsverhältnisses dem Arbeitsmarkt nicht mehr zur Verfügung stehen wird, z.B. weil er in den Ruhestand oder Vorruhestand tritt (ErfKomm/*Kiel* § 17 KSchG Rn. 12; A/P/S/*Moll* § 17 KSchG Rn. 29).

Die dargestellten Grundsätze mögen nicht immer zu einer eindeutigen Entscheidung führen, ob eine anzeigepflichtige Massenentlassung vorliegt. Verbleiben **Zweifel**, sollte der Arbeitgeber vorsorglich eine Massenentlassungsanzeige abgeben oder ein **Negativattest** der Agentur für Arbeit anfordern (*Grimm/Brock* EWiR 2005, 213, 214). Zur Beweislast → Anm. 11.

3. Entlassungen innerhalb eines 30-Tage-Zeitraums. Es kommt darauf an, wie viele Arbeitnehmer in einem Zeitraum von 30 Kalendertagen **entlassen** werden. „Entlassung" bedeutet dabei Ausspruch der Kündigung oder bei Aufhebungsverträgen Abschluss des Vertrages (→ Anm. 1). Da auf den Beendigungstatbestand abzustellen ist, liegt keine Massenentlassung vor, wenn der **Ausspruch der Kündigungen so gestaffelt** wird, dass im 30-Tages-Zeitraum der Schwellenwert nicht erreicht wird, aber alle Arbeitsverhältnisse wegen unterschiedlicher Kündigungsfristen am selben Tag enden.

Beispiel: In einem Unternehmen mit 100 Arbeitnehmern liegt der Schwellenwert gemäß § 17 Abs. 1 KSchG bei zehn Arbeitnehmern. Werden am 28.2. acht Arbeitnehmer mit einer Kündigungsfrist von zwei Monaten zum Monatsende und am 31.3. sieben Arbeitnehmer mit einer Kündigungsfrist von einem Monat zum Monatsende gekündigt, liegt keine anzeigepflichtige Massenentlassung vor, da in keinem 30-Tages-Zeitraum mehr als zehn Arbeitnehmer entlassen (= gekündigt) werden. Wenn es, wie etwa bei Schließung einer Betriebsabteilung, auf einen einheitlichen Beendigungstermin ankommt, kann es sich je nach Einzelfall daher aus Arbeitgebersicht anbieten, Kündigungen nach Kündigungsfristen gestaffelt auszusprechen, wenn der Zeitrahmen dies zulässt und so vermieden werden kann, dass eine Massenentlassung vorliegt.

4. Beteiligung des Betriebsrats. Wenn ein Betriebsrat besteht, beginnt das Verfahren mit dessen Einschaltung (so genanntes **Konsultationsverfahren**). Zunächst hat der Arbeitgeber dem Betriebsrat gemäß § 17 Abs. 2 KSchG rechtzeitig die **zweckdienlichen Auskünfte** zu erteilen und ihn **schriftlich** zu unterrichten über

- die Gründe für die geplanten Entlassungen,
- die Zahl und die Berufsgruppen der zu entlassenden Arbeitnehmer,
- die Zahl und die Berufsgruppen der i.d.R. beschäftigten Arbeitnehmer,
- den Zeitraum, in dem die Entlassungen vorgenommen werden sollen,
- die vorgesehenen Kriterien für die Auswahl der zu entlassenden Arbeitnehmer,
- die für die Berechnung etwaiger Abfindungen vorgesehenen Kriterien.

Ob für die schriftliche Unterrichtung das Formerfordernis des § 126 Abs. 1 BGB erfüllt sein muss, hat das BAG bisher offen gelassen. Eine fehlende Unterschrift des Arbeitgebers ist allerdings mit einer abschließenden Stellungnahme des Betriebsrates zu den Entlassungen geheilt (BAG NZA 2013, 32). In der Praxis sollte sich ein Arbeitgeber hierauf natürlich nicht verlassen, sondern die Unterrichtung eigenhändig unterzeichnen. Da es sich bei einer Massenentlassung regelmäßig auch um eine mitbestimmungspflichtige **Betriebsänderung** i.S.v. § 111 BetrVG handeln wird (*Grimm/Brock* EWiR 2005, 213, 214), ist ein Großteil der Informationen dem Betriebsrat ohnehin gemäß § 111 S. 1 BetrVG im Rahmen der Verhandlungen über einen Interessenausgleich und Sozialplan mitzuteilen. Zu beachten ist jedoch, dass Verhandlungen über einen Interessenausgleich und Sozialplan **nicht** die Verpflichtung, den Betriebsrat gemäß § 17 Abs. 2 S. 1 KSchG zu konsultieren, ersetzen (*Krieger/Ludwig* NZA 2010, 919, 921). Auch reicht die bloße Erklärung des Betriebsrates im Interessenausgleich, rechtzeitig und umfassend über die Entlassungen unterrichtet worden zu sein, zum Nachweis der Erfüllung der Konsultationspflicht nicht aus (BAG NJW 2012, 2376; NZA 2013, 32). Zwar kann der Arbeitgeber seine Konsultations-, Informations- und Anhörungspflichten nach § 17 Abs. 2 KSchG, § 111 BetrVG und § 102 Abs. 1 BetrVG gleichzeitig erfüllen, soweit sie inhaltlich deckungsgleich sind. Das BAG verlangt allerdings, dass hinreichend klargestellt wird, welche Pflichten der Arbeitgeber durch die Information des Betriebsrates erfüllen will (BAG NJW 2012, 2376). Daher ist im Einzelfall darauf zu achten, dass alle von § 17 Abs. 2 S. 1 KSchG geforderten Informationen dem Betriebsrat schriftlich, idealerweise mit Empfangsbestätigung und unter Hinweis auf § 17 Abs. 2 KSchG mitgeteilt werden. Die Unterrichtung kann auf Grundlage der Formulare erfolgen, mit denen auch später die Anzeige gegenüber der Agentur für Arbeit erfolgt. Die vom Gesetz geforderte Mitteilung an den Betriebsrat entspricht weitgehend dem Inhalt der Massenentlassungsanzeige selbst, mit der Ergänzung, dass der Betriebsrat zusätzlich über die **Kriterien für die Berechnung etwaiger Abfindungen** zu informieren ist. Diese ergeben sich aber praktisch fast immer aus einem Sozialplan. Um dem Zweck des Konsultationsverfahrens, Massenentlassungen zu vermeiden oder zumindest zu beschränken oder deren Folgen zu mildern, gerecht zu werden, sollte die Unterrichtung stattfinden, bevor die endgültige Entscheidung über die Durchführung von Massenentlassungen gefällt wird (EuGH NZA 2009, 1083; *Grau/Sittard* BB 2011, 1845). Jedenfalls sollte sie spätestens **zwei Wochen** vor der geplanten Massenentlassungsanzeige erfolgen, um für den Fall einer unterbliebenen Stellungnahme des Betriebsrats die Frist des § 17 Abs. 3 S. 3 KSchG wahren zu können (→ Anm. 6).

Der Arbeitgeber sollte sich den Empfang des Unterrichtungsschreibens vom Betriebsrat bestätigen lassen. Eine lediglich **mündliche** Information des Betriebsrats erfüllt die gesetzlichen Anforderungen nicht, wird aber geheilt, wenn der Betriebsrat eine Stellungnahme abgibt (LAG Hamm LAGE KSchG § 17 Nr. 2; K/D/Z/*Deinert* § 17 KSchG Rn. 40).

Im Anschluss an die Unterrichtung des Betriebsrates hat der Arbeitgeber mit dem Betriebsrat die Möglichkeiten zu beraten, Entlassungen zu vermeiden oder einzuschränken und ihre Folgen zu mildern, § 17 Abs. 2 S. 2 KSchG. Nach Ansicht des EuGH dürfen Kündigungen erst „nach Ende des Konsultationsverfahrens“ ausgesprochen werden (EuGH NZA 2005, 213, 214).

Nach bisheriger Ansicht des BAG war das Ende des Konsultationsverfahrens bereits durch die **Unterrichtung und Beratung** mit dem Betriebsrat erreicht. Eine **Pflicht zur Einigung** über Umfang und Folgen der Massenentlassung, insbesondere durch Abschluss eines Interessenausgleichs und Sozialplans, sei dagegen vor der Anzeige der Massenentlassung nicht erforderlich (BAG NZA 2008, 753, 757; zustimmend *Niklas/Koehler* NZA 2010, 913, 916; *Lembke/Oberwinter* NJW 2007, 721, 724). Das BVerfG (NZA 2010, 439, 441) hat das Urteil des BAG jedoch aufgehoben und klargestellt, dass die Beantwortung der Frage, wann das Konsultationsverfahren als beendet anzusehen ist, dem EuGH hätte vorgelegt werden müssen, da eine eindeutige Auslegung der Massenentlassungsrichtlinie nicht möglich sei. Bisher steht eine Definition des EuGH, zu welchem Zeitpunkt das Konsultationsverfahren im Sinne der Massenentlassungsrichtlinie als beendet anzusehen ist, aus. Bis zu einer eindeutigen Klärung der Frage ist daher zu raten, vor Abgabe der Massenentlassungsanzeige und Ausspruch der Kündigungen das Interessenausgleichs- und Sozialplanverfahren (inklusive einer etwaigen Einigungsstelle) vollständig zum Abschluss zu bringen. Idealerweise sollte im **Interessenausgleich** aufgenommen werden, dass der Betriebsrat gemäß § 17 Abs. 2 KSchG informiert wurde und keine Stellungnahme zur Massenentlassung abgeben wird oder dass der Interessenausgleich zugleich die Stellungnahme des Betriebsrates darstellt (*Lembke/Oberwinter* NJW 2007, 721, 724).

Konzernangehörige Unternehmen können sich ihrer Mitteilungs- und Beratungspflicht nicht mit dem Argument entziehen, die Kündigungsentscheidung sei von einem **herrschenden Unternehmen** getroffen worden und sie hätten die notwendigen Informationen nicht, § 17 Abs. 3a KSchG.

Bereits die Mitteilung an den Betriebsrat muss der Arbeitgeber gemäß § 17 Abs. 3 S. 1 KSchG **gleichzeitig** der (zuständigen) **Agentur für Arbeit zuleiten**, allerdings ohne Angaben zur Berechnung etwaiger Abfindungen. Es handelt sich hierbei nicht etwa schon um die Massenentlassungsanzeige selbst, sondern nur um die vorgeschaltete Information, dass der Betriebsrat beteiligt wurde. Rechtspolitisch lässt sich trefflich über Sinn und Zweck dieser Vorschrift streiten, die allerdings auf der Richtlinie 98/59/EG beruht. Nach h.M. führt ein Verstoß gegen diese Pflicht nicht zur Unwirksamkeit der Massenentlassungsanzeige (BAG NZA 2004, 931, 934; KR/*Weigand* § 17 KSchG Rn. 65; K/D/Z/*Deinert* § 17 KSchG Rn. 42).

Die Information im Rahmen von § 17 Abs. 2 KSchG entbindet den Arbeitgeber nicht von der Verpflichtung, den Betriebsrat gemäß **§ 102 BetrVG** vor jeder Kündigung **anzuhören** (→ Form. C. I. 1 Anm. 1).

5. Zeitpunkt der Massenentlassungsanzeige. Die Massenentlassung muss gemäß § 17 Abs. 1 KSchG angezeigt werden, bevor die Arbeitnehmer „entlassen“ werden. Nachdem der Begriff der „Entlassung“ aufgrund der richtlinienkonformen Auslegung auf den Beendigungstatbestand abstellt, muss die Massenentlassung nunmehr **vor Ausspruch der Kündigungen** oder vor Abschluss der Aufhebungsverträge bei der Agentur für Arbeit angezeigt werden (BAG AP KSchG 1969 § 17 Nr. 28; BAG NZA 2008, 112, 118; BAG NZA 2010, 1057, 1058).

Die Massenentlassung sollte außerdem erst nach Abschluss des Konsultationsverfahrens angezeigt werden; der Arbeitgeber sollte insoweit den Abschluss der Verhandlungen über einen etwaigen Interessenausgleich und Sozialplan abwarten (→ Anm. 4).

6. Inhalt der Massenentlassungsanzeige. Die Anzeige bei der Agentur für Arbeit muss gemäß § 17 Abs. 3 S. 4 KSchG Angaben enthalten über

- den Namen des Arbeitgebers,
- den Sitz und die Art des Betriebes,
- die Gründe für die geplanten Entlassungen,
- die Zahl und die Berufsgruppen der zu entlassenden und der i.d.R. beschäftigten Arbeitnehmer,
- den Zeitraum, in dem Entlassungen vorgenommen werden sollen und
- die vorgesehenen Kriterien für die Auswahl der zu entlassenden Arbeitnehmer.

Die von der Arbeitsverwaltung bereitgestellten Formulare fragen diese Informationen ab. Im Einvernehmen mit dem Betriebsrat **sollen** (also nicht: müssen) Angaben über Geschlecht, Alter, Beruf und Staatsangehörigkeit der zu entlassenden Arbeitnehmer gemacht werden (§ 17 Abs. 3 S. 5 KSchG).

Zuständig ist die Agentur für Arbeit, in deren Bezirk der Betrieb seinen **Sitz** hat. Es ist die **Schriftform** einzuhalten, so dass die Massenentlassungsanzeige eigenhändig vom Arbeitgeber zu unterzeichnen ist. Ein Telefax wahrt die Schriftform (KR/*Weigand* § 17 KSchG Rn. 72a).

Besteht ein **Betriebsrat**, ist Voraussetzung für die Wirksamkeit der Massenentlassungsanzeige, dass seine **Stellungnahme beigefügt** ist, § 17 Abs. 3 S. 2 KSchG. Wenn der Betriebsrat keine gesonderte Stellungnahme abgegeben hat, muss der Arbeitgeber glaubhaft machen, dass er den Betriebsrat mindestens **zwei Wochen** vor Erstattung der Massenentlassungsanzeige unterrichtet hat, und den **Stand der Beratungen** darlegen, § 17 Abs. 3 S. 3 KSchG (→ Anm. 4). Die **Glaubhaftmachung** kann dadurch erfolgen, dass dem Antrag die Mitteilung an den Betriebsrat und dessen **Empfangsbestätigung** beigefügt werden oder dass auf die schon zugeleitete Mitteilung nach § 17 Abs. 3 S. 1 KSchG verwiesen wird (LAG Mainz BeckRS 2008, 52949; A/P/S/*Moll* § 17 KSchG Rn. 118).

Sind nach der Information des Betriebsrates noch keine zwei Wochen vergangen und hat der Arbeitgeber vom Betriebsrat noch keine Stellungnahme erhalten, ist er dennoch nicht daran gehindert, die Massenentlassungsanzeige bereits bei der Agentur für Arbeit einzureichen. Zwar ist nach § 17 Abs. 3 S. 2 KSchG eine beigefügte Stellungnahme des Betriebsrats **Wirksamkeitsvoraussetzung** (BAG NZA 2012, 1029). Ihr Fehlen führt aber nicht zwingend und dauerhaft zur Unwirksamkeit der Anzeige. Die fehlende Stellungnahme des Betriebsrats kann **nachgereicht** werden. Allerdings wird die Anzeige dann erst mit Vollständigkeit, also mit Eingang der Stellungnahme bei der Agentur für Arbeit, wirksam (BAG NZA 2008, 753, 756; ErfKomm/*Kiel* § 17 KSchG Rn. 31; KR/*Weigand* § 17 KSchG Rn. 92). Mit **Vollständigkeit** der Anzeige kann demnach auch erst die **Sperrfrist** des § 18 KSchG in Gang gesetzt werden (A/P/S/*Moll* § 18 KSchG Rn. 9; → Anm. 7).

Nach § 1 Abs. 5 S. 4 KSchG und § 125 Abs. 2 InsO ersetzt ein Interessenausgleich mit Namensliste die Stellungnahme des Betriebsrates zu den beabsichtigten Massenentlassungen. Wird aufgrund einer betriebsübergreifenden Betriebsänderung ein Interessenausgleich mit Namensliste mit dem Gesamtbetriebsrat vereinbart, so ersetzt dieser auch die Stellungnahmen der örtlichen Betriebsräte, so dass diese nicht mehr gesondert nach § 17 Abs. 3 S. 2 KSchG zu beteiligen sind (BAG NZA 2011, 1108). Dagegen kann ein Interessenausgleich ohne Namensliste die Stellungnahme des Betriebsrates nach § 17 Abs. 3 S. 2 KSchG nicht ersetzen. Da die Vorschrift jedoch keine Stellungnahme in einem eigenständigen Dokument verlangt, genügt auch eine in den Interessenausgleich ohne Namensliste integrierte Stellungnahme den gesetzlichen Anforderungen, wenn sie erkennen lässt, dass sie sich auf die angezeigten Kündigungen bezieht (BAG BeckRS 2012, 69671; BAG NZA 2012, 1029).

Wenn der Betriebsrat in einem **Interessenausgleich** bestätigt hat, informiert worden zu sein und keine Stellungnahme abgeben zu wollen oder der Interessenausgleich zugleich die Stellungnahme des Betriebsrates darstellt oder enthält, so reicht es, der Massenentlassungsanzeige eine Abschrift des Interessenausgleichs beizufügen.

Der Arbeitgeber hat eine **Abschrift** der Massenentlassungsanzeige wiederum dem **Betriebsrat** zuzuleiten, § 17 Abs. 3 S. 6 KSchG. Der Betriebsrat kann gegenüber der Agentur für Arbeit weitere Stellungnahmen abgeben, § 17 Abs. 3 S. 7 KSchG.

7. Sperrfrist von einem Monat. Entlassungen werden erst mit **Ablauf eines Monats nach Eingang der Massenentlassungsanzeige** bei der Agentur für Arbeit wirksam, § 18 Abs. 1 KSchG (Sperrfrist). Hierdurch soll der Agentur für Arbeit eine Vorbereitungszeit verschafft werden, bevor die Arbeitnehmer aus dem Arbeitsverhältnis ausscheiden. Da die Einreichung der (vollständigen) Massenentlassungsanzeige maßgeblich für den Beginn der Sperrfrist ist, erfolgt die Berechnung der Sperrfrist nach §§ 187 Abs. 1, 188 Abs. 2 Alt. 1 BGB. Beispiel: Wird am 24.1. eine vollständige Massenentlassungsanzeige eingereicht, läuft die Frist demnach ab dem 25.1. (0.00 Uhr) und endet am 24.2. (24.00 Uhr).

Die Sperrfrist führt nicht dazu, dass mit dem Ausspruch der Kündigungen einen Monat ab Anzeige der Massenentlassung gewartet werden muss oder dass die Kündigungsfrist um einen Monat verlängert wird. Die Kündigungen können **direkt nach Einreichung der Anzeige** bei der Agentur für Arbeit ausgesprochen werden (BAG NZA 2009, 1013, 1015; BAG NZA 2009, 1267, 1272; BAG NZA 2010, 944, 946). Im Ergebnis stellt § 18 KSchG eine **Mindestkündigungsfrist** dar, so dass bei Arbeitsverhältnissen mit Kündigungsfristen von weniger als einem Monat eine Kündigung das Arbeitsverhältnis erst mit Ablauf der Sperrfrist beenden kann (ErfKomm/*Kiel* § 18 KSchG Rn. 2; *Niklas/Koehler* NZA 2010, 913, 917).

Beispiel: Der Arbeitgeber reicht am 12.1. eine nach § 17 KSchG erforderliche Massenentlassungsanzeige bei der zuständigen Agentur für Arbeit ein. Am 13.1. spricht er die geplanten Kündigungen aus. Die Agentur für Arbeit legt das Ende der Sperrfrist auf den 12.2. (24.00 Uhr) fest. Beträgt bei einem der gekündigten Arbeitnehmer die Kündigungsfrist lediglich zwei Wochen (Probezeitkündigung), wird das Arbeitsverhältnis aufgrund der Sperrfrist nicht bereits am 27.1., sondern am 12.2. (24.00 Uhr) beendet.

Die Sperrfrist gilt ebenso für vom Arbeitgeber veranlasste **Aufhebungsverträge** (*Lembke/Oberwinter* NJW 2007, 721, 726). Hätten Arbeitgeber und Arbeitnehmer im vorstehenden Beispiel daher zunächst eine Beendigung zum 27.1. vereinbart, würde das Arbeitsverhältnis aufgrund der Sperrfrist erst am 12.2. beendet.

Der Arbeitnehmer seinerseits ist aber nicht verpflichtet, über den eigentlich anvisierten Beendigungstermin hinaus zu arbeiten. Ihm steht insoweit ein **Wahlrecht** zwischen der Fortsetzung des Arbeitsverhältnisses bis zum Ablauf der Sperrfrist oder der Beendigung zum ursprünglich vorgesehenen Zeitpunkt zu (ErfKomm/*Kiel* § 18 KSchG Rn. 4; MünchKommBGB/*Hergenröder* § 18 KSchG Rn. 15). Bietet der Arbeitnehmer seine Arbeitskraft an oder beruft er sich gegenüber dem Arbeitgeber auf die laufende Sperrfrist, so gerät der Arbeitgeber in **Annahmeverzug,** wenn er den Arbeitnehmer nicht bis zum Ablauf der Sperrfrist weiter beschäftigt (BAG AP KSchG 1969 § 17 Nr. 12; BAG AP KSchG 1969 § 17 Nr. 13; BAG NZA 2004, 375; A/P/S/*Moll* § 18 KSchG Rn. 36; MünchKommBGB/*Hergenröder* § 18 KSchG Rn. 15). Es gelten insofern die gleichen Grundsätze wie im Falle einer fehlerhaft zu kurz berechneten Kündigungsfrist (BAG AP KSchG 1969 § 17 Nr. 13). Dass ein ausdrückliches Angebot des Arbeitnehmers – trotz der Regelung des § 296 BGB – erforderlich ist, ergibt sich aus dem oben dargestellten Wahlrecht des Arbeitnehmers (A/P/S/*Moll* § 18 KSchG Rn. 36; MünchKommBGB/*Hergenröder* § 18 KSchG Rn. 15).

8. Verkürzung oder Verlängerung der Sperrfrist. Auf Antrag des Arbeitgebers kann die Agentur für Arbeit gemäß § 18 Abs. 1 KSchG **zustimmen,** dass die Entlassungen **vor Ablauf eines Monats** nach Eingang der Massenentlassungsanzeige wirksam werden und zwar rückwirkend bis zum Tag des Antrags. Praktisch kommt dies einer Verkürzung der Sperrfrist gleich. Zu beachten ist allerdings, dass die Agentur für Arbeit **nur die Sperrfrist abkürzen** kann. Hat der Arbeitgeber die Massenentlassung nicht vor Ausspruch der Kündigung angezeigt, kann die Kündigung das Arbeitsverhältnis **nicht wirksam beenden** (→ Anm. 10). Eine Verkürzung der Sperrfrist durch die Agentur für Arbeit hilft hier nicht.

Gemäß § 18 Abs. 2 KSchG kann die Agentur für Arbeit aber auch die Sperrfrist von einem Monat auf längstens **zwei Monate verlängern.** Dies kann für einen Arbeitgeber, der damit nicht gerechnet hat, ausgesprochen nachteilig sein. Der Arbeitgeber wird die Anzeige regelmäßig erst kurz vor Ausspruch der Kündigung erstatten können. Eine Verlängerung der Sperrfrist auf zwei Monate führt dann dazu, dass auch die Wirksamkeit der Kündigung von Arbeitnehmern mit einer Kündigungsfrist von einem Monat hinausgezögert wird.

Es empfiehlt sich daher, bei der zuständigen Agentur für Arbeit **nachzufragen,** ob mit einer Verlängerung der Sperrfrist gerechnet werden muss, und die Massenentlassung gegebenenfalls entsprechend früher anzuzeigen.

Die Agentur für Arbeit darf die Sperrfrist nur unter **Abwägung der gegenseitigen Interessen und unter Berücksichtigung aller Umstände des Einzelfalls** verlängern. Die Sperrfrist darf nicht deshalb verlängert werden, weil der Eintritt von Arbeitslosigkeit und damit die Inanspruchnahme von Arbeitslosengeld hinausgezögert werden soll (ErfKomm/*Kiel* § 18 KSchG Rn. 5). Hingegen kann die Sperrfrist verlängert werden, wenn die Agentur für Arbeit mehr Zeit benötigt, Maßnahmen vorzubereiten, die der Vermeidung der Arbeitslosigkeit dienen.

Die Entscheidung über Verkürzung und Verlängerung der Sperrfrist trifft gemäß § 20 KSchG die **Geschäftsführung der Agentur für Arbeit** oder ein **Ausschuss,** wenn mindestens 50 Arbeitnehmer entlassen werden. In dem Ausschuss sitzen u. a. Arbeitgeber- und Arbeitnehmervertreter, § 20 Abs. 2 KSchG.

9. Freifrist von 90 Tagen. Nach Ablauf der (gegebenenfalls verlängerten oder verkürzten) Sperrfrist öffnet sich ein Zeitfenster von 90 Tagen (vgl. § 18 Abs. 4 KSchG), innerhalb dessen die Entlassungen „durchgeführt" werden müssen (**Freifrist**). Der Tag, an dem die Sperrfrist endet, zählt nicht mit (§§ 187 ff. BGB).

Sinn und Zweck der Freifrist beruhen auf der früheren Interpretation des Begriffs „Entlassung“ im Sinne der tatsächlichen Beendigung des Arbeitsverhältnisses. Sie sollte sicherstellen, dass nur solche Kündigungssachverhalte in einer Massenentlassungsanzeige zusammengefasst werden, die die Freisetzung der Arbeitnehmer innerhalb eines begrenzten Zeitraumes (90 Tage) betreffen. So waren bei unterschiedlichen Austrittszeiträumen mehrere, teilweise **wiederholende Anzeigen** erforderlich. Mit dem aktuellen Verständnis des Begriffs „Entlassung“ als dem Zeitpunkt des Kündigungsausspruchs ist der ursprüngliche Sinn und Zweck der Freifristregelung **entfallen.**

Nach Auffassung des BAG (NZA 2009, 1013, 1016; NZA 2010, 944, 947) und einiger Stimmen in der Literatur (A/P/S/*Moll* § 18 KSchG Rn. 38; K/D/Z/*Deinert* § 18 KSchG Rn. 19; *Niklas/Koehler* NZA 2010, 913, 918; im Ergebnis auch ErfKomm/*Kiel* § 18 KSchG Rn. 7) soll die Regelung nunmehr so zu interpretieren sein, dass innerhalb der Freifrist die Kündigungen **ausgesprochen werden müssen**, die in der Massenentlassungsanzeige angekündigt werden. Hiermit sollen Vorratsanzeigen verhindert werden; insoweit bestehe nach wie vor ein „gut passender Anwendungsbereich“ für § 18 Abs. 3 KSchG (BAG NZA 2010, 944, 947).

Nach anderen Auffassungen ist die Regelung des § 18 Abs. 4 KSchG **obsolet** und nicht mehr zu beachten (LAG Stuttgart LAGE KSchG § 18 Nr. 3; *Dornbusch/Wolff* BB 2007, 2297, 2298). Ebenso wird vertreten, bei der Auslegung des § 18 Abs. 4 KSchG den Begriff „Entlassung“ weiterhin als **Zeitpunkt der Beendigung des Arbeitsverhältnisses** zu interpretieren. Das hätte zur Folge, dass eine erneute Massenentlassungsanzeige bei Kündigungsfristen erforderlich ist, die länger sind als die ein- bis zweimonatige Sperrfrist und die Freifrist zusammen (*v. Hoyningen-Huene/Linck* § 18 KSchG Rn. 24; *Lembke/Oberwinter* NJW 2007, 721, 726). Auch wenn das BAG nunmehr Stellung zur Interpretation der Freifrist genommen hat, wäre eine Klarstellung der gesetzlichen Regelung **durch den Gesetzgeber** wünschenswert. Mit Blick auf die aktuelle Rechtsprechung des BAG kann davon ausgegangen werden, dass bezüglich der Freifrist des § 18 Abs. 4 KSchG sicher zu stellen ist, dass die angezeigten Kündigungen innerhalb der Freifrist ausgesprochen werden.

10. Fehler bei der Massenentlassungsanzeige. Das Fehlen oder die Fehlerhaftigkeit einer Massenentlassungsanzeige vor Ausspruch der Kündigung führt nach h. M. zur **Unwirksamkeit** der Kündigung (K/D/Z/*Deinert* § 18 KSchG Rn. 20; ErfKomm/*Kiel* § 17 KSchG Rn. 36; KR/*Weigand* § 17 KSchG Rn. 101; *Reinhard* RdA 2007, 207, 212; *Lembke/Oberwinter* NJW 2007, 721, 727; *Niklas/Koehler* NZA 2010, 913, 918). Dieser Auffassung hat sich auch das BAG inzwischen angeschlossen (BAG NZA 2013, 966).

Bis zum Ausspruch der Kündigungen können eventuelle Fehler noch geheilt werden. Ansonsten ist der Arbeitgeber darauf angewiesen, nach fehlerfreier Durchführung des Anzeigeverfahrens **neue Kündigungen** auszusprechen.

Fehler bei der **Beteiligung des Betriebsrates** gemäß § 17 Abs. 2 KSchG führen ebenfalls zur Unwirksamkeit der Kündigung, da die ordnungsgemäße Beteiligung Voraussetzung für die wirksame Erstattung der Anzeige ist (BAG BeckRS 2013, 71139; KR/*Weigand* § 17 KSchG Rn. 101; K/D/Z/*Kittner/Deinert* § 17 KSchG Rn. 47; ErfKomm/*Kiel* § 17 KSchG Rn. 19; *Niklas/Koehler* NZA 2010, 913, 918; *Dzida/Hohenstatt* NJW 2012, 27, 28; → Anm. 4).

Dieselben Grundsätze gelten auch für einen vor der Massenentlassungsanzeige abgeschlossenen **Aufhebungsvertrag.**

Fehler, die dem Arbeitgeber bei der Erstattung der Massenentlassungsanzeige unterlaufen sind, werden auch durch eine **Entscheidung der Agentur für Arbeit** über die Abkürzung der Sperrfrist gemäß § 18 Abs. 1 KSchG oder über die Verlängerung der Sperrfrist nach § 18 Abs. 2 KSchG nicht geheilt (BAG BeckRS 2012, 72741; BAG NZA 2013, 32; a. A. noch BAG AP KSchG 1969 § 17 Nr. 8; *Bauer/Krieger/Powietzka* DB 2005, 445, 449). Daher ist weder der Arbeitgeber durch eine entsprechende Entscheidung der Arbeitsverwaltung gehindert, sich auf Mängel der Massenentlassungsanzeige zu berufen, noch entfaltet ein solcher Bescheid materielle Bestandskraft gegenüber der Arbeitsgerichtsbarkeit.

11. Berufung des Arbeitnehmers auf Mängel bei der Massenentlassungsanzeige. Der Arbeitnehmer muss die **Unwirksamkeit** der Kündigung nach wohl h.M. innerhalb der **Drei-Wochen-Frist** des § 4 KSchG geltend machen (LAG Hannover LAGE § 4 KSchG Nr. 55; ErfKomm/*Kiel* § 17 KSchG Rn. 39; KR/*Weigand* § 17 KSchG Rn. 107; A/P/S/*Moll* § 18 KSchG Rn. 48b; *Lembke/Oberwinter* NJW 2007, 721, 728). Sonst gilt die Kündigung als von Anfang an **rechtswirksam,** § 7 KSchG.

Erhebt der Arbeitnehmer innerhalb der Frist des § 4 KSchG eine Kündigungsschutzklage aus anderen Gründen, kann er sich nach §§ 6, 13 Abs. 3 KSchG bis zum Schluss der **mündlichen Verhandlung** erster Instanz auf den Verstoß gegen die Vorschriften zur Massenentlassungsanzeige berufen (BAG NJW 2006, 3161, 3162; KR/*Weigand* § 17 KSchG Rn. 107; *Lembke/Oberwinter* NJW 2007, 721, 728).

Die **Beweislast,** dass eine anzeigepflichtige Massenentlassung vorliegt, liegt beim Arbeitnehmer (BAG AP GG Art. 101 Nr. 59; BAG AP KSchG 1969 § 1 Betriebsbedingte Kündigung Nr. 53).

12. Ablaufplan. Folgender Ablaufplan sollte beachtet werden:

Zu Beginn der Planungen

a) Prüfung, ob nach der aktuellen Rechtsprechung des EuGH und des BAG eine Massenentlassung vorliegt (→ Anm. 2, 3).

b) Ggf. Absprache mit der zuständigen Agentur für Arbeit, ob diese ein Negativattest erteilt und ob mit einer Verlängerung der Sperrzeit (→ Anm. 8) gerechnet werden muss.

Festlegung der Termine, zu denen die Massenentlassung angezeigt werden muss

a) Vor Ausspruch der ersten Kündigung/Abschluss des ersten Aufhebungsvertrags (→ Anm. 5)

b) Auf 90-Tage-Freifrist achten: Ggf. weitere Anzeigen einplanen (→ Anm. 9)

Wenn Betriebsrat vorhanden

a) Spätestens zwei Wochen vor der ersten Massenentlassungsanzeige (→ Anm. 1)

- schriftliche Unterrichtung des Betriebsrats und Angebot, Verhandlungen aufzunehmen (geschieht regelmäßig im Rahmen der Verhandlungen gemäß § 111 BetrVG)
- Zuleitung der schriftlichen Unterrichtung an Agentur für Arbeit

b) Möglichst Bestätigung im Interessenausgleich, dass der Betriebsrat bezüglich aller geplanten Massenentlassungsanzeigen gemäß § 17 Abs. 2 KSchG informiert wurde und keine weitere Stellungnahme abgibt oder dass der Interessenausgleich zugleich die Stellungnahme des Betriebsrats darstellt (→ Anm. 4).

Erstattung der Massenentlassungsanzeige(n)

a) Amtliche Formulare verwenden (→ Anm. 1, 6)

b) Wenn Betriebsrat vorhanden

- Beifügung des Interessenausgleichs oder der Stellungnahme des Betriebsrats zur Massenentlassungsanzeige oder Glaubhaftmachung, dass Information zwei Wochen vor Erstattung der Anzeige erfolgte, und Mitteilung des Standes der Verhandlungen (→ Anm. 4)
- Falls Stellungnahme des Betriebsrats fehlte und keine Glaubhaftmachung nach § 17 Abs. 3 S. 3 KSchG erfolgte, Stellungnahme möglichst nachreichen (→ Anm. 6).

Anhörung Betriebsrat gemäß § 102 BetrVG

Ausspruch der Kündigungen/Abschluss der Aufhebungsverträge (innerhalb von 90 Tagen nach Anzeige der Massenentlassung, → Anm. 9).

XV. Einvernehmliche Beendigung des Arbeitsverhältnisses

1. Aufhebungsvertrag

Aufhebungsvertrag[1, 2, 3, 4, 5]

zwischen

...... (Name und Anschrift des Arbeitgebers) „Gesellschaft“

und

Herrn ...... (Name und Anschrift des Arbeitnehmers) „Mitarbeiter“

Präambel

Der Mitarbeiter ist aufgrund des Arbeitsvertrags vom ...... samt Nachträgen vom ...... und vom ...... seit dem ...... bei der Gesellschaft beschäftigt. Die Parteien sind übereingekommen, die Beendigung des Arbeitsverhältnisses einvernehmlich zu regeln.

Dies vorausgeschickt, vereinbaren die Parteien Folgendes:[6]

§ 1 Beendigung

Das Arbeitsverhältnis des Mitarbeiters mit der Gesellschaft *(Optional: sowie jedwedes etwaige sonstige Dienst- oder Arbeitsverhältnis zwischen dem Mitarbeiter und der Gesellschaft oder einem anderen i. S. v. § 15 AktG mit der Gesellschaft verbundenen Unternehmen[7] („verbundenes Unternehmen“))* endet *(Alternative: endete)* auf Veranlassung der Gesellschaft[8] *(Optional: aus betrieblichen Gründen)*[9] am ...... (im Folgenden: „Beendigungstermin“).[10]

(Alternative bei Beendigungsoption:[11]

(1) Das Arbeitsverhältnis des Mitarbeiters mit der Gesellschaft (Optional: sowie jedwedes etwaige sonstige Dienst- oder Arbeitsverhältnis zwischen dem Mitarbeiter und der Gesellschaft oder einem anderen i. S. v. § 15 AktG mit der Gesellschaft verbundenen Unternehmen („verbundenes Unternehmen“)) endet auf Veranlassung der Gesellschaft (Optional: aus betrieblichen Gründen) am ...... (im Folgenden: „Beendigungstermin“).

(2) Die Gesellschaft räumt dem Mitarbeiter hiermit das Recht ein, das Arbeitsverhältnis zum Ende eines jeden Kalendermonats vor dem Beendigungstermin („vorzeitiger Beendigungstermin“) zu kündigen. Die Kündigung muss mit einer Frist von mindestens 14 Tagen vor dem vorzeitigen Beendigungstermin durch schriftliche Erklärung erfolgen. In diesem Fall endet das Arbeitsverhältnis zum vorzeitigen Beendigungstermin. In allen nachfolgenden Bestimmungen wird für diesen Fall der Begriff „Beendigungstermin“ durch den Begriff „vorzeitiger Beendigungstermin“ ersetzt; zudem gilt ergänzend § 3 Abs. (2).)

§ 2 Abrechnung[12]

(1) Die Vergütung des Mitarbeiters wurde bis zum ...... ordnungsgemäß abgerechnet und die sich ergebenden Nettobeträge wurden ordnungsgemäß an den Mitarbeiter ausbezahlt. Die Gesellschaft wird das monatliche Grundgehalt des Mitarbeiters in Höhe von ...... EUR (in Worten: ...... Euro) brutto bis zum Beendigungstermin abrechnen und die sich hieraus ergebenden Nettobeträge an den Mitarbeiter auszahlen.

(2) Sonstige Vergütung (Boni, Zulagen, Prämien, Provisionen, Gratifikationen oder Ähnliches) ist nicht geschuldet.

(Alternative zu Abs. (2) für den Fall pauschaler Bonuszahlung:[13]

(2) Der Mitarbeiter hat Anspruch auf einen Bonus, der dadurch pauschal abgegolten wird, dass die Gesellschaft dem Mitarbeiter einen Betrag in Höhe von . . . . . . EUR (in Worten: . . . . . . Euro) brutto zum Beendigungstermin auszahlt. Sonstige Vergütung (Zulagen, Prämien, Provisionen, Gratifikationen oder Ähnliches) ist nicht geschuldet.)

(Alternative zu Abs. (2) für den Fall (anteiliger) Bonuszahlung:

(2) Die Gesellschaft wird den (anteiligen) Bonus des Mitarbeiters nach . . . . . . in Höhe von . . . . . . EUR (in Worten: . . . . . . Euro) brutto auszahlen. Der (anteilige) Bonus wird zum Beendigungstermin fällig. Sonstige Vergütung (Zulagen, Prämien, Provisionen, Gratifikationen oder Ähnliches) ist nicht geschuldet.)

(3) Alle Reisekosten und sonstigen Auslagen des Mitarbeiters wurden abgerechnet und dem Mitarbeiter erstattet.

(Alternative zu Abs. (3) für den Fall ausstehender (Reise-)Kosten(-vorschüsse):

(3) Die Gesellschaft wird etwaige Reisekosten und sonstige Auslagen des Mitarbeiters, die bis zum Beendigungstermin entstehen, entsprechend der üblichen Handhabung abrechnen und erstatten. Etwaige unverbrauchte Reisekostenvorschüsse wird die Gesellschaft zum Beendigungstermin mit der ausstehenden Vergütung verrechnen.)

(Optional für Darlehen:[14]

(4) Die Restschuld des dem Mitarbeiter gewährten Darlehens vom . . . . . . in Höhe von . . . . . . EUR (in Worten: . . . . . . Euro) wird zum Beendigungstermin zur Rückzahlung fällig. Die Gesellschaft ist zur Verrechnung mit etwa noch ausstehender Vergütung bzw. mit der Abfindung berechtigt.)

§ 3 Abfindung

(1) Als sozialen Ausgleich für den Verlust seines Arbeitsplatzes und die damit verbundenen Nachteile erhält der Mitarbeiter eine Abfindung in Höhe von . . . . . . EUR (in Worten: . . . . . . Euro) brutto.[15]

(2) Der Anspruch auf die Abfindung entsteht mit Abschluss dieses Aufhebungsvertrags, ist ab diesem Zeitpunkt vererblich[16] und wird zum Beendigungstermin fällig, jedoch nicht vor vollständiger Erfüllung der Rückgabepflichten des Mitarbeiters gemäß § 7.[17]

(Alternative zu Abs. (1) und (2) bei Sozialplanabfindung:[18]

Der am . . . . . . zwischen der Gesellschaft und dem Betriebsrat des Betriebs . . . . . . (Alternative: Gesamtbetriebsrat, Konzernbetriebsrat) abgeschlossene Sozialplan (dort Ziffer . . . . . .) gewährt dem Mitarbeiter einen Anspruch auf eine (vererbliche) Abfindung. Deren Höhe beläuft sich nach den Bestimmungen des Sozialplans (dort Ziffer . . . . . .) auf . . . . . . EUR (in Worten: . . . . . . Euro) brutto. Abrechnung und Auszahlung der Abfindung richten sich ebenfalls nach den Bestimmungen des Sozialplans.)

(Alternative zu Abs. (1) bei Sozialplanabfindung:[19]

Als sozialen Ausgleich für den Verlust seines Arbeitsplatzes und die damit verbundenen Nachteile erhält der Mitarbeiter eine (vererbliche) Abfindung in Höhe von . . . . . . EUR (in Worten: . . . . . . Euro) brutto. Auf diese Abfindung wird die Abfindung aus dem zwischen der Gesellschaft und dem Betriebsrat des Betriebs . . . . . . (Alternative: Gesamtbetriebsrat, Konzernbetriebsrat) am . . . . . . abgeschlossenen Sozialplan angerechnet.)

(Alternative zu Abs. (1) und (2) bei Beendigungsoption, korrespondierend zur Alternative bei § 1:[20]

(1) Als sozialen Ausgleich für den Verlust seines Arbeitsplatzes und die damit verbundenen Nachteile erhält der Mitarbeiter eine Abfindung in Höhe von . . . . . . EUR (in Worten: . . . . . . Euro) brutto („Abfindung").

(2) Im Fall einer vorzeitigen Beendigung gemäß § 1 Abs. (2) erhält der Mitarbeiter eine zusätzliche Brutto-Abfindung in Höhe der (Alternative: Hälfte der) Summe der monatlichen Brutto-Grundgehälter, die ab dem vorzeitigen Beendigungstermin bis zum Beendigungstermin entstanden wären („Zusatzabfindung").

(3) Die Abfindung und die etwaige Zusatzabfindung sind vererblich. Sie sind zum Beendigungstermin fällig, jedoch nicht vor vollständiger Erfüllung der Rückgabepflichten des Mitarbeiters gemäß § 7.)

(Optional für Minderung der Abfindung bei Wiedereinstellung:[21]

(3) (bzw. Abs. 4) Wenn die Gesellschaft (Optional: oder ein verbundenes Unternehmen) und der Mitarbeiter einen neuen Arbeitsvertrag abschließen, mindert sich die Abfindung abhängig von dem Zeitpunkt, zu dem der Mitarbeiter nach dem neuen Arbeitsvertrag die Arbeit aufnehmen soll. Der Minderungsbetrag entspricht dem Brutto-Abfindungsbetrag abzüglich eines Zwölftels des Brutto-Abfindungsbetrags für jeden vollendeten Monat zwischen dem Beendigungstermin und dem Zeitpunkt, zu dem der Mitarbeiter nach dem neuen Arbeitsvertrag die Arbeit aufnehmen soll. Der Minderungsbetrag ist spätestens einen Monat nach Begründung des neuen Arbeitsverhältnisses an die Gesellschaft zurückzuzahlen. Die Gesellschaft ist zur Verrechnung mit etwa noch ausstehender Vergütung berechtigt. (Optional: Schließt der Mitarbeiter mit einem verbundenen Unternehmen einen Arbeitsvertrag, der die in diesem Absatz geregelte Minderung der Abfindung auslöst, hat der Mitarbeiter der Gesellschaft den Vertragsschluss unverzüglich anzuzeigen.))

§ 4 Freistellung/Urlaub

(1) Die Gesellschaft stellt den Mitarbeiter ab dem . . . . . . *(Alternative: mit sofortiger Wirkung)* bis zum Beendigungstermin von jeglicher weiteren Tätigkeit unwiderruflich frei.[22] Die Freistellung erfolgt unter Anrechnung auf sämtliche etwaige Urlaubs- und Freizeitausgleichsansprüche des Mitarbeiters.[23] § 615 S. 2 BGB findet außerhalb der in S. 2 genannten Urlaubszeiten Anwendung.[24]

(Alternative zu Abs. (1) bei Urlaubsgewährung vor widerruflicher Freistellung:

(1) Der Mitarbeiter hat noch einen Urlaubsanspruch von . . . . . . Arbeitstagen. Dieser Urlaub wird für den dem Abschluss dieses Aufhebungsvertrags unmittelbar folgenden Zeitraum gewährt.[25] *Nach Erfüllung dieses Urlaubsanspruchs stellt die Gesellschaft den Mitarbeiter bis zum Beendigungstermin von jeglicher weiteren Tätigkeit widerruflich frei. Für die Zeit der Freistellung findet § 615 S. 2 BGB Anwendung.)*

(Alternative zu Abs. (1) bei widerruflicher Freistellung ohne Urlaubsgewährung:

(1) Die Gesellschaft stellt den Mitarbeiter ab dem . . . . . . (Alternative: mit sofortiger Wirkung) bis zum Beendigungstermin von jeglicher weiteren Tätigkeit frei. Sie behält sich vor, den Mitarbeiter während des Freistellungszeitraums ganz oder teilweise an seinen Arbeitsplatz zurückzurufen. § 615 S. 2 BGB findet Anwendung.)

(Alternative zu Abs. (1) bei Freistellungsoption:

(1) Die Gesellschaft kann den Mitarbeiter durch einseitige Erklärung bis zum Beendigungstermin von jeglicher weiteren Tätigkeit freistellen.)

(Alternative zu Abs. (1) S. 2 und 3 statt Urlaubsgewährung:

Der Urlaubsanspruch wird bei Beendigung des Arbeitsverhältnisses finanziell abgegolten.)

(2) Der gesamte Urlaub für das laufende Jahr sowie aus den Vorjahren bis zum Zeitpunkt der Unterzeichnung dieses Aufhebungsvertrags wurde in natura gewährt und genommen.[26]

(3) Während des Freistellungszeitraums bleibt das vertragliche Wettbewerbsverbot bestehen.[27]

(Optional zusätzlich bei Aufhebung eines nachvertraglichen Wettbewerbsverbots:[28]

(4) Das gemäß Vertrag vom . . . . . . vereinbarte nachvertragliche Wettbewerbsverbot wird hiermit mit sofortiger Wirkung einvernehmlich aufgehoben. Damit sind die Pflichten der Parteien hieraus erloschen, insbesondere schuldet die Gesellschaft keine Entschädigung.)

(Alternative zu optionalem Abs. (4) bei nachvertraglichem Wettbewerbsverbot:

(4) Das gemäß Vertrag vom . . . . . . vereinbarte nachvertragliche Wettbewerbsverbot wird von diesem Aufhebungsvertrag nicht berührt.)

§ 5 Betriebliche Altersversorgung[29]

Etwaige Anwartschaften des Mitarbeiters auf betriebliche Altersversorgung bleiben von diesem Aufhebungsvertrag unberührt.

(Alternative:

Für den Mitarbeiter besteht eine betriebliche Altersversorgung. Nach seinem Ausscheiden bleibt hieraus eine unverfallbare Anwartschaft in ratierlicher Höhe nach § 2 Abs. 1 BetrAVG aufrechterhalten. Der Mitarbeiter erhält eine Auskunft nach § 4a BetrAVG über die voraussichtliche Höhe dieser unverfallbaren Anwartschaft.)

(Alternative:

Der Mitarbeiter hat eine unverfallbare Anwartschaft auf betriebliche Altersversorgung aus der bei der . . . . . . -Versicherung („Versicherer") abgeschlossenen Direktversicherung mit der Versicherungsnummer . . . . . . („Direktversicherung") erworben. Die Höhe dieser Anwartschaft bestimmt sich nach der von dem Versicherer auf Grund des Versicherungsvertrags zu erbringenden Versicherungsleistung. Die Gesellschaft räumt dem Mitarbeiter mit Beendigung des Arbeitsverhältnisses das Recht ein, die Direktversicherung als Versicherungsnehmer fortzuführen. Sie wird alle hierzu notwendigen Erklärungen gegenüber dem Versicherer abgeben. Etwaige Übertragungskosten trägt der Mitarbeiter. Die Beiträge für die Direktversicherung werden, soweit sie die Zeit bis zum Beendigungstermin betreffen, von der Gesellschaft und, soweit sie die Zeit nach dem Beendigungstermin betreffen, vom Mitarbeiter getragen.)

(Alternative:

Der Mitarbeiter hat keine unverfallbare Anwartschaft auf betriebliche Altersversorgung erworben.)

§ 6 Zeugnis/Arbeitspapiere[30]

Die Gesellschaft erteilt dem Mitarbeiter zum Beendigungstermin ein wohlwollendes qualifiziertes Zeugnis. Sie händigt dem Mitarbeiter zum Beendigungstermin die Arbeitspapiere aus.

(Alternative bei Einigung über Zeugnisformulierung:

Die Gesellschaft erteilt dem Mitarbeiter zum Beendigungstermin das diesem Aufhebungsvertrag als Anlage A im Entwurf beigefügte Zeugnis. Sie händigt dem Mitarbeiter zum Beendigungstermin die Arbeitspapiere aus.)

(Alternative bei Einigung über Bewertung im Zeugnis:

Die Gesellschaft erteilt dem Mitarbeiter zum Beendigungstermin ein qualifiziertes Zeugnis, in welches als Leistungsbeurteilung „. . . . . .“ und als Verhaltensbeurteilung „. . . . . .“ aufgenommen wird. Die Schlussformel des Zeugnisses wird wie folgt lauten: „. . . . . .“. Die Gesellschaft händigt dem Mitarbeiter zum Beendigungstermin die Arbeitspapiere aus.)

§ 7 Rückgabe von Gegenständen[31] (*Optional:/Dienstwagen*)

(1) Der Mitarbeiter wird *(Optional:, soweit noch nicht erfolgt,)* sämtliche Gegenstände (insbesondere Smartphone, Handy, Laptop, Drucker und sonstige Hard- und Software), die der Gesellschaft gehören oder ihm von der Gesellschaft *(Optional: und/oder einem verbundenen Unternehmen)* überlassen wurden, *(Optional: unverzüglich/auf Verlangen der Gesellschaft jederzeit,)* spätestens zum Beendigungstermin *(Alternative: zum Beginn des Freistellungszeitraums)* vollständig und unbeschädigt an die Gesellschaft zurückgeben.

(2) Des Weiteren wird der Mitarbeiter *(Optional:, soweit noch nicht erfolgt,)* sämtliche Unterlagen (insbesondere Korrespondenz, Vermerke, Notizen, Kundenlisten, Zeichnungen, Skizzen), die der Gesellschaft *(Optional: und/oder einem verbundenen Unternehmen)* gehören oder die er von Dritten für die Gesellschaft *(Optional: und/oder für ein verbundenes Unternehmen)* erhalten hat oder die die Gesellschaft *(Optional: und/oder ein verbundenes Unternehmen)* betreffen und/oder im Zusammenhang mit der Tätigkeit des Mitarbeiters entstanden sind, *(Optional: unverzüglich/auf Verlangen der Gesellschaft jederzeit,)* spätestens zum Beendigungstermin vollständig an die Gesellschaft zurückgeben. Der Mitarbeiter verpflichtet sich, keine Kopien oder sonstigen Reproduktionen der Unterlagen zu behalten. Diese Regelung gilt sinngemäß für elektronisch gespeicherte Daten; sie sind an die Gesellschaft zu übersenden und anschließend – soweit sie nicht auf einem zurückzugebendem Gegenstand gespeichert sind – zu löschen. Der Mitarbeiter wird der Gesellschaft eventuell nur ihm bekannte Passwörter, PIN-Codes und Zugangssperren im Hinblick auf EDV-Nutzung mitteilen und von diesen selber keinen Gebrauch mehr machen.

(Optional bei Dienstwagen:[32]

(3) Der Mitarbeiter kann den ihm überlassenen Dienstwagen (Typ . . . . . ., amtliches Kennzeichen . . . . . .) im bisherigen Umfang und zu den bisherigen Bedingungen bis zum Beendigungstermin weiter nutzen. Spätestens zum Beendigungstermin ist der Dienstwagen samt Zubehör (. . . . . .) in ordnungsgemäßem Zustand an die Gesellschaft zurückzugeben.)

(Alternative bei Übernahme des Dienstwagen-Leasingvertrags:[33]

(3) Der Mitarbeiter kann – vorbehaltlich der Zustimmung der . . . . . . („Leasinggesellschaft“) – anstelle der Gesellschaft zum Beendigungstermin in den Leasingvertrag vom

. . . . . . mit der Leasinggesellschaft über den Dienstwagen (Typ . . . . . ., amtliches Kennzeichen . . . . . .) auf seine Kosten eintreten. Die Gesellschaft wird alle für die Vertragsübernahme notwendigen Erklärungen gegenüber der Leasinggesellschaft abgeben, soweit der Gesellschaft hieraus keine Kosten entstehen. Wenn die Leasinggesellschaft ihre Zustimmung nicht erteilt, ist der Dienstwagen samt Zubehör (. . . . . .) spätestens zum Beendigungstermin in ordnungsgemäßem Zustand an die Gesellschaft zurückzugeben.)

(3) (bzw. Abs. 4) Die Rückgabe der Gegenstände/Unterlagen *(Optional: und des Dienstwagens)* hat in . . . . . . zu erfolgen.[34]

(4) (bzw. Abs. 5) Ein etwaiges Zurückbehaltungsrecht des Mitarbeiters wird ausgeschlossen.[35]

§ 8 Geheimhaltung[36]

(1) Der Mitarbeiter wird alle ihm während seiner Tätigkeit bekannt gewordenen vertraulichen Angelegenheiten der Gesellschaft *(Optional: oder eines verbundenen Unternehmens)*, vor allem Geschäfts- und Betriebsgeheimnisse, auch über den Beendigungstermin hinaus strengstens geheim halten *(Optional:, soweit der Mitarbeiter dadurch in seinem beruflichen Fortkommen nicht unangemessen beeinträchtigt wird)*.

Ergänzend gelten die nachwirkenden Verpflichtungen aus dem Arbeitsvertrag.

(2) Der Mitarbeiter wird Dritten gegenüber Stillschweigen über den Inhalt dieses Aufhebungsvertrags bewahren.[37]

§ 9 Abgeltung[38, 39]

Mit Unterzeichnung dieses Aufhebungsvertrags sind mit Ausnahme der sich aus diesem Aufhebungsvertrag ergebenden Ansprüche alle wechselseitigen *(Optional: finanziellen)* Ansprüche der Parteien aus dem Arbeitsverhältnis oder im Zusammenhang mit dessen Beendigung sowie aus sonstigem Rechtsgrund, gleich welcher Art, *(Optional: mit Ausnahme des Anspruchs des Mitarbeiters/der Gesellschaft auf . . . . . .)* abgegolten und erledigt.

§ 10 Belehrung

(1) Der Mitarbeiter wird hiermit darauf hingewiesen, dass er sich spätestens drei Monate vor dem Beendigungstermin bei der zuständigen Agentur für Arbeit zu melden sowie eigene Aktivitäten bei der Suche nach einer anderen Beschäftigung zu entfalten hat, um Rechtsnachteile beim Bezug von Arbeitslosengeld zu vermeiden. Liegen zwischen dem Abschluss dieses Aufhebungsvertrags und dem Beendigungstermin weniger als drei Monate, muss sich der Mitarbeiter innerhalb von drei Tagen nach Abschluss dieses Aufhebungsvertrags bei der Agentur für Arbeit melden.[40]

(2) Die Gesellschaft weist den Mitarbeiter darauf hin, dass Auskünfte über mögliche sozialversicherungs- und steuerrechtliche Auswirkungen dieses Aufhebungsvertrags durch die Sozialversicherungsträger (insbesondere Agentur für Arbeit) sowie das Finanzamt erteilt werden. Der Mitarbeiter verzichtet insoweit auf weitere Hinweise der Gesellschaft.[41]

§ 11 Schlussbestimmungen[42]

(1) Mündliche Nebenabreden bestehen nicht. Änderungen oder Ergänzungen dieses Aufhebungsvertrags, einschließlich dieser Bestimmung, bedürfen zu ihrer Wirksamkeit der Schriftform, es sei denn, diese wurden nachweislich zwischen den Parteien ausgehandelt.

(2) Sollte eine Bestimmung dieses Aufhebungsvertrags ganz oder teilweise unwirksam sein oder werden, so wird hiervon die Wirksamkeit der übrigen Bestimmungen nicht berührt. An die Stelle der unwirksamen Bestimmung tritt die gesetzlich zulässige Bestimmung, die dem mit der unwirksamen Bestimmung Gewollten wirtschaftlich am Nächsten kommt. Dasselbe gilt für den Fall einer vertraglichen Lücke.

......	......
Ort, Datum	Ort, Datum
......	......
Unterschrift der Gesellschaft[43]	Unterschrift des Mitarbeiters

Anmerkungen

1. Vorteile des Aufhebungsvertrags. Es gibt zahlreiche Beendigungsgründe für das Arbeitsverhältnis, z.B. Zeitablauf bei Befristung (§ 620 Abs. 1 BGB), Bedingungseintritt bei auflösender Bedingung (§ 158 Abs. 2 BGB), Tod des Arbeitnehmers (vgl. § 613 BGB) und gerichtliches Auflösungsurteil (§§ 9, 10 KSchG). Die weitaus häufigsten Beendigungstatbestände sind die Kündigung und der Aufhebungsvertrag. Aufhebungsverträge sind nach dem Grundsatz der Vertragsfreiheit (§ 311 Abs. 1 BGB) zulässig. Sie haben gegenüber der Kündigung für beide Arbeitsvertragsparteien zahlreiche Vorteile.

Vorteilhaft für den Arbeitgeber ist, dass weder der allgemeine (§ 1 KSchG) noch der besondere (z.B. § 15 KSchG, § 9 MuSchG, § 18 BEEG, § 5 PflegeZG) Kündigungsschutz eingreift. So können beispielsweise Arbeitsverhältnisse von schwerbehinderten Menschen und Schwangeren zwar nicht ohne weiteres durch Kündigung (vgl. § 85 SGB IX, § 9 MuSchG), wohl aber durch Aufhebungsvertrag beendet werden (für schwerbehinderte Menschen: BAG AP BetrAVG § 1 Nr. 1; BAG NZA 1996, 1153; BAG AP TVG § 1 Tarifverträge: Telekom Nr. 1; BAG AP BetrAVG § 1 Auskunft Nr. 2; für Schwangere: BAG AP MuSchG § 9 Nr. 4; BAG AP BGB § 123 Nr. 22). Bei betriebsbedingtem Personalabbau muss der Arbeitgeber die Grundsätze der Sozialauswahl nicht beachten. Er kann sich von leistungsschwachen Mitarbeitern trennen und so eine vernünftige Alters- und Qualifikationsstruktur sichern oder herstellen. Auch suspendiert der Aufhebungsvertrag von der Verpflichtung zur Einhaltung von Kündigungsfristen oder -terminen. Der Arbeitgeber vermeidet kosten- und zeitintensive Kündigungsschutzprozesse. Beteiligungsrechte des Betriebsrats bestehen beim Abschluss von Aufhebungsverträgen nicht, insbesondere bedarf es keiner vorherigen Anhörung des Betriebsrats gemäß § 102 BetrVG (*F/E/S/T/L* § 102 BetrVG Rn. 15; D/K/K/W/*Kittner* § 102 BetrVG Rn. 19; GKBetrVG/*Raab* § 102 BetrVG Rn. 25; Richardi/*Thüsing* § 102 BetrVG Rn. 21). Von erheblicher Bedeutung ist schließlich die dem Aufhebungsvertrag als einvernehmlichem Beendigungstatbestand innewohnende Befriedungsfunktion.

Auch für den Arbeitnehmer hat der Aufhebungsvertrag zahlreiche Vorteile. Ebenso wie der Arbeitgeber vermeidet er einen kosten- und zeitintensiven Kündigungsschutzprozess. Er erhält gegebenenfalls eine Abfindung oder sonstige Leistungen, auf die er sonst von Gesetzes wegen keinen Anspruch hätte. Wenn er eine neue Stelle gefunden hat und die Arbeit dort schnell aufnehmen möchte oder muss, verschafft ihm der Aufhebungsvertrag hierzu die Möglichkeit. Denn Kündigungsfristen oder -termine sind nicht zu beachten. Schließlich ist mit dem Aufhebungsvertrag nicht der „Makel der Kündigung" verbunden, der nicht nur psychologisch wirkt, sondern auch bei entsprechender Erwähnung z.B. in Zeugnissen für den Arbeitnehmer von Nachteil ist. Wesentlich aus Sicht des Arbeitnehmers dürfte schließlich die bereits erwähnte Befriedungsfunktion sein.

2. Begriff des Aufhebungsvertrags/Abgrenzung zum Abwicklungsvertrag. Das BAG versteht unter einem Aufhebungsvertrag die Vereinbarung zwischen Arbeitnehmer und

Arbeitgeber über das vorzeitige Ausscheiden des Arbeitnehmers aus dem Arbeitsverhältnis als Dauerschuldverhältnis (BAG AP BGB § 620 Aufhebungsvertrag Nr. 8; BAG AP BGB § 620 Aufhebungsvertrag Nr. 16). Notwendiger Mindestinhalt des Aufhebungsvertrags ist folglich, dass Arbeitgeber und Arbeitnehmer sich geeinigt haben, dass das zwischen ihnen bestehende Arbeitsverhältnis zu einem bestimmten Zeitpunkt enden soll. Der Aufhebungsvertrag ist zu unterscheiden vom Abwicklungsvertrag (vgl. zum Abwicklungsvertrag → Form. A. XV. 2). Während mit dem Aufhebungsvertrag das Arbeitsverhältnis zunächst beendet und nachfolgend abgewickelt wird, regelt der Abwicklungsvertrag lediglich die Abwicklung des bereits aufgrund eines sonstigen Beendigungstatbestands (insbesondere Kündigung) beendeten Arbeitsverhältnisses. Es gibt aber auch atypische Fälle, in denen die Kündigung dem Abwicklungsvertrag folgt, sog. „verabredete Kündigung" (BAG AP BetrVG 1972 § 102 Nr. 146). Der Unterschied zwischen beiden Vertragsformen ist fließend und wirkt sich arbeits- und steuerrechtlich praktisch nicht aus.

Der Aufhebungsvertrag kann, ebenso wie der Abwicklungsvertrag, sowohl außergerichtlich als auch gerichtlich abgeschlossen werden. Wird der Aufhebungsvertrag vor Gericht – i. d. R. im Rahmen eines Kündigungsschutzprozesses – abgeschlossen, so handelt es sich zugleich um einen Prozessvergleich i. S. d. § 794 Abs. 1 Nr. 1 ZPO.

3. Abgrenzung zum Verzicht auf Kündigungsschutzklage und Klageverzichtsvertrag. Die Erklärung zum Verzicht auf Kündigungsschutzklage wird als einseitige Erklärung des Arbeitnehmers grundsätzlich nicht als Aufhebungsvertrag angesehen (vgl. BAG NJW 1979, 2267). Ein Aufhebungsvertrag ist in diesem Fall nur dann anzunehmen, wenn sich aufgrund besonderer Anknüpfungspunkte ein rechtsgeschäftlicher Wille des Arbeitnehmers herleiten lässt, durch einen Vertrag sein Arbeitsverhältnis beenden zu wollen (vgl. BAG AP KSchG 1969 § 4 Nr. 4). Im Unterschied zum Aufhebungsvertrag lässt die Klageverzichtserklärung ebenso wie der Klageverzichtsvertrag den Bestand des Arbeitsverhältnisses unberührt. Im Fall der Erhebung einer Kündigungsschutzklage erweist sich der Klageverzichtsvertrag aber als prozesshindernde Einrede (*Baumbach/Lauterbach/Albers/Hartmann* Einf. §§ 306, 307 ZPO Rn. 2). In diesem Zusammenhang ist eine Klageverzichtsvereinbarung häufig als Regelungsinstrument in Abwicklungsverträgen zur Sicherung der Unangreifbarkeit einer arbeitgeberseitigen Kündigung vorzufinden (*Preis* Arbeitsvertrag II A 15 Rn. 10; → Form. A. XV. 2 Anm. 2). Zum Verständnis des BAG, einen Klageverzicht unter gewissen Umständen als „Auflösungsvertrag" i. S. d. § 623 BGB anzusehen, → Form. A. XV. 2 Anm. 15.

4. Widerruf und Anfechtung von Aufhebungsverträgen. Nach früherer Rechtsprechung war ein Recht des Arbeitnehmers auf Widerruf eines einmal abgeschlossenen Aufhebungsvertrags nicht anzuerkennen (BAG NZA 1994, 209; BAG NZA 1996, 811). Infolge des zum 1.1.2002 in Kraft getretenen Schuldrechtsmodernisierungsgesetzes ist zunächst diskutiert worden, ob ein Widerrufsrecht nach § 312 Abs. 1 S. 1 Nr. 1 BGB n. F. i. V. m. § 355 BGB für Aufhebungsverträge in Betracht kommt, die am Arbeitsplatz abgeschlossen werden. Dies hat das BAG in mittlerweile gefestigter Rechtsprechung verneint (BAG NZA 2004, 597; BAG AP BGB § 312 Nr. 2; vgl. MünchKomm/*Masuch* § 312 Rn. 48). Bereits ihrem Charakter nach als vertragstypenbezogenes Verbraucherschutzrecht würden die §§ 312 ff. BGB nur besondere „Vertriebsformen" erfassen, wozu weder Arbeits- noch Aufhebungsverträge gehörten. Unberührt bleibt natürlich die Möglichkeit des Arbeitgebers, dem Arbeitnehmer ein vertragliches Widerrufsrecht im Aufhebungsvertrag einzuräumen.

Für die Anfechtung des Aufhebungsvertrags gelten die allgemeinen Regeln der §§ 119 ff. BGB. Aufhebungsverträge sind nicht schon dann unwirksam oder anfechtbar, wenn der Arbeitgeber dem Arbeitnehmer vor Unterzeichnung **keine Bedenkzeit** einräumt (BAG NZA 1994, 209; BAG NZA 1996, 811; BAG BeckRS 2004, 41380). Umgekehrt kann die

Einräumung einer Bedenkzeit allein nicht den Tatbestand der widerrechtlichen Drohung bzw. deren Kausalität für den Abschluss des Aufhebungsvertrags beseitigen (BAG NZA 2008, 348).

5. AGB-Kontrolle. Seit dem 1.1.2002 unterliegen Verträge auf dem Gebiet des Arbeitsrechts, die vorformulierte Vertragsbedingungen enthalten und die der Arbeitgeber dem Arbeitnehmer bei Vertragsschluss einseitig stellt, einer besonderen Rechtskontrolle nach den Vorschriften über allgemeine Geschäftsbedingungen (§§ 305 ff. BGB). Da Aufhebungsverträge regelmäßig vorformulierte Vertragsklauseln enthalten, die für eine mehrfache Verwendung bestimmt sind und von der Gegenseite voraussichtlich ohne größere substanzielle Änderungen akzeptiert werden, liegen grundsätzlich allgemeine Geschäftsbedingungen („AGB") i. S. d. BGB vor (vgl. *Lingemann* NZA 2002, 181; *Bauer* NZA 2002, 169).

Grundsätzlich einer AGB-Kontrolle entzogen sind jedoch die im Aufhebungsvertrag geregelten Hauptleistungspflichten: Beendigung des Arbeitsverhältnisses, Beendigungstermin, Höhe der Abfindung und noch zu zahlende Vergütung (vgl. BAG BeckRS 2004, 41380; BAG NZA 2008, 1148; LAG Hamm NZA-RR 2003, 401; *Bauer* NZA 2002, 169; *Lingemann* NZA 2002, 181). Denn nur solche vertraglichen Bestimmungen, die von Rechtsvorschriften abweichende oder diese ergänzende Regelungen enthalten, sind kontrollfähig (vgl. § 307 Abs. 3 S. 1 BGB).

Bei der Inhaltskontrolle von **Arbeitsverträgen** nach Maßgabe der §§ 307 ff. BGB sind die im Arbeitsrecht geltenden Besonderheiten angemessen zu berücksichtigen (§ 310 Abs. 4 S. 2 Halbs. 1 BGB). Nach überwiegender Ansicht ist das Gesetz weit auszulegen, so dass die Berücksichtigung der arbeitsrechtlichen Besonderheiten auch bei **Aufhebungsverträgen** erfolgen muss (*Bauer* NZA 2002, 169). Als „arbeitsrechtliche Besonderheit" in diesem Sinne lässt sich feststellen, dass beim Aushandeln eines Aufhebungsvertrags ein strukturelles Ungleichgewicht zwischen Arbeitgeber und Arbeitnehmer nicht gegeben ist (BAG NZA 1996, 811). Denn der Arbeitnehmer befindet sich nicht in einer unterlegenen Verhandlungsposition: Er kann den Abschluss eines Aufhebungsvertrags ablehnen und ist durch das Kündigungsschutzgesetz in besonderer Weise geschützt. Deshalb kommt nach zutreffender Ansicht bei Aufhebungsverträgen nur eine eingeschränkte AGB-Kontrolle in Betracht (*Bauer* NZA 2002, 169; *Lingemann* NZA 2002, 181). Mit Beschluss vom 23.11.2006 hat das Bundesverfassungsgericht allerdings eine strukturelle Unterlegenheit des Arbeitnehmers bei Vertragsschluss und Vertragsänderungen auch dann bejaht, wenn dem Arbeitnehmer Kündigungsschutz zukommt (BVerfG NZA 2007, 85). Auch tendiert das BAG dazu, Regelungen außerhalb der Hauptleistungspflichten in Aufhebungsverträgen in gleicher Intensität wie arbeitsvertragliche Regelungen zu prüfen.

6. Vorbemerkung. Während eine Präambel häufig als Auslegungshilfe bei Verträgen herangezogen werden kann (→ Form. D. II. 1), erfüllt die hier vorgeschlagene Präambel diese Voraussetzung nicht. Sie ist lediglich aus Gründen der „Optik" aufgenommen und kann auch vollständig weggelassen werden, wenn nichts „Überflüssiges" aufgenommen werden soll. Wir halten eine derartige Einleitung in einem Vertragswerk aber für sinnvoll. Denn sie dokumentiert mit dem Hinweis auf die einvernehmliche Regelung der Beendigung des Arbeitsverhältnisses die dem Aufhebungsvertrag innewohnende „Befriedungsfunktion" (→ Anm. 1) und macht das Vertragswerk besser „lesbar".

7. Beendigung des Arbeitsverhältnisses. Arbeitgeber und Arbeitnehmer müssen sich über die Beendigung des Arbeitsverhältnisses einigen. Sinnvoll ist, diese beendigende Wirkung auch bezüglich weiterer Dienst- oder Arbeitsverhältnisse, die die Parteien gegebenenfalls im Moment des Vertragsschlusses nicht bedenken, vorzusehen. Auch die vorsorgliche Erstreckung der Beendigungswirkung auf etwaige Dienst- oder Arbeitsverhältnisse mit anderen mit der Gesellschaft des Arbeitgebers verbundenen Unternehmen bietet sich an, wenn ein vollständiges Ausscheiden des Mitarbeiters aus der Unternehmensgruppe gewünscht ist. Juristische Sicherheit vermitteln insoweit natürlich nur separate Aufhebungsverträge mit den jeweiligen verbundenen Unternehmen. Werden diese aber vergessen, so kann sich die Drittgesellschaft auf die Beendigungswirkung des nicht mit ihr geschlossenen Aufhebungsvertrags berufen. Zwar ist sie nicht Partei des Aufhebungsvertrags. Sie kann dem Handeln allerdings, wenn keine vorherige Zustimmung (Einwilligung) erteilt wurde, nachträglich zustimmen (Genehmigung). Folge ist, dass auch etwa zwischen ihr und dem Mitarbeiter bestehende Dienst- oder Arbeitsverhältnisse aufgehoben werden (§§ 177, 184 BGB).

8. Beendigung auf Veranlassung der Gesellschaft. Durchaus üblich ist die Formulierung, dass das Arbeitsverhältnis **„auf Veranlassung der Gesellschaft"** beendet wird. Hierdurch soll gegenüber den Finanzbehörden dokumentiert werden, dass es sich bei der Abfindung um eine Entschädigung für die vom Arbeitgeber veranlasste, endgültige Beendigung des Arbeitsverhältnisses nach § 24 Nr. 1 lit. a), b) EStG handelt. Für diesen Fall ist die hierauf entfallende Einkommensteuer grundsätzlich nach dem spezielleren Berechnungsverfahren des § 34 Abs. 1 EStG zu ermitteln (sog. „Fünftelungsregelung"). Bei der Fünftelungsregelung wird die Steuer so berechnet, als sei die Abfindung verteilt auf fünf Jahre zugeflossen. Voraussetzung für diese steuerliche Begünstigung ist eine sog. „Zusammenballung" von Einkünften anlässlich der Beendigung des Arbeitsverhältnisses. Eine Zusammenballung nimmt der BFH an, wenn innerhalb eines Veranlagungszeitraums die Summe aus der tatsächlich bezogenen Vergütung und der Abfindungszahlung höher ist als die Vergütung, die der Arbeitnehmer erhalten würde, wenn es nicht zu einer Beendigung des Arbeitsverhältnisses kommt (BFH NZA-RR 2010, 486).

9. Beendigung aus betrieblichen Gründen. Durch den Zusatz, dass die Beendigung des Arbeitsverhältnisses **„aus betrieblichen Gründen"** erfolgt, soll die Verhängung einer Sperrzeit für den Bezug von Arbeitslosengeld durch die Agenturen für Arbeit vermieden werden. In der Vergangenheit wurde bei Abschluss eines Aufhebungsvertrags regelmäßig eine Sperrzeit für den Bezug von Arbeitslosengeld nach § 159 Abs. 1 S. 1 SGB III verhängt. Durch Änderungen der Rechtsprechung und der Geschäftsanweisung (GA) der BA wurde der Abschluss eines nicht sperrzeitbegründenden Aufhebungsvertrags deutlich erleichtert.

Durch den Abschluss eines Aufhebungsvertrags löst ein Arbeitnehmer sein Beschäftigungsverhältnis aktiv und führt dadurch zumindest grob fahrlässig seine Arbeitslosigkeit herbei (BSG NZA 2006, 1359). Durch ein solches „versicherungswidriges Verhalten" wird gemäß § 159 Abs. 1 S. 1, 2 Nr. 1 SGB III eine Sperrzeit ausgelöst, sofern der Arbeitnehmer keinen wichtigen Grund für sein Vorgehen hatte.

Ein **wichtiger Grund** lag nach der **vormaligen** GA nur vor, wenn eine nicht verhaltensbedingte und objektiv rechtmäßige Kündigung durch den Arbeitgeber mit Bestimmtheit in Aussicht gestellt wurde und dem Arbeitnehmer ein Abwarten der arbeitgeberseitigen Kündigung unzumutbar war. Es wurde also eine **eigenständige arbeitsrechtliche Prüfung der Rechtmäßigkeit der Kündigung** vorgenommen. Die Unzumutbarkeit des Abwartens der Kündigung wurde insbesondere dann angenommen, wenn der Arbeitnehmer durch die einvernehmliche Lösung des Arbeitsverhältnisses objektive Nachteile vermeiden konnte, die sich durch eine arbeitgeberseitige Kündigung für sein berufliches Fortkommen ergeben hätten (BSG NZA 2005, 98).

In seinem grundlegenden Urteil vom 12.7.2006 (BSG NZA 2006, 1359) hat das BSG entschieden, dass einem Arbeitnehmer das Abwarten einer sozial gerechtfertigten Kündigung dann nicht zumutbar ist, wenn er sich durch den Abschluss eines Aufhebungsvertrags eine Abfindung sichern kann. Denn diesem wirtschaftlichen Interesse des Arbeitnehmers stehe kein gleichwertiges Interesse der Versicherten an einem Abwarten der angedrohten Kündigung entgegen, wenn die Beschäftigungslosigkeit ohnehin eintreten würde.

Weitergehend hat das BSG in einem obiter dictum im selben Urteil erwogen, dass vom Vorliegen eines wichtigen Grundes auch **ohne Prüfung der Rechtmäßigkeit einer drohenden**

Arbeitgeberkündigung auszugehen ist, wenn die Abfindungssumme die in § 1a Abs. 2 KSchG festgelegten 0,5 Monatsgehälter pro Beschäftigungsjahr nicht überschreitet.

Als Reaktion auf die Entscheidungen änderte die BA ihre GA dahingehend, dass ein wichtiger Grund i. S. v. § 159 Abs. 1 S. 1 SGB III zum Abschluss eines Aufhebungsvertrags **unabhängig von der Rechtmäßigkeit der Kündigung** dann vorliegt, wenn:

- eine Kündigung durch den Arbeitgeber mit Bestimmtheit in Aussicht gestellt worden ist,
- die drohende Kündigung auf betriebliche Gründe gestützt würde,
- die Kündigung unter Beachtung der maßgeblichen Kündigungsfrist erfolgt wäre und zu demselben Zeitpunkt, zu dem das Beschäftigungsverhältnis geendet hat, oder früher wirksam geworden wäre,
- der Arbeitnehmer nicht unkündbar war und
- eine Abfindung zwischen 0,25 und 0,5 Monatsgehältern pro Beschäftigungsjahr gezahlt wird (GA 159.102, 159.103).

Das BSG hat die angekündigte Rechtsprechungsänderung zwischenzeitlich vollzogen (BSG NZS 2012, 874). Die Prüfung der Rechtmäßigkeit der Arbeitgeberkündigung entfällt daher, wenn die vorstehend genannten Vorgaben erfüllt sind. Der Arbeitnehmer kann sich lediglich dann nicht auf einen wichtigen Grund berufen, wenn Anhaltspunkte für eine Gesetzesumgehung zulasten der Versichertengemeinschaft vorliegen, z. B. bei einer offenkundig rechtswidrigen Kündigung (so auch bisher schon GA 159.17). Weiterhin ungeklärt ist die Frage, ob diese Grundsätze auch für den Fall einer personenbedingten Kündigung gelten. Das BSG hatte dies in einem obiter dictum erwogen (BSG NZA 2006, 1359), später jedoch nicht weiter vertieft. Die GA setzt nach wie vor einen „betrieblichen" Grund für die Kündigung voraus.

Werden höhere Abfindungen vereinbart, ist das Vorliegen eines wichtigen Grundes nach der neuen GA von der (**hypothetischen**) **Rechtmäßigkeit der in Aussicht gestellten Kündigung** abhängig (GA 159.105). Hier besteht das Risiko, dass die Agentur für Arbeit von der Rechtswidrigkeit der in Aussicht gestellten Kündigung ausgeht, da es für einen Arbeitgeber (nicht zuletzt auch aufgrund der gerichtlichen Vergleichspraxis in Kündigungsschutzprozessen) – vermeintlich – keinen Grund gibt, von der Abfindungshöhe des § 1a KSchG abzuweichen, wenn objektiv von einer rechtmäßigen Kündigung auszugehen ist. Deshalb bietet es sich an, bei Abfindungen, die unter oder über der von der BA geforderten Grenze liegen, einen **gerichtlichen Vergleich** zu schließen. Denn nach der GA liegt bei arbeitsgerichtlichen Vergleichen **kein versicherungswidriges, sperrzeitbegründendes Verhalten** i. S. v. § 159 Abs. 1 S. 1, 2 Nr. 1 SGB III vor (GA 159.19). Auch das BSG hat für einen im Rahmen eines Kündigungsschutzprozesses geschlossenen Vergleich in einem obiter dictum festgestellt, dass die Annahme eines wichtigen Grundes in Betracht kommt, soweit keine Anhaltspunkte dafür vorliegen, dass mit dem abgeschlossenen Vergleich zu Lasten der Versichertengemeinschaft manipuliert werden soll. Dem Arbeitnehmer sei, wenn schon das Unterlassen einer Kündigungsschutzklage als sperrzeitunschädlich anzusehen sei, auch die jederzeitige Beendigung eines eingeleiteten Verfahrens – sei es durch Rücknahme der Klage oder eben durch Vergleich – zuzugestehen. Zur Höhe der im arbeitsgerichtlichen Vergleich vereinbarten Abfindung hat das BSG klargestellt, dass allein aus der Überschreitung der in §§ 1a, 10 KSchG genannten Grenzen noch kein genereller Verdacht der Manipulation der Versichertengemeinschaft hergeleitet werden kann. Vielmehr ist zu prüfen, ob das Gesamtgeschehen als Gesetzesumgehung zum Nachteil der Versichertengemeinschaft zu werten ist. Dies wäre z. B. dann zu bejahen, wenn die Kündigung offensichtlich rechtswidrig war oder eine vom Arbeitnehmer initiierte Kündigung durch den Arbeitgeber vorliegt und die Klage vor dem Arbeitsgericht einvernehmlich nur dem Ziel diente, den Eintritt der Sperrzeit zu vermeiden (BSG NZA-RR 2008, 383). Auch die GA sieht bei vorausgegangenen Absprachen, vom Arbeitnehmer initiierten Kündigungen und bei offensichtlich rechtswidrigen Kündigungen eine Sperrzeit vor (GA 159.13, 159.15, 159.17). Vorfeldabsprachen müssen also vor

Erhebung der Kündigungsschutzklage unterbleiben. Ob diese Rechtsprechung auch auf Vergleiche gemäß § 278 Abs. 6 ZPO übertragen werden kann, ist bislang noch nicht entschieden (ablehnend *Gaul/Niklas* NZA 2008, 137).

Geht man davon aus, dass mit den in der GA genannten „betrieblichen Gründen" nur drohende Kündigungen aus „betriebsbedingten Gründen" privilegiert sind, ist jedoch zu beachten, dass die Formulierung einer Beendigung **„aus betriebsbedingten Gründen"** nur aufgenommen werden darf, wenn eine entsprechende unternehmerische Entscheidung durch den Arbeitgeber tatsächlich – und nicht nur zum Schein – getroffen wurde. Andernfalls kommt eine Strafbarkeit von Arbeitgeber und Arbeitnehmer wegen gemeinschaftlichen Betrugs (§ 263 StGB) zulasten der Sozialversicherungsträger in Betracht. Dem Arbeitgeber bleibt freilich unbenommen, auch bei vorliegenden personen- oder verhaltensbedingten Kündigungsgründen eine solche unternehmerische Entscheidung tatsächlich zu treffen. Die Formulierung, dass das Arbeitsverhältnis „aus betrieblichen Gründen" endet, erfasst wohl alle entsprechenden Tatbestände. Dadurch wird zum einen der GA genüge getan und zum anderen sprachlich nicht bloß das Vokabular des KSchG übernommen.

Jedenfalls bei Ausfüllung der Arbeitsbescheinigung wird der Arbeitgeber diejenigen betrieblichen Gründe, die für seine Entscheidung zur Beendigung des Arbeitsverhältnisses maßgeblich sind, seien sie nun verhaltens-, personen- oder betriebsbedingt, im Einzelnen darlegen müssen. Insbesondere wird er Stellung nehmen müssen, ob er eine Sozialauswahl durchgeführt hat, was bei den verhaltens- und personenbedingten Gründen naturgemäß nicht der Fall ist.

10. Bestimmung des Beendigungstermins. Vielfältige rechtliche Schwierigkeiten ranken sich um die Frage des von den Parteien konkret gewählten Zeitpunkts der Beendigung des Arbeitsverhältnisses. Der Beendigungstermin kann vom Zeitpunkt des Abschlusses des Aufhebungsvertrags aus gesehen in der Vergangenheit oder in der Zukunft liegen. Die eher seltene Gestaltung, dass der Beendigungstermin der Tag der Unterzeichnung des Aufhebungsvertrags ist, lässt sich über die nachfolgend dargestellten Grundsätze umsetzen, die für die Wahl eines Beendigungstermins in der Zukunft gelten.

Bei Entscheidung für einen Beendigungstermin in der **Vergangenheit** gilt Folgendes: Eine rückwirkende Auflösung des Arbeitsverhältnisses ist nur insoweit möglich, als der Mitarbeiter für die Zeit nach dem Beendigungstermin bereits keine Arbeitsleistung mehr erbracht hat, z.B. infolge einer Freistellung. Das Arbeitsverhältnis muss folglich im Zeitraum zwischen dem Beendigungstermin und der Unterzeichnung des Aufhebungsvertrags außer Vollzug gewesen sein. Denn mit tatsächlicher Erbringung der Arbeitsleistung entfaltet das Arbeitsverhältnis steuer- und sozialversicherungsrechtliche Wirkungen, die durch einen Aufhebungsvertrag nicht mehr rückgängig gemacht werden können. Insoweit stehen die zum fehlerhaften Arbeitsverhältnis entwickelten Grundsätze entgegen (BAG NZA 2010, 273; zur Anfechtung vgl. BAG AP SchwbG § 15 Nr. 6).

Ein Beendigungstermin in der **Zukunft** kann **vor, zum** oder **nach dem Ablauf der Kündigungsfrist** liegen. Maßgeblich für diese Unterscheidung ist die Kündigungsfrist, die im konkreten Fall bei Ausspruch einer Kündigung – gerechnet ab dem Tag des Abschlusses des Aufhebungsvertrags – hätte eingehalten werden müssen. Insoweit gilt: Beendigungstermine **zum Ablauf der Kündigungsfrist** sind regelmäßig unproblematisch. Durch die Klarstellung, dass die vertraglichen Kündigungsfristen eingehalten wurden, können gegebenenfalls Diskussionen mit der Agentur für Arbeit über das Eingreifen des Ruhenstatbestandes gemäß § 158 SGB III verhindert werden. Demnach ruht der Anspruch auf Arbeitslosengeld, wenn eine Abfindung unter gleichzeitiger Verkürzung der ordentlichen Kündigungsfrist gewährt wird. Wird daher ein Beendigungstermin **vor Ablauf der Kündigungsfrist** und – wie i.d.R. – eine Abfindung vereinbart, so wird die Agentur für Arbeit eine Ruhenszeit hinsichtlich des Anspruchs auf Arbeitslosengeld verhängen. Zwar treffen den Arbeitgeber insoweit nur begrenzte Aufklärungspflichten (→ Anm. 40, 41). Im

Interesse des Mitarbeiters und zur Vermeidung eines Streits um Umfang und Inhalt der etwa geschuldeten oder erfolgten Aufklärung sollte aber an diese Konsequenz gedacht werden. Wird ein Beendigungstermin **nach Ablauf der Kündigungsfrist** vereinbart, so kann dies eine unzulässige Umgehung der arbeitsrechtlichen Befristungskontrolle darstellen. Denn in Fällen, in denen die Restlaufzeit des Arbeitsvertrags die Kündigungsfrist **um ein Vielfaches überschreitet** und (!) es an weiteren Vereinbarungen im Zusammenhang mit der Beendigung des Arbeitsverhältnisses, wie sie im Aufhebungsvertrag **regelmäßig getroffen werden,** fehlt, ist der Aufhebungsvertrag nicht auf eine Beendigung, sondern auf eine befristete Fortsetzung des Arbeitsverhältnisses gerichtet (BAG DB 2000, 145; BAG BB 2002, 2070; BAG NZA 2008, 348). Dann bedarf die vertragliche Regelung (d.h. die vereinbarte Befristung) eines sachlichen Grundes (vgl. § 14 Abs. 1 TzBfG). Fehlt dieser, ist die Vereinbarung zur Beendigung des Arbeitsverhältnisses und damit der Aufhebungsvertrag unwirksam.

Haben die Parteien nicht ausdrücklich einen bestimmten Beendigungstermin vereinbart, so wird das Arbeitsverhältnis sofort aufgehoben (§ 271 BGB; vgl. BAG NZA 2010, 273).

Die Wahl des Beendigungstermins unterliegt nach zutreffender Ansicht keiner Überprüfung anhand der AGB-Kontrolle gemäß §§ 307 ff. BGB. Denn hierbei handelt es sich um Hauptleistungspflichten, die einer AGB-Kontrolle grundsätzlich entzogen sind (§ 307 Abs. 3 S. 1 BGB; → Anm. 5).

Die Festlegung eines Beendigungstermins schließt das Recht auf Ausspruch einer (ordentlichen oder) außerordentlichen Beendigungskündigung nicht aus. Entsteht etwa nach Abschluss eines Aufhebungsvertrags ein wichtiger Grund im Verhalten des Arbeitnehmers i.S.v. § 626 Abs. 1 BGB, so kann der Arbeitgeber gleichwohl kündigen. Das Arbeitsverhältnis wird dann durch die außerordentliche Kündigung fristlos beendet und nicht durch den Aufhebungsvertrag zum darin vorgesehenen Beendigungstermin. Gleichwohl bliebe der Aufhebungsvertrag in Kraft, so dass insbesondere eine vereinbarte Abfindung zunächst einmal weiter geschuldet bliebe. Eine Lösung dieser Fälle ist rechtlich wie tatsächlich oft schwierig. Denn ein Wegfall oder eine Anpassung des Aufhebungsvertrags als Rechtsgrundlage des Abfindungsanspruchs ist nur schwer begründbar.

11. Beendigungsoption. Bei einem Beendigungstermin, der in der Zukunft liegt, ist daran zu denken, dem Mitarbeiter die Option einzuräumen, sein Arbeitsverhältnis vor dem vereinbarten Beendigungstermin **vorzeitig durch einseitige Kündigungserklärung** zu beenden. Die Beendigungsoption ist so gestaltet, dass dem Mitarbeiter ein Kündigungsrecht eingeräumt wird. Das ist gegenüber einem bloßen Angebot auf Vorziehen des Beendigungstermins vorzugswürdig, weil das Kündigungsrecht stets zu einem bestimmten Termin ausgeübt wird, während ein Angebot, das Arbeitsverhältnis zu einem jeden Monatsende vor dem Beendigungstermin beenden zu können, dem Einwand fehlender Bestimmtheit ausgesetzt sein kann.

Eine solche Option wird i.d.R. damit verbunden, dass nicht nur das Arbeitsverhältnis zu einem bestimmten früheren Zeitpunkt endet, sondern auch damit, dass die bis zum ursprünglichen Beendigungstermin eigentlich noch auszuzahlende Vergütung (ganz oder teilweise – in der Alternative sind 50 Prozent vorgeschlagen) als **Erhöhungsbetrag** der Abfindung zugute kommt. Letzteres ist durch Verweis auf die Formulierung in der Alternative zu Abs. (2) von § 3 des Formulars vorgesehen. Eine solche vertragliche Gestaltung ist vor allem dann sinnvoll, wenn der Mitarbeiter noch „Ausschau" nach einer neuen Beschäftigung hält, ihm hierfür Zeit eingeräumt werden soll, die neue Beschäftigungsmöglichkeit sich aber auch sehr kurzfristig ergeben kann. Dann hat der Mitarbeiter die Möglichkeit, mit kurzer Ankündigungsfrist (im Formular sind 14 Kalendertage vorgeschlagen) das Arbeitsverhältnis schnell zu beenden.

12. Abrechnung. Es ist weit verbreitet, lediglich die Verpflichtung der Gesellschaft zur (ordnungsgemäßen) Abrechnung des Arbeitsverhältnisses bis zum Beendigungstermin im

Aufhebungsvertrag festzuschreiben. Teilweise wird nicht einmal dies vertraglich geregelt, da eine ordnungsgemäße Abrechnung der Vergütung bis zum Beendigungstermin ohnehin selbstverständlich sei – ungeachtet dessen, ob der Mitarbeiter freigestellt wird oder nicht. Diese Praxis ist risikoreich. Mit Zunahme verschiedener Arten der Vergütung und gleichzeitiger Flexibilisierung der Vergütungssysteme gibt es immer häufiger Fälle, in denen neben einem Festgehalt variable Vergütungsbestandteile wie Boni, Gratifikationen, Tantiemen, Provisionen etc. gezahlt werden. Wird der Umgang mit diesen Lohnbestandteilen im Rahmen der Beendigung des Arbeitsverhältnisses nicht explizit geregelt, droht Streit über den Umfang der Zahlungsverpflichtungen des Arbeitgebers nach Abschluss des Aufhebungsvertrags. Denn die flexiblen Vergütungssysteme enthalten regelmäßig keine Bestimmungen zum Umgang mit der flexiblen Vergütung bei Beendigung des Arbeitsverhältnisses durch Aufhebungsvertrag. Jede Partei kann dann den für sie jeweils günstigsten Standpunkt vertreten. So wird der Arbeitgeber bei Bonussystemen, die an die Leistung des Mitarbeiters anknüpfen, für die Zeit einer etwaigen Freistellung bis zum Beendigungstermin auf Basis eines Aufhebungsvertrags keinen Bonus mehr zahlen wollen. Der Arbeitnehmer wird in derselben Situation den Standpunkt vertreten, er habe der Freistellung nur unter der Prämisse voller Lohnfortzahlung zugestimmt und zu seinem Lohn gehöre nun einmal auch der Leistungsbonus, der folglich zu 100 Prozent gezahlt werden müsse. Es ist daher dringlich anzuraten, die Behandlung aller Lohnbestandteile bis zum Beendigungstermin im Aufhebungsvertrag explizit zu regeln. Das Formular geht zunächst von der einfachsten Konstellation aus, dass keine zusätzlichen Lohnbestandteile gezahlt werden sollen.

Die Höhe der vereinbarten Zahlungen unterliegt keiner Überprüfung anhand der AGB-Kontrolle gemäß §§ 307 ff. BGB. Denn hierbei handelt es sich um Hauptleistungspflichten, die einer AGB-Kontrolle grundsätzlich entzogen sind (§ 307 Abs. 3 S. 1 BGB; → Anm. 5).

13. Bonusregelung. Steht dem Mitarbeiter noch eine Vergütung zu, so sollte zur Vermeidung zukünftiger Streitigkeiten ein fester Betrag ausgewiesen werden. Dies schließt Auseinandersetzungen hinsichtlich Zielerreichung, hypothetischer Zielerreichung bei Fortsetzung der Tätigkeit und Auswirkungen veränderter Rahmenbedingungen aus. Weiterhin sollte auch der Fälligkeitstermin angegeben werden. Im Formular wird hierfür der Beendigungstermin vorgeschlagen.

Oftmals wird sich die Vereinbarung eines pauschalen Betrags anbieten. Eine exakte Berechnung des Bonus ist bei Abschluss des Aufhebungsvertrags regelmäßig noch nicht möglich, etwa weil die Erreichung der (Unternehmens-)Ziele noch nicht abgeschätzt werden kann und/oder Regelungen für eine unterjährige Beendigung des Arbeitsverhältnisses nicht bestehen. Wenn der Bonus anhand der bestehenden Bonusregelungen berechnet werden kann, sollte die angewendete Bonusregelung bezeichnet werden, um klarzustellen, aufgrund welcher Rechtsgrundlage die Leistung erfolgen soll. Dies sieht die zweite Alternative im Formular vor.

Wird die Festlegung eines bestimmten Fixbetrags zur Abgeltung der variablen Vergütung nicht gewünscht, so sollte zumindest die genaue Berechnungsweise der zeitanteiligen variablen Vergütung geregelt werden, um Streitigkeiten zu vermeiden.

14. Darlehen/Sonstige Regelungen. Die Klausel zur Rückzahlung der Restschuld eines Arbeitgeber-Darlehens soll beispielhaft verdeutlichen, dass weitere regelungsbedürftige Punkte existieren können, die dann auch im Aufhebungsvertrag „abgearbeitet" werden müssen. Beispiele: Behandlung von Arbeitnehmererfindungen, Werksmiet- oder Dienstwohnungen sowie Rückforderungsansprüche des Arbeitgebers auf Grund von Fortbildungsverträgen.

15. Höhe der Abfindung. Sofern der Arbeitnehmer nur gegen Zahlung einer Abfindung zum Abschluss des Aufhebungsvertrags bereit ist, muss die Höhe der Abfindung im Aufhebungsvertrag geregelt werden. Hierfür gibt es keine generellen Regeln. Die von den Arbeitsgerichten üblicherweise zugrunde gelegte Formel **„Brutto-Monatsgehalt × Dienstjahre × 0,5"** stellt nur eine Faustformel dar. Die Abfindung sollte grundsätzlich als Bruttobetrag deklariert werden. Um die Verhängung einer Sperrzeit bei einer Aufhebung aus betrieblichen Gründen zu verhindern, ist eine Abfindung in Höhe von 0,25 bis 0,5 Brutto-Monatsgehältern pro Dienstjahr günstig (→ Anm. 9). Eine Steuerbegünstigung kann sich aus §§ 24 Nr. 1, 34 EStG ergeben (→ Anm. 8).

16. Vererblichkeit der Abfindung. Die Parteien können Regelungen zur Vererblichkeit der Abfindung aufnehmen. Fehlen derartige Regelungen, so gilt Folgendes: Schuldrechtliche Ansprüche entstehen regelmäßig mit Abschluss des Rechtsgeschäfts, durch das die Rechtsbeziehungen der Vertragsschließenden geregelt werden, hier also durch Abschluss des Aufhebungsvertrags. Plastisch formuliert das BAG: Über allen von Menschen abgeschlossenen Verträgen liege bei der stets vom Tode bedrohten Existenz des Menschen ohnehin eine gewisse Unsicherheit über die Lebensdauer des Vertragspartners. Deshalb könne im Regelfall nicht angenommen werden, der Arbeitnehmer müsse davon ausgehen, eine Abfindungszusage werde hinfällig, wenn er den Beendigungstermin des Arbeitsverhältnisses nicht erlebe (BAG AP ZPO § 767 Nr. 8; BAG NZA 1988, 466). Folglich ist die Abfindung auch bei Tod des Arbeitnehmers **nach Abschluss** des Aufhebungsvertrags aber **vor dem Beendigungstermin** grundsätzlich vererblich. Etwas anderes gilt nur, wenn sich **aus dem Aufhebungsvertrag** ergibt, dass das Erleben des Beendigungstermins Vertragsinhalt geworden ist. Das kann entweder **ausdrücklich** so im Aufhebungsvertrag niedergelegt sein. Es kann sich aber auch **konkludent** hieraus ergeben aufgrund einer Würdigung der Interessenlage der Parteien (BAG AP ZPO § 767 Nr. 8; BAG AP BGB § 620 Aufhebungsvertrag Nr. 8). Maßgeblich für diese Würdigung der Interessenlage ist, welchem Zweck die Abfindung dienen sollte. Stellt sie – wie i. d. R. – in erster Linie eine Gegenleistung des Arbeitgebers für die Einwilligung des Arbeitnehmers in die vorzeitige Beendigung des Arbeitsverhältnisses dar, so spricht dies für eine Vererblichkeit (BAG AP ZPO § 767 Nr. 8; BAG NZA 1988, 466). Dient sie dagegen im Rahmen eines Frühpensionierungsprogramms vor allem dem Zweck, den Verdienstausfall des Arbeitnehmers zwischen Beendigung des Arbeitsverhältnisses und frühestmöglichem Bezug einer gesetzlichen Altersrente auszugleichen, spricht dies gegen eine Vererblichkeit (BAG AP ZPO § 767 Nr. 8; BAG AP BGB § 620 Aufhebungsvertrag Nr. 20).

17. Fälligkeit der Abfindung. Neben der Höhe sollte auch die Fälligkeit der Abfindung geregelt werden. Soweit keine vertragliche Regelung erfolgt, entsteht der Anspruch auf Abfindung erst mit dem im Aufhebungsvertrag genannten Beendigungstermin (BAG DB 2004, 2430). Im Formular wurde ebenfalls der Beendigungstermin als Fälligkeitszeitpunkt vorgesehen. Die Fälligkeit wurde jedoch – was aus Arbeitgebersicht zweckmäßig ist – von der vollständigen Erfüllung der Pflichten des Mitarbeiters zur Rückgabe von Firmeneigentum abhängig gemacht. Wird der fällige und durchsetzbare Anspruch nicht erfüllt, die Abfindung also nicht gezahlt, kann der Arbeitnehmer gegebenenfalls vom Aufhebungsvertrag zurücktreten (§ 323 BGB; vgl. BAG NZA 2012, 205). Das BAG (BAG NZA 2012, 205) hat insoweit offen gelassen, ob der abdingbare § 323 BGB ohne besondere Regelung im Aufhebungsvertrag als abbedungen anzusehen ist.

18. Abfindung aus Sozialplan. Schwierigkeiten bereitet immer wieder die Festlegung von Abfindungen in Aufhebungsverträgen im Rahmen von Betriebsänderungen, für die ein Sozialplan mit Abfindungsregelungen abgeschlossen wurde. Hier sind im Wesentlichen zwei Fallgruppen praxisrelevant: Mitarbeiter werden häufig aus dem Unternehmen mit Aufhebungsvertrag und auf Basis der Sozialplanabfindung ausscheiden. Die Mitarbeiter wollen den Aufhebungsvertrag aber verständlicherweise nur dann unterschreiben, wenn er die genaue Höhe der Sozialplanabfindung beinhaltet. In diesen Fällen muss Folgendes getan werden: Selbstverständlich ist zunächst, dass die Anspruchsberechtigung des Mitarbeiters nach dem Sozialplan geprüft wird. Dann muss die Höhe der Sozialplanabfindung (zutreffend) errechnet werden. Schließlich ist darauf zu achten, dass kein eigenständiger Anspruchsgrund für die Abfindung (aus Aufhebungsvertrag) neben dem eigentlichen Anspruchsgrund (Sozialplan) geschaffen wird. Denn wenn im Sozialplan – was nicht der Fall sein sollte – keine Bestimmung zur Anrechnung anderweitiger Abfindungen auf die Sozialplanabfindung vorgesehen ist, könnten Mitarbeiter bei missverständlicher Formulierung der Abfindung im Aufhebungsvertrag eine **doppelte Anspruchsberechtigung** erlangen: Einmal aus Sozialplan und einmal aus Aufhebungsvertrag. Die Alternativklausel im Formular vermeidet eine derartige doppelte Anspruchsberechtigung. Sie macht aber die erwähnte Prüfung der Anspruchsberechtigung und die richtige Berechnung der Sozialplanabfindung nicht entbehrlich. Gerade bei der Berechnung der Abfindungshöhe ist zu bedenken, dass etwaige Berechnungsfehler zu Lasten des Mitarbeiters durch Nacherstattung vom Arbeitgeber korrigiert werden müssten, während Berechnungsfehler zugunsten des Mitarbeiters gegebenenfalls keine Auszahlung (nur) des tatsächlich niedrigeren Sozialplananspruchs ermöglichen.

19. Höhere Abfindung als Sozialplan. Der zweite Fall ist, dass Mitarbeitern individualvertraglich eine höhere als die Sozialplanabfindung bezahlt werden soll. Diese Situation tritt vor allem dann auf, wenn nach betriebsbedingter Kündigung der Kündigungsschutzprozess zu Ungunsten des Arbeitgebers verläuft und er sich daher gezwungen sieht, die Sozialplanabfindung gegenüber einzelnen Mitarbeitern „aufzustocken". Hier ist zunächst der arbeitsrechtliche Gleichbehandlungsgrundsatz zu beachten. Er verlangt einen Sachgrund für diese Erhöhung, wenn mit mehreren Arbeitnehmern Aufhebungsverträge abgeschlossen werden (hierzu sogleich). Vor allem ist aber auch insoweit darauf zu achten, keine **doppelte Anspruchsberechtigung** herbeizuführen. Im Aufhebungsvertrag kann nicht geregelt werden, dass die individualrechtlich vereinbarte Abfindung auf die Sozialplanabfindung angerechnet wird. Der Sozialplan stellt eine Betriebsvereinbarung dar (§ 112 Abs. 1 S. 3 BetrVG). Ein Verzicht auf die Sozialplanabfindung, wie er in der genannten Anrechnungsklausel enthalten wäre, wäre nur mit Zustimmung des Betriebsrats zulässig (§ 77 Abs. 4 S. 2 BetrVG). Diese Zustimmung liegt regelmäßig nicht vor. Einzig gangbar ist daher der umgekehrte Weg: Die Sozialplanabfindung ist auf die im Aufhebungsvertrag vereinbarte Abfindung anzurechnen. Das ist kraft Vertragsfreiheit ohne weiteres zulässig und hierfür dient die Alternativklausel im Formular.

Vor allem bei Betriebsänderungen – mit oder ohne Sozialplan – hat der Arbeitgeber den allgemeinen arbeitsrechtlichen Gleichbehandlungsgrundsatz zu beachten. Denn der Grundsatz „Vertragsfreiheit geht vor Gleichbehandlung" gilt zwar auch für den Aufhebungsvertrag. Er wird aber dann durchbrochen, wenn mit mehreren Arbeitnehmern in vergleichbarer Situation Aufhebungsverträge abgeschlossen werden, sich der Aufhebungsvertrag also nicht als individuelle Maßnahme, sondern als Kollektiv- bzw. Gesamtmaßnahme darstellt. Dann verlangt der allgemeine arbeitsrechtliche Gleichbehandlungsgrundsatz, dass der Arbeitgeber nicht willkürlich in einem Aufhebungsvertrag freiwillige Zahlungen an einen Arbeitnehmer vorsehen kann, während ein anderer Arbeitnehmer in vergleichbarer Situation keine oder geringere Zahlungen erhält (BAG AP BetrVG 1972 § 112 Nr. 79). Gleichbehandlung wird natürlich nur dann gefordert, wenn die Situation der Arbeitnehmer rechtlich und wirtschaftlich vergleichbar ist. Außerdem ist Ungleichbehandlung stets dann erlaubt, wenn hierfür ein sachlich rechtfertigender Grund vorliegt, die Entscheidung des Arbeitgebers sich mithin nicht als willkürlich erweist (BAG AP BetrVG 1972 § 112 Nr. 79).

Im Rahmen von Aufhebungsverträgen hat das BAG insoweit Folgendes entschieden: Der Grundsatz der Gleichbehandlung gilt für alle freiwilligen Leistungen des Arbeitgebers (MünchHdbArbR/*Richardi* § 14 Rn. 12 ff.). Die Ungleichbehandlung verschiedener Arbeitnehmergruppen bei freiwilligen Leistungen ist nur dann mit dem allgemeinen arbeitsrechtlichen Gleichbehandlungsgrundsatz vereinbar, wenn die Unterscheidung nach dem Zweck der Leistung gerechtfertigt ist (st. Rspr.; vgl. BAG AP BGB § 242 Gleichbehandlung Nr. 44; BAG AP BGB § 242 Gleichbehandlung Nr. 76). Zahlt der Arbeitgeber bei einer Betriebsstilllegung freiwillig, d. h. ohne entsprechende Rechtspflicht (z. B. aus einem Sozialplan), an eine Vielzahl von Arbeitnehmern Abfindungen, so ist es sachlich gerechtfertigt, Mitarbeitern, die bereits eine neue Stelle gefunden haben, eine geringere Abfindung zu versprechen als Mitarbeitern, deren Chancen auf dem Arbeitsmarkt ungünstig sind (BAG AP BetrVG 1972 § 112 Nr. 79). Abgesehen von dieser Entscheidung hat das Gericht bisher zur Frage des arbeitsrechtlichen Gleichbehandlungsgrundsatzes bei Zahlung von Abfindungen nicht Stellung genommen. Umfangreiche Judikatur existiert allerdings für den Bereich von Sozialplanabfindungen (→ Form. C. I. 8 Anm. 9). Auf diese Rechtsprechung kann zurückgegriffen werden, wenngleich der Gestaltungsspielraum für Differenzierungen für die Betriebspartner im Rahmen eines Sozialplans weiter sein dürfte als für den Arbeitgeber bei einseitigem Handeln.

20. Beendigungsoption und Abfindung. Es handelt sich um Alternativklauseln für den Fall, dass dem Mitarbeiter die Option zur vorzeitigen Beendigung des Arbeitsverhältnisses durch einseitige Erklärung eingeräumt wurde (→ Anm. 11).

21. Minderung der Abfindung bei Wiedereinstellung. Oftmals kommt eine Wiedereinstellung des Mitarbeiters in Betracht. Dann mag es der Arbeitgeber für unbillig halten, eine Abfindung auf Basis der bisherigen Betriebszugehörigkeit zu zahlen. Sachgerecht erscheint es, den Abfindungsbetrag abhängig vom Zeitpunkt der Wiederaufnahme der Tätigkeit beim Arbeitgeber entsprechend folgendem Grundsatz zu mindern: Je früher die Wiederaufnahme der Tätigkeit erfolgt, desto geringer ist die geschuldete Abfindung. Da eine Wiederaufnahme der Tätigkeit bei Beendigung des Arbeitsverhältnisses und damit die Auszahlung der Abfindung meist nicht absehbar ist, muss der Mitarbeiter dann nach Wiedereinstellung einen Teil des Abfindungsbetrags zurückzahlen. Der Rückzahlungsbetrag bemisst sich hier nach der Brutto-Zahlung an den Mitarbeiter. Die Klausel sieht darüber hinaus vor, dass der Minderungsbetrag mit etwa noch aus dem alten Arbeitsverhältnis ausstehender Vergütung verrechnet werden kann. Dass er mit der Vergütung aus dem neuen Arbeitsverhältnis verrechnet werden kann, können die Parteien in der Vereinbarung zur Wiedereinstellung (gegebenenfalls neuer Arbeitsvertrag) ohnehin vereinbaren.

Die Regelung kann auch auf den Abschluss eines Arbeitsvertrags mit einem verbundenen Unternehmen erstreckt werden. Das Formular enthält eine entsprechende Option. Hierbei ist allerdings darauf zu achten, dass der ehemalige Arbeitgeber auch von der Tätigkeit des Mitarbeiters bei einem verbundenen Unternehmen erfährt. Das Formular enthält daher eine entsprechende Anzeigepflicht.

22. Unwiderrufliche Freistellung und Sozialversicherungspflicht. Die Sozialversicherungsträger vertraten bis vor einigen Jahren die Auffassung, dass bei einvernehmlicher und unwiderruflicher Freistellung kein Beschäftigungsverhältnis i. S. d. Sozialversicherungsrechts vorliegt. Das BSG hat diese Auffassung zurückgewiesen (BSG NZA-RR 2009, 272; BSG NZA-RR 2009, 269). Es nimmt auch im Falle der einvernehmlichen unwiderruflichen Freistellung den Fortbestand der sozialversicherungspflichtigen Beschäftigung bis zum Ende des Arbeitsverhältnisses an. Dem haben sich die Sozialversicherungsträger bei einer Besprechung des GKV-Spitzenverbandes, der Deutschen Rentenversicherung Bund und der Bundesagentur für Arbeit vom 13./14.10.2009 angeschlossen.

23. Art der Freistellung. Die Frage einer Freistellung stellt sich naturgemäß nur dann, wenn zwischen Unterzeichnung des Aufhebungsvertrags und Beendigung des Arbeitsverhältnisses noch eine Zeitspanne liegt (Beendigungstermin in der Zukunft). Ob und gegebenenfalls in welchem Umfang der Mitarbeiter dann von seiner Tätigkeit für die Gesellschaft freigestellt wird, obliegt grundsätzlich der Vereinbarung der Parteien. Selbiges gilt für Fragen des Urlaubs. Die Klauseln im Formular stellen die häufigsten Regelungen zu diesen beiden Themenkomplexen dar.

Eine Freistellung kann sowohl widerruflich als auch unwiderruflich vereinbart werden. Die Widerruflichkeit belässt dem Arbeitgeber die Möglichkeit, den Arbeitnehmer während des Freistellungszeitraums ganz oder teilweise an seinen Arbeitsplatz zurückzurufen. Dafür ist aber keine Anrechnung etwaiger Urlaubs- sowie sonstiger Freizeitausgleichsansprüche des Arbeitnehmers möglich. Grund hierfür ist, dass der Arbeitgeber Erholungsurlaub, den er einmal gewährt hat, nicht wieder zurücknehmen kann. Sollen daher noch bestehende Urlaubsansprüche angerechnet werden, muss die Freistellung unwiderruflich erfolgen (BAG NJOZ 2006, 3100, 3102).

Da nach der Rechtsprechung des BAG die widerrufliche Freistellung den Regelfall darstellt (BAG NZA 2006, 1122, 1124), ist von einer unwiderruflichen Freistellung grundsätzlich nur auszugehen, wenn die Parteien dies unmissverständlich erklärt oder nach der Auslegung der Vereinbarung gewollt haben. Letzteres ist der Fall, wenn die Anrechnung etwaiger Urlaubsansprüche erfolgt (BAG NJOZ 2006, 3100, 3102). Alleine durch die Freistellung des Mitarbeiters bis zum Ende des Arbeitsverhältnisses wird jedoch noch keine solche Anrechnungsabrede getroffen. Eine explizite Anrechnungserklärung ist stets erforderlich (BAG AP BUrlG § 11 Nr. 19; *Leinemann/Linck* § 7 BUrlG Rn. 9).

24. Anderweitiger Verdienst während Freistellung. Erzielt der Mitarbeiter während des Freistellungszeitraums anderweitigen Verdienst, so ist dieser auf die Vergütung nach überwiegender Ansicht nicht anzurechnen (für den Fall der unwiderruflichen Freistellung vgl. BAG NZA 2013, 207). Im Formular wird daher § 615 S. 2 BGB ausdrücklich für anwendbar erklärt. Denn nach § 615 S. 2 BGB muss sich der Mitarbeiter den Wert desjenigen anrechnen lassen, was er infolge des Unterbleibens der Dienstleistung erspart oder durch anderweitige Verwendung seiner Dienste erwirbt oder zu erwerben böswillig unterlässt. Es kommt also insbesondere zur Anrechnung anderweitigen, bei Dritten bezogenen Verdienstes. Eine derartige Anrechnung anderweitiger Einkünfte ist aber in der Praxis nur schwer durchsetzbar. Denn Voraussetzung der Anrechnung ist, dass der Arbeitgeber Kenntnis von der anderweitigen Einkunftsquelle hat. Der Mitarbeiter ist insoweit zwar auskunftspflichtig (BAG AP BGB § 242 Auskunftspflicht Nr. 16). Die Auskunft müsste aber im Streitfall (gerichtlich) durchgesetzt werden. Regelmäßig wirft der Hinweis auf § 615 S. 2 BGB Fragen der Mitarbeiter nach dem Inhalt der Bestimmung auf. Alternativ kann daher auch der gesamte Text der Vorschrift in den Aufhebungsvertrag aufgenommen werden. Zur Auswirkung der Anrechnung anderweitiger Verdienste auf das vertragliche Wettbewerbsverbot → Anm. 27.

25. Festlegung des Urlaubszeitraums. Komplexe Überlegungen hat das BAG zur Anrechnung anderweitigen Verdienstes bei unwiderruflicher Freistellung unter Anrechnung von Urlaubsansprüchen angestellt: Die erklärte Anrechnung von vergütungspflichtigen Urlaubsansprüchen ohne nähere Festlegung des Urlaubszeitraums könne aus Sicht des Arbeitnehmers nur bedeuten, dass sich der Arbeitgeber vorbehaltlos zur Fortzahlung des Entgelts im Freistellungszeitraum verpflichten wollte und der Arbeitnehmer über seine Arbeitsleistung frei verfügen könne. Der Arbeitgeber überlasse es insoweit dem Arbeitnehmer, die zeitliche Lage seines Urlaubs während der Freistellungsphase festzulegen (BAG

AuA 2002, 375; BAG BeckRS 2008, 56102). Eine Anrechnung anderweitigen Verdienstes scheide danach aus, weil während des Urlaubs anderweitiger Verdienst auf das vom Arbeitgeber geschuldete Arbeitsentgelt nicht angerechnet werden darf (§ 13 BUrlG; BAG NZA 1988, 607; BAG NZA 2013, 207). Das Gericht scheint folglich davon auszugehen, dass der Mitarbeiter bei unterlassener Festlegung des Urlaubszeitraums in der Freistellungsphase vorbringen kann, der Urlaub liege genau in dem Zeitraum, in dem er anderweitigen Verdienst erzielt hat (mit der Folge eines Anrechnungsverbots). Das geht natürlich überhaupt nur insoweit, als der Zeitraum des Bezugs anderweitigen Verdienstes den Zeitraum des in der Freistellungsphase eingebrachten Urlaubs nicht überschreitet. Letzteres hat das BAG bisher so aber nicht gesagt. Es empfiehlt sich daher, den Zeitraum des Urlaubs in der Freistellungsphase zu fixieren und die Anrechnung auf den Zeitraum außerhalb der Urlaubszeit zu beschränken. Die Fixierung kann durch Bestimmung von Anfangs- und Enddaten erfolgen oder durch eine Regelung, wonach der Urlaub in dem dem Abschluss des Aufhebungsvertrags unmittelbar folgenden Zeitraum gewährt wird. Dies kann dann natürlich wiederum dazu führen, dass der Mitarbeiter gerade im vereinbarten Urlaubszeitraum anderweitigen Verdienst erzielt.

26. Tatsachenvergleich zum Urlaub. Hinsichtlich der Behandlung von (Rest-)Urlaub sind vielfältige Gestaltungen möglich: Wenn der Mitarbeiter nicht freigestellt wird, kann geregelt werden, dass er den Urlaub bis zum Beendigungstermin nimmt (zu den Kombinationsmöglichkeiten von Freistellung und Urlaubsgewährung → Anm. 23, 25). Auch kann vorgesehen werden, dass der Urlaub finanziell abgegolten wird (§ 7 Abs. 4 BUrlG). Im Formular ist eine Einigung der Parteien dahingehend vorgesehen, dass der gesamte Urlaub in natura gewährt und genommen wurde. Zwar ist ein Verzicht auf eventuelle Urlaubsansprüche in einem Aufhebungsvertrag unwirksam (§ 13 Abs. 1 S. 3 BUrlG). Der im Formular enthaltene Tatsachenvergleich darüber, dass keine Urlaubsansprüche mehr bestehen, ist allerdings wirksam (ErfKomm/*Dörner* § 13 BUrlG Rn. 22; *Neumann/Fenski* § 13 BUrlG Rn. 76 f. m. w. N.). Wird ein Tatsachenvergleich verwendet, ist der vorstehende Abs. (1) oder eine gewählte Alternative hieran anzupassen.

Wie lange die Rechtsprechung die ungereimte Unterscheidung zwischen dem (unzulässigen) Verzicht auf zwingende gesetzliche Regelungen und dem (zulässigen) Tatsachenvergleich noch aufrechterhält, ist natürlich ungewiss.

27. Vertragliches Wettbewerbsverbot. Regelungen zum Verbot des Wettbewerbs im Aufhebungsvertrag müssen zwischen dem vertraglichen und nachvertraglichen Wettbewerbsverbot differenzieren. Während des rechtlichen Bestands des Arbeitsverhältnisses ist der Arbeitnehmer grundsätzlich daran gehindert, in Wettbewerb zum Arbeitgeber zu treten (sog. vertragliches Wettbewerbsverbot; vgl. § 60 HGB). Sofern der Arbeitnehmer bis zur Beendigung des Arbeitsverhältnisses von der Verpflichtung zur Arbeitsleistung freigestellt wird, empfiehlt sich dringend eine Klarstellung, dass dieses vertragliche Wettbewerbsverbot auch **für die Zeit der Freistellung** gelten soll. Denn nach der Rechtsprechung des BAG ist eine Freistellung unter Anrechnung anderweitigen Verdienstes nach § 615 S. 2 BGB regelmäßig als konkludenter Verzicht auf das vertragliche Wettbewerbsverbot auszulegen. Der Arbeitnehmer könne auf Grund seiner beruflichen Kenntnisse und Fähigkeiten oftmals nur durch eine Tätigkeit in der gleichen Branche einen Verdienst erzielen und der Arbeitgeber mache mit der Anzeige der Verdienstanrechnung deutlich, dass ihn eine Wettbewerbshandlung des Arbeitnehmers nicht störe (BAG NZA 2007, 36; kritisch *Bauer* NZA 2007, 409, 411). Somit muss ein abweichender Wille des Arbeitgebers in der Vereinbarung deutlich zum Ausdruck kommen. Das Formular enthält eine entsprechende Klausel.

28. Nachvertragliches Wettbewerbsverbot. Sofern die Parteien bei Begründung des Arbeitsverhältnisses oder während dessen Verlaufs ein nachvertragliches Wettbewerbsverbot vereinbart haben (vgl. §§ 74 ff. HGB; → Form. A. IV. 1), ist vor Abschluss eines Aufhebungsvertrags zu prüfen, ob und gegebenenfalls mit welchem Umfang dieses nachvertragliche Wettbewerbsverbot **weiterhin Bestand haben soll.** Der Arbeitgeber muss insbesondere prüfen, ob für ihn die Einhaltung des nachvertraglichen Wettbewerbsverbots nach wie vor wichtig ist, weil der Arbeitnehmer ihm bei einem Konkurrenzunternehmen schaden kann. Diesen Gesichtspunkt muss er abwägen gegen die Pflicht zur Zahlung der Karenzentschädigung. Die Parteien können das nachvertragliche Wettbewerbsverbot in einem Aufhebungsvertrag **einvernehmlich aufheben** (BAG NZA 2006, 854). Durch die einvernehmliche Beendigung des Arbeitsverhältnisses selbst und ohne eine entsprechende Regelung im Aufhebungsvertrag wird das Wettbewerbsverbot aber nicht berührt. Soll das Wettbewerbsverbot beibehalten werden, empfiehlt sich eine entsprechende (klarstellende) Regelung im Vertragstext. Das Formular enthält für beide Fallkonstellationen entsprechende Klauselvorschläge.

29. Betriebliche Altersversorgung. Für die Parteien eines Aufhebungsvertrags stellt sich hauptsächlich die Frage, ob eine Anwartschaft auf betriebliche Altersversorgung **unverfallbar** ist. Unverfallbarkeit bedeutet, dass die Anwartschaft bei einer Beendigung des Arbeitsverhältnisses vor Eintritt des Versorgungsfalls nicht erlischt, sondern **anteilig bestehen bleibt** (§ 2 BetrAVG). Ist die Anwartschaft nicht unverfallbar, sondern **verfällt sie mit Beendigung des Arbeitsverhältnisses**, erhält der Mitarbeiter keine Leistungen aus betrieblicher Altersversorgung von der Gesellschaft.

Unverfallbarkeit tritt i.d.R. ein, wenn das Arbeitsverhältnis vor Eintritt des Versorgungsfalls endet, der Arbeitnehmer das 25. Lebensjahr vollendet und die Versorgungszusage zu diesem Zeitpunkt mindestens fünf Jahre bestanden hat (§ 1b Abs. 1 S. 1 BetrAVG, zu Ausnahmen vgl. § 30f BetrAVG). Die Parteien können aber auch abweichende Unverfallbarkeitsfristen vereinbaren. Wurde eine betriebliche Altersversorgung im Rahmen einer Entgeltumwandlung finanziert, sind die damit erworbenen Anwartschaften sofort unverfallbar (§ 1b Abs. 5 BetrAVG).

Eine Bestätigung im Aufhebungsvertrag über das Aufrechterhalten einer Anwartschaft ist i.d.R. rein deklaratorisch. Ob und in welcher Höhe eine Anwartschaft erworben wurde, ergibt sich aus der zu Grunde liegenden Versorgungszusage. Der Arbeitnehmer wird allerdings oft auf eine Bestätigung im Aufhebungsvertrag bestehen. Es genügt aber insofern ein bloßer Hinweis auf die betriebliche Altersversorgung. Die Klausel im Formular ist sogar noch mit einer weiteren Einschränkung („etwaige Anwartschaften") verbunden.

Bei einer Regelung im Aufhebungsvertrag ist zu berücksichtigen, dass die Höhe der aufrecht zu erhaltenden Anwartschaft nicht in jedem Fall zeitratierlich in Abhängigkeit zur Beschäftigungszeit nach § 2 Abs. 1 BetrAVG bestimmt wird. So ist insbesondere bei Direktversicherungen nicht die Beschäftigungszeit, sondern das im Versicherungsvertrag angesammelte Deckungskapital maßgeblich (§ 2 Abs. 2 BetrAVG; zu Einzelheiten → Form. F. II. 1 Anm. 7). Auch bei beitragsorientierten Leistungszusagen oder in der Entgeltumwandlung ist nicht die Beschäftigungszeit, sondern es sind die für die Altersversorgung aufgebrachten Beiträge maßgeblich.

Die Alternativklauseln betreffen die Fälle, in denen das Bestehen oder Nichtbestehen einer unverfallbaren Anwartschaft vertraglich festgeschrieben werden soll. Die zweite Alternativklausel stellt dabei auf den Beispielsfall einer arbeitgeberfinanzierten Direktversicherung ab. Dort wird die Höhe der unverfallbaren Anwartschaft nach Maßgabe der Versicherungsleistung, d.h. des angesammelten Deckungskapitals bestimmt. Der Arbeitgeber hat diese Lösung über die Versicherungsleistung (sog. versicherungsvertragliche Lösung) gemäß § 2 Abs. 2 S. 2 BetrAVG zu verlangen, da sich andernfalls die Höhe der unverfallbaren Anwartschaft zeitratierlich bestimmt. Die zeitratierlich bestimmte Anwartschaft könnte aber von dem Betrag abweichen, der durch das in der Direktversicherung angesammelte Deckungskapital ausfinanziert ist, so dass die Verpflichtung des Arbeitgebers über die Leistung aus der Direktversicherung hinaus ginge. Zusätzlich enthält die Alternativklausel eine Regelung für den häufigen Fall, dass die Direktversicherung zum Beendigungstermin auf den Mitarbeiter übertragen werden soll, um ihm die Möglichkeit zur Fortführung auf eigene Kosten zu geben. Eine derartige Gestaltung ist natürlich von der Zustimmung des Lebensversicherers abhängig, in der Praxis aber kein Problem. Allerdings muss der von den Parteien gewünschte Wille eindeutig zu erkennen sein (BAG NZA 2012, 1117), weshalb im Formular geregelt wird, dass der Arbeitnehmer in die Stellung als Versicherungsnehmer eintritt.

Die Vertragsparteien haben schließlich auch die Möglichkeit, eine etwa verfallbare Anwartschaft in einem Aufhebungsvertrag durch schuldrechtliche Vereinbarung **unverfallbar zu stellen** (→ Form. F. V. 4 Anm. 4). Dagegen ist die Abfindung einer unverfallbaren Anwartschaft nur im Ausnahmefall und unter engen Voraussetzungen möglich (§ 3 BetrAVG).

Weiterhin besteht die Möglichkeit, die Zusage als solche oder den Übertragungswert auf einen neuen Arbeitgeber zu übertragen (§ 4 Abs. 1, 3 BetrAVG und → Form. F. V. 7).

30. Zeugnis/Arbeitspapiere. Der Inhalt des Zeugnisses sollte aus Sicht des Arbeitgebers – in den Grenzen der Wahrheits-, Vollständigkeits- und Wohlwollensgebote – nicht Gegenstand der Diskussion mit dem Mitarbeiter sein (→ Form. A. XVI. 1). Im Gegenteil: Die Aussicht auf ein gutes Zeugnis vermag die Einigungsbereitschaft auf Seiten des Mitarbeiters häufig zu erhöhen. Um spätere Auseinandersetzungen über den Zeugnisinhalt zu vermeiden, kann es sich empfehlen, wie in den Alternativen vorgeschlagen, den Inhalt des Zeugnisses bereits vor Abschluss des Aufhebungsvertrags festzulegen oder sich zumindest auf Formulierungen zur Leistungs- und Verhaltensbeurteilung zu einigen (vgl. hierzu insbesondere → Form. A. XVI. 1 Anm. 7).

31. Rückgabe von Gegenständen. Die Rückgabe von Geschäftsunterlagen wie Verträgen, Mustern, Prospekten, Kunden- und Lieferantenlisten, Kalkulationen, etc. sowie jeglichen sonstigen Firmeneigentums wie Laptops, Handys, Datenträger, etc. sollte im Aufhebungsvertrag geregelt werden. Der Mitarbeiter sollte sich auch zur Herausgabe aller firmenbezogenen Daten sowie sämtlicher etwaiger Reproduktionen von Geschäftsunterlagen oder Daten verpflichten. Es empfiehlt sich, alle Gegenstände, die der Mitarbeiter zurückzugeben hat, vollständig aufzulisten. Bei einer Freistellung ist i. d. R. eine Herausgabe der Arbeitsmittel zum Beginn des Freistellungszeitraums sinnvoll. Ansonsten besteht die Möglichkeit, die Herausgabe bis spätestens zum Beendigungstermin zu vereinbaren, wobei dem Arbeitgeber die Möglichkeit eingeräumt werden kann, die Herausgabe schon früher zu verlangen.

32. Rückgabe des Dienstwagens. Sofern dem Mitarbeiter mit Rücksicht auf das Arbeitsverhältnis ein Dienstwagen **zur dienstlichen und privaten Nutzung** zur Verfügung gestellt worden ist, sollte der Aufhebungsvertrag eine Regelung zum Dienstwagen enthalten. Dies gilt insbesondere dann, wenn die Beendigung des Arbeitsverhältnisses in der Zukunft liegt und der Arbeitnehmer bis zum Beendigungstermin von der Verpflichtung zur Arbeitsleistung freigestellt ist. Denn die Nutzung des Dienstwagens ist Teil der Vergütung des Arbeitnehmers (Sachbezug), die der Arbeitgeber nicht einseitig entziehen kann. Es ist allerdings zulässig, bereits im Kfz-Überlassungsvertrag eine Regelung zu treffen, wonach der Dienstwagen bei einer Freistellung unverzüglich zurückzugeben ist (BAG AuR 1999, 111). In diesem Fall erübrigt sich eine weitergehende Regelung im Aufhebungsvertrag. Zu den Anforderungen an eine derartige „Freistellungsklausel“ → Form. A. III. 1 Anm. 7.

Andernfalls können die Parteien vereinbaren, dass der Arbeitnehmer den Dienstwagen bis zum Ablauf der Kündigungsfrist zu den bisherigen Bedingungen **weiternutzen darf** und zum Beendigungstermin **zurückzugeben** hat. Sie können auch vereinbaren, dass der Arbeitnehmer den Dienstwagen unverzüglich nach Abschluss der Vereinbarung zurückzugeben hat. Hierzu wird der Arbeitnehmer i.d.R. nur gegen Zahlung einer Entschädigung bereit sein. Die Höhe der Entschädigung wegen Ausfalls der Nutzungsmöglichkeit ist Verhandlungssache, richtet sich i.d.R. aber nach den steuerrechtlich maßgeblichen Bewertungsfaktoren für die private Nutzung eines Kraftfahrzeuges in § 6 Abs. 1 Nr. 4 EStG (BAG BB 1999, 1660; BAG NZA 2007, 809). Hiernach liegt der Wert der privaten Nutzung monatlich bei einem Prozent des inländischen Listenpreises des Kraftfahrzeugs im Zeitpunkt der Erstzulassung zzgl. der Kosten für Sonderausstattung einschließlich Umsatzsteuer, sofern das Fahrzeug zu mehr als 50 Prozent betrieblich genutzt wird.

In jedem Fall sollten Übergabegegenstand (Bezeichnung des Dienstwagens samt Zubehör, z.B. Schlüssel, Fahrzeugpapiere, Tankkarte, Freisprechanlage etc.) und Übergabetermin präzise geregelt werden.

33. Übernahme des Dienstwagens (Leasingvertrag). Möglich ist auch die Vereinbarung, dass der Mitarbeiter den Dienstwagen übernimmt. Steht der Dienstwagen im Eigentum einer Leasinggesellschaft, so kann der Mitarbeiter den Leasingvertrag übernehmen. Dabei muss entweder im Zeitpunkt des Vertragsschlusses die Zustimmung der Leasinggesellschaft vorliegen oder es muss – wie im Formular – eine Regelung im Aufhebungsvertrag für den Fall getroffen werden, dass die Zustimmung nicht erteilt wird.

In der Praxis eher selten sind Fälle, in denen der Mitarbeiter den Dienstwagen käuflich erwirbt oder ihm dieser als Naturalabfindung überlassen wird. Vorschläge für Vertragsklauseln zu diesen Gestaltungen und Erläuterungen hierzu finden sich in der Vorauflage dieses Buchs.

34. Übergabeort. Wenn Wohnsitz oder Dienstort des Mitarbeiters und der Ort, an dem die Rückgabe der Gegenstände und Unterlagen erfolgen soll, weit auseinander liegen, empfiehlt sich eine Regelung zum Ort der Rückgabe. Dies gilt vor allem für die Rückgabe des Dienstwagens (z.B. am Firmensitz, Sitz des Leasingunternehmens). Besonders hier ergibt sich oft Streit aus der etwa notwendigen Überführung über weite Strecken. Je nach Fallgestaltung kann es sich auch empfehlen, eine Regelung dazu aufzunehmen, wer die Kosten der Rückgabe bzw. Überführung trägt.

35. Ausschluss des Zurückbehaltungsrechts. Hinsichtlich aller Rückgabepflichten empfiehlt sich eine Klausel zum Ausschluss eines etwaigen Zurückbehaltungsrechts des Mitarbeiters. Die Klausel könnte einer AGB-Kontrolle aber gegebenenfalls nicht standhalten. Denn nach den AGB-Kontrollvorschriften ist der Ausschluss von Leistungsverweigerungsrechten zum Nachteil des Vertragspartners unzulässig (§ 309 Nr. 2 BGB). Allerdings müssen bei der Anwendung dieser Vorschrift, wie stets, „arbeitsrechtliche Besonderheiten" angemessen berücksichtigt werden (§ 310 Abs. 4 S. 2 BGB). Der Arbeitgeber hat durchaus ein schutzwürdiges Interesse daran, dem Mitarbeiter überlassene Gegenstände bei Bedarf, insbesondere anlässlich der Beendigung des Arbeitsverhältnisses, zügig zurück zu erlangen. Hiermit kann unter Umständen ein erheblicher Wert für das Unternehmen verbunden sein. Dies spricht im Ergebnis für die Zulässigkeit der Klausel. Sie sollte daher als zusätzliches Sicherungsmittel in Aufhebungsverträgen enthalten sein.

36. Geheimhaltung von Geschäftsgeheimnissen. Die Pflicht zur Verschwiegenheit über **Geschäfts- und Betriebsgeheimnisse** dauert grundsätzlich auch nach Beendigung des Arbeitsverhältnisses fort. Die Geheimhaltungsklausel dient vor allem dazu, den Mitarbeiter noch einmal hierauf aufmerksam zu machen, geht allerdings über die gesetzliche Verschwiegenheitspflicht hinaus. Sie verpflichtet auch zur Verschwiegenheit hinsichtlich **sonstiger vertraulicher Angelegenheiten** des Arbeitgebers oder eines mit ihm verbundenen Unternehmens; ungeachtet dessen, ob es sich um Geschäfts- und Betriebsgeheimnisse handelt.

Die von der Rechtsprechung anerkannte Geheimhaltungspflicht bezieht sich grundsätzlich nur auf Betriebs- oder Geschäftsgeheimnisse (vgl. zum Begriff: BAG NZA 1988, 502). Sofern das vom Mitarbeiter erworbene Wissen für die weitere Ausübung seines Berufs unabdingbar ist, kann ihm dessen Verwertung nicht ohne weiteres verboten werden. In einem solchen Fall würde praktisch ein Wettbewerbsverbot vorliegen, das mangels Vereinbarung einer Entschädigung nichtig wäre (§ 74 Abs. 2 HGB; BAG NZA 1994, 502; BAG NZA 1999, 200). Die exakte Grenze zwischen zulässiger Geheimhaltungsvereinbarung und unzulässigem Wettbewerbsverbot lässt sich nur schwer ziehen. Wir empfehlen wegen des damit verbundenen „Abschreckungseffektes" dennoch, die Geheimhaltungsverpflichtung weit zu fassen. Sollte die Regelung einer gerichtlichen Überprüfung nicht standhalten, ist dies wegen der ohnehin fortgeltenden Verpflichtung zur Geheimhaltung von Geschäfts- und Betriebsgeheimnissen und keiner Verpflichtung zur Zahlung einer Karenzentschädigung für den Arbeitgeber nur mit geringen Risiken verbunden. Es kann auch die im Text der Klausel aufgeführte optionale Einschränkung aufgenommen werden, die die Wirksamkeit der Klausel in jedem Fall sicherstellen sollte. Kommt es dem Arbeitgeber entscheidend auf die Geheimhaltung eines bestimmten Betriebsgeheimnisses an, so sollte dieses explizit umschrieben werden (BAG DB 1982, 2247).

37. Geheimhaltung von Vertragsinhalt. Die Verpflichtung, über den Inhalt des Aufhebungsvertrags Stillschweigen zu bewahren, sollte vor allem dann aufgenommen werden, wenn der Aufhebungsvertrag Ansprüche für den Mitarbeiter begründet, die im Unternehmen nicht üblich sind (z. B. eine erhöhte Abfindung). Selbst wenn eine solche Geheimhaltungsklausel mit einer Vertragsstrafenklausel verbunden wird, was zulässig ist, sind die Möglichkeiten ihrer Durchsetzung in der Praxis stark begrenzt.

38. Abgeltung (beidseitig). Wenn die Parteien des Aufhebungsvertrags beabsichtigen, mit dem Aufhebungsvertrag auch (etwaige) Ansprüche beider Parteien aus dem Arbeitsverhältnis, die im Aufhebungsvertrag nicht explizit genannt sind, abschließend zu regeln, sollte eine Abgeltungsklausel aufgenommen werden. Inhalt und Umfang einer Abgeltungsklausel sind durch Auslegung zu ermitteln (§§ 133, 157 BGB). Als rechtstechnische Mittel kommen der **Erlassvertrag** (§ 397 Abs. 1 BGB) sowie das **deklaratorische oder konstitutive Schuldanerkenntnis** (§ 397 Abs. 2 BGB) in Betracht (BAG NZA 2011, 1338).

In zeitlicher Hinsicht sollte die Ausgleichsklausel zu einem Erlöschen aller Ansprüche bereits **„mit Unterzeichnung"** des Aufhebungsvertrags führen. Nicht anzuraten ist dagegen die verbreitete Formulierung, dass eine Abgeltung erst „mit Erfüllung aller Ansprüche aus dem Aufhebungsvertrag" erfolgt. Eine solche Klausel birgt die Gefahr einer Interpretation der Erfüllung als aufschiebende Bedingung des Ausgleichs (§ 158 Abs. 1 BGB), der durch mutwillige Verzögerung der Erfüllung bestimmter Ansprüche folglich verhindert werden könnte (vgl. hierzu LAG München BB 1998, 269).

Inhaltlich regelt die im Formular enthaltene Klausel eine pauschale Abgeltung aller Ansprüche aus dem Arbeitsverhältnis, aller Ansprüche im Zusammenhang mit dessen Beendigung und aller Ansprüche aus sonstigem Rechtsgrund. Sie ist als **beidseitige Abgeltungsklausel** ausgestaltet, erfasst daher nicht nur Ansprüche des Mitarbeiters gegen den Arbeitgeber, sondern auch Ansprüche des Arbeitgebers gegen den Mitarbeiter (zur einseitigen Abgeltungsklausel → Anm. 39). Bevor der Arbeitgeber eine derartige Klausel aufnimmt, muss er detailliert prüfen, ob ihm gegebenenfalls noch Ansprüche (z. B. wegen Darlehen, Schadensersatz, Lohnüberzahlung, Rückforderung von Auslagenvorschüssen, etc.) zustehen können. Nach Unterzeichnung des Aufhebungsvertrags mit einer beidseitigen Abgeltungsklausel wäre die Geltendmachung solcher Ansprüche ausgeschlossen. Es versteht sich von selbst, dass eine Abgeltungsklausel dieses Wortlauts Ansprüche aus dem Aufhebungsvertrag selbst (z. B. Abrechnung und Auszahlung der Vergütung bis zum Beendigungstermin, der Abfindung, etc.) nicht erfasst. Diesbezüglichen Bedenken, die von Mitarbeitern häufig geäußert werden, wurde in der Klausel mit einem klarstellenden Zusatz („mit Ausnahme der sich aus diesem Aufhebungsvertrag ergebenden Ansprüche") begegnet.

Welche Ansprüche eine Abgeltungsklausel erfasst, wird durch zwei Faktoren bestimmt. Zunächst ist die von den Parteien gewollte Reichweite der Klausel durch Auslegung zu bestimmen. Im Rahmen von Aufhebungsverträgen ist hier grundsätzlich eine weite Auslegung vorzunehmen, da der einvernehmlichen Beendigung des Arbeitsverhältnisses eine Bereinigungs- und Erledigungsfunktion zukommen soll (BAG AP BGB § 611 Konkurrenzklausel Nr. 48; *Preis* Arbeitsvertrag II A 100 Rn. 101). So würden (wenn die optionale Beschränkung nur auf finanzielle Ansprüche fehlt) etwa auch Ansprüche aus einem nachvertraglichen Wettbewerbsverbot grundsätzlich erfasst (BAG AP HGB § 74 Nr. 79). Dies gilt freilich nicht, wenn das Schicksal des nachvertraglichen Wettbewerbsverbotes im Aufhebungsvertrag ausdrückliche Berücksichtigung fand (s. hierzu Anm. 28). Zum anderen findet die Reichweite der Abgeltungsklausel ihre Grenze dort, wo Ansprüche des Mitarbeiters kraft Gesetzes unverzichtbar sind. Hierzu gehören: Ansprüche auf Erteilung eines Zeugnisses, auf Herausgabe der Arbeitspapiere, auf betriebliche Altersversorgung (BAG NZA 2001, 203; vgl. § 17 Abs. 3 BetrAVG), aus einem Wettbewerbsverbot (fraglich: BAG AP HGB § 74 Nr. 74), auf Arbeitnehmererfindervergütung, aus Tarifverträgen – sofern es sich nicht um einen von den Tarifvertragsparteien gebilligten Vergleich oder einen sog. Tatsachenvergleich handelt (vgl. § 4 Abs. 4 S. 1 TVG), aus Betriebsvereinbarungen (insbesondere Sozialplänen – sofern nicht die Zustimmung des Betriebsrats vorliegt und es sich auch nicht um einen sog. Tatsachenvergleich handelt; vgl. § 77 Abs. 4 S. 2 BetrVG), auf den gesetzlichen Mindesturlaub (vgl. § 13 BUrlG), auf Urlaubsabgeltung (vgl. § 7 Abs. 4 BUrlG; möglich aber ist ein Verzicht auf bereits entstandenen Urlaubsabgeltungsanspruch, BAG NZA 2013, 1098) und auf Entgeltfortzahlung bei Krankheit (vgl. § 12 EFZG).

Dem Gedanken, dass pauschale Abgeltungsklauseln gegen das Transparenzgebot (§ 307 Abs. 1 S. 2 BGB) verstoßen könnten, weil sie die fehlende Abgeltung **kraft Gesetzes unverzichtbarer Ansprüche** nicht erkennen lassen, ist das BAG bisher zu Recht nicht näher getreten. Für den vergleichbaren Fall einer Ausschlussfrist hat das BAG entschieden, dass die Vertragspartner regelmäßig keine Fälle unter Verstoß gegen § 134 BGB regeln wollen und die Klausel daher für wirksam erklärt (BAG NZA 2013, 1265).

Abgeltungsklauseln sollte stets ein eigener Paragraph mit entsprechender Überschrift zugewiesen werden. Andernfalls besteht das Risiko, dass sie als für den Arbeitnehmer überraschend eingestuft werden mit der Folge, dass sie nicht wirksam in den Aufhebungsvertrag einbezogen sind (§ 305c Abs. 1 BGB).

39. **Abgeltung (einseitig).** Eine **einseitige Abgeltungsklausel**, der zufolge nur Ansprüche des Mitarbeiters gegen den Arbeitgeber abgegolten werden, wird im Formular nicht vorgeschlagen. Denn sie stellt nach neuer Rechtsprechung des BAG eine unangemessene Benachteiligung des Arbeitnehmers i. S. d. § 307 Abs. 1, Abs. 2 Nr. 2 BGB dar (BAG NZA 2011, 1338). Das BAG gleicht damit die Bewertung von einseitigen Abgeltungsklauseln an die Bewertung von einseitigen Ausschlussfristen an. Für letztere hatte es bereits entschieden, dass eine einseitig zu Lasten des Arbeitnehmers wirkende Regelung unwirksam ist (BAG NZA 2008, 219). Die einseitige Abgeltungsklausel wirke wie eine „auf Null" gesetzte Ausschlussfrist und sei daher erst recht unwirksam (BAG NZA 2011, 1338; *Preis/Bleser/Rauf* DB 2006, 2812).

Der Arbeitgeber könne nicht einwenden, die Vereinbarung einer Abgeltungsklausel sei die Gegenleistung für die Abfindung und daher als Hauptleistung nicht der AGB-Kontrolle unterworfen (§ 307 Abs. 3 BGB). Denn die Abfindung stehe (nur) im Gegenleistungsverhältnis zur Beendigung des Arbeitsverhältnisses (BAG NZA 2011, 1338). Der Arbeitgeber kann sich daher nicht, wie bisher verbreitet angenommen, Rechtssicherheit gegen Abfindung „erkaufen". Zur vergleichbaren Diskussion beim kompensationslosen Verzicht auf die Kündigungsschutzklage hatte das BAG als Mittel der Kompensation neben der Abfindung noch den Beendigungszeitpunkt, die Beendigungsart und den Verzicht auf eigene Ansprüche genannt (BAG NZA 2008, 219). Auch wenn der Arbeitgeber in Anwendung dieser Rechtsprechung mehrere dieser Kompensationsmittel gewähren würde, muss wohl damit gerechnet werden, dass das BAG die Gesamtheit dieser Leistungen als einheitliche Gegenleistung (nur) für die Beendigung des Arbeitsverhältnisses ansehen würde.

Das BAG hat zudem in einem obiter dictum noch eine weitere Verschärfung seiner Rechtsprechung in Aussicht gestellt. Pauschale Abgeltungsklauseln seien grundsätzlich in Zweifel zu ziehen. Es hat Bedenken geäußert, ob formularvertraglich und einseitig überhaupt (irgendwelche) Ansprüche des Arbeitnehmers gegen den Arbeitgeber wirksam erlassen werden können (BAG NZA 2011, 1338). Jedenfalls setze dies voraus, dass die Klausel auf **dem Arbeitnehmer bekannte Ansprüche** beschränkt wird und diese Ansprüche bereits konkretisiert sind. Vorsorglich sollten daher im Rahmen der jeweiligen Regelungskomplexe des Aufhebungsvertrags Bestimmungen dahingehend aufgenommen werden, dass weitergehende Ansprüche des Mitarbeiters (insoweit) nicht bestehen. Diese etwaigen Ansprüche sollten so genau wie möglich umschrieben werden (Beispiel im Formular: § 2 Abs. (2)).

40. Belehrung über Arbeitssuchendmeldung. Im Rahmen der „Hartz-Reform" wurde unter anderem eine Verpflichtung für den Arbeitgeber normiert, die Mitarbeiter rechtzeitig über die Notwendigkeit eigener Aktivitäten bei der Suche nach einer neuen Beschäftigung, insbesondere das Erfordernis einer rechtzeitigen Arbeitssuchendmeldung, zu informieren (§§ 2 Abs. 2 S. 2 Nr. 3, 38 Abs. 1 SGB III).

41. Belehrung im Allgemeinen. Beim Abschluss von Aufhebungsverträgen stellt sich grundsätzlich die Frage, ob und gegebenenfalls in welchem Umfang den Arbeitgeber vor Abschluss des Aufhebungsvertrags eine **Pflicht zur Aufklärung über die Folgen des Aufhebungsvertrags** gegenüber dem Arbeitnehmer trifft (hierzu *Nägele* BB 1992, 1274; *Hoß* DB 1997, 625; *Becker/Schaffner* BB 1993, 1281; *Wisskirchen/Worzala* DB 1994, 577). Festzuhalten ist zunächst, dass Auskünfte, insbesondere über steuer- und sozialversicherungsrechtliche Konsequenzen eines Aufhebungsvertrags, die der Arbeitgeber dem Arbeitnehmer aus eigenem Antrieb heraus erteilt, richtig und zutreffend sein müssen. Andernfalls macht sich der Arbeitgeber schadensersatzpflichtig (BAG NZA 2001, 206; BAG AP BetrAVG § 1 Zusatzversorgungskassen Nr. 5). Von entsprechenden Auskünften sollte daher Abstand genommen werden. Schwieriger wird die Situation, wenn der Arbeitnehmer an den Arbeitgeber mit der Bitte um Auskunft über eine mögliche Folge des Aufhebungsvertrags herantritt. Der Arbeitgeber muss dann eine richtige Auskunft erteilen, soweit er das zuverlässig zu tun vermag (BAG NZA 1990, 971). Es empfiehlt sich auch insoweit, den Arbeitnehmer an eine für die Auskunft zuständige und kompetente Stelle zu verweisen (BAG NZA 1990, 971).

Die arbeitsvertraglichen Nebenpflichten des Arbeitgebers beschränken sich aber nicht darauf, dem Arbeitnehmer keine falschen Auskünfte zu erteilen. Vielmehr können den Arbeitgeber auch ohne Frage des Arbeitnehmers Hinweis- und Aufklärungspflichten treffen. Voraussetzung und Umfang der Hinweis- und Aufklärungspflichten ergeben sich aus dem **Grundsatz von Treu und Glauben** (§ 242 BGB; BAG NZA 1990, 971; BAG NZA 2001, 206). Dabei gilt der Grundsatz: Der Arbeitnehmer muss sich vor Abschluss eines Vertrags, durch den sein Arbeitsverhältnis aufgelöst werden soll, über die rechtlichen Folgen dieses Schrittes **selbst Klarheit verschaffen,** wenn er von diesen die Beendigung abhängig machen will (BAG AP BGB § 620 Aufhebungsvertrag Nr. 27; BAG AP BetrVG 1972 § 1 Auskunft Nr. 2; BAG DB 1988, 2006; BAG NZA 1990, 971; BAG NZA 2001, 206). Bei Beendigung des Arbeitsverhältnisses braucht der Arbeitgeber daher ohne besondere Umstände nicht von einem besonderen Informationsbedürfnis des Arbeitnehmers auszugehen. Von diesem Grundsatz geht die Klausel im Formular aus.

Die Klausel hilft dem Arbeitgeber dann aber nicht, wenn ausnahmsweise ein **besonderes Informationsbedürfnis** des Arbeitnehmers besteht. Nach der Rechtsprechung muss der Arbeitgeber den Arbeitnehmer über für diesen nachteilige Folgen des Aufhebungsvertrags aufklären, wenn die Abwägung der beiderseitigen Interessen unter Billigkeitsgesichtspunkten und unter Berücksichtigung aller Umstände des Einzelfalls ergibt, dass der Arbeitnehmer durch eine sachgerechte und vom Arbeitgeber redlicherweise zu erwartende Aufklärung vor der Auflösung des Arbeitsverhältnisses geschützt werden muss, weil er sich durch sie aus Unkenntnis selbst schädigen würde (BAG AP BGB § 620 Aufhebungsvertrag Nr. 27; BAG DB 1988, 2006; BAG NZA 2001, 206). Dabei sind die erkennbaren Informationsbedürfnisse des Arbeitnehmers einerseits und die Beratungsmöglichkeiten des Arbeitgebers andererseits zu beachten. Das BAG hat entschieden, dass den Arbeitgeber vor allem dann gesteigerte Hinweispflichten treffen können, wenn der Aufhebungsvertrag auf seine Initiative und in seinem Interesse zustande kommt (BAG NZA 2001, 206). Im konkreten Fall standen erhebliche Einbußen bei der betrieblichen Altersversorgung durch das vorzeitige Ausscheiden des Arbeitnehmers inmitten. Das BAG hielt den Arbeitgeber für verpflichtet, „wenigstens das Problembewusstsein" des Arbeitnehmers zu wecken, indem er „wenigstens in groben Umrissen über die Ursache dieses außergewöhnlichen Risikos unterrichtet". Eine detaillierte Auskunft wurde nicht verlangt. Angesichts dieser Rechtsprechung wird im Einzelfall häufig schwer feststellbar sein, ob eine Pflicht des Arbeitgebers zur Aufklärung besteht und wie konkret die Auskunft gegebenenfalls sein muss. Noch nicht entschieden ist auch, ob der Arbeitnehmer auf eine (rechtlich gebotene) Aufklärung wirksam verzichten kann.

Vor allem für den Fall nachteiliger **steuer- und sozialversicherungsrechtlicher Auswirkungen** von Aufhebungsverträgen tendiert die Rechtsprechung aber dazu, den Arbeitnehmer auf eigene Informationsmöglichkeiten zu verweisen (BAG DB 1988, 2006; LAG Berlin BB 1999, 747). Denn insoweit stehen dem Arbeitnehmer sachkundige und kompetente Berater der entsprechenden Leistungsträger zur Verfügung, von denen er Aufklärung erwarten und verlangen kann und an die er sich in Zweifelsfragen zu wenden hat. Im Übrigen erscheint es ausreichend, den Mitarbeitern als „Einstiegshilfe" in die Thematik und zur Schärfung ihres Problembewusstseins einen kurzen pauschalen Hinweis zu geben, dass sie sich für die Erörterung derartiger Fragen gegebenenfalls an die Agenturen für Arbeit oder an das Finanzamt wenden können. Auch der Verzicht auf weitere Hinweise sollte zumindest aus taktischen Gründen aufgenommen werden.

Bei schwierigen betriebsrentenrechtlichen Problemen mit weitreichenden finanziellen Auswirkungen im **Bereich der betrieblichen Altersversorgung** des Arbeitnehmers ist jedoch erhöhte Vorsicht geboten. Hier besteht grundsätzlich ein hohes Informationsbedürfnis des Arbeitnehmers, wenn die einvernehmliche Beendigung des Arbeitsverhältnisses im zeitlichen oder sachlichen Zusammenhang mit dem Ruhestand steht. Zwar ist der Arbeitgeber nicht verpflichtet, die genaue Höhe etwa drohender Versorgungsnachteile mitzuteilen. Der Arbeitgeber sollte den Arbeitnehmer in solchen Fällen jedoch darauf hinweisen, dass mit Einbußen zu rechnen ist und dieses Risiko auf der angebotenen vorzeitigen Beendigung des Arbeitsverhältnisses beruht (BAG NZA 2001, 206; vgl. aber auch BAG AP BetrAVG § 1 Auskunft Nr. 2 zur Frage, ob es sich um typische oder atypische Versorgungseinbußen handelt). Der Klauselvorschlag im Formular betrifft betriebsrentenrechtliche Fragen nicht und wäre inhaltlich bei einer entsprechenden Fallgestaltung auch ungenügend.

42. Schlussbestimmungen. → Form. A. II. 1 Anm. 28, 29 sowie → Form. B. I. 3, dort unter § 13.

43. Schriftform. Aufhebungsverträge bedürfen der Schriftform (§ 623 BGB i. V. m. § 126 BGB). Gemäß § 623 Halbs. 2 BGB ist dabei die elektronische Form nicht ausreichend. Zur Erfüllung des Schriftformerfordernisses müssen alle wesentlichen Bestandteile des Aufhebungsvertrags in der Urkunde selbst fixiert sein. Der Aufhebungsvertrag ist eigenhändig zu unterschreiben. Eine Unterzeichnung durch Stempel oder Faksimile ist unzulässig. Der Aufhebungsvertrag kann, wie im Formular vorgesehen, aus einer von beiden Parteien zu unterzeichnenden Urkunde bestehen. Möglich ist auch, zwei gleichlautende Urkunden zu erstellen, wobei jede Partei das für die jeweils andere Partei bestimmte Exemplar unterzeichnet (§ 126 Abs. 2 S. 2 BGB; vgl. *Richardi/Annuß* NJW 2000, 1231). Wird der Aufhebungsvertrag im Rahmen eines Prozesses als Vergleich geschlossen, so ist dem Schriftformerfordernis durch die Protokollierung genüge getan (§ 127a BGB).

2. Abwicklungsvertrag

Abwicklungsvertrag[1]

zwischen

...... (Name und Anschrift des Arbeitgebers) „Gesellschaft"

und

Herrn ...... (Name und Anschrift des Arbeitnehmers) „Mitarbeiter"

Präambel

Der Mitarbeiter ist aufgrund des Arbeitsvertrags vom ...... samt Nachträgen vom ...... und vom ...... seit dem ...... bei der Gesellschaft beschäftigt. Mit Schreiben vom ...... hat die Gesellschaft das Arbeitsverhältnis ordentlich zum ...... gekündigt. Die Parteien sind übereingekommen, die Bedingungen im Zusammenhang mit der Beendigung des Arbeitsverhältnisses einvernehmlich zu regeln.

Dies vorausgeschickt, vereinbaren die Parteien Folgendes:

§ 1 Beendigung

Das Arbeitsverhältnis des Mitarbeiters mit der Gesellschaft endet *(Alternative: endete)* auf Veranlassung der Gesellschaft aufgrund ordentlicher betriebsbedingter *(Alternative: personenbedingter, verhaltensbedingter)* Kündigung der Gesellschaft[2, 3] vom ...... am ...... (im Folgenden: „Beendigungstermin").

§ 2 Abrechnung[4]

§ 3 Abfindung[5]

§ 4 Freistellung/Urlaub[6]

§ 5 Betriebliche Altersversorgung[7]

§ 6 Zeugnis/Arbeitspapiere[8]

§ 7 Rückgabe von Gegenständen[9] (*Optional*:/Dienstwagen)

§ 8 Geheimhaltung[10]

(Optional:

§ 9 Gerichtsverfahren

Der Mitarbeiter verpflichtet sich, die beim Arbeitsgericht ...... anhängige Kündigungsschutzklage (Az.: ......) unverzüglich nach Unterzeichnung dieser Verein-

barung zurückzunehmen. Die Kosten des gerichtlichen Verfahrens werden gegeneinander aufgehoben.)[11]

§ 10 Abgeltung[12]

§ 11 Belehrung[13]

§ 12 Schlussbestimmungen[14]

……	……
Ort, Datum	Ort, Datum
……	……
Unterschrift der Gesellschaft[15]	Unterschrift des Mitarbeiters

Anmerkungen

1. Begriff des Abwicklungsvertrags. In der Praxis wird häufig keine deutliche Unterscheidung zwischen Aufhebungs- und Abwicklungsverträgen vorgenommen. Auch wenn das BAG eine abschließende Definition des Abwicklungsvertrags schuldig geblieben ist, so hat es sich zumindest mit der **Abgrenzung des Abwicklungsvertrags zum Aufhebungsvertrag** auseinandergesetzt. Im Gegensatz zum Aufhebungsvertrag, der die konstitutive Vereinbarung zwischen Arbeitnehmer und Arbeitgeber über das vorzeitige Ausscheiden des Arbeitnehmers aus dem Arbeitsverhältnis als Dauerschuldverhältnis enthält (BAG AP BGB § 620 Aufhebungsvertrag Nr. 8; BAG AP BGB § 620 Aufhebungsvertrag Nr. 16), sei wesentliches Merkmal des Abwicklungsvertrags, dass er auf Seiten beider Parteien gerade keine auf die Beendigung des Arbeitsverhältnisses gerichteten Willenserklärungen enthalte (BAG NZA 2006, 48). Durch einen Abwicklungsvertrag wollen die Parteien lediglich Fragen der Abwicklung (z.B. Rückgabe von Gegenständen, Freistellung, Resturlaub, Zeugniserteilung etc.) eines Arbeitsverhältnisses regeln, das nach ihrer Vorstellung bereits aufgrund eines sonstigen Beendigungstatbestands enden wird bzw. beendet wurde. Als **sonstige Beendigungstatbestände** kommen etwa die arbeitgeberseitige Kündigung, die Eigenkündigung sowie der Eintritt eines Befristungstermins oder einer auflösenden Bedingung in Frage. Unerheblich für die Abgrenzung ist, dass auch im Rahmen eines Aufhebungsvertrages regelmäßig Vereinbarungen über die Abwicklung des Arbeitsverhältnisses getroffen werden (LAG Hannover BeckRS 2006, 40094).

Der Abwicklungsvertrag kann sowohl außergerichtlich als auch gerichtlich abgeschlossen werden. Wird der Abwicklungsvertrag vor Gericht – i.d.R. im Rahmen eines Kündigungsschutzprozesses – abgeschlossen, so handelt es sich zugleich um einen Prozessvergleich i.S.v. § 794 Abs. 1 Nr. 1 ZPO. Vereinbaren die Parteien, was häufig der Fall ist, einen Beendigungstermin, der weit über den in der Kündigung genannten Beendigungstermin hinausgeht, kann darin – gegebenenfalls (→ Form. A. XV. 1 Anm. 10) – eine (unwirksame) Befristung liegen. Das BAG hat entschieden, dass ein gerichtlicher Vergleich, der einen Befristungsgrund i.S.d. § 14 I Nr. 8 TzBfG darstellt, dann nur vorliegt, wenn der Vergleich gemäß § 278 Abs. 6 S. 1, 2. Alt. ZPO und § 278 Abs. 6 S. 1, 2. Alt. ZPO und nicht nach § 278 Abs. 6 S. 1, 1. Alt. ZPO zustande kommt (BAG NZA 2012, 919). Ohne ausdrückliche Vereinbarung besteht für keine Partei ein Recht, einen einmal abgeschlossenen Abwicklungsvertrag zu widerrufen (vgl. im Einzelnen Nachweise zum Aufhebungsvertrag in → Form. A. XV. 1 Anm. 4).

2. Beendigung durch Kündigung. Der weitaus häufigste Fall des Abwicklungsvertrags ist die Vereinbarung über die Abwicklung des Arbeitsverhältnisses im Gefolge einer **arbeit-**

geberseitigen Kündigung. Ob es sich dabei um eine betriebs-, personen- oder verhaltensbedingte Kündigung handelt, ist unerheblich. Uneinheitlich wird bei der Frage verfahren, wie im Abwicklungsvertrag auf den (anderweitigen) Beendigungstatbestand verwiesen werden sollte. Teilweise wird vorgeschlagen, im Vertrag nur einen Hinweis auf die vom Arbeitgeber ausgesprochene Kündigung aufzunehmen oder vertraglich zu vereinbaren, dass gegen die Kündigung keine Einwendungen erhoben werden (sog. **Klageverzicht;** vgl. *Preis* Arbeitsvertrag II A 15 Rn. 10). Für mehr Klarheit sorgt die im Formular gewählte Formulierung, der zufolge sich die Vertragsparteien darüber einig sind, dass das Arbeitsverhältnis aufgrund der Kündigung der Gesellschaft endet. An einer derartigen Formulierung wird allerdings Kritik geübt. Sie nähme eine „Zwitterstellung" ein. Denn einerseits sei von der Beendigung des Arbeitsverhältnisses durch Kündigung die Rede, andererseits hieße es, dass sich die Parteien über das Ende des Arbeitsverhältnisses einig seien (was wiederum Kennzeichen eines Aufhebungs- und nicht eines Abwicklungsvertrags sei; vgl. *Hümmerich* AE 2004, 147, 148). Diese Kritik überzeugt nicht. Die hier vorgeschlagene Formulierung verdeutlicht, dass die Parteien von einer Beendigung des Arbeitsverhältnisses durch Kündigung ausgehen und genau hierüber Einvernehmen erzielt haben. Denn maßgeblicher Inhalt des Abwicklungsvertrags ist nicht nur, Einzelheiten der Abwicklung des Arbeitsverhältnisses zu regeln, sondern vor allem, jeden zukünftigen **Streit über die Wirksamkeit der Kündigung auszuschließen.** Die Klausel führt daher dazu, dass eine etwaige Kündigungsschutzklage des Arbeitnehmers nach Abschluss der Vereinbarung unbegründet wäre. Ihr würde der Einwand unzulässiger Rechtsausübung – venire contra factum proprium (§ 242 BGB) – entgegenstehen. Auch beim Abschluss eines Abwicklungsvertrags ist das **Beteiligungsrecht des Betriebsrats** bei arbeitgeberseitigen Kündigungen zu beachten (vgl. § 102 BetrVG). Nach Rechtsprechung des BAG ist der Arbeitgeber auch dann zur Anhörung des Betriebsrats verpflichtet, wenn er mit dem Arbeitnehmer im Vorfeld der Kündigung übereingekommen ist, das Arbeitsverhältnis durch eine arbeitgeberseitige Kündigung zu beenden und gleich im Anschluss einen Abwicklungsvertrag zu schließen (BAG NZA 2006, 48). Vor dem Hintergrund dieser als formalistisch (vgl. *Bauer/Krieger* NZA 2006, 306) kritisierten Rechtsprechung ist es dringend zu empfehlen, auch dann den Betriebsrat zur Kündigung anzuhören, wenn die Parteien sich bereits über den nachfolgenden Abschluss eines Abwicklungsvertrags verständigt haben.

3. Abwicklungsvertrag oder Aufhebungsvertrag? Die „Qual der Wahl" zwischen Aufhebungs- und Abwicklungsvertrag stellt sich für den Arbeitgeber vor allem dann, wenn er sich von einem Mitarbeiter trennen möchte und andere Trennungsmöglichkeiten (Auslaufen einer Befristung, Vorruhestands- und Altersteilzeitmodelle etc.) ausscheiden. Dann muss der Arbeitgeber entscheiden, ob er dem Mitarbeiter einen Aufhebungsvertrag anbietet oder eine Kündigung ausspricht. Entscheidet er sich für die Kündigung, muss er sich bei einer betriebsbedingten Kündigung überlegen, ob er vom gesetzlich geregelten Abfindungsangebot (§ 1a KSchG; → Form. A. XIV. 4) Gebrauch macht. Liegt keine betriebsbedingte Kündigung vor oder entschließt er sich gegen ein Vorgehen gemäß § 1a KSchG, muss er sich überlegen, ob und vor allem zu welchem Termin er einen Abwicklungsvertrag anbieten möchte. Das „stets richtige" Vorgehen gibt es nicht. Vielmehr bedingen die tatsächlichen und rechtlichen Rahmenbedingungen im Einzelfall und taktische Überlegungen die Entscheidung. Einfließen in diese Überlegungen wird auch, welche **sozialversicherungsrechtlichen Folgen** mit dem Abschluss eines Abwicklungsvertrags verbunden sind. Hier stellt sich auch die Frage, ob der Abwicklungsvertrag zur **Verhängung einer Sperrzeit nach § 159 Abs. 1 S. 2 Nr. 1 SGB III** führt.

Nach § 159 Abs. 1 S. 2 Nr. 1 SGB III wird eine Sperrzeit verhängt, wenn der Arbeitnehmer das **Beschäftigungsverhältnis gelöst** oder **durch ein arbeitsvertragswidriges Verhalten Anlass für die Lösung des Beschäftigungsverhältnisses gegeben** und dadurch vorsätzlich oder grob fahrlässig die Arbeitslosigkeit herbeigeführt hat (sog. Sperrzeit wegen Arbeitsaufgabe), ohne für sein Verhalten einen **wichtigen Grund** zu haben. Die Dauer der etwaigen Sperrzeit beträgt bis zu zwölf Wochen (§ 159 Abs. 3 SGB III). Infolge einer Sperrzeit verkürzt sich der Bezugszeitraum für den Anspruch auf Arbeitslosengeld (§ 148 Abs. 1 Nr. 4 SGB III).

Wird ein Abwicklungsvertrag nach einer verhaltensbedingten Kündigung abgeschlossen, so wird regelmäßig eine Sperrzeit verhängt. Denn in diesem Fall hat der Arbeitnehmer durch arbeitsvertragswidriges Verhalten und i. d. R. auch verschuldet Anlass für die Lösung des Beschäftigungsverhältnisses gegeben (§ 159 Abs. 1 S. 2 Nr. 1 Alt. 2 SGB III).

Schwieriger ist die Beurteilung für die übrigen Fälle. Früher wurde in der Literatur verbreitet angenommen, dass der Abschluss eines Abwicklungsvertrags das Beschäftigungsverhältnis gerade nicht löse. Vielmehr werde dieses durch den anderweitigen Beendigungstatbestand, insbesondere die arbeitgeberseitige Kündigung, beendet. Das sei gerade der Unterschied zwischen Aufhebungs- und Abwicklungsvertrag (*Hümmerich* BB 1999, 1868, 1869; *ders.* AE 2004, 147, 149 f.; *Bauer/Hümmerich* NZA 2003, 1076 f.). Das BSG ist dem zu Recht nicht gefolgt. Es hat entschieden, dass alle Vereinbarungen zwischen Arbeitgeber und Arbeitnehmer, die die Kündigung absichern sollen, **als Lösung des Beschäftigungsverhältnisses anzusehen** sind (BSG NZA 2004, 661; hierzu *Heuchemer/Insam* BB 2004, 1679; *Bauer/Krieger* NZA 2004, 640). Es sei gerade Sinn derartiger Vereinbarungen, das Ende des Beschäftigungsverhältnisses herbeizuführen. Zweck der Sperrzeitregelung sei es, den Arbeitnehmer davon abzuhalten, sich an der Beendigung des Arbeitsverhältnisses aktiv zu beteiligen. Da durch den Abschluss von Abwicklungsverträgen auf die Geltendmachung des Kündigungsrechts verzichtet würde, leiste der Arbeitnehmer einen wesentlichen Beitrag zur Herbeiführung seiner Beschäftigungslosigkeit. Es mache auch keinen Unterschied, ob der Arbeitnehmer durch Abschluss eines Aufhebungsvertrags die Beendigung des Beschäftigungsverhältnisses unmittelbar herbeiführt oder hinsichtlich des Bestands der Kündigung eine verbindliche Vereinbarung trifft. Vereinbarungen, die nach Ablauf der Drei-Wochen-Frist zur Erhebung der Kündigungsschutzklage getroffen werden, können die Kündigung nicht mehr absichern und begründen daher – sofern nicht genau dieses Vorgehen bereits vorab vereinbart wurde – keine Lösung des Beschäftigungsverhältnisses.

In einer weiteren Entscheidung hat das BSG seine Rechtsprechung dahingehend ergänzt, dass eine Lösung des Beschäftigungsverhältnisses auch dann vorliegt, wenn die Vereinbarung der Parteien über die Wirksamkeit der Kündigung im Rahmen eines gerichtlichen Vergleichs getroffen wird (BSG NZA-RR 2008, 383). Hiermit hat es auch entsprechende Missverständnisse ausgeräumt, die in der instanzgerichtlichen Rechtsprechung und der Literatur wegen eines anderslautenden obiter dictums in o. g. Urteil (BSG NZA 2004, 661) entstanden waren (vgl. etwa LSG Stuttgart NZS 2006, 609). Gleichwohl führt die Bundesagentur für Arbeit in der Geschäftsanweisung zu § 159 SGB III (GA 159.19) weiterhin aus, der Abschluss eines arbeitsgerichtlichen Vergleichs könne eine Sperrzeit nicht auslösen.

Da die Verhängung einer Sperrzeit wegen Arbeitsaufgabe an ein **aktives Verhalten** des Arbeitnehmers anknüpft, ist die **bloße Hinnahme** einer arbeitgeberseitigen Kündigung kein Lösen des Beschäftigungsverhältnisses durch den Arbeitnehmer (BSG AP AFG § 119 Nr. 8; BSG BB 1996, 1510). Eine Ausnahme hiervon hat die Rechtsprechung nur gemacht, wenn der Arbeitnehmer eine offensichtlich rechtswidrige Kündigung im Hinblick auf eine zugesagte finanzielle Vergünstigung hingenommen hat, z. B. durch Unterlassen einer Kündigungsschutzklage. Dogmatisch ordnet das BSG diese Fälle aber als Aufhebungsvertrag ein: Nähme der Arbeitnehmer bei offensichtlich rechtswidriger Kündigung eine zugesagte finanzielle Vergünstigung entgegen und verzichte er auf eine Kündigungsschutzklage, so sei der wirkliche Wille der Vertragsparteien auf den Abschluss eines Aufhebungsvertrags gerichtet. Die Kündigung des Arbeitgebers sei bloßes Scheingeschäft gemäß § 117 Abs. 2 BGB (BSG AP AFG § 119 Nr. 8; BSG BB 1996, 1510).

Zusammenfassend kann festgestellt werden, dass das Tatbestandsmerkmal des „Lösens des Beschäftigungsverhältnisses“ beim Abschluss eines Abwicklungsvertrages nur dann nicht gegeben ist, wenn der Arbeitnehmer die Drei-Wochen-Frist zur Erhebung der Kündigungsschutzklage verstreichen lässt und erst dann den Abwicklungsvertrag schließt. Denn dann endet das Arbeitsverhältnis definitiv mit der Kündigung und ungeachtet jeder etwaigen Erklärung des Arbeitnehmers hierzu. In allen anderen Fällen muss dagegen folgerichtig ein Lösen des Beschäftigungsverhältnisses angenommen werden. Dies gilt sowohl für den außergerichtlich nach Ablauf der Drei-Wochen-Frist abgeschlossenen Abwicklungsvertrag (wenn eine Kündigungsschutzklage eingereicht wurde), als auch für Abwicklungsverträge als Prozessvergleiche im Rahmen von Kündigungsschutzverfahren.

Gelangt man nach Maßgabe der vorstehenden Ausführungen zu dem Ergebnis, dass der Abwicklungsvertrag ein „Lösen des Beschäftigungsverhältnisses“ i. S. v. § 159 Abs. 1 S. 2 Nr. 1 Alt. 1 SGB III darstellt, kommt es auf das Vorliegen der zweiten (negativen) Tatbestandsvoraussetzung dieser Norm an. Der Arbeitnehmer darf für sein Verhalten keinen **wichtigen Grund** gehabt haben (§ 159 Abs. 1 S. 1 SGB III a. E.).

Mit der Änderung der Geschäftsanweisung der Bundesagentur für Arbeit Ende 2007 wurden die Anforderungen an einen wichtigen Grund im Rahmen eines Abwicklungsvertrags denen beim Abschluss eines Aufhebungsvertrags gleichgestellt (GA 159.109). Insoweit kann also grundsätzlich auf die Ausführungen in → Form. A. XV. 1 Anm. 9 verwiesen werden. Ein erheblich weiterer Gestaltungsspielraum besteht nach Auffassung der Bundesagentur für Arbeit bei Abwicklungsvereinbarungen, die im Rahmen eines **gerichtlichen Vergleichs** erfolgen (GA 159.19; → Form. A. XV. 1 Anm. 9).

Da Aufhebungs- und Abwicklungsvertrag nun im Hinblick auf die Sperrzeit weitgehend einheitlich behandelt werden, kann die Entscheidung für einen dieser beiden „Beendigungstatbestände“ weitgehend losgelöst von sozialrechtlichen Erwägungen erfolgen.

4. Abrechnung. → Form. A. XV. 1, dort unter § 2.

5. Abfindung. → Form. A. XV. 1, dort unter § 3.

6. Freistellung/Urlaub. → Form. A. XV. 1, dort unter § 4.

7. Betriebliche Altersversorgung. → Form. A. XV. 1, dort unter § 5.

8. Zeugnis/Arbeitspapiere. → Form. A. XV. 1, dort unter § 6.

9. Rückgabe von Gegenständen (***Optional:*** **/Dienstwagen**). → Form. A. XV. 1, dort unter § 7.

10. Geheimhaltung. → Form. A. XV. 1, dort unter § 8.

11. Rücknahme der Kündigungsschutzklage. Die Klausel im Formular geht davon aus, dass der Abwicklungsvertrag nach Einreichung einer Kündigungsschutzklage als außergerichtliche Vereinbarung abgeschlossen wird. In diesem Fall ist die Vereinbarung zur Rücknahme der Kündigungsschutzklage üblich. Es sollte dann noch eine Regelung zur Kostentragung aufgenommen werden. Im Formular ist Kostenaufhebung vorgesehen.

12. Abgeltung. → Form. A. XV. 1, dort unter § 9.

13. Belehrung. → Form. A. XV. 1, dort unter § 10.

14. Schlussbestimmungen. → Form. A. XV. 1, dort unter § 11.

15. Schriftform. Es ist strittig, ob Abwicklungsverträge der Schriftform i. S. v. § 126 BGB bedürfen. Gemäß § 623 BGB bedarf die Beendigung des Arbeitsverhältnisses durch Kündigung oder Auflösungsvertrag grundsätzlich der Schriftform. Strittig ist jedoch, ob ein Abwicklungsvertrag als „Auflösungsvertrag“ im Sinne dieser Vorschrift anzusehen ist.

Der typische Auflösungsvertrag i. S. d. § 623 BGB ist der Aufhebungsvertrag (ErfKomm/*Müller-Glöge* § 623 BGB Rn. 4). Durch einen solchen Vertrag wird die **Beendigung des Arbeitsverhältnisses vereinbart** (→ Anm. 1). Dabei kommt es für das Schriftformerfordernis des § 623 BGB nicht darauf an, wie der Vertrag von den Parteien bezeichnet wird (*Lakies* BB 2000, 667; A/P/S/*Greiner* § 623 BGB Rn. 8; ErfKomm/*Müller-Glöge* § 623 BGB Rn. 4). Der Abwicklungsvertrag regelt dagegen lediglich die Abwicklung eines bereits aufgrund eines sonstigen Beendigungstatbestands beendeten Arbeitsverhältnisses (→ Anm. 1) und löst es nicht auf. Geht man vom Wortlaut aus, so würde er § 623 BGB nicht unterfallen, da dieser eine **„Auflösung"** des Arbeitsverhältnisses durch Vertrag fordert.

Dementsprechend hatten der Erste und der Sechste Senat des BAG entschieden, dass ein solcher Abwicklungsvertrag kein Auflösungsvertrag i. S. d. § 623 BGB ist und nicht der Schriftform bedarf (BAG NZA 2006, 48; NZA 2007, 466; wohl auch AP InsO § 113 Nr. 23).

Der Zweite Senat des BAG hat jedoch auch entschieden, dass eine **Klageverzichtsvereinbarung** (ein Unterfall des Abwicklungsvertrags, vgl. Anm. 2), die im unmittelbaren zeitlichen und sachlichen Zusammenhang mit dem Ausspruch einer Kündigung getroffen wird, als Auflösungsvertrag i. S. d. § 623 BGB zu bewerten ist und somit der Schriftform unterliegt (BAG NZA 2007, 1227). Als Begründung wurde angeführt, dass der Gesetzgeber in § 623 BGB bewusst die (dem Arbeitsrecht bis dahin fremde) Bezeichnung „Auflösungsvertrag" gewählt hätte, um eine Begrenzung des Schriftformerfordernisses auf bestimmte Vertragstypen zu vermeiden. Mit der gewählten Formulierung sollten typenübergreifend alle Erscheinungen erfasst werden, in denen die Lösung der arbeitsvertraglichen Bindung im Einvernehmen der Parteien bewirkt wird. Vor diesem Hintergrund sei auch eine Klageverzichtsvereinbarung jedenfalls dann, wenn sie im unmittelbaren zeitlichen und sachlichen Zusammenhang mit dem Ausspruch einer Kündigung steht, als Auflösungsvertrag i. S. d. § 623 BGB anzusehen. Denn der Abschluss eines Verzichtsvertrages verfolge nur den Zweck, die Unsicherheit dahingehend, ob die ausgesprochene und noch angreifbare Kündigung tatsächlich ihr Ziel erreichen wird, zu beseitigen (BAG NZA 2007, 1227).

Die Rechtsprechung des Zweiten Senats des BAG stößt in der Literatur auf Kritik. Zurecht wird die dogmatische Einordnung einer Klageverzichtserklärung als „Auflösungsvertrag" in Frage gestellt. Denn Anknüpfungspunkt der Vertragsbeendigung ist die Arbeitgeberkündigung und nicht der Abwicklungsvertrag. Durch die sehr formalistische Handhabung des Abwicklungsvertrags wird die Entscheidungsfreiheit der Arbeitsvertragsparteien über das erforderliche Maß hinaus beschränkt (so auch *Bauer/Günther* NJW 2008, 1617).

Nach einem Teil der Literatur soll der Abwicklungsvertrag jedenfalls dann dem Schriftformerfordernis nach § 623 BGB unterliegen, wenn ihm eine **unwirksame Kündigung** vorausging (ErfKomm/*Müller-Glöge* § 623 BGB Rn. 8; MünchKommBGB/*Henssler* § 623 BGB Rn. 22). Begründet wird dies damit, dass dann die Beendigung des Arbeitsverhältnisses nicht durch die (unwirksame) Kündigung, sondern erst durch den Abwicklungsvertrag herbeigeführt wird. Das ist aber nicht richtig. Denn mit dem Abwicklungsvertrag wollen die Parteien lediglich den Streit über die Wirksamkeit der Kündigung ausschließen (→ Anm. 2). In dogmatischer Hinsicht ändert sich nichts daran, dass das Arbeitsverhältnis dann durch (unwirksame) Kündigung beendet wird. Deshalb ist auch einer Ansicht in der instanzgerichtlichen Rechtsprechung nicht zu folgen, der zufolge nach der Frage fehlender sozialer Rechtfertigung (vgl. Fiktion des § 7 S. 1 KSchG), der Einhaltung des Schriftformerfordernisses für die Kündigung oder dem Vorliegen eines sonstigen Unwirksamkeitsgrunds bezüglich der Kündigung (z. B. Fehlen einer Zustimmung bei schwerbehinderten Menschen oder Mitarbeitern in der Elternzeit) für die Frage der Anwendbarkeit des Schriftformerfordernisses nach § 623 BGB auf Abwicklungsverträge differenziert wird (vgl. LAG Hamm NZA-RR 2004, 242).

Vorstehenden Anmerkungen lässt sich entnehmen, dass Rechtsprechung und Literatur zur Anwendbarkeit des Schriftformerfordernisses nach § 623 BGB auf Abwicklungsverträge im

Fluss sind. Um Rechtsunsicherheit zu vermeiden (und selbstverständlich auch aus Beweisgründen) ist **dringend zu empfehlen, jeden Abwicklungsvertrag schriftlich abzuschließen.**

3. Altersteilzeitvertrag

Altersteilzeitvertrag[1]

zwischen

...... (Name und Anschrift des Arbeitgebers) „Gesellschaft"

und

Herrn ...... (Name und Anschrift des Arbeitnehmers) „Mitarbeiter"

wird der bestehende Arbeitsvertrag vom ...... samt Nachträgen vom ...... und vom ...... auf der Grundlage des Altersteilzeitgesetzes (AltersteilzeitG) wie folgt geändert:

§ 1 Beginn der Altersteilzeit[2]

Das Arbeitsverhältnis wird ab dem ...... als Altersteilzeitarbeitsverhältnis fortgeführt.[3]

§ 2 Tätigkeit

(1) Mit Beginn der Altersteilzeit übt der Mitarbeiter seine bisherige Tätigkeit weiterhin aus.

(2) Die Gesellschaft behält sich vor, dem Mitarbeiter eine andere zumutbare, seinen Fähigkeiten und Kenntnissen entsprechende Arbeit zu übertragen.

§ 3 Arbeitszeit[4]

(1) Die Arbeitszeit beträgt für die Dauer des Altersteilzeitarbeitsverhältnisses durchschnittlich die Hälfte der bisherigen regelmäßigen wöchentlichen Arbeitszeit (derzeit ...... Stunden), somit ...... Stunden.

(2) Hinsichtlich der Verteilung der Arbeitszeit über den das Altersteilzeitarbeitsverhältnis erfassenden Zeitraum wird vereinbart, dass die auf die Gesamtlaufzeit dieser Vereinbarung entfallende Arbeitszeit in der ersten Hälfte des Altersteilzeitarbeitsverhältnisses, also in der Zeit vom ...... bis ...... („Arbeitsphase") geleistet wird.

(3) Anschließend wird der Mitarbeiter bis zum Ende des Altersteilzeitarbeitsverhältnisses von der Arbeit ohne Arbeitsverpflichtung freigestellt („Freistellungsphase").

§ 4 Vergütung

(1) Der Mitarbeiter erhält für die Dauer des Altersteilzeitarbeitsverhältnisses als monatliches Regelarbeitsentgelt eine Vergütung nach Maßgabe der gemäß § 3 reduzierten Arbeitszeit, d.h. die Hälfte seines bisherigen laufenden monatlichen Bruttoarbeitsentgelts (ohne Mehrarbeitsvergütung), somit

...... EUR (in Worten: ...... Euro) brutto, sowie die Hälfte der vermögenswirksamen Leistungen („Regelarbeitsentgelt").[5]

(2) Das Regelarbeitsentgelt ist unabhängig von der Verteilung der Arbeitszeit für die Dauer des Altersteilzeitarbeitsverhältnisses fortlaufend zu zahlen.

(3) Zusätzlich erhält der Mitarbeiter – gegebenenfalls zeitanteilig – für die Dauer des Altersteilzeitarbeitsverhältnisses die Hälfte des tariflichen Urlaubsgeldes und der tariflichen Jahresleistung.

(4) Eventuelle Mehrarbeit wird ausschließlich durch Freizeitgewährung ausgeglichen. Damit entfällt die Einbeziehung in die Berechnung des Aufstockungsbetrags gemäß nachfolgendem § 5 Abs. (1).

(5) Endet das Altersteilzeitarbeitsverhältnis während der Freistellungsphase vorzeitig, hat der Mitarbeiter Anspruch auf eine etwaige Differenz zwischen der bis zu diesem Zeitpunkt während des Altersteilzeitarbeitsverhältnisses erhaltenen Vergütung einschließlich des in nachfolgendem § 5 Abs. (1) genannten Aufstockungsbetrags und dem Entgelt für den Zeitraum seiner tatsächlichen Beschäftigung, das er ohne Eintritt in die Altersteilzeitarbeit erzielt hätte.[6]

§ 5 Aufstockungsbetrag und zusätzliche Rentenversicherungsbeiträge

(1) Der Mitarbeiter erhält einen monatlichen Aufstockungsbetrag in Höhe von 20 Prozent des Regelarbeitsentgelts gemäß obigem § 4 Abs. (1). *(Optional: Die Vergütung ist jedoch auf mindestens . . . . . . Prozent, höchstens auf 100 Prozent des um die gesetzlichen Abzüge, die bei Arbeitnehmern gewöhnlich anfallen, verminderten Arbeitsentgelts, das der Arbeitnehmer ohne Eintritt in die Altersteilzeitarbeit erzielt hätte, aufzustocken.)*[7]

(2) Die Gesellschaft entrichtet neben den vom Arbeitgeber zu tragenden Sozialversicherungsbeiträgen für den Mitarbeiter zusätzlich Beiträge zur gesetzlichen Rentenversicherung auf 80 Prozent des Regelarbeitsentgelts gemäß obigem § 4 Abs. (1), höchstens jedoch auf den Unterschiedsbetrag zwischen 90 Prozent der Beitragsbemessungsgrenze in der gesetzlichen Rentenversicherung und dem Regelarbeitsentgelt gemäß obigem § 4 Abs. (1).[8]

§ 6 Insolvenzsicherung[9]

(1) Die Gesellschaft wird das vom Arbeitnehmer in der Arbeitsphase erarbeitete Wertguthaben sowie den darauf entfallenden Arbeitgeberanteil am Gesamtsozialversicherungsbeitrag in geeigneter Weise gegen Insolvenz absichern.

(2) Die Gesellschaft wird dem Arbeitnehmer erstmals mit der ersten Gutschrift und anschließend alle sechs Monate die zur Insolvenzsicherung ergriffenen Maßnahmen in Textform (§ 126b BGB) nachweisen.

§ 7 Altersversorgung[10]

Die Beiträge der Gesellschaft zur betrieblichen Altersversorgung werden entsprechend der durchschnittlichen Arbeitszeit während des Altersteilzeitarbeitsverhältnisses halbiert.

§ 8 Krankheit[11]

(1) Im Falle krankheitsbedingter Arbeitsunfähigkeit leistet die Gesellschaft Entgeltfortzahlung nach den für das Arbeitsverhältnis geltenden Bestimmungen.

(2) Nach Ende der Pflicht zur Entgeltfortzahlung gemäß vorstehendem Absatz (1) entfällt auch der Anspruch auf den Aufstockungsbetrag und die zusätzlichen Beiträge zur gesetzlichen Rentenversicherung gemäß obigem § 5 (im Folgenden gemeinsam: „Aufstockungsleistungen").

(Alternative:

(2) Im Falle des Bezuges von Krankengeld, Versorgungskrankengeld, Verletztengeld oder Übergangsgeld nach Ablauf der Entgeltfortzahlung gewährt die Gesellschaft weiterhin den Aufstockungsbetrag und die zusätzlichen Beiträge zur gesetzlichen Rentenversicherung gemäß obigem § 5 (im Folgenden gemeinsam „Aufstockungsleistungen"). Entsprechendes gilt, wenn der Mitarbeiter Krankentagegeld von einem privaten Krankenversicherungsunternehmen bezieht.)

§ 9 Urlaub[12]

(1) Im Kalenderjahr des Übergangs von der Arbeits- in die Freistellungsphase hat der Mitarbeiter für jeden angefangenen Beschäftigungsmonat Anspruch auf ein Zwölftel des Jahresurlaubes.

(2) Für die Zeit der Freistellungsphase besteht kein Urlaubsanspruch.

§ 10 Ruhen und Erlöschen des Anspruchs auf Aufstockungsleistungen[13]

(1) Der Anspruch auf Aufstockungsleistungen gemäß vorstehendem § 5 ruht während der Zeit, in der der Mitarbeiter über die Altersteilzeit hinaus eine Beschäftigung oder selbständige Arbeit ausübt, die den Umfang der Geringfügigkeitsgrenze in § 8 SGB IV überschreitet.

(2) Der Anspruch auf Aufstockungsleistungen gemäß vorstehendem § 5 erlischt, wenn die Gesamtruhenszeit einen Zeitraum von 150 Tagen überschreitet. Mehrere Ruhenszeiten werden zusammengerechnet. Beschäftigungen oder selbständige Tätigkeiten bleiben unberücksichtigt, soweit der altersteilzeitarbeitende Arbeitnehmer sie bereits innerhalb der letzten fünf Jahre vor Beginn des Altersteilzeitarbeitsverhältnisses ständig ausgeübt hat.

(3) Der Anspruch auf Aufstockungsleistungen gemäß vorstehendem § 5 erlischt rückwirkend ab Beginn des Zeitraums, wenn dem Mitarbeiter eine Rente wegen vollständiger Erwerbsminderung oder eine vergleichbare Leistung zuerkannt wird.

§ 11 Verbot der Aufnahme oder Ausübung von Nebentätigkeiten[14]

(1) Der Mitarbeiter verpflichtet sich, Nebentätigkeiten jeder Art (auch geringfügige Beschäftigungen) der Gesellschaft sofort anzuzeigen. Der Mitarbeiter verpflichtet sich weiterhin, keine Beschäftigung oder selbständige Tätigkeit auszuüben, die die Geringfügigkeitsgrenze des § 8 SGB IV überschreitet.

(2) Der Mitarbeiter verpflichtet sich, der Gesellschaft den aus einer Zuwiderhandlung gegen Abs. (1) resultierenden Schaden zu ersetzen.

§ 12 Mitwirkungs- und Erstattungspflichten

(1) Der Mitarbeiter verpflichtet sich, der Gesellschaft alle Umstände und deren Änderungen, die seinen Vergütungsanspruch oder den Anspruch auf den Aufstockungsbetrag berühren können, unverzüglich mitzuteilen.

(2) Der Mitarbeiter ist verpflichtet, frühestmöglich den Antrag auf eine Rente wegen Alters oder vergleichbare Leistungen, die zum Erlöschen des Altersteilzeitarbeitsverhältnisses nach § 5 AltersteilzeitG führen, zu stellen und die Gesellschaft hierüber unverzüglich zu unterrichten. Der Mitarbeiter hat auf Verlangen der Gesellschaft den frühestmöglichen Zeitpunkt mitzuteilen, ab dem er eine solche Altersrente oder eine vergleichbare Leistung beanspruchen kann.

(3) Die Gesellschaft hat ein Zurückbehaltungsrecht, wenn der Mitarbeiter seine Mitwirkungs- und Mitteilungspflichten nicht erfüllt oder es um unrichtige oder unvollständige Angaben oder Auskünfte geht, die seinen Vergütungsanspruch, seinen Anspruch auf den Aufstockungsbetrag oder Beiträge zur Rentenversicherung berühren können.

(4) Zu Unrecht empfangene Leistungen hat der Mitarbeiter zurückzuerstatten.

§ 13 Ende des Altersteilzeitarbeitsverhältnisses[15]

(1) Das Altersteilzeitarbeitsverhältnis endet, ohne dass es einer Kündigung bedarf, spätestens am ......

(2) Es endet ferner vor Ablauf des in Abs. (1) genannten Datums mit Ablauf des Kalendermonats, der dem Kalendermonat vorausgeht, ab dem der Arbeitnehmer wegen Alters eine vorzeitige Rente für besonders langjährig Versicherte oder für langjährig Versicherte beanspruchen kann. Dies gilt auch, wenn eine Schwerbehinderung des Arbeitnehmers vorliegt; §§ 37, 236 SGB VI bleiben außer Betracht.

(3) Im Übrigen bleibt das Recht zur Kündigung nach Maßgabe des Arbeitsvertrags vom ...... und der einschlägigen tariflichen, gesetzlichen und betrieblichen Regelungen unberührt.

§ 14 Schlussbestimmungen[16]

(1) Diese Vereinbarung unterliegt deutschem Recht.

(2) Mündliche Nebenabreden bestehen nicht. Änderungen und/oder Ergänzungen dieser Vereinbarung einschließlich dieser Bestimmung bedürfen zu ihrer Rechtswirksamkeit der Schriftform, es sei denn, diese wurden nachweislich zwischen den Parteien ausgehandelt.

(3) Für die Auslegung dieses Vertrages ist das AltersteilzeitG in seiner jeweils gültigen Fassung maßgebend.

(4) Sollte eine Bestimmung dieser Vereinbarung ganz oder teilweise unwirksam sein oder werden, so wird hiervon die Wirksamkeit der übrigen Bestimmungen der Vereinbarung nicht berührt. Die Parteien verpflichten sich, anstelle der unwirksamen Bestimmung eine dieser Bestimmung wirtschaftlich möglichst nahe kommende, wirksame Regelung zu treffen. Dasselbe gilt für den Fall einer vertraglichen Lücke.

(5) Soweit durch diese Vereinbarung nicht berührt, gelten die Vereinbarungen über das Arbeitsverhältnis, insbesondere gemäß des Arbeitsvertrags vom ......, entsprechend fort.

......	......
Ort, Datum	Ort, Datum
......	......
Unterschrift der Gesellschaft	Unterschrift des Mitarbeiters

Anmerkungen

1. Vorbemerkung. Durch einen Altersteilzeitvertrag soll ein kontinuierlicher, gleitender Übergang vom Erwerbsleben in den Ruhestand ermöglicht werden. Die Inanspruchnahme von Altersteilzeit ist in vielen Branchen durch Tarifvertrag geregelt. Möglich ist jedoch auch eine ausschließlich individualrechtliche Vereinbarung zwischen Arbeitgeber und Arbeitnehmer. Der Arbeitnehmer reduziert seine Arbeitszeit und sein Arbeitsentgelt um die Hälfte. Zugleich erhöht der Arbeitgeber durch einen Aufstockungsbetrag zum Arbeitsentgelt und zusätzliche Beiträge in die gesetzliche Rentenversicherung die Leistungen an den Arbeitnehmer in der Altersteilzeit (hier gemeinsam „Aufstockungsleistungen" genannt).

Eine Verpflichtung zum Abschluss von Altersteilzeitverträgen besteht grundsätzlich nicht. Sie kann sich allerdings (z.B.) aus Regelungen in einem Tarifvertrag ergeben. Dann wird allerdings auch regelmäßig eine Überlastquote festgelegt, die eine Verpflichtung zum Abschluss von Altersteilzeitverträgen ausschließt, wenn ein bestimmter Schwellenwert bzgl. Mitarbeitern in Altersteilzeit überschritten ist. § 3 Abs. 1 Nr. 3 Alt. 1 AltersteilzeitG spricht von einer diesbezüglichen Grenze von fünf Prozent der Arbeitnehmer eines Betriebs. Schließt der Arbeitgeber mit Arbeitnehmern Altersteilzeitarbeitsverträge, obwohl er hierzu nicht verpflichtet ist, erbringt er eine freiwillige Leistung und hat deshalb bei der Entscheidung über den Antrag eines Arbeitnehmers auf Abschluss eines Altersteilzeitvertrags den arbeitsrechtlichen Gleichbehandlungsgrundsatz zu beachten (BAG NJOZ 2012, 1217).

Die maßgeblichen Regelungen für ein Altersteilzeitarbeitsverhältnis finden sich im AltersteilzeitG. Dieses ist in arbeitsrechtlicher Hinsicht wesentlich im Rahmen des Dritten Gesetzes für Moderne Dienstleistungen am Arbeitsplatz („Hartz III") geändert worden, welches mit Wirkung ab dem 1.7.2004 insbesondere einen zwingenden Insolvenzschutz eingeführt, die Berechnungsvorschriften für die Aufstockungsbeträge geändert und die Berechnung der Arbeitszeit während der Altersteilzeit neu geregelt hat. Ergänzend gelten die durch das „Gesetz zur Verbesserung der Rahmenbedingungen für die Absicherung flexibler Arbeitszeitregelungen und zur Änderung anderer Gesetze" (sog. „Flexi-II-Gesetz") mit Wirkung zum 1.1.2009 eingeführten Regelungen zu Wertguthaben in §§ 7b ff. SGB IV, mit Ausnahme des § 7e SGB IV zur Insolvenzsicherung, dem die Spezialregelung des § 8a AltersteilzeitG vorgeht. Dies bedeutet insbesondere, dass die Altersteilzeitwertguthaben als Entgeltguthaben zu führen sind (→ Form. C. II. 8 Anm. 11) und ggf. besondere Anlagevoraussetzungen zu beachten sind (→ Form. C. II. 8 Anm. 14).

Altersteilzeitarbeitsverhältnisse, welche spätestens am 31.12.2009 begonnen haben, werden noch durch die Bundesagentur für Arbeit („BA") gefördert (§ 16 AltersteilzeitG). Der Aufstockungsbetrag und zusätzliche Beiträge zur gesetzlichen Rentenversicherung können dem Arbeitgeber nur noch für solche bereits seit dem 31.12.2009 laufenden Altersteilzeitarbeitsverhältnisse erstattet werden. Für Altersteilzeitarbeitsverhältnisse, die am 1.1.2010 oder später beginnen, entfällt zwar diese Förderung durch die BA; der vom Arbeitgeber geleistete Aufstockungsbetrag und die zusätzlichen Rentenversicherungsbeiträge bleiben jedoch auch weiterhin lohnsteuer- und sozialabgabenfrei (§ 1 Abs. 3 AltersteilzeitG, § 3 Nr. 28 EStG, § 1 Abs. 1 S. 1 Nr. 1 SvEV).

Die steuer- und sozialversicherungsrechtliche Förderung des Altersteilzeitarbeitsverhältnisses setzt im Wesentlichen Folgendes voraus:

- Der Arbeitnehmer muss mindestens 55 Jahre alt sein (§ 2 Abs. 1 Nr. 1 AltersteilzeitG); der Abschluss des Altersteilzeitvertrags kann allerdings schon früher erfolgen.
- Arbeitnehmer und Arbeitgeber müssen eine Reduzierung der Arbeitszeit auf die Hälfte der bisherigen wöchentlichen Arbeitszeit vereinbaren (§ 2 Abs. 1 Nr. 2 AltersteilzeitG). Dies kann entweder über kontinuierliche Arbeitszeitmodelle (sog. Teilzeitmodelle, z.B. in Form der klassischen Halbtagsbeschäftigung, eines täglichen, wöchentlichen, monatlichen oder saisonal bedingten Wechsels zwischen Arbeit und Freizeit sowie einer degressiven Arbeitszeitverteilung) oder über sog. Blockmodelle, bei welchen der Arbeitnehmer zunächst im Umfang der bisherigen Arbeitszeit weiterarbeitet (Arbeitsphase) und sodann vollständig von der Arbeit freigestellt wird (Freistellungsphase) erfolgen.
- Das Altersteilzeitarbeitsverhältnis muss bis zu dem Zeitpunkt andauern, zu dem der Arbeitnehmer eine Rente wegen Alters beanspruchen kann (§ 2 Abs. 1 Nr. 2 AltersteilzeitG). Es ist nicht erforderlich, dass diese Rente ungemindert ist.

- Der Arbeitnehmer muss innerhalb der letzten fünf Jahre vor Beginn der Altersteilzeit mindestens 1.080 Kalendertage (ca. drei Jahre) in einem versicherungspflichtigen Beschäftigungsverhältnis i.S.d. SGB III oder nach den Vorschriften eines Mitgliedstaates der Europäischen Union, eines Vertragsstaates des Abkommens über den Europäischen Wirtschaftsraum oder der Schweiz gestanden haben (§ 2 Abs. 1 Nr. 3 AltersteilzeitG).
- Während der Altersteilzeit muss eine versicherungspflichtige Beschäftigung i.S.d. SGB III bestehen (§ 2 Abs. 1 Nr. 2 a.E. AltersteilzeitG), der Arbeitnehmer muss also in den Anwendungsbereich der Arbeitslosenpflichtversicherung nach § 24 SGB III fallen.
- Der Arbeitgeber muss das Regelarbeitsentgelt des Arbeitnehmers während der Altersteilzeit um mindestens 20 Prozent aufstocken sowie zusätzliche Beiträge zur gesetzlichen Rentenversicherung zahlen (§ 3 Abs. 1 Nr. 1 AltersteilzeitG).

Nicht erforderlich ist, dass der Arbeitgeber zum Ausgleich für die reduzierte Arbeitszeit des Arbeitnehmers einen neuen Arbeitnehmer anstellt, welcher bisher arbeitslos war oder erst kürzlich eine Ausbildung abgeschlossen hat. Dies war für die Förderung durch die BA noch Voraussetzung (§ 3 Abs. 1 Nr. 2a AltersteilzeitG).

Die Steuer- und Beitragsfreiheit ist nicht auf die gesetzliche Mindesthöhe der Aufstockungsleistungen beschränkt. Aufstockungsbeträge und zusätzliche Beiträge zur gesetzlichen Rentenversicherung sind auch insoweit steuerfrei, als sie über die im AltersteilzeitG genannten Mindestbeträge hinausgehen; allerdings nur, soweit die Aufstockungsleistungen zusammen mit dem während der Altersteilzeit bezogenen Nettoarbeitslohn den bisherigen Nettoarbeitslohn nicht überschreiten (Abschnitt R 3.28 Abs. 2, 3 LStR 2008). Die Steuer- und Beitragsfreiheit bleibt auch erhalten, wenn die Altersteilzeit vorzeitig beendet wird. Die steuerfreien Aufstockungsleistungen zum Arbeitsentgelt unterliegen dem Progressionsvorbehalt gemäß § 32b Abs. 1 S. 1 Nr. 1 lit. g) EStG. Der Arbeitgeber hat die Aufstockungsleistungen dem Arbeitnehmer gegenüber zu bescheinigen (§§ 41 Abs. 1 S. 4, 41b Abs. 1 S. 2 Nr. 5 EStG).

2. **Beginn der Altersteilzeit.** Das Altersteilzeitarbeitsverhältnis wird so abgeschlossen, dass der Arbeitnehmer nach dessen Ablauf unmittelbar Altersrente in Anspruch nehmen kann. Der Beginn der Altersteilzeit ist daher unter Berücksichtigung der ggf. vorzeitigen Inanspruchnahme einer Altersrente sowie der maximalen Dauer eines Altersteilzeitarbeitsverhältnisses festzulegen. Die bisherige Altersrente nach Altersteilzeit können Arbeitnehmer der Jahrgänge ab 1952 allerdings nicht mehr in Anspruch nehmen (Einzelheiten hierzu sowie zu einer Schadensersatzpflicht des Arbeitgebers bei fehlerhafter Information über diese Altersgrenzen unter → Anm. 15).

Liegt dem Altersteilzeitarbeitsverhältnis eine Individualvereinbarung zugrunde, so kann ein Blockmodell über längstens drei Jahre erstreckt werden (also eineinhalb Jahre Arbeitsphase und eineinhalb Jahre Freistellungsphase). Beruht die Altersteilzeit auf einer tarifvertraglichen Regelung, so kann ein Blockmodell auf die Dauer von bis zu sechs Jahren erstreckt werden (§ 2 Abs. 2 S. 1 Nr. 1 AltersteilzeitG). Insbesondere bei einer Kombination des Blockmodells mit dem Teilzeitmodell ist auch eine längere Dauer der Altersteilzeit möglich. Bei einem nicht tarifgebundenen Arbeitgeber können (mittels Betriebsvereinbarung oder Individualvertrag, sofern ein Betriebsrat nicht besteht) Verteilzeiträume über drei Jahre hinaus allerdings nur vorgesehen werden, sofern es einen Altersteilzeit-Tarifvertrag gibt, der auf Grund seines Geltungsbereichs (sachlich und örtlich) für den Arbeitgeber anwendbar wäre (§ 2 Abs. 2 S. 2 ff. AltersteilzeitG). Längere Verteilzeiträume sind auch zulässig in Bereichen, in denen tarifliche Regelungen zur Verteilung der Arbeitszeit nicht getroffen sind oder üblicherweise nicht getroffen werden (z.B. bei Ausübung freier Berufe wie der Rechtsanwälte, Notare, Steuerberater, Wirtschaftsberater und -prüfer, bei AT-Angestellten, bei Arbeitgeberverbänden und Gewerkschaften, in Bereichen der freien Wohlfahrtspflege; vgl. Schreiben der Spitzenverbände der Sozialversicherung vom 2.11.2010, S. 16).

3. Fortführung des Arbeitsverhältnisses als Altersteilzeitarbeitsverhältnis. Das Altersteilzeitarbeitsverhältnis ist kein neues, eigenständiges Arbeitsverhältnis, sondern lediglich die Fortführung des bisherigen Arbeitsverhältnisses unter teilweise – aufgrund der Altersteilzeit – modifizierten Bedingungen. Soweit der Altersteilzeitvertrag keine Regelungen zu Einzelfragen des Arbeitsverhältnisses trifft, ist daher auf den ursprünglichen Arbeitsvertrag zurückzugreifen.

Das bisher i.d.R. unbefristete Arbeitsverhältnis wird durch den Altersteilzeitvertrag in ein befristetes Arbeitsverhältnis umgewandelt (vgl. auch § 13). Dies bedeutet, dass die Regelungen des TzBfG – soweit sie nicht durch speziellere Vorschriften des AltersteilzeitG verdrängt werden, auf das Altersteilzeitarbeitsverhältnis, insbesondere das Gleichbehandlungsgebot des § 4 Abs. 1 TzBfG, Anwendung finden.

4. Arbeitszeit. Die Arbeitszeit während der Altersteilzeit beträgt, wie unter Anm. 1 ausgeführt, die Hälfte der bisherigen wöchentlichen Arbeitszeit (§ 2 Abs. 1 Nr. 2 AltersteilzeitG). Als bisherige wöchentliche Arbeitszeit ist dabei die Arbeitszeit zugrunde zu legen, die mit dem Arbeitnehmer vor dem Übergang in die Altersteilzeit vereinbart war, höchstens jedoch die im Durchschnitt der letzten 24 Monate vor Beginn der Altersteilzeit vereinbarte Arbeitszeit. Die so ermittelte durchschnittliche Arbeitszeit kann auf die nächste volle Stunde ab- oder aufgerundet werden (§ 6 Abs. 2 AltersteilzeitG, BAG NZA 2013, 1296). Die bisherige regelmäßige wöchentliche Arbeitszeit ist unabhängig von einer ggf. bestehenden tarifvertraglichen Regelung festzustellen, so dass die jeweilige konkrete bisherige regelmäßige Arbeitszeit des Arbeitnehmers maßgeblich ist. Die maßgebende wöchentliche Arbeitszeit ist für das gesamte Altersteilzeitarbeitsverhältnis einzuhalten. Veränderungen dieser Arbeitszeit sind grundsätzlich nicht zulässig. Dies gilt auch bei späteren Erhöhungen der tarifvertraglichen wöchentlichen Arbeitszeit (BAG NZA 2006, 926).

Wie die reduzierte Arbeitszeit während der Altersteilzeit verteilt wird, bleibt den Vertragsparteien überlassen, da diese am besten in der Lage sind zu beurteilen, welche Ausgestaltung der Altersteilzeit der konkreten Situation im Betrieb am besten Rechnung trägt. Der Arbeitnehmer hat keinen Anspruch auf eine bestimmte Verteilung der Arbeitszeit während des Altersteilzeitarbeitsverhältnisses. § 8 Abs. 4 TzBfG, wonach der Arbeitnehmer unter bestimmten Voraussetzungen einen Anspruch auf eine bestimmte Verteilung seiner verringerten Arbeitszeit hat, findet auf Altersteilzeitarbeitsverhältnisse im Teilzeitmodell keine Anwendung (BAG NZA 2011, 1044). In der Praxis werden ca. 90 Prozent aller Altersteilzeitarbeitsverhältnisse allerdings als Blockmodelle ausgestaltet.

Zu beachten ist, dass der Arbeitnehmer auch nach der Reduzierung der Arbeitszeit auf die Hälfte der bisherigen wöchentlichen Arbeitszeit arbeitslosenversicherungspflichtig, also mehr als geringfügig beschäftigt, bleiben muss (§ 2 Abs. 1 Nr. 2 a.E. AltersteilzeitG). Die Geringfügigkeitsgrenzen des § 8 Abs. 1 SGB IV müssen daher überschritten werden.

Das Formular sieht in § 3 Abs. (2) und (3) vor, dass das Altersteilzeitarbeitsverhältnis im **Blockmodell** durchgeführt wird. Eine Freistellung des Arbeitnehmers schon in der Arbeitsphase, insbesondere zum Personalabbau im Zusammenhang mit Reorganisationen und Umstrukturierungen, kann nur aus kurzfristigen betriebsbedingten Anlässen erfolgen, deren zeitliche Grenzen sich nur im Einzelfall bestimmen lassen (Schreiben der Spitzenverbände der Sozialversicherung vom 2.11.2010 S. 29). Bei längeren Freistellungen besteht das Risiko, dass die Anerkennung als Altersteilzeit entfällt und damit die steuer- und sozialversicherungsrechtliche Privilegierung der Aufstockungsleistungen. Das BAG hat ausgeführt, dass in dem Fall, in welchem ein Arbeitnehmer während der gesamten Arbeitsphase im Blockmodell freigestellt worden war, keine Altersteilzeit vorliegt (BAG NZA 2004, 606).

5. Vergütung. Als Vergütung erhält der Arbeitnehmer während der Altersteilzeit zunächst das sog. **Regelarbeitsentgelt** (§ 3 Abs. 1 Nr. 1 lit. a AltersteilzeitG). Dieses ist das auf einen Monat entfallende, vom Arbeitgeber regelmäßig zu zahlende sozialversicherungspflichtige Arbeitsentgelt, soweit es die Beitragsbemessungsgrenze des SGB III nicht überschreitet. Das Regelarbeitsentgelt ist somit grundsätzlich die Hälfte des ohne Altersteilzeitarbeit maßgeblich laufenden Arbeitsentgelts (sog. Vollzeitarbeitsentgelt). Entgeltbestandteile, die nicht laufend (z.B. Jahressondervergütungen oder Urlaubsgeld) oder nicht für die vereinbarte Arbeitszeit (z.B. Mehrarbeitsvergütung) gezahlt werden, sind nicht berücksichtigungsfähig (§ 6 Abs. 1 S. 2 AltersteilzeitG). Das Regelarbeitsentgelt kann aber auch variable Vergütungsbestandteile beinhalten, was eine ggf. monatliche Neubestimmung erforderlich macht. Zum Regelarbeitsentgelt können daher – neben dem laufenden Arbeitsentgelt und den vermögenswirksamen Leistungen – u.a. auch Prämien und Zulagen, sozialversicherungspflichtige Zuschläge sowie Sachbezüge und sonstige geldwerte Vorteile (z.B. die Überlassung eines Dienstfahrzeuges zum privaten Gebrauch des Arbeitnehmers) gehören.

Das Formular stellt auf Arbeitnehmer mit Festvergütung (ohne variablen Gehaltsbestandteil) ab.

6. Vorzeitige Beendigung des Altersteilzeitarbeitsverhältnisses. § 4 Abs. (5) regelt die Folgen einer vorzeitigen Beendigung des Altersteilzeitarbeitsverhältnisses in der Freistellungsphase. Eine solche kann z.B. durch Tod des Arbeitnehmers, Insolvenz des Arbeitgebers oder Kündigung herbeigeführt werden.

Hinsichtlich der Kündigung eines Arbeitnehmers in Altersteilzeit ist Folgendes zu beachten:

- Eine ordentliche Kündigung ist – aufgrund der befristeten Natur des Altersteilzeitvertrages – nur zulässig, wenn dies ausdrücklich vereinbart worden ist (§ 15 Abs. 3 TzBfG), ansonsten ist während der Altersteilzeit lediglich eine außerordentliche Kündigung zulässig. § 13 Abs. (3) des Formulars sieht eine entsprechende ordentliche Kündigungsmöglichkeit vor.
- Im Teilzeitmodell ist eine verhaltens-, personen- oder betriebsbedingte Kündigung nach allgemeinen Grundsätzen möglich. Im Blockmodell hingegen wird eine personen- und betriebsbedingte Kündigung regelmäßig nur in der Arbeitsphase in Frage kommen. In der Freistellungsphase ist eine betriebsbedingte Kündigung ausgeschlossen; denn der Wegfall des Arbeitsplatzes des Altersteilzeit-Arbeitnehmers ist unerheblich, da dieser seine Arbeitsleistung in der Arbeitsphase bereits vollständig erbracht hat (BAG NJW 2003, 2258). Ebenso scheidet in der Freistellungsphase ein personenbedingter Kündigungsgrund aus, da eine personenbedingte Beeinträchtigung der Arbeitsleistung sich hier nicht mehr auswirken kann. Möglich bleibt in der Freistellungsphase allerdings eine verhaltensbedingte Kündigung, z.B. bei Verletzung des Wettbewerbsverbots oder der Geheimhaltungspflicht.
- Die Möglichkeit des Arbeitnehmers zur Inanspruchnahme von Altersteilzeitarbeit stellt weder einen wirksamen Kündigungsgrund i.S.d. KSchG dar, noch darf die Möglichkeit der Inanspruchnahme bzw. die Inanspruchnahme von Altersteilzeit zum Nachteil des Arbeitnehmers im Rahmen einer Sozialauswahl nach § 1 Abs. 3 S. 1 KSchG berücksichtigt werden (§ 8 Abs. 1 AltersteilzeitG).

Von Teilen der Literatur wird eine Kündigung während der Freistellungsphase stets als unzulässig angesehen, da diese zufolge haben könnte, dass der Arbeitnehmer bereits erdiente Lohnansprüche wieder verliere. Dem ist nicht zuzustimmen. Denn die Kündigung eines Arbeitsverhältnisses (unabhängig davon, ob dieses als reguläres Arbeitsverhältnis oder als Altersteilzeitarbeitsverhältnis durchgeführt wird) beeinflusst bereits entstandene, aber noch nicht fällige Entgeltansprüche grundsätzlich nicht. Daher ist die grundsätzliche Zulässigkeit einer Kündigung während der Altersteilzeit zu bejahen. Ihre Rechtsfolgen sind allerdings gesondert zu betrachten (ErfKomm/*Rolfs* § 8 AltersteilzeitG Rn. 19 f. m.w.N.).

Das AltersteilzeitG trifft selbst keine Regelungen hinsichtlich der Folgen einer vorzeitigen Beendigung der Altersteilzeit. Empfehlenswert ist daher eine ausdrückliche vertragliche Regelung, wie sie in § 4 Abs. (5) enthalten ist.

§ 4 Abs. (5) regelt die arbeitsrechtliche Folge einer vorzeitigen Beendigung der Altersteilzeit in Form eines Differenzausgleichs, bei welchem der Arbeitnehmer – der in der Arbeitsphase in Form seiner Arbeitsleistung eine Vorleistung erbringt – Anspruch auf eine etwaige Differenz zwischen der erhaltenen Vergütung einschließlich des Aufstockungsbetrags und dem Entgelt erhält, welches er für den Zeitraum der tatsächlichen Beschäftigung ohne Eintritt in die Altersteilzeit erzielt hätte. Dieser Ausgleichsbetrag ist steuer- und sozialabgabenpflichtig (zu den komplizierten sozialrechtlichen Folgen einer vorzeitigen Beendigung der Altersteilzeit vgl. *Debler* NZA 2001, 1285). Ein solcher Differenzausgleich ist mit höherrangigem Recht vereinbar und verstößt nicht gegen das AltersteilzeitG (BAG NZA 2005, 784). Die zusätzlichen Beiträge zur gesetzlichen Rentenversicherung können dagegen nicht als erhaltene Aufstockungsleistung zu Lasten des Arbeitnehmers angerechnet werden, da insoweit der Arbeitgeber gemäß § 168 Abs. 1 Nr. 6 SGB VI alleiniger Beitragsschuldner ist (BAG NZA 2004, 1223).

7. Aufstockungsbetrag. Nach der gesetzlichen Regelung muss der Arbeitgeber das Regelarbeitsentgelt für die Altersteilzeitarbeit um mindestens 20 Prozent aufstocken, wobei die Aufstockung auch weitere (nicht laufend gezahlte) Entgeltbestandteile umfassen kann (§ 3 Abs. 1 Nr. 1 lit. a AltersteilzeitG). Die Alternativformulierung sieht eine über das gesetzlich vorgeschriebene Mindestmaß hinausgehende Aufstockung vor, welche oftmals in Tarifverträgen vorgesehen ist.

Soweit die Voraussetzungen des § 2 AltersteilzeitG (→ Anm. 1) vorliegen, sind die Aufstockungsbeträge zum Arbeitsentgelt steuerfrei (§ 3 Nr. 28 EStG) und beitragsfrei in der Sozialversicherung (§ 1 Abs. 1 S. 1 Nr. 1 SvEV).

Auch nicht tarifgebundene Arbeitgeber, die unter Verweis auf einen fachlich, räumlich, zeitlich und persönlich einschlägigen Tarifvertrag (vgl. § 2 Abs. 2 S. 2 AltersteilzeitG, → Anm. 2) eine Regelung zur Altersteilzeit treffen, dürfen die tarifvertraglich vorgeschriebenen Aufstockungsleistungen nicht unterschreiten. Ein Abweichen von einem Tarifvertrag – auch wenn dieser nur in Bezug genommen wird – ist nur möglich, wenn dieser Tarifvertrag eine Öffnungsklausel vorsieht (§ 2 Abs. 2 S. 3 AltersteilzeitG).

8. Zusätzliche Rentenversicherungsbeiträge. Die Rentenversicherungsbeiträge für das Regelarbeitsentgelt sind vom Arbeitgeber und Arbeitnehmer je zur Hälfte zu tragen. Darüber hinaus muss der Arbeitgeber während der Altersteilzeit auch zusätzliche Beiträge zur gesetzlichen Rentenversicherung leisten, welche von ihm alleine zu tragen sind. Bemessungsgrundlage für die zusätzlichen Rentenversicherungsbeiträge sind 80 Prozent des Regelarbeitsentgelts, maximal jedoch der Unterschiedsbetrag zwischen 90 Prozent der monatlichen Beitragsbemessungsgrenze in der Rentenversicherung und dem Regelarbeitsentgelt. Der Arbeitgeber ist jedoch berechtigt, darüber hinaus zusätzliche Beiträge, höchstens bis zur Beitragsbemessungsgrenze in der Rentenversicherung, rentenwirksam zu zahlen. Einmalig gezahltes Arbeitsentgelt ist bei der Berechnung der zusätzlichen Rentenversicherungsbeiträge generell nicht zu berücksichtigen.

Zur Veranschaulichung der relativ komplizierten Regelung mögen zwei Berechnungsbeispiele dienen (ausgehend von der Beitragsbemessungsgrenze (West) und dem Beitragssatz zur gesetzlichen Rentenversicherung im Jahr 2014):

Beispiel 1:

Vollzeitarbeitsentgelt	4 000 EUR
Regelarbeitsentgelt	2 000 EUR
90 Prozent der Beitragsbemessungsgrenze (5 950 EUR)	5 355 EUR

Differenzbetrag aus 90 Prozent Beitragsbemessungsgrenze – Regelarbeitsentgelt	3 355 EUR
80 Prozent des Regelarbeitsentgelts	1 600 EUR
Zusätzlicher Beitrag zur Rentenversicherung (18,9 Prozent aus 1 600 EUR)	302,40 EUR

Da 80 Prozent des Regelarbeitsentgelts in Beispiel 1 den Differenzbetrag von 90 Prozent der Beitragsbemessungsgrenze in der gesetzlichen Rentenversicherung und dem Regelarbeitsentgelt nicht übersteigen, ist der zusätzliche Beitrag zur Rentenversicherung aus diesem Betrag (1.600 EUR) zu errechnen.

Beispiel 2:

Vollzeitarbeitsentgelt	6 000 EUR
Regelarbeitsentgelt	3 000 EUR
90 Prozent der Beitragsbemessungsgrenze (5 950 EUR)	5 355 EUR
Differenzbetrag aus 90 Prozent Beitragsbemessungsgrenze – Regelarbeitsentgelt	2 355 EUR
80 Prozent des Regelarbeitsentgelts	2 400 EUR
Zusätzlicher Beitrag zur Rentenversicherung (18,9 Prozent aus 2 355 EUR)	445,10 EUR

Da 80 Prozent des Regelarbeitsentgelts im Beispiel 2 den Differenzbetrag von 90 Prozent der Beitragsbemessungsgrenze in der gesetzlichen Rentenversicherung und dem Regelarbeitsentgelt übersteigen, ist die zusätzliche Bemessungsgrundlage zur Rentenversicherung auf den Differenzbetrag in Höhe von 2.355 EUR zu begrenzen.

9. Insolvenzsicherung. Für Wertguthaben aus Altersteilzeit ist eine Insolvenzsicherung zwingend vorgeschrieben (§ 8a Abs. 1 AltersteilzeitG). Diese Pflicht zur Insolvenzsicherung greift immer dann, wenn ein Wertguthaben aufgebaut wird, welches den Betrag des dreifachen Regelarbeitsentgelts einschließlich des darauf entfallenden Arbeitgeberanteils am Gesamtsozialversicherungsbeitrag übersteigt, also bei Freistellungsphasen von mehr als drei Monaten. Bei Altersteilzeit im Blockmodell ist dies regelmäßig der Fall.

Die Pflicht zur Insolvenzsicherung greift ab der ersten Gutschrift. Der Arbeitgeber hat dem Arbeitnehmer die Maßnahme zur Insolvenzsicherung mit der ersten Gutschrift und danach alle sechs Monate in Textform nachzuweisen (die Betriebsparteien können allerdings eine andere gleichwertige Art und Form des Nachweises vereinbaren, § 8a Abs. 3 AltersteilzeitG).

Das Gesetz schreibt – um den verpflichteten Arbeitgebern flexible und im Einzelfall optimale Sicherungsmodelle zu ermöglichen – keine konkreten Mittel zur Insolvenzsicherung vor, legt jedoch fest, welche Mittel als ungeeignet gelten und daher keine taugliche Insolvenzsicherung darstellen. Ungeeignet sind danach bilanzielle Rückstellungen sowie zwischen Konzernunternehmen begründete Einstandspflichten, z. B. Patronatserklärungen. Der Arbeitgeber kann seiner Pflicht zur Insolvenzsicherung daher z. B. durch eine Bankbürgschaft, eine Verpfändung (insbesondere von Fonds-Anteilen), bestimmte Versicherungsmodelle oder eine doppelseitige Treuhandkonstruktion (sog. **Contractual Trust Arrangements**, → Form. F. I. 5, → Form. F. I. 6) nachkommen.

Kommt der Arbeitgeber seiner Verpflichtung zur Insolvenzsicherung nicht nach oder sind die ergriffenen Insolvenzsicherungsmaßnahmen nicht geeignet, so hat der Arbeitnehmer einen Anspruch auf Sicherheitsleistungen in Höhe des bestehenden Wertguthabens. Diese kann nur durch Stellung eines tauglichen Bürgen oder Hinterlegung von Geld oder Wertpapieren gemäß BGB erfolgen (§ 8a Abs. 4 AltersteilzeitG). Unter gewissen Umständen stehen dem Arbeitnehmer auch Schadensersatzansprüche zu, die sich aber nur ausnahmsweise direkt gegen die organschaftlichen Vertreter der Gesellschaft richten können (BGH NZA 2011, 1350).

10. Altersversorgung. Wie sich die Altersteilzeit auf die Ansprüche auf betriebliche Altersversorgung auswirkt, hängt von der jeweiligen Versorgungszusage und dem Altersteilzeitvertrag ab. Das Formular geht von einer beitragsorientierten Zusage aus, bei welcher die Beiträge des Arbeitgebers zur betrieblichen Altersversorgung entsprechend der Arbeitszeit während der Altersteilzeit halbiert werden. Denkbar sind auch Gestaltungen, in welchen die Altersteilzeit zu einer geringeren oder zu gar keiner Reduzierung der Beiträge zur oder der Leistungen aus der betrieblichen Altersversorgung führt.

11. Krankheit. Krankheitsbedingte Arbeitsunfähigkeit kann sich im Rahmen des Blockmodells nur während der Arbeitsphase auswirken. Denn während der Freistellungsphase kann Arbeitsunfähigkeit nicht mehr eintreten, da der Arbeitnehmer nicht mehr zur Arbeitsleistung verpflichtet ist (vgl. zu Wertguthaben allgemein *Frank* NZA 2008, 152). In der Freistellungsphase erhält der Arbeitnehmer sein – durch die Vorleistung während der Arbeitsphase erarbeitetes – Altersteilzeitentgelt und die Aufstockungsbeträge auch im Falle einer Arbeitsunfähigkeit.

§ 8 Abs. (1) regelt die Entgeltfortzahlung, welche gemäß § 3 EFZG für die Dauer von sechs Wochen beansprucht werden kann. Für die Zeit der Entgeltfortzahlung besteht das versicherungspflichtige Beschäftigungsverhältnis weiter und wird auch das Wertguthaben des Arbeitnehmers weiter aufgebaut, so dass sich während dieser Zeit hinsichtlich der Altersteilzeit keine Nachteile für den Arbeitnehmer ergeben. Der Arbeitnehmer erhält in diesem Zeitraum vom Arbeitgeber weiterhin das Regelarbeitsentgelt, den Aufstockungsbetrag und die zusätzlichen Rentenversicherungsbeiträge. Nach Ablauf des Entgeltfortzahlungszeitraums erhält der Arbeitnehmer Krankengeld (§§ 44 ff. SGB V), Versorgungskrankengeld (§ 16 ff., 18 BVG), Verletztengeld (§§ 45 ff. SGB VII), Übergangsgeld (§§ 20 f. SGB VI) oder – im Fall einer privaten Absicherung – Krankentagegeld. Ein Anspruch auf Aufstockungsleistungen entfällt. § 8 Abs (2) hat insofern nur klarstellende Bedeutung.

Im Fall einer von der BA geförderten Altersteilzeit (s. Anm. 1) übernahm diese gemäß § 10 Abs. 2 AltersteilzeitG nach Ablauf des Entgeltfortzahlungszeitraums die Aufstockungsleistungen (*Rittweger* NZS 1999, 126). Alternativ konnte auch der Arbeitgeber die Aufstockungsleistungen erbringen und diese sodann von der BA ersetzt verlangen. Nach dem Wegfall der Förderung durch die BA sind Aufstockungsleistungen für die Zeit des Bezugs von Entgeltersatzleistungen vom Arbeitgeber zu tragen. Das Formular sieht in der Alternative zu § 8 Abs. (2) eine entsprechende Zusage des Arbeitgebers vor. Die Klausel kann durch Anpassung an die individuellen Verhältnisse des Mitarbeiters im Hinblick auf dessen konkrete Ansprüche im Krankheitsfall kürzer gefasst werden. Aus arbeitsrechtlicher Sicht spricht allerdings nichts dagegen, nach dem Ende des Entgeltfortzahlungszeitraums keine Aufstockungsleistungen mehr zu erbringen. Dies hat für den Arbeitnehmer zwar einschneidende finanzielle Einbußen zur Folge, da sich das Krankengeld nur nach dem Regelarbeitsentgelt bemisst (§ 47 Abs. 1 S. 1 SGB V). Die finanzielle Absicherung des Arbeitnehmers muss aber nicht durch den Arbeitgeber gewährleistet werden (BAG AP TVG § 1 Altersteilzeit Nr. 32).

Im Blockmodell kann während des Bezugs von Entgeltersatzleistungen kein Wertguthaben für die Freistellungsphase aufgebaut werden. Daher muss zwischen Arbeitgeber und Arbeitnehmer entweder vereinbart werden, dass die Zeit der Entgeltersatzleistung entsprechend „nachgearbeitet" wird – wodurch sich der Beginn der Freistellungsphase verschieben würde (zur Bestimmtheit einer solchen Regelung LAG Düsseldorf BeckRS 2010, 66066) – oder der Arbeitgeber muss auf die Nacharbeit verzichten und das Wertguthaben entsprechend zu seinen Lasten um den fehlenden Teil erhöhen. Ist – wie im Formular – nichts vereinbart, so ist zugunsten des Arbeitnehmers wohl davon auszugehen, dass der Arbeitgeber auf eine Nacharbeit verzichtet (zu den Einzelheiten vgl. *Nimscholz/Oppermann/Ostrowicz* S. 310).

12. Urlaub. Für den Urlaubsanspruch und die Urlaubsgewährung während der Arbeitsphase des Blockmodells gelten grundsätzlich keine Besonderheiten. Umstritten ist allerdings, ob – falls der Beginn der Freistellungsphase im Laufe des zweiten Kalenderhalbjahres eintritt – nur für jeden noch in der Arbeitsphase verbrachten Monat ein Zwölftel des Jahresurlaubsanspruches oder (in Anlehnung an § 5 Abs. 1c BUrlG) der gesamte Jahresurlaubsanspruch entsteht (vgl. hierzu im Einzelnen *Nimscholz/Oppermann/Ostrowicz* S. 116 f.; BeckOK Rittweger § 8 ATG Rn. 17; Rittweger/Petri/Schweikert/*Schweikert* § 7 TV ATZ Rn. 2).

In der Arbeitsphase nicht genommener Urlaub verfällt regelmäßig, da der Beginn der Freistellungsphase – wegen der fehlenden Beendigung des Arbeitsverhältnisses – keinen Abgeltungstatbestand i. S. d. § 7 Abs. 4 BUrlG (BAG NZA 2013, 575) darstellt und der Übertragungszeitraum am Ende der Freistellungsphase i. d. R. abgelaufen sein wird. In der Freistellungsphase ist der Urlaubsanspruch mit der Freistellung abgegolten (*Nimscholz/Oppermann/Ostrowicz* S. 117).

13. Ruhen und Erlöschen des Anspruchs auf Aufstockungsleistungen. § 10 ist im Zusammenhang mit dem nachfolgenden § 11 zu lesen und gibt die bislang übliche Regelung vor dem Hintergrund der Förderung der Altersteilzeit durch die BA wieder (vgl. § 5 AltersteilzeitG, → Anm. 1). Dem Arbeitnehmer soll der mögliche Wegfall der Aufstockungsleistungen vor Augen geführt werden.

Nach Wegfall der Fördermöglichkeiten durch die BA ist nunmehr aber ebenfalls möglich, die Altersteilzeit und die Erbringung von Aufstockungsleistungen auch im Fall einer Nebenbeschäftigung des Mitarbeiters fortzuführen. Der früher drohende Wegfall der Förderleistungen durch die BA gemäß § 5 Abs. 3 S. 4 AltersteilzeitG ist obsolet geworden, die steuerliche Förderung besteht dagegen fort – insbesondere für den praktisch wichtigen Fall einer Nebenbeschäftigung (Abschnitt R 3.28 Abs. 2 LStR 2008). In Konzernstrukturen könnte sich so die Möglichkeit bieten, durch eine Beschäftigung während der Freistellungsphase in einer anderen Konzerngesellschaft ein Altersteilzeitmodell für den Mitarbeiter besonders attraktiv zu gestalten. Allerdings greift die Steuerfreiheit nur, soweit auch unter Berücksichtigung des Entgelts aus der Nebentätigkeit die steuerlich geförderte Höchstgrenze (→ Anm. 1) nicht überschritten wird.

14. Verbot der Aufnahme oder Ausübung von Nebentätigkeiten. § 11 ergänzt die Regelungen des § 10. Allerdings bleiben Beschäftigungen oder selbständige Tätigkeiten unberücksichtigt, soweit der in Altersteilzeit arbeitende Arbeitnehmer sie bereits innerhalb der letzten fünf Jahre vor Beginn der Altersteilzeitarbeit ständig ausgeübt hat.

Das Formular sieht eine Pflicht des Arbeitnehmers gegenüber dem Arbeitgeber vor, den sich aus der Verletzung der Nachweispflichten ergebenden Schaden zu ersetzen.

15. Ende des Altersteilzeitarbeitsverhältnisses. § 13 Abs. (1) ist Ausfluss der befristeten Natur des Altersteilzeitvertrages.

Die in § 13 Abs. (2) vorgesehene automatische Beendigung des Altersteilzeitarbeitsverhältnisses bei möglicher Inanspruchnahme einer Altersrente ist zulässig, vgl. § 8 Abs. 3 AltersteilzeitG (welcher eine Spezialvorschrift zu § 41 SGB VI ist). Bei Gestaltung dieser Klausel ist im Hinblick auf einen etwaigen Streit über den Zeitpunkt der möglichen Inanspruchnahme einer Altersrente besondere Sorgfalt anzuwenden, um eine Qualifikation als überraschende Klausel i. S. v. § 305c BGB zu vermeiden. Auch ist eine solche zusätzliche auflösende Bedingung neben der Zeitbefristung deutlich erkennbar hervorzuheben und die Beendigungsmöglichkeiten sind möglichst konkret zu benennen (BAG NJOZ 2008, 4217). Das Formular beschreibt die Beendigungsmöglichkeiten der gesetzlichen Rentenversicherung, mit Ausnahme der praktisch weniger relevanten Altersrente für langjährig unter Tage beschäftigte Bergleute und der für die Jahrgänge ab 1952 nicht mehr gewährten Altersrenten für Frauen, wegen Arbeitslosigkeit oder nach Altersteilzeitarbeit. Außer Betracht bleibt die Möglichkeit der Inanspruchnahme einer Altersrente wegen Schwerbehinderung nach §§ 37, 236a SGB VI. Da die Inanspruchnahme der Altersrente wegen Schwerbehinderung für nach dem 31.12.1963 geborene Arbeitnehmer bereits ab Vollendung des 62. Lebensjahres zulässig wäre (für vor dem 1.1.1964 geborene Arbeitnehmer im Rahmen der Altersgrenzen nach Maßgabe des § 236a SGB VI sogar schon zwischen der Vollendung des 60. und 62. Lebensjahres), läge eine Diskriminierung Schwerbehinderter vor, wenn deren Arbeitsverhältnis früher beendet würde als das Arbeitsverhältnis nicht behinderter Arbeitnehmer (BAG 9 BeckRS 2014, 67023; EuGH NZA 2012, 1435). Es bliebe insoweit bei dem in § 13 Abs. (1) vereinbarten Beendigungstermin. Falls erforderlich wäre der Vertragstext im Hinblick auf die konkreten Rentenmöglichkeiten anzupassen oder eine Knappschaftsausgleichsleistung, eine Leistung öffentlich-rechtlicher Art oder, falls eine Befreiung von der Versicherungspflicht in der gesetzlichen Rentenversicherung besteht, eine vergleichbare Leistung einer Versicherungs- oder Versorgungseinrichtung bzw. eines Versicherungsunternehmens zu ergänzen.

Allerdings besteht bei einer falschen Angabe im Vertragstext ein Haftungsrisiko für den Arbeitgeber, da schon in dem Angebot eines Altersteilzeitarbeitsverhältnisses die Erklärung liegt, der Arbeitnehmer könne die im Angebot dargestellte Altersrente beziehen. Erweist sich dies als unrichtig, kann der Arbeitnehmer Schadensersatz verlangen (BAG NZA 2004, 606).

Trotz des im Formular vorgesehenen Beendigungstatbestandes ist es nicht zwingend, dass die Altersteilzeit mit Eintritt in die Rente endet. Eine Fortführung der Altersteilzeit über diesen Zeitpunkt hinaus war nur schädlich für eine Förderleistung durch die BA (§ 5 Abs. 1 Nr. 3 AltersteilzeitG, s. Anm. 1). Für die steuerliche Förderung dagegen ist dies unschädlich. Möglich wäre daher, neben der Altersteilzeit bereits eine Teilrente aus der gesetzlichen Rentenversicherung zu beziehen (vgl. *Hanau* NZA 2009, 225, 226)

§ 13 Abs. (3) geht auf § 15 Abs. 3 TzBfG zurück und ermöglicht die ordentliche Kündigung des Altersteilzeitvertrages (→ Anm. 6).

16. Schlussbestimmungen. → Form. A. II. 1 Anm. 28 f.

XVI. Abwicklung des Arbeitsverhältnisses

1. Qualifiziertes Zeugnis mit guter Beurteilung

[Briefkopf des Arbeitgebers]

Zeugnis[1, 2]

...... (Datum)[3]

Herr ......,[4] geboren am ...... in ......, war in der Zeit vom ...... bis zum ...... in unserem Unternehmen beschäftigt.[5] Die ...... GmbH ist die deutsche Tochtergesellschaft der ......-Gruppe und beschäftigt aktuell mehr als 500 Mitarbeiter. Unser Unternehmen gehört zu den Marktführern für die Herstellung und den Vertrieb von ......

Herr ...... war zunächst bis zum ...... als Vertriebsmitarbeiter im Innendienst tätig. Ab dem ...... wechselte er in den Außendienst. In dieser Position war er für das Gebiet ...... zuständig. Zu seinen Aufgaben als Außendienstmitarbeiter zählten insbesondere:

- eigenverantwortliche Tourenplanung und -organisation
- Auftragsabwicklung und -bearbeitung
- Neukundenakquisition
- telefonische und persönliche Kundenbetreuung
- Auftritte auf Messen
- Führung des Berichtswesens
- Organisation von und Mitarbeit an internen Verkaufsschulungen[6]

Herr ...... hat seine Aufgaben stets zu unserer vollen Zufriedenheit erledigt.[7] Unsere Umsätze in dem von Herrn ...... betreuten Gebiet haben sich erfreulich entwickelt. Herrn ...... gelang es nicht nur, das Geschäft mit bestehenden Kunden auszuweiten, sondern er übertraf auch unsere Erwartungen hinsichtlich der Akquisition von Neukunden. Neben guten Kenntnissen der Produkte und ihrer Anwendungsmöglichkeiten halfen Herrn ...... hierbei sein großes Verkaufsgeschick sowie sein seriöses und sicheres Auftreten beim Kunden. Er war im Kundenkreis als kompetenter Ansprechpartner anerkannt und geschätzt. Herr ...... zeigte stets große Einsatzbereitschaft und Eigeninitiative. Auch bei hohem Arbeitsanfall hat sich Herr ...... jederzeit als zuverlässig und belastbar erwiesen. Seine guten Fachkenntnisse hielt Herr ...... durch regelmäßige Fortbildungen stets auf dem aktuellen Stand.[8]

Neben seiner fachlichen Qualifikation zeichneten Herrn ...... seine ebenso freundliche wie verbindliche, kollegiale und hilfsbereite Art aus. Sein Verhalten gegenüber Vorgesetzten war stets korrekt und loyal, mit den Kollegen arbeitete Herr ...... stets gut zusammen.[9]

Herr ...... scheidet am ...... auf eigenen Wunsch aus unserem Unternehmen aus, um eine neue berufliche Herausforderung anzunehmen.[10] Wir bedauern seinen Weggang sehr und sind ihm für seinen engagierten und erfolgreichen Einsatz für unser Unternehmen dankbar. Für seine private und berufliche Zukunft wünschen wir ihm weiterhin alles Gute.[11]

......

Titel und Unterschrift des Vorgesetzten[12]

Anmerkungen

1. Zeugnis. Das vorliegende Formular ist ein Beispiel für ein **qualifiziertes Zeugnis.** Jeder Arbeitnehmer hat bei Beendigung seines Arbeitsverhältnisses **Anspruch auf ein schriftliches Zeugnis,** § 109 GewO, § 630 S. 4 BGB. Auch **Auszubildenden** (§ 16 Abs. 1 S. 1 BBiG), **Aushilfen** und **Praktikanten** ist ein Zeugnis auszustellen (*Schleßmann* Teil 1 III. 7). Der Anspruch ist jedenfalls vor Beendigung des Arbeitsverhältnisses **unabdingbar.** Er kann aber **Ausschlussfristen** unterliegen (BAG AP BGB § 630 Nr. 18) und **verwirkt werden** (BAG AP BGB § 630 Nr. 17). Eine Ausschlussfrist ist durch die Beanstandung eines erteilten Zeugnisses und Forderung der Neuausstellung gewahrt (BAG NZA 2006, 436). Von einer **allgemeinen Ausgleichsklausel i. R. e. Vergleiches** wird der Zeugnisanspruch regelmäßig nicht erfasst (BAG AP BGB § 630 Nr. 9).

Gemäß § 109 Abs. 1 S. 3 GewO zeichnet sich ein **qualifiziertes Zeugnis** dadurch aus, dass sich die Angaben auch auf **Leistung und Verhalten** im Arbeitsverhältnis erstrecken. Demgegenüber bescheinigt ein **einfaches Zeugnis** (→ Form. A. XVI. 2) nach § 109 Abs. 1 S. 2 GewO nur **Art und Dauer der Tätigkeit.** Verlangt der Arbeitnehmer nur ganz allgemein ein Zeugnis, ist damit regelmäßig ein qualifiziertes Zeugnis gemeint.

Nach der eindeutigen Regelung in § 109 Abs. 1 S. 3 GewO kann **jeder Arbeitnehmer** verlangen, dass ihm ein qualifiziertes Zeugnis erteilt wird, also auch bei **kurzen Arbeitsverhältnissen** oder **einfachen Tätigkeiten.** Wenn der Arbeitgeber aber beispielsweise wegen der Kürze des Arbeitsverhältnisses keine umfassende Beurteilung zu Leistung und Verhalten abgeben kann, ist ihm nach dem Grundsatz der Zeugniswahrheit (→ Anm. 8) nicht zuzumuten, etwas anderes zu bestätigen.

Bei der Formulierung eines Zeugnisses sollte der Arbeitgeber **besondere Vorsicht** walten lassen, wenn noch weiterer Streit mit dem Arbeitnehmer besteht, insbesondere ein **Kündigungsschutzprozess anhängig ist.** Wenn z. B. einem Arbeitnehmer betriebsbedingt gekündigt wurde und der Arbeitgeber in Bezug auf die Sozialauswahl im Kündigungsschutzprozess argumentieren möchte, dass der Arbeitnehmer mangels Vergleichbarkeit auch nach Einarbeitungsmaßnahmen nicht auf einem anderen Arbeitsplatz eingesetzt werden kann, sollte dem Arbeitnehmer in einem (Zwischen-)Zeugnis nicht besondere Flexibilität oder breite Einsetzbarkeit bescheinigt werden (vgl. BAG AP BGB § 630 Nr. 7). Andererseits sollte bei Abfassung des Zeugnisses aber auch nicht vergessen werden, dass der Arbeitgeber im Kündigungsschutzprozess ein Eigeninteresse daran hat, dass der gekündigte Arbeitnehmer schnell einen neuen Arbeitsplatz findet, schon weil dies das Annahmeverzugsrisiko gemäß § 615 S. 1 BGB verringert. Insofern sind die positiven Formulierungen des Zeugnisentwurfs vor allem daraufhin zu überprüfen, ob sie die Argumentation im Rechtsstreit beeinträchtigen können.

Wenn der Arbeitnehmer aufgrund eines **Aufhebungs- und Abwicklungsvertrages** ausscheidet, kann späterer Streit über den Zeugnisinhalt vermieden werden, indem der Text des Zeugnisses bereits vereinbart und als Anlage zum Aufhebungs- oder Abwicklungsvertrag genommen wird. Es ist keineswegs unüblich, wenn auch rechtlich bedenklich, dass Arbeitgeber als Teil eines „Paketes" anbieten, im Falle einer einvernehmlichen Trennung ein besonders positives Zeugnis nach den Wünschen des Arbeitnehmers zu erstellen (zur Bindungswirkung → Anm. 8).

Erteilt der Arbeitgeber gar kein Zeugnis, kann der Arbeitnehmer einen **Erfüllungsanspruch** gerichtlich geltend machen, gegebenenfalls sogar im Wege der einstweiligen Verfügung (LAG Köln LAGE BGB 2002 § 630 Nr. 1). Der Klagantrag ist „abstrakt" auf die Erteilung eines qualifizierten Zeugnisses zu richten. Hat der Arbeitgeber zwar formal ein qualifiziertes Zeugnis ausgestellt, entspricht dieses aber inhaltlich nicht den gesetzlichen Anforderungen, kann (und muss) der Arbeitnehmer dezidiert die Streichung oder Ergänzung konkreter Formulierungen verlangen (BAG FA 2000, 286; BAG AP BGB

§ 630 Nr. 17; BAG AP BAT § 70 Nr. 10; *Schleßmann* Teil 1 XI. 2; zur Herleitung des Berichtigungsanspruchs aus der Fürsorgepflicht LAG Hamm NZA-RR 1998, 151 m.w.N.). Zur Beweislast → Anm. 7.

Viele Arbeitgeber sehen im Regelfall keinen Sinn darin, einen Zeugnisrechtsstreit zu führen. Da der Arbeitnehmer (jedenfalls wenn es um ein Endzeugnis geht) ohnehin ausscheidet, hat der Arbeitgeber selbst im Obsiegensfalle **keinen materiellen Vorteil.** Theoretisch denkbar, aber nicht wirklich wahrscheinlich, ist im Falle eines unzutreffenden Zeugnisses ein **Schadensersatzanspruch** eines neuen Arbeitgebers, der den Arbeitnehmer aufgrund falscher Darstellungen im Zeugnis eingestellt hat (vgl. BGH AP BGB § 630 Nr. 13). Daher entscheiden sich Arbeitgeber in der Praxis nicht selten dafür, den Formulierungswünschen des Arbeitnehmers weitgehend nachzukommen. Mittelbare Folge hiervon ist allerdings, dass Zeugnisse immer weniger aussagekräftig werden und auch schlechte oder allenfalls durchschnittliche Arbeitnehmer positive Zeugnisse erhalten.

2. Äußere Form. Das Zeugnis muss **schriftlich** erstellt werden, § 109 Abs. 1 S. 1 GewO. Ein Zeugnis per E-Mail oder Telefax reicht nicht aus. In aller Regel hat der Arbeitgeber sein **Geschäftspapier** zu verwenden (BAG AP BGB § 630 Nr. 20). Dies mag nur dann nicht gelten, wenn der Arbeitgeber auch im Geschäftsverkehr kein Geschäftspapier benutzt. Dann muss das Zeugnis auf weißem, festem, fleckenlosem Papier in der für den Aussteller im Geschäftsverkehr üblichen Form – dies dürfte heutzutage stets der **Computerausdruck** sein – erstellt werden.

Das Zeugnis muss auf **Deutsch** ausgestellt werden und gemäß § 109 Abs. 2 S. 1 GewO **klar und verständlich** formuliert sein. Vereinzelt wird für den Fall, dass eine **Fremdsprache** das Arbeitsverhältnis maßgeblich geprägt hat, vertreten, dass das Zeugnis in dieser Sprache (zumeist Englisch) abzufassen sei (MünchKommBGB/*Henssler* § 630 BGB Rn. 46; *Kursawe* ArbRAktuell 2010, 643). Mehr als ein der deutschen Zeugnispraxis entsprechendes Dokument, das in der Fremdsprache abgefasst ist, ist jedoch nicht geschuldet, selbst wenn auf dem internationalen Arbeitsmarkt andere Zeugnisformen (i.d.R. Empfehlungs- und Referenzschreiben) üblich sein sollten – diese sind für den Zeugnisanspruch nicht erfüllungstauglich. Unabhängig davon, ob ein solcher Anspruch also überhaupt besteht, bietet es sich in der Praxis an, mit dem Arbeitnehmer, der ein fremdsprachiges Zeugnis verlangt, eine Vereinbarung darüber zu treffen, dass ihm an Erfüllungs statt ein für den internationalen Arbeitsmarkt übliches Dokument ausgestellt wird (zum Ganzen vgl. *Kursawe* ArbRAktuell 2010, 643).

Der Arbeitnehmer hat Anspruch auf ein Zeugnis ohne Schreib- oder Druckfehler. Ausrufungs- oder Fragezeichen, Fettdruck oder Unterstreichungen sind unüblich und sollten daher vermieden werden. **„Geheimzeichen"**, also formale Gestaltungen, die eine versteckte negative Beurteilung ausdrücken, sind unzulässig (§ 109 Abs. 2 S. 2 GewO). Die Verwendung der Formulierung „Wir haben Herrn . . . . . . als sehr interessierten und hochmotivierten Mitarbeiter kennen gelernt" ist allerdings nicht als „Geheimzeichen" zu beanstanden, da sie nach Auffassung des BAG nicht etwa zum Ausdruck bringt, die genannten Eigenschaften würden tatsächlich gar nicht vorliegen (BAG AP GewO § 109 Nr. 3).

Das BAG hat zudem entschieden, dass es keine Missachtung des Arbeitnehmers darstellt, wenn ein per Post übersandtes Zeugnis **geknickt** wird (BAG AP BGB § 630 Nr. 23; a.A. *Schleßmann* Teil 1 IX. 1. i). In der Praxis wird aber die Übergabe eines ungeknickten Zeugnisses empfohlen, um unnötigen Streit zu vermeiden.

Nach Auffassung des BAG handelt es sich beim Zeugnisanspruch um eine **Holschuld,** so dass der Arbeitgeber nicht verpflichtet ist, das Zeugnis dem Arbeitnehmer zuzusenden (BAG AP BGB § 630 Nr. 21). Etwas anderes kann sich aus dem **Schikaneverbot** ergeben, wenn es für den Arbeitnehmer einen unzumutbaren Aufwand bedeuten würde, das Zeugnis abzuholen (BAG AP BGB § 630 Nr. 21). Das Gleiche gilt, wenn der Arbeitgeber das Zeugnis am letzten Arbeitstag des Arbeitnehmers trotz Anforderung noch nicht erstellt hat (LAG Frankfurt a.M. DB 1984, 2200; → Anm. 3).

Auch bei postalischer Versendung ist **kein Adressfeld** mit der Adresse des Arbeitnehmers in den eigentlichen Zeugnistext aufzunehmen, da dies den Eindruck erwecken könnte, das Zeugnis sei dem ausgeschiedenen Arbeitnehmer nach Auseinandersetzungen über den Inhalt postalisch zugestellt worden (LAG Hamm NZA-RR 1998, 151; vgl. ErfKomm/*Müller-Glöge* § 109 GewO Rn. 14 m.w.N.). In diesem Fall ist ggf. ein Begleitschreiben beizufügen.

Wird das Zeugnis beim Arbeitnehmer beschädigt oder geht es verloren, ist der Arbeitgeber im Rahmen des Zumutbaren verpflichtet, dem Arbeitnehmer eine **weitere Ausfertigung** zu überlassen. Ein etwaiges Verschulden des Arbeitnehmers schließt den Anspruch auf eine Zweitausfertigung nicht grundsätzlich aus, sondern ist i.R.d. Zumutbarkeitsbeurteilung für den Arbeitgeber zu berücksichtigen. Im Ergebnis kann der Arbeitnehmer unabhängig vom Verschulden in aller Regel zumindest einmal eine zweite Ausfertigung verlangen (LAG Frankfurt a.M. BeckRS 2011, 68914; ErfKomm/*Müller-Glöge* § 109 GewO Rn. 58).

3. Ausstellungsdatum. Das Endzeugnis hat spätestens **bei Beendigung des Arbeitsverhältnisses** rechtlich und inhaltlich einwandfrei vorzuliegen (LAG Frankfurt a.M. DB 1984, 2200; Schaub/*Linck* § 147 Rn. 7). Ein Endzeugnis ist grundsätzlich auch dann mit Ablauf der Kündigungsfrist auszustellen, wenn noch ein Verfahren über die Wirksamkeit der Kündigung anhängig ist (BAG AP BGB § 630 Nr. 16). Voraussetzung ist jedoch stets ein entsprechendes Verlangen des Arbeitnehmers, bei welchem dieser sein Wahlrecht, ob er ein einfaches oder ein qualifiziertes Zeugnis verlangen will, ausüben muss (ErfKomm/*Müller-Glöge* § 109 GewO Rn. 7). In der Praxis verzichten daher viele Arbeitgeber während des laufenden Kündigungsschutzprozesses auf eine Zeugniserteilung, um sich nicht hinsichtlich der Kündigungsgründe zu „beschneiden" und um „Verhandlungsmasse" für einen möglichen Vergleich zur Verfügung zu haben.

Soweit das Zeugnis erst im Anschluss an einen Rechtsstreit ausgestellt wird, ist es auf das eigentliche Beendigungsdatum **rückzudatieren** (BAG AP BGB § 630 Nr. 19). Dies gilt auch, wenn der Arbeitgeber das Zeugnis am letzten Tag des Arbeitsverhältnisses pflichtwidrig noch nicht ausgestellt hat (enger *Schleßmann* Teil 1 IX. 2. c; a.A. ErfKomm/*Müller-Glöge* § 109 GewO Rn. 12).

Stellt der Arbeitgeber das Zeugnis nicht oder nicht rechtzeitig aus, kann er sich **schadensersatzpflichtig** machen. Für die Ausstellung wird ihm allerdings eine Bearbeitungszeit von mindestens drei Werktagen nach Beendigung des Arbeitsverhältnisses eingeräumt. Da die Bearbeitungszeit von betrieblichen Umständen abhängig ist, kann sie ggf. auch länger – auch zwei bis drei Wochen können noch angemessen sein – ausfallen (LAG Kiel BeckRS 2011, 66384). Der Arbeitnehmer muss bei Geltendmachung eines Schadensersatzanspruchs darlegen und beweisen, dass er eine Arbeitsstelle nur wegen des fehlenden Zeugnisses nicht erhalten hat (BAG AP BGB § 630 Nr. 11; BAG AP BGB § 630 Nr. 12), was in der Praxis kaum möglich sein wird. Außerdem ist er aufgrund seiner Schadensminderungspflicht i.R.d. § 254 BGB gehalten, den Arbeitgeber zu einer schnellstmöglichen Zeugniserstellung zu drängen (LAG Kiel BeckRS 2011, 66384).

4. Angaben zur Person des Arbeitnehmers. Der Arbeitnehmer ist mit seinem **vollen Namen** zu nennen (Vor- und Zuname, ggf. Geburtsname oder akademischer Titel). Regelmäßig werden auch **Geburtsdatum** und **Geburtsort** genannt, um den Arbeitnehmer unverwechselbar zu identifizieren (ErfKomm/*Müller-Glöge* § 109 GewO Rn. 13). Nach einem Teil der Literatur soll Letzteres jedoch nur auf Wunsch des Arbeitnehmers angegeben werden (*Schleßmann* Teil 1 IX. 2. b; Schaub/*Linck* § 147 Rn. 18), so dass bei eindeutiger Identifizierbarkeit anhand des Namens insbesondere im Hinblick auf einen ansonsten möglichen AGG-Verstoß ein Verzicht auf diese Angaben zu empfehlen ist.

5. Angaben zur Dauer der Tätigkeit. Zu den Angaben über die Dauer der Tätigkeit gehören das **Ein-** und das **Austrittsdatum.** Der **rechtliche Bestand** des Arbeitsverhältnisses entscheidet, nicht die tatsächliche Tätigkeit (LAG Hamm NZA-RR 1998, 151).

Längere Abwesenheiten, z.B. durch **Elternzeit**, dürfen dann erwähnt werden, wenn die Ausfallzeit im Verhältnis zu der tatsächlichen Arbeitszeit derart ins Gewicht fällt, dass beim Leser ansonsten der falsche Eindruck entstehen könnte, die Beurteilung beruhe auf einer in Anbetracht der Länge des Arbeitsverhältnisses üblichen Beurteilungszeit, obwohl eine solche dem Arbeitgeber wegen des lange andauernden Ausfalls nicht zur Verfügung stand. Bei der vorzunehmenden Einzelfallabwägung ist auch von Bedeutung, inwieweit dem Zeugnis Bedeutung in Bezug auf die Berufserfahrung zukommt (BAG NZA 2005, 1237). **Betriebsratstätigkeit** ist nur auf Wunsch des Arbeitnehmers zu erwähnen. Eine längere Freistellung als Betriebsrat wird ansonsten allenfalls erwähnt werden können, wenn dies zwingend notwendig ist, um eine längere Tätigkeitsunterbrechung zu erläutern (*Schleßmann* Teil 1 VIII. 3. a. bb; ErfKomm/*Müller-Glöge* § 109 GewO Rn. 21).

Krankheitstage sind nicht im Zeugnis zu erwähnen, es sei denn, sie sind ausnahmsweise für die Bewertung des Arbeitsverhältnisses zwingend notwendig, etwa wenn eine längere Krankheit zur Kündigung führte und die Krankheitsdauer außer Verhältnis zur tatsächlichen Arbeitsleistung stand (LAG Chemnitz NZA-RR 1997, 47; ErfKomm/*Müller-Glöge* § 109 GewO Rn. 45). Grundsätzlich sollte von der Erwähnung von Ausfallzeiten jeder Art nur sehr zurückhaltend Gebrauch gemacht werden.

6. Angaben zum Arbeitgeber und zur Art der Tätigkeit. Viele Arbeitgeber nehmen in den Zeugnistext einige wenige Angaben zur **Beschreibung des Unternehmens** auf. Ein echter Anspruch des Arbeitnehmers auf derartige Angaben ist bislang nicht anerkannt, kann sich im Einzelfall aber aus der Fürsorgepflicht ableiten, wenn das Unternehmen im Markt wenig bekannt ist.

Die Tätigkeit des Arbeitnehmers ist genau zu beschreiben. Hat sich die Position des Arbeitnehmers, wie im Formular, im Laufe des Arbeitsverhältnisses verändert, ist dies darzustellen. Je nach dem zeitlichen Verhältnis und der Bedeutung der vorhergehenden und der zuletzt ausgeübten Tätigkeiten zueinander kann auch eine umfangreichere Darstellung der **vorhergehenden Tätigkeit(en)** geboten sein, wenn der Arbeitnehmer hieran ein berechtigtes Interesse hat. Die Beschreibung muss in jedem Fall **wahrheitsgemäß** und so **umfassend** sein, dass sich für einen potentiellen neuen Arbeitgeber ein vollständiges und zutreffendes Bild ergibt (BAG AP BGB § 630 Nr. 11). Da es sich um Tatsachen handelt, steht dem Arbeitgeber allenfalls ein **geringer Beurteilungsspielraum** bei der Frage zu, ob eine Aufgabe wichtig genug ist, um sie aufzunehmen (BAG AP BGB § 630 Nr. 11).

7. Gesamtbewertung der Leistung. Das qualifizierte Zeugnis hat Angaben zur Leistung des Arbeitnehmers zu enthalten.

In der Praxis hat sich eine Art **Notenskala** herausgebildet, die sich an die Schulnoten anlehnt (mangelhaft bis sehr gut). Auch wenn es in der Praxis einige Abweichungen gibt, kann davon ausgegangen werden, dass folgende Formulierungen nach allgemeiner Auffassung den angegebenen Noten entsprechen:

„Der Arbeitnehmer hat die ihm übertragenen Aufgaben

stets zu unserer **vollsten** Zufriedenheit	Note: „sehr gut"
stets zu unserer **vollen** Zufriedenheit	Note: „gut"
zu unserer **vollen** Zufriedenheit	Note: „befriedigend"
zu unserer Zufriedenheit	Note: „ausreichend"
im Großen und Ganzen zufrieden stellend	Note: „mangelhaft"

erfüllt."

Es gehört zu den zahlreichen Merkwürdigkeiten der deutschen Zeugnissprache, dass eine sprachlich falsche Form wie „vollste Zufriedenheit“ als Standard akzeptiert wird. Anstelle der in vorstehender Tabelle enthaltenen Formulierung für eine gute Leistungsbewertung wird teilweise auch die Formulierung „zu unserer **vollsten** Zufriedenheit“ verwendet. Gleiches gilt für die Formulierung für eine befriedigende Bewertung anstelle derer auch die Formulierung „**stets** zu unserer Zufriedenheit“ benutzt werden kann.

Ob die Gesamtbewertung an den Anfang oder das Ende der Ausführungen zur Leistungsbewertung gestellt wird, ist „Geschmackssache“. Eine einleitende Zusammenfassung dürfte sich aber unter Klarstellungsgesichtspunkten anbieten. Das Zeugnis muss in jedem Fall in sich **schlüssig** sein. Eine positive Darstellung im Text muss sich in der Gesamtnote wiederfinden (BAG AP BGB § 630 Nr. 28). Eine unzutreffend negative Darstellung im Text wird nicht durch eine positive Gesamtnote „gerettet“.

Nach der Rechtsprechung des BAG trägt der Arbeitnehmer die **Beweislast,** soweit er sich auf Tatsachen beruft, die ein überdurchschnittliches Zeugnis (Note: „gut“ oder besser) rechtfertigen (BAG AP BGB § 630 Nr. 28). Im Gegensatz dazu muss der Arbeitgeber beweisen, dass ein von ihm ausgestelltes unterdurchschnittliches Zeugnis (Note: „ausreichend“ oder schlechter) den Tatsachen entspricht.

8. Weitere Angaben zur Leistung des Arbeitnehmers. Leistung bezieht sich auf die **Qualität der Tätigkeit,** also auf die Anforderungen der Tätigkeit und deren Erfüllung durch den Arbeitnehmer. Da jeweils auf die **konkret ausgeübte Tätigkeit** abzustellen ist, sind allgemeingültige Formulierungen kaum möglich. Bei einem gewerblichen Arbeitnehmer mag es u.a. auf **Geschicklichkeit und Sorgfalt** ankommen, bei einem Programmierer hingegen eher auf **IT-Kenntnisse und Kreativität**, bei einem Vertriebsmitarbeiter, wie im Formular, wiederum vor allem auf **Einsatzbereitschaft und Umsatzerfolg.** Es sollten stets alle Eigenschaften und Fähigkeiten aufgenommen werden, die für die Ausübung der konkreten Tätigkeit prägend sind. Auf die Aufnahme von Selbstverständlichkeiten wie etwa Pünktlichkeit oder Ehrlichkeit sollte – sofern diese nicht ausnahmsweise für die Tätigkeit von besonderer Bedeutung sind – besser verzichtet werden, da viele Arbeitnehmer hierin die Verwendung von unzulässigen „Geheimzeichen“ vermuten.

Es gilt der **Grundsatz der Zeugniswahrheit.** Das Zeugnis soll ein zutreffendes Bild vom Arbeitnehmer und seiner Leistung geben. Maßstab ist der eines **wohlwollenden Arbeitgebers,** der das Fortkommen des Arbeitnehmers nicht ohne Grund erschwert (BAG AP BGB § 630 Nr. 7; BAG AP BGB § 630 Nr. 20; Schaub/*Linck* § 147 Rn. 28). Das bedeutet nicht, dass der Arbeitgeber keine negative Beurteilung abgeben darf (was in der Praxis aber trotzdem eher selten vorkommt). Der Arbeitgeber hat zudem einen **Beurteilungsspielraum** (BAG AP BAT § 70 Nr. 10; BAG AP BGB § 630 Nr. 11), der seine Grenze aber spätestens dort findet, wo durch falsche oder tendenziöse Darstellungen ein unzutreffendes Bild vom Arbeitnehmer gezeichnet wird. Ohnehin dürfen nur Tatsachen aufgenommen werden, keine **Verdächtigungen**. So soll z.B. auch ein anhängiges Ermittlungsverfahren keine Tatsache i.d.S. sein und deshalb grundsätzlich nicht im Zeugnis erwähnt werden dürfen (LAG Düsseldorf BB 2005, 2308: bei Verurteilung: Widerruf des Zeugnisses und Herausgabe des alten Zug um Zug gegen neues). Etwas anderes gilt allerdings, wenn der Verdacht besonders schwer wiegt und Rechtsgüter von höchstem Wert betrifft; dann kann sogar die Pflicht bestehen, den Verdacht aufzunehmen (z.B. bei einem Mordversuch: LAG Stuttgart LAGE § 630 BGB 2002 Nr. 4).

Konkrete Formulierungen können dem Arbeitgeber nicht vorgeschrieben werden (vgl. BAG AP BGB § 630 Nr. 6). Allerdings hat der Arbeitnehmer u.U. Anspruch darauf, dass bestimmte Merkmale und Eigenschaften im Zeugnis Erwähnung finden. Das ist immer dann der Fall, wenn der Leser des Zeugnisses den Hinweis auf bestimmte Merkmale erwartet und das Fehlen der Erwähnung als Hinweis auf unterdurchschnittliche Leistungen in diesem Bereich deutet (sog. **„beredtes Schweigen“**). Ob und wann der Leser die

Erwähnung bestimmter Merkmale erwartet, ist objektiv nach den Bräuchen der jeweiligen Berufsgruppe oder Branche zu bestimmen (vgl. BAG NZA 2008, 1349; *Düwell/Dahl* NZA 2011, 958, 959). So haben beispielsweise Arbeitnehmer, die in Berufen tätig sind, die mit Geld oder anderen Vermögenswerten umgehen, Anspruch darauf, dass die „Ehrlichkeit" besonders hervorgehoben wird (LAG Hamm dbr 2006, Nr. 7, 40; BAG AP BGB § 630 Nr. 6). Bei einem Außendienstmitarbeiter wird man hingegen eher die Erwähnung des Verhandlungsgeschicks und Kundenumgangs erwarten, während die Erwähnung besonderer Ehrlichkeit wohl ungewöhnlich erscheinen und den Verdacht auf die Verwendung von Geheimzeichen nahelegen würde.

Das Zeugnis darf sich weder bei der Tätigkeits- noch bei der Leistungsbeschreibung auf die **Endphase** des Arbeitsverhältnisses beschränken („letzter Eindruck"), sondern muss einen zutreffenden **Eindruck vom gesamten Arbeitsverhältnis** geben (LAG Köln LAGE BGB § 630 Nr. 18; LAG Frankfurt a. M. LAGE BGB § 630 Nr. 14). Ein Nachlassen der Leistung gegen Ende des Arbeitsverhältnisses rechtfertigt daher nicht notwendig eine schlechtere Beurteilung.

Hat der Arbeitgeber zeitnah vor Ausstellung des Endzeugnisses ein **Zwischenzeugnis** erteilt (→ Form. A. XVI. 3 Anm. 6), ist er **im Regelfall** hinsichtlich der **Wertung** für den im Zwischenzeugnis beurteilten Zeitraum **gebunden** und kann nur davon abweichen, wenn nachträglich Umstände bekannt werden oder spätere Abweichungen in Leistung und/oder Verhalten auftreten, die eine abweichende Beurteilung rechtfertigen (BAG NZA 2008, 298) – und zwar nicht nur für die Endphase, sondern mit Wirkung für das gesamte Arbeitsverhältnis. Nachträglich bekannt werdende Umstände müssen allerdings den vom Zwischenzeugnis erfassten Beurteilungszeitraum selbst betreffen; Umstände, die die Zeit vor dem Arbeitsverhältnis betreffen, können die Bindungswirkung nachträglich nicht beseitigen (LAG Kiel RDV 2011, 42).

Der Arbeitgeber ist außerdem bei einem berechtigten Berichtigungsverlangen eines Endzeugnisses an seine Verhaltensbeurteilung **gebunden** und darf nicht davon abweichen, soweit keine neuen Umstände eine schlechtere Beurteilung rechtfertigen. Dies ergibt sich aus dem Maßregelungsverbot nach § 612a BGB (BAG NZA 2006, 104).

Eine Bindungswirkung ist auch gegeben, wenn der Arbeitgeber – etwa in einem Vergleich oder einem Aufhebungsvertrag – mit dem Arbeitnehmer **Vereinbarungen über den Inhalt** des Zeugnisses getroffen hat. Haben sich Arbeitgeber und Arbeitnehmer auf einen bestimmten Zeugnistext geeinigt, darf der Arbeitgeber erst bei besonders groben Unrichtigkeiten hiervon abweichen (LAG Nürnberg BeckRS 2009, 68723). Gleiches kann – abhängig vom Inhalt der Vereinbarung – gelten, wenn der Arbeitgeber dem Arbeitnehmer das Recht eingeräumt hat, einen verbindlichen Zeugnisvorschlag zu machen (LAG Hamm BeckRS 2010, 72055; weitergehend: ArbG Berlin BeckRS 2008, 55724). Der Arbeitgeber kann sich auch verpflichten, ein Zeugnis entsprechend einer bestimmten Notenstufe zu erteilen; in diesem Fall muss das Zeugnis sprachlich durchgehend – und nicht nur was die Gesamtbewertung betrifft – der vereinbarten Stufe entsprechen (vgl. LAG Hamm BeckRS 2010, 71922).

9. Angaben zum Verhalten des Arbeitnehmers. Angaben zum Verhalten beziehen sich auf das **Sozialverhalten,** also die Fähigkeit, mit anderen zusammen zu arbeiten (LAG Hamm NZA-RR 1998, 151) sowie den Außenauftritt gegenüber Kunden und Lieferanten. Anders als bei der Leistungsbeurteilung gibt es für die Verhaltensbeurteilung keine anerkannten Gesamtnoten. Auch hier sind allerdings Abstufungen von „vorbildlich" und „hervorragend" über „tadellos" und „einwandfrei" bis hin zu „angemessen" üblich, verstärkt oder abgeschwächt durch Begriffe wie „stets" oder aber „im Großen und Ganzen".

In einem Zeugnis werden regelmäßig Angaben zum Verhalten gegenüber **Vorgesetzten** und **Kollegen** erwartet. Bei Außenkontakt des Mitarbeiters, wie im Formular, müssen zudem Angaben zum Verhalten gegenüber Dritten, insbesondere **Kunden**, und bei einem Mitarbeiter mit Führungsverantwortung Angaben zum Verhalten gegenüber den ihm **unterstellten Mitarbeitern** gemacht werden. Auch wenn sich Überschneidungen nicht vermeiden lassen, bietet es sich grundsätzlich an, im Text die Darstellung von Führung und Verhalten zu trennen, so wie im Formular geschehen.

„Beredtes Schweigen" ist hier ebenso unzulässig wie bei der Beurteilung der Leistung des Arbeitnehmers (→ Anm. 8).

Ebenso darf auch keine **Geheimsprache** verwendet werden („...... kümmerte sich um die Belange der Belegschaft ......" = Betriebsratsmitglied; „gesellig" = Alkoholiker) oder Formulierungen, die den Zweck haben, eine andere als die aus der äußeren Form oder dem Wortlaut ersichtliche Aussage über den Arbeitnehmer zu treffen (Grundsatz der Zeugnisklarheit). Haben Bezeichnungen oder Beurteilungen derart doppelsinnige Bedeutung, sind sie zu vermeiden (BAG AP GewO § 109 Nr. 3).

Bewiesenes **Fehlverhalten** des Arbeitnehmers darf dargestellt werden. Allerdings muss es für die Gesamtbewertung notwendig sein und darf diese nicht verfälschen (vgl. BAG AP TVAL II § 48 Nr. 2; LAG Hamm NZA-RR 1998, 151; ErfKomm/*Müller-Glöge* § 109 GewO Rn. 19 f.; vgl. noch Anm. 10). Es ist ein **wohlwollender Maßstab** anzulegen, um das Fortkommen des Arbeitnehmers nicht unnötig zu behindern. So wird der Arbeitgeber in das Zeugnis eines Arbeitnehmers, der nach langjährigem Arbeitsverhältnis kündigt, nicht aufnehmen dürfen, dass dieser einmal unpünktlich zur Arbeit erschien.

Ein **Zusammenhang mit der Leistungsbeurteilung** in der Art, dass der Arbeitgeber bei einer überdurchschnittlichen Leistungsbeurteilung automatisch verpflichtet ist, eine ebenso positive Verhaltensbeurteilung abzugeben, besteht nicht (LAG Mainz NZA-RR 2010, 69). Dem Arbeitgeber steht es frei, die beiden Komplexe „Leistung" und „Verhalten" unabhängig voneinander zu beurteilen.

10. Ausscheidensgrund. Als Grundregel gilt, dass der Ausscheidensgrund nur auf **Wunsch des Arbeitnehmers** zu erwähnen ist (LAG Hamm LAGE BGB § 630 Nr. 1; LAG Köln LAGE BGB § 630 Nr. 11; zum Meinungsstand: ErfKomm/*Müller-Glöge* § 109 GewO Rn. 26). In der Praxis wird der Ausscheidensgrund aber regelmäßig aufgenommen, insbesondere wenn er nicht aus der Sphäre des Arbeitnehmers kommt (betriebsbedingte Kündigung) oder wenn der Arbeitnehmer – wie im Formular – auf eigenen Wunsch ausscheidet.

Fällt das Ausscheidensdatum nicht mit einem Monatsende zusammen, wird regelmäßig eine fristlose Kündigung oder eine Kündigung während der Probezeit vorliegen. Eine **Probezeitkündigung** sollte in diesem Fall daher im Interesse des Arbeitnehmers erwähnt werden, um beim Leser den Eindruck zu vermeiden, dass fristlos gekündigt wurde (a. A. *Schleßmann* Teil 1 VIII. 7).

Es wird vertreten, dass ein Arbeitgeber selbst dann, wenn er einen Arbeitnehmer berechtigt **fristlos gekündigt** hat, das Fehlverhalten zwar in die Führungsbeurteilung einfließen lassen kann (→ Anm. 9), aber die fristlose Kündigung nicht ausdrücklich erwähnen darf (LAG Düsseldorf NZA 1988, 399; *Schleßmann* Teil 1 VIII. 4. d. bb). Diese Auffassung ist im Interesse der Zeugniswahrheit abzulehnen (vgl. LAG Hamm LAGE BGB § 630 Nr. 1; vgl. ErfKomm/*Müller-Glöge* § 109 GewO Rn. 26). Es vermag nicht zu überzeugen, wenn darauf hingewiesen wird, dass ja aus dem „krummen" Beendigungsdatum schon auf die fristlose Kündigung geschlossen werden könne (so etwa LAG Düsseldorf NZA 1988, 399; *Schleßmann* Teil 1 VIII. 4. d. bb).

11. Schlussformel. Es ist üblich, dass der Arbeitgeber, wie im Formular, sein Bedauern über das Ausscheiden des Arbeitnehmers ausdrückt, sich bei ihm bedankt und ihm alles Gute für seine Zukunft wünscht. Einen Anspruch hierauf hat der Arbeitnehmer nach herrschender Ansicht jedoch nicht (BAG NZA 2013, 324; BAG AP BGB § 630 Nr. 26; ErfKomm/*Müller-Glöge* § 109 GewO Rn. 46).

Fehlt eine solche Schlussformel, lassen sich hieraus für den Arbeitnehmer sehr negative Schlüsse ziehen, so dass die Aufnahme einer Schlussformel häufig als Druckmittel des Arbeitgebers in Aufhebungs- oder Vergleichsverhandlungen verwendet wird.

Keinesfalls als Schlussformel aufzunehmen sind Formulierungen, nach denen der Arbeitgeber „für Nachfragen über die Qualität der geleisteten Arbeit zur Verfügung steht" (ArbG Herford BeckRS 2009, 61514). Solche Formeln mögen zwar im englischen Sprachraum in einem sog. „reference letter" durchaus üblich sein; nach der in Deutschland verbreiteten Zeugnispraxis ist eine derartige Formulierung jedoch derart ungewöhnlich, dass eine negative Wertung suggeriert wird, die gegen das Gebot der Zeugnisklarheit verstößt (vgl. ArbG Herford BeckRS 2009, 61514).

12. Unterzeichnung. Verpflichtet zur Zeugniserteilung ist der **Arbeitgeber.** Er bleibt verpflichtet, auch wenn **nach** Beendigung des Arbeitsverhältnisses ein **Insolvenzverfahren** eröffnet wird. Wird das Arbeitsverhältnis hingegen erst nach Eröffnung des Insolvenzverfahrens beendet, hat der Insolvenzverwalter das Zeugnis zu erteilen. Der Arbeitgeber bleibt verpflichtet, wenn zum Zeitpunkt der Beendigung des Arbeitsverhältnisses nur Insolvenzantrag gestellt und ein vorläufiger Insolvenzverwalter bestellt ist, sofern nicht die Verwaltungs- und Verfügungsbefugnis auf den vorläufigen Insolvenzverwalter übergegangen ist (BAG NZA 2004, 1392). An den Inhalt eines erteilten Zwischenzeugnisses ist der Insolvenzverwalter, selbst nach Betriebsübergang, i.d.R. gebunden (BAG NZA 2008, 298), → Anm. 8.

Das Zeugnis ist vom **Vorgesetzten** des Arbeitnehmers eigenhändig zu unterzeichnen (BAG AP BGB § 630 Nr. 23; BAG AP BGB § 630 Nr. 27; LAG Hamm NZA-RR 1998, 151, 159). Die Position des Unterzeichners ist anzugeben, einschließlich eines Hinweises auf etwaige Prokura. Die Unterzeichnung durch einen gleichgeordneten Kollegen drückt Missachtung aus und ist unzulässig. Bei Unterzeichnung durch zwei Vertreter des Unternehmens muss mindestens einer im Rang über dem Arbeitnehmer stehen (*Schleßmann* Teil 1 IX. 3. a. bb).

Der Arbeitnehmer hat grundsätzlich keinen Anspruch darauf, dass das Zeugnis von einem bestimmten Vorgesetzten – z.B. einem Vorgesetzten mit besonderem wissenschaftlichen Renommee – (mit-)unterzeichnet wird (verneinend für den Schriftleiter eines juristischen Fachverlags: LAG Hamm BeckRS 2010, 67652). Ein solcher Anspruch kommt nur in Betracht, wenn die fachliche Letztverantwortung bei einem bestimmten Vorgesetzten liegt – z.B. einem Chefarzt oder einem Theaterintendanten (LAG Hamm BeckRS 2010, 67652).

Die Unterschrift muss der allgemein gültigen Gestaltung genügen und darf nicht durch eine absolut ungebräuchliche Gestaltung beim Leser den Eindruck erwecken, der Arbeitgeber wolle sich vom Inhalt des Zeugnisses distanzieren (zu einer Unterschrift, die mit zehn cm mal 14,5 cm überdimensioniert war und ausschließlich aus Auf- und Abwärtslinien bestand LAG Nürnberg DB 2005, 2476). Auch ist eine Vertretung bei der Unterschriftsleistung selbst nicht zulässig; wer als Aussteller des Zeugnisses genannt ist, muss es auch persönlich unterschreiben (ArbG München AE 2011, 90).

2. Einfaches Zeugnis

[Briefkopf des Arbeitgebers]

Zeugnis[1, 2]

...... (Datum)[3]

Herr ......,[4] geboren am ...... in ......, war in der Zeit vom ...... bis zum ......[5] in unserem Unternehmen als Lagerarbeiter beschäftigt. Die ...... GmbH ist die deutsche Tochtergesellschaft der ......-Gruppe und beschäftigt aktuell mehr als 500 Mitarbeiter. Unser Unternehmen gehört zu den Marktführern für die Herstellung und den Vertrieb von ......

Zu den Aufgaben von Herrn ...... gehörte insbesondere die Zusammenstellung der von Kunden bestellten Waren zu Paketen im Hochregallager sowie deren Vorbereitung zur Versendung. Er besitzt den für diese Tätigkeit notwendigen Staplerführerschein.[6]

Im Zuge einer betrieblichen Umstrukturierung mussten wir Herrn ...... noch während der Probezeit betriebsbedingt entlassen.[7] Wir bedauern dies, bedanken uns für die Zusammenarbeit und wünschen Herrn ...... für seine private und berufliche Zukunft weiterhin alles Gute.[8]

......

Titel und Unterschrift des Vorgesetzten[9]

Anmerkungen

1. Einfaches Zeugnis. Bei dem Formular handelt es sich um ein (recht knappes) einfaches Zeugnis. Das einfache Zeugnis beschränkt sich auf Angaben zur **Person des Arbeitnehmers** sowie zur **Art und Dauer der Tätigkeit.** In Abhängigkeit von Dauer und Komplexität der ausgeübten Tätigkeit(en) können deutlich umfangreichere Angaben als im Formular erforderlich sein. Unabhängig von der Dauer des Beschäftigungsverhältnisses kann der Arbeitnehmer **verlangen,** dass ein **qualifiziertes Zeugnis** ausgestellt wird, also ein Zeugnis, dass sich auch auf Leistung und Verhalten im Arbeitsverhältnis bezieht (§ 109 Abs. 1 S. 2 und 3 GewO). → Form. A. XVI. 1. **Gegen den Willen** des Arbeitnehmers kann ihm hingegen **kein qualifiziertes Zeugnis** ausgestellt werden. Wenn der Arbeitnehmer also eine negative Beurteilung seiner Leistung und/oder seines Verhaltens erwartet, kann er darauf bestehen, nur ein einfaches und daher „neutrales" Zeugnis zu erhalten. Allerdings wird es der sachkundige Leser zu werten wissen, wenn ein Arbeitnehmer trotz langer Beschäftigungsdauer nur ein einfaches Zeugnis vorzuweisen hat. Hat der Arbeitgeber zunächst auf Wunsch des Arbeitnehmers ein qualifiziertes Zeugnis ausgestellt, kann der Arbeitnehmer nicht verlangen, dass der Arbeitgeber dieses **zurücknimmt** und stattdessen ein einfaches Zeugnis erteilt (ErfKomm/*Müller-Glöge* § 109 GewO Rn. 6; a. A. *Schleßmann* Teil 1 VI. 1).

2. Äußere Form. → Form. A. XVI. 1 Anm. 2.

3. Ausstellungsdatum. → Form. A. XVI. 1 Anm. 3.

4. Angaben zur Person des Arbeitnehmers. → Form. A. XVI. 1 Anm. 4.

5. Angaben zur Dauer der Tätigkeit. → Form. A. XVI. 1 Anm. 5.

6. Angaben zum Arbeitgeber und zur Art der Tätigkeit. → Form. A. XVI. 1 Anm. 6.

7. Ausscheidensgrund. → Form. A. XVI. 1 Anm. 10.

8. Schlussformel. → Form. A. XVI. 1 Anm. 11.

9. Unterzeichnung. → Form. A. XVI. 1 Anm. 12.

3. Qualifiziertes Zwischenzeugnis mit durchschnittlicher Beurteilung

[Briefkopf des Arbeitgebers]

Zwischenzeugnis[1, 2]

...... (Datum)[3]

Frau ......, geboren am ...... in ......, ist seit dem ...... als Vorstandssekretärin für unser Unternehmen tätig.

Frau ...... führt seit ihrem Eintritt in unser Unternehmen das Sekretariat des Unterzeichners. Zu ihren Aufgaben gehören insbesondere:

- Planung und Koordination von Terminen des Unterzeichners
- Schreiben nach Diktat und selbständige Anfertigung einfacher Schreiben, auch in englischer Sprache
- Planung von Reisen einschließlich Buchung von Transportmitteln und Hotels
- Annahme von Telefonaten
- Aktenführung[4]

Frau ...... erledigt ihre Aufgaben zu unserer vollen Zufriedenheit.[5] Sie beherrscht alle MS-Office-Anwendungen sicher und schreibt schnell und zuverlässig nach Diktat. Frau ...... organisiert ihren Arbeitsbereich umsichtig und selbständig. Kritik nimmt sie positiv auf und stellt vereinzelt auftretende Flüchtigkeitsfehler zügig ab. Frau ...... zeigt große Leistungsbereitschaft und entlastet den Unterzeichner, wo immer dies möglich ist.

Frau ...... hat ein aufgeschlossenes und sicheres Auftreten. Die Zusammenarbeit mit ihr ist angenehm. Ihr Verhalten gegenüber dem Unterzeichner als Vorgesetztem sowie gegenüber Kunden und Kollegen ist stets einwandfrei. Der Unterzeichner kann sich voll auf die absolute Verschwiegenheit und Loyalität von Frau ...... verlassen.[6]

Der Unterzeichner wird zum ...... zu einer anderen Konzerngesellschaft wechseln und den Standort ...... daher verlassen. Frau ...... hat aus diesem Grund um die Erstellung dieses Zwischenzeugnisses gebeten.[7] Sie wird als Sekretärin für den Nachfolger des Unterzeichners arbeiten und wir hoffen auf eine weiterhin gute Zusammenarbeit.[8]

......

Titel und Unterschrift des Vorgesetzten[9]

Anmerkungen

1. Zwischenzeugnis. Das Formular stellt ein **qualifiziertes** Zwischenzeugnis dar. Die unter → Form. A. XVI. 1 Anm. 1 dargestellte Abgrenzung zwischen qualifiziertem und einfachem Zeugnis gilt auch für das Zwischenzeugnis.

Im Gegensatz zum Endzeugnis (→ Form. A. XVI. 1, → Form. A. XVI. 2) wird das Zwischenzeugnis jedoch nicht bei Beendigung, sondern im laufenden Arbeitsverhältnis ausgestellt. Voraussetzungen sind ein entsprechender Antrag und das Vorliegen eines **berechtigten Interesses** des Arbeitnehmers an der Ausstellung (→ Anm. 7). Häufig wird ein Zwischenzeugnis nach Ausspruch einer arbeitgeberseitigen Kündigung verlangt, um hieraus „Honig" für den Kündigungsschutzprozess „saugen" zu können (→ Anm. 6).

Nach der Kündigung des Arbeitsverhältnisses hat der Arbeitnehmer während des Laufs des Kündigungsschutzprozesses ein **Wahlrecht,** ob er ein Endzeugnis oder ein Zwischenzeugnis verlangt. Hat der Arbeitnehmer auf sein Verlangen bereits ein Endzeugnis erhalten, kann er nicht zusätzlich noch ein Zwischenzeugnis verlangen, da dieses gegenüber dem Endzeugnis subsidiär ist und somit das für die Ausstellung erforderliche berechtigte Interesse fehlt (LAG Hamm NZA-RR 2007, 486).

Wenig praxisrelevant ist die in diesem Zusammenhang gelegentlich zu findende Abgrenzung des Zwischenzeugnisses vom sog. **vorläufigen Zeugnis** (etwa *Schleßmann* Teil 1 X), sofern diese Unterscheidung nicht ausnahmsweise in einem Tarifvertrag angelegt ist (so § 35 Abs. 3 TVöD). Ein vorläufiges Zeugnis i.d.S. ist das Zeugnis, das ein Arbeitgeber nach Ausspruch einer Kündigung erteilt, wenn der Arbeitnehmer während der Kündigungsfrist oder während eines Kündigungsschutzprozesses noch weiter beschäftigt wird, so dass sich Leistung und Verhalten der Tätigkeit bis zur endgültigen Beendigung noch auf den Zeugnisinhalt auswirken können. Da Form und Inhalt gleich sind, dürfte es dem Arbeitgeber kaum verwehrt sein, auch dieses Zeugnis Zwischenzeugnis zu nennen (vgl. LAG Hamm LAGE BGB § 630 Nr. 25), zumal diese Bezeichnung für den Arbeitnehmer im Regelfall vorteilhaft ist.

2. Äußere Form. Da das Arbeitsverhältnis noch nicht beendet ist, werden weite Passagen des Zeugnisses im Präsens geschrieben. Im Übrigen verweisen wir auf die Ausführungen zu → Form. A. XVI. 1 Anm. 2.

3. Ausstellungsdatum. Üblicherweise wird das Zwischenzeugnis unter dem Datum ausgestellt, zu dem der Umstand eintritt, der Anlass für die Ausstellung des Zwischenzeugnisses ist. Im Formular würde das Zwischenzeugnis also unter dem Datum ausgestellt werden, zu dem der Unterzeichner zu der anderen Konzerngesellschaft wechselt.

4. Angaben zur Person des Arbeitnehmers, zur Dauer und zur Art der Tätigkeit. → Form. A. XVI. 1 Anm. 4, 5, 6.

5. Gesamtbewertung der Leistung. → Form. A. XVI. 1 Anm. 7. Das Formular bewertet die Leistung der Sekretärin als durchschnittlich („befriedigend"). Die Bewertung ergibt sich deutlich nicht nur aus der „Gesamtnote", sondern auch aus der Leistungsbeschreibung, die erkennen lässt, dass die Tätigkeit nicht ohne Beanstandungen war.

6. Angaben zur Leistung und zum Verhalten des Arbeitnehmers. Grundsätzlich gelten die Erläuterungen zu → Form. A. XVI. 1 Anm. 8, 9 auch hier. Der Aussteller sollte aber beachten, dass das Zwischenzeugnis zumindest eine **Indizwirkung** für das Endzeugnis hat (LAG Köln LAGE BGB § 630 Nr. 18; → Form. A. XVI. 1 Anm. 8), wenngleich der Arbeitnehmer keinen Anspruch auf eine wortgleiche Übernahme hat (LAG Düsseldorf DB 1976, 2310; LAG Frankfurt a.M. LAGE BGB § 630 Nr. 14). Auch bei einem Betriebsübergang besteht eine grundsätzliche Bindung des Betriebserwerbers an das Zwischenzeugnis für den darin beurteilten Zeitraum. Der **Betriebserwerber** ist verpflichtet, dem Arbeitnehmer ein Endzeugnis für die **gesamte Dauer** seines Arbeitsverhältnisses auszustellen, selbst wenn er die frühere Leistung des Arbeitnehmers nicht beurteilen kann (BAG NZA 2008, 298).

Vor allem sollten Arbeitgeber sich mit einem Zwischenzeugnis aber nicht in **Widerspruch** zu anderen Entscheidungen setzen (vgl. BAG AP BGB § 630 Nr. 7; LAG Köln

LAGE BGB § 630 Nr. 30; LAG Hamm LAGE BGB § 630 Nr. 25). Hat der Arbeitgeber beispielsweise einem Arbeitnehmer in einem Zwischenzeugnis eine überdurchschnittliche Leistung bescheinigt, wird er jedenfalls in zeitlichem Zusammenhang zur Zeugniserteilung Schwierigkeiten haben, bei der Entscheidung über eine Bonusgewährung Leistungsmängel des Arbeitnehmers anzuführen oder diesen gar leistungsbedingt zu kündigen. Dasselbe gilt, wenn der Arbeitgeber einem Kassierer in Kenntnis bestimmter Fehlbeträge in dessen Kasse in einem Zwischenzeugnis „Ehrlichkeit“ attestiert hat und ihn später wegen eben dieser Fehlbeträge in Anspruch nehmen möchte (BAG AP BGB § 630 Nr. 7). Ein Zwischenzeugnis sollte daher niemals leichtfertig formuliert und ausgestellt werden.

7. Ausstellungsgrund. Der Arbeitnehmer hat nicht zu jedem beliebigen Zeitpunkt einen Anspruch auf Erteilung eines Zwischenzeugnisses. Manche Tarifverträge sehen einen Anspruch auf Ausstellung eines Zwischenzeugnisses etwa dann vor, wenn ein **triftiger Grund** vorliegt (so § 35 Abs. 2 TVöD). Auch ohne Tarifbindung wird ein Anspruch des Arbeitnehmers aus der **Fürsorgepflicht** oder einer **allgemeinen vertraglichen Nebenpflicht** des Arbeitgebers abgeleitet, sofern denn ein triftiger Grund vorliegt (vgl. BAG AP BAT § 61 Nr. 1; LAG Hamm NZA-RR 2007, 486; *Schleßmann* Teil 1 X. 2. a).

Ein triftiger Grund liegt vor, wenn der Wunsch des Arbeitnehmers bei verständiger Betrachtungsweise als berechtigt erscheint, beispielsweise beim **Wechsel des Vorgesetzten** (so das Formular und BAG AP BAT § 61 Nr. 2), bei einer wesentlichen **Änderung des Tätigkeitsbereichs** des Mitarbeiters, bei **längeren Unterbrechungen des Arbeitsverhältnisses** (beispielsweise Elternzeit), bei einem **Betriebsübergang** oder wenn der Arbeitnehmer das Zwischenzeugnis für eine **Bewerbung** benötigt (BAG AP BAT § 61 Nr. 1; Schaub/*Linck* § 147 Rn. 9; ErfKomm/*Müller-Glöge* § 109 GewO Rn. 50). Hingegen stellt es keinen triftigen Grund dar, wenn der Mitarbeiter das Zwischenzeugnis in einem Rechtsstreit über eine angestrebte **Höhergruppierung** verwenden will (BAG AP BAT § 61 Nr. 1).

Regelmäßig dürften keine Bedenken bestehen, den **Ausstellungsgrund im Zwischenzeugnis anzugeben,** sofern dieser nicht in einer arbeitgeberseitigen Kündigung liegt. Im Gegenteil hilft es gerade dem Arbeitnehmer, wenn die Ausstellung des Zwischenzeugnisses beispielsweise mit dem Wechsel des Vorgesetzten begründet wird, da hiermit der Verdacht zerstreut wird, der Arbeitnehmer sei gekündigt und das Zwischenzeugnis deshalb ausgestellt worden. Häufig findet sich auch schlicht die Formulierung, dass das Zwischenzeugnis auf „Wunsch des Mitarbeiters“ ausgestellt wurde (*Schleßmann* Teil 1 X. 2. d).

8. Schlussformel. Im Gegensatz zum Endzeugnis enthält das Zwischenzeugnis keine Schlussformel (→ Form. A. XVI. 1 Anm. 11), wohl aber häufig die Hoffnung auf eine weitere gute Zusammenarbeit (BAG AP BAT § 61 Nr. 2 mit Anm. *v. Schleßmann*). Ein Anspruch des Arbeitnehmers auf eine solche Formulierung besteht jedoch nicht.

9. Unterzeichnung. → Form. A. XVI. 1 Anm. 12.

4. Übersendung von Arbeitspapieren, insbesondere Arbeitsbescheinigung

[Briefkopf des Arbeitgebers]

Herrn . . . . . . (Name und Anschrift des Arbeitnehmers)

. . . . . . (Datum)

Ihre Arbeitspapiere[1]

Sehr geehrter Herr ......,

anliegend übersenden wir Ihnen anlässlich der Beendigung Ihres Arbeitsverhältnisses die folgenden Unterlagen:

- Zeugnis
- (Arbeitsbescheinigung)[2]
- Lohnsteuerkarte und Ausdruck der elektronischen Lohnsteuerbescheinigung für ......[3]
- Urlaubsbescheinigung[4]

(Optional: Bitte bestätigen Sie uns den Erhalt dieses Schreibens durch Gegenzeichnung und Rücksendung des beigefügten Doppels.)

Mit freundlichen Grüßen

......

Unterschrift des Arbeitgebers

Erhalten:[5]

......

Ort, Datum

......

Unterschrift des Arbeitnehmers

Anmerkungen

1. Herausgabe von Arbeitspapieren. Der Arbeitgeber hat die Arbeitspapiere nach Beendigung des Arbeitsverhältnisses sorgfältig auszufüllen und herauszugeben (BAG AP BGB § 611 Haftung des Arbeitgebers Nr. 4). Das Formular stellt ein **Begleitschreiben** des Arbeitgebers bei der Übersendung der Arbeitspapiere dar.

Zu den Arbeitspapieren gehören begrifflich alle im Zusammenhang mit dem Arbeitsverhältnis stehenden Papiere und Bescheinigungen, welche im Verhältnis zum Arbeitgeber dem Arbeitnehmer zustehen, unabhängig davon, ob ihre Rechtsnatur privatrechtlich oder öffentlich-rechtlich ist. Im Formular sind die in der Praxis wichtigsten Arbeitspapiere erwähnt, nämlich das **Zeugnis** (→ Form. A. XVI. 1–3), die **Arbeitsbescheinigung** (§ 312 SGB III; → Anm. 2), die **Lohnsteuerkarte** (soweit noch vorhanden; → Anm. 3), der Ausdruck der elektronischen **Lohnsteuerbescheinigung** (§ 41b Abs. 1 S. 3, 4 EStG; → Anm. 3), sowie die **Urlaubsbescheinigung** (§ 6 Abs. 2 BUrlG; → Anm. 4). Hinzu können je nach Einzelfall weitere Dokumente kommen (vgl. Küttner/*Reinecke* Arbeitspapiere Rn. 2), etwa die **Gesundheitsbescheinigung der im Lebensmittelgewerbe Beschäftigten** (§ 43 IfSG), die **Gesundheitsbescheinigung Jugendlicher** (§ 32 Abs. 1 Nr. 2 JArbSchG), **Unterlagen zu vermögenswirksamen Leistungen und zur betrieblichen Altersversorgung** sowie tarifliche **Lohn- und Urlaubskarten.**

Da der **Sozialversicherungsausweis** bei Beginn des Beschäftigungsverhältnisses durch den Arbeitnehmer nur vorzulegen ist, sollte er sich beim Ausscheiden nicht mehr im Besitz des Arbeitgebers befinden. Anderenfalls ist auch er auszuhändigen.

Die Pflicht, Arbeitspapiere auszufüllen und herauszugeben, ergibt sich entweder unmittelbar aus dem **Gesetz** (etwa § 41b EStG für die Lohnsteuerbescheinigung; BAG AP BGB § 611 Haftung des Arbeitgebers Nr. 4), aus dem **Eigentum** des Arbeitnehmers oder aus **nachwirkender Nebenpflicht** (BAG AP ArbGG 1979 § 2 Nr. 84).

Der **Herausgabeanspruch** wird grundsätzlich mit der rechtlichen Beendigung des Arbeitsverhältnisses **fällig** (BAG AP BGB § 630 Nr. 16), bei einer ordentlichen Kündigung also mit **Ablauf der Kündigungsfrist.** Bei einer fristlosen Kündigung hat der Arbeitgeber die Arbeitspapiere binnen einer angemessenen Frist auszufüllen und bereitzustellen (Küttner/*Reinicke* Arbeitspapiere Rn. 8; LAG Frankfurt a. M. DB 1984, 2200). Dies gilt auch, wenn noch ein Kündigungsschutzprozess läuft oder Streit über die Höhe der Vergütung besteht.

Der Arbeitgeber hat die Arbeitspapiere **nach seinem Kenntnisstand** auszufüllen, d. h. beispielsweise den Beendigungszeitpunkt und die Vergütung anzugeben, die nach seiner Ansicht zutreffen (zu einem Arbeitszeugnis vgl. BAG AP BGB § 630 Nr. 16; zur Arbeitsbescheinigung → Anm. 2).

Auch wenn der Arbeitgeber noch offene Forderungen gegen den Arbeitnehmer hat, steht ihm in der Regel **kein Zurückbehaltungsrecht** an den Arbeitspapieren zu (BAG AP BGB § 611 Urlaubskarten Nr. 2; MünchKommBGB/*Krüger* § 273 BGB Rn. 49; *Becker-Schaffner* DB 1983, 1304, 1306). Ein Zurückbehaltungsrecht würde dem Zweck der Papiere widersprechen, die dem Arbeitnehmer die Aufnahme einer neuen Tätigkeit ermöglichen sollen.

Wenn der Arbeitnehmer seinen Herausgabeanspruch **gerichtlich geltend** macht, kann er gemäß § 61 Abs. 2 ArbGG den Antrag stellen, dass der Arbeitgeber zu einer vom Gericht nach freiem Ermessen festzusetzenden **Entschädigung** verurteilt wird, wenn er die Arbeitspapiere nicht innerhalb einer bestimmten Frist herausgibt. Der Herausgabeanspruch selbst kann dann aber nicht mehr vollstreckt werden und auch weitere Schadensersatzansprüche scheiden aus (BAG AP BGB § 611 Haftung des Arbeitgebers Nr. 4). Bei einer Klage auf Herausgabe ist darauf zu achten, dass explizit auch auf Erstellung der Arbeitspapiere geklagt werden muss. Wenn nur auf Herausgabe geklagt wird, besteht das Risiko, dass ein derartiger Titel nicht vollstreckt werden kann, da ein Titel auf Herausgabe nicht dahingehend ausgelegt werden kann, dass er auch die Verpflichtung zur Erstellung der Papiere beinhaltet (LAG Hamburg BeckRS 2008, 56544).

2. Arbeitsbescheinigung. Nach der Neufassung des § 312 Abs. 1 SGB III hat der Arbeitgeber eine Arbeitsbescheinigung nur noch auf Verlangen des Arbeitnehmers oder der Bundesagentur auszufüllen und dem Arbeitnehmer auszuhändigen. Der Arbeitgeber hat sich dabei des **amtlichen Vordruckes** zu bedienen, § 312 Abs. 1 S. 1 SGB III, der von der Arbeitsverwaltung derzeit unter **http://www.arbeitsagentur.de/zentraler-Content/Vordrucke/A07-Geldleistung/Publikation/V-Alg-Arbeitsbescheinigung.pdf** auch im Internet bereitgestellt wird. Alternativ ist seit dem Jahr 2014 auch eine elektronische Übermittlung der Arbeitsbescheinigung möglich. Es kann eine **Ordnungswidrigkeit** darstellen, wenn die Ausstellung verzögert oder gar verweigert wird, § 404 Abs. 2 Nr. 19 SGB III.

Vorsicht ist geboten, wenn der ausscheidende Arbeitnehmer die **Wirksamkeit einer Kündigung** angegriffen hat. Im amtlichen Vordruck muss der Arbeitgeber auch Angaben zum **Kündigungsgrund** machen, insbesondere ob bei einer betriebsbedingten Kündigung eine Sozialauswahl durchgeführt wurde oder ein vertragswidriges Verhalten des Arbeitnehmers Anlass zur Kündigung gegeben hat. Der Arbeitgeber sollte sich nicht in Widerspruch zu dem setzen, was er in einem Kündigungsschutzprozess vortragen will. Auch eine Einigung über die Kündigungsgründe in einem gerichtlichen Vergleich wird häufig durch die Angaben in der Arbeitsbescheinigung erheblich erschwert.

Der Arbeitgeber kann der **Bundesagentur für Arbeit** zum **Schadensersatz** verpflichtet sein, wenn diese aufgrund falscher Angaben in der Arbeitsbescheinigung zu Unrecht Leistungen gewährt, § 321 Nr. 1 SGB III (BSG AP AFG § 133 Nr. 1; BSG AP AFG § 133 Nr. 3). Ein Schadensersatzanspruch wird aber voraussetzen, dass der Arbeitgeber eindeutig **falsche Tatsachen** angibt. Erfordert der Eintrag eine rechtliche Wertung, etwa hinsichtlich der Wirksamkeit einer Kündigung, so ist ein Schadensersatzanspruch ausgeschlossen (BSG NZA 1993, 46).

Auch dem **Arbeitnehmer** kann bei falschen Angaben durch den Arbeitgeber ein **Schadensersatzanspruch** zustehen, etwa wenn die Agentur für Arbeit aufgrund der Arbeitsbescheinigung zu Unrecht eine Sperrzeit verhängt. Dies setzt aber voraus, dass ein Schaden entstanden ist, woran es jedenfalls in Höhe des nicht gezahlten Arbeitslosengeldes fehlen wird, weil der Arbeitnehmer seinen Anspruch auf Arbeitslosengeld unmittelbar gegen die Agentur für Arbeit geltend machen kann (LAG Hannover NZA-RR 2004, 46). Die Kosten einer erforderlichen Rechtsverfolgung oder Kreditaufnahme können dagegen unter Umständen ersatzfähige Schäden darstellen.

3. Elektronische Lohnsteuerbescheinigung und Lohnsteuerkarte. Der Arbeitgeber hat das Lohnkonto abzuschließen und die Lohnsteuerbescheinigung elektronisch an das Finanzamt zu übermitteln. Einen Ausdruck der **elektronischen Lohnsteuerbescheinigung** hat er dem Arbeitnehmer auszuhändigen oder elektronisch bereitzustellen (§ 41b Abs. 1 S. 3 EStG). Bei **unterjährigem Ausscheiden** hat er, wie im Formular vorgesehen, auch die **Lohnsteuerkarte** auszuhändigen, sofern diese in der Übergangszeit bis zur vollständigen Umstellung auf die elektronische Bescheinigung noch beim Arbeitgeber vorhanden ist. Der Arbeitgeber **haftet den Finanzbehörden,** wenn es wegen einer falschen Lohnsteuerbescheinigung zu einer **Steuerverkürzung** kommt, § 42d Abs. 1 Nr. 3 EStG. Hat eine falsche Bescheinigung hingegen zur Folge, dass der **Arbeitnehmer** zu einer **erhöhten Einkommensteuer** veranlagt wird, so kann der Arbeitgeber diesem zum **Schadensersatz** verpflichtet sein (vgl. BFH DB 1997, 23; Schaub/*Linck* § 149 Rn. 16).

4. Urlaubsbescheinigung. Gemäß § 6 Abs. 2 BUrlG ist der Arbeitgeber bei Beendigung des Arbeitsverhältnisses verpflichtet, dem Arbeitnehmer eine Bescheinigung über den **im laufenden Kalenderjahr gewährten und abgegoltenen Urlaub** auszuhändigen. Diese Bescheinigung ist unaufgefordert auszustellen, also nicht nur auf Antrag des Arbeitnehmers.

Durch die Urlaubsbescheinigung sollen **Doppelansprüche** ausgeschlossen werden. In einem neuen Arbeitsverhältnis des ausscheidenden Arbeitnehmers besteht gemäß § 6 Abs. 1 BUrlG nämlich insoweit kein Urlaubsanspruch, als Urlaub bereits von einem früheren Arbeitgeber gewährt wurde. Der Arbeitnehmer muss daher die Urlaubsbescheinigung bei seinem neuen Arbeitgeber vorlegen.

Die Urlaubsbescheinigung muss **schriftlich** erteilt werden. Sie muss Angaben zur Identität des Arbeitnehmers, zur Dauer des Arbeitsverhältnisses im laufenden Kalenderjahr, zur Höhe des Urlaubsanspruchs im Kalenderjahr (auch gesetzlicher Zusatzurlaub z. B. für Schwerbehinderte) sowie zum tatsächlich gewährten und abgegoltenen Urlaub enthalten:

„Herr . . . . ., geboren am . . . . ., wohnhaft . . . . ., war im Jahr . . . . . . von . . . . . . bis . . . . . . bei uns beschäftigt. Der volle Urlaubsanspruch für dieses Kalenderjahr betrug . . . . . . Tage (*Optional*: einschließlich . . . . . . Tage Zusatzurlaub wegen . . . . . .). Es wurden im Jahr . . . . . . Urlaubstage gewährt. Ferner wurden . . . . . . Tage Urlaub abgegolten.“

Der Arbeitnehmer kann auf Erstellung/Herausgabe sowie Ergänzung/Berichtigung der Urlaubsbescheinigung **Klage vor dem Arbeitsgericht** erheben (§ 2 Abs. 1 Nr. 3e ArbGG), soweit durch unzutreffende Angaben seine Rechte beeinträchtigt werden (ErfKomm/*Dörner* § 6 BUrlG Rn. 5).

Bei falscher oder verspäteter Erstellung kann sich der Arbeitgeber gegenüber dem Arbeitnehmer **schadensersatzpflichtig** machen, wenn der neue Arbeitgeber irrtümlicherweise mit der Begründung keinen Urlaub gewährt, dass der Arbeitnehmer bereits den ihm insgesamt zustehenden Urlaub erhalten habe. Der entstandene Schaden kann etwa darin bestehen, dass der Arbeitnehmer zur Durchsetzung seines Urlaubsanspruchs gegenüber dem neuen Arbeitgeber Klage erheben muss und ihm **Rechtsverfolgungskosten** entstehen.

5. Holschuld. Die vom Arbeitgeber ausgefüllten Arbeitspapiere sind grundsätzlich vom Arbeitnehmer abzuholen, § 269 Abs. 2 BGB (zur gleichen Frage beim Zeugnis → Form. A. XVI. 1 Anm. 2). Erfüllungsort ist der Beschäftigungsbetrieb. Der Arbeitgeber muss die Arbeitspapiere bei Beendigung des Arbeitsverhältnisses ausgefüllt **zur Abholung bereithalten** (BAG DB 1995, 1518). Der Arbeitnehmer braucht die Papiere aber nicht persönlich abzuholen. Er kann stattdessen einen Bevollmächtigten mit der Abholung beauftragen.

Eine **Übersendung** der Arbeitspapiere **per Post** kann der Arbeitnehmer grundsätzlich nicht verlangen (BAG AP BGB § 630 Nr. 21). Eine Ausnahme von dieser Regel gilt nur dann, wenn

- dem Arbeitnehmer durch den Arbeitgeber **Hausverbot** erteilt wurde (LAG Düsseldorf DB 1954, 371),
- der Arbeitgeber die Arbeitspapiere **nicht rechtzeitig bereit gestellt** hat (Übersendung der Arbeitspapiere durch den Arbeitgeber auf eigene Kosten und Gefahr LAG Frankfurt a. M. DB 1984, 2200) oder
- **Treu und Glauben** es unverhältnismäßig erscheinen lassen, den Arbeitnehmer zu verpflichten, die Arbeitspapiere selbst abzuholen. Dies soll z. B. der Fall sein, wenn der Arbeitnehmer weit entfernt **verzogen** (ArbG Wetzlar BB 1972, 222) oder **schwer erkrankt** ist (LAG Düsseldorf DB 1963, 419).

Da der Arbeitgeber für die ordnungsgemäße Herausgabe der Arbeitspapiere darlegungs- und beweispflichtig ist, empfiehlt es sich, den Empfang durch den Arbeitnehmer **quittieren** zu lassen (§ 368 BGB). Ist dies bei einer Übersendung der Unterlagen nicht unmittelbar bei Übergabe möglich, sollte die im Formular optional vorgesehene Bitte um eine Empfangsquittung aufgenommen werden.

B. Dienstverträge und andere Verträge

I. Geschäftsführer

1. Dienstvertrag für den Geschäftsführer einer GmbH

Dienstvertrag[1, 2]

zwischen[3]

...... GmbH (Name und Anschrift der Gesellschaft) „Gesellschaft“

hier vertreten durch die Alleingesellschafterin ...... AG,

diese vertreten durch ihren Vorstand

und

Herrn ...... (Name und Anschrift) „Geschäftsführer“

§ 1 Position[4, 5, 6, 7]/Dienstsitz[8]

(1) Der Geschäftsführer ist, gegebenenfalls zusammen mit weiteren Geschäftsführern, Geschäftsführer der Gesellschaft.

(2) Der Dienstsitz des Geschäftsführers ist am jeweiligen Firmensitz der Gesellschaft, derzeit in ...... (Ort).

§ 2 Vertragsdauer[9, 10, 11, 12]/Freistellung[13]

(1) Das Dienstverhältnis des Geschäftsführers unter diesem Vertrag beginnt am ...... (Datum) und läuft auf unbestimmte Zeit. Jede Vertragspartei kann den Vertrag jederzeit ordentlich kündigen mit einer Frist von ...... (Zahl) Monaten zum Monatsende, frühestens jedoch mit Wirkung zum ...... (Datum).

(2) Das Recht zur fristlosen Kündigung aus wichtigem Grund bleibt unberührt.

(3) Jede Kündigung ist schriftlich zu erklären. Falls die Bestellung des Geschäftsführers durch Gesellschafterbeschluss widerrufen wird, gilt die Bekanntgabe des Widerrufs gegenüber dem Geschäftsführer durch die Gesellschaft zugleich als Kündigung dieses Vertrages zum nächstmöglichen Termin.

(4) Die Gesellschaft ist ab Zugang einer Kündigung – gleich von welcher Seite diese erklärt wurde – oder im Fall der Suspendierung sowie einer Beendigung des Amtes des Geschäftsführers berechtigt, den Geschäftsführer von seiner Tätigkeit freizustellen. Mit der Freistellung werden alle Urlaubsansprüche abgegolten.

§ 3 Geschäftsführung/Vertretung[14]

(1) Für die Führung der Geschäfte und die Vertretung der Gesellschaft gelten die folgenden Bestimmungen:

(a) Der Geschäftsführer führt die Geschäfte der Gesellschaft nach Maßgabe der Weisungen der jeweiligen Gesellschafterversammlung und unter Beachtung der gesetzlichen Bestimmungen sowie der Zustimmungserfordernisse, die die Satzung der Gesellschaft in ihrer jeweils gültigen Fassung oder die Gesellschafterversammlung jeweils aufstellen.

(b) Der Geschäftsführer wird bei der Vertretung der Gesellschaft die gesetzlichen Bestimmungen, die Weisungen der jeweiligen Gesellschafterversammlung und die Satzung der Gesellschaft in ihrer jeweils gültigen Fassung befolgen.

(2) Die Gesellschafterversammlung kann – unbeschadet ihres Rechts zur Erteilung von Weisungen – eine Geschäftsordnung für die Geschäftsführung erlassen, welche die Aufgabenbereiche und Verantwortlichkeiten mehrerer Geschäftsführer gegeneinander abgrenzt. Die Bestimmungen einer etwaigen Geschäftsordnung in ihrer jeweils gültigen Fassung und die Regelungen dieses Vertrages sind vom Geschäftsführer sowohl bei der Führung der Geschäfte der Gesellschaft als auch bei der Vertretung der Gesellschaft zu beachten.

§ 4 Dienstzeit[15]/Wettbewerbsverbot/Nebenbeschäftigung[16, 17, 18]

(1) Der Geschäftsführer wird der Gesellschaft seine volle Arbeitskraft widmen und die Interessen der Gesellschaft nach besten Kräften fördern. Soweit es das Wohl der Gesellschaft erfordert, wird er der Gesellschaft auch über die übliche betriebliche Arbeitszeit hinaus zur Verfügung stehen und ihre Interessen wahrnehmen.

(2) Der Geschäftsführer verpflichtet sich, während der Dauer dieses Vertrages weder selbständig noch unselbständig als Arbeitnehmer und auch nicht als Unternehmer oder in sonstiger Weise, weder direkt noch indirekt durch Beteiligung, in irgendeiner Form eine Konkurrenztätigkeit auszuüben oder für ein Unternehmen tätig zu sein, welches mit der Gesellschaft oder einem i.S.v. § 15 AktG mit der Gesellschaft verbundenen Unternehmen („Verbundenes Unternehmen") in direktem Wettbewerb steht.

(3) Irgendeine weitere entgeltliche Beschäftigung oder üblicherweise entgeltliche Tätigkeit sowie jegliche Beteiligung an Unternehmen bedarf der vorherigen ausdrücklichen schriftlichen Zustimmung der Gesellschafterversammlung. Bei Vorliegen sachlicher Gründe, insbesondere einer Beeinträchtigung der Tätigkeit des Geschäftsführers für die Gesellschaft, kann eine etwaige Zustimmung jederzeit widerrufen werden. Der Geschäftsführer hat bei Ausübung jeglicher Nebentätigkeit eine strikte Loyalitätspflicht gegenüber der Gesellschaft und Verbundenen Unternehmen und wird im Rahmen des Betreibens dieser Nebentätigkeiten deren geschäftliche oder etwaige sonstige Interessen nicht beeinträchtigen. Ausgenommen von der Zustimmungspflicht ist der übliche Erwerb von Wertpapieren zu Zwecken der persönlichen Vermögensverwaltung. Eine Mitgliedschaft in Aufsichts- oder Beiräten anderer Gesellschaften sowie sonstiger Institutionen, die im Zusammenhang mit dem Geschäftsgegenstand der Gesellschaft stehen oder sonst die Interessen der Gesellschaft oder eines Verbundenen Unternehmens ersichtlich berühren, bedarf ebenfalls der vorherigen ausdrücklichen schriftlichen Zustimmung der Gesellschafterversammlung.

§ 5 Urlaub[19]

Der Geschäftsführer hat einen Anspruch auf bezahlten Urlaub im Umfang von 30 Tagen je Kalenderjahr. Tage im Sinne dieser Regelung sind alle Kalendertage mit Ausnahme von Samstagen, Sonntagen und gesetzlichen Feiertagen am jeweiligen satzungsmäßigen Sitz der Gesellschaft. Bei unterjährigem Beschäftigungsbeginn oder -ende wird der Urlaub in diesem Kalenderjahr zeitanteilig gewährt. Den Zeitpunkt des Urlaubs bestimmt der Geschäftsführer in Abstimmung mit dem oder den anderen Geschäftsführer(n) und der Gesellschafterversammlung sowie unter Wahrung der Belange der Gesellschaft.

§ 6 Vergütung[20, 21, 22, 23, 24]

(1) Als Vergütung für seine Dienste erhält der Geschäftsführer ein Bruttojahresfestgehalt, welches . . . . . . EUR (in Worten: . . . . . . Euro) beträgt. Das vereinbarte Bruttojahresfestgehalt ist zahlbar in zwölf gleichen Raten, jeweils am Ende eines Kalendermonats sowie unter Abzug von Steuern und Sozialabgaben. Soweit die Tätigkeit des Geschäftsführers in einem Kalenderjahr unterjährig beginnt oder endet und damit das Vertragsjahr kürzer ist als das Kalenderjahr, ist das Bruttojahresfestgehalt zeitanteilig geschuldet. Etwaige Mehrarbeit und Überstunden werden nicht gesondert vergütet.

(2) Zudem kann der Geschäftsführer bei Erreichen der von der Gesellschafterversammlung nach Durchsprache mit dem Geschäftsführer und nach billigem Ermessen festgelegten Jahresziele eine variable Vergütung verdienen. Die jährliche variable Brutto-Vergütung beträgt bei 100-prozentigem Erreichen der festgelegten Jahresziele maximal . . . . . . EUR (in Worten: . . . . . . Euro). Ist ein Vertragsjahr kürzer als ein Kalenderjahr, versteht sich dieser Betrag zeitanteilig. Eine verdiente variable Vergütung ist zahlbar nach Feststellung des testierten Jahresabschlusses für das jeweilige Geschäftsjahr. Für Zeiten einer Freistellung ist die variable Vergütung nicht geschuldet. Ein etwaiger unterjährig bis zur Freistellung anteilig entstandener Anspruch auf eine variable Vergütung bleibt hiervon unberührt.

§ 7 Auslagen[25]/Firmenwagen[26, 27]

(1) Bei Bewirtung von Geschäftspartnern und Geschäftsreisen hat der Geschäftsführer Anspruch auf Ersatz seiner angemessenen Auslagen, soweit sie dem Geschäftsführer im Interesse der Gesellschaft entstehen. Übersteigen die aufgewendeten Auslagen den nach den steuerlichen Vorschriften zulässigen Pauschalbetrag, so hat der Geschäftsführer diese Auslagen im Einzelnen durch ordnungsgemäße Belege und Rechnungen nachzuweisen. Etwaige Bestimmungen der Geschäftsordnung zu Reisekosten sind in ihrer jeweils gültigen Fassung zu beachten. Ergänzend gelten die jeweils gültigen Richtlinien der Gesellschaft zu Reisekosten, die insoweit Bestandteil dieses Vertrages sind.

(2) Die Gesellschaft stellt dem Geschäftsführer einen PKW (Bruttolistenpreis bis zu maximal . . . . . . EUR (in Worten: . . . . . . Euro) oder monatliche Brutto-Leasingrate bis zu maximal . . . . . . EUR (in Worten: . . . . . . Euro) zur dienstlichen und privaten Nutzung zur Verfügung. Die auf diesen Sachbezug entfallende Steuer ist von dem Geschäftsführer zu tragen. Im Falle einer Freistellung des Geschäftsführers von seiner Tätigkeit entfällt zum gleichen Zeitpunkt die Verpflichtung der Gesellschaft, dem Geschäftsführer einen PKW zur dienstlichen und privaten Nutzung zur Verfügung zu stellen. Der Geschäftsführer wird, unter Ausschluss eines Zurückbehaltungsrechts, den ihm zur Verfügung gestellten PKW bei Beendigung dieses Vertrages, im Fall einer Freistellung bei Beginn der Freistellung, ohne weitere Aufforderung im ordnungsgemäßen Zustand an die Gesellschaft zurückgeben. Ergänzend gelten die jeweils gültigen Richtlinien der Gesellschaft über die Nutzung des Firmenwagens, die insoweit Bestandteil dieses Vertrages sind.

§ 8 Geheimhaltungsverpflichtung[28]/Rückgabe[29]/Urheberrechte[30]

(1) Während der Laufzeit dieses Vertrages ist der Geschäftsführer verpflichtet, alle vertraulichen Informationen über das Geschäft oder besondere Angelegenheiten der Gesellschaft streng geheim zu halten und diese Informationen nicht für seinen eigenen oder den Nutzen anderer zu verwenden. Diese Geheimhaltungspflicht betrifft insbesondere die strategischen Pläne der Gesellschaft und Verbundener Unternehmen sowie durchgeführte und geplante Transaktionen der Gesellschaft und Verbundener Unternehmen, alle Informationen über Produkte und Produktentwicklungen und -planungen,

Preisgestaltung, Kunden- und Lieferantenbeziehungen, sonstige Vertragsbeziehungen, Abschlüsse, Marketingstrategien, Pläne oder Analysen über Marktpotentiale und Investitionsmöglichkeiten, Informationen über Umsatz, Gewinn, Leistungsfähigkeit, Finanzierung, Geldbeschaffungspläne oder -aktivitäten, Personal und Personalplanung der Gesellschaft und Verbundener Unternehmen. Der Geschäftsführer ist insbesondere auch verpflichtet, über den Inhalt dieses Vertrages sowie über den Inhalt der diesem Vertrag zugrunde liegenden Verhandlungen Stillschweigen zu bewahren.

(2) Nach Beendigung dieses Vertrages gilt die Geheimhaltungsverpflichtung des Geschäftsführers gemäß vorstehendem Abs. (1) fort. Im Rahmen einer von ihm nach Beendigung dieses Vertrages ausgeübten beruflichen oder unternehmerischen Tätigkeit kann er sein während der Dauer der Anstellung bei der Gesellschaft erworbenes Wissen einsetzen, sofern dabei die gesetzlichen Beschränkungen – insbesondere §§ 3, 17 UWG, §§ 823, 826 BGB sowie das Bundesdatenschutzgesetz – sowie Beschränkungen aus einem etwaigen nachvertraglichen Wettbewerbsverbot beachtet werden.

(3) Auf Verlangen der Gesellschaft jederzeit und spätestens bei Beendigung dieses Vertrages unaufgefordert, wird der Geschäftsführer alle in seinem Besitz befindlichen Gegenstände, die im Eigentum der Gesellschaft oder Verbundener Unternehmen stehen oder ihm von der Gesellschaft oder Verbundenen Unternehmen überlassen wurden, insbesondere auch Akten und sonstige, den Geschäftsbetrieb der Gesellschaft oder Verbundener Unternehmen betreffende Unterlagen (insbesondere alle Lieferanten- und Kundenlisten, Druckmaterial, Urkunden, Zeichnungen, Notizen, Entwürfe) sowie Kopien davon oder elektronische Speichermedien, die den Inhalt derartiger Unterlagen enthalten sowie Kopien davon, an die Gesellschaft zurückgeben. Diese Rückgabeverpflichtung gilt insbesondere auch für etwaige dem Geschäftsführer überlassene Gegenstände wie Laptop oder Mobiltelefon, auch wenn insoweit die private Nutzung gestattet war.

(4) Jedwede aus etwaigen Erfindungen des Geschäftsführers herrührende Ansprüche auf Schutzrechtsanmeldungen sowie jedwede Urheberverwertungsrechte aus etwaigen Schöpfungen des Geschäftsführers stehen ausschließlich der Gesellschaft zu. Davon ausgenommen sind Erfindungen und Schöpfungen, die offensichtlich in keinerlei Zusammenhang mit dem Tätigkeitsbereich der Gesellschaft stehen. Eine gesonderte Vergütung des Geschäftsführers hierfür erfolgt nicht. Der Geschäftsführer ist verpflichtet, jedwede Erfindung und urheberrechtsfähige Schöpfung aus dem Tätigkeitsbereich der Gesellschaft unverzüglich der Gesellschaft, vertreten durch die Gesellschafterversammlung, zu melden und die Gesellschaft in erforderlichem Umfang bei der Erlangung von Schutzrechten zu unterstützen.

§ 9 Krankheit/Tod[31]

(1) Der Geschäftsführer wird die Gesellschaft unverzüglich über jeden Fall einer unvorhergesehenen Abwesenheit und deren voraussichtliche Dauer informieren und auf vordringlich zu erledigende Aufgaben hinweisen.

(2) Im Falle unverschuldeter, die Durchführung seiner Aufgaben ausschließender Krankheit oder sonstiger unverschuldeter Verhinderung an der Erbringung seiner Dienstleistung während seiner Anstellung hat der Geschäftsführer Anspruch auf Fortzahlung seiner zeitanteiligen Vergütung gemäß § 6 Abs. (1) dieses Vertrages für die Dauer von sechs Wochen, längstens jedoch bis zur Beendigung dieses Vertrages. Etwaige aufgrund der Dienstverhinderung von den Trägern der gesetzlichen Krankenkasse oder einer privaten Krankenversicherung oder einer Unfallversicherung gewährte Leistungen werden auf die Vergütung angerechnet. Schadensersatzansprüche gegen Dritte tritt der Geschäftsführer in Höhe der geleisteten Gehaltsfortzahlung an die Gesellschaft ab.

(3) Im Falle des Todes des Geschäftsführers während der Dauer dieses Vertrages ist die zeitanteilige Vergütung gemäß § 6 Abs. (1) dieses Vertrages für den Sterbemonat und die drei darauf folgenden Kalendermonate an den Ehegatten des Geschäftsführers, ersatzweise die unterhaltsberechtigten Kinder des Geschäftsführers (letztere ggf. als Gesamtgläubiger), fortzuzahlen, längstens jedoch bis zur Beendigung dieses Vertrages.

§ 10 Bisherige Arbeits- oder Dienstverhältnisse[32, 33]

Die Parteien sind sich einig, dass ein etwaiges bestehendes Arbeits- oder sonstiges Dienstverhältnis des Geschäftsführers mit der Gesellschaft oder einem Verbundenen Unternehmen mit Ablauf des dem Vertragsbeginn dieses Vertrages vorangehenden Tages endet bzw. geendet hat. Etwaige hierzu bestehende Arbeits- oder sonstige Verträge werden aufgehoben.

§ 11 Schlussbestimmungen

(1) Die Parteien sind sich einig, dass mit Unterzeichnung dieses Vertrages alle eventuellen vorherigen, insbesondere mündlichen Vereinbarungen über die Tätigkeit des Geschäftsführers als Geschäftsführer der Gesellschaft unwirksam sind und durch diesen Vertrag ersetzt werden. Vereinbarungen außerhalb dieses Vertrages wurden nicht getroffen.[34]

(2) Änderungen oder Ergänzungen dieses Vertrages bedürfen zu ihrer Wirksamkeit der Schriftform sowie der ausdrücklichen Zustimmung der Gesellschafterversammlung. Gleiches gilt für die Aufhebung dieses Schriftformerfordernisses.[35, 36] Dies gilt nicht, soweit Änderungen, Ergänzungen und/oder Nebenabreden auf einer im Einzelnen ausgehandelten Vereinbarung beruhen.

(3) Sollten einzelne Bestimmungen dieses Vertrages unwirksam sein oder werden, so berührt dies im Zweifel die Wirksamkeit der übrigen Bestimmungen nicht. Anstelle der unwirksamen Vorschrift oder zur Ausfüllung eventueller Lücken dieses Vertrages ist eine angemessene Regelung zu vereinbaren, die dem am nächsten kommt, was die Parteien nach ihrer wirtschaftlichen Zwecksetzung gewollt haben bzw. die Bestimmung, die dem entspricht, was nach Sinn und Zweck dieses Vertrages vereinbart worden wäre, hätte man die Angelegenheit von vornherein bedacht.

(4) Für alle Rechtsstreitigkeiten über die Wirksamkeit dieses Vertrages sowie über Ansprüche aus und im Zusammenhang mit diesem Vertrag gilt deutsches Recht. Gerichtsstand ist der jeweilige satzungsmäßige Sitz der Gesellschaft. Die Geltendmachung von Ansprüchen durch den Geschäftsführer im Urkundenprozess ist nicht statthaft.[37, 38, 39]

. . . . . .	. . . . . .
Ort, Datum	Ort, Datum
. . . . . .	. . . . . .
Unterschrift der Gesellschaft[40] hier vertreten durch die Alleingesellschafterin, ... AG, diese vertreten durch ihren Vorstand	Unterschrift des Geschäftsführers

Für § 10 dieses Geschäftsführervertrages:

. . . . . .

Ort, Datum

. . . . . .

Unterschrift der Gesellschaft
iese vertreten durch ihre Geschäftsführung

Anmerkungen

1. Sachverhalt. Der Geschäftsführervertrag ist konzipiert für den Geschäftsführer einer in einen Konzern eingebundenen, jedoch nicht der Mitbestimmung unterliegenden GmbH, wobei dieser Geschäftsführer keine Anteile an der von ihm geführten GmbH hält (Fremdgeschäftsführer im Gegensatz zum Gesellschafter-Geschäftsführer, der gleichzeitig Anteile an der GmbH hält). Dabei ist der Geschäftsführervertrag für den Anwendungsfall gedacht, dass der Geschäftsführer von derjenigen Gesellschaft angestellt wird, für die er auch im Handelsregister als Geschäftsführer eingetragen ist. In einer solchen Konstellation wird der Geschäftsführerdienstvertrag nach ganz h. M. als **Dienstvertrag** qualifiziert (st. Rspr. des BGH, vgl. nur BGH NJW 1984, 2528; BGH NJW-RR 1988, 420; Küttner/*Röller* Arbeitnehmer Rn. 21; diesen Grundsatz bestätigend BAG NZA 2006, 366, jedoch im Einzelfall abweichend und differenzierend nach dem Grad der maßgeblichen persönlichen Abhängigkeit des Geschäftsführers; s. allgemein zu dieser Problematik *Reiserer* DStR 2000, 31; *Nägele* BB 2001, 305; *Kamanabrou* DB 2002,146).

2. Grundsätzliches. Die für Arbeitnehmer geltenden zwingenden gesetzlichen Schutzbestimmungen sind – von wenigen Ausnahmen abgesehen – auf Geschäftsführer nicht anwendbar (vgl. die ausdrücklichen gesetzlichen Regelungen in § 5 Abs. 2 Nr. 1 BetrVG, § 14 Abs. 1 Nr. 1 KSchG, § 5 Abs. 1 S. 3 ArbGG; BAG NZA 2003, 552 für den Fall der Nicht-Anwendbarkeit des § 613a BGB auf Organe einer Gesellschaft). Anderes gilt für die Vorschriften des Allgemeinen Gleichbehandlungsgesetzes (AGG) bei Fremdgeschäftsführern, weil bei der Auslegung des AGG und der dem AGG zugrundeliegenden Richtlinien auf den **unionsrechtlichen Arbeitnehmerbegriff** abzustellen ist. Nach der Rechtsprechung des EuGH erfasst der unionsrechtlichen Arbeitnehmerbegriff alle Personen, die bei der Wahrnehmung ihrer Aufgaben einem übergeordneten Organ Rechenschaft ablegen müssen und von diesem jederzeit abberufen werden können (EuGH EuZW 2011, 74 – Danosa). Dies ist zumindest bei dem Geschäftsführer einer deutschen GmbH der Fall. Folglich ist das AGG hinsichtlich der Beschäftigungs- und Arbeitsbedingungen einschließlich des Arbeitsentgelts und der Entlassungsbedingungen zumindest bei Fremdgeschäftsführern zu beachten (s. auch *Löw* GmbHR 2010, R305; *Reufels/Molke* NZA-RR 2011, 281). Aufgrund dieser EuGH-Rechtsprechung finden sich in der Literatur zudem zunehmend Stimmen, die alle arbeitsrechtlichen Gesetze zumindest auf den Fremdgeschäftsführer für anwendbar erklären, welche EU-Richtlinien umsetzen und die auf den unionsrechtlichen Arbeitnehmerbegriff abstellen. Dies soll insbesondere für das Bundesurlaubsgesetz gelten. Höchstrichterliche Rechtsprechung hierzu existiert bislang jedoch nicht.

Das Schrifttum interpretiert die „Danosa"-Entscheidung teilweise auch dahingehend, dass die dortigen Wertungen auch für den Gesellschafter-Geschäftsführer mit einer Minderheitsbeteiligung ohne Sperrminorität gelten sollen und ein solcher Gesellschafter-Geschäftsführer als Arbeitnehmer im unionsrechtlichen Sinne anzusehen ist, nicht aber ein Gesellschafter-Geschäftsführer, der eine Mehrheitsbeteiligung hält (vgl. zur aktuellen Diskussion nur *Forst* GmbHR 2012, 821, 822 f.).

Schließt der Fremdgeschäftsführer einer GmbH einen Anstellungsvertrag, ist er **Verbraucher** i. S. d. § 13 BGB (BAG NZA 2010, 939). Die Geschäftsführung einer GmbH ist keine selbständige berufliche Tätigkeit, weil der (Fremd-)Geschäftsführer insbesondere nicht im eigenen Namen und auf eigene Rechnung tätig wird und nicht das wirtschaftliche Risiko seiner Tätigkeit trägt. Diese Wertung gilt auch für den Gesellschafter-Geschäftsführer mit einer Minderheitsbeteiligung ohne Sperrminorität (BAG NZA 2010, 939; *Gaul/Ludwig* GmbHR 2010, 321; *Neufeld/Behrendt* BB 2010, 2369; *Hümmerich* NZA 2006, 709). Die Verbrauchereigenschaft ist unabhängig von der Frage, ob das Anstellungsverhältnis als Dienst- oder Arbeitsverhältnis einzuordnen ist. Eine Folge der Verbrauchereigenschaft des

Geschäftsführers ist, dass der Geschäftsführerdienstvertrag einer umfassenden AGB-Kontrolle unterliegt. Dies eröffnet eine erhebliche Unsicherheitsquelle, weil nicht absehbar ist, inwieweit der BGH die strengen AGB-Prüfungsmaßstäbe des BAG übernehmen wird. Nachdem der Geschäftsführer im Gegensatz zu „normalen" Arbeitnehmern nicht „strukturell unterlegen" sein wird, wäre eine pauschale Übernahme der BAG-Rechtsprechung unsachgemäß und scheint daher wenig wahrscheinlich. Dafür spricht auch der Wortlaut des § 310 Abs. 4 S. 2 BGB (ausführlich *Khanian* GmbHR 2011, 116). Allgemein gilt, dass Geschäftsführerdienstverträge klar und präzise, unzweideutig und verständlich zu formulieren sind, da ihre Bestimmungen ansonsten gegen das Transparenzgebot des § 307 Abs. 1 S. 2 verstoßen und Auslegungszweifel nach § 305c Abs. 2 BGB zulasten der Gesellschaft als AGB-Verwender gehen (*Wilsing/Meyer* DB 2011, 341).

Der Geschäftsführerdienstvertrag ist hauptsächlich aus Sicht und im Interesse der Gesellschaft als Dienstgeberin formuliert. Aufgrund seiner Ausgewogenheit wird das Formular in der Praxis aber grundsätzlich von Geschäftsführern akzeptiert. Deshalb sind in vielen Fällen keine weiteren Regelungen erforderlich. Bei besonderen Fallkonstellationen oder in einer besonderen Interessenlage ist es dennoch notwendig oder empfehlenswert, weitere Regelungen aufzunehmen. In den nachfolgenden Anmerkungen sind derartige Klauseln als zusätzliche Optionen vorgesehen. Dabei wird ebenfalls erläutert, bei welchen Sachverhalten diese Klauseln angezeigt und nützlich sind und wie diese Klauseln in den Geschäftsführerdienstvertrag eingebaut werden können. Diese optionalen Klauseln haben sich in der Praxis ebenfalls bewährt. Werden diese optionalen Klauseln mit einer zusätzlichen Paragraphenziffer in den Geschäftsführerdienstvertrag aufgenommen, sind etwaige Verweise innerhalb des Vertragswerks zu prüfen und ggf. anzupassen.

Weitere Regelungs- und Gestaltungsüberlegungen müssten wahrscheinlich hinsichtlich eines **Gesellschafter-Geschäftsführer** angestellt werden, insbesondere wenn dieser Mehrheitsgesellschafter wäre. So wird sich ein Gesellschafter-Geschäftsführer und insbesondere ein Mehrheitsgesellschafter-Geschäftsführer i. d. R. bestimmte Sonderrechte in seinem Geschäftsführerdienstvertrag zusagen lassen (z. B. Möglichkeit einer Kündigung nur mit Zustimmung der Gesellschafterversammlung). Zudem wären in einem solchen Fall bei der Vertragsgestaltung die umfangreichen Rechtsprechungsbeschränkungen im Hinblick auf dem Geschäftsführer zugesagte Vergutung und Neben- und Sonderleistungen zu beachten, die zulässige Leistungen von verdeckter Gewinnausschüttung abgrenzen (BFH BeckRS 1963, 30701225; BFH BeckRS 1995, 22011378; BFH GmbHR 1998, 799; BFH DStR 2003, 1789; BFH BeckRS 2005, 25008620; BFH BeckRS 2006, 25010648; BFH DStR 2008, 1138; s. allgemein zu dieser Problematik *Rischar* GmbHR 2003, 15; zum Abschluss von GmbH-Geschäftsführerdienstverträgen beim Bestehen von satzungsmäßigen Sonderrechten für Minderheitsgesellschafter vgl. *Cramer* NZG 2011, 171).

Ebenso mussten einige Änderungen am Formular vorgenommen werden, wenn die GmbH Komplementärin einer Kommanditgesellschaft ist. In diesem Fall müsste sichergestellt werden, dass die geschäftlichen Interessen der KG in gleicher Weise wie die Interessen der Komplementär-GmbH geschützt werden. In dieser Konstellation müssen sich Geheimhaltungsverpflichtungen, Rückgabeverpflichtungen und Wettbewerbsverpflichtungen nicht nur auf die Komplementär-GmbH, sondern auch auf die Kommanditgesellschaft beziehen.

Der Abschluss des Geschäftsführervertrages ist rechtlich getrennt zu betrachten von der **Bestellung des Geschäftsführers** (OLG Köln GmbHR 1993, 734 entsprechend für die Beendigung des Dienstverhältnisses und Abberufung; Küttner/*Kania* Geschäftsführer Rn. 3; *Schrader/Schubert* DB 2005, 1457). Denn das Recht der Kapitalgesellschaften und damit auch der GmbH unterscheidet streng zwischen der körperschaftlichen/gesellschaftsrechtlichen Bestellung zum Geschäftsführer und dem schuldrechtlichen Anstellungsverhältnis. Auch wenn Organ- und Anstellungsverhältnis auf vielfältige Weise miteinander verknüpft sind (oder auch werden können), sind diese beiden Rechtsverhältnisse grundsätzlich getrennt voneinander zu betrachten (**Trennungsprinzip**). Die Bestellung des Geschäftsführers erfolgt durch Gesellschafterbeschluss, dessen Bekanntgabe an den Geschäftsführer und der Annahme der Bestellung durch den Geschäftsführer selbst (§§ 6, 35 GmbHG; *Nägele* BB 2001, 305). Diese Bestellung muss anschließend vom Geschäftsführer selbst oder einem anderen vertretungsbefugten Geschäftsführer in notariell beglaubigter Form zur Eintragung in das Handelsregister angemeldet werden (vgl. zur Bestellung → Form. B. I. 2).

Bei der Anstellung eines Geschäftsführers sind im Übrigen weder ein etwaiger bestehender (Konzern-/Gesamt-)Betriebsrat noch ein etwaiger bestehender (Konzern-/Gesamt-/Unternehmens-)Sprecherausschuss zu beteiligen.

Obwohl ein Geschäftsführerdienstvertrag zwar grundsätzlich formfrei ist, wird er in der Praxis jedoch stets **schriftlich vereinbart.** Dies ist vor allem aus steuerlichen Gründen und zu Nachweiszwecken stets ratsam (→ Anm. 36).

Generell ist zudem zu empfehlen, dem Geschäftsführerdienstvertrag eine **Präambel** voranzustellen. Darin kann die grundsätzliche Sachlage zum Vertragsabschluss, seiner Motivation und weiteren Hintergründen dargestellt werden; in einem möglichen Streitfall kann sich dies als hilfreiches Auslegungsmaterial erweisen. Besonders zu empfehlen ist die Abfassung einer Präambel, wenn bereits arbeitsvertragliche oder dienstvertragliche Beziehungen zwischen den Parteien bestehen, die durch einen separaten Aufhebungsvertrag oder sogar durch den Geschäftsführerdienstvertrag selbst beendet werden sollen (vgl. zu Ausgestaltung und Wirkungen einer Präambel → Form. B. I. 3 Anm. 2).

3. Parteien. Parteien des Geschäftsführerdienstvertrages sind die GmbH, bei der der Geschäftsführer als im Handelsregister eingetragener Geschäftsführer tätig sein soll, sowie der Geschäftsführer selbst. Ist die **GmbH** Komplementärin einer Kommanditgesellschaft, ist unbedingt darauf zu achten, dass der Geschäftsführervertrag mit der Komplementär-GmbH abgeschlossen wird und nicht mit der KG. Andernfalls könnte der Geschäftsführerdienstvertrag nicht als Dienstvertrag, sondern als Arbeitsvertrag angesehen werden. Als Folge würden dem Geschäftsführer alle zwingenden Arbeitnehmerschutzrechte zustehen (*Schrader/Schubert* DB 2005, 1457, 1460 f.).

Der **Geschäftsführer** selbst muss weder die deutsche Staatsangehörigkeit haben, noch über Kenntnisse der deutschen Sprache verfügen (vgl. zum ausländischen Geschäftsführer *Heßeler* GmbhR 2009, 759; *Ries* NZG 2010, 298 ff.). Nach der Rechtsprechung kann insbesondere auch ein Nicht-EU-Bürger als Geschäftsführer im Handelsregister eingetragen werden. Die Eintragung soll nicht voraussetzen, dass dieser jederzeit legal in die Bundesrepublik Deutschland einreisen kann, um seine gesetzlichen Pflichten zu erfüllen (so unter ausdrücklicher Aufgabe der früheren Rechtsprechung OLG München NZG 2010, 157 f.; OLG Düsseldorf NZG 2009, 678 f.; OLG Zweibrücken NZG 2010, 1347 f.; → Form. B. I. 2 Anm. 5). Aus Sicht der Gesellschaft sind jedoch ausländerrechtliche Erfordernisse von Bedeutung, z. B. Einreise- und Aufenthaltstitel, wenn sich der Geschäftsführer zur Erfüllung seiner im Formular niedergelegten Geschäftsführungs- und Vertretungspflichten ganz überwiegend in Deutschland aufhalten muss oder soll (→ Form. B. I. 2 Anm. 5). Ggf. können im Dienstvertrag dahingehend lautende Bedingungen formuliert werden.

Im Formular sind keine Vorbehalte hinsichtlich des Vorliegens persönlicher Voraussetzungen für die Übernahme des Geschäftsführeramtes formuliert (vgl. zu den besonderen Voraussetzungen, auch in satzungsmäßiger Hinsicht → Form. B. I. 2 Anm. 5). Gesetzliche Bestellungshindernisse würden allerdings zur Unwirksamkeit der Bestellung führen (§ 134 BGB), ohne dass sich dies automatisch auf den Geschäftsführerdienstvertrag auswirkt. Damit bliebe die Gesellschaft – trotz der Nichtigkeit der Bestellung – an die dienstvertraglichen Festlegungen gebunden. Ein dahingehend formulierter Vorbehalt könnte den Eintritt dieser Problemlage verhindern. Trotzdem ist die Aufnahme eines solchen Vorbehalts in der Praxis unüblich. Sie erscheint insbesondere dann empfehlenswert, wenn Satzungsregelungen der Gesellschaft engere persönliche oder sachliche Eignungsvoraussetzungen für den Geschäftsführer vorsehen (z. B. Auswahlrichtlinien bezüglich Qualifikation oder Erfahrung).

4. Position. Das Formular schreibt zunächst nur vor, dass der Kandidat als Geschäftsführer tätig sein soll. Nicht festgelegt wird das zu leitende Ressort (z. B. Vertrieb und Marketing, Finanzen) oder der Umfang der Vertretungsbefugnis. Zudem erlaubt das Formular der Gesellschaft, mehrere Geschäftsführer zu ernennen.

Der Geschäftsführer wird im Rahmen der Vertragsverhandlungen nicht selten versuchen, im Geschäftsführerdienstvertrag weitere für ihn günstige Festschreibungen zu erreichen. So würde er z. B. verlangen, dass seine Ressortverantwortung festgeschrieben wird, dass keine weiteren Geschäftsführer neben ihm ernannt werden oder – falls weitere Geschäftsführer ernannt sind/werden – er Vorsitzender der Geschäftsführung ist. Derartige Festschreibungen beschränken jedoch die Flexibilität der Gesellschaft. Schreiben die Vertragsparteien z. B. die **Ressortzuständigkeit** des Geschäftsführers vertraglich fest, hat der Geschäftsführer für die Laufzeit des Geschäftsführerdienstvertrages Anspruch darauf, für dieses Ressort zuständig zu bleiben und – unbeschadet der gleichwohl bestehenden Gesamtverantwortung aller Geschäftsführer – dieses Ressort auch eigenverantwortlich zu leiten. Wird die Ressortzuständigkeit während der Laufzeit des Geschäftsführerdienstvertrages erheblich beschränkt oder gar entzogen (was im Wege der Gesellschafter-Weisung jederzeit möglich bleibt), kann dies ein Recht des Geschäftsführers auslösen, den Geschäftsführerdienstvertrag außerordentlich nach §§ 626, 628 Abs. 2 BGB zu kündigen und die dort vorgesehene Entschädigung zu verlangen (OLG Frankfurt NJW-RR 1993, 1259; Scholz/*Schneider* § 35 Rn. 348; Lutter/Hommelhoff/*Kleindiek* Anhang § 6 Rn. 10 ff.; insgesamt zu Möglichkeiten und Folgen der Ressortverteilung *Peters* GmbHR 2008, 682).

Will die Gesellschaft dem Wunsch des Geschäftsführers auf Festlegung seiner Ressortzuständigkeit nachkommen, sollte deshalb die Möglichkeit zur Änderung der Ressortzuständigkeit mittels folgender Klausel vorbehalten bleiben:

Optional als § 1 Abs. (1) S. 2:
Der Geschäftsführer trägt die Verantwortung für den Bereich . . . . . . (Zuständigkeitsbereich, z. B. Finanzen); die Gesellschaft ist jederzeit berechtigt, dem Geschäftsführer einen anderen gleichwertigen Verantwortungsbereich zuzuweisen.

Ob der Geschäftsführer eine derartige Flexibilisierung seines Tätigkeitsbereichs hinnehmen wird, ist eine Frage der Verhandlungsstärke. Damit eine solche Klausel einer AGB-Kontrolle standhält und keine unangemessene Benachteiligung des Geschäftsführers bewirkt (vgl. hierzu *Gaul/Ludwig* GmbHR 2010, 321 sowie die Erläuterungen in → Anm. 2), wird die Gesellschaft bei der Zuweisung eines anderen Verantwortungsbereichs auf die berechtigten Interessen des Geschäftsführers Rücksicht nehmen müssen. Dies gelingt ihr z. B. dadurch, dass – wie in der Option vorgeschlagen – nur die Möglichkeit der Zuweisung eines zwar anderen, aber doch gleichwertigen Verantwortungsbereichs vorgesehen wird. Will die Gesellschaft die Klausel unter dem Gesichtspunkt des Transparenzgebots i. S. d. § 307 Abs. 1 S. 2 BGB und der Unklarheitenregel des § 305c BGB besonders rechtssicher gestalten, sollte sie die Verantwortungsbereiche, welche im Änderungsfall künftig für eine Betreuung durch den Geschäftsführer in Frage kommen, bereits in die Klausel mit aufnehmen.

5. Positionserweiterung. Wenn vorauszusehen oder zumindest nicht auszuschließen ist, dass der Geschäftsführer der in den Konzern eingebundenen Gesellschaft im Laufe seiner Tätigkeit auch weitere Aufgaben im Konzern übernehmen soll, empfiehlt sich zur Positionserweiterung die Einfügung der folgenden Zusatzklausel:

Optional bei § 1:
(3) Das Aufgabengebiet des Geschäftsführers umfasst die Führung der Geschäfte der Gesellschaft und kann sich daneben von Zeit zu Zeit zur Unterstützung von deren übergreifenden Unter-

nehmenszielen auf die Erfüllung anderer Aufgaben sowie auch auf die Übernahme weiterer Verantwortungsbereiche eines i.S.v. § 15 AktG mit der Gesellschaft verbundenen Unternehmens („Verbundenes Unternehmen"), insbesondere die Übernahme von Geschäftsführerpositionen und/ oder Aufsichtsratsämtern, erstrecken. Eine etwaige gesonderte Vergütung oder Entschädigung wird hierfür nicht geschuldet.

6. Reisetätigkeit. Wenn darüber hinaus beim Vertragsabschluss bereits abzusehen ist, dass die Tätigkeit des Geschäftsführers umfangreiche Dienstreiseaktivitäten beinhalten wird, ist eine ausdrückliche Regelung hierzu ratsam. Denn die Reisetätigkeiten werden i.d.R. zu einer nicht unerheblichen zusätzlichen zeitlichen Belastung des Geschäftsführers führen und seinen Einsatz insbesondere auch an Wochenenden erfordern, was von Anfang an klargestellt werden sollte. Zur ausdrücklichen Regelung bietet sich daher folgende Zusatzklausel an:

Optional bei § 1:

(3) Die Position des Geschäftsführers ist mit umfangreicher Reisetätigkeit in Deutschland, im europäischen sowie im außereuropäischen Ausland verbunden.

7. Berichtspflicht. Grundsätzlich ist der Geschäftsführer (nur) der Gesellschafterversammlung berichtspflichtig. Im Formular ist keine Regelung zu etwaigen weiteren besonderen Berichtspflichten vorgesehen. Gleichwohl könnte z.B. festgeschrieben werden, dass der Geschäftsführer im monatlichen Rhythmus an die Gesellschafterversammlung zu berichten hat; derartige Festlegungen sind aber unüblich. Oftmals allerdings muss oder soll der Geschäftsführer in einem Konzern nach den dort vorherrschenden Gepflogenheiten nicht (nur) direkt an die Gesellschafterversammlung berichten, sondern auch an eine andere, im Konzern maßgebliche Person. In diesem Fall empfiehlt es sich, dies im Geschäftsführerdienstvertrag auch explizit zu regeln. Hierfür hat sich die folgende Formulierung bewährt:

Optional bei § 1:

(3) Der Geschäftsführer berichtet – vorbehaltlich einer anderweitigen Bestimmung der Gesellschafterversammlung – gegenwärtig an den Vice President . . . . ., derzeit Herrn . . . . . . („Vertreter der Gesellschafterversammlung").

Gelegentlich wird ein Geschäftsführer verlangen, dass vertraglich geregelt wird, dass er nur an die Konzernspitze (z.B. den CEO der Holding) berichtet. Ob diesem Wunsch entsprochen werden kann bzw. werden soll, ist allerdings eine Frage des Einzelfalls.

8. Dienstsitz. Das Formular regelt, dass der Dienstsitz des Geschäftsführers am jeweiligen Firmensitz der Gesellschaft liegt. Diese vertragliche Festlegung des Dienstsitzes empfiehlt sich insbesondere in Fällen, in denen der Geschäftsführer „neu" in die Gesellschaft eintritt und bei Vertragsabschluss seinen Wohnsitz noch an einem anderen Ort als dem Firmensitz hat. Wenn die Gesellschaft auch ein Interesse daran hat, dass der Geschäftsführer in absehbarer Zeit nach Vertragsbeginn seinen Lebensmittelpunkt an den Firmensitz verlegt, was vor allem im Hinblick auf Kundenbeziehungen und Mitarbeitermotivation wichtig sein kann, sollte darüber hinaus geregelt werden, dass der Geschäftsführer sich verpflichtet, binnen einer gewissen Übergangsfrist nach Vertragsabschluss seinen Wohnsitz an den Firmensitz oder in den Großraum des Firmensitzes zu verlegen. In diesen Fällen einer vertraglich vereinbarten Residenzpflicht kommt es nicht selten vor, dass der Geschäftsführer eine entsprechende Umzugskostenerstattung verlangt, insbesondere wenn er seinen Wohnsitz zuvor im Ausland hatte. Will die Gesellschaft diesem Wunsch entsprechen, kann eine Regelung zur Umzugskostenerstattung in den Geschäftsführerdienstvertrag übernommen werden. Für den Fall, dass die Umzugskostenerstattung dabei über denjenigen Betrag hinausgeht, welchen der Geschäftsführer steuerlich als Werbungskosten geltend machen könnte, muss stets geregelt werden, wer die Einkommensteuer hierauf trägt.

Der nachfolgende Formulierungsvorschlag unterstellt, dass der Geschäftsführer aus den Vereinigten Staaten von Amerika nach Deutschland umziehen muss, um hier seiner Tätigkeit als Geschäftsführer der Gesellschaft nachzugehen:

Optional als § 1 Abs. (2) S. 2:
Es besteht Residenzpflicht am (oder im Großraum des) jeweiligen Firmensitz(es).

Optional:
§ . . . . . . Erstattung von Umzugskosten und Kosten der Steuerberatung
(1) Dem Geschäftsführer werden folgende anfallende Kosten für den berufsbedingten Umzug von den USA, ... (US-Adresse) nach Deutschland in den Großraum des Firmensitzes erstattet:
– . . . . . . (z. B. Kosten für einen sechsmonatigen Relocation Service in Höhe von maximal bis zu . . . . . .EUR brutto, jedoch nicht mehr als die tatsächlichen Kosten betragen) jeweils gegen Vorlage der entsprechenden Originalrechnungen im Rahmen der nachfolgenden Bedingungen. Etwaige auf den Erstattungsbetrag zu entrichtende Steuern und Sozialabgaben werden vom Geschäftsführer getragen. Ansprüche aus dieser Regelung müssen spätestens drei Monate nach Vertragsbeginn geltend gemacht werden, andernfalls verfallen sie.
Für den Umzug selbst wird von der Gesellschaft ein Umzugsunternehmen beauftragt, das für den Geschäftsführer den Umzug nach Deutschland organisiert und durchführt. Diese Umzugsfirma wird ihre Rechnung direkt an die Gesellschaft stellen. Dem Geschäftsführer wird für den Transport seines Eigentums von den USA nach Deutschland in Absprache mit dem Umzugsunternehmen ein Container mit der maximalen Größe von . . . . . . zur Verfügung gestellt werden. Der Transport wird nur auf dem Land- und Seeweg erfolgen. Der Transport eines Fahrzeugs ist ausgeschlossen.
(2) Des Weiteren erstattet die Gesellschaft dem Geschäftsführer und seinem Ehegatten zwei Flugreisen USA- Deutschland und zurück (Economy-Class) zur Vorbereitung des Umzugs. Mögliche Vergünstigungen (z. B. Frühbucherrabatte) sind auszunutzen. Kosten für den Transfer zum Flughafen werden bis zur Höhe von . . . . . . EUR erstattet.
(3) Der Geschäftsführer kann für das erste Kalenderjahr, in welches der Beginn der tatsächlichen Tätigkeitsaufnahme fällt, auf Kosten der Gesellschaft die Beratungsleistungen eines Steuerberaters nach Wahl der Gesellschaft für die Unterstützung bei der Erstellung seiner Einkommenssteuererklärung in Anspruch nehmen.
(4) Endet das Anstellungsverhältnis innerhalb von einem Jahr nach dem Umzug aufgrund einer vom Geschäftsführer erklärten Kündigung oder einer außerordentlichen Kündigung, muss der Geschäftsführer etwaige nach obigen Abs. (1) bis (3) erstattete Kosten an die Gesellschaft zurückzahlen. Die Gesellschaft kann den Kostenerstattungsanspruch unter Beachtung der jeweils geltenden Pfändungsfreigrenzen mit sämtlichen Vergütungsansprüchen des Geschäftsführers verrechnen.

Alternativ zu der Klausel § 1 Abs. (2) kann auch ein fester Einsatzort in Verbindung mit einer Versetzungsklausel vereinbart werden. Diese Versetzungsklausel unterliegt allerdings der AGB-Kontrolle (vgl. allgemein zur AGB-Kontrolle im Rahmen von Geschäftsführerdienstverträgen → Anm. 2; speziell zu Versetzungsklauseln in Geschäftsführerdienstverträgen *Röhrborn* BB 2013, 693, 695).

9. Vertragsdauer. Bezüglich der Vertragsdauer sind ganz unterschiedliche Formulierungen und Regelungen denkbar. Das Formular sieht eine Regelung vor, nach der das Anstellungsverhältnis des Geschäftsführers auf unbestimmte Zeit läuft, während gleichzeitig eine bestimmte Kündigungsfrist definiert (vgl. hierzu auch *Hägele* GmbHR 2011, 190, 191 f.) und eine **Mindestlaufzeit** geregelt wird. Die Vereinbarung einer Mindestlaufzeit unterbindet die grundsätzlich bestehende Möglichkeit einer Kündigung des Anstellungsvertrages vor Dienstantritt (vgl. hierzu KG Berlin BeckRS 2010, 00469). Falls keine Mindestlaufzeit vereinbart wird und die Möglichkeit einer Kündigung des Anstellungsvertrages vor Dienstantritt gleichfalls ausgeschlossen sein soll, empfiehlt sich die Vereinbarung einer Vertragsstrafenregelung. Dies ist entsprechend § 310 Abs. 4 S. 2 BGB durch die Besonderheiten des Dienstvertagsrechts gerechtfertigt, da das Vollstreckungsverbot des § 888 Abs. 3 ZPO auch für Geschäftsführer gilt und daher das Bedürfnis nach einem geeigneten Sanktionsinstrument besteht (vgl. auch *Khanian* GmbHR 2011, 116 ff.). Die Höhe der Vertragsstrafe muss jedoch angemessen sein. Sie wäre wohl dann nicht angemessen, wenn die Vertragsstrafe den während der vereinbarten Kündigungsfrist auflaufenden Bruttoverdienst übersteigen würde, weil dann das an sich legitime Interesse des Dienstgebers an der Einhaltung der Kündigungsfrist „übersichert“ ist (vgl. BAG NZA 2011, 89).

Ein ganz ähnliches Ergebnis wie bei der Vereinbarung einer Mindestlaufzeit kann auch dadurch erreicht werden, dass eine Festlaufzeit kombiniert wird mit einer Verlängerung für den Fall, dass der Geschäftsführerdienstvertrag nicht vor Ablauf der Festlaufzeit – unter Einhaltung einer definierten Kündigungsfrist – gekündigt wird. Letztlich sind sowohl die Länge der maßgeblichen Kündigungsfrist als auch der Zeitraum einer Fest- oder Mindestlaufzeit immer Verhandlungssache. In der Praxis werden üblicherweise Kündigungsfristen von sechs bis zwölf Monaten und Fest- oder Mindestlaufzeiten von einem bis drei Jahren vereinbart. Längerfristige Bindungen, insbesondere Fünfjahresverträge, sind eher selten. Ebenso unüblich ist es, einer Fest- oder Mindestlaufzeit eine Probezeit vorzuschalten.

Eine außerordentliche Kündigung des Geschäftsführerdienstvertrages ist grundsätzlich möglich (zu den Voraussetzungen einer außerordentlichen Kündigung des Geschäftsführerdienstvertrages eines GmbH-Geschäftsführers durch die Gesellschafterversammlung, insbesondere in Bezug auf die Einhaltung der Kündigungserkärungsfrist des § 626 Abs. 2 BGB, vgl. OLG München NZG 2009, 665). Die in das Formular aufgenommene Klausel in § 2 (2) hat eine rein deklaratorische Funktion, da das Recht zur außerordentlichen Kündigung ohnehin nicht ausgeschlossen werden kann.

Häufig finden sich in Geschäftsführerdienstverträgen auch Klauseln, die für den Fall der Abberufung des Geschäftsführers eine automatische Beendigung des Dienstverhältnisses vorsehen oder regeln, dass eine Abberufung zugleich als Kündigung zum nächst zulässigen Zeitpunkt gilt (sog. **Koppelungsklauseln**). In unbefristeten Geschäftsführerdienstverträgen sind solche Klauseln unbedenklich, in befristeten Geschäftsführerdienstverträgen, d.h. Verträgen mit einer Festlaufzeit, sind sie nur teilweise wirksam (vgl. zu den Einzelheiten *Grobys/Glanz* NJW Spezial 2007, Heft 3, 129 f.; *Hillmann-Stadtfeld* GmbHR 2004, 1457). Unter dem Gesichtspunkt der AGB-Kontrolle sollte bei der Verwendung solcher Klauseln beachtet werden, dass die Verbindung von Abberufung und Kündigung des Dienstverhältnisses nicht dazu führen darf, dass vertragliche oder gesetzliche Kündigungsfristen unterlaufen werden, weil dies mit hoher Wahrscheinlichkeit eine unangemessene Benachteiligung des Geschäftsführers darstellen dürfte.

Um etwa drohenden Unwägbarkeiten durch die eingangs erwähnte umfassende Anwendung des AGG (→ Anm. 2) zu vermeiden, kann es für die Gesellschaft zunehmend interessant sein, eine **Festlaufzeit** zu vereinbaren. Allerdings kann ein Verstoß gegen das AGG ebenfalls vorliegen, wenn ein Dienstvertrag nicht verlängert wird (vgl. BGH NZA 2012, 797). Wird eine Festlaufzeit vereinbart, sollten auch Regelungen für den Fall einer Fortsetzung über das Ende der Festlaufzeit hinaus getroffen werden; denn das Dienstverhältnis würde sich automatisch auf unbestimmte Zeit verlängern, wenn die Gesellschaft widerspruchslos hinnähme, dass der Geschäftsführer über den Beendigungszeitpunkt hinaus für die Gesellschaft tätig würden (vgl. § 625 BGB; *Stück* GmbHR 2006, 1009, 1014). Zur Regelung einer Festlaufzeit kann folgende Klausel verwendet werden:

Alternative zu § 2 Abs. (1) bei Vereinbarung einer Festlaufzeit:

(1) Dieser Vertrag beginnt am ...... (Datum) („Vertragsbeginn“) und endet mit Ablauf des ...... (Datum) („Beendigungstermin“), ohne dass es einer Kündigung bedarf. Eine automatische Verlängerung des Vertrages über den Beendigungstermin hinaus ist ausgeschlossen. Die Gesellschaft wird mit dem Geschäftsführer spätestens zum ...... (Datum) Gespräche über eine etwaige Verlängerung dieses Vertrages aufnehmen. Jede Verlängerung dieses Vertrages über den Beendigungstermin hinaus bedarf einer schriftlichen Vereinbarung. Wird das Dienstverhältnis dennoch

ohne eine solche schriftliche Vereinbarung fortgesetzt, ist das Dienstverhältnis von beiden Seiten mit einer Frist von vier Wochen zum 15. oder zum Ende eines Kalendermonats ordentlich kündbar. Soweit im Falle der schriftlichen Verlängerung dieses Vertrages nicht ausdrücklich anderes vereinbart wird, gelten die hier festgelegten Vertragsbestimmungen weiter. Dies gilt auch für den Fall der Fortsetzung ohne eine schriftliche Vereinbarung.

10. Abfindung für Verlust des „Arbeitnehmerstatus". Wenn der Geschäftsführer bereits vor seiner Bestellung zum Geschäftsführer Arbeitnehmer der Gesellschaft (oder einer anderen Gesellschaft im Konzernverbund) war, wird der Geschäftsführer beim Abschluss des Geschäftsführerdienstvertrages nicht selten versuchen, eine gesonderte Abfindungsregelung in den Vertrag aufnehmen zu lassen. Im Formular ist eine solche Klausel nicht vorgesehen. Der Geschäftsführer wird den Wunsch nach einer solchen Abfindungsregelung i.d.R. damit begründen, dass er bei einem Wechsel in die Geschäftsführung der Gesellschaft seinen gesetzlichen Kündigungsschutz verliert und dieser Verlust finanziell ausgeglichen werden muss. Zudem muss damit gerechnet werden, dass Gesellschaften in Vertragsverhandlungen mit dem Wunsch des künftigen Geschäftsführers nach Anwendung des Kündigungsschutzgesetzes auf das Geschäftsführerdienstverhältnis konfrontiert werden (mögliche Klauselformulierungen finden sich bei *Dahlbender* GmbH-StB 2010, 241). Denn entgegen der bislang h.M. (vgl. etwa *Bauer/Arnold* ZIP 2010, 709) kann nach neuerer Rechtsprechung des BGH (BGH NZG 2010, 827) im Dienstvertrag des Geschäftsführers einer GmbH vereinbart werden, dass die materiellen Regeln des Kündigungsschutzgesetzes zu Gunsten des Organmitglieds gelten sollen. Die Vereinbarung einer solchen, auch nur partiellen, Geltung des Kündigungsschutzgesetzes ist allerdings für die Gesellschaft nicht empfehlenswert, weil die Voraussetzungen und Rechtsfolgen des Kündigungsschutzgesetzes auf einen Geschäftsführerdienstvertrag nicht passen und es somit zu unvorhersehbaren und aus Sicht der Gesellschaft unerwünschten Ergebnissen kommen kann.

Sofern im Geschäftsführerdienstvertrag eine Fest- oder Mindestlaufzeit vereinbart wurde, kann seitens der Gesellschaft der Wunsch des Geschäftsführers nach einer Abfindungsregelung mit dem Argument abgelehnt werden, dass diese Fest- oder Mindestlaufzeit ein wirtschaftliches Äquivalent zum Kündigungsschutz bedeutet und daher keine sachliche Veranlassung für eine Abfindung besteht. Nicht selten geht mit der „Beförderung" auch eine signifikante Erhöhung der Vergütung einher; auch diese Vergütungserhöhung kann seitens der Gesellschaft angeführt werden, um zu begründen, dass der Verlust des Kündigungsschutzes bereits entsprechend kompensiert sei. Wenn die Gesellschaft dennoch auf die Wünsche des Geschäftsführers eingehen will, kann folgende Abfindungsklausel Verwendung finden:

Optional bei § 2:

(5) Endet dieser Vertrag durch eine Kündigung seitens der Gesellschaft, ohne dass hierfür seitens des Geschäftsführers ein Grund für eine außerordentliche fristlose Kündigung vorliegt und ohne dass der Geschäftsführer durch schuldhaftes Fehlverhalten oder einen sonstigen in seiner Person liegenden Grund einen Anlass für eine ordentliche Kündigung gegeben hat, erhält der Geschäftsführer eine Brutto-Abfindung in Höhe von 50 Prozent der Summe aus dem Brutto-Jahresfestgehalt gemäß § 6 Abs. (1) dieses Vertrages und der variablen Vergütung gemäß § 6 Abs. (2) dieses Vertrages, die er ausweislich seiner Lohnsteuerkarte im letzten vollen Kalenderjahr verdient hat, welches dem Kalenderjahr voranging, in dem es zur rechtlichen Beendigung dieses Vertrages kommt. Ist der Geschäftsführer zehn Jahre oder länger bei der Gesellschaft beschäftigt, erhöht sich die Abfindung von 50 Prozent auf 100 Prozent. Als insofern maßgeblicher Beschäftigungsbeginn wird einvernehmlich der ...... (Datum) festgesetzt. Die Abfindung nach dieser Regelung ist fällig zum Zeitpunkt der rechtlichen Beendigung dieses Vertrages. Zusätzliche Fälligkeitsvoraussetzung ist, dass der Geschäftsführer einen wirksamen schriftlichen Verzicht auf eine gerichtliche Auseinandersetzung (Klageverzicht) über die rechtliche Beendigung der Anstellung oder etwaige Vergütung aus der Anstellung erklärt. Erklärt er diesen schriftlichen Verzicht nicht und kommt es

zu einer gerichtlichen Auseinandersetzung über die rechtliche Beendigung der Anstellung oder etwaige Vergütung aus der Anstellung, ist zusätzliche Fälligkeitsvoraussetzung, dass die rechtliche Beendigung des Vertrages vom Gericht rechtskräftig bestätigt wurde. Diese Abfindung wird als Brutto-Abfindung geschuldet und unterfällt dem Lohnsteuerabzug. Sämtliche Steuer auf die Abfindung trägt der Geschäftsführer.

Die in der Klausel genannte Abfindungshöhe ist lediglich ein Vorschlag. Die Parteien haben hier einen großen Gestaltungsspielraum. Letztlich wird die Höhe der Abfindung von der Verhandlungssituation abhängen. Auch die stufenweise Erhöhung der Abfindung von 50 Prozent auf 100 Prozent nach zehnjähriger Dauer der Beschäftigung ist lediglich eine denkbare Variante; die Parteien können auch andere Gestaltungen wählen. Zur Vermeidung etwaiger späterer Auseinandersetzungen darüber, ob der Geschäftsführerdienstvertrag überhaupt beendet wurde, ist es jedenfalls wichtig, die Fälligkeit der vertraglichen Abfindung davon abhängig zu machen, dass es keinen Streit über die Beendigung der Anstellung selbst gibt. Deshalb ist vorgesehen, dass die Abfindung erst gezahlt wird, wenn ein Klageverzicht erklärt wurde oder ein Gericht rechtskräftig geurteilt hat, dass der Geschäftsführerdienstvertrag beendet wurde. Nicht vergessen werden darf auch die Regelung zur Steuertragung sowie die Klarstellung, dass die Abfindung als Brutto-Abfindung geschuldet wird.

11. Sonderkündigungsrecht im Krankheitsfall. Im Formular nicht vorgesehen ist das Recht der Gesellschaft, den Geschäftsführer bei lang andauernder Dienstunfähigkeit (z.B. infolge Krankheit) und unabhängig von etwaigen vertraglich festgelegten Mindest- oder Festlaufzeiten ordentlich kündigen zu können (→ Form. B. II. 1 Anm. 21). Eine solche Regelung wird ein Geschäftsführer in der Praxis eher selten akzeptieren. Sofern die Gesellschaft auf ein derartiges Sonderkündigungsrecht aber nicht verzichten will, wird der Geschäftsführer zumindest eine Abfindung fordern, um die für ihn mit dem Sonderkündigungsrecht entstehende Härte abzumildern. Die nachfolgende optionale Klausel trägt dieser beiderseitigen Interessenlage Rechnung:

Optional bei § 2:
(5) Im Fall einer mehr als sechs Monate ununterbrochen andauernden Dienstunfähigkeit des Geschäftsführers kann die Gesellschaft den Vertrag ohne Beschränkung durch § 2 Abs. (1) dieses Vertrages durch vorzeitige ordentliche Kündigung mit einer Frist von einem Monat zum Monatsende beenden. Nutzt die Gesellschaft diese Kündigungsmöglichkeit, erhält der Geschäftsführer eine Brutto-Abfindung in Höhe von 50 Prozent des Brutto-Jahresfestgehaltes gemäß § 6 Abs. (1) dieses Vertrages. Die Abfindung nach dieser Regelung ist fällig zum Zeitpunkt der rechtlichen Beendigung dieses Vertrages. Zusätzliche Fälligkeitsvoraussetzung ist, dass der Geschäftsführer einen wirksamen schriftlichen Verzicht auf eine gerichtliche Auseinandersetzung (Klageverzicht) über die rechtliche Beendigung der Anstellung oder über etwaige Vergütung aus der Anstellung erklärt. Erklärt er diesen schriftlichen Verzicht nicht und kommt es zu einer gerichtlichen Auseinandersetzung über die rechtliche Beendigung der Anstellung oder etwaige Vergütung aus der Anstellung, ist zusätzliche Fälligkeitsvoraussetzung, dass die rechtliche Beendigung des Vertrages vom Gericht rechtskräftig bestätigt wurde. Diese Abfindung wird als Brutto-Abfindung geschuldet und unterfällt dem Lohnsteuerabzug. Sämtliche Steuer auf die Abfindung trägt der Geschäftsführer.

Die vorgeschlagene Höhe der Abfindung ist vergleichsweise niedrig angesetzt. Denkbar wäre auch, ein ganzes Jahresgehalt oder sogar einen höheren Betrag vorzusehen. Dies wird – neben der Verhandlungssituation – i.d.R. auch von der Länge der Mindest- oder Festlaufzeit des Geschäftsführerdienstvertrages abhängen.

12. Sonderkündigungsrecht bei Change-of-Control. Im Formular ist keine sog. Change-of-Control-Klausel vorgesehen. Eine solche Klausel wird in der Praxis eher selten in einen Geschäftsführerdienstvertrag aufgenommen, obwohl der Geschäftsführer – anders als der Vorstand einer Aktiengesellschaft – direkt und organisationsrechtlich nicht beschränkbar den Weisungen der (neuen) Gesellschafter unterliegt. Häufiger werden erst einige Zeit nach Abschluss des Geschäftsführerdienstvertrages Regelungen für den Fall eines Change-of-

Control vereinbart, z.B. wenn die Übernahme durch einen neuen Mehrheitsgesellschafter befürchtet wird oder sogar unmittelbar bevorsteht (→ Form. B. II. 1 Anm. 18 zu möglichen Hintergründen und Problemen bei der Formulierung einer solchen Regelung). Wird die Aufnahme einer Change-of-Control-Klausel allerdings schon im Geschäftsführerdienstvertrag gewünscht, kann folgende Zusatzklausel Verwendung finden:

Optional nach § 2:

§ ...... Change-of-Control

(1) Der Geschäftsführer hat für den Fall, dass es während der Vertragslaufzeit zu einem Change-of-Control i.S.v. nachfolgendem Abs. (2) kommt, ein Sonderkündigungsrecht nach Maßgabe des nachfolgenden Abs. (3) sowie die Ansprüche gemäß nachfolgendem Abs. (4).

(2) Ein Change-of-Control im Sinne dieses Vertrages liegt in dem Zeitpunkt vor, in dem die Mehrheit der Anteile an der Gesellschaft nicht mehr von der ...... AG oder einem Verbundenen Unternehmen gehalten werden. Maßgeblich ist hier der Zeitpunkt, in dem die ...... AG oder ein Verbundenes Unternehmen rechtsgültig nicht mehr Inhaberin der Mehrheit der Anteile ist oder die Gesellschaft als Untergesellschaft mit einem Dritten einen Beherrschungsvertrag abschließt.

(3) Wenn es zu einem Change-of-Control i.S.v. vorstehendem Abs. (2) kommt, hat der Geschäftsführer für die Dauer von einem Monat nach dem Zeitpunkt des Change-of-Control ein Sonderkündigungsrecht mit einer Kündigungsfrist von ...... (Zahl) Monaten zum Monatsende.

(4) Wenn die Anstellung des Geschäftsführers aufgrund der Ausübung seines Sonderkündigungsrechts gemäß vorstehendem Abs. (3) vor dem ...... (Datum) endet oder dieser Vertrag durch ordentliche Kündigung seitens der Gesellschaft oder durch eine allein vom neuen mehrheitlichen Anteilseigner initiierte einvernehmliche Beendigung dieses Vertrages innerhalb eines Jahres nach dem Zeitpunkt des Change-of-Control und vor dem ...... (Datum) endet, hat der Geschäftsführer Anspruch auf eine Brutto-Abfindung in Höhe von ...... (Zahl) Brutto-Monatsgehältern (Bruttomonatsgehalt = ein Zwölftel des Brutto-Jahresfestgehalts gemäß § 6 Abs. (1) dieses Vertrages). Die Abfindung nach dieser Regelung ist fällig zum Zeitpunkt der rechtlichen Beendigung dieses Vertrages. Zusätzliche Fälligkeitsvoraussetzung ist, dass der Geschäftsführer einen wirksamen schriftlichen Verzicht auf eine gerichtliche Auseinandersetzung (Klageverzicht) über die rechtliche Beendigung der Anstellung oder über etwaige Vergütung aus der Anstellung erklärt. Erklärt er diesen schriftlichen Verzicht nicht und kommt es zu einer gerichtlichen Auseinandersetzung über die rechtliche Beendigung der Anstellung oder etwaige Vergütung aus der Anstellung, ist zusätzliche Fälligkeitsvoraussetzung, dass die rechtliche Beendigung dieses Vertrages vom Gericht rechtskräftig bestätigt wurde. Diese Abfindung wird als Brutto-Abfindung geschuldet und unterfällt dem Lohnsteuerabzug. Sämtliche Steuer auf die Abfindung trägt der Geschäftsführer. Ansprüche nach diesem Absatz sind ausgeschlossen, wenn der Dienstvertrag unabhängig von dem Kontrollwechsel innerhalb der nächsten sechs Monate ohnehin geendet hätte oder die Gesellschaft den Dienstvertrag wirksam aus wichtigem Grund kündigt.

Die hier vorgeschlagene Klausel gibt dem Geschäftsführer ein Sonderkündigungsrecht und zusätzlich einen Anspruch auf eine Abfindung. Dieser Anspruch auf Abfindung soll dann entstehen, wenn das Dienstverhältnis aufgrund einer Sonderkündigung des Geschäftsführers oder einer vom neuen Mehrheitseigner initiierten Kündigung endet. Alternativ kann es aus Sicht der GmbH und ihrem Interesse an stabilen Verhältnissen empfehlenswert erscheinen, den Kontrollwechsel enger zu definieren und z.B. an die Abberufung aus dem Organverhältnis durch den neuen Gesellschafter zu knüpfen (vgl. hierzu *Fröhlich* GmbH-StB 2010, 275). Die Höhe der Abfindung ist im Formular offen gelassen. Sie richtet sich in der Praxis häufig nach der Dauer, die der Geschäftsführer bereits in Diensten der Gesellschaft stand und wird i.d.R. zwischen drei Monatsgehältern und einem Jahresgehalt betragen. Letztlich hängt dies von der Verhandlungssituation ab.

13. Freistellung. Nach der im Formular vorgesehenen Regelung ist der Gesellschaft das Recht eingeräumt, ab Zugang einer Kündigung, im Fall einer Suspendierung oder des Endes des Amtes des Geschäftsführers (z.B. durch einen Widerruf der Geschäftsführerbestellung) den Geschäftsführer freizustellen; zusätzlich ist vorgesehen, dass Urlaubsansprüche angerechnet werden. Empfehlenswert aus Sicht der Gesellschaft ist darüber hinaus auch eine Regelung, die im Fall einer Freistellung die Kürzung oder einen Wegfall der Pflicht zur Zahlung der variablen Vergütung vorsieht (zur grundsätzlichen Zulässigkeit solcher Verfallklauseln vgl. LG Düsseldorf BeckRS 2011, 17437; *Bauer/Göpfert/Siegrist* DB 2006, 1774; vgl. § 6 Abs. (2) im Formular und → Anm. 20)

Manche Geschäftsführer befürchten, dass eine lange andauernde Freistellung ihre berufliche Qualifikation beeinträchtigt und mit einer solchen Freistellung ihr Marktwert als Manager gemindert wird. Sie wollen daher verhindern, bei einer mehrjährigen Laufzeit des Geschäftsführerdienstvertrages für eine (zu) lange Periode freigestellt zu werden. Diesem Bedenken kann durch die Vereinbarung eines Sonderkündigungsrechts für den Fall der Freistellung begegnet werden, das wie folgt geregelt werden kann:

Optional bei § 2:

(5) Erklärt die Gesellschaft eine Freistellung nach vorstehendem Abs. (4), wird die Gesellschaft auf Verlangen des Geschäftsführers einer vorzeitigen einvernehmlichen Beendigung dieses Vertrages zum Ablauf von sechs Monaten nach Ausspruch der Freistellung zustimmen.

Der Geschäftsführer hat im Fall einer Abberufung vom Geschäftsführeramt und einer von der Gesellschaft unter Berufung auf die vertragliche Freistellungsklausel verfügte Freistellung von weiterer Tätigkeit keinen Anspruch auf Weiterbeschäftigung in einer anderen leitenden Funktion. Denn der Dienstvertrag hat regelmäßig nur die Beschäftigung als Geschäftsführer zum Inhalt. Eine Tätigkeit unterhalb der Organebene ist im Formular nicht vorgesehen und wird auch typischerweise in Geschäftsführerdienstverträgen nicht vereinbart; der abberufene Geschäftsführer kann sie daher auch nicht verlangen (BGH NZG 2011, 112).

Die Vergütungspflicht der Gesellschaft besteht auch nach Abberufung des Geschäftsführers bis zu dem Beendigungszeitpunkt des Dienstvertrages grundsätzlich fort. Allerdings muss sich der Geschäftsführer gem. § 326 Abs. 2 S. 2 BGB und § 615 S. 2 BGB anrechnen lassen, was er infolge des Unterbleibens der Dienstleistung erspart oder durch anderweitige Verwendung seiner Dienste erwirbt oder zu erwerben böswillig unterlässt. Ein derartiges böswilliges Unterlassen ist etwa zu bejahen, wenn der ehemalige Geschäftsführer ein Weiterbeschäftigungsangebot hinsichtlich einer zumutbaren Tätigkeit unterhalb der Geschaftsführerebene nicht annimmt. Das Kriterium der Zumutbarkeit ist erfüllt, wenn die Tätigkeit zwar nicht mit einer Organstellung verbunden ist, jedoch ähnliche Bestimmungs- und Einflussmöglichkeiten sowie Vorgesetztenfunktionen umfasst (*Lunk/Rodenbusch* NZA 2011, 497, 500).

14. Geschäftsführung und Vertretung. Der Geschäftsführerdienstvertrag differenziert – entsprechend der gesetzlichen Unterscheidung – zwischen der Führung der Geschäfte der Gesellschaft und der Vertretung der Gesellschaft. Erstere betrifft das Innenverhältnis und damit das rechtliche Dürfen (sog. „**Geschäftsführungsbefugnis**"), letztere das Außenverhältnis und damit das rechtliche Können des Geschäftsführers (sog. „**Vertretungsmacht**"). Anders als ein Vorstandsmitglied einer AG unterliegt der Geschäftsführer einer GmbH sowohl hinsichtlich der Geschäftsführung als auch hinsichtlich der Vertretung den Weisungen der Gesellschafterversammlung (§ 37 Abs. 1 GmbHG). Wenn er dabei gegen Weisungen der Gesellschafterversammlung verstößt, kann dies eine außerordentliche Kündigung rechtfertigen oder Schadensersatzansprüche auslösen, insbesondere wenn der Verstoß grob oder nachhaltig ist (BGH DStR 1995, 695; OLG Frankfurt NJW-RR 1997, 736; OLG Köln NZG 2011, 307). Allerdings ist die Vertretungsmacht des Geschäftsführers gegenüber Dritten unbeschränkt und unbeschränkbar (§ 37 Abs. 2 GmbHG). Hierauf ist insbesondere zu achten, wenn ein Geschäftsführer Einzelvertretungsbefugnis erhalten soll. Lediglich im Innenverhältnis kann die Gesellschaft dem Geschäftsführer dann auferlegen, dass er bestimmte Geschäfte nur nach vorheriger (schriftlicher) Zustimmung vornimmt. Derartige interne Beschränkungen der Vertretungsmacht können entweder in der Satzung der Gesellschaft, im Ernennungsbeschluss (→ Form. B. I. 2), durch Einzelweisung der Gesellschafterversammlung oder im Geschäftsführerdienstvertrag selbst festgelegt werden. Das Formular geht davon aus, dass die entsprechenden Beschränkungen in der Satzung der Gesellschaft niedergelegt sind und wiederholt sie deshalb im Geschäftsführerdienstvertrag nicht.

Der Erlass einer **Geschäftsordnung** für die Geschäftsführung ist insbesondere dann sinnvoll, wenn es mehrere Geschäftsführer gibt. Hier kann die Geschäftsordnung dazu dienen, dass Ressorts gegeneinander abgegrenzt und Zuständigkeiten ohne Überschneidung geregelt werden, sowie für bestimmte Fragen eine Gesamtverantwortung der Geschäftsführung und die Notwendigkeit einstimmiger Beschlüsse vorgesehen werden. Wenn der Geschäftsführer gegen die Festlegungen einer solchen Geschäftsordnung verstößt, kann dies eine außerordentliche Kündigung rechtfertigen oder eine Schadensersatzverpflichtungen des Geschäftsführers begründen (BGH DStR 1991, 421).

Die dienstvertragliche Festschreibung einer generellen Pflicht für den Geschäftsführer, die Regelungen des Deutschen Corporate Governance Kodex (DCGK) zu beachten, ist nicht sinnvoll. Der Geschäftsführer kann anders als der Vorstand einer AG jederzeit durch Weisung angehalten werden, einzelne Regelungen des DCGK zu beachten und umzusetzen. Ein pauschaler Verweis würde die Flexibilität der GmbH zu stark beeinträchtigen.

Die dynamische Verweisung auf die Geschäftsordnung und die Satzung als Quelle von Rechten und Pflichten hinsichtlich der (internen Regelung) der Vertretungsbefugnis und der Geschäftsführung ist deklaratorisch und begegnet damit keinen Bedenken im Hinblick auf eine AGB-Kontrolle.

Geschäftsführer versuchen oftmals, im Rahmen der Vertragsverhandlungen die Festschreibung ihrer **Einzelvertretungsbefugnis** zu erreichen. Wie bei der Festlegung der Ressortzuständigkeit gilt auch hier, dass der Geschäftsführer im Fall einer solchen Festschreibung für die Laufzeit des Geschäftsführerdienstvertrages einen vertraglichen Anspruch darauf hat, einzelvertretungsbefugt zu sein. Würde ihm dann später eine vertraglich vereinbarte Einzelvertretungsbefugnis von der Gesellschafterversammlung entzogen, kann dies ein Recht des Geschäftsführers auslösen, den Geschäftsführerdienstvertrag außerordentlich nach §§ 626, 628 Abs. 2 BGB zu kündigen und die dort vorgesehene Entschädigung zu verlangen (→ Anm. 4 mit entsprechenden Nachweisen). Deshalb empfiehlt sich, wenn der Geschäftsführer erfolgreich eine Aufnahme der Einzelvertretungsbefugnis in den Dienstvertrag verhandelt hat, der Gesellschaft das Recht zur Änderung der Vertretungsbefugnis einzuräumen. Dies kann allerdings unter AGB-rechtlichen Gesichtspunkten je nach den Umständen des Einzelfalls mit Wirksamkeitshindernissen behaftet sein und ist somit gegenüber der Nichtfestschreibung der Vertretungsbefugnis im Dienstvertrag nur die zweitbeste Lösung bei der Vertragsgestaltung (vgl. hierzu *Gaul/Ludwig* GmbHR 2010, R321 sowie die → Anm. 2, 4).

15. Dienstzeit. Das Formular verzichtet auf die Regelung einer festen Dienstzeit des Geschäftsführers. Regelmäßig übersteigt der von einem Geschäftsführer erwartete Einsatz ohnehin die üblichen betrieblichen Arbeitszeiten. Alternativ kann die folgende Klausel in den Geschäftsführerdienstvertrag aufgenommen werden und somit der zeitliche Rahmen für die Dienste etwas konkreter beschrieben werden:

Alternative zu § 4 Abs. (1):
(1) Der Geschäftsführer wird der Gesellschaft seine volle Arbeitskraft widmen und die Interessen der Gesellschaft nach besten Kräften fördern. Die Dienstzeit richtet sich nach den Erfordernissen der Position, beträgt jedoch mindestens 40 Wochenstunden. Der Geschäftsführer ist verpflichtet, seiner Tätigkeit, soweit es die Interessen der Gesellschaft erfordern, auch an Samstagen, Sonntagen und Feiertagen nachzugehen.

Die Beschränkungen des Arbeitszeitgesetzes gelten für den Geschäftsführer einer GmbH nicht (OLG Dresden NJW-RR 1997, 1535; s. die ausdrückliche gesetzliche Regelung in § 18 Abs. 1 Nr. 1 ArbZG i. V. m. § 5 Abs. 3 BetrVG für leitende Angestellte). Dies dürfte auch nach der „Danosa"-Entscheidung unionsrechtskonform sein, selbst wenn der Fremdgeschäftsführer in Folge dieser Rechtsprechung als Arbeitnehmer i. S. d. Arbeitszeitgesetzes angesehen werden müsste (→ Anm. 2). Denn die Mitgliedstaaten können vom Anwendungsbereich der Arbeitszeit-RL 2003/88/EG hinsichtlich der Arbeitszeitgestaltung für leitende Angestellte Abweichungen nach Art. 17 Abs. 1 lit. a) der Arbeitszeit-RL treffen, weil die Arbeitszeit eines leitenden Angestellten weder gemessen noch im Voraus festgelegt wird. Diese Abweichung hat das ArbZG in § 18 Abs. 1 Nr. 1 ArbZG getroffen. Ein Geschäftsführer muss daher weder die täglichen oder durchschnittlichen Höchststundenzahlen noch die Mindeststunden für Ruhepausen beachten.

16. Wettbewerbsverbot und Nebenbeschäftigungen. Das Formular unterscheidet zwischen nicht-wettbewerbsbezogenen Nebentätigkeiten und Beteiligungen einerseits sowie Wettbewerbstätigkeiten andererseits. **Nicht-wettbewerbsbezogene Nebentätigkeiten** dürfen (nur) mit vorheriger schriftlicher und bei Vorliegen sachlicher Gründe jederzeit widerruflicher Zustimmung der Gesellschaft ausgeübt werden (s. hierzu BGH NJW-RR 2002, 173 für den Fall einer ohne die Zustimmung der Gesellschafterversammlung betriebenen Nebentätigkeit). Wenn der Geschäftsführer bei Abschluss des Geschäftsführerdienstvertrages schon weiß, dass er bestimmte Tätigkeiten noch einige Zeit nach Beginn des Geschäftsführerdienstvertrages oder auf Dauer weiterführen will, sollte er eine entsprechende Zustimmung vor Abschluss des Geschäftsführerdienstvertrages erbitten oder eine Ausnahmeregelung in den Geschäftsführerdienstvertrag aufnehmen lassen. Beim Verbot von Beteiligungen an anderen Unternehmen kann der im Formular verwendete Begriff des „üblichen Erwerbs“ von Wertpapieren nach Bedarf auch noch weiter präzisiert werden. In der Praxis wird hier häufig die Grenze bei einer einprozentigen bis fünfprozentigen Beteiligung (ohne Einfluss auf die Geschäftsführung des betreffenden Unternehmens) gezogen. **Wettbewerbstätigkeiten** des Geschäftsführers sind zwar ohnehin während der Zeit der Bestellung zum Geschäftsführer aufgrund der bestehenden Treuepflicht des Geschäftsführers als Organ untersagt (s. hierzu BGH NJW 1986, 584 für den Fall, dass ein Geschäftsführer während seiner Organstellung außerhalb seiner Arbeitszeit im privaten Umfeld von einem kostengünstigeren Herstellungsverfahren erfährt, daraufhin aus der Gesellschaft ausscheidet und eine eigene Firma gründet). Mit der vertraglichen Regelung wird dieses Verbot auf die Dauer der Laufzeit des Geschäftsführerdienstvertrages erstreckt und damit unabhängig vom Bestehen des Organverhältnisses vorgesehen. Wenn zusätzlich für die Zeit nach Beendigung des Geschäftsführerdienstvertrages ein (nachvertragliches) Wettbewerbsverbot vereinbart werden soll, unterliegt dies speziellen Wirksamkeitserfordernissen (→ Form. A. IV. 2, OLG Nürnberg BeckRS 2010, 01746; *Menke* NJW 2009, 636; *Thüsing* NZG 2004, 9; *Schnelle* GmbHR 2000, 599; *v. Kann/Keiluweit* BB 2010, 2050).

17. Abwerbeverbot. Um Unklarheiten darüber zu vermeiden, ob auch das Abwerben von Mitarbeitern der Gesellschaft als Folge des organschaftlichen Wettbewerbsverbots oder aufgrund der organschaftlichen Treuepflicht des Geschäftsführers gegenüber der Gesellschaft untersagt ist, kann zusätzlich auch ein explizites Abwerbeverbot (samt Vertragsstrafenregelung) vorgesehen werden. Diese Regelung empfiehlt sich bei Geschäftsführern vor allem dann, wenn die Vorbereitung einer künftigen Konkurrenztätigkeit ver- oder behindert werden soll. In diesen Fällen kann zusätzlich folgende Klausel verwendet werden:

Optional nach § 4:

§ . . . . . Abwerbeverbot

(1) Der Geschäftsführer wird während der Laufzeit dieses Vertrages und für die Dauer von zwölf Monaten nach dem rechtlichen Ende dieses Vertrages weder selbst noch durch andere, weder direkt noch indirekt, einen Arbeitnehmer, einen Berater oder einen anderen Geschäftsführer der Gesellschaft aktiv abwerben bzw. ihn aktiv dazu veranlassen, sein Vertragsverhältnis mit der Gesellschaft zu beenden, um in einem Anstellungsverhältnis, in einem freien Dienstverhältnis oder

in sonstiger Weise für andere in seiner bisherigen oder einer vergleichbaren Funktion mit Bezug zum gleichen Arbeitsbereich tätig zu werden.

(2) Der Geschäftsführer wird auch keine Aktivitäten entsprechend vorstehendem Abs. (1) entfalten, um einen Arbeitnehmer, einen Berater oder einen anderen Geschäftsführer der Gesellschaft zu veranlassen, in einem Anstellungsverhältnis oder freien Dienstverhältnis oder in sonstiger Weise für ihn selbst tätig zu werden.

(3) Der Geschäftsführer hat für den Fall der Zuwiderhandlung gegen das Abwerbeverbot eine Vertragsstrafe in Höhe von ...... EUR (in Worten: ...... Euro) zu zahlen. Die Geltendmachung sonstiger Rechte der Gesellschaft, insbesondere Unterlassungsansprüche und Ansprüche auf Schadensersatz, bleiben hiervon unberührt.

Das Abwerbeverbot ist dabei nicht nur für die Dauer des Anstellungsverhältnisses vorgesehen, sondern auch für die Dauer von zwölf Monaten nach der Beendigung der Anstellung bei der Gesellschaft. Dieses **nachvertragliche Abwerbeverbot** erweist sich aber in der Praxis häufig als relativ stumpfe Waffe. Denn zum einen steht zumindest in der zweiten Alternative der Option § 75f HGB entgegen, wonach ein Vertrag nicht durchsetzbar ist, bei dem sich ein Unternehmen gegenüber dem anderem verpflichtet, einen Arbeitnehmer, der bei dem einen Unternehmen im Dienst ist oder gewesen ist, nicht oder nur unter bestimmten Voraussetzungen anzustellen. Diesem Risiko kann ggf. durch die oben gewählte Vertragsgestaltung zumindest für die Fälle des Abs. (1) entgegengewirkt werden. Auch sehen die Gerichte Abwerbeverbote im Hinblick darauf kritisch, ob sie nicht im Grunde ein nachvertragliches Wettbewerbsverbot darstellen. Wenn dieser Charakter beigemessen würde, würde sich die Wirksamkeit und Durchsetzbarkeit eines Abwerbeverbots an den Maßstäben messen lassen müssen, die die Rechtsprechung zum nachvertraglichen Wettbewerbsverbot entwickelt hat (BGH NJW 1968, 1717; BGH NJW 1984, 2366; BGH DStR 1991, 720; BGH DStR 1992, 512; BGH NJW 2005, 3061; s. allgemein zu dieser Problematik *Diller* NZA 2005, 250; *Thüsing* NZG 2004, 9; *Kukat* BB 2001, 951 sowie vor allem → Form. A. IV. 2).

Die in Abs. (3) des Abwerbeverbots vorgesehene **Vertragsstrafe** sollte trotz des Vertragsstrafenverbots in § 309 Nr. 6 BGB zulässig sein. Denn § 309 Nr. 6 BGB erklärt eine nach Allgemeinen Geschäftsbedingungen vereinbarte Vertragsstrafe nur dann für unwirksam, wenn dem Verwender der Allgemeinen Geschäftsbedingungen (hier: die GmbH) für den Fall der Nichtabnahme oder verspäteten Abnahme der Leistung, des Zahlungsverzugs oder für den Fall, dass der andere Vertragsteil (= Geschäftsführer) sich vom Vertrag löst, die Zahlung einer Vertragsstrafe versprochen wird. Nach dem Wortlaut von § 309 Nr. 6 BGB ist es somit zulässig, eine Vertragsstrafe zu vereinbaren, die als Druckmittel für die Einhaltung einer in einem Vertrag übernommenen vertraglichen Verhaltenspflicht zu zahlen ist (s. hierzu Bamberger/Roth/*Becker* § 309 Nr. 6 BGB Rn. 1 f. und BAG NZA 2004, 727, wo ausdrücklich klargestellt wird, dass Sinn und Zweck des § 309 Nr. 6 BGB ist, primär einem Missbrauch von Reuegeldern und Abstandssummen entgegenzuwirken; bestätigt von BAG NZA 2006, 34). Allerdings darf die Vereinbarung einer Vertragsstrafe, insbesondere deren vorgesehene Höhe, den Geschäftsführer nicht unangemessen und entgegen dem Gebot von Treu und Glauben benachteiligen (vgl. § 307 BGB). Zur Beurteilung der Unangemessenheit ist dabei ein genereller, typisierender und vom Einzelfall losgelöster Maßstab anzuwenden. Dabei sind Art, Gegenstand und Zweck sowie die besondere Eigenart des zugrunde liegenden Vertrages wie auch der Verhaltenspflicht überhaupt entscheidend. Die Vertragsstrafe darf damit so hoch festgesetzt werden, dass sie zwar ein effizientes Druckmittel ist, andererseits aber den Vertragsstrafenverpflichteten nicht überfordert. Ist die Vertragsstrafe unangemessen hoch, kann die Vertragsstrafenregelung von einem Gericht insgesamt für unwirksam erklärt werden. Es kann somit nicht damit gerechnet werden, dass eine etwa überhöhte Vertragsstrafe nach § 343 BGB lediglich auf ein angemessenes Maß herabgesetzt würde (BAG NZA 2004, 727).

18. Veröffentlichungen. Nicht im Formular vorgesehen ist eine explizite Regelung zu der Frage, ob der Geschäftsführer während seiner Tätigkeit für die Gesellschaft Publikationen oder wissenschaftliche Veröffentlichungen in der Fach- oder allgemeinen Presse, Rundfunk und Fernsehen vornehmen oder vor einem öffentlichen Publikum Vorträge halten darf. Wenn derartige Aktivitäten des Geschäftsführers zu erwarten sind oder sogar von der Gesellschaft gewünscht werden, hat die Gesellschaft regelmäßig ein Interesse daran, dass der Geschäftsführer dies nicht ohne deren Wissen und Willen macht. In derartigen Fällen sollte daher der folgenden Zusatzklausel eingefügt werden, die der Gesellschaft die notwendige Vorabkontrolle über solche Veröffentlichungen und Vorträge ermöglicht:

Optional nach § 4:
§ . . . . . . Veröffentlichungen
Der Geschäftsführer kann für die Dauer dieses Vertrages von Zeit zu Zeit an Veröffentlichungen und Vorträgen mitwirken. Dazu bedarf er jedoch in allen Fällen, in denen die Interessen der Gesellschaft berührt werden, insbesondere in Fällen, in denen das Geschäftsgebiet der Gesellschaft oder Verbundener Unternehmen betroffen ist, der vorherigen schriftlichen Zustimmung der Gesellschafterversammlung. Den Geschäftsführer trifft bei sämtlichen Veröffentlichungen und Vorträgen eine strikte Loyalitätspflicht gegenüber der Gesellschaft und Verbundenen Unternehmen und er wird deren geschäftliche oder etwaige sonstige Interessen nicht beeinträchtigen. Die Veröffentlichungen und Vorträge des Geschäftsführers, die im Zusammenhang mit seiner Tätigkeit für die Gesellschaft erfolgen, sind geistiges Eigentum der Gesellschaft.

19. Urlaub. In der Praxis genügt regelmäßig die im Formular vorgesehene knappe Urlaubsregelung. Im Bedarfsfall ist es aber denkbar, in Anlehnung an das BUrlG weitere Regelungen zum Urlaub aufzunehmen und auch ergänzend auf das bislang nur für Arbeitnehmer geltende BUrlG zu verweisen (vgl. aber zur etwaigen Erstreckung des BUrlG auf GmbH-Geschäftsführer nach der „Danosa"-Entscheidung → Anm. 2). In der Praxis erweist sich dies allerdings i. d. R. nicht als erforderlich. Insbesondere die Frage der Urlaubsabgeltung ist bei der Beendigung des Geschäftsführerdienstvertrages grundsätzlich kein Thema, weil ein Geschäftsführer in der ganz überwiegenden Zahl der Fälle nach Ausspruch einer Kündigung sofort freigestellt wird und während der regelmäßig mindestens sechs Monate langen Kündigungsfrist, die dann der Freistellungsdauer entspricht, seinen etwaigen Resturlaub aufbraucht.

20. Vergütung. Hinsichtlich der Vergütung sind eine Vielzahl anderer Regelungen oder Modelle als die in dem Formular vorgeschlagene Vergütungsregelung denkbar. Denn die Gesamtbezüge eines Geschäftsführers, also die geldwerte Summe aller dem Geschäftsführer zugesagten Leistungen, können sich – neben einem Festgehalt und einer variablen Vergütung – noch aus ganz anderen Bestandteilen zusammensetzen. Zu nennen sind hier etwa Zusatz- und Sozialleistungen, die Überlassung eines Firmenwagens, sonstige Nebenleistungen (wie z. B. Leistungen zur Alters- und Gesundheitsvorsorge, Versicherungen, etc.) oder die Übernahme von Aufwendungen für z. B. Kommunikation und Wohnen (vgl. zu solchen anderen Vergütungsbestandteilen → Form. B. II. 1 Anm. 32). Denkbar ist auch die Einräumung von Aktienoptionen von einer in- oder ausländischen Konzernmutter oder etwa von sogenannten Phantom Shares (→ Anm. 22).

Die Klausel im Formular, wonach Mehrarbeit und Überstunden nicht gesondert vergütet werden, ist deklaratorisch. Denn bei der im Formular gewählten Klausel zur Arbeitszeit, in der keine festen Arbeitszeiten vorgesehen sind, gibt es mangels Regelarbeitszeit weder Mehrarbeit noch Überstunden.

I. d. R. wird die **Festvergütung** als Jahresgehalt ausgewiesen und üblicherweise in zwölf gleichen Raten bezahlt. Wenn bei der Gesellschaft die Gepflogenheit besteht, Gehälter in 13 oder 14 Raten auszubezahlen, kann dies auch für den Geschäftsführer so vereinbart werden. Ganz allgemein ist es üblich, einem Geschäftsführer neben dem Festgehalt eine variable, in bestimmter Weise erfolgsbezogene, Vergütung zu zahlen. Die **variable Vergütung** wird mit unterschiedlichen Begriffen bezeichnet – zumeist als Prämie, Bonus oder Tantieme. Im Hinblick auf die im Formular vorgeschlagene Regelung zur variablen Vergütung ist von Bedeutung, dass die Jahresziele, von deren Erreichung die variable Vergütung abhängen soll, auch tatsächlich festgelegt werden. Im Hinblick auf das Transparenzgebot des § 307 Abs. 1 S. 2 müssen entweder genauere Parameter für die Festlegung der Boni, Tantiemen und Incentive-Programme schon im Vertrag selber festgelegt werden, falls diese bei Vertragsschluss hinreichend bestimmbar sind. Oder es muss die Festlegung der Ziele in das Ermessen der Gesellschaft gestellt werden. Im Formular ist vorgesehen, dass die Gesellschaft die Ziele nach Durchsprache mit dem Geschäftsführer nach billigem Ermessen festlegt. Dies hat zwar zur Folge, dass der Geschäftsführer gerichtlich überprüfen lassen kann, ob die Festlegung der Ziele ermessensfehlerhaft war und – sollte dies der Fall gewesen sein – das angerufene Gericht die Ermessensentscheidung der Gesellschaft(er) durch seine eigene Ermessensentscheidung ersetzen kann. Eine Regelung zur Zielfestlegung „nach billigem Ermessen" empfiehlt sich jedoch aus Gründen der Rechtsklarheit, da selbst ohne ausdrückliche Nennung des billigen Ermessens die Auslegung des § 6 Abs. (2) aufgrund von § 315 Abs. 1 BGB dazu führen dürfte, dass ein einseitiges Leistungsbestimmungsrecht der Gesellschafterversammlung vereinbart wurde und die Gesellschafterversammlung in gerichtlich überprüfbarer Weise die Ziele des Geschäftsführers nach billigem Ermessen festzulegen hat.

Wenn allein der Geschäftsführer über die notwendige Kenntnis des Unternehmens, Geschäfts und Marktumfelds verfügt, um die Ziele sinnvoll und sachgerecht festzulegen, empfiehlt es sich, seine Mitwirkung bei der Festlegung vorzusehen. In diesem Fall würde in § 6 Abs. (2) vorgesehen werden, dass die Gesellschaft die Jahresziele mit dem Geschäftsführer vereinbart. Zudem empfiehlt es sich, folgende Formulierung aufzunehmen:

Alternative:
Wenn sich die Parteien für ein Folgegeschäftsjahr nicht auf neue Jahresziele geeinigt haben, gelten für das folgende Geschäftsjahr mindestens Ziele, die mit entsprechenden Fortschreibungen aus den Vorjahreszielen zu entwickeln sind.

In jedem Fall sollte darauf geachtet werden, dass die (quantitativen und/oder qualitativen) Einzelziele so formuliert und auch zueinander im Verhältnis gewichtet werden, dass spätere Streitigkeiten über den Grad der Zielerreichung nicht entstehen.

Häufig sind auch Regelungen anzutreffen, die eine entsprechende lineare Erhöhung der variablen Vergütung für Zielerreichungen über 100 Prozent vorsehen. Hier sollte darauf geachtet werden, eine Obergrenze vorzusehen.

Die Festsetzung der Höhe der Gesamtvergütung für den Geschäftsführer ist vor allem eine Frage des Marktwertes des Geschäftsführers, hängt aber auch von vielen weiteren Faktoren ab. Zu nennen sind hier insbesondere die Unternehmensgröße (z. B. nach Umsatz, Mitarbeiteranzahl und Bilanzsumme), die Branche, die Ertragslage der Gesellschaft und die Stellung des Geschäftsführers innerhalb des Geschäftsführungsgremiums (z. B. „Rolle" als Vorsitzender der Geschäftsführung). Insofern verbieten sich hier allgemeingültige Aussagen. Zur Erlangung eines Marktüberblicks ist der Blick in auf dem Markt erhältliche Vergütungsstudien hilfreich. Insbesondere beim Gesellschafter-Geschäftsführer ist zur Vermeidung einer verdeckten Gewinnausschüttung strikt auf die Angemessenheit der Gesamtbezüge zu achten. Regelmäßig nicht durchsetzbar sind Klauseln, die eine Anpassung der Gesamtvergütung für den Geschäftsführer bei einer Verschlechterung der Markt- und Ertragslage der Gesellschaft vorsehen (→ Form. B. II. 1 Anm. 24 zu der Rechtslage beim Vorstand einer AG). Ggf. ist hier jedoch eine entsprechende Steuerung über die für die variable Vergütung vorgesehenen Ziele möglich und sinnvoll.

Die durch das Gesetz zur Angemessenheit der Vorstandsvergütung vom 31.7.2009 (VorstAG) eingeführten verschärften Vorgaben in § 87 Abs. 1 AktG für die Vergütung von Vorstandsmitgliedern einer Aktiengesellschaft müssen bei der Festsetzung der Geschäftsführervergütung nicht beachtet werden. Das folgt schon aus der eindeutigen Gesetzesbegründung (vgl. BT-Drucks. 16/13433 S. 10). Danach soll auch über gesetzliche Verweisungen auf § 116 AktG, bspw. in § 25 Abs. 1 Nr. 2 MitbestG bei der paritätisch mitbestimmten GmbH, § 87 AktG nicht auf die GmbH anwendbar sein. Bei der nicht mitbestimmten GmbH und der GmbH, die unter das DrittelbG fällt, in welcher ebenfalls die Gesellschafterversammlung für die Festsetzung der Geschäftsführervergütung zuständig ist, erscheint eine Anwendung des VorstAG auch mehr als fernliegend. Denn dort entscheiden die Gesellschafter als Eigentümer der Gesellschaft selbst, wie viel ihnen der Geschäftsführer wert ist und wie sie über ihr eigenes Geld verfügen. Der Schutz vor Übervorteilung von Minderheitsgesellschaftern erfolgt hier über die Grundsätze der Treuepflichtbindung. Nichts anderes gilt für die paritätisch mitbestimmte GmbH: Zwar besteht hier eine mit der Aktiengesellschaft halbwegs vergleichbare Interessenlage, da ein zwischengeschalteter Aufsichtsrat und nicht mehr unmittelbar der Kreis der Eigentümer über die Vergütung des Geschäftsführers entscheidet. Allerdings steht auch hier die eindeutige Gesetzesbegründung der Annahme einer planwidrigen Regelungslücke entgegen.

Ob § 87 Abs. 2 AktG mit seinen nun mehr erleichterten Voraussetzungen für die Reduzierung der Vergütung auf die GmbH und die Vergütung ihrer Geschäftsführer analog anwendbar ist, ist höchstrichterlich noch nicht entschieden. Auswirkungen auf die Vergütung eines Geschäftsführers können im Einzelfall hingegen beispielsweise aufsichtsrechtliche Regelungen haben (→ Anm. 2).

Empfehlenswert ist die vorgeschlagene Regelung, die im Fall einer Freistellung den Wegfall der Pflicht zur Zahlung der variablen Vergütung vorsieht (zur grundsätzlichen Zulässigkeit solcher Verfallklauseln vgl. LG Düsseldorf BeckRS 2011, 17437; *Bauer/Göpfert/Siegrist* DB 2006, 1774), wobei solche Klauseln entsprechend § 310 Abs. 4 S. 2 BGB durch die Besonderheiten des Dienstverhältnisses gerechtfertigt sein dürften. Allerdings sollte – wie im Formular unter § 6 Abs. (2) am Ende vorgesehen – ein etwaiger unterjährig bis zur Freistellung anteilig entstandener Anspruch auf eine variable Vergütung hiervon unberührt bleiben, um nicht den Vorwurf einer unangemessenen Benachteiligung aufkommen zu lassen. Ob der Geschäftsführer eine derartige Regelung akzeptiert, hängt von vielen Faktoren ab; nicht selten wird er eine Abänderung dieser Klausel fordern. Um eine Einigung zu erreichen, sind viele Modelle als Zwischenlösungen denkbar (z. B. kann vereinbart werden, in der Freistellungszeit zwar keine variable Vergütung zu schulden, jedoch eine um einen bestimmten Prozentsatz erhöhte feste Vergütung).

21. **Vergütung bei Positionserweiterungen, insbesondere bei Auslandstätigkeit.** Für den Fall, dass ein Geschäftsführer einer deutschen GmbH, die in einen internationalen Konzern eingebunden ist, gleichzeitig ähnliche Ämter in einer (oder mehreren) ausländischen Konzerngesellschaften übernimmt oder dies abzusehen ist (→ Anm. 5), können im Geschäftsführerdienstvertrag bereits vorab die hieraus entstehenden Vergütungsfragen gelöst werden. Denn i. d. R. soll die Übernahme dieser Tätigkeiten mit der Geschäftsführervergütung vollständig abgegolten sein. Daher ist es ratsam, die folgende Zusatzklausel zu verwenden. Diese deckt zudem den Fall ab, dass der Geschäftsführer aus Gründen der steuerlichen Optimierung teilweise im Ausland durch eine (oder mehrere) ausländische Gesellschaft(en) eine Vergütung für seine Amtstätigkeit für die ausländische Gesellschaft erhält:

Optional bei § 6:

(3) Die Tätigkeit für die Gesellschaft und/oder das Innehaben einer Funktion oder Position bei einem Verbundenen Unternehmen (wie z. B. Direktor, Vorstand, Geschäftsführer, Handels- oder Geschäftsrepräsentant oder Ähnliches), ist mit der Vergütung gemäß § 6 Abs. (1) dieses Vertrages vollständig abgegolten. Soweit der Geschäftsführer für ein Verbundenes Unternehmen im Ausland tätig wird und aufgrund eines gesonderten Anstellungsvertrages mit diesem Verbundenen Unter-

nehmen für seine Tätigkeit im Ausland eine Vergütung im Ausland bezieht, reduziert sich die Vergütung des Geschäftsführers nach § 6 Abs. (1) dieses Vertrages und, wenn diese aufgebraucht ist, die Vergütung gemäß § 6 Abs. (2) dieses Vertrages, um den Brutto-Betrag, den das jeweilige ausländische Verbundene Unternehmen an den Geschäftsführer zahlt. Maßgeblich ist insoweit der Kurswert am Tag der Auszahlung der Vergütung durch das jeweilige ausländische Verbundene Unternehmen. Die lohn- und einkommenssteuerliche Behandlung der jeweiligen Zahlungen erfolgt nach den jeweils anwendbaren (auch ausländischen) steuerlichen Vorschriften.

Vor allem wenn bei Abschluss des Geschäftsführerdienstvertrages noch nicht feststeht, ob es zu einer solchen Auslandstätigkeit kommt und – falls ja, in welcher Höhe die Vergütung von ausländischen Konzerngesellschaften gezahlt wird, empfiehlt sich die vorgeschlagene Regelung. In dem Geschäftsführerdienstvertrag kann dann die (weltweite) Gesamtvergütung des Geschäftsführers vereinbart und gleichzeitig schon klargestellt werden, dass etwaige später von ausländischen Konzerngesellschaften gezahlte Vergütung auf die von der GmbH gezahlte Vergütung anzurechnen ist.

Hinsichtlich der steuerlichen Behandlung der jeweiligen Vergütungsbestandteile wird es in dieser Konstellation allerdings schwierig sein, bereits im Geschäftsführerdienstvertrag Aussagekräftiges zu regeln. Deswegen findet sich nur der Hinweis, dass die lohn- und einkommenssteuerliche Behandlung sich nach den jeweils anwendbaren (auch ausländischen) steuerlichen Vorschriften richtet.

22. Stock Options. Im Formular nicht geregelt ist die Gewährung von Aktienoptionen oder Stock Options (z.B. von einer in- oder ausländischen Konzernmutter) für den Geschäftsführer, weil die Gestaltungsformen hier in der Praxis sehr variieren und maßgeblich auch von den gesellschaftsrechtlichen Gegebenheiten bestimmt werden. Wenn Aktienoptionen oder Stock Options gewährt werden, würde in den Geschäftsführerdienstvertrag typischerweise nur ein kurzer Hinweis aufgenommen und im Übrigen auf das üblicherweise recht umfangreiche Regelwerk des Aktienoptionsplans oder Stock Options-Plan verwiesen werden. In diesen Plänen sind regelmäßig das *Vesting* (= Ausübungs-/Verwertungsreife) der Optionen sowie deren Ausübung und Verfall geregelt (s. zur Gewährung von Optionen zum Erwerb von Anteilen an einer börsennotierten US-amerikanischen Gesellschaft den Formulierungsvorschlag und die Anmerkungen in → Form. A. IV. 10). Hat die Konzernmutter ihren Sitz im Ausland und soll für den Stock Options-Plan nur das ausländische Recht am Sitz der Konzernmutter Anwendung finden, empfiehlt es sich, die Regelung zu den Stock Options in einer gesonderten Vereinbarung zu treffen, ohne hierauf im Geschäftsführerdienstvertrag zu verweisen (→ Form. A. IV. 10).

23. Betriebliche Altersversorgung. In der Praxis wird einem Geschäftsführer nicht selten eine betriebliche Altersversorgung zugesagt. Die Einzelheiten der Versorgung werden zumeist nicht im Geschäftsführerdienstvertrag selbst niedergelegt, sondern in einer Anlage zum Geschäftsführerdienstvertrag. Wenn eine solche **Versorgungszusage** gegeben werden soll, kann dies mit folgender Klausel erfolgen:

***Optional* nach § 6:**
§ . . . . . . Betriebliche Altersversorgung
Die Gesellschaft erteilt dem Geschäftsführer eine Versorgungszusage. Einzelheiten sind in Anlage . . . . . . zu diesem Vertrag festgehalten.

Bei der Versorgungszusage selbst kann es sich um eine klassische, von der Gesellschaft finanzierte Versorgung handeln oder um eine vom Geschäftsführer selbst finanzierte Versorgung aus Gehaltsumwandlung (→ Form. F. I. 2). Beim Fremdgeschäftsführer ergeben sich im Hinblick auf die Anwendung des BetrAVG einige Besonderheiten. Der persönliche Anwendungsbereich des BetrAVG umfasst nach §§ 1, 17 Abs. 1 S. 2 BetrAVG jedenfalls auch Fremdgeschäftsführer einer GmbH. Für die Beratungspraxis von größter Relevanz ist eine Entscheidung des BAG (BAG NZA-RR 2010, 168), wonach entgegen der bisherigen Rechtsprechung des BGH (vgl. etwa BGH NZA 2009, 613) und der h.M. in der Literatur bei Verträgen mit Organmitgliedern in dem selben Maße von den Schutzbestimmungen des Betriebsrentengesetzes abgewichen werden kann, wie dies Tarifparteien für Arbeitnehmer machen dürfen. Denn – so die Begründung – eine weitergehende Unabdingbarkeit würde dazu führen, dass Organmitglieder besser geschützt wären als „normale" Arbeitnehmer. Mit anderen Worten: Soweit Vorschriften des BetrAVG nach § 17 Abs. 3 S. 1 BetrAVG tarifdispositiv sind, sind sie auch vertragsdispositiv bei der Verhandlung und Ausgestaltung von Verträgen mit Fremdgeschäftsführern. Diese zumindest nach der Rechtsprechung des BAG neu gewonne Flexibilität bei der Gestaltung einer Versorgungszusage macht es insbesondere möglich, eine abweichende Berechnungsweise bei der Ermittlung der Höhe der unverfallbaren Anwartschaften vorzusehen sowie Abfindungsklauseln in den Vertrag aufzunehmen. Falls eine von § 2 BetrAVG abweichende Höhe der unverfallbaren Anwartschaft vereinbart werden soll, dürfte im Regelfall eine Vereinbarung noch zulässig und nicht dem Verdikt der Sittenwidrigkeit nach § 138 BGB ausgesetzt sein, die eine Anwartschaft in Höhe von mindestens 50 Prozent der nach § 2 BetrAVG berechneten Anwartschaft festsetzt (*Diller/Arnold/Kern* GmbHR 2010, 281, 283; *Thüsing/Granetzny* NZG 2010, 449, 451 m.w.N.). Bei Vereinbarung einer Abfindungsoption zugunsten des Geschäftsführers sollte die Gesellschaft darauf achten, dass diese Abfindungsoption nur während der Laufzeit des Anstellungsverhältnisses und bei Ausscheiden aus dem Unternehmen gilt, jedoch mit Eintritt des Versorgungsfalles erlischt oder dann zumindest eine deutlich ungünstigere Berechnungsgrundlage gilt. Geschäftsführer werden möglicherweise künftig verstärkt darauf dringen, eine Abfindungsoption zumindest für denjenigen Teil der Versorgungszusage vorzusehen, welcher die Höchstgrenze der Insolvenzsicherung nach § 7 Abs. 3 BetrAVG überschreitet. Denn dadurch ließe sich das Insolvenzrisiko durch die Möglichkeit einer Teilabfindung zu Gunsten des Geschäftsführers minimieren (vgl. *Diller/Arnold/Kern* GmbHR 2010, 281, 282). Ob diesem Wunsch entsprochen wird, ist eine Frage der Verhandlungsstärke beider Seiten.

24. Sozialversicherung. Im Formular ist keine Klausel zur Regelung etwaiger sozialversicherungsrechtlicher Fragen enthalten. Im Regelfall ist eine solche Regelung entbehrlich, weil ein **Fremdgeschäftsführer** aufgrund seiner abhängigen Beschäftigung bei der Ausführung seiner Tätigkeiten für die Gesellschaft regelmäßig als „Beschäftigter" i.S.d. § 7 Abs. 1 SGB IV angesehen wird (ständige Rechtsprechung des BSG, vgl. etwa BSG BeckRS 2003, 40917; *Stück* GmbHR 2007, 1099). Für den Fremdgeschäftsführer gilt somit im Regelfall für sämtliche Sozialversicherungszweige mit Ausnahme der Krankenversicherung Versicherungspflicht. Die Gesellschaft ist regelmäßig gesetzlich verpflichtet, im Rahmen der Beitragsbemessungsgrenzen die entsprechenden Sozialversicherungsbeiträge einzubehalten, abzuführen und die Arbeitgeberanteile zu tragen. In den Bereichen der gesetzlichen Kranken- und Pflegeversicherung wird infolge des Überschreitens der Jahresentgeltgrenze nach § 6 Abs. 1 Nr. 1 i.V.m. Abs. 6 SGB V regelmäßig Versicherungsfreiheit bestehen. Insoweit hat der Geschäftsführer einen gesetzlichen Anspruch auf Zahlung der Arbeitgeberzuschüsse zur Kranken- (§ 257 SGB V) und Pflegeversicherung (§ 61 SGB XI).

Etwas anderes gilt nur, wenn der Fremdgeschäftsführer nach dem Gesamtbild der tatsächlichen Verhältnisse die Geschäfte der GmbH „nach eigenem Gutdünken" faktisch wie ein Alleininhaber führen kann (BSG NZA-RR 2003, 325, 326). Die Geschäftsführung ähnlich einer Alleininhaberschaft ist jedoch ein seltener Ausnahmefall, der lediglich bei Familienunternehmen denkbar ist, in denen familiäre Bindungen des Fremdgeschäftsführers zu den Mehrheitsgesellschaftern bestehen (Anlage 3 S. 2 des Rundschreibens der Spitzenverbände der Sozialversicherungsträger zur Statusfeststellung vom 13.4.2010). Sollte diese Sondersituation vorliegen, ist aus Gründen der Rechtssicherheit ein die Durchführung eines Statusfeststellungsverfahrens angezeigt (*Reiserer/Fallenstein* DStR 2010, 2085, 2087).

Auch beim **Gesellschafter-Geschäftsführer** wird ausgehend vom Kapitalanteil und einem Regel-Ausnahme-Schema folgend (vgl. Anlage 3 Anhang 1 des Rundschreibens der Spitzenverbände der Sozialverischerungsträger zur Statusfeststellung vom 13.4.2010) individuell geprüft, ob dieser als „Beschäftigter" i.S.d. § 7 Abs. 1 SGB IV anzusehen ist; nur wenn dies nicht der Fall ist, liegt Sozialversicherungsfreiheit vor. Dabei wird die Stellung als „Beschäftigter" nicht automatisch durch die Gesellschafterstellung ausgeschlossen. Nach der ständigen Rechtsprechung des BSG soll bei Gesellschafter-Geschäftsführern ein abhängiges Beschäftigungsverhältnis allerdings nur dann vorliegen, wenn die Gesellschafter funktionsgerecht dienend am Arbeitsprozess der GmbH teilhaben, für ihre Beschäftigung ein entsprechendes Arbeitsentgelt erhalten und keinen maßgeblichen Einfluss auf die Geschicke der Gesellschaft kraft ihres Anteils am Stammkapital geltend machen können. Letzteres wird bejaht, wenn sie keine Rechtsmacht haben, Beschlüsse zu verhindern, die ihr Dienstverhältnis negativ beeinflussen könnten. Ab einer Kapitalbeteiligung von 50 Prozent wird eine abhängige Beschäftigung regelmäßig verneint (BSG BeckRS 1982, 30709061). Das gleiche gilt im Fall einer gesellschaftsrechtlichen Sperrminorität (BSG NZA 2006, 396, 397). In diesen Fällen liegt eine Weisungsgebundenheit i.d.R. nicht mehr vor, da aufgrund der Rechtsmacht des Geschäftsführers keine Entscheidung gegen seinen Willen umgesetzt werden kann. Ausnahmsweise kann aber auch im Falle eines Mehrheitsgesellschafters eine abhängige Beschäftigung gegeben sein, wenn der Geschäftsführer die Kapitalbeteiligung nur treuhänderisch hält (BSG BeckRS 2006, 41119).

Besitzt ein Minderheitsgesellschafter keine Sperrminorität, ist die Frage nach dem Vorliegen eines abhängigen Beschäftigungsverhältnisses anhand allgemeiner Kriterien zu prüfen (*Reiserer/Fallenstein* DStR 2010, 2085, 2087). Regelmäßig geht das BSG in solchen Fällen von einer abhängigen Beschäftigung aus (BSG BeckRS 2003, 40917; *Grimm* DB 2012, 175, 176). Zur Feststellung der oben dargestellten Voraussetzungen müssen Gesellschafter-Geschäftsführer seit dem 1.1.2005 ein obligatorisches Statusfeststellungsverfahren durchlaufen (vgl. § 7a Abs. 1 S. 2 SGB IV; *Giesen* NZA 2005, 680). Zuständig für dieses Statusverfahren ist die Deutsche Rentenversicherung Bund (vgl. insoweit zu den anzuwendenden Kriterien auch hier das Rundschreiben der Spitzenverbände der Sozialversicherungsträger vom 13.4.2010, insbesondere Anlage 3; zu den einschlägigen Verfahrensregelungen *Reiserer/Fallenstein* DStR 2010, 2085, 2089 f.).

Die Behandlung eines **schwerbehinderten Geschäftsführers** als Arbeitnehmer i.S.d. SGB IX wurde in der Rechtsprechung unterschiedlich beurteilt (dafür LSG Stuttgart BeckRS 2010, 65657; dagegen OLG Düsseldorf BeckRS 2013, 06762).

25. Auslagen. Im Formular ist eine für Geschäftsführer übliche Regelung zum Ersatz von Auslagen für die Bewirtung von Geschäftspartnern und Geschäftsreisen vorgesehen. Denkbar wäre, engere oder präzisere Regelungen zu treffen, als sie das Formular vorsieht. In der Praxis hat sich jedoch die im Formular verwendete Formulierung regelmäßig als völlig ausreichend erwiesen. Dies gilt insbesondere in den Fällen, bei denen in der Gesellschaft oder im Konzern allgemeingültige Richtlinien zur Auslagenerstattung, insbesondere zu Reisekostenerstattung, existieren. Gibt es solche Richtlinien nicht, kann sich die zusätzliche Festlegung empfehlen, in welcher Klasse der Geschäftsführer bei Benutzung von Flugzeug und Eisenbahn reisen und welche Hotelkategorie er nutzen darf.

26. Firmenwagen. Fast ausnahmslos wird einem Geschäftsführer heutzutage ein Firmenwagen zur Verfügung gestellt, der auch privat genutzt werden darf. Angesichts des mit dem Dienstwagen verbundenen Status- und Image-Effekts ist es i.d.R. zu empfehlen, die mit dem Firmenwagen verbundenen Fragen großzügig zu handhaben, um die Vertragsverhandlungen insgesamt zu erleichtern. Die Kategorie des Firmenwagens sollte dabei im Geschäftsführerdienstvertrag festgelegt werden. Dies kann entweder über die Angabe eines Referenz-Fahrzeugtyps (nebst Hinweisen auf etwaige Sonderausstattung) oder durch die Angabe des Bruttolistenpreises bzw. der monatlichen Bruttoleasingrate erfolgen (vgl. zu weiteren Fragen → Form. A. III. 1, 2).

27. Gruppenversicherung. Gelegentlich will die Gesellschaft dem Geschäftsführer einen bestimmten Versicherungsschutz zukommen lassen (z.B. Unfallversicherung mit betragsmäßig festgelegten Versicherungssummen für den Invaliditäts- und Todesfall). Ob und in welcher Höhe hier eine Kostenübernahme seitens der Gesellschaft erfolgen soll, ist Verhandlungssache. Im Formular ist eine derartige Regelung nicht vorgesehen. In der Praxis kommt es jedoch nicht selten vor, dass eine Konzernobergesellschaft eine für den gesamten Konzern bestimmte Gruppenversicherung abgeschlossen hat. Hier hat der Geschäftsführer ein Interesse daran, auch in den Genuss dieser Gruppenversicherung zu kommen und die Gesellschaft wird dem Wunsch des Geschäftsführers nach Teilnahme i.d.R. entsprechen und kann dann nachfolgende Klausel in den Geschäftsführerdienstvertrag aufnehmen:

Optional nach § 7:

§ . . . . . . Gruppenversicherung

Der Geschäftsführer nimmt an den Gruppenversicherungen teil, die gegenwärtig für die Mitarbeiter der . . . . . . AG in Kraft sind und im Einzelnen in Anlage . . . . . . zu diesem Vertrag beschrieben sind. Im Falle von Änderungen der zurzeit bestehenden Gruppenversicherungen wird dem Geschäftsführer alternativ ein äquivalenter Versicherungsschutz zur Verfügung gestellt. Einzelheiten sind in Anlage . . . . . . zu diesem Vertrag niedergelegt. Soweit der Geschäftsführer nach diesem Vertrag eine Entgeltfortzahlung im Krankheitsfalle erhält, wird eine etwaige Entgeltfortzahlung auf Leistungen der im Rahmen der Gruppenversicherung gewährten Invaliditätsversicherung angerechnet.

Wenn die Gesellschaft keine Gruppenunfallversicherung unterhält, ist auch denkbar, dass im Geschäftsführerdienstvertrag der Abschluss einer Einzelunfallversicherung für den Geschäftsführer vorgesehen wird. Die in der Praxis üblichen Versicherungssummen hängen dabei von der Größe des Unternehmens und der Verhandlungssituation ab. Nicht selten wird eine halbe bis eine Jahresvergütung für den Todesfall und das Doppelte bis Dreifache hiervon für den Invaliditätsfall vereinbart.

28. Geheimhaltungsverpflichtung. Im Formular ist die Geheimhaltungspflicht des Geschäftsführers sehr weit gefasst. Mit der vorgeschlagenen Formulierung gilt diese Geheimhaltungsverpflichtung nicht nur während der Dauer der Laufzeit des Geschäftsführerdienstvertrages, sondern auch für die Zeit danach. Hier ist in rechtlicher Hinsicht allerdings zu berücksichtigen, dass in der arbeitsgerichtlichen Rechtsprechung zur nachvertraglichen Geheimhaltungspflicht eines Arbeitnehmers bereits mehrfach entschieden wurde, dass sehr weit gefasste Geheimhaltungsklauseln dann unwirksam sein sollen, wenn sie letztlich ein entschädigungsloses nachvertragliches Wettbewerbsverbot darstellen (BAG NZA 1995, 72; BAG NZA 1996, 310; BAG NZA 1996, 700). Diese Rechtsprechung ist auf Geschäftsführerdienstverträge nicht ohne Weiteres übertragbar, weil die ständige zivilgerichtliche Rechtsprechung davon ausgeht, dass die Regelungen der §§ 74 ff. HGB auf Geschäftsführer keine Anwendung finden (so BGH DStR 2008, 1842; OLG Nürnberg BeckRS 2010, 01746, 142 m.w.N.; *Thüsing* NZG 2004, 9). Allerdings kann nicht ausgeschlossen werden, dass die arbeitsgerichtliche Rechtsprechung in Zukunft nach ihrem Sinngehalt in die zivilgerichtliche Rechtsprechung zu nachvertraglichen Wettbewerbsverboten für Geschäftsführer Eingang finden wird. Dies könnte dazu führen, dass eine sehr weitreichende nachvertragliche Geheimhaltungsverpflichtung als eine in die Berufsfreiheit des Geschäftsführers zu weit eingreifende und von den legitimen Interessen der Gesellschaft nicht mehr gedeckte Wettbewerbsbeschränkung angesehen werden könnte (s. hierzu BGH NJW 1984, 2366). Um dieser Gefahr vorzubeugen, sollte eine differenzierende Regelung verwendet werden, mit der für die Laufzeit des Geschäftsführerdienstvertrages eine sehr umfassende und strikte Geheimhaltungsverpflichtung vorgesehen wird, für die Zeit nach der Beendigung des Geschäftsführeranstellungsverhältnisses diese Pflicht hingegen differenzierter formuliert wird. Damit soll die grundrechtlich geschützte Berufsfreiheit des Geschäftsführers nur in einem zulässigen Maß tangiert werden.

29. Rückgabe. Besonders wichtig ist es, die Rückgabeverpflichtung auch auf einen dem Geschäftsführer überlassenen Laptop, ein zur Verfügung gestelltes Blackberry oder ein auch zur privaten Nutzung überlassenes Mobiltelefon zu erstrecken, da in Zeiten des „papierlosen Büros" die wichtigsten Unterlagen häufig nur elektronisch gespeichert werden.

30. Urheberrechte. Die im Formular vorgesehene Klausel zu technischen Erfindungen und urheberrechtsfähigen Schöpfungen des Geschäftsführers ist vergleichsweise knapp. Bei einem Geschäftsführer, bei dem zu erwarten steht, dass er tatsächlich solche technischen (oder sonstigen) Erfindungen macht bzw. urheberrechtsfähige Schöpfungen schafft, empfiehlt sich eine erheblich ausführlichere und umfassendere Regelung. Diese kann auch als Anlage zum Geschäftsführerdienstvertrag genommen werden (→ Form. A. IV. 3 und ganz allgemein zu dieser Problematik BGH GRUR 2007, 52 „Rollenantriebseinheit 2"; *Bartenbach/Fock* GRUR 2005, 384; *Friemel/Kamlah* BB 2008, 613). Das Arbeitnehmererfindergesetz (ArbnErfG) findet auf Geschäftsführer nach h.M. keine Anwendung.

31. Krankheit/Tod. Im Formular ist für den Geschäftsführer im Krankheitsfall eine Gehaltsfortzahlung vorgesehen. Diese umfasst den auch für Arbeitnehmer gesetzlich vorgesehenen Sechs-Wochen-Zeitraum. Je nach Alter und familiärer Situation wird ein Geschäftsführer einen längeren Entgeltfortzahlungszeitraum wünschen. Für diesen Fall sollte die folgende Klausel gewählt werden, die – wie im Formular – auch eine Anrechnung etwaiger an den Geschäftsführer gezahlter Versicherungsleistungen auf das fortgezahlte Entgelt vorsieht (wobei der Zeitraum von sechs Monaten lediglich ein Vorschlag ist; die Parteien können einen kürzeren oder längeren Zeitraum vorsehen):

> *Alternative* zu § 9 Abs. (2):
> **Im Falle unverschuldeter, die Durchführung seiner Aufgaben ausschließender Krankheit oder sonstiger unverschuldeter Verhinderung an der Erbringung seiner Dienstleistung während seiner Anstellung hat der Geschäftsführer Anspruch auf Fortzahlung seines Gehalts gemäß § 6 Abs. (1) für die Dauer von sechs Monaten, längstens jedoch bis zur Beendigung dieses Vertrages. Etwaige aufgrund der Dienstverhinderung von den Trägern der gesetzlichen Krankenkasse oder einer privaten Krankenversicherung oder einer Unfallversicherung gewährte Leistungen werden auf die Gehaltsfortzahlung angerechnet. Schadensersatzansprüche gegen Dritte tritt der Geschäftsführer in Höhe der geleisteten Gehaltsfortzahlung an die Gesellschaft ab.**

Weit verbreitet und im Formular in § 9 Abs. (3) vorgesehen ist es, dem Geschäftsführer für den Fall seines Todes zuzusagen, dass seine Angehörigen sein Gehalt für einen bestimmten Zeitraum (üblich sind drei Monate) weitergezahlt erhalten. Wenn die Gesellschaft keine Kenntnis von der familiären Situation des Geschäftsführers hat, können statt „Ehegatten und unterhaltsberechtigte Kinder" als Begünstigte auch pauschal seine Erben genannt werden.

32. D&O-Versicherung. In der Praxis kommt es immer häufiger vor, dass der Geschäftsführer in den Anwendungsbereich einer **Director's and Officer's Liability Insurance** (sog. „D&O-Versicherung" im Sinne einer Berufshaftpflicht für Manager) einbezogen werden will, um sich vor dem Hintergrund eines wachsenden Haftungspotentials gegen die Inanspruchnahme für fahrlässig verursachte Vermögensschäden abzusichern. Ob eine Gesellschaft diesem Wunsch nachkommen will, ist Verhandlungssache und oft auch eine politische Frage; die Gewährung einer solchen Versicherung ist aber heute bereits weit verbreitet (vgl. zu den damit im Zusammenhang stehenden Fragen sowie auch zur Formulierung einer Klausel sowie weiteren Versicherungen → Form. B. II. 1 Anm. 30). 32

Der durch das VorstAG in § 93 Abs. 2 S. 3 AktG eingeführte zwingende Selbstbehalt gilt für GmbH-Geschäftsführer weder direkt noch entsprechend (zur Haftung des Geschäftsführers einer GmbH *Baumbach/Hueck* § 43 Rn. 1).

33. Aufhebung bisheriger Beschäftigungsverhältnisse. Bei Geschäftsführern, die vor der Bestellung zum Geschäftsführer bereits als Arbeitnehmer für die Gesellschaft (oder eine andere Konzerngesellschaft) tätig waren und in das Amt eines Geschäftsführers „befördert" werden, ist es für die Gesellschaft sinnvoll, bestehende Anstellungsverhältnisse ausdrücklich zu beenden, um die vertraglichen Beziehungen auf eine einzige neue Grundlage zu stellen. Zudem sollte die Entstehung eines „ruhenden" Arbeitsverhältnisses verhindert werden. Ein „Ruhen" dieses Arbeitsverhältnisses hätte zur Folge, dass sich der Geschäftsführer nach Abberufung von seiner Organstellung auf ein Wiederaufleben seines früheren Arbeitsverhältnisses und die damit verbundenen Arbeitnehmerrechte, insbesondere einen Kündigungsschutz berufen könnte. Zwar ist eine ausdrückliche Beendigung des vor der Berufung in das Organverhältnis bestehenden Arbeitsverhältnisses nach der ständigen Rechtsprechung des BAG im Regelfall nicht erforderlich, da durch den schriftlichen Abschluss des Geschäftsführerdienstvertrages konkludent das Arbeitsverhältnis aufgehoben werde (zuletzt BAG NZG 2009, 466 mit ausdrücklicher Bestätigung von BAG NZA 2007, 1095 unter Klarstellung, dass das Schriftformerfordernis für einen Aufhebungsvertrag nach § 623 BGB durch die Schriftlichkeit des Geschäftsführerdienstvertrages gewahrt ist; ist der Dienstvertrag allerdings nur mündlich abgeschlossen, fehlt es an einer formwirksamen Beendigung des Arbeitsverhältnisses, s. hierzu BAG NZA 2011, 874). Um eine Aufhebung des Arbeitsverhältnisses jedoch rechtssicher zu gewährleisten (d.h. auch für solche Fälle, in denen möglicherweise besondere Umstände zum Fortbestand des Arbeitsverhältnisses führen könnten, vgl. zu den einschlägigen Konstellationen *Jäger* DStR 2010, 2312 ff.; *Stagat* DB 2010, 2801 ff.), empfiehlt sich die Aufnahme der im Formular vorgesehenen ausdrücklichen Aufhebungsklausel.

Im Jahr 2007 hatte das BAG unter Hinweis auf die insoweit teilweise kritische Literatur noch ausdrücklich offen gelassen, ob eine schriftformgerechte Aufhebung eines Arbeitsverhältnisses auch dann vorliege, wenn der Geschäftsführerdienstvertrag nur durch die Gesellschafter oder deren Vertreter und nicht durch die zum Ausspruch von Arbeitnehmerkündigungen grundsätzlich befugte Geschäftsführung unterzeichnet wird (BAG NZA 2007, 1095; vgl. *Hümmerich/Schmidt-Westphal* DB 2007, 222). Aus Vorsichtsgründen empfiehlt es sich daher, den Geschäftsführerdienstvertrag zusätzlich von Geschäftsführern in vertretungsberechtigter Zahl unterzeichnen zu lassen, auch wenn das BAG im Jahr 2009 wie selbstverständlich davon ausging, dass das Arbeitsverhältnis durch den Abschluss des Geschäftsführerdienstvertrages mit einem fakultativ eingerichteten Aufsichtsrat aufgehoben worden ist (BAG NZA 2009, 669; → Anm. 40). Für einen Vertragsschluss mit der Gesellschafterversammlung in einer aufsichtsratslosen GmbH dürfte dann wohl nichts anderes gelten.

Sollte zwischen dem Geschäftsführer und einer anderen konzernangehörigen Gesellschaft ein Arbeitsverhältnis oder ein sonstiges Dienstverhältnis bestanden haben oder bestehen, sollte dieses durch einen separaten Aufhebungsvertrag beendet werden. In diesem Fall hat es sich in der Praxis bewährt, die Wirkung des Geschäftsführerdienstvertrages von dem Abschluss des Aufhebungsvertrages abhängig zu machen, um das Risiko nebeneinander laufender Vertragsbeziehungen zu vermeiden:

Optional:

§ . . . . . . Aufschiebende Bedingung

Die Parteien sind sich einig, dass dieser Vertrag erst wirksam wird, wenn der Geschäftsführer den Aufhebungsvertrag mit der . . . . . . (Name der Gesellschaft) zur Aufhebung seines . . . . . . (Bezeichnung des Beschäftigungsverhältnisses, z.B. Arbeitsverhältnis) mit Wirkung zum . . . . . . (Datum) wirksam unterzeichnet hat.

34. Früherer Geschäftsführerdienstvertrag. Im Rahmen der Schlussbestimmungen ist im Formular auch vorgesehen, dass alle vorhergehenden Geschäftsführerdienstverträge oder sonstige die Tätigkeit als Geschäftsführer betreffenden Vereinbarungen zwischen dem Geschäftsführer und der Gesellschaft einvernehmlich aufgehoben werden. Dies dient dem Zweck, dass sich die Anstellungsbedingungen allein aus dem Geschäftsführerdienstvertrag ergeben sollen. Zu beachten ist, dass sich die Wirkung dieser Klausel nur auf alle vor der Unterzeichnung dieses Geschäftsführerdienstvertrages abgeschlossenen Vereinbarungen beziehen kann. Etwaige nach Abschluss dieses Geschäftsführerdienstvertrages geschlossene Sondervereinbarungen bleiben hiervon unberührt.

35. Schriftformklausel. Die im Formular geregelte Schriftformklausel empfiehlt sich allein aus taktischen Erwägungen und entfaltet insofern nur eine eingeschränkte rechtliche Wirkung als auch beim Geschäftsführerdienstvertrag der Vorrang der Individualabrede gilt (vgl. § 305b BGB und → Form. A. II. 1 zur gleichlaufenden Problematik bei Arbeitsverträgen).

36. Schriftform des Geschäftsführerdienstvertrages. Zwar gilt – unionsrechtskonform, da die zugrunde liegende Richtlinie 91/533/EWG für den Anwendungsbereich der Richtlinie auf den jeweiligen mitgliedstaatlichen Arbeitnehmerbegriff abstellt – das NachwG für Geschäftsführer nicht. Der wirksame Abschluss eines Geschäftsführerdienstvertrages ist daher grundsätzlich formfrei möglich. Lediglich einzelne Abreden des Formulars bedürfen zu ihrer Wirksamkeit der Schriftform (z.B. die einvernehmliche Aufhebung eines Arbeitsverhältnisses nach § 623 BGB, → Anm. 33). Allerdings empfiehlt sich generell die schriftliche Abfassung des Geschäftsführerdienstvertrages, zum einen aus Beweiszwecken, zum anderen deswegen, weil die Finanzbehörden bei einer Steuerprüfung der Gesellschaft die Vorlage von schriftlichen Anstellungsverträgen verlangen. Der Geschäftsführerdienstvertrag kann auch in ausländischer Sprache oder zweisprachig abgefasst werden.

37. Rechtswahl. Das Formular geht davon aus, dass deutsches Recht für den Geschäftsführerdienstvertrag gilt. Im Bedarfsfall kann auch die Geltung ausländischen Rechts vereinbart werden. Allerdings muss der Vertrag dann auf seine Vereinbarkeit mit der gewählten ausländischen Rechtsordnung und auf die Durchsetzbarkeit der Klauseln nach der ausländischen Rechtsordnung geprüft werden und – je nach gewählter Rechtsordnung – wahrscheinlich umfassend überarbeitet und angepasst werden. Unter dem Gesichtspunkt der Einbeziehungskontrolle nach AGB-Recht (insbesondere das Verbot überraschender Klauseln gemäß § 305c Abs. 1 BGB) sollte die Wahl einer ausländischen Rechtsordnung einen gewissen Bezug zum Anstellungsverhältnis haben (z.B. das Recht des Heimatstaates eines ausländischen Geschäftsführers zur Anwendung bringen) und nicht unvorhersehbar sein.

Da Art. 8 Rom I-VO auf den unionsrechtlichen Arbeitnehmerbegriff abstellt, kann es nach Art. 8 Abs. 1 S. 2 Rom I-VO zu einer Rechtswahlkorrektur kommen, wenn der Fremdgeschäftsführer in Folge der „Danosa"-Entscheidung und der maßgeblichen unionsrechtlichen Auslegung als Arbeitnehmer i.S.v. Art. 8 Rom I-VO angesehen werden müsste (vgl. zu dieser weiten Interpretation der „Danosa"-Entscheidung durch die Literatur → Anm. 2). Dies würde bewirken, dass neben der im Geschäftsführerdienstvertrag gewählten Rechtsordnung die aufgrund objektiver Anknüpfung maßgeblichen zwingenden arbeitsrechtlichen Vorschriften (häufigster Fall deutsches Recht wegen dauerhaftem inländischen Arbeitsort) zur Anwendung kommen würden, so dass die Mindestanforderungen beider Rechtsordnungen – also der gewählten und derjenigen, welche kraft objektiver Anknüpfung anwendbar ist – gewahrt sein müssen.

Die gesellschaftsrechtliche Bewertung des Sachverhalts unterliegt ungeachtet der Verwendung dieser Klausel dem deutschen Recht, da davon ausgegangen wird, dass die GmbH ihren tatsächlichen Verwaltungssitz in Deutschland hat.

38. **Schiedsvereinbarung.** Es besteht bei Geschäftsführerdienstverträgen auch die – im Formular zunächst nicht vorgesehene – Möglichkeit, vermögens- wie auch nichtvermögensrechtliche (§ 1030 Abs. 1 ZPO) Rechtsstreitigkeiten von einem Schiedsgericht klären zu lassen (vgl. in Abgrenzung zu arbeitsgerichtlichen Streitigkeiten § 101 Abs. 3 ArbGG).

Alternative:
Über Zweifelsfragen und Streitigkeiten aus oder im Zusammenhang mit diesem Vertrag entscheidet, soweit gesetzlich zulässig, ein Schiedsgericht unter Ausschluss des ordentlichen Rechtswegs. Für dieses Schiedsgericht finden die §§ 1025 ff. ZPO Anwendung.

Auch der Ort eines eventuellen schiedsgerichtlichen Verfahrens kann frei vereinbart werden (§§ 1043, 1025 ZPO). Für einen ausländischen Geschäftsführer als potenzielle Streitpartei kann gerade die Möglichkeit, die Verfahrenssprache frei zu wählen (§ 1045 ZPO) sowie Schiedsrichter aus seinem Heimatstaat zu bestellen, attraktiver sein als die Unterwerfung unter die deutsche Gerichtsbarkeit.

39. **Erfüllungsort, Gerichtsstand und Urkundenprozess.** Bei Beteiligung von im Zeitpunkt des Vertragsschlusses nicht im Inland und nicht in der Europäischen Union ansässigen Geschäftsführern empfiehlt sich aus Sicht der Gesellschaft die Vereinbarung (§ 38 Abs. 2 ZPO) eines deutschen Gerichtsstands (z. B. am Sitz der Gesellschaft) durch internationale Prorogation. Mit einem in der Europäischen Union ansässigen Geschäftsführer kann eine wirksame Gerichtsstandsvereinbarung vor Entstehung der Streitigkeit wegen Art. 21 Nr. 1 EuGVO nicht vereinbart werden, wenn der Fremdgeschäftsführer in Folge der „Danosa"-Entscheidung und der maßgeblichen unionsrechtlichen Auslegung als Arbeitnehmer angesehen werden müsste. Denn auch die EuGVO stellt auf den unionsrechtlichen Arbeitnehmerbegriff ab. Mit Arbeitnehmern kann eine wirksame Gerichtsstandsvereinbarung vor Entstehung der Streitigkeit nicht vereinbart werden. (Zu Vermeidungsstrategien hinsichtlich potenziell gefährlicher Gerichtsstände, insbesondere denjenigen der „minimum contacts" in den USA vgl. *Wilske/Arnold/Grillitsch* ZIP 2009, 2425.)

Im Übrigen sind die Gerichte für Arbeitssachen nur bei einer hierauf gerichteten Vereinbarung zwischen den Vertragsparteien zuständig (§ 2 Abs. 4 ArbGG); ohne Regelung hierzu sind daher die Zivilgerichte sachlich zuständig.

Mit dem Urkundenprozess steht dem Geschäftsführer grundsätzlich ein gerichtliches Verfahren zur Verfügung, dass es ihm im Fall einer außerordentlichen Kündigung durch die Gesellschaft erlaubt, schneller als im ordentlichen Verfahren einen vorläufig vollstreckbaren Titel über seine Vergütungsansprüche inklusive etwaiger Übergangsgelder und Abfindung (OLG Celle OLGReport Celle 2009, 473) zu erwirken (BGH NJW-RR 1988, 1265; OLG Rostock OLGReport Rostock 2005, 804; *Fischer* NJW 2003, 333; *Pesch* NZA 2002, 957; *Pröpper* BB 2003, 202). Dadurch könnte der Geschäftsführer den auf ihm lastenden wirtschaftlichen Druck verringern und eine Änderung der Kräfteverhältnisse bei den Verhandlungen über einen Aufhebungsvertrag erreichen. Dem kann durch einen ausdrücklichen Ausschluss dieser Verfahrensart entgegengewirkt werden. Ein derartiger Ausschluss des Urkundenverfahrens war zwar noch nicht Gegenstand höchstrichterlicher Rechtssprechung, allerdings wird er in der Literatur für zulässig erachtet (Musielak/*Voit* § 592 Rn. 13).

40. **Unterzeichnung.** Anders als bei der Bestellung ist die Frage, wer den Geschäftsführerdienstvertrag auf Seiten der Gesellschaft unterzeichnen muss, gesetzlich nicht geklärt. Nach allerdings inzwischen ganz h. M. muss die nicht mitbestimmte GmbH sowie die nach dem Drittelbeteiligungsgesetz mitbestimmte GmbH beim Abschluss des Geschäftsführerdienstvertrages durch ihre **Gesellschafterversammlung** vertreten werden. Dies gilt auch und gerade beim Bestehen von satzungsmäßigen Sonderrechten, welche Minderheitsgesellschaftern Einfluss auf die Zusammensetzung der Geschäftsführung gewähren (BGH DStR 1991, 751; BGH DStR 1995, 774; BGH NZA 2000, 945; *Cramer* NZG 2011, 171). Handelt es sich bei der „Gesellschafterversammlung" um eine juristische Person – wie im Formular um eine AG als Alleingesellschafterin – muss diese ihrerseits beim Abschluss des Geschäftsführerdienstvertrages durch ihre gesetzlichen Vertreter in ausreichender Zahl vertreten sein (s. hierzu BGH NJW 1995, 1750 und BGH NZG 2003, 86). Nur wenn die GmbH dem Geltungsbereich eines Mitbestimmungsgesetzes (außer dem Drittelbeteiligungsgesetz) unterfällt, ist der Aufsichtsrat der Gesellschaft für den Abschluss des Geschäftsführerdienstvertrages zuständig („Annexkompetenz" aus § 31 Abs. 1 MitbestG).

Zusätzlich sollte die Gesellschaft durch Geschäftsführer in vertretungsberechtigter Zahl unterzeichnen, wenn durch eine entsprechende Klausel im Geschäftsführerdienstvertrag auch ein vorangegangenes Arbeitsverhältnisses beendet wird (→ Anm. 33).

2. Gesellschafterbeschluss: Bestellung eines Geschäftsführers einer GmbH

Gesellschafterbeschluss[1, 2]

Die . . . . . . AG, eingetragen im Handelsregister des Amtsgerichts . . . . . ., HRB . . . . . ., ist Alleingesellschafterin[3] der

. . . . . . GmbH, eingetragen im Handelsregister des Amtsgerichts . . . . . ., HRB . . . . . ., „Gesellschaft".

Die Alleingesellschafterin hält unter Verzicht auf alle verzichtbaren gesetzlichen und gesellschaftsvertraglichen Form- und Fristvorschriften hinsichtlich der Einberufung und Abhaltung einer Gesellschafterversammlung eine Gesellschafterversammlung[4] der Gesellschaft ab und beschließt was folgt:

1. Herr . . . . . . (Name),[5] geboren am . . . . . ., wohnhaft in . . . . . ., wird mit sofortiger Wirkung[6] zum alleinigen Geschäftsführer *(Alternative: zum weiteren Geschäftsführer)* der Gesellschaft bestellt.

2. Er vertritt die Gesellschaft satzungsgemäß. *(Alternative: Er vertritt die Gesellschaft stets einzeln (Optional: und ist von den Beschränkungen des § 181 BGB befreit).[7])*

. . . . . .

Ort, Datum

. . . . . . AG vertreten durch die Vorstandsmitglieder

. . . . . .	**. . . . . .**
Vorstandsmitglied	**Vorstandsmitglied**

(Alternative bei mehreren Gesellschaftern, die sich nicht zu einem Verzicht auf Frist- und Formerfordernisse bewegen lassen:

Niederschrift

über eine Gesellschafterversammlung[1, 2]

An der . . . . . . GmbH, eingetragen im Handelsregister des Amtsgerichts . . . . . ., HRB . . . . . ., halten vom Grundkapital von . . . . . . EUR (in Worten: Euro . . . . . .)

Herr A . . . . . . einen Anteil in Höhe von . . . . . . EUR (in Worten: . . . . . . Euro),
Frau B . . . . . . einen Anteil in Höhe von . . . . . . EUR (in Worten: . . . . . . Euro),
Herr C . . . . . . einen Anteil in Höhe von . . . . . . EUR (in Worten: . . . . . . Euro)
(Namen der Gesellschafter[3] und ihre Anteile nach nominellem Betrag).

Zur ordentlichen Gesellschafterversammlung[4] war am . . . . . . unter Einhaltung der satzungsgemäßen Ladungsfrist und unter Angabe der Tagesordnung geladen worden. Auf die Ladung hin sind am . . . . . . (Datum) um . . . . . . (Uhrzeit) in . . . . . . (Ort) erschienen:

Herr . . . . . .,
Frau . . . . . .,
Herr . . . . . .
(Liste der erschienenen Gesellschafter).

Es sind somit alle Gesellschafter erschienen oder ordnungsgemäß vertreten.

Einziger Tagesordnungspunkt ist die Bestellung eines neuen Geschäftsführers.

Die Gesellschafterversammlung stimmt ab über die Bestellung von

Herrn . . . . . . (Name),[5] geboren am . . . . . ., wohnhaft in . . . . . ., zum . . . . . . alleinigen Geschäftsführer

(Alternative: zum weiteren Geschäftsführer).

Die Bestellung erfolgt mit sofortiger Wirkung.[6]

Der Geschäftsführer vertritt die Gesellschaft satzungsgemäß. (Alternative: Der Geschäftsführer vertritt die Gesellschaft stets einzeln (Optional: und ist von den Beschränkungen des § 181 BGB befreit).[7])

Die Abstimmung ergibt Folgendes:

. . . . . . Ja-Stimmen,

. . . . . . Nein-Stimmen,

. . . . . . Enthaltungen.

Die Abstimmung erfolgt somit . . . . . . einstimmig

(Alternative: mit der nach der Satzung erforderlichen Mehrheit von . . . . . .).

Der Geschäftsführer wird hereingerufen und über seine Bestellung informiert. Er nimmt die Bestellung an.[8, 9]

. . . . . .	*. . . . . .*
Unterschrift des Vorsitzenden	*Unterschrift des Protokollführers)*

Anmerkungen

1. **Typischerweise Bestellung bei Abschluss eines Geschäftsführerdienstvertrages.** Typischerweise wird zeitgleich zum Abschluss eines Geschäftsführerdienstvertrages auch ein Gesellschafterbeschluss gefasst, welcher die Bestellung des Geschäftsführers in das Amt als Geschäftsführer der GmbH sowie die Regelung seiner Vertretungsbefugnis zum Gegenstand hat. Diese Bestellung erfolgt in einem vom Abschluss eines Geschäftsführerdienstvertrages unabhängigen gesellschaftsrechtlichen Akt durch einen Beschluss des zuständigen Bestellungsorgans, wenn sie nicht – was bei der Neugründung der Gesellschaft möglich ist – bereits im Gesellschaftsvertrag erfolgt ist (§ 6 Abs. 3 S. 2 GmbHG; hierzu auch *Schrader/Schubert* DB 2005, 1457). Im seltenen Ausnahmefall, in dem die Gesellschaft bspw. wegen Versterbens des Geschäftsführers ohne Vertretungsorgan ist, weil ein Nachfolger nicht rechtzeitig bestellt wurde, kann auf Antrag eines Beteiligten (z. B. eines Gesellschafters oder eines Gläubigers) das Amtsgericht in dringenden Fällen eine **Notbestellung** (auch **Ergänzungsbestellung** genannt) in entsprechender Anwendung von § 29 BGB vornehmen (hierzu Baumbach/Hueck/*Fastrich* § 6 Rn. 32).

2. Unabhängigkeit der Bestellung vom Abschluss eines Geschäftsführerdienstvertrages. Für die Bestellung des Geschäftsführers ist der Abschluss eines Geschäftsführerdienstvertrages nicht Voraussetzung. In der Praxis wird es allerdings häufig so sein, dass mit der Bestellung auch der Abschluss eines Geschäftsführerdienstvertrages einhergeht. Ausnahmen kommen aber durchaus vor: So kann z. B. ein leitender Angestellter nach vielen Jahren einer Beschäftigung als Arbeitnehmer zum Geschäftsführer „befördert" werden; in einem solchen Fall erfolgt die Bestellung nicht selten, ohne dass die Parteien gleichzeitig den bestehenden Arbeitsvertrag beenden und einen Geschäftsführerdienstvertrag abschließen (zu den dadurch entstehenden Risiken für die Gesellschaft → Form. B. I. 1 Anm. 33). Eine andere Ausnahme sind die in der Praxis nicht seltenen Fälle, in denen ein oder mehrere Vertreter der Alleingesellschafterin oder einer anderen Konzern(ober)gesellschaft zum Geschäftsführer der Tochter-GmbH bestellt werden. Mit diesen Geschäftsführern schließt die GmbH typischerweise keine eigenen Geschäftsführerdienstverträge. Denn diese Geschäftsführer haben regelmäßig einen Dienstvertrag mit der Alleingesellschafterin oder der Konzern(ober)gesellschaft geschlossen und beziehen von dieser eine Vergütung. Auch haben sie typischerweise gegenüber der Alleingesellschafterin oder der Konzern(ober)gesellschaft Pflichten wie Geheimhaltungs- und Rückgabepflichten übernommen, welche auch die Tochter-GmbH schützen. Wenn der Dienstvertrag mit der Alleingesellschafterin oder der Konzern(ober)gesellschaft zudem vorsieht, dass mit der nach diesem Dienstvertrag gezahlten Vergütung auch etwaige Tätigkeiten des Geschäftsführers für andere Konzerngesellschaften vollständig abgegolten sein sollen, wird regelmäßig kein Bedürfnis dafür gesehen, einen gesonderten Dienstvertrag zwischen dem Geschäftsführer und der GmbH zu schließen.

Wenn keine der vorstehend beschriebenen Ausnahmen vorliegt und mit der Bestellung zum Geschäftsführer auch der Abschluss eines Geschäftsführerdienstvertrages einhergehen soll, kann im Bestellungsbeschluss als weiterer Beschlussgegenstand vorgesehen werden, dass die Alleingesellschafterin oder die Gesellschafterversammlung (sofern diese für den Abschluss des Geschäftsführerdienstvertrages zuständig ist) einen Vertreter bevollmächtigt, den Geschäftsführerdienstvertrag für die GmbH in Vertretung der Alleingesellschafterin oder der Gesellschafterversammlung zu verhandeln und zu unterzeichnen (→ Form. B. I. 1 Anm. 2, 40). Ein derartiger Beschluss könnte wie folgt lauten:

Optional:
3. Herr . . . . . (Name) wird bevollmächtigt, den als Anlage beigefügten Entwurf des Geschäftsführerdienstvertrags mit Herrn . . . . . . (Name) für die Gesellschaft endzuverhandeln und abzuschließen.

In der Praxis hat sich jedoch bewährt, den Beschluss über die Bevollmächtigung einer Person zum Zwecke der Verhandlung und des Abschlusses eines Geschäftsführerdienstvertrages in einem gesonderten Gesellschafterbeschluss zu fassen. Denn der Bestellungsbeschluss muss dem Registergericht vorgelegt werden, um eine Eintragung des Geschäftsführers im Handelsregister zu erwirken. Es besteht jedoch keine Veranlassung, dem Registergericht bzw. den Personen, die die Anmeldung vornehmen, auch Informationen über den Inhalt des Geschäftsführerdienstvertrages zu geben.

3. Vorüberlegungen. Um einen Bestellungsbeschluss korrekt fassen zu können, muss man sich zunächst Gewissheit darüber verschaffen, **welches Gremium** für die Bestellung des Geschäftsführers **zuständig** ist. Der gesetzliche Regelfall findet sich in § 46 Nr. 5 GmbHG, wonach die Gesellschafterversammlung für die Bestellung des Geschäftsführers einer

GmbH zuständig ist. Wenn jedoch bei der GmbH ein freiwilliger Aufsichtsrat oder ein sonstiges freiwilliges Organ, wie bspw. ein Gesellschafterausschuss oder ein Beirat errichtet ist und diesem satzungsgemäß die Zuständigkeit für die Geschäftsführerbestellung zugewiesen ist, müsste statt eines Gesellschafterbeschlusses ein Aufsichtsrats- oder Beiratsbeschluss gefasst werden (dazu, dass auch in einem solchen Fall die Gesellschafterversammlung ersatzweise zur Bestellung berechtigt bleibt, BGH GmbHR 1954, 58; Kallmeyer/*Fuhrmann* GmbH-Handbuch Bd. 1 Rn. 2064). Unterliegt die GmbH einem paritätischen Mitbestimmungsregime, ist der (obligatorisch zu bildende) Aufsichtsrat für die Bestellung des Geschäftsführers zuständig (vgl. § 31 MitbestG i.V.m. § 84 AktG, § 12 MontanMitbestG, § 13 MitbestErgG). Im Fall einer Mitbestimmung nach dem Drittelbeteiligungsgesetz bleibt jedoch weiter die Gesellschafterversammlung zuständig, vgl. § 1 Abs. 1 Nr. 3 S. 2 DrittelbG, es sei denn die Satzung sieht eine Übertragung der Bestellungskompetenz auf den Aufsichtsrat vor (Kallmeyer/*Fuhrmann* GmbH-Handbuch Bd. 1 Rn. 1860). Zudem sind im Fall der paritätischen Mitbestimmung die Sonderbestimmungen der Mitbestimmungsgesetze über das Abstimmungsprozedere im Aufsichtsrat, das Erfordernis eines Arbeitsdirektors und die Mehrheitserfordernisse bei der Abstimmung über die Bestellung des Arbeitsdirektors (vgl. insbesondere §§ 31 ff. MitbestG) zu beachten.

Wenn die Zuständigkeit für die Bestellung bei der Gesellschafterversammlung liegt, gehört zu den notwendigen Vorüberlegungen, wer **Gesellschafter der GmbH** ist. Da die Gesellschafter im Handelsregister nicht eingetragen sind und auch die beim Handelsregister hinterlegte Liste der Gesellschafter möglicherweise nicht auf dem aktuellen Stand und daher nicht verlässlich ist, muss im Zweifel der aktuelle Kreis der Gesellschafter durch Überprüfung der notariellen Anteilsübertragungen seit Gründung der GmbH ermittelt werden. Ist eine juristische Person (Allein-)Gesellschafter, muss zudem geklärt werden, wer die gesetzlichen Vertreter der (Allein-)Gesellschafterin sind. Denn diese müssen die (Allein-)Gesellschafterin bei einer Beschlussfassung in vertretungsberechtiger Anzahl vertreten. Entsprechend muss dann, wenn für die Ernennung eines Geschäftsführers nicht die Gesellschafterversammlung, sondern z.B. der Aufsichtsrat zuständig ist, geklärt werden, welche Personen dem Aufsichtsrat angehören und wer Vorsitzender des Aufsichtsrats und damit für die Unterzeichnung des Aufsichtsratsbeschlusses zuständig ist.

Vor Abfassung des Bestellungsbeschlusses ist schließlich zu klären, wer bestellt werden soll (→ Anm. 5), welche Vertretungsbefugnis der zu Bestellende erhalten soll und – nach der Satzung – erhalten kann (→ Anm. 7) und ob er der einzige oder ein weiterer Geschäftsführer sein wird.

4. Bestellung durch Gesellschafterversammlung. Das Formular geht davon aus, dass die Gesellschafterversammlung das zuständige Bestellungsorgan ist und zeigt zwei Alternativen auf, wie der erforderliche Gesellschafterbeschluss gefasst sein kann.

Die erste Alternative geht von dem in Konzernen häufigen Fall aus, dass es nur eine Gesellschafterin gibt und diese den Beschluss fasst, ohne die in der Satzung enthaltenen Ladungsfristen und Formvorschriften zu beachten. Dies ist nach dem Gesetz möglich, wenn alle Gesellschafter anwesend sind (§ 51 Abs. 3 und 4 GmbHG).

In der zweiten Alternative sind mehrere Gesellschafter an der GmbH beteiligt und es wird davon ausgegangen, dass diese nicht auf die Einhaltung von Form- und Fristerfordernissen für eine Beschlussfassung verzichten und auch nicht, was nach dem Gesetz (§ 48 Abs. 2 Alt. 2 GmbHG) möglich wäre, im schriftlichen Verfahren abstimmen wollen und auch keine weitergehende Möglichkeit der versammlungslosen Beschlussfassung, die ggf. in der Satzung geregelt ist, genutzt werden soll (zu den verschiedenen Möglichkeiten *Blasche* GmbHR 2011, 232, 235). In diesem Fall ist erforderlich, dass ordnungsgemäß unter Beachtung der entsprechenden Regelungen in Satzung und Gesetz zu einer Gesellschafterversammlung eingeladen wird; in dieser Gesellschafterversammlung wird sodann mit den nach Satzung und Gesetz erforderlichen Mehrheiten über die Bestellung des Geschäftsführers abgestimmt.

Wenn die Satzung nichts anderes vorsieht, muss mit Einschreiben (§ 51 Abs. 1 S. 1 GmbHG) und mindestens eine Woche vor der Versammlung (§ 51 Abs. 1 S. 2 GmbHG) geladen werden. In der Einladung ist der Zweck der Versammlung bekannt zu geben, praktischerweise durch eine Tagesordnung (§ 51 Abs. 2 GmbHG). In der Tagesordnung müssen vorbehaltlich strengerer Regelungen in der Satzung Name, Vorname, Beruf und Wohnort der zu bestellenden Person bekannt gegeben werden (Kallmeyer/*Fuhrmann* GmbH-Handbuch Bd. 1 Rn. 2060). Bei der zweiten Alternative ist denkbar, dass einer der Gesellschafter zugleich zum Geschäftsführer bestellt werden soll. Nach h. M. hat ein solcher designierter Gesellschafter-Geschäftsführer bei der Abstimmung über seine Bestellung volles Stimmrecht (Baumbach/Hueck/*Zöllner* § 46 Rn. 34 und § 47 Rn. 83 m. w. N.; für das Stimmrecht des zu bestellenden Fremdgeschäftsführers, der als Vertreter eines Gesellschafters in der Versammlung stimmen soll, vgl. *Cramer* NZG 2012, 765, 768 f.). Nach dem Gesetz reicht die einfache Mehrheit (d. h. 50 Prozent der Stimmen plus eine) der Gesellschafteranteile aus, um den Geschäftsführer zu bestellen (vgl. § 47 Abs. 1 GmbHG). Allerdings kann in der Satzung eine größere Mehrheit vorgesehen sein, die dann ausschlaggebend ist.

Nach dem Gesetz ist der Bestellungsbeschluss der Gesellschafterversammlung formfrei (Kallmeyer/*Fuhrmann* GmbH-Handbuch Bd. 1 Rn. 2060). Lediglich bei einer Einmann-GmbH müssen Gesellschafterbeschlüsse schriftlich dokumentiert werden (§ 48 Abs. 3 GmbHG). Nach h. M. stellt dies allerdings keine Wirksamkeitsvoraussetzung für den Bestellungsbeschluss dar (Baumbach/Hueck/*Zöllner* § 48 Rn. 48). Da jedoch für die Anmeldung zum Handelsregister die Bestellung durch ein Dokument nachgewiesen werden muss (§ 39 Abs. 2 GmbHG), wird der Beschluss über die Bestellung auch dann, wenn mehrere Gesellschafter vorhanden sind, regelmäßig in einem Versammlungsprotokoll dokumentiert. Üblicherweise wird das Protokoll der Gesellschafterversammlung vom Vorsitzenden und vom Schriftführer unterzeichnet. Es kann aber auch von allen Gesellschaftern unterschrieben werden.

Ist der Beschluss zur Geschäftsführerbestellung unwirksam oder gar nicht erfolgt, handelt der (vermeintliche) Geschäftsführer aber gutgläubig für die Gesellschaft, so ist er insoweit als **faktischer Geschäftsführer** anzusehen (vgl. BGH NZA 2000, 945; BGH NZG 2005, 816; BGH NZG 2008, 468). Sein Handeln kann die Gesellschaft verpflichten (*Hoffmann/Liebs* Rn. 213). Der faktische Geschäftsführer unterliegt den Pflichten des bestellten Geschäftsführers und ist nach der h. M. auch strafrechtlich gemäß §§ 82 ff. GmbHG verantwortlich (BGH NJW 2000, 2285; a. A. OLG Düsseldorf NStZ 1988, 368; zur weitergehenden möglichen Strafbarkeit vgl. bspw. BGH NStZ 2013, 284).

5. Person des Geschäftsführers. Das Formular muss ergänzt werden um den Namen, Wohnort und Geburtsdatum des Geschäftsführers. Wenn die Satzung der GmbH keine Einschränkungen dazu enthält, wer Geschäftsführer der GmbH werden kann, kann grundsätzlich jede natürliche Person, die unbeschränkt geschäftsfähig ist, unter Beachtung von § 6 Abs. 2 S. 2 GmbHG zum Geschäftsführer bestellt werden (§ 6 Abs. 2 S. 1 GmbHG). Auch ausländische Staatsangehörige oder Personen (Deutsche und Ausländer), die im Ausland leben, können grundsätzlich zum Geschäftsführer einer deutschen GmbH bestellt werden. Deutsche Sprachkenntnisse sind ebenso wenig Voraussetzung für die Übernahme des Geschäftsführeramtes wie ein Wohnsitz oder ein gewöhnlicher Aufenthalt in Deutschland (Baumbach/Hueck/*Fastrich* § 6 Rn. 9).

Um die Erfüllung der gesetzlichen Mindestpflichten zu gewährleisten, haben in der Vergangenheit jedoch einige Registergerichte die Eintragung eines Nicht-EU-Bürgers als Geschäftsführer ins Handelsregister davon abhängig gemacht, dass dieser jederzeit in das Bundesgebiet einreisen kann (vgl. OLG Zweibrücken NZG 2001, 857; OLG Zelle NZG 2007, 633). Diese restriktive Haltung wird nach Inkrafttreten des Gesetzes zur Modernisierung des GmbH-Rechts und zur Bekämpfung von Missbräuchen (MoMiG) vom 23.10.2008 nunmehr überwiegend abgelehnt (OLG Düsseldorf GmbHR 2009, 776;

OLG München GmbHR 2010, 210; OLG Zweibrücken GmbHR 2010, 1260 unter ausdrücklicher Aufgabe seiner früheren entgegenstehenden Rechtsprechung). Anderslautende Rechtsansichten der Obergerichte hierzu fußen auf der Rechtslage vor Inkrafttreten des MoMiG und können wohl als überholt angesehen werden. Unabhängig von dem Streit, ob der Negativkatalog des § 6 Abs. 2 S. 2 GmbHG abschließend ist oder nicht, ist entscheidend, dass seit Inkrafttreten des MoMiG nach § 4a GmbHG eine deutsche GmbH ihren Verwaltungssitz ins Ausland verlegen kann, sowie dass § 8 Abs. 3 S. 2 GmbHG die Möglichkeit der Belehrung über die unbeschränkte Auskunftspflicht auch durch einen im Ausland bestellten Notar oder Konsularbeamten vorsieht. Zudem hat die frühere Rechtsansicht die realen Möglichkeiten moderner Kommunikationsmittel verkannt; auch ist die Versagung der Handelsregistereintragung keine geeignete Sanktion für Verstöße gegen das Ausländerrecht (Baumbach/Hueck/*Fastrich* § 6 Rn. 9 m.w.N.). Wenn die Gesellschaft gleichwohl ein Interesse daran hat, dass der Geschäftsführer seiner Tätigkeit am Dienstsitz im Inland nachgehen kann, sollte die Gesellschaft bei den Verhandlungen darauf achten, dass rechtzeitig etwa notwendige ausländerrechtliche Genehmigungen eingeholt werden und, falls sie die Tätigkeit im Inland als unabdingbar ansieht, den Dienstvertrag unter der aufschiebenden Bedingung der Erteilung etwa notwendiger ausländerrechtlicher Genehmigungen schließen, da die Möglichkeit, den Dienstvertrag personenbedingt außerordentlich wegen der Unmöglichkeit der Bestellung zum Geschäftsführer zu kündigen, nach der aktuellen Rechtslage und der hierzu ergangenen neueren Rechtsprechung nicht mehr in Frage kommen dürfte. Auch die Bestellung kann unter der auflösenden Bedingung erfolgen, dass der Geschäftsführer im Besitz notwendiger aufenthaltsrechtlicher Erlaubnisse ist (zur grundsätzlichen Möglichkeit der Bestellung eines GmbH-Geschäftsführers unter einer auflösenden Bedingung vgl. BGH NZG 2006, 62 ff.). Zur Sicherheit sollte in zweifelhaften Fällen die Sache im Voraus mit dem Registergericht abgeklärt werden.

In der Praxis eher selten finden sich in der Satzung Regelungen, die die Gesellschafter bei der freien Wahl eines Geschäftsführers einschränken (vgl. Kallmeyer/*Fuhrmann* GmbH-Handbuch Bd. 1 Rn. 2136 ff.). So kann die Satzung z.B. bestimmte fachliche Qualifikationen verlangen, oder sie kann, was in Joint-Venture-Vereinbarungen üblich ist, ein Entsenderecht für einen Gesellschafter vorsehen. Schließlich kann die Satzung bestimmen, dass einer bestimmten Person das Amt eines Geschäftsführers dergestalt angeboten wird, dass das Ob und der Zeitpunkt der Annahme ihr überlassen bleibt; wenn diese Person das Amt dann schließlich annimmt, muss die Gesellschafterversammlung die Bestellung vornehmen. Schließlich kann die Satzung vorsehen, dass einem scheidenden Geschäftsführer (typischerweise: einem Gesellschafter-Geschäftsführer in einer Familiengesellschaft) das Bestimmungsrecht über seinen Nachfolger gegeben wird; auch in diesem Fall ist die Gesellschafterversammlung gebunden und muss den ausgewählten Nachfolger bestellen.

Verurteilungen wegen einer der in § 6 Abs. 2 S. 2 Nr. 3 GmbHG genannten Straftaten, z.B. Insolvenzstraftaten i.S.d. §§ 283 bis 283d StGB, hindern die Übernahme einer Geschäftsführertätigkeit für fünf Jahre ab Rechtskraft des Strafurteils, wobei die Zeit des Vollzugs einer Gefängnisstrafe für die Erfüllung des Fünfjahreszeitraumes nicht mitgerechnet wird (§ 6 Abs. 2 S. 2 a.E. GmbHG). Wird ein bereits bestellter Geschäftsführer rechtskräftig wegen einer der in § 6 Abs. 2 S. 2 Nr. 3 GmbHG genannten Straftaten zu einer Freiheitsstrafe von mindestens einem Jahr verurteilt, endet sein Amt als Geschäftsführer kraft Gesetzes (vgl. OLG München NJW Spezial 2011, Heft 7, 209). Auch ein Berufs- oder Gewerbeausübungsverbot (§§ 35 GewO, 70 StGB) steht einer Bestellung zum Geschäftsführer entgegen, sofern sich der Unternehmensgegenstand der Gesellschaft gerade ganz oder teilweise auf den Bereich bezieht, für den das Berufsverbot verhängt wurde (§ 6 Abs. 2 S. 2 Nr. 2 GmbHG). Rechtskräftige Verurteilungen wegen anderer Straftaten, insbesondere auch wegen anderer Vermögensstraftaten, hindern nicht an der Ausübung der Geschäftsführertätigkeit. Mitglieder eines Aufsichtsrats der GmbH können nicht zum Geschäftsführer bestellt werden, da § 105 AktG (welcher je nach Sachlage über § 6 Abs. 2 S. 1 MitbestG, § 1 Abs. 1 Nr. 3 DrittelbG oder § 52 Abs. 1 GmbHG Anwendung findet) die gleichzeitige Zugehörigkeit zu Aufsichtsrat und Geschäftsführung verbietet (vgl. Baumbach/Hueck/*Zöllner/Noack* § 52 Rn. 39).

6. Beginn und Dauer der Bestellung. Das Formular sieht eine Bestellung mit sofortiger Wirkung und auf unbefristete Dauer vor. Denkbar, wenn auch seltener, ist es, die Bestellung erst zu einem späteren Zeitpunkt wirken zu lassen (eine rückwirkende Bestellung, d.h. zu einem in der Vergangenheit liegenden Zeitpunkt, ist nicht möglich). In der Praxis erfolgt die Bestellung des Geschäftsführers typischerweise unbefristet und ohne Angabe einer festen Laufzeit. Dies stellt einen entscheidenden Unterschied zur Bestellung eines Vorstands einer Aktiengesellschaft dar und hat seinen Grund darin, dass die Bestellung eines Geschäftsführers einer GmbH – anders als die eines Vorstands – jederzeit widerrufen werden kann (§ 38 Abs. 1 GmbhG). Die jederzeitige Möglichkeit zum Widerruf wäre nur in den in der Praxis seltenen Fällen nicht gegeben, in denen die Satzung ein Sonderrecht des Geschäftsführers vorsieht, wonach ein Widerruf der Bestellung nur aus wichtigem Grund erfolgen kann (typisches Sonderrecht für einen Geschäftsführer, der zugleich Mehrheits-Gesellschafter der GmbH ist).

Eine zeitliche Obergrenze für die Bestellungsdauer ist nur bei der (paritätisch) mitbestimmten GmbH zu beachten. Für diese begrenzt das Gesetz die Bestellungsdauer auf maximal fünf Jahre (§ 84 Abs. 1 S. 1 AktG, § 31 MitbestG, § 12 MontanMitbestG, § 13 MitbestErgG). Die Bestellungsdauer ist in diesem Fall zwingend zum Bestandteil des Bestellungsbeschlusses zu machen (Kallmeyer/*Fuhrmann* GmbH-Handbuch Bd. 1 Rn. 2090).

7. Vertretungsbefugnis. Das Formular sieht zwei alternative Regelungen zur Vertretungsbefugnis vor. Die Möglichkeiten, welche Vertretungsbefugnis dem Geschäftsführer gegeben werden kann, bestimmen sich zunächst nach der Satzung. In der Praxis ist dort zumeist die Regelung enthalten, wonach dann, wenn nur ein Geschäftsführer bestellt ist, dieser die Gesellschaft allein vertritt und, wenn mehr als ein Geschäftsführer bestellt ist, ein Geschäftsführer nur zusammen mit einem anderen Geschäftsführer oder einem Prokuristen vertretungsbefugt sein soll. Im Fall dieser satzungsmäßigen Vertretungsregelung kann nur die erste Alternative im Beschluss vorgesehen werden, wonach der Geschäftsführer die Gesellschaft „satzungsgemäß" vertritt, außer die Satzung gestattet der Gesellschafterversammlung, einem oder mehreren Geschäftsführern durch Gesellschafterbeschluss Einzelvertretungsbefugnis zu erteilen. Dann kann auch die zweite Alternative des Formulars gewählt werden, wonach der Geschäftsführer die Gesellschaft „stets einzeln" vertritt. Im letzteren Fall wird die Gesellschafterversammlung ein Interesse daran haben, die Vertretungsbefugnis des Geschäftsführers intern einzuschränken. Eine solche Einschränkung ist häufig bereits in der Satzung vorgesehen, wovon das Formular ausgeht. Ansonsten kann sie auch im Bestellungsbeschluss erfolgen, indem dort ein Katalog von Rechtsgeschäften und Handlungen aufgeführt wird, für die der Geschäftsführer der vorherigen – schriftlichen – Zustimmung der Gesellschafterversammlung bedarf. Die Einschränkung kann auch im Geschäftsführerdienstvertrag vorgesehen werden. Unabhängig davon, wo und in welchem Umfang das Zustimmungserfordernis geregelt ist, ändert ein solches (internes) Zustimmungserfordernis nichts daran, dass die Vertretungsbefugnis des Geschäftsführers nach außen (= gegenüber Dritten) durch das Zustimmungserfordernis nicht beschränkt wird und hierdurch auch nicht beschränkt werden kann. I. d. R. treten daher die in § 164 BGB normierten Vertretungswirkungen ein (Baumbach/Hueck/*Zöllner/Noak* § 35 Rn. 160).

Zudem sieht das Formular als Option vor, den Beschluss dahingehend zu fassen, dass der Geschäftsführer vom grundsätzlichen Verbot des Selbstkontrahierens befreit wird.

Gemäß § 181 BGB ist es dem Geschäftsführer grundsätzlich untersagt, die Gesellschaft bei einem mit ihm persönlich oder als Vertreter eines Dritten abzuschließenden Geschäft zu vertreten. Als Folge eines unzulässigen Selbstkontrahierens tritt nach h.M. schwebende Unwirksamkeit des Geschäfts ein (BGH NJW-RR 1994, 291). Die Gesellschaft kann daher das Geschäft genehmigen (§§ 177, 184 BGB). Die Gesellschaft kann den Geschäftsführer jedoch von vorneherein vom Verbot des Selbstkontrahierens befreien, was in der Satzung (BGH NJW 2000, 664) oder durch Gestattung des Bestellungsorgans erfolgen kann (zu der umstrittenen Frage, ob es für die Gestattung einer Grundlage in der Satzung bedarf, vgl. Baumbach/Hueck/*Zöller/Noak* § 35 Rn. 132 m.w.N.). Sollte eine Befreiung erfolgen und nicht nur auf ein konkretes Geschäft beschränkt sein, stellt dies eine eintragspflichtige Tatsache dar, weil sie zur Erweiterung der grundsätzlich durch § 181 BGB eingeschränkten Vertretungsbefugnis führt (BGH NZG 2000, 256, 257). Wegen der mitunter weitreichenden Folgen, die eine umfassende Befreiung des Geschäftsführers vom Verbot der Selbstkontrahierung haben kann, sollte eine Befreiung wohlüberlegt sein und nur erfolgen, wenn dies notwendig erscheint. Typischerweise ist dies der Fall, wenn ein Vertreter des Alleingesellschafters zum Geschäftsführer der Tochter-GmbH bestellt werden soll.

8. Annahme der Bestellung. Der Bestellungsbeschluss ist dem Geschäftsführer bekannt zu machen, wenn er bei der Beschlussfeststellung nicht anwesend war (Kallmeyer/*Fuhrmann* GmbH-Handbuch Bd. 1 Rn. 2096). Die Bestellung ist nur wirksam, wenn der Geschäftsführer sie annimmt. Die Annahme kann zeitlich vor oder nach der Bestellung erfolgen und ist formlos und konkludent möglich (Baumbach/Hueck/*Zöllner/Noak* § 35 Rn. 10). Das Registergericht verlangt nicht, dass die Annahme der Bestellung auf dem Gesellschafterbeschluss dokumentiert ist.

9. Eintragung im Handelsregister. Die Bestellung des Geschäftsführers samt seiner Vertretungsbefugnis ist zum Handelsregister des zuständigen Registergerichts anzumelden (§ 8 Abs. 1 Nr. 2 und Abs. 4, § 10 Abs. 1 S. 2 GmbHG; § 39 GmbHG). Ein etwaiger Zusatz zur Bestellung, wonach der Geschäftsführer nur „Stellvertretender Geschäftsführer" ist (sog. **Stellvertreterzusatz**), kann im Handelsregister nicht eingetragen werden (BGH NJW 1998, 1071). Zuständig für die Eintragung ist das Registergericht am Sitz der Gesellschaft.

Die Anmeldung zum Handelsregister ist für die Gesellschaft verpflichtend, hat aber nur **deklaratorische** Wirkung (Baumbach/Hueck/*Zöllner/Noak* § 39 Rn. 24). Denn die Rechtswirkungen der Bestellung treten unabhängig von der Eintragung mit der Annahme der Bestellung ein. Ab diesem Zeitpunkt ist der Geschäftsführer für das Handeln der Geschäftsführung verantwortlich (so z.B. für das (Nicht-)Abführen der Sozialversicherungsbeiträge; das pflichtwidrige Verhalten früherer Geschäftsführer kann ihm aber nicht zugerechnet werden BGH NZS 2002, 369).

Die Anmeldung ist von der Geschäftsführung der Gesellschaft elektronisch in öffentlich beglaubigter Form einzureichen (§ 12 Abs. 1 HGB), wobei der neue Geschäftsführer bei seiner eigenen Eintragung mitwirken darf. Die Anmeldung kann erst nach der Bestellung erfolgen. Eine Anmeldung eines noch zu bestellenden Geschäftsführers wird für unzulässig gehalten (OLG Düsseldorf NZG 2000, 262). Ist ein Geschäftsführer erst für einen späteren Zeitpunkt bestellt, kann die Anmeldung unter Angabe dieses Zeitpunkts erfolgen (vgl. Baumbach/Hueck/*Zöllner/Noack*, § 39 Rn. 3). Die Einreichung zum Handelsregister übernimmt üblicherweise der Notar.

Der neu ernannte Geschäftsführer muss sich über die unbeschränkte Auskunftspflicht nach § 39 Abs. 3 GmbHG i.V.m. § 8 Abs. 3 S. 2 GmbHG von einem Notar oder einem im Ausland bestellten Notar, durch einen Vertreter eines vergleichbaren rechtsberatenden Berufs (also nunmehr auch durch einen Rechtsanwalt) oder einen Konsularbeamten belehren lassen zu etwaigen Amtshindernissen i.S.v. § 6 Abs. 2 GmbHG. Sodann hat der neu bestellte Geschäftsführer in öffentlich beglaubigter Erklärung zu versichern, dass er über die unbeschränkte Auskunftspflicht belehrt wurde und dass er dieser nachgekommen ist (§ 39 Abs. 3 GmbHG).

Um dem Registergericht den Beschluss der Gesellschafterversammlung zur Bestellung des Geschäftsführers nachzuweisen, ist der Anmeldung die Urschrift oder eine öffentlich beglaubigte Abschrift der Niederschrift der Sitzung der Gesellschafterversammlung beizulegen (§ 39 Abs. 2 GmbHG).

3. Aufhebungsvertrag für den Geschäftsführer einer GmbH

Aufhebungsvertrag[1]

zwischen

...... GmbH (Name und Anschrift der Gesellschaft) „Gesellschaft"

hier vertreten durch die Alleingesellschafterin ...... AG,

diese vertreten durch ihren Vorstand

und

Herrn ...... (Name und Anschrift) „Geschäftsführer"

Präambel[2]

Der Geschäftsführer ist durch Beschluss der Gesellschafterversammlung der Gesellschaft vom ...... (Datum) zum Geschäftsführer der Gesellschaft bestellt.

Der Geschäftsführer soll nunmehr einvernehmlich aus den Diensten der Gesellschaft ausscheiden. Der Geschäftsführer wird hierzu mit Wirkung zum Zeitpunkt der Unterzeichnung dieses Vertrages aus seinem Amt als Geschäftsführer abberufen. Das Geschäftsführer-Anstellungsverhältnis soll zum Ablauf des ...... (Datum) („Beendigungstermin") aufgehoben und beendet werden.

Dies vorausgeschickt, vereinbaren die Parteien was folgt:

§ 1 Beendigung[3, 4]

Die Parteien sind sich einig, dass das Geschäftsführer-Anstellungsverhältnis des Geschäftsführers mit der Gesellschaft gemäß Anstellungsvertrag vom ...... (Datum) samt etwaiger hierzu bestehender Ergänzungs- und Zusatzvereinbarungen, insbesondere vom ...... (Datum) sowie vom ...... (Datum) (nachfolgend insgesamt: „Geschäftsführervertrag") einvernehmlich zum Beendigungstermin enden wird. Jedes etwaige sonstige Anstellungsverhältnis des Geschäftsführers mit der Gesellschaft oder mit einem i.S.v. § 15 AktG mit der Gesellschaft verbundenen Unternehmen („Verbundenes Unternehmen") endet zum Beendigungstermin.

§ 2 Vergütung[5]/Abwicklung[6, 7, 8]

(1) Der Geschäftsführer erhält gemäß § ...... des Geschäftsführervertrages bis zum Beendigungstermin weiterhin jeden Monat sein monatliches Festgehalt in Höhe von ...... EUR (in Worten: ...... Euro) brutto, welches nach Abzug von Lohnsteuer und Sozialversicherungsbeiträgen zum jeweiligen Kalendermonatsende von der Gesellschaft ausbezahlt wird.

(2) Der Geschäftsführer erhält als einmalige abschließende Zahlung auf die in § . . . . . des Geschäftsführervertrages geregelte erfolgsabhängige variable Vergütung für das laufende Kalenderjahr . . . . . einen Betrag in Höhe von . . . . . EUR (in Worten: . . . . . Euro) brutto, zahlbar zum Beendigungstermin. Die Parteien sind sich einig, dass darüber hinaus für das laufende Kalenderjahr . . . . . eine variable Vergütung nicht geschuldet ist. Die Parteien sind sich auch darüber einig, dass die variable Vergütung für die Vorjahre bereits im vollen Umfang bezahlt worden ist. Darüber hinaus ist keine variable Vergütung mehr geschuldet.

(3) Die Parteien sind sich einig, dass darüber hinaus keine weiteren Vergütungsansprüche und keine Ansprüche auf sonstige Leistungen, wie etwaige Boni, Provisionen, Gratifikationen sowie Jahressonderzahlungen und Zuschläge, des Geschäftsführers gegen die Gesellschaft oder Verbundene Unternehmen bestehen.

(4) Sämtliche Auslagen des Geschäftsführers, insbesondere Reisekosten und Spesen, sind vollständig abgerechnet und dem Geschäftsführer im vollen Umfang erstattet.

(5) Der Geschäftsführer wird mit sofortiger Wirkung bis zum Beendigungstermin unwiderruflich sowie unter Fortzahlung seines monatlichen Festgehalts gemäß vorstehendem Abs. (1) von seiner Dienstleistung freigestellt. Der gesamte etwaige Resturlaub aus Vorjahren sowie der Jahresurlaub aus dem laufenden Kalenderjahr sind mit der Freistellung abgegolten. Etwaiger während der Freistellung nicht verbrauchter Urlaub wird nicht in Geld abgegolten.

(6) Während der ersten vier Wochen ab Beginn der Freistellung wird der Geschäftsführer der Gesellschaft für Auskünfte, Beratung, Übergabearbeiten und sonstige Management-Unterstützung zur Verfügung stehen, wobei die Parteien sich jeweils rechtzeitig im Voraus über Zeitpunkt und Zeitdauer einer solchen Tätigkeit abstimmen. Eine gesonderte Vergütung erhält der Geschäftsführer hierfür nicht; es werden lediglich nach vorheriger Absprache etwaige durch die Unterstützungstätigkeiten verursachte Auslagen erstattet.

§ 3 Abfindung[9]

Der Geschäftsführer erhält für den Verlust seiner Anstellung eine Abfindung in Höhe von . . . . . EUR (in Worten: . . . . . Euro) brutto, die dem Lohnsteuerabzug unterfällt. Die Abfindung ist fällig zum Beendigungstermin, nicht jedoch vor der Rückgabe des Firmenwagens gemäß § 4 Abs. (1) dieses Vertrages. Sämtliche Steuer auf die Abfindung trägt der Geschäftsführer.

§ 4 Firmenwagen/Firmeneigentum und Unterlagen, EDV-Programme und elektronisch gespeicherte Daten[10]

(1) Der Geschäftsführer kann den ihm überlassenen Firmenwagen, Typ . . . . ., amtliches Kennzeichen . . . . . noch bis zum Beendigungstermin im bisherigen Umfang der Privatnutzung und zu den bisherigen Bedingungen nutzen. Benzinkosten sowie Kosten für Öl und Autowäsche trägt er jedoch ab Beginn der Freistellung selbst. Den in der Nutzung liegenden geldwerten Vorteil hat der Geschäftsführer wie bisher zu versteuern, was bei der Gehaltsabrechnung berücksichtigt wird. Er wird den Firmenwagen spätestens zum Beendigungstermin in ordnungsgemäßem Zustand (mit Fahrzeugpapieren, allem Zubehör und sämtlichen Schlüsseln) an die Gesellschaft am Hauptsitz in . . . . . zurückgeben.

(2) Den in seinem Besitz befindlichen Laptop (Marke . . . . ., Restbuchwert zum Zeitpunkt der Unterzeichnung dieser Vereinbarung ca. . . . . . EUR zuzüglich Mehrwertsteuer) erwirbt der Geschäftsführer käuflich zum Restbuchwert und unter Ausschluss jeglicher Gewährleistung. Die Parteien sind sich hiermit über den Eigentumsübergang

einig sowie darüber, dass der Geschäftsführer den Laptop in seinem Besitz behält. Die Parteien sind sich weiter einig, dass der Kaufpreis nebst Mehrwertsteuer sowie eine etwaige Lohnsteuer, die auf den im Kauf liegenden geldwerten Vorteil (unter Berücksichtigung einer etwa hierauf angefallenen Mehrwertsteuer) anfallen würde, vom Geschäftsführer zu tragen ist und von einer der noch erfolgenden Netto-Gehaltszahlungen oder der Nettoabfindung in Abzug gebracht werden kann.

(3) Der Geschäftsführer wird der Gesellschaft sämtliche das Geschäft der Gesellschaft oder Verbundener Unternehmen betreffende Unterlagen (einschließlich aller Kopien) sowie alle sonstigen in seinem Besitz befindlichen und im Eigentum der Gesellschaft oder verbundener Unternehmen stehenden bzw. ihm von der Gesellschaft oder von Verbundenen Unternehmen zur Verfügung gestellten Gegenstände, insbesondere Laptop, Mobiltelefon und Blackberry sowie die Firmenkreditkarte, spätestens bei Unterzeichnung dieser Vereinbarung zurückgeben.

(4) Der Geschäftsführer verpflichtet sich, etwaige auf einem in seinem Besitz oder Eigentum befindlichen Computer aufgespielte Programme, für welche die Gesellschaft oder ein Verbundenes Unternehmen die Lizenz erworben hat, spätestens zum Beendigungstermin zu löschen und sämtliche auf einem solchen Computer gespeicherte Daten, welche Angelegenheiten der Gesellschaft oder von Verbundenen Unternehmen betreffen, gleichfalls zu löschen.

(5) Der Geschäftsführer wird der Gesellschaft, soweit noch nicht erfolgt, unverzüglich alle notwendigen Passwörter, Codes, etc. übermitteln sowie sonstige Auskünfte erteilen, damit die Gesellschaft auf den betrieblichen E-Mail-Account des Geschäftsführers Zugriff nehmen kann und Zugang zu allen etwaigen vom Geschäftsführer elektronisch oder sonst geschützten Informationen mit Bezug zur Tätigkeit des Geschäftsführers erhält. Der Geschäftsführer sichert zu, etwaige in diesem Zusammenhang notwendig werdende weitere Auskünfte zu erteilen. Der Geschäftsführer willigt ausdrücklich ein, dass die Gesellschaft das umfängliche Recht hat, auf den betrieblichen E-Mail-Account des Geschäftsführers Zugriff zu nehmen.

§ 5 Zeugnis[11]

Die Gesellschaft verpflichtet sich, dem Geschäftsführer ein wohlwollendes qualifiziertes Zeugnis zu erstellen und zum Beendigungstermin zu übersenden.

§ 6 Direktversicherung[12, 13]

Die für den Geschäftsführer bei der ...... Versicherung unter der Vertragsnummer ...... unterhaltene Direktversicherung wird bis zum Beendigungstermin von der Gesellschaft aufrechterhalten; bis dahin werden die Beiträge im bisherigen Umfang und im bisherigen Modus weiter gezahlt. Zum Beendigungstermin wird die Direktversicherung auf den Geschäftsführer übertragen, der diese dann auf eigene Kosten weiterführen kann.

§ 7 Beendigung des Geschäftsführeramtes[14]/Entlastung[15]/Andere Ämter[16]

(1) Der Geschäftsführer wird mit beiliegendem Gesellschafterbeschluss von seinem Amt als Geschäftsführer der Gesellschaft abberufen.

(2) Der Geschäftsführer verpflichtet sich ausdrücklich, insbesondere bis zur Löschung seiner Bestellung als Geschäftsführer im Handelsregister nicht mehr als Geschäftsführer der Gesellschaft aufzutreten und keinerlei Handlungen für oder im Namen der Gesellschaft vorzunehmen.

(3) Über die Entlastung nach § 46 Nr. 5 GmbHG wird von der Gesellschafterversammlung im gewöhnlichen Geschäftsgang beschlossen.

(4) Der Geschäftsführer tritt hiermit von allen Ämtern, die er bei einem Verbundenen Unternehmen hält, zurück und wird mit sofortiger Wirkung nicht mehr in diesen Funktionen auftreten oder etwaige Handlungen vornehmen. Der Geschäftsführer wird alle Rücktritts-Dokumente in der Form ausfertigen, welche die Gesellschaft für notwendig oder zweckmäßig hält, um diese Rücktritte zu bewirken bzw. bekannt zu geben.

§ 8 Wettbewerbsverbot[17, 18]

(1) Bis zum Beendigungstermin gilt weiterhin ein striktes und umfängliches Wettbewerbsverbot hinsichtlich jedweder direkter oder indirekter, entgeltlicher oder unentgeltlicher, abhängiger oder selbständiger Tätigkeit. Die Regelungen zur Nebenbeschäftigung gemäß § ...... des Geschäftsführervertrages sind bis zum Beendigungstermin weiterhin zu beachten.

(2) Die Parteien sind sich einig, dass das nachvertragliche Wettbewerbsverbot gemäß § ...... des Geschäftsführervertrages hiermit einvernehmlich aufgehoben ist. Der Geschäftsführer kann ab dem Beendigungstermin Wettbewerb betreiben; die Gesellschaft schuldet keinerlei Entschädigung.

§ 9 Geheimhaltung[19]

Die nachvertraglichen Regelungen des Geschäftsführervertrages zu Geheimhaltungsverpflichtungen (dort § ......) behalten auch nach dem Beendigungstermin zugunsten der Gesellschaft und deren Gesellschafter sowie Verbundener Unternehmen uneingeschränkt Gültigkeit.

§ 10 Wohlverhalten[20]

Der Geschäftsführer verpflichtet sich hiermit, auch nach dem Beendigungstermin gegenüber Dritten und gegenüber Mitarbeitern der Gesellschaft bzw. den Mitarbeitern Verbundener Unternehmen keinerlei geschäftsschädliche, nachteilige oder unfreundliche Äußerungen über die Gesellschaft oder Verbundene Unternehmen zu machen, insbesondere auch nicht über deren Management, Mitarbeiter, Programme oder Produkte.

§ 11 Presseerklärung[21]

Die Parteien werden gegenüber Dritten, insbesondere gegenüber der Presse, sonstiger Öffentlichkeit oder im Internet, sowie auch gesellschaftsintern zur Beendigung der Tätigkeit des Geschäftsführers bei der Gesellschaft ausschließlich folgende offizielle gemeinsame Erklärung abgeben:

„Herr ......, einer der Geschäftsführer der ...... GmbH verlässt das Unternehmen zum ...... (Datum) auf eigenen Wunsch und wird sich zusammen mit verschiedenen Partnern selbständig machen. Herr ...... kam im Jahr ...... zur ...... GmbH und war verantwortlich für die Bereiche ...... Herr ......, Vorstandsvorsitzender der Holding der ......-Gruppe: ‚Wir bedanken uns bei Herrn ...... für den unternehmerischen Beitrag, den er zum Aufbau des Unternehmens und dem Erfolg des Diversifikationsgeschäftes der ......-Gruppe beigetragen hat und wünschen ihm für die neuen Herausforderungen viel Erfolg.'"

Der Geschäftsführer sowie die Herren ......, ..., ..., ..., ..., ... und ...... werden von zusätzlichen sowie nachträglichen Erklärungen anderen Inhalts und von zusätzlichen sowie nachträglichen Erläuterungen der vorstehenden Erklärung absehen.

§ 12 Abgeltung[22]

Mit Unterzeichnung dieses Vertrages hat der Geschäftsführer nur mehr die in diesem Vertrag ausdrücklich niedergelegten Ansprüche gegen die Gesellschaft. Mit deren Erfüllung sind sämtliche Ansprüche des Geschäftsführers gegen die Gesellschaft oder Verbundene Unternehmen aus dem Geschäftsführer-Anstellungsverhältnis und dessen Beendigung sowie aus jedem sonstigen Anstellungsverhältnis oder Rechtsgrund abgegolten und erledigt.

§ 13 Schlussbestimmungen[23]

(1) Die Parteien sind sich einig, dass mit Unterzeichnung dieses Vertrages alle eventuellen vorherigen, insbesondere mündlichen Vereinbarungen über die Beendigung der Tätigkeit des Geschäftsführers als Geschäftsführer der Gesellschaft unwirksam sind und durch diesen Vertrag ersetzt werden. Vereinbarungen außerhalb dieses Vertrages wurden nicht getroffen.[24]

(2) Änderungen oder Ergänzungen dieses Vertrages bedürfen zu ihrer Wirksamkeit der Schriftform sowie der ausdrücklichen Zustimmung der Gesellschafterversammlung. Gleiches gilt für die Aufhebung dieses Schriftformerfordernisses.[25, 26]

(3) Sollten einzelne Bestimmungen dieses Vertrages ungültig sein oder werden, so berührt dies im Zweifel die Wirksamkeit der übrigen Bestimmungen nicht. Anstelle der unwirksamen Vorschrift oder zur Ausfüllung eventueller Lücken dieses Vertrages ist eine angemessene Regelung zu vereinbaren, die dem am nächsten kommt, was die Parteien nach ihrer wirtschaftlichen Zwecksetzung gewollt haben oder die Bestimmung, die dem entspricht, was nach Sinn und Zweck dieses Dienstvertrages vereinbart worden wäre, hätte man die Angelegenheit von vornherein bedacht.

(4) Für alle Rechtsstreitigkeiten über die Wirksamkeit dieses Vertrages sowie über Ansprüche aus und im Zusammenhang mit diesem Vertrag gilt deutsches Recht. Gerichtsstand ist der jeweilige Firmensitz der Gesellschaft.[27, 28]

. . . . . .	. . . . . .
Ort, Datum	Ort, Datum
. . . . . .	. . . . . .
Unterschrift der Gesellschaft[29] hier vertreten durch die Alleingesellschafterin, ... AG, diese vertreten durch ihren Vorstand	Unterschrift des Geschäftsführers

Anmerkungen

1. Sachverhalt. Der Aufhebungsvertrag ist das typische Instrument, welches in der Praxis in fast allen Fällen eingesetzt wird, um die Anstellung eines Geschäftsführers zu beenden. Der Aufhebungsvertrag wird dabei sowohl eingesetzt, um ohne Ausspruch einer Kündigungserklärung die Anstellung im Einvernehmen zu beenden. Von dieser Konstellation geht das hier vorgelegte Formular aus und unterstellt, dass mit Unterzeichnung des Aufhebungsvertrages auch die Abberufung aus dem Amt erfolgt. Aber selbst dann, wenn die Gesellschaft zunächst eine Kündigung ausgesprochen hat, wird die Gesellschaft – ebenso wie der Geschäftsführer – anschließend sehr häufig ein Interesse daran haben, das Ende ihrer Vertragsbeziehungen einvernehmlich und in Vertragsform zu regeln, um ausreichende Rechtssicherheit zu erreichen und um etwaige Streitigkeiten zu vermeiden

(s. allgemein zur Problematik der Abgrenzung von Aufhebungs- und Abwicklungsvertrag *Gaul* BB 2003, 2457; *Hümmerich* NZA 2001, 1280 und BSG NZA-RR 1997, 109).

Das Formular stellt einen in der Praxis seit Jahren erprobten **Aufhebungsvertrag** für eine nicht-mitbestimmte GmbH vor. Dabei wird zunächst eine – vergleichsweise einfach strukturierte – Grundform benutzt, die von den üblichen Regelungen eines Geschäftsführerdienstvertrages ausgeht und für die Regelungsbedürfnisse des „Normalfalls" meistens ausreichend sein wird. Da jedoch jeder Geschäftsführervertrag andere Klauseln enthält und jeder individuelle Fall anders gelagert ist, muss der Aufhebungsvertrag den Regelungsbestand eines Geschäftsführerdienstvertrages berücksichtigen. Deshalb werden in den nachfolgenden Anmerkungen im jeweiligen Sachzusammenhang eine Reihe von weiteren Regelungen vorgeschlagen, die sicherlich nicht in allen, aber in manchen Fällen in den Aufhebungsvertrag aufgenommen werden müssen, um möglichst vollständig alle möglicherweise strittigen Punkte des Vertragsverhältnisses abzudecken und einer sinnvollen Regelung zuzuführen. Nachdem das BAG entschieden hat, dass der Fremdgeschäftsführer einer GmbH bei Abschluss seines Anstellungsvertrages als Verbraucher i.S.v. § 13 BGB handelt, da weder der Abschluss des Anstellungsvertrages noch die Geschäftsführung einer GmbH eine gewerbliche oder selbstständige Tätigkeit darstellen, wird für den Abschluss eines Aufhebungsvertrages nichts anderes gelten können (BAG NZA 2010, 939; → Form. B. I. 1 Anm. 1). Bei der Formulierung und Ergänzung von Klauseln dieses Formulars muss also bedacht werden, dass diese einer umfassenden AGB-Kontrolle unterliegen.

2. Präambel. Das Formular sieht nur eine knappe Präambel vor. Eine ausführlichere Präambel sollte dem Aufhebungsvertrag insbesondere dann vorangestellt werden, wenn die Vertragslage besonders unübersichtlich oder kompliziert ist und zunächst Klarheit geschaffen werden muss, welche Vertragsbeziehungen überhaupt bestehen und durch den Aufhebungsvertrag beendet werden sollen. Eine ausführlichere Präambel empfiehlt sich auch dann, wenn voraussehbar ist, dass einzelne Regelungen des Aufhebungsvertrags überhaupt nur oder besser verständlich sein werden, wenn zunächst gewisse Fakten oder Zusammenhänge dargestellt werden. Dies macht z.B. dann Sinn wenn zunächst eine in ihrer Wirksamkeit umstrittene außerordentliche Kündigung erklärt wurde und Gehaltszahlungen eingestellt wurden, oder z.B. dann, wenn es Prozesse oder Gegenansprüche mit Rechtsgrund außerhalb des Anstellungsverhältnisses gibt, die zusammen mit dem Anstellungsverhältnis der Geschäftsführer erledigt werden sollen. Eine Präambel kann auch dann sinnvoll sein, wenn zum besseren Verständnis bestimmter Regelungen des Aufhebungsvertrages deutlich gemacht werden soll, wer die Beendigung des Geschäftsführerdienstvertrages anstrebt und die Verhandlungen in Gang gebracht hat (dies ist zwar häufig die Gesellschaft, kann jedoch durchaus auch der Geschäftführer sein, der sich aus einem noch mehrere Jahre unkündbar laufenden Geschäftsführerdienstvertrag lösen will, um eine andere, attraktivere Position annehmen zu können). Die Präambel kann schließlich dazu dienen, die den Vertragsschluss begleitenden Umstände zu schildern, welche nach § 310 Abs. 3 Nr. 3 BGB bei der Beurteilung der unangemessenen Benachteiligung nach § 307 Abs. 1 und 2 BGB zu berücksichtigen sind.

In allen vorgenannten Fällen werden die für das Verständnis der Zusammenhänge notwendigen Fakten und rechtlichen oder tatsächlichen Vorstellungen oder Bewertungen der Parteien in einer Präambel dem Aufhebungsvertrag vorangestellt. Bei der Formulierung einer Präambel ist stets darauf zu achten, dass alles, was von der Rechtswirkung der vertraglichen Einigung umfasst sein soll, nicht in die Präambel, sondern in den eigentlichen Vertragstext gehört.

3. Beendigung. Das Formular sieht vor, dass der **Geschäftsführerdienstvertrag mit der Gesellschaft und etwaige Zusatzvereinbarungen**, die aufgehoben werden sollen, genau bezeichnet werden, d.h. mit ihrer korrekten Bezeichnung und dem Datum ihrer Unterzeichnung. Dies dient nicht nur der durch die Anwendbarkeit der Unklarheitenregel des § 305c Abs. 2 BGB und des Transparenzgebots i.S.d. § 307 Abs. 2 BGB notwendigen Klarheit des Aufhebungsvertrages, sondern zwingt den Verfasser des Aufhebungsvertrages vor allem dazu, den Geschäftsführerdienstvertrag und alle etwaigen sonstigen hierzu bestehenden Zusatzvereinbarungen zur Hand zu nehmen. Die Praxis zeigt immer wieder, dass dies den nützlichen Effekt hat, dass der Verfasser sich diese Verträge gründlich durchsieht und bei der Durchsicht jeder Klausel überlegt, ob und wenn ja, welche Klausel gegebenenfalls eine spezielle Regelung im Aufhebungsvertrag erfordert. Dies wird regelmäßig die Qualität des Aufhebungsvertrages nicht unwesentlich verbessern. Denn jede Verhandlung über einen Aufhebungsvertrag und der Inhalt eines jeden Aufhebungsvertrages wird maßgeblich und in vielen Punkten entscheidend von den Regelungen des Geschäftsführerdienstvertrages und etwaiger Zusatzvereinbarungen bestimmt. Ohne genaue Kenntnis sämtlicher Regelungen des Geschäftsführerdienstvertrages und etwaiger Zusatzvereinbarungen sowie der Kenntnis der Vertragshistorie (z.B. in Bezug auf die Frage, ob es ein vorangegangenes Arbeitsverhältnis gab und ob und inwieweit die vertragliche Vergütung in der Vergangenheit bezahlt wurde) kann ein Aufhebungsvertrag nicht sinnvoll konzipiert und nicht „richtig" und vollständig formuliert werden.

Das Formular regelt sicherheitshalber nicht nur die Beendigung des in Bezug genommenen Geschäftsführerdienstvertrages, sondern dehnt die **Beendigung** aus auf alle etwaigen **sonstigen Anstellungs- oder Beschäftigungsverhältnisse** des Geschäftsführers sowohl mit der Gesellschaft als auch **mit anderen Konzerngesellschaften**. Dies ist insbesondere dann notwendig, wenn vor Beginn des Geschäftsführeranstellungsverhältnisses bereits ein Arbeitsverhältnis zwischen dem Geschäftsführer und der Gesellschaft bestand (vgl. zu diesem Thema auch → Form. B. I. 1 Anm. 33), oder wenn es Beschäftigungsverhältnisse mit anderen Konzerngesellschaften gibt. Die umfassende Beendigungsklausel hat trotz des Schriftformerfordernisses des § 623 BGB ihren Sinn (s. allgemein zur Problematik des § 623 BGB *Bauer* NZA 2002, 169). Denn soweit es um die Beendigung eines mit der Gesellschaft noch bestehenden (ruhenden) Arbeitsverhältnisses geht, ist die Gesellschaft die richtige Vertragspartnerin für eine Vereinbarung über die Beendigung des Arbeitsverhältnisses. Selbst wenn darüber gestritten werden könnte, ob die Gesellschaft bei einer Vereinbarung über die Beendigung eines Arbeitsverhältnisses statt durch die Gesellschafter durch einen (Mit-)Geschäftsführer vertreten sein müsste (so z.B. *Hümmerich/Schmidt-Westphal* DB 2007, 222; *Fischer* NJW 2003, 2417, 2419; noch offen gelassen in BAG NZA 2007, 1095, jedoch lässt sich einer neueren Entscheidung des BAG entnehmen, dass dieses Erfordernis gerade nicht besteht, sondern eine Annexkompetenz der Gesellschafterversammlung bzw. – im konkreten Fall – des fakultativen Aufsichtsrats hierfür gegeben ist, vgl. BAG NZA 2009, 669 und → Form. B. I. 1 Anm. 33, gleichwohl ist es in einer solchen Konstellation – dem Gebot des sichersten Weges folgend – zu empfehlen, den Aufhebungsvertrag von der neuen Geschäftsführung mit unterschreiben zu lassen), könnte dieser ja später die Vereinbarung genehmigen und so wirksam machen (*Hümmerich/Schmidt-Westphal* DB 2007, 222). Soweit es um Beschäftigungsverhältnisse mit einer anderen Konzerngesellschaft geht, hätte die Klausel zumindest Chancen, als Vertrag zugunsten Dritter (nämlich der Konzerngesellschaft) ausgelegt zu werden (s. hierzu FG Hamburg BeckRS 2001, 21009942, wonach eine Abfindungsvereinbarung zwischen einer GmbH als Tochtergesellschaft und ihrem zuvor bei der Muttergesellschaft, einer AG, angestellten Geschäftsführer als Vertrag zugunsten Dritter gemäß § 328 BGB qualifiziert werden kann).

Anders als bei Aufhebungsverträgen, die mit Arbeitnehmern geschlossen werden, ist eine Formulierung, wer die Beendigung veranlasst hat und wie es zur Beendigung kommt („einvernehmlich", „auf Veranlassung des Dienstgebers", „aufgrund Kündigung vom . . . . . ."), von nicht so großer Bedeutung. Denn bei Arbeitnehmer-Aufhebungsverträgen wird die Formulierung regelmäßig mitbestimmt von Überlegungen, welcher Tatbestand beschrieben werden muss, damit der Arbeitnehmer die Verhängung einer Sperrzeit durch die Agentur für Arbeit vermeiden kann. Ein Geschäftsführer ist demgegenüber in der Praxis regelmäßig durch eine bestimmte Festlaufzeit seines Geschäftsführerdienstvertrages oder durch die vertraglich vereinbarte Kündigungsfrist wirtschaftlich erheblich besser gegen einen Verlust seiner Anstellung abgesichert als ein Arbeitnehmer. Daher wird ein Geschäftsführer eher selten Arbeitslosengeld in Anspruch nehmen und wird demgemäß häufig nicht darauf achten, durch die Wahl der Formulierung im Aufhebungsvertrag eine Sperrzeit zu vermeiden. In einem Ausnahmefall kann eine entsprechende Formulierung jedoch aufgenommen werden.

4. Beendigungstermin. Der letztlich im Aufhebungsvertrag vereinbarte Beendigungstermin ist Verhandlungssache. Die Parteien werden sich häufig auf das Datum einigen, das dem Ablauf der nach dem Geschäftsführerdienstvertrag maßgeblichen Kündigungsfrist entsprechen würde. Die Gesellschaft wird dann ein Interesse daran haben, die Anstellung erst zu diesem Termin zu beenden, wenn sie den Geschäftsführer noch für eine gewisse Zeit sicher davon abhalten will, Wettbewerb zu treiben. Denn am sichersten kann der Geschäftsführer an Wettbewerbsaktivitäten gehindert werden, solange der Geschäftsführer noch durch die vertraglichen Pflichten seines Anstellungsverhältnisses gebunden ist, nämlich durch Nebentätigkeitsverbot, Geheimhaltungspflicht und Wettbewerbsverbot. Umgekehrt wird ein Geschäftsführer, der nicht sofort eine neue Position in Aussicht hat, seinerseits ein Interesse daran haben, die Anstellung erst zum Ablauf der Kündigungsfrist zu beenden, weil er so noch einige Zeit regelmäßig sein Gehalt erhält, die Beiträge für Krankenversicherung und Sozialversicherung weiter bezahlt werden und er sich aus einer bestehenden Anstellung und Beschäftigung („ungekündigte Stellung") heraus bewerben kann. Die Parteien können sich jedoch auch auf ein früheres Datum einigen; nicht selten hat entweder die Gesellschaft oder auch der Geschäftsführer (z. B. wenn er frei sein will für eine neue Position bei einem anderen Dienstgeber) ein Interesse daran, eine sofortige Beendigung der Anstellung zu vereinbaren. Je nachdem, wer das Interesse an der vorzeitigen Beendigung hat, wird oftmals die ansonsten bis zum Ablauf der Kündigungsfrist noch ausstehende Festvergütung ganz oder teilweise als Abfindung gezahlt. Wenn es ein Entgegenkommen der Gesellschaft ist, den Geschäftsführer sofort aus dem Geschäftsführerdienstvertrag zu entlassen, kann es auch dazu kommen, dass der Aufhebungsvertrag eine Beendigung der Anstellung z. B. zum nächsten Monatsende vorsieht, ohne dass der Geschäftsführer als Ausgleich für die vorzeitige Beendigung eine Abfindung in (voller) Höhe der ansonsten bis zum Ablauf der Kündigungsfrist noch ausstehenden Vergütung verhandeln könnte. Wenn die Parteien sich nicht sofort auf einen **vorzeitigen Beendigungstermin** einigen (z. B. weil der Geschäftsführer möchte, dass Gehaltszahlungen und Sozialversicherungsbeiträge zunächst weiterlaufen und er sich aus einer existierenden Anstellung und Beschäftigung heraus bewerben kann), sondern zunächst als Beendigungstermin das Datum des Ablaufs der Kündigungsfrist vorsehen, kann der Geschäftsführer gleichwohl ein Interesse daran haben, zu einem späteren Zeitpunkt (aber noch vor Ablauf des zunächst vereinbarten Beendigungstermins) frei zu werden und die Anstellung nach Abschluss des Aufhebungsvertrags vorzeitig beenden zu können, z. B. um dann eine zwischenzeitlich gefundene neue Position antreten zu können.

Diesem Interesse kann dadurch Rechnung getragen werden, indem bei § 1 des Formulars zusätzlich der folgende Abs. (2) aufgenommen wird:

***Optional* als § 1 Abs. (2):**

(2) Der Geschäftsführer ist berechtigt, durch schriftliche Erklärung mit einer Ankündigungsfrist von 14 Kalendertagen die vorzeitige Beendigung seiner Anstellung zum Ende eines jeden Kalendermonats nach dem . . . . . . (Datum) und vor dem Beendigungstermin zu verlangen („Vorzeitiger Beendigungstermin"). Im Fall einer solchen vorzeitigen Beendigung ist in den nachfolgenden Regelungen, in denen der Begriff „Beendigungstermin" verwendet wird, dieser durch den Begriff

„Vorzeitiger Beendigungstermin" zu ersetzen und ist letzterer der maßgebliche Termin. Zudem gilt ergänzend § 3 Abs. (2).

Der Text in § 1 des obigen Formulars muss in diesem Fall als erster Absatz mit einem Zusatz „(1)" gekennzeichnet werden. § 3 würde in diesem Fall gegebenenfalls um einen Abs. (2) ergänzt werden, der wie folgt lauten kann:

Optional als § 3 Abs. (2):

(2) Im Fall einer vorzeitigen Beendigung gemäß § 1 Abs. (2) dieses Vertrages erhöht sich die Brutto-Abfindung gemäß vorstehendem Abs. (1) um die Summe (*Alternative*: . . . . . . Prozent der Summe) der monatlichen Festgehälter gemäß § 2 Abs. (1) dieses Vertrages, welche ab dem Vorzeitigen Beendigungstermin bis zum Beendigungstermin fällig gewesen wären. Die erhöhte Abfindung ist fällig zum Vorzeitigen Beendigungstermin und unterfällt dem Lohnsteuerabzug. Sämtliche Steuer auf die erhöhte Abfindung trägt der Geschäftsführer.

Diese zusätzlichen Absätze erlauben dem Geschäftsführer die Anstellung nach Abschluss des Aufhebungsvertrages vorzeitig durch einseitige Erklärung zu beenden und regeln die Folgen einer solchen vorzeitigen Beendigung. Diese werden regelmäßig dahingehend vereinbart, dass Gehalt und sonstige Leistungen der Gesellschaft in diesem Fall nur bis zum vorzeitigen Beendigungstermin gezahlt werden und dass sich die zunächst festgelegte Abfindung um den Betrag erhöht, der ansonsten noch als Vergütung bis zum zunächst vereinbarten (regulären) Beendigungstermin gezahlt worden wäre. Dabei kann auch – je nach Verhandlungslage – vereinbart werden, dass eine vorzeitige Beendigung wirtschaftlich für beide Parteien interessant sein soll und dass im Fall einer vorzeitigen Beendigung nicht 100 Prozent der restlichen Gehälter abfindungserhöhend berücksichtigt werden, sondern z. B. nur 30 Prozent, 50 Prozent oder 80 Prozent oder ein sonstiger, zwischen den Parteien vereinbarter Prozentsatz.

5. Vergütung. Das Formular sieht genaue Regelungen vor, welche Vergütung der Geschäftsführer für einen bestimmten Zeitraum schon erhalten hat und welche er noch zu beanspruchen hat. Dabei sollte so **präzise wie möglich beziffert** werden, welcher Betrag oder welche Beträge dem Geschäftsführer noch zustehen sollen und wann diese zur Zahlung fällig sind.

Das Formular vermeidet die immer noch gebräuchliche Formulierung: „Bis zum Beendigungstermin wird ordnungsgemäß abgerechnet und bezahlt". Denn diese Formulierung besagt nichts darüber, welche Zahlungen dem Geschäftsführer noch zustehen und welche nicht. Das Formular sieht vielmehr vor, dass die dem Geschäftsführer für das laufende Geschäftsjahr noch zustehende feste und variable Vergütung betragsmäßig genau beziffert wird. Bezüglich der variablen Vergütung muss im Aufhebungsvertrag im Interesse der Vertragsklarheit und zur Vermeidung von nicht gewünschten Auslegungsspielräumen der im Einzelfall nach den vertraglichen Vereinbarungen maßgebliche, präzise Begriff gewählt werden, z. B. Bonus, Prämie, Tantieme.

Wenn beim Abschluss des Aufhebungsvertrages – was oft der Fall sein wird – noch nicht feststeht, ob bestimmte Ziele erreicht sind oder werden, von denen die Höhe einer zielabhängigen **variablen Vergütung** abhängt, so ist es erfahrungsgemäß sinnvoller, den Grad der Zielerreichung zu schätzen und sich auf einen konkreten Betrag zum Ausgleich der variablen Vergütung zu einigen, als die Frage offen zu lassen.

Am sichersten lassen sich spätere **Auseinandersetzungen** zwischen der Gesellschaft und dem Geschäftsführer **vermeiden**, wenn jede mögliche Vergütungsart, die der Geschäftsführerdienstvertrag erwähnt oder die der Geschäftsführer in der Vergangenheit erhalten oder thematisiert hat, im Aufhebungsvertrag erwähnt wird und genau geregelt wird, ob (und wenn ja, in welcher Höhe) der Geschäftsführer hierauf noch etwas zu erhalten hat, oder geregelt wird, dass er, wie im folgenden Alternativvorschlag auf diese Vergütungsart keinen Anspruch mehr hat:

Alternative zu § 2 Abs. (2):

(2) Die Parteien sind sich einig, dass der Geschäftsführer die ihm für das laufende Kalenderjahr ...... zustehende erfolgsabhängige variable Vergütung gemäß § ...... des Geschäftsführervertrages vollständig erhalten hat. Die Parteien sind sich einig, dass darüber hinaus für das laufende Kalenderjahr ...... eine variable Vergütung nicht geschuldet und gezahlt wird. Die Parteien sind sich auch darüber einig, dass die variable Vergütung für die Vorjahre bereits im vollen Umfang bezahlt worden ist. Darüber hinaus ist keine variable Vergütung mehr geschuldet.

Häufig wird der Geschäftsführer den Wunsch äußern, dass die rechnerisch auf die Freistellungsperiode entfallende **variable Vergütung der Abfindung zugeschlagen** wird. Diesem Wunsch kann die Gesellschaft – ohne ernstzunehmende lohnsteuerliche Risiken – nachkommen, soweit bei den Verhandlungen über das Ausscheiden des Geschäftsführers nicht feststand, dass dem Geschäftsführer die variable Vergütung überhaupt zustand oder soweit es um variable Vergütung für Zeiträume geht, die im Hinblick auf das letztlich zwischen den Parteien vereinbarte Beendigungsdatum nach dem vereinbarten Beendigungstermin liegen. In diesem Fall muss allerdings im Aufhebungsvertrag ausdrücklich geregelt werden, dass der Geschäftsführer keinen Anspruch mehr auf eine variable Vergütung hat oder diese bereits vollständig erhalten hat. Zum Ausgleich wird dann allerdings ein entsprechend höherer Abfindungsbetrag festgelegt.

6. Auslagen. Die Regelung, wonach sämtliche Auslagen des Geschäftsführers, insbesondere Reisekosten und Spesen, vollständig abgerechnet und erstattet sind, stimmt häufig zu dem Zeitpunkt noch nicht, zu dem der erste Entwurf eines Aufhebungsvertrages dem Geschäftsführer übergeben und dieser mit ihm besprochen wird (s. allgemein zu den auftretenden Problemen bei stufenweiser Verhandlung eines Geschäftsführer-Aufhebungsvertrages OLG Frankfurt a. M. BB 1995, 2440). Denn der Geschäftsführer wird zu diesem Zeitpunkt häufig insbesondere seine Reisekosten noch nicht vollständig abgerechnet haben. Allerdings sichert diese Regelung die Gesellschaft ab. Denn sie wird den Geschäftsführer dazu bewegen, diese Frage anzusprechen und nunmehr seinerseits der Gesellschaft bekannt zu geben, welche Auslagen seiner Meinung nach noch zu erstatten sind. Die Klausel wird dann häufig im Fortgang der Verhandlungen dahingehend abzuändern sein, dass die Höhe der noch zu erstattenden Auslagen im Aufhebungsvertrag genau beziffert wird. In diesem Fall kann die nachfolgende Formulierung verwendet werden:

Alternative zu § 2 Abs. (4):

(4) Die Gesellschaft erstattet dem Geschäftsführer Auslagen in Höhe von ...... EUR (in Worten: ...... Euro), sofern der Geschäftsführer die entsprechende Abrechnung mit den notwendigen Belegen gemäß den gültigen Reisekostenrichtlinien der Gesellschaft binnen 14 Tagen nach Unterzeichnung dieses Vertrages an die Gesellschaft übermittelt. Darüber hinaus sind sämtliche Auslagen des Geschäftsführers, insbesondere Reisekosten und Spesen, vollständig abgerechnet und dem Geschäftsführer im vollen Umfang erstattet.

7. Freistellung. Ob und wann es zu einer Freistellung des Geschäftsführers kommt, ist unterschiedlich. Häufig wird die Gesellschaft den Geschäftsführer sofort von weiterer Tätigkeit freistellen, wenn sie ihm mitteilt, dass die Gesellschaft den Geschäftsführerdienstvertrag zum nächstmöglichen Zeitpunkt beenden will (oder sogar bereits eine Kündigung ausgesprochen wurde; üblicherweise wird in einem solchen Fall auch gleichzeitig eine Freistellung erklärt). Denkbar ist jedoch auch, dass – wie im Formular unterstellt – eine Freistellung mit Wirkung ab Unterzeichnung des Aufhebungsvertrages erfolgt; allerdings ist auch ein späterer **Freistellungstermin** möglich. Unabhängig vom Freistellungstermin sollte im Aufhebungsvertrag aber – wie dies auch im Formular vorgesehen ist – geregelt werden, dass der Geschäftsführer seinen Urlaub während der Freistellungsperiode einbringt. Normalerweise entspricht die Freistellungsperiode der

Kündigungsfrist und diese wird bei Geschäftsführern üblicherweise mindestens sechs Monate betragen (s. allgemein zur Problematik der Kündigungsfrist eines auf unbestimmte Dauer geschlossenen Geschäftsführerdienstvertrages *Reiserer* DB 2006, 1787, 1788; *Weber/Ehrich/Burmester/Fröhlich* Teil 5 Rn. 59 ff.). Regelmäßig wird also selbst dann, wenn der Geschäftsführer noch einen erheblichen Resturlaub aus Vorjahren hat, die Freistellungsperiode lang genug sein, damit der Geschäftsführer seinen gesamten Urlaubsanspruch während der Freistellung aufbrauchen kann. Sicherheitshalber sieht das Formular aber vor, dass in keinem Fall eine Urlaubsabgeltung in Geld erfolgt (zur Anwendbarkeit des BUrlG auf Geschäftsführer → Form. B. I. 1 Anm. 2).

Der Geschäftsführer hat regelmäßig nach Widerruf seiner Bestellung bei fortbestehendem Anstellungsverhältnis grundsätzlich keinen Anspruch auf Weiterbeschäftigung in einer seiner früheren Tätigkeit vergleichbaren leitenden Funktion (so BGH NZG 2011, 112 mit Anm. *Baeck/Winzer* NZG 2011, 225 und *Ege* BB 2010, 2755; siehe auch *Diller* NZG 2011, 254 ff.). Etwas anderes kann nur dann gelten, wenn sich dem Geschäftsführerdienstvertrag eine dahingehende Vereinbarung entnehmen lässt (siehe aber BAG NZA 2009, 1205, wo die Vereinbarung einer unbefristeten Fortsetzung des ursprünglichen Dienstverhältnisses eines Vorstandes als Arbeitsverhältnis für unzulässig gehalten wurde).

In seltenen Fällen wird es die Gesellschaft zusätzlich zur Freistellung für erforderlich halten, dem Geschäftsführer ab Beginn der Freistellung bis zum Beendigungstermin ausdrücklich den Kontakt zu Mitarbeitern der Gesellschaft oder Geschäftspartnern zu verbieten (sog. „**Kontaktverbot**"). In diesen Fällen können zusätzlich folgende Formulierungen verwendet werden, wobei die zweite der nachfolgend vorgeschlagenen Formulierungen eine „Verschärfung" darstellt und nur verwendet werden sollte, wenn hierfür auch tatsächlich ein Anlass besteht. Denn mit der Formulierung eines solchen Kontaktverbots können die Verhandlungen erheblich belastet werden.

Optional als § 2 Abs. (7):
(7) **Der Geschäftsführer verpflichtet sich, dass er künftig nur mehr auf das Gelände und in die Geschäftsräume der Gesellschaft kommen wird, wenn dies zuvor mit Herrn/Frau . . . . . . verabredet worden ist.**

Optional als § 2 Abs. (7):
(7) **Der Geschäftsführer wird bis zum Beendigungstermin alle Kontakte jeglicher Art (auch indirekte Kontakte) zu gegenwärtigen oder potentiellen Mitarbeitern, Kunden, Lieferanten oder sonstigen Geschäftspartnern der Gesellschaft unterlassen. Ausgenommen hiervon sind Bewerbungsgespräche des Geschäftsführers und deren Vorbereitung.**

8. Klagerücknahmeversprechen. Da auf den Geschäftsführer – anders als auf Arbeitnehmer – das Kündigungsschutzgesetz keine Anwendung findet (s. ausdrückliche gesetzliche Regelung in § 14 Abs. 1 Nr. 1 KSchG sowie BAG AP BGB § 611 Nr. 24), unterliegt der Geschäftsführer auch nicht der dreiwöchigen Ausschlussfrist für Kündigungsschutzklagen. Der Geschäftsführer kann sich – bis zur Grenze von Verjährung und Verwirkung – vielmehr mit der Erhebung einer **Klage gegen eine etwaige Kündigung** der Gesellschaft Zeit lassen. Es ist daher in der Praxis eher selten, dass ein Geschäftsführer während laufender Trennungsverhandlungen eine Klage erhebt. Wenn er dies jedoch getan hat, sollte im Aufhebungsvertrag auch geregelt werden, wie das Gerichtsverfahren prozessual beendet wird und wie die Kosten zu tragen sind. Im Folgenden wird eine einfache Regelung dahingehend vorgeschlagen, dass der Geschäftsführer die Klage zurücknimmt und jede Partei ihre Kosten selbst trägt (gegebenenfalls als zusätzlicher neuer, letzter Abs. von § 2):

Optional als § 2 Abs. (7):
(7) **Der Geschäftsführer verpflichtet sich, unmittelbar nach Unterzeichnung dieses Vertrages die beim Landgericht . . . . . . erhobene Klage (Az. . . . . . .) terminlos zu stellen und nach Erfüllung aller**

finanziellen Verpflichtungen der Gesellschaft nach diesem Vertrag durch die Gesellschaft diese Klage unverzüglich zurückzunehmen. Jede Partei trägt die ihr entstandenen Rechtsverfolgungskosten selbst.

Diese Regelung wird für den Normalfall genügen. Je nach prozessualer Lage werden jedoch gegebenenfalls umfangreichere Kostentragungsregelungen erforderlich. Dieser Passus sollte einer AGB-Kontrolle nach den §§ 307 ff. BGB standhalten, da die Klagerücknahmeverpflichtung durch die Erfüllung aller finanziellen Verpflichtungen der Gesellschaft bedingt ist, was eine hinreichende Kompensation darstellt.

9. Abfindung. Der Geschäftsführer hat regelmäßig **keinen gesetzlichen oder vertraglich vereinbarten Kündigungsschutz** (→ Anm. 8). Er gilt – von Ausnahmen abgesehen – nicht als Arbeitnehmer i. S. d. Kündigungsschutzgesetzes (vgl. hierzu *Jäger* DStR 2010, 2312 ff. und → Form. B. I. 1 Anm. 9) oder anderer Schutzgesetze, so dass diese auf ihn regelmäßig nicht anwendbar sind. Somit besteht – anders als bei Arbeitnehmern – i. d. R. auch keine Veranlassung für die Gesellschaft, dem Geschäftsführer im Aufhebungsvertrag überhaupt eine Abfindung anzubieten. Denn das Angebot einer Abfindung an einen – gegen eine Kündigung durch das KSchG geschützten – Arbeitnehmer dient aus Sicht des Arbeitgebers regelmäßig dem Zweck, dem Arbeitnehmer seinen Kündigungsschutz „abzukaufen" bzw. die Unsicherheiten einer gerichtlichen Auseinandersetzung über die Wirksamkeit der Kündigung und die Entgeltfortzahlungspflicht im Fall einer unwirksamen Kündigung zu vermeiden. Diese Motivation besteht bei der Beendigung der Anstellung eines Geschäftsführers nicht. Dieser hat allein den wirtschaftlichen „Schutz", den ihm sein Geschäftsführerdienstvertrag gibt. D. h. er kann die ihm vertraglich zugesagte Vergütung und die sonstigen vertraglichen Leistungen für die Dauer des Geschäftsführerdienstvertrages verlangen, muss jedoch ansonsten hinnehmen, dass die Gesellschaft durch eine formell einwandfreie Kündigung das Anstellungsverhältnis einseitig beenden kann, ohne hierfür einen Grund zu haben oder anzuführen (s. hierzu BGH NJW-RR 2004, 540; vgl. aber BGH BeckRs 2012, 13521 zu einer Kündigung, die auf sog. verpönten Merkmalen i. S. d. AGG beruht; → Form. B. I. 1 Anm. 1).

Gleichwohl wird der Aufhebungsvertrag – wie auch im Formular vorgesehen – für einen Geschäftsführer häufig eine Abfindung vorsehen. Dies kann aus verschiedenen Gründen der Fall sein: Entweder einigen sich Gesellschaft und Geschäftsführer darauf, den Lauf der vertraglichen **Kündigungsfrist abzukürzen** und den Geschäftsführerdienstvertrag zu einem vorzeitigen Termin zu beenden. Dann wird als Abfindung regelmäßig das ausbezahlt, was ansonsten bis zum regulären Beendigungstermin noch an Vergütung (Festgehalt und variabler Vergütung) angefallen wäre. Oder, was selten, aber doch gelegentlich vorkommt, der Geschäftsführerdienstvertrag sieht selbst eine **vertragliche Abfindungsregelung** vor. Dann sollten sich die Parteien im Aufhebungsvertrag darauf einigen, wie die Klausel des Geschäftsführerdienstvertrages auszulegen und zu verstehen ist und wie die vertraglich geregelte Abfindung angesichts der in der Abfindungsregelung bezeichneten Eckdaten zu berechnen ist. Im Aufhebungsvertrag sollte dann – aus Klarheitsgründen und zur Vermeidung späterer Auseinandersetzungen – nicht nur auf die Regelung des Geschäftsführerdienstvertrages verwiesen werden, sondern die Abfindung als betragsmäßige Größe genau beziffert angegeben werden. Schließlich ist auch denkbar, dass der Geschäftsführer in der Verhandlung über die Beendigung der Anstellung Argumente anführt, die geeignet sind, **Zweifel an der Wirksamkeit der Kündigung** zu wecken. So kann er sich z. B. auf ein nie formwirksam beendetes Arbeitsverhältnis berufen und Arbeitnehmer-Kündigungsschutz geltend machen (s. zur Frage eines „ruhenden" Arbeitsverhältnisses BAG NZA 2007, 1095; BAG NZA 2009, 669 und → Form. B. I. 1 Anm. 33). Möglich ist auch, dass der Geschäftsführer die Regelung zur vertraglichen Kündigungsfrist anders als die Gesellschaft versteht und auf eine längere Kündigungsfrist pocht, als sie aus Sicht der Gesellschaft besteht (s. hierzu BGH NJW 1987, 2073). Denkbar ist zudem, dass sich die Parteien über die Höhe der variablen Vergütung im laufenden oder in vorangegangenen Geschäftsjahren streiten (s. hierzu BGH NJW-RR 1994, 1055; OLG Frankfurt a.M. DStR 1993, 659 und OLG Naumburg BeckRS 2003, 30316054).

In all den vorgenannten Sonderfällen wird die letztlich von beiden Seiten versuchte oder gewollte **Gesamtbereinigung** derartiger Streitfragen dazu führen, dass die Gesellschaft sich bereit zeigt, dem Geschäftsführer für den Verlust seiner Anstellung noch einen bestimmten Geldbetrag zu zahlen. Wichtig ist in diesen Fällen, dass eine Abfindung nur dann vorgesehen wird, wenn die vorerwähnten etwaigen streitig behandelten Punkte sämtlich einer sauberen Klärung im Aufhebungsvertrag zugeführt werden, d.h. dass klar geregelt wird, welche der behaupteten Ansprüche der Geschäftsführer aus derartigen Sachverhalten hat.

Gelegentlich werden die Gesellschafter dem Geschäftsführer auch – ohne jede rechtliche Verpflichtung oder verhandlungstaktische Notwendigkeit – eine Abfindung anbieten, weil sie sich – insoweit dem *peer*-Gedanken folgend – fair verhalten wollen, die Trennung selbst bedauern, obwohl sie sie für notwendig halten oder sich für in der Vergangenheit vom Geschäftsführer für die Gesellschaft erbrachte (langjährige) Dienste bedanken und erkenntlich zeigen wollen.

Die **Höhe der Abfindung**, die einem Geschäftsführer bezahlt wird, entspricht dabei in der Praxis nicht der bei Arbeitnehmern üblichen Faustformel (ein halbes bis ein ganzes Monatsgehalt pro Beschäftigungsjahr; s. hierzu *Weber/Ehrich/Burmester/Fröhlich* Teil 2 Rn. 137), sondern ist individuell zu bemessen und auszuhandeln. Sie wird deshalb in ihrer Höhe ganz unterschiedlich ausfallen, je nachdem, welcher der vorgenannten Fälle Motiv und Grund für die Zahlung einer Abfindung ist. Der Abfindungsbetrag sollte dabei immer als **Bruttobetrag** bezeichnet werden und es sollte klargestellt werden, dass die Gesellschaft den erforderlichen **Lohnsteuerabzug** vornimmt und der Geschäftsführer sämtliche Steuern (Einkommensteuer, Kirchensteuer und Solidaritätszuschlag) auf die Abfindung trägt. Nunmehr besteht grundsätzlich nur noch eine steuerliche Vergünstigung in Form einer Progressionsmilderung, die bereits im Rahmen des Lohnsteuerabzugs zu berücksichtigen ist („Fünftelungsregelung"; vgl. §§ 24 Nr. 1, 34 Abs. 1, Abs. 2 Nr. 2, 39b Abs. 3 S. 9 EStG). In der Praxis versuchen Geschäftsführer gelegentlich, vor Auszahlung der Abfindung noch Freibeträge in ihre Lohnsteuerkarte eintragen so lassen, um so den Lohnsteuerabzug etwas geringer ausfallen zu lassen.

Auch die Regelung der **Fälligkeit der Abfindung** ist Verhandlungssache. Denkbar sind Gestaltungen, bei denen der Geschäftsführer Interesse daran hat, dass die Abfindung erst im neuen Steuerjahr gezahlt wird. Meistens wird jedoch vorgesehen, dass die Abfindung mit dem Beendigungstermin fällig wird. Die Gesellschaft hat dabei i.d.R. ein Interesse daran, die Fälligkeit der Abfindung zusätzlich davon abhängig zu machen, dass der Geschäftsführer seine Rückgabeverpflichtungen in Bezug auf das in seinem Besitz befindliche Firmeneigentum erfüllt. Oft wird der Geschäftsführer allerdings nicht bereit sein, die Fälligkeit der Abfindung davon abhängig zu machen, dass er sämtliches Firmeneigentum (so auch jeden Bleistift und jede einzelne, unbedeutende Geschäftsunterlage) vollständig zurückgegeben hat. Deshalb wird sich die Gesellschaft regelmäßig damit zufrieden geben, dass die Fälligkeit nur von der Rückgabe des regelmäßig teuersten Firmengegenstands abhängt, nämlich von der Rückgabe des im Besitz des Geschäftsführers befindlichen Firmenwagens. Diesen Kompromiss sieht das Formular vor.

Wenn zwischen Abschluss des Aufhebungsvertrages und Beendigungstermin und damit vereinbarter Fälligkeit der Abfindung noch ein langer Zeitraum liegt, wird der Geschäftsführer die Abfindung nicht selten für den Fall absichern wollen, dass er vor dem Beendigungstermin versterben sollte und wird in der Verhandlung verlangen, dass die **Vererblichkeit der Abfindung** vereinbart wird (s. hierzu BAG NJW 1997, 2065 nach welchem im Falle des Versterbens des Abfindungsberechtigten vor der rechtlichen Auflösung des Arbeitsverhältnisses der Anspruch auf die Abfindung erst gar nicht entsteht).

In diesen Fällen kann folgende Klausel gegebenenfalls ergänzend zu § 3 als weiterer Absatz in den Aufhebungsvertrag eingefügt werden:

Optional als § 3 Abs. (2):

(2) Mit Unterzeichnung dieses Vertrages entsteht der Anspruch auf die Abfindung nach § 3 Abs. (1) dieses Vertrages und ist vererblich.

Bei Verwendung dieser Klausel muss der Text in § 3 des Formulars als erster Absatz mit einem Zusatz „(1)" gekennzeichnet werden.

10. Herausgabeverpflichtungen. Ob, wann und in welchem Umfang bestimmte, dem Geschäftsführer von der Gesellschaft oder von mit der Gesellschaft verbundenen Unternehmen überlassene Gegenstände zurückzugeben sind, bestimmt sich zunächst nach den Regelungen des Geschäftsführerdienstvertrages. Hier andere oder ergänzende Vereinbarungen zu treffen, ist Verhandlungssache.

Das Formular sieht in diesem Zusammenhang vor, dass der Geschäftsführer den **Firmenwagen** zum Beendigungstermin zurückzugeben hat. Diese Regelung wird selbst dann – als Entgegenkommen gegenüber dem Geschäftsführer – oft vereinbart, wenn der Geschäftsführerdienstvertrag rechtswirksam erlauben würde, den Firmenwagen schon zu Beginn einer Freistellung zurückzufordern, Das Formular sieht jedoch vor, dass ab Beginn der Freistellung (d.h. ab dem Zeitpunkt, in dem nur mehr eine private Nutzung des Wagens möglich ist) der Geschäftsführer die Verbrauchskosten trägt. Dies wird häufig so auch in den jeweiligen Nutzungsbestimmungen bzw. den Firmenwagenrichtlinien der Gesellschaft vorgesehen sein. Selbst wenn dies nicht der Fall ist, wird es jedoch in der Praxis häufig verhandelbar sein.

Gelegentlich hat der Geschäftsführer auch ein Interesse daran, den **Leasingvertrag über seinen Firmenwagen** zu übernehmen. In diesem Fall muss der Leasingvertrag präzise bezeichnet werden (Leasing-Gesellschaft und Vertragsnummer) und es muss geregelt werden, wer die Kosten einer etwaigen Übernahme trägt. Zudem muss die Gesellschaft den Leasing-Vertrag daraufhin ansehen, ob es – was regelmäßig der Fall sein wird – einer Zustimmung der Leasing-Gesellschaft zur Übernahme des Leasingvertrages durch den Geschäftsführer bedarf und wenn dies der Fall ist, bei der Leasing-Gesellschaft nachfragen und sich schriftlich bestätigen lassen, ob sie der Übernahme zustimmen wird, bevor eine Übernahme im Aufhebungsvertrag vorgesehen wird. In einem solchen Fall kann folgende Klausel verwendet werden:

Alternative als § 4 Abs. (1):

(1) Der Geschäftsführer kann den ihm überlassenen Firmenwagen, Typ ...... (Typ), amtliches Kennzeichen ...... (amtliches Kennzeichen) noch bis zum Beendigungstermin im bisherigen Umfang der Privatnutzung und zu den bisherigen Bedingungen nutzen. Benzinkosten sowie Kosten für Öl und Autowäsche trägt er jedoch ab Beginn der Freistellung selbst. Den in der Nutzung liegenden geldwerten Vorteil hat der Geschäftsführer wie bisher zu versteuern, was bei der Gehaltsabrechnung berücksichtigt wird. Zum Beendigungstermin tritt der Geschäftsführer – vorbehaltlich der Zustimmung der ...... (Name der Leasinggesellschaft) – anstelle der Gesellschaft in den Leasingvertrag vom ...... (Datum) mit der ...... (Name der Leasinggesellschaft) über den Firmenwagen auf seine Kosten ein. Die Gesellschaft verpflichtet sich, alle für die Vertragsübernahme notwendigen Erklärungen gegenüber der ...... (Name der Leasinggesellschaft) abzugeben. Erteilt die ...... (Name der Leasinggesellschaft) die erforderliche Genehmigung nicht. hat der Geschäftsführer den Firmenwagen spätestens zum Beendigungstermin in ordnungsgemäßem Zustand (mit Fahrzeugpapieren, allem Zubehör und sämtlichen Schlüsseln) an die Gesellschaft am Hauptsitz in ...... zurückgeben.

Das Formular sieht – dem Regelfall folgend – vor, dass die **Geschäftsunterlagen** sowie das **Firmeneigentum** (einschließlich Laptop) spätestens bei Unterzeichnung des Aufhebungsvertrages zurückzugeben sind. Lediglich diejenigen Gegenstände, die dem Geschäftsführer auch zur privaten Nutzung zustanden und somit eine Art Vergütungsbestandteil darstellten, sind i.d.R. erst bei Beendigung der Anstellung zurückzugeben. Ob eine solche Klausel in den Verhandlungen über den Aufhebungsvertrag gegenüber dem Geschäftsführer durchsetzbar ist, hängt auch davon ab, wie die Rückgabepflichten im Geschäftsführerdienstvertrag geregelt sind. Dort kann eine schärfere Pflicht vorgesehen sein (z.B. Rückgabe jederzeit auf Verlangen) oder eine schwächere (z.B. Rückgabe erst bei Beendigung). Wenn rechtlich und tatsächlich möglich, sollte die Gesellschaft immer versuchen, schon beim ersten Trennungsgespräch, spätestens zu Beginn der offiziellen Freistellung vom Geschäftsführer das Firmen-Mobiltelefon, das Smartphone oder den Blackberry und seinen Laptop ausgehändigt zu erhalten. Denn Firmenkunden werden nicht selten auf dem Mobiltelefon oder Blackberry anrufen und nur der Besitz dieser Kommunikationsgeräte gewährleistet, dass die Anrufe adäquat beantwortet werden können. Entsprechend sind heutzutage wichtige Firmenunterlagen und hochvertrauliche Firmendaten i.d.R. auch auf dem Laptop des Geschäftsführers gespeichert, so dass die Inbesitznahme des Laptops für die Absicherung der Vertraulichkeitsverpflichtungen und nicht selten auch für die Arbeitsfähigkeit der neuen Geschäftsführung von Bedeutung ist. Wenn die Gesellschaft sich die tatsächliche Verfügung über Firmeneigentum und Firmenunterlagen – wie beschrieben – zu einem so frühen Zeitpunkt im Trennungsprozess gesichert hat, ist die Klausel über Rückgabepflichten im Aufhebungsvertrag dann meistens nur noch eine relativ bedeutungslose Regelung ohne wirklich eigenständige Bedeutung.

Nicht selten wird auch vereinbart, dass der Geschäftsführer bestimmte im Eigentum der Gesellschaft stehende Gegenstände **käuflich erwirbt**. In diesem Fall muss präzise geregelt werden, welchen Wert der Gegenstand hat, wie der Kaufpreis zuzüglich Mehrwertsteuer gezahlt wird (im Interesse der Gesellschaft sollte geregelt werden, dass Kaufpreis zuzüglich Mehrwertsteuer von den noch zu zahlenden Nettogehältern bzw. der Nettoabfindung einbehalten werden kann). Setzen die Parteien – was nicht selten ist – einen Preis an, der z.B. dem Buchwert entspricht und unter dem Verkehrswert liegt, so ist zu regeln, wer die auf die Differenz anfallende Einkommensteuer trägt und ob und von welchen Zahlungsbeträgen (z.B. Nettoabfindung) die Gesellschaft den gegebenenfalls erforderlichen Lohnsteuerabzug macht.

Da auf einem dem Geschäftsführer zur Verfügung gestellten Laptop oder Computer i.d.R. **Software** aufgespielt ist, für die die Gesellschaft (oder ein verbundenes Unternehmen), nicht aber der Geschäftsführer die Lizenz erworben hat, und nicht ausgeschlossen ist, dass der Geschäftsführer diese Software auch auf einem in seinem Eigentum stehenden Computer kopiert hat, sieht das Formular vor, dass der Geschäftsführer sich verpflichtet, die Software von diesen, nur ihm zugänglichen und nicht der Rückgabepflicht unterliegenden Computern zu löschen. Die Verpflichtung erstreckt sich auch darauf, etwaige vertrauliche geschäftliche Daten, die auf einem solchen Computer gespeichert sind, zu löschen.

Sollen zusätzlich ganz bestimmte Gegenstände zurückgegeben werden, empfiehlt sich folgende Formulierung:

Alternative oder *Optional* zu § 4 Abs. (2):

(2) Der Geschäftsführer wird den Laptop (Marke ......) spätestens fünf Tage nach Unterzeichnung dieses Vertrages im Austausch gegen einen anderen Laptop („Austausch-Laptop") an die Gesellschaft zurückgeben. Den Austausch-Laptop sowie das gesamte sonstige in seinem Besitz befindliche Firmeneigentum, insbesondere das Handy (Marke ......) sowie alle in seinem Besitz befindlichen, die Gesellschaft oder Verbundene Unternehmen betreffenden Unterlagen (sowie Kopien oder sonstige Reproduktionen hiervon) wird der Geschäftsführer spätestens zum Beendigungstermin an die Gesellschaft zurückgeben. Der Geschäftsführer versichert, dass er alle auf den ihm gehörenden oder in seinem Besitz befindlichen Computern installierten Programme, für welche die Gesellschaft oder ein Verbundenes Unternehmen die Lizenz hält, gelöscht hat.

Im Übrigen ist auch – wie im Formular vorgesehen – eine ausdrückliche Regelung zur Behandlung des betrieblichen E-Mail-Accounts des Geschäftsführers zu empfehlen.

11. Zeugnis. Über den Zeugnistext, der einem Geschäftsführer ausgestellt wird, wird in der Praxis selten gestritten. Deshalb genügt es im Normalfall, die im Formular vorgesehene Klausel zu verwenden. Wenn sich bei den Verhandlungen über den Aufhebungsvertrag jedoch abzeichnet, dass es erhebliche **Differenzen über Inhalt** bzw. einzelne Formulierungen des Zeugnisses geben könnte, empfiehlt es sich – wie in folgender Alternativregelung vorgesehen – sich bereits vor Abschluss des Aufhebungsvertrages auf einen Zeugnistext zu einigen und diesen als Anlage zum Aufhebungsvertrag zu nehmen.

Alternative zu § 5:
Die Gesellschaft verpflichtet sich, dem Geschäftsführer ein qualifiziertes Zeugnis unter dem ...... (Datum) mit dem Text gemäß Anlage 1 zu erstellen und zu übersenden.

Im Bedarfsfall kann auch formuliert werden:

Alternative zu § 5:
Die Gesellschaft verpflichtet sich, dem Geschäftsführer ein qualifiziertes Zeugnis unter dem ...... (Datum) mit dem Text gemäß Anlage 1 zu erstellen und zu übersenden. Der Geschäftsführer hat bis zum ...... (Datum) Gelegenheit, der Gesellschaft seine Vorstellungen und Gegenvorschläge zum Zeugnistext zu übermitteln. Die Gesellschaft wird diese bei der Formulierung des Zeugnisses wohlwollend berücksichtigen und dem Geschäftsführer bis zum ...... (Datum) das qualifizierte Zeugnis übersenden.

Wenn der Aufhebungsvertrag lange vor dem Beendigungstermin abgeschlossen wird, wird der Geschäftsführer i. d. R. dahingehend verhandeln, dass ihm unmittelbar nach Unterzeichnung des Aufhebungsvertrages ein Zwischenzeugnis ausgestellt wird.

Optional bei § 5:
Auf schriftliches Verlangen des Geschäftsführers wird die Gesellschaft ein Zwischenzeugnis erstellen und ihm übersenden, das inhaltlich dem in Anlage 1 enthaltenen Text entspricht.

12. Direktversicherung und weitere Versicherungen. Wenn die Gesellschaft für den Geschäftsführer eine Direktversicherung unterhalten hat, sollte im Aufhebungsvertrag genau geregelt werden, bis wann die Beiträge gezahlt werden und was bei Beendigung der Anstellung mit der Direktversicherung geschieht. Im Regelfall werden – wie im Formular vorgesehen – die Beiträge bis zum Beendigungstermin gezahlt und die Direktversicherung zum Beendigungstermin auf den Geschäftsführer übertragen. Zu den Voraussetzungen einer solchen Übertragung → Form. F. II. 2 Anm. 8. Diese Übertragung wird im Regelfall nach den Versicherungsverträgen möglich sein. Es empfiehlt sich jedoch, dies vor Aufnahme einer entsprechenden Verpflichtung in den Aufhebungsvertrag zu prüfen. Um die Gesellschaft zu veranlassen, dass der Versicherungsvertrag bei Abfassen des Aufhebungsvertrages auch tatsächlich zur Hand genommen und geprüft wird, sieht das Formular vor, dass der betreffende Versicherungsvertrag präzise unter Hinweis auf die Vertragsnummer bezeichnet wird.

Wenn die Gesellschaft dem Geschäftsführer statt oder zusätzlich zur Direktversicherung noch eine **Pensionszusage** erteilt hatte, muss der Aufhebungsvertrag auch hierzu eine Regelung enthalten. Im Folgenden wird hierfür eine kurze Klausel vorgeschlagen, die allerdings nur besagt, dass der Geschäftsführer eine unverfallbare Anwartschaft erworben hat:

Optional bei § 6:
(2) Für den Geschäftsführer besteht eine unverfallbare Anwartschaft auf Betriebliche Altersversorgung gemäß Pensionszusage der Gesellschaft an den Geschäftsführer vom ...... (Datum).

Diese wird nach dem Beendigungstermin in Höhe des ratierlichen Anspruchs nach § 2 Abs. 1 BetrAVG aufrechterhalten.

Bei Verwendung dieser Klausel muss die Überschrift von § 6 um „Betriebliche Altersversorgung" ergänzt und der Text in § 6 des Formulars als erster Absatz mit einem Zusatz „(1)" gekennzeichnet werden.

In der Praxis wird es sich für die Gesellschaft empfehlen, aus Anlass des Aufhebungsvertrages die Pensionszusage nochmals genau zu prüfen und zu überlegen, ob die Zusage klar und unmissverständlich gefasst ist oder ob die Gelegenheit genutzt werden sollte, um im Aufhebungsvertrag Klarstellungen vorzunehmen und zu bestimmten unklar geregelten Punkten, bei denen eine spätere Auseinandersetzung denkbar erscheint, im Aufhebungsvertrag eine Einigung herbeizuführen. Dies gilt umso mehr, als nach neuerer Rechtsprechung des BAG bei Verträgen mit Organmitgliedern im selben Maße von den Schutzbestimmungen des Betriebsrentengesetzes abgewichen werden kann, wie dies für Arbeitnehmer die Tarifparteien dürfen (BAG NZA-RR 2010, 168). Dies eröffnet für die Vertragsparteien große Spielräume bei der Ausgestaltung der Versorgungszusage im Aufhebungsvertrag; insbesondere ist nun auch eine Abfindung der Zusage möglich, deren Höhe – sofern im Einzelfall ausgehandelt und nicht formularmäßig vereinbart – wohl nur am Maßstab von § 138 BGB (so *Diller/Arnold/Kern* GmbHR 2010, 281, 285 f.) und § 242 BGB zu messen ist.

Auch darüber hinaus wird der Geschäftsführer auf die Aufrechterhaltung seines ihm vertraglich zugesicherten Versicherungsschutzes bestehen. Hierzu kann im Regelfall folgende Klausel verwendet werden, die entsprechend erweiterbar ist, wenn weitere Versicherungen bestehen:

Optional bei § 6:
(2) Bis zum Beendigungstermin wird die Gesellschaft gemäß der bisherigen Handhabung die für den Geschäftsführer bestehende Unfallversicherung gemäß § . . . . . . des Geschäftsführervertrages fortführen.

Bei Verwendung dieser Klausel kann § 6 mit „Versicherungen" überschrieben werden und der Text in § 6 des Formulars muss als erster Absatz mit einem Zusatz „(1)" gekennzeichnet werden.

13. Stock Options. Für den Fall, dass dem Geschäftsführer während der Anstellung Stock Options gewährt worden waren (→ Form. B. I. 1 Anm. 20, 22), sollte der Aufhebungsvertrag Regelungen enthalten, die nochmals klarstellen, welche Regeln insbesondere für die Verwertbarkeit, die Ausübung und den Verfall der Optionen gelten. Hierzu kann eine Klausel verwendet werden, die von dem in der Praxis häufigen Fall ausgeht, dass dem Geschäftsführer Optionen auf den Erwerb von Aktien an einer US-amerikanischen Gesellschaft auf der Basis eines typischen US-amerikanischen Stock Option Plans gewährt wurden. Die Klausel verweist dabei auf die vertraglichen Vereinbarungen bei Gewährung der Stock Options sowie den bei der Gewährung als maßgeblich bezeichneten Stock Option Plan. Wenn sich bei den Verhandlungen über den Aufhebungsvertrag zeigt, dass bestimmte Fragen in Bezug auf die Stock Options streitig sind und der Klarstellung oder Regelung bedürfen, muss die Klausel deshalb im Einzelfall noch erweitert werden.

Optional bei § 6:
(2) Der Geschäftsführer hat Optionen zum Erwerb von Anteilen an der Gesellschaft gewährt erhalten. Die Parteien sind sich einig, dass sich Verwertungsreife (= Vesting), Ausübung, Verfall und alle anderen Rechte und Pflichten bezüglich der gewährten Stock Options nach den bei der Gewährung schriftlich getroffenen einzelvertraglichen Regelungen sowie den Bestimmungen desjenigen Stock Option Plans richten, nach welchem sie ausgegeben wurden.

Bei Verwendung dieser Klausel muss die Überschrift von § 6 um „Stock Options" ergänzt und der Text in § 6 des Formulars als erster Absatz mit einem Zusatz „(1)" gekennzeichnet werden.

In diesem Zusammenhang kann gegebenenfalls auch folgende Regelung hinsichtlich des Insider-Status des Geschäftsführers eingefügt werden:

Optional bei § 6:

(2) Mit Wirkung ab dem . . . . . . (Datum) wird der Geschäftsführer nicht mehr als Insider der Gesellschaft im Sinn der Insider Trading Policy der Gesellschaft betrachtet.

Bei Verwendung dieser Klausel muss die Überschrift von § 6 um „Insider Trading" ergänzt und der Text in § 6 des Formulars als erster Absatz mit einem Zusatz „(1)" gekennzeichnet werden.

14. Beendigung des Geschäftsführeramtes. Das Formular unterstellt, dass der Geschäftsführer spätestens zeitgleich mit dem Abschluss des Aufhebungsvertrages aus dem Amt als Geschäftsführer entlassen wird. Das Formular sieht deshalb vor, dass bei Unterzeichnung des Aufhebungsvertrages auch der Gesellschafterbeschluss über die Abberufung des Geschäftsführers ausgefertigt wird und der Abberufungsbeschluss dem Aufhebungsvertrag beiliegt (s. allgemein zur Problematik von formalen Fehlerquellen bei der Beendigung der Organstellung *Bauer/Krieger* ZIP 2004, 1247).

Denkbar ist jedoch auch eine Reihe von alternativen Gestaltungen: So wird der Geschäftsführer gelegentlich bereits beim ersten Trennungsgespräch abberufen. Manchmal legt er sein Amt auch selbst nieder, bevor der Aufhebungsvertrag unterzeichnet wird. Schließlich kann es – was empfehlenswert ist – zunächst zu einer **Suspendierung** des Geschäftsführers von seinem Amt gekommen sein, die während der Verhandlungen über den Aufhebungsvertrag andauert und die erst bei Abschluss des Aufhebungsvertrages von der Abberufung abgelöst wird. Auch wenn es in der Literatur umstritten ist, ob eine Amts-Suspendierung überhaupt möglich ist und welche Wirkung sie hat, ist sie in der Praxis gebräuchlich (s. zur Möglichkeit der Suspendierung Roth/Altmeppen/*Altmeppen* § 38 Rn. 72, welcher eine Suspendierung im Rahmen von § 38 GmbH für nicht zulässig hält; Baumbach/Hueck/*Zöllner/Noack* § 35 Rn. 35, welcher attestiert, dass eine Suspendierung zumindest bei frei widerruflicher Bestellung zum Geschäftsführer möglich sein soll, da kein Grund ersichtlich sei, warum die Gesellschafter zu der stärkeren und für den Geschäftsführer belastenderen Maßnahme der Abberufung greifen sollen und im Rahmen seiner Suspendierung die Geschäftsführungsbefugnis nach § 35 GmbHG entzogen sieht; Scholz/*Schneider* § 38 Rn. 94 f., welcher für eine Suspendierung des GmbH-Geschäftsführers kein Bedürfnis sieht, jedoch die Möglichkeit bejaht, dass die Gesellschafter einem Geschäftsführer die Weisung erteilen können, sich zeitweise jeder Tätigkeit für die Gesellschaft zu enthalten und hiervon lediglich die Geschäftsführungsbefugnis tangiert sieht; ebenso OLG Köln NJW-RR 1997, 542, 543; Lutter/Hommelhof/*Kleindiek* § 38 Rn. 39). Da der Geschäftsführer im Fall seiner Suspendierung weiterhin im Handelsregister registriert bleibt, muss im Fall einer Suspendierung dafür gesorgt werden, dass der Geschäftsführer die Gesellschaft nicht mehr alleine vertreten **kann.** Denn die Suspendierung besagt in jedem Fall nur, dass er sie nicht mehr vertreten **darf** (s. hierzu BayObLG NJW-RR 1989, 934, wonach erst durch ein durch rechtskräftiges Urteil ausgesprochenes Verbot, Geschäftsführertätigkeit auszuüben, die Vertretungsmacht des Geschäftsführers erlischt und in einem solchen Fall die Eintragung im Handelsregister von Amts wegen zu löschen ist). Wenn die Satzung vorsieht, dass im Fall der Ernennung von mehr als einem Geschäftsführer Gesamtvertretungsbefugnis besteht, falls nicht durch Gesellschafterbeschluss Einzelvertretungsbefugnis erteilt wurde, lässt sich die Handlungsfähigkeit der Gesellschaft und die „Entmachtung" des zu entlassenden Geschäftsführers z. B. dadurch erreichen, dass ein weiterer, neuer Geschäftsführer ernannt wird, dem per Gesellschafterbeschluss Einzelvertretungsbefugnis gegeben wird. Damit hat der Geschäftsführer, von dem sich die Gesellschaft trennen will und der zuvor der einzige Geschäftsführer war und kraft Satzungsregelung Einzelvertretungsbefugnis hatte, automatisch nur noch Gesamtvertretungsbefugnis, die dann auch entsprechend schon während der Suspendierung im Handelsregister eingetragen werden kann. Gleichzeitig kann die Gesellschaft durch den neu ernannten Geschäftsführer allein vertreten werden, ohne dass dieser die Mitwirkung des zu entlassenden Geschäftsführers benötigt.

Anstelle der im Formular vorgesehenen Formulierung können die folgenden Alternativformulierungen verwendet werden:

Alternative zu § 7 Abs. (1):
(1) Die Gesellschaft wird dafür sorgen, dass der Geschäftsführer unmittelbar nach Unterzeichnung dieser Vereinbarung von seinem Amt als Geschäftsführer der Gesellschaft abberufen wird und die Abberufung zur Eintragung beim Handelsregister angemeldet wird.

Alternative zu § 7 Abs. (1):
(1) Der Geschäftsführer wurde mit Gesellschafterbeschluss vom ...... (Datum) von seinem Amt als Geschäftsführer der Gesellschaft abberufen.

Alternative zu § 7 Abs. (1):
(1) Der Geschäftsführer ist mit Gesellschafterbeschluss vom ...... (Datum) von seinem Amt als Geschäftsführer der Gesellschaft suspendiert. Die Abberufung wird spätestens zum Beendigungstermin erfolgen.

Alternativ kann die Beendigung der Organstellung auch durch eine Niederlegung seitens des Geschäftsführers bewirkt werden. Damit die Anmeldung der Änderung zum Handelsregister angemeldet werden kann, muss der Geschäftsführer hierbei verpflichtet werden, eine Urkunde über die Niederlegung anzufertigen.

Alternative zu § 7 Abs. (1):
(1) Der Geschäftsführer legt hiermit sein Geschäftsführeramt bei der Gesellschaft zum Ablauf des ...... (Datum) nieder. Die Gesellschaft nimmt diese Niederlegung an. Der Geschäftsführer hat eine entsprechende Niederlegungserklärung separat ausgefertigt. Diese Niederlegungserklärung ist diesem Vertrag als Anlage 1 beigefügt und wesentlicher Bestandteil dieses Vertrages.

Das Formular sieht zudem die ausdrückliche Verpflichtung des Geschäftsführers vor, nach seiner Abberufung bis zur Löschung der Bestellung im Handelsregister **keine Vertretungshandlung** mehr vorzunehmen. Diese Klausel dient weniger dem Rechtsschutz der Gesellschaft (denn das interne Verbot von Vertretungshandlungen liegt bereits in der Abberufung), sondern mehr der Erinnerung des Geschäftsführers daran, dass er bereits ab der Abberufung und nicht erst ab der Löschung im Handelsregister derartige Vertretungshandlungen zu unterlassen hat (s. hierzu BGH DStR 1991, 1321, in dem ausdrücklich klargestellt wird, dass, solange die Abberufung nicht im Handelsregister eingetragen ist, sich jeder gutgläubige Teilnehmer am Rechtsverkehr gegenüber der Gesellschaft auf die im Handelsregister verlautbarte Bestellung des trotz Widerrufs der Organstellung noch für die GmbH handelnden Geschäftsführers berufen kann).

15. Entlastung. Der Geschäftsführer wird in den Verhandlungen über den Aufhebungsvertrag regelmäßig darauf bestehen, dass er zeitgleich mit der Vereinbarung über die Beendigung seiner Anstellung von der Gesellschafterversammlung **Entlastung** für seine Geschäftsführertätigkeit erteilt erhält. Die Gesellschaft wird demgegenüber regelmäßig ein Interesse daran haben, dass die Gesellschafterversammlung die Entlastung erst dann erklärt, wenn Gelegenheit zu einer gründlichen Überprüfung bestand, ob die Gesellschaft gegen den Geschäftsführer Schadensersatzansprüche wegen unsorgfältiger Geschäftsführertätigkeit hat. Diese Prüfung wird i.d.R. erst mit den Arbeiten am Jahresabschluss erfolgen können, insbesondere dann, wenn der Geschäftsführer alleiniger Geschäftsführer war und keinen engmaschigen Berichtspflichten und Kontrollen durch die Gesellschafterin unterlag. Das

Formular sieht dementsprechend vor, dass die Gesellschaft lediglich zusagt, dass über die Entlastung „im normalen Geschäftsgang“, d.h. im Rahmen des Jahresabschlusses entschieden wird. Die folgende Alternativ-Regelung formuliert die dem Geschäftsführer günstigere Regelung, wonach die Entlastung bei Abschluss des Aufhebungsvertrages erteilt wird:

Alternative zu § 7 Abs. (3):
(3) Die Gesellschaft erteilt dem Geschäftsführer mit beiliegendem Beschluss Entlastung für seine Geschäftsführertätigkeit für die Gesellschaft.

Denkbar ist allerdings auch die folgende – vermittelnde – Alternativ-Regelung, wonach zwar nur zugesagt wird, dass im normalen Geschäftsgang bzw. bis zu einem bestimmten Termin) über die Entlastung entschieden wird, gleichzeitig jedoch für den Zeitpunkt des Abschlusses des Aufhebungsvertrages bestätigt wird, dass der Gesellschaft keine Umstände bekannt sind, die einer Entlastung entgegenstehen:

Alternative zu § 7 Abs. (3):
(3) Die Gesellschaft wird dafür sorgen, dass die Gesellschafterversammlung über die Entlastung nach § 46 Nr. 5 GmbHG im gewöhnlichen Geschäftsgang, spätestens jedoch bis zum ...... (Datum) beschließt. Der Gesellschaft sind bei Abschluss dieser Vereinbarung keine Umstände bekannt, die einer Entlastung des Geschäftsführers als Geschäftsführer der Gesellschaft entgegenstehen könnten.

Diese Bestätigung hindert die Gesellschafterversammlung nicht daran, die Entlastung zu verweigern – und Schadensersatzansprüche geltend zu machen, wenn nach Abschluss des Aufhebungsvertrages Umstände bekannt werden, die auf eine fehlerhafte Geschäftsführung schließen lassen.

16. Andere Ämter. Nicht selten wird ein Geschäftsführer nicht nur das Amt des Geschäftsführers der Gesellschaft übernommen haben, sondern noch weitere Ämter, z.B. **Geschäftsführerpositionen bei anderen Konzerngesellschaften.** Das Formular sieht in einer Art umfassenden sog. „catch-all“-Klausel vor, dass der Geschäftsführer alle diese Ämter abgeben muss, ohne die Ämter jedoch im Einzelnen zu nennen.

Wenn bei Abschluss des Aufhebungsvertrages im Einzelnen bekannt ist, um welche Ämter es sich handelt, sollte jedoch die folgende Klausel gewählt werden, die die Ämter präzise bezeichnet:

Alternative zu § 7 Abs. (4):
(4) Sofern nicht bereits geschehen, legt der Geschäftsführer sämtliche Ämter nieder und tritt von sämtlichen Funktionen zurück, die er während der Dauer seiner Tätigkeit bei der ...... Gruppe angetreten hat oder im Zusammenhang mit seiner Tätigkeit bei der ...... Gruppe ausgeübt hat, insbesondere von den nachfolgend aufgeführten Ämtern.

Firma	Funktion

Der Geschäftsführer wird auf Verlangen der Gesellschaft jeweils separate Niederlegungserklärungen ausfertigen. Die jeweiligen Gesellschaften der ...... Gruppe haben das Recht, den Geschäftsführer von den vorgenannten Ämtern abzuberufen, womit der Geschäftsführer bereits hiermit sein Einverständnis erklärt.

17. Vertragliches Wettbewerbsverbot. Das Formular regelt, dass der Geschäftsführer bis zum Beendigungstermin einem umfassenden Wettbewerbsverbot unterliegt und dass ein etwaiges Nebentätigkeitsverbot aus dem Geschäftsführerdienstvertrag bis zum Beendigungstermin in Kraft bleibt.

18. Nachvertragliches Wettbewerbs- und Abwerbeverbot. Im Hinblick auf ein nachvertragliches Wettbewerbsverbot wird angenommen, dass der Geschäftsführerdienstvertrag ein solches vorsieht. Im Formular ist deshalb ausdrücklich der in der Praxis häufige Fall geregelt, dass die Parteien an dem nachvertraglichen Wettbewerbsverbot nicht festhalten wollen und es daher einvernehmlich aufheben. Eine ausdrückliche Aufhebung des nachvertraglichen Wettbewerbsverbotes ist stets zu empfehlen. Im Formular wird auch klargestellt, dass der Geschäftsführer ab dem Beendigungstermin Wettbewerb treiben darf und die Gesellschaft keine Entschädigung schuldet. Will der Geschäftsführer allerdings einer einvernehmlichen, entschädigungslosen Aufhebung des nachvertraglichen Wettbewerbsverbotes nicht zustimmen, sollte die Möglichkeit eines einseitigen Verzichts durch die Gesellschaft erwogen werden, soweit diese nach den Regelungen des Geschäftsführerdienstvertrages vorgesehen ist (→ Form. A. IV. 2 Anm. 9 f. sowie *Menke* NJW 2009, 636; *v. Kann/Keiluweit* BB 2010, 2050). Eine Verzichtsmöglichkeit kann sich hierbei auch aus einem Verweis des Geschäftsführerdienstvertrages auf § 75a HGB ergeben.

In der Praxis finden sich jedoch auch andere Gestaltungen, insbesondere die Aufrechterhaltung (die wegen der gegebenenfalls aufhebenden Wirkung einer Abgeltungsklausel immer ausdrücklich geregelt werden sollte), die **Modifizierung** eines zuvor bereits vereinbarten sowie die **erstmalige Vereinbarung** eines nachvertraglichen Wettbewerbsverbotes im Aufhebungsvertrag. In diesen Fällen können folgende Klauseln Verwendung finden:

Alternative zu § 8 Abs. (2) bei Aufrechterhaltung des nachvertraglichen Wettbewerbsverbots:

(2) Für die Zeit nach dem Beendigungstermin gilt das nachvertragliche Wettbewerbsverbot gemäß § . . . . . . des Geschäftsführervertrages.

Alternative zu § 8 Abs. (2) bei Modifizierung des nachvertraglichen Wettbewerbsverbots:

(2) Das in § . . . . . . des Geschäftsführervertrages geregelte nachvertragliche Wettbewerbsverbot wird aufrechterhalten, insbesondere hinsichtlich der in § . . . . . . Abs. (. . . . . .) und (. . . . . .) des Geschäftsführervertrages geregelten gegenständlichen und geographischen Reichweite. Jedoch wird § . . . . . . Abs. (. . . . . .) des Geschäftsführervertrages mit der Maßgabe abgeändert, dass das nachvertragliche Wettbewerbsverbot nur für die Dauer von . . . . . . Monaten nach dem Beendigungstermin gilt. § . . . . . . Abs. (. . . . . .) des Geschäftsführervertrages wird dahingehend abgeändert, dass statt 70 Prozent nur 50 Prozent der von dem Geschäftsführer zuletzt bezogenen vertragsmäßigen Leistungen als Wettbewerbsentschädigung geschuldet sind und § . . . . . . Abs. (. . . . . .) des Geschäftsführervertrages wird dahingehend ergänzt und präzisiert, dass sich die Parteien darüber einig sind, dass diese 50-prozentige Entschädigung für die . . . . . .-monatige Dauer des Verbotes insgesamt einen Betrag von . . . . . . EUR (in Worten: . . . . . . Euro) brutto ausmacht und bei ordnungsgemäßer Erfüllung des nachvertraglichen Wettbewerbsverbots jeweils zum Ablauf eines Kalendermonats, erstmals zum . . . . . ., ein Teilbetrag von . . . . . . EUR (in Worten: . . . . . . Euro) brutto fällig ist. Diese Beträge verstehen sich vorbehaltlich der in § . . . . . . Abs. (. . . . . .) des Geschäftsführervertrages vorgesehenen Anrechnung anderweitiger Vergütung. Der Geschäftsführer trägt sämtliche Steuer auf die Entschädigung sowie den Arbeitnehmeranteil etwaiger Sozialabgaben auf die Entschädigung und die Gesellschaft wird den Lohnsteuerabzug vornehmen und etwaige Sozialabgaben abführen.

Vgl. im Übrigen → Form. A. IV. 2 und die dortigen Anmerkungen zu Wirksamkeit, Reichweite und Durchsetzbarkeit von nachvertraglichen Wettbewerbsverboten für Geschäftsführer, sowie *Diller* NZA 2005, 250 zur Frage der AGB-Kontrolle von nachvertraglichen Wettbewerbsverboten. Diese Vorgaben sind auch für nachvertragliche Wettbewerbsverbote zu beachten, die im Zusammenhang mit Aufhebungsverträgen vereinbart werden; s. speziell für den Fall der Vereinbarung eines nachvertraglichen Wettbewerbsverbotes im Aufhebungsvertrag BGH NJW 1995, 151; OLG Nürnberg BeckRS 2010, 01746 und OLG Düsseldorf NZG 2000, 737.

Im Übrigen ist – auch im Fall einer Aufhebung des nachvertraglichen Wettbewerbsverbots – stets daran zu denken, ob nicht die Vereinbarung eines nachvertraglichen Abwerbeverbotes im Aufhebungsvertrag sinnvoll ist (vgl. zu einem Klauselvorschlag wie auch zu Bedenken hinsichtlich der Durchsetzbarkeit → Form. B. I. 1 Anm. 16).

19. Geheimhaltung. Das Formular geht davon aus, dass der Geschäftsführerdienstvertrag eine Regelung über nachvertragliche Geheimhaltung enthält und bestätigt lediglich, dass diese Regelung vom Aufhebungsvertrag nicht berührt wird und weiter in Kraft bleibt.

Sofern allerdings im Geschäftsführerdienstvertrag eine Geheimhaltungsklausel „alter Schule" verwendet wurde, besteht das Risiko, dass diese Klausel als unzulässiges und unwirksames nachvertragliches Wettbewerbsverbot angesehen werden könnte. Um hier mehr Sicherheit zu haben, dass das nachvertragliche Geheimhaltungsgebot letztlich für wirksam und durchsetzbar erachtet wird, ist eine Neufassung zu empfehlen (zur gesamten Problematik → Form. B. I. 1 Anm. 28). Hier kann wie folgt formuliert werden:

Alternative bei § 9:

(1) Der Geschäftsführer ist verpflichtet, alle ihm während seiner Tätigkeit bekannt gewordenen internen Angelegenheiten der Gesellschaft oder Verbundener Unternehmen, vor allem Geschäfts- und Betriebsgeheimnisse, bis zum Beendigungstermin streng geheim zu halten.

(2) Ab dem Beendigungstermin gilt seine Verschwiegenheitsverpflichtung gemäß vorstehendem Abs. (1) fort. Im Rahmen einer von ihm dann ausgeübten beruflichen oder unternehmerischen Tätigkeit kann er sein während der Dauer der Anstellung erworbenes Wissen einsetzen, sofern dabei die gesetzlichen Beschränkungen – insbesondere §§ 3, 17 UWG, §§ 823, 826 BGB sowie das Datenschutzgesetz – sowie Beschränkungen aus einem etwaigen nachvertraglichen Wettbewerbsverbot beachtet werden.

Optional:

(3) Der Geschäftsführer ist verpflichtet, über den Inhalt dieses Vertrages sowie der diesem Vertrag zugrunde liegenden Verhandlungen Stillschweigen zu bewahren. Ausgenommen ist die Kundgabe der Vertragsbedingungen gegenüber seinem Ehepartner, seinem Rechtsanwalt oder Steuerberater, sofern diese dieselbe Vertraulichkeitsverpflichtung übernehmen wie der Geschäftsführer selbst.

20. Wohlverhalten. Das Formular sieht eine **einseitige Wohlverhaltensklausel** vor. In den Verhandlungen wird der Geschäftsführer aber nicht selten verlangen, dass die Wohlverhaltensklausel entweder gestrichen oder aber zumindest beidseitig ausgestaltet wird (als **beidseitige Wohlverhaltensklausel**). Die Gesellschaft kann letzteres zugestehen, wird dann aber ein Interesse daran haben, die Zahl der Personen einzuschränken und die Personen genau zu benennen, für die sie gegenüber dem Geschäftsführer eine entsprechende Wohlverhaltenspflicht verspricht. In diesen Fällen kann folgende Klausel verwendet werden:

Alternative zu § 10 Abs. (2):

(2) Umgekehrt verpflichtet sich die Gesellschaft dahingehend, dass bis zum Beendigungstermin und insbesondere auch nach dem Beendigungstermin die Herren . . . . . ., ..., ..., ..., ..., ... und . . . . . . gegenüber Dritten (insbesondere gegenüber Medienorganen und im Internet sowie gegenüber Finanzinstitutionen und Industrievertretern, gegenwärtigen, früheren und potentiellen Lieferanten und Kunden der Gesellschaft oder eines Verbundenen Unternehmens, gegenwärtigen oder früheren Arbeitnehmern der Gesellschaft oder eines Verbundenen Unternehmens) keinerlei geschäftsschädliche, nachteilige oder unfreundliche Äußerungen über den Geschäftsführer machen.

Bei zusätzlicher Verwendung dieser Klausel muss der Text in § 10 des Formulars als erster Absatz mit einem Zusatz „(1)" gekennzeichnet werden.

Die Klausel stellt allerdings – unabhängig davon, ob sie einseitig oder beiderseitig ausgestaltet ist – eher einen Programmsatz als ein „scharfes Schwert" dar, weil derjenige, der in der Praxis aus der Klausel Ansprüche geltend machen will, i.d.R. vor dem Problem stehen wird, dass er entweder von einer Verletzung der Pflicht gar nicht erfährt, oder sie nicht wird nachweisen können, oder dass eine Unterlassensklage eine schon erfolgte Pflichtverletzung und ihre Folgen nicht rückgängig machen kann, ein Schaden aber ganz typischerweise nur schwer oder gar nicht dargetan werden kann (s. zur Problematik von nachvertraglichem Wohlverhalten auch BAG Urt. v. 20.5.1981 – 5 AZR 74/79 – n. v., wonach die Verletzung von nachvertraglichen Treuepflichten dazu führen kann, dass der Arbeitgeber noch ausstehende Gehaltszahlungen wegen Rechtsmissbrauches verweigern kann).

21. Presseerklärung/Sprachregelung. Im Formular ist – neben einer Wohlverhaltensklausel – auch vorgesehen, dass sich die Vertragsparteien auf eine gemeinsame **Presseerklärung** zum Ausscheiden des Vorstandsmitglieds einigen. Denkbar –insbesondere bei kleineren Unternehmen üblicher – ist auch die bloße Formulierung einer **Sprachregelung**. Dabei einigen sich die Vertragsparteien lediglich darauf, wie bei Bedarf (z. B. bei Nachfrage) das vorzeitige Ausscheiden des Vorstandsmitglieds kommentiert werden darf. Die Formulierung einer solchen gemeinsamen Presseerklärung oder Sprachregelung hat sich in der Praxis bewährt. Denn je nach tatsächlich zugrunde liegender Situation (Bedeutung der Gesellschaft in der Branche, Bedeutung der Person des Geschäftsführers) ist ein vorzeitiger Abschied häufig Anlass für Spekulationen. Dies kann z. B. bei Kunden, aber auch an den Finanzmärkten zu unerwünschten Reaktionen führen. Zwar wird eine solche gemeinsame Presseerklärung oder Sprachregelung diese Spekulationen nicht verhindern können, sie können jedoch – bei entsprechender Formulierung von Presseerklärung oder Sprachregelung – eingedämmt oder in eine bestimmte gewünschte Richtung gelenkt werden. Im Formular ist deshalb auch die Verpflichtung vorgesehen, dass von zusätzlichen sowie nachträglichen Erläuterungen und Erklärungen anderen Inhalts abgesehen wird. Hier muss die Gesellschaft darauf achten, dass die Personen genau benannt werden, für die sie sich gegenüber dem Geschäftsführer verpflichtet, von anderen Erklärungen abzusehen. Bei Bedarf kann die Verpflichtung zur Verwendung der Presseerklärung oder Sprachregelung auch mit einem Vertragsstrafeversprechen unterlegt werden, da bei einem etwaigen Schadensersatzanspruch wegen eines Verstoßes gegen die Presseerklärung oder die Sprachregelung der Schaden nur schwer beziffert werden kann. Daneben besteht ein Unterlassungsanspruch bei Abweichen einer Partei von der getroffenen Vereinbarung.

22. Abgeltung. Das Formular enthält eine **einseitige Abgeltungsklausel**, mit der die Ansprüche des Geschäftsführers auf diejenigen Ansprüche beschränkt werden, die im Aufhebungsvertrag geregelt werden und alle sonstigen Ansprüche gegen die Gesellschaft oder auch gegen verbundene Unternehmen für erledigt erklärt. In der Praxis ist diese einseitige Abgeltungs- und Erledigungsklausel häufig durchsetzbar (s. zur Rechtsnatur einer solchen Abgeltungsklausel H/W/K/*Thüsing* § 611 BGB Rn. 420). Sofern der Geschäftsführer darauf besteht, dass eine **beidseitige Abgeltung** vereinbart wird, kann die folgende Klausel eingefügt werden:

Alternative zu § 11 Abs. (2):

(2) Umgekehrt hat mit Unterzeichnung dieser Vereinbarung die Gesellschaft nur mehr die in dieser Vereinbarung ausdrücklich niedergelegten Ansprüche gegen den Geschäftsführer. Mit Erfüllung der Verpflichtungen des Geschäftsführers aus dieser Vereinbarung sind sämtliche Ansprüche der Gesellschaft oder eines Verbundenen Unternehmens gegen den Geschäftsführer aus dem Anstellungsverhältnis und dessen Beendigung abgegolten und erledigt. Hiervon unberührt bleiben etwaige Ansprüche der Gesellschaft aus der Geschäftsführertätigkeit des Geschäftsführers, die erst mit Erteilung der Entlastung nach § 7 Abs. (3) dieses Vertrages erledigt sind.

Bei zusätzlicher Verwendung dieser Klausel muss der Text in § 11 des Formulars als erster Absatz mit einem Zusatz „(1)" gekennzeichnet werden.

Diese beidseitige Abgeltung sieht spiegelbildlich die Beschränkung der Ansprüche der Gesellschaft auf die im Aufhebungsvertrag geregelten Ansprüche vor (z. B. Rückgabe des

Firmenwagens) und erklärt alle sonstigen Ansprüche der Gesellschaft und von verbundenen Unternehmen aus dem Geschäftsführer-Anstellungsverhältnis gegen den Geschäftsführer für erledigt. Bevor sich die Gesellschaft allerdings auf eine solche beiderseitige Abgeltung einlässt, sollte sie genau prüfen, ob noch Ansprüche aus dem Anstellungsverhältnis gegen den Geschäftsführer bestehen, die noch keine Erwähnung im Aufhebungsvertrag gefunden haben, z.B. an den Geschäftsführer ausgereichte Darlehen (s. hierzu BAG BeckRS 1981, 04524 für den Fall, dass zwar eine gegenseitige Abgeltungsklausel vereinbart wurde, jedoch die normative Auslegung der Klausel ergab, dass das gewährte Darlehen nicht davon umfasst werden sollte; a.A. OLG Düsseldorf NZA-RR 1998, 1, wonach ein Arbeitgeberdarlehen grundsätzlich von der Ausgleichsklausel erfasst sein soll). Kritisch ist die beiderseitige Abgeltung auch dann, wenn etwaige frühere Zahlungen der Gesellschaft oder einer Konzerngesellschaft an den Geschäftsführer (z.B. auch die Auszahlung von Gewinnen aus der Verwertung von Stock Options) lohnsteuerlich nicht korrekt behandelt wurden, weil die beiderseitige Abgeltungsklausel dann den ansonsten gegebenen gesetzlichen Regressanspruch der Gesellschaft gegen den Geschäftsführer im Fall einer Inanspruchnahme der Gesellschaft aus Lohnsteuerhaftung abschneiden würde. Schließlich muss dann, wenn sich die Gesellschaft auf eine beiderseitige Abgeltung einlässt, klargestellt werden, dass dies nichts daran ändert, dass etwaige (Schadensersatz-)Ansprüche der Gesellschaft gegen den Geschäftsführer wegen etwaiger vorwerfbarer Fehler bei seiner Geschäftsführung erst mit der Entlastung erledigt sind und dass sich diese nicht nach den Regelungen des Aufhebungsvertrages richten. Allerdings ist die Klausel, soweit sie die Erledigung von etwaigen Ansprüchen verbundener Unternehmen anordnet, nicht wirksam, weil dies einen – unzulässigen und unwirksamen – Vertrag zu Lasten Dritter darstellen würde (s. allgemein zur Unzulässigkeit von Vereinbarungen dieser Art Palandt/*Heinrichs* Einf. v. § 328 Rn. 10). In der Praxis wird dies aber erstaunlicherweise regelmäßig übersehen und die spiegelbildliche Formulierung, die auch verbundene Unternehmen erfasst, gleichwohl gewünscht.

Sofern ein Verwaltungsverfahren wegen im Raum stehender Kartellrechtsverstöße durch die Wettbewerbsbehörden eingeleitet wurde, ist über eine Freistellung des Geschäftsführers von der Haftung für Kartellrechtsverstöße nachzudenken. Schon wegen der möglicherweise gravierenden finanziellen Folgen einer Haftung für Kartellrechtsverstöße für Gesellschaft und Geschäftsführer ist diesbezüglich eine ausdrückliche Regelung angezeigt. Eine solche nachtatliche Freistellung von der Haftung für Kartellrechtsverstöße kann im Interesse der Gesellschaft liegen, um etwa zu gewährleisten, dass der Geschäftsführer bei der Sachverhaltsaufklärung – etwa im Rahmen der Teilnahme des Unternehmens an einem Kronzeugenprogramm – vorbehaltlos und uneingeschränkt kooperiert und beim Aufbau einer erfolgreichen Verteidigungsstrategie mitwirkt und so zu einer raschen Beendigung des Kartellverfahrens und zur Abwehr von Störungen des Geschäftsbetriebs beiträgt (vgl. hierzu *Hasselbach/Seibel* GmbHR 2009, 354 ff. sowie allgemein zum Verzicht auf Schadensersatzansprüche gegen Organmitglieder *Hasselbach* DB 2010, 2037).

23. Sozialversicherungsrechtlicher Hinweis. Obwohl der Geschäftsführer nach dem Ende seiner Anstellung häufig kein Arbeitslosengeld beantragen wird, sondern entweder die im Aufhebungsvertrag vereinbarte Abfindung aufbraucht oder bereits eine neue Position gefunden hat, steht dem Geschäftsführer grundsätzlich Arbeitslosengeld zu (vgl. zur Frage des sozialversicherungsrechtlichen Status eines Fremd- oder Gesellschafter-Geschäftsführers ausführlich → Form. B. I. 1 Anm. 24); § 143a SGB III (Ruhen des Anspruchs bei Entlassungsentschädigung) ist ggf. zu beachten. Wenn damit zu rechnen ist, dass der Geschäftsführer Arbeitslosengeld beantragen wird, sollte – wie in Aufhebungsverträgen mit Arbeitnehmern auch – die folgende Klausel über den sozialversicherungsrechtlichen Hinweis aufgenommen werden (→ Form. A. XV. 1):

Optional:
§ . . . . . . Sozialversicherungsrechtlicher Hinweis
Dem Geschäftsführer ist bekannt, dass Auskünfte über mögliche sozialversicherungsrechtliche sowie steuerrechtliche Auswirkungen dieses Aufhebungsvertrages die Sozialversicherungsträger oder das Finanzamt erteilen. Er verzichtet insoweit auf weitere Hinweise der Gesellschaft. Der Geschäftsführer wurde auch frühzeitig auf die Notwendigkeit eigener Aktivitäten bei der Suche nach einer anderen Beschäftigung und auf die Verpflichtung zur unverzüglichen Meldung bei der Agentur für Arbeit hingewiesen.

24. Aufhebung vorheriger Absprachen. Im Rahmen der Schlussbestimmungen ist im Formular auch vorgesehen, dass alle dem Abschluss des Aufhebungsvertrages zeitlich vorhergehenden Absprachen über die Beendigung des Anstellungsverhältnisses zwischen dem Geschäftsführer und der Gesellschaft einvernehmlich aufgehoben werden. Dies dient dem Zweck, dass sich die Bedingungen der Vertragsbeendigung allein aus dem Aufhebungsvertrag ergeben sollen. Zu beachten ist, dass sich die Wirkung dieser Klausel nur auf alle vor der Unterzeichnung dieses Aufhebungsvertrages abgeschlossenen Vereinbarungen beziehen kann. Etwa nach Abschluss dieses Aufhebungsvertrages geschlossene Sondervereinbarungen bleiben hiervon unberührt.

25. Schriftform des Aufhebungsvertrages. Eine Pflicht zur schriftlichen Abfassung des Aufhebungsvertrages ergibt sich nicht aus § 623 BGB, weil es sich beim Geschäftsführer-Anstellungsverhältnis nicht um ein Arbeits-, sondern regelmäßig um ein Dienstverhältnis handeln wird (→ Form. B. I. 1 Anm. 1); auch können sich die Parteien auch über die im Geschäftsführerdienstvertrag regelmäßig vereinbarte Schriftformklausel hinwegsetzen. Allerdings empfiehlt sich die schriftliche Abfassung des Aufhebungsvertrages allein schon aus Beweiszwecken.

26. Schriftformklausel. → Form. B. I. 1 Anm. 35.

27. Rechtswahl. → Form. B. I. 1 Anm. 37.

28. Gerichtsstand. → Form. B. I. 1 Anm. 39.

29. Unterzeichnung. Die Gesellschaft muss beim Abschluss des Aufhebungsvertrages durch die Gesellschafterversammlung vertreten sein (BGH DStR 1991, 751; BGH NJW 1998, 1315; OLG Hamm DStR 1991, 884). Handelt es sich bei der „Gesellschafterversammlung“ – wie im Formular – um eine Alleingesellschafterin und dabei um eine andere juristische Person – im Formular eine AG – muss diese ihrerseits bei der Aufhebung des Geschäftsführerdienstvertrages durch ihre gesetzlichen Vertreter in ausreichender Zahl vertreten sein (s. hierzu BGH NJW 1995, 1750; BGH NZG 2003, 86). Nur wenn die GmbH paritätisch mitbestimmt ist, ist der Aufsichtsrat der Gesellschaft für den Abschluss des Aufhebungsvertrages mit dem Geschäftsführer zuständig (→ Form. B. I. 2 Anm. 3).

4. Gesellschafterbeschluss: Abberufung eines Geschäftsführers einer GmbH

Gesellschafterbeschluss[1]

Die . . . . . . AG, eingetragen im Handelsregister des Amtsgerichts . . . . . ., HRB . . . . . ., ist Alleingesellschafterin[2] der

. . . . . . GmbH, eingetragen im Handelsregister des Amtsgerichts . . . . . ., HRB . . . . . ., „Gesellschaft“.

Die Alleingesellschafterin hält unter Verzicht auf alle verzichtbaren gesetzlichen und gesellschaftsvertraglichen Form- und Fristvorschriften hinsichtlich der Einberufung und Abhaltung einer Gesellschafterversammlung eine Gesellschafterversammlung der Gesellschaft ab und beschließt was folgt:

1. Die Bestellung von Herrn ...... (Name), geboren am ......, wohnhaft in ......, zum Geschäftsführer der Gesellschaft wird mit sofortiger Wirkung[3, 4] *(Alternative: mit Wirkung zum ......)* widerrufen.[5, 6, 7]

2. Herr ...... (Name) wird hiermit ermächtigt, den vorstehenden Beschluss Herrn ...... (Name) zur Kenntnis zu bringen und alle nach eigenem Ermessen erforderlichen und/oder zweckdienlichen Erklärungen abzugeben und entgegenzunehmen sowie alle erforderlichen und/oder zweckdienlichen Handlungen und Maßnahmen vorzunehmen, die im Zusammenhang mit der Durchführung des vorstehenden Beschlusses stehen.

Es wurden keine weiteren Beschlüsse gefasst.

......

Ort, Datum

...... AG

vertreten durch die Vorstandsmitglieder

......	......
Unterschrift	Unterschrift

(Alternative bei mehreren Gesellschaftern, die sich nicht zu einem Verzicht auf Frist- und Formerfordernisse bewegen lassen:

Niederschrift

über eine Gesellschafterversammlung[8]

An der ...... GmbH, eingetragen im Handelsregister des Amtsgerichts ......, HRB ......, halten vom Grundkapital von ...... EUR (in Worten: ...... Euro)

Herr A ...... einen Anteil in Höhe von ...... EUR (in Worten: ...... Euro),
Frau B ...... einen Anteil in Höhe von ...... EUR (in Worten: ...... Euro),
Herr C ...... einen Anteil in Höhe von ...... EUR (in Worten: ...... Euro)
(Namen der Gesellschafter und ihre Anteile nach nominellem Betrag).

Zur ordentlichen Gesellschafterversammlung war am ...... unter Einhaltung der satzungsgemäßen Ladungsfrist und unter Angabe der Tagesordnung geladen worden. Auf die Ladung hin sind am ...... (Datum) um ...... (Uhrzeit) in ...... (Ort) erschienen:

Herr ......,
Frau ......,
Herr ......
(Liste der erschienenen Gesellschafter).

Es sind somit alle Gesellschafter erschienen oder ordnungsgemäß vertreten.

Einziger Tagesordnungspunkt ist der Widerruf der Bestellung des Geschäftsführers ...... (Name).

Die Gesellschafterversammlung stimmt ab über den Widerruf der Bestellung von

Herrn ...... (Name) als Geschäftsführer der Gesellschaft

mit sofortiger Wirkung (Alternative: mit Wirkung zum . . . . . .).

Die Abstimmung ergibt folgendes:

. . . . . . Ja-Stimmen,

. . . . . . Nein-Stimmen,

. . . . . . Enthaltungen.

Die Abstimmung erfolgt somit . . . . . . (einstimmig/mit der nach der Satzung erforderlichen Mehrheit von . . . . . .).

Der Geschäftsführer wird hereingerufen und über den Widerruf seiner Bestellung zum Geschäftsführer der Gesellschaft informiert.[9, 10]

. . . . . .	*. . . . . .*
Unterschrift des Vorsitzenden	*Unterschrift des Protokollführers*[11, 12]*)*

Anmerkungen

1. Unabhängige Rechtsakte für Widerruf der Bestellung (Abberufung) und Beendigung des Geschäftsführerdienstvertrages. Das Formular macht einen Vorschlag für die Abberufung eines Geschäftsführers einer nicht paritätisch mitbestimmten GmbH durch Gesellschafterbeschluss. Ist eine GmbH hingegen paritätisch mitbestimmt (→ Form. B. I. 2 Anm. 3), hat der Aufsichtsrat über die Abberufung des Geschäftsführers zu entscheiden (→ Anm. 11).

Wenn sich die Gesellschafter einer GmbH von einem Geschäftsführer der GmbH trennen wollen, müssen i.d.R. zwei voneinander unabhängige Rechtsakte beschlossen und umgesetzt werden; zum einen die Abberufung des Geschäftsführers von seinem Amt als Geschäftsführer und zum zweiten (sofern ein Dienstvertrag mit der GmbH besteht) die Beendigung des Dienstvertrages (→ Form. B. I. 1 und → Form. B. I. 3). Ausnahmsweise kann es zu einem automatischen Gleichlauf zwischen Dienstvertragsbeendigung und Abberufung kommen, wenn der Geschäftsführerdienstvertrag vorsieht, dass mit der Kündigung des Geschäftsführerdienstvertrages zugleich die Abberufung erklärt wird, oder – umgekehrt – die Abberufung immer auch als Kündigung des Dienstvertrages zum nächstmöglichen Termin gilt (sog. **Koppelungsklausel**, → Form. B. I. 1 Anm. 9). Zudem kann die Kündigung auch in einem insoweit auszulegenden Widerruf der Organstellung aus wichtigem Grund enthalten sein. In jedem Fall sind die Wirksamkeit der Abberufung und die Wirksamkeit der Kündigung des Dienstvertrages stets getrennt voneinander zu beurteilen (vgl. zum Ganzen Roth/Altmeppen/*Altmeppen* § 38 Rn. 5 ff.).

Das Formular macht einen Vorschlag für die Abberufung des Geschäftsführers aus dem Amt als Geschäftsführer der Gesellschaft. I. d. R. wird die Abberufung zeitgleich mit der Beendigung des Geschäftsführerdienstvertrages eingeleitet. Es kann aber in bestimmten Fallgestaltungen auch sinnvoll sein, zunächst die Beendigung des Dienstvertrages einzuleiten und den Geschäftsführer vorerst noch nicht von seinem Amt abzuberufen, sondern gegebenenfalls nur zu suspendieren (→ Form. B. I. 3 Anm. 14).

Eines Abberufungsbeschlusses bedarf es dann nicht, wenn die Bestellung zum Geschäftsführer automatisch endet, entweder bei Eintritt von Amtsunfähigkeit i.S.d. § 6 Abs. 2 GmbHG, weil dann das Amt des Geschäftsführers kraft Gesetzes endet (BayObLG BB 1982, 1508; OLG München NZG 2011, 394) oder bei nur befristeter oder bedingter Bestellung (*Goette* DStR 1998, 938, 939).

2. Zuständigkeit für Abberufung. Die Vorüberlegungen dazu, welche Person(en) bzw. welches Gremium für die Abberufung eines Geschäftsführers zuständig ist, müssen bei der Abberufung parallel zu den Überlegungen angestellt werden, die in → Form. B. I. 2 Anm. 3 für die Bestellung eines Geschäftsführers dargestellt sind. Das Formular geht davon aus, dass der gesetzliche Regelfall vorliegt, wonach die Gesellschafterversammlung für die Abberufung zuständig ist (§ 46 Nr. 5 GmbHG). Dabei geht das Haupt-Formular davon aus, dass die GmbH eine Aktiengesellschaft als Alleingesellschafterin hat. Das Alternativ-Formular geht von der Situation aus, dass die GmbH mehrere Gesellschafter hat, diese für die Abberufung zuständig, jedoch nicht bereit sind, auf die Form- und Fristerfordernisse für die Abhaltung einer Gesellschafterversammlung zu verzichten und stattdessen in einer ordnungsgemäß einberufenen Gesellschafterversammlung über die Abberufung entscheiden und abstimmen wollen. In diesem Fall müssen für die Wirksamkeit des Beschlusses auch die nachfolgend unter → Anm. 8 dargestellten Besonderheiten einer Gesellschafterversammlung beachtet werden. Als – im Formular nicht dargestellte – Untervariante dieser Alternative wäre auch denkbar, dass die GmbH zwar mehrere Gesellschafter hat, die Beschlussfassung jedoch nicht in einer Gesellschafterversammlung, sondern im Umlaufverfahren erfolgt.

Wie in → Form. B. I. 2 Anm. 3 erläutert, kann je nach Fallgestaltung die Satzung die Zuständigkeit für die Bestellungs- und Abberufungsentscheidung einem fakultativen Aufsichtsrat oder Beirat zugewiesen haben. Die Kompetenz zur Abberufung eines Geschäftsführers kann in der Satzung dabei auch einem anderen Gremium zugewiesen sein als die Kompetenz zur Bestellung eines Geschäftsführers (Baumbach/Hueck/*Zöllner/Noack* § 38 Rn. 24); in der Praxis ist dies allerdings selten. Hat ein bestimmter Gesellschafter oder eine Gesellschaftergruppe bestimmte satzungsmäßige **Sonderrechte,** kann die Auslegung der Satzung ergeben, dass diesem Gesellschafter bzw. der Gesellschaftergruppe auch die Zuständigkeit für eine Abberufung des Geschäftsführers zugewiesen sein soll (OLG Düsseldorf NJW 1990, 1122). Für die Abberufung eines Geschäftsführers einer paritätisch mitbestimmten GmbH gelten die in → Anm. 11 dargestellten Besonderheiten. Ob es zulässig ist, das Abberufungsrecht an Dritte (d.h. nicht an ein Organ der Gesellschaft) zu delegieren, ist umstritten (dafür BGH NZG 2009, 30; dagegen Baumbach/Hueck/*Zöller/Noak* § 38 Rn. 24 m.w.N.). Soll ein gerichtlich bestellter **Notgeschäftsführer** abberufen werden, ist das Gericht für dessen Abberufung zuständig. Allerdings endet die Organstellung eines Notgeschäftsführers immer automatisch mit der Bestellung eines Geschäftsführers durch die Gesellschafterversammlung (Baumbach/Hueck/*Zöllner/Noack* § 38 Rn. 98; zu den Fragen bezüglich der Herbeiführung einer Gesellschafterversammlung, falls entgegen des dem Formular zugrundegelegten Sachverhalts der Geschäftsführer eine Minderheitsbeteiligung hält, vgl. *v. Schurbein/Neufeld* BB 2011, 585).

3. Sicherstellung einer ordnungsgemäßen Geschäftsführung. Die Gesellschafter werden sich regelmäßig vor dem Beschluss über die Abberufung eines Geschäftsführers vergewissern wollen, ob eine ordnungsgemäße Geschäftsführung der Gesellschaft auch nach der geplanten Abberufung sichergestellt ist. Dies wäre dann nicht der Fall, wenn der Geschäftsführer, dessen Abberufung geplant ist, der einzige Geschäftsführer ist. In diesem Fall wird die Gesellschafterversammlung zur Vermeidung einer Situation, in der vom Gericht ein Notgeschäftsführer bestellt werden müsste (§ 29 GmbHG analog), gleichzeitig mit der Abberufung einen neuen Geschäftsführer bestellen (→ Form. B. I. 2; in diesem Fall können die beiden Beschlussinhalte in einem Beschluss verbunden werden). Die Neubestellung eines Geschäftsführers wäre dann nicht unbedingt notwendig, wenn mit der geplanten Abberufung lediglich die Zahl der nach der Satzung vorgesehenen Geschäftsführer unterschritten würde, z.B. wenn die Satzung regelt, dass die GmbH zwei Geschäftsführer hat und einer von den beiden Geschäftsführern abberufen werden soll (vgl. MünchKommGmbHG/

Stephan/Tieves § 38 Rn. 9); in diesem Fall übernimmt der oder die verbleibenden Geschäftsführer die Geschäftsführung und die Vertretung der Gesellschaft.

4. Zeitpunkt des Wirksamwerdens der Abberufung. Das Formular sieht vor, dass die Abberufung sofort mit der Abfassung des Beschlusses wirksam wird. Dies ist der Regelfall. Die Abberufung kann jedoch auch in der Weise beschlossen werden, dass sie erst zu einem in der Zukunft liegenden Zeitpunkt wirkt. Nicht möglich und nicht rechtswirksam ist hingegen ein Abberufungsbeschluss, welcher eine Abberufung mit Rückwirkung in die Vergangenheit vorsieht. Dies verbietet sich schon aus Gläubigerschutzgründen.

5. Erweiterung des Abberufungsbeschlusses um Beschlussfassung zu Kündigung des Geschäftsführerdienstvertrages und Freistellung von weiterer Tätigkeit. Die Kündigung des Geschäftsführerdienstvertrages und die Freistellung des Geschäftsführers von weiterer Tätigkeit bedarf ebenso wie die Abberufung vom Amt des Geschäftsführers einer vorherigen Entscheidung der Gesellschafterversammlung oder des aufgrund abweichender Gesetzes- oder Satzungsbestimmungen zuständigen Gremiums sowie der Übermittlung des Original-Gesellschafterbeschlusses an den Geschäftsführer vor oder spätestens mit der Kündigung seines Dienstvertrages. Die Entscheidung des zuständigen Gremiums über Kündigung und Freistellung kann in demselben Beschluss wie die Abberufung gefasst werden. In diesem Fall muss der Abberufungsbeschluss um diese Punkte ergänzt werden. Er würde dann als Beschlussinhalt zusätzlich noch folgende Punkte enthalten (wobei Punkt 2 des Formulars gestrichen wird):

Optional:
2. Der zwischen der Gesellschaft und Herrn . . . . . . (Name) bestehende Geschäftsführerdienstvertrag vom . . . . . . (Datum) wird nebst etwaiger Zusatz- und Änderungsvereinbarungen mit Wirkung zum nächstmöglichen Termin gekündigt.
3. Herr . . . . . . (Name) wird mit sofortiger Wirkung von weiterer Tätigkeit für die Gesellschaft unter Gewährung seines Resturlaubes freigestellt.
4. Herr . . . . . . (Name) wird hiermit ermächtigt, die vorstehenden Beschlüsse Herrn . . . . . . (Name) zur Kenntnis zu bringen und alle nach eigenem Ermessen erforderlichen und/oder zweckdienlichen Erklärungen abzugeben und entgegenzunehmen sowie alle erforderlichen und/oder zweckdienlichen Handlungen und Maßnahmen vorzunehmen, die im Zusammenhang mit der Durchführung der vorstehenden Beschlüsse stehen.

In der Praxis hat es sich jedoch bewährt, die Beschlussinhalte zu trennen und einen Beschluss zu fassen, welcher die Abberufung zum Gegenstand hat, und einen zweiten, welcher Kündigung und Freistellung zum Gegenstand hat. Denn der Abberufungsbeschluss muss nicht nur dem Geschäftsführer selbst, sondern vor allem auch dem Registergericht vorgelegt werden, um eine „Austragung" (= Eintragung der Abberufung) im Handelsregister zu erwirken. Es besteht jedoch keine Veranlassung, dem Registergericht oder den übermittelnden Personen auch Informationen über Kündigung und Freistellung zu geben.

6. Grund für Abberufung. Das Formular gibt keinen Grund für die Abberufung an. Denn die Abberufung bedarf im Regelfall keines Grundes. Anders als das Aktienrecht für die Abberufung von Vorstandsmitgliedern sieht das GmbHG die freie und jederzeitige Widerruflichkeit der Bestellung eines Geschäftsführers vor (§ 38 Abs. 1 GmbHG). Falls jedoch ein Geschäftsführer abberufen werden soll und Gründe vorliegen, die ein Indiz für eine nach dem AGG verbotene Diskriminierung bilden könnten (z.B. Schwangerschaft), ist es zur Vorbeugung und Verteidigung gegen einen Schadensersatz- oder Entschädigungsanspruch des Geschäftsführers empfehlenswert, im Gesellschafterbeschluss oder separat in einem Protokoll der Gesellschafterversammlung die Gründe zu dokumentieren, auf welche die Abberufung gestützt wird, sofern dies Gründe sind, die ein etwaiges Diskiminierungsindiz widerlegen (vgl. zu diesem Thema → Form. B. I. 1 Anm. 2 und EuGH NZA 2011, 143 – Danosa; BGH NZG 2012, 777). Wegen der grundsätzlich freien und jederzeitigen

Widerruflichkeit der Bestellung soll der Widerruf der Bestellung auch kein vertragswidriges Verhalten der Gesellschaft darstellen, das den nunmehr abbestellten Geschäftsführer nach seiner eigenen Kündigung zu einem Schadensersatzanspruch nach § 628 Abs. 2 BGB berechtigen könnte (bestätigt von BGH NZG 2003, 84). Einen Schadensersatzanspruch wegen seiner Abberufung könnte ein abberufener Geschäftsführer allenfalls auf die Behauptung stützen, dass die Abberufung rechts- und sittenwidrig sei und er deshalb einen Schadensersatzanspruch aus §§ 226, 826 BGB habe. In diesem Fall müsste er allerdings die Voraussetzungen, die diese Schadensersatzvorschriften aufstellen, im Einzelnen dartun und beweisen können, was in der Praxis selten gelingen dürfte (Baumbach/Hueck/*Zöllner*/*Noack*, § 38 Rn. 3; Roth/Altmeppen/*Altmeppen* § 38 Rn. 4).

Nur in Ausnahmefällen wird in der Satzung vorgesehen sein (was das Gesetz in § 38 Abs. 2 GmbHG erlaubt), dass die Abberufung eines wichtigen Grundes bedarf; eine solche Regelung betrifft zumeist einen Gesellschafter-Geschäftsführer, der über die Anteilsmehrheit an der GmbH verfügt. Das Gesetz nennt als Beispiel für einen wichtigen Grund eine grobe Pflichtverletzung oder die Unfähigkeit des Geschäftsführers zur ordnungsgemäßen Geschäftsführung. Darüber hinaus bedarf es auch bei der Abberufung eines Geschäftsführers einer paritätisch mitbestimmten GmbH eines wichtigen Grundes (→ Anm. 11).

Liegen in einem Einzelfall mehrere wichtige Gründe für eine Abberufung vor, kann die Abberufung zunächst auf nur einen von diesen gestützt werden; die übrigen Gründe können dennoch in einem eventuell folgenden gerichtlichen Verfahren **nachgeschoben** werden (zu etwaigen Einschränkungen des Nachschiebens s. BGH NJW-RR 1992, 292, 294; OLG Stuttgart NZG 2013, 1146, 1147). Der wichtige Grund, der den Widerruf begründen soll, darf **nicht verwirkt** sein. Verwirkung wird nicht eintreten, wenn die Gesellschafterversammlung sich ein Nachschieben weiterer Gründe ausdrücklich vorbehalten hat. Ansonsten kann eine Verwirkung eines wichtigen Grundes eintreten, wenn die Gesellschafter wissentlich auf eine grobe Pflichtverletzung lange Zeit nicht reagieren, so dass der Geschäftsführer annehmen darf, dass der Vorfall nicht mehr Anlass zu einer Abberufung gibt. Die Zweiwochen-Frist des § 626 Abs. 2 BGB soll dabei allerdings nicht gelten (BGH NJW-RR 1992, 292). Die Freiheit zur jederzeitigen Abberufung kann ausnahmsweise auch dadurch eingeschränkt sein, dass einem Gesellschafter-Geschäftsführer die Geschäftsführung als mitgliedschaftliches Sonderrecht eingeräumt worden ist. Die Abberufung kann dann nur mit seiner Zustimmung oder aus wichtigem Grund erfolgen (Roth/Altmeppen/*Altmeppen* § 38 Rn. 61; Scholz/*Schneider* § 38 Rn. 41). Schließlich können sich ausnahmsweise Einschränkungen für die Freiheit zur jederzeitigen Abberufung aus der Treuepflicht der Gesellschafter gegenüber einem Gesellschafter-Geschäftsführer oder aus Stimmbindungsverträgen ergeben (vgl. dazu Baumbach/Hueck/*Zöllner*/*Noack* § 38 Rn. 22).

Liegt ein wichtiger Grund vor, etwa weil ein Geschäftsführer in einer für die Gesellschaft existentiellen Frage die Zuständigkeiten vorsätzlich grob missachtet, sind die Gesellschafter allerdings auch gehalten den Geschäftsführer abzuberufen, weil sie anderenfalls die ihnen obliegenden gesellschaftsrechtlichen Treuepflichten verletzen (vgl. OLG Köln NZG 2011, 307); die Abberufungsfreiheit kann sich also in Ausnahmefällen auch zu einer Abberufungspflicht verdichten.

Zu beachten ist, dass der abberufene Geschäftsführer weiterhin die Rechte aus einem etwaigen Geschäftsführerdienstvertrag hat: Ob und mit welcher Laufzeit dieser auch nach einer Abberufung weiterläuft oder zu welchem Termin er gekündigt werden kann, bestimmt sich allein nach den Regelungen des Geschäftsführerdienstvertrages.

7. Entlastung. Das Formular sieht nicht vor, dass dem Geschäftsführer abweichend vom normalen Geschäftsgang Entlastung für seine Geschäftsführertätigkeit (i. S. v. § 46 Nr. 5 GmbHG) erteilt wird. Ein Beschluss über die Entlastung ist deshalb nicht vorgesehen, weil es in der Praxis nicht empfehlenswert ist, sie bereits zeitgleich mit der Abberufung zu beschließen. Denn regelmäßig wird die Gesellschafterversammlung zum

Zeitpunkt, wenn die Trennung vom Geschäftsführer ansteht und der Abberufungsbeschluss gefasst werden soll, noch nicht den notwendigen Überblick haben, um entscheiden zu können, ob die GmbH Ansprüche gegen den Geschäftsführer wegen einer fehlerhaften Geschäftsführung aus § 43 Abs. 2 GmbHG hat. Diesen Überblick wird sie regelmäßig erst dann haben, wenn im normalen Geschäftsgang der Jahresabschluss aufgestellt wird. Deshalb sieht auch § 7 Abs. (3) des → Form. B. I. 3 vor, dass über die Entlastung von der Gesellschafterversammlung erst im normalen Geschäftsgang mit der Aufstellung des Jahresabschlusses beschlossen wird. Bei den in der Praxis üblichen Diskussionen zwischen Gesellschaftern und ausscheidendem Geschäftsführer darüber, ob sofort eine Entlastung beschlossen wird, ist von Bedeutung, dass der Geschäftsführer keinen Anspruch auf eine Entlastung hat (BGH GmbHR 1985, 356). Will er Gewissheit haben, dass die Gesellschaft keine Ansprüche gegen ihn wegen fehlerhafter Geschäftsführertätigkeit erhebt, kann er lediglich eine negative Feststellungsklage gegen die Gesellschaft erheben mit dem Antrag, das Nichtbestehen von Schadensersatzansprüchen festzustellen (BGH GmbHR 1985, 356; OLG Köln NZG 2001, 1135).

Soll die Entlastung gleichzeitig mit der Abberufung beschlossen werden, ist im Regelfall die Gesellschafterversammlung zuständig. Die Aufgabe kann jedoch auf ein anderes Gremium delegiert sein. Bei der Abstimmung über die Entlastung hat der Gesellschafter-Geschäftsführer kein Stimmrecht (§ 47 Abs. 4 GmbHG). Die Entlastung reicht nur so weit, wie die Ersatzansprüche der Gesellschaft im Zeitpunkt der Entlastung aufgrund der vorgelegten Urkunden erkennbar gewesen wären oder die Gesellschaft von den anspruchsbegründenden Umständen erfahren hatte (Kallmeyer/*Fuhrmann* GmbH-Handbuch Bd. 1 Rn. 2492).

8. Abberufung durch Gesellschafterversammlung. Zum Ablauf der Gesellschafterversammlung → Form. B. I. 2 Anm. 4.

Wenn die Abberufung ausnahmsweise nur aus wichtigem Grund erfolgen kann, soll es genügen, wenn ein (tragfähiger) wichtiger Grund bei der Abstimmung über die Abberufung gegeben ist und später dem Geschäftsführer bekannt gegeben wird. Dass die Abberufung nur aus wichtigem Grund erfolgen kann und was der wichtige Grund ist, muss in der Tagesordnung bei der Ladung zur Gesellschafterversammlung noch nicht angegeben sein (Roth/Altmeppen/*Altmeppen* § 38 Rn. 44).

Über die Abberufung ist mit einfacher Mehrheit (§ 47 Abs. 1 GmbHG) zu beschließen, soweit die Satzung keine qualifizierte Mehrheit fordert. Ob die Erschwerung der Abberufung durch ein qualifiziertes Mehrheitserfordernis auch für die Abberufung aus wichtigem Grund gilt, ist umstritten (dagegen die h.M. BGH NJW 1982, 2495; BGH BeckRS 1983, 05639; Scholz/*Schmidt* § 46 Rn. 73 m.w.N.; dafür Baumbach/Hueck/*Zöllner/Noack* § 38 Rn. 30 m.w.N.).

Der Gesellschafter-Geschäftsführer soll von der Gesellschafterversammlung, die über seine Abberufung beschließt, nicht nach § 47 Abs. 4 GmbHG ausgeschlossen sein, da es sich um seine ordnungemäße Amtsausübung handelt (Baumbach/Hueck/*Zöllner/Noack* § 38 Rn. 33 m.w.N.). Umstritten ist allerdings der Stimmrechtsausschluss für den Gesellschafter-Geschäftsführer bei einer Abberufung aus wichtigem Grund, wenn das Vorliegen des wichtigen Grundes umstritten ist. Die h.M. geht grundsätzlich vom Stimmrechtsausschluss aus, sofern ein wichtiger Grund zur Begründung der Abberufung angeführt wird, ohne auf das tatsächliche Vorliegen dieses Grundes einzugehen (vgl. Roth/Altmeppen/*Altmeppen* § 38 Rn. 45 m.w.N.; grundlegend BGH NJW 1983, 938). Nach dieser Meinung wäre der Gesellschafterbeschluss auch dann wirksam, wenn die Versammlung mit einem Minderheitsvotum gegen den danach nicht stimmberechtigten Mehrheitsgesellschafter die Abberufung beschlossen hat – zumindest bis gerichtlich das Fehlen des wichtigen Grundes festgestellt ist. Andere differenzieren danach, ob eine personalistische oder kapitalistische Struktur der GmbH vorliegt (dazu Lutter/Hommelhoff/*Kleindiek* § 38 Rn. 31), nach dem Stimmenverhältnis (Roth/Altmeppen/*Altmeppen* § 38 Rn. 52 ff.)

oder stellen auf das tatsächliche Vorliegen des wichtigen Grundes ab (Baumbach/Hueck/*Zöllner/Noack* § 38 Rn. 35).

9. Zugang des Abberufungsbeschlusses. Wirksam wird die Abberufung erst mit Zugang des Gesellschafterbeschlusses an den Geschäftsführer (Baumbach/Hueck/*Zöllner/Noack* § 38 Rn. 43). Dabei erklärt die Gesellschafterversammlung selbst oder durch einen Bevollmächtigten oder einen Erklärungsboten dem Geschäftsführer den Widerruf seiner Bestellung; diese Erklärung ist keine Aufgabe der (verbleibenden) Geschäftsführung (Roth/Altmeppen/*Altmeppen* § 38 Rn. 22). In der Praxis hat sich bewährt, entweder den Gesellschafterbeschluss dem Geschäftsführer im Original persönlich vor Zeugen zu übergeben oder einen Kurierservice mit der Zustellung zu beauftragen, da zur Eintragung in das Handelsregister nicht nur die Willensbildung des für die Abberufung zuständigen Organs, sondern auch der Zugang der Mitteilung über die Abberufung bei dem zuständigen Organ in der Form des § 39 Abs. 2 GmbHG nachzuweisen sind (OLG Jena NZG 2011, 28 für den spiegelbildlichen Fall der Amtsniederlegung des Geschäftsführers). Eine schriftliche oder gesonderte mündliche Erklärung der Abberufung gegenüber dem abberufenen Geschäftsführer ist entbehrlich, wenn der Geschäftsführer bei der Abstimmung der Gesellschafterversammlung anwesend ist (Baumbach/Hueck/*Zöllner/Noack* § 38 Rn. 42); der Beschluss ist jedoch aus vorgenannten Gründen in der Niederschrift der Gesellschafterversammlung festzuhalten.

10. Rechtsfolgen. Mit Zugang eines wirksamen Abberufungsbeschlusses beim abberufenen Geschäftsführer treten folgende Rechtsfolgen ein: Die Geschäftsführungsbefugnis und Vertretungsmacht des Geschäftsführers endet (Baumbach/Hueck/*Zöllner/Noack* § 38 Rn. 97). Hatte die GmbH bislang zwei Geschäftsführer und hatten diese bislang gemäß der Satzung Gesamtvertretungsbefugnis, erlangt der verbleibende Geschäftsführer mit der Abberufung automatisch Einzelvertretungsbefugnis. Sofern es sich bei dem abberufenen Geschäftsführer um den einzigen Geschäftsführer gehandelt hat und nicht zugleich mit der Abberufung ein neuer Geschäftsführer bestellt wurde, kann auf Antrag ein Gericht einen Notgeschäftsführer bestellen (§ 29 BGB in entsprechender Anwendung).

11. Paritätisch mitbestimmte GmbH. Bei der paritätisch mitbestimmten GmbH ist nicht die Gesellschafterversammlung, sondern der Aufsichtsrat für die Abberufung des Geschäftsführers zuständig (vgl. § 31 MitbestG, § 12 MontanMitbestG und § 13 MitbestErgG; im Fall einer Mitbestimmung nach dem Drittelbeteiligungsgesetz bleibt die Zuständigkeit der Gesellschafterversammlung unberührt, vgl. § 1 Abs. 1 Nr. 3 DrittelbG). Für diesen Fall sind Besonderheiten für das Abstimmungs-Prozedere und die Mehrheitserfordernisse bei der Abstimmung zu beachten (vgl. insbesondere § 31 MitbestG).

Bei der paritätisch mitbestimmten GmbH ist die Amtszeit des Geschäftsführers aufgrund der bestehenden Besonderheiten befristet (vgl. § 84 Abs. 1 AktG i. V. m. § 31 Abs. 1 S. 1 MitbestG). Die Abberufung des Geschäftsführers während dieser befristeten Amtszeit bedarf daher eines wichtigen Grundes i. S. v. § 84 Abs. 3 AktG i. V. m. § 31 Abs. 1 S. 1 MitbestG. Allerdings ist als wichtiger Grund i. S. d. § 84 Abs. 3 AktG – anders als im Rahmen des § 38 Abs. 2 GmbHG – auch der Vertrauensentzug durch die Gesellschafter ausreichend (Roth/Altmeppen/*Altmeppen* § 38 Rn. 15), der jedoch nicht aus evident unsachlichen Gründen hergeleitet werden darf (vgl. hierzu *Ulmer/Habersack/Henssler* § 31 Rn. 30 m. w. N.).

12. Eintragung im Handelsregister. Der Wechsel in der Geschäftsführung muss im Handelsregister eingetragen werden (§ 39 Abs. 1 GmbHG). Zuständig ist das Registergericht am Sitz der Gesellschaft.

Die Anmeldung zum Handelsregister ist für die Gesellschaft zwar verpflichtend, hat selbst aber nur **deklaratorischen** Charakter und ist damit keine Wirksamkeitsvoraussetzung für die Abberufung. Dennoch ist angesichts der Wirkungen des § 15 Abs. 1 HGB dringend zu empfehlen, die Anmeldung der Abberufung des Geschäftsführers zeitnah vorzunehmen.

Die verbleibenden bzw. neu ernannten Geschäftsführer haben die Pflicht, die Abberufung zur Eintragung elektronisch in öffentlich beglaubigter Form zum Handelsregister anzumelden (§ 12 Abs. 1 HGB). Der abberufene Geschäftsführer selbst kann die Anmeldung nicht mehr vornehmen (OLG Frankfurt BeckRS 2006, 10391; Roth/Altmeppen/*Altmeppen* § 39 Rn. 7). Die Einreichung zum Handelsregister übernimmt üblicherweise der Notar. Um dem Registergericht den Beschluss der Gesellschafterversammlung zur Abberufung des Geschäftsführers nachzuweisen (zum Zugangserfordernis → Anm. 9), ist der Anmeldung eine Ausfertigung der Niederschrift der Sitzung der Gesellschafterversammlung beizulegen (§ 39 Abs. 2 GmbHG). Die Anmeldung kann zugleich mit der Anmeldung der Neubestellung eines anderen Geschäftsführers erfolgen.

II. Vorstandsmitglied

1. Dienstvertrag für ein Vorstandsmitglied einer AG

Dienstvertrag[1]

zwischen

...... AG[2] (Name und Anschrift der Gesellschaft) „Gesellschaft“

vertreten durch ihren Aufsichtsrat, dieser vertreten durch seinen Vorsitzenden,

Herrn ......,

und

Herrn[3]...... (Name und Anschrift des Dienstnehmers) „Vorstandsmitglied“

Präambel

Herr ...... ist mit Beschluss des Aufsichtsrats der Gesellschaft vom ...... mit Wirkung ab ...... für die Dauer von ...... Jahren zum ordentlichen Mitglied des Vorstands[4] der Gesellschaft bestellt worden.[5]

Zur Regelung der Anstellungsbedingungen des Vorstandsmitglieds[6] schließen die Parteien folgenden Dienstvertrag:

§ 1 Aufgabenbereich des Vorstandsmitglieds und Vertretung

(1) Das Vorstandsmitglied führt die Geschäfte des Vorstands gemeinsam mit den anderen Mitgliedern des Vorstands der Gesellschaft. Ungeachtet der Verantwortung des gesamten Vorstands der Gesellschaft ergibt sich der Aufgabenbereich des Vorstandsmitglieds aus dem jeweils geltenden Geschäftsverteilungsplan für den Vorstand der Gesellschaft.[7] Rechte und Pflichten des Vorstandsmitglieds ergeben sich aus den Gesetzen, der jeweils geltenden Satzung der Gesellschaft, der jeweils geltenden Geschäftsordnung und dem jeweils geltenden Geschäftsverteilungsplan für den Vorstand der Gesellschaft, den Empfehlungen des jeweils geltenden Deutschen Corporate Governance Kodex nach Maßgabe der jeweiligen jährlichen Entsprechenserklärung der Gesellschaft und diesem Dienstvertrag.[8, 9]

(2) Das Vorstandsmitglied verpflichtet sich, alle Anstrengungen zu unternehmen und gegebenenfalls notwendig werdende Erklärungen abzugeben und Zustimmungen zu erteilen oder Handlungen vorzunehmen, damit der Gesellschaft eine gewünschte Umsetzung der Empfehlungen des jeweils geltenden Deutschen Corporate Governance Kodex, bestehender Offenlegungspflichten sowie sonstiger compliance-relevanter Anforderungen möglich wird.[10]

(3) Das Vorstandsmitglied vertritt die Gesellschaft gemäß der jeweils geltenden Satzung.[11] Das Vorstandsmitglied bedarf zur Vornahme der Geschäfte, die der Aufsichtsrat der Gesellschaft nach der jeweils geltenden Satzung für zustimmungspflichtig erklärt hat, sowie zur Vornahme der in der jeweils geltenden Satzung als zustimmungspflichtig bezeichneten Geschäfte der vorherigen und schriftlichen Zustimmung des Aufsichtsrats der Gesellschaft. Bei unterschiedlichen Regelungen in Satzung und Aufsichtsratsbeschlüssen gilt vorrangig die für das Vorstandsmitglied restriktivere Regelung.[12, 13]

(4) Der Dienstsitz des Vorstandsmitglieds ist am jeweiligen satzungsmäßigen Sitz der Gesellschaft.[14]

§ 2 Laufzeit[15] und Kündigung, Freistellung[16, 17, 18]

(1) Dieser Dienstvertrag hat eine feste Laufzeit vom Vertragsbeginn am ...... bis zum Ende der in der Präambel erwähnten Bestellung. Im Fall einer erneuten Bestellung zum Vorstandsmitglied verlängert sich die Laufzeit dieses Dienstvertrages für die Dauer der neuerlichen Bestellung.

(2) Das Recht zur außerordentlichen Kündigung bleibt unberührt.

(3) Im Fall eines Widerrufs der Bestellung, der Amtsniederlegung durch das Vorstandsmitglied oder bei einer sonstigen Beendigung der Organstellung endet dieser Dienstvertrag mit Ablauf eines Jahres nach dem Ende des Amtes, spätestens jedoch zum Ende der Laufzeit nach Abs. (1). Eine etwaige frühere Beendigung aufgrund § 2 Abs. (2) dieses Vertrages bleibt unberührt.

(4) Die Gesellschaft ist berechtigt, das Vorstandsmitglied im Fall einer Suspendierung oder einer Beendigung der Organstellung des Vorstandsmitglieds von jeder weiteren Tätigkeit für die Gesellschaft für die verbleibende Laufzeit dieses Dienstvertrages freizustellen.[19] Die Freistellung des Vorstandsmitglieds erfolgt unter Fortzahlung des anteiligen Jahresfestgehalts nach § 3 Abs. (1) dieses Vertrages und unter Anrechnung von bestehenden oder zu erwerbenden Urlaubsansprüchen nach § 9 dieses Vertrages. Die variable Vergütung nach § 3 Abs. (2) dieses Vertrages ist für Zeiten der Freistellung nicht geschuldet. Die Verpflichtung, vor der Aufnahme einer Tätigkeit im Sinne des § 11 Abs. (3) dieses Vertrages die Genehmigung des Aufsichtsrats der Gesellschaft einzuholen, sowie die Verbote nach § 11 Abs. (1) und (2) dieses Vertrages bleiben von einer etwaigen Freistellung unberührt.

(5) Der Dienstvertrag endet spätestens am Ende des Kalenderjahres, in dem das Vorstandsmitglied sein 65. Lebensjahr vollendet, sofern dieser Dienstvertrag nicht bereits nach § 2 Abs. (1) bis Abs. (3) dieses Vertrages vor diesem Zeitpunkt geendet hat.[20]

(6) Im Fall des Eintritts einer dauernden Dienstunfähigkeit des Vorstandsmitglieds endet dieser Dienstvertrag mit dem Ende des Quartals, in dem die dauernde Dienstunfähigkeit festgestellt wurde,[21] sofern dieser Dienstvertrag nicht bereits nach § 2 Abs. (1) bis (3) oder (5) dieses Vertrages vor diesem Zeitpunkt geendet hat. Eine dauernde Dienstunfähigkeit im Sinne dieser Regelung liegt vor, wenn nach ärztlicher Feststellung durch einen von der Gesellschaft zu benennenden Arzt das Vorstandsmitglied aus gesundheitlichen Gründen voraussichtlich nicht in der Lage sein wird, die ihm als Vorstandsmitglied obliegenden Aufgaben nach diesem Dienstvertrag im nächsten halben Jahr zu erfüllen. Das Vorstandsmitglied ist dabei verpflichtet, im Fall einer zumindest zwei Monate dauernden Dienstunfähigkeit eine ärztliche Untersuchung durch einen von der Gesellschaft zu benennenden Arzt durchführen zu lassen. Das Vorstandsmitglied entbindet den Arzt gegenüber der Gesellschaft von der ärztlichen Schweigepflicht, soweit dies zur Mitteilung über seine dauernde Dienstunfähigkeit notwendig ist. Dauert eine Dienstunfähigkeit bereits ununterbrochen länger als ein halbes Jahr, so gilt die dauernde Dienstunfähigkeit mit Ablauf des halben Jahres als festgestellt, es sei denn, das Vorstandsmitglied weist durch Gutachten eines von der Gesellschaft zu benennenden Arztes nach, dass mit einer Wiederherstellung der uneingeschränkten Dienstfähigkeit innerhalb der nächsten zwei Monate zu rechnen ist.

§ 3 Vergütung[22, 23, 24]

(1) Als Vergütung für seine Dienste erhält das Vorstandsmitglied ein Brutto-Jahresfestgehalt in Höhe von ...... EUR (in Worten:...... Euro). Dieses Brutto-Jahresfestgehalt wird in zwölf gleichen Raten, jeweils am Ende eines Kalendermonats, ausgezahlt.

(2) Zusätzlich zur Vergütung nach vorstehendem Abs. (1) kann das Vorstandsmitglied eine jährliche erfolgsabhängige variable Vergütung erhalten. Bei 100-prozentigem Erreichen der vom Aufsichtsrat der Gesellschaft nach Durchsprache mit dem Vorstandsmitglied festgelegten individuellen Jahresziele beträgt die jährliche erfolgsabhängige variable Vergütung ...... EUR (in Worten: ...... Euro) brutto. Übertrifft das Vorstandsmitglied die festgelegten individuellen Jahresziele, erhöht sich die erfolgsabhängige variable Vergütung entsprechend, nicht jedoch über eine erfolgsabhängige variable Vergütung in Höhe von ...... EUR (in Worten: ...... Euro) brutto hinaus. Wenn das Vorstandsmitglied die festgelegten individuellen Jahresziele nicht oder teilweise nicht erreicht, entscheidet der Aufsichtsrat der Gesellschaft nach billigem Ermessen darüber, ob und in welcher Höhe die erfolgsabhängige variable Vergütung gezahlt wird. Soweit die festgelegten individuellen Jahresziele infolge einer vom Vorstandsmitglied unverschuldeten Dienstverhinderung nicht erreicht werden konnten, wird der Aufsichtsrat der Gesellschaft dies in angemessener Weise berücksichtigen. Eine etwa verdiente erfolgsabhängige variable Vergütung ist zahlbar nach Feststellung des testierten Jahresabschlusses für das jeweilige Geschäftsjahr.

(3) Die vorstehend genannte Vergütung ist im Falle einer unterjährig beginnenden oder unterjährig endenden Vertragslaufzeit pro rata temporis geschuldet.

(4) Eine andere Vergütung[25] als nach vorstehenden Abs. (1) und (2) wird nicht geschuldet, soweit sich aus diesem Vertrag nicht ausdrücklich etwas anderes ergibt; insbesondere werden keine Gratifikationen, Jahressonderzahlungen, Boni, Provisionen, Urlaubsgeld, etwaige Vergütung für Nacht-, Sonntags- und Feiertagsarbeit oder für Mehrarbeit und Überstunden oder sonstige Vergütung geschuldet und gezahlt.

(5) Der Aufsichtsrat der Gesellschaft ist berechtigt, die Gesamtbezüge des Vorstandsmitglieds einseitig, ohne Zustimmung des Vorstandsmitglieds, auf die angemessene Höhe herabzusetzen, wenn sich die Lage der Gesellschaft nach der Festsetzung der Bezüge so verschlechtert, dass die Weitergewährung der Bezüge nach § 87 Abs. 1 AktG für die Gesellschaft unbillig wäre.[26]

(6) Das Vorstandsmitglied erklärt gegenüber der Gesellschaft sein Einverständnis zur Offenlegung seiner Vergütung entsprechend den Anforderungen, die im jeweils geltenden Deutschen Corporate Governance Kodex sowie in den jeweils für die Offenlegung maßgeblichen gesetzlichen Vorschriften festgelegt werden.[27]

§ 4 Dienstverhinderung, Krankheit und Tod

(1) Im Fall seiner Dienstverhinderung (z. B. infolge Erkrankung) ist das Vorstandsmitglied verpflichtet, den Aufsichtsratsvorsitzenden der Gesellschaft unverzüglich über Grund und Dauer der Dienstverhinderung zu informieren und auf vordringlich zu erledigende Aufgaben hinzuweisen. Dauert die Dienstverhinderung länger als eine Woche, hat das Vorstandsmitglied im Fall einer Erkrankung ein ärztliches Attest oder im Fall einer sonstigen Dienstverhinderung eine schriftliche Erklärung vorzulegen, woraus sich der Grund der Dienstunfähigkeit sowie deren voraussichtliche Dauer ergeben. Das Vorstandsmitglied tritt bereits jetzt etwaige (Schadensersatz-)Ansprüche in Höhe der nach dieser Regelung von der Gesellschaft geleisteten oder zu leistenden Zahlungen an die Gesellschaft ab, die ihm gegenüber Dritten wegen der Dienstverhinderung zustehen. Das

Vorstandsmitglied ist verpflichtet, der Gesellschaft unverzüglich sämtliche zur Geltendmachung derartiger (Schadensersatz-)Ansprüche notwendigen Angaben zu machen sowie hierfür notwendige Unterlagen zu überlassen.

(2) Wird das Vorstandsmitglied an der Ausübung seiner Tätigkeit durch Krankheit oder andere durch ihn nicht verschuldete Gründe gehindert, so erhält er bis zur Dauer von sechs Monaten nach Eintritt der Verhinderung, längstens jedoch bis zur Beendigung dieses Dienstvertrages, die zeitanteiligen Bezüge nach § 3 Abs. (1) dieses Vertrages. Stehen dem Vorstandsmitglied krankheitsbedingte Leistungen Dritter (z. B. Krankentagegeld) zu, vermindern sich die Ansprüche des Vorstandsmitglieds nach § 3 Abs. (1) dieses Vertrages gegen die Gesellschaft in diesem Umfang.[28]

(3) Verstirbt das Vorstandsmitglied während der Laufzeit dieses Dienstvertrages, erhält sein Ehepartner, ersatzweise die unterhaltsberechtigten Kinder des Vorstandsmitglieds (letztere als Gesamtgläubiger), die zeitanteiligen Bezüge nach § 3 Abs. (1) dieses Vertrages für den Sterbemonat und die drei nächstfolgenden Monate weiter. Leistungen an die Hinterbliebenen aufgrund einer etwa für das Vorstandsmitglied bestehenden betrieblichen Altersversorgung werden auf die Fortzahlung der Bezüge nach vorstehendem Satz 1 angerechnet.[29]

§ 5 Sozialversicherungen[30, 31]

(1) Auch soweit keine gesetzliche Versicherungspflicht besteht, zahlt die Gesellschaft an das Vorstandsmitglied monatliche Zuschüsse zur Renten-, Kranken- und Pflegeversicherung des Vorstandsmitglieds. Die einzelnen Zuschüsse entsprechen in ihrer Höhe der Hälfte der vom Vorstandsmitglied gezahlten Beiträge, höchstens jedoch dem jeweils unter Berücksichtigung der jeweils geltenden Beitragsbemessungsgrenzen gesetzlich geschuldeten Höchstbetrag des Arbeitgeberanteils der gesetzlichen Renten-, Kranken- und Pflegeversicherung. Die von der Gesellschaft geschuldeten Zuschüsse werden dem Vorstandsmitglied jeweils am Kalendermonatsende gezahlt.

(2) Die auf diese Zahlungen etwaig anfallende Einkommensteuer trägt das Vorstandsmitglied.

§ 6 Sonstige Versicherungen[32]

(1) Die Gesellschaft wird zugunsten des Vorstandsmitglieds für die Dauer der Laufzeit dieses Dienstvertrages eine Unfallversicherung für den Todes- und den Invaliditätsfall unterhalten, die auch private Risiken deckt. Die Unfallversicherung wird für folgende Deckungssummen unterhalten:

für den Todesfall:	...... EUR (in Worten: ...... Euro),
für den Invaliditätsfall:	...... EUR (in Worten: ...... Euro).

Die Gesellschaft wird im Rahmen des Versicherungsvertrages vorsehen, dass im Todesfall die vom Vorstandsmitglied zu benennende(n) Person(-en), ersatzweise die Erben des Vorstandsmitglieds (im Umfang ihrer Erbteile), bezugsberechtigt sind. Die Gesellschaft wird im Rahmen des Versicherungsvertrages des Weiteren vorsehen, dass im Invaliditätsfall das Vorstandsmitglied selbst bezugsberechtigt ist. Die auf die Prämienzahlungen der Unfallversicherung etwa anfallende Einkommensteuer trägt das Vorstandsmitglied.

(2) Die Gesellschaft wird für das Vorstandsmitglied für die Dauer seiner Bestellung zum Vorstandsmitglied eine Vermögensschaden-Haftpflichtversicherung („D&O“) mit einer Deckungssumme von mindestens ...... EUR (in Worten: ...... Euro) je Schadensfall für den Fall unterhalten, dass das Vorstandsmitglied wegen einer in Ausübung seiner

Tätigkeit begangenen Pflichtverletzung von einem Dritten oder der Gesellschaft aufgrund gesetzlicher Haftpflichtbestimmungen privatrechtlichen Inhalts für einen Vermögensschaden in Anspruch genommen wird. Der Selbstbehalt entspricht den in § 93 Abs. 2 S. 3 AktG geregelten Mindestanforderungen.

§ 7 Dienstwagen[33]

(1) Die Gesellschaft stellt dem Vorstandsmitglied für die Dauer seiner Bestellung zum Vorstandsmitglied einen Dienstwagen (Typ ....., Marke ......) zur Verfügung.

(2) Die Betriebs- und Unterhaltungskosten für den Dienstwagen (inklusive einer Vollkaskoversicherung) trägt die Gesellschaft. Die jeweils geltenden Richtlinien der Gesellschaft über die Benutzung von Dienstwagen sind wesentlicher Bestandteil dieses Dienstvertrages und ergänzen die Regelungen dieses Dienstvertrages.

(3) Der Dienstwagen darf von dem Vorstandsmitglied für die Dauer seiner Bestellung zum Vorstandsmitglied auch zu privaten Zwecken benutzt werden. Die auf den geldwerten Vorteil für die private Nutzung des Dienstwagens anfallende Lohnsteuer wird von der Gesellschaft einbehalten und abgeführt. Die Einkommensteuer auf den geldwerten Vorteil für die private Nutzung des Dienstwagens trägt das Vorstandsmitglied.

(4) Der Dienstwagen ist vom Vorstandsmitglied bei Beendigung seiner Bestellung zum Vorstandsmitglied unaufgefordert, unbeschädigt sowie samt überlassenem Zubehör am Sitz der Gesellschaft an die Gesellschaft zu übergeben.

§ 8 Auslagen[34]

Auslagen des Vorstandsmitglieds (z. B. für Dienstreisen, Repräsentation und Bewirtung von Geschäftspartnern) werden dem Vorstandsmitglied, soweit sie dem Vorstandsmitglied im Interesse der Gesellschaft entstehen, im Rahmen der Angemessenheit und bei Nachweis des Aufwands erstattet. Übersteigen die aufgewendeten Auslagen die nach den steuerlichen Vorschriften zulässigen Pauschbeträge, sind sie im Einzelnen im gesetzlich erforderlichen Umfang zu belegen. Ergänzend gelten die jeweils geltenden Richtlinien der Gesellschaft, die insoweit Bestandteil dieses Dienstvertrages sind.

§ 9 Urlaub[35]

(1) Das Vorstandsmitglied hat Anspruch auf einen bezahlten Jahresurlaub im Umfang von 30 Tagen je Kalenderjahr. Bei unterjährigem Beschäftigungsbeginn oder -ende wird der Jahresurlaub in diesem Kalenderjahr zeitanteilig gewährt. Tage im Sinne dieser Regelung sind alle Kalendertage mit Ausnahme von Samstagen, Sonntagen und gesetzlichen Feiertagen am Sitz der Gesellschaft.

(2) Kann das Vorstandsmitglied aus geschäftlichen oder in seiner Person liegenden Gründen den Jahresurlaub bis zum Ende des Kalenderjahres nicht vollständig nehmen, kann der Urlaubsanspruch im verbliebenen Umfang auf das folgende Kalenderjahr übertragen werden. Im Fall der Übertragung muss der verbleibende Jahresurlaub des Vorjahres in den ersten drei Monaten des nachfolgenden Kalenderjahres genommen werden und verfällt bei seiner Nichtinanspruchnahme ersatz- und entschädigungslos.

§ 10 Übernahme von Ämtern und Organleihe[36]/Arbeitszeit[37]

(1) Auf Wunsch des Vorstands oder des Aufsichtsrats der Gesellschaft wird das Vorstandsmitglied Aufsichtsratsmandate, andere Vorstandsämter und Geschäftsführungspositionen sowie ähnliche Ämter i. S. v. § 15 AktG mit der Gesellschaft verbundenen Unternehmen („Verbundene Unternehmen") übernehmen. Auf Wunsch des Vorstands

oder des Aufsichtsrats der Gesellschaft wird das Vorstandsmitglied auch Tätigkeiten in Verbänden oder Ehrenämter übernehmen. Etwaige Ansprüche auf Vergütung aus den genannten Tätigkeiten sind mit der Zahlung des Jahresfestgehalts nach § 3 Abs. (1) dieses Vertrages vollständig abgegolten. Soweit das Vorstandsmitglied gleichwohl für eine Tätigkeit im Sinne dieser Vorschrift eine Vergütung erhält, wird diese vollständig auf das Jahresfestgehalt nach § 3 Abs. (1) dieses Vertrages angerechnet.

(2) Das Vorstandsmitglied ist verpflichtet, die Ämter nach vorstehendem Abs. (1), soweit rechtlich möglich, unverzüglich niederzulegen oder auf Dritte, von der Gesellschaft benannte Personen überzuleiten, wenn der Vorstand bzw. der Aufsichtsrat der Gesellschaft dies wünscht oder die Bestellung zum Vorstandsmitglied widerrufen wird, das Vorstandsmitglied sein Amt als Vorstandsmitglied niederlegt oder die Bestellung zum Vorstandsmitglied aus sonstigen Gründen endet.

(3) Im Übrigen wird das Vorstandsmitglied seine volle Arbeitskraft allein der Gesellschaft zur Verfügung stellen und die Interessen der Gesellschaft nach besten Kräften fördern. In der Bestimmung seiner Arbeitszeit ist das Vorstandsmitglied frei, hat der Gesellschaft aber stets in dem Umfang zur Verfügung zu stehen, den die Wahrnehmung der Interessen und Belange der Gesellschaft erfordert. *(Optional: Bei Übertragung weiterer Ämter wird das Vorstandsmitglied seine Arbeitskraft und seine fachlichen Kenntnisse und Erfahrungen so einsetzen, dass sie in optimaler Weise auf seine Tätigkeit für die Gesellschaft sowie etwaige weitere Ämter aufgeteilt werden und den Interessen der Gesellschaft und den weiteren Ämtern in bester Weise gedient wird.)*

§ 11 Wettbewerbs- und Abwerbeverbot[38] sowie Nebentätigkeiten

(1) Das Vorstandsmitglied wird nicht ohne vorherige schriftliche Einwilligung des Aufsichtsrats der Gesellschaft während der Dauer dieses Dienstvertrages in selbständiger, unselbständiger oder sonstiger Weise für ein Unternehmen tätig werden, welches mit der Gesellschaft oder einem Verbundenen Unternehmen in direktem oder indirektem Wettbewerb steht oder in wesentlichem Umfang Geschäftsbeziehungen zu der Gesellschaft oder einem Verbundenen Unternehmen unterhält. In gleicher Weise ist es ihm untersagt, während der Laufzeit dieses Dienstvertrages ein solches Unternehmen zu errichten, zu erwerben oder sich hieran unmittelbar oder mittelbar zu beteiligen. Dies bezieht sich auch auf eine Mitgliedschaft in Aufsichts- oder Beiräten anderer Gesellschaften oder sonstigen Institutionen, die im Zusammenhang mit dem Geschäftsgegenstand der Gesellschaft stehen oder sonst die Interessen der Gesellschaft berühren.

(2) Das Vorstandsmitglied wird während der Laufzeit dieses Dienstvertrages weder selbst noch durch andere, weder direkt noch indirekt, einen Mitarbeiter oder Berater der Gesellschaft oder eines Verbundenen Unternehmens aktiv abwerben oder ihn veranlassen, sein Vertragsverhältnis mit der Gesellschaft oder einem Verbundenen Unternehmen zu beenden, um in einem Anstellungsverhältnis, in einem freien Dienstverhältnis oder in sonstiger Weise für andere in seiner bisherigen oder einer vergleichbaren Funktion mit Bezug zum gleichen Arbeitsbereich tätig zu werden. Das Vorstandsmitglied wird auch keine Aktivitäten entsprechend vorstehendem Satz entfalten, um Mitarbeiter der Gesellschaft zu veranlassen, in einem Anstellungsverhältnis oder freien Dienstverhältnis oder in sonstiger Weise für ihn selbst tätig zu werden.

(3) Jede weitere entgeltliche, üblicherweise entgeltliche oder unentgeltliche Nebentätigkeit für sich oder einen Dritten sowie jede Beteiligung an Unternehmen ist dem Vorstandsmitglied untersagt. Ausnahmen bedürfen der vorherigen, ausdrücklichen und jederzeit widerruflichen schriftlichen Zustimmung des Aufsichtsrats der Gesellschaft. Ausgenom-

men hiervon sind der übliche Erwerb von Wertpapieren oder Geschäftsanteilen zu Zwecken der persönlichen Vermögensverwaltung.

(4) Das Vorstandsmitglied verwirkt für jeden Fall der Zuwiderhandlung gegen die Verbote des § 11 Abs. (1) bis (3) dieses Vertrages eine Vertragsstrafe in Höhe von ...... EUR (in Worten: ...... Euro). Im Falle eines Dauerverstoßes ist die Vertragsstrafe für jeden angefangenen Monat der Zuwiderhandlung verwirkt. Die Geltendmachung sonstiger Rechte, insbesondere von Unterlassungsansprüchen und Ansprüchen auf Ersatz eines weitergehenden Schadens, bleibt hiervon unberührt.

§ 12 Transparenz und Interessenkonflikte[39]

(1) Das Vorstandsmitglied wird den Aufsichtsrat der Gesellschaft unverzüglich unterrichten, wenn ein Mitglied seiner Familie oder sonst Angehörige i.S.d. § 15 Abgabenordnung (AO) eine Beteiligung an einem Unternehmen halten, das mit der Gesellschaft oder einem Verbundenen Unternehmen in direktem oder indirektem Wettbewerb steht oder in wesentlichem Umfang Geschäftsbeziehungen zu der Gesellschaft oder einem Verbundenen Unternehmen unterhält. Anteilsbesitz im Rahmen der privaten Vermögensverwaltung, der keinen Einfluss auf die Organe des betreffenden Unternehmens ermöglicht, gilt nicht als Beteiligung im Sinne dieser Regelung.

(2) Das Vorstandsmitglied darf im Zusammenhang mit seiner Tätigkeit für die Gesellschaft oder ein Verbundenes Unternehmen weder für sich noch für andere Personen von Dritten Zuwendungen und sonstige Vorteile fordern oder annehmen oder Dritten ungerechtfertigte Vorteile einräumen.

(3) Das Vorstandsmitglied ist allein dem Unternehmensinteresse verpflichtet. Das Vorstandsmitglied darf bei seinen Entscheidungen im Zusammenhang mit seiner Tätigkeit für die Gesellschaft oder ein Verbundenes Unternehmen keine persönlichen Interessen verfolgen und keine Geschäftschancen, die der Gesellschaft oder einem Verbundenen Unternehmen zustehen, für sich nutzen.

(4) Mögliche Interessenkonflikte sind unverzüglich gegenüber dem Aufsichtsrat der Gesellschaft sowie gegenüber den anderen Mitgliedern des Vorstands offen zu legen. Alle Geschäfte zwischen der Gesellschaft und dem Vorstandsmitglied oder einem Mitglied seiner Familie oder sonst Angehörigen i.S.d. § 15 AO oder deren Unternehmungen haben branchenüblichen Standards zu entsprechen und bedürfen der vorherigen und schriftlichen Zustimmung des Aufsichtsrats der Gesellschaft.

(5) Das Vorstandsmitglied hat dem Aufsichtsrat der Gesellschaft unverzüglich den Erwerb oder die Veräußerung von Aktien der Gesellschaft oder von darauf bezogenen Erwerbs- und Veräußerungsrechten (z.B. Optionen) sowie von Rechten, die unmittelbar vom Börsenkurs der Gesellschaft abhängen, mitzuteilen, sofern der Erwerb oder die Veräußerung durch das Vorstandsmitglied selbst oder ein Mitglied seiner Familie oder einen sonst Angehörigen i.S.d. § 15 AO vorgenommen werden.

§ 13 Diensterfindungen und Schutzrechte[40]

(1) Erfindungen des Vorstandsmitglieds sowie seine technischen oder organisatorischen Verbesserungsvorschläge werden entsprechend den jeweils geltenden Bestimmungen des Gesetzes über Arbeitnehmererfindungen vom 25.7.1957 mit folgender Maßgabe behandelt: Das Vorstandsmitglied wird der Gesellschaft Diensterfindungen, freie Erfindungen und technische wie organisatorische Verbesserungsvorschläge unverzüglich melden und der Gesellschaft zur ausschließlichen, beschränkten oder unbeschränkten Inanspruchnahme anbieten. Die Erklärung der Inanspruchnahme hat seitens der Gesellschaft inner-

halb von vier Monaten nach der Meldung zu erfolgen. Die Gesellschaft hat das Recht, jedoch nicht die Verpflichtung, zur Anmeldung von Schutzrechten im In- und Ausland. Im Fall einer Diensterfindung oder eines technischen oder organisatorischen Verbesserungsvorschlags sind sich die Parteien darin einig, dass eine etwaige Vergütung für eine von der Gesellschaft in Anspruch genommene Diensterfindung mit der Zahlung der Vergütung nach § 3 Abs. (1) dieses Vertrages vollständig abgegolten ist. Im Fall einer freien Erfindung ist dem Vorstandsmitglied eine marktübliche Vergütung zu zahlen.

(2) Das Vorstandsmitglied überträgt der Gesellschaft ausschließliche, zeitlich, räumlich und inhaltlich unbeschränkte Nutzungs- und Verwertungsrechte für alle etwaigen nach dem Urhebergesetz schutzfähigen Tätigkeitsergebnisse, die das Vorstandsmitglied während der Dauer seines Dienstvertrages während seiner Arbeitszeit oder, sofern sie Bezug zu seinen dienstvertraglichen Aufgaben haben, auch außerhalb seiner Arbeitszeit erstellt. Die Übertragung der urheberrechtlichen Nutzungs- und Verwertungsrechte umfasst auch etwaige bei Vertragsschluss noch unbekannte Nutzungsarten. Die Übertragung der Nutzungs- und Verwertungsrechte umfasst insbesondere auch die Erlaubnis zur Bearbeitung und Lizenzvergabe an Dritte. Das Vorstandsmitglied verzichtet ausdrücklich auf sonstige ihm etwa als Urheber zustehende Rechte an den Tätigkeitsergebnissen, insbesondere auf das Recht auf Namensnennung, auf Bearbeitung und auf Zugänglichmachung des Werkes.

(3) Soweit Tätigkeitsergebnisse, die das Vorstandsmitglied während der Dauer seines Dienstvertrages während seiner Arbeitszeit oder, sofern sie Bezug zu seinen dienstvertraglichen Aufgaben haben, auch außerhalb seiner Arbeitszeit erstellt, nicht bereits nach Abs. (1) und (2) übertragen sind, überträgt das Vorstandsmitglied der Gesellschaft sämtliche Rechte an diesen Tätigkeitsergebnissen, insbesondere Marken- und sonstige Kennzeichenrechte sowie eingetragene Designs.

(4) Die Parteien sind sich einig, dass die Einräumung dieser Rechte und der Verzicht auf Rechte nach dieser Regelung vollumfänglich mit der Zahlung der Vergütung nach § 3 Abs. (1) dieses Vertrages abgegolten sind, soweit dem nicht zwingende gesetzliche Regelungen entgegenstehen. Das Vorstandsmitglied ist verpflichtet, jedwedes seiner schutzrechtsfähigen Tätigkeitsergebnisse unverzüglich der Gesellschaft, vertreten durch den Aufsichtsrat, zu melden und die Gesellschaft im erforderlichen Umfang, auch nach Beendigung dieses Dienstvertrages, bei der Erlangung von Schutzrechten zu unterstützen. Soweit das Vorstandsmitglied seine Mitwirkungspflichten nach der Beendigung dieses Dienstvertrages erfüllt, erhält das Vorstandsmitglied hierfür einen angemessenen Tagessatz sowie eine Erstattung aller Aufwendungen, die ihm durch seine Mitwirkung entstanden sind.

§ 14 Geheimhaltung[41]

(1) Das Vorstandsmitglied verpflichtet sich, über alle ihm im Rahmen seiner Tätigkeit oder sonst zur Kenntnis gelangenden geschäftlichen und betrieblichen Angelegenheiten der Gesellschaft und aller Verbundenen Unternehmen strengstes Stillschweigen zu bewahren, einschließlich des Inhalts dieses Dienstvertrages sowie den Vertragsverhandlungen, die dem Abschluss dieses Dienstvertrages zugrunde liegen. Das Vorstandsmitglied verpflichtet sich weiterhin, diese Informationen nicht für den eigenen oder den Nutzen anderer zu verwenden und alle solche geschäftlichen und betrieblichen Angelegenheiten betreffenden Geschäftsunterlagen der Gesellschaft und der Verbundenen Unternehmen unter Verschluss zu halten. Unter geschäftlichen und betrieblichen Angelegenheiten im Sinne dieser Regelung verstehen die Parteien insbesondere Geschäfts- und Betriebsgeheimnisse sowie alle Informationen und Daten mit Bezug zu vertraulichen Angelegenheiten und geschäftsbezogenem Know-how, sämtliche Informationen über alle mit dem existenten oder künftigen Geschäft der Gesellschaft und der Verbundenen Unternehmen in Zusammenhang stehenden Geschäftspläne und Geschäftsstrategien, Verfahren, Preis-

oder Marktstrategien und Produkt-, Dienstleistungs- oder Entwicklungsplanungen, geplante Unternehmenserwerbe oder -veräußerungen, sämtliche Geschäftszahlen und Details der organisatorischen Strukturen sowie die wesentlichen Ideen und Prinzipien, welche diesen Strategien und Planungen zugrunde liegen, und alle Informationen, von denen vernünftigerweise erwartet werden kann, dass sie zu solchen Strategien oder Planungen führen würden und die von der Gesellschaft, von Verbundenen Unternehmen oder dem Vorstandsmitglied während der Dauer dieses Dienstvertrages erdacht, erfunden, überarbeitet, entdeckt, entwickelt, erworben, beurteilt, getestet oder angewendet worden sind.

(2) Die Geheimhaltungsverpflichtung nach vorstehendem Abs. (1) dauert auch nach Beendigung des Dienstverhältnisses fort. Im Rahmen einer von dem Vorstandsmitglied nach Beendigung dieses Dienstvertrages ausgeübten beruflichen oder unternehmerischen Tätigkeit kann er sein als Vorstandsmitglied erworbenes Wissen einsetzen, sofern dabei die gesetzlichen Beschränkungen – insbesondere nach §§ 3, 17 UWG, § 823 Abs. 1 und Abs. 2 BGB i.V.m. UWG, § 826 BGB und den datenschutzrechtlichen Regelungen – sowie die Beschränkungen aus dem nachvertraglichen Wettbewerbsverbot nach § 16 dieses Vertrages strikt beachtet werden.

(3) Das Vorstandsmitglied verwirkt für jeden Fall der Zuwiderhandlung gegen die Geheimhaltungsverpflichtung nach vorstehenden Abs. (1) und (2) eine Vertragsstrafe in Höhe von . . . . . . EUR (in Worten: . . . . . . Euro). Im Falle eines Dauerverstoßes ist die Vertragsstrafe für jeden angefangenen Monat der Zuwiderhandlung verwirkt. Die Geltendmachung sonstiger Rechte, insbesondere von Unterlassungsansprüchen und Ansprüchen auf Ersatz eines weitergehenden Schadens, bleibt hiervon unberührt.

(4) Das Vorstandsmitglied ist verpflichtet, in Zweifelsfällen über den Umfang der Geheimhaltungsverpflichtung nach vorstehenden Abs. (1) und (2) mit dem Aufsichtsrat der Gesellschaft eine Klärung herbeizuführen.

§ 15 Rückgabe von Unterlagen und Eigentum der Gesellschaft[42]

(1) Das Vorstandsmitglied verpflichtet sich, auf Verlangen der Gesellschaft jederzeit und spätestens bei Ende seiner Bestellung zum Organ auch ohne gesonderte Aufforderung alle in seinem Besitz befindlichen Unterlagen der Gesellschaft oder Verbundener Unternehmen, insbesondere alle Notizen, Memoranden, Aufzeichnungen, Protokolle und Berichte, Akten sowie alle anderen ähnlichen Dokumente (einschließlich Abschriften, Ablichtungen, Kopien oder sonstiger Reproduktionen), die im Zusammenhang mit seiner Tätigkeit stehen, unverzüglich und vollständig an die Gesellschaft zurückzugeben. Ein Zurückbehaltungsrecht ist ausgeschlossen. Diese Regelung gilt sinngemäß für elektronisch gespeicherte Daten sowie die jeweiligen Daten- oder Programmträger.

(2) Die Herausgabeverpflichtung bezieht sich auch auf sonstiges, im Besitz des Vorstandsmitglieds befindliches Eigentum der Gesellschaft oder Verbundener Unternehmen bzw. von der Gesellschaft oder von einem Verbundenen Unternehmen geleaste Gegenstände. Diese Herausgabeverpflichtung erstreckt sich insbesondere auch auf ein dem Vorstandsmitglied etwa überlassenes Mobiltelefon, Laptop oder sonstige Geräte der Datenverarbeitung, bei Ende seiner Bestellung zum Organ auch, wenn insoweit eine private Nutzung gestattet war.

(3) Das Vorstandsmitglied wird auf Anforderung der Gesellschaft schriftlich versichern, dass es die nach vorstehenden Abs. (1) und Abs. (2) bestehenden Herausgabeverpflichtungen vollständig erfüllt hat.

§ 16 Nachvertraglicher Kundenschutz sowie nachvertragliches Wettbewerbs-[43] und Abwerbeverbot

(1) Nachvertraglicher Kundenschutz: → Form. A. IV. 2 Abs. (1) „Zusatzvereinbarung zum Geschäftsführervertrag".

(2) Nachvertragliches Wettbewerbsverbot: → Form. A. IV. 2 Abs. (2)–(10) „Zusatzvereinbarung zum Geschäftsführervertrag".

(3) Das Vorstandsmitglied wird für die Dauer von zwölf Monaten nach Beendigung seiner Anstellung bei der Gesellschaft weder selbst noch durch andere, weder direkt noch indirekt, einen Mitarbeiter oder Berater der Gesellschaft oder eines Verbundenen Unternehmens aktiv anwerben, abwerben oder ihn oder sie veranlassen, sein Vertragsverhältnis mit der Gesellschaft oder einem Verbundenen Unternehmen zu beenden, um in einem Anstellungsverhältnis, in einem freien Dienstverhältnis oder in sonstiger Weise für andere in seiner bisherigen oder einer vergleichbaren Funktion mit Bezug zum gleichen Arbeitsbereich tätig zu werden. Das Vorstandsmitglied wird auch keine Aktivitäten entsprechend vorstehendem Satz entfalten, um Mitarbeiter der Gesellschaft zu veranlassen, in einem Anstellungsverhältnis oder freien Dienstverhältnis oder in sonstiger Weise für ihn selbst tätig zu werden. Das Vorstandsmitglied hat für den Fall der Zuwiderhandlung gegen dieses Verbot eine Vertragsstrafe in Höhe von . . . . . . EUR (in Worten: . . . . . . Euro) brutto zu zahlen. Die Geltendmachung sonstiger Rechte, insbesondere von Unterlassungsansprüchen und Ansprüchen auf Ersatz eines weitergehenden Schadens, bleibt hiervon unberührt.

§ 17 Ausschlussfristen[44]

(1) Ansprüche der Gesellschaft und des Vorstandsmitglieds aus dem Dienstverhältnis oder im Zusammenhang mit diesem Dienstverhältnis verfallen, ungeachtet ihres Rechtsgrundes, wenn die bzw. der Anspruchsberechtigte den Anspruch nicht innerhalb einer Frist von sechs Monaten, berechnet ab dem Zeitpunkt der Fälligkeit und der Kenntnis oder grob fahrlässigen Unkenntnis des Anspruchsberechtigten von den anspruchsbegründenden Umständen, durch schriftliche Erklärung gegenüber der jeweils anderen Vertragspartei geltend macht. Für die Beurteilung der Rechtzeitigkeit der Geltendmachung ist der Zugang der schriftlichen Erklärung maßgeblich. Dies gilt nicht für die Geltendmachung von Ansprüchen wegen Verletzung des Lebens, des Körpers oder der Gesundheit sowie bei vorsätzlichen Pflichtverletzungen. Die Versäumung der Ausschlussfrist führt zum Verlust des Anspruchs.

(2) Etwaige Ansprüche der Gesellschaft nach § 93 Abs. 2 und Abs. 3 AktG gegen das Vorstandsmitglied bleiben gemäß § 93 Abs. 4 S. 3 AktG von vorstehendem Abs. (1) unberührt.

§ 18 Bisherige Arbeits- oder Dienstverhältnisse[45]

Die Parteien sind sich einig, dass ein etwa bestehendes Arbeits- oder sonstiges Dienstverhältnis des Vorstandsmitglieds mit der Gesellschaft oder einem Verbundenen Unternehmen mit Ablauf des dem Vertragsbeginn dieses Dienstvertrages vorangehenden Tages endet oder geendet hat. Etwa hierzu bestehende Arbeits- oder sonstige Verträge werden aufgehoben.

§ 19 Schlussbestimmungen

(1) Die Parteien sind sich einig, dass mit Unterzeichnung dieses Dienstvertrages alle eventuellen vorherigen Vereinbarungen über die Tätigkeit als Vorstandsmitglied der

Gesellschaft unwirksam sind und durch diesen Dienstvertrag ersetzt werden. Vereinbarungen außerhalb dieses Dienstvertrages wurden nicht getroffen.[46]

(2) Änderungen und Ergänzungen dieses Dienstvertrages bedürfen zu ihrer Rechtswirksamkeit der Schriftform und eines Beschlusses des Aufsichtsrates der Gesellschaft. Eine Befreiung von diesen beiden Erfordernissen durch eine mündliche Vereinbarung ist unwirksam.[47, 48] Dies gilt nicht, soweit Änderungen und/oder Ergänzungen auf einer im Einzelnen ausgehandelten Vereinbarung beruhen.

(3) Sollten einzelne Bestimmungen dieses Dienstvertrages ungültig sein oder werden, so berührt dies im Zweifel die Wirksamkeit der übrigen Bestimmungen nicht. Anstelle der unwirksamen Vorschrift oder zur Ausfüllung eventueller Lücken dieses Dienstvertrages ist eine angemessene Regelung zu vereinbaren, die dem am nächsten kommt, was die Parteien nach ihrer wirtschaftlichen Zwecksetzung gewollt haben bzw. die Bestimmung, die dem entspricht, was nach Sinn und Zweck dieses Vertrages vereinbart worden wäre, hätte man die Angelegenheit von vornherein bedacht.

(4) Für alle Rechtsstreitigkeiten über die Wirksamkeit dieses Dienstvertrages sowie über Ansprüche aus und im Zusammenhang mit diesem Dienstvertrag gilt deutsches Recht.[49, 50] Erfüllungsort und Gerichtsstand ist der Sitz der Gesellschaft.[51]

. . . . . .
Ort, Datum
. . . . . .
Unterschrift der Gesellschaft[52]
hier vertreten durch den Aufsichtsrat,
dieser vertreten durch seinen
Vorsitzenden, Herrn . . . . . .
Für § 18 dieses Dienstvertrages:
. . . . . .
Ort, Datum
. . . . . .
Unterschrift der Gesellschaft
diese vertreten durch ihren Vorstand

. . . . . .
Ort, Datum
. . . . . .
Unterschrift des Vorstandsmitglieds

Anmerkungen

1. Allgemeines. Das Formular enthält Regelungen für die Anstellung eines Vorstandsmitglieds einer deutschen Aktiengesellschaft. Es unterscheidet nicht hinsichtlich der Börsennotierung der Gesellschaft. Die in dem Formular enthaltenen Vertragsbedingungen spiegeln hauptsächlich die Interessenlage der Gesellschaft wider, so dass das Formular zur Verwendung durch den Aufsichtsrat der Gesellschaft vorgesehen ist.

Tatsächlich sind bei der Anstellung eines Vorstandsmitglieds oftmals die gleichen (rechtlichen und praktischen) Erwägungen anzustellen wie bei der Anstellung eines GmbH-Geschäftsführers (→ Form. B. I. 1). Auch die dort verwendeten vertraglichen Formulierungen können bei einem Vorstandsdienstvertrag in weiten Teilen zur Anwendung gebracht werden. Abzuweichen ist jedoch an den Stellen, wo aktienrechtliche Vorgaben oder sonstige Rahmenbedingungen (z. B. etwaige Empfehlungen oder Anregungen des Deutschen Corporate Governance Kodex) zu berücksichtigen sind. Die hier vorgeschlagene ausführliche Regelung des Dienstverhältnisses mit einem Vorstandsmitglied berücksichtigt nicht nur die mit der rechtlichen Stellung eines Vorstandsmitglieds verbundene Sondersituation (im Vergleich zum GmbH-Geschäftsführer). Sie berücksichtigt auch die in der Praxis mit der Stellung eines Vorstandsmitglieds traditionell verbundene „Privilegierung" (z. B. Laufzeit des Vorstandsdienstvertrages), deren individuelle Umsetzung auch im Vorstandsdienstvertrag erfolgen muss.

Mit den hier vorgelegten Formulierungen des Musters bzw. etwaigen Alternativregelungsvorschlägen – wie auch mit ihren Erläuterungen – wird kein Anspruch auf Vollständigkeit erhoben; bei einer speziellen Fallgestaltung können weitere Regelungen sinnvoll oder erforderlich sein. Entsprechend der Zielsetzung dieser Formularsammlung stehen beim Formular Praxisrelevanz und Handhabbarkeit im Vordergrund.

Das Recht der Kapital- und damit auch der Aktiengesellschaft unterscheidet streng zwischen der körperschaftlichen/gesellschaftsrechtlichen Bestellung zum Vorstandsmitglied und dem schuldrechtlichen Anstellungsverhältnis mit einer Gesellschaft. Auch wenn Organ- und Anstellungsverhältnis auf vielfältige Weise verknüpft sind (bzw. auch werden können), sind diese beiden Rechtsverhältnisse grundsätzlich getrennt voneinander zu betrachten (**Trennungsprinzip**):

Die **Bestellung zum Vorstandsmitglied** ist ein körperschaftlicher Rechtsakt (Bestellungsbeschluss des Aufsichtsrats der AG sowie Bestellungserklärung gegenüber dem Betroffenen und dessen Annahme der Bestellung gegenüber dem Aufsichtsrat → Form. B. II. 2). Diese Bestellung, mit der der Vorstandskandidat Mitglied des Organs wird, ist auch zum Handelsregister anzumelden (§ 81 AktG).

Mit dem **Anstellungsvertrag** wird das Innenverhältnis zwischen dem Vorstandsmitglied und der Gesellschaft geregelt. Dabei handelt sich nach ganz h. M. nicht um einen Arbeits-, sondern um einen **Dienstvertrag.** Denn das Vorstandsmitglied übt Arbeitgeberbefugnisse aus und steht im Regelfall in keinem – einem „normalen" Arbeitnehmer vergleichbaren – sozialen Abhängigkeitsverhältnis zur Gesellschaft. Daher finden i. d. R. auch die arbeitnehmerschützenden Vorschriften auf das Vorstandsmitglied keine Anwendung (vgl. nur §§ 14 Abs. 1 Nr. 1, 17 Abs. 5 Nr. 1 KSchG, § 5 Abs. 1 S. 3 ArbGG, § 5 Abs. 2 Nr. 1 BetrVG). Nur im Ausnahmefall werden arbeitsrechtliche Vorschriften in analoger Anwendung auf das Vorstandsmitglied bezogen (z. B. § 622 Abs. 1 und 2 BGB infolge vergleichbarer Interessenlage). Inwieweit die europarechtlich bedingte Anwendung bestimmter Arbeitnehmerschutzvorschriften zumindest auf Fremdgeschäftsführer auch auf Vorstandsmitglieder erstreckt würde, ist derzeit in der Diskussion; überwiegend wurde eine Erstreckung mit dem Argument abgelehnt, dass – zumindest bei Nichtvorliegen von Beherrschungsverträgen – ein Vorstandsmitglied anders als ein Geschäftsführer keinen Weisungen der Anteilseigner bzw. des Aufsichtsrats unterliegt (u. a. EuGH NZA 2011, 143 – Danosa; *Kort* NZG 2013, 601; zur regelmäßig fehlenden Weisungsunterworfenheit des Vorstandsmitglieds → Anm. 13). Zu beachten bleibt, dass die Vorschriften des Allgemeinen Gleichbehandlungsgesetz (AGG) zum Schutz der Beschäftigten entsprechend auf Organmitglieder anzuwenden sind, allerdings nur, soweit diese die Bedingungen für den Zugang zur Erwerbstätigkeit sowie den beruflichen Aufstieg betreffen (§ 6 Abs. 3 AGG). Ausgeklammert bleiben damit nach dem Wortlaut des Gesetzes die Beschäftigungs- und Anstellungsbedingungen, einschließlich der Entlassungsbedingungen und des Arbeitsentgelts. Ob diese gesetzliche Einschränkung vor dem Hintergrund europarechtlicher Vorgaben aufrechterhalten werden kann, wird in der Literatur bezweifelt. Umstritten ist zudem, wie die „entsprechende" Anwendung der Vorschriften vorzunehmen ist (zum Streitstand zu beiden Fragen vgl. *Bauer/Arnold* ZIP 2008, 993; vgl. auch *Reufels/Molle* NZA-RR 2011, 281; instruktiv dazu BGH NZA 2012, 797 zur verbotenen Altersdiskriminierung eines Geschäftsführers). Letztlich muss die weitere Entwicklung der Rechtsprechung abgewartet werden.

Bei der Anstellung eines Vorstandsmitglieds sind weder ein etwa bestehender (Konzern-/Gesamt-)Betriebsrat noch ein etwa bestehender (Konzern-/Gesamt-/Unternehmens-) Sprecherausschuss zu beteiligen.

Das Formular setzt sich aus vorformulierten Dienstbedingungen zusammen, die nicht nur für den Einzelfall gelten sollen. Soweit die Dienstbedingungen daher mit dem

Vorstandsmitglied nicht im Einzelnen weiter ausgehandelt werden, handelt es sich um Allgemeine Geschäftsbedingungen i.S.d. § 305 Abs. 1 BGB. Die einzelnen Vertragsbestimmungen unterliegen daher einer Rechtskontrolle nach den §§ 305 ff. BGB. Das würde gemäß § 310 Abs. 3 BGB grundsätzlich selbst dann gelten, wenn die Dienstbedingungen nur zur einmaligen Verwendung bestimmt wären, da es sich nach der Rechtsprechung bei einem Vorstandsdienstvertrag um einen Vertrag zwischen einem Unternehmer und einem Verbraucher handelt (zur Qualifikation eines Vorstandsmitglieds als Verbraucher OLG Hamm BeckRS 2007, 15564). Die AGB-Kontrolle ist auch nicht nach § 310 Abs. 4 S. 1 BGB ausgeschlossen, weil ein Vorstandsdienstvertrag kein „Vertrag auf dem Gebiet des Gesellschaftsrechts" ist.

2. Die Aktiengesellschaft als Vertragspartei. Im Formular ist – neben dem Vorstandsmitglied selbst – die jeweilige Aktiengesellschaft, für die das Vorstandsmitglied tatsächlich tätig werden soll, als Vertragspartei vorgesehen.

Nicht empfehlenswert ist die Gestaltung, in der eine andere Gesellschaft (z.B. die Konzernmuttergesellschaft, sog. **Konzernanstellung**) Vertragspartnerin des Vorstandsmitglieds wird und im Vorstandsdienstvertrag die Anstellung als Vorstandsmitglied für eine andere Gesellschaft geregelt ist (z.B. einem Tochterunternehmen in der Rechtsform der AG). Während bei einem GmbH-Geschäftsführer gegen eine solche Gestaltung keine Einwände bestehen, ist die Zulässigkeit einer solchen Gestaltung im Aktienrecht höchst umstritten: Denn das Vorstandsmitglied ist zur Leitung der Gesellschaft im Gesellschaftsinteresse verpflichtet (§ 76 AktG). Die infolge der dienstvertraglichen Anbindung entstehenden schuldrechtlichen Verpflichtungen gegenüber einer anderen Gesellschaft stünden hierzu im Widerspruch („Diener zweier Herren"). Eine Konzernanstellung wird aufgrund der möglichen Interessenkollisionen daher sogar teilweise für generell unzulässig gehalten (vgl. MünchKommAktG/*Spindler* § 84 Rn. 66, selbst im Fall des Vorliegens eines Beherrschungsvertrages; nach überwiegender Ansicht aber Zulässigkeit einer Drittanstellung, vor allem wenn zwischen den beteiligten Gesellschaften ein Beherrschungsvertrag besteht oder die Tochtergesellschaft eingegliedert ist, weil dann die eigenverantwortliche Leitung der Gesellschaft ohnehin durch §§ 308, 323 AktG überlagert wird, vgl. statt vieler *Buchner/Schlobach* GmbHR 2004, 1, 5 und *Hüffer* § 84 Rn. 14 m.w.N.; für grundsätzliche Zulässigkeit *Jooß* NZG 2011, 1130).

3. Das Vorstandsmitglied als Vertragspartei. Das Vorstandsmitglied muss stets gewisse persönliche Eigenschaften aufweisen, um überhaupt wirksam bestellt werden zu können (§ 76 Abs. 3 AktG). Liegen gesetzliche Bestellungshindernisse vor, wäre die Bestellung unwirksam (§ 134 BGB) – allerdings ohne dass dies auch zur Unwirksamkeit des Vorstandsdienstvertrages führen würde. Damit bliebe die Gesellschaft – trotz der Unwirksamkeit der Bestellung – an die dienstvertraglichen Festlegungen gebunden. Ein insoweit formulierter Vorbehalt würde daher den Eintritt dieser Problemlage verhindern. Trotzdem ist die Regelung eines solchen Vorbehalts in der Praxis unüblich. Deshalb wurde im Formular auf die Formulierung eines Vorbehalts hinsichtlich des Vorliegens dieser sog. **Vorstandsfähigkeit** verzichtet. Sie ist nur dann üblich, wenn besondere Satzungsregelungen der Gesellschaft vorliegen, die besondere persönliche oder sachliche Eignungsvoraussetzungen für die Organmitglieder vorsehen (z.B. Auswahlrichtlinien bezüglich Qualifikation oder Erfahrung).

Nicht zu differenzieren ist zwischen **in- und ausländischen Vorstandsmitgliedern**; eine solche Unterscheidung kennt das deutsche Aktienrecht nicht: Weder die deutsche Staatsangehörigkeit noch Kenntnisse der deutschen Sprache oder ein deutscher Wohnsitz sind Voraussetzung für die Organstellung; selbst bei einem mehrköpfigen Vorstand ist kein bestimmtes Quorum an Mitgliedern mit deutscher Staatsangehörigkeit nötig. Allerdings wird sich das Vorstandsmitglied zur Erfüllung seiner im Formular niedergelegten Vorstandspflichten im Regelfall ganz überwiegend in Deutschland aufhalten müssen. Bei der Beschäftigung von ausländischen Vorstandsmitgliedern sind daher aus Sicht der Gesellschaft ggf. ausländerrechtliche Erfordernisse zu beachten (z.B. Einreise- und Aufenthaltstitel nach dem Aufenthaltsgesetz, sofern das Vorstandsmitglied kein Angehöriger eines EU-Staates ist oder eine Befreiung durch bi- oder multilateralen Staatsvertrag vorliegt). Gegebenenfalls können im Vorstandsdienstvertrag dahingehende Bedingungen formuliert werden. Nach dem geltenden Aufenthaltsgesetz bedarf es zur Erteilung eines Aufenthaltstitels keiner Zustimmung der Bundesagentur für Arbeit (vgl. § 3 Nr. 2 Beschäftigungsverordnung).

Gegebenenfalls sind noch sonstige Anforderungen an die Person des Vorstandsmitglieds zu beachten. Auf hierzu bestehende spezialgesetzliche Regelungen (z.B. KWG, KAGB, ggf. i.V.m. InstitutsVergV) wird verwiesen.

4. Größe des Vorstands. Das Formular geht vom „Normalfall" eines mehrköpfigen Vorstands aus. Ein Vorstand einer AG kann allerdings auch nur aus einer Person (sog. **Alleinvorstand**) bestehen (vgl. § 76 Abs. 2 AktG; bei Gesellschaften mit einem Grundkapital von mehr als drei Millionen Euro ist ein Alleinvorstand nur bei entsprechender Satzungsbestimmung möglich). Nur bei mitbestimmten Gesellschaften muss der Vorstand infolge eines zwingend zu bestellenden **Arbeitsdirektors** (vgl. § 13 Abs. 1 Montan-MitbestG, § 13 MitBestErgG, § 33 Abs. 1 S. 1 MitbestG) zumindest aus zwei Personen bestehen. Das Formular wäre bei der Anstellung eines Alleinvorstands jedenfalls an den Stellen abzuändern, wo die Existenz eines mehrköpfigen Vorstands unterstellt wird. Legt die Satzung der Gesellschaft (§ 23 Abs. 3 Nr. 6 AktG) nur Mindest- oder Höchstgrenzen bezüglich der Zahl der Vorstandsmitglieder fest, obliegt in diesem Rahmen dann die ermessensabhängige Festlegung der Zahl der Vorstandsmitglieder dem Aufsichtsrat.

5. Zeitpunkt des Abschlusses des Vorstandsdienstvertrages. In der Präambel des Formulars wird vorausgesetzt, dass der Aufsichtsrat zum Zeitpunkt des Abschlusses des Vorstandsdienstvertrages den Beschluss über die Bestellung des Vorstandsmitglieds (ggf. auch erst mit Wirkung zu einem bestimmten in der Zukunft liegenden Zeitpunkt) bereits gefasst hat. In diesem Fall ist die Gesellschaft verpflichtet, auf einen angemessenen Vorstandsdienstvertrag hinzuwirken, soweit das Vorstandsmitglied bereit ist, seinen Vorstandspflichten nachzukommen.

Soll die Bestellung zum Vorstandsmitglied hingegen erst nach Abschluss des Vorstandsdienstvertrages erfolgen, muss der Vorstandsdienstvertrag für den (stets möglichen) Fall einer Nicht-Bestellung **aufschiebend bedingt** werden. Denn das Unterbleiben der Bestellung stellt keinen wichtigen Grund für eine außerordentliche Kündigung seitens der Gesellschaft dar. Damit bliebe die Gesellschaft an die Regelungen des Vorstandsdienstvertrages gebunden; insbesondere bestünden auch die darin geregelten Vergütungsansprüche. Infolge des Bestehens dieser Ansprüche, deren Erfüllung sich die Gesellschaft nicht entziehen könnte, kann sich der Aufsichtsrat daher bereits „faktisch" zur Bestellung des Vorstandsmitglieds gezwungen sehen. Weil der Aufsichtsrat in seiner Entscheidung über die Bestellung eines Vorstandsmitglieds aber frei sein muss und damit ein auch nur faktischer Zwang nicht bestehen darf, ist in diesem Fall der Abschluss des Vorstandsdienstvertrags unter einer aufschiebenden Bedingung zwingend notwendig.

6. Stellvertretende Vorstandsmitglieder/Vorstandsvorsitzender und Vorstandssprecher/ Arbeitsdirektor. Im Formular werden die Anstellungsbedingungen eines „einfachen" Vorstandsmitglieds geregelt. Das Formular kann aber auch für sog. **stellvertretende Vorstandsmitglieder** verwendet werden. Denn diese sind ebenfalls „einfache" Mitglieder des Vorstands (§ 94 AktG), die nur nach Maßgabe der Geschäftsordnung und damit nach der internen Hierarchie des Vorstands zurückstehen.

In der Öffentlichkeit wird insbesondere den Positionen eines Vorstandsvorsitzenden bzw. eines Vorstandssprechers herausgehobene Bedeutung beigemessen. Allerdings sind mit der Ernennung eines **Vorstandsvorsitzenden** durch den Aufsichtsrat (§ 84 Abs. 2

AktG, nicht auf Ausschuss übertragbar, § 107 Abs. 3 S. 3 AktG) tatsächlich keine besonderen gesetzlichen Befugnisse oder Pflichten für dieses Vorstandsmitglied verbunden; insbesondere kommt dem Vorstandsvorsitzenden kein Weisungsrecht gegenüber seinen Vorstandskollegen zu (zu Tendenzen in der Unternehmensrealität, die Stellung des Vorstandsvorsitzenden der eines US amerikanischen CEO anzunähern, sowie zu Grenzen dieser Gestaltung *Wicke* NJW 2007, 3755). Als Vorsitzender des Gremiums hat ein Vorstandsvorsitzender nur sog. Organisationsrechte (z. B. Sitzungsvorbereitung und -leitung, vorstandsinterne Koordination und Überwachung). Ob und inwieweit in der Satzung der Gesellschaft oder der Geschäftsordnung für den Vorstand weitergehende Befugnisse (z. B. Vetorechte, Recht zum Stichentscheid) gegeben werden dürfen, ist zumindest streitig. Von dem Amt des Vorstandsvorsitzenden ist die Rolle eines **Vorstandssprechers** zu unterscheiden. Diesem obliegt anders als dem Vorstandsvorsitzenden noch nicht einmal die sachliche Führung der Vorstandsarbeit. Trotzdem ist es infolge des mit den prestigeträchtigen Rollen des Vorstandsvorsitzenden bzw. Vorstandssprechers verbundenen (rein faktischen) Führungsanspruchs üblich, dass das hierfür vorgesehene Vorstandsmitglied bei seiner Anstellung auch eine dienstvertragliche Festschreibung auf dieses Amt bzw. diese Rolle wünscht. Bei einer solchen Fixierung im Vorstandsdienstvertrag berechtigt allerdings der (gesellschaftsrechtlich stets mögliche) Entzug dieser Position das Vorstandsmitglied i. d. R. zu einer außerordentlichen Kündigung und ggf. auch zur Geltendmachung von Schadensersatzansprüchen (§ 628 Abs. 2 BGB). Deshalb ist stets zu überlegen, ob diese dienstvertragliche Festschreibung tatsächlich erfolgen soll.

Wird ein Vorstandsmitglied als **Arbeitsdirektor** bestellt, darf dessen Stellung als gleichberechtigtes Mitglied des vertretungsberechtigten Organs nicht über den Vorstandsdienstvertrag ausgehöhlt werden. Ihm müssen die gleichen Rechte und Pflichten und die gleiche Verantwortung wie den anderen „einfachen" Vorstandsmitgliedern zustehen. Selbst in der Satzung muss die Rechtsstellung des Arbeitsdirektors als gleichberechtigtes Mitglied des Vertretungsorgans gewahrt werden. Unangetastet bleiben muss vor allem seine Kernzuständigkeit für Personal- und Sozialfragen.

7. **Gesamtverantwortung und Ressortverteilung.** Die im Formular vorgesehene Festlegung auf die gemeinsame Führung der Geschäfte durch die Vorstandsmitglieder hat nur deklaratorische Bedeutung, weil die Gesamtverantwortung nach dem Gesetz ohnehin zwingend ist; sie verdeutlicht aber nochmals, dass die Leitungspflichten dem Vorstand in seiner **Gesamtverantwortung** obliegen (vgl. § 91 AktG).

In der Praxis ist für die einzelnen Vorstandsmitglieder neben der gemeinsamen Führung der Geschäfte auch die **Festlegung auf einzelne Ressortbereiche** üblich, auch wenn das grundsätzlich nicht empfehlenswert ist (vgl. zur insoweit vergleichbaren Situation bei Geschäftsführern → Form. B. I. 1 Anm. 4). Im Vorstandsbereich werden die einzelnen Kandidaten explizit für bestimmte Vorstandsressorts (z. B. Produktion, Vertrieb und Marketing, Forschung und Entwicklung) eingestellt. Die Zuständigkeit für die jeweiligen Ressorts kann auch dienstvertraglich fixiert werden. Für die Gesellschaft hat dies zwar den Vorteil, dass (auch dienstvertraglich) klare Zuständigkeiten und Verantwortlichkeiten geschaffen sind und damit eine sinnvolle Arbeitsteilung gewährleistet werden soll. Das Vorstandsmitglied selbst hat regelmäßig Interesse an einer solchen Festlegung, weil es sich dann sicher sein kann, Aufgaben und Verantwortungsbereiche in dem von ihm bei der Anstellung gewünschten Gewicht und mit bestimmter Relevanz dauerhaft zu behalten und nicht ohne sein Mitwirken wieder entzogen zu bekommen. Gesellschaftsrechtlich bleibt ein solcher Aufgabenentzug oder eine entsprechende Einschränkung zwar stets möglich. Auf der dienstvertraglichen Ebene könnte das Vorstandsmitglied im Fall einer vertraglichen Fixierung der Ressortzuständigkeit aber ein Recht zur außerordentlichen fristlosen Kündigung haben und ggf. auch Schadensersatzansprüche (§ 628 Abs. 2 BGB) geltend machen. Zusätzlich wäre das Vorstandsmitglied im Fall einer vertraglichen Ressortfestlegung auch schuldrechtlich nicht verpflichtet, etwaig neu zugewiesene Funktionen wahrzunehmen. Hierzu wäre jedenfalls die Zustimmung des Vorstandsmitglieds erforderlich. Ein Interesse des Vorstandsmitglieds an einer Ressortfestlegung im Vorstandsdienstvertrag wird regelmäßig auch deshalb bestehen, weil es sich im Fall einer solchen Ressortfestlegung im Vorstandsdienstvertrag darauf berufen könnte, dass es bzgl. der ihm nicht übertragenen Vorstandsressorts lediglich die allgemeinen Überwachungs- und Aufsichtspflichten hat und somit ein regelmäßig geringeres Haftungsrisiko für Pflichtverstöße, als es dies in den ihm übertragenen Vorstandsressort hat.

Vor dem Hintergrund dieser (faktischen) Bindung an eine ausdrückliche dienstvertragliche Ressortfestlegung wird im Formular eine aus Sicht der Gesellschaft flexiblere Formulierung verwendet. Danach ergibt sich der Aufgabenbereich des Vorstandsmitglieds aus dem jeweils geltenden (und in der Praxis weit verbreiteten) **Geschäftsverteilungsplan** der Gesellschaft. Dieser Geschäftsverteilungsplan ist i. d. R. Annex zur Geschäftsordnung des Vorstands (§ 77 Abs. 2 AktG) und sieht selbst die Aufgabenverteilung auf die einzelnen Vorstandsmitglieder vor. Nimmt man – wie vorgesehen – auf die darin geregelte Ressortverteilung Bezug, bleibt auch die spätere Änderung der Ressortverteilung über eine Änderung des Geschäftsverteilungsplans für das einzelne Vorstandsmitglied möglich und wird für das Vorstandsmitglied verbindlich. Ein außerordentliches Kündigungsrecht entsteht für das Vorstandsmitglied im Fall einer Änderung nicht (vgl. *Lutter/Krieger* Rn. 450 f., auch zur korporationsrechtlichen Zulässigkeit der Änderung der Geschäftsordnung). Die tatsächliche Durchsetzbarkeit einer solchen Formulierung hängt aber im Wesentlichen von der konkreten Interessen- und Verhandlungssituation ab. Bezüglich der AGB-rechtlichen Zulässigkeit der dynamischen Verweisung auf den Geschäftsverteilungsplan gelten die Ausführungen unter → Anm. 8 zur dynamischen Verweisung auf die Geschäftsordnung und die Satzung entsprechend.

Unabhängig von der ressortmäßigen Aufteilung der Verantwortungsbereiche im Vorstandsdienstvertrag haben aber die an sich nicht zuständigen Mitglieder des Vorstands (auch weiterhin) umfassende Überwachungs- und Aufsichtspflichten (vgl. zu deren Reichweite MünchKommAktG/*Spindler* § 77 Rn. 58 f.).

8. Rechte und Pflichten des Vorstandsmitglieds. Die vom Vorstandsmitglied zu erbringende Dienstleistung (und die sich hierbei ergebende Rechte- und Pflichtenstellung) ergibt sich zunächst unabhängig von einer diesbezüglichen Regelung im Vorstandsdienstvertrag aus den Regelungen des **Aktiengesetzes.** Selbst die **Satzung** darf die gesetzlich begründeten Rechte und Pflichten des Vorstands (z. B. §§ 83, 90 bis 93 AktG) nur in begrenztem Umfang abändern bzw. ergänzen (vgl. § 23 Abs. 5 AktG). Daneben ist aber auch die **Geschäftsordnung** einschließlich eines etwaigen Geschäftsverteilungsplans zu beachten. Die dynamische Verweisung auf die Geschäftsordnung einschließlich Geschäftsverteilungsplan und die Satzung als Quelle von Rechten und Pflichten des Vorstandsmitglieds ist deklaratorisch und begegnet damit keinen Bedenken im Hinblick auf eine AGB-Kontrolle. Bei sonstigen Festlegungen der individuellen Pflichtenstellung des Vorstandsmitglieds sind – ähnlich wie beim Arbeitsvertrag eines Arbeitnehmers – auch die damit verbundenen Wechselwirkungen zu beachten: Je enger die übertragenen Tätigkeiten im Vorstandsdienstvertrag gefasst werden, desto weniger Spielraum bleibt der Gesellschaft bei einer Übertragung anderer Aufgaben.

9. Organleihe und Konzernleitungspflicht. Im Formular wurde wegen der in → Anm. 2 erwähnten rechtlichen Bedenken auf eine Regelung verzichtet, die die Übernahme einer bestimmten leitenden Tätigkeit bei einem (oder mehreren) Tochterunternehmen (**sog. Organleihe**) vorsieht, z. B. in Form von sog. Vorstandsdoppelmandaten (vgl. zu den dabei entstehenden Problemen *Fonk* NZG 2010, 368; *Passarge* NZG 2007, 441) oder als Geschäftsführer bei einer nach- oder vorgeschalteten GmbH (zu den dabei entstehenden Problemen vorwiegend steuerrechtlicher Natur, z. B. Betriebsausgabenabzug, verdeckte

Gewinnausschüttung und verdeckte Einlage, vgl. *Fischer/Harth/Meyding* BB 2000, 1097). Wie in → Anm. 2 ausgeführt, wird eine solche Regelung zwar wohl von manchen Stimmen in der Literatur für denkbar gehalten; ob und inwieweit sie sinnvoll ist, bleibt eine Frage des Einzelfalls; → Anm. 36. Von der Problematik der Organleihe zu trennen ist allerdings die Frage, ob und inwieweit ein Vorstandsmitglied einer herrschenden AG gehalten ist, im Rahmen seines Konzernleitungsrechts nach § 308 AktG auch die Tochterunternehmen umfassend zu leiten (sog. **Konzernleitungspflicht,** vgl. ablehnend hierzu die h.M., statt vieler nur MünchKommAktG/*Spindler* § 76 Rn. 52 ff.).

10. Deutscher Corporate Governance Kodex. Die individuelle Erweiterung der Pflichtenstellung des Vorstandsmitglieds empfiehlt sich – als generelle Klausel – vor dem Hintergrund der gestiegenen Bedeutung von Compliance, Offenlegung und Transparenz, vor allem aber vor dem Hintergrund der hohen Bedeutung des Deutschen Corporate Governance Kodex, insbesondere bei börsennotierten Gesellschaften. Dieser Kodex wurde von der vom Bundesministerium der Justiz zum Zweck der Erarbeitung dieses Kodex eingesetzten Regierungskommission verabschiedet und gilt, nach mehrfachen Überarbeitungen und Erweiterungen, derzeit in der Fassung vom 13.5.2013. Durch seine Einführung sollten nicht nur die in Deutschland geltenden Regeln für Unternehmensleitung und -überwachung für nationale und internationale Investoren transparent gemacht, sondern auch das Vertrauen in die Unternehmensführung deutscher Gesellschaften gestärkt werden. Im Fokus der jüngsten Überarbeitung des Kodex standen nicht zuletzt wegen einiger medienwirksamer Einzelfälle die Vorstandsvergütung und ihre Transparenz (vgl. zu der Überarbeitung insgesamt *Wilsing/v. d. Linden* DStR 2013, 1291). Die Regelungen des Kodex selbst sind zwar ohne eigene Bindungswirkung. Jede börsennotierte Gesellschaft ist aber nach § 161 AktG verpflichtet, jährlich eine Erklärung darüber abzugeben, ob und inwieweit den Empfehlungen des Kodex entsprochen wurde und wird (sog. **Entsprechenserklärung**). Unterbleibt die Erklärung oder ist sie falsch, verletzen die Organe der Gesellschaft ihre gesetzlichen Pflichten, was unter bestimmten Voraussetzungen dazu führen kann, dass die Entlastungsbeschlüsse der Hauptversammlung fehlerhaft und anfechtbar sind (vgl. BGH NJW 2012, 3235, 3237). Unabhängig von der (aus unternehmenspolitischer Sicht zu beantwortenden) Frage, ob und inwieweit eine Gesellschaft den Empfehlungen des Kodex entsprechen soll und will, sollte aber zumindest sichergestellt sein, dass die einzelnen Vorstandsmitglieder individualvertraglich verpflichtet sind, der Gesellschaft zu ermöglichen, die Empfehlungen des Kodex in dem von der Gesellschaft gewünschten Umfang einzuhalten. Deshalb ist im Formular vorgesehen, dass das Vorstandsmitglied alle Anstrengungen zu unternehmen und ggf. notwendig werdende Erklärungen und Zustimmungen zu erteilen bzw. Handlungen vorzunehmen hat, damit der Gesellschaft die Einhaltung der Empfehlungen des jeweils geltenden Kodex möglich ist. Auch für nicht börsennotierte Gesellschaften, die zumindest einen Börsengang planen, kann eine solche Regelung sinnvoll sein.

Zudem hat der von der Bundesregierung eingesetzte Rat für nachhaltige Entwicklung (RNE) am 13.10.2011 den Deutschen Nachhaltigkeitskodex beschlossen (s. allgemein *Hecker/Peters* NZG 2012, 55). Dieser soll einen Standard für eine einheitliche Berichterstattung deutscher Unternehmen jeder Art über deren Nachhaltigkeit schaffen. Die Berichterstattung erfolgt nach dem vom Deutschen Corporate Governance Kodex bekannten System der Abgabe einer Entsprechenserklärung. Allerdings ist die Abgabe einer solchen Entsprechenserklärung in Bezug auf den Deutschen Nachhaltigkeitskodex freiwillig, da auf eine gesetzliche Anknüpfung – wie in § 161 AktG für den Deutschen Corporate Governance Kodex – verzichtet wurde. Entschließt sich die Gesellschaft, den Deutschen Nachhaltigkeitskodex beachten zu wollen, empfiehlt es sich, diesen in der Klausel ebenfalls in Bezug zu nehmen.

11. Vertretung. Nach dem Aktiengesetz ist die (im Außenverhältnis bestehende) Vertretungsmacht des Vorstandsmitglieds grundsätzlich unbeschränkt (mit der Ausnahme nach § 112 AktG, wonach der Aufsichtsrat die Gesellschaft gegenüber den Vorstandsmitgliedern vertritt – und damit auch beim Abschluss des vorliegenden Vorstandsdienstvertrages, → Anm. 52) und unbeschränkbar (§§ 78 Abs. 1, 82 Abs. 1 AktG).

Das Aktienrecht sieht darüber hinaus auch die gemeinschaftliche Ausübung der Vertretungsmacht vor (§ 78 Abs. 2 S. 1 AktG). Von dieser gemeinschaftlichen Ausübungsbefugnis kann nur durch die Satzung (durch explizite Regelung oder Ermächtigung des Aufsichtsrates) abgewichen werden. Die im vorgelegten Formular hierzu vorgesehene Regelung geht vom Vorliegen einer solchen Satzungsbestimmung aus und nimmt hierauf Bezug. Das Vorstandsmitglied vertritt danach die Gesellschaft gemäß der jeweils geltenden Satzung.

In der Satzung selbst können u. a. folgende Alternativen geregelt sein: Einzelvertretung, unechte Gesamtvertretung (in Gemeinschaft mit einem Prokuristen) oder modifizierte Gesamtvertretung, wonach eine bestimmte Zahl von Vorstandsmitgliedern Gesamtvertretung hat (z. B. Vertretung durch zwei Vorstandsmitglieder). Der Arbeitsdirektor darf auch in diesem Zusammenhang nicht benachteiligt werden (vgl. im Einzelnen ErfKomm/*Oetker* § 33 MitbestG Rn. 7). Ist in der Satzung hingegen geregelt, dass der Aufsichtsrat selbst zur Vornahme einer Vertretungsregelung befugt ist, kann auch der Aufsichtsrat die Vertretungsbefugnis einzelner Vorstandsmitglieder unmittelbar regeln. Generell ist zur Wahrung der Flexibilität der Gesellschaft davon abzuraten, eine bestimmte Form der Vertretungsmacht direkt im Vorstandsdienstvertrag festzuschreiben. Andererseits werden Kandidaten für ein Vorstandsamt unter bestimmten Umständen darauf bestehen, dass ihnen Einzelvertretungsmacht gewährt und diese auch im Vorstandsdienstvertrag festgeschrieben wird. Wird diesem Wunsch von der Gesellschaft entsprochen, schließt dies für die Zukunft in gesellschaftsrechtlicher Hinsicht den Entzug der Einzelvertretungsmacht zwar nicht aus. Das Vorstandsmitglied könnte dann jedoch wegen seines nicht erfüllten individualvertraglichen Anspruchs hierauf seinen Vorstandsdienstvertrag aus wichtigem Grund kündigen und ggf. etwaige Schadensersatzansprüche geltend machen (§§ 626 Abs. 1, 628 BGB). Sollen die Vertretungsbefugnisse des Vorstandsmitglieds im Vorstandsdienstvertrag geregelt sein, empfiehlt sich jedenfalls aus Sicht der Gesellschaft, auch einen Änderungsvorbehalt aufzunehmen, so dass die etwaige Änderung der Vertretungsbefugnisse auch individualvertraglich abgesichert ist.

12. Geschäftsführung. Darüber hinaus ist im Formular klargestellt, dass die im Innenverhältnis bestehende (und grundsätzlich gemeinschaftliche) **Geschäftsführungsbefugnis** des Vorstandsmitglieds bei den durch Satzung oder Beschluss des Aufsichtsrats bestimmten Geschäften von der vorherigen schriftlichen Zustimmung des Aufsichtsrats abhängig ist (§ 111 Abs. 4 AktG). Hier ist darüber hinaus zu beachten, dass bei bestimmten grundlegenden Geschäften die Hauptversammlung anzurufen ist (BGH DStR 2004, 922; Heidel/*Pluta* § 119 AktG Rn. 18 ff.). Noch weitergehende Beschränkungen sind möglich (§§ 77, 82 Abs. 2 AktG) – und könnten auch im Vorstandsdienstvertrag vereinbart werden.

13. Weisungsfreiheit des Vorstandsmitglieds. Der Vorstandsdienstvertrag enthält keine Regelungen zu Berichtspflichten des Vorstandsmitglieds und Berichtslinien. Denn nach der Konzeption des Aktiengesetzes leitet der Vorstand als Entscheidungszentrum die Gesellschaft in eigener Verantwortung sowie in eigener Initiative (§ 76 Abs. 1 AktG). Die Definition der Geschäftspolitik, die Durchführung ihrer Umsetzungsmaßnahmen sowie die Vertretung gegenüber Dritten obliegen danach ausschließlich dem Vorstand. Die anderen Organe der AG (Aufsichtsrat und Hauptversammlung) sind von der geschäftlichen Leitung ausgeschlossen; der Vorstand handelt selbständig, aus eigener Initiative und nach seinem eigenen Ermessen – aber stets im Interesse der Gesellschaft. Anders als der Geschäftsführer einer GmbH ist ein Vorstandsmitglied daher auch nicht gehalten, ihm erteilte (allgemeine oder Einzel-)**Weisungen** zu befolgen. Eine solche Weisungsabhängigkeit darf auch nicht im Vorstandsdienstvertrag – weder unmittelbar noch mittelbar – vereinbart werden. Eine hierauf gerichtete Regelung wäre wegen eines Verstoßes gegen § 76 Abs. 1 AktG unwirksam.

Weder die Hauptversammlung noch der Aufsichtsrat – genauso wenig wie z. B. ein Großaktionär – können dem Vorstand bzw. einem Vorstandsmitglied daher verbindliche Anweisungen erteilen. Auch gegenüber einem herrschenden Unternehmen besteht grundsätzlich keine Verpflichtung, etwa erteilte Anordnungen zu befolgen (z. B. im nur faktischen Konzern). Lediglich der Aufsichtsrat und auch dieser nur im gesetzlich vorgesehenen und sehr beschränkten Umfang kann in die Geschäftsführung eingreifen, indem bestimmte Arten von Geschäften durch die Satzung oder einen Beschluss von seiner Zustimmung abhängig gemacht werden dürfen.

Allein im Ausnahmefall des Vorliegens eines Beherrschungsvertrages (§ 308 AktG) bzw. bei einer Eingliederung der Gesellschaft (§ 323 Abs. 1 AktG) sind Regelungen im Vorstandsdienstvertrag zulässig, die bestimmte **Berichtspflichten** des Vorstandsmitglieds vorsehen. In einem solchen Fall sollte zumindest geregelt werden, an wen das Vorstandsmitglied über welche Themen und in welchen Zeiträumen zu berichten hat.

Optional:
Das Vorstandsmitglied berichtet in jedem Quartal – vorbehaltlich einer anderweitigen Bestimmung durch den Aufsichtsrat der Gesellschaft – an den CEO der . . . . . . Corp., USA, in . . . . . ., gegenwärtig Herr . . . . . .

Bei der Festschreibung einer Berichtspflicht empfiehlt sich, diese nur auf bestimmte Positionen bzw. Funktionen im Konzern zu beziehen, nicht hingegen auf einzelne Personen. In den Einstellungsverhandlungen wird das Vorstandsmitglied auch häufig Wert darauf legen, nur direkt an die Konzernleitung berichten zu müssen – und dies im Vorstandsdienstvertrag fixiert wissen wollen. Die Intention ist dabei, einer späteren „Degradierung“ vorzubeugen.

14. Dienstsitz. Der Dienstort kann für das Vorstandsmitglied individuell und grundsätzlich frei vereinbart werden. Dabei sind allerdings stets aufenthaltsrechtliche Beschränkungen zu beachten und steuerrechtliche Implikationen zu berücksichtigen.

Zur Sicherstellung einer effizienten Unternehmensführung empfiehlt sich jedoch – wie im Formular geregelt – eine Festlegung des Dienstortes auf den auf den satzungsmäßigen Sitz der Gesellschaft, der regelmäßig der tatsächlich gewünschte Einsatzort sein wird. Sofern der derzeitige Wohnsitz des Vorstandsmitglieds davon abweicht, kann dem Vorstandsmitglied auch eine Übergangszeit bis zu seinem Umzug eingeräumt werden; im Einzelfall werden damit ggf. auch zusätzliche Umzugsregelungen und die Finanzierung von Familienheimfahrten zum Inhalt der Vertragsverhandlungen.

Mit der hier vorgeschlagenen Formulierung könnte die Gesellschaft über eine Verlegung des satzungsmäßigen Sitzes jederzeit den Dienstort ändern. Dies wird nicht jedes Vorstandsmitglied akzeptieren. Liegt beispielsweise eine besondere örtliche Bindung vor, wird das Vorstandsmitglied bei den Verhandlungen darauf bestehen, dass der Dienstsitz am gegenwärtigen Sitz der Gesellschaft festgeschrieben ist oder jedenfalls die zusätzliche Erklärung in den Vorstandsdienstvertrag aufgenommen wird, wonach die Gesellschaft gegenwärtig keine Pläne hat, ihren Sitz zu verlegen.

15. Dauer des Vorstandsdienstvertrages. Wird – wie im Formular vorgesehen – die Laufzeit des Vorstandsdienstvertrages an die Dauer der Bestellung zum Vorstandsmitglied gebunden, ist damit zugleich die gesetzliche Vorgabe erfüllt, dass für die Regelung der Dauer des Vorstandsdienstvertrages die gesetzlichen Regelungen, die für die Bestellung gelten, entsprechende Anwendung finden sollen (§ 84 Abs. 1 S. 5 AktG). Danach darf die Bestellung zum Vorstandsmitglied (und damit auch die Laufzeit des Vorstandsdienstvertrages) für längstens fünf Jahre erfolgen (§ 84 Abs. 1 S. 1 bis 4 AktG), eine längere Bestellung (z. B. auf sieben Jahre) wäre für den einen Fünf-Jahres-Zeitraum übersteigenden Teil nichtig (§§ 134, 139 BGB). Die Ausnutzung dieser gesetzlichen Höchstgrenze ist heute wohl allenfalls in Großunternehmen noch üblich; insbesondere bei Neugründungen und kleineren Unternehmen werden Vorstandsmitglieder regelmäßig nur für kürzere Zeiträume (z. B. zwei bis drei Jahre) bestellt.

Typischerweise wird das Vorstandsmitglied versuchen, für einen möglichst langen Zeitraum bestellt zu werden (und damit eine entsprechend lange Festlaufzeit des Vorstandsdienstvertrages zu erreichen). Die Gesellschaft wird demgegenüber eher das Interesse haben, die Laufzeit kürzer zu gestalten. Dabei existiert grundsätzlich keine gesetzliche Untergrenze; allerdings widerspräche eine sehr kurze Bestellungsdauer den Prinzipien des Aktienrechts, wonach der Vorstand (anders als die Geschäftsführung einer GmbH) nur dann die für eine ordnungsgemäße Geschäftsführung notwendige Unabhängigkeit hat, wenn die Dauer seiner Bestellung eine gewisse Mindestdauer aufweist. Generell wird hierfür die Untergrenze bei einem Jahr gezogen (*Hüffer* § 84 Rn. 7). Daneben würde aber auch praktisch kein Vorstandsmitglied eine kürzere Dauer (z. B. eine Probezeit von nur sechs Monaten) akzeptieren.

Ist die Amtszeit abgelaufen, wird grundsätzlich ein Neubestellungsbeschluss nötig, bleibt aber auch möglich (sog. **wiederholte Bestellung**). Oftmals verlangen Vorstandsmitglieder, eine Regelung darüber in ihren Vorstandsdienstvertrag aufzunehmen, zu welchem Zeitpunkt der laufenden Bestellungsperiode ein solcher Verlängerungsbeschluss von der Gesellschaft getroffen werden muss. Dadurch soll – angesichts der mit der Frage der Verlängerung verbundenen Unsicherheit – vor allem die Zukunftsplanung der Vorstandsmitglieder ermöglicht werden. Eine diesbezügliche vertragliche Festlegung ist möglich, muss aber berücksichtigen, dass ein Verlängerungsbeschluss erst ein Jahr vor Ablauf der bisherigen Amtszeit gefasst werden darf (§ 84 Abs. 1 S. 3 AktG), es sei denn, die ursprüngliche Bestellung war für eine kürzere Zeit als fünf Jahre erfolgt und der Verlängerungsbeschluss bestellt nur bis zur Gesamtdauer von fünf Jahren (zur Frage der bis zum insofern klarstellenden Urteil des BGH vom 17.7.2012 (BGH NZG 2012, 1027) umstrittenen rechtlichen Zulässigkeit einer vorzeitigen Wiederbestellung von Vorstandsmitgliedern, d. h. einer einvernehmlichen Beendigung der Bestellung gefolgt von einer Neubestellung vor Beginn der Jahresfrist nach § 84 Abs. 1 S. 3 AktG, sowie die im Rahmen dieser Diskussion zumindest „interessante" Empfehlung in Ziffer 5.1.2 Abs. 2 des Deutschen Corporate Governance Kodex vom 13.5.2013, wonach eine Wiederbestellung vor Ablauf eines Jahres vor dem Ende der Bestelldauer bei gleichzeitiger Aufhebung der laufenden Bestellung wohl als zulässig betrachtet wird, aber nur bei Vorliegen besonderer Umstände erfolgen „soll", → Form. B. II. 2 Anm. 7). Wird ein solcher Neubestellungsbeschluss getroffen, gilt der Vorstandsdienstvertrag jedoch nicht automatisch weiter. Ein neuer Vorstandsdienstvertrag wäre auszuhandeln und abzuschließen. Allerdings kann bereits im „ersten" Vorstandsdienstvertrag vorgesehen werden, dass dieser auch für den Zeitraum einer etwaigen neuerlichen Bestellung gelten soll. Das Formular regelt diesen Fall und sieht eine derartige „Weitergeltung" vor.

Eine **automatische Verlängerung** der Bestellung (z. B. sofern keine entsprechende Erklärung der Gesellschaft bis zu einem bestimmten Zeitpunkt erfolgt) ist nur zulässig, wenn die ursprüngliche Bestellungszeit kürzer als fünf Jahre war und allenfalls bis zur Gesamtzeit von fünf Jahren verlängert werden soll (§ 84 Abs. 1 S. 4 AktG). Über eine solche Verlängerungsklausel kann damit in Verbindung mit einer nur z. B. ein- bis zweijährigen Bestellung indirekt eine „probezeitähnliche" Konstellation vereinbart werden. In diesem Fall sollte der Vorstandsdienstvertrag auch vorsehen, dass er bis zum Ablauf der Verlängerung weitergilt.

16. Kündigung. Grundsätzlich endet das Anstellungsverhältnis mit dem Ende der Laufzeit des Vorstandsdienstvertrages. Im Formular ist diese Laufzeit mit der in der Präambel beschriebenen Bestellungszeit harmonisiert – und verlängert sich nur im Fall der neuerlichen Bestellung (vgl. § 84 Abs. 1 S. 4 AktG).

Im Normalfall ist daneben eine **ordentliche** Kündigung des befristeten Dienstverhältnisses ausgeschlossen. Der Ausschluss des ordentlichen Kündigungsrechts kann zwar auch ausdrücklich in den Vertragstext aufgenommen werden, gilt aber infolge der Befristung der Vertragslaufzeit jedenfalls als konkludent vereinbart. Dies entspricht regelmäßig auch dem Interesse des Vorstandsmitglieds. Will die Gesellschaft gleichwohl ein ordentliches Kündigungsrecht während der Vertragslaufzeit haben, muss diese Kündigungsmöglichkeit zum einen ausdrücklich und für beide Vertragsparteien im Vorstandsdienstvertrag vereinbart werden. Bei der Vereinbarung eines ordentlichen Kündigungsrechts ist zum anderen aber auch zu beachten, dass seine Ausübung seitens der Gesellschaft aus aktienrechtlichen Grundsätzen (vgl. § 84 Abs. 3 AktG) allenfalls zulässig sein wird, wenn gleichzeitig die Voraussetzungen für den Widerruf der Bestellung erfüllt sind (vgl. hierzu *Lutter/Krieger* Rn. 420 m. w. N.). Dies sollte zur Vermeidung von etwaigen Unklarheiten auch entsprechend klargestellt werden. Das Anstellungsverhältnis kann aber – unabhängig von der ausdrücklichen (deklaratorischen) Vertragsbestimmung – stets **außerordentlich** (§ 626 BGB) gekündigt werden, wenn ein wichtiger Grund vorliegt. Dabei ist zu beachten, dass die Definition eines wichtigen Grundes, welcher die Abberufung als Organ rechtfertigt, nicht deckungsgleich ist mit der Definition eines wichtigen Grundes i. S. d. § 626 BGB, welcher die Beendigung des Vorstandsdienstvertrages rechtfertigen würde (OLG München, BeckRS 2012, 13795, → Form. B. II. 3 Anm. 2).

Weder für die ordentliche noch für die außerordentliche Kündigungserklärung ist eine **Schriftform** einzuhalten. § 623 BGB gilt nicht bei Vorstandsdienstverträgen. Zur Kündigung ist im Übrigen allein der **Aufsichtsrat** berechtigt (vgl. § 112 AktG).

Unabhängig von diesen Fragestellungen gilt auch, dass das **KSchG** auf Organmitglieder **nicht anwendbar** ist (§ 14 Abs. 1 Nr. 1 KSchG); auch Abmahnungen oder Anhörungen sind entbehrlich (vgl. BGH NZG 2007, 674; *Reichard* GWR 2012, 506, 509 f.). Vorstandsmitglieder versuchen sich daher durch die Vereinbarung möglichst langer Vertragslaufzeiten zu schützen. Stellt sich die Durchsetzung dieser Position als schwierig heraus, werden sie zumindest eine finanzielle Vorab-Kompensation für den nicht bestehenden Kündigungsschutz zu erlangen suchen (z. B. Festlegung einer Abfindung im Fall einer Nicht-Verlängerung des Vorstandsdienstvertrags).

Eine Gestaltungsmöglichkeit besteht darin, das vom Bestehen der Organstellung grundsätzlich unabhängige Anstellungsverhältnis im Wege einer auflösenden Bedingung an die Bestellung zu koppeln (sog. **Koppelungsklausel**, vgl. grundlegend zur Problematik BGH NJW 1989, 2683 und *Bauer/Diller* GmbHR 1998, 809 zur Frage der Zulässigkeit von Koppelungsklauseln bei langfristigen Vorstandsdienstverträgen von Organmitgliedern in Verbindung mit umfassenden Regelungen zur Kündigung). Das Anstellungsverhältnis endet dann bei einem Widerruf der Organstellung bzw. einer Amtsniederlegung jedoch erst nach Ablauf der auf Vorstandsmitglieder – auch bei einer Beendigung des Vorstandsdienstvertrags aufgrund einer Koppelungsklausel – entsprechend anwendbaren Frist des § 622 Abs. 1 und 2 BGB (BGH NJW 1989, 2683), sofern in dem Vorstandsdienstvertrag keine längere Frist vereinbart ist. Enthält der Vorstandsdienstvertrag keine Koppelungsklausel und wird er auch nicht ausdrücklich gekündigt, müssten die gesellschaftsrechtlichen Erklärungen zum Widerruf bzw. zur Amtsniederlegung dahingehend ausgelegt werden, ob sie gleichzeitig die Kündigung des Vorstandsdienstvertrages beinhalten.

Bei Koppelungsklauseln stellt sich allerdings stets die Frage, ob sich das Vorstandsmitglied auf eine derartige Gestaltung praktisch einlassen wird. Denn eine solche Regelung läge allein im Interesse der Gesellschaft. Im Formular ist dennoch eine solche Koppelungsklausel vorgesehen. Mit dieser Klausel wird „im Fall des Widerrufs der Bestellung, der Amtsniederlegung durch das Vorstandsmitglied oder bei einer sonstigen Beendigung der Organstellung" das Anstellungsverhältnis mit einer „Auslauffrist" von einem Jahr beendet, spätestens jedoch zu dem ursprünglich vorgesehenen Beendigungszeitpunkt. Die Auslauffrist kann – je nach Verhandlungsstärke der Parteien – auch kürzer oder länger sein, längstens allerdings zwei Jahre. Mit dieser Koppelungsklausel soll einer Empfehlung des Deutschen Corporate Governance Kodex in der Fassung vom 13.5.2013, dort Ziffer 4.2.3 Abs. 4, Rechnung getragen werden. Nach dieser Empfehlung „soll" beim Abschluss von Vorstandsdienstverträgen darauf geachtet werden, dass Zahlungen an ein Vorstandsmitglied bei vorzeitiger Beendigung der Vorstandstätigkeit ohne wichtigen Grund einschließlich Nebenleistungen den Wert von zwei Jahresvergütungen nicht überschreiten (**„Abfindungs-Cap"**) und nicht mehr als die Restlaufzeit des Vorstandsdienstvertrages vergüten. Für die Berechnung dieses Abfindungs-Caps soll auf die Gesamtvergütung des Vorstandsmitglieds für das abgelaufene Geschäftsjahr und ggf. auch auf die voraussichtliche Gesamtvergütung des Vorstandsmitglieds für das laufende Geschäftsjahr abgestellt werden. Die vorgeschlagene Koppelungsklausel mit einer entsprechend einjährigen Auslauffrist soll diese Empfehlung des Deutschen Corporate Governance Kodex umsetzen (vgl. zur Diskussion dieser Empfehlung generell und zu anderen Herangehensweisen *Hohenstatt/Willemsen* NJW 2008, 3462, 3465 sowie *Bauer/Arnold* BB 2008, 1692).

Aus Sicht der Gesellschaft ist darauf zu achten, dass dann, wenn bei Beendigung des Vorstandsdienstvertrags ein wichtiger Grund i. S. d. § 626 BGB vorgelegen hat, der die Gesellschaft zur außerordentlichen Kündigung des Vorstandsdienstvertrags berechtigt hätte, diese auch rechtzeitig in der Zweiwochenfrist des § 626 Abs. 2 BGB erklärt wird; andernfalls würde die Koppelungsklausel dazu führen, dass die Gesellschaft dem Vorstandsmitglied seine Vergütung noch ein weiteres Jahr zahlen muss.

Alternative:

Im Fall eines Widerrufs der Bestellung, der Amtsniederlegung durch das Vorstandsmitglied oder bei einer sonstigen Beendigung der Organstellung endet dieser Vorstandsdienstvertrag mit Ablauf der einschlägigen Frist des § 622 BGB.

Möglich ist auch eine Koppelungsklausel wie die vorstehende, die das Vorstandsdienstverhältnis direkt nach Ablauf der einschlägigen Frist des § 622 BGB beendet. Bei einer Dauer der Beschäftigung von weniger als zwei Jahren würde die Frist lediglich vier Wochen betragen, ab zwei Jahren einen Monat zum Kalendermonatsende, ab fünf Jahren zwei Monate zum Kalendermonatsende, ab acht Jahren drei Monate zum Kalendermonatsende und ab zehn Jahren vier Monate zum Kalendermonatsende bis hin zu sieben Monaten nach 20 Jahren. Da der Vorstandsdienstvertrag in diesem Fall nicht fortbesteht mit der Wirkung, dass auch keine Vergütung mehr geschuldet ist, wird sich das Vorstandsmitglied auf eine solche Klausel wohl immer nur gegen die Gewährung einer entsprechenden Abfindung bereit erklären. Bei der Höhe der Abfindung ist wiederum das nach Ziffer 4.2.3 Abs. 4 des Deutschen Corporate Governance Kodex in der Fassung vom 13.5.2013 empfohlene Abfindungs-Cap zu beachten.

Optional **für den Fall der obigen Alternative (einzufügen als neuer § 3, wobei sich die nachfolgenden Paragraphenbezifferungen entsprechend verschieben):**

(1) Für den Fall, dass dieser Dienstvertrag gemäß § 2 Abs. (3) vorzeitig endet, hat das Vorstandsmitglied Anspruch auf Zahlung einer Abfindung. Die Abfindung entspricht . . . . . . Prozent der Summe der Bruttofestgehälter, die ohne eine vorzeitige Beendigung des Dienstvertrages bis zum Ende der Laufzeit nach Abs. (1) noch gezahlt worden wären. Die Abfindung darf den Wert von zwei Jahresvergütungen nicht überschreiten und nicht mehr als die Restlaufzeit des Dienstvertrags vergüten. Der Abfindungsanspruch wird mit Beendigung des Dienstverhältnisses fällig.

(2) Ein Abfindungsanspruch besteht nicht, wenn die Gesellschaft diesen Dienstvertrag aus wichtigem Grund gemäß § 626 BGB wirksam außerordentlich gekündigt hat oder hierzu berechtigt wäre.

Üblicherweise wird als Prozentzahl in der obigen Klausel nur eine Zahl von 50 oder mehr verhandelbar sein.

Die vorgeschlagenen Regelungen zur Beendigung des Dienstverhältnisses werden dabei in der Praxis oft nicht zur Anwendung gelangen, sondern vielmehr den rechtlichen und wirtschaftlichen Rahmen setzen, innerhalb dessen die Parteien im Fall einer beabsichtigten vorzeitigen Beendigung über eine einvernehmliche Regelung der vorzeitigen Beendigung der Vorstandstätigkeit und des Dienstverhältnisses verhandeln und auf dessen Grundlage sie einen im Einzelnen ausgehandelten **Aufhebungsvertrag** (→ Form. B. II. 3) schließen.

17. Umwandlung. Auch für die im Einzelfall denkbaren Fälle einer Umwandlung (z.B. Verschmelzung, Spaltung, Formwechsel) kann für das rechtliche Schicksal des Anstellungsverhältnisses bereits im Vorstandsdienstvertrag selbst eine Lösung vorgesehen werden. Grundsätzlich muss dabei unterschieden werden, ob der etwa geplante Umwandlungsvorgang zum Erlöschen der Gesellschaft führt oder ihren Fortbestand zulässt. Daneben ist – entsprechend dem Trennungsprinzip (→ Anm. 1) – stets zwischen der organschaftlichen Position einerseits und dem Schicksal des Vorstandsdienstvertrages und damit dem Anstellungsverhältnis andererseits zu trennen. Erlischt z.B. eine Gesellschaft infolge Verschmelzung, endet die Organstellung des Vorstandsmitglieds automatisch infolge des Wegfalls der Existenz der Gesellschaft. Demgegenüber geht der Vorstandsdienstvertrag als Bestandteil des Vermögens der Gesellschaft im Wege der Gesamtrechtsnachfolge auf den übernehmenden Rechtsträger über (vgl. für die Verschmelzung § 20 Abs. 1 Nr. 1 UmwG, wobei in diesem Fall umstritten wäre, ob eine vereinbarte Koppelungsklausel (ohne ausdrückliche Regelung von Verschmelzungen) so ausgelegt werden könnte, dass durch den Wegfall der Organstellung eine automatischen Beendigung des Anstellungsverhältnisses eintritt; auch wäre fraglich, ob der Wegfall der Organstellung einen wichtigen Grund für die Kündigung des Anstellungsverhältnisses seitens der Gesellschaft darstellt, vgl. hierzu auch BGH NJW 1997, 2319 und übersichtlich zu den Auswirkungen von Umwandlungen *Buchner/Schlobach* GmbHR 2004, 1 ff., die die beiden hier aufgeworfenen Fragen verneinen; ablehnend zur Frage des Vorliegens eines wichtigen Grundes auch *Gimmy/Hügel* BB 2008, 2177, 2181).

Im Formular wurde auf eine ausdrückliche Regelung zu diesem Sachverhalt verzichtet, da Inhalt und Ausgestaltung zu stark von den jeweiligen Umständen des Einzelfalls sowie den dabei bestehenden Interessenlagen geprägt sind. So kann etwa bei einer Abspaltung bzw. Ausgliederung eines Geschäftsbereichs ein Interesse der (in ihrer Rechtsform weiter bestehenden) Gesellschaft daran bestehen, das an sich im Amt verbliebene Vorstandsmitglied infolge der veränderten Umstände abzuberufen. Auch wenn dies gesellschaftsrechtlich möglich wäre, wird nur im Ausnahmefall auch ein kündigungsrechtlich relevanter Grund für eine außerordentliche Kündigung des Anstellungsverhältnisses bestehen. Für diesen Fall und je nach Verhandlungssituation kann daher z.B. ein ordentliches (Sonder-)Kündigungsrecht (einer/beider Vertragsparteien) oder eine spezifische Koppelungsklausel vereinbart werden. Allerdings wird sich das Vorstandsmitglied eine solche Regelung im Regelfall „abkaufen" lassen (z.B. durch eine großzügige Abfindung bei tatsächlichem Eintritt des „Sicherungsfalles").

18. Change-of-Control. Im Formular wurde keine sog. Change-of-Control-Klausel aufgenommen. Solche Regelungen sind nicht generell, aber doch ggf. im Einzelfall sinnvoll, um qualifizierte Vorstandsmitglieder auch für übernahmegefährdete Gesellschaften gewinnen zu können oder das Management auch in lebhaften Übernahmemärkten langfristig an das Unternehmen zu binden (vgl. *Bauer/Arnold* DB 2006, 260, 263). Ausgangspunkt für Überlegungen zu einer Change-of-Control-Klausel ist, dass der bloße Wechsel der Anteilseigner Organstellung wie auch Anstellungsverhältnis des Vorstandsmitglieds grundsätzlich nicht berührt. Change-of-Control-Klauseln beinhalten dann zumeist Regelungen, wonach für den Fall eines Wechsels der Kontrolle über die Gesellschaft dem Vorstandsmitglied feste finanzielle Zusagen der Gesellschaft gemacht werden, z.B. **Entschädigungen bzw. Abfindungen zu zahlen oder** Aktienoptionen zu gewähren, die im Fall des Change-of-Control sofort ausübbar wären (vgl. auch zu den kapitalmarktrechtlichen Problemen *Dreher* AG 2002, 214). Im Zusammenhang mit derartigen Klauseln kann aber auch der Schutz der Dispositionsfreiheit der Vorstandsmitglieder im Fall eines von ihnen nicht gewünschten Wechsels der Kontrollverhältnisse im Vordergrund stehen (z.B. durch Gewährung eines **Sonderkündigungsrechts** für das Vorstandsmitglied samt Abfindung und unter Umständen durch die zusätzliche Gewährung des Rechts, sich mit sofortiger Wirkung von einem nachvertraglichen Wettbewerbsverbot lösen zu können). Denn in derartigen Klauseln sind aus Gründen der Rechtssicherheit die Tatbestände des Kontrollwechsels, der Entstehungszeitpunkt der eingeräumten Rechte sowie die sonstigen Voraussetzungen für die Geltendmachung der genannten Rechte genau zu definieren. Für die möglichen Tatbestände des Kontrollwechsels empfiehlt sich eine Anknüpfung an gesetzlich normierte Tatbestände (z.B. Erwerb von mehr als 25 Prozent der Aktien bzw. Stimmrechte nach § 20 Abs. 1 AktG bzw. § 21 Abs. 1 WpHG). Die Höhe der in diesem Zusammenhang an das Vorstandsmitglied zu gewährenden Leistungen unterliegt (auch) einer Angemessenheitsbetrachtung nach allen Umständen des Einzelfalls (§ 87 Abs. 1 AktG; vgl. jeweils auch *Dauner-Lieb* DB 2008, 567; *Kort,* AG 2006, 106; kritisch gegenüber jeglicher Leistung, die über die bloße Abgeltung bestehender Ansprüche hinausgeht *Martens* ZHR 169 (2005), 124, 141).

Für die Zusage von Abfindungen im Rahmen eines Change-of-Control wird auf die in Ziffer 4.2.3 Abs. 5 des Deutschen Corporate Governance Kodex in der Fassung vom 13.5.2013 enthaltene Empfehlung hingewiesen. Danach „soll" eine Zusage für Leistungen aus Anlass der vorzeitigen Beendigung der Vorstandstätigkeit infolge eines Change-of-Control den Wert von drei Jahresvergütungen nicht übersteigen (vgl. hierzu *Dörrwächter/Trafkowski* NZG 2007, 846, 850 f.).

Unabhängig von der Ausgestaltung im Einzelfall empfiehlt sich bei der Anwendung einer Change-of-Control-Klausel eine gewisse Vorsicht. Das darin enthaltene Leistungsversprechen kann bei dem betroffenen Vorstandsmitglied gerade auch zu einem Verhalten führen, das auf die Herbeiführung eines Kontrollwechsels gerichtet ist. Je nach der Höhe des gewährten Leistungsversprechens können auch potentielle Unternehmenskäufer hiervon abgeschreckt werden.

Die Problematik von Change-of-Control-Klauseln, die bereits bei Abschluss des Vorstandsdienstvertrages mit dem Vorstandsmitglied vereinbart werden, ist zu trennen von der Fragestellung, ob und in welcher Höhe rückwirkend Anerkennungs- und Abfindungszahlungen (**„Appreciation Awards"**) geleistet werden dürfen. Weil die Gewährung kompensationsloser Prämien ohne zukunftsbezogenen Nutzen für die Gesellschaft nach dem aufsehenerregenden „Mannesmann"-Urteil des BGH als ein Fall strafbarer Untreue der Aufsichtsratsmitglieder eingeordnet wurde, wird im Regelfall, d.h. wenn kein entsprechender zukunftsbezogener Nutzen gewährleistet werden kann, von der Gewährung solcher Leistungen abgeraten werden müssen (vgl. hierzu BGH NZG 2006, 141; kritisch zur Begründung des BGH allerdings *Hoffmann-Becking* NZG 2006, 127; *Kort* NZG 2006, 131; *Spindler* ZIP 2006, 351).

19. Freistellung. Nach der im Formular vorgesehenen Regelung ist der Gesellschaft das Recht eingeräumt, im Fall einer Suspendierung oder eines Endes des Amtes des Vorstandsmitglieds (z.B. durch den Widerruf der Vorstandsbestellung) das Vorstandsmitglied von seinen dienstvertraglichen Pflichten unter Fortzahlung der Festvergütung und unter Anrechnung der Urlaubsansprüche (unwiderruflich) freizustellen. Diese Regelung empfiehlt sich auch im Fall der Vereinbarung von Koppelungsklauseln. Die Freistellungsregelung ist notwendig, weil das Ende der Organstellung (z.B. durch einen Widerruf der Bestellung) grundsätzlich nichts am Bestand des Dienstverhältnisses und am Bestehen des dienstvertraglich geregelten Beschäftigungsanspruchs ändert. Gäbe es kein Freistellungsrecht, so könnte das Vorstandsmitglied diesen schuldrechtlichen Anspruch auf ein dem Vorstandsdienstvertrag entsprechendes Tätigwerden geltend machen. Auch wenn mit guten Argumenten ein solcher Beschäftigungsanspruch zurückgewiesen werden könnte, sollten die aus solchen Streitigkeiten erwachsenden Risiken durch eine vertragliche Freistellungsklausel vermieden werden.

Bei der Regelung selbst ist vor allem zu entscheiden bzw. konkret mit dem Vorstandsmitglied auszuhandeln, ob für die Zeiten einer Freistellung nur das Festgehalt oder auch variable Gehaltsbestandteile bzw. andere Leistungen weitergezahlt werden sollen. Ein Sonderproblem ergibt sich dabei zumeist im Zusammenhang mit der erfolgsbezogenen Vergütung des Vorstandsmitglieds: Denn es liegt im Interesse der Gesellschaft, erfolgsbezogene variable Vergütungsbestandteile für Zeiten der Freistellung nicht zu gewähren (zur parallelen Problematik in Geschäftsführerdienstverträgen und der Zulässigkeit entsprechender „Verfallklauseln" → Form. B. I. 1 Anm. 20 und LG Düsseldorf BeckRS 2011, 17437). Hiergegen wird sich üblicherweise das Vorstandsmitglied in den Vertragsverhandlungen wenden – insbesondere bei einem hohen Anteil der variablen Vergütung an der Gesamtvergütung. Je nach Verhandlungsstärke der Vertragsparteien können auch vermittelnde Lösungen formuliert werden, z.B. dahingehend, dass ein bestimmter Prozentsatz der variablen Vergütung auch im Fall der Freistellung geschuldet wird.

Darüber hinaus werden Vorstandsmitglieder, die sich „sehr stark" fühlen und der Meinung sind, jederzeit im Markt wieder eine adäquate Position finden zu können, versuchen, sich für den Fall einer Freistellung das Recht zur sofortigen und damit vorzeitigen Beendigung des Vorstandsdienstvertrages einräumen zu lassen. Denkbar ist auch, dass sie dieses Recht zunächst daran binden, dass die Freistellung eine bestimmte Dauer überschreitet. Hiermit wollen Vorstandsmitglieder vor allem verhindern, durch eine ggf. länger andauernde Freistellung zu lange von ihrer hochkarätigen Vorstands- bzw. Managertätigkeit ferngehalten zu werden und dadurch an „Marktwert" zu verlieren. Die Gefahr eines solchen Marktwertverlustes besteht durch das grundsätzlich auch während einer Freistellung weiter geltende vertragliche Wettbewerbsverbot. Bei langer Dauer der Freistellung, insbesondere in Verbindung mit einem sich anschließenden nachvertraglichen Wettbewerbsverbot, besteht das Risiko, dass dadurch die Berufsfreiheit des Vorstandsmitglieds gemäß Art. 12 Abs. 1 GG als unzulässig beschränkt angesehen werden könnte (*Bauer/v. Medem* GWR 2011, 435). Eine Lösung kann darin liegen, dem Vorstandsmitglied im Fall einer Freistellung ein **Sonderkündigungsrecht** einzuräumen – allerdings unter Bindung an eine bestimmte Kündigungsfrist. Sofern die Vertragsparteien eine solche Gestaltung in Erwägung ziehen, müssen aber zwei Folgefragen geklärt werden: Zum einen ist eine Antwort darauf zu finden, ob bei Inanspruchnahme des geregelten Sonderkündigungsrechts dem Vorstandsmitglied die ansonsten bis zum Ablauf der Laufzeit des Vertragsverhältnisses noch geschuldete Vergütung gezahlt werden muss (z.B. als Abfindung). Dies will die Gesellschaft regelmäßig nicht im Vorstandsdienstvertrag geregelt sehen. Setzt sich hier die Gesellschaft durch, stellt sich aber die weitere Frage, inwieweit das Vorstandsmitglied seinerseits das Recht der Gesellschaft zur Freistellung beschränken kann. Denn ist das Recht zur Freistellung für die Gesellschaft ohne weiteres gewährt, kann sie in beliebiger Weise das Vorstandsmitglied von seiner Vorstandstätigkeit freistellen und so das Vorstandsmitglied zur Sonderkündigung zwingen. Eine Ausübung des Sonderkündigungsrechts hätte dann für das Vorstandsmitglied wiederum den Verlust der ansonsten nach dem Vorstandsdienstvertrag geschuldeten Vergütung zur Folge. Eine Lösung kann hier in der Vereinbarung einer (zusätzlichen) Entschädigungsregelung liegen.

20. Altersbefristung. In Ziffer 5.1.2 Abs. 2 des Deutschen Corporate Governance Kodex in der Fassung vom 13.5.2013 wird die Festlegung einer Altersgrenze für

Vorstandsmitglieder empfohlen. Dieser Empfehlung trägt das Formular Rechnung, wobei die festgesetzte Altersgrenze für jedes Unternehmen unterschiedlich hoch sein kann. Die Vereinbarung von derartigen Altersgrenzen in Dienstverträgen für Vorstandsmitglieder stellen nach derzeitiger Rechtslage wohl keine Diskriminierung des Vorstandsmitglieds wegen seines Alters nach § 7 Abs. 1 AGG dar, weil § 6 Abs. 3 AGG die Anwendung der Diskriminierungsvorschriften für Vorstände nur für den Zugang zu einer Erwerbstätigkeit und den beruflichen Aufstieg, nicht jedoch für die Beendigung der Rechtsverhältnisse vorsieht (vgl. hierzu *Bauer/Arnold* ZIP 2008, 993, 1000 und *Reufels/Molle* NZA-RR 2011, 281, 284 f. mit Erläuterung der Altersgrenzenproblematik bei der diskriminierungsrechtlich relevanten Neubesetzung des Vorstandspostens und möglichen Wechselwirkungen mit der Beendigung des Dienstverhältnisses; s. auch BGH NZA 2012, 797 zu der einen Geschäftsführers betreffenden altersbedingten Verweigerung einer Wiederbestellung, die als altersbedingte Verweigerung eines Zugangs zu einer Erwerbstätigkeit und damit als verbotene Altersdiskriminierung gewertet wurde; vgl. aber auch die entsprechenden Vorbehalte in → Anm. 1). Die Regelung einer Altersbefristung im Vorstandsdienstvertrag ist in der Praxis üblich. Selbstverständlich können die Vertragsparteien ggf. im Einvernehmen das Vorstandsdienstverhältnis über den zunächst vereinbarten altersbedingten Endtermin hinweg fortsetzen.

21. **Dauernde Dienstunfähigkeit.** Soweit die Vertragsparteien die (im Formular vorgeschlagenen und üblichen) Regelungen zur Beendigung des Vorstandsdienstvertrages bei einer dauernden Dienstunfähigkeit des Vorstandsmitglieds tatsächlich in den Vorstandsdienstvertrag aufnehmen, sind die vorgeschlagenen Fristen und Termine Verhandlungssache. Unabhängig davon gilt allerdings, dass eine dauernde Dienstunfähigkeit regelmäßig auch einen wichtigen Grund für den Widerruf der Organstellung bildet (§ 84 Abs. 3 S. 2 AktG).

22. **Vergütung.** Die im Formular vorgesehene Vergütungsregelung stellt nur einen Vorschlag dar. Sowohl die Höhe als auch die Struktur der Vorstandsvergütung ist zwischen Vorstandsmitglied und Aufsichtsrat auszuhandeln. Die Vertragsfreiheit der Parteien wird dabei durch § 87 Abs. 1 AktG beschränkt, der durch das Gesetz zur Angemessenheit der Vorstandsvergütung vom 31.7.2009 (VorstAG), in Kraft seit dem 5.8.2009, verschärft wurde. Zudem gibt der Deutsche Corporate Governance Kodex in der Fassung vom 13.5.2013 diverse Empfehlungen zur Festsetzung der Vorstandsvergütung durch den Aufsichtsrat ab. In bestimmten Branchen sind zudem regulatorische Vorgaben zu beachten, wie z. B. § 25a Abs. 5 und 6 KWG i. V. m. der Institutsvergütungsverordnung bei Kredit- und Finanzdienstleistungsinstituten und § 64b VAG i. V. m. der Versicherungsvergütungsverordnung u. a. bei Versicherungsunternehmen.

Der Aufsichtsrat hat bei der Festsetzung der Gesamtbezüge des einzelnen Vorstandsmitglieds dafür zu sorgen, dass sie in einem **angemessenen Verhältnis zu den Aufgaben und Leistungen des Vorstandsmitglieds sowie zur Lage der Gesellschaft** stehen und die **übliche Vergütung nicht ohne besondere Gründe übersteigen**, § 87 Abs. 1 S. 1 AktG. Der Gesetzgeber hat für die Höhe und Ausgestaltung der Vergütung keine konkreten Vorgaben gemacht, sondern die Verwendung einer Vielzahl unbestimmter Rechtsbegriffe gewählt. Rechtsprechung zu der Neuregelung existiert – soweit ersichtlich – noch nicht. Die Fachliteratur hat mittlerweile jedoch versucht, sich den einzelnen unbestimmten Rechtsbegriffen zu nähern: Soweit in § 87 Abs. 1 S. 1 AktG auf die „Leistungen des Vorstandsmitglieds" Bezug genommen wird, soll es auf die Leistungen und Qualifikationen in seiner ehemaligen Position und auf die Bedeutung für das Vorstandsamt sowie die persönlichen Leistungen ankommen (vgl. *Hohenstatt* ZIP 2009, 1349, 1350). Nach der Gesetzesbegründung ist mit dem Verweis auf die „übliche Vergütung" zum einen die Branchen-, Größen- und Landesüblichkeit gemeint (sog. **horizontale Angemessenheit**). Das bedeutet, die Vorstandsvergütung darf nicht ohne besondere Gründe über das Maß hinausgehen, das in Unternehmen derselben Branche mit ähnlicher Größe und Komplexität in Deutschland üblich ist (zur Heranziehung ausländischer Unternehmen vgl. *Lingemann* BB 2009, 1918 f.). Darüber hinaus ist auch das Lohn- und Gehaltsgefüge in der Gesellschaft bei der Festsetzung der Vorstandsvergütung heranzuziehen (sog. **vertikale Angemessenheit**). Der Deutsche Corporate Governance Kodex in der Fassung vom 13.5.2013 empfiehlt nunmehr ausdrücklich in Ziffer 4.2.2 Abs. 2, dass der Aufsichtsrat das Verhältnis der Vorstandsvergütung zur Vergütung des oberen Führungskreises und der Belegschaft insgesamt auch in der zeitlichen Entwicklung berücksichtigen soll (kritisch hierzu *Wilsing/v. d. Linden* DStR 2013, 1291, 1292 f.). Dadurch soll sichergestellt werden, dass die Vorstandsvergütung nicht Maß und Bezug zu den Vergütungsgepflogenheiten und dem Vergütungssystem in der Gesellschaft im Übrigen verliert (BT-Drucks. 16/13433 S. 10). Welcher Abstand zwischen der Vorstandsvergütung und der Vergütung der Vergleichsgruppen sachgerecht ist, schreibt der Kodex indes nicht vor – insofern verbleibt es bei einem Beurteilungsspielraum des Aufsichtsrats.

Diese Vorgaben gelten für alle Vergütungsbestandteile, d.h. für Geld- und Sachbezüge, für fixe und variable Vergütungen wie bspw. Tantiemen, Gewinnbeteiligungen, Aktienoptionen und Sondervergütungen. Bei börsennotierten Gesellschaften ist die Vergütungsstruktur zudem auf eine **nachhaltige Unternehmensentwicklung** auszurichten. Variable Vergütungsbestandteile sollen daher eine **mehrjährige Bemessungsgrundlage** haben und für außerordentliche Entwicklungen sollen **Begrenzungsmöglichkeiten** vereinbart werden (vgl. § 87 Abs. 1 S. 2 und 3 AktG, sowie → Anm. 23). Zwar hat der Aufsichtsrat bei der Festlegung der Vergütung diese Vorgaben zwingend zu beachten, er ist aber nicht gehindert, darüber hinaus weitere Aspekte zu berücksichtigen. Zudem ist die Festsetzung der konkreten Vergütungshöhe eine unternehmerische Einzelfallentscheidung des Aufsichtsrats, bei der ihm ein weiter Ermessensspielraum zusteht. Daraus folgt, dass nicht nur ein bestimmter Betrag als angemessen anzusehen ist, sondern es vielmehr Aufgabe des Aufsichtsrats ist, die Vergütung ermessensfehlerfrei aus einer Bandbreite zulässiger Vergütungen zu bestimmen. Dabei ist er an allgemeingültige betragsmäßige Höchstgrenzen nicht gebunden (vgl. aber die Empfehlung in Ziffer 4.2.3 Abs. 3 des Deutschen Corporate Governance Kodex in der Fassung vom 13.5.2013, die dahin geht, dass die Vergütung insgesamt und hinsichtlich ihrer variablen Vergütungsteile betragsmäßige Höchstgrenzen aufweisen soll).

Allerdings bleibt die Vereinbarung unangemessener oder nicht der Üblichkeit entsprechender Vergütung auch weiterhin wirksam möglich (*Hüffer* § 87 Rn. 8 m.w.N.). Denn die Vorschrift des § 87 AktG bindet lediglich den Aufsichtsrat gegenüber der Gesellschaft. Unwirksam ist die Festsetzung der Vergütung nur, wenn die Grenze der Sittenwidrigkeit (§ 138 BGB) überschritten wird (MünchKommAktG/*Spindler* § 87 Rn. 80; vgl. zu der hohen Schwelle der Sittenwidrigkeit im Fall Wiedeking OLG Stuttgart AG 2011, 93). Im Falle der Festsetzung einer unangemessenen Vergütung drohen dem Aufsichtsrat aber Schadensersatzansprüche der Gesellschaft (§ 116 S. 3 AktG) und – bei nachweislich vorsätzlichem Handeln der Aufsichtsratsmitglieder – deren Strafbarkeit gemäß § 266 StGB wegen Untreue zu Lasten der Gesellschaft (vgl. BGH NJW 2006, 522 – Mannesmann). Durch die Vorgaben des Aktiengesetzes zur Angemessenheit der Vorstandsvergütung einerseits und durch die bei einer Gewährung einer unangemessenen Vergütung drohenden Sanktionen aus Aktienrecht und Strafrecht und die damit verbundenen persönlichen Konsequenzen für die Aufsichtsratsmitglieder andererseits, ist die Entscheidung des Aufsichtsrats über die Vorstandsvergütung zu einer haftungsträchtigen Angelegenheit geworden. Auch wird es für Aufsichtsratsmitglieder oft nicht einfach sein, die Fakten zu kennen oder sich zu beschaffen, die ein Aufsichtsratsmitglied kennen müsste, um insbesondere die horizontale Angemessenheit (Üblichkeit in einem nach Branche und Größe vergleichbaren Unternehmen in Deutschland) beurteilen zu können. In einem größeren Aufsichtsratsgremium werden oft auch die einzelnen Aufsichtsratsmitglieder in unterschiedlicher Weise bereit sein, mit derartigen Haftungsrisiken umzugehen, so dass es schwerer werden kann, im Aufsichtsrat die erforderlichen Mehrheiten herzustellen. Der Aspekt der vertikalen Angemessenheit gibt den Arbeitnehmervertretern in mitbestimmten Unternehmen zudem die Möglichkeit, die Frage der angemessenen Vorstandsvergütung zum Anlass zu nehmen, auf eine Erhöhung des Gehaltsniveaus für die Arbeitnehmer zu dringen. Gleichzeitig wird sich ein erfolgreicher Vorstand, der im Markt gefragt ist, nicht aus Rücksicht auf etwa bestehende oder von den Aufsichtsratsmitgliedern empfundene Haftungsrisiken davon abhalten lassen, eine Vergütung zu verlangen, die aus seiner Sicht als noch angemessen im Sinne des Aktiengesetzes angesehen werden kann, selbst wenn sie im Graubereich der Angemessenheit liegt. Um die Haftungsrisiken möglichst einzudämmen werden sich die Aufsichtsratsmitglieder häufig nicht nur rechtlich beraten lassen, sondern sich auch von Experten die Daten und Fakten zur Beurteilung der horizontalen Angemessenheit aufbereiten lassen. In jedem Fall empfiehlt sich für die Aufsichtsratsmitglieder, die Fakten und Aspekte zu dokumentieren, die sie bei ihrer Entscheidung über die Festsetzung der Vorstandsvergütung geleitet haben. Bei börsennotierten Gesellschaften wird diese Empfehlung zur Dokumentation zudem wohl bald zur Pflicht. Durch das vom Bundestag am 27.6.2013 verabschiedete Gesetz zur Verbesserung der Kontrolle der Vorstandsvergütung und zur Änderung weiterer aktienrechtlicher Vorschriften (**VorstKoG**) sollte die materielle Regelung des sog. **Say-on-pay** in § 120 Abs. 4 AktG dahingehend geändert werden, dass die Hauptversammlung börsennotierter Gesellschaften jährlich über die Billigung des vom Aufsichtsrat vorgelegten Systems zur Vergütung der Vorstandsmitglieder zu beschließen hat (s. hierzu die Beschlussempfehlung des Rechtsausschusses, BT-Drucks. 17/14214 S. 21 ff.). Allerdings scheiterte das VorstKoG am 20.9.2013 im Bundesrat. Daher gilt es die zukünftige Entwicklung abzuwarten. Die Zeichen stehen jedoch dahin, dass in der 18. Legislaturperiode strengere gesetzliche Regelungen für Managergehälter eingeführt werden. Dies sieht zumindest der Koalitionsvertrag zwischen CDU/CSU und SPD vor (vgl. zur europarechtlichen Entwicklung *Osterloh* AG 2014, R75).

Entsprechend der dargestellten Grundsätze für die Festsetzung der Vorstandsvergütung ist der Aufsichtsrat auch zur Herabsetzung der Bezüge bei einer wesentlichen Verschlechterung der Verhältnisse der Gesellschaft verpflichtet (§ 87 Abs. 2 AktG; s. Anm. 24). Die Vorschrift des § 87 AktG dient somit dem Schutz der Gesellschaft und ihrer Gläubiger. Im umgekehrten Fall der Vereinbarung zu niedriger Gesamtbezüge begründet § 87 AktG allerdings keinen Anspruch des Vorstandsmitglieds auf eine angemessene Vergütung und damit eine (ggf. sogar rückwirkende) Erhöhung der Gesamtbezüge.

Das Vorstandsmitglied wird **einkommenssteuerrechtlich** wie ein Arbeitnehmer behandelt (§§ 2 Abs. 1 Nr. 4, 19 EStG, Einkünfte aus nichtselbständiger Tätigkeit). Bei ausländischen Vorstandsmitgliedern ist § 49 Abs. 1 Nr. 4 lit. c EStG zu beachten. Inwieweit dieses Besteuerungsrecht zum ausländischen Besteuerungsrecht subsidiär ist, ergibt sich aus dem jeweils anwendbaren Doppelbesteuerungsabkommen mit dem jeweiligen Land. Zur Klärung der Rechtslage und zur Vermeidung haftungsrechtlicher Folgen in Bezug auf das Lohnsteuerrisiko für die Gesellschaft wird die Einholung einer Freistellungsbescheinigung bzw. einer Anrufungsauskunft beim zuständigen Finanzamt empfohlen.

23. Variable Vergütung. Die Festsetzung variabler Vergütungsbestandteile wird durch § 87 Abs. 1 AktG nicht zwingend vorgeschrieben, aber durch den Deutschen Corporate Governance Kodex in der Fassung vom 13.5.2013 empfohlen (Ziffer 4.2.3 Abs. 2). Danach soll sowohl positiven als auch negativen Entwicklungen bei der Ausgestaltung der variablen Vergütungsbestandteile Rechnung getragen werden. Sämtliche Vergütungsbestandteile sollen „für sich" und „insgesamt" angemessen sein und dürfen insbesondere nicht zur Eingehung unangemessener Risiken verleiten. Bezüglich des Verhältnisses von fester und variabler Vergütung gibt es keine konkreten Vorgaben. Es wird sogar vertreten, dass gar keine variablen Vergütungsbestandteile vorgesehen werden müssen (vgl. *Bauer/Arnold* AG

2009, 717, 722; *Fleischer* NZG 2009, 801, 803; *Lingemann* BB 2009, 1918, 1919). Dann ginge der Vergütung aber jegliche Incentivierungs- und Steuerungsfunktion verloren. Die im Formular gewählte Vergütungsregelung trägt dieser Interessenlage und (in der Praxis völlig üblichen) Strukturierung Rechnung. Neben einem **Festgehalt** wird dem Vorstandsmitglied eine **jährliche erfolgsabhängige Vergütung** gewährt. Dabei wird unterstellt, dass die dem Vorstandsmitglied gesetzten Ziele quantitativer Natur sind. Wenn nur oder zumindest auch qualitative Ziele festgesetzt werden, sollte eine andere Formulierung zu dem Übertreffen bzw. Unterschreiten der Ziele gewählt werden.

Nach der allgemeinen Meinung werden derart kurzfristige variable Vergütungen (sog. **Short Term Incentives**) auch nach Einführung des VorstAG nicht für unzulässig gehalten (*Deilmann/Otte* GWR 2009, 261, 262; *Fleischer* NZG 2009, 801, 803; *Hohaus/Weber* DB 2009, 1515, 1517; *Louven/Ingwersen* BB 2013, 1219, 1220 m.w.N.). Solche Prämien müssen jedoch in ein Vergütungssystem eingegliedert werden, welches in seiner Gesamtheit dem langfristigen Unternehmenswohl dient. Entscheidend ist dabei, dass kurzfristige Vergütungsbestandteile so gewichtet sind, dass sie andere Vergütungsparameter, welche an langfristige und variable Parameter geknüpft sind, nicht als bedeutungslos erscheinen lassen (vgl. *Fleischer* NZG 2009, 801, 803; *Lingemann* BB 2009, 1918, 1919; *Bosse* BB 2009, 1650, 1651; *Bauer/Arnold* AG 2009, 717, 722).

Die Struktur der Vergütung ist zudem bei börsennotierten Gesellschaften nach § 87 Abs. 1 AktG auf eine **nachhaltige Unternehmensentwicklung** auszurichten, weshalb variable Vergütungsbestandteile eine **mehrjährige Bemessungsgrundlage** haben sollen. Hintergrund für die Forderung einer mehrjährigen Bemessungsgrundlage ist, dass die Begünstigten nicht etwa durch Aufblähung des Auftragsvolumens oder Erzeugung außerordentlicher Gewinne (z.B. durch Beteiligungsverkäufe) oder volatile Buchgewinne die Bemessungsgrundlage für Boni zum Stichtag erhöhen (vgl. *Lingemann* BB 2009, 1918, 1919). Die Bemessungsgrundlage muss daher mindestens zwei Jahre betragen. In der Literatur wird häufig in Anlehnung an die Sperrfrist des § 193 Abs. 2 Nr. 4 AktG für Aktienoptionen eine vierjährige Bemessungsgrundlage empfohlen (*Deilmann/Otte* GWR 2009, 261, 262; *Fleischer* NZG 2009 801, 803). Wie die mehrjährige Bemessungsgrundlage aussehen soll, hat der Gesetzgeber nicht festgelegt. Beispielhaft nennt er lediglich sog. Bonus-Malus-Systeme und Performance-Betrachtungen über die Gesamtlaufzeit des Vorstandsdienstvertrages. Allerdings soll es nicht ausreichen, wenn nur die Auszahlung der variablen Vergütung hinausgeschoben wird, vielmehr müssen die variablen Bestandteile auch an negativen Entwicklungen im gesamten Bemessungszeitraum teilnehmen. Die Fachliteratur diskutiert verschiedene Modelle für eine nachhaltige Vergütungsstruktur (Aktien, Aktienoptionen, virtuelle Aktien, Phantomaktien, Bonusbank, Claw-back-Klauseln, Long Term Incentive Plan, Verwendung bestimmter Kennzahlen). Die sog. **Bonusbank** sieht vor, dass Boni nur bis zu einem bestimmten Anteil ausgezahlt und im Übrigen als reine Rechnungsposten (die möglichst noch keine Anwartschaft begründen sollten) für einen mehrjährigen Zeitraum in einer virtuellen „Bank" zurückgehalten werden, sodass sie sich bei negativer Entwicklung in den Folgejahren auch entsprechend reduzieren. Auch kommt in Betracht, dass Boni zwar ausgezahlt, je nach Entwicklung in den Folgejahren jedoch zurückverlangt werden können. Solche sog. **Claw-back-Klauseln** können aber insbesondere nach dem Ausscheiden von Vorstandsmitgliedern Schwierigkeiten bei der Rückforderung bereiten. In der Praxis erfreuen sich zur Schaffung einer nachhaltigen Vergütungsstruktur Modelle zunehmender Beliebtheit, nach denen sich die Vorstandsmitglieder verpflichten, Aktien am Unternehmen zu erwerben und dauerhaft zu halten (sog. **Share-Ownership-Guidelines**; vgl. *Fleischer* NZG 2009, 801, 803). Auch die Literatur nennt überwiegend aktienbasierte Vergütungsbestandteile im Zusammenhang mit langfristigen Vergütungselementen (vgl. *Deilmann/Otte* GWR 2009, 261, 262 f.; *Hohaus/Weber* DB 2009, 1515, 1519; *Wagner/Wittgens* BB 2009, 906, 908). Da die Gesetzesbegründung zu den diskutierten Modellen keine abschließende Auskunft gibt, wird zum Teil vertreten, dass aktienbasierte Vergütungsbestandteile i.d.R. allein nicht ausreichen, um die Nachhaltigkeit abzubilden (kritisch *Deilmann/Otte* GWR 2009, 261, 263; *Hohaus/Weber* DB 2009, 1515, 1518 f.). Werden bspw. keine Aktienoptionen ausgegeben, sondern Aktien übertragen, so gilt die gesetzliche Mindestfrist des § 193 Abs. 2 Nr. 4 AktG nicht (vgl. *Lingemann* BB 2009, 1918, 1920). Damit die Gewährung von Aktien ebenfalls eine Nachhaltigkeit sicherstellt, muss auch für diese eine Haltefrist vorgesehen werden. Entsprechendes gilt für virtuelle Aktien (vgl. *Bauer/Arnold* AG 2009, 717, 723; *Hohaus/Weber* DB 2009, 1515, 1517; *Lingemann* BB 2009, 1918, 1920; *Wagner/Wittgens* BB 2009, 906, 908).

Dies bedeutet jedoch nicht, dass bei börsennotierten Gesellschaften einzelne Vergütungselemente nicht auch die Erreichung kurzfristiger Ziele honorieren könnten. Auch hier ist lediglich sicherzustellen, dass durch die Kombination verschiedener Vergütungselemente im Ergebnis eine Vergütungsstruktur erreicht wird, die einen ausreichenden Verhaltensanreiz zu langfristigem Handeln zum Wohl der Gesellschaft gewährleistet (*Eulerich/Velte* IRZ 2013, 73, 75; Hölters/*Weber* Aktiengesetz § 87 Rn. 33; *Louven/Ingwersen* BB 2013, 1219, 1222; *Röttgen/Kluge* NJW 2013, 900).

Angesichts der Vielzahl möglicher Ausgestaltungen einer langfristigen und nachhaltigen variablen Vergütung sowie der Vielzahl betroffener Problemkreise bei der Gewährung von Aktien(-optionen) in der Gesellschaft bzw. im Konzern (vgl. auch §§ 192 Abs. 2 Nr. 3, 193 Abs. 2 AktG) bzw. der Fülle bereits bestehender unternehmensindividueller oder auch sonst denkbarer Programme sind allgemeine Aussagen über die Ausgestaltung vertraglicher Regelungen nicht wirklich zweckdienlich. Dies gilt auch vor dem Hintergrund der damit stets verbundenen steuerrechtlichen oder bilanziellen Erwägungen. Deswegen wurde auf etwaige Formulierungsvorschläge für die Gewährung solcher Optionen im vorgelegten Formular verzichtet. Bei der individuellen Ausgestaltung einer Regelung zur variablen Vergütung sollten jedoch stets die mit der Gewährung von variablen Bezügen verfolgten Zielsetzungen (z.B. Stärkung der Zielorientierung, Erhöhung der Wirksamkeit der Steuerung, etc.; vgl. *Dzida/Naber* BB 2011, 2613) im Auge behalten werden. Zudem sind für die Handhabbarkeit einer variablen Vergütungsregelung insbesondere deren verständliche und nachvollziehbare Formulierung sowie die Überprüfbarkeit der einzelnen Determinanten von zentraler Bedeutung. In diesem Zusammenhang sollten daher die Fragen der Anspruchsentstehung, der Fälligkeit sowie die Modalitäten der Auszahlung geregelt werden. Die Vereinbarung von Höchst-, aber auch Mindestgrenzen und ggf. die genaue Festlegung von Ausschlussgründen (z.B. Tod, Krankheit, Freistellung, außerordentliche Kündigung, Abberufung) vermeiden künftige Streitigkeiten.

Sofern die Einführung eines aktienbasierten Vergütungssystems im Unternehmen erst beabsichtigt wird, kann mit dem Vorstandsmitglied zur Schaffung einer entsprechenden Anreizwirkung eine bereits hierauf abzielende Regelung getroffen werden:

Optional als § 3 Abs. (7):

Die Gesellschaft beabsichtigt die Einführung eines aktienbasierten Vergütungssystems. Das Vorstandsmitglied wird an dieser aktienbasierten Vergütung der Gesellschaft teilnehmen, falls eine solche im jeweiligen Geschäftsjahr besteht. Der Umfang der aktienbasierten Vergütung des Vorstandsmitglieds und die Festlegung von deren Bedingungen liegen im freien Ermessen der Gesellschaft.

Optional als § 3 Abs. (7):

Im Falle eines Börsengangs der Gesellschaft erhält das Vorstandsmitglied Optionen zum Erwerb von Aktien der Gesellschaft im Rahmen einer marktüblichen Stock Option Regelung der Gesellschaft. Sollte eine solche Stock Option Regelung bei der Gesellschaft nicht zustande kommen, ist die erfolgsabhängige Vergütung nach § 3 Abs. (2) dieses Vertrages in angemessener Weise zu erhöhen.

Bereits bei Abschluss des Vorstandsdienstvertrages regelbar ist auch die Frage der Berechnung der variablen Vergütung im Fall einer **Umwandlung:** Denn mit dem Wegfall der „alten“ Gesellschaft entfällt möglicherweise auch die Berechnungsgrundlage für das variable Gehalt des Vorstandsmitglieds. Für einen derartigen Fall empfiehlt es sich, zum Zwecke der Überleitung die variablen Entgeltbestandteile beispielsweise in Höhe des Durchschnitts der jeweils letzten zwei oder drei Jahre vor der Umwandlung festzuschreiben. Ebenso könnten im Vorstandsdienstvertrag bereits die Folgen einer späteren Verschmelzung geregelt werden, z. B. um sog. **windfall profits** zu verhindern, die für das Vorstandsmitglied dann entstehen könnten, wenn sich die variable Vergütung beispielsweise an Umsatzgrößen der Gesellschaft orientiert und sich der Umsatz der Gesellschaft durch das Hinzukommen eines auf die Gesellschaft verschmolzenen Unternehmens erhöhen und je nach dessen Größe auch vervielfachen könnte.

24. Zuwendungen Dritter. Die Gewährung von Zuwendungen bzw. Leistungen Dritter, insbesondere einer Konzernobergesellschaft, an das Vorstandsmitglied wird von den §§ 285 S. 1 Nr. 9 lit. a, 314 Abs. 1 Nr. 6 lit. a HGB, die die Offenlegung der Vorstandsbezüge durch Dritte regeln, als möglich vorausgesetzt (vgl. hierzu *Bauer/Arnold* DB 2006, 260, 265 f.; *Neuhaus/Gellißen* NZG 2011, 1361, 1362). Auch der Deutsche Corporate Governance Kodex in der Fassung vom 13.5.2013 setzt in Ziffer 4.2.2 Abs. 2 sowie in Ziffer 4.2.3 Abs. 1 Leistungen Dritter an Vorstandsmitglieder als möglich voraus. Dies ist ein Indiz dafür, dass Zuwendungen bzw. Leistungen Dritter nicht grundsätzlich unzulässig sind. Wie bei der Frage der Zulässigkeit von Drittanstellungen (→ Anm. 2) ist allerdings die aktienrechtlich vorgesehene Unabhängigkeit des Vorstandsmitglieds (§ 76 Abs. 1 AktG) zu beachten. Noch nicht abschließend geklärt ist, inwieweit § 76 Abs. 1 AktG die Zulässigkeit von Zuwendungen bzw. Leistungen Dritter beschränkt. In der Literatur wird zur Wahrung der Unabhängigkeit des Vorstandsmitglieds teilweise gefordert, dass das Vorstandsmitglied den Aufsichtsrat über die Zuwendungen bzw. Leistungen Dritter informiert und die Zustimmung des Aufsichtsrats einholt, um Interessenkonflikte für das Vorstandsmitglied zu vermeiden (Hölters/*Weber* Aktiengesetz § 87 Rn. 13; generell kritisch *Fonk* NZG 2010, 368, 370 f.). Im Hinblick auf fehlende gesetzliche Vorgaben in diesem Zusammenhang empfiehlt sich eine vertragliche Regelung des Informations- und Zustimmungserfordernisses.

Optional als § 3 Abs. (7):
Sollen dem Vorstandsmitglied für seine Vorstandstätigkeit Zuwendungen oder Leistungen Dritter gewährt werden, hat es den Aufsichtsrat der Gesellschaft hierüber zu informieren. Es darf die Zuwendungen oder Leistungen Dritter nur nach vorheriger Zustimmung des Aufsichtsrats annehmen.

25. Andere Vergütungsbestandteile. Üblich ist auch die (im Formular verwendete) Abrede, dass mit der Zahlung der (fixen und variablen) Vergütung sämtliche Dienstleistung des Vorstandsmitglieds abgegolten ist (d. h. auch Mehrarbeit, Überstunden, Nachtarbeit sowie Sonn- und Feiertagsarbeit).

Allerdings besteht auch die – eher unübliche – Möglichkeit, ausdrücklich die Zahlung von Zuschlägen zu vereinbaren. Nur in seltenen Fällen, aber insbesondere dann, wenn das Vorstandsmitglied zunächst Arbeitnehmer des Unternehmens war, in dem es dann zum Vorstandsmitglied bestellt wird, werden auch im Vorstandsdienstvertrag Vergütungselemente beibehalten, die das Vorstandsmitglied aus seiner Zeit als Arbeitnehmer gewohnt ist (z. B. Urlaubs- und Weihnachtsgeld oder ein 13. Monatsgehalt).

26. Anpassung der Bezüge. Die nachträgliche Herabsetzung der Gesamtbezüge von Vorstandsmitgliedern war zwar bereits vor der Änderung des Aktiengesetzes durch das VorstAG vom Gesetzgeber in § 87 Abs. 2 AktG vorgesehen. Allerdings ist sie seit dem 5.8.2009 unter deutlich erleichterten Voraussetzungen möglich (instruktiv hierzu *Klöhn* ZGR 2012, 1, 4 ff.). Erforderlich ist, dass sich die Lage der Gesellschaft nach der Festsetzung der Bezüge so verschlechtert, dass die Weitergewährung der Bezüge nach

§ 87 Abs. 1 AktG unbillig für die Gesellschaft wäre. Darauf, dass die Verschlechterung der Lage „wesentlich“ ist oder die unveränderte Weitergewährung der Bezüge für die Gesellschaft eine „schwere“ Unbilligkeit darstellt, kommt es nach der aktuellen Gesetzeslage nicht mehr an. Zudem ist der Aufsichtsrat bei Vorliegen der (erleichterten) Voraussetzungen nicht mehr bloß berechtigt, die Gesamtbezüge auf die angemessene Höhe herabzusetzen, sondern er „soll“ dies tun. Es ist daher nunmehr bei Vorliegen der genannten Voraussetzungen von einer Handlungspflicht des Aufsichtsrats auszugehen, sofern keine besonderen Umstände entgegenstehen. Dies ist mit einer entsprechenden Erhöhung des Haftungsrisikos des Aufsichtsrats für den Fall seiner Untätigkeit verbunden (vgl. *Waldenberger/Kaufmann* BB 2010, 2257).

Wie die zentralen Begriffe der Verschlechterung der Lage der Gesellschaft und der Unbilligkeit in § 87 Abs. 2 AktG auszulegen sind, bedarf der näheren Konkretisierung, die durch den Gesetzgeber nur unzureichend erfolgt ist. Während § 87 Abs. 2 AktG gar keine Kriterien zur Bestimmung einer Lageverschlechterung zu entnehmen sind, ergibt sich aus der Gesetzesbegründung, dass die Insolvenz oder eine unmittelbare Krise der Gesellschaft die Voraussetzungen der Lageverschlechterung stets erfüllen, aber nicht notwendigerweise vorliegen müssen (BT-Drucks. 16/12278 S. 6; vgl. zum Begriff der Krise *Waldenberger/Kaufmann* BB 2010, 2257, 2258). Darüber hinaus beschränkt sich die Gesetzesbegründung im Hinblick auf den Begriff der Lageverschlechterung auf die beispielhafte Nennung einer Situation, in der die Gesellschaft Entlassungen oder Lohnkürzungen vornehmen muss und keine Gewinne mehr ausschütten kann. Allerdings kann bei Vorliegen dieser Umstände nicht ohne weiteres von einer Lageverschlechterung ausgegangen werden. So kann es sich bei der Vornahme von Entlassungen um strategische Unternehmensentscheidungen handeln, die kein Anzeichen einer Lageverschlechterung sind, sondern diese im Vorfeld gerade abwenden sollen. Zudem wird hinsichtlich der Nichtausschüttung von Gewinnen darauf hingewiesen, dass diese auch der sinnvollen Bildung von Rücklagen der Gesellschaft dienen kann und nicht zwangsläufig Ausdruck einer Lageverschlechterung ist (*Waldenberger/Kaufmann* BB 2010, 2257, 2258). Darüber hinaus wird vielfach davon ausgegangen, dass eine nur vorübergehende krisenhafte Situation der Gesellschaft nicht als Lageverschlechterung i. S. d. § 87 Abs. 2 AktG anzusehen ist (*Weppner* NZG 2010, 1056, 1056). Es ist daher allenfalls davon auszugehen, dass die in der Gesetzesbegründung aufgeführten Umstände den Aufsichtsrat verpflichten, das Vorliegen einer Lageverschlechterung unter Berücksichtigung aller Umstände des Einzelfalls zu prüfen (vgl. *Waldenberger/Kaufmann* BB 2010, 2257, 2258). Zu beachten ist, dass die Weitergewährung der Vorstandsbezüge nach der Gesetzesbegründung nicht nur dann unbillig ist, wenn die Lageverschlechterung auf ein pflichtwidriges Handeln des Vorstandsmitglieds zurückzuführen ist, sondern auch dann, wenn die Lageverschlechterung lediglich in die Zeit der Vorstandsverantwortung des Vorstandsmitglieds fällt und ihm zurechenbar ist.

Unter denselben Voraussetzungen, unter denen die Gesamtbezüge herabgesetzt werden können, können nach der Neufassung des § 87 Abs. 2 AktG nun auch Ruhegehalt, Hinterbliebenenbezüge und Leistungen verwandter Art herabgesetzt werden. Dies gilt allerdings „nur in den ersten drei Jahren nach Ausscheiden [des Vorstandsmitglieds] aus der Gesellschaft“. Dies wird so zu verstehen sein, dass die Herabsetzung innerhalb der ersten drei Jahre erfolgen muss, sie in ihrer Wirkung aber unbefristet sein kann (Hölters/*Weber* Aktiengesetz § 87 Rn. 56).

§ 87 Abs. 2 AktG regelt eine einseitige Befugnis des Aufsichtsrats zur nachträglichen Herabsetzung der Gesamtbezüge der Vorstandsmitglieder, ohne dass es einer Zustimmung des betroffenen Vorstandsmitglieds bedürfte. Zur Klarstellung empfiehlt sich eine Regelung wie in § 3 Abs. 5 des Formulars (vgl. *Bosse* BB 2009, 1650), die ausdrücklich regelt, dass der Aufsichtsrat zu einer **einseitigen** Herabsetzung der Bezüge berechtigt ist. Die Vorstandsvergütung ist auf das Niveau herabzusetzen, das nach § 87 Abs. 1 S. 1

AktG angesichts der verschlechterten Lage der Gesellschaft angemessen wäre. Der Aufsichtsrat hat sein diesbezügliches einseitiges Leistungsbestimmungsrecht nach billigem Ermessen auszuüben. Zu beachten ist dabei, dass eine Herabsetzung der Gesamtbezüge nicht für bereits ausgezahlte Leistungen in Betracht kommt (*Thüsing/Forst* GWR 2010, 515).

Eine Herabsetzung der Gesamtbezüge auf die angemessene Höhe nach § 87 Abs. 2 AktG ist dann nicht erforderlich, wenn diese sich der Lage der Gesellschaft aufgrund der variablen Vergütungsbestandteile automatisch im gebotenen Rahmen anpassen (vgl. die in Ziffer 4.2.3 Abs. 2 des Deutschen Corporate Governance Kodex in der Fassung vom 13.5.2013 enthaltene Empfehlung, dass die Ausgestaltung der variablen Vergütung sowohl positiven als auch negativen Entwicklungen Rechnung tragen soll). Ein Rückgriff auf § 87 Abs. 2 AktG kommt nur dann in Betracht, wenn entweder keine variablen Vergütungsbestandteile vereinbart sind oder die letztlich zuzumessende Höhe der variablen Vergütung die Lage der Gesellschaft noch nicht angemessen widerspiegelt.

Nach überwiegender Ansicht in der Literatur ist oftmals nur eine befristete Herabsetzung der Vorstandsbezüge gerechtfertigt. Werden die Vorstandsbezüge ausnahmsweise unbefristet herabgesetzt oder erholt sich die Lage der Gesellschaft vor Ablauf der bestimmten Frist, steht dem Vorstandsmitglied nach wohl überwiegender Meinung in der Literatur ein Anspruch auf Rückgängigmachung der Herabsetzung und damit einer erneuten Erhöhung der Bezüge zu (*Dauner-Lieb/Friedrich* NZG 2010, 688 m. w. N.).

Zwar wird der Vorstandsdienstvertrag durch die Herabsetzung der Vergütung im Übrigen nicht berührt. Das Vorstandsmitglied hat jedoch nach § 87 Abs. 2 S. 4 AktG die Möglichkeit, als Reaktion auf eine Herabsetzung seinen Anstellungsvertrag für den Schluss des nächsten Kalendervierteljahres mit einer Kündigungsfrist von sechs Wochen zu kündigen. Dieses Sonderkündigungsrecht sollte bei der Entscheidung über die Herabsetzung der Vergütung berücksichtigt werden, insbesondere wenn – wie im Formular vorgesehen – ansonsten das Recht zur ordentlichen Kündigung ausgeschlossen ist.

27. Einverständnis zur Offenlegung. Im Hinblick auf die Vorstandsvergütung gelten für börsennotierte Aktiengesellschaften seit dem Geschäftsjahr 2006 erweiterte **Offenlegungspflichten.** So ist die Vergütung der einzelnen Vorstandsmitglieder individualisiert und aufgeteilt nach erfolgsunabhängigen und erfolgsbezogenen Komponenten sowie Komponenten mit langfristiger Anreizwirkung im Jahresabschluss der Gesellschaft (§ 285 Nr. 9 lit. a HGB) und ggf. im Konzernabschluss (§ 314 Abs. 1 Nr. 6 lit. a S. 5 HGB) anzugeben. Von einer solchen Individualisierung kann die Hauptversammlung mit einer Mehrheit von drei Vierteln allerdings absehen (sog. **„Opt-out"**; § 286 Abs. 5 HGB; ggf. über § 314 Abs. 2 S. 3 HGB). Weiterhin ist in den Lagebericht börsennotierter Aktiengesellschaften im Regelfall ein Vergütungsbericht aufzunehmen, der die Grundzüge des Vergütungssystems der Gesellschaft beschreibt (§ 289 Abs. 2 Nr. 5 HGB; vgl. zum Ganzen *Leuering/Simon* NZG 2005, 945 und *Hohenstatt/Wagner* ZIP 2008, 945).

Der Deutsche Corporate Governance Kodex in der Fassung vom 13.5.2013 empfiehlt zudem in Ziffer 4.2.5 Abs. 3, dass der Vergütungsbericht für die Geschäftsjahre, die nach dem 31.12.2013 beginnen, eine Vielzahl weiterer Detailangaben enthalten soll. Im Einzelnen sind das die für das Berichtsjahr gewährten Zuwendungen einschließlich der Nebenleistungen, bei variablen Vergütungsteilen ergänzt um die erreichbare Maximal- und Minimalvergütung, der Zufluss im bzw. für das Berichtsjahr aus Fixvergütung, kurzfristiger variabler Vergütung und langfristiger variabler Vergütung mit Differenzierung nach den jeweiligen Bezugsjahren sowie bei der Altersversorgung und sonstigen Versorgungsleistungen der Versorgungsaufwand im bzw. für das Berichtsjahr. Diese zusätzlichen Angaben zur Vorstandsvergütung sollen anhand von Mustertabellen aufbereitet werden, die dem Kodex als Anlagen beigefügt sind (Ziffer 4.2.5 Abs. 3). Diese Tabellen sind als Bestandteile des Vergütungsberichts abzudrucken. Vor dem Hintergrund möglicher Weiterentwicklungen des Deutschen Corporate Governance Kodex wird die im Formular vorgesehene Zusatzregelung empfohlen, dass das Vorstandsmitglied sein Einverständnis zur Offenlegung seiner Vergütung entsprechend den Anforderungen des jeweils geltenden Deutschen Corporate Governance Kodex erklärt.

28. Gehaltsfortzahlung bei Krankheit des Vorstandsmitglieds. Für den Krankheitsfall enthält das Formular – neben eher „organisatorischen" Pflichten des Vorstandsmitglieds (Informations- und Hinweispflichten; Vorlage eines ärztlichen Attests und Abtretung von etwaigen Schadensersatzansprüchen gegen Dritte) – eine großzügige, allerdings in tatsächlicher Hinsicht auch übliche „Entgeltfortzahlungsregelung".

Das für Arbeitnehmer geltende Entgeltfortzahlungsgesetz findet auf Vorstandsmitglieder keine Anwendung (vgl. § 1 EFZG). Diese Nichtgeltung des EFZG hätte aber zur Folge, dass das Vorstandsmitglied eine Gehaltsfortzahlung im Krankheitsfall nur nach allgemeinen dienstvertraglichen Regeln und damit nur für eine verhältnismäßig nicht erhebliche Zeit (§ 616 BGB) fordern könnte. Angesichts der „herausgehobenen Stellung" eines Vorstandsmitglieds ist es aber gängige Praxis, im Krankheitsfall eine vertragliche Gehaltsfortzahlung vorzusehen, die sich i. d. R. weit über den für Arbeitnehmer geltenden Sechs-Wochen-Zeitraum erstreckt. Die im Formular vorgesehene Fortzahlung für einen Zeitraum von sechs Monaten entspricht der Üblichkeit, ist aber letztlich Verhandlungssache. Die Formulierung wird um eine Anrechnung etwaiger krankheitsbedingter Leistungen Dritter (z. B. Krankentagegeld) ergänzt.

29. Gehaltsfortzahlung im Fall des Todes des Vorstandsmitglieds. Um im Todesfall finanzielle Härten bei den Angehörigen zu mildern bzw. zu vermeiden, ist auch eine Sterbegeldvereinbarung üblich – und hier deswegen auch im Formular vorgesehen. Denn mit dem Tod des Vorstandsmitglieds endet das Anstellungsverhältnis; Vergütungsansprüche für die Zeit nach dem Tod entstünden daher an sich nicht. Insoweit wird mit der vertraglichen Regelung im Vorstandsdienstvertrag ein eigenständiger Anspruch auf „Fortzahlung" der Festvergütung im Todesfall geschaffen. Als Anspruchsberechtigte sind die Hinterbliebenen vorgesehen. Sollte das Vorstandsmitglied im konkreten Fall allerdings nicht verheiratet sein und keine Kinder haben oder deren Begünstigung nicht wünschen, kann in dieser Klausel auch geregelt werden, dass die Fortzahlung der Vergütung im Todesfall an die durch entsprechenden Erbnachweis ausgewiesenen Erben des Vorstandsmitgliedes (als Gesamtgläubiger) gezahlt wird. Die Höhe des Sterbegeldes, welches an die Hinterbliebenen bzw. Erben fließen soll, unterliegt dabei der freien Vereinbarung der Vertragsparteien; die im Formular vorgesehene Regelung, wonach für die Zeitdauer von drei Monaten nach dem Tod eine Fortzahlung des Festgehalts erfolgen soll, liegt eher an der Untergrenze des üblichen Rahmens. Wenn die wirtschaftliche Absicherung der Hinterbliebenen nicht im Vordergrund steht, kann auch ergänzend vorgesehen werden, dass das Sterbegeld nicht über die Beendigung der Laufzeit des Vorstandsdienstvertrags hinaus gezahlt wird.

Sofern für das Vorstandsmitglied bei der Gesellschaft eine betriebliche Altersversorgung besteht, ist stets daran zu denken, in der Sterbegeldvereinbarung eine Anrechnung zur Vermeidung von Doppelzahlungen vorzusehen.

30. Sozialversicherungen. Zur Absicherung der auch für Vorstandsmitglieder bestehenden sozialen Sicherungsbedürfnisse wird üblicherweise die Übernahme bzw. Bezuschussung von Sozialversichersicherungsbeiträgen (z. B. auch für eine Risikolebensversicherung) durch die Gesellschaft vereinbart. Gesetzliche Verpflichtungen hierzu bestehen für die Gesellschaft im Regelfall nicht. Denn sozialversicherungsrechtlich ist zu beachten, dass Vorstandsmitglieder – bezogen auf die jeweilige Vorstandstätigkeit in einem Unternehmen – sowohl im Bereich der gesetzlichen **Rentenversicherung** (§ 1 S. 3 SGB VI) als auch im Bereich der **Arbeitsförderung** (§ 27 Abs. 1 Nr. 5 SGB III) versicherungsfrei sind.

Für Vorstandsmitglieder „ausländischer Aktiengesellschaften" mit Verwaltungssitz in Deutschland gilt nichts anderes, soweit die Gesellschaft ausländischen Rechts mit der Aktiengesellschaft deutschen Rechts gleichwertig ist (vgl. *Thomas/Weidemann* BB 2005, 1162; restriktiver *Spohr* BB 2005, 2754). Auch im Bereich der gesetzlichen **Kranken- und Pflegeversicherung** besteht i.d.R. mangels Vorliegens einer „Beschäftigung" i.S.d. § 7 SGB IV Versicherungsfreiheit (vgl. hierzu aber LSG Essen BeckRS 2011, 77404) oder entfällt die Versicherungspflicht in der gesetzlichen Krankenversicherung gem. § 6 Abs. 1 Nr. 1 SGB V, weil das Einkommen des Vorstandsmitglieds regelmäßig die Jahresarbeitsentgeltgrenze übersteigen wird (vgl. *Grimm* DB 2012, 175).

Die Regelung im Formular unterstellt den Normalfall einer Sozialversicherungsfreiheit und gewährt dem Vorstandsmitglied die „Arbeitgeberbeiträge" für die Renten-, Kranken- und Pflegeversicherung als Zuschuss. Dabei wird die Zahlung allerdings auf den unter Berücksichtigung der Beitragsmessungsgrenzen gesetzlich geschuldeten Höchstbetrag beschränkt. Die Beitragszuschüsse sind dabei nicht nach § 3 Nr. 62 EStG von der Einkommensteuer befreit. Die Zuschüsse unterliegen somit als Einnahmen aus einer nichtselbständigen Tätigkeit der Lohnsteuerpflicht. Ohne eine Regelung zur Abführung und Tragung der Lohn- bzw. Einkommensteuer könnte fraglich werden, ob angesichts des nicht gesetzlich geregelten Zuschusses eine Netto-Abrede vorliegt und damit die Gesellschaft – anstelle des Vorstandsmitglieds – die Steuern schuldet.

Ob und welche Versicherungen das Vorstandsmitglied letztlich abschließt, bleibt ihm überlassen (z.B. Abschluss individueller Versicherungen oder Einbeziehung des Vorstandsmitglieds in eine im Unternehmen bestehende Gruppenversicherung). In diesem Zusammenhang kann auch daran gedacht werden, die Zahlungen der Zuschüsse ausdrücklich an das tatsächliche Bestehen einer Renten-, Kranken- und Pflegeversicherung zu binden. Eine solche Regelung ist aber gänzlich unüblich und deshalb im Formular nicht vorgesehen.

31. **Ruhegeld.** Im Formular wurde auf die Aufnahme einer Regelung bzgl. der Zusage von Leistungen der **Alters-** oder **Hinterbliebenenversorgung** verzichtet. Ein gesetzlicher Anspruch auf solche Versorgungsleistungen besteht für ein Vorstandsmitglied nicht. Zu dessen Begründung bedarf es vielmehr einer vertraglichen Abrede – und damit der (grundsätzlichen) Entscheidung seitens der Gesellschaft, ob und in welchem Umfang solche Zusagen gewährt werden sollen. Das BetrAVG findet im Fall einer Zusage aufgrund von § 17 Abs. 1 S. 2 BetrAVG grundsätzlich Anwendung. Mittels vertraglicher Vereinbarung kann von den Vorschriften des BetrAVG zu Lasten des Vorstandsmitglieds abgewichen werden, soweit diese Vorschriften tarifdispositiv sind (BAG AP BetrAVG § 1 Beamtenversorgung Nr. 21). Von praktischer Bedeutung sind insoweit die §§ 2, 3 und 16 BetrAVG (*Diller/Arnold/Kern* GmbHR 2010, 281; *Thüsing/Granetzny* NZG 2010, 449).

Neben einer individuellen Zusage an das Vorstandsmitglied ist auch die Teilnahme an einer im Unternehmen ohnehin bestehenden betrieblichen Altersversorgung möglich. Weil Versorgungszusagen für Vorstandsmitglieder i.d.R. aber großzügiger sind als die den „normalen" Arbeitnehmern gewährten Versorgungen, ist die Teilnahme hieran zwar durchführbar, wird allerdings i.d.R. mit der Gewährung zusätzlicher Leistungen verbunden. Wird unabhängig von einer im Unternehmen bestehenden betrieblichen Altersversorgung eine individuelle Zusage gegeben, besteht die Notwendigkeit einer detaillierten Regelung, insbesondere für die Definition der Versorgungsfälle „Erreichen einer Altersgrenze" und „Eintritt der Erwerbsunfähigkeit", die Höhe der Ansprüche, Fälligkeiten und Wertsicherungsklauseln sowie die eventuelle Anrechnung bereits früher im Unternehmen erworbener Versorgungsansprüche. Über die betriebliche Altersversorgung hinaus wird in diesem Zusammenhang nicht selten auch eine Leistung für den Fall der Nicht-Verlängerung des Vorstandsdienstvertrages zugesagt (sog. **Übergangsgeld**, vgl. *Veltins* BB 2013, 1077).

Keinesfalls darf die Versorgungszusage für das Vorstandsmitglied aber die Entschließungsfreiheit des Aufsichtsrats für die Frage der wiederholten Bestellung des Vorstands beschränken. Zudem gilt für ein Ruhegeld sinngemäß das Angemessenheitsgebot des § 87 Abs. 1 S. 1 AktG (vgl. § 87 Abs. 1 S. 4 AktG). Versorgungsbezüge müssen daher in einem angemessenen Verhältnis zur Lage der Gesellschaft bei Erteilung der Zusage und zu den Aufgaben und Leistungen des Vorstandsmitglieds stehen. Darüber hinaus darf die übliche Höhe von Versorgungszusagen nicht ohne besondere Gründe überschritten werden (*Doetsch* AG 2010, 465, 466 ff.).

Eine Anpassungsregelung zur Herabsetzung der Versorgungsleistung mag auch nach dem Inkrafttreten des VorstAG am 5.8.2009 noch sinnvoll sein, wenngleich auch ohne eine solche Regelung gemäß § 87 Abs. 2 S. 1 und 2 AktG jedenfalls in den ersten drei Jahren nach dem Ausscheiden des Vorstandsmitglieds aus der Gesellschaft auch das Ruhegehalt nachträglich herabgesetzt werden kann. Allerdings wird man wohl davon ausgehen müssen, dass bei einer Herabsetzung die von der Rechtsprechung entwickelten Grundsätze der 3-Stufen-Theorie zur Wahrung des Besitzstandes bei Eingriffen in Versorgungsanwartschaften zu berücksichtigen sein wird (*Doetsch* AG 2010, 465, 472; vgl. zur 3-Stufen-Theorie → Form. F. V. 1 Anm. 4). Inwieweit eine vertragliche Vereinbarung, die über die Anpassungsregelung des § 87 Abs. 2 S. 2 AktG hinausgeht, wirksam ist, ist derzeit nicht abschließend geklärt (gegen die Wirksamkeit einer solchen vertraglichen Vereinbarung *Bauer/Baeck/v. Medem* NZG 2010, 721, 728).

Börsennotierte Aktiengesellschaften müssen die jedem einzelnen Vorstandsmitglied zugesagten Versorgungsleistungen mit ihrem Barwert sowie den von der Gesellschaft während des Geschäftsjahres hierfür aufgewandten oder zurückgestellten Betrag im Anhang zur (Konzern-)Bilanz ausweisen (§ 285 Nr. 9 lit. a) S. 6 lit. bb) HGB).

32. Sonstige Versicherungen, insbesondere Unfallversicherung, D&O und Rechtsschutz. Auch die Übernahme sonstiger Versicherungskosten durch die Gesellschaft bedarf der gesonderten vertraglichen Abrede. Dabei wird i. d. R. ausgehandelt, für welche Sicherungsbedürfnisse des Vorstandsmitglieds die Gesellschaft etwaige Versicherungen bezuschusst bzw. unterhält. Im Formular ist beispielhaft die Unterhaltung einer Unfallversicherung für den Todes- und Invaliditätsfall vorgesehen. Wenn die Gesellschaft allerdings unternehmens- oder konzernweit einen bestimmten Versicherungsschutz „eingekauft" hat, wird sie eher ein Interesse daran haben, pauschal auf diese Versicherungen (in ihrem jeweiligen Umfang) zu verweisen und keine spezifischen Summen in den Vorstandsdienstvertrag zu schreiben. Einem solchen Fall ist mit einer entsprechenden vertraglichen Formulierung Rechnung zu tragen (→ Form. B. I. 1 Anm. 27).

Zur Abdeckung von Haftungsrisiken des Vorstandsmitglieds wird häufig auch die Verpflichtung der Gesellschaft zum Abschluss (und zur Aufrechterhaltung) einer sog. **Director's & Officer's Liability Insurance** (**D&O-Versicherung**) vereinbart werden. Dazu dient die Regelung in § 6 Abs. 3 des Formulars. Die Versicherung soll die Inanspruchnahme des Vorstandsmitglieds wegen fahrlässig verursachter Schäden abdecken, die von ihm in Ausübung seiner vertraglichen oder satzungsmäßigen Aufgaben verursacht worden sind. D&O-Versicherungen beziehen sich dabei sowohl auf Ansprüche, die Dritte gegen das Vorstandsmitglied geltend machen (Außenhaftung, meist aufgrund deliktischer Ansprüche), als auch auf solche, die die versichernde Gesellschaft selbst gegen das Vorstandsmitglied erheben kann (Innenhaftung, regelmäßig aufgrund von Ansprüchen gegen das Vorstandsmitglied aus § 93 Abs. 2 S. 1 AktG). Die zeitliche, sachliche und räumliche Reichweite des (i. d. R. jeweils limitierten) Deckungsschutzes sowie auch die Höhe der Versicherungssumme ergeben sich aus den jeweiligen Versicherungsbedingungen, die dem Vorstandsdienstvertrag in Kopie als Anlage beigefügt werden sollten. Der Abschluss einer D&O-Versicherung ist auch für die Gesellschaft von Vorteil, da mit dem Versicherungsgeber neben das Vorstandsmitglied ein zusätzlicher und i. d. R. deutlich solventerer Schuldner tritt, den die Gesellschaft im Haftungsfall in Anspruch nehmen kann. Der Versicherer übernimmt bei Eintritt des Versicherungsfalls den Schaden bis zur vereinbarten Deckungssumme abzüglich des nach § 93 Abs. 2 S. 3 AktG zwingend zu vereinbarenden **Selbstbehalts** (vgl. auch Ziffer 3.8 Abs. 2 des Deutschen Corporate Governance Kodex in der Fassung vom 13.5.2013). Durch den Selbstbehalt wird festgelegt, in welchem Umfang sich das Vorstandsmitglied je Versicherungsfall an dem Schaden zu beteiligen hat. Der Selbstbehalt soll Pflichtverletzungen von Vorstandsmitgliedern präventiv entgegenwirken (*Melot de Beauregard/Gleich* NJW 2013, 824, 828). Der konkrete Umfang des Selbstbehalts ist durch § 93 Abs. 2 S. 3 AktG nicht abschließend vorgegeben. Er ist vielmehr zwischen den Vertragsparteien auszuhandeln. Dabei sind sie aber an die gesetzlich vorgeschriebene Mindesthöhe gebunden. Das Vorstandsmitglied ist danach an jedem Schadensfall zu mindestens zehn Prozent zu beteiligen. Eine etwa vereinbarte Obergrenze des Selbstbehalts für Pflichtverstöße, die innerhalb eines Jahres begangen wurden, muss bei mindestens dem Eineinhalbfachen der festen jährlichen Vergütung des Vorstandsmitglieds liegen (Spindler/Stilz/*Fleischer* § 93 Rn. 247). Das Risiko der Haftung des Vorstandsmitglieds mit seinem Privatvermögen bis zur Höhe des Selbstbehalts kann das Vorstandsmitglied zumindest nach der h.M. selbst versichern. Zu beachten ist dabei jedoch, dass die diesbezüglichen Prämien weder direkt noch indirekt von der Gesellschaft übernommen werden dürfen (*Harzenetter* DStR 2010, 653, 658; *Melot de Beauregard/Gleich* NJW 2013, 824, 829; *Thüsing/Traut* NZA 2010, 140, 143).

Der einkommenssteuerlichen Behandlung der Prämienzahlungen der Gesellschaft für die D&O-Versicherung ist das BMF-Schreiben vom 24.1.2002 (DB 2002, 399) zugrunde zu legen: Danach lösen die Prämienzahlungen keine Steuerpflicht der versicherten Personen aus, wenn jedenfalls konkrete Umstände ersichtlich sind, aus denen sich nachweisen lässt, dass die D&O-Versicherung in erster Linie der Absicherung des Unternehmens dient (zur Frage, ob die Prämienzahlungen als Teil der Gesamtbezüge des Vorstandsmitglieds auch unter den Angemessenheitsmaßstab des § 87 Abs. 1 AktG fallen, vgl. *Spindler* DStR 2004, 36). Zur Klärung der steuerlichen Fragen wird die Einholung einer Anrufungsauskunft nach § 42e EStG beim zuständigen Finanzamt empfohlen.

33. Dienstwagen. In der weit überwiegenden Anzahl der Fälle wird dem Vorstandsmitglied ein Dienstwagen zur dienstlichen sowie auch zur privaten Nutzung zur Verfügung gestellt. Das Formular sieht dementsprechend eine vertragliche Regelung zur Überlassung eines Dienstwagens vor. Angesichts der hohen, weil statusbezogenen, Bedeutung eines Dienstwagens vermag die großzügige Handhabung der damit verbundenen Fragen die Vertragsverhandlungen oftmals zu erleichtern. Dies zeigt sich bereits bei der Frage der Festlegung der Kategorie des Dienstwagens. Denn das Vorstandsmitglied wird hier – nachvollziehbarer Weise – darauf drängen, eine möglichst hochwertige Kategorie zur Verfügung gestellt zu bekommen.

Ob dabei der Dienstwagen als solcher (d.h. unter Festlegung des Typs und der Marke) zur Verfügung gestellt werden soll oder eine insoweit nur wertmäßige Vorgabe für das Vorstandsmitglied geschaffen wird, bleibt Verhandlungssache (→ Form. A. III. 1 Anm. 2). Das Vorstandsmitglied wird dabei die zweite Alternative bevorzugen, um sich in diesem Rahmen bestehende Auswahlmöglichkeiten zu erhalten.

Alternative zu § 7 Abs. (1):

Die Gesellschaft stellt dem Vorstandsmitglied für die Dauer seiner Bestellung zum Organ einen Dienstwagen im Wert von maximal ...... EUR (in Worten: ...... Euro) (Brutto-Listenpreis inkl. Sonderausstattung und Umsatzsteuer) bzw. einer monatlichen Brutto-Leasingrate bis zu maximal ...... EUR (in Worten: ...... Euro) zur Verfügung. Sofern das Vorstandsmitglied ein Fahrzeug von erheblich geringerem Wert wählt oder keinen Dienstwagen beansprucht, wird die Differenzsumme zwischen der Vollkostenleasingrate für das preisgünstigere Fahrzeug und der fiktiven Vollkostenleasingrate für ein Fahrzeug im vorgenannten Wert bzw. im Fall keines Dienstwagens

in Höhe der fiktiven Vollkostenleasingrate durch monatliche Zahlung an das Vorstandsmitglied ausgeglichen.

Sofern bei der Gesellschaft nicht ohnehin eine Dienstwagenordnung besteht, die zumindest ergänzend (z.B. zu Fragen der Nutzung durch Dritte, Haftung bei Beschädigung oder Verlust, Übernahme- bzw. Rückgabeverfahren, Vorschriften zu Betrieb, Pflege, Wartung und Reparatur) zur Anwendung gebracht bzw. in Bezug genommen werden kann, müssen die im Zusammenhang mit einer Dienstwagengestellung bestehenden Fragen jedenfalls individuell geregelt werden. Stets sind dabei – neben der bereits beschriebenen Festlegung der Dienstwagenkategorie – der Nutzungsumfang (dienstlich und im Regelfall auch privat), die Übernahme von Betriebs-, Unterhaltungs- und Versicherungskosten sowie auch die Herausgabeverpflichtungen gesondert festzulegen.

Die Überlassung nicht nur zur dienstlichen, sondern auch zur privaten Nutzung ist ein Sachbezug und damit als geldwerter Vorteil zu versteuern. Dieser Sachbezug wäre als Teil der Vergütung auch z.B. bei der Berechnung einer Karenzentschädigung und der Kontrolle der Angemessenheit der Gesamtbezüge nach § 87 Abs. 1 AktG zu berücksichtigen.

Die im Formular vorgesehenen Regelungen bilden lediglich einen (allerdings weithin in Inhalt und Umfang bewährten) Vorschlag. Im Bedarfsfall kann zusätzlich die Gestellung eines Fahrers geregelt werden. Ebenso denkbar ist die Einräumung einer gesonderten Nutzungserlaubnis für Dritte (z.B. den Ehepartner des Vorstandsmitglieds) bzw. auch der explizite Ausschluss einer solchen Nutzungserlaubnis.

Optional:

Das Vorstandsmitglied kann eine namentlich von ihm gegenüber der Gesellschaft zu benennende Person ermächtigen, den Dienstwagen zusätzlich zu ihm zu nutzen.

Besonders problematisch ist die Festlegung, ob der Dienstwagen nur für die Dauer der Organstellung oder für die Dauer des Anstellungsverhältnisses überhaupt (d.h. auch in der Zeit einer möglichen Freistellung) überlassen werden soll. Angesichts der im Fall einer Freistellung auch durch den Entzug des Dienstwagens für jeden erkennbar erfolgenden „Degradierung" wird ein Vorstandsmitglied stets für die zweite Alternative kämpfen. In diesem Fall ist – entsprechend der jeweils bestehenden Verhandlungssituation – die Folgefrage zu klären, ob und in welchem Umfang in dieser Phase der Freistellung die (dann nur noch privaten) Nutzungsmöglichkeiten des Vorstandsmitglieds beschränkt werden können bzw. müssen. Denn es liegt gerade nicht im Interesse der Gesellschaft, am Ende der Freistellungsphase einen über die Maßen genutzten und damit ggf. wertlosen Dienstwagen zurück zu erhalten. Eine in diesem Fall möglicherweise vermittelnde Regelung könnte darin liegen, dass das Vorstandsmitglied jedenfalls die verbrauchsabhängigen Kosten ab der Freistellung selbst trägt.

Ist – wie im Formular – bei Beendigung der Organstellung die Herausgabe des Dienstwagens vorgesehen, kann ergänzend geregelt werden, dass das Vorstandsmitglied keinen Anspruch auf etwaigen finanziellen Ausgleich infolge des Entzugs der privaten Nutzungsmöglichkeit haben soll. Ist eine solche Regelung nicht explizit getroffen, kann das Vorstandsmitglied die insoweit entgehende Privatnutzung als Teil der Gesamtvergütung (Sachbezug) in Form einer finanziellen Leistung einfordern.

Auch kann ein etwaiges Zurückbehaltungsrecht des Vorstandsmitglieds an dem zurückzugebenden Dienstwagen ausgeschlossen werden. Zwar ist der Ausschluss eines Zurückbehaltungsrechts als vorformulierte Vertragsbedingung rechtlich grundsätzlich unzulässig (§ 309 Nr. 2 BGB). Er kann jedoch aus taktischen Gründen zu empfehlen sein.

Darüber hinaus sind auch die Fragen der Nutzung in Zeiten der unverschuldeten Arbeitsverhinderung bzw. im Krankheitsfall sowie im Urlaub regelungsfähig. Im Normalfall wird hierbei das Nutzungsrecht des Vorstandsmitglieds auch in diesen Zeiten bestehen.

Insbesondere bei ausländischen Vorstandsmitgliedern ist darauf zu achten, dass sie eine (gültige) Fahrerlaubnis besitzen.

34. Sonstige Nebenleistungen. Üblich ist auch die (deswegen) im Formular vorgesehene Regelung zur Erstattung angemessener **Aufwendungen**, die **im Interesse der Gesellschaft** gemacht werden (wie z. B. für Dienstreisen, Repräsentation der Gesellschaft und Bewirtung von Geschäftspartnern). Diese Aufwendungen wären im Übrigen – auch ohne diesbezügliche vertragliche Regelung – von der Gesellschaft zu ersetzen (§ 670 BGB analog).

Sofern im Einzelfall von der Gesellschaft zusätzliche Nebenleistungen (z. B. auch die Kostenübernahme für mitreisende Angehörige bei Dienstreisen) erbracht werden sollen, bedarf dies einer gesonderten Vereinbarung. Denkbar ist hierbei die Übernahme der Kosten für einen **privaten Telefon-, Telefax- und Internetanschluss** inklusive der anfallenden Gesprächsgebühren. Als Zusatzleistungen sind auch die Überlassung eines **Mobiltelefons** zur privaten Nutzung oder die Übernahme möglicher **Umzugs-, Makler- oder Relocationkosten** vorstellbar. Diese Leistungen der Gesellschaft sind Teil der Gesamtbezüge des Vorstandsmitglieds und unterliegen damit dem Angemessenheitserfordernis der Gesamtbezüge nach § 87 Abs. 1 AktG. Zudem sind sie vom Vorstandsmitglied im Umfang ihres geldwerten Vorteils zu versteuern.

Optional:
Die Gesellschaft übernimmt die Kosten für die Anmietung einer Wohnung am Dienstort bis zu . . . . . . EUR (in Worten: . . . . . . Euro) brutto monatlich für einen Zeitraum von zwölf Monaten ab Beginn des Dienstverhältnisses. Etwaige Umzugskosten des Vorstandsmitglieds werden durch die Gesellschaft bis zu einem Höchstbetrag von . . . . . . EUR (in Worten: . . . . . . Euro) brutto gegen Nachweis erstattet. Etwaige Maklerkosten für das Mietobjekt werden durch die Gesellschaft bis zu einem Höchstbetrag von . . . . . . EUR (in Worten: . . . . . . Euro) brutto gegen Nachweis erstattet. Die Versteuerung eines etwaigen geldwerten Vorteils geht zu Lasten des Vorstandsmitglieds.

Darüber hinaus kann auch eine für das Vorstandsmitglied als „frequent traveller" attraktive Zusatzklausel eingefügt werden, die den Verzicht der Gesellschaft auf die dienstliche Nutzung von **Bonusmeilen** regelt, die im Rahmen von Kunden-Bindungsprogrammen der verschiedenen Luftfahrtgesellschaften (z. B. „Miles&More" der Lufthansa) bei Dienstreisen erworben wurden. Gemäß § 667 BGB analog müssten diese dienstlich erworbenen Bonusmeilen an sich für weitere Dienstreisen Verwendung finden. Wird eine derartige „Miles&More"-Klausel eingefügt, ist auch dabei die Versteuerung des geldwerten Vorteils zu regeln.

Optional:
Etwaige im Rahmen von Dienstreisen erworbene Flugbonusmeilen dürfen privat genutzt werden. Die Versteuerung eines etwaigen geldwerten Vorteils geht zu Lasten des Vorstandsmitglieds.

In der Praxis seltener ist die Regelung von **Kreditgewährungen** durch die Gesellschaft bereits im Rahmen des Vorstandsdienstvertrages. Hier empfiehlt sich, falls gewünscht, eine separate Regelung, bei der insbesondere die gesetzliche Vorschrift des § 89 AktG berücksichtigt werden sollte.

35. Urlaub. Die im Formular vorgeschlagene Urlaubsregelung beschränkt sich nur auf das „Notwendigste". Zwar sind für das Vorstandsmitglied grundsätzlich alle den Urlaub betreffenden Fragen individuell zu regeln. Denn das Bundesurlaubsgesetz (BUrlG) gilt nur für Arbeitnehmer, § 2 BUrlG (zur Erstreckung des BUrlG auf GmbH-Geschäftsführer im Wege richtlinienkonformer Auslegung und die ggf. auf Vorstandsmitglieder übertragbaren Argumente vgl. jedoch *Forst* GmbHR 2012, 821, 822 f.). In der Praxis stellen aber weder die Verhandlung der Urlaubsregelung selbst noch ihre Durchführung im Rahmen des Dienstverhältnisses die Vertragsparteien vor größere Probleme. Die Festlegungen beschränken sich in der Praxis daher – wie die vorgeschlagenen Regelungen – zumeist auf den **Umfang des Urlaubsanspruchs** sowie die Frage der **Übertragbarkeit** des Urlaubs auf das nächste Kalenderjahr. Legt man dabei den Umfang des Urlaubsanspruchs – wie üblich – als Anzahl von Tagen fest, empfiehlt sich zur Klarstellung eine Definition dessen, was als „Tag" i.S.d. Regelung anzusehen ist.

Meist wird die Frage der Übertragbarkeit des Urlaubs großzügig gehandhabt und eine solche Übertragung in vollem Umfang zugelassen. Ob der übertragene Urlaub dann im Folgejahr bis zu einem gewissen Zeitpunkt genommen werden muss, bleibt Verhandlungssache. Bei der Vereinbarung einer unbegrenzten Übertragbarkeit des Urlaubs über sein Entstehungsjahr hinaus muss aber stets ein etwaiger Anspruch auf Urlaubsabgeltung im Auge behalten werden. Ein unbegrenztes Forttragen im Sinne eines „Ansparens" von Urlaub bei fehlender Verfallregelung kann im Zeitpunkt des (regulären) Ausscheidens des Vorstandsmitglieds zum Entstehen nicht unerheblicher Zahlungsansprüche des Vorstandsmitglieds gegenüber der Gesellschaft führen. Deswegen ist im Formular auch eine entsprechende Verfallregelung vorgesehen.

Als Alternative zur im Formular vorgesehenen Übertragungsregelung (mit entsprechendem Verfall bei Nichtinanspruchnahme) kann auch eine **„Entschädigungslösung"** vereinbart werden:

Alternative zu Abs. (2):

Sofern das Vorstandsmitglied den ihm im Kalenderjahr zustehenden Urlaub nicht vollständig genommen hat, kann das Vorstandsmitglied für maximal . . . . . . dieser nicht genommenen Urlaubstage eine Entschädigung in Geld verlangen. Der maßgebliche Tagessatz pro Urlaubstag berechnet sich auf der Basis des Bruttojahresfestgehaltes gemäß § 3 Abs. (1) dieses Vertrages. Ein etwa darüber hinaus gehender nicht vollständig genommener Urlaub verfällt ersatzlos.

Zusätzlich kann eine Regelung zur Urlaubsabgeltung für den Fall der Beendigung des Dienstverhältnisses vorgesehen werden. Auch dies ist in der Praxis nicht unüblich:

Optional als § 9 Abs. (3):

Kann der Urlaub wegen der Beendigung des Dienstverhältnisses vom Vorstandsmitglied nicht oder teilweise nicht mehr genommen werden, ist der Urlaub zeitanteilig auf der Basis des Bruttojahresfestgehaltes gemäß § 3 Abs. (1) dieses Vertrages abzugelten.

Grundsätzlich braucht sich das Vorstandsmitglied seinen Urlaub nicht vom Aufsichtsrat „genehmigen" zu lassen. Zur Vermeidung von Streitigkeiten sowie zur Sicherstellung einer stets angemessenen Präsenz des Vorstands kann jedoch auch ein **Verfahren zur Urlaubsfestlegung** nach den Gepflogenheiten der Gesellschaft (z.B. Abstimmung mit anderen Vorstandsmitgliedern bzw. nur mit dem Vorstandsvorsitzenden bzw. dem Aufsichtsratsvorsitzenden) ausdrücklich festgelegt werden. Eine denkbare Formulierung könnte sein:

Optional:

Die Lage des in Teilabschnitten von nicht mehr als . . . . . . Tagen zu nehmenden Urlaubs ist vom Vorstandsmitglied in Abstimmung mit den anderen Mitgliedern des Vorstands, in deren Ermangelung in Abstimmung mit dem Vorsitzenden des Aufsichtsrats der Gesellschaft unter Berücksichtigung der Belange des Vorstandsmitglieds wie auch der Belange der Gesellschaft festzulegen.

Mittels Regelung im Vorstandsdienstvertrag kann zusätzlich auch das **BUrlG** selbst zur Anwendung gebracht werden. Die gesetzlichen Regelungen haben dann allerdings nur dispositiven Charakter (zumindest insofern als die Anwendbarkeit des BUrlG auf Vorstandsmitglieder verneint wird, vgl. zur Problematik beim GmbH-Geschäftsführer *Forst* GmbHR 2012, 821), was den Vorteil hat, dass Abweichendes entsprechend den Wünschen der Vertragsparteien oder nach den Erfordernissen der Praxis vereinbart werden kann – und trotzdem bei Fehlen einer ausdrücklichen vertraglichen Regelung offene Fragen umfassend geregelt sind.

36. Übernahme von Ämtern/Organleihe/Wettbewerbs- und Nebentätigkeitsverbot während der Vertragslaufzeit. Das Vorstandsmitglied wird mit den sich insoweit ergänzenden Regelungen des Formulars in den §§ 10 und 11 verpflichtet, grundsätzlich seine gesamte Arbeitskraft der Gesellschaft zu Verfügung zu stellen.

Allerdings erscheint die – im Formular vorgesehene – „offene Lösung" sinnvoll, bei Bedarf eine Delegation des Vorstandsmitglieds auch in andere Führungspositionen im Konzern (sog. **Organleihe,** → Anm. 9) zu ermöglichen, während das ursprüngliche Dienstverhältnis mit der Gesellschaft zu den vereinbarten Konditionen weiter besteht. Die Regelung zur Organleihe ist dabei im Zusammenhang mit § 88 AktG zu sehen. Nach § 88 Abs. 1 AktG unterliegt das Vorstandsmitglied für die Zeit seiner Amtsausübung einem umfassenden **Wettbewerbsverbot** für professionelle Tätigkeiten. Vorstandsmitglieder dürfen somit schon nach dem Gesetz ohne vorherige Zustimmung des Aufsichtsrats weder ein Handelsgewerbe betreiben noch im Geschäftszweig der Gesellschaft für eigene oder fremde Rechnung Geschäfte betreiben oder in einer anderen Handelsgesellschaft Vorstands- oder Geschäftsführerämter wahrnehmen. Dies gilt selbst für Tätigkeiten bei anderen Konzernunternehmen. Das gesetzliche Wettbewerbsverbot erfasst jedoch keine Tätigkeiten des Vorstandsmitglieds in Aufsichtsräten anderer Gesellschaften und auch nicht die Beteiligung des Vorstandsmitglieds an einer anderen Gesellschaft, sofern dies keinen Einfluss auf die Geschäftsführung dieser anderen Gesellschaft hat (*Hüffer* § 88 Rn. 4). Das Vorstandsmitglied kann sich daher grundsätzlich als stiller Gesellschafter, Kommanditist, Aktionär, Kommanditaktionär oder Gesellschafter einer GmbH an einer anderen Gesellschaft beteiligen. Möchte man eine derartige Beteiligung an einem Konkurrenzunternehmen bzw. einem Unternehmen, welches in Geschäftsbeziehungen mit dem eigenen Unternehmen steht, und eine Aufsichtsratstätigkeit des Vorstandsmitglieds vermeiden, empfiehlt es sich deshalb, den Anstellungsvertrag um eine Klausel entsprechend der im Formular in § 11 Abs. (1) Gewählten zu ergänzen.

Das gesetzliche Wettbewerbsverbot gilt allerdings grundsätzlich nur bis zum Widerruf der Bestellung des Vorstandsmitglieds als Organ der Gesellschaft. Ob es fortgilt, wenn der Vorstandsdienstvertrag nicht gekündigt wurde und die Gesellschaft sich zur Fortzahlung der Bezüge ohne Rücksicht auf die tatsächliche Beschäftigung des Vorstandsmitglieds bereit erklärt, ist umstritten (dafür OLG Frankfurt a.M. NZG 2000, 738; MünchKommAktG/*Spindler* § 88 Rn. 9; dagegen *Hüffer* § 88 Rn. 2; Spindler/Stilz/*Fleischer* § 88 Rn. 10). Aus diesem Grund kann sich die Aufnahme einer Klausel wie in § 11 Abs. (1) des Vertrages empfehlen, durch die das Wettbewerbsverbot vertraglich auf die Zeit bis zur Beendigung des Vorstandsdienstvertrages erstreckt wird (vgl. zum nachvertraglichen Wettbewerbsverbot § 16 des Formulars).

Um eine umfassende „Konzentration" des Vorstandsmitglieds auf die Vorstandstätigkeit zu ermöglichen, ist es zweckmäßig, auch für alle sonstigen **Nebentätigkeiten** einen Einwilligungsvorbehalt vorzusehen – dies ist daher auch im Formular geregelt. Für die vorgeschlagene Regelung besteht allerdings ein Risiko, dass die Rechtsprechung im Rahmen der AGB-Kontrolle eine solche Klausel insgesamt als unwirksam erachten wird, weil der Zustimmungsvorbehalt für alle Nebentätigkeiten gilt, unabhängig davon, ob diese die Vorstandstätigkeit beeinträchtigen oder nicht. Gegen eine Unwirksamkeit spricht allerdings, dass auch der Deutsche Corporate Governance Kodex in der Fassung vom 13.5.2013 einen solchen Zustimmungsvorbehalt vorsieht (vgl. Ziffer 4.3.5). Ein ausnahmsloses Nebentätigkeitsverbot ohne Zustimmungsvorbehalt wird – unabhängig von der sich hier verschärft stellenden Zulässigkeitsfrage – i.d.R. gegenüber dem Vorstandsmitglied im Verhandlungsweg nicht durchsetzbar sein. Darüber hinaus kommt es in der Praxis gelegentlich vor, dass ein Vorstandsmitglied bereits bei den Einstellungsverhandlungen deutlich macht, entweder für eine bestimmte Zeit oder überhaupt einer bestimmten Nebentätigkeit nachgehen zu wollen (z.B. Betreuung eines Familienunternehmens, wissenschaftliche Tätigkeit o. ä.). Ist die Gesellschaft bereit, dies zu akzeptieren, empfiehlt sich in jedem Fall eine genaue Regelung zum zeitlichen Umfang dieser Nebentätigkeit.

37. Arbeitszeit. Obwohl die im Formular vorgeschlagene Formulierung die Arbeitszeit des Vorstandsmitglieds weder nach Umfang noch nach Lage definiert, darf dennoch nicht davon ausgegangen werden, dass das Vorstandsmitglied dauerhaft oder nach Belieben untätig bleiben kann. Die Auslegung des Vorstandsdienstvertrages (Tätigkeits- und Vergütungsregelungen, Wettbewerbsverbot und Nebentätigkeitsregelungen) sowie der Formulierung der Regelung als solche weisen dem Vorstandsmitglied eine herausgehobene Position zu, die i.d.R. tatsächlich nur mit einer Vollzeittätigkeit (bzw. einem sogar darüber hinaus gehenden Einsatz) erfüllbar sein wird. Auch bei der Bestimmung der Lage der Arbeitszeit hat das Vorstandsmitglied die Interessen und Belange der Gesellschaft zu berücksichtigen. Mit der vorgeschlagenen Formulierung wird aber auch dem Interesse des Vorstandsmitglieds Rechnung getragen, das sich angesichts seiner Unabhängigkeit nur im Ausnahmefall vorschreiben lassen will und wird, wann es seine Tätigkeit zu erbringen hat (Weisungsfreiheit). In diesem Zusammenhang ist ergänzend darauf hinzuweisen, dass für ein Vorstandsmitglied das Arbeitszeitgesetz (ArbZG) und seine Beschränkungen keine Anwendung finden. Als Option findet sich in § 10 Abs. (3) des Formulars ein Klauselvorschlag, der den Fall berücksichtigt, dass das Vorstandsmitglied weitere Ämter wahrnimmt (wie in § 10 Abs. (1) vorgesehen).

38. Abwerbeverbot. Um jegliche Unklarheit darüber zu vermeiden, ob das Abwerben von Mitarbeitern der Gesellschaft oder mit ihr verbundener Unternehmen schon als Folge des Wettbewerbsverbots bzw. durch die Treuepflicht des Vorstandsmitglieds gegenüber der Gesellschaft als solche untersagt ist, ist im Formular auch ein explizites Abwerbeverbot (samt Vertragsstrafenregelung) vorgesehen. Diese Regelung dient insbesondere dazu, die Vorbereitung einer künftigen Konkurrenztätigkeit des Vorstandsmitglieds zu ver- bzw. zu behindern. Das Abwerbeverbot ist dabei nicht nur für die Dauer des Anstellungsverhältnisses vorgesehen, sondern mit der Regelung in § 16 Abs. (3) des Formulars soll es auch für zwölf Monate nach der Beendigung der Anstellung bei der Gesellschaft gelten (zum Problem der Wirksamkeit und Durchsetzbarkeit des nachvertraglichen Abwerbeverbots wie auch der Vertragsstrafenregelung → Form. B. I. 1 Anm. 17).

39. Transparenz und Interessenkonflikte. Die ausführlichen Regelungen des Formulars zur Transparenz und Vermeidung von Interessenkonflikten überführen im Wesentlichen nur die hierzu im Deutschen Corporate Governance Kodex in der Fassung vom 13.5.2013 in Ziffer 4.3 formulierten Leitlinien in den Vorstandsdienstvertrag, erweitern diese jedoch auch. Die Einführung derartiger Abreden empfiehlt sich auch bei nicht börsennotierten Unternehmen. Im Übrigen sind in diesem Zusammenhang neben den ohnehin bestehenden und zu beachtenden gesetzlichen Anforderungen (z.B. durch § 15a WpHG für „directors dealings", vgl. hierzu *Hagen-Eck/Wirsch* DB 2007, 504) oftmals auch unternehmensbezogene „insider trading rules" zu beachten (instruktiv zu dem Thema des Interessenkonflikts *Stephanblome* NZG 2013, 445).

40. Diensterfindungen/Schutzrechte. In bestimmten Branchen werden nicht selten auch schöpferische Leistungen von Vorstandsmitgliedern erwartet. Hier gilt es zu beachten, dass das Arbeitnehmererfindungsgesetz (ArbNErfG) weder direkt noch analog auf Vorstandsmitglieder anwendbar ist. Zur Schaffung eindeutiger Verhältnisse bei (patent- oder gebrauchsmusterfähigen) Erfindungen und technischen, aber auch organisatorischen Verbesserungsvorschlägen sind damit klare vertragliche Abreden nicht nur zulässig, sondern auch notwendig. Dies gilt besonders für Vorstandsmitglieder mit kreativ bzw. technisch orientierten Arbeitsbereichen.

Sofern gewollt, kann das ArbNErfG aber stets mittels vertraglicher Abrede zur Anwendung gebracht werden. Dies sollte dabei nie mittels pauschalen Verweises, sondern

– wie im Formular geregelt – unter Einbezug auch im Interesse der Gesellschaft stehender, individualvertraglicher Zusatzregelungen vorgesehen werden. Denn die Regelungen des ArbNErfG sind auf Arbeitnehmer und nicht auf Vorstandsmitglieder abgestimmt.

Ob – wie vorgesehen – aber auch vereinbart werden kann, dass eine gesonderte Vergütung für Diensterfindungen nicht erfolgen muss, kann im Einzelfall zweifelhaft sein. Denn die gezahlten Vorstandsgehälter werden nach § 78 Abs. 1 AktG funktions- bzw. aufgabenbezogen gewährt – und nicht als Ausgleich für „Sonderleistungen“ (vgl. *Gaul* GRUR 1977, 686). Zur Wirksamkeit der Abgeltungsregelung kann aber beitragen, dass bereits in der Tätigkeitsbeschreibung des Vorstandsmitglieds auf die Beschäftigung auch mit technischen Fragestellungen Bezug genommen wird. Damit ließe sich begründen, dass die bezogene Vorstandsvergütung auch etwaige Erfindervergütungen umfasst. Für sog. freie Erfindungen ist nach der Fassung des Formulars ohnehin eine marktübliche Vergütung zu bezahlen (vgl. zum Ganzen *Friemel/Kamlah* BB 2008, 613).

Bei Bedarf sollten vertragliche Abreden auch im Bereich sonstiger Schutzrechte (z.B. Marken- und Urheberrechte eingetragene Designs) vorgesehen und getroffen werden. Die im Formular vorgesehenen Regelungen sind wiederum nur beispielhaft und sollten stets auch auf die konkreten Bedürfnisse der Gesellschaft zugeschnitten werden. Denkbar ist – neben der Verpflichtung des Vorstandsmitglieds, beim Erwerb der Schutzrechte durch die Gesellschaft umfassend mitzuwirken – daher auch die Regelung von umfassenden Dokumentations- und Meldepflichten gegenüber der Gesellschaft sowie Abreden zur Rechtsübertragung. Nur soweit hierzu zwingende Regelungen existieren, wären hiervon abweichende vertragliche Abreden unzulässig. Zu beachten ist, dass dem Urheber nach den §§ 32, 32a UrhG ein **zwingender** Anspruch auf **angemessene Vergütung** und gegebenenfalls auf weitere Beteiligung zusteht. Die Gesellschaft kann daher im Einzelfall eine erweiterte Vergütungspflicht treffen, sofern die gezahlte Vergütung und der Wert des übertragenen Werkes ausnahmsweise in keinem angemessenen Verhältnis stehen. Liegen die Voraussetzungen für eine erweiterte Vergütungspflicht vor, läuft die im Formular in Abs. (4) vorgesehene pauschale Abgeltung leer.

41. Geheimhaltung. Nach § 93 Abs. 1 S. 3 AktG hat das Vorstandsmitglied die (mit der Treue- und Loyalitätspflicht bestehende) Verpflichtung, über vertrauliche Angaben, Betriebs-, Geschäfts- und sonstige Geheimnisse der Gesellschaft Stillschweigen zu bewahren. Die der Verschwiegenheit unterliegenden Umstände können alle Informationen sein, die ein Vorstandsmitglied in dieser Eigenschaft – aber nicht notwendig durch eigene Vorstandstätigkeit – erlangt hat. Die Pflicht zur Verschwiegenheit ist u.a. auch bei der Unterrichtung des Betriebsrats und des Wirtschaftsausschusses zu beachten. Ihre Grenze hat sie erst dort, wo für das Vorstandsmitglied gesetzliche Auskunftspflichten bestehen (z.B. nach §§ 90, 131, 176 Abs. 1 AktG) oder die Weitergabe von Informationen das Gesellschaftswohl fördert. Zu beachten ist in diesem Zusammenhang, dass eine Verletzung der Geheimhaltungspflicht ein wichtiger Grund für die Abberufung nach § 84 Abs. 3 AktG genauso wie für eine außerordentliche Kündigung nach § 626 BGB ist. Zudem ist die Offenbarung eines Geheimnisses nach § 404 AktG sogar strafbewährt.

Mittels der zu dieser Problematik vorgeschlagenen vertraglichen Abrede im Formular wird die Präzisierung dieser bereits nach dem Aktiengesetz bestehenden Pflichtenstellung ermöglicht. So wird z.B. ausdrücklich klargestellt, dass die Verschwiegenheitspflicht – entsprechend der gesetzlichen Konzeption – auch nach Ablauf der Amtszeit bzw. in der Zeit nach Ende des Dienstverhältnisses andauert. Zur Vermeidung etwaiger Streitigkeiten und Abgrenzungsprobleme empfiehlt sich auch, insbesondere im Fall eines **Konzernunternehmens,** die Erstreckung der Verschwiegenheitspflicht auf die mit der Gesellschaft verbundenen Unternehmen. Soweit in den präzisierenden Formulierungen eine Ausweitung der Regelung des § 93 Abs. 1 S. 3 AktG gesehen werden könnte, wäre der über das Gesetz hinausgehende Teil zwar unwirksam. Dies ist praktisch jedoch nicht weiter problematisch, da die Geheimhaltungsverpflichtung in diesem Fall auf das gesetzliche Niveau zurückfallen würde.

Zusätzlich zu der vorgeschlagenen Formulierung ist z. B. auch eine Abrede denkbar, ob, inwieweit und nach welchem Verfahren (z. B. mittels Abschluss von Vertraulichkeitsvereinbarungen) der Vorstand im Unternehmen eine **Due Diligence** zulassen kann (vgl. zu den Einzelheiten *Zirngibl;* Nirk/Ziemons/Binnewies/*Ziemons* 8. Abschnitt Rn. 8.874 ff.).

42. Rückgabe von Unterlagen und Eigentum der Gesellschaft. Auch ohne eine explizite vertragliche Abrede ist das Vorstandsmitglied zur Herausgabe von Unterlagen (nur Originale) sowie von sonstigen Gegenständen der Gesellschaft verpflichtet (§ 667 BGB analog). Mit der im Formular vorgesehenen Regelung entsteht diese Verpflichtung – ohne dass es einer diesbezüglichen Aufforderung des Vorstandsmitglieds bedarf – allerdings schon zum Zeitpunkt der Beendigung der Organstellung, die nach dem Trennungsprinzip vom Ende des Dienstverhältnisses abweichen kann. Auch sind mit der vorgesehenen umfassenden Formulierung der Herausgabepflicht Abschriften, Ablichtungen und sonstige Vervielfältigungen umfasst und es wird klargestellt, dass auch Datensätze herauszugeben sind. Der Ausschluss eines Zurückbehaltungsrechts ist als vorformulierte Vertragsbedingung rechtlich nicht zulässig (§ 309 Nr. 2 BGB), jedoch aus taktischen Gründen zu empfehlen. Das Vorstandsmitglied ist zumindest berechtigt, Kopien von Schriftstücken zurückzuhalten, die für seine persönliche Rechtsstellung bedeutsam sind (z. B. bezüglich Haftungsansprüchen aus § 93 AktG). Die Regelung der Rückgabe sonstiger Gegenstände wird durch die speziell geregelte Rückgabepflicht bezüglich des Dienstwagens in § 7 Abs. (4) des Formulars ergänzt (→ Anm. 33, dort auch zu etwaigen Entschädigungsansprüchen bei gestatteter privater Nutzung).

43. Nachvertragliches Wettbewerbsverbot. Auch für ein Vorstandsmitglied kann im Bedarfsfall ein nachvertragliches Wettbewerbsverbot vorgesehen werden. Ziel ist, zu verhindern, dass das Vorstandsmitglied nach dem Ende des Vorstandsdienstvertrages in seiner beruflichen Betätigung (ggf. zum Schaden der Gesellschaft) völlig frei ist (vgl. zum Formular einer „zweigeteilten" Vereinbarung mit nachvertraglichem Kundenschutz und Wettbewerbsverbot → Form. A. IV. 2).

Ebenso wie beim Geschäftsführer einer GmbH (bzw. auch beim „normalen" Arbeitnehmer) bedarf ein nachvertragliches Wettbewerbsverbot einer vertraglichen Abrede. Denn auch beim Vorstandsmitglied ergibt sich das nachvertragliche Wettbewerbsverbot nicht schon aus seiner (an sich sehr strengen) Treue- und Loyalitätspflicht gegenüber der Gesellschaft. Auch bestehen im Aktienrecht keine Regelungen zu dieser Frage, insbesondere gilt § 88 Abs. 1 AktG grundsätzlich nicht für die Zeit nach dem Widerruf der Bestellung und der Kündigung des Dienstverhältnisses (vgl. für die Zeit zwischen Beendigung der Organstellung und Beendigung des Dienstvertrages bereits → Anm. 36; selbst dann nicht, wenn das Vorstandsmitglied seine Kündigung angreift). Die damit konstitutive auf die Vereinbarung eines nachvertraglichen Wettbewerbsverbots gerichtete Abrede kann als Zusatzvereinbarung zum Vorstandsdienstvertrag abgeschlossen oder unmittelbar in den Vorstandsdienstvertrag aufgenommen werden. Hierfür verweist das Formular auf → Form. A. IV. 2, welches insofern noch auf das Vorstandsmitglied „umgeschrieben" werden muss.

Ergänzend zum vorgeschlagenen Formular empfiehlt sich bei Vorstandsmitgliedern die Einfügung einer ausdrücklich auf das Wettbewerbsverbot bezogenen salvatorischen Klausel:

Optional:
Sollten die zulässigen Grenzen der zeitlichen, räumlichen oder inhaltlichen Reichweite des nachvertraglichen Wettbewerbsverbots überschritten sein, gilt in entsprechender Anwendung des § 74a Abs. 1 S. 2 HGB das rechtlich zulässige Maß.

Mit dieser ausdrücklichen Regelung dieser Problematik wird eine geltungserhaltende Reduktion zumindest möglich. Denn die Rechtsprechung geht bei Verstößen gegen eine oder mehrere Wirksamkeitsvoraussetzungen bislang grundsätzlich von der Nichtigkeit der gesamten Wettbewerbsabrede aus und lässt eine geltungserhaltende Reduktion nur bei einer zu langen Bindungsdauer zu (MünchKommAktG/*Spindler* § 88 Rn. 47). Auch die punktuelle salvatorische Klausel lässt eine geltungserhaltende Regelung aber nur zu, wenn sie im Streitfall einer Inhaltskontrolle nach den §§ 305 ff. BGB standhält. Rechtsprechung zu dieser Frage gibt es derzeit nicht.

Wird die nach diesem Formular vorgesehene Regelung zur dauernden Dienstunfähigkeit (§ 2 Abs. (6) des Formulars) tatsächlich in den Vorstandsdienstvertrag aufgenommen, wird bei Eintritt einer solchen Dienstunfähigkeit die Einhaltung des nachvertraglichen Wettbewerbsverbots für die Gesellschaft i.d.R. wertlos sein. Zur Vermeidung etwaiger Ansprüche des Vorstandsmitglieds auf eine Karenzentschädigung empfiehlt sich in diesem Fall – neben der „regulären" Verzichtsmöglichkeit (→ Form. A. IV. 2 Abs. (6) und (7) nebst Anm. 9 und 10) – die Vereinbarung einer sofortigen Lösungsmöglichkeit der Gesellschaft:

Optional:
Im Falle der Dienstunfähigkeit nach § 2 Abs. (6) dieses Vertrages kann sich die Gesellschaft mit sofortiger Wirkung durch schriftliche Erklärung von diesem nachvertraglichen Wettbewerbsverbot lösen. In diesem Fall entfällt für das Vorstandsmitglied das nachvertragliche Tätigkeitsverbot nach vorstehendem Abs. (. . . . . .), die Gesellschaft wird von der Verpflichtung zur Zahlung einer Entschädigung nach vorstehendem Abs. (. . . . . .) frei.

Mit derselben Zielrichtung kann auch an eine zusätzliche Regelung gedacht werden, die bereits das In-Kraft-Treten des nachvertraglichen Wettbewerbsverbots verhindert.

Optional:
Das nachvertragliche Wettbewerbsverbot tritt nicht in Kraft, wenn das Vorstandsmitglied bei seinem Ausscheiden das 65. Lebensjahr vollendet hat, das Anstellungsverhältnis weniger als ein Jahr bestanden hat oder das Vorstandsmitglied länger als ein Jahr vor seinem Ausscheiden an der Ausübung seiner Tätigkeit gehindert war.

Parallel zu der bereits bei den Geheimhaltungs- und Verschwiegenheitsverpflichtungen vorgesehenen Klärungspflicht in Zweifelsfällen kann eine solche auch bei einem nachvertraglichen Wettbewerbsverbot eingeführt werden. Diese Verpflichtung dient aus Sicht der Gesellschaft vor allem dazu, eine gewisse „Vorwarnzeit" zu erhalten. Dies setzt allerdings voraus, dass sich das Vorstandsmitglied an diese Verpflichtung auch hält.

Optional:
Das Vorstandsmitglied ist verpflichtet, vor Aufnahme einer Tätigkeit in Zweifelsfällen über den Umfang des Wettbewerbsverbots nach diesem Dienstvertrag mit dem Aufsichtsrat der Gesellschaft eine Klärung herbeizuführen.

44. Ausschlussfristen. Zum Zwecke einer zeitnahen Klärung und Erlangung von Rechtssicherheit ist im Formular zudem geregelt, dass gegenseitige Ansprüche der Vertragsparteien innerhalb einer angemessenen Frist (im Formular vorgeschlagen wird eine Frist von sechs Monaten) durch schriftliche Erklärung gegenüber der anderen Vertragspartei geltend gemacht werden müssen. Andernfalls verfallen diese Ansprüche. Die Ausschlussfrist gilt dabei beidseitig, d.h. auch für die Gesellschaft, da die Vereinbarung einer einseitigen, nur das Vorstandsmitglied betreffenden, Ausschlussfrist (wohl) unangemessen benachteiligend wäre und somit unwirksam wäre, § 307 Abs. 1 S. 1 BGB.

Diese Regelung zur Geltendmachung etwaiger Ansprüche ist jedoch dahingehend eingeschränkt, dass Ansprüche der Gesellschaft nach § 93 Abs. 2 und 3 AktG gegen das Vorstandsmitglied gemäß § 93 Abs. 4 S. 3 AktG hiervon nicht betroffen werden. Denn die Vorschrift in § 93 Abs. 4 S. 3 AktG legt fest, dass die Gesellschaft erst drei Jahre nach der Entstehung von Ersatzansprüchen infolge Pflichtverletzung und nur dann auf Ersatzansprüche gegen das Vorstandsmitglied verzichten kann, wenn die Hauptversammlung zustimmt und nicht eine Minderheit, deren Anteile zusammen den zehnten Teil des Grundkapitals erreichen, zur Niederschrift Widerspruch erhebt. Mit dieser gesetzlichen Regelung wäre eine Bindung der Geltendmachung dieser Ansprüche an eine Ausschlussfrist nicht vereinbar.

45. Aufhebung bisheriger Beschäftigungsverhältnisse. → Form. B. I. 1 Anm. 33.

46. Früherer Vorstandsdienstvertrag. → Form. B. I. 1 Anm. 34.

47. Schriftformklausel. → Form. B. I. 1 Anm. 35.

48. Schriftform des Vorstandsdienstvertrages. → Form. B. I. 1 Anm. 36.

49. Rechtswahl. → Form. B. I. 1 Anm. 37.

50. Schiedsvereinbarung. → Form. B. I. 1 Anm. 38.

51. Erfüllungsort, Gerichtsstand und Urkundenprozess. → Form. B. I. 1 Anm. 39.

52. Unterzeichnung. Für die Unterschriftsleistung ist im Formular auf Seiten der Gesellschaft der Vorsitzende des Aufsichtsrats der Gesellschaft vorgesehen. Der **Aufsichtsratsvorsitzende** (wie auch jedes andere Einzelmitglied des Aufsichtsrats) darf den Vorstandsdienstvertrag aber nur als Vertreter des Aufsichtsrats abschließen. Er bedarf zur Wirksamkeit seines Vorgehens einer entsprechenden (und von der Bestellung zu unterscheidenden) vorherigen Beschlussfassung des **Aufsichtsrats.** Die Vertretungsbefugnis des (Gesamt-)Aufsichtsrats (§§ 95, 287 AktG) ergibt sich aus § 112 AktG. Danach wird die Aktiengesellschaft bei Fragen, die den Vorstand im Verhältnis zur Gesellschaft selbst betreffen, vom Aufsichtsrat vertreten. Diese gesetzliche Ausnahme zur Vertretung der Gesellschaft durch den Vorstand (§ 78 Abs. 1 AktG) ist zwingend (§ 23 Abs. 5 AktG). Der Aufsichtsrat kann jedoch die Vorbereitung sowie die Entscheidung über den Vorstandsdienstvertrag an einen etwa nach § 107 Abs. 3 S. 1 AktG bestehenden Personalausschuss (mit mindestens drei Mitgliedern wegen § 108 Abs. 2 S. 3 AktG) delegieren. Der Personalausschuss darf allerdings keine Ressortzuweisung im Vorstandsdienstvertrag vornehmen, weil dadurch die Geschäftsordnung berührt wäre, für deren Festlegung der Gesamtaufsichtsrat zuständig ist (vgl. *Lutter/Krieger* Rn. 390). Zu beachten ist zudem, dass nach der Neufassung des § 107 Abs. 3 S. 3 AktG die Entscheidung über die Vergütung der Vorstandsmitglieder zwingend durch den Gesamtaufsichtsrat zu treffen ist und nicht mehr auf den Personalausschuss übertragen werden kann. Auch darf der Personalausschuss mit dem Vorstandsdienstvertrag eine etwa noch ausstehende Bestellung nicht präjudizieren, weil die Bestellung allein dem Gesamtaufsichtsrat obliegt (Verbot einer Übertragung nach § 107 Abs. 3 S. 3 AktG).

2. Aufsichtsratsbeschluss: Bestellung eines Vorstandsmitglieds einer AG

Niederschrift[1]

über die Sitzung des Aufsichtsrates[2] der . . . . . . AG („Gesellschaft") vom . . . . . . am Sitz der Gesellschaft in . . . . . .

Der Aufsichtsratsvorsitzende eröffnet um . . . . . . Uhr die Sitzung des Aufsichtsrates und stellt fest, dass zu der Aufsichtsratssitzung alle Mitglieder des Aufsichtsrates der Gesell-

schaft ordnungsgemäß geladen wurden und anwesend sind. Gegen diese Feststellungen wurden keine Widersprüche erhoben.

Die mit der Einladung bekannt gemachte Tagesordnung enthält folgende Tagesordnungspunkte:[3]

1. Bestellung von Herrn . . . . . . für die Dauer von . . . . . . Jahren zum einfachen Vorstandsmitglied der Gesellschaft mit satzungsgemäßer Vertretungsmacht mit Wirkung ab dem . . . . . . und der Zuständigkeit für das Ressort „Finanzen und Controlling".

2. Abschluss des Dienstvertrages zwischen der Gesellschaft und Herrn . . . . . . für seine Tätigkeit als Vorstandsmitglied.

Der Aufsichtsratsvorsitzende ruft diese Punkte zur Beratung auf. Nach Beratung beschließt der Aufsichtsrat auf Antrag einstimmig wie folgt:[4]

1. Herr . . . . . . wird hiermit zum einfachen Vorstandsmitglied der Gesellschaft bestellt.[5]

Die Bestellung von Herrn . . . . . . erfolgt mit Wirkung ab dem . . . . . .[6] bis zum . . . . . .[7, 8]

Herr . . . . . . vertritt die Gesellschaft satzungsgemäß.[9]

Herr . . . . . . erhält die Zuständigkeit für das Ressort „Finanzen und Controlling"[10, 11].

2. Der Aufsichtsratsvorsitzende wird beauftragt und bevollmächtigt, den dieser Niederschrift in Anlage beiliegenden Dienstvertrag im Namen des Aufsichtsrates der Gesellschaft für die Gesellschaft mit Herrn . . . . . . abzuschließen.[12]

. . . . . .

Ort, Datum

. . . . . .

Unterschrift des Aufsichtsratsvorsitzenden

Anlage: Dienstvertrag für Herrn . . . . . .

Ich habe vom Beschluss des Aufsichtsrates der . . . . . . AG vom . . . . . . zur Bestellung meiner Person als Vorstandsmitglied Kenntnis genommen und erkläre mich damit einverstanden.[13]

. . . . . .

Ort, Datum

. . . . . .

Unterschrift des Vorstandsmitglieds[14]

Anmerkungen

1. Sachverhalt. Das Formular ist ein Muster für die Niederschrift einer Sitzung des Aufsichtsrates einer deutschen AG, in der der Aufsichtsrat mündlich über die erstmalige Bestellung eines Vorstandskandidaten zum Vorstandsmitglied und den Abschluss des (unterschriftsreifen) Dienstvertrages mit diesem Vorstandskandidaten beschlossen hat.

Dabei wird – dem Ablauf in der Praxis entsprechend – unterstellt, dass die Verhandlungen der Gesellschaft mit dem Vorstandskandidaten so weit fortgeschritten sind, dass dieser bereits seine Zustimmung zur Übernahme des Vorstandsamtes signalisiert hat. Auch ist der Dienstvertrag zwischen dem Vorstandskandidaten sowie der Gesellschaft ausverhandelt und damit unterschriftsreif. I. d. R. handelt es sich bei den Beschlüssen zur Bestellung und zum Abschluss des Dienstvertrages daher nur noch um eine reine „Formsache“. In diesem Zusammenhang wird auch unterstellt, dass der Vorstandskandidat die erforderlichen persönlichen Eigenschaften aufweist, um wirksam bestellt werden zu können (§ 76 Abs. 3 AktG, → Form. B. II. 1 Anm. 3).

Die nachfolgenden Ausführungen sind sinngemäß auch auf den Fall einer wiederholten Bestellung des Vorstandsmitglieds i. S. d. § 84 Abs. 1 S. 2 AktG übertragbar (→ Form. B. II. 1 Anm. 15). Auf etwaige Besonderheiten wird gesondert hingewiesen (→ Anm. 2 f.).

2. Zuständigkeit des Aufsichtsrates. Für die im Formular vorgesehenen Beschlüsse zur Bestellung und zum Abschluss des Dienstvertrages liegt die ausschließliche Zuständigkeit beim Aufsichtsrat der Gesellschaft (sog. **Alleinkompetenz**; vgl. §§ 84 Abs. 1, 112 AktG). Dabei muss die Entscheidung über die Bestellung des Vorstandskandidaten stets vom gesamten Aufsichtsrat getroffen werden. Anders als die Beschlussfassung über den Abschluss des Dienstvertrages und dessen Inhalt (mit Ausnahme der Festsetzung der Gesamtvergütung, vgl. §§ 107 Abs. 3 S. 3, 87 Abs. 1 AktG) kann die Beschlussfassung über die Bestellung zum Vorstandsmitglied nicht auf einen etwa bestehenden Personalausschuss delegiert werden (vgl. §§ 84 Abs. 1 S. 1, 107 Abs. 3 S. 3 AktG). Dies gilt selbst im Fall der wiederholten Bestellung gem. § 84 Abs. 1 S. 2 AktG. Allerdings können Vorbereitungsarbeiten zur Bestellung und etwaige Arbeiten zur Entscheidungsvorbereitung übertragen werden (z. B. auf ein speziell eingesetztes „finding committee“ oder auch den Personalausschuss) – ohne dass dabei aber der Aufsichtsrat bei seiner tatsächlichen Bestellung an irgendwelche Vorschläge gebunden wäre oder sonst in seiner Entscheidungsfreiheit beeinträchtigt würde. In der Praxis findet bei der Besetzung vakanter Vorstandsposten allerdings stets eine enge Abstimmung mit dem amtierenden Vorstand statt.

3. Verhältnis zwischen Bestellung und Abschluss des Dienstvertrages. Die Bestellung zum Vorstandsmitglied ist als körperschaftlicher Organisationsakt streng von dem Abschluss des schuldrechtlichen Dienstvertrages zwischen dem Vorstandsmitglied und der Gesellschaft zu trennen. Denn bei dem Organverhältnis und dem Anstellungsverhältnis handelt es sich um zwei selbständige Rechtsverhältnisse (**Trennungsprinzip**), die jeweils eigenen Regeln folgen und deren Entwicklung unterschiedlich verlaufen kann (→ Form. B. II. 1 Anm. 1 sowie → Form. B. I. 2 zur gleichen Situation bei der Bestellung eines GmbH-Geschäftsführers). Damit sind hinsichtlich dieser beiden getrennten Rechtsverhältnisse auch zwei gesonderte Beschlüsse notwendig. Insbesondere ist auf diese strikte Trennung der Rechtsverhältnisse zu achten, wenn die Entscheidung und damit die Beschlussfassung bezüglich des Dienstvertrages auf den Personalausschuss übertragen wurde.

4. Beschlussfassung durch den Aufsichtsrat. Das Formular geht von einer mündlichen Beschlussfassung im Rahmen einer ordnungsgemäß einberufenen Sitzung des Aufsichtsrates bei Anwesenheit aller Aufsichtsratsmitglieder aus (vgl. § 108 Abs. 3 AktG zur schriftlichen Stimmabgabe abwesender Aufsichtsratsmitglieder in der Sitzung durch Stimmboten; in einer Sitzung kann aber auch schriftlich abgestimmt werden). Die Abstimmung kann bei einer entsprechenden Entscheidung durch den Aufsichtsratsvorsitzenden auch geheim erfolgen, was dann in der Sitzungsniederschrift festgehalten werden sollte. Die Sitzungsniederschrift dient nur Beweiszwecken (vgl. *Hüffer* § 107 Rn. 13), insbesondere für die Eintragung im Handelsregister. Sie ist selbst keine konstitutive Voraussetzung für die wirksame Beschlussfassung des Aufsichtsratsgremiums (§ 107 Abs. 2 S. 3 AktG).

Im Rahmen der Beschlussfassung ist besonders darauf zu achten, dass der Beschluss ausdrücklich und eindeutig gefasst wird. Zwar ist ein Beschluss einer Auslegung zugänglich (z. B. kann ein Beschluss des Aufsichtsrates über den Abschluss des Dienstvertrages dahingehend ausgelegt werden, dass er auch den Beschluss zur Bestellung enthält; zur Auslegungsfähigkeit vgl. OLG Schleswig NZG 2001, 275). Ein nur konkludentes, d. h. stillschweigendes Handeln des Aufsichtsrates hat aber nicht die Rechtswirkung eines Beschlusses. Bei der etwaigen Besetzung von mehreren Vorstandspositionen ist über die Bestellung eines jeden Vorstandskandidaten ein eigener und gesonderter Beschluss zu fassen.

Zur Wirksamkeit des Beschlusses hat das Beschlussverfahren selbst den hierfür notwendigen Anforderungen zu genügen (zur Beschlussfähigkeit vgl. § 108 Abs. 2 AktG; zum mehrstufigen Verfahren nach § 31 MitbestG ausführlich *Lutter/Krieger* Rn. 344 ff.).

Eine schriftliche, fernmündliche oder sonst vergleichbare Form der Beschlussfassung ohne Sitzung des Aufsichtsrates ist – vorbehaltlich einer näheren Regelung in der Satzung der Gesellschaft oder der Geschäftsordnung des Aufsichtsrates – nur zulässig, wenn kein Mitglied des Aufsichtsrates diesem besonderen Verfahren widerspricht (§ 108 Abs. 4 AktG). In diesem Fall kann der Aufsichtsratsvorsitzende die Beschlussfassung in der Niederschrift wie folgt feststellen:

Alternative:

Auf Anordnung des/der Aufsichtsratsvorsitzenden wird ohne Einberufung einer Sitzung mit ausdrücklicher Zustimmung sämtlicher Aufsichtsratsmitglieder, die vorsorglich auf sämtliche Förmlichkeiten und Fristen hinsichtlich der Einberufung und Abhaltung einer Aufsichtsratssitzung verzichten, im Wege einer schriftlichen Stimmabgabe einstimmig beschlossen, was folgt:

Das Formular geht auch von der Einstimmigkeit der Entscheidung aus. Auch wenn dies dem Regelfall entsprechen dürfte, ist eine solche Einstimmigkeit jedoch keine Voraussetzung der Personalentscheidung. Ein Beschluss wäre auch dann gefasst, wenn das Gremium auf entsprechenden Antrag mit **einfacher Mehrheit der abgegebenen Stimmen** zustimmt (vgl. *Hüffer* § 108 Rn. 6 ff.). Abweichende Mehrheitserfordernisse können sich allerdings aus gesetzlichen oder satzungsmäßigen Regelungen ergeben (vgl. z. B. zum Wahlverfahren nach dem Mitbestimmungsgesetz: § 31 Abs. 2 bis 4 MitbestG). Die entsprechenden Beschlussanträge bzw. Wahlvorschläge können von jedem Aufsichtsratsmitglied gestellt werden.

Vereinzelt kommt es vor, dass eine Bestellung infolge eines fehlerhaften Beschlusses des Aufsichtsrates (infolge wesentlicher Verfahrensfehler im Beschlussverfahren; Verstöße gegen die Satzung) oder aus sonstigen Gründen (z. B. bei Fehlen persönlicher Eignungsvoraussetzungen) nur mangelbehaftet erfolgt, das Organverhältnis selbst aber bereits in Vollzug gesetzt worden ist. In diesen Fällen ist von einer zwar fehlerhaft begründeten, aber vorläufig wirksamen Bestellung auszugehen. Danach ist im Innen- wie auch im Außenverhältnis von der Wirksamkeit aller Rechtshandlungen des Vorstandsmitglieds auszugehen (**Lehre von der fehlerhaften Organstellung**, vgl. hierzu und zu den weiteren Voraussetzungen MünchKommAktG/*Spindler* § 84 Rn. 226 ff.; *Hüffer* § 84 Rn. 10). Die (fehlerhafte) Organstellung kann aber jederzeit durch Widerruf der Bestellung oder durch Niederlegung des Vorstandsamtes ohne weitere Begründung und mit sofortiger Wirkung beendet werden (vgl. MünchKommAktG/*Spindler* § 84 Rn. 233; *Hüffer* § 84 Rn. 10). I. d. R. wird es aber so sein, dass trotz der Entdeckung des Mangels der Bestellung auf beiden Seiten der Wunsch besteht, die gemeinsame Arbeit fortzusetzen und den vorliegenden Mangel, sofern möglich, durch eine erneute ordnungsgemäße Beschlussfassung „aus der Welt zu schaffen". Ist ein Aufsichtsratsbeschluss in formeller Hinsicht unwirksam (z. B. Fehlen der erforderlichen Mehrheit), kann der Aufsichtsrat solche formellen Beschlussmängel mittels eines Bestätigungsbeschlusses (§ 244 AktG analog) beheben (Hölters/*Weber* Aktiengesetz § 84 Rn. 82).

5. Inhalt des Bestellungsbeschlusses. Der **notwendige Inhalt** eines Bestellungsbeschlusses besteht in der individualisierbaren Bezeichnung des Vorstandskandidaten sowie der Zuweisung des Vorstandsamtes an diesen Vorstandskandidaten. Zwingend ist darüber hinaus auch anzugeben, wenn ein Vorstandsmitglied als stellvertretendes Vorstandsmitglied (§ 94 AktG) ernannt werden soll. Weiterhin ist bei (paritätisch) mitbestimmten Gesellschaften zu beachten, dass der Arbeitsdirektor im Beschluss auch als solcher bezeichnet werden muss (Nirk/Ziemons/Binnewies/*Ziemons*, 8. Abschnitt Rn. 8.129: „...... zum Mitglied des Vorstands der ...... AG und zum Arbeitsdirektor bestellt.“). Allerdings können im Bestellungsbeschluss als **fakultative Inhalte** auch anderweitige Bestimmungen zur Regelung des Organverhältnisses getroffen werden. Neben Fragen zur Befristung des Vorstandsamtes handelt es sich dabei i. d. R. auch um Festlegungen zur Vertretungsmacht (→ Anm. 9), zur Ressortverteilung (→ Anm. 10) und zur Zuweisung bestimmter Ämter (→ Anm. 11). Solche Bestimmungen können, müssen aber nicht notwendig im Bestellungsbeschluss getroffen werden. Das Formular legt neben dem notwendigen Inhalt auch den Anfangstermin für die Organstellung sowie die Dauer der Amtszeit fest, regelt die Vertretungsmacht des Vorstandsmitglieds und dessen Zuständigkeit für ein bestimmtes Ressort.

6. Anfangstermin. Das Formular sieht vor, dass der Aufsichtsrat einen **Anfangstermin** für das Amt des Vorstandsmitglieds bestimmt. Zu beachten ist dabei nur, dass dieser Anfangstermin nicht mehr als ein Jahr nach dem Bestellungsbeschluss des Aufsichtsrates liegen darf (MünchKommAktG/*Spindler* § 84 Rn. 34 m. w. N.). Bei Festsetzung eines Anfangstermins ist dieser im Handelsregister zu vermerken.

Die genaue Festlegung eines Anfangstermins empfiehlt sich schon allein zur Klarstellung sowie zur Vermeidung etwaiger Unsicherheiten. Fehlt sie, kann gegebenenfalls unklar sein, wann genau das Mandat des Vorstandsmitglieds beginnt (und damit auch, zu welchem Zeitpunkt es endet). Denn ohne den Anfangstermin im Beschluss begänne das Amt zu dem Zeitpunkt, zu dem die Bestellung vollendet ist (und damit i. d. R. mit der Erklärung der Annahme der dem Vorstandsmitglied gegenüber kundgegebenen Bestellungserklärung). Dabei ist dieser Zeitpunkt allerdings oft nicht hinreichend bestimmbar, so dass eine gewisse, durch die Festlegung eines Anfangstermins vermeidbare Unklarheit entsteht.

7. Endtermin. Im Formular ist vorgesehen, dass der Aufsichtsrat in seinem Beschluss auch die Dauer der Organstellung des Vorstandsmitglieds bestimmt. In rechtlicher Hinsicht wird hiermit ein **Endtermin** für die Bestellung des Vorstandsmitglieds gesetzt. Dabei kann ein Vorstandskandidat für die Dauer von längstens fünf Jahren zum Vorstandsmitglied bestellt werden (sog. **Höchstbestellungsdauer**, vgl. § 84 Abs. 1 S. 1 bis 4 AktG), eine längere Bestellung (z. B. auf sieben Jahre) wäre für den den Fünf-Jahres-Zeitraum übersteigenden Teil nichtig (§§ 134, 139 BGB). Wird kein Endtermin für die Bestellung des Vorstandsmitglieds festgesetzt und ist die Bestellung damit unbefristet, so gilt das Vorstandsmitglied als auf die Dauer von fünf Jahren bestellt.

Selbst wenn ein Vorstandsmitglied für die Höchstbestellungsdauer bestellt werden soll, ist eine **wiederholte Bestellung** (z. B. für weitere fünf Jahre) möglich, bedarf aber eines neuen Bestellungsbeschlusses, der frühestens ein Jahr vor Ablauf der bisherigen Amtszeit gefasst werden darf (§ 84 Abs. 1 S. 3 AktG, → Form. B. II. 1 Anm. 15). In der Praxis kommt es jedoch nicht selten zu der Situation, dass bereits vor einem Jahr vor Ablauf der bisherigen Amtszeit eine Anpassung der Amtszeit des Vorstands gewünscht wird, beispielsweise um ihn bei Vorliegen eines Konkurrenzangebots durch eine erneute Bestellung länger als die noch verbleibende Amtszeit an die Gesellschaft zu binden. Andere denkbare Gründe für eine vorzeitige Wiederbestellung sind beispielsweise die Ernennung zum Vorstandsvorsitzenden, die Übertragung eines neuen Vorstandsressorts oder einer neuen Aufgabe (*Schult/Nikoleyczik* GWR 2012, 411). Wenn bereits zu einem früheren Zeitpunkt als einem Jahr vor dem Ende der laufenden Amtszeit eine „Verlängerung“ der Amtszeit herbeigeführt werden soll, bleibt nur der Weg, die bisherige Bestellung mit dem Einverständnis des Vorstandsmitglieds aufzuheben und das Vorstandsmitglied für eine neue Amtszeit zu bestellen (→ Form. B. II. 1 Anm. 15 sowie MünchKommAktG/*Spindler* § 84 Rn. 44 und *Hüffer* § 84 Rn. 7, jeweils m. w. N.). Die Zulässigkeit dieses Vorgehens war bisher in Literatur und Rechtsprechung – wegen eines möglichen Verstoßes gegen § 84 Abs. 1 S. 3 AktG bzw. einer unzulässigen Umgehung dieser Vorschrift – umstritten, wurde vom BGH nun aber bejaht (BGH DStR 2012, 1869). Zu beachten ist jedoch, dass nach Ziffer 5.1.2 Abs. 2 des Deutschen Corporate Governance Kodex in der Fassung vom 13.5.2013 „nur bei Vorliegen besonderer Umstände" von dieser Möglichkeit Gebrauch gemacht werden soll (vgl. dazu *Bürgers/Theusinger* NZG 2012, 1218, 1221).

Bei der Bestellung ist oftmals auch die Frage relevant, für welche Zeit ein Vorstandsmitglied mindestens bestellt werden muss, z. B. in den Fällen, in denen ein Vorstandskandidat nur zur Überbrückung einer Vakanz bzw. aus einer besonderen unternehmerischen Notwendigkeit heraus bestellt werden soll. Auch ist denkbar, dass im Fall einer erstmaligen Bestellung der Vorstandskandidat seine besonderen Fähigkeiten erst unter Beweis stellen soll, bevor er unter Ausschöpfung der Höchstbestellungszeiten erneut bestellt wird. Zwar ist eine **Mindestbestellungsdauer** gesetzlich nicht vorgesehen; allerdings stünde eine zu kurze Bestellungsdauer im Widerspruch zu der aktienrechtlich einem Vorstandsmitglied zugewiesenen Unabhängigkeit (→ Form. B. II. 1 Anm. 15, auch zur praktischen Durchsetzbarkeit einer „Probezeit"). Generell wird daher angenommen, dass ein Vorstandsmitglied zumindest für einen Zeitraum von einem Jahr bestellt werden muss.

8. Bedingung. Der im Formular niedergelegte Bestellungsbeschluss ist unbedingt gefasst. Denn es ist sehr umstritten, ob eine Bestellung an eine **aufschiebende Bedingung** (z. B. Bindung an den Abschluss des Dienstvertrages) oder eine **auflösende Bedingung** (z. B. Bindung des Vorstandsamtes bei einer Tochtergesellschaft an das Bestehen des Vorstandsamtes bei der Muttergesellschaft) geknüpft werden kann. Eine höchstrichterliche Klärung dieser Problemstellungen ist bislang nicht erfolgt. Während aufschiebende Bedingungen wohl zulässig sind, trifft dies auf auflösende Bedingungen nach h. M. nicht zu, weil damit die gesetzlichen Regelungen zur Beendigung des Vorstandsamtes umgangen werden könnten (vgl. zum Ganzen Nirk/Ziemons/Binnewies/*Ziemons*, 8. Abschnitt Rn. 8.131 f. m. w. N.).

9. Vertretungsregelungen. Nach dem Formular hat der Aufsichtsrat in seiner Sitzung beschlossen, dem Vorstandsmitglied satzungsgemäße Vertretungsmacht zu verleihen. Der Beschluss des Aufsichtsrates unterstellt damit, dass eine solche satzungsmäßige Regelung existiert, mit der im gesetzlich zulässigen Rahmen die grundsätzlich gemeinschaftliche **Ausübung der Vertretungsmacht** (§ 78 Abs. 2 S. 1 AktG) modifiziert werden kann, und nimmt entsprechend hierauf Bezug. In der Satzung kann dabei eine Regelung getroffen sein, die z. B. eine Einzelvertretung, eine unechte Gesamtvertretung (in Gemeinschaft mit einem Prokuristen) oder auch eine modifizierte Gesamtvertretung (wonach eine bestimmte Zahl von Vorstandsmitgliedern Gesamtvertretungsmacht hat, z. B. Vertretung durch zwei Vorstandsmitglieder) vorsieht. Keine abweichende Regelung kann hingegen zum **Umfang der Vertretungsmacht** selbst getroffen werden. Denn das Gesetz sieht vor, dass die (im Außenverhältnis bestehende) Vertretungsmacht des Vorstandsmitglieds grundsätzlich gesetzlich unbeschränkt (mit der Ausnahme nach § 112 AktG, wonach der Aufsichtsrat die Gesellschaft gegenüber den Vorstandsmitgliedern vertritt) sowie auch unbeschränkbar (§§ 78 Abs. 1, 82 Abs. 1 AktG) ist.

Existiert eine satzungsmäßige Regelung zur Ausübung der Vertretungsmacht, ist darauf zu achten, dass der Beschluss des Aufsichtsrates bei der Bestellung jedenfalls den dort vorgegebenen Rahmen einhält, insbesondere keine hierzu im Widerspruch stehende Vertretungsbefugnis zuweist.

Nicht selten legt die Satzung einer Gesellschaft aber auch fest, dass der Aufsichtsrat unmittelbar zur Festlegung einer Vertretungsregelung befugt ist. Danach kann der Aufsichtsrat unmittelbar die Vertretungsbefugnis einzelner Vorstandsmitglieder regeln (zur Festlegung der Vertretungsmacht im Dienstvertrag des Vorstandsmitglieds, → Form. B. II. 1 Anm. 11).

10. Ressortzuweisung. Das Formular sieht vor, dass im Bestellungsbeschluss dem Vorstandsmitglied ein eigenes Ressort zugewiesen wird. Der Aufsichtsrat nimmt damit im Rahmen seiner Zuständigkeit (§ 77 Abs. 2 AktG) eine Maßnahme zur Geschäftsordnung vor (vgl. → Form. B. II. 1 Anm. 7 zur Frage der Festlegung des Vorstandsressorts im Anstellungsvertrag des Vorstandsmitglieds). Eine solche Ressortzuweisung ist in der Praxis üblich, weil die einzelnen Vorstandsmitglieder gerade auch zur Wahrnehmung bestimmter Vorstandsaufgaben angestellt werden. Die Ressortzuweisung ist allerdings fakultativ. Nur bei der Bestellung eines Vorstandsmitglieds als **Arbeitsdirektor** einer (paritätisch) mitbestimmten AG muss dessen Kernzuständigkeit für Arbeit und Soziales ausdrücklich gewährleistet werden; dem Arbeitsdirektor müssen daher im Rahmen seiner Bestellung die Personal- und Sozialangelegenheiten der Gesellschaft zugewiesen werden (*Hüffer* § 77 Rn. 23).

11. Besondere Ämter. Nicht im Formular vorgesehen ist eine Ernennung für ein besonderes Amt (z. B. Vorstandsvorsitzender, Vorstandssprecher; zu diesen Ämtern im Einzelnen → Form. B. II. 1 Anm. 6, insbesondere zur Problematik einer dienstvertraglichen Festschreibung dieser Rollen). Auch wenn mit der Zuweisung dieser Rollen keine besonderen gesetzlichen Befugnisse bzw. Pflichten verbunden sind, spiegeln diese Positionen gleichwohl einen faktischen Führungsanspruch wider. Deren Zuerkennung will daher stets gut überlegt sein.

12. Beschlussfassung über Abschluss und Inhalt des Dienstvertrages. Im Formular ist auch vorgesehen, dass der Aufsichtsrat förmlich und ausdrücklich über den Abschluss sowie den Inhalt des der Niederschrift als Anlage beigefügten Dienstvertrages mit dem Vorstandskandidaten beschließt. Dieser Beschluss kann (mit Ausnahme der Festsetzung der Gesamtvergütung, vgl. §§ 107 Abs. 3 S. 3, 87 Abs. 1 AktG) vom Aufsichtsrat auch auf einen etwa gebildeten Personalausschuss übertragen werden. Weil der Beschluss zum Abschluss des Dienstvertrages auch umgesetzt werden muss, ist im Formular auch die Beauftragung des Aufsichtsratsvorsitzenden zur Unterzeichnung des Dienstvertrages vorgesehen. Diese Beauftragung ist dann überflüssig, wenn die Satzung der Gesellschaft oder die Geschäftsordnung des Aufsichtsrates generell eine entsprechende Aufgabenzuweisung regelt.

Im Formular wird der Beschluss über Abschluss und Inhalt des Dienstvertrages zeitgleich mit dem Bestellungsbeschluss gefasst. Der Beschluss über Abschluss und Inhalt des Dienstvertrages kann dem Bestellungsbeschluss aber auch nachfolgen. Nicht selten wird auch vor der Bestellung bereits vom Personalausschuss über den Abschluss und den Inhalt des Dienstvertrages entschieden (und der Dienstvertrag auch von den Vertragsparteien unterzeichnet). Bei dieser grundsätzlich möglichen Vorgehensweise sollte aber dringend darauf geachtet werden, dass der Dienstvertrag für den Fall der Bestellung bedingt wird (→ Form. B. II. 1 Anm. 5). Zudem ist auch darauf zu achten, dass der Personalausschuss keine Regelungen zur Ressortzuweisung treffen darf und auch keinen Beschluss über die Gesamtvergütung treffen darf.

Zu beachten ist, dass auch der Dienstvertrag z. B. infolge der Mitwirkung eines unzuständigen Organs bzw. sonstiger aktienrechtlicher Fehler bei der Beschlussfassung fehlerhaft zustande gekommen sein kann. In diesen Fällen ist der Dienstvertrag im Fall seiner Invollzugsetzung als vorläufig wirksam zu behandeln; beide Vertragsparteien können sich aber mit einer einseitigen Erklärung, die keiner weiteren Begründung bedarf, mit Ex-nunc-Wirkung vom Vertrag lösen (vgl. auch zu den formellen Voraussetzungen der Beendigungserklärung und der etwaigen Verpflichtung zur Ad-hoc-Mitteilung *Köhler* NZG 2008, 164 f.). Auch hier wird es aber i. d. R. so sein, dass auf beiden Seiten der Wunsch besteht, die gemeinsame Arbeit fortzusetzen, und ein ordnungsgemäßer Vertragsabschluss nachgeholt wird.

13. Annahme der Bestellung. Die wirksame Bestellung eines Vorstandskandidaten zum Vorstandsmitglied besteht nicht nur aus dem Bestellungsbeschluss des Aufsichtsrates. Notwendig ist zusätzlich die Kundgabe dieses Bestellungsbeschlusses an den Vorstandskandidaten und die Annahme der Bestellung gegenüber dem Aufsichtsrat. Das Formular sieht deswegen neben dem Bestellungsbeschluss auch vor, dass der Vorstandskandidat auf der Niederschrift der Aufsichtsratssitzung mit seiner Unterschrift bestätigt, von der Bestellung seiner Person zum Vorstandsmitglied Kenntnis genommen zu haben und sich mit dieser Bestellung einverstanden zu erklären. Diese „Bestätigung" dient aber nur Beweiszwecken. In der Praxis wird der Vorstandskandidat üblicherweise vom Aufsichtsratsvorsitzenden persönlich und mündlich über den Beschluss des Aufsichtsrates in Kenntnis gesetzt. Dabei wird der Vorstandskandidat die Bestellung gegenüber dem Aufsichtsratsvorsitzenden auch ausdrücklich annehmen. Dieses Einverständnis kann allerdings auch stillschweigend erklärt werden (z.B. durch die bloße Aufnahme der Tätigkeit als Vorstandsmitglied, vor allem aber durch die Unterzeichnung des Anstellungsvertrages). In zeitlicher Hinsicht muss das Einverständnis des Vorstandskandidaten nicht zwingend nach dem Beschluss des Aufsichtsrates und dessen Kundgabe erfolgen, sondern kann auch bereits vorher von dem Vorstandskandidaten erklärt werden. Weder für die Kundgabe an noch für das Einverständnis durch den Vorstandskandidaten bestehen besondere gesetzliche Formerfordernisse.

Ab dem Zeitpunkt der Annahme der Bestellung erhält der Vorstandskandidat die gesetzes- und satzungsmäßig vorgesehene Rechtsstellung als Vorstandsmitglied im Innen- wie auch im Außenverhältnis. Die exakte Einordnung der Rechtsnatur des Bestellungsvorgangs kann im vorliegenden Zusammenhang dahinstehen (zum Streitstand vgl. *Hüffer* § 84 Rn. 4).

14. Eintragung im Handelsregister. Die erstmalige Bestellung eines Vorstandsmitglieds ist samt seiner Vertretungsbefugnis zum Handelsregister des zuständigen Registergerichts anzumelden (§ 81 Abs. 1 AktG). Zuständig für die Eintragung ist das Registergericht am Sitz der Gesellschaft. Handelt es sich nicht um eine erstmalige, sondern um eine wiederholte Bestellung (→ Form. B. II. 1 Anm. 15), muss diese nur dann zum Handelsregister angemeldet werden, wenn der Aufsichtsrat eine eintragungspflichtige Änderung der Vertretungsbefugnis beschließt. Die bloße wiederholte Bestellung als solche stellt hingegen keine „Änderung des Vorstands" i.S.d. § 81 Abs. 1 AktG dar.

Die Anmeldung zum Handelsregister ist für die Gesellschaft verpflichtend, hat selbst aber nur **deklaratorische** Wirkung. Die Rechtswirkungen der Bestellung treten unabhängig von der Eintragung mit der Annahme der Bestellung ein (→ Anm. 13).

Dass ein Vorstandsmitglied als **Vorstandsvorsitzender** ernannt wird, kann in das Handelsregister eingetragen werden. Eine Pflicht hierzu besteht allerdings nicht (vgl. MünchKommAktG/*Spindler* § 81 Rn. 7). Ob die Eintragung als „stellvertretendes Vorstandsmitglied" möglich ist, ist zwischen den Registergerichten umstritten (*Hüffer* § 81 Rn. 3). Nicht eintragungsfähig ist der Zusatz „Arbeitsdirektor".

Die Anmeldung ist vom Vorstand der Gesellschaft elektronisch in öffentlich beglaubigter Form einzureichen (§ 12 Abs. 1 HGB), wobei das neue Vorstandsmitglied bei seiner eigenen Eintragung mitwirken darf. Die Anmeldung kann erst nach der Bestellung erfolgen. Ist ein Vorstandsmitglied erst für einen späteren Zeitpunkt bestellt, kann die Anmeldung unter Angabe dieses Zeitpunkts erfolgen (vgl. MünchKommAktG/*Spindler* § 81 Rn. 5). Die Einreichung zum Handelsregister übernimmt üblicherweise der Notar.

Eine Verpflichtung zur Abgabe einer Unterschriftenprobe durch das neu ernannte Vorstandsmitglied besteht seit Aufhebung des § 81 Abs. 4 AktG mit Wirkung vom 1.1.2007 nicht mehr. Nach wie vor haben die neu ernannten Vorstandsmitglieder aber nach § 81 Abs. 3 AktG zu versichern, dass keine Amtshindernisse i.S.v. § 76 Abs. 3 S. 2 und 3 AktG, wie z.B. Insolvenzstraftaten oder Berufsverbote bestehen, die ihrer Bestellung entgegenstehen und dass sie über ihre unbeschränkte Auskunftspflicht gegenüber dem Gericht belehrt worden sind. Die Belehrung über die unbeschränkte Auskunftspflicht hat durch eine deutsche Urkundsperson (typischerweise einen deutschen Notar, vgl. §§ 81 Abs. 3 S. 2 i. V. m. 37 Abs. 2 S. 2 AktG) zu erfolgen. Wie die Belehrung eines im Ausland weilenden neu bestellten Vorstandsmitglieds vorzunehmen ist, ist in der Literatur und der registergerichtlichen Praxis bislang nicht geklärt. Die Registergerichte dürften aber dasselbe Prozedere anerkennen, das bei neu bestellten, im Ausland befindlichen Geschäftsführern üblich ist (→ Form. B. I. 2 Anm. 9).

Um dem Registergericht den Beschluss des Aufsichtsrates zur Bestellung des Vorstandsmitglieds nachzuweisen, ist der Anmeldung eine Ausfertigung oder eine öffentlich beglaubigte Abschrift der Niederschrift der Sitzung des Aufsichtsrates beizulegen (§ 81 Abs. 2 AktG).

3. Aufhebungsvertrag für ein Vorstandsmitglied einer AG

Aufhebungsvertrag[1, 2]

zwischen

...... AG (Name und Anschrift der Gesellschaft) „Gesellschaft“

vertreten durch ihren Aufsichtsrat, dieser vertreten durch seinen Vorsitzenden,

Herrn ......,

und

Herrn ...... (Name und Anschrift des Dienstnehmers) „Vorstandsmitglied“

Präambel[3]

Das Vorstandsmitglied wurde mit Beschluss des Aufsichtsrats der Gesellschaft vom ...... (Datum) mit Wirkung ab dem ...... (Datum) zum ordentlichen Mitglied des Vorstands der Gesellschaft bestellt. Grundlage der Tätigkeit des Vorstandsmitglieds ist der Dienstvertrag vom ...... (Datum) samt etwa hierzu bestehender Ergänzungs- und Zusatzvereinbarungen, insbesondere vom ...... (Datum) sowie vom ...... (Datum) (nachfolgend insgesamt: „Dienstvertrag“).

Das Vorstandsmitglied soll nunmehr einvernehmlich aus den Diensten der Gesellschaft ausscheiden. Das Vorstands-Dienstverhältnis soll zum Ablauf des ...... (Datum) aufgehoben und beendet werden; zum selben Termin wird das Vorstandsmitglied sein Amt als Mitglied des Vorstands der Gesellschaft niederlegen.

Dies vorausgeschickt, vereinbaren die Parteien was folgt:

§ 1 Beendigung des Dienstverhältnisses[4]

Das zwischen den Parteien bestehende Vorstands-Dienstverhältnis gemäß Dienstvertrag sowie jedes etwaige sonstige Anstellungsverhältnis des Vorstandsmitglieds mit der Gesellschaft oder mit einem i. S. v. § 15 AktG mit der Gesellschaft verbundenen Unternehmen („Verbundenes Unternehmen“) wird einvernehmlich zum Ablauf des ...... („Beendigungstermin“)[5] beendet.

§ 2 Amtsniederlegung/Widerruf der Bestellung[6, 7]

(1) Das Vorstandsmitglied legt hiermit sein Amt als Mitglied des Vorstands der Gesellschaft mit Wirkung zum Beendigungstermin nieder[8]. Die Gesellschaft erklärt hierzu ihr Einverständnis. Das Vorstandsmitglied hat eine entsprechende Niederlegungserklärung separat ausgefertigt. Diese Niederlegungserklärung ist diesem Vertrag als Anlage 1 beigefügt. Die Gesellschaft behält sich vor, den Widerruf der Bestellung des Vorstandsmitglieds als Vorstand der Gesellschaft auch für einen früheren Zeitpunkt als den Beendigungstermin zu beschließen.[9] Das Vorstandsmitglied erklärt für den Fall eines Widerrufs bereits heute sein Einverständnis mit diesem Widerruf.

(2) Das Vorstandsmitglied verpflichtet sich ausdrücklich, ab dem Zeitpunkt der Amtsniederlegung oder im Fall eines Widerrufs der Bestellung durch die Gesellschaft ab dem Zeitpunkt des Zugangs des Widerrufs bis zur Löschung seiner Bestellung als Vorstandsmitglied im Handelsregister nicht mehr als Vorstandsmitglied der Gesellschaft aufzutreten und keinerlei Handlungen für die oder im Namen der Gesellschaft vorzunehmen.

(3) Das Vorstandsmitglied legt hiermit folgende Ämter[10]

- ......,
- ......,
- ......

mit Wirkung zum Beendigungstermin nieder. Das Vorstandsmitglied wird sämtliche Erklärungen in der von der Gesellschaft gewünschten Form abgeben und ausfertigen, die erforderlich oder zweckmäßig sind, um die Niederlegung dieser Ämter und deren Beendigung zu bewirken. Für den Fall eines Widerrufs der Bestellung des Vorstandsmitglieds als Vorstand der Gesellschaft zu einem früheren Zeitpunkt als dem Beendigungstermin verpflichtet sich das Vorstandsmitglied, die vorstehend benannten Ämter mit Wirkung zu diesem früheren Zeitpunkt niederzulegen und entsprechende Erklärungen abzugeben und auszufertigen.

§ 3 Vergütung[11]/Auslagen[12]

(1) Die Parteien sind sich darüber einig, dass die Vergütung des Vorstandsmitglieds bis zum ...... ordnungsgemäß abgerechnet wurde und die sich ergebenden Nettobeträge ordnungsgemäß an das Vorstandsmitglied ausbezahlt wurden. Etwaige Ansprüche des Vorstandsmitglieds auf Vergütung und Erstattung von Auslagen gegen die Gesellschaft oder gegen Verbundene Unternehmen bestehen mit Unterzeichnung dieses Vertrages nur noch nach Maßgabe dieses § 3.

(2) Das Vorstandsmitglied erhält bis zum Beendigungstermin weiterhin jeden Monat sein monatliches Festgehalt in Höhe von ...... EUR (in Worten: ...... Euro) brutto, welches nach Abzug von Lohnsteuer und Sozialversicherungsbeiträgen zum jeweiligen Kalendermonatsende von der Gesellschaft ausbezahlt wird.

(3) Das Vorstandsmitglied erhält als einmalige abschließende Zahlung auf die in § ...... des Dienstvertrages geregelte jährliche erfolgsabhängige variable Vergütung für das laufende Kalenderjahr ...... einen Betrag in Höhe von ...... EUR (in Worten: ...... Euro) brutto, zahlbar zum Beendigungstermin. Die Parteien sind sich einig, dass darüber hinaus für das laufende Kalenderjahr ...... eine erfolgsabhängige variable Vergütung entsprechend § ...... des Dienstvertrages nicht geschuldet ist. Die Parteien sind sich auch darüber einig, dass die jährliche erfolgsabhängige variable Vergütung für die Vorjahre bereits im vollen Umfang bezahlt worden ist.

(4) Darüber hinaus ist keine variable Vergütung mehr geschuldet.

(5) Andere Vergütung als nach den vorstehenden Abs. (2) und (3) ist nicht geschuldet; insbesondere sind keine Gratifikationen, Jahressonderzahlungen, Boni, Provisionen, Urlaubsgelder und keine Vergütung für Nacht-, Sonn- und Feiertagsarbeit oder für Mehrarbeit und Überstunden oder sonstige Vergütung geschuldet, weder für die Vergangenheit noch für die Zukunft.

(6) Die Parteien sind sich einig, dass alle etwaigen Auslagen des Vorstandsmitglieds, die bis zum Zeitpunkt der Unterzeichnung dieses Vertrages angefallen sind, ordnungsgemäß abgerechnet und dem Vorstandsmitglied erstattet worden sind. Etwaige nach Unterzeichnung dieses Vertrages bis zum Beendigungstermin (oder bis zum Beginn einer etwaigen Freistellung nach § 4 Abs. (3) dieses Vertrages) anfallende Auslagen, insbesondere Reisekosten, werden dem Vorstandsmitglied im Rahmen der Angemessenheit und bei Nachweis des Aufwands erstattet. Übersteigen die aufgewendeten Auslagen die nach den steuerlichen Vorschriften zulässigen Pauschbeträge, sind sie im Einzelnen im gesetzlich erforderlichen Umfang zu belegen. Ergänzend gelten die jeweils geltenden Richtlinien der Gesellschaft, die insoweit Bestandteil dieses Vertrages sind.

§ 4 Abwicklung/Urlaub/Freistellung

(1) Bis zum Beendigungstermin (oder im Fall der Freistellung nach § 4 Abs. (3) dieses Vertrages bis zum Beginn der Freistellung) wird das Vorstandsmitglied seinen Pflichten als Vorstand der Gesellschaft gemäß Dienstvertrag vollumfänglich nachkommen.[13] Zu den zu erledigenden Aufgaben zählen insbesondere:

- Erstellung des Jahresabschlusses für das Geschäftsjahr ......,
- Vorbereitung der nächsten Hauptversammlung,
- Fortführung der Gespräche mit Investoren,
- Regelung der laufenden Rechtsstreitigkeiten der Gesellschaft,
- ......,
- ......

Zum Beendigungstermin (oder im Fall der Freistellung nach § 4 Abs. (3) dieses Vertrages zum Beginn der Freistellung) hat das Vorstandsmitglied für eine ordnungsgemäße Übergabe seines Vorstandsressorts in Abstimmung mit den übrigen Vorstandsmitgliedern zu sorgen und den Aufsichtsrat der Gesellschaft auf vordringlich zu erledigende Aufgaben hinzuweisen.

(2) Das Vorstandsmitglied wird unter Berücksichtigung der noch zu erledigenden Tätigkeiten in Abstimmung mit den übrigen Vorstandsmitgliedern seinen ihm noch im Umfang von ...... Urlaubstagen zustehenden Urlaub ganz oder teilweise bis zum Beendigungstermin nehmen.[14] Ein nicht genommener Urlaub verfällt ersatzlos.

(3) Der Aufsichtsrat der Gesellschaft ist im Fall eines Widerrufs der Bestellung zum Vorstandsmitglied oder bei einer sonstigen früheren Beendigung der Organstellung berechtigt, das Vorstandsmitglied von jeder weiteren Tätigkeit für die Gesellschaft bis zum Beendigungstermin durch einseitige Erklärung freizustellen.[15] Die Freistellung des Vorstandsmitglieds erfolgt unter Anrechnung der nach § 4 Abs. (2) dieses Vertrages etwa noch bestehenden Urlaubsansprüche des Vorstandsmitglieds sowie unter (Fort-) Zahlung des monatlichen Festgehalts nach § 3 Abs. (2) dieses Vertrages.

(4) Im Fall seiner Freistellung nach § 4 Abs. (3) dieses Vertrages wird das Vorstandsmitglied während der ersten vier Wochen ab Beginn der Freistellung der Gesellschaft für Auskünfte, Beratung, Übergabearbeiten und sonstige Management-Unterstützung zur Verfügung stehen, wobei die Parteien sich rechtzeitig und im Voraus über den jeweiligen Zeitpunkt und die jeweilige Dauer einer solchen Unterstützungstätigkeit abstimmen wer-

den. Eine gesonderte Vergütung erhält das Vorstandsmitglied hierfür nicht; es werden lediglich nach vorheriger Absprache etwaige durch die Unterstützungstätigkeiten verursachten Auslagen erstattet.

(5) Das Vorstandsmitglied verpflichtet sich ausdrücklich, ab dem Beendigungstermin (oder im Fall der Freistellung nach § 4 Abs. (3) dieses Vertrages bereits ab dem Beginn der Freistellung) nicht mehr als Vorstandsmitglied im Namen der Gesellschaft und im Rahmen seiner sonstigen Ämter nach § 2 Abs. (3) dieses Vertrages gegenüber Dritten aufzutreten und keinerlei Handlungen für die oder im Namen der Gesellschaft oder etwaiger anderer von ihm vertretener Verbundener Unternehmen vorzunehmen.[16]

§ 5 Abfindung[17]

Das Vorstandsmitglied erhält für den Verlust seiner Anstellung eine Abfindung in Höhe von . . . . . . EUR (in Worten: . . . . . . Euro) brutto, die dem Lohnsteuerabzug unterliegt. Die Abfindung ist fällig zum Beendigungstermin, nicht jedoch vor der Rückgabe des Dienstwagens gemäß nachfolgendem § 9 Abs. (1) dieses Vertrages. Sämtliche Steuern auf die Abfindung trägt das Vorstandsmitglied.

§ 6 Versicherungen[18, 19]

Die Gesellschaft räumt dem Vorstandsmitglied das Recht ein, die bei der . . . . . . -Versicherung abgeschlossene Rentenversicherung (Nr. . . . . . .) sowie die bei der . . . . . . -Versicherung abgeschlossene Lebensversicherung (Nr. . . . . . .) ab dem Beendigungstermin auf eigene Kosten fortzuführen. Die Gesellschaft wird alle hierzu notwendigen oder nützlichen Erklärungen gegenüber den Versicherern abgeben. Bis zum Beendigungstermin werden die Versicherungen zu den nach dem Dienstvertrag geltenden Bedingungen weitergeführt.

§ 7 Zeugnis[20]

Die Gesellschaft wird dem Vorstandsmitglied ein wohlwollendes, qualifiziertes Zeugnis über seine Tätigkeit als Vorstandsmitglied der Gesellschaft erteilen und zum Beendigungstermin übersenden.

§ 8 Diensterfindungen/Schutzrechte[21]

Die Parteien sind sich einig, dass die Vereinbarungen zwischen den Parteien zu Diensterfindungen und Schutzrechten nach § . . . . . . des Dienstvertrages auch nach dem Beendigungstermin uneingeschränkte Gültigkeit haben.

§ 9 Herausgabe[22]

(1) Das Vorstandsmitglied kann den ihm überlassenen Dienstwagen, Typ . . . . . ., amtliches Kennzeichen . . . . . ., bis zum Beendigungstermin im bisherigen Umfang und zu den bisherigen Bedingungen nutzen. Im Fall einer Freistellung nach § 4 Abs. (3) dieses Vertrages trägt das Vorstandsmitglied ab dem Beginn der Freistellung sämtliche Betriebs- und Verbrauchskosten, insbesondere die Kosten für Benzin, Öl und Autowäsche. Etwaige Steuern auf den in dieser Nutzung liegenden geldwerten Vorteil trägt das Vorstandsmitglied. Das Vorstandsmitglied wird den Dienstwagen (mit Fahrzeugpapieren, allem Zubehör und sämtlichen Schlüsseln) zum Beendigungstermin in ordnungsgemäßem Zustand an die Gesellschaft zurückgeben.

(2) Das Vorstandsmitglied wird der Gesellschaft sämtliche das Geschäft der Gesellschaft oder Verbundener Unternehmen betreffende Unterlagen (einschließlich aller Abschriften

und Ablichtungen hiervon) und alle sonstigen in seinem Besitz befindlichen und im Eigentum der Gesellschaft stehenden bzw. ihm von der Gesellschaft oder von Verbundenen Unternehmen zur Verfügung gestellten Gegenstände, insbesondere Laptop, Mobiltelefon, Smartphone und Firmenkreditkarte, spätestens zum Beendigungstermin der Gesellschaft übergeben sowie elektronisch gespeicherte Unterlagen und Daten der Gesellschaft übermitteln.

(3) Das Vorstandsmitglied verpflichtet sich, etwaige auf einem Datenträger aufgespielte Programme, für welche die Gesellschaft oder ein Verbundenes Unternehmen die Lizenz erworben hat, spätestens zum Beendigungstermin zu löschen. Diese Verpflichtung erstreckt sich auch auf sämtliche auf einem solchen Datenträger gespeicherten Daten, welche Angelegenheiten der Gesellschaft oder von Verbundenen Unternehmen betreffen, sofern diese nicht nach vorstehendem Abs. (2) an die Gesellschaft zu übermitteln sind.

(4) Das Vorstandsmitglied wird der Gesellschaft zum Beendigungstermin alle notwendigen Passwörter, Codes, etc. übermitteln sowie sonstige Auskünfte erteilen, damit die Gesellschaft auf den betrieblichen E-Mail-Account des Vorstandsmitglieds Zugriff nehmen kann und Zugang zu allen etwaigen vom Vorstandsmitglied elektronisch oder sonst geschützten Informationen mit Bezug zur Tätigkeit des Vorstandsmitglieds erhält. Das Vorstandsmitglied sichert zu, etwaige in diesem Zusammenhang notwendig werdende weitere Auskünfte zu erteilen. Das Vorstandsmitglied willigt ausdrücklich ein, dass die Gesellschaft das umfängliche Recht hat, auf den betrieblichen E-Mail-Account des Vorstandsmitglieds Zugriff zu nehmen.

(5) Im Fall seiner Freistellung nach § 4 Abs. (3) dieses Vertrages wird das Vorstandsmitglied die nach vorstehenden Abs. (2) bis (4) bestehenden Verpflichtungen zum Zeitpunkt des Beginns der Freistellung erfüllen.

§ 10 Geheimhaltung[23]

(1) Die Parteien sind sich einig, dass das Vorstandsmitglied seine Geheimhaltungsverpflichtungen nach § . . . . . . des Dienstvertrages bis zum und auch nach dem Beendigungstermin zu erfüllen hat. Im Rahmen einer etwaigen von dem Vorstandsmitglied nach dem Beendigungstermin ausgeübten beruflichen oder unternehmerischen Tätigkeit kann das Vorstandsmitglied sein als Vorstandsmitglied der Gesellschaft erworbenes Wissen einsetzen, sofern dabei die gesetzlichen Beschränkungen – insbesondere nach §§ 3, 17 UWG, §§ 823 Abs. 1 und Abs. 2 BGB, § 826 BGB und den datenschutzrechtlichen Regelungen – strikt beachtet werden.

(2) Die Parteien sind sich einig, dass über den Inhalt dieses Vertrages und der Vertragsverhandlungen, die diesem Vertrag zugrunde liegen, striktes Stillschweigen zu bewahren ist.

(3) Das Vorstandsmitglied ist verpflichtet, in Zweifelsfällen über den Umfang der Geheimhaltungsverpflichtung nach vorstehenden Abs. (1) und (2) mit dem Aufsichtsrat der Gesellschaft eine Klärung herbeizuführen.

§ 11 Wettbewerbsverbot/Abwerbeverbot

(1) Bis zum Beendigungstermin sind für das Vorstandsmitglied § 88 AktG wie auch die Regelungen aus dem Dienstvertrag zum Wettbewerbsverbot (dort § . . . . . .) und zur Aufnahme und Ausübung von Nebentätigkeiten (dort § . . . . . .) weiterhin zu beachten.[24] Dies gilt auch im Fall eines Widerrufs seiner Bestellung nach § 2 Abs. (1) dieses Vertrages zu einem früheren Zeitpunkt als dem Beendigungstermin und auch während einer Freistellung nach § 4 Abs. (3) dieses Vertrages.

(2) Die Parteien sind sich einig, dass das nachvertragliche Wettbewerbsverbot gemäß § ...... des Dienstvertrages hiermit einvernehmlich aufgehoben ist.[25] Das Vorstandsmitglied kann ab dem Beendigungstermin Wettbewerb betreiben; die Gesellschaft schuldet keinerlei Entschädigung.

§ 12 Wohlverhalten[26]

Das Vorstandsmitglied verpflichtet sich, ab Unterzeichnung dieses Vertrages und damit auch nach dem Beendigungstermin gegenüber Dritten und/oder gegenüber Mitarbeitern der Gesellschaft bzw. den Mitarbeitern Verbundener Unternehmen keinerlei geschäftsschädigende, nachteilige oder unfreundliche Äußerungen über die Gesellschaft oder Verbundene Unternehmen zu machen, insbesondere auch nicht über deren Management, Mitarbeiter, Programme oder Produkte.

§ 13 Presseerklärung[27]

Die Parteien werden gegenüber Dritten, insbesondere gegenüber der Presse, sonstiger Öffentlichkeit oder im Internet, sowie auch gesellschaftsintern zur Beendigung der Vorstandstätigkeit des Vorstandsmitglieds bei der Gesellschaft ausschließlich folgende offizielle gemeinsame Erklärung abgeben:

„Das für die Bereiche ...... zuständige Vorstandsmitglied, Herr ......, legt sein Amt als Mitglied des Vorstands der ...... AG zum ...... nieder. Aufgrund unterschiedlicher Auffassungen über die künftige strategische Ausrichtung des Unternehmens hat Herr ...... darum gebeten, ihn von seinen Aufgaben zu entbinden, und sein Amt als Mitglied des Vorstands im Einvernehmen mit dem Aufsichtsrat niedergelegt. ‚Wir bedauern den Weggang von Herrn ...... und bedanken uns für seinen langjährigen und wertvollen Beitrag zum Unternehmenserfolg', erklärte Herr ......, Vorsitzender des Vorstands und dankte Herrn ...... damit für seinen herausragenden Einsatz."

Das Vorstandsmitglied sowie der Aufsichtsrat der Gesellschaft werden von zusätzlichen sowie nachträglichen Erklärungen anderen Inhalts und von zusätzlichen sowie nachträglichen Erläuterungen der vorstehenden Erklärung absehen.

§ 14 Abgeltung[28]

(1) Mit Unterzeichnung dieses Vertrages hat das Vorstandsmitglied nur mehr die in diesem Vertrag ausdrücklich niedergelegten Ansprüche gegen die Gesellschaft. Mit Erfüllung der Verpflichtungen aus diesem Vertrag durch die Gesellschaft sind sämtliche Ansprüche des Vorstandsmitglieds gegen die Gesellschaft oder Verbundene Unternehmen aus dem Dienstverhältnis und dessen Beendigung abgegolten und erledigt.

(2) Umgekehrt hat mit Unterzeichnung dieses Vertrages die Gesellschaft nur mehr die in diesem Vertrag ausdrücklich niedergelegten Ansprüche gegen das Vorstandsmitglied aus dem Dienstverhältnis und dessen Beendigung. Mit Erfüllung der Verpflichtungen aus diesem Vertrag durch das Vorstandsmitglied sind alle Ansprüche der Gesellschaft gegen das Vorstandsmitglied aus dem Dienstverhältnis und dessen Beendigung abgegolten und erledigt. Etwaige Ansprüche der Gesellschaft nach § 93 Abs. 2 und Abs. 3 AktG gegen das Vorstandsmitglied bleiben gemäß § 93 Abs. 4 S. 3 AktG von dieser Erledigung unberührt.

§ 15 Schlussbestimmungen[29]

(1) Die Parteien sind sich einig, dass mit Unterzeichnung dieses Vertrages alle eventuellen vorherigen, insbesondere mündlichen Vereinbarungen über die Beendigung der Tätigkeit des Vorstandsmitglieds als Geschäftsführer der Gesellschaft unwirksam sind und durch

diesen Vertrag ersetzt werden. Vereinbarungen außerhalb dieses Vertrages wurden nicht getroffen.[30]

(2) Änderungen und Ergänzungen dieses Vertrages bedürfen zu ihrer Rechtswirksamkeit der Schriftform und eines Beschlusses des Aufsichtsrates der Gesellschaft. Eine Befreiung von diesen beiden Erfordernissen durch eine mündliche Vereinbarung ist unwirksam.[31, 32]

(3) Sollten einzelne Bestimmungen dieses Vertrages ungültig sein oder werden, so berührt dies im Zweifel die Wirksamkeit der übrigen Bestimmungen nicht. Anstelle der unwirksamen Vorschrift oder zur Ausfüllung eventueller Lücken dieses Vertrages ist eine angemessene Regelung zu vereinbaren, die dem am nächsten kommt, was die Parteien nach ihrer wirtschaftlichen Zwecksetzung gewollt haben bzw. die Bestimmung, die dem entspricht, was nach Sinn und Zweck dieses Vertrages vereinbart worden wäre, hätte man die Angelegenheit von vornherein bedacht.

(4) Für alle Rechtsstreitigkeiten über die Wirksamkeit dieses Vertrages sowie über Ansprüche aus und im Zusammenhang mit diesem Vertrag gilt deutsches Recht. Gerichtsstand ist der Sitz der Gesellschaft.[33, 34]

......	......
Ort, Datum	Ort, Datum
......	......
Unterschrift der Gesellschaft hier vertreten durch den Aufsichtsrat, dieser vertreten durch seinen Vorsitzenden, Herrn ......[35]	Unterschrift des Vorstandsmitglieds

Anmerkungen

1. Sachverhalt. Das Formular unterstellt, dass das Vorstandsmitglied seine Tätigkeit bei der AG infolge besonderer Umstände vorzeitig, d.h. vor dem Ende des an sich vorgesehenen Bestellungszeitraums, beendet (zur Beendigung im Normalfall vgl. *Grumann/Gillmann* DB 2003, 770).

Häufig wird dabei die Initiative zu der vorzeitigen Trennung von der Gesellschaft ausgehen (z.B. wegen unterschiedlicher Auffassungen über die Geschäftspolitik, Nichterreichung der Erwartungen der Kapitalmärkte o. Ä.). Teilweise erfolgt die vorzeitige Trennung jedoch auch auf Initiative des Vorstandsmitglieds (z.B. zur Wahrnehmung einer anderen beruflichen Chance). I. d. R. wird aber in beiden Varianten die „technische Umsetzung" der Beendigung des Tätigkeitsverhältnisses einvernehmlich und mittels eines **Aufhebungsvertrages** vollzogen. Diese Gestaltung ermöglicht den im Normalfall von beiden Seiten gewollten „Schlussstrich" unter die gegenseitigen Beziehungen, mit dem die größtmögliche Rechtssicherheit, aber auch die angemessene „Geräuschlosigkeit" des Wechsels im Vorstandsamt gewährleistet werden kann. Ziel ist regelmäßig, einen mit dem Vorstandsmitglied offen ausgetragenen Streit zu vermeiden und weder auf den Finanzmärkten noch bei der ggf. interessierten Öffentlichkeit über Gebühr Aufsehen zu erregen. Dieses Vorgehen dient aber vor allem auch dazu, zwischen den Vertragsparteien klare Verhältnisse zu schaffen.

Vor Abschluss eines Aufhebungsvertrages werden i.d.R. umfangreiche **Verhandlungen** geführt werden (müssen). Die Verhandlungssituation wird entscheidend davon geprägt sein, welche Hintergründe die Trennung tatsächlich bestimmen. Geht – was in der Praxis seltener vorkommt – die Beendigung der Vorstandstätigkeit auf den ausdrücklichen

Wunsch des Vorstandsmitglieds zurück, wird i.d.R. eine Diskussion über die Frage einer Abfindung bzw. deren Höhe nicht geführt werden müssen.

Ein Aufhebungsvertrag kann (und sollte) aber auch abgeschlossen werden, wenn das Vorstandsmitglied – unter Aufgabe seines bisherigen Vorstandsamtes bei der Gesellschaft – eine **andere Aufgabe im Konzern** übernimmt. Auch wenn es sich hier im Regelfall um eine „Beförderung" handeln wird, bleibt es in diesem Zusammenhang empfehlenswert, mit dem Abschluss eines etwaigen anderen Anstellungsvertrages bei einer anderen Konzerngesellschaft gleichzeitig einen separaten Aufhebungsvertrag für die „alte" Position abzuschließen, um die Vertragssituation insgesamt zu bereinigen und das Nebeneinander verschiedener Vertragsbeziehungen (und die Notwendigkeit deren Koordination) zu vermeiden. Sofern der Anstellungsvertrag über die „neue" Position bereits vor Unterzeichnung des Aufhebungsvertrages abgeschlossen wird, empfiehlt es sich, die Wirksamkeit des Anstellungsvertrages unter die aufschiebende Bedingung des Abschlusses des Aufhebungsvertrages zu stellen (→ Form. B. I. 1 Anm. 33).

Ebenso wie beim Dienstvertrag des Vorstandsmitglieds (→ Form. B. II. 1) handelt es sich auch bei diesem Formular um **vorformulierte Vertragsbedingungen**. Soweit die Vertragsbedingungen daher mit dem Vorstandsmitglied nicht im Einzelnen weiter ausgehandelt werden, handelt es sich um Allgemeine Geschäftsbedingungen i.S.d. § 305 Abs. 1 BGB. Die einzelnen Vertragsbestimmungen unterliegen daher einer Inhaltskontrolle nach den §§ 307 ff. BGB, weil der Aufhebungsvertrag kein „Vertrag auf dem Gebiet des Gesellschaftsrechts" ist (§ 310 Abs. 4 S. 1 BGB; → Form. B. II. 1 Anm. 1).

Oftmals werden für die Beendigung eines Vorstands-Dienstverhältnisses die gleichen rechtlichen und praktischen Erwägungen anzustellen sein wie im **Fall eines GmbH-Geschäftsführers** (→ Form. B. I. 3). Die nachstehenden Ausführungen beschränken sich deshalb im Wesentlichen auf die Kommentierung inhaltlicher Abweichungen, soweit aktienrechtliche Vorgaben oder sonstige Umstände abweichende Gestaltungen erfordern oder auch ermöglichen.

Im Übrigen spiegelt das vorgelegte Formular eines Aufhebungsvertrages die **Interessenlage der Gesellschaft** wider, so dass das Formular zur Verwendung durch den Aufsichtsrat der Gesellschaft vorgesehen ist.

Hingewiesen wird auf die bei börsennotierten Gesellschaften ggf. bestehenden Verpflichtungen zur **Ad-hoc-Publizität** (§§ 15 Abs. 1 S. 1, 13 Abs. 1 WpHG). Ob ein personeller Wechsel im Management als solcher auch der Publizitätspflicht unterliegt, ist eine Frage des Einzelfalls. Maßgeblich ist hierfür, ob das (im unterstellten Fall vorzeitige und damit von den Kapitalmärkten mehr oder weniger unerwartete) Ausscheiden des Vorstandsmitglieds geeignet ist, den Aktienkurs erheblich zu beeinflussen (§ 13 Abs. 1 WpHG). Jedenfalls bei Vorstandsmitgliedern, die maßgeblichen Einfluss auf die Unternehmenspolitik ausüben, kann dies zu bejahen sein (vgl. hierzu BGH NJW 2013, 2114; *Fleischer* NZG 2007, 401, 403 m.w.N.).

2. Inhalt des Aufhebungsvertrages. Das Formular regelt neben der einvernehmlichen Beendigung des Dienstverhältnisses auch die Niederlegung des Vorstandsamtes durch das Vorstandsmitglied.

Bei der **Beendigung des Dienstverhältnisses** soll insbesondere die dienstvertragliche Situation zwischen den Vertragsparteien (abschließend) bereinigt werden. Dabei sollen – im Rahmen der gesellschaftsrechtlichen Zulässigkeit (→ Anm. 28 zur Frage der Abgeltung) – alle etwaigen offenen Fragen aus dem Dienstverhältnis geklärt und einer einvernehmlichen (Verhandlungs-)Lösung zugeführt werden. Zusätzlich bietet die Verhandlung auch die Möglichkeit, im Dienstvertrag „Versäumtes" nachzuholen oder etwaige „Fehler" bei der Gestaltung der vertraglichen Situation zu korrigieren. So können etwa entsprechende Geheimhaltungsverpflichtungen, die im Dienstvertrag möglicherweise nicht vollständig im Interesse der Gesellschaft geregelt sind, nunmehr auch für die verbleibende Vertragslaufzeit (und ggf. darüber hinaus) neu formuliert werden. Auch können beispielsweise die Regelungen zur zeitlichen, räumlichen und sachlichen Reichweite eines im Dienstvertrag enthaltenen nachvertraglichen Wettbewerbsverbots klarstellend formuliert oder neu geregelt werden. Dies kann u.U. dazu dienen, ein mit der ursprünglichen Vereinbarung zu weit formuliertes oder in der Zwischenzeit zu weit gewordenes Wettbewerbsverbot so einzuschränken, dass es nunmehr wirksam ist oder wieder wirksam wird.

Der Aufhebungsvertrag dient aber nicht nur dazu, die dienstvertragliche Situation zu bereinigen, sondern regelt auch den Weg der (vorzeitigen) **Beendigung der Organstellung** des Vorstandsmitglieds. Diese Gestaltung berücksichtigt die in der Praxis der Vertragsverhandlungen bestehende enge Verbindung zwischen der Auflösung des Organ- und des Dienstverhältnisses. Die beide Aspekte berücksichtigende Lösung ermöglicht auch die Schaffung der notwendigen Klarheit und Eindeutigkeit der rechtlichen Lage.

Die auf eine Beendigung von Organ- wie Dienstverhältnis gerichtete Gestaltung muss der **Trennung zwischen Organ- und Dienstverhältnis** Rechnung tragen (zur Trennungstheorie → Form. B. II. 1 Anm. 1). Auch bei der vorzeitigen Beendigung eines Vorstandsverhältnisses sind somit die unterschiedlichen Regelungen für das Organ- und Dienstverhältnis zu beachten. Dass der Abschluss eines Aufhebungsvertrags im Hinblick auf eine rechtssichere Beendigung sowohl der dienstvertraglichen Beziehung mit dem Vorstandsmitglied als auch dessen Organstellung empfehlenswert ist, zeigt sich an den hohen Voraussetzungen, die anderenfalls bei einer einseitigen Beendigung beider Verhältnisse durch die Gesellschaft bzw. das Vorstandsmitglied eingehalten werden müssten: So ist die (einseitige) **Abberufung** des Vorstandsmitglieds aus seiner organschaftlichen Stellung durch die Gesellschaft – anders als beim Geschäftsführer einer GmbH – nur möglich bei Vorliegen eines **wichtigen Grundes i.S.d. § 84 Abs. 3 AktG**, namentlich bei grober Pflichtverletzung des Vorstandsmitglieds, seiner Unfähigkeit zur ordnungsgemäßen Geschäftsführung oder bei einem Vertrauensentzug durch die Hauptversammlung. Damit will der Gesetzgeber die Unabhängigkeit des Vorstands schützen. Zwar würde auch bei Nicht-Vorliegen eines solchen wichtigen Grundes die Abberufung zunächst wirksam sein (und zum Erlöschen der Vertretungsmacht wie auch des Rechts zur Geschäftsführung führen). Das Vorstandsmitglied könnte aber das Fehlen des wichtigen Grundes gerichtlich feststellen lassen. Bei Rechtskraft dieses Urteils würde das Organverhältnis ex nunc wiederaufleben (vgl. § 84 Abs. 3 S. 4 AktG). Dieses Problem wird i.d.R. zwar praktisch nicht relevant, weil bis zum Vorliegen einer rechtskräftigen Entscheidung die Bestellungszeit abgelaufen sein wird. Allerdings können durch eine Abberufung im Bewusstsein des Fehlens eines wichtigen Grundes ggf. Schadensersatzansprüche gegen die Gesellschaft ausgelöst werden.

Demgegenüber ist die einseitige **Beendigung des Dienstverhältnisses** – außer bei Vorliegen einer wirksamen Koppelungsklausel oder einer ordentlichen Kündigungsmöglichkeit (vgl. zu beidem → Form. B. II. 1 Anm. 16) – nur möglich, wenn ein **wichtiger Grund i.S.d. § 626 BGB** für eine außerordentliche Kündigung des Dienstvertrages vorliegt und die außerordentliche Kündigung auch rechtzeitig im Rahmen der Frist des § 626 Abs. 2 BGB erklärt wird. Dem Ausspruch einer Kündigung muss bei einem Vorstandsmitglied nach h.M. keine Abmahnung vorausgehen (OLG Düsseldorf BeckRS 2007, 15477; *Reichard* GWR 2012, 506, 509 f.) Der wichtige Grund i.S.d. § 84 Abs. 3 AktG für eine wirksame Abberufung vom Vorstandsamt bildet allerdings nicht zwingend auch einen wichtigen Grund i.S.d. § 626 BGB. Denn ein solcher liegt nur vor, wenn der Gesellschaft die Fortsetzung des Dienstverhältnisses unter Aufrechterhaltung der Vergütungspflicht bis zum an sich ordentlichen Ende der Vertragslaufzeit nicht mehr zugemutet werden kann. Dabei muss (auch) eine Abwägung der Interessen der Gesellschaft einerseits und des Vorstandsmitglieds andererseits vorgenommen werden. Hierbei spielen insbesondere die Schwere der etwaigen Verfehlungen, deren Folgen für die Gesellschaft und der durch sie bewirkte Vertrauensverlust, das Ausmaß des Verschuldens und der Grad der Wiederholungsgefahr, die Länge der Dienstzeit des Vorstandsmitglieds, etwaige besondere Verdienste um das Unternehmen, die sozialen Folgen für den Betroffenen, die diskriminierende Wirkung einer fristlosen Kündigung, das Lebensalter und Möglichkeiten einer anderweitigen beruflichen Entwicklung des Vorstandsmitglieds eine Rolle.

An einen wichtigen Grund für die außerordentliche Kündigung des Dienstvertrages sind daher i.d.R. höhere Anforderungen als an den wichtigen Grund für die Abberufung zu stellen.

In entsprechender Weise gilt dies grundsätzlich auch für das Verhältnis zwischen der **Niederlegung des Vorstandsamtes** durch das Vorstandsmitglied und einer außerordentlichen Kündigung des Dienstverhältnisses seitens des Vorstandsmitglieds. In dieser umgekehrten Konstellation wird jedoch diskutiert, ob für die Wirksamkeit der Niederlegung des Vorstandsamtes überhaupt ein wichtiger Grund vorliegen oder zumindest behauptet werden muss (Sonderfälle: keine Niederlegung ohne wichtigen Grund „zur Unzeit“ oder rechtsmissbräuchliche Niederlegung). Denn der BGH hat für einen GmbH-Geschäftsführer entschieden (BGH NJW 1993, 1198 – unter Aufgabe seiner hierzu bestehenden früheren Rechtsprechung), dass die Amtsniederlegung eines Geschäftsführers auch dann wirksam sein soll, wenn sie mit keiner Begründung versehen ist. Fraglich ist jedoch, ob diese Rechtsprechung auch auf eine Amtsniederlegung durch ein Vorstandsmitglied einer AG übertragbar ist. Diese Frage wird in der Literatur und der instanzgerichtlichen Rechtsprechung nicht einheitlich beantwortet (wohl h.M. für die Übertragung der zum GmbH-Geschäftsführer ergangenen Rechtsprechung vgl. OLG Dresden BeckRS 2004, 15882; *Hüffer* § 84 Rn. 36; *Grobys/Littger* BB 2002, 2292; Schmidt/Lutter/*Seibt* § 84 Rn. 56; a.A. Nirk/Ziemons/Binnewies/*Ziemons* 8. Abschnitt Rn. 8.219 m.w.N.).

Unabhängig davon besteht aber auch bei einer Amtsniederlegung durch das Vorstandsmitglied das Dienstverhältnis zunächst weiter und kann nur bei Vorliegen eines wichtigen Grundes für eine außerordentliche Kündigung einseitig durch das Vorstandsmitglied beendet werden. Hier ist allerdings darauf hinzuweisen, dass im Fall einer „grundlosen“ Amtsniederlegung die Gesellschaft neben der Geltendmachung von Schadensersatz das Dienstverhältnis aus wichtigem Grunde kündigen könnte (wegen Nichterfüllung der dienstvertraglichen Verpflichtung zur Ausübung des Vorstandsmandats).

Keine derartigen Probleme, insbesondere keine Rechtsunsicherheiten, ergeben sich, wenn die Niederlegung des Vorstandsamtes von der Gesellschaft angenommen wird. Dies wirkt ähnlich wie eine **einvernehmliche Aufhebung der Bestellung**, die auch jederzeit zulässig ist (BGH AP BetrVG 1972 § 77 Nr. 2; vgl. zudem BGH NZG 2012, 1027, 1028). Eines wichtigen oder sonst rechtfertigenden Grundes bedarf es in den beiden letzteren Fällen gerade nicht (Schmidt/Lutter/*Seibt* § 84 Rn. 57).

3. Präambel. Ähnlich wie beim Aufhebungsvertrag eines GmbH-Geschäftsführers soll die Präambel zur Klärung der Vertragslage bzw. der faktischen und zeitlichen Zusammenhänge dienen (→ Form. B. I. 3 Anm. 2). Im Fall ihrer Aufnahme in den Aufhebungsvertrag sollte daher stets die vollständige Vertragssituation des Vorstandsmitglieds klargestellt werden. So sollten der dem Dienstverhältnis zugrunde liegende Dienstvertrag sowie alle etwaigen Zusatzvereinbarungen korrekt bezeichnet werden, um die Vertragshistorie deutlich werden zu lassen. Dies dient nicht zuletzt dem Zweck, dass derjenige, der den Aufhebungsvertrag entwirft, sich die maßgeblichen Vertragsgrundlagen im Einzelnen bewusst macht und durchsieht, um Sonderkonstellationen zu erkennen, die einer Adressierung im Aufhebungsvertrag bedürfen bzw. bei der seinerzeitigen Formulierung des Dienstvertrages offen gebliebene Fragen bzw. alle regelungsbedürftigen Punkte nunmehr im Aufhebungsvertrag zu klären. Stets ist darauf zu achten, dass die einzelnen Regelungen, die von der vertraglichen Einigung umfasst sein sollen, nicht in der Präambel formuliert sind, sondern im sich anschließenden Vertragstext.

Die Präambel im Formular ist neutral verfasst und gibt keinen Hinweis auf die Hintergründe der vorzeitigen Trennung. Im Bedarfsfall kann aber so formuliert werden, dass auch die Gründe der vorzeitigen Trennung offen gelegt werden, z.B. dass unterschiedliche Auffassungen über die zukünftige Geschäftspolitik bzw. deren Ausrichtung bestanden und zur vorzeitigen Trennung geführt haben. Dies kann im Streitfall als Auslegungshilfe dienen, um die eine oder andere Klausel im Aufhebungsvertrag selbst den in der Präambel niedergelegten Interessen entsprechend zu verstehen.

4. Einvernehmliche Beendigung des Anstellungsverhältnisses. Mit der im Formular vorgesehenen Klausel wird das Dienstverhältnis mit der Gesellschaft einvernehmlich beendet. Ähnlich wie beim Aufhebungsvertrag eines GmbH-Geschäftsführers ist sicherheitshalber die Beendigung auch auf alle etwaigen sonstigen Anstellungs- und Beschäftigungsverhältnisse des Vorstandsmitglieds mit der Gesellschaft und anderen Konzerngesellschaften zu richten (zu den insbesondere vertretungsrechtlichen Problemen hierbei → Form. B. I. 3 Anm. 3). Übernimmt das Vorstandsmitglied eine andere Aufgabe im Konzern, kann an dieser Stelle klargestellt werden, dass das neue Anstellungsverhältnis von der Beendigungsklausel nicht erfasst wird.

5. Beendigungstermin. Das Dienstverhältnis mit der Gesellschaft endet nach der im Formular vorgesehenen Regelung zu einem von den Vertragsparteien zu vereinbarenden Beendigungstermin. Generell gilt dabei, dass der Beendigungstermin für das Dienstverhältnis frei verhandelbar ist. Es muss nur beachtet werden, dass dieser Beendigungstermin für das Dienstverhältnis nicht vor dem Zeitpunkt des Endes des Vorstandsamtes liegt. Letztlich werden bei den Vertragsverhandlungen zum Beendigungstermin eine Vielzahl von Einflussgrößen relevant, deren Koordination die Wahl des Beendigungstermins bestimmen wird (z.B. Restlaufzeit des Dienstvertrages, Aussichten des Vorstandsmitglieds auf neue Beschäftigungen, Interesse der Gesellschaft am Fortbestand des vertraglichen Wettbewerbsverbots, steuerliche Aspekte; → Form. B. I. 3 Anm. 4).

6. Beendigung der Organstellung durch Niederlegung. Im Formular ist vorgesehen, dass das Organverhältnis mit der Niederlegung des Vorstandsamtes durch das Vorstandsmitglied vorzeitig endet.

Wie bereits beschrieben (→ Anm. 2), vermeidet diese Gestaltung etwaige bei der Beendigung des Vorstandsmandats auftretende Rechtsunsicherheiten und ist daher gängige Praxis bei der Beendigung von Vorstandsmandaten. Sie wird deswegen selbst beim Vorliegen von manifesten Widerrufsgründen verwendet. Darüber hinaus dient diese Gestaltung auch dazu, einen möglichst „geräuschlosen" Wechsel in der Führung sicherzustellen, vor allem weil diese Lösung dem Vorstandsmitglied eine „Gesichtswahrung" ermöglicht. Dieser Aspekt erleichtert die Verhandlungen wesentlich. Dementsprechend wird diese übliche Gestaltung auch für das Formular gewählt. Alternativ kann im Bedarfsfall auch die einvernehmliche Beendigung des Organverhältnisses geregelt werden.

7. Erklärung der Niederlegung und Einverständnis der Gesellschaft. Die Niederlegung eines Vorstandsmandats erfolgt durch eine einseitige empfangsbedürftige Willenserklärung des Vorstandsmitglieds. Im Formular ist daher die unmittelbar wirkende gesellschaftsrechtliche **Erklärung des Vorstandsmitglieds zur Niederlegung** des Vorstandsmandats enthalten. Diese Erklärung hat gegenüber dem Bestellungsorgan zu erfolgen – also gegenüber dem Aufsichtsrat der Gesellschaft. Wird diese Gestaltung gewählt, ist darauf zu achten, dass diese Erklärung dem Aufsichtsrat der Gesellschaft auch zugeht. Dieser Zugang ist sichergestellt, wenn – wie im Formular vorgesehen – der Aufsichtsratsvorsitzende den Aufhebungsvertrag unterzeichnet.

Nicht zu empfehlen ist die Gestaltung einer (nur) schuldrechtlichen Verpflichtung des Vorstandsmitglieds zur sofortigen oder zukünftigen Niederlegung des Amtes. Eine solche Verpflichtung müsste wiederum erst vom Vorstandsmitglied erfüllt und damit im eventuellen Streitfall (z.B. bei nachträglichen Streitigkeiten über die Abfindung) erst von der Gesellschaft eingeklagt werden.

Im Formular ist auch vorgesehen, dass die Gesellschaft das **Einverständnis zur Niederlegung** erklärt. Zur Wirksamkeit dieses Einverständnisses hat der gesamte Aufsichtsrat der Gesellschaft (und nicht nur der Personalausschuss) hierüber ordnungsgemäß (§ 108 AktG) zu beschließen.

Grundsätzlich ist für die Niederlegung keine **Form** vorgeschrieben. Aus Beweisgründen ist allerdings die Schriftform – die durch die Regelung im Aufhebungsvertrag gewahrt wird – zu empfehlen. Zum Zwecke der Eintragung beim Handelsregister ist im Formular auch die separate Ausfertigung der Niederlegungserklärung vorgesehen. Es wird hierfür empfohlen, auch diese weitere Ausfertigung der Niederlegungserklärung (deren Empfang wiederum auf der Erklärung vom Aufsichtsratsvorsitzenden bestätigt werden muss) vom ausscheidenden Vorstandsmitglied zusammen mit dem Aufhebungsvertrag unterzeichnen zu lassen.

8. Niederlegung zum Beendigungstermin. Im Formular ist aus Gründen der Einfachheit der Beendigungstermin so gewählt, dass das Organverhältnis zeitgleich mit dem Dienstverhältnis endet. Im Bedarfsfall kann die Niederlegung auch z.B. mit sofortiger Wirkung vereinbart werden:

Alternative:

Das Vorstandsmitglied legt hiermit sein Amt als Mitglied des Vorstands der Gesellschaft mit sofortiger Wirkung nieder. Die Gesellschaft erklärt hierzu ihr Einverständnis. Das Vorstandsmitglied hat eine entsprechende Niederlegungserklärung separat ausgefertigt. Diese Niederlegungserklärung ist diesem Vertrag als Anlage 1 beigefügt.

Liegt in einem solchen Fall der Zeitpunkt der Beendigung des Dienstverhältnisses nach dem Zeitpunkt der Beendigung der Organstellung, muss im Aufhebungsvertrag auch eine Regelung zur Freistellung des Vorstandsmitglieds von der Erfüllung seiner dienstvertraglichen Verpflichtungen für die Restlaufzeit des Dienstvertrages enthalten sein. Motiv für eine solche Gestaltung ist hierbei häufig das Interesse der Gesellschaft am Bestand des Dienstvertrages. Denn so kann z.B. bewirkt werden, dass das Vorstandsmitglied für die restliche Laufzeit des Dienstvertrages keinen Wettbewerb treiben darf (→ Anm. 24).

In seltenen Fällen ist auch eine Gestaltung denkbar, nach der sich die Vertragsparteien zwar auf eine sofortige Beendigung der Organstellung einigen, das Vorstandsmitglied jedoch bis zum Ende der ursprünglich vereinbarten Laufzeit des Dienstvertrages weiter aktiv für die Gesellschaft arbeiten soll (z.B. als Berater und damit in einer anderen Rolle als der eines Vorstandsmitglieds).

9. Vorbehalt der Widerrufsmöglichkeit. Das Formular geht davon aus, dass die Organstellung erst zum Beendigungstermin endet. Es ist jedoch zusätzlich vorgesehen, dass die Gesellschaft die Möglichkeit eines Widerrufs der Bestellung vor dem Beendigungstermin haben soll. Dies ist vor allem dann sinnvoll, wenn der Beendigungstermin oder der Zeitpunkt, zu dem das Vorstandsamt niedergelegt wird, noch etwas weiter in der Zukunft liegt (z.B. bei einer frühzeitigen Entscheidung zur Trennung auf Veranlassung des Vorstandsmitglieds). Dies soll der Gesellschaft eine notwendige Flexibilität erhalten. Denn erweist sich, dass das Vorstandsmitglied entgegen der Erwartung der Gesellschaft nach Unterzeichnung des Aufhebungsvertrages sein Amt nicht mehr mit der entsprechenden Loyalität und Sorgfalt oder dem notwendigen Engagement führt, kann das Vorstandsmitglied mittels Widerruf aus dem Amt entfernt werden. Ob das Einverständnis des Vorstandsmitglieds mit dem Widerruf im Voraus in allgemeinen Geschäftsbedingungen wirksam erklärt werden kann, ohne dass genau beschrieben wird, in welchen Fällen die Gesellschaft zum Widerruf berechtigt ist, ist jedoch fraglich. Die Regelung mit dem generellen vorherigen Einverständnis könnte gegen die gesetzliche Wertung des § 84 Abs. 3 S. 1 AktG verstoßen und das Vorstandsmitglied unangemessen benachteiligen. In der Praxis dürfte dies jedoch keine Auswirkungen haben, denn der Widerruf wäre aufgrund von § 84 Abs. 3 S. 4 AktG zunächst wirksam (→ Anm. 2).

Von der Möglichkeit des hier geregelten vorzeitigen Widerrufs der Organstellung bzw. vom Widerruf überhaupt zu unterscheiden ist die Maßnahme einer (nur vorübergehenden) **Suspendierung** des Vorstandsmitglieds (vgl. jedoch auch Nirk/Ziemons/Binnewies/*Ziemons* 8. Abschnitt Rn. 8.227 ff., der eine Suspendierung entgegen der h. M. generell für unzulässig hält). Für eine Suspendierung besteht insbesondere dann ein praktisches Bedürfnis, wenn zunächst der Versuch einer einvernehmlichen Trennung statt eines Widerrufs unternommen werden soll, um den Wechsel im Vorstandsamt möglichst „geräuscharm" zu gestalten. Durch die Suspendierung ist dem Vorstandsmitglied nur die Amtsführung verboten. Jedoch bleibt das Vorstandsmitglied bis auf weiteres formal im Amt und verfügt weiterhin über die Vertretungsmacht für die Gesellschaft (vgl. § 82 Abs. 1 AktG). Im Regelfall sollte die Suspendierungsphase daher nur kurz sein, um eine schnelle Einigung voranzubringen. Gelingt es nicht, sich mit dem Vorstandsmitglied auf eine einvernehmliche Trennung zu einigen, sollte unmittelbar der Widerruf der Organstellung erklärt werden. Ungeklärt ist, ob die Suspendierung nur bei Vorliegen eines wichtigen Grundes für einen Widerruf zulässig ist, oder auch schon, wenn nur ein Verdacht eines wichtigen Grundes vorliegt und dem Aufsichtsrat Zeit zur Aufklärung und Entscheidung über die Abberufung eingeräumt werden soll. (vgl. *Hüffer* § 84 Rn. 35; Schmidt/Lutter/*Seibt* § 84 Rn. 59; *Lutter/Krieger* Rn. 378 ff. auch zu den zeitlichen Grenzen einer Suspendierung). Eine Suspendierung bedarf nicht der Anmeldung zum Handelsregister.

10. Niederlegung sonstiger Ämter. → Form. B. I. 3 Anm. 16.

11. Vergütung. Das Formular sieht zunächst vor, dass die Parteien des Aufhebungsvertrages einen Tatsachenvergleich darüber schließen, dass das Vorstandsmitglied für die Zeit bis zur Unterzeichnung des Aufhebungsvertrages seine ihm aufgrund des Dienstvertrages zustehende feste Vergütung ordnungsgemäß erhalten hat.

Des Weiteren enthält das Formular Regelungen zur Vergütung des Vorstandsmitglieds für die Zeit zwischen der Unterzeichnung des Aufhebungsvertrages und dem Beendigungstermin. Das Formular sieht dabei vor, dass die dem Vorstandsmitglied für das laufende Geschäftsjahr noch zustehende feste und variable Vergütung betragsmäßig genau beziffert wird und wann diese jeweils zur Zahlung fällig ist. Um spätere **Auseinandersetzungen** zwischen der Gesellschaft und dem Vorstandsmitglied über (vermeintlich) ausstehende Vergütungsansprüche zu **vermeiden**, sollte jede mögliche Vergütungsart, die der Dienstvertrag erwähnt oder die das Vorstandsmitglied in der Vergangenheit erhalten hat, im Aufhebungsvertrag erwähnt werden und es sollte genau geregelt werden, ob (und wenn ja, in welcher Höhe) das Vorstandsmitglied noch etwas zu erhalten hat, oder es sollte geregelt werden, dass das Vorstandsmitglied auf eine bestimmte Vergütungsart keinen Anspruch mehr hat.

Das Formular enthält – wie der Dienstvertrag (→ Form. B. II. 1) – nur Regelungsvorschläge zur festen und zur kurzfristigen variablen Vergütung in Form einer jährlichen erfolgsbezogenen variablen Vergütung. Bezüglich letzterer ist vorgesehen, dass die Parteien sich auf die Zahlung eines Pauschalbetrages einigen und einen Tatsachenvergleich dahingehend schließen, dass darüber hinaus für den laufenden Bemessungszeitraum keine kurzfristige variable Vergütung geschuldet ist. Dies hat den Vorteil, dass auch vor dem Ende des eigentlichen Bemessungszeitraums eine abschließende Regelung über die aus dem Dienstverhältnis zu erbringende Leistung der Gesellschaft getroffen wird. Eine solche pauschale Einmalzahlung ist auch nach dem Inkrafttreten des Gesetzes zur Angemessenheit der Vorstandsvergütung (VorstAG) am 5.8.2009 nicht grundsätzlich ausgeschlossen. Der Aufsichtsrat hat bei den Verhandlungen mit dem Vorstandsmitglied über die Höhe der Einmalzahlung aber zu beachten, dass es sich bei der Pauschalabgeltung der variablen Vergütung um eine Vergütungsfestsetzung i. S. d. § 116 S. 3 AktG handelt, die eine Schadensersatzpflicht der Aufsichtsratsmitglieder nach sich ziehen kann, wenn sie entgegen der Vorgaben des § 87 Abs. 1 AktG unangemessen hoch ausfällt (vgl. zur Angemessenheit der Vorstandsvergütung ausführlich → Form. B. II. 1 Anm. 22 und zur pauschalen Abgeltung variabler Vergütungsansprüche *Jaeger* NZA 2010, 128).

Durch das VorstAG wurde die bereits bisher bestehende Schwierigkeit der Behandlung offenstehender Ansprüche auf variable Vergütung verschärft: So sieht § 87 Abs. S. 3 AktG für börsennotierte Gesellschaften vor, dass variable Vergütungsbestandteile eine mehrjährige Bemessungsgrundlage haben sollen. Für das Kriterium „mehrjährig" werden im juristischen Schrifttum meist Zeiträume von drei bis fünf Jahren genannt (für vier Jahre bspw. *Fleischer* NZG 2009, 801, 803). Hat das Vorstandsmitglied bei Aufnahme der Verhandlungen über den Aufhebungsvertrag erst einen Teil des Bemessungszeitraums zurückgelegt, so schließt sich eine verlässliche Prognose darüber, ob sich die bisher erreichte langfristige variable Vergütung zu dem in Zukunft liegenden Ablauf des Bemessungszeitraums reduzieren oder erhöhen wird, i. d. R. aus. Auch hier bietet sich eine Abgeltung der potentiellen variablen Vergütungsansprüche durch eine pauschalierte Zahlung an. Dies dürfte mit Blick auf den Zweck des VorstAG – Vermeidung des Risikos einer Fehlsteuerung der Unternehmensleitung durch Ausrichtung auf kurzfristige Erfolge – in einem Aufhebungsvertrag im Gegensatz zu einer entsprechenden Regelung im Dienstvertrag möglich sein (vgl. auch *Jaeger* NZA 2010, 128, 129). Auch hier ist jedoch bei der Bemessung der Höhe der pauschalierten Zahlung im Hinblick auf § 116 S. 3 AktG erhebliche Vorsicht geboten (s. o.).

Von einem Regelungsvorschlag zur Behandlung langfristiger variabler Vergütungsbestandteile wurde bewusst abgesehen, weil sich aufgrund der Vielzahl der in der Praxis bestehenden Vergütungsmodelle eine pauschale Regelung verbietet (→ Form. B. II. 1 Anm. 23).

12. Auslagen. Die Formulierung der Regelung zu den Auslagen berücksichtigt, dass das Vorstandsmitglied noch bis zum Beendigungstermin für die Gesellschaft tätig werden soll. Insofern sollen nur sämtliche Auslagen, insbesondere Reisekosten und Spesen, die bis zum Zeitpunkt der Unterzeichnung des Aufhebungsvertrages angefallen sind, vollständig abgerechnet und erstattet sein; spätere Auslagen sollen im üblichen Verfahren abgerechnet und erstattet werden (vgl. im Übrigen → Form. B. I. 3 Anm. 6).

13. Pflichtenstellung bis zum Beendigungstermin. Bleibt das Vorstandsmitglied – wie im Formular vorgesehen – bis zum Beendigungstermin im Amt, ist zu regeln, dass das Vorstandsmitglied bis dahin seine Verpflichtungen aus dem Vorstandsmandat vollumfänglich zu erfüllen hat. Selbst wenn dies als selbstverständlich erscheint, ist die explizite Formulierung zum Zwecke der Verdeutlichung dieser Pflichtenstellung zu empfehlen. Darüber hinaus kann im Aufhebungsvertrag auch festgelegt werden, welche (besonderen) Aufgaben das Vorstandsmitglied bis zum Beendigungstermin zu erfüllen hat. Im Formular sind beispielhaft Verpflichtungen des Vorstandsmitglieds geregelt, um den reibungslosen Übergang im Amt zu gewährleisten.

14. Urlaub. Bleibt das Vorstandsmitglied – wie im Formular vorgesehen – noch bis zum Beendigungstermin im Amt, sind im Rahmen der Abwicklung auch etwaige offene oder noch entstehende Urlaubsansprüche zu regeln. Das Formular sieht hier nur die Gewährung von Naturalurlaub vor. In diesem Zusammenhang sind vielfältige Gestaltungsmöglichkeiten denkbar (z. B. ausnahmsweise auch die Zahlung einer Urlaubsabgeltung), aus denen gemäß den Interessen des Vorstandsmitglieds und der Gesellschaft auszuwählen ist.

15. Freistellung. Um für den Fall des vorzeitigen Widerrufs der Organstellung auch auf der dienstvertraglichen Ebene die notwendige Flexibilität zu haben, empfiehlt sich die im Formular geregelte Vereinbarung der Befugnis der Gesellschaft zur einseitigen Freistellung des Vorstandsmitglieds. Hier können die auch beim Geschäftsführer einer GmbH im Fall der Freistellung üblichen Formulierungen verwendet werden, d.h. die Weiterzahlung der Vergütung ist ebenso wie die Anrechnung von etwaigen Urlaubsansprüchen zu vereinbaren (→ Form. B. I. 3 Anm. 7).

Vor dem Hintergrund der hohen Bedeutung von variablen Vergütungsbestandteilen empfiehlt sich bei Vorstandsmitgliedern die genaue Regelung, welche Entgeltbestandteile im Zeitraum einer etwaigen Freistellung fortzuzahlen sind. Insbesondere in diesem Zusammenhang spielt die Stärke der Verhandlungsposition der Vertragsparteien eine wesentliche Rolle. Denn das Vorstandsmitglied wird in jedem Fall zunächst darauf bestehen, dass auch die variable Vergütung weiterzuzahlen ist; durchsetzen wird es sich aber wohl nur bei einer entsprechenden Stärke seiner Verhandlungsposition. Im Formular wird unterstellt, dass die variable Vergütung für das laufende Kalenderjahr für die Zeit bis zum Beendigungstermin durch eine entsprechend zu verhandelnde einmalige Zahlung abgegolten wird (vgl. Anm. 11); eine entsprechende Regelung zur Fortzahlung erübrigt sich deshalb (vgl. zur Möglichkeit der Regelung dieses Themenkomplexes im Dienstvertrag → Form. B. II. 1 Anm. 19 sowie LG Düsseldorf BeckRS 2011, 17437).

Im Formular ist für den Fall der Freistellung zudem vorgesehen, dass sich das Vorstandsmitglied während der ersten vier Wochen ab Beginn der Freistellung für Auskünfte und sonstige Unterstützung bereitzuhalten hat. Ob dies wie vorgesehen ohne Vereinbarung einer angemessenen Vergütung gegenüber dem Vorstandsmitglied durchgesetzt werden kann, ist wiederum eine Frage der Verhandlungsstärke.

Im Fall einer sofortigen Beendigung des Vorstandsmandats (→ Anm. 8) wird die Gesellschaft das Vorstandsmitglied auch sofort von jeder weiteren Tätigkeit freistellen, sofern das Dienstverhältnis nicht auch sofort endet. Auch in diesem Fall ist die Weiterzahlung der Vergütung ebenso wie die Anrechnung von etwaigen Urlaubsansprüchen zu vereinbaren. I. d. R. wird hier die Freistellungsperiode auch ausreichen, damit das Vorstandsmitglied seinen gesamten Urlaubsanspruch während der Freistellung aufbrauchen kann. Sicherheitshalber ist aber auch in diesem Fall zu regeln, dass eine Urlaubsabgeltung in Geld nicht erfolgt. Sofern im seltenen Einzelfall notwendig, kann auch ein sog. **Kontaktverbot** vereinbart werden (→ Form. B. I. 3 Anm. 7).

16. Vertretungshandlungen bis zur Löschung. → Form. B. I. 3 Anm. 14.

17. Abfindung. Weil das Formular davon ausgeht, dass das Vorstandsmitglied seine Tätigkeit bei der Gesellschaft infolge besonderer Umstände vorzeitig beendet und auch das Dienstverhältnis vor dem Ende seiner vereinbarten Laufzeit endet, ist im Formular die Zahlung einer Abfindung an das ausscheidende Vorstandsmitglied vorgesehen.

Allerdings sind – abweichend vom Regelfall – stets die jeweiligen besonderen Umstände der vorzeitigen „Trennung“ bzw. deren „wahre“ Hintergründe zu beachten. Geht z.B. die **Initiative zur vorzeitigen Trennung vom Vorstandsmitglied** aus und kommt die Gesellschaft mit der einvernehmlichen Beendigung dem Vorstandsmitglied sogar entgegen (z.B. zur Ermöglichung der Übernahme einer „interessanteren Tätigkeit“ bei einer anderen Gesellschaft) – wird eine Abfindung schon gar nicht zum Thema der Vertragsverhandlungen. Geht, wie im Normalfall, die **Initiative zur vorzeitigen Trennung von der Gesellschaft** aus, wird die Gesellschaft ggf. anführen können, dass an sich ein tragfähiger Grund für eine wirksame außerordentliche Kündigung des Dienstverhältnisses vorliegt und dies abfindungsmindernd zu berücksichtigen sei. Zulasten der Gesellschaft wirkt hier allerdings der Umstand, dass eine etwaige außerordentliche Kündigung auch innerhalb der Zweiwochenfrist des § 626 Abs. 2 BGB zu erklären wäre. Die Gesellschaft wird daher – um sich diesen Vorteil in den Abfindungsverhandlungen zu erhalten – gezwungen sein, zunächst den Widerruf und die außerordentliche Kündigung zu erklären, was insgesamt zu einer Verschärfung der Verhandlungen beitragen wird. Selbst wenn die Gesellschaft allerdings einen Grund für eine außerordentliche Kündigung hätte, wird das Vorstandsmitglied im Rahmen der Verhandlungen über die Abfindung Argumente anführen, die zumindest geeignet sind, Zweifel an der Wirksamkeit der außerordentlichen Kündigung zu begründen. In einem solchen Fall wird die Gesellschaft oftmals – auch um die Gesamtsituation zu bereinigen – sich bereit zeigen, einen bestimmten Abfindungsbetrag zu bezahlen, um allein das Risiko eines (öffentlichkeitswirksamen) Rechtsstreits über die Wirksamkeit einer etwaigen außerordentlichen Kündigung abzugelten.

Typischerweise wird die Gesellschaft eine Abfindung nur bei der vorzeitigen Beendigung des Dienstverhältnisses an das Vorstandsmitglied bezahlen. Denn wenn das Dienstverhältnis (trotz der Beendigung des Vorstandsamtes) bis zum Ende der vereinbarten vertraglichen Laufzeit läuft (bei Fehlen eines ordentlichen Kündigungsrechts oder einer wirksamen Kopplungsklausel → Form. B. II. 1 Anm. 16), schuldet die Gesellschaft auch die vertraglich zugesagte Vergütung und alle sonstigen vertraglichen Leistungen (vgl. zur Anwendung der Verzugs- oder Unmöglichkeitsregeln im Fall der Abberufung *Fonk* NZG 1998, 408).

Eine Abfindung dient daher vor allem dazu, diese Ansprüche „abzugelten", wenn das Dienstverhältnis vorzeitig beendet wird. Existenz, Höhe und Laufzeit dieser Verpflichtungen bilden somit bei der Festsetzung der Abfindung wesentliche Einflussgrößen (Festgehalt und erfolgsbezogene Vergütungsbestandteile sowie Lage der Gesellschaft in diesem Zusammenhang zuzüglich sonstiger Leistungen, z.B. private Dienstwagennutzung, Versicherungen, Urlaubsansprüche). Zugunsten der Gesellschaft wird – neben einem Abschlag für die vorfällige Zahlung – allein der Fall berücksichtigt werden können, dass ein anderweitiger Verdienst des Vorstandsmitglieds möglich wäre und damit angerechnet werden kann. Noch nicht höchstrichterlich entschieden ist die Frage, ob der Aufsichtsrat die Abfindung nach § 87 Abs. 2 S. 1 AktG bei einer Verschlechterung der wirtschaftlichen Lage der Gesellschaft nachträglich herabsetzen kann (dagegen *Jaeger* NZA 2010, 128, 134 f.).

Unter Umständen wird das Vorstandsmitglied erwarten und verlangen, zusätzlich für den Verlust der Organstellung angemessen entschädigt zu werden. Solche Zahlungen unterliegen unbestritten jedenfalls dem **Angemessenheitsmaßstab** des § 87 AktG (zum Angemessenheitsmaßstab → Form. B. II. 1 Anm. 22; eingehend zu Vergleichsmaßstäben MünchKommAktG/*Spindler* § 87 Rn. 20 ff.). Weiterhin hat der Aufsichtsrat etwaige im Vorstandsvertrag vereinbarte Abfindungsobergrenzen („**Abfindungs-Cap**") zu berücksichtigen (→ Form. B. II. 1 Anm. 16). Vor allem aber ist zu bedenken, dass der BGH die freiwillige Gewährung kompensationsloser Prämien ohne zukunftsbezogenen Nutzen („**Appreciation Awards**") unabhängig von ihrer Höhe als strafbare Untreue eingeordnet hat (→ Form. B. II. 1 Anm. 18). Auch wenn die Entscheidung des BGH in der Literatur heftig umstritten ist (vgl. etwa *Hoffmann-Becking* NZG 2006, 127; *Hüffer* § 87 Rn. 4; *Kort* NZG 2006, 131; *Spindler* ZIP 2006, 351), sollte deshalb im Einzelfall genau geprüft werden, ob die über eine bloße Abgeltung hinaus gehende Abfindung durch einen zukunftsbezogenen Nutzen für die Gesellschaft gedeckt ist. Ein solcher kann nach den Ausführungen des BGH in einer Anreizwirkung für Dritte bestehen, wenn die Abfindung insoweit für besondere Leistungen gewährt wird (BGH NJW 2006, 522). Auch die Einvernehmlichkeit des Ausscheidens als solche könnte im Einzelfall wegen der Vermeidung einer gerichtlichen Auseinandersetzung und „schlechter Presse" ein geeigneter Nutzen sein (vgl. *Bauer/Arnold* DB 2006, 546, 548). Wegen des scharfen Schwerts der strafbaren Untreue sollte dabei mit höchster Zurückhaltung agiert werden. Dies dürfte sich dem Vorstandsmitglied gegenüber mittels Hinweis auf dessen potentielle Strafbarkeit wegen (Beihilfe zur) Untreue gut vermitteln lassen.

Denkbar ist im Übrigen auch, dass bereits im Dienstvertrag des Vorstandsmitglieds für den Fall der Trennung eine Abfindung versprochen ist (→ Form. B. II. 1 Anm. 16). Allerdings ist auch hier der Angemessenheitsmaßstab des § 87 AktG zu berücksichtigen (*Bauer/Arnold* DB 2006, 546, 547). Im Rahmen einer solchen Festlegung ist für börsennotierte Gesellschaften auch die Empfehlung des Deutschen Corporate Governance Kodex in der Fassung vom 13.5.2013, dort Ziffer 4.2.3 Abs. 4, zu beachten. Nach dieser

Empfehlung „soll" beim Abschluss von Vorstandsdienstverträgen darauf geachtet werden, dass Zahlungen an ein Vorstandsmitglied bei vorzeitiger Beendigung der Vorstandstätigkeit ohne wichtigen Grund einschließlich Nebenleistungen den Wert von zwei Jahresvergütungen nicht überschreiten („**Abfindungs-Cap**") und nicht mehr als die Restlaufzeit des Vorstandsdienstvertrages vergüten. Für die Berechnung dieses Abfindungs-Caps soll auf die Gesamtvergütung des Vorstandsmitglieds für das abgelaufene Geschäftsjahr und gegebenenfalls auch auf die voraussichtliche Gesamtvergütung des Vorstandsmitglieds für das laufende Geschäftsjahr abgestellt werden (→ Form. B. II. 1 Anm. 16). Im Rahmen einer solchen Abfindungsregelung wird entweder die Abfindungssumme bereits betragsmäßig festgelegt sein oder zumindest die Determinanten ihrer Berechnung. Im zweiten Fall sollten sich die Vertragsparteien im Aufhebungsvertrag aber keinesfalls darauf beschränken, lediglich auf diese Klausel im Vorstandsdienstvertrag zu verweisen. Zur Vermeidung späterer Auseinandersetzungen über die Auslegung sollte die Abfindungssumme deshalb stets betragsmäßig fixiert werden. Zumindest sollte aber der Aufhebungsvertrag dazu benutzt werden, etwaige Unklarheiten der dienstvertraglichen Abfindungsregelung zu bereinigen.

Ähnlich gelagert ist die Gestaltung im Fall einer **Change-of-Control-Klausel** (→ Form. B. II. 1 Anm. 18). So wird nicht selten für den Fall des vorzeitigen Ausscheidens des Vorstandsmitglieds infolge eines Change-of-Control geregelt, dass zusätzliche Abfindungszahlungen fällig werden. Dabei hängen Art und Umfang einer Leistungsverpflichtung der Gesellschaft von der bestehenden Vereinbarung ab. Sind die dabei geregelten Voraussetzungen erfüllt, hat das Vorstandsmitglied Anspruch auf die versprochenen Leistungen. Allerdings müssen auch diese Leistungen dem Angemessenheitsmaßstab des § 87 AktG genügen (zum Angemessenheitsmaßstab → Form. B. II. 1 Anm. 22 sowie die Empfehlung in Ziffer 4.2.3 Abs. 5 des Deutschen Corporate Governance Kodex in der Fassung vom 13.5.2013, wonach eine Zusage für Leistungen aus Anlass der vorzeitigen Beendigung der Vorstandstätigkeit infolge eines Change-of-Control den Wert von 150 Prozent des Abfindungs-Caps, d.h. max. drei Jahresvergütungen, nicht überschreiten soll).

Zur Bezeichnung der Abfindung als „**Bruttobetrag**", zu den lohnsteuerrechtlich induzierten Klarstellungen und zu Gestaltungsmöglichkeiten und Interessenlagen bei der Festlegung der **Fälligkeit** und **Vererblichkeit** der Abfindung wird auf die an dieser Stelle übertragbaren Überlegungen beim GmbH-Geschäftsführer hingewiesen (→ Form. B. I. 3 Anm. 9).

Es kann auch der Fall eintreten, dass sich die Vertragsparteien nicht auf eine Abfindungssumme einigen können. Dies ist in der Praxis zwar selten, kommt aber dennoch vor. Der im Aufhebungsvertrag zu vereinbarende „Minimalkonsens" besteht in solchen Fällen darin, eine einvernehmliche Beendigung des Organverhältnisses samt dienstvertraglicher Freistellung zu vereinbaren, im Übrigen aber das Dienstverhältnis (samt der darin geregelten Vergütungsansprüche) bis zum Ende der vertraglichen Laufzeit bestehen zu lassen.

18. Versicherungen und betriebliche Altersversorgung. → Form. B. I. 3 Anm. 12.

19. Stock Options. → Form. B. I. 3 Anm. 13.

20. Zeugnis. → Form. B. I. 3 Anm. 11.

21. Diensterfindungen und Schutzrechte. Das Formular geht davon aus, dass der Dienstvertrag des Vorstandsmitglieds Regelungen zu Diensterfindungen und Schutzrechten enthält (→ Form. B. II. 1 Anm. 38). Die Perpetuierung von dienstvertraglichen Regelungen ist dabei selbstverständlich nur sinnvoll, wenn solche Regelungen im Dienstvertrag des Vorstandsmitglieds überhaupt bestanden haben und – im Fall ihres Bestehens – durchsetzbar und von ausreichendem Schutzumfang sind. Fehlen die Vorschriften im Dienstvertrag des Vorstandsmitglieds ganz oder sind sie lückenhaft, bietet der Aufhebungsvertrag wiederum die Möglichkeit, im Bedarfsfall das „Versäumte" nachzuholen und die bestehende vertragliche Situation zu korrigieren (zu möglichem Regelungsbedarf → Form. B. II. 1).

22. Herausgabeverpflichtungen. → Form. B. I. 3 Anm. 10.

23. Geheimhaltung. → Form. B. I. 3 Anm. 19.

24. Vertragliches Wettbewerbsverbot. Im Formular ist vorgesehen, dass vom Vorstandsmitglied neben der Verpflichtung zur Einhaltung des vertraglichen Wettbewerbsverbots sowie den dienstvertraglichen Regelungen zur Aufnahme und Ausübung von Nebentätigkeiten auch das gesetzliche Wettbewerbsverbot nach § 88 AktG einzuhalten ist.

Auch hier gilt, dass die Perpetuierung von dienstvertraglichen Regelungen nur sinnvoll ist, wenn solche Regelungen im Anstellungsvertrag des Vorstandsmitglieds überhaupt bestanden haben und – im Fall ihres Bestehens – durchsetzbar und von ausreichendem Schutzumfang sind.

Das gesetzliche Wettbewerbsverbot nach § 88 AktG vertraglich zu regeln – wie im Formular vorgesehen – ist insoweit deklaratorisch, als nach der Konzeption des Formulars die Organstellung des Vorstandsmitglieds bis zum Beendigungstermin fortdauert. Denn solange ist das Vorstandsmitglied noch im Amt und unterliegt dem umfassenden gesetzlichen Wettbewerbsverbot nach § 88 AktG (→ Form. B. II. 1 Anm. 36). Fällt die Organstellung aber fort, z.B. im Fall eines vorzeitigen Widerrufs der Bestellung nach § 2 Abs. (1) des Vertrages, ist streitig, ob das gesetzliche Wettbewerbsverbot bis zur Beendigung des Dienstverhältnisses auf das (dann freigestellte) Vorstandsmitglied Anwendung findet (vgl. MünchKommAktG/*Spindler* § 88 Rn. 9). Zwar wird bei Fortzahlung der Vergütung hiervon auszugehen sein (OLG Frankfurt a.M. NZG 2000, 738). Aus Gründen der Rechtssicherheit und zur Vermeidung etwaiger Streitigkeiten empfiehlt es sich aber dennoch, das gesetzliche Wettbewerbsverbot zumindest klarstellend in Bezug zu nehmen. Dies ist insbesondere dann zu empfehlen, wenn der Zeitpunkt der Beendigung des Dienstverhältnisses nach dem Zeitpunkt der Beendigung des Vorstandsamts liegt (z.B. bei sofortiger Amtsniederlegung und Freistellung von den dienstvertraglichen Verpflichtungen bis zum Beendigungstermin).

25. Nachvertragliches Wettbewerbsverbot. Im Formular wird der Fall angenommen, dass im Dienstvertrag ein nachvertragliches Wettbewerbsverbot geregelt war und die Vertragsparteien hieran nicht mehr festhalten wollen. Dementsprechend ist im Formular die einvernehmliche Aufhebung des nachvertraglichen Wettbewerbsverbots geregelt. Nur zu Klarstellungszwecken wird in diesem Zusammenhang formuliert, dass das Vorstandsmitglied ab dem Beendigungstermin Wettbewerb betreiben darf und die Gesellschaft keine Karenzentschädigung schuldet. Will das Vorstandsmitglied einer einvernehmlichen, entschädigungslosen Aufhebung des nachvertraglichen Wettbewerbsverbotes nicht zustimmen, sollte die Möglichkeit eines einseitigen Verzichts durch die Gesellschaft erwogen werden, soweit diese nach den Regelungen des Vorstandsdienstvertrages möglich ist (→ Form. A. IV. 2 Anm. 9 f.). Eine Verzichtsmöglichkeit kann sich hierbei auch aus einem Verweis des Vorstandsdienstvertrages auf § 75a HGB ergeben.

Soll ein bestehendes nachvertragliches Wettbewerbsverbot allerdings unverändert bestehen bleiben, ist zur Vermeidung jeglicher Rechtsunsicherheit dringend zu empfehlen, das nachvertragliche Wettbewerbsverbot ausdrücklich im Aufhebungsvertrag zu bestätigen. Besteht nämlich – wie im Regelfall – eine Abgeltungsklausel, ist es eine Frage der Auslegung, ob diese auch das Wettbewerbsverbot oder die Karenzentschädigung umfasst (vgl. hierzu BAG NJW 2006, 522; BAG BeckRS 2009, 50310; LAG Frankfurt a.M. BeckRS 2007, 47239). Wollen die Vertragsparteien ein bestehendes nachvertragliches Wettbewerbsverbot modifizieren, z.B. erweitern oder ergänzen, kann auch dies im Aufhebungsvertrag geregelt werden (zu den Gestaltungsmöglichkeiten insgesamt → Form. B. I. 3 Anm. 18).

Im Übrigen ist – auch im Fall einer Aufhebung des nachvertraglichen Wettbewerbsverbots – stets daran zu denken, ob nicht die Vereinbarung eines nachvertraglichen Abwerbeverbotes im Aufhebungsvertrag sinnvoll ist (zu einem Klauselvorschlag wie auch zu Bedenken hinsichtlich der Durchsetzbarkeit → Form. B. I. 1 Anm. 34).

26. Wohlverhalten. → Form. B. I. 3 Anm. 20.

27. Presseerklärung/Sprachregelung. → Form. B. I. 3 Anm. 21.

28. Abgeltung. Im Formular ist eine **beidseitige Abgeltungs- und Erledigungsklausel** vorgesehen. Diese sollte die Gesellschaft erst aufnehmen, wenn sie zuvor geklärt hat, dass Ansprüche der Gesellschaft gegen das Vorstandsmitglied aus dem Dienstvertrag (z. B. auf Rückzahlung von zu viel gezahlter Vergütung, Regress aus Lohnsteuerhaftung, Schadensersatz wegen vertragswidriger Nutzung des Firmenwagens) nicht bestehen oder alle Ansprüche im Aufhebungsvertrag Erwähnung gefunden haben (→ Form. B. I. 3 Anm. 22). Selbst wenn aber eine beidseitige Abgeltungs- und Erledigungsklausel in den Aufhebungsvertrag aufgenommen worden ist, bedeutet dies – anders als bei Aufnahme einer entsprechenden Klausel in den Aufhebungsvertrag eines Geschäftsführers – nicht, dass die Gesellschaft auf etwaige Ersatzansprüche gegen das Vorstandsmitglied aus einer unsorgfältigen oder fehlerhaften Geschäftsführungstätigkeit verzichten würde. Denn insoweit ist das aktienrechtliche Verzichtsverbot (§ 93 Abs. 4 S. 3 AktG) zu beachten. Danach ist die Dispositionsbefugnis der Gesellschaft, des Aufsichtsrats und der Gesellschafter über Ersatzansprüche gegen Vorstandsmitglieder beschränkt. Auf solche Ansprüche kann die Gesellschaft erst drei Jahre nach ihrem Entstehen verzichten oder sich über sie vergleichen, und dies auch nur dann, wenn die Hauptversammlung zustimmt und nicht eine Minderheit von Aktionären, deren Anteile zusammen den zehnten Teil des Grundkapitals erreichen, zur Niederschrift Widerspruch erheben. Eine Abgeltungsklausel, die dieser gesetzlichen Regelung nicht Rechnung trüge, wäre daher nichtig.

Die Aufnahme einer einseitigen Abgeltungsklausel ist spätestens seit der Entscheidung des BAG vom 21.6.2011 für allgemeine Geschäftsbedingungen nicht mehr zu empfehlen (vgl. BAG NZA 2011, 1338; ausführlich hierzu → Form. A. XV. 1 Anm. 39).

In der Praxis wird das Vorstandsmitglied zusätzlich versuchen, etwaigen späteren Ersatzansprüchen der Gesellschaft dadurch zu begegnen, dass es auf einer Regelung besteht, wonach sich die Gesellschaft verpflichtet, das Vorstandsmitglied alsbald der Hauptversammlung zur **Entlastung** (§ 120 Abs. 2 S. 1 AktG) vorzuschlagen. Wenn sich hier das Vorstandsmitglied in den Vertragsverhandlungen durchsetzen sollte, kann folgende Klausel aufgenommen werden:

Optional:
Der Aufsichtsrat der Gesellschaft wird sich dafür einsetzen, dass dem Vorstandsmitglied von der Hauptversammlung Entlastung für seine Vorstandstätigkeit erteilt wird.

Eine solche Entlastung stellt aber selbst im Fall ihrer Gewährung durch die hierfür zuständige Hauptversammlung der Gesellschaft keinen Verzicht auf Ersatzansprüche der Gesellschaft dar (vgl. § 120 Abs. 2 S. 2 AktG). Auf diesem Weg ist daher eine „Umgehung“ von § 93 Abs. 4 S. 3 AktG nicht möglich. Auch andere Versuche, eine Umgehung herbeizuführen (z. B. durch Verpflichtung zur Unterlassung der Inanspruchnahme), wurden durch die Rechtsprechung nicht anerkannt (OLG Düsseldorf DB 1989, 315). Möglich ist allein eine Vereinbarung, in der sich ein Dritter verpflichtet, das Vorstandsmitglied von der Haftung gegenüber der Gesellschaft freizustellen (Schmidt/Lutter/*Krieger/Sailer-Coceani* § 93 Rn. 51 m. w. N.).

29. Sozialversicherungsrechtlicher Hinweis. → Form. B. I. 3 Anm. 23.

30. Aufhebung vorheriger Absprachen. → Form. B. I. 3 Anm. 24.

31. Schriftform des Aufhebungsvertrages. → Form. B. I. 3 Anm. 25.

32. Schriftformklausel. → Form. B. I. 1 Anm. 35.

33. Rechtswahl. → Form. B. I. 1 Anm. 37.

34. Gerichtsstand. → Form. B. I. 1 Anm. 39.

35. Unterzeichnung. Das Formular sieht vor, dass der Aufhebungsvertrag vom Vorstandsmitglied und vom Aufsichtsratsvorsitzenden als Vertreter des **Gesamtaufsichtsrats** unterzeichnet wird. Für die Vertretung der Gesellschaft gegenüber Vorstandsmitgliedern – und damit auch für den Abschluss des Aufhebungsvertrages – ist grundsätzlich der Aufsichtsrat der Gesellschaft zuständig (§ 112 AktG). Der Aufsichtsratsvorsitzende bedarf dabei zur Wirksamkeit seines Vorgehens einer entsprechenden Beschlussfassung des Gesamtaufsichtsrates über den Inhalt des Aufhebungsvertrages. Weil der Aufhebungsvertrag auch das Einverständnis der Gesellschaft mit der Niederlegung des Vorstandsamtes und damit mit der Beendigung der Organstellung des Vorstandsmitglieds enthält, hat der Gesamtaufsichtsrat auch hierüber Beschluss zu fassen (vgl. § 84 Abs. 3 i. V. m. §§ 112, 107 Abs. 3 S. 3 AktG). Ein etwa bestehender **Personalausschuss** kann allenfalls über den Inhalt des das Dienstverhältnis beendenden Teils des Aufhebungsvertrages beschließen, nicht jedoch über das Einverständnis mit der Amtsniederlegung (Verbot einer Übertragung gemäß § 107 Abs. 3 S. 3 AktG). Bei der vorliegenden Gestaltung ist daher die Einschaltung eines Personalausschusses nur soweit zweckmäßig, als dieser die Verhandlungen führen kann. Soll der Aufhebungsvertrag dagegen vom Personalausschuss geschlossen werden, bevor das Gesamtaufsichtsratsgremium über die Beendigung der Organstellung Beschluss gefasst hat, müsste im Aufhebungsvertrag ein **Gremienvorbehalt** vereinbart werden, der wie folgt lauten kann:

Optional:
Die Wirksamkeit dieses Vertrages steht unter der aufschiebenden Bedingung, dass der Aufsichtsrat der Beendigung des Organverhältnisses zustimmt.

4. Aufsichtsratsbeschluss: Abberufung eines Vorstandsmitglieds einer AG

Niederschrift[1]

über die Sitzung des Aufsichtsrates[2] der . . . . . . AG („Gesellschaft") vom . . . . . . am Sitz der Gesellschaft in . . . . . .

Der Aufsichtsratsvorsitzende eröffnet um . . . . . . Uhr die Sitzung des Aufsichtsrates und stellt fest, dass zu der Aufsichtsratssitzung alle Mitglieder des Aufsichtsrates der Gesellschaft ordnungsgemäß geladen wurden und anwesend sind. Gegen diese Feststellungen wurden keine Widersprüche erhoben.

Die mit der Einladung bekannt gemachte Tagesordnung enthält folgende Tagesordnungspunkte:[3]

1. Abberufung von Herrn . . . . . . als Vorstandsmitglied der Gesellschaft aus wichtigem Grund.

2. Fristlose Kündigung des Dienstvertrages zwischen der Gesellschaft und Herrn . . . . . . für die Tätigkeit als Vorstandsmitglied.

Der Aufsichtsratsvorsitzende ruft diese Punkte zur Beratung auf. Nach Beratung beschließt der Aufsichtsrat auf Antrag einstimmig wie folgt:[4]

1. Die Bestellung von Herrn . . . . . . zum Vorstandsmitglied der Gesellschaft wird mit sofortiger Wirkung widerrufen.[5]

2. Der mit Herrn . . . . . . am . . . . . . abgeschlossene Dienstvertrag wird mit sofortiger Wirkung gekündigt.[6]

3. Der Aufsichtsratsvorsitzende wird beauftragt und bevollmächtigt, diese Beschlüsse des Aufsichtsrates der Gesellschaft an Herrn . . . . . . zu übermitteln und eine schriftliche Kündigung des Dienstvertrages auszufertigen, zu unterzeichnen und an Herrn . . . . . . zu übergeben.[7]

. . . . . .

Ort, Datum

. . . . . .

Unterschrift des Aufsichtsratsvorsitzenden

Ich habe vom Beschluss des Aufsichtsrates der . . . . . . AG vom . . . . . . zum Widerruf meiner Bestellung als Vorstandsmitglied Kenntnis genommen[8] sowie die schriftliche Kündigung des Dienstvertrages erhalten.[9]

. . . . . .

Ort, Datum

. . . . . .

Unterschrift des Vorstandsmitglieds[10]

Anmerkungen

1. Sachverhalt. Das Formular ist ein Muster für die Niederschrift einer Sitzung des Aufsichtsrates einer deutschen AG, in der der Aufsichtsrat mündlich über die Abberufung eines Vorstandsmitglieds von seiner Organstellung aus wichtigem Grund sowie die Beendigung des Dienstverhältnisses mit dem Vorstandsmitglied durch eine außerordentliche Kündigung beschließt.

Das Formular geht von der Situation aus, dass sich die Gesellschaft vor Ablauf der regulären Amtszeit einseitig von dem Vorstandsmitglied trennen will (→ Form. B. II. 3 Anm. 1 zu den Hintergründen und möglichen Trennungsszenarien). Denn auch wenn der Weg über eine einvernehmliche Beendigung von Organ- und Dienstverhältnis wegen der damit verbundenen Vorteile (→ Form. B. II. 3 Anm. 2) i. d. R. zu bevorzugen sein wird, kann es dennoch Fälle geben, in denen die einseitige Beendigung der mit dem Vorstandsmitglied bestehenden Beziehungen angezeigt und seitens der Gesellschaft auch gewollt ist.

Weil der Gesetzgeber die Unabhängigkeit des Vorstandsmitglieds schützen will, ist die **Abberufung** des Vorstandsmitglieds aus seiner organschaftlichen Stellung durch die Gesellschaft – anders als beim Geschäftsführer einer GmbH – nur bei Vorliegen eines **wichtigen Grundes** i. S. d. § 84 Abs. 3 S. 1 AktG möglich, namentlich bei grober Pflichtverletzung, bei einer Unfähigkeit zur ordnungsgemäßen Geschäftsführung oder bei einem Vertrauensentzug durch die Hauptversammlung. Auch die wirksame Beendigung des mit dem Vorstandsmitglied bestehenden Dienstverhältnisses durch außerordentliche **Kündigung** ist nur möglich, wenn ein **wichtiger Grund** i. S. d. § 626 BGB vorliegt und zusätzlich die außerordentliche Kündigung auch rechtzeitig im Rahmen der Frist des § 626 Abs. 2 BGB erklärt wird (vgl. zu Problemen im Zusammenhang mit der Einhaltung der Kündigungserklärungsfrist *Hüffer* § 84 Rn. 41 f. m.w.N. und *Reichard* GWR 2012, 506). Dabei gilt, dass an einen wichtigen Grund für die außerordentliche Kündigung des Dienstvertrages i.d.R. höhere Anforderungen als an den wichtigen Grund für die Abberufung zu stellen sind (vgl. hierzu ausführlich → Form. B. II. 3 Anm. 2).

Im vorliegenden Zusammenhang wird unterstellt, dass hinsichtlich des Vorstandsmitglieds Gründe vorliegen, die die Gesellschaft sowohl zu einem wirksamen Widerruf der Bestellung (§ 84 Abs. 3 S. 1 AktG) als auch zum Ausspruch einer wirksamen außerordentlichen Kündigung des Dienstverhältnisses (§ 626 BGB) berechtigen.

Im Gegensatz zum hier zu unterstellenden Szenario kann aber auch die Situation eintreten, dass die Gesellschaft zunächst nur eine **Suspendierung** des Vorstandsmitglieds von seiner Amtsführung aussprechen will, die auch nicht im Handelsregister einzutragen ist. Bei Vornahme einer Suspendierung bleibt das Vorstandsmitglied formal im Amt und verfügt weiterhin über die Vertretungsmacht für die Gesellschaft (vgl. § 82 Abs. 1 AktG), wobei ihm jedoch die Amtsführung verboten bliebe (vgl. zur Zulässigkeit → Form. B. II. 3 Anm. 9). Auch eine Kündigung des Dienstverhältnisses wird (noch) nicht ausgesprochen. Erklärt wird lediglich eine (widerrufliche) Freistellung des Vorstandsmitglieds von seinen dienstvertraglichen Pflichten. Für eine Suspendierung besteht insbesondere dann ein praktisches Bedürfnis, wenn zunächst eine einvernehmliche Trennung statt eines Widerrufs versucht werden soll, um den Personalwechsel möglichst „geräuscharm" zu gestalten. Ungeklärt ist, ob die Suspendierung nur bei Vorliegen eines wichtigen Grundes für einen Widerruf der Bestellung zulässig sein soll, oder auch schon, wenn nur ein Verdacht eines wichtigen Grundes vorliegt und dem Aufsichtsrat Zeit zur Aufklärung und Entscheidung über die Abberufung eingeräumt werden soll (vgl. hierzu *Hüffer* § 84 Rn. 35; Schmidt/Lutter/*Seibt* § 84 Rn. 59; *Lutter/Krieger* Rn. 378 ff. auch zu den zeitlichen Grenzen einer Suspendierung). Bei Vornahme einer Suspendierung ist allerdings darauf zu achten, dass die Gesellschaft nicht die für die Wirksamkeit einer außerordentlichen Kündigung einzuhaltende zweiwöchige Kündigungserklärungsfrist (§ 626 Abs. 2 BGB) versäumt.

Unabhängig von der gewählten Vorgehensweise muss aber auch bei einer AG stets die Handlungsfähigkeit des Vorstands sichergestellt sein (zur ähnlichen Problematik bei der GmbH → Form. B. I. 4 Anm. 3). Handelt es sich daher bei dem abzuberufenden Vorstandsmitglied um einen Alleinvorstand, wird der Aufsichtsrat i.d.R. für „Ersatz" sorgen und eine entsprechende Neubestellung vornehmen. Andernfalls kann bei Fehlen eines erforderlichen Vorstandsmitglieds in dringenden Fällen eine gerichtliche Bestellung beantragt werden (vgl. hierzu § 85 AktG). Im Übrigen beeinträchtigt die bloße Unterbesetzung (z.B. bei Nicht-Einhaltung einer satzungsgemäß vorgeschriebenen Mindestanzahl von Vorstandsmitgliedern, → Form. B. II. 1 Anm. 4) nicht die Handlungsfähigkeit der Gesellschaft, soweit noch genügend Vorstandsmitglieder vorhanden sind, um in vertretungsberechtigter Zahl handeln zu können (zu weiteren mit einer Unterbesetzung verbundenen Problemen vgl. *Hüffer* § 76 Rn. 23).

2. Zuständigkeit des Aufsichtsrates. Sowohl für den im Formular vorgesehenen Widerruf der Bestellung wie auch für die vorzeitige Beendigung des mit dem Vorstandsmitglied bestehenden Dienstverhältnisses durch Kündigung liegt die ausschließliche Zuständigkeit beim Aufsichtsrat (**Alleinkompetenz**, vgl. § 84 Abs. 3 bzw. § 112 AktG). Während die Entscheidung über die Abberufung aber stets vom gesamten Aufsichtsrat getroffen werden muss (§ 107 Abs. 3 S. 3 AktG), kann die Beschlussfassung über die vorzeitige Beendigung des Dienstverhältnisses vom Aufsichtsrat auf den etwa gebildeten Personalausschuss delegiert werden (zu den Anforderungen hierbei, insbesondere zum Verbot, die Entscheidung des Gesamtaufsichtsrates über den Widerruf der Bestellung zu präjudizieren vgl. MünchKommAktG/*Spindler* § 84 Rn. 152; *Hüffer* § 107 Rn. 18a m.w.N.). Selbst wenn eine solche Delegation erfolgt sein sollte, kann der gesamte Aufsichtsrat die Beschlusszuständigkeit aber jederzeit wieder an sich ziehen.

3. Verhältnis zwischen Abberufung und Beendigung des Dienstverhältnisses. Das Formular sieht gesonderte Beschlüsse zur Abberufung des Vorstandsmitglieds sowie zur Kündigung des Dienstvertrages des Vorstandsmitglieds vor. Dies beruht darauf, dass das Organverhältnis und das Anstellungsverhältnis des Vorstandsmitglieds getrennt zu betrachtende Rechtsverhältnisse darstellen, die nebeneinander bestehen (**Trennungsprinzip**, → Form. B. II. 1 Anm. 1) – und damit auch jeweils gesondert durch eigene Rechtsakte beendet werden müssen. Eine Ausnahme besteht nur dann, wenn im Anstellungsvertrag des Vorstandsmitglieds eine wirksame **Kopplungsklausel** vereinbart wurde, mit der der Bestand des Dienstvertrages an das Bestehen der Organstellung geknüpft ist (→ Form. B. II. 1 Anm. 16). In diesem Fall bedarf es lediglich des Beschlusses über die Beendigung der Organstellung.

4. Beschlussfassung durch den Aufsichtsrat. → Form. B. II. 2 Anm. 4.

5. Beschlussfassung über Abberufung. Im vorgelegten Formular der Niederschrift wird unterstellt, dass der Aufsichtsrat nach Beratung beschließt, das Vorstandsmitglied aus seinem Vorstandsamt abzuberufen.

Inhaltlich bedarf dieser Beschluss zu seiner Wirksamkeit weder einer besonderen Formulierung noch einer Begründung. Dennoch ist es in der Praxis empfehlenswert, vor der Abberufung intern eine hinreichend „gerichtsfeste" Dokumentation der Gründe der Abberufung vorzunehmen. Auch die **vorherige Anhörung** des Vorstandsmitglieds ist keine Wirksamkeitsvoraussetzung für den Abberufungsbeschluss. Dennoch wird es in der Praxis die Regel sein, dass insbesondere bei Vorliegen manifester Widerrufsgründe bereits im Vorfeld des Abberufungsbeschlusses mit dem Vorstandsmitglied seitens des Aufsichtsrates Gespräche über etwaige Fehlentwicklungen stattfinden, um diese gegebenenfalls korrigieren zu können. Auch aus einem praktischen Grund empfiehlt es sich, das Vorstandsmitglied nicht mit einem Überraschungsbeschluss hinsichtlich seiner eigenen Abberufung zu konfrontieren. Denn mit einem solchen Vorgehen würden die Chancen für eine i.d.R. zu bevorzugende einvernehmliche Beendigung im Wege eines Aufhebungsvertrages (→ Form. B. II. 3 Anm. 1, 2) eher geringer, weil die dazu notwendigen Verhandlungen zumindest erheblich belastet oder sogar von vornherein verhindert würden.

Besonders zu beachten ist, dass das Vorstandsmitglied mit der Mitteilung des Abberufungsbeschlusses (→ Anm. 8) sein Amt tatsächlich nur dann verliert, wenn der Beschluss des Aufsichtsrates selbst nicht mangelbehaftet war, d.h. keine Verfahrensfehler gemacht wurden. Zwar regelt § 84 Abs. 3 S. 4 AktG, dass der Widerruf wirksam ist, bis seine Unwirksamkeit rechtskräftig festgestellt ist. Diese Vorschrift ist aber nach h.M. einschränkend auszulegen und gilt danach nur für den Fall, dass das Vorstandsmitglied sich darauf berufen will, dass überhaupt kein wichtiger Grund vorgelegen habe, der den Aufsichtsrat zu seiner Abberufung berechtigt hätte (OLG Köln NZG 2008, 635 m.w.N.).

6. Beschlussfassung über Kündigung des Dienstvertrages. Im vorgelegten Formular der Niederschrift wird auch unterstellt, dass der Aufsichtsrat nach Beratung beschließt, das mit dem Vorstandsmitglied bestehende Dienstverhältnis durch eine außerordentliche Kündigung zu beenden. Die ausdrückliche Abfassung dieses Beschlusses ist jedenfalls aus Gründen der Rechtssicherheit zu empfehlen. Denn würde der Aufsichtsrat nur einen Beschluss zur Abberufung treffen, müsste dieser Beschluss dahingehend ausgelegt werden, dass in ihm zugleich der Beschluss bzgl. der Beendigung des Dienstverhältnisses liegt. Die hierin liegenden Unsicherheiten können durch die ausdrückliche Beschlussfassung vermieden werden. Auch die Kündigungserklärung der Gesellschaft muss dem Vorstandsmitglied zugehen, d.h. ihm gegenüber erklärt werden, um wirksam zu werden (→ Anm. 9).

Im Zusammenhang mit der Beendigung des Dienstverhältnisses sollte stets auch daran gedacht werden, ob für das Vorstandsmitglied ein nachvertragliches **Wettbewerbsverbot** vereinbart wurde. Sofern hierfür zum Zeitpunkt der beabsichtigten Kündigung kein Bedarf mehr bestehen sollte, kann (bzw. sollte) ein Verzicht auf das Wettbewerbsverbot beschlossen werden. Allerdings kann auch umgekehrt der Fall eintreten, dass mit dem Vorstandsmitglied kein nachvertragliches Wettbewerbsverbot vereinbart wurde, aber dennoch das Bedürfnis für eine Wettbewerbsbeschränkung des Vorstandsmitglieds besteht. Weil sich i. d. R. ein nachvertragliches Wettbewerbsverbot im zeitlichen Zusammenhang mit einer Trennung nur schwer verhandeln und vereinbaren lässt, besteht die Alternative, das Vorstandsmitglied nur abzuberufen und das mit ihm bestehende Dienstverhältnis (unter Fortzahlung der Bezüge) „weiterlaufen" zu lassen. Damit könnte gut begründet werden, dass das Vorstandsmitglied für die verbleibende Laufzeit des Dienstvertrages weiterhin dem umfassenden Wettbewerbsverbot nach § 88 AktG unterliegt (vgl. zum Streit → Form. B. II. 1 Anm. 36). Dieser Weg über die bloße Mandatsbeendigung (bei weiterlaufendem Dienstverhältnis) kann auch beschritten werden, wenn der Gesellschaft kein außerordentlicher Kündigungsgrund i. S. d. § 626 BGB zur Seite steht. Will der Aufsichtsrat in diesen Fällen keine unwirksame Kündigung aussprechen, kann die **Freistellung** des Vorstandsmitglieds von seinen dienstvertraglichen Pflichten beschlossen werden. I. d. R. enthalten Dienstverträge von Vorstandsmitgliedern eine diesbezügliche Freistellungsmöglichkeit (vgl. nur → Form. B. II. 1 Anm. 19). In diesem Zusammenhang soll aber daran erinnert werden, dass in diesen Fällen unbedingt die Weiterbeschäftigung des Vorstandsmitglieds auf einer wie auch immer gearteten leitenden Position im Unternehmen bzw. im Konzern zu vermeiden ist, um nicht eine „Umwandlung" des Dienst- in ein Arbeitsverhältnis zu riskieren.

7. **Umsetzung der Beschlüsse.** Das Formular sieht vor, dass der Aufsichtsratsvorsitzende beauftragt wird, die jeweiligen Beschlüsse zur Abberufung und Kündigung an das Vorstandsmitglied zu übermitteln. Denn in beiden Fällen handelt es sich um Erklärungen, die empfangsbedürftig sind und ihre Wirkung erst entfalten können, wenn sie dem Vorstandsmitglied zugehen (vgl. § 130 Abs. 1 BGB; zudem → Anm. 8, 9).

Nach den gesetzlichen Regelungen können sowohl die Erklärung der Abberufung als auch die Kündigung des Dienstverhältnisses formfrei erklärt werden. Insbesondere gilt § 623 BGB nicht bei der Kündigung von Dienstverhältnissen mit Vorstandsmitgliedern. Das Formular sieht gleichwohl vor, dass der Aufsichtsratsvorsitzende auch dahingehend bevollmächtigt wird, eine schriftliche Kündigung des Dienstvertrages des Vorstandsmitglieds auszufertigen, zu unterzeichnen und an das Vorstandsmitglied zu übergeben. Hintergrund bildet hier die Tatsache, dass die Dienstverträge von Vorstandsmitgliedern für gewöhnlich eine Regelung vorsehen, nach der eine Kündigung – entgegen der gesetzlich vorgesehenen Formfreiheit – zu ihrer Wirksamkeit der Schriftform bedarf. Die bloß mündliche Übermittlung der Kündigungserklärung durch den Aufsichtsratsvorsitzenden wäre daher bei Berücksichtigung dieser gewillkürten Schriftform nicht ausreichend. Selbst wenn im Dienstvertrag des Vorstandsmitglieds die Einhaltung der Schriftform nicht gefordert wäre, empfiehlt sich trotzdem die schriftliche Ausfertigung der Kündigung zu Beweiszwecken.

Der Aufsichtsratsvorsitzende handelt bei der bloßen Übermittlung als Bote, im Fall der Ausfertigung und Unterzeichnung der Kündigung als (unechter) Stellvertreter. Weil der Aufsichtsratsvorsitzende keine „automatische" Zuständigkeit für die Übermittlung bzw. die rechtsgeschäftliche Umsetzung der Beschlüsse des Aufsichtsrates hat, muss der Aufsichtsratsvorsitzende hierfür entweder generell (durch Satzung der Gesellschaft oder durch die Geschäftsordnung des Aufsichtsrates) oder für den Einzelfall (durch Beschluss des Aufsichtsrates) bevollmächtigt werden (vgl. MünchKommAktG/*Habersack* § 112 Rn. 26 ff.; *Hüffer* § 112 Rn. 5). Um eine etwaige Zurückweisung der vom Aufsichtsratsvorsitzenden zu übermittelnden Erklärungen seitens des Vorstandsmitglieds und etwa hieraus entstehende Rechtsunsicherheiten zu vermeiden, wird empfohlen, dass der Aufsichtsratsvorsitzende das Original der Sitzungsniederschrift bei der Übermittlung an das Vorstandsmitglied bei sich führt. Damit kann er im Bedarfsfall seine Legitimation nachweisen (vgl. § 174 BGB; OLG Düsseldorf NZG 2004, 141; *Pusch* RdA 2005, 170).

8. Bestätigung im Hinblick auf die Erklärung der Abberufung. Das Formular sieht weiter vor, dass das Vorstandsmitglied mit seiner Unterschrift auf der Sitzungsniederschrift bestätigt, dass er vom Widerruf seiner Bestellung als Vorstandsmitglied Kenntnis genommen hat. Denn zur Wirksamkeit der Abberufung des Vorstandsmitglieds aus seinem Vorstandsamt bedarf es nicht nur des im Formular vorgesehenen Beschlusses des Aufsichtsrates zum Widerruf des Mandats. Um wirksam zu werden, muss dieser Beschluss dem Vorstandsmitglied auch zugehen und daher mitgeteilt werden. Für diese Mitteilung sorgt der hierzu beauftragte und bevollmächtigte Aufsichtsratsvorsitzende.

Im Zeitpunkt des Zugangs dieser Mitteilung verliert das Vorstandsmitglied dann seine gesetzes- und satzungsmäßig vorgesehene Rechtsstellung im Innen- wie auch im Außenverhältnis. Dies gilt aber nur, wenn im Beschluss selbst nicht ein (späterer) Zeitpunkt benannt ist, zu dem die Abberufung wirksam werden soll. Dies ist allerdings in der Praxis nicht üblich und kann auch nur in den seltensten Fällen empfohlen werden. Deshalb sieht das Formular auch vor, dass sich die Abberufung mit sofortiger Wirkung vollzieht.

Die im Formular vorgesehene Bestätigung des Vorstandsmitglieds über die Kenntnisnahme ist keine Wirksamkeitsvoraussetzung für die Abberufung. Sie dient aber der Vermeidung etwaiger Streitigkeiten über das „Ob" und „Wann" des Zugangs der übermittelten Erklärung und ist hilfreich für die Eintragung der Abberufung in das Handelsregister (→ Anm. 10) und daher in jedem Fall zu empfehlen.

9. Bestätigung im Hinblick auf den Erhalt der Kündigung. Das Formular sieht ebenfalls vor, dass das Vorstandsmitglied mit seiner Unterschrift auf der Sitzungsniederschrift bestätigt, dass es die schriftliche Kündigung des Dienstvertrages erhalten hat. Auch diese Bestätigung dient als Nachweis vor allem dazu, etwaige Streitigkeiten im Hinblick auf das „Ob" und „Wann" des Zugangs der übermittelten Erklärung vermeiden zu können.

Auch die Kündigung des Dienstverhältnisses muss dem Vorstandsmitglied zugehen, d.h. ihm gegenüber erklärt werden, um wirksam zu werden (→ Anm. 6). Auch für die Umsetzung des die Kündigung des Dienstverhältnisses betreffenden Beschlusses ist der Aufsichtsratsvorsitzende vorgesehen. Nur zu Zwecken des Nachweises ist im Formular vorgesehen, dass das Vorstandsmitglied mit seiner Unterschrift auf dem Original der Sitzungsniederschrift den Erhalt seiner Kündigung bestätigt.

Im Zeitpunkt des Zugangs endet bei einer außerordentlichen Kündigung, die auf der Grundlage eines wirksamen Kündigungsgrundes innerhalb der Kündigungserklärungsfrist des § 626 Abs. 2 BGB erklärt wird, das Dienstverhältnis mit sofortiger Wirkung, sofern nicht in der Kündigungserklärung selbst ein späterer Zeitpunkt benannt ist, zu dem die Kündigung wirken soll. Diese Beendigungswirkung kann die Kündigung aber nur erzielen, wenn sie auf der Grundlage eines ordnungsgemäßen Beschlusses des Aufsichtsrates erklärt wird.

10. Eintragung in das Handelsregister. Die Abberufung muss in das Handelsregister eingetragen werden (§ 81 Abs. 1 AktG). Zuständig ist das Registergericht am Sitz der Gesellschaft.

Die Anmeldung zum Handelsregister ist für die Gesellschaft zwar verpflichtend, hat selbst aber nur **deklaratorischen** Charakter und ist damit keine Wirksamkeitsvoraussetzung für die Abberufung. Dennoch ist angesichts der Wirkungen des § 15 Abs. 1 HGB dringend zu empfehlen, die Anmeldung der Abberufung des Vorstandsmitglieds zeitnah vorzunehmen.

Die Anmeldung ist vom Vorstand elektronisch in öffentlich beglaubigter Form einzureichen (§ 12 Abs. 1 HGB), wobei das ausgeschiedene Vorstandsmitglied bei der Eintragung nicht mitwirken darf. Die Einreichung zum Handelsregister übernimmt üblicherweise der Notar. Um dem Registergericht den Beschluss des Aufsichtsrates zur Abberufung des Vorstandsmitglieds und den Zugang dieses Beschlusses beim Vorstandsmitglied (durch die auf der Ausfertigung des Beschlusses vermerkte Zugangsbestätigung durch das Vorstandsmitglied, → Anm. 8) nachzuweisen, ist der Anmeldung eine Ausfertigung oder eine öffentlich beglaubigte Abschrift der Niederschrift der Sitzung des Aufsichtsrates beizulegen (§ 81 Abs. 2 AktG). Die Anmeldung kann zugleich mit der Anmeldung der Neubestellung eines anderen Vorstandsmitglieds erfolgen.

Bei börsennotierten Gesellschaften kann bei einem Wechsel im Management gegebenenfalls eine Verpflichtung zur **Ad-hoc-Publizität** entstehen (→ Form. B. II. 3 Anm. 1).

III. Freier Mitarbeiter

Vertrag mit freiem Mitarbeiter[1, 2, 3, 4]

zwischen

...... (Name und Anschrift des Auftraggebers) „Gesellschaft“

und

Herrn ...... (Name und Anschrift des freien Mitarbeiters) „freier Mitarbeiter“

Präambel

Der freie Mitarbeiter ist als selbstständiger Unternehmer im Bereich ...... tätig. Die Gesellschaft ist daran interessiert, die langjährigen Kenntnisse und Erfahrungen des freien Mitarbeiters zu nutzen. Zu diesem Zweck vereinbaren die Parteien Folgendes:

§ 1 Vertragsgegenstand

(1) Der freie Mitarbeiter wird als ...... (Bezeichnung der Tätigkeit) bei der Gesellschaft tätig. Sein Tätigkeitsbereich umfasst im Einzelnen ...... (Beschreibung der Leistungen).[5]

(Alternative:

(1) Der freie Mitarbeiter wird die Leistungen erbringen, welche im Einzelnen in Anlage 1 zu diesem Vertrag aufgelistet sind.)

(2) Der freie Mitarbeiter erbringt seine Leistungen im eigenen Namen und auf eigene Rechnung als selbstständiger Unternehmer. Zur rechtsgeschäftlichen Vertretung der Gesellschaft ist der freie Mitarbeiter nicht befugt. Er wird weder im Umgang mit der Gesellschaft noch im Umgang mit Dritten Briefpapier der Gesellschaft verwenden oder Erklärungen im Namen der Gesellschaft abgeben. Bei der Durchführung seiner Tätigkeit ist der freie Mitarbeiter Weisungen der Gesellschaft nicht unterworfen.[6]

(3) Ansprechpartner bei der Gesellschaft für alle die freie Mitarbeit betreffenden Fragen ist der ...... (Titel des Ansprechpartners), gegenwärtig Frau/Herr ...... (Name des Ansprechpartners) („Ansprechpartner“).[7]

(Optional:[8] Der freie Mitarbeiter stellt – vorbehaltlich einer anderen Bestimmung durch die Gesellschaft – eine laufende Unterrichtung des Ansprechpartners sicher, indem er diesem in regelmäßigen Abständen unaufgefordert über den Stand seiner Tätigkeit berichtet.)

(4) Der freie Mitarbeiter kann nach vorheriger schriftlicher Zustimmung der Gesellschaft eigene Mitarbeiter einsetzen.[9] Die Gesellschaft wird ihre Zustimmung nur verweigern, wenn berechtigte Interessen der Gesellschaft beeinträchtigt sind. Berechtigte Interessen der Gesellschaft sind vor allem dann beeinträchtigt, wenn die vom freien Mitarbeiter eingesetzten Mitarbeiter nicht über die erforderlichen Qualifikationen und Berufserfahrungen verfügen, die für die effiziente und erfolgreiche Erfüllung der Aufgaben gemäß obigem Abs. (1) erforderlich sind. Sofern der freie Mitarbeiter eigene Mitarbeiter einsetzt, stehen diese ausschließlich in einem Dienst- oder Arbeitsverhältnis zum freien Mitarbeiter; der freie

Mitarbeiter wird ihnen eine Geheimhaltungspflicht entsprechend § 6 Abs. (2) auferlegen und sie entsprechend den Vorgaben des Bundesdatenschutzgesetzes (BDSG) belehren.

(5) Der freie Mitarbeiter haftet der Gesellschaft nach den gesetzlichen Bestimmungen in vollem Umfang für Schäden, die er zu Lasten der Gesellschaft verursacht.[10]

§ 2 Vertragsdauer[11]

(1) Dieser Vertrag tritt am . . . . . . (Datum) in Kraft und läuft auf unbestimmte Dauer. Er kann von beiden Parteien mit einer Frist von . . . . . . (Dauer der Kündigungsfrist) Monat(en) zum Ende eines Kalendermonats ordentlich gekündigt werden.

(Alternative:

(1) Dieser Vertrag tritt am . . . . . . (Datum) in Kraft und endet, ohne dass es einer Kündigung bedarf, am . . . . . . (Datum). Während der Laufzeit des Vertrages ist die ordentliche Kündigung ausgeschlossen.)

(Alternative:

(1) Dieser Vertrag tritt am . . . . . . (Datum) in Kraft und endet, ohne dass es einer Kündigung bedarf, am . . . . . . (Datum). Während der Laufzeit des Vertrages kann der Vertrag von beiden Parteien mit einer Frist von . . . . . . (Dauer der Kündigungsfrist) Monaten zum Monatsende ordentlich gekündigt werden.)

(2) Das Recht zur außerordentlichen Kündigung des Vertrages aus wichtigem Grund bleibt unberührt. Ein wichtiger Grund liegt insbesondere vor, wenn der freie Mitarbeiter gegen die Geheimhaltungsverpflichtung oder das Wettbewerbsverbot gemäß nachstehendem § 6 verstößt.

(3) Nach Ausspruch einer Kündigung der Gesellschaft oder des freien Mitarbeiters besteht keine Pflicht der Gesellschaft, Leistungen des freien Mitarbeiters abzunehmen.

§ 3 Ort und Zeit der Tätigkeit[12]

Die Tage, die Zeiteinteilung an diesen Tagen und den Ort seiner Tätigkeit wird der freie Mitarbeiter selbst in der Weise frei festlegen, dass er eine optimale Effizienz seiner Tätigkeit und bei der Realisierung des Vertragsgegenstands gemäß § 1 Abs. (1) dieses Vertrages erzielt.

(Optional:

Die Parteien gehen davon aus, dass der freie Mitarbeiter während der Dauer dieses Vertrages das erste halbe Jahr mindestens an . . . . . . vollen Tagen pro Kalendermonat und danach mindestens an . . . . . . vollen Tagen pro Kalendermonat für die Gesellschaft tätig sein wird.)

(Optional:

Nach den Erfordernissen des einzelnen Auftrags kann der freie Mitarbeiter seine Tätigkeit am Sitz der Gesellschaft in . . . . . . verrichten. Hierzu wird ihm die Gesellschaft ein Büro mit technischen Einrichtungen (insbesondere Telefon, Computer, Drucker) einrichten, für das der freie Mitarbeiter der Gesellschaft eine Benutzungsgebühr in Höhe von . . . . . . EUR pro Tag entrichtet. Die Benutzungsgebühr ist jeweils zum Ende eines Kalendermonats zur Zahlung fällig und wird nach Wahl der Gesellschaft dem freien Mitarbeiter in Rechnung gestellt oder von dem gemäß § 4 Abs. (1) geschuldeten Honorar in Abzug gebracht.)

§ 4 Honorar und Aufwendungen[13]

(1) Der freie Mitarbeiter erhält ein Honorar i.H.v. ...... EUR (in Worten: ...... Euro) pro geleisteter Stunde *(Alternative: pro Tag/Monat/Jahr)*.

(2) Nach Ablauf eines jeden Kalendermonats wird der freie Mitarbeiter für den abgelaufenen Kalendermonat eine Aufstellung über seine Tätigkeiten vorlegen, welche für die Gesellschaft nachvollziehbar macht, welche Leistungen an welchen Tagen im Abrechnungsmonat mit welchem Zeitaufwand erbracht worden sind. Die Zahlung des Honorars erfolgt nur gegen Vorlage dieser Tätigkeitsaufstellung.

(3) Der freie Mitarbeiter wird der Gesellschaft jeweils am Ende eines Kalendermonats schriftlich eine Rechnung stellen. Das Honorar wird zzgl. gesetzlicher Umsatzsteuer (derzeit 19 Prozent) gezahlt, wenn und soweit die Leistungen des freien Mitarbeiters umsatzsteuerpflichtig sind und sofern der freie Mitarbeiter eine ordnungsgemäße Rechnung nach den Vorschriften des UStG stellt. Stellt sich heraus, dass die Leistungen des freien Mitarbeiters nicht umsatzsteuerpflichtig sind, hat der freie Mitarbeiter der Gesellschaft die zu Unrecht ausgewiesene und gezahlte Umsatzsteuer unverzüglich zu erstatten.[14]

(4) Die Zahlung des Honorars erfolgt spätestens 15 Kalendertage nach Erhalt der Rechnung und der Tätigkeitsaufstellung auf das vom freien Mitarbeiter angegebene Konto.

(5) Mit dem Honorar sind alle dem freien Mitarbeiter aus der Erfüllung seiner Aufgaben und der Durchführung dieses Vertrages entstandenen Kosten abgegolten, soweit sich nicht aus § 5 etwas anderes ergibt.

(6) Der freie Mitarbeiter ist für die Entrichtung von Steuern auf seine Einkünfte nach diesem Vertrag selbst verantwortlich und wird der Gesellschaft eine etwaige von der Gesellschaft entrichtete Lohnsteuer erstatten und die Gesellschaft auf deren Verlangen von jedweder lohnsteuerlichen Haftung freistellen, nach Wahl der Gesellschaft durch Zahlung an die Gesellschaft oder an das zuständige Finanzamt.[15]

§ 5 Reisekosten

Soweit für die Tätigkeit nach diesem Vertrag Reisen erforderlich sind, werden dem freien Mitarbeiter Reisekosten gegen Beleg unter Berücksichtigung der jeweils anwendbaren steuerlichen Regelungen erstattet, sofern sie nach Art und Höhe vorab schriftlich von dem Ansprechpartner der Gesellschaft genehmigt worden sind.

§ 6 Andere Tätigkeiten, Geheimhaltung, Wettbewerbsverbot, Vertragsstrafe[16]

(1) Der freie Mitarbeiter kann während der Dauer dieses Vertrages für andere Auftraggeber tätig sein.

(2) Der freie Mitarbeiter ist verpflichtet, während der Dauer dieses Vertrages alle vertraulichen Angelegenheiten und Geschäftsgeheimnisse der Gesellschaft oder von mit der Gesellschaft i.S.d. § 15 AktG verbundenen Unternehmen („Verbundene Unternehmen"), welche ihm bei Ausübung seiner Tätigkeit für die Gesellschaft zur Kenntnis gelangt sind, streng geheim zu halten.

(3) Nach Beendigung dieses Vertrages gilt die Verschwiegenheitsverpflichtung gemäß vorstehendem Abs. (2) fort. Im Rahmen einer von dem freien Mitarbeiter nach Beendigung dieses Vertrages ausgeübten beruflichen oder unternehmerischen Tätigkeit kann er sein während der Dauer dieses Vertrages erworbenes Wissen einsetzen, sofern dabei die gesetzlichen Bestimmungen – insbesondere §§ 3, 17 UWG, §§ 823, 826 BGB sowie das BDSG – streng beachtet werden.

(4) Der freie Mitarbeiter wird während der Laufzeit dieses Vertrages für kein Unternehmen und keine Person tätig werden, welches oder welche mit der Gesellschaft oder einem Verbundenen Unternehmen im Wettbewerb steht („Wettbewerber"). Er verpflichtet sich insbesondere, mit keinem Wettbewerber ein Dienst- oder Arbeitsverhältnis einzugehen oder selbstständig für einen Wettbewerber tätig zu sein, einen Wettbewerber zu erwerben oder sich mittelbar oder unmittelbar an ihm zu beteiligen. Dem freien Mitarbeiter ist ferner untersagt, in irgendeiner Weise selbst als Wettbewerber tätig zu sein oder ein Konkurrenzunternehmen zu gründen oder zu betreiben.

(5) Für jeden Fall der Zuwiderhandlung gegen die Unterlassungsverpflichtungen gemäß vorstehenden Abs. (2) bis (4) ist der freie Mitarbeiter zur Zahlung einer Vertragsstrafe i.H.v. . . . . . . EUR verpflichtet, wobei die Gesellschaft sich die Geltendmachung von Unterlassungsansprüchen und Schadensersatzansprüchen vorbehält.

§ 7 Urheber- und sonstige Schutzrechte[17]

(1) Der freie Mitarbeiter überträgt der Gesellschaft sämtliche Eigentumsrechte an den Ergebnissen, die der freie Mitarbeiter während der Dauer dieses Vertrages erstellt und welche einen Bezug zu seinen Aufgaben nach diesem Vertrag haben.

(2) Der freie Mitarbeiter räumt der Gesellschaft darüber hinaus unwiderruflich die ausschließlichen, zeitlich, räumlich und inhaltlich unbeschränkten Nutzungs- und Verwertungsrechte an allen etwaigen urheberrechtsfähigen Werken ein, die der freie Mitarbeiter während der Dauer dieses Vertrages erstellt und welche einen Bezug zu seinen Aufgaben nach diesem Vertrag haben. Die Einräumung der urheberrechtlichen Nutzungs- und Verwertungsrechte umfasst auch etwaige bei Vertragsschluss noch unbekannte Nutzungsarten. Die Einräumung von Nutzungs- und Verwertungsrechten erfolgt bereits im Zeitpunkt der Entstehung der vorgenannten Schutzrechte, bei noch unbekannten Nutzungsarten mit deren Bekanntwerden, und ist mit dem Honorar nach obigem § 4 Abs. (1) vollständig abgegolten.

(3) Der freie Mitarbeiter überträgt der Gesellschaft zudem alle Markenrechte, eingetragenen Design Gebrauchsmuster oder sonstigen Schutzrechte, die an den Ergebnissen entstehen, die der freie Mitarbeiter während der Dauer dieses Vertrages erstellt und welche einen Bezug zu seinen Aufgaben nach diesem Vertrag haben.

§ 8 Rückgabe von Unterlagen[18]

(1) Der freie Mitarbeiter verpflichtet sich darüber hinaus alles in seinem Besitz befindliche Eigentum der Gesellschaft oder Verbundener Unternehmen, insbesondere Akten, Unterlagen sowie elektronisch gespeicherte Daten und Datensätze und sonstige den Geschäftsbetrieb der Gesellschaft oder Verbundener Unternehmen betreffende Aufzeichnungen, insbesondere alles Druckmaterial, Urkunden, Zeichnungen, Notizen und Entwürfe sowie Kopien oder Abschriften davon („Unterlagen"), so sorgfältig zu bewahren, dass sie nicht in die Hände unbefugter Dritter und Gesellschaftsfremder gelangen können.

(2) Sämtliche Unterlagen sind der Gesellschaft auf deren Verlangen jederzeit, spätestens bei Beendigung dieses Vertrages, unaufgefordert herauszugeben.

§ 9 Schlussbestimmungen[19]

(1) Dieser Vertrag ersetzt alle etwaigen früheren Vereinbarungen zwischen den Parteien.

(2) Mündliche Nebenabreden bestehen nicht. Änderungen oder Ergänzungen dieses Vertrages einschließlich dieser Bestimmung bedürfen zu ihrer Rechtswirksamkeit der Schriftform, es sei denn, diese wurden nachweislich zwischen den Parteien ausgehandelt.

(3) Sollte eine Bestimmung dieses Vertrages unwirksam sein oder werden, wird dadurch im Zweifel die Wirksamkeit der übrigen Bestimmungen nicht berührt. An Stelle der unwirksamen Bestimmungen werden die Parteien eine gültige Bestimmung vereinbaren, die dem wirtschaftlichen Zweck der unwirksamen Bestimmung am nächsten kommt.

(4) Dieser Vertrag unterliegt dem Recht der Bundesrepublik Deutschland. Ausschließlicher Gerichtsstand ist . . . . . . (Gerichtsstand am Sitz der Gesellschaft).

. . . . . .	. . . . . .
Ort, Datum	Ort, Datum
. . . . . .	. . . . . .
Unterschrift der Gesellschaft	Unterschrift des freien Mitarbeiters

Anmerkungen

1. Begriff des freien Mitarbeiters und Abgrenzung zum Arbeitsverhältnis. In der Praxis werden freie Mitarbeiter in vielen Funktionen eingesetzt, wobei ein Schwerpunkt bei der Softwareentwicklung, Buchhaltung und Vertriebsunterstützung liegt. Das Formular behandelt den in diesen Bereichen typischen Fall, dass der freie Mitarbeiter bestimmte Leistungen persönlich erbringt, sich die Aufgaben relativ konkret beschreiben lassen und dass der freie Mitarbeiter typischerweise ein feststellbares Tätigkeitsergebnis hervorbringt. Das Formular kann sowohl Verwendung finden für einen Einsatz im Betrieb des Auftraggebers als auch für eine Tätigkeit des freien Mitarbeiters von zu Hause aus. Das Formular ließe sich jedoch auch auf einen Berater anpassen, der im Rahmen eines freien Mitarbeiterverhältnisses lediglich sein Know-how oder seinen Erfahrungsschatz einbringt und zur Verfügung stellt, dessen einzelne Leistungen jedoch schwer beschreibbar sind und der i. d. R. kein konkret feststellbares oder beschreibbares Ergebnis produziert. Wird der freie Mitarbeiter zur Vertriebsunterstützung eingesetzt, wird er regelmäßig als Handelsvertreter anzusehen sein mit der Folge, dass der Vertrag überlagert wird von den zwingenden Bestimmungen des Handelsvertreterrechts (§§ 84 ff. HGB); dies betrifft insbesondere zwingende Mindestkündigungsfristen und den Handelsvertreterausgleichsanspruch nach § 89b HGB (→ Form. B. IV.).

Freie Mitarbeit ist nach gängiger Definition die selbstständige unternehmerische Tätigkeit einer natürlichen Person für ein fremdes Unternehmen auf dienst- oder werkvertraglicher Grundlage (vgl. nur Küttner/*Röller*, Freie Mitarbeit, Rn. 1). Der freie Mitarbeiter unterscheidet sich durch das Merkmal der selbstständigen Tätigkeit von dem in **persönlicher Abhängigkeit** stehenden Arbeitnehmer, der seine vertraglich geschuldete Leistung im Rahmen einer von Dritten bestimmten Arbeitsorganisation erbringt (st. Rspr., vgl. aus der neuesten Rspr. BAG NZA 2010, 877; BAG NZA 2012, 731; BAG NZA 2013, 903). Bei der Formulierung eines Vertrages für einen freien Mitarbeiter und vor allem auch bei der praktischen Durchführung des Vertrages ist es wichtig, die Kriterien für die Abgrenzung der selbstständigen Tätigkeit von einer abhängigen Beschäftigung zu kennen. Denn nur mit Kenntnis dieser Abgrenzungskriterien lässt sich vermeiden, dass der freie Mitarbeiter als Arbeitnehmer angesehen wird und die Gesellschaft den damit verbundenen Risiken (s. Anm. 4) ausgesetzt ist. Als wichtigstes Abgrenzungskriterium zieht die ständige Rechtsprechung des BAG **§ 84 Abs. 1 S. 2 HGB** heran. Danach ist Selbstständiger, wer im Wesentlichen frei seine Tätigkeit gestalten und seine Arbeitszeit bestimmen kann. Personen, auf die diese Voraussetzungen nicht zutreffen, gelten als Arbeitnehmer, § 84 Abs. 2 HGB. Diese unmittelbar nur für das Handelsvertreterrecht geltende Vorschrift wird vom BAG als gesetzliche Wertung angesehen, die über den Wortlaut hinaus als allgemeine Regelung zur Abgrenzung des Dienstvertrages vom

Arbeitsvertrag zu beachten ist (vgl. z.B. BAG AP BGB § 611 Lehrer, Dozenten Nr. 152; LAG Düsseldorf BeckRS 2013, 69036; BAG NJOZ 2005, 3765). Dabei ist maßgeblich, in welchem Maße eine persönliche Abhängigkeit erreicht wird, die es rechtfertigt von einem Arbeitsverhältnis zu sprechen. Es ist stets die gesamte Vertragsabwicklung unter Einbeziehung der getroffenen Vereinbarungen und der tatsächlichen Handhabung zu begutachten. Widersprechen sich der Inhalt des Vertrages und die praktische Durchführung der Vertragsbeziehung, so ist i.d.R. die **tatsächliche Durchführung des Vertrages maßgebend** (st. Rspr., vgl. BAG AP BGB § 611 Abhängigkeit Nr. 111 m.w.N.; BAG NZA 2012, 731; vgl. dazu auch Küttner/*Röller*, Freie Mitarbeit, Rn. 3). Es hilft daher nicht, juristisch „wasserdichte" Verträge zu haben, wenn diese Verträge in der Praxis nicht „gelebt" werden, d.h. der Einsatz des freien Mitarbeiters abweichend von den vertraglichen Abmachungen erfolgt. Ausgehend von § 84 Abs. 1 S. 2 HGB werden vom BAG folgende Merkmale als wesentlich für das Vorliegen eines Dienstverhältnisses mit einem freien Mitarbeiter angesehen:

- **Keine inhaltlichen Vorgaben und Weisungen.** Das freie Mitarbeiterverhältnis ist dadurch gekennzeichnet, dass der freie Mitarbeiter bestimmte (vertraglich definierte) Leistungen zu erbringen hat und dabei selbst die Art und Weise bestimmt, wie er dies erledigt; der Auftraggeber macht ihm diesbezüglich keine detaillierten Vorgaben. Demgegenüber schuldet ein Arbeitnehmer seine Arbeitskraft und der Arbeitgeber kann durch inhaltliche Weisungen und Vorgaben jeweils die konkret vom Arbeitnehmer zu erbringenden Leistungen bestimmen, vgl. § 106 GewO (vgl. freie Mitarbeit als Fernseh-Producer BAG AP ArbGG 1979 § 2 Nr. 85; zum programmgestaltenden Mitarbeiter einer Rundfunkanstalt BAG RdA 2000, 360 sowie BAG NZA 2001, 551; zum selbstständigen Kurierdienstfahrer BAG NZA 2002, 742).
- **Freie Einteilung der Zeit und Wahl des Orts für die Erbringung der Leistungen.** Der freie Mitarbeiter kann typischerweise selbst entscheiden, zu welcher Zeit und an welchem Ort er seine vertraglichen Aufgaben erfüllt (vgl. z.B. zur freien Mitarbeit als Fernseh-Producer BAG AP ArbGG 1979 § 2 Nr. 85; zur „Dienstplan-Rechtsprechung" des BAG vgl. BAG RdA 2000, 360 sowie *Hochrathner* NZA-RR 2001, 561; zum Status eines VHS-Dozenten BAG AP BGB § 611 Lehrer, Dozenten Nr. 152). Demgegenüber muss der Arbeitnehmer typischerweise feste Arbeitszeiten einhalten und der Arbeitgeber kann bestimmen, wo der Arbeitnehmer seine Arbeit zu erbringen hat (z.B. im Betrieb des Arbeitgebers oder bei einem Kunden). Die Einteilung eines Mitarbeiters in Dienstpläne ohne vorherige Absprache kann ein starkes Indiz für die Arbeitnehmereigenschaft darstellen (vgl. BAG NZA 2012, 731).
- **Keine Pflicht zur Zurverfügungstellung der ganzen oder überwiegenden Arbeitskraft.** Der freie Mitarbeiter kann typischerweise für mehrere Auftraggeber tätig sein (die Berechtigung, andere berufliche und gewerbliche Aktivitäten zu entfalten, spricht für Selbstständigkeit, BAG AP BGB § 611 Abhängigkeit Nr. 111). Der Arbeitnehmer ist demgegenüber typischerweise nur für einen Arbeitgeber tätig und unterliegt sowohl einem gesetzlichen Wettbewerbsverbot als auch – typischerweise – einem vertraglichen Nebentätigkeitsverbot.
- **Keine Pflicht zur persönlichen Erbringung der Leistung.** Die Pflicht, die vertragliche Leistung persönlich zu erbringen, besteht bei selbstständigen Dienstverhältnissen nach § 613 S. 1 BGB nur im Zweifel; ansonsten ist ein Delegieren der Aufgaben möglich. Darf der Mitarbeiter Dritte zur Erbringung der vertraglichen Leistung einsetzen, liegt die Annahme einer freien Mitarbeiterschaft nahe (vgl. BAG NZA 2008, 878). Auch spricht der Umstand, dass der Mitarbeiter zusätzliche Hilfskräfte einsetzen muss, um einen Auftrag überhaupt erfüllen zu können, für die Eigenschaft als freier Mitarbeiter (vgl. BAG AP BGB § 611 Abhängigkeit Nr. 111 m.w.N.). Demgegenüber ist der Arbeitnehmer typischerweise immer verpflichtet, seine Arbeitsleistung persönlich zu erbringen und darf sich keiner Hilfskräfte bedienen (vgl. BAG AP BGB § 611 Abhängigkeit Nr. 111).

- **Keine enge Einbindung in die Betriebsorganisation des Auftraggebers.** Typischerweise setzt die Einordnung als freier Mitarbeiter voraus, dass der freie Mitarbeiter nicht oder zumindest nicht eng in die Betriebsorganisation des Auftraggebers eingegliedert ist. Für eine solche Einbindung und damit zugleich als Kriterium für eine Arbeitnehmereigenschaft spräche die Bereitstellung von Räumen und Arbeitsmitteln (z.B. Dienstwagen, Laptop, Blackberry, Mobiltelefon, Zutrittskarten oder Schlüssel zu Räumlichkeiten der Gesellschaft, Verwenden von Briefpapier des Auftraggebers) durch den Auftraggeber, ein durch Organigramme der Gesellschaft kenntlich gemachter fester Platz in dessen (Arbeitnehmer-)Organisation o. Ä. (vgl. zur Eingliederung in den Schulbetrieb BAG AP BGB § 611 Lehrer, Dozenten Nr. 152; zum Rundfunkmitarbeiter BAG NZA 2000, 1102, zur Cutterin BAG NZA 2013, 903). Allein der Umstand, dass ein programmgestaltender Rundfunk- und Fernsehmitarbeiter vom Apparat und Team des Senders abhängig ist, reicht jedoch nicht aus, um die Arbeitnehmereigenschaft zu bejahen (BAG NZA-RR 2007, 424). Auch kann die Einbindung in die Arbeitsorganisation des Auftraggebers in bestimmten Fällen durch großes Gewicht der inhaltlichen Unabhängigkeit bei der Wahrnehmung der vertraglichen Tätigkeiten aufgewogen werden. Die Tatsache, dass im Zweifel die gesamte Arbeitskraft eingesetzt und im Regelfall im Büro des Auftraggebers gearbeitet werden soll, vermag dann nicht zur Begründung der Arbeitnehmereigenschaft ausreichen (vgl. LAG Frankfurt a.M. BeckRS 2012, 70263).
- **Keine Vereinbarung typischer arbeitsrechtlicher Schutzbestimmungen.** Ein freier Mitarbeiter genießt nicht denselben Sozialschutz wie ein Arbeitnehmer, d.h. er erhält sein Honorar nur für tatsächlich erbrachte Tätigkeit. Demgegenüber werden Arbeitnehmern aus Gründen des Sozialschutzes auch Zeiten vergütet, in denen sie nicht arbeiten (insbesondere Zeiten von Urlaub und Krankheit), wobei sie sich – im Gegenzug – allerdings Urlaubstage genehmigen lassen und im Krankheitsfall Arbeitsunfähigkeitsbescheinigungen beibringen müssen (vgl. BAG NZA 2002, 74). Daher wären vertragliche Klauseln, die einem freien Mitarbeiter sein Honorar auch bei Urlaub oder Krankheit zusagen, ein deutliches Indiz für einen Arbeitnehmerstatus.

Unerheblich sind rein **formale Umstände** wie die Bezeichnung des Vertrages (auch ein Franchisevertrag kann tatsächlich ein Arbeitsvertrag sein, vgl. BAG NJW 1997, 2973), das Erstellen von Mehrwertsteuerrechnungen (BAG AP BGB § 611 Abhängigkeit Nr. 111) oder die Anmeldung eines Gewerbes.

Ein weiteres Indiz gegen eine freie Mitarbeit kann der Umstand sein, dass der freie Mitarbeiter zuvor weitgehend dieselbe Tätigkeit als Arbeitnehmer ausgeübt hat. Dieses Kriterium hatte der Gesetzgeber in einer früheren Gesetzesfassung (die Regelung zur Scheinselbstständigkeit, die im § 7 Abs. 4 SGB IV a.F. enthalten war, wurde mit Wirkung ab dem 1.1.2003 ersatzlos aufgehoben) als eines der ausschlaggebenden Merkmale für eine abhängige Beschäftigung im Sinne einer Sozialversicherungspflichtigkeit der Beschäftigung vorgesehen. Diese gesetzliche Indizwirkung besteht infolge der Gesetzesänderung zwar nicht mehr; gleichwohl dürfte es auch heute als Indiz gegen eine Selbstständigkeit der Tätigkeit angesehen werden, wenn z.B. ein ausgeschiedener Mitarbeiter dieselben Aufgaben, die er zuvor als Arbeitnehmer hatte, nach der Beendigung seines Arbeitsverhältnisses als „Berater“ weiterhin erbringt.

Wenn nach der zugrunde liegenden Vertragsgestaltung selbstständige Dienst- oder Werkleistungen für ein fremdes Unternehmen geschuldet sind, tatsächlich aber nichtselbstständige Arbeiten in einem Arbeitsverhältnis geleistet werden, spricht man von **„Scheinselbstständigkeit“** mit den damit verbundenen Folgen im Arbeitsrecht und der Sozialversicherungs- und Lohnsteuerpflicht des Mitarbeiters (Küttner/*Röller* Scheinselbstständigkeit Rn. 1), → Anm. 4.

2. Sozialversicherungsrecht. Im Zuge der Umsetzung der sog. „Hartz-Reform“ wurden mit Wirkung ab dem 1.1.2003 die bis dahin geltenden und stark umstrittenen Regelungen zur Scheinselbstständigkeit, die eine Vermutungsregel für eine sozialversicherungspflichtige Beschäftigung enthielten, ersatzlos aufgehoben. Daher sind für die **Abgrenzung** von freier Mitarbeit und abhängiger Beschäftigung im Sozialrecht die **allgemeinen,** von der Rechtsprechung entwickelten **Kriterien** heranzuziehen.

Der Beschäftigtenbegriff im Sozialversicherungsrecht (vgl. § 7 Abs. 1 SGB IV) und der arbeitsrechtliche Arbeitnehmerbegriff sind zwar nicht deckungsgleich (vgl. Küttner/*Voelzke* Arbeitnehmer Rn. 47, 49; ErfKomm/*Preis* § 611 BGB Rn. 103; ErfKomm/*Rolfs* § 7 SGB IV Rn. 2 f., Rn. 36 ff.). Jedoch können hier ganz ähnliche, in der Praxis meistens sogar dieselben Maßstäbe herangezogen werden (vgl. *Reiserer/Freckmann* NJW 2003, 180, 181 f.). Entscheidend ist, wie oben beschrieben, der Grad der persönlichen Abhängigkeit im Hinblick auf Zeit und Ort der Leistung sowie die Art und Weise der Gestaltung der Tätigkeit. Ist die Person in den Betriebsablauf eingegliedert und dem Weisungsrecht des Auftraggebers unterworfen, liegt regelmäßig ein Arbeitsverhältnis und damit auch eine sozialversicherungspflichtige Beschäftigung vor.

Soll das restliche Risiko bei der Beschäftigung von freien Mitarbeitern vollständig ausgeschlossen werden, besteht die Möglichkeit, den Beschäftigungsstatus im Wege eines Anfrageverfahrens, § 7a SGB IV, vorab bei der Deutschen Rentenversicherung Bund (DRV) verbindlich klären zu lassen. Die Mitwirkung des freien Mitarbeiters bei der Antragstellung und die Folgen für den Fall, dass der freie Mitarbeiter als abhängig Beschäftigter eingestuft wird, kann im Vertrag mit folgender Klausel geregelt werden:

Optional:

§ . . . . . . Feststellung des sozialversicherungsrechtlichen Status

(1) Der freie Mitarbeiter wird innerhalb eines Monats nach Vertragsbeginn einen „Antrag auf Feststellung des sozialversicherungsrechtlichen Status" bei der Deutschen Rentenversicherung Bund (DRV) gemäß § 7a Abs. 1 SGB IV unter Benutzung des vorgesehenen Antragsformulars stellen. Im Hinblick darauf, dass eine Antragstellung, welche später als einen Monat nach Vertragsbeginn erfolgt, zu einer rückwirkenden Sozialversicherungspflicht des gesamten Vertragsverhältnisses führen kann, stellt der freie Mitarbeiter die Gesellschaft von der Verpflichtung zur Zahlung von Sozialabgaben frei, wenn und soweit diese Verpflichtung zur Zahlung von Sozialabgaben auf einer verspäteten Antragstellung beruht und diese verspätete Antragstellung von dem freien Mitarbeiter zu vertreten ist. Der freie Mitarbeiter wird die Gesellschaft unverzüglich schriftlich informieren, wenn sich hinsichtlich der von ihm gemachten und für eine Versicherungspflicht wesentlichen Angaben, insbesondere hinsichtlich der Angaben im Zusammenhang mit § 7a Abs. 1 SGB IV, Änderungen ergeben.

(2) Für den Fall, dass die DRV entgegen der übereinstimmenden Ansicht der Parteien ein versicherungspflichtiges Beschäftigungsverhältnis feststellt, versteht sich das vereinbarte Honorar ab Feststellung der Versicherungspflicht inklusive der Arbeitnehmeranteile zur Sozialversicherung; zudem ist in diesem Fall der freie Mitarbeiter damit einverstanden, dass die Versicherungspflicht erst mit der Bekanntgabe der Entscheidung der DRV beginnt.

(3) Der freie Mitarbeiter versichert der Gesellschaft hiermit, dass er selbst während der Vertragsdauer eine Absicherung gegen das finanzielle Risiko von Krankheit und zur Altersvorsorge vorgenommen hat, die der Art nach den Leistungen der gesetzlichen Krankenversicherung und der gesetzlichen Rentenversicherung entspricht.

Auf der Hand liegender Nachteil dieser Vertragsklausel ist, dass sie zeigt, dass die Vertragsparteien Zweifel daran haben, ob die Tätigkeit des freien Mitarbeiters tatsächlich als selbstständige Tätigkeit anzusehen ist.

3. Lohnsteuerrecht. Steuerrechtlich sind Arbeitnehmer Personen, die Einnahmen aus nichtselbstständiger Arbeit (§ 19 EStG) beziehen. Der steuerrechtliche Arbeitnehmerbegriff (vgl. § 1 LStDV) deckt sich nicht völlig mit dem arbeitsrechtlichen oder dem sozialversicherungsrechtlichen Begriff (*Schmidt* EStG § 19 Rn. 4; Küttner/*Seidel* Arbeitnehmer Rn. 29 ff.). Entsprechend kommt der arbeits- und sozialversicherungsrechtlichen Einordnung im Steuerrecht nur eine Indizwirkung zu. Arbeitnehmer ist nach § 1 Abs. 2 LStDV derjenige, der im Rahmen eines Dienstverhältnisses (= Arbeitsverhältnis, vgl. *Schmidt* EStG § 19 Rn. 3) seine

Arbeitskraft schuldet. Das ist nach ständiger Rechtsprechung des BFH dann der Fall, wenn der Steuerpflichtige unter Leitung des Arbeitgebers tätig wird oder in den Betrieb des Arbeitgebers eingegliedert und seinen Weisungen zu folgen verpflichtet ist, ohne ein Unternehmerrisiko zu tragen. Die Kriterien der persönlichen Weisungsgebundenheit und der organisatorischen Eingliederung sind dabei wie im arbeitsrechtlichen Kontext zu verstehen. Besondere Bedeutung wird im Steuerrecht allerdings dem Unternehmerrisiko beigemessen (vgl. BFH DStR 1999, 711, 714; FG München DStRE 2010, 1259). Das Unternehmerrisiko wird insbesondere verneint, wenn der Mitarbeiter einen Anspruch auf Urlaub oder sonstige Sozialleistungen hat und ihm sein Honorar im Krankheitsfall fortbezahlt wird. Demgegenüber wird das Unternehmerrisiko bejaht, wenn der freie Mitarbeiter bei persönlicher Verhinderung keine Einnahmen erzielen kann, d. h. wenn für diesen Verhinderungsfall kein Mindestverdienst garantiert ist.

Da die Abgrenzung zwischen selbstständiger und nichtselbstständiger Arbeit gerade im künstlerischen Bereich oft schwierig war und ist, hat das BMF mit dem sog. „Künstlererlass" (BMF-Schreiben vom 5.10.1990, BStBl. I S. 638) eine einheitliche Verwaltungsvorschrift für diesen Bereich geschaffen, welche die Abgrenzung vereinfacht.

Der Auftraggeber kann eine Lohnsteuerhaftung im Allgemeinen nur dadurch sicher ausschließen, dass er die Frage der Lohnsteuerpflichtigkeit durch eine Anrufungsauskunft vorab klärt und folgende Klausel in den Vertrag aufnimmt:

Optional:
§ . . . . . . Anrufungsauskunft
Sollte eine Anrufungsauskunft nach § 42e EStG ergeben, dass die Honorare lohnsteuerpflichtig sind, sind die Parteien sich einig, dass das Honorar gemäß § 4 Abs. (1) als Bruttobetrag vereinbart ist und dass die Gesellschaft keine Umsatzsteuer entrichten wird. Wenn in diesem Fall der freie Mitarbeiter bei Fälligkeit des Honorars keine Lohnsteuerkarte vorgelegt hat, wird die Gesellschaft das Honorar auf der Grundlage der Lohnsteuerklasse VI abrechnen und entsprechende Lohnsteuer einbehalten und abführen.

Die Aufnahme dieser Klausel in den Vertrag und die Einholung einer lohnsteuerlichen Anrufungsauskunft empfiehlt sich für den Auftraggeber immer dann, wenn die Abgrenzungskriterien eine Lohnsteuerpflichtigkeit befürchten lassen und ein sehr erhebliches Honorarvolumen zu erwarten ist. In der Praxis wird allerdings selbst in diesen Fällen eine Anrufungsauskunft oft deshalb nicht eingeholt, weil die Einholung einer Anrufungsauskunft vergleichsweise aufwendig ist und die Auskunft häufig nicht schnell genug verfügbar ist. Ein vereinfachtes und beschleunigtes Verfahren steht durch den Künstler-Erlass für Künstler im Hörfunk- und Fernsehbereich zur Verfügung (s. Ziff. 1.3.6 des BMF-Schreibens vom 5.10.1990, BStBl. I S. 638).

4. Rechtsfolgen falscher Einordnung. Wurde ein Mitarbeiter, der rechtlich als Arbeitnehmer/abhängig Beschäftigter einzustufen ist, vom Auftraggeber fälschlich als freier Mitarbeiter behandelt, so kann dies in erster Linie arbeits-, sozialversicherungs- und steuerrechtliche Konsequenzen haben und zu erheblichen Zahlungsverpflichtungen des Arbeitgebers führen.

Wurde aufgrund eines arbeitsgerichtlichen Feststellungsurteils die Arbeitnehmereigenschaft des Mitarbeiters festgestellt, ist der Mitarbeiter u. U. auch rückwirkend wie ein Arbeitnehmer zu behandeln. Die gesamte Bandbreite **arbeitsrechtlicher** Vorschriften und Grundsätze würde gelten; er könnte auch für die Vergangenheit z. B. Entgeltfortzahlung im Krankheitsfall, Urlaubsansprüche oder Überstundenvergütung verlangen und im Falle einer Kündigung des Vertrages Kündigungsschutz geltend machen (vgl. zu den arbeitsrechtlichen Folgen der aufgedeckten Scheinselbstständigkeit, abgestuft nach Kenntnis oder Irrtum eines oder beider Vertragsparteien *Hohmeister* NZA 1999, 1009; *Lampe* RdA 2002, 18; zu den Rechtswirkungen für die Vergangenheit *Reinecke* RdA 2001, 357; *Hochrathner* NZA 2000, 1083). Andererseits erkennt das BAG in seiner jüngeren Rechtsprechung unter gewissen Umständen einen Rückforderungsanspruch des Arbeitgebers gegen den Arbeitnehmer in Höhe der Differenz zwischen dem in der Vergangenheit tatsächlich gezahlten (hohen) Honorar und dem rechtlich geschuldeten (niedrigeren) Gehalt an (BAG NZA 2002, 155; BAG NZA 2002, 1328; *Niepalla/Dütemeyer* NZA 2002, 712; *Lampe* RdA 2002, 18, 23 ff.). Falls das Arbeitsverhältnis fortbesteht, ist nach der vorgenannten Rechtsprechung auch für die Zukunft nur die, i.d.R. geringere, „übliche Vergütung" (vgl. § 612 Abs. 2 BGB) zu bezahlen und nicht mehr das i.d.R. höhere Honorar (für einen Fall, in dem ein Vergütungstarifvertrag zur Anwendung kam BAG NZA 1998, 594).

Arbeitnehmer unterliegen anders als freie Mitarbeiter der **Sozialversicherungspflicht.** Gemäß § 28e Abs. 1 SGB IV ist der Arbeitgeber zahlungspflichtig für den Gesamtsozialversicherungsbeitrag (d.h. für den Arbeitgeber- und Arbeitnehmeranteil). Stellt sich im Nachhinein heraus, dass ein Mitarbeiter irrtümlicherweise als freier Mitarbeiter behandelt wurde und deshalb keine Sozialversicherungsbeiträge abgeführt worden waren, besteht das Risiko, dass der Arbeitgeber Sozialversicherungsbeiträge für die Vergangenheit nachentrichten muss (i.d.R. für vier Jahre, ausnahmsweise bei Vorsatz für 30 Jahre, § 25 Abs. 1 SGB IV). Dabei kann der Arbeitgeber nur sehr eingeschränkt beim Arbeitnehmer Regress nehmen, nämlich im Rahmen des Abzugs von den nächsten drei Gehaltszahlungen (§ 28g SGB IV, vgl. dazu *Hohmeister* NZA 1999, 1009, 1013 f.; zur praktischen Umsetzung und zur Verjährung *Hochrathner* NZA 1999, 1016, 1017). Zudem kann der Verstoß gegen die sozialversicherungsrechtlichen Pflichten eine Ordnungswidrigkeit und sogar eine Strafbarkeit begründen. Der vorsätzliche oder leichtfertige Verstoß gegen die sozialversicherungsrechtliche Pflicht zur Meldung des Beginns der sozialversicherungspflichtigen Beschäftigung ist bußgeldbewehrt (§ 28a Abs. 1 Nr. 1 SGB IV i.V.m. § 111 Abs. 1 Nr. 2 SGB IV). Darüber hinaus kommt eine Strafbarkeit wegen sog. Beitragsvorenthaltung (§ 266a StGB) in Betracht, wenn es der Arbeitgeber unterlässt, die Sozialversicherungsbeiträge an die zuständige Einzugsstelle (i.d.R. die Krankenkasse) abzuführen.

Der Arbeitgeber haftet weiterhin gesamtschuldnerisch zusammen mit dem Mitarbeiter wegen Nichtabführung der **Lohnsteuer** gegenüber den Finanzbehörden für etwaige Steuerschulden des vermeintlich freien Mitarbeiters. Das Finanzamt kann den Arbeitgeber für zurückliegende Zeiträume bis zum Eintritt der Festsetzungsverjährung in Haftung nehmen (Küttner/*Seidel* Scheinselbstständigkeit Rn. 4). Der Auftraggeber sollte für den Fall einer etwaigen Lohnsteuerhaftung Vorsorge durch eine vertragliche Regelung treffen, die ihm einen Erstattungs- und Freistellungsanspruch gegen den freien Mitarbeiter gibt. Dies ist in § 4 Abs. (6) des Formulars vorgesehen (→ Anm. 15).

Die falsche Einordnung des Arbeitnehmers als freier Mitarbeiter kann auch Auswirkungen auf die **Umsatzsteuerpflicht** und die Vorsteuerabzugsberechtigung haben. Für den scheinselbstständigen **Arbeitnehmer** gilt Folgendes: Da er kein Unternehmer i.S.d. § 2 Abs. 1 S. 1 UStG ist, erfüllen die von ihm ausgestellten Rechnungen nicht die Anforderungen des § 14 UStG. Dies hat zur Folge, dass der scheinselbständige Arbeitnehmer, der sich irrtümlich für einen Unternehmer hielt, nach § 14c Abs. 2 UStG den in seinen Abrechnungsdokumenten zu Unrecht ausgewiesenen Steuerbetrag schuldet. Die Vorsteuerbeträge kann der Scheinselbstständige von den geschuldeten Umsatzsteuerbeträgen nicht in Abzug bringen, da er als Nichtunternehmer nicht zum Vorsteuerabzug nach § 15 UStG berechtigt war. Daher sind seine Umsatzsteuererklärungen zu berichtigen. Wegen der fehlenden Vorsteuerabzugsmöglichkeit können sich für den Scheinselbstständigen erhebliche Umsatzsteuernachforderungen durch das Finanzamt ergeben (vgl. dazu *Goretzki/Hohmeister* BB 1999, 635, 639). Für den **Arbeitgeber** ergibt sich Folgendes: Der Arbeitgeber ist nicht berechtigt, die ihm vom Scheinselbstständigen in Rechnung gestellte Umsatzsteuer als Vorsteuer geltend zu machen, da es wegen der Arbeitnehmereigenschaft des Scheinselbstständigen an einer Rechnungsausstellung „durch einen Unternehmer" fehlt, § 15 UStG. Dem Arbeitgeber des Scheinselbstständigen ist also der Vorsteuerabzug versagt oder das Finanzamt wird den bereits geltend gemachten Vorsteuerabzug wieder rückgängig machen (*Goretzki/Hohmeister* BB 1999, 635, 640). De facto bedeutet dies, dass die Gesellschaft 19 Prozent der Vergütung zu viel bezahlt hätte. Das Formular schützt den Auftraggeber hiergegen, indem es in § 4 Abs. (3) S. 3 eine Rückforderungsklausel vorsieht (→ Anm. 14).

5. Vertragsgegenstand. Das Formular geht von dem typischen Fall aus, dass der freie Mitarbeiter eine Dienstleistung (und keine Werkleistung) erbringt und stellt nach seinem Gesamtbild einen Dienstvertrag dar. Dies hat zur Folge, dass auf die gesetzlichen Regelungen zum Dienstvertrag (§§ 611 BGB ff.) ergänzend und ausfüllend zurückgegriffen wird, wenn der Vertrag bestimmte Punkte nicht regelt oder Auslegungsspielräume enthält.

Häufig enthalten freie Mitarbeiterverträge zugleich auch werkvertragliche Elemente, gelegentlich auch Elemente anderer Vertragstypen (z. B. mietvertragliche Regelungen). Werkvertragliche Elemente wären z. B. gegeben, wenn ein als Buchhalter tätiger freier Mitarbeiter den „Erfolg" einer abgeschlossenen Buchhaltung schuldet. Denkbar wäre auch, dass ein freies Mitarbeiterverhältnis durch werkvertragliche Elemente überwiegend geprägt ist, z. B. wenn mit einem Software-Ingenieur ein Pflichtenkatalog für eine zu erstellende Software vereinbart wird und sein Vergütungsanspruch nicht nach Zeitabschnitten entsteht und fällig wird, wie dies für ein Dienstverhältnis typisch wäre, sondern erst entsteht, wenn der Auftraggeber die Software „abnimmt", d. h. sie billigend entgegennimmt.

Da ein freier Mitarbeiter nicht lediglich seine Arbeitskraft zur Verfügung stellt, die durch Weisungen des Auftraggebers näher konkretisiert wird, sondern eine bestimmte Dienstleistung schuldet, sollten die zu leistenden Dienste möglichst konkret im Vertrag festgelegt werden. Denn ist die vertraglich festgelegte Aufgabe derart unbestimmt, dass sie im Einzelfall nur sinnvoll erbracht werden kann, wenn sie durch Weisungen des Auftraggebers konkretisiert wird, spricht dies für ein umfassendes Weisungsrecht und somit für ein Arbeitsverhältnis (Küttner/*Röller*, Freie Mitarbeit, Rn. 9). Falls die Aufgabenbeschreibung einen größeren Umfang hat, sollte sie der Übersichtlichkeit wegen in einer Anlage angehängt werden und mit einem entsprechenden Verweis im Vertrag versehen werden, wie in der Alternative zu § 1 Abs. (1) vorgesehen.

6. Inhaltliche Weisungsfreiheit. Da ein entscheidendes Merkmal für freie Mitarbeit die Selbstständigkeit des Mitarbeiters ist, empfiehlt es sich, im Vertrag klarzustellen und bei der späteren Umsetzung des Vertrags darauf zu achten, dass der Mitarbeiter bei der Erbringung seiner Leistungen keinen Weisungen des Auftraggebers unterworfen ist. Je mehr der Auftraggeber den Inhalt der Dienstleistungen einseitig bestimmen kann, desto mehr spricht das für ein Arbeitsverhältnis (Küttner/*Röller*, Freie Mitarbeit, Rn. 8). Ein gewisses Maß an **Abstimmung** zwischen dem Auftraggeber und dem freien Mitarbeiter hinsichtlich des Ablaufs und der genauen Durchführung der Tätigkeit kann jedoch auch bei einer freien Mitarbeit erfolgen. So dürften z. B. bei einem Software-Entwickler Vorgaben hinsichtlich Plattform, Schnittstellen oder notwendiger Dokumentation ebenso wenig schädlich sein wie bei einem Buchhaltungsspezialisten Vorgaben hinsichtlich der zu benutzenden Software und der maßgeblichen Kontengliederung.

7. Ansprechpartner. Da der freie Mitarbeiter nicht in die Betriebsorganisation des Auftraggebers eingegliedert ist, bedarf es einer ausdrücklichen vertraglichen Regelung darüber, wer auf Seiten des Auftraggebers für den freien Mitarbeiter „zuständig" ist und ihm als Ansprechpartner und für eine etwaig notwendige Abstimmung und Rückfragen bei der Durchführung der Projekte zur Verfügung steht. Eine entsprechende Regelung sieht § 1 Abs. (3) vor.

8. Unterrichtungs- und Berichtspflichten. Möchte sich der Auftraggeber bei Tätigkeiten, bei denen kein konkretes Arbeitsergebnis zu erwarten ist, die Möglichkeit vorbehalten, die Tätigkeit des freien Mitarbeiters hinsichtlich Inhalt und Umfang zu überprüfen, kann dies dadurch erreicht werden, dass dem freien Mitarbeiter Berichtspflichten auferlegt werden. Ein Formulierungsvorschlag findet sich in § 1 Abs. (3) des Formulars im Klammerzusatz. Dadurch wird dem Auftraggeber eine gewisse Kontrolle ermöglicht, ob der freie Mitarbeiter tatsächlich hinreichend Einsatz erbringt. Wenn den Berichten entnommen werden kann, dass der freie Mitarbeiter zu wenig Einsatz erbringt, kann zwar kein höherer zeitlicher Einsatz verlangt werden, da i.d.R. bei einem freien Mitarbeiter keine Minimum-Stundenzahl pro Tag vereinbart ist. Denn dies wäre ein Indiz für eine Arbeitnehmereigenschaft. Allerdings kann der Auftraggeber dann aktiv das Gespräch mit dem freien Mitarbeiter suchen und auf die Diskrepanz zwischen tatsächlichem Einsatz und Erwartung der Gesellschaft hinweisen. Wenn sich der Auftraggeber, wie im Formular in § 2 Abs. (1) vorgesehen, die Möglichkeit der Kündigung vorbehalten hat, kann der Auftraggeber auf einen aus seiner Sicht mangelnden Einsatz des freien Mitarbeiters auch mit einer Kündigung des Vertrages reagieren. Entscheidet sich der Auftraggeber für die Vertragsklausel über die Auferlegung von Berichtspflichten, ist allerdings zu bedenken, dass eine derartige Überwachung der Arbeitsabläufe ein Kontrollelement beinhaltet, das wiederum als Indiz für eine Arbeitnehmereigenschaft gewertet werden könnte. Andererseits hat das BAG für den Rundfunkbereich klargestellt, dass auch der freie Mitarbeiter mit einer Kontrolle der Qualität seiner Leistungen rechnen muss. Eine gewisse Kontrolle der Leistungen verändert jedoch nicht den Status als freier Mitarbeiter, weil damit der Auftraggeber lediglich das ihm zustehende Rügerecht wahrnimmt (zur Prüfung der formalen und sachlichen Richtigkeit von Programmbeiträgen durch eine Rundfunkanstalt BAG NZA-RR 2007, 424).

9. Eigenes Personal. Wie in → Anm. 1 dargelegt, spricht es für eine Selbstständigkeit, wenn der freie Mitarbeiter frei entscheiden kann, ob er die Aufgaben alleine oder mit Hilfe von eigenem Personal erledigt (BAG NZA 2002, 787). Es empfiehlt sich daher, dem freien Mitarbeiter den Einsatz von eigenem Personal ausdrücklich zu gestatten. Allerdings hat in der Praxis der Auftraggeber zumeist ein Interesse daran, dass der freie Mitarbeiter die vereinbarten Aufgaben persönlich erfüllt. Daher kann, wie in § 1 Abs. (4) des Formulars vorgesehen, einschränkend geregelt werden, dass der freie Mitarbeiter eigenes Personal nur nach vorheriger schriftlicher Zustimmung des Auftraggebers einsetzen darf.

Eine solche primäre Verpflichtung des freien Mitarbeiters zur persönlichen Leistungserbringung führt allein nicht zu seiner Qualifizierung als Arbeitnehmer, sofern im Rahmen der Gesamtwürdigung die meisten anderen Abgrenzungskriterien für eine echte freie Mitarbeit sprechen.

Regelmäßig wird es für die Gesellschaft von Interesse sein, dass der freie Mitarbeiter nur solche eigenen Mitarbeiter einsetzt, die über die notwendigen Qualifikationen und Erfahrungen verfügen. Das Formular sieht demgemäß in § 1 Abs. (4) vor, dass die Gesellschaft ihre Zustimmung zum Einsatz von Personal durch den freien Mitarbeiter davon abhängig machen kann, dass diese Qualifikationen und Erfahrungen beim Personal des freien Mitarbeiters gegeben sind. Zudem sieht § 1 Abs. (4) im Interesse und zum Schutz des Auftraggebers vor, dass der freie Mitarbeiter etwaigem eigenem Personal dieselbe Geheimhaltungsverpflichtung auferlegen muss, der er selbst nach § 6 Abs. (2) des Vertrages unterliegt.

10. Haftung. Während ein Arbeitnehmer nach den Grundsätzen der beschränkten Arbeitnehmerhaftung für Schäden bei betrieblich veranlassten Tätigkeiten nur eingeschränkt haftet (Haftungsbefreiung bei leichter Fahrlässigkeit, nur quotenmäßige Haftung bei „normaler" Fahrlässigkeit, volle Haftung nur bei grober Fahrlässigkeit oder Vorsatz), gilt zwar diese Haftungsbeschränkung für freie Mitarbeiter nicht (vgl. BGH AP BGB § 611 Haftung des Arbeitnehmers Nr. 51). Unter Hinweis auf die vom Auftraggeber zu verantwortende Betriebsgefahr macht das BSG eine Ausnahme für beschäftigtenähnliche Personen i.S.d. § 2 Abs. 2 SGB VII (BSG NJW 2004, 966, 967). In der Literatur wird darüber hinaus die Anwendbarkeit der beschränkten Arbeitnehmerhaftung insbesondere auf arbeitnehmerähnliche Personen erwägt, da das für die Tätigkeit gezahlte Entgelt nicht im Verhältnis zum Schadensersatzrisiko steht (*Krause* NZA 2003, 577, 582). Vor diesem Hintergrund ist die Haftungsregelung in § 1 Abs. (6) nicht nur deklaratorisch, weil es nicht auszuschließen ist, dass ein Gericht aufgrund der Interessenlage im Einzelfall eine konkludent vereinbarte Haftungsbeschränkung für freie Mitarbeiter annehmen könnte. Durch den ausdrücklichen Verweis auf die gesetzliche Lage wird das Risiko der Annahme einer konkludent vereinbarten Haftungsbeschränkung minimiert.

11. Vertragsdauer. Die Klausel in § 2 Abs. (1) sieht eine unbestimmte Laufzeit des Vertrages vor. Die Beendigung des Vertrages bedarf einer Kündigung, auf die das KSchG nicht anwendbar ist. Hinsichtlich der Kündigungsfristen gilt § 621 BGB. In Ausnahmefällen ist wegen der sozialen Schutzwürdigkeit des freien Mitarbeiters die Beendigung des Dienstverhältnisses angemessene Zeit im Voraus (mindestens zwei Wochen) anzukündigen (vgl. BAG AP BGB § 611 Abhängigkeit Nr. 8). Obwohl das Schriftformerfordernis der Kündigung nach § 623 BGB nicht für freie Mitarbeiter gilt, ist es aus Beweiszwecken dringend zu empfehlen, die Kündigung gegenüber einem freien Mitarbeiter nur schriftlich zu erklären.

Ist absehbar, dass die Dienste des freien Mitarbeiters nur für einen bestimmten Zeitraum benötigt werden, kann alternativ eine Befristung vereinbart werden. Dabei kann gleichzeitig eine bestimmte Mindestlaufzeit geregelt werden, indem das Recht zur ordentlichen Kündigung während dieser Laufzeit ausgeschlossen wird; eine entsprechende Gestaltung findet sich in der Alternative 1 zu § 2 Abs. (1). Denkbar ist auch, nur eine Höchstlaufzeit vorzusehen, indem der Vertrag befristet wird, jedoch gleichzeitig geregelt wird, dass während der Höchstlaufzeit mit einer vereinbarten Kündigungsfrist ordentlich gekündigt werden kann; diese Gestaltung findet sich in der Alternative 2 zu § 2 Abs. (1). Da das TzBfG für freie Mitarbeiter nicht gilt, ist eine sachgrundlose Befristung auch für einen Zeitraum von mehr als zwei Jahren zulässig. Eine Befristung auf maximal zwei Jahre kann sich auch empfehlen, wenn unsicher ist, ob ein freies Mitarbeiterverhältnis besteht. In diesem Falle endet nämlich das Vertragsverhältnis automatisch zu dem vereinbarten Endtermin ohne dass das KSchG beachtet werden müsste, auch wenn sich nachträglich herausstellt, dass der Status als freier Mitarbeiter nicht gegeben ist.

Die Regelung in § 2 Abs. (3) zielt darauf ab, dass während des Laufs der Kündigungsfrist keine „Abnahmepflicht" der Gesellschaft besteht. Indirekt wird dadurch bei einem vereinbarten Honorar auf der Basis von geleisteten Stunden/Tagen erreicht, dass die Gesellschaft die nicht geleistete Tätigkeit auch nicht vergüten muss. Wird das Honorar dagegen nach Monaten, nach Jahren oder als Gesamthonorar für ein bestimmtes Projekt vereinbart, kann mit dieser Klausel zwar die Abnahmepflicht der Gesellschaft beseitigt werden. Ob aber für diese Zeit, für die keine Abnahmepflicht der Gesellschaft mehr besteht, dennoch das vereinbarte Honorar zu zahlen ist, hängt vom Einzelfall ab. Gegebenenfalls kann folgende klarstellende Regelung ergänzt werden:

Optional:
Die Gesellschaft ist nicht verpflichtet, Leistungen des freien Mitarbeiters nach diesem Vertrag in Anspruch zu nehmen und zu vergüten.
Alternative:
Die Gesellschaft ist nur verpflichtet, Leistungen des freien Mitarbeiters nach diesem Vertrag an zwei Tagen je Kalendermonat in Anspruch zu nehmen oder, falls sie die Leistungen nicht in Anspruch nehmen will, maximal das Honorar für zwei Tage je Kalendermonat für die Laufzeit dieses Vertrages zu vergüten; eine darüber hinausgehende Vergütungspflicht besteht nicht.

12. Ort und Zeit der Tätigkeit. Der freie Mitarbeiter kann typischerweise Ort und Zeit seiner Tätigkeit frei bestimmen. Andererseits besteht häufig, je nach Eigenart der Tätigkeit, auch bei freien Mitarbeitern das Bedürfnis des Auftraggebers, deren Dienstleistung zu einer bestimmten Zeit oder an einem bestimmten Ort zu erhalten (→ Anm. 6).

In diesem Spannungsfeld muss eine Regelung gefunden werden, die die Freiheit des Mitarbeiters nicht zu sehr einschränkt, andererseits aber auch die Bedürfnisse des Auftraggebers berücksichtigt. § 3 Abs. (1) S. 1 des Formulars enthält eine solche Regelung.

Legt die Gesellschaft Wert darauf, den freien Mitarbeiter vor Ort zu haben, kann sie diesem – wie in Alternative 1 zu § 3 Abs. (1) vorgesehen – auch ein Büro am Sitz der Gesellschaft zur Verfügung stellen. Um zu vermeiden, dass dies als Eingliederung des freien Mitarbeiters in eine fremdbestimmte Arbeitsorganisation angesehen wird, sollte der freie Mitarbeiter hier eine Benutzungsgebühr entrichten. Dieses mietrechtliche Element stellt dann ein Indiz für die Selbstständigkeit des freien Mitarbeiters dar und „neutralisiert" die gegenläufige, für einen Arbeitnehmerstatus sprechende Überlassung von Räumen und Arbeitsmitteln durch den Auftraggeber. Weiterhin muss bei einer Tätigkeit in den Räumen des Auftraggebers umso mehr darauf geachtet werden, dass keine Anzeichen für eine Eingliederung in den Betrieb des Auftraggebers bestehen. Dies bedeutet, dass der freie Mitarbeiter z. B. auf keiner Telefonliste des Auftraggebers erscheint, keine Sozialleistungen des Auftraggebers erhält, zu betrieblichen Veranstaltungen nicht eingeladen wird, sich nicht nach den betrieblichen Arbeitszeiten richten muss, in keinem Organigramm des Auftraggebers aufgeführt ist, möglichst wenig in betriebliche Abläufe und Teams des Auftraggebers eingebunden ist, keine E-Mail-Signatur des Auftraggebers verwenden darf und keine Visitenkarten des Auftraggebers erhält.

Legt die Gesellschaft Wert darauf, dass der freie Mitarbeiter eine bestimmte Anzahl von Tagen pro Monat tätig ist, kann dies – wie im Klammerzusatz zu § 3 Abs. (1) vorgesehen – geregelt werden. Die bloße Festlegung eines zeitlichen Umfangs der Tätigkeit berührt die persönliche Unabhängigkeit des freien Mitarbeiters grundsätzlich nicht. Allerdings ist bei einer solchen Festlegung umso wichtiger, dass der freie Mitarbeiter dann innerhalb des vereinbarten zeitlichen Rahmens die konkreten Zeiten seiner Tätigkeit frei bestimmen kann (Küttner/*Röller*, Freie Mitarbeit, Rn. 6). Je detaillierter der zeitliche Einsatz des freien Mitarbeiters im Vertrag geregelt wird, umso eher spricht dies dafür, dass der freie Mitarbeiter als Arbeitnehmer anzusehen ist. Riskant sind in dieser Hinsicht z. B. vertragliche Vereinbarungen, wonach der freie Mitarbeiter an 220 Kalendertagen im Jahr tätig werden muss, oder Vereinbarungen, wonach er von Montag bis Freitag jeweils acht Stunden tätig zu sein hat.

13. Honorar. Ganz grundsätzlich gilt bei freien Mitarbeitern, dass diese nur für ihre tatsächliche Tätigkeit und Leistung bezahlt werden. Wird keine Leistung erbracht, darf es auch keinen Honoraranspruch geben. Daher wäre eine ausdrückliche Regelung über Honorarfortzahlung (bei Krankheit oder Urlaub) ein gewichtiges Argument für eine unselbstständige Tätigkeit. Für eine freie Mitarbeit spricht dagegen ein Honorar, das lediglich für tatsächlich und nachweisbar geleistete Einsatzstunden oder -tage gezahlt wird. Zur Klarstellung kann Folgendes ergänzt werden:

Optional:
Dem freien Mitarbeiter steht ein Honoraranspruch nicht zu, wenn er infolge Krankheit oder sonstiger Arbeitsverhinderung an der Leistung der Dienste verhindert ist.

14. Erstattungsanspruch bezüglich Umsatzsteuer. Wie oben unter → Anm. 4 ausgeführt, ist dem Arbeitgeber eines Scheinselbstständigen der Vorsteuerabzug bezüglich der an den Scheinselbstständigen gezahlten Umsatzsteuer versagt oder das Finanzamt wird den bereits geltend gemachten Vorsteuerabzug wieder rückgängig machen. Hier empfiehlt es sich aus Arbeitgebersicht, einen zivilrechtlichen Erstattungsanspruch gegen den Arbeitnehmer zu vereinbaren, wie dies im Formular in § 4 Abs. (3) S. 3 vorgesehen ist. Ohne eine derartige Regelung bestünde allenfalls ein Schadensersatzspruch (vgl. BFH BStBl. II 1981 S. 544; *Goretzki/Hohmeister* BB 1999, 635, 640 einschließlich Fn. 69) gegen den Mitarbeiter, der voraussetzte, dass diesem ein Verschulden nachgewiesen werden könnte. Ob und inwieweit der Erstattungsanspruch durchsetzbar ist, hängt vom Einzelfall ab.

15. Erstattung und Freistellung im Fall einer Lohnsteuerhaftung der Gesellschaft. § 4 Abs. (6) verpflichtet den freien Mitarbeiter zur Erstattung einer von der Gesellschaft gezahlten Lohnsteuer an die Gesellschaft sowie zur Freistellung der Gesellschaft, wenn diese vom Finanzamt aus Lohnsteuerhaftung in Anspruch genommen würde. Das Formular sieht damit einen eigenständigen vertraglichen Erstattungs- und Freistellungsanspruch vor, der neben den rechtsgeschäftlichen Erstattungs- und Freistellungsanspruch tritt, welcher entweder aus der Redlichkeitspflicht als arbeitsvertraglicher Nebenpflicht (vgl. BAG AP BGB § 670 Nr. 20; zu den Entstehungszeitpunkten von Freistellungs- bzw. Erstattungsanspruch vgl. BAG AP BGB § 670 Nr. 22) oder aus § 42d Abs. 1 EStG i. V. m. § 426 BGB (*Heldmann* NZA 1992, 489, 490 f.) hergeleitet wird. Eine entsprechende Erstattungs- und Freistellungsklausel kann für den Fall einer Inanspruchnahme der Gesellschaft auf Abführung der Sozialversicherungsbeiträge (Arbeitgeber- und Arbeitnehmeranteile) nicht wirksam vereinbart werden. Grund hierfür ist, dass eine solche Überwälzung von Sozialversicherungsbeiträgen für zurückliegende Zeiträume auf den Mitarbeiter nur dann zulässig ist, wenn dieser gegenüber dem Arbeitgeber seine Auskunfts-, Mitteilungs- und Vorlagepflichten nach § 28o Abs. 1 Halbs. 1 SGB IV vorsätzlich oder grob fahrlässig verletzt hat (vgl. § 28g SGB IV).

16. Anderweitige Tätigkeit, Geheimhaltung, Wettbewerbsverbot, Vertragsstrafe. Ein wichtiges Indiz für eine selbstständige Tätigkeit ist das Recht des freien Mitarbeiters, auch für andere Auftraggeber tätig zu werden, sofern dies die Bewältigung der vertragsgegenständlichen Tätigkeit nicht beeinträchtigt. Die Klausel in § 6 Abs. (1) erklärt eine solche Tätigkeit für andere Auftraggeber ausdrücklich für zulässig und stärkt damit den „Selbstständigen-Status" des freien Mitarbeiters.

Nach der Rechtsprechung des BAG kann diese Freiheit grundsätzlich durch ein Wettbewerbsverbot beschränkt werden, ohne dem Vertragsverhältnis allein dadurch den Charakter eines freien Mitarbeiterverhältnisses zu nehmen (vgl. BAG NJW 1998, 99). Je nach Reichweite des Wettbewerbsverbots kann sich allerdings das Risiko erhöhen, dass der freie Mitarbeiter als Arbeitnehmer eingestuft wird.

Falls mit dem freien Mitarbeiter ein nachvertragliches Wettbewerbsverbot vereinbart wird, stellt sich die Frage, ob die §§ 74 ff. HGB anwendbar sind (allgemein zum nachvertraglichen Wettbewerbsverbot → Form. A. IV. 1). Die §§ 74 ff. HGB gelten direkt für Handlungsgehilfen und werden entsprechend auf alle Arbeitsverhältnisse angewendet. Freie Mitarbeiter können sich jedoch nach ganz überwiegender Auffassung (ähnlich einem GmbH-Geschäftsführer) grundsätzlich nicht direkt auf die §§ 74 ff. HGB berufen (vgl. *Laber/Legerlotz* DStR 2000, 1605, 1610). Allerdings ist auch für diese Personengruppe nicht jegliche Wettbewerbsabrede zulässig: Die Grenze ergibt sich vielmehr aus § 138 BGB, ausgefüllt durch die Berufsfreiheit, Art. 12 GG. Ein wirksames nachvertragliches Wettbewerbsverbot darf die Berufsfreiheit des freien Mitarbeiters nicht unangemessen beeinträchtigen und muss daher räumlich, zeitlich und gegenständlich beschränkt sein. Eine Ausnahme gilt nach der Rechtsprechung für wirtschaftlich abhängige freie Mitarbeiter: Wegen des vergleichbaren Schutzbedürfnisses sind die §§ 74 ff. HGB auch auf diese anwendbar (BAG NZA 1997, 1284; BGH NJW 2003, 1864). Eine wirtschaftliche Abhängigkeit kann gegeben sein, wenn der freie Mitarbeiter über einen längeren Zeitraum ausschließlich für einen Auftraggeber tätig ist und keine anderen Einkünfte hat (dazu OLG Düsseldorf NZA-RR 2005, 318).

Bei Vertragsstrafenregelungen für freie Mitarbeiter stellt sich das Problem, dass man mangels geregeltem Einkommen keinen festen Anknüpfungspunkt für die Bemessung der Höhe der Vertragsstrafe hat, die dem Einzelfall gerecht wird. Dies kann im Lichte einer gerichtlichen Überprüfung problematisch sein, denn die Vertragsstrafenregelung muss der Inhaltskontrolle gemäß §§ 307 ff. BGB standhalten.

Bei der Regelung einer Vertragsstrafe kann sowohl ein fester Betrag bestimmt werden, als auch die Höhe der Strafe vom durchschnittlichen Monatsverdienst des freien Mitarbeiters abhängig gemacht werden. Ein fester Betrag wie in § 6 Abs. (5) vorgesehen ist unter Abschreckungsgesichtspunkten wohl am wirksamsten. Es besteht jedoch immer die Gefahr, dass die Höhe der festgesetzten Vertragsstrafe im Streitfall als unangemessen angesehen werden könnte. Falls die Bezifferung der Höhe der Vertragsstrafe im Einzelfall Schwierigkeiten bereitet, bietet sich folgende Alternative an:

Alternative:

Die Höhe der Vertragsstrafe ist im Einzelfall nach billigem Ermessen durch die Gesellschaft zu bestimmen (§ 315 BGB). Die Vertragsstrafe beträgt höchstens . . . . . . EUR. Bei der Bestimmung der Höhe der Vertragsstrafe im Einzelfall hat die Gesellschaft die Schwere der Vertragsverletzung einschließlich der bei der Gesellschaft drohenden oder eingetretenen Schadenshöhe, die Schwere des Verschuldens des freien Mitarbeiters, die wirtschaftliche Lage und den Durchschnittsverdienst des freien Mitarbeiters aus den letzten sechs Monaten, aber auch die mit der Vertragsstrafe grundsätzlich verbundene Zwecksetzung als Abschreckungs-, Druck, – oder Sicherungsmittel angemessen zu berücksichtigen. Sonstige den freien Mitarbeiter entlastenden Umstände werden ebenfalls angemessen berücksichtigt.

17. Urheber- und sonstige Schutzrechte. Die Klausel des Formulars regelt die Einräumung von Nutzungsrechten an urheberrechtsfähigen Arbeitsergebnissen und die Übertragung von sonstigen Schutzrechten an den Ergebnissen der Tätigkeit des freien Mitarbeiters auf die Gesellschaft. Während die Übertragung des Urheberrechts nach deutschem Recht nicht möglich ist, können beispielsweise eine Marke oder ein Patent übertragen werden. Die Einräumung von Nutzungsrechten ist jedoch nach § 31 UrhG möglich. Der Schutzgedanke des § 31 Abs. 5 UrhG steht auch einer umfassenden Übertragung von urheberrechtlichen Nutzungsrechten nicht entgegen (BGH GRUR 2012, 1031).

Die gesetzlichen Regelungen des ArbnErfG sowie die Regelungen über die Ausübung von Urheberrechten bei der Erstellung von Computerprogrammen in § 69b UrhG sind auf freie Mitarbeiter weder direkt noch analog anwendbar (Details → Form. A. II. 1 Anm. 15), denn zu den „Arbeits- oder Dienstverhältnissen" i. S. d. §§ 43, 69b UrhG gehören nur privatrechtliche Arbeitsverhältnisse und öffentlich-rechtliche Dienstverhältnisse, nicht etwa ein Dienstverhältnis i. S. d. § 611 BGB (Möhring/Nicolini/*Spautz* § 43 Rn. 2; Wandtke/Bullinger/*Grützmacher* § 69b Rn. 3). Für Werkschöpfungen freier Mitarbeiter gelten daher nur die allgemeinen Regeln des UrhG, im Falle von Computerprogrammen über § 69a Abs. 4 UrhG (Möhring/Nicolini/*Spautz* § 43 Rn. 2, § 69b Rn. 7).

Falls keine ausdrückliche Vereinbarung über das Recht zur Nutzung der von dem freien Mitarbeiter erstellten Werke existiert, richtet sich das „ob" und die Reichweite der Einräumung nach § 31 Abs. 5 UrhG. Da im Zweifel die Rechte beim Urheber verbleiben („in dubio pro auctore", Möhring/Nicolini/*Spautz* § 31 Rn. 47), muss gegenüber einem freien Mitarbeiter unbedingt im Vertrag explizit geregelt werden, welche Nutzungsrechte und sonstigen Rechte der Gesellschaft eingeräumt werden. Diese Regelung findet sich in § 7 des Formulars. Darüber hinaus besteht seit dem 1.1.2008 die Möglichkeit, Nutzungsrechte an unbekannten Nutzungsarten einzuräumen (§ 31a UrhG). Eine entsprechende Regelung ist in § 7 des Formulars vorgesehen. Allerdings hat der Urheber ein Widerrufsrecht, welches drei Monate nach Mitteilung des Auftraggebers in Bezug auf die beabsichtigte Aufnahme der neuen Art der Werksnutzung erlischt.

Wenn die vertraglichen Aufgaben des freien Mitarbeiters gerade darin bestehen, urheberrechtsfähige Werke zu schaffen (wie z. B. bei Softwareingenieuren oder Künstlern und Medienschaffenden), sollte § 7 noch um folgende weitere, den Auftraggeber zusätzlich schützenden Regelungen ergänzt werden:

Optional:

(4) Die Einräumung der Nutzungs- und Verwertungsrechte nach Abs. (1) umfasst insbesondere auch das Recht zur Bearbeitung und Verwertung von etwaig bearbeiteten Werken, zur Einräumung von Nutzungsrechten an Dritte, sowie jede andere Art der wirtschaftlichen Nutzung und Verwertung vorstehender Schutzrechte.

(5) Der freie Mitarbeiter räumt der Gesellschaft zudem das Recht ein, die eingeräumten urheberrechtlichen Nutzungs- und Verwertungsrechte auf Dritte zu übertragen.

(6) Der freie Mitarbeiter verzichtet ausdrücklich auf alle sonstigen ihm etwa als Urheber oder sonstigem Schutzrechtsinhaber zustehenden Rechte an diesen Ergebnissen, insbesondere auf das Recht auf Namensnennung und auf Zugänglichmachung des Werkes.

(7) Die Vorschriften des Arbeitnehmererfindungsgesetzes (ArbnErfG) sowie § 69b UrhG finden auf diesen Vertrag entsprechende Anwendung. Bezüglich der Vergütung für die beschränkte oder unbeschränkte Inanspruchnahme einer Erfindung vereinbaren die Parteien jedoch in Abweichung vom ArbnErfG, dass jedwede Inanspruchnahme mit dem Honorar gemäß vorstehendem § 4 Abs. (1) vollständig abgegolten und vergütet ist.

Hinsichtlich des Umfangs der Rechtseinräumung ist insbesondere zu beachten, dass das Urheberrecht einen zwingenden Anspruch des Urhebers auf **angemessene Vergütung** und gegebenenfalls auf weitere Beteiligung gemäß §§ 32, 32a UrhG vorsieht. Daneben sieht der neue § 32c UrhG einen Anspruch des Urhebers auf eine gesonderte angemessene Vergütung für eine später bekannt werdende Nutzungsart vor. Hieraus kann die Gesellschaft im Einzelfall eine erweiterte Vergütungspflicht treffen, sofern das an den freien Mitarbeiter gezahlte Honorar und die Erträge und Vorteile aus der Nutzung des übertragenen Werkes in keinem angemessenen Verhältnis stehen (vgl. auch BGH GRUR 2012, 1031). Dies gilt insbesondere für bei Vertragsschluss noch nicht bekannte Nutzungsarten. Wann das Honorar und die Erträge und Vorteile aus der Nutzung in keinem angemessenen Verhältnis mehr stehen, kann nur im Einzelfall entschieden werden. Es ist nicht ausgeschlossen, dass im Einzelfall sogar bei einer Beschäftigung des freien Mitarbeiters auf Stundenbasis mit geringer Stundenzahl der gezahlte Stundenlohn noch als angemessene Vergütung angesehen wird, wenn die Erträge und Vorteile aus der Nutzung noch in angemessenem Verhältnis zu dem Honorar stehen. Andererseits kann es auch sein, dass ein vereinbartes hohes Jahresgehalt als nicht mehr angemessene Vergütung angesehen wird. Die neuere Rechtsprechung des BGH ist hier eher restriktiv und nimmt an, dass grundsätzlich viel dafür spreche, dass keine angemessene Vergütung vorliegt, wenn mit dem vertraglich vereinbarten Honorar sämtliche weitergehende Nutzungen abgegolten sein sollen. Tendenziell lässt sich jedoch Folgendes feststellen: Je geringer das vereinbarte Honorar ist und je weniger zwischen den abgegoltenen Nutzungen differenziert wird, desto höher ist das Risiko für die Gesellschaft, dass das Honorar nicht mehr als angemessene Vergütung angesehen wird und sie deshalb eine erweiterte Vergütungspflicht trifft.

Zudem ist bei der vertraglichen Vereinbarung das Transparenzgebot gem. § 307 Abs. 1 S. 2 BGB zu beachten. Es muss klar geregelt sein, welche Nutzungssachverhalte von der Pauschalabgeltung erfasst sind. Lückenhafte und widersprüchliche Regelungen in Bezug auf die Hauptleistungspflicht benachteiligen den Vertragspartner unangemessen i.S.d. § 307 Abs. 2 BGB (BGH GRUR 2012, 1031). Es kann daher durchaus ratsam sein, soweit möglich etwaige bei Vertragsschluss bereits bekannt mögliche Nutzung gesondert aufzuführen, um die rechtliche Durchsetzbarkeit der Klausel zu erhöhen. Liegen die Voraussetzungen für eine erweiterte Vergütungspflicht vor, kann es trotz der im Formular in Abs. (5) vorgesehenen pauschalen Abgeltung zu Nachforderungen kommen.

18. Rückgabe von Unterlagen. Die Klausel zur Rückgabe sollte neben Unterlagen auch bestimmte Gegenstände benennen (Produktproben, Muster etc.), sofern sie dem freien Mitarbeiter für die Erbringung seiner Leistungen zur Verfügung gestellt werden. Grundsätzlich kann zwar die Überlassung von Arbeitsmitteln ein Indiz gegen eine freie Mitarbeit sein, sofern jedoch feststeht, dass dem freien Mitarbeiter für die Erbringung seiner Leistungen Unterlagen und Gegenstände zur Verfügung gestellt werden, sollte eine entsprechende Rückgabepflicht im Vertrag vorgesehen werden. Im Übrigen gibt es keine Besonderheiten; es gelten die gleichen Erwägungen zum Inhalt einer Rückgabeverpflichtung wie bei Arbeitnehmern (→ Form. A. II. 1, dort unter § 8).

19. Schlussbestimmungen. → Form. A. II. 1 Anm. 28, 29. Zusätzlich kann eine Gerichtsstandvereinbarung in dem Vertrag getroffen werden, sofern der freie Mitarbeiter Kaufmann ist.

C. Betriebsverfassungsrecht

I. Beteiligung des Betriebsrates

Personelle Angelegenheiten

1. Anhörung des Betriebsrats nach § 102 BetrVG

[Briefkopf des Arbeitgebers]

Betriebsrat[1] Betrieb ......

z. Hd. des Betriebsratsvorsitzenden[2]

Herrn ......

– im Hause[3] –

Anhörung zur ordentlichen Beendigungskündigung

(Alternative: Vorsorgliche Anhörung zur ordentlichen Beendigungskündigung)[4]

Mitarbeiter: Herr ......

...... (Datum)

Sehr geehrter Herr ......,

die Gesellschaft beabsichtigt, gegenüber dem Mitarbeiter Herrn ......, geboren am ......, ... (Familienstand), ... (Anzahl der unterhaltsberechtigten Kinder), wohnhaft in ......,[5] eine ordentliche Beendigungskündigung[6] auszusprechen.

(Alternative:

Die Gesellschaft geht davon aus, dass der Mitarbeiter leitender Angestellter i.S.d. § 5 Abs. 3, 4 BetrVG ist. Demgemäß wurde der Sprecherausschuss zur Kündigung angehört. Die Anhörung des Betriebsrats erfolgt daher nur höchst vorsorglich.)

1. Der Mitarbeiter war seit dem ...... bei der ...... (Name der Gesellschaft) beschäftigt. Sein Arbeitsverhältnis ist am ...... auf unsere Gesellschaft übergegangen. Der Mitarbeiter ist zuletzt aufgrund Nachtrags zum Arbeitsvertrag vom ...... als Leiter der Abteilung Layout in der Zentrale Südbayern in München tätig. Er bezieht ein Brutto-Monatsgehalt in Höhe von ...... EUR (in Worten: ...... Euro).[7]

2. Die Gesellschaft beabsichtigt, die ordentliche Beendigungskündigung mit einer Kündigungsfrist von ...... zum ......, hilfsweise zum nächsten zulässigen Termin auszusprechen.[8]

3. Die ordentliche Beendigungskündigung wird aus betriebsbedingten Gründen[9] ausgesprochen. Die Gesellschaft hat im ...... beschlossen, im Rahmen des Projekts „Marketing-StrategieSüdbayern“ bundesweit vier Layout-Abteilungen, u.a. auch die Abteilung Layout in der Zentrale Südbayern, zum ...... zu schließen. Als Folge dieser

Reorganisation entfällt der Arbeitsplatz des Mitarbeiters, weil mangels Existenz der Abteilung Layout auch deren Leitung nicht mehr zu besetzen ist.

Anderweitige freie und zumutbare Arbeitsplätze, auf denen der Mitarbeiter weiterbeschäftigt werden könnte, sind nicht vorhanden. Eine Sozialauswahl war nicht vorzunehmen, weil vergleichbare Mitarbeiter nicht vorhanden sind.

Der Betriebsrat wird daher gebeten, der ordentlichen Beendigungskündigung zuzustimmen.[10]

Mit freundlichen Grüßen

. . . . . .

Unterschrift des Arbeitgebers

(Vor- und Nachname, Funktion)

[Auf Briefkopie]

Ich bestätige hiermit, dieses Anhörungsschreiben am . . . . . . erhalten zu haben und, dass uns am . . . . . . im Rahmen einer mündlichen Unterrichtung Detailinformationen gegeben wurden.[11]

. . . . . .

Ort, Datum

. . . . . .

Unterschrift des Betriebsratsvorsitzenden

Anmerkungen

1. Anhörungspflicht. Die Beteiligung des Betriebsrats nach § 102 BetrVG dient vor allem dem Zweck, ihm Gelegenheit zu geben, seine Überlegungen zur Kündigungsabsicht des Arbeitgebers vorzubringen und auf dessen Kündigungsentschluss Einfluss zu nehmen (BAG NZA 2003, 927; BAG AP BetrVG 1972 § 102 Nr. 133; BAG AP BetrVG 1972 § 102 Nr. 136; BAG NZA 2008, 807). In der Praxis wird die Bedeutung der Anhörung des Betriebsrats für die Wirksamkeit einer Kündigung häufig unterschätzt. Kündigungen sind über den Wortlaut des Gesetzes hinaus nicht nur bei fehlender (vgl. § 102 Abs. 1 S. 3 BetrVG), sondern auch bei nicht ordnungsgemäßer Anhörung des Betriebsrats **unheilbar nichtig** (BAG NZA 1995, 363; BAG NZA 2003, 93; BAG NZA 2003, 927; BAG AP BetrVG 1972 § 102 Nr. 136). Die Rechtsprechung stellt hohe Anforderungen an eine ordnungsgemäße Betriebsratsanhörung. Diese Anforderungen stehen nicht zur Disposition der Betriebsparteien. Mit anderen Worten: Dem Arbeitgeber hilft eine Bestätigung des Betriebsratsvorsitzenden, die Anhörung sei **aus seiner Sicht ordnungsgemäß** erfolgt, nicht. Vielmehr prüft das Arbeitsgericht auf Rüge des Arbeitnehmers hin im Kündigungsschutzprozess, ob der Arbeitgeber alle diesbezüglichen Voraussetzungen eingehalten hat. Auf die Frage, ob sich der Betriebsrat im Einzelfall vielleicht (subjektiv) richtig angehört fühlt, kommt es deshalb nicht an. Auch liegt es nicht im erstrangigen Interesse des Arbeitgebers, den Betriebsrat von der Wirksamkeit der Kündigung zu überzeugen und dessen Zustimmung zur Kündigung zu erlangen. Welche Ansicht der Betriebsrat im Hinblick auf die Kündigung vertritt, insbesondere ob er ihr zustimmt, ist **für deren Wirksamkeit irrelevant.** Entscheidend ist allein, dass dem Arbeitgeber eine ordnungsgemäße, lückenlose und damit unangreifbare Anhörung des Betriebsrats gelingt.

2. Mitteilungsempfänger. Häufig wird der Betriebsrat einer Gesellschaft statt eines Betriebes angeschrieben (z. B. „Betriebsrat der ...... GmbH"). Einen solchen Betriebsrat gibt es nicht, denn Betriebsräte werden ausschließlich **in Betrieben** und nicht bei Gesellschaften gewählt. Selbst wenn das Unternehmen nur einen einzigen Betrieb hat, ist der Betriebsrat daher stets unter dem Betrieb, für den er zuständig ist, zu bezeichnen.

Der Arbeitgeber muss den **zuständigen Betriebsrat** über die Kündigungsabsicht informieren. Dies ist der örtlich zuständige Betriebsrat in dem Betrieb des Arbeitgebers, der Vertragspartner des Arbeitnehmers ist (Düwell/*Dietrich*/*Braasch* § 102 Rn. 37). Oft ist der zuständige örtliche Betriebsrat allerdings nicht leicht zu ermitteln, z. B. bei verwobenen Betriebsstrukturen, wechselnden Einsatzorten des Arbeitnehmers o. ä. Arbeitgeber hören dann meist das Gremium an, das nach (ihrer) rechtlichen Würdigung (wohl) zuständig ist. Es erfordert aber nur geringen Aufwand, alle möglicherweise zuständigen Betriebsräte über die Kündigungsabsicht zu informieren. Dabei sollte klargestellt werden, welcher Betriebsrat aus Sicht des Arbeitgebers zuständig ist. Die übrigen Betriebsräte sollten dann mit entsprechendem Hinweis lediglich vorsorglich angehört werden (→ Anm. 4). Dieses Vorgehen hat den Vorteil, dass jegliche Diskussion über die Zuständigkeit des Betriebsrats vermieden wird. Nachteile sind hiermit praktisch nicht verbunden, denn eine Zustimmung irgendeines der unterrichteten Gremien ist – wie gesagt – nicht erforderlich. Der Arbeitgeber muss lediglich eine abschließende Stellungnahme bzw. den Ablauf der hierfür bestehenden Frist abwarten (→ Anm. 10).

Zuständiger Informationsempfänger ist grundsätzlich der **Betriebsratsvorsitzende** (§ 26 Abs. 2 S. 2 Alt. 1 BetrVG), ausnahmsweise dessen Stellvertreter im Fall der Verhinderung des Betriebsratsvorsitzenden (§ 26 Abs. 2 S. 2 Alt. 2 BetrVG) (BAG NJW 2011, 3180). Hat der Betriebsrat einen Betriebs- oder Personalausschuss gebildet und diesem die Beteiligungsrechte bei Kündigungen übertragen (vgl. §§ 27 Abs. 3, 28 BetrVG), dann ist der Ausschussvorsitzende zur Entgegennahme der Mitteilung berechtigt. Sowohl der Betriebsrat als auch der Ausschuss können auch ein anderes Betriebsratsmitglied zur Entgegennahme ermächtigen. Sollte kein zur Entgegennahme kraft Gesetzes oder Ermächtigung Berechtigter anwesend sein (z. B. wegen Urlaubs), so ist jedes Betriebsratsmitglied berechtigt und verpflichtet, die Mitteilung des Arbeitgebers entgegenzunehmen (BAG AP BetrVG 1972 § 102 Nr. 4; BAG NZA 1986, 426). Der Arbeitgeber sollte sich daher bei beabsichtigten Kündigungen (z. B. im Rahmen von Reorganisationsmaßnahmen) versichern, dass die zuständigen Gremienvertreter im Betrieb erreichbar sind oder diese zumindest für eine Vertretungsregelung gesorgt haben.

3. Ort und Zeitpunkt der Mitteilung. Das Formular geht von dem Regelfall aus, dass sich der Mitteilungsempfänger im Betrieb befindet und ihm das Anhörungsschreiben während des Arbeitstages persönlich übergeben wird. Denn das Anhörungsverfahren ist grundsätzlich **während der Arbeitszeit** und **in den Betriebsräumen** einzuleiten. Wird außerhalb der Arbeitszeit oder außerhalb der Betriebsräume Mitteilung gemacht, so ist dies nur dann unschädlich, wenn der zuständige Mitteilungsempfänger (i. d. R. der Betriebsratsvorsitzende) die Erklärung widerspruchslos entgegennimmt (BAG NJW 1983, 2835). Hierauf sollte sich der Arbeitgeber nicht verlassen.

4. Vorsorgliche Anhörung. Die Alternative im Formular ist für den Fall aufgenommen worden, dass eine Betriebsratsanhörung nur vorsorglich erfolgen muss. Dies kann aus verschiedenen Gründen der Fall sein. Wie bereits in Anm. 2 erwähnt, kann die **Zuständigkeit des Betriebsrats fraglich** sein, so dass alle Betriebsratsgremien, die der Arbeitgeber nicht für zuständig hält, vorsorglich angehört werden sollten. Ein weiteres sehr praxisrelevantes Beispiel ist die vorsorgliche Betriebsratsanhörung bei beabsichtigter Kündigung eines (vermeintlich) **leitenden Angestellten.** Leitende Angestellte i. S. d. BetrVG unterfallen nicht der Zuständigkeit des Betriebsrats (vgl. § 5 Abs. 3, 4 BetrVG). Für sie ist grundsätzlich der Sprecherausschuss zuständig. Dieser ist vor Ausspruch einer Kündigung nach denselben Grundsätzen anzuhören (§ 31 Abs. 2 SprAuG). Hinsichtlich der Kriterien, die für die Eigenschaft als leitender Angestellter i.S.d. § 5 Abs. 3, 4 BetrVG vorliegen müssen, existiert umfangreiche Judikatur. Die unternehmensinterne Bezeichnung von Mitarbeitern als „leitende Angestellte" deckt sich **nur sehr selten** mit der Begriffsbestimmung des BetrVG. Häufig werden Arbeitnehmer unternehmensintern als leitende Angestellte geführt und auch so behandelt, obwohl sie im betriebsverfassungsrechtlichen Sinn **keine leitenden Angestellten sind.** Ein weit verbreiteter Fehler ist es, vor Ausspruch einer Kündigung gegenüber derartigen „leitenden Angestellten" ausschließlich den Sprecherausschuss oder – soweit ein solcher nicht vorhanden ist – überhaupt kein Gremium anzuhören. Das eröffnet dem (vermeintlich) leitenden Angestellten die Möglichkeit einer Rüge nicht ordnungsgemäßer Anhörung des Betriebsrats im Rahmen des Kündigungsschutzprozesses. Selbst wenn der Arbeitnehmer im konkreten Fall auch als leitender Angestellter i.S.d. BetrVG anzusehen ist, muss der Arbeitgeber dann im Rahmen des Kündigungsschutzprozesses eine umfangreiche Diskussion über den Status des Arbeitnehmers führen und hierfür gegebenenfalls extensiven Sachvortrag unter Beweisantritt leisten. Im Ergebnis wird also ein Prozessrisiko geschaffen und die Position des Arbeitgebers für Vergleichsverhandlungen erschwert. All dies lässt sich schlicht dadurch vermeiden, dass der Betriebsrat bei der Kündigung leitender Angestellter stets vorsorglich angehört wird. Ein echtes Hemmnis für die Kündigung ergibt sich hieraus nicht, da es auf den Inhalt der abschließenden Stellungnahme des Betriebsrats, der sich häufig ohnehin für unzuständig erklären wird, nicht ankommt (→ Anm. 1). Der praktische Einwand, ein solches Vorgehen sei im Unternehmen „unüblich", ist vor dem Hintergrund der geschilderten rechtlichen Risiken nicht durchschlagend. Dasselbe gilt für die Behauptung, mit der vorsorglichen Anhörung werde der Einwand nicht ordnungsgemäßer Betriebsratsanhörung erst provoziert oder der leitende Angestellte zur Erhebung weiterer Ansprüche veranlasst, die er sonst mit Rücksicht auf seinen Status nicht geltend gemacht hätte (z.B. Abfindungsansprüche aus Sozialplänen). Richtig ist vielmehr, dass der Arbeitgeber davon ausgehen muss, dass ein rechtlich gut beratener Arbeitnehmer einer Führungsebene entsprechende Rügen oder Forderungen ohnehin erhebt.

5. Inhalt der Mitteilung: Daten zur Person. Eine Anhörungspflicht besteht bei allen Kündigungen gegenüber Arbeitnehmern, die zu der durch den Betriebsrat repräsentierten Belegschaft des Betriebes i.S.d. BetrVG gehören. Der Arbeitnehmer muss also den **Arbeitnehmerbegriff des BetrVG** erfüllen (vgl. zu leitenden Angestellten → Anm. 4). Außerdem muss er **dem Betrieb angehören.** Arbeitnehmer im Außendienst oder „Home Office" sind deshalb immer einem Betrieb – soweit ein solcher in Deutschland existiert – zuzuordnen. Ist die Zuordnung unklar, empfiehlt sich eine vorsorgliche Anhörung aller möglicherweise in Betracht kommenden Betriebsräte (→ Anm. 2, 4).

Neben **Vor- und Nachnamen** des Arbeitnehmers muss dessen **Alter** (z.B. durch Angabe des Geburtsdatums) mitgeteilt werden. Grundsätzlich sind auch **Familienstand** und **Unterhaltspflichten** zu nennen. Die Rechtsprechung macht hierzu zwar die Einschränkung, dass Angaben zum Familienstand und zu Unterhaltsverpflichtungen nur erforderlich sind, wenn es nach Meinung des Arbeitgebers darauf – etwa im Rahmen der Sozialauswahl oder bei der Interessenabwägung – ankommt (BAG NZA 2000, 1337; BAG NZA 2002, 971). In diese Richtung geht auch ein Urteil des BAG zur Frage der Altersangabe. Demzufolge komme es „nicht auf das eine oder andere Jahr mehr oder weniger an", wenn der Arbeitgeber dem Alter keine ausschlaggebende Bedeutung beigemessen habe (BAG NZA 1996, 419). An diesen Entscheidungen sollte sich der Arbeitgeber aber nicht orientieren. Vielmehr sollte er darauf achten, Familienstand, Unterhaltsverpflichtungen und Alter korrekt anzugeben. Dabei kann sich der Arbeitgeber mangels anderweitiger Kenntnisse auf die Eintragungen auf der Lohnsteuerkarte oder anderer vom Arbeitnehmer überreichter Dokumente verlassen, ohne deren Richtigkeit überprüfen zu müssen. Dies muss er jedoch dem Betriebsrat kenntlich machen (BAG NZA 2006, 665; BAG AP KSchG 1969 § 1 Nr. 80; BAG AP KSchG 1969 § 1 Krankheit Nr. 43).

6. Inhalt der Mitteilung: Art der Kündigung. Der Arbeitgeber muss den Betriebsrat über die Art der beabsichtigten Kündigung unterrichten: Beendigungs- oder Änderungskündigung, ordentliche oder außerordentliche Kündigung, fristlose Kündigung oder Kündigung unter Einhaltung einer Kündigungsfrist, Tatkündigung oder Verdachtskündigung, gegebenenfalls vorsorgliche Kündigung. Ein Anhörungsverfahren kann grundsätzlich nur für die Kündigung Wirksamkeit entfalten, für die es eingeleitet worden ist. Kündigt der Arbeitgeber (vorsorglich) erneut, so ist der Betriebsrat vor Ausspruch der erneuten vorsorglichen Kündigung auch erneut anzuhören (BAG NZA 1996, 649). Die Anhörung zu einer außerordentlichen Kündigung umfasst nicht zugleich auch die Anhörung zu einer ordentlichen Kündigung. Will sich der Arbeitgeber dann auf eine (vorsorgliche) ordentliche Kündigung im Wege der Umdeutung (vgl. § 140 BGB) stützen, ohne dass er hierzu angehört hat, ist dies nur möglich, wenn der Betriebsrat der außerordentlichen Kündigung ausdrücklich und vorbehaltlos zugestimmt hat. Die Umdeutungsproblematik kann der Arbeitgeber vermeiden, wenn er jede außerordentliche fristlose Kündigung **mit einer vorsorglichen ordentlichen Kündigung verbindet** und für beide Kündigungen ein **Anhörungsverfahren** einleitet. Die Anhörungen können zeitgleich und einheitlich mit einem Anhörungsschreiben eingeleitet werden. Allerdings muss dann in dem Anhörungsschreiben ausdrücklich klargestellt werden, dass zu zwei Kündigungen angehört wird.

7. Inhalt der Mitteilung: Betriebszugehörigkeit u.a. Zu den „kündigungsrelevanten Grunddaten" hinsichtlich der Person des Arbeitnehmers gehört dessen **Betriebszugehörigkeit** (nach Eintritt und Dauer) einschließlich etwaiger vorangegangener Arbeitsverhältnisse, wenn der Arbeitnehmer im Wege des Betriebsübergangs nach § 613a BGB gekommen ist (BAG AP KSchG 1969 § 1 Personenbedingte Kündigung Nr. 25). Von einer derartigen Konstellation geht das Formular aus. Die **Funktion/Position** im Unternehmen muss angegeben werden. Über das **Brutto-Monatsgehalt** einschließlich sonstiger Vergütungsbestandteile kann, muss aber nicht informiert werden. Angegeben werden müssen Umstände, die **Sonderkündigungsschutz** auslösen (z.B. Schwerbehinderung, Schwangerschaft, Betriebsratszugehörigkeit, Mutterschutz, Wehrpflicht, Elternzeit, Pflegezeit) (BAG AP KSchG 1969 § 1 Personenbedingte Kündigung Nr. 25). Wenn insoweit eine Kündigung nach behördlicher Zustimmung zulässig ist, muss auch über Beantragung oder Vorliegen der behördlichen Zustimmung unterrichtet werden.

8. Inhalt der Mitteilung: Kündigungsfrist und -termin. Die **Kündigungsfrist** ist der Zeitraum, der zwischen Zugang der Kündigung und intendiertem Ende des Arbeitsverhältnisses mindestens liegen muss. Der **Kündigungstermin** ist der Zeitpunkt, zu dem die Kündigung frühestens wirksam werden kann. Der Arbeitgeber muss dem Betriebsrat sowohl Kündigungsfrist als auch Kündigungstermin (nach Einzelarbeitsvertrag, Betriebsvereinbarung, Tarifvertrag oder Gesetz) mitteilen. Da er aber i.d.R. keine sichere Kenntnis davon hat, zu welchem Zeitpunkt genau die Kündigung zugehen wird, genügt es, wenn er die maßgebliche Kündigungsfrist und das **voraussichtliche** Vertragsende oder Ende der bisherigen Arbeitsbedingungen (bei Änderungskündigung), d.h. den **in Aussicht genommenen** Kündigungstermin mitteilt (BAG NZA 1987, 32; BAG NZA 1995, 521; BAG NZA 1997, 373). Wird beabsichtigt, eine außerordentliche Kündigung nicht fristlos, sondern unter Gewährung einer **Auslauffrist** auszusprechen, so gehört zu der ordnungsgemäßen Unterrichtung des Betriebsrats auch die Information darüber, dass die außerordentliche Kündigung mit Auslauffrist ausgesprochen werden soll (BAG NZA 1992, 416; BAG AP BGB § 626 Krankheit Nr. 13).

9. Inhalt der Mitteilung: Kündigungsgrund. Mitzuteilen sind die **„Gründe für die Kündigung"** (§ 102 Abs. 1 S. 2 BetrVG). Der Arbeitgeber muss dem Betriebsrat grundsätzlich (nur) diejenigen Gründe mitteilen, die nach seiner subjektiven Sicht die Kündigung rechtfertigen und für seinen Kündigungsentschluss maßgeblich sind; sog. **Grundsatz der subjektiven Determinierung** (BAG NZA 1997, 761; BAG NJW 2002, 459; BAG AP BetrVG 1972 § 102 Nr. 138; BAG NZA 2004, 1037; BAG AP BetrVG 1972 § 102 Nr. 150; BAG NZA-RR 2010, 583; BAG NJW 2012, 407). Der Arbeitgeber darf die Kündigungsgründe **nicht nur pauschal, schlagwort- oder stichwortartig** bezeichnen. Vielmehr muss er den als maßgebend erachteten Sachverhalt unter Angabe von Tatsachen, aus denen der Kündigungsentschluss hergeleitet wird, so beschreiben, dass der Betriebsrat ohne zusätzliche eigene Nachforschungen in die Lage versetzt wird, die Stichhaltigkeit der Kündigungsgründe zu prüfen, um hierzu Stellung nehmen zu können (BAG NZA 1995, 24; BAG NZA 1995, 363 m. Anm. *Boecken* SAE 1996, 28; BAG NZA 1999, 1267; BAG NZA 2000, 761; BAG AP BetrVG 1972 § 102 Nr. 138; BAG NZA 2004, 1037). Der Arbeitgeber kommt seiner Pflicht zur Unterrichtung des Betriebsrats nicht nach, wenn er aus seiner Sicht dem Betriebsrat **bewusst unrichtige oder unvollständige** Sachdarstellungen unterbreitet oder einen für die Entschließung des Betriebsrats wesentlichen Umstand verschweigt, damit sich die Kündigungsgründe als möglichst überzeugend darstellen (BAG NZA 1995, 678; BAG NZA 2002, 1277; BAG NZA 2004, 1037; BAG AP BetrVG 1972 § 102 Nr. 150; BAG NJW 2010, 1395). Tatsachen, die dem Betriebsrat **bereits bekannt** sind, muss der Arbeitgeber zwar nicht mitteilen. Er muss aber selbst dann, wenn der Betriebsrat alles weiß, was der Arbeitgeber weiß, zumindest über den kündigungsrechtlich relevanten Tatsachenkomplex informieren, auf den die Kündigung gestützt wird (BAG AP BetrVG 1972 § 102 Nr. 138). Es ist ohnehin empfehlenswert, sich nicht auf eine (vermeintliche) Kenntnis des Betriebsrats zu verlassen, sondern vorsorglich auch solche Umstände noch einmal vorzutragen, die dem Betriebsrat bereits bekannt sein sollten. Dies erleichtert dem Arbeitgeber in einem späteren Kündigungsschutzprozess auch den Nachweis, dass der Betriebsrat ordnungsgemäß unterrichtet wurde.

Gesichert ist, dass die Pflicht zur Anhörung des Betriebsrats vor Ausspruch einer Kündigung auch dann besteht, wenn der Arbeitnehmer mangels Erfüllung der Sechs-Monats-Frist (vgl. § 1 Abs. 1 KSchG) noch **keinen allgemeinen Kündigungsschutz** genießt (BAG AP BGB § 307 Nr. 27). Der Arbeitgeber stellt sich dann natürlich zu Recht die Frage, welche Gründe er gegenüber dem Betriebsrat angeben muss und kann, wenn er doch nach der Konzeption des Kündigungsrechts in diesem Zeitraum überhaupt keine Gründe für die Kündigung benötigt. Das BAG hat dies wie folgt beantwortet: Wenn der Arbeitgeber in den ersten sechs Monaten des Arbeitsverhältnisses keinen durch Tatsachen konkretisierbaren Kündigungsgrund hat, genügt es, wenn er dem Betriebsrat seine subjektiven Wertungen mitteilt, die ihn zur Kündigung veranlassen (BAG NZA 1999, 477; BAG NZA-RR 2006, 331; BAG AP BGB § 307 Nr. 27). Beispiel: „Nach unserer Einschätzung genügt Herr/Frau . . . . . . den Anforderungen nicht."

Vor Ausspruch der Kündigung kann der Arbeitgeber seine Informationen gegenüber dem Betriebsrat jederzeit **ergänzen.** Dies kann allerdings dazu führen, dass die Frist zur Stellungnahme für den Betriebsrat neu zu laufen beginnt (BAG NZA 1997, 656). Die Unterrichtung des Betriebsrats ist auch dann noch ordnungsgemäß, wenn der Betriebsrat die notwendigen Informationen im Zuge der Anhörung **auf Nachfrage** vom Arbeitgeber erhält. Voraussetzung ordnungsgemäßer Anhörung ist also nicht, dass der Arbeitgeber die Informationen aus eigenem Antrieb erteilt. Dagegen ist die Anhörung nicht ordnungsgemäß, wenn sich der Betriebsrat die notwendigen Informationen **anderweitig selbst beschafft** hat (BAG NZA 1997, 656).

Ausgehend von den vorstehend geschilderten Grundsätzen muss der Arbeitgeber detailliert zum **personen-, verhaltens- oder betriebsbedingten ordentlichen oder außerordentlichen Kündigungsgrund** vortragen. Nach der Rechtsprechung des BAG sind dabei zwar nicht dieselben Anforderungen zu stellen wie an die Darlegungslast im Kündigungsschutzprozess (BAG NZA-RR 2006, 331). Diese Ausführungen des BAG beziehen sich aber nur auf den Grundsatz der subjektiven Determinierung. Denn soweit ein bestimmter Sachverhalt aus (subjektiver) Sicht des Arbeitgebers die Kündigung rechtfertigt, müssen dem Betriebsrat **all die Tatsachen mitgeteilt werden, die zur sozialen Rechtfertigung der ordentlichen Kündigung oder zur Annahme eines wichtigen Grundes für die außerordentliche Kündigung erforderlich sind.** Anderenfalls kann der Arbeitgeber diese Tatsachen im Kündigungsschutzprozess nicht mehr zur Begründung der Kündigung heranziehen (BAG NZA 1997, 761). Die Rechtsprechung fordert vom nicht juristisch vorgebildeten Arbeitgeber daher **fast Unmögliches:** Er muss zu den Tatbestandsvoraussetzungen, die für die soziale Rechtfertigung oder den wichtigen Grund entwickelt wurden, im Einzelnen Stellung nehmen. Diese Tatbestandsvoraussetzungen, die der Prozessbevollmächtigte des Arbeitgebers im nachfolgenden Kündigungsschutzprozess im Rahmen der Klageerwiderung zur Verteidigung der Kündigung vorbringen wird, kennt der Arbeitgeber im Zweifel nicht. Da sich das Anhörungsverfahren gemäß § 102 BetrVG infolge der BAG-Rechtsprechung damit im Ergebnis als Verfahren einer **„vorweggenommenen Klageerwiderung"** darstellt (*Berkowsky* NZA 1996, 1065; *Rinke* NZA 1998, 77), ist fundierte Rechtskenntnis hier praktisch unverzichtbar.

Werden dem Arbeitgeber nach Anhörung des Betriebsrats und Ausspruch der Kündigung weitere Kündigungsgründe bekannt, die bereits bei Ausspruch der Kündigung vorlagen, kann er diese uneingeschränkt in einem späteren Kündigungsschutzprozess nachschieben. Allerdings muss in diesem Fall der Betriebsrat erneut zu diesen nachträglich bekanntgewordenen Kündigungsgründen angehört werden (BAG NJW 1980, 2486; BAG NJW 1996, 540).

Die dem Formular zugrunde liegende Fallgestaltung geht von einer denkbar einfachen Konstellation eines **betriebsbedingten Kündigungsgrundes** bei ordentlicher Beendigungskündigung aus. Die Anforderungen an den entsprechenden Sachvortrag und ihre Entsprechung im Formular sehen wie folgt aus: Der Arbeitgeber muss zunächst zum **betrieblichen Erfordernis** vortragen (1). Er hat die innerbetriebliche oder außerbetriebliche Ursache für die Kündigung (a) und die hierauf beruhende unternehmerische Entscheidung (b) darzulegen. Dabei muss er zum Wegfall des Weiterbeschäftigungsbedürfnisses hinsichtlich des Arbeitnehmers Stellung nehmen (c). Im Einzelnen ist zu schildern, inwiefern der Arbeitsplatz weggefallen ist oder das Weiterbeschäftigungsbedürfnis nicht mehr besteht und inwiefern dies auf der inner- oder außerbetrieblichen Ursache beruht; sog. Kausalität (d). Das im Formular genannte Projekt „Marketing-StrategieSüdbayern" stellt wegen der damit verbundenen Schließung von vier Layout-Abteilungen eine innerbetriebliche Reorganisationsmaßnahme dar (a). Diese fällt mit der unternehmerischen Entscheidung (b), die im Januar 2013 getroffen wurde, zusammen. Es wird konkret dargestellt, dass die Abteilung, in der der Arbeitnehmer beschäftigt ist, zum 30. September 2013 geschlossen wird und deshalb (d) sein Arbeitsplatz entfallen wird (c). Der Arbeitgeber hat darüber hinaus zur **Dringlichkeit** des betrieblichen Erfordernisses vorzutragen (2). Er hat darzulegen, warum mildere Mittel nicht in Betracht kommen. Im Formular wird pauschal vorgetragen, dass anderweitige freie, vergleichbare und zumutbare Arbeitsplätze für den Arbeitnehmer nicht vorhanden sind. Nach der Rechtsprechung genügt der Arbeitgeber seiner Anhörungspflicht in diesen Fällen bereits durch den Hinweis auf fehlende Weiterbeschäftigungsmöglichkeiten. Wenn aber der Betriebsrat vor Einleitung des Anhörungsverfahrens Auskunft über weitere Beschäftigungsmöglichkeiten für den zu kündigenden Arbeitnehmer auf einem konkreten, kürzlich frei gewordenen Arbeitsplatz verlangt, so muss der Arbeitgeber dem Betriebsrat mitteilen, warum aus seiner Sicht eine Weiterbeschäftigung des Arbeitnehmers auf diesem Arbeitsplatz nicht möglich ist. Der lediglich pauschale Hinweis entsprechend dem Formular reicht dann nicht aus (BAG NZA 2000, 761). Schließlich muss der Arbeitgeber eine **fehlerfreie Sozialauswahl,** d.h. eine zutreffende Festlegung des auswahlrelevanten Arbeitnehmerkreises und eine ordnungsgemäße Ermittlung und Berücksichtigung der Sozialdaten darstellen (3). Das Formular geht wiederum von der sehr einfachen Situation aus, dass eine Sozialauswahl mangels vergleichbarer Arbeitnehmer nicht vorzunehmen war. Der Arbeitgeber muss dann dem Betriebsrat auch keine Angaben zur Sozialauswahl machen, da eine solche nicht durchgeführt wurde (vgl. BAG NZA 2004, 1037; BAG NZA 2011, 460). Erfolgt dagegen eine Sozialauswahl, so muss der Arbeitgeber nicht nur die Sozialdaten aller in die Sozialauswahl einbezogenen Arbeitnehmer, sondern auch die Gründe seiner Auswahlentscheidung schildern. Er müsste darlegen, was ihn gerade zur Auswahl dieses Arbeitnehmers oder zur Herausnahme eines anderen Arbeitnehmers aus der Sozialauswahl wegen berechtigter betrieblicher Interessen veranlasst hat (vgl. BAG NZA 1996, 380; BAG NZA 1996, 644; BAG NZA 1996, 703; BAG NZA 2011, 460).

Entsprechende Überlegungen gelten für die Schilderung des Kündigungsgrundes bei **personen-** oder **verhaltensbedingter Kündigung.** Auch insoweit muss das gesamte **„Prüfungsschema"** **für diese Kündigungen** wiedergegeben werden (weiterführend dazu *Vossen* AuA 2007, 276; *Haas* AuA 2007, 276; *Glanz/v. Vogel* NJW-Spezial 2008, 338; *Schreck/Schulze* ArbRAktuell 2013, 198).

10. Beschlussfassung des Betriebsrats. Der Betriebsrat ist nach dem klaren Wortlaut des Gesetzes (vgl. § 102 Abs. 1 S. 1 BetrVG) **vor** der Kündigung anzuhören. Das bedeutet, dass das Anhörungsverfahren vor Abgabe der Kündigungserklärung beendet sein muss. Das Anhörungsverfahren ist beendet, wenn eine **abschließende Stellungnahme** des Betriebsrats vorliegt **oder** wenn eine solche innerhalb der Fristen des § 102 Abs. 2 BetrVG **ausbleibt.** Unschädlich ist, wenn der Arbeitgeber schon vor Einleitung oder vor Abschluss des Anhörungsverfahrens seinen Kündigungswillen abschließend gebildet hat, z. B. indem er eine vorgefertigte Kündigungserklärung bereits unterschrieben in der Schreibtischschublade verwahrt. Denn der Sinn und Zweck des Anhörungsverfahrens, auf den Kündigungswillen des Arbeitgebers gegebenenfalls doch noch Einfluss nehmen zu können, kann auch dann noch erreicht werden (BAG NJW 1979, 2421; vgl. bereits BAG AP BetrVG 1972 § 102 Nr. 2 m. Anm. *Richardi*). Keinesfalls darf die Kündigungserklärung aber vor Abschluss des Anhörungsverfahrens abgegeben werden, d. h. den **Machtbereich des Arbeitgebers verlassen** haben (bspw. Übergabe an Kurierdienst ohne Rückrufmöglichkeit: BAG AP BetrVG 1972 § 102 Nr. 133).

Nach der Anhörung hat der Betriebsrat grundsätzlich **vier Reaktionsmöglichkeiten:** Der Betriebsrat kann der Kündigung **zustimmen** (1). Er kann unverzüglich, spätestens jedoch innerhalb von drei Tagen unter Angabe von Gründen (bei außerordentlicher Kündigung) bzw. innerhalb einer Woche unter Angabe von Gründen (bei ordentlicher Kündigung) schriftlich **Bedenken anmelden** (2). Er kann der Kündigung **widersprechen** (bei ordentlicher Kündigung) (3) oder er kann sich **überhaupt nicht äußern** (4). Äußert er sich (bei außerordentlicher Kündigung) innerhalb von drei Tagen oder (bei ordentlicher Kündigung) innerhalb von einer Woche nicht, so gilt seine Zustimmung zur Kündigung als erteilt (§ 102 Abs. 2 S. 2, 3 BetrVG). Es wurde bereits gesagt, dass es für die Wirksamkeit der ausgesprochenen Kündigung irrelevant ist, welche der vier Varianten vorliegt. Entscheidend ist allein, **dass** eine abschließende Stellungnahme oder eine kraft gesetzlicher Fiktion eingetretene Zustimmung vorliegt, mithin das Ende des Anhörungsverfahrens **abgewartet** wurde. Daher kann z. B. auch ein Widerspruch des Betriebsrats gegen die Kündigung deren wirksamen Ausspruch nicht verhindern – er löst aber gegebenenfalls den betriebsverfassungsrechtlichen Weiterbeschäftigungsanspruch nach § 102 Abs. 5 BetrVG aus.

In der Praxis stellt sich häufig die Frage, ob eine Stellungnahme des Betriebsrats als in diesem Sinne „abschließende Stellungnahme" angesehen werden kann. Manchmal erhält der Arbeitgeber nur das Informationsschreiben zurück mit Unterschrift des Betriebsratsvorsitzenden, manchmal erklärt der Betriebsrat, er „gebe keine Stellungnahme ab". Im letzteren Fall stellt sich z. B. die eigentümliche Frage, ob die Erklärung, keine Stellungnahme abzugeben, eine abschließende Stellungnahme i. S. d. § 102 BetrVG darstellt. Rechtlich handelt es sich um eine Frage der **Auslegung der Erklärung.** Dabei kommt den Umständen des Einzelfalls, insbesondere der Übung des Betriebsrats, maßgebliche Bedeutung zu. Wenn der Betriebsrat mit einer entsprechenden Erklärung oder Verhaltensweise üblicherweise zum Ausdruck bringt, er wünsche keine Erörterung der Angelegenheit mehr, so liegt eine abschließende Stellungnahme vor (BAG AP BetrVG 1972 § 102 Nr. 144; BAG NZA 2008, 753). Allein die Aussage eines Betriebsratsmitglieds, „seitens des Betriebsrats bestehen keine Bedenken", reicht für sich genommen jedenfalls noch nicht für die Annahme einer abschließenden Stellungnahme, da dies auch eine bloße Prognose des zu erwartenden Abstimmungsverhaltens sein könnte (BAG NZA 2008, 807). In Zweifelsfällen empfiehlt sich für den Arbeitgeber natürlich, vorsorglich den Ablauf der Wochenfrist (§ 102 Abs. 2 S. 2, 3 BetrVG) abzuwarten und die Kündigung erst dann auszusprechen – dies jedenfalls, wenn der Kündigungstermin dann noch gehalten werden kann.

Mängel bei der Beschlussfassung des Betriebsrats über die Kündigung fallen grundsätzlich in dessen Zuständigkeits- und Verantwortungsbereich und gehen nicht zu Lasten des Arbeitgebers; sog. **Sphärentheorie.** Dies gilt selbst dann, wenn der Arbeitgeber im Zeitpunkt der Kündigung weiß oder vermuten kann, dass das Verfahren des Betriebsrats nicht fehlerfrei verlaufen ist (BAG NZA 2013, 665). Den Arbeitgeber trifft insoweit keine Nachforschungspflicht. Es genügt, dass er alles getan hat, um ein ordnungsgemäßes Anhörungsverfahren einzuleiten (BAG NZA 1997, 1106; BAG NZA 2003, 927; BAG AP BetrVG 1972 § 102 Nr. 150; vgl. auch BAG NZA 1997, 545). Die Anhörung wird aber dennoch in zwei Fällen als nicht ordnungsgemäß angesehen: Zum einen, wenn der Arbeitgeber den **Fehler des Betriebsrats durch unsachgemäßes Verhalten selbst veranlasst** hat; z.B. durch Drängen zu einer übereilten Stellungnahme oder Ausübung besonderen zeitlichen Drucks (BAG NZA 2003, 927). Zum anderen, wenn **erkennbar nur eine persönliche Äußerung des Betriebsratsvorsitzenden** vorliegt; z.B. wenn der Betriebsratsvorsitzende im unmittelbaren Anschluss an die Mitteilung der Kündigungsabsicht durch den Arbeitgeber spontan seine Zustimmung zur Kündigung erklärt (BAG AP BetrVG 1972 § 102 Nr. 2 m. Anm. *Richardi* – ein solcher Fall liegt aber nicht schon vor, wenn zwischen Einleitung des Anhörungsverfahrens und abschließender Stellungnahme des Betriebsrats nur zwölf Minuten liegen, weil dieser Zeitraum „zumindest theoretisch" ausreicht, um einen entsprechenden Gremienbeschluss herbeizuführen; vgl. BAG NZA 2003, 927). Liege erkennbar nur eine persönliche Äußerung des Betriebsratsvorsitzenden vor, so wisse der Arbeitgeber, dass sich der Betriebsrat als Gremium noch nicht mit der Angelegenheit befasst hat (BAG NZA 1996, 419). In sich schlüssig ist diese Rechtsprechung nicht. Denn wenn die positive Kenntnis des Arbeitgebers von Fehlern bei der Beschlussfassung unschädlich ist, ist nicht einzusehen, warum die positive Kenntnis davon, dass überhaupt kein Beschluss gefasst worden ist, zur Fehlerhaftigkeit der Anhörung führen soll. Schließlich fällt der Entschluss des Betriebsratsvorsitzenden, sein Gremium zu übergehen, nicht in den Zuständigkeits- und Verantwortungsbereich des Arbeitgebers.

11. Zeitpunkt der Mitteilung. Der Zeitpunkt des Beginns der Anhörung ist für den Lauf der Frist für die abschließende Stellungnahme des Betriebsrats entscheidend. Er ergibt sich natürlich nicht aus der Datierung des Anhörungsschreibens, sondern erst aus der für den Nachweis des Zugangs empfehlenswerten **Empfangsbestätigung** durch den Betriebsratsvorsitzenden. Dort sollte das Datum des Erhalts sowie – sofern geschehen – der mündlichen Detailunterrichtung vermerkt werden.

2. Anhörung des Betriebsrats nach § 102 (Anhörungsbogen)

Anhörung des Betriebsrates gemäß § 102 BetrVG[1]		
Betriebsrat Betrieb . . . . . . z.H. des Betriebsratsvorsitzenden Herrn . . . . . . – im Hause –	Absender	
Personaldaten		
Vor- und Nachname	Geburtsdatum	Eintritt
Beruf/Tätigkeit	Einheit	Familienstand/Kinder
Sonstiges (z. B. Sonderkündigungsschutz)	Wöchentliche Arbeitszeit	Monatliches Grundgehalt
Art der Kündigung/Kündigungsfrist		
☐ Gegenüber dem/der Mitarbeiter(in) soll eine ordentliche Beendigungskündigung mit einer Kündigungsfrist von . . . . . . Monaten zum . . . . . . hilfsweise zum nächst zulässigen Zeitpunkt, ausgesprochen werden. ☐ Gegenüber dem/der Mitarbeiter(in) soll eine außerordentlich fristlose Beendigungskündigung ausgesprochen werden. Vorsorglich soll gegenüber dem/der Mitarbeiter(in) eine ordentliche Beendigungskündigung mit einer Kündigungsfrist von . . . . . . Monaten zum . . . . . ., hilfsweise zum nächst zulässigen Zeitpunkt, ausgesprochen werden. ☐ Gegenüber dem/der Mitarbeiter(in) soll eine ordentliche Änderungskündigung mit einer Kündigungsfrist von . . . . . . Monaten zum . . . . . ., hilfsweise zum nächst zulässigen Zeitpunkt erklärt werden. Dem/der Mitarbeiter(in) soll folgende Änderung der Arbeitsbedingungen angeboten werden:		
Begründung		

(Ausführungen zum Kündigungsgrund)
Der Betriebsrat wird gebeten, zur Kündigung Stellung zu nehmen.
...... Ort, Datum ...... Unterschrift Arbeitgeber
Stellungnahme des Betriebsrats gemäß § 102 BetrVG
☐ Wir bestätigen, dass wir den Anhörungsbogen am ...... erhalten haben.
☐ Wir bestätigen, dass uns am ...... im Rahmen einer mündlichen Unterrichtung Detailinformationen gegeben wurden.
...... Ort, Datum ...... Unterschrift des Betriebsratsratsvorsitzenden
Stellungnahme zur außerordentlichen Kündigung
Der Betriebsrat ☐ stimmt der Kündigung zu. ☐ hat sich abschließend mit der Kündigung befasst und gibt keine Stellungnahme ab. ☐ äußert Bedenken hinsichtlich der Kündigung. Begründung (ggf. Beiblatt verwenden):

Stellungnahme zur (hilfsweisen) ordentlichen Kündigung	
Der Betriebsrat ☐ stimmt der Kündigung zu. ☐ hat sich abschließend mit der Kündigung befasst und gibt keine Stellungnahme ab. ☐ äußert Bedenken hinsichtlich der Kündigung. Begründung (ggf. Beiblatt verwenden): ☐ erhebt gegen die Kündigung Widerspruch. Begründung (ggf. Beiblatt verwenden):	
…… Ort, Datum	…… Unterschrift des Betriebsratsvorsitzenden

Anmerkungen

1. Gegenstand. Eine ausschließlich taktische Frage ist, ob die Anhörung **schriftlich oder mündlich** durchgeführt werden sollte. Denn das BAG überlässt dem Arbeitgeber die Wahl. Es hat entschieden, dass die Anhörung nicht einmal dann schriftlich bzw. unter Übergabe schriftlicher Unterlagen erfolgen muss, wenn der Kündigungssachverhalt ungewöhnlich komplex ist (BAG AP BetrVG 1972 § 102 Nr. 85). Für eine schriftliche Anhörung spricht, dass hierdurch eine bei Gericht gut verwertbare Dokumentation geschaffen wird. Dagegen spricht, dass Arbeitnehmer im Kündigungsschutzprozess derartige Schreiben regelmäßig angreifen und eine Vielzahl darin (vermeintlich) enthaltener Fehler rügen, so dass ein neues Diskussionsfeld im Kündigungsschutzprozess eröffnet wird. Für eine mündliche Anhörung spricht, dass das Erfordernis vollständiger Information hierdurch besser gewährleistet wird („Redefluss"). Dagegen spricht, dass die Anhörung im Kündigungsschutzprozess nicht dokumentiert werden kann und sich der als Zeuge vernommene Betriebsratsvorsitzende nach gegebenenfalls langer Zeit i. d. R. nicht mehr wird daran erinnern können, welche Tatsachen ihm im Einzelnen vom Arbeitgeber zur Kenntnis gebracht wurden. Unseres Erachtens sollte i. d. R. ein „Mittelweg" beschritten werden. Für diesen Mittelweg ist das Formular konzipiert. Es verbindet schriftliche und mündliche Anhörung dergestalt, dass dem Betriebsrat ein Anhörungsbogen übergeben wird. In diesem Anhörungsbogen sind nur bestimmte Angaben (Personaldaten, generelle Angaben zur Kündigung) enthalten. Zur detaillierten Schilderung des Kündigungsgrundes wird auf eine mündliche Unterrichtung verwiesen, die dann natürlich auch so erfolgen muss. Eine derartige Kombination von schriftlicher und mündlicher Unterrichtung ist zulässig (BAG AP BetrVG 1972 § 99 Einstellung Nr. 32). Tatsächlich können so in gewisser Weise die Vorteile beider Unterrichtungsmöglichkeiten kombiniert werden. Die Ausführungen in → Form. C. I. 1 zur (rein) schriftlichen Anhörung gelten demnach für die Anhörung unter Verwendung des Anhörungsbogens sinngemäß.

3. Antrag auf Zustimmung zur Einstellung (und Eingruppierung) nach § 99 BetrVG und Unterrichtung nach § 100 BetrVG

[Briefkopf des Arbeitgebers]

Betriebsrat Betrieb ......

z. Hd. des Betriebsratsvorsitzenden[1]

Herrn ......

– im Hause[2] –

Antrag auf Zustimmung zur Einstellung *(Optional: und Eingruppierung)*

(Alternative: Vorsorglicher Antrag auf Zustimmung zur Einstellung[3] *(Optional: und Eingruppierung))*

Bewerber: Herr ......

...... (Datum)

Sehr geehrter Herr ......,

die Gesellschaft beabsichtigt,[4] Herrn ......, geboren am ......, ... (Familienstand), wohnhaft in ......,[5] zum ...... einzustellen.[6]

(Optional:

Die Eingruppierung soll in die Vergütungsgruppe ...... erfolgen.)[7]

(Optional:

Die Gesellschaft geht davon aus, dass der Bewerber leitender Angestellter i.S.d. § 5 Abs. 3, 4 BetrVG ist. Demgemäß wurde die Einstellung dem Sprecherausschuss mitgeteilt. Die Unterrichtung des Betriebsrats und der Antrag auf dessen Zustimmung erfolgen daher nur höchst vorsorglich. Sie stellen zugleich die Mitteilung zur beabsichtigten Einstellung des leitenden Angestellten gemäß § 105 BetrVG dar.)[8]

1. Die Position des Abteilungsleiters der Layout-Abteilung in der Zentrale Südbayern ist aufgrund des Ausscheidens von Herrn ...... neu zu besetzen. Herr ...... soll am ...... als neuer Abteilungsleiter der Layout-Abteilung in unserem Haus die Arbeit aufnehmen. Die Beschäftigung soll auf der Grundlage eines Arbeitsvertrags unbefristet *(Alternative: befristet bis zum ......)* als Vollzeittätigkeit *(Alternative: Teilzeittätigkeit)* mit einer wöchentlichen Arbeitszeit von ...... Stunden erfolgen.[9]

2. Herr ...... wird Fach- und Disziplinarvorgesetzter der in der Layout-Abteilung beschäftigten Mitarbeiter. Weitere Auswirkungen, insbesondere auf die Mitarbeiter anderer Abteilungen der Zentrale Südbayern, hat die beabsichtigte Einstellung nicht.[10]

3. Auf die zu besetzende Stelle haben sich außerdem folgende Personen beworben:[11] ...... (Personaldaten aller inner- und außerbetrieblichen Bewerber)

(Alternative:

3. Die Gesellschaft hat das Personalberatungsunternehmen ...... (Name des Unternehmens) mit der Personalsuche beauftragt. Dieses hat der Gesellschaft neben dem Bewerber, der eingestellt werden soll, noch folgende Bewerber vorgeschlagen: ...... (Personaldaten der vorgeschlagenen Bewerber).)[12]

4. Wir halten Herrn ...... für die Position des Abteilungsleiters Layout für besonders gut geeignet. Er hat ein betriebswirtschaftliches Studium absolviert (Dipl.-Kfm.) und bereits fünf Jahre Berufserfahrung als Leiter Marketing der ...... GmbH.[13]

5. Anbei erhalten Sie für die Dauer von einer Woche Kopien der Bewerbungsunterlagen von Herrn ...... sowie der übrigen Bewerber zur Einsichtnahme. Den Unterlagen des Bewerbers wird zudem der anlässlich des Vorstellungsgesprächs ausgefüllte Personalfragebogen beigefügt. Auf Ihre Geheimhaltungspflicht (§ 99 Abs. 1 S. 3 Halbs. 1 BetrVG) weisen wir ausdrücklich hin.[14]

Der Betriebsrat wird gebeten, der Einstellung *(Optional: und Eingruppierung)* zuzustimmen.[15]

(Optional:[16]

Sollte der Betriebsrat der Einstellung von Herrn ...... wider Erwarten nicht zustimmen, möchten wir Sie bereits jetzt darüber informieren, dass wir Herrn ...... zum oben genannten Einstellungstermin vorläufig einstellen werden. Dies ist aus sachlichen Gründen dringend erforderlich. Ohne die Einstellung von Herrn ...... ist die ordnungsgemäße fachliche und disziplinarische Leitung der Layout-Abteilung nicht sichergestellt. Folgende Aufgaben sind derzeit dringend zu bearbeiten: ...... (Aufzählung der Aufgaben). Diese Aufgaben können aufgrund der hohen Arbeitsbelastung nicht von anderen Mitarbeitern koordiniert oder übernommen werden. Sonst könnten diese ihre eigenen Aufgaben nicht mehr erledigen. Die vorläufige Einstellung von Herrn ...... ist daher dringend erforderlich, um die ordnungsgemäße Aufgabenbearbeitung sicherzustellen und die drohende Störung des Betriebsablaufs zu verhindern. Herr ...... wurde über die Sach- und Rechtslage hinsichtlich seiner vorläufigen Einstellung unterrichtet.

Wir gehen davon aus, dass der Betriebsrat mit der vorläufigen Einstellung von Herrn ...... einverstanden ist. Sollte dies wider Erwarten nicht der Fall sein, so bitten wir um Mitteilung. In diesem Fall werden wir beim Arbeitsgericht die Ersetzung der Zustimmung des Betriebsrats und die Feststellung beantragen, dass die Einstellung aus sachlichen Gründen dringend erforderlich ist.)

Mit freundlichen Grüßen

......

Unterschrift des Arbeitgebers

Anlagen: genannt

[Auf Briefkopie]

Ich bestätige hiermit, diesen Antrag auf Zustimmung samt Anlagen (...... Bewerbungsmappen) *(Optional: sowie die Unterrichtung über die vorläufige personelle Maßnahme)* am ......[17] erhalten zu haben.

Ich werde der Gesellschaft die Anlagen binnen einer Woche ab Erhalt des Antrags wieder zurückgeben.

......

Ort, Datum

......

Unterschrift des Betriebsratsvorsitzenden

Anmerkungen

1. Mitteilungsempfänger. → Form. C. I. 1 Anm. 2.

2. Ort und Zeitpunkt der Mitteilung. → Form. C. I. 1 Anm. 3.

3. Vorsorglicher Antrag. → Anm. 8.

4. Zeitpunkt der Unterrichtung. Nach dem Gesetz ist der Betriebsrat „vor" der Einstellung zu unterrichten (§ 99 Abs. 1 S. 1 Halbs. 1 BetrVG). Die Zustimmung ist zu der „geplanten Maßnahme" einzuholen. Der richtige Zeitpunkt für die Unterrichtung erschließt sich daher nur über den Begriff der Einstellung. Eine Definition hierfür findet sich im BetrVG nicht. Die „Einstellung" ist **nicht gleichbedeutend mit dem Abschluss des Arbeitsvertrags.** Vielmehr kommt es auf das Rechtsverhältnis zum Arbeitgeber überhaupt nicht an (BAG NZA 2001, 1033, → Anm. 6). Eine mitbestimmungspflichtige Einstellung liegt vor, wenn die betreffende Person in den Betrieb des Arbeitgebers **eingegliedert** wird und dort weisungsgebundene Tätigkeiten verrichtet (BAG NJW 1986, 688; BAG NZA 1993, 1096; BAG NZA 2001, 1033). Maßgeblich ist die **tatsächliche Arbeitsaufnahme,** so dass eine Einstellung **vor, nach** oder **gleichzeitig** mit dem Abschluss des Arbeitsvertrags erfolgen kann. Grundsätzlich gilt folglich, dass der Betriebsrat vor tatsächlicher Arbeitsaufnahme unterrichtet werden muss. Allerdings hat das BAG eine beachtliche Ausnahme gemacht: Wenn der Arbeitsvertrag – was der Regel entspricht – vor Beginn der Tätigkeit abgeschlossen werden soll, so ist der Betriebsrat bereits **vor Abschluss des Arbeitsvertrags** zu unterrichten (BAG NZA 1992, 1141). Das BAG will damit einer für den Arbeitgeber prekären Situation Rechnung tragen. Trotz verweigerter Zustimmung des Betriebsrats bleibt der Arbeitsvertrag wirksam (BAG NJW 2002, 698). Die fehlende Zustimmung des Betriebsrats begründet aber ein betriebsverfassungsrechtliches Beschäftigungsverbot, wenn der Betriebsrat ein Verfahren auf Aufhebung der personellen Maßnahme anstrengt (vgl. § 101 BetrVG). Aufgrund des wirksamen Arbeitsvertrags müsste der Arbeitgeber seinem Arbeitnehmer daher die **Vergütung bezahlen, ohne ihn beschäftigen zu können;** dies jedenfalls so lange, bis eine Kündigung wirksam würde. Diese Situation sollte in der Praxis strikt vermieden werden. Hierzu muss der Arbeitgeber Folgendes tun: Zum einen muss er – in Übereinstimmung mit der geschilderten BAG-Rechtsprechung – bereits vor Abschluss des Arbeitsvertrags den Betriebsrat unterrichten und den Antrag auf Zustimmung stellen. Da der Betriebsrat zur Entscheidung über die Erteilung oder Verweigerung der Zustimmung eine Woche Zeit hat (vgl. § 99 Abs. 3 S. 1 BetrVG), sollte die Vorlauffrist **mindestens eine Woche** vor Vertragsschluss betragen. Wenn dann die Zustimmung verweigert wird, kann der Arbeitgeber noch von folgender Möglichkeit Gebrauch machen: Er kann den Arbeitsvertrag unter die auflösende Bedingung stellen, dass der Betriebsrat nachträglich seine Zustimmung doch noch erteilt oder die verweigerte Zustimmung in einem arbeitsgerichtlichen Verfahren ersetzt wird (vgl. § 99 Abs. 4, § 100 Abs. 2 S. 3 BetrVG, → Anm. 15). Eine solche Bedingung ist sachlich begründet und damit zulässig. Eine entsprechende Klausel könnte wie folgt lauten:

(*Optional*:

§ ...... Vorläufigkeit der Einstellung und auflösende Bedingung

(1) Dem Mitarbeiter ist bekannt, dass der Betriebsrat der Einstellung nicht zugestimmt hat und die Einstellung aus diesem Grund nur im Rahmen einer vorläufigen personellen Maßnahme nach § 100 Abs. 1 Satz 1 BetrVG erfolgt.

(2) Der endgültige Bestand des Arbeitsverhältnisses ist von der arbeitsgerichtlichen Entscheidung über die Ersetzung der Zustimmung des Betriebsrats abhängig.

(3) Das Arbeitsverhältnis endet daher automatisch im Fall einer die Ersetzung der Zustimmung ablehnenden Gerichtsentscheidung mit dem Ablauf von zwei Wochen nach Rechtskraft dieser Entscheidung.)

Ob sich der Bewerber auf einen entsprechenden Arbeitsvertrag einlässt, ist natürlich eine andere Frage.

5. Personaldaten. Der Arbeitgeber muss dem Betriebsrat alle Personaldaten zum Bewerber mitteilen, die Rückschlüsse auf die fachliche und persönliche Eignung des Bewerbers zulassen, da diese für den Betriebsrat im Zuge seiner Willensbildung über die Erteilung oder Verweigerung der Zustimmung erforderlich sein können. Das sind jedenfalls **Vor- und Nachname, Alter und Familienstand** (LAG Düsseldorf LAGE BetrVG 1972 § 99 Nr. 33). Der **Arbeitsvertrag** selbst muss allerdings **nicht** vorgelegt werden (BAG NZA 1989, 355). Bezüglich der weiteren Informations- und Vorlagepflichten → Anm. 13, 14. Zu den Unterrichtungspflichten bei der Einstellung von Leiharbeitnehmern weiterführend *Plum* DB 2011, 2916).

6. Art der personellen Maßnahme: Einstellung. Es ist selbstverständlich, dass dem Betriebsrat mitzuteilen ist, ob eine Einstellung, Eingruppierung, Umgruppierung oder Versetzung beabsichtigt ist und zu welchem Zeitpunkt die Maßnahme umgesetzt werden soll. Das Formular geht vom Grundfall einer **Einstellung** aus, bei der der Bewerber auf Basis eines Arbeitsvertrags erstmalig im Betrieb beschäftigt werden soll. Das Mitbestimmungsrecht dient vornehmlich dem Schutz der schon vorhandenen Belegschaft. Aus diesem Grund ist für eine Einstellung nur die tatsächliche **Eingliederung** einer konkreten Person in den Betrieb und die weisungsgebundene Tätigkeit für den Arbeitgeber maßgeblich (→ Anm. 4). Keine Eingliederung in die vorhandene Betriebsorganisation erfolgt beispielsweise bei selbständig Beschäftigten, die aufgrund Werk- oder Dienstverträgen tätig werden (weiterführend *Hoppe/Marcus* ArbRAktuell 2011, 319271). In einem solchen Fall besteht folglich auch kein Mitbestimmungsrecht nach § 99 BetrVG (BAG AP BetrVG 1972 § 99 Nr. 90).

Da es auch nicht auf den Abschluss eines Arbeitsvertrages sondern nur auf die Eingliederung ankommt, liegt eine mitbestimmungspflichtige Maßnahme auch bei der Beschäftigung von Leiharbeitnehmern im Betrieb des Entleihers vor (§ 14 Abs. 3 S. 1 AÜG). Gleiches gilt für den Austausch eines bereits eingesetzten Leiharbeitnehmers durch einen anderen Leiharbeitnehmer (BAG NZA 2011, 871) und die Verlängerung des befristeten Einsatzes eines Leiharbeitnehmers (BAG AP BetrVG 1972 § 99 Nr. 136; weiterführend *Plum* DB 2011, 2916).

Da die Belegschaft auch betroffen ist, wenn sich die Umstände der Eingliederung einer konkreten Person aufgrund einer neuen Vereinbarung **wesentlich ändern**, muss der Betriebsrat in diesen Fällen erneut beteiligt werden (BAG AP BetrVG 1972 § 87 Arbeitszeit Nr. 114). Der Begriff der mitbestimmungspflichtigen Einstellung umfasst daher auch die Umwandlung eines Teilzeitarbeitsverhältnisses in ein Vollzeitarbeitsverhältnis (vgl. BVerwG NVwZ 1994, 1220) und jede nach Dauer und Umfang nicht unerhebliche Erhöhung der regelmäßigen wöchentlichen Arbeitszeit (wobei eine erhebliche Dauer bei einem Zeitraum von mehr als einem Monat und ein erheblicher Umfang bei einer Erhöhung des Arbeitszeitvolumens um mindestens zehn Stunden pro Woche vorliegt (BAG AP BetrVG 1972 § 99 Einstellung Nr. 58), die Aufnahme einer Teilzeittätigkeit während der Elternzeit (BAG NZA 1998, 1352), und die Verlängerung befristeter Arbeitsverhältnisse in Arbeitsverhältnisse auf unbestimmte Zeit (BAG AP BetrVG 1972 § 99 Nr. 82). Allerdings ist der Betriebsrat bei Überführung eines befristeten Probearbeitsverhältnisses in ein unbefristetes Arbeitsverhältnis nicht zu beteiligen, wenn ihm bereits vor der Aufnahme des befristeten Probearbeitsverhältnisses mitgeteilt worden ist, dass der Arbeitnehmer bei Bewährung weiter beschäftigt werden soll (BAG AP BetrVG 1972 § 99 Nr. 82).

7. **Art der personellen Maßnahme: Eingruppierung.** Mit einer Einstellung geht häufig eine Eingruppierung einher. Der **Begriff „Eingruppierung"** ist dem Tarifrecht entnommen und bedeutet die erstmalige Einordnung eines Arbeitnehmers in die für ihn maßgebliche Lohn- oder Gehaltsgruppe eines beim Arbeitgeber geltenden Vergütungsschemas. Eine Eingruppierung in diesem Sinne ist stets eine personelle Einzelmaßnahme (BAG AP BetrVG 1972 § 99 Eingruppierung Nr. 47).

Entscheidend ist also nur, dass beim Arbeitgeber eine **Vergütungsordnung** existiert. Eine Vergütungsordnung ist ein kollektives, mindestens zwei Vergütungsgruppen enthaltendes Entgeltschema, das eine Zuordnung der Arbeitnehmer zu einer der Vergütungsgruppen nach bestimmten generell beschriebenen Merkmalen vorsieht (BAG AP BGB § 613a Nr. 380). Lohn- und Gehaltsgruppen einschlägiger Tarifverträge sind eine solche Vergütungsordnung. Auch wenn der Begriff der Eingruppierung dem Tarifrecht entnommen ist, kann eine Vergütungsordnung auch in einer Betriebsvereinbarung enthalten, einzelvertraglich vereinbart oder einseitig vom Arbeitgeber vorgegeben sein (BAG NZA 1986, 536; BAG AP BetrVG 1972 § 99 Nr. 52). Es kommt nicht mehr darauf an, dass die Vergütungsordnung auf das konkrete Arbeitsverhältnis anwendbar ist. Nach einer neuen Entscheidung des BAG ist allein maßgeblich und ausreichend, dass eine Vergütungsordnung im Betrieb gilt. Der Betriebsrat kann daher verlangen, dass ein nicht tarifgebundener Arbeitnehmer vom Arbeitgeber in die im einschlägigen Tarifvertrag enthaltene Vergütungsordnung eingruppiert wird und er hierbei beteiligt wird. Das BAG hat in dieser Entscheidung bewusst offen gelassen, wie sich die Eingruppierung nach einer tariflichen Vergütungsordnung auf die vergütungsrechtlichen Ansprüche nicht tarifgebundener Arbeitnehmer auswirkt. Es hat allerdings betont, dass nicht die Prüfung individueller Vergütungsansprüche, sondern die Beachtung der kollektiv geltenden Vergütungsordnung im Vordergrund steht (BAG NZA 2011, 1239). Zum Mitbestimmungsrecht nach § 87 Abs. 1 Nr. 10 BetrVG hat das BAG entschieden, dass die Bindung des Arbeitgebers an die tarifliche Entgeltstruktur keinen Anspruch der nicht tarifgebundenen Arbeitnehmer auf den Tariflohn begründet (BAG NZA 2012, 392). Aus diesem Grund gehen wir davon aus, dass die Bindung des Arbeitgebers an die tarifliche Entgeltstruktur auch im Hinblick auf das Mitbestimmungsrecht nach § 99 Abs. 1 S. 1 BetrVG keinen Anspruch nicht tarifgebundener Arbeitnehmer auf Zahlung des Tariflohns begründet.

Wurde in einem Betrieb aufgrund der Tarifbindung des Arbeitgebers eine tarifliche Vergütungsordnung angewandt, bleibt das sich hieraus ergebende Entgeltschema auch nach dem Wegfall der Tarifbindung des Arbeitgebers die im Betrieb geltende Vergütungsordnung. Bis zu einer wirksamen Änderung ist der Arbeitgeber verpflichtet, neu eingestellte Arbeitnehmer unter Beteiligung des Betriebsrats nach § 99 BetrVG in eine Vergütungsgruppe des bisherigen Entgeltschemas einzugruppieren (BAG AP BetrVG 1972 § 99 Nr. 44).

Gegenstand des Mitbestimmungsrechts ist nicht die abstrakte Bewertung des Arbeitsplatzes oder einer Tätigkeit, sondern die sich daraus ergebende konkrete und einzelfallbezogene Zuordnung des Arbeitnehmers zu einer Lohn- oder Gehaltsgruppe. Ein Arbeitnehmer wird dann „eingruppiert", wenn sein konkreter Arbeitsplatz oder seine konkrete Tätigkeit vom Arbeitgeber einer bestimmten in einer Vergütungsordnung enthaltenen Lohn- oder Gehaltsgruppe zugeordnet wird. Der Vorgang der „Eingruppierung" ist daher letztlich ein Vorgang der Rechtsanwendung. Vor diesem Hintergrund ist das Mitbestimmungsrecht bei Eingruppierungen ein **bloßes Mitbeurteilungsrecht** des Betriebsrats zur Kontrolle der vorgenommenen Einordnung auf ihre Richtigkeit (BAG NJOZ 2005, 582; BAG AP BetrVG 1972 § 99 Eingruppierung Nr. 30).

Existieren mehrere Vergütungsordnungen, so umfasst das Beteiligungsrecht des Betriebsrats auch die grundsätzliche Frage, welche Vergütungsordnung konkret anwendbar ist (BAG AP BetrVG 1972 § 1 Gemeinsamer Betrieb Nr. 27; BAG NZA 1987, 489; BAG NZA 2001, 626). Zugleich folgt hieraus, dass bei einer **individuellen Gehaltsvereinbarung** zwischen Arbeitgeber und Arbeitnehmer mangels Eingruppierung kein entsprechendes Mitbestimmungsrecht des Betriebsrats besteht. Denn es fehlt insoweit ein Vergütungsschema (BAG NJW 1984, 1143).

Ein weit verbreitetes Missverständnis ist, dass dem Betriebsrat die **Gehaltshöhe** mitgeteilt werden müsse. Unter dem Gesichtspunkt der „Einstellung" ist dies schon deshalb nicht der Fall, weil Einstellung – wie gesagt – nur die tatsächliche Aufnahme der Beschäftigung und nicht den Abschluss des Arbeitsvertrags bedeutet. Folglich ist auch der Arbeitsvertrag, der die Vergütungshöhe enthält, dem Betriebsrat nicht vorzulegen (→ Anm. 5). Aber auch unter dem Gesichtspunkt der „Eingruppierung" ergibt sich kein anderes Ergebnis. Denn hierzu gehört nur die Angabe der Lohn- oder Gehaltsgruppe, der der Arbeitnehmer zugeordnet werden soll, nicht dagegen die konkrete Höhe des zwischen ihm und dem Arbeitgeber vereinbarten Arbeitsentgelts (BAG NZA 1989, 355; BAG NZA 1990, 231). Ist die geltende Vergütungsordnung in einem Tarifvertrag enthalten, so ist auch die Feststellung, der Arbeitnehmer überschreite die Merkmale der obersten Vergütungsgruppe dieses Tarifvertrages, ihrerseits eine Eingruppierung, so dass auch hier der Betriebsrat zu beteiligen ist (BAG AP BetrVG 1972 § 99 Eingruppierung Nr. 5; BAG NZA 2007, 348).

Die Eingruppierung geht meist mit einer mitbestimmungspflichtigen Einstellung einher (s. o.). Dies ist allerdings nicht zwingend. So liegt zum Beispiel nur eine mitbestimmungspflichtige „Einstellung" vor, wenn ein zunächst befristet eingestellter Arbeitnehmer ohne Veränderung seiner Aufgaben und der maßgeblichen Vergütungsordnung in ein unbefristetes Arbeitsverhältnis übernommen wird (BAG AP BetrVG 1972 § 99 Eingruppierung Nr. 39). Ebenso ist auch eine Versetzung (→ Form. C. I. 4 Anm. 6) nicht zwangsläufig mit einer Umgruppierung verbunden. Um eine Ein- und nicht um eine Umgruppierung (→ Form. C. I. 4 Anm. 9) handelt es sich daher, wenn es trotz einer Versetzung bei der bisherigen Zuordnung zu einer bestimmten Lohn- oder Gehaltsgruppe verbleibt. Auch diese Feststellung unterliegt der Mitbestimmung nach § 99 BetrVG (BAG NZA 2007, 348).

8. Vorsorglicher Antrag. Nicht anders als bei der Anhörung des Betriebsrats vor Ausspruch von Kündigungen gemäß § 102 BetrVG (→ Form. C. I. 1 Anm. 4) empfiehlt sich auch bei der Mitbestimmung nach § 99 BetrVG häufig die vorsorgliche Unterrichtung und Einholung der Zustimmung, wenn auf der Position eines **leitenden Angestellten** eingestellt werden soll. Zwar besteht kein Mitbestimmungsrecht des Betriebsrats gemäß § 99 BetrVG, wenn die Einräumung einer dem § 5 Abs. 3 BetrVG entsprechenden Position im Betrieb beabsichtigt ist (BAG NZA 1990, 820; BAG NZA 2003, 56). Ein **Rechtsirrtum des Arbeitgebers** hierüber ist aber häufig (→ Form. C. I. 1 Anm. 4) und hat die bereits dargestellte prekäre Folge, dass bei fehlender Zustimmung des Betriebsrats ein tatsächliches Beschäftigungsverbot von diesem durchgesetzt werden kann trotz abgeschlossenen und wirksamen Arbeitsvertrags (s. Anm. 4). Die vorsorgliche Einholung der Zustimmung empfiehlt sich also vor allem in den Fällen, in denen der zukünftige Status des Bewerbers nicht ganz klar ist. Bei „echten" leitenden Angestellten (im Rechtssinne) genügt die Mitteilung an den Betriebsrat über die Einstellung (§ 105 BetrVG). Eine Verletzung dieser Mitteilungspflicht hat auf die personelle Maßnahme keinen Einfluss (BAG NJW 1976, 1519; BAG NZA 2003, 56).

9. In Aussicht genommener Arbeitsplatz. Bei Einstellungen hat der Arbeitgeber den in Aussicht genommenen Arbeitsplatz mitzuteilen (§ 99 Abs. 1 S. 2 Halbs. 1 BetrVG). Bei einer befristeten Einstellung muss der Betriebsrat nur über die Dauer der Befristung informiert werden, nicht jedoch darüber, ob die Befristung mit oder ohne Sachgrund oder mit welchem Sachgrund sie erfolgen soll (BAG AP BetrVG 1972 § 99 Nr. 133). Im Formular wird anhand eines Beispiels dargestellt, wie diese Mitteilung erfolgen kann.

10. Auswirkungen der geplanten Maßnahme. Der Arbeitgeber hat Auskunft über die Auswirkungen der geplanten Einstellung zu geben (§ 99 Abs. 1 S. 1 Halbs. 2 BetrVG). Damit sind in erster Linie solche Auswirkungen gemeint, die sich für die schon im Betrieb beschäftigten Arbeitnehmer ergeben, z. B. drohende Versetzungen oder der Wegfall von Provisionsmöglichkeiten (LAG Kiel BeckRS 2006, 40816). Das Beispiel im Formular geht davon aus, dass die Stelle des Leiters der Layout-Abteilung neu zu besetzen war, weil der bisherige Leiter, z. B. aus Altersgründen, ausgeschieden ist. Dem Formular liegt die Annahme zugrunde, dass eine bereits vorhandene Stelle neu besetzt wird, ohne die Organisation in der Abteilung zu ändern. Damit erhalten die dort bereits beschäftigten Arbeitnehmer nur einen neuen Vorgesetzten. Bei weiteren Änderungen müssten diese mitgeteilt und dem Betriebsrat alle entsprechenden Unterlagen vorgelegt werden, z. B. zum Abbau von Überstunden, zur Einrichtung zusätzlicher Schichten oder Absetzung derselben, oder zu etwaigen neuen Organisationsstrukturen, etc.

11. Personaldaten der übrigen Bewerber. Neben den Angaben über den neu einzustellenden Arbeitnehmer hat der Arbeitgeber dem Betriebsrat auch die Personaldaten **aller Personen** mitzuteilen, die sich **auf die konkrete Stelle beworben haben** sowie deren Bewerbungsunterlagen vorzulegen (s. Anm. 14). Das gilt auch für Bewerber, die der Arbeitgeber bei der Einstellung überhaupt nicht berücksichtigen möchte (BAG NZA 2006, 111). Über Bewerber, die ihre Bewerbung bereits zurückgezogen haben oder nicht mehr mit dem nötigen Ernst auf sie bestehen, muss der Arbeitgeber nicht unterrichten. Denn für die Beurteilung der geplanten Einstellung haben diese Bewerbungen keine Bedeutung. Ebenso muss der Arbeitgeber nicht über Versetzungsanträge anderer Arbeitnehmer unterrichten, da der Versetzungsantrag sich nicht auf einen konkreten Arbeitsplatz bezieht (BAG AP BetrVG 1972 § 99 Einstellung Nr. 64). Ferner ist der Arbeitgeber bei der Einstellung eines Leiharbeitnehmers nicht verpflichtet, den Betriebsrat darüber zu informieren, welche teilzeitbeschäftigten Arbeitnehmer aufgrund ihres angezeigten Wunsches auf Aufstockung ihrer Arbeitszeit für die zu besetzende Stelle grundsätzlich in Betracht gekommen wären (BAG AP BetrVG 1972 § 99 Einstellung Nr. 64).

12. Einschaltung von Personalberatungsunternehmen. Beauftragt der Arbeitgeber ein Personalberatungsunternehmen, ihm geeignete Bewerber zur Einstellung auf einem bestimmten Arbeitsplatz vorzuschlagen, so **beschränkt sich seine Unterrichtungspflicht** entgegen den vorstehenden Ausführungen (→ Anm. 11) jedenfalls dann auf die Mitteilung der Bewerber, die dem Arbeitgeber vom Personalberater vorgeschlagen werden, wenn diese aus einer Kartei des Personalberatungsunternehmens stammen. Kommt es nur zu einem Vorschlag, weil der Arbeitgeber die vorgeschlagene Person sofort einstellt, liegt auch nur ein Bewerber vor, über den unterrichtet werden muss (BAG NZA 1991, 482; LAG Köln NZA 1988, 589). Mit dem Umfang der Unterrichtungspflicht über die Personaldaten der Bewerber korrespondiert auch die Vorlage der entsprechenden Bewerbungsunterlagen (→ Anm. 14). Offengelassen hat das BAG bislang die Frage, ob der Arbeitgeber über sämtliche oder wiederum nur über die ihm vorgeschlagenen Bewerber unterrichten muss, wenn das Personalberatungsunternehmen nicht auf eine Kartei zurückgreift, sondern eine Stellenanzeige schaltet (BAG NZA 1991, 482).

13. Fachliche Eignung. Außer den Personaldaten des Bewerbers (s. Anm. 5) müssen alle Umstände über die **fachliche und persönliche Eignung** für den vorgesehenen Arbeitsplatz mitgeteilt werden (BAG NZA 1999, 376; LAG Düsseldorf LAGE BetrVG 1972 § 99 Nr. 33). Das Formular erläutert beispielhaft die Qualifikation und Berufserfahrung des Bewerbers für die Position des Abteilungsleiters Layout.

14. Aushändigung der Bewerbungsunterlagen. Das Gesetz bestimmt, dass dem Betriebsrat „die erforderlichen Bewerbungsunterlagen vorzulegen" sind. Damit sind die **Bewerbungsunterlagen aller Bewerber** gemeint, also auch derjenigen Bewerber, die der

Arbeitgeber für die Einstellung überhaupt nicht in Betracht ziehen will (BAG NJW 1982, 124; BAG NZA 1993, 376; BAG NZA 2006, 111). Vorgelegt werden müssen die vollständigen Bewerbungsunterlagen, d.h. Anschreiben, Zeugnisse, Lebenslauf, Fotos und sonstige eingereichte Unterlagen, soweit sie dem Arbeitgeber noch vorliegen. Dazu zählen auch die vom Arbeitgeber über den Bewerber erstellten Dokumente wie Testergebnisse oder Aufzeichnungen von Bewerbungsgesprächen (BAG AP BetrVG 1972 § 99 Nr. 122; BAG NZA 2006, 111). Aufzeichnungen, die für die Auswahlentscheidung ohne jegliche Bedeutung sind, wie formlose, unstrukturierte Gesprächsnotizen, muss der Arbeitgeber nicht vorlegen (BAG AP BetrVG 1972 § 99 Versetzung Nr. 43). Natürlich muss der Arbeitgeber auch nur die Bewerbungsunterlagen vorlegen, die ihm tatsächlich zur Verfügung stehen. Eine Verpflichtung zur Beschaffung von Bewerbungsunterlagen einzelner Bewerber besteht nicht (BAG AP BetrVG 1972 § 99 Nr. 7). Auf die weitere Einschränkung bei Einschaltung eines Personalberatungsunternehmens wurde bereits hingewiesen (s. Anm. 12). Der **Begriff „vorlegen"** bedeutet mehr als die Gewährung von Einsichtnahme. Das BAG hält den Arbeitgeber für verpflichtet, dem Betriebsrat „die Bewerbungsunterlagen für einige Zeit zur Hand" zu geben, diese mithin **auszuhändigen** (BAG NZA 1986, 335). Da der Betriebsrat für seine Beschlussfassung über die Erteilung oder Verweigerung der Zustimmung ohnehin nur eine Woche Zeit hat, ist eine Aushändigung über diese Frist hinaus nicht veranlasst. Wenn der Arbeitgeber Bewerbungsunterlagen vor Ablauf der Wochenfrist wieder dringend benötigt, kann er sie auch kurzfristig vom Betriebsrat zurückfordern. Das Formular geht insoweit von einer Überlassung für die Dauer von einer Woche aus. Vorsorglich wird auf die Geheimhaltungspflicht (§ 99 Abs. 1 S. 3 Halbs. 1 BetrVG) hingewiesen.

15. Beschlussfassung des Betriebsrats. Innerhalb der Wochenfrist (vgl. § 99 Abs. 3 S. 1 BetrVG) hat der Betriebsrat grundsätzlich **drei Reaktionsmöglichkeiten:** Er kann die **Zustimmung erteilen, verweigern** oder sich **überhaupt nicht äußern.** Letzterenfalls gilt die Zustimmung des Betriebsrats zur Einstellung als erteilt (§ 99 Abs. 3 S. 2 BetrVG). Wichtig für den Arbeitgeber ist, dass eine ausdrückliche oder kraft gesetzlicher Fiktion gegebene Zustimmung vorliegt. Verweigert der Betriebsrat seine Zustimmung, kann der Arbeitgeber die Einstellung grundsätzlich nicht durchführen. Es besteht dann ein betriebsverfassungsrechtliches Beschäftigungsverbot (→ Anm. 4). In diesem Fall kann der Arbeitgeber die Ersetzung der Zustimmung beim Arbeitsgericht beantragen (§ 99 Abs. 4 BetrVG) oder eine **vorläufige Einstellung** vornehmen, wenn dies aus sachlichen Gründen dringend erforderlich ist (§ 100 BetrVG). Ein allgemeiner Unterlassungsanspruch des Betriebsrates zur Verhinderung der Einstellung besteht nicht (BAG AP BetrVG 1972 § 99 Versetzung Nr. 48).

Zu beachten ist jedoch, dass die Wochenfrist des § 99 Abs. 3 BetrVG nur dann zu laufen beginnt, wenn der Arbeitgeber seiner Unterrichtungspflicht nach § 99 Abs. 1 S. 1 BetrVG vollständig nachgekommen ist. Bis dahin ist weder der Eintritt der Zustimmungsfiktion nach § 99 Abs. 3 S. 2 BetrVG noch die Ersetzung einer verweigerten Zustimmung durch das Arbeitsgericht möglich (BAG AP BetrVG 1972 § 99 Nr. 34 und 36; BAG NZA 2006, 111). Dennoch kann trotz Unvollständigkeit der Unterrichtung ausnahmsweise die Wochenfrist in Lauf gesetzt werden, wenn der Arbeitgeber zu den § 99 Abs. 1 BetrVG genannten Aspekten der geplanten Maßnahme jedenfalls unverzichtbare Angaben gemacht hat (BAG AP BetrVG 1972 § 99 Nr. 122) und daher „guten Gewissens" davon ausgehen darf, den Betriebsrat umfassend unterrichtet zu haben (BAG AP BetrVG 1972 § 99 Einstellung Nr. 49). Wegen des Gebots der vertrauensvollen Zusammenarbeit muss der Betriebsrat den Arbeitgeber dann innerhalb der Wochenfrist auf die Unvollständigkeit der Unterrichtung hinweisen, ansonsten gilt seine Zustimmung mit Ablauf der Wochenfrist als erteilt (BAG AP BetrVG 1972 § 99 Nr. 122). Ergänzt der Arbeitgeber eine zunächst unvollständige Unterrichtung, setzt er damit den Lauf einer neuen Wochen-frist in Gang (BAG NZA 1994, 187). Die Ergänzung kann auch noch im Zustimmungsersetzungsverfahren erfolgen (BAG AP BetrVG 1972 § 99 Nr. 122; BAG AP BetrVG 1972 § 99 Rn. 48; Richardi/*Thüsing* § 99 Rn. 285). Verweigert der Betriebsrat seine Zustimmung zu der geplanten Maßnahme mit der Begründung, er sei nicht vollständig informiert worden und hält der Arbeitgeber den Einwand für unbegründet, kann er beim Arbeitsgericht feststellen lassen, dass die Zustimmung des Betriebsrats als erteilt gilt (BAG AP BetrVG 1972 § 99 Nr. 34).

Arbeitgeber und Betriebsrat können die Frist des § 99 Abs. 3 BetrVG grundsätzlich einvernehmlich verlängern. Das Fristende muss allerdings anhand der getroffenen Abreden eindeutig bestimmbar sein (BAG AP BetrVG 1972 § 99 Eingruppierung Nr. 45). Eine einvernehmliche Verlängerung der Frist um mehr als sieben Monate kann im Einzelfall zulässig sein (BAG AP BetrVG 1972 § 99 Nr. 130). Eine entsprechende Abrede ist allerdings dann wirkungslos, wenn sie erst nach Ablauf der gesetzlichen Wochenfrist getroffen wird. Sie kann auch nicht die nach § 99 Abs. 3 S. 2 BetrVG bereits eingetretene Fiktion der als erteilt geltenden Zustimmung des Betriebsrats wieder beseitigen (BAG AP BetrVG 1972 § 99 Nr. 13). Die Betriebsparteien können aber nicht wirksam vereinbaren, dass die Zustimmung des Betriebsrats als verweigert gilt, wenn zwischen ihnen bis zum Ablauf einer vereinbarten längeren Stellungnahmefrist kein Einvernehmen über die personelle Maßnahme erzielt wird (BAG BeckRS 2013, 71112).

16. Vorläufige personelle Maßnahme. Das Formular sieht in der Option vor, dass der Betriebsrat mit dem Antrag auf Zustimmung zur Einstellung zugleich auch darüber informiert wird, dass der Arbeitgeber die geplante Einstellung bei einer Verweigerung der Zustimmung im Rahmen einer vorläufigen personellen Maßnahme nach § 100 BetrVG durchführen wird.

Der Arbeitgeber kann die geplante personelle Maßnahme vorläufig durchführen, bevor der Betriebsrat sich geäußert oder die Zustimmung verweigert hat, wenn dies aus sachlichen Gründen dringend erforderlich ist (§ 100 Abs. 1 S. 1 BetrVG). Ein solches Erfordernis liegt vor, wenn ein verantwortungsbewusster Arbeitgeber im Interesse des Betriebes alsbald handeln müsste, die geplante Maßnahme also keinen Aufschub verträgt (F/E/S/T/L § 100 Rn. 4). Das Merkmal „aus sachlichen Gründen" deutet darauf hin, dass die Dringlichkeit auf vom Arbeitgeber nicht rechtzeitig voraussehbaren Umständen beruhen muss (F/E/S/T/L § 100 Rn. 4 m.w.N.). Dass Einstellungen verzögert werden, kann aber nicht hingenommen werden, wenn dadurch der ordnungsgemäße betriebliche Ablauf gestört wird. Maßgeblich sind die Verhältnisse zur Zeit der Durchführung der Maßnahme (BAG AP BetrVG 1972 § 99 Nr. 10).

Der Arbeitgeber hat bei Durchführung einer vorläufigen personellen Maßnahme sowohl gegenüber dem betroffenen Arbeitnehmer als auch gegenüber dem Betriebsrat Unterrichtungs- und Aufklärungspflichten. Zum einen hat er den betroffenen Arbeitnehmer über die Sach- und Rechtslage hinsichtlich der vorläufigen personellen Maßnahme aufzuklären (§ 100 Abs. 1 S. 2 BetrVG). Zum anderen hat er den Betriebsrat unverzüglich von der vorläufigen personellen Maßnahme zu unterrichten (§ 100 Abs. 2 S. 1 BetrVG). Das Formular behandelt eine solche Unterrichtung. Die Angaben in dieser Unterrichtung müssen so umfassend sein, dass der Betriebsrat prüfen kann, ob die vorläufige personelle Maßnahme aus sachlichen Gründen dringend erforderlich ist. Die Unterrichtung ist dann „unverzüglich", wenn sie ohne schuldhaftes Zögern erfolgt, d.h. bereits vor der Durchführung der vorläufigen personellen Maßnahme oder jedenfalls kurz danach (F/E/S/T/L § 100 Rn. 8 m.w.N.).

Bestreitet der Betriebsrat, dass die Maßnahme aus sachlichen Gründen dringend erforderlich ist, so muss er dem Arbeitgeber unverzüglich Mitteilung hiervon machen (§ 100 Abs. 2 S. 2 BetrVG). In diesem Fall darf der Arbeitgeber die vorläufige personelle Maßnahme nur aufrechterhalten, wenn er innerhalb von drei Kalendertagen nach der

Mitteilung des Betriebsrats beim Arbeitsgericht die Ersetzung der Zustimmung des Betriebsrats und die Feststellung beantragt, dass die Maßnahme aus sachlichen Gründen dringend erforderlich war (§ 100 Abs. 2 S. 3 BetrVG). Das Arbeitsgericht darf den Feststellungsantrag nur zurückweisen, wenn die vorläufige personelle Maßnahme offensichtlich nicht aus sachlichen Gründen dringend erforderlich war (§ 100 Abs. 3 S. 1 BetrVG).

Es ist zweckmäßig, den Betriebsrat – wie im Formular vorgesehen – mit dem Antrag auf Zustimmung zu einer geplanten Einstellung zugleich darüber zu informieren, dass die Einstellung notfalls im Rahmen einer vorläufigen personellen Maßnahme erfolgen wird, wenn die geplante Einstellung zeitnah erfolgen soll. Hierdurch wird der Betriebsrat besonders auf die Dringlichkeit der geplanten Einstellung hingewiesen und wird der Einstellung (auch angesichts des drohenden Klageverfahrens) möglicherweise eher zustimmen. Aber auch wenn eine Zustimmungsverweigerung bereits absehbar sein sollte, ist die Verbindung der Unterrichtung mit dem Antrag auf Zustimmung zweckmäßig, da für die Unterrichtung ein geringerer Zeitaufwand entsteht. Wenn die geplante Einstellung allerdings nicht zeitnah erfolgen soll, d.h. der Betriebsrat frühzeitig um Zustimmung gebeten wird, dann können dringende Gründe, die im Zeitpunkt der vorläufigen Einstellung vorliegen müssen, nur schwer dargelegt werden. Denn die Dringlichkeit darf nach allgemeiner Ansicht nicht auf von dem Arbeitgeber rechtzeitig voraussehbaren Umständen beruhen. Bei der Entscheidung, ob der Antrag auf Zustimmung zu einer geplanten Einstellung mit der Unterrichtung über die geplante Durchführung einer vorläufigen personellen Maßnahme verbunden werden sollte, ist noch Folgendes zu beachten: Wenn der Betriebsrat die Zustimmung zur Einstellung verweigert und die Dringlichkeit der Einstellung bestreitet, ist der Arbeitgeber gezwungen, innerhalb von drei Kalendertagen das Arbeitsgericht anzurufen, wenn er die vorläufige personelle Maßnahme aufrechterhalten will. Er gelangt dann in die „Klägerrolle" und muss den Betriebsrat verklagen. Das kann unternehmenspolitisch inopportun sein.

Die im Formular vorgesehene Option ist auch in Verbindung mit einem vorsorglichen Antrag auf Zustimmung zu einer geplanten Einstellung sinnvoll (beispielsweise, wenn der Status des betroffenen Arbeitnehmers als leitender Angestellter nicht klar oder in der Diskussion ist). Dann wird der Betriebsrat darüber unterrichtet, dass bei Verweigerung der ohnehin nur vorsorglich eingeholten Zustimmung die Einstellung **vorsorglich** vorläufig vorgenommen wird. In der Option ist in solchen Fällen statt der Formulierung „vorläufig einstellen" jeweils die Formulierung „vorsorglich vorläufig einstellen" zu verwenden.

17. Zeitpunkt der Mitteilung. Der Zeitpunkt der Unterrichtung ist für den Lauf der Frist für die Erteilung oder Verweigerung der Zustimmung entscheidend. Es gilt hier sinngemäß nichts anderes als bei der Anhörung des Betriebsrats zu einer Kündigung gemäß § 102 BetrVG (→ Form. C. I. 1 Anm. 11).

4. Antrag auf Zustimmung zur Versetzung (und Umgruppierung) nach § 99 BetrVG

[Briefkopf des Arbeitgebers]

Betriebsrat Betrieb . . . . . .

z. Hd. des Betriebsratsvorsitzenden[1]

Herrn . . . . . .

– im Hause[2]–

Antrag auf Zustimmung zur Versetzung

(Optional: und Um-/Eingruppierung)

(Alternative: Vorsorglicher Antrag auf Zustimmung zur Versetzung[3] *(Optional: und Um-/Eingruppierung))*

Mitarbeiter: Herr ......

...... (Datum)

Sehr geehrter Herr ......,

die Gesellschaft beabsichtigt,[4] Herrn ......, geboren am ......, ... (Familienstand), wohnhaft in ......,[5] zum ...... zu versetzen.[6]

1. Herr ...... ist auf der Grundlage eines Arbeitsvertrags vom ...... in unserem Haus als Leiter der Abteilung Layout in der Zentrale Südbayern beschäftigt. Die Zentrale Südbayern wird zum 30.4.2013 geschlossen. Wegen Einzelheiten hierzu verweisen wir auf den am ...... abgeschlossenen Interessenausgleich.

2. Die Gesellschaft beabsichtigt, Herrn ...... in seiner bisherigen Funktion ab dem 1.5.2013 im Betrieb Hamburg[7] weiterzubeschäftigen. Hierzu soll mit dem Mitarbeiter noch in diesem Monat ein Änderungsvertrag abgeschlossen werden. Anbei erhalten sie eine Kopie des geplanten Änderungsangebots,[8] dem Sie die Einzelheiten zur neuen Position des Mitarbeiters entnehmen können. Wie sich aus dem Änderungsangebot ergibt, geht mit der Versetzung eine Umgruppierung[9] von der Vergütungsgruppe ...... in die Vergütungsgruppe ...... einher.

3. Aufgrund der personellen Unterbesetzung in der Layout-Abteilung unserer Hamburger Niederlassung wird die beabsichtigte Versetzung zu einem Rückgang der Arbeitsbelastung für die dort tätigen anderen Mitarbeiter führen und unsere Wettbewerbssituation vor Ort verbessern.[10]

(Optional:

4. Die zu besetzende Stelle war zuvor inner- und außerbetrieblich ausgeschrieben worden. Daraufhin haben sich außerdem folgende Personen beworben:[11]

...... *(Personaldaten aller inner- und außerbetrieblichen Bewerber)*

5. Wir halten Herrn ...... für die Position des Abteilungsleiters Layout für besonders gut geeignet. Er hat ein betriebswirtschaftliches Studium absolviert (Dipl.-Kfm.) und bereits fünf Jahre Berufserfahrung als Leiter der Abteilung Layout in der Zentrale in Südbayern.[12]

6. Anbei erhalten Sie für die Dauer von einer Woche Kopien der Bewerbungsunterlagen der übrigen Bewerber zur Einsichtnahme. Auf Ihre Geheimhaltungspflicht (§ 99 Abs. 1 S. 3 Halbs. 1 BetrVG) weisen wir ausdrücklich hin.)[13]

Der Betriebsrat wird gebeten, der Versetzung zuzustimmen.

Mit freundlichen Grüßen

......

Unterschrift des Arbeitgebers

Anlage: genannt

[Auf Briefkopie]

Ich bestätige hiermit, diesen Antrag auf Zustimmung samt Anlage (Änderungsangebot) am . . . . . .[14] erhalten zu haben.

. . . . . .

Ort, Datum

. . . . . .

Unterschrift des Betriebsratsvorsitzenden

Anlage

Briefentwurf

[Briefkopf des Arbeitgebers]

Herrn . . . . . . (Name und Anschrift Arbeitnehmers)

. . . . . . (Datum)

Änderungsangebot

Sehr geehrter Herr . . . . . .,

wie Sie bereits wissen, entfällt im Zuge der Schließung der Zentrale Südbayern zum 30.4.2013 Ihr Arbeitsplatz.

Wir bieten Ihnen an, ab dem 1.5.2013 in der gleichen Funktion als Leiter der Abteilung Layout unserer Hamburger Niederlassung, ... (Adresse) tätig zu werden. Bisher wurden Sie gemäß der Vergütungsgruppe . . . . . . bezahlt. Die neue Position wird nach der Vergütungsgruppe . . . . . . vergütet. Im Übrigen bleiben die Arbeitsbedingungen unverändert.

Im Zusammenhang mit Ihrem möglichen Umzug nach Hamburg können Sie Leistungen nach dem Sozialplan vom . . . . . . in Anspruch nehmen.

Der Betriebsrat wurde über das Änderungsangebot unterrichtet und hat diesem zugestimmt.

Wir hoffen, dass Sie sich für die Position entscheiden werden und dürfen Sie bitten, Ihre Rückäußerung spätestens bis zum . . . . . . Herrn . . . . . . zukommen zu lassen. Nach diesem Zeitpunkt erlischt das Angebot.

Sollten Sie in diesem Zusammenhang weitere Fragen, insbesondere zum Inhalt des Stellenangebots haben, steht Ihnen Herr . . . . . . jederzeit auch telefonisch unter . . . . . . (Rufnummer) zur Verfügung.

Mit freundlichen Grüßen

. . . . . .

Unterschrift des Arbeitgebers

Anmerkungen

1. Mitteilungsempfänger. → Form. C. I. 1 Anm. 2.

2. Ort und Zeitpunkt der Mitteilung. → Form. C. I. 1 Anm. 3.

3. Vorsorglicher Antrag. → Form. C. I. 1 Anm. 4, → Form. C. I. 3 Anm. 3, 8. Wenn der Arbeitgeber einen leitenden Angestellten versetzen will, ist aus den dort genannten

Gründen häufig die vorsorgliche Unterrichtung und Einholung der Zustimmung des Betriebsrats anzuraten. Es muss dann auch die in → Form. C. I. 3 verwendete alternative Formulierung zur Mitteilung nach § 105 BetrVG für die Versetzung verwendet werden.

4. Zeitpunkt der Unterrichtung. → Anm. 6.

5. Personaldaten. → Form. C. I. 3 Anm. 5.

6. Art der personellen Maßnahme: Versetzung. Ebenso wie bei den anderen personellen Maßnahmen (→ Form. C. I. 3 Anm. 6, 7) muss der Arbeitgeber wissen, was unter einer „Versetzung" im Sinne von § 99 BetrVG zu verstehen ist. Das Betriebsverfassungsgesetz enthält insoweit eine Legaldefinition in § 95 Abs. 3 BetrVG. Danach ist Versetzung die Zuweisung eines anderen Arbeitsbereichs, die voraussichtlich die Dauer von einem Monat überschreitet oder mit einer erheblichen Änderung der Umstände verbunden ist, unter denen die Arbeit zu leisten ist. Wenn Arbeitnehmer bereits nach der Eigenart ihres Arbeitsverhältnisses üblicherweise nicht ständig an einem bestimmten Arbeitsplatz beschäftigt werden, so gilt die Bestimmung des jeweiligen Arbeitsplatzes nicht als Versetzung (vgl. § 95 Abs. 3 BetrVG).

Der Versetzungsbegriff besteht also aus drei Komponenten, von denen die letzten beiden in einem Alternativverhältnis stehen: der **„Zuweisung eines anderen Arbeitsbereiches"** (1) und der voraussichtlichen Überschreitung der **Dauer von einem Monat** (2) oder der **wesentlichen Änderung der Umstände** (3). Für die Praxis ist vor allem der Begriff der **„Zuweisung"** (1) missverständlich, da nach Auffassung der Rechtsprechung nicht nur der Arbeitsplatzwechsel kraft **arbeitsvertraglichen Direktionsrechts**, sondern auch der Arbeitsplatzwechsel durch **Änderungskündigung** oder **Änderungsvertrag** von ihm erfasst werden kann (BAG NZA 1994, 615). Folglich ist der individualrechtliche Akt, auf dem die Versetzung beruht, für den Versetzungsbegriff weitgehend irrelevant. Entscheidend ist nach der Rechtsprechung, von wem die Initiative zum Arbeitsplatzwechsel ausging und in wessen Interesse die Versetzung erfolgt (BAG AP BetrVG 1972 § 95 Nr. 26). Lässt der Arbeitgeber beispielsweise über seinen Personalleiter verlautbaren, dass im Zuge von Umstrukturierungsmaßnahmen Versetzungen notwendig werden und meldet sich ein Arbeitnehmer hierauf freiwillig, so liegt dennoch eine „Zuweisung" vor. Nur wenn der betroffene Arbeitnehmer die Versetzung **selbst gewünscht** hat oder diese **seinen Wünschen und seiner freien Entscheidung** entspricht, ist eine Zuweisung eines Arbeitsplatzes nach § 99 BetrVG abzulehnen (BAG NZA 1991, 195; BAG NZA 1997, 219). Durch dieses sehr weite Begriffsverständnis der Zuweisung sollen die Interessen des abgebenden Betriebes und der dortigen Belegschaft geschützt werden (Betriebsrat als „Wächter" der Interessen der zurückbleibenden Belegschaft, vgl. Anm. 7). Konsequenz in der arbeitsrechtlichen Praxis ist, dass die große Mehrzahl solcher Versetzungen der Mitbestimmung nach § 99 BetrVG unterfällt.

Ein **„anderer Arbeitsbereich"** (1) wird zugewiesen, „wenn dem Arbeitnehmer ein neuer Tätigkeitsbereich übertragen wird, so dass der Gegenstand der nunmehr geforderten Arbeitsleistung ein anderer wird und sich das Gesamtbild der Tätigkeit ändert" (BAG NZA 2000, 1357). Ein „anderer Arbeitsbereich" liegt daher bei Änderungen des Ortes der Tätigkeit (a), des Inhalts der Tätigkeit (b) oder der Zuordnung des Arbeitnehmers zur betrieblichen Einheit (c) vor. Eine Änderung des Ortes der Tätigkeit (a) ist grundsätzlich nur dann eine Versetzung, wenn sie in Bezug auf einzelne Arbeitnehmer erfolgt und nicht ein gesamter Betrieb oder Betriebsteil verlagert wird. Dies hat das BAG jedenfalls für die Verlagerung innerhalb einer politischen Gemeinde entschieden (BAG AP BetrVG 1972 § 95 Nr. 47). Der Inhalt der Tätigkeit (b) ändert sich beispielsweise bei der Zuweisung einer funktional anderen Tätigkeit wie der Versetzung eines Arbeitnehmers im Außendienst in den Innendienst (BAG NZA 1997, 112). Entscheidend ist, dass sich das Gesamtbild der bisherigen Tätigkeit so verändert, dass die neue Tätigkeit sich vom

Standpunkt eines mit den betrieblichen Verhältnissen vertrauten Beobachters als eine „andere" darstellt (BAG AP BetrVG 1972 § 99 Versetzung Nr. 14; BAG NZA-RR 2008, 353; BAG AP BetrVG 1972 § 99 Nr. 129). Hierzu gehört auch der teilweise Entzug von Arbeitsaufgaben (BAG AP BetrVG 1972 § 95 Nr. 34). Die Änderung der Zuordnung des Arbeitnehmers zur betrieblichen Einheit (c) wird bejaht, wenn eine Altenpflegekraft bei gleicher Tätigkeit einer anderen, organisatorisch selbständigen Station zugewiesen wird (BAG NZA 2000, 1357). Kein „anderer Arbeitsbereich" ist hingegen die Veränderung der Lage und/oder Dauer der Arbeitszeit (BAG AP BetrVG 1972 § 95 Nr. 2; BAG NZA 1994, 718). In letzterem Fall kommt jedoch eine Einstellung in Betracht (→ Form. C. I. 3 Anm. 6).

Da die Versetzung grundsätzlich die **Dauer von einem Monat** voraussichtlich überschreiten muss (2), ist der Versetzungsbegriff bei kurzfristigen Maßnahmen nur ausnahmsweise erfüllt. Hierfür müssen sich die **Umstände unter denen die Arbeitsleistung erbracht wird, wesentlich ändern** (3). Hierunter sind äußere Umstände wie längere Fahrzeiten, schwierige Verkehrsverbindungen, veränderte Arbeitszeiten und stärkere physische und psychische Belastungen zu verstehen (BAG AP BetrVG 1972 § 99 Versetzung Nr. 21), wobei die Rechtsprechung eine generalisierende Betrachtung ablehnt. So können Dienstreisen im Einzelfall eine wesentliche Veränderung der Umstände bedeuten – für eine zweitägige Dienstreise von Bonn nach Brüssel wurde dies jedoch abgelehnt. Entscheidend ist dabei, ob das Ziel der Reise das nahe oder entfernte Ausland oder der deutsche oder ein fremder Sprachraum ist, ob „vertraute" Unterkunftsmöglichkeiten etc. vorhanden sind (BAG AP BetrVG 1972 § 99 Versetzung Nr. 21). Selbst wenn eine Versetzung vorliegt, so bezieht sich das Mitbestimmungsrecht stets nur auf die Maßnahme an sich, und erstreckt sich nicht auf Einzelumstände wie die Einhaltung bestimmter Reisezeiten (BAG AP BetrVG 1972 § 87 Arbeitszeit Nr. 121). Auch ist der kurzfristige Einsatz eines Piloten als Co-Pilot keine wesentliche Änderung, weil er in Bezug auf die äußeren Arbeitsumstände lediglich den Sitzplatz mit dem nunmehrigen Piloten tauschen muss (BAG NZA-RR 2008, 353). Für die Teilnahme an einem auf dem Betriebsgelände innerhalb der Arbeitszeit stattfindenden Workshop wurde die Wesentlichkeit der Änderung ebenfalls verneint (BAG NZA 2008, 188). Die Frage der wesentlichen Änderung der äußeren Umstände ist streng von der Frage der Änderung der den Arbeitsbereich kennzeichnenden Umstände (1) zu trennen, da sich diese sowohl im Hinblick auf den Bezugspunkt als auch den Intensitätsgrad unterscheiden (BAG NZA-RR 2007, 581).

Die **Folgen einer verweigerten Zustimmung** sind grundsätzlich mit den zur Zustimmungsverweigerung bei Einstellung beschriebenen Folgen vergleichbar, wobei auch hier zwischen der Versetzung als tatsächlichem Akt und der jeweiligen (individual-) rechtlichen Grundlage zu unterscheiden ist (→ Form. C. I. 3 Anm. 4). Da diese Grundlage entweder die Ausübung des Direktionsrechtes, ein Änderungsvertrag oder eine Änderungskündigung sein kann (s. o.), ist im Hinblick auf die individualrechtlichen Folgen wiederum zu differenzieren. Will der Arbeitgeber die Versetzung durch **Ausübung seines Direktionsrechtes** vollziehen, so kann er dem Arbeitnehmer ohne Zustimmung des Betriebsrats zur Versetzung in tatsächlicher Hinsicht nicht wirksam einen neuen Arbeitsbereich zuweisen. Die tatsächliche Zuweisung des neuen Arbeitsbereiches ist in diesem Fall nicht durchsetzbar. Der Arbeitnehmer kann die Arbeit auf dem neuen Arbeitsplatz daher verweigern und Weiterbeschäftigung auf seinem alten Arbeitsplatz zu entsprechender Vergütung verlangen (BAG NZA 1988, 476). Will der Arbeitgeber die Versetzung durch **Abschluss eines Änderungsvertrages** vollziehen, so wird dessen Wirksamkeit von der fehlenden Zustimmung des Betriebsrats – wie der erstmals abgeschlossene Arbeitsvertrag im Fall der Einstellung – nicht berührt. Allerdings besteht auch in diesem Fall ein betriebsverfasungsrechtliches Beschäftigungsverbot, so dass dem betroffenen Arbeitnehmer ohne Zustimmung des Betriebsrats tatsächlich kein neuer Arbeitsbereich zugewiesen werden kann → Form. C. I. 3 Anm. 4). Die Frage, auf welcher Grundlage der Arbeitnehmer zu vergüten ist, wenn der

Änderungsvertrag eine höhere oder niedrigere Vergütung vorsieht, ist bislang noch nicht Gegenstand höchstrichterlicher Entscheidungen gewesen (vgl. aber sogleich zur Änderungskündigung). Um Unklarheiten zu vermeiden, sollte der Vertragsabschluss – wie im Formular geschehen – der Zustimmung des Betriebsrats zeitlich nachfolgen oder auf diese aufschiebend bedingt werden (→ Form. C. I. 3 Anm. 4). Wählt der Arbeitgeber den Weg der **Änderungskündigung**, so bleibt diese trotz fehlender Zustimmung nach § 99 BetrVG wirksam (BAG AP KSchG 1969 § 2 Nr. 33; BAG NZA 1994, 187; BAG AP KSchG 1969 § 2 Nr. 53, BAG AP KSchG 1969 § 2 Nr. 145). Dennoch kann der Arbeitgeber dem Arbeitnehmer auch in diesem Fall nicht wirksam einen neuen Arbeitsbereich zuweisen. Der Arbeitnehmer ist zur Arbeit auf dem neuem Arbeitsplatz nicht verpflichtet (BAG AP KSchG 1969 § 2 Nr. 33). Zu der Frage nach der Grundlage (und Höhe) des Vergütungsanspruches scheint das BAG die Undurchsetzbarkeit der geänderten Vertragsbedingungen insgesamt anzunehmen. Der Vergütungsanspruch würde durch die Kündigung „nicht tangiert" (BAG AP KSchG 1969 § 2 Nr. 33; BAG AP KSchG 1969 § 2 Nr. 53). Dies erklärt sich letztlich dadurch, dass der Arbeitgeber vom Instrument der Änderungskündigung praktisch nur Gebrauch macht, wenn er im Rahmen der Versetzung eine gleich bleibende oder geringere Vergütung durchsetzen will. Wäre dieser Teil der Änderungskündigung uneingeschränkt durchsetzbar, würde dies dem Zweck des Mitbestimmungsrechtes, (auch) den betroffenen Arbeitnehmer zu schützen, zuwiderlaufen.

Als Folge des Umstands, dass betriebsverfassungsrechtlicher und arbeitsvertraglicher Versetzungsbegriff streng zu unterscheiden sind (s. o.), ist bei der Änderungskündigung zudem zu beachten, dass parallel zum Zustimmungsverfahren gemäß § 99 BetrVG das Anhörungsverfahren gemäß § 102 BetrVG durchzuführen ist (BAG AP KSchG 1969 § 2 Nr. 33). In diesen Fällen ist auch besonderes Augenmerk auf die **zeitliche Abfolge der Beteiligungsverfahren** zu richten: Das Anhörungsverfahren gemäß § 102 BetrVG knüpft an den Ausspruch der Änderungskündigung (Rechtsakt) an. Der Betriebsrat ist „vor" der Kündigung anzuhören. Das Zustimmungsverfahren gemäß § 99 BetrVG knüpft an die durch die Änderungskündigung bezweckte Versetzung an. Das ist – genauso wie bei der Einstellung (→ Form. C. I. 3 Anm. 4) – der tatsächliche Akt des Wechsels des Arbeitsbereichs (s. o.). Unterrichtung und Antrag auf Zustimmung haben „vor" der Versetzung (tatsächlicher Akt) zu erfolgen. Der Arbeitgeber kann somit spätestens nach Ablauf der einwöchigen Anhörungsfrist des § 102 Abs. 2 S. 1 BetrVG die Änderungskündigung aussprechen. Das ist für den Arbeitgeber vor allem bei langen Kündigungsfristen von Vorteil. Sollte er mit dem Anhörungsverfahren aus Gründen der rationellen Handhabung das Unterrichtungs- und Zustimmungsverfahren gemäß § 99 BetrVG bereits verbunden haben, stört eine im Zeitpunkt des Ausspruchs der Änderungskündigung noch nicht vorliegende Zustimmung nicht. Bis zum Ablauf der Kündigungsfrist, d. h. Wirksamwerden der Kündigung und tatsächlicher Versetzung, kann der Arbeitgeber versuchen, diese Zustimmung, gegebenenfalls im Zustimmungsersetzungsverfahren (vgl. § 99 Abs. 4 BetrVG), zu erhalten. Auch kann er, da das Zustimmungsersetzungsverfahren i. d. R. zu lange dauern wird, die Versetzung womöglich als vorläufige personelle Maßnahme durchführen (vgl. § 100 BetrVG). Ein Muster hierzu ist im → Form. C. I. 3 zu finden.

7. **Versetzung in anderen Betrieb.** Das Formular geht davon aus, dass der Arbeitnehmer von einem Betrieb des Unternehmens **in einen anderen Betrieb desselben Unternehmens** versetzt werden soll. Existieren in beiden Betrieben Betriebsräte, können Beteiligungsrechte sowohl des Betriebsrats des „abgebenden Betriebs" als auch des Betriebsrats des „aufnehmenden Betriebs" bestehen. Einfach ist die Rechtslage beim **aufnehmenden Betrieb:** Hier soll der Arbeitnehmer in Zukunft seine Tätigkeit verrichten, so dass mit tatsächlicher Arbeitsaufnahme eine **„Einstellung"** vorliegt, die nach § 99 BetrVG mitbestimmt ist. Der Arbeitgeber hat also gegenüber dem Betriebsrat des aufnehmenden Betriebs bezüglich einer Einstellung eine Unterrichtung vorzunehmen und

einen Antrag auf Zustimmung zu stellen (→ Form. C. I. 3). Für den **abgebenden Betrieb** könnte man den Standpunkt einnehmen, dass insoweit überhaupt keine Beteiligungsrechte bestehen, um die Gefahr widersprechender Entscheidungen zu vermeiden. Das BAG sieht aber den Betriebsrat des abgebenden Betriebs auch als „Wächter" der zurückbleibenden Belegschaft an und hat entschieden, dass insoweit eine Beteiligung unter dem Gesichtspunkt der **„Versetzung"** durchzuführen ist (BAG NZA 1991, 195; BAG NZA 1993, 714; BAG AP BetrVG 1972 § 117 Nr. 7). Die Ausübung dieser Schutzfunktion durch den Betriebsrat des abgebenden Betriebs ist allerdings dann nicht geboten, so dass das Mitbestimmungsrecht nicht besteht, wenn der Arbeitgeber einem Arbeitnehmer nach der vollständigen Stilllegung eines Betriebs eine Tätigkeit in einem anderen Betrieb des Unternehmens zuweist (BAG AP BetrVG 1972 § 99 Nr. 129). Die Versetzung von Arbeitnehmern in einen anderen Betrieb unterliegt ferner aus Gründen der Arbeitskampfparität dann nicht der Mitbestimmung des Betriebsrats des abgebenden Betriebes, wenn arbeitswillige Arbeitnehmer von einem Betrieb in einen bestreikten Betrieb desselben Unternehmens zur Begrenzung der Streikfolgen versetzt werden (BAG BeckRS 2012, 68679). Die Pflicht zur Beteiligung des Betriebsrats des abgebenden Betriebs besteht bei unternehmensinternen Versetzungen auch dann, wenn in dem Unternehmen ein Gesamtbetriebsrat existiert. Das Gesetz sieht für diesen lediglich eine subsidiäre Zuständigkeit vor, wenn Angelegenheiten zu behandeln sind, die nicht durch die einzelnen Betriebsräte geregelt werden können (vgl. § 50 Abs. 1 Halbs. 1 BetrVG). Eine Beteiligung beider Betriebsräte ist hier aber ohne weiteres möglich, weshalb der Gesamtbetriebsrat nicht zuständig ist. Die gleichen Grundsätze gelten im Fall des Wechsels in ein anderes Unternehmen desselben Konzerns hinsichtlich einer etwaigen Zuständigkeit des Konzernbetriebsrats (BAG AP BetrVG 1972 § 95 Nr. 26). Sie gelten auch, wenn mehrere Unternehmen, die den Schwellenwert von mehr als 20 wahlberechtigten Arbeitnehmern für sich genommen nicht erreichen, einen gemeinsamen Betrieb führen, der den Schwellenwert übersteigen würde. In diesem Fall ist § 99 BetrVG bei Versetzungen innerhalb des Gemeinschaftsbetriebes nach Sinn und Zweck des Mitbestimmungsrechtes analog anzuwenden (BAG AP BetrVG 1972 § 99 Versetzung Nr. 40; BAG NJOZ 2005, 4150).

8. Einvernehmliche Versetzung/Inhalt der Unterrichtung: in Aussicht genommener Arbeitsplatz. Das Formular berücksichtigt an dieser Stelle, dass im Regelfall auch eine einvernehmliche Versetzung der Mitbestimmung nach § 99 BetrVG unterliegt (→ Anm. 6). Aus diesem Grund wird dem Betriebsrat ein Änderungsangebot als Briefentwurf beigelegt, wie es dem Arbeitnehmer mit der Bitte um Zustimmung unterbreitet werden soll. Dies soll verdeutlichen, dass dem Betriebsrat unabhängig davon, auf welchem individualrechtlichen Akt die Versetzung beruht (Direktionsrecht, Änderungskündigung oder Änderungsvertrag), detaillierte Informationen zu dem „in Aussicht genommenen Arbeitsplatz" (vgl. § 99 Abs. 1 S. 2 BetrVG) gegeben werden müssen. Da der Betriebsrat auf Grundlage der Unterrichtung über eine Zustimmungsverweigerung entscheidet, muss die Unterrichtung die insoweit erforderlichen Informationen enthalten (vgl. § 99 Abs. 2 BetrVG). Daher genügen **pauschale Angaben,** wie etwa der Hinweis einer **Versetzung „nach Hamburg"** oder **„in die Zentrale"** nicht. Vielmehr muss die neue Position/Funktion samt Stellenbeschreibung, Arbeitsort und Vergütungsstruktur (Ein-/Umgruppierung) angegeben werden. Bei einer nur vorübergehenden Versetzung ist zudem der konkrete Zeitraum der Versetzung mitzuteilen (Richardi/*Thüsing* § 99 Rn. 161).

Obwohl die einvernehmliche Versetzung den Versetzungsbegriff des BetrVG erfüllt (→ Anm. 6), ist die Annahme, in diesen Fällen bedürfe es keiner Beteiligung des Betriebsrats, weit verbreitet. Denn der Zweck des Mitbestimmungsrechts könne bei einem freiwilligen Ausscheiden des Arbeitnehmers aus dem Betrieb nicht mehr erreicht werden, da der Betriebsrat das Ausscheiden letztlich ja ohnehin nicht verhindern könne. Das ist zwar grundsätzlich richtig, missachtet aber den Gedanken, dass der Betriebsrat des abgebenden Betriebs auch „Wächter“ der Interessen der zurückbleibenden Belegschaft ist (s. bereits → Anm. 6, 7).

9. Art der personellen Maßnahme: Umgruppierung. Als Umgruppierung bezeichnet man die neue Einordnung des Arbeitnehmers in die für ihn maßgebliche Lohn- oder Gehaltsgruppe des beim Arbeitgeber geltenden Vergütungsschemas. Ob eine höhere oder niedrigere Einstufung erfolgt, ist für das Eingreifen des Beteiligungsrechts irrelevant. Wie in → Form. C. I. 3 Anm. 7 dargestellt, geht mit einer Versetzung nicht zwingend eine Umgruppierung einher. Auch Eingruppierungen sind denkbar. Der Unterschied ist jedoch rein begrifflicher Natur und wirkt sich auf Art und Umfang des Beteiligungsrechtes nicht aus. Daher gelten die Ausführungen zur Eingruppierung (→ Form. C. I. 3 Anm. 7) entsprechend. Gruppiert ein Arbeitgeber einen eingereihten Arbeitnehmer bei unveränderter Rechtsgrundlage und Tätigkeit um, hat er dem Betriebsrat zur vollständigen Unterrichtung die Beurteilungskriterien zu nennen, die er der anderen Einstufung zugrunde legt. Sind persönliche Qualifikationsanforderungen an den Arbeitnehmer ein- oder umgruppierungsrelevant, sind diese dem Betriebsrat mitzuteilen (BAG AP BetrVG 1972 § 99 Eingruppierung Nr. 51).

10. Auswirkungen der geplanten Maßnahme. → Form. C. I. 3 Anm. 10. Im Hinblick auf den Sinn und Zweck der Unterrichtung als Entscheidungsrundlage für den Betriebsrat (→ Anm. 8) sind bei der Angabe der Auswirkungen der Versetzung auch die konkreten Folgen für den betroffenen Arbeitnehmer zu bezeichnen. Ergibt sich z.B., dass dieser infolge der Versetzung nicht mehr die Möglichkeit einer Provisionserzielung hat, ist auch die konkrete Höhe der bisherigen Provisionen anzugeben, um den Nachteil i.S.d. § 99 Abs. 2 Nr. 4 BetrVG beurteilen zu können (LAG Kiel BeckRS 2006, 40816).

11. Personaldaten der übrigen Bewerber. Geht der Versetzung eine Stellenausschreibung voraus, so muss wie im Fall einer Einstellung über die übrigen Bewerber unterrichtet werden (Richardi/*Thüsing* § 99 Rn. 159). Die Ausführungen in → Form. C. I. 3 Anm. 11 gelten hier entsprechend.

12. Fachliche Eignung. Für den Fall der vorherigen Stellenausschreibung gelten die Ausführungen in → Form. C. I. 3 Anm. 13 entsprechend.

13. Aushändigung der Bewerbungsunterlagen. Für den Fall der vorherigen Stellenausschreibung gelten die Ausführungen in → Form. C. I. 3 Anm. 14 entsprechend.

14. Zeitpunkt der Mitteilung. → Form. C. I. 3 Anm. 16.

5. Antrag auf Zustimmung nach § 99 BetrVG und Unterrichtung nach § 100 BetrVG (Unterrichtungsbogen)

Mitbestimmung des Betriebsrats gemäß § 99 BetrVG[1]

Betriebsrat Betrieb ...... z. Hd. des Betriebsratsvorsitzenden Herrn ...... – im Hause –	Absender

Personaldaten

Vor- und Nachname	Geburtsdatum	Familienstand/Kinder

Sonstiges (z.B. Sonderkündigungsschutz)

(Optional: für Versetzungen (und Umgruppierungen))

Bisherige Tätigkeit und Einheit	*Bisherige wöchentl. Arbeitszeit*	*Bisherige Vergütungsgruppe*

Personelle Maßnahme

Der/Die Mitarbeiter(in) soll zum ......

☐ eingestellt ☐ eingruppiert ☐ versetzt ☐ umgruppiert

werden.

Angaben zum in Aussicht genommenen Arbeitsplatz:[2]

Ergänzend verweisen wir auf unsere mündliche Unterrichtung vom ......

Angaben zur fachlichen und persönlichen Eignung für den in Aussicht genommen Arbeitsplatz:[3]

Ergänzend verweisen wir auf unsere mündliche Unterrichtung vom ......

Angaben über die Auswirkungen der geplanten Maßnahme:[4]

Ergänzend verweisen wir auf unsere mündliche Unterrichtung vom ......

Beigefügte Anlagen:[5] (z. B. Bewerbungsunterlagen, etc.)	
Der Betriebsrat wird gebeten, seine Zustimmung zu der personellen Maßnahme zu erteilen.	
(*Optional*: *Unterrichtung des Betriebsrats über die beabsichtigte vorläufige personelle Maßnahme)*[6]	
...... Ort, Datum	...... Unterschrift Arbeitgeber
Stellungnahme des Betriebsrats gemäß § 99 BetrVG	
☐ Wir stimmen der personellen Maßnahme zu.	
☐ Wir verweigern die Zustimmung gemäß § 99 Abs. 2 BetrVG. Begründung:	
Wir bestätigen, dass wir diesen Antrag auf Zustimmung samt Anlagen (......) am ...... erhalten haben.[7]	
Wir bestätigen, dass uns am ...... im Rahmen einer mündlichen Unterrichtung Detailinformationen gegeben wurden.	
...... Ort, Datum	...... Unterschrift des Betriebsratsvorsitzenden

Anmerkungen

1. Mündliche Unterrichtung. Nicht anders als bei der Anhörung zu einer Kündigung gemäß § 102 BetrVG (→ Form. C. I. 2) stellt sich auch bei der Mitbestimmung des Betriebsrats gemäß § 99 BetrVG die Frage, ob die Unterrichtung und der Antrag auf Zustimmung **schriftlich oder mündlich** erfolgen sollten. Das Gesetz beantwortet dies nur insoweit, als es den Arbeitgeber zur „Vorlage der erforderlichen Unterlagen" verpflichtet (§ 99 Abs. 1 S. 1 Halbs. 2). Damit schreibt das Gesetz keine Form vor, so dass auch eine mündliche Unterrichtung ausreicht (BAG NZA 1989, 518), was natürlich nicht von der Pflicht der Vorlage der schriftlichen Bewerbungsunterlagen entbindet (→ Form. C. I. 3 Anm. 14, → Form. C. I. 4 Anm. 13). Abgesehen hiervon ist auch im Rahmen dieses Beteiligungsrechts eine **Kombination von schriftlicher und mündlicher Unterrichtung oder Antragstellung** zulässig. Hier steht vor allem der **Vereinfachungseffekt** im Vordergrund. Denn eine ausführliche schriftliche Unterrichtung ist häufig angesichts der Vielfalt und Zahl der personellen Maßnahmen mit hohem Arbeitsaufwand verbunden. Das Formular stellt einen einheitlichen Unterrichtungsbogen für Einstellung, Eingruppierung, Versetzung und Umgruppierung dar. Nicht anders als beim Anhörungsbogen für das Verfahren nach

§ 102 BetrVG gilt, dass alle Informationen, um die das Formular nicht ergänzt wird, im Rahmen der parallelen mündlichen Unterrichtung gegeben werden müssen. Dabei ist jedoch zu bedenken, dass eine mündliche Unterrichtung Risiken beinhaltet. Gemäß § 99 Abs. 3 S. 1 BetrVG gilt die Zustimmung des Betriebsrats als erteilt, wenn dieser sich nicht innerhalb einer Woche erklärt. Diese Wochenfrist beginnt aber nur bei ordnungsgemäßer Unterrichtung zu laufen (→ Form. C. I. 3 Anm. 15). Beruft sich der Betriebsrat im Streitfall darauf, dass die Unterrichtung nicht ordnungsgemäß durchgeführt wurde, ist es Sache des Arbeitgebers, das Gegenteil darzulegen (BAG AP BetrVG 1972 § 99 Nr. 34). Deshalb empfiehlt sich für den Arbeitgeber bei der mündlichen Mitteilung eine weitere Person hinzuzuziehen, die im Streitfall als Zeuge dienen kann. Das Formular sieht vor, dass das Datum der mündlichen Unterrichtung festgehalten wird.

2. In Aussicht genommener Arbeitsplatz. → Form. C. I. 3 Anm. 9.

3. Fachliche und persönliche Eignung. Bei einer Einstellung und Versetzung sind grundsätzlich Angaben zur fachlichen und persönlichen Eignung des ausgewählten Bewerbers oder Mitarbeiters für den in Aussicht genommenen Arbeitsplatz zu machen (→ Form. C. I. 3 Anm. 13, → Form. C. I. 4 Anm. 12). Diese Angaben dürften allerdings im Fall der „Einstellung" entbehrlich sein, wenn diese einen bereits im Betrieb beschäftigten Arbeitnehmer betrifft, dessen Arbeitsbedingungen sich wesentlich ändern (ohne, dass es sich um eine „Versetzung" handelt). Dies ist zum Beispiel bei der Verlängerung eines befristeten (Probe-)Arbeitsverhältnisses in ein Arbeitsverhältnis auf unbestimmte Zeit, der Umwandlung eines Teilzeitarbeitsverhältnisses in ein Vollzeitarbeitsverhältnis oder einer nach Dauer und Umfang nicht unerheblichen Erhöhung der regelmäßigen wöchentlichen Arbeitszeit der Fall (→ Form. C. I. 3 Anm. 6).

4. Auswirkungen der personellen Maßnahme. → Form. C. I. 3 Anm. 10, → Form. C. I. 4 Anm. 10.

5. Anlagen. Bei einer Einstellung hat der Arbeitgeber dem Betriebsrat auch die Personaldaten aller Personen mitzuteilen, die sich auf die konkrete Stelle beworben haben sowie deren Bewerbungsunterlagen als Anlagen vorzulegen (→ Form. C. I. 3 Anm. 11, 12, → Form. C. I. 3 Anm. 14). Gleiches gilt auch bei einer Versetzung, soweit dieser ein Stellenbesetzungsverfahren vorausging (→ Form. C. I. 4 Anm. 11).

6. Vorläufige personelle Maßnahme. Der Antrag auf Zustimmung zur personellen Maßnahme kann mit der Unterrichtung des Betriebsrats verbunden werden, dass die personelle Maßnahme – Einstellung und Versetzung – bei Zustimmungsverweigerung im Rahmen einer vorläufigen personellen Maßnahme durchgeführt wird (vgl. § 100 Abs. 2 S. 1 BetrVG und ausführlich → Form. C. I. 3 Anm. 16).

7. Zeitpunkt der Mitteilung. Der Zeitpunkt der Unterrichtung ist für den Lauf der Frist für die Erteilung oder Verweigerung der Zustimmung entscheidend (→ Form. C. I. 3 Anm. 17). Um hinsichtlich des Zeitpunkts der Unterrichtung Klarheit zu schaffen, sollte der Betriebsrat bestätigen, an welchem Tag er den Antrag auf Zustimmung samt Anlagen erhalten hat. Die notwendigen Angaben (Tag des Eingangs beim Betriebsrat und Bezeichnung der Anlagen) kann der Arbeitgeber bereits vor Einreichung des Antrags selbst ausfüllen. Es ist dann am Betriebsrat, etwaige unzutreffende Angaben zu streichen.

Wirtschaftliche Angelegenheiten

6. Interessenausgleich

Interessenausgleich[1]

zwischen

...... (Name und Anschrift der Gesellschaft) „Gesellschaft“

und

...... (Name und Anschrift des Betriebsrats) „Betriebsrat“

Präambel[2]

......

§ 1 Betriebsänderung[3]

Der Betrieb ...... wird am ...... stillgelegt. Damit entfallen insgesamt ...... Arbeitsplätze. Der Betriebsrat nimmt die Betriebsstilllegung zur Kenntnis.[4]

(Alternative:

Der Betrieb ...... wird spätestens am/im Laufe des Jahres ...... stillgelegt.)

(Alternative:

Die Gesellschaft und der Betriebsrat sind sich darüber einig, dass die Abteilung ...... des Betriebs ...... am ...... stillgelegt wird. Damit entfallen die Arbeitsplätze von ...... Mitarbeitern. (Optional: Diese Mitarbeiter sind in Anlage A namentlich genannt (Namensliste i. S. v. § 1 Abs. 5 KSchG).)[5]

(Alternative:

Der Betriebsrat stimmt der Betriebsstilllegung zu.)

§ 2 Durchführung

(1) Bis zum ...... läuft die Produktion im Betrieb mit dem vorhandenen Auftragsbestand aus. Je nach Abwicklung der Aufträge beginnt sukzessive der Abbau der Fertigungseinrichtungen.

(2) Die Arbeitsverträge der von der Stilllegung betroffenen Mitarbeiter werden spätestens zum ...... einvernehmlich abgeändert, einvernehmlich aufgelöst oder von der Gesellschaft unter Einhaltung der gesetzlichen, tariflichen oder einzelvertraglichen Kündigungsfrist gekündigt. Die infolge der Stilllegung erforderlichen Kündigungen erfolgen auf Grund eines dringenden betrieblichen Erfordernisses i. S. v. § 1 Abs. 2 Alt. 3 KSchG. Im Einzelnen werden hierbei die in der Anlage beigefügten Pläne[6] (......, ..., ...) zugrunde gelegt. Das Recht der Gesellschaft zu Kündigungen aus personen- oder verhaltensbedingten Gründen oder aus wichtigem Grund bleibt unberührt.

(Alternative:

(2) Die Arbeitsverträge der von der Stillegung betroffenen Mitarbeiter werden spätestens zum ...... von der Gesellschaft unter Einhaltung der gesetzlichen, tariflichen oder einzelvertraglichen Kündigungsfrist gekündigt. Diese Kündigungen erfolgen auf Grund

eines dringenden betrieblichen Erfordernisses i. S. v. § 1 Abs. 2 Alt. 3 KSchG. Das Recht der Gesellschaft zu Kündigungen aus personen- oder verhaltensbedingten Gründen oder aus wichtigem Grund bleibt unberührt.)

(3) Alle Mitarbeiter sind bis zum Ablauf der Kündigungsfrist oder Versetzungsfrist zur Arbeitsleistung verpflichtet. Die Gesellschaft ist aber berechtigt, die Mitarbeiter von der Arbeit freizustellen.

(4) Die Gesellschaft verpflichtet sich, denjenigen Mitarbeitern, die zum Zeitpunkt der Stilllegung noch keinen anderen Arbeitsplatz gefunden haben, eine bis zur Dauer von ...... Monaten befristete Weiterbeschäftigung mit Stilllegungsarbeiten anzubieten.

(5) Die Gesellschaft verpflichtet sich, die im Betrieb bestehenden Ausbildungsverhältnisse in dem Betrieb ...... zu Ende zu führen.

(Alternative:

(5) Die Gesellschaft verpflichtet sich, sich um die Übernahme der bestehenden Ausbildungsverhältnisse durch geeignete Betriebe zu bemühen.)

(Alternative:

(5) Die Gesellschaft verpflichtet sich, die bestehenden Ausbildungsverhältnisse im Betrieb bis zum Ende der Stilllegungsarbeiten weiterzuführen und bereits eingeleitete Überleitungen der Ausbildungsverhältnisse auf Nachbarbetriebe zu ermöglichen.)

§ 3 Mitwirkung des Betriebsrats[7]

(1) Der Betriebsrat wird den für die Stilllegung erforderlichen Einzelmaßnahmen (Versetzungen, Änderungs- oder Beendigungskündigungen) zustimmen. Soweit zur Kündigung die Zustimmung von Behörden notwendig ist, wird der Betriebsrat erklären, dass er gegen die Kündigung keine Einwendungen erhebt.

(2) Dieser Interessenausgleich gilt zugleich als Stellungnahme des Betriebsrats i. S. d. § 17 KSchG.[8]

§ 4 Sozialplan[9]

Zum Ausgleich und zur Milderung der wirtschaftlichen Nachteile der von der Stilllegung betroffenen Mitarbeiter werden die Parteien einen Sozialplan abschließen.

§ 5 Schlussbestimmungen

(1) Dieser Interessenausgleich wirkt ausschließlich zwischen den Parteien. Er begründet keine Rechte und Pflichten für Mitarbeiter der Gesellschaft.[10]

(2) Änderungen und/oder Ergänzungen dieses Interessenausgleichs, einschließlich dieser Bestimmung, bedürfen zu ihrer Wirksamkeit der Schriftform.

(3) Sollten einzelne Bestimmungen dieses Interessenausgleichs unwirksam sein oder werden, so bleiben die übrigen Bestimmungen in Kraft. Beide Seiten verpflichten sich in einem solchen Fall, anstelle der unwirksamen Bestimmung eine Regelung zu finden, die der unwirksamen Bestimmung wirtschaftlich am nächsten kommt.

(4) Entsprechendes gilt im Falle einer Regelungslücke wie auch im Fall der Nichtdurchführbarkeit einer in diesem Interessenausgleich enthaltenen Regelung.

(5) Dieser Interessenausgleich tritt mit Unterzeichnung in Kraft. Er endet mit dem Abschluss der Maßnahmen.

(6) Die Parteien sind sich einig, dass die Verhandlungen abgeschlossen sind und das Verfahren zur Herbeiführung eines Interessenausgleichs im Hinblick auf die Maßnahmen beendet ist.[11]

......	......
Ort, Datum	Ort, Datum
......	......
Unterschrift der Gesellschaft	Unterschrift des Betriebsratsvorsitzenden

(Optional:

Anlage A (Namensliste i. S. v. § 1 Abs. 5 KSchG) zum Interessenausgleich vom ......[12]

Nr.	Nachname	Vorname
1		
2		
3		
4		
5		
6		
7		
8		
9		
10		
......		

......	......
Ort, Datum	*Ort, Datum*
......	......
Unterschrift der Gesellschaft	*Unterschrift des Betriebsratsvorsitzenden)*

Anmerkungen

1. Regelungsgegenstand. Das Formular behandelt einen Interessenausgleich über eine Betriebsstilllegung im Rahmen eines Unternehmens mit mehreren Betrieben. Ein Interessenausgleich ist eine **Einigung** zwischen Unternehmer und Betriebsrat **über eine geplante Betriebsänderung. Der Versuch eines Interessenausgleichs ist** erforderlich, wenn in Unternehmen mit i. d. R. mehr als 20 wahlberechtigten Arbeitnehmern eine Betriebsänderung geplant ist, die wesentliche Nachteile für die Belegschaft oder erhebliche Teile der Belegschaft zur Folge haben könnte (§ 111 S. 1 BetrVG), wobei für den Schwellenwert von 20 Arbeitnehmern nach neuer Rechtsprechung auch Leiharbeitnehmer zu berücksichtigen sind (BAG AP BetrVG 1972 § 111 Nr. 70). Im Interessenausgleich werden Regelungen darüber getroffen, **ob, wie und wann** eine geplante Betriebsänderung i. S. d. § 111 BetrVG durchgeführt wird (BAG AP BetrVG 1972 § 113 Nr. 13; BAG AP BetrVG 1972 § 113 Nr. 27). Dabei sollen aus der geplanten Betriebsänderung resultierende Nachteile für die betroffenen Beschäftigten möglichst verhindert werden. Auch präventive Regelungen, um Nachteile gering zu halten, sind möglich (vgl. BAG AP BetrVG 1972 § 112 Nr. 59). Der Arbeitgeber muss sich mit dem ernsthaften Willen zur Einigung um Verhandlungen mit dem Betriebsrat über den Abschluss eines Interessenausgleichs bemühen. Scheitern die Verhandlungen, können Arbeitgeber oder Betriebsrat die Einigungsstelle anrufen, welche nach § 112 Abs. 3 BetrVG eine Einigung der Parteien zu versuchen hat, aber nicht selbst verbindlich über einen Interessenausgleich entscheiden kann (zu der Frage, ab wann die Anrufung der Einigungsstelle zulässig ist s. *Göpfert/Krieger* NZA 2005, 254 ff.; *Kania/Joppich* NZA 2005, 749 ff.). Wird mit einer Betriebsänderung begonnen, bevor ein Interessenausgleich abgeschlossen ist oder die Verhandlungen hierüber gescheitert sind, so haben die Arbeitnehmer einen Nachteilsausgleichsanspruch gemäß § 113 Abs. 3 i.V.m. Abs. 1 BetrVG, wenn sie infolge der Maßnahme entlassen werden oder andere wirtschaftliche Nachteile erleiden. Darüber hinaus stellt sich die – für die Praxis sehr bedeutsame – Frage eines Unterlassungsanspruchs des Betriebsrats (zum in der Praxis kaum beachteten Unterlassungsanspruch wegen Verletzung des § 95 Abs. 1 BetrVG vgl. GKBetrVG/*Oetker* § 111 Rn. 269 ff.; BAG NZA 2005, 1372). Angesichts der Vielzahl möglicher Betriebsänderungen sind die Inhalte von Interessenausgleichen sehr verschieden. Denn Kern des Interessenausgleichs ist eine umfassende Beschreibung der geplanten Maßnahmen.

Der Interessenausgleich ist grundsätzlich mit dem Betriebsrat des betroffenen Betriebs zu verhandeln. Soweit die Betriebsänderung allerdings mehrere Betriebe eines Unternehmens betrifft und ein sachlich zwingendes Bedürfnis für eine betriebsübergreifende Regelung besteht, liegt die Zuständigkeit nach § 50 Abs. 1 BetrVG beim Gesamtbetriebsrat (BAG AP BetrVG 1972 § 50 Nr. 29). Für den Abschluss des Sozialplans ist eine gesonderte Zuständigkeitsprüfung vorzunehmen (vgl. BAG AP BetrVG 1972 § 50 Nr. 29 und → Form. C. I. 8 Anm. 1).

Der Interessenausgleich bedarf nach § 112 Abs. 1 S. 1 BetrVG zu seiner Wirksamkeit zwingend der **Schriftform** i.S.d. § 126 Abs. 1 BGB (BAG AP BetrVG 1972 § 113 Nr. 13; BAG AP BetrVG 1972 § 113 Nr. 27). Auf eine ausdrückliche Bezeichnung der Vereinbarung als „Interessenausgleich" kommt es nicht an. Entscheidend ist allein, dass eine Einigung über eine Betriebsänderung getroffen wurde (BAG AP BetrVG 1972 § 113 Nr. 27). Soweit dem Interessenausgleich **Anlagen**, z.B. eine Namensliste, **beigefügt werden**, erstreckt sich das Schriftformerfordernis auch auf diese (→ Anm. 5, 6).

Stehen die Einzelheiten der Betriebsänderung zum Zeitpunkt der Beratungen zwischen Gesellschaft und Betriebsrat zum Teil noch nicht fest, so kann die Vereinbarung eines **Teilinteressenausgleichs** sinnvoll sein. Von der Vereinbarung eines (vorsorglichen) Rahmeninteressenausgleichs ist grundsätzlich abzuraten. Ein derartiger Rahmeninteressenausgleich soll langfristig „Spielregeln" für die Durchführung künftiger, noch nicht absehbarer Betriebsänderungen festlegen, wird jedoch nicht als Interessenausgleich i.S.d. § 112 Abs. 1 S. 1 BetrVG anerkannt, da er keine konkrete Betriebsänderung zum Gegenstand hat.

Interessenausgleich und Sozialplan können auch in einer Vereinbarung zusammengefasst werden (*Bauer* DB 1994, 217, 223; ErfKomm/*Kania* § 112a BetrVG Rn. 5). Da Sozialpläne im Gegensatz zu Interessenausgleichen allerdings Betriebsvereinbarungen sind, deren Durchführung der Betriebsrat erzwingen kann und die unmittelbare Rechte und Pflichten gegenüber den Arbeitnehmern begründen, empfiehlt sich in derart „kombinierten" Vereinbarungen eine deutliche Klarstellung dahingehend, welche Regelungen dem Sozialplan und welche Regelungen dem Interessenausgleich zuzuordnen sind. In der Praxis ist es üblich, Interessenausgleich und Sozialplan in einer Verhandlungskommission gemeinsam zu verhandeln. Am Ende der Verhandlungen stehen aber regelmäßig zwei getrennte Vertragswerke.

2. Präambel. Das Voranstellen einer Präambel im Interessenausgleich kann sinnvoll sein, um den **Anlass, die Vorgeschichte und/oder Zusammenhänge** der geplanten Betriebsänderung und damit des Interessenausgleichs **zu schildern.** So kann etwa erläutert werden, dass nach einem Beschluss der Unternehmensleitung ein bestimmtes Produkt, welches in dem betreffenden Betrieb produziert wird, künftig nicht mehr hergestellt wird, weshalb der Betrieb stillgelegt werden muss.

3. Betriebsänderung. Wesentlicher Bestandteil des Interessenausgleichs ist die **Beschreibung der geplanten Betriebsänderung,** wobei an die in § 111 S. 3 BetrVG ausdrücklich genannten Betriebsänderungen angeknüpft werden sollte. Eine genaue Beschreibung ist wichtig, da nicht beschriebene Maßnahmen wiederum interessenausgleichspflichtig sein können und insoweit Nachteilsausgleichsansprüche nach § 113 Abs. 3 BetrVG entstehen können. Allerdings wirkt ein zu hoher Konkretisierungsgrad auch flexibilitätshemmend.

Eine Betriebs(teil)stilllegung liegt vor, wenn auf Grund einer endgültigen unternehmerischen Entscheidung für unbestimmte Zeit die die Einheit des Betriebs gestaltende Arbeitsorganisation aufgelöst und der mit ihr verfolgte Zweck aufgegeben wird (BAG AP BetrVG 1972 § 111 Nr. 43; Richardi/*Annuß* § 111 Rn. 56). Zu der Beschreibung der Betriebsänderung gehört die Festlegung des Zeitplans und des Umfangs, also der von der Betriebsänderung betroffenen Bereiche des Betriebes und des betroffenen Personenkreises. Dies ist bei der Stilllegung eines ganzen Betriebes grundsätzlich entbehrlich. Die Nennung der Anzahl der wegfallenden Arbeitsplätze dient jedoch im vorliegenden Fall der Klarstellung.

Im Zusammenhang mit der zweiten Alternative zu § 1, wonach eine Abteilung stillgelegt wird, ist es eher angebracht, die Anzahl der in dieser Abteilung tätigen Arbeitnehmer zu nennen oder sogar eine Liste mit ihren Namen beizufügen (Namensliste i. S. v. § 1 Abs. 5 KSchG). Beides ist insbesondere auch bei einem schlichten Personalabbau als Betriebsänderung zu beachten (vgl. § 112a BetrVG). Die genaue Durchführung der geplanten Betriebsänderung einschließlich der Pläne ist hier Gegenstand von § 2.

4. Kenntnisnahme des Betriebsrats. Die Formulierung „Der Betriebsrat nimmt zur Kenntnis" bringt zum Ausdruck, dass der Betriebsrat **mit der Betriebsänderung nicht einverstanden** ist. Dies ist der Regelfall. Mangels eines erzwingbaren Mitbestimmungsrechts kann der Betriebsrat aber der Betriebsänderung auch zustimmen, da er die Stilllegung selbst ohnehin nicht verhindern kann (vgl. Alt. zu § 1 im Formular). Der Betriebsrat hat jedenfalls im Hinblick auf § 113 BetrVG ein Interesse daran, den Arbeitgeber auf seine geplante Betriebsänderung festzulegen.

5. Namensliste. Die **namentliche Bezeichnung** der wegen einer Betriebsänderung zu kündigenden Arbeitnehmer in einem Interessenausgleich bewirkt nach § 1 Abs. 5 S. 1 KSchG eine kündigungsschutzrechtliche Privilegierung des Arbeitgebers (vgl. auch § 125 Abs. 1 S. 1 InsO, § 323 Abs. 2 UmwG). Es wird dann im Kündigungsschutzprozess vermutet, dass die Kündigungen durch dringende betriebliche Erfordernisse i. S. v. § 1 Abs. 2 KSchG bedingt sind, die einer Weiterbeschäftigung der Arbeitnehmer entgegenstehen. Die Reichweite der sich aus § 1 Abs. 5 S. 1 KSchG ergebenden Vermutung erstreckt sich grundsätzlich auf den gesamten Komplex der dringenden betrieblichen Erfordernisse und damit auch auf das Nichtbestehen von Weiterbeschäftigungsmöglichkeiten im Betrieb. Eine fehlende Weiterbeschäftigungsmöglichkeit in anderen Betrieben des Unternehmens wird dann vermutet, wenn der Arbeitgeber nachweisen kann, dass eine solche im Rahmen der Verhandlungen über den Interessenausgleich mit Namensliste geprüft wurde oder wenn der Gesamtbetriebsrat im Rahmen seiner Zuständigkeit gehandelt hat (vgl. BAG NZA 2008, 633).

Die **Vermutung i. S. e. Beweislastumkehr** ist durch den Beweis des Gegenteils **widerlegbar.** Soweit der Arbeitgeber die Vermutungslage dargelegt hat, muss der Arbeitnehmer den Nachweis führen, dass die Kündigung nicht durch dringende betriebliche Erfordernisse bedingt ist (vgl. BAG AP KSchG 1969 § 1 Betriebsbedingte Kündigung Nr. 94). Er muss beispielsweise substantiiert darlegen und beweisen, dass sein Arbeitsplatz nicht entfallen ist oder dass seine Weiterbeschäftigung im Betrieb oder Unternehmen möglich war. Eine bloße Erschütterung der Vermutung genügt nicht (BAG AP BetrVG 1972 § 112 Namensliste Nr. 1). Trotz der Vermutungswirkung muss der Arbeitgeber auf Bestreiten des Arbeitnehmers die zu seinem Wahrnehmungsbereich gehörenden Tatsachen mitteilen, wie z. B. die unternehmerische Entscheidung, die fehlenden Weiterbeschäftigungsmöglichkeiten, den für die Sozialauswahl relevanten Personenkreis und die den berechtigten betrieblichen Interessen nach § 1 Abs. 3 S. 2 KSchG zugrunde liegenden Tatsachen.

Die Einhaltung der **Sozialauswahl** kann gerichtlich nur auf grobe Fehlerhaftigkeit überprüft werden (§ 1 Abs. 5 S. 2 KSchG). Das ist in der Praxis der zentrale Vorteil. Dabei bezieht sich der Prüfungsmaßstab der groben Fehlerhaftigkeit nicht nur auf die sozialen Auswahlkriterien und deren Gewichtung. Vielmehr wird die gesamte Sozialauswahl, also insbesondere auch die Bildung des auswahlrelevanten Arbeitnehmerkreises, nur auf grobe Fehlerhaftigkeit überprüft. Grob fehlerhaft ist eine Sozialauswahl, wenn eine evidente, ins Auge springende Abweichung von den Grundsätzen des § 1 Abs. 3 KSchG vorliegt und der Interessenausgleich, insbesondere bei der Gewichtung der Auswahlkriterien, jede Ausgewogenheit vermissen lässt (BAG NZA 2013, 559).

Auch wenn im Zusammenhang mit einem Interessenausgleich **Änderungskündigungen** ausgesprochen werden sollen, empfiehlt sich die Erstellung einer Namensliste. Denn obwohl ein entsprechender Verweis auf § 1 Abs. 5 KSchG fehlt (vgl. § 2 KSchG), finden dessen privilegierende Regelungen auch auf Änderungskündigungen Anwendung (BAG AP KSchG 1969 § 1 Namensliste Nr. 16). Ob von der Vermutungswirkung des § 1 Abs. 5 KSchG (neben dem dringenden betrieblichen Erfordernis zur Änderungskündigung) auch die Verhältnismäßigkeit des Änderungsangebotes erfasst wird, ist bislang nicht abschließend vom BAG entschieden. Grundsätzlich wird die Beweislast hier weiterhin beim Arbeitgeber liegen. Etwas anderes kann jedoch insoweit gelten, als einzelne vorgesehene Änderungen schon durch die Betriebsparteien in den Interessenausgleich aufgenommen wurden. Denn es kann als ausreichende Rechtfertigung für die Vermutung des § 1 Abs. 5 KSchG angesehen werden, wenn eine Mitbeurteilung durch den Betriebsrat erfolgt ist (vgl. BAG AP KSchG 1969 § 1 Namensliste Nr. 16).

Wenn eine Betriebsänderung in mehreren „Wellen" erfolgt und die Betriebsparteien für jeden Abschnitt eine abschließende Einigung über sämtliche in diesem Abschnitt zu kündigenden Arbeitnehmer herbeigeführt haben, ist es unschädlich, wenn die Namen der insgesamt zu kündigenden Arbeitnehmer nicht auf einer einzigen, einheitlichen Liste aufgeführt waren. Dann stellen auch entsprechende „Teilnamenslisten" eine ausreichende Basis für die Vermutungswirkung des § 1 Abs. 5 KSchG dar (BAG NZA 2013, 86).

Die Vereinbarung einer Namensliste zum Interessenausgleich ist auch dann von Vorteil, wenn die Betriebsänderung zu einer Anzahl von Entlassungen führt, die die Schwellenwerte des § 17 Abs. 1 KSchG überschreitet. Bei Überschreitung der Schwellenwerte sind vor Ausspruch der Kündigungen eine schriftliche Unterrichtung des Betriebsrats und Beratungen mit ihm sowie eine **Massenentlassungsanzeige** an die Agentur für Arbeit erforderlich (vgl. § 17 Abs. 2 und 3 KSchG; → Form. A. XIV. 21). Der Massenentlassungsanzeige muss eine Stellungnahme des Betriebsrats beigefügt werden (§ 17 Abs. 3 S. 1 KSchG) oder der Arbeitgeber muss bei der Massenentlassungsanzeige glaubhaft machen, dass er den Betriebsrat mindestens zwei Wochen vor Erstattung der Massenentlassungsanzeige ordnungsgemäß unterrichtet hat (§ 17 Abs. 3 S. 3 KSchG). Kommt der Arbeitgeber dem nicht nach, sind dennoch ausgesprochene Kündigungen unwirksam (BAG NZA 2012, 1029; BAG BeckRS 2013, 71139). Ein Interessenausgleich mit Namensliste **ersetzt die Stellungnahme** des Betriebsrats nach § 17 Abs. 3 S. 2 KSchG (§ 1 Abs. 5 S. 4 KSchG). Allerdings muss der Arbeitgeber nach wie vor darlegen, dass er den Betriebsrat im Rahmen des Konsultationsverfahrens ordnungsgemäß unterrichtet hat (BAG NZA 2012, 817). Die Zuständigkeit für die Vereinbarung der Namensliste richtet sich nach der Zuständigkeit für den Abschluss des Interessenausgleichs. Ist für den Abschluss des Interessenausgleichs z. B. der Gesamtbetriebsrat zuständig, so ist er dies auch für die Namensliste (BAG NZA 2013, 333). Auch bei Abschluss des Interessenausgleichs mit Namensliste mit dem Gesamtbetriebsrat gilt § 1 Abs. 5 S. 4 KSchG mit der Folge, dass die Stellungnahme des Betriebsrats nach § 17 Abs. 3

S. 2 KSchG ersetzt ist (BAG AP BetrVG 1972 § 102 Nr. 165). In diesem Fall spricht viel dafür, dass der Gesamtbetriebsrat auch für das Konsultationsverfahren nach § 17 Abs. 2 KSchG zuständig ist (ErfKomm/*Kiel* § 17 KSchG Rn. 19a; *Dzida/Hohenstatt* NJW 2012, 27, 29; *Moll/Katerndahl* RdA 2013, 159, 161; *Niklas/Koehler* NZA 2010, 913, 916; auch BAG NZA 2011, 1108 legt diesen Schluss nahe). Mangels einer eindeutigen Stellungnahme des BAG (NZA 2011, 1108) empfiehlt es sich in der Praxis, vorsorglich sowohl den Gesamtbetriebsrat als auch den jeweiligen örtlichen Betriebsrat zu konsultieren (*Krieger/Ludwig* NZA 2010, 919, 923).

Die Namensliste wird dem Interessenausgleich üblicherweise als Anlage beigefügt und unterfällt damit dem für den Interessenausgleich geltenden Schriftformerfordernis (§ 112 Abs. 1 S. 1 BetrVG). Die Rechtsprechung hat strenge Anforderungen für die Wahrung des Schriftformerfordernisses aufgestellt, deren Nichteinhaltung von Arbeitnehmern im Rahmen von Kündigungsschutzprozessen geltend gemacht werden kann. Die Schriftform ist gewahrt, wenn sowohl Interessenausgleich als auch Namensliste körperlich miteinander zu einer einheitlichen Urkunde verbunden wurden (z. B. mittels Heftklammer) und dann unterzeichnet werden. Wenn die Namensliste getrennt vom Interessenausgleich erstellt wird, dann muss für die Wahrung der Schriftform im Interessenausgleich auf die zu erstellende Namensliste verwiesen werden, die erstellte Namensliste – ebenso wie zuvor der Interessenausgleich – unterzeichnet worden sein und die Namensliste muss ihrerseits auf den Interessenausgleich verweisen. Die Schriftform kann sogar dann gewahrt sein, wenn die Namensliste nicht unterzeichnet wurde. Dies ist aber nur dann der Fall, wenn Interessenausgleich und Namensliste wechselseitig aufeinander verweisen und körperlich miteinander verbunden wurden, bevor der Interessenausgleich unterzeichnet wurde (BAG AP KSchG 1969 § 1 Nr. 20). Werden die Schriftstücke erst nach der Unterzeichnung zusammengeheftet, ist dem Schriftformerfordernis nicht genügt (BAG AP KSchG 1969 § 1 Nr. 80). Wird das Schriftformerfordernis nicht gewahrt, kann die Namensliste nicht die gewünschte Wirkung nach § 1 Abs. 5 KSchG entfalten. Bei Ausfertigung und Unterzeichnung von Interessenausgleich und Namensliste sollte daher Folgendes beachtet werden:

Einigen sich Unternehmer und Betriebsrat zeitgleich mit dem Interessenausgleich auch auf die Namensliste, so sollten beide Dokumente wechselseitig aufeinander Bezug nehmen, das heißt, der Interessenausgleich sollte die Namensliste als Anlage benennen und auch aus der Namensliste sollte eindeutig hervorgehen, dass diese eine Anlage zum Interessenausgleich ist. Interessenausgleich und Namensliste sollten mittels Heftklammer körperlich zu einer einheitlichen Urkunde verbunden und erst **nach der Verbindung** mittels Heftklammer vom Unternehmens- und Betriebsratsvertreter **unterzeichnet** werden. Einigen sich Unternehmer und Betriebsrat auf den Interessenausgleich und erst zu einem späteren Zeitpunkt auf die Namensliste, sollten beide Dokumente wechselseitig aufeinander Bezug nehmen, das heißt, der Interessenausgleich muss die noch zu erstellende Namensliste als Anlage benennen und auch aus der Namensliste muss eindeutig hervorgehen, dass diese eine Anlage zum Interessenausgleich ist (BAG AP KSchG 1969 § 1 Namensliste Nr. 20).

Da eine Namensliste die genannten Vorteile für den Arbeitgeber nur auslöst, wenn sie zwischen Unternehmen und Betriebsrat vereinbart wurde, muss ihr der Betriebsrat zustimmen. Sehr häufig sind Betriebsräte nicht bereit, Namenslisten mit dem Arbeitgeber zu vereinbaren. Denn sie tragen dann eine gewisse „Mitverantwortung" dafür, dass die Arbeitnehmer im Rahmen von Kündigungsschutzprozessen eine schlechtere Position haben. Manchmal ist es aber auch so, dass Betriebsräte gerade deswegen den Abschluss einer Namensliste befürworten. Denn damit haben auch sie die Kontrolle darüber, wem gegenüber Kündigungen ausgesprochen werden und wem gegenüber nicht. I. d. R. wird sich der Arbeitgeber die mit der Namensliste verbundenen Vorteile allerdings „teuer erkaufen" müssen, sei es über Zugeständnisse bei der Art und Weise oder dem Zeitpunkt der Durchführung der Betriebsänderung, sei es über eine Erhöhung des Sozialplanvolumens oder in sonstiger Weise.

6. Pläne/Auswahlrichtlinien. Die Modalitäten der Betriebsänderung können durch **Organisationsregelungen** im Interessenausgleich konkretisiert werden (GKBetrVG/*Oetker* §§ 112, 112a Rn. 10). Bei Betriebsstilllegungen kommen insbesondere **Zeitpläne** für die Durchführung der Stilllegung mit genauen Terminangaben für die einzelnen Maßnahmen in Betracht. Bei der Festlegung der Terminangaben ist jedoch zu beachten, dass die notwendige Flexibilität, z. B. für den Fall von Planabweichungen oder unerwarteten Ereignissen, erhalten bleibt. Zudem empfiehlt es sich bei Betriebsänderungen, die sich nicht in einer Betriebsstilllegung erschöpfen, dem Interessenausgleich Organigramme als Anlagen beizufügen, aus denen sich der sowohl „Ist-Zustand" als auch der „Soll-Zustand" und damit der Umfang der geplanten Personalanpassung ergibt.

Die Parteien können im Zusammenhang mit dem Interessenausgleich auch **Auswahlrichtlinien** vereinbaren, die eine Vorauswahl für Kündigungen und Versetzungen nach einem Punkteschema vorsehen (BAG AP KSchG 1969 § 1 Soziale Auswahl Nr. 29; → Form. C. II. 2). Richtlinien zur **sozialen Auswahl** von Arbeitnehmern können sowohl in dem Interessenausgleich selbst als auch in einer Anlage festgelegt werden. Sie können sich anbieten, wenn nicht alle Arbeitnehmer entlassen werden sollen, sondern daneben z. B. Änderungskündigungen ausgesprochen und Aufhebungsverträge geschlossen werden sollen oder wenn bei einem stufenweisen Personalabbau ein Teil der Arbeitnehmer zu einem früheren Zeitpunkt als die anderen Arbeitnehmer entlassen werden soll.

Soweit solche Pläne, Organigramme, Konzepte, Listen, Richtlinien, etc. dem Interessenausgleich **als Anlage beigefügt werden,** muss vor dem Hintergrund des Schriftformerfordernisses in § 112 Abs. 1 S. 1 BetrVG im Interessenausgleich ausdrücklich auf sie Bezug genommen werden und die Anlagen müssen sich ihrerseits wieder auf den Interessenausgleich rückbeziehen (→ Anm. 5).

7. Mitwirkung des Betriebsrats. Die Durchführung der geplanten Betriebsänderung kann neben den §§ 111, 112 BetrVG auch **andere Beteiligungsrechte** des Betriebsrats **auslösen,** die es zu beachten gilt. Dies betrifft insbesondere das Zustimmungserfordernis bei Versetzungen nach § 99 BetrVG und die Anhörungspflicht vor Kündigungen nach § 102 BetrVG. Der einvernehmlich geschlossene Interessenausgleich enthält prinzipiell nicht zugleich das Einverständnis des Betriebsrats mit den damit einhergehenden Einzelmaßnahmen.

Mit solchen Beteiligungsrechten befasst sich § 3. Nach der Formulierung in § 3 Abs. (1) muss die Beteiligung des Betriebsrats nach §§ 99, 102 BetrVG noch hinsichtlich der jeweils betroffenen Arbeitnehmer durchgeführt werden. Versetzungen i. S. v. §§ 99, 95 Abs. 3 BetrVG kommen natürlich nur in Betracht, wenn das Unternehmen noch andere Betriebe hat, wovon im Formular ausgegangen wird (→ Anm. 1). Die Namensliste (→ Anm. 5) im oder als Anlage zum Interessenausgleich ist allein nicht geeignet, die Anhörung des Betriebsrats nach § 102 BetrVG zu ersetzen (vgl. BAG AP KSchG 1969 § 1 Namensliste Nr. 4).

Der **Umfang oder** die **Anforderungen der Beteiligung des Betriebsrats können** hierdurch jedoch **reduziert werden** (BAG AP KSchG 1969 § 1 Namensliste Nr. 5). Nach § 102 BetrVG bedarf es keiner weiteren Darlegung der Kündigungsgründe durch den Arbeitgeber, wenn der Betriebsrat bei Einleitung des Anhörungsverfahrens bereits über den für eine sachgerechte Stellungnahme erforderlichen Kenntnisstand verfügt (BAG AP BetrVG 1972 § 102 Nr. 3; BAG AP BetrVG 1972 § 102 Nr. 37). Dies **entbindet aber nicht von der Durchführung der Anhörung** an sich im jeweiligen Einzelfall. Der Arbeitgeber muss den Betriebsrat gleichwohl um die Stellungnahme zu einer konkreten Kündigungsabsicht ersuchen. Zu berücksichtigen ist auch, dass der Arbeitgeber im Prozess die Vorkenntnisse des Betriebsrats konkret darlegen und beweisen muss (BAG AP KSchG 1969 § 1 Namensliste Nr. 5).

Ferner kann – anders als im Formular – das jeweilige Beteiligungsverfahren bereits im Rahmen des Interessenausgleichsverfahrens durchgeführt worden sein. Dies ist allerdings nicht unproblematisch. Werden **Interessenausgleich und Betriebsratsanhörung miteinander**

verbunden, muss dies schon bei Einleitung des Beteiligungsverfahrens klargestellt werden und im Wortlaut des Interessenausgleichs muss zum Ausdruck kommen, dass mit Unterzeichnung des Interessenausgleichs auch die Anhörungsverfahren hinsichtlich sämtlicher auszusprechender Kündigungen abgeschlossen sein sollen. Dabei ist auch zu berücksichtigen, dass ein gekündigter Arbeitnehmer im Kündigungsschutzprozess unabhängig von der Formulierung im Interessenausgleich die ordnungsgemäße Anhörung des Betriebsrats mit Nichtwissen bestreiten kann. In diesem Fall muss der Arbeitgeber das ordnungsgemäße Verfahren nach § 102 BetrVG substantiiert darlegen und unter Beweis stellen. Bei einer pauschalen Erledigung der individuellen Anhörungsverfahren im Interessenausgleich ist daher Vorsicht geboten.

Der Betriebsrat kann seine Zustimmung zu den Einzelmaßnahmen auch von **Bedingungen** abhängig machen. Dies gilt auch für die Zustimmung zum Interessenausgleich an sich (zur Bedingung der Aufstellung eines Sozialplans BAG AP BetrVG 1972 § 113 Nr. 1; GKBetrVG/*Oetker* §§ 112, 112a Rn. 41 m.w.N.).

Eine Klausel wie § 3 Abs. (1) des Formulars muss sich hinsichtlich der vorweggenommenen Zustimmung des Betriebsrats zusätzlich an der Rechtsprechung des BAG zum – unzulässigen – Verzicht auf die Ausübung von Mitbestimmungsrechten messen lassen (BAG NJW 1967, 1246; BAG NJW 1984, 1650; BAG NZA 2003, 1155; BAG NZA 2005, 892; weiterführend zum Verzicht des Betriebsrats auf seine Mitbestimmungsrechte *Joussen* RdA 2005, 31).

Im Übrigen ist eine solche Klausel in der Praxis gegenüber dem Betriebsrat nur schwer durchsetzbar. Da sie wegen der Vorwegnahme der Mitbestimmungsrechte rechtlich angreifbar ist, entlastet sie nicht von der Beteiligung des Betriebsrats bei den personellen Einzelmaßnahmen, schafft aber die Grundlage für eine positive Reaktion des Betriebsrates.

8. Stellungnahme nach § 17 KSchG. § 3 Abs. (2) stellt klar, dass der Interessenausgleich auch als Stellungnahme nach § 17 KSchG dient. Die Klausel ist an der neuen Rechtsprechung zu messen, wonach sich die Stellungnahme des Betriebsrats auf die angezeigten Kündigungen beziehen und eine abschließende Meinungsäußerung des Betriebsrats zu diesen Kündigungen enthalten muss. Allerdings soll auch die eindeutige Äußerung, keine Stellung zu nehmen, ausreichend sein (LAG Düsseldorf BeckRS 2013, 70903). Unabhängig davon muss der Arbeitgeber darlegen können, dass er seiner Konsultationspflicht nachgekommen ist und insbesondere den Betriebsrat schriftlich unterrichtet hat (§ 17 Abs. 2 S. 1 KSchG). Dieser Konsultationspflicht kann der Arbeitgeber auch im Verfahren zur Verhandlung des Interessenausgleichs nachgekommen sein, wenn die gegenüber dem Betriebsrat bestehenden Pflichten aus § 111 BetrVG mit denen aus § 17 Abs. 2 S. 1 KSchG übereinstimmen (BAG NZA 2012, 817). Dies muss der Arbeitgeber auf etwaiges Bestreiten des Arbeitnehmers im Kündigungsschutzprozess hin darlegen und beweisen.

9. Sozialplan. Im Unterschied zum Interessenausgleich befasst sich der Sozialplan nach § 112 Abs. 1 S. 2 BetrVG nicht mit der Betriebsänderung, sondern mit dem Ausgleich oder der Milderung der wirtschaftlichen Nachteile, die den Arbeitnehmern infolge der geplanten Betriebsänderung entstehen und die der Interessenausgleich nicht verhindern konnte. Regelmäßig werden Sozialplan und Interessenausgleich gleichzeitig verhandelt und abgeschlossen.

10. Bei einem Interessenausgleich handelt es sich um eine **kollektive Vereinbarung besonderer Art** und grundsätzlich nicht um eine Betriebsvereinbarung (BAG AP BetrVG 1972 § 50 Nr. 29; Richardi/*Annuß* § 112 Rn. 35 ff. m.w.N.). Seine Einhaltung ist nicht durch den Betriebsrat erzwingbar (BAG NZA 1992, 41; *Willemsen/Hohenstatt* NZA 1997, 345; GKBetrVG/*Oetker* §§ 112, 112a Rn. 82 f.; a.A. D/K/K/W/*Däubler* § 112, 112a Rn. 24; MünchHdbArbR/*Matthes* § 269 Rn. 34; LAG München BeckRS 1997, 30853713). Weicht der Arbeitgeber vom Interessenausgleich ab, bleibt den Arbeitnehmern nur der

Nachteilsausgleich gemäß § 113 Abs. 1 BetrVG. In der Praxis fordern Betriebsräte daher häufig, dass der Interessenausgleich als **(freiwillige) Betriebsvereinbarung** abgeschlossen wird (vgl. § 88 BetrVG). Denn die Durchführung von (freiwilligen) Betriebsvereinbarungen kann der Betriebsrat verlangen (§ 77 Abs. 1 BetrVG). Ob ein Interessenausgleich als (freiwillige) Betriebsvereinbarung abgeschlossen werden kann, ist noch nicht höchstrichterlich entschieden, wird aber von der herrschenden Meinung in der Literatur bejaht (vgl. D/K/K/W/*Däubler* § 112, 112a Rn. 48; ErfKomm/*Kania* § 112a BetrVG Rn. 9; *F/E/S/T/L* § 112a Rn. 45; GKBetrVG/*Oetker* §§ 112, 112a Rn. 89; H/W/K/*Hohenstatt/Willemsen* § 112 BetrVG Rn. 25; a.A. LAG Mainz BeckRS 2001, 30898218; Richardi/*Annuß* § 112 Rn. 46). Ein Abschluss als Betriebsvereinbarung entspricht aber nicht der gesetzlichen Konzeption des Interessenausgleichs, da für diesen gerade kennzeichnend ist, dass keine Rechte und Pflichten gegenüber Arbeitnehmern begründet werden (vgl. § 77 Abs. 4 S. 1 BetrVG). Meistens sind in Interessenausgleichen überhaupt keine Regelungen enthalten, die nach dem Willen der Vertragsparteien durch die Arbeitnehmer selbst geltend gemacht werden können sollen. Soweit ein Interessenausgleich als (freiwillige) Betriebsvereinbarung abgeschlossen wird, sollte daher jedenfalls klarstellend festgehalten werden, dass hierdurch keine Rechte und Pflichten gegenüber den von der Betriebsänderung betroffenen Arbeitnehmern begründet werden. Vorsorglich kann dies auch bei einem Interessenausgleich klargestellt werden, der als solcher abgeschlossen wird. Denn die auch für den Interessenausgleich nötige Schriftform (vgl. § 112 Abs. 1 S. 1 BetrVG) rückt ihn bereits in die Nähe der Betriebsvereinbarung (vgl. im Formular § 5 Abs. 1).

11. Abschluss der Verhandlungen. Mit dieser Formulierung wird klargestellt, dass die Rechte des Betriebsrats bei Betriebsänderungen nach § 111 BetrVG gewahrt wurden und das Verfahren zur Herbeiführung eines Interessenausgleichs abgeschlossen ist. Damit steht fest, dass der Arbeitgeber mit der Umsetzung der Betriebsänderung beginnen kann. Auch auf die in der Rechtsprechung der Landesarbeitsgerichte umstrittene Frage, ob der Betriebsrat vor Abschluss des Verfahrens nach § 111 BetrVG einen im Wege der einstweiligen Verfügung durchsetzbaren Unterlassungsanspruch gegen den Arbeitgeber zur Sicherung seiner Beratungsrechte hat (vgl. zum Meinungsstand GKBetrVG/*Oetker* § 111 Rn. 269 ff.), kommt es dann nicht mehr an.

12. Inhalt der Namensliste. Um die zu kündigenden Arbeitnehmer zweifelsfrei **identifizieren** zu können, sollte in der Namensliste der Vor- und Nachname und im Fall von Namensgleichheiten das Geburtsdatum aufgeführt werden. Ferner muss im Fall der Änderungskündigung das konkrete Änderungsangebot beschrieben werden.

7. Interessenausgleich in der Insolvenz

Interessenausgleich[1]

zwischen

. . . . . . (Name und Anschrift des Insolvenzverwalters) in seiner Eigenschaft als Insolvenzverwalter[2] über das Vermögen von . . . . . . (Name und Anschrift der Gesellschaft)

„Arbeitgeber“

und

. . . . . . (Name und Anschrift des Betriebsrats) „Betriebsrat“

Präambel[3]

Über das Vermögen von . . . . . . (Name und Anschrift der Gesellschaft) („Insolvenzschuldnerin") ist mit Beschluss des Amtsgerichts . . . . . . vom . . . . . ., Aktenzeichen . . . . . ., ein Insolvenzverfahren eröffnet und Herr . . . . . . (Name und Anschrift des Insolvenzverwalters) ist zum Insolvenzverwalter bestellt worden. Das Insolvenzverfahren wurde wegen *(Optional: drohender) Zahlungsunfähigkeit (Alternative: Überschuldung)* der Insolvenzschuldnerin eröffnet. Im Hinblick darauf wird folgende Vereinbarung getroffen:

§ 1 Betriebsänderung[4]

(1) Der Betrieb . . . . . . wird am . . . . . . stillgelegt. Damit entfallen insgesamt . . . . . . Arbeitsplätze.

(Alternative:

Der Arbeitgeber und der Betriebsrat sind sich darüber einig, dass die Abteilung . . . . . . des Betriebs . . . . . . stillgelegt wird. Die Stilllegung erfolgt am . . . . . . Damit entfallen die Arbeitsplätze von . . . . . . Mitarbeitern. (Optional: Diese Mitarbeiter sind in Anlage A namentlich genannt (Namensliste i. S. v. § 125 Abs. 1 InsO).)[5]

(2) Der Betriebsrat stimmt der Stilllegung des Betriebs *(Alternative: der Abteilung)* zu.

(Alternative:

Der Betriebsrat nimmt zur Kenntnis, dass der Betrieb (Alternative: die Abteilung) in . . . . . . am . . . . . . stillgelegt wird.)[6]

§ 2 Durchführung

(1) Bis zum . . . . . . läuft die Produktion im Betrieb mit dem vorhandenen Auftragsbestand aus. Je nach Abwicklung der Aufträge beginnt sukzessive der Abbau der Fertigungseinrichtungen.

(2) Die Arbeitsverträge der von der Stilllegung betroffenen Mitarbeiter werden spätestens zum . . . . . . vom Arbeitgeber mit einer Frist von drei Monaten zum Ende eines Kalendermonats gekündigt, wenn nicht eine kürzere gesetzliche, tarifliche oder einzelvertragliche Kündigungsfrist anwendbar ist (vgl. § 113 S. 1 und 2 InsO).[7] Diese Kündigungen erfolgen auf Grund eines dringenden betrieblichen Erfordernisses i. S. v. § 1 Abs. 2 Alt. 3 KSchG. Im Einzelnen werden hierbei die in der Anlage beigefügten Pläne[8] (. . . . . ., ..., ...) zugrunde gelegt. Das Recht des Arbeitgebers zu Kündigungen aus personen- oder verhaltensbedingten Gründen oder aus wichtigem Grund bleibt unberührt.

(Alternative:

(2) Die Arbeitsverträge der von der Stilllegung betroffenen Mitarbeiter werden spätestens zum . . . . . . einvernehmlich abgeändert, einvernehmlich aufgelöst oder vom Arbeitgeber mit einer Frist von drei Monaten zum Ende eines Kalendermonats gekündigt, wenn nicht eine kürzere gesetzliche, tarifliche oder einzelvertragliche Kündigungsfrist anwendbar ist (vgl. § 113 S. 1 und 2 InsO). Die infolge der Stilllegung erforderlichen Kündigungen erfolgen auf Grund eines dringenden betrieblichen Erfordernisses i. S. v. § 1 Abs. 2 Alt. 3 KSchG. Das Recht des Arbeitgebers zu Kündigungen aus personen- oder verhaltensbedingten Gründen oder aus wichtigem Grund bleibt unberührt.)

(3) Alle Mitarbeiter sind bis zum Ablauf der Kündigungsfrist zur Arbeitsleistung verpflichtet. Der Arbeitgeber ist aber berechtigt, die Mitarbeiter von der Arbeit freizustellen.

(4) Der Arbeitgeber verpflichtet sich, die bestehenden Ausbildungsverhältnisse im Betrieb bis zum Ende der Stilllegungsarbeiten weiterzuführen und bereits eingeleitete Überleitungen der Ausbildungsverhältnisse auf Nachbarbetriebe zu ermöglichen.

(Alternative:

(4) Der Arbeitgeber verpflichtet sich, sich um die Übernahme der bestehenden Ausbildungsverhältnisse durch geeignete Betriebe zu bemühen.)

(Alternative:

(4) Der Arbeitgeber verpflichtet sich, die im Betrieb bestehenden Ausbildungsverhältnisse in dem Betrieb . . . . . . zu Ende zu führen.)

§ 3 Mitwirkung des Betriebsrats[9]

§ 4 Sozialplan[10]

§ 5 Schlussbestimmungen[11]

. . . . . .
Ort, Datum
. . . . . .
Unterschrift des Insolvenzverwalters

. . . . . .
Ort, Datum
. . . . . .
Unterschrift des Betriebsratsvorsitzenden

(Optional:

Anlage A (Namensliste i. S. v. § 125 Abs. 1 InsO) zum Interessenausgleich vom . . . . . .[12]

Nr.	Nachname	Vorname
1		
2		
3		
4		
5		
6		
7		
8		
9		
10		
. . . . . .		

. . . . . .
Ort, Datum
. . . . . .
Unterschrift des Insolvenzverwalters

. . . . . .
Ort, Datum
. . . . . .
Unterschrift des Betriebsratsvorsitzenden)

Anmerkungen

1. Regelungsgegenstand. Das Formular behandelt einen Interessenausgleich über die Stilllegung eines Betriebs. Es geht davon aus, dass es im Unternehmen weitere Betriebe gibt, die aufrechterhalten werden. Unter einem Interessenausgleich wird eine **Einigung zwischen Unternehmer (bzw. Insolvenzverwalter) und Betriebsrat über eine geplante Betriebsänderung** verstanden. Der Interessenausgleich trifft Regelungen darüber, **ob, wie und wann** eine geplante Betriebsänderung i. S. d. § 111 BetrVG durchgeführt wird (BAG AP BetrVG 1972 § 113 Nr. 13; BAG AP BetrVG 1972 § 113 Nr. 27). Dabei sollen aus der geplanten Betriebsänderung resultierende Nachteile für die betroffenen Arbeitnehmer möglichst verhindert werden. Auch präventive Regelungen, um Nachteile gering zu halten, sind möglich (vgl. BAG AP BetrVG 1972 § 112 Nr. 59 und weiterführend zum Interessenausgleich → Form. C. I. 6 Anm. 1).

Die §§ 111 ff. BetrVG gelten auch nach Eröffnung eines Insolvenzverfahrens. Der Versuch eines Interessenausgleichs ist zu unternehmen, wenn eine Betriebsänderung vorliegt (vgl. § 111 BetrVG). Die Eröffnung des Insolvenzverfahrens allein stellt zwar noch keine Betriebsänderung i. S. v. § 111 BetrVG dar, da dies nur die Unternehmensebene betrifft (vgl. *Annuß* NZI 1999, 344). Eine Insolvenz bringt indes regelmäßig Betriebsänderungen mit sich. In Betracht kommen hier etwa Betriebsstilllegungen, wenn das Unternehmen liquidiert wird, oder Rationalisierungsmaßnahmen, bloßer Personalabbau sowie Änderungen der Betriebsorganisation oder der Arbeitsmethoden, wenn der Insolvenzverwalter versucht, das Unternehmen zu erhalten (*F/E/S/T/L* §§ 112a Rn. 289).

Angesichts der Vielzahl möglicher Betriebsänderungen sind die Inhalte von Interessenausgleichen sehr verschieden. Denn Kern des Interessenausgleichs ist eine umfassende Beschreibung der geplanten Maßnahmen.

Ein Interessenausgleich muss auch dann versucht werden, wenn es zu der geplanten Betriebsänderung auf Grund der wirtschaftlichen Zwangslage keine sinnvolle Alternative gibt (BAG AP BetrVG 1972 § 113 Nr. 42) oder wenn der Betriebsrat erst nach Eröffnung des Insolvenzverfahrens gebildet wurde (BAG AP BetrVG 1972 § 112 Nr. 162).

Die Insolvenzordnung enthält im Hinblick auf Betriebsänderungen **besondere Regelungen zum Beteiligungsverfahren** (vgl. §§ 121, 122 InsO) **und zum Kündigungsschutz** bei einem zwischen Insolvenzverwalter und Betriebsrat zustande gekommenen **Interessenausgleich mit Namensliste** (vgl. § 125 InsO), um eine zügige Abwicklung des Insolvenzverfahrens zu ermöglichen.

Können sich Insolvenzverwalter und Betriebsrat nicht über einen Interessenausgleich einigen, sind im Hinblick auf das Beteiligungsverfahren folgende Besonderheiten zu beachten: Einem Verfahren vor der Einigungsstelle geht – anders als nach § 112 Abs. 2 BetrVG nur dann ein **Vermittlungsversuch** durch den Präsidenten des Landesarbeitsamtes oder den Vorstand der Bundesagentur für Arbeit voran, wenn **beide Betriebsparteien gemeinsam** darum ersuchen (§ 121 InsO). Der Insolvenzverwalter kann ferner – ohne zuvor die Einigungsstelle anzurufen – den Versuch eines Interessenausgleichs durch die **Zustimmung des Arbeitsgerichts zur Betriebsänderung** ersetzen lassen (§ 122 InsO). Dies setzt voraus, dass zwischen Insolvenzverwalter und Betriebsrat ein Interessenausgleich über eine geplante Betriebsänderung nicht innerhalb von **drei Wochen nach Verhandlungsbeginn oder schriftlicher Aufforderung** zur Aufnahme von Verhandlungen zustande gekommen ist, obwohl der Betriebsrat rechtzeitig und umfassend unterrichtet wurde. Ansprüche auf Nachteilsausgleich (vgl. § 113 Abs. 3 BetrVG) sind im Fall einer gerichtlich ersetzten Zustimmung zur Betriebsänderung ausgeschlossen (§ 122 Abs. 1 S. 2 InsO).

Kommt zwischen Insolvenzverwalter und Betriebsrat ein Interessenausgleich mit Namensliste zustande, bewirkt dieser eine kündigungsschutzrechtliche Privilegierung für den Insolvenzverwalter (vgl. § 125 Abs. 1 InsO und → Anm. 5). Kommt ein solcher Interessenausgleich nicht zustande, kann der Insolvenzverwalter beim Arbeitsgericht die Feststellung beantragen, dass die Kündigung der Arbeitsverhältnisse durch dringende betriebliche Erfordernisse bedingt und sozial gerechtfertigt ist (vgl. § 126 Abs. 1 InsO und Anm. 5).

Die vorgenannten Regelungen (§§ 121, 122, 125 und 126 InsO) gelten aufgrund ihrer systematischen Stellung in der Insolvenzordnung ab dem Zeitpunkt der **Eröffnung** des Insolvenzverfahrens. Dieser Zeitpunkt, die sog. „Stunde der Eröffnung" ist im **Eröffnungsbeschluss** des Insolvenzgerichts festgelegt (§ 27 Abs. 1 und Abs. 2 InsO). Regelmäßig ist die Stunde der Eröffnung der Zeitpunkt der Unterzeichnung des Eröffnungsbeschlusses durch den Richter (BGH NZI 2004, 316). Der Eröffnungsbeschluss muss **wirksam** sein, um Rechtswirkungen zu entfalten.

Hiervon abzugrenzen ist der Zeitraum, in dem das Insolvenzgericht vor Eröffnung des Insolvenzverfahrens vorläufige Maßnahmen anordnen kann, um bis zur Entscheidung über einen Insolvenzantrag eine den Gläubigern nachteilige Veränderung in der Vermögenslage des Insolvenzschuldners zu verhüten (§ 21 Abs. 1 S. 1 InsO). Hierzu zählt z. B. die Bestellung eines vorläufigen („schwachen" oder „starken") Insolvenzverwalters (§ 22 Abs. 1 und 2 InsO). Für Maßnahmen eines solchen vorläufigen Insolvenzverwalters finden die vorgenannten Regelungen der InsO (§§ 121, 122, 125, 126 InsO) aufgrund ihrer systematischen Stellung keine unmittelbare und auch keine entsprechende Anwendung (vgl. BAG NZA 2012, 1029).

Der Interessenausgleich ist grundsätzlich mit dem Betriebsrat des betroffenen Betriebs zu verhandeln. Zur Zuständigkeit des Gesamtbetriebsrats nach § 50 Abs. 1 BetrVG → Form. C. I. 6 Anm. 1.

Der Interessenausgleich bedarf nach § 112 Abs. 1 S. 1 BetrVG zu seiner Wirksamkeit zwingend der **Schriftform** i. S. d. § 126 Abs. 1 BGB (BAG AP BetrVG 1972 § 113 Nr. 13; BAG AP BetrVG 1972 § 113 Nr. 27). Soweit dem Interessenausgleich **Anlagen**, z. B. eine Namensliste, **beigefügt werden**, erstreckt sich das Schriftformerfordernis auch auf diese (vgl. auch Anm. 5 und 8).

2. Insolvenzverwalter. Durch die Eröffnung des Insolvenzverfahrens geht das Recht des Insolvenzschuldners, das zur Insolvenzmasse gehörende Vermögen zu verwalten und über es zu verfügen, auf den Insolvenzverwalter über (§ 80 Abs. 1 InsO). Damit tritt der Insolvenzverwalter auch in die Rechte und Pflichten des Insolvenzschuldners als Arbeitgeber ein. Überwiegend wird davon ausgegangen, dass der Insolvenzverwalter materiellrechtlich und prozessual in eigenem Namen und aus eigenem Recht, jedoch mit Wirkung für und gegen die Insolvenzmasse handelt und dabei in Erfüllung der ihm auferlegten gesetzlichen Verpflichtungen tätig wird. Er ist Partei kraft Amtes (MünchKommInsO/*Ott/Vuia* § 80 Rn. 27) und daher auch Partei eines Interessenausgleichs, der nach Eröffnung des Insolvenzverfahrens abgeschlossen wird (→ Anm. 1).

3. Präambel. Das Voranstellen einer Präambel im Interessenausgleich kann sinnvoll sein, um bei Bedarf den **Anlass, die Vorgeschichte und/oder Zusammenhänge** der geplanten Betriebsänderung und damit des Interessenausgleichs **festzuhalten.** Beim Interessenausgleich in der Insolvenz kann insbesondere auf den gerichtlichen Beschluss zur Eröffnung des Insolvenzverfahrens und zur Einsetzung des Insolvenzverwalters hingewiesen werden. Ebenso kann der Insolvenzgrund für die Eröffnung des Insolvenzverfahrens festgehalten werden. Als Insolvenzgrund kommt die Zahlungsunfähigkeit (§ 17 InsO) und/oder die Überschuldung (§ 19 InsO) und/oder bei Anträgen des Schuldners auch die drohende Zahlungsunfähigkeit (§ 18 InsO) in Betracht (weiterführend zu den Voraussetzungen MünchKommInsO/*Eilenberger* § 17 Rn. 6–33, MünchKommInsO/*Drukarczyk* § 18 Rn. 44–51 und MünchKommInsO/*Drukarczyk/Schüler* § 19 Rn. 21–57).

4. Betriebsänderung. Wesentlicher Bestandteil des Interessenausgleichs ist die **Beschreibung der geplanten Betriebsänderung,** wobei an die in § 111 S. 3 BetrVG ausdrücklich genannten Betriebsänderungen angeknüpft werden sollte. Eine Betriebs(teil) stilllegung liegt vor, wenn auf Grund einer endgültigen unternehmerischen Entscheidung für unbestimmte Zeit die die Einheit des Betriebs gestaltende Arbeitsorganisation aufgelöst und der mit ihr verfolgte Zweck aufgegeben wird (BAG AP BetrVG 1972 § 111 Nr. 43; Richardi/*Annuß* § 111 Rn. 56). Zu der Beschreibung der Betriebsänderung gehört die Festlegung des Zeitplans und des Umfangs, also der von der Betriebsänderung betroffenen Bereiche des Betriebes und des betroffenen Personenkreises. Dies ist bei der Stilllegung eines ganzen Betriebes grundsätzlich entbehrlich. Die Nennung der Anzahl der wegfallenden Arbeitsplätze dient jedoch im vorliegenden Fall der Klarstellung.

Bei Stilllegung einer Abteilung (vgl. die erste Alternative zu § 1) ist es eher angebracht, die Anzahl der in dieser Abteilung tätigen Arbeitnehmer zu nennen oder sogar eine Liste mit ihren Namen beizufügen (idealerweise als Namensliste i. S. v. § 125 Abs. 1 InsO, → Anm. 5). Beides ist auch bei einem bloßen Personalabbau als Betriebsänderung zu beachten (vgl. § 112a BetrVG). Die genaue Durchführung der Betriebsänderung einschließlich der Detailplanung ist hier Gegenstand von § 2.

5. Namensliste. Die **namentliche Bezeichnung** der wegen einer Betriebsänderung zu kündigenden Arbeitnehmer in einem Interessenausgleich (sog. „Positivliste") bewirkt eine kündigungsschutzrechtliche Privilegierung des Insolvenzverwalters (vgl. § 125 Abs. 1 InsO). Eine solche kündigungsschutzrechtliche Privilegierung sehen auch andere Vorschriften vor (§ 1 Abs. 5 KSchG; § 323 Abs. 2 UmwG; → Form. C. I. 6 Anm. 5). § 125 InsO **erleichtert die Darlegungs- und Beweislast** für den Insolvenzverwalter und schränkt die Überprüfung der Sozialauswahl ein. Denn der Insolvenzverwalter soll nicht einer Fülle von langwierigen und schwer kalkulierbaren Kündigungsschutzprozessen ausgesetzt werden (BAG AP InsO § 125 Nr. 1).

Deshalb wird **vermutet**, dass die Kündigung der Arbeitsverhältnisse der genannten Arbeitnehmer **durch dringende betriebliche Erfordernisse bedingt ist,** die einer Weiterbeschäftigung der Arbeitnehmer in diesem Betrieb oder ihrer Weiterbeschäftigung zu unveränderten Arbeitsbedingungen entgegenstehen (§ 125 Abs. 1 S. 1 Nr. 1 InsO). Von der gesetzlichen Vermutungswirkung werden daher ebenso wie bei einer Namensliste nach § 1 Abs. 5 KSchG (vgl. hierzu BAG AP KSchG 1969 § 1 Namensliste Nr. 16 sowie → Form. C. I. 6 Anm. 5) auch Änderungskündigungen erfasst.

Die Vermutungswirkung erstreckt sich auf den betriebsbedingten Kündigungsgrund nach § 1 Abs. 2 S. 1 KSchG und die fehlende Weiterbeschäftigungsmöglichkeit. Umstritten ist, ob sich die Vermutung entsprechend dem Gesetzeswortlaut nur auf Weiterbeschäftigungsmöglichkeiten im Betrieb oder auch auf Weiterbeschäftigungsmöglichkeiten in anderen Betrieben des Unternehmens bezieht (*F/E/S/T/L* §§ 112a Rn. 81 m. w. N.). Nach Auffassung des BAG ist ein Gleichlauf mit der Vermutungswirkung des § 1 Abs. 5 S. 1 KSchG (→ Form. C. I. 6 Anm. 5) geboten. Folglich erstrecke sich die Vermutungswirkung regelmäßig auch auf Weiterbeschäftigungsmöglichkeiten in anderen Betrieben des Unternehmens (BAG NZA 2013, 797). Soweit die Betriebsänderung erst nach einer Betriebsveräußerung stattfindet, erstreckt sich die Vermutung auch darauf, dass die Kündigung der Arbeitsverhältnisse nicht wegen eines Betriebsübergangs erfolgt ist (§ 128 Abs. 2 InsO, § 613a Abs. 4 S. 1 BGB).

Des Weiteren kann die soziale Auswahl der Arbeitnehmer nur im Hinblick auf die **Dauer der Betriebszugehörigkeit, das Lebensalter und die Unterhaltspflichten** und auch insoweit nur auf **grobe Fehlerhaftigkeit** geprüft werden (§ 125 Abs. 1 S. 1 Nr. 2 InsO). Im Vergleich zu § 1 Abs. 5 KSchG sind die Beurteilungskriterien beschränkt, da die Schwerbehinderung als Kriterium nicht genannt ist. Entgegen dem Gesetzeswortlaut bezieht sich der Prüfungsmaßstab der groben Fehlerhaftigkeit aber nicht nur auf die Beurteilungskriterien und deren Gewichtung. Vielmehr wird die gesamte Sozialauswahl, also insbesondere auch die **Bildung der Vergleichsgruppen** nur auf grobe Fehlerhaftigkeit hin geprüft. Dies gilt auch für die Herausnahme von Arbeitnehmern aus einer Vergleichsgruppe jedenfalls insoweit, als diese gemäß § 125 Abs. 1 S. 1 Nr. 2 Halbs. 2 InsO dem Erhalt oder der Schaffung einer ausgewogenen Personalstruktur dient (BAG AP InsO § 125 Nr. 1; *F/E/S/T/L* §§ 112a Rn. 82).

Eine grobe Fehlerhaftigkeit ist dann anzunehmen, wenn die Gewichtung der Kriterien jede Ausgewogenheit vermissen lässt (BAG EzA KSchG § 1 Soziale Auswahl Nr. 39). Die soziale Auswahl ist insbesondere nicht als grob fehlerhaft anzusehen, wenn Arbeitnehmer aus der Sozialauswahl herausgenommen werden, um eine ausgewogene Personalstruktur zu erhalten oder zu schaffen. Anders als bei § 1 Abs. 5 KSchG ist im Rahmen der Insolvenz damit auch ein Eingriff in bestehende Personalstrukturen zur Steigerung der Leistungsfähigkeit des Betriebs möglich (BAG AP InsO § 125 Nr. 1). Die Rechtsprechung berücksichtigt bei der Prüfung der groben Fehlerhaftigkeit den Druck eilbedürftiger Entscheidungen in der Insolvenz. Vor diesem Hintergrund hat es das BAG nicht als grob fehlerhaft erachtet, wenn die Betriebsparteien die tatsächlichen Verhältnisse bei der Abgrenzung, ob ein eigenständiger Betrieb i. S. d. § 23 KSchG vorliegt, in nachvollziehbarer und ersichtlich nicht auf den Missbrauch zielender Weise falsch bewertet haben (BAG NZA 2013, 284).

Schließlich ersetzt ein Interessenausgleich mit Namensliste nach § 125 Abs. 2 InsO die **Stellungnahme des Betriebsrats nach § 17 Abs. 3 S. 2 KSchG** bei anzeigepflichtigen Massenentlassungen (weiterführend → Form. C. I. 6 Anm. 5).

Die Voraussetzungen für eine wirksame Namensliste nach § 125 Abs. 1 InsO entsprechen den Voraussetzungen für eine wirksame Namensliste nach § 1 Abs. 5 KSchG (vgl. hierzu ausführlich → Form. C. I. 6 Anm. 5).

Die kündigungsschutzrechtliche Privilegierung des Insolvenzverwalters entfällt trotz Abschlusses eines (formwirksamen) Interessenausgleichs mit Namensliste, wenn sich die Sachlage nach Zustandekommen des Interessenausgleichs wesentlich geändert hat (§ 125 Abs. 1 S. 2 InsO).

Scheitert der Versuch eines Interessenausgleichs mit Namensliste nach § 125 InsO, kann der Insolvenzverwalter die **Feststellung des Arbeitsgerichts** beantragen, dass die **geplanten Kündigungen** der Arbeitsverhältnisse bestimmter, bezeichneter Arbeitnehmer **durch dringende betriebliche Erfordernisse bedingt und sozial gerechtfertigt** sind. Voraussetzung ist, dass zwischen Insolvenzverwalter und Betriebsrat ein Interessenausgleich über eine geplante Betriebsänderung nicht innerhalb von drei Wochen nach Verhandlungsbeginn oder schriftlicher Aufforderung zur Aufnahme von Verhandlungen zustande gekommen ist, obwohl der Betriebsrat rechtzeitig und umfassend unterrichtet wurde (§ 126 Abs. 1 S. 1 InsO). Eine rechtskräftige Entscheidung in diesem Beschlussverfahren entfaltet Bindungswirkung für etwaige Kündigungsschutzverfahren, es sei denn die Sachlage hat sich nach dem Schluss der letzten mündlichen Verhandlung wesentlich geändert (§ 127 Abs. 1 InsO).

6. Kenntnisnahme des Betriebsrats. → Form. C. I. 6 Anm. 4.

7. Kündigungsrecht und -frist. Die Insolvenzordnung sieht ein besonderes Kündigungsrecht und eine besondere Kündigungsfrist für Dienstverhältnisse – und damit auch Arbeitsverhältnisse – vor, die für den Insolvenzverwalter und den Vertragspartner des Insolvenzschuldners – und damit auch für Arbeitnehmer – gelten. Dienstverhältnisse können ohne Rücksicht auf eine vereinbarte Vertragsdauer oder einen vereinbarten Ausschluss des Rechts zur ordentlichen Kündigung ordentlich gekündigt werden (§ 113 S. 1 InsO). Somit sind beispielsweise auch tariflich unkündbare Arbeitsverhältnisse im Insolvenzverfahren ordentlich kündbar (BAG AP InsO § 113 Nr. 5). Gleiches gilt für befristete Arbeitsverhältnisse, bei denen ein Recht zur ordentlichen Kündigung vertraglich nicht vereinbart wurde (BAG AP InsO § 113 Nr. 6). Die Kündigungsfrist beträgt drei Monate zum Ende eines Kalendermonats, wenn nicht eine kürzere Frist maßgeblich ist (§ 113 S. 2 InsO). Es handelt sich mithin um eine Höchstfrist, die keine Anwendung findet, wenn Tarifvertrag, Arbeitsvertrag oder das Gesetz kürzere Kündigungsfristen vorsehen. Das Formular nimmt insoweit auf § 113 S. 1 und S. 2 InsO Bezug (vgl. § 2 Abs. 2 und Alternative des Formulars).

8. Pläne. → Form. C. I. 6, dort unter § 2 und → Anm. 6.

9. Mitwirkung des Betriebsrats. → Form. C. I. 6, dort unter § 3 und → Anm. 7, 8.

10. Sozialplan. Die Insolvenzordnung enthält besondere Vorschriften über das **Sozialplanvolumen im Insolvenzverfahren,** den Rang von Sozialplanansprüchen (§ 123 InsO) sowie die Bestandskraft von insolvenznahen Sozialplänen (§ 124 InsO) und modifiziert insoweit das BetrVG. Überschreitet die Summe aller gezahlten Abfindungen und sonstigen Leistungen die absolute Obergrenze für das Sozialplanvolumen nach § 123 Abs. 1 InsO, hat dies die Unwirksamkeit des gesamten Sozialplans zur Folge. Die sorgfältige Ermittlung des Sozialplanvolumens und eine entsprechende Gestaltung des **Sozialplans in der Insolvenz** ist daher von besonderer Bedeutung (→ Form. C. I. 9, dort unter § 3 und → Anm. 6, 7).

11. Schlussbestimmungen. → Form. C. I. 6, dort unter § 5.

12. Inhalt der Namensliste. → Form. C. I. 6 Anm. 12.

8. Sozialplan bei Betriebsstilllegung

Sozialplan[1]

zwischen

...... (Name und Anschrift der Gesellschaft) „Gesellschaft"

und

...... (Name und Anschrift des Betriebsrats) „Betriebsrat"

Präambel[2]

Die Gesellschaft und der Betriebsrat sind sich einig, dass der Sozialplan das personalpolitische Ziel verfolgt, die Betriebsänderung möglichst sozialverträglich umzusetzen. Zum Ausgleich und zur Milderung der wirtschaftlichen Nachteile, die den betroffenen Mitarbeitern infolge der im Interessenausgleich zum Projekt ...... vom ...... („Interessenausgleich") beschriebenen Maßnahmen entstehen, schließen die Parteien folgenden Sozialplan („Sozialplan").

§ 1 Sachlicher Geltungsbereich[3]

Dieser Sozialplan gilt für die im Interessenausgleich beschriebene Betriebsstilllegung („Betriebsstilllegung").

§ 2 Persönlicher Geltungsbereich[4]

(1) Dieser Sozialplan gilt für alle Mitarbeiter der Gesellschaft (einschließlich Mitarbeitern, die sich in Mutterschutz oder Elternzeit befinden), die zum Zeitpunkt der Unterzeichnung dieses Sozialplans in einem ungekündigten Arbeitsverhältnis stehen und deren Arbeitsplatz von der geplanten Betriebsstilllegung betroffen ist.

(2) Dieser Sozialplan gilt nicht für Mitarbeiter,[5]

a) die die Wartezeit nach § 1 Abs. 1 KSchG noch nicht erfüllt haben,

b) die in einem befristeten Arbeitsverhältnis stehen und deren Arbeitsverhältnis wegen der Befristung endet,

c) deren Arbeitsverhältnis von Seiten der Gesellschaft aus personen- oder verhaltensbedingten Gründen ordentlich oder außerordentlich gekündigt wird oder deren Arbeitsverhältnis aus diesen Gründen auf sonstige Weise (z.B. durch Aufhebungsvertrag) endet oder denen gegenüber die Gesellschaft sonstige personelle Maßnahmen (z.B. Versetzung) aus diesen Gründen ergreift,

d) deren Arbeitsverhältnis aufgrund einer Eigenkündigung oder eines Aufhebungsvertrages endet, ohne dass dies von Seiten der Gesellschaft im Hinblick auf die geplante Betriebsstilllegung veranlasst ist,

e) die einen Anspruch auf Regelaltersrente oder eine gekürzte oder ungekürzte Altersrente aus der gesetzlichen Rentenversicherung haben (eine Altersrente für schwerbehinderte Menschen gemäß §§ 37, 236a SGB VI bleibt außer Betracht),

f) die leitende Angestellte i.S.d. § 5 Abs. 3, 4 BetrVG sind.

(3) Abweichend von Abs. (2) finden § 4 (Leistungen bei Arbeitsplatzwechsel) und § 8 (Sonderfonds für Härtefälle) auf die in Abs. (2) lit. a) und b) genannten Mitarbeiter Anwendung. Zudem findet abweichend von Abs. (2) § 8 (Sonderfonds für Härtefälle) auf die in Abs. (2) lit. e) genannten Mitarbeiter Anwendung.

§ 3 Allgemeine Regelungen[6]

(1) Entlassungen sollen nach Möglichkeit durch das Angebot der Weiterbeschäftigung auf einem freien Arbeitsplatz in einem anderen Betrieb der Gesellschaft verhindert werden.

(2) Soweit in anderen Betrieben der Gesellschaft freie Arbeitsplätze bestehen, werden diese zunächst den von der Betriebsstilllegung betroffenen Mitarbeitern angeboten. Ein solches Angebot kann auch mittels Änderungskündigung unterbreitet werden.

(3) Mitarbeiter, die ein Angebot der Gesellschaft nach Abs. (2) angenommen, selbst die Weiterbeschäftigung in einem anderen Betrieb der Gesellschaft initiiert und einen entsprechenden Änderungsvertrag abgeschlossen haben oder von der Gesellschaft auf einen anderen Arbeitsplatz versetzt wurden, können Leistungen nach Maßgabe von § 4 erhalten.

(4) Mitarbeiter, die ein Angebot zur Weiterbeschäftigung auf einem zumutbaren Arbeitsplatz in einem anderen Betrieb der Gesellschaft abgelehnt haben und deren Arbeitsverhältnis wegen der geplanten Betriebsstilllegung beendet wird, erhalten keine Leistungen nach diesem Sozialplan. Die Zumutbarkeit des Arbeitsplatzes bemisst sich nach Abs. (5).

(5) Ein freier Arbeitsplatz in einem anderen Betrieb der Gesellschaft ist zumutbar,[7] wenn

- im Zeitpunkt des Angebots damit zu rechnen ist, dass der Mitarbeiter die fachlichen und persönlichen Anforderungen des neuen Arbeitsplatzes erfüllt, wobei Einarbeitungs-, Umschulungs- oder Weiterbildungsmaßnahmen, deren voraussichtliche Dauer . . . . . . Monate nicht übersteigt, von der Gesellschaft ermöglicht werden und zu berücksichtigen sind, und
- der Brutto-Monatsverdienst des Mitarbeiters für seine Tätigkeit am neuen Arbeitsplatz mindestens . . . . . . Prozent des von ihm im letzten Monat seiner Tätigkeit am bisherigen Arbeitsplatz bezogenen Brutto-Monatsverdienstes beträgt, wobei sich der Brutto-Monatsverdienst für seine bisherige Tätigkeit und für die Tätigkeit am neuen Arbeitsplatz nach § 5 Abs. (5) bemisst und
- die Weiterbeschäftigung auf dem neuen Arbeitsplatz für den Mitarbeiter nicht zu einem sozialen Härtefall führt. Ein sozialer Härtefall ist gegeben, wenn der Mitarbeiter schwerbehinderte oder pflegebedürftige Angehörige betreuen muss.

§ 4 Leistungen bei Arbeitsplatzwechsel[8]

(1) Entstehen für einen Mitarbeiter infolge eines Arbeitsplatzwechsels nach § 3 Abs. (3) höhere Fahrtkosten, so zahlt die Gesellschaft für die Dauer von ...... Monaten einen Fahrtkostenzuschuss, wenn die einfache Wegstrecke zwischen dem (unveränderten) Wohnsitz des Mitarbeiters und dem neuen Arbeitsplatz die bisherige Wegstrecke zwischen dem Wohnsitz des Mitarbeiters und dem alten Arbeitsplatz um mindestens ...... km Luftlinie übersteigt. Die Höhe des Zuschusses beträgt ...... Prozent der nachgewiesenen Mehrkosten.

(2) Verlegt ein Mitarbeiter innerhalb von ...... Monaten seit einem Arbeitsplatzwechsel nach § 3 Abs. (3) seinen Wohnsitz zu dem neuen Arbeitsplatz, erstattet die Gesellschaft entstandene und nachgewiesene Umzugskosten in Höhe von maximal ...... EUR (in Worten: ...... Euro).

§ 5 Abfindung[9]

(1) Mitarbeiter, deren Arbeitsverhältnis wegen der Betriebsstilllegung endet, erhalten für den Verlust ihres Arbeitsplatzes eine Abfindung nach Maßgabe der Abs. (2) bis (9) („Abfindung"). § 3 Abs. (4) bleibt unberührt.

(2) Die Abfindung setzt sich zusammen aus einem

- Grundbetrag (Abs. (3)),
- Zuschlag für Unterhaltsverpflichtungen (Abs. (7)),
- Zuschlag für schwerbehinderte Mitarbeiter (Abs. (8)).

(3) Der Grundbetrag der Abfindung berechnet sich nach folgender Formel:

$$\frac{\text{Lebensalter} \times \text{Betriebszugehörigkeit} \times \text{Brutto-Monatsverdienst}}{45}$$

(4) Das Lebensalter und die Betriebszugehörigkeit ermitteln sich nach den zum Zeitpunkt der Beendigung des Arbeitsverhältnisses vollendeten Jahren.

(5) Als Brutto-Monatsverdienst im Sinne dieses Sozialplans gilt die im letzten Monat vor Beendigung des Arbeitsverhältnisses bezogene Vergütung. Dazu zählen ausschließlich: Grundgehalt, Gratifikationen, Sonderzahlungen, sonstige Boni und vermögenswirksame Leistungen, wobei Grafikationen, Sonderzahlungen und sonstige Boni anteilig zu berücksichtigen sind. Zur Vergütung zählen insbesondere nicht: Sachbezüge, Fahrtkostenzuschüsse, Vergütungen für Mehrarbeit und Zuschläge für Schicht-, Nacht-, Wochenend- und Feiertagsarbeit, Jobtickets und Zuschüsse für Kinderbetreuung. Befindet sich der Arbeitnehmer zum Zeitpunkt der Beendigung des Arbeitsverhältnisses in Elternzeit, sind die Sätze 1 bis 3 mit der Maßgabe anzuwenden, dass auf den letzten Monat vor dem Beginn der Elternzeit abgestellt wird.

(6) Der Grundbetrag nach Abs. (2), Punkt eins, ist auf nachfolgende Höchstbeträge begrenzt, die unabhängig voneinander zu ermitteln sind und von denen der niedrigste Höchstbetrag maßgeblich ist:

- Die Höhe des Grundbetrags ist auf die Summe der Brutto-Monatsverdienste begrenzt, die zwischen dem Zeitpunkt der Beendigung des Arbeitsverhältnisses und dem Zeitpunkt liegen, ab dem der Mitarbeiter einen Anspruch auf Regelaltersrente oder gekürzte oder ungekürzte Altersrente aus der gesetzlichen Rentenversicherung (eine Altersrente für schwerbehinderte Menschen gemäß §§ 37, 236a SGB VI bleibt außer Betracht) und/oder auf eine mit ihr vergleichbare Leistung (Leistung einer Versicherungs- oder Versorgungseinrichtung oder eines Versicherungsunternehmens, wenn der

Mitarbeiter von der Versicherungspflicht befreit ist, sowie Knappschaftsausgleichsleistungen und ähnliche Leistungen öffentlich-rechtlicher Art) hat. Die Berechnung des Brutto-Monatsverdienstes erfolgt nach Abs. (5).

- Die Höhe des Grundbetrags ist auf einen Betrag von ...... EUR (in Worten: ...... Euro) begrenzt.
- Die Höhe des Grundbetrags ist auf den Vergütungsausfall begrenzt, wenn der Mitarbeiter mit der Gesellschaft oder einer anderen Gesellschaft der ......-Gruppe („verbundenes Unternehmen") einen neuen Arbeitsvertrag schließt, der eine Arbeitsaufnahme des Mitarbeiters binnen zwölf Monaten nach der Beendigung des bisherigen Arbeitsverhältnisses vorsieht. Der Vergütungsausfall entspricht der Summe der Brutto-Monatsverdienste, die zwischen der Beendigung und dem in dem neuen Arbeitsvertrag vorgesehenen Zeitpunkt des Arbeitsantritts entstanden wären. Der den Vergütungsausfall übersteigende Teil des Grundbetrags ist binnen eines Monats nach dem Abschluss des neuen Arbeitsvertrags an die Gesellschaft zurückzuzahlen. Der Mitarbeiter zeigt der Personalabteilung der Gesellschaft den Abschluss des neuen Arbeitsvertrags unverzüglich an. Die Gesellschaft ist zur Verrechnung mit der Vergütung des Mitarbeiters berechtigt.

(7) Mitarbeiter erhalten je unterhaltsberechtigtem Kind gemäß den elektronischen Lohnsteuerabzugsmerkmalen (ELStAM) einen Kinderzuschlag in Höhe von ...... EUR (in Worten: ...... Euro). Für einen Ehepartner oder Lebenspartner i. S. d. LPartG erhält der Mitarbeiter einen Zuschlag in Höhe von ...... EUR (in Worten: ...... Euro). Maßgebend für das Vorliegen der Voraussetzungen nach S. 1 und 2 ist der Zeitpunkt der Beendigung des Arbeitsverhältnisses. Für jedes Kind bzw. eine Ehe-/Lebenspartnerschaft wird der Zuschlag nur einmal gezahlt.

(8) Mitarbeiter, bei denen mindestens ein Grad der Behinderung von 50 i. S. d. § 69 Abs. 1 SGB IX festgestellt ist, sowie Gleichgestellte erhalten einen Zuschlag, dessen Höhe sich wie folgt ermittelt:

$$\frac{\text{Grad der Behinderung} \times \ldots\ldots \text{ EUR}}{100}$$

Maßgebend für die Feststellung der Schwerbehinderung bzw. Gleichstellung ist der Zeitpunkt der Beendigung des Arbeitsverhältnisses.

(9) Der Anspruch auf Abfindung entsteht mit Ausspruch der Kündigung bzw. Abschluss des Aufhebungsvertrags und ist sofort vererblich.

§ 6 Outplacement[10]

Mitarbeiter, deren Arbeitsverhältnis wegen der Betriebsstilllegung endet, erhalten für den Verlust ihres Arbeitsplatzes Outplacement-Leistungen mit einem Wert von bis zu ...... EUR (in Worten: ...... Euro) brutto. Inhalt und Umfang des Outplacements ergeben sich im Übrigen aus der Vereinbarung, die zwischen der Gesellschaft und dem Dienstleister abgeschlossen wurde und diesem Sozialplan in Kopie als Anlage ...... beigefügt ist.

(Optional:

Mitarbeiter, deren Arbeitsverhältnis wegen der Betriebsstilllegung endet, können Outplacement-Leistungen in Anspruch nehmen. Hierzu schließt die Gesellschaft einen Vertrag mit einem Dienstleister. Von den Kosten der Outplacement-Leistungen für den jeweiligen Mitarbeiter werden von der Gesellschaft 50 Prozent, höchstens aber 2.500 EUR übernommen, wenn die Agentur für Arbeit schriftlich bestätigt hat, dass sie die in gleicher Höhe Zuschüsse hierzu gewährt.)

§ 7 Jubiläumszuwendung/Freistellung[11]

(1) Mitarbeiter, die im Jahr . . . . . . ohne die Betriebsstilllegung ein Dienstjubiläum begehen würden, erhalten eine Jubiläumszuwendung nach den einschlägigen Regelungen der Gesellschaft.

(2) Mitarbeiter mit einer unverfallbaren Anwartschaft auf betriebliche Altersversorgung erhalten im zeitlichen Zusammenhang mit der Beendigung des Arbeitsverhältnisses eine Unverfallbarkeitserklärung (§ 4a BetrAVG).

(3) Mitarbeiter, deren Arbeitsverhältnis endet, werden in angemessenem Umfang zur Stellensuche unter Fortzahlung ihres Verdienstes von der Arbeitsleistung freigestellt.

(4) Mitarbeiter, deren Kündigungsfrist erst nach der Betriebsstilllegung abläuft, werden grundsätzlich zum Zeitpunkt der Betriebsstilllegung unter Fortzahlung ihres Verdienstes von der Arbeitsleistung freigestellt. Sie können jedoch bis zum Ablauf der Kündigungsfrist mit Abwicklungsarbeiten beschäftigt werden, soweit ihnen dies zumutbar ist.

§ 8 Sonderfonds für Härtefälle[12]

(1) Zur Milderung von besonderen Härtefällen, die auf Grund der Betriebsstilllegung eintreten, steht in einem Sonderfonds für Härtefälle („Fonds") ein Betrag in Höhe von . . . . . . EUR (in Worten: . . . . . . Euro) zur Verfügung.

(2) Leistungen werden auf Antrag des Mitarbeiters gewährt, worin glaubhaft zu machen ist, dass den Mitarbeiter im Vergleich zu den anderen betroffenen Mitarbeitern auf Grund des Ausscheidens aus der Gesellschaft eine besondere Härte trifft. Der Antrag muss spätestens innerhalb von . . . . . . Monaten nach Beendigung des Arbeitsverhältnisses gestellt werden. Auf Leistungen aus dem Fonds besteht kein Rechtsanspruch.

(3) Über den Antrag entscheidet einvernehmlich eine Kommission, die sich aus je zwei Vertretern der Gesellschaft und des Betriebsrats zusammensetzt.

(4) Zum . . . . . . wird der Fonds aufgelöst. Die übrig gebliebenen Mittel fallen dann an die Gesellschaft zurück.

§ 9 Abrechnung[13]

(1) Sämtliche Leistungen aus diesem Sozialplan sind Brutto-Beträge. Abzug und Abführung von Steuern und/oder Sozialversicherungsabgaben bestimmen sich nach den jeweils geltenden gesetzlichen Bestimmungen.

(2) Leistungen nach § 4 Abs. (1) (Fahrtkostenzuschuss) werden ab Beginn der Weiterbeschäftigung auf dem neuen Arbeitsplatz fällig. Leistungen nach § 4 Abs. (2) (Umzugskostenersatz) werden zwei Wochen nach Nachweis der entstandenen Umzugskosten fällig.

(3) Die Abfindung nach § 5 Abs. (1) und eine etwaige Jubiläumszahlung nach § 7 Abs. (1) werden – vorbehaltlich S. 2 und Abs. (4) – mit dem ersten dem Zeitpunkt der Beendigung des Arbeitsverhältnisses folgenden Gehaltslauf zur Zahlung fällig. Die Zuschläge gemäß § 5 Abs. (7) und (8) werden jedoch nicht vor Nachweis der Berechtigung zur Zahlung fällig.

(4) Wenn der Mitarbeiter eine Kündigungsschutzklage erhebt, werden die Abfindung nach§ 5 Abs. (1) und eine etwaige Jubiläumszahlung nach § 7 Abs. (1) erst nach Vorliegen einer rechtskräftigen Entscheidung oder nach Klagerücknahme fällig.

(5) Soweit der Mitarbeiter wegen eines Arbeitsplatzwechsels Leistungen aus dem Fonds erhält, werden diese entsprechend Abs. (2) zur Zahlung fällig. Soweit der Mitarbeiter

Leistungen aus dem Fonds wegen der Beendigung des Arbeitsverhältnisses erhält, werden diese entsprechend Abs. (3) und (4) zur Zahlung fällig.

§ 10 Anrechnung/Rückzahlung[14]

(1) Ansprüche, Zahlungen und sonstige Leistungen aus diesem Sozialplan, insbesondere Abfindungen, werden mit etwaigen sonstigen Ansprüchen des Mitarbeiters im Zusammenhang mit der Betriebsstilllegung, insbesondere aufgrund Kündigung nach § 1a KSchG, gerichtlichen oder außergerichtlichen Vergleichs, individueller oder kollektivrechtlicher Vereinbarung oder nach §§ 9, 10 KSchG bzw. § 113 BetrVG i.V.m. §§ 9, 10 KSchG oder aus sonstigem Rechtsgrund verrechnet.

(2) Etwaige zu Unrecht oder zu viel gezahlte Beträge sind zurückzuzahlen. Der Einwand der Entreicherung wird ausgeschlossen.

§ 11 Schlussbestimmungen

(1) Änderungen und/oder Ergänzungen dieses Sozialplans, einschließlich dieser Bestimmung, bedürfen zu ihrer Wirksamkeit der Schriftform.

(2) Die Gesellschaft und der Betriebsrat sind sich einig, dass die Betriebsstilllegung nicht Gegenstand etwaig zwischen ihnen oder Rechtsvorgängern der Gesellschaft und den vormaligen Arbeitnehmervertretungen bereits geschlossener Sozialpläne ist, welche insoweit für die Betriebsstilllegung hiermit vorsorglich abgelöst werden.

(3) Sollte eine Bestimmung dieses Sozialplans ganz oder teilweise unwirksam sein oder werden, so wird hiervon die Wirksamkeit der übrigen Bestimmungen dieses Sozialplans nicht berührt. An die Stelle der unwirksamen Bestimmung tritt die gesetzlich zulässige Bestimmung, die dem mit der unwirksamen Bestimmung Gewollten wirtschaftlich am nächsten kommt. Dasselbe gilt für den Fall einer vertraglichen Lücke.

(4) Dieser Sozialplan tritt mit Unterzeichnung in Kraft. Er endet mit dem Abschluss der Betriebsstilllegung. Eine etwaige Nachwirkung wird hiermit ausgeschlossen.

(5) Die Parteien sind sich einig, dass die Verhandlungen abgeschlossen sind und das Verfahren zur Herbeiführung eines Sozialplanes im Hinblick auf die Betriebsstilllegung beendet ist.

……	……
Ort, Datum	Ort, Datum
……	……
Unterschrift der Gesellschaft	Unterschrift des Betriebsratsvorsitzenden

Anmerkungen

1. Regelungsgegenstand. Ein Sozialplan ist die freiwillige oder durch Spruch der Einigungsstelle erzwungene **Einigung** des Unternehmers und des Betriebsrats **über den Ausgleich oder die Milderung der wirtschaftlichen Nachteile,** die den Arbeitnehmern infolge einer geplanten Betriebsänderung entstehen (§ 112 Abs. 1 S. 2 BetrVG). Das Formular behandelt eine Betriebsstilllegung, von der ausschließlich Arbeitnehmer im Innendienst betroffen sind. Sind von einer Betriebsstillegung auch Arbeitnehmer im Außendienst betroffen, müssen Regelungen hinzugefügt und Regelungen angepasst werden, u.a. hinsichtlich der Berechnung von Abfindungen (infolge der vor allem im Außendienst häufig komplexen Vergütungssysteme) und hinsichtlich Arbeitsplatzwechseln (infolge Neuzuweisung oder Veränderung von Vertriebsgebieten). Die vermögenswerten Nachteile der Arbeitnehmer bestehen bei einer **Betriebsstilllegung** regelmäßig in dem **Verlust des Arbeitsplatzes** und der im Laufe des Arbeitsverhältnisses erworbenen Vorteile sowie dem Risiko, keinen neuen Arbeitsplatz zu finden. Soweit betriebsbedingte Entlassungen durch **Arbeitsplatzwechsel** verhindert werden, bestehen die vermögenswerten Nachteile der Arbeitnehmer regelmäßig in **höheren Aufwendungen**, z. B. für Fahrtkosten bzw. den Umzug zum neuen Arbeitsplatz.

Eine Verpflichtung der Betriebsparteien zur Aufstellung eines Sozialplans besteht auch noch nach Durchführung der Betriebsänderung (BAG AP BetrVG 1972 § 111 Nr. 5). Damit die Beteiligungsrechte des Betriebsrats nicht wegen Zeitablaufs leer laufen, hat er nach § 21b BetrVG bei einer Betriebsstilllegung ein **Restmandat**, bis der Sozialplan zustande gekommen ist (vgl. auch BAG AP BetrVG 1972 § 112 Nr. 123; BAG AP BetrVG 1972 § 112 Nr. 141).

Grundsätzlich kommt den Betriebsparteien im Hinblick auf den Inhalt eines Sozialplans ein **weiter Gestaltungsspielraum** zu. Sie können unter Berücksichtigung des Zwecks eines Sozialplans, eine **verteilungsgerechte Überbrückungshilfe** für die betroffenen Arbeitnehmer zu schaffen, insbesondere das Volumen und die Verteilungsgrundsätze des Sozialplans frei bestimmen. Hierbei können sie in den Grenzen **billigen Ermessens** auch entscheiden, welche Nachteile sie in welchem Umfang ausgleichen oder mildern wollen (BAG AP BetrVG 1972 § 112 Nr. 141, BAG AP BetrVG 1972 § 112 Nr. 174). Allerdings sind sie an **höherrangiges Recht** (wie z. B. § 75 BetrVG) und damit insbesondere an den **Gleichbehandlungsgrundsatz** (BAG AP BetrVG 1972 § 112 Nr. 185) und die Diskriminierungsverbote des AGG gebunden.

Entscheidet eine Einigungsstelle über den Inhalt des Sozialplans, sind außerdem die in § 112 Abs. 5 BetrVG normierten Grundsätze zu beachten. Von diesem Fall geht das Formular aber nicht aus. Der Sozialplan hat nicht nur die Wirkung einer Betriebsvereinbarung (vgl. § 112 Abs. 1 S. 3 BetrVG), sondern ist eine **Betriebsvereinbarung** (BAG AP BetrVG 1972 § 112 Nr. 2; BAG AP BetrVG 1972 § 112 Nr. 67). Der für Betriebsvereinbarungen geltende Tarifvorbehalt des § 77 Abs. 3 BetrVG, wonach Arbeitsentgelte und sonstige Arbeitsbedingungen, die durch Tarifvertrag geregelt sind oder üblicherweise geregelt werden, nicht Gegenstand einer Betriebsvereinbarung sein können, findet gemäß § 112 Abs. 1 S. 4 BetrVG keine Anwendung auf Sozialpläne. Daher können Sozialpläne trotz etwaiger Tarifüblichkeit der in ihnen enthaltenen Regelungen wirksam abgeschlossen werden. Die Wahrung der **Schriftform** ist Wirksamkeitsvoraussetzung (Richardi/*Annuß* § 112 Rn. 78).

Zuständig für den Abschluss des Sozialplans ist grundsätzlich der örtliche Betriebsrat. Nur soweit die Angelegenheit das gesamte Unternehmen oder zumindest mehrere Betriebe des Unternehmens betrifft und ein sachlich zwingendes Bedürfnis für eine betriebsübergreifende Regelung besteht, liegt die Zuständigkeit nach § 50 Abs. 1 BetrVG beim Gesamtbetriebsrat. Hier ist jedoch Vorsicht geboten. Keinesfalls sollte aus der (großzügig beurteilten) Zuständigkeit des Gesamtbetriebsrats zur Verhandlung eines Interessenausgleichs auch dessen Zuständigkeit für die im Zusammenhang mit dem Interessenausgleich stehenden Sozialplanverhandlungen geschlossen werden. Das Bedürfnis einer betriebsübergreifenden Regelung bei Sozialplänen wird von Seiten des BAG äußerst restriktiv verstanden (vgl. BAG AP BetrVG 1972 § 50 Nr. 29): Allein der Umstand, dass die für den Sozialplan erforderlichen Mittel von ein und demselben Arbeitgeber zur Verfügung gestellt werden, genüge nicht, um die Zuständigkeit des Gesamtbetriebsrats zu begründen (negatives Abgrenzungskriterium). Allerdings soll der Gesamtbetriebsrat dann zuständig sein, wenn ein im Interessenausgleich vereinbartes Sanierungskonzept das gesamte Unternehmen betrifft und nur auf Grundlage eines bestimmten, auf das gesamte Unternehmen bezogenen Sozialplanvolumens realisiert werden könne (positives Abgrenzungskriterium).

Eine rechtssichere Zuständigkeitsbestimmung bei betriebsübergreifenden Umstrukturierungen ist auf Grundlage dieser neuen Rechtsprechung häufig schwer möglich. Da in diesen Fällen (aus Arbeitgeber- wie Arbeitnehmersicht) regelmäßig eine unternehmenseinheitliche Sozialplanregelung sinnvoll sein wird, ist den Beteiligten in der Praxis meist zum Abschluss eines Sozialplans mit dem Gesamtbetriebsrat zu raten. Die beste Lösung ist natürlich, die Zuständigkeitsfrage vorgreifend zu klären, indem die örtlichen Betriebsräte (vorsorgliche) „Delegationsbeschlüsse" zugunsten des Gesamtbetriebsrats fassen. Hierzu sind die örtlichen Betriebsräte aber häufig nicht bereit. Außerdem verbleibt das Risiko eines Widerrufs der Delegation, welcher jederzeit möglich sein soll. Es wird einem örtlichen Betriebsrat aber i. d. R. schwerfallen, nachdem ein Arbeitgeber einen Sozialplan mit einem (unzuständigen) Gesamtbetriebsrat abgeschlossen hat, in einer erzwungenen (erneuten) Sozialplanverhandlung (oder im Rahmen eines Einigungsstellenverfahrens) das Sozialplanniveau zugunsten der Belegschaft seines Betriebes substanziell aufzustocken. Die rechtliche Unsicherheit im Hinblick auf die Zuständigkeit des Gesamtbetriebsrats führt also zu überschaubaren wirtschaftlichen Risiken für den Arbeitgeber.

Die vorgenannten Grundsätze gelten entsprechend für die Abgrenzung der Zuständigkeit zwischen Gesamtbetriebsrat und Konzernbetriebsrat (vgl. § 58 BetrVG).

2. Präambel. Das Voranstellen einer Präambel im Sozialplan kann sinnvoll sein, um bei Bedarf **die Vorgeschichte und/oder Regelungskomplexe** des Sozialplans sowie dessen Anlass, die Betriebsänderung, **festzuhalten.**

3. Sachlicher Geltungsbereich. Der sachliche Geltungsbereich eines Sozialplans bezieht sich auf die zugrundeliegende Betriebsänderung – hier: Betriebsstilllegung – die regelmäßig in einem zugleich abgeschlossenen Interessenausgleich beschrieben ist (dazu ausf. → Form. C. I. 6 Anm. 1).

4. Persönlicher Geltungsbereich. Aufgrund ihres weiten Beurteilungsspielraums können die Betriebsparteien bei Beachtung des Gleichbehandlungsgrundsatzes und der Diskriminierungsverbote des AGG (s. Anm. 1) festlegen, welche Arbeitnehmer vom Geltungsbereich des Sozialplans umfasst sein sollen (§ 2 Abs. (1)) oder nicht (§ 2 Abs. (2)).

Regelmäßig sollen Sozialpläne nur für Arbeitnehmer gelten, die zu einem bestimmten **Stichtag** in einem ungekündigten Arbeitsverhältnis standen. Den Betriebsparteien kommt bei der Festlegung eines Stichtags ein weiter Ermessensspielraum zu (*F/E/S/T/L* §§ 112, 112a BetrVG Rn. 164). Allerdings muss auch bei der Festlegung des Stichtags der betriebsverfassungsrechtliche Gleichbehandlungsgrundsatz berücksichtigt werden (BAG NZA 2008, 719). Der Stichtag muss deshalb am jeweiligen Sachverhalt orientiert und **sachlich vertretbar** sein. Gewählt werden kann etwa der Zeitpunkt des Scheiterns der Verhandlungen über den Interessenausgleich oder die Bekanntgabe des Stilllegungsbeschlusses an den Betriebsrat (BAG AP BetrVG 1972 § 112 Nr. 89; BAG AP BetrVG 1972 § 112 Nr. 98; BAG AP BGB § 620 Aufhebungsvertrag Nr. 4). Demgegenüber kann etwa das betriebliche Interesse, die personelle Zusammensetzung der Belegschaft bis zu einem bestimmten Zeitpunkt zu sichern, eine Stichtagsregelung nicht rechtfertigen. Eine vor diesem Hintergrund getroffene Regelung, wonach Arbeitnehmer, die vor einem bestimmten Termin aus dem Unternehmen ausscheiden, eine reduzierte Abfindung erhalten, ist daher unwirksam (BAG AP BetrVG 1972 § 112 Nr. 191). Häufig wird als Stichtag der Zeitpunkt der Unterzeichnung des Sozialplans herangezogen, wenn der Sozialplan zu diesem Zeitpunkt in Kraft tritt. Dies wurde auch im Formular so vorgesehen. Der persönliche Geltungsbereich muss zur Wahrung des Gleichbehandlungsgrundsatzes auch auf Arbeitnehmer erstreckt werden, deren Arbeitsverhältnis aufgrund von Mutterschutz oder Elternzeit ruht (BAG AP BetrVG 1972 § 112 Nr. 163).

Im Übrigen soll der persönliche Geltungsbereich regelmäßig nur Arbeitnehmer erfassen, deren Arbeitsplatz von der Betriebsänderung (hier: Betriebsstilllegung) betroffen ist. Dies ist regelmäßig der Fall, wenn das Arbeitsverhältnis eines Arbeitnehmers wegen der Betriebsänderung (hier: Betriebsstilllegung) endet. In diesem Fall müssen Arbeitnehmer zur Wahrung des Gleichbehandlungsgrundsatzes unabhängig von der Art der Beendigung ihres Arbeitsverhältnisses (arbeitgeberseitige Kündigung, Eigenkündigung, Aufhebungsvertrag) vom Sozialplan erfasst sein. Dies gilt allerdings nur, wenn die Beendigung des Arbeitsverhältnisses auch durch die Betriebsänderung (hier: Betriebsstilllegung) veranlasst wurde (→ Anm. 5).

5. Ausschluss vom persönlichen Geltungsbereich. Vom persönlichen Geltungsbereich des Sozialplans wurden im Wesentlichen Arbeitnehmer ausgenommen, von denen die Betriebsparteien davon ausgehen (dürfen), dass sie keine bzw. nur geringe Nachteile infolge der Betriebsstillegung erleiden. Hierbei haben die Betriebsparteien grundsätzlich einen weiten Beurteilungsspielraum. Sie sind aber an den Gleichbehandlungsgrundsatz und die Diskriminierungsverbote des AGG gebunden (→ Anm. 4).

Keine Nachteile infolge der Betriebsstillegung erleiden Arbeinehmer, deren Arbeitsverhältnis **nicht wegen der Betriebsstilllegung** endet. Dies ist zum einen bei befristeten Arbeitsverhältnissen der Fall (§ 2 Abs. (2) lit. b), aber auch bei arbeitgeberveranlassten Beendigungen, die aus personen- oder verhaltensbedingten Gründen erfolgen (§ 2 Abs. (2) lit. c). Gleiches gilt für Arbeitnehmer, die aufgrund von Eigenkündigungen oder Aufhebungsverträgen aus dem Arbeitsverhältnis ausscheiden, ohne dass diese durch den Arbeitgeber im Hinblick auf die Betriebsänderung **veranlasst waren**. Die Frage, ab welchem Zeitpunkt und unter welchen Umständen Eigenkündigungen oder Aufhebungsverträge im Hinblick auf die Betriebsänderung vom Arbeitgeber veranlasst sind, war Gegenstand höchstrichterlicher Entscheidungen (BAG AP BetrVG 1972 § 75 Nr. 56). Vom Arbeitgeber veranlasst ist eine Eigenkündigung demnach, wenn der Arbeitgeber bei einem Arbeitnehmer die berechtigte Annahme hervorgerufen hat, mit der eigenen Kündigung komme er einer sonst notwendig werdenden betriebsbedingten Kündigung des Arbeitgebers nur zuvor (BAG AP BetrVG 1972 § 112 Nr. 185). Einer im Jahr 2011 ergangenen Entscheidung des BAG kann entnommen werden, dass die Anforderungen an ein „vom Arbeitgeber betrieblich veranlasstes" Ausscheiden verschärft wurden. Die Entscheidung hatte eine Regelung in einem Sozialplan zum Gegenstand, wonach kein Abfindungsanspruch besteht, wenn ein Arbeitnehmer sein Arbeitsverhältnis kündigt, ohne dass ihm zuvor der Arbeitgeber den Zeitpunkt seines voraussichtlichen Ausscheidens mitgeteilt hat. Das BAG entschied, dass der Arbeitnehmer „nur dann", d.h. wenn ihm der Zeitpunkt seines voraussichtlichen Ausscheidens konkret mitgeteilt wurde, berechtigterweise davon ausgehen kann, dass er mit seiner Eigenkündigung einer betriebsbedingten Kündigung zuvorkomme und die Eigenkündigung daher „vom Arbeitgeber betrieblich veranlasst" ist (BAG AP BetrVG 1972 § 112 Nr. 214). Im Rahmen ihres Beurteilungsspielraums können die Betriebsparteien in einem Sozialplan einen Stichtag festsetzen, ab dem sie davon ausgehen, dass Eigenkündigungen und Aufhebungsverträge der Arbeitnehmer vom Arbeitgeber betrieblich veranlasst sind. Die Zulässigkeit eines solchen konkret gewählten Stichtags ist im jeweiligen Einzelfall unter Anwendung der vorgenannten Kriterien zu prüfen.

Zudem wurden Arbeitnehmer vom persönlichen Geltungsbereich ausgenommen, die bei Abschluss des Sozialplans Anspruch auf (vorzeitige, gekürzte oder ungekürzte) **Altersrente** aus der gesetzlichen Rentenversicherung haben (§ 2 Abs. (2) lit. e). Die Frage, ob dieser Ausschluss bzw. die Beschränkung von Sozialplanleistungen gegen das – mittlerweile auch unionsrechtlich gewährleistete – **Verbot der Altersdiskriminierung** verstößt, war Gegenstand zahlreicher höchstrichterlicher Entscheidungen. Das AGG lässt Altersdifferenzierungen in Sozialplänen zu, insbesondere den Ausschluss von Arbeitnehmern von den Leistungen eines Sozialplans, wenn diese wirtschaftlich abgesichert sind, weil sie, gegebenfalls nach Bezug von Arbeitslosengeld, rentenberechtigt sind (§ 10 S. 3 Nr. 6 AGG; das Formular sieht auch eine solche Regelung vor, vgl. § 5 Abs. (6) erster Punkt). Der EuGH hat entschieden, dass eine **Minderung** der Abfindung bei rentennahen Arbeitnehmern, die an den Zeitpunkt des frühestmöglichen Rentenbeginns anknüpft, und auf § 10 S. 3 Nr. 6 AGG basiert, nicht gegen das Verbot der Altersdiskriminierung verstößt (EuGH NZA 2012, 1435). Diese Rechtsprechung wurde vom BAG aufgenommen und bestätigt (zuletzt BAG BeckRS 2013, 71029). Es spricht daher viel dafür, dass Arbeitnehmer, die Anspruch auf eine (vorzeitige, gekürzte oder ungekürzte) Altersrente haben und damit wirtschaftlich abgesichert sind, ohne Verstoß gegen das Verbot der Altersdiskriminierung nach § 10 S. 3 Nr. 6 AGG vom persönlichen Geltungsbereich des Sozialplans gänzlich ausgenommen werden können. Hiervon unabhängig zu beantworten ist die Frage, ob eine solche Regelung gegen das **Verbot einer Behindertendiskriminierung** verstößt. Zwar haben die Gerichte dies noch nicht ausdrücklich festgestellt. Der EuGH hat jedoch entschieden, dass bereits eine **Minderung** der Abfindung bei rentennahen Arbeitnehmern, die an den Zeitpunkt des frühestmöglichen Rentenbeginns anknüpft, schwerbehinderte Menschen in unzulässiger Weise benachteiligt. Denn diese haben immer einen früheren Renteneintritt, da sie eine **vorzeitige** Altersrente in Anspruch nehmen können (sog. Altersrente für schwerbehinderte Menschen, vgl. §§ 37, 236a SGB VI, vgl. EuGH NZA 2012, 1435). Diese Erwägungen treffen auch auf die hier maßgebliche Regelung zu. Da schwerbehinderte Menschen immer eine vorzeitige Altersrente beanspruchen können, werden sie durch eine Regelung besonders hart getroffen, die hinsichtlich des Ausschlussses vom persönlichen Geltungsbereich eines Sozialplans an den Anspruch auf Altersrente anknüpft. Das Formular sieht daher vor, dass die sog. Altersrente für schwerbehinderte Menschen bei Prüfung des Ausschlussgrundes nicht zu berücksichtigen ist (§ 2 Abs. (2) lit. e).

Um sonstige Härtefälle aufzufangen, sieht das Formular ferner vor, dass die wegen Bezugs der (vorzeitigen, gekürzten oder ungekürzten) Altersrente aus dem persönlichen Geltungsbereich des Sozialplans ausgeschlossenen Arbeitnehmer Leistungen aus dem Sonderfonds für Härtefälle erhalten können (§ 2 Abs. (3) S. 2).

Da die Soziaplanpflicht nicht im Hinblick auf leitende Angestellte i. S. v. § 5 Abs. 3, 4 BetrVG besteht, dürfen diese von Sozialplänen ausgenommen werden (BAG AP BetrVG 1972 § 112 Nr. 8). Dies ist auch im Formular so vorgesehen (§ 2 Abs. (2) lit. f).

Vom persönlichen Geltungsbereich des Sozialplans werden auch Arbeitnehmer ausgenommen, die die Wartezeit nach § 1 Abs. 1 KSchG noch nicht erfüllt haben (§ 2 Abs. (2) lit. a). Die Zulässigkeit dieses Ausschlusses ist höchstrichterlich noch nicht geklärt. Aufgrund der infolge geringer Betriebszugehörigkeit vorliegenden geringen Schutzwürdigkeit sollte die Regelung aber vom Beurteilungsspielraum der Betriebsparteien gedeckt sein. Entsprechendes gälte für einen Ausschluss von Arbeitnehmern in der Probezeit (welche sich aber ohnehin regelmäßig mit der Wartezeit nach § 1 Abs. 1 KSchG decken wird).

Ein Ausschluss von Arbeitnehmern, die eine (befristete oder unbefristete) Rente wegen teilweise oder voller Erwerbsminderung beziehen (können) ist im Formular nicht vorgesehen. Eine solche Regelung müsste sich an der neuen Rechtsprechung des EuGH zum Verbot der Diskriminierung wegen einer (Schwer-)Behinderung (EuGH NZA 2012, 1435) und § 75 Abs. 1 BetrVG messen lassen.

Da der Ausschluss vom persönlichen Geltungsbereich im Wesentlichen verhindern soll, dass Arbeitnehmer Anspruch auf eine Abfindung erhalten, die keine bzw. nur geringe Nachteile infolge der Betriebsstilllegung erleiden, wird im Formular klargestellt, dass bestimmte – vom persönlichen Geltungsbereich ausgeschlossene Arbeitnehmer – Anspruch auf Leistungen wegen Arbeitsplatzwechsel und auf Leistungen aus dem Sonderfonds für Härtefälle haben sollen (§ 2 Abs. (3)).

6. Arbeitsplatzwechsel vor Entlassung. Das Formular sieht vor, dass Entlassungen nach Möglichkeit durch das **Angebot der Weiterbeschäftigung** auf einem freien Arbeitsplatz in einem anderen Betrieb des Unternehmens vermieden werden sollen. Daher sollen Arbeitnehmer, die einen **zumutbaren Arbeitsplatz** in einem anderen Betrieb des Unternehmens **ablehnen,** von der Zahlung einer Abfindung ausgeschlossen werden. Dieser Ausschluss von der Zahlung einer Abfindung ist zulässig. Denn es liegt im Beurteilungsspielraum der Betriebsparteien, wenn diese pauschalierend davon ausgehen, dass ein Arbeitnehmer, der eine zumutbare Weiterbeschäftigung ausschlägt, durch die Beendigung seines Arbeitsverhältnisses bei dem bisherigen Arbeitgeber keine oder nur geringe wirtschaftliche Nachteile erleiden wird (BAG AP BetrVG 1972 § 112 Nr. 185).

7. Zumutbarkeitskriterien. Die Betriebsparteien können im Sozialplan näher festlegen, wann ein Arbeitsplatzangebot zumutbar ist (BAG AP BetrVG 1972 § 112 Nr. 47). Persönliche Umstände einzelner Arbeitnehmer müssen hierbei nicht zwingend berücksichtigt werden, da die Bestimmung der Zumutbarkeit im Ermessen der Betriebsparteien liegt (vgl. BAG AP BetrVG 1972 § 112 Nr. 126). So dürfen die Betriebsparteien zwar wegen der sich aus Art. 6 GG im Zusammenspiel mit § 75 Abs. 1 BetrVG ergebenden Wertungen im Sozialplan keine Regelungen treffen, die geeignet sind, Ehe und Familie zu diskriminieren und Arbeitnehmer wegen ihrer ehelichen Lebensgemeinschaft oder der Wahrnehmung von Rechten und Pflichten gegenüber Kindern zu benachteiligen. Aus Art. 6 GG ergibt sich für die Betriebsparteien aber nicht die Pflicht, verheiratete Arbeitnehmer oder solche, die mit ihren Kindern in häuslicher Gemeinschaft leben, gegenüber unverheirateten, kinderlosen Arbeitnehmern zu bevorzugen (BAG AP BetrVG 1972 § 112 Nr. 190).

Das Formular nennt fachliche (auf die Anforderungen des Arbeitsplatzes bezogene), materielle (auf den Brutto-Monatsverdienst bezogene) und soziale (auf Härtefälle bezogene) Kriterien zur Bestimmung der Zumutbarkeit eines Arbeitsplatzes (§ 3 Abs. (5)). Hinsichtlich des materiellen Kriteriums lässt das Formular dem Anwender offen, welcher prozentualer Anteil des bisher bezogenen Brutto-Monatsverdienstes als zumutbar angesehen werden soll. In der Praxis bewegt sich der prozentuale Anteil häufig im Bereich von 80 bis 85 Prozent. Die Betriebsparteien können auch weitere Kriterien für zur Bestimmung der Zumutbarkeit des Arbeitsplatzes festlegen, wie zum Beispiel räumliche Kriterien (bezogen auf die Entfernung zwischen Wohnsitz und neuem Arbeitsplatz), gesundheitliche Kriterien (bezogen auf den Arbeitsplatz oder gesundheitliche Gründe in der Person des Arbeitnehmers) oder zeitliche Kriterien (bezogen auf die Dauer und/oder Lage der Arbeitszeit).

8. Leistungen bei Arbeitplatzwechsel. Das Formular sieht vor, dass Arbeitnehmer bei einem Arbeitsplatzwechsel einen Fahrtkostenzuschuss (§ 4 Abs. (1)) sowie Umzugskostenerstattung (§ 4 Abs. (2)) erhalten können. Die Höhe der Leistungen und die Voraussetzungen für deren Erhalt können von den Betriebsparteien unter Beachtung des Gleichbehandlungsgrundsatzes und der Diskriminierungsverbote des AGG frei festgelegt werden (→ Anm. 1).

9. Abfindung. Da der Sozialplan dem Ausgleich und der Milderung der wirtschaftlichen Nachteile der von der Stilllegung betroffenen Arbeitnehmer dienen soll, ist die Regelung der Abfindung sein Herzstück. Die wirtschaftlichen Nachteile der Arbeitnehmer dürfen auf der Grundlage einer **pauschalierenden Betrachtung** ermittelt werden (BAG AP BetrVG 1972 § 112 Nr. 141; BAG AP BetrVG 1972 § 112 Nr. 142). Es kann demnach unberücksichtigt bleiben, dass einige Arbeitnehmer durch die Betriebsstilllegung ggf. gar keine Nachteile erleiden, weil sie unmittelbar im Anschluss eine neue Beschäftigung finden. Abgestellt werden darf auf die typischerweise zu erwartenden wirtschaftlichen Nachteile (BAG NZA 1985, 628). Arbeitnehmer, deren Arbeitsverhältnis wegen der Betriebsstilllegung endet, erhalten nach dem Formular eine Abfindung. Besondere Gestaltungsmöglichkeiten für ältere Arbeitnehmer (z. B. Vorruhestands-, Altersteilzeit- und Überbrückungsregelungen) sind im Formular nicht vorgesehen.

Zur **Bemessung der Abfindung** gibt es neben einer individuellen Beurteilung (vgl. BAG AP BetrVG 1972 § 112 Nr. 25) die verschiedensten Methoden. Üblich ist die Bemessung **nach festen Steigerungsstufen, nach einem Punktesystem oder nach mathematischen For-**

meln, die eine möglichst lineare Abfindungskurve ergeben. Regelmäßig werden dabei wegen der pauschalen Betrachtungsweise nur die Dauer der Betriebszugehörigkeit, das Lebensalter und der Brutto-Monatsverdienst als Faktoren einbezogen (BAG AP BetrVG 1972 § 112 Nr. 26), so dass ähnlich wie im vorliegenden Fall zum Ausgleich besonderer Härten **zusätzliche Zahlungen** z. B. für schwerbehinderte Arbeitnehmer (§ 5 Abs. (8)) sowie für Arbeitnehmer mit Kindern (§ 5 Abs. (7)) vorgesehen werden. Um den Verteilungsrahmen sicher bestimmen zu können, sind dabei formalisierte Anforderungen an den Nachweis der Unterhaltsverpflichtungen oder der Schwerbehinderung im Sozialplan gerechtfertigt (Richardi/*Annuß* § 112 Rn. 91).

Für den Brutto-Monatsverdienst ist die Vergütung maßgeblich, die der Arbeitnehmer im letzten Monat vor Beendigung des Arbeitsverhältnisses erhält (§ 5 Abs. (5)). Die Betriebsparteien können festlegen, welche Vergütungsbestandteile bei der Berechnung der Abfindung zu berücksichtigen sind. Soweit Vergütungsbestandteile berücksichtigt werden sollen, die für einen längeren Zeitraum (z. B. ein Jahr) gewährt werden (z. B. Sonderzahlungen, Gratifikationen), sind diese nach dem Formular anteilig hinzuzurechnen. Neben einer weiteren Konkretisierung dahingehend, wie diese anteilige Hinzurechnung zu erfolgen hat, sind hier natürlich auch abweichende Gestaltungen möglich, beispielsweise die Ermittlung auf Basis von ein Zwölftel der im letzten Kalenderjahr vor der Beendigung des Arbeitsverhältnisses bezogenen (Jahres-)Leistung.

Die Gewährung der Abfindung kann – wie in § 5 Abs. (1) S. 2 i. V. m. § 3 Abs. (4) des Formulars vorgesehen – auf Arbeitnehmer beschränkt werden, denen das Unternehmen keinen zumutbaren anderen Arbeitsplatz anbieten kann (s. Anm. 6).

Im Sozialplan können für einzelne Abfindungen unter besonderen Voraussetzungen auch **Höchstgrenzen** geregelt werden, um dem begrenzten Sozialplanvolumen Rechnung zu tragen. Dies gilt insbesondere, wenn den älteren Arbeitnehmern nach dem Sozialplan Arbeitsplätze in anderen Betrieben des Unternehmens angeboten werden müssen (BAG AP BetrVG 1972 § 112 Nr. 135). Hierfür steht den Betriebsparteien eine Vielzahl an Gestaltungsmöglichkeiten zur Verfügung. So kann z. B. ein numerischer Höchstbetrag für die individuelle Abfindung festgesetzt werden. Es ist aber auch denkbar, eine Formel zur Berechnung der Abfindung zu vereinbaren, die zur Minderung der Abfindung bei rentennahen Arbeitnehmern führt. Alle Höchstgrenzen haben unabhängig von der konkreten Ausgestaltung zur Folge, dass regelmäßig gerade die Abfindungsansprüche älterer Arbeitnehmer geringer sind. Dies gilt auch für numerische Höchstgrenzen, da die Abfindungen regelmäßig unter Berücksichtung der Kriterien „Lebensalter“ und/oder „Betriebszugehörigkeit“ (welche bei älteren Arbeitnehmern regelmäßig länger ist) berechnet werden. Klauseln, die Höchstgrenzen für die Abfindung vorsehen, sind daher stets vor dem Hintergrund des Verbots von Altersdiskriminierungen nach § 1 AGG zu prüfen. Das Gesetz sieht zwar vor, dass Lebensalter und Rentennähe Differenzierungen in Sozialplänen rechtfertigen können (§ 10 S. 3 Nr. 6 AGG). Die konkrete Vertragsgestaltung muss aber stets objektiv und angemessen und durch ein legitimes Ziel gerechtfertigt sein. Das legitime Ziel einer Höchstgrenze für Abfindungen wird regelmäßig darin bestehen, rentennahen Arbeitnehmern nur in dem Umfang Ausgleichsleistungen zukommen zu lassen, wie sie nicht in absehbarer Zeit durch den Bezug von (vorzeitigen, gekürzten oder ungekürzten) Altersrenten wirtschaftlich abgesichert sind. Dieses legitime Ziel wurde vom EuGH anerkannt (EuGH NZA 2012, 1435). In der zitierten Entscheidung hat der EuGH eine Regelung gebilligt, die zu einer Minderung der Abfindung bei rentennahen Arbeitnehmern führte. Das BAG hat diese Rechtsprechung aufgenommen und bestätigt (zuletzt BAG BeckRS 2013, 71029). Zudem hat das BAG entschieden, dass in der Vereinbarung einer numerischen Höchstgrenze nicht per se ein Verstoß gegen das Verbot der Altersdiskriminierung liegt (BAG AP BetrVG 1972 § 75 Nr. 52).

Das Formular sieht hinsichtlich des Grundbetrags drei Höchstgrenzen (dort „Höchstbeträge“ genannt) vor: eine Höchstgrenze in Höhe der Summe der Brutto-Monatsverdienste, die zwischen dem Zeitpunkt der Beendigung des Arbeitsverhältnisses und dem frühesten Zeitpunkt des Anspruchs auf eine (vorzeitige, gekürzte oder ungekürzte) Altersrente, liegen (§ 5 Abs. (6) Punkt 1), eine numerische Höchstgrenze (§ 5 Abs. (6) Punkt 2) und eine Höchstgrenze, die eine wirtschaftliche „Übersicherung" von Arbeitnehmern mit Anschlussbeschäftigung verhindert, indem die Abfindung auf den Vergütungsausfall begrenzt wird (§ 5 Abs. (6) Punkt 3). Im Hinblick auf das Verhältnis zwischen den Höchstgrenzen bestimmt das Formular, dass die Höchstgrenzen unabhängig voneinander zu ermitteln sind und der niedrigste Höchstbetrag maßgeblich ist.

Das Formular sieht eine Pflicht zur Rückzahlung des den Vergütungsausfall übersteigenden Grundbetrags der Abfindung (nicht aber der Zuschläge) vor, wenn der Arbeitnehmer eine Anschlussbeschäftigung bei der Gesellschaft oder einem verbundenen Unternehmen findet. In größeren Konzernen kommt es häufig vor, dass die Information über eine Anschlussbeschäftigung den vormaligen Arbeitgeber nicht erreicht. Das Formular sieht daher auch eine Anzeigepflicht des Arbeitnehmers vor.

10. Outplacement. Der Arbeitgeber kann als weiteren Anreiz zum Abschluss von Aufhebungsverträgen und damit zur Vermeidung von Kündigungen Outplacement-Leistungen für die von der Betriebsänderung betroffenen Arbeitnehmer vorsehen. Dabei ist er in der Gestaltung der Maßnahmen (neben dem klassischen Outplacement v.a. Bewerbertrainings, Ermöglicherung der Teilnahme an Job-Börsen, Hilfen bei der Erstellung von Bewerbungsunterlagen) weitgehend frei. Der Betriebsrat wird vom Arbeitgeber jedenfalls verlangen, dass dieser die Größenordnung der übernommenen Leistungen zusagt. Von dieser Gestaltung geht die Ausgangsvariante der Regelung aus.

Es besteht aber auch die Möglichkeit der Förderung von Outplacement-Leistungen durch einen fünfzigprozentigen Zuschuss der Agentur für Arbeit zu den Kosten des Outplacements, der höchstens 2.500 EUR pro gefördertem Arbeitnehmer betragen darf (vgl. § 110 Abs. 2 SGB III). Hierfür muss der Arbeitgeber vor allem beachten, dass die Agentur für Arbeit sog. Transfermaßnahmen für von Arbeitslosigkeit bedrohte Arbeitnehmer nur unter engen Voraussetzungen fördert. Insbesondere müssen sich die Betriebsparteien bereits im Vorfeld der Entscheidung über die Einführung von Transfermaßnahmen beraten lassen (vgl. § 110 Abs. 1 S. 1 Nr. 1 SGB III). Die Agentur für Arbeit muss die Chance haben, „die Betriebsparteien so zu beraten, dass im Interessenausgleich/ Sozialplan arbeitsmarktpolitische Inhalte zum Transfer der betroffenen Arbeitnehmer vereinbart werden" (GA Transferleistungen, §§ 110, 111 und 134 SGB III, S. 14). Zudem sollte der Arbeitgeber nicht nur in der Kommunikation gegenüber der Agentur für Arbeit, sondern auch gegenüber den Mitarbeitern klarstellen, dass er selbst sich lediglich an der Finanzierung beteiligen will und dass er seine Leistungen von der „spiegelbildlichen" Beteiligung der Agentur für Arbeit abhängig macht. Denn übernimmt er die Kosten des Outplacements den Arbeitnehmern gegenüber ohne entsprechenden Vorbehalt in voller Höhe, wird die Agentur für Arbeit keinen nachträglichen Zuschuss gewähren.

Je nach Art der geplanten Maßnahmen können Outplacement-Leistungen dem Lohnsteuerabzugsverfahren unterfallen. Hier kann sich eine frühzeitige Klärung durch Anrufungsauskunft beim Finanzamt empfehlen.

11. Jubiläumszuwendung/Freistellung. Neben oder anstatt der pauschalierten Abfindung können die durch den Verlust des Arbeitsplatzes entstandenen Nachteile auch durch weitere Leistungen ausgeglichen werden. Über die im Formular vorgesehene Jubliäumszuwendung hinaus sind beispielsweise auch Regelungen zur Jahresprämie, zu Werkswohnung, Arbeitgeberdarlehen oder Bewerbungskosten möglich. Das Formular enthält zusätzlich noch Regelungen zur Freistellung der Arbeitnehmer (§ 7 Abs. (3) und (4)).

12. Sonderfonds für Härtefälle. Die Aufnahme einer Härtefallklausel wird empfohlen, um individuelle Sondernachteile auszugleichen, die im Sozialplan keine Berücksichtigung gefunden haben (vgl. *F/E/S/T/L* §§ 112, 112a Rn. 143; Richardi/*Annuß* § 112 Rn. 100). Ein Härtefall i.S.v. § 8 kann etwa gegeben sein, wenn infolge der Betriebsstilllegung eine Ehegemeinschaft oder Lebenspartnerschaft doppelt getroffen wird, indem beide Ehe- bzw. Lebenspartner aufgrund Beschäftigung beim selben Arbeitgeber ihren Arbeitsplatz verlieren.

13. Abrechnung. Das Formular enthält in § 9 Regelungen zur Fälligkeit und Abrechnung der einzelnen sich aus dem Sozialplan ergebenden Leistungen. Leistungen, die bei Beendigung des Arbeitsverhältnisses gezahlt werden, dürfen nicht vom Verzicht des Arbeitnehmers auf die Erhebung einer Kündigungsschutzklage abhängig gemacht werden (BAG AP BetrVG 1972 § 112 Nr. 17). Etwas anderes gilt für das **Hinausschieben der Fälligkeit** von Sozialplanleistungen bis zum Abschluss eines Kündigungsschutzprozesses. Eine solche Regelung ist zulässig (BAG AP BetrVG 1972 § 112 Nr. 33) und auch im Formular vorgesehen (§ 9 Abs. (4)). An dieser Rechtslage hat sich auch nach Einführung von § 1a KSchG nichts geändert. Den Betriebsparteien ist jedoch nicht jegliche Regelung verboten, durch die für den Arbeitnehmer ein finanzieller Anreiz geschaffen werden soll, die Kündigung zu akzeptieren. Wenn die Betriebsparteien ihrer Verpflichtung zur Aufstellung eines Sozialplans nachgekommen sind, können sie freiwillig eine kollektivrechtliche Regelung treffen, die finanzielle Leistungen für die Arbeitnehmer vorsieht, die auf die Erhebung einer Kündigungsschutzklage verzichten, so genannte **„Turboprämie“** (auch „Sprinter-/Entscheidungsprämie“ genannt) (BAG AP BetrVG 1972 § 112 Nr. 175). Allerdings darf die Vereinbarung einer Turboprämie nicht zur Umgehung des Verbots, Sozialplanleistungen vom Verzicht auf die Erhebung einer Kündigungsschutzklage abhängig zu machen, führen. Dies kann der Fall sein, wenn der Sozialplan keine angemessene Abmilderung der wirtschaftlichen Nachteile vorsieht oder wenn das für den Sozialplan vorgesehene finanzielle Volumen funktionswidrig für die Turboprämie eingesetzt wird (BAG AP BetrVG 1972 § 112 Nr. 175). Turboprämien sind daher in jedem Fall in einer eigenständigen Vereinbarung (z.B. „Freiwilligenprogramm“) außerhalb des Sozialplans zu regeln.

14. Anrechnung/Rückzahlung. Das Formular sieht vor, dass Leistungen aus dem Sozialplan mit anderweitigen Ansprüchen, die denselben Tatbestand betreffen (insbesondere Nachteilsausgleichsansprüche gemäß § 113 Abs. 1, 3 BetrVG), verrechnet werden.

9. Sozialplan in der Insolvenz

Sozialplan[1]

zwischen

...... (Name und Anschrift des Insolvenzverwalters) in seiner Eigenschaft als Insolvenzverwalter[2] über das Vermögen der Firma (Name und Anschrift der Gesellschaft) „Arbeitgeber“

und

...... (Name und Anschrift des Betriebsrats) „Betriebsrat“

Präambel[3]

Über das Vermögen von ...... (Name und Anschrift der Gesellschaft) („Insolvenzschuldnerin“) ist mit Beschluss des Amtsgerichts ...... vom ......, Aktenzeichen ......, ein Insolvenzverfahren eröffnet und Herr ...... (Name und Anschrift des Insolvenzverwalters) ist zum Insolvenzverwalter bestellt worden.

Sämtliche Betriebe und Betriebsstätten der Insolvenzschuldnerin in . . . . . . und . . . . . . werden zum . . . . . . geschlossen. Sämtliche geschäftliche Aktivitäten werden zu diesem Zeitpunkt eingestellt. Die Arbeitsverhältnisse aller Mitarbeiter werden beendet (insbesondere durch betriebsbedingte Beendigungskündigungen oder Aufhebungsverträge). Die zur Betriebsstilllegung erforderlichen Maßnahmen wurden im Einzelnen im Interessenausgleich vom . . . . . . („Interessenausgleich") niedergelegt.

Zum Ausgleich und zur Milderung der wirtschaftlichen Nachteile, die den betroffenen Mitarbeitern infolge der im Interessenausgleich beschriebenen Maßnahmen entstehen, schließen die Parteien nachfolgenden Sozialplan („Sozialplan"):

§ 1 Sachlicher Geltungsbereich[4]

§ 2 Persönlicher Geltungsbereich[5]

§ 3 Sozialplanvolumen

(1) Das Sozialplanvolumen wird gemäß § 123 Abs. 1 InsO auf das 2,5-fache der Brutto-Monatsverdienste aller Mitarbeiter festgelegt, bei denen zum Zeitpunkt der Unterzeichnung des Sozialplans feststeht, dass ihr Arbeitsverhältnis wegen der Betriebsstilllegung vom Arbeitgeber beendet wird. Die Beendigung kann durch betriebsbedingte Beendigungskündigungen oder den Abschluss von Aufhebungsverträgen erfolgen. Diesen Fällen gleichgestellt sind Eigenkündigungen von Mitarbeitern, sofern sie von der Insolvenzschuldnerin oder vom Arbeitgeber betrieblich veranlasst wurden.[6]

(2) Bei der Berechnung des Sozialplanvolumens werden die Brutto-Monatsverdienste der in § 2 Abs. (2) genannten Mitarbeiter nicht berücksichtigt.

(3) Als Brutto-Monatsverdienst im Sinne dieses Sozialplans gilt die im letzten Monat vor Beendigung des Arbeitsverhältnisses bezogene Vergütung, die zum Zeitpunkt der Unterzeichnung des Sozialplans durch eine Prognose zu ermitteln ist. Zur Vergütung zählen ausschließlich: Grundgehalt, vermögenswirksame Leistungen, Sachbezüge, Vergütungen für Mehrarbeit und Zuschläge für Schicht-, Nacht-, Wochenend- und Feiertagsarbeit. Gratifikationen, Sonderzahlungen und sonstige Boni sind anteilig zu berücksichtigen. Zur Vergütung zählen nicht: Job Tickets, Zuschüsse für Kinderbetreuung, Fahrtkostenzuschüsse, Reisekostenerstattung und sonstiger Aufwendungsersatz. Befindet sich der Mitarbeiter im letzten Monat des Arbeitsverhältnisses in Mutterschutz oder Elternzeit, sind die voranstehenden Sätze 1 bis 4 mit der Maßgabe anzuwenden, dass auf den letzten Monat vor dem Beginn des Mutterschutzes bzw. der Elternzeit abgestellt wird.

(4) Nach Maßgabe der Abs. (1) bis (3) beträgt das Sozialplanvolumen . . . . . . EUR (in Worten: . . . . . . Euro) („Sozialplanvolumen").

(5) Das Sozialplanvolumen gilt vorbehaltlich der noch durchzuführenden Betriebsstilllegung und wird gegebenenfalls nach unten korrigiert. Sollte eine Korrektur des Sozialplanvolumens nach Abschluss der Betriebsstilllegung erforderlich werden, werden die Ansprüche der Mitarbeiter nach diesem Sozialplan entsprechend der Formel in § 4 Abs. (2) anteilig herabgesetzt.[7]

§ 4 Abfindung[8]

(1) Mitarbeiter, deren Arbeitsverhältnis wegen der Betriebsstilllegung endet, erhalten für den Verlust ihres Arbeitsplatzes eine Abfindung nach Maßgabe der Abs. (2) bis (6) („Abfindung").

(2) Die Abfindung berechnet sich nach folgender Formel:

$$\frac{\text{(90 Prozent des Sozialplanvolumens)} \times \text{individuelle Punktzahl}}{\text{Gesamtsumme aller individuellen Punktzahlen}}$$

(3) Die individuelle Punktzahl wird für jeden Mitarbeiter, der Anspruch auf eine Abfindung hat, nach Maßgabe von Abs. (4) ermittelt. Maßgeblicher Zeitpunkt ist der Zeitpunkt der Betriebsstilllegung.

(4) Jedem Mitarbeiter werden im Hinblick auf sein Lebensalter, seine Betriebszugehörigkeit, etwaige Unterhaltsberechtigungen und eine etwaige Schwerbehinderung bzw. Gleichstellung individuelle Punktzahlen zugeordnet, die zu addieren sind:

- Je vollendetem Jahr der Betriebszugehörigkeit werden zwei Punkte zugeordnet. Ab dem 35. vollendeten Jahr der Betriebszugehörigkeit wird für jedes weitere Jahr der Betriebszugehörigkeit ein Punkt zugeordnet.
- Je vollendetem Lebensjahr wird ein Punkt zugeordnet. Ab dem 55. vollendeten Lebensjahr wird für jedes weitere Lebensjahr ein halber Punkt zugeordnet.
- Je unterhaltsberechtigtem Kind gemäß den elektronischen Lohnsteuerabzugsmerkmalen (ELStAM) werden fünf Punkte zugeordnet. Gleiches gilt für einen Ehepartner oder Lebenspartner i. S. d. LPartG.
- Bei einem Grad der Behinderung von 50 i. S. d. § 69 Abs. 1 SGB IX sowie bei einer Gleichstellung werden fünf Punkte zugeordnet und je weiterem Grad der Behinderung von zehn einen Punkt.

(5) Die Gesamtsumme aller individuellen Punkzahlen wird durch Addition der individuellen Punktzahlen aller Mitarbeiter, die Anspruch auf eine Abfindung haben, ermittelt.

(6) In Abs. (2) wurden im Hinblick auf eine etwaige Korrektur des Sozialplanvolumens nach § 3 Abs. (5) nur 90 Prozent des Sozialplanvolumens angesetzt. Stellt sich heraus, dass es keiner solchen Korrektur bedarf, so werden die verbleibenden zehn Prozent des Sozialplanvolumens nach Maßgabe dieses § 4 verteilt.

§ 5 Freistellung

(1) Mitarbeiter, deren Arbeitsverhältnis endet, werden in angemessenem Umfang zur Stellensuche unter Fortzahlung ihres Verdienstes von der Arbeitsleistung freigestellt.

(2) Mitarbeiter, deren Kündigungsfrist erst nach Betriebsstilllegung abläuft, werden grundsätzlich zum Zeitpunkt der Betriebsstilllegung unter Fortzahlung des Verdienstes von der Arbeitsleistung freigestellt. Sie können jedoch bis zum Ablauf der Kündigungsfrist mit Abwicklungsarbeiten beschäftigt werden, soweit ihnen dies zumutbar ist.

§ 6 Abrechnung[9]

(1) Sämtliche Leistungen aus diesem Sozialplan sind Brutto-Beträge und sämtliche Steuer hierauf sowie die Arbeitnehmeranteile zur Sozialversicherung sind vom Mitarbeiter zu tragen. Abzug und Abführung von Steuern und/oder Sozialversicherungsabgaben bestimmen sich nach den jeweils geltenden gesetzlichen Bestimmungen.

(2) Soweit der Mitarbeiter eine Kündigungsschutzklage erhebt, wird die Abfindung nach § 4 erst nach Vorliegen einer rechtskräftigen Entscheidung oder nach Klagerücknahme fällig.

§ 7 Anrechnung/Rückzahlung[10]

§ 8 Schlussbestimmungen[11]

......	......
Ort, Datum	Ort, Datum
......	......
Unterschrift des Insolvenzverwalters	Unterschrift des Betriebsratsvorsitzenden

Anmerkungen

1. Regelungsgegenstand. Auch nach Eröffnung des Insolvenzverfahrens über das Vermögen eines Unternehmens und der Bestellung eines Insolvenzverwalters finden die Vorschriften über Sozialpläne (§§ 112, 112a BetrVG) Anwendung. Die Insolvenzordnung (InsO) enthält allerdings **besondere Vorschriften über das Sozialplanvolumen im Insolvenzverfahren** (§ 123 Abs. 1 InsO), den Rang von Sozialplanansprüchen (§ 123 Abs. 2 InsO) sowie die Bestandskraft von insolvenznahen Sozialplänen (§ 124 InsO).

Auch in der Insolvenz entsteht die Pflicht zum Abschluss eines Sozialplans erst bei Vorliegen einer Betriebsänderung (vgl. § 111 BetrVG).

Das Formular betrifft den Fall der Stilllegung sämtlicher Betriebe und Betriebsstätten der Insolvenzschuldnerin und die Entlassung aller Arbeitnehmer. Der vermögenswerte Nachteil der Arbeitnehmer besteht hier regelmäßig in dem **Verlust des Arbeitsplatzes** und der im Laufe des Arbeitsverhältnisses erworbenen Vorteile sowie dem Risiko, keinen neuen Arbeitsplatz zu finden (→ Form. C. I. 8 Anm. 1).

Grundsätzlich kommt den Parteien im Hinblick auf den Inhalt eines Sozialplans auch im Insolvenzverfahren ein **weiter Gestaltungsspielraum** bei der Frage zu, wie die wirtschaftlichen Nachteile der von einer Entlassung betroffenen Arbeitnehmer ausgeglichen werden sollen (→ Form. C. I. 8 Anm. 1). Im Unterschied zu einem „normalen" Sozialplan **begrenzt § 123 Abs. 1 InsO aber das Gesamtvolumen des Sozialplans**, um einen angemessenen Ausgleich zwischen den Interessen der durch die Betriebsänderung betroffenen Arbeitnehmer und den Interessen der übrigen Insolvenzgläubiger zu schaffen (→ Anm. 6).

Die in § 112 Abs. 5 BetrVG normierten Grundsätze, an die die Einigungsstelle gebunden ist, finden auf einen frei vereinbarten Sozialplan keine unmittelbare Anwendung. Indes darf der Insolvenzverwalter darüber hinausgehende Leistungen nur zugestehen, wenn und soweit sich dies mit der Sorgfalt eines ordentlichen und gewissenhaften Insolvenzverwalters vereinbaren lässt, um sich nicht der Eigenhaftung nach § 60 InsO auszusetzen (MünchKommInsO/*Löwisch/Caspers* § 123 InsO Rn. 42).

Zuständig für den Abschluss des Sozialplans ist grundsätzlich der örtliche Betriebsrat. Zur Zuständigkeit des Gesamtbetriebsrats nach § 50 Abs. 1 BetrVG → Form. C. I. 8 Anm. 1.

2. Insolvenzverwalter. → Form. C. I. 7 Anm. 2.

3. Präambel. → Form. C. I. 8 Anm. 2.

4. Sachlicher Geltungsbereich. → Form. C. I. 8, dort unter § 1 und → Anm. 3.

5. Persönlicher Geltungsbereich. → Form. C. I. 8, dort unter § 2 und → Anm. 4, 5.

6. Sozialplanvolumen. Das Gesetz sieht eine absolute Obergrenze für die Festlegung des Sozialplanvolumens in der Insolvenz vor. Danach darf das Sozialplanvolumen den Gesamtbetrag von zweieinhalb Monatsverdiensten der von einer Entlassung betroffenen Arbeitnehmer nicht überschreiten (§ 123 Abs. 1 InsO). Hinsichtlich des Monatsverdienstes verweist das Gesetz auf § 10 Abs. 3 KSchG, wonach als Monatsverdienst gilt, was dem Arbeitnehmer bei der für ihn maßgeblichen regelmäßigen Arbeitszeit in dem Monat, in dem das Arbeitsverhältnis endet, an Geld- und Sachbezügen zusteht.

Zur **Berechnung des Gesamtvolumens** des Sozialplans muss zunächst ermittelt werden, wie viele Arbeitnehmer von einer Entlassung betroffen sein werden. Maßgeblich ist der betriebsverfassungsrechtliche **Arbeitnehmerbegriff**, so dass v.a. leitende Angestellte nicht berücksichtigt werden (*F/E/S/T/L* §§ 112a Rn. 295). Der Begriff der **Entlassung** bezieht sich auf die Beendigung der Arbeitsverhältnisse wegen der Betriebsänderung. Gemeint sind neben Kündigungen durch den Insolvenzverwalter auch der Abschluss von Aufhebungsverträgen auf Veranlassung des Insolvenzverwalters und die Eigenkündigung, um einer Kündigung des Insolvenzverwalters zuvorzukommen (BAG AP BetrVG 1972 § 112 Nr. 96 m. Anm. *v. Hoyningen-Huene; Annuß* NZI 1999, 349; a.A. *Hess* NZA 1985, 206). Im Übrigen sind im Hinblick auf die Festlegung des zu berücksichtigenden Personenkreises viele Fragen umstritten und noch nicht höchstrichterlich geklärt.

Dies gilt zum Beispiel für die Frage, welcher Zeitpunkt für die Festlegung des zu berücksichtigenden Personenkreises heranzuziehen ist. Da § 123 Abs. 1 InsO hierzu keine Regelung enthält, stellt das Formular in § 3 Abs. (1) auf den Zeitpunkt der Unterzeichnung des Sozialplans ab (§ 3 Abs. (1) des Formulars).

Umstritten ist weiterhin, ob bei der Bemessung des Sozialplanvolumens auch Arbeitnehmer zu berücksichtigen sind, die zwar von einer „Entlassung" betroffen, aber nicht vom persönlichen Geltungsbereich des Sozialplans umfasst – und damit nicht anspruchsberechtigt – sind (z.B. Arbeitnehmer in einem Probearbeitsverhältnis). Der Wortlaut des § 123 Abs. 1 InsO differenziert nicht danach, ob die von der Entlassung betroffenen Arbeitnehmer auch Leistungen aus dem Sozialplan erhalten können. Dies spricht für eine Berücksichtigung aller von der Entlassung betroffenen Arbeitnehmer unabhängig von der Anspruchsberechtigung. An der hieraus resultierenden Erhöhung des Sozialplanvolumens könnte der vorgenannte Personenkreis allerdings gerade nicht partizipieren. Die Erhöhung des Sozialplanvolumens würde daher nur den Arbeitnehmern zugutekommen, die ohnehin anspruchsberechtigt sind. Im Hinblick auf Sinn und Zweck des § 123 Abs. 1 InsO, einen angemessenen Ausgleich zwischen den Interessen der durch die Betriebsänderung betroffenen Arbeitnehmer und den Interessen der übrigen Insolvenzgläubiger zu schaffen, ist dies nicht sachgerecht. Aus diesem Grund sieht das Formular vor, dass Arbeitnehmer, die vom persönlichen Geltungsbereich des Sozialplans nicht umfasst sind, auch bei der Festlegung des Sozialplanvolumens nicht berücksichtigt werden (§ 3 Abs. (2) des Formulars).

Schließlich ist umstritten, ob § 123 Abs. 1 InsO analog heranzuziehen ist, wenn eine Betriebsänderung in der Insolvenz nicht nur Entlassungen, sondern auch sonstige personelle Maßnahmen (z.B. Versetzungen in andere Betriebe) beinhaltet. Diese Frage ist für das Formular allerdings nicht relevant, da dieses nur Entlassungen betrifft (weiterführend zum Streitstand *F/E/S/T/L* §§ 112a Rn. 308).

Steht der Kreis der zu berücksichtigenden Arbeitnehmer fest, so muss in einem zweiten Schritt deren **individueller Monatsverdienst** i.S.d. § 10 Abs. 3 KSchG berechnet werden. Gemäß § 10 Abs. 3 KSchG gilt als Monatsverdienst, was dem Arbeitnehmer bei der für ihn maßgeblichen regelmäßigen Arbeitszeit in dem Monat, in dem das Arbeitsverhältnis endet, an Geld- und Sachbezügen zusteht. Gratifikationen, Sonderzahlungen und sonstige Boni, die nicht laufend gezahlt werden, sind anteilig zu berücksichtigen.

Zwar sieht das Gesetz vor, dass für die Bemessung des Monatsverdienstes der Monat maßgeblich ist, in dem das Arbeitsverhältnis endet (§ 10 Abs. 3 KSchG). Da dieser Verdienst konkret erst zum Zeitpunkt der Beendigung des jeweiligen Arbeitsverhältnisses feststeht, könnte das Sozialplanvolumen dann erst nach Beendigung aller Arbeitsverhältnisse rechtssicher festgestellt werden. Der Sozialplan wird aber zu einem früheren Zeitpunkt abgeschlossen. Die Festlegung des Sozialplanvolumens ist daher in der Praxis mit Schwierigkeiten verbunden. Das Sozialplanvolumen ist aber von großer Bedeutung, da ein Überschreiten der vom Gesetz angeordneten Obergrenze des Sozialplanvolumens zur Unwirksamkeit des Sozialplans führt (→ Anm. 7). In der Literatur wird vertreten, aus Praktikabilitätsgründen die Verdienste des Monats zugrunde zu legen, in dem die Mehrzahl der Arbeitnehmer entlassen wird. Eine andere Auffassung erwägt, auf den Monat abzustellen, in dem der Sozialplan aufgestellt wird (vgl. zum Meinungsstand GKBetrVG/*Oetker* §§ 112, 112a Rn. 407). Da diese Auffassungen nicht mit dem Wortlaut des § 10 Abs. 3 KSchG in Einklang stehen, sieht das Formular vor, dass die Vergütung des Monats vor der Beendigung des jeweiligen Arbeitsverhältnisses maßgeblich ist und auf Basis einer Prognose zum Zeitpunkt der Unterzeichnung des Sozialplans ermittelt wird (§ 3 Abs. (3) des Formulars).

Schließlich ergibt sich das Gesamtvolumen des Sozialplans, indem die Monatsverdienste aller Arbeitnehmer gemäß § 2 Abs. (1) des Formulars mit zweieinhalb multipliziert werden (§ 3 Abs. (4) des Formulars). Es sind die Brutto-Verdienste zugrunde zulegen (vgl. hierzu *Hümmerich/Boecken/Düwell* § 123 InsO Rn. 20; *Nerlich/Römermann* § 123 Rn. 20).

7. Nachbesserungsklausel. Überschreitet die Summe aller gezahlten Abfindungen und sonstigen Leistungen die absolute **Obergrenze** für das Sozialplanvolumen nach § 123 Abs. 1 InsO, hat dies die **Unwirksamkeit des gesamten Sozialplans** zur Folge (vgl. BT-Drucks. 10/2129 S. 7; *Röder/Baeck* DStR 1995, 262; a. A. MünchKommInsO/*Löwisch/Caspers* § 123 InsO Rn. 65). Umstritten ist, ob das Sozialplanvolumen mittels geltungserhaltender Reduktion auf das zulässige Maß reduziert werden kann (zum Meinungsstand *F/E/S/T/L* §§ 112a Rn. 306). Dies wird jedenfalls dann angenommen, wenn der Sozialplan die Verteilungsmaßstäbe eindeutig erkennen lässt oder **Nachbesserungsklauseln** vereinbart wurden, die eine anteilige Herabsetzung der Ansprüche der Arbeitnehmer vorsehen. Vor diesem Hintergrund wurde eine entsprechende Nachbesserungsklausel in § 3 Abs. (5) des Formulars aufgenommen.

8. Abfindung. Das Formular sieht vor, dass die Abfindungen nach einem **Punktesystem berechnet** werden. Auch insoweit kann die Unwirksamkeit des Sozialplans wegen Überschreitung des zulässigen Gesamtvolumens durch Anpassungen vermieden werden. Die Parteien sind in der Ausgestaltung des Verteilungssystems grundsätzlich frei und nur an den Gleichbehandlungsgrundsatz und die Diskriminierungsverbote des AGG gebunden (→ Form. C. I. 8 Anm. 10). Es ist daher eine Vielzahl weitere Gestaltungsmöglichkeiten hinsichtlich der Verteilung des Sozialplanvolumens denkbar.

9. Abrechnung. → Form. C. I. 8, dort unter § 8 und → Anm. 13.

10. Anrechnung/Rückzahlung. → Form. C. I. 8, dort unter § 9 und → Anm. 14.

11. Schlussbestimmungen. → Form. C. I. 8, dort unter § 10.

10. Transfersozialplan

Transfersozialplan[1]

zwischen

...... (Name und Anschrift der Gesellschaft) **„Gesellschaft“**

und

...... (Name und Anschrift des Betriebsrats) **„Betriebsrat“**

Präambel[2]

§ 1 Sachlicher Geltungsbereich[3]

§ 2 Persönlicher Geltungsbereich[4]

§ 3 Allgemeine Regelungen[5]

§ 4 Leistungen bei Arbeitsplatzwechsel[6]

§ 5 Abfindung[7]

§ 6 Jubiläumszuwendung/Freistellung[8]

§ 7 Sonderfonds für Härtefälle[9]

§ 8 Einrichtung einer beE[10]

(1) Um den wegen der Betriebsänderung nach § 1 von betriebsbedingten Kündigungen betroffenen Mitarbeitern so schnell wie möglich durch Qualifizierung eine dauerhafte Neubeschäftigung zu verschaffen und sie für die Übergangsphase sozial abzusichern, wird eine betriebsorganisatorisch eigenständige Einheit („beE") i. S. d. § 111 SGB III eingerichtet. Die beE wird zum ...... in ...... eingerichtet und wird durch die Transfergesellschaft ...... („TG") geführt. Die Gesellschaft verpflichtet sich, die Finanzierung der Transfermaßnahmen und der TG sowie von Qualifikationsmaßnahmen zu übernehmen. Einzelheiten regelt ein Dienstleistungsvertrag zwischen der Gesellschaft und der TG.

(2) Bedingung für die Einrichtung der beE ist die Bewilligung von Transferkurzarbeitergeld durch die Agentur für Arbeit. Wird Transferkurzarbeitergeld nicht bewilligt, so finden die Regelungen dieses § 8 keine Anwendung.[11]

(3) Unter der Voraussetzung der Gewährung von Transferkurzarbeitergeld erhalten alle in der als Anlage 1 beigefügten Namensliste aufgeführten Mitarbeiter vor Ausspruch der betriebsbedingten Kündigung das Angebot, zum ...... in die TG zu wechseln. Hierzu wird den Mitarbeitern der Abschluss eines dreiseitigen Vertrages zur Aufnahme eines befristeten Arbeitsverhältnisses mit der TG bei gleichzeitiger Beendigung des Arbeitsverhältnisses mit der Gesellschaft unter Abkürzung der anwendbaren Kündigungsfristen unterbreitet. Die dreiseitigen Verträge werden nach Maßgabe des diesem Sozialplan als Anlage 2 beigefügten Vertragsmusters erstellt.[12]

(4) Alle Mitarbeiter, die in die TG wechseln wollen, müssen sich hierüber innerhalb von ..... Kalendertagen nach Erhalt des Vertragsangebots, spätestens jedoch bis zum ....., erklären. Ein Eintritt in die TG ist nach Ablauf der Überlegungsfrist ausgeschlossen.

(5) Die Mitarbeiter sind verpflichtet, sich vor Beginn der befristeten Übernahme in die TG bei der Agentur für Arbeit arbeitssuchend zu melden und an einer arbeitsmarktlich zweckmäßigen Maßnahme zur Feststellung der Eingliederungsaussichten (Profiling-Maßnahme) teilzunehmen (§ 111 Abs. 4 S. 1 Nr. 4 a) und b) SGB III). § 111 Abs. 4 S. 1 Nr. 4 b) Halbs. 2 SGB III bleibt unberührt.

(6) Die Dauer des befristeten Arbeitsverhältnisses in der TG richtet sich nach der für den jeweiligen Mitarbeiter geltenden Kündigungsfrist, beträgt aber höchstens zwölf Monate.[13]

(Alternative:

(6) Die Dauer des befristeten Arbeitsverhältnisses in der TG richtet sich nach der für den jeweiligen Mitarbeiter geltenden Kündigungsfrist und beträgt das Doppelte dieser Kündigungsfrist, höchstens aber zwölf Monate.)

(Alternative:

(6) Die Dauer der befristeten Übernahme in die TG beträgt für alle Mitarbeiter zwölf Monate.)

§ 9 Aufstockung des Kurzarbeitergeldes

(1) Die Gesellschaft gewährt den in die TG wechselnden Mitarbeitern für die Dauer des Bezuges von Transferkurzarbeitergeld einen Zuschlag zum Transferkurzarbeitergeld im Wege einer Aufstockung auf 80 Prozent des jeweiligen bisherigen Nettoeinkommens. Der Zuschlag errechnet sich aus der Differenz zwischen dem gewährten Transferkurzarbeitergeld i. S. d. § 111 SGB III und 80 Prozent der jeweiligen bisherigen Nettoverdienste der Mitarbeiter.[14]

(2) Für die Berechnung des Nettomonatsverdienstes nach Abs. (1) werden die elektronischen Lohnsteuerabzugsmerkmale (ELStAM) zum Stichtag . . . . . . zugrunde gelegt. Ein Wechsel der Steuerklasse während der Beschäftigung in der TG führt nicht zu einer Änderung des Zuschlags, es sei denn, die Steuerklasse ändert sich durch Tod des Ehegatten oder rechtskräftige Scheidung.

(3) Soweit das Transferkurzarbeitergeld wegen anrechenbarer Einkünfte der Mitarbeiter (z. B. aus Nebentätigkeiten) gekürzt wird, erhöht dies den Zuschlag nicht.[15]

§ 10 Qualifizierung[16]

(1) Die Gesellschaft stellt für jeden Mitarbeiter, der in die TG wechselt, ein Budget für Weiterbildungs- und Qualifizierungsmaßmaßnahmen („Qualifizierungsbudget") in Höhe von . . . . . . EUR (in Worten: . . . . . . Euro) zzgl. Umsatzsteuer zur Verfügung. Das Qualifizierungsbudget steht den in die TG wechselnden Mitarbeitern gemeinsam zur Verfügung und wird je nach individuellem Weiterbildungs- und Qualifizierungsbedarf eingesetzt.

(2) Über die Verteilung des Qualifizierungsbudgets entscheidet ein Beirat, der sich aus Vertretern der Gesellschaft, der TG und des Betriebsrats zusammensetzt. Die Entscheidung des Beirats hat entsprechend dem individuellen Weiterbildungs- und Qualifizierungsbedarf und unter Beachtung des Gleichbehandlungsgrundsatzes zu erfolgen.

(3) Soweit das Qualifizierungsbudget während der Laufzeit der TG nicht vollständig verbraucht wurde, werden die Mittel an die Gesellschaft zurückgeleitet.

§ 11 Ausstiegsprämie[17]

(1) Für jeden vollen Monat der endgültigen vorzeitigen Beendigung des Arbeitsverhältnisses mit TG erhält der Mitarbeiter einen Betrag in Höhe von . . . . . . EUR (in Worten: . . . . . . Euro), der auf die Abfindung nach § 5 aufgeschlagen wird.

(2) Der Anspruch auf die Ausstiegsprämie ist ausgeschlossen, wenn die TG das Arbeitsverhältnis mit dem Mitarbeiter aus Gründen kündigt, die in der Person oder im Verhalten des Mitarbeiters liegen und die die Gewährung von Transferkurzarbeitergeld nachträglich in Wegfall bringen (z. B. die Nichtteilnahme an Qualifizierungsmaßnahmen).

§ 12 Stellungnahme des Betriebsrats[18]

Diese Vereinbarung gilt zugleich als Stellungnahme des Betriebsrats gemäß §§ 111 Abs. 6 S. 1, 99 Abs. 1 S. 3 SGB III.

§ 13 Abrechnung[19]

§ 14 Anrechnung/Rückzahlung[20]

§ 15 Schlussbestimmungen[21]

......	......
Ort, Datum	Ort, Datum
......	......
Unterschrift der Gesellschaft	Unterschrift des Betriebsratsvorsitzenden

Anmerkungen

1. Regelungsgegenstand. In der betrieblichen Praxis treten neben den gängigen Sozialplänen, die zum Ausgleich oder zur Milderung der durch den Personalabbau entstehenden Nachteile in erster Linie Abfindungszahlungen vorsehen, auch Sozialpläne auf, die darüber hinausgehend die **Schaffung von Auffangstrukturen** für die vom Personalabbau betroffenen Arbeitnehmer ermöglichen. Regelmäßig wird in derartigen Sozialplänen die Einrichtung einer betriebsorganisatorisch eigenständigen Einheit (beE) vorgesehen, in der **Transferkurzarbeit gemäß § 111 SGB III** geleistet wird. In der Praxis übernehmen häufig eigenständige Rechtsträger, sog. Transfergesellschaften (TG), die Organisation der beE sowie die Qualifizierung und Vermittlung der übergeleiteten Arbeitnehmer. Daher wird ein Sozialplan, in dem (auch) die Einschaltung einer TG vorgesehen ist, als „Transfersozialplan" bezeichnet (s. dazu im Übrigen auch → Form. A. VII. 10 Anm. 5 und zur TG → Form. A. VII. 10 Anm. 1).

Das **Sanierungskonzept** unter Einschaltung einer TG beruht im Wesentlichen auf drei Vereinbarungen, von denen der **Transfersozialplan** zwischen Alt-Arbeitgeber und Betriebsrat eine ist. Die Überleitung der einzelnen Arbeitnehmer in die TG erfolgt i.d.R. aufgrund **dreiseitiger Verträge** zwischen Alt-Arbeitgeber, TG und Arbeitnehmer, aufgrund derer das bisherige Arbeitsverhältnis unter Abkürzung der Kündigungsfristen beendet wird und der Arbeitnehmer zeitgleich in ein neues (befristetes) Arbeitsverhältnis mit der TG wechselt (→ Form. A. VII. 10). Welche Qualifizierungs-, Fortbildungs- und Vermittlungsdienste die TG einerseits schuldet und welche Finanzierungs- und Vergütungspflichten den Alt-Arbeitgeber andererseits treffen, regelt schließlich ein **Dienstleistungsvertrag** zwischen der TG und dem Alt-Arbeitgeber.

2. Präambel. → Form. C. I. 8, dort unter Präambel und → Anm. 2.

3. Sachlicher Geltungsbereich. → Form. C. I. 8, dort unter § 1 und → Anm. 3.

4. Persönlicher Geltungsbereich. → Form. C. I. 8, dort unter § 2 und → Anm. 4, 5.

5. Allgemeine Regelungen. → Form. C. I. 8, dort unter § 3 und → Anm. 6.

6. Leistungen bei Arbeitsplatzwechsel. → Form. C. I. 8, dort unter § 4 und → Anm. 8.

7. Abfindung. → Form. C. I. 8, dort unter § 5 und → Anm. 9.

8. Jubiläumszuwendung/Freistellung. → Form. C. I. 8, dort unter § 7 und → Anm. 11.

9. Sonderfonds für Härtefälle. → Form. C. I. 8, dort unter § 8 → Anm. 12.

10. Betriebsorganisatorisch eigenständige Einheit (beE). Voraussetzung für die Gewährung von Transferkurzarbeitergeld durch die Agentur für Arbeit ist u.a. die Errichtung einer beE, d.h. einer organisatorisch und abrechnungstechnisch vom Betrieb abgegrenzten Einheit (*Rolf/Riechwald* BB 2011, 2805). Wird eine externe TG beauftragt, ergeben sich insoweit keine Probleme. Die beE muss hinsichtlich ihrer Organisation und Mittelausstattung bestimmte Voraussetzungen erfüllen (§§ 111 Abs. 3 S. 1 Nr. 3 SGB III) und eine Trägerzulassung gemäß § 178 SGB III besitzen (→ Form. A. VII. 10 Anm. 3). Weitere Informationen können auch bei der Agentur für Arbeit eingeholt werden. Eine Vorfeldberatung durch die Agentur für Arbeit ist seit der gesetzlichen Novellierung im Jahr 2012 zudem Voraussetzung für den Bezug von Transferkurzarbeitergeld (§ 111 Abs. 1 Nr. 4 SGB III sowie im Übrigen zur Höhe und zur steuerrechtlichen Behandlung des Transferkurzarbeitergeldes → Form. A. VII. 10 Anm. 3).

11. Transferkurzarbeitergeld. Da die TG in erster Linie über Transferkurzarbeitergeld finanziert wird, sollte sowohl das Zustandekommen des dreiseitigen Vertrages (→ Form. A. VII. 10) als auch die im Transfersozialplan enthaltene Verpflichtung zur Errichtung einer beE von der Gewährung von Transferkurzarbeitergeld abhängig gemacht werden (vgl. zur Zulässigkeit einer solchen Abrede LAG Hamburg NZA-RR 2005, 658). Ohne die (Mit-)Finanzierung durch die Arbeitsverwaltung könnte der mit dem Personalabbau angestrebte Sanierungseffekt nicht erreicht werden (vgl. zu den Anspruchsvoraussetzungen → Form. A. VII. 10 Anm. 3).

12. Dreiseitiger Vertrag. In der TG werden die arbeitsrechtlichen Beziehungen auf eine völlig neue vertragliche Grundlage gestellt. Der Wechsel der Mitarbeiter in die TG stellt keinen Betriebsübergang i.S.d. § 613a BGB dar, weil die TG einen völlig anderen Betriebszweck verfolgt. Daher besteht keine Verpflichtung der TG, die bisherigen Arbeitsbedingungen weiter zu gewähren. Um Differenzen mit dem Betriebsrat über die Ausgestaltung der Arbeitsbedingungen in der TG zu vermeiden, sollten die wesentlichen Beschäftigungsbedingungen entweder ausdrücklich im Transfersozialplan festgehalten oder durch Bezugnahme auf einen entsprechenden **Mustervertrag** (→ Form. A. VII. 10) fixiert werden.

Wird die TG jedoch als Mittel zum Personalabbau genutzt, um einen Betriebsübergang beim Verkauf des Unternehmens zu vermeiden, sind besondere Voraussetzungen zu beachten (→ Form. A. VII. 10 Anm. 1).

13. Laufzeit. Die maximale Bezugsdauer für Transferkurzarbeitergeld beträgt **zwölf Monate**, § 111 Abs. 2 SGB III. Da die beE maßgeblich über Transferkurzarbeitergeld finanziert wird, bildet diese Höchstbezugsdauer in der Praxis auch die zeitliche Obergrenze für die individuelle Verweildauer der Arbeitnehmer in der TG.

Der Zwölf-Monats-Zeitraum muss umgekehrt nicht voll ausgeschöpft werden. Die Verweildauer der einzelnen Mitarbeiter in der TG sollte jedoch mindestens ihrer **individuellen Kündigungsfrist** entsprechen. Ansonsten werden nur wenige Arbeitnehmer bereit sein, in die TG zu wechseln.

Häufig wird die doppelte Länge der jeweiligen Kündigungsfrist als Verweildauer in der TG bestimmt. Auch dies hängt mit der Finanzierung der TG zusammen. Die TG wird maßgeblich durch die vom Arbeitgeber wegen der abgekürzten Kündigungsfristen eingesparten Gehaltszahlungen und über die Gewährung von Transferkurzarbeitergeld finanziert. Als Faustformel gilt, dass der Arbeitgeber auch unter Berücksichtigung der Zahlungen an den Betreiber der TG eine Verweildauer des jeweiligen Arbeitnehmers in der TG im Wesentlichen „kostenneutral" finanzieren kann, die den Zeitraum der Kündigungsfrist um etwa das Doppelte übersteigt. Im Ergebnis ist die Frage der Kostenneutralität natürlich von den jeweiligen Rahmenbedingungen im Einzelfall abhängig. Auch dürfte die genannte Faustformel nur zutreffen, wenn die Aufstockung des Transferkurzarbeitergeldes so erfolgt, dass der Wert von 80 Prozent des zuletzt erzielten Nettoeinkommens nicht überschritten wird und die Vergütungshöhe bei den betreffenden Arbeitnehmern im Mittel liegt.

14. Aufstockung des Transferkurzarbeitergeldes. Eine Aufstockung des Transferkurzarbeitergeldes ist in der Praxis üblich, um die Bereitschaft der Arbeitnehmer zum Übergang in die TG zu erhöhen. Der Anreiz zum Wechsel in die TG steigt, wenn die Mitarbeiter ihren bisherigen Lebensstandard weitgehend aufrechterhalten können. Das ist beim alleinigen Bezug von Transferkurzarbeitergeld in Höhe von 60 Prozent bzw. 67 Prozent der Nettoentgeltdifferenz (§§ 111 Abs. 10, 105 SGB III) regelmäßig nicht möglich.

Das Formular geht von einem Zuschuss aus, der dem Arbeitnehmer 80 Prozent des zuletzt erzielten Nettoeinkommens gewährleistet. Höhere oder niedrigere Zuschüsse sind allerdings ebenso denkbar wie das vollständige Absehen von Zuschüssen. Letzteres wird aber in aller Regel gegenüber dem Betriebsrat nicht durchsetzbar sein.

Neben der eventuellen Zahlung eines Zuschusses ist der Arbeitgeber durch die Tragung der Sozialversicherungsbeiträge sowie des Entgelts bei Urlaub, Krankheit und an Feiertagen finanziell belastet (weiterführend hierzu → Form. A. VII. 10 Anm. 10).

15. Kürzung des Transferkurzarbeitergeldes. Eine Kürzung des Transferkurzarbeitergeldes kommt vor allem dann in Betracht, wenn der Arbeitnehmer anrechenbares Einkommen, insbesondere aus Nebentätigkeiten hat. Wenn der Zuschuss ganz oder teilweise die Differenz zwischen dem gewährten Transferkurzarbeitergeld und dem bisherigen Nettoeinkommen des Arbeitnehmers überbrücken soll, würde ohne entsprechenden **Vorbehalt** jede Verringerung des Transferkurzarbeitergeldes vom Alt-Arbeitgeber auszugleichen sein, auch wenn die Ursache hierfür im Verhalten des Arbeitnehmers liegt. Das Formular schließt dies aus.

16. Qualifizierung. Arbeitnehmern, die Qualifizierungsdefizite haben, sollte während des Bezugs von Transferkurzarbeitergeld geeignete Maßnahmen zur Verbesserung ihrer Eingliederungsaussichten angeboten werden (→ Form. A. VII. 10 Anm. 14). Das im Formular vorgesehene Qualifizierungsbudget stellt insoweit eine zusätzliche Leistung des Arbeitgebers dar und verstärkt die Attraktivität eines Wechsels in die TG. Im Formular ist insoweit ein Gesamt-Budget vorgesehen, über dessen Verteilung ein Beirat entscheidet. Bei dieser Entscheidung hat der Beirat den individuellen Weiterbildungs- und Qualifizierungsbedarf sowie den Gleichbehandlungsgrundsatz zu berücksichtigen. Etwa verbleibende Mittel fließen an den Arbeitgeber zurück, es sei denn der Betriebsrat kann durchsetzen, dass sie nachschüssig an die Arbeitnehmer, die in der TG waren, ausgezahlt werden.

17. Austrittsprämie. Der vorzeitige Austritt eines Arbeitnehmers aus der TG ist wünschenswert, sofern es um die **Aufnahme eines neuen Arbeitsverhältnisses** oder den nachweislichen **Schritt in die Selbständigkeit** geht. Hier kann durch Austrittsprämien nochmals ein gesonderter finanzieller Anreiz gegeben werden. Anders ist die Situation, wenn die TG von ihrem Kündigungsrecht Gebrauch macht, weil der Arbeitnehmer seinen Mitwirkungspflichten nicht nachkommt (→ Form. A. VII. 10, dort unter § 7 Abs. 2). Ein vorzeitiges Ausscheiden unter diesen Bedingungen sollte nicht auch noch durch eine Austrittsprämie honoriert werden.

18. Stellungnahme des Betriebsrats. Bei der Beantragung von Transferkurzarbeitergeld hat der Arbeitgeber den Arbeitsausfall bei der Agentur für Arbeit schriftlich anzuzeigen (§§ 111 Abs. 6 S. 1, 99 Abs. 1 S. 3 SGB III). Dabei muss der Arbeitgeber auch eine Stellungnahme der Betriebsvertretung beifügen (§ 99 Abs. 1 S. 3 SGB III). Es spricht jedoch nichts dagegen, eine separate Stellungnahme des Betriebsrats durch Vorlage des Transfersozialplans zu ersetzen, so wie im Formular vorgesehen.

19. Abrechnung. → Form. C. I. 8, dort unter § 9 und → Anm. 13.

20. Anrechnung/Rückzahlung. → Form. C. I. 8, dort unter § 10 und → Anm. 14.

21. Schlussbestimmungen. → Form. C. I. 8, dort unter § 11.

11. Anrufung der Einigungsstelle

[Briefkopf der Gesellschaft]

An den Betriebsrat

z. Hd. des Betriebsratsvorsitzenden

. . . . . .

– im Hause –

Verhandlungen über die Betriebsvereinbarung . . . . ., Anrufung der Einigungsstelle[1]

Sehr geehrte Damen und Herren,

am . . . . . . haben wir Sie darüber informiert, dass wir beabsichtigen, in der Auftragsbearbeitung die Software . . . . . . einzusetzen.[2] Diese Maßnahme bedarf der Mitbestimmung des Betriebsrats nach § 87 Abs. 1 Nr. 6 BetrVG. Zu diesem Zweck haben wir Ihnen am . . . . . . den Entwurf einer entsprechenden Betriebsvereinbarung zukommen lassen und um Ihre Kommentierung des Entwurfs gebeten.

Die anschließenden Verhandlungstermine am . . . . ., ... und . . . . . . verliefen ergebnislos. Eine Einigung über die Betriebsvereinbarung konnte trotz eingehender Erörterungen nicht erzielt werden. In den gestrigen Verhandlungen haben Sie es nochmals abgelehnt, die Betriebsvereinbarung abzuschließen.

Vor diesem Hintergrund sehen wir die Verhandlungen nunmehr als endgültig gescheitert an.[3] Weitere Verhandlungen versprechen nach unserer Einschätzung keine Einigung. Wir rufen daher die Einigungsstelle an.[4] Wir schlagen vor, die Einigungsstelle mit je zwei Beisitzern zu besetzen und den Richter am . . . . ., Herrn . . . . ., als Vorsitzenden der Einigungsstelle zu benennen.[5] Herr . . . . . . ist ein erfahrener Richter, der schon vielen Einigungsstellenverfahren vorgesessen hat. Für den Fall der Verhinderung von Herrn . . . . . . schlagen wir den Richter am . . . . ., Herrn . . . . ., als Vorsitzenden der Einigungsstelle vor.

Bitte teilen Sie uns kurzfristig, spätestens aber bis zum . . . . . . mit, ob Sie mit unserem Vorschlag einverstanden sind.[6] Anderenfalls werden wir gemäß § 76 Abs. 2 BetrVG i. V. m. § 98 ArbGG beim Arbeitsgericht beantragen, die Einigungsstelle zu besetzen.[7]

Mit freundlichen Grüßen

. . . . . .

Unterschrift der Gesellschaft

Anmerkungen

1. Bedarfs- oder Dauereinigungsstelle. Die Einigungsstelle ist eine **selbstständige betriebliche Schlichtungsstelle** zur Beilegung von Meinungsverschiedenheiten zwischen Arbeitgeber und Betriebsrat bzw. Gesamt- oder Konzernbetriebsrat. Sie kann im Hinblick auf eine konkrete Meinungsverschiedenheit und damit „bei Bedarf" gebildet werden (§ 76 Abs. 1 S. 1

BetrVG). Das Gesetz eröffnet aber auch ausdrücklich die Möglichkeit, eine ständige Einigungsstelle durch freiwillige Betriebsvereinbarung zu errichten (§ 76 Abs. 1 S. 2 BetrVG und → Form. C. III. 2).

2. Meinungsverschiedenheit. Hier ist die geplante Maßnahme zu bezeichnen, über die keine Einigung erzielt werden kann. Im Formular handelt es sich um eine Angelegenheit der erzwingbaren Mitbestimmung, die der Zustimmung des Betriebsrats bedarf, nämlich die Einführung einer neuen Software nach § 87 Abs. 1 Nr. 6 BetrVG.

3. Gescheiterte Verhandlungen. Nach dem Gebot der vertrauensvollen Zusammenarbeit zwischen Arbeitgeber und Betriebsrat sollen diese über streitige Fragen mit dem **ernsten Willen zur Einigung** verhandeln und Vorschläge für die Beilegung der Meinungsverschiedenheiten machen (§ 74 Abs. 1 S. 2 BetrVG). Unter Berufung auf diesen Grundsatz wird gefordert, dass beide Seiten zunächst eine innerbetriebliche Einigung versuchen müssen, bevor sie die Einigungsstelle anrufen (ErfKomm/*Kania* § 76 BetrVG Rn. 3). An diesen Versuch stellt die Rechtsprechung aber nur geringe Anforderungen. Die Einigungsstelle soll bereits dann angerufen werden können, wenn eine Meinungsverschiedenheit nach der subjektiven Einschätzung einer Seite ohne Hilfe der Einigungsstelle keiner Lösung zugeführt werden kann (LAG Mainz BeckRS 2013, 65012). Diese Situation kann sich nach Ansicht der Rechtsprechung zum einen ergeben, wenn schon längere Zeit verhandelt worden ist, zum anderen aber auch dann, wenn die Umstände, z. B. das schlechte Verhandlungsklima, eine Seite zu der Überzeugung gelangen lassen, dass eine Verständigung außerhalb des Einigungsstellenverfahrens nicht möglich ist (LAG Hannover NZA-RR 2006, 142). Eine Frist für die Anrufung der Einigungsstelle gibt es nicht. Eine Ausnahme gilt für Meinungsverschiedenheiten über die sachliche Vertretbarkeit der Entscheidung des Betriebsrats über Freistellungen von Betriebsratsmitgliedern. Hier muss der Arbeitgeber die Einigungsstelle innerhalb einer Frist von zwei Wochen anrufen (§ 38 Abs. 2 S. 4 BetrVG; vgl. zu § 37 Abs. 6 S. 5 BetrVG ErfKomm/*Koch* § 37 BetrVG Rn. 24 zum Meinungsstand).

4. Bildung der Einigungsstelle. Die Einigungsstelle wird nicht von Amts wegen, sondern nur auf **Antrag** einer Seite gegenüber der anderen Seite gebildet und tätig. Dabei ist zwischen dem freiwilligen und dem erzwingbaren Einigungsstellenverfahren zu unterscheiden. Letzteres liegt nur in den Fällen vor, in denen der Spruch der Einigungsstelle die Einigung zwischen Arbeitgeber und Betriebsrat ersetzt (§ 76 Abs. 5 BetrVG) (z. B. Mitbestimmung in sozialen Angelegenheiten nach § 87 BetrVG, vgl. MünchHdbArbR/*Joost* § 232 Rn. 23 ff.). Hier genügt der **Antrag einer Seite**, eine Einigungsstelle zu bilden. Ansonsten wird die Einigungsstelle nur gebildet und tätig, wenn beide Seiten es beantragen oder damit einverstanden sind (§ 76 Abs. 6 BetrVG). Mit dem **Antrag** wird die andere Seite – sofern durch freiwillige Betriebsvereinbarung keine ständige Einigungsstelle errichtet ist, → Form. C. III. 2 – aufgefordert, sich an der Bildung der Einigungsstelle zu beteiligen. Der Antrag hat einen Vorschlag zur Person des Vorsitzenden und zur gewünschten Anzahl der Beisitzer zu enthalten sowie den Streitgegenstand, über den keine Einigung erzielt werden konnte, hinreichend zu bezeichnen. Eine bestimmte Form oder Frist schreibt das Gesetz nicht vor (→ Anm. 3). Die Einigungsstelle **entsteht erst durch die Einigung beider Seiten** auf die Person eines Vorsitzenden und die Anzahl der Beisitzer. Kommt es insoweit nicht zu einer Einigung, kann im Fall eines erzwingbaren Einigungsstellenverfahrens eine der Betriebsparteien das arbeitsgerichtliche Beschlussverfahren nach § 98 ArbGG zur Besetzung der Einigungsstelle einleiten (→ Anm. 7).

5. Besetzung der Einigungsstelle. Das Gesetz gibt lediglich vor, dass eine gleiche Anzahl von Beisitzern und ein unparteiischer Vorsitzender bestellt werden müssen (§ 76 Abs. 2 S. 1 BetrVG). Von dem Erfordernis der gleichen Anzahl von Beisitzern kann nicht durch Vereinbarung der Betriebsparteien abgewichen werden (LAG Berlin BeckRS 2011, 67104). Über die Person des Vorsitzenden und die Anzahl der Beisitzer müssen sich

Arbeitgeber und Betriebsrat also einig werden. Seitens des Betriebsrats bedarf es zusätzlich eines ordnungsgemäßen Beschlusses über die Auswahl der Beisitzer.

Anhaltspunkte für die **Bestimmung** der Anzahl der **Beisitzer** sind **Größe und Art des Betriebes** und die **Komplexität der zu schlichtenden Angelegenheit** (LAG Hamm NZA 1988, 210; LAG Kiel BeckRS 1990, 30816533; LAG München NZA 1992, 185; LAG Frankfurt a.M. NZA 1993, 1008; LAG Düsseldorf BeckRS 2013, 67335). Regelmäßig werden jeweils ein oder zwei Beisitzer als ausreichend angesehen. In der Praxis einigen sich Arbeitgeber und Betriebsrat meist auf je zwei bis drei Beisitzer, etwa weil der Arbeitgeber oder auch der Betriebsrat einen externen Berater als Beisitzer hinzuziehen möchte. Die Vertretung durch einen **betriebsinternen** und einen **betriebsexternen** Beisitzer hat sich in der betrieblichen Praxis als zweckmäßig für die Einigungsfindung erwiesen (vgl. LAG Kiel BeckRS 1997, 30818268). Durch die betriebsinternen Beisitzer wird die Betriebsnähe des Verfahrensablaufs sichergestellt. Die betriebsexternen Beisitzer tragen erfahrungsgemäß zur Objektivierung bei. In der Praxis sind dies häufig die juristischen Verfahrensbevollmächtigten. Sofern es bei dem Regelungsgegenstand um eine schwierige technische Problematik geht, ist die Bestellung eines fachlich versierten Beisitzers zu empfehlen (*Pünnel/Isenhardt* Rn. 36). Die Beisitzer müssen **keine personellen Voraussetzungen** erfüllen (*F/E/S/T/L* § 76 Rn. 14). Sie vertreten die Interessen der jeweiligen Betriebspartei.

Der Vorsitzende muss **unparteiisch** sein (§ 76 Abs. 2 S. 1 BetrVG). Darüber hinaus ist erforderlich, dass der Vorsitzende fundierte Kenntnisse des Arbeits- und insbesondere des Betriebsverfassungsrechts mitbringt, zumindest aber die für das Einigungsstellenverfahren einschlägigen **Bestimmungen und Grundsätze** beherrscht (*Friedemann* Rn. 114). Des Weiteren sollte er mit **betrieblichen Abläufen** vertraut sein und vor allem über **Verhandlungsgeschick und Integrationskraft** verfügen, also in der Lage sein, die gegenläufigen Standpunkte zu analysieren und miteinander zum Ausgleich zu bringen. In der Praxis werden regelmäßig Arbeitsrichter als Einigungsstellenvorsitzende bestellt. Voraussetzung ist, dass sie eine Nebentätigkeitsgenehmigung haben (§ 40 DRiG) und nach der aktuellen Geschäftsverteilung nicht mit der Überprüfung, der Auslegung oder der Anwendung des Spruchs der Einigungsstelle befasst werden können (§ 98 Abs. 1 S. 5 ArbGG). Selbstverständlich können auch Rechtsanwälte diese Position übernehmen, was allerdings in der Praxis die Ausnahme ist. Da weder Beisitzer noch der Vorsitzende zur Übernahme des Amtes verpflichtet sind (ErfKomm/*Kania* § 76 BetrVG Rn. 7; MünchHdbArbR/*Joost* § 232 Rn. 93), sollte gerade der potenzielle Vorsitzende zuvor befragt werden, ob er den Vorsitz der Einigungsstelle gegebenenfalls übernehmen wird. Zudem kann es sich anbieten, für den Fall der Verhinderung des vorgeschlagenen Vorsitzenden eine Ersatzperson vorzuschlagen.

6. Fristsetzung. Das Gesetz sieht keine Frist für die Reaktion des Betriebsrats vor. Die Länge der vom Arbeitgeber gesetzten Frist hängt von der Eilbedürftigkeit der geplanten Maßnahme ab, sollte aber auch bei eilbedürftigen Angelegenheiten (z. B. kurzfristige Überstunden nach § 87 Abs. 1 Nr. 3 BetrVG) regelmäßig nicht weniger als drei Tage betragen. Äußert sich der Betriebsrat innerhalb der vom Arbeitgeber gesetzten Frist nicht, so fehlt es an einer Einigung über die Besetzung der Einigungsstelle.

7. Gerichtliche Errichtung der Einigungsstelle. Können sich Arbeitgeber und Betriebsrat über die Besetzung der Einigungsstelle nicht einigen, kann die Bestellung des Vorsitzenden oder die Festlegung der Zahl der Beisitzer auf Antrag einer der Betriebsparteien durch das Arbeitsgericht im Beschlussverfahren erfolgen (§ 76 Abs. 2 BetrVG i. V. m. § 98 ArbGG). Die Antragstellung beim Arbeitsgericht kann bereits erfolgen, bevor sich die andere Seite zum Vorschlag der Person des Vorsitzenden und/oder der Anzahl der Beisitzer geäußert hat. Jedoch muss (spätestens) im Anhörungstermin Uneinigkeit über die Besetzung der Einigungsstelle bestehen (LAG Frankfurt a. M. BeckRS 2003, 30450183). Der Antrag kann wegen fehlender Zuständigkeit der Einigungsstelle nur dann vom Arbeitsgericht zurückgewiesen werden, wenn die Einigungsstelle **offensichtlich unzustän-**

dig ist (§ 98 Abs. 1 S. 2 ArbGG). Dies ist nach der Rechtsprechung dann der Fall, wenn sich die beizulegende Meinungsverschiedenheit bei fachkundiger Beurteilung sofort und erkennbar keinem mitbestimmungspflichtigen Tatbestand zuordnen lässt (LAG Berlin BB 2010, 500), nicht die antragstellende, sondern eine andere Arbeitnehmervertretung für den Verfahrensgegenstand eindeutig zuständig ist (LAG Hannover BeckRS 2008, 57013) oder der Vorgang abgeschlossen ist (LAG Köln BeckRS 2011, 72416). In der Praxis wird häufig vorgebracht, die Einigungsstelle sei offensichtlich unzuständig, weil die andere Partei vor Anrufung der Einigungsstelle bzw. vor Beantragung ihrer gerichtlichen Einrichtung nicht hinreichend zur Sache verhandelt und damit gegen das Gebot der vertrauensvollen Zusammenarbeit verstoßen habe (vgl. § 74 Abs. 1 S. 2 BetrVG). Dieser Einwand ist regelmäßig nicht erfolgreich. Denn ausreichend für die Anrufung der Einigungsstelle und ihre gerichtliche Einsetzung ist, dass eine Meinungsverschiedenheit nach der subjektiven Einschätzung einer Partei ohne Hilfe der Einigungsstelle keiner Lösung zugeführt werden kann (→ Anm. 3).

Unter welchen Voraussetzungen die **Unparteilichkeit** des Vorsitzenden mit Erfolg von einer Partei **bestritten** werden kann, ist noch nicht abschließend geklärt. Nach überwiegender Ansicht in der instanzgerichtlichen Rechtsprechung ist das Arbeitsgericht im Beschlussverfahren jedenfalls an die **Anträge** der Beteiligten **nicht gebunden** (LAG Hamm BeckRS 2011, 65118; LAG Berlin BeckRS 2010, 72017; LAG Stuttgart NZA-RR 2002, 523; zum Meinungsstand vgl. *Deeg* RdA 2011, 221).

II. Betriebsvereinbarungen

1. Auswahlrichtlinie bei Einstellungen und Versetzungen

Betriebsvereinbarung[1] über Auswahlrichtlinien[2] bei Einstellungen und Versetzungen

zwischen

...... (Name und Anschrift des Arbeitgebers) „Gesellschaft“[3]

und

Betriebsrat des Betriebs ...... der ...... (Name des Arbeitgebers) „Betriebsrat“[4]
(Alternative: Gesamtbetriebsrat/Konzernbetriebsrat)

Präambel[5]

Die Betriebsparteien haben sich entschlossen, durch die Vereinbarung von Richtlinien für die personelle Auswahl (Auswahlrichtlinien) mehr Transparenz und Objektivität bei Einstellungen und Versetzungen zu schaffen. Für die Mitarbeiter soll erkennbar sein, aufgrund welcher allgemeinen Wertungen und Grundsätze die einzelnen Personalentscheidungen zu treffen sind. Zugleich sollen Streitigkeiten zwischen den Betriebsparteien über personelle Einzelmaßnahmen möglichst vermieden werden.

§ 1 Geltungsbereich[6]

(1) Diese Betriebsvereinbarung gilt in persönlicher Hinsicht für alle Arbeitnehmer des Betriebs ...... der Gesellschaft („Mitarbeiter“), mit Ausnahme der

- leitenden Angestellten i. S. d. § 5 Abs. 3 BetrVG,
- Aushilfen mit einer Beschäftigungsdauer von bis zu ...... Monaten,
- Praktikanten und Studenten.

Sie entfaltet zugleich Schutzwirkung zugunsten von Bewerbern, die nicht Mitarbeiter der Gesellschaft sind.

(2) Diese Betriebsvereinbarung gilt in sachlicher Hinsicht für Einstellungen und Versetzungen von Mitarbeitern i. S. d. § 99 BetrVG. Sie findet sowohl bei neu geschaffenen als auch bei neu zu besetzenden Stellen Anwendung.

§ 2 Allgemeine Grundsätze[7]

(1) Das Anforderungsprofil für die zu besetzende Stelle wird von der Gesellschaft festgelegt und in einer Stellenbeschreibung festgehalten.

(2) Für alle personellen Maßnahmen gilt der Grundsatz der Bestenauswahl. Danach erhält grundsätzlich der Bewerber die Stelle, der dem Anforderungsprofil in fachlicher und persönlicher Hinsicht am besten gerecht wird.

(3) Jede Benachteiligung aus Gründen der Rasse oder wegen der ethnischen Herkunft, des Geschlechts, der Religion oder Weltanschauung, einer Behinderung, des Alters, der

sexuellen Identität, der Nationalität oder wegen politischer oder gewerkschaftlicher Betätigung oder Einstellung ist zu unterlassen, es sei denn, eine unterschiedliche Behandlung ist gesetzlich zugelassen.

(4) Alle Bewerber sind nach Recht und Billigkeit zu behandeln. Die Eingliederung Schwerbehinderter oder sonst schutzbedürftiger Personen ist zu fördern.

(5) Der Betriebsrat ist vor Einstellungen und Versetzungen im Rahmen seiner Rechte nach § 99 BetrVG zu unterrichten.

(6) Bewerber werden von der Personalabteilung nach getroffener Auswahlentscheidung schriftlich informiert.

(7) Jede Bewerbung wird vertraulich behandelt. Etwas anderes gilt nur dann, wenn der Bewerber ausdrücklich auf die Vertraulichkeit verzichtet.

§ 3 Einstellungen[8]

(1) Auswahlgrundlage[9] für die Auswahlentscheidung sind die Bewerbungsunterlagen und das Bewerbungsgespräch. Ein Bewerbungsgespräch wird nur geführt, wenn die Erfüllung des Anforderungsprofils in den Bewerbungsunterlagen nachgewiesen wird. Das Bewerbungsgespräch führen die Personalabteilung und, soweit erforderlich oder erwünscht, der Fachvorgesetzte.

(2) Die Auswahlentscheidung treffen die Personalabteilung und der Fachvorgesetzte gemeinsam nach der fachlichen und persönlichen Eignung des Bewerbers.[10]

(3) Bei der Beurteilung der fachlichen Eignung werden insbesondere berücksichtigt:

- Zeugnisse,
- berufliche Befähigungsnachweise,
- Eignungsprüfungen,
- tätigkeitsbezogene Erfahrungen,
- sonstige Referenzen sowie
- Fähigkeit und Bereitschaft des Bewerbers, zusätzliche Kenntnisse und Erfahrungen zu erwerben.

(4) Bei der Beurteilung der persönlichen Eignung werden insbesondere berücksichtigt:

- körperliche und geistige Leistungsfähigkeit,
- soziale Kompetenzen, z.B. Team- und Kommunikationsfähigkeit,
- Führungseigenschaften, soweit erforderlich,
- ärztliche Eignungsuntersuchungen.

Persönliche Eigenschaften des Bewerbers, die die Ausübung der vorgesehenen Tätigkeit weder fördern noch beeinträchtigen können, dürfen nicht berücksichtigt werden.

(5) Liegen mehrere Bewerbungen von in fachlicher und persönlicher Hinsicht gleich qualifizierten Bewerbern für eine Stelle vor, haben interne Bewerber Vorrang vor anderen Bewerbern. Unter mehreren gleich qualifizierten internen Bewerbern haben Auszubildende nach Beendigung ihrer Ausbildung Vorrang vor anderen internen Bewerbern. Im Übrigen entscheidet unter mehreren gleich qualifizierten internen Bewerbern die Betriebszugehörigkeit. Unter mehreren gleich qualifizierten externen Bewerbern entscheidet die Gesellschaft nach billigem Ermessen unter Berücksichtigung der in § 2 festgelegten Grundsätze.[11]

(6) Vor Einstellungen sind dem Betriebsrat Stellenbeschreibung, Bewerbungsunterlagen, Ergebnisse der Eignungsuntersuchung, Ergebnisse des Bewerbungsgesprächs und der ausgefüllte Personalfragebogen der in die engere Wahl gezogenen Bewerber vorzulegen.[12]

§ 4 Versetzungen[13]

(1) Die Auswahlrichtlinie erfasst nur personen- und betriebsbedingte Versetzungen.

(2) Eine Versetzung stellt die Zuweisung eines anderen Arbeitsbereichs dar, die voraussichtlich die Dauer eines Monats überschreitet oder die mit erheblichen Änderungen der Umstände verbunden ist, unter denen die Arbeit zu leisten ist. Werden Mitarbeiter nach der Eigenart ihres Arbeitsverhältnisses üblicherweise nicht ständig an einem bestimmten Arbeitsplatz beschäftigt, so gilt die Bestimmung des jeweiligen Arbeitsplatzes nicht als Versetzung.

(3) Für die Versetzung auf einen gleich- oder höherwertigen Arbeitsplatz gilt der vorstehende § 3 entsprechend.

(4) Ist die Versetzung auf einen gleichwertigen Arbeitsplatz nur durch den Erwerb zusätzlicher Fachkenntnisse möglich, steht dies der Versetzung nicht entgegen, soweit der Erwerb der Fachkenntnisse innerhalb von ...... Monaten erfolgen kann. Über die Notwendigkeit von Fort- und Weiterbildungsmaßnahmen entscheidet die Gesellschaft in jedem Einzelfall. Die Kosten der Fort- und Weiterbildungsmaßnahmen müssen der Gesellschaft zumutbar sein.

(5) Für die Versetzung auf einen geringerwertigen Arbeitsplatz gelten die Auswahlrichtlinien bei betriebsbedingten Kündigungen entsprechend.

(6) Vor Versetzungen sind dem Betriebsrat die Stellenbeschreibung sowie die in der Personalakte befindlichen Zeugnisse, Referenzen und sonstige Eignungsnachweise der in die engere Wahl gezogenen Mitarbeiter vorzulegen.[14]

§ 5 Inkrafttreten/Kündigung[15]

(1) Diese Betriebsvereinbarung tritt am ...... in Kraft. Sie kann mit einer Frist von drei Monaten zum Ende eines Kalendermonats, erstmalig zum ......, gekündigt werden. Die Betriebsvereinbarung entfaltet keine Nachwirkung.

(2) Die Kündigung bedarf der Schriftform.

§ 6 Schlussbestimmungen[16]

(1) Diese Betriebsvereinbarung löst alle etwaigen vorherigen Auswahlrichtlinien bei Einstellungen und Versetzungen, insbesondere ......, ab. Mündliche Nebenabreden bestehen nicht. Änderungen oder Ergänzungen dieser Vereinbarung, einschließlich dieser Bestimmung, bedürfen zu ihrer Wirksamkeit der Schriftform.

(2) Sollte eine Bestimmung dieser Betriebsvereinbarung ganz oder teilweise unwirksam sein oder werden, so wird hiervon die Wirksamkeit der übrigen Bestimmungen nicht berührt. Anstelle der unwirksamen Bestimmung werden die Betriebsparteien die gesetzlich zulässige Bestimmung vereinbaren, die dem mit der unwirksamen Bestimmung Gewollten wirtschaftlich am nächsten kommt. Dasselbe gilt für den Fall einer vertraglichen Lücke.

(3) Diese Betriebsvereinbarung steht unter dem Vorbehalt etwaiger ablösender – auch freiwilliger – Betriebsvereinbarungen.

(4) Sollten sich die dieser Betriebsvereinbarung zugrunde liegenden tatsächlichen oder rechtlichen Bedingungen grundlegend ändern, so werden die Betriebsparteien unverzüglich in Verhandlungen treten mit dem Ziel, die Betriebsvereinbarung an die geänderten Bedingungen anzupassen.

......	......
Ort, Datum	Ort, Datum
......	......
Unterschrift der Gesellschaft	Unterschrift des Betriebsratsvorsitzenden[17]

Anmerkungen

1. Betriebsvereinbarung. Arbeitgeber und Betriebsrat können Vereinbarungen schließen (§ 77 Abs. 1 BetrVG). Unterschieden wird zwischen **Betriebsvereinbarungen** (§ 77 Abs. 2 bis 6 BetrVG) und sonstigen Vereinbarungen, die üblicherweise als **Regelungsabreden** oder **Betriebsabsprachen** bezeichnet werden. Charakteristisch für eine Betriebsvereinbarung ist, dass sie normative Wirkung entfaltet und damit unmittelbar und zwingend auf das einzelne Arbeitsverhältnis einwirkt (§ 77 Abs. 4 BetrVG). Die zwingende Wirkung führt dazu, dass von der Betriebsvereinbarung nicht zuungunsten der Arbeitnehmer durch anderweitige Absprachen abgewichen werden kann. Regelungsabreden wirken dagegen nicht unmittelbar und zwingend auf das einzelne Arbeitsverhältnis ein. Sie binden die Betriebsparteien nur schuldrechtlich (vgl. ErfKomm/*Kania* § 77 BetrVG Rn. 130; *F/E/S/T/L* § 77 Rn. 217).

Der **Geltungsbereich** von Betriebsvereinbarungen zwischen Arbeitgeber und Betriebsrat wird grundsätzlich nach räumlichen, persönlichen und sachlichen Kriterien festgelegt.

Der **räumliche Geltungsbereich** ergibt sich aus dem namentlich angegebenen Betrieb, für den die Betriebsvereinbarung abgeschlossen wird.

Der **persönliche Geltungsbereich** erstreckt sich grundsätzlich auf Arbeitnehmer i. S. d. § 5 Abs. 1 BetrVG. Bestimmte Arbeitnehmergruppen können in Einzelfällen vom Geltungsbereich einer Betriebsvereinbarung ausgenommen werden, wenn hierdurch nicht gegen das **Gleichbehandlungsgebot** verstoßen wird. Ein solcher Verstoß liegt dann nicht vor, wenn ein sachlicher Grund die Differenzierung rechtfertigt. Betriebsvereinbarungen zwischen Arbeitgeber und Betriebsrat sind grundsätzlich nicht auf **leitende Angestellte** anwendbar (§ 5 Abs. 3 BetrVG). Leitende Angestellte werden nicht vom Betriebsrat, sondern vom Sprecherausschuss für leitende Angestellte vertreten. Für diese Arbeitnehmergruppe steht dem Betriebsrat daher keine Regelungszuständigkeit zu (vgl. GKBetrVG/*Raab* § 93 Rn. 7).

Der **sachliche Geltungsbereich** von Betriebsvereinbarungen kann zwischen Arbeitgeber und Betriebsrat frei vereinbart werden. Vereinbarungen zwischen Arbeitgeber und Betriebsrat können das Arbeitsverhältnis und das betriebliche Rechtsverhältnis gestalten (Richardi/*Richardi* § 77 Rn. 81). Gegenstände der Vereinbarungen können sowohl Inhalt, Abschluss und Beendigung von Arbeitsverhältnissen sein als auch betriebliche und betriebsverfassungsrechtliche Fragen (vgl. nur D/K/K/W/*Berg* § 77 Rn. 81). Einen abschließenden Katalog von möglichen Regelungstatbeständen liefert das BetrVG nicht. Allein in negativer Hinsicht folgt aus § 77 Abs. 3 BetrVG, dass Arbeitsentgelte oder Arbeitsbedingungen, die durch Tarifvertrag geregelt sind oder üblicherweise geregelt werden, nicht Gegenstand einer Betriebsvereinbarung sein können. Zudem sind gesetzliche Grenzen wie z. B. das Diskriminierungsverbot gemäß § 75 BetrVG zu beachten.

Betriebsvereinbarungen bedürfen zwingend der **Schriftform.** Eine nur mündlich vereinbarte Betriebsvereinbarung ist nichtig (§ 125 S. 1 BGB entsprechend). Die Schriftform ist nur dann gewahrt, wenn beide Betriebsparteien auf einer **einheitlichen Urkunde** unterschreiben (h. M., vgl. nur *F/E/S/T/L* § 77 Rn. 21; ErfKomm/*Kania* § 77 BetrVG Rn. 19). Der Austausch einseitig unterschriebener Dokumente oder die Unterschriftsleistung auf einer bloßen Fotokopie der von der anderen Betriebspartei unterzeichneten Vereinbarung reicht nicht aus (LAG Berlin DB 1991, 2593). Die einzelnen Blätter einer mehrseitigen

Vereinbarung – nebst Anlagen – sind derart zusammenzufügen (z.B. zu heften), dass eine Gesamturkunde entsteht, die nach außen erkennbar eine Einheit bildet. Sicherheitshalber empfiehlt es sich, jede einzelne Seite zumindest zu paraphieren.

Betriebsvereinbarungen werden mit dem Tag ihres Abschlusses **wirksam**, wenn nicht ein bestimmter Tag für das In-Kraft-Treten festgelegt wurde (D/K/K/W/*Berg* § 77 Rn. 86).

Für die ordentliche **Kündigung** von Betriebsvereinbarungen gilt eine **Frist von drei Monaten** (§ 77 Abs. 5 BetrVG). Die Vorschrift gilt für Regelungsabreden entsprechend (BAG BB 1992, 1489; LAG Köln NZA-RR 2012, 135). Das Kündigungsrecht steht beiden Betriebsparteien zu. Hierzu bedarf es keines sachlichen Grundes (*F/E/S/T/L* § 77 Rn. 146; *Eich* NZA 2010, 1389, 1390).

Hiervon **abweichende Regelungen** sind ohne weiteres möglich. Die Betriebsparteien können z.B. vereinbaren, dass die Betriebsvereinbarung erst nach einem bestimmten Zeitpunkt erstmals gekündigt oder die Kündigung nur mit Wirkung zu einem bestimmten Zeitpunkt erklärt werden kann (z.B. zum Monats-, Quartals- oder Jahresende). Das Formular sieht eine Kündigungsmöglichkeit mit einer Frist von drei Monaten zum Ende des Kalendermonats vor, wobei ein frühestmöglicher Beendigungstermin bestimmt wird.

Es kann ferner vereinbart werden, dass die ordentliche Kündigung der Betriebsvereinbarung gänzlich ausgeschlossen ist oder bestimmter sachlicher Gründe bedarf. Auch eine Änderungskündigung ist möglich, wobei bei Annahme des Änderungsangebots ein schriftlicher Änderungsvertrag zur Betriebsvereinbarung abgeschlossen werden muss (*F/E/S/T/L* § 77 Rn. 150; GKBetrVG/*Kreutz* § 77 Rn. 397). Die Rechtsprechung lehnt allerdings, anders als im Rahmen des Kündigungsschutzrechts, einen Vorrang der Änderungs- vor der Beendigungskündigung ab (BAG NZA 1994, 572, 573). Vor einer Beendigungskündigung muss daher nicht geprüft werden, ob eine Änderungskündigung in Betracht kommt.

Die Betriebsparteien können zudem die isolierte Kündigung einzelner Regelungen (Teilkündigung) vereinbaren. Darüber hinaus ist eine Teilkündigung nach der Rechtsprechung des BAG regelmäßig zulässig, wenn der gekündigte Teil einen selbständigen Regelungskomplex bildet, der ebenso in einer eigenständigen Betriebsvereinbarung vereinbart werden könnte. Für den Fall, dass die Betriebsparteien in einem solchen Fall die Teilkündigung ausschließen wollen, müssen sie dies in der Betriebsvereinbarung deutlich zum Ausdruck bringen (BAG NZA 2008, 422).

Eine **Befristung** der Betriebsvereinbarung ist möglich, ohne dass es eines sachlichen Grundes hierfür bedarf (GKBetrVG/*Kreutz* § 77 Rn. 378). In diesem Fall wird die ordentliche Kündigung konkludent ausgeschlossen (BAG NZA 1996, 948, 951). Des Weiteren können die Betriebsparteien vorsehen, dass eine Regelung in der Betriebsvereinbarung mit Erreichung oder Wegfall des mit ihr verfolgten Zwecks endet (z.B. Überstundenregelung für einen bestimmten Monat, Festlegung der Betriebsferien für ein bestimmtes Kalenderjahr). Regelungen, die nur auf Grund einer Öffnungsklausel im Tarifvertrag zu dessen Ergänzung getroffen werden, enden grundsätzlich mit Beendigung des Tarifvertrages (BAG AP BetrVG 1972 § 77 Nr. 7). Etwas anderes gilt, wenn die Regelung unter dem nachfolgenden Tarifvertrag ebenfalls zulässig ist (BAG NZA 1991, 609, 611).

Daneben können die Betriebsparteien Betriebsvereinbarungen sowie Regelungsabreden auch einvernehmlich **schriftlich ändern, aufheben** oder durch eine neue Vereinbarung über den abzulösenden Regelungsgegenstand **ersetzen** (BAG NZA 1987, 168; BAG NZA 2001, 900).

Das Recht zur **außerordentlichen Kündigung** der Vereinbarung bei Vorliegen eines wichtigen Grundes bleibt unberührt. Dies folgt aus dem allgemeinen Grundsatz, dass jedes Dauerschuldverhältnis bei Unzumutbarkeit seiner Fortsetzung bis zum vereinbarten Endzeitpunkt oder bis zum Ablauf der einzuhaltenden Kündigungsfrist beendet werden kann (vgl. § 314 BGB). Das außerordentliche Kündigungsrecht kann in der Betriebsvereinbarung daher nicht wirksam ausgeschlossen werden (BAG NZA 1995, 1010, 1011).

Gesetzliche Formerfordernisse bestehen für die Kündigung von Betriebsvereinbarungen nicht. Schon aus **Beweisgründen** ist jedoch zu empfehlen, dass die **Kündigung schriftlich** erfolgt. Da kein Kündigungsgrund erforderlich ist, muss die Kündigung nicht begründet werden (BAG NZA 1990, 67; BAG NZA 1995, 1010, 1012).

Von Gesetzes wegen können erzwingbare Betriebsvereinbarungen nach ihrem Ablauf Nachwirkung bis zu dem Zeitpunkt entfalten, zu dem sie durch eine andere Abmachung (Tarifvertrag, Betriebsvereinbarung, Regelungsabrede, Arbeitsvertrag) ersetzt werden. Erzwingbare Betriebsvereinbarungen sind Betriebsvereinbarungen in Angelegenheiten der erzwingbaren Mitbestimmung, in denen der Spruch der Einigungsstelle die Einigung zwischen den Betriebsparteien ersetzen kann (§ 77 Abs. 6 BetrVG; bejaht auch für den Fall der außerordentlichen Kündigung eines Sozialplans, BAG NZA 1995, 314; vgl. aber ErfKomm/*Kania* § 77 BetrVG Rn. 102). Eine Nachwirkung kommt nicht in Betracht, wenn die Betriebsvereinbarung wegen des Untergangs des Betriebes oder wegen Zweckerreichung endet (BAG NZA 1995, 1010; *F/E/S/T/L* § 77 Rn. 179).

Bei Vereinbarungen mit Mischcharakter (**teilmitbestimmte Betriebsvereinbarungen**), die zugleich freiwillige und mitbestimmungspflichtige Angelegenheiten regeln, gelten grundsätzlich nur die mitbestimmungspflichtigen Regelungen weiter, sofern diese eine aus sich heraus handhabbare Regelung enthalten (BAG NZA 1993, 229; vgl. aber BAG NZA 1994, 572; BAG NZA 2004, 803: Betriebsvereinbarungen über freiwillige Leistungen können insgesamt nachwirken). Die Nachwirkung betrifft alle Arbeitnehmer, die in den persönlichen Anwendungsbereich der Betriebsvereinbarung fallen. Erfasst werden auch Arbeitnehmer, die erst nach Beendigung der Betriebsvereinbarung eingestellt werden.

Den Betriebsparteien steht es frei, **abweichende Regelungen** zur Nachwirkung zu treffen (BAG NZA 1984, 96). Sie können in einer erzwingbaren Betriebsvereinbarung die **Nachwirkung befristen oder vollständig ausschließen.** Des Weiteren kann die Reichweite der Nachwirkung auf Arbeitnehmer beschränkt werden, deren Arbeitsverhältnisse vor Beendigung der Betriebsvereinbarung geschlossen wurden.

Nach allgemeiner Ansicht scheidet eine **Nachwirkung** freiwilliger Betriebsvereinbarungen **analog § 4 Abs. 5 TVG** aus (BAG AP BetrVG 1972 § 77 Nachwirkung Nr. 11; *F/E/S/T/L* § 77 Rn. 186; GKBetrVG/*Kreutz* § 77 Rn. 431 ff.; nunmehr auch Richardi/*Richardi* § 77 Rn. 165). Die Betriebsparteien können gleichwohl in einer **freiwilligen Betriebsvereinbarung** eine **Nachwirkung vorsehen** (BAG AP BetrVG 1972 § 77 Nachwirkung Nr. 11; a.A. *v. Hoyningen-Huene* BB 1997, 1998, 2000 ff.). Da der Arbeitgeber im Hinblick auf nachwirkende freiwillige Betriebsvereinbarungen nicht einseitig die Einigungsstelle anrufen kann, ist er bis zur Beendigung der Nachwirkung auf die Zustimmung des Betriebsrats angewiesen. Daher sind **Nachwirkungsklauseln** für ihn **mit Risiken behaftet.** Nach der Rechtsprechung ist die Nachwirkungsklausel deshalb im Zweifel dahingehend auszulegen, dass die Parteien neben einer der erzwingbaren Mitbestimmung nach § 77 Abs. 6 BetrVG entsprechenden Nachwirkung auch eine entsprechende Konfliktlösungsmöglichkeit durch **einseitige Anrufung der Einigungsstelle gewollt** haben (BAG AP BetrVG 1972 § 77 Nachwirkung Nr. 11).

Um Risiken zu vermeiden, sollte in jeder Betriebsvereinbarung **explizit** geregelt werden, ob und gegebenenfalls in welchem Umfang Nachwirkung eintritt oder nicht.

Die Betriebsvereinbarung ist an geeigneter Stelle im Betrieb **auszulegen,** § 77 Abs. 2 S. 3 BetrVG. Eine Auslegung kann durch Aushang am schwarzen Brett, Auslegung in der Personalabteilung, Veröffentlichung in der Betriebszeitung oder durch Einstellung in das Intranet erfolgen, sofern alle Mitarbeiter hierauf Zugriff haben.

2. Regelungsinhalt. Der Arbeitgeber kann mit Zustimmung des Betriebsrats Auswahlrichtlinien für personelle Maßnahmen in der Form von Einstellungen, Versetzungen, Umgruppierungen und Kündigungen aufstellen (§ 95 Abs. 1 BetrVG). Das Formular beschränkt sich auf Richtlinien, die **Einstellungen und Versetzungen** zum Inhalt haben. Eine Auswahlrichtlinie für **betriebsbedingte Kündigungen** findet sich in → Form. C. II. 2.

Ein- und Umgruppierungen werden bewusst nicht in das Formular einbezogen. Bei diesen handelt es sich genau genommen nämlich nicht um Auswahlentscheidungen im Rahmen einer personellen Maßnahme, sondern um Einstufungsentscheidungen. Teilweise wird daher die Nennung der **Umgruppierung** im Rahmen des § 95 BetrVG auch als redaktionelles Versehen des Gesetzgebers und die Aufstellung von Richtlinien hierzu als praktisch undurchführbar angesehen (vgl. statt vieler ErfKomm/*Kania* § 95 BetrVG Rn. 16). Auch **Eingruppierungen** beruhen letztlich auf den Entgeltgruppen der tariflichen Bestimmungen und haben daher neben der Interpretation einschlägiger bestehender Vereinbarungen im Grunde keinen eigenen Regelungsbereich (so auch *F/E/S/T/L* § 95 Rn. 13).

Auswahlrichtlinien sind Richtlinien über die bei Einstellungen, Versetzungen, Umgruppierungen und Kündigungen zu beachtenden fachlichen und persönlichen Voraussetzungen und sozialen Gesichtspunkte (§ 95 Abs. 2 BetrVG; BAG AP BetrVG 1972 § 95 Nr. 2). Sinn und Zweck von Auswahlrichtlinien ist es, die Entscheidungsgrundlage von personellen Maßnahmen zu versachlichen und so mehr **Transparenz** und **Objektivität** zu gewährleisten. Der Arbeitnehmer soll erkennen können, warum er und nicht ein anderer Arbeitnehmer von einer belastenden Personalmaßnahme betroffen wird oder warum eine günstige Maßnahme nicht ihn, sondern einen anderen trifft (BAG NZA 1984, 49, 50; BAG AP BetrVG 1972 § 87 Lohngestaltung Nr. 128). Auswahlrichtlinien müssen als **abstrakt-generell formulierte Entscheidungshilfen** (vgl. *F/E/S/T/L* § 95 Rn. 1) für beliebig viele Fallgestaltungen dienen können (LAG Hannover DB 1995, 2375; *Weller* RdA 1986, 222, 225).

Der Betriebsrat hat bei der Aufstellung und Änderung von Auswahlrichtlinien ein **Mitbestimmungsrecht.** In Betrieben, in denen nicht mehr als 500 Arbeitnehmer beschäftigt werden, ist die **Zustimmung** des Betriebsrats zur beabsichtigten Auswahlrichtlinie erforderlich (§ 95 Abs. 1 BetrVG). In Betrieben mit mehr als 500 Arbeitnehmern kann der Betriebsrat darüber hinaus die erstmalige Einführung einer Auswahlrichtlinie oder die Änderung schon bestehender Auswahlrichtlinien verlangen (sog. **Initiativrecht** des Betriebsrats, vgl. § 95 Abs. 2 BetrVG). Maßgeblich ist, ob der Schwellenwert im **Betrieb** des Arbeitgebers erreicht wird. Die Zahl der in mehreren Betrieben beschäftigten Arbeitnehmer wird nicht zusammengerechnet. Dies gilt auch dann, wenn die Zuständigkeit des Gesamtbetriebsrats gegeben ist (BAG AP BetrVG 1972 § 95 Nr. 42; LAG München AE 2010, 180 f.).

Bei der Berechnung des Schwellenwertes zählen Leiharbeitnehmer jedenfalls dann mit, wenn sich die beabsichtigten Richtlinien auch auf Leiharbeitnehmer beziehen sollen (LAG Hamburg ArbuR 2008, 161). Ob Leiharbeitnehmer generell bei der Berechnung des Schwellenwertes zu berücksichtigen sind, wurde höchstrichterlich allerdings noch nicht entschieden. Die überwiegende Ansicht in der Literatur lehnt dies ab (Richardi/*Thüsing* § 95 Rn. 49; *F/E/S/T/L* § 95 Rn. 15; *Haas/Hoppe* NZA 2013, 294 m. w. N.). Allerdings hat das BAG bereits entschieden, dass im Betrieb beschäftigte Leiharbeitnehmer bei der Berechnung des Schwellenwertes in § 111 S. 1 BetrVG berücksichtigt werden müssen, wenn sie länger als drei Monate im Betrieb eingesetzt sind (BAG AP BetrVG 1972 § 111 Nr. 70). Auch bei der Bestimmung der Betriebsgröße i. S. d. § 23 Abs. 1 S. 3 KSchG sind im Betrieb beschäftigte Leiharbeitnehmer zu berücksichtigen (BAG NZA 2013, 726). Es bleibt daher abzuwarten, wie sich das BAG im Hinblick auf die Berechnung des Schwellenwertes i. S. d. § 95 Abs. 2 BetrVG positionieren wird.

Missachtet der Arbeitgeber das Mitbestimmungsrecht des Betriebsrats, steht diesem ein allgemeiner Unterlassungsanspruch zu (BAG AP BetrVG 1972 § 95 Nr. 43). Der Betriebsrat kann diesen Anspruch im Wege einer einstweiligen Verfügung geltend machen. Kommt zwischen Arbeitgeber und Betriebsrat keine Einigung über den zweckmäßigen Inhalt der Auswahlrichtlinie zustande, entscheidet die Einigungsstelle verbindlich. In Betrieben mit bis zu 500 Arbeitnehmern kann nur der Arbeitgeber die Einigungsstelle anrufen. In größeren

Betrieben kann dagegen auch der Betriebsrat die Einigungsstelle anrufen und damit die Einführung oder Änderung einer Auswahlrichtlinie über die Einigungsstelle erzwingen.

Dagegen hat der Betriebsrat bei der Festlegung der den Arbeitsplatz konkretisierenden Stellenbeschreibung kein Mitbestimmungsrecht. Mit einer Stellenbeschreibung legt der Arbeitgeber fest, welche persönlichen und fachlichen Voraussetzungen an einen Arbeitsplatz selbst geknüpft werden sollen (BAG NZA 1984, 49). Diese Entscheidung ist allein dem Arbeitgeber überlassen. Der Betriebsrat ist aber über die Festlegung einer Stellenbeschreibung als eine Maßnahme der Personalplanung zu unterrichten (§ 92 Abs. 1 BetrVG; BAG NZA 1984, 49).

Die Aufstellung von Auswahlrichtlinien führt zu einer **Selbstbindung** des Arbeitgebers. Denn er kann nicht mehr einseitig von der Auswahlrichtlinie abweichen. Verstößt er gegen die Auswahlrichtlinie, kann der Betriebsrat seine Zustimmung zur beabsichtigten personellen Maßnahme verweigern (§ 99 Abs. 2 Nr. 2 BetrVG).

Die **Rechtsnatur** von Auswahlrichtlinien nach § 95 Abs. 1 BetrVG ist umstritten. Der Streit dreht sich um die Frage, ob schriftlich vereinbarte Auswahlrichtlinien als Betriebsvereinbarungen (D/K/K/W/*Klebe* § 95 Rn. 12; *F/E/S/T/L* § 95 Rn. 6; Richardi/*Thüsing* § 95 Rn. 52) oder nur als Regelungsabreden (H/W/G/N/R/H/*Rose* § 95 Rn. 8; *Hanau* BB 1972, 451, 452) anzusehen sind. Dies wurde vom BAG bislang offen gelassen. In der Praxis kommt es auf die Rechtsnatur von Auswahlrichtlinien allerdings regelmäßig nicht an. Zum einen ist unstreitig, dass Auswahlrichtlinien die für eine Betriebsvereinbarung charakteristische unmittelbare und zwingende Wirkung auf das einzelne Arbeitsverhältnis gerade nicht entfalten (BAG AP BetrVG 1972 § 77 Regelungsabrede Nr. 1; BAG AP BetrVG 1972 § 77 Regelungsabrede Nr. 2; *F/E/S/T/L* § 95 Rn. 6). Zum anderen werden die gesetzlichen Bestimmungen für Betriebsvereinbarungen – insbesondere zur Kündigungsmöglichkeit und Nachwirkung – auf Regelungsabreden entsprechend angewendet (BAG AP BetrVG 1972 § 77 Regelungsabrede Nr. 1; BAG NZA 1992, 1098).

3. Gesellschaft. Unabhängig davon, ob Auswahlrichtlinien als Betriebsvereinbarung oder als Regelungsabrede angesehen werden, stellen diese einen (Normen-)**Vertrag** zwischen Arbeitgeber und Betriebsrat dar (so die h. M. auch für Betriebsvereinbarungen; vgl. statt vieler GKBetrVG/*Kreutz* § 77 Rn. 38 ff.). Es bedarf damit zweier übereinstimmender Willenserklärungen.

4. Betriebsrat. Als Arbeitnehmervertretung ist der **Betriebsrat** zum Abschluss der Auswahlrichtlinie berechtigt. Etwas anderes gilt nur, wenn der Gesamtbetriebsrat für eine unternehmenseinheitliche Regelung originär zuständig ist (§ 50 Abs. 1 BetrVG) oder durch den Betriebsrat beauftragt wurde, die Angelegenheit für ihn zu behandeln (§ 50 Abs. 2 BetrVG). Der Gesamtbetriebsrat kann seine Regelungszuständigkeit auf den Konzernbetriebsrat (§ 58 Abs. 2 BetrVG) übertragen.

Der Betriebsrat muss als Kollegialorgan ordnungsgemäß über die Aufstellung der Auswahlrichtlinie entschieden haben (§ 33 BetrVG). Dieser Beschluss wird sodann vom Vorsitzenden oder dessen Vertreter durch eine Erklärung gegenüber der Arbeitgeberseite umgesetzt (§ 26 Abs. 2 S. 1 BetrVG). Aus Gründen der Vorsorge sollte vor Unterzeichnung der Auswahlrichtlinie durch den Betriebsratsvorsitzenden oder dessen Vertreter stets die Vorlage des Betriebsratsbeschlusses im Original verlangt werden. Bei kleineren Gremien ist es auch denkbar, die Vereinbarung von allen Betriebsratsmitgliedern unterzeichnen zu lassen.

5. Präambel. Die Präambel sollte die Gebote von Transparenz und Objektivität ausdrücklich hervorheben.

6. Geltungsbereich. Das Formular erstreckt den Geltungsbereich der Auswahlrichtlinie auf alle Arbeitnehmer eines bestimmten Betriebes, klammert aber einige Arbeitnehmergruppen aus (zum **räumlichen und persönlichen Geltungsbereich** → Anm. 1). Bei der

Einstellung oder Versetzung von Aushilfen, Praktikanten oder Studenten erscheint es nicht sachgerecht, sich an Auswahlrichtlinien zu orientieren. Wir sehen für die Differenzierung einen sachlichen Grund, so dass nicht gegen den Gleichbehandlungsgrundsatz verstoßen wird (→ Anm. 1). Der **sachliche Geltungsbereich** einer Auswahlrichtlinie kann zwischen Arbeitgeber und Betriebsrat im Rahmen der nachfolgenden allgemeinen Grundsätze (s. Anm. 7) frei bestimmt werden. Das Formular sieht vor, dass die Vereinbarung für Einstellungen und Versetzungen i. S. v. § 99 BetrVG gelten soll.

7. Allgemeine Grundsätze. Zur Verobjektivierung der vom Arbeitgeber festzulegenden Anforderungsprofile sollte vereinbart werden, dass diese in einer **Stellenbeschreibung** festgehalten werden. Über die Stellenbeschreibung ist der Betriebsrat nach § 92 BetrVG im Rahmen der Personalplanung zu unterrichten (→ Anm. 2).

Der Grundsatz der **Bestenauswahl** spielt eine tragende Rolle bei der Festlegung der Auswahlkriterien. Dadurch wird sichergestellt, dass die freie Stelle in erster Linie nach deren Anforderungsprofil besetzt wird.

Vor dem Hintergrund, dass Arbeitgeber und Betriebsrat darüber wachen müssen, dass alle im Betrieb tätigen Personen nach den Grundsätzen von Recht und Billigkeit behandelt werden (vgl. § 75 Abs. 1 BetrVG), sieht das Formular ein entsprechendes **Diskriminierungsverbot** vor. Eine unterschiedliche Behandlung kann gemäß §§ 8 bis 10 AGG ausnahmsweise, z. B. wegen beruflicher Anforderungen oder wegen des Alters, zulässig sein. So schreibt etwa § 48 Abs. 4 Fahrerlaubnis-VO vor, dass die Vollendung des 21. Lebensjahres zur Fahrgastbeförderung notwendig ist. Da diese Vorschrift eine zwingende Mindestaltersgrenze festlegt, wäre die Nichteinstellung eines 20 Jahre alten Bewerbers als Busfahrer wegen seines zu niedrigen Alters gemäß §§ 10 S. 3 Nr. 2 AGG i. V. m. 48 Abs. 4 Fahrerlaubnis-VO gerechtfertigt. Ein weiteres Beispiel für eine zulässige unterschiedliche Behandlung wegen eines in § 1 AGG genannten Kriteriums ist die Einstellungsvoraussetzung des weiblichen Geschlechts für eine Stelle beim Verkauf von Damenbadebekleidung. Gerechtfertigt wäre die Diskriminierung wegen des Geschlechts hier durch § 8 Abs. 1 AGG, weil das weibliche Geschlecht eine wesentliche und entscheidende berufliche Anforderung für den Verkauf von Damenbademoden darstellt. Auch die weiteren Programmsätze im Formular sind § 75 Abs. 1 BetrVG sowie § 80 Abs. 1 Nr. 4 BetrVG entnommen.

In Unternehmen mit i. d. R. mehr als 20 wahlberechtigten Arbeitnehmern hat der Arbeitgeber den Betriebsrat vor jeder Einstellung und Versetzung über diese zu **unterrichten** (§ 99 Abs. 1 S. 1 Halbs. 1 BetrVG). Das Formular nimmt auf diese Verpflichtung Bezug. Gerade bei internen Bewerbungen haben die Mitarbeiter regelmäßig ein Interesse daran, dass ihre (Versetzungs-)Bemühungen nicht unter Kollegen und den für sie zuständigen Fachvorgesetzten bekannt werden. Zur Klarstellung schreibt das Formular daher die **Vertraulichkeit** vor. Eine Ausnahme besteht nur, wenn der Bewerber ausdrücklich auf die Vertraulichkeit verzichtet.

8. Einstellungen. Einstellung bedeutet im betriebsverfassungsrechtlichen Sinne die **tatsächliche Eingliederung einer konkreten Person in den Betrieb.** Es kommt mithin nicht auf die Begründung des Arbeitsverhältnisses durch Abschluss des Arbeitsvertrages an (zum Begriff der Einstellung → Form. C. I. 3 Anm. 6).

9. Auswahlgrundlage. Als Auswahlgrundlage werden die Erkenntnismittel bezeichnet, anhand derer die Entscheidung über das Vorliegen der materiellen Einstellungskriterien zu treffen ist. Als solche werden im Formular die vom Bewerber eingereichten **Bewerbungsunterlagen** sowie, falls das Anforderungsprofil danach erfüllt ist, ein **Bewerbungsgespräch** genannt.

10. Eignungskriterien. Der Kern von Auswahlrichtlinien für Einstellungen ist die Festlegung und Verobjektivierung der **materiellen Merkmale** für die Auswahl des zukünftigen Stelleninhabers (Richardi/*Thüsing* § 95 Rn. 10). Im Interesse der Bestenauswahl ist bei Einstellungen die fachliche und persönliche Eignung Entscheidungsmaßstab. Lediglich bei gleicher Eignung mehrerer Bewerber sollten weitere Kriterien Berücksichtigung finden. Dies ist in der betrieblichen Praxis auch weitgehend üblich.

11. Vorrang bei gleicher fachlicher und persönlicher Eignung. Grundsätzlich ist der Arbeitgeber nicht verpflichtet, einen internen Bewerber anderen Bewerbern vorzuziehen (vgl. BAG NZA 1993, 607). Mit der Festlegung des Rangverhältnisses im Rahmen von Auswahlrichtlinien tritt allerdings eine **Selbstbindung** des Arbeitgebers ein (→ Anm. 2). Die Bevorzugung **interner Bewerber** bei gleicher Eignung ist weitgehend üblich. Hinsichtlich mehrerer interner Bewerber mit gleicher Eignung bestimmt das Formular, dass Auszubildende nach Beendigung ihrer Ausbildung Vorrang vor anderen internen Bewerbern haben. Eine unzulässige Altersdiskriminierung dürfte hierin nicht zu sehen sein (§ 10 S. 3 Nr. 1 AGG). Im Übrigen entscheidet die Betriebszugehörigkeit.

Bei mehreren gleich geeigneten **externen Bewerbern** entscheidet nach dem Formular der Arbeitgeber nach billigem Ermessen. Denkbar ist aber auch, dass die Betriebsparteien die Berücksichtigung im Einzelnen bezeichneter sozialer Kriterien festlegen.

12. Vorlage von Unterlagen an Betriebsrat. Aus dem Zusammenspiel von § 99 BetrVG und § 95 BetrVG folgt, dass dem Betriebsrat die Stellenbeschreibung sowie die vorhandenen Bewerbungsunterlagen bekannt sein müssen, damit er sein Mitbestimmungsrecht sachgerecht ausüben kann. Der Arbeitgeber muss den Betriebsrat daher über die Einstellung unterrichten und ihm die erforderlichen Bewerbungsunterlagen vorlegen (zum Umfang der Vorlagepflicht → Form. C. I. 3 Anm. 14). Das Formular beschränkt den Umfang des Unterrichtungsrechts des Betriebsrates auf die **in die engere Auswahl** gezogenen Bewerber (vgl. MünchHdbArbR/*Matthes* § 263 Rn. 31). Grundsätzlich ist der Arbeitgeber verpflichtet, bei Einstellungen dem Betriebsrat die Bewerbungsunterlagen aller Bewerber auszuhändigen (BAG NZA 1986, 335). Beim Einstellungsverfahren soll der Betriebsrat nämlich die Möglichkeit haben, Anregungen zu geben und Gesichtspunkte vorzubringen, die aus seiner Sicht für die Berücksichtigung eines anderen Stellenbewerbers sprechen. Auch wenn der Betriebsrat die Einstellung eines vom Arbeitgeber abgelehnten Bewerbers nicht durchsetzen kann, so gebietet doch der das gesamte Betriebsverfassungsrecht beherrschende Grundsatz der vertrauensvollen Zusammenarbeit zwischen Arbeitgeber und Betriebsrat (§ 2 Abs. 1 BetrVG) dem Arbeitgeber, Anregungen und Argumente des Betriebsrats ernsthaft in Erwägung zu ziehen und zu prüfen, ob nicht doch der vom Betriebsrat gewünschte Bewerber für die zu besetzende Stelle in Frage kommen kann. Ob dies allerdings auch für diejenigen Bewerber gelten soll, die noch nicht einmal das von der Gesellschaft vorgegebene Anforderungsprofil erfüllen, ist noch nicht abschließend geklärt. In Anbetracht dieser Unklarheit erscheint es bereits aus Praktikabilitätserwägungen sachgerecht, die Unterrichtungspflicht einzuschränken. In die engere Wahl gezogen sind im Zweifel die Bewerber, die das Anforderungsprofil erfüllen und mit denen daher ein Bewerbungsgespräch geführt wurde.

13. Versetzungen. Der arbeitsvertragliche Versetzungsbegriff bezeichnet die Änderung des Aufgabenbereiches des Arbeitnehmers nach Art, Ort und Umfang der Tätigkeit. Betriebsverfassungsrechtlich bedeutet Versetzung dagegen die Zuweisung eines anderen Arbeitsbereichs, die voraussichtlich die Dauer von einem Monat überschreitet oder die mit einer erheblichen Änderung der Umstände verbunden ist, unter denen die Arbeit zu leisten ist (§ 95 Abs. 3 S. 1 BetrVG; vgl. zum Begriff der Versetzung im Einzelnen → Form. C. I. 4 Anm. 6).

Das Formular regelt allein die **betriebs- und personenbedingte,** nicht jedoch die verhaltensbedingte Versetzung. Für die Versetzung auf einen gleich- oder höherrangigen Arbeitsplatz wird auf die Richtlinien für Einstellungen verwiesen. Die Versetzung auf einen geringerwertigen Arbeitsplatz soll anhand der Auswahlrichtlinie für betriebsbedingte Kündigungen (→ Form. C. II. 2) durchgeführt werden.

14. **Vorlage von Unterlagen an den Betriebsrat.** → Anm. 12.

15. **Inkrafttreten/Kündigung.** Das Formular sieht vor, dass die Auswahlrichtlinie an einem bestimmten Tag in Kraft tritt. Wenn die Betriebsparteien keine entsprechende Regelung treffen, würde die Auswahlrichtlinie am Tag ihres Abschlusses wirksam werden (→ Anm. 1).

Die Auswahlrichtlinie kann durch beide Betriebsparteien jederzeit ordentlich mit einer **Frist von drei Monaten** gekündigt werden Die Kündigungsfrist entspricht der gesetzlich für Betriebsvereinbarungen vorgesehenen Kündigungsfrist (§ 77 Abs. 5 BetrVG). Abweichend hiervon könnten die Betriebsparteien die ordentliche Kündigungsfrist allerdings auch verkürzen oder verlängern (→ Anm. 1). Auch ohne entsprechende Vereinbarungen haben beide Betriebsparteien zudem das Recht zur **außerordentlichen Kündigung** der Auswahlrichtlinie bei Vorliegen eines wichtigen Grundes (→ Anm. 1). Das Formular sieht vor, dass die Kündigung **schriftlich** erfolgen muss (→ Anm. 1).

Das Formular schließt aus, dass die Auswahlrichtlinie **Nachwirkung** entfaltet. Von Gesetzes wegen können ohnehin nur Auswahlrichtlinien nach § 95 Abs. 2 BetrVG nachwirken, da der Betriebsrat nur in Betrieben mit mehr als 500 Arbeitnehmern die Einführung oder Änderung einer Auswahlrichtlinie erzwingen kann (h. M.; ErfKomm/*Kania* § 95 BetrVG Rn. 8; MünchHdbArbR/*Matthes* § 260 Rn. 22; Richardi/*Thüsing* § 95 Rn. 61). Die Betriebsparteien sind aber nicht gehindert, eine hiervon abweichende Vereinbarung zu treffen und die Nachwirkung ganz auszuschließen (→ Anm. 1).

16. **Schlussbestimmungen.** Nach dem **Ablösungsprinzip** wird durch eine neue Betriebsvereinbarung die bisherige Kollektivregelung abgelöst und aufgehoben; aus Gründen der Klarheit sollten etwa abzulösende Betriebsvereinbarungen in § 6 Abs. (1) des Formulars ausdrücklich benannt werden.

Abs. (1) der Schlussbestimmungen enthält weiter eine sog. **Vollständigkeitsklausel.** Damit soll sichergestellt werden, dass allein der in der Vereinbarung niedergelegte Inhalt Geltung erlangt. Mündliche Nebenabreden wären ohnehin nach § 77 Abs. 2 BetrVG unwirksam.

Die Teilunwirksamkeit einer Betriebsvereinbarung hätte die Unwirksamkeit aller Regelungen zur Folge, wenn der verbleibende Teil ohne die unwirksamen Bestimmungen keine sinnvolle und in sich geschlossene Regelung mehr enthält. Stellt der verbleibende Teil für sich genommen eine sinnvolle und anwendbare Regelung dar, gilt dieser – auch bei entgegenstehendem Willen einer Betriebspartei – weiter. Dies folgt aus dem Normencharakter der Betriebsvereinbarung (BAG NZA 2003, 1097, 1101). Die **Salvatorische Klausel** (§ 6 Abs. (2) des Formulars) soll bei Unwirksamkeit einzelner Regelungen in weitestgehendem Umfang zur Aufrechterhaltung des übrigen Inhalts der Betriebsvereinbarung führen. Die Betriebsparteien hätten im Zweifel eine wirksame Regelung vereinbart, die der unwirksamen Bestimmung in zulässiger Weise möglichst nahe kommt.

Zudem ist vorgesehen, dass jede Betriebspartei – entsprechend den Grundsätzen des **Wegfalls der Geschäftsgrundlage (§ 313 BGB)** – die Anpassung einer Betriebsvereinbarung verlangen kann, wenn sich die Umstände, die zum Abschluss führten, nachträglich schwerwiegend verändert haben, die Betriebsparteien die Vereinbarung bei Berücksichtigung dieser Veränderung nicht oder nicht mit diesem Inhalt geschlossen hätten und soweit einer Seite ein Festhalten unter Berücksichtigung aller Umstände nicht zugemutet werden kann (vgl. BAG NZA 1995, 314, 318). Diesen Grundsatz gibt – unter eingeschränkten Voraussetzungen – § 6 Abs. (4) des Formulars wieder.

17. **Schriftform.** Das Formular stellt eine Betriebsvereinbarung dar und sieht deshalb die Unterzeichnung durch die Betriebsparteien vor. Auswahlrichtlinien bedürfen aber nicht zwingend der Schriftform. Sie unterliegen keinem Formerfordernis und können daher grundsätzlich auch mündlich abgeschlossen werden. Ihnen kommt dann allerdings nur der Charakter einer Regelungsabrede zu.

2. Auswahlrichtlinie bei betriebsbedingten Kündigungen

Betriebsvereinbarung über Auswahlrichtlinien bei betriebsbedingten Kündigungen[1]

zwischen

. . . . . . (Name und Anschrift des Arbeitgebers) „Gesellschaft"

und

Betriebsrat des Betriebs . . . . . . der . . . . . . (Name des Arbeitgebers) „Betriebsrat"
(Alternative: Gesamtbetriebsrat/Konzernbetriebsrat)

Präambel[2]

Zur Gewährleistung von mehr Rechtssicherheit im Rahmen der Sozialauswahl i. S. d. § 1 Abs. 3 S. 1 KSchG räumt § 95 BetrVG den Betriebsparteien die Möglichkeit ein, gemeinsam Richtlinien über die personelle Auswahl bei betriebsbedingten Kündigungen aufzustellen. Darüber hinausgehend charakterisiert diese Betriebsvereinbarung den Kreis der vergleichbaren Mitarbeiter und regelt Weiterbeschäftigungsmöglichkeiten sowie Fortbildungs- und Umschulungsmaßnahmen. Für die Mitarbeiter soll erkennbar sein, aufgrund welcher allgemeinen Wertungen und Grundsätze Personalentscheidungen zu treffen sind.

§ 1 Geltungsbereich[3]

(1) Diese Betriebsvereinbarung gilt in persönlicher Hinsicht für alle Arbeitnehmer des Betriebs . . . . . . der Gesellschaft („Mitarbeiter") mit Ausnahme von Arbeitnehmern in der Wartezeit i. S. d. § 1 Abs. 1 KSchG und leitenden Angestellten i. S. d. § 5 Abs. 3, 4 BetrVG.

(2) Diese Betriebsvereinbarung gilt in sachlicher Hinsicht ausschließlich für betriebsbedingte Kündigungen (Beendigungs- und Änderungskündigungen), nicht hingegen für personen- oder verhaltensbedingte Kündigungen.

§ 2 Weiterbeschäftigung[4]

(1) Die betriebsbedingte Beendigungskündigung eines Mitarbeiters kommt nur in Betracht, wenn die Weiterbeschäftigung auf einem anderen freien Arbeitsplatz im Unternehmen nicht möglich ist.

(2) Als Weiterbeschäftigungsmöglichkeit kommen nur Arbeitsplätze im Unternehmen in Betracht,

- die im Zeitpunkt des Zugangs der Kündigung frei sind oder bei denen feststeht, dass sie bis zum Ablauf der individuellen Kündigungsfrist frei werden und
- hinsichtlich derer der Mitarbeiter geeignet ist oder hinsichtlich derer die Eignung mit Zustimmung des Mitarbeiters durch zumutbare Umschulungs- und Fortbildungsmaßnahmen in einem Zeitraum von nicht länger als . . . . . . Monaten hergestellt werden kann.

In Zweifelsfällen sind Stellen- und Tätigkeitsbeschreibungen sowie Ausbildungs- und Zielvereinbarungen heranzuziehen.

(3) Besteht eine Weiterbeschäftigungsmöglichkeit nach Abs. (2), ist dem Mitarbeiter vor Ausspruch der Beendigungskündigung dieser Arbeitsplatz anzubieten. Nimmt der Mitarbeiter das Weiterbeschäftigungsangebot innerhalb einer Bedenkzeit von einer Woche an, scheidet er aus dem Kreis der zu kündigenden Mitarbeiter aus.

(4) Der Betriebsrat kann konkrete freie Arbeitsplätze benennen, auf denen der Mitarbeiter nach der Vorstellung des Betriebsrats weiterbeschäftigt werden könnte. In diesem Fall überprüft die Gesellschaft gemeinsam mit dem Betriebsrat die Weiterbeschäftigungsmöglichkeit. Bei Meinungsverschiedenheiten über die Weiterbeschäftigungsmöglichkeit entscheidet die Gesellschaft im Einzelfall nach billigem Ermessen.

(5) Ist die Anzahl der freien Arbeitsplätze im Unternehmen geringer als die Anzahl der zu entlassenden Mitarbeiter, so ist denjenigen vergleichbaren Mitarbeitern die Weiterbeschäftigung anzubieten, die nach den unter § 4 dargestellten Grundsätzen am sozial schutzbedürftigsten sind.

§ 3 Vergleichsgruppenbildung[5]

(1) Ausgangspunkt für die Bestimmung der vergleichbaren Mitarbeiter im Rahmen der Sozialauswahl ist das Kriterium der Austauschbarkeit.

(2) Die Austauschbarkeit richtet sich nach arbeitsplatzbezogenen Merkmalen. Sie liegt dann vor, wenn dem Mitarbeiter, dessen Arbeitsplatz weggefallen ist, auf derselben Ebene der Betriebshierarchie die Funktion eines anderen Mitarbeiters kraft Direktionsrecht zugewiesen werden kann. Die Notwendigkeit einer Einarbeitungszeit bis zu ...... Wochen steht der Austauschbarkeit nicht entgegen. In Zweifelsfällen sind Stellen- und Tätigkeitsbeschreibungen sowie Ausbildungs- und Zielvereinbarungen heranzuziehen.

§ 4 Auswahlgrundsätze für die Sozialauswahl

(1) Innerhalb des Kreises vergleichbarer Mitarbeiter werden ausschließlich die in § 1 Abs. 3 S. 1 KSchG genannten vier sozialen Kriterien (Dauer der Betriebszugehörigkeit, Lebensalter, Unterhaltspflichten und Schwerbehinderung) zu Grunde gelegt.[6]

(2) Zur Auswahl des zu kündigenden Mitarbeiters aus dem Kreis der vergleichbaren Mitarbeiter kommen die unter Abs. (1) genannten vier sozialen Kriterien mit folgender Gewichtung zur Anwendung:[7]

Kriterium	Punkte
Betriebszugehörigkeit	
• pro Jahr	2
Lebensalter	
• pro Jahr	1
Schwerbehinderung	
• bei einem Grad von 50	6
• je weiterem Grad von 10	1
Unterhaltspflichten	
• Ehegatte/Lebenspartner i. S. d. LPartG	5
• jedes Kind	5

(3) Bei der Berechnung des Lebensalters und der Betriebszugehörigkeit werden nur volle Jahre berücksichtigt. Zeiträume von sechs Monaten oder mehr werden aufgerundet und als volles Jahr in die Berechnung einbezogen. Zeiträume von weniger als sechs Monaten werden abgerundet. Stichtag für die Berechnung aller sozialen Auswahlkriterien ist der Tag des Zugangs der Kündigung.

(4) Bei Punktgleichheit kommt den sozialen Auswahlkriterien folgende Rangfolge zu: Betriebszugehörigkeit vor Lebensalter vor Unterhaltspflichten vor Schwerbehinderung.

§ 5 Mitarbeiterbefragung zur Sozialdatenerhebung[8]

(1) Zur Ermittlung der vier sozialen Kriterien führt die Gesellschaft in Abstimmung mit dem Betriebsrat eine schriftliche Befragung der Mitarbeiter mittels des als Anlage beigefügten Fragebogens durch. Die Mitarbeiter sind verpflichtet, den Fragebogen wahrheitsgemäß, vollständig und unter Beifügung von Unterlagen, die ihre Angaben bestätigen, auszufüllen und binnen zwei Wochen der Gesellschaft auszuhändigen.

(2) Zugunsten der Mitarbeiter können nur solche Daten berücksichtigt werden, die der Gesellschaft innerhalb der Frist des Abs. (1) bekannt geworden sind. Erst nach Fristablauf entstehende Veränderungen hat der Mitarbeiter unter Beifügung von Unterlagen der Gesellschaft unverzüglich bekannt zu geben.

§ 6 Inkrafttreten/Kündigung[9]

(1) Diese Betriebsvereinbarung tritt am ...... in Kraft. Sie kann mit einer Frist von sechs Monaten zum Ende eines Kalenderjahres gekündigt werden. Diese Betriebsvereinbarung entfaltet keine Nachwirkung.

(2) Die Kündigung bedarf der Schriftform.

§ 7 Schlussbestimmungen[10]

(1) Diese Betriebsvereinbarung löst alle eventuellen vorherigen Auswahlrichtlinien über betriebsbedingte Kündigungen, insbesondere . . . . . ., ab. Mündliche Nebenabreden bestehen nicht. Änderungen oder Ergänzungen dieser Betriebsvereinbarung, einschließlich dieser Bestimmung, bedürfen zu ihrer Wirksamkeit der Schriftform.

(2) Sollte eine Bestimmung dieser Betriebsvereinbarung ganz oder teilweise unwirksam sein oder werden, so wird hiervon die Wirksamkeit der übrigen Bestimmungen nicht berührt. Anstelle der unwirksamen Bestimmung werden die Betriebsparteien die gesetzlich zulässige Bestimmung vereinbaren, die dem mit der unwirksamen Bestimmung Gewollten wirtschaftlich am nächsten kommt. Dasselbe gilt für den Fall einer vertraglichen Lücke.

(3) Diese Betriebsvereinbarung steht unter dem Vorbehalt etwaiger ablösender – auch freiwilliger – Betriebsvereinbarungen.

(4) Sollten sich die dieser Betriebsvereinbarung zugrunde liegenden tatsächlichen oder rechtlichen Bedingungen grundlegend ändern, so werden die Betriebsparteien unverzüglich in Verhandlungen treten mit dem Ziel, die Betriebsvereinbarung an die geänderten Bedingungen anzupassen.

......	......
Ort, Datum	Ort, Datum
......	......
Unterschrift der Gesellschaft	Unterschrift des Betriebsratsvorsitzenden

Anmerkungen

1. Regelungsinhalt. Nach § 95 Abs. 1 BetrVG kann der Arbeitgeber mit Zustimmung des Betriebsrates **Auswahlrichtlinien über die personelle Auswahl bei Kündigungen** aufstellen. Dies eröffnet der Gesellschaft die Möglichkeit, das Auswahlverfahren bei Kündigungen gemeinsam mit dem Betriebsrat zu steuern. In Betrieben mit mehr als 500 Arbeitnehmern hat der Betriebsrat nicht nur der Aufstellung der Auswahlrichtlinien für Kündigungen im Hinblick auf die sozialen Gesichtspunkte zuzustimmen, sondern er kann die Aufstellung von Auswahlrichtlinien initiieren (§ 95 Abs. 2 BetrVG). Für die Bestimmung der Anzahl der beschäftigten Mitarbeiter ist die Zahl der i. d. R. im Betrieb beschäftigten Mitarbeiter maßgebend (D/K/K/W/*Klebe* § 95 Rn. 15; *F/E/S/T/L* § 95 Rn. 15; Einzelheiten zu den Unterschieden zwischen Richtlinien nach § 95 Abs. 1 und Abs. 2 BetrVG → Form. C. II. 1 Anm. 2).

Durch die Mitbestimmung des Betriebsrats bei der Aufstellung von Auswahlrichtlinien soll eine weitgehende **Transparenz** der personellen Maßnahme gewährleistet werden. Für den einzelnen von der Kündigung betroffenen Mitarbeiter soll auf der Grundlage einer versachlichten und objektivierten Grundlage nachvollziehbar sein, warum er von der Kündigung betroffen ist (*Boewer* NZA 1988, 1, 5; D/K/K/W/*Klebe* § 95 Rn. 1).

Die eigentliche Bedeutung der Auswahlrichtlinien für die Praxis ergibt sich aus § 1 Abs. 4 KSchG. Ist in einer Auswahlrichtlinie festgelegt, wie die sozialen Gesichtspunkte nach § 1 Abs. 3 S. 1 KSchG im Verhältnis zueinander zu bewerten sind, so kann die Bewertung nur auf **grobe Fehlerhaftigkeit** überprüft werden.

Durch den geänderten gerichtlichen Prüfungsmaßstab ist nur die **Gewichtung des Verhältnisses der sozialen Auswahlkriterien** zueinander privilegiert (→ Anm. 6). Soweit die Auswahlrichtlinie festlegt, wie der Kreis der vergleichbaren Arbeitnehmer zu bestimmen ist oder nach welchen Kriterien Leistungsträger i. S. d. § 1 Abs. 3 S. 2 KSchG ermittelt werden, bleibt es bei der uneingeschränkten Überprüfbarkeit durch die Arbeitsgerichte (Küttner/*Eisemann* Kündigung, betriebsbedingte Rn. 42; *Fischermeier* NZA 1997, 1089, 1096; *Gaul* DB 1998, 2467, 2468; *Löwisch* NZA 2003, 689, 691; Richardi/*Thüsing* § 95 Rn. 41). Dies bestätigt auch § 1 Abs. 2 KSchG.

Neben der Privilegierung führt die Auswahlrichtlinie auch zu einer **Bindung des Arbeitgebers** in künftigen Fallgestaltungen betriebsbedingter Kündigungen. Denn nach § 1 Abs. 2 S. 2 Nr. 1 lit. a) KSchG ist die Kündigung sozial ungerechtfertigt, wenn sie gegen eine Richtlinie nach § 95 BetrVG verstößt. Dies gilt unabhängig davon, ob der Betriebsrat der Kündigung aus diesem oder einem anderen Grund widerspricht (KR/*Griebeling* § 1 KSchG Rn. 707).

Weder § 95 BetrVG noch § 1 Abs. 4 KSchG enthalten eine Begriffsbestimmung, was unter einer Auswahlrichtlinie zu verstehen ist. Zieht man die Intention des Gesetzgebers, die Gewährleistung von mehr Transparenz und Objektivität für den Bereich der betriebsbedingten Kündigungen heran, sind Auswahlrichtlinien **abstrakt-generell formulierte Entscheidungshilfen,** die festlegen, welche Kriterien bei der Durchführung von Kündigungen zu berücksichtigen sind (vgl. Richardi/*Thüsing* § 95 Rn. 5 f.). Der in § 95 BetrVG verwendete Begriff „Richtlinie" stellt klar, dass dann nicht mehr von einer Auswahlrichtlinie gesprochen werden kann, wenn nicht abstrakt-generell, sondern konkret formulierte Kriterien vereinbart werden, die der Gesellschaft jeglichen Ermessensspielraum abschneiden (BAG NZA 1993, 607; Richardi/*Thüsing* § 95 Rn. 6; *Rieble* NJW 1991, 65, 69). Soll die Auswahl der zu kündigenden Arbeitnehmer bereits konkretisiert werden, bietet sich der Weg über eine Namensliste i. S. d. § 1 Abs. 5 S. 1 KSchG an, die ebenfalls nur auf grobe Fehlerhaftigkeit überprüft werden kann (§ 1 Abs. 5 S. 2 KSchG; → Form. C. I. 6 Anm. 5). Wird die privilegierende Wirkung i. S. d. § 1 Abs. 4 KSchG angestrebt, darf es sich zudem nicht nur um eine bloße Regelungsabrede handeln; vielmehr muss eine echte

Betriebsvereinbarung geschlossen werden (A/P/S/*Kiel* § 1 KSchG Rn. 776; ausführlich zum Rechtscharakter von Auswahlrichtlinien → Form. C. II. 1 Anm. 2).

2. Präambel. Die Präambel hebt die mit der Einführung des § 95 BetrVG angestrebte Zielsetzung, die Schaffung von Transparenz und Objektivität bei Personalentscheidungen, hervor.

3. Geltungsbereich. Die Anwendung einer Auswahlrichtlinie setzt voraus, dass von der Personalentscheidung mehrere Personen betroffen sein können. Auswahlrichtlinien können sich daher nur auf betriebsbedingte Kündigungen beziehen, da bei personen- wie bei verhaltensbedingten Kündigungen eine Auswahl zwischen mehreren Mitarbeitern nicht stattfindet (*Neyses* DB 1983, 2414, 2415; *Weller* RdA 1986, 222, 225).

4. Weiterbeschäftigung. Aus dem Kreis der zu kündigenden Mitarbeiter werden diejenigen Mitarbeiter herausgenommen, die im gleichen Betrieb oder in einem anderen Betrieb des Unternehmens weiterbeschäftigt werden können (vgl. § 1 Abs. 2 S. 2 Nr. 1 lit. b) KSchG). Dies ist Ausdruck des Verhältnismäßigkeitsgrundsatzes. Es gilt der Vorrang der Änderungskündigung vor der Beendigungskündigung.

Die Betriebsvereinbarung regelt im Einklang mit der Rechtsprechung des BAG, wann von einer anderweitigen Beschäftigungsmöglichkeit auszugehen ist. Dies setzt zum einen voraus, dass zum Zeitpunkt der Kündigung ein **freier oder frei werdender** Arbeitsplatz im Unternehmen (nicht aber im Konzern) besteht (BAG AP KSchG 1969 § 1 Betriebsbedingte Kündigung Nr. 132). Als zu berücksichtigende frei werdende Arbeitsplätze sind solche anzusehen, bei denen schon im Zeitpunkt des Zugangs der Kündigung feststeht, dass sie bis zum Ablauf der Kündigungsfrist frei werden (BAG AP KSchG 1969 § 1 Betriebsbedingte Kündigung Nr. 16). Der Mitarbeiter hat keinen Anspruch auf die Schaffung eines neuen Arbeitsplatzes (BAG NJW 1977, 1846) oder auf Freikündigung eines besetzten Arbeitsplatzes. Der Arbeitgeber kann sich allerdings nicht auf einen von ihm selbst treuwidrig durch eine vorgezogene Stellenbesetzung verursachten Wegfall freier Arbeitsplätze berufen (BAG AP KSchG 1969 § 1 Betriebsbedingte Kündigung Nr. 121).

Zudem muss der Arbeitnehmer auf dem freien oder frei werdenden Arbeitsplatz beschäftigt werden können, d.h. er muss für den Arbeitsplatz **geeignet** sein. Dies nimmt die Rechtsprechung bei **vergleichbaren Arbeitsplätzen** an, wenn der Arbeitgeber allein aufgrund seines Weisungsrechts (d.h. ohne Änderung des Arbeitsvertrages) dem betroffenen Arbeitnehmer den freien Arbeitsplatz zuweisen könnte. Anzubieten sind aber auch Weiterbeschäftigungsmöglichkeiten zu **geänderten Arbeitsbedingungen**. Ein Angebot kann lediglich in Extremfällen (z.B. offensichtlich völlig unterwertigen Beschäftigungen) unterbleiben (BAG AP KSchG 1969 § 2 Nr. 79). Der Arbeitgeber muss daher auch geringwertigere Weiterbeschäftigungsmöglichkeiten anbieten, um dem Einwand der Unverhältnismäßigkeit der betriebsbedingten Beendigungskündigung zuvorzukommen. Eine Weiterbeschäftigungsmöglichkeit muss darüber hinaus auch dann angeboten werden, wenn sie erst nach einer Einarbeitung des Arbeitnehmers auf einer freien Stelle und erst nach einer dem Arbeitnehmer anzubietenden **zumutbaren Umschulungs- oder Fortbildungsmaßnahme** möglich ist (BAG AP KSchG 1969 § 1 Umschulung Nr. 1). Da die Fortbildung oder Umschulung nicht gegen den Willen des Mitarbeiters durchgeführt werden kann, muss dessen **Einverständnis** mit der Durchführung der Maßnahme vorliegen (KR/*Griebeling* § 1 KSchG Rn. 724). Das Formular belässt das Letztentscheidungsrecht über die Zumutbarkeit der Umschulungs- und Fortbildungsmaßnahme der Gesellschaft. Damit wird zum einen dem Umstand Rechnung getragen, dass sich derartige Maßnahmen unter Berücksichtigung von Alter und Ausbildungsgrad sowie bisheriger Beschäftigungsdauer und der Art der Tätigkeit in jedem Einzelfall unterschiedlich sinnvoll darstellen. Zum anderen hat der Arbeitgeber das Letztentscheidungsrecht, da er die Kosten der individuellen Fortbildung oder Umschulung – zumindest im Rahmen der Zumutbarkeit – tragen muss (KR/*Etzel* § 102 BetrVG Rn. 169 b). Die Abwägungsentscheidung unterliegt der gerichtlichen Überprüfung.

Sind danach freie und geeignete Arbeitsplätze vorhanden, ist ihre Zahl aber geringer als die Zahl der zu entlassenden Arbeitnehmer, die dort weiterbeschäftigt werden könnten, hat der Arbeitgeber nach den **Grundsätzen der Sozialauswahl** denjenigen Arbeitnehmern die Weiterbeschäftigung anzubieten, die am sozial schutzbedürftigsten sind (sog. umgekehrte Sozialauswahl; vgl. KR/*Griebeling* § 1 KSchG Rn. 546 m.w.N.). Dies gilt unstreitig für den Fall, dass die Konkurrenzsituation in demselben Betrieb auftritt (A/P/S/*Kiel* § 1 KSchG Rn. 641 m.w.N.). Doch auch beim Wegfall von Arbeitsplätzen in verschiedenen Betrieben eines Unternehmens hat der Arbeitgeber bei der Besetzung des freien Arbeitsplatzes die Grundsätze der Sozialauswahl entsprechend anzuwenden (BAG NZA 2006, 558; ErfKomm/*Oetker* § 1 KSchG Rn. 253; KR/*Griebeling* § 1 KSchG Rn. 613).

Das Formular sieht bei Meinungsverschiedenheiten über das Bestehen oder Nichtbestehen einer Weiterbeschäftigungsmöglichkeit **keine übergeordneten Konfliktlösungsmechanismen** – wie etwa die Anrufung einer betrieblichen Kommission oder der Einigungsstelle – vor. Auf diese Weise würde der notwendige Personalabbau nur unnötig verzögert, ohne dass dem ein besonderer Vorteil, z.B. durch erhöhte Rechtssicherheit, gegenüberstünde. Das Vorliegen dringender betrieblicher Erfordernisse und mithin auch das Nichtvorhandensein einer Weiterbeschäftigungsmöglichkeit unterliegt nämlich – vorbehaltlich eines Interessenausgleichs mit Namensliste, § 1 Abs. 5 KSchG – ohnehin der vollen gerichtlichen Überprüfbarkeit.

5. Vergleichsgruppenbildung. Bei einer betriebsbedingten Kündigung hat der Arbeitgeber im Rahmen der Sozialauswahl denjenigen Mitarbeiter zu ermitteln, der von der Kündigung am wenigsten schwer betroffen ist. Ausgangsbasis ist hierbei die Festlegung der Gruppe der vergleichbaren Arbeitnehmer. Vergleichbarkeit i.S.d. § 1 KSchG bedeutet **Austauschbarkeit** im Hinblick auf die arbeitsplatzbezogenen Merkmale und somit nach der bislang ausgeübten Tätigkeit (BAG NZA 1998, 1332). Es ist zu prüfen, ob der Arbeitnehmer, dessen Arbeitsplatz weggefallen ist, die Funktion des anderen Arbeitnehmers wahrnehmen kann. Dies ist nicht nur bei Identität des Arbeitsplatzes, sondern auch dann der Fall, wenn der Arbeitnehmer aufgrund seiner Fähigkeit und Ausbildung eine andersartige, aber gleichwertige Tätigkeit ausführen kann. Der Vergleich vollzieht sich insoweit auf derselben Ebene der Betriebshierarchie (sog. horizontale Vergleichbarkeit; BAG NZA 1991, 181, 184). Allerdings kann der Arbeitgeber solche Arbeitnehmer nicht in die Sozialauswahl einbeziehen, deren Weiterbeschäftigung wegen ihrer Kenntnisse, Fähigkeiten und Leistungen im berechtigten betrieblichen Interesse liegt (vgl. § 1 Abs. 3 S. 2 KSchG).

6. Begrenzung der Sozialdaten. Nach dem Wortlaut des § 1 Abs. 4 KSchG liegt die Bedeutung der Auswahlrichtlinie gemäß § 95 BetrVG darin, dass die Gewichtung der sozialen Gesichtspunkte des § 1 Abs. 3 S. 1 KSchG gerichtlich nur eingeschränkt, d.h. auf **grobe Fehlerhaftigkeit** hin, überprüfbar ist.

Aus dem Verweis des § 1 Abs. 4 KSchG auf die sozialen Gesichtspunkte des § 1 Abs. 3 S. 1 KSchG folgt, dass die Privilegierung nur dann greift, wenn **ausschließlich die vier Kriterien** (Dauer der Betriebszugehörigkeit, Lebensalter, Unterhaltspflichten und Schwerbehinderung des Arbeitnehmers) in ein Verhältnis zueinander gesetzt und gewichtet werden, während eine Erweiterung der Kriterien zur Aufhebung der privilegierenden Wirkung führt (vgl. BAG NJW 1999, 3797; BAG NZA 2000, 531; A/P/S/*Kiel* § 1 KSchG Rn. 773). Dies verschließt dem Arbeitgeber zwar nicht den Weg, auch weitere Kriterien in die Sozialauswahl mit aufzunehmen. Der Preis, den er hierfür zahlt, ist jedoch der Verlust der Privilegierung des § 1 Abs. 4 KSchG.

Ein Punkteschema zur Gewichtung der Sozialdaten nach § 1 Abs. 3 S. 1 KSchG muss **keine individuelle Abschlussprüfung** vorsehen (BAG NJW 2007, 2429).

7. Punktetabelle. In der Praxis bietet es sich an, ein Punkteschema für die Gewichtung der vier Sozialdaten zu entwerfen. Wenn der Arbeitgeber die Sozialauswahl nach einem solchen Punkteschema vornehmen will, hat der Betriebsrat nach § 95 Abs. 1 S. 1 BetrVG **mitzubestimmen.** Dies gilt nach der Rechtsprechung des BAG auch dann, wenn der Arbeitgeber das Punkteschema nicht generell auf alle betriebsbedingten Kündigungen anwenden will, sondern nur auf solche, die konkret bevorstehen (BAG NJW 2006, 1229; BAG NZA 2007, 197). Unterlässt der Arbeitgeber die Beteiligung des Betriebsrats, so sind in Anwendung des – nicht mitbestimmten – Punktesystems ausgesprochene Kündigungen mangels Fehlens einer dem § 102 Abs. 1 S. 3 BetrVG entsprechenden Norm nicht automatisch unwirksam (BAG NZA 2007, 197; BAG NJW 2007, 2429; *Gaul/Bonanni/Naumann* BB 2006, 549, 552; *Fuhlrott* ArbRAktuell 2012, 108). Allerdings riskiert der Arbeitgeber in diesem Fall die Geltendmachung eines Unterlassungsanspruchs durch den Betriebsrat im einstweiligen Verfügungsverfahren.

Die in der Auswahlrichtlinie vorzunehmende Gewichtung der vier Sozialkriterien hängt maßgeblich davon ab, wann die **Grenze zur groben Fehlerhaftigkeit** überschritten ist. Grob fehlerhaft ist die Gewichtung der Sozialdaten nach der Rechtsprechung des BAG dann, wenn sie jede Ausgewogenheit vermissen lässt, d.h. wenn einzelne der vier Sozialdaten überhaupt nicht, eindeutig unzureichend oder mit eindeutig überhöhter Bedeutung berücksichtigt wurden (BAG NZA 2000, 531; BAG NZA 2003, 849). Da auch diese Definition mehr als vage bleibt, kommt der Entwicklung der Rechtsprechung zum Vorliegen grober Fehlerhaftigkeit maßgebliche Bedeutung zu. Als grob fehlerhaft hat das BAG beispielsweise ein Punkteschema eingestuft, welches für das Lebensalter maximal fünf Punkte vorsah, für jedes Jahr der Betriebszugehörigkeit aber ebenfalls fünf Punkte. Hier werde das Lebensalter des Arbeitnehmers so gering bewertet, dass es in der ganz überwiegenden Mehrzahl der Fälle überhaupt nicht als relevantes Auswahlkriterium berücksichtigt werde und allenfalls noch in extremen Ausnahmefällen als Zusatzkriterium eine Rolle spielen könne (BAG NZA 2007, 504).

Während das BAG in den 60er Jahren zunächst dem Lebensalter primäre Bedeutung beimaß (BAG NJW 1961, 940), sollte in den 80er Jahren die Betriebszugehörigkeit Priorität gegenüber dem Lebensalter haben, während das Lebensalter wiederum Vorrang gegenüber den Unterhaltspflichten genoss (BAG NJW 1985, 2046). Später relativierte das BAG jedoch seine Aussage und räumte der Betriebszugehörigkeit und dem Lebensalter keinen generellen Vorrang vor den Unterhaltspflichten ein. Im Jahr 2000 entschied das BAG ausdrücklich, dass der Betriebszugehörigkeit keine grundsätzliche Priorität zuzuschreiben sei (BAG NZA 2000, 531), was jedoch nicht ausschließe, dass der Betriebszugehörigkeit eine Vorzugsstellung eingeräumt werden **könne** (BAG NZA 2001, 601). So hat das BAG dann auch 2003 (BAG NZA 2003, 791) ein Punkteschema anerkannt, das die Betriebszugehörigkeit mit maximal 70 Punkten, das Lebensalter mit maximal 55 Punkten, Unterhaltspflichten gegenüber Ehegatten mit acht Punkten, jedes unterhaltsberechtigte Kind mit vier Punkten, die Schwerbehinderung bis zu einem Grad von 50 mit fünf Punkten und jeden weiteren Grad von zehn mit einem Punkt bewertete. Eine identische Tabelle hatte das BAG bereits 1990 akzeptiert (BAG NZA 1990, 729).

Auch nach der Begründung des Reformgesetzes ist keines der vier Kriterien in stärkerem Maße zu gewichten. Den Betriebsparteien verbleibt damit letztendlich ein weiter Beurteilungsspielraum (BAG NZA 2000, 531).

Eine Stellungnahme der Rechtsprechung zur Gewichtung der **Schwerbehinderung** im Verhältnis zu den übrigen drei Sozialdaten liegt bislang noch nicht vor. Auf der Basis des Urteils vom 2.12.1999 (BAG NZA 2000, 531) wird man jedoch festhalten können, dass nur dann von einer groben Fehlerhaftigkeit gesprochen werden kann, wenn die Gewichtung der Kriterien Lebensalter, Betriebszugehörigkeit, Unterhaltspflichten und nunmehr auch Schwerbehinderung **jede Ausgewogenheit vermissen** lässt. Es empfiehlt sich daher, keines der vier Kriterien deutlich stärker als die übrigen zu bewerten. Vielmehr sollte das

Kriterium der Schwerbehinderung zunächst dem Kriterium „Unterhaltspflichten" annähernd gleichgestellt und auch weiterhin allenfalls der Betriebszugehörigkeit eine – relative – Vorrangstellung eingeräumt werden.

Die lineare und schematische Berücksichtigung des **Lebensalters** in einem Punkteschema (z.B. „ein Punkt pro Lebensjahr") widerspricht nach zwei Entscheidungen des BAG (BAG BB 2008, 224 und BAG NZA 2008, 405) nicht den Vorgaben der Gleichbehandlungsrahmenrichtlinie (RL 2000/78/EG). Seitens der Literatur werden diesbezüglich Bedenken geäußert, weil durch dieses starre Vorgehen das Merkmal „Lebensalter", das ja mittelbar bereits durch das Merkmal „Betriebszugehörigkeit" Berücksichtigung finde, überrepräsentiert werde. Es sei nicht klar, warum beispielsweise ein 25-jähriger Mitarbeiter automatisch weniger schutzwürdig sei als z.B. ein 29-jähriger Kollege (gegen eine Berücksichtigung des Lebensalters als lineare Rechengröße z.B. *Annuß* BB 2006, 325, 326; *Hamacher/Ulrich* NZA 2007, 657, 662; *Kamanabrou* RdA 2007, 199, 202 f.; *Willemsen/Schweibert* NJW 2006, 2583, 2586). Diese Bedenken überzeugen nicht. Ein Zwang zur Altersgruppenbildung ist nicht gegeben. Wohl aber besteht ein entsprechendes Recht.

Sowohl das BAG als auch mehrere Instanzgerichte haben inzwischen entschieden, dass die Bildung von **Altersgruppen** im Rahmen der Sozialauswahl zur Vermeidung einer weiteren Verschlechterung der Altersstruktur nicht als unzulässige Benachteiligung wegen des Alters einzustufen ist, sondern gemäß § 1 Abs. 3 S. 2 KSchG bei Vorliegen eines berechtigten betrieblichen Interesses zulässig ist. Eine anteilmäßige Verteilung der auszusprechenden Kündigungen auf die verschiedenen – von Arbeitgeber und Betriebsrat gemeinsam festzulegenden – Altersgruppen aus diesen Gründen ist also möglich. Durch eine derartige Vorgehensweise werde nur die Bevorzugung älterer Arbeitnehmer in der Sozialauswahl eingeschränkt, die durch die zugunsten der älteren Beschäftigten wirkenden relevanten Kriterien Alter, Schwerbehinderung und Betriebszugehörigkeit entstehe (BAG NZA 2008, 405; BAG NZA 2008, 103; LAG Hannover BeckRS 2008, 53464; LAG Berlin LAGE § 1 KSchG Soziale Auswahl Nr. 54; LAG Bremen AE 2007, 146; ArbG Bielefeld BB 2007, 1961; a.A. ArbG Osnabrück NZA 2007, 982). Die Aufnahme einer solchen Regelung in eine Auswahlrichtlinie bietet sich insbesondere dann an, wenn eine Betriebsänderung i.S.d. § 111 BetrVG bevorsteht, die eine Vielzahl von Entlassungen mit sich bringt, so dass eine Verschiebung der Altersstruktur des Betriebs drohen würde, wenn man die Sozialauswahl ausschließlich anhand der in § 1 Abs. 3 S. 1 KSchG genannten Kriterien durchführen würde.

Für **Unterhaltspflichten** gegenüber Kindern muss nicht zwingend ein höherer Punktwert angesetzt werden als für Unterhaltspflichten gegenüber Ehegatten und eingetragenen Lebenspartnern. Entscheidend für die Sozialauswahl ist nämlich lediglich, dass die Unterhaltspflichten tatsächlich bestehen. In welcher Reihenfolge sie zu erfüllen sind, ist für die Gestaltung der Sozialauswahl hingegen ohne Bedeutung.

Die in der Literatur vorzufindenden Punkteschemata orientieren sich meist an den Punkteschemata, die vom BAG als zulässig erachtet wurden. Die voranstehend dargestellte Rechtsprechung zeigt aber, dass die Betriebsparteien in der Ausgestaltung von Punkteschemata zwar an die Vorgaben des § 1 Abs. 3 KSchG und an das AGG gebunden sind, jedoch auch eine gewisse Entscheidungsfreiheit haben. Diese sollten sie nutzen. Das Formular sieht aus diesem Grund ein Punkteschema vor, das noch nicht Gegenstand höchstrichterlicher Entscheidungen war. Es gibt eine aus unserer Sicht angemessene Gewichtung der vier vorgenannten Kriterien wieder.

8. Mitarbeiterbefragung zur Sozialdatenerhebung. In der Betriebsvereinbarung sollte festgelegt werden, welche Anstrengungen der Arbeitgeber unternehmen muss, um sich die erforderlichen Kenntnisse für die Durchführung der Sozialauswahl zu verschaffen.

Dem Arbeitgeber mögen zwar die Dauer der Betriebszugehörigkeit, das Lebensalter sowie eventuell auch die Schwerbehinderteneigenschaft des Arbeitnehmers bekannt sein.

Dagegen kann sich im Hinblick auf die **Unterhaltspflichten** häufig ein unvollständiges Bild ergeben, da der Arbeitnehmer nicht verpflichtet ist, die Zahl der unterhaltsberechtigten Personen dem Arbeitgeber gegenüber bekannt zu geben (*Boewer* NZA 1988, 1, 5). Diese sind auch nicht zwingend auf der Lohnsteuerkarte des Arbeitnehmers vermerkt. Zu den Unterhaltspflichten gehören nämlich sämtliche im BGB geregelten derartigen Pflichten (§§ 1360 ff., 1569 ff., 1601 BGB), gleichgültig ob der Arbeitnehmer ihnen nachkommt oder nicht (*Fischermeier* NZA 1997, 1089, 1094). Im Übrigen sollen Unterhaltspflichten auch dann beachtlich sein, wenn sie zum Kündigungszeitpunkt noch nicht bestehen, aber bereits konkret abzusehen sind. So kann auch eine bevorstehende Geburt oder Adoption relevant werden (Grobys/Panzer/*Mohnke* Kündigung, betriebsbedingte Rn. 69), was dem Arbeitgeber in aller Regel nicht bekannt sein wird.

Ein in der Praxis verlässliches Mittel zur Ermittlung der Sozialdaten stellt die **Mitarbeiterbefragung** dar. Verweigert der Arbeitnehmer nämlich die Auskunft oder gibt er falsche Auskünfte, kann er sich im Kündigungsschutzprozess nicht darauf berufen, dass das Vorliegen bestimmter Kriterien gegen seine Kündigung spreche (ErfKomm/*Oetker* § 1 KSchG Rn. 306; *Gaul/Lunk* NZA 2004, 184, 187; *Schiefer* NZA-RR 2002, 169, 178). Gleiches gilt, wenn der Arbeitnehmer Umstände, die dem Arbeitgeber bei der Sozialauswahl nicht bekannt sein konnten, innerhalb der gesetzten Frist nicht mitteilt. Die Berufung auf solche Kriterien im Kündigungsschutzprozess dürfte eine unzulässige Rechtsausübung darstellen (A/P/S/*Kiel* § 1 KSchG Rn. 736; *Schiefer* NZA-RR 2002, 169, 178 f.).

Die Einführung eines **Formulars** zur Mitarbeiterbefragung bedarf nach § 94 BetrVG der Zustimmung des Betriebsrats. Daher sollte ein entsprechendes Formular der Betriebsvereinbarung als Anlage beigefügt werden.

9. Inkrafttreten/Kündigung. → Form. C. II. 1 Anm. 15.

10. Schlussbestimmungen. → Form. C. II. 1 Anm. 16.

3. Interner Stellenmarkt

Betriebsvereinbarung zum internen Stellenmarkt[1]

zwischen

...... (Name und Anschrift des Arbeitgebers) „Gesellschaft“

und

Betriebsrat des Betriebs ...... der ...... (Name des Arbeitgebers) „Betriebsrat“
(Alternative: Gesamtbetriebsrat/Konzernbetriebsrat)

Präambel[2]

Diese Betriebsvereinbarung regelt das Verfahren der Ausschreibung und Besetzung von neu geschaffenen und neu zu besetzenden Stellen innerhalb des Betriebs ...... *(Alternative: des Unternehmens/des Konzerns)*.

Ziel ist die Bildung eines internen Stellenmarktes, der den Mitarbeitern die Möglichkeit eröffnet, sich entsprechend ihrer Fähigkeiten, Neigungen und Ziele auf zu besetzende Arbeitsplätze zu bewerben und der es der Gesellschaft ermöglicht, die Stellen mit den Bewerbern zu besetzen, die den jeweiligen Anforderungen am besten gerecht werden.

§ 1 Geltungsbereich[3]

(1) Diese Betriebsvereinbarung gilt in persönlicher Hinsicht für alle Arbeitnehmer des Betriebs ...... der Gesellschaft *(Alternative: des Unternehmens/des Konzerns)* („Mitarbeiter"), mit Ausnahme der leitenden Angestellten i. S. d. § 5 Abs. 3 BetrVG.

(2) Diese Betriebsvereinbarung gilt in sachlicher Hinsicht für die Besetzung aller neu geschaffenen und neu zu besetzenden Stellen innerhalb des Betriebs ...... *(Alternative: innerhalb aller Betriebe des Unternehmens/des Konzerns in Deutschland/in Europa/ weltweit)*, mit Ausnahme der Stellen, die die Merkmale des § 5 Abs. 3 BetrVG erfüllen.

§ 2 Interne Ausschreibung[4]

(1) Alle neu geschaffenen und neu zu besetzenden Stellen i. S. d. § 1 Abs. (2) dieser Betriebsvereinbarung werden im Intranet der Gesellschaft auf der Intranetseite ...... *(Alternative: durch Aushang am Schwarzen Brett/durch Veröffentlichung in der Firmenzeitschrift/durch Rundschreiben/per E-Mail)* allen Mitarbeitern des Betriebs *(Alternative: des Unternehmens/des Konzerns)* bekannt gemacht (interne Ausschreibung).

(2) Von der internen Ausschreibung kann abgesehen werden, wenn die Stelle mit folgenden Mitarbeitern besetzt werden soll:

(a) Auszubildende nach Beendigung ihrer Ausbildung,

(b) Mitarbeiter, deren Arbeitsplatz aus betrieblichen Gründen weggefallen oder verlegt worden ist,

(c) Mitarbeiter, die auf ihrem bisherigen Arbeitsplatz aus gesundheitlichen Gründen nicht beschäftigt werden können (insbesondere Schwerbehinderte und diesen Gleichgestellte),

(d) Mitarbeiter nach Rückkehr aus Elternzeit, Mutterschutz oder Wehr-/Wehrersatzdienst,

(e) Mitarbeiter nach Rückkehr von einem Auslandseinsatz oder

(f) Mitarbeiter, die für die Stelle bereits in der Nachfolge-/Entwicklungsplanung vorgesehen sind.

(g) Mitarbeiter, die die Stelle durch Erhöhung ihrer vertraglichen Arbeitszeit erhalten.

Weitere Ausnahmen sind nur nach vorheriger Zustimmung des *(Alternative: für die neu geschaffene oder neu zu besetzende Stelle zuständigen örtlichen)* Betriebsrats zulässig.

(3) Die Ausschreibungsfrist beträgt zwei Wochen. Sie kann bei besonderer Eilbedürftigkeit der Stellenbesetzung im Einvernehmen mit dem *(Alternative: für die neu geschaffene oder neu zu besetzende Stelle zuständigen örtlichen)* Betriebsrat auf bis zu drei Arbeitstage verkürzt werden.

(4) Vor Ablauf der Ausschreibungsfrist wird die Gesellschaft die neu geschaffene oder neu zu besetzende Stelle nicht extern ausschreiben und keine anderen Maßnahmen zur Akquisition externer Bewerber durchführen. Ausnahmen sind nur bei besonderer Eilbedürftigkeit im Einvernehmen mit dem *(Alternative: für die neu geschaffene oder neu zu besetzende Stelle zuständigen örtlichen)* Betriebsrat zulässig.

§ 3 Ausschreibungsinhalt[5]

(1) Interne und externe Ausschreibung müssen die folgenden, jeweils gleichen Informationen enthalten:

(a) Bezeichnung der zu besetzenden Stelle und der Organisationseinheit, der sie zugeordnet ist,

(b) Funktionsbezeichnung,

(c) Beschreibung der mit der Stelle verbundenen wesentlichen Aufgaben,

(d) Anforderungsprofil in fachlicher und persönlicher Hinsicht,

(e) Eingruppierung,

(f) Hinweis auf eine etwa erwartete Bereitschaft zur Einarbeitung oder Fortbildung,

(g) Datum der erstmaligen Ausschreibung,

(h) Bewerbungsfrist,

(i) Besetzungszeitpunkt,

(j) Zeitpunkt einer etwa geplanten externen Ausschreibung und

(k) Ansprechpartner, an den die Bewerbung zu richten ist.

(2) Vor jeder Ausschreibung ist zu überprüfen, ob die zu besetzende Stelle auch für die Besetzung durch (mehrere) Teilzeitkräfte geeignet ist. Wird eine solche Eignung bejaht, ist dies bei der Ausschreibung unter Angabe der Wochenarbeitszeit anzugeben.

(3) Die Ausschreibung ist geschlechtsneutral zu gestalten. Jede Benachteiligung aus Gründen der Rasse oder wegen der ethnischen Herkunft, des Geschlechts, der Religion oder Weltanschauung, einer Behinderung, des Alters, der sexuellen Identität, der Nationalität oder wegen politischer oder gewerkschaftlicher Betätigung oder Einstellung bei der Ausschreibung ist zu unterlassen, es sei denn, eine unterschiedliche Behandlung ist gesetzlich zugelassen.

§ 4 Berechtigter Bewerberkreis[6]

Zur Bewerbung auf interne Ausschreibungen sind nur Mitarbeiter berechtigt, die seit mindestens zwölf Monaten auf ihrem Arbeitsplatz beschäftigt sind.

§ 5 Bewerbungsinhalt[7]

Die interne Bewerbung ist schriftlich unter Beifügung der in der Anlage zu dieser Betriebsvereinbarung genannten Unterlagen an den in der Ausschreibung genannten Ansprechpartner zu richten.

§ 6 Auswahl[8]

(1) Bei der Auswahl der Bewerber um eine ausgeschriebene Stelle gilt der Grundsatz der Bestenauswahl. Danach erhält grundsätzlich der Bewerber die Stelle, der dem in der Ausschreibung genannten Anforderungsprofil in fachlicher und persönlicher Hinsicht am besten gerecht wird.

(2) Jede Benachteiligung aus Gründen der Rasse oder wegen der ethnischen Herkunft, des Geschlechts, der Religion oder Weltanschauung, einer Behinderung, des Alters, der sexuellen Identität, der Nationalität oder wegen politischer oder gewerkschaftlicher Betätigung oder Einstellung ist zu unterlassen, es sei denn, eine unterschiedliche Behandlung ist gesetzlich zugelassen.

(3) Alle Bewerber sind nach Recht und Billigkeit zu behandeln. Die Eingliederung Schwerbehinderter oder sonst schutzbedürftiger Personen ist zu fördern.

(4) Liegen mehrere Bewerbungen von in fachlicher und persönlicher Hinsicht gleich qualifizierten internen und externen Bewerbern für eine Stelle vor, haben interne Bewerber Vorrang.

(5) Liegen mehrere Bewerbungen von in fachlicher und persönlicher Hinsicht gleich qualifizierten internen Bewerbern für eine Stelle vor, haben Auszubildende nach Beendigung ihrer Ausbildung Vorrang vor anderen internen Bewerbern. Im Übrigen entscheidet unter mehreren gleich qualifizierten internen Bewerbern die Betriebszugehörigkeit.

(6) Die Auswahlentscheidung unter den eingegangenen Bewerbungen soll auf Grundlage der Bewerbungsunterlagen sowie – wenn das Anforderungsprofil in der Bewerbung nachgewiesen wird – eines Bewerbungsgespräches erfolgen.

(7) Zuständig für die Durchführung des Bewerbungsverfahrens ist die *(Alternative: für die ausgeschriebene Stelle zuständige (aufnehmende))* Personalabteilung.

§ 7 Vertraulichkeit[9]

Jede Bewerbung wird vertraulich behandelt, es sei denn, der Bewerber verzichtet ausdrücklich auf die Vertraulichkeit. Auf Wunsch des internen Bewerbers wird die Korrespondenz ausschließlich über dessen Privatanschrift geführt. Die abgebende Abteilung und der Vorgesetzte des internen Bewerbers *(Alternative: sowie die abgebende Personalabteilung)* werden nur dann von der Bewerbung unterrichtet, wenn dieser die ausgeschriebene Stelle erhält.

§ 8 Freigabe des Bewerbers[10]

(1) Die *(Alternative: aufnehmende)* Personalabteilung fordert den ausgewählten internen Bewerber bei der abgebenden Abteilung *(Alternative: bei der abgebenden Personalabteilung)* an.

(2) Die abgebende Abteilung *(Alternative: Die abgebende Personalabteilung)* ist verpflichtet, den Bewerber für die ausgeschriebene Stelle zum in der Ausschreibung angegebenen Besetzungszeitpunkt freizugeben, spätestens jedoch nach Ablauf von drei Monaten *(Alternative: sechs Monaten)* nach Unterrichtung über die Auswahlentscheidung.

(3) Die Freigabefrist kann von der Personalabteilung *(Alternative: einvernehmlich von der aufnehmenden und abgebenden Personalabteilung)* aufgrund dringender betrieblicher Interessen verlängert oder verkürzt werden.

§ 9 Besitzstandswahrung bei Versetzung[11]

Folgende Rechte und Rechtspositionen, die der Mitarbeiter in seiner bisherigen Stellung erworben hat, bleiben nach seiner Versetzung erhalten:

- Betriebszugehörigkeit,
- Anwartschaften aus betrieblicher Altersversorgung,
- Aktienoptionen und
- Dienstwagenberechtigung.

§ 10 Einarbeitung/Fortbildung[12]

Jeder Mitarbeiter hat nach einer innerbetrieblichen Versetzung Anspruch auf eine angemessene Einarbeitungszeit. Er ist berechtigt, an Fortbildungsmaßnahmen teilzunehmen, die auch einem externen Bewerber nach seiner Einstellung zustünden.

§ 11 Information der Bewerber[13]

Die Bewerber werden von der *(Alternative: aufnehmenden)* Personalabteilung unverzüglich über das Ergebnis ihrer Bewerbung informiert. Kommt ein interner Bewerber für die ausgeschriebene Stelle nicht in Betracht, werden ihm die Gründe mündlich, auf ausdrücklichen Wunsch auch schriftlich, dargelegt.

§ 12 Information des Betriebsrats[14]

Der *(Alternative: für die neu geschaffene oder neu zu besetzende Stelle zuständige örtliche)* Betriebsrat wird von der *(Alternative: aufnehmenden)* Personalabteilung unverzüglich über die eingegangenen Bewerbungen informiert.

§ 13 Inkrafttreten/Kündigung[15]

(1) Diese Betriebsvereinbarung tritt am . . . . . . in Kraft. Sie kann mit einer Frist von drei Monaten zum Ende eines Kalendermonats, erstmalig zum . . . . . ., gekündigt werden.

(2) Die Kündigung bedarf der Schriftform.

§ 14 Schlussbestimmungen[16]

(1) Diese Betriebsvereinbarung löst alle etwaigen vorherigen Betriebsvereinbarungen zum internen Stellenmarkt, insbesondere . . . . . ., ab. Mündliche Nebenabreden bestehen nicht. Änderungen oder Ergänzungen dieser Betriebsvereinbarung, einschließlich dieser Bestimmung, bedürfen zu ihrer Wirksamkeit der Schriftform.

(2) Sollte eine Bestimmung dieser Betriebsvereinbarung ganz oder teilweise unwirksam sein oder werden, so wird hiervon die Wirksamkeit der übrigen Bestimmungen nicht berührt. Anstelle der unwirksamen Bestimmung werden die Betriebspartner die gesetzlich zulässige Bestimmung vereinbaren, die dem mit der unwirksamen Bestimmung Gewollten wirtschaftlich am nächsten kommt. Dasselbe gilt für den Fall einer vertraglichen Lücke.

(3) Diese Betriebsvereinbarung steht unter dem Vorbehalt etwaiger ablösender – auch freiwilliger – Betriebsvereinbarungen.

(4) Sollten sich die dieser Betriebsvereinbarung zugrunde liegenden tatsächlichen oder rechtlichen Bedingungen grundlegend ändern, so werden die Betriebspartner unverzüglich in Verhandlungen treten mit dem Ziel, die Betriebsvereinbarung an die geänderten Bedingungen anzupassen.

. . . . . .	. . . . . .
Ort, Datum	Ort, Datum
. . . . . .	. . . . . .
Unterschrift der Gesellschaft	Unterschrift des Betriebsratsvorsitzenden

Anmerkungen

1. Regelungsinhalt. Der Betriebsrat kann vom Arbeitgeber verlangen, alle zu besetzenden Arbeitsplätze innerhalb des Betriebs auszuschreiben (§ 93 BetrVG). Eine Pflicht zur Ausschreibung von Arbeitsplätzen besteht aber nicht grundsätzlich, sondern nur dann, wenn der Betriebsrat die Ausschreibung verlangt hat oder die Ausschreibung zwischen den Betriebsparteien vereinbart ist. Ob und unter welchen Voraussetzungen dies auch für Arbeitsplätze gilt, die vom Arbeitgeber mit Leiharbeitnehmern besetzt werden sollen, ist noch nicht abschließend höchstrichterlich geklärt (weiterführend *Stück* ArbRAktuell

2012, 363). Das BAG hat entschieden, dass jedenfalls Arbeitsplätze, die vom Arbeitgeber dauerhaft für die Besetzung mit Leiharbeitnehmern vorgesehen sind, auf Verlangen des Betriebsrats ausgeschrieben werden müssen. Ob der Betriebsrat auch die Ausschreibung von Arbeitsplätzen verlangen kann, die nur kurzzeitig mit Leiharbeitnehmern besetzt werden sollen, wurde ausdrücklich offen gelassen (BAG AP BetrVG 1972 § 93 Nr. 9; BAG AP BetrVG 1972 § 99 Nr. 136; befürwortend: LAG Kiel ArbRAktuell 2012, 203; *Stück* ArbRAktuell 2012, 363).

Eine direkte Sanktion ist an einen Verstoß des Arbeitgebers gegen die Ausschreibungspflicht nicht geknüpft (vgl. *Buchner* NZA 1991, 577, 588; GKBetrVG/*Raab* § 93 Rn. 32; Richardi/*Thüsing* § 93 Rn. 31). Der Betriebsrat kann jedoch ein Beschlussverfahren gegen den Arbeitgeber auf Feststellung der Ausschreibungspflicht einleiten (*F/E/S/T/L* § 93 Rn. 19; für die Möglichkeit des Betriebsrats sogar ein Beschlussverfahren auf Durchführung der Ausschreibungspflicht einleiten zu können D/K/K/W/*Buschmann* § 93 Rn. 37; GKBetrVG/*Raab* § 93 Rn. 38). In Unternehmen mit i. d. R. mehr als 20 wahlberechtigten Arbeitnehmern besteht zudem eine indirekte Sanktionsmöglichkeit insoweit, als der Betriebsrat gemäß § 99 Abs. 2 Nr. 5 BetrVG seine Zustimmung zu einer beabsichtigten Einstellung verweigern kann, wenn eine (ordnungsgemäße) Ausschreibung gemäß § 93 BetrVG nicht erfolgt ist (BAG AP BetrVG 1972 § 99 Nr. 127; D/K/K/W/*Buschmann* § 93 Rn. 37; *F/E/S/T/L* § 93 Rn. 18; GKBetrVG/*Raab* § 93 Rn. 32; Richardi/*Thüsing* § 93 Rn. 31).

Soweit in der Betriebsvereinbarung – wie im Formular – zugleich Regelungen über die Auswahl der Bewerber getroffen werden, besteht ein Mitbestimmungsrecht des Betriebsrats gemäß § 95 BetrVG. Ein erzwingbares (Initiativ-)Mitbestimmungsrecht besteht jedoch nur in Betrieben, in denen mehr als 500 Arbeitnehmer beschäftigt werden, § 95 Abs. 2 BetrVG (→ Form. C. II. 1 Anm. 2).

Insgesamt kommt dem Inhalt einer Betriebsvereinbarung zum internen Stellenmarkt wegen des **Zusammenspiels der §§ 93, 95 BetrVG mit dem Mitbestimmungsrecht des Betriebsrats gemäß § 99 BetrVG** für die Personalpolitik besondere Bedeutung zu. Stellt der Arbeitgeber für sich selbst zu hohe Hürden auf, besteht die Gefahr, dass er seine künftige Einstellungspolitik über § 99 Abs. 2 BetrVG selbst blockiert. Die Arbeitgeberseite sollte daher weit reichenden Forderungen des Betriebsrats nicht zu leichtfertig nachgeben.

2. Präambel. In der Vorbemerkung sollten die Beweggründe der Betriebsparteien zum Abschluss der Betriebsvereinbarung erläutert werden. Dies dient nicht nur der Klärung und Kenntlichmachung der positiven Effekte für Arbeitgeber, Betriebsrat und alle Arbeitnehmer, sondern kann auch bei Auslegungsstreitigkeiten über einzelne Regelungen der Betriebsvereinbarung hilfreich sein.

3. Geltungsbereich. Der **sachliche Geltungsbereich** der Betriebsvereinbarung hat auch Einfluss auf den Vereinbarungspartner auf Betriebsratsseite. Neben der grundsätzlich vorrangigen Zuständigkeit des Betriebsrats kommt eine Zuständigkeit von Gesamt- oder Konzernbetriebsrat unter den Voraussetzungen der §§ 50 Abs. 1, 58 Abs. 1 BetrVG (auch für betriebsratslose Betriebe) in Betracht (BAG NZA 1984, 49; GKBetrVG/*Raab* § 93 Rn. 22; Richardi/*Thüsing* § 93 Rn. 16 f.). Soll ein unternehmens- und konzernweiter Arbeitsmarkt geschaffen werden, wird also der Gesamt- oder Konzernbetriebsrat zuständig sein. Zudem besteht die Möglichkeit der Delegation gemäß §§ 50 Abs. 2, 58 Abs. 2 BetrVG.

Zur Klarstellung sollte die Festlegung des sachlichen Geltungsbereichs eine Regelung enthalten, nach der solche Stellen nicht von der Betriebsvereinbarung erfasst werden, auf denen ein **leitender Angestellter** i. S. v. § 5 Abs. 3 BetrVG beschäftigt werden soll. Denn für diese Stellen liegt keine Regelungskompetenz des Betriebsrats vor (h. M.; vgl. nur GKBetrVG/*Raab* § 93 Rn. 8; Richardi/*Thüsing* § 93 Rn. 5).

Zumeist wird es wenig sinnvoll sein, in großen Unternehmen beziehungsweise Konzernen eine Anwendbarkeit der Betriebsvereinbarung europa- oder gar weltweit festzuschreiben. Dadurch würde ein hoher Aufwand betrieben, dem im Übrigen kaum ein entsprechendes Interesse der Arbeitnehmer gegenüberstünde. Die Aufnahme einer konzernweiten Ausschreibungspflicht kann aber dazu dienen, die Integration und die Bildung einer einheitlichen **„Corporate Identity"** zu fördern, ohne dass dadurch in der Praxis die Stellenbesetzung tatsächlich ernsthaft beeinflusst würde. Zu erwägen ist es auch, Arbeitsplätze in bestimmten Bereichen vollständig vom Geltungsbereich der Betriebsvereinbarung (und damit vom Anwendungsbereich der Ausschreibungspflicht) auszuklammern.

4. Ausschreibung. Mit der Vereinbarung von Regelungen zur internen Ausschreibung wird dem Mitbestimmungsrecht des Betriebsrats gemäß § 93 BetrVG Rechnung getragen (→ Anm. 1). Zunächst wird die generelle Verpflichtung des Arbeitgebers zur innerbetrieblichen Ausschreibung jeder vakanten Stelle konstituiert. Daraus folgt zugleich die Berechtigung des Betriebsrats, bei unterbliebener Ausschreibung seine **Zustimmung** zu einer personellen Einzelmaßnahme gemäß § 99 Abs. 2 Nr. 5 BetrVG **zu verweigern** (BAG NJW 1978, 848; LAG Frankfurt a. M. AP BetrVG 1972 § 93 Nr. 7). Die hierauf gestützte Verweigerung der Zustimmung durch den Betriebsrat ist allerdings nur dann gerechtfertigt, wenn er die Ausschreibung **vor** dem Zustimmungsersuchen des Arbeitgebers verlangt oder mit ihm eine Vereinbarung über die Ausschreibung zu besetzender Arbeitsplätze getroffen hat (BAG NZA 2005, 424). Besteht hingegen keine Vereinbarung und verlangt der Betriebsrat eine Stellenausschreibung erst **nach** dem Zustimmungsersuchen des Arbeitgebers zu der beabsichtigten Einstellung, so kann die Zustimmung nicht gemäß § 99 Abs. 2 Nr. 5 BetrVG verweigert werden.

Dem BAG zufolge liegt eine mitbestimmungspflichtige Einstellung gemäß § 99 Abs. 1 S. 1 BetrVG auch dann vor, wenn der Arbeitgeber einen Arbeitsplatz im Wege einer Erhöhung der vertraglichen Arbeitszeit für eine Dauer von länger als einem Monat mit einem bereits bei ihm beschäftigten Arbeitnehmer besetzt. Dies gilt nach Auffassung des Gerichts nicht bei jeder noch so geringfügigen Arbeitszeiterhöhung (BAG NZA 2005, 945; vgl. auch BAG AP BetrVG 1972 § 99 Einstellung Nr. 58: Erhöhung um mindestens zehn Stunden pro Woche). Ein Mitbestimmungsrecht des Betriebsrats bestehe allerdings dann, wenn der Arbeitgeber den auf diese Weise besetzten Arbeitsplatz tatsächlich ausgeschrieben habe oder wenn er ihn wegen eines berechtigten Antrags des Betriebsrats gemäß § 93 BetrVG hätte ausschreiben müssen. Mit der Ausschreibung bringe der Arbeitgeber zum Ausdruck, dass das im Betrieb benötigte zusätzliche Arbeitszeitvolumen nach seiner eigenen Bewertung den zeitlichen Anforderungen an einen „Arbeitsplatz" genüge. Daran müsse er sich bei der Frage, ob durch die Aufstockung der Arbeitszeit schon beschäftigter Arbeitnehmer die Interessen der übrigen Belegschaft berührt sein können, festhalten lassen. Vorliegend wurde in § 2 Abs. (2) (g) des Formulars aufgenommen, dass von der internen Ausschreibung abgesehen werden kann, wenn die Stelle im Wege der Erhöhung der vertraglichen Arbeitszeit mit einem bereits im Betrieb beschäftigten Mitarbeiter besetzt werden soll.

In der Betriebsvereinbarung sollte zur Vermeidung von Streitigkeiten deutlich festgelegt werden, über welches **Medium** die Ausschreibungen der in Frage kommenden neu zu besetzenden Stellen zu erfolgen haben. Ein Mitbestimmungsrecht des Betriebsrats über die Form der Ausschreibung besteht nicht (BAG AP ArbGG 1979 § 80 Nr. 3; missverständlich BAG NZA 1988, 551; *Buchner* NZA 1991, 577, 588; GKBetrVG/*Raab* § 93 Rn. 23; *Laber/Schmidt* ArbRB 2012, 276; a. A. D/K/K/W/*Buschmann* § 93 Rn. 10). In produzierenden Unternehmen, in denen nicht alle Arbeitnehmer Zugang zu Intranet oder E-Mail haben, sollte eher eine „konservative" Methode, nämlich der Aushang, gewählt werden. In anderen Unternehmen bietet sich hingegen an, neu zu besetzende Stellen entweder per E-Mail an alle Arbeitnehmer bekannt zu geben oder (besser) ein gesondertes Portal im Intranet einzurichten.

Typische Fälle, in denen eine Ausschreibung nicht erfolgen sollte, werden in § 2 Abs. (2) des Formulars aufgelistet. Die Bestimmung soll dem Arbeitgeber insbesondere die gebotene **Flexibilität** in Fällen gewähren, in denen Mitarbeiter nach vorübergehender Abwesenheit in den Betrieb zurückkehren oder auf ihrem bisherigen Arbeitsplatz nicht mehr beschäftigt werden können. Ferner wird dem Interesse einer Übernahme von Auszubildenden und einer Umsetzung der bereits feststehenden Entwicklungsplanung Rechnung getragen.

Das Formular sieht in § 2 Abs. (3) eine Ausschreibungsfrist von zwei Wochen vor. Die Dauer der Ausschreibungsfrist muss so bemessen sein, dass die interessierten Arbeitnehmer unter normalen Verhältnissen die Ausschreibung zur Kenntnis nehmen und nach einer kurzen Überlegungszeit eine Bewerbung einreichen können. Das BAG hat unter Anwendung dieser Grundsätze entschieden, dass eine Ausschreibungsdauer von zwei Wochen im Regelfall nicht als unangemessen kurz anzusehen ist (BAG AP BetrVG 1972 § 99 Nr. 132).

Der Betriebsrat wird i. d. R. verlangen, dass **vor einer externen Ausschreibung** zunächst eine ausschließlich interne Stellenausschreibung erfolgt. Dies ist jedoch nicht zwingend notwendig und kann – gerade bei dringendem Bedarf nach Neubesetzung – den Interessen des Arbeitgebers zuwider laufen. Dementsprechend sollte zumindest eine Klausel entsprechend § 2 Abs. (4) eingefügt werden, wonach im Einvernehmen mit dem zuständigen Betriebsrat von der vorherigen Durchführung einer internen Ausschreibung abgesehen werden kann.

5. Ausschreibungsinhalt. Das Gesetz enthält keine ausdrückliche Bestimmung dazu, welche Anforderungen an Inhalt, Form und Frist einer Ausschreibung zu stellen sind. Die konkrete Ausgestaltung obliegt allein dem Arbeitgeber. Zwar kann Näheres in einer Betriebsvereinbarung geregelt werden. Ein erzwingbares Mitbestimmungsrecht hat der Betriebsrat allerdings insoweit nicht (BAG AP BetrVG 1972 § 93 Nr. 9; GKBetrVG/*Raab* § 93 Rn. 23; Jaeger/Röder/Heckelmann/*Schuster* § 23 Rn. 31). Bereits aus der Funktion des § 93 BetrVG ergibt sich jedoch, dass die Ausschreibung zu ihrer Wirksamkeit einen bestimmten **Mindestinhalt** aufweisen muss (BAG AP BetrVG 1972 § 93 Nr. 9; GKBetrVG/*Raab* § 93 Rn. 25; Richardi/*Thüsing* § 93 Rn. 9). Demnach muss die Ausschreibung zumindest einen Hinweis darauf enthalten, welche Stelle ausgeschrieben wird, welche Anforderungen an diese Stelle geknüpft werden und bis wann die Bewerbungsfrist läuft, damit die Funktion des § 93 BetrVG, nämlich die Information der Belegschaft über Vakanzen, auch tatsächlich erfüllt werden kann (BAG AP BetrVG 1972 § 93 Nr. 9; *Stück* ArbRAktuell 2012, 363).

Das Formular geht über diesen Mindestinhalt hinaus. Dadurch wird die Standardisierung innerbetrieblicher Ausschreibungen erleichtert und Rechtsklarheit geschaffen. Es stellt sich jedoch die Frage, ob durch die Erweiterung des Ausschreibungsinhalts zugleich das Recht des Betriebsrats erweitert wird, einer personellen Einzelmaßnahme nach § 99 Abs. 2 Nr. 5 BetrVG seine Zustimmung zu verweigern.

Jedenfalls steht dem Betriebsrat dann ein Zustimmungsverweigerungsrecht zu, wenn die durch Betriebsvereinbarung festgelegte **Ausschreibung gänzlich unterblieben** ist.

Außerdem kann der Betriebsrat von seinem Zustimmungsverweigerungsrecht Gebrauch machen, wenn der Arbeitgeber eine vorgenommene Ausschreibung entgegen § 11 i. V. m. §§ 1, 7 Abs. 1 AGG **nicht geschlechtsneutral** vorgenommen hat (LAG Berlin DB 1983, 2633; LAG Frankfurt a. M. NZA-RR 1999, 641; *Däubler* ZIP 2001, 217, 218; *Hanau* NZA 2001, 1168; *Rolfs* RdA 2001, 129, 141). Zudem darf ein Arbeitsplatz nicht unter Verstoß gegen die weiteren Diskriminierungsverbote des AGG ausgeschrieben werden (§ 11 AGG; weiterführend *Roesner* BC 2012, 214). Bedient sich der Arbeitgeber zur Stellenausschreibung eines Dritten und verletzt dieser die Pflicht zur geschlechtsneutralen Stellenausschreibung, ist dem Arbeitgeber dies i. d. R. zuzurechnen (OLG Karlsruhe NZA-RR 2011, 632 mit Verweis auf BAG AP BGB § 611a Nr. 23). Insofern weist § 3 Abs. (3) des Formulars lediglich auf eine ohnehin bestehende – und sanktionierte – Verpflichtung des Arbeitgebers hin.

Gemäß § 7 Abs. 1 TzBfG ist der Arbeitgeber verpflichtet, einen ausgeschriebenen Arbeitsplatz auch als Teilzeitarbeitsplatz auszuschreiben, wenn dieser **zur Teilzeitarbeit** geeignet ist. Diese Prüfungs- und Ausschreibungsverpflichtung wird in § 3 Abs. (2) des Formulars wiedergegeben. Es ist streitig, ob eine Verletzung dieser Pflicht ebenfalls einen Zustimmungsverweigerungsgrund nach § 99 Abs. 2 BetrVG begründet (verneinend *Laber/Schmidt* ArbRB 2012, 276; bejahend ArbG Hannover ArbuR 2005, 275; D/K/K/W/*Buschmann* § 93 Rn. 34; *F/E/S/T/L* § 93 Rn. 16). Im Hinblick auf die insoweit noch ungeklärte Rechtslage ist dem Arbeitgeber anzuraten, eine Überprüfung der vakanten Positionen auf ihre Teilzeittauglichkeit durchzuführen und das Ergebnis in einer Ausschreibung darzustellen. Letztlich ist der Arbeitgeber frei in seiner Entscheidung, ob er einen Arbeitsplatz mit einer Teilzeitkraft besetzen möchte oder nicht.

Eine nicht ordnungsgemäße Ausschreibung kann den Betriebsrat gemäß § 99 Abs. 2 Nr. 5 BetrVG zur Zustimmungsverweigerung berechtigen. Denn die Rechtsprechung stellt insoweit die nicht ordnungsgemäße Ausschreibung unter bestimmten Voraussetzungen der (völlig) unterbliebenen Ausschreibung gleich (BAG AP BetrVG 1972 § 99 Nr. 127; zur Frage, ob ein Verstoß gegen Ausschreibungsregeln in einer Betriebsvereinbarung automatisch ein Zustimmungsverweigerungsrecht gemäß § 99 Abs. 2 Nr. 5 BetrVG nach sich zieht vgl. GKBetrVG/*Raab* § 99 Rn. 167; Richardi/*Thüsing* § 99 Rn. 235). Der Arbeitgeber sollte vor diesem Hintergrund darauf achten, dass in der Betriebsvereinbarung keine zu hohen Hürden hinsichtlich des notwendigen Inhalts einer Ausschreibung aufgestellt werden. Ansonsten gerät er zu leicht in die Gefahr, selbst Zustimmungsverweigerungsgründe i. S. d. § 99 Abs. 2 Nr. 5 BetrVG zu „produzieren".

Eine nicht ausreichende Ausschreibung, die den Betriebsrat zur Verweigerung seiner Zustimmung zu einer personellen Einzelmaßnahme nach § 99 Abs. 2 Nr. 5 BetrVG berechtigt, liegt jedenfalls dann vor, wenn der Arbeitgeber in der innerbetrieblichen Ausschreibung höhere Anforderungen an die Bewerber stellt als in einer externen Ausschreibung (vgl. nur BAG NZA 1988, 551).

Der Arbeitgeber ist schließlich frei in der Festlegung der für die ausgeschriebene Stelle notwendigen Qualifikationen. Ein Mitbestimmungsrecht des Betriebsrats besteht insofern weder nach § 93 BetrVG noch nach § 95 BetrVG (BAG NZA 1984, 49; BAG NJW 1984, 1709; BAG NZA 1986, 531; BAG NZA 1997, 253).

6. **Berechtigter Bewerberkreis.** Zur Verhinderung eines übergroßen Bewerbungsaufkommens und zur Sicherung eines Mindestmaßes an Kontinuität im Betrieb hat es sich bewährt, Arbeitnehmern erst dann die Möglichkeit zur Bewerbung auf interne Stellenausschreibungen zu gestatten, wenn diese zuvor für einen bestimmten Mindestzeitraum auf ihrem derzeitigen Arbeitsplatz beschäftigt waren. Auf diese Weise werden Arbeitnehmer, die gänzlich neu angestellt wurden, und Arbeitnehmer, die sich erst kurz zuvor (erfolgreich) auf eine neue interne Stelle beworben haben, von einer Bewerbung ausgeschlossen. Hierdurch kann auch dem Interesse des Arbeitgebers, den Arbeitnehmer vor einer etwaigen Beförderung zunächst in angemessener Weise auf seine Eignung überprüfen zu können, Rechnung getragen werden.

7. **Bewerbungsinhalt.** Zur Vermeidung von Unklarheiten sollte einheitlich festgelegt werden, in welcher Form und mit welchem Inhalt Arbeitnehmer ihre interne Bewerbung an den zuständigen Ansprechpartner zu richten haben. Dabei spielt auch eine Rolle, ob und in welchem Umfang dieser Ansprechpartner die **Personalakten** einsehen kann. Stimmen die Arbeitnehmer der Einsicht in ihre Personalakte zu, könnte der Bewerbungsinhalt auf ein Minimum (Bewerbungsschreiben, eventuell in standardisierter Form) reduziert werden. Die Bewerber können aber auch angehalten werden, ihren Bewerbungen die üblichen Bewerbungsunterlagen (Lichtbild, Lebenslauf, Zeugnisse etc.) beizufügen. Um einen Überhang an – aussichtslosen – Bewerbungen zu verhindern, sollten die formalen Anforderungen an die Bewerbung nicht zu niedrig angesetzt werden. In der Praxis hat sich gezeigt, dass bei einem für die Arbeitnehmer zu geringen Aufwand nicht

selten eine regelrechte Flut von Bewerbungen beim zuständigen Ansprechpartner eingeht und diesen bei der Auswahl der geeigneten Bewerber behindert.

8. Auswahl. Nach welchen Kriterien eine Auswahl unter mehreren (internen) Bewerbern zu erfolgen hat, kann in Auswahlrichtlinien für Einstellungen und Versetzungen geregelt sein (dazu im Einzelnen s. → Form. C. II. 1 Anm. 1–11). Das Formular greift die in → Form. C. II. 1 genannten wesentlichen Grundsätze wie das Gebot der Bestenauswahl und die Diskriminierungsverbote des AGG auf.

9. Vertraulichkeit. Zur Vermeidung von Anfeindungen oder einem Vertrauensverlust ist ein interner Bewerber in aller Regel daran interessiert, dass seine Bewerbung vertraulich behandelt wird und diese Bewerbung nicht dem für ihn zuständigen Vorgesetzten beziehungsweise der zuständigen Personalabteilung mitgeteilt wird. Dies sollte zur Klarstellung ausdrücklich in der Betriebsvereinbarung vorgesehen sein. Selbstverständlich kann es – besonders bei einer Beförderung – auch für den Bewerber von Interesse sein, dass seine Vorgesetzten von der internen Bewerbung Kenntnis erlangen und diese gegebenenfalls unterstützen. Daher sollte eine Ausnahme vom Vertraulichkeitsgrundsatz vereinbart werden für den Fall, dass der Bewerber ausdrücklich auf die Vertraulichkeit verzichtet.

10. Freigabe des Bewerbers. In vielen Unternehmen bestehen für jeden Einzelbetrieb eigene Personalabteilungen. Wird das Formular als **Gesamtbetriebsvereinbarung** abgeschlossen, treten häufig Interessenkonflikte zwischen den involvierten Personalabteilungen auf. Die für die neue oder neu zu besetzende Stelle zuständige Personalabteilung will einen internen Bewerber so schnell wie möglich übernehmen, die für die bisherige Stelle des erfolgreichen Bewerbers zuständige Personalabteilung will diesen aber so lange wie möglich an seinem Arbeitsplatz halten. Sie muss schließlich kurzfristig und zudem unerwartet Ersatz für den wechselnden Arbeitnehmer finden. Auf **Konzernebene** sind derartige Konflikte weitaus häufiger und stärker ausgeprägt. In der Betriebsvereinbarung kann und sollte daher bei Bestehen mehrerer Personalabteilungen vereinbart werden, dass die für die bisherige Stelle zuständige Personalabteilung grundsätzlich zur Freigabe des Bewerbers verpflichtet ist. Um den Neubesetzungsprozess zu beschleunigen, sollte dabei auch eine Frist für die Freigabe vorgesehen werden, von der nur in Ausnahmefällen abgewichen werden kann. Bei der Freigabe des erfolgreichen Bewerbers für die neu zu besetzende Stelle ist das Mitbestimmungsrecht des für die abgebende Personalabteilung zuständigen Betriebsrats gemäß § 99 BetrVG (Versetzung) zu beachten. Dieses Mitbestimmungsrecht wird durch die Betriebsvereinbarung zum internen Stellenmarkt nicht verbraucht.

11. Besitzstandswahrung bei Versetzung. Zur Klarstellung und zur Absicherung der Arbeitnehmer kann in der Betriebsvereinbarung vereinbart werden, dass alle bisher erworbenen Rechte des wechselnden Arbeitnehmers erhalten bleiben. Dies ist insbesondere von Bedeutung, wenn der Arbeitnehmer zu einem anderen Unternehmen im Konzern wechselt.

War der erfolgreiche Bewerber auf seinem bisherigen Arbeitsplatz zur Nutzung eines **Dienstwagens** berechtigt, kann bei einem Tätigkeitswechsel die Dienstwagenberechtigung mit guten Gründen versagt werden. In vielen Unternehmen ist die Dienstwagenberechtigung an die Ausübung einer bestimmten Funktion im Betrieb geknüpft (z. B. Außendienst). Verliert ein Arbeitnehmer durch den Arbeitsplatzwechsel den Funktionsbezug, muss ihm der Dienstwagen nicht zwingend weiterhin gewährt werden. In Unternehmen, in denen die Dienstwagenberechtigung – mit Ausnahme der leitenden Angestellten – ausschließlich funktionsbezogen ist, sollte daher der Hinweis auf den Dienstwagen entfernt werden.

12. Einarbeitung/Fortbildung. Auch bei einem Wechsel des Arbeitsplatzes innerhalb der Gesellschaft kann für einen Arbeitnehmer das Bedürfnis bestehen, sich in die neue Tätigkeit und das neue Aufgabenfeld einzuarbeiten. Insofern ist er wie ein externer

Bewerber zu behandeln. Dies sollte in der Betriebsvereinbarung zum internen Stellenmarkt geregelt werden, um eventuelle Vorbehalte der Belegschaft auszuräumen.

13. Information der Bewerber. Um Missstimmungen innerhalb des Betriebs zu verhindern und die Auswahlentscheidung dem Bewerber transparent zu machen, sollte die Personalabteilung dem abgelehnten Bewerber im Detail erläutern, warum seine Bewerbung nicht erfolgreich war.

14. Information des Betriebsrats. Gemäß § 99 Abs. 1 S. 1 BetrVG muss der Arbeitgeber, will er eine Stelle neu besetzen, den Betriebsrat darüber unterrichten und ihm die erforderlichen Bewerbungsunterlagen vorlegen. Insoweit kann in der Betriebsvereinbarung zum internen Stellenmarkt geregelt werden, dass dem Betriebsrat alle eingegangenen Bewerbungen vorzulegen sind (h.M.; vgl. BAG NJW 1973, 1630; BAG NZA 1993, 376; D/K/K/W/*Bachner* § 99 Rn. 143; GKBetrVG/*Raab* § 99 Rn. 90). In der Praxis hat sich gezeigt, dass viele Betriebsräte kein Interesse daran haben, sämtliche Bewerbungsunterlagen einzusehen. Gerade bei relativ formlos gehaltenen internen Bewerbungsverfahren trifft regelmäßig eine Fülle von Bewerbungen ein, von denen nur ein kleiner Teil das Anforderungsprofil (annähernd) erfüllt. Um eigene Arbeitszeit einzusparen, treffen daher viele Betriebsräte mit dem Arbeitgeber eine Vereinbarung, wonach dem Betriebsrat nur der ernstlich in Frage kommende Teil der Bewerbungen vorzulegen ist (in diesem Sinne → Form. C. II. 1, dort unter § 3 Abs. (6)).

15. Inkrafttreten/Kündigung. Die Betriebsvereinbarung sollte eine Laufzeitregelung sowie eine Regelung der Kündigungsmöglichkeiten enthalten. Insoweit ergeben sich keine Besonderheiten im Vergleich zu anderen Betriebsvereinbarungen. Das Formular enthält keine Regelung zur etwaigen Nachwirkung der Betriebsvereinbarung (→ Form. C. II. 1 Anm. 15).

16. Schlussbestimmungen. → Form. C. II. 1 Anm. 16.

4. Betriebliche Weiterbildung

Betriebsvereinbarung über betriebliche Weiterbildung[1]

zwischen

...... (Name und Anschrift des Arbeitgebers) „Gesellschaft"

und

Betriebsrat des Betriebs ...... der ...... (Name des Arbeitgebers) „Betriebsrat"[2]
(Alternative: Gesamtbetriebsrat/Konzernbetriebsrat)

Präambel

Gesellschaft und Betriebsrat lassen sich beim Abschluss dieser Betriebsvereinbarung von dem Ziel leiten, durch Qualifizierungsmaßnahmen zur betrieblichen Weiterbildung die Wettbewerbsfähigkeit des Unternehmens sowie die Arbeitsplätze und die Beschäftigungsfähigkeit der Mitarbeiter zu sichern und deren berufliche Perspektiven zu fördern.

§ 1 Geltungsbereich

(1) Diese Betriebsvereinbarung gilt in persönlicher Hinsicht für alle Arbeitnehmer des Betriebs ...... der Gesellschaft („Mitarbeiter"), mit Ausnahme der leitenden Angestellten i.S.d. § 5 Abs. 3 BetrVG.[3]

(2) Die Betriebsvereinbarung gilt in sachlicher Hinsicht für Qualifizierungsmaßnahmen zur betrieblichen Weiterbildung.[4]

§ 2 Begriffsbestimmungen

(1) Qualifizierungsmaßnahmen sind zeitlich und inhaltlich abgegrenzte Maßnahmen, die der Qualifizierung dienen. Sie können intern oder extern sowie als Vollzeitmaßnahme (bei ganztätiger Abwesenheit vom Arbeitsplatz) oder als berufsbegleitende Maßnahme (bei teilweiser Abwesenheit vom Arbeitsplatz) durchgeführt werden. Qualifizierungsmaßnahmen sind insbesondere Lehrgänge, Seminare sowie Wochenend-/Abendschulungen. Keine Qualifizierungsmaßnahmen sind Aktivitäten, die nur teilweise Weiterbildungscharakter haben, wie der Besuch von Kongressen, Messen und Ausstellungen.

(2) Betriebliche Weiterbildungsmaßnahmen sind notwendige Qualifizierungsmaßnahmen, wenn sie dazu dienen,

(a) die ständige Fortentwicklung des fachlichen, methodischen und sozialen Wissens im Rahmen des eigenen Aufgabengebiets nachvollziehen zu können; darunter fällt auch die Vorbereitung auf geänderte Arbeitsverfahren und Formen der Arbeitsorganisation (Erhaltungsqualifizierung),

(b) veränderte Anforderungen im eigenen Aufgabengebiet erfüllen zu können (Anpassungsqualifizierung),

(c) insbesondere beim Wegfall von Arbeitsaufgaben eine andere, gleichwertige oder höherwertige Arbeitsaufgabe für zu besetzende Arbeitsplätze übernehmen zu können (Veränderungsqualifizierung).

§ 3 Ermittlung des Qualifizierungsbedarfs[5]

(1) Gesellschaft und Mitarbeiter führen mindestens einmal jährlich ein Qualifizierungsgespräch. In diesem Gespräch wird erörtert, ob ein Qualifizierungsbedarf bei dem Mitarbeiter besteht. Den genauen Zeitpunkt des Qualifizierungsgesprächs bestimmt die Gesellschaft; bei neu eingestellten Mitarbeitern findet das Gespräch frühestens nach Ablauf von sechs Monaten statt.

(2) Mit Mitarbeitern, die sich in der Elternzeit befinden, wird ein Qualifizierungsgespräch erst durchgeführt, wenn feststeht, wann diese in den Betrieb zurückkehren werden, frühestens jedoch drei Monate vor der Rückkehr in den Betrieb.

(3) Für die Gesellschaft führt i.d.R. der direkte Vorgesetzte des Mitarbeiters das Qualifizierungsgespräch. Bei Gruppenarbeit kann das Qualifizierungsgespräch nach Festlegung durch die Gesellschaft auch durch den Gruppensprecher geführt werden. Die Gesellschaft legt fest, ob das Qualifizierungsgespräch als Einzel- oder Gruppengespräch geführt wird.

(4) Das Ergebnis des Qualifizierungsgesprächs ist in einem Gesprächsprotokoll zu dokumentieren, das vom Vorgesetzten und vom Mitarbeiter unterzeichnet wird. In dem Gesprächsprotokoll werden aus Sicht der Gesprächspartner ein etwaiger Qualifizierungsbedarf sowie die notwendigen Qualifizierungsmaßnahmen festgehalten. Wird hierüber zwischen dem Vorgesetzten und dem Mitarbeiter kein Einvernehmen erzielt, ist dies in dem Gesprächsprotokoll ebenfalls zu vermerken. Aus der Feststellung eines Qualifizierungsbedarfs und der Bezeichnung von Qualifizierungsmaßnahmen ergibt sich kein Qualifizierungsanspruch des Mitarbeiters.

(5) Das Qualifizierungsgespräch kann mit anderen Mitarbeitergesprächen, etwa über Zielvereinbarungen und Leistungsbeurteilungen, verbunden werden.

§ 4 Paritätischer Bildungsausschuss

(1) Gesellschaft und Betriebsrat errichten einen paritätischen Bildungsausschuss (PBA) als gemeinsamen Ausschuss i.S.d. § 28 Abs. 2 BetrVG.[6] Der PBA besteht aus sechs Mitgliedern, von denen jeweils drei Mitglieder vom Betriebsrat und der Gesellschaft bestellt werden. Darüber hinaus bestellen Betriebsrat und Gesellschaft je zwei Ersatzmitglieder.

(2) Der PBA tritt mindestens einmal im Kalenderquartal zu ordentlichen Sitzungen zusammen. Zusätzliche außerordentliche Sitzungen finden auf Verlangen der Mehrheit der Mitglieder des Betriebsrats oder der Mehrheit der Mitglieder der Gesellschaft statt. Jede Seite kann zu den Sitzungen des PBA interne – in Ausnahmefällen auch externe – Sachverständige hinzuziehen. § 80 Abs. 3 BetrVG bleibt unberührt.

(3) Der PBA fasst die Beschlüsse mit einfacher Mehrheit der Stimmen der anwesenden Mitglieder. Bei Stimmengleichheit ist ein Antrag abgelehnt. Angelegenheiten, die der Zustimmung des Betriebsrats bedürfen, insbesondere Angelegenheiten nach § 98 Abs. 1 bis 3, § 97 Abs. 2 und § 94 Abs. 2 BetrVG, fallen in diesem Fall an den Betriebsrat zurück. Der PBA ist nur beschlussfähig, wenn mindestens drei Mitglieder oder Ersatzmitglieder an der Beschlussfassung teilnehmen.

(4) Der PBA gibt sich eine Geschäftsordnung.

(5) Die Gesellschaft unterrichtet den PBA anstelle des Betriebsrats jeweils rechtzeitig und umfassend unter Vorlage der erforderlichen Unterlagen über

(a) Ergebnisse der Qualifizierungsgespräche, insbesondere über den in den Gesprächsprotokollen festgehaltenen Qualifizierungsbedarf sowie die Qualifizierungsmaßnahmen,

(b) den aus betrieblicher Sicht notwendigen Qualifizierungsbedarf unter Angabe der Prioritäten,

(c) geplante betriebliche Weiterbildungsmaßnahmen,

(d) Inhalte, Methoden und Ablauf der geplanten betrieblichen Weiterbildungsmaßnahmen,

(e) Ort, Zeitpunkt und Dauer der geplanten betrieblichen Weiterbildungsmaßnahmen,

(f) Bestellung und Abberufung der internen und externen Ausbilder,

(g) Zugangsvoraussetzungen zu den geplanten betrieblichen Weiterbildungsmaßnahmen,

(h) geplante Auswahl von Teilnehmern an Weiterbildungsmaßnahmen,

(i) Grundsätze und Verfahren zur Beurteilung der Leistungen von Teilnehmern an Weiterbildungsmaßnahmen.

Unterrichtungen des PBA durch die Mitglieder der Gesellschaft gelten als Unterrichtungen durch die Gesellschaft.[7]

(6) Der PBA berät über die Angelegenheiten nach vorstehendem Abs. (5). Beratungen innerhalb des PBA gelten als Beratungen zwischen Gesellschaft und Betriebsrat. Der PBA kann der Gesellschaft jeweils Gegenvorschläge unterbreiten.[8]

(7) Der PBA nimmt anstelle des Betriebsrats die Rechte in folgenden Angelegenheiten wahr:

(a) Durchführung betrieblicher Weiterbildungsmaßnahmen, insbesondere Angelegenheiten gemäß vorstehendem Abs. (5) (d), (e), (g) und (i), im Rahmen des § 98 Abs. 1 und § 94 Abs. 2 BetrVG,[9]

(b) Widerspruch gegen die Bestellung und das Verlangen der Abberufung von Ausbildern gemäß vorstehendem Abs. (5) (f), wenn diese die persönliche oder fachliche, insbesondere die berufs- und arbeitspädagogische Eignung i.S.d. BBiG nicht besitzen oder ihre Aufgabe vernachlässigen, im Rahmen des § 98 Abs. 2 BetrVG,[10]

(c) Einführung von Maßnahmen der betrieblichen Berufsbildung, sofern die Gesellschaft Maßnahmen geplant oder durchgeführt hat, die dazu führen, dass sich die Tätigkeit der betroffenen Mitarbeiter ändert und ihre beruflichen Kenntnisse und Fähigkeiten zur Erfüllung ihrer Aufgaben nicht mehr ausreichen, im Rahmen des § 97 Abs. 2 BetrVG.[11]

(8) Liegen für die Teilnahme an einer Weiterbildungsmaßnahme mehr Interessenten vor als Teilnehmerplätze verfügbar sind, legt der PBA den Kreis der Teilnehmer verbindlich unter Berücksichtigung folgender Kriterien fest, die nach ihrer Rangfolge aufgezählt sind:

(a) Mitarbeiter war für die Teilnahme an der vorangegangenen inhaltsgleichen Qualifizierungsmaßnahme vorgesehen, jedoch verhindert,

(b) Qualifizierungsbedarf aus betrieblicher Sicht,

(c) Qualifizierungsbedarf nach Angabe des Mitarbeiters im Qualifizierungsgespräch,

(d) Betriebszugehörigkeit.[12]

§ 5 Durchführung von betrieblichen Weiterbildungsmaßnahmen[13]

(1) Betriebliche Weiterbildungsmaßnahmen sind frühzeitig im Intranet der Gesellschaft unter Angabe des Inhalts sowie der Dauer, des Zeitpunkts und des Orts zu veröffentlichen.

(2) Die für die Teilnahme an betrieblichen Weiterbildungsmaßnahmen vorgesehenen Mitarbeiter werden frühzeitig unter Mitteilung der Angaben nach vorstehendem Abs. (1) eingeladen.

(3) Mitarbeiter, die im Qualifizierungsgespräch einen entsprechenden Qualifizierungsbedarf angegeben haben, sind verpflichtet, an betrieblichen Weiterbildungsmaßnahmen teilzunehmen, es sei denn, der Teilnahme stehen betriebliche oder dringende persönliche Interessen entgegen.

(4) Kann ein Mitarbeiter an einer betrieblichen Weiterbildungsmaßnahme nicht teilnehmen, wird er beim nächsten Termin bevorzugt berücksichtigt.

(5) Die Teilnahme an betrieblichen Weiterbildungsmaßnahmen wird in der Personalakte dokumentiert. Der Mitarbeiter erhält ein Teilnahmezertifikat. Die Gesellschaft kann den in der Qualifizierungsmaßnahme erzielten Lernerfolg als Leistungskriterium bei der Erstellung der Leistungsbeurteilung des Mitarbeiters heranziehen. Die Teilnahme an der betrieblichen Weiterbildungsmaßnahme sowie deren Ergebnis werden in dem Gesprächsprotokoll des auf die Maßnahme folgenden Qualifizierungsgesprächs festgehalten.

§ 6 Kosten[14]

(1) Die Kosten betrieblicher Weiterbildungsmaßnahmen trägt grundsätzlich die Gesellschaft.

(2) Die Gesellschaft behält sich im Einzelfall die Möglichkeit vor, die Mitarbeiter anteilig an Kosten von betrieblichen Weiterbildungsmaßnahmen zu beteiligen und in den Grenzen des rechtlich Zulässigen Rückzahlungsklauseln zur Erreichung einer angemessenen Betriebsbindung zu vereinbaren. Dies gilt insbesondere für solche Weiterbildungsmaßnahmen, die nicht nur das betriebliche Fortkommen, sondern auch die Berufschancen des Mitarbeiters am externen Arbeitsmarkt objektiv verbessern.

(3) Die Gesellschaft wird die Mitarbeiter unter Fortzahlung der Vergütung nach den Grundsätzen über die Entgeltfortzahlung im Krankheitsfalle für die genehmigte Teilnahme an betrieblichen Weiterbildungsmaßnahmen von der Arbeit freistellen. Sofern Weiterbildungsmaßnahmen außerhalb der vereinbarten individuellen regelmäßigen Arbeitszeit stattfinden müssen, findet eine gesonderte Vergütung nicht statt.

(4) Die Gesellschaft übernimmt die Kosten der An- und Rückreise, Tagesspesen und etwaige Übernachtungskosten nach den üblichen unternehmensinternen Regelungen in ihrer jeweils gültigen Fassung.

§ 7 Inkrafttreten, Kündigung[15]

§ 8 Schlussbestimmungen[16]

(1) Diese Betriebsvereinbarung löst alle eventuellen vorherigen Betriebsvereinbarungen über betriebliche Weiterbildung, insbesondere ......, ab. Mündliche Nebenabreden bestehen nicht. Änderungen oder Ergänzungen dieser Betriebsvereinbarung, einschließlich dieser Bestimmung, bedürfen zu ihrer Wirksamkeit der Schriftform.

(2) Sollte eine Bestimmung dieser Betriebsvereinbarung ganz oder teilweise unwirksam sein oder werden, so wird hiervon die Wirksamkeit der übrigen Bestimmungen nicht berührt. Anstelle der unwirksamen Bestimmung werden die Betriebsparteien die gesetzlich zulässige Bestimmung vereinbaren, die dem mit der unwirksamen Bestimmung Gewollten wirtschaftlich am nächsten kommt. Dasselbe gilt für den Fall einer vertraglichen Lücke.

(3) Diese Betriebsvereinbarung steht unter dem Vorbehalt etwaiger ablösender – auch freiwilliger – Betriebsvereinbarungen.

(4) Sollten sich die dieser Betriebsvereinbarung zugrunde liegenden tatsächlichen oder rechtlichen Bedingungen grundlegend ändern, so werden die Betriebsparteien unverzüglich in Verhandlungen treten mit dem Ziel, die Betriebsvereinbarung an die geänderten Bedingungen anzupassen.

......	......
Ort, Datum	Ort, Datum
......	......
Unterschrift der Gesellschaft	Unterschrift des Betriebsratsvorsitzenden

Anmerkungen

1. Regelungsinhalt. Die immer schneller fortschreitende technische und wirtschaftliche Entwicklung hat dazu geführt, dass sich die Anforderungen an die Qualifikationen von Mitarbeitern zunehmend verändern und erhöhen. Um den Arbeitnehmern die Möglichkeit zu bieten, den Veränderungen Rechnung zu tragen und ihre Qualifikationen an die betrieblichen Erfordernisse anzupassen, sieht das BetrVG eine Reihe von Beteiligungsrechten des Betriebsrats vor, die teilweise von der Betriebsvereinbarung tangiert werden. Es handelt sich hierbei insbesondere um

- Beratungs-, Vorschlags- und Initiativrechte in Bezug auf die Ermittlung von Berufsbildungsbedarf sowie Beratungs- und Vorschlagsrechte bei der Berufsbildung nach § 96 Abs. 1 BetrVG,
- Beratungsrechte bei der Errichtung und Ausstattung einer betrieblichen Einrichtung zur Berufsbildung nach § 97 Abs. 1 BetrVG,

- echte Mitbestimmungsrechte bei der Einführung von Maßnahmen zur betrieblichen Berufsbildung, die durch die Planung und Durchführung von Änderungen von Tätigkeiten und Anforderungen an Arbeitnehmer verursacht werden, nach § 97 Abs. 2 BetrVG,
- echte Mitbestimmungsrechte bei der Durchführung von betrieblichen Berufsbildungsmaßnahmen nach § 98 Abs. 1 BetrVG,
- besondere Mitbestimmungsrechte bei der Bestellung einer mit der Durchführung von betrieblichen Berufsbildungsmaßnahmen beauftragten Person nach § 98 Abs. 2 BetrVG (bei Streitigkeiten entscheidet nicht die Einigungsstelle, sondern das Arbeitsgericht),
- echte Mitbestimmungsrechte bei der Auswahl der Teilnehmer an einer **betrieblichen** Berufsbildungsmaßnahme nach § 98 Abs. 3 BetrVG,
- echte Mitbestimmungsrechte bei der Auswahl der Teilnehmer an einer **außerbetrieblichen** Berufsbildungsmaßnahme, sofern der Arbeitgeber diese freistellt oder ganz oder teilweise die Kosten der Maßnahme trägt, nach § 98 Abs. 3 BetrVG sowie
- entsprechende Mitwirkungsrechte bei sonstigen **betrieblichen** Bildungsmaßnahmen nach § 98 Abs. 6 BetrVG.

Darüber hinaus sind im Rahmen der Qualifizierung die Unterrichtungs-, Beratungs- und Vorschlagsrechte bei der Personalplanung gemäß § 92 BetrVG sowie die echten Mitbestimmungsrechte bei der Aufstellung allgemeiner Beurteilungsgrundsätze zu berücksichtigen.

Das vorliegende Formular geht von der Ermittlung des individuellen Qualifizierungsbedarfs der Mitarbeiter im Rahmen jährlicher Qualifizierungsgespräche aus. Die einzelnen Beteiligungsrechte werden im Sinne einer kooperativen Zusammenarbeit zwischen Arbeitgeberseite und Betriebsrat auf einen paritätisch besetzten gemeinsamen Ausschuss übertragen.

2. **Zuständigkeit des Betriebsrats.** Die Rechte des Betriebsrats im Rahmen der betrieblichen Weiterbildung sind grundsätzlich auf den Betrieb bezogen und begründen damit eine **Originärzuständigkeit des Einzelbetriebsrats.** Der Gesamt- oder Konzernbetriebsrat ist nach der Wertung des § 50 BetrVG – originär – nur dann zuständig, wenn die Angelegenheit mehrere Betriebe betrifft und von den Einzelbetriebsräten nicht geregelt werden kann. Das BAG erkennt in ständiger Rechtsprechung eine originäre Zuständigkeit des Gesamtbetriebsrats auch in Fällen der sog. subjektiven Unmöglichkeit an (vgl. nur BAG AP BetrVG 1972 § 98 Nr. 8 m. zust. Anm. *Natzel*; BAG AP BetrVG 1972 § 87 Lohngestaltung Nr. 37 m. Anm. *Reuter*). Dies ist der Fall, wenn ein Arbeitgeber die Schulung seiner Mitarbeiter überbetrieblich organisieren möchte, etwa um dadurch eine gleichwertige Qualifizierung zu erreichen oder zu erhalten. Soll eine einheitliche Regelung für alle Betriebe geschaffen werden, empfiehlt es sich, dass die Einzelbetriebsräte ihre originäre Zuständigkeit gemäß § 50 Abs. 2 BetrVG auf den Gesamtbetriebsrat delegieren.

Besteht bereits ein vom Betriebsrat eingesetzter Ausschuss, der sich mit der betrieblichen Weiterbildung beschäftigt oder ein paritätisch besetzter Ausschuss (§ 28 Abs. 2 BetrVG), ist zu beachten, dass dieser nach § 27 Abs. 2 S. 2 BetrVG keine Betriebsvereinbarungen abschließen kann. Es bleibt somit bei der Zuständigkeit des Betriebsrats.

Der Betriebsrat kann nach § 118 Abs. 1 BetrVG unzuständig sein, wenn es sich um einen sog. Tendenzbetrieb handelt. Dies kann etwa bei der Durchführung von betrieblichen Berufsbildungsmaßnahmen bei Anzeigenredakteuren der Fall sein (BAG BeckRS 2010, 2906).

3. **Persönlicher Geltungsbereich.** Nach dem Grundsatz des § 5 Abs. 3 BetrVG steht dem Betriebsrat auch im Rahmen der Weiterbildung keine Kompetenz im Hinblick auf leitende Angestellte zu. Streitig ist der Umfang der Mitwirkungsrechte des Betriebsrats in den Fällen, in denen die Schulung eine **Qualifizierung von Arbeitnehmern zu leitenden Angestellten** bezweckt. Nach einer Ansicht muss es in diesen Fällen der Alleinentscheidung des Arbeitgebers überlassen bleiben, welche Ziele er mit der Schulung verfolgen will, welcher Ausbilder die Schulung durchführen soll und welche Kriterien Arbeitnehmer zur Teilnahme

berechtigen sollen (vgl. H/W/G/N/R/H/*Worzalla* § 98 Rn. 3 ff.; Richardi/*Thüsing* § 98 Rn. 6; GKBetrVG/*Raab* § 98 Rn. 48, der allerdings bzgl. des Kreises der teilnehmenden Arbeitnehmer ein Mitbestimmungsrecht annimmt; siehe hierzu auch *Hoppe/Fabritius* ArbRAktuell 2012, 449). Nach anderer Ansicht ist in diesen Fällen keine Ausnahme von der allgemeinen Geltung der Mitwirkungsrechte des Betriebsrats anzuerkennen (Jaeger/Röder/Heckelmann/*Schuster* § 23 Rn. 83). Da es sich bei den Mitarbeitern, die zu leitenden Angestellten qualifiziert werden sollen, noch um „normale" Arbeitnehmer handele, bestünde die Kompetenz des Betriebsrats in vollem Umfang. Eine Ausnahmeregelung sei im Hinblick auf ein zukünftiges „Hineinwachsen" in den Status eines leitenden Angestellten nicht gerechtfertigt. Da die jeweiligen Qualifizierungsmaßnahmen sich noch an Arbeitnehmer richten, die dem Geltungsbereich des BetrVG unterfallen, ist eine Ausnahme nur schwer zu rechtfertigen. Vieles spricht dafür, dass die Beteiligungsrechte des Betriebsrats erst dann entfallen, wenn die betroffenen Arbeitnehmer tatsächlich zu leitenden Angestellten aufgestiegen sind.

4. Sachlicher Geltungsbereich. Nach ihrem sachlichen Geltungsbereich regelt die Betriebsvereinbarung Qualifizierungsmaßnahmen zur betrieblichen Weiterbildung. Diese Begriffe werden unter § 2 des Formulars – in Anlehnung an den Tarifvertrag zur Qualifizierung der Metall- und Elektroindustrie Nordwürttemberg/Nordbaden sowie Südwürttemberg-Hohenzollern/Südbaden, Stand: 14.6.2006 – definiert.

Die §§ 96 bis 98 BetrVG unterscheiden zwischen betrieblichen Berufsbildungsmaßnahmen, außerbetrieblichen Berufsbildungsmaßnahmen und sonstigen Bildungsmaßnahmen.

Betrieblich sind nicht nur die Bildungsmaßnahmen, die im Betrieb selbst durchgeführt werden, sondern alle Maßnahmen, auf deren Inhalt und Gestaltung der Arbeitgeber beherrschenden Einfluss hat (BAG NZA 1991, 388; BAG BeckRS 2013, 70165; MünchHdbArbR/*Matthes* § 262 Rn. 16). **Außerbetrieblich** sind Bildungsmaßnahmen, die – ohne weiterreichenden Einfluss des Arbeitgebers – von überbetrieblichen Einrichtungen oder außerbetrieblichen Trägern veranstaltet werden.

Unter **Berufsbildung** ist nach § 1 BBiG die Berufsausbildung, die berufliche Fortbildung und die berufliche Umschulung zu verstehen. Der betriebsverfassungsrechtliche Begriff der Berufsbildung beschränkt sich jedoch nicht auf den Definitionsinhalt des BBiG. Vielmehr sind die §§ 96 bis 98 BetrVG weit auszulegen und erfassen alle Maßnahmen, die den Arbeitnehmern diejenigen Kenntnisse und Erfahrungen vermitteln sollen, die **für die Ausfüllung ihres Arbeitsplatzes und ihre berufliche Tätigkeit notwendig** sind. Dabei muss die Maßnahme aufgrund eines geordneten Ausbildungsganges geeignet sein, Lernprozesse durch theoretische Einsichten zu vermitteln und zu vollziehen und so neue Kenntnisse, Fähigkeiten und Fertigkeiten in einer Breite und Tiefe zu vermitteln, die für das berufliche Fortkommen der Arbeitnehmer von Bedeutung sind, weil sie seinen Wert auf dem Arbeitsmarkt erhöhen (vgl. BAG BeckRS 2013, 70165; Richardi/*Thüsing* § 96 Rn. 6 ff.). Nicht unter den Begriff der Berufsbildung fallen AGG-Schulungen, da diese keine gezielten Kenntnisse und Erfahrungen vermitteln, die für die berufliche Tätigkeit notwendig sind (*Besgen* BB 2007, 213, 213).

Die Rechtsprechung und h.L. unterscheidet dabei mitbestimmungspflichtige Berufsbildungsmaßnahmen von der **mitbestimmungsfreien Unterrichtung und Belehrung gemäß § 81 Abs. 1 BetrVG** (vgl. BAG BeckRS 2013, 70165; *Hoppe/Fabritius* ArbRAktuell 2012, 449). Hierbei handelt es sich um die Unterrichtung des einzelnen Arbeitnehmers über seine individuelle Tätigkeit und die Einweisung in den Arbeitsablauf. Zur Sicherung der Mitbestimmungsrechte des Betriebsrats legt die Rechtsprechung den Begriff der Unterrichtung nach § 81 Abs. 1 BetrVG eng und den Begriff der Berufsbildungsmaßnahme gemäß §§ 96 bis 98 BetrVG weit aus (vgl. nur BAG AP BetrVG 1972 § 98 Nr. 7).

Sonstige Bildungsmaßnahmen vermitteln dem Arbeitnehmer Kenntnisse, Erfahrungen und Fertigkeiten außerhalb seines Berufes. Auch hierbei muss es sich um einen Ausbildungsgang handeln, der planmäßig Lernziele vermittelt. Hierunter fallen wohl auch

AGG-Schulungen nach § 12 AGG (Richardi/*Thüsing* § 98 Rn. 67). Freizeitveranstaltungen wie z.B. Konzertbesuche gehören daher nicht zu sonstigen Bildungsmaßnahmen i.S.d. § 98 Abs. 6 BetrVG (vgl. MünchHdbArbR/*Matthes* § 262 Rn. 14 m.w.N.).

5. Ermittlung des Qualifizierungsbedarfs. Der Betriebsrat kann vom Arbeitgeber die Ermittlung des Berufsbildungsbedarfs der Belegschaft verlangen (§ 96 Abs. 1 S. 2 BetrVG). Dieser ergibt sich nach der Gesetzesbegründung aus einer **Ist-Analyse**, der Erstellung eines **Soll-Konzepts** und der Ermittlung des betrieblichen **Bildungsinteresses** des Arbeitnehmers (BT-Drucks. 14/5741 S. 49). Der Betriebsrat hat lediglich einen Anspruch darauf, dass der Qualifizierungsbedarf ermittelt wird; auf welche Weise dies geschieht, legt nach dem Gesetz einseitig der Arbeitgeber fest. Selbstverständlich sind Vereinbarungen hierüber möglich, wie sie beispielweise im Formular unter § 3 getroffen wurden.

Das Formular sieht vor, dass der individuelle Qualifizierungsbedarf der einzelnen Mitarbeiter in mindestens jährlichen **Qualifizierungsgesprächen** ermittelt wird. Durch den Vorgesetzten, der die Gespräche für die Gesellschaft führt, fließen die aus betrieblicher Sicht erforderlichen Soll-Vorstellungen in die Betrachtung ein. Auf der Grundlage der Qualifizierungsgespräche kann sodann ein Bildungsplan erstellt werden.

Aus praktischen Gesichtspunkten bietet es sich an, bereits eingeführte Mitarbeitergespräche einer „Zweitverwertung" zuzuführen. So können etwa im Rahmen von Jahresgesprächen zur Leistungsbeurteilung oder zur Vereinbarung persönlicher Leistungsziele für das jeweils kommende Jahr auch Qualifizierungsplanungen angesprochen werden.

6. Paritätischer Bildungsausschuss. Soweit die betrieblichen Voraussetzungen für dessen Bildung vorliegen (→ Form. C. II. 23 Anm. 3), empfiehlt es sich, die Rechte des Betriebsrats nach den §§ 96 bis 98 BetrVG weitgehend auf einen gemeinsamen Ausschuss, der paritätisch durch Mitglieder des Betriebsrats und der Gesellschaft besetzt wird, zu übertragen.

Ein gemeinsamer Ausschuss bietet die Möglichkeit, die im Rahmen der betrieblichen Weiterbildung anstehenden Fragen im Rahmen eines Gremiums zu erörtern, das sich regelmäßig mit diesem Bereich befasst und dessen Mitglieder Verantwortung für das Erreichen sachgerechter Ergebnisse empfinden. Häufig gelingt es, im Rahmen gemeinsamer Ausschüsse die im Bildungswesen gleich gelagerten Ziele von Arbeitgeberseite und Betriebsrat in den Vordergrund zu stellen. Die Schaffung eines gemeinsamen Ausschusses ist auch deshalb sinnvoll, weil bei Auseinandersetzungen zwischen den Betriebsparteien über die zu berücksichtigenden Teilnehmer einer betrieblichen Weiterbildungsmaßnahme letztlich die Einigungsstelle entscheidet (§ 98 Abs. 4 BetrVG). Eine Entscheidung der Einigungsstelle lässt sich allerdings häufig nicht vor Durchführung der Schulung herbeiführen. Ein Einigungsstellenverfahren kann im Rahmen einer sachlichen Erörterung in einem paritätisch besetzten Gremium häufig vermieden, wenn auch nicht gänzlich ausgeschlossen werden.

Die in § 4 Abs. (1) bis (3) des Formulars enthaltenen Verfahrensregelungen sind relativ knapp gehalten; ergänzend finden die Regelungen der §§ 29 ff. BetrVG entsprechende Anwendung. Zu detaillierten Verfahrensbestimmungen → Form. C. II. 23, dort unter §§ 4 und 5 sowie → Anm. 6, 7.

7. Unterrichtung. Bei den §§ 96 bis 98 BetrVG handelt es sich überwiegend um bloße Beratungs- beziehungsweise Unterrichtungsrechte des Betriebsrats. Erzwingbare Mitbestimmungsrechte stehen dem Betriebsrat nur nach §§ 97 Abs. 2, 98 Abs. 1 und Abs. 3 BetrVG zu (→ Anm. 1; vgl. *Hoppe/Fabritius* ArbRAktuell 2012, 449).

§ 4 Abs. (5) des Formulars listet die Angelegenheiten auf, in denen die Gesellschaft den paritätischen Bildungsausschuss – anstelle des Betriebsrats – zu unterrichten hat, wobei die Unterrichtung auch durch die arbeitgeberseitigen Ausschussmitglieder erfolgen kann.

8. Beratungen und Gegenvorschläge. An die Unterrichtung knüpft die Beratung der Angelegenheiten innerhalb des paritätischen Bildungsausschusses an, die zugleich als Beratung zwischen Arbeitgeber und Betriebsrat gewertet wird.

9. Durchführung von Berufsbildungsmaßnahmen (§ 98 Abs. 1 BetrVG). § 4 Abs. (7) (a) des Formulars überträgt dem paritätischen Bildungsausschuss ein echtes Mitbestimmungsrecht bei der Durchführung betrieblicher Weiterbildungsmaßnahmen.

Die Reichweite dieses Mitbestimmungsrechts wird in Anlehnung an die Grundsätze zu freiwilligen sozialen Leistungen des Arbeitgebers bestimmt (vgl. nur GKBetrVG/*Raab* § 98 Rn. 10; MünchHdbArbR/*Matthes* § 262 Rn. 19 ff.). Dies bedeutet, dass der Arbeitgeber zunächst frei darüber entscheiden kann, ob er überhaupt eine Bildungsmaßnahme durchführen möchte. Der Betriebsrat ist an den vom Arbeitgeber vorgegebenen finanziellen Rahmen gebunden. Er kann den Arbeitgeber also nicht zu finanziellen Aufwendungen zwingen (BAG AP BetrVG 1972 § 98 Nr. 12; *F/E/S/T/L* § 98 Rn. 2; GKBetrVG/*Raab* § 98 Rn. 12). Ebenso der Mitbestimmung des Betriebsrats entzogen sind die Entscheidungen des Arbeitgebers über den Zweck der Berufsbildungsmaßnahme, den zur Teilnahme in Frage kommenden Teilnehmerkreis sowie die Anzahl der Teilnehmer (GKBetrVG/*Raab* § 98 Rn. 12; Richardi/*Thüsing* § 98 Rn. 8; a.A. *F/E/S/T/L* § 98 Rn. 10). Erst nach dieser **mitbestimmungsfreien Entscheidung** des Arbeitgebers **über das „Ob"** greift das **Mitbestimmungsrecht** des Betriebsrats nach § 98 Abs. 1 BetrVG **hinsichtlich des „Wie"** der Berufsbildung ein. Dabei sind die zwingenden gesetzlichen Regelungen insbesondere des BBiG zu beachten. Soweit dem Arbeitgeber dabei kein Gestaltungsspielraum verbleibt, besteht kein Raum für ein Mitbestimmungsrecht des Betriebsrats (BAG AP BetrVG 1972 § 98 Nr. 2). Das Mitbestimmungsrecht umfasst alle Fragen der Durchführung der Berufsbildungsmaßnahme, wie z.B. Inhalt, Stoffplan, Methode, Dauer, Lage, Führung und Überwachung von „Berichtsheften", Einführung und Durchführung von Zwischen- und Abschlussprüfungen und, soweit nicht gesetzlich vorgeschrieben, auch die Besetzung der Prüfungskommission (BAG AP BetrVG 1972 § 98 Nr. 2; BAG AP BetrVG 1972 § 98 Nr. 12; GKBetrVG/*Raab* § 98 Rn. 13; MünchHdbArbR/*Matthes* § 262 Rn. 21; Richardi/*Thüsing* § 98 Rn. 13).

Nicht umfasst vom Mitbestimmungsrecht des Betriebsrats sind **Einzelmaßnahmen** (GKBetrVG/*Raab* § 98 Rn. 13 ff.; MünchHdbArbR/*Matthes* § 262 Rn. 23; Richardi/*Thüsing* § 98 Rn. 14), etwa die Zuteilung einer bestimmten Arbeitsaufgabe.

Kommt es innerhalb des paritätischen Bildungsausschusses zu keiner Mehrheitsentscheidung, fällt die Angelegenheit an den Betriebsrat zurück (s. § 4 Abs. (3)). Dieser wiederum kann die Einigungsstelle anrufen.

10. Bestellung und Abberufung von Ausbildern (§ 98 Abs. 2 BetrVG). Auch das besondere Mitbestimmungsrecht des Betriebsrats bei der Bestellung und Abberufung der mit den Bildungsmaßnahmen beauftragten Personen nimmt der paritätische Bildungsausschuss wahr.

Er kann unter bestimmten Voraussetzungen der Bestellung von Ausbildern widersprechen und deren Abberufung verlangen (§ 98 Abs. 2 BetrVG). Hiervon erfasst sind nicht nur Ausbilder i.S.d. BBiG, sondern auch andere mit der Durchführung von Berufsbildungsmaßnahmen beauftragte Personen (z.B. Referenten). Ausgeschlossen ist das Mitbestimmungsrecht hingegen, wenn der Arbeitgeber selbst (etwa in Handwerksbetrieben) die Berufsausbildungsmaßnahme durchführt (Jaeger/Röder/Heckelmann/*Schuster* § 23 Rn. 84). Nach zutreffender Ansicht umfassen Wortlaut und Sinn des § 98 Abs. 2 BetrVG nur die Bestellung beziehungsweise Abberufung solcher Personen, die dem Arbeitgeber (insgesamt) verantwortlich für die Durchführung der Berufsbildung sind (H/W/G/N/R/H/*Worzalla* § 98 Rn. 29). Ein Bildungsbeauftragter, der lediglich für die Ermittlung des Bildungsbedarfs und die Koordination der Berufsbildung (im Berufsbildungsausschuss) verantwortlich ist, erfüllt diese Kriterien nicht. Er ist nicht „Ausbilder", sondern verwaltungstechnischer „Abwickler" der Berufsbildung.

Das Mitbestimmungsrecht gemäß § 98 Abs. 2 BetrVG wird vielfach als atypisch angesehen (vgl. nur Richardi/*Thüsing* § 98 Rn. 22). Der Betriebsrat ist über die Bestellung einer mit der Durchführung der Berufsbildungsmaßnahmen beauftragten Person zunächst rechtzeitig und umfassend zu unterrichten (*F/E/S/T/L* § 98 Rn. 19; GKBetrVG/*Raab* § 98 Rn. 19; s. § 4 Abs. (5) f des Formulars). Ihm steht dann die Möglichkeit zur Verfügung, der **Bestellung zu widersprechen oder die Abberufung nach erfolgter Bestellung zu verlangen.** Dazu kann der Betriebsrat sich jedoch ausschließlich auf die in § 98 Abs. 2 BetrVG genannten Gründe berufen, nämlich Fehlen der persönlichen oder fachlichen (insbesondere berufs- und arbeitspädagogischen) Eignung oder Vernachlässigung der Aufgaben. Die persönliche oder fachliche Eignung fehlt im Wesentlichen, wenn die im JArbSchG und im BBiG genannten Anforderungen an Ausbilder nicht erfüllt sind (*F/E/S/T/L* § 98 BetrVG Rn. 16; GKBetrVG/*Raab* § 98 Rn. 21 ff.; H/W/G/N/R/H/*Worzalla* § 98 Rn. 28 ff.; Richardi/*Thüsing* § 98 Rn. 27 ff.). Werden Abberufungsverlangen oder Widerspruch zur Bestellung auf die Vernachlässigung der Aufgaben gestützt, müssen schwerwiegende Gründe vorliegen. Dies folgt aus der Gleichwertigkeit dieser Gründe mit dem Fehlen der persönlichen oder fachlichen Eignung (D/K/K/W/*Buschmann* § 98 Rn. 17 f.; GKBetrVG/*Raab* § 98 Rn. 23; H/W/G/N/R/H/*Worzalla* § 98 Rn. 37 ff.).

Der Betriebsrat hat gegenüber dem Arbeitgeber konkrete Tatsachen vorzutragen, wonach das Vorliegen einer der beiden Widerspruchs-/Abberufungsgründe zumindest als möglich erscheint. Die bloße formelhafte Wiederholung des Wortlauts des § 98 Abs. 2 BetrVG genügt hingegen nicht (*F/E/S/T/L* § 98 Rn. 20).

Hält der Arbeitgeber dennoch an der Bestellung fest, kann der Betriebsrat gemäß § 98 Abs. 5 BetrVG beim zuständigen Arbeitsgericht den Antrag stellen, dem Arbeitgeber die Unterlassung der Bestellung oder die Abberufung aufzugeben.

Noch höchstrichterlich ungeklärt ist, ob – im Falle des Widerspruchs zur Bestellung – der Arbeitgeber die Berechtigung des Widerspruchs des Betriebsrats überprüfen lassen kann (dafür LAG Berlin NZA-RR 2000, 370; *F/E/S/T/L* § 98 Rn. 21; GKBetrVG/*Raab* § 98 Rn. 34; Richardi/*Thüsing* § 98 Rn. 35; a. A. H/W/G/N/R/H/*Worzalla* § 98 Rn. 43). Zwar räumt der Wortlaut des § 98 Abs. 5 BetrVG nur dem Betriebsrat ein Antragsrecht ein. Es ist aber richtig, auch dem Arbeitgeber ein Antragsrecht zu gewähren – auch ohne vorangegangene Initiative des Betriebsrats. Hierfür spricht insbesondere die Fürsorgepflicht des Arbeitgebers für die betroffene Person.

11. Einführung von Maßnahmen der betrieblichen Berufsbildung in besonderen Fällen (§ 97 Abs. 2 BetrVG). § 4 Abs. (7) (c) des Formulars regelt die Wahrnehmung des Mitbestimmungsrechts nach § 97 Abs. 2 BetrVG durch den paritätischen Bildungsausschuss. Diese Regelung gibt dem Betriebsrat das Recht, gegenüber dem Arbeitgeber die Durchführung von Bildungsmaßnahmen zu fordern. Der Betriebsrat har nur in Bezug auf den durch Änderungen der Tätigkeiten entstandenen Berufsbildungsbedarf ein **Mitbestimmungsrecht auch über das „Ob" von Berufsbildungsmaßnahmen.**

Das Mitbestimmungsrecht des Betriebsrats nach § 97 Abs. 2 BetrVG ist gegeben, wenn der **Arbeitgeber Maßnahmen plant oder durchführt,** die zu einer Änderung der Tätigkeit und zu veränderten Anforderungen an Kenntnisse und Fähigkeiten der Arbeitnehmer führen. Darunter fallen alle technischen oder organisatorischen Änderungen durch den Arbeitgeber (*F/E/S/T/L* § 97 Rn. 13; H/W/G/N/R/H/*Worzalla* § 97 Rn. 15) sowie auch personelle Maßnahmen (Umsetzung, Versetzung; vgl. *F/E/S/T/L* § 97 Rn. 13). Das Mitbestimmungsrecht des Betriebsrats nach § 97 Abs. 2 BetrVG wird also nicht durch „äußere" Umstände wie Alterung der Arbeitnehmer oder eine zeitweise Suspendierung des Arbeitsverhältnisses etwa in der Elternzeit und den dadurch entstandenen Schulungsbedarf ausgelöst (vgl. *F/E/S/T/L* § 97 Rn. 12; GKBetrVG/*Raab* § 97 Rn. 20; H/W/G/N/R/H/*Worzalla* § 97 Rn. 15; Richardi/*Thüsing* § 97 Rn. 10). Vielmehr muss die Handlung des Arbeitgebers einen Bildungsbedarf verursachen, also kausal dafür sein.

Die Maßnahme muss weiter zu einer inhaltlichen oder funktionalen **Änderung der Tätigkeit von Arbeitnehmern** führen (*F/E/S/T/L* § 97 Rn. 14; GKBetrVG/*Raab* § 97

Rn. 18 f.). Diese muss wiederum **geänderte Anforderungen an Kenntnisse und Fähigkeiten** der Arbeitnehmer zur Folge haben. Das dadurch entstehende Qualifikationsdefizit muss durch betriebliche Berufsbildungsmaßnahmen behebbar sein (*F/E/S/T/L* § 97 Rn. 15; GKBetrVG/*Raab* § 97 Rn. 21; H/W/G/N/R/H/*Worzalla* § 97 Rn. 19). Nach zutreffender Ansicht (*Franzen* NZA 2001, 865, 867; GKBetrVG/*Raab* § 97 Rn. 21; H/W/G/N/R/H/*Worzalla* § 97 Rn. 20) muss die Durchführung von betrieblichen Berufsbildungsmaßnahmen auch erforderlich sein. Danach ist ein Mitbestimmungsrecht dann nicht gegeben, wenn den betroffenen Arbeitnehmern die notwendigen Kenntnisse schon durch eine einfache Unterrichtung i. S. d. § 81 BetrVG vermittelt werden können.

Die Maßnahme des Arbeitgebers muss zumindest **geplant** sein. Das bedeutet, dass ein Mitbestimmungsrecht des Betriebsrats durch unverbindliche Vorüberlegungen oder Planspiele noch nicht ausgelöst wird (*F/E/S/T/L* § 97 Rn. 18; GKBetrVG/*Raab* § 97 Rn. 17; H/W/G/N/R/H/*Worzalla* § 97 Rn. 9; a. A. *Franzen* NZA 2001, 865, 866). Der Arbeitgeber muss für sich also eine Planungsentscheidung getroffen haben, die (spätestens) nach ihrer Umsetzung die Anforderungen an die Arbeitnehmer verändert.

Streitig und höchstrichterlich noch ungeklärt ist, ob das Mitbestimmungsrecht nach § 97 Abs. 2 BetrVG nur dann vorliegt, wenn eine Vielzahl von Arbeitnehmern betroffen ist (sog. **kollektiver Tatbestand**, bejahend *Franzen* NZA 2001, 865, 867 f.; H/W/G/N/R/H/*Worzalla* § 97 Rn. 14; abl. *F/E/S/T/L* § 97 Rn. 16).

Das Mitbestimmungsrecht aus § 97 Abs. 2 BetrVG umfasst inhaltlich als echtes (erzwingbares) Mitbestimmungsrecht zunächst ein **Initiativrecht** des Betriebsrats. Nach der Unterrichtung durch den Arbeitgeber über geplante Maßnahmen im vorgenannten Sinne kann der Betriebsrat demnach vom Arbeitgeber die Einführung von betrieblichen Bildungsmaßnahmen fordern (*F/E/S/T/L* § 97 Rn. 24; GKBetrVG/*Raab* § 97 Rn. 11; H/W/G/N/R/H/*Worzalla* § 97 Rn. 10). Nicht darunter fällt die Forderung nach der Einführung von betrieblichen Berufsbildungseinrichtungen noch nach der Einführung von außerbetrieblichen Berufsbildungsmaßnahmen (vgl. *F/E/S/T/L* § 97 Rn. 24; GKBetrVG/*Raab* § 97 Rn. 13; H/W/G/N/R/H/*Worzalla* § 97 Rn. 22; Richardi/*Thüsing* § 97 Rn. 11a). Nach überwiegender Ansicht ist das Mitbestimmungsrecht zudem durch die **Zumutbarkeit** der Berufsbildungsmaßnahme begrenzt (*F/E/S/T/L* § 97 Rn. 25; Richardi/*Thüsing* § 97 Rn. 12; Jaeger/Röder/Heckelmann/*Schuster* § 23 Rn. 73 sieht dies als Voraussetzung des Mitbestimmungsrechts an).

Durch die Zielrichtung der Regelung wird bereits der abstrakte **Teilnehmerkreis** bestimmt, nämlich die Arbeitnehmer, die von der geplanten Maßnahme des Arbeitgebers betroffen sind (*F/E/S/T/L* § 97 Rn. 27; GKBetrVG/*Raab* § 97 Rn. 22). Unter Hinweis auf § 76 Abs. 5 S. 3 BetrVG wird allgemein eine zahlenmäßige Beschränkung des Teilnehmerkreises für zulässig erachtet, wenn ansonsten der Arbeitgeber finanziell überfordert würde. Dann soll dem Betriebsrat ein Mitbestimmungsrecht bezüglich der Teilnehmerauswahl zustehen (*F/E/S/T/L* § 97 Rn. 27; GKBetrVG/*Raab* § 97 Rn. 22). Das Mitbestimmungsrecht umfasst auch die Qualifizierungsziele und -wege (*F/E/S/T/L* § 97 Rn. 26; *Franzen* NZA 2001, 865, 868).

Die überwiegende Auffassung (BAG AP BetrVG 1972 § 98 Nr. 8; *Franzen* NZA 2001, 865, 870; GKBetrVG/*Raab* § 97 Rn. 14) wendet den **Tarifvorbehalt** des § 87 Abs. 1 S. 1 BetrVG analog auf § 97 BetrVG an. Allgemeine Qualifizierungstarifverträge sind daher genau darauf zu überprüfen, ob sie auch abschließende Regelungen enthalten.

Aus § 97 Abs. 2 BetrVG folgt **kein individueller Bildungsanspruch** für die einzelnen Arbeitnehmer (Jaeger/Röder/Heckelmann/*Schuster* § 23 Rn. 79). Es ist streng zwischen individual- und kollektivrechtlicher Ebene zu trennen (zutreffend *Franzen* NZA 2001, 865, 868).

Kommt eine Mehrheitsentscheidung innerhalb des paritätischen Bildungsausschusses nicht zustande, fällt die Angelegenheit an den Betriebsrat zurück. Auf Antrag entscheidet nach § 97 Abs. 2 S. 2, 3 BetrVG die **Einigungsstelle** verbindlich.

12. Auswahl der Teilnehmer (§ 98 Abs. 3 BetrVG). § 98 Abs. 3 BetrVG sieht vor, dass der Betriebsrat auf die Auswahl der an einer Bildungsmaßnahme teilnehmenden Arbeitnehmer Einfluss nehmen kann.

Hintergrund des Mitbestimmungsrechts nach § 98 Abs. 3 BetrVG ist, dass der Betriebsrat die **Chancengleichheit** der Arbeitnehmer im Betrieb in Bezug auf Aufstiegs- und Fortbildungsmöglichkeiten gewährleisten soll (BAG AP BetrVG 1972 § 98 Nr. 4; *F/E/S/T/L* § 98 Rn. 28; GKBetrVG/*Raab* § 98 Rn. 25; MünchHdbArbR/*Matthes* § 262 Rn. 27; Richardi/*Thüsing* § 98 Rn. 55). Dabei hat der Betriebsrat besonders auf die Gleichbehandlung von befristet und teilzeitbeschäftigten (§§ 10, 19 TzBfG) sowie älteren Arbeitnehmern und solchen mit Familienpflichten (§ 96 Abs. 2 BetrVG) zu achten.

Nach § 98 Abs. 3 BetrVG kann der Betriebsrat zunächst Vorschläge hinsichtlich der Teilnehmer einer Berufsbildungsmaßnahme unterbreiten, wenn der Arbeitgeber eine betriebliche Berufsbildungsmaßnahme durchführt oder ganz oder teilweise die Kosten für die Teilnahme an Berufsbildungsmaßnahmen erstattet oder die Arbeitnehmer zumindest für die Teilnahme an außerbetrieblichen Berufsbildungsmaßnahmen von ihren Arbeitspflichten freistellt. Die Regelung gibt zunächst dem Arbeitgeber die Möglichkeit, die Teilnehmer von Berufsbildungsmaßnahmen selbst zu bestimmen. Erst nachdem der Betriebsrat eigene Vorschläge unterbreitet hat und er darüber keine Einigung mit dem Arbeitgeber erzielt hat, ist die Einigungsstelle zuständig (so zutreffend BAG AP BetrVG 1972 § 98 Nr. 4; BAG AP BetrVG 1972 § 118 Nr. 80; GKBetrVG/*Raab* § 98 Rn. 28; MünchHdbArbR/*Matthes* § 262 Rn. 29; Richardi/*Thüsing* § 98 Rn. 56). Der Betriebsrat kann sich nicht darauf beschränken, den Vorschlägen des Arbeitgebers zu widersprechen. Die Einigungsstelle entscheidet dann über die Auswahl zwischen allen potentiellen Teilnehmern, also den vom Arbeitgeber und den vom Betriebsrat vorgeschlagenen Arbeitnehmern, muss dabei jedoch die mitbestimmungsfreie Entscheidung des Arbeitgebers über die Anzahl der Teilnehmer respektieren (vgl. nur BAG AP BetrVG 1972 § 98 Nr. 4).

Ein zwingendes Mitbestimmungsrecht nach § 98 Abs. 3, 4 BetrVG ist in Tendenzbetrieben i. d. R. nach § 118 Abs. 1 S. 1 Nr. 2 BetrVG ausgeschlossen. Vorschlagsrecht und Unterrichtungsanspruch bleiben allerdings auch hinsichtlich der Auswahl von Tendenzträgern bestehen (BAG AP BetrVG 1972 § 118 Nr. 80).

Nach allgemeiner Ansicht kann der Arbeitgeber den Zweck der Berufsbildungsmaßnahme mitbestimmungsfrei festlegen (vgl. GKBetrVG/*Raab* § 98 Rn. 26; Richardi/*Thüsing* § 98 Rn. 57). Damit kann er im Ergebnis auch den in Frage kommenden Personenkreis vorbestimmen. Hat der Betriebsrat allerdings „eigene" Teilnehmervorschläge unterbreitet und kommt es nicht zu einer Einigung, muss die Einigungsstelle nach einheitlichen Auswahlkriterien entscheiden, welche der in Frage kommenden Arbeitnehmer an der Berufsbildungsmaßnahme teilnehmen sollen (*F/E/S/T/L* § 98 Rn. 33; GKBetrVG/*Raab* § 98 Rn. 28).

Um möglichst zu einer einvernehmlichen Festlegung der Teilnehmer zu gelangen, werden dem paritätischen Bildungsausschuss **Kriterien**, die er bei seiner Entscheidung zu berücksichtigen hat, in einer bestimmten **Rangfolge** vorgegeben. Dadurch sollen Streitigkeiten über die einzelnen Teilnehmer im Rahmen eines – häufig ohnehin zu spät kommenden Einigungsstellenverfahrens – vermieden werden. Kommt eine Mehrheitsentscheidung im paritätischen Bildungsausschuss ausnahmsweise nicht zustande, fällt das Mitbestimmungsrecht an den Betriebsrat zurück. Ruft dieser die Einigungsstelle an, wird diese die angegebenen Kriterien ebenfalls zu berücksichtigen haben.

13. Durchführung. § 5 des Formulars regelt Veröffentlichungs- und Informationspflichten der Arbeitgeberseite im Vorfeld betrieblicher Weiterbildungsmaßnahmen und legt die Verpflichtung der Mitarbeiter zur Teilnahme fest. Schließlich wird die Bewertung der Teilnahme an Veranstaltungen kurz angesprochen. Hierzu können gegebenenfalls auch Detailregelungen im Rahmen des § 94 Abs. 2 BetrVG getroffen werden.

14. Kostentragung. Grundsätzlich ist der Betriebsrat nicht berechtigt, dem Arbeitgeber die **Kosten von Weiterbildungsmaßnahmen** aufzubürden. Ungeachtet dessen wird die Gesellschaft ohnehin regelmäßig die Kosten solcher Bildungsmaßnahmen tragen. Dabei kann sich der Arbeitgeber durchaus vorbehalten, im Einzelfall eine Kostenübernahme abzulehnen. Hinsichtlich der Erstattung von Fahrt-, Übernachtungs- und Verpflegungskosten sollten – wenn diese nicht bereits anderweitig geregelt sind (etwa in einer Reisekostenrichtlinie) – Grundsätze festgelegt werden.

Dem Betriebsrat steht kein Mitbestimmungsrecht darüber zu, ob und mit welchem Inhalt zwischen Arbeitgeber und Arbeitnehmer **Rückzahlungsklausen** vereinbart werden (GKBetrVG/*Raab* § 98 Rn. 16; Richardi/*Thüsing* § 98 Rn. 14).

Lediglich im Rahmen der **Bildungsmaßnahmen nach § 97 Abs. 2 BetrVG**, bei denen der Betriebsrat über das „Ob" mitbestimmt, wird erörtert, ob das Mitbestimmungsrecht auch Fragen der Kostentragung umfasst (vgl. Richardi/*Thüsing* § 97 Rn. 14). Eine Ansicht fordert aus einer Annexkompetenz zu § 97 BetrVG das Recht des Betriebsrats, mit der Frage über die Einführung der Berufsbildungsmaßnahme zugleich über die Kostentragung mit zu entscheiden (*Franzen* NZA 2001, 865, 869), während eine andere Ansicht (GKBetrVG/*Raab* § 97 Rn. 23; H/W/G/N/R/H/*Worzalla* § 97 Rn. 26 ff.) stattdessen auf das einzelvertragliche Verhältnis zwischen Arbeitgeber und Arbeitnehmer abstellt. In jedem Falle kann der Arbeitgeber auch hier – ohne Mitbestimmung des Betriebsrats – mit den Arbeitnehmern Rückzahlungsklauseln vereinbaren (*Franzen* NZA 2001, 865, 870; GKBetrVG/*Raab* § 97 Rn. 23).

15. Inkrafttreten und Kündigung. → Form. C. II. 1, dort unter § 5.

16. Schlussbestimmungen. → Form. C. II. 1 Anm. 16.

5. Betriebliches Eingliederungsmanagement (BEM)

Betriebsvereinbarung über die Einführung eines Betrieblichen Eingliederungsmanagements[1, 2]

zwischen

...... (Name und Anschrift des Arbeitgebers) „Gesellschaft"

und

Betriebsrat des Betriebs ...... der ...... *(Name des Arbeitgebers) „Betriebsrat"* *(Alternative: Gesamtbetriebsrat/Konzernbetriebsrat)*

Präambel

Die Betriebsparteien verfolgen gemeinsam das Ziel, arbeitsunfähige Mitarbeiter möglichst bald wieder in die Arbeitsorganisation zu integrieren. Darüber hinaus wollen sie klären, mit welchen Maßnahmen einer erneuten Arbeitsunfähigkeit vorgebeugt werden kann. Der Arbeitsplatz von Mitarbeitern, die von Krankheit oder Behinderung betroffen sind, soll möglichst erhalten bleiben. Vor diesem Hintergrund werden betriebliche Organisationsstrukturen, Verfahrensabläufe und Verantwortlichkeiten im Zusammenhang mit einem Betrieblichen Eingliederungsmanagement („BEM") vereinbart.

§ 1 Geltungsbereich[3]

Diese Vereinbarung gilt für alle Arbeitnehmer des Betriebs ...... der Gesellschaft („Mitarbeiter"), mit Ausnahme der leitenden Angestellten i. S. d. § 5 Abs. 3, 4 BetrVG.

§ 2 Ziele des BEM[4]

Das BEM dient der Beschäftigungssicherung und -förderung. Mit Hilfe des BEM soll geklärt werden,

- welche Maßnahmen für die Wiederherstellung der Gesundheit ergriffen werden können,
- wie die Arbeitsunfähigkeit überwunden und damit Fehlzeiten verringert werden können,
- mit welchen Hilfen und Leistungen einer erneuten Arbeitsunfähigkeit vorgebeugt werden kann und
- wie die Fähigkeiten des Mitarbeiters weiter genutzt werden können und damit der Arbeitsplatz erhalten werden kann.

§ 3 Frühwarnsystem[5]

(1) Die Personalabteilung führt eine fortlaufende Krankenstatistik, in der die Arbeitsunfähigkeitszeiten der einzelnen Mitarbeiter für die jeweils zurückliegenden zwölf Monate erfasst werden.

(2) Jeweils zum Beginn eines Kalendervierteljahres werden die in Abs. (1) genannten Daten von der Personalabteilung ausgewertet.

(3) Ergibt die Auswertung, dass ein Mitarbeiter innerhalb eines Jahres länger als sechs Wochen ununterbrochen oder wiederholt arbeitsunfähig ist, so erhält der Mitarbeiter durch die Personalabteilung erste Informationen über das BEM sowie über seine Arbeitsunfähigkeitszeiten. Die Personalabteilung prüft, ob die Durchführung des BEM sinnvoll ist und ob der Mitarbeiter grundsätzlich bereit ist, am BEM teilzunehmen.

(4) Signalisiert der Mitarbeiter gegenüber der Personalabteilung seine grundsätzliche Bereitschaft am BEM teilzunehmen, so benachrichtigt diese das Eingliederungsteam, welches unverzüglich ein Klärungsgespräch (§ 5) mit dem Mitarbeiter anberaumt.

§ 4 Eingliederungsteam[6]

(1) Zur Durchführung dieser Vereinbarung wird ein betriebliches Eingliederungsteam („Eingliederungsteam“) gebildet. Dieses besteht aus

- einem Vertreter der Personalabteilung, der von der Gesellschaft ernannt wird,
- einem Betriebsratsmitglied, das vom Betriebsrat ernannt wird,
- dem Betriebsarzt/TÜV-Arzt sowie
- bei schwerbehinderten Mitarbeitern einem Mitglied der Schwerbehindertenvertretung, das von der Schwerbehindertenvertretung ernannt wird.

(2) Der Vertreter der Personalabteilung ist Vorsitzender des Eingliederungsteams und Ansprechpartner für Mitarbeiter, die Gesellschaft sowie alle am BEM beteiligten Stellen und Gremien.

(3) Gesellschaft, Betriebsrat und Schwerbehindertenvertretung benennen jeweils ein Ersatzmitglied für das Eingliederungsteam. Ist das von Gesellschaft, Betriebsrat oder Schwerbehindertenvertretung ernannte Mitglied des Eingliederungsteams abwesend, so tritt das jeweilige Ersatzmitglied an seine Stelle.

(4) Hat das Eingliederungsteam Entscheidungen zu treffen, so gilt das Mehrheitsprinzip. Bei Stimmengleichheit gibt die Stimme des Vertreters der Personalabteilung den Ausschlag.

(5) Das Eingliederungsteam ist für die Durchführung von Klärungsgesprächen (§ 5) und BEM-Gesprächen (§ 6) sowie hinsichtlich aller Maßnahmen des BEM zuständig. Es hat insbesondere die Aufgabe, in Zusammenarbeit mit dem betroffenen Mitarbeiter Lösungen hinsichtlich allgemeiner oder individueller Maßnahmen des BEM zu finden.

(6) Für den Fall, dass Leistungen zur Teilhabe oder begleitende Hilfen im Arbeitsleben in Betracht kommen, wird das Eingliederungsteam die örtlichen gemeinsamen Servicestellen oder bei schwerbehinderten Mitarbeitern das Integrationsamt in das Verfahren des BEM einbeziehen. Diese Stellen wirken darauf hin, dass die erforderlichen Leistungen oder Hilfen unverzüglich beantragt und innerhalb der Frist des § 14 Abs. 2 S. 2 SGB IX erbracht werden.

(7) Das Eingliederungsteam überwacht die Durchführung der beschlossenen Maßnahmen des BEM.

§ 5 Klärungsgespräch[7]

(1) Das vom Vertreter der Personalabteilung anzuberaumende Klärungsgespräch findet zwischen dem Eingliederungsteam und dem betroffenen Mitarbeiter statt. Auf Wunsch des Mitarbeiters findet zuvor ein Erstgespräch mit dem Vertreter der Personalabteilung statt.

(2) Im Klärungsgespräch geht es darum, mögliche Zusammenhänge zwischen den gesundheitlichen Beeinträchtigungen und der Arbeit zu erkennen und herauszufinden, ob ein BEM im konkreten Fall sinnvoll ist.

(3) Gelangt das Eingliederungsteam nach Durchführung des Klärungsgesprächs zu der Entscheidung, dass kein Zusammenhang zwischen gesundheitlichen Beeinträchtigungen und Arbeit besteht, offensichtlich kein Bedarf für weitere Maßnahmen vorliegt oder stellt es fest, dass diese bereits eingeleitet sind, so ist das Verfahren erledigt.

(4) Gelangt das Eingliederungsteam nach Durchführung des Klärungsgesprächs zu der Entscheidung, dass die Durchführung eines BEM sinnvoll ist, so wird das weitere Vorgehen zwischen den Beteiligten abgestimmt. I. d. R. folgt ein BEM-Gespräch (§ 6). Zur Durchführung eines BEM-Gesprächs und für jedes weitere Vorgehen ist die schriftliche Zustimmung des Mitarbeiters erforderlich.

(5) Innerhalb einer Woche nach Durchführung des Klärungsgesprächs erhält der Mitarbeiter vom Eingliederungsteam ein Protokoll, dessen Empfang er bestätigt. Innerhalb einer weiteren Woche kann der Mitarbeiter eine Gegendarstellung zu dem Protokoll verfassen.

§ 6 BEM-Gespräch[8]

(1) Das vom Vertreter der Personalabteilung anzuberaumende BEM-Gespräch findet wiederum zwischen dem Eingliederungsteam und dem betroffenen Mitarbeiter statt.

(2) In dem BEM-Gespräch geht es darum zu ermitteln,

- welche Anforderungen die verrichtete Tätigkeit an den betroffenen Mitarbeiter stellt und welche gesundheitlichen Risiken sich aus ihr ergeben,
- detaillierte Informationen über Stärken und Schwächen des Mitarbeiters sowie über die krankheitsbedingten Einschränkungen zu erhalten,
- die Möglichkeiten des Betriebs (z.B. für eine Wiedereingliederung) zu ermitteln,
- einen Plan für das weitere Vorgehen auszuarbeiten.

(3) Innerhalb einer Woche nach Durchführung des BEM-Gesprächs erhält der Mitarbeiter vom Eingliederungsteam ein Protokoll, dessen Empfang er bestätigt. Innerhalb einer weiteren Woche kann der Mitarbeiter eine Gegendarstellung zu dem Protokoll verfassen.

(4) Bei Bedarf können weitere Gespräche zwischen Eingliederungsteam und Mitarbeiter folgen.

§ 7 Weiteres Vorgehen[9]

(1) Alle weiteren Maßnahmen sind zwischen Eingliederungsteam und Mitarbeiter schriftlich zu vereinbaren und einzelfallabhängig. Es kommen insbesondere Maßnahmen der Prävention, der Rehabilitation und der Gesundheitsförderung in Betracht.

(2) Das Eingliederungsteam informiert die Geschäftsleitung über die geplanten Maßnahmen. Diese werden nur dann durchgeführt, wenn die Geschäftsleitung zustimmt.

(3) Das BEM endet mit der Wiedereingliederung des Mitarbeiters in die Arbeitsorganisation.

§ 8 Freiwilligkeit, Maßregelungsverbot[10]

(1) Die Teilnahme an Gesprächen und Maßnahmen des BEM ist für den Mitarbeiter freiwillig.

(2) Die Gesellschaft darf den Mitarbeiter nicht deshalb benachteiligen, weil er dem BEM insgesamt oder einzelnen Maßnahmen nicht zustimmt. Sie darf aus der Zustimmungsverweigerung keine dem Mitarbeiter nachteiligen arbeitsrechtlichen Folgen herleiten. Das Recht der Gesellschaft, das Arbeitsverhältnis aus personenbedingten Gründen zu kündigen, bleibt hiervon unberührt.[11]

§ 9 Qualifizierungsmaßnahmen[12]

Für die Aufgaben, die sich aus der Organisation und der Umsetzung des BEM ergeben, eignen sich die Mitglieder und Ersatzmitglieder des Eingliederungsteams möglichst die erforderlichen fachlichen, sozialen und organisatorischen Kenntnisse an. Die Gesellschaft ermöglicht die Teilnahme an den notwendigen Schulungen und trägt die hierfür erforderlichen Kosten.

§ 10 Datenschutz und Schweigepflicht[13]

(1) Medizinisch-diagnostische Daten des Betriebsarztes, der Unfall- und Rentenversicherungsträger, des Integrations- oder Versorgungsamts und der gemeinsamen Servicestellen der Rehabilitationsträger, die Auskunft über den Gesundheitszustand und die daraus resultierende Leistungsfähigkeit geben, unterliegen der ärztlichen Schweigepflicht und datenschutzrechtlichen Bestimmungen. Sie können nur mit ausdrücklicher schriftlicher Zustimmung des betroffenen Mitarbeiters erhoben und zur Erreichung der Ziele des BEM verwendet werden.

(2) Die Mitglieder des Eingliederungsteams sowie alle Mitarbeiter, die mit Aufgaben des BEM in Berührung kommen, unterliegen der Schweigepflicht, soweit diese Betriebsvereinbarung oder andere Regelungen nichts anderes bestimmen.

§ 11 Inkrafttreten, Kündigung[14]

(1) Diese Vereinbarung tritt am ...... in Kraft. Sie kann mit einer Frist von ...... zum Ende eines Kalenderjahres gekündigt werden.

(2) Die Kündigung bedarf der Schriftform.

(3) Eine etwaige Nachwirkung dieser Vereinbarung wird hiermit ausgeschlossen. Zum Zeitpunkt des Kündigungstermins bereits beschlossene Maßnahmen werden allerdings noch durchgeführt.

§ 12 Schlussbestimmungen[15]

(1) Diese Betriebsvereinbarung löst alle eventuellen vorherigen Betriebsvereinbarungen über ein BEM, insbesondere . . . . . ., ab. Mündliche Nebenabreden bestehen nicht. Änderungen oder Ergänzungen dieser Betriebsvereinbarung, einschließlich dieser Bestimmung, bedürfen zu ihrer Wirksamkeit der Schriftform.

(2) Sollte eine Bestimmung dieser Betriebsvereinbarung ganz oder teilweise unwirksam sein oder werden, so wird hiervon die Wirksamkeit der übrigen Bestimmungen nicht berührt. Anstelle der unwirksamen Bestimmung werden die Betriebsparteien die gesetzlich zulässige Bestimmung vereinbaren, die dem mit der unwirksamen Bestimmung Gewollten wirtschaftlich am nächsten kommt. Dasselbe gilt für den Fall einer vertraglichen Lücke.

(3) Diese Betriebsvereinbarung steht unter dem Vorbehalt etwaiger ablösender – auch freiwilliger – Betriebsvereinbarungen.

(4) Sollten sich die dieser Betriebsvereinbarung zugrunde liegenden tatsächlichen oder rechtlichen Bedingungen grundlegend ändern, so werden die Betriebsparteien unverzüglich in Verhandlungen treten mit dem Ziel die Betriebsvereinbarung an die geänderten Bedingungen anzupassen.

. . . . . .	. . . . . .
Ort, Datum	Ort, Datum
. . . . . .	. . . . . .
Unterschrift der Gesellschaft	Unterschrift des Betriebsratsvorsitzenden

Anmerkungen

1. Allgemeines. Mit Wirkung zum 1.5.2004 hat der Gesetzgeber ein sog. Betriebliches Eingliederungsmanagement („**BEM**") eingeführt (§ 84 Abs. 2 SGB IX). Ist ein Arbeitnehmer innerhalb eines Jahres länger als sechs Wochen ununterbrochen oder wiederholt arbeitsunfähig, hat der Arbeitgeber mit der zuständigen Interessenvertretung i.S.d. § 93 SGB IX, bei schwerbehinderten Arbeitnehmern außerdem mit der Schwerbehindertenvertretung, zu klären, wie die Arbeitsunfähigkeit möglichst überwunden werden und mit welchen Leistungen oder Hilfen erneuter Arbeitsunfähigkeit vorgebeugt und der Arbeitsplatz erhalten werden kann. Der Arbeitgeber hat die Möglichkeiten mit Zustimmung und unter Beteiligung des betroffenen Mitarbeiters aufzuklären (§ 84 Abs. 2 SGB IX). Das BEM soll damit die Rehabilitation arbeitsunfähiger Arbeitnehmer fördern und zugleich einer weiteren Arbeitsunfähigkeit vorbeugen. Dadurch sollen krankheitsbedingte Kündigungen vermieden werden (BT-Drucks. 15/2318 S. 22). Trotz seiner systematischen Stellung in Teil 2 des SGB IX gilt das Erfordernis eines BEM **nicht nur für schwerbehinderte Arbeitnehmer und ihnen nach § 2 Abs. 3 SGB IX Gleichgestellte** (BAG AP KSchG 1969 § 1 Personenbedingte Kündigung Nr. 28; BAG NZA 2011, 39; *v. Hoyningen-Huene/Linck* § 1 Rn. 341; a.A. ErfKomm/*Rolfs* § 84 SGB IX Rn. 4). Es betrifft vielmehr alle Arbeitnehmer. Dies folgt daraus, dass § 84 Abs. 2 S. 1 SGB IX von Beschäftigten und **außerdem** von schwerbehinderten Menschen spricht.

Der Gesetzgeber schlägt vor, die Durchführung eines BEM in einer Integrationsvereinbarung zu regeln (vgl. § 83 Abs. 2a Nr. 5 SGB IX). Die Verortung in einer Integrationsvereinbarung ist jedoch nicht zwingend. Eine Regelung durch **Betriebsvereinbarung** ist ebenfalls möglich (*Gagel* NZA 2004, 1359; *v. Steinau-Steinrück/Hagemeister* NJW Spezial 2005, Heft 3, 129). Der Arbeitgeber ist nicht verpflichtet, eine Verfahrensordnung für das BEM aufzustellen (BAG NZA 2010, 639).

2. Mitbestimmungsrecht des Betriebsrates. Bei der Ausgestaltung des BEM ist für jede einzelne Regelung zu prüfen, ob ein Mitbestimmungsrecht des Betriebsrats besteht. Ein solches kann sich bei allgemeinen Verfahrensfragen aus § 87 Abs. 1 Nr. 1 BetrVG, in Bezug auf die Nutzung und Verarbeitung von Gesundheitsdaten aus § 87 Abs. 1 Nr. 6 BetrVG und hinsichtlich der Ausgestaltung des Gesundheitsschutzes aus § 87 Abs. 1 Nr. 7 BetrVG ergeben. Denn § 84 Abs. 2 SGB IX ist eine Rahmenvorschrift (*F/E/S/T/L* § 87 Rn. 310a; Richardi/*Richardi* § 87 Rn. 546). Das Mitbestimmungsrecht des Betriebsrats setzt ein, wenn für den Arbeitgeber eine gesetzliche Handlungspflicht besteht und wegen des Fehlens zwingender Vorgaben betriebliche Regelungen erforderlich sind, um das vom Gesetz vorgegebene Ziel des Arbeits- und Gesundheitsschutzes zu erreichen (BAG NZA 2012, 748).

Ungeachtet dessen, ist auf Grundlage des § 88 Nr. 1 BetrVG der Abschluss einer **freiwilligen Betriebsvereinbarung** zum BEM möglich. Neben dem BEM bietet § 28 SGB IX mit der stufenweisen Wiedereingliederung ein weiteres Verfahren der Reintegration.

3. Geltungsbereich. Die Betriebsvereinbarung gilt für alle Arbeitnehmer des Betriebs mit Ausnahme der leitenden Angestellten nach § 5 Abs. 3, 4 BetrVG.

4. BEM. § 84 Abs. 2 SGB IX begründet für den Arbeitgeber die **Rechtspflicht**, in Zusammenarbeit mit den dort aufgeführten Gremien und unter Beteiligung und mit Zustimmung des betroffenen Arbeitnehmers zu klären, wie bei Vorliegen der dort genannten Voraussetzungen die bestehende Arbeitsunfähigkeit möglichst überwunden und der Arbeitsplatz erhalten werden kann. Das BEM soll dabei ein unverstellter, verlaufs- und ergebnisoffener Suchprozess sein. Eine Rechtspflicht zur Durchführung besteht auch, wenn keine betriebliche Interessenvertretung nach § 93 SGB IX gebildet ist (BAG NZA 2011, 39). Der Arbeitnehmer kann verlangen, dass ein BEM ohne Beteiligung der Interessenvertretung durchgeführt wird (BVerwG NZA-RR 2010, 554).

§ 84 Abs. 2 SGB IX enthält, wie der Klammerzusatz verdeutlicht, eine Legaldefinition des BEM. Das Gesetz macht allerdings keine konkreten Angaben über die Durchführung und Gestaltung eines BEM. Den Betriebsparteien steht daher – im gesetzlich festgelegten Rahmen – ein weiter Regelungsspielraum zu.

Zur Bestimmung des Begriffs der **Arbeitsunfähigkeit** kann das Entgeltfortzahlungsrecht herangezogen werden (*Welti* NZS 2006, 623). Danach ist ein Arbeitnehmer arbeitsunfähig, wenn eine Krankheit es ihm unmöglich macht, die ihm nach dem Inhalt des Arbeitsvertrags obliegende Arbeitsleistung zu erbringen oder er die Arbeitsleistung nur unter der Gefahr fortsetzen könnte, seinen Zustand in absehbar naher Zeit zu verschlimmern (BAG AP LohnFG § 1 Nr. 94). Die gesetzliche Formulierung „innerhalb eines Jahres" lässt offen, ob auf das Kalenderjahr oder auf den Zeitraum der letzten zwölf Monate abzustellen ist. Da der Gesetzeszweck darin liegt, der Arbeitsunfähigkeit vorzubeugen und den Arbeitsplatz zu erhalten, sollte auf die zurückliegenden zwölf Monate abgestellt werden. Dies entspricht auch der herrschenden Ansicht (vgl. z. B. *Balders/Lepping* NZA 2005, 854; *Welti* NZS 2006, 623). Dabei genügt es, wenn die krankheitsbedingten Fehlzeiten innerhalb dieses Zeitraums insgesamt mehr als sechs Wochen betragen haben. Nicht erforderlich ist, dass es eine einzelne Krankheitsperiode von durchgängig mehr als sechs Wochen gab (BAG NZA 2011, 992). Im Hinblick auf den Sinn und Zweck des BEM muss die Arbeitsunfähigkeit im Regelfall auf dieselbe Ursache zurückzuführen sein. Zumindest müssen die Ursachen in einem gewissen arbeitsmedizinischen Zusammenhang stehen. Nur in diesem Fall können Maßnahmen des BEM zur Überwindung der Arbeitsunfähigkeit und zur Erhaltung des Arbeitsplatzes gewinnbringend sein (*Balders/Lepping* NZA 2005, 854; a. A. *Neumann/Pahlen* § 84 Rn. 11).

Zwingende Voraussetzung für die Durchführung eines BEM ist – wie sich bereits aus dem Wortlaut des § 84 Abs. 2 SGB IX ergibt – die **Zustimmung des betroffenen Arbeitnehmers**. Dieser ist grundsätzlich nicht verpflichtet, am BEM mitzuwirken (BAG NZA 2011, 992; *Balders/Lepping* NZA 2005, 854; *Gagel* NZA 2004, 1359; a. A.

Wetzling/Habel NZA 2007, 1129). Dies gilt für jeden einzelnen Schritt des BEM (→ Anm. 6, 7, 8). Ohne ausdrückliche Zustimmung darf keine Stelle unterrichtet oder eingeschaltet werden. Dem Arbeitgeber obliegt allerdings die Initiative, den Arbeitnehmer um sein Einverständnis zu ersuchen, wobei bestimmte Voraussetzungen erfüllt werden müssen (regelkonformes Ersuchen, → Anm. 5).

Die Verletzung der aus § 84 Abs. 2 SGB IX folgenden Rechtspflicht hat für den Arbeitgeber keine unmittelbaren Folgen. Eine Straf- oder Bußgeldandrohung besteht nicht. Auch liegt darin kein Indiz i. S. v. § 22 AGG für eine unzulässige Benachteiligung des Arbeitnehmers wegen einer Behinderung (BAG NJW 2011, 2458). Zum Verhältnis von BEM und Kündigungsrecht → Anm. 12.

5. Frühwarnsystem. Um herauszufinden, welche Arbeitnehmer die in § 84 Abs. 2 SGB IX genannten Voraussetzungen erfüllen, empfiehlt es sich, eine Statistik durch die Personalabteilung erstellen zu lassen, in der die Arbeitsunfähigkeitszeiten der Arbeitnehmer in den letzten zwölf Monaten fortlaufend erfasst werden. Jedes Vierteljahr findet gemäß § 3 Abs. (2) des Formulars eine Auswertung dieser Daten statt. Ohne ein solches „Frühwarnsystem" wird es dem Arbeitgeber nur schwer möglich sein, den Überblick über die von § 84 Abs. 2 SGB IX betroffenen Arbeitnehmer zu behalten.

Sofern die Auswertung der Krankheitsdaten ergibt, dass die Voraussetzungen des § 84 Abs. 2 SGB IX für einzelne Arbeitnehmer erfüllt sind, benachrichtigt die Personalabteilung die betroffenen Arbeitnehmer schriftlich. Aus § 84 Abs. 2 S. 3 SGB IX ergibt sich, dass die betroffene Person oder (im Falle von minderjährigen Arbeitnehmern) ihr gesetzlicher Vertreter vor Einleitung eines BEM auf dessen **Ziele sowie auf Art und Umfang der hierfür erhobenen und verwendeten Daten** hinzuweisen ist. Nur bei Erfüllung dieser Kriterien liegt ein **regelkonformes Ersuchen** um das Einverständnis des Mitarbeiters zur Durchführung eines BEM vor (BAG NZA 2011, 992). Für die Benachrichtigung der betroffenen Arbeitnehmer sollte ein einheitliches Schreiben verwendet werden, in dem der Arbeitnehmer darauf hingewiesen wird, dass die Voraussetzungen für die Durchführung eines BEM erfüllt sind. In diesem Zusammenhang ist ein Hinweis auf die Vorschrift des § 84 Abs. 2 SGB IX empfehlenswert (unter Umständen im Wortlaut). Des Weiteren muss dem Arbeitnehmer der Sinn und Zweck eines BEM erläutert und erklärt werden, welche Daten hierfür erhoben und verwendet werden (§ 84 Abs. 2 S. 3 SGB IX). Sinnvoll erscheint auch der Hinweis auf mögliche Maßnahmen eines BEM. Außerdem sollte der Verlauf, den ein BEM im Betrieb üblicherweise hat (Klärungsgespräch, BEM-Gespräch, Maßnahmen) unter Nennung der beteiligten Gremien dargestellt werden. Es erhöht die Akzeptanz des BEM, wenn dem Arbeitnehmer bereits bei dieser Gelegenheit klar gemacht wird, dass er jederzeit „Herr des Verfahrens" bleibt und ihm in keiner Weise Maßnahmen aufgezwungen werden. Am Ende des Schreibens sollte sich eine vorformulierte Erklärung, grundsätzlich mit der Durchführung eines BEM einverstanden zu sein, befinden, die der Arbeitnehmer nur noch unterschreiben muss.

6. Eingliederungsteam. Das Formular sieht in § 4 vor, dass ein **ständiges** betriebliches Eingliederungsteam geschaffen wird. Dessen Zusammensetzung folgt den in §§ 84 Abs. 2 S. 1 und 2, 93 SGB IX geregelten gesetzlichen Vorgaben. Die Benennung eines solchen Eingliederungsteams erscheint empfehlenswert, weil dann nicht für jeden Einzelfall ein Entscheidungsgremium neu gebildet werden muss. Auch die Benennung von Ersatzmitgliedern des Eingliederungsteams ist empfehlenswert (vgl. § 4 Abs. (3) des Formulars). Dadurch ist gewährleistet, dass die einzelnen Schritte des BEM auch dann durchgeführt werden können, wenn einzelne Mitglieder des Eingliederungsteams abwesend sind. Auf diese Weise werden Verzögerungen vermieden.

Durch die Festlegung eines **Vorsitzenden** des Eingliederungsteams ist klargestellt, wer im Zweifel Ansprechpartner für Fragen des BEM ist.

Das Eingliederungsteam tritt gemäß dem vorliegend gewählten Mechanismus dann zum ersten Mal auf den Plan, wenn ein von der Personalabteilung gemäß § 3 Abs. (2) des Formulars benachrichtigter Arbeitnehmer der **Durchführung des BEM grundsätzlich zugestimmt** hat. Das Formular sieht in § 3 Abs. (2) vor, dass die Personalabteilung in diesem Fall das Eingliederungsteam benachrichtigt, welches unverzüglich ein Klärungsgespräch mit dem Arbeitnehmer vereinbart.

In der Betriebsvereinbarung wird für Entscheidungen des Eingliederungsteams das Mehrheitsprinzip festgelegt. Bei Stimmengleichheit gibt die Stimme des Mitglieds der Personalabteilung den Ausschlag. Allerdings ist in § 7 Abs. (2) des Formulars geregelt, dass die von Eingliederungsteam und Arbeitnehmer beschlossenen Maßnahmen nur dann durchgeführt werden, wenn die Geschäftsleitung zustimmt. Auf diese Weise ist sichergestellt, dass das Eingliederungsteam nicht gegen den Willen des Arbeitgebers Maßnahmen des BEM beschließen kann, die zu kostspielig oder aus betrieblicher Sicht unzweckmäßig sind.

7. Klärungsgespräch. Der im Formular gewählte Mechanismus sieht vor, dass zunächst ein Klärungsgespräch zwischen dem betroffenen Arbeitnehmer und dem Eingliederungsteam stattfindet, sofern der Arbeitnehmer dazu seine Zustimmung gegeben hat. Dieses Klärungsgespräch dient dazu herauszufinden, ob ein BEM überhaupt im Einzelfall dazu **geeignet ist, die Arbeitsfähigkeit wiederherzustellen und eine erneute Arbeitsunfähigkeit zu vermeiden**. Die Frage, welche Maßnahmen konkret in Frage kommen, werden erst später – im Rahmen des BEM-Gesprächs – diskutiert.

Ist das Eingliederungsteam der Ansicht, dass ein BEM nicht geeignet ist, so endet das Verfahren an dieser Stelle. Andernfalls folgt i.d.R. ein BEM-Gespräch (vgl. § 6 des Formulars). Für diesen nächsten Schritt ist es höchst empfehlenswert, wiederum eine schriftliche Zustimmung des Arbeitnehmers einzuholen. Da der betroffene Arbeitnehmer in jedem Verfahrensstadium „Herr des Verfahrens" bleibt, ist für jede Einzelmaßnahme seine Zustimmung erforderlich (*Balders/Lepping* NZA 2005, 854). Aus Dokumentationsgründen ist dringend anzuraten, eine **schriftliche Zustimmung** einzuholen. Ebenfalls ratsam erscheint es, den Inhalt des Klärungsgesprächs zu protokollieren und dem Arbeitnehmer ein Protokoll zu übergeben, dessen Erhalt er quittieren soll (vgl. § 5 Abs. (5) des Formulars). Auf diese Weise wird Streitigkeiten über den Inhalt des Gesprächs vorgebeugt.

8. BEM-Gespräch. Um konkrete Maßnahmen des BEM zu besprechen, sieht der vorliegend gewählte Mechanismus die Durchführung eines BEM-Gesprächs vor. Hier geht es darum herauszufinden, welche Schritte und Maßnahmen dem betroffenen Arbeitnehmer im jeweiligen Fall helfen könnten, um seine **Arbeitsunfähigkeit zu überwinden und erneuter Arbeitsunfähigkeit vorzubeugen.**

Damit das Verfahren den gesetzlichen Anforderungen genugt, müssen zwei Voraussetzungen erfüllt sein: Zum einen müssen die gesetzlich vorgesehenen Stellen, Ämter und Personen – gegebenenfalls abhängig von ihrer Zustimmung – beteiligt werden. Zum anderen muss gemeinsam eine an den gesetzlichen Zielen des BEM orientierte Klärung ernsthaft versucht werden. Dabei dürfen keine vernünftigerweise in Betracht kommenden Anpassungs- und Änderungsmöglichkeiten ausgeschlossen werden. Die von den Teilnehmern eingebrachten Vorschläge müssen sachlich erörtert werden (BAG NZA 2010, 398).

Bei Bedarf sind dem BEM-Gespräch nachfolgende weitere Treffen zwischen Eingliederungsteam und Arbeitnehmer möglich. Auch hier gilt, dass der Inhalt des Gesprächs jeweils protokolliert werden und dem Arbeitnehmer ein Protokoll ausgehändigt werden sollte (→ Anm. 8.).

9. Weiteres Vorgehen. Das Formular schreibt nicht im Detail vor, welche Maßnahmen des BEM zu ergreifen sind. Dies lässt viel Spielraum, um dem jeweiligen **Einzelfall** gerecht zu werden. Wiederum gilt, dass keine Maßnahme ohne Zustimmung des Arbeitnehmers möglich ist. Die entsprechende Vereinbarung mit dem Arbeitnehmer sollte jeweils schriftlich dokumentiert werden. Damit der Arbeitgeber durch die zwischen Eingliederungsteam und Arbeitnehmer festgelegten Maßnahmen nicht über Gebühr belastet wird, können die Maßnahmen nur mit Zustimmung der Geschäftsleitung durchgeführt werden.

Die in Betracht kommenden Maßnahmen sind weit gefächert. Sie können zunächst darauf gerichtet sein, **weiteren Erkrankungen vorzubeugen**. Hierunter fällt etwa die Umgestaltung des bestehenden Arbeitsplatzes (z. B. Änderung des Produktionsablaufs, Anschaffung leidensgerechten Mobiliars) oder die Versetzung des Arbeitnehmers auf einen anderen Arbeitsplatz. Die Maßnahmen können auch darauf gerichtet sein, die **beeinträchtigte Gesundheit des Arbeitnehmers wiederherzustellen** (z. B. Rehabilitationsmaßnahmen) oder die Gesundheit des Arbeitnehmers aktiv zu fördern (z. B. Rückenschule, Ernährungsberatung). Die in § 7 Abs. (1) des Formulars gewählte Formulierung ist daher bewusst offen gehalten.

Gemäß § 84 Abs. 2 S. 4 SGB IX ist die örtliche gemeinsame Servicestelle der Rehabilitationsträger, bei schwerbehinderten Menschen das Integrationsamt, einzuschalten, sofern **Leistungen zur Teilhabe** (§§ 17 ff. SGB IX) oder **begleitende Hilfen im Arbeitsleben** (§§ 33 ff. SGB IX) in Betracht kommen. Die gemeinsame Servicestelle oder das Integrationsamt haben darauf hinzuwirken, dass die erforderlichen Leistungen oder Hilfen unverzüglich beantragt und innerhalb der dreiwöchigen Frist des § 14 Abs. 2 S. 2 SGB IX erbracht werden, § 84 Abs. 2 S. 5 SGB IX. Die gewährten Hilfen können etwa Beratung und Unterstützung für technische Arbeitshilfen, Arbeitsmittel und Arbeitsassistenz, aber auch individuelle Maßnahmen der medizinischen und beruflichen Rehabilitation umfassen (*Kohte* DB 2008, 582).

Das **BEM endet**, sobald der Arbeitnehmer wieder in die Arbeitsorganisation eingegliedert wird oder er seine Zustimmung zur Fortführung des BEM verweigert, bevor die vom Eingliederungsteam vorgeschlagenen Maßnahmen für ihn verbindlich werden (vgl. § 7 Abs. (3) des Formulars).

10. Freiwilligkeit, Maßregelungsverbot. Die Durchführung eines BEM ist in jedem Verfahrensstadium freiwillig, d. h. der Arbeitnehmer ist nicht verpflichtet, an den vom Arbeitgeber vorgesehenen Maßnahmen mitzuwirken oder diesen zuzustimmen (→ Anm. 4). Der Arbeitgeber darf den Arbeitnehmer wegen der verweigerten Zustimmung nicht benachteiligen (§ 612a BGB). Das Formular hält dies deklaratorisch fest. Gleichzeitig macht das Formular deutlich, dass das Recht des Arbeitgebers zu einer personenbedingten Kündigung unberührt bleibt.

11. Verhältnis zum Kündigungsrecht. Ist der betroffene Arbeitnehmer nicht mit der Durchführung eines BEM einverstanden, hat das Unterlassen des BEM keine Auswirkungen auf die Beurteilung der Rechtmäßigkeit einer Kündigung. Dies gilt allerdings nur, wenn der Arbeitgeber den Arbeitnehmer zuvor regelkonform um sein Einverständnis ersucht hat (→ Anm. 5).

Führt der Arbeitgeber trotz Einverständnisses des Arbeitnehmers entgegen § 84 Abs. 2 SGB IX ein BEM nicht durch oder genügt das Verfahren nicht den Mindestanforderungen (→ Anm. 9), führt dies nicht ohne Weiteres zur Unwirksamkeit einer personenbedingten (krankheitsbedingten) Kündigung. Die Durchführung eines BEM ist also **keine formelle Wirksamkeitsvoraussetzung für eine Kündigung**. Dies entspricht ständiger Rechtsprechung (BAG NZA 2010, 398; BAG NZA-RR 2008, 515; BAG NZA 2007, 617). Ein Widerspruch des Betriebsrats gem. § 102 Abs. 3 BetrVG mit dem Argument, der Arbeitgeber habe kein BEM durchgeführt, ist offensichtlich unbegründet (LAG Nürnberg BeckRS 2007, 41504).

Das BEM konkretisiert aber den das gesamte Kündigungsrecht beherrschenden Verhältnismäßigkeitsgrundsatz. An sich ist das BEM zwar kein milderes Mittel gegenüber einer krankheitsbedingten Kündigung. Durch das BEM können aber mildere Mittel wie

z. B. die Umgestaltung des Arbeitsplatzes oder eine Weiterbeschäftigung zu geänderten Arbeitsbedingungen auf einem anderen Arbeitsplatz erkannt und entwickelt werden. Daraus hat das BAG für den Kündigungsschutzprozess Folgerungen für die Darlegungs- und Beweislast gezogen (BAG NZA 2010, 398; BAG NZA 2011, 992).

Hat der Arbeitgeber **kein BEM durchgeführt** oder hat das Verfahren **nicht den Mindestanforderungen genügt**, so muss der Arbeitgeber im Einzelnen begründet darlegen, dass es keine leidensgerechten Arbeitsplätze gibt, auf denen der Arbeitnehmer noch eingesetzt werden kann. Dazu muss er von sich aus denkbare und vom Arbeitnehmer bereits genannte Beschäftigungsalternativen und Anpassungsmöglichkeiten würdigen. Erst dann muss der Arbeitnehmer darlegen, welche leidensgerechte Beschäftigungsmöglichkeit aus seiner Sicht besteht. Den Arbeitgeber trifft in diesem Fall also eine erweiterte Darlegungslast, denn er muss von sich aus zum Fehlen alternativer Beschäftigungsmöglichkeiten vortragen, während er außerhalb der Verpflichtung zur Durchführung eines BEM zunächst pauschal behaupten kann, es bestehe für den dauerhaft erkrankten Arbeitnehmer keine andere Beschäftigungsmöglichkeit.

Hat der Arbeitgeber ein BEM ordnungsgemäß durchgeführt mit dem Ergebnis, dass die Arbeitsunfähigkeit des Arbeitnehmers **nicht überwunden oder vermieden werden kann**, genügt der Arbeitgeber seiner Darlegungslast, wenn er sich hierauf beruft und behauptet, es bestünden keine alternativen Beschäftigungsmöglichkeiten. Der Arbeitnehmer kann sich nun regelmäßig nur noch auf Möglichkeiten berufen, die sich nach Abschluss des BEM bis zum Zeitpunkt der Kündigung ergeben haben.

Führt das ordnungsgemäß durchgeführte BEM zur **Empfehlung einer konkreten Maßnahme**, ist der Arbeitgeber zu deren Umsetzung als zur Kündigung milderes Mittel gehalten. Spricht er dennoch eine Kündigung aus, muss er konkret darlegen, warum die Maßnahme undurchführbar war oder keinesfalls zu einer Vermeidung oder Reduzierung der Zeiten der Arbeitsunfähigkeit geführt hätte.

Ist für die Umsetzung der vorgeschlagenen Maßnahme die **Einwilligung oder Initiative des Arbeitnehmers** erforderlich, kann der Arbeitgeber dem Arbeitnehmer mit deutlichem Hinweis auf eine drohende Kündigung eine Frist setzen. Lehnt der Arbeitnehmer die Maßnahme ab oder bleibt er untätig, muss der Arbeitgeber die Maßnahme vor Ausspruch der Kündigung nicht mehr als milderes Mittel berücksichtigen.

12. Qualifizierungsmaßnahmen. Effektiv ist das BEM nur, wenn die Mitglieder des Eingliederungsteams sich die zur Wahrnehmung ihrer Aufgaben erforderlichen arbeits- und sozialversicherungsrechtlichen, sozialen und organisatorischen Kenntnisse aneignen. Das Formular sieht daher in § 9 ein entsprechendes Gebot vor. Der Arbeitgeber hat den Mitgliedern des Eingliederungsteams die Teilnahme an den notwendigen Schulungen zu ermöglichen und die erforderlichen Kosten zu tragen.

13. Datenschutz und Schweigepflicht. Nach § 4 Abs. 1 BDSG können personenbezogene Daten nur erhoben, verarbeitet oder genutzt werden, soweit dies durch das BDSG oder andere Rechtsvorschriften gestattet ist oder der Arbeitnehmer eingewilligt hat. Als „andere Rechtsvorschriften" i. S. d. § 4 Abs. 1 BDSG kommen auch normative Teile von Betriebsvereinbarungen in Betracht (*Gola/Schomerus* § 4 Rn. 7). Eine gesetzliche Erlaubnis zur Erhebung personenbezogener Daten im Rahmen eines BEM besteht nicht. § 28 Abs. 6 Nr. 3 BDSG kann nicht als Rechtsgrundlage herangezogen werden (*Gundermann/Oberberg* AuR 2007, 19). Angaben zu Art und Ausmaß der Erkrankung können daher nur mit Einverständnis des Arbeitnehmers erhoben oder an Dritte weitergegeben werden, es sei denn eine Betriebsvereinbarung lässt anderes zu. Darauf wird sich jedoch kaum ein Betriebsrat einlassen. Auf die Aspekte des Datenschutzes sollten die Mitglieder des Eingliederungsteams in regelmäßigen Abständen hingewiesen werden. Zudem sollte der Zugang zu Daten und Kommunikation im Zusammenhang mit der Durchführung eines BEM von vornherein auf einen engen Berechtigtenkreis beschränkt werden. Die vom Eingliederungsteam erhobenen Daten dürfen – wie sich aus der Verwendung des Begriffs „hierfür" in § 84 Abs. 2 S. 3 SGB IX ergibt – nur für Zwecke des BEM verwendet werden.

14. Inkrafttreten und Kündigung. → Form. C. II. 1 Anm. 15.

15. Schlussbestimmungen. → Form. C. II. 1 Anm. 16.

6. Flexible Arbeitszeit

Betriebsvereinbarung über flexible Arbeitszeit[1]

zwischen

...... (Name und Anschrift des Arbeitgebers) „Gesellschaft"

und

Betriebsrat des Betriebs ...... der ...... (Name des Arbeitgebers) „Betriebsrat"
(Alternative: Gesamtbetriebsrat/Konzernbetriebsrat)

Präambel[2]

Gesellschaft und Betriebsrat wollen mit dem System einer flexiblen Arbeitszeit Rahmenbedingungen und Gestaltungsspielräume schaffen, welche es den Mitarbeitern ermöglichen, ihre Arbeitszeit bedarfs- und ergebnisorientiert einzusetzen und dabei Arbeitszeit und Freizeit gut zu vereinbaren. Die betrieblichen Belange und die persönlichen Belange aller Mitarbeiter sollen unter Wahrung der arbeits- und tarifrechtlichen Bestimmungen bestmöglich aufeinander abgestimmt werden. Die flexible Arbeitszeit ermöglicht und erfordert ein bewusstes Zeit-Management der Mitarbeiter und Führungskräfte. Beide tragen gleichermaßen Verantwortung dafür, dass die Arbeitszeit über einen längeren Zeitraum hinweg ausgeglichen verteilt wird.

§ 1 Geltungsbereich[3]

(1) Diese Betriebsvereinbarung gilt in persönlicher Hinsicht für alle im Innendienst beschäftigten Arbeitnehmer der Gesellschaft („Mitarbeiter"). Ausgenommen sind leitende Angestellte i. S. d. § 5 Abs. 3, 4 BetrVG und zudem diejenigen Mitarbeiter, mit denen feste Arbeitszeiten vereinbart wurden (z. B. Rezeption, Kantine, Fahrer). Für Teilzeit-Mitarbeiter gelten die Regelungen der Betriebsvereinbarung entsprechend, soweit nicht nachfolgend ausdrücklich etwas anderes vereinbart ist.

(2) Diese Betriebsvereinbarung regelt in sachlicher Hinsicht die Gestaltung von Beginn und Ende der täglichen Arbeitszeit und die Verteilung der Arbeitszeit auf die Wochentage und damit im Zusammenhang stehende Themen wie z. B. die Erfassung der Arbeitszeit und die Abgeltung von Überstunden und Mehrarbeit.

§ 2 Sollarbeitszeit

(1) Die regelmäßige wöchentliche Arbeitszeit[4] eines Mitarbeiters richtet sich nach der jeweiligen Regelung im individuellen Anstellungsvertrag; ansonsten kommt es auf die regelmäßige betriebliche Wochenarbeitszeit an, die derzeit 40 Stunden beträgt.

(Alternative:

(1) Die regelmäßige wöchentliche Arbeitszeit bestimmt sich nach den Regelungen des Tarifvertrages . . . . . . in der jeweils geltenden Fassung und beträgt derzeit . . . . . . Stunden.)

(2) Die tägliche Sollarbeitszeit[5] errechnet sich für Vollzeit-Mitarbeiter als ein Fünftel der für den jeweiligen Mitarbeiter maßgeblichen regelmäßigen wöchentlichen Arbeitszeit. Für Teilzeit-Mitarbeiter ist die tägliche Sollarbeitszeit die im Anstellungsvertrag vereinbarte tägliche Arbeitszeit an den dort ggf. vereinbarten Arbeitstagen und zu der dort ggf. vereinbarten Lage der Arbeit an den Arbeitstagen. Falls im Anstellungsvertrag für einen Teilzeit-Mitarbeiter nur eine regelmäßige wöchentliche Arbeitszeit vereinbart ist, errechnet sich für diesen Teilzeit-Mitarbeiter die tägliche Sollarbeitszeit als ein Fünftel der für ihn maßgeblichen regelmäßigen wöchentlichen Arbeitszeit.

§ 3 Betriebliche Rahmenarbeitszeit[6]

(1) Die betriebliche Rahmenarbeitszeit liegt Montag bis Freitag zwischen 6.00 Uhr und 21.00 Uhr.

(2) Eine Teilnahme an Aus- und Fortbildungsveranstaltungen und an Geschäftsessen und geselligen Veranstaltungen des Arbeitgebers o. Ä. sowie Arbeit auf Messen, Dienstreisen und freiwillige Tätigkeit des Mitarbeiters im Home Office können außerhalb der betrieblichen Rahmenarbeitszeit erfolgen, insbesondere auch an Samstagen und, soweit keine Arbeit i. S. d. Arbeitszeitgesetzes verrichtet wird oder eine Genehmigung oder ein Genehmigungstatbestand vorliegt, auch an Sonntagen und Feiertagen.

§ 4 Mindestbesetzung[7]

(1) Die Gesellschaft legt fest, in welcher Mindestbesetzung jedes Team (kleinste organisatorische Einheit einschl. Führungskraft) zu welcher Zeit besetzt sein muss, damit ein ordnungsgemäßer Betriebsablauf gewährleistet ist.

(Alternative:

(1) Die Betriebsparteien haben sich im Anlagenkonvolut 1 darauf geeinigt, in welcher Mindestbesetzungsstärke jedes Team (kleinste organisatorische Einheit einschl. Führungskraft) zu welcher Zeit besetzt sein muss, damit ein ordnungsgemäßer Betriebsablauf gewährleistet ist.)

(2) Wie die nach vorstehendem Absatz vorgegebene Mindestbesetzung im Team gewährleistet wird, ist im Team zu erarbeiten; im Konfliktfall wird dies von der Führungskraft festgelegt.

§ 5 Arbeitszeitsouveränität[8]

(1) Sofern die Mindestbesetzung sichergestellt ist, hat jeder Mitarbeiter im Team die Möglichkeit, unter Beachtung und nach Maßgabe der Bestimmungen dieser Betriebsvereinbarung (insbesondere der Regelung in § 3 dieser Betriebsvereinbarung zur Rahmenarbeitszeit und § 4 dieser Betriebsvereinbarung zur Mindestbesetzung und § 9 dieser Betriebsvereinbarung zum Auf- und Abbau von Zeitsalden), Arbeitsbeginn sowie Arbeitsende, Pausen und sonstige persönlich bedingte Arbeitsunterbrechungen selbst zu bestimmen und somit seine Arbeitszeit flexibel zu gestalten („Arbeitszeitsouveränität"). Dabei muss er die betrieblichen Notwendigkeiten sowie die Interessen der anderen Mitarbeiter des Teams angemessen berücksichtigen.

(2) Bei Wahrnehmung seiner Arbeitszeitsouveränität ist der Mitarbeiter verpflichtet, die Vorgaben des Arbeitszeitgesetzes (ArbZG), des Jugendarbeitsschutzgesetzes (JArbSchG) sowie des Mutterschutzgesetzes (MuSchG) strikt zu beachten. Die wichtigsten Arbeitsschutzbestimmungen ergeben sich aus Anlage 1 zu dieser Betriebsvereinbarung.

(3) Die Arbeitszeitsouveränität kann lediglich nach Maßgabe dieser Betriebsvereinbarung, insbesondere § 8 dieser Betriebsvereinbarung, eingeschränkt werden.

§ 6 Elektronische Zeiterfassung[9]

(1) Die Gesellschaft stellt ein elektronisches Zeiterfassungssystem zur Verfügung (nachfolgend „elektronische Zeiterfassung"). Der Mitarbeiter erfasst sein Kommen und sein Gehen durch die vorgesehene Kommen-/Gehen-Buchung im elektronischen Zeiterfassungssystem. Eine Erfassung von Zeiten außerhalb der betrieblichen Rahmenarbeitszeit gemäß § 3 dieser Betriebsvereinbarung als Arbeitszeit ist im elektronischen Zeiterfassungssystem nicht möglich.

(2) Nach Rücksprache mit dem Betriebsrat werden von der Gesellschaft Zeitdatenbeauftragte bestellt. Die Gesellschaft stellt sicher, dass jeder Mitarbeiter einem zuständigen Zeitdatenbeauftragten zugeordnet ist und der Mitarbeiter darüber informiert wird, welcher Zeitdatenbeauftragte für ihn zuständig ist. Die Aufgaben des Zeitdatenbeauftragten ergeben sich aus § 6 Abs. (5) dieser Betriebsvereinbarung.

(3) Im elektronischen Zeiterfassungssystem wird für jeden Mitarbeiter für jeden Arbeitstag dessen tägliche Sollarbeitszeit gemäß § 2 Abs. (2) dieser Betriebsvereinbarung hinterlegt.

(4) Pausenzeiten (Mittagspause, sonstige Pausen wie z.B. Raucherpausen etc.) sind durch Gehen- und Kommen-Buchungen im elektronischen Zeiterfassungssystem zu erfassen. Erfolgt in Ausnahmefällen keine Erfassung, werden die gesetzlichen Pausenzeiten vom elektronischen Zeiterfassungssystem automatisch als Pause erfasst.

(5) Vom Mitarbeiter sind nachfolgend aufgeführte Zeiten unverzüglich schriftlich oder per E-Mail mit Kopie an die Führungskraft an den für ihn zuständigen Zeitdatenbeauftragten zu melden. Dieser wird bei Vorliegen der Voraussetzungen entsprechende manuelle Korrekturen, Nachträge und Löschungen im elektronischen Zeiterfassungssystem vornehmen, wobei dem Zeitdatenbeauftragten vom Mitarbeiter die nachstehend aufgeführten Gegenzeichnungen durch die Führungskraft unaufgefordert mit vorzulegen sind und der Zeitdatenbeauftragte zudem vom Mitarbeiter weitere geeignete Nachweise fordern kann:

- bezahlte Abwesenheitszeiten innerhalb der betrieblichen Rahmenarbeitszeit, die nicht von der elektronischen Zeiterfassung erfasst wurden; eine Gegenzeichnung durch die Führungskraft ist erforderlich, soweit nicht anderweit genehmigter Urlaub, krankheitsbedingte Arbeitsunfähigkeit oder Mutterschutzzeiten vorliegen;
- bezahlte Abwesenheitszeiten außerhalb der betrieblichen Rahmenarbeitszeit; eine Gegenzeichnung durch die Führungskraft ist erforderlich;
- von der elektronischen Zeiterfassung erfasste Anwesenheitszeiten, die – zusätzlich zu Pausen – keine Arbeitszeiten waren und deshalb zu streichen sind;
- versehentlich nicht erfasste Zeiten, die bezahlte Anwesenheitszeiten waren; eine Gegenzeichnung durch die Führungskraft ist erforderlich.

§ 7 Erfassung von vergüteten Nicht-Arbeitszeiten[10]

(1) Im Fall der krankheitsbedingten Arbeitsunfähigkeit wird für jeden vollen Tag der krankheitsbedingten Abwesenheit, an dem Entgeltfortzahlung geleistet wird, die individuelle tägliche Sollarbeitszeit gemäß § 2 Abs. (2) dieser Betriebsvereinbarung im Rahmen

der elektronischen Zeiterfassung im Hinblick auf die Vergütungspflicht wie geleistete Arbeitsstunden gewertet und gebucht. Das Gleiche gilt für jeden genehmigten Urlaubstag, an dem Urlaubsentgelt gezahlt wird, sowie für sonstige Zeiten einer von der Gesellschaft genehmigten ganztägigen bezahlten Freistellung von der Verpflichtung zur Erbringung einer Arbeitsleistung.

(2) Im Fall von Aus- und Fortbildungsmaßnahmen werden die tatsächlich aufgewendeten Stunden im Rahmen der elektronischen Zeiterfassung im Hinblick auf die Vergütungspflicht wie geleistete Arbeitsstunden gewertet und gebucht. Bei ganztägigen Aus- und Fortbildungsmaßnahmen wird maximal die tägliche Sollarbeitszeit gemäß § 2 Abs. (2) S. 1 dieser Betriebsvereinbarung unabhängig davon, wie viele Stunden tatsächlich aufgewendet wurden, im Rahmen der elektronischen Zeiterfassung im Hinblick auf die Vergütungspflicht wie geleistete Arbeitsstunden gewertet und gebucht. Fallen an einem Tag Aus- und Fortbildungsmaßnahmen und Reisezeiten an, gilt nachfolgender Abs. (4).

(3) Auf Weisung der Gesellschaft bei einem Geschäftsessen oder einer geselligen Veranstaltung verbrachte Zeiten werden im Rahmen der elektronischen Zeiterfassung im Hinblick auf die Vergütungspflicht wie geleistete Arbeitsstunden gewertet und gebucht. Ob und in welchem Umfang die von einem Mitarbeiter ohne Weisung der Gesellschaft bei einem Geschäftsessen oder einer geselligen Veranstaltung verbrachten Zeiten wie geleistete Arbeitsstunden gewertet und gebucht werden, entscheidet die Führungskraft auf Anfrage des Mitarbeiters nach ihrem Ermessen.

(4) Während einer Dienstreise aufgewendete Reise- und Wegezeiten werden im Rahmen der elektronischen Zeiterfassung im Hinblick auf die Vergütungspflicht als geleistete Arbeitsstunden gewertet und gebucht, allerdings nur insoweit, als pro Arbeitstag als Summe von tatsächlicher Arbeitszeit (oder als Arbeitszeit gewerteter Zeit wie z. B. bei einer Aus- oder Fortbildung) und der bei einer Dienstreise aufgewendeten Reise- und Wegezeiten (einschließlich etwaiger Wartezeiten) maximal zehn Stunden gewertet und gebucht werden. Es wird klargestellt, dass Zeiten, an denen der Mitarbeiter während Reisen und sonstiger Gänge/Fahrten zur Erfüllung arbeitsvertraglicher Aufgaben („Dienstreisen") tatsächlich Arbeitsaufgaben erledigt, Arbeitsstunden sind, die in der elektronischen Zeiterfassung als solche gebucht werden.

(5) Soweit nach diesem § 7 Arbeitsstunden angefallen sind oder Zeiten im Hinblick auf die Vergütungspflicht wie geleistete Arbeitsstunden gewertet und gebucht werden, und diese nicht elektronisch erfasst wurden, werden sie bei Vorliegen der in § 6 Abs. (5) geregelten Voraussetzungen manuell nacherfasst.

(6) Dieser § 7 regelt lediglich, welche Zeiten vergütungspflichtig sind. Dadurch, dass Zeiten nach diesem § 7 als geleistete Arbeitsstunden gewertet und gebucht werden, werden sie nicht zur Arbeitszeit i. S. d. Arbeitszeitgesetzes. Bei Dienstreisen gilt dabei, dass die für Dienstreisen aufgewendeten Reise- und Wegezeiten dann und insoweit keine Arbeitszeit i. S. d. Arbeitszeitgesetzes darstellen, als die Dienstreise nicht zur vertraglichen und charakteristischen Hauptpflicht des Mitarbeiters zählt und wenn und soweit während der Reise- und Wegezeiten keine zu den charakteristischen Arbeitsaufgaben der Position/Funktion des Mitarbeiters gehörende Arbeitsleistung vom Mitarbeiter erbracht wurde (z. B. Aktenstudium, Analysen und Prüfungen, Erstellen von Vermerken, Verfassen von Berichten, dienstliche Telefonate).

§ 8 Überstunden/Mehrarbeit[11]

(1) Überstunden oder Mehrarbeit im Sinn dieser Betriebsvereinbarung sind diejenigen Arbeitsstunden, die

- vom Mitarbeiter außerhalb der betrieblichen Rahmenarbeitszeit geleistet wurden und
- in einer Kalenderwoche 48 Arbeitsstunden übersteigen (wobei nur die auf dem Arbeitszeitkonto für die maßgebliche Kalenderwoche erfassten Arbeitsstunden berücksichtigt werden, nicht jedoch die nach § 7 nicht zu erfassenden Stunden) und
- die von der Führungskraft ausdrücklich angeordnet wurden und
- die der Mitarbeiter als Überstunden/Mehrarbeit in der elektronischen Zeiterfassung gesondert auf dem in der elektronischen Zeiterfassung bereit gestellten Überstundenkonto („Überstundenkonto") erfasst hat.

(2) Überstunden/Mehrarbeit werden auf einem gesonderten Überstundenkonto erfasst, das im Rahmen der elektronischen Zeiterfassung geführt wird. Ausnahmsweise für den Fall, dass das Arbeitszeitkonto eines Mitarbeiters vor Beginn der Leistung von Überstunden/Mehrarbeit Minusstunden aufweist, werden etwaige geleistete Überstunden/Mehrarbeitsstunden insoweit nicht gesondert auf dem Überstundenkonto, sondern auf dem Arbeitszeitkonto erfasst, als sie den Minusstundensaldo bis zum Nullstand verringern; darüber hinausgehende Überstunden/Mehrarbeitsstunden werden auf dem Überstundenkonto erfasst.

(3) Auf jede geleistete und auf dem Überstundenkonto erfasste Überstunde/Mehrarbeitsstunde erhält der Mitarbeiter einen Mehrarbeits-Zeitzuschlag von 15 Prozent, der auf dem Überstundenkonto erfasst wird.

(4) Zu dem Zweck, eine gewisse Anzahl von Überstunden/Mehrarbeitsstunden als vom jeweiligen Festgehalt bereits vergütet zu behandeln, erfolgt eine Kürzung des Saldos auf dem Überstundenkonto gemäß nachstehendem § 9 Abs. (6).

(5) Auf dem Überstundenkonto ausgewiesene Überstunden/Mehrarbeitsstunden und Mehrarbeitszuschläge, die nach einer Kürzung des Saldos gemäß vorstehendem Abs. (4) verbleiben, werden von der Gesellschaft in Freizeit abgegolten. Sie können nach Entscheidung der Gesellschaft im Einzelfall oder in regelmäßigen Zeitabständen auch finanziell abgegolten werden. Bei finanzieller Abgeltung wird ein Stundensatz zugrunde gelegt, der dem monatlichen Bruttofestgehalt geteilt durch ...... (der Divisor entspricht der Zahl der monatlichen Soll-Arbeitsstunden) ...... entspricht.

(6) Jeder Mitarbeiter ist verpflichtet, sofern betriebliche Belange dies erfordern, Überstunden/Mehrarbeit (einschließlich Samstags-, Sonn- und Feiertagsarbeit) zu leisten.

(7) Überstunden/Mehrarbeit i. S. v. obigem Abs. (1) mit Ausnahme von Reisezeiten an Samstagen, Sonn- und Feiertagen sind zustimmungspflichtige Überstunden i. S. v. § 87 Abs. 1 Nr. 3 BetrVG. Der Betriebsrat wird sein Mitbestimmungsrecht nach § 87 Abs. 1 Nr. 3 BetrVG möglichst kurzfristig ausüben. In Notfällen gilt die Zustimmung des Betriebsrats zur sofortigen Anordnung von Überstunden/Mehrarbeit als erteilt. In diesen Fällen ist der Betriebsrat unverzüglich über die Anordnung von Überstunden unter Angabe der Gründe für das Vorliegen eines Notfalls zu unterrichten. Notfälle liegen insbesondere vor, wenn der Gesellschaft oder einem Vertragspartner der Gesellschaft wirtschaftliche Schäden drohen, Ansprüche eines Vertragspartners gegen die Gesellschaft zu befürchten sind, der Verlust eines Auftrags droht oder zu befürchten ist, dass ein Auftrag nicht erteilt wird. In Eilfällen muss der Betriebsrat bis zum Ablauf des zweiten Arbeitstages nach Erhalt des Antrags einen Beschluss über den Antrag auf Zustimmung fassen.

§ 9 Auf- und Abbau von Zeitsalden[12]

(1) Mitarbeiter können nach Maßgabe dieses § 9 Plus- oder Minusstunden auf- und abbauen.

(2) An jedem Arbeitstag wird im elektronischen Zeiterfassungssystem die individuelle tägliche Sollarbeitszeit der tatsächlichen Arbeitszeit (unter Berücksichtigung von § 7 und insbesondere von Kappungen nach § 7 Abs. (4)) gegenübergestellt und mit dieser abgeglichen, woraus sich in täglicher Fortschreibung der individuelle Arbeitszeitsaldo ergibt. Dabei erhöht sich der Arbeitszeitsaldo jeweils um die Stunden, um die die täglich tatsächlich gearbeiteten Stunden die tägliche Sollarbeitszeit übersteigen, und verringert sich um die Stunden, um die die täglich tatsächlich gearbeiteten Stunden hinter der täglichen Sollarbeitszeit zurückbleiben.

(3) Jeder Mitarbeiter darf maximal einen Arbeitszeitsaldo mit 120 Plusstunden aufbauen; eine Ausnahme ist in § 9 Abs. (5) lit. c geregelt. Jeder Mitarbeiter darf maximal einen Arbeitszeitsaldo mit 60 Minusstunden aufbauen.

(4) Plusstunden auf einem Arbeitszeitkonto können nicht nur stundenweise im Rahmen der Arbeitszeitsouveränität nach § 5 dieser Betriebsvereinbarung, sondern auch durch ganztägige Abwesenheit an einem Arbeitstag („Dispotage") abgebaut werden. Dispotage können auch im unmittelbaren Zusammenhang mit Samstagen, Sonn- und Feiertagen und genehmigtem Urlaub in Anspruch genommen werden. Die Inanspruchnahme von Dispotagen hat unter Beachtung der betrieblichen Notwendigkeiten nach Einigung im Team zu erfolgen, wobei die Führungskraft rechtzeitig vorab zu informieren ist und der Mitarbeiter für die Inanspruchnahme eines Dispotages die vorherige schriftliche Genehmigung seiner Führungskraft benötigt (elektronische Abzeichnung, z.B. per E-Mail, genügt). Die Gesellschaft kann vorgeben, dass die Mitarbeiter für die Beantragung und Genehmigung eines Dispotages das jeweilige im Betrieb benutzte elektronische Urlaubs-Tool verwenden. Wenn die Mindestbesetzung gefährdet ist, kann die Führungskraft einen beantragten Dispotag ablehnen oder bei Anträgen mehrerer Mitarbeiter und fehlender Einigung im Team entscheiden, welcher Mitarbeiter einen beantragten Dispotag nehmen kann. Die Führungskraft kann darüber hinaus die Inanspruchnahme des beantragten Dispotages dann ablehnen, wenn dringende betriebliche Erfordernisse die Anwesenheit des Mitarbeiters bedingen, selbst wenn auch für den Fall einer Genehmigung des Dispotages die Mindestbesetzung gewahrt wäre. Schließlich hat die Führungskraft bei der Genehmigung darauf zu achten, dass der gesetzliche oder tarifliche und der übergesetzliche Erholungsurlaub im jeweiligen Kalenderjahr genommen wird und die Inanspruchnahme von Dispotagen nicht zu einer Übertragung von Urlaubstagen in das Folgejahr führt. Nimmt ein Mitarbeiter einen genehmigten Dispotag, wird dies in der elektronischen Zeiterfassung als Nicht-Erfüllung der täglichen individuellen Sollarbeitszeit verbucht, was zu einer entsprechenden Reduzierung des Arbeitszeitkontos (oder, falls dieses keinen Plusstundensaldo aufweist, des Überstundenkontos) führt.

(5) Von der Gesellschaft veranlasste Rückführung von Salden, Eingriff in die Arbeitszeitsouveränität:

a) Weist das Arbeitszeitkonto am Ende eines Kalendermonats mehr als 80 Plusstunden auf („Überlast") oder mehr als 40 Minusstunden („Unterlast"), sind Führungskraft und Mitarbeiter verpflichtet, ein Gespräch darüber zu führen, wie das Arbeitszeitkonto bis zum Ende des übernächsten Kalendermonats auf höchstens 60 Plusstunden oder höchstens 30 Minusstunden zurückgeführt werden kann. Der Mitarbeiter soll einen entsprechenden Ausgleich seines Arbeitszeitkontos in eigener Verantwortung vornehmen. Dabei sind im Fall eines Abbaus von Plusstunden bis zum Ende des übernächsten Kalendermonats seine zeitlichen Wünsche zu berücksichtigen, es sei denn, dem stehen dringende betriebliche Erfordernisse entgegen. Das Ablehnungsrecht der Führungskraft nach § 9 Abs. (4) S. 5 besteht in diesem Fall nur insoweit, als die Gewährung eines Dispotages die Mindestbesetzung gefährden würde, wobei bei Vorliegen mehrerer Anträge auf Inanspruchnahme eines Dispotages im Team ein Mitarbeiter, der einen Ausgleich nach diesem Abs. (5) lit. a vornehmen soll, Vorrang vor anderen Mitarbeitern im Team hat. Bei Überlast soll die Führungskraft zudem unverzüglich geeignete Maßnahmen im Hinblick auf Inhalt und Organisation der Arbeit ergreifen; diese Maßnahmen können u. a. Folgendes beinhalten:

- Prüfung, ob auf die Erledigung bestimmter Aufgaben vorübergehend oder ganz verzichtet werden kann;
- Prüfung, ob vom Mitarbeiter, der Führungskraft oder im Team effizienter gearbeitet werden kann;
- Prüfung, ob Aufgaben im Team umverteilt oder an ein anderes Team abgegeben werden können;
- Prüfung, ob Aufgaben anders priorisiert werden können und bestimmte Aufgaben zu einer späteren Zeit erledigt werden können.

Bei Unterlast wird die Führungskraft dem Mitarbeiter mehr Arbeit zuweisen und ihn anhalten, die Länge seiner Arbeitstage so zu gestalten, dass es zeitnah zu der gebotenen Rückführung des Negativ-Saldos kommt.

b) Weist bei einem Mitarbeiter am Ende eines Kalendermonats das Arbeitszeitkonto 120 Plusstunden auf, und liegt der Fall des nachstehenden lit. c nicht vor, wird die Gesellschaft einen Abbauplan zur Rückführung auf weniger als 80 Plusstunden aufstellen. Der Abbauplan legt, insoweit unter Eingriff in die Arbeitszeitsouveränität des Mitarbeiters nach § 5, zum Zweck des Abbaus der Plusstunden die Arbeitstage fest, an denen der Mitarbeiter nicht oder nur in einem bestimmten Umfang arbeitet („Ausgleichstage"). Dabei sind die Wünsche des Mitarbeiters zur zeitlichen Lage der Ausgleichstage zu berücksichtigen, es sei denn, es stehen betriebliche Belange entgegen. Spätere Änderungen des Abbauplans sind entweder im Einvernehmen mit dem Mitarbeiter oder durch Entscheidung der Gesellschaft mit Zustimmung des örtlichen Betriebsrats zulässig.

c) Weist bei einem Mitarbeiter am Ende eines Kalendermonats das Arbeitszeitkonto 120 Plusstunden auf, ist aber aufgrund betrieblicher Erfordernisse nach Einschätzung der Führungskraft ein zeitnaher Abbau nicht möglich, sondern damit zu rechnen, dass in nächster Zeit weitere Plusstunden aufgebaut werden müssen, so ist die notwendige Zahl von weiteren Plusstunden („Extra-Kontingent"), die in diesem Fall auch zu einem Arbeitszeitsaldo von mehr als 120 Plusstunden bis maximal 160 Plusstunden am Ende eines Kalendermonats führen können, zwischen Mitarbeiter und Gesellschaft schriftlich zu vereinbaren und in dieser Vereinbarung gleichzeitig festzulegen, dass, wann und wie der Ausgleich erfolgen wird. Liegt diese Vereinbarung vor, wird das Extra-Kontingent gesondert erfasst und dem in der Vereinbarung vorgesehenen Ausgleich zugeführt. Eine Kopie der Vereinbarung erhält der zuständige HR-Business Partner.

d) Wenn bei einem Mitarbeiter am Ende eines Kalendermonats das Arbeitszeitkonto 60 Minusstunden aufweist, kann die Gesellschaft einseitig ohne Zustimmung des Mitarbeiters oder des Betriebsrats durch geeignete Maßnahmen dafür sorgen, dass die Minusstunden bis zum Ende des übernächsten Kalendermonats auf weniger als 40 Stunden zurückgeführt werden. Die Maßnahmen können umfassen, dass die Gesellschaft berechtigt ist, das Gehalt des Mitarbeiters entsprechend zu kürzen. Zudem kann die Führungskraft verlangen, dass der Mitarbeiter die nächsten zwei Monate täglich regelmäßig mindestens seine tägliche Sollarbeitszeit arbeitet.

(6) Zu dem Zweck, die im Anstellungsvertrag vorgesehene Pauschalvergütung von Überstunden/Mehrarbeitsstunden umzusetzen und Überstunden/Mehrarbeitsstunden als vom jeweiligen Festgehalt bereits vergütet zu behandeln, gilt Folgendes: In Abhängigkeit vom und gestaffelt nach dem Bruttojahresfestgehalt wird am Ende eines jeden Kalendermonats eine Korrektur zunächst des Überstundenkontos durch Streichung von Überstunden/Mehrarbeitsstunden aus dem Überstundenkonto vorgenommen und, soweit dieses keine

Überstunden mehr ausweist, eine Korrektur des Arbeitszeitkontos durch Streichung von Plusstunden aus dem Arbeitszeitkonto, wobei die Streichung nach Maßgabe folgender Regelungen erfolgen. Pro Kalendermonat wird die folgende Zahl von Überstunden oder nachrangig von etwaigen im jeweiligen Kalendermonat bei einem Monatsabgleich neu hinzugekommenen Plusstunden als vom jeweiligen auf den Monat bezogenen Bruttojahresfestgehalt als bereits vergütet angesehen und demgemäß aus dem jeweiligen Überstundenkonto gestrichen oder aus dem jeweiligen Monatszuwachs auf dem Arbeitszeitkonto gestrichen:

- Mitarbeiter mit einem Bruttojahresfestgehalt von mehr als 50.000 EUR bis größer/gleich 60.000 EUR: Streichung von zwölf Stunden
- Mitarbeiter mit einem Bruttojahresfestgehalt von mehr als 60.000 EUR bis größer/gleich 70.000 EUR: Streichung von 18 Stunden
- Mitarbeiter mit einem Bruttojahresfestgehalt von mehr als 70.000 EUR: Streichung von 24 Stunden

(7) Die Führungskraft erhält nach dem Ende eines jeden Kalendermonats eine Information über die Zeitsalden aller Mitarbeiter, die direkt an die Führungskraft berichten. Jeder Mitarbeiter erhält monatlich eine Information über sein Arbeitszeitkonto und über sein Überstundenkonto. Der jeweils zuständige HR-Business Partner erhält eine Information über alle Zeitsalden der von ihm betreuten Mitarbeiter. Der Betriebsrat erhält auf entsprechende Aufforderung an Human Resources (HR) eine nach Teams sortierte Information über die Zeitsalden der Teams.

§ 10 Verfahren bei Beendigung des Arbeitsverhältnisses[13]

Im Fall einer bevorstehenden Beendigung des Arbeitsverhältnisses sind Plus- und Minusstunden bis zum letzten Arbeitstag unter Berücksichtigung der betrieblichen Belange und in Abstimmung mit dem Team vom Mitarbeiter auszugleichen. Die Gesellschaft kann den Mitarbeiter zum Zweck dieses Zeitausgleichs unter Fortzahlung seines Bruttofestgehalts während des Laufs der Kündigungsfrist freistellen; §§ 5, 8 und 9 dieser Betriebsvereinbarung stehen dem nicht entgegen. Ist ein Zeitausgleich oder eine Freistellung aus zwingenden Gründen (z.B. außerordentliche Kündigung) oder dringenden betrieblichen Erfordernissen nicht möglich, werden etwaige Plusstunden zuschlagsfrei mit dem in § 8 Abs. (5) vorgesehenen Stundensatz ausbezahlt, Minusstunden werden bei der letzten Gehaltsabrechnung von etwaigen, dem Mitarbeiter geschuldeten Vergütungen (Bruttobeträge) abgezogen und einbehalten bzw. – wenn dies nicht möglich ist – wird der Mitarbeiter die Bruttovergütung, für die er keine Arbeitsleistung erbracht hat, zurückzahlen.

§ 11 Inkrafttreten/Kündigung/Nachwirkung[14]

(1) Diese Betriebsvereinbarung tritt am ...... in Kraft und ersetzt alle entgegenstehenden betrieblichen Regelungen zur Arbeitszeit, insbesondere:

- ......
- ......

(2) Die Betriebsvereinbarung kann mit einer Frist von drei Monaten zum Kalenderjahresende gekündigt werden. Die Kündigung bedarf der Schriftform. Die Betriebsvereinbarung gilt weiter, bis eine neue Betriebsvereinbarung abgeschlossen ist.

§ 12 Schlussbestimmungen[15]

(1) Mündliche Nebenabreden bestehen nicht. Änderungen oder Ergänzungen dieser Betriebsvereinbarung, einschließlich dieser Bestimmung, bedürfen zu ihrer Wirksamkeit der Schriftform.

(2) Sollte eine Bestimmung dieser Betriebsvereinbarung ganz oder teilweise unwirksam sein oder werden, so wird hiervon die Wirksamkeit der übrigen Bestimmungen nicht berührt. Anstelle der unwirksamen Bestimmung werden die Betriebspartner die gesetzlich zulässige Bestimmung vereinbaren, die dem mit der unwirksamen Bestimmung Gewollten wirtschaftlich am nächsten kommt. Dasselbe gilt für den Fall einer vertraglichen Lücke.

(3) Diese Betriebsvereinbarung steht unter dem Vorbehalt etwaiger ablösender – auch freiwilliger – Betriebsvereinbarungen.

(4) Sollten sich die dieser Betriebsvereinbarung zugrunde liegenden tatsächlichen oder rechtlichen Bedingungen grundlegend ändern, so werden die Betriebspartner unverzüglich in Verhandlungen treten mit dem Ziel, die Betriebsvereinbarung an die geänderten Bedingungen anzupassen.

......	......
Ort, Datum	Ort, Datum
......	......
Unterschrift der Gesellschaft	Unterschrift des Betriebsratsvorsitzenden

Anlage 1

Die wichtigsten Regelungen des Arbeitszeitgesetzes (ArbZG):

- Die werktägliche Arbeitszeit der Mitarbeiter darf acht Stunden nicht überschreiten, sie kann jedoch auf bis zu zehn Stunden verlängert werden, wenn innerhalb von sechs Kalendermonaten oder innerhalb von 24 Wochen im Durchschnitt acht Stunden werktäglich nicht überschritten werden.
- Mitarbeiter müssen zwischen der Arbeit an zwei Arbeitstagen elf Stunden Ruhepause einlegen.
- Mitarbeiter müssen die gesetzlichen Pausen am Arbeitstag einhalten (mindestens 30 Minuten bei einer Arbeitszeit von mehr als sechs bis zu neun Stunden und 45 Minuten bei einer Arbeitszeit von mehr als neun Stunden insgesamt; die Ruhepausen können in Zeitabschnitte von jeweils mindestens 15 Minuten aufgeteilt werden).
- Mitarbeiter dürfen – ohne ausdrückliche Anordnung des Arbeitgebers – nicht an Sonn- und Feiertagen arbeiten.

Die wichtigsten Regelungen des Jugendarbeitsschutzgesetzes (JArbSchG):

- Die tägliche Arbeitszeit von Jugendlichen darf acht Stunden, die wöchentliche Arbeitszeit 40 Stunden nicht überschreiten.
- Jugendliche dürfen aber an einzelnen Werktagen die Arbeitszeit auf weniger als acht Stunden verkürzen und zum Ausgleich der verkürzten Zeit an den übrigen Werktagen derselben Woche bis höchstens achteinhalb Stunden beschäftigt werden.
- Die Wochenarbeitszeit von 40 Stunden darf nicht überschritten werden.
- Jugendliche dürfen hintereinander nicht länger als viereinhalb Stunden ohne Ruhepause beschäftigt werden. Als Ruhepause gilt nur eine Arbeitsunterbrechung von insgesamt mindestens 30 Minuten. Bei einer Beschäftigungsdauer von mehr als sechs Stunden am Tag müssen die Ruhepausen insgesamt mindestens eine Stunde betragen.

Die wichtigsten Regelungen des Mutterschutzgesetzes (MuSchG):

- Werdende und stillende Mütter dürfen täglich nicht mehr als achteinhalb Stunden oder 90 Stunden in der Doppelwoche arbeiten.

Anmerkungen

1. Regelungsinhalt. Bei der Entwicklung eines mitbestimmten Arbeitszeitmodells ist es wichtig zu unterscheiden zwischen einerseits der Arbeitszeit i.S.d. Arbeitszeitgesetzes als Schutzgesetz, die zwingenden gesetzlichen Beschränkungen unterliegt, andererseits der vergütungspflichtigen Arbeitszeit und drittens einem betrieblich mitbestimmten Arbeitszeitrahmen im Sinn einer Verteilung von Arbeitszeit auf die einzelnen Kalendertage und auf den mitbestimmten Beginn und Ende an so bestimmten Arbeitstagen. Diese drei verschiedenen Konzepte von „Arbeitszeit" sind in ihren jeweiligen Bezugssystemen unterschiedlich definiert: So gilt für „Arbeitszeit" i.S.d. Arbeitszeitgesetzes eine andere Definition als sie von der Rechtsprechung für „vergütungspflichtige Arbeitszeit" entwickelt wurde. Zudem unterliegen die Konzepte unterschiedlichen Vorgaben und Einschränkungen und sind in unterschiedlichem Maße einer Regelung in einer Betriebsvereinbarung zugänglich.

Für die Frage der Vergütungspflichtigkeit von Arbeitszeit finden sich üblicherweise wichtige Vorgaben im individuellen Arbeitsvertrag, in § 612 BGB und in den AGB-Regelungen der §§ 305 ff. BGB. Das Formular kann wegen des im Arbeitsrecht geltenden Günstigkeitsprinzips auch keine Vergütungspflicht für Arbeitszeit verneinen, die das Gesetz (z.B. in § 612 BGB i.V.m. dem Arbeitsvertrag, vgl. hierzu die Entscheidung des BAG zur fehlenden Vergütungserwartung bei Bezug einer deutlich herausgehobenen, die Beitragsbemessungsgrenze der gesetzlichen Rentenversicherung überschreitenden Vergütung, BAG NZA 2012, 861) vorsieht oder die dem Arbeitnehmer aufgrund seines individuellen Arbeitsvertrags zustehen würde.

Der betriebsverfassungsrechtlich mitbestimmte Arbeitszeitrahmen wird schließlich in der Betriebsvereinbarung selbst festgelegt und unterliegt damit der Vereinbarung der Betriebsparteien.

Das Arbeitszeitgesetz als Schutzgesetz gibt, wie oben ausgeführt, bestimmte zwingende Regelungen zu beispielsweise Höchstgrenzen oder Verboten vor; von diesen kann durch Regelungen einer Betriebsvereinbarung nicht abgewichen werden. Das Arbeitszeitgesetz gibt gleichwohl durchaus Gestaltungsfreiheiten. So kann ein Arbeitnehmer nach § 3 S. 2 ArbZG gesetzeskonform bis zu 60 Stunden pro Woche arbeiten, sofern er innerhalb von sechs Kalendermonaten oder 24 Wochen im Durchschnitt eine werktägliche (Montag bis Samstag) Arbeitszeit von acht Stunden nicht überschreitet. Allerdings enthält das Arbeitszeitgesetz auch einige harte Beschränkungen, wie z.B. die absolute Obergrenze von zehn Arbeitsstunden pro Arbeitstag, die Notwendigkeit von elf Stunden Ruhepause zwischen einem beendeten Arbeitstag und einem neuen Arbeitstag und das grundsätzliche Verbot von Arbeit an Sonntagen und Feiertagen.

Ausgangspunkt für das Formular ist das Mitbestimmungsrecht des Betriebsrats nach § 87 Abs. 1 Nr. 2 BetrVG. Es regelt somit zum einen den betriebsverfassungsrechtlichen Arbeitszeitrahmen und die Verteilung der Arbeitszeit auf die Wochentage und die Lage der Arbeitszeit an den einzelnen Wochentagen.

Dieses Mitbestimmungsrecht wäre gesperrt, soweit bereits eine abschließende und zwingende Regelung im Gesetz – in erster Linie im Arbeitszeitgesetz – oder in einem einschlägigen Tarifvertrag besteht (§§ 77 Abs. 3, 87 Abs. 1 S. 1 BetrVG). Die Sperrwirkung von Flächentarifverträgen ist bei Arbeitszeitmodellen allerdings zumeist nicht einschlägig. Denn sie beschränken sich auf die Festlegung der wöchentlichen Arbeitszeit und ggf. die Festlegung der Wochenarbeitstage. Zahlreiche Flächentarifverträge enthalten zudem eine Öffnungsklausel, wonach den Betriebsräten die Regelung von Arbeitszeitmodellen ausdrücklich zugewiesen wird. Die Regelung von Arbeitszeitmodellen in Betriebsvereinbarungen ist allerdings dann unzulässig, wenn bereits (Haus-)Tarifverträge eine ausdrückliche (und abschließende) Regelung getroffen haben.

Zuständig für die Ausübung des Mitbestimmungsrechts ist grundsätzlich der örtliche Betriebsrat (vgl. BAG NZA 2005, 234), der seine Zuständigkeit an den Gesamtbetriebsrat delegieren kann (§ 50 Abs. 2 BetrVG; vgl. zur ausnahmsweisen Zuständigkeit des Gesamtbetriebsrats nach § 50 Abs. 1 S. 1 BetrVG: BAG NZA 2012, 1237, 1239).

Für Bereiche außerhalb von Produktionsbetrieben ist es mittlerweile üblich, keine festen Arbeitszeiten vorzugeben, sondern flexibilisierte Arbeitszeitmodelle zu verwenden. Früher waren dabei vor allem Gleitzeitmodelle mit Kernarbeitszonen gebräuchlich, bei denen die Mitarbeiter ein festes Arbeitszeitvolumen pro Arbeitstag arbeiten, dabei aber entweder den Arbeitszeitbeginn oder auch Arbeitszeitbeginn und Arbeitszeitende bei verpflichtender Anwesenheit während der Kernarbeitszonen in einem bestimmten Rahmen frei verschieben konnten. So konnten Überstunden und die damit verbundenen Auseinandersetzungen mit Betriebsräten über Überstundenzustimmungen vermindert und Fehlzeiten z. B. wegen Arztbesuchen oder sonstigen persönlichen Arbeitsverhinderungen verringert werden. Für die Arbeitnehmer führte eine solche Gleitzeit zu einer Erhöhung des individuellen Gestaltungsspielraums und damit zu einer erhöhten Attraktivität der Arbeitsbedingungen (vgl. auch *Schliemann/Meyer* Rn. 1144; MAH Moll/*Gragert* § 14 Rn. 83 ff.).

Seit den 1990er-Jahren und einhergehend mit der Verschlankung von Unternehmen und einer Einführung von variablen Vergütungssystemen und Zielvereinbarungen oder einem management by objectives wurde die Flexibilisierung der Arbeitszeit weiter entwickelt, oft in unterschiedlich ausgestaltete Modelle einer sog. „Vertrauensarbeitszeit". Eine Vertrauensarbeitszeit im eigentlichen Sinn liegt vor, wenn der Arbeitgeber vollständig auf jegliche Erfassung der Arbeits- und Anwesenheitszeiten verzichtet und sich darauf verlässt, die Mitarbeiter statt durch Anwesenheitskontrolle über Ergebniskontrolle und leistungsorientierte Vergütung zu führen. Die Mitarbeiter können in diesen Modellen nicht nur Beginn und Ende eines Arbeitstages sowie Pausen selbst bestimmen, sondern auch eigenständig entscheiden, wie viele Stunden sie an einem Arbeitstag arbeiten. Dabei war auch in Modellen einer Vertrauensarbeitszeit im eigentlichen Sinn zwar – abstrakt – oft eine Soll-Arbeitszeit vereinbart oder betrieblich vorgegeben, aber mangels Zeiterfassung war nicht feststellbar, ob ein Mitarbeiter dieses Arbeitszeit-Soll durch seine Arbeitstätigkeit erfüllt hatte. Mangels jeglicher Zeiterfassung gab es in Modellen einer Vertrauensarbeitszeit in Reinform typischerweise auch keine Arbeitszeitkonten und in der Regel – systembedingt – auch keine erfassbaren Überstunden, so dass es zu keinerlei Auseinandersetzungen des Arbeitgebers mit Betriebsräten über notwendige Zustimmungen zu Überstunden kommen konnte.

In vielen Betrieben haben die verschiedenen Modelle einer Vertrauensarbeitszeit zu großer Zufriedenheit bei Arbeitgebern und Mitarbeitern geführt. Mehr und mehr haben sich allerdings Betriebsräte und Gewerkschaften nach anfänglicher positiver Sicht der mit den Modellen verbundenen Freiheit der Mitarbeiter und des den Modellen zugrundeliegenden Respekts der Arbeitgeber vor dem Verantwortungsgefühl und der Loyalität der Mitarbeiter in den darauffolgenden Jahren gegen solche Arbeitszeitmodelle ausgesprochen. Denn sie befürchteten, ein wichtiges Kontrollwerkzeug und Machtinstrument im betrieblichen Alltag, nämlich das Mitbestimmungsrecht bei Überstunden, zu verlieren. Arbeitnehmervertreter drängten und drängen in den Betrieben auf eine Reformierung der Arbeitszeitmodelle dahingehend, dass möglichst jede Arbeitsstunde erfasst und bezahlt wird und eine Überlast der Mitarbeiter verhindert wird. Diese Entwicklung wurde dadurch noch befördert, dass die Vertrauensarbeitszeit im Reinmodell (also ohne jegliche Zeiterfassung und Kontrolle der gearbeiteten Zeiten) durch die Rechtsprechung des BAG deutlich erschwert wurde. Denn obwohl das Arbeitszeitgesetz selbst in § 16 Abs. 2 ArbZG nur vorsieht, dass der Arbeitgeber lediglich diejenigen Arbeitszeiten aufzeichnen (lassen) muss, die über die werktägliche Arbeitszeit gemäß § 3 S. 1 ArbZG, also acht Stunden, hinausgehen, geht das BAG in seiner Entscheidung (BAG NZA 2003, 1348) darüber hinaus und sieht – anders als manche Literaturstimmen (die allerdings nach überwiegender Auffassung ergänzend zum Gesetz auch jede Arbeitszeit, die an Sonn- oder Feiertagen abgeleistet wird, § 9 Abs. 1 ArbZG, als aufzeichnungspflichtig ansehen, vgl. *Schlottfeldt/Hoff* NZA 2001, 530 ff. m.w.N.) – eine gesetzliche Verpflichtung des Arbeitgebers, über Beginn und Ende eines individuellen Arbeitstages Bescheid zu wissen und beides damit auch zu erfassen oder erfassen zu lassen. Das BAG begründet diese Entscheidung damit, dass der Arbeitgeber nur durch diese Kenntnis und Kontrolle sicherstellen könne, dass die Vorschriften des Arbeitszeitgesetzes über tägliche Höchstarbeitszeit und Ruhezeiten eingehalten werden.

Diese verschiedenen Entwicklungen haben dazu geführt, dass Unternehmen heute in der Regel entweder von den bei ihnen etablierten Betriebsräten oder von im Betrieb vertretenen Gewerkschaften dazu gedrängt werden oder dies auch aus Gründen der Compliance und der Absicherung gegenüber der Gewerbeaufsicht selbst wünschen, ihre Arbeitszeitmodelle dahingehend zu verändern, dass sie einerseits den Erfordernissen von Gesetz und Rechtsprechung entsprechen, gleichzeitig jedoch die bei den Belegschaften üblicherweise sehr geschätzte Arbeitszeitsouveränität des Mitarbeiters möglichst aufrecht erhalten und die Notwendigkeit der Einholung von Betriebsrat-Zustimmungen zu Überstunden zur Wahrung einer möglichst hohen unternehmerischen Flexibilität nach wie vor gering halten.

Das Formular sieht ein solches modernes flexibles Arbeitszeitmodell vor, welches in Übereinstimmung mit den Rechtsprechungsforderungen eine Zeiterfassung vorsieht und gleichzeitig eine recht weitgehende Arbeitszeitsouveränität gibt. Das Formular berücksichtigt dabei wichtige Interessen des Arbeitgebers, spiegelt aber insgesamt eine mögliche Kompromisslösung wieder, die typischerweise am Ende einer Verhandlung mit dem Betriebsrat über ein betriebliches Arbeitszeitsystem steht und somit auch Regelungen enthält, die regelmäßig auf Verlangen der Betriebsratsseite aufgenommen werden.

2. Präambel. Die wesentlichen Beweggründe für das Arbeitszeitmodell, auf die sich Arbeitgeber und Betriebsrat verständigen können, sollten in der Präambel zur Betriebsvereinbarung wiedergegeben werden, damit die Belegschaft sich mit ihren Interessen wiederfindet und der „Geist" der Betriebsvereinbarung festgehalten wird. Falls Arbeitgeber und Betriebsrat eine Einigung auf eine gemeinsam verantwortete Präambel nicht möglich ist, kann diese allerdings auch entfallen.

3. Geltungsbereich. Das Formular sieht vor, dass die Betriebsvereinbarung grundsätzlich für alle Mitarbeiter der Gesellschaft gilt, die im Innendienst beschäftigt sind (**persönlicher Geltungsbereich**). Ausnahmen hiervon können vorgesehen werden, jedoch nur unter Beachtung der allgemeinen Diskriminierungsverbote und des Gleichbehandlungsgrundsatzes (vgl. ErfKomm/*Kania* § 77 BetrVG Rn. 33). Differenzierungen sind damit nur zulässig, wenn sie durch sachliche Gründe zu rechtfertigen sind. So kann es aufgrund der Anforderungen an bestimmte Arbeitsplätze sachgerecht erscheinen, auf diesen Arbeitsplätzen beschäftigte Arbeitnehmer nicht an flexiblen Arbeitszeitmodellen teilhaben zu lassen. Es sollte daher besonders sorgfältig geprüft werden, ob die betrieblichen Abläufe es erforderlich machen, bestimmte Arbeitnehmergruppen aus dem Geltungsbereich herauszunehmen. Beispielhaft sind im Formular hierzu Mitarbeiter an einer Rezeption, in der Kantine oder Fahrer genannt. Leitende Angestellte i.S.v. § 5 Abs. 3 BetrVG sind – wie üblich – von der Geltung der Betriebsvereinbarung ausgenommen. Für diesen Personenkreis kann ggf. eine inhaltsgleiche oder ähnliche Regelung mit dem Sprecherausschuss der leitenden Angestellten getroffen oder einzelvertraglich vereinbart werden. Der **sachliche Geltungsbereich** dient zur Klarstellung, dass mit der vorliegenden Betriebsvereinbarung der gesamte Themenkomplex der Verteilung der Arbeitszeit i.S.d. § 87 Abs. 1 Nr. 2 BetrVG und die damit im Zusammenhang stehenden Themen abschließend geregelt werden sollen.

4. Regelmäßige wöchentliche Arbeitszeit. Die Dauer der regelmäßigen wöchentlichen Arbeitszeit ist in der Regel im individuellen Anstellungsvertrag geregelt. Dabei ist in den letzten Jahren eine Entwicklung zu beobachten, dass in vielen Unternehmen, anders als in den Jahren zuvor, keine weitere Verkürzung der Wochenarbeitszeit mehr stattgefunden hat, sondern stattdessen sogar viele Unternehmen zur 40-Stunden-Woche zurückgekehrt sind. Nicht selten findet sich auch schon eine Flexibilisierung bei der individualvertraglichen Vereinbarung der Arbeitszeit dahingehend, dass keine Wochenarbeitszeit mehr vereinbart wird, sondern ein Halbjahres- oder Jahresdeputat.

Das Formular geht von einem nicht tarifgebundenen Arbeitgeber aus, bei dem die betriebsübliche Arbeitszeit 40 Wochenstunden beträgt. Dies wird oft gleichzeitig bedeuten, dass mit den Mitarbeitern in den Anstellungsverträgen die individuelle wöchentliche Arbeitszeit auch mit 40 Wochenstunden vereinbart ist. Sofern keine Tarifbindung vorliegt, sind die Arbeitsvertragsparteien unter Beachtung der gesetzlichen Bestimmungen bei der Festlegung der Arbeitszeiten allerdings frei; insoweit kann mit einzelnen Mitarbeitern individualvertraglich auch eine höhere als die betriebsübliche Arbeitszeit vereinbart werden.

Im Formular ist eine alternative Regelung für tarifgebundene Arbeitgeber vorgesehen. Bei Tarifgebundenheit ist die Dauer der Arbeitszeit typischerweise tarifvertraglich geregelt, so dass etwa erwünschte Abweichungen gemäß § 77 Abs. 3 BetrVG nur dann zulässig sind, wenn der zugrunde liegende Tarifvertrag dies ermöglicht („Öffnungsklausel"). § 77 Abs. 3 BetrVG kann der Regelung der Dauer der Arbeitszeit in einer Betriebsvereinbarung auch dann entgegenstehen – zumindest für bestimmte Mitarbeitergruppen –, wenn die Gesellschaft nicht tarifgebunden ist, aber für den räumlichen, fachlichen und betrieblichen Tätigkeitsbereich des Arbeitgebers tarifliche Arbeitszeitregelungen bestehen.

5. Tägliche Sollarbeitszeit. Die tägliche Sollarbeitszeit errechnet sich aus der regelmäßigen wöchentlichen Arbeitszeit nach § 2 Abs. (1) des Formulars. Diese ist durch fünf (oder bei Verteilung der regelmäßigen wöchentlichen Arbeitszeit auf eine andere Anzahl von Arbeitstagen durch die jeweils einschlägige Anzahl von Arbeitstagen pro Woche) zu teilen. Die tägliche Sollarbeitszeit ist eine wichtige Größe, um im Abgleich mit der täglich tatsächlich geleisteten Arbeitszeit (sog. Ist-Arbeitszeit) zu ermitteln, ob der Arbeitnehmer mehr oder weniger als sein individuelles Soll erfüllt hat, was dann auf dem Arbeitszeitkonto erfasst wird und zum Wachsen oder Schrumpfen der Arbeitszeitsalden führt. Die tägliche Sollarbeitszeit ist zudem für die Bewertung von Abwesenheitszeiten, in denen das Gehalt fortzuzahlen ist, von Bedeutung (s. hierzu § 7 und → Anm. 10).

6. Betriebliche Rahmenarbeitszeit. Die betriebliche Rahmenarbeitszeit gibt den Rahmen vor, innerhalb dessen die Mitarbeiter zulässigerweise die Lage ihrer täglichen Arbeitszeit und die Verteilung ihrer Arbeitsleistung auf die einzelnen Wochentage bestimmen können. Nach Ansicht des LAG Mainz (LAG Mainz BeckRS 2013, 71073) wird mit der Festlegung einer betrieblichen Rahmenarbeitszeit das Recht des Arbeitgebers zur näheren Bestimmung der Zeit der Arbeitsleistung nach § 106 S. 1 GewO eingeschränkt. Die Festlegung einer betrieblichen Rahmenarbeitszeit kann sowohl im Interesse des Arbeitgebers liegen als auch im Interesse der Belegschaft vom Betriebsrat gefordert werden. Der Arbeitgeber kann durch eine betriebliche Rahmenarbeitszeit erreichen, dass die Mitarbeiter ihre Arbeitsaufgaben nicht zu jeder beliebigen Zeit erledigen können, sondern eine gewisse Disziplinierung und auch eine Konzentration der Aufgabenerledigung und regelmäßig auch der Anwesenheit auf eine – allerdings sehr weit gezogene – Art Kernarbeitszeit erfolgt. Dabei gibt es durchaus Arbeitgeber, die für ihr Geschäft und ihre Organisation eine solche Konzentration nicht benötigen und nicht wünschen, sondern einen Vorteil darin sehen, ihren Mitarbeitern auch die Abendstunden (z. B. für geschäftliche Telefonate mit den USA) oder den Samstag (im Sinne einer besseren Vereinbarkeit von Beruf und Familie) für die Erledigung der Arbeitsaufgaben zur Verfügung zu stellen. Die Betriebsräte werden üblicherweise eher für einen vergleichsweise engen betrieblichen Arbeitszeitrahmen sein, entweder weil sie meinen, dies böte mehr

Überlastungsschutz für die Mitarbeiter oder weil der engere Rahmen dazu führt, dass der Arbeitgeber bei etwaigem Bedarf für Arbeit außerhalb des Arbeitszeitrahmens ggf. eine Änderung der Betriebsvereinbarung verhandeln oder zumindest um Zustimmung des Betriebsrats im Einzelfall werben muss.

Das Formular sieht eine in der Praxis nicht untypische Regelung zur betrieblichen Rahmenarbeitszeit vor, welche den Rahmen auf die fünf üblichen Arbeitstage Montag bis Freitag fixiert und einen verhältnismäßig weiten Rahmen an den einzelnen Tagen spannt, nämlich von 6.00 Uhr bis 21.00 Uhr, innerhalb dessen die Mitarbeiter arbeiten können und innerhalb dessen der Arbeitgeber ggf. Anwesenheit und Arbeitsleistung verlangen kann, ohne gegen die Betriebsvereinbarung zu verstoßen. Arbeit an einem Samstag, vor 6.00 Uhr morgens oder nach 21.00 Uhr abends würde in diesem Fall grundsätzlich gegen die Betriebsvereinbarung verstoßen. Da in der Praxis nicht selten geschäftliche Aktivitäten auch an einem Samstag (z. B. Dienstreisen oder Teilnahme an Messen) oder nach 21.00 Uhr (z. B. Geschäftsessen) erfolgen müssen, sieht das Formular insoweit vor, dass bestimmte Arbeiten sowie dienstlich veranlasste Aktivitäten, die keine Arbeit im eigentlichen Sinn darstellen, auch außerhalb der betrieblichen Rahmenarbeitszeit stattfinden können. Im Interesse einer besseren Vereinbarkeit von Beruf und Familie sieht das Formular auch eine Ausnahme dahingehend vor, dass freiwillige Arbeit im Home Office außerhalb der betrieblichen Rahmenarbeitszeit erbracht werden kann. Dies trägt der Tatsache Rechnung, dass auch Führungskräfte, die keine leitenden Angestellten sind, oft das Bedürfnis haben (insbesondere bei einer Funktion mit Auslandsbezug), abends noch ihre E-Mails zu sichten und evtl. noch eine kurze Antwort zur Vorbereitung des nächsten Arbeitstages zu geben oder ein Verantwortung tragender Teilzeitbeschäftigter es gelegentlich vorziehen wird, eine Arbeitsaufgabe zu unterbrechen, um pünktlich den Betrieb verlassen zu können, dann aber abends nach Erledigung der Familienaufgaben diese Aufgabe noch zu Hause fertigzustellen. Ob ein Betriebsrat solche Ausnahmen, insbesondere die Ausnahme zur Arbeit im Home Office, akzeptiert, wird im Einzelfall von der dem Betriebsrat erkennbaren Interessen der Belegschaft und der Verhandlungssituation im allgemeinen abhängen; ggf. wird der Betriebsrat Konkretisierungen verhandeln.

7. Mindestbesetzung. Die im Formular vorgesehene Regelung einer Mindestbesetzung muss im Zusammenhang mit der im Formular in § 5 geregelten und das eigentliche Kernstück der flexiblen Arbeitszeitmodelle bildenden Arbeitszeitsouveränität der Mitarbeiter gesehen werden. Die Regelung einer Mindestbesetzung ist eines der Korrektive, die eine Arbeitszeitsouveränität praktikabel und für Arbeitgeber akzeptabel machen. Das Formular geht von Regelungen für die Mindestbesetzung in den kleinsten Organisationseinheiten aus. Denkbar wäre auch, sie für größere Organisationseinheiten vorzusehen. Die vom Formular vorgeschlagene Lösung, wonach der Arbeitgeber die jeweilige Mindestbesetzung vorgibt, wird in Verhandlungen mit Betriebsräten nicht immer durchsetzbar sein. Vielmehr werden Betriebsräte versuchen, auf eine Festlegung der Mindestbesetzung bereits in der Betriebsvereinbarung hinzuwirken, z. B. durch Festlegung der Mindestbesetzung pro Funktion im Team in absoluten Zahlen oder in Prozent von der Soll-Normalbesetzung; werden absolute Zahlen angegeben, muss eine Anpassungsmöglichkeit vorgesehen werden, wenn sich die Personalplanung (Soll-MAK/Soll-FTE) während der Laufzeit der Betriebsvereinbarung ändert. Das Interesse von Betriebsräten nach einer Festlegung der Mindestbesetzung bereits in der Betriebsvereinbarung erklärt sich daraus, dass zumindest nach der im Formular vorgesehenen Regelungsmechanik die Regelung einer Mindestbesetzung es dem Arbeitgeber erlaubt, unter Hinweis auf die Notwendigkeit, die vorgesehene Mindestbesetzung sicherzustellen, die ansonsten bestehende Arbeitszeitsouveränität der Mitarbeiter einzuschränken und z. B. entweder eine Anwesenheit im Betrieb zu bestimmten Zeiten anzuordnen oder vom Mitarbeiter geplante und gewünschte Abwesenheiten nicht zuzulassen.

Die nach dem Formular vom Arbeitgeber vorzugebende Mindestbesetzung soll nach der Regelung im Formular weitgehend eigenverantwortlich von den betroffenen Organisationseinheiten sichergestellt werden, d.h. dass die notwendige Zahl an Mitarbeitern mit den notwendigen Funktionen zur vorgegebenen Zeit anwesend sind. Wenn die eigenverantwortliche Einigung der Mitarbeiter nicht gelingt, kann die Führungskraft allerdings diejenigen Mitarbeiter bestimmen, die zur Sicherstellung der Mindestbesetzung anwesend sein müssen. Von Betriebsräten wird gelegentlich versucht zu verhandeln, dass diese Konfliktentscheidung nicht von der Führungskraft, sondern von einer Schlichtungsstelle getroffen werden soll. Eine solche Regelung ist allerdings nicht praktikabel und deshalb nicht sinnvoll, weil die Konflikt-Entscheidung regelmäßig sehr zeitnah, oft am Abend eines bestimmten Tages für den nächsten Tag, getroffen werden muss und die Einschaltung einer betrieblichen Schlichtungsstelle regelmäßig zu lange dauern und eine Entscheidung erst Tage oder Wochen nach dem eigentlichen Konfliktfall ergehen würde.

8. Arbeitszeitsouveränität. Das Formular gewährt den Mitarbeitern im Grundsatz Arbeitszeitsouveränität: Sie können grundsätzlich Beginn und Ende ihrer Arbeitszeit an den Arbeitstagen und die Lage der Arbeitstage frei bestimmen, allerdings nicht absolut, sondern in den von der Betriebsvereinbarung und dem Gesetz gezogenen Grenzen. Die Betriebsvereinbarung gibt dabei die betriebliche Rahmenarbeitszeit und die Spielregeln über die Mindestbesetzung im Team vor; sie fordert die Berücksichtigung betrieblicher Interessen und erlaubt bestimmte Eingriffe in die Arbeitszeitsouveränität. Das Arbeitszeitgesetz, das ohnehin zu beachten ist, auf welches aber die Betriebsvereinbarung nochmals eigens hinweist, enthält zwingende Schutzbestimmungen wie z.B. das Verbot von Arbeit an Sonn- und Feiertagen, Höchstarbeitszeiten, Mindestpausen und Mindestruhezeiten. Nach den Bestimmungen des **Arbeitszeitgesetzes** darf die werktägliche Arbeitszeit grundsätzlich acht Stunden nicht überschreiten. Sie kann aber auf bis zu zehn Stunden verlängert werden, wenn innerhalb von sechs Kalendermonaten oder 24 Wochen im Durchschnitt acht Stunden werktäglich, also 48 Stunden, nicht überschritten werden (§ 3 S. 2 ArbZG). Gemäß § 7 Abs. 1 ArbZG kann abweichend von § 3 S. 2 ArbZG ein anderer Ausgleichszeitraum festgelegt werden. Dies ist jedoch nur durch Tarifvertrag oder durch Betriebsvereinbarung aufgrund eines Tarifvertrages zulässig (vgl. *Schliemann/Meyer* Rn. 522 ff.). Unter bestimmten Umständen ermöglicht § 7 Abs. 3 ArbZG die „Übernahme" tarifvertraglicher Regelungen in Betrieben, die nicht tarifgebunden sind (vgl. *Heinze* NZA 1997, 681 ff.). **Anlage 1** zum Formular gibt die wichtigsten gesetzlichen Schutzvorschriften zur Arbeitszeitregelung wieder. Dadurch soll gewährleistet werden, dass Arbeitnehmer nicht über das gesetzlich zulässige Maß arbeiten und sich darauf berufen, dass ihnen die maßgeblichen Regelungen unbekannt gewesen seien. Zwar ist grundsätzlich der Arbeitgeber für die Einhaltung der genannten gesetzlichen Regelungen verantwortlich. Dem Wesen der flexiblen Arbeitszeitregelung entsprechend wird den Arbeitnehmern aber eine Mitverantwortung übertragen.

9. Elektronische Zeiterfassung. Die meisten Unternehmen, die ein flexibles Arbeitszeitmodell haben, welches auf einer exakten Zeiterfassung aufbaut, legen sich elektronische **Zeiterfassungssysteme** zu. Diese können verschieden ausgestaltet sein. In Betracht kommen Systeme, die am Ein- und Ausgang aufgestellt werden und den Mitarbeitern ermöglichen, sich beim Betreten des Betriebsgebäudes an- und abzumelden. Andere Systeme sehen vor, dass sich der Mitarbeiter mittels eines auf seinem Computer am Arbeitsplatz aufgespielten Programms anmeldet und beim Verlassen seines Arbeitsplatzes im selben Programm wieder abmeldet. In Verhandlungen über eine Betriebsvereinbarung zur Arbeitszeit wird nicht selten diskutiert, wo auf dem Betriebsgelände die Zeiterfassung erfolgen soll, um so zu entscheiden, ob z.B. bei einem weitläufigen Gelände der Weg zum tatsächlichen Arbeitsplatz schon als Arbeitszeit gewertet werden soll. Einen ähnlichen Hintergrund hat die in der Praxis auch vorkommende Diskussion darüber, ob die Minuten, die der als Zeiterfassung genutzte Computer des Mitarbeiters zum Hochfahren benötigt, bereits als Arbeitszeit gewertet werden und daher jeder Mitarbeiter einen täglichen Vorab-Zuschlag an Arbeitszeit auf dem Arbeitszeitkonto verbucht erhält. Nach wie vor kommt in der Praxis statt oder zusätzlich zur elektronischen Zeiterfassung auch eine manuelle Erfassung durch den Mitarbeiter selbst zur Anwendung, entweder durch Verwendung von sog. handschriftlich geführten „Stundenzetteln" oder – wiederum IT-basiert – durch Einträge der Mitarbeiter in Excel-Tabellen. Im Fall einer solchen manuellen Erfassung, die im Formular nicht vorgesehen ist, muss überlegt werden, ob der Arbeitgeber die Aufzeichnungen ohne weitere Prüfung akzeptieren will oder ob die Aufzeichnungen in bestimmten Abständen von der Führungskraft abgezeichnet werden müssen; überlegt werden muss auch, wer die Aufzeichnungen in welchen Zeitabständen einsieht und auf Einhaltung des Arbeitszeitgesetzes prüft und wer sie wo und wie aufbewahrt. Das Formular geht nicht von einer manuellen, sondern von einer **elektronischen Zeiterfassung** aus. Die Verwendung einer elektronischen Zeiterfassung und auch die in § 9 Abs. (7) des Formulars geregelte Information über die Zeitsalden erfordert dabei, dass die nach § 87 Abs. 1 Nr. 6 BetrVG erforderliche Mitbestimmung des Zeiterfassungssystems (ErfKomm/*Kania* § 87 BetrVG Rn. 62; HWK/*Clemenz* § 87 BetrVG Rn. 121) anderweitig bereits erfolgt ist; dass dies erfolgt ist, wird für die Zwecke des Formulars angenommen. Denkbar wäre auch, die notwendige Mitbestimmung des elektronischen Zeiterfassungssystems als Annex in der Betriebsvereinbarung zur Arbeitszeit abzuhandeln; typischerweise würde dies aber die Arbeitszeitregelung überfrachten, so dass vorzugsweise eine eigene Betriebsvereinbarung zur Erledigung der Mitbestimmung nach § 87 Abs. 1 Nr. 6 BetrVG abgeschlossen werden sollte.

Das Formular sieht vor, dass **Zeitdatenbeauftragte** zu benennen sind. Die sind typischerweise Mitarbeiter der Personalabteilung. Denkbar sind aber auch Mitarbeiter in einer anderen Abteilung oder einem anderen Bereich, die neben ihrer sonstigen Tätigkeit mit dieser zusätzlichen Aufgabe betraut werden. Besonders misstrauische Betriebsräte werden manchmal versuchen zu verhandeln, dass sie ein Mitspracherecht bei der Benennung der Zeitdatenbeauftragten haben. Die Zeitdatenbeauftragten sind zuständig für manuelle Nacherfassungen, die vor allem in Bezug auf Krankheitstage, Urlaubstage, Reisetage oder bei sonstiger Abwesenheit des Mitarbeiters von den Betriebsräumen vorkommen kann, z.B. auch bei Arbeit im Home Office.

Das Formular trifft Regelungen dazu, wie etwaige **Nachmeldungen oder Korrekturen durch die Zeitdatenbeauftragten** erfolgen können und regelt insbesondere, für welche Korrekturen die Gegenzeichnung der Führungskraft erforderlich ist. Das im Formular zugrunde gelegte Prinzip ist, dass das Streichen von versehentlich zu viel erfassten Stunden ohne Gegenzeichnung der Führungskraft erfolgen kann, dass aber das Verbuchen zusätzlicher Zeiten einer Gegenzeichnung der Führungskraft bedarf. Die Sorge vor zu hohem administrativen Aufwand oder die Verhandlungssituation zwischen Arbeitgeber und Betriebsrat kann dazu führen, dass in weniger als den im Formular genannten Fällen eine Gegenzeichnung vorgesehen wird.

Typischerweise sieht ein elektronisches Zeiterfassungssystem die **Hinterlegung der Sollarbeitszeit** vor und gleicht diese täglich mit den tatsächlichen – erfassten oder nachgemeldeten/korrigierten – Arbeitsstunden ab. Dadurch kann es zum Aufbau von Plus- oder Minusstunden auf dem elektronischen Arbeitszeitkonto kommen. So sieht es auch das Formular vor, welches in § 9 eine ausführliche Regelung zum Auf- und Abbau von Zeitsalden auf dem Arbeitszeitkonto enthält.

Bezüglich der Verbuchung von **Pausen** spiegelt das Formular eine in der Praxis häufige Regelung wieder, wonach der Mitarbeiter Pausenzeiten durch von ihm vorgenommene Buchungen in das System eingeben kann, das System aber – falls keine Pause oder eine kürzere als die gesetzlich erforderliche Pause eingegeben wurde – pro Arbeitstag automatisch eine Buchung vornimmt, als hätte der Mitarbeiter die gesetzlich vorgeschriebene Pause gemacht (zur Grenze des Zulässigen vgl. LAG München BeckRS 2009, 67422).

Sehr unterschiedlich wird in der Praxis bei Unternehmen die Frage beurteilt, ob Raucherpausen wie sonstige Pausen (Mittagspause, Kaffeepause etc.) behandelt werden sollen und damit im elektronischen Zeiterfassungssystem gebucht werden sollen. Am ehesten wird dies in gesundheitsbewussten Unternehmen erwogen, bei denen die elektronische Zeiterfassung am Arbeitsplatz erfolgt und bei dem jeder Mitarbeiter eine ähnlich weite Strecke zurückzulegen hat, um zu sog. Raucherecken oder einem Raucherplatz außerhalb des Betriebsgebäudes zu kommen. Denn ohne die letztgenannten beiden Voraussetzungen kann das Erfassen von Raucherpausen zu personalpolitisch schwerlich hinnehmbaren Ungerechtigkeiten führen. Wird das Erfassen von Raucherpausen als Pflicht der Mitarbeiter in die Betriebsvereinbarung aufgenommen, kann den Mitarbeitern bei Verstößen gegen diese Pflicht eine fristlose Kündigung ihres Arbeitsverhältnisses drohen (so bei LAG Mainz BeckRS 2010, 71271; vgl. zum Abmahnungserfordernis in einem solchen Fall LAG Hamm BeckRS 2011, 71723).

Ein in der Praxis an Bedeutung zunehmendes Thema ist, ob Mitarbeiter als Pause erfassen müssen, wenn sie während eines Arbeitstages private E-Mails anschauen oder zu privaten Zwecken den vom Unternehmen bereitgestellten Internetzugang nutzen. Das Formular trifft hierzu keine Regelung; in der Praxis wird häufig eine de minimis-Regelung dahingehend getroffen, dass gelegentliche und sehr kurze Arbeitsunterbrechungen für private E-Mails und private Internetnutzung unbeachtet bleiben und nicht erfasst werden müssen und längere Unterbrechungen für diese Zwecke nicht erlaubt sind (vgl. zur Wertung einer exzessiven privaten Internetnutzung als kündigungsrelevanter Arbeitszeitbetrug BAG NZA 2006, 98). Weil das Formular hierzu keine Regelung trifft, ist von einer Erfassungspflicht auch bei sehr kurzen Arbeitsunterbrechungen auszugehen.

10. Erfassung von zu vergütenden Nicht-Arbeitszeiten. Die übliche und auch im Formular unterstellte Wirkweise der elektronischen Zeiterfassungssysteme beinhaltet, dass ganztägige Abwesenheitszeiten, für die ein Anspruch des Mitarbeiters auf Entgeltfortzahlung oder Urlaubsentgelt besteht, mit der jeweils individuell maßgeblichen Sollarbeitszeit bewertet und eingebucht werden müssen. Sie führen folglich zu keiner Erhöhung oder Absenkung des Zeitsaldos auf dem Arbeitszeitkonto. Dies entspricht der Rechtsprechung des BAG, welche besagt, dass die in Folge der Freistellung zur Erfüllung des Urlaubsanspruchs des Mitarbeiters ausgefallenen Soll-Arbeitsstunden in sein Arbeitszeitkonto als Ist-Stunden einzustellen sind (BAG NZA 2012, 1227, 1228 f.); die Vereinbarung, nur eine geringere Stundenanzahl als die Soll-Arbeitsstunden dem Konto gutzuschreiben, soll gegen § 13 Abs. 1 BUrlG verstoßen und sei unwirksam.

Besonderer Regelungsbedarf besteht in Bezug auf etwaige Reisezeiten oder sonstige Zeiten, in denen der Arbeitnehmer aufgrund seiner Arbeitssituation beruflich veranlasst Zeiten unterwegs verbringt oder sonst beruflich beansprucht ist, aber in diesen Zeiten nicht seine eigentlichen, funktionsbezogenen Arbeitsaufgaben erledigt. Solche Zeiten lassen sich als „dienstlich veranlasste Nichtarbeitszeiten" bezeichnen. Typisches Beispiel sind die Reisezeiten bei angeordneten Dienstreisen.

In der Mechanik einer flexiblen Arbeitszeit mit Zeiterfassung, Arbeitszeitkonten, Arbeitszeitsouveränität und Ausgleich oder Abgeltung von Plusstundensalden führt eine Wertung und eine Erfassung jeder dienstlich veranlassten Nichtarbeitszeit wie geleistete Arbeitsstunden auf dem Arbeitszeitkonto dazu, dass diese Zeiten in vollem Umfang als vergütungspflichtige Zeiten behandelt werden. Deshalb haben Arbeitgeber ein Interesse daran, in einer Betriebsvereinbarung über ein flexibles Arbeitszeitmodell mit den vorgenannten Inhalten Regelungen dazu zu treffen, ob überhaupt und wenn ja, in welchem – ggf. nur eingeschränkten – Umfang dienstlich veranlasste Nichtarbeitszeit wie geleistete Arbeitsstunden und damit als vergütungspflichtige Zeit auf dem Arbeitszeitkonto erfasst werden. Von der Frage der Vergütungspflicht zu unterscheiden ist dabei die Frage, ob etwaige dienstlich veranlasste Nichtarbeitszeit innerhalb oder außerhalb der betrieblichen Rahmenarbeitszeit liegt und ob sie als „Arbeit" i.S.d. Arbeitszeitgesetzes zu werten ist. Diese Unterscheidung ist wichtig, weil die drei Regelungssysteme (ArbZG, Vergütungspflicht, BetrVG → Anm. 1) unterschiedliche Vorgaben machen. Daher kann es z.B. dazu kommen, dass eine dienstlich veranlasste Nichtarbeitszeit (z.B. ein vom Mitarbeiter schlafend und essend verbrachter zwölfstündiger Interkontinentalflug an einem Sonntag) nicht als Arbeit i.S.d. Arbeitszeitgesetzes zu werten ist, aufgrund der Ausnahmeregelungen in der Betriebsvereinbarung (wie sie z.B. im Formular vorgesehen ist) außerhalb der betrieblichen Rahmenarbeitszeit zulässig ist und aufgrund der Zeiterfassungs-Regelungen in der Betriebsvereinbarung (wie sie z.B. im Formular vorgesehen ist) nur teilweise vergütungspflichtig ist.

Das Formular regelt, ob und inwieweit Reisezeiten als **vergütungspflichtige** Arbeitszeit anzuerkennen und zu erfassen sind. Die Diskussion ist noch vergleichsweise einfach, sofern es – wie im Formular – um Regelungen für Innendienstmitarbeiter geht; sie wird deutlich komplexer, sofern – was das Formular angesichts seines Geltungsbereichs nicht adressiert – Außendienstmitarbeiter betroffen sind.

Das Formular sieht eine Erfassung und damit Vergütungspflichtigkeit von tatsächlich während einer Dienstreise aufgewendeten Arbeitsstunden vor – sowie bei Tagen, an denen sowohl gereist als auch gearbeitet wird, oder eine als Arbeit anerkannte Tätigkeit wie sie z.B. bei Fortbildungsveranstaltungen oder verpflichtenden Geschäftsessen erbracht wird, eine Kappung bei zehn Stunden. Zudem sieht das Formular, soweit wegen Abwesenheit vom Betrieb an den Reisetagen erforderlich, eine Nacherfassung mit Gegenzeichnung der Führungskraft vor und eine Klarstellung, dass die Wertung und Verbuchung als Arbeitszeit nicht bedeutet, dass die Zeiten eine Arbeitszeit i.S.d. Arbeitszeitgesetzes darstellen. Letzteres beurteilt sich allein nach den Vorgaben, die Gesetz und Rechtsprechung hierzu gemacht haben.

Das Formular trifft keine Regelung zu **Bereitschaftszeit, Arbeitsbereitschaft und Rufbereitschaft.** Denn in der Praxis wird dieses Thema typischerweise in einer eigenen Betriebsvereinbarung adressiert, weil abgesehen von besonderen Branchen wie z.B. in Krankenhäusern oder in der IT-Wartung regelmäßig nicht alle Mitarbeiter, sondern nur bestimmte, meist kleinere Gruppen von Mitarbeitern betroffen sind. Nach der Rechtsprechung des EuGH (EuGH NZA 2000, 1227 – Simap; EuGH NZA 2003, 1019 – Jäger) und des BAG (BAG NZA 2004, 164; BAG NZA 2004, 656) zählen Arbeitsbereitschaft wie auch Bereitschaftszeit zur **Arbeitszeit i.S.d. Arbeitszeitgesetzes** (zu den Begriffen *Neumann/Biebl* § 7 Rn. 8 ff. und *Falder* NZA 2010, 1150 ff.), Rufbereitschaft jedoch nicht. Rufbereitschaft liegt vor, wenn der Mitarbeiter verpflichtet ist, sich zu Hause oder an – im Gegensatz zum Bereitschaftsdienst – einer frei gewählten Stelle bereitzuhalten, damit er die Arbeit, falls erforderlich, alsbald aufnehmen kann (EuGH NZA 2000, 1227 – Simap; BAG NZA 2007, 155; zur Anordnung von Rufbereitschaft bei Mitführen eines Mobiltelefons s. BAG NZA 2001, 165; ferner *Falder* NZA 2010, 1150 ff. allgemein zum Thema Nutzung moderner Kommunikationsmittel in der Freizeit – „Morbus Blackberry"). Mit der vorgenannten Rechtsprechung ist jedoch nichts dazu gesagt, in welchem Umfang solche Zeiten als vergütungspflichtige Arbeitszeit zu behandeln sind. Der EuGH hat ausdrücklich darauf hingewiesen, dass diese Frage außerhalb seiner Zuständigkeit stehe und sich allein nach nationalem Recht richte. Das Arbeitszeitgesetz regelt dabei nur den öffentlich-rechtlichen Arbeitsschutz und enthält zur Frage der Vergütung der Arbeitszeiten keine Regelungen. Nach der Rechtsprechung sind sowohl Bereitschaftszeit als auch Arbeitsbereitschaft und Rufbereitschaft grundsätzlich zu vergüten; das Arbeitsentgelt kann für diese Zeiten angesichts der geringeren Beanspruchung aber geringer als die Vergütung für die Vollarbeit sein. Dabei kommt es auf die getroffenen individual- oder kollektivvertraglichen Vereinbarungen an. Das BAG hat etwa betont, es könne tarifvertraglich geregelt werden, dass Bereitschaftszeit und Rufbereitschaft nur zu einem bestimmten Teil vergütungspflichtig seien (BAG NZA 2004, 656). Die o.g. Rechtsprechung von EuGH und BAG steht daher einer nur anteiligen Gutschrift von Arbeitsbereitschaft, Bereitschaftsdienst und Rufbereitschaft auf dem Arbeitszeitkonto nicht entgegen. In der betrieblichen Praxis werden in aller Regel – auch gemäß Tarifvertrag – Bereitschaftszeiten nicht vollständig als vergütungspflichtige Arbeitszeit behandelt. Üblich ist etwa eine 15- bis 25-prozentige Gutschrift für derartige Bereitschaftszeiten, soweit der Arbeitnehmer im konkreten Fall nicht in mehr als der Hälfte der Bereitschaftszeit tatsächlich zur Arbeit herangezogen wurde. Fehlt es an einer individual- oder kollektivvertraglichen Regelung, richtet sich die Vergütung nach § 612 BGB (vgl. BAG NJOZ 2008, 4189).

Zunehmend rücken die dienstliche Smartphone-Nutzung der Mitarbeiter und ihre damit zusammenhängende dauerhafte Erreichbarkeit in der Freizeit in den Fokus von Rechtsprechung und Literatur. Zwar ist bisher nicht geklärt, ob die vom Arbeitgeber gewünschte Erreichbarkeit mittels Smartphone ein Dienst i. S. d. § 611 BGB und somit – bei Fehlen einer ausdrücklichen Regelung – vergütungspflichtig ist (dagegen: *Bissels/Domke/Wisskirchen* DB 2010, 2052, 2054). Für die Rufbereitschaft, deren Voraussetzungen in einer solchen Konstellation nicht vollständig erfüllt sind, wurde höchstrichterlich eine Vergütungspflicht festgestellt (BAG NZA 2001, 625). Sobald der Mitarbeiter wie gefordert tatsächlich Arbeitsleistung erbringt (also z. B. ein aufgabenbezogenes Telefonat führt), ist diese Zeit unumstritten vergütungspflichtig und kann sogar bei Überschreiten der Erheblichkeitsschwelle die Ruhensfrist des § 5 Abs. 1 ArbZG (= elf Stunden Ruhezeit nach einem Arbeitstag) erneut in Gang setzen, so dass der Mitarbeiter nach der erbrachten Arbeitsleistung wiederum eine ununterbrochene Ruhezeit von mindestens elf Stunden einhalten muss (*Bissels/Domke/Wisskirchen* DB 2010, 2052, 2054). Selbst wenn der Arbeitgeber den Mitarbeiter nicht zur Arbeitsleistung in seiner Freizeit auffordert und den Arbeitgeber somit keine Vergütungspflicht trifft, kann dem Arbeitgeber nach § 22 Abs. 1 Nr. 3 ArbZG ein Bußgeld drohen, sofern er es zumindest fahrlässig unterlassen hat, den Arbeitnehmer zur Einhaltung der Mindestruhezeit anzuhalten. Denn für einen Verstoß gegen § 22 Abs. 1 ArbZG kann ein Unterlassen ausreichen, § 8 OWiG (Däubler/Hjort/Schubert/Wolmerath/*Dietrich/Growe* § 22 ArbZG Rn. 5). Daher empfiehlt es sich für den Arbeitgeber, eine klare Regelung zur Nutzung von Smartphones und sonstigen mobilen Arbeitsmitteln in der Freizeit zu treffen. Inhaltlich sind dabei verschiedene, individuell zu erarbeitende Lösungen denkbar. Dies geht von der Aufforderung an Vorgesetzte, Mitarbeiter nur noch in begründeten Ausnahmefällen in ihrer Freizeit zu stören bis zu einer technischen Lösung, wonach zeitweise keine E-Mails weitergeleitet werden. Eine diesbezügliche Regelung haben bereits einige Unternehmen getroffen, hierunter die Volkswagen AG und die Deutsche Telekom AG. Gemäß der Betriebsvereinbarung bei der Volkswagen AG wird der Server-Betrieb 30 Minuten nach Ablauf des Gleitzeitrahmens eingestellt, erst 30 Minuten vor Beginn des Gleitzeitrahmens können wieder E-Mails verschickt werden, wobei die Regelung offenbar nur für Tarifmitarbeiter, nicht aber für Manager gilt.

11. Überstunden/Mehrarbeit. Bei flexiblen Arbeitszeitsystemen stellt sich immer die Frage, wie mit **vergütungspflichtigen Überstunden** verfahren werden soll und wie sie zu definieren sind. Macht der Arbeitnehmer von der Arbeitszeitsouveränität Gebrauch und erwirbt Plusstunden auf dem Arbeitszeitkonto, muss noch lange keine Überstunde oder Mehrarbeit vorliegen. Eine präzise Definition und auch eine gesonderte Erfassung von Überstunden oder Mehrarbeit ist in jedem Fall dann erforderlich, wenn für Überstunden oder Mehrarbeit ein Zuschlag gewährt werden soll, unabhängig davon, ob der Zuschlag in Zeit oder in Geld gewährt wird, oder dann, wenn geleistete Überstunden oder Mehrarbeit anderen Abbau-Regelungen unterliegen sollen als „normale“ Plusstunden.

Das Formular sieht einen Zuschlag für Überstunden/Mehrarbeit vor, was zur Folge hat, dass Überstunden/Mehrarbeit gesondert erfasst werden müssen, um identifizierbar zu sein. Erforderlich ist damit gleichzeitig Überstunden/Mehrarbeit präzise zu definieren, um sie von „normalen“ Arbeitsstunden abzugrenzen. Das Formular wählt eine vergleichsweise enge Definition von vergütungspflichtigen Überstunden. Es stellt verschiedene Voraussetzungen auf, die vorliegen müssen, damit eine geleistete Arbeitsstunde als zuschlagspflichtige Überstunde oder Mehrarbeit behandelt wird.

Das Formular sieht vor, dass Überstunden/Mehrarbeit zunächst einen etwaigen Minussaldo auf dem Arbeitszeitkonto ausgleichen und im Übrigen auf einem gesonderten Überstundenkonto erfasst werden. Für jede Stunde wird ein 15 prozentiger Zeit-Zuschlag gewährt, der ebenfalls auf dem Überstundenkonto erfasst wird.

Ebenso wie für den Plusstundensaldo (s. § 9 Abs. (6) des Formulars) ist vorgesehen, dass mit dem Festgehalt bereits eine bestimmte Anzahl von Überstunden/Mehrarbeitsstunden vergütet sein soll, so dass jeden Monat der Überstundensaldo/Mehrarbeitssaldo um diese, bereits als pauschal vergütet angesehene Zahl von Stunden gekürzt wird. Anders als beim Plusstundensaldo erfolgt diese Kürzung nicht monatsbezogen nur bei den jeden Monat neu entstandenen Überstunden/Mehrarbeitsstunden, sondern so, dass auch Überstunden/Mehrarbeitsstunden, die beispielsweise im April eines Jahres entstanden sind, in den Folgemonaten nach und nach durch Kürzung auf dem Überstundenkonto abgebaut werden. Soweit auch nach dieser Kürzung Überstunden/Mehrarbeitsstunden auf dem Überstundenkonto verbleiben, hat die Gesellschaft für einen Ausgleich das Recht zu wählen zwischen Ausgleich in Zeit oder Ausgleich in Geld. Das Formular definiert für einen Ausgleich in Geld den maßgeblichen Stundensatz.

Das Formular sieht eine **Verpflichtung des Mitarbeiters** vor, Überstunden/Mehrarbeit zu leisten. Die Betriebsparteien können eine solche Verpflichtung der Mitarbeiter zur Leistung von Überstunden nur regeln, wenn der Arbeitsvertrag eine Öffnungsklausel enthält, die auch nachteilige Regelungen durch Betriebsvereinbarung zulässt (BAG AP BetrVG 1972 § 77 Nr. 4; → Form. A. II. 1 Anm. 25). Ansonsten kommt es auf die Regelungen im Arbeitsvertrag an.

Vor der Anordnung oder Duldung von Überstunden i. S. d. § 87 Abs. 1 Nr. 3 BetrVG, also der vorübergehenden Verlängerung der betriebsüblichen Arbeitszeit, hat der Arbeitgeber die **Zustimmung des Betriebsrats** einzuholen. Das entsprechende Mitbestimmungsrecht des Betriebsrats ist dabei bei einem System der flexiblen Arbeitszeit eingeschränkter als es dies bei einer starren Arbeitszeitregelung wäre. Denn der bloße Umstand, dass ein Mitarbeiter zugunsten seines Arbeitszeitkontos länger arbeitet als sonst üblich, stellt keine Verlängerung der betriebsüblichen Arbeitszeit dar und ist deshalb nicht zustimmungspflichtig (zur Definition von Überstunden bei Teilzeitbeschäftigten vgl. BAG NZA 2007, 818, 820). § 87 Abs. 1 Nr. 3 BetrVG bezieht sich nur auf die vorübergehende Verlängerung oder Verkürzung der betriebsüblichen Arbeitszeit. Die Lage der betriebsüblichen Arbeitszeit an den einzelnen Arbeitstagen hingegen ist gemäß § 87 Abs. 1 Nr. 2 BetrVG mitbestimmungspflichtig. Dieses Mitbestimmungsrecht übt der Betriebsrat mit der Betriebsvereinbarung zur flexiblen Arbeitszeit aus und überlässt es demnach den einzelnen Arbeitnehmern, die Lage ihrer Arbeitszeit, also die Verteilung der betriebsüblichen (Wochen-)Arbeitszeit auf die einzelnen Arbeitstage, im Rahmen der im Formular vorgesehenen Arbeitszeitsouveränität und ihrer Einschränkungen selbst zu bestimmen. Eine vorübergehende Verlängerung der betriebsüblichen Arbeitszeit liegt in einem solchen System deshalb nicht vor, weil die höhere Zahl von Arbeitsstunden in einem Zeitabschnitt in der Zukunft durch freie Zeit ausgeglichen wird (BAG AP BGB § 611 Mehrarbeitsvergütung Nr. 25; BAG AP BetrVG 1972 § 87 Sozialeinrichtung Nr. 14; BAG AP BetrVG 1972 § 87 Arbeitszeit Nr. 93; GKBetrVG/*Wiese* § 87 Rn. 398, jeweils m. w. N.). Es ist gerade Sinn der flexiblen Arbeitszeit, dass die Mitarbeiter ihre Arbeitszeit frei einteilen können, also auch in einer Woche deutlich über die betriebsübliche Arbeitszeit hinaus arbeiten können, um dann die vorgearbeitete Zeit in einer der darauf folgenden Wochen „abzufeiern". Die Gesellschaft kann es bei einer solchen Gestaltung weitgehend den Arbeitnehmern überlassen, ihr Arbeitspensum im Rahmen eines flexiblen Arbeitszeitmodells zu erledigen. Sie kann schon aus praktischen Gründen den Betriebsrat nicht vorab um die Zustimmung zur vorübergehenden Verlängerung der betriebsüblichen

Arbeitszeit bitten. Sie weiß nämlich gar nicht (und soll auch nicht wissen), ob und wann der Mitarbeiter an einem Tag länger als die tägliche Soll-Arbeitszeit arbeitet und ob und wann der Mitarbeiter an einem Tag kürzer als die tägliche Soll-Arbeitszeit arbeitet und so einen Freizeitausgleich nimmt. Gleichwohl kann es in einem solchen flexiblen System zu „echten" Überstunden/Mehrarbeit kommen, z.B. zu einer ausdrücklich von der Gesellschaft angeordneten Arbeit am Samstag oder Sonntag, oder bei einer vom Mitarbeiter verlangten Arbeit in den Abendstunden außerhalb der betrieblichen Rahmenarbeitszeit. Aus Gründen der Klarheit ist im Formular definiert, wann eine zustimmungspflichtige Überstunde/Mehrarbeit vorliegt, damit sie von im Rahmen des flexiblen Arbeitszeitmodells geleisteten Arbeitsstunden und Plusstunden unterschieden werden kann. In solchen Fällen einer definierten Überstunde/Mehrarbeit bedarf die Gesellschaft der vorherigen Zustimmung des Betriebsrats, damit der Mitarbeiter die Stunden leisten darf. Wenn absehbar und planbar ist, dass solche zustimmungspflichtigen Stunden anfallen (z.B. eine Veranstaltung, die am Sonntag stattfindet), muss sich die Gesellschaft rechtzeitig um die Zustimmung bemühen und ggf. eine Einigungsstelle anrufen.

Ob das Mitbestimmungsrecht auch in **Notfällen**, also in Extremsituationen wie Feuer und Überschwemmungen vor der Leistung von Überstunden zu beachten ist, hat die Rechtsprechung zunächst offen gelassen (BAG AP BetrVG 1972 § 87 Kurzarbeit Nr. 2). Inzwischen folgert das BAG aus dem Grundsatz der vertrauensvollen Zusammenarbeit (§ 2 Abs. 1 BetrVG), dass das Mitbestimmungsrecht bei solchen unvorhersehbaren und schwerwiegenden Situationen suspendiert sei. Dies soll immer dann gelten, wenn der Betriebsrat nicht erreichbar oder zur rechtzeitigen Beschlussfassung nicht in der Lage ist, der Arbeitgeber aber sofort handeln muss, um vom Betrieb oder den Arbeitnehmern nicht wieder gutzumachende Schäden abzuwenden (BAG AP BetrVG 1972 § 87 Arbeitszeit Nr. 42; BAG AP BetrVG 1972 § 87 Arbeitszeit Nr. 79). An die vorgenannte Rechtsprechung zu Notfällen anknüpfend bestimmt das Formular, dass in Notfällen die **Zustimmung des Betriebsrats als erteilt** gilt. Hierbei werden Notfälle durch einzelne Fallgruppen definiert.

In **Eilfällen**, also in Fällen, in denen eine Regelung möglichst umgehend erfolgen muss, der Betriebsrat aber nicht rechtzeitig um Zustimmung ersucht werden kann (z.B. eilig zu erledigende Aufträge), entfällt das Mitbestimmungsrecht hingegen nicht (BAG AP BetrVG 1972 § 87 Arbeitszeit Nr. 42; BAG AP BetrVG 1972 § 87 Arbeitszeit Nr. 79). Der Betriebsrat kann auch nicht grundsätzlich auf seine Mitbestimmungsrechte im Voraus verzichten (BAG NZA 2002, 276), indem er dem Arbeitgeber das alleinige Gestaltungsrecht über den mitbestimmungspflichtigen Tatbestand eröffnet. Deshalb ist es auch nicht möglich, durch Betriebsvereinbarung die alleinige Entscheidung über Überstunden dem Arbeitgeber zu übertragen. Der Betriebsrat kann aber für bestimmte, eng umgrenzte Fallkategorien im Voraus die Zustimmung zu notwendig werdender Mehrarbeit erteilen (BAG AP ArbGG 1979 § 81 Nr. 8; BAG AP BetrVG 1972 § 87 Arbeitszeit Nr. 106). Die in der Praxis nicht seltene Regelung einer Zustimmungsfiktion nach Ablauf einer knappen Frist dürfte im Hinblick auf die neuere Rechtsprechung (BAG BeckRS 2013, 72625) regelmäßig nicht mehr möglich sein.

12. **Auf- und Abbau von Zeitsalden.** Das Formular sieht – dies ist typisch für flexible Arbeitszeitmodelle – vor, dass sich durch die dem Mitarbeiter zugewiesene Arbeitszeitsouveränität und seine eigenverantwortliche Gestaltung der täglichen Arbeitszeit das Arbeitszeitkonto täglich verändern kann. Jeden Tag entsteht durch den Abgleich zwischen täglicher Sollarbeitszeit und den tatsächlich gearbeiteten oder als Arbeitsstunden gewerteten (s. § 7 des Formulars) Stunden ein neuer **Saldo auf dem Arbeitszeitkonto**.

Ebenfalls typisch für flexible Arbeitszeitmodelle besteht das Bedürfnis, die Ausschläge dieses Saldos nach oben und nach unten zu begrenzen, und zwar regelmäßig in einer Höhe, bei der eine Rückführung auf Null noch praktikabel erscheint. Die **Ober- und Untergrenze**, d.h. die maximale Zahl an Plus- und Minusstunden, hängt in erster Linie vom Flexibilisierungsbedarf und dem Erfordernis eines einigermaßen kontinuierlichen Arbeitseinsatzes ab. Sie ist zudem Ergebnis der Verhandlungen mit dem Betriebsrat, der typischerweise für einen engeren Rahmen plädiert. Zu berücksichtigen ist auch, dass es ohne eine Unter- und Obergrenze leicht zur Überschreitung der gesetzlichen Arbeitszeit von durchschnittlich 48 Stunden pro Woche innerhalb von sechs Monaten oder 24 Wochen kommen kann (§ 3 ArbZG). In der Praxis gibt es bewährte Größenordnungen. Das Formular folgt diesen und sieht einen maximalen Plusstundensaldo von 120 (also ca. drei Arbeitswochen) und einen maximalen Minusstundensaldo von 60 (ca. eineinhalb Arbeitswochen) vor.

Um zu vermeiden, dass die Arbeitnehmer die festgelegten Ober- oder Untergrenzen überschreiten und zur Rückführung sehr hoher Plusstunden- und Minusstundensalden gibt es in der Praxis verschiedene Lösungsansätze. Manche Betriebsvereinbarungen sehen vor, dass monatlich immer nur eine bestimmte Anzahl von Plusstunden auf den Folgemonat übertragen und der darüber hinausgehende Rest gekappt wird oder dass es zu einem bestimmten Termin im Jahr zu einer Kappung von Plusstundensalden kommt (die Vereinbarung einer derartigen Kappungsgrenze wurde vom LAG Hamm für zulässig erachtet (LAG Hamm BeckRS 2008, 52938)). Bei Minusstundensalden würde die die Untergrenze unterschreitende Zahl an Minusstunden vom Gehalt abgezogen werden, wie dies regelmäßig auch für den Fall der Beendigung des Arbeitsverhältnisses vorgesehen ist (zum möglichen Auseinanderfallen von zum Aufbau und zum Abbau eines Arbeitszeitkontos notwendigen Arbeitsstunden vgl. BAG NJOZ 2010, 1710).

Das Formular sieht im Hinblick auf die nachstehend noch näher kommentierte monatliche Kürzung der Plusstundensalden in Höhe der vertraglich pauschal vergüteten Überstunden/Mehrarbeitsstunden keine Kappung vor, sondern ein in der Praxis bewährtes sog. **„Ampelmodell“**. Dieses definiert einen Normalfall (= **„grüner Bereich“**), in dem Gesellschaft und Mitarbeiter die im Arbeitszeitmodell gegebene Arbeitszeitsouveränität mit ihren normalen Beschränkungen (Mindestbesetzung, notwendige Einigung im Team) nutzen. Im Normalfall können und sollen Mitarbeiter ihr Arbeitszeitkonto selbst im grünen Bereich halten, indem sie etwaige Plusstunden durch weniger lange Arbeitstage ausgleichen oder auch, so sieht es das Formular praxistypisch vor, einen freien Tag, im Formular als „Dispotag“ bezeichnet, nehmen können. Der Dispotag kann zusammen mit Urlaub und anderen freien Tagen genommen werden (denkbar ist es auch, hier Grenzen festzulegen, etwa die Zahl der Dispotage pro Monat zu begrenzen, die Inanspruchnahme mehrerer aufeinander folgender Dispotage auszuschließen oder nur halbe Dispotage zuzulassen) und bedarf – wie ein Urlaubstag – der vorherigen Genehmigung der Führungskraft. Wenn die Verwirklichung der Mindestbesetzung oder ein betriebliches Bedürfnis nach Anwesenheit des speziellen Mitarbeiters mit dessen im Rahmen seiner Arbeitszeitsouveränität vorgebrachten Wunsch nach einem Dispotag kollidiert, kann sich die Gesellschaft mit ihren betrieblichen Interessen durchsetzen. Der sog. **„gelbe Bereich“** liegt vor, wenn Plusstundensaldo oder Minusstundensaldo schon recht hoch sind. Im Formular ist dies ab 80 bis 120 Plusstunden und ab 40 bis 60 Minusstunden vorgesehen. In diesem Fall müssen Führungskraft und Mitarbeiter in einem Gespräch ausloten, wie bis zum übernächsten Kalendermonat eine Rückführung auf 60 Plusstunden bzw. 30 Minusstunden erreicht werden kann. Die Führungskraft soll versuchen, durch Änderung von Arbeitsinhalten oder -organisation eine etwa vorhandene zu hohe Arbeitsbelastung des Mitarbeiters zu verringern und eine zeitnahe Salden-Rückführung zu ermöglichen. Der Mitarbeiter ist gehalten, die Rückführung primär durch eigenverantwortliche Gestaltung zu erreichen und dies wird ihm dadurch erleichtert, dass der Arbeitgeber weniger Möglichkeiten als in der normalen grünen Phase hat, in die Arbeitszeitsouveränität des Mitarbeiters einzugreifen. Dies dreht sich jedoch wieder um, d.h. der Arbeitgeber erhält mehr Eingriffsbefugnisse, wenn der Mitarbeiter es eigenverantwortlich nicht schafft, die Salden zurückzuführen und wenn durch Überschreiten der Höchstgrenze von 120 Plusstunden oder 60 Minusstunden der **„rote Bereich“** erreicht wird. In diesem Fall kann der Arbeitgeber einseitig einen Abbauplan aufstellen, der den betrieblichen Bedürfnissen grundsätzlich Vorrang vor den Freizeitwünschen des Mitarbeiters einräumt. Eine Ausnahme von diesem Ampelmodell ist insoweit vorgesehen, als bei Erreichen der Höchstgrenze für die Plusstunden absehbar ist, dass ein Abbau nicht möglich sein wird. In diesem Fall können Gesellschaft und Mitarbeiter einvernehmlich einen weiteren Aufbau bis maximal 160 Plusstunden vorsehen, müssen aber gleichzeitig einen verbindlichen Zeitplan für den Abbau vereinbaren und dies auch den HR-Verantwortlichen mitteilen, damit diese die Einhaltung der Vereinbarung überwachen und ggf. durch Begleitmaßnahmen flankieren können.

Das Formular sieht zudem vor, dass eine **in den Anstellungsverträgen vereinbarte Pauschalvergütung von Überstunden/Mehrarbeit** durch Kürzung des Überstundenkontos oder Plusstundensaldos umgesetzt wird. Dabei wird das Kürzungspotenzial skaliert von der Höhe des Bruttojahresfestgehalts abhängig gemacht. Eine solche Regelung kann wirksam erfolgen, wenn die Arbeitsverträge die entsprechende Menge an pauschal vergüteten Überstunden/Mehrarbeit vorsehen oder wenn der Arbeitsvertrag eine wirksame Öffnungsklausel für eine diese Frage regelnde Betriebsvereinbarung enthält.

Das Formular sieht schließlich vor, dass Führungskraft, Mitarbeiter, HR und Betriebsrat regelmäßig **Informationen zu den jeweiligen Saldenständen** auf den Überstunden- und Arbeitszeitkonten erhalten.

13. **Beendigung des Arbeitsverhältnisses.** Das Formular sieht als Regelfall vor, dass bei voraussehbarer Beendigung des Arbeitsverhältnisses etwaige Plusstunden auf dem Arbeitszeitkonto durch Zeitausgleich, d.h. durch **bezahlte Freistellung** abgegolten werden. Sofern das Arbeitszeitkonto einen Minussaldo aufweist, werden die Minusstunden unter Zugrundelegung der zum Beendigungstermin maßgeblichen individuellen Bruttostundenvergütung, die im Formular definiert wird, **von der Bruttomonatsvergütung des Arbeitnehmers abgezogen**. Pfändungsfreigrenzen sind im Hinblick darauf, dass Minusstunden den Charakter eines Vorschusses haben, nicht zu beachten (BAG NZA 2002, 390).

Die Plusstunden auf dem Arbeitszeitkonto unterliegen im Störfall (dieser umfasst nach der Definition des § 23b Abs. 2 S. 1 SGB IV u.a. eine vorzeitige Beendigung des Arbeitsverhältnisses) einer vereinfachten Abrechnung der Sozialversicherungsbeiträge; die Einschränkung aus § 8 Abs. 2 Nr. 10 BVV a.F., wonach die Möglichkeit einer vereinfachten Abrechnung nur dann gegeben sein sollte, sofern die Plusstunden von vornherein auf maximal 250 Stunden begrenzt waren, wurde 2009/2010 aufgehoben. Die vereinfachte Abrechnung bedeutet, dass die Plusstunden als Einmalzahlung abgewickelt werden können (§ 22 Abs. 1 S. 2 SGB IV; *Knospe* NZS 2009, 600, 602).

14. **Inkrafttreten/Kündigung.** → Form. C. II. 1 Anm. 15.

15. **Schlussbestimmungen.** → Form. C. II. 1 Anm. 16.

7. Zeitwertkonten

Betriebsvereinbarung über Wertguthabenvereinbarungen und Gleitzeit[1]

zwischen

...... (Name und Anschrift des Arbeitgebers) „Gesellschaft“

und

Betriebsrat des Betriebs ...... der ...... (Name des Arbeitgebers) „Betriebsrat“
(Alternative: Gesamtbetriebsrat/Konzernbetriebsrat)

Präambel[2]

Gesellschaft und Betriebsrat wollen den Mitarbeitern mit dieser Betriebsvereinbarung die Möglichkeit verschaffen, ihre Arbeitszeit künftig flexibel zu gestalten. Damit soll eine bessere Vereinbarkeit von Arbeitszeit und Freizeit in besonderem Hinblick auf die familiäre Situation der Mitarbeiter erreicht werden. Dies schließt auch die Planung der Lebensarbeitszeit ein. Für jeden Mitarbeiter werden daher ein Gleitzeitkonto zur kurz- und mittelfristigen Disposition und ein Lebensarbeitszeitkonto zur Verkürzung der Lebensarbeitszeit geführt. Betriebsrat und Gesellschaft sind sich einig, dass den Mitarbeitern auf diesem Weg besonderes Vertrauen entgegengebracht wird und ein gesteigertes Verantwortungsbewusstsein von jedem einzelnen Mitarbeiter gefordert ist.

§ 1 Geltungsbereich[3]

(1) Diese Betriebsvereinbarung gilt für alle Arbeitnehmer der Gesellschaft („Mitarbeiter"), mit Ausnahme von ......

(2) Für Teilzeit-Mitarbeiter gelten die Regelungen der Betriebsvereinbarung entsprechend, soweit nicht nachfolgend ausdrücklich etwas anderes vereinbart ist.

§ 2 Regelmäßige Arbeitszeit[4]

(1) Die regelmäßige wöchentliche Arbeitszeit beträgt ...... Stunden.

(Alternative:

(1) Die wöchentliche Arbeitszeit regelt sich nach dem jeweils geltenden Tarifvertrag und beträgt derzeit ...... Stunden.)

(2) Bei Teilzeit-Mitarbeitern, mit denen eine andere Arbeitszeit vereinbart wurde, ergibt sich die regelmäßige wöchentliche Arbeitszeit aus dem Arbeitsvertrag.

§ 3 Gleitzeit, Arbeitsbeginn und Arbeitsende[5]

(1) Die Mitarbeiter haben die Möglichkeit, von Montag bis Freitag in Abstimmung mit ihren Vorgesetzten Beginn und Ende der täglichen Arbeitszeit sowie die Mittagspause innerhalb eines Arbeitszeitrahmens unter Sicherstellung der Anwesenheit während der Kernzeiten und unter Beachtung der gesetzlichen Rahmenbedingungen (§ 17) selbst zu bestimmen.

(2) Die Lage des Arbeitszeitrahmens und der Kernzeiten ist wie folgt:

Arbeitsbeginn:	ab ...... Uhr
Arbeitszeitende:	bis ...... Uhr
Kernzeiten:	zwischen ...... Uhr und ...... Uhr

§ 4 Pausen[6]

(1) Pausen können individuell unter Berücksichtigung der betrieblichen Erfordernisse und unter Beachtung der gesetzlichen Regelungen nach Rücksprache mit dem Vorgesetzten genommen werden *(Alternative: Pausenzeiten sind täglich von ...... Uhr bis ...... Uhr.).*

(2) Die Arbeit muss bei einer Arbeitszeit von mehr als sechs bis zu neun Stunden durch eine Ruhepause von mindestens 30 Minuten und bei einer Arbeitszeit von mehr als neun Stunden durch eine oder mehrere Ruhepausen von insgesamt mindestens 45 Minuten unterbrochen werden.

§ 5 Sollarbeitszeit[7]

(1) Die tägliche Sollarbeitszeit beträgt ein Fünftel der regelmäßigen wöchentlichen Arbeitszeit gemäß vorstehendem § 2, also ...... Stunden für Vollzeit-Mitarbeiter. Die Berechnung der Sollarbeitszeit von Teilzeit-Mitarbeitern erfolgt entsprechend dem Verhältnis der tatsächlich von dem Teilzeit-Mitarbeiter individuell geleisteten Arbeitszeit zur regelmäßigen wöchentlichen Vollzeit-Arbeitszeit gemäß vorstehendem § 2 Abs. (1).

(2) Die Sollarbeitszeit dient der Ermittlung des individuellen Zeitsaldos im Rahmen der Arbeitszeitkonten und der Bestimmung der Zeitgutschriften bei Fehlzeiten gemäß nachfolgendem § 6.

§ 6 Arbeitszeiterfassung[8]

(1) Die Arbeitszeiterfassung erfolgt mittels ...... (konkrete Beschreibung des Zeiterfassungssystems, z. B. elektronische Zeiterfassung).

(2) Pausenzeiten werden bei der Erfassung der täglichen Arbeitszeit nicht berücksichtigt. Gleiches gilt entsprechend für die Erledigung persönlicher Angelegenheiten und unentschuldigte Abwesenheitszeiten, für die kein Anspruch auf Entgeltfortzahlung besteht.

(3) Die sich aus der Arbeitszeiterfassung ergebende tägliche Arbeitszeit („Ist-Arbeitszeit") wird mit der Sollarbeitszeit gemäß vorstehendem § 5 Abs. (1) saldiert. Ein positiver Saldo wird dem Zeitguthaben auf dem Gleitzeitkonto gemäß nachstehendem § 8 gutgeschrieben, ein negativer Saldo wird von dem Zeitguthaben auf dem Gleitzeitkonto abgezogen.

(4) Dienstlich veranlasste ganztägige Abwesenheitszeiten werden mit der gültigen Sollarbeitszeit gemäß vorstehendem § 5 Abs. (1) bewertet. Sofern die dienstliche Inanspruchnahme tatsächlich über die Sollarbeitszeit hinausgeht, wird die nachgewiesene Überschreitung der Sollarbeitszeit dem Zeitguthaben auf dem Gleitzeitkonto gutgeschrieben.

(5) Ganztägige Abwesenheitszeiten, für die ein Anspruch auf Entgeltfortzahlung (Feiertage und unverschuldete Arbeitsunfähigkeit) sowie Urlaubstage, für die ein Anspruch auf Urlaubsentgelt besteht, werden mit der gültigen Sollarbeitszeit gemäß vorstehendem § 5 Abs. (1) bewertet und bewegen weder das Gleitzeitkonto noch das Lebensarbeitszeitkonto. Gleiches gilt entsprechend für Zeiträume, in denen das Arbeitsverhältnis des Mitarbeiters ruht (insbesondere Elternzeit).

(6) Sonstige ganztägige Abwesenheitszeiten, insbesondere Zeiten unentschuldigter Abwesenheit, werden vom Gleitzeitkonto mit der Sollarbeitszeit gemäß vorstehendem § 5 Abs. (1) in Abzug gebracht.

§ 7 Mehrarbeit/Überstunden[9]

(1) Mehrarbeitszuschläge werden nicht vergütet, da die regelmäßige wöchentliche Arbeitszeit durch die später gewährte Freistellung im Durchschnitt langfristig erreicht wird.

(2) Vereinbarte Zuschläge für Nachtarbeit sowie Arbeit an Samstagen, Sonntagen oder gesetzlichen Feiertagen sind in Geld zu vergüten.

§ 8 Gleitzeitkonto[10]

(1) Das Gleitzeitkonto ist so ausgestaltet, dass der Mitarbeiter von ...... Minus- bis ...... Plusstunden grundsätzlich eigenverantwortlich unter Beachtung der betrieblichen Belange nach Rücksprache mit dem Vorgesetzten disponieren kann.

(2) Das im Laufe eines Kalendermonats angesammelte über ...... Minus- bzw. über ...... Plusstunden hinausgehende Zeitsoll/Zeitguthaben ist im Folgemonat auszugleichen.

(3) Der Abbau von Zeitguthaben kann dabei durch Inanspruchnahme freier Tage erfolgen. Über deren Zahl und zeitliche Lage stimmen sich die Mitarbeiter unter Berücksichtigung der betrieblichen und persönlichen Belange eigenverantwortlich ab und führen eine Endabstimmung mit ihrem Vorgesetzten herbei. Die Entwicklung der Gleitzeitkonten ist einmal im Monat mit dem Vorgesetzen zu besprechen.

(4) Ist ein Ausgleich eines Zeitguthabens nach Maßgabe von vorstehenden Abs. (2) und (3) nicht möglich oder bis zum Letzten eines Monats nicht erfolgt, so erfolgt der Ausgleich des Gleitzeitkontos durch Überführung des über ...... Plusstunden liegenden Zeitguthabens in das Lebensarbeitszeitkonto (§ 9).

(5) Vorstehende Regelungen gelten für Teilzeit-Mitarbeiter entsprechend. Die Berechnung der maßgeblichen Minus- bzw. Plusstunden erfolgt anteilmäßig entsprechend dem Verhältnis der tatsächlich von dem Teilzeit-Mitarbeiter individuell geleisteten Arbeitszeit zur regelmäßigen wöchentlichen Vollzeit-Arbeitszeit gemäß vorstehendem § 2 Abs. (1).

§ 9 Lebensarbeitszeitkonto[11]

(1) Der Mitarbeiter kann über das Lebensarbeitszeitkonto den Zeitpunkt der Vergütung für geleistete Arbeit verschieben und dadurch spätere Freistellungen von der Arbeitsleistung finanzieren. In Höhe der vom Mitarbeiter in das Lebensarbeitszeitkonto eingebrachten Werte (Zeitguthaben und Gehaltsbestandteile) zuzüglich des Arbeitgeberanteils zur Sozialversicherung bringt die Gesellschaft Beiträge in ein zur Finanzierung der möglichen künftigen Freistellungen eingerichtetes Investmentkonto gemäß nachstehendem § 12 ein. Die Höhe des individuellen Wertguthabens ergibt sich aus dem Wert des dem Mitarbeiter zugeordneten Investmentkontos nach Maßgabe des nachstehenden § 12.

(2) Innerhalb eines Kalenderjahrs kann ein Zeitguthaben vom Gleitzeitkonto von insgesamt maximal ...... Stunden auf das Lebensarbeitszeitkonto übertragen werden. Bei unterjähriger Beschäftigung reduziert sich der Maximalübertragungsrahmen pro rata temporis. Sofern der Maximalübertragungsrahmen innerhalb eines Kalenderjahrs bereits voll ausgeschöpft ist, verfällt ein auf dem Gleitzeitkonto bestehendes und über ...... Plusstunden hinausgehendes Guthaben zum 31.12. eines jeden Jahres, sofern kein Ausgleich gemäß vorstehendem § 8 Abs. (2) und (3) erfolgt.

(3) Das Lebensarbeitszeitkonto wird als Geldkonto geführt. Zuführungen von Zeitguthaben aus dem Gleitzeitkonto werden pro Plusstunde unter Zugrundelegung des zum Zuführungszeitpunkt maßgeblichen individuellen Brutto-Stundenlohns des Mitarbeiters als Wertguthaben verbucht.

(4) Der individuelle Brutto-Stundenlohn errechnet sich aus dem dem Mitarbeiter zum maßgeblichen Zeitpunkt zustehenden durchschnittlichen Brutto-Monatsgehalt dividiert durch 4,348 (durchschnittliche Wochenzahl pro Monat) und der regelmäßigen individuellen wöchentlichen Arbeitszeit gemäß vorstehendem § 2 in Stunden.

(5) Als durchschnittliches Brutto-Monatsgehalt i.S.v. vorstehendem Abs. (4) gilt ein Zwölftel des Brutto-Jahresgehalts des Mitarbeiters. Bei der Berechnung des Brutto-Jahresgehalts bleiben folgende Vergütungsbestandteile außer Betracht: ......

(6) Das Höchstguthaben auf dem Lebensarbeitszeitkonto ist auf das Wertguthaben, das dem Freistellungsanspruch des Mitarbeiters entspricht, der nach Maßgabe des nachfolgenden § 11 Abs. (1) bis zum Erreichen der Regelaltersgrenze in der gesetzlichen Rentenversicherung noch realisiert werden kann, begrenzt.

§ 10 Einbringung von Gehaltsbestandteilen[12]

(1) Mitarbeiter können auch zukünftige Gehaltsbestandteile aus ihrem Brutto-Einkommen in das Lebensarbeitszeitkonto als Geldanteile einbringen. Als Geldanteile eingebracht werden können Teile des regelmäßigen Brutto-Monatsgehalts des Mitarbeiters sowie Einmal- und Sonderzahlungen oder vermögenswirksame Leistungen.

(2) Soweit der Mitarbeiter Teile seines regelmäßigen Brutto-Monatsgehalts einbringen möchte, muss der eingebrachte Betrag gleich bleibend sein und pro Monat mindestens ...... EUR (in Worten: ...... Euro) brutto betragen.

(3) Die Einbringung von Gehaltsbestandteilen erfolgt auf schriftlichen Antrag des Mitarbeiters. In dem Antrag sind Art und Höhe des einzubringenden Gehaltsbestandteils genau zu bezeichnen. Der Antrag ist mindestens einen Monat vor Fälligkeit des einzubringenden Gehaltsbestandteils zu stellen. Die Einbringung von bereits fälligen Gehaltsansprüchen ist nicht möglich.

(4) Der Mitarbeiter ist an seinen Antrag bis auf schriftlichen Widerruf, mindestens aber für zwölf Monate gebunden. Der schriftliche Widerruf hat mit einer Frist von einem Monat zu erfolgen.

(5) Die Einbringung von Gehaltsbestandteilen hat keinen Einfluss auf die Berechnung des Brutto-Monatsgehalts des Mitarbeiters i. S. v. vorstehendem § 9 Abs. (4) und (5). Insofern wird weiter das unverminderte Brutto-Monatsgehalt als Berechnungsgrundlage herangezogen.

§ 11 Verwendung des Lebensarbeitszeit-Wertguthabens[13]

(1) Das Wertguthaben auf dem Lebensarbeitszeitkonto soll grundsätzlich ausschließlich zu einer Verkürzung der Lebensarbeitszeit führen. Dies bedeutet, der Mitarbeiter wird freigestellt bis zu dem Zeitpunkt, ab dem er eine – auch vorgezogene – Altersrente aus der gesetzlichen Rentenversicherung bezieht oder – bei Befreiung von der Versicherungspflicht – einen Anspruch darauf hätte („Altersgrenze"). Während der Freistellung erhält der Mitarbeiter Gehaltszahlungen aus dem Wertguthaben, die mindestens 70 Prozent, höchstens 130 Prozent des durchschnittlich gezahlten Arbeitsentgelts der vorangegangenen zwölf Kalendermonate betragen, soweit dem gesetzliche Regelungen nicht entgegenstehen.

(2) Die Freistellung erfolgt aufgrund einer Vereinbarung zwischen Arbeitgeber und Mitarbeiter, in der die Dauer und die Durchführung der Freistellung geregelt werden. Der Mitarbeiter hat einen Anspruch auf Freistellung zur Verkürzung der Lebensarbeitszeit, sobald das Wertguthaben auf dem Lebensarbeitszeitkonto dem Brutto-Gehalt des Mitarbeiters entspricht, das noch bis zur Vollendung der Altersgrenze zu zahlen wäre.

(3) Weitere Verwendungsarten des Wertguthabens aus dem Lebensarbeitszeitkonto (z. B. Pflege von Angehörigen, Ausgleich bei vorübergehend reduzierter Arbeitszeit, Sabbatical) sind im Einzelfall auf schriftlichen Antrag des Mitarbeiters bei seinem Vorgesetzten möglich. Der Antrag hat mit einer Vorfrist von sechs Monaten zu erfolgen. Der Vorgesetzte des Mitarbeiters soll dann innerhalb eines Monats über den Antrag des Mitarbeiters entscheiden. Die Freistellung aus dem Lebensarbeitszeitkonto muss immer mindestens ...... Arbeitstage zusammenhängend betragen. Die Höchstfreistellungsdauer aus anderen Gründen als der Verkürzung der Lebensarbeitszeit beträgt ...... Die während der Freistellung zu zahlende Vergütung bestimmt sich entsprechend § 9 Abs. (4) und (5). Geldentnahmen und eine Abtretung, Beleihung, Verpfändung des Wertguthabens sowie sonstige Verfügungen des Mitarbeiters über das Wertguthaben sind nicht möglich.

(4) Sofern nach einer im Einzelfall erfolgten Freistellung aus anderen Gründen als der Verkürzung der Lebensarbeitszeit nicht vorhersehbare dringende betriebliche Erfordernisse den Einsatz des Mitarbeiters erfordern, kann die Gesellschaft unter Berücksichtigung der objektiven Belange des Mitarbeiters verlangen, dass der Mitarbeiter die Freistellung unterbricht. Nach der Unterbrechung wird die Freistellung im beantragten Umfang fortgesetzt, es sei denn, der Mitarbeiter widerspricht der Fortsetzung unverzüglich schriftlich.

(5) Die Gesellschaft kann vom Mitarbeiter aus dringenden betrieblichen Gründen unter Berücksichtigung der objektiven Belange des Mitarbeiters verlangen, dass der Mitarbeiter seine Arbeitszeit vorübergehend durch Freistellungen aus dem Wertguthaben reduziert.

(6) Bei einer aus dem Wertguthaben finanzierten Freistellung besteht das Arbeitsverhältnis mit allen Rechten und Pflichten unverändert weiter, sofern sich nicht aus dieser Betriebsvereinbarung etwas anderes ergibt. Insbesondere darf der Mitarbeiter während der Freistellung Nebentätigkeiten nur nach Zustimmung der Gesellschaft aufnehmen. Die Gesellschaft wird die Zustimmung erteilen, wenn betriebliche Belange nicht entgegenstehen. Die Nutzung der Freistellung zu Tätigkeiten, die ein Wettbewerbsverhältnis zur Gesellschaft darstellen können, ist untersagt. Die Verpflichtung zur Wahrung von Betriebs- und/oder Geschäftsgeheimnissen bleibt unberührt.

(7) Vor einer Freistellung aus dem Lebensarbeitszeitkonto nach vorstehendem Abs. (1) muss der Jahresurlaub (einschließlich etwaiger Resturlaubsansprüche aus Vorjahren) genommen worden sein. Im Übrigen bleiben vor einer Freistellung erworbene Urlaubsansprüche von der Freistellung unberührt. Während der Freistellung erworbene Urlaubsansprüche gelten im Verhältnis von einem Zwölftel pro Freistellungsmonat als gewährt und genommen, ohne dass sich die Dauer der Freistellung hierdurch ändert.

§ 12 Führung des Wertguthabens/Insolvenzabsicherung[14]

(1) Das Wertguthaben auf dem Lebensarbeitszeitkonto wird von der Gesellschaft in einem oder mehreren Investmentfonds angelegt und fortgeschrieben. Die Wertentwicklung des Wertguthabens richtet sich nach der Wertentwicklung des oder der Investmentfonds; allerdings garantiert die Gesellschaft unabhängig von der Entwicklung des oder der Investmentfonds im Zeitpunkt der Inanspruchnahme des Wertguthabens mindestens den Gegenwert (zum Einbringungszeitpunkt) aller eingebrachten Zeitguthaben und Gehaltsbestandteile.

(Alternative:

(1) Das Wertguthaben auf dem Lebensarbeitszeitkonto wird von der Gesellschaft in einem oder mehreren Investmentfonds angelegt und fortgeschrieben. Die Gesellschaft garantiert unabhängig von der Entwicklung des oder der Investmentfonds eine Verzinsung des Wertguthabens in Höhe von . . . . . . Prozent pro Jahr.)

(2) Die Gesellschaft eröffnet zur Führung des Lebensarbeitszeitkontos für jeden Mitarbeiter ein individuelles Investmentkonto bei dem oder den Investmentfonds. Zur Insolvenzabsicherung der Mitarbeiter werden die individuellen Investmentkonten für den Fall der Insolvenz der Gesellschaft aufschiebend bedingt an den begünstigten Mitarbeiter verpfändet.

§ 13 Vorzeitige Beendigung des Arbeitsverhältnisses[15, 16]

(1) Bei vorzeitiger Beendigung des Arbeitsverhältnisses werden angesammelte Plusstunden auf dem Gleitzeitkonto durch bezahlte Freistellung abgegolten. Sofern dies nicht möglich ist, werden sie unter Zugrundelegung des zum Entnahmezeitpunkts maßgeblichen individuellen Brutto-Stundenlohns des Mitarbeiters vergütet. *(Alternative: Bei*

gesellschaftsseitig veranlasster betriebsbedingter Kündigung hat der Mitarbeiter ein Wahlrecht, ob er den Freizeitausgleich oder die finanzielle Vergütung in Anspruch nehmen will. Übt der Mitarbeiter sein Wahlrecht nicht rechtzeitig vor dem Beendigungstermin schriftlich aus, so erfolgt eine finanzielle Vergütung.) Ein bis zum Beendigungstermin bestehendes Zeitsoll auf dem Gleitzeitkonto wird dem Mitarbeiter unter Zugrundelegung des zum Beendigungstermin maßgeblichen individuellen Brutto-Stundenlohns des Mitarbeiters als unbezahlte Abwesenheit vom Brutto-Gehalt abgezogen. Für die Berechnung des individuellen Brutto-Stundenlohns im Sinne dieses Absatzes gelten § 9 Abs. (4) und (5) entsprechend.

(2) Bei vorzeitiger Beendigung des Arbeitsverhältnisses wird auf Verlangen des Mitarbeiters ein etwaiges Wertguthaben auf dem Lebensarbeitszeitkonto auf eine andere Gesellschaft übertragen, sofern diese zustimmt und mit dem Mitarbeiter eine eigene Wertguthabenvereinbarung schließt. Bei vorzeitiger Beendigung des Arbeitsverhältnisses kann im Rahmen der gesetzlichen Bestimmungen auf Verlangen des Mitarbeiters das Wertguthaben auch auf die Deutsche Rentenversicherung Bund übertragen werden, sofern das Wertguthaben einschließlich des darin enthaltenen Gesamtsozialversicherungsbeitrags einen Betrag in Höhe des Sechsfachen der monatlichen Bezugsgröße übersteigt. Sofern eine solche Übertragung nicht erfolgt, wird das Wertguthaben nach Abführung der Sozialversicherungsbeiträge und Einbehalt der Lohnsteuer an den Mitarbeiter ausbezahlt.

(3) Sind durch die Beendigung des Arbeitsverhältnisses Überzahlungen zugunsten des Mitarbeiters erfolgt, hat er die zu viel erhaltenen Bezüge in voller Höhe zu erstatten. Der Einwand des Wegfalls der Bereicherung wird ausgeschlossen. Gleiches gilt für etwa gezahlte Arbeitgeber- und Arbeitnehmeranteile an die Sozialversicherung.

§ 14 Altersteilzeit[17]

(1) Entnahmen von Wertguthaben auf dem Lebensarbeitszeitkonto zur Verkürzung der Lebensarbeitszeit können auch mit Altersteilzeitvereinbarungen kombiniert und für eine Freistellung während der Arbeitsphase eines Altersteilzeitmodells verwendet werden.

(2) Einzelheiten werden in einer gesonderten Betriebsvereinbarung zur Altersteilzeit *(Alternative: in der abzuschließenden Altersteilzeitvereinbarung)* geregelt.

§ 15 Todesfall[18]

Im Todesfall des Mitarbeiters wird das Wertguthaben nach Abführung von Sozialversicherungsbeiträgen und Einbehalt der Lohnsteuer an die Erben ausbezahlt. Auszahlungen erfolgen erst nach Vorlage eines Erbscheins.

§ 16 Beachtung von Schutzgesetzen[19]

Bei Wahrnehmung seiner Arbeitszeitsouveränität ist der Mitarbeiter verpflichtet, die Vorgaben des Arbeitszeitgesetzes (ArbZG), des Jugendarbeitsschutzgesetzes (JArbSchG) sowie des Mutterschutzgesetzes (MuSchG) strikt zu beachten. Die wichtigsten Vorgaben sind in Anlage 1 zu dieser Betriebsvereinbarung niedergelegt.

§ 17 Sonstiges[20]

(1) Gesellschaft und Betriebsrat sind sich einig, dass die mit dieser Regelung jedem Mitarbeiter eingeräumte Freizügigkeit entsprechendes Verantwortungsbewusstsein jedes Mitarbeiters voraussetzt. Mitarbeiter sollen daher im eigenen Interesse jeglichen Missbrauch ausschließen.

(2) Ein Missbrauch des Arbeitszeitnachweissystems berechtigt die Gesellschaft zur fristlosen Kündigung des Arbeitsverhältnisses. Irrtümliche oder fehlerhafte Zeiterfassungen oder Eintragungen sind umgehend dem Vorgesetzten zur Berichtigung vorzulegen.

§ 18 Schlussbestimmungen[21]

(1) Mündliche Nebenabreden bestehen nicht. Änderungen oder Ergänzungen dieser Betriebsvereinbarung, einschließlich dieser Bestimmung, bedürfen zu ihrer Wirksamkeit der Schriftform.

(2) Sollte eine Bestimmung dieser Betriebsvereinbarung ganz oder teilweise unwirksam sein oder werden, so wird hiervon die Wirksamkeit der übrigen Bestimmungen nicht berührt. An Stelle der unwirksamen Bestimmung tritt die gesetzlich zulässige Bestimmung, die dem mit der unwirksamen Bestimmung Gewollten wirtschaftlich am nächsten kommt. Dasselbe gilt für den Fall einer vertraglichen Lücke.

(3) Diese Betriebsvereinbarung tritt mit Wirkung zum . . . . . . in Kraft. Sie wird auf unbestimmte Zeit geschlossen und kann mit einer Frist von drei Monaten zum Jahresende gekündigt werden. Eine Kündigung von Teilen dieser Betriebsvereinbarung ist zulässig, wobei aber sachlich zusammenhängende Regelungen als Ganzes gekündigt werden müssen. Eine etwaige Kündigung berührt bereits erworbene Ansprüche und Wertguthaben nicht. Die Abwicklung derartiger Ansprüche und Wertguthaben erfolgt nach Maßgabe dieser Betriebsvereinbarung.

(4) Eine etwaige Nachwirkung dieser Betriebsvereinbarung wird ausgeschlossen.

(5) Diese Betriebsvereinbarung steht unter dem Vorbehalt etwaiger ablösender – auch freiwilliger – Betriebsvereinbarungen.

(6) Sollten sich die dieser Betriebsvereinbarung zugrunde liegenden tatsächlichen, gesetzlichen *(Alternative: und tariflichen)* Bedingungen grundlegend ändern, so werden die Betriebsparteien unverzüglich in Verhandlungen zum Ziel einer Anpassung der Betriebsvereinbarung an die geänderten Bedingungen eintreten.

. . . . . .	. . . . . .
Ort, Datum	Ort, Datum
. . . . . .	. . . . . .
Unterschrift der Gesellschaft	Unterschrift des Betriebsratsvorsitzenden

Anlage 1

Die wichtigsten Regelungen des Arbeitszeitgesetzes (ArbZG)

- Die werktägliche Arbeitszeit der Mitarbeiter darf acht Stunden nicht überschreiten, sie kann jedoch auf bis zu zehn Stunden verlängert werden, wenn innerhalb von sechs Kalendermonaten oder innerhalb von 24 Wochen im Durchschnitt acht Stunden werktäglich nicht überschritten werden.
- Mitarbeiter müssen zwischen der Arbeit an zwei Arbeitstagen 11 Stunden Ruhepause einlegen
- Mitarbeiter müssen die gesetzlichen Pausen am Arbeitstag einhalten (mindestens 30 Minuten bei einer Arbeitszeit von mehr als sechs bis zu neun Stunden und 45 Minuten bei einer Arbeitszeit von mehr als neun Stunden insgesamt; die Ruhepausen können in Zeitabschnitte von jeweils mindestens 15 Minuten aufgeteilt werden.)
- Mitarbeiter dürfen -ohne ausdrückliche Anordnung des Arbeitgebers- nicht an Sonn- und Feiertagen arbeiten

Die wichtigsten Regelungen des Jugendarbeitsschutzgesetzes (JArbSchG)

- **Die tägliche Arbeitszeit von Jugendlichen darf acht Stunden, die wöchentliche Arbeitszeit 40 Stunden nicht überschreiten.**
- **Jugendliche dürfen aber an einzelnen Werktagen die Arbeitszeit auf weniger als acht Stunden verkürzen und zum Ausgleich der verkürzten Zeit an den übrigen Werktagen derselben Woche bis höchstens 8,5 Stunden beschäftigt werden.**
- **Die Wochenarbeitszeit von 40 Stunden darf nicht überschritten werden.**
- **Jugendliche dürfen hintereinander nicht länger als 4,5 Stunden ohne Ruhepause beschäftigt werden. Als Ruhepause gilt nur eine Arbeitsunterbrechung von insgesamt mindestens 30 Minuten. Bei einer Beschäftigungsdauer von mehr als sechs Stunden am Tag müssen die Ruhepausen insgesamt mindestens eine Stunde betragen.**

Die wichtigsten Regelungen des Mutterschutzgesetzes (MuSchG)

- **Werdende und stillende Mütter dürfen täglich nicht mehr als 8,5 Stunden oder 90 Stunden in der Doppelwoche arbeiten.**

Anmerkungen

1. Vorbemerkung. Das Formular muss sorgfältig an die konkreten Gegebenheiten und Bedürfnisse des Arbeitgebers angepasst werden. Dies gilt insbesondere für tarifgebundene Arbeitgeber, da die Dauer der Regelarbeitszeit, der Zeitraum, innerhalb dessen diese im Durchschnitt erreicht werden muss, und auch der Ausgleich von Mehrarbeit üblicherweise in Tarifverträgen geregelt werden. Damit setzt die Einrichtung von Arbeitszeitkonten bei Tarifbindung regelmäßig entsprechende Öffnungsklauseln im Tarifvertrag voraus. Dies gilt im Falle der Tarifbindung gleichermaßen für die Option der Arbeitnehmer, Entgeltbestandteile in Wertguthaben auf Arbeitszeitkonten umzuwandeln. Darüber hinaus ist sorgfältig zu prüfen, ob bei dem jeweiligen Arbeitgeber bereits Betriebsvereinbarungen bestehen, die einen Regelungsgegenstand des Formulars (mit-)betreffen. Gegebenenfalls müssen die Musterbetriebsvereinbarung und die beim Arbeitgeber bereits bestehenden kollektivrechtlichen Regelungen aufeinander abgestimmt werden.

Das Formular regelt zwei grundsätzlich unterschiedliche Bereiche. Zum einen enthält es Regelungen zu Gleitzeitkonten, zum anderen Regelungen zu Wertguthabenvereinbarungen. Diese beiden Bereiche sind zu unterscheiden, da sie unterschiedliche Zwecke verfolgen und auf unterschiedlichen rechtlichen Grundlagen beruhen.

Eine Wertguthabenvereinbarung (auch Zeitwertkonto oder Langzeitkonto genannt) liegt nach § 7b SGB IV nur vor, wenn 1. der Aufbau des Wertguthabens aufgrund einer schriftlichen Vereinbarung erfolgt, 2. diese Vereinbarung nicht das Ziel der flexiblen Gestaltung der werktäglichen oder wöchentlichen Arbeitszeit oder den Ausgleich betrieblicher Produktions- und Arbeitszeitzyklen verfolgt, 3. Arbeitsentgelt in das Wertguthaben eingebracht wird, um es für Zeiten der Freistellung von der Arbeitsleistung oder der Verringerung der vertraglich vereinbarten Arbeitszeit zu entnehmen, 4. das aus dem Wertguthaben fällige Arbeitsentgelt mit einer vor oder nach der Freistellung von der Arbeitsleistung oder der Verringerung der vertraglich vereinbarten Arbeitszeit erbrachten Arbeitsleistung erzielt wird und 5. das fällige Arbeitsentgelt insgesamt 450 EUR übersteigt. Die Abgrenzung zu den ebenfalls in dieser Betriebsvereinbarung geregelten Gleitzeitkonten liegt in vorgenannter Ziffer 3: letztere dienen gerade der flexiblen Gestaltung der Arbeitszeit und sind daher keine Wertguthaben i. S. d. § 7b SGB IV. Der Sinn einer Wertguthabenvereinbarung liegt gerade nicht in der flexiblen Gestaltung der kurzfristigen Arbeitszeit; bei einem Gleitzeitkonto ist dieser kurzfristige Ausgleich hingegen der einzige Zweck. Die Unterscheidung dieser beiden Arten von Arbeitszeitkonten ist entscheidend für die Frage des zwingenden Insolvenzschutzes (→ Anm. 14).

Im Formular wird das Wertguthaben als Lebensarbeitszeitkonto ausgestaltet. Diese Form einer Wertguthabenvereinbarung dient dazu, die Lebensarbeitszeit zu verkürzen, d.h. die Möglichkeit zu schaffen, schon vor dem Bezug der gesetzlichen Rente von der Pflicht zur Arbeitsleistung freigestellt zu werden.

In der Vergangenheit bestanden nur vereinzelte – sozialversicherungsrechtliche – gesetzliche Regelungen zu Wertguthabenvereinbarungen. Eine umfassendere gesetzliche Reglung hat das zum 1.1.2009 in Kraft getretene „Gesetz zur Verbesserung der Rahmenbedingungen für die Absicherung flexibler Arbeitszeitregelungen und zur Änderung anderer Gesetze“ (sog. Flexi-II-Gesetz) gebracht. Dieses hat Wertguthabenvereinbarungen strenger reglementiert und insbesondere die Verbesserung der Insolvenzsicherung von Wertguthaben zum Ziel (BT-Drucks. 16/10289 S. 11). Die Sozialversicherungsträger haben zu den neuen Regelungen in einem Rundschreiben ausführlich Stellung bezogen (Rundschreiben der Spitzenverbände der Sozialversicherungsträger v. 31.3.2009). Steuerlich flankiert wird das Flexi-II-Gesetz durch ein BMF-Schreiben zur steuerlichen Anerkennung von Zeitwertkonten-Modellen vom 17.6.2009 (IV C 5 – S 2332/07/0004). Das Steuerrecht spricht nicht von Wertguthabenvereinbarungen, sondern von Zeitwertkonten, ohne allerdings in der Sachen grundlegend von den Anforderungen des Sozialversicherungsrechts abzuweichen (BMF-Schreiben v. 17.6.2009 – IV C 5 – S 2332/07/0004). Die Kernpunkte des BMF-Schreibens sind folgende:

- Die steuerliche Anerkennung von Zeitwertkonten setzt voraus, dass eine Werterhaltungsgarantie abgegeben wird. Diese kann sowohl durch den Arbeitgeber als auch durch das entsprechende Anlageinstitut übernommen werden.
- Organe einer Körperschaft sowie beherrschende Gesellschafter-Geschäftsführer oder als Arbeitnehmer beschäftigte Mehrheitsaktionäre können nicht steuerlich wirksam ein Zeitwertkonto führen. Bei diesen Personen kommt es immer zu einem lohnsteuerlichen Zufluss im Zeitpunkt der Gutschrift auf einem Zeitwertkonto. Allerding schließlich sich die finanzrechtliche Rechtsprechung dieser Meinung nicht an (FG Münster EFG 2013, 1026; FG Hannover EFG 2012, 1397; FG Düsseldorf EFG 2012, 1400; FG Kassel EFG 2012, 1243; vgl. *Wellisch/Quiring* BB 2012, 2029).
- Zeitwertkonten werden bei befristeten Dienstverhältnissen nur dann steuerlich anerkannt, wenn das Wertguthaben bei normalem Ablauf auch während des befristeten Dienstverhältnisses durch Freistellung ausgeglichen wird.
- Sobald feststeht, dass der Arbeitnehmer das vorhandene Guthaben nicht mehr durch Freistellung für Zeiten vor dem Ruhestand vollständig aufbrauchen kann, sind keine weiteren Gutschriften auf dem Zeitwertkonto möglich.

2. Präambel. → Form. C. II. 6 Anm. 2. Gerade bei Nutzung eines Wertguthabens sollte der Zweck dieses Modells in der Präambel hervorgehoben werden. Dies ermöglicht es, bei der Auslegung und Anwendung einzelner Klauseln diesen Zweck, der über die Arbeitszeitflexibilisierung hinausgeht, zu berücksichtigen (vgl. LAG Kiel BeckRS 2012, 66474).

3. Geltungsbereich. → Form. C. II. 6 Anm. 3.

4. Regelmäßige Arbeitszeit. → Form. C. II. 6 Anm. 4.

5. Gleitzeit, Arbeitsbeginn und Arbeitsende. In § 3 ist die Festsetzung der Lage des Arbeitszeitrahmens und der Kernzeiten geregelt. Die konkrete Festlegung muss im Einzelfall nach den Gegebenheiten und Bedürfnissen des Arbeitgebers ausgerichtet werden. Sofern beim Arbeitgeber bereits Regelungen zur Gleitzeit existieren, müssen diese harmonisiert und mit dem Lebensarbeitszeitkonto kompatibel gemacht werden.

6. Pausen. Pausen können individuell unter Berücksichtigung der betrieblichen Erfordernisse nach Rücksprache mit dem Vorgesetzten genommen werden. Hier könnte alternativ auch eine Festlegung von Pausenzeiten oder Zeitrahmen, innerhalb derer die Pausen genommen werden müssen, erfolgen. Auch hier muss stets auf die konkreten Bedürfnisse und Gegebenheiten beim jeweiligen Arbeitgeber eingegangen werden.

7. Sollarbeitszeit. → Form. C. II. 6 Anm. 5.

8. Arbeitszeiterfassung. → Form. C. II. 6 Anm. 9.

9. Mehrarbeit/Überstunden. Mehrarbeitszuschläge werden nicht vergütet. Als Argument hierfür ist anzuführen, dass die regelmäßige wöchentliche Arbeitszeit durch die später gewährte Freistellung im Durchschnitt langfristig erreicht wird. Hier ist im Einzelfall zu überprüfen, ob eventuell tarifliche Regelungen oder beim Arbeitgeber bereits bestehende Betriebsvereinbarungen entgegenstehen. Darüber hinaus ist damit zu rechnen, dass die Arbeitnehmervertretungen bei der Einführung gegebenenfalls auf eine für die Arbeitnehmer günstigere Regelung drängen werden. Sonstige Zuschläge sind nach dem Formular in Geld zu vergüten.

10. Gleitzeitkonto. → Form. C. II. 6 Anm. 12. Zeitbewegungen innerhalb des Zeitrahmens des Gleitzeitkontos, über den die Arbeitnehmer grundsätzlich eigenverantwortlich disponieren können, beeinflussen das Lebensarbeitszeitkonto nicht. Sofern im Laufe eines Kalendermonats der festgelegte disponible Zeitrahmen unter- oder überschritten wird, muss ein Ausgleich im Folgemonat stattfinden. Dieser kann grundsätzlich auch durch die Inanspruchnahme freier Tage in Abstimmung mit dem Vorgesetzten des Arbeitnehmers erfolgen. Sofern ein solcher Ausgleich nicht stattfindet, erfolgt eine Überführung des über den disponiblen Zeitrahmen hinausgehenden Zeitguthabens in das Lebensarbeitszeitkonto. Ein Ausgleich in die andere Richtung dadurch, dass ein Zeitsoll im Gleitzeitkonto durch Übertragung von Plusstunden aus dem Lebensarbeitszeitkonto ausgeglichen wird, erscheint dagegen aufgrund der Beschränkung des gesetzliches Zweck von Lebensarbeitszeitkonten auf Freistellungen zumindest fraglich (vgl. § 7c SGB IV).

11. Lebensarbeitszeitkonto. Innerhalb eines Kalenderjahrs kann nur ein bestimmtes Maximalzeitguthaben vom Gleitzeitkonto auf das Lebensarbeitszeitkonto übertragen werden. Sofern dieser Maximalübertragungsrahmen ausgeschöpft ist, verfällt ein auf dem Gleitzeitkonto bestehendes und über den Rahmen nach § 8 Abs. (2) hinausgehendes Guthaben zum 31. 12. eines jeden Jahres. Dadurch soll ein gewisser „Ausgleichsdruck“ aufrechterhalten werden, um zu vermeiden, dass Arbeitnehmer in zu großem Umfang „unnötige“ Arbeitszeit „verbrauchen“.

Durch das Flexi-II-Gesetz ist die Führung des Lebensarbeitszeitkontos als Geldkonto vorgeschrieben worden (Wertguthaben, die vor dem 1.1.2009 bestanden und in Zeit geführt wurden, können auch weiterhin als Zeitguthaben geführt werden, § 116 Abs. 1 SGB IV; dies gilt auch für neue Wertguthabenvereinbarungen auf der Grundlage früherer Rahmen-Vereinbarungen).

Zuführungen und Entnahmen werden pro Stunde unter Zugrundelegung des zum Zuführungs- und Entnahmezeitpunkts maßgeblichen individuellen Brutto-Stundenlohns des Mitarbeiters auf dem Wertguthaben des Lebensarbeitszeitkontos verbucht. Die Berechnung des individuellen Brutto-Stundenlohns ergibt sich aus § 9 Abs. (4) und (5). Um späteren Streitigkeiten über die Zusammensetzung des der Berechnung zugrunde liegenden Brutto-Jahresgehalts zu vermeiden, muss in Abs. (5) ausdrücklich klargestellt werden, welche Vergütungsbestandteile gegebenenfalls außer Betracht bleiben sollen. Hier ist insbesondere an klarstellende Regelungen zur Behandlung von Stock Options, Arbeitgeberbeiträgen zur betrieblichen Altersversorgung, Provisionen und sonstige variable Vergütungsbestandteile zu denken.

Das Höchstguthaben auf dem Lebensarbeitszeitkonto sollte begrenzt werden. Es darf grundsätzlich das Wertguthaben, das dem Freistellungsanspruch des Mitarbeiters entspricht, welcher bis zur intendierten Beendigung des Arbeitsverhältnisses (regelmäßig der Zeitpunkt, ab dem der Mitarbeiter Anspruch auf Bezug der Regelaltersrente aus der gesetzlichen Rentenversicherung hat) noch realisiert werden kann, nicht überschreiten. Anderenfalls wäre keine zweckentsprechende Verwendung des Wertguthabens i.S.v. § 23b SGB IV mehr gegeben. Wird diese Grenze überschritten, wären daher Steuern (BMF-Schreiben v. 17.6.2009 – IV C 5 – S 2332/07/0004, S. 3) und Sozialversicherungsbeiträge schon im Zeitpunkt der Einzahlung in das Wertguthaben fällig (Rundschreiben der Spitzenverbände der Sozialversicherungsträger v. 31.3.2009, S. 44). Allerdings ist zu berücksichtigen, dass das in der Freistellungsphase zu zahlende Arbeitsentgelt von dem Arbeitsentgelt abweichen kann, das während der aktiven Beschäftigung gezahlt wird, so lange es nicht unangemessen davon abweicht (§ 7 Abs. 1a Nr. 2 SGB IV). Die Sozialversicherungsträger akzeptieren insoweit, wenn es um bis zu 30 Prozent höher oder niedriger liegt als der Durchschnitt der vorangegangenen zwölf Kalendermonate. Infolgedessen kann unter Zugrundelegung höherer monatlicher Auszahlungen aus dem Wertguthaben der Zeitpunkt verschoben werden, zu dem das Wertguthaben den Betrag erreicht hat, der dem Freistellungsanspruch des Mitarbeiters entspricht, welcher bis zur intendierten Beendigung des Arbeitsverhältnisses noch realisiert werden kann. Sozialversicherungsträger und Finanzverwaltung beziehen hierzu allerdings in ihren Schreiben keine Stellung.

12. Einbringung von Gehaltsbestandteilen. Das Formular sieht vor, dass auch Gehaltsbestandteile in das Lebensarbeitszeitkonto eingebracht werden können.

Dabei darf der Rechtsanspruch des Arbeitnehmers auf den jeweiligen Entgeltbestandteil an sich noch nicht entstanden sein, weil ansonsten unmittelbar eine Lohnsteuerpflicht entstünde, die mit dem Wertguthaben ja gerade auf die Freistellungsphase verschoben werden soll. Aus Vereinfachungsgründen erkennt das Bundesfinanzministerium Zuführungen zu einem Lebensarbeitszeitkonto jedoch auch dann als steuerlich wirksam an, wenn der Entgeltbestandteil (unabhängig davon, ob es sich um laufendes Entgelt oder um Einmal- und Sonderzahlungen handelt) zwar bereits entstanden, aber noch nicht fällig geworden ist (BMF-Schreiben v. 17.6.2009 – IV C 5 – S 2332/07/0004).

Im Übrigen enthält § 10 Regelungen, wie die Einbringung von Gehaltsbestandteilen durch den Mitarbeiter zu beantragen ist. Dabei ist unter Berücksichtigung der vorstehenden Ausführungen vorgesehen, dass der Antrag mindestens einen Monat vor dem Entstehen des Rechtsanspruchs auf den einzubringenden Gehaltsbestandteil zu stellen ist. Weiterhin sieht das Formular zur Reduzierung von Verwaltungsaufwand vor, dass ein Arbeitnehmer an seinen Antrag für mindestens zwölf Monate gebunden ist.

§ 10 Abs. (5) enthält einen klarstellenden Hinweis, dass die Umwandlung von Entgeltbestandteilen nicht zu einer Reduzierung des Brutto-Monatsgehalts i.S.v. § 9 Abs. (4) und (5) führt. Insofern wird weiterhin das unverminderte Brutto-Monatsgehalt als so genanntes „Schattengehalt" herangezogen.

13. Verwendung des Lebensarbeitszeit-Wertguthabens. Das Wertguthaben auf dem Lebensarbeitszeitkonto soll grundsätzlich ausschließlich der Verkürzung der Lebensarbeitszeit dienen. Arbeitnehmer haben einen Anspruch auf Freistellung zur Verkürzung der Lebensarbeitszeit, sobald das Wertguthaben dem bis zum Erreichen der Altersgrenze noch realisierbaren Freistellungsanspruch entspricht. Maßgeblich für das Vorliegen dieses Anspruchs ist nach der Betriebsvereinbarung das in der Freistellungsphase zu zahlende Brutto-Gehalt des Mitarbeiters. Die grundsätzlich bestehende Möglichkeit, in der Freistellungsphase ein um 30 Prozent höheres oder niedrigeres Entgelt auszuzahlen, ist insoweit unerheblich.

Weitere Voraussetzung für den Anspruch ist, dass die berechtigten Arbeitnehmer eine Vereinbarung über die Beendigung des Arbeitsverhältnisses treffen. Dabei muss der

Arbeitgeber beachten, dass er den Arbeitnehmer über eventuell nachteilige Konsequenzen gegebenenfalls zutreffend aufzuklären hat, um keine Schadensersatzansprüche zu riskieren (vgl. zur weitreichenden Aufklärungspflicht bei der Zusatzversorgung des öffentlichen Dienstes BAG DB 2002, 2717).

Weitere Verwendungsarten des Wertguthabens als zur Verkürzung der Lebensarbeitszeit sind lediglich ausnahmsweise auf schriftlichen Antrag des Mitarbeiters bei seinem Vorgesetzten möglich. § 11 regelt das diesbezügliche Verfahren der Antragstellung und der Entscheidung über den Antrag. Die Beschränkung des Verwendungszwecks des Wertguthabens ist im Gesetz ausdrücklich zugelassen, § 7c Abs. 2 SGB IV. Das Gesetz sieht grundsätzlich neben der Option der Verwendung zur Lebensarbeitszeitverkürzung auch die Möglichkeit vor, die Wertguthaben für gesetzliche Freistellungen (beispielsweise Pflegezeit, Elternzeit und Verringerung der vertraglich vereinbarten Arbeitszeit) sowie für vertraglich vereinbarte Freistellungen (insbesondere Maßnahmen der beruflichen Qualifikation und Weiterbildung) in Anspruch nehmen zu können. Allerdings ist seit dem 1.1.2012 eine Freistellung unter Aufrechterhaltung des sozialversicherungspflichtigen Beschäftigungsverhältnisses über einen Zeitraum von bis zu drei Monaten auch ohne Wertguthabenvereinbarung möglich (BT-Drucks. 17/7991, S. 16).

Der wesentlichste Unterschied zwischen Modellen, die die Verwendung des Wertguthabens auf die Verkürzung der Lebensarbeitszeit beschränken und solchen, die darüber hinaus auch andere Verwendungszwecke vorsehen, liegt im Bereich der externen Kapitalanlage: Die Beschränkung der Anlage in Aktien oder Aktienfonds auf 20 Prozent der Wertguthaben gilt nicht, wenn das Wertguthaben nur für Freistellungen unmittelbar vor der Altersrente angesammelt wird (→ Anm. 14).

In Abs. (3) ist ein „Rückholrecht" des Arbeitgebers aus dringenden betrieblichen Gründen vorgesehen. Abs. (4) regelt den umgekehrten Fall, dass nämlich der Arbeitgeber – z. B. aufgrund einer schwierigen Auftragslage – von den Mitarbeitern verlangen kann, ihre Arbeitszeit vorübergehend durch Entnahmen aus dem Lebensarbeitszeitkonto zu reduzieren.

Die Tatsache, dass das Arbeitsverhältnis während der Freistellung fortbesteht, ist insbesondere im Hinblick auf arbeitsvertragliche Nebenpflichten zu beachten. Mit Blick auf den Freistellungszeitraum können daher über die in Abs. (5) getroffenen Regelungen hinaus noch Vereinbarungen zur Anerkennung von Dienstzeiten für die betriebliche Altersversorgung, zur Nutzung von Dienstfahrzeugen oder zu sonstigen Sachbezügen sinnvoll sein.

In Abs. (6) ist vorgesehen, dass während einer Freistellung gegebenenfalls erworbene Urlaubsansprüche im Verhältnis von einem Zwölftel pro Freistellungsmonat als gewährt und genommen gelten. Die Freistellungsphase verlängert sich durch diese Urlaubstage nicht. Denn während der Freistellungsphase kann dem Arbeitnehmer de facto kein Erholungsurlaub gewährt werden. Urlaubstage sind aber nur solche Tage, an denen der Arbeitnehmer ohne Beurlaubung zur Arbeitsleistung hätte eingesetzt werden können. Dies ist bei der Freistellung gerade nicht der Fall. Die Regelung in Abs. (6) ist gängige Praxis. Ihre rechtliche Durchsetzbarkeit ist allerdings abschließend – insbesondere angesichts des zwingenden Charakters von § 1 BUrlG – noch nicht geregelt; zu Einzelheiten vgl. *Frank* NZA 2008, 152, 153.

14. Führung des Wertguthabens/Insolvenzabsicherung. Das Formular sieht vor, dass das Wertguthaben auf dem Lebensarbeitszeitkonto vom Arbeitgeber durch Anlage bei einem oder mehreren Investmentfonds geführt und fortgeschrieben wird und die Wertentwicklung des Wertguthabens sich an der Wertentwicklung des oder der Investmentfonds orientiert, wobei allerdings im Zeitpunkt der Inanspruchnahme des Wertguthabens mindestens der Gegenwert aller eingebrachten Entgeltbestandteile garantiert wird. Dies stellt eine Modifizierung des reinen Partizipationsmodells dar, bei welchem dem Arbeitnehmer sämtliche Erträge der Kapitalanlage zugutekommen, er aber auch das Anlagerisiko in vollem Umfang trägt. Das reine Partizipationsmodell ist seit Inkrafttreten des

Flexi-II-Gesetzes nicht mehr zulässig. Denn das Flexi-II-Gesetz verlangt, dass zum Zeitpunkt der Inanspruchnahme des Wertguthabens ein Rückfluss in Höhe mindestens des angelegten Betrages gewährleistet sein muss. Ausdrücklich sieht das Flexi-II-Gesetz zwar keine Sanktion in sozialversicherungsrechtlicher Hinsicht bei einem Verstoß vor. Praktisch wird sich aber arbeitgeberseitig eine Nachschusspflicht ergeben. Ergänzend sieht das BMF-Schreiben zur steuerlichen Anerkennung von Zeitwertkonten-Modellen eine Werterhaltungsgarantie vor. Ein Verstoß hiergegen führt dazu, dass bereits das Einbringen von Gehaltsbestandteilen in das Wertguthaben zum Zufluss von Arbeitslohn führt, dass also Lohnsteuerpflicht ausgelöst wird (BMF-Schreiben v. 17.6.2009 – IV C 5 – S 2332/07/0004). Die durch das Zeitwertkonto beabsichtigte Verschiebung der Steuerpflicht auf die Freistellungsphase lässt sich mit einem reinen Partizipationsmodell also nicht mehr erreichen. Durch die Zusage des Kapitalerhalts soll ein steuerbarer Zufluss jedoch vermieden werden.

Alternativ wäre auch denkbar, eine bestimmte Mindestverzinsung des Wertguthabens durch den Arbeitgeber vorzusehen. Es wäre in diesem Fall zu regeln, ob dann eine eventuell über die Mindestverzinsungsgarantie hinausgehende Performance des Investmentfonds zur Erhöhung des Wertguthabens zu verwenden ist, oder ob der Arbeitgeber sich diesen Überschuss wirtschaftlich nutzbar machen darf.

Die externe Vermögensanlage von Wertguthaben in Aktien(-fonds) ist durch das Flexi-II-Gesetz auf 20 Prozent beschränkt worden, es sei denn, in einem Tarifvertrag oder aufgrund eines Tarifvertrags ist eine höhere Quote erlaubt oder das Wertguthaben kann ausschließlich für eine Verkürzung der Lebensarbeitszeit in Anspruch genommen werden (für diesen Fall sind alle anderen Verwendungsmöglichkeiten, die das Gesetz grundsätzlich eröffnet, ausdrücklich auszuschließen). In jedem Fall ist jedoch zum Zeitpunkt der Inanspruchnahme des Wertguthabens mindestens der insgesamt angelegte Betrag zu gewährleisten.

Durch das Flexi-II-Gesetz ist das Vorliegen eines Insolvenzschutzes zwingende Wirksamkeitsvoraussetzung der Wertguthabenvereinbarung geworden, soweit kein Anspruch auf Insolvenzgeld besteht und wenn das Wertguthaben einschließlich des darin enthaltenen Gesamtsozialversicherungsbeitrages einen Betrag von einer monatlichen Bezugsgröße (für 2014 sind dies im Beitragsgebiet West 2.765 EUR, im Beitragsgebiet Ost 2.345 EUR) übersteigt. Bei der – im Formular vorgesehenen – Kombination aus Gleitzeitkonto und Lebensarbeitszeitkonto könnten die Sozialversicherungsträger davon ausgehen, dass es sich insgesamt um ein Wertguthaben i. S. d. Flexi-II-Gesetzes handelt, so dass die Insolvenzsicherungspflicht z. B. auch dann schon greift, wenn der „Kontostand" des Gleitzeitkontos den Grenzwert von einer monatlichen Bezugsgröße überschreitet. Somit besteht das Risiko, dass ein – an sich nicht unter die Definition des Wertguthabens nach Flexi-II-Gesetz fallendes – Gleitzeitkonto insolvenzsicherungspflichtig wird. Um dieses Risiko auszuschließen, sollten Gleitzeitkonto und Lebensarbeitszeitkonto in zwei unterschiedlichen Betriebsvereinbarungen geregelt werden.

Erweist sich der Insolvenzschutz als unzureichend und kommt es zu einer Verringerung oder einem Verlust des Wertguthabens, so steht dem Arbeitnehmer ein Schadensersatzanspruch gegen den Arbeitgeber zu, sofern dieser den Schaden zu vertreten hat; die organschaftlichen Vertreter des Arbeitgebers haften gesamtschuldnerisch. Daneben hat das Flexi-II-Gesetz dem Mitarbeiter die Möglichkeit eröffnet, die Wertguthabenvereinbarung mit sofortiger Wirkung zu kündigen, wenn kein geeigneter Insolvenzschutz vorhanden ist. Der Mitarbeiter hat den Arbeitgeber zunächst schriftlich aufzufordern, seinen Insolvenzschutzpflichten nachzukommen. Sofern der Arbeitgeber nicht innerhalb von zwei Monaten nach dieser Aufforderung die Erfüllung dieser Pflicht nachweist, steht dem Mitarbeiter das Kündigungsrecht zu. Die Wertguthabenvereinbarung kann auch als von Anfang an nichtig anzusehen sein, wenn der Träger der Rentenversicherung feststellt, dass keine, keine ausreichende oder keine geeignete Insolvenzschutzregelung getroffen worden ist und der Arbeitgeber nicht innerhalb von zwei Monaten nach dieser Feststellung nachbessert. Sowohl bei der Kündigung der Wertguthabenvereinbarung durch den Arbeitnehmer als auch bei der Nichtigkeit der Wertguthabenvereinbarung ist das Wertguthaben aufzulösen.

Gemäß dem durch das Flexi-II-Gesetz eingeführten § 7e Abs. 3 SGB IV, welcher nach dem Vorbild des § 8a ATG ausgestaltet wurde, sind bilanzielle Rückstellungen sowie konzerninterne Bürgschafts- oder Patronatserklärungen oder Schuldbeitritte nicht als geeignete Sicherungsmittel anzusehen. Wertguthaben sind vielmehr durch einen Dritten unter Ausschluss der Rückführung zu führen, der bei Insolvenz des Arbeitgebers für die Erfüllung der Ansprüche einsteht; im Idealfall soll dies nach dem Willen des Gesetzgebers ein externer Treuhänder – im Rahmen eines sog. Contractual Trust Arrangements (CTA) – sein (→ Form. F. I. 5). Zulässig sind jedoch auch Bürgschaften oder Verpfändungen.

Inhaltlich erstreckt sich die Insolvenzsicherungspflicht auch auf den Gesamtsozialversicherungsbeitrag. Die Beendigung des Insolvenzschutzes soll nur zulässig sein, wenn zugleich ein zumindest gleichwertiger Insolvenzschutz vereinbart wird und der Mitarbeiter dieser Ablösung zustimmt.

Die Insolvenzabsicherung ist im Formular durch Verpfändung der Investmentkonten an die begünstigten Arbeitnehmer vorgesehen. Dies ist insbesondere dann empfehlenswert, wenn der betroffene Arbeitnehmerkreis relativ klein ist.

Zur Vermeidung von Problemen bei späteren Betriebsübergängen ist zusätzlich die Aufnahme einer Klausel empfehlenswert, wonach es einem etwaigen Betriebserwerber im Anschluss an einen Betriebsübergang freisteht, die Insolvenzsicherung auch durch alternative Insolvenzsicherungsinstrumentarien, also nicht zwangsläufig durch Verpfändung, sicherzustellen.

15. Vorzeitige Beendigung des Arbeitsverhältnisses. § 13 behandelt so genannte „Störfälle“, d.h. die Fälle, in denen das Arbeitsverhältnis vorzeitig beendigt wird. Zum Gleitzeitkonto → Form. C. II. 6 Anm. 13.

Hinsichtlich des Wertguthabens auf dem Lebensarbeitszeitkonto ist vorgesehen, dass dieses auf Verlangen des Mitarbeiters auf einen anderen Arbeitgeber übertragen werden kann. Grundvoraussetzung hierfür ist selbstverständlich immer, dass der andere Arbeitgeber mit einer solchen Übertragung einverstanden ist und eine eigene Wertguthabenvereinbarung mit dem Mitarbeiter schließt. Die Übertragung des Wertguthabens führt nach derzeitiger Rechtslage weder zu einem lohnsteuerrechtlichen Zufluss von Arbeitsentgelt noch zu einer Pflicht zur Entrichtung von Sozialversicherungsbeiträgen. Denn nach der Gesetzesbegründung zu § 23b SGB IV führt ein Schuldnerwechsel bezüglich des Wertguthabens nicht dazu, dass sich die Identität der Schuld als Arbeitsentgelt verändert (BT-Drucks. 13/9818 S. 11).

Mit dem Flexi-II-Gesetz ist die Möglichkeit eingeführt worden, dass das Wertguthaben – auf ein schriftliches Verlangen des Arbeitnehmers gegenüber dem bisherigen Arbeitgeber hin – auch auf die Deutsche Rentenversicherung Bund übertragen werden kann. Dazu muss das Wertguthaben – einschließlich des darin enthaltenen Gesamtsozialversicherungsbeitrages – allerdings einen Betrag in Höhe des Sechsfachen der monatlichen Bezugsgröße übersteigen (für das Beitragsgebiet West wären dies für das Jahr 2014 16.590 EUR, für das Beitragsgebiet Ost 14.070 EUR). Eine Rückübertragung des Wertguthabens an den Beschäftigten ist ausgeschlossen. Auch ein weiterer Aufbau des Wertguthabens ist dann nicht mehr möglich. Der Beschäftigte kann aber, auch nachdem er bei einem neuen Arbeitgeber ein Arbeitsverhältnis begründet hat, eine Freistellung aus dem bei der Deutschen Rentenversicherung Bund geführten Wertguthaben beanspruchen.

Sofern eine solche Übertragung nicht erfolgt, wird das Wertguthaben i.d.R. nach Abführung der Sozialversicherungsbeiträge und Einbehalt der Lohnsteuer an den Mitarbeiter ausbezahlt. Wenn es nicht zu einer Freistellung aus dem Wertguthaben kommt, liegt ein sog. Störfall vor (d.h. insbesondere bei Auszahlung wegen Tod, Insolvenz der

Gesellschaft oder Beendigung des Beschäftigungsverhältnisses). Zur Berechnung der Sozialversicherungsbeiträge im Störfall ist für das Wertguthaben eine besondere Aufzeichnung der so genannten „Sozialversicherungsluft“ vorzunehmen (vgl. § 23b Abs. 2 S. 1 SGB IV). Die „Sozialversicherungsluft“ ist die Differenz zwischen der Summe der ab dem Abrechnungsmonat der ersten Gutschrift auf dem Wertguthaben für die Zeit der Arbeitsleistung maßgebenden Beitragsbemessungsgrenze und der Summe der in dieser Zeit der Arbeitsleistung abgerechneten beitragspflichtigen Arbeitsentgelte (vgl. § 23b Abs. 2 S. 1 SGB IV).

16. Betriebliche Altersversorgung. Bis zum Inkrafttreten des Flexi-II-Gesetzes war die Einbringung von Wertguthaben in eine betriebliche Altersversorgung unter bestimmten Voraussetzungen zum Zeitpunkt der Übertragung sowohl sozialabgaben- als auch lohnsteuerfrei möglich. Mit dem Flexi-II-Gesetz ist die sozialversicherungsfreie Überführung von Wertguthaben in die betriebliche Altersversorgung gestrichen worden. Ein Bestandsschutz hinsichtlich der beitragsfreien Verwendung besteht lediglich für solche Wertguthabenvereinbarungen, die bis zum 13.11.2008 (dem Tag der abschließenden Lesung des Gesetzes im Bundestag) geschlossen wurden. Arbeitsrechtlich und steuerrechtlich ist eine Überführung von Wertguthaben in eine betriebliche Altersversorgung auch weiterhin möglich. Wird das Wertguthaben des Arbeitszeitkontos aufgrund einer Vereinbarung zwischen Arbeitgeber und Arbeitnehmer vor Fälligkeit (planmäßige Auszahlung während der Freistellung) ganz oder teilweise zugunsten der betrieblichen Altersversorgung herabgesetzt, ist dies steuerlich als Entgeltumwandlung anzuerkennen. Die Ausbuchung der Beträge aus dem Wertguthaben führt nach derzeitiger Rechtslage nicht zum Zufluss von Arbeitslohn. Der Zeitpunkt des Zuflusses dieser zugunsten der betrieblichen Altersversorgung umgewandelten Beträge richtet sich nach dem Durchführungsweg der zugesagten betrieblichen Altersversorgung (BMF-Schreiben v. 17.6.2009 – IV C 5 – S 2332/07/0004).

Mit der Abschaffung der Sozialabgabenfreiheit hat die Überführung von Wertguthaben in betriebliche Altersversorgung stark an Attraktivität verloren. Ob von dieser Möglichkeit weiterhin in der Praxis Gebrauch gemacht wird, ist fraglich. Soll die Möglichkeit einer Überführung in die betriebliche Altersversorgung dennoch eröffnet werden, bietet sich folgende Formulierung an:

Alternative:

§ 15 Betriebliche Altersversorgung

(1) Der Mitarbeiter kann ein etwaiges Wertguthaben auf dem Lebensarbeitszeitkonto für den Aufbau oder die Aufstockung einer betrieblichen Altersversorgung verwenden.

(2) Der Antrag auf Verwendung des Wertguthabens ist vom Mitarbeiter schriftlich zu stellen. Die Übertragung des Wertguthabens zur Verwendung für Leistungen der betrieblichen Altersversorgung erfolgt zum der Antragstellung nächstmöglichen Zeitpunkt durch die Gesellschaft.

Die Regelung ist bewusst allgemein gehalten, da die Details im Wesentlichen davon abhängen, welcher Durchführungsweg für die betriebliche Altersversorgung beim Arbeitgeber im Einzelfall besteht.

17. Altersteilzeit. Das Formular sieht vor, dass eine Kombination des Lebensarbeitszeitkontos mit Altersteilzeitvereinbarungen möglich ist. Insofern wäre insbesondere denkbar, die Arbeitsphase im Rahmen eines Altersteilzeitblockmodells durch Entnahmen aus dem Lebensarbeitszeitkonto zu finanzieren. Dies führt faktisch zu einer Verlängerung des tatsächlichen Freistellungszeitraums. Einzelheiten sollten dabei unter Berücksichtigung der jeweiligen Gegebenheiten des konkreten Einzelfalls aus systematischen Gründen in der abzuschließenden (kollektivrechtlichen oder individualvertraglichen) Vereinbarung über die Altersteilzeit geregelt werden.

Eine derartige Freistellung des Arbeitnehmers während der Arbeitsphase eines Altersteilzeitmodells steht der sozialversicherungsrechtlichen Anerkennung der Altersteilzeitvereinbarung nicht entgegen, wenn bereits im Voraus, also bei Abschluss der Wertguthabenvereinbarung, geregelt wird, dass das Wertguthaben auch im Rahmen der Altersteilzeit verwendet werden kann (Rundschreiben der Spitzenverbände der Sozialversicherungsträger v. 2.11.2010, S. 24 f.). → Form. A. XV. 3 Anm. 4.

18. **Todesfall.** § 15 regelt die Verwendung des Wertguthabens, falls der begünstigte Arbeitnehmer verstirbt. Es ist vorgesehen, dass das Wertguthaben dann an die Erben des Arbeitnehmers ausgezahlt wird. Das Wertguthaben ist in diesen Fällen bei der Auszahlung sozialversicherungspflichtig gemäß § 23b SGB IV und zu versteuern.

19. **Beachtung von Schutzgesetzen.** → Form. C. II. 6 Anm. 8.

20. **Sonstiges.** In Abs. (2) der Regelung ist vorgesehen, dass ein Missbrauch des Zeiterfassungssystems den Arbeitgeber zur außerordentlichen Kündigung berechtigt. Trotz dieses Vorbehalts kann die Wirksamkeit einer außerordentlichen Kündigung aufgrund Missbrauchs des Arbeitserfassungssystems nur im Einzelfall beurteilt werden. Die Formulierung bietet im Rahmen einer dann vorzunehmenden Interessenabwägung jedoch zumindest eine Argumentationsbasis dafür, dass dem Mitarbeiter die Schwere seines Verstoßes klar sein musste.

21. **Schlussbestimmungen.** Das Formular enthält übliche Schlussbestimmungen (→ Form. C. II. 1 Anm. 16). Es ist eine Kündigungsfrist von drei Monaten vorgesehen. Hier kann selbstverständlich etwas anderes vereinbart werden. Eine etwaige Nachwirkung der Betriebsvereinbarung ist ausgeschlossen.

8. Arbeitszeitregelung zur Beschäftigungssicherung

Betriebsvereinbarung zur Arbeitszeitregelung und Beschäftigungssicherung[1]

zwischen

. . . . . . (Name und Anschrift des Arbeitgebers) „Gesellschaft“

und

Betriebsrat des Betriebs . . . . . . der . . . . . . (Name des Arbeitgebers) „Betriebsrat“ *(Alternative: Gesamtbetriebsrat/Konzernbetriebsrat)*

Präambel[2]

Ziel dieser Betriebsvereinbarung ist es, die Wettbewerbsfähigkeit des Standortes . . . . . . der Gesellschaft zu erhalten, um die dortigen Arbeitsplätze nachhaltig zu sichern. Hierzu werden Gesellschaft und Mitarbeiter ihren Beitrag leisten.

§ 1 Geltungsbereich

(1) Diese Betriebsvereinbarung gilt in persönlicher Hinsicht für alle Arbeitnehmer[3] des Betriebs . . . . . . der Gesellschaft („Mitarbeiter“), mit Ausnahme von

- leitenden Angestellten i. S. d. § 5 Abs. 3 BetrVG,
- Teilzeitbeschäftigten mit einer individuellen regelmäßigen Wochenarbeitszeit von weniger als . . . . . . Stunden und
- Mitarbeitern in Altersteilzeit, unabhängig davon, ob sie sich in der Aktiv- oder der Passivphase befinden.[4]

(2) Diese Betriebsvereinbarung gilt in räumlicher Hinsicht ausschließlich für den Betrieb ...... der Gesellschaft.

§ 2 Arbeitszeit

(1) Die individuelle regelmäßige Wochenarbeitszeit wird gemäß § ...... des Tarifvertrages ......[5] von ...... auf ...... Stunden herabgesetzt *(Alternative: verlängert).*[6]

(Alternative:

(1) Die individuelle regelmäßige Wochenarbeitszeit wird gemäß § ...... des Tarifvertrages ......

- *in der Abteilung ...... von ...... auf ...... Stunden*
- *in der Abteilung ...... von ...... auf ...... Stunden*
- *in der Abteilung ...... von ...... auf ...... Stunden*

herabgesetzt (Alternative: verlängert).)

(2) Für Teilzeitarbeitsverhältnisse im Anwendungsbereich dieser Betriebsvereinbarung wird die Arbeitszeit im Verhältnis zur geringeren regelmäßigen Wochenarbeitszeit herabgesetzt *(Alternative: verlängert).*[7]

§ 3 Lage und Verteilung der Arbeitszeit[8]

(1) Die wöchentliche Arbeitszeit verteilt sich wie folgt:

- Gewerbliche Arbeitnehmer/Angestellte in der Produktion:
  ......
- Gewerbliche Arbeitnehmer/Angestellte im Lager/Fuhrpark:
  ......
- Angestellte des Verwaltungsbereichs:
  ......

(2) Im Hinblick auf die Rufbereitschaft bleibt es bei den bestehenden Regelungen. Die Betriebsparteien behalten sich vor, die Rufbereitschaft im Bedarfsfall kurzfristig anzupassen.

§ 4 Entgelt[9]

Die Löhne und Gehälter und die von ihnen abgeleiteten Leistungen vermindern sich entsprechend der verkürzten Arbeitszeit.

(Alternative bei Arbeitszeitverlängerung:

Die Löhne und Gehälter und die von ihnen abgeleiteten Leistungen bleiben unverändert.)

§ 5 Standortsicherungsmaßnahmen[10]

(1) Die Betriebsparteien sind sich darüber einig, dass während der Laufzeit dieser Betriebsvereinbarung der Einsatz von Leiharbeitnehmern zugunsten der Beschäftigung eigener Mitarbeiter im Rahmen der vertraglichen Gestaltungsmöglichkeiten zurückgefahren werden soll. Die Gesellschaft verpflichtet sich, während der Laufzeit dieser Betriebsvereinbarung keine zusätzlichen Arbeiten an Leiharbeitnehmer zu vergeben, soweit diese Arbeiten durch Mitarbeiter der Gesellschaft qualitativ gleichwertig erledigt werden könnten. Hiervon darf nur abgewichen werden, wenn dies nachweislich aus arbeitsorganisatorischen oder betriebswirtschaftlichen Gründen notwendig ist. Der Betriebsrat ist hierüber rechtzeitig und umfassend zu informieren. § 99 BetrVG bleibt unberührt.[11]

(2) Die Gesellschaft wird in den Jahren ...... bis ...... am Standort ...... Investitionen in einer Gesamthöhe von ...... EUR (in Worten: ...... Euro) tätigen. Einzelheiten der zurzeit aktuellen Mittelfristplanung, welche jährlich überarbeitet wird, sind der Anlage zu dieser Betriebsvereinbarung zu entnehmen.[12]

(3) Die Gesellschaft verpflichtet sich, in den nächsten ...... Jahren die Ausbildungsquote um ...... Prozent zu steigern. Anstelle von bisher ...... Ausbildungsstellen im Ausbildungsjahr ...... wird die Gesellschaft daher künftig ...... Ausbildungsstellen pro Jahr ausschreiben. Eine Verpflichtung zur Übernahme der Auszubildenden in ein Arbeitsverhältnis ist damit nicht verbunden.[13]

(Alternative:

(3) Die Gesellschaft wird die derzeit in Ausbildung befindlichen Auszubildenden nach erfolgreich bestandener Abschlussprüfung in ein Arbeitsverhältnis übernehmen und in ihrem ausgebildeten Beruf für mindestens ...... Monate beschäftigen. Die Verpflichtung kann auch durch das Angebot einer Beschäftigung in einem anderen Betrieb der Gesellschaft erfüllt werden. Die Verpflichtung zur Übernahme der Auszubildenden in ein Arbeitsverhältnis besteht nicht, wenn dieser verhaltens- oder personenbedingte Gründe entgegenstehen.[14])

(4) Während der Laufzeit dieser Betriebsvereinbarung darf die Zahl der Arbeitsplätze (bestehend aus besetzten und ausgeschriebenen Stellen) nicht unter ...... fallen. Diese Zahl errechnet sich ohne Berücksichtigung der für den jeweiligen Arbeitsplatz vorgesehenen Arbeitszeit.[15]

(Alternative:

(4) Während der Laufzeit dieser Betriebsvereinbarung wird die Gesellschaft keine betriebsbedingten Kündigungen aussprechen.)

(Alternative:

(4) Während der Laufzeit dieser Betriebsvereinbarung wird die Gesellschaft betriebsbedingte Kündigungen nur nach Zustimmung des Betriebsrats aussprechen.)

(Alternative:

(4) Während der Laufzeit dieser Betriebsvereinbarung wird die Gesellschaft grundsätzlich keine betriebsbedingten Kündigungen aussprechen. Sollten aufgrund unvorhersehbarer Umstände betriebsbedingte Kündigungen erforderlich werden, werden diese frühestens mit Ablauf dieser Betriebsvereinbarung wirksam.)[16]

§ 6 Laufzeit[17]

(1) Diese Betriebsvereinbarung tritt am ...... in Kraft und endet, ohne dass es einer Kündigung bedarf, am ...... Sie entfaltet keine Nachwirkung.

(Alternative:

(1) Diese Betriebsvereinbarung tritt am ...... in Kraft. Sie kann mit einer Frist von ...... Monaten zum Ende eines Kalenderjahres gekündigt werden. Sie entfaltet keine Nachwirkung.)

(2) Die Kündigung bedarf der Schriftform.

(3) Bei verbesserter Auslastung kann diese Betriebsvereinbarung zeitlich begrenzt für den gesamten Betrieb oder einzelne Betriebsteile einvernehmlich außer Kraft gesetzt werden.[18]

§ 7 Schlussbestimmungen[19]

(1) Mündliche Nebenabreden bestehen nicht. Änderungen oder Ergänzungen dieser Betriebsvereinbarung, einschließlich dieser Bestimmung, bedürfen zu ihrer Wirksamkeit der Schriftform.

(2) Sollte eine Bestimmung dieser Betriebsvereinbarung ganz oder teilweise unwirksam sein oder werden, so wird hiervon die Wirksamkeit der übrigen Bestimmungen nicht berührt. Anstelle der unwirksamen Bestimmung werden die Betriebsparteien die gesetzlich zulässige Bestimmung vereinbaren, die dem mit der unwirksamen Bestimmung Gewollten wirtschaftlich am nächsten kommt. Dasselbe gilt für den Fall einer vertraglichen Lücke.

(3) Diese Betriebsvereinbarung steht unter dem Vorbehalt etwaiger ablösender – auch freiwilliger – Betriebsvereinbarungen.

(4) Sollten sich die dieser Betriebsvereinbarung zugrunde liegenden tatsächlichen oder rechtlichen Bedingungen grundlegend ändern, so werden die Betriebsparteien unverzüglich in Verhandlungen treten mit dem Ziel, die Betriebsvereinbarung an die geänderten Bedingungen anzupassen.

. . . . . .	. . . . . .
Ort, Datum	Ort, Datum
. . . . . .	. . . . . .
Unterschrift der Gesellschaft	Unterschrift des Betriebsratsvorsitzenden

Anmerkungen

1. **Regelungsinhalt.** Das Formular sieht eine Verknüpfung von **Arbeitszeitverkürzung/-verlängerung und Standortsicherung** unter Ausnutzung einer entsprechenden **tarifvertraglichen Öffnungsklausel** (→ Anm. 5) vor.

Tarifliche Öffnungsklauseln ermöglichen eine größere Flexibilität der Arbeitsbedingungen, indem sie vom Tarifvertrag abweichende oder ergänzende Regelungen durch Firmentarifvertrag, Betriebsvereinbarung oder Individualabrede gestatten (ErfKomm/*Franzen* § 4 TVG Rn. 27).

In den derzeit geltenden Flächentarifverträgen gibt es eine Vielzahl von Öffnungsklauseln, die auf betrieblicher Ebene Abweichungen von der regelmäßigen tariflichen Arbeitszeit zulassen. Dabei sind **Arbeitszeitverlängerungen** (z. B. in der Metallindustrie) ebenso anzutreffen wie Regelungen über **Arbeitszeitkorridore** (z. B. in der chemischen Industrie) und befristete **Arbeitszeitreduzierungen ohne Lohnausgleich.** Letztere sind beispielsweise in Tarifverträgen zur Beschäftigungssicherung der Metallindustrie sowie im Manteltarifvertrag für das private Bankgewerbe und die öffentlichen Banken vorgesehen.

Das Formular orientiert sich nicht an einer bestimmten Öffnungsklausel, sondern stellt vielmehr einen ausfüllungsbedürftigen **Rahmen** zur Verfügung. Es ist daher bei Verwendung des Formulars stets zu prüfen, welche Gestaltungsmöglichkeiten die jeweils anwendbare Öffnungsklausel bietet. Insbesondere die Beispiele zu einzelnen Standortsicherungsmaßnahmen (→ Anm. 10) sind nur als Anregungen zu verstehen.

Darüber hinaus ist bei Verwendung des Formulars zu prüfen, ob die jeweilige tarifliche Öffnungsklausel die Wirksamkeit der Betriebsvereinbarung von der Zustimmung der Tarifvertragsparteien abhängig macht. In diesem Fall kann es sich empfehlen, die Tarifvertragsparteien schon frühzeitig in die Verhandlungen einzubinden, um zu verhindern, dass ein schon mit dem Betriebsrat ausgehandelter Kompromiss letztlich noch am Veto der Gewerkschaft (oder des Arbeitgeberverbandes) scheitert. Auf die Zustimmung der

Tarifvertragsparteien besteht aber dann ein Anspruch, wenn alle im Tarifvertrag geregelten Voraussetzungen erfüllt sind (BAG NZA 2011, 468).

Die hier vorgesehene Arbeitszeitregelung zur Beschäftigungssicherung stellt **kein „betriebliches Bündnis für Arbeit“** in dem Sinne dar, wie es in den zurückliegenden Jahren in Rechtsprechung (BAG AP GG Art. 9 Nr. 89; BAG NZA 2003, 1221; ArbG Marburg NZA 1996, 1331; ArbG Frankfurt a. M. NZA 1996, 1340) und Literatur (*Lehmann* BB 2010, 2821; *Ubber* AuA 2009, 280) diskutiert wurde. Kennzeichnend für derartige Bündnisse ist die Absenkung von Arbeitsbedingungen unter das tariflich geltende Mindestniveau, sei es durch einen vom Flächentarifvertrag abweichenden Haustarifvertrag, durch eine (gegen § 77 Abs. 3 BetrVG verstoßende) Betriebsvereinbarung oder durch gebündelte Individualvereinbarungen, die gegebenenfalls von einer Regelungsabrede mit dem Betriebsrat flankiert werden. Vorliegend wird nicht von geltenden tarifvertraglichen Regelungen abgewichen, sondern von tariflich ausdrücklich vorgesehenen Flexibilisierungsmöglichkeiten Gebrauch gemacht.

Nicht abschließend durch die Rechtsprechung geklärt ist die Berücksichtigung des Günstigkeitsprinzips bei betrieblichen Vereinbarungen zur Beschäftigungssicherung. In der Praxis werden solche Betriebsvereinbarungen in der Belegschaft akzeptiert. Gleichwohl ist zu bedenken, dass grundsätzlich eine im Vergleich zur Betriebsvereinbarung günstigere arbeitsvertragliche Regelung Anwendung finden kann, da im Konkurrenzverhältnis von Arbeitsvertrag und Kollektivregelung das Günstigkeitsprinzip gilt. Allein eine Beschäftigungssicherung oder Standortgarantie lässt die Betriebsvereinbarung im Vergleich zum Arbeitsvertrag nicht günstiger erscheinen, wenn damit zugleich Einbußen in der Vergütung oder Erhöhungen der Arbeitszeit verbunden sind (BAG AP GG Art. 9 Nr. 89). Richtigerweise sieht aber der Arbeitsvertrag regelmäßig keine Regelung zu einer „vorübergehenden“ Arbeitszeitreduzierung vor, so dass ein Günstigkeitsvergleich nicht durchzuführen ist und allein die Betriebsvereinbarung Anwendung findet (ArbG Berlin BeckRS 2004, 41161). Das Formular unterstellt eine tarifvertragliche Öffnungsklausel für eine solche Betriebsvereinbarung, so dass eine Konkurrenz mit arbeitsvertraglichen Vereinbarungen nicht gegeben ist, wenn die geänderten Arbeitsbedingungen tarifvertraglich geregelt sind.

Die Verkürzung oder Verlängerung der Arbeitszeit stellt regelmäßig keine Versetzung i. S. d. §§ 99, 95 Abs. 3 BetrVG dar und bedarf daher nicht noch zusätzlich der Zustimmung des Betriebsrates in jedem Einzelfall (BAG NZA 1992, 180, 181).

2. Zielsetzung. Ähnlich wie ein Tarifvertrag zur Beschäftigungssicherung (→ Form. D. I. 8) sieht auch die Betriebsvereinbarung Gegenleistungen der Belegschaft für die standortsichernden Maßnahmen, z. B. in Form von Entgeltkürzungen, vor. Auch wenn diese Möglichkeit in der Öffnungsklausel schon angelegt ist, ist es letztlich der Betriebsrat, der den Abschluss der Betriebsvereinbarung und die für die Belegschaft daraus resultierenden Nachteile gegenüber den Mitarbeitern rechtfertigen muss. Von daher sollte schon in der Präambel zum Ausdruck kommen, dass die Standortsicherung von Zugeständnissen beider Seiten abhängt.

Ferner kann die Präambel dahingehend ergänzt werden, dass der Belegschaft die Gründe für die schwierige Unternehmenssituation konkret vor Augen geführt werden (z. B. durch einen Verweis auf makroökonomische Einflüsse wie steigende Weltmarktpreise oder eine geringere Nachfrage der Produkte oder Dienstleistungen). Auch auf diese Weise kann die Akzeptanz der Vereinbarung gesteigert werden.

3. Anwendung auf Außenseiter. Obwohl die tarifliche Öffnungsklausel unmittelbar nur für Tarifgebundene, d. h. verbandsangehörige Arbeitgeber und Mitglieder der tarifschließenden Gewerkschaft, oder kraft einzelvertraglicher Bezugnahme gilt, erfasst die darauf basierende Betriebsvereinbarung auch Außenseiter. Das BAG hat es nicht als Verstoß gegen die negative Koalitionsfreiheit angesehen, dass auch nicht tarifgebundene Arbeitnehmer von einer Betriebsvereinbarung über die Dauer der wöchentlichen Arbeitszeit erfasst werden (BAG AP BetrVG 1972 § 77 Nr. 23; BAG AP TVG § 3 Betriebsnormen Nr. 5; kritisch dagegen LAG Hamburg LAGE ArbZG § 7 Nr. 3). Auch wenn die Rechtsprechung des BAG in Einzelfragen widersprüchlich und Gegenstand von Kritik aus dem Schrifttum ist (vgl. ErfKomm/*Wank* § 7 ArbZG Rn. 3), gelingt es in der Praxis häufig, die Belegschaft (oder den größten Teil davon) mit Unterstützung von Gewerkschaft und Betriebsrat von der Notwendigkeit der Maßnahmen zu überzeugen.

4. Ausnahmen vom persönlichen Anwendungsbereich. Neben leitenden Angestellten, die mangels Anwendbarkeit des BetrVG (§ 5 Abs. 3, 4 BetrVG) nicht dem zwingenden Regime der Betriebsvereinbarung unterworfen sind, sieht das Formular Ausnahmen für **Teilzeitmitarbeiter unterhalb einer gewissen Wochenarbeitszeit** und **Auszubildende** vor. Auch bei der Bestimmung des persönlichen Anwendungsbereichs der Betriebsvereinbarung muss vorrangig die einschlägige tarifliche Öffnungsklausel herangezogen werden. Gerade bei Arbeitszeitverkürzungen sehen viele tarifliche Regelungen Ausnahmen oder Sonderregelungen für bestimmte Mitarbeitergruppen vor.

Bei Mitarbeitern in **Altersteilzeit** ergibt sich das Problem, dass diese im Vorfeld in der Altersteilzeitvereinbarung eine Reduzierung ihrer (bisherigen) tariflichen Wochenarbeitszeit um die Hälfte vereinbart haben. Auf dieser Grundlage wird das zu zahlende Altersteilzeitentgelt sowie die gegebenenfalls zu leistenden Aufstockungszahlungen des Arbeitgebers ermittelt. Bei Einbeziehung der Altersteilzeitarbeitnehmer in die Arbeitszeitregelung, u. U. mit entsprechender Entgeltkürzung, müsste die Altersteilzeitvereinbarung – zumindest für die Laufzeit der Betriebsvereinbarung – angepasst werden. Daher empfiehlt es sich, Mitarbeiter in Altersteilzeit vom Anwendungsbereich der Betriebsvereinbarung generell auszunehmen.

5. Öffnungsklausel. Die konkrete Bezugnahme auf die tarifliche Öffnungsklausel dient in erster Linie dazu, die **Akzeptanz** der Vereinbarung in der Belegschaft zu erhöhen, indem verdeutlicht wird, dass bereits der Tarifvertrag die Möglichkeit zur Arbeitszeitverkürzung ohne Lohnausgleich bzw. zur Arbeitszeitverlängerung vorsieht.

Ein **„Zitiergebot"** besteht prinzipiell nicht. Vorsorglich sollte jedoch die tarifliche Öffnungsklausel auf eine zwingende Bezugnahmeregelung hin untersucht werden.

6. Arbeitszeitverkürzung bzw. -verlängerung. Bei der Frage, in welchem Umfang die Arbeitszeit herabgesetzt bzw. verlängert werden kann, kommt es maßgeblich auf die in der Öffnungsklausel enthaltenen Vorgaben an. Bei Arbeitszeitverkürzungen sehen die Tarifverträge in aller Regel **Untergrenzen** vor, um in Anbetracht der proportionalen Entgeltkürzung das Arbeitsverhältnis als Existenzgrundlage der Mitarbeiter nicht insgesamt in Frage zu stellen.

Ob die Arbeitszeit für alle Beschäftigten linear herabgesetzt bzw. verlängert wird oder ob eine **Differenzierung nach Betriebsteilen oder Beschäftigungsgruppen** möglich ist, ist nach Maßgabe der betrieblichen Erfordernisse unter Berücksichtigung der Öffnungsklausel zu regeln.

7. Arbeitszeitregelung für Teilzeitbeschäftigte. Soweit es um die Frage geht, ob und in welchem Verhältnis die Arbeitszeit für Teilzeitbeschäftigte herabzusetzen bzw. zu verlängern ist, ist wiederum zunächst die tarifliche Öffnungsklausel selbst heranzuziehen (→ Anm. 4). Schweigt die Öffnungsklausel zu dieser Frage, kann die Arbeitszeit der Teilzeitbeschäftigten ohne Verstoß gegen das **Diskriminierungsverbot** des § 4 Abs. 1 TzBfG proportional verändert werden.

8. Lage und Verteilung der Arbeitszeit. Die Lage und Verteilung der Arbeitszeit ist originärer Gegenstand der betrieblichen Mitbestimmung (§ 87 Abs. 1 Nr. 2 BetrVG), während die Regelung der Arbeitszeitdauer in Tarifverträgen oder Individualarbeitsverträgen erfolgt (BAG NZA 1988, 251, 252).

Bei der Regelung der Lage der Arbeitszeit kann sich eine Differenzierung – je nach den unterschiedlichen **Funktionen** der einzelnen Betriebsabteilungen – anbieten. In der Verwaltung oder in Bereichen mit Kundenkontakt sollte z.B. gewährleistet sein, dass trotz einer Arbeitszeitverkürzung gewisse „Kernzeiten“ erhalten bleiben, in denen die Erreichbarkeit der Mitarbeiter sichergestellt ist.

9. Auswirkungen auf das Entgelt. Das Formular sieht in der Ausgangsvariante eine Entgeltkürzung proportional zur Verkürzung der Arbeitszeit vor. Auch dies hält die Rechtsprechung (BAG AP BetrVG 1972 § 77 Nr. 23; BAG AP TVG § 3 Betriebsnormen Nr. 5; BAG AP TVG § 1 Auslegung Nr. 228; BAG BeckRS 2008, 58346) grundsätzlich für zulässig. Denkbar ist in diesem Zusammenhang auch ein teilweiser Lohn- und Gehaltsausgleich auf freiwilliger Basis, was allerdings in einer wirtschaftlich ohnehin schon schwierigen Phase des Unternehmens eher die Ausnahme sein wird. In der Praxis werden der Entgeltkürzung durch die tariflichen Öffnungsklauseln teilweise Grenzen gesetzt. Der Manteltarifvertrag für das private Bankgewerbe und die öffentlichen Banken sieht z.B. in seiner ab 6.6.2012 geltenden Fassung einen **Ausgleich** in Höhe von 20 Prozent für die gekürzte Zeit vor.

Je nach Komplexität der einschlägigen Vergütungsregelungen empfiehlt es sich, ergänzend anzugeben, welche Vergütungsbestandteile von der Kürzung erfasst werden oder in unveränderter Höhe erhalten bleiben.

10. Standortsicherung. Die im Formular vorgesehenen Standortsicherungsmaßnahmen (Abbau von Fremdpersonal, Investitionszusagen, Erhöhung der Ausbildungsquote, Übernahme von Auszubildenden in ein Arbeitsverhältnis, Garantie einer bestimmten Mitarbeiterzahl, Ausschluss betriebsbedingter Kündigungen) stellen alternative **Gestaltungsvorschläge** dar, die – im Rahmen der durch die Öffnungsklausel gesetzten Vorgaben – kombinierbar sind. Das Formular ist nicht so zu verstehen, dass alle beschriebenen Maßnahmen kumulativ vereinbart werden sollen.

Welche der denkbaren Standortsicherungsmaßnahmen für den Betrieb in welchem Umfang sinnvoll und tragfähig sind, ist eine Frage des Einzelfalls. Darüber hinaus können sich einzelfallabhängig auch andere als die beschriebenen Maßnahmen anbieten, z.B. die Garantie, bestimmte Produktionslinien für einen gewissen Zeitraum am Standort weiterzuführen (*Zachert* DB 2001, 1198) oder die Zusage, die Produktion innerhalb einer gewissen Zeitspanne nicht ins Ausland zu verlagern.

11. Abbau von Fremdpersonal. Der Abbau des Fremdpersonaleinsatzes zugunsten einer Erledigung der Arbeiten durch eigene Beschäftigte sollte auf eine Verpflichtung für die **Zukunft** beschränkt werden. Danach werden künftig keine neuen Aufgaben an Leiharbeitnehmer mehr vergeben. Obwohl Arbeitnehmerüberlassungsverträge in der Praxis regelmäßig eine Kündigungsfrist von wenigen Tagen vorsehen, wird sich der Arbeitgeber nicht verpflichten wollen, mit sofortiger Wirkung keine Leiharbeitnehmer mehr einzusetzen. Dies kann zu Störungen der Arbeitsabläufe und zu Qualitätsverlusten führen.

Das Formular sieht im Interesse der Gesellschaft mehrere **Ausnahmetatbestände** vor (qualitative Gleichwertigkeit der Aufgabenerledigung, arbeitsorganisatorische oder betriebswirtschaftliche Gründe). Denn Qualitätsverluste oder Ablaufstörungen müssen in der ohnehin schon angespannten wirtschaftlichen Lage des Unternehmens vermieden werden.

12. Investitionszusagen. Die Formulierung zu Investitionszusagen sollte nach Möglichkeit noch um konkrete Investitionsprojekte (z.B. Anschaffung bestimmter neuer Maschinen), die auch in einer Anlage aufgeführt werden können, ergänzt werden. Dies vermeidet spätere Streitigkeiten darüber, ob die Investitionszusage tatsächlich erfüllt worden ist oder nicht.

13. **Erhöhung der Ausbildungsquote.** Die Erhöhung der Ausbildungsquote sollte auf die **Ausschreibung** einer höheren Zahl von Ausbildungsplätzen beschränkt bleiben und keine konkreten Zusagen über eine bestimmte Zahl von **Einstellungen** enthalten. So verbleibt der Gesellschaft ausreichend Flexibilität auch für den Fall, dass sich nicht genügend qualifizierte Bewerber auf die ausgeschriebenen Stellen bewerben.

14. **Übernahme von Auszubildenden in ein Arbeitsverhältnis.** Häufig finden sich in tariflichen Öffnungsklauseln Vorschriften zur Übernahme von Auszubildenden in ein (befristetes) Arbeitsverhältnis nach Abschluss der Ausbildung (weiterführend hierzu *Schulze* NZA 2007, 1329). Auch hier sind im Interesse der Gesellschaft Ausnahmevorschriften vorgesehen. Es versteht sich von selbst, dass eine **bestandene Abschlussprüfung** Voraussetzung für die Übernahme in ein Arbeitsverhältnis sein sollte. Denkbar ist es auch, die Übernahme des Auszubildenden vom Erreichen einer bestimmten **Abschlussnote** abhängig zu machen.

15. **Garantie einer bestimmten Zahl von Stellen.** Das Formular sieht die Garantie einer absoluten Anzahl von Stellen vor. Um der Arbeitgeberseite ausreichend Flexibilität zu verschaffen, umfasst die zu vereinbarende Stellenzahl nicht nur besetzte Positionen (also vorhandene Mitarbeiter), sondern zudem auch ausgeschriebene Stellen.

In der Praxis häufig anzutreffen sind Garantien, die vorsehen, dass die Mitarbeiterzahl „durch betriebsbedingte Kündigungen" nicht unter einen bestimmten Wert fallen darf. Die Anknüpfung an **betriebsbedingte Kündigungen** birgt jedoch nicht selten Konfliktpotential. Streitigkeiten zwischen den Betriebsparteien können sich insbesondere ergeben, wenn der Arbeitgeber zunächst verhaltens- oder personenbedingte Kündigungen ausspricht und sich später mit den Gekündigten im Wege des (außer-)gerichtlichen Vergleichs auf eine Beendigung aus betriebsbedingten Gründen einigt. Gleiches gilt, wenn der Arbeitgeber Aufhebungsverträge abschließt, um so den Ausspruch betriebsbedingter Kündigungen zu vermeiden. In beiden Fällen stellt sich die Frage nach der Anwendbarkeit der Garantieklausel.

16. **Ausschluss betriebsbedingter Kündigungen.** Ein Ausschluss betriebsbedingter Kündigungen kann – wie in der Ausgangsformulierung – als absolutes Kündigungsverbot ausgestaltet sein oder mit einem Ausnahmevorbehalt versehen werden.

Die Alternativformulierungen ermöglichen eine höhere Flexibilität, können aber zu künftigen Auseinandersetzungen mit dem Betriebsrat führen. Soweit eine Zustimmung des Betriebsrats erforderlich ist, ist diese vor Ausspruch der Kündigung zu erteilen (BAG NZA 2011, 708). Ob es im Übrigen die wirtschaftliche Situation des Unternehmens zulässt, dass die Kündigungen erst zeitlich verzögert wirksam werden, ist eine Frage des Einzelfalls. Maßgeblich sind dabei die konkrete Verhandlungsstärke der Parteien sowie die vereinbarte Laufzeit der Vereinbarung.

17. **Laufzeit.** Üblicherweise werden Betriebsvereinbarungen zur Beschäftigungssicherung von vornherein nur für einen befristeten Zeitraum abgeschlossen. Anderenfalls sollte bei der Bestimmung der Kündigungsfrist sorgfältig abgewogen werden, inwieweit eine langfristige Bindung an die Standortsicherungszusagen durch das gleichzeitige Kosteneinsparungspotential noch gerechtfertigt ist. S. im Übrigen → Form. C. II. 1 Anm. 15.

18. **Außerkraftsetzen der Betriebsvereinbarung.** Bei betrieblichen Arbeitszeitverkürzungen kann sich die Situation ergeben, dass sich die Auslastung kurzfristig verbessert, so dass eine Rückkehr zur bisherigen tariflichen Arbeitszeit notwendig wird. Ist in solchen Fällen absehbar, dass es sich lediglich um einen vorübergehenden Mehrbedarf handelt, wird es nicht ratsam sein, die Betriebsvereinbarung insgesamt in Frage zu stellen; stattdessen sollten ihre Wirkungen nur vorübergehend außer Kraft gesetzt werden. Sollten sich dagegen die wirtschaftlichen Rahmenbedingungen so gravierend zum Positiven ändern, dass für lange Zeit wieder mit einer verbesserten Auslastung zu rechnen ist, sind Neuverhandlungen mit dem Betriebsrat (vgl. § 7 Abs. (4) des Formulars) oder – soweit vorgesehen – die Kündigung der Betriebsvereinbarung (→ Anm. 17) in Betracht zu ziehen.

19. **Schlussbestimmungen.** → Form. C. II. 1 Anm. 16.

9. Job-Sharing

Betriebsvereinbarung über Job-Sharing[1]

zwischen

...... (Name und Anschrift des Arbeitgebers) „Gesellschaft“

und

Betriebsrat des Betriebs ...... der ...... (Name des Arbeitgebers) „Betriebsrat“

Präambel

Die Einführung von Job-Sharing dient dem Ziel, die Arbeitsbedingungen der Mitarbeiter zu verbessern und zugleich die Arbeitsorganisation zu vereinfachen. Indem die Arbeitszeiteinteilung durch die beteiligten Mitarbeiter selbst vorgenommen wird, kann ihren individuellen Interessen und Bedürfnissen stärker entsprochen werden. Zugleich wird die Ausübung der arbeitszeitbezogenen Weisungsrechte dezentralisiert und damit vereinfacht. Die Individualisierung der Arbeitszeit trägt zudem dazu bei, die Eigenverantwortung und Motivation der Mitarbeiter zu stärken.

§ 1 Geltungsbereich

Diese Betriebsvereinbarung gilt für alle Arbeitnehmer des Betriebs ...... der Gesellschaft („Mitarbeiter“), mit Ausnahme der leitenden Angestellten i.S.d. § 5 Abs. 3 BetrVG.

§ 2 Begriffsbestimmung

Job-Sharing im Sinne dieser Betriebsvereinbarung liegt vor, wenn die Gesellschaft mit zwei oder mehr Mitarbeitern („Job-Sharing-Partnern“) vereinbart, dass sich diese die Arbeitszeit an einem Arbeitsplatz teilen.[2]

§ 3 Einrichtung von Job-Sharing-Arbeitsverhältnissen

(1) Der Gesellschaft steht es frei, Job-Sharing-Arbeitsverträge nach Maßgabe des Formulars gemäß Anlage zu dieser Betriebsvereinbarung (Job-Sharing-Arbeitsvertrag) zu vereinbaren. Mit Abschluss des Job-Sharing-Arbeitsvertrages erkennt der Mitarbeiter diese Betriebsvereinbarung als verbindlich an. Die Regelungen dieser Betriebsvereinbarung werden Bestandteil des Job-Sharing-Arbeitsvertrages.[3]

(2) Die Betriebsparteien sind sich darüber einig, dass auch vorhandene Vollzeitarbeitsplätze mit Mitarbeitern in Job-Sharing-Arbeitsverhältnissen auf Teilzeitbasis besetzt werden dürfen. Etwaige Beteiligungsrechte des Betriebsrates bleiben hiervon unberührt.[4]

(3) Über die erstmalige Zusammensetzung der Job-Sharing-Partner entscheidet die Gesellschaft allein.[5]

§ 4 Arbeitszeiteinteilung[6]

(1) Die Job-Sharing-Partner werden sich untereinander autonom über die Arbeitszeiteinteilung abstimmen.

(2) Die Arbeitszeiteinteilung hat so zu erfolgen, dass der Arbeitsplatz zu der betriebsüblichen Arbeitszeit ständig besetzt ist und die am gleichen Arbeitsplatz beschäftigten Mitarbeiter wöchentlich *(Alternative: monatlich)* ihre vertraglich vereinbarten Arbeitszeitanteile erreichen. Eine gleichzeitige Besetzung des Arbeitsplatzes ist ausgeschlossen. Bei der Arbeitszeiteinteilung haben Job-Sharing-Partner die betrieblichen Erfordernisse zu beachten.

(3) Die Job-Sharing-Partner werden die Gesellschaft im Voraus über die Arbeitszeiteinteilung informieren.

(Alternative:

(3) Die Job-Sharing-Partner werden der Gesellschaft jeweils eine Woche im Voraus für einen Zeitraum von . . . . . . Wochen/Monaten einen Arbeitsplan über die Arbeitszeiteinteilung vorlegen.)

(4) Können sich die Job-Sharing-Partner über die Arbeitszeiteinteilung bis eine Woche vor Monatsbeginn nicht einigen, kann die Gesellschaft diese unter Berücksichtigung der betrieblichen Erfordernisse verbindlich festlegen.

(Alternative:

(4) Legen die Job-Sharing-Partner den Arbeitsplan nicht innerhalb der in Abs. (3) genannten Frist vor, kann die Gesellschaft die Arbeitszeit unter Berücksichtigung der betrieblichen Erfordernisse verbindlich festlegen.)

§ 5 Vertretung[7]

(1) Jeder Job-Sharing-Partner ist verpflichtet, eine Arbeitsverhinderung sowohl der Gesellschaft als auch den übrigen Job-Sharing-Partnern unverzüglich anzuzeigen. Die Job-Sharing-Partner sind, sofern hierfür ein dringendes betriebliches Erfordernis vorliegt, zur Vertretung eines Job-Sharing-Partners verpflichtet, sofern dieser an der Ausübung seiner Tätigkeit verhindert ist und die Vertretung im Einzelfall zumutbar ist. Unter mehreren Teilnehmern an der Arbeitsplatzteilung, die für die Vertretung eines verhinderten Job-Sharing-Partners in Betracht kommen, trifft die Gesellschaft die Auswahlentscheidung.

(2) Der Vertretungsbedarf soll dem betroffenen Mitarbeiter in der Regel vier Tage vor dem Eintritt des Vertretungsfalls angekündigt werden. Dies gilt nicht, wenn betriebliche Gründe im Einzelfall eine kurzfristige Vertretung erforderlich machen.

(3) Ein dringendes betriebliches Erfordernis gemäß Abs. (1) liegt vor, wenn die zu erledigenden Arbeiten so dringlich sind, dass bei unterlassener Erledigung erhebliche Nachteile für den Betriebsablauf oder die Außenbeziehungen der Gesellschaft entstehen und diese Arbeiten nicht durch andere Mitarbeiter des Betriebes erledigt werden können.

(4) Übernimmt der Mitarbeiter die Vertretung seines Job-Sharing-Partners, so wird die Vertretungszeit nicht auf den individuellen Arbeitszeitanteil angerechnet, sondern gesondert entsprechend dem arbeitsvertraglich vereinbarten Stundenlohn vergütet.

§ 6 Urlaub[8]

(1) Bei der Festlegung von Zeitpunkt und Dauer des Urlaubs hat der Mitarbeiter die Gesellschaft und seine Job-Sharing-Partner rechtzeitig über seine Urlaubspläne zu infor-

mieren. Die Urlaubspläne müssen mit den betrieblichen Belangen und den Urlaubswünschen der Job-Sharing-Partner abgestimmt werden.

(2) Während des Urlaubs eines Job-Sharing-Partners kann kein anderer Teilnehmer an der Arbeitsplatzteilung Urlaub nehmen.

§ 7 Personelle Veränderungen[9]

(1) Scheidet ein Job-Sharing-Partner aus, kann den anderen Teilnehmern an der Arbeitsplatzteilung aus diesem Grunde nicht gekündigt werden. Das Recht zur Änderungskündigung und zur Kündigung aus anderen Gründen bleibt unberührt.

(2) Soll für den ausgeschiedenen Job-Sharing-Partner eine Ersatzkraft gefunden werden, haben die verbleibenden Teilnehmer an der Arbeitsplatzteilung ein Vorschlagsrecht. Der Arbeitgeber kann den Vorschlag ablehnen, wenn betriebliche Belange entgegenstehen. Betriebliche Belange liegen insbesondere dann vor, wenn der vorgeschlagene Arbeitnehmer für die zu besetzende Stelle nicht geeignet ist.

(3) Machen die verbleibenden Teilnehmer an der Arbeitsplatzteilung im Falle des Abs. (2) von ihrem Vorschlagsrecht keinen Gebrauch, entscheidet die Gesellschaft über die Auswahl einer Ersatzkraft.

§ 8 Inkrafttreten, Kündigung[10]

(1) Diese Betriebsvereinbarung tritt am . . . . . . in Kraft. Sie kann mit einer Frist von . . . . . . Monaten zum Ende eines Kalenderhalbjahres gekündigt werden.

(2) Die Kündigung bedarf der Schriftform.

§ 9 Schlussbestimmungen[11]

(1) Diese Betriebsvereinbarung löst alle eventuellen vorherigen Betriebsvereinbarungen zum Job-Sharing, insbesondere . . . . . ., ab. Mündliche Nebenabreden bestehen nicht. Änderungen oder Ergänzungen dieser Betriebsvereinbarung, einschließlich dieser Bestimmung, bedürfen zu ihrer Wirksamkeit der Schriftform.

(2) Sollte eine Bestimmung dieser Betriebsvereinbarung ganz oder teilweise unwirksam sein oder werden, so wird hiervon die Wirksamkeit der übrigen Bestimmungen nicht berührt. Anstelle der unwirksamen Bestimmung werden die Betriebsparteien die gesetzlich zulässige Bestimmung vereinbaren, die dem mit der unwirksamen Bestimmung Gewollten wirtschaftlich am nächsten kommt. Dasselbe gilt für den Fall einer vertraglichen Lücke.

(3) Diese Betriebsvereinbarung steht unter dem Vorbehalt etwaiger ablösender – auch freiwilliger – Betriebsvereinbarungen.

(4) Sollten sich die dieser Betriebsvereinbarung zugrunde liegenden tatsächlichen oder rechtlichen Bedingungen grundlegend ändern, so werden die Betriebsparteien unverzüglich in Verhandlungen treten mit dem Ziel, die Betriebsvereinbarung an die geänderten Bedingungen anzupassen.

. . . . . .	. . . . . .
Ort, Datum	Ort, Datum
. . . . . .	. . . . . .
Unterschrift der Gesellschaft	Unterschrift des Betriebsratsvorsitzenden

Anmerkungen

1. Regelungsinhalt. Nach der Legaldefinition in § 13 Abs. 1 TzBfG liegt Arbeitsplatzteilung (oder „Job-Sharing") vor, wenn der Arbeitgeber mit zwei oder mehr Arbeitnehmern vereinbart, dass diese sich die Arbeitszeit an einem Arbeitsplatz teilen. Die den Job-Sharing-Partnern dabei eingeräumte Zeitsouveränität ist kennzeichnendes Merkmal der Arbeitsplatzteilung (MünchHdbArbR/*Schüren* § 41 Rn. 68 m.w.N.; *Buschmann* AiB 2002, 507; *Löw* AuA 2006, 592).

Das Job-Sharing ist vom sog. Job-Pairing (Gruppenarbeit) abzugrenzen. Beim Job-Pairing besteht anders als beim Job-Sharing eine vertragliche Beziehung zwischen den Arbeitnehmern untereinander. Dies hat zur Folge, dass gegenüber dem Arbeitgeber ein Gesamtschuldverhältnis besteht. Die Arbeitnehmer verantworten die Arbeitsleistung – anders als beim Job-Sharing – gemeinsam (MünchHdbArbR/*Schüren* § 41 Rn. 80). Auswirkungen hat dies auf die Vertretungspflicht und die Kündigung des Job-Pairing-Arbeitsverhältnisses (MünchHdbArbR/*Schüren* § 41 Rn. 125; zur Kündigung und zur Vertretung im Rahmen eines Job-Sharing-Arbeitsverhältnisses → Anm. 7, 9).

Neben der individualvertraglichen Ebene, auf der der Arbeitgeber mit den einzelnen Job-Sharing-Partnern Arbeitsverträge abschließt (→ Form. A. VII. 3), legt die vorliegende Betriebsvereinbarung die Rahmenbedingungen für Job-Sharing-Arbeitsverhältnisse auf kollektivrechtlicher Ebene fest. Abweichungen von den in § 13 Abs. 1 bis 3 TzBfG enthaltenen gesetzlichen Mindestvoraussetzungen für die Arbeitsplatzteilung zuungunsten des Arbeitnehmers sind allerdings nur durch Tarifvertrag, nicht durch Betriebsvereinbarung möglich (§ 13 Abs. 4 TzBfG).

2. Begriff des Job-Sharing. Der Begriff der Arbeitsplatzteilung stimmt mit der gesetzlichen Regelung überein. S. außerdem → Anm. 1 (kritisch hierzu *Schönefeldt* PersF 2006, 30).

3. Job-Sharing-Arbeitsvertrag. → Form. A. VII. 3.

4. Besetzung vorhandener Vollzeitarbeitsplätze mit Job-Sharing-Partnern. Der Job-Sharing-Arbeitsplatz kann ein Vollzeit oder Teilzeitarbeitsplatz sein, während die Job-Sharing-Partner immer Teilzeitarbeitnehmer sind (ErfKomm/*Preis* § 13 TzBfG Rn. 5).

Grundlegende Änderungen des Arbeitszeitsystems wie die Umwandlung von Vollzeit- in Teilzeitarbeitsplätze können eine Betriebsänderung i.S.d. § 111 BetrVG darstellen, wenn sich die Arbeitsinhalte so erheblich ändern, dass man von grundlegend neuen Arbeitsmethoden oder einer Änderung der Betriebsorganisation sprechen kann (MünchHdbArbR/*Schüren* § 44 Rn. 37).

Das Mitbestimmungsrecht aus § 87 Abs. 1 Nr. 2 BetrVG wird bei der Einführung von Job-Sharing-Arbeitsverhältnissen i.d.R. nicht ausgelöst, da es regelmäßig an einer Regelung zur Lage der Arbeitszeit fehlt (*F/E/S/T/L* § 87 Rn. 125; MünchHdbArbR/*Matthes* § 169 Rn. 42). Auch bei der selbstständigen Festlegung der Arbeitszeit durch die Arbeitnehmer steht dem Betriebsrat kein Mitbestimmungsrecht zu. Können sich die Arbeitnehmer nicht einigen und geht deshalb die Entscheidungsbefugnis zur Festlegung der Arbeitszeit auf den Arbeitgeber über, ist die Entscheidung über die Lage der Arbeitszeit wieder mitbestimmungspflichtig (*Meinel/Heyn/Herms* § 13 TzBfG Rn. 5 m.w.N.).

5. Zusammensetzung der Job-Sharing-Partner. Die erstmalige Zusammensetzung der Job-Sharing-Partner sollte auf jeden Fall dem Arbeitgeber allein überlassen bleiben (zur Mitwirkung bei der Entscheidung über die Ersatzkraft für einen ausscheidenden Job-Sharing-Partner vgl. § 7 und → Anm. 9).

Arbeitsplatzteilung setzt nicht zwingend voraus, dass die Qualität der Arbeit der Partner gleich oder zumindest vergleichbar ist (ErfKomm/*Preis* § 13 TzBfG Rn. 2). Die Vertretung eines an der Arbeitsleistung verhinderten Job-Sharing-Partners durch einen anderen Partner (dazu § 5 und Anm. 7) wird bei ungleichen Arbeitsaufgaben aber nicht zu realisieren sein. Gleiches gilt bei ungleicher Qualifikation der Partner.

6. Arbeitszeiteinteilung. → Form. A. VII. 3 Anm. 7.

7. Vertretung. Das Formular sieht Vertretungsregeln für den Fall vor, dass ein Job-Sharing-Partner an der Erbringung seiner Arbeitsleistung verhindert ist. Diese orientieren sich an § 13 Abs. 1 S. 3 TzBfG. „Verhinderung" i. S. d. Formulars und der gesetzlichen Regelung bedeutet, dass der zu Vertretene nicht in der Lage ist, seine Arbeitsleistung zu erbringen, z. B. infolge von Arbeitsunfähigkeit. Ein Job-Sharing-Partner ist nicht generell verpflichtet, den verhinderten Job-Sharing-Partner zu vertreten (BT-Drucks. 10/2102 S. 28). Eine Vereinbarung, die eine Vertretungspflicht generell und unabhängig vom einzelnen Vertretungsfall vorsieht, ist gemäß § 134 BGB nichtig (vgl. *Löw* AuA 2006, 592 und → Form. A. VII. 3 Anm. 8). Das Gesetz lässt aber arbeitsvertragliche Regelungen zu, wonach eine Pflicht zur Vertretung bei Vorliegen dringender betrieblicher Gründe besteht. Darüber hinaus muss die Vertretung dem Job-Sharing-Partner im Einzelfall auch zumutbar sein (§ 13 Abs. 1 S. 3 TzBfG). Beide Voraussetzungen sind im Formular in § 5 Abs. (1) vorgesehen. Darüber hinaus soll der Vertretungsfall frühzeitig angekündigt werden (§ 5 Abs. (1) S. 1 und Abs. (2) des Formulars). Dies ermöglicht es dem betroffenen Mitarbeiter, sich auf den Vertretungsfall einzustellen. Auch für den Arbeitgeber wirkt sich eine frühzeitige Ankündigung positiv aus, da sie in der gemäß § 13 Abs. 1 S. 3 TzBfG anzustellenden Zumutbarkeitsprüfung für die Zumutbarkeit der Vertretung spricht. Denn etwaige für die Freizeit getroffene Dispositionen des betroffenen Job-Sharing-Partners können bei einer frühzeitigen Ankündigung des Vertretungsfalls möglicherweise noch ohne größere Nachteile geändert werden (*Lorenz* NZA 1985, 473, 475). Hat der betroffene Job-Sharing-Partner Familienangehörige zu betreuen, ist aber regelmäßig von der Unzumutbarkeit der Vertretung auszugehen (*Lorenz* NZA 1985, 473, 475). Die Ankündigungsfrist von vier Tagen orientiert sich an § 12 Abs. 2 TzBfG. Für Notfälle sollte allerdings auch eine kürzere Ankündigungsfrist zugelassen werden. Zur Frage, ab wann der Vertreter Mehrarbeit leistet und möglicherweise Zuschläge zu zahlen sind vgl. MünchHdbArbR/*Schüren* § 41 Rn. 94; *Löw* AuA 2006, 592; kritisch *Zietsch* NZA 1997, 526.

8. Urlaub. → Form. A. VII. 3 Anm. 11.

9. Personelle Veränderungen. Das Kündigungsverbot des Abs. (1) entspricht der gesetzlichen Regelung (§ 13 Abs. 2 TzBfG). Zum Kündigungsverbot wegen Ausscheidens des Job-Sharing-Partners s. außerdem → Form. A. VII. 3 Anm. 15.

Obwohl zwischen den Job-Sharing-Partnern keine vertragliche Beziehung besteht und diese insbesondere im Hinblick auf die Gesamtarbeitsleistung auch nicht Gesamtschuldner sind, sollte bei internen personellen Veränderungen ein Vorschlagsrecht der verbleibenden Job-Sharing-Partner vorgesehen werden. Ein Mitgestaltungsrecht kann die Akzeptanz des Job-Sharing erhöhen. Ein Vetorecht der verbleibenden Mitarbeiter ginge dagegen zu weit, da dies im schlimmsten Fall die Besetzung des freien Job-Sharing-Arbeitsplatzes dauerhaft blockieren könnte.

10. Inkrafttreten und Kündigung. → Form. C. II. 1 Anm. 15.

11. Schlussbestimmungen. → Form. C. II. 1 Anm. 16.

10. Telearbeit

Betriebsvereinbarung über Telearbeit[1]

zwischen

...... (Name und Anschrift des Arbeitgebers) „Gesellschaft“

und

Betriebsrat des Betriebs ...... der ...... (Name des Arbeitgebers) „Betriebsrat“
(Alternative: Gesamtbetriebsrat/Konzernbetriebsrat)

Präambel[2]

Die Nutzung neuer Technologien ermöglicht es den Betriebsparteien, im Rahmen der Telearbeit eine räumliche Flexibilisierung der Arbeitsorganisation sowohl im Interesse der Gesellschaft als auch im Interesse der Mitarbeiter zu gestalten. Ziel der Telearbeit ist es,

- die Arbeitsqualität und -produktivität zu verbessern,
- die Kundenorientierung der Gesellschaft zu erhöhen,
- die Wettbewerbsfähigkeit der Gesellschaft zu steigern,
- die Selbständigkeit und Eigenverantwortung der Mitarbeiter zu fördern und damit eine höhere Arbeits- und Ergebniszufriedenheit zu erreichen,
- die Vereinbarkeit von privaten und beruflichen Interessen, insbesondere von Familie und Beruf, zu verbessern und
- einen Beitrag zur Beschäftigungssicherung zu leisten.

§ 1 Geltungsbereich

Diese Betriebsvereinbarung gilt in persönlicher Hinsicht für alle Arbeitnehmer des Betriebs ...... der Gesellschaft („Mitarbeiter“), mit Ausnahme der

- leitenden Angestellten i. S. d. § 5 Abs. 3 BetrVG,
- teilzeitbeschäftigten Mitarbeiter,
- Auszubildenden,
- Mitarbeiter, die nicht mindestens ...... Monate bei der Gesellschaft in einem unbefristeten Arbeitsverhältnis beschäftigt sind[3] und
- Mitarbeiter, die in einem der in Anlage 1 zu dieser Betriebsvereinbarung genannten Bereiche[4] tätig sind.

§ 2 Grundsätze der Telearbeit

(1) Telearbeit im Sinne dieser Betriebsvereinbarung liegt vor, wenn der Mitarbeiter seine Arbeitsleistung unter Nutzung elektronischer Informations- und Telekommunikationstechniken teilweise in einer häuslichen Arbeitsstätte gemäß nachfolgendem § 3 und teilweise in den Räumen der Gesellschaft („betriebliche Arbeitsstätte“) erbringt (alternierende Telearbeit).[5]

(2) Die Durchführung von Telearbeit setzt voraus, dass

- die häusliche Arbeitsstätte den Anforderungen des nachfolgenden § 3 gerecht wird,[6]
- Arbeitsqualität und -produktivität durch die Telearbeit nicht nachteilig beeinflusst werden,
- die Einrichtung der häuslichen Arbeitsstätte gemäß nachfolgendem § 3 für die Gesellschaft technisch möglich und wirtschaftlich sinnvoll ist und

- keine sonstigen betrieblichen Gründe dagegen sprechen, dass der Mitarbeiter seine Aufgaben teilweise in der häuslichen Arbeitsstätte gemäß nachfolgendem § 3 und teilweise in der betrieblichen Arbeitsstätte erledigt.

(3) Liegen die Voraussetzungen des vorstehenden Abs. (2) vor, so können der Mitarbeiter und die Gesellschaft Telearbeit in einer schriftlichen Nebenabrede zum Arbeitsvertrag nach Maßgabe des Formulars in Anlage 2 zu dieser Betriebsvereinbarung (Telearbeitsvertrag)[7] vereinbaren. Ein Rechtsanspruch des Mitarbeiters oder der Gesellschaft auf Durchführung von Telearbeit besteht nicht.[8]

(4) Sowohl der Mitarbeiter als auch die Gesellschaft können die Durchführung von Telearbeit anregen.[9] Stellt der Mitarbeiter einen schriftlichen Antrag auf Durchführung von Telearbeit, so ist dieser durch die Gesellschaft binnen zwei Monaten nach Eingang des Antrags zu beantworten; eine Ablehnung des Antrags ist schriftlich zu begründen.

(5) Der arbeits- und sozialversicherungsrechtliche Status des Mitarbeiters wird infolge der Durchführung von Telearbeit nicht berührt.[10]

(6) Wegen der Durchführung von Telearbeit darf der Mitarbeiter in seinem beruflichen Fortkommen nicht benachteiligt werden.

§ 3 Häusliche Arbeitsstätte[11]

(1) Der Mitarbeiter muss im eigenen Haushalt einen abgeschlossenen Raum vorweisen, der für den dauerhaften Aufenthalt von Personen zugelassen sowie zur Aufgabenerledigung des Mitarbeiters geeignet ist („häusliche Arbeitsstätte"). Die häusliche Arbeitsstätte muss den Anforderungen des Arbeitsschutzgesetzes, der Arbeitsstättenverordnung, der Bildschirmarbeitsverordnung, der Unfallverhütungsvorschriften und der sonst einschlägigen Bestimmungen, jeweils in ihrer gültigen Fassung, gerecht werden. Die Eignung der häuslichen Arbeitsstätte entsprechend den vorstehend genannten Voraussetzungen kann durch die Gesellschaft oder einen von ihr Beauftragten durch eine Begehung überprüft werden. Der Betriebsrat ist berechtigt, an der Begehung teilzunehmen.

(2) Steht die häusliche Arbeitsstätte nicht im alleinigen Eigentum des Mitarbeiters, so hat dieser vor Abschluss des Telearbeitsvertrages der Gesellschaft eine schriftliche Erklärung der Eigentümer oder Miteigentümer vorzulegen, wonach diese mit der Nutzung als häusliche Arbeitsstätte einverstanden sind.

(3) Der Mitarbeiter ist verpflichtet, in der häuslichen Arbeitsstätte die erforderlichen technischen Anschlussvorrichtungen vorzuhalten.

§ 4 Betriebliche Arbeitsstätte

Die Gesellschaft stellt dem Mitarbeiter in der betrieblichen Arbeitsstätte einen geeigneten Arbeitsplatz zur Verfügung. Ein Anspruch auf einen dauernden persönlichen Arbeitsplatz im Betrieb besteht nicht.

§ 5 Arbeitsmittel

(1) Die Ausstattung[12] der häuslichen Arbeitsstätte mit den notwendigen Arbeitsmitteln (Auf-, Um- und Abbau sowie deren Unterhaltung) erfolgt durch die und auf Kosten der Gesellschaft. Die zur Verfügung gestellten Arbeitsmittel („überlassene Arbeitsmittel") werden in ein Inventarverzeichnis aufgenommen. Durch seine Unterschrift unter dem Inventarverzeichnis bestätigt der Mitarbeiter, die überlassenen Arbeitsmittel erhalten zu haben. Die überlassenen Arbeitsmittel verbleiben im Eigentum der Gesellschaft und sind von dem Mitarbeiter pfleglich zu behandeln.

(2) Die überlassenen Arbeitsmittel dürfen ausschließlich zu betrieblichen Zwecken genutzt werden.[13] Sie dürfen Dritten weder zugänglich gemacht noch diesen überlassen werden. Der Mitarbeiter hat dafür Sorge zu tragen, dass die überlassenen Arbeitsmittel vor dem Zugriff durch Dritte geschützt sind. Passwörter und Zugangswege zum Datennetz der Gesellschaft dürfen nicht an Dritte weitergegeben werden. Die Nutzung der überlassenen Kommunikationsmittel kann die Gesellschaft durch geeignete technische Maßnahmen einschränken und anhand der monatlichen Gebühren überprüfen.

(3) Die Nutzung von privaten Arbeitsmitteln ist nicht gestattet.[14]

(Alternative:

(3) Die Nutzung von privaten Arbeitsmitteln ist ausschließlich nach vorheriger schriftlicher Zustimmung der Gesellschaft gestattet. Auch in diesem Falle erfolgt die Nutzung privater Arbeitsmittel auf Kosten und Risiko des Mitarbeiters. In keinem Falle darf der Mitarbeiter nicht lizenzierte Software einsetzen.)

(4) Der Mitarbeiter wird die Gesellschaft unverzüglich über Systemstörungen, Computervirenwarnungen, Mängel und Schäden an den überlassenen Arbeitsmitteln unterrichten.[15]

§ 6 Kostenerstattung[16]

(1) Die Gesellschaft erstattet dem Mitarbeiter für die im Hinblick auf die häusliche Arbeitsstätte entstehenden Kosten, einschließlich der anfallenden Miet-, Heiz-, Energie- und sonstigen Kosten, einen monatlichen Pauschalbetrag in Höhe von ...... EUR. Die Geltendmachung darüber hinausgehender Mehrkosten durch den Mitarbeiter ist ausgeschlossen. Die Höhe des Pauschalbetrages wird jährlich zum ...... überprüft.

(Alternative:

(1) Die Gesellschaft schließt mit dem Mitarbeiter einen gesonderten Miet- oder Untermietvertrag über die häusliche Arbeitsstätte. Der Mietzins soll nach den folgenden Grundsätzen bemessen werden: ......)

(2) Die Gesellschaft erstattet dem Mitarbeiter monatlich gegen Vorlage entsprechender Belege die Betriebskosten der überlassenen *(Alternative: und privaten)* Arbeitsmittel.

(Alternative:

(2) Die Gesellschaft erstattet dem Mitarbeiter für die Betriebskosten der überlassenen (Alternative: und privaten) Arbeitsmittel einen pauschalen Auslagenersatz auf der Grundlage eines durch den Mitarbeiter zu führenden Einzelnachweises der Kosten über einen repräsentativen Zeitraum von drei Monaten. Bei einer wesentlichen Veränderung der Verhältnisse hat der Mitarbeiter die Gesellschaft unverzüglich zu informieren und den Nachweis erneut zu führen.)

(3) Fahrtkosten zwischen betrieblicher und häuslicher Arbeitsstätte werden nicht erstattet.

§ 7 Arbeitszeit/Zeiterfassung

(1) Die Aufteilung der Arbeitszeit auf die betriebliche Arbeitsstätte und die häusliche Arbeitsstätte wird im Telearbeitsvertrag individuell festgelegt.[17] Die Aufteilung hat jeweils nach ganzen Arbeitstagen zu erfolgen. Der auf die betriebliche Arbeitsstätte entfallende Anteil der Arbeitszeit ist so zu gewichten, dass der soziale Kontakt des Mitarbeiters zum Betrieb erhalten bleibt.

(2) Auch während der Tätigkeit in der häuslichen Arbeitsstätte hat der Mitarbeiter in den Kernzeiten von ...... Uhr bis ...... Uhr erreichbar zu sein („Erreichbarkeitszeit").[18]

(3) Die Gesellschaft kann die Tätigkeit des Mitarbeiters in der betrieblichen Arbeitsstätte auch an Arbeitstagen verlangen, an denen er üblicherweise in der häuslichen Arbeitsstätte tätig wird, sofern dies im Einzelfall aus betrieblichen Gründen notwendig ist. Dies gilt auch, wenn die Arbeitsleistung an der häuslichen Arbeitsstätte aufgrund von Systemstörungen, Computervirenwarnungen, Mängel oder Schäden an den überlassenen Arbeitsmitteln nicht möglich ist.

(4) Der Mitarbeiter hat auch bei seiner Tätigkeit in der häuslichen Arbeitsstätte die Bestimmungen des Arbeitszeitgesetzes einzuhalten.

(5) Mehrarbeit bedarf der vorherigen schriftlichen Anordnung der Gesellschaft. Soweit dem Mitarbeiter Zuschläge für Wochenend-, Feiertags- und Nachtarbeit zustehen, sind diese von der Gesellschaft nur bei vorheriger schriftlicher Anordnung des Arbeitseinsatzes zu diesen Zeiten zu zahlen.

(6) Die Erfassung der Arbeitszeit in der häuslichen Arbeitsstätte erfolgt durch den Mitarbeiter im Wege der Selbstdokumentation nach Maßgabe des als Anlage 3 zu dieser Betriebsvereinbarung beigefügten Formulars. Die Selbstdokumentation ist jeweils zum Monatsende dem Vorgesetzten des Mitarbeiters vorzulegen.[19]

(7) Fahrtzeiten zwischen betrieblicher und häuslicher Arbeitsstätte gelten nicht als Arbeitszeit.[20]

§ 8 Datenschutz/Geheimhaltung[21]

(1) Gesellschaft und Mitarbeiter haben im Rahmen der Telearbeit die gesetzlichen und betrieblichen Regelungen zum Datenschutz und zur Datensicherheit zu beachten und anzuwenden.

(2) Der Mitarbeiter ist verpflichtet, sämtliche ihm überlassene Arbeitsmittel und Unterlagen so aufzubewahren und zu sichern, dass ein Zugriff Dritter, insbesondere auch in häuslicher Gemeinschaft mit dem Mitarbeiter lebender Personen, ausgeschlossen ist.

(3) Der Mitarbeiter wird alle nicht mehr benötigten Arbeitsmittel und Unterlagen zuverlässig vernichten. Die Vernichtung und Entsorgung hat in dem Betrieb der Gesellschaft zu erfolgen.

§ 9 Zugangsrecht[22]

(1) Der Mitarbeiter ist verpflichtet, auf Verlangen der Gesellschaft oder einem von ihr Beauftragten sowie Personen, die aufgrund gesetzlicher Verpflichtung ein Zugangsrecht haben, und dem Betriebsrat nach Maßgabe des § 80 BetrVG Zugang zur häuslichen Arbeitsstätte zu gewähren. Der Zugang ist mit dem Mitarbeiter zuvor abzustimmen und muss innerhalb der Erreichbarkeitszeit liegen. In Eilfällen ist der Zugang auch außerhalb der Erreichbarkeitszeit zu gestatten.

(2) Der Mitarbeiter legt der Gesellschaft vor Abschluss des Telearbeitsvertrages eine schriftliche Erklärung der mit ihm in häuslicher Gemeinschaft lebenden volljährigen Personen vor, wonach diese den Zugang gestatten.

§ 10 Haftung/Versicherung

(1) Die Haftung des Mitarbeiters für alle im Zusammenhang mit der häuslichen Arbeitsstätte entstehenden Schäden inklusive Folgeschäden unterliegt den gleichen Regeln wie an der betrieblichen Arbeitsstätte.

(2) Bei Schäden, die durch mit dem Mitarbeiter in häuslicher Gemeinschaft lebende Personen oder berechtigte Besucher verursacht werden, gelten die allgemeinen Haftungsregelungen.

(Alternative:

(2) Bei Schäden, die durch mit dem Mitarbeiter in häuslicher Gemeinschaft lebende Personen oder berechtigte Besucher verursacht werden, gelten die Regeln der beschränkten Arbeitnehmerhaftung entsprechend.)[23]

(3) Die Gesellschaft schließt eine Versicherung ab, durch die Beschädigungen und Verluste der überlassenen Arbeitsmittel abgedeckt werden. Dies gilt nicht für den Fall vorsätzlicher Beschädigungen und Verluste.[24]

§ 11 Information des Betriebsrats

Der Betriebsrat wird über die Durchführung von Telearbeit vierteljährlich, jeweils zum Quartalsende, schriftlich unter Angabe der Namen der Mitarbeiter, des Tätigkeitsbereiches sowie des Beginns und gegebenenfalls der Beendigung der Telearbeit informiert.[25]

§ 12 Information des Mitarbeiters

Der Mitarbeiter ist über alle Versammlungen, Besprechungen und über sonstige wesentliche betriebliche Angelegenheiten, die ihn in seiner Funktion direkt oder indirekt betreffen, rechtzeitig zu informieren. Die Informationen sind – soweit möglich – im Intranet zugänglich zu machen.

§ 13 Beendigung der Telearbeit

(1) Während der ersten sechs Monate nach Beginn der Telearbeit können der Mitarbeiter und die Gesellschaft die Telearbeit unter Einhaltung einer Frist von . . . . . . Monaten zum Monatsende widerrufen. Nach Ablauf der ersten sechs Monate beträgt die Widerrufsfrist . . . . . . Monate.

(2) Im Übrigen kann die Telearbeit von dem Mitarbeiter und der Gesellschaft jederzeit aus wichtigem Grund widerrufen werden. Ein wichtiger Grund auf Seiten der Gesellschaft liegt insbesondere vor, wenn der Mitarbeiter das der Telearbeit zugrunde liegende besondere Vertrauensverhältnis missbraucht.[26]

(3) Der Widerruf bedarf der Schriftform.

(4) Mit Wirksamwerden des Widerrufs endet die Telearbeit. Der Mitarbeiter hat sodann seine Arbeitsleistung in vollem Umfang in der betrieblichen Arbeitsstätte zu verrichten.

(5) Im Falle eines Wohnungswechsels, den der Mitarbeiter der Gesellschaft unverzüglich anzuzeigen hat, endet die Telearbeit mit sofortiger Wirkung. Die etwaige Fortsetzung der Telearbeit in der neuen Wohnung des Mitarbeiters bedarf einer erneuten Vereinbarung.[27]

(6) Mit Beendigung der Telearbeit hat der Mitarbeiter der Gesellschaft alle überlassenen Arbeitsmittel zurückzugeben. Abbau und Rücktransport erfolgen durch und auf Kosten der Gesellschaft.[28]

(7) Der Mitarbeiter hat nach Beendigung der Telearbeit keinen Anspruch auf Rückkehr an seinen vor Beginn der Telearbeit inne gehabten Arbeitsplatz.[29]

§ 14 Inkrafttreten, Kündigung

(1) Diese Betriebsvereinbarung tritt am . . . . . . in Kraft. Sie kann mit einer Frist von drei Monaten zum Ende eines Kalendermonats, erstmalig zum . . . . . ., gekündigt werden. Danach behält diese Betriebsvereinbarung bis zum Abschluss einer neuen Betriebsvereinbarung ihre Gültigkeit.

(2) Die Kündigung bedarf der Schriftform.

§ 15 Schlussbestimmungen[30]

(1) Diese Betriebsvereinbarung löst alle eventuellen vorherigen Betriebsvereinbarungen zur Telearbeit, insbesondere . . . . . ., ab. Mündliche Nebenabreden bestehen nicht. Änderungen oder Ergänzungen dieser Betriebsvereinbarung, einschließlich dieser Bestimmung, bedürfen zu ihrer Wirksamkeit der Schriftform.

(2) Sollte eine Bestimmung dieser Betriebsvereinbarung ganz oder teilweise unwirksam sein oder werden, so wird hiervon die Wirksamkeit der übrigen Bestimmungen nicht berührt. Anstelle der unwirksamen Bestimmung werden die Betriebsparteien die gesetzlich zulässige Bestimmung vereinbaren, die dem mit der unwirksamen Bestimmung Gewollten wirtschaftlich am nächsten kommt. Dasselbe gilt für den Fall einer vertraglichen Lücke.

(3) Diese Betriebsvereinbarung steht unter dem Vorbehalt etwaiger ablösender – auch freiwilliger – Betriebsvereinbarungen.

(4) Sollten sich die dieser Betriebsvereinbarung zugrunde liegenden tatsächlichen oder rechtlichen Bedingungen grundlegend ändern, so werden die Betriebsparteien unverzüglich in Verhandlungen treten mit dem Ziel, die Betriebsvereinbarung an die geänderten Bedingungen anzupassen.

. . . . . .	. . . . . .
Ort, Datum	Ort, Datum
. . . . . .	. . . . . .
Unterschrift der Gesellschaft	Unterschrift des Betriebsratsvorsitzenden

Anmerkungen

1. Regelungsinhalt. Die Betriebsvereinbarung regelt die Einführung von Telearbeit. Sachlich bezieht sie sich ausschließlich auf die Erbringung **alternierender Telearbeit** (zum Begriff → Anm. 5), da diese die in der Praxis am häufigsten gewählte Form der Telearbeit darstellt (*Boemke* BB 2000, 147; *Körner* NZA 1999, 1190). Es wird vorausgesetzt, dass bereits ein Arbeitsverhältnis besteht, welches die Erbringung der Arbeitsleistung des Mitarbeiters in der betrieblichen Arbeitsstätte vorsieht. Ziel der Betriebsvereinbarung ist die umfassende Regelung aller im Zusammenhang mit Telearbeit stehender Fragen, sodass sich die Arbeitsvertragsparteien auf den Abschluss einer knappen Zusatzvereinbarung Telearbeit zum bereits geschlossenen Arbeitsvertrag beschränken können. → Form. A. VII. 4 (Telearbeitsvertrag) geht allerdings davon aus, dass noch kein Arbeitsverhältnis besteht und keine Betriebsvereinbarung zur Telearbeit geschlossen wurde. Deshalb sind dort neben umfassenden Bestimmungen zur Telearbeit zusätzlich die allgemeinen Arbeitsbedingungen geregelt.

Inhaltlich gehen die Bestimmungen im Interesse einer umfassenden Vereinbarung über die Regelungskompetenzen der Betriebsparteien hinaus. So bedarf z. B. das in § 9 geregelte Zugangsrecht einer individualvertraglichen Zustimmung des Mitarbeiters, um wirksam zu sein (→ Anm. 22). Soweit die Betriebsparteien ihre Regelungskompetenz überschreiten, muss entweder in der von den Arbeitsvertragsparteien zu schließenden Zusatzvereinbarung auf die entsprechenden Regelungen der Betriebsvereinbarung verwiesen werden oder es muss individualvertraglich ausdrücklich eine entsprechende Regelung getroffen werden, damit die Regelungen Inhalt des Arbeitsverhältnisses werden. In den weiteren Anmerkungen zu diesem Formular wird an entsprechender Stelle darauf hingewiesen, wenn individualvertraglich ein Verweis auf die Regelung in der Betriebsvereinbarung oder alternativ eine ausdrückliche Regelung notwendig ist.

2. Präambel. Telearbeit dient der **Flexibilisierung** der Arbeitsorganisation sowohl im Interesse der Gesellschaft als auch im Interesse der Mitarbeiter. Das Formular sieht daher in der Präambel die Formulierung derjenigen Ziele vor, die mit der Telearbeit angestrebt werden. Dies gilt sowohl für die von der Gesellschaft durch die Einführung von Telearbeit angestrebten Verbesserungen als auch für die Modifikationen, die den Mitarbeitern zugute kommen sollen. Durch eine derartige Einführung wird das Bewusstsein der Mitarbeiter für die Zielsetzung der neuen Arbeitsform alternierende Tätigkeit geschärft. Zugleich werden dem Betriebsrat Argumente an die Hand gegeben, die den Abschluss der Betriebsvereinbarung erleichtern.

3. Beschäftigungsdauer der Mitarbeiter. Die meisten Arbeitsverträge sehen regelmäßig eine **Probezeit** mit einer Dauer von sechs Monaten vor. Nicht nur aus Kostengründen, sondern auch zur Gewährleistung des Sinns der Probezeit bietet es sich an, die Möglichkeit der Einführung eines Telearbeitsplatzes auf die Mitarbeiter zu beschränken, die bereits über die Dauer der vereinbarten Probezeit hinaus beschäftigt sind. Unter Kostengesichtspunkten dürfte es sich ferner anbieten, die Einrichtung des Telearbeitsplatzes auf unbefristete Arbeitsverhältnisse zu beschränken.

4. Betriebliche Bereiche. In einem Unternehmen mit den verschiedensten Arbeitsgebieten erweisen sich erfahrungsgemäß nicht alle Bereiche als **telearbeitstauglich.** Während die Buchhaltung zu den klassischen telearbeitstauglichen Bereichen zählt, gilt dies für manche kundenbezogene Bereiche weniger und für Labortätigkeiten beispielsweise gar nicht. Die Bereiche, die die Gesellschaft für nicht telearbeitstauglich hält und in denen daher keine Telearbeit praktiziert werden soll, sollten daher von vornherein in einer Anlage bezeichnet werden.

5. Definition Telearbeit. Telearbeit kann in verschiedenen Formen praktiziert werden. Als Erscheinungsform können Regional- und Satellitenbüros, bei denen die Arbeitsleistung in ausgelagerten Betriebsabteilungen geleistet wird, Nachbarschaftsbüros, bei denen die Arbeitsleistung in Gemeinschaftsbüros verschiedener Gesellschaften erbracht wird, Teleheimarbeit, bei der die Arbeitsleistung ausschließlich in der Wohnung des Mitarbeiters verrichtet wird, also kein Arbeitsplatz in den Räumlichkeiten der Gesellschaft existiert, mobile Telearbeit, bei der die Arbeitsleistung ausschließlich an einem nicht festen Arbeitsplatz verrichtet wird, sowie die alternierende Telearbeit, bei der die Arbeitsleistung zwischen der **häuslichen** und der **betrieblichen Arbeitsstätte** verteilt wird, unterschieden werden (*Boemke* BB 2000, 147; *Hohmeister/Küper* NZA 1998, 1206). Gemeinsam ist allen Erscheinungsformen, dass die Arbeitsleistung unter Zuhilfenahme von Informations- und Kommunikationstechniken erfolgt. Nach dem Leitfaden „Telearbeit – Leitfaden für flexibles Arbeiten in der Praxis" des Bundesministeriums für Arbeit ist Wesen der alternierenden Tätigkeit, dass eine Aufteilung zwischen der häuslichen und der betrieblichen Arbeitsstätte unter Nutzung elektronischer Informations- und Telekommunikationstechniken erfolgt. Diese Kriterien als Wesensmerkmale der alternierenden Telearbeit werden der Definition in der Betriebsvereinbarung zu Grunde gelegt.

6. Einrichtung des Telearbeitsplatzes. Um den betrieblichen Interessen gerecht zu werden und um sicherzustellen, dass die Unternehmensziele durch die Einrichtung von Telearbeit nicht nachteilig beeinflusst werden, empfiehlt es sich, die Voraussetzungen für die Einrichtung des Telearbeitsplatzes im Vorfeld näher zu konkretisieren. Das Formular bezieht sich hierbei auf betriebliche, organisatorische und wirtschaftliche Kriterien.

7. Telearbeitsvertrag. Die Umwandlung eines bereits bestehenden Arbeitsverhältnisses in ein Telearbeitsverhältnis bedarf der **Zusatzvereinbarung** zwischen den Arbeitsvertragsparteien (→ Form. A. VII. 4, welches allerdings davon ausgeht, dass noch kein Arbeitsverhältnis besteht und keine Betriebsvereinbarung zur Telearbeit geschlossen wurde). Die Einbeziehung der Betriebsvereinbarung über Telearbeit als Bestandteil des Telearbeitsvertrages ermöglicht es hierbei, sich in der Zusatzvereinbarung lediglich auf die Bezeichnung des konkreten Ortes des Telearbeitsplatzes unter Angabe der Anschrift, die Verteilung der individuell zu leistenden Arbeitszeit auf die häusliche und die betriebliche Arbeitsstätte sowie die Einräumung des Zugangsrechtes der Gesellschaft zur häuslichen Arbeitsstätte einschließlich der Versicherung, dass auch die in der häuslichen Gemeinschaft mit dem Telearbeitnehmer lebenden Personen den Zugang gestatten, zu beschränken.

8. Rechtsanspruch. Die Begründung eines Telearbeitsverhältnisses sollte in Anbetracht der in der Präambel niedergelegten Grundsätze auf beidseitiger Freiwilligkeit beruhen. Um im Einzelfall flexibel reagieren zu können, sollte vermieden werden, einen Rechtsanspruch der Mitarbeiter zu begründen. Die Entscheidung über das „Ob" der Einführung sollte möglichst stets einer **Einzelfallprüfung** vorbehalten bleiben. Ein Rechtsanspruch auf Begründung eines Telearbeitsverhältnisses kann sich jedoch aus anderem Grund ergeben, z. B. aufgrund einer Schwerbehinderung des Mitarbeiters aus § 81 Abs. 4 S. 1 Nr. 1 SGB IX (LAG Hannover BeckRS 2011, 68917).

9. Initiativrecht. Unter dem Gesichtspunkt der durch die Telearbeit erstrebten Flexibilisierung des Arbeitsverhältnisses und der Stärkung der Autonomie des Arbeitnehmers sollten beide Arbeitsvertragspartner die Durchführung von Telearbeit anregen können. Sofern der Arbeitgeber im Vorfeld der Einführung der Telearbeit allerdings eine **Ermittlung geeigneter Arbeitnehmer** durch den Einsatz von Fragebögen, Auswahlverfahren u. Ä. plant, wäre das Mitbestimmungsrecht des Betriebsrats nach den §§ 94, 95 BetrVG zu beachten.

10. Rechtlicher Status. Über den Arbeitnehmerstatus kann nicht disponiert werden. Insoweit wirkt § 2 Abs. (5) deklaratorisch. Der auf einem alternierenden Telearbeitsplatz beschäftigte Mitarbeiter bleibt **Arbeitnehmer** i. S. d. § 5 Abs. 1 BetrVG (MünchHdbArbR/*Heenen* § 316 Rn. 10). Der Mitarbeiter ist weiterhin bei Betriebsratswahlen wahlberechtigt und wählbar (*Boemke/Ankersen* BB 2000, 2254, 2255). Er kann ferner weiterhin an Betriebsversammlungen ohne Reduzierung seines Entgeltes (§ 44 Abs. 1 S. 2 BetrVG) und an Sprechstunden des Betriebsrates (§ 39 Abs. 3 BetrVG) teilnehmen.

11. Anforderungen an den Telearbeitsplatz. Mit der Zurverfügungstellung des häuslichen Wohnbereiches als häusliche Arbeitsstätte wird der Telearbeitsplatz zur Arbeitsstätte i. S. v. § 2 ArbStättV. Auch der häusliche Arbeitsplatz muss damit im Hinblick auf Unfallverhütung, Arbeitssicherheit und Ergonomie den allgemeinen Grundsätzen entsprechen. Der Arbeitgeber ist für die Einhaltung des Arbeitsschutzes nach dem Arbeitsschutzgesetz sowie der Bildschirmarbeitsverordnung und der Arbeitsstättenverordnung am ausgelagerten (häuslichen) Arbeitsplatz verantwortlich (*Kittner/Pieper* § 2 Rn. 16). Er hat gemäß § 3 Abs. 1 ArbStättV dafür zu sorgen, dass die Arbeitsstätten den Vorschriften der ArbStättV einschließlich ihres Anhangs entsprechend so eingerichtet und betrieben werden, dass von ihnen keine Gefährdungen für die Sicherheit und die Gesundheit der Beschäftigten ausgehen.

Soweit die Arbeitsschutzbestimmungen dem Arbeitgeber einen Ermessensspielraum einräumen, kommt ein Mitbestimmungsrecht des Betriebsrats nach § 87 Abs. 1 Nr. 7 BetrVG in Betracht (BAG NZA 2002, 995). Ein darüber hinausgehendes Mitbestimmungsrecht nach § 91 BetrVG bei der Einrichtung des Telearbeitsplatzes dürfte ausgeschlossen sein, da davon auszugehen ist, dass die übliche Ausgestaltung des Telearbeitsplatzes nicht den gesicherten arbeitswissenschaftlichen Erkenntnissen offensichtlich widerspricht.

Der Gesellschaft und dem Betriebsrat müssen zur Überprüfung der Einhaltung der Arbeitsschutzbestimmungen die **Begehung** ermöglicht werden. Zum Zugangsrecht → Anm. 22.

12. **Arbeitsmittel.** Die Regelung sieht die Zurverfügungstellung aller für die Ausübung der geschuldeten Arbeitsleistung **notwendigen Mittel** durch den Arbeitgeber vor. Damit hat die Gesellschaft auch sicherzustellen, dass die bereitgestellten Arbeitsmittel den Arbeitsplatzschutzbestimmungen entsprechen. Die Zurverfügungstellung der Arbeitsmittel schließt neben der Bereitstellung ergonomisch tauglicher Einrichtungsgegenstände wie Arbeitsstühle, Schreibtische, etc. auch das Vorhandensein von Aufbewahrungsgegenständen wie Aktenschränken und Schubladen ein. Zudem muss dem Telearbeitnehmer die technische Ausstattung durch Computer, Laptop, Bildschirm, Telefonanlage, Drucker, Scanner und Faxgerät je nach Bedarf zur Verfügung gestellt werden. Zur Vermeidung von Ausstattungsstreitigkeiten kann bereits mit Abschluss der Betriebsvereinbarung die Grundausstattung nach Qualität und Güte grundsätzlich festgeschrieben werden. Eine zu detaillierte Regelung empfiehlt sich jedoch nicht, da sich hiermit zugleich der Entscheidungsrahmen der Gesellschaft verringert.

Die Einrichtung eines Telearbeitsplatzes kann im Einzelfall die Erweiterung der notwendigen technischen Anschlussvorrichtungen wie Telefonanschlüsse, Internetzugang und Steckdosen erfordern. Soweit es sich um eine Mietwohnung handelt und bauliche Veränderungen vorzunehmen sind, ist i. d. R. das Einverständnis des Vermieters erforderlich. Es kann sich daher im Einzelfall empfehlen, bereits im Vorfeld zu überprüfen, ob das Einverständnis des Vermieters erteilt wurde.

13. **Ausschluss der Privatnutzung der Arbeitsmittel.** Grundsätzlich steht es dem Arbeitgeber offen, die private Nutzung der Arbeitsmittel, insbesondere des Internets, auszuschließen. Dies gilt zumindest dann, wenn auch in der betrieblichen Arbeitsstätte eine private Nutzung untersagt ist, so dass es auch nach den Grundsätzen der allgemeinen arbeitsrechtlichen Gleichbehandlung nicht zu einer Ungleichbehandlung der Telearbeitnehmer kommt. Ist allein eine **betriebliche Nutzung** vorgesehen, so hat die Gesellschaft ausschließlich die Grundsätze des allgemeinen Persönlichkeitsrechtes sowie des Bundesdatenschutzgesetzes bei stichprobenartigen Kontrollen zu beachten. Das TKG findet bei der alleinigen betrieblichen Nutzung keine Anwendung (*Lindemann/Simon* BB 2001, 1950, 1951).

Ist demgegenüber dem Telearbeitnehmer auch die **Privatnutzung** gestattet und soll eine Kontrolle zur Verhinderung der übermäßigen Privatnutzung der Arbeitsmittel ermöglicht werden, so eröffnet sich damit das bislang noch nicht abschließend geklärte Problemfeld von zulässigen Kontrollmöglichkeiten seitens des Arbeitgebers. Überwiegend wird der Arbeitgeber in einem solchen Fall als Diensteanbieter i. S. d. § 3 Nr. 6 TKG angesehen, der den Beschränkungen nach § 88 TKG (*Bloesinger* BB 2007, 2177; *de Wolf* NZA 2010, 1206, 1207; *Hoppe/Braun* MMR 2010, 80 → Form. C. II. 14 Anm. 1).

Im Falle der erlaubten Privatnutzung unterliegt der Arbeitgeber zudem dem Anwendungsbereich des TMG. Das TMG ist jedoch nur eingeschränkt anwendbar, wenn der Arbeitgeber sich auf die Zurverfügungstellung eines Internetzugangs und/oder eines E-Mail-Accounts beschränkt (§ 11 Abs. 3 TMG). Sofern das TMG uneingeschränkt anwendbar ist, dürfen Daten im Zusammenhang mit der Nutzung des Teledienstes nur erhoben und verarbeitet werden, soweit dies erforderlich ist, um die Inanspruchnahme des Dienstes zu ermöglichen oder die Nutzung abzurechnen (§ 15 Abs. 1 TMG). Folglich hat der Arbeitgeber ohne ausdrückliche Einwilligung des Arbeitnehmers auch hier keine Kontrollbefugnis (*Lindemann/Simon* BB 2001, 1950, 1953; → Form. C. II. 14 Anm. 1).

Im Übrigen sind auch bei erlaubter Privatnutzung der Arbeitsmittel das Bundesdatenschutzgesetz und die Grundsätze des allgemeinen Persönlichkeitsrechts zu beachten (→ Form. C. II. 14 Anm. 1).

In **steuerlicher Hinsicht** enthält die Überlassung von Arbeitsmitteln für betriebliche Zwecke keinen geldwerten Vorteil. Die etwaige private Nutzung betrieblicher Telekommunikationseinrichtungen ist gemäß § 3 Nr. 45 EStG steuerfrei.

14. Verwendung privater Arbeitsmittel. Um gesundheitliche Risiken auszuschließen sowie im Interesse der Einhaltung der Unfallverhütungsvorschriften der Unfallversicherungsträger und der einschlägigen Bestimmung der Arbeitsstätten- und Bildschirmarbeitsverordnung empfiehlt es sich, die Verwendung von privaten Büro- und Arbeitsmitteln nicht zu gestatten. Dies entbindet die Gesellschaft zugleich von aufwändigen Kontrollen hinsichtlich der Tauglichkeit der privaten Arbeitsmittel.

15. Vorübergehende technische Störungen. Gemäß § 615 Abs. 3 BGB gelten die Vorschriften des Annahmeverzuges entsprechend in den Fällen, in denen der Arbeitgeber das Risiko des Arbeitsausfalls trägt. Dem Arbeitgeber obliegt das **Betriebsrisiko;** auf die Ursache der Betriebsstörung kommt es hierbei nicht an (Küttner/*Poeche* Betriebsstörung Rn. 2). Der Arbeitgeber trägt insofern das Risiko, dem Arbeitnehmer einen funktionsfähigen Arbeitsplatz zur Verfügung zu stellen. Um zu verhindern, dass der Arbeitgeber von vorübergehenden technischen Störungen, die zu einem Arbeitsausfall führen, gar keine Kenntnis erlangt, sieht die Klausel eine Unterrichtungspflicht des Arbeitnehmers vor. Damit korrespondiert die Verpflichtung des Mitarbeiters, vorübergehend in der betrieblichen Arbeitsstätte tätig zu werden (§ 7 Abs. (3) des Formulars).

16. Kostenerstattung. Bei der Kostenerstattung ist zwischen den Kosten für die Nutzung von Wohnraum als Telearbeitsplatz und den Betriebskosten für die Arbeitsmittel zu unterscheiden.

Für die **Nutzung von Wohnraum als Telearbeitsplatz** steht dem Telearbeitnehmer ein **Aufwendungsersatzanspruch** zu, welcher auch die anteiligen Nebenkosten für Energie und Heizung umfasst. Hierbei erscheint es aus Arbeitgebersicht nicht empfehlenswert, die anteiligen Kosten, die durch die Nutzung des Wohnraums als Telearbeitsplatz entstehen, konkret zu berechnen. Die konkrete Abrechnung birgt nämlich rechnerische Unsicherheiten und setzt regelmäßig ein schwieriges Berechnungsverfahren voraus. Zur Vermeidung etwaiger Rechtsstreitigkeiten bietet es sich daher an, einen pauschalen Ersatz für die mit dem Telearbeitsplatz verbundenen Kosten zu vereinbaren (*Boemke* BB 2000, 147, 152; *Kramer* DB 2000, 1329, 1331).

In steuerlicher Hinsicht stellt der pauschale Ersatz für den Arbeitnehmer **steuerpflichtigen Arbeitslohn** dar (BMF-Schreiben v. 13.12.2005 – IV C 3 – S 2253 – 112/05). Die Zahlung einer steuerfreien Aufwandsentschädigung kommt nur im öffentlichen Dienst in Betracht (§ 3 Nr. 12 S. 2 EStG) und auch nur, wenn die Voraussetzungen für einen Werbungskostenabzug vorliegen (BFH BStBl. II 2007 S. 308). Der Arbeitnehmer kann einen Werbungskostenabzug für den häuslichen Arbeitsplatz nur geltend machen, wenn ihm für die berufliche Tätigkeit kein anderer Arbeitsplatz zur Verfügung steht. Von diesem Fall geht das Formular allerdings nicht aus.

Die Überlassung der **Arbeitsmittel** ausschließlich für Zwecke der Telearbeit beinhaltet für den Arbeitnehmer keinen geldwerten Vorteil. Für die Überlassung von Datenverarbeitungs- und Telekommunikationsgeräten gilt die Besonderheit, dass auch der Vorteil der privaten Mitnutzung steuerfrei ist (§ 3 Nr. 45 EStG). Soweit dem Arbeitnehmer die Betriebskosten (z. B. Strom- oder Telefonkosten) für den Betrieb der Arbeitsmittel auf Grundlage einer Einzelabrechnung ersetzt werden, liegt steuerfreier Auslagenersatz nach

§ 3 Nr. 50 EStG vor (Küttner/*Windsheimer* Telearbeit Rn. 13). Darf der Arbeitnehmer die überlassenen Datenverarbeitungs- und Telekommunikationsgeräte auch privat nutzen, kommt ein Auslagenersatz für den Stromverbrauch dieser Geräte wohl nur in Betracht, wenn mit der Einzelabrechnung eine berufliche Nutzung dieser Geräte nachgewiesen wird. Ergeben sich erfahrungsgemäß berufliche Telekommunikationsaufwendungen, so kann ein Ersatz statt auf der Grundlage eines Einzelnachweises auch pauschal in Höhe von 20 Prozent des Rechnungsbetrages, höchstens jedoch in Höhe von 20 EUR monatlich, steuerfrei erfolgen. Wird für die Betriebskosten darüber hinausgehend ein pauschaler Ersatz geleistet, so greift § 3 Nr. 50 EStG grundsätzlich nicht ein. Ausnahmsweise kann der pauschale Ersatz jedoch steuerfrei bleiben, wenn er regelmäßig wiederkehrt und der Arbeitnehmer die Aufwendungen für einen repräsentativen Zeitraum von drei Monaten nachweist. Der Pauschalbetrag kann für steuerliche Zwecke bis zu einer wesentlichen Änderung der Verhältnisse weitergewährt werden (zu alledem s. LStR 2011 R 3.50 Abs. 2).

17. Verteilung der Arbeitszeit. Die Verteilung der Arbeitszeit zwischen betrieblicher Arbeitsstätte und Telearbeitsplatz bedarf der Regelung in der Zusatzvereinbarung Telearbeit zum Arbeitsvertrag. Ohne eine entsprechende Regelung kann dem Mitarbeiter daher keine Arbeit am Telearbeitsplatz zugewiesen werden. Sofern bereits in der Betriebsvereinbarung eine generelle prozentuale Verteilung der Arbeitszeit zwischen betrieblicher Arbeitsstätte und Telearbeitsplatz unter Verzicht auf individuelle Regelungen angestrebt wird, ist das Mitbestimmungsrecht des Betriebsrates nach § 87 Abs. 1 Nr. 2 BetrVG (Verteilung der Arbeitszeit auf die einzelnen Wochentage) zu beachten. Eine starre Verteilung der Arbeitszeit dürfte jedoch dem Wesen der Telearbeit als Gestaltungsform individueller Arbeitsbedingungen widersprechen und ist daher nicht empfehlenswert.

18. Erreichbarkeitszeit. Telearbeit zeichnet sich dadurch aus, dass eine starre Festlegung der Lage der Arbeitszeiten vermieden werden soll. Regelmäßig setzt das Zusammenspiel des Telearbeitnehmers und der in der betrieblichen Arbeitsstätte tätigen Arbeitnehmer jedoch unter betrieblichen Gesichtspunkten voraus, dass der Mitarbeiter zu bestimmten Zeiten für Rückfragen oder Arbeitsanweisungen zur Verfügung steht. Es bietet sich daher an, eine Erreichbarkeitszeit in der Betriebsvereinbarung zu vereinbaren, in der der Mitarbeiter an seinem Telearbeitsplatz für die Gesellschaft sowie Dritte (Kunden) erreichbar ist.

19. Erfassung der Arbeitszeit. Die Fürsorgepflicht des Arbeitgebers gebietet es, darauf zu achten, dass der Telearbeitnehmer bei Erbringung seiner Arbeitsleistung sowohl in der betrieblichen Arbeitsstätte als auch am Telearbeitsplatz die Bestimmungen des Arbeitszeitgesetzes einhält. Zur Überwachung der Einhaltung der Arbeitszeitvorschriften kann dem Telearbeitnehmer die Pflicht zur **Selbstdokumentation** auferlegt werden, da es an einer Kontrollmöglichkeit des Arbeitgebers fehlt (*Hohmeister/Küper* NZA 1998, 1206, 1208). Die Mitbestimmung des Betriebsrates nach § 87 Abs. 1 Nr. 1 BetrVG ist dafür nicht notwendig (BAG AP BetrVG 1972 § 87 Ordnung des Betriebes Nr. 3). Die Zeiterfassung kann in handschriftlicher Form erfolgen. Erfolgt sie auf elektronischem Wege so ist das Mitbestimmungsrecht des Betriebsrates nach § 87 Abs. 1 Nr. 6 BetrVG (technische Überwachungseinrichtung) zu beachten (*Boemke* BB 2000, 147, 151). Das Formular zu Zwecken der Selbstdokumentation sollte neben dem Namen des Mitarbeiters und der Angabe der häuslichen Arbeitsstätte den Zeitraum der Dokumentation, die gesamten an einem Tag geleisteten Arbeitsstunden, die Verteilung der Arbeitszeit auf die Kernzeit und andere Zeiten sowie die Tätigkeitsbeschreibung enthalten.

20. Fahrtzeiten. Die Arbeitspflicht ist eine Bringschuld, so dass Fahrtzeiten zwischen unterschiedlichen Arbeitsorten grundsätzlich nicht als Arbeitsleistung angesehen werden können. Wegen der Besonderheiten der alternierenden Telearbeit sollte klargestellt werden, dass auch die Fahrtzeiten zwischen der Betriebsstätte und dem Telearbeitsplatz nicht als Arbeitszeit anzusehen sind.

21. Datenschutz/Geheimhaltung. Die Lage des Telearbeitsplatzes in der Wohnstätte des Mitarbeiters birgt das Risiko, dass Dritte, die in der häuslichen Gemeinschaft mit dem Mitarbeiter leben oder diesen besuchen, **Zugriff** auf die zur Verfügung gestellten Arbeitsmittel und Unterlagen nehmen können. Es ist daher von besonderem Interesse, die vertraulichen Daten und Informationen sowie Passwörter derart zu schützen, dass sie Dritten nicht zugänglich sind.

Dies gilt auch für die **Vernichtung** nicht mehr benötigter Arbeitsmittel und Unterlagen. Denn nicht nur Unterlagen in Papierform, sondern auch Informationen auf Datenträgern wie Disketten und CD-ROMs, werden bei einfacher Entsorgung im Hausmüll jedermann in der Nachbarschaft des Mitarbeiters zugänglich gemacht.

22. Zugangsrecht. Sowohl für die Einrichtung des Telearbeitsplatzes als auch für die Behebung von Störungen bedarf es des Zugangs der Gesellschaft in die häusliche Arbeitsstätte. Ein generelles Zugangsrecht des Arbeitgebers besteht jedoch auch bei einer häuslichen Arbeitsstätte nicht. Dies folgt aus der grundgesetzlich gewährleisteten Unverletzlichkeit der Wohnung gemäß Art. 13 Abs. 1 GG. Es bedarf daher in jedem Fall der Vereinbarung des Zutrittsrechts. Es wird vertreten, dass dass Grundrecht auf Unverletzlichkeit der Wohnung nicht durch entsprechende Regelungen in Betriebsvereinbarungen ausgehöhlt werden könne. Die Zustimmung des Wohnungsinhabers sei unabdingbar (Kilian/Heussen/*Kilian* Kollektivvereinbarungen Rn. 45; MünchHdbArbR/*Heenen* § 316 Rn. 20; *Wiese* RdA 2009, 344, 350). Um die Zugangsmöglichkeit abzusichern, sollte daher in jedem Fall darauf geachtet werden, in der Zusatzvereinbarung Telearbeit zum Arbeitsvertrag die Zugangsbewilligung ausdrücklich zu regeln. Gegebenenfalls sollten auch Umfang und Gründe (z. B. betrieblich veranlasste Gründe) des Zugangs konkretisiert werden.

23. Haftung. Kommt es im Rahmen der Telearbeit zu einer Schädigung des Arbeitgebers oder eines Dritten, greifen die üblichen Grundsätze der Arbeitnehmerhaftung. Insofern bestehen keine Besonderheiten im Fall der Telearbeit. Im Fall einer Schädigung des Arbeitgebers durch Familienangehörige oder berechtigte Besucher greifen die Haftungserleichterungen nach den Grundsätzen der **Arbeitnehmerhaftung** jedenfalls dann, wenn die Haftung des Arbeitnehmers selbst in Frage steht, ihn also ein eigenes Verschulden trifft (*Albrecht* NZA 1996, 1240, 1245; *Boemke* BB 2000, 147). Ob darüber hinaus auch den in der häuslichen Gemeinschaft mit dem Telearbeitnehmer lebenden Dritten sowie berechtigten Besuchern die Haftungserleichterungen zugute kommen sollten, ist umstritten (zum Meinungsstand Grobys/Panzer/*Walk* Telearbeit Rn. 5). Teilweise wird argumentiert, dass der Arbeitgeber durch die Installation von Geräten und Anlagen in der Wohnung des Arbeitnehmers das allgemeine Schadenrisiko erhöht und deshalb eine Einbeziehung in den Schutzbereich des Arbeitsvertrages gerechtfertigt sei (Grobys/Panzer/*Walk* Telearbeit Rn. 5). Um Unsicherheiten zu vermeiden, bietet es sich an, wie in der Alternative vorgesehen, die für den Telearbeitnehmer geltenden **Haftungsbegünstigungen** ausdrücklich auch auf den genannten Personenkreis zu erstrecken (*Boemke* BB 2000, 147, 153).

24. Versicherung. Die dem Telearbeitnehmer von der Gesellschaft zur Verfügung gestellten Arbeitsmittel sind in der Regel nicht im Rahmen der Haftpflicht- und Hausratsversicherung des Mitarbeiters mitversichert. Es besteht insofern die Notwendigkeit des Abschlusses einer weiteren Versicherung. Hierbei ist strittig, ob die Gesellschaft selbst eine derartige Versicherung abschließen muss (*Preis* Arbeitsvertrag II T 20 Rn. 48) oder aber die Gesellschaft ihren Mitarbeiter vertraglich zum Abschluss einer speziellen **Berufs-**

und Arbeitsmittelversicherung verpflichten kann (*Albrecht* NZA 1996, 1245; *Boemke* BB 2000, 147, 153), deren Kosten sodann die Gesellschaft übernimmt.

25. Information des Betriebsrates. Gemäß § 80 Abs. 2 BetrVG steht dem Betriebsrat ein umfassendes Unterrichtungsrecht zwecks Durchführung seiner Aufgaben nach dem BetrVG zu. Es bietet sich daher an, jeweils über eine monatliche Datenerfassung den Stand der in Telearbeit beschäftigten Mitarbeiter anzuzeigen.

26. Widerruf wegen Vertrauensverlusts. Die Einräumung eines Telearbeitsplatzes steht und fällt mit dem Vertrauen in den Mitarbeiter, dass dieser auch in der häuslichen Arbeitsstätte seinen arbeitsvertraglichen Verpflichtungen nachkommt. Sofern dieses besondere Vertrauensverhältnis zerstört ist, aber dennoch nicht an die Beendigung des Arbeitsverhältnisses als solches gedacht wird, sollte die Einräumung des Telearbeitsplatzes mit sofortiger Wirkung widerrufen werden können und das Arbeitsverhältnis ausschließlich in der betrieblichen Arbeitsstätte fortgeführt werden. Häufig dürfte der Missbrauch des der Telearbeit zugrunde liegenden besonderen Vertrauensverhältnisses zu einer Kündigung des Mitarbeiters führen, sodass der Widerruf nur in Ausnahmefällen eine Rolle spielen dürfte. Es ist jedoch im Einzelfall stets zu prüfen, ob der Widerruf der Telearbeit nicht als milderes Mittel in Betracht kommt. Ist das der Fall, wäre eine ausgesprochene Kündigung unverhältnismäßig.

Der Widerrufsvorbehalt wegen Vertrauensverlusts ist zulässig. Die Rechtsprechung zu Widerrufsvorbehalten in Formulararbeitsverträgen ist nicht übertragbar, denn bei Betriebsvereinbarungen findet keine AGB-rechtliche Inhaltskontrolle statt (§ 310 Abs. 4 S. 1 BGB). Auch über § 75 BetrVG ist der AGB-rechtliche Prüfungsumfang nicht auf Betriebsvereinbarungen zu übertragen (*Albicker/Wiesenecker* BB 2008, 2631, 2634; offen gelassen von BAG NZA 2006, 563). Betriebsvereinbarungen sind vielmehr nur auf ihre Übereinstimmung mit höherrangigem Recht, den guten Sitten und der Billigkeit zu überprüfen.

27. Wohnungswechsel. Durch die Vereinbarung des Wohnraums als Telearbeitsplatz ist der Telearbeitsplatz auf den in der Zusatzvereinbarung Telearbeit konkretisierten Ort festgeschrieben. Bei einem Wohnungswechsel bedarf es damit einer neuen Vereinbarung über die häusliche Arbeitsstätte. Die Gesellschaft mag sich die Entscheidung darüber, ob die Telearbeit auch nach einem Wohnungswechsel fortgeführt werden soll, aus verschiedenen Gründen (Ort der Wohnung, Einhaltung der Arbeitsschutzvorschriften, Mitbewohner) vorbehalten wollen. Daher sieht das Formular zunächst die automatische Beendigung der Telearbeit vor.

28. Rückgabepflicht. Die im Eigentum der Gesellschaft stehenden Arbeitsmittel müssen bei Beendigung des Telearbeitsverhältnisses an die Gesellschaft als Arbeitgeber zurückgegeben werden. Insofern bestehen keine Besonderheiten gegenüber der Beendigung eines Arbeitsverhältnisses als solches. Soweit keine ausdrückliche Regelung getroffen ist, gilt grundsätzlich, dass es sich nach § 269 Abs. 1 BGB um eine **Holschuld** des Arbeitgebers handelt. Dies bedeutet, dass der Telearbeitnehmer allein die Betriebsmittel zur Abholung am Telearbeitsplatz bereitzuhalten hat. Liegt es im Interesse der Gesellschaft, dass der Telearbeitnehmer die Arbeitsmittel am Ort der Betriebsstätte zurückgibt, so muss dies ausdrücklich vereinbart werden.

29. Rückkehr in die betriebliche Arbeitsstätte. Kommt es zur Beendigung des Telearbeitsplatzes und geht damit die Rückkehr in die betriebliche Arbeitsstätte einher, so ist der Mitarbeiterentsprechend seines Arbeitsvertrages in der betrieblichen Arbeitsstätte zu beschäftigen. Insbesondere aufgrund des Direktionsrechts und etwaig vereinbarter Versetzungsklauseln ist dabei eine Rückkehr an den vormaligen Arbeitsplatz nicht zwingend. Zur Vermeidung von Rechtsstreitigkeiten ist es bereits im Vorfeld geboten, die Rückkehr an den vormaligen Arbeitsplatz im Betrieb auszuschließen. Im Einzelfall kann es jedoch sein, dass der Mitarbeiter aufgrund arbeitsvertraglicher Bestimmungen nur auf diesem Arbeitsplatz eingesetzt werden darf.

30. **Schlussbestimmungen.** → Form. C. II. 1 Anm. 16.

11. Kurzarbeit

Betriebsvereinbarung über die Einführung von Kurzarbeit[1]

zwischen

...... (Name und Anschrift des Arbeitgebers) „Gesellschaft"

und

Betriebsrat des Betriebs ...... der ...... (Name des Arbeitgebers) „Betriebsrat" *(Alternative: Gesamtbetriebsrat/Konzernbetriebsrat)*

Präambel[2]

Die gesamte Branche ...... befindet sich derzeit in einer schweren wirtschaftlichen Krise. Insbesondere der Betrieb ...... der Gesellschaft hat bedeutende Auftragsrückgänge zu verzeichnen. Eine durchgreifende Besserung der Geschäftslage ist kurzfristig nicht absehbar. Die Gesellschaft ist bei den derzeitigen Rahmenbedingungen nicht mehr in der Lage, die Mitarbeiter des Betriebes im bisherigen Umfang zu beschäftigen. Gesellschaft und Betriebsrat sind sich darin einig, dass zu einer Vermeidung von Entlassungen vorübergehend Kurzarbeit eingeführt wird. Die Betriebsparteien gehen übereinstimmend davon aus, dass durch diese Maßnahme die wirtschaftliche Grundlage des Betriebes gesichert und dadurch die Arbeitsplätze der Mitarbeiter erhalten werden können.

§ 1 Kurzarbeit

(1) Gesellschaft und Betriebsrat sind sich darüber einig, dass im Betrieb ...... der Gesellschaft ab dem ...... bis längstens zum ...... Kurzarbeit eingeführt wird.[3]

(2) Kurzarbeit wird eingeführt mit Wirkung für alle Arbeitnehmer des Betriebs i.S.d. § 5 Abs. 1 BetrVG („Mitarbeiter").[4]

(Alternative:

(2) Kurzarbeit wird eingeführt mit Wirkung für alle namentlich im Folgenden genannten Arbeitnehmer („Mitarbeiter"): ......)

(Alternative:

(2) Kurzarbeit wird eingeführt mit Wirkung für alle in den im Folgenden genannten Betriebsabteilungen tätigen Arbeitnehmer („Mitarbeiter"): ......)

(3) Während der Kurzarbeit wird die regelmäßige wöchentliche Arbeitszeit von ...... Stunden auf ...... Stunden verringert.[5]

(4) Die Lage der wöchentlichen Arbeitszeit während der Kurzarbeit soll so festgelegt werden, dass die Arbeit an Tagen, die an das Wochenende angrenzen, ruht, es sei denn, dem stehen betriebliche Belange entgegen. In Eil- und Notfällen sowie zur Erledigung fristgebundener Aufträge kann die Lage der wöchentlichen Arbeitszeit durch die Gesellschaft abweichend festgelegt werden.[6]

§ 2 Kurzarbeitergeld/Vergütung[7]

(1) Die Gesellschaft stellt unverzüglich bei der zuständigen Arbeitsagentur Antrag auf Gewährung von Kurzarbeitergeld. Die Abrechnung des Kurzarbeitergeldes durch die Gesellschaft erfolgt bei der üblichen Entgeltabrechnung im jeweiligen Folgemonat.

(2) Sollte die zuständige Arbeitsagentur die Zahlung des Kurzarbeitergeldes aus einem von der Gesellschaft zu vertretenden Grund verweigern, ersetzt die Gesellschaft dem Mitarbeiter den Betrag, den er als Kurzarbeitergeld erhalten hätte.

(3) Während der Dauer der Kurzarbeit wird die laufende monatliche Vergütung des Mitarbeiters entsprechend dem Verhältnis der verkürzten zur regelmäßigen individuellen Arbeitszeit reduziert. Urlaubsgeld, vermögenswirksame Leistungen, Entgeltfortzahlungen an gesetzlichen Feiertagen sowie die jährliche Sonderzuwendung werden so berechnet, als wäre voll gearbeitet worden.[8]

§ 3 Zuschuss zum Kurzarbeitergeld[9]

(1) Jeder Mitarbeiter erhält einen Zuschuss in Höhe von ...... Prozent des Differenzbetrages zwischen seinem bisherigen durchschnittlichen Nettoeinkommen und dem Nettoeinkommen während der Dauer der Kurzarbeit einschließlich des Kurzarbeitergeldes.

(2) Dieser Zuschuss wird mit dem Kurzarbeitergeld an den Mitarbeiter ausgezahlt. In der Entgeltabrechnung werden Arbeitsentgelt, Kurzarbeitergeld und Zuschuss zum Kurzarbeitergeld gesondert aufgeführt.

§ 4 Information[10]

(1) Die Gesellschaft unterrichtet den Betriebsrat jeweils zum Monatsende über die Entwicklung der Auftragslage. Auf Verlangen legt sie dem Betriebsrat Unterlagen vor, denen der Mitarbeiter- und Auftragsbestand in den beiden zurückliegenden Monaten sowie in den gleichen Monaten der beiden vorangegangenen Jahre zu entnehmen ist.

(2) Der Vorsitzende des Betriebsrats nimmt an allen Gesprächen zwischen der Geschäftsleitung und der Arbeitsagentur teil. Auf Verlangen ist dem Betriebsrat die Korrespondenz zwischen der Gesellschaft und der Arbeitsagentur vorzulegen.

§ 5 Über-/Mehrarbeit[11]

Während der Kurzarbeit wird Über- und Mehrarbeit nur in dringenden Ausnahmefällen angeordnet. Diese bedarf der vorherigen Zustimmung des Betriebsrats nach Maßgabe des § 87 Abs. 1 Nr. 3 BetrVG.

§ 6 Urlaub, Einbringen von Arbeitszeitguthaben[12]

(1) Jeder Mitarbeiter kann während der Kurzarbeit Urlaub nehmen. Geht der Urlaubsantrag spätestens ...... Wochen vor Urlaubsbeginn bei dem Vorgesetzten und der Personalabteilung ein, so ist der Urlaub zu gewähren, es sei denn, dem stehen dringende betriebliche Belange entgegen. Für den Zeitraum der Urlaubsgewährung wird der Mitarbeiter von der Kurzarbeit ausgenommen.

(2) Der Anspruch auf bezahlten Jahresurlaub der von der Kurzarbeit betroffenen Mitarbeiter wird zeitanteilig im Verhältnis der Anzahl der Wochenarbeitstage während der Kurzarbeit zu der Anzahl der Wochenarbeitstage eines Vollzeitbeschäftigten angepasst.

(3) Die Mitarbeiter sind verpflichtet, etwaig bestehende Guthaben auf Gleitzeitkonten bis zum . . . . . . abzubauen und Gleitzeittage in Anspruch zu nehmen. Gleitzeittage dürfen nicht während der Kurzarbeitswochen genommen werden.

§ 7 Betriebsbedingte Kündigungen[13]

Die Gesellschaft verpflichtet sich, während der Kurzarbeit keine betriebsbedingten Kündigungen wegen der Gründe, die zur Einführung der Kurzarbeit geführt haben, in dem Betrieb auszusprechen. Hiervon unberührt bleibt das Recht der Gesellschaft zum Ausspruch betriebsbedingter Kündigungen, die auf Umständen beruhen, die einen dauerhaften Arbeitsausfall begründen.

§ 8 Beendigung, Veränderung und Verlängerung der Kurzarbeit[14]

(1) Sollte sich die Auftragslage unerwartet verbessern, kann die Gesellschaft jederzeit ohne erneute Zustimmung des Betriebsrates die Kurzarbeit entweder einseitig beenden oder während der Kurzarbeit die wöchentliche Arbeitszeit bis zur Höhe der vor Beginn der Kurzarbeit zu leistenden wöchentliche Arbeitszeit anheben.

(2) Soweit dies aus betrieblichen Gründen erforderlich ist, kann die Gesellschaft den zeitlichen Umfang der Kurzarbeit auch über den vorstehenden § 1 Abs. (3) hinaus mit einer Ankündigungsfrist von sieben Kalendertagen ausweiten. Voraussetzung für eine Ausweitung der Kurzarbeit ist, dass die jeweiligen gesetzlichen Voraussetzungen für die Gewährung von Kurzarbeitergeld im Hinblick auf die ausgeweitete Kurzarbeit erfüllt sind.

(3) Die Verlängerung der Kurzarbeit bedarf einer gesonderten Vereinbarung zwischen Gesellschaft und Betriebsrat.

§ 9 Inkrafttreten, Kündigung[15]

(1) Diese Betriebsvereinbarung tritt am . . . . . . in Kraft. Sie kann mit einer Frist von drei Monaten zum Ende eines Kalendermonats, erstmalig zum . . . . . ., gekündigt werden.

(2) Die Kündigung bedarf der Schriftform.

§ 10 Schlussbestimmungen[16]

(1) Mündliche Nebenabreden bestehen nicht. Änderungen oder Ergänzungen dieser Betriebsvereinbarung, einschließlich dieser Bestimmung, bedürfen zu ihrer Wirksamkeit der Schriftform.

(2) Sollte eine Bestimmung dieser Betriebsvereinbarung ganz oder teilweise unwirksam sein oder werden, so wird hiervon die Wirksamkeit der übrigen Bestimmungen nicht berührt. Anstelle der unwirksamen Bestimmung werden die Betriebsparteien die gesetzlich zulässige Bestimmung vereinbaren, die dem mit der unwirksamen Bestimmung Gewollten wirtschaftlich am nächsten kommt. Dasselbe gilt für den Fall einer vertraglichen Lücke.

(3) Sollten sich die dieser Betriebsvereinbarung zugrunde liegenden tatsächlichen oder rechtlichen Bedingungen grundlegend ändern, so werden die Betriebsparteien unverzüglich in Verhandlungen treten mit dem Ziel, die Betriebsvereinbarung an die geänderten Bedingungen anzupassen.

. . . . . .	. . . . . .
Ort, Datum	Ort, Datum
. . . . . .	. . . . . .
Unterschrift der Gesellschaft	Unterschrift des Betriebsratsvorsitzenden

Anmerkungen

1. Regelungsinhalt. Kurzarbeit ist die vorübergehende Verkürzung der normalen betriebsüblichen Arbeitszeit aufgrund Arbeitsausfalls. Sie reicht von der anteiligen Reduzierung der Arbeitszeit bis zur vollständigen Einstellung der Arbeit (sog. „Kurzarbeit Null").

In einem **betriebsratslosen Betrieb** bedarf die Einführung von Kurzarbeit **einzelvertraglicher Vereinbarungen** mit allen betroffenen Arbeitnehmern (→ Form. A. XIII. 5). Der Arbeitgeber ist nicht berechtigt, die vorübergehende Verkürzung der Arbeitszeit kraft seines Direktionsrechts einseitig anzuordnen (BAG NZA 1991, 607; BAG NZA 2009, 689; ErfKomm/*Preis* § 611 BGB Rn. 658; *Lindemann/Simon* BB 2008, 2795, 2796). Sofern nicht bereits arbeitsvertragliche Regelungen zur Einführung von Kurzarbeit getroffen wurden (hierzu → Form. A. II. 1 Anm. 4) und Arbeitnehmer nicht bereit sind, der Einführung der Kurzarbeit zuzustimmen, müssen Änderungskündigungen ausgesprochen werden, denen jedoch allgemeiner oder besonderer Kündigungsschutz (z. B. § 9 MuSchG, § 15 KSchG, § 18 BEEG) entgegenstehen können. Allerdings kann eine konkludente Vertragsänderung vorliegen, wenn Arbeitnehmer die vom Arbeitgeber angeordnete und von der Arbeitsagentur genehmigte Kurzarbeit widerspruchslos hinnehmen (LAG Düsseldorf BeckRS 1994, 30978898).

Besteht ein **Betriebsrat,** so steht diesem gemäß § 87 Abs. 1 Nr. 3 BetrVG bei der Einführung und Ausgestaltung von Kurzarbeit ein **Mitbestimmungsrecht** zu (GKBetrVG/*Wiese* § 87 Rn. 391; Richardi/*Richardi* § 87 Rn. 353). Dieses besteht unabhängig davon, ob die Voraussetzungen für die Gewährung von Kurzarbeitergeld gegeben sind (BAG NZA 2009, 689; *F/E/S/T/L* § 87 Rn. 150, 162). Die Ermächtigung der Bundesagentur für Arbeit nach § 19 KSchG, bei beabsichtigten Massenentlassungen Kurzarbeit einzuführen, lässt die Mitbestimmung der Betriebsrates ebenfalls nicht entfallen (D/K/K/W/*Klebe* § 87 Rn. 131; *F/E/S/T/L* § 87 Rn. 155). Sofern mit der Einführung der Kurzarbeit zugleich die Lage der Arbeitszeit betroffen ist, besteht außerdem ein Mitbestimmungsrecht nach § 87 Abs. 1 Nr. 2 BetrVG (D/K/K/W/*Klebe* § 87 Rn. 109; GKBetrVG/*Wiese* § 87 Rn. 419).

Zu beachten ist allerdings der **Tarifvorrang** des § 87 Abs. 1 BetrVG. Dieser wird in der Regel zwar bei der Einführung von Kurzarbeit nicht eingreifen, da sich in Tarifverträgen selten Regelungen hierzu finden (*Bischof* NZA 1995, 1021, 1023; *Otto* NZA 1992, 97, 103); bei Haustarifverträgen kommt dies allerdings gelegentlich vor. Ist in dem Tarifvertrag die Einführung von Kurzarbeit abschließend geregelt, entfällt das Mitbestimmungsrecht des Betriebsrats (BAG NZA 2001, 328). In diesem Fall ist der Arbeitgeber aufgrund der unmittelbar und zwingend wirkenden tariflichen Regelung berechtigt, Kurzarbeit auch ohne Einverständnis der (tarifgebundenen) Arbeitnehmer einzuführen. Nicht selten enthalten Tarifverträge Öffnungsklauseln, durch die der Arbeitgeber zwar zur Einführung von Kurzarbeit ermächtigt wird, die Modalitäten hingegen einer Regelung zwischen den Betriebsparteien überlassen bleiben (*Bischof* NZA 1995, 1021, 1023). Dann besteht nach wie vor Bedarf für die in dem Formular enthaltenen Regelungen.

Ist ein Mitbestimmungsrecht gemäß § 87 Abs. 1 Nr. 3 BetrVG gegeben, sollte die Gesellschaft die Möglichkeit zum Abschluss einer **Betriebsvereinbarung** zur Einführung der Kurzarbeit wahrnehmen. Übt der Betriebsrat nämlich sein Mitbestimmungsrecht lediglich mittels einer Regelungsabrede aus, muss die Gesellschaft die Verkürzung der wöchentlichen Arbeitszeit dennoch mit jedem Arbeitnehmer einzelvertraglich vereinbaren (BAG NZA 1991, 607; *Bischof* NZA 1995, 1021, 1023). Demgegenüber stellt der Abschluss einer Betriebsvereinbarung eine wesentliche zeitliche wie auch organisatorische Vereinfachung dar (kritisch *Waltermann* NZA 1993, 679, 683 f.). Diese wirkt nämlich gemäß § 77 Abs. 4 BetrVG unmittelbar und zwingend auf die Arbeitsverhältnisse ein. Der Einführung von Kurzarbeit durch Betriebsvereinbarung steht nach h. M. auch nicht das Günstigkeitsprinzip entgegen, das grundsätzlich im Verhältnis zwischen Arbeitsvertrag und Kollektivregelung

Anwendung findet (BAG GS AP BetrVG 1972 § 77 Nr. 17; *Bischof* NZA 1995, 1021, 1023; ErfKomm/*Preis* § 611 BGB Rn. 378). Dies gilt auch dann, wenn im Arbeitsvertrag ausdrücklich eine bestimmte (höhere) Wochenarbeitszeit vereinbart ist. Zum Teil wird hierbei darauf abgestellt, dass das während der Kurzarbeit geltende Kündigungsverbot für den Arbeitnehmer die günstigere Lösung sei als die ohne Kurzarbeit drohende betriebsbedingte Kündigung. Richtigerweise findet das Günstigkeitsprinzip gar keine Anwendung, es sei denn, die Einführung von Kurzarbeit wird im Arbeitsvertrag ausdrücklich ausgeschlossen (was in der Praxis so gut wie nie vorkommen wird). Als Kollisionsregel kommt das Günstigkeitsprinzip nämlich nur im Falle zweier kollidierender Regelungen zum Tragen. Daran fehlt es, wenn im Arbeitsvertrag zwar die regelmäßige wöchentliche Arbeitszeit, nicht aber deren vorübergehende Verringerung wegen Kurzarbeit geregelt ist (ArbG Berlin BeckRS 2004, 41161; *Waltermann* NZA 1996, 357, 363).

Zu beachten ist allerdings, dass der Geltungsbereich einer Betriebsvereinbarung **leitende Angestellte** i. S. d. § 5 Abs. 3 BetrVG nicht umfasst. Soll auch für die leitenden Angestellten Kurzarbeit eingeführt werden und existiert kein Sprecherausschuss, so müssen insoweit ergänzend einzelvertragliche Vereinbarungen getroffen werden (Richardi/*Richardi* § 87 Rn. 14).

In der Instanzrechtsprechung ist umstritten, welche inhaltlichen Anforderungen an eine Betriebsvereinbarung über die Einführung von Kurzarbeit zu stellen sind, damit diese normative Wirkung für die betroffenen Arbeitsverhältnisse entfaltet. Teilweise wird es als ausreichend angesehen, dass die Betriebsvereinbarung abstrakt die anlassbezogene Einführung von Kurzarbeit regeln muss, ohne dabei die Durchführung der Kurzarbeit näher zu bestimmen (LAG Potsdam BeckRS 1994, 30829502; LAG Erfurt BeckRS 1999, 16427). Überwiegend wird jedoch vorausgesetzt, dass Beginn und Dauer der Kurzarbeit, die Lage und Verteilung der Arbeitszeit, die Auswahl der von der Kurzarbeit betroffenen Arbeitnehmer oder Abteilungen sowie die Zeiträume, in denen die Arbeit ganz ausfallen soll zur Wahrung des Bestimmtheitsgrundsatzes, festgelegt werden (LAG Frankfurt a. M. NZA-RR 1997, 479; LAG Hamm BeckRS 2013, 66437; LAG Stuttgart BeckRS 2005, 31048612; LAG Chemnitz NZA-RR 2003, 366; LAG Mainz BeckRS 2007, 45667). Um sicher zu gehen, dass die normative Wirkung nicht durch ein Gericht verneint wird, sollte man in jedem Fall – wie auch im Formular geschehen – die Mindestanforderungen der letztgenannten Auffassung erfüllen.

Für die Wahrnehmung des Mitbestimmungsrechts nach § 87 Abs. 1 Nr. 3 BetrVG bei der Einführung von Kurzarbeit ist regelmäßig der (örtliche) Betriebsrat zuständig (Richardi/*Richardi* § 87 Rn. 82). In Ausnahmefällen kann der Gesamtbetriebsrat für den Abschluss einer Vereinbarung über die Einführung von Kurzarbeit zuständig sein (§ 50 Abs. 1 S. 1 BetrVG; Richardi/*Richardi* § 87 Rn. 83). Beim Konzernbetriebsrat kommt – mit Ausnahme des Falles des § 54 Abs. 2 BetrVG – i. d. R. nur eine Zuständigkeit kraft Auftrages durch die einzelnen Betriebsräte oder Gesamtbetriebsräte in Betracht (Richardi/*Richardi* § 87 Rn. 84).

2. Präambel. Es ist sinnvoll, der Betriebsvereinbarung eine kurze Vorbemerkung voranzustellen, in der die wirtschaftlichen Gründe für die Notwendigkeit der Einführung von Kurzarbeit umrissen werden. Eine solche Vorbemerkung kann in Streitfällen die Auslegung der Betriebsvereinbarung beeinflussen.

3. Dauer der Kurzarbeit. Den wesentlichen Kern der Betriebsvereinbarung zur Einführung von Kurzarbeit stellen die Regelungen unter § 1 dar. Insoweit ist umstritten, welche inhaltlichen Anforderungen an eine Betriebsvereinbarung zu stellen sind (→ Anm. 1).

Der Betriebsrat wird regelmäßig der Einführung von Kurzarbeit nur dann zustimmen, wenn Aussicht auf Gewährung von Kurzarbeitergeld durch die zuständige Arbeitsagentur besteht. Gemäß §§ 95 ff. SGB III wird Kurzarbeitergeld von der zuständigen Arbeitsagentur nur bei der Erfüllung von verschiedenen gesetzlichen Voraussetzungen gewährt.

Die Dauer ist gemäß § 104 Abs. 1 S. 1 SGB III grundsätzlich auf **längstens sechs Monate** befristet. Nach § 109 Nr. 2 SGB III kann das Bundesministerium für Arbeit und Soziales (BMAS) darüber hinaus bei außergewöhnlichen Verhältnissen auf dem Arbeitsmarkt durch Rechtsverordnung die Bezugsfristen für das Kurzarbeitergeld auf bis zu 12 bzw. 24 Monate verlängern. Das BMAS hat am 7.12.2012 eine Rechtsverordnung erlassen, wonach die Bezugsdauer für Kurzarbeitergeld auf bis zu zwölf Monate verlängert ist, wenn die Kurzarbeit vor dem 31.12.2013 begann. Diese verlängerte Bezugsdauer wurde am 31.10.2013 bis Ende 2014 ausgedehnt. Bei der Festlegung der Dauer der Arbeitszeitverkürzung unter § 1 der Betriebsvereinbarung sollte demnach die jeweils einschlägige maximale Bezugsfrist nicht überschritten werden.

4. Geltungsbereich. Die §§ 95 ff. SGB III stellen grundsätzlich auf den **Betrieb** i. S. d. BetrVG als Berechnungseinheit ab (vgl. BSG AP § 63 AFG Nr. 1). Gemäß § 97 S. 2 SGB III ist als Betrieb im Sinne dieser Vorschriften auch eine **Betriebsabteilung** anzusehen (Küttner/*Voelzke* Kurzarbeit Rn. 37). Damit wird dem Umstand Rechnung getragen, dass in der einzelnen Betriebsabteilung andere Verhältnisse herrschen können als im gesamten Betrieb (Gagel/*Bieback* § 97 Rn. 20).

Dadurch eröffnet sich für die Gesellschaft und den Betriebsrat die Möglichkeit, die Kurzarbeit nicht pauschal für alle Arbeitnehmer innerhalb eines Betriebs, Unternehmens oder Konzerns einzuführen, sondern die Arbeitszeitverkürzung zielgerichtet und punktuell auf bestimmte Betriebsabteilungen zu beschränken, die etwa von einem Auftragseinbruch besonders stark betroffen sind. Die Beschreibung der Betriebsabteilung beziehungsweise des Betriebs, für den die Arbeitszeitverkürzung gelten soll, ist so präzise wie möglich zu fassen, um etwaige Streitigkeiten – auch mit der Arbeitsagentur – zu vermeiden. Es kann sich dabei anbieten, die von der Kurzarbeit betroffenen Arbeitnehmer einzeln und namentlich aufzuführen (LAG Frankfurt a. M. NZA-RR 1997, 479).

Zur Vereinbarung von Kurzarbeit mit leitenden Angestellten i. S. d. § 5 Abs. 3 BetrVG → Anm. 1.

5. Umfang der Kurzarbeit. Hinsichtlich des Umfangs der wöchentlichen Arbeitszeitverkürzung sind Arbeitgeber und Betriebsrat grundsätzlich frei. Zu beachten ist jedoch § 96 SGB III. Danach wird Kurzarbeitergeld nur gewährt, wenn eine **Erheblichkeitsschwelle** durch die Arbeitszeitverkürzung überschritten wird. Gemäß § 96 Abs. 1 Nr. 4 SGB III muss innerhalb eines Kalendermonats ein Drittel der Belegschaft (Auszubildende nicht mitgerechnet) in einem Betrieb beziehungsweise einer Betriebsabteilung von einem (Brutto-)Entgeltausfall in Höhe von mindestens zehn Prozent betroffen sein (BSG NZA 1987, 396). Der Umfang der Arbeitszeitverkürzung ist demnach so zu wählen, dass diese Voraussetzungen erfüllt sind. Obwohl in Literatur und Praxis die Zulässigkeit einer „Kurzarbeit Null" unbestritten ist, zweifelte der Siebte Senat des BSG in einem obiter dictum an, ob bei der „Kurzarbeit Null" überhaupt ein erheblicher Arbeitsausfall i. S. d. § 96 Abs. 1 SGB III angenommen werden kann (BSG NZA-RR 2011, 319). Begründet wurden die Zweifel mit dem Begriffsverständnis, wonach „Kurzarbeit Null" keine „Kurzarbeit" sondern „Nicht-Arbeit" sei, da überhaupt nicht gearbeitet werde. In der Literatur ist dies auf Kritik gestoßen (*Bieback* NZS 2011, 241, 241 ff.). Andere Senate des BSG und die Instanzrechtsprechung hatten sich mit diesen Zweifeln nicht auseinandergesetzt. Der Wortlaut des § 96 Abs. 1 Nr. 4 SGB III wurde nunmehr mit Wirkung zum 1.4.2012 dahingehend geändert, dass auch ein vollständiger Arbeitsausfall mit 100-prozentigem Entgeltausfall von den Vorschriften zum Kurzarbeitergeld erfasst wird (BT-Drucks. 17/6277). Die vom BSG aufgeworfenen Zweifel sind also ausgeräumt.

6. Lage der Arbeitszeit während der Kurzarbeit. Abhängig von den im Betrieb ausgeübten Tätigkeiten ist es sinnvoll, die Lage der Arbeitszeit während der Kurzarbeit in der Betriebsvereinbarung hinreichend deutlich zu regeln (LAG Frankfurt a. M. NZA-

RR 1997, 479). Bei der generellen Geltung von Gleitzeit und flexiblen Arbeitszeiten kann so während der Dauer der Kurzarbeit sichergestellt werden, dass der Betrieb produktions- oder arbeitsfähig bleibt. Wird die Arbeitszeit derart verkürzt, dass ein oder mehrere Arbeitstage ausfallen, sollten diese ausfallenden Arbeitstage **an das Wochenende** gelegt werden. Auf diese Weise wird einerseits die Akzeptanz der Kurzarbeit in der Belegschaft gesteigert und andererseits ein zusammenhängender Zeitraum zur Produktion garantiert.

7. **Kurzarbeitergeld.** Da der Betriebsrat der Einführung von Kurzarbeit nur dann zustimmen wird, wenn eine Aussicht auf Gewährung von Kurzarbeitergeld durch die Arbeitsagentur besteht, empfiehlt es sich – klarstellend – eine Verpflichtung des Arbeitgebers aufzunehmen, die notwendigen **Anträge** (erhältlich bei www.arbeitsagentur.de) bei der Arbeitsagentur zu stellen (zur Berechnung des Kurzarbeitergeldes *Cohnen/Röger* BB 2009, 46, 51; *Meyer* NZA 1999, 902, 906; *Ruhm* NZS 2000, 182 f.). Darüber hinaus sollte festgehalten werden, wie die Abrechnung des Kurzarbeitergeldes bei der Entgeltabrechnung erfolgt.

Wird das Kurzarbeitergeld wegen Verschuldens der Gesellschaft durch die Arbeitsagentur nicht gewährt, steht den einzelnen Arbeitnehmern ein Schadensersatzanspruch gegen die Gesellschaft zu (BAG NZA 1992, 1031; BSG NZA-RR 2006, 102). Dies kann zur Klarstellung in der Betriebsvereinbarung festgehalten werden. Dadurch wird sowohl die Bereitschaft des Betriebsrats zur Vereinbarung von Kurzarbeit gesteigert als auch gegenüber den Arbeitnehmern eine erhöhte Absicherung dokumentiert. Bei der Formulierung ist zu beachten, dass dem Mitarbeiter nur das entgangene Kurzarbeitergeld, das maximal 67 Prozent der Nettoentgeltdifferenz beträgt (§ 105 SGB III), und nicht die Differenz zur vollen Vergütung, die ohne Arbeitsausfall infolge Kurzarbeit zu zahlen wäre, zu ersetzen ist (→ Form. A. XIII. 5 Anm. 3).

8. **Reduzierung der laufenden Vergütung/Freiwillige Leistungen und Entgeltfortzahlung.** Eher klarstellende Funktion hat die Regelung zur Reduzierung der laufenden Vergütung während der Kurzarbeit. Ob und inwieweit **freiwillige Leistungen** wie Urlaubsgeld, vermögenswirksame Leistungen und jährliche Sonderzuwendungen (oder andere Gratifikationen, Prämien etc.) von der Gesellschaft anhand des durch die Kurzarbeit verringerten Entgeltanspruchs berechnet werden oder aber so berechnet werden, als hätten die Arbeitnehmer die volle ursprüngliche Arbeitszeit abgeleistet, ist durch Auslegung der die freiwillige Leistung gewährenden Regelung zu ermitteln (*Schaub/Schindele* Rn. 231; BAG NZA 1995, 1106). Handelt es sich dabei um eine tarifliche Regelung, kann aufgrund des Tarifvorrangs durch die Betriebsparteien keine abweichende Regelung getroffen werden, selbst wenn diese günstiger ist (*F/E/S/T/L* § 87 Rn. 153). Sofern eine abweichende Regelung möglich ist, bleibt die genaue Ausgestaltung den Verhandlungen mit dem Betriebsrat überlassen. Es sollte dabei auch berücksichtigt werden, dass die Arbeitszeit nur vorübergehend verringert wird und dass mit einer Einbeziehung der Arbeitszeitverringerung in die Berechnung der freiwilligen Leistungen auch ein nicht unerheblicher Verwaltungsaufwand einhergehen kann (*Schwarz* NZA 1996, 571, 572 ff.). Bei den Verhandlungen mit dem Betriebsrat wird es sich außerdem auswirken, dass Kürzungen freiwilliger Leistungen i. d. R. nicht ausgeglichen werden (→ Form. A. XIII. 5 Anm. 3). Arbeitsentgelt, das einmalig gezahlt wird, bleibt nämlich bei der Berechnung der Höhe des Kurzarbeitergeldes unberücksichtigt (§ 106 Abs. 1 S. 4 SGB III). Bei der **Entgeltfortzahlung** ist die Gesellschaft kraft Gesetzes nur zu geringeren Leistungen verpflichtet. § 2 EFZG sieht jedoch ausdrücklich vor, dass bei dem Zusammentreffen von infolge von Kurzarbeit ausfallender Arbeitszeit und Feiertagen die Entgeltfortzahlung sich allgemein nach § 2 Abs. 1 EFZG, also der Verpflichtung zur Entgeltfortzahlung an Feiertagen, richtet. Nach dem Entgeltausfallprinzip erhält der Arbeitnehmer vom Arbeitgeber aber nur das Entgelt in Höhe des Kurzarbeitergeldes und nicht in Höhe des Verdienstes, den er als Feiertagsentgelt ohne die Anordnung von Kurzarbeit erhalten hätte (BAG NJW 1983, 2901; ErfKomm/*Reinhard* § 2 EFZG Rn. 17). Im Falle der Krankheit

eines Arbeitnehmers bestimmt § 4 Abs. 3 EFZG ausdrücklich, dass das fortzuzahlende Arbeitsentgelt anhand der verkürzten Arbeitszeit während der Kurzarbeitsperiode zu berechnen ist. Fallen Krankheit, Kurzarbeit und Feiertag zusammen, gilt entgegen des widersprüchlichen Wortlauts des § 4 Abs. 3 S. 2 EFZG ebenfalls der Grundsatz, dass dem Arbeitnehmer nur das Entgelt fortzuzahlen ist, das aufgrund des zur Entgeltfortzahlung berechtigenden Tatbestandes ausgefallen ist. Auch hier bemisst sich also das Arbeitsentgelt nach der verkürzten Arbeitszeit (ErfKomm/*Reinhard* § 4 EFZG Rn. 22; *Schmitt* § 2 Rn. 124). Die Berechnung des Krankengeldes nach Ablauf der sechswöchigen Entgeltfortzahlung ist hingegen umstritten (*Pivit* NZS 2003, 472 f.).

Fällt die Kurzarbeit in den Referenzzeitraum für die Berechnung des Urlaubsentgelts, bleiben die Verdienstkürzungen infolge der Kurzarbeit außer Betracht (§ 11 Abs. 1 S. 3 BurlG). Danach bemisst sich das **Urlaubsentgelt** nach dem vollen, ungekürzten Arbeitsentgelt, das der betroffene Arbeitnehmer ohne die Anordnung von Kurzarbeit erhalten hätte (ErfKomm/*Gallner* § 11 BUrlG Rn. 24). Ein anderes Problemfeld ist das Zusammenfallen von Urlaub und Kurzarbeit. In diesem Fall ist die Erfüllung des Urlaubsanspruchs für die Zeiten, in denen der Arbeitnehmer infolge der Kurzarbeit nicht arbeitet, unmöglich und der Arbeitgeber schuldet kein Urlaubsentgelt. Stattdessen erhält der Arbeitnehmer an dem betreffenden Tag Kurzarbeitergeld und ihm ist wegen der Unmöglichkeit Ersatzurlaub zu gewähren (BAG NZA 2009, 689; *Bauer/Kern* NZA 2009, 925, 928 ff.; ErfKomm/*Gallner* § 11 BUrlG Rn. 24) Treffen ein Urlaubstag und ein Kurzarbeitstag zusammen, gewinnt der Arbeitnehmer also faktisch einen bezahlten Urlaubstag dazu. Dies gilt nicht, wenn die beurlaubten Arbeitnehmer von der Kurzarbeit ausgenommen werden (Gagel/*Bieback* § 95 Rn. 195a). In einem solchen Fall ist die Urlaubsgewährung möglich und der Arbeitgeber schuldet Urlaubsentgelt. Praktisch relevant dürfte die Herausnahme der beurlaubten Arbeitnehmer von der Kurzarbeit nur werden, wenn der Urlaub bereits vor der Kurzarbeitsphase gewährt wurde, da der Arbeitnehmer während der Kurzarbeitsphase für die jeweiligen Kurzarbeitstage keinen Urlaub beantragen wird, wenn er dadurch einen Urlaubstag verliert.

9. Zuschuss zum Kurzarbeitergeld. Die Gesellschaft kann dem Arbeitnehmer einen Zuschuss zum Kurzarbeitergeld gewähren. Der Zuschuss führt nicht zu einer Minderung des Kurzarbeitergeldes (§ 106 Abs. 2 S. 2 SGB III). Hinsichtlich der Höhe des Zuschusses sollte berücksichtigt werden, dass dieser sozialabgabenfrei ist, soweit er zusammen mit dem Kurzarbeitergeld 80 Prozent des Unterschiedsbetrages zwischen dem Sollentgelt und dem Ist-Entgelt nach § 106 SGB III nicht übersteigt (§ 1 Abs. 1 Nr. 8 SvEV). Zuschüsse zum Kurzarbeitergeld werden in der Praxis wohl nur dann in Erwägung zu ziehen sein, wenn eine Einigung mit dem Betriebsrat nicht anders zu erzielen ist. Teilweise sind solche Zuschüsse auch in Tarifverträgen geregelt. Die positiven Folgen durch die finanzielle Entlastung der Gesellschaft während der Kurzarbeitsperiode wird durch die Gewährung eines solchen Zuschusses jedenfalls teilweise konterkariert und kommt demnach allenfalls dann in Betracht, wenn die Arbeitszeit deutlich, bis hin zum vollständigen Wegfall der Arbeitspflicht verringert wird (BAG NZA 2001, 666).

10. Information. Bereits der Anzeige der Kurzarbeit durch die Gesellschaft bei der zuständigen Arbeitsagentur ist eine Stellungnahme der Betriebsvertretung beizufügen (§ 99 Abs. 1 S. 3 SGB III). Der Betriebsrat ist also von Beginn an in das arbeitsbehördliche Verfahren eingebunden. Darüber hinaus kann die Einführung einer solchen Informationspflicht, die für die Gesellschaft keine besondere Belastung darstellen sollte, die Bereitschaft des Betriebsrats zum Abschluss einer Betriebsvereinbarung steigern. Auch die Beteiligung des Vorsitzenden des Betriebsrats an den Gesprächen zwischen der Gesellschaft mit der Arbeitsagentur, wie in § 4 Abs. (2) des Formulars vorgesehen, stellt insoweit eine vertrauensbildende Maßnahme dar.

11. Über-/Mehrarbeit. Aufgrund der wirtschaftlichen Lage der Gesellschaft, die zur Einführung von Kurzarbeit geführt hat, wird bei Abschluss der Betriebsvereinbarung häufig nicht daran gedacht, dass dennoch punktuell Bedarf für die Ableistung von Über-/Mehrarbeit bestehen kann. Generell muss dabei beachtet werden, dass die Durchführung von Über-/Mehrarbeit in (größerem) Ausmaß die Gewährung von Kurzarbeitergeld durch die Arbeitsagentur gefährden kann. Wenn die Notwendigkeit für die Ableistung von Über-/Mehrarbeit besteht, kann das Vorliegen eines erheblichen Arbeitsausfalles i.S.d. § 96 SGB III in Frage gestellt sein. Zu bedenken ist weiter, dass der Betriebsrat auch während der Kurzarbeitsperiode ein Mitbestimmungsrecht im Hinblick auf die Durchführung von Über-/Mehrarbeit gemäß § 87 Abs. 1 Nr. 3 BetrVG hat (Richardi/*Richardi* § 87 Rn. 348, 369).

12. Urlaub, Einbringen von Arbeitszeitguthaben. Bereits in → Anm. 8. wurde darauf hingewiesen, dass bei der Berechnung des Urlaubsentgelts gemäß § 11 BUrlG die Arbeitszeitverkürzung aufgrund der Kurzarbeit nicht zu berücksichtigen ist. Diese Tatsache könnte einzelne Arbeitnehmer dazu veranlassen, an Kurzarbeitstagen bevorzugt Urlaub zu nehmen. Ihr Entgeltanspruch entspräche dann nicht dem Kurzarbeitergeld, sondern vielmehr ihrem normalen Monatsverdienst. Dies setzt jedoch voraus, dass die Mitarbeiter für Zwecke der Urlaubsgewährung von der Kurzarbeit ausgenommen werden, da ansonsten kein Urlaubsentgelt geschuldet wird. Ob die Arbeitnehmer in der Praxis aus diesem Grund an einem Kurzarbeitstag Urlaub beantragen, ist äußerst zweifelhaft, da diese Arbeitnehmer das erhöhte Entgelt faktisch zulasten eines bezahlten Urlaubstages erlangen würden (→ Anm. 8).

Nach neuerer EuGH-Rechtsprechung kann vorgesehen werden, dass der Anspruch auf Jahresurlaub nach dem Pro-rata-temporis-Grundsatz gemindert wird, da Kurzarbeiter als vorübergehend teilzeitbeschäftigte Arbeitnehmer anzusehen sind (EuGH BeckRS 2012, 82370). Die Regelung in § 6 Abs. (2) des Formulars sieht vor, dass der Anspruch auf bezahlten Jahresurlaub zeitanteilig im Verhältnis der Anzahl der Wochenarbeitstage während der Kurzarbeit zu der Anzahl der Wochenarbeitstage eines Vollzeitbeschäftigten angepasst wird. Ein von Kurzarbeit betroffener Arbeitnehmer erwirbt deshalb während der Kurzarbeit nur einen dementsprechend geringeren Urlaubsanspruch; während der „Kurzarbeit Null" erwirbt der Arbeitnehmer sogar überhaupt keinen Urlaubsanspruch.

Zu beachten ist, dass die Arbeitsagenturen teilweise verlangen, eventuell bestehende Urlaubsrückstände aufzubrauchen. Es besteht nämlich kein Anspruch auf Kurzarbeitergeld, wenn der Arbeitsausfall durch Gewährung von bezahltem Erholungsurlaub ganz oder teilweise verhindert werden kann, soweit vorrangige Urlaubswünsche der Mitarbeiter dem nicht entgegenstehen (§ 96 Abs. 4 S. 2 Nr. 2 SGB III). Ist die Lage des Urlaubs z.B. durch verbindliche Eintragung in den Urlaubsplan bereits festgelegt, so ist das Vorliegen eines unvermeidbaren Arbeitsausfalls zu bejahen. In diesem Fall besteht ein Anspruch auf Kurzarbeitergeld.

Vor der Gewährung von Kurzarbeitergeld kann es erforderlich sein, etwaig bestehende Arbeitszeitguthaben abzubauen (§ 96 Abs. 4 S. 2 Nr. 3 SGB III). Betroffen sind aber nur solche Arbeitszeitguthaben, die auch tatsächlich für die betriebliche Flexibilisierung der Arbeitszeit und nicht für andere Zwecke, insbesondere nicht für individuelle Zeitpräferenzen, zur Verfügung stehen; es kommt hierbei darauf an, ob den Mitarbeitern im Wesentlichen kein oder ein nachgeordnetes Bestimmungsrecht für den Abbau des Arbeitszeitguthabens eingeräumt ist (vgl. die Aufzählung in § 96 Abs. 4 S. 3 Nr. 1 bis 5 SGB III; Gagel/*Bieback* § 96 Rn. 165 f.). Guthaben in Gleitzeitmodellen, die nach freier, individueller Entscheidung der Mitarbeiter abgebaut werden können, hindern die Annahme eines unvermeidbaren Arbeitsausfalls nicht (Gagel/*Bieback* § 96 Rn. 165).

13. Betriebsbedingte Kündigungen. Nach der Rechtsprechung stellt Kurzarbeit allein keinen Grund zum Ausspruch von betriebsbedingten Kündigungen dar (BAG NZA 1997,

1286 ff.; BAG NZA 2012, 852; *Meinhold* BB 1988, 623, 626; *Rommé/Pauker* NZA-RR 2000, 281, 286 ff.). Kurzarbeit beruht nämlich auf der Annahme, dass der Arbeitsausfall nur vorübergehend ist, während eine betriebsbedingte Kündigung voraussetzt, dass das Ende des Arbeitsausfalles nicht vorhersehbar ist. Demnach ist der Ausspruch von betriebsbedingten Kündigungen während der Kurzarbeitsperiode nur dann zulässig, wenn zu den äußeren Umständen, die zur Einführung der Kurzarbeit geführt haben, weitere Umstände kommen, die ihrerseits eine betriebsbedingte Kündigung rechtfertigen können (BAG NZA 2012, 852; *Schiefer* NZA-RR 2005, 1, 9). Dies kann etwa eine innerbetriebliche Umstrukturierung oder Arbeitsverdichtung sein, die zu einer dauerhaften Reduzierung des Arbeitskräftebedarfs im Betrieb führt (BAG NZA 1997, 1286; BAG NZA 2012, 852). In ihrem Kern stellt die im Formular gewählte Formulierung also nur eine Wiedergabe der Rechtsprechung dar. Zugeständnisse an den Betriebsrat sollten hier nur in Ausnahmefällen gemacht werden, da der Arbeitgeber durch den Verzicht auf den Ausspruch betriebsbedingter Kündigungen seinen Gestaltungsspielraum erheblich einschränkt. Bei der Formulierung ist auch darauf zu achten, dass andere Kündigungsgründe (verhaltensbedingte, personenbedingte Gründe) nicht einbezogen werden.

14. Beendigung, Veränderung und Verlängerung der Kurzarbeit. § 8 des Formulars enthält eine Klausel, nach der die Gesellschaft kurzfristig auf die Veränderungen der Auftragslage reagieren kann, indem die wöchentliche Arbeitszeit der Arbeitnehmer – bis zur regelmäßigen Dauer – wieder heraufgesetzt werden kann. Es hängt dabei von der Verhandlungsposition ab, ob eine solche Veränderung der wöchentlichen Arbeitszeit mit oder ohne erneute Einbindung des Betriebsrats vereinbart wird; die wohl h.M. geht ohnehin davon aus, dass bei der Rückführung der Kurzarbeit kein Mitbestimmungsrecht des Betriebsrats besteht (BAG AP BetrVG 1972 Arbeitszeit § 87 Nr. 1, 2, 14; *Bischof* NZA 1995, 1021, 1025; Richardi/*Richardi* § 87 Rn. 348, 354; a.A. *F/E/S/T/L* § 87 Rn. 151; ErfKomm/*Kania* § 87 BetrVG Rn. 35). Jedenfalls besteht eine Pflicht der Gesellschaft, die – wenn auch nur vorübergehende – Erhöhung der wöchentlichen Arbeitszeit der Arbeitsagentur mitzuteilen, da dies Auswirkungen auf die Gewährung von Kurzarbeitergeld hat.

Ebenfalls von der Verhandlungsposition hängt es ab, ob der Betriebsrat einer weiteren Verringerung der Arbeitszeit im Voraus zustimmen wird. Es ist fraglich, ob ein solcher im Voraus erklärter Verzicht des Betriebsrats auf die Ausübung des Mitbestimmungsrechts gemäß § 87 Abs. 1 Nr. 3 BetrVG wirksam wäre (zur Problematik BAG AP BetrVG 1972 § 87 Arbeitszeit Nr. 8, 20; BAG NZA 1990, 399; BAG NZA 1986, 526; BAG NZA 1988, 517; BAG NZA 1989, 109; BAG AP BetrVG 1972 § 77 Tarifvorbehalt Nr. 19). → Form. A. XIII. 5 Anm. 4.

15. Inkrafttreten und Kündigung. Hinsichtlich der Regelung der Laufzeit der Betriebsvereinbarung ergibt sich als Besonderheit zu den üblichen Regelungen (→ Form. C. II. 1 Anm. 15) Folgendes: Die Betriebsvereinbarung endet zunächst mit Zweckerreichung (*F/E/S/T/L* § 77 Rn. 142), wenn also der Zeitraum, für den Kurzarbeit eingeführt worden ist (§ 1 Abs. (1)), endet. Der erste Kündigungstermin sollte demnach auch erst für den Zeitraum nach Ablauf der ursprünglich gemäß § 1 Abs. (1) festgelegten Dauer der Kurzarbeit vorgesehen werden, um erneute Verhandlungen mit dem Betriebsrat für die Dauer des aktuellen Zeitraums der Kurzarbeit auszuschließen. Soll die Kurzarbeitsperiode vorzeitig beendet werden, ist dies gemäß § 8 Abs. (1) des Formulars einseitig durch die Gesellschaft oder durch einen von den Betriebsparteien geschlossenen Aufhebungsvertrag möglich.

16. Schlussbestimmungen. → Form. C. II. 1 Anm. 16.

12. EDV-Rahmenbetriebsvereinbarung

EDV-Rahmenbetriebsvereinbarung[1]

zwischen

...... (Name und Anschrift des Arbeitgebers) „Gesellschaft"

und

Betriebsrat des Betriebs ...... der ...... (Name des Arbeitgebers) „Betriebsrat"
(Alternative: Gesamtbetriebsrat/Konzernbetriebsrat)

Präambel[2]

Die elektronische Datenverarbeitung (EDV) stellt einen unverzichtbaren Bestandteil der alltäglichen Betriebsabläufe in unserem Unternehmen dar. Mit der Einführung von EDV-Systemen und ihrer Erweiterung wird eine effiziente Gestaltung der Arbeitsprozesse ermöglicht. Zugleich kann die Nutzung der EDV aber auch zu Persönlichkeitsrechtverletzungen der Mitarbeiter führen. Diese Betriebsvereinbarung dient als Rahmenrichtlinie dem Schutz der informationellen Selbstbestimmung der Mitarbeiter beim Einsatz von EDV-Systemen.

§ 1 Geltungsbereich[3]

(1) Diese Betriebsvereinbarung gilt in persönlicher Hinsicht für alle Arbeitnehmer des Betriebs ...... der Gesellschaft („Mitarbeiter"), einschließlich der auf einem Telearbeitsplatz Beschäftigten, mit Ausnahme der leitenden Angestellten i.S.d. § 5 Abs. 3 BetrVG.

(2) Die Betriebsvereinbarung gilt in sachlicher Hinsicht für alle bei der Gesellschaft eingesetzten und noch einzusetzenden EDV-Systeme.

(3) Für EDV-Systeme, deren Einführung, Anwendung, Änderung oder Erweiterung weitergehender Regelungen bedürfen, werden auf der Grundlage dieser Betriebsvereinbarung[4] gesonderte Betriebsvereinbarungen abgeschlossen.

§ 2 Begriffsbestimmungen[5]

(1) Personalinformationen sind Angaben, die sich auf den nach § 1 Abs. (1) dieser Betriebsvereinbarung geschützten Personenkreis beziehen oder auf diesen bezogen werden können.

(2) EDV-Systeme sind alle Hard- und Softwarekomponenten, die dazu geeignet sind, Personalinformationen zu erheben, zu verarbeiten oder zu nutzen.

(3) Erheben ist das Beschaffen von Personalinformationen.

(4) Verarbeiten ist das automatisierte Speichern, Verändern, Übermitteln, Sperren und Löschen von Personalinformationen durch EDV-Systeme.

(a) Speichern ist das Erfassen, Aufnehmen oder Aufbewahren von Personalinformationen auf einem Datenträger zum Zwecke der weiteren Verarbeitung oder Nutzung.

(b) Verändern ist das inhaltliche Umgestalten gespeicherter Personalinformationen.

(c) Übermitteln ist die Bekanntgabe gespeicherter oder durch Verarbeitung gewonnener Personalinformationen an Dritte.

(d) Sperren ist das Kennzeichnen der Personalinformationen, um ihre weitere Verarbeitung oder Nutzung einzuschränken.

(e) Löschen ist das Unkenntlichmachen von Personalinformationen.

(5) Nutzen ist jede Verwendung von Personalinformationen, soweit es sich nicht um Verarbeitung handelt.

(6) Im Übrigen gelten die Begriffsbestimmungen des Bundesdatenschutzgesetzes.

§ 3 Grundsätze[6]

(1) Das Erheben, Verarbeiten und Nutzen von Personalinformationen für Zwecke des Beschäftigungsverhältnisses ist zulässig, wenn dies für die Entscheidung über die Begründung eines Beschäftigungsverhältnisses oder nach Begründung des Beschäftigungsverhältnisses für dessen Durchführung oder Beendigung erforderlich ist und soweit in dieser oder einer sonstigen Betriebsvereinbarung nichts anderes bestimmt ist. Ebenfalls zulässig ist es, Personalinformationen zu erheben, zu verarbeiten und zu nutzen, wenn der Mitarbeiter eingewilligt hat oder eine andere Rechtsvorschrift die Verwendung gestattet.

(2) Das Erheben, Verarbeiten und Nutzen von Personalinformationen zur Aufdeckung von Straftaten ist zulässig, wenn dokumentierte Tatsachen den Verdacht begründen, dass der Betroffene im Beschäftigungsverhältnis eine Straftat begangen hat, die Erhebung, Verarbeitung oder Nutzung zur Aufdeckung erforderlich ist und das schutzwürdige Interesse des Beschäftigten an dem Ausschluss der Erhebung, Verarbeitung oder Nutzung nicht überwiegt, insbesondere Art und Ausmaß im Hinblick auf den Anlass nicht unverhältnismäßig sind.

(3) Die Übermittlung von Personalinformationen ist nur im Rahmen der vorstehenden Abs. (1) und (2) zulässig. Die Gesellschaft stellt sicher, dass die in dieser Betriebsvereinbarung festgelegten Rechte und Pflichten auch von Dritten eingehalten werden, die im Auftrag der Gesellschaft tätig sind.

(4) Die von der Gesellschaft eingesetzten EDV-Systeme werden den Mitarbeitern ausschließlich zu dienstlichen Zwecken zur Verfügung gestellt.

(5) Mitarbeiter erhalten Zugang zu EDV-Systemen nur insoweit, als dies jeweils zur Erfüllung ihrer arbeitsvertraglichen Aufgaben notwendig ist.

(6) Mitarbeiter dürfen nur die zur Erfüllung ihrer arbeitsvertraglichen Aufgaben erforderlichen Personalinformationen erheben, verarbeiten und nutzen. Sie unterliegen dem Datengeheimnis sowie der Pflicht zur Verschwiegenheit hinsichtlich aller Personalinformationen. Vor der Aufnahme ihrer Tätigkeit sind die Mitarbeiter durch die Gesellschaft auf das Datengeheimnis und ihre Verschwiegenheitsverpflichtung schriftlich hinzuweisen.

§ 4 Leistungs- und Verhaltenskontrollen[7]

(1) Die Auswertung von Personalinformationen durch EDV-Systeme zum Zwecke der Verhaltens- oder Leistungskontrolle ist unzulässig, sofern dies nicht eine gesonderte Betriebsvereinbarung oder eine andere Rechtsvorschrift gestattet.

(2) Personalinformationen, die unter Verletzung des vorstehenden Abs. (1) oder anderen Regelungen dieser Betriebsvereinbarung gewonnen wurden, unterliegen einem Beweisverwertungsverbot. Personelle Maßnahmen können hierauf nicht gestützt werden.

§ 5 Information und Fortbildung des Betriebsrats[8]

(1) Mit Inkrafttreten dieser Betriebsvereinbarung wird der Betriebsrat über alle bereits eingeführten EDV-Systeme und den Umfang der bereits erhobenen Personalinformationen informiert.

(2) Der Betriebsrat wird rechtzeitig und umfassend über die künftige Einführung, Anwendung, Änderung oder Erweiterung von EDV-Systemen informiert. Die Information ist nur dann rechtzeitig, wenn noch keine vertragliche Regelung mit Dritten getroffen wurde.

(3) Der Betriebsrat wird darüber informiert, ob und inwieweit Personalinformationen übermittelt werden.

(4) Ein Mitglied des Betriebsrats wird auf Antrag vor der Einführung, Anwendung, Änderung oder Erweiterung von EDV-Systemen auf Kosten der Gesellschaft über das jeweilige EDV-System fortgebildet. Die Fortbildungsmaßnahmen sollen dem Mitglied des Betriebsrats Kenntnisse und Fähigkeiten vermitteln, die zur Überwachung des EDV-Systems erforderlich sind.

§ 6 Information und Fortbildung der Mitarbeiter

(1) Die betroffenen Mitarbeiter werden spätestens . . . . . . Wochen vor der Einführung, Anwendung, Änderung oder Erweiterung von EDV-Systemen über die künftigen Arbeitsabläufe informiert.

(2) Die betroffenen Mitarbeiter werden rechtzeitig an dem EDV-System fortgebildet. Die Fortbildungsmaßnahmen sollen die Mitarbeiter in die Lage versetzen, das EDV-System effizient zur Erfüllung ihrer arbeitsvertraglichen Pflichten einzusetzen.

§ 7 Inkrafttreten, Kündigung[9]

§ 8 Schlussbestimmungen[10]

(1) Diese Betriebsvereinbarung löst alle eventuellen vorherigen EDV-Rahmenbetriebsvereinbarungen, insbesondere . . . . . . ab. Ergänzend gilt die Betriebsvereinbarung über Datenschutz vom . . . . . .[11] Mündliche Nebenabreden bestehen nicht. Änderungen oder Ergänzungen dieser Betriebsvereinbarung, einschließlich dieser Bestimmung, bedürfen zu ihrer Wirksamkeit der Schriftform.

(2) Sollte eine Bestimmung dieser Betriebsvereinbarung ganz oder teilweise unwirksam sein oder werden, so wird hiervon die Wirksamkeit der übrigen Bestimmungen nicht berührt. Anstelle der unwirksamen Bestimmung werden die Betriebsparteien die gesetzlich zulässige Bestimmung vereinbaren, die dem mit der unwirksamen Bestimmung Gewollten wirtschaftlich am nächsten kommt. Dasselbe gilt für den Fall einer vertraglichen Lücke.

(3) Diese Betriebsvereinbarung steht unter dem Vorbehalt etwaiger ablösender – auch freiwilliger – Betriebsvereinbarungen.

(4) Sollten sich die dieser Betriebsvereinbarung zugrunde liegenden tatsächlichen oder rechtlichen Bedingungen grundlegend ändern, so werden die Betriebsparteien unverzüglich in Verhandlungen treten mit dem Ziel, die Betriebsvereinbarung an die geänderten Bedingungen anzupassen.

......	......
Ort, Datum	Ort, Datum
......	......
Unterschrift der Gesellschaft	Unterschrift des Betriebsratsvorsitzenden

Anmerkungen

1. Regelungsinhalt. Der Einsatz moderner EDV-Systeme birgt die Gefahr, dass durch eine überzogene Erhebung und Verarbeitung von Arbeitnehmerdaten in die Persönlichkeitssphäre des Arbeitnehmers eingegriffen wird. Dem soll **§ 75 Abs. 2 BetrVG** entgegenwirken. Die Regelung legt dem Arbeitgeber gemeinsam mit dem Betriebsrat den Schutz der freien Entfaltung der Persönlichkeit des Arbeitnehmers im Betrieb auf. Danach haben Arbeitgeber und Betriebsrat gemeinsam dem **Recht des Arbeitnehmers auf informationelle Selbstbestimmung** Rechnung zu tragen, also dem Recht, selbst zu entscheiden, wann und innerhalb welcher Grenzen persönliche Lebenssachverhalte offenbart werden sollen. Dies gilt umso mehr seit das BVerfG in seiner Entscheidung vom 27.1.2008 (NJW 2008, 822) zur **Online-Durchsuchung** ein Grundrecht auf Gewährleistung der Vertraulichkeit und Integrität informationstechnischer Systeme als Ausprägung des in Art. 1 Abs. 1 i.V.m. Art. 2 Abs. 1 GG verankerten allgemeinen Persönlichkeitsrechts geschaffen hat.

Zentrales Instrument zur Wahrung des Rechts auf informationelle Selbstbestimmung ist das **Bundesdatenschutzgesetz.** Es schützt den Einzelnen davor, durch den Umgang mit seinen personenbezogenen Daten in seinem Persönlichkeitsrecht beeinträchtigt zu werden. Nach § 4 BDSG ist die Erhebung, Nutzung und Verarbeitung von Daten daher nur zulässig, soweit das BDSG, eine andere Rechtsvorschrift oder der Betroffene selbst dies gestatten. Das BDSG wurde zuletzt durch das „Gesetz zur Änderung datenschutzrechtlicher Vorschriften" vom 29.7.2009 (BGBl. I S. 2355) geändert. Die Novelle hat einen speziellen Erlaubnistatbestand für die Verwendung von Beschäftigtendaten geschaffen: Mit § 32 BDSG sollte eine vorläufige „Grundsatzregelung zum Arbeitnehmerdatenschutzrecht" (*Erfurth* NJOZ 2009, 2914) geschaffen werden. § 32 Abs. 1 S. 1 BDSG konkretisiert § 28 Abs. 1 Nr. 1 BDSG a.F. hinsichtlich der Zweckbestimmung zulässiger Datenverarbeitung und schafft in Abs. 1 S. 2 einen besonderen Fall für die Datenverarbeitung zur Aufklärung von Straftaten (*Thüsing* NZA 2009, 865; *Gola/Schomerus* § 32 Rn. 2).

War es nach § 28 Abs. 1 Nr. 1 BDSG a.F. noch ausreichend, wenn die Datenverwendung den **Zwecken des Vertragsverhältnisses** dienlich war, so fordert § 32 Abs. 1 S. 1 BDSG nun, dass die Datenverarbeitung für die **Begründung, Durchführung oder Beendigung des Beschäftigungsverhältnisses erforderlich** ist. An die Stelle der bloßen **Zweckdienlichkeit** tritt das Kriterium der **Erforderlichkeit** (im Einzelnen zu den Tatbestandsvoraussetzungen: *Erfurth* NJOZ 2009, 2914). Der insoweit verschärfte Wortlaut ist allerdings „wohlwollend" auszulegen (ErfKomm/*Wank* § 32 BDSG Rn. 1; ähnlich *Gola/Schomerus* § 32 Rn. 2 und *Wybitul* ZD 2012, 1, der von einer „eher symbolisch gemeinten Übergangslösung" spricht). Das Gesetz sucht vornehmlich, die bestehende Rechtsprechung zum Arbeitnehmerdatenschutz zu kodifizieren (BT-Drucks. 16/13657 S. 35). Inhaltliche Änderungen soll die Norm ausweislich der Gesetzesbegründung nicht enthalten (BT-Drucks. 16/13657 S. 27) und so ist mit der Voraussetzung „erforderlich" keine Einschränkung gegenüber dem von der Rechtsprechung abgesteckten Bereich des Zulässigen getroffen worden (FG Düsseldorf DuD 2011, 735; *Wybitul* ZD 2012, 1 mit Verweis auf LAG Köln ZD 2011, 183; a.A. *Thüsing* NZA 2009, 865, der insoweit von einem verschärften Maßstab spricht).

Das BDSG dient dem Ausgleich zwischen dem Recht auf informationelle Selbstbestimmung des Arbeitnehmers und der Notwendigkeit, im Arbeitsverhältnis Daten zu erheben

(BAG NJW 2011, 1306; BAG NZA 1987, 415; MünchHdbArbR/*Reichold* § 88 Rn. 3). Als verlässliches betriebliches Mittel zur Gewährleistung eines Ausgleichs im Betrieb stellt eine Betriebsvereinbarung eine andere Rechtsvorschrift i. S. d. § 4 Abs. 1 BDSG dar (BAG NZA 1986, 643).

Die Betriebsparteien müssen sich hierbei nicht zwingend und stringent an den Vorgaben des Bundesdatenschutzgesetzes orientieren. In einer **Betriebsvereinbarung** kann von den Vorgaben des Bundesdatenschutzgesetzes auch zu Ungunsten der Mitarbeiter **abgewichen** werden (BAG AP BetrVG § 87 Überwachung Nr. 15).

Allerdings müssen sich Betriebsvereinbarungen an grundgesetzliche Wertungen, zwingende gesetzliche Regelungen und allgemeine Grundsätze des Arbeitsrechts halten (*F/E/S/T/L* § 87 Rn. 28). Die gesetzlichen Schranken der zulässigen Datenverarbeitung – die Berücksichtigung der allgemeinen Datenschutzrechte, wie sie im Bundesdatenschutzgesetz, in der EU-Datenschutzverordnung 45/2001 sowie im Volkszählungs- und im Online-Durchsuchungsurteil des Bundesverfassungsgerichtes (BVerfG NJW 1984, 419; BVerfG NJW 2008, 822) ihren Niederschlag gefunden haben – sind einzuhalten. Es empfiehlt sich daher immer ein Blick auf die maßgebenden Regelungen des Bundesdatenschutzgesetzes.

Die Einführung neuer EDV-Systeme berührt darüber hinaus zahlreiche weitere **Rechte des Betriebsrats.** So sieht § 80 BetrVG vor, dass der Betriebsrat zur Ausübung seiner Kontrollfunktion über die Einhaltung geltender Gesetze oder Betriebsvereinbarungen vom Arbeitgeber rechtzeitig und umfassend zu unterrichten ist. Nach §§ 90 und 91 BetrVG gilt ähnliches für technische Anlagen und deren Auswirkungen auf die menschengerechte Gestaltung der Arbeitsplätze.

Daneben kann insbesondere das Mitbestimmungsrecht aus **§ 87 Abs. 1 Nr. 6 BetrVG** betroffen sein, soweit eine Verhaltens- und Leistungskontrolle durch den Einsatz der EDV-Systeme möglich ist. I. d. R. ist die Rahmenbetriebsvereinbarung nur in diesem Falle erzwingbar (LAG Hamm BeckRS 2010, 69526).

Betriebsvereinbarungen über EDV-Systeme fallen regelmäßig aus objektiv zwingenden technischen Gründen in die Zuständigkeit des Gesamtbetriebsrats (BAG NZA 2007, 399). Dem örtlichen Betriebsrat steht jedenfalls dann kein Mitbestimmungsrecht nach § 87 Abs. 1 Nr. 6 BetrVG bei der Einführung eines zur Verhaltens- und Leistungskontrolle geeigneten EDV-System zu, wenn das System betriebsübergreifend eingeführt werden soll und eine variierende Ausgestaltung in den einzelnen Betrieben mit der einheitlichen Funktion des Systems nicht vereinbar wäre (LAG Hannover BeckRS 2011, 73718; BAG NZA 2007, 399). Eine Zuständigkeit des Gesamtbetriebsrats kann sich also aus einer rechtlichen oder technischen Notwendigkeit zu einer betriebsübergreifenden Regelung ergeben, wenn im Wege der elektronischen Datenverarbeitung in mehreren Betrieben Daten erhoben und verarbeitet werden, die auch zur Weiterverwendung in anderen Betrieben bestimmt sind (LAG Hannover BeckRS 2011, 73718; BAG NZA 2007, 399). Eine technische Notwendigkeit liegt insbesondere dann vor, wenn die Verwendung derselben Programme, Eingabemasken und Formate dazu führt, dass die in den Betrieben erhobenen und verarbeiteten Daten in anderen Betrieben ohne zusätzlichen technischen Aufwand genutzt werden können (BAG NZA 2007, 399).

2. Präambel. Der Ausgleichsgedanke zwischen dem betrieblichen Interesse an der Verwendung von modernen EDV-Systemen auf der einen Seite sowie der damit einhergehenden Gefahr von Datenmissbräuchen und der Wahrung des Rechts auf informationelle Selbstbestimmung auf der anderen Seite findet in der Präambel ausdrücklich Erwähnung.

3. Geltungsbereich. Die Ausweitung des **sachlichen Geltungsbereichs** auf alle gegenwärtig sowie zukünftig einzusetzenden EDV-Systeme trägt dem Charakter der Betriebsvereinbarung als Rahmenvereinbarung Rechnung. Der Begriff der Beschäftigten ist in § 3 Abs. 11 BDSG definiert. Mit der Nennung der Angestellten, Arbeiter und zu ihrer

Berufsausbildung Beschäftigten wird derselbe Personenkreis erfasst, der auch von § 5 BetrVG festgelegt wird.

4. Rahmenbetriebsvereinbarung. Angesichts der Vielzahl einsetzbarer EDV-Systeme bietet sich der Abschluss einer EDV-Rahmenbetriebsvereinbarung an. Dadurch werden Regelungen, die alle oder eine Vielzahl von EDV-Systemen betreffen, vor die Klammer gezogen. Gesonderte Betriebsvereinbarungen zur Einführung neuer Hard- und Software sind dann nur noch erforderlich, wenn und soweit dies aufgrund ihrer spezifischen Eigenheiten erforderlich erscheint. In erster Linie wird dies der Fall sein, wenn Leistungs- und Verhaltensdaten der Arbeitnehmer erhoben werden können (§ 87 Abs. 1 Nr. 6 BetrVG). Weitere Besonderheiten regeln Betriebsvereinbarungen zur Nutzung von Internet, Intranet und E-Mail (→ Form. C. II. 13), zur Nutzung der Telefonanlage und Telefondatenerfassung (→ Form. C. II. 14) und zur Bildschirmarbeit (→ Form. C. II. 17).

Auch hinsichtlich des Schutzes von Arbeitnehmerdaten gibt das Formular nur Rahmenregelungen vor. Detaillierte Vorschriften hierzu enthält die Betriebsvereinbarung über Datenschutz (→ Form. C. II. 15).

5. Begriffsbestimmungen. Das Formular greift die Legaldefinitionen des § 3 BDSG auf, die teilweise weitergehend konkretisiert werden. Zu den **Personalinformationen** zählen alle Informationen, die sich auf die persönlichen oder sachlichen Verhältnisse eines bestimmten Arbeitnehmers beziehen, wie Vor- und Familienname, Geburtsdatum, Anschrift, Familienstand, Zahl der Kinder, Staatsangehörigkeit, Konfession, Betriebszugehörigkeit, Gewerkschaftszugehörigkeit, Angaben zur Gesundheit, religiöse oder philosophische Überzeugungen, Schwerbehinderung, Sozialversicherungsnummer, Lohnsteuerklasse, Telefonnummer im Betrieb, Fingerabdrücke, Fahrtenschreiberdaten und Fotografien (*Gola/Schomerus* § 3 Rn. 6).

Werden Daten über einen Arbeitnehmer nur als Mitglied einer Personengruppe erhoben und verarbeitet, nimmt der Gruppenbezug den Daten nicht den Charakter von Einzelangaben, sofern diese auf den einzelnen Arbeitnehmer zurückbezogen werden können (BAG NZA 1995, 185, 187; *Gola/Schomerus* § 3 Rn. 3). Diese Daten sind dann auch Personalinformationen i. S. d. § 2 Abs. (1) des Formulars und personenbezogene Daten i. S. d. § 3 Abs. 1 BDSG.

6. Grundsätze. § 3 des Formulars enthält einige grundlegende Regelungen zum Datenschutz, die in der **Betriebsvereinbarung über Datenschutz** (→ Form. C. II. 15, dort unter § 4) näher konkretisiert und teilweise auch modifiziert werden.

§ 3 Abs. (1) und (2) des Formulars bestimmt, wann das Erheben, Verarbeiten und Nutzen von Personalinformationen zulässig ist. Das Formular orientiert sich hierbei an den Erlaubnistatbeständen, die im BDSG genannt sind (§§ 4 Abs. 1, 32 Abs. 1 und 2 BDSG). Soweit Personalinformation aufgrund einer Einwilligung erhoben, verarbeitet oder genutzt werden, ist zu beachten, dass strenge Wirksamkeitsvoraussetzungen für die Einwilligung gelten (§ 4a BSDG und weiterführend → Form. A. IV. 5 Anm. 20).

Werden externe Dritte – beispielsweise externe Lohnbuchhaltungen – mit der Datenverarbeitung beauftragt, verbleibt die datenschutzrechtliche Verantwortlichkeit beim Arbeitgeber als Auftraggeber (§ 11 BDSG). Der Arbeitgeber muss damit dafür Sorge tragen, dass auch Dritte die datenschutzrechtlichen Regelungen einhalten.

Zu den zusätzlichen Voraussetzungen, die für die Übermittlung von Daten an im Ausland befindliche Dritte gelten → Form. C. II. 15 Anm. 8.

Die Verpflichtung zur Wahrung des Datengeheimnisses folgt aus § 5 BDSG (→ Form. A. IV. 4 Anm. 1).

7. Ausschluss von Leistungs- und Verhaltenskontrollen. EDV-Systeme, die die Möglichkeit bieten, das Verhalten oder die Leistung der Arbeitnehmer zu überwachen, unterliegen der **Mitbestimmung nach § 87 Abs. 1 Nr. 6 BetrVG.** Deren Einführung unterliegt nicht erst dann dem Mitbestimmungsrecht, wenn Verhaltens- oder Leistungsdaten erhoben oder verarbeitet werden. Ausreichend ist, dass Informationen erfasst werden, die zwar für sich allein keine Aussage über Verhalten oder Leistung zulassen, jedoch in Verknüpfung mit anderen Daten eine Verhaltens- oder Leistungskontrolle ermöglichen (BAG AP BetrVG § 87 Überwachung Nr. 14; *F/E/S/T/L* § 87 Rn. 235). Damit können zwar Statusdaten (Anschrift, Familienstand, Kinderzahl, Steuerklasse etc.) ohne Mitbestimmung gespeichert werden. Erfolgt aber aufgrund einer Software eine Verknüpfung mit anderen Daten, die Aussagen zum Verhalten und zur Leistung ermöglichen, greift das Mitbestimmungsrecht ein (*F/E/S/T/L* § 87 Rn. 236; a. A. BAG NJW 1987, 2459).

Jeder Verarbeitungsschritt von der Erfassung über die Verarbeitung bis hin zur Auswertung fällt unter den Tatbestand des § 87 Abs. 1 Nr. 6 BetrVG.

Da die in EDV-Systemen gespeicherten Personalinformationen regelmäßig in Verknüpfung mit anderen Daten eine Verhaltens- oder Leistungskontrolle ermöglichen, wird bei Einführung der entsprechenden Hard- und Software regelmäßig ein Mitbestimmungsrecht nach § 87 Abs. 1 Nr. 6 BetrVG ausgelöst. Vor diesem Hintergrund ist die Einführung von Hard- und Software häufig nicht Gegenstand einer Rahmenbetriebsvereinbarung sondern einer gesonderten Betriebsvereinbarung, welche die Reichweite der Datenerhebung und deren Verwertung regelt.

8. Information und Fortbildung des Betriebsrats. Damit der Betriebsrat seine betriebsverfassungsrechtliche Überwachungsfunktion wahrnehmen kann, ist er nach § 80 Abs. 2 BetrVG rechtzeitig und umfassend zu informieren. Das **Unterrichtungsrecht** wird nicht durch das BDSG eingeschränkt (Richardi/*Thüsing* § 80 Rn. 57; LAG Bremen FHArbSozR 25 Nr. 1873). Im Gegenteil handelt es sich bei dem BDSG um eine Norm mit arbeitnehmerschützendem Charakter i. S. d. § 80 Abs. 1 Nr. 1 BetrVG (BAG NZA 1987, 747; *Gola/Schomerus* § 1 Rn. 5). Die Unterrichtungspflicht setzt nicht voraus, dass der Betriebsrat den Arbeitgeber zur Auskunftserteilung aufgefordert hat.

Ein Überwachungs- und Informationsrecht steht dem Betriebsrat auch zu, wenn der Arbeitgeber Dritte mit der Verarbeitung der Arbeitnehmerdaten beauftragt (BAG NZA 1987, 747; LAG Frankfurt a. M. NZA 1985, 34).

Zum **Gegenstand der Information** gehören in jedem Fall Angaben zur Art des EDV-Systems, zu den gespeicherten Daten, zur Zwecksetzung, die der Arbeitgeber verfolgt und zur Datenvernetzung (*Wybitul* Rn. 216).

Eine rechtzeitige Unterrichtung setzt eine derart frühzeitige Information voraus, dass der Betriebsrat nach der arbeitgeberseitigen Entscheidung über das „Ob" der Einführung des EDV-Systems seine Rechte wahrnehmen und datenschutzrechtliche Bedenken zeitnah anmelden kann, bevor das EDV-System implementiert wird (so auch LAG Hamburg BB 1985, 2110). Das Formular sieht eine Information des Betriebsrats noch frühzeitiger, nämlich vor einer vertraglichen Bindung mit einem Dritten, vor.

Um seine Kontrollaufgabe wahrnehmen zu können, und im Hinblick auf das ohnehin nach § 37 Abs. 6 BetrVG bestehende Recht zur Teilnahme an **Schulungs- und Bildungsveranstaltungen,** ist dem Betriebsrat das Recht einzuräumen, sich Kenntnisse über die eingesetzten und einzusetzenden EDV-Systeme anzueignen. Grundkenntnisse über die eingesetzten EDV-Systeme dürften zu den erforderlichen Kenntnissen i. S. d. § 37 Abs. 6 BetrVG gezählt werden (ErfKomm/*Koch* § 37 BetrVG Rn. 15).

9. Inkrafttreten und Kündigung. → Form. C. II. 2, dort unter § 8.

10. Schlussbestimmungen. → Form. C. II. 1 Anm. 16.

11. Betriebsvereinbarung über Datenschutz. → Form. C. II. 15.

13. Nutzung von Internet, Intranet und E-Mail

Betriebsvereinbarung über die Nutzung von Internet, Intranet und E-Mail[1]

zwischen

...... (Name und Anschrift des Arbeitgebers) „Gesellschaft"

und

Betriebsrat des Betriebs ...... der ...... (Name des Arbeitgebers) „Betriebsrat" *(Alternative: Gesamtbetriebsrat/Konzernbetriebsrat)*

Präambel[2]

Internet, Intranet und elektronischer Mailverkehr gehören zu den unverzichtbaren modernen Kommunikationsmitteln. Den Betriebsparteien ist bewusst, dass sowohl die effiziente dienstliche Nutzung der Kommunikationsmittel und der Schutz von Geschäfts- und Betriebsgeheimnissen als auch das Persönlichkeitsrecht der Mitarbeiter einen hohen Stellenwert haben. Diese Betriebsvereinbarung legt Leitlinien fest, die den eigenverantwortlichen und bewussten Umgang mit den elektronischen Kommunikationsmitteln gewährleisten sollen.

§ 1 Geltungsbereich

(1) Diese Betriebsvereinbarung gilt in persönlicher Hinsicht für alle Arbeitnehmer des Betriebs ...... der Gesellschaft („Mitarbeiter"), mit Ausnahme der leitenden Angestellten i. S. d. § 5 Abs. 3 BetrVG.

(2) Die Betriebsvereinbarung gilt in sachlicher Hinsicht für die Nutzung von Internet, Intranet und E-Mail sowie von ähnlichen, von der Gesellschaft eingesetzten oder noch einzusetzenden elektronischen Kommunikationsmitteln.[3] Sie ergänzt und konkretisiert die EDV-Rahmenbetriebsvereinbarung vom ......[4] und die Betriebsvereinbarung über Datenschutz vom ......[5]

§ 2 Begriffsbestimmungen[6]

(1) IT-Netz bezeichnet das Zusammenwirken aller technischen Einrichtungen, die es ermöglichen, Daten zwischen miteinander verbundenen Computern zu senden, zu übertragen, zu vermitteln, zu empfangen, zu steuern oder zu kontrollieren.

(2) Internet-Dienste sind alle auf dem Internet aufsetzenden Dienste (z. B. das File Transfer Protocol – FTP oder das World Wide Web – WWW) mit der Ausnahme von E-Mail.

(3) Intranet ist das gesellschaftsinterne Computernetzwerk.

(4) E-Mail ist elektronische Post.

(5) E-Mail-Server ist eine zentral aufgestellte Computereinheit, die der Versendung, Übertragung, Vermittlung oder Zwischenspeicherung von E-Mails an Clients dient.

(6) Clients sind die an den Arbeitsplätzen der Mitarbeiter eingerichteten Computer, die zur Erstellung, zum Empfangen, zum Lesen, zum Versenden, zum Verarbeiten und zum Speichern von E-Mails geeignet sind.

(7) SPAM sind unverlangte oder unerwünschte (Werbe-)E-Mails und Nachrichten.

(8) Attachment ist eine Datei, die als Anhang zu einer E-Mail verschickt wird.

(9) Log-Dateien sind Dateien, in denen elektronische Posteingänge festgehalten werden.

(10) Verbindungsdaten umfassen Client-Nummer, Adresse des Zielrechners, URL (gesamte Adresse einer Internet-Seite), Datum und Uhrzeit sowie Dauer und Umfang der Datenübertragung, Absenderadresse, Empfängeradresse und E-Mail-ID.

(11) Im Übrigen gelten die Begriffsbestimmungen des Bundesdatenschutzgesetzes, des Telekommunikationsgesetzes und des Telemediengesetzes.

§ 3 Grundsätze der Internet-, Intranet- und E-Mail-Nutzung

(1) Der Zugang zu Internet-Diensten wird den Mitarbeitern ausschließlich zur dienstlichen Nutzung zur Verfügung gestellt. Jede private Nutzung ist ausgeschlossen.[7]

(2) Das Intranet dient ausschließlich der unternehmensinternen Information und Kommunikation zu dienstlichen Zwecken. Jede private Nutzung ist ausgeschlossen.

(3) Der E-Mail-Zugang wird den Mitarbeitern zur dienstlichen Nutzung zur Verfügung gestellt.[8] Daneben kommt eine private Nutzung ausschließlich nach § 5 dieser Betriebsvereinbarung in Betracht.

(4) Bei der dienstlichen wie privaten (soweit gestattet) Nutzung wird ein verantwortungsvoller Umgang mit dem Internet, dem Intranet sowie dem E-Mail-Verkehr vorausgesetzt. Soweit eine private Nutzung zulässig ist, haben die Mitarbeiter deren Ausmaß auf ein Minimum zu reduzieren. Insbesondere dürfen durch die private Nutzung die dienstlichen Angelegenheiten nicht beeinträchtigt werden.[9]

(5) Ein Anspruch der Mitarbeiter auf die Gestattung der privaten Nutzung besteht nicht. Die Gesellschaft ist jederzeit berechtigt, die Gestattung der privaten Nutzung einseitig aufzuheben oder in ihrem Umfang zu ändern, ohne dass dies einer einvernehmlichen Änderung dieser Betriebsvereinbarung oder der Zustimmung des Betriebsrats oder der betroffenen Mitarbeiter bedarf.

(6) Unzulässig und missbräuchlich ist jede Internet-, Intranet- und E-Mail-Nutzung, die gegen geltende Rechtsvorschriften oder Richtlinien der Gesellschaft verstößt, oder die geeignet ist, den Interessen der Gesellschaft oder deren Ansehen in der Öffentlichkeit zu schaden. Insbesondere verboten ist

- das Aufrufen, Abrufen, Downloaden und Verbreiten von Inhalten, die gegen datenschutzrechtliche, urheberrechtliche oder strafrechtliche Bestimmungen verstoßen,
- das Aufrufen, Abrufen, Downloaden und Verbreiten von verfassungsfeindlichen, beleidigenden, verleumderischen, gewaltverherrlichenden, rassistischen, sexistischen oder pornografischen Inhalten,
- das Streamen oder Downloaden von Spielfilmen und Musikstücken im MP3-Format oder in vergleichbaren Dateiformaten,
- das Aufrufen, Abrufen und Downloaden von kostenpflichtigen Inhalten,
- die Teilnahme an Internetchats,
- das Versenden von Rund- und Ketten-E-Mails,
- das Einspeisen von Viren, Würmern, Trojanischen Pferden und ähnlichen Schadfunktionen.[10]

(7) Attachments eingehender E-Mails dürfen nur geöffnet werden, wenn sie von vertrauensvollen Quellen stammen.

§ 4 Internet

(1) Der auf den einzelnen Clients installierte Internetzugang bietet die Internet-Dienste ...... (Aufzählung) an.

(2) Für Veränderungen der technischen Spezifikation und der installierten Software ist ausschließlich die Gesellschaft zuständig. Die Gesellschaft ist berechtigt, eine oder mehrere Firewalls zu installieren.

(3) Die Gesellschaft speichert für die Dauer von . . . . . . jede Nutzung des Internets in einer hierzu eigens einzurichtenden Datei. In der Datei wird die Internetnutzung mit Client-Nummer, Adresse des Zielrechners, URL, Datum und Uhrzeit sowie Dauer und Umfang der Datenübertragung gespeichert.[11] Verantwortlich für die Erfassung und Löschung sind . . . . . . Diese sind Zugriffsberechtigte i. S. d. Betriebsvereinbarung über Datenschutz. Die Erfassung der Daten erfolgt zur Gewährleistung der Systemsicherheit und -kapazität, der Kostenerfassung und -abrechnung, der Missbrauchskontrolle sowie für den Fall des begründeten Verdachts der Begehung von Straftaten und des Betriebs- bzw. Geschäftsgeheimnisverrates.

(4) Die Gesellschaft ist berechtigt, Name, Vorname, Arbeitsgebiet, E-Mail-Adresse sowie Telefon- und Faxnummer der Mitarbeiter auf ihrer Internet-Website anzugeben, soweit deren Funktion im Unternehmen den direkten Kontakt mit Kunden, Lieferanten, Behörden oder anderen Stellen erforderlich macht (z. B. bei Außendienstmitarbeitern, Kundendienstmitarbeitern, Abteilungsleitern und Prokuristen).[12]

§ 5 Ausgestaltung des E-Mail-Zugangs[13]

Die Gesellschaft richtet für jeden Mitarbeiter eine dienstliche E-Mail-Adresse ein. Auf Wunsch kann dem Mitarbeiter eine zweite, private E-Mail-Adresse eingerichtet werden. Die dienstliche E-Mail-Adresse besteht i. d. R. aus dem Vor- und Nachnamen des Mitarbeiters, getrennt durch einen Punkt. Die private E-Mail-Adresse setzt sich i. d. R. zusammen aus dem Vor- und Nachnamen des Mitarbeiters, getrennt durch einen Punkt und einem oder mehreren Sonderzeichen.

(Alternative:

Die Gesellschaft richtet für jeden Mitarbeiter eine E-Mail-Adresse ein. Diese besteht i. d. R. aus dem Vor- und Nachnamen des Mitarbeiters, getrennt durch einen Punkt. Diese E-Mail-Adresse gilt für dienstliche wie für private Post. Zur Verwahrung privater E-Mails richtet der Mitarbeiter im Posteingangsverzeichnis oder im Verzeichnis der gesendeten E-Mails ein Unterverzeichnis ein, das mit der Bezeichnung „privat" zu versehen ist.)

(Alternative:

Die Gesellschaft richtet für jeden Mitarbeiter eine dienstliche E-Mail-Adresse ein. Diese besteht i. d. R. aus dem Vor- und Nachnamen des Mitarbeiters, getrennt durch einen Punkt. Die Gesellschaft gestattet dem Mitarbeiter, sich über einen kostenlosen Anbieter eine zweite private E-Mail-Adresse einzurichten, auf die er während der Arbeitszeit Zugriff nehmen kann (Freemail). Diese Gestattung ist auf die in der Anlage genannten Anbieter von Freemail-Diensten beschränkt. Die Nutzung des Internets für private Zwecke ist abweichend von § 3 Abs. (1) für die Nutzung des Freemail-Dienstes gestattet.)

§ 6 Organisation des E-Mail-Systems, Kontrollmaßnahmen und Einwilligung

(1) Eingehende E-Mails werden über den E-Mail-Server an die Clients verteilt.

(2) Eingehende und ausgehende dienstliche E-Mails dürfen nur auf dem Client des Empfängers und des Absenders oder auf dem Server zwischengespeichert werden.

(3) Die Gesellschaft protokolliert den Postein- und -ausgang aller dienstlichen E-Mails in einer Log-Datei. In der Log-Datei werden die eingehenden E-Mails mit Absender, Empfänger, E-Mail-ID, Datum und Uhrzeit für die Dauer von . . . . . . gespeichert.

Verantwortlich für die Erfassung und Löschung sind . . . . . . Diese sind Zugriffsberechtigte i.S.d. Betriebsvereinbarung über Datenschutz. Die Erfassung der Daten erfolgt zur Gewährleistung der Systemsicherheit und -kapazität, der Kostenerfassung und -abrechnung, der Missbrauchskontrolle im Rahmen von Stichproben, oder bei einem begründeten Verdacht, sowie für den Fall des begründeten Verdachts der Begehung von Straftaten und des Betriebs- bzw. Geschäftsgeheimnisverrates.[14]

(4) Der dienstliche und private E-Mail-Verkehr wird durch den Einsatz von IT-Sicherheitssoftware automatisch auf Viren/Schadfunktionen und SPAM-Mails kontrolliert und entsprechend klassifiziert. Der Mitarbeiter erhält unverzüglich eine Benachrichtigung über eine solche Klassifikation. Als SPAM-Mails klassifizierte E-Mails werden gelöscht, falls der Mitarbeiter nicht innerhalb von zehn Werktagen nach Erhalt der Benachrichtigung deren Freigabe verlangt.[15]

(5) Aus den in Abs. (3) genannten Gründen kann die Gesellschaft eine Überprüfung der Protokolldaten und erforderlichenfalls auch der Inhaltsdaten dienstlicher E-Mails durchführen. Der Betriebsrat ist hierüber zu informieren.

(6) Bei begründetem Verdacht einer Gefährdung der Systemsicherheit oder einer schwerwiegenden Pflichtverletzung durch einen Arbeitnehmer, insbesondere bei einem begründeten Verdacht der Begehung von Straftaten und des Betriebs- bzw. Geschäftsgeheimnisverrates, ist die Gesellschaft berechtigt, eine Überprüfung der Protokolldaten und erforderlichenfalls auch der Inhaltsdaten der privaten E-Mails durchführen. Die Mitarbeiter erklären ihre Einwilligung in die Protokollierung, Filterung und Kontrolle für den Bereich der privaten Nutzung durch Unterzeichnung der dieser Betriebsvereinbarung als Anlage beigefügten Einwilligungserklärung. Bei Nichterteilung der Einwilligung oder Widderruf einer erteilten Einwilligung ist die private E-Mail-Nutzung ausnahmslos unzulässig. Der Betriebsrat ist hierüber zu informieren.[16]

(7) Eine Kontrolle von dienstlichen und privaten E-Mails während des Übertragungsvorgangs ist unzulässig.

§ 7 Vertretungsregeln[17]

(1) Im Falle seiner Abwesenheit hat der Mitarbeiter die unter der dienstlichen E-Mail-Adresse eingehenden E-Mails durch Verwendung der automatischen Weiterleitungsvorrichtung (Auto-Forward) an einen Stellvertreter zu senden und durch die automatische Abwesenheitsnotiz (Auto-Reply) den Absender über seine Abwesenheit zu informieren. In Fällen unvorhersehbarer Abwesenheit, wie z.B. Krankheit oder kurzfristig anberaumte ganztätige Geschäftstermine, wird die Auto-Forward und die Auto-Reply-Funktion durch die Zugriffsberechtigten aktiviert. Sätze 1 und 2 gelten nicht, soweit der Mitarbeiter während der Abwesenheit selbst durch Einsatz eines Smartphones oder einen Remote-Zugang für die Beantwortung der dienstlichen E-Mails sorgt.

(2) Die E-Mail-Accounts von Mitarbeitern, die über längere Zeit nicht erreichbar sind, werden bei einer Abwesenheit von . . . . . . automatisch gesperrt.

(3) Die E-Mail-Accounts von ausscheidenden Mitarbeitern werden nach Wahl der Gesellschaft zum Ausscheidens- oder zum Freistellungszeitpunkt gesperrt.

§ 8 Verschlüsselung

(1) E-Mails mit vertraulichem Inhalt dürfen innerhalb der Gesellschaft und an Dritte nur verschlüsselt versendet werden.

(2) Im Fall der Verschlüsselung wird ein Public-Key-Verschlüsselungsschema verwendet. Die Schlüssel dürfen nicht vervielfältigt werden.

§ 9 Folgen einer Missachtung[18]

(1) Die Mitarbeiter haben bei Missachtung der vorstehenden und sonstigen im Betrieb der Gesellschaft für die Nutzung von Internet, Intranet und E-Mail geltenden Regeln und Anweisungen mit strafrechtlichen und arbeitsrechtlichen Konsequenzen wie Abmahnung und Kündigung zu rechnen.

(2) Die Gesellschaft behält sich die Geltendmachung von Schadensersatzansprüchen vor, sofern sie durch Missachtung der Regeln oder Anweisungen oder durch sonstige unsachgemäße private Nutzung von Internet, Intranet und E-Mail einen Schaden erleidet.

(3) Die Gesellschaft behält sich vor, im Falle einer Missachtung der Regeln und Anweisungen dem Mitarbeiter den Internetanschluss zeitweilig oder auf Dauer zu sperren oder diesen nur unter Einschränkungen freizugeben.

§ 10 Intranet

Die Gesellschaft entscheidet nach freiem Ermessen, welche Inhalte sie in das Intranet einstellt.

§ 11 Zugang des Betriebsrats zu Internet, Intranet und E-Mail[19]

(1) Die Betriebsratsmitglieder sind berechtigt, den Internetzugang zur Erfüllung ihrer Aufgaben zu nutzen. Insbesondere ist der Betriebsrat berechtigt, hierfür einen nichtpersonalisierten Gruppen-Account zu nutzen. In diesem Fall hat der Betriebsrat bei der Verarbeitung von personenbezogenen Daten in eigener Verantwortung für die datenschutzrechtlichen Sicherungen nach Maßgabe des BDSG zu sorgen.

(2) Für den Betriebsrat wird keine Website im Internet eingerichtet. Die Gesellschaft stellt dem Betriebsrat eine Website im Intranet zur Verfügung. Der Betriebsrat wird dort ausschließlich Inhalte einstellen, die im Zusammenhang mit seinen Aufgaben stehen.

(3) Die Gesellschaft richtet dem Betriebsrat eine eigene E-Mail-Adresse ein.

§ 12 Inkrafttreten, Kündigung[20]

(1) Diese Betriebsvereinbarung tritt am ...... in Kraft. Sie kann mit einer Frist von sechs Monaten zum Ende eines Kalenderjahres gekündigt werden. Danach behält die Betriebsvereinbarung bis zum Abschluss einer neuen Betriebsvereinbarung ihre Gültigkeit.

(2) Die Kündigung bedarf der Schriftform.

§ 13 Schlussbestimmungen[21]

(1) Diese Betriebsvereinbarung löst alle vorherigen Betriebsvereinbarungen über die Nutzung von Internet, Intranet und E-Mail, insbesondere ...... ab. Mündliche Nebenabreden bestehen nicht. Änderungen und Ergänzungen dieser Betriebsvereinbarung, einschließlich dieser Bestimmung, bedürfen zu ihrer Wirksamkeit der Schriftform.

(2) Sollte eine Bestimmung dieser Betriebsvereinbarung ganz oder teilweise unwirksam sein oder werden, so wird hiervon die Wirksamkeit der übrigen Bestimmungen nicht berührt. Anstelle der unwirksamen Bestimmung werden die Betriebsparteien die gesetzlich zulässige Bestimmung vereinbaren, die dem mit der unwirksamen Bestimmung Gewollten wirtschaftlich am nächsten kommt. Dasselbe gilt für den Fall einer vertraglichen Lücke.

(3) Diese Betriebsvereinbarung steht unter dem Vorbehalt etwaiger ablösender – auch freiwilliger – Betriebsvereinbarungen.

(4) Sollten sich die dieser Betriebsvereinbarung zugrunde liegenden tatsächlichen oder rechtlichen Bedingungen grundlegend ändern, so werden die Betriebsparteien unverzüglich in Verhandlungen treten mit dem Ziel, die Betriebsvereinbarung an die geänderten Bedingungen anzupassen.

. . . . . .	. . . . . .
Ort, Datum	Ort, Datum
. . . . . .	. . . . . .
Unterschrift der Gesellschaft	Unterschrift des Betriebsratsvorsitzenden

Anlage

Einwilligungserklärung[22]

- Der Mitarbeiter . . . . . . erteilt hiermit in Kenntnis der Betriebsvereinbarung über die Nutzung von Internet, Intranet und E-Mail die nachfolgende Einwilligung: Der Mitarbeiter willigt ein, dass die Gesellschaft alle ein- und ausgehende Internetkommunikation einschließlich E-Mails (private und dienstliche) auf Viren/Schadfunktionen und SPAM filtern und mit Viren/Schadfunktionen oder SPAM behaftete E-Mails löschen sowie mit Viren/Schadfunktion oder SPAM behaftete Internetkommunikation unterbinden kann.
- Der Mitarbeiter willigt ein, dass die Gesellschaft zur Gewährleistung des Schutzes des IT-Netzes IT-Sicherheitssoftware einsetzt, um eingetretene oder befürchtete Sicherheitsereignisse (Viren/Schadfunktionen, Hackerattacken etc.) zu analysieren und Präventionsmaßnahmen zu ergreifen. Der Einsatz dieser IT-Sicherheitssoftware erfolgt ohne Unterscheidung von dienstlichen oder privaten Kommunikationsdaten, Kommunikationsinhalten oder Dateien.
- Der Mitarbeiter willigt in die Speicherung seiner eingehenden und ausgehenden privaten E-Mails in seinem Postfach zur Archivierung und für Backup-Zwecke ein.
- Der Mitarbeiter willigt ein, dass die Gesellschaft unter Beachtung der geltenden Betriebsvereinbarungen bei begründeten Verdacht einer Gefährdung der Systemsicherheit oder einer schwerwiegenden Pflichtverletzung durch den Mitarbeiter, insbesondere bei einem begründeten Verdacht der Begehung von Straftaten und des Betriebs- bzw. Geschäftsgeheimnisverrates, berechtigt ist, eine Überprüfung der Protokolldaten und erforderlichenfalls auch der Inhaltsdaten seiner privaten E-Mails durchführen.
- Der Mitarbeiter wird vor Ausscheiden aus der Gesellschaft alle privaten Informationen aus den Informations- und Kommunikationssystemen löschen. Unabhängig davon, ob er dieser Verpflichtung nachgekommen ist, erteilt er der Gesellschaft nach seinem Ausscheiden den unbeschränkten Zugriff auf alle von ihm genutzten Laufwerke, Verzeichnisse und Accounts.
- Der Mitarbeiter bestätigt, dass ihm die jederzeitige Widerruflichkeit der Einwilligung bekannt ist.

. . . . . .

Ort, Datum

. . . . . .

Unterschrift des Mitarbeiters

Anmerkungen

1. Regelungsinhalt. Die Nutzung moderner Kommunikationsmittel ist heute fester Bestandteil des Arbeitsalltags. Das „Ob" der Einführung von Internet, Intranet und E-Mail steht zwischen Arbeitgeber und Betriebsrat daher regelmäßig nicht mehr im Streit. Interessenkonflikte treten jedoch regelmäßig bei der Frage der **konkreten Ausgestaltung der Nutzung** auf. Hier geht es um die arbeitgeberseitigen Kontrollbefugnisse über die Internet-, Intranet- und E-Mail-Nutzung einerseits, sowie um die Möglichkeit der privaten Nutzung der elektronischen Kommunikationsmittel durch die Mitarbeiter andererseits. Darüber hinaus liegt es regelmäßig im Interesse des Arbeitgebers, die dienstliche Kommunikation einzusehen und **Richtlinien** aufzustellen, die sicherstellen, dass Betriebs- und Unternehmensgeheimnisse nicht preisgegeben und die sächlichen und finanziellen Kapazitäten nicht überschritten werden.

Das Formular regelt die konkrete Ausgestaltung der Nutzung von Internet, Intranet und E-Mails. Es sieht vor, dass der Zugang zu Internet und Intranet ausschließlich zur dienstlichen Nutzung zur Verfügung gestellt wird (§ 3 Abs. (1) bis (3) des Formulars und → Anm. 7). Daneben sind eine primär dienstliche Nutzung von E-Mails und eine Privatnutzung in geringem Umfang vorgesehen (§ 3 Abs. (4) und § 5 des Formulars und → Anm. 8). Das Formular geht davon aus, dass es im Betrieb bislang keine Regelungen zur Nutzung von Internet, Intranet und E-Mails gab und mit der Betriebsvereinbarung nunmehr erstmals Regelungen hierzu getroffen werden.

Solange es **keine spezialgesetzliche Regelung** für die Nutzung von E-Mail und Internet im Arbeitsverhältnis gibt, ist vor allem die Generalklausel in § 32 BDSG und die der Norm zugrunde liegende Rechtsprechung (BT-Drucks. 16/13657 S. 35) heranzuziehen.

Die Reichweite der arbeitgeberseitigen Kontrollbefugnisse hängt wesentlich davon ab, ob man die restriktiven Regeln zum Fernmeldegeheimnis für einschlägig erachtet oder die Ermächtigung zur Kontrolle auf das flexiblere BDSG stützt.

Einigkeit herrscht insoweit, als bei einem **Verbot der privaten Nutzung** von betrieblichen Kommunikationsmitteln das **Telekommunikationsgesetz (TKG) keine Anwendung** findet (*Behling* BB 2010, 892; *Kramer* ArbRAktuell 2010, 164; *Wybitul* S. 105). Erlaubt der Arbeitgeber jedoch die private Nutzung, so soll nach bislang wohl noch h.M. das TKG Anwendung finden (*Gola/Wronka* 6.2.4 Rn. 1142; Hoeren/Sieber/Holznagel/*Elschner* 22.1 Rn. 72; *Hoppe/Braun* MMR 2010, 80; *Kramer* ArbRAktuell 2010, 164; *Schild* ZVBRonline 2011, 19, ebenso die Bundesregierung in BT-Drucks. 17/4230 S. 42). Hiernach soll der Arbeitgeber die Voraussetzungen eines „Diensteanbieters" i.S.v. § 3 Nr. 6 TKG erfüllen (Hoeren/Sieber/Holznagel/*Elschner* 22.1 Rn. 73). Dass die Vorschrift eine „geschäftsmäßige" Erbringung von Telekommunikationsdiensten fordert, stehe nicht im Widerspruch zu der Kostenfreiheit für den Arbeitnehmer, da „Geschäftsmäßigkeit" keine Gewinnerzielungsabsicht erfordere (Hoeren/Sieber/Holznagel/*Elschner* 22.1 Rn. 73).

Folgt man der Auffassung, die die erlaubte private Nutzung betrieblicher Kommunikationsmittel dem Fernmeldegeheimnis aus § 88 TKG zuordnet, so stellt sich im Anschluss die Frage nach der **Reichweite des Fernmeldegeheimnisses**. Während beim sogenannten POP3-Verfahren (Post Office Protocol Version 3) der Übertragungsvorgang enden dürfte, wenn die E-Mail auf dem Server des Providers gelöscht und auf dem lokalen System des Arbeitnehmers gespeichert wird, ist eine klare Grenzziehung beim gängigen IMAP-Verfahren (Internet Message Access Protocol) nicht ohne weiteres möglich. Hier ist strittig, ob der Übertragungsvorgang erst endet, wenn der Arbeitnehmer die Mitteilung aus dem Zugriffsbereich des Arbeitgebers entfernt (BVerfG NJW 2009, 2431) oder, ob der Kommunikationsvorgang bereits dann abgeschlossen ist, wenn der Arbeitnehmer von der Mitteilung Kenntnis genommen hat und sie im Machtbereich des Arbeitgebers belässt

(VGH Kassel NJW 2009, 2470; *Nolte/Becker* CR 2009, 126) oder sie an einer selbstgewählten Stelle im betrieblichen Kommunikationssystem abspeichert (*Hoppe/Braun* MMR 2010, 80).

Nach einer im Vordringen befindlichen Ansicht, die auch von der aktuellen Rechtsprechung der Landesarbeitsgerichte gestützt wird, findet indes das TKG auch im Fall der erlaubten privaten Telekommunikationsmittelnutzung keine Anwendung (LAG Hannover NZA-RR 2010, 406; LAG Berlin NZA-RR 2011, 342; *Deiters* ZD 2012, 109; *Löwisch* DB 2009, 2782; *Thüsing,* Arbeitnehmerdatenschutz und Compliance, Rn. 226; *Wybitul* S. 107). Diese Auffassung weist darauf hin, dass ein „Diensteanbieter" gemäß § 3 Nr. 24 TKG die Telekommunikationsdienste „in der Regel gegen Entgelt" erbringen muss, was bei einem Arbeitgeber nicht der Fall sei (*Deiters* ZD 2012, 109; *Thüsing*, Arbeitnehmerdatenschutz und Compliance, Rn. 229). Ebenso wenig sei der Arbeitnehmer als „Dritter" i. S. v. § 3 Nr. 10 TKG anzusehen (*Thüsing,* Arbeitnehmerdatenschutz und Compliance, Rn. 231; a. A. Hoeren/Sieber/Holznagel/*Elschner* 22.1 Rn. 81), da er nicht Rezipient eines externen Anbieters sei. In einer aktuellen Entscheidung hat daher das LAG Berlin (NZA-RR 2011, 342) den Weg einer Güterabwägung mit dem Persönlichkeitsrecht des Mitarbeiters gewählt. Damit hat es statt der starren Regeln des TKG bei erlaubter Privatnutzung die Vorgaben des § 32 Abs. 1 S. 1 BDSG befolgt (*Wybitul* ZD 2011, 69).

Solange diese Frage noch keiner endgültigen Klärung zugeführt ist, empfiehlt es sich allerdings mit der noch herrschenden Meinung von einer Anwendbarkeit des TKG auszugehen. Bis zu einer höchstrichterlichen Klärung der Frage der Diensteanbietereigenschaft i. S. v. § 3 Nr. 6 TKG ist zu empfehlen, die private Nutzung betrieblicher Kommunikationsmittel von der **Einwilligung** der Arbeitnehmer in Kontrollmaßnahmen abhängig zu machen (*Kempermann* ZD 2012, 12).

Auch das BDSG verlangt zur Datenverarbeitung entweder die Einwilligung des Betroffenen oder eine die Datenverarbeitung zulassende Rechtsnorm (§ 4 Abs. 1 BDSG). Eine solche Rechtsnorm i. S. v. § 4 Abs. 1 BDSG kann auch eine **Betriebsvereinbarung** sein (→ Anm. 12). Es ist Aufgabe der Betriebsparteien, eine Balance zwischen den arbeitgeberseitigen Interessen und dem Schutz des Persönlichkeitsrechtes der Arbeitnehmer sicherzustellen. Den allgemeinen Grundsätzen des § 75 Abs. 2 BetrVG und dem Mitbestimmungsrecht des Betriebsrats nach § 87 Abs. 1 Nr. 6 BetrVG ist durch die EDV-Rahmenbetriebsvereinbarung (→ Form. C. II. 12) und die Betriebsvereinbarung zum Datenschutz (→ Form. C. II. 15) bereits weitestgehend Rechnung getragen. Die Besonderheiten der Internet, Intranet und E-Mail-Nutzung bedürfen jedoch weiterführender Regelungen, die in einer zusätzlichen Betriebsvereinbarung ihren Niederschlag finden sollten.

Von der Frage der rechtswidrigen Kontrolle des Internet- und E-Mail-Verkehrs ist die Frage der anschließenden **Beweisverwertung** zu trennen. So hat das LAG Hamm entschieden, dass der Rückgriff auf private, auf dem Arbeitsplatzrechner gespeicherte, Chatprotokolle des Mitarbeiters selbst bei einem etwaigen Verstoß gegen § 206 StGB, § 88 TKG, § 32 BDSG und § 87 Abs. 1 Nr. 1 und 6 BetrVG zum Nachweis eines verhaltensbedingten Kündigungsgrunds möglich ist (LAG Hamm ZD 2013, 135). Jedenfalls dann, wenn der „Arbeitgeber seinen Arbeitnehmern lediglich eine gelegentliche private Nutzung elektronischer Ressourcen gestattet und zugleich darauf hinweist, dass bei einer Abwicklung persönlicher Angelegenheiten auf elektronischen Geräten und über das Netzwerk der Mitarbeiter keine Vertraulichkeit erwarten und der Arbeitgeber die Nutzung überwachen" kann, sei der Arbeitnehmer nicht schutzwürdig, wenn er in elektronischen Medien Spuren illegalen Verhaltens hinterlässt (LAG Hamm ZD 2013, 135). Das Urteil des LAG Hamm ist noch nicht in Rechtskraft erwachsen, die Entscheidung des BAG bleibt abzuwarten.

2. Präambel. Die Präambel hebt den primären Zweck der Betriebsvereinbarung, nämlich die Zurverfügungstellung eines Leitfadens für den verantwortungsvollen Umgang mit den elektronischen Kommunikationsmitteln, hervor. Bereits hier wird der **Ausgleichsgedanke** zwischen dem betrieblichen Interesse an der effizienten Verwendung moderner Kommunikationsmittel und dem Schutz von Geschäfts- und Betriebsgeheimnissen einerseits und dem Recht der Mitarbeiter auf informationelle Selbstbestimmung andererseits ausdrücklich erwähnt.

3. Geltungsbereich. Die Ausweitung des **sachlichen Geltungsbereichs** auf alle ähnlichen, zukünftig einzusetzenden elektronischen Kommunikationsmittel ermöglicht eine flexible Handhabung im Hinblick auf zukünftige technische Entwicklungen.

4. EDV-Rahmenbetriebsvereinbarung. → Form. C. II. 12.

5. Betriebsvereinbarung über Datenschutz. → Form. C. II. 15.

6. Begriffsbestimmungen. Trotz des TKG und des TMG fehlt es bislang an einer umfassenden Normierung der **wesentlichen Telekommunikationsbegriffe.** Allein bei der Definition des (IT-)Netzes kann sich das Formular an dem funktionalen Begriff in den §§ 3 Nr. 16a, 27 TKG orientieren. Im Übrigen greift es auf heute bereits weitestgehend anerkannte, wenn auch noch nicht gesetzlich normierte, Definitionen der Begriffe Internet, Intranet, E-Mail, SPAM, Attachment, Server, Client, Log-Datei u. a. zurück. Ergänzend nimmt das Formular zudem Bezug auf die in der EDV-Rahmenbetriebsvereinbarung (→ Form. C. II. 12) niedergelegten Legaldefinitionen sowie auf das TKG und das TMG. Dies ermöglicht eine einheitliche Handhabung der Begrifflichkeiten in Zweifelsfällen.

7. Ausschließliche dienstliche Internetnutzung. Der Arbeitgeber kann nach freiem Ermessen darüber entscheiden, ob er die private Internetnutzung zulassen will oder nicht. Der Betriebsrat hat kein Initiativrecht zur Ermöglichung der auch privaten Nutzung (→ Anm. 8). Das Formular schließt die private Nutzung der Internet-Dienste aus. Die **ausschließlich dienstliche** Gestattung der Internetnutzung beruht auf den Schwierigkeiten der arbeitgeberseitigen Kontrollbefugnisse. Anders als der E-Mail-Verkehr lassen sich die Internetverbindungsdaten nämlich nicht erkennbar in die Kategorien dienstlich und privat unterteilen. Dies führt zumindest nach noch herrschender Auffassung dazu, dass die gesamte Internetnutzung ungeachtet ihres dienstlichen oder privaten Einsatzes den Normen des TKG und des TMG mit all ihren Einschränkungen unterfällt (→ Anm. 1, 11). Um dem Risiko der damit einhergehenden eingeschränkten Kontrollmöglichkeiten zu entgehen, verzichtet das Formular daher auf die Gestattung der Privatnutzung des Internets. Für die Zukunft ist damit zu rechnen, dass sich die Auffassung der Landesarbeitsgerichte Hannover (NZA-RR 2010, 406) und Berlin-Brandenburg (NZA-RR 2011, 342) durchsetzen wird und die Einschränkungen des TKG damit entfallen (→ Anm. 1). Bis zu einer höchstrichterlichen Klärung dieser Frage empfiehlt sich die ausschließlich dienstliche Internetnutzung.

8. Primäre dienstliche E-Mail-Nutzung. Auch die Gestattung der privaten Nutzung von E-Mail-Diensten obliegt allein dem Arbeitgeber (*Kramer* ArbRAktuell 2010, 164). Der Betriebsrat hat kein Initiativrecht zur Ermöglichung der auch privaten Nutzung (LAG Hamm NZA-RR 2007, 20). Darüber hinaus sieht das Formular vor, dass ein Anspruch der Mitarbeiter auf die private Nutzung nicht besteht (§ 3 Abs. (5) des Formulars). Hiermit soll dem Entstehen einer betrieblichen Übung durch eine konkludente Gestattung der Privatnutzung vorgebeugt werden (weiterführend → Form. A. IV. 5 Anm. 7).

9. Begrenzung der Nutzung. Aus der Gestattung der E-Mail-Nutzung darf nicht geschlossen werden, dass der Arbeitnehmer grenzenlos während seiner Arbeitszeit „mailen“ darf. Vielmehr ist davon auszugehen, dass der Arbeitnehmer nur in dem Umfang E-Mail-Dienste benutzen darf, in dem er vernünftigerweise von einer Gestattung des Arbeitgebers ausgehen durfte (*Ernst* NZA 2002, 585). Wo die Grenze zu ziehen ist, bleibt dem Einzelfall vorbehalten. Das Formular sieht vor, dass das Ausmaß einer privaten Nutzung, soweit zulässig, auf ein Minimum zu reduzieren ist und durch die private Nutzung die dienstlichen Angelegenheiten nicht beeinträchtigt werden dürfen (§ 3 Abs. (4) des Formulars). Möglich ist auch eine Regelung dahingehend, die private E-Mail-Korrespondenz auf Arbeitspausen und die Zeit nach Arbeitsschluss zu beschränken (entsprechend der Regelung zu privaten Telefonaten → Form. C. II. 14).

10. Unzulässige Nutzung von Internet und E-Mail. Um die unzulässige und rufschädigende Internetnutzung zu untersagen, bietet es sich an, einen **Katalog mit Inhalten** zu erstellen, deren Abruf, Download etc. prinzipiell **verboten** ist. Gegebenenfalls kann auch der Aufruf konkret benannter Seiten verboten werden. Die Normierung ermöglicht es, im Falle des Verstoßes nicht nur mit einer Abmahnung, sondern unter Umständen sogar mit einer (außerordentlichen) Kündigung reagieren zu können (ArbG Hannover NZA 2001, 1022).

11. Dokumentation der Internet-Nutzung. Ähnlich wie bei der Telefonnutzung (→ Form. C. II. 14 Anm. 6 f.) stellt sich die Frage nach der inhaltlichen Kontroll- und Dokumentationsmöglichkeit des Arbeitgebers. Kontrolle und Dokumentation setzen die Erhebung und Speicherung zumindest der Verbindungsdaten (Identifikationsmerkmale des Nutzers, Beginn und Ende der Nutzung sowie in Anspruch genommene Teledienste) voraus. Auf die vom Arbeitgeber zur Verfügung gestellte Möglichkeit zur Internetnutzung findet nach Ansicht der Literatur (zum Meinungsstreit → Anm. 1) grundsätzlich sowohl das TKG als auch das TMG Anwendung, so dass der Datenverarbeitung enge Grenzen gesetzt sind. Das Fernmeldegeheimnis und die datenschutzrechtlichen Vorschriften des TKG gelten allerdings unstreitig nicht, wenn die Nutzung der Teledienste ausschließlich zu beruflichen oder dienstlichen Zwecken erfolgt. Denn in diesem Fall ist der Arbeitgeber nach keiner Auffassung Diensteanbieter nach §§ 3 Nr. 6, 10, 24 ff., 88 ff. TKG, da der Arbeitnehmer nicht als Dritter i. S. d. § 3 Nr. 10 TKG anzusehen ist. Auch die Geltung des TMG ist in diesem Fall ausgeschlossen (§ 11 Abs. 1 Nr. 1 TMG). Der Schutz des Arbeitnehmers richtet sich daher bei einem Verbot der privaten Nutzung des Internets nach den allgemeinen Grundsätzen des BDSG sowie des allgemeinen Persönlichkeitsrechts. Als Erlaubnisnorm ist insbesondere § 32 Abs. 1 BDSG heranzuziehen. Dieser unterscheidet zwei Formen zulässiger Datenverarbeitung, jene für Zwecke des Beschäftigungsverhältnisses, wenn dies für die Durchführung des Beschäftigungsverhältnisses erforderlich ist und die Datenverarbeitung gemäß § 32 Abs. 1 S. 2 BDSG zur Aufdeckung von Straftaten.

Es muss letztlich eine Interessenabwägung nach § 32 BDSG zwischen den Interessen des Arbeitgebers und dem Persönlichkeitsschutz des Arbeitnehmers erfolgen (*Wybitul* S. 105). Die Persönlichkeitsrechte der Mitarbeiter sind allerdings bei rein dienstlicher Internetnutzung naturgemäß nicht in erheblichem Maße betroffen, so dass die Interessenabwägung im Rahmen von § 32 BDSG in der Regel zugunsten der Gesellschaft ausfallen wird (*Wybitul* S. 105).

Eine **automatisierte Vollkontrolle** ist hingegen unzulässig. Erfolgt eine Speicherung von Daten, so sind diese gemäß § 35 Abs. 2 Nr. 3 BDSG zu löschen, sobald ihre Kenntnis für die Erfüllung des Zwecks der Speicherung nicht mehr erforderlich ist. Die Dauer der Speicherung ist also allein am festgelegten Zweck zu orientieren und muss diesem angemessen sein.

Anders stellt sich dies bei der auch **privaten Nutzung** des Internets dar. Da zu Zwecken der Erhebung der Verbindungsdaten die private Internetnutzung nicht von der dienstlichen unterschieden werden kann, unterliegt die Erhebung und Speicherung **aller Verbindungsdaten** nach der noch h. M. in der Literatur (zum Meinungsstreit → Anm. 1) dem TKG und dem TMG. Der Arbeitgeber ist nach dieser Auffassung nämlich **Dienstanbieter** i. S. d. TKG und des TMG (a. A. LAG Hannover NZA-RR 2010, 406 und LAG Berlin-Brandenburg NZA-RR 2011, 342). Diese „überkommene" Auffassung (*Kramer/Spreng* DSB 2012, 38) führt zu einer extrem eingeschränkten Kontrollmöglichkeit, die sich nicht nur auf ein unerlässliches Minimum beschränken muss, sondern im Fall der unentgeltlichen Nutzungsmöglichkeit des Internets fast gänzlich ausgeschlossen ist (→ Anm. 1, 13, 14). Bis eine höchstrichterliche Entscheidung die Frage nach der Diensteanbietereigenschaft des Arbeitgebers nach § 3 Nr. 6 TKG einer Klärung zuführt, empfiehlt es sich, auf die Gestattung der Privatnutzung des Internets zu verzichten.

12. Einstellung von Mitarbeiterdaten in das Internet. Der **öffentliche Auftritt im Internet** gehört für zahlreiche Unternehmen heute zu den wichtigen Mitteln der Öffentlichkeitsarbeit. Unternehmen haben daher ein großes Interesse daran, Kontaktdaten ihrer Mitarbeiter wie Namen, Arbeitsgebiet, Telefonnummer etc. auch im Internet zu veröffentlichen. Die Veröffentlichung von Daten der Mitarbeiter im Internet ist nur dann zulässig, wenn entweder der Mitarbeiter einwilligt oder die Veröffentlichung durch eine andere Rechtsvorschrift zugelassen ist (§ 4 Abs. 1 BDSG). Nach § 32 Abs. 1 S. 1 BDSG ist die Datennutzung zum Zwecke des Beschäftigungsverhältnisses zulässig, wenn dies für die Entscheidung über die Begründung eines Beschäftigungsverhältnisses oder nach Begründung des Beschäftigungsverhältnisses für dessen Durchführung oder Beendigung erforderlich ist. Insbesondere, wenn die Veröffentlichung von Mitarbeiterdaten im Internet für die Erfüllung der Pflicht aus dem Arbeitsvertrag notwendig ist – etwa bei Außendienstmitarbeitern – ist die Voraussetzung von § 32 Abs. 1 S. BDSG erfüllt (*Gola/Schomerus* § 32 Rn. 22; BVerwG BeckRS 2008, 33735). Auch Angaben von Mitarbeitern, die für einen Interessentenkontakt notwendig sind, dürfen im Internet veröffentlicht werden (*Wellhöner/Byers* BB 2009, 2310). Insbesondere kann auch die von einem Mitarbeiter erteilte Einwilligung in die Verwendung eines Beschäftigtenfotos über die Beendigung des Arbeitsverhältnisses hinausreichen, wenn das Foto nur allgemeinen Illustrationszwecken dient und der ehemalige Mitarbeiter nicht besonders herausgestellt wurde (LAG Mainz DB 2013, 1239). Der Widerruf der Einwilligung sei in diesem Fall treuwidrig. Das gilt jedoch nicht, wenn das Recht zum Widerruf vorbehaltlos in einer AGB-Klausel erwähnt wird (ArbG Frankfurt a. M. ZD 2012, 530). Dient die Veröffentlichung keinem der Zwecke aus § 32 Abs. 1 BDSG und hat der Mitarbeiter auch nicht seine Einwilligung erteilt, muss die Veröffentlichung der Daten durch eine andere Rechtsvorschrift zugelassen sein. Andere Rechtsvorschrift i. S. d. § 4 Abs. 1 BDSG kann auch eine Betriebsvereinbarung sein, die das Schutzniveau des BDSG auch zu Lasten der Arbeitnehmer unterschreiten kann (BAG NZA 1996, 945). Allerdings ist der Regelungsspielraum der Betriebsparteien durch § 75 Abs. 2 BetrVG, der die freie Entfaltung der Persönlichkeit des Arbeitnehmers schützt, eingeschränkt (BAG AP BetrVG 1972 § 87 Überwachung Nr. 15). Infolgedessen gilt auch für Betriebsvereinbarungen der Grundsatz des § 3a BDSG über Datenvermeidung und Datensparsamkeit. Im Formular ist daher die Veröffentlichung von Mitarbeiterdaten im Internet nur zugelassen, soweit deren Funktion die Veröffentlichung erfordert.

13. Ausgestaltung des E-Mail-Zugangs. Entscheidet sich die Gesellschaft dafür, ihren Mitarbeitern die E-Mail-Nutzung auch zu privaten Zwecken zur Verfügung zu stellen, so stellt sich die Frage, wie die Nutzung auszugestalten ist. Das Formular sieht die Einrichtung einer zweiten privaten E-Mail-Adresse vor. Dies bietet sich insbesondere an, da sich auf diese Weise die Abgrenzungsschwierigkeiten zwischen dienstlicher und privater Post vermeiden lassen und sich arbeitgeberseitige Kontrollmöglichkeiten (→ Anm. 15) unproblematischer gestalten lassen.

Wird die dienstliche Adresse zugleich für den Empfang und die Versendung privater E-Mails genutzt, empfiehlt sich – wie in der ersten Alternative vorgesehen – die Einrichtung eines Unterverzeichnisses im Posteingang.

Als weitere Alternative ist denkbar, dem Mitarbeiter die private Nutzung eines Freemail-Dienstes zu erlauben. Eine Vielzahl von Diensten (z. B. web.de, GMX) bieten werbefinanziert kostenlose E-Mail-Adressen an. Der Mitarbeiter kann sich über das Internet bei einem solchen Dienst anmelden und dort online E-Mails empfangen und versenden. In diesem Fall muss jedoch sichergestellt sein, dass die durch die Freemail-Nutzung entstehenden Verkehrsdaten der Internetnutzung entgegen § 4 Abs. (3) des Formulars nicht über das Ende der Verbindung hinaus gespeichert werden (§ 96 Abs. 1, 2 TKG), → Anm. 14. I. d. R. wird dies technisch nur möglich sein, wenn die Nutzung von Freemail-Diensten auf bestimmte, z. B. in einer Anlage konkret benannte Anbieter beschränkt wird. Die Nutzung des Internets für private Zwecke muss dann aber abweichend von § 3 Abs. (1) für die Nutzung des Freemail-Dienstes gestattet werden.

14. Protokollierung und Kontrolle dienstlicher E-Mails. Was die **dienstliche E-Mail-Nutzung** anbelangt, so gilt – wie bei der dienstlichen Telefon- und Internetnutzung – auch hier, dass im Rahmen der Interessenabwägung nach den allgemeinen Verhältnismäßigkeitsgrundsätzen die Erhebung der Verbindungsdaten zu Kostenzwecken ebenso zulässig ist wie zur Kapazitätskontrolle, im Falle eines konkreten Verdachts strafbarer Inhalte oder des Betriebs- und Geschäftsgeheimnisverrates, sowie zu stichprobenartigen Missbrauchskontrollen (*Wybitul* S. 105 f.; Simitis/*Seifert* § 32 Rn. 91; zur Abgrenzung zwischen dienstlicher und privater E-Mail-Nutzung und den Folgen der gestatten Privatnutzung für Kontrollmöglichkeiten des Arbeitgebers → Anm. 1).

15. Kontrolle des E-Mail-Verkehrs, Viren- und SPAM-Schutz. Nach bisher herrschender Auffassung, nach der das **Fernmeldegeheimnis** nach § 88 TKG zu beachten ist, wenn nicht nur dienstliche, sondern auch private E-Mails auf Viren und SPAM-Mails kontrolliert werden, (ausführlich zu dem Meinungsstreit → Anm. 1) ist eine Kontrolle von E-Mails nur in Ausnahmefällen zulässig. Darüber hinaus ist nach dieser Auffassung im Hinblick auf §§ 206 Abs. 2 Nr. 2, 303a StGB Zurückhaltung geboten, wenn (SPAM-)E-Mails nicht zugestellt werden sollen. Diese Auffassung ist von den Gerichten bisher nicht bestätigt worden. Vielmehr sieht die neuere Rechtsprechung ausdrücklich davon ab, das TKG und damit das Fernmeldegeheimnis überhaupt auf die Fälle erlaubter privater E-Mail-Nutzung anzuwenden (LAG Hannover NZA-RR 2010, 406 und LAG Berlin-Brandenburg NZA-RR 2011, 342). Damit entfiele auch die rechtliche Grundlage für eine strafrechtliche Verantwortung.

Selbst wenn das TKG anzuwenden ist, so ist zumindest die **Unterdrückung virenbehafteter E-Mails** bei entsprechender Benachrichtigung des Mitarbeiters wohl zulässig, da hierdurch die Systemsicherheit aufrechterhalten werden soll.

Bis zu einer höchstrichterlichen Klärung der Frage der Diensteanbietereigenschaft i. S. v. § 3 Nr. 6 TKG bleibt zu empfehlen, die private E-Mail-Nutzung von der **Einwilligung** der Arbeitnehmer in eine Filterung auf Viren und SPAM-E-Mails abhängig zu machen (*Kempermann* ZD 2012, 12). Bei fehlender und widerrufener Einwilligung wäre die Nutzung auch der E-Mail-Funktion dann ausschließlich zu dienstlichen Zwecken gestattet. Zudem soll für die Unterdrückung von SPAM-Mails die Einwilligung des Mitarbeiters erforderlich sein (vgl. *Hoeren* NJW 2004, 3513; OLG Karlsruhe MMR 2005, 178). Daher wird teilweise die Einbeziehung des Arbeitnehmers in die Behandlung derartiger E-Mails empfohlen. Dies kann etwa dadurch geschehen, dass ihm die Möglichkeit eingeräumt wird, eine Freigabe von SPAM-E-Mails innerhalb vorgegebener Frist zu verlangen. Ein Formulierungsvorschlag für eine ausführliche Einwilligungserklärung, die auch die Einwilligung zur Löschung von SPAM-E-Mails umfasst, findet sich in der Anlage.

16. Kontrolle privater E-Mail-Korrespondenz. Nach der hier vertretenen Auffassung sind Arbeitgeber auch bei Gestattung privater E-Mail-Korrespondenz keine „Diensteanbieter" i. S. v. § 3 Nr. 6 TKG und das Fernmeldegeheimnis des § 88 TKG findet keine Anwendung. Die wohl noch h. M. hingegen sieht den Arbeitgeber, der seinen Mitarbeitern auch die private E-Mail-Nutzung gestattet, gemäß § 88 TKG zur Wahrung des Fernmeldegeheimnisses verpflichtet (ausführlich zu diesem Meinungsstreit → Anm. 1; → Form. A. IV. 5 Anm. 7). Bis zu einer höchstrichterlichen Klärung empfiehlt es sich allerdings, hinsichtlich der Kontrolle privater E-Mail-Korrespondenz Zurückhaltung walten zu lassen. Das Formular trägt diesem Anliegen zunächst dadurch Rechnung, dass jegliche Kontrollen von E-Mails während des Übertragungsvorgangs untersagt werden, so dass Kontrollen nur nach Eingang der E-Mails im Account des Arbeitnehmers zulässig sind und damit zu einem Zeitpunkt, zu dem die Geltung des Fernmeldegeheimnisses nach überwiegender Auffassung geendet hat. Weiter wird die Kontrolle auf diejenigen Fälle beschränkt, in denen der Arbeitgeber ein besonders schutzwürdiges Interesse an der durch Führung von Kontrollen hat (Gefährdung der Systemsicherheit oder Verdacht einer schwerwiegenden Pflichtverletzung durch den Arbeitnehmer, insbesondere bei einem begründeten Verdacht der Begehung von Straftaten und des Betriebs- oder Geschäftsgeheimnisverrates). Schließlich soll die private E-Mail-Nutzung nur erlaubt sein, wenn und solange die Arbeitnehmer die genannten Kontrollmaßnahmen gestatten.

Zu den Zugriffsberechtigten nach der Betriebsvereinbarung über Datenschutz → Form. C. II. 15, dort unter § 5 sowie → Anm. 6.

17. Vertretungsregeln. Für einen reibungslosen betrieblichen Ablauf muss sichergestellt sein, dass der Absender entweder mittels des **Abwesenheitsassistenten** über die Abwesenheit des Empfängers unterrichtet, oder aber die E-Mail **automatisch** an den Stellvertreter des Empfängers **weitergeleitet** wird. Letzteres kann sich im Falle der auch privaten Nutzung der dienstlichen E-Mail-Adresse als durchaus problematisch gestalten. In diesen Fällen ist aus Datenschutzgesichtspunkten zu gewährleisten, dass der Stellvertreter die E-Mail ab dem Zeitpunkt der erkennbaren Privatheit nicht weiter einsieht. Alternativ kann man auf die Weiterleitung verzichten und den Absender lediglich mit der Auto-Reply-Funktion darauf hinweisen, dass der Adressat abwesend ist, wer der zuständige Vertreter ist, und dass die E-Mail **nicht** weitergeleitet wurde.

Die Vorgabe von Vertretungsregelungen unterliegt, wie die des Verschlüsselungsgebots und ähnlichem, der **Mitbestimmung** des Betriebsrates nach § 87 Abs. 1 Nr. 1 BetrVG. Es handelt sich um die Einführung von Ordnungsrichtlinien.

18. Konsequenzen bei Missbrauch. Um dem Arbeitnehmer die Folgen etwaiger Zuwiderhandlungen unmissverständlich vor Augen zu führen, werden diese in § 9 des Formulars aufgeführt. Grundsätzlich sind bei missbräuchlicher und pflichtwidriger Nutzung von E-Mail und Internet arbeitsrechtliche Sanktionen, insbesondere Abmahnung und Kündigung, gerechtfertigt (BAG NJW 2013, 104; LAG Köln NZA-RR 2005, 136). Ein Übermaß von – auch erlaubter – privater Nutzung von E-Mail und Internet kann, sofern der übliche Rahmen geduldeter, privater Nutzung bei weitem überschritten ist, eine ordentliche, verhaltensbedingte oder – jedoch nur bei Hinzutreten besonderer Umstände – sogar eine außerordentliche **Kündigung** rechtfertigen (BAG NJW 2013, 104; BAG NJW 2006, 530; LAG Hannover NZA-RR 2010, 406 und weiterführend → Form. A. IV. 5 Anm. 17).

19. Zugang des Betriebsrats zu Internet, Intranet und E-Mail. Nach § 40 Abs. 2 BetrVG hat der Betriebsrat einen Anspruch darauf, dass ihm für seine laufende Geschäftsführung sachliche Mittel im erforderlichen Umfang zur Verfügung gestellt werden.

Ob der Betriebsrat einen **Internetzugang** für erforderlich i.S.d. § 40 Abs. 2 BetrVG halten darf, beurteilt sich nach der Rechtsprechung anhand der konkreten betrieblichen Verhältnissen und der sich ihm stellenden gesetzlichen Aufgaben. Allein die technische Entwicklung und der allgemeine Verbreitungsgrad der Nutzung des Internet genügen nicht für einen Anspruch des Betriebsrats auf Bereitstellung eines Internetzugangs. Der Wortlaut des § 40 Abs. 2 BetrVG, wonach der Arbeitgeber dem Betriebsrat Informations- und Kommunikationstechnik zur Verfügung zu stellen hat, entbindet nicht von der Erforderlichkeitsprüfung (BAG NJW 2011, 796).

Zunächst gilt, dass sich die Erforderlichkeit eines Sachmittels nicht nach dem Ausstattungsniveau des Arbeitgebers zu richten hat (BAG NJW 2011, 796). Aus dem Umstand, dass der Arbeitgeber selbst einen Internetzugang hat, folgt daher nicht zwingend, dass er dem Betriebsrat einen solchen zur Verfügung stellen muss (BAG NZA 2007, 337; LAG Hamm NZA-RR 2005, 638; LAG Köln NZA-RR 2006, 472). Umgekehrt steht einem solchen Anspruch nicht entgegen, dass in der betroffenen Filiale des Arbeitgebers die Filialleitung nicht über einen Internetanschluss verfügt (BAG NJW 2011, 796). Anders verhält es sich aber, wenn der Arbeitgeber wegen wirtschaftlicher Schwierigkeiten auf die Nutzung des Internets verzichtet (BAG NJW 2011, 796).

Die IT-Nutzung gehört insofern nicht unweigerlich zur Grundausstattung eines jeden Betriebsratsbüros (so aber wohl LAG Berlin BeckRS 2009, 73285). Vielmehr ist in jedem konkreten Fall eine Erforderlichkeitsprüfung vorzunehmen und nach den vorliegenden Kommunikationsstrukturen im jeweiligen Unternehmen zu fragen (Küttner/*Kreitner* Internet-/Telefonnutzung Rn. 26).

Ist die Erforderlichkeit zu bejahen, dann kann der Betriebsrat nach dem jüngsten Beschluss des BAG auch die Einrichtung eines nicht personalisierten Internetzugangs über den ihm zur Verfügung gestellten PC verlangen (BAG NZA 2013, 49). Der Datenschutz erfordert keine Individualisierung der Internetnutzung. Der Betriebsrat darf demnach eigenständig bestimmen, ob beim Zugang einzelner Betriebsratsmitglieder zum Internet eine Personalisierung stattfinden soll oder nicht. Datenschutzrechtliche Sicherungen nach Maßgabe des BDSG sind allerdings beim Zugang mehrerer zu einem einzigen PC erforderlich, da auf diesem regelmäßig personenbezogene Daten verarbeitet werden. Diese Schutzvorkehrungen hat der Betriebsrat in eigener Verantwortung zu treffen (BAG NZA 2013, 49).

Im Übrigen reicht es aus, wenn dem Betriebsrat der Internetanschluss über das betriebliche Intranet zur Verfügung gestellt wird. Auf einen zusätzlichen Internetanschluss über einen externen Provider, durch den zusätzliche Kosten anfallen, hat der Betriebsrat keinen Anspruch (LAG Stuttgart MMR 2013, 336).

20. Inkrafttreten und Kündigung. → Form. C. II. 1 Anm. 15.

21. Schlussbestimmungen. → Form. C. II. 1 Anm. 16.

22. Einwilligungserklärung. → Anm. 15, → Form. A. IV. 5 Anm. 20.

14. Nutzung der Telefonanlage und Telefondatenerfassung

Betriebsvereinbarung über die Nutzung der Telefonanlage und Telefondatenerfassung[1]

zwischen

. . . . . . (Name und Anschrift des Arbeitgebers) „Gesellschaft“

und

Betriebsrat des Betriebes . . . . . . der . . . . . . (Name des Arbeitgebers) „Betriebsrat“
(Alternative: Gesamtbetriebsrat/Konzernbetriebsrat)

Präambel

Im Betrieb der Gesellschaft sind alle Telefone, die den Arbeitnehmern an Arbeitsplätzen zur Erfüllung ihrer arbeitsvertraglichen Pflichten bereit gestellt werden, an eine Telefondatenerfassungsanlage angeschlossen. Die Gesellschaft möchte den entsprechenden Arbeitnehmern – ohne Begründung einer Rechtspflicht und innerhalb der in dieser Betriebsvereinbarung festzulegenden Grenzen – die private Nutzung des Telefons gestatten. Diese Betriebsvereinbarung regelt die Art und den Umfang der privaten Nutzung der Telefonanlage durch die Arbeitnehmer der Gesellschaft. Zugleich sollen der Gesellschaft unter Sicherstellung des Persönlichkeitsschutzes der Arbeitnehmer und des Fernmeldegeheimnisses notwendige Kontrollmechanismen eingeräumt werden.

§ 1 Geltungsbereich

(1) Diese Betriebsvereinbarung gilt in persönlicher Hinischt für alle Arbeitnehmer des Betriebs . . . . . . der Gesellschaft („Mitarbeiter") einschließlich der auf einem Telearbeitsplatz Beschäftigten, mit Ausnahme der leitenden Angestellten i. S. d. § 5 Abs. 3 BetrVG.

(2) Die Betriebsvereinbarung gilt in sachlicher Hinsicht für alle bei der Gesellschaft eingesetzten und noch einzusetzenden Telefonanlagen. *(Optional: Sie ergänzt und konkretisiert die EDV-Rahmenbetriebsvereinbarung vom . . . . . .)*[2]

§ 2 Begriffsbestimmungen

(1) Im Sinne dieser Betriebsvereinbarung sind

- Dienstgespräche alle Gespräche, die der Mitarbeiter zur Erfüllung seiner arbeitsvertraglichen Pflichten führt,
- dienstlich veranlasste Privatgespräche alle Gespräche, die der Mitarbeiter mit Personen aus seinem privaten Umfeld aus dienstlichem Anlass führt, wie zum Beispiel Anrufe zur Absage privater Termine bei überraschend angeordneter Mehrarbeit,
- Privatgespräche alle Gespräche, die keine Dienstgespräche oder dienstlich veranlasste Privatgespräche sind,
- Dienstgespräche des Betriebsrats alle Gespräche, die ein Mitglied des Betriebsrats zur ordnungsgemäßen Durchführung seiner Aufgaben führt,
- Verbindungsdaten die Nummer des Telefonanschlusses, die Zielnummer, das Datum, die Uhrzeit und die Dauer des Telefonats.

(2) Im Übrigen gelten die Begriffsbestimmungen des Bundesdatenschutzgesetzes und des Telekommunikationsgesetzes.

§ 3 Nutzung der Telefonanlage und Telefone

(1) Die Mitarbeiter haben die Telefonanlage und das an ihrem Arbeitsplatz befindliche Telefon grundsätzlich und vorrangig für Dienstgespräche zu nutzen. Sie sind berechtigt, das Telefon auch für dienstlich veranlasste Privatgespräche zu nutzen.

(2) Den Mitarbeitern ist es gestattet, das an ihrem Arbeitsplatz befindliche Telefon in maßvollem Umfang auch für Privatgespräche zu nutzen,[3] sofern und soweit dadurch weder der Arbeitsablauf beeinträchtigt noch andere Mitarbeiter gestört werden und die Nutzung sachgerecht und angemessen ist. § 9 dieser Betriebsvereinbarung bleibt unberührt.

(3) Die Mitarbeiter dürfen durch die Nutzung des Telefons für Privatgespräche die dienstliche Nutzung der Telefonanlage weder behindern noch stören. Für Privatgespräche sind, außer in Ausnahme- und Notfällen, ausschließlich die Arbeitspausen sowie die Zeiten vor und nach dem Ende des Arbeitstages zu nutzen.[4]

(4) Unzulässig ist jede Telefonnutzung, die geeignet ist, den Interessen der Gesellschaft oder ihrem Ansehen in der Öffentlichkeit zu schaden oder die gegen geltende Rechtsvorschriften oder Richtlinien der Gesellschaft verstößt. Insbesondere verboten sind das Verbreiten von beleidigenden, verleumderischen, verfassungsfeindlichen, gewaltverherr-

lichenden, sexistischen, rassistischen oder pornographischen Inhalten, sowie das Anwählen von kostenpflichtigen Servicenummern mit den Vorwahlen ......

(5) Dienstgespräche und dienstlich veranlasste Privatgespräche sind mit der Vorwahl „0" zu kennzeichnen. Privatgespräche und Dienstgespräche des Betriebsrates sind mit der Vorwahl „9" zu kennzeichnen.

§ 4 Code-Nummer

(1) Die Gesellschaft wird jedem Mitarbeiter eine individuelle vierstellige Code-Nummer zur Verfügung stellen, die den Telefonanschluss bei Privatgesprächen gegen den Zugriff Dritter sichert. Die Mitarbeiter sind verpflichtet, diese Code-Nummer im Anschluss an die Vorwahlnummer „9" bei Privatgesprächen einzugeben.

(2) Die individuelle vierstellige Code-Nummer ist nur dem jeweiligen Mitarbeiter bekannt und wird über einen Zufallsgenerator vergeben. Der Mitarbeiter hat die ihm zugeteilte Code-Nummer geheim zu halten und darf sie weder an Dritte noch an andere Mitarbeiter der Gesellschaft weitergeben. Jede Telefonnutzung, die auf die Eingabe der Code-Nummer eines Mitarbeiters zurückzuführen ist, wird diesem Mitarbeiter zugerechnet.

(3) Diese Regelungen gelten für Dienstgespräche des Betriebsrats entsprechend.

§ 5 Folgen einer Missachtung[5]

(1) Die Mitarbeiter müssen bei Missachtung der vorstehenden und sonstigen im Betrieb der Gesellschaft für die Nutzung der Telefonanlage geltenden Regeln und Anweisungen mit strafrechtlichen und arbeitsrechtlichen Konsequenzen wie Abmahnung und Kündigung rechnen.

(2) Die Gesellschaft behält sich die Geltendmachung von Schadensersatzansprüchen vor, sofern sie durch Missachtung der Regeln oder Anweisungen oder durch sonstige unsachgemäße private Nutzung des Telefons einen Schaden erleidet.

(3) Die Gesellschaft behält sich vor, im Falle einer Missachtung der Regeln und Anweisungen dem Mitarbeiter den Telefonanschluss zeitweilig oder auf Dauer zu sperren oder diesen nur unter Einschränkungen freizugeben.

§ 6 Grundsätze der Telefondatenerfassung

(1) Alle Telefonanschlüsse der Telefonanlage der Gesellschaft sind an eine elektronische Telefondatenerfassungsanlage (TDE-Anlage) angeschlossen. Die auf diesen Anschlüssen geführten Gespräche werden von der TDE-Anlage erfasst.

(2) Die Telefondatenerfassung dient der Kostenkontrolle und -verrechnung sowie der Störungsbeseitigung. Sie dient daneben auch der Kontrolle des maßvollen Umfangs der Privatnutzung.

(3) Bei Dienstgesprächen und dienstlich veranlassten Privatgesprächen werden mit Ausnahme intern geführter Gespräche alle Verbindungsdaten automatisch erfasst.[6]

(4) Bei Privatgesprächen, die gemäß vorstehendem § 4 Abs. (1) gekennzeichnet sind, erfolgt die automatische Erhebung der Verbindungsdaten in pseudonymisierter Form. Bei den Verbindungsdaten werden nur die ersten ...... Ziffern der Zielnummer erfasst.[7] Dies gilt auch für Dienstgespräche des Betriebsrats.[8]

(5) Die erfassten Daten werden in einer eigens hierfür eingerichteten Datei monatlich gespeichert und nach Ablauf von ...... Monaten gelöscht.

§ 7 Inhaltskontrolle[9, 10]

(1) Die Gesellschaft ist grundsätzlich nicht berechtigt, den Gesprächsinhalt von Telefonaten mitzuhören oder Aufzeichnungen der Telefonate anzufertigen. Davon unberührt bleibt ein Mithören oder eine Aufzeichnung der Dienstgespräche zur Dokumentation von Reklamationen durch Kunden, zur stichprobenartigen Qualitätskontrolle, zu Ausbildungszwecken sowie in sonstigen, durch ein berechtigtes Arbeitgeberinteresse gerechtfertigten Fällen. Das gilt allerdings grundsätzlich nur unter der Voraussetzung, dass dies dem Mitarbeiter vorab angezeigt wird und sein Gesprächspartner vor Gesprächsbeginn die Möglichkeit erhält, der Kontrollmaßnahme zu widersprechen. Bei einem Widerspruch unterbleibt die Kontrollmaßnahme.

(2) Die Aufzeichnung wird durch ein für den Mitarbeiter gut wahrnehmbares akustisches Signal kenntlich gemacht.

§ 8 Kosten der Telefongespräche und Kostenabrechnung[11]

(1) Die Kosten für Dienst- und dienstlich veranlasste Privatgespräche trägt die Gesellschaft. Die Kosten für Privatgespräche trägt der jeweilige Mitarbeiter, soweit diese monatlich einen Betrag von ...... EUR (in Worten: ...... Euro) überschreiten.

(2) Soweit die Kosten für Privatgespräche den in Abs. (1) genannten Betrag überschreiten, legt die Gesellschaft dem Mitarbeiter monatlich zum ...... eine Abrechnung über die Kosten für Privatgespräche in einem geschlossenen Umschlag vor.

(3) Eine Kopie der Abrechnung darf nur zu Abrechnungs- und Buchhaltungszwecken erstellt werden. Spätestens drei Monate nach der Abrechnung werden die Gebührendaten und die Abrechnungslisten aus allen elektronischen Speichern gelöscht. Eine Archivierung bleibt davon unberührt.

(4) Bei etwaigen Unstimmigkeiten ist der Mitarbeiter verpflichtet, die Gesellschaft unverzüglich, spätestens jedoch nach Ablauf eines Monats nach Zugang der Abrechnung, schriftlich über Art und gegebenenfalls Ursache der Unstimmigkeit zu informieren.

(5) Die Gesellschaft behält unter Beachtung der Pfändungsfreigrenzen den von dem jeweiligen Mitarbeiter zu tragenden Anteil der Kosten für Privatgespräche von der Vergütung ein.

(6) Ist ein Einbehalt gemäß Abs. (5) nicht möglich, überweist der Mitarbeiter den Betrag innerhalb von zwei Wochen nach Erhalt einer Zahlungsaufforderung durch die Gesellschaft unter Angabe der Rechnungsnummer und der Mitarbeiternummer auf das nachfolgend aufgeführte Konto der Gesellschaft: ......(Bankverbindung).

§ 9 Freiwilligkeitsvorbehalt[12]

(1) Die Betriebsparteien sind sich darüber einig, dass diese Betriebsvereinbarung lediglich die Modalitäten der privaten Nutzung der Telefonanlage und Telefone durch die Mitarbeiter regelt, sofern und soweit diese gestattet ist.

(2) Ein Anspruch der Mitarbeiter auf die private Nutzung besteht nicht. Die von der Gesellschaft eingeräumte Gestattung der privaten Nutzung erfolgt freiwillig.

(3) Die Gesellschaft ist jederzeit berechtigt, die private Nutzung einseitig aufzuheben oder in ihrem Umfang zu ändern, ohne dass dies einer einvernehmlichen Änderung dieser Betriebsvereinbarung oder der Zustimmung des Betriebsrats oder der betroffenen Mitarbeiter bedarf.

§ 10 Inkrafttreten, Kündigung[13]

(1) Diese Betriebsvereinbarung tritt am ...... in Kraft. Sie kann mit einer Frist von sechs Monaten zum Ende eines Kalenderjahres gekündigt werden. Danach behält diese Betriebsvereinbarung bis zum Abschluss einer neuen Betriebsvereinbarung ihre Gültigkeit.

(2) Die Kündigung bedarf der Schriftform.

(3) Die Betriebsvereinbarung bleibt in ihrer Wirksamkeit durch eine Aufhebung oder Einschränkung der Gestattung zur privaten Nutzung der Telefonanlage und Telefone unberührt. Die Regelungen, die sich nicht auf die private Nutzung beziehen, finden auch nach Aufhebung oder Einschränkung weiterhin Anwendung.

§ 11 Schlussbestimmungen[14]

(1) Diese Betriebsvereinbarung löst alle eventuellen vorherigen Betriebsvereinbarungen über die Nutzung der Telefonanlage und Telefondatenerfassung, insbesondere ...... ab. Mündliche Nebenabreden bestehen nicht. Änderungen oder Ergänzungen dieser Betriebsvereinbarung, einschließlich dieser Bestimmung, bedürfen zu ihrer Wirksamkeit der Schriftform.

(2) Sollte eine Bestimmung dieser Betriebsvereinbarung ganz oder teilweise unwirksam sein oder werden, so wird hiervon die Wirksamkeit der übrigen Bestimmungen nicht berührt. Anstelle der unwirksamen Bestimmung werden die Betriebsparteien die gesetzlich zulässige Bestimmung vereinbaren, die dem mit der unwirksamen Bestimmung Gewollten wirtschaftlich am nächsten kommt. Gleiches gilt für den Fall einer vertraglichen Lücke.

(3) Diese Betriebsvereinbarung steht unter dem Vorbehalt etwaiger ablösender – auch freiwilliger – Betriebsvereinbarungen.

(4) Sollten sich die dieser Betriebsvereinbarung zugrunde liegenden tatsächlichen oder rechtlichen Bedingungen grundlegend ändern, so werden die Betriebsparteien unverzüglich in Verhandlungen treten mit dem Ziel, diese Betriebsvereinbarung an die geänderten Bedingungen anzupassen.

......	......
Ort, Datum	Ort, Datum
......	......
Unterschrift der Gesellschaft	Unterschrift des Betriebsratsvorsitzenden

Anmerkungen

1. Regelungsinhalt. Die betriebliche Telefonanlage wird häufig auch privat genutzt. Dies muss dem Arbeitgeber nicht unbedingt zum Nachteil gereichen. Deshalb kann das kurze Telefonat des Mitarbeiters, das den Arbeitsablauf nicht stört, vom Arbeitgeber geduldet werden. Dabei ist aber sicherzustellen, dass Zeit- und Kostenintensität einen angemessenen Rahmen nicht überschreiten, und die Arbeitskapazität des Mitarbeiters nicht beeinträchtigt wird.

Ohne das Vorliegen einer entsprechenden Erlaubnis hat der Arbeitnehmer weder einen Anspruch noch ein Recht auf private Nutzung der betrieblichen Telefonanlage. Die Telefonanlage ist, auch wenn sie nur gemietet oder geleast sein sollte, **Betriebsmittel** des Arbeitgebers, das dieser dem Arbeitnehmer zur Erfüllung seiner arbeitsvertraglichen Pflichten zur Verfügung stellt. Der Arbeitgeber kann daher **frei bestimmen**, ob und an welchen Arbeitsplätzen er Telefone installiert und in welcher Art und Weise er eine

Nutzung der Telefone für dienstliche oder private Zwecke gestattet (*Wellhöner/Byers* BB 2009, 2310; für die Kommunikation zwischen Betriebsrat und räumlich entfernten Betriebsstätten muss der Arbeitgeber allerdings eine Möglichkeit zur telefonischen Kommunikation schaffen, vgl. BAG NZA 2010, 662).

Es ist allerdings darauf zu achten, dass durch eine dauerhafte stillschweigende Duldung des privaten Telefonierens am Arbeitsplatz ein Anspruch aus **betrieblicher Übung** entstehen kann (weiterführend hierzu *Wybitul* S. 106). Empfehlenswert ist daher in jedem Fall eine eindeutige Regelung, um den Arbeitnehmern die Grenzen des rechtlich Erlaubten aufzuzeigen und dem Arbeitgeber bei Missbrauch arbeitsrechtliche Konsequenzen zu ermöglichen. Solche Regelungen enthält das Formular.

Einer Regelung bedürfen einerseits das **Ob, Wie und Wann** einer privaten Nutzung des Telefons, andererseits die **Erhebung und gegebenenfalls Speicherung von Telefondaten.** Gesetzliche Vorgaben für die Datenerhebung enthält neben dem Betriebsverfassungsgesetz (BetrVG) das **Bundesdatenschutzgesetz** (BDSG). Ob für die private Nutzung betrieblicher Kommunikationsmittel auch das **Telekommunikationsgesetz** (TKG) Anwendung findet, ist umstritten (dafür: *Gola/Wronka* 6.2.4 Rn. 1142 ff.; Hoeren/Sieber/Holznagel/*Elschner* 22.1 Rn. 72 ff.; *Hoppe/Braun* MMR 2010, 80; *Kramer* ArbRAktuell 2010, 164; dagegen: *Deiters* ZD 2012, 109; *Löwisch* DB 2009, 2782; *Thüsing*, Arbeitnehmerdatenschutz und Compliance, Rn. 226; *Wybitul* S. 107; zu diesem Meinungsstreit im Einzelnen → Form. C. II. 13 Anm. 1). Verschiedene Landesarbeitsgerichte (LAG Hannover NZA-RR 2010, 406; LAG Berlin-Brandenburg NZA-RR 2011, 342) sprechen sich für den Bereich der E-Mail-Kommunikation ebenfalls gegen die Anwendbarkeit aus, so dass die bislang noch vorherrschende Meinung, die erlaubte Privatnutzung betrieblicher Kommunikationsmittel sei den Regeln des TKG zu unterstellen, zurecht als „überholt" bezeichnet wird (*Deiters* ZD 2012, 109; auch *Kramer/Spreng* DSB 2012, 38 sprechen von einer „überkommenen" Auffassung). Dennoch ist vorerst davon abzuraten, von der noch herrschenden Meinung abzurücken. Denn insbesondere die Datenschutzbehörden sind bisher nicht von einer Befürwortung der TKG-Anwendung bei erlaubter Privatnutzung abgerückt.

Solange es **keine spezialgesetzliche Regelung** für die Nutzung der Telefonanlage im Arbeitsverhältnis gibt, ist vor allem die Generalklausel in § 32 BDSG und die der Norm zugrunde liegende Rechtsprechung (vgl. BT-Drucks. 16/13657 S. 35) heranzuziehen.

Bei der Telekommunikationskontrolle am Arbeitsplatz stehen sich regelmäßig das Interesse des Arbeitgebers an einer (beschränkten) Überwachung der Telefonnutzung zum Schutz seines Eigentums und der Aufdeckung eines möglichen arbeitszeitlichen oder inhaltlichen Missbrauchs und das Interesse des Arbeitnehmers an der Wahrung seines allgemeinen Persönlichkeitsrechts sowie seines Rechts auf informationelle Selbstbestimmung und Datenschutz gegenüber.

Zur Regelung der Telefonnutzung stehen dem Arbeitgeber die klassischen arbeitsrechtlichen Möglichkeiten der individualvertraglichen Vereinbarung, der Gesamtzusage oder der Betriebsvereinbarung zur Verfügung. Die Regelung mittels **Betriebsvereinbarung** empfiehlt sich, sofern in einem Betrieb kein Bedürfnis besteht, die Privatnutzung des Telefons für einige Arbeitnehmer oder -gruppen individuell zu regeln. Eine **individuelle Regelung** ist etwa bei den in § 203 StGB aufgeführten Berufsträgern wie bestimmten Versicherungsangestellten oder Sozialarbeitern erforderlich (BAG BB 1987, 1037 bei Psychologen; Simitis/*Seifert* § 32 Rn. 88).

Mit der Betriebsvereinbarung erreicht der Arbeitgeber mit geringem bürokratischem Aufwand eine **Homogenisierung der Arbeitsbedingungen** und stellt durch flexible Laufzeiten die stetige Anpassung an die technische Entwicklung sicher (*Dickmann* NZA 2003, 1009). Zudem unterliegt die Erfassung von Daten über die von Arbeitnehmern geführten Telefongespräche ohnehin der Mitbestimmung des Betriebsrats gemäß § 87 Abs. 1 Nr. 6 BetrVG (BAG AP BetrVG 1972 § 87 Überwachung Nr. 15; *Hunold* NZA-RR 2003, 57).

Schließlich können die Betriebsparteien mit einer Betriebsvereinbarung auch **zuungunsten der Arbeitnehmer von den Vorschriften des BDSG abweichen** (BAG AP BetrVG 1972 § 87 Überwachung Nr. 15; ArbG Kiel BeckRS 2001, 30833616).

2. EDV-Rahmenbetriebsvereinbarung. → Form. C. II. 12.

3. Gestattung der Privatnutzung. Als Inhaber des „Betriebsmittels Telefonzugang" steht dem Arbeitgeber das **alleinige Entscheidungsrecht** zu, ob und inwieweit er seinen Mitarbeitern den Zugang und die Nutzung von Telekommunikationsdiensten eröffnen will (*Mengel* BB 2004, 1445). Die Frage des „Ob" der Einräumung eines privaten Nutzungsrechts unterliegt nicht der Mitbestimmung des Betriebsrats. Der Betriebsrat kann daher nicht erzwingen, dass der am Arbeitsplatz vorhandene Telefonanschluss für die private Nutzung freigegeben wird. Die grundlegende Entscheidung des Arbeitgebers besteht darin, ob er die Nutzung verbieten oder gestatten möchte und welche Einschränkungen im letzteren Fall vorzunehmen sind.

Auch bei einem **generellen Verbot** empfiehlt sich eine ausdrückliche Regelung schon um das Entstehen einer betrieblichen Übung zu vermeiden. Zudem können sich **Abgrenzungsschwierigkeiten** ergeben, da mit der Gestattung der dienstlichen Nutzung des Telefons auch die dienstlich motivierte Privatnutzung erfasst ist, beispielsweise wenn der Mitarbeiter wegen Überstunden Termine in seiner Freizeit absagen oder umplanen muss (*Berkowsky* NZA-RR 2001, 57). In der Praxis wird daher oft eine **eingeschränkte Erlaubnis** zur privaten Nutzung der Telefonanlage vorgesehen.

4. Begrenzung der Privatnutzung. Ist die private Nutzung des Telefons ohne weitere Einschränkungen gestattet, so sind dem Arbeitnehmer kürzere Telefonate auch **während der Arbeitszeit** erlaubt, sofern er mit seiner Arbeitsleistung nicht in Rückstand gerät (*Hunold* NZA-RR 2003, 57). Aber auch eine unbegrenzte Gestattung der privaten Telefonnutzung führt nicht dazu, dass der Arbeitnehmer während seiner Arbeitszeit grenzenlos telefonieren darf. Vielmehr darf der Arbeitnehmer das Telefon nur in einem Umfang benutzen, von dem er vernünftigerweise annehmen darf, dass der Arbeitgeber dies gestatten werde (*Berkowsky* NZA-RR 2001, 57). Auch hier besteht die Gefahr, dass Arbeitnehmer und Arbeitgeber diesen Rahmen unterschiedlich beurteilen, so dass sich Auslegungsprobleme ergeben können.

Empfehlenswert ist daher eine zeitliche Festlegung der **Nutzungsgrenzen**. Die zeitliche Begrenzung verhindert auch, dass in erheblichem Umfang Arbeitskapazitäten durch Privatgespräche verloren gehen. Rechtsklarheit bietet die vorgeschlagene Regelung, die die private Nutzung ausschließlich in den Arbeitspausen und in der Zeit vor und nach dem Ende des Arbeitstages gestattet. Private Telefonate des Arbeitnehmers während der Arbeitszeit sind dann nur noch in Ausnahme- und Notfällen zulässig (*Ernst* NZA 2002, 858).

5. Konsequenzen bei Missbrauch. Um dem Arbeitnehmer die Folgen etwaiger Zuwiderhandlungen unmissverständlich vor Augen zu führen, sollten diese in der Betriebsvereinbarung aufgeführt werden (*Dickmann* NZA 2003, 1009). Grundsätzlich sind bei missbräuchlicher und pflichtwidriger Nutzung des Telefons arbeitsrechtliche Sanktionen, insbesondere Abmahnung und Kündigung, gerechtfertigt (LAG Hamm BeckRS 2012, 67526; LAG Frankfurt a. M. DB 2002, 901; *Dickmann* NZA 2003, 1009). Eine Vielzahl von – auch erlaubten – privaten Telefonaten kann, sofern der übliche Rahmen geduldeter, privater Telefonate bei weitem überschritten ist, eine ordentliche, verhaltensbedingte oder – jedenfalls bei Hinzutreten besonderer Umstände – sogar eine außerordentliche **Kündigung** rechtfertigen (LAG Mainz BeckRS 2007, 48219). Zur Beweisverwertung der erhobenen Nutzungsdaten → Anm. 10.

6. Erhebung der Verbindungsdaten bei Dienstgesprächen. Bei der Frage nach der Zulässigkeit arbeitgeberseitiger Telefonkontrolle kommt es darauf an, welche Gespräche abgehört werden und welche Daten im Einzelnen kontrolliert werden sollen. Zunächst ist maßgeblich, ob es sich um die Überwachung von Dienstgesprächen oder um die Überwachung (erlaubter) Privatnutzung handelt. Weiter hängt die Zulässigkeit entscheidend davon ab, was der Arbeitgeber kontrolliert. Bezieht sich die Kontrollmaßnahme auf den **Gesprächsinhalt**, so liegt selbst bei Dienstgesprächen grundsätzlich ein unzulässiger Eingriff in das Recht des Arbeitnehmers am eigenen Wort vor (ausführlich → Anm. 9). Dagegen steht dem Arbeitgeber bei der Erfassung bloßer **Verbindungsdaten** (Datum, Uhrzeit, Dauer etc.) vielfach eine Rechtfertigungsmöglichkeit kraft Betriebsvereinbarung, Einwilligung oder Gesetz zur Seite.

Der Arbeitgeber muss, um eine Abrechnung erstellen und die geführten Telefonate kontrollieren zu können, die **Verbindungsdaten** erfassen und nutzen. Dabei werden die Nummer des Telefonanschlusses des Arbeitnehmers, die Zielnummer, das Datum und die Uhrzeit des Telefonats sowie dessen Dauer gespeichert und gegebenenfalls ausgewertet. Bei automatisierten Telefonanlagen werden diese Daten automatisch bei jedem von dem Apparat eingeleiteten Anruf erfasst (*Mengel* BB 2004, 1445).

Bei **Dienstgesprächen** sind die Erhebung und Verarbeitung personenbezogener Daten der Arbeitnehmer datenschutzrechtlich unstreitig zulässig, wenn sie durch eine **Einwilligung** oder eine andere, dies **gestattende Rechtsvorschrift** i. S. v. § 4 BDSG erlaubt sind (präventives Verbot mit Erlaubnisvorbehalt, vgl. auch ArbG Kiel BeckRS 2001, 30833616). Nach der Rechtsprechung des BAG stellen die normativen Bestimmungen einer Betriebsvereinbarung eine andere Rechtsvorschrift i. S. d. § 4 Abs. 1 BDSG dar (BAG AP BetrVG 1972 § 87 Überwachung Nr. 15), so dass in Betriebsvereinbarungen zu Ungunsten der Arbeitnehmer von den Vorschriften des BDSG abgewichen werden kann (ArbG Kiel BeckRS 2001, 30833616; ErfKomm/*Kania* § 87 BetrVG Rn. 61).

Darüber hinaus ist die automatische Erfassung, Speicherung und Nutzung der Verbindungsdaten bei Diensttelefonaten nach § 32 Abs. 1 BDSG zulässig und wird auch von der Rechtsprechung wegen des **überwiegenden Interesses des Arbeitgebers** an der Kostenkontrolle und der Vermeidung von Missbrauch als grundsätzlich zulässig erachtet (BAG AP BetrVG 1972 § 87 Überwachung Nr. 15; *Ernst* NZA 2002, 585).

Die Rechtsprechung lässt bei dienstlichen Telefonaten ferner auch eine vollständige Erfassung der **Zielnummern** zu (BAG AP BetrVG 1972 § 87 Überwachung Nr. 15).

Kontrolleinrichtungen, die zur Datenerhebung und -verarbeitung eingesetzt werden, unterliegen der Mitbestimmung nach § 87 Abs. 1 Nr. 6 BetrVG.

7. Erhebung von Verbindungsdaten bei Privatgesprächen. Nach der bislang h. M. werden dem Arbeitgeber bei der Kontrolle von **Privatgesprächen** nicht nur durch das BDSG, sondern insbesondere auch durch das Telekommunikationssonderrecht Schranken gesetzt (zu dem Meinungsstreit → Anm. 1 sowie insb. → Form. C. II. 13 Anm. 1). Im Verhältnis zum Arbeitnehmer ist der Arbeitgeber nach dieser Auffassung an das **Fernmeldegeheimnis des § 88 TKG** gebunden (*Beckschulze/Henkel* DB 2001, 1491). Ohne **Einwilligung** ist die Datenverarbeitung danach nur erlaubt, sofern diese für die **Abrechnung** eines Telefonats **erforderlich** ist (s. ausführlich zur E-Mail-Nutzung und den unterschiedlichen Auffassungen zur erlaubten Privatnutzung → Form. C. II. 13 Anm. 1, 11, 14). Wegen der unterschiedlichen Gebührentarife ist die Speicherung der Verbindungsdaten jedenfalls den Unternehmen erlaubt, die die Telefonnutzung den Arbeitnehmern in Rechnung stellen. Arbeitgeber, die private Telefonate kostenfrei gestatten, bedürfen dagegen grundsätzlich einer ausdrücklichen Einwilligung der Arbeitnehmer.

Ebenfalls noch nicht höchstrichterlich entschieden ist, ob bei erlaubten Privatgesprächen der Mitarbeiter die **Zielnummern** vollständig gespeichert werden dürfen. Bislang waren hinsichtlich der Zielnummernerfassung lediglich dienstlich veranlasste Privatgespräche von Arbeitnehmern Gegenstand der Rechtsprechung; die vollständige Erfassung der Zielnummer wurde hier für zulässig erachtet (BAG AP BetrVG 1972 § 87

Überwachung Nr. 15). Ungeklärt ist, ob dies auch für reine Privatgespräche der Arbeitnehmer gilt (so *Grosjean* DB 2003, 2650). Um sicherzugehen, sollten die Zielnummern bei Privatgesprächen nur unvollständig erfasst werden (etwa durch Weglassen der letzten drei Ziffern) Die vollständige Zielnummer ist zur Abrechnung der Telefonate ohnehin nicht erforderlich, weil sich die Gebührenzone bereits aus dem Anfang der Rufnummer ergibt (*Thüsing*, Arbeitnehmerdatenschutz und Compliance, Rn. 332). Der Arbeitgeber, der dem Arbeitnehmer die Privattelefonate gestattet, sollte daher nur die gekürzte Rufnummer erfassen, speichern und auswerten (*Mengel* BB 2004, 1445).

8. Datenerhebung bei Dienstgesprächen des Betriebsrats. Der Arbeitgeber hat gemäß § 40 Abs. 1 BetrVG die erforderlichen Kosten des Betriebsrats, also auch dessen Telefonkosten, zu tragen. Erst die Kenntnis näherer Einzelheiten über die Telefonate ermöglicht dem Arbeitgeber die Prüfung der Frage, ob die vom Betriebsrat verursachten Telefonkosten tatsächlich erforderlich waren. Bei Telefonaten des Betriebsrats ist der Arbeitgeber daher jedenfalls berechtigt, **Zeitpunkt und Dauer** der Gespräche zu speichern (BAG AP BetrVG 1972 § 87 Überwachung Nr. 15).

Unklar ist lediglich, ob der Arbeitgeber auch zur Erfassung und Speicherung der **Zielnummern** berechtigt ist. Bei Ferngesprächen eines **Personalrats** hat das BAG jedenfalls die vollständige Speicherung der Zielnummer für zulässig erachtet, während dies bei Ortsgesprächen gegen das Behinderungsverbot des § 8 BPersVG verstoße (BAG DB 1991, 47). Zur Begründung führt das BAG das Sparsamkeitsgebot an. Zur Einhaltung dieses Gebots sei die beteiligte Dienststelle berechtigt zu kontrollieren, ob Ferngespräche tatsächlich nur im erforderlichen Umfang geführt würden. Ohne Erfassung der Zielnummern sei diese Kontrolle nicht möglich. Anderes gelte aber für Ortsgespräche, die Kosten in vergleichbarer Höhe nicht verursachten.

Da § 78 Abs. 1 BetrVG auch privaten Arbeitgebern die Behinderung der Betriebsratstätigkeit verbietet, spricht vieles dafür, dass die Rechtsprechung jedenfalls die vollständige Zielnummernspeicherung bei **Ortsgesprächen** für unzulässig erachten wird.

9. Kontrolle des Gesprächsinhalts. Das **Mithören** oder gar die **Aufzeichnung** von Telefonaten – gleich ob dienstlichen oder privaten Ursprungs – sind grundsätzlich **unzulässige Eingriffe** in das Recht des Arbeitnehmers am eigenen Wort, sowie in das Fernmeldegeheimnis (BAG NZA 1998, 307; *Thüsing*, Arbeitnehmerdatenschutz und Compliance, Rn. 330). Das arbeitgeberseitige Interesse an einer Missbrauchs- und Kostenkontrolle kann den Eingriff in das Persönlichkeitsrecht des Arbeitnehmers grundsätzlich nicht rechtfertigen.

Etwas anderes kann nur dann gelten, wenn der Arbeitgeber aus anderen Gründen, wie dem Schutz der Geschäfts- und Betriebsgeheimnisse oder einer Leistungskontrolle des Arbeitnehmers handelt. Zu **Ausbildungszwecken** oder **dienstlichen Kontrollzwecken** ist daher die Überwachung durch Mithören ausnahmsweise zulässig, sofern diese Kontrolloption dem Arbeitnehmer bekannt ist (*Ernst* NZA 2002, 585). Auch in weiteren Ausnahmefällen, etwa um eine Beeinträchtigung der Funktionsfähigkeit des Unternehmens zu verhindern, kann das Arbeitgeberinteresse am Mithören und Aufzeichnen des Diensttelefonats überwiegen (LAG Berlin DB 1988, 1024; *Lindemann/Simon* BB 2001, 1950; *Mengel* BB 2004, 1445). In den meisten Fällen wird das Mithören oder Aufzeichnen von Dienstgesprächen allerdings aufgrund der Persönlichkeitsrechte des (externen) Gesprächspartners scheitern. Dem Gesprächspartner sollte daher die Möglichkeit gegeben werden, der Kontrollmaßnahme zu widersprechen (opt-out).

Bei **Privatgesprächen** sind dem Arbeitgeber hinsichtlich einer Kontrolle des Gesprächsinhalts die Hände vollständig gebunden. Bereits die bloße Kenntnisnahme, erst Recht aber die Speicherung oder gar die Nutzung des Gesprächsinhalts von Privatgesprächen der Arbeitnehmer ist grundsätzlich wegen Verstoßes gegen das allgemeine Persönlichkeitsrecht des Arbeitnehmers unzulässig (*Weißgerber* NZA 2003, 1005). Zwar wird teilweise vertreten, dass in extremen Ausnahmefällen eine Kontrolle in Betracht kommt, wenn die Interessen des Arbeitgebers eindeutig überwiegen, zum Beispiel zur – ausschließlich präventiven – Abwehr von Straftaten oder bei Verrat von Geschäftsgeheimnissen (*Oberwetter* NZA 2008, 609). Gesicherte Rechtsprechung zu diesem Ausnahmetatbestand existiert jedoch nicht, so dass weiterhin davon abgeraten werden muss, den Inhalt von Privatgesprächen zu kontrollieren.

10. Rechtsfolgen einer unzulässigen Kontrolle. Unzulässige Kontrollen der dienstlichen und privaten Telefongespräche verletzen den Arbeitnehmer in seinem Persönlichkeitsrecht und können **zivil-** und gegebenenfalls sogar **strafrechtliche Konsequenzen** für den Arbeitgeber nach sich ziehen. Insbesondere bei schweren Verletzungen der zulässigen Kontrollgrenzen, also vor allem bei der unzulässigen Kontrolle von Kommunikationsinhalten, kann dem Arbeitnehmer ein **Schadenersatz- und Schmerzensgeldanspruch** gemäß §§ 280 Abs. 1, 241 Abs. 2 i. V. m. §§ 249, 253 Abs. 1 BGB zustehen (*Mengel* BB 2004, 1445). In jedem Fall hat der Arbeitnehmer einen Anspruch auf **Beseitigung** und zukünftige **Unterlassung** unzulässiger Kontrollmaßnahmen gemäß §§ 862, 1004 BGB. Unzulässige inhaltliche Kontrollen können sogar nach § 201 StGB **strafbar** sein.

Für die rechtliche Bewertung, ob ein rechtswidrig erlangtes **Beweismittel** im Zivil- oder Arbeitsgerichtsprozess verwertbar ist, gelten folgende Regeln: Grundsätzlich ist zwischen der Erlangung eines Beweismittels und dessen Verwertbarkeit zu unterscheiden (vgl. insb. BAG NZA 2003, 432). Die Rechtwidrigkeit der Erlangung führt allein noch nicht zur Unverwertbarkeit. Erst wenn durch die „. . . . . . Verwertung einer rechtswidrig erlangten Information oder eines Beweismittels ein **erneuter bzw. perpetuierender Eingriff in rechtlich erheblich geschützte Positionen** der anderen Prozesspartei erfolgt, kann ein prozessuales Verbot einer Verwertung in Betracht kommen . . . . . .“ (BAG NJW 2008, 2732). Ob ein Beweisverwertungsverbot vorliegt, muss also in jedem Einzelfall geprüft werden. Die vieldiskutierte Frage, ob die Verletzung betriebsverfassungsrechtlicher Normen ebenfalls zu einem Beweisverwertungsverbot führt, ist mit dem Urteil des BAG vom 13.12.2007 (NJW 2008, 2732) weitestgehend beantwortet. Ein Verwertungsverbot wird danach weder durch die Verletzung von Mitbestimmungsrechten noch durch die Nichteinhaltung einer Betriebsvereinbarung und deren Verfahrensregelungen begründet. Laut BAG „. . . . . . sprechen schon erhebliche systematische Argumente gegen die Annahme eines Beweisverwertungsverbots im Falle von bloß mitbestimmungswidrig erlangten Informationen oder Beweismitteln . . . . . .“ (BAG NJW 2008, 2732, 2734). Neben der rechtswidrigen Erlangung bedarf es also in jedem Fall einer zusätzlichen Verletzung einer verfassungsrechtlich geschützten Position des Prozessgegners (*Dzida/Grau* NZA 2010, 1201). Sollte die Betriebsvereinbarung jedoch im Falle des Verstoßes gegen Nutzungs- und Auswertungsregelungen in der Betriebsvereinbarung selbst die Unverwertbarkeit anordnen, so können die so gewonnenen Informationen nicht genutzt werden, um die Position des Arbeitgebers zu stützen (LAG Berlin-Brandenburg NZA-RR 2010, 347).

11. Kosten der Privatnutzung. Die Kostentragung der privaten Telefonnutzung durch den Arbeitgeber ist längst zur Regel geworden. Die durch die Separation der Privattelefonate verursachten Kosten übersteigen oftmals die Summe der reinen Telefonkosten, soweit überhaupt neben Flatrates Einzelverbindungen abgerechnet werden. Dennoch kann es sich im Einzelfall empfehlen, die Kosten der Privatnutzung den Arbeitnehmern aufzuerlegen, um die Erfassung der Verbindungsdaten zu ermöglichen (→ Anm. 7). Auch dann erscheint es sinnvoll, auf die Kostenerhebung unterhalb eines gewissen Schwellenwertes zu verzichten. Da die Gestattung der privaten Telefonate Mitbestimmungsrechte des Betriebsrates nicht auslöst, ist auch die Gestattung unter der Bedingung einer Kostentragung oder -beteiligung mitbestimmungsfrei (*Dickmann* NZA 2003, 1009).

12. Freiwilligkeit. Wie dargelegt ist der Arbeitgeber in seiner Entscheidung, ob und wenn ja innerhalb welcher Grenzen den Arbeitnehmern private Telefonate gestattet sind, frei (*Mengel* BB 2004, 1445). Spiegelbildlich dazu kann der Arbeitgeber die Erlaubnis unter einen **Freiwilligkeitsvorbehalt** stellen.

13. Inkrafttreten und Kündigung. → Form. C. II. 1 Anm. 15.

14. Schlussbestimmungen. → Form. C. II. 1 Anm. 16.

15. Datenschutz

Betriebsvereinbarung über Datenschutz[1]

zwischen

...... (Name und Anschrift des Arbeitgebers) „Gesellschaft"

und

Betriebsrat des Betriebs ...... der ...... (Name des Arbeitgebers) „Betriebsrat" *(Alternative: Gesamtbetriebsrat/Konzernbetriebsrat)*

Präambel

Die Betriebsparteien wollen die Mitarbeiter davor schützen, dass diese durch den Umgang mit ihren personenbezogenen Daten in ihrem Persönlichkeitsrecht verletzt werden. Diese Betriebsvereinbarung regelt die technischen und organisatorischen Anforderungen, die an einen effektiven Datenschutz zu stellen sind.

§ 1 Geltungsbereich[2]

(1) Diese Betriebsvereinbarung gilt in persönlicher Hinsicht für alle Arbeitnehmer des Betriebs ...... der Gesellschaft („Mitarbeiter"), einschließlich der auf einem Telearbeitsplatz Beschäftigten, mit Ausnahme der leitenden Angestellten i.S.d. § 5 Abs. 3 BetrVG.

(2) Die Betriebsvereinbarung gilt in sachlicher Hinsicht für das Erheben, Verarbeiten und Nutzen von Personalinformationen.

§ 2 Begriffsbestimmungen[3]

(1) Personalinformationen sind Angaben, die sich auf den nach § 1 Abs. (1) dieser Betriebsvereinbarung geschützten Personenkreis beziehen oder auf diesen bezogen werden können, gleichgültig ob diese unter Anwendung von Informationssystemen oder durch nicht automatisierte Verfahren erhoben, verarbeitet oder genutzt werden.

(2) Informationssysteme sind EDV-Systeme.

(3) EDV-Systeme sind alle Hard- und Softwarekomponenten, die dazu geeignet sind, Personalinformationen zu erheben, zu verarbeiten oder zu nutzen.

(4) Datenträger sind alle Medien, auf denen Personalinformationen gesammelt werden.

(5) Erheben ist das Beschaffen von Personalinformationen.

(6) Verarbeiten ist das Speichern, Verändern, Übermitteln, Sperren und Löschen von Personalinformationen.

a) Speichern ist das Erfassen, Aufnehmen oder Aufbewahren von Personalinformationen auf einem Datenträger zum Zwecke der weiteren Verarbeitung oder Nutzung.

b) Verändern ist das inhaltliche Umgestalten gespeicherter Personalinformationen.

c) Übermitteln ist die Bekanntgabe gespeicherter oder durch Verarbeitung gewonnener Personalinformationen an Dritte.

d) Sperren ist das Kennzeichnen der Personalinformationen, um ihre weitere Verarbeitung oder Nutzung einzuschränken.

e) Löschen ist das Unkenntlichmachen von Personalinformationen.

(7) Nutzen ist jede Verwendung von Personalinformationen, soweit es sich nicht um Verarbeitung handelt.

(8) Im Übrigen gelten die Begriffsbestimmungen des Bundesdatenschutzgesetzes.

§ 3 Grundsätze[4]

(1) Die Gesellschaft wird so wenige Personalinformationen wie möglich erheben, verarbeiten und nutzen (Grundsatz der Datensparsamkeit). Sie wird von den Möglichkeiten der Anonymisierung und Pseudonymisierung Gebrauch machen, soweit dies möglich ist und der Aufwand in einem angemessenen Verhältnis zu dem angestrebten Schutzzweck steht.

(2) Die Gesellschaft wird technische und organisatorische Maßnahmen zur Gewährleistung der Datensicherheit treffen (Grundsatz der Datensicherheit). Dies umfasst Maßnahmen zur Zutritts-, Zugangs-, Zugriffs-, Weitergabe-, Eingabe-, Auftrags- und Verfügbarkeitskontrolle sowie zur getrennten Verarbeitung von zu unterschiedlichen Zwecken erhobenen Daten.

§ 4 Verwendung von Personalinformationen[5]

(1) Das Erheben, Speichern, Verändern, Übermitteln oder Nutzen von Personalinformationen ist nur zulässig,

a) wenn dies nach Begründung des Beschäftigungsverhältnisses für dessen Durchführung oder Beendigung erforderlich ist. Dies ist insbesondere der Fall, wenn Zwecke der Lohn- und Gehaltsabrechnung, der Einsatzplanung, der Zeiterfassung, der Personalverwaltung (insbesondere zur Abwicklung zusätzlicher Vergütungssysteme), der Personalplanung, der Personalentwicklung und des Personalberichtswesens dies erfordern oder wenn ein Gesetz die Datenverarbeitung (etwa aus steuerlichen oder sozialversicherungsrechtlichen Gründen) vorschreibt. Ferner ist es zulässig, Daten zum Zwecke einer vorhersehbaren Wiedervorlage (wie etwa bei Zeitablauf oder Zweckerreichung einer Befristung) zu erheben und zu speichern,

b) wenn dokumentierte Tatsachen den Verdacht begründen, dass der Mitarbeiter im Beschäftigungsverhältnis eine Straftat begangen hat, das Ziel der Datenverwendung zur Aufklärung der Straftat im Hinblick auf die eingesetzten Mittel nicht außer Verhältnis steht und das schutzwürdige Interesse des Betroffenen an dem Ausschluss der Verarbeitung oder Nutzung nicht überwiegt,

c) soweit dies zur Wahrung berechtigter Interessen der Gesellschaft erforderlich ist und kein Grund zu der Annahme besteht, dass das schutzwürdige Interesse der Mitarbeiter an dem Ausschluss der Verarbeitung oder Nutzung überwiegt,

d) wenn die Personalinformationen allgemein zugänglich sind oder die Gesellschaft sie veröffentlichen dürfte, es sei denn, dass das schutzwürdige Interesse des Mitarbeiters an dem Ausschluss der Verarbeitung oder Nutzung gegenüber dem berechtigten Interesse der Gesellschaft offensichtlich überwiegt,

e) soweit dies aufgrund einer Rechtsvorschrift zulässig ist oder

f) soweit der Mitarbeiter eingewilligt hat.

(2) Das Erheben, Speichern, Verändern, Übermitteln oder Nutzen von Personalinformationen über rassische und ethnische Herkunft, politische Meinungen, religiöse oder philosophische Überzeugungen, Gewerkschaftszugehörigkeit oder Sexualleben ist ausgeschlossen.

(3) Das Erheben, Speichern, Verändern, Übermitteln und Nutzen von Personalinformationen mit medizinischem oder psychologischem Inhalt ist nur mit Zustimmung des Mitarbeiters oder aufgrund einer Rechtsvorschrift zulässig. Unberührt bleibt die Verwendung anonymisierter Daten, insbesondere zu Zwecken des Gesundheitsschutzes und der Unfallverhütung.

(4) Die Gesellschaft ist jederzeit berechtigt, im Wege eines Personalfragebogens Personalinformationen zu der Betriebszugehörigkeit, dem Lebensalter, den Unterhaltspflichten und der Schwerbehinderung der Mitarbeiter zu erheben.

(5) Beschäftigtendaten dürfen zwischen rechtlich selbständigen Unternehmen i.S.d. § 15 AktG übermittelt werden, soweit dies zur Wahrung eines sich aus der Konzernzugehörigkeit ergebenden berechtigten Interesses erforderlich ist und kein Grund zu der Annahme besteht, dass das schutzwürdige Interesse des Beschäftigten an dem Ausschluss der Übermittlung überwiegt. Zulässig ist die Übermittlung insbesondere zum Zweck der Teilnahme an Vergütungssystemen (z.B. Aktienoptionsplänen oder Bonussystemen) sowie für die konzernweite Personalplanung (z.B. zu Einstellungszwecken) und die konzernweite Personaleinsatzplanung (z.B. zu Entsendungszwecken).

§ 5 Zugriffsberechtigung[6]

(1) Das Erheben, Verarbeiten und Nutzen von Personalinformationen erfolgt ausschließlich durch die Zugriffsberechtigten.

(2) Zugriffsberechtigte sind die Geschäftsleitung, die Mitarbeiter der Personalabteilung sowie die Betriebsverantwortlichen. Betriebsverantwortliche sind alle Mitarbeiter, zu deren Aufgaben es gehört, die bestimmungsgemäße Nutzung von EDV-Systemen zu gewährleisten. Hierzu zählen insbesondere die Einrichtung sowie die Überwachung der EDV-Systeme und EDV-Geräte einschließlich der Betriebssicherheit sowie die Untersuchung von Störungen und deren Behebung. Die Geschäftsleitung und der Leiter der Personalabteilung sind darüber hinaus berechtigt, Zugriffsberechtigungen zu erteilen (und hierdurch weitere Zugriffsberechtigte zu benennen), soweit dies für die Zwecke der Datenverarbeitung gemäß § 4 erforderlich ist.

(3) Die Zugriffsberechtigten erhalten jeweils nur Zugang zu Personalinformationen, soweit dies zur Erfüllung ihrer Aufgaben notwendig ist.

(4) Bei dem Verarbeiten von Personalinformationen durch die Zugriffsberechtigten ist zu gewährleisten, dass nachträglich überprüft und festgestellt werden kann, welcher Zugriffsberechtigte zu welcher Zeit welche Verarbeitungen vorgenommen hat.

(5) Die Zugriffsberechtigten unterliegen dem Datengeheimnis sowie der Pflicht zur Verschwiegenheit hinsichtlich aller Personalinformationen. Sie sind bei der Aufnahme ihrer Tätigkeit durch die Gesellschaft auf das Datengeheimnis zu verpflichten. Dies gilt entsprechend für die Mitglieder des Betriebsrats.

§ 6 Informationssysteme[7]

(1) Sämtliche im Betrieb eingesetzten Informationssysteme werden unter Angabe der verwendeten Version in einer Datei aufgelistet. Die Datei ist durch Passwort zu schützen. Sie wird monatlich aktualisiert.

(2) Informationssysteme sind nur mit einem Benutzerkennwort und einem Passwort zugänglich, das ausschließlich den Zugriffsberechtigten für das ihnen jeweils zugewiesene Informationssystem mitgeteilt wird. Sie sind mit einer automatischen Abschaltungsvorrichtung bei dreifacher fehlerhafter Eingabe des Passworts zu versehen.

(3) Personalinformationen dürfen ausschließlich auf EDV-Geräten verarbeitet werden, die mit Zugriffsschutz versehen sind.

(4) Es ist durch geeignete Maßnahmen sicherzustellen, dass Zutritt zu Serverräumen ausschließlich die Betriebsverantwortlichen sowie Dritte in deren Anwesenheit haben.

(5) Für jedes Informationssystem benennt die Gesellschaft einen Systemverantwortlichen. Er dient als Ansprechpartner für alle technischen Fragen, die sich im Zusammenhang mit dem Einsatz des jeweiligen Informationssystems ergeben.

§ 7 Dritte[8]

Werden externe Dritte mit dem Verarbeiten von Personalinformationen beauftragt, stellt die Gesellschaft sicher, dass diese das Bundesdatenschutzgesetz und andere Vorschriften über den Datenschutz einschließlich dieser Betriebsvereinbarung einhalten.

§ 8 Datenschutzbeauftragter[9]

(1) Die Gesellschaft bestellt nach Erörterung mit dem Betriebsrat einen Datenschutzbeauftragten. Über die zu bestellende Person wird die Gesellschaft den Betriebsrat vorab informieren und mit diesem mit dem ernsthaften Ziel einer Einigung beraten. Der Betriebsrat ist berechtigt Gegenvorschläge zu unterbreiten. Kommt eine Einigung nicht zustande, entscheidet die Gesellschaft über die zu bestellende Person.[10]

(Alternative:

(1) Die Gesellschaft und der Betriebsrat bestellen gemeinsam einen Datenschutzbeauftragten. Kommt eine Einigung über die Person des Datenschutzbeauftragten nicht zustande, entscheidet die Einigungsstelle.)

(2) Zum Datenschutzbeauftragten darf nur bestellt werden, wer die zur Erfüllung seiner Aufgaben erforderliche Fachkunde und Zuverlässigkeit besitzt.[11]

(3) Die Bestellung erfolgt unbefristet. Sie kann von der Gesellschaft jederzeit aus wichtigem Grund widerrufen werden.[12]

(4) Der Datenschutzbeauftragte untersteht unmittelbar der Geschäftsleitung.[13] Er unterliegt bei der Anwendung seiner Fachkunde auf dem Gebiet des Datenschutzes keinen Weisungen.[14]

(5) Der Datenschutzbeauftragte darf wegen der Erfüllung seiner Aufgaben auf dem Gebiet des Datenschutzes nicht benachteiligt werden. Er darf insbesondere hinsichtlich seines beruflichen Fortkommens nicht benachteiligt werden.[15]

(6) Der Datenschutzbeauftragte wirkt auf die Einhaltung des Bundesdatenschutzgesetzes und anderer Vorschriften über den Datenschutz im Betrieb der Gesellschaft hin. Zu seinen Aufgaben gehört es auch, die Einhaltung der Regelungen dieser Betriebsverein-

barung zu überwachen. Eine allgemeine Befugnis zur Überwachung der Einhaltung der Mitbestimmungsrechte des Betriebsrats steht dem Datenschutzbeauftragten nicht zu.[16]

(7) Die Gesellschaft unterstützt den Datenschutzbeauftragten bei der Erfüllung seiner Aufgaben und stellt ihm die hierzu erforderlichen Informationen zur Verfügung. Um dem Datenschutzbeauftragten seine Fachkunde zu erhalten, ermöglicht und finanziert die Gesellschaft die erforderlichen Maßnahmen zur Fort- und Weiterbildung.

(8) Tätigkeitsberichte und Stellungnahmen, die der Datenschutzbeauftragte der Gesellschaft vorlegt, werden unverzüglich an den Betriebsrat weitergeleitet, es sei denn, dem stehen gewichtige betriebliche Interessen entgegen.

(9) Der Datenschutzbeauftragte fungiert als interner Sachverständiger des Betriebsrats in allen Fragen des betrieblichen Datenschutzes. Die Hinzuziehung externer Sachverständige durch den Betriebsrat kommt nur in Ausnahmefällen in Betracht.

§ 9 Rechte der Mitarbeiter

(1) Jeder Mitarbeiter erhält auf Verlangen einmal jährlich unentgeltlich eine Auflistung aller über ihn in Informationssystemen gespeicherten Personalinformationen. § 83 BetrVG bleibt hiervon unberührt. Die Auflistung hat die Art der gespeicherten Daten, die Zweckbestimmung ihrer Erhebung, die Art ihrer Verarbeitung, die Erhebungs- und Verarbeitungsstelle sowie externe Dritte, an die die Daten weitergegeben worden sind, zu enthalten.

(2) Personalinformationen werden auf Verlangen des Mitarbeiters innerhalb von 14 Tagen gelöscht, berichtigt oder ergänzt, sofern der Mitarbeiter die Unrichtigkeit oder Unvollständigkeit nachweist. Personalinformationen nach vorstehendem § 4 Abs. (2) und (3) sind in jedem Falle unverzüglich zu löschen.

(3) Bestehen Unstimmigkeiten zwischen der Gesellschaft und dem Mitarbeiter über die Richtigkeit der Personalinformationen, werden diese auf Verlangen des Mitarbeiters bis zum Nachweis der Richtigkeit gesperrt.

§ 10 Rechte des Betriebsrats

(1) Die Gesellschaft wird den Betriebsrat über alle im Betrieb eingesetzten Informationssysteme umfassend informieren. Die Information umfasst

a) eine Beschreibung des Informationssystems nach Zielsetzung, Aufbau und Funktionsweise,

b) ein Verzeichnis aller zu erfassenden Personalinformationen und

c) eine Darstellung der vorgesehenen Auswertungen mit Angaben zum Verwendungszweck.

(2) Über Änderungen der eingesetzten Informationssysteme und die Einführung neuer Informationssysteme wird die Gesellschaft den Betriebsrat rechtzeitig und umfassend informieren und mit diesem beraten.

(3) Der Betriebsrat überwacht in Abstimmung mit dem Datenschutzbeauftragten die Einhaltung dieser Betriebsvereinbarung. Hierzu ist er berechtigt, die Zugriffsberechtigten zu befragen.

§ 11 Inkrafttreten, Kündigung[17]

§ 12 Schlussbestimmungen[18]

(1) Diese Betriebsvereinbarung löst alle eventuellen vorherigen Betriebsvereinbarungen über den Datenschutz, insbesondere . . . . . . ab.

(2) Mündliche Nebenabreden bestehen nicht. Änderungen oder Ergänzungen dieser Betriebsvereinbarung, einschließlich dieser Bestimmung, bedürfen zu ihrer Wirksamkeit der Schriftform.

(3) Sollte eine Bestimmung dieser Betriebsvereinbarung ganz oder teilweise unwirksam sein oder werden, so wird hiervon die Wirksamkeit der übrigen Bestimmungen nicht berührt. Anstelle der unwirksamen Bestimmung werden die Betriebsparteien die gesetzlich zulässige Bestimmung vereinbaren, die dem mit der unwirksamen Bestimmung Gewollten wirtschaftlich am nächsten kommt. Dasselbe gilt für den Fall einer vertraglichen Lücke.

(4) Diese Betriebsvereinbarung steht unter dem Vorbehalt etwaiger ablösender – auch freiwilliger – Betriebsvereinbarungen.

(5) Sollten sich die dieser Betriebsvereinbarung zugrunde liegenden tatsächlichen oder rechtlichen Bedingungen grundlegend ändern, so werden die Betriebsparteien unverzüglich in Verhandlungen treten mit dem Ziel, die Betriebsvereinbarung an die geänderten Bedingungen anzupassen.

. . . . . . Ort, Datum	. . . . . . Ort, Datum
. . . . . . Unterschrift der Gesellschaft	. . . . . . Unterschrift des Betriebsratsvorsitzenden

Anmerkungen

1. Regelungsinhalt. In keinem anderen Bereich des privaten Rechtsverkehrs wird eine ähnlich große Menge personenbezogener Daten verarbeitet wie im Arbeitsverhältnis. Der Arbeitgeber benötigt eine Fülle von Informationen über die Arbeitnehmer für die Personalverwaltung und die Personalplanung. Auch zahlreiche gesetzliche Melde- und Auskunftspflichten machen die Kenntnis einer Vielzahl von Personaldaten erforderlich. Ergänzend zur EDV-Rahmenbetriebsvereinbarung (→ Form. C. II. 12) dient das Formular dazu, dem **Schutzauftrag von Arbeitgeber und Betriebsrat gemäß § 75 Abs. 2 BetrVG** im Hinblick auf das Recht des Arbeitnehmers auf informationelle Selbstbestimmung gerecht zu werden. Darüber hinaus enthält die Betriebsvereinbarung – auf freiwilliger Basis – Regelungen zur **Bestellung des Datenschutzbeauftragten** (§§ 4f und 4g BDSG).

2. Geltungsbereich. Der **persönliche** Geltungsbereich der Betriebsvereinbarung ist auf (aktive) Arbeitnehmer beschränkt. Für Bewerber gilt ergänzend § 32 Abs. 1 S. 1 BDSG. Der **sachliche** Geltungsbereich erstreckt sich auf Personalinformationen i. S. d. Begriffsbestimmung gemäß § 2 Abs. (1). Damit erfasst die Betriebsvereinbarung – über § 1 Abs. 2 Nr. 3 BDSG hinaus – nicht nur die Verarbeitung von Daten in oder aus Dateien. Auch Personalinformationen, die in Akten enthalten sind, die den Dateibegriff nicht erfüllen, werden in den Geltungsbereich einbezogen (vgl. auch § 32 Abs. 2 BDSG).

3. Begriffsbestimmungen. S. § 3 BDSG und → Form. C. II. 12 Anm. 5.

4. Grundsätze. Das Formular folgt den Grundgedanken des BDSG über die **Datensparsamkeit (§ 3a BDSG) und Datensicherheit.**

5. Verwendung von Personalinformationen. Die Verwendung von Personalinformationen ist insbesondere zulässig, wenn dies für die Durchführung des Beschäftigungsverhältnisses oder für dessen Beendigung erforderlich ist. Mit der Schaffung des für die Verarbeitung von Beschäftigtendaten maßgeblichen § 32 BDSG im Jahr 2009 (ausführlich zur Neufassung des BDSG → Form. C. II. 12 Anm. 1) hat der Gesetzgeber, ungeachtet des insofern irreführenden Wortlauts, keine inhaltlichen Veränderungen oder Einschränkungen bewirken, sondern lediglich die bestehende Rechtsprechung kodifizieren wollen (BT-Drucks. 16/13657 S. 27 f.; *Wybitul* ZD 2012, 1,1).

Kommt das Arbeitsverhältnis im Anschluss an die Bewerbungsphase nicht zustande, entfällt nach bisheriger Ansicht des BAG der Speicherungszweck, weshalb die Daten zu löschen sind (BAG NJW 1984, 2910). Dies kann jedoch nach den Beweisregelungen des AGG heute nicht mehr aufrechterhalten werden. Solange Entschädigungsansprüche von Bewerbern geltend gemacht werden können, besteht zumindest ein berechtigtes Interesse der Gesellschaft i. S. d. § 4 Abs. (1) a) der Betriebsvereinbarung.

Im Übrigen liegt die Speicherung von Personalinformationen im Rahmen der Zweckbestimmung des Arbeitsverhältnisses, wenn ein **unmittelbarer Zusammenhang** zwischen der Speicherung und der Durchführung des Vertrages besteht, wenn also die Daten für die Durchführung des Beschäftigungsverhältnisses erforderlich sind (BAG AP BDSG § 23 Nr. 2). Zulässig ist unter anderem die Speicherung folgender Daten:

- Angaben zur Person (Name, Alter, Geschlecht, Familienstand, Ausbildung, Sprachkenntnisse),
- Beurteilungen,
- Krankheits- und sonstige Fehlzeiten,
- Medizinische und psychologische Befunde, wenn sie von unmittelbarer Relevanz für die konkrete Tätigkeit sind. Zu beachten ist, dass Daten über den Gesundheitszustand zu den sensiblen Daten i. S. v. § 3 Abs. 9 BDSG zählen, die eines erhöhten Schutzes bedürfen.
- Angaben über Telefongespräche zur Kosten- und Wirtschaftlichkeitskontrolle, die eine Identifizierung des Arbeitnehmers nicht ermöglichen (Simitis/*Seifert* § 32 Rn. 88).

Zu den **Rechtsvorschriften**, die die Verwendung von Daten zulässig machen, gehören nicht nur die Bestimmungen des BDSG sondern – im Rahmen der grundgesetzlichen Wertungen – auch der normative Teil von Tarifverträgen und Betriebsvereinbarungen (BAG AP BetrVG 1972 § 87 Überwachung Nr. 15).

Da § 32 BDSG zum Verwendungszweck lediglich vage Vorgaben trifft, empfiehlt sich eine – nicht abschließende – Auflistung zulässiger Datenverarbeitungen in die Betriebsvereinbarung aufzunehmen, wie hier in § 4 Abs. (1) a) geschehen. Ferner ist es notwendig, eine klare Regelung über die Zulässigkeit konzerninterner Datenübermittlungen zu treffen, da Konzernunternehmen „Dritte" i. S. d. BDSG sind und die Weitergabe personenbezogener Daten an Konzernunternehmen einer besonderen Rechtfertigung bedarf. Das Formular sieht in § 4 Abs. (5) insoweit zulässige Datenverarbeitungen vor.

6. Zugriffsberechtigung. Öffentliche und nicht-öffentliche Stellen, die personenbezogene Daten erheben, verarbeiten oder nutzen, haben die technischen und organisatorischen Maßnahmen, die zur Ausführung des BDSG erforderlich sind, zu treffen (§ 9 BDSG). Nach Nr. 3 der Anlage zu § 9 BDSG gehört hierzu insbesondere die **Zugriffskontrolle.** Diese soll gewährleisten, dass die zur Benutzung eines EDV-Systems Berechtigten ausschließlich auf die ihrer jeweiligen Zugriffsberechtigung unterliegenden Daten zugreifen können und dass personenbezogene Daten nicht unbefugt gelesen, kopiert, verändert oder entfernt werden können.

Wie alle Personen, die mit personenbezogenen sowie mit personenbeziehbaren Daten in Berührung kommen, unterliegen auch die Zugriffsberechtigten dem **Datengeheimnis.** Vor Aufnahme ihrer Tätigkeiten sind sie auf die Verpflichtung schriftlich hinzuweisen (→ Form. A. IV. 4).

7. EDV-Systeme. Die Regelung trägt insbesondere den Anforderungen an eine **Zutrittskontrolle** (Nr. 1 der Anlage zu § 9 BDSG) und **Zugangskontrolle** (Nr. 2 der Anlage zu § 9 BDSG) Rechnung.

8. Dritte. Im Falle einer Datenweitergabe an Dritte, die sich im **Inland** befinden, gelten die Bestimmungen des BDSG auch beim Empfänger der Daten uneingeschränkt.

Problematischer gestaltet sich die Übermittlung von Daten an Dritte, die sich im **Ausland** befinden, wie beispielsweise die Weitergabe an die im Ausland befindliche Konzernmutter oder auch an eine im Ausland ansässige, rechtlich unselbständige Niederlassung eines inländischen Unternehmens zum Zwecke der konzernweiten Personalplanung oder zur Abwicklung der Lohnbuchhaltung. Denn hier ist nicht sichergestellt, dass dem BDSG entsprechende Schutzvorschriften existieren. Differenziert werden muss zwischen EU-Mitgliedsstaaten und Drittstaaten.

Die Vorschriften der §§ 28 bis 30a BDSG gelten auch für die Übermittlung von Daten in andere **EWR-Staaten** mit dem Ergebnis, dass eine grenzüberschreitende Auftragsdatenverarbeitung grundsätzlich möglich ist (§ 4b Abs. 1 Ziff. 1 und 2 BDSG, dazu *Gola/Wronka* 2.4.6 Rn. 293 ff.).

Die Übermittlung von Daten an **Drittstaaten** (d. h. Staaten außerhalb des EWR) ist nur dann zulässig, wenn der Drittstaat über ein angemessenes Datenschutzniveau verfügt (§ 4b Abs. 2 S. 2 BDSG). Für die **Schweiz, Kanada und Argentinien** hat die EU-Kommission entschieden, dass dies der Fall sei (*Gola/Schomerus* § 4b Rn. 14). Für die **USA** greift ein europäisches Abkommen mit dem US-Handelsministerium ein. Rechtsgrundlage ist eine Entscheidung der Europäischen Kommission vom 26.7.2000 (ABl. 2000 L 215/7). Danach dürfen Daten an ein Unternehmen mit Sitz in den USA übertragen werden, wenn sich das US-amerikanische Unternehmen den Grundsätzen des **safe harbor** unterworfen hat (www.export.gov/safeharbor) und zudem die an die Stelle in den USA zu übermittelnden Daten von der safe harbor-Zertifizierung des Empfängers erfasst werden (Beispiel: „HR data"). Anlässlich der verschiedenen Datenausspäh-Affären in den letzten Jahren – insbesondere diejenige, um das von dem US-amerikanischen Geheimdienst NSA geführte Überwachungsprogramm PRISM – ist die Anwendung des „safe harbor"-Abkommen zusehends in die Kritik geraten. Die Konferenz der Datenschutzbeauftragten des Bundes und der Länder hat die EU-Kommission aufgefordert, ihre Entscheidungen zum „safe harbor"-Abkommen mit den USA zu suspendieren und von der Bundesregierung eine Erklärung zur Sicherheit der Daten deutscher Bürger auf Grundlage dieses Abkommens verlangt (Pressemitteilung vom 24.7.2013 abrufbar unter www.bfdi.bund.de). Auf europäischer Ebene wird derzeit der Entwurf einer Datenschutz-Grundverordnung verhandelt, der die Anforderungen an die Übermittlung von Daten in Drittstaaten erschwert.

Neben den aufgezeigten Möglichkeiten zum Nachweis des geforderten Datenschutzniveaus erkennt die EU-Kommission außerdem sogenannte „Standardvertragsklauseln" zwischen dem Arbeitgeber und dem Empfänger der Daten im Drittstaat an.

9. Datenschutzbeauftragter. Bei Privatunternehmen greift das Prinzip der **innerbetrieblichen Selbstkontrolle** anstelle der staatlichen Kontrolle. Private Stellen sind verpflichtet, einen Datenschutzbeauftragten zu bestellen, wenn sie i. d. R. im Falle automatisierter Datenverarbeitung mindestens zehn oder im Falle herkömmlicher Verarbeitung mindestens zwanzig Arbeitnehmer ständig mit der Verarbeitung personenbezogener Daten betraut haben (§ 4f Abs. 1 S. 3 und 4 BDSG). Eine Unterscheidung zwischen Vollzeit- und Teilzeitarbeitnehmern erfolgt nicht (*Gola/Schomerus* § 4f Rn. 11). Die mit der elektronischen und der herkömmlichen Datenverarbeitung beschäftigten Arbeitnehmer werden nicht addiert (*Gola/Wronka* 2.2.1 Rn. 1462). Sind daher weniger als zehn bzw. zwanzig Mitarbeiter mit den jeweiligen Tätigkeiten beschäftigt, besteht keine Pflicht zur Bestellung eines Datenschutzbeauftragten (*Rudolf* NZA 1996, 296). Die betreffenden

Arbeitnehmer müssen dauerhaft beschäftigt werden. Der prozentuale Anteil der Arbeitszeit, der auf die Datenverarbeitung tatsächlich entfällt, ist allerdings unerheblich (*Gola/Schomerus* § 4f Rn. 11; Simitis/*Simitis* § 4f Rn. 23). Auf einen Datenschutzbeauftragten kann nach dem BDSG grundsätzlich nur in „**Kleinbetrieben**" verzichtet werden. Unabhängig von der Anzahl der bei der Datenverarbeitung beschäftigten Personen müssen alle Unternehmen einen Datenschutzbeauftragten bestellen, deren Datenverarbeitungsvorgänge mit besonderen Risiken für die Beschäftigten verbunden sind, etwa wenn das Unternehmen automatisierte Verarbeitungen vornimmt, die einer Vorabkontrolle unterliegen, oder personenbezogene Daten geschäftsmäßig verarbeitet werden (*Gola/Schomerus* § 4f Rn. 9; *Wybitul* MMR 2011, 372).

10. Bestellung. Der Datenschutzbeauftragte muss spätestens binnen **eines Monats** nach Eintritt der Voraussetzungen für seine Bestellung (→ Anm. 10) bestellt werden (*Gola/Schomerus* § 4f Rn. 15).

Datenschutzbeauftragter kann ein **Arbeitnehmer** oder aber auch ein **externer Dritter** sein. Vorteil der Bestellung eines Arbeitnehmers als sog. internen Datenschutzbeauftragten ist, dass diesem der Betrieb und die eingesetzten EDV-Systeme bekannt sind (*Gola/Schomerus* § 4f Rn. 17). Allerdings muss jeder (interne oder externe) Datenschutzbeauftragte die entsprechende Fachkunde besitzen. Bei Bestellung eines internen Datenschutzbeauftragten muss der Arbeitgeber daher erforderliche Fort- und Weiterbildungsveranstaltungen ermöglichen und bezahlen (→ Anm. 11). Zudem genießt der interne Datenschutzbeauftragte Sonderkündigungsschutz (→ Anm. 12).

Dagegen kann sich die Beauftragung eines externen Datenschutzbeauftragten in konzernangehörigen Unternehmen anbieten. Hier können Kosten durch die Bestellung nur eines oder weniger Datenschutzbeauftragter für alle konzernangehörigen Unternehmen gespart werden.

Nicht zum internen Datenschutzbeauftragten bestellt werden kann der **Leiter der EDV-Abteilung**; dies liefe dem Schutzauftrag des Datenschutzbeauftragten zuwider (Simitis/*Simitis* § 4f Rn. 100). Auch Organmitglieder scheiden als interne Datenschutzbeauftragte aus sowie alle Personen, die sich als Datenschutzbeauftragte notgedrungen selbst kontrollieren müssten, wie zum Beispiel Filial- oder Vertriebsleiter (ErfKomm/*Wank* § 4f BDSG Rn. 4). Die Bestellung eines **Betriebsratsmitglieds** zum Datenschutzbeauftragten hat das BAG dagegen für grundsätzlich zulässig erachtet (BAG NZA 2011, 1036). Dass der interne Datenschutzbeauftragte Kontroll- und Überwachungsbefugnisse gegenüber dem Arbeitgeber hat, führe nicht zur Inkompatibilität beider Ämter. Andere sehen in der Koppelung des Betriebsratsamts mit dem Amt als Datenschutzbeauftragter eine Vermischung der hierarchischen Eingliederung beider Positionen, die zu Interessenkonflikten führen könne (Simitis/*Simitis* § 4f Rn. 108; *Dzida/Kröpelin* NZA 2011, 1018 mit zahlreichen weiteren Nachweisen; a.A. *Gola/Schomerus* § 4f Rn. 28).

Die Bestellung zum Datenschutzbeauftragten hat **schriftlich** zu erfolgen. Ihr kommt konstitutive Wirkung zu (Simitis/*Simitis* § 4f Rn. 59). Ein **Mitbestimmungsrecht** des Betriebsrats bei der Bestellung besteht nicht (Simitis/*Simitis* § 4f Rn. 65). Allerdings sollte der Betriebsrat – wie in dem Formular vorgesehen – in die Bestellung mit einbezogen werden; dies erhöht die Akzeptanz des Datenschutzbeauftragten beim Betriebsrat, vor allem, wenn der Datenschutzbeauftragte i.d.R. der Sachverständige des Betriebsrats bei Datenschutzfragen sein soll.

Im Übrigen ist der Betriebsrat im Rahmen der – von der Übertragung des Amtes zu trennenden – **Einstellung** des Arbeitnehmers, der die Funktion des Datenschutzbeauftragten wahrnehmen soll, ohnehin nach § 99 Abs. 1 S. 1 BetrVG zu beteiligen. Werden einem bereits bei der Gesellschaft tätigen Mitarbeiter die Aufgaben des Datenschutzbeauftragten übertragen, kommt – abhängig von der Bedeutung der Aufgabe im Verhältnis zu seiner sonstigen Tätigkeit – eine **Versetzung** in Betracht. Dies ist jedenfalls der

Fall, wenn die Aufgabe von der ursprünglich arbeitsvertraglich geschuldeten Tätigkeit im Regelfall derart abweicht, dass die Zuweisung nicht mehr vom Direktionsrecht des Arbeitgebers gedeckt ist (LAG München BB 1979, 1092; *Rudolf* NZA 1996, 296).

Der **Betriebsrat** kann die Zustimmung zu einer beabsichtigten Versetzung eines Arbeitnehmers auf einen Arbeitsplatz als Datenschutzbeauftragter gemäß § 99 BetrVG mit der Begründung **verweigern**, der Arbeitnehmer besitze nicht die von § 36 Abs. 2 BDSG geforderte Fachkunde und Zuverlässigkeit. § 36 Abs. 2 BDSG ist eine gesetzliche Vorschrift i. S. d. § 99 BetrVG (BAG NZA 1994, 1049). Bedenken könnten sich etwa ergeben, wenn der Arbeitnehmer neben seiner Aufgabe als Datenschutzbeauftragter Tätigkeiten ausübt, die mit seiner Kontrollfunktion unvereinbar sind, weil sie ihn in einen Interessenkonflikt geraten lassen können (LAG Hamm ZD 2012, 83).

11. Fachkunde. Die Fachkunde des Datenschutzbeauftragten setzt sowohl umfassende allgemeine Kenntnisse im Datenschutzrecht wie auch ein Verständnis für betriebswirtschaftliche Zusammenhänge sowie technische Vorgehensweisen voraus (*Gola/Schomerus* § 4f Rn. 20; *Wybitul* NZA 2011, 372). Vor dem Hintergrund der gestiegenen Anforderungen an die Funktion des Datenschutzbeauftragten hat der Düsseldorfer Kreis, das gemeinsame Abstimmungsgremium der obersten Aufsichtsbehörden für den Datenschutz im nicht-öffentlichen Bereich, einen Beschluss zur Konkretisierung der Mindestanforderungen an Fachkunde und Unabhängigkeit des Beauftragten für den Datenschutz nach § 4f Abs. 2 und 3 BDSG gefasst (abzurufen unter www.bfdi.bund.de; ausführlich hierzu *Wybitul* NZA 2011, 372). Zu den Anforderungen der Datenschutzaufsichtsbehörden an die datenschutzrechtliche Fachkunde gehören danach (i) Grundkenntnisse zu verfassungsrechtlich garantierten Persönlichkeitsrechten der Betroffenen und Mitarbeiter der verantwortlichen Stelle, (ii) umfassende Kenntnisse zum Inhalt und zur rechtlichen Anwendung der für die verantwortlichen Stellen einschlägigen Regelungen des BDSG, auch technischer und organisatorischer Art, und (iii) Kenntnisse des Anwendungsbereiches datenschutzrechtlicher und einschlägiger technischer Vorschriften, der Datenschutzprinzipien und der Datensicherheitsanforderungen, insbesondere nach § 9 BDSG.

Fachkunde bedeutet jedoch nicht den Nachweis einer besonderen Ausbildung. Um dem Datenschutzbeauftragten seine Fachkunde zu erhalten, ist das Unternehmen nunmehr durch § 4 Abs. 5 S. 7 BDSG verpflichtet, erforderliche Fort- und Weiterbildungsveranstaltungen zu bezahlen. Zu den unverzichtbaren Kriterien der Zuverlässigkeit zählen die Eigenschaften Integrität, Verschwiegenheit, Verantwortungsbewusstsein, Gründlichkeit und Durchsetzungsvermögen.

12. Abberufung. Für die Beendigung des Amtes als Datenschutzbeauftragter ist der **Widerruf** der Bestellung erforderlich. Dieser bedarf anders als die Bestellung keiner Schriftform. Der Widerruf kann aber nur unter den Voraussetzungen des § 626 BGB Abs. 1 BGB, also aus **wichtigem Grund**, ausgesprochen werden (§ 4f Abs. 3 S. 4 BDSG).

Nach § 4f Abs. 3 S. 5 BDSG kann der Datenschutzbeauftragte nur aus wichtigem Grund (§ 626 BGB) gekündigt werden. Dieser Sonderkündigungsschutz gilt auch noch ein Jahr nach Abberufung des Datenschutzbeauftragten fort (§ 4f Abs. 3 S. 6 BDSG).

13. Unterstellung unter die Geschäftsleitung. Der Datenschutzbeauftragte darf keiner untergeordneten betrieblichen Hierarchieebene unterstellt werden (§ 4f Abs. 3 S. 1 BDSG). Hierbei handelt es sich allerdings um eine rein funktionale Einteilung. Der Datenschutzbeauftragte wird hierdurch nicht zum leitenden Angestellten i. S. d. BetrVG (*Gola/Schomerus* § 4f Rn. 47).

14. Weisungsfreiheit. Der Datenschutzbeauftragte ist in seiner Beratungs- und Kontrollfunktion weisungsfrei (§ 4f Abs. 3 S. 2 BDSG). Er ist nicht der Erfüllungsgehilfe der Geschäftsführung, (*Gola/Schomerus* § 4f Rn. 48). Die Weisungsfreiheit darf nicht mit der Einräumung von Entscheidungsbefugnissen verwechselt werden. Die Gewährleistung des

Datenschutzes obliegt allein der Gesellschaft (*Gola* RDV 2001, 263). Die Weisungsfreiheit des Datenschutzbeauftragten bezieht sich nur auf den datenschutzrechtlichen Bereich.

15. Benachteiligungsverbot. S. § 4f Abs. 3 S. 3 BDSG.

16. Aufgaben des Datenschutzbeauftragten. Der Datenschutzbeauftragte hat auf die Einhaltung der Datenschutzbestimmungen hinzuwirken (§ 4g Abs. 1 S. 1 BDSG). Er hat vor allem die ordnungsgemäße Anwendung der EDV-Systeme zu überwachen (§ 4g Abs. 1 S. 3 Nr. 1 BDSG). Weiterhin ist er für die Durchführung von Vorabkontrollen i. S. v. § 4d Abs. 6 S. 2 BDSG verantwortlich. Daneben erfüllt der Datenschutzbeauftragte auch Beratungs- und Informationsfunktionen, indem er die mit der Datenverarbeitung betrauten Personen mit den datenschutzrechtlichen Bestimmungen vertraut macht und die Unternehmensleitung auf etwaige datenschutzrechtliche Missstände hinweist (*Wybitul* MMR 2011, 372).

Nicht zu den Aufgaben des Datenschutzbeauftragten zählt – nach einer umstrittenen Entscheidung des BAG – die **Kontrolle des Betriebsrats** (BAG RDV 1998, 64; LAG Berlin-Brandenburg NZA-RR 2011, 359). Würde nämlich dem Datenschutzbeauftragten ein Kontrollrecht eingeräumt, stellte dies nach Ansicht des BAG einen massiven und wertungswidersprüchlichen Eingriff in das Strukturprinzip des BetrVG dar; der Datenschutzbeauftragte sei – trotz seiner unabhängigen Stellung – dem Arbeitgeber zuzuordnen.

17. Inkrafttreten und Kündigung. → Form. C. II. 2, dort unter § 8.

18. Schlussbestimmungen. → Form. C. II. 1 Anm. 16.

16. Betrieblicher Arbeitsschutz

Betriebsvereinbarung zum betrieblichen Arbeitsschutz[1]

zwischen

. . . . . . (Name und Anschrift des Arbeitgebers) „Gesellschaft“

und

Betriebsrat des Betriebs . . . . . . der . . . . . . (Name des Arbeitgebers) „Betriebsrat“
(Alternative: Gesamtbetriebsrat/Konzernbetriebsrat)

Präambel[2]

Ziel dieser Betriebsvereinbarung ist es, im Interesse der Mitarbeiter und der Gesellschaft die Sicherheit am Arbeitsplatz und den Gesundheitsschutz der Mitarbeiter im Einklang mit den gesetzlichen und berufsgenossenschaftlichen Regelungen zu gewährleisten.

§ 1 Geltungsbereich

Diese Betriebsvereinbarung gilt für alle Arbeitnehmer des Betriebs . . . . . . der Gesellschaft („Mitarbeiter“), mit Ausnahme der leitenden Angestellten i. S. d. § 5 Abs. 3 BetrVG.

§ 2 Begriffsbestimmungen

(1) Arbeitsschutzrecht sind die Vorschriften des Arbeitsschutzes, insbesondere das Arbeitsschutzgesetz (ArbSchG) und die dazu ergangenen Rechtsverordnungen, das Arbeitssicherheitsgesetz (ASiG), das Sozialgesetzbuch VII. Buch (SGB VII) und die Unfallverhütungsvorschriften.[3]

(2) Arbeitsbedingte Gesundheitsgefahren sind Belastungen, die durch die Arbeit entstehen und die Gesundheit gefährden.

(3) Maßnahmen des Arbeitsschutzes sind Maßnahmen zur Verhütung von Unfällen bei der Arbeit und von arbeitsbedingten Gesundheitsgefahren, einschließlich Maßnahmen der menschengerechten Gestaltung der Arbeit.[4]

(4) Gesicherte arbeitswissenschaftliche Erkenntnisse sind Erkenntnisse, die statistisch und methodisch abgesichert oder nachprüfbar sind und sich in der Praxis bereits bewährt haben oder die Eingang in Standardwerke der Arbeitswissenschaft gefunden haben (z.B. DIN-, ISO- oder EN-Normen, Richtlinien und Merkblätter der Berufsgenossenschaften oder der Bundesagentur für Arbeitsschutz und Arbeitsmedizin).[5]

§ 3 Gestaltung der Arbeitsbedingungen

(1) Die Gesellschaft wird geeignete Maßnahmen treffen, um die Arbeitsbedingungen der Mitarbeiter entsprechend den Anforderungen des Arbeitsschutzrechts sowie unter Berücksichtigung des jeweiligen Standes der Technik, der Arbeitsmedizin und sonstiger gesicherter arbeitswissenschaftlicher Erkenntnisse zu gestalten.

(2) Unter Berücksichtigung technischer und wirtschaftlicher Effizienz sollen hinsichtlich der Sicherheit und Gesundheit der Mitarbeiter möglichst optimale Arbeitsbedingungen geschaffen und unnötige Belastungen für die Mitarbeiter vermieden werden.

§ 4 Grundsätze der Gefährdungsbeurteilung[6]

(1) Die Gefährdungsbeurteilung dient der Entdeckung von Gefährdungspotenzialen und Gefahrenquellen am Arbeitsplatz. Sie soll Verbesserungsmöglichkeiten im Hinblick auf die gesundheitlichen Belastungen der Mitarbeiter aufzeigen und gesundheitsschädigende Belastungen möglichst vermeiden.

(2) Die Gefährdungsbeurteilung erstreckt sich insbesondere auf

- die Gestaltung und Einrichtung der Arbeitsstätte und des Arbeitsplatzes,
- die Arbeitsmittel und Arbeitsstoffe,
- die Arbeitsverfahren, Arbeitsabläufe und Arbeitsorganisation,
- die Bedingungen der Arbeitsumgebung,
- die Qualifikation der Mitarbeiter im Hinblick auf die zu erfüllenden Arbeitsaufgaben und
- die psychischen Belastungen bei der Arbeit.

§ 5 Durchführung der Gefährdungsbeurteilung[7]

(1) Eine Gefährdungsbeurteilung ist durchzuführen

- als Erstbeurteilung an den bestehenden Arbeitsplätzen unverzüglich nach Abschluss dieser Betriebsvereinbarung,
- als Erstbeurteilung an neu eingerichteten Arbeitsplätzen,
- bei wesentlichen Änderungen der Gestaltung des Arbeitsplatzes (Arbeitsumgebung, Arbeitsmittel), des Arbeitsverfahrens oder der Arbeitsorganisation,
- bei tätigkeitsrelevanten wesentlichen Veränderungen des Standes der Technik oder der Arbeitsmedizin sowie sonstigen gesicherten arbeitswissenschaftlichen Erkenntnissen,
- bei Einführung neuer oder wesentlicher Änderung bestehender tätigkeitsrelevanter Arbeitsschutzvorschriften sowie
- nach Arbeitsunfällen oder dem gehäuften Auftreten von Beinaheunfällen und arbeitsbedingten Gesundheitsgefahren.

(2) Die Gefährdungsbeurteilung umfasst die folgenden Schritte:

- Ermittlung des Ist-Zustandes arbeitsbedingter Gesundheitsrisiken,
- Bewertung des Arbeitsplatzes und der von ihm ausgehenden Gefährdungen,
- Vergleich Ist-/Soll-Zustand und
- Ergreifung von Maßnahmen zur Erreichung des Soll-Zustandes.

Einzelheiten ergeben sich aus Anlage 1 zu dieser Betriebsvereinbarung.

(3) Die Ergebnisse aller Schritte der Gefährdungsbeurteilung, insbesondere die Ergebnisse der Gefährdungsbeurteilung, die festgelegten Maßnahmen einschließlich ihrer Umsetzung sowie die Ergebnisse der Überprüfung ihrer Wirksamkeit einschließlich ggf. erforderlicher Anpassungs- oder Ergänzungsmaßnahmen sind von der Gesellschaft schriftlich zu dokumentieren.[8]

§ 6 Betriebliche Organisation des Arbeitsschutzes

(1) Betriebliche Organe des Arbeitsschutzes sind die Sicherheitsbeauftragten (§ 7), die Sicherheitsfachkräfte (§ 8), die Betriebsärzte (§ 9) und der Arbeitsschutzausschuss (§ 10). Ihnen obliegt zusammen mit den jeweiligen Fachvorgesetzten die sach- und ordnungsgemäße Durchführung des betrieblichen Arbeitsschutzes.

(2) Den Sicherheitsbeauftragten, Sicherheitsfachkräften und Betriebsärzten steht kein Weisungsrecht gegenüber den Mitarbeitern zu. Sie dürfen wegen der Erfüllung der ihnen zugewiesenen Aufgaben im Rahmen ihrer täglichen Arbeit sowie in ihrem beruflichen Fortkommen nicht benachteiligt werden. Über Fortbildungsmaßnahmen der Sicherheitsbeauftragten, Sicherheitsfachkräfte und Betriebsärzte entscheidet die Gesellschaft. Die Gesellschaft trägt die Kosten der Fortbildung. Der Umfang der Kosten muss der Gesellschaft zumutbar sein.

§ 7 Sicherheitsbeauftragte[9]

(1) Für die Bereiche ...... werden ...... Sicherheitsbeauftragte nebst Stellvertretern unter Beteiligung des Betriebsrates bestellt. Die Abberufung jedes einzelnen Sicherheitsbeauftragten ist jederzeit möglich.

(2) Zu Sicherheitsbeauftragten können nur Mitarbeiter der Gesellschaft bestellt werden. Auszubildende sowie Mitarbeiter, die noch nicht länger als sechs Monate bei der Gesellschaft beschäftigt sind, können nicht zu Sicherheitsbeauftragten bestellt werden. Zu Sicherheitsbeauftragten können ferner nur diejenigen Mitarbeiter bestellt werden, die über ausreichende Sach- und Betriebskenntnisse verfügen.

(3) Die Sicherheitsbeauftragten erstatten der Gesellschaft im Turnus von ...... Monaten Bericht über die Arbeitssicherheitssituation. Bei Arbeitsunfällen, Beinaheunfällen und konkreten Gefahren für die Sicherheit und/oder Gesundheit der Mitarbeiter haben die Sicherheitsbeauftragten die Gesellschaft unverzüglich zu informieren.

§ 8 Sicherheitsfachkräfte[10]

(1) Die Gesellschaft wird ...... Sicherheitsfachkräfte bestellen. Bestellung und Abberufung bedürfen der Zustimmung des Betriebsrates.

(2) Als Sicherheitsfachkräfte können nur solche Personen bestellt werden, die über die sicherheitstechnische und betriebliche Fachkunde verfügen und den Berufsgruppen Sicherheitsingenieur, Sicherheitstechniker oder Sicherheitsmechaniker angehören.

(3) Den Sicherheitsfachkräften werden die in § 6 ASiG niedergelegten Aufgaben zugewiesen. Aufgabe der Sicherheitsbeauftragten ist es insbesondere, sicherheitswidrige Zustände aufzudecken und gemeinsam mit den Mitarbeitern auf eine Verbesserung des Arbeits- und Unfallschutzes hinzuwirken.

(4) Die Sicherheitsfachkräfte erstatten der Gesellschaft im Turnus von ...... Monaten Bericht über den Zustand der Arbeitssicherheit und unterbreiten Verbesserungsvorschläge. Die Gesellschaft ist nicht verpflichtet, diese Vorschläge umzusetzen.

(5) Die Sicherheitsfachkräfte sind bei der Anwendung ihrer sicherheitstechnischen Fachkunde keinen Weisungen unterworfen. Sie berichten unmittelbar an die Geschäftsleitung.

§ 9 Betriebsärzte[11]

(1) Die Gesellschaft wird ...... Betriebsärzte bestellen. Bestellung und Abberufung bedürfen der Zustimmung des Betriebsrates.

(2) Als Betriebsärzte können nur solche Personen bestellt werden, die berechtigt sind, den ärztlichen Beruf auszuüben und über die zur Erfüllung der ihnen übertragenen Aufgaben erforderliche arbeitsmedizinische Fachkunde verfügen.

(3) Den Betriebsärzten werden die in § 3 ASiG niedergelegten Aufgaben zugewiesen.

(4) Die Betriebsärzte erstatten der Gesellschaft im Turnus von ...... Monaten Bericht über allgemeine Gesundheitsgefahren und unterbreiten Verbesserungsvorschläge. Die Gesellschaft ist nicht verpflichtet, diese Vorschläge umzusetzen.

(5) Die Betriebsärzte sind bei der Wahrnehmung ihrer Aufgaben allein ihrem ärztlichen Gewissen unterworfen und haben die Regeln der ärztlichen Schweigepflicht zu beachten. Sie sind bei der Anwendung ihrer arbeitsmedizinischen Fachkunde weisungsfrei und berichten unmittelbar an die Geschäftsleitung.

§ 10 Arbeitsschutzausschuss[12]

(1) Der Arbeitsschutzausschuss besteht aus je zwei Vertretern der Gesellschaft, zwei vom Betriebsrat bestimmten Betriebsratsmitgliedern, den Betriebsärzten, Sicherheitsfachkräften sowie den Sicherheitsbeauftragten.

(2) Der Arbeitsschutzausschuss ist zuständig für die Beratung von Unfallverhütungsmaßnahmen und Arbeitsschutzmaßnahmen.

(3) Der Arbeitsschutzausschuss tagt vierteljährlich.

(4) Sind Beschlüsse zu fassen, ist der Arbeitsschutzausschuss beschlussfähig, wenn zwei Drittel seiner Mitglieder anwesend sind.

(5) Das Ergebnis der Beratung des Arbeitsschutzausschusses wird in einer Niederschrift festgehalten, die von allen Mitgliedern zu unterzeichnen ist. Die Niederschrift wird vom Arbeitsschutzausschuss für die Zeit von 36 Monaten aufbewahrt.

(6) Der Arbeitsschutzausschuss kann bei Bedarf Fachvorgesetzte sowie einzelne Mitarbeiter an seinen Sitzungen zur Beratung spezieller Einzelfragen teilhaben lassen.

(7) Die Leitung des Arbeitsschutzausschusses obliegt der Gesellschaft.

§ 11 Zusammenarbeit mit dem Betriebsrat[13]

(1) Der Betriebsrat hat mit den Betriebsärzten und den Sicherheitsfachkräften in allen Fragen des betrieblichen Arbeitsschutzes zusammenzuarbeiten.

(2) Die Betriebsärzte und die Sicherheitsfachkräfte haben den Betriebsrat über wichtige Angelegenheiten des Arbeitsschutzes und der Unfallverhütung zu unterrichten.

(3) Die Betriebsärzte und die Sicherheitsfachkräfte haben dem Betriebsrat die der Gesellschaft gegenüber abgegebenen Vorschläge zur Verbesserung von Arbeits- und Gesundheitsschutz und der Unfallverhütung mitzuteilen.

§ 12 Unterrichtung und Unterweisung der Mitarbeiter

(1) Die Mitarbeiter sind im Hinblick auf die sicherheits- und gesundheitsgerechte Durchführung ihrer Tätigkeiten vor der ersten Arbeitsaufnahme zu unterweisen. Die Unterweisung erfolgt während der Arbeitszeit.

(2) Ziel der Unterweisung ist es, den Mitarbeitern Kenntnis über die Maßnahmen zu vermitteln, die zur Verhütung von Unfällen bei der Arbeit und von arbeitsbedingten Gesundheitsgefahren notwendig sind. Zudem sollen die Mitarbeiter über ihre Rechte und Pflichten aus den §§ 15 bis 17 ArbSchG unterrichtet werden.[14]

(3) Die Mitarbeiter sind insbesondere zu unterweisen über

- die betriebliche Organisation des Gesundheitsschutzes,
- die Gefährdungen am Arbeitsplatz,
- die Arbeitsschutzmaßnahmen am Arbeitsplatz und
- die Verpflichtung zur Beachtung von Weisungen der Vorgesetzten zur Gewährleistung der eigenen Sicherheit und der Sicherheit der von ihren Handlungen oder Unterlassungen betroffenen anderen Mitarbeiter.

(4) Die Unterweisung ist jährlich, bei Veränderung der Gefahrenlage (z.B. infolge Versetzung an einen anderen Arbeitsplatz, Verwendung neuer Arbeitsmittel) und nach Unfallereignissen zu wiederholen.

(5) Die Unterweisung wird nur von Personen durchgeführt, die die erforderliche Fachkunde hierfür besitzen. Die Gesellschaft sorgt dafür, dass die zuständigen Personen ausreichende Kenntnisse über den neuesten Stand der Technik und der wissenschaftlichen Erkenntnisse über die menschengerechte Gestaltung der Arbeit erwerben.

§ 13 Mitwirkung der Mitarbeiter[15]

(1) Arbeits- und Unfallschutz können nur in Zusammenarbeit von Gesellschaft und Mitarbeitern verwirklicht werden. Die Mitarbeiter sind daher verpflichtet, die im Betrieb geltenden Vorschriften, Gesetze, Verordnungen, Unfallverhütungsvorschriften, Richtlinien und Betriebsvereinbarungen, die bei . . . . . . zur Einsichtnahme ausgelegt werden, zu Beginn ihrer Tätigkeit einzusehen und einzuhalten.

(2) Die Mitarbeiter sind verpflichtet, Mängel, Gefahren und andere Missstände, die ein Unfallpotenzial enthalten, unverzüglich ihrem Vorgesetzten und in dessen Abwesenheit dessen Vertretung zu melden.

(3) Die Mitarbeiter sind ferner verpflichtet, der Gesellschaft unverzüglich Unfälle und Gefahrenquellen zu melden.

§ 14 Inkrafttreten, Kündigung[16]

§ 15 Schlussbestimmungen[17]

(1) Die Betriebsvereinbarung löst alle eventuellen vorherigen Betriebsvereinbarungen zum Arbeitsschutz, insbesondere . . . . . ., ab. Mündliche Nebenabreden bestehen nicht.

Änderungen oder Ergänzungen dieser Betriebsvereinbarung, einschließlich dieser Bestimmung, bedürfen zu ihrer Wirksamkeit der Schriftform.

(2) Sollte eine Bestimmung dieser Betriebsvereinbarung ganz oder teilweise unwirksam sein oder werden, so wird hiervon die Wirksamkeit der übrigen Bestimmungen nicht berührt. Anstelle der unwirksamen Bestimmung werden die Betriebsparteien die gesetzlich zulässige Bestimmung vereinbaren, die dem mit der unwirksamen Bestimmung Gewollten wirtschaftlich am nächsten kommt. Dasselbe gilt für den Fall einer vertraglichen Lücke.

(3) Diese Betriebsvereinbarung steht unter dem Vorbehalt etwaiger ablösender – auch freiwilliger – Betriebsvereinbarungen.

(4) Sollten sich die dieser Betriebsvereinbarung zugrunde liegenden tatsächlichen oder rechtlichen Bedingungen grundlegend ändern, so werden die Betriebsparteien unverzüglich in Verhandlungen treten mit dem Ziel, die Betriebsvereinbarung an die geänderten Bedingungen anzupassen.

. . . . . .	. . . . . .
Ort, Datum	Ort, Datum
. . . . . .	. . . . . .
Unterschrift der Gesellschaft	Unterschrift des Betriebsratsvorsitzenden

Anmerkungen

1. Regelungsinhalt. Arbeitsschutz in Deutschland wird im Rahmen eines mehrfach **dualen** Arbeitsschutzsystems gewährleistet:

So ist zum einen zwischen dem sozialen und dem technischen Arbeitsschutz zu unterscheiden. Der **soziale Arbeitsschutz** dient der Sicherung der abhängig Beschäftigten in besonderen Lebenslagen. Bestimmungen zum sozialen Arbeitsschutz finden sich z.B. im Mutterschutzgesetz, im Schwerbehindertenrecht des SGB IX und im öffentlich-rechtlichen Arbeitszeitschutz (ArbZG).

Der **technische Arbeitsschutz** dient hingegen der **Sicherheit am Arbeitsplatz.** Er unterteilt sich nochmals in einen staatlichen Bereich sowie in den autonomen Arbeitsschutz. Der **autonome** Arbeitsschutz wird durch die selbstverwaltenden Träger der Unfallversicherung, d.h. durch die Berufsgenossenschaften, getragen. Die Durchführung und Überwachung des **staatlichen** Arbeitsschutzes ist dagegen Aufgabe der Bundesländer. Zuständig sind i.d.R. die Gewerbeaufsichtsämter oder die Ämter für Arbeitsschutz.

Der technische Arbeitsschutz lässt sich überdies weiter in den **betriebsbezogenen** sowie den **produktbezogenen** Arbeitsschutz unterteilen. Zu den betriebsbezogenen Arbeitsschutzvorschriften zählen beispielsweise das Arbeitsschutzgesetz (ArbSchG), das Arbeitssicherheitsgesetz (ASiG) sowie die allgemeinen Vorschriften der Versicherungsträger, die Arbeitsstättenverordnung mit der Arbeitsstättenrichtlinie, die Bildschirmarbeitsverordnung oder die Baustellenverordnung, die Strahlenschutzverordnung, die Röntgenverordnung und die Gefahrenstoffverordnung. Der produktbezogene Arbeitsschutz umfasst hingegen Richtlinien wie Regelung zu Überwachungen von überwachungsbedürftigen Anlagen i.S.d. Gerätesicherheitsgesetzes (GSG).

Die Umsetzung der technischen Arbeitsschutzregelungen obliegt im Rahmen des betrieblichen Arbeitsschutzes dem **Arbeitgeber.** Den Arbeitgeber treffen bei der Bereitstellung von Räumen, Vorrichtungen oder Gerätschaften besondere Schutzpflichten, die seine allgemeine Fürsorgepflicht konkretisieren (§ 618 BGB i.V.m. § 619 BGB). Über diese Fürsorgepflicht erlangen die öffentlich-rechtlichen Arbeitsschutznormen mittelbar Einfluss auf das private Arbeitsrecht. Sämtliche Pflichten, die den Arbeitgeber nach den für ihn geltenden öffentlich-rechtlichen Vorschriften treffen, sind damit zugleich arbeitsvertragliche Verpflichtungen gegenüber dem einzelnen Mitarbeiter.

Die Rechte des **Betriebsrates** im Rahmen des betrieblichen Arbeitsschutzes sind vielfältig. Zu nennen sind hier die Handlungs- und Unterstützungsverpflichtung des Betriebsrates nach § 89 Abs. 1 BetrVG, die Überwachungsverpflichtung der Arbeitsschutzvorschriften nach § 80 Abs. 1 Nr. 1 BetrVG, die Pflicht, Maßnahmen des Arbeitsschutzes zu fördern, nach § 80 Abs. 1 Nr. 9 BetrVG, die Informationsrechte des Betriebsrates nach §§ 80 Abs. 2 und Abs. 3, 89 Abs. 4 und Abs. 5, 90 Abs. 1 BetrVG und die Beteiligungsrechte des Betriebsrates nach §§ 89 Abs. 2 und Abs. 3, 90 Abs. 2 BetrVG einschließlich des Initiativrechts nach § 80 Abs. 1 Nr. 2 und Nr. 3 BetrVG (*Schmidt* AuR 2011, 8).

Von besonderer Bedeutung ist das Mitbestimmungsrecht nach **§ 87 Abs. 1 Nr. 7 BetrVG.** Danach hat der Betriebsrat im Rahmen der gesetzlichen Vorschriften und der Unfallverhütungsvorschriften mitzubestimmen. **Zweck** dieses Mitbestimmungsrechts ist es nicht nur, die Erfahrungen und Kenntnisse des Betriebsrates für einen effektiven Arbeitsschutz nutzbar zu machen. Da der Großteil der Arbeits- und Gesundheitsschutzvorschriften gerade nicht konkret die Art und Weise des Arbeitsschutzes definiert, soll der Betriebsrat bei der Konkretisierung der Vorschriften auf betrieblicher Ebene mitbestimmen können.

Das **Mitbestimmungsrecht** des Betriebsrats gem. § 87 Abs. 1 Nr. 7 BetrVG besteht nur **im Rahmen** der gesetzlichen Vorschriften und der Unfallverhütungsvorschriften. Zwingende Voraussetzung des Mitbestimmungsrechts ist daher, dass eine ausfüllungsbedürftige Rechtsnorm zum Arbeits-, Gesundheits- oder Unfallschutz vorliegt (*Schmidt* AuR 2011, 8). Als Rahmenvorschriften gelten all diejenigen Vorschriften, die dem Arbeitgeber bei der Umsetzung objektiver Handlungspflichten einen **Ermessens- oder Beurteilungsspielraum** zubilligen (BAG AP BetrVG 1972 § 87 Überwachung Nr. 7; BAG AP BetrVG 1972 § 87 Gesundheitsschutz Nr. 12; BAG NZA 2004, 1175; BAG NZA 2009, 1434; LAG Hannover NZA-RR 2003, 538, 541; *F/E/S/T/L* § 87 Rn. 272 f.). Der Betriebsrat kann also nur dort mitbestimmen, wo der Arbeitgeber selbst bestimmen kann, wie er die ihm eröffneten Handlungsspielräume nutzen will. Insbesondere besteht ein Mitbestimmungsrecht des Betriebsrats bei der Konkretisierung arbeitsschutzrechtlicher Generalklauseln. Denn für **Generalklauseln** ist es wesenstypisch, dass diese Regelungsspielräume für den Rechtsanwender vorsehen (BAG NZA 1999, 49, 50; anders *Kleinebrink* ArbRB 2011, 186, 187, der bei Generalklauseln allenfalls dann ein Mitbestimmungsrecht annimmt, wenn eine unmittelbare objektive Gesundheitsgefahr vorliegt).

Des Weiteren müssen die ausfüllungsbedürftigen Vorschriften dazu bestimmt sein, den Arbeitnehmer zu schützen (*F/E/S/T/L* § 87 Rn. 266). Damit fallen Vorschriften, die den Arbeitgeber verpflichten, zum Schutz Dritter oder der Allgemeinheit tätig zu werden, nicht unter § 87 Abs. 1 Nr. 7 BetrVG. Mitbestimmungspflichtig ist daher die Organisation des betrieblichen Arbeitsschutzes im Rahmen des ASiG (ErfKomm/*Kania* § 87 BetrVG Rn. 65). Gleiches gilt für die konkrete Ausgestaltung der Generalklausel des § 3 ArbSchG (BAG AP BetrVG 1972 § 87 Gesundheitsschutz Nr. 5), für die Durchführung und Dokumentation der Gefährdungsbeurteilung gemäß §§ 5, 6 ArbSchG (BAG NZA 2004, 1175; LAG Hamm AP BetrVG 1972 § 87 Gesundheitsschutz Nr. 11; LAG Hannover NZA-RR 2003, 538, 541) sowie für § 12 ArbSchG über die Unterweisung der Beschäftigten (BAG NZA 2004, 1175; BAG NZA 2011, 651). Überträgt der Arbeitgeber die ihm obliegenden Aufgaben gemäß § 13 Abs. 2 ArbSchG an externe Dritte, dann liegt darin i. d. R. eine mitbestimmungsfreie Einzelmaßnahme (BAG NZA 2009, 1434). Allerdings kann der Betriebsrat im Rahmen seiner Mitbestimmung eine generalisierende Regelung herbeiführen, welche Qualifikationen und Kenntnisse die mit der Durchführung der Gefährdungsbeurteilungen und der Unterweisungen befassten Personen besitzen müssen (BAG NZA 2009, 1434). Der erforderliche Gestaltungsspielraum besteht bei § 2 der LasthandhabV und § 5 der BildscharbV (ErfKomm/*Kania* § 87 BetrVG Rn. 66). Auch die Unfallverhütungsvorschriften der Berufsgenossenschaften, insbesondere die Rahmenschutzvorschrift des § 2 Abs. 1 VBG 1 (Unfallverhütungsvorschriften – Allgemeine Vorschriften), sind in ihrer konkreten betrieblichen Ausgestaltung mitbestimmungspflichtig (BAG AP BetrVG 1972 § 87 Gesundheitsschutz Nr. 7).

2. Zielsetzung. Was unter dem Begriff **Gesundheitsschutz** zu verstehen ist, ist nicht gesetzlich definiert. Hierzu müssen jedoch alle Maßnahmen gezählt werden, die der Erhaltung der physischen und psychischen Integrität des Mitarbeiters dienen (BAG NZA 2009, 1434; *F/E/S/T/L* § 87 Rn. 262). Dagegen kann es nicht Ziel der Arbeitsschutzvorschriften sein, bloße Belästigungen von den Mitarbeitern abzuwenden oder eine allgemeine Arbeitszufriedenheit zu fördern. Die arbeitsbedingte Beeinträchtigung des körperlichen und seelischen Wohlbefindens muss sich also in einem (zumindest potenziell) messbaren, also medizinisch feststellbaren Gesundheitsschaden niederschlagen (*Kollmer* Rn. 67).

3. Arbeitsschutzvorschriften. Aus der Vielgestaltigkeit des Arbeitsschutzrechts (→ Anm. 1) ergibt sich zugleich, dass eine abschließende Aufzählung der Arbeitsschutzvorschriften praktisch nicht zu leisten ist (vgl. MünchHdbArbR/*Kohte* § 288 Rn. 28 ff.). Das Formular nimmt daher Bezug auf die wesentlichen Vorschriften des öffentlich-rechtlichen Arbeitsschutzrechts, von denen das ArbSchG und das ASiG sicherlich als „Grundlagengesetze“ (*Wlotzke* NZA 1996, 1017 ff.; *ders.* NZA 2000, 19, 20) gelten können.

4. Maßnahmen des Arbeitsschutzes. Die Begriffsbestimmung entspricht der gesetzlichen Definition in § 2 Abs. 1 ArbSchG. Das Gesetz (und ihm folgend das Formular) erfasst damit auch Maßnahmen zur menschengerechten Gestaltung der Arbeit, sodass der Arbeitgeber schon bei der Gestaltung der Arbeitsplätze, bei der Auswahl von Arbeitsmitteln und der Festlegung von Arbeitsverfahren u. a. ergonomische, arbeitspsychologische und arbeitsmedizinische Kenntnisse zu beachten hat (*Wlotzke* NZA 1996, 1017, 1019). Praktisch dient dies der **Vorbeugung** von arbeitsbedingten Belastungen, die sich letztlich in konkreten Gesundheitsschäden realisieren würden.

5. Gesicherte arbeitswissenschaftliche Erkenntnisse. Der Begriff ist gesetzlich nicht definiert, obwohl er in zahlreichen Vorschriften verwendet wird (z. B. §§ 4 Nr. 3 ArbSchG, 28 Abs. 1 S. 2 JArbSchG, 3 Abs. 1 S. 4 ArbStättV). Das BAG grenzt den Begriff lediglich negativ ab, indem es gesicherte arbeitswissenschaftliche Erkenntnisse definiert als „Erkenntnisse, die besagen, dass die nach unten abweichende Gestaltung nicht mehr als menschengerecht angesehen werden kann“ (BAG AP BetrVG 1972 § 87 Überwachung Nr. 7).

Der Begriff der „**Arbeitswissenschaft**“ umfasst eine Vielzahl von wissenschaftlichen Fachdisziplinen mit unterschiedlichen Erkenntnissen über die menschliche Arbeit. Gesichert ist eine Erkenntnis, wenn sie nach den Maßstäben der einschlägigen wissenschaftlichen Disziplin für gültig befunden wird (*F/E/S/T/L* § 90 Rn. 43).

In der **Praxis** relevant sind insbesondere die einschlägigen DIN-Normen, die Sicherheitsregeln der Berufsgenossenschaften, die Arbeitsstättenrichtlinien zur ArbStättV und die Forschungsberichte der Bundesagentur für Arbeitsschutz und Arbeitsmedizin (*F/E/S/T/L* § 90 Rn. 45 f.) sowie die im Formular beispielhaft genannten weiteren Regelungen.

6. Gefährdungsbeurteilung. Die Gefährdungsbeurteilung zählt zu den **Kernbestandteilen** des betrieblichen Arbeitsschutzes. Ihre Aufgabe ist es, Gefährdungen und Gefährdungspotenziale zu erkennen und Maßnahmen zu entwickeln, die zur Beseitigung dieser Gefahren und Gefährdungspotenziale führen (§ 5 Abs. 1 ArbSchG). Die Gefährdungsanalyse ist damit logische Voraussetzung für die Umsetzung des betrieblichen Arbeitsschutzes.

7. Durchführung der Gefährdungsbeurteilung. Das ArbSchG schreibt keine bestimmte Vorgehensweise für die Durchführung der Beurteilung vor. Das Formular geht von einem Soll-Ist-Vergleich mit dem Vorschriften- und Regelwerk aus, der z. B. durch die Verwendung von Checklisten oder die Befragung der Beschäftigten mittels Fragebögen erfolgen kann.

Inhaltlich erstreckt sich die Gefährdungsbeurteilung im Wesentlichen auf vier mögliche Gefährdungspotenziale:

Zunächst können sich Gefährdungen aus der **Arbeitsstätte** selbst ergeben, z. B. durch schlechte Beleuchtung oder Belüftung. Danach ist zu prüfen, ob die vorhandenen **Arbeitsmittel** Gefährdungspotenziale aufweisen. Denkbar ist hier z. B. eine Überprüfung, ob die zur Verfügung gestellten Arbeitsgeräte oder Maschinen dem Sicherheitsstandard entsprechen und voll funktionsfähig sind. Auch der **konkrete Arbeitsplatz** unterliegt einer Beurteilung, wobei die dort konkret auszuführende Tätigkeit zugrunde gelegt werden muss. Insbesondere ist zu überprüfen, ob die einzelnen Arbeitsaufgaben in ihrer Abfolge eine besondere Belastung darstellen können. Schließlich ist das Augenmerk auf die an einem Arbeitsplatz tätige **Einzelperson** zu richten. Dabei ist zu überprüfen, ob der einzelne Mitarbeiter einer besonders schutzbedürftigen Personengruppe (z. B. Schwangere, Jugendliche) angehört oder ob sich die Gefährdung etwa aus einer Vielzahl von Einzelgefährdungen ergibt (*Kollmer* Rn. 105).

Eine Gefährdung kann sich auch durch psychische Belastungen bei der Arbeit ergeben (vgl. § 5 Abs. 3 Nr. 6 ArbSchG). Bei der Gefährdungsbeurteilung geht es richtigerweise allein um die Erfassung und Bewertung der objektiven psychischen Belastung einer Tätigkeit und nicht um die daraus folgende subjektive Beanspruchung einzelner Mitarbeiter (*Rossa/Salamon* AuA 2012, 278, 280). Für die Gefährdungsbeurteilung sind psychische Belastungen nur dann relevant, wenn durch sie eine Gesundheitsgefährdung hervorgerufen werden kann (ausführlich dazu *BDA*, Die Gefährdungsbeurteilung nach dem Arbeitsschutzgesetz, Juli 2013).

Stellt sich nach Durchführung der Ist-Beurteilung heraus, dass keine Gefährdungen bestehen oder für die vorhandenen Gefährdungen alle notwendigen **Maßnahmen** zur Vermeidung von Arbeitsunfällen oder Gesundheitsschäden getroffen wurden, besteht für den Arbeitgeber kein Handlungsbedarf. Anderenfalls müssen in einem weiteren Schritt die notwendigen Schutzmaßnahmen ermittelt werden, um den nach den einschlägigen arbeitsschutzrechtlichen Vorschriften notwendigen und nach dem Stand der Technik möglichen Soll-Zustand durch konkrete Maßnahmen herzustellen.

Kosten für Maßnahmen nach dem ArbSchG darf der Arbeitgeber den Arbeitnehmern grundsätzlich nicht auferlegen. Das BAG lässt kollektiv- oder individualrechtlich vereinbarte Kostenteilungen zu, wenn der Arbeitgeber über die gesetzlichen Pflichten hinaus die persönliche Schutzausrüstung zur Verfügung stellt, dem Arbeitnehmer besondere Vorteile mit der Nutzung anbietet und dem Arbeitnehmer freigestellt ist, das Angebot anzunehmen (BAG AP BGB § 618 Nr. 19).

Um die Prüfungspflicht im Rahmen der Gefährdungsbeurteilung gerade auch für kleine und mittlere Betriebe nicht ausufern zu lassen, kann auf branchenbezogene Formblätter zurückgegriffen werden. Die Unfallversicherungsträger haben branchentypische Gefährdungen in **Checklisten** zusammengestellt, die eine sachnahe Beurteilung anhand der jeweiligen Branchenzugehörigkeit des Unternehmens erleichtern (*Kollmer* Rn. 111 f.). Zudem reicht es bei vergleichbaren Arbeitsplätzen aus, wenn nur eine Beurteilung durchgeführt wird (§ 5 Abs. 2 S. 2 ArbSchG).

Ausreichend ist eine **innerbetriebliche Beurteilung**, sodass es der Hinzuziehung externer Personen nicht bedarf. Sind betriebliche Arbeitsschutzexperten (Betriebsärzte, Sicherheitsfachkräfte → Anm. 10, 11) bestellt, sollten diese bei der Beurteilung konsultiert werden. Geschieht dies, hat der Betriebsrat gemäß § 9 Abs. 2 ASiG ein Unterrichtungsrecht über wichtige Angelegenheiten des Arbeitsschutzes und der Unfallverhütung.

Es empfiehlt sich, einen detaillierten **Prüfplan** als Anlage zur Betriebsvereinbarung zu erarbeiten. Darin können im Rahmen der betrieblichen Besonderheiten und Bedürfnisse Fragen der Beurteilungsmethode, der Person des Beurteilenden und zum weiteren Verfahren geregelt werden.

Die Gefährdungsbeurteilung ist kein einmaliger Vorgang, sondern wird immer dann notwendig, wenn sich vorhandene Gefährdungspotenziale realisiert haben (z.B. bei Arbeitsunfällen und Beinaheunfällen), wenn neue potenzielle Gefahrenquellen eröffnet werden oder wenn maßgebliche Änderungen im Regelwerk eine neue Beurteilung erforderlich machen. Möglich, aber nicht zwingend ist eine turnusmäßige Regelbeurteilung, z.B. in jährlichem Abstand.

Da die von § 5 Abs. 1 ArbSchG vorgeschriebene Gefährdungsbeurteilung auch dem Schutz des einzelnen Arbeitnehmers dient, kann der Arbeitnehmer gestützt auf § 618 Abs. 1 BGB deren Durchführung verlangen (BAG NZA 2009, 102). § 5 Abs. 1 ArbSchG räumt dem Arbeitgeber allerdings für die Art und Weise der Durchführung der Gefährdungsbeurteilung einen Handlungsspielraum ein, über dessen Ausfüllung der Betriebsrat nach § 87 Abs. 1 Nr. 7 BetrVG mitzubestimmen hat. Der einzelne Arbeitnehmer kann deshalb nicht verlangen, dass die Gefährdungsbeurteilung nach den von ihm vorgegebenen Kriterien durchgeführt wird (BAG NZA 2009, 102).

8. Dokumentationspflicht. Der Arbeitgeber ist verpflichtet, die Ergebnisse der Gefährdungsbeurteilung zu dokumentieren (§ 6 Abs. 1 ArbSchG). Dies gilt seit einer Gesetzesänderung mit Wirkung ab dem 25.11.2013 auch für Kleinbetriebe.

Im Einzelnen müssen das Ergebnis der Gefährdungsbeurteilung, die festgelegten Arbeitsschutzmaßnahmen und das Ergebnis der Überprüfung der Wirksamkeit der durchgeführten Maßnahmen aufgezeichnet werden. Dabei reicht es aus, wenn gleichartige Gefährdungssituationen **zusammengefasst** werden; einer Dokumentation der Prüfung jedes Arbeitsplatzes bedarf es nicht (§ 6 Abs. 1 S. 2 ArbSchG).

Kommt der Arbeitgeber seiner Dokumentationspflicht nicht nach, hat die zuständige Behörde gemäß § 22 Abs. 3 ArbSchG den Arbeitgeber zunächst zur Erfüllung seiner Pflichten aufzufordern. Erst im Wiederholungsfall kann ein Bußgeld von bis zu 25.000 EUR verhängt werden (§ 25 Abs. 1 Nr. 2a, Abs. 2 ArbSchG). Beharrliche Wiederholungen sind strafbar (§ 26 ArbSchG).

9. Sicherheitsbeauftragte. Die Verpflichtung, Sicherheitsbeauftragte zu bestellen, besteht nur in Unternehmen mit regelmäßig mehr als 20 Beschäftigten (§ 22 Abs. 1 S. 1 SGB VII). In Unternehmen mit besonderen Gefahren für Leben und Gesundheit kann der zuständige Unfallversicherungsträger anordnen, dass Sicherheitsbeauftragte auch dann zu bestellen sind, wenn diese Zahlengrenze nicht erreicht wird. Andererseits kann der Unfallversicherungsträger bei geringen Gefahren für Leben und Gesundheit die **Mindestzahl von 20 Beschäftigten** in seiner Unfallverhütungsvorschrift auch erhöhen (§ 22 Abs. 1 S. 3, 4 SGB VII). Wie viele Sicherheitsbeauftragte im Einzelfall zu bestellen sind, bestimmen die Berufsgenossenschaften in der jeweiligen Unfallverhütungsvorschrift „VBG 1 – Allgemeine Vorschriften“ autonom (vgl. § 15 Abs. 1 S. 1 Halbs. 2 Nr. 7 SGB VII).

Sicherheitsbeauftragte sind abhängig Beschäftigte, die als anerkannte **Fachleute** für den einzelnen Arbeitsplatz und als **Vertrauensperson** für ihre Kollegen tätig werden. Der Sicherheitsbeauftragte unterstützt seinen Vorgesetzten bei Fragen des betrieblichen Arbeitsschutzes. Er hat insbesondere darauf zu achten, dass die vorgeschriebenen Schutzeinrichtungen und Schutzausrüstungen in ausreichendem Maße vorhanden sind und ordnungsgemäß benutzt werden (§ 22 Abs. 2 SGB VII).

Die **Bestellung** erfolgt gemäß § 22 Abs. 1 S. 1 SGB VII unter „Beteiligung“ des Betriebsrats. Das bedeutet, dass der Betriebsrat von der Bestellung zu unterrichten und die Bestellung mit ihm zu beraten ist. Eine Mitbestimmung des Betriebsrates im Sinne eines Zustimmungserfordernisses besteht hier jedoch nicht (Küttner/*Griese* Betriebsbeauftragte Rn. 11).

10. Sicherheitsfachkräfte. Der Arbeitgeber hat Sicherheitsfachkräfte zu bestellen, wenn dies erforderlich ist im Hinblick auf die Betriebsart und die für die Arbeitnehmer verbundenen Unfall- und Gesundheitsgefahren, die Zahl der beschäftigten Arbeitnehmer und die Zusammensetzung der Belegschaft, die Betriebsorganisation (insbesondere im Hinblick auf die Zahl und Art der für den Arbeitsschutz und die Unfallverhütung verantwortlichen Personen) und die Kenntnisse und Schulung des Arbeitgebers oder der sonstigen für den Arbeitsschutz verantwortlichen Personen (§ 5 Abs. 1 ASiG). Diese Rahmenbestimmung wird branchenbezogen konkretisiert durch die Unfallverhütungsvorschrift BGV A2 „Betriebsärzte und Fachkräfte für Arbeitssicherheit" (bisher BGV A 6), die von jeder Berufsgenossenschaft auf die Belange der einzelnen Branchen zugeschnitten wird. In aller Regel haben die Berufsgenossenschaften **Zahlenschlüssel** entwickelt, die bestimmte Einsatzzeiten der Sicherheitsfachkräfte, gemessen in Stunden pro Jahr je Arbeitnehmer, gestaffelt nach der Größe des Betriebes, vorsehen. Sicherheitsfachkräfte können nicht gleichzeitig Sicherheitsbeauftragte sein (Küttner/*Ruppelt* Betriebsbeauftragte Rn. 31).

Aufgaben der Sicherheitsfachkräfte sind u.a. die Beratung des Arbeitgebers und der sonstigen für den Arbeitsschutz und die Unfallverhütung verantwortlichen Personen, die Überprüfung der Betriebsanlagen und der technischen Arbeitsmittel, die regelmäßige Begehung der Arbeitsstätten und die Untersuchung von Arbeitsunfällen (§ 6 ASiG). Die Aufzählung in § 6 ASiG ist nicht abschließend.

Die Sicherheitsfachkraft muss kein **angestellter** Sicherheitstechniker, Sicherheitsmeister oder Sicherheitsingenieur sein. Möglich ist vielmehr, auch einen **Freiberufler** für diese Tätigkeit zu benennen oder gemäß § 19 ASiG einen überbetrieblich organisierten Dienst zu beauftragen. Die Sicherheitsfachkraft muss in jedem Fall aber einer der drei genannten Berufsgruppen angehören.

Sicherheitsfachkräfte sind nach dem ASiG vom Arbeitgeber schriftlich unter Zustimmung des Betriebsrates zu **bestellen** und unterstehen unmittelbar der Leitung des Betriebes. Verweigert der Betriebsrat die Zustimmung zur Bestellung oder Abberufung, entscheidet die Einigungsstelle (BAG AP ASiG § 9 Nr. 1). Geht die Bestellung eines Betriebsarztes oder einer Sicherheitsfachkraft mit einer Einstellung einher, ist das Mitbestimmungsrecht des Betriebsrates nach § 99 BetrVG zu berücksichtigen. Arbeitsverhältnis und Beauftragtenverhältnis sind verschiedene Rechtsverhältnisse. Dennoch führt die fehlende und nicht ersetzte Zustimmung des Betriebsrats zur Abberufung einer Sicherheitsfachkraft nach § 9 Abs. 3 ASiG zur Unwirksamkeit einer gleichzeitig ausgesprochenen Kündigung des Arbeitsverhältnisses, wenn die Abberufungs- und Kündigungsgründe mit der Tätigkeit als Sicherheitsfachkraft im Zusammenhang stehen (BAG AP ASiG § 9 Nr. 1).

11. Betriebsärzte. Gemäß § 2 Abs. 1 ASiG hat der Arbeitgeber Betriebsärzte zu bestellen, soweit dies erforderlich ist im Hinblick auf die Betriebsart und die damit für die Arbeitnehmer verbundenen Unfall- und Gesundheitsgefahren, die Zahl der beschäftigten Arbeitnehmer und die Zusammensetzung der Arbeitnehmerschaft und die Betriebsorganisation, insbesondere im Hinblick auf die Zahl und die Art der für den Arbeitsschutz und die Unfallverhütung verantwortlichen Personen. Auch diese Rahmenbestimmung wird branchenbezogen konkretisiert durch die Unfallverhütungsvorschrift BGV A2 „Betriebsärzte und Fachkräfte für Arbeitssicherheit" (bisher BGV A7) der einzelnen Berufsgenossenschaften. Auch hier wird der **Bedarf** anhand von Zahlenschlüsseln zur Bestimmung der jährlichen Einsatzstunden pro Arbeitnehmer ermittelt.

Den Betriebsärzten obliegt gemäß § 3 ASiG u.a. die **Aufgabe**, den Arbeitgeber beim Arbeitsschutz und bei der Unfallverhütung in allen Fragen des Gesundheitsschutzes zu unterstützen. Hierzu gehört die Beratung des Arbeitgebers und der sonst für den Arbeitsschutz und die Unfallverhütung verantwortlichen Personen, die Untersuchung und arbeitsmedizinische Beurteilung der Arbeitnehmer, die regelmäßige Begehung der Arbeitsstätten und die Untersuchung der Ursachen arbeitsbedingter Erkrankungen. Auch diese Aufzählung ist nicht abschließend. Ausdrücklich nicht zu den Aufgaben der Betriebsärzte gehört es, Krankmeldungen der Arbeitnehmer auf ihre Berechtigung zu überprüfen (§ 3 Abs. 3 ASiG).

Betriebsärzte können ebenfalls im Rahmen eines **Arbeitsverhältnisses** oder als **Selbstständige** tätig werden. Auch die Beauftragung eines überbetrieblichen Dienstes von Betriebsärzten ist möglich (§ 19 ASiG). Für die Bestellung und Abberufung gilt das zu den Sicherheitsfachkräften Gesagte entsprechend (→ Anm. 10).

Die **Kosten** für die Fortbildung der Betriebsärzte und der Sicherheitsfachkräfte hat der Arbeitgeber zu tragen. Ist der Betriebsarzt als Arbeitnehmer angestellt, ist er für die Zeit der Fortbildung unter Fortentrichtung der Vergütung freizustellen (§ 2 Abs. 3 ASiG).

12. Arbeitsschutzausschuss. Der Arbeitsschutzausschuss ist ein **Gremium** von Arbeitgeber, Betriebsräten, Sicherheitsfachkräften und Betriebsärzten. Da der Ausschuss als „runder Tisch" der betrieblichen Arbeitsorganisation fungiert, können weitere Personen in die Tätigkeit des Ausschusses einbezogen werden (Hümmerich/Boecken/Düwell/*Schmidt* § 11 ASiG Rn. 4 m.w.N.).

Der Ausschuss ist in Betrieben mit mehr als 20 Beschäftigten zu bilden (§ 11 ASiG). Seine Aufgabe ist die Beratung über alle Anliegen des Arbeitsschutzes und der Unfallverhütung. Er muss mindestens **vierteljährlich** tagen.

13. Zusammenarbeit mit dem Betriebsrat. Dem betrieblichen Arbeitsschutz liegt der **Gedanke der Kooperation** zu Grunde. Dies bedeutet, dass neben Betriebsärzten und Sicherheitsfachkräften insbesondere auch der Betriebsrat selbst zur Kooperation und zur Beratung mit dem Arbeitgeber eingebunden wird. So ist der Betriebsarzt beispielsweise gemäß § 9 Abs. 1 ASiG ausdrücklich verpflichtet, mit den Sicherheitsfachkräften und Betriebsräten zusammenzuarbeiten.

14. Unterweisung. Der Arbeitgeber hat die Mitarbeiter über Sicherheit und Gesundheitsschutz bei der Arbeit während ihrer Arbeitszeit ausreichend und angemessen samt Anweisungen und Erläuterungen, die eigens auf den Arbeitsplatz oder den Aufgabenbereich der Beschäftigten ausgerichtet sind, zu unterweisen (§ 12 Abs. 1 S. 1 und 2 ArbSchG). Ziel ist, dass die Mitarbeiter potenzielle Gesundheitsgefährdungen erkennen und diese zu verhindern wissen. Dazu müssen die Mitarbeiter zum einen grundlegend über den Arbeitsschutz sowie zum anderen aufgabenbezogen hinsichtlich ihres individuellen Arbeitsplatzes informiert werden. Grundlage der Unterweisung bleibt jedoch die Gefährdungsbeurteilung; an ihr ist die Unterweisung auszurichten (BAG NZA 2011, 651; s. dazu *Lützeler* BB 2012, 2756). Der Betriebsrat kann also nicht die Unterweisung der Beschäftigten verlangen, bevor eine Gefährdungsbeurteilung stattgefunden hat (*Lützeler* AuA 2011, 586, 588).

Die **erstmalige Unterweisung** kann richtigerweise nur vor Aufnahme der Tätigkeit erfolgen. Dies gilt für Neueinstellungen wie auch für Versetzungen in einen neuen Arbeitsbereich. Bei grundlegenden Veränderungen im Arbeitsbereich, bei der Einführung neuer Arbeitsmittel oder neuer Arbeitsmethoden ist eine erneute Unterweisung notwendig.

Nach § 12 Abs. 2 ArbSchG trifft die Verpflichtung zur Unterweisung des **Leiharbeitnehmers** den Entleiher. Die sonstigen Arbeitsschutzverpflichtungen treffen dagegen den Verleiher als Arbeitgeber.

Der Arbeitgeber ist nicht darauf verwiesen, die Unterweisung selbst durchzuführen. Eine **Delegation** dieser und anderer Pflichten aus dem ArbSchG auf andere Personen ist möglich, sofern diese zuverlässig und fachkundig sind (§ 13 Abs. 2 ArbSchG). Hier bieten sich z.B. Betriebsärzte oder Sicherheitsfachkräfte an (*Kollmer* Rn. 144). **Vorgesetzte** sind für die Unterweisung der Mitarbeiter nur bei schriftlicher Beauftragung durch den Arbeitgeber und entsprechender Zuverlässigkeit und Fachkunde berufen. Zwar treffen die dem Arbeitgeber auferlegten Arbeitsschutzpflichten gemäß § 13 Abs. 1 Nr. 4 ArbSchG auch solche Personen, die im Rahmen der ihnen übertragenen Aufgaben und Befugnisse mit der Leitung eines Unternehmens oder eines Betriebes beauftragt sind. Hiervon wird aber nicht jeder Vorgesetzte erfasst, sondern nur wer eigenverantwortlich ein Unternehmen oder einen Betrieb führt, z.B. ein Werks- oder Filialleiter (ErfKomm/*Wank* § 13 ArbSchG Rn. 1).

Neben § 12 ArbSchG besteht eine Vielzahl weiterer **spezialgesetzlicher Unterweisungspflichten.** Zu nennen sind hier beispielsweise die manuelle Handhabung von Lasten (§ 4 LasthandhabV), die Exposition durch Lärm oder Vibrationen (§ 11 LärmVibrationsArbSchV) der Umgang mit Gefahrstoffen (§§ 14 i.V.m. 7 GefahrstoffVO bei mehr als nur geringfügigen Gefährdungen) oder mit bestimmten Maschinen, Geräten, Werkzeugen oder Anlagen (§ 9 BetriebssicherheitsVO), der Umgang mit radioaktiven Stoffen (§ 9 StrahlenschutzVO), mit biologischen Arbeitsstoffen (§ 12 BiostoffVO) oder mit gentechnisch veränderten Organismen (§ 12 Gentechnik-SicherheitsVO). Aus dem Bereich des sozialen Arbeitsschutzes sind die Unterweisung für Jugendliche (§ 29 JArbSchG) und die Mutterschutz-Unterrichtung (§ 2 MutterschutzrichtlinienVO) zu nennen.

Die **Rechte und Pflichten der Mitarbeiter**, über die sie ebenfalls zu informieren sind, ergeben sich aus §§ 15 bis 17 ArbSchG. So sind die Mitarbeiter **verpflichtet**, nach ihren Möglichkeiten und nach der Unterweisung und Weisung des Arbeitgebers für ihre Sicherheit und Gesundheit bei der Arbeit selbst Sorge zu tragen (Prinzip der Eigensorge, § 15 Abs. 1 ArbSchG). Hinzu kommen die Pflichten zur bestimmungsgemäßen Verwendung der Arbeitsmittel (§ 15 Abs. 2 ArbSchG), zur Meldung unmittelbarer Gefahren und Defekte an den Schutzsystemen (§ 16 Abs. 1 ArbSchG) und zur Mitteilung festgestellter Gefahren und Mängel (§ 16 Abs. 2 ArbSchG).

Verstöße gegen diese arbeitsschutzrechtlichen Pflichten kann die zuständige Behörde auch gegenüber einzelnen Beschäftigten nach entsprechender Anordnung mit einem Bußgeld von bis zu 5.000 EUR ahnden (§§ 22 Abs. 3 Nr. 1, 25 Abs. 1 Nr. 2b, Abs. 2 ArbSchG).

Die Mitarbeiter haben das **Recht**, dem Arbeitgeber Vorschläge zu allen Fragen der Sicherheit und des Gesundheitsschutzes bei der Arbeit zu unterbreiten (§ 17 Abs. 1 ArbSchG). Halten sie die vom Arbeitgeber getroffenen Maßnahmen für unzureichend, steht ihnen zunächst ein Beschwerderecht, anschließend ein Anzeigerecht gegenüber der zuständigen Behörde zu (§ 17 Abs. 2 ArbSchG). Auch gegenüber dem Betriebsrat hat der Arbeitnehmer gemäß § 86a BetrVG ein Vorschlagsrecht. Zivilrechtlich kann dem Arbeitnehmer bei Vorliegen der entsprechenden Voraussetzungen ein Zurückbehaltungsrecht an seiner Arbeitsleistung (§ 273 BGB), ein Unterlassungsanspruch gemäß § 1004 BGB, ein Anspruch auf Herstellung eines ordnungsgemäßen Arbeitsplatzes (§§ 618, 619 BGB) oder – in Extremfällen – ein außerordentliches Kündigungsrecht gemäß § 626 BGB zustehen.

15. Mitwirkung der Mitarbeiter. Die Vorschrift reflektiert die **Pflichten** der Mitarbeiter nach §§ 15, 16 ArbSchG (→ Anm. 14).

16. Inkrafttreten und Kündigung. → Form. C. II. 13, dort unter § 12.

17. Schlussbestimmungen. → Form. C. II. 1 Anm. 16.

17. Bildschirmarbeit

Betriebsvereinbarung zur Bildschirmarbeit[1]

zwischen

...... (Name und Anschrift des Arbeitgebers) „Gesellschaft"

und

Betriebsrat des Betriebs ...... der ...... (Name des Arbeitgebers) „Betriebsrat"
(Alternative: Gesamtbetriebsrat/Konzernbetriebsrat)

Präambel[2]

Ziel dieser Betriebsvereinbarung ist es, im Interesse der Mitarbeiter und der Gesellschaft die Arbeitsplatz- und Softwareergonomie sowie den Gesundheitsschutz der an Bildschirmarbeitsplätzen tätigen Mitarbeiter im Einklang mit den gesetzlichen und berufsgenossenschaftlichen Regelungen zu gewährleisten.

§ 1 Geltungsbereich

(1) Diese Betriebsvereinbarung gilt für alle an Bildschirmarbeitsplätzen beschäftigten Arbeitnehmer des Betriebs . . . . . . der Gesellschaft („Mitarbeiter"), mit Ausnahme der leitenden Angestellten i. S. d. § 5 Abs. 3 BetrVG.

(2) Die Betriebsvereinbarung regelt die Arbeitsbedingungen an Bildschirmarbeitsplätzen im Betrieb . . . . . . der Gesellschaft. Sie ergänzt und konkretisiert die EDV-Rahmenbetriebsvereinbarung[3] vom . . . . . .

§ 2 Begriffsbestimmungen

(1) Bildschirmarbeitsplätze im Sinne dieser Betriebsvereinbarung sind Arbeitsplätze mit einem Bildschirmgerät. Ein Bildschirmarbeitsplatz kann ferner ausgestattet sein mit

- Einrichtungen zur Erfassung von Daten,
- Software, die den Mitarbeitern bei der Ausführung ihrer Arbeitsaufgaben zur Verfügung steht,
- Zusatzgeräten und Elementen, die zum Betreiben oder Benutzen des Bildschirmgeräts gehören, oder
- sonstigen Arbeitsmitteln.[4]

(2) Bildschirmgerät im Sinne dieser Betriebsvereinbarung ist ein Bildschirm zur Darstellung alphanumerischer Zeichen oder zur Grafikdarstellung, ungeachtet des Darstellungsverfahrens. Ausgenommen sind:

- Bildschirmgeräte für den ortsveränderlichen Gebrauch (z. B. Laptops), sofern sie nicht regelmäßig an dem gewöhnlichen Arbeitsplatz verwendet werden,
- Rechenmaschinen,
- Schreibmaschinen klassischer Bauart mit einem Display,
- andere Arbeitsmittel mit einer kleinen Daten- oder Messwertanzeigevorrichtung, die zur unmittelbaren Benutzung des Arbeitsmittels erforderlich sind (z. B. Telefondisplay),
- Bildschirmgeräte an Bord von Verkehrsmitteln,
- Datenverarbeitungsanlagen, die hauptsächlich für die Benutzung durch die Öffentlichkeit bestimmt sind,
- Bildschirmgeräte an Bedienerplätzen von Maschinen oder an Fahrerplätzen von Fahrzeugen.[5]

(3) An einem Bildschirmarbeitsplatz beschäftigte Mitarbeiter im Sinne dieser Betriebsvereinbarung sind Mitarbeiter, die gewöhnlich bei einem nicht unwesentlichen Teil ihrer normalen Arbeit ein Bildschirmgerät benutzen. Die Betriebsparteien sind sich darüber einig, dass dies ab der regelmäßigen Nutzung eines Bildschirmgeräts von mehr als . . . . . . Stunden täglich *(Alternative: von mehr als . . . . . . Prozent der täglichen Arbeitszeit)* der Fall ist.[6]

§ 3 Vorgaben zur Einrichtung und Gestaltung von Bildschirmarbeitsplätzen

(1) Die Gesellschaft wird geeignete Maßnahmen treffen, um die Bildschirmarbeitsplätze der Mitarbeiter entsprechend den Anforderungen der Bildschirmarbeitsverordnung (Bild-

scharbV) sowie unter Berücksichtigung des jeweiligen Standes der Technik, der Arbeitsmedizin und sonstiger gesicherter arbeitswissenschaftlicher Erkenntnisse einzurichten.[7]

(2) Bei der Gestaltung von Bildschirmarbeitsplätzen ist die Gesellschaft bemüht, einseitige und monotone Tätigkeiten zu vermeiden und, soweit möglich, Mischarbeitsplätze zu schaffen.[8]

§ 4 Arbeitsplatz- und Softwareergonomie[9]

(1) Die Bildschirmarbeitsplätze, die Arbeitsumgebung sowie die verwendete Software müssen ergonomisch so gestaltet sein, dass dabei keine unnötigen Belastungen für die betroffenen Mitarbeiter auftreten.

(2) Arbeitsaufgaben sollen so gestaltet werden, dass unter Berücksichtigung technischer und wirtschaftlicher Effizienz optimale Arbeitsbedingungen hinsichtlich der Sicherheit und Gesundheit der Mitarbeiter geschaffen werden.

§ 5 Verfahren bei Einführung und Änderung von Bildschirmarbeitsplätzen[10]

(1) Die Gesellschaft informiert den Betriebsrat frühzeitig und umfassend über die Planung bei der Einführung, Änderung und Ausweitung von Bildschirmarbeitsplätzen.

(2) Zeitnah zur Inbetriebnahme eines Bildschirmarbeitsplatzes wird dieser unter Beteiligung des Betriebsrats sowie der nach dem Arbeitsschutzgesetz (ArbSchG) zuständigen Personen auf die Einhaltung der unter vorstehendem § 3 genannten Voraussetzungen überprüft.

(3) Die Mitarbeiter haben die Möglichkeit, über ihre Führungskraft oder den Betriebsrat Vorschläge zu einer alternativen Gestaltung von Bildschirmarbeitsplätzen zu unterbreiten.

§ 6 Beurteilung der Arbeitsbedingungen an Bildschirmarbeitsplätzen[11]

(1) Im Rahmen der gemäß § 3 BildscharbV i. V. m. § 5 ArbSchG vorgeschriebenen Beurteilung der Arbeitsbedingungen wird die Gesellschaft die Bildschirmarbeitsplätze einer Beurteilung hinsichtlich der Sicherheits- und Gesundheitsbedingungen unterziehen. Grundlage der Beurteilung ist das mit dem Betriebsrat abgestimmte Prüfverfahren nebst Zeitplan gemäß Anlage. Vergleichbar gestaltete Bildschirmarbeitsplätze bedürfen nur einer Beurteilung.

(2) Bei der Beurteilung nach vorstehendem Abs. (1) soll ein besonderes Augenmerk auf eine mögliche Beeinträchtigung des Sehvermögens der an Bildschirmarbeitsplätzen beschäftigten Mitarbeiter sowie auf körperliche und psychische Belastungen durch die Gestaltung des Bildschirmarbeitsplatzes gerichtet werden.

(3) Ergänzend gilt § 4 der Betriebsvereinbarung zum betrieblichen Arbeitsschutz.[12]

§ 7 Arbeitsunterbrechungen[13]

(1) Die Gesellschaft organisiert die Tätigkeit der an Bildschirmarbeitsplätzen beschäftigten Mitarbeiter grundsätzlich so, dass sie regelmäßig durch andere Tätigkeiten unterbrochen wird, die die Belastungen der Bildschirmarbeit verringern.

(2) Die an Bildschirmarbeitsplätzen beschäftigten Mitarbeiter sind gehalten, nicht bildschirmbezogene Tätigkeiten zeitlich so zu legen, dass sie jeweils in den Phasen der Unterbrechung der Bildschirmarbeit verrichtet werden können.

(3) An Bildschirmarbeitsplätzen beschäftigte Mitarbeiter, die ihre Bildschirmarbeiten aus arbeitsorganisatorischen Gründen nicht unterbrechen können, sind gehalten, regelmäßige

Kurzpausen einzulegen. Individuelle, mindestens fünfminütige Unterbrechungen sind nach einer Stunde ununterbrochener Bildschirmarbeit vorzusehen. Die Arbeitsunterbrechungen dürfen insgesamt jedoch nicht mehr als 30 Minuten täglich betragen. Die Inanspruchnahme zusammengefasster Kurzpausen zu Beginn oder Ende der Arbeitszeit sowie unmittelbar vor oder nach der Mittagspause ist nicht zulässig.

§ 8 Schutzvorschriften[14]

(1) Kann ein Mitarbeiter nach ärztlichem Zeugnis aus gesundheitlichen Gründen nicht mehr auf seinem bisherigen Bildschirmarbeitsplatz eingesetzt werden, soll zunächst versucht werden, den Bildschirmarbeitsplatz im Rahmen des wirtschaftlich und organisatorisch Vertretbaren an die gesundheitlichen Bedürfnisse des Mitarbeiters anzupassen. Gelingt dies nicht, soll der Mitarbeiter, soweit möglich, auf einen anderen zumutbaren Arbeitsplatz versetzt werden.

(2) Schwangere dürfen nicht auf Bildschirmarbeitsplätzen beschäftigt werden, soweit nach ärztlichem Zeugnis die Gesundheit von Mutter und Kind bei Fortdauer der Beschäftigung gefährdet ist.

§ 9 Gesundheitsschutz

(1) Vor Aufnahme der Tätigkeit wird den an einem Bildschirmarbeitsplatz beschäftigten Mitarbeitern eine Augenuntersuchung durch den Betriebsarzt oder einen ermächtigten Arzt angeboten. Eine erneute Untersuchung wird im regelmäßigen Abstand von ...... Jahren nach der jeweils letzten Untersuchung sowie bei Auftreten von Sehbeschwerden angeboten, die auf die Bildschirmarbeit zurückzuführen sind. Erweist sich aufgrund der Untersuchungsergebnisse nach S. 1 oder 2 eine augenärztliche Untersuchung als erforderlich, können die betroffenen Mitarbeiter einen Augenarzt ihrer Wahl aufsuchen.[15]

(2) Die Kosten der Untersuchungen nach Abs. (1) trägt die Gesellschaft, sofern nicht andere Kostenträger durch die Mitarbeiter in Anspruch genommen werden können.[16]

(3) Sofern eine Untersuchung nach Abs. (1) ergibt, dass ein Mitarbeiter ausschließlich für die Arbeit an dem Bildschirmarbeitsplatz spezielle Sehhilfen benötigt und normale Sehhilfen für ihn nicht geeignet sind, trägt die Gesellschaft im erforderlichen Umfang die Kosten für die Brillengläser, es sei denn, der Mitarbeiter kann andere Kostenträger in Anspruch nehmen. Die Kosten für Fassungen werden bis zu ...... EUR (in Worten: ...... Euro) erstattet.[17]

§ 10 Einarbeitung und Ausbildung[18]

(1) Vor dem Einsatz von Bildschirmgeräten sowie vor technischen oder organisatorischen Änderungen beim Einsatz der Bildschirmgeräte sind die betroffenen Mitarbeiter rechtzeitig und umfassend über ihre Aufgaben und die neuen bzw. geänderten Arbeitsmethoden zu unterrichten. Sofern erforderlich, werden die Mitarbeiter beim Einsatz der Arbeitsmittel eingearbeitet, wobei sie insbesondere mit der Handhabung unter ergonomischen Aspekten vertraut zu machen sind.

(2) Einarbeitung und Ausbildung sollen während der Arbeitszeit stattfinden. Finden sie ausnahmsweise außerhalb der Arbeitszeit statt, so gelten sie als Arbeitszeit; eine Nacharbeit hat insoweit nicht zu erfolgen.

§ 11 Leistungs- und Verhaltenskontrolle[19]

(1) Die EDV-Systeme werden grundsätzlich nicht zur Überwachung von Leistung und Verhalten der Mitarbeiter, z.B. in Form von Einzelplatzauswertungen, verwendet.

(2) Ergänzend gelten die Bestimmungen der EDV-Rahmenbetriebsvereinbarung vom ...... und der Betriebsvereinbarung über Datenschutz vom ......

§ 12 Inkrafttreten, Kündigung[20]

(1) Diese Betriebsvereinbarung tritt am ...... in Kraft. Sie kann mit einer Frist von ...... Monaten zum Ende eines Kalenderhalbjahres gekündigt werden. Danach behält die Betriebsvereinbarung bis zum Abschluss einer neuen Betriebsvereinbarung ihre Gültigkeit.

(2) Die Kündigung bedarf der Schriftform.

§ 13 Schlussbestimmungen[21]

(1) Diese Betriebsvereinbarung löst alle eventuellen vorherigen Betriebsvereinbarungen zur Bildschirmarbeit, insbesondere ......, ab. Mündliche Nebenabreden bestehen nicht. Änderungen oder Ergänzungen dieser Betriebsvereinbarung, einschließlich dieser Bestimmung, bedürfen zu ihrer Wirksamkeit der Schriftform.

(2) Sollte eine Bestimmung dieser Betriebsvereinbarung ganz oder teilweise unwirksam sein oder werden, so wird hiervon die Wirksamkeit der übrigen Bestimmungen nicht berührt. Anstelle der unwirksamen Bestimmung werden die Betriebspartner die gesetzlich zulässige Bestimmung vereinbaren, die dem mit der unwirksamen Bestimmung Gewollten wirtschaftlich am nächsten kommt. Dasselbe gilt für den Fall einer vertraglichen Lücke.

(3) Diese Betriebsvereinbarung steht unter dem Vorbehalt etwaiger ablösender – auch freiwilliger – Betriebsvereinbarungen.

(4) Sollten sich die dieser Betriebsvereinbarung zugrunde liegenden tatsächlichen oder rechtlichen Bedingungen grundlegend ändern, so werden die Betriebspartner unverzüglich in Verhandlungen treten mit dem Ziel, die Betriebsvereinbarung an die geänderten Bedingungen anzupassen.

......	......
Ort, Datum	Ort, Datum
......	......
Unterschrift der Gesellschaft	Unterschrift des Betriebsratsvorsitzenden

Anmerkungen

1. Regelungsinhalt. Grundlage der vorliegenden Betriebsvereinbarung ist das **erzwingbare Mitbestimmungsrecht des Betriebsrats gemäß § 87 Abs. 1 Nr. 7 BetrVG** (Mitbestimmung bei Regelungen über die Verhütung von Arbeitsunfällen und Berufskrankheiten sowie über den Gesundheitsschutz im Rahmen der gesetzlichen Vorschriften oder der Unfallverhütungsvorschriften).

Inhaltlich verwirklicht die Betriebsvereinbarung die Vorgaben der **Bildschirmarbeitsverordnung** (BildscharbV) vom 4.12.1996 (BGBl. I S. 1841, 1843, zuletzt geändert durch Verordnung vom 18.12.2008, BGBl. I S. 2768, 2777) und des **Arbeitsschutzgesetzes** (ArbSchG) vom 7.8.1996 (BGBl. I S. 1246, zuletzt geändert durch Gesetz vom 19.10.2013, BGBl. I S. 3836, 3847). Beide enthalten weitgehend bloße Rahmenvorgaben zur Umsetzung des Gesundheitsschutzes der an Bildschirmgeräten beschäftigten Mitarbeiter. Zur Ausfüllung der Handlungsspielräume, die sich aus diesen öffentlich-rechtlichen Rahmenvorschriften ergeben, besteht ein erzwingbares Mitbestimmungsrecht des Betriebsrats aus § 87 Abs. 1 Nr. 7 BetrVG, ohne dass eine konkrete Gesundheitsgefahr bereits hinreichend bestimmbar sein müsste (BAG AP BetrVG 1972 § 87 Gesundheitsschutz Nr. 12; BAG AP BetrVG 1972 § 87 Gesundheitsschutz Nr. 13; LAG Kiel BeckRS 2006, 44774). Es reicht aus, wenn die vom Arbeitgeber zu treffenden Maßnahmen lediglich mittelbar dem Gesundheitsschutz dienen (BAG AP BetrVG 1972 § 87 Gesundheitsschutz Nr. 13).

2. Zielsetzung. Als Zielsetzung gibt die Präambel ausdrücklich die Gewährleistung des **Gesundheitsschutzes** der Mitarbeiter an. Bekannte Gesundheitsrisiken im Zusammenhang mit der Bildschirmarbeit sind sowohl physische Beeinträchtigungen wie Augenbelastungen, Muskelermüdung, Verspannungen des Stütz- und Bewegungsapparates und einseitige Körperhaltung als auch psychische Belastungen, ausgelöst durch monotone und geistig ermüdende Arbeit (MünchHdbArbR/*Kohte* § 293 Rn. 41). Im Einklang mit der BildscharbV und den europarechtlichen Vorgaben der Bildschirm-Richtlinie 90/270/EWG (ABl. 1990 L 156/14) gilt ein Gesundheitsbegriff, der zur Vermeidung psychischer Belastungen auch die menschengerechte Gestaltung der Arbeit umfasst (*Siemes* NZA 1998, 232, 233; *Riese* CR 1997, 27, 30).

Der Verweis auf gesetzliche und berufsgenossenschaftliche Bestimmungen ist bewusst offengehalten, um angesichts der ständigen technischen und legislativen Veränderungen eine flexible Handhabung der Betriebsvereinbarung zu gewährleisten.

3. EDV-Rahmenbetriebsvereinbarung. → Form. C. II. 12.

4. Bildschirmarbeitsplatz. Die Definition des Bildschirmarbeitsplatzes entspricht der gesetzlichen Definition in § 2 Abs. 2 BildscharbV. „Spezielle Arbeitsmittel" können beispielsweise der Arbeitsstuhl oder eine Fußstütze sein (SG Dresden SuP 2010, 452). Daran wird deutlich, dass der Begriff des Bildschirmarbeitsplatzes über die unmittelbare technische Ausstattung hinausgeht und auch die **Arbeitsumgebung** einbezieht.

5. Bildschirmgerät. Der Begriff des Bildschirmgeräts umfasst neben dem klassischen Computermonitor auch Bildschirmgeräte zur Prozesssteuerung und nicht elektronische Darstellungssysteme wie z. B. Mikrofichelesegeräte. Neben den derzeit bekannten Darstellungsverfahren (Kathodenstrahlröhre, Flüssigkristallanzeige, Plasma) ist die Betriebsvereinbarung für neue technische Darstellungsverfahren offen, sodass bei technischen Neuerungen keine Anpassung der Betriebsvereinbarung erforderlich ist. Der Begriff erfasst auch Bildschirme, auf denen Filmaufzeichnungen in analoger oder in digitalisierter Form dargestellt werden, sodass auch der Arbeitsplatz eines Cutters unter die BildscharbV fällt (vgl. EuGH NZA 2000, 877).

Die Ausnahmetatbestände decken sich mit dem Katalog in § 1 Abs. 2 BildscharbV. Vom Anwendungsbereich ausgenommen sind Bedienerplätze von Maschinen oder Fahrerplätze von Fahrzeugen mit Bildschirmgeräten (§ 1 Abs. 2 Nr. 1 BildscharbV), Bildschirmgeräte an Bord von Verkehrsmitteln, wie z. B. Navigationsgeräte und Radarkonsolen (§ 1 Abs. 2 Nr. 2 BildscharbV), Datenverarbeitungsanlagen, die hauptsächlich zur Benutzung durch die Öffentlichkeit bestimmt sind, wie z. B. Geldautomaten (§ 1 Abs. 2 Nr. 3 BildscharbV), Bildschirmgeräte für den ortsveränderlichen Gebrauch, sofern sie nicht regelmäßig an einem Arbeitsplatz eingesetzt werden, wie z. B. die Benutzung von Laptops während der Zugfahrt (§ 1 Abs. 2 Nr. 4 BildscharbV), Rechenmaschinen, Registrierkassen oder andere Arbeitsmittel mit einer kleinen Daten- oder Messwertanzeigevorrichtung, die zur unmittelbaren Benutzung des Arbeitsmittels erforderlich ist (§ 1 Abs. 2 Nr. 5 BildscharbV), und Schreibmaschinen klassischer Bauart mit einem Display (§ 1 Abs. 2 Nr. 6 BildscharbV). Die Ausnahmetatbestände sind eng auszulegen. So erfassen die Begriffe „Bedienerplätze von Maschinen oder Fahrerplätze von Fahrzeugen mit Bildschirmgeräten" (§ 1 Abs. 2 Nr. 1 BildscharbV) keinen Arbeitsplatz, auf dem analoges oder digitalisiertes Bildmaterial mithilfe von technischen Einrichtungen oder

Computerprogrammen bearbeitet wird, um sendefähige Fernsehbeiträge fertigzustellen (vgl. EuGH NZA 2000, 877).

6. An Bildschirmgeräten beschäftigte Mitarbeiter. Hinsichtlich des persönlichen Geltungsbereiches greift die Betriebsvereinbarung die bereits in der BildscharbV angelegte Definition auf. An Bildschirmarbeitsplätzen beschäftigte Mitarbeiter sind Mitarbeiter, die einen **nicht unwesentlichen Teil ihrer normalen Arbeitszeit** vor dem Bildschirmgerät verbringen (§ 2 Abs. 3 BildscharbV). Bei einer 35-Stunden-Woche und einem Arbeitstag von durchschnittlich sieben Stunden ist eine Bildschirmarbeit von durchschnittlich 30–45 Minuten pro Arbeitstag jedenfalls nicht „unwesentlich" i.S.d. BildscharbV (ArbG Neumünster NZA-RR 2000, 237). Die Vorschriften zur Arbeitsorganisation (§ 5 BildscharbV) und zur Untersuchung der Augen (§ 6 BildscharbV) gelten nur für diese Personengruppe zwingend. Dagegen müssen die technischen Anforderungen der BildscharbV für alle Bildschirmarbeitsplätze erfüllt sein, unabhängig davon, wie viel Zeit einzelne Mitarbeiter an diesem Arbeitsplatz verbringen.

Die BildscharbV selbst sieht keine bestimmte tägliche oder wöchentliche **Mindestbenutzungszeit** vor, ab der die besonderen Anforderungen der §§ 5 und 6 BildscharbV einzuhalten sind. Bewusst ist hier Raum für eine Konkretisierung durch betriebliche oder tarifliche Regelungen oder durch Unfallverhütungsvorschriften gelassen worden (*Wlotzke* NJW 1997, 1469, 1473). Denkbar ist zum einen, an eine feste tägliche Mindestbenutzungszeit anzuknüpfen. Zum anderen kann die Bildschirmarbeitszeit prozentual in Relation zur täglichen Arbeitszeit gesetzt werden, wie in der Alternativformulierung vorgesehen. Dies kann allerdings bei Teilzeitbeschäftigten mit geringer Stundenzahl zu unangemessenen Ergebnissen führen.

Durch die Möglichkeit zur betrieblichen Konkretisierung der BildscharbV ist den Tarif- bzw. Betriebsparteien ein weiter Beurteilungsspielraum zur Festlegung des Beschäftigtenstatus gegeben. Zahlreiche Tarifverträge und Betriebsvereinbarungen sehen hier eine tägliche Mindestbenutzungszeit von **ein bis drei Stunden** vor. Der niederländische Gesetzgeber hat bei Umsetzung der Bildschirm-Richtlinie eine Präzisierung vorgenommen, wonach Beschäftigter nur derjenige ist, der mindestens zwei Stunden pro Arbeitstag das Bildschirmgerät benutzt (vgl. *Riese* CR 1997, 27, 30). In Prozentsätzen ausgedrückt könnte der Anteil der Bildschirmarbeit zwischen **zehn und 50 Prozent** liegen.

7. Anforderungen der BildscharbV. Gemäß § 4 BildscharbV hat der Arbeitgeber geeignete Maßnahmen zu treffen, damit die Bildschirmarbeitsplätze den Anforderungen des Anhangs und sonstiger Rechtsvorschriften entsprechen.

Der **Anhang** zur BildscharbV enthält grundsätzlich **zwingende Anforderungen** an Bildschirmgerät und Tastatur (z.B. Flimmerfreiheit, Lesbarkeit der Tastaturbeschriftung), an sonstige Arbeitsmittel, an die Arbeitsumgebung (z.B. ausreichende Beleuchtung und Lärmschutz) sowie an das Zusammenwirken von Mensch und Arbeitsmittel (Softwareergonomie). Auch hier sind jedoch nur Zielvorgaben enthalten, die Raum für branchenspezifische Lösungen lassen. Darüber hinaus darf von den Anforderungen des Anhangs unter den Voraussetzungen des § 4 Abs. 3 BildscharbV abgewichen werden, also wenn die spezifischen Erfordernisse des Bildschirmarbeitsplatzes oder die Tätigkeitsmerkmale diesen Anforderungen entgegenstehen oder wenn der Bildschirmarbeitsplatz entsprechend den jeweiligen Fähigkeiten der daran tätigen Behinderten unter Berücksichtigung von Art und Schwere der Behinderung gestaltet wird. In beiden Fällen müssen Sicherheit und Gesundheitsschutz aber auf andere Weise gewährleistet sein, sodass der Standard der BildscharbV nicht unterschritten werden darf (*Siemes* NZA 1998, 232, 236).

Die Anforderungen des Anhangs sind allgemein erfüllt, wenn die Maßnahmen den allgemein anerkannten Regeln der Technik entsprechen. Dies ist z.B. der Fall, wenn die **DIN-Normen** (insbesondere der Reihe 66234 und die DIN EN ISO 9241-110) eingehalten werden und die Bildschirm- und Büroarbeitsplätze dem Leitfaden für Gestaltung der BG-Informationen (BGL 650) entsprechen, welche durch weitere Informationen ergänzt werden (vgl. *Siemes* NZA 1998, 232, 236; *Wlotzke* NJW 1997, 1469, 1473). Bildschirme, die das GS-Zeichen für „geprüfte Sicherheit" tragen, sind gleichfalls als verordnungskonform anzusehen (*Riese* CR 1997, 27, 31).

Sonstige Rechtsvorschriften, mit denen der Bildschirmarbeitsplatz im Einklang stehen muss, sind z. B. die **Arbeitsstättenverordnung** und die dazu ergangenen Richtlinien sowie die **Unfallverhütungsvorschriften** der Berufsgenossenschaften.

8. Mischarbeitsplätze. Die Regelung greift die Vorgabe aus § 5 BildscharbV auf, nach der der Arbeitgeber bei der Gestaltung von Bildschirmarbeitsplätzen in erster Linie für Mischarbeitsplätze zu sorgen hat.

Unter Mischarbeitsplätzen versteht man Arbeitsplätze, an denen sowohl **Arbeitsvorgänge mit und an dem Bildschirmgerät als auch andere Arbeitsvorgänge** zu erledigen sind. Das Bildschirmarbeitsgerät soll gerade nicht den Inhalt und die Aufgabenerledigung diktieren und dominieren, sondern vielmehr ein normales Arbeitsmittel sein (*Riese* CR 1997, 27, 32).

Ob Mischarbeitsplätze eingeführt werden können, ist vom Betriebsrat nicht mitzubeurteilen. Ist die Entscheidung zu Gunsten von Mischarbeitsplätzen nach den betrieblichen Gegebenheiten gefallen, besteht bei der Organisation der Mischarbeitsplätze allerdings das Mitbestimmungsrecht des Betriebsrats. Hier können sich folgende **Modelle** anbieten:
- job rotation (systematischer Arbeitsplatzwechsel),
- job enlargement (Arbeitserweiterung),
- job enrichment (Arbeitsbereicherung), vermehrter Einsatz von teilautonomen Arbeitsgruppen (zu Einzelheiten s. *Riese* CR 1997, 27, 32).

9. Ergonomie. Für die Fragen der Software-Ergonomie kann zur Konkretisierung insbesondere auf die Regelungen der DIN EN ISO 4921-110 (Grundsätze zur Dialoggestaltung) zurückgegriffen werden. Basis für alle ergonomischen Betrachtungen einer Software sind folgende Kriterien:
- Aufgabenangemessenheit (die Software ermöglicht eine effiziente und effektive Aufgabenerledigung ohne unnötige Beanspruchung des Benutzers),
- Selbstbeschreibungsfähigkeit (der Dialog erklärt sich aus sich selbst heraus oder bei entsprechendem Informationsverlangen des Benutzers),
- Steuerbarkeit (der Benutzer kontrolliert die Software und nicht umgekehrt),
- Erwartungskonformität (der Dialogablauf entspricht bisherigen Erwartungen der Benutzer aus der bisherigen Benutzung des Systems oder anderer Systeme),
- Fehlertoleranz (Verhinderung und Korrigierbarkeit von Eingabefehlern),
- Individualisierbarkeit (der Benutzer kann die Software an seine Bedürfnisse flexibel anpassen),
- Lernförderlichkeit (dem Benutzer wird langfristig das Gesamtverständnis des Systems und der einzelnen Funktionsabläufe erleichtert).

10. Verfahrensregelungen. Bei den Verfahrensrechten werden drei Teilaspekte geregelt: das Informationsrecht des Betriebsrats, das sich aus §§ 80 Abs. 2 und 90 BetrVG ergibt, die Überprüfung des Bildschirmarbeitsplatzes unter Beteiligung des Betriebsrats und der nach dem Arbeitsschutzgesetz zuständigen Personen sowie das Vorschlagsrecht der Mitarbeiter.

11. Beurteilung. Bei der Beurteilung der Hard- und Softwareergonomie muss der Bildschirmarbeitsplatz mit all seinen Komponenten **systematisch und vollständig** erfasst werden. Die Beurteilungskriterien sind gesetzlich festgelegt. So ist insbesondere auf eine mögliche Gefährdung des Sehvermögens, auf körperliche Probleme und psychische Belastungen zu achten (§ 3 BildscharbV). Die Beurteilung der Arbeitsbedingungen ist kein einmaliger Vorgang (→ Form. C. II. 16 Anm. 7). Eine Beurteilung hat vielmehr zu erfolgen bei der Inbetriebnahme eines Bildschirmarbeitsplatzes, wenn im Einzelfall Beschwerden auftreten, die auf Bildschirmarbeit zurückgeführt werden können, und bei jeder wesentlichen Änderung der Bildschirmarbeit oder des Bildschirmarbeitsplatzes.

Ausreichend ist wie bei der allgemeinen Gefährdungsbeurteilung der Arbeitsbedingungen auch eine **innerbetriebliche Beurteilung** (→ Form. C. II. 16 Anm. 7). Empfehlenswert ist es, die betrieblichen Arbeitsschutzexperten (Sicherheitsbeauftragte, Betriebsärzte; → Form. C. II. 16 Anm. 9, 11) bei der Beurteilung hinzuzuziehen (*Riese* CR 1997, 27, 30). Geschieht dies, hat der Betriebsrat gemäß § 9 Abs. 2 ASiG ein Unterrichtungsrecht über wichtige Angelegenheiten des Arbeitsschutzes und der Unfallverhütung. Bei der Besichtigung von Bildschirmarbeitsplätzen ist der Betriebsrat hinzuzuziehen (§ 89 Abs. 2 Satz 1 BetrVG).

Auch die BildscharbV schreibt keine bestimmte Vorgehensweise für die Durchführung der Beurteilung vor. In aller Regel wird ein **Soll-Ist-Vergleich** mit dem Vorschriften- und Regelwerk ausreichen, z. B. durch die Verwendung von Checklisten oder die mündliche Befragung der Beschäftigten (*Siemes* NZA 1998, 232, 235). Auf welche Weise die Beurteilung durchgeführt wird, unterliegt ebenfalls der Mitbestimmung des Betriebsrates, sodass hier **Prüfpläne** für die Hard- und Softwareprüfung zu erarbeiten sind. Der Prüfplan sollte aus Gründen der Übersichtlichkeit jeweils in einer Anlage zur Betriebsvereinbarung geregelt sein (→ Form. C. II. 16 Anm. 7).

Zur Reduzierung des Aufwandes sieht die Betriebsvereinbarung für vergleichbare Arbeitsplätze nur eine Beurteilung vor. Dies entspricht den Vorgaben des § 5 Abs. 2 S. 2 ArbSchG.

Kommt der Arbeitgeber im Rahmen der Beurteilung zu dem Ergebnis, dass konkreter Handlungsbedarf besteht, so ist er gemäß § 3 ArbSchG verpflichtet, geeignete **Maßnahmen** zum Arbeitsschutz zu ergreifen. Die Frage der Geeignetheit unterliegt wiederum der betrieblichen Mitbestimmung. Zudem ist der Arbeitgeber in Unternehmen mit mehr als zehn Beschäftigten verpflichtet, abhängig von der Art der Tätigkeit und der Beschäftigtenzahl die Ergebnisse der Arbeitsplatzbeurteilung zu **dokumentieren** (→ Form. C. II. 16 Anm. 8).

12. Betriebsvereinbarung Arbeitsschutz. Das Formular nimmt ergänzend Bezug auf die Gefährdungsbeurteilung, die in der Betriebsvereinbarung zum betrieblichen Arbeitsschutz (→ Form. C. II. 16 Anm. 6, 7) ausführlich geregelt ist.

13. Arbeitsunterbrechungen. Die Betriebsvereinbarung greift das Konzept des § 5 BildscharbV auf, wonach der Einrichtung von **Mischarbeitsplätzen** der Vorrang vor der Gewährung von Kurzpausen gebührt. Für die Mischarbeit wird eine zweiseitige Verpflichtung aufgestellt, da es bei der Gestaltung der Arbeitsabläufe im Einzelfall auch an dem einzelnen Mitarbeiter liegt, monotone Tätigkeiten über längere Zeiträume zu vermeiden.

Bei den **Kurzpausen** handelt es sich nicht um Ruhepausen nach § 4 Abs. 1 ArbZG. Vielmehr sollen die Kurzpausen Müdigkeitserscheinungen entgegenwirken. Aus arbeitsmedizinischer Sicht ist der Erholungswert mehrerer Kurzpausen größer als der weniger langer Pausen (*Riese* CR 1997, 27, 32).

Den an Bildschirmarbeitsplätzen beschäftigten Mitarbeitern wird durch die Betriebsvereinbarung eine gewisse Gestaltungsfreiheit bei der Inanspruchnahme von Pausen gewährt. Da der Erholungseffekt aber nicht erreicht werden kann, wenn die Mitarbeiter ihre Pausen zur faktischen Arbeitszeitverkürzung nutzen würden, sieht die Betriebsvereinbarung vor, dass zu Beginn oder Ende der Arbeitszeit sowie unmittelbar vor oder nach der Mittagspause keine Pausen genommen werden dürfen.

Die Kurzpausen des Mitarbeiters sind Bestandteil der Arbeitszeit und demgemäß voll zu vergüten (MünchHdbArbR/*Anzinger* § 299 Rn. 20, 22). Dies folgt bereits aus § 3 Abs. 3 ArbSchG, wonach der Arbeitgeber die Kosten für Maßnahmen des Arbeitsschutzes nicht dem Arbeitnehmer auferlegen darf (*Rasmussen-Bonne/Raif* AuA 2009, 584, 585).

Die gesundheitspolitische Zwecksetzung von § 5 BildscharbV lässt es allerdings nicht zu, eine mangelhafte Arbeitsorganisation durch den Arbeitgeber durch zusätzliche Vergütung auszugleichen. Werden einem Arbeitnehmer keine Bildschirmarbeitsunterbrechungen i.S.v. § 5 BildscharbV gewährt, so folgt daraus kein Anspruch auf Vergütung im Umfang der nicht gewährten Erholungspausen (LAG Schwerin BeckRS 2012, 65891).

Ist tarifvertraglich festgelegt, dass die Erholungspause in einem gewissen Umfang zu gewähren ist und ist im Tarifvertrag weiter vereinbart, dass der Arbeitgeber aus diesem Pausenkontingent monatlich eine bestimmte Zeit für Teambesprechungen nutzen darf, besteht für den Betriebsrat kein Mitbestimmungsrecht mehr bei der Frage, ob der Arbeitgeber in einem einzelnen Betrieb des Unternehmens von diesem Recht Gebrauch machen darf. Bei der Festlegung der Lage und Dauer der Teambesprechungen besteht ebenfalls kein Mitbestimmungsrecht (LAG Schwerin BeckRS 2009, 53355).

14. Schutzvorschriften für bestimmte Mitarbeitergruppen. Die Schutzvorschrift für Mitarbeiter, die aus gesundheitlichen Gründen nicht mehr an einem Bildschirmarbeitsplatz beschäftigt werden dürfen, gibt lediglich übliche Abläufe bei der Feststellung mangelnder gesundheitlicher Eignung wieder. Auch die Schutzbestimmung zu Gunsten werdender Mütter konkretisiert nur das allgemeine Beschäftigungsverbot des § 3 Abs. 1 MuSchG im Hinblick auf Bildschirmarbeiten und ist somit rein deklaratorischer Natur.

15. Untersuchung der Augen. Die BildscharbV sieht in § 6 i.V.m. Teil 4 Abs. 2 Nr. 1 zum Anhang der Verordnung zur arbeitsmedizinischen Vorsorge (ArbMedVV) vom 18.12.2008 (BGBl. I S. 2768) lediglich vor, dass der Arbeitgeber zum „Angebot" einer **Erst- und Folgeuntersuchung verpflichtet ist und, falls erforderlich, auch eine ärztliche Augenuntersuchung zu „ermöglichen"** hat. Das bedeutet zum einen, dass es in der Entscheidung des Mitarbeiters liegt, ob er die angebotenen Untersuchungen überhaupt wahrnimmt. Zum anderen kann ein Mitarbeiter auch ohne tatsächlich erfolgte Untersuchung an einem Bildschirmarbeitsplatz beschäftigt werden (*Wlotzke* NJW 1997, 1469, 1474; *Riese* CR 1997, 27, 32).

Die Untersuchung hat grundsätzlich während der Arbeitszeit zu erfolgen, ansonsten ist dem Mitarbeiter Zeitausgleich zu gewähren.

Inhaltliche Hinweise zur Durchführung der Augenuntersuchung gibt der Berufsgenossenschaftliche Grundsatz für die arbeitsmedizinische Vorsorgeuntersuchung „Bildschirmarbeitsplätze" (G 37). Darin wird z.B. als Richtwert für die **zeitlichen Abstände** zwischen den Nachuntersuchungen nach dem Lebensalter des Beschäftigten differenziert. Grundsätzlich soll der Abstand zwischen zwei Untersuchungen danach fünf Jahre betragen, bei Personen über 40 Jahren drei Jahre. Andere Zeitabstände können – auch ohne Altersdifferenzierung – zwischen den Betriebsparteien ohne Weiteres vereinbart werden.

Die Untersuchungsergebnisse unterfallen der Schweigepflicht der Ärzte, sodass sie dem Arbeitgeber nur mit Einwilligung des betroffenen Arbeitnehmers mitgeteilt werden dürfen.

Bietet der Arbeitgeber die Augenuntersuchungen nicht oder nicht rechtzeitig an, handelt er gemäß § 10 Abs. 1 Nr. 4 i.V.m. § 5 Abs. 1 S. 1 i.V.m. Teil 4 Abs. 2 Nr. 1 Anhang ArbMedVV (vormals § 7 BildscharbV) i.V.m. § 25 Abs. 1 Nr. 1 ArbSchG **ordnungswidrig.** Die Ordnungswidrigkeit kann gemäß § 25 Abs. 2 ArbSchG mit einer Geldbuße von bis zu 5.000 EUR geahndet werden. Aus diesem Grunde empfiehlt es sich, die Augenuntersuchungen gegenüber den einzelnen Mitarbeitern schriftlich anzubieten und gegebenenfalls die Ablehnung einer solchen Untersuchung durch einzelne Mitarbeiter schriftlich zu dokumentieren.

16. Kostentragung. Gemäß § 3 Abs. 3 ArbSchG darf der Arbeitgeber die Kosten für Maßnahmen des Arbeitsschutzes grundsätzlich nicht den Beschäftigten auferlegen (zu den Einschränkungen → Form. C. II. 16 Anm. 7). Ähnlich wie bei anderen Vorsorgeuntersuchungen trägt daher grundsätzlich der Arbeitgeber die Kosten der Augenuntersuchung für Mitarbeiter an Bildschirmarbeitsplätzen. Die gesetzgeberische Intention des ArbSchG ist jedoch gewahrt, wenn andere Kostenträger zur Kostenübernahme herangezogen werden können. Die Kostentragungspflicht des Arbeitgebers kann daher auf die Kosten beschränkt werden, die nicht von anderen Kostenträgern (z.B. von den Krankenkassen) übernommen werden.

17. Bildschirmbrille. Auch die Kosten einer Bildschirmbrille sind gemäß § 3 Abs. 3 ArbSchG i.V.m. § 6 BildscharbV i.V.m. Teil 4 Abs. 2 Nr. 1 Anhang ArbMedVV (vormals § 6 Abs. 2 BildscharbV) vom Arbeitgeber zu tragen, sofern sie nicht von den Krankenkassen übernommen werden. Normale Sehhilfen, die zum Ausgleich einer allgemeinen Sehschwäche benötigt werden, werden vom Arbeitgeber nicht zur Verfügung gestellt. Eine spezielle Sehhilfe i.S.v. Teil 4 Abs. 2 Nr. 1 Anhang ArbMedVV ist nur dann vonnöten, wenn eine normale Sehhilfe den Bedürfnissen des Bildschirmarbeitsplatzes nicht gerecht zu werden vermag. Grundsätzlich kann der Arbeitnehmer nur solche Aufwendungen vom Arbeitgeber ersetzt verlangen, die medizinisch notwendig waren. Dazu reicht insbesondere ein einfaches Brillengestell (ArbG Kaiserslautern NZA-RR 2001, 628: Gestell für 20 DM; VG Arnsberg BeckRS 2009, 37572: Gestell für 15 EUR). Zur Vermeidung späterer Auseinandersetzungen sollten die Kosten für die Fassung wie vorgesehen von vornherein auf einen bestimmten Betrag beschränkt werden. Wenn der Arbeitgeber dem Arbeitnehmer die Anschaffung einer augenärztlich verordneten Bildschirmarbeitsbrille überlässt, tritt anstelle des vorrangigen Anspruchs auf Sachausstattung ein Kostenerstattungsanspruch. In diesem Fall hat der Arbeitgeber dem Arbeitnehmer die gesamten erforderliche Anschaffungskosten bis zur Höhe der tatsächlich entstandenen Kosten zurückzuerstatten (VG Arnsberg BeckRS 2009, 37572: Kosten für die Brillengläser in Höhe von 297 EUR). Bei der Beurteilung der Frage, welche Brille erforderlich ist, muss grundsätzlich von der ärztlichen Verordnung ausgegangen werden (VG Freiburg BeckRS 2001, 31341450).

18. Einarbeitung. Die vorgesehene Einarbeitungszeit deckt sich mit den Vorgaben des § 12 Abs. 1 ArbSchG und § 81 Abs. 1 und 2 BetrVG.

19. Leistungs- und Verhaltenskontrolle. Die in Bezug genommene EDV-Rahmenbetriebsvereinbarung ist unter → Form. C. II. 12, die Betriebsvereinbarung über Datenschutz unter → Form. C. II. 15 zu finden. Der Begriff der EDV-Systeme ist in → Form. C. II. 12, dort unter § 2 Abs. 2, definiert. Im Übrigen → Form. C. II. 15.

20. Inkrafttreten und Kündigung. → Form. C. II. 1 Anm. 15.

21. Schlussbestimmungen. → Form. C. II. 1 Anm. 16.

18. Anrechnung von Tariferhöhungen auf Zulagen

Betriebsvereinbarung über Zulagen[1]

zwischen

...... (Name und Anschrift des Arbeitgebers) „Gesellschaft"

und

Betriebsrat des Betriebs ...... der ...... (Name des Arbeitgebers)[2] „Betriebsrat"
(Alternativ: Gesamtbetriebsrat/Konzernbetriebsrat)

Präambel

Durch die Gewährung von (freiwilligen) Zulagen sollen die Leistungen sowie die Betriebstreue der Mitarbeiter honoriert und deren Motivation gefördert werden. Zugleich muss die Gesellschaft sich die Möglichkeit offenhalten, Tariferhöhungen auf die Zulagen anzurechnen.

§ 1 Geltungsbereich[3]

Diese Betriebsvereinbarung gilt für alle Arbeitnehmer des Betriebs . . . . . . der Gesellschaft („Mitarbeiter"), mit Ausnahme der

- leitenden Angestellten i. S. d. § 5 Abs. 3 BetrVG,
- AT-Angestellten und
- Außendienstmitarbeiter.

§ 2 Gewährung übertariflicher Zulagen

(1) Die Gesellschaft behält sich vor, den Mitarbeitern über- und außertarifliche Zulagen („Zulagen") zu gewähren. Diese Zulagen sind freiwillige Leistungen, auf die auch bei wiederholter Gewährung kein Rechtsanspruch – weder dem Grunde noch der Höhe nach, weder für die Vergangenheit noch für die Zukunft – besteht. Im Falle der Gewährung von Zulagen gelten die folgenden Bestimmungen.

(2) Die Höhe der dem einzelnen Mitarbeiter zu gewährenden Zulage wird allein durch die Gesellschaft unter Berücksichtigung der Leistungen und der Betriebszugehörigkeit festgelegt.[4]

(3) Die Dauer der Betriebszugehörigkeit ist wie folgt zu berücksichtigen: Im Verhältnis zur durchschnittlichen Zulage innerhalb der jeweiligen Entgeltgruppe muss die Zulage mindestens betragen:

a) nach einem Jahr Betriebszugehörigkeit	30 Prozent,
b) nach zwei Jahren Betriebszugehörigkeit	35 Prozent,
c) nach drei Jahren Betriebszugehörigkeit	40 Prozent,
d) nach vier Jahren Betriebszugehörigkeit	45 Prozent,
e) nach fünf Jahren Betriebszugehörigkeit	50 Prozent,
f) nach zehn Jahren Betriebszugehörigkeit	70 Prozent,
g) nach 15 Jahren Betriebszugehörigkeit	90 Prozent und
h) nach 20 Jahren Betriebszugehörigkeit:	100 Prozent.[5]

(4) Die durchschnittliche Zulage wird jährlich am . . . . . . allein durch die Gesellschaft festgelegt. Der Betriebsrat ist berechtigt, die der Festlegung zugrunde liegenden Unterlagen, insbesondere die Bruttolohn- und Gehaltslisten, einzusehen.

(Alternative zu Abs. (1) bis (4):

(1) Die Gesellschaft gewährt allen Mitarbeitern eine Zulage in Höhe von fünf Prozent der tariflichen Grundvergütung. Diese Zulage erhöht sich mit zunehmender Dauer der Betriebszugehörigkeit und beträgt:

a) nach fünf Jahren Betriebszugehörigkeit	*. . . . . . Prozent,*
b) nach zehn Jahren Betriebszugehörigkeit	*. . . . . . Prozent,*

c) nach 15 Jahren Betriebszugehörigkeit ...... Prozent und

d) nach 20 Jahren Betriebszugehörigkeit ...... Prozent.)

§ 3 Anrechnung bei Tariferhöhungen[6]

(1) Die Gesellschaft ist berechtigt, tarifliche Erhöhungen der Vergütung ganz oder teilweise auf die Zulage anzurechnen. Soweit die Gesellschaft die Anrechnung nur auf bestimmte Gruppen von Mitarbeitern beschränkt, steht dem Betriebsrat bei der Festlegung des betroffenen Personenkreises ein Mitbestimmungsrecht zu.

(Alternative:

(1) Die Anrechnung erfolgt nur insoweit, als dem Mitarbeiter mindestens die Hälfte der zuletzt gewährten Zulage erhalten bleibt.)

(Alternative:

(1) Die Anrechnung der Tariferhöhung auf Zulagen wird wie folgt beschränkt:

a) bei Zulagen bis zu monatlich 100 EUR ...... Prozent,

b) bei Zulagen bis zu monatlich 200 EUR ...... Prozent und

c) ......: ...... Prozent.)

(2) Die Anrechnung erfolgt mit Inkrafttreten der tariflichen Erhöhung der Vergütung.

(3) Diese Regelungen über die Anrechnung von Tariferhöhungen gelten nicht nur für Zulagen nach Maßgabe dieser Betriebsvereinbarung, sondern für alle einzelvertraglich vereinbarten, aufgrund von anderweitigen Betriebsvereinbarungen gewährten oder auf sonstigem Rechtsgrund beruhenden freiwilligen Zulagen. Ausgenommen sind Leistungszulagen, Erschwerniszulagen, arbeitsplatzbezogene Zulagen, Schichtzulagen sowie Nacht-, Mehrarbeits-, Sonn- und Feiertagszuschläge.

§ 4 Inkrafttreten, Kündigung[7]

§ 5 Schlussbestimmungen[8]

(1) Diese Betriebsvereinbarung löst alle eventuellen vorherigen Betriebsvereinbarungen über übertarifliche Zulagen, insbesondere ......, ab. Mündliche Nebenabreden bestehen nicht. Änderungen oder Ergänzungen dieser Betriebsvereinbarung, einschließlich dieser Bestimmung, bedürfen zu ihrer Wirksamkeit der Schriftform.

(2) Sollte eine Bestimmung dieser Betriebsvereinbarung ganz oder teilweise unwirksam sein oder werden, so wird hiervon die Wirksamkeit der übrigen Bestimmungen nicht berührt. Anstelle der unwirksamen Bestimmung werden die Betriebsparteien die gesetzlich zulässige Bestimmung vereinbaren, die dem mit der unwirksamen Bestimmung Gewollten wirtschaftlich am nächsten kommt. Dasselbe gilt für den Fall einer vertraglichen Lücke.

(3) Diese Betriebsvereinbarung steht unter dem Vorbehalt etwaiger ablösender – auch freiwilliger – Betriebsvereinbarungen.

(4) Sollten sich die dieser Betriebsvereinbarung zugrunde liegenden tatsächlichen oder rechtlichen Bedingungen grundlegend ändern, so werden die Betriebsparteien unverzüglich in Verhandlungen treten mit dem Ziel, die Betriebsvereinbarung an die geänderten Bedingungen anzupassen.

......	......
Ort, Datum	Ort, Datum
......	......
Unterschrift der Gesellschaft	Unterschrift des Betriebsratsvorsitzenden

Anmerkungen

1. Regelungsinhalt. Gegenstand der Betriebsvereinbarung ist die **Gewährung von freiwilligen übertariflichen Zulagen** durch den Arbeitgeber einschließlich der **Anrechenbarkeit bei Tariferhöhungen.** Bei beiden Fragen steht dem Betriebsrat grundsätzlich ein Mitbestimmungsrecht gemäß **§ 87 Abs. 1 Nr. 10 BetrVG** zu (zu den Einzelheiten → Anm. 4–6).

2. Verhandlungspartner. Das Mitbestimmungsrecht nach § 87 Abs. 1 Nr. 10 BetrVG steht grundsätzlich dem **örtlichen Betriebsrat** zu. Eine originäre Zuständigkeit des **Gesamtbetriebsrats** oder des **Konzernbetriebsrats** kommt – neben der Möglichkeit der Delegation – nach der Rechtsprechung des BAG in Betracht, wenn der Arbeitgeber die übertarifliche Zulage ausdrücklich nur unternehmens- oder konzernweit regeln will (BAG NZA 2011, 171; BAG NZA 2011, 642; *Hoß* NZA 1997, 1129, 1137; Jaeger/Röder/Heckelmann/*Kreßel* § 19 Rn. 57 f.; krit. BAG AP BetrVG 1972 § 87 Lohngestaltung Nr. 98).

3. Geltungsbereich. Um einen Verstoß gegen das arbeitsrechtliche Gleichbehandlungsgebot auszuschließen, sollte sich der Anwendungsbereich der Betriebsvereinbarung auf einen weiten Kreis von Arbeitnehmern beziehen. Davon ausgeschlossen sind die **leitenden Angestellten** i. S. d. § 5 Abs. 3 BetrVG mangels entsprechender Regelungskompetenz des Betriebsrats (vgl. nur ErfKomm/*Kania* § 87 BetrVG Rn. 4).

Bei den **AT-Angestellten** steht dem Betriebsrat ein Mitbestimmungsrecht nach § 87 Abs. 1 Nr. 10 BetrVG zwar grundsätzlich zu (BAG NZA 1991, 382, 383; BAG NZA 2011, 171; BAG NZA 2011, 642; GKBetrVG/*Wiese* § 87 Rn. 76); deren Gehalt bemisst sich aber i. d. R. gerade nicht nach Tarifverträgen und eine Anrechnung von Tariferhöhungen auf Zulagen ist demnach faktisch ausgeschlossen. Ein Mitbestimmungsrecht des Betriebsrats entsteht in Bezug auf AT-Angestellte auch nicht dadurch, dass durch die Anrechnung von Tariferhöhungen bei tariflichen Arbeitnehmern der Differenzbetrag zwischen dem höchsten tariflichen Gehalt und dem niedrigsten außertariflichen Gehalt verschoben wird (BAG AP BetrVG 1972 § 87 Lohngestaltung Nr. 3, 68). Wird durch eine teilweise Weitergabe oder teilweise Anrechnung der Tariferhöhung bei einzelnen Gruppen von AT-Angestellten das Verhältnis der einzelnen Gehaltsgruppen innerhalb der AT-Angestellten verändert, kommt allerdings ein Mitbestimmungsrecht des Betriebsrats nach § 87 Abs. 1 Nr. 10 BetrVG in Betracht (BAG AP BetrVG 1972 § 87 Lohngestaltung Nr. 68).

Außendienstmitarbeiter sollten ebenfalls aus dem Geltungsbereich der Betriebsvereinbarung ausgenommen werden. Ihre Vergütung besteht häufig zu großen Teilen aus erfolgsabhängigen Bestandteilen (Provisionen und Prämien). Gegenüber diesen variablen Vergütungsbestandteilen nimmt das tarifliche Grundgehalt regelmäßig nur die Funktion einer Grundversorgung ein, die teilweise sogar auf die erdienten Provisionsansprüche anzurechnen ist (vgl. etwa § 19 Ziffer 1 Manteltarifvertrag für das private Versicherungsgewerbe). Eine Anrechnung von Tariferhöhungen auf übertarifliche Vergütungsbestandteile ist daher entweder unnötig – da bereits vorgesehen – oder konterkariert den mit Provisionen angestrebten verkaufsfördernden Effekt. Des Weiteren müsste die Anrechenbarkeit von Tariflohnerhöhungen bei Zulagen von Außendienstmitarbeitern ausdrücklich vorbehalten werden (→ Anm. 6).

4. Zulagengewährung. Die Entscheidung darüber, ob der Arbeitgeber eine freiwillige Zulage überhaupt anbieten will, ist mitbestimmungsfrei (**Dotierung**; ganz h.M. BAG NZA 2012, 876; GKBetrVG/*Wiese* § 87 Rn. 863; Jaeger/Röder/Heckelmann/*Kreßel* § 19 Rn. 30; *v. Hoyningen-Huene* NZA 1998, 1081, 1087; *Wiese* NZA 1990, 793, 799; *Heinze* NZA 1986, 1, 7; *Schanz* NZA 2000, 626, 633). Mitbestimmungspflichtig ist hingegen die Verteilung des vom Arbeitgeber festgelegten Dotierungsrahmens (Topfes) auf die einzelnen Arbeitnehmer. Hier greift zur Sicherung der betrieblichen Lohngerechtigkeit das Mitbestimmungsrecht gemäß § 87 Abs. 1 Nr. 10 BetrVG ein (**Quotierung**; ganz h.M. BAG NZA 2012, 876; GKBetrVG/*Wiese* § 87 Rn. 870; Jaeger/Röder/Heckelmann/*Kreßel* § 19 Rn. 30; *v. Hoyningen-Huene* NZA 1998, 1081, 1087; *Wiese* NZA 1990, 793, 799; *Heinze* NZA 1986, 1, 7; *Schanz* NZA 2000, 626, 633).

Der Arbeitgeber kann eine Betriebsvereinbarung, in der er freiwillige Leistungen einräumt, innerhalb der Dreimonatsfrist des § 77 Abs. 5 BetrVG kündigen. Eine Nachwirkung von Betriebsvereinbarungen nach § 77 Abs. 6 BetrVG kommt bei einem tarifgebundenen Arbeitgeber nur hinsichtlich der übertariflichen Vergütungsbestandteile in Betracht, da die Mitbestimmung des Betriebsrats auf den nicht tariflich geregelten Teil der Vergütung, den der Arbeitgeber ohne normative Verpflichtung und damit freiwillig erbringt, beschränkt ist (BAG NZA 2008, 1426; BAG NZA 2011, 475). Ist ein Arbeitgeber nicht tarifgebunden, leistet er mitbestimmungsrechtlich die gesamte Vergütung „freiwillig".

Eine Nachwirkung gemäß § 77 Abs. 6 BetrVG entsteht nicht, wenn der Arbeitgeber seine finanziellen Leistungen vollständig und ersatzlos einstellt (vgl. nur BAG NZA 2011, 598). Gleiches gilt, wenn die vollständige Einstellung der Leistung mit dem Ziel verfolgt wird, an die Stelle der bisherigen Leistung eine neue Leistung zu setzen (BAG NZA 2011, 598). Will der Arbeitgeber lediglich das Finanzvolumen verringern, ohne den Verteilungsplan zu ändern, kommt die Aufspaltung einer Betriebsvereinbarung in einen nachwirkenden und in einen nachwirkungslosen Teil in Betracht (BAG NZA 2008, 1426; s. dazu *Salamon* NZA 2010, 745). Wenn der Arbeitgeber mit der Kündigung eine Verringerung des Volumens der insgesamt zur Verfügung gestellten Mittel erreichen will und dabei zugleich den Verteilungsplan ändert, wirkt die Betriebsvereinbarung im Zweifel komplett nach, da nicht zwischen den (nachwirkenden) mitbestimmungspflichtigen Regelungen (Verteilung) und den mitbestimmungsfreien Bestimmungen (Dotierung) unterschieden werden kann (BAG NZA 2011, 475). In der Beseitigung oder Reduzierung einzelner Leistungen liegt nach der Rechtsprechung des BAG regelmäßig zugleich eine Änderung des Verteilungsplans, da das BAG für die Beurteilung auf die gesamten freiwilligen – in einer Betriebsvereinbarung festgelegten (BAG NZA 2011, 598) – Vergütungen des Arbeitgebers abstellt (BAG NZA 2008, 1426; krit. dazu *Wiese* RdA 2012, 332, 333). So liegt z.B. eine Änderung des Verteilungsplans vor, wenn sich das Verhältnis einzelner Leistungen zueinander ändert oder durch die Streichung einer Jahreszuwendung zwar der relative Abstand der jeweiligen Gesamtvergütungen beibehalten wird, aber Teile der Gesamtvergütung nicht mehr als zusätzliche Einmalzahlung zu einem bestimmten Datum geleistet werden, sondern die Gesamtvergütung auf monatlich gleichbleibende Beträge verteilt wird (BAG NZA 2008, 1426). Nur wenn sämtliche freiwilligen Vergütungsbestandteile proportional zueinander gestaltet sind, ist es ohne Eingriff in den Verteilungsplan mitbestimmungsfrei und damit nachwirkungslos möglich, einzelne dieser Leistungen zu reduzieren oder einzustellen (*Salamon* NZA 2010, 745, 749). Die Nachwirkung der teilmitbestimmten Betriebsvereinbarungen hängt also im Falle ihrer Kündigung durch den Arbeitgeber davon ab, ob die gesamten freiwilligen Leistungen ersatzlos beseitigt oder lediglich reduziert werden sollen (*Salamon* NZA 2010, 745, 747, 749).

Das Formular sieht einen **Freiwilligkeitsvorbehalt** vor. Dadurch wird klargestellt, dass übertarifliche Zulagen freiwillige Leistungen des Arbeitgebers sind, auf die die Arbeitnehmer keinen Anspruch haben und auf die auch für die Zukunft kein Rechtsanspruch entstehen soll. Im Gegensatz zu **Individualarbeitsverträgen** (→ Form. A. III. 5 Anm. 9) finden auf Betriebsvereinbarungen die §§ 305 ff. BGB gemäß § 310 Abs. 4 S. 1 BGB keine Anwendung. Deshalb bestehen aus AGB-rechtlicher Sicht keine Bedenken gegen einen Freiwilligkeitsvorbehalt. Allgemeine Vorschriften sprechen ebenfalls nicht gegen eine derartige Regelung bei über- oder außertariflichen Zulagen. Ohnehin nimmt die Rechtsprechung bei freiwilligen (übertariflichen) Zulagen einen stillschweigenden Anrechnungsvorbehalt an, der nicht ausdrücklich vereinbart werden muss (→ Anm. 6).

5. Verteilung. Die übertarifliche Zulage kann an die Bedürfnisse der Gesellschaft angepasst werden und beispielsweise als Leistungsanreiz und/oder als Belohnung für Betriebstreue dienen. In der Praxis werden ausschließlich an die Betriebstreue anknüpfende Zulagen noch immer häufiger gezahlt als reine Leistungszulagen. Das Formular enthält zwei Alternativen, die sowohl **Betriebstreue** als auch **Leistungskomponenten** berücksichtigen (Mischcharakter). Zur Ausgestaltung von leistungsabhängigen Vergütungen auf individualvertraglicher Grundlage zeigen verschiedene Formulare Lösungen auf (→ Form. A. III. 4–6).

Nach der **Ausgangsregelung** (§ 2 Abs. (2) und (3) des Formulars) wird die Zulage unabhängig von der Höhe des tariflichen Gehaltes gezahlt. Die Höhe der Zulage wird individuell für jeden Arbeitnehmer vom Arbeitgeber festgelegt. Damit überlässt der Betriebsrat die Festlegung der individuellen Zulagenhöhe allein dem Ermessen des Arbeitgebers und verzichtet damit weitgehend auf die Ausübung seines Mitbestimmungsrechtes gemäß § 87 Abs. 1 Nr. 10 BetrVG. Nach ständiger Rechtsprechung des Bundesarbeitsgerichts (vgl. nur BAG NZA 2007, 399, 403; BAG NZA 2005, 892, 893; BAG AP BetrVG 1972 § 87 Arbeitszeit Nr. 119) kann ein Betriebsrat dem Arbeitgeber per Betriebsvereinbarung grundsätzlich die Gestaltung einer mitbestimmungspflichtigen Maßnahme übertragen. Dies ist jedoch nur insoweit möglich, als das Mitbestimmungsrecht nicht in seiner Substanz beeinträchtigt wird. Da die Bevollmächtigung des Arbeitgebers zur völlig freien Festlegung der Zulagenhöhe durch den Betriebsrat einen vollständigen Verzicht auf das Mitbestimmungsrecht nach § 87 Abs. 1 Nr. 10 BetrVG und damit eine unzulässige Substanzbeeinträchtigung bedeuten würde, ist zugleich ein Korrektiv durch die Festlegung der Mindesthöhe der Zulage für bestimmte Betriebszugehörigkeitsstufen im Verhältnis zum Durchschnitt der innerhalb einer Entgeltgruppe erzielten Zulage vorgesehen. Auf diese Weise ist auch dem arbeitsrechtlichen Gleichbehandlungsgrundsatz (vgl. nur BAG AP BGB § 242 Gleichbehandlung Nr. 32, 38, 83, 102, 184) ausreichend Rechnung getragen. Bei der Festlegung der Zulagenhöhe müssen darüber hinaus weitere Schranken, wie etwa die Anrechnungsgrenze des § 4a EFZG bei der Berücksichtigung von krankheitsbedingten Fehlzeiten, Beachtung finden.

Vielfach üblich ist es – wie in der **Alternative** des Formulars vorgesehen –, den Arbeitnehmern pauschal eine übertarifliche Zulage in Höhe eines bestimmten Prozentsatzes der tariflichen Grundvergütung zu gewähren. Auf diese Weise errechnet sich die Höhe der Zulage auf Basis der tarifvertraglichen Entgeltgruppen. Der arbeitsrechtliche Grundsatz der Gleichbehandlung ist auf diese Weise ebenfalls ausreichend beachtet. § 2 Abs. (2) des Alternativvorschlags sieht eine prozentuale Steigerung der Zulagenhöhe in Abhängigkeit von der Dauer der Betriebszugehörigkeit vor. Bei der Berechnung der Zulagenhöhe für den einzelnen Arbeitnehmer entsteht kein nennenswerter Verwaltungsaufwand. Im Gegensatz zur Ausgangsfassung bietet diese Ausgestaltung der Zulagenberechnung jedoch weniger Spielraum für die Berücksichtigung individueller Leistungen der einzelnen Arbeitnehmer.

In der Betriebsvereinbarung sollte ein festes Datum festgelegt werden, an dem die Höhe der (durchschnittlichen) Zulage berechnet wird. Der Betriebsrat ist nach §§ 80 Abs. 2 S. 2, 87 Abs. 1 Nr. 10 BetrVG berechtigt, Einblick in die Bruttolohn- und Gehaltslisten zu nehmen. Die Regelung in § 2 Abs. (4) des Formulars erfolgt dementsprechend nur zur Klarstellung.

6. Anrechnung bei Tariferhöhungen. Das Formular gestattet dem Arbeitgeber eine vollständige oder anteilige Anrechnung von Tariferhöhungen auf Zulagen. Vor der Frage nach dem Bestehen eines Mitbestimmungsrechts des Betriebsrats ist zunächst die Frage nach der **individualrechtlichen Anrechenbarkeit** zu stellen (*Goos* NZA 1986, 701, 703; *Gragert* NZA-RR 1999, 449, 453; *Hoß* NZA 1997, 1129 ff.; *v. Hoyningen-Huene* NZA 1988, 1081, 1085; *Meisel* BB 1991, 406 ff.; *Schneider* DB 1993, 2530 f.; *ders.* DB 2000, 922). Dazu ist eine differenzierte Betrachtung der unterschiedlichen Zulagenarten vorzunehmen.

Übertarifliche Zulagen sind solche Zulagen, die vom Arbeitgeber zusätzlich zum Tarifgehalt gewährt werden und die zugleich in einem inneren Zusammenhang zu den Regeln des Tarifvertrages über das tarifliche Entgelt stehen (BAG AP BGB § 611 Bergbau Nr. 16; BAG AP TVG § 4 Übertarifl. Lohn und Tariflohnerhöhung Nr. 36; BAG NZA 2007, 934; BAG NZA 2009, 49; *Goos* NZA 1986, 701, 703; *Gragert* NZA-RR 1999, 449, 453; *v. Hoyningen-Huene* NZA 1988, 1081, 1085; *Meisel* BB 1991, 406 ff.; *Schneider* DB 1993, 2530; *ders.* DB 2000, 922; *Wiese* NZA 1990, 793 ff.; *Hoß* NZA 1997, 1129 ff. hingegen verwendet die Begriffe „außertariflich" und „übertariflich" teilweise synonym).

Außertarifliche Zulagen sind hingegen auf Leistungen oder Gegebenheiten bezogen, die keine Entsprechung im Tarifvertrag finden, mithin selbstständig neben dem tarifvertraglich zugesicherten Entgelt stehen (BAG AP BGB § 611 Bergbau Nr. 16; BAG NZA 2007, 934; *Goos* NZA 1986, 701, 703; *Oetker* RdA 1991, 16, 17).

Die Begriffe „übertariflich" und „außertariflich" werden wie dargestellt in der Literatur häufig synonym verwendet (vgl. nur Richardi/*Richardi* § 87 BetrVG Rn. 794; *Hunold* NZA 2007, 912 ff.; das BAG hingegen unterscheidet trennscharf zwischen den Begriffen „überbetrieblich" und „außerbetrieblich", vgl. BAG NZA 2007, 934), während die zuvor genannten Definitionen beider Begriffe zur Beurteilung der Anrechenbarkeit von Zulagen herangezogen werden. Einigkeit besteht insoweit, als im Hinblick auf die Anrechenbarkeit zwischen unselbstständigen und selbstständig neben dem Tarifvertrag stehenden Zulagen unterschieden wird. Zulagen sind – soweit keine anderweitige Vereinbarung vorliegt – nicht anrechenbar (**tariffest**), wenn ihr Zweck an eine nicht bereits durch Tarifvertrag entgoltene Leistung anknüpft (selbstständige, also außertarifliche Zulagen), z. B. Erschwernis-, Schicht-, Funktions- und Schmutzzulagen (BAG AP BetrVG 1972 § 87 Lohngestaltung Nr. 51; BAG AP BetrVG 1972 § 87 Tarifvorrang Nr. 26; BAG AP TVG § 1 Versicherungsgewerbe Nr. 15). Dagegen sind Zulagen anrechenbar, die eine zusätzliche Vergütung für eine bereits tariflich entgoltene Arbeitsleistung darstellen (unselbstständige, also übertarifliche Zulagen). Diese freiwilligen (übertariflichen) Zulagen des Arbeitgebers enthalten nach der ganz h. M. einen stillschweigenden **Anrechnungsvorbehalt** (Anrechnungsautomatik), der nicht ausdrücklich vereinbart werden muss (vgl. nur BAG AP BetrVG 1972 § 87 Tarifvorrang Nr. 26; BAG AP BetrVG 1972 § 87 Lohngestaltung Nr. 85; BAG NZA 2009, 49; *Oetker* RdA 1991, 16, 19; *Wiese* NZA 1990, 793, 796 ff.; *Gragert* NZA-RR 1999, 449, 453; *Hoß* NZA 1997, 1129 ff.; *v. Hoyningen-Huene* NZA 1988, 1081, 1085; *Meisel* BB 1991, 406 ff.; *Schneider* DB 1993, 2530). Dem steht nach Auffassung des BAG auch das Transparenzgebot des § 307 Abs. 1 S. 2 BGB nicht entgegen (BAG NZA 2009, 49). Unbeachtlich ist, ob einzelvertraglich die Zulage explizit ausgewiesen wird oder nur ein Gesamtbetrag genannt wird, tariflicher und übertariflicher Entgeltbestandteil also errechnet werden müssten (Einzelbeispiele s. *Hoß* NZA 1997, 1129 ff.; *Schneider* DB 1993, 2530 f.; *ders.* DB 2000, 922 f.; *Meisel* BB 1991, 406 ff.; vgl. zur Anrechnung von tariflichen Einmalzahlungen BAG BeckRS 2004, 41147). Sogar die Möglichkeit der rückwirkenden Verrechnung bereits geleisteter Zulagen bei nachträglich für bestimmte Monate vereinbarten Tariflohnerhöhungen hat das BAG mangels anderweitiger Abreden bejaht. Der damit verbundene Vorbehalt einer nachträglichen Tilgungsbestimmung verstoße nicht gegen das Transparenzgebot des § 307 Abs. 1 S. 2 BGB (BAG NZA 2009, 49). Anders als Freiwilligkeits- und Widerrufsvorbehalte können ausdrückliche Anrechnungsvorbehalte in Individualarbeitsverträgen außerdem weiterhin problemlos verwendet werden, sofern die Anrechnungsklausel hinreichend klar und verständlich formuliert ist und somit dem in § 307 Abs. 1 S. 2 BGB enthaltenen Transparenzgebot entspricht. Auch Anrechnungsgründe müssen nicht zwingend benannt werden. Anders als bei Widerrufsvorbehalten erfolge bei einem Anrechnungsvorbehalt kein Eingriff in das Synallagma von Leistung und Gegenleistung. Es verschiebe sich lediglich das Verhältnis der tariflichen zu den übertariflichen Lohnbestandteilen, ohne dass sich der Gesamtbruttoverdienst ändere (BAG NZA 2006, 746).

Der Beschluss des Großen Senats vom 3.12.1991 (BAG AP BetrVG 1972 § 87 Lohngestaltung Nr. 51) bestimmt bis heute die Leitlinien der Rechtsprechung zur Reichweite des **Mitbestimmungsrechts** des Betriebsrats nach § 87 Abs. 1 Nr. 10 BetrVG. Danach unterliegen die Anrechnung einer Tariflohnerhöhung auf über-/außertarifliche Zulagen und der Widerruf von über-/außertariflichen Zulagen aus Anlass und bis zur Höhe einer Tariflohnerhöhung dann der Mitbestimmung, wenn sich dadurch die **Verteilungsgrundsätze ändern** und darüber hinaus für eine anderweitige Anrechnung oder Kürzung ein **Regelungsspielraum verbleibt.**

Das BAG knüpft bei seiner Auffassung konsequent an die allgemeine Auffassung an, wonach der Arbeitgeber grundsätzlich über das „Ob" (Dotierung) einer freiwilligen Leistung frei, also mitbestimmungsfrei, entscheiden kann. Über das „Wie" (Quotierung) besteht hingegen zur Gewährleistung der innerbetrieblichen Lohngerechtigkeit ein zwingendes Mitbestimmungsrecht des Betriebsrats (→ Anm. 4). Folgerichtig ist ein Mitbestimmungsrecht dann nicht gegeben, wenn der Arbeitgeber die Zulagen infolge der Anrechnung einer Tariflohnerhöhung **vollständig** streicht, mithin der gesamte Dotierungsrahmen wegfällt (vgl. ebenso BAG NZA 2006, 1170, 1171).

Ebenso entfällt das Mitbestimmungsrecht in den Fällen, in denen einer Änderung der Verteilungsgrundsätze (Quotierung) **rechtliche Hindernisse** entgegenstehen. Dies ist etwa der Fall, wenn der Arbeitgeber die Tariflohnerhöhung vollständig und gleichmäßig auf die Zulagen anrechnet (BAG AP BetrVG 1972 § 87 Lohngestaltung Nr. 51). In diesen Fällen wird durch die Anrechnung auf übertarifliche Zulagen die Tariferhöhung vollständig aufgesogen. Für den verbleibenden Teil der Zulage steht den Arbeitnehmern ein Anspruch – etwa aus dem Arbeitsvertrag oder einer Betriebsvereinbarung – zu. Der Arbeitgeber ist also an einer weitergehenden Anrechnung rechtlich gehindert (BAG AP BetrVG 1972 § 87 Lohngestaltung Nr. 43, 44).

Ein Mitbestimmungsrecht des Betriebsrats nach § 87 Abs. 1 Nr. 10 BetrVG ist im Übrigen grundsätzlich gegeben, wenn die Tariflohnerhöhung **nur teilweise** auf über-/außertarifliche Zulagen angerechnet wird. In diesen Fällen verbleibt ein Regelungsspielraum für Arbeitgeber und Betriebsrat (vgl. nur Richardi/*Richardi* § 87 Rn. 797; GKBetrVG/*Wiese* § 87 Rn. 881 ff.). Jedoch besteht auch in diesen Fällen das Mitbestimmungsrecht des Betriebsrats nur dann, wenn durch die – teilweise – Kürzung der Zulagen die **Verteilungsgrundsätze geändert** werden (BAG NZA 2009, 684). Die Rechtsprechung stellt dabei auf das Verhältnis der Zulagenbeträge der einzelnen Arbeitnehmer zueinander ab. Dem Beschluss des Großen Senates (BAG AP BetrVG 1972 § 87 Lohngestaltung Nr. 52) selbst sind beispielhafte Berechnungen zu entnehmen, die Anhaltspunkte dafür geben, in welchen Fällen das Mitbestimmungsrecht eingreift und in welchen nicht.

Für das Mitbestimmungsrecht des Betriebsrats kommt es nicht darauf an, auf welcher rechtlichen Grundlage die Anwendung der bisherigen Entlohnungsgrundsätze erfolgt ist, ob etwa auf der Basis bindender Tarifverträge, einer Betriebsvereinbarung, einzelvertraglicher Absprachen oder einer vom Arbeitgeber einseitig praktizierten Vergütungsordnung. Denn wie in allen Fällen des § 87 BetrVG hängt das Mitbestimmungsrecht nicht vom Geltungsgrund der Entgeltleistung, sondern nur vom Vorliegen eines kollektiven Tatbestands ab (BAG AP BetrVG 1972 § 87 Lohngestaltung Nr. 137).

Im Hinblick auf die **Sperrklausel aus § 77 Abs. 3 und den Eingangssatz des § 87 Abs. 1 BetrVG** gilt, dass die Betriebsparteien zwar unter den dort aufgestellten Voraussetzungen daran gehindert sind, Ansprüche auf (übertarifliche) Zulagen, die ohne weitere Voraussetzungen in Ergänzung zum Tarifgehalt gezahlt werden, durch Betriebsvereinbarung zu begründen. Der Ausschluss der Anrechenbarkeit oder eine Vorschrift zu den Modalitäten einer Anrechnung können jedoch durch Betriebsvereinbarung geregelt werden (BAG AP BetrVG 1972 § 77 Nr. 21; bestätigt von BAG AP BetrVG 1972 § 87 Lohngestaltung Nr. 51, 52; BAG AP BetrVG 1972 § 77 Tarifvorbehalt Nr. 11). Nicht möglich ist es wegen des in § 77 Abs. 3 S. 1 BetrVG enthaltenen Tarifvorbehalts hingegen, Regelungen über die Weitergabe von Tariferhöhungen zu treffen. So hat das BAG eine Betriebsvereinbarung wegen Verstoßes gegen § 77 Abs. 3 S. 1 BetrVG für unwirksam gehalten, die regelte, dass sich das Effektivgehalt (d.h. Grundgehalt und übertarifliche Zulagen) anlässlich von Tarifabschlüssen rückwirkend zum ersten Januar des betreffenden Jahres um den Prozentsatz der Tariferhöhung erhöht. Durch eine solche Regelung werde in unzulässiger Weise in die Regelungsbefugnis der Tarifparteien eingegriffen. Selbst wenn die getroffene Regelung für die Arbeitnehmer günstiger sei als diejenige der Tarifparteien, dürfe aufgrund der Vorschrift des § 77 Abs. 3 S. 1 BetrVG keinerlei Regelung über Tariferhöhungen getroffen und über deren Höhe und Zeitpunkt disponiert werden (BAG NZA 2006, 1170).

Eine einseitige Anrechnung trotz Bestehens des Mitbestimmungsrechtes des Betriebsrats nach § 87 Abs. 1 Nr. 10 BetrVG ist **unwirksam** (BAG AP BetrVG 1972 § 87 Lohngestaltung Nr. 86). Dem steht auch die Entscheidungsfreiheit über die grundsätzliche Gewährung einer Zulage nicht entgegen. Weiter steht dem Betriebsrat ein **Unterlassungsanspruch** gegen den Arbeitgeber zu, der nicht vom Vorliegen einer groben Pflichtverletzung i. S. d. § 23 Abs. 3 BetrVG abhängt (BAG AP BetrVG 1972 § 23 Nr. 23).

Das Mitbestimmungsrecht des Betriebsrats erfasst im Übrigen solche Sachverhalte, in denen der Arbeitgeber zunächst eine Anrechnung vornimmt, um anschließend den auf diese Weise eingesparten Betrag etwa in Form einer neuen (leistungsabhängigen) Zulage wieder an die Arbeitnehmer zu verteilen (BAG AP BetrVG 1972 § 23 Nr. 23; BAG AP BetrVG 1972 § 87 Lohngestaltung Nr. 71). Auf diese Weise werden **„kreative“ Umgehungsmodelle** von der Rechtsprechung bereits im Ansatz verhindert. Eine gangbare Alternative ist allenfalls der Entscheidung des BAG vom 19.9.1995 (AP BetrVG 1972 § 77 Nr. 61) zu entnehmen. Danach ist es zulässig, zunächst eine vollständige (mitbestimmungsfreie) Anrechnung vorzunehmen und gleichzeitig eine beabsichtigte Veränderung der Verteilungsgrundsätze anzukündigen. Im Nachgang kann dann eine (ausdrücklich) rückwirkende Betriebsvereinbarung mit dem Betriebsrat wirksam vereinbart werden, nach der das durch die Anrechnung eingesparte Volumen nach neuen Kriterien (Leistung) verteilt wird. Das BAG hat Zweifel angemeldet, ob eine mitbestimmungswidrige Anrechnung mittels einer rückwirkenden Betriebsvereinbarung geheilt werden kann.

Nach Ansicht der Rechtsprechung (BAG AP BetrVG 1972 § 77 Regelungsabrede Nr. 4; BAG NZA 2010, 112, 114) können die Betriebsparteien die **Mitbestimmungsrechte des Betriebsrats per Regelungsabrede erweitern**, etwa auf alle Fälle der Anrechnung von Tariflohnerhöhungen auf über-/außertarifliche Zulagen. In diesen Fällen hängt allerdings die Wirksamkeit der Anrechnung nicht von der Zustimmung des Betriebsrats ab, da die Theorie der Wirksamkeitsvoraussetzung nur Fälle der gesetzlichen Mitbestimmungsrechte erfasst (BAG AP BetrVG 1972 § 77 Regelungsabrede Nr. 4). Auch in solchen Fällen kann der Betriebsrat jedoch einen Unterlassungsanspruch gegen den Arbeitgeber geltend machen (BAG AP BetrVG 1972 § 77 Regelungsabrede Nr. 4).

Die **Anrechnung** selbst kann in verschiedener Weise ausgestaltet werden. Dabei kann in der Betriebsvereinbarung selbst geregelt werden, inwieweit und in welchem Umfang Zulagen bei Tariferhöhungen angerechnet werden. Auch kann eine Differenzierung nach dem tatsächlich ausgezahlten Betrag der Zulage erfolgen. Insoweit ist dann durch den Abschluss der Betriebsvereinbarung das Mitbestimmungsrecht des Betriebsrats nach § 87 Abs. 1 Nr. 10 BetrVG bereits ausgeübt. Eine solche Verfahrensweise hat den Vorteil, dass eine erneute Befassung des Betriebsrats mit der Anrechnung nicht mehr notwendig ist und somit das Anrechnungsverfahren automatisiert und sehr schnell abläuft. Nachteil ist hingegen, dass die Anrechnung relativ starr und unflexibel erfolgt.

Die Betriebsvereinbarung kann sich auch einer Regelung zur genauen Durchführung der Anrechnung enthalten. Dann ist der Betriebsrat unter Umständen bei jeder Anrechnung zu beteiligen. Im Übrigen sollte eine Regelung getroffen werden, die den Zeitpunkt der Wirksamkeit der Anrechnung festlegt. Dies wird in aller Regel der Zeitpunkt sein, zu dem die tarifliche Erhöhung in Kraft tritt.

7. Inkrafttreten und Kündigung. → Form. C. II. 13, dort unter § 12. Zur Nachwirkung bei Kündigung der Betriebsvereinbarung → Anm. 4.

8. Schlussbestimmungen. → Form. C. II. 1 Anm. 16.

19. Betriebliches Vorschlagswesen

Betriebsvereinbarung über betriebliches Vorschlagswesen[1]

zwischen

...... (Name und Anschrift des Arbeitgebers) „Gesellschaft"

und

Betriebsrat des Betriebs ...... der ...... (Name des Arbeitgebers) „Betriebsrat"
(Alternative: Gesamtbetriebsrat/Konzernbetriebsrat)

Präambel

Jedes Unternehmen lebt von der Innovationskraft und der Kreativität seiner Mitarbeiter. Diesem Grundsatz trägt die Gesellschaft auch durch das betriebliche Vorschlagswesen Rechnung, das für alle Mitarbeiter den zusätzlichen Anreiz bietet, mit eigenen Vorschlägen, Anregungen und Ideen das betriebliche Geschehen zum Nutzen der Gesellschaft und der Mitarbeiter mitzugestalten.

§ 1 Geltungsbereich

Diese Betriebsvereinbarung gilt für alle Arbeitnehmer des Betriebs ...... der Gesellschaft („Mitarbeiter"), mit Ausnahme der leitenden Angestellten i. S. d. § 5 Abs. 3 BetrVG.

§ 2 Begriffsbestimmungen[2]

(1) Verbesserungsvorschlag im Sinne dieser Betriebsvereinbarung ist jeder Vorschlag, jede Anregung und jede Idee, die dazu beiträgt, den bisher bestehenden betrieblichen Ist-Zustand durch die Umstellung oder Veränderung bestehender Systeme oder Methoden derart zu verbessern, dass hieraus wirtschaftliche oder sonstige Vorteile für die Gesellschaft oder ihre Mitarbeiter resultieren.

(2) Ein Verbesserungsvorschlag liegt insbesondere vor, wenn der Vorschlag, die Anregung oder die Idee

a) zur Steigerung der Wirtschaftlichkeit der Gesellschaft,
b) zur Reduzierung von Kosten durch Einsparungen an Material, Energie oder Bearbeitungszeit,
c) zur Verbesserung der Produktqualität,
d) zur Vereinfachung von Arbeitsmethoden oder Arbeitsabläufen,
e) zur Verbesserung der Zusammenarbeit,

f) zur Erhöhung der Arbeitssicherheit, des Gesundheits- oder Umweltschutzes oder
g) zur Verbesserung der Öffentlichkeitsarbeit und des Images der Gesellschaft

führt.

(3) Verbesserungsvorschläge können sich auf alle Bereiche der Gesellschaft, einschließlich der Verwaltung, beziehen.

(4) Ein Verbesserungsvorschlag liegt nicht vor, wenn der Vorschlag, die Anregung oder die Idee patent- oder gebrauchsmusterfähig ist oder einen qualifizierten technischen Verbesserungsvorschlag i. S. d. Arbeitnehmererfindungsgesetzes darstellt.

(5) Ein Verbesserungsvorschlag liegt ebenfalls nicht vor, wenn der Vorschlag, die Anregung oder die Idee bloße Hinweise auf bestehende Schwierigkeiten und auf Notwendigkeiten von Verbesserungen enthält, Kritik ohne Lösungsvorschläge darstellt oder Verbesserungen betrifft, die bereits in Planung oder Vorbereitung sind.

(6) Die Einbringung eines Verbesserungsvorschlags ist eine freiwillige zusätzliche Leistung des Mitarbeiters. Als Verbesserungsvorschlag gelten daher solche Vorschläge, Anregungen und Ideen nicht, die bereits Teil der arbeitsvertraglichen Verpflichtungen des Mitarbeiters sind. Zur Abgrenzung der arbeitsvertraglich geschuldeten Verbesserungen von Verbesserungsvorschlägen im Sinne dieser Betriebsvereinbarung sind in Zweifelsfällen Anforderungsprofile, Stellen- und Tätigkeitsbeschreibungen sowie Zielvereinbarungen heranzuziehen.

§ 3 Grundsätze[3]

(1) Es besteht keine Rechtspflicht des Mitarbeiters, Verbesserungsvorschläge einzubringen.

(2) Es besteht kein Rechtsanspruch des Mitarbeiters auf Annahme oder Umsetzung seines Verbesserungsvorschlags.

(3) Aufgrund der Durchführung des betrieblichen Verbesserungswesens darf kein Mitarbeiter in seinem beruflichen Fortkommen benachteiligt werden.

(4) Mit der schriftlichen Einreichung des Verbesserungsvorschlags erklärt der Mitarbeiter sich damit einverstanden, dass sein Vorschlag ausschließlich nach den Bestimmungen dieser Betriebsvereinbarung behandelt wird.

§ 4 Organe des betrieblichen Vorschlagswesens[4]

Mit der sach- und ordnungsgemäßen Durchführung des betrieblichen Vorschlagswesens sind der Beauftragte für das betriebliche Vorschlagswesen (§ 5), der Prüfungsausschuss (§ 6) sowie Gutachter (§ 7) beauftragt.

§ 5 Beauftragter für das betriebliche Vorschlagswesen[5]

(1) Der Beauftragte für das betriebliche Vorschlagswesen („Beauftragter") wird von der Geschäftsleitung bestimmt.

(2) Der Beauftragte ist für die ordnungsgemäße Behandlung des Verbesserungsvorschlags nach Maßgabe des § 8 Abs. (3), (6) und (7) zuständig.

(3) Der Beauftragte ist zur Verschwiegenheit verpflichtet.

§ 6 Prüfungsausschuss[6]

(1) Der Prüfungsausschuss besteht aus dem Vorsitzenden und vier Beisitzern. Die Gesellschaft und der Betriebsrat benennen jeweils zwei Beisitzer. Der Vorsitzende wird von der

Gesellschaft im Einvernehmen mit dem Betriebsrat bestimmt. Der Prüfungsausschuss wählt aus seinen Reihen einen stellvertretenden Vorsitzenden. Der Beauftragte kann Mitglied des Prüfungsausschusses sein.

(2) Der Prüfungsausschuss ist zuständig für die Prüfung und Beratung der Verbesserungsvorschläge nach Maßgabe des § 8 Abs. (4) bis (6).

(3) Der Prüfungsausschuss entscheidet aufgrund von Sitzungen, die mindestens einmal vierteljährlich stattfinden. Der Sitzungszeitpunkt wird von dem Vorsitzenden in Abstimmung mit den Beisitzern festgelegt. Der Prüfungsausschuss entscheidet mit einfacher Mehrheit; er ist beschlussfähig, wenn neben dem Vorsitzenden mindestens zwei Mitglieder anwesend sind. Mitglieder des Prüfungsausschusses dürfen an Entscheidungen, die ihre eigenen Verbesserungsvorschläge oder Verbesserungsvorschläge ihrer Angehörigen betreffen, nicht mitwirken. Die Sitzungen des Prüfungsausschusses sind nicht öffentlich.

(4) Das Ergebnis der Beratung und die Entscheidung des Prüfungsausschusses werden in einer Niederschrift festgehalten, die von dem Vorsitzenden und einem weiteren Mitglied zu unterzeichnen ist. Die Niederschrift wird vom Prüfungsausschuss für einen Zeitraum von 36 Monaten aufbewahrt, der mit Ablauf des Kalenderjahres beginnt, in dem die Geschäftsleitung ihre Entscheidung über den Verbesserungsvorschlag getroffen hat.

(5) Die Mitglieder des Prüfungsausschusses sind zu strenger Neutralität verpflichtet und im Rahmen ihres Amtes keinen Weisungen unterworfen. Sie sind zur Verschwiegenheit verpflichtet.

§ 7 Gutachter[7]

(1) Gutachter werden einzelfallbezogen nach fachlichen Gesichtspunkten vom Prüfungsausschuss beauftragt.

(2) Gutachter haben die Aufgabe, den Verbesserungsvorschlag nach objektiven Maßstäben zu überprüfen und ihre Ergebnisse in einem schriftlichen Gutachten festzuhalten. Bei der Beauftragung ist darauf zu achten, dass die Gutachter die Fertigstellung ihres Gutachtens binnen einer Frist von . . . . . . Monaten zusagen.

(3) Gutachter sind im Rahmen ihres Auftrags zur Verschwiegenheit zu verpflichten.

§ 8 Behandlung des Verbesserungsvorschlags[8]

(1) Der Verbesserungsvorschlag ist schriftlich in zweifacher Ausfertigung bei dem Beauftragten einzureichen. Eine Ausfertigung ist mit dem Vor- und Zunamen des Vorschlagenden zu versehen, die zweite Ausfertigung ist anonymisiert einzureichen. Reichen mehrere Mitarbeiter den Vorschlag als Gruppe ein, sind sämtliche Vor- und Zunamen auf der ersten Ausfertigung zu vermerken.

(2) Der Verbesserungsvorschlag soll eine Beschreibung des bestehenden Ist-Zustands, eine Darstellung der einzelnen Maßnahmen zur Verbesserung sowie Angaben über die zu erwartenden Verbesserungen durch seine Umsetzung enthalten.

(3) Der Beauftragte versieht den Verbesserungsvorschlag mit einem Eingangsvermerk und mit einer fortlaufenden Registriernummer. Der einreichende Mitarbeiter erhält hierüber eine schriftliche Bestätigung. Der Beauftragte überprüft den Verbesserungsvorschlag auf dessen Vollständigkeit. Im Anschluss leitet er die anonymisierte Ausfertigung an den Prüfungsausschuss weiter. Ergibt sich bei der Überprüfung der Vollständigkeit, dass die Angaben für eine sachliche Prüfung durch den Prüfungsausschuss nicht ausreichend sind, gibt der Beauftrage den Verbesserungsvorschlag an den einreichenden Mitarbeiter zur Ergänzung zurück.

(4) Der Prüfungsausschuss prüft den Verbesserungsvorschlag und berät über ihn im Rahmen seiner Sitzungen. Er schlägt der Geschäftsleitung die Annahme oder Ablehnung des Verbesserungsvorschlags vor und setzt die Höhe der Prämie für angenommene Verbesserungsvorschläge fest. Hierzu leitet er die Niederschrift über das Ergebnis der Beratung und die Entscheidung an die Geschäftsleitung weiter.

(5) Reicht die Sachkunde des Prüfungsausschusses zur Prüfung des Verbesserungsvorschlags nicht aus, so kann er im Einzelfall einen oder mehrere Gutachter beauftragen. Die Gutachter prüfen den Verbesserungsvorschlag und legen dem Prüfungsausschuss hierüber ein schriftliches Gutachten vor. Der Prüfungsausschuss ist an die Feststellungen der Gutachter nicht gebunden.

(6) Hält der Prüfungsausschuss weitere Erläuterungen des Verbesserungsvorschlags für geboten, so wendet er sich an den Beauftragten. Dieser gibt dem einreichenden Mitarbeiter die Anregung, den Verbesserungsvorschlag entweder selbst mit dem Prüfungsausschuss zu erörtern oder hierzu einen anderen Mitarbeiter zu bestimmen.

(7) Die Geschäftsleitung entscheidet über die Annahme oder Ablehnung des Verbesserungsvorschlags. Im Falle der Ablehnung ist die Entscheidung schriftlich zu begründen. Die Entscheidung wird an den Prüfungsausschuss und an den Beauftragten weitergeleitet und von diesem dem einreichenden Mitarbeiter bekannt gegeben. Im Falle der Annahme wird der Verbesserungsvorschlag im Intranet veröffentlicht; auf Wunsch des Mitarbeiters wird von seiner Namensnennung abgesehen.

(8) Reichen mehrere Mitarbeiter einen Verbesserungsvorschlag gemeinsam ein, wird dieser als Gruppenvorschlag behandelt. Für den Gruppenvorschlag gelten die vorstehenden Regelungen entsprechend.

§ 9 Annahme/Prämie[9]

(1) Der Verbesserungsvorschlag kann angenommen werden, wenn

a) die Voraussetzungen des § 2 dieser Betriebsvereinbarung vorliegen,
b) der Verbesserungsvorschlag mit vertretbarem Aufwand finanzierbar und mit den Zielsetzungen der Gesellschaft vereinbar ist und
c) der Verbesserungsvorschlag in vollem Umfang, zum Teil oder in modifizierter Form umgesetzt werden soll.

Stimmen zwei oder mehrere Verbesserungsvorschläge überein, entscheidet der Zeitpunkt des Eingangs darüber, welcher Vorschlag angenommen wird.

(2) Der einreichende Mitarbeiter erhält für einen von der Geschäftsleitung angenommenen Verbesserungsvorschlag eine Prämie, die der Prüfungsausschuss auf Grundlage des der Gesellschaft bei Umsetzung zugute kommenden Vorteils festsetzt.

(3) Verbesserungsvorschläge, die eine bezifferbare Einsparung bringen, werden mit ...... Prozent der zu erwartenden Jahresnettoersparnis prämiert. Der Ermittlung der Einsparung ist die zu erwartende Jahresnettoersparnis innerhalb eines Zeitraums von zwölf Monaten nach vollständiger Umsetzung des Verbesserungsvorschlags zu Grunde zu legen. Die Jahresnettoersparnis wird durch einen Wirtschaftlichkeitsvergleich ermittelt. Grundlage für diesen Wirtschaftlichkeitsvergleich sind die voraussichtlich anfallenden Kosten im ersten Jahr nach Umsetzung des Verbesserungsvorschlags und die fiktiv zu ermittelnden Kosten, die ohne die Umsetzung des Verbesserungsvorschlags entstanden wären. Die Differenz zwischen den voraussichtlich anfallenden Kosten und den fiktiven Kosten bildet die Jahresnettoersparnis. Aufwendungen für Lohn, Material oder Umbaumaßnahmen, welche aus der Umsetzung des Verbesserungsvorschlags resultieren, sind von der Jahres-

nettoersparnis abzuziehen. Bei Verbesserungsvorschlägen, die zu einer einmaligen Einsparung führen, gilt die einmalige Ersparung als Jahresnettoersparnis.

(4) Verbesserungsvorschläge, die einen sonstigen Vorteil bringen, der nicht bezifferbar ist, werden mit einer Prämie vergütet, deren Höhe im Ermessen des Prüfungsausschusses liegt.

(5) Die Mindestprämie pro Verbesserungsvorschlag beträgt . . . . . . EUR (in Worten: . . . . . . Euro) brutto, die Höchstprämie beträgt . . . . . . EUR (in Worten: . . . . . . Euro) brutto.

(6) Wurde die Annahme des Verbesserungsvorschlags vom Prüfungsausschuss vorgeschlagen und wird der Verbesserungsvorschlag aus betrieblichen oder geschäftspolitischen Gründen nicht von der Gesellschaft umgesetzt, erhält der einreichende Mitarbeiter eine Anerkennungsprämie von . . . . . . EUR (in Worten: . . . . . . Euro) brutto.

(7) Liegt ein Gruppenvorschlag vor, ist die Prämie zu gleichen Anteilen auf die Gruppenmitglieder aufzuteilen, es sei denn, die einreichenden Mitarbeiter haben übereinstimmend eine anderweitige Aufteilung im Vorschlag bestimmt.

(8) Mitarbeiter, deren Arbeitsverhältnis vor Annahme des Verbesserungsvorschlags endet, behalten ihren Anspruch auf Prämie. Dies gilt nicht bei wirksamer fristloser Kündigung durch die Gesellschaft.

(9) Die Prämie wird mit der auf die Annahme des Verbesserungsvorschlags folgenden Gehaltsabrechnung unter Abzug der gesetzlichen Abgaben ausbezahlt.

§ 10 Wiedereinbringung[10]

Sofern ein abgelehnter Verbesserungsvorschlag innerhalb von drei Jahren nach Eingang beim Beauftragten seitens der Gesellschaft dennoch realisiert werden soll, so ist dieser auf Antrag des einreichenden Mitarbeiters im Prüfungsausschuss erneut zu behandeln.

§ 11 Widerspruchsrecht[11]

(1) Gegen die Festsetzung der Höhe der Prämie kann der einreichende Mitarbeiter beim Prüfungsausschuss Widerspruch einlegen.

(2) Der Widerspruch ist binnen einer Frist von . . . . . . Wochen nach Zustellung der Entscheidung einzulegen. Der Prüfungsausschuss prüft die Höhe der Prämie erneut und teilt dem Mitarbeiter innerhalb von . . . . . . Monaten seinen Widerspruchsbeschluss schriftlich mit. Der Widerspruchsbeschluss des Prüfungsausschusses ist abschließend. Gegen ihn besteht kein weiteres Widerspruchsrecht.

§ 12 Sonstiges[12]

(1) Alle Rechte aus prämierten Verbesserungsvorschlägen gehen auf die Gesellschaft über.

(2) Ohne vorherige schriftliche Zustimmung der Gesellschaft darf der Mitarbeiter seinen Verbesserungsvorschlag nicht Dritten bekannt geben.

(3) Das Arbeitnehmererfindungsgesetz bleibt unberührt. Bei Verbesserungsvorschlägen, die nach dieser Betriebsvereinbarung prämiert worden sind, jedoch eine Erfindung oder einen technischen Verbesserungsvorschlag i. S. d. Arbeitnehmererfindungsgesetzes darstellen, wird die nach dieser Betriebsvereinbarung gezahlte Prämie auf die nach dem Arbeitnehmererfindungsgesetz zu zahlende Vergütung angerechnet.

§ 13 Inkrafttreten, Kündigung[13]

§ 14 Schlussbestimmungen[14]

(1) Diese Betriebsvereinbarung löst alle eventuellen vorherigen Betriebsvereinbarungen über das betriebliche Vorschlagswesen, insbesondere . . . . . ., ab. Mündliche Nebenabreden bestehen nicht. Änderungen oder Ergänzungen dieser Betriebsvereinbarung, einschließlich dieser Bestimmung, bedürfen zu ihrer Wirksamkeit der Schriftform.

(2) Sollte eine Bestimmung dieser Betriebsvereinbarung ganz oder teilweise unwirksam sein oder werden, so wird hiervon die Wirksamkeit der übrigen Bestimmungen nicht berührt. Anstelle der unwirksamen Bestimmung werden die Betriebsparteien die gesetzlich zulässige Bestimmung vereinbaren, die dem mit der unwirksamen Bestimmung Gewollten wirtschaftlich am nächsten kommt. Dasselbe gilt für den Fall einer vertraglichen Lücke.

(3) Diese Betriebsvereinbarung steht unter dem Vorbehalt etwaiger ablösender – auch freiwilliger – Betriebsvereinbarungen.

(4) Sollten sich die dieser Betriebsvereinbarung zu Grunde liegenden tatsächlichen oder rechtlichen Bedingungen grundlegend ändern, so werden die Betriebsparteien unverzüglich in Verhandlungen treten mit dem Ziel, die Betriebsvereinbarung an die geänderten Bedingungen anzupassen.

. . . . . .	. . . . . .
Ort, Datum	Ort, Datum
. . . . . .	. . . . . .
Unterschrift der Gesellschaft	Unterschrift des Betriebsratsvorsitzenden

Anmerkungen

1. Regelungsinhalt. Das betriebliche Vorschlagswesen (heute häufig als „Ideenmanagement" oder „Ideenbörse" bezeichnet) dient dazu, das Know-how und die Innovationskräfte der Arbeitnehmer zum Wohle des Unternehmens und seiner Mitarbeiter in den betrieblichen Alltag zu integrieren. Gemäß § 87 Abs. 1 Nr. 12 BetrVG hat der Betriebsrat bei der Festlegung der Grundsätze des betrieblichen Vorschlagswesens mitzubestimmen. Zweck des Mitbestimmungsrechtes ist es, das betriebliche Vorschlagswesen derart auszugestalten, dass es zum **festen Bestandteil der Unternehmenskultur** wird mit dem Ziel, die Arbeitnehmer an der Entwicklung des Unternehmens teilhaben zu lassen. Die Arbeitnehmer sollen zum Mitdenken und damit zur Teilnahme an der Gestaltung der Arbeit und der Entwicklung des Betriebes motiviert werden. Das betriebliche Vorschlagswesen dient dabei nicht nur der Wirtschaftlichkeitssteigerung des Unternehmens, sondern auch den Interessen des einzelnen Arbeitnehmers, indem seine Initiative und seine Leistung nach Grundsätzen von Recht und Billigkeit behandelt werden (BAG AP BetrVG 1972 § 87 Vorschlagswesen Nr. 1, 2; *Wurm* ZBVRonline 2010, 21, 31).

Hierfür erforderlich ist, dass die Behandlung betrieblicher Verbesserungsvorschläge für den Arbeitnehmer transparent gestaltet wird. Es empfiehlt sich, das betriebliche Vorschlagswesen möglichst detailliert und genau auszugestalten, um spätere Auseinandersetzungen und Missverständnisse über den Anwendungsbereich, über die Behandlung des Verbesserungsvorschlags sowie über die Prämienvoraussetzungen zu vermeiden, die den Zielsetzungen des betrieblichen Vorschlagswesens zuwiderlaufen.

Das Verlangen des Betriebsrats, Grundsätze für das betriebliche Vorschlagswesen zu vereinbaren, ist hierbei von einer Vorentscheidung des Arbeitgebers, ein betriebliches Vorschlagswesen einzuführen oder für dieses Mittel bereitzustellen, nicht abhängig. Der

Betriebsrat kann vielmehr bereits immer dann, wenn ein tatsächliches betriebliches Bedürfnis besteht, eine Betriebsvereinbarung **initiieren** (BAG AP BetrVG 1972 § 87 Vorschlagswesen Nr. 1). Von einem solchen Bedürfnis kann regelmäßig dann gesprochen werden, wenn bereits in der Vergangenheit Verbesserungsvorschläge angenommen und verwertet wurden oder aber der Arbeitgeber nunmehr die Mitarbeiter ausdrücklich aufgefordert hat, Verbesserungsvorschläge einzubringen.

Das Mitbestimmungsrecht gemäß § 87 Abs. 1 Nr. 12 BetrVG erfasst nach seinem Wortlaut die **Grundsätze über das betriebliche Vorschlagswesen.** Zu diesen Grundsätzen zählen nach einhelliger Meinung die Organe des betrieblichen Vorschlagswesens, Einzelheiten über die Einreichung und die Behandlung von Verbesserungsvorschlägen, das Verfahren der Begutachtung und der Bewertung des Verbesserungsvorschlags, die Voraussetzungen für die Gewährung und die Festsetzung der Prämie sowie das Widerspruchsverfahren (BAG AP BetrVG 1972 § 87 Vorschlagswesen Nr. 1; Richardi/*Richardi* § 87 Rn. 931 f.). Die Entscheidung über die finanzielle Größenordnung, in der eine Prämie gewährt werden soll, fällt hingegen nicht unter das Mitbestimmungsrecht. Zu den mitbestimmungsrechtlichen Tatbeständen zählen hingegen die Fragen, wie der Nutzen eines Verbesserungsvorschlags zu ermitteln ist, welche Art der Prämie zu zahlen ist, wie die Grundsätze für die Bemessung der Prämie festgelegt werden sollen, wie eine Prämie bei einem Gruppenvorschlag zu verteilen ist und welche Bewertungsmaßstäbe zu Grunde gelegt werden sollen, um den Nutzen des Vorschlages zu bestimmen.

Das Formular regelt diese Grundsätze, wobei es davon ausgeht, dass es den Betriebsparteien nicht nur auf eine Rahmenregelung ankommt, sondern dass detaillierte Regelungen der oben erwähnten Elemente über das betriebliche Vorschlagswesen vereinbart werden sollen.

2. Begriffsbestimmungen. Das Formular definiert, welche Innovationen von Arbeitnehmern als betriebliche Verbesserungsvorschläge aufgefasst werden. Es grenzt hierbei in positiver wie negativer Hinsicht den betrieblichen Verbesserungsvorschlag von arbeitsvertraglich geschuldeten Verbesserungsvorschlägen, von Arbeitnehmererfindungen und von bloßen Hinweisen auf Missstände ab. Es empfiehlt sich zudem, einen Beispielskatalog – ausgerichtet an den Interessen der Gesellschaft und ihrer Mitarbeiter – aufzunehmen, in denen die bevorzugten Bereiche, für die Verbesserungen erzielt werden sollen, eine besondere Hervorhebung erfahren. Dies kann zu einer weiteren Motivation der Mitarbeiter beitragen.

Unter einem betrieblichen Verbesserungsvorschlag werden diejenigen Ideen von Arbeitnehmern verstanden, die zur **Vereinfachung oder Verbesserung des betrieblichen Ist-Zustandes** beitragen (Richardi/*Richardi* § 87 Rn. 925). Erfasst sind damit alle Vorschläge, Anregungen und Ideen, die durch ein System von Umstellung oder Veränderung bestehender Methoden zu einem wirtschaftlichen oder sonstigen Nutzen der Gesellschaft beitragen. Es spielt hierbei keine Rolle, ob die Verbesserungsvorschläge technischer, organisatorischer, kaufmännischer oder sozialer Art sind (Richardi/*Richardi* § 87 Rn. 926).

Für Erfindungen, die patent- oder gebrauchsmusterfähig gemäß § 2 ArbnErfG sind, besteht kein Mitbestimmungsrecht. Für sie gilt ausschließlich das **Arbeitnehmererfindungsgesetz** (Richardi/*Richardi* § 87 Rn. 927). Von Erfindungen zu unterscheiden sind technische Verbesserungsvorschläge i. S. v. § 3 ArbnErfG, die wegen ihres geringen Neuheitsgrades nicht patent- oder gebrauchsmusterfähig sind. Gewährt ein technischer Verbesserungsvorschlag dem Arbeitgeber eine ähnliche Vorzugsstellung wie ein gewerbliches Schutzrecht (sog. qualifizierter technischer Verbesserungsvorschlag), begründet § 20 Abs. 1 ArbnErfG einen Anspruch des Arbeitnehmers auf angemessene Vergütung, sobald der Arbeitgeber den Verbesserungsvorschlag verwertet. Eine ähnliche Vorzugsstellung erhält der Arbeitgeber, wenn für ihn wenigstens eine tatsächliche Ausschlussmöglichkeit besteht, er also verhindern kann, dass Wettbewerber die technische Neuerung verwerten. Besteht für den

Arbeitgeber keine faktische Monopolstellung, so handelt es sich um einfache technische Verbesserungsvorschläge, deren Behandlung gemäß § 20 Abs. 2 ArbnErfG der Regelung durch Tarifvertrag oder Betriebsvereinbarung überlassen bleibt (Richardi/*Richardi* § 87 Rn. 928). Auch Regelungen zu qualifizierten technischen Verbesserungsvorschlägen können im Rahmen der betrieblichen Mitbestimmung erfolgen, denn § 20 Abs. 1 ArbnErfG trifft nur eine Regelung zur Vergütung und ist demzufolge nicht abschließend (Richardi/*Richardi* § 87 Rn. 929; ErfKomm/*Kania* § 87 Rn. 129; Düwell/*Kohte* § 87 Rn. 148). Das Mitbestimmungsrecht wird also nur hinsichtlich der Vergütung verdrängt. Unter das betriebliche Vorschlagswesen fallen damit diejenigen Vorschläge, Ideen und Anregungen, die **nicht patent- oder gebrauchsmusterfähiger Art**, sondern **einfach technischer, organisatorischer, kaufmännischer oder sozialer Natur** sind. Bei qualifizierten technischen Verbesserungsvorschlägen besteht lediglich im Hinblick auf die Vergütung mit § 20 Abs. 1 ArbnErfG eine abschließende Regelung i. S. v. § 87 Abs. 1 BetrVG.

Da die Grenze zwischen den unter das Arbeitnehmererfindungsgesetz fallenden Erfindungen und technischen Verbesserungsvorschlägen einerseits und denjenigen des betrieblichen Verbesserungswesens andererseits fließend und nicht immer eindeutig ist, sieht das Formular unter § 12 Abs. (3) vor, dass das Arbeitnehmererfindungsgesetz weiterhin seine Anwendung findet. Für Verbesserungsvorschläge, für die das Arbeitnehmererfindungsgesetz gilt und die damit nicht in den Anwendungsbereich dieser Betriebsvereinbarung fallen, wird eine Anrechnung etwa bereits gezahlter Prämien auf die nach dem Arbeitnehmererfindungsgesetz zu zahlende Vergütung vorgenommen. So wird sichergestellt, dass die Gesellschaft nicht mit doppelten Kosten belastet wird.

Es muss sich um eine **freiwillige, zusätzliche Leistung** der Arbeitnehmer handeln. Nicht zu den Verbesserungsvorschlägen i. S. d. betrieblichen Vorschlagswesens zählen daher die sog. dienstlichen Verbesserungsvorschläge, die der Arbeitnehmer als Teil seiner arbeitsvertraglich geschuldeten Tätigkeit einbringt. Darunter fallen auch solche Verbesserungsvorschläge, die Arbeitnehmer im Rahmen sog. Quality Circles einbringen, sofern die Teilnahme hieran zur Erarbeitung von Rationalisierungs- und Verbesserungsvorschlägen zur arbeitsvertraglichen Verpflichtung zählt und keine freiwillige Leistung darstellt (ErfKomm/*Kania* § 87 Rn. 130; Richardi/*Richardi* § 87 Rn. 930; *Schmidt/Dobberahn* NZA 1995, 1017, 1020).

3. Grundsätze. Die Formulierung von Grundsätzen dient zum einen der Klarstellung, dass es sich bei der Einbringung von Verbesserungsvorschlägen um freiwillige Leistungen handelt und dass Arbeitnehmer aufgrund eines Vorschlags, der zugleich eine Kritik an der Ist-Situation beinhaltet, **keine Nachteile** erfahren. Zum anderen wird betont, dass spiegelbildlich hierzu **keine Verpflichtung** der Gesellschaft besteht, den Verbesserungsvorschlag anzunehmen oder umzusetzen. Denn die Annahme und Verwertung des Verbesserungsvorschlags unterliegen der freien unternehmerischen Entscheidung. Ausdrücklich hervorgehoben wird außerdem, dass mit der Einbringung eines Verbesserungsvorschlags dieser ausschließlich nach der vorliegenden Betriebsvereinbarung behandelt wird. Damit sollen Streitigkeiten über etwaige arbeitsvertragliche Ansprüche vermieden werden.

4. Organe des betrieblichen Vorschlagswesens. Zu den Grundsätzen des betrieblichen Vorschlagswesens zählen die Organisation des betrieblichen Vorschlagswesens, die Festlegung der Aufgaben der einzelnen Organe sowie die personelle Ausstattung der Organe (BAG AP BetrVG 1972 § 87 Vorschlagswesen Nr. 1). Nicht der Mitbestimmung unterliegt hingegen die Bestellung der einzelnen Organmitglieder (BAG AP BetrVG 1972 § 87 Vorschlagswesen Nr. 2). Es ist Aufgabe des Arbeitgebers, in Ausführung der allgemeinen Grundsätze über das betriebliche Vorschlagswesen die Organe personell zu besetzen. In der Praxis gebräuchlich ist die Bestellung eines betrieblichen **Beauftragten für das betriebliche Vorschlagswesen** als primärer Ansprechpartner der Arbeitnehmer, eines **Prüfungsausschus-**

ses als Organ, welches über die Annahme oder Ablehnung des Vorschlags gegenüber der Gesellschaft befindet, und von **Gutachtern** für fachspezifische Fragestellungen.

5. Beauftragter für das betriebliche Vorschlagswesen. Das Formular sieht vor, dass der Beauftragte für das betriebliche Vorschlagswesen als von der Gesellschaft benanntes Organ für den organisatorischen Ablauf des betrieblichen Vorschlagswesens vor und nach der Behandlung des Verbesserungsvorschlags im Prüfungsausschuss verantwortlich ist.

6. Prüfungsausschuss. Die Anzahl der **Beisitzer** sollte unter Berücksichtigung der Eigenart der Materie (Art und Umfang der zu erwartenden Aufgaben), deren Bedeutung für die Beteiligten, der Größe des Betriebs und der Arbeitsfähigkeit des Prüfungsausschusses sowie der vom Arbeitgeber zu tragenden Kosten festgelegt werden. Zu viele Mitglieder lähmen die Arbeitsprozesse des Prüfungsausschusses und erhöhen die Kosten für die Arbeitgeberseite. Eine zu geringe Anzahl kann zu Schwierigkeiten bei der Bewältigung der Aufgaben führen und die Akzeptanz der Entscheidung innerhalb der Belegschaft verringern. In der Regel wird die Besetzung des Prüfungsausschusses mit jeweils zwei Beisitzern ausreichend sein. Jedenfalls sind mehr als sechs Beisitzer nicht nur aus Kostengesichtspunkten, sondern auch zur Aufrechterhaltung eines vernünftigen Verfahrensablaufs grundsätzlich nicht zu empfehlen. Eine **paritätische Besetzung** des Prüfungsausschusses ist zwar nicht erforderlich, in jedem Fall jedoch nicht schädlich (BAG AP BetrVG 1972 § 87 Vorschlagswesen Nr. 1; BAG NZA 2004, 994) und zumeist empfehlenswert (*F/E/S/T/L* § 87 BetrVG Rn. 552). Hinsichtlich der Person des **Vorsitzenden** sieht das Formular vor, dass sich die Betriebsparteien auf diesen verständigen; dies ist indes nicht zwingend. In Bezug auf den stellvertretenden Vorsitzenden sieht das Formular vor, dass dieser von den Mitgliedern des Prüfungsausschusses gewählt wird.

Im Weiteren regelt das Formular den Verfahrensablauf im Prüfungsausschuss. Um die Arbeitsfähigkeit des Prüfungsausschusses auch im Falle eines Urlaubs oder bei krankheitsbedingter Abwesenheit zu gewährleisten, sollte der Prüfungsausschuss aus Praktikabilitätsgründen bereits dann **beschlussfähig** sein, wenn der Vorsitzende sowie zwei weitere Mitglieder anwesend sind.

Angesichts der Geltung der regelmäßigen **Verjährungsfrist von drei Jahren** für Ansprüche aus dem Arbeitsverhältnis sollten die Unterlagen mindestens für diese Dauer aufbewahrt werden. Da die Verjährung gemäß § 199 Abs. 1 BGB mit dem Schluss des Jahres beginnt, in dem der Anspruch entstanden ist, sollte auch die Aufbewahrungsfrist erst mit Schluss des Jahres beginnen, in dem die Gesellschaft ihre Entscheidung über den Verbesserungsvorschlag getroffen hat (s. zu Verjährungsfragen auch LAG Hamm BeckRS 2013, 69039).

7. Gutachter. Gutachter sollen nach dem Formular nur in begründeten Einzelfällen nach Mehrheitsentscheidung des Prüfungsausschusses eingesetzt werden. Zur Reduzierung der Kosten, die durch eine Beauftragung externer Gutachter entstehen, sollten die Gutachter unter streng fachlichen Kriterien ausgewählt werden. Um das Bewertungsverfahren im Prüfungsausschuss nicht unnötig zu verzögern, sollte der Begutachtungszeitraum zeitlich zudem begrenzt werden.

8. Behandlung des Verbesserungsvorschlags. Da kein Mitbestimmungsrecht des Betriebsrates bei der Entscheidung über die Annahme eines einzelnen Verbesserungsvorschlags besteht (BAG AP BetrVG 1972 § 87 Vorschlagswesen Nr. 2), bestimmt das Formular, dass lediglich ein Vorschlagsrecht des Prüfungsausschusses besteht, während der Geschäftsleitung das letzte Entscheidungsrecht über die Annahme oder Ablehnung des Vorschlags obliegt. Die im Falle der Annahme des Verbesserungsvorschlags zu zahlende Prämie soll der Prüfungsausschuss hingegen verbindlich festlegen können. Dies ist nicht zwingend, erscheint aber dann akzeptabel, wenn die Annahmeentscheidung der Arbeitgeberseite vorbehalten bleibt. Die Geschäftsleitung ist bei ihrer Entscheidung über die Annahme über die Prämienhöhe unterrichtet und kann diese in die Entscheidungsfindung mit einfließen lassen.

9. Annahme und Prämie. Die Prämienregelung zählt zu den **Kernelementen** einer Betriebsvereinbarung über das betriebliche Vorschlagswesen. Nicht der Mitbestimmung unterliegt die grundsätzliche Entscheidung, **ob und in welcher Höhe** Verbesserungsvorschläge vergütet werden (BAG AP BetrVG 1972 § 87 Vorschlagswesen Nr. 1; ErfKomm/*Kania* § 87 BetrVG Rn. 131; *F/E/S/T/L* § 87 Rn. 550; Richardi/*Richardi* § 87 Rn. 938 f.) sowie, ob der Verbesserungsvorschlag im Einzelfall angenommen werden soll. Dies sind klassische Unternehmerentscheidungen. Unter das Mitbestimmungsrecht fallen jedoch die Grundsätze, nach denen die Vergütung zu bemessen ist (Sach- oder Geldprämie; Prämienhöhe; Quotelung der Prämie bei einem Gruppenvorschlag) sowie Regelungen über die Ermittlung des Nutzens eines Verbesserungsvorschlags. Um hier Klarheit, Transparenz sowie Rechtssicherheit zu gewährleisten, sieht das Formular die Aufstellung allgemeiner Grundsätze über die Bemessung der zu gewährenden Prämie vor. Dadurch soll sicherstellt werden, dass die einzelne Prämie in ihrem Verhältnis zu den für andere Verbesserungsvorschläge gewährten Prämien angemessen, gerecht und transparent ist.

Das Formular nennt zunächst die Voraussetzungen, unter denen der Prämienanspruch entsteht. Hieran schließt sich die Festlegung des Nutzens des Verbesserungsvorschlags für die Gesellschaft oder die Mitarbeiter als die maßgebende Größe für die Bemessung der Prämie an. Das Formular unterscheidet zwischen Verbesserungsvorschlägen mit bezifferbaren und nicht bezifferbaren finanziellen Vorteilen.

Bei Prämien mit bezifferbaren finanziellen Vorteilen kann die Prämie entweder durch einen Prozentsatz bestimmt werden oder aber auch durch eine Formel, die neben der **Jahresnettoersparnis** einen Personalfaktor, der sich nach der Position des betroffenen Arbeitnehmers richtet, enthält. § 9 Abs. (3) des Formulars wäre dann etwa wie folgt zu formulieren:

Alternative:

(3) Verbesserungsvorschläge, deren Einsparung beziffert werden kann, werden nach folgender Formel berechnet:

Jahresnettoersparnis x Personalfaktor.

Der Personalfaktor beträgt für Ingenieure 0,5, für Fachkräfte 0,75 und für alle übrigen Mitarbeiter 1.

Die Höhe der Prämie für Verbesserungsvorschläge ohne errechenbaren finanziellen Vorteil sollte in das Ermessen des Prüfungsausschusses gestellt werden.

Das Formular sieht eine detaillierte Festlegung der Berechnung der Jahresnettoersparnisse vor. Bezugsrahmen bildet hierbei das erste Jahr nach Umsetzung des Verbesserungsvorschlags. Zur Ermittlung der Ersparnis wird ein Vergleich zwischen den fiktiven Kosten ohne die Umsetzung des Verbesserungsvorschlags und den vermutlichen Kosten nach der Umsetzung des Verbesserungsvorschlags vorgenommen.

Des Weiteren werden eine **Mindest-** sowie eine **Höchstprämiengrenze** festgelegt, um die finanzielle Belastung der Gesellschaft auf ein vorausschaubares Maß zu begrenzen.

Der Arbeitgeber ist zwar nicht unter mitbestimmungsrechtlichen Gesichtspunkten verpflichtet, finanzielle Mittel für das betriebliche Vorschlagswesen zur Verfügung zu stellen. Er ist jedoch verpflichtet, für verwertete Verbesserungsvorschläge dem Arbeitnehmer eine **angemessene Vergütung** zu zahlen, sofern er durch den Verbesserungsvorschlag einen nicht unerheblichen Vorteil erlangt (BAG AP BetrVG 1972 § 87 Vorschlagswesen Nr. 1). Dies folgt aus § 242 BGB. Die Notwendigkeit, finanzielle Mittel im Sinne einer Prämie aufzuwenden, ist daher nicht Folge der vom Betriebsrat initiierten Grundsätze für das betriebliche Vorschlagswesen, sondern folgt unmittelbar aus der Verwertung des Verbesserungsvorschlags selbst. Sollte es zu einem Streit über die errechneten Jahresnettoersparnisse kommen, so steht dem Arbeitnehmer ein **Auskunftsanspruch** über die Berechnungsweise der Prämie zu, da er die für die Ermittlung und Durchsetzung seines Zahlungsanspruches erforderlichen Daten nur durch eine Auskunft des Arbeitgebers erlangen kann (LAG Frankfurt a. M. NZA-RR 2002, 363). Rechtsgrundlage dieses Auskunfts- und Rechnungslegungsanspruchs ist § 242 BGB i. V. m. § 611 BGB.

10. Wiedereinbringung. Mit dem Recht auf Wiedereinbringung des Vorschlags innerhalb von drei Jahren bei Umsetzung durch die Gesellschaft wird den vom BAG festgelegten Grundsätzen von Recht und Billigkeit (BAG AP BetrVG 1972 § 87 Vorschlagswesen Nr. 2) Rechnung getragen.

11. Widerspruchsrecht. Das Formular sieht ein Widerspruchsrecht des Vorschlagenden gegen die Festsetzung der Höhe der Prämie vor. Der Widerspruch ist beim Prüfungsausschuss einzureichen, da dieser die erneute Überprüfung vornimmt. Die Entscheidung eines **paritätisch besetzten** Prüfungsausschusses über den Widerspruch ist nur beschränkt gerichtlich überprüfbar, nämlich auf offensichtliche inhaltliche Unrichtigkeit und grobe Verfahrensfehler (BAG NZA 2004, 994; LAG Frankfurt a. M. BeckRS 2011, 67821).

12. Sonstiges. Um ein umfassendes Nutzungsrecht der Gesellschaft an dem Verbesserungsvorschlag sicherzustellen, ist der Rechtsübergang auf die Gesellschaft zu vereinbaren.

13. Inkrafttreten und Kündigung. → Form. C. II. 13, dort unter § 12.

14. Schlussbestimmungen. → Form. C. II. 1 Anm. 16.

20. Gruppenarbeit

Betriebsvereinbarung über Gruppenarbeit[1]

zwischen

...... (Name und Anschrift des Arbeitgebers) „Gesellschaft"

und

Betriebsrat des Betriebs ...... der ...... (Name des Arbeitgebers) „Betriebsrat"
(Alternative: Gesamtbetriebsrat/Konzernbetriebsrat)

Präambel[2]

Die Einführung von Gruppenarbeit hat zum Ziel, für die Mitarbeiter die Arbeitsbedingungen zu verbessern und zugleich für das Unternehmen eine erhöhte Produktivität zu gewährleisten. Erreicht werden soll dies durch die Flexibilisierung der Organisationsstrukturen, den Abbau von Hierarchieebenen und die Steigerung der Eigenverantwortung und Motivation der Mitarbeiter. Zusammen mit einer qualitativen und quantitativen Erweiterung der Arbeitsinhalte und einem Aufgabenwechsel innerhalb der Betriebsgruppe werden die Arbeitsabläufe vereinfacht und die Leistungsergebnisse verbessert. Somit kann die Einführung von Gruppenarbeit sowohl zur Ertragskraft der Gesellschaft als auch zur Sicherung der Arbeitsplätze beitragen.

§ 1 Geltungsbereich[3]

Diese Betriebsvereinbarung gilt in persönlicher Hinsicht für alle Arbeitnehmer des Betriebs ...... der Gesellschaft („Mitarbeiter"), einschließlich der Auszubildenden, mit Ausnahme

- der leitenden Angestellten i. S. d. § 5 Abs. 3 BetrVG und
- der Mitarbeiter, die in einem der in Anlage 1 zu dieser Betriebsvereinbarung genannten Bereiche tätig sind.

§ 2 Grundsätze der Gruppenarbeit

(1) Gruppenarbeit im Sinne dieser Betriebsvereinbarung liegt vor, wenn eine Gruppe von Mitarbeitern („Betriebsgruppe") im Rahmen des betrieblichen Arbeitsablaufs durch die Übertragung von vor- oder nachgelagerten Tätigkeiten oder Vorgesetztenkompetenzen eine Gesamtaufgabe im Wesentlichen eigenverantwortlich erledigt.[4]

(2) Betriebsgruppen werden durch die Gesellschaft eingesetzt, verändert und aufgelöst.[5]

(3) Die Aufgaben der Betriebsgruppe werden von der Gesellschaft definiert.[6] Eine Aufgabenbeschreibung wird den Mitgliedern der Betriebsgruppe zu Beginn der Arbeitsaufnahme ausgehändigt.[7]

(4) Die Zuordnung des Mitarbeiters zur Betriebsgruppe erfolgt durch die Gesellschaft.[8]

(5) Jede Betriebsgruppe sollte aus mindestens ...... und höchstens ...... Mitarbeitern bestehen.[9] Die Gesellschaft stellt sicher, dass der Betriebsgruppe jederzeit genügend Mitarbeiter zugeordnet werden, damit deren Aufgaben unter zumutbaren Bedingungen erledigt werden können.

(6) Die Arbeitsbedingungen sind menschengerecht zu gestalten.

§ 3 Gruppenarbeitsvertrag[10]

(1) Die Einführung von Gruppenarbeit wird zwischen den betroffenen Mitarbeitern und der Gesellschaft in einer schriftlichen Nebenabrede zum Arbeitsvertrag nach Maßgabe des Formulars in Anlage 2 zu dieser Betriebsvereinbarung („Gruppenarbeitsvertrag") vereinbart. Mit Abschluss des Gruppenarbeitsvertrages erkennt der Mitarbeiter diese Betriebsvereinbarung als verbindlich an. Die Betriebsvereinbarung wird Bestandteil des Gruppenarbeitsvertrages.

(2) Wird die Tätigkeit eines Mitarbeiters ganz oder teilweise Aufgabe einer Betriebsgruppe, so hat die Gesellschaft ihm den Abschluss eines Gruppenarbeitsvertrages anzubieten, es sei denn, dem stehen dringende betriebliche Belange entgegen. Lehnt der Mitarbeiter die Annahme des Gruppenarbeitsvertrages ab oder stehen dem Abschluss dringende betriebliche Belange entgegen, so bietet die Gesellschaft ihm einen anderen zumutbaren Arbeitsplatz an; im Fall der Ablehnung dieses zumutbaren Arbeitsplatzes ist die Gesellschaft berechtigt, im Wege der Versetzung oder Änderungskündigung vorzugehen. Ist weder ein zumutbarer Arbeitsplatz noch ein anderweitiger freier Arbeitsplatz vorhanden, so kann die Gesellschaft das Arbeitsverhältnis aus betriebsbedingten Gründen kündigen.

(Alternative:

(2) Kein Mitarbeiter wird gegen seinen Willen einer Betriebsgruppe zugeordnet.)

(3) Der arbeits- und sozialversicherungsrechtliche Status des Mitarbeiters wird durch die Einrichtung von Gruppenarbeit nicht berührt.

§ 4 Selbstorganisation der Betriebsgruppe[11]

(1) Nach den Vorgaben der Gesellschaft plant, steuert und verteilt die Betriebsgruppe die zur Ausführung ihrer Aufgaben notwendigen Arbeitsschritte selbständig und kontrolliert das Arbeitsergebnis. Die Ausarbeitung der Verfahrensweise, die Bestimmung der Reihen-

folge der Aufgabenabwicklung und die Aufteilung der Teilaufgaben und der Kontrollfunktionen innerhalb der Betriebsgruppe erfolgt im Rahmen der Gruppengespräche.

(2) Die Betriebsgruppe trägt Sorge dafür, dass ihre Mitglieder sämtliche der Betriebsgruppe übertragenen Tätigkeiten rollierend ausüben. Die Betriebsgruppe achtet darauf, dass jedem Mitglied der Betriebsgruppe abwechslungsreiche und qualifizierte Aufgaben zugeteilt werden.

(3) Die Betriebsgruppe reguliert und verwaltet sich und löst etwaige Probleme selbstständig. Die Disziplinarbefugnis wird der Betriebsgruppe nicht übertragen.

§ 5 Gruppengespräche[12]

(1) Gruppengespräche sind Arbeitsbesprechungen, die der Selbstorganisation der Betriebsgruppe und der Stärkung des Zusammenhalts innerhalb der Gruppe dienen.

(2) Die Betriebsgruppe führt regelmäßig, mindestens in zweiwöchigen Abständen, Gruppengespräche durch. Außerordentliche Gruppengespräche können bei dringenden Fragen durchgeführt werden. Die Gruppengespräche finden während der Arbeitszeit statt; die Dauer der Gruppengespräche darf im Jahresdurchschnitt eine Stunde pro Woche nicht überschreiten. Ein Gruppenraum wird der Betriebsgruppe von der Gesellschaft zur Verfügung gestellt.

(3) Bei Meinungsverschiedenheiten oder Streitigkeiten innerhalb der Betriebsgruppe entscheiden ihre Mitglieder mit einfacher Mehrheit. Ein Protokoll der Entscheidung wird vom Gruppensprecher unterzeichnet und für die Gesellschaft sowie für alle Mitglieder der Betriebsgruppe zugänglich aufbewahrt.

§ 6 Wahl des Gruppensprechers[13]

(1) Die Mitglieder der Betriebsgruppe wählen aus ihrem Kreis einen Gruppensprecher und einen stellvertretenden Gruppensprecher.

(2) Der Gruppensprecher und der stellvertretende Gruppensprecher werden für eine Amtszeit von jeweils einem Jahr gewählt. Jedes Mitglied der Betriebsgruppe kann für maximal zwei aufeinander folgende Amtszeiten zum Gruppensprecher und für maximal drei aufeinander folgende Amtszeiten zum stellvertretenden Gruppensprecher gewählt werden.

(3) Die Wahl ist geheim und findet während der Arbeitszeit statt. Die Kandidaten geben ihre Kandidatur mindestens . . . . . . Tage vor einem im Gruppengespräch festgelegten Wahldatum bekannt. Die Wahl des ersten Gruppensprechers wird durch das Gruppenmitglied mit der längsten Betriebszugehörigkeit, die folgenden Wahlen werden von dem jeweils amtierenden Gruppensprecher organisiert. Dieser verkündet und verwahrt die Wahlergebnisse. Das Wahlergebnis kann innerhalb eines Monats nach Verkündung des Wahlergebnisses durch die Betriebsgruppe überprüft werden.

(4) Der Gruppensprecher wird mit absoluter Mehrheit der Mitglieder der Betriebsgruppe gewählt. Stellvertretender Gruppensprecher wird der Kandidat mit dem zweitbesten Wahlergebnis. Sollte keiner der Kandidaten die absolute Mehrheit erreichen, wird in der auf die Bekanntgabe des Wahlergebnisses folgenden Woche zwischen den beiden Kandidaten, die die meisten Stimmen erzielt haben, durch einfache Mehrheit der Mitglieder der Betriebsgruppe der Gruppensprecher und der stellvertretende Gruppensprecher gewählt.

(5) Hat die Betriebsgruppe spätestens einen Monat nach ihrer Einsetzung oder nach Ablauf der Amtszeit des Gruppensprechers beziehungsweise des stellvertretenden Gruppensprechers keine Sprecher gewählt, so werden diese durch die Gesellschaft im Einvernehmen mit dem Betriebsrat bestimmt.

(6) Der Gruppensprecher kann vor dem Ende seiner Amtszeit von den Mitgliedern der Betriebsgruppe mit absoluter Mehrheit abgewählt werden. In diesem Fall übernimmt der stellvertretende Gruppensprecher die Funktion des Gruppensprechers und organisiert innerhalb von ...... Tagen Neuwahlen.

§ 7 Aufgaben des Gruppensprechers[14]

(1) Der Gruppensprecher vertritt die Betriebsgruppe, insbesondere gegenüber der Gesellschaft und den Vorgesetzten, und übernimmt die interne Koordination der Betriebsgruppe. Er beruft Gruppengespräche ein und leitet diese.

(2) Der stellvertretende Gruppensprecher unterstützt den Gruppensprecher in seinen Aufgaben und vertritt ihn im Falle seiner Abwesenheit.

(3) Gruppensprecher und stellvertretender Gruppensprecher haben keine Weisungs- und Disziplinarbefugnis.

(4) Streitigkeiten zwischen der Betriebsgruppe und dem Gruppensprecher werden gemäß § 5 Abs. (3) beigelegt. Der stellvertretende Gruppensprecher übernimmt in diesem Fall die dem Gruppensprecher obliegenden Aufgaben.

§ 8 Arbeitszeit[15]

(1) Die regelmäßige wöchentliche Arbeitszeit der Mitglieder der Betriebsgruppe richtet sich nach den jeweiligen einzelvertraglichen oder tariflichen Bestimmungen.

(2) Die Betriebsgruppe bestimmt unter Berücksichtigung der geforderten Arbeitsmenge und der vorgegebenen Termine selbst die Lage der Arbeitszeit und der Pausen für ihre Mitglieder. Sie hat hierbei die gesetzlichen Regelungen, insbesondere des Arbeitszeitgesetzes, zu beachten.

(3) Die Erfassung der Arbeitszeit ihrer Mitglieder erfolgt durch die Betriebsgruppe im Wege der Selbstdokumentation nach Maßgabe des in Anlage 3 zu der Betriebsvereinbarung beigefügten Formulars. Die Selbstdokumentation ist jeweils zum Monatsende dem Vorgesetzten des Mitarbeiters vorzulegen.

(4) Die Betriebsgruppe trägt dafür Sorge, dass Überschreitungen der täglichen Arbeitszeit auf bis zu zehn Stunden innerhalb von sechs Kalendermonaten oder innerhalb von 24 Wochen dahingehend ausgeglichen werden, dass im Durchschnitt acht Stunden werktäglich nicht überschritten werden. Sie trägt weiter dafür Sorge, dass Überstunden, soweit möglich, vermieden oder durch Freizeit ausgeglichen werden.

§ 9 Qualifizierung[16]

(1) Die Gruppenarbeit wird von Qualifizierungsmaßnahmen begleitet, die sowohl die fachliche Schulung als auch das Sozialverhalten innerhalb der Gruppe zum Gegenstand haben. Die Qualifizierungsmaßnahmen finden während der Arbeitszeit statt.

(2) Bereits vor Beginn der Gruppenarbeit sollen alle künftigen Mitglieder der Betriebsgruppen, soweit möglich, durch Qualifizierungsmaßnahmen auf ihre künftigen Aufgaben vorbereitet werden.

(3) Hinsichtlich des Gegenstands der begleitenden Qualifizierungsmaßnahmen und der jeweiligen Teilnehmer kann die Betriebsgruppe Vorschläge unterbreiten. Hierbei ist auch der beruflichen Entwicklung der Mitglieder der Betriebsgruppe Rechnung zu tragen.

(4) Einzelheiten werden in einer gesonderten Betriebsvereinbarung geregelt.

§ 10 Gruppenentlohnung[17]

(1) Mit Einsetzung einer Betriebsgruppe tritt für deren Mitglieder an die Stelle der bisherigen individuellen Prämie gemäß der Betriebsvereinbarung ...... vom ...... eine gruppenbezogene Prämie, die vom Gruppenergebnis abhängt.

(2) Bei der Bewertung des Gruppenergebnisses sind folgende Kriterien zu berücksichtigen:

- Arbeitsmenge,
- Arbeitsqualität,
- Reduzierung von Gemeinkosten,
- Reduzierung von Leerlaufzeiten,
- Reduzierung von Mehrarbeitsstunden,
- Termintreue.

(3) Jedes Gruppenmitglied erhält den gleichen Betrag als Prämie.

(4) Einzelheiten werden in einer gesonderten Betriebsvereinbarung geregelt.

§ 11 Haftung[18]

(1) Jeder einzelne Mitarbeiter ist der Gesellschaft für die ordnungsgemäße Erfüllung der Pflichten der Betriebsgruppe verantwortlich.

(2) Erbringt die Betriebsgruppe ihre vertragliche Arbeitsleistung nicht ordnungsgemäß, so ist jedes Gruppenmitglied der Gesellschaft im Haftungsfall in Höhe des auf ihn entfallenden Anteils schadensersatzpflichtig. Erbringt ein Gruppenmitglied den Nachweis, dass ihm keine schuldhafte Pflichtverletzung zur Last fällt, die zur Schadensentstehung beigetragen hat, so trifft ihn keine haftungsrechtliche Verantwortung; die Haftung verteilt sich dann nur auf die übrigen Mitglieder der Betriebsgruppe.

§ 12 Betriebliches Vorschlagswesen[19]

(1) Die Betriebsgruppe kann Verbesserungsvorschläge als Gruppe einbringen. Der von einem Mitglied der Betriebsgruppe eingebrachte Verbesserungsvorschlag gilt als Vorschlag der gesamten Gruppe.

(2) Einzelheiten sind in der Betriebsvereinbarung über das betriebliche Vorschlagswesen vom ...... geregelt.

§ 13 Information der Gruppenmitglieder[20]

Alle für die Durchführung von Gruppenarbeit relevanten Informationen werden von der Gesellschaft dem Gruppensprecher mitgeteilt. Dieser leitet die Informationen an die Mitglieder der Betriebsgruppe weiter.

§ 14 Inkrafttreten, Kündigung[21]

§ 15 Schlussbestimmungen[22]

(1) Diese Betriebsvereinbarung löst alle eventuellen vorherigen Betriebsvereinbarungen über Gruppenarbeit, insbesondere ......, ab. Mündliche Nebenabreden bestehen nicht. Änderungen oder Ergänzungen dieser Betriebsvereinbarung, einschließlich dieser Bestimmung, bedürfen zu ihrer Wirksamkeit der Schriftform.

(2) Sollte eine Bestimmung dieser Betriebsvereinbarung ganz oder teilweise unwirksam sein oder werden, so wird hiervon die Wirksamkeit der übrigen Bestimmungen nicht berührt. Anstelle der unwirksamen Bestimmung werden die Betriebsparteien die gesetzlich

zulässige Bestimmung vereinbaren, die dem mit der unwirksamen Bestimmung Gewollten wirtschaftlich am nächsten kommt. Dasselbe gilt für den Fall einer vertraglichen Lücke.

(3) Diese Betriebsvereinbarung steht unter dem Vorbehalt etwaiger ablösender – auch freiwilliger – Betriebsvereinbarungen.

(4) Sollten sich die dieser Betriebsvereinbarung zugrunde liegenden tatsächlichen oder rechtlichen Bedingungen grundlegend ändern, so werden die Betriebsparteien unverzüglich in Verhandlungen treten mit dem Ziel, die Betriebsvereinbarung an die geänderten Bedingungen anzupassen.

. . . . . .	**. . . . . .**
Ort, Datum	**Ort, Datum**
. . . . . .	**. . . . . .**
Unterschrift der Gesellschaft	**Unterschrift des Betriebsratsvorsitzenden**

Anmerkungen

1. Regelungsinhalt. Die vorliegende Betriebsvereinbarung regelt die Ein- und Durchführung von Gruppenarbeit. Ziel der Betriebsvereinbarung ist es hierbei, umfassend alle im Zusammenhang mit Gruppenarbeit stehenden Fragen zu regeln. Hat sich die Gesellschaft für die Einführung von Gruppenarbeit entschieden, greift das Mitbestimmungsrecht gemäß § 87 Abs. 1 Nr. 13 BetrVG in vielfältiger Hinsicht ein. Inhaltlich gehen die Bestimmungen des Formulars im Interesse einer weitgehenden Vereinbarung über die Regelungskompetenzen der Betriebsparteien hinaus.

Zwar soll nach der Gesetzesbegründung (BT-Drucks. 14/5741 S. 47 f.) das Mitbestimmungsrecht des § 87 Abs. 1 Nr. 13 BetrVG die Grundsätze über die Durchführung von Gruppenarbeit erfassen. Die Gesetzesbegründung enthält aber keine nähere Konkretisierung dieses Begriffes. Beispielhaft aufgezählt sind Regelungen zu Fragen der Wahl eines Gruppensprechers, dessen Stellung und Aufgaben, des Abhaltens von Gruppengesprächen zwecks Meinungsaustauschs und -bildung in der Gruppe, der Zusammenarbeit in der Gruppe und mit anderen Gruppen, der Berücksichtigung von leistungsschwächeren Arbeitnehmern sowie der Konfliktlösung in der Gruppe selbst. Die Aufzählung ist nicht abschließend. Das Mitbestimmungsrecht soll sich jedenfalls auf die gruppenarbeitsspezifischen Fragestellungen beziehen, die die Implementierung der Betriebsgruppen erfordern (vgl. auch *Wiese* BB 2002, 198, 202). Nicht dem Mitbestimmungsrecht des § 87 Abs. 1 Nr. 13 BetrVG unterliegen die Fragen, welche nicht gruppenarbeitsspezifisch sind, sondern von diesen losgelöst alle Mitarbeiter ungeachtet der Arbeitsorganisationsform betreffen. Dies sind beispielsweise Fragen der betrieblichen Lohngestaltung sowie Grundsätze des betrieblichen Vorschlagswesens. Für diese Bereiche ergeben sich die Mitbestimmungsrechte des Betriebsrates aus § 87 Abs. 1 Nr. 10, 11 und 12 BetrVG.

2. Präambel. Gruppenarbeit dient der Flexibilisierung des Arbeitslebens sowohl im Interesse der Gesellschaft als auch im Interesse der Mitarbeiter. Ziel der Gruppenarbeit ist nicht nur die Erhöhung der Produktivität des Unternehmens, sondern vor allem die Flexibilisierung der Organisationsstrukturen durch den Abbau von Hierarchieebenen und die Steigerung der Eigenverantwortung der Mitarbeiter (zu weiteren Funktionen s. *Bartels* NZA 2008, Beilage zu Heft 1, 38, 44). Das Formular bildet diese Zwecke in der Präambel ab, um insbesondere in Streitfällen über den Regelungsinhalt der Betriebsvereinbarung eine Auslegungshilfe zur Hand zu haben.

3. Geltungsbereich. Obgleich Gruppenarbeit als arbeitsorganisatorisches Konzept in allen Bereichen eines Unternehmens theoretisch möglich ist, können sich in der Praxis einzelne Bereiche als **nicht gruppenarbeitstauglich** erweisen. Diejenigen Bereiche, die räumlich oder fachlich von der Gruppenarbeit ausgenommen sein sollen, müssen daher aus dem Geltungsbereich unmissverständlich herausgenommen werden. Zur Vereinfachung können die ausgenommenen Bereiche in einer Anlage zu der Betriebsvereinbarung definiert werden. In übersichtlichen Fällen ist die Abgrenzung innerhalb der Regelung ausreichend.

4. Definition der Gruppenarbeit. Die **teilautonome Gruppenarbeit** zeichnet sich durch eine im Wesentlichen eigenverantwortliche Erledigung einer Gesamtaufgabe durch die Gruppe für eine gewisse Dauer aus (*F/E/S/T/L* § 87 Rn. 568 f.; Jaeger/Röder/Heckelmann/*Göpfert* Kap. 22 Rn. 4 f.). Auf der Grundlage des in der betriebs- und arbeitspsychologischen Lehre entwickelten Gruppenarbeitsbegriffes der teilautonomen Gruppenarbeit haben demgemäß in § 87 Abs. 1 Nr. 13 BetrVG die Kriterien der Teilautonomie, der Selbstverantwortung und der Eigenständigkeit, auf denen die teilautonome Gruppenarbeit fußt, ihren Niederschlag gefunden. Das Formular orientiert sich an dieser Begriffsbestimmung und legt entsprechend der Zielsetzung des § 87 Abs. 1 Nr. 13 BetrVG die dort niedergelegten Kriterien der Definition von Gruppenarbeit zugrunde. Nicht verwechselt werden darf die Betriebsgruppe mit der Eigengruppe. Bei letzterer handelt es sich um eine Mehrheit von Arbeitnehmern, die sich bereits vor Eintritt in den Betrieb aus eigener Initiative als Gruppe gegründet hat und ihre Arbeitsleistung als Kollektiv erbringt (*Schwab* NZA-RR 2009, 1, 5).

5. Unternehmerentscheidung. Ausweislich des Gesetzeswortlautes des § 87 Abs. 1 Nr. 13 BetrVG steht dem Betriebsrat ausschließlich ein Mitbestimmungsrecht hinsichtlich der Grundsätze der Durchführung von Gruppenarbeit zu. Damit ist die Entscheidung, ob und in welchem Umfang Gruppenarbeit überhaupt eingeführt bzw. aufgehoben wird, mitbestimmungsfrei. Es handelt sich insofern um **freie Unternehmerentscheidungen**, die gemäß Art. 12, 14 GG allein der Gesellschaft obliegen. Allerdings sind die Unterrichtungs- und Beratungsrechte nach den §§ 90 bis 95, 99, 106, 111 ff. BetrVG zu beachten (*Blanke* RdA 2003, 140, 147; Jaeger/Röder/Heckelmann/*Göpfert* Kap. 22 Rn. 8 f.; *Wiese* BB 2002, 198, 200). Konsequenterweise sieht das Formular vor, dass die Einsetzung, Veränderung und die Auflösung der Betriebsgruppen ausschließlich durch die Gesellschaft erfolgt.

6. Aufgaben der Betriebsgruppe. Mit der Einführung von Gruppenarbeit soll die Eigenverantwortlichkeit der Mitarbeiter gestärkt werden. (Teil)autonom soll die Betriebsgruppe die ihr übertragenen Aufgaben erledigen. Auch bei der Gruppenarbeit als Arbeitsorganisationsform verbleibt jedoch das Direktionsrecht bei der Gesellschaft. Insofern bestehen keine Unterschiede gegenüber der Beschäftigung der Mitarbeiter außerhalb von Betriebsgruppen (vgl. *Wiese* DB 2002, 198, 200).

7. Aufgabenbeschreibung. Wesen der Gruppenarbeit ist es, planende und ausführende Arbeitsvorgänge zu einer einheitlichen Tätigkeit zu vereinen, indem die Gedanken der quantitativen Erweiterung der Arbeitsinhalte (sog. Job Enlargement) und der qualitativen Erweiterung des Anforderungsgrades (sog. Job Enrichment) in den Arbeitsprozess eingebunden werden. Unter dem Gesichtspunkt der horizontalen Arbeitserweiterung (Job Enlargement) werden strukturell gleichartige oder ähnliche Aufgaben zusammengefasst. Im Rahmen der vertikalen Arbeitsbereicherung (Job Enrichment) wird der Arbeitsumfang qualitativ durch die Zusammenfassung strukturell verschiedenartiger Arbeitsaufgaben vergrößert. Realisationsaufgaben werden um Entscheidungs- und Kontrollaufgaben erweitert, Fremdkontrolle wird durch Selbstkontrolle ersetzt und Fertigungs-, Dienstleistungs- und Verwaltungsaufgaben werden miteinander kombiniert. Diese Aufgabenzuweisungen an die Betriebsgruppe weichen im Regelfall gänzlich von den zuvor praktizierten Arbeitszuschnitten ab. Es ist daher erforderlich, eine **Neudefinition der Aufgaben** und der Position der in der Betriebsgruppe beschäftigten Mitarbeiter vorzunehmen und diesen entsprechende Aufgabenbeschreibungen zu übergeben, da anderenfalls die mit der Einführung von Gruppenarbeit erstrebte Rationalisierung nicht effizient herbeigeführt werden kann.

8. Zuordnung der Mitarbeiter. Bei der Zusammenstellung der Gruppe und der Zuweisung der einzelnen Mitarbeiter zu einer individuellen Betriebsgruppe handelt es sich um klassische Bereiche des arbeitgeberseitigen **Direktionsrechts** (*Schwab* NZA-RR 2009, 1, 6). Zu Klarstellungszwecken sollte auch dies mit in die Betriebsvereinbarung aufgenommen werden.

9. Gruppengröße. Gruppenarbeit lebt von dem Zusammenspiel verschiedener Mitarbeiter, die dauerhaft im betrieblichen Alltag zusammenarbeiten. Ganz wesentlich für den Erfolg der Gruppenarbeit ist daher die Bestimmung der Mitgliederzahl der Betriebsgruppe, die je nach Branche und Größe der Gesellschaft und deren Aufgabenbereich unterschiedlich sein kann und als wesentlicher Tatbestand der Gruppenarbeit mitbestimmungspflichtig ist. Die Gruppe sollte aus **mindestens drei Personen** bestehen, da unterhalb dieser Personenzahl die angestrebte Gruppendynamik, insbesondere in ihren Erscheinungsformen von Koalitionsbildung und Mehrheitsentscheidung, nicht eintreten kann (*Wilkesmann* S. 12; *Schulte-Zurhausen* S. 185). Als **Maximalgröße** wird im Allgemeinen eine Anzahl von fünf bis acht Gruppenmitgliedern angesehen, da anderenfalls die Größe der Gruppe nicht den gruppeninternen Synergieeffekt erzielen könne (*Schulte-Zurhausen* S. 185).

10. Gruppenarbeitsvertrag. → Form. A. VII. 8. Die Umwandlung eines bestehenden Arbeitsverhältnisses in ein Gruppenarbeitsverhältnis bedarf der gesonderten Vereinbarung zwischen den Arbeitsvertragsparteien. Die Veränderung im Aufgabenbereich, die Übernahme der Gruppensprecherfunktion sowie die Einführung von Gruppenprämien stellen einen Eingriff in das Äquivalenzverhältnis von Leistung und Gegenleistung dar, der nicht mehr vom Direktionsrecht der Gesellschaft gedeckt ist (*Elert* S. 124 ff.). Die Einführung von Gruppenarbeit bedarf daher regelmäßig des Abschlusses einer **Nebenabrede**, die die Modifikationen regelt. Die Einbeziehung der Betriebsvereinbarung über Gruppenarbeit als Bestandteil des Gruppenarbeitsvertrages ermöglicht es hierbei, eine allein auf die persönlichen Besonderheiten des einzelnen Arbeitnehmers ausgerichtete Zusatzvereinbarung abzuschließen, während alle weiteren Modalitäten in der Betriebsvereinbarung selbst niedergelegt sind.

Zugleich muss aber auch eine Regelung gefunden werden, wie verfahren werden soll, wenn der Mitarbeiter die Annahme des Gruppenarbeitsvertrages ablehnt, die betrieblichen Belange jedoch die Weiterbeschäftigung auf dem bisherigen Arbeitsplatz in der bisherigen Arbeitsorganisationsform nicht zulassen. Hierfür ist im Formular zunächst der Weg des „Austausches" des Arbeitsplatzes gegen einen anderen zumutbaren Arbeitsplatz gewählt worden. Sollte die Beschäftigung auf einem anderen zumutbaren Arbeitsplatz nicht einvernehmlich regelbar sein, ist im Wege der Versetzung oder der Änderungskündigung vorzugehen. Fehlt es an einem zumutbaren anderen Arbeitsplatz, muss – unter Berücksichtigung kündigungsschutzrechtlicher Regelungen – die Beendigung des Arbeitsverhältnisses aus betriebsbedingten Gründen möglich sein.

11. Selbstorganisation der Betriebsgruppe. Das Recht zur Selbstorganisation gehört zu den Kernelementen der Gruppenarbeit. Neben der Stellenbeschreibung des einzelnen Gruppenarbeitsplatzes sieht das Formular daher das Recht der Selbstorganisation ausdrücklich vor und spezifiziert dieses. Hierdurch wird die Stellung der Betriebsgruppe in der Gesamtorganisation definiert und deren Kompetenz festgeschrieben. Dies ermöglicht, das Bewusstsein der Mitarbeiter und des Betriebsrats für die Gruppenkompetenzen zu schärfen.

12. Gruppengespräche. Wesentliches Kriterium der Gruppenarbeit ist die Durchführung von regelmäßigen Gruppengesprächen zur Selbstorganisation der in der Gruppe zu verrichtenden täglichen Arbeiten. Das **„Ob"** der Gruppengespräche ist einer Festlegung durch die Gesellschaft vorbehalten während die Ausgestaltung der Gruppengespräche, das heißt das **„Wie"**, jedoch dem Mitbestimmungsrecht nach § 87 Abs. 1 Nr. 13 BetrVG unterliegt. Das Formular regelt die Art und Weise der Durchführung sowie den Turnus der Gruppengespräche. Da es sich bei den Gruppengesprächen um einen Teilbereich der geschuldeten Arbeitsleistung handelt, gehören die Gespräche auch zur Arbeitszeit. Um eine Mehrvergütung auszuschließen, sollten diese während der regulären Arbeitszeit stattfinden. Zudem bietet es sich an, für Ausnahmefälle die außerordentliche Einberufung eines Gruppengesprächs zu regeln. Schließlich sollte auch aus Praktikabilitätsgründen ein Verfahren zur Regelung von Meinungsstreitigkeiten festgelegt werden, um den Betriebsgruppen ein Konfliktlösungsmuster an die Hand zu geben.

13. Wahl des Gruppensprechers. Die Wahl des Gruppensprechers zählt zu einer der ersten Aufgaben der Gruppe. Diese ist Teil des Selbstorganisationsrechtes der Betriebsgruppe. Die Wahl des Gruppensprechers und damit auch die Wahlgrundsätze sowie der Turnus der Wahlen gehören zu den mitbestimmungspflichtigen Tatbeständen des § 87 Abs. 1 Nr. 13 BetrVG. Die allgemeinen Grundsätze eines demokratischen Wahlverfahrens sollten auch bei der Wahl des Gruppensprechers und seines Stellvertreters Anwendung finden (gleiche, geheime, schriftliche und stimmmehrheitliche Wahl). Für die erstmalige Wahl des Gruppensprechers sieht das Formular vor, dass dem Mitarbeiter mit der längsten Betriebszugehörigkeit die Einleitung der Wahl obliegt.

14. Aufgaben des Gruppensprechers. Neben seiner Tätigkeit als Gruppenmitglied übt der Gruppensprecher eine zusätzliche Funktion als **Koordinationsorgan** der Gruppe aus. Im Regelfall obliegen dem Gruppensprecher die Koordination der Aufgabenverteilung, die Führung von Anwesenheitslisten, die Abstimmung von Pausen-, Urlaubs- und Krankenvertretung, die Material- und Ersatzteilbeschaffung sowie die Bearbeitung von Dienstleistungs- und Fertigungsplänen. Der Gruppensprecher ist zudem für die Moderation der Gruppengespräche und für die Lösung gruppeninterner Konflikte verantwortlich (*Peter* S. 192). Diese Aufzählung ist jedoch nur beispielhaft. Das Aufgabenspektrum des Gruppensprechers muss daher in der Betriebsvereinbarung soweit konkretisiert werden, dass mit der Aufnahme der Gruppenarbeit die Mitarbeiter ihre Funktion als Gruppensprecher unmittelbar auszuüben vermögen. Des Weiteren ist klarzustellen, dass dem Gruppensprecher keine Arbeitgeberbefugnisse, insbesondere keine Weisungs- oder Disziplinarbefugnis, übertragen werden.

15. Arbeitszeit. Gruppenarbeit ist i. d. R. in das Konzept der „just-in-time-Produktion" eingebettet. Dies bedeutet, dass sich die Arbeitszeit der Gruppe an den betrieblichen Erfordernissen orientieren muss. Mehrarbeit und Leerlaufzeiten sollen vermieden werden. Dies kann zu täglich differierenden Arbeitszeiten führen. Zugleich besteht jedoch die arbeitsvertraglich vereinbarte regelmäßige Arbeitszeit. Es muss daher sichergestellt werden, dass zum einen die Mitarbeiter der Betriebsgruppe die vertraglich geschuldete regelmäßige Arbeitszeit leisten und zum anderen vereinzelt auftretende Arbeitsspitzen sowie Leerzeiten ausgeglichen werden, ohne dass es zu Überstunden kommt. Die Fürsorgepflicht des Arbeitgebers gebietet es, hierbei darauf zu achten, dass die Gruppenmitglieder bei Erbringung ihrer Arbeitsleistung die gesetzlichen Bestimmungen des **Arbeitszeitgesetzes** einhalten. Zur Überwachung der Einhaltung der Arbeitszeitvorschriften ist der Betriebsgruppe die Pflicht zur **Selbstdokumentation** aufzuerlegen, da die Kontrollmöglichkeit des Arbeitgebers beschränkt sind und die Selbstdokumentation dem Gedanken der Selbstbestimmung der Betriebsgruppe entspricht. Das Formular für die Selbstdokumentation sollte als Minimum neben dem Namen des Mitarbeiters und der Angabe der Betriebsgruppe, den Zeitraum der Dokumentation und die gesamten an einem Tag geleisteten Arbeitsstunden enthalten.

16. Qualifizierung. Gruppenarbeit muss von Qualifizierungsmaßnahmen begleitet werden. Neben den erforderlichen fachlichen Qualifikationen spielen vor allem Sozialkompetenzen sowie Zeitmanagement- und Organisationsfähigkeiten eine herausragende Rolle. I. S. d. (Teil-)Autonomie sollte der Betriebsgruppe auch ein **Initiativrecht** im Hinblick auf diejenigen Qualifizierungsmaßnahmen eingeräumt werden, die die Gruppe aus ihrer täglichen Arbeitserfahrung für erforderlich hält.

17. Gruppenentlohnung. Durch die Zusammenarbeit der Mitglieder in einer Betriebsgruppe ist die Einführung der Gruppenarbeit an die Aufhebung des bisherigen Prämiensystems gebunden. Da sich die Arbeit durch das Gruppenergebnis und nicht durch ein individuell bestimmbares Arbeitsergebnis auszeichnet, sollte das Entgeltsystem, welches auf die Gewährung von individuell bezogenen Prämien ausgerichtet ist, durch ein **gruppenbezogenes Prämiensystem** ersetzt werden. Bezugsgröße der Prämienzahlung können dabei beispielsweise Menge, Qualität, Reduzierung von Gemeinkosten, Termintreue und Reduzierung von Mehrarbeit sein. Das Formular sieht allein eine beispielhafte Aufzählung vor. Darüber hinaus ist es möglich, zusätzlich zu der gruppenbezogenen Prämie eine weitere Individualprämie zu gewähren, die beispielsweise den persönlichen Qualifikationsstatus sowie die Übernahme der Gruppensprecherfunktion berücksichtigt. Mitbestimmungspflichtig sind die Festlegung des Verteilungsschlüssels und die Festlegung der einzelnen Prämienstufen. Die Festlegung der Prämienstufen unterfällt § 87 Abs. 1 Nr. 10 BetrVG, während die zugrundeliegende Entgelteinheit (Prämienausgangslohn, Leistungsstufen, höchster Prämienlohn, Prämienlohnlinie) von § 87 Abs. 1 Nr. 11 BetrVG erfasst wird (*Schwab* NZA-RR 2009, 57, 61).

18. Haftung. Die vertragliche Arbeitspflicht des einzelnen Gruppenmitglieds besteht darin, die auf ihn entfallende Teilaufgabe sachgerecht zu erfüllen. Dies gilt jedenfalls dann, wenn der Gruppe anheimgestellt wird, die Arbeitsaufgaben unter den einzelnen Gruppenmitgliedern aufzuteilen. Allerdings beschränkt sich die Pflicht des Einzelnen nicht darauf, zu seinem Teil an der gemeinsamen Aufgabe mitzuwirken. Ihn trifft außerdem eine Pflicht zum Handeln, wenn der Erfolg des Gruppenergebnisses durch anderweitige Mängel gefährdet wird (BAG NJW 1974, 2255).

Im Grundsatz haftet der einzelne Arbeitnehmer nur dann auf Schadensersatz, wenn er selbst seine Vertragspflicht schuldhaft verletzt hat. Allerdings greift bei der Gruppenarbeit zugunsten des Arbeitgebers eine Verschiebung der Darlegungs- und Beweislast dahingehend, dass er zunächst nur nachweisen muss, dass sein Schaden durch vertragswidrige Schlechtleistung der Gruppe verursacht worden ist. Sodann ist es Sache des einzelnen Gruppenmitglieds, sich zu exkulpieren, indem es den Nachweis einwandfreier Pflichterfüllung erbringt (BAG NJW 1974, 2255). Der Exkulpationsbeweis muss auch hinsichtlich des Verschuldens erbracht werden, wenn die vertragswidrige Schlechtleistung der Gruppe feststeht.

Überwiegend wird eine gesamtschuldnerische Haftung der Gruppe abgelehnt, das heißt, dass das einzelne Gruppenmitglied nur in Höhe des auf ihn entfallenden Teils haftet (BAG NZA 1984, 201; Schwab NZA-RR 2009, 57, 58). Dem Arbeitgeber ist es daher im Rahmen der vertraglichen Haftung verwehrt, den Arbeitnehmer, bei dem er die Anspruchsdurchsetzung für besonders aussichtsreich erachtet, auf den gesamten Schaden in Anspruch zu nehmen. Eine gesamtschuldnerische Haftung der Gruppe kommt gem. § 840 BGB nur bei Rechts- oder Rechtsgutschäden des Arbeitgebers in Betracht, die im Wege deliktsrechtlicher Ansprüche geltend gemacht werden (Schwab NZA-RR 2009, 57, 58).

19. Betriebliches Vorschlagswesen. Auch die Prämierung von Verbesserungsvorschlägen durch die Gruppenmitarbeiter bedarf im Falle der Einführung von Gruppenarbeit einer Neuregelung. Dem Sinn und Zweck der Gruppenarbeit entsprechend sollten die

Verbesserungsvorschläge durch die Gruppe und nicht durch das Einzelmitglied eingebracht werden.

20. Information der Gruppenmitglieder. Die Einführung der Gruppenarbeit als neue Form der Arbeitsorganisation berührt die Unterrichtungs- und Erörterungspflichten des Arbeitgebers gegenüber seinen Mitarbeitern gemäß § 81 Abs. 1 S. 1 sowie Abs. 2 BetrVG. Zudem steht jedem Mitarbeiter das Recht gemäß § 82 BetrVG zu, zu betrieblichen Angelegenheiten, die seine Person betreffen, gehört zu werden.

21. Inkrafttreten und Kündigung. → Form. C. II. 13, dort unter § 12.

22. Schlussbestimmungen. → Form. C. II. 1 Anm. 16.

21. Frauenförderung

Betriebsvereinbarung zur Frauenförderung[1]

zwischen

. . . . . . (Name und Anschrift des Arbeitgebers) „Gesellschaft“

und

Betriebsrat des Betriebs . . . . . . der . . . . . . (Name des Arbeitgebers) „Betriebsrat“
(Alternative: Gesamtbetriebsrat/Konzernbetriebsrat)

Präambel[2]

Ziel dieser Betriebsvereinbarung ist es, geschlechtsbezogenen Chancenungleichheiten und Belästigungen entgegenzuwirken. Insbesondere sollen Beschäftigungs- und Aufstiegschancen für Frauen verbessert sowie Frauen und Männern die Vereinbarung von Familie und Beruf ermöglicht werden.

§ 1 Geltungsbereich

Diese Betriebsvereinbarung gilt für alle Arbeitnehmerinnen und Arbeitnehmer des Betriebs . . . . . . der Gesellschaft („Mitarbeiter“), mit Ausnahme der leitenden Angestellten i.S.d. § 5 Abs. 3 BetrVG.

§ 2 Statistische Erfassung der Mitarbeiterstruktur[3]

(1) Die Gesellschaft wird zweimal jährlich, jeweils zum Ende der Monate Januar und Juli, Statistiken erstellen, aus denen sich ergibt,

- in welchem Verhältnis Frauen und Männer in den einzelnen Abteilungen beschäftigt werden,
- in welche Lohn- und Gehaltsgruppen Frauen und Männer eingruppiert sind,
- welchen Hierarchie- und Führungsebenen Frauen und Männer zugeordnet sind und
- auf welchen Arbeitsplätzen aus arbeitsschutzrechtlichen Gründen nur Männer beschäftigt werden können.

(2) Der Betriebsrat erhält jeweils eine Abschrift dieser Statistiken.

§ 3 Frauenförderplan[4]

(1) Die Gesellschaft und der Betriebsrat werden im Abstand von jeweils ...... Jahren einen Frauenförderplan aufstellen, der eine gleichgewichtige Besetzung der Arbeitsplätze durch Frauen und Männer in allen Hierarchie- und Führungsebenen fördert.

(2) Inhalt des Frauenförderplans ist

- eine Analyse der Beschäftigtenstruktur, wie sie sich aus den nach § 2 zu erstellenden Statistiken ergibt,
- eine Aufstellung der im Planzeitraum zu erwartenden personellen Veränderungen,
- Zielvorgaben zur Erhöhung des Frauenanteils in den Bereichen, in denen Frauen unterrepräsentiert sind und
- die personellen, organisatorischen oder qualifizierenden Maßnahmen, mit denen der geringeren Repräsentanz von Frauen entgegengewirkt werden soll.

(3) Unmittelbare Rechtsansprüche aus den Frauenförderplänen ergeben sich für einzelne Mitarbeiterinnen nicht.

§ 4 Gleichstellungskommission[5]

(1) Es wird eine Gleichstellungskommission gebildet, die paritätisch aus jeweils ...... Vertretern des Betriebsrats und der Gesellschaft besetzt ist. In die Kommission sind von jeder Seite mindestens ...... Frauen zu entsenden.

(2) Aufgabe der Gleichstellungskommission ist es, die Einhaltung des Frauenförderplans zu überwachen und Vorschläge zur Umsetzung und Ergänzung des Frauenförderplans zu machen.

(3) Die Gleichstellungskommission tagt alle drei Monate. Eine außerordentliche Sitzung der Kommission kann auf Antrag des Betriebsrats oder der Gesellschaft mit einer Frist von ...... Wochen einberufen werden.

§ 5 Stellenausschreibungen[6]

(1) Interne und externe Stellenausschreibungen erfolgen grundsätzlich geschlechtsneutral, es sei denn, das Geschlecht ist eine wesentliche und entscheidende berufliche Anforderung für die ausgeschriebene Tätigkeit.

(2) Bei der Abfassung von Stellenausschreibungen für Bereiche oder Hierarchieebenen, in denen Frauen unterrepräsentiert sind, werden Frauen gezielt angesprochen, z.B. durch den Zusatz:

„Die Gesellschaft strebt an, den Frauenanteil in diesem Bereich zu erhöhen. Daher sind insbesondere Frauen aufgefordert, sich zu bewerben."

§ 6 Auswahlrichtlinien bei Einstellung und Beförderung[7]

(1) Für die Auswahl unter mehreren Bewerbern ist die Eignung, Befähigung und fachliche Leistung („Qualifikation") ausschlaggebend.

(2) Bewerben sich Frauen und Männer um eine ausgeschriebene Stelle und sind Frauen in der jeweiligen Hierarchie- oder Führungsebene nach der vorangegangenen Statistik gemäß § 2 unterrepräsentiert, so hat bei gleicher Qualifikation eine weibliche Bewerberin den Vorrang vor einem männlichen Bewerber. Dies gilt nicht, sofern in der Person eines Mitbewerbers liegende Gründe überwiegen.

(3) Für die Auswahl unter den Bewerbern für einen Ausbildungsplatz gelten die vorstehenden Absätze entsprechend.

§ 7 Betriebliche Berufsbildung[8]

(1) Gesellschaft und Betriebsrat werden die berufliche Fortbildung und Umschulung von Frauen fördern mit dem Ziel, den Erhalt oder die Verbesserung des Arbeitsplatzes und den beruflichen Aufstieg zu ermöglichen.

(2) Werden betriebliche Bildungsmaßnahmen durchgeführt, so werden zu derartigen Maßnahmen vorrangig Frauen entsandt, bis ein angemessenes Verhältnis von Frauen und Männern in den einzelnen Hierarchie- und Führungsebenen besteht. Entsprechendes gilt, wenn die Gesellschaft Mitarbeiter für außerbetriebliche Maßnahmen der Berufsbildung freistellt, oder wenn sie die durch die Teilnahme an solchen Maßnahmen entstehenden Kosten trägt.

(3) Abs. (2) gilt nicht, sofern der Berufsbildungsbedarf eines anderen Mitarbeiters überwiegt oder aufgrund betrieblicher Belange ein anderer Mitarbeiter zu bevorzugen ist.

§ 8 Vereinbarkeit von Beruf und Familie

(1) Im Rahmen der gesetzlichen, tariflichen, betrieblichen oder sonstigen Regelungen zur Arbeitszeit sind Mitarbeitern, die tatsächlich ein Kind unter 18 Jahren betreuen, Arbeitszeiten zu ermöglichen, die eine Vereinbarkeit von Familie und Beruf erleichtern, sofern betriebliche Belange nicht entgegenstehen.[9]

(2) Ein Teilzeitverlangen gemäß § 8 des Teilzeit- und Befristungsgesetzes, das ein Mitarbeiter aus Gründen der Kinderbetreuung stellt, wird die Gesellschaft wohlwollend prüfen. Entsprechendes gilt für einen Antrag auf Verringerung der Arbeitszeit gemäß § 15 Abs. 5 des Bundeselterngeld- und Elternzeitgesetzes sowie Anträge auf Verringerung der Arbeitszeit von Mitarbeitern, die einen pflegebedürftigen nahen Angehörigen in häuslicher Umgebung pflegen.[10]

(3) Zeiten familienbedingter Arbeitsunterbrechung (Kinderbetreuung) dürfen bei der Eignungsbeurteilung nicht zum Nachteil des Mitarbeiters gewertet werden.

(4) Fortbildungsveranstaltungen sollen zeitlich so gelegt werden, dass auch Beschäftigte mit Familienpflichten daran teilnehmen können.

(5) Frauen, die wegen der Geburt ihres Kindes oder nach Ablauf der gesetzlichen Schutzfrist ausgeschieden sind, werden bei gleicher Qualifikation vorrangig wiedereingestellt, wenn freie Arbeitsplätze zur Verfügung stehen und Frauen in dem betreffenden Tätigkeitsgebiet unterrepräsentiert sind. Dies gilt auch für Mitarbeiter, die während oder nach Ablauf der Elternzeit ausgeschieden sind.

§ 9 Maßnahmen gegen sexuelle Belästigung am Arbeitsplatz[11]

(1) Sexuelle Belästigungen am Arbeitsplatz sind verboten.

(2) Sexuelle Belästigung am Arbeitsplatz ist jedes unerwünschte, sexuell bestimmte Verhalten, das bezweckt oder bewirkt, dass die Würde des betreffenden Mitarbeiters verletzt wird. Dazu gehören insbesondere

- sexuelle Handlungen und Verhaltensweisen, die nach strafgesetzlichen Vorschriften geahndet werden können,
- sonstige unerwünschte sexuelle Handlungen und Aufforderungen zu diesen, sexuell bestimmte körperliche Berührungen, Bemerkungen sexuellen Inhalts und sichtbares Anbringen von pornographischen Darstellungen sowie

- sexuell bestimmte Verhaltensweisen, durch die ein von Anfeindungen, Erniedrigungen, Entwürdigungen oder Beleidigungen gekennzeichnetes Umfeld geschaffen wird.

(3) Betroffene Mitarbeiter, die sich am Arbeitsplatz sexuell belästigt fühlen, können sich nach ihrer Wahl an den Betriebsrat, ihren Vorgesetzten oder die Personalabteilung wenden. Die ersuchten Stellen haben die Aufgabe die Betroffenen zu beraten und zu unterstützen. Das Beschwerderecht gemäß §§ 84 und 85 des Betriebsverfassungsgesetzes bleibt hiervon unberührt.

(4) Die Gesellschaft wird die Beschwerde prüfen und geeignete Maßnahmen treffen, um die Fortsetzung einer festgestellten Belästigung zu unterbinden. Die Beteiligungsrechte des Betriebsrats bleiben unberührt.

§ 10 Inkrafttreten, Kündigung[12]

§ 11 Schlussbestimmungen[13]

(1) Diese Betriebsvereinbarung löst alle etwaigen vorherigen Betriebsvereinbarungen über Frauenförderung, insbesondere . . . . . ., ab. Mündliche Nebenabreden bestehen nicht. Änderungen oder Ergänzungen dieser Vereinbarung, einschließlich dieser Bestimmung, bedürfen zu ihrer Wirksamkeit der Schriftform.

(2) Sollte eine Bestimmung dieser Betriebsvereinbarung ganz oder teilweise unwirksam sein oder werden, so wird hiervon die Wirksamkeit der übrigen Bestimmungen nicht berührt. Anstelle der unwirksamen Bestimmung werden die Betriebsparteien die gesetzlich zulässige Bestimmung vereinbaren, die dem mit der unwirksamen Bestimmung Gewollten wirtschaftlich am nächsten kommt. Dasselbe gilt für den Fall einer vertraglichen Lücke.

(3) Diese Betriebsvereinbarung steht unter dem Vorbehalt etwaiger ablösender – auch freiwilliger – Betriebsvereinbarungen.

(4) Sollten sich die dieser Betriebsvereinbarung zugrunde liegenden tatsächlichen oder rechtlichen Bedingungen grundlegend ändern, so werden die Betriebsparteien unverzüglich in Verhandlungen treten mit dem Ziel, die Betriebsvereinbarung an die geänderten Bedingungen anzupassen.

. . . . . .	. . . . . .
Ort, Datum	Ort, Datum
. . . . . .	. . . . . .
Unterschrift der Gesellschaft	Unterschrift des Betriebsratsvorsitzenden

Anmerkungen

1. Regelungsinhalt. Aufgabe des Staates ist es, die tatsächliche Durchsetzung der **Gleichberechtigung von Frauen und Männern** zu fördern und auf die Beseitigung bestehender Nachteile hinzuwirken (Art. 3 Abs. 2 S. 2 GG). Eine Benachteiligung oder Bevorzugung wegen des Geschlechts ist verboten (Art. 3 Abs. 3 S. 1 GG).

Obwohl der private Arbeitgeber nicht unmittelbarer Adressat dieser grundrechtlichen Verpflichtungen ist, wirken die Grundrechte über Generalklauseln und unbestimmte Rechtsbegriffe, z. B. den Grundsatz von Treu und Glauben (§ 242 BGB), in das privatrechtliche Arbeitsverhältnis hinein. Auch auf Betriebsvereinbarungen sind die Grundrechte nicht unmittelbar anwendbar (vgl. BVerfG AP GG Art. 2 Nr. 28).

Auf europäischer Ebene verbietet bereits Art. 157 AEUV die ungerechtfertigte Ungleichbehandlung zwischen weiblichen und männlichen Arbeitnehmern bei Fragen des

Entgelts. Diese Bestimmung wirkt unmittelbar und zwingend zwischen den Bürgern der Mitgliedsstaaten. Weitere Vorgaben beinhalten die Gleichbehandlungsrichtlinien (vgl. insbes. RL 76/207/EWG, 77/187/EWG; 2000/78/EG und 2002/73/EG). Das Allgemeine Gleichbehandlungsgesetz (AGG), das der Umsetzung der europäischen Antidiskriminierungsrichtlinien dient, erlaubt ausdrücklich so genannte positive Maßnahmen, wenn durch geeignete und angemessene Maßnahmen bestehende Nachteile – beispielsweise wegen des Geschlechts – verhindert oder ausgeglichen werden sollen, § 5 AGG. Hierunter fallen daher auch Maßnahmen zur Frauenförderung (vgl. *Bauer/Göpfert/Krieger* § 5 Rn. 2, 7; *Däubler/Bertzbach* § 5 Rn. 15), wie sie auch im Formular vorgesehen sind.

Arbeitgeber und Betriebsrat sind gemäß § 75 Abs. 1 BetrVG verpflichtet, Ungleichbehandlungen wegen des Geschlechtes zu unterbinden.

Dem Betriebsrat ist nach § 80 Abs. 1 Ziff. 2a BetrVG die Aufgabe zugewiesen, die Durchsetzung der **tatsächlichen Gleichstellung von Frauen und Männern**, insbesondere bei der Einstellung, Beschäftigung, Aus-, Fort- und Weiterbildung und dem beruflichen Aufstieg, zu fördern. Daneben erstrecken sich die allgemeinen Aufgaben gemäß § 80 Abs. 1 Ziffer 2b BetrVG auch auf die Förderung der **Vereinbarkeit von Familie und Erwerbstätigkeit**. Beide Bereiche gelten ausdrücklich als Gegenstände der Personalplanung, so dass insoweit ein umfassendes Unterrichtungs- und Beratungsrecht des Betriebsrats besteht (§ 92 Abs. 1 und 3 BetrVG). Gegenstand der erzwingbaren Mitbestimmung (§ 87 BetrVG) ist die Frauenförderung dagegen nicht.

Im Übrigen wird der Gesichtspunkt der Frauenförderung im BetrVG nur vereinzelt angesprochen, z.B. regelt § 16 Abs. 1 S. 5 BetrVG, dass dem Wahlvorstand bei Betriebsratswahlen sowohl Frauen als auch Männer angehören sollen. Die Frauenförderung ist auch als Berichtsthema bei Betriebs-, Abteilungs- und Betriebsräteversammlungen (§§ 43 Abs. 2 S. 3, 45 S. 1, 53 Abs. 2 Nr. 2 BetrVG) vorgesehen.

Die Regelung der Frauenförderung in einer Betriebsvereinbarung bringt den Vorteil mit sich, dass der Arbeitgeber bei der Anwendung kollektivrechtlicher Vorschriften nur haftet, wenn er vorsätzlich oder grob fahrlässig handelt (*Bauer/Göpfert/Krieger* § 5 Rn. 17).

2. Präambel. Die in der Präambel angesprochenen Grundinhalte der vorliegenden Betriebsvereinbarung lassen sich in drei **Themenkomplexe** aufteilen, nämlich die Verbesserung der Beschäftigungs- und Aufstiegschancen für Frauen, Regelungen zur Vereinbarkeit von Familie und Beruf sowie zur Vermeidung sexueller Belästigungen.

3. Statistische Erfassung. Eine gezielte Frauenförderung ist nur möglich, sofern im Unternehmen konkrete Zahlen darüber vorliegen, in welchen Abteilungen, Lohn- und Gehaltsgruppen oder Hierarchieebenen Frauen überhaupt unterrepräsentiert sind.

4. Frauenförderpläne. Der Begriff des Frauenförderplans entstammt den Gleichstellungsgesetzen der Länder und des Bundes, die grundsätzlich nur für die öffentliche Verwaltung gelten (eine Übersicht über die Gesetze zur Frauenförderung im öffentlichen Dienst findet sich z.B. bei MünchHdbArbR/*Giesen* § 326 Rn. 112 ff.).

Ob die Aufstellung eines Frauenförderplans und die Einrichtung einer Gleichstellungskommission zur Überwachung von dessen Umsetzung (→ Anm. 5) notwendig und zweckmäßig sind, lässt sich nur nach den betrieblichen Gegebenheiten im Einzelfall entscheiden. Hilfreich kann ein Frauenförderplan vor allem in größeren Unternehmen als flankierendes Mittel der Personalentwicklungsplanung sein.

Die bekannten Frauenförderpläne aus der öffentlichen Verwaltung bestehen im Wesentlichen aus fünf Regelungsbereichen: Neben der **Erfassung** (vgl. dazu § 2 des Formulars und oben Anm. 3) und **Analyse** des Personalbestandes wird eine **Prognose** der zukünftig zu erwartenden Personalentwicklung vorgenommen. Auf diese Daten stützen sich dann **Zielvorgaben** und **Maßnahmen** zur Frauenförderung für einen bestimmten Planzeitraum. Diese Struktur ist auch im Formular wiedergegeben. Dabei sollte der Planzeitraum weder zu kurz (einige Monate) noch zu lang (nicht mehr als drei Jahre) bemessen sein, um eine flexible Handhabung der Personalentwicklungsplanung sicherstellen zu können.

Wegen ihrer abstrakten Vorgaben dürften sich aus Frauenförderplänen zumindest in der Privatwirtschaft keine individuellen Ansprüche einzelner Mitarbeiterinnen herleiten lassen. Klarstellend wird dies im Formular nochmals hervorgehoben.

5. Gleichstellungskommission. Die Einrichtung einer Gleichstellungskommission ist nicht zwingend und sollte in erster Linie von der **Unternehmens- oder Betriebsgröße** abhängig gemacht werden (ausführlich zu gemeinsamen Ausschüssen → Form. C. II. 23). Falls eine Gleichstellungskommission eingerichtet wird, sollte diese mit der gleichen Anzahl von Vertretern des Betriebsrates und der Gesellschaft besetzt sein und ein überwiegender Frauenanteil sichergestellt werden. Als Vertreter der Gesellschaft sollten neben Mitarbeitern der Personalabteilung auch Vorgesetzte in Linienfunktionen in die Kommission entsandt werden, um die Akzeptanz im Betrieb zu erhöhen.

Je nach den betrieblichen Gegebenheiten kann ein anderer Tagungsrhythmus als der in der Betriebsvereinbarung vorgesehene dreimonatige Turnus gewählt werden.

Die Befugnisse der Gleichstellungskommission sind in dem Formular begrenzt auf **Überwachungs- und Vorschlagsrechte**. Sofern es um die Umsetzung konkreter Maßnahmen geht, können im Einzelfall weitere Mitwirkungs- und Mitbestimmungsrechte des Betriebsrats zu beachten sein.

6. Stellenausschreibungen. Interne wie externe Stellenausschreibungen dürfen gemäß § 11 AGG **grundsätzlich nicht nur für Männer oder nur für Frauen erfolgen.** Eine Ausnahme gilt nach dem Allgemeinen Gleichbehandlungsgesetz nur dann, wenn das Geschlecht eine **wesentliche und entscheidende berufliche Anforderung** für die Tätigkeit ist (§ 8 Abs. 1 AGG). Denkbar sind solche Ausnahmen dort, wo Arbeitsplätze aus arbeitsschutzrechtlichen Gründen nur mit Männern besetzt werden können, was heute praktisch nur noch im Bergbau unter Tage der Fall ist (vgl. § 64a BBergG). Eine Rechtfertigung im Sinne von § 8 Abs. 1 AGG kann sich auch aus einem überwiegendem öffentlichen Schutzinteresse ergeben, etwa bei Aufsehern in Gefängnissen, da eine höhere Akzeptanz der Gefangenen gegenüber Aufsehern des gleichen Geschlechts zu erwarten ist und damit eine größere Sicherheit für die Allgemeinheit gewährleistet wird (EuGH BeckEuRS 1988, 142201). Die Rechtsprechung hat darüber hinaus Ausnahmefälle angenommen für eine Verkäuferin von Damenbadekleidung (LAG Köln NZA-RR 1997, 84), für eine kommunale Gleichstellungsbeauftragte, wenn zur Erbringung eines Teils der Tätigkeiten (z. B. Integrationsarbeit mit zugewanderten muslimischen Frauen) das weibliche Geschlecht unverzichtbare Voraussetzung ist (BAG NZA 2010, 872) und für die Betreuerin in einem Mädcheninternat, wenn die Tätigkeit auch Nachtdienste im Internat beinhalten soll (BAG NZA 2009, 1016). Auch wenn ein Arbeitgeber Frauen betreut, die durch männliche Gewalt traumatisiert wurden, ist es aus Gründen der Authentizitätswahrung zulässig, dass das repräsentierende Organ ausschließlich mit Frauen besetzt wird (ArbG Köln BeckRS 2010, 73583; weitere Beispiele bei *Bauer/Göpfert/Krieger* § 8 Rn. 27 ff.; *Thüsing* RdA 2001, 319 f.).

Ein Verstoß gegen das Verbot differenzierender Stellenausschreibung begründet eine **Vermutung** für einen Verstoß gegen das Verbot der Geschlechtsdiskriminierung (i. S. d. §§ 7 Abs. 1, 22 AGG, so *Bissels/Lützeler* BB 2009, 774, 777; ErfKomm/*Schlachter* § 22 AGG Rn. 4 m. w. N.) und kann daher zur **Entschädigungspflicht** des ausschreibenden Arbeitgebers führen (§ 15 AGG; dazu *Annuß* NZA 1999, 738, 740 ff.). Das gilt selbst dann, wenn der Arbeitgeber Stellen durch Dritte, z. B. die Bundesagentur für Arbeit, ausschreiben lässt (BAG NZA 2004, 540, 544; *Worzalla* DB 1994, 2446, 2449). Schaltet die Bundesagentur auf Veranlassung des Arbeitgebers eine geschlechtsneutrale Internetanzeige, ist eine daraus hergeleitete und unzulässig verkürzte geschlechtsdiskriminierende

Anzeige eines privaten Internetportals dagegen kein tragfähiges Indiz für einen Diskriminierungswillen des Arbeitgebers i. S. d. § 22 AGG (LAG Hamm BeckRS 2008, 55306).

Die Höhe der Entschädigung richtet sich danach, ob der Bewerber bei benachteiligungsfreier Auswahl eingestellt worden wäre oder nicht. Da selbst im letztgenannten Fall eine Entschädigung von bis zu drei Monatsgehältern möglich ist (§ 15 Abs. 2 AGG), sollte das Gebot geschlechtsneutraler Stellenausschreibung in jedem Fall sorgfältig beachtet werden.

Das Gebot geschlechtsneutraler Stellenausschreibung schließt jedoch nicht aus, dass Frauen bei der Bewerbung **gezielt angesprochen** werden (s. § 5 Abs. (2) des Formulars). Hierbei handelt es sich um einen unverbindlichen Appell, der vor dem Hintergrund des § 5 AGG unbedenklich ist (vgl. auch LAG Düsseldorf BeckRS 2009, 50334 wonach in einer ansonsten geschlechtsneutral gehaltenen Ausschreibung darauf hingewiesen werden darf, dass „ein besonderes Interesse an Bewerbungen von Frauen bestehe", wenn in der für die Stelle maßgeblichen Vergleichsgruppe Frauen unterrepräsentiert sind).

Grundsätzlich können sich aus unternehmensbezogenen Statistiken über die Geschlechtsverteilung in den einzelnen Hierarchieebenen auch Indizien für eine geschlechtsbezogene Diskriminierung ergeben. Allerdings reicht regelmäßig ein anhand von Statistiken bewiesenes „auffälliges Ungleichgewicht" beim Frauenanteil in verschiedenen Hierarchieebenen eines Unternehmens nicht aus. Vielmehr bedarf es für die Annahme einer geschlechtsbezogenen Diskriminierung bei Beförderungsentscheidungen weiterer Anhaltspunkte (BAG NZA 2011, 93). In diesem Zusammenhang darf daher nicht übersehen werden, dass die im Formular vorgesehenen Statistiken auch einen Angriffspunkt darstellen können. Einem entsprechenden Diskriminierungsvorwurf wird man aber mit Verweis auf die Zielsetzung der Betriebsvereinbarung entgegnen und damit den Diskriminierungsvorwurf ausräumen können.

7. **Auswahlrichtlinien.** Richtlinien über die personelle Auswahl bei Einstellungen bedürfen gemäß § 95 Abs. 1 BetrVG der Zustimmung des Betriebsrats. In Betrieben mit mehr als 500 Arbeitnehmern kann die Aufstellung solcher Richtlinien erzwungen werden (§ 95 Abs. 2 BetrVG). Die Auswahlgesichtspunkte sind in § 95 Abs. 2 BetrVG präzisiert, indem sie sich auf die fachlichen und persönlichen Voraussetzungen sowie die sozialen Gesichtspunkte erstrecken sollen. Zu den persönlichen Voraussetzungen kann auch die Festlegung der bevorzugten **Berücksichtigung von Frauen** in Bereichen, in denen sie noch immer unterrepräsentiert sind, gehören (*F/E/S/T/L* § 95 Rn. 22, vgl. auch BVerfG NJW 1994, 647).

Zu beachten ist aber auch hier, dass sich die Regelungen in den Grenzen der nach § 5 AGG zulässigen positiven Maßnahmen halten und eine **„umgekehrte Geschlechtsdiskriminierung"** (§ 7 AGG) vermieden wird. In der bevorzugten Behandlung weiblicher Bewerber kann nämlich zugleich eine ungerechtfertigte Benachteiligung männlicher Bewerber liegen. Zur Grenzziehung können Entscheidungen des EuGH und des BAG zu den Gleichstellungsgesetzen der Länder herangezogen werden, die auf unterschiedliche Weise versucht haben, frauenfördernde Auswahlregelungen vorzugeben. Dabei lassen sich folgende Grundsätze festhalten:

Eine **unmittelbare Bevorzugung** eines Geschlechts, z. B. durch eine starre Quotenregelung, ist nicht mit §§ 5, 7 AGG vereinbar (MünchHdbArbR/*Buchner* § 30 Rn. 192). Eine bevorzugte Einstellung oder Beförderung von Frauen kann daher nur unter dem Primat gleicher Qualifikation erfolgen. Das Geschlecht darf bei der Auswahlentscheidung in keinem Fall notwendige Qualifikationen ersetzen, sondern kann nur nachrangiges Kriterium bei gleicher Qualifikation sein.

Auch **unbedingte Vorrangregelungen**, in denen bei gleicher Qualifikation automatisch den weiblichen Bewerbern der Vorrang eingeräumt wird, sind mit dem EU-Recht nicht vereinbar und daher unwirksam (EuGH AP EWG-RL Nr. 76/207 Nr. 6; BAG NZA 1996, 751, 754). Gleiches gilt für Regelungen, die vorsehen, dass bei ausreichender

Qualifikation das bislang unterrepräsentierte Geschlecht leistungsunabhängig zu berücksichtigen ist (EuGH AP EWG-RL Nr. 76/207 Nr. 22).

Im Gegensatz dazu sind **inhaltlich angemessene Vorrangregelungen** zugunsten des unterrepräsentierten Geschlechts zulässig, bei denen eine Berücksichtigung zusätzlicher Merkmale im Einzelfall gewährleistet ist (EuGH AP EWG-RL Nr. 76/207 Nr. 14; BAG AP GG Art. 33 Nr. 60; *Bauer/Göpfert/Krieger* § 5 Rn. 15; ErfKomm/*Schlachter* § 5 AGG Rn. 4 m. w. N.). In der Entscheidung „Marschall" hatte der EuGH über eine Regelung des nordrhein-westfälischen Beamtengesetzes zu befinden, die bei gleicher Eignung, Befähigung und fachlicher Leistung eine bevorzugte Beförderung von Frauen vorsah, „sofern nicht in der Person eines Mitbewerbers liegende Gründe überwiegen". Eine ähnliche Formulierung im rheinland-pfälzischen Landesgleichstellungsgesetz lag auch der oben zitierten Entscheidung des BAG zugrunde. So wird sichergestellt, dass zum einen überwiegende Kriterien zugunsten des männlichen Bewerbers Berücksichtigung finden können, diese Kriterien andererseits aber gegenüber weiblichen Bewerbern keine diskriminierende Wirkung haben (*Compensis* BB 1998, 2470, 2471). Diese von der Rechtsprechung gebilligte Formulierung greift § 5 Abs. (2) des Formulars auf.

8. Betriebliche Weiterbildung. Frauenförderung sollte nicht dort Halt machen, wo das Einstellungsverfahren endet. Vielmehr sollte Frauen auch bei der beruflichen Weiterbildung im angemessenen Rahmen bevorzugt die Möglichkeit zur Inanspruchnahme betrieblicher Angebote gegeben werden. Aus diesem Grund sieht die Betriebsvereinbarung vor, dass weibliche Mitarbeiterinnen bei **betrieblichen und außerbetrieblichen Bildungsmaßnahmen** (→ Form. C. II. 4 Anm. 4) ebenfalls solange den Vorrang genießen, bis ein angemessenes Verhältnis von Frauen und Männern in den einzelnen Hierarchieebenen besteht. Ausnahmen gelten bei überwiegendem Berufsbildungsbedarf eines anderen Mitarbeiters oder aus betrieblichen Gründen.

9. Festlegung der Arbeitszeit. Die bevorzugte Behandlung von Mitarbeitern mit Kindern wird einerseits durch die bestehenden Arbeitszeitregelungen und andererseits durch den Vorbehalt betrieblicher Belange begrenzt, so dass die Regelung eher programmatischen Charakter hat.

10. Teilzeitarbeit. Das TzBfG sieht ebenso wie das BEEG für Mitarbeiter in der Elternzeit umfangreiche Regelungen zur Inanspruchnahme von Teilzeitarbeit vor. Verkürzt gesprochen haben Mitarbeiter danach grundsätzlich Anspruch auf Teilzeitarbeit, sofern (bei Elternzeit: dringende) betriebliche Gründe dem Teilzeitverlangen nicht entgegenstehen. Die in der Betriebsvereinbarung enthaltene Vorgabe wohlwollender Prüfung von Teilzeitverlangen im Einzelfall bewegt sich im Rahmen dieser gesetzlichen Regelungen. Am 1.1.2012 ist außerdem das Gesetz über die Familienpflegezeit (FPfZG) in Kraft getreten. Familienpflegezeit kommt bei der Pflege von pflegebedürftigen nahen Angehörigen in Betracht, die mit dem Mitarbeiter in häuslicher Umgebung leben und die Fördervoraussetzungen nach § 3 FPfZG erfüllen. Anders als im TzBfG und im BEEG ist im FPfZG kein Anspruch auf Verringerung der Arbeitszeit gegen den Arbeitgeber normiert. Ein Anspruch besteht also nur bei einer entsprechenden Vereinbarung zwischen Arbeitgeber und Mitarbeiter (*Meinel/Heyn/Herms* § 23 TzBfG Rn. 21).

11. Sexuelle Belästigung am Arbeitsplatz. Die Regelung unter § 9 Abs. (2) lehnt sich an die in § 3 Abs. 4 AGG enthaltene Begriffsbestimmung an. Bei der in § 9 Abs. (4) des Formulars enthaltenen Verpflichtung der Gesellschaft, geeignete Maßnahmen gegen die Fortsetzung einer festgestellten Belästigung zu ergreifen, handelt es sich allerdings nicht lediglich um einen Programmsatz. Vielmehr ist der Arbeitnehmer berechtigt, seine Tätigkeit an dem betreffenden Arbeitsplatz ohne Verlust seines Vergütungsanspruchs **einzustellen**, soweit dies zu seinem Schutz erforderlich ist (Leistungsverweigerungsrecht, § 14 AGG). Es kann sich auch ein **Entschädigungsanspruch** des Mitarbeiters gegen den

Arbeitgeber ergeben, § 15 AGG. Dieser Anspruch schließt dabei gemäß § 15 Abs. 5 AGG die Geltendmachung anderer Ansprüche durch den Arbeitnehmer nicht aus, sodass bei vorsätzlichem oder fahrlässigem Verhalten des Arbeitgebers neben dem Anspruch aus § 15 AGG auch Ansprüche aus § 280 BGB bestehen können, da das Nichteingreifen gegen sexuelle Belästigungen am Arbeitsplatz eine erhebliche Verletzung der Fürsorgepflicht des Arbeitgebers darstellt (vgl. Küttner/*Kania* Diskriminierung Rn. 127).

12. Inkrafttreten und Kündigung. → Form. C. II. 9, dort unter § 8.

13. Schlussbestimmungen. → Form. C. II. 1 Anm. 16.

22. Bildung eines Europäischen Betriebsrats

Vereinbarung über die Errichtung eines Europäischen Betriebsrats

zwischen

...... (Name und Anschrift des gemeinschaftsweit tätigen/herrschenden Unternehmens) „Gesellschaft“[1]

und

dem Besonderen Verhandlungsgremium,
bestehend aus ...... „Besonderes Verhandlungsgremium“[2]

Präambel

Auf Grundlage der Richtlinie 2009/38/EG des Europäischen Parlaments und des Rates und des Gesetzes über Europäische Betriebsräte (EBRG) in der Fassung vom 7.12.2011 schließen die Parteien folgende Vereinbarung i.S.d. §§ 17 und 18 EBRG zur Ausgestaltung der grenzübergreifenden Unterrichtung und Anhörung durch Errichtung eines Europäischen Betriebsrats.[3]

§ 1 Geltungsbereich

(1) Diese Vereinbarung erstreckt sich auf alle Betriebe der Gesellschaft in einem Mitgliedstaat der Europäischen Union *(Alternative: ...... (andere regionale Beschreibung)).*[4]

(Alternative:

(1) Diese Vereinbarung erstreckt sich auf alle Betriebe der Gesellschaft sowie auf alle Betriebe von Unternehmen, die von der Gesellschaft beherrscht werden, jeweils soweit sich die Betriebe in einem Mitgliedsstaat der Europäischen Union (Alternative: ...... (andere regionale Beschreibung)) befinden.

(2) Von der Gesellschaft beherrscht werden solche Unternehmen, auf die die Gesellschaft unmittelbar oder mittelbar beherrschenden Einfluss ausüben kann („beherrschte Unternehmen“). Ein solcher beherrschender Einfluss wird vermutet, wenn die Gesellschaft unmittelbar oder mittelbar

1. mehr als die Hälfte des Verwaltungs-, Leitungs- oder Aufsichtsorgans des beherrschten Unternehmens bestellen kann, oder

2. über die Mehrheit der mit den Anteilen am beherrschten Unternehmen verbundenen Stimmrechte verfügt, oder

3. die Mehrheit des gezeichneten Kapitals des beherrschten Unternehmens besitzt.

Im Übrigen gilt § 6 EBRG.)

(2) Die Betriebe der Gesellschaft *(Alternative: sowie die Betriebe der beherrschten Unternehmen)* werden in einer Liste (Anlage 1) aufgeführt. Die Gesellschaft verpflichtet sich, diese Liste vierteljährlich zu aktualisieren.[5]

§ 2 Zusammenarbeit

Die Gesellschaft wird mit dem Europäischen Betriebsrat vertrauensvoll zusammenarbeiten. Sie wird insbesondere dafür Sorge tragen, dass die Vereinbarungen, die mit dem Europäischen Betriebsrat getroffen werden, auch in allen Betrieben der Gesellschaft *(Alternative: und in allen Betrieben der beherrschten Unternehmen)* umgesetzt werden.[6]

§ 3 Zusammensetzung

(1) Der Europäische Betriebsrat setzt sich aus Arbeitnehmern der Gesellschaft *(Alternative: und beherrschter Unternehmen)* zusammen. Für jedes Mitglied kann ein Ersatzmitglied nach Maßgabe des nachstehenden § 4 gewählt oder entsandt werden. Mitglieder und Ersatzmitglieder können nur solche Personen sein, die in einem Arbeitsverhältnis zur Gesellschaft *(Alternative: oder zu einem beherrschten Unternehmen)* stehen.[7]

(2) Es wird für jeden Anteil der in einem Mitgliedstaat beschäftigten Arbeitnehmer, der zehn Prozent der Gesamtzahl der in allen Mitgliedstaaten beschäftigten Arbeitnehmer der Gesellschaft *(Alternative: und beherrschter Unternehmen)* oder einen Bruchteil davon beträgt, ein Mitglied aus diesem Mitgliedstaat in den Europäischen Betriebsrat entsandt.[8]

(3) Bei der Zusammensetzung des Europäischen Betriebsrats soll so weit als möglich eine ausgewogene Vertretung der Arbeitnehmer nach Tätigkeit, Arbeitnehmerkategorien und Geschlecht hergestellt werden.

§ 4 Wahl/Entsendung der Mitglieder

(1) Die Wahl oder Entsendung der Mitglieder und Ersatzmitglieder des Europäischen Betriebsrats richtet sich nach den jeweiligen nationalen Bestimmungen zur Wahl oder Entsendung von Arbeitnehmervertretern des Landes, in dem sich der jeweilige Betrieb der Gesellschaft *(Alternative: oder des beherrschten Unternehmens)* befindet.[9]

(2) Der Europäische Betriebsrat kommt nach erfolgter Wahl oder Entsendung aller Mitglieder zu einer konstituierenden Sitzung am Hauptsitz der Gesellschaft zusammen. Der Europäische Betriebsrat hat der Gesellschaft alle Mitglieder und Ersatzmitglieder unverzüglich schriftlich zu benennen.[10]

§ 5 Mandatsdauer

(1) Die Mitglieder des Europäischen Betriebsrats und ihre Ersatzmitglieder werden für die Dauer von vier Jahren gewählt.[11] Das Mandat endet durch

- Ablauf der Mandatsdauer,
- Niederlegung des Mandates,
- Tod,
- Beendigung des Arbeitsverhältnisses oder
- Ausschluss. Der Ausschluss eines Mitglieds bzw. Ersatzmitglieds des Europäischen Betriebsrats richtet sich nach den nationalen Bestimmungen des Landes, nach dessen Bestimmungen seine Wahl oder Entsendung nach Maßgabe des vorstehenden § 4 Abs. (1) durchgeführt wurde.

(2) An die Stelle eines Mitglieds des Europäischen Betriebsrats, dessen Mandat aus den vorgenannten Gründen geendet hat, tritt ein Ersatzmitglied aus dem Betrieb, zumindest aber aus dem Land, dessen Vertretung dem ausgeschiedenen Mitglied oblag.[12]

(3) Ist ein Mitglied des Europäischen Betriebsrats zeitweise verhindert, so wird es durch ein Ersatzmitglied nach Maßgabe des vorstehenden Abs. (2) vertreten.

§ 6 Vorstand

(1) Der Europäische Betriebsrat wählt aus seiner Mitte einen Vorstand, bestehend aus einem Vorsitzenden, einem ersten und einem zweiten Stellvertreter. Der Vorsitzende vertritt den Europäischen Betriebsrat und nimmt für diesen Erklärungen entgegen. Ist der Vorsitzende verhindert, so wird er durch den ersten Stellvertreter, bei dessen Verhinderung durch den zweiten Stellvertreter, vertreten. Der Vorsitzende und die beiden Stellvertreter sollen jeweils aus verschiedenen Ländern stammen.[13]

(2) Der Vorsitzende führt die Geschäfte des Europäischen Betriebsrats. Er wird von seiner Arbeitsverpflichtung unter vollständiger Fortzahlung seiner Vergütung freigestellt. Gesellschaft und Europäischer Betriebsrat können darüber hinaus die Freistellung von maximal ...... weiteren Mitgliedern vereinbaren.[14]

(3) Der Vorsitzende koordiniert die Tätigkeit des Europäischen Betriebsrates vom Hauptsitz der Gesellschaft aus. Ihm wird dort ein Büro mit den notwendigen Mitteln eingerichtet.[15]

(4) Der Vorstand ist berechtigt, jeden Betrieb der Gesellschaft *(Alternative: und der beherrschten Unternehmen)* zu betreten. Die übrigen Mitglieder des Europäischen Betriebsrats haben dieses Zutrittsrecht nur für den Betrieb, in dem sie selbst beschäftigt sind.[16]

(5) Der Europäische Betriebsrat gibt sich eine Geschäftsordnung, die er mit der Mehrheit der Stimmen seiner Mitglieder beschließt. In dieser Geschäftsordnung bestimmt der Europäische Betriebsrat eine Sprache, in der die Mitglieder des Europäischen Betriebsrats miteinander kommunizieren.[17]

§ 7 Sitzungen

(1) Die ordentliche Sitzung des Europäischen Betriebsrats findet jeweils einmal im Kalenderjahr, möglichst im Monat ...... am Hauptsitz der Gesellschaft statt. Dies ist der gewöhnliche Sitzungsort des Europäischen Betriebsrats. Die Dauer der ordentlichen Sitzung ist auf ...... Tage begrenzt.

(2) In außergewöhnlichen Fällen können außerordentliche Sitzungen nach Rücksprache mit dem zuständigen Mitglied der Geschäftsleitung der Gesellschaft durchgeführt werden, wenn und soweit dies zur Wahrung der Unterrichtungs- und Anhörungsrechte notwendig ist.[18]

(Alternative:

(2) In außergewöhnlichen Fällen können außerordentliche Sitzungen nur nach Zustimmung durch das zuständige Mitglied der Geschäftsleitung der Gesellschaft durchgeführt werden; die Zustimmung ist zu erteilen, wenn und soweit dies zur Wahrung der Unterrichtungs- und Anhörungsrechte notwendig ist.)

(3) Notwendig i.S.d. Abs. (2) ist eine außerordentliche Sitzung, wenn die Wahrung der Rechte des Europäischen Betriebsrats anderweitig nicht sichergestellt werden kann und die Angelegenheit so dringend ist, dass ein Zuwarten bis zur nächsten ordentlichen Sitzung nicht möglich ist.

(4) Die Gesellschaft benennt dem Europäischen Betriebsrat ein Mitglied der Geschäftsleitung, das für dessen Belange und Unterrichtung zuständig ist.[19]

§ 8 Beschlussfassung

Der Europäische Betriebsrat fasst seine Beschlüsse durch einfache Mehrheit. Er ist beschlussfähig, wenn die Hälfte der Mitglieder anwesend ist.[20]

§ 9 Sachverständiger

Der Europäische Betriebsrat kann sich bei seiner Arbeit durch einen von ihm zu benennenden Sachverständigen unterstützen lassen, soweit dies für seine Tätigkeit erforderlich ist.[21]

§ 10 Kosten

(1) Die Gesellschaft trägt alle für die Tätigkeit des Europäischen Betriebsrats erforderlichen Kosten.[22] Dazu gehören:

- die Ausstattung des Büros des Vorsitzenden des Europäischen Betriebsrats mit den notwendigen Arbeits- und Kommunikationsmitteln,
- die den Mitgliedern des Europäischen Betriebsrats durch ihre Tätigkeit entstehenden erforderlichen Reisekosten,
- angemessene Unterkunft und Verpflegung der Mitglieder des Europäischen Betriebsrats während der Sitzungstage und
- die Kosten von Sachverständigen bis zu einem jährlichen Maximalbetrag in Höhe von . . . . . . EUR (in Worten: . . . . . . Euro).

(2) Kosten für die Übersetzung von Informationen an den Europäischen Betriebsrat werden nur erstattet, wenn sie in einer anderen als der nach § 6 Abs. (5) S. 2 dieser Vereinbarung festgelegten Sprache verfasst sind. Eine Erstattung von Kosten für die Übersetzung der internen Kommunikation des Europäischen Betriebsrats erfolgt nicht.

§ 11 Abmeldung

Die Mitglieder des Europäischen Betriebsrats und die Ersatzmitglieder werden sich bei ihrem jeweiligen Vorgesetzten rechtzeitig abmelden, wenn sie für ihr Amt tätig werden wollen. Der Vorgesetzte kann aus dringenden betrieblichen Erfordernissen verlangen, dass das Mitglied oder Ersatzmitglied seinen Arbeitspflichten nachkommt. In einem solchen Fall gilt das Mitglied oder Ersatzmitglied als verhindert und wird durch ein (anderes) Ersatzmitglied vertreten.[23]

§ 12 Unterrichtungsrechte

(1) Unterrichtung im Sinne dieser Vereinbarung bezeichnet die Übermittlung von Informationen durch die zentrale Leitung oder eine andere geeignete Leitungsebene an die Arbeitnehmervertreter, um ihnen Gelegenheit zur Kenntnisnahme und Prüfung der behandelten Frage zu geben. Der Europäische Betriebsrat ist von der Gesellschaft in den Fällen des Abs. (2) zu unterrichten, wenn die Maßnahme die Gesellschaft *(Alternative: und/oder beherrschte Unternehmen)* insgesamt oder mindestens zwei Betriebe oder zwei Unternehmen in verschiedenen Mitgliedstaaten betrifft[24].

(2) Unterrichtungspflichtige Maßnahmen sind[25] *(Alternative: insbesondere)*:

- grundlegende Änderungen der Organisation,
- Zusammenschlüsse oder Spaltungen von Unternehmen oder Betrieben,
- wesentliche Einschränkungen oder Stilllegungen von Unternehmen, Betrieben oder wesentlichen Betriebsteilen,

- Verlegungen von Unternehmen, Betrieben oder wesentlichen Betriebsteilen,
- die Einführung grundlegend neuer Arbeits- oder Fertigungsmethoden und
- Massenentlassungen.

(3) Der Europäische Betriebsrat ist so rechtzeitig über geplante Maßnahmen i. S. d. Abs. (2) zu unterrichten, dass genügend Zeit verbleibt, die möglichen Auswirkungen eingehend zu bewerten und gegebenenfalls Anhörungen mit dem zuständigen Organ der Gesellschaft *(Alternative: und/oder beherrschter Unternehmen)* vorzubereiten. Die Unterrichtung des Europäischen Betriebsrats ist spätestens gleichzeitig mit der der nationalen Arbeitnehmervertretungen durchzuführen.[26]

(4) Weitere unterrichtungspflichtige Angelegenheiten sind:[27]

- die wirtschaftliche und finanzielle Lage der Gesellschaft *(Alternative: und der beherrschten Unternehmen)*,
- die voraussichtliche wirtschaftliche und finanzielle Entwicklung der Gesellschaft *(Alternative: und der beherrschten Unternehmen)*,
- Investitionspläne,
- Aus- und Weiterbildungspläne und -aktivitäten,
- Fragen des Arbeitsschutzes,
- die Entwicklung der wesentlichen Arbeitsbedingungen, insbesondere Vergütung und Arbeitszeit,
- Sozialleistungen und
- alle übrigen Pläne und Maßnahmen, die die Interessen der Arbeitnehmer der Gesellschaft *(Alternative: oder der beherrschten Unternehmen) (Alternative: wesentlich)* berühren.

(5) Der Europäische Betriebsrat ist über Angelegenheiten nach Abs. (4) im Rahmen der ordentlichen Sitzungen *(Alternative: sowie einmal am Ende eines jeden Kalendervierteljahres)* zu unterrichten.[28] Sämtliche Informationen werden ihm von der Gesellschaft schriftlich in der nach § 6 Abs. (5) S. 2 dieser Vereinbarung festgelegten Sprache zur Verfügung gestellt.

(6) Der Europäische Betriebsrat wird die nationalen Arbeitnehmervertreter *(Alternative: Arbeitnehmer)* der einzelnen Betriebe der Gesellschaft *(Alternative: und der beherrschten Unternehmen)* in regelmäßigen Abständen in geeigneter Form über die ihm gemäß dieser Bestimmung mitgeteilten Umstände unterrichten.[29]

(Alternative:

(6) Der Europäische Betriebsrat wird die nationalen Arbeitnehmervertreter der einzelnen Betriebe der Gesellschaft (Alternative: und der beherrschten Unternehmen), soweit diese nach den nationalen Vorschriften zur Verschwiegenheit verpflichtet sind, in regelmäßigen Abständen in geeigneter Form über die ihm gemäß dieser Bestimmung mitgeteilten Umstände unterrichten. Diese wiederum unterrichten gegebenenfalls die einzelnen Arbeitnehmer nach Maßgabe der nationalen Bestimmungen.)

(7) Der Europäische Betriebsrat muss Gelegenheit haben, über die Maßnahmen, zu denen er nach Maßgabe dieser Bestimmung unterrichtet worden ist, angehört zu werden.[30]

(8) Die Gesellschaft *(Alternative: sind und die beherrschten Unternehmen)* ist *(Alternative: sind)* nicht berechtigt, eine Maßnahme nach Abs. (2) durchzuführen, bevor der Europäische Betriebsrat unterrichtet wurde.[31]

(9) Die Verpflichtung der Gesellschaft zur Unterrichtung des Europäischen Betriebsrats im Sinne dieser Vorschrift besteht nur, wenn und soweit dadurch nicht Betriebs- oder Geschäftsgeheimnisse gefährdet werden.[32]

§ 13 Vertraulichkeit

(1) Die Mitglieder und Ersatzmitglieder des Europäischen Betriebsrats haben Betriebs- und Geschäftsgeheimnisse, die ihnen durch ihre Tätigkeit bekannt geworden sind, sowie alle Umstände, die von der Gesellschaft ausdrücklich als geheimhaltungsbedürftig bezeichnet worden sind, streng vertraulich zu behandeln. Dies gilt auch nach dem Ende ihrer Amtszeit und nach dem Ausscheiden aus der Gesellschaft *(Alternative: oder aus dem beherrschten Unternehmen).* Ausnahmen bestehen gemäß § 12 Abs. (6) dieser Vereinbarung sowie für die Kommunikation der Mitglieder und Ersatzmitglieder des Europäischen Betriebsrats untereinander und mit einem von ihnen eingeschalteten zur Verschwiegenheit verpflichteten Sachverständigen, es sei denn, die Gesellschaft hat die Umstände auch insoweit als geheimhaltungsbedürftig bezeichnet.[33]

(2) Die Vertraulichkeitsverpflichtung gilt ebenso für Sachverständige *(Alternative: sowie Dolmetscher und Übersetzer)*, die durch den Europäischen Betriebsrat eingeschaltet worden sind und für die vom Europäischen Betriebsrat unterrichteten nationalen Arbeitnehmervertreter.

(3) Für den Fall einer Zuwiderhandlung behält sich die Gesellschaft strafrechtliche und zivilrechtliche Schritte vor.[34]

§ 14 Schutz der Mandatsträger

(1) Die Gesellschaft *(Alternative: und die beherrschten Unternehmen)* gewährleistet *(Alternative: gewährleisten)*, dass die Mitglieder und Ersatzmitglieder des Europäischen Betriebsrats wegen ihrer Tätigkeit weder benachteiligt noch begünstigt werden. Dies gilt auch für die berufliche Entwicklung.

(2) Insbesondere werden der Vorsitzende und jedes weitere freigestellte Mitglied des Europäischen Betriebsrats im gleichen Maße gefördert wie Arbeitnehmer, die mit ihnen hinsichtlich der ursprünglichen Tätigkeit vergleichbar sind.

(3) Die Mitglieder und Ersatzmitglieder des Europäischen Betriebsrats können während und nach Ablauf ihrer Mandatsdauer nur gekündigt werden, wenn die jeweiligen nationalen Bestimmungen für nationale Arbeitnehmervertretungen dies zulassen.[35]

(Optional:

(4) Für in Deutschland beschäftigte Mitglieder des Europäischen Betriebsrats gelten § 37 Abs. 1 bis 5 BetrVG entsprechend.)

§ 15 Fortbildung[36]

Die Mitglieder des Europäischen Betriebsrats haben das Recht auf Teilnahme an Schulungs- und Bildungsveranstaltungen, die die für die Arbeit des Europäischen Betriebsrats erforderlichen Kenntnisse vermitteln. Der Europäische Betriebsrat kann die teilnehmenden Mitglieder bestimmen.

§ 16 Vertragssprache

Diese Vereinbarung wird in ihrer Originalversion in deutscher Sprache geschlossen. Anschließend wird diese Vereinbarung in die Sprachen der Länder übersetzt, in denen die Gesellschaft *(Alternative: oder ein beherrschtes Unternehmen)* Betriebe unterhält. Bei Streitigkeiten über die Auslegung gilt die deutsche Fassung.[37]

§ 17 Schlichtung

(1) Zur Beilegung von Streitigkeiten über die Auslegung dieser Vereinbarung und über Rechte und Pflichten, die aus dieser Vereinbarung resultieren, wird eine paritätisch besetzte Schlichtungsstelle errichtet.[38]

(2) Die Schlichtungsstelle besteht aus jeweils drei Beisitzern, die von der Gesellschaft und dem Europäischen Betriebsrat bestellt werden, und einem unparteiischen Vorsitzenden, auf den sich beide Parteien einigen. Kommt eine Einigung über die Person des Vorsitzenden nicht zustande, so entscheidet hierüber das gemäß § 18 Abs. (2) S. 1 zuständige Gericht, nachdem es von einer der Parteien angerufen wurde.

(3) Die Schlichtungsstelle tagt am jeweiligen Hauptsitz der Gesellschaft.

(4) Die Schlichtungsstelle verhandelt mit dem Ziel einer einvernehmlichen Regelung. Kommt eine Einigung nicht zustande, so entscheidet die Schlichtungsstelle durch Beschluss. Jedem Mitglied der Schlichtungsstelle steht eine Stimme zu. Bei Stimmgleichheit zählt die Stimme des Vorsitzenden doppelt.

§ 18 Anwendbares Recht und Gerichtsstand

(1) Diese Vereinbarung unterliegt – soweit zulässig – deutschem Recht.[39]

(2) Die Parteien können das am jeweiligen Hauptsitz der Gesellschaft zuständige Gericht anrufen.[40] Soweit rechtlich zulässig, ist zuvor das Schlichtungsverfahren gemäß vorstehendem § 17 durchzuführen.

§ 19 Inkrafttreten, Kündigung

(1) Diese Vereinbarung tritt am ...... in Kraft. Sie kann mit einer Frist von sechs Monaten zum Ende eines Kalenderjahres gekündigt werden, erstmals jedoch zum ......[41]

(2) Die Kündigung bedarf der Schriftform.

(3) Im Falle der Kündigung gilt die Vereinbarung so lange weiter, bis die Parteien sich über den Abschluss einer neuen Vereinbarung einig geworden sind oder einvernehmlich von der Einrichtung eines Europäischen Betriebsrats Abstand genommen haben. Auf Seiten der Arbeitnehmer verhandelt der Europäische Betriebsrat, der aufgrund dieser Vereinbarung zuletzt ein Mandat innehatte.[42]

(4) Wird die Struktur der Gesellschaft *(Alternative: oder der Gruppe der beherrschten Unternehmen)* wesentlich verändert, werden die Gesellschaft und der Europäische Betriebsrat Verhandlungen über eine etwaige Anpassung dieser Vereinbarung aufnehmen.

(5) Als wesentliche Strukturänderungen i. S. d. Abs. (4) gelten insbesondere

- der Zusammenschluss von Unternehmen oder Unternehmensgruppen
- die Spaltung von Unternehmen oder der Unternehmensgruppe,
- die Verlegung von Unternehmen oder der Unternehmensgruppe in einen anderen Mitgliedstaat oder Drittstaat oder Stilllegung von Unternehmen oder der Unternehmensgruppe,
- die Verlegung oder Stilllegung von Betrieben, soweit sie Auswirkungen auf die Zusammensetzung des Europäischen Betriebsrats haben können.

§ 20 Schlussbestimmungen

(1) Mündliche Nebenabreden bestehen nicht. Änderungen oder Ergänzungen dieser Vereinbarung, einschließlich dieser Bestimmung, bedürfen zu ihrer Wirksamkeit der Schriftform.

(2) Sollte eine Bestimmung dieser Vereinbarung ganz oder teilweise unwirksam sein oder werden, so wird hiervon die Wirksamkeit der übrigen Bestimmungen nicht berührt. Anstelle der unwirksamen Bestimmung werden die Parteien die gesetzlich zulässige Bestimmung vereinbaren, die dem mit der unwirksamen Bestimmung Gewollten wirtschaftlich am nächsten kommt. Dasselbe gilt für den Fall einer vertraglichen Lücke.

……	……
Ort, Datum	Ort, Datum
……	……
Unterschrift der Gesellschaft	Unterschrift des Besonderen Verhandlungsgremiums

Anmerkungen

1. Gesellschaft. Das Gesetz über Europäische Betriebsräte (EBRG), eingeführt am 28.10.1996 (BGBl. I S. 1548), dient der Umsetzung der RL 94/45/EG (ABl. 1995 L 254/64). Die RL 94/45/EG über die Einsetzung eines Europäischen Betriebsrats wurde im Jahr 2009 durch die RL 2009/38/EG (ABl. 2009 L 122/28) ersetzt. Die Umsetzung dieser Richtlinie in nationales Recht erfolgte in Deutschland im Jahr 2011 mit der Novellierung des EBRG (BGBl. I S. 2650).

Auf Grundlage des EBRG in der Fassung vom 7.12.2011 kann eine freiwillige Vereinbarung zur Errichtung eines Europäischen Betriebsrats (§ 18 EBRG) oder eines Verfahrens zur Unterrichtung und Anhörung (§ 19 EBRG) zunächst nur dann geschlossen werden, wenn das **gemeinschaftsweit tätige Unternehmen** oder das **herrschende Unternehmen** einer gemeinschaftsweit tätigen Unternehmensgruppe seinen Sitz in der Bundesrepublik Deutschland hat. Ob ein **Beherrschungsverhältnis** vorliegt, bestimmt sich nach § 6 EBRG. Dabei wird das Beherrschungsverhältnis vermutet, wenn das herrschende Unternehmen mehr als die Hälfte der Mitglieder des Verwaltungs-, Leitungs- oder Aufsichtsorgans des nachgeordneten Unternehmens bestimmen kann (§ 6 Abs. 2 Nr. 1 EBRG), über die Mehrheit der anteilsbezogenen Stimmrechte verfügt (Nr. 2) oder die Mehrheit des gezeichneten Kapitals besitzt (Nr. 3). Erfüllen mehrere Unternehmen die genannten Kriterien, so bestimmt sich das herrschende Unternehmen nach der vorgegebenen Reihenfolge. § 6 Abs. 4 EBRG sieht eine Ausnahme für Investment- und Beteiligungsgesellschaften vor. § 1 Abs. 6 EBRG bezeichnet das gemeinschaftsweit tätige Unternehmen oder das herrschende Unternehmen einer gemeinschaftsweit tätigen Unternehmensgruppe als **zentrale Leitung**.

Die Schwellenwerte für ein „gemeinschaftsweit tätiges Unternehmen" sind erhalten geblieben. **Gemeinschaftsweit tätig** ist ein **Unternehmen** gemäß § 3 Abs. 1 EBRG, wenn es in den Mitgliedstaaten der EU (einschließlich der EWR-Mitgliedsstaaten Island, Liechtenstein und Norwegen) mindestens 1.000 Arbeitnehmer beschäftigt, davon je mindestens 150 Arbeitnehmer in zwei unterschiedlichen Mitgliedstaaten. Eine **Unternehmensgruppe** ist dann gemeinschaftsweit tätig, wenn sie mindestens 1.000 Arbeitnehmer in den genannten Staaten beschäftigt und ihr mindestens zwei beherrschte Unternehmen angehören, die ihren Sitz in verschiedenen Mitgliedstaaten haben und jeweils mindestens 150 Arbeitnehmer in verschiedenen Mitgliedstaaten beschäftigen, § 3 Abs. 2 EBRG. Im Schrifttum wird darauf hingewiesen, dass diese Definition der gemeinschaftsweiten Tätigkeit die Möglichkeit eröffnet, durch geschickte Gründung von Tochtergesellschaften dem Anwendungsbereich des EBRG zu entkommen (vgl. *Franzen* BB 2004, 938). Befindet sich die zentrale Leitung außerhalb des Gebietes der EU, sieht § 2 Abs. 2 EBRG unter bestimmten Voraussetzungen vor, dass die in dieser Vorschrift aufgeführten „anderen Stellen" als zentrale Leitungen gelten.

Der alternativen Anknüpfung an entweder ein gemeinschaftsweit tätiges Unternehmen mit mehreren Betrieben oder die zentrale Leitung einer gemeinschaftsweit tätigen Unternehmensgruppe trägt das Formular durch die eingefügten Alternativformulierungen Rechnung. Wie bereits im Formular selbst wird auch in den Anmerkungen zur Bezeichnung des gemeinschaftsweit tätigen Unternehmens oder des herrschenden Unternehmens einheitlich der Begriff „Gesellschaft" verwendet.

2. Verhandlungspartner. Der Gesellschaft können als Verhandlungspartner zur Errichtung eines Europäischen Betriebsrats grundsätzlich zwei Gremien gegenüberstehen. Der Regelfall ist gemäß § 17 EBRG das **Besondere Verhandlungsgremium**, das von den im Unternehmen der Unternehmensgruppe vorhandenen nationalen Arbeitnehmervertretungen oder (falls diese nicht vorhanden sind) von den Arbeitnehmern selbst gewählt wird; die auf die im Inland beschäftigten Arbeitnehmer entfallenden Mitglieder des Besonderen Verhandlungsgremiums werden vom Gesamtbetriebsrat bestellt (§ 11 Abs. 1 S. 1 EBRG).

Im Hinblick auf die Zusammensetzung des Besonderen Verhandlungsgremiums gilt, anders als in der Vergangenheit, nicht mehr das Repräsentations-, sondern gemäß § 10 EBRG das Proportionalitätsprinzip. Die bisherige Regelung über Mindest- und Höchstmitgliederzahl ist entfallen (*Franzen* EuZA 2010, 180 und → Anm. 8).

Das Besondere Verhandlungsgremium hat die Aufgabe, Verhandlungen mit der Gesellschaft über die Errichtung eines Europäischen Betriebsrats oder über ein Verfahren zur grenzüberschreitenden Unterrichtung und Anhörung aufzunehmen. Im Einzelnen regeln die §§ 8 bis 16 EBRG die Aufgaben, Bildung und Zusammensetzung des Besonderen Verhandlungsgremiums. Der Gesellschaft kann aber auch der **Europäische Betriebsrat** (kraft Gesetzes) als Verhandlungspartner gegenüberstehen. Unter den Voraussetzungen des § 21 EBRG ist ein Europäischer Betriebsrat kraft Gesetzes zu bilden. Dieser Europäische Betriebsrat kraft Gesetzes hat gemäß § 33 S. 1 EBRG vier Jahre nach seiner konstituierenden Sitzung einen Beschluss darüber zu fassen, ob er eine Vereinbarung i.S.d. § 17 EBRG mit der Gesellschaft abschließen will. Entscheidet er sich für die Aufnahme von Verhandlungen, stehen ihm die Rechte des Besonderen Verhandlungsgremiums im Rahmen der Verhandlungen zu und er ist Verhandlungspartner der Gesellschaft.

3. Vereinbarungsinhalt. Den weiteren Erläuterungen zu den einzelnen Bestimmungen muss vorausgeschickt werden, dass die Verhandlungspartner darin frei sind, ob sie überhaupt eine Vereinbarung treffen, ob sie die Einrichtung eines Verfahrens zur Unterrichtung und Anhörung der Arbeitnehmer (§ 19 EBRG) oder eines Europäischen Betriebsrats (§ 18 EBRG) vereinbaren wollen und wie die Rechte und Pflichten dieser Gremien ausgestaltet sein sollen (vgl. *Ruoff* BB 1997, 2478). Die Verhandlungspartner sind dabei insbesondere nicht an die materiellen Vorschriften des EBRG in den §§ 21 bis 37 EBRG gebunden, § 17 S. 1 Halbs. 2 EBRG. Das EBRG stellt insofern also **keine Mindestvorschriften** auf, die nicht unterschritten werden dürften (zu den Sollinhalten vgl. *Gaul* NJW 1996, 3378). Demnach hängt der Umfang der den Arbeitnehmern eingeräumten Rechte im Wesentlichen vom Ergebnis der Verhandlungen zwischen der Gesellschaft und dem Besonderen Verhandlungsgremium ab. Dabei ist allerdings zu bedenken, dass die Arbeitnehmervertreter letztlich auch gegen den Willen der Gesellschaft die Errichtung eines Europäischen Betriebsrates (§ 21 Abs. 1 EBRG) durchsetzen können, wenn auch mit einiger zeitlicher Verzögerung. Wird ein Europäischer Betriebsrat kraft Vereinbarung errichtet, so schreibt § 18 EBRG den notwendigen Mindestinhalt der Vereinbarung fest. Darüber hinaus legt § 18 Abs. 1 S. 1 EBRG fest, dass die Vereinbarung der **Schriftform** bedarf.

Die im Formular vorgeschlagenen Regelungen sind nur dann zwingend in der Vereinbarung vorzusehen, wenn im Folgenden ausdrücklich darauf hingewiesen wird.

4. Geltungsbereich. Gemäß § 18 Abs. 1 S. 2 Nr. 1 EBRG sind in der Vereinbarung die davon erfassten Betriebe und Unternehmen aufzuführen. Es obliegt dabei allein der

Entscheidung der Vertragsparteien, ob diese sich nur auf die im Gebiet der derzeitigen **Mitgliedstaaten der EU** liegenden Betriebe und Unternehmen bezieht oder ob auch die in den **anderen Staaten** gelegenen Betriebe und Unternehmen einbezogen werden sollen. Die Vertragsparteien können ebenso zur Angleichung der Unternehmenskultur alle Betriebe und Unternehmen weltweit in den Geltungsbereich einbeziehen. Jedenfalls müssen gemäß § 17 S. 2 EBRG zumindest alle Arbeitnehmer in den Mitgliedstaaten der EU (auch in den EU-Beitrittsstaaten), in denen das Unternehmen oder die Unternehmensgruppe einen Betrieb hat, vom Geltungsbereich der Vereinbarung erfasst werden. Die Definition der beherrschten Unternehmen ist § 6 EBRG entnommen.

5. Aktualisierung. Aus Praktikabilitätsgründen bietet es sich an, die vom Geltungsbereich erfassten Betriebe und Unternehmen nicht im Vereinbarungstext selbst, sondern in einer Anlage aufzulisten. Diese Anlage sollte regelmäßig aktualisiert werden. Über die Errichtung und den Erwerb sowie die Schließung und Veräußerung eines Betriebs und Unternehmens wird der Europäische Betriebsrat ohnehin regelmäßig zur Erfüllung seiner Unterrichtungsrechte zu informieren sein. Insofern stellt die Aktualisierung der Anlage keine zusätzliche Verpflichtung dar. Durch eine regelmäßige Aktualisierung kann zudem dafür Sorge getragen werden, dass bei **Neuwahlen** der Mitglieder des Europäischen Betriebsrats eine aktuelle Liste der einzubeziehenden Betriebe und Unternehmen bereits besteht und nicht neu erstellt werden muss. Zu den Fragen, die sich im Zusammenhang mit der eventuellen Fortgeltung von bereits vor dem 22.9.1996 abgeschlossenen Vereinbarungen über die Einrichtung eines Europäischen Betriebsrat nach dem Beitritt der osteuropäischen Staaten zur EU am 1.5.2004, am 1.1.2007 und am 1.7.2013 ergeben, vgl. *Franzen* BB 2004, 938; zu nach dem 22.9.1996 geschlossenen Vereinbarungen vgl. *Franzen* EuZA 2010, 180; zum Schicksal von Altvereinbarungen, die vor Ablauf der Umsetzungsfrist der RL 2009/38/EG geschlossen wurden, vgl. *Giesen* NZA 2009, 1174 sowie *Löw* AuR 2012, 90.

6. Vertrauensvolle Zusammenarbeit. Gemäß § 34 EBRG haben die Gesellschaft und der Europäische Betriebsrat vertrauensvoll zusammenzuarbeiten. Diese Bestimmung gilt auch für eine **freiwillige Vereinbarung** i. S. d. §§ 17 bis 18 EBRG, da gemäß § 17 S. 1 Halbs. 2 EBRG nur die Bestimmungen des Vierten Teils des EBRG nicht für die Verhandlungsparteien bindend sind. Die Regelung, wonach die Gesellschaft für die Umsetzung der Vereinbarungen mit dem Europäischen Betriebsrat Sorge trägt, ist hingegen kein notwendiger Bestandteil der Vereinbarung. Sie enthält lediglich eine Konkretisierung der Verpflichtung zur vertrauensvollen Zusammenarbeit.

7. Beschränkung auf Arbeitnehmer. Gemäß § 18 Abs. 1 S. 2 Nr. 2 EBRG muss die Vereinbarung zwingend eine Regelung zur Zusammensetzung des Europäischen Betriebsrats, zur Zahl seiner (Ersatz-)Mitglieder, zur Sitzverteilung und zur Mandatsdauer enthalten.

In einigen europäischen Rechtsordnungen (z. B. Frankreich, Belgien und Italien) werden die Arbeitnehmer auf betrieblicher Ebene i. d. R. nicht durch Arbeitnehmervertreter, sondern durch Gewerkschaftsfunktionäre repräsentiert. Hier kann in der Vereinbarung vorgesehen werden, dass nur tatsächlich in einem Arbeitsverhältnis zur Gesellschaft stehende **Arbeitnehmer** zu Mitgliedern und Ersatzmitgliedern des Europäischen Betriebsrats wählbar oder zu entsenden sind. Diese Klausel wird jedoch häufig im Verhandlungswege schwer durchsetzbar sein, da die Arbeitnehmervertreter aus den genannten Ländern im Besonderen Verhandlungsgremium in herkömmlicher Weise bestimmt werden, also auch **Gewerkschaftsfunktionäre** am Verhandlungstisch sitzen können. Diese werden sich einer Vorschrift, die der jeweiligen nationalen Verfahrensweise zuwiderläuft, i. d. R. widersetzen. Vorteil der vorgeschlagenen Klausel ist aber, dass die Mitglieder des Europäischen Betriebsrats stärker mit der Gesellschaft verbunden sind und dadurch eine den internen Gegebenheiten Rechnung tragende Zusammenarbeit gewährleistet sein könnte.

8. Anzahl der Mitglieder und Zusammensetzung des Europäischen Betriebsrats. Die alte Fassung des EBRG hatte in § 22 noch dem Repräsentativprinzip gegenüber dem Proportionalitätsprinzip den Vorzug gegeben (*Hohenstatt/Kröpelin/Bertke* NZA 2011, 1313; *Blanke* AuR 2009, 242). Nunmehr sieht § 22 EBRG vor, dass für jeden Anteil der in einem Mitgliedstaat beschäftigten Arbeitnehmer, der zehn Prozent der Gesamtzahl der in allen Mitgliedstaaten beschäftigten Arbeitnehmer des gemeinschaftsweit tätigen Unternehmens oder der Unternehmensgruppen oder einen Bruchteil hiervon beträgt, ein Mitglied aus diesem Mitgliedstaat in den Europäischen Betriebsrat entsandt wird (vgl. auch Anhang Nr. 1c RL 2009/38/EG). Jedem (auch nur angefangenen) Bruchteil der vorbezeichneten zehn Prozent der Arbeitnehmer muss ein Sitz im Europäischen Betriebsrat entsprechen. Zunächst ist also die Gesamtzahl der in allen Mitgliedsstaaten bei den maßgeblichen Unternehmen beschäftigten Arbeitnehmer zu ermitteln. Sodann ist die Zahl der Arbeitnehmer des jeweiligen Mitgliedsstaats in Proportion zu dieser Gesamtzahl zu setzen. Für ein Quorum bis zu zehn Prozent darf ein Vertreter gestellt werden, jeder weitere „Zehner-Schritt" führt zur Entsendung eines weiteren Vertreters *(Franzen* EuZA 2010, 180).

Die Einführung eines Schwellenwerts – also einer Zahl von Arbeitnehmern, die das gemeinschaftsweit tätige Unternehmen in einem zu berücksichtigenden Mitgliedsstaat mindestens beschäftigen muss – um zu vermeiden, dass kleinere Belegschaften übermäßig repräsentiert werden, ist nicht zulässig. Denn der europäische Gesetzgeber hat sich ausdrücklich gegen die Einführung eines solchen Schwellenwerts (der Richtlinienvorschlag der Kommission hatte 2008 noch eine Mindestzahl von 50 Arbeitnehmern vorgesehen) entschieden (*Hohenstatt/Kröpelin/Bertke* NZA 2011, 1313; *Franzen* EuZA 2010, 180). Bei der Zusammensetzung des Europäischen Betriebsrats sollte nach der neuen EBR-Richtlinie so weit als möglich eine ausgewogene Vertretung der Arbeitnehmer nach Tätigkeit, Arbeitnehmerkategorien und Geschlecht hergestellt werden, (vgl. Art. 6 Abs. 2 lit. b) RL 2009/38/EG). *Franzen* merkt an, dass die Vorgabe wohl kaum einer gerichtlichen Prüfung unterzogen werden könne, da die Merkmale „soweit wie möglich" und „ausgewogen" wohl zu unbestimmt seien (*Franzen* EuZA 2010, 180). Gleichwohl ist es empfehlenswert, diese Bestimmung in eine Vereinbarung aufzunehmen, weshalb sie hier in § 3 Abs. (3) des Formulars aufgegriffen wird.

Die für die Zahl der zu wählenden oder entsendenden Mitglieder des Europäischen Betriebsrats maßgebliche Anzahl der Arbeitnehmer, die in den einzelnen Betrieben beschäftigt werden, ist häufig nur schwer zu ermitteln. Die nationalen Arbeitnehmervertretungen haben häufig keine präzise Vorstellung davon, wie viele Arbeitnehmer in anderen Betrieben in den einzelnen Mitgliedstaaten beschäftigt werden. Um dieses Informationsdefizit auszugleichen, sieht § 5 Abs. 1 EBRG einen **Auskunftsanspruch** einer Arbeitnehmervertretung gegen die Gesellschaft auf Mitteilung der Anzahl der in den einzelnen Betrieben in allen Mitgliedstaaten beschäftigten Arbeitnehmer sowie deren Verteilung auf die einzelnen Mitgliedstaaten vor. § 5 Abs. 2 EBRG legt fest, dass ein deutscher Betriebsrat oder Gesamtbetriebsrat den Anspruch aus Abs. 1 gegen die örtliche Betriebs- oder Unternehmensleitung geltend machen kann (vgl. dazu *Joost* ZIP 2004, 1034; *Junker* RdA 2002, 32). Dieser Auskunftsanspruch hat mittlerweile bereits mehrfach die Gerichte beschäftigt. Dabei stellte sich zum einen die Frage, ob die Gesellschaft die Auskunftserteilung mit dem Argument verweigern kann, sie unterfalle nicht dem Anwendungsbereich des EBRG. Zum anderen war fraglich, wie der Auskunftsanspruch in Unternehmensgruppen durchgesetzt werden kann, deren zentrale Leitung nicht in einem Mitgliedstaat der EU sitzt.

Die wesentlichen Rechtsunsicherheiten wurden mit der RL 2009/38/EG und dem neu eingefügten § 5 Abs. 3 EBRG beseitigt. Insofern hat die RL 2009/38/EG die maßgeblichen Urteile des EuGH zu dieser Problematik, insbesondere das „Bofrost"- Urteil (EuGH RdA 2002, 35) sowie die Entscheidungen zu „ADS Anker" (EuGH NZA 2004, 1167) und „Kühne & Nagel" (EuGH NZA 2004, 160) zusammengefasst (*Blanke* AuR 2009, 242; *Hohenstatt/Kröpelin/Bertke* NZA 2011, 1313).

9. Wahlverfahren. Bei einer freiwilligen Vereinbarung zur Errichtung des Europäischen Betriebsrats sind die Vertragsparteien nicht an das in § 23 EBRG geregelte Bestellungsverfahren gebunden (vgl. dazu BAG NZA 2007, 1375). Die Parteien können also generell ein eigenes Verfahren beschließen. Zur Vereinfachung der Wahl- oder Entsendeprozedur sollte – wie im Formular – auf das jeweilige **nationale Verfahren** abgestellt werden. Die Wahl der deutschen Mitglieder und Ersatzmitglieder richtet sich demnach nach den §§ 7 ff. BetrVG i. V. m. der WO 2001.

10. Konstituierende Sitzung. Der gewählte Europäische Betriebsrat sollte sich, um seine Arbeit möglichst frühzeitig aufnehmen zu können, bald nach der durchgeführten Wahl in einer Sitzung konstituieren. Der Ort sollte bereits in der Vereinbarung festgelegt werden, um unnötige Streitigkeiten über den Veranstaltungsort (und die Kostentragung) zu verhindern. I. d. R. wird sich der **Sitz der Gesellschaft** anbieten, da dort ein Ansprechpartner aus Vorstand oder Geschäftsführung erreichbar ist und da in dem entsprechenden Land regelmäßig die größte Anzahl an Arbeitnehmern beschäftigt sein wird; dadurch können die Reisekosten möglichst gering gehalten werden. Entsprechend sieht das Formular eine solche Regelung vor.

11. Regelmäßige Mandatsdauer. In der Vereinbarung muss gemäß § 18 Abs. 1 S. 2 Nr. 2 EBRG die Mandatsdauer der Mitglieder des Europäischen Betriebsrats geregelt sein. Die Bestimmung der Mandatsdauer sollte auf der einen Seite die Kosten des Wahl- bzw. Entsendeverfahrens berücksichtigen, auf der anderen Seite aber auch der Tatsache Rechnung tragen, dass sich Gewichtungen innerhalb der Gesellschaft durch Umstrukturierungen verschieben können. Eine Mandatsdauer von **vier bis fünf Jahren** dürfte einen solchen Ausgleich darstellen. § 32 Abs. 1 EBRG sieht für den Europäischen Betriebsrat kraft Gesetzes eine Mandatsdauer von vier Jahren vor, die in das Formular übernommen wurde.

12. Ende des Mandats. In der Vereinbarung sollten zur Klarstellung die Gründe für die Beendigung des Mandats genannt werden. Zugleich sollte ein Verfahren für den Ersatz des ausgeschiedenen Mitglieds vorgesehen werden. Die im Formular enthaltene Regelung orientiert sich an § 24 BetrVG. Im Hinblick auf ein mögliches Ausschlussverfahren verweist das Formular auf die jeweiligen nationalen Bestimmungen für den Ausschluss von (nationalen) Arbeitnehmervertretern.

13. Vorstand. Das Formular sieht die Wahl eines Vorstandes aus der Mitte der Mitglieder des Europäischen Betriebsrats vor. Alternativ wäre an die Wahl eines geschäftsführenden Ausschusses zu denken. Auf diese Weise können die Kosten des Europäischen Betriebsrats gemindert und zugleich eine effektivere Arbeit des Europäischen Betriebsrats gewährleistet werden. Zugleich wird der Gesellschaft auf diese Weise ein fester Ansprechpartner gegenüber gestellt. Aus Gründen der Berücksichtigung nationaler Interessen sollten die Vorstandsmitglieder Arbeitnehmer aus **verschiedenen Ländern** repräsentieren. In dem Sachverhalt, der dem Formular zugrunde liegt, wird davon ausgegangen, dass die Gesellschaft Betriebe in mindestens drei verschiedenen Ländern unterhält.

14. Freistellung. Abhängig von der Struktur und Komplexität der Gesellschaft und des Arbeitsanfalls innerhalb des Europäischen Betriebsrats kann es sich anbieten, ein Mitglied – oder mehrere – unter Fortzahlung der Vergütung von der Arbeitsverpflichtung freizustellen. Durch die Freistellung des Vorsitzenden im Formular wird sichergestellt, dass dieser stets ansprechbar ist und bei ihm Wissen und Kenntnisse gebündelt werden. Zugleich wird verhindert, dass die übrigen Mitglieder des Europäischen Betriebsrats durch ihre Mandatswahrnehmung (bei zeitweiliger Freistellung) die betrieblichen Abläufe in ihrem Herkunftsbetrieb zu häufig beeinträchtigen. Neben dem Vorsitzenden können – wie im Formular angedeutet – auch weitere Mitglieder des Europäischen Betriebsrats freigestellt werden. Die Entscheidung über die Freistellung ist im Wesentlichen eine Verhandlungssache.

15. Büro des Vorsitzenden. Die Gesellschaft sollte dem Vorsitzenden des Europäischen Betriebsrats ein Büro mit den dafür notwendigen Arbeits- und Kommunikationsmitteln einrichten. Auch durch diese Maßnahme ist mit einer Konzentration und Bündelung der Tätigkeiten zu rechnen. Die Gesellschaft kann dann unter Hinweis auf das Büro des Vorsitzenden eventuell weitergehende Ansprüche der übrigen Mitglieder des Europäischen Betriebsrats zurückweisen. Durch die örtliche Nähe (Einrichtung am Hauptsitz) wird zudem gewährleistet, dass die **Kommunikation** zwischen Gesellschaft und Europäischem Betriebsrat vereinfacht, verbilligt und beschleunigt wird.

16. Zutrittsrecht. Zur Klarstellung sollte in der Vereinbarung festgehalten werden, dass ausgewählte oder alle Mitglieder des Europäischen Betriebsrats das Recht dazu haben, die Betriebe der Gesellschaft innerhalb des Geltungsbereichs dieser Vereinbarung aufzusuchen, um dort ihre Rechte und Pflichten wahrzunehmen. Dies ist jedoch nicht notwendiger Inhalt der Vereinbarung. Das Formular sieht hier eine differenzierende Regelung vor, wonach der Vorstand jeden Betrieb, die übrigen Mitglieder des Europäischen Betriebsrats hingegen nur den Betrieb, in dem sie selbst beschäftigt sind, betreten dürfen. Eine derart restriktive Regelung dürfte jedoch nur schwer auf dem Verhandlungswege zu erzielen sein.

17. Geschäftsordnung und einheitliche Sprache. Der neben den Reisekosten wohl bedeutendste Kostenfaktor bei der Arbeit des Europäischen Betriebsrats entsteht regelmäßig durch das Verständigungsproblem. Die Tatsache, dass die Arbeitnehmervertreter aus den einzelnen Mitgliedstaaten regelmäßig mehrere verschiedene Muttersprachen sprechen und nur bedingt zur Kommunikation in einer **gemeinsamen Sprache** (wohl am häufigsten in Englisch) fähig sind, verursacht enorme Übersetzungskosten. Diesen Kostenfaktor kann man vermeiden, indem der Europäische Betriebsrat zur Kommunikation in einer Sprache veranlasst wird. Zugleich wird auf diese Weise wiederum die Kommunikation Gesellschaft und Europäischem Betriebsrat beschleunigt und vereinfacht. Die Vereinbarung einer eigenen **Geschäftsordnung** kann ebenfalls zur Verfahrensbeschleunigung beitragen und Streitigkeiten über das Prozedere bereits präventiv vermeiden.

18. Sitzungen. Gemäß § 18 Abs. 1 S. 2 Nr. 4 EBRG muss die Vereinbarung eine **Regelung zum Sitzungsort und zur Sitzungshäufigkeit** enthalten. Aus Kostengründen bietet sich als Sitzungsort der Sitz der Gesellschaft an. Auch die Sitzungsdauer muss geregelt werden. Diese sollte abhängig von der Sitzungshäufigkeit ausgestaltet werden. Wird etwa eine vierteljährliche Sitzung vorgesehen, kann die Sitzungsdauer kürzer ausgestaltet werden als bei einem jährlichen Sitzungsturnus.

Dem Europäischen Betriebsrat sollte neben den turnusmäßigen Sitzungen die Möglichkeit eingeräumt werden, sich zu **außerordentlichen Sitzungen** zu versammeln. Damit hiervon nicht in übermäßiger Weise Gebrauch gemacht wird, sieht die Klausel eine Begrenzung auf notwendige Sitzungen vor. Eine abschließende Aufzählung der Fallkonstellationen, in denen eine außerordentliche Sitzung notwendig sein kann, ist bei Abschluss und Verhandlung der Vereinbarung kaum möglich. Hier könnte auch – wie in dem Alternativvorschlag vorgesehen – ein Genehmigungsvorbehalt geregelt werden. Die Bereitschaft der Arbeitnehmervertreter zum Abschluss einer derart restriktiven Vereinbarung wird allerdings i. d. R. nicht vorhanden sein, zumal § 27 EBRG für den Europäischen Betriebsrat kraft Gesetzes eine bedeutend freizügigere Sitzungsregelung vorsieht.

19. Zuständiges Mitglied der Geschäftsleitung. Ebenso wie der Gesellschaft mit dem Vorsitzenden des Europäischen Betriebsrats ein **fester Ansprechpartner** zugeordnet wird, sollte dies umgekehrt erfolgen. Eine solche Zuordnung kann die Kommunikationswege beschleunigen und eine Gewähr für eine kontinuierliche Zusammenarbeit beider Seiten bieten.

20. Beschlussfassung. Bereits in der Vereinbarung – oder in der Geschäftsordnung, die sich der Europäische Betriebsrat selbst geben sollte – ist es ratsam, eine Regelung zur Beschlussfassung vorzusehen. Die einfachste Variante ist dabei die **einfache Mehrheit.** Die Regelung kann aber auch differenzierter ausgestaltet werden und etwa die Anzahl der von den einzelnen Mitgliedern repräsentierten Arbeitnehmer berücksichtigen. Nachteilig hieran wäre, dass die Bildung von nationalitätsbezogenen Interessengruppen gefördert und damit letztlich die länderübergreifende Arbeit des Europäischen Betriebsrats behindert werden könnte.

21. Sachverständiger. § 39 Abs. 2 EBRG gewährt dem Europäischen Betriebsrat kraft Gesetzes das Recht zur Konsultation eines Sachverständigen. Dadurch sollen die Arbeitnehmervertreter eine sinnvolle Unterstützung bei ihrer Tätigkeit erfahren, in deren Rahmen sie sich häufig komplexen Sach- und Rechtsfragen ausgesetzt sehen, deren Beurteilung ihnen aus eigener Sachkunde nicht möglich ist. Im Rahmen einer freiwilligen Vereinbarung werden die Arbeitnehmervertreter kaum auf eine entsprechende Regelung verzichten.

22. Kosten. Gemäß § 18 Abs. 1 S. 2 Nr. 5 EBRG muss die Vereinbarung zwingend eine Regelung zur finanziellen wie sächlichen Ausstattung des Europäischen Betriebsrats enthalten. Zu den wesentlichen Kostenpositionen gehören die **Reise- und Verpflegungskosten** des Europäischen Betriebsrats, die Kosten der Ausstattung des **Büros des Vorsitzenden** sowie die Kosten von **Sachverständigen,** soweit deren Einbeziehung erforderlich ist. Hinsichtlich der Sachverständigenkosten sollte wie im Formular versucht werden, eine jährliche Obergrenze der erstattungsfähigen Kosten zu vereinbaren. Soweit eine einheitliche Sprache (→ Anm. 17) vereinbart werden kann, sollte ausdrücklich die Erstattung von Übersetzungskosten ausgeschlossen werden. Derartige Regelungen zur **Kostenbegrenzung** dürften jedoch auf erheblichen Widerstand der Arbeitnehmerseite treffen.

23. Abmeldung. Für den Fall, dass ein Sitzungstag mit dringenden betrieblichen Erfordernissen kollidiert, die die Anwesenheit eines (Ersatz-)Mitglieds auf seinem Arbeitsplatz notwendig machen, sieht das Formular eine Regelung zur Vertretung und Abstimmung zwischen (Ersatz-) Mitglied und Vorgesetztem vor.

24. Unterrichtungsrechte bei grenzübergreifenden Maßnahmen. In § 12 Abs. (1) greift das Formular die Definition des Begriffs der Unterrichtung auf, wie sie nun erstmals in § 1 Abs. 4 EBRG n.F. enthalten ist (*Löw* PersF 2012, 90; *Franzen* EuZA 2010, 180). Festzuhalten ist, dass gemäß § 18 Abs. 1 S. 2 Nr. 3 EBRG die Vereinbarung die Zuständigkeiten, Aufgaben und das Verfahren der Unterrichtung und Anhörung regeln muss (Einzelheiten bei *Reichold* NZA 2003, 289). Eine Definition der Zuständigkeit des Europäischen Betriebsrats, wie sie Art. 1 Abs. 4 der RL 2009/38/EG vorsieht, ist nunmehr in der Neufassung des § 1 Abs. 2 EBRG enthalten. Um die Zuständigkeit zu begründen, muss die Angelegenheit entweder das gemeinschaftsweit tätige Unternehmen (respektive Unternehmensgruppe) insgesamt oder zumindest zwei Betriebe (oder Unternehmen) in verschiedenen Mitgliedstaaten betreffen.

Vormals war es umstritten, ob ein Sachverhalt Auswirkungen auf mindestens zwei Mitgliedstaaten haben musste oder ob das Merkmal „grenzübergreifend" schon dann erfüllt war, wenn die zentrale Leitung mit Standort in Mitgliedstaat A eine Unternehmensentscheidung in Bezug auf einen Standort in Mitgliedstaat B traf (zum Meinungsstand vgl. *Hohenstatt/Kröpelin/Bertke* NZA 2011, 1313). Nunmehr ist davon auszugehen, dass auch in dem letzteren Fall ein grenzübergreifender Sachverhalt stets schon nach Variante 1 des § 1 Abs. 2 S. 1 EBRG gegeben ist, da Entscheidungen der Konzernspitze, mögen sie unmittelbar auch nur einen Mitgliedstaat betreffen, stets Auswirkungen auf das gesamte Unternehmen haben (*Franzen* EuZA 2010, 180; *Hohenstatt/Kröpelin/Bertke* NZA 2011, 1313). Der Europäische Betriebsrat soll die einzelnen nationalen Mitwirkungsrechte der Arbeitnehmer nicht verdrängen, sondern nur insoweit ergänzen, als die nationalen Beteiligungsrechte durch das Territorialprinzip eine Einbeziehung der Arbeitnehmer und ihrer Vertreter nicht ermöglichen könnten. In die EBR-Richtlinie 2009/38/EG wurde in Art. 6 Abs. 2 lit. c) eine Passage aufgenommen, die die schriftliche Vereinbarung von „Modalitäten für die Abstimmung zwischen der Unterrichtung und Anhörung des Europäischen Betriebsrats und der einzelstaatlichen Arbeitnehmervertretungen" vorsieht. Die Erfüllung dieser Vorgabe wurde bei der Umsetzung in nationales Recht in § 18 Abs. 1 S. 2 Nr. 3 EBRG in das Ermessen der Vertragspartner gestellt. Die Norm sieht nunmehr vor, dass das Verfahren auf die Beteiligungsrechte der nationalen Arbeitnehmervertretungen abgestimmt werden **kann**, soweit deren Rechte hierdurch nicht beeinträchtigt werden.

25. Unterrichtungspflichtige Maßnahmen. Das EBRG sieht in §§ 29, 30 für den Europäischen Betriebsrat eine Fülle von Unterrichtungsrechten vor. Diese müssen nicht ähnlich detailliert in der Vereinbarung aufgeführt werden. Der Kernbestand, der für die Arbeitnehmer wirklich von Bedeutung ist, sollte jedoch explizit genannt werden, um spätere Streitigkeiten zu verhindern. Zudem werden die Arbeitnehmervertreter in den Verhandlungen darauf drängen, dass ihnen ein Unterrichtungsrecht für diese Tatbestände ausdrücklich zugesagt wird.

26. Zeitpunkt der Unterrichtung. Das Formular übernimmt in § 12 Abs. (3) weitgehend die Vorgaben zum Zeitpunkt der Unterrichtung aus § 1 Abs. 4 EBRG Danach muss die Unterrichtung zu einem Zeitpunkt erfolgen, die dem Zweck der Unterrichtung angemessen ist. Insbesondere muss noch genügend Zeit bleiben, um die möglichen Auswirkungen eingehend zu bewerten und gegebenenfalls Anhörungen mit dem zuständigen Organ des gemeinschaftsweit tätigen Unternehmens oder der gemeinschaftsweit tätigen Unternehmensgruppe vorzubereiten. Die Unterrichtung des Europäischen Betriebsrats ist nach § 1 Abs. 7 EBRG spätestens gleichzeitig mit der der nationalen Arbeitnehmervertretungen durchzuführen. Mit der Neufassung des § 1 Abs. 7 EBRG ist es also nicht mehr möglich, den Europäischen Betriebsrat erst dann zu informieren, wenn das Beteiligungsverfahren auf nationaler Ebene bereits abgeschlossen ist *(Hohenstatt/Kröpelin/Bertke* NZA 2011, 1313).

27. Zusätzliche Unterrichtungen. Die Gesellschaft kann dem Europäischen Betriebsrat weitere Informationen zusichern. Bei den im Formular aufgeführten Daten handelt es sich um allgemeine Informationen zur Lage des Unternehmens bzw. der Unternehmensgruppe (vgl. § 29 EBRG).

28. Turnusmäßige Unterrichtung. Hinsichtlich der allgemeinen Informationen sollte eine regelmäßige Unterrichtung des Europäischen Betriebsrats stattfinden. Dies kann entweder in der ordentlichen Sitzung oder aber in kürzeren zeitlichen Abständen erfolgen. Auf diese Weise kann sichergestellt werden, dass dem Europäischen Betriebsrat in Kenntnis der Lage der Gesellschaft eine Vorbereitung der jährlichen Sitzungen ermöglicht wird.

29. Unterrichtung der nationalen Arbeitnehmer/Arbeitnehmervertreter. Sinn und Zweck der Errichtung des Europäischen Betriebsrats ist auch die Sicherstellung eines Informationsflusses an die Arbeitnehmer bzw. Arbeitnehmervertreter in den einzelnen Betrieben und Unternehmen. Die diesen aufgrund nationalen Rechts nicht verfügbaren Informationen sollen durch den Europäischen Betriebsrat beschafft werden. Um einen einheitlichen Informationsstand auf gleichem Niveau herzustellen, kann es sinnvoll sein, in der Vereinbarung ein Verfahren zur Weitergabe der Informationen vom Europäischen Betriebsrat an die nationalen Arbeitnehmervertreter zu regeln. Dabei kann – wie in dem Alternativvorschlag – sichergestellt werden, dass Informationen nur an solche Arbeitnehmervertreter weitergegeben werden, die nach den nationalen Vorschriften zur **Verschwiegenheit** verpflichtet sind.

30. Anhörung. Ausdrücklich kann neben dem Unterrichtungsrecht noch das Recht auf Anhörung geregelt werden. Nach dem Verständnis der RL 2009/38/EG ist unter Anhörung eine Diskussion zur beiderseitigen Beratung des Anhörungsgegenstandes durch Europäischen Betriebsrat und die Gesellschaft zu verstehen.

31. Maßnahmenstopp. In der Vereinbarung kann die Verpflichtung der Gesellschaft zur Unterlassung der geplanten Maßnahme bis zu deren abschließender Unterrichtung und Anhörung durch den Europäischen Betriebsrat geregelt werden. Ratsam ist dies selbstverständlich nicht. Auch die RL 2009/38/EG sieht ein derart weitgehendes Sicherungsrecht des Europäischen Betriebsrats nicht vor. Im Formular ist dennoch eine derartige Regelung enthalten, da sie häufig von Seiten deutscher Vertreter im Besonderen Verhandlungsgremium gefordert wird.

32. Betriebs-/Geschäftsgeheimnisse. Gemäß § 35 Abs. 1 EBRG besteht die Pflicht der Gesellschaft zur Unterrichtung und Anhörung des Europäischen Betriebsrats nicht, wenn dadurch Betriebs- oder Geschäftsgeheimnisse gefährdet werden. Diese Begrenzung des Unterrichtungs- und Anhörungsrechts ist klarstellend im Formular vorgesehen. Zur Auslegung der Begriffe Betriebs- und Geschäftsgeheimnis werden deutsche Gerichte die im Rahmen des § 79 BetrVG entwickelten Grundsätze anwenden (*Reichold* NZA 2003, 289; zur Verschwiegenheitspflicht im Stadium vor Errichtung eines Europäischen Betriebsrats s. *Joost* ZIP 2004, 1034; *Thüsing* NZA 2003, Beilage zu Heft 16, 41).

33. Verschwiegenheit. § 35 Abs. 2 und 3 EBRG sieht zwingend eine Bindung der (Ersatz-) Mitglieder des Europäischen Betriebsrats, der Sachverständigen und Dolmetscher sowie der örtlichen Arbeitnehmervertreter an die Verschwiegenheitspflicht vor. Zur Klarstellung und Konkretisierung enthält auch das Formular eine entsprechende Regelung.

34. Androhung von Konsequenzen. Lediglich zur präventiven Abschreckung kann – wie im Formular – eine Klausel zur Androhung straf- und zivilrechtlicher Schritte bei einem Verstoß gegen die Vertraulichkeitsverpflichtung vorgesehen werden. Die §§ 43, 44 EBRG statuieren für solche Fälle strafrechtliche Konsequenzen.

35. Gleichbehandlung und Schutz der (Ersatz-)Mitglieder. Die (Ersatz-)Mitglieder des Europäischen Betriebsrats dürfen wegen ihres Amtes weder bevorzugt noch benachteiligt werden (vgl. *Reichold* NZA 2003, 289). § 40 Abs. 1 EBRG verweist insoweit auf § 78 S. 2 BetrVG. Diese Vorschrift ist zwingend, gilt nach dem EBRG jedoch nur für die Amtsinhaber, die in einem Betrieb in Deutschland beschäftigt sind. Gemäß der RL 2009/38/EG ist auch in einer freiwilligen Vereinbarung sicherzustellen, dass die (Ersatz-)Mitglieder des Europäischen Betriebsrats denselben Schutz genießen wie die Arbeitnehmervertreter in ihrem Heimatland. Dem trägt die Regelung zum besonderen Kündigungsschutz Rechnung, die – bezüglich deutscher Mitglieder und Ersatzmitglieder – inhaltlich auf die §§ 103 BetrVG, 15 Abs. 1 und Abs. 3 bis 5 KSchG verweist. Zusätzlich sieht § 40 Abs. 1 EBRG vor, dass § 37 Abs. 1 bis 5 BetrVG für in Deutschland beschäftigte Mitglieder des Europäischen Betriebsrats entsprechend gilt. Zur Klarstellung kann insoweit die in § 14 Abs. (4) des Formulars enthaltene Klausel in den Vereinbarungstext aufgenommen werden.

36. Fortbildung. Mit der Neufassung des § 38 EBRG ist nun erstmals ein Fortbildungsanspruch für die Mitglieder des Europäischen Betriebsrats vorgesehen. Es muss sich bei den Fortbildungen um Schulungs- oder Bildungsveranstaltungen handeln, die die für die Arbeit des Europäischen Betriebsrats erforderlichen Kenntnisse (insbesondere auch Sprachkenntnisse) vermitteln. Die Teilnahme an Fortbildungsveranstaltungen darf bei dem Mitglied nicht zu Vermögenseinbußen führen, § 40 Abs. 1 S. 2 EBRG n. F. i. V. m. § 37 Abs. 6 S. 1 und Abs. 2 BetrVG. Den Regeln des Internationalen Privatrechts folgend gilt der Anspruch auf Fortbildung für alle Arbeitnehmer, auf deren Arbeitsverhältnis deutsches Recht Anwendung findet, auch wenn die Mitarbeiter nicht in Deutschland beschäftigt sind (*Hohenstatt/Kröpelin/Bertke* NZA 2011, 1313).

37. Vertragssprache. Wird die Vereinbarung nach ihrem Abschluss in andere Sprachen übersetzt, ist dringend anzuraten, eine Klausel zum Vorrang der (deutschen) Originalversion in die Vereinbarung aufzunehmen.

38. Schlichtungsverfahren. Den Parteien steht es frei, die Durchführung eines Schlichtungsverfahrens zu vereinbaren.

39. Anwendbares Recht. An den Verhandlungen über den Abschluss dieser Vereinbarung sind Arbeitnehmervertreter aus verschiedenen Rechtsordnungen beteiligt. Die Vereinbarung hat Auswirkungen auch auf die örtlichen Betriebe. Daher sollten die Parteien im Rahmen der rechtlichen Zulässigkeit die Anwendbarkeit eines nationalen Rechts vereinbaren, das nicht zwingend dasjenige sein muss, das am Sitz der Gesellschaft gilt.

40. Gerichtsstand. Gerichtsstand ist der Ort, an dem die Gesellschaft ihren Sitz hat (§ 82 Abs. 2 ArbGG; zu Streitigkeiten aus der Vereinbarung BAG NZA 2007, 1375).

41. Inkrafttreten, Kündigung. Gemäß § 18 Abs. 1 S. 2 Nr. 6 EBRG müssen die Laufzeit der Vereinbarung, eine Übergangsregelung sowie eine Vorschrift zur Anpassung der Vereinbarung an Strukturänderungen und deren Durchführung zwingend geregelt werden.

42. Neuverhandlung. In § 37 EBRG ist nunmehr eine Neuverhandlungspflicht bei strukturellen Änderungen vorgesehen. § 37 Abs, 1 S. 2 EBRG nennt vier Regelbeispiele struktureller Änderungen. Für den Fall der Neuverhandlung muss zwingend geregelt werden, wer auf Seiten der Arbeitnehmer verhandelt. Sinnvoll erscheint insoweit, nicht erneut das Besondere Verhandlungsgremium durch eine kostenintensive, langwierige und aufwändige Wahl als Verhandlungspartner einzusetzen, sondern den Europäischen Betriebsrat, der zuletzt im Amt war.

23. Gemeinsamer Ausschuss

Betriebsvereinbarung über die Bildung eines paritätischen Personalausschusses[1]

zwischen

...... (Name und Anschrift des Arbeitgebers) „Gesellschaft“

und

Betriebsrat des Betriebs ...... der ...... (Name des Arbeitgebers) „Betriebsrat“

Präambel[2]

Im Rahmen ihrer vertrauensvollen Zusammenarbeit haben Gesellschaft und Betriebsrat die Erfahrung gemacht, dass eine kooperative Entscheidungsfindung zu sachgerechten Ergebnissen für das Unternehmen und die Mitarbeiter führen und die Legitimation der betroffenen Entscheidungen erhöhen kann. Die Betriebsparteien wollen daher ihre Kooperation in personellen Angelegenheiten durch die Bildung eines paritätischen Personalausschusses institutionalisieren.

§ 1 Personalausschuss[3]

(1) Gesellschaft und Betriebsrat errichten einen paritätischen Personalausschuss („Personalausschuss“).

(2) Dem Personalausschuss werden nach Maßgabe des nachfolgenden § 2 dieser Betriebsvereinbarung Aufgaben des Betriebsrats im Rahmen der personellen Angelegenheiten zur selbständigen Erledigung und Entscheidung übertragen.

§ 2 Aufgaben des Personalausschusses[4]

(1) Der Personalausschuss nimmt anstelle des Betriebsrats abschließend folgende Aufgaben und Rechte wahr:

(a) Aufgaben und Rechte gemäß § 92 BetrVG (Personalplanung), insbesondere
- Beratung über die Personalplanung und die sich daraus ergebenden personellen Maßnahmen, Maßnahmen der Berufsbildung und zur Förderung der Gleichstellung von Frauen und Männern,
- Unterbreiten von Vorschlägen für die Einführung und Durchführung einer Personalplanung und von Maßnahmen zur Förderung der Gleichstellung von Frauen und Männern,

(b) Aufgaben und Rechte gemäß § 92a BetrVG (Beschäftigungssicherung), insbesondere
- Unterbreiten von Vorschlägen zur Sicherung und Förderung der Beschäftigung,
- Beratung der Vorschläge,

(c) Aufgaben und Rechte gemäß § 93 BetrVG (Ausschreibung von Arbeitsplätzen),

(d) Aufgaben und Rechte gemäß § 94 BetrVG (Personalfragebogen, Beurteilungsgrundsätze), insbesondere Zustimmung zu Personalfragebögen, zu persönlichen Angaben in schriftlichen Arbeitsverträgen, die allgemein für den Betrieb verwendet werden und zur Aufstellung allgemeiner Beurteilungsgrundsätze,

(e) Aufgaben und Rechte gemäß § 95 BetrVG (Auswahlrichtlinien), insbesondere
- Zustimmung zu Richtlinien über die personelle Auswahl bei Einstellungen, Versetzungen, Umgruppierungen und Kündigungen,
- Verlangen der Aufstellung von Richtlinien über die bei Einstellungen, Versetzungen, Umgruppierungen und Kündigungen zu beachtenden fachlichen und persönlichen Voraussetzungen und sozialen Gesichtspunkte,

(f) Aufgaben und Rechte gemäß §§ 99, 100 BetrVG (Einstellung, Eingruppierung, Umgruppierung und Versetzung), insbesondere
- Beratung und Entscheidung über die Stellungnahme bei Zustimmungsersuchen zu Einstellungen, Eingruppierungen, Umgruppierungen und Versetzungen,
- Abgabe der Stellungnahme (Zustimmung, Zustimmungsverweigerung, Erklärung, dass keine Stellungnahme abgegeben wird) gegenüber der Gesellschaft,
- Beratung und Entscheidung über die Stellungnahme zu vorläufigen personellen Maßnahmen,
- Abgabe der Stellungnahme zur vorläufigen personellen Maßnahmen gegenüber der Gesellschaft,

(g) Aufgaben und Rechte gemäß §§ 102, 103 und 105 BetrVG (Mitbestimmung bei Kündigungen), insbesondere
- Beratung und Entscheidung über die Stellungnahme bei Kündigungen,
- Anhörung des betroffenen Arbeitnehmers, sofern dies dem Personalausschuss als geboten erscheint,
- Abgabe der Stellungnahme (Zustimmung, Widerspruch, Erklärung, dass keine Stellungnahme abgegeben wird) gegenüber der Gesellschaft,
- Verlangen der Entlassung oder Versetzung betriebsstörender Arbeitnehmer.

(2) Beratungen innerhalb des Personalausschusses gelten als Beratungen zwischen Gesellschaft und Betriebsrat.

(3) Zum Abschluss von Betriebsvereinbarungen ist der Personalausschuss nicht berechtigt.

§ 3 Unterrichtung des Personalausschusses[5]

(1) Die Gesellschaft wird den Personalausschuss im Rahmen seines Aufgabenbereiches gemäß § 2 dieser Betriebsvereinbarung nach Maßgabe der gesetzlichen Bestimmungen unterrichten und diesem gegenüber Stellungnahmen abgeben. Dies umfasst insbesondere die

(a) rechtzeitige und umfassende Unterrichtung gemäß § 92 BetrVG über die Personalplanung und die sich daraus ergebenden personellen Maßnahmen, über Maßnahmen der Berufsbildung sowie über Maßnahmen zur Förderung der Gleichstellung von Frauen und Männern,
(b) Stellungnahme gemäß § 92a BetrVG zu Vorschlägen des Betriebsrats zur Sicherung und Förderung der Beschäftigung,
(c) Unterrichtung gemäß § 94 BetrVG über Personalfragebögen, persönliche Angaben in schriftlichen Arbeitsverträgen, die allgemein für den Betrieb verwendet werden, und über allgemeine Beurteilungsgrundsätze,
(d) Unterrichtung gemäß § 95 BetrVG über Richtlinien über die personelle Auswahl bei Einstellungen, Versetzungen, Umgruppierungen und Kündigungen,
(e) Unterrichtung gemäß §§ 99, 100 BetrVG, nämlich
- vor jeder Einstellung, Eingruppierung, Umgruppierung und Versetzung unter Vorlage der erforderlichen Bewerbungsunterlagen und Auskunft über die Person der Beteiligten,
- über die Auswirkungen der geplanten Maßnahme,
- unter Einholung der Zustimmung zu der geplanten Maßnahme,
- über vorläufige personelle Maßnahmen,

(f) Anhörungen und Mitteilungen gemäß §§ 102, 103 und 105 BetrVG, nämlich
- Anhörung vor jeder Kündigung unter Mitteilung der Gründe für die Kündigung,
- Mitteilung der beabsichtigten Einstellung oder personellen Veränderung eines leitenden Angestellten i. S. d. § 5 Abs. 3 BetrVG.

(2) Unterrichtungen des Personalausschusses durch die Mitglieder des Personalausschusses, die von der Gesellschaft gemäß nachstehendem § 4 Abs. 3 S. 2 ernannt wurden, gelten als Unterrichtungen durch die Gesellschaft.

§ 4 Besetzung des Personalausschusses[6]

(1) Der Personalausschuss besteht aus sechs Mitgliedern, von denen jeweils drei Mitglieder vom Betriebsrat und von der Gesellschaft bestellt werden.

(2) Darüber hinaus bestellen Betriebsrat und Gesellschaft jeweils zwei Ersatzmitglieder, die bei Ausscheiden eines Mitgliedes nachrücken und bei zeitweiliger Verhinderung eines Mitglieds dessen Stellvertretung übernehmen.

(3) Die Mitglieder und Ersatzmitglieder des Betriebsrats werden von diesem in entsprechender Anwendung des § 27 Abs. 1 S. 3 BetrVG im Wege der geheimen Verhältniswahl gewählt. Die Mitglieder und Ersatzmitglieder der Gesellschaft werden von der Geschäftsführung ernannt. § 15 BetrVG gilt entsprechend.

(4) Die Amtszeit der Mitglieder und Ersatzmitglieder beträgt zwei Jahre. Sie endet spätestens mit dem Ende der Amtszeit des Betriebsrats sowie mit dem Ende der Laufzeit dieser Betriebsvereinbarung. §§ 24, 25 BetrVG gelten entsprechend.

(5) Der Personalausschuss hat einen Vorsitzenden und einen stellvertretenden Vorsitzenden. Der Vorsitzende wird aus dem Kreis der Mitglieder des Betriebsrats, der stellvertretende Vorsitzende aus dem Kreis der Mitglieder der Gesellschaft gewählt. Der stell-

vertretende Vorsitzende vertritt den Vorsitzenden bei dessen zeitweiliger Verhinderung. § 26 Abs. 2 BetrVG gilt entsprechend.

§ 5 Verfahrensfragen[7]

(1) Der Personalausschuss tritt einmal im Kalendermonat zu ordentlichen Sitzungen zusammen, i.d.R. am ersten Montag eines jeden Monats. Zusätzliche außerordentliche Sitzungen finden auf Verlangen der Mehrheit der Mitglieder des Betriebsrats oder der Mehrheit der Mitglieder der Gesellschaft statt.

(2) Wurde der Personalausschuss von der Gesellschaft über Einstellungen, Eingruppierungen, Umgruppierungen, Versetzungen oder vorläufige personelle Maßnahmen unterrichtet oder zu Kündigungen angehört, so hält er eine außerordentliche Sitzung ab, die i.d.R. am Tag nach der Unterrichtung oder Anhörung stattfinden soll.

(3) Die Einladung zu den Sitzungen erfolgt schriftlich oder per E-Mail durch den Vorsitzenden.

(4) Der Vorsitzende setzt die Tagesordnungen fest und leitet die Sitzungen.

(5) Der Personalausschuss fasst die Beschlüsse mit einfacher Mehrheit der Stimmen der anwesenden Mitglieder. Bei Stimmengleichheit ist ein Antrag abgelehnt. Angelegenheiten, die der Zustimmung des Betriebsrats bedürfen, insbesondere Angelegenheiten nach § 99 und § 103 BetrVG, fallen in diesem Fall an den Betriebsrat zurück.

(6) Der Personalausschuss ist nur beschlussfähig, wenn mindestens drei Mitglieder an der Beschlussfassung teilnehmen. Ist der Personalausschuss in der zweiten aufeinanderfolgenden Sitzung nicht beschlussfähig, fällt die Angelegenheit an den Betriebsrat zurück.

(7) Über jede Sitzung des Personalausschusses wird ein Protokoll geführt, in das mindestens der Wortlaut der Beschlüsse und die Stimmenmehrheit, mit der sie gefasst wurden, aufzunehmen sind. Das Protokoll ist vom Vorsitzenden und einem weiteren Mitglied des Personalausschusses zu unterzeichnen. Jedes Mitglied des Personalausschusses sowie der Betriebsrat erhalten eine Abschrift des Protokolls.

§ 6 Inkrafttreten, Kündigung[8]

(1) Diese Betriebsvereinbarung tritt am ...... in Kraft. Sie kann mit einer Frist von drei Monaten zum Ende eines Kalenderjahres gekündigt werden. Die Betriebsvereinbarung entfaltet keine Nachwirkung.

(2) Der Betriebsrat ist berechtigt, diese Betriebsvereinbarung aufgrund eines mit absoluter Mehrheit gefassten Beschlusses jederzeit außerordentlich mit sofortiger Wirkung zu kündigen.

(3) Die Kündigung bedarf der Schriftform.

§ 7 Schlussbestimmungen[9]

(1) Diese Betriebsvereinbarung löst alle etwaigen vorherigen Betriebsvereinbarungen zur Bildung eines Personalausschusses, insbesondere . . . . ., ab. Sie tritt an die Stelle etwaiger abweichender Aufgabenübertragungen des Betriebsrats auf Ausschüsse oder Arbeitsgruppen. Mündliche Nebenabreden bestehen nicht. Änderungen oder Ergänzungen dieser Betriebsvereinbarung, einschließlich dieser Bestimmung, bedürfen zu ihrer Wirksamkeit der Schriftform.

(2) Sollte eine Bestimmung dieser Betriebsvereinbarung ganz oder teilweise unwirksam sein oder werden, so wird hiervon die Wirksamkeit der übrigen Bestimmungen nicht

berührt. Anstelle der unwirksamen Bestimmung werden die Betriebsparteien die gesetzlich zulässige Bestimmung vereinbaren, die dem mit der unwirksamen Bestimmung Gewollten wirtschaftlich am nächsten kommt. Dasselbe gilt für den Fall einer vertraglichen Lücke.

(3) Diese Betriebsvereinbarung steht unter dem Vorbehalt etwaiger ablösender – auch freiwilliger – Betriebsvereinbarungen.

(4) Sollten sich die dieser Betriebsvereinbarung zugrunde liegenden tatsächlichen oder rechtlichen Bedingungen grundlegend ändern, so werden die Betriebsparteien unverzüglich in Verhandlungen treten mit dem Ziel, die Betriebsvereinbarung an die geänderten Bedingungen anzupassen.

. . . . . .	**. . . . . .**
Ort, Datum	**Ort, Datum**
. . . . . .	**. . . . . .**
Unterschrift der Gesellschaft	**Unterschrift des Betriebsratsvorsitzenden**

Anmerkungen

1. Regelungsinhalt. Gemeinsame Ausschüsse (§ 28 Abs. 2 BetrVG) sind Ausschüsse, die gemeinsam von Arbeitgeber und Betriebsrat besetzt werden. Dessen Mitglieder nehmen anstelle des Betriebsrats Beteiligungs- und Mitbestimmungsrechte wahr und treffen damit Entscheidungen mit verbindlicher Wirkung. Eine solche **kooperative Form der Mitbestimmung** kann Vorteile für beide Betriebsparteien mit sich bringen. Das Fachwissen des Betriebsrats wird zum Nutzen der Belegschaft und der Unternehmensführung im Rahmen eines „management by participation" herangezogen (vgl. *Senne* BB 1995, 305). Durch die regelmäßige Zusammenarbeit mit Vertretern des Personalbereichs in einem Gremium wird das Verständnis der vom Betriebsrat bestellten Mitglieder für betriebliche Erfordernisse und daraus resultierende Konsequenzen gefördert. Das damit wachsende Vertrauensverhältnis kann zur Folge haben, dass die Mitglieder des Betriebsrats sich gegenüber den Argumenten der Arbeitgeberseite unvoreingenommener und offener zeigen; im Ergebnis kann es dem Unternehmen dadurch gelingen, sachlich begründbare Entscheidungen leichter durchzusetzen. In der Praxis werden vorrangig zwei Aufgabenbereiche an gemeinsame Ausschüsse übertragen, nämlich die Verwaltung von **Sozialeinrichtungen** und die Bewertung und Prämierung von **betrieblichen Verbesserungsvorschlägen.** Diese Ausschüsse stellen häufig den „Einstieg" in ein kooperatives Betriebsratsmanagement dar. Das Formular geht einen Schritt weiter, indem Aufgaben in **personellen Angelegenheiten** durch (schuldrechtliche) Betriebsvereinbarung an einen Personalausschuss delegiert werden. Hierbei wird von einem Betrieb ausgegangen, in dem ein Betriebsausschuss gebildet ist (→ Anm. 3).

2. Präambel. Die Präambel betont die bereits in der Vergangenheit praktizierte Kooperation zwischen den Betriebsparteien, die durch die Bildung des gemeinsamen Ausschusses institutionalisiert werden soll.

3. Paritätischer Personalausschuss. Der gemeinsame Ausschuss i. S. d. § 28 Abs. 2 BetrVG ist eine eigenständige Einrichtung der Betriebsverfassung (BAG AP BetrVG 1972 § 28 Nr. 5; *Sommer* ZBVRonline 2009, 20; GKBetrVG/*Raab* § 28 Rn. 36; MünchHdbArbR/*Joost* § 218 Rn. 41). Ein solcher Ausschuss kann unter den Voraussetzungen des § 28 Abs. 1 BetrVG errichtet werden. Dazu müssen im Betrieb **i. d. R. mehr als 100 Arbeitnehmer** beschäftigt werden. Gemäß § 28 Abs. 2 i. V. m. § 28 Abs. 1 S. 3 BetrVG ist die Übertragung von Aufgaben zur selbständigen Erledigung auf einen gemeinsamen Ausschuss nur möglich, wenn in dem Betrieb ein **Betriebsausschuss** gemäß § 27 BetrVG eingerichtet ist (*F/E/S/T/L* § 28 Rn. 39; ErfKomm/*Koch* § 28 BetrVG Rn. 2). Der großen Tragweite der Aufgabenübertragung entsprechend bedarf die Einrichtung gemeinsamer Ausschüsse der **absoluten Mehrheit** der Stimmen des Betriebsrats (§ 28 Abs. 1 S. 3 i.V.m. § 17 Abs. 2 S. 2 BetrVG). Um dem Erfordernis der schriftlichen Aufgabenübertragung (§ 28 Abs. 1 S. 3 i.V.m. § 27 Abs. 2 S. 4 BetrVG) gerecht zu werden, müssen die zu übertragenden Mitbestimmungsbefugnisse in der Betriebsvereinbarung **eindeutig bezeichnet** werden (LAG Mainz BeckRS 2013, 65701). Zwar ist es nicht zwingend erforderlich, den gemeinsamen Ausschuss paritätisch zu besetzen (teilw. wird eine Unterparität des Betriebsrats für unzulässig erachtet, vgl. GKBetrVG/*Raab* § 28 Rn. 41). In jedem Falle erscheint dies aber sinnvoll, wenn der Ausschuss – wie hier – Mitbestimmungsrechte anstelle des Betriebsrats wahrnimmt.

4. Aufgaben. Nach § 2 des Formulars nimmt der Personalausschuss sämtliche Aufgaben und Rechte des Betriebsrats in **personellen Angelegenheiten** wahr, darunter auch die Rechte bei **personellen Einzelmaßnahmen**, also bei Einstellungen, Eingruppierungen, Umgruppierungen und Versetzungen (§§ 99, 100 BetrVG) sowie bei Kündigungen (§§ 102, 103 und 105 BetrVG). Das BAG hat bereits wiederholt entschieden, dass die Übertragung von personellen Einzelmaßnahmen auf einen paritätischen Ausschuss möglich ist (BAG AP BetrVG 1972 § 102 Nr. 32; BAG AP BetrVG 1972 § 28 Nr. 5; BAG AP BetrVG 1972 § 27 Nr. 6).

Allerdings darf der Betriebsrat nicht durch eine umfassende Aufgabenübertragung zur Bedeutungslosigkeit verkümmern. Er muss als Gesamtorgan in einem **Kernbereich der gesetzlichen Befugnisse** zuständig bleiben. Beurteilungsmaßstab ist hierbei nicht der einzelne Mitbestimmungstatbestand, sondern der Aufgabenbereich des Betriebsrats insgesamt (BAG AP BetrVG 1972 § 28 Nr. 1, Nr. 5). Die hier vorgesehene Übertragung der personellen Angelegenheiten bewegt sich sicherlich im Grenzbereich des rechtlich Zulässigen. Diese Grenze dürfte jedenfalls bei weiteren Aufgabenübertragungen an andere Ausschüsse überschritten sein.

Ausgeschlossen ist die Übertragung von Aufgaben, die nicht auf den Betriebsausschuss übertragen werden können (§§ 28 Abs. 2 i.V.m. Abs. 1 S. 3, 27 Abs. 2 S. 2 BetrVG); darunter fällt insbesondere der **Abschluss von Betriebsvereinbarungen**. Dementsprechend stellt § 2 Abs. (3) des Formulars klar, dass der Personalausschuss – auch im Rahmen der nach Abs. (1) übertragenen Aufgabenbereiche – keine Betriebsvereinbarungen abschließen kann.

Diese Einschränkung der Aufgabenübertragung hat unter anderem Auswirkungen auf die Befugnisse des Personalausschusses bei der Aufstellung von **Auswahlrichtlinien** (vgl. zu deren Rechtsnatur → Form. C. II. 1 Anm. 2). Die bloße Zustimmung zu einer arbeitgeberseitig aufgestellten Auswahlrichtlinie kann der Personalausschuss erklären (§ 2 Abs. (1) (e) des Formulars); soll hingegen – wie weitgehend üblich – eine entsprechende Betriebsvereinbarung abgeschlossen werden, ist der Betriebsrat hierfür zuständig.

5. Unterrichtung. § 3 des Formulars listet die Informations- und Anhörungsrechte des Betriebsrats im Rahmen personeller Angelegenheiten auf und stellt klar, dass der Arbeitgeber insoweit gegenüber dem Personalausschuss anstelle des Betriebsrats verpflichtet ist. Die von den Mitgliedern des Personalausschusses, die von der Gesellschaft ernannt wurden, vorgenommenen Unterrichtungen werden hierbei dem Arbeitgeber zugerechnet.

6. Besetzung. Bei der Besetzung des Ausschusses sollten **pragmatische Erwägungen** vorrangig bedacht werden. Der Ausschuss sollte daher nur mit so vielen Mitgliedern besetzt werden, wie zur sachgemäßen Erledigung der Aufgaben notwendig sind. Ein „überbesetzter" Ausschuss arbeitet erfahrungsgemäß weniger effizient und verursacht für den Arbeitgeber unnötige Kosten.

Es ist unschädlich, wenn auf eine im Betriebsrat vertretene Liste kein Ausschussmitglied entfällt (BAG AP BetrVG 1972 § 28 Nr. 5).

Die Wahl der Mitglieder des Betriebsrats muss zwingend im Wege der geheimen **Verhältniswahl** vorgenommen werden. Die Lücke im Betriebsverfassungsrecht, das zu den Wahlgrundsätzen bei der Wahl von Betriebsratsmitgliedern in einen gemeinsamen Ausschuss schweigt, ist durch eine analoge Anwendung von § 28 Abs. 1 S. 2 bzw. 27 Abs. 1 S. 3 bis 5 BetrVG zu schließen (ArbG Ulm BeckRS 2007, 41466; *Sommer* ZBVRonline 2009, 20). Es gelten damit die gleichen Grundsätze wie für die Wahl des Betriebsausschusses oder sonstiger Ausschüsse des Betriebsrats (Richardi/*Thüsing* § 28 Rn. 33). In einer Geschäftsordnung des Betriebsrats kann nicht festgelegt werden, dass der Betriebsratsvorsitzende und sein Stellvertreter „geborene" Mitglieder des gemeinsamen Ausschusses sind (vgl. BAG NZA 2006, 445).

Um eine **Kontinuität** der Arbeit des Personalausschusses zu gewährleisten, sollte eine mehrjährige Amtszeit festgelegt werden. Zu beachten ist allerdings, dass der Betriebsrat seine Mitglieder jederzeit austauschen kann.

7. Verfahrensfragen. Die in § 5 enthaltenen Verfahrensregelungen lehnen sich weitgehend an die §§ 29 ff. BetrVG an. Darüber hinaus erscheint es zweckmäßig, dass sich der gemeinsame Ausschuss eine eigene **Geschäftsordnung** gibt.

Um zu gewährleisten, dass die Arbeitgeberseite möglichst kurzfristig eine Stellungnahme des Personalausschusses zu personellen Einzelmaßnahmen erhält, sieht § 5 Abs. (2) vor, dass eine außerordentliche Sitzung i. d. R. an dem Tag nach der Unterrichtung oder Anhörung stattfinden soll.

§ 5 Abs. (5) des Formulars bestimmt, dass der Personalausschuss seine Beschlüsse mit einfacher Mehrheit der Stimmen der anwesenden Mitglieder fasst. Bei Abwesenheit eines Mitgliedes des Betriebsrats können die Mitglieder der Arbeitgeberseite die Betriebsratsseite daher überstimmen. Ob dies zulässig ist, ist umstritten. In der Literatur wird teilweise die Auffassung vertreten, dass ein Beschluss eines gemeinsamen Ausschusses nur dann wirksam ist, wenn neben der Mehrheit des Ausschusses insgesamt auch die **Mehrheit der vom Betriebsrat benannten Mitglieder** dafür stimmt (MünchHdBArbR/*Joost* § 218 Rn. 42; *Hanau* BB 1973, 1274; wohingegen Richardi/*Thüsing* § 28 Rn. 36 nicht auf die Mehrheit der benannten, sondern auf die Mehrheit der anwesenden Mitglieder abstellt, wenn mindestens die Hälfte der vom Betriebsrat entsandten Mitglieder an der Beschlussfassung teilnimmt). Zur Begründung wird darauf hingewiesen, dass die Aufgabenübertragung nach § 28 Abs. 2 BetrVG nicht an den gemeinsamen Ausschuss insgesamt, sondern nur an die Mitglieder des Betriebsrats erfolgt. Danach müsste also jeweils eine Abstimmung nach Bänken durchgeführt werden, bei der sich eine „doppelte Mehrheit" ergibt (eine doppelte Mehrheit befürwortet auch *Reitze* ZBVRonline 2011, 22, 25 f., der neben der Mehrheit der vom Betriebsrat entsandten Mitglieder auch eine Mehrheit der Mitglieder des gemeinsamen Ausschusses fordert). Die wohl überwiegende Meinung hält für die wirksame Beschlussfassung eine Mehrheit der Stimmen der Mitglieder des Betriebsrats nicht für erforderlich (*F/E/S/T/L* § 28 Rn. 47; GKBetrVG/*Raab* § 28 Rn. 43; H/S/W/G/N/R/*Glock* § 28 BetrVG Rn. 31). Sie weist daraufhin, dass es dem Betriebsrat freisteht, die Aufgabenübertragung dem gemeinsamen Ausschuss jederzeit wieder zu entziehen. Das BAG hat diese Frage bislang offen gelassen (BAG AP BetrVG 1972 § 102 Nr. 32; BAG AP BetrVG 1972 § 28 Nr. 5).

Kommt es bei der Abstimmung zur **Stimmengleichheit**, kommt ein Beschluss nicht zu Stande. Ist eine Beschlussfassung des Betriebsrats erforderlich, so fällt die Angelegenheit an diesen zurück (ErfKomm/*Koch* § 28 Rn. 2; *F/E/S/T/L* § 28 Rn. 44; *Reitze* ZBVRonline 2011, 22, 26; a. A. H/S/W/G/N/R/*Glock* § 28 BetrVG Rn. 34).

8. Inkrafttreten und Kündigung. Die Betriebsvereinbarung sollte eine Laufzeitregelung sowie eine Regelung der Kündigungsmöglichkeiten enthalten. Insoweit ergeben sich keine

Besonderheiten im Vergleich zu anderen Betriebsvereinbarungen. Allerdings kann der Betriebsrat die Delegation der Aufgaben an den gemeinsamen Ausschuss jederzeit wieder mit absoluter Mehrheit und in Schriftform entziehen (§§ 28 Abs. 2 i.V.m. Abs. 1 S. 3, 27 Abs. 2 S. 4 BetrVG). Dem trägt ein **außerordentliches Kündigungsrecht** (§ 6 Abs. (2) des Formulars) Rechnung.

9. **Schlussbestimmungen.** → Form. C. II. 1 Anm. 16.

24. Dienstwagen

Betriebsvereinbarung über Dienstwagen („Car Policy")[1]

zwischen

...... (Name und Anschrift des Arbeitgebers) „Gesellschaft"

und

Betriebsrat des Betriebs ...... der ...... (Name des Arbeitgebers) „Betriebsrat"
(Alternative: Gesamtbetriebsrat/Konzernbetriebsrat)

Präambel

Gegenstand dieser Betriebsvereinbarung sind die Auswahl, Nutzung und Instandhaltung von Dienstfahrzeugen sowie die vom Mitarbeiter bei der Nutzung eines Dienstwagens zu beachtenden Sorgfaltspflichten. Dienstwagen sind, auch wenn sie teilweise zur privaten Nutzung des Mitarbeiters überlassen werden, primär Betriebsmittel der Gesellschaft und als solche zu behandeln.

§ 1 Geltungsbereich[2]

Diese Betriebsvereinbarung gilt für alle Arbeitnehmer i.S.d. § 5 Abs. 1 BetrVG des Betriebs ...... der Gesellschaft („Mitarbeiter"), mit Ausnahme der leitenden Angestellten i.S.d. § 5 Abs. 3 BetrVG.

§ 2 Berechtigtenkreis[3]

(1) Die Gesellschaft entscheidet frei darüber, welchen Mitarbeitern oder Mitarbeitergruppen sie einen Dienstwagen überlässt. Bei ihrer Entscheidung orientiert sich die Gesellschaft an folgenden sachlichen Kriterien:

- Rechtfertigt die herausgehobene Position des Mitarbeiters die Überlassung eines Dienstwagens?
- Bedarf der Mitarbeiter aufgrund einer regelmäßig wahrzunehmenden Repräsentationstätigkeit im Rahmen externer Kundenkontakte eines Dienstwagens?
- Stellt die Überlassung eines Dienstwagens aufgrund dienstlich bedingter Fahrleistung des Mitarbeiters im Vergleich zur Erstattung anderer Reisekosten die wirtschaftlichere Alternative dar?
- Ist dem Mitarbeiter die Benutzung anderer Fortbewegungsmittel im Rahmen dienstlich bedingter Fahrleistung unzumutbar?

(2) Mitarbeitern, die keines der in Abs. (1) aufgelisteten Kriterien erfüllen, kann die Gesellschaft auf Wunsch einen Dienstwagen als Sachbezug in Gestalt einer Gehalts-

umwandlung zur Verfügung stellen. Die Höhe der Gehaltsumwandlung entspricht den Kosten, die der Gesellschaft entstehen.

§ 3 Fahrzeugauswahl und Ausstattung[4]

(1) Die Zuordnung der Mitarbeiter zu einer Dienstwagen-Kategorie ergibt sich aus der Anlage zu dieser Betriebsvereinbarung. Darin wird jeweils ein Referenzmodell für jede Dienstwagen-Kategorie sowie eines oder mehrere Alternativmodelle angegeben.

(2) Der zum Berechtigtenkreis nach vorstehendem § 1 gehörende Mitarbeiter erhält grundsätzlich das sich aus der Anlage ergebende Referenzmodell. Er ist darüber hinaus berechtigt,

- ein Alternativmodell zum Referenzmodell aus der gleichen Dienstwagen-Kategorie auszuwählen,
- ein Upgrade in die nächsthöhere Dienstwagen-Kategorie oder ein Downgrade in eine niedrigere Dienstwagen-Kategorie zu wählen,
- Sonderwünsche bei der Ausstattung des Dienstwagens auszuwählen, soweit diese zehn Prozent des Bruttolistenpreises des Referenzmodells nicht überschreiten.

(3) Zusätzliche Kosten, die durch die Auswahl eines Upgrades oder Sonderwünsche entstehen, trägt der Mitarbeiter für die Dauer des Arbeitsverhältnisses. Diese werden auf die geplante Nutzungsdauer des Dienstwagens durch den Mitarbeiter umgelegt und in monatlichen Raten ausgeglichen. Einsparungen aufgrund der Auswahl eines Downgrades werden nicht ausgezahlt.

§ 4 Überlassung und Übernahme[5]

(1) Voraussetzung für die Überlassung eines Dienstwagens ist der Abschluss eines Überlassungsvertrags zwischen der Gesellschaft und dem Mitarbeiter unter Bezugnahme auf die Regelungen dieser Betriebsvereinbarung.

(2) Bei der Übernahme des Dienstwagens werden dem Mitarbeiter Fahrzeugschein, Fahrzeugschlüssel, Verbandskasten und Warndreieck ausgehändigt. Zubehör des Dienstwagens sind außerdem vier Sommer- bzw. vier Winterreifen.

(3) Der Mitarbeiter erhält eine Tank- und Service-Karte („Tankkarte"). Über die Tankkarte sind alle mit der Nutzung des Dienstwagens verbundenen Kosten abzurechnen. Ist die Nutzung der Tankkarte ausnahmsweise nicht möglich, übernimmt die Gesellschaft die mit der Dienstwagennutzung verbundenen Kosten gegen Vorlage entsprechender Belege.

(4) Bei der Übernahme des Dienstwagens wird ein Übernahmeprotokoll erstellt. In diesem werden etwaige Mängel oder Beschädigungen des Dienstwagens, die Vollständigkeit der vorgesehenen Ausstattung inklusive der laut Abs. (1) ausgehändigten Zubehörteile, der Kilometerstand sowie die Übergabe des/der Fahrzeugschlüssel/s, einer Tankkarte und des Fahrzeugscheins festgehalten. Der Mitarbeiter erhält eine Kopie des Übernahmeprotokolls.

§ 5 Nutzungsumfang[6]

(1) Dienstwagen werden zur dienstlichen und zur privaten Nutzung zur Verfügung gestellt. Auslandsfahrten sind nur in EU-Mitgliedsstaaten sowie nach Liechtenstein, Norwegen und in die Schweiz gestattet.

(2) Die Nutzung des Dienstwagens durch Dritte ist unzulässig. Hiervon ausgenommen ist die Nutzung durch den Ehegatten, den Lebenspartner oder den Lebensgefährten sowie

durch die in häuslicher Gemeinschaft lebenden Familienangehörigen des Mitarbeiters, sofern der Gesellschaft nachgewiesen wurde, dass sie seit mindestens drei Jahren über eine gültige Fahrerlaubnis verfügen.

(3) Der Mitarbeiter hat alle sich aus dem Betrieb und der Haltung des Dienstwagens ergebenden gesetzlichen Verpflichtungen zu erfüllen. Dies gilt insbesondere für die Vorschriften des Straßenverkehrsgesetzes (StVG), der Straßenverkehrsordnung (StVO) und der Straßenverkehrszulassungsordnung (StVZO). Wird der Dienstwagen im Rahmen eines Leasingvertrags überlassen, so hat der Mitarbeiter die Bestimmungen des Leasingvertrags zur Nutzung des Dienstwagens, insbesondere die vereinbarte Laufleistung, einzuhalten. Diese Verpflichtungen des Mitarbeiters bestehen auch unmittelbar gegenüber der Gesellschaft.

§ 6 Fahrerlaubnis/Fahrtenbuch[7]

(1) Voraussetzung für die Führung eines Dienstwagens ist der Besitz einer gültigen Fahrerlaubnis. Diese hat der Mitarbeiter der Gesellschaft vor Übergabe des Dienstwagens, sowie jederzeit auf Verlangen der Gesellschaft vorzulegen. Bei der Nutzung des Fahrzeugs hat der Mitarbeiter Fahrzeug- und Führerschein mitzuführen. Bei Auslandsfahrten ist darüber hinaus die grüne Versicherungskarte mitzuführen.

(2) Der Mitarbeiter hat der Gesellschaft den dauerhaften oder vorübergehenden Verlust der Fahrerlaubnis sowie die Verhängung eines Fahrverbots unverzüglich anzuzeigen. Die Benutzung des Dienstwagens ist in diesen Fällen unverzüglich einzustellen.

(3) Die Gesellschaft behält sich das Recht vor, dem Mitarbeiter die Führung eines Fahrtenbuches aufzuerlegen.

§ 7 Instandhaltung

(1) Der Mitarbeiter hat für eine ordnungsgemäße Pflege und Wartung des Dienstwagens zu sorgen. Dazu gehören u. a. Wagenwäsche sowie Prüfung des Ölstands, der Batterie und der Bereifung.

(2) Der Mitarbeiter hat die im Kundendienst-Scheckheft vorgesehenen Inspektionen sowie die Fälligkeit zur Vorführung beim TÜV zu beachten und den Dienstwagen hierzu rechtzeitig in eine Vertragswerkstatt zu bringen. Die Gesellschaft kann die aufzusuchende Vertragswerkstatt festlegen.

(3) Notwendige Reparaturen hat der Mitarbeiter unverzüglich ausführen zu lassen. Die Gesellschaft kann die aufzusuchende Vertragswerkstatt festlegen. Reparaturen, deren Kosten sich voraussichtlich auf mehr als . . . . . . EUR (in Worten: . . . . . . Euro) belaufen, sind der Gesellschaft unverzüglich anzuzeigen. Die Gesellschaft entscheidet dann über das weitere Vorgehen.

§ 8 Kosten/Versicherung[8]

(1) Die Kosten des Betriebs, der Pflege, der Wartung und der Reparaturen sowie die Kfz-Steuern trägt die Gesellschaft.

(2) Die Gesellschaft schließt – jeweils zu marktüblichen Bedingungen – eine Vollkaskoversicherung mit einer Selbstbeteiligung in Höhe von . . . . . . EUR (in Worten: . . . . . . Euro) sowie eine Haftpflichtversicherung (Versicherungssumme: . . . . . . EUR (in Worten: . . . . . . Euro)) ab und übernimmt die Versicherungsbeiträge.

§ 9 Schäden[9]

(1) Der Mitarbeiter haftet bei Beschädigung oder Verlust des Dienstwagens („Schaden") im Rahmen dienstlicher Nutzung, wenn der Schaden von ihm vorsätzlich verursacht wurde, in voller Höhe. Bei grober Fahrlässigkeit kann nach Abwägung der Einzelfallumstände eine Haftungserleichterung in Betracht kommen. In die Abwägung müssen insbesondere die Höhe des Arbeitsentgelts, die finanzielle Leistungsfähigkeit des Mitarbeiters und der Grad des Verschuldens einbezogen werden. In Fällen mittlerer Fahrlässigkeit haftet der Mitarbeiter anteilsmäßig je nach den Umständen des Einzelfalls, wobei erneut die im vorstehenden Satz genannten Kriterien zu berücksichtigen sind. Bei leichter Fahrlässigkeit haftet der Mitarbeiter im Falle der dienstlichen Nutzung nicht.

(2) Für Schäden, die im Rahmen privater Nutzung des Dienstwagens oder der Nutzung des Dienstwagens durch Dritte entstehen, haftet der Mitarbeiter unabhängig vom Verschuldensgrad.

(3) Für Ansprüche Dritter gegen die Gesellschaft im Zusammenhang mit der Nutzung des Dienstwagens haftet der Mitarbeiter im Innenverhältnis zu der Gesellschaft entsprechend der in den vorstehenden Absätzen (1) und (2) genannten Grundsätze.

(4) Unfälle hat der Mitarbeiter der Gesellschaft unverzüglich schriftlich zu melden.

(5) Ersetzt eine Versicherung den Schaden und nimmt diese nicht Rückgriff gegen die Gesellschaft, haftet der Mitarbeiter beschränkt. Er hat in diesem Fall lediglich den Schaden durch den Verlust des Schadensfreiheitsrabattes und bei einer Kaskoversicherung die Selbstbeteiligung zu erstatten.

§ 10 Herausgabe/Widerruf der Nutzung[10]

(1) Bei Beendigung des Arbeitsverhältnisses hat der Mitarbeiter den Dienstwagen samt Zubehör am Sitz der Gesellschaft zurückzugeben.

(2) Die Gesellschaft ist dazu berechtigt, für die Zukunft

- das Recht zur privaten Nutzung des Dienstwagens zu widerrufen und die Herausgabe des Dienstwagens zu verlangen oder
- den Inhalt des Rechts zur privaten Nutzung des Dienstwagens zu ändern,

wenn sachliche Gründe vorliegen, also aufgrund der wirtschaftlichen Entwicklung der Gesellschaft, in der Person des Mitarbeiters liegender Gründe, der Leistung oder des Verhaltens des Mitarbeiters, und sofern dies dem Mitarbeiter zumutbar ist.

(3) Ein sachlicher Grund i. S. v. Abs. (2) liegt insbesondere vor bei

- berechtigter Freistellung des Mitarbeiters von der Verpflichtung zur Arbeitsleistung,
- Wegfall tatsächlicher Arbeitsleistung (z. B. bei Krankheit, Sonderurlaub) nach Ablauf etwaiger Entgelt(fort)zahlungszeiträume,
- Ruhen des Arbeitsverhältnisses (z. B. wegen Elternzeit),
- Inverwahrungnahme, Sicherstellung oder Beschlagnahme des Führerscheins, Entzug der Fahrerlaubnis oder Verbot zum Führen eines Kraftfahrzeugs,
- Änderung der Arbeitsaufgabe, wenn die Überlassung des Dienstwagens im Zusammenhang mit der Arbeitsaufgabe stand und nach der Änderung der Arbeitsaufgabe der Dienstwagen hierfür nicht mehr oder nicht mehr im bisherigen Umfang für die neue Arbeitsaufgabe erforderlich ist,
- einem groben oder mehrmaligen Verstoß des Mitarbeiters gegen Vorschriften dieser Vereinbarung,
- Durchführung von Wartungs- oder Reparaturarbeiten bzw. Ersatzbeschaffung.

(4) Im Fall des Widerrufs gemäß den vorstehenden Abs. (2) und (3) ist der Mitarbeiter zur unverzüglichen Herausgabe des Dienstwagens samt Zubehör am Sitz der Gesellschaft verpflichtet. Ein Anspruch auf Entschädigung für die entgangene private Nutzungsmöglichkeit besteht im Falle eines berechtigten Widerrufs nicht.

(5) Ein etwaiges Zurückbehaltungsrecht steht dem Mitarbeiter für den Fall des Widerrufs gemäß den vorstehenden Abs. (2) und (3) nicht zu.

§ 11 Ausscheiden des Mitarbeiters vor Ende der regulären Leasingvertragsdauer[11]

Hat die Gesellschaft den Dienstwagen zum Zwecke der Überlassung an den Mitarbeiter von einem Dritten geleast und scheidet der Mitarbeiter aufgrund einer Eigenkündigung, die nicht von der Gesellschaft veranlasst wurde oder einer seitens der Gesellschaft ausgesprochenen fristlosen Kündigung aus dem Arbeitsverhältnis aus, so hat der Mitarbeiter die Wahl, entweder anstelle der Gesellschaft den Leasingvertrag zu übernehmen oder die Kosten der vorzeitigen Beendigung des Leasingvertrages gegen Rückgabe des Leasingfahrzeugs zu tragen. Die Übernahme des Leasingvertrags anstelle der Gesellschaft setzt die Zustimmung der Leasinggesellschaft voraus.

§ 12 Steuerliche Behandlung/Betriebliche Altersversorgung[12]

(1) Die Steuer und die Arbeitnehmeranteile zur Sozialversicherung, die auf den in der privaten Nutzungsmöglichkeit des Dienstwagens liegenden geldwerten Vorteil entfallen, sind vom Mitarbeiter zu tragen. Höhe, Abzug und Abführung von Steuern und Sozialversicherungsabgaben bestimmen sich nach den jeweils geltenden gesetzlichen Vorschriften.

(2) Für Zwecke einer etwa bestehenden betrieblichen Altersversorgung bleibt der in der privaten Nutzungsmöglichkeit des Dienstwagens liegende geldwerte Vorteil unberücksichtigt.

§ 13 Einbauten/Veränderungen[13]

Der Mitarbeiter ist ohne ausdrückliche vorherige Gestattung der Gesellschaft nicht dazu berechtigt, elektronische Geräte oder sonstiges Zubehör in den Dienstwagen einzubauen oder sonstige Umbauten oder Veränderungen an diesem vorzunehmen.

§ 14 Ordnungswidrigkeit und Straftaten[14]

Soweit infolge der Nutzung des Dienstwagens durch den Mitarbeiter oder Dritte Ordnungswidrigkeiten oder Straftaten begangen werden, trägt der Mitarbeiter sämtliche sich hieraus ergebenden Verpflichtungen (z. B. Verwarnungs- und Bußgelder, Strafen, Verfahrens- und Abschleppkosten).

§ 15 Inkrafttreten/Kündigung[15]

(1) Diese Betriebsvereinbarung tritt am ...... in Kraft. Sie kann mit einer Frist von sechs Monaten zum Ende des Kalenderjahres gekündigt werden. Danach behält die Betriebsvereinbarung bis zum Abschluss einer neuen Betriebsvereinbarung ihre Gültigkeit.

(2) Die Kündigung bedarf der Schriftform.

§ 16 Schlussbestimmungen[16]

(1) Diese Betriebsvereinbarung löst alle eventuellen vorherigen Betriebsvereinbarungen über Dienstwagen, insbesondere ......, ab. Mündliche Nebenabreden bestehen nicht.

Änderungen und/oder Ergänzungen dieser Betriebsvereinbarung, einschließlich dieser Bestimmung, bedürfen zu ihrer Wirksamkeit der Schriftform.

(2) Sollte eine Bestimmung dieser Betriebsvereinbarung ganz oder teilweise unwirksam sein oder werden, so wird hiervon die Wirksamkeit der übrigen Bestimmungen nicht berührt. Anstelle der unwirksamen Bestimmung werden die Betriebspartner die gesetzlich zulässige Bestimmung vereinbaren, die dem mit der unwirksamen Bestimmung Gewollten wirtschaftlich am nächsten kommt. Dasselbe gilt für den Fall einer vertraglichen Lücke.

(3) Diese Betriebsvereinbarung steht unter dem Vorbehalt etwaiger ablösender – auch freiwilliger – Betriebsvereinbarungen.

(4) Sollten sich die dieser Betriebsvereinbarung zugrunde liegenden tatsächlichen und/ oder rechtlichen Bedingungen grundlegend ändern, so werden die Betriebspartner unverzüglich in Verhandlungen treten mit dem Ziel, die Betriebsvereinbarung an die geänderten Bedingungen anzupassen,

. . . . . .	. . . . . .
Ort, Datum	Ort, Datum
. . . . . .	. . . . . .
Unterschrift der Gesellschaft	Unterschrift des Betriebsratsvorsitzenden

Anmerkungen

1. Regelungsinhalt. Das Formular regelt die Überlassung von Dienstwagen auf der Basis einer Betriebsvereinbarung, die gegenüber einer individualvertraglichen Regelung (→ Form. A. III. 2, → Form. A. III. 3) einige Vorteile mit sich bringt.

Der Abschluss einer Betriebsvereinbarung bietet die Gewähr einer einheitlichen Regelung der Dienstwagenzuteilung für alle Arbeitnehmer. Auf diese Weise kann **Zuteilungsgerechtigkeit** hergestellt werden, die betriebsinterne Unstimmigkeiten zwischen Mitarbeitern zu vermeiden hilft. Des Weiteren muss aufgrund der normativen Geltung der Betriebsvereinbarung im Falle einer beabsichtigten **Veränderung** der Dienstwagenregelung nicht jeder Arbeitsvertrag einzeln an die neuen Vorgaben angepasst werden. Wenn Leistungen allein auf Grundlage und nach Maßgabe einer Betriebsvereinbarung gewährt werden, begründet dies keine betriebliche Übung. Schließlich ist der **Gestaltungsspielraum** der Betriebsparteien deutlich größer als derjenige der Vertragsparteien beim Abschluss eines Individualvertrages. Insbesondere findet die AGB-Inhaltskontrolle nach der Bereichsausnahme des § 310 Abs. 4 S. 1 BGB keine Anwendung auf Betriebsvereinbarungen (BAG NZA 2006, 563).

Darüber hinaus kann ohnehin ein **erzwingbares Mitbestimmungsrecht des Betriebsrats** bestehen. Die Überlassung eines Dienstwagens, zumindest wenn diese auch zur privaten Nutzung erfolgt, könnte die betriebliche Lohngestaltung tangieren und daher unter **§ 87 Abs. 1 Nr. 10 BetrVG** fallen (→ Form. A. III. 1 Anm. 1; ebenso *Moll/Roebers* DB 2010, 2672 m. w. N.). Eine Regelung mittels Betriebsvereinbarung wäre dann nicht nur zweckmäßig, sondern unverzichtbar.

2. Geltungsbereich. Unter den Kreis der Dienstwagenberechtigten werden häufig – neben Außendienstmitarbeitern – in erster Linie leitende Angestellte fallen. Die Betriebsvereinbarung kann allerdings für leitende Angestellte keine Wirkung entfalten, da auf diese das Betriebsverfassungsgesetz gemäß § 5 Abs. 3 BetrVG keine Anwendung findet.

3. Berechtigtenkreis. Die Entscheidung darüber, ob überhaupt und ggf. welchen Mitarbeitergruppen ein Dienstwagen überlassen werden soll, kann der Arbeitgeber frei treffen (Küttner/*Griese* Dienstwagen Rn. 15). Dementsprechend räumt das Formular dem Arbeitgeber diese Entscheidungsbefugnis ein.

Unter Berücksichtigung des arbeitsrechtlichen Gleichbehandlungsgrundsatzes listet das Formular sachliche **Beurteilungskriterien** auf, die bei der Entscheidung beachtet werden müssen. Die genannten Kriterien der herausgehobenen Stellung im Betrieb, des Repräsentationsbedarfes und der dienstlich bedingten Fahrleistung erlauben es dem Arbeitgeber, eine einerseits sachlich zu rechtfertigende, andererseits aber den Umständen des Einzelfalls entsprechende und daher flexible Entscheidung zu treffen.

Nach der Alternative besteht bei Vorliegen der genannten Voraussetzungen ein **Anspruch** auf Gewährung eines Dienstwagens.

4. Fahrzeugauswahl und Ausstattung. Die Regelung bestimmt unter Bezugnahme auf eine Anlage, welchen Mitarbeitergruppen im Falle der Dienstwagenberechtigung welche Fahrzeugklassen zur Verfügung gestellt werden können. Durch die Wahl von Alternativmodellen, Up- und Downgrades sowie Sonderausstattungen wird eine gewisse Flexibilität eingeräumt. Die zusätzlichen Kosten für Sonderwünsche des Arbeitnehmers können zumindest für die Dauer des Arbeitsverhältnisses dem Arbeitnehmer auferlegt werden (vgl. LAG Düsseldorf BeckRS 2011, 76731 zur Beschränkung der Kostentragungspflicht auf die Laufzeit des Arbeitsvertrages unter Verweis auf die allerdings gem. § 310 Abs. 4 S. 1 BGB im Rahmen von Betriebsvereinbarungen nicht geltende AGB-Kontrolle). Ob eine Kostenbelastung des Mitarbeiters auch nach dem Ende des Arbeitsvertrages zulässig, insbesondere nicht unbillig gem. § 315 Abs. 3 BGB ist, ist zweifelhaft (für entsprechende individualvertragliche Vereinbarungen wurde dagegen festgestellt, dass diese unangemessen und damit nach § 307 Abs. 1 BGB unwirksam sind, vgl. LAG Düsseldorf BeckRS 2011, 76731).

5. Übernahme. → Form. A. III. 1 Anm. 4.

6. Nutzungsumfang. → Form. A. III. 1 Anm. 3. Hinsichtlich des Nutzungsumfangs besteht möglicherweise ein Mitbestimmungsrecht des Betriebsrats gemäß § 87 Abs. 1 Nr. 10 BetrVG (→ Form. A. III. 1 Anm. 1). Dies gilt insbesondere dann, wenn – wie es der Regelfall ist – die private Nutzung des Dienstwagens gestattet ist und sich folglich die Dienstwagenüberlassung als Gehaltsbestandteil darstellt. Stellt der Arbeitgeber den Firmenwagen ausschließlich für dienstliche Zwecke zur Verfügung, hat der Arbeitnehmer keinen Anspruch auf Nutzung des Firmenfahrzeugs zum Zwecke der Wahrnehmung von Betriebsratstätigkeit (BAG AP BetrVG 1972 § 37 Nr. 146).

7. Fahrerlaubnis/Fahrtenbuch. Für die in § 6 Abs. (3) geregelte Möglichkeit, den Mitarbeiter zur Führung eines Fahrtenbuchs zu verpflichten, besteht ein Mitbestimmungsrecht gemäß § 87 Abs. 1 Nr. 1 BetrVG (*Nägele* S. 47; *Moll/Roebers* DB 2010, 2672). Je nachdem, welche Berechnungsmethode die Parteien eines Arbeitsverhältnisses für die steuer- und sozialversicherungsrechtliche Bewertung des geldwerten Vorteils, welcher in der Überlassung des Fahrzeuges liegt, gewählt haben (Einzelnachweis oder Nutzungspauschale; → Form. A. III. 1 Anm. 8), kann die Führung eines Fahrtenbuches erforderlich sein. Zwar wird die Methode des Einzelnachweises, für welche die Führung des Fahrtenbuchs obligatorisch ist, in der Praxis kaum gewählt. Durch Aufnahme des Passus in § 6 Abs. (3) ist der Arbeitgeber jedoch „auf der sicheren Seite", falls er sich in der Zukunft oder in einem Einzelfall doch für die Alternative des Einzelnachweises entscheiden sollte.

8. Kosten/Versicherung. → Form. A. III. 1 Anm. 5.

9. Schäden. → Form. A. III. 1 Anm. 6.

10. Herausgabe/Widerruf der Nutzung. Am Beispiel des Nutzungswiderrufs verdeutlicht sich die Überlegenheit der Betriebsvereinbarung gegenüber der individualarbeitsvertraglichen Vereinbarung als Instrument zur Regelung der Dienstwagenüberlassung.

Das BAG hat in mehreren Entscheidungen (NZA 2006, 34; NZA 2007, 748; NZA 2007, 809; NZA-RR 2010, 457) individualarbeitsvertragliche Klauseln, die zwar Gründe für den Widerruf beinhalten, aufgrund der Verwendung des Wortes **„insbesondere"** aber nicht abschließend gefasst waren, wegen eines Verstoßes gegen § 307 Abs. 1 BGB als unwirksam bewertet. Ein Arbeitnehmer könne nämlich einer solchen Klausel weder entnehmen, in welchen Fällen er mit der Ausübung des Widerrufsrechts rechnen müsse, noch wie er den Eintritt der Voraussetzungen des vorbehaltenen Widerrufsrechts verhindern könne. In einem Einzelarbeitsvertrag könnten § 10 Abs. (2) und (3) daher von der Rechtsprechung als unwirksam erachtet werden. Dasselbe Schicksal teilt eine individualvertragliche Klausel, die nach Kündigung des Arbeitsverhältnisses und Freistellung von der Arbeitsleistung den sofortigen entschädigungslosen Entzug der Privatnutzung des Dienstwagens vorsieht. Eine solche Widerrufsklausel ohne Ankündigungsfrist verstößt gegen § 308 Nr. 4 BGB (ausführlich dazu LAG Hannover BeckRS 2010, 75576; vgl. auch BAG NJW 2011, 1469).

Für den Widerrufsvorbehalt in einer Betriebsvereinbarung gilt dieser strenge Maßstab nicht (BAG NZA 2006, 563; zustimmend *Lembke* BB 2007, 1627).

Zwar deutet das BAG (NZA 2006, 563) an, dass eine **Angemessenheitskontrolle von Betriebsvereinbarungen auch über § 75 BetrVG** denkbar wäre (vgl. *Lunk* ArbRB 2006, 170, der von einer „Synchronisation der Prüfungsmaßstäbe" spricht). Der Vorschlag einer Angemessenheitskontrolle i.S.d. § 307 BGB über die „Hintertür" des § 75 BetrVG kann jedoch nicht überzeugen. Dies widerspräche dem unmissverständlichen Wortlaut des § 310 Abs. 4 S. 1 BGB und der Intention des Gesetzgebers, der eine Eingriffsmöglichkeit in den normsetzenden Bereich gerade verhindern wollte, „...... da anderenfalls das System der Tarifautonomie konterkariert würde ......" (BT-Drucks. 14/6857 S. 54).

Ungeachtet dessen ist jede **Ausübung** eines Widerrufsvorbehaltes – auch auf der Grundlage einer Betriebsvereinbarung – am Maßstab des billigen Ermessens gemäß § 315 Abs. 3 BGB zu messen (BAG NZA 2006, 563; → Form. A. III. 1 Anm. 7).

Ist der Arbeitnehmer erkrankt, entfällt der Anspruch auf Privatnutzung mit dem Ende des Entgeltfortzahlungszeitraums, ohne dass es zwingend eines Widerrufsvorbehalts bedarf (LAG Stuttgart BeckRS 2009, 69640).

11. Ausscheiden eines Mitarbeiters vor Ablauf der regulären Leasingvertragsdauer. In der Praxis schließt der Arbeitgeber i.d.R. mit einem Drittunternehmen einen Leasingvertrag über das zu überlassende Fahrzeugs ab. Probleme ergeben sich zuweilen dann, wenn das Arbeitsverhältnis vorzeitig endet und der vor Ablauf der regulären Leasingzeit zurückzugebende Dienstwagen nicht anderweitig eingesetzt werden kann.

Das BAG (BAG NZA 2004, 484) hält eine **Arbeitsvertragsklausel für unwirksam**, die dem Arbeitnehmer bei Beendigung des Arbeitsverhältnisses zur Rückgabe des Dienstwagens und gleichzeitig zur Zahlung der noch bis zum regulären Ende des Leasingvertrages anfallenden Kosten verpflichtete. Da die Regelung nicht nach dem Beendigungsgrund differenziere und den Arbeitnehmer finanziell unangemessen belaste, sei sie mit dem auch im Arbeitsrecht geltenden Grundsatz von Treu und Glauben nicht vereinbar.

Demnach ist zwar im Falle einer arbeitgeberseitigen Beendigung des Arbeitsverhältnisses, für die der Mitarbeiter keinen Anlass gegeben hat, ein Abwälzen der Kosten der vorzeitigen Beendigung des Leasingvertrages auf den Mitarbeiter nicht zulässig. Für Fälle, in denen die **Beendigung des Arbeitsverhältnisses hingegen vom Mitarbeiter zu verantworten** ist, also in den Fällen der Eigenkündigung oder einer fristlosen arbeitgeberseitigen Kündigung, dürfte § 11 des Formulierungsvorschlags einen angemessenen Interessenausgleich zwischen ausscheidendem Mitarbeiter und Arbeitgeber darstellen.

Voraussetzung dafür ist allerdings, dass auch in dem Vertrag mit dem Leasingunternehmen eine Klausel aufgenommen wird, der zufolge der Leasingvertrag gegen Zahlung eines Abgeltungsbetrages vorzeitig beendet werden kann. Zudem sollte bedacht werden, dass es beim Eintritt des Mitarbeiters in den Leasingvertrag zu einem Schuldnerwechsel kommt, der die Zustimmung der Leasinggesellschaft voraussetzt. Der Leasinggeber wird hieran aber unter Umständen kein Interesse haben wird, da er womöglich auf Ansprüche gegen einen wenig solventen Schuldner verwiesen würde.

Nach Ansicht des BAG (BAG NZA 2004, 484) könnte eine arbeitsvertragliche Regelung mit dem Inhalt des hier vorgeschlagenen § 11 wegen einer Verletzung des aus § 622 Abs. 5 BGB abgeleiteten **Verbots der einseitigen Kündigungserschwernis** unwirksam sein. Das LAG Berlin hat sich dieser Argumentation angeschlossen (LAG Berlin BeckRS 2008, 54759). Eine individualvertragliche Klausel, nach der der Arbeitnehmer einen durch Sonderwünsche bedingten Eigenanteil an den Leasingraten nach Beendigung des Arbeitsverhältnisses weiterhin tragen soll, ist nach Auffassung des LAG Düsseldorf ebenfalls unwirksam (LAG Düsseldorf BeckRS 2011, 76731). Als Bestandteil einer Betriebsvereinbarung soll allerdings die Bindung des Kündigungsrechts an eine Zahlungsverpflichtung dann keinen Verstoß gegen § 622 Abs. 5 BGB darstellen, wenn sie vom Standpunkt eines verständigen Betrachters aus einem begründeten und zu billigendem Interesse des Arbeitgebers entspreche (BAG EzA BetrVG 1972 § 112 Nr. 81). Es sollte für einen durchschnittlichen Dritten nachvollziehbar sein, dass der Arbeitgeber für einen finanziellen Nachteil, den er dadurch erleidet, dass der Mitarbeiter das Ende des Arbeitsverhältnisses und damit des Leasingvertrags vorzeitig herbeigeführt hat, einen gewissen Ausgleich verlangt. Dies muss umso mehr dann gelten, wenn dem Mitarbeiter die Möglichkeit des Eintritts in den Leasingvertrag eröffnet wird, aufgrund dessen er für seine finanzielle Leistung eine adäquate Gegenleistung erhält. Die Möglichkeit zur Übernahme des Leasingvertrags darf aber nicht vom Einverständnis der Gesellschaft abhängig gemacht werden (BAG NZA 2004, 484, 485).

12. **Steuerliche Behandlung/Betriebliche Altersversorgung.** → Form. A. III. 1 Anm. 8.

13. **Einbauten/Veränderungen.** → Form. A. III. 1 Anm. 9.

14. **Ordnungswidrigkeit und Straftat.** → Form. A. III. 1 Anm. 10.

15. **Inkrafttreten/Kündigung.** → Form. C. II. 1 Anm. 15.

16. **Schlussbestimmungen.** → Form. C. II. 1 Anm. 16.

III. Verhandlungen vor der Einigungsstelle

1. Beschleunigung von Interessenausgleichsverhandlungen

Betriebsvereinbarung „Einigungsstelle Interessenausgleich"[1]

zwischen

. . . . . . (Name und Anschrift des Arbeitgebers) „Gesellschaft"

und

Betriebsrat des Betriebs . . . . . . der . . . . . . (Name des Arbeitgebers) „Betriebsrat"

Präambel

Die Betriebsparteien wollen ein Verfahren vereinbaren, welches durch die einvernehmliche Herbeiführung eines Interessenausgleichs wegen der geplanten Vornahme von Restrukturierungsmaßnahmen im Zusammenhang mit dem Projekt „IT-Outsourcing" zu größerer Prozesssicherheit beiträgt. Zu diesem Zweck wollen sie sich auf die Errichtung einer Einigungsstelle und ein Verfahren zur Herbeiführung eines etwaigen Interessenausgleichs einigen. Als Restrukturierungsmaßnahmen sind insbesondere geplant die Schaffung einer separaten IT-Einheit (im Sinn eines eigenständigen Betriebsteils), die anschließend im Wege eines Betriebsteilübergangs auf eine neu gegründete IT-Dienstleistungsgesellschaft übergehen soll, was mit einer Betriebsspaltung bei der Gesellschaft einhergeht. Die Struktur der Gesellschaft wird sich durch die Schaffung der IT-Einheit und den anschließenden Betriebsteilübergang entsprechend ändern.

Die Betriebsparteien haben für das Projekt „IT-Outsourcing" einen Sozialplan verhandelt, aber noch nicht abgeschlossen, der dieser Betriebsvereinbarung als Anlage 1 beigefügt ist („Sozialplan"). Zudem haben die Betriebsparteien eine Betriebsvereinbarung zu Auswahlrichtlinien verhandelt; der letzte Entwurf der Gesellschaft ist dieser Betriebsvereinbarung als Anlage 2 beigefügt („Betriebsvereinbarung Auswahlrichtlinie"); im Entwurf sind die Punkte farbig markiert, bezüglich derer die Betriebsparteien noch keine Einigung erzielt haben und weiter verhandeln wollen.

Dies vorausgeschickt, vereinbaren die Betriebsparteien was folgt:

§ 1 Einigungsstelle „IT-Outsourcing"

Die Betriebsparteien einigen sich hiermit auf eine Einigungsstelle nach folgender Maßgabe:[2]

(1) Richter am Arbeitsgericht . . . . . . („Herr . . . . . .") übernimmt den Vorsitz der Einigungsstelle.

(2) Falls Herr . . . . . . bei der Anrufung der Einigungsstelle (vgl. § 3 dieser Betriebsvereinbarung) den Vorsitz der Einigungsstelle nicht übernehmen kann oder nicht übernehmen will oder nicht gewährleisten kann, dass in den Monaten . . . . . . und . . . . . . wöchentlich Sitzungen stattfinden können (vgl. § 4 Abs. (1) dieser Betriebsvereinbarung), wird wie folgt verfahren:

Die Betriebsparteien haben Gelegenheit, sich binnen einer Woche nach Kenntnis beider Betriebsparteien davon, dass Herr ...... als Vorsitzender der Einigungsstelle nicht zur Verfügung steht (i.e. entweder Ablehnung der Übernahme des Vorsitzes der Einigungsstelle durch Herrn ...... oder keine fristgemäße Erteilung der im Anschreiben erbetenen Bestätigung) schriftlich auf einen anderen Einigungsstellenvorsitzenden zu einigen. Gleichzeitig hat jede Betriebspartei Gelegenheit, innerhalb dieser Woche der anderen Betriebspartei einen Vorschlag mit bis zu zwei Namen eines potentiellen Einigungsstellenvorsitzenden zu unterbreiten. Gelingt bis zum Ende der genannten Woche keine Einigung, wird die Person des Einigungsstellenvorsitzenden in der darauf folgenden Woche aus den Vorschlägen der Betriebsparteien am Sitz der Gesellschaft in ...... (Ort) durch einen von der Gesellschaft zu bestimmenden Notar mit Amtssitz in ...... (Ort) ausgelost. Hat eine Betriebspartei ihr Vorschlagsrecht nicht wahrgenommen, wird die Person des Einigungsstellenvorsitzenden aus den bei der Auslosung vorliegenden Vorschlägen ermittelt. Die Betriebsparteien werden von der Gesellschaft zur Auslosung eingeladen; sie haben ein Teilnahmerecht, aber keine Teilnahmepflicht. Das Ergebnis der Auslosung ist für die Betriebsparteien bindend.

(3) Wenn der so bestimmte Einigungsstellenvorsitzende zunächst den Einigungsstellenvorsitz übernimmt, dann aber an der zeitgerechten Wahrnehmung entsprechend des in § 4 dieser Betriebsvereinbarung niedergelegten Zeitplans seiner Aufgabe als Vorsitzender der Einigungsstelle verhindert sein sollte, wird ein neuer Einigungsstellenvorsitzender bestimmt. In diesem Fall gilt das in vorstehendem Absatz (2) beschriebene Verfahren entsprechend. Dem Zeitpunkt der Ablehnung der Übernahme des Vorsitzes der Einigungsstelle im Sinne des Absatzes (2) entspricht der Zeitpunkt der Mitteilung des Einigungsstellenvorsitzenden von seiner Verhinderung an beide Betriebsparteien oder der ansonsten erlangten Kenntnis der Betriebsparteien von seiner Verhinderung.

(4) Jede Partei benennt drei Beisitzer.

Die Gesellschaft benennt folgende Beisitzer: ......

Der Betriebsrat benennt folgende Beisitzer: ......

Jede Partei kann jederzeit Ersatz-Beisitzer benennen, die im Fall der Verhinderung eines Beisitzers ersatzweise an einer Sitzung teilnehmen.

Jede Partei kann zu den Verhandlungen vor der Einigungsstelle einen anwaltlichen Berater hinzuziehen, der Rederecht hat, an den Abstimmungen aber nicht teilnimmt.

(5) Die Kosten der Einigungsstelle trägt die Gesellschaft.

(6) Die Zuständigkeit der Einigungsstelle richtet sich nach § 2 dieser Betriebsvereinbarung, die Anrufung nach § 3 dieser Betriebsvereinbarung und das Verfahren vor der Einigungsstelle richtet sich nach § 4 dieser Betriebsvereinbarung.

§ 2 Zuständigkeit der Einigungsstelle „IT-Outsourcing“

(1) Bei der Schaffung des für den Betriebsteilübergang vorgesehenen Betriebsteils „IT“, der im Zusammenhang mit dem beabsichtigten Betriebsteilübergang erfolgenden Betriebsspaltung sowie den damit in Zusammenhang stehenden Änderungen der Organisationsstruktur der Gesellschaft handelt es sich um eine Betriebsänderung, die den Versuch eines Interessenausgleichs erforderlich macht. Für den erforderlichen Versuch eines Interessenausgleichs wird nach §§ 3 ff. dieser Betriebsvereinbarung verfahren.

(2) In der Einigungsstelle wird gleichzeitig auch über die offenen Punkte der im Entwurf bereits vorliegenden und dieser Betriebsvereinbarung als Anlage 2 beigefügten Auswahl-

richtlinie i. S. v. § 95 BetrVG („Betriebsvereinbarung Auswahlrichtlinie") verhandelt. Diese tritt nach Maßgabe des § 4 Abs. (8) und § 5 Abs. (3) dieser Betriebsvereinbarung in Kraft.

§ 3 Anrufung der Einigungsstelle

(1) Um in der Einigungsstelle einen Versuch der Einigung über den Interessenausgleich zu unternehmen, wird die Anrufung der Einigungsstelle erfolgen, indem die Gesellschaft an den Einigungsstellenvorsitzenden nach § 1 Abs. (1) dieser Betriebsvereinbarung das bei Abschluss dieser Betriebsvereinbarung von beiden Betriebsparteien unterzeichnete und dieser Betriebsvereinbarung als Anlage 3 in fünf Ausfertigungen beigefügte Anrufungsschreiben sendet.

(2) Falls Herr ...... bei der Anrufung der Einigungsstelle den Vorsitz der Einigungsstelle nicht übernehmen kann oder nicht übernehmen will oder nicht gewährleisten kann, dass in den Monaten ...... und ...... wöchentlich Sitzungen stattfinden können, wird die Gesellschaft eine entsprechende Ausfertigung des Anrufungsschreibens erstellen und an den nach § 1 Abs. (2) dieser Betriebsvereinbarung bestimmten Einigungsstellenvorsitzenden senden. Dieses Verfahren wiederholt sich entsprechend bis eine nach § 1 Abs. (2) dieser Betriebsvereinbarung bestimmte Person den Vorsitz der Einigungsstelle übernimmt.

§ 4 Verfahren vor der Einigungsstelle, Entscheidungskompetenz

(1) Die Betriebsparteien können jederzeit außerhalb der Einigungsstelle weiter über den Interessenausgleich verhandeln und auch zu einer Einigung kommen. Auf Wunsch einer der Betriebsparteien, den sie gegenüber der anderen Betriebspartei und dem Einigungsstellenvorsitzenden schriftlich äußern wird, wird die Einigungsstelle ihre Arbeit aufnehmen, jederzeit ab Anfang ...... (Zeitpunkt). Die Betriebsparteien haben Verfahrensherrschaft und können jederzeit schriftlich und einvernehmlich die Zahl der in Abs. (3) vorgesehenen Sitzungen reduzieren oder – mit Einverständnis des Einigungsstellenvorsitzenden – erhöhen.

(2) Die Einigungsstelle tagt ab erstmaligem Zusammentreten bis zum Ablauf des ...... („Abschlusstermin").

(3) Die Einigungsstelle tagt in dem in Abs. (2) genannten Zeitraum, wenn nicht einvernehmlich etwas anderes vereinbart wird, ein- bis zweimal wöchentlich an einem durch den Einigungsstellenvorsitzenden bestimmten Arbeitstag (Montag bis Freitag), zu einer von ihm bestimmten Uhrzeit, für jeweils mindestens vier Stunden, um zu verhandeln und den Versuch zu unternehmen, zwischen den Betriebsparteien eine Einigung über den Interessenausgleich und die offenen Punkte der Betriebsvereinbarung Auswahlrichtlinie herbeizuführen. Für den Fall, dass der Einigungsstellenvorsitzende unvorhergesehen verhindert ist, eine Sitzung der Einigungsstelle zu leiten, wird der Einigungsstellenvorsitzende in Abstimmung mit den Betriebsparteien den nächstmöglichen Termin bestimmen, an dem die Sitzung nachgeholt wird. Die Einigungsstelle tagt am Sitz der Gesellschaft in den Räumen der Gesellschaft ...... (Adresse), wenn nicht der Einigungsstellenvorsitzende in andere Räume einlädt. Die Einigungsstelle kann mit der Mehrheit der Stimmen eine Sitzung an einem anderen Tag und/oder zu einer anderen Uhrzeit beschließen, jedoch nicht über den Abschlusstermin hinaus.

(4) Nehmen einzelne Beisitzer an einer vom Einigungsstellenvorsitzenden anberaumten Sitzung der Einigungsstelle nicht teil und werden sie auch nicht durch Ersatz-Beisitzer ersetzt, tagt die Einigungsstelle ohne diese Beisitzer.

(5) Der Einigungsstellenvorsitzende führt Protokoll. Jede Partei hat das Recht auf Protokollierung von Beiträgen im Wortlaut. Die Ladungsfristen betragen drei Arbeitstage; sie

können in dringenden Fällen durch den Einigungsstellenvorsitzenden auf einen Arbeitstag verkürzt werden. Die Landungsfristen können jederzeit im Einvernehmen der Betriebsparteien geändert werden. Die Sitzungen der Einigungsstelle sind nicht öffentlich.

(6) Das Verfahren vor der Einigungsstelle mit dem Ziel einer Einigung über einen Interessenausgleich ist auch dann spätestens zum Ablauf des Abschlusstermins beendet, wenn der Versuch, eine Einigung über den Interessenausgleich erfolglos bleibt.

(7) Entscheidungen über den Inhalt des Interessenausgleichs können von der Einigungsstelle nicht getroffen werden.

(8) Die in Anlage 2 farbig markierten, noch offenen Punkte der Betriebsvereinbarung Auswahlrichtlinie werden, falls sich die Betriebsparteien nicht einigen, durch die Einigungsstelle entschieden. Für die Entscheidung gilt § 76 BetrVG. Die Betriebsparteien gehen davon aus, dass die Einigungsstelle ihr Ermessen überschreitet, wenn sie über Punkte entscheidet, die in Anlage 2 nicht farbig markiert sind, es sei denn, dass eine sachgerechte und ermessensfehlerfreie Regelung der offenen Punkte eine Abänderung der nicht markierten Punkte zwingend erfordert.

§ 5 Abschluss des Verfahrens zur Herbeiführung eines Interessenausgleichs, Inkrafttreten von Betriebsvereinbarung Auswahlrichtlinie und Sozialplan

(1) Wenn außerhalb oder in der Einigungsstelle zwischen den Betriebsparteien eine schriftliche Vereinbarung über einen Interessenausgleich sowie die offenen Punkte der Betriebsvereinbarung Auswahlrichtlinie getroffen wurde oder wenn unabhängig davon, ob es zu einer Einigung auf einen Interessenausgleich kommt, die Verhandlung vor der Einigungsstelle nach Maßgabe von § 4 dieser Betriebsvereinbarung stattgefunden hat und der Abschlusstermin abgelaufen ist, ist das Verfahren zur Herbeiführung des Interessenausgleichs über das Projekt „IT-Outsourcing" abgeschlossen und die Gesellschaft kann mit der Umsetzung des Projekts beginnen. Nach Ablauf des Abschlusstermins gilt insbesondere die Umsetzungsfreigabe als erteilt

a) für die Schaffung des Betriebsteils IT zur Vorbereitung des geplanten Betriebsteilübergangs sowie

b) für die Betriebsspaltung und

c) ggf. für den Betriebsteilübergang selbst und

d) für die Schaffung der damit einhergehenden neuen Struktur der Gesellschaft. Die Gesellschaft ist in der Umsetzung der geplanten Maßnahmen frei und durch die vorangegangenen Verhandlungen über den Interessenausgleich nicht beschränkt.

Der Betriebsrat wird keine rechtlichen Schritte (insbesondere auf der Grundlage von §§ 111, 112 BetrVG und/oder § 95 BetrVG) gegen die Umsetzung des Projekts ergreifen.

(2) Mit Ablauf des Tages, an dem entweder der Interessensausgleich für das Projekt „IT-Outsourcing" und die Betriebsvereinbarung Auswahlrichtlinie unterzeichnet sind oder spätestens mit Ablauf des Abschlusstermins tritt der Sozialplan mit dem Inhalt gemäß Anlage 1 in Kraft. Anlage 1 kann von den Betriebsparteien bis zum Abschlusstermin einvernehmlich schriftlich geändert werden; in diesem Fall tritt Anlage 1 in der geänderten Fassung in Kraft.[3]

(3) Mit Ablauf des Tages, an dem der Interessensausgleich für das Projekt „IT-Outsourcing" und die Betriebsvereinbarung Auswahlrichtlinie unterzeichnet sind, tritt die Betriebsvereinbarung Auswahlrichtlinie in Kraft. Spätestens tritt sie mit Spruch der Einigungsstelle zur Betriebsvereinbarung Auswahlrichtlinie nach § 4 Abs. (8) dieser Betriebsvereinbarung

in Kraft und zwar dann mit den Regelungen, welche durch den Spruch der Einigungsstelle festgelegt werden. Die Betriebsparteien werden dabei jegliche Anstrengung unternehmen, um zu erreichen, dass entweder eine Einigung nach diesem Abs. (3) S. 1 oder ein Spruch der Einigungsstelle nach § 4 Abs. (8) in Verbindung mit diesem Abs. (3) S. 2 vor oder spätestens zum Ablauf des Abschlusstermins erfolgt ist.

§ 6 Keine Ansprüche von Mitarbeitern

Ansprüche von Mitarbeitern werden durch diese Betriebsvereinbarung und aus dieser Betriebsvereinbarung nicht begründet. Sie können sich lediglich aus dem Sozialplan oder der Betriebsvereinbarung Auswahlrichtlinie selbst ergeben, nachdem diese gemäß den Regelungen dieser Betriebsvereinbarung in Kraft getreten sind.

§ 7 Inkrafttreten, Ende und Nachwirkung

(1) Diese Betriebsvereinbarung tritt mit Unterzeichnung in Kraft.

(2) Diese Betriebsvereinbarung endet mit der Erfüllung ihres Zwecks und hat keine Nachwirkung.

§ 8 Schlussbestimmungen

(1) Mündliche Nebenabreden bestehen nicht. Änderungen oder Ergänzungen dieser Betriebsvereinbarung, einschließlich dieser Bestimmung, bedürfen zu ihrer Rechtswirksamkeit der Schriftform.

(2) Sollte eine Bestimmung dieser Betriebsvereinbarung ganz oder teilweise unwirksam sein oder werden, so wird hiervon die Wirksamkeit der übrigen Bestimmungen nicht berührt. Anstelle der unwirksamen Bestimmung werden die Betriebsparteien die gesetzlich zulässige Bestimmung vereinbaren, die dem mit der unwirksamen Bestimmung Gewollten wirtschaftlich am nächsten kommt. Dasselbe gilt für den Fall einer Regelungslücke.

......	......
Ort, Datum	Ort, Datum
......	......
Unterschrift der Gesellschaft	Unterschrift des Betriebsratsvorsitzenden

Anlage 3 zur Betriebsvereinbarung „Einigungsstelle Interessenausgleich“

[Briefkopf der Gesellschaft]

[Briefkopf des Betriebsrats]

Herrn ...... (Name und Anschrift des Einigungsstellenvorsitzenden)

...... (Ort, Datum)

Anrufung der Einigungsstelle Interessenausgleich

Sehr geehrter Herr ......,

die ...... (Gesellschaft) beabsichtigt die Durchführung einer Betriebsänderung in Form der Schaffung eines neuen Betriebsteils zur Vorbereitung eines Betriebsteilübergangs auf eine neu gegründete IT-Dienstleistungsgesellschaft sowie eine entsprechende Betriebsspaltung.

Die Gesellschaft und der Betriebsrat der Gesellschaft für den Betrieb ...... sehen die Verhandlungen über einen Interessenausgleich als gescheitert an und rufen hiermit gemeinsam die Einigungsstelle an, um über die Herbeiführung eines etwaigen Interessenausgleichs

zu verhandeln. Im Zusammenhang damit soll zudem über die noch offenen Punkte einer Betriebsvereinbarung Auswahlrichtlinien verhandelt und entschieden werden.

Die Betriebsparteien haben die diesem Schreiben als Anlage beiliegende Betriebsvereinbarung „Einigungsstelle Interessenausgleich" abgeschlossen, in der das einzuhaltende Verfahren und der Zeitplan für die Einigungsstelle geregelt wird. Die Betriebsparteien möchten die Einigungsstelle nach dem in der Betriebsvereinbarung geregelten Verfahren und Zeitplan durchführen und bitten Sie den Vorsitz dieser Einigungsstelle zu übernehmen und entsprechend der Regelungen der Betriebsvereinbarung zu leiten.

Die Betriebsparteien bitten Sie, die in der Betriebsvereinbarung vorgesehenen Termine mit den Betriebsparteien abzustimmen und zu den Sitzungen einzuladen. Zur Terminabstimmung stehen Ihnen der Personaldirektor Herr . . . . . . (Tel.: . . . . . . E-Mail: . . . . . .) als Vertreter der Gesellschaft und die Betriebsratsvorsitzende Frau . . . . . . (Tel.: . . . . . ., E-Mail: . . . . . .) als Vertreterin des Betriebsrats zur Verfügung.

Bitte erklären Sie innerhalb einer Woche ab Erhalt dieses Schreibens gegenüber beiden Betriebsparteien, ob Sie bereit und in der Lage sind, in der vorliegenden Angelegenheit den Vorsitz der Einigungsstelle zu übernehmen und im Einklang mit der Betriebsvereinbarung „Einigungsstelle Interessenausgleich" wöchentliche Termine für die Durchführung der Verhandlungen über einen Interessenausgleich anzubieten.

Mit freundlichen Grüßen

. . . . . .	. . . . . .
Unterschrift der Gesellschaft	Unterschrift des Betriebsratsvorsitzenden

Anmerkungen

1. Regelungsinhalt. Dieses Formular kann gute Dienste leisten, wenn eine Gesellschaft eine Restrukturierung plant – z.B., wie im Formular vorgesehen, in Form eines IT-Outsourcings –, die so ausgestaltet ist, dass sie eine Betriebsänderung darstellt und interessenausgleichspflichtig ist.

Das Formular geht dabei von einer Situation aus, in der die notwendige Unterrichtung über die Betriebsänderung mangels Vorliegens einer „unterrichtungsfähigen" Planung der Gesellschaft noch nicht durchgeführt bzw. nicht zeitnah abgeschlossen werden kann. Wäre dies möglich, könnte alternativ daran gedacht werden, gleich „durchzustarten" und zeitnah einen Interessenausgleich abzuschließen.

Das Formular geht demgegenüber von einem Sachverhalt aus, bei dem die Gesellschaft entweder kurz davor steht, den zuständigen Betriebsrat über die geplante Betriebsänderung zu unterrichten, oder sie mit der Unterrichtung und Beratung zwar schon begonnen hat, aber annimmt, dass eine sachgerechte Unterrichtung und Beratung noch eine nicht unerhebliche Zeit dauern wird. Wie üblich hat der Betriebsrat im Rahmen der Unterrichtung über die interessenausgleichspflichtige Betriebsänderung eine Forderung nach einem Sozialplan oder, falls es schon einen Rahmensozialplan gibt, nach einer wirtschaftlichen Verbesserung des bestehenden Rahmensozialplans erhoben. Typischerweise ist die Interessenlage beider Betriebsparteien in dieser Situation wie folgt: Die Gesellschaft möchte Prozesssicherheit dahingehend, dass sie ihren vom Outsourcing-Dienstleister vorgegebenen oder selbstgesetzten Zeitplan für die Umsetzung der Betriebsänderung einhalten kann und zudem möglichst frühzeitig weiß, welche Restrukturierungskosten auf sie zukommen können (z.B. weil sie einen Teil dieser Kosten im parallel verhandelten Outsourcing-Vertrag auf den Outsourcing-Dienstleister verlagern will oder weil die Restrukturierungskosten Einfluss auf die Preisabreden zwischen Gesellschaft und Outsourcing-Dienstleister haben). Der Betriebsrat möchte seinerseits typischerweise zum einen verschiedene Punkte der Arbeitgeberplanung inhaltlich abändern, z.B. mit dem Ziel, dass diese Planungen gar nicht oder teilweise nicht oder später verwirklicht werden oder dass sie weniger bzw. andere Mitarbeiter betreffen; zum anderen will der Betriebsrat eine möglichst gute wirtschaftliche Absicherung der von der Betriebsänderung unvermeidlich nachteilig betroffenen Mitarbeiter erreichen, d.h. einen für die Mitarbeiter wirtschaftlich möglichst vorteilhaften Sozialplan abschließen.

In dieser häufigen Verhandlungssituation wird der Betriebsrat typischerweise versuchen, die Verhandlungen über den Interessenausgleich zu verzögern oder eine Verzögerung anzudrohen, und zwar durch Maßnahmen wie z.B. eine Rüge der fehlenden Unterrichtung des Wirtschaftsausschusses, oder einer nicht ausreichenden Unterrichtung des Betriebsrats selbst, einem Verlangen nach einem wirtschaftlichen Gegengutachten durch einen vom Betriebsrat bestellten wirtschaftlichen Sachverständigen oder durch eine Verweigerung einer Einigung über einen Einigungsstellenvorsitzenden. Denn solche Verzögerungsmaßnahmen dienen dem Betriebsrat bei seinem Bestreben nach einem für die Mitarbeiter wirtschaftlich möglichst vorteilhaften Sozialplan regelmäßig je nach Betrachtungsweise als Druckmittel oder als Lockmittel, weil die Gesellschaft zur Einhaltung ihres selbst gesetzten Zeitplans für die Restrukturierung die Verhandlungen über den Interessenausgleich zeitnah oder jedenfalls gemäß ihrem Zeitplan abschließen muss oder will und sie vom Betriebsrat signalisiert bekommt, dass ein zeitnaher bzw. zeitplangemäßer Abschluss des Interessenausgleichs nur bei entsprechend großzügiger Dotierung und Ausgestaltung des Sozialplans denkbar ist. „Abschließen muss“ gilt dabei hinsichtlich des Interessenausgleichs in denjenigen geographischen Regionen Deutschlands, in denen die Arbeitsgerichte einstweilige Verfügungen gegen den vorzeitig vor Verhandlungsabschluss erfolgten Beginn einer Betriebsänderung erlassen. „Abschließen will“ gilt in den anderen Regionen dann, wenn die Gesellschaft sich rechtstreu („compliant“) verhalten muss oder will und/oder eine Verärgerung des Betriebsrats vermeiden möchte, weil diese bei anderen mitbestimmungspflichtigen Vorhaben wie z.B. Überstunden oder Gehaltserhöhungsrunden oder bei der Erlangung einer notwendigen Zustimmung des Betriebsrats zur Nutzung bestimmter IT-Systeme zu ungewünschten Verweigerungshaltungen des Betriebsrats führen könnte.

Zwar wird der Betriebsrat aufgrund der neueren Rechtsprechung zur notwendigen Unterrichtungstiefe in Interessenausgleichsverhandlungen (LAG Kiel BeckRS 2011, 70378; LAG Kiel BeckRS 2013, 70575; LAG Hamm BeckRS 2009, 73750) vor Anrufung der Einigungsstelle weniger Gehör für sein Argument finden, dass die Gesellschaft unzureichend unterrichtet, selbst wenn die Gesellschaft – was in der Praxis durchaus typisch wäre – bereits in einem Planungsstadium der Restrukturierung mit der Unterrichtung im Rahmen eines Versuchs eines Interessenausgleichs beginnt, in der wesentliche Planungsinhalte noch nicht feststehen bzw. eine Betroffenheit konkreter Mitarbeiter von der Gesellschaft noch nicht nachvollziehbar und plausibel aufgezeigt werden können. Auch diese Rechtsprechung beseitigt jedoch die dem Interessenausgleichsverfahren inhärenten zeitlichen Ungewissheiten nicht und verkürzt die maximale Dauer eines Interessenausgleichsverfahrens nur bedingt.

In dieser Situation ist typischerweise beiden Betriebsparteien klar, dass ein sachgerechter Interessenausgleich in dem frühen Stadium, in dem das Formular sinnvollerweise zum Einsatz kommen würde, noch nicht zu Ende verhandelt werden kann, sondern noch eine nicht unerhebliche Verhandlungszeit erforderlich sein wird. Die Gesellschaft möchte aber trotzdem die Umsetzung der Betriebsänderung zeitlich solide planen und einen verlässlichen Zeitrahmen für die Umsetzung aufstellen können, weil sie – was typisch für eine ein Outsourcing involvierende Restrukturierungs-Situation ist – eine Vielzahl von Beteiligten und Entscheidungsträgern (wie Vorstand und Aufsichtsrat, den Outsourcing-Dienstleister, andere Dienstleister etc.) in das Outsourcing-Projekt einbinden muss und die technischen und geschäftlichen Rahmenbedingungen des IT-Outsourcings die präzise Planung und verlässliche Einhaltung eines Zeitrahmens erfordern.

Ein möglicher Lösungsweg liegt für die Gesellschaft bei dieser Ausgangslage darin, „den Spieß umzudrehen" und den typischerweise vom Betriebsrat verfolgten strategischen Ansatz einer Forderung „Zeit gegen Geld" in das Arbeitgeber-Angebot „Geld gegen Zeit" umzuwandeln. D.h. die Gesellschaft bietet dem Betriebsrat ausreichend attraktive Eckdaten eines Sozialplans an, d.h. Eckdaten für einen Sozialplan, die den vom Betriebsrat geforderten bzw. in einer Einigungsstelle erreichbaren wirtschaftlichen Eckdaten zumindest in wichtigen Punkten nahe kommen, wobei die Gesellschaft vom Betriebsrat im Gegenzug eine verlässliche und verbindliche Absicherung der Zeitschiene für die Verhandlungen über den Interessenausgleich verlangt.

Diese Absicherung der Zeitschiene kann von der Gesellschaft in sehr weitgehender Weise dadurch erreicht werden, dass ein Gerichtsverfahren zur Einsetzung einer Einigungsstelle unnötig gemacht wird und die Dauer der Verhandlungen vor der eingesetzten Einigungsstelle im Voraus abschließend auf einen die Einhaltung des Arbeitgeber-Zeitplans ermöglichenden Zeitraum festgelegt wird. Der Betriebsrat wird typischerweise zu einer solchen Einigung nur dann bereit sein, wenn er seinerseits sicher ist, dass im Gegenzug ein Sozialplan mit den im Gegenzug von der Gesellschaft in Aussicht gestellten wirtschaftlichen Eckdaten verbindlich in Kraft tritt, weil er mit der Einigung auf die Einsetzung einer Einigungsstelle sein wichtigstes Druckmittel zur Erreichung eines wirtschaftlich attraktiven Sozialplans aus der Hand gibt.

Das Formular trägt diesen jeweiligen Interessen Rechnung und regelt sowohl die Einsetzung der Einigungsstelle und das Verfahren vor der Einigungsstelle und dessen Abschluss als auch das Inkrafttreten eines Sozialplans sowie einer Auswahlrichtlinie im Sinn von § 95 BetrVG. Die im Formular angegebenen Daten sind Beispiele; sie entsprechen einem aus der Praxis genommenen Beispielfall zur besseren Illustrierung wie Zeiträume, Daten und Fristen gestaltet sein können, damit das Formular seinen Zweck erfüllt.

Das Formular enthält recht detaillierte Regelungen. In der Praxis kann das Formular ggf. auch gekürzt werden, wenn die knappere Form dabei helfen würde, überhaupt eine Einigung über die Einsetzung der Einigungsstelle zu erreichen. Eine Kürzung lässt den Primärzweck des Formulars, nämlich die Verkürzung der Dauer von Interessenausgleichsverhandlungen zumindest um die Monate, die es üblicherweise dauert, im Streitfall eine Einigungsstelle gerichtlich einsetzen zu lassen, dann unberührt, wenn das Formular zumindest den Einigungsstellenvorsitzenden benennt und die Zahl der Beisitzer festlegt. Auch wenn das Formular in einer derart gekürzten Version noch einen Sinn behält, ist es gleichwohl empfehlenswert, auf die anderen Regelungen, insbesondere die Regelungen zur Anrufung der Einigungsstelle in § 3 des Formulars und die Verfahrensregelungen in § 4 des Formulars einschließlich des festen Abschlusstermins, nicht zu verzichten. Denn im Fall einer Kürzung würden ggf. mögliche Streitpunkte ungeregelt bleiben, was Risiken für die Umsetzung bergen kann.

Auf den im Formular auch vorgesehenen Abschluss einer Betriebsvereinbarung Auswahlrichtlinie zur Erledigung des Mitbestimmungsrechts aus § 95 BetrVG kann dann verzichtet werden, wenn die Gesellschaft zur Umsetzung der Betriebsänderung keine Versetzungen oder betriebsbedingten Kündigungen vornehmen muss oder will bzw. im Einzelfall aus anderen Gründen keine Auswahl im Sinn des § 95 BetrVG erfolgen wird oder es insoweit schon eine Regelung gibt.

2. Einigungsstellenvorsitzender. Wichtig für die praktische Umsetzung der im Formular enthaltenen Einigung ist die Auswahl des oder der Einigungsstellenvorsitzenden. Die Betriebsparteien sollten sich auf einen Vorsitzenden einigen, der ausreichende Erfahrung mit der vereinbarten Gestaltung hat und bei dem die Betriebsparteien sicher sein können, dass er die Bereitschaft mitbringt, den im Formular zum Ausdruck gebrachten Willen der Betriebsparteien zu verwirklichen. Zudem muss er zeitlich verfügbar sein und stark genug, um den im Formular zum Ausdruck gebrachten gemeinsamen Willen der Betriebsparteien auch dann durchzusetzen, wenn später im „Ernstfall" über bestimmte Aspekte der Umsetzung gestritten würde. Die erwartete Haltung des Einigungsstellenvorsitzenden zu inhaltlichen Themen ist – anders als in sonstigen Einigungsstellen zu Gegenständen des § 87 Abs. 1 BetrVG – nicht so wichtig, weil die Betriebsvereinbarung Einigungsstelle der Einigungsstelle (und damit ggf. dem Stichentscheid des Vorsitzenden) eine inhaltliche Entscheidung nur in Bezug auf die etwa noch offenen Regelungen der ggf. mit abzuschließenden Betriebsvereinbarung Auswahlrichtlinie zuweist. Dies gilt umso mehr, wenn die Betriebsparteien im Einzelfall den Abschluss einer Betriebsvereinbarung Auswahlrichtlinie nicht zum Gegenstand der Einigungsstelle machen.

3. Sozialplan. Das Formular sieht als „Gegenleistung" der Gesellschaft für die erhöhte Prozesssicherheit bezüglich der Umsetzungsfreigabe das Inkrafttreten eines Sozialplans vor, auf dessen Inhalt sich die Betriebsparteien mit dem Formular gleichzeitig einigen. Dass die Gesellschaft diese Gegenleistung zusagen kann, ist in der Praxis dann denkbar, wenn bei der Gesellschaft für vorangegangene Restrukturierungen Sozialpläne abgeschlossen wurden, die mit keinen oder nur sehr geringfügigen (bzw. rasch verhandelbaren) Änderungen für die nunmehr anstehende Restrukturierung verwendet werden können. Denn der oben geschilderte zeitliche Zusammenhang macht die Einigung auf die Einsetzung einer Einigungsstelle zunehmend uninteressanter, je länger die Verhandlungen zwischen den Betriebsparteien schon fortgeschritten sind bzw. wenn die Gesellschaft bereits ein Gerichtsverfahren zur Einsetzung der Einigungsstelle angestrengt hat. Könnte somit nicht auf einen schon erprobten und im Grundsatz für beide Betriebsparteien inhaltlich und im Hinblick auf die Qualität der Formulierungen für beide Seiten akzeptablen Sozialplan zurückgegriffen werden, sondern müsste ein Sozialplan von Anfang an neu verhandelt und formuliert werden, so würde dies wahrscheinlich so lange dauern, dass die mit dem Formular bezweckte Absicherung des Zeitplans und Beschleunigung nicht oder nur noch sehr eingeschränkt erreichbar wäre. Dann entfiele jedoch sowohl für die Gesellschaft als auch für den Betriebsrat das Interesse an der mit dem Formular erreichbaren Ausgestaltung der Interessenausgleichs- und Sozialplanverhandlungen.

2. Ständige Einigungsstelle

Betriebsvereinbarung über eine ständige Einigungsstelle[1]

zwischen

...... (Name und Anschrift des Arbeitgebers) „Gesellschaft"

und

Betriebsrat des Betriebs ...... der ...... (Name des Arbeitgebers) „Betriebsrat"

Präambel[2]

Die Betriebsparteien sind sich einig, dass die effiziente und zügige Umsetzung von Maßnahmen zur Bereitstellung, zum Betrieb, zur Verwaltung und zur Änderung der IT-Infrastruktur für die Gesellschaft von besonderer Bedeutung ist. Vor diesem Hintergrund sind sich die Betriebsparteien darüber einig, dass in dieser Hinsicht etwa entstehende Meinungsverschiedenheiten zwischen ihnen in einer Weise beigelegt werden sollen, die zeitliche Verzögerungen bei der Umsetzung der jeweiligen Maßnahmen weitestgehend ausschließt.

§ 1 Geltungsbereich[3]

(1) Diese Betriebsvereinbarung gilt für alle Angelegenheiten, welche die Einführung und Anwendung von technischen Einrichtungen, die dazu bestimmt sind, das Verhalten oder die Leistung der Mitarbeiter zu überwachen, zum Gegenstand haben (§ 87 Abs. 1 Nr. 6 BetrVG).

(2) Diese Betriebsvereinbarung gilt nicht für Angelegenheiten i. S. d. Abs. (1), die sofort und erkennbar nicht dem Mitbestimmungsrecht nach § 87 Abs. 1 Nr. 6 BetrVG unterliegen und/oder hinsichtlich derer der Betriebsrat für die Wahrnehmung des Mitbestimmungsrechts nach § 87 Abs. 1 Nr. 6 BetrVG im konkreten Fall offensichtlich nicht zuständig ist.

§ 2 Ständige Einigungsstelle

(1) Zur Beilegung von Meinungsverschiedenheiten errichten die Betriebsparteien eine ständige Einigungsstelle („Einigungsstelle") gemäß § 76 Abs. 1 S. 2 BetrVG. Die Einigungsstelle besteht aus jeweils zwei Beisitzern, die von der Gesellschaft und vom Betriebsrat bestellt werden, und einem unparteiischen Vorsitzenden.[4]

(2) Die Betriebsparteien einigen sich auf . . . . . . als Vorsitzenden der Einigungsstelle.[5] Sobald klar ist, dass der Vorsitzende nicht willens oder in der Lage ist, einen Sitzungstermin der Einigungsstelle vor Ablauf von zwei Wochen nach Anrufung der Einigungsstelle anzuberaumen, übernimmt der stellvertretende Vorsitzende den Vorsitz der Einigungsstelle. Stellvertretender Vorsitzender ist . . . . . . *(Alternative:[6] Die Person des stellvertretenden Vorsitzenden wird nach Maßgabe der nachfolgenden S. 4 bis 7 bestimmt. Jede Betriebspartei hat Gelegenheit, binnen einer Woche einen Vorschlag mit bis zu zwei Namen eines potentiellen stellvertretenden Vorsitzenden zu unterbreiten. Hierbei haben die Betriebsparteien sicherzustellen, dass der potentielle stellvertretende Vorsitzende willens und in der Lage ist, den Vorsitz zu übernehmen. Nach Ablauf der Frist von einer Woche wird der stellvertretenden Vorsitzende aus den Vorschlägen der Betriebsparteien ausgelost. Hat eine Betriebspartei ihr Vorschlagsrecht innerhalb der Frist von einer Woche nicht wahrgenommen, so bestimmt die andere Betriebspartei den stellvertretenden Vorsitzenden allein. Wenn der so bestimmte stellvertretende Vorsitzende zunächst den Vorsitz übernimmt, dann aber vor oder nach einer konkreten Anrufung der Einigungsstelle an der zeitgerechten Wahrnehmung seiner Aufgabe verhindert sein sollte, wird ein neuer Vorsitzender der Einigungsstelle bestimmt. Es gilt das in vorstehenden S. 4 bis 7 beschriebene Verfahren entsprechend.)*

(3) Die Betriebsparteien bestellen folgende Beisitzer der Einigungsstelle:

Gesellschaft:

. . . . . .

. . . . . .

Betriebsrat:

. . . . . .

. . . . . .

Die Betriebsparteien werden die von ihnen in die Einigungsstelle entsandten Beisitzer mit ausreichender Verhandlungsvollmacht ausstatten.[7]

(4) Die Betriebsparteien sind nach Maßgabe der nachfolgenden S. 2 bis 4 berechtigt, im Zusammenhang mit der Anrufung der Einigungsstelle anstelle der genannten Personen andere Beisitzer zu bestellen. Die Betriebspartei, die die Einigungsstelle anruft, hat diese

anderen Beisitzer in dem Anrufungsschreiben zu benennen. Die andere Betriebspartei hat die anderen Beisitzer dem Vorsitzenden binnen drei Tagen, nachdem er Kenntnis von der Anrufung erlangt hat, schriftlich mitzuteilen. Geschieht dies nicht, verbleibt es bei der in Abs. (3) genannten Besetzung.[8]

(5) Wenn die Beisitzer an einer vom Vorsitzenden oder vom stellvertretenden Vorsitzenden anberaumten Sitzung der Einigungsstelle nicht teilnehmen, tagt die Einigungsstelle ohne diese Beisitzer.[9]

(6) Die Amtszeit des Vorsitzenden, des stellvertretenden Vorsitzenden und der Beisitzer beträgt drei Jahre. Sie endet jedoch spätestens mit Ablauf der Laufzeit dieser Betriebsvereinbarung. Vor dem Ende der Amtszeit des Vorsitzenden und des stellvertretenden Vorsitzenden sowie im Falle der Amtsniederlegung werden die Betriebsparteien sich über die Person des jeweiligen Nachfolgers verständigen. Kommt eine Einigung bis zum Ende der Amtszeit nicht zustande, so werden die jeweiligen Nachfolger verbindlich durch den bisherigen Vorsitzenden bestimmt.[10] Vor dem Ende der Amtszeit der Beisitzer sowie im Falle der Amtsniederlegung bestellen die Betriebsparteien die jeweiligen Nachfolger ihrer Beisitzer nach billigem Ermessen.

§ 3 Zuständigkeit und Verfahren[11]

(1) Die Einigungsstelle ist zuständig für Angelegenheiten, die der erzwingbaren Mitbestimmung nach § 87 Abs. 1 Nr. 6 BetrVG unterliegen. Dies gilt nicht für Angelegenheiten, die sofort und erkennbar nicht dem Mitbestimmungsrecht nach § 87 Abs. 1 Nr. 6 BetrVG unterliegen und/oder hinsichtlich derer der Betriebsrat für die Wahrnehmung des Mitbestimmungsrechts nach § 87 Abs. 1 Nr. 6 BetrVG offensichtlich nicht zuständig ist. Die Einigungsstelle prüft zu Beginn des Verfahrens, ob sie nach Maßgabe des vorstehenden S. 1 für eine Angelegenheit zuständig ist.

(2) Jede Betriebspartei kann die Einigungsstelle anrufen, wenn Verhandlungen über eine Angelegenheit nach Abs. (1) gescheitert sind. Gescheitert sind die Verhandlungen bereits dann, wenn eine Betriebspartei der Auffassung ist, dass dies der Fall ist. Die Anrufung erfolgt durch ein entsprechendes Schreiben, das an den Vorsitzenden zu richten ist und der anderen Betriebspartei in Abschrift zuzuleiten ist. Hierbei sind der Regelungssachverhalt und der Regelungsgegenstand ausführlich darzustellen sowie das Begehren der anrufenden Betriebspartei deutlich zu machen.

(3) Die Einigungsstelle soll spätestens zwei Wochen nach ihrer Anrufung zusammentreten und das Verfahren binnen vier Wochen nach ihrer Anrufung abgeschlossen haben.[12]

§ 4 Kosten[13]

(1) Die Kosten der Einigungsstelle trägt die Gesellschaft.

(2) Beisitzer der Einigungsstelle, die dem Betrieb angehören, werden für ihre Tätigkeit während der Arbeitszeit unter Fortzahlung ihres Arbeitsentgelts freigestellt. Ist ihre Tätigkeit aus betrieblichen Gründen außerhalb der Arbeitszeit erforderlich, erhalten sie in entsprechendem Umfang Freizeitausgleich. Sonstige Entschädigungen werden nicht gewährt.

§ 5 Inkrafttreten, Kündigung[14]

§ 6 Schlussbestimmungen[15]

(1) Diese Betriebsvereinbarung löst alle etwaigen vorherigen Betriebsvereinbarungen über eine ständige Einigungsstelle, insbesondere . . . . . ., ab. Mündliche Nebenabreden

bestehen nicht. Änderungen oder Ergänzungen dieser Betriebsvereinbarung, einschließlich dieser Bestimmung, bedürfen zu ihrer Wirksamkeit der Schriftform.

(2) Sollte eine Bestimmung dieser Betriebsvereinbarung ganz oder teilweise unwirksam sein oder werden, so wird hiervon die Wirksamkeit der übrigen Bestimmungen nicht berührt. Anstelle der unwirksamen Bestimmung werden die Betriebsparteien die gesetzlich zulässige Bestimmung vereinbaren, die dem mit der unwirksamen Bestimmung Gewollten wirtschaftlich am nächsten kommt. Dasselbe gilt für den Fall einer vertraglichen Lücke.

(3) Diese Betriebsvereinbarung steht unter dem Vorbehalt etwaiger ablösender – auch freiwilliger – Betriebsvereinbarungen.

(4) Sollten sich die dieser Betriebsvereinbarung zugrunde liegenden tatsächlichen oder rechtlichen Bedingungen grundlegend ändern, so werden die Betriebsparteien unverzüglich in Verhandlungen treten mit dem Ziel, diese Betriebsvereinbarung an die geänderten Bedingungen anzupassen.

……	……
Ort, Datum	Ort, Datum
……	……
Unterschrift der Gesellschaft	Unterschrift des Betriebsratsvorsitzenden

Anmerkungen

1. Dauereinigungsstelle. Die Einigungsstelle kann vom Arbeitgeber und Betriebsrat (auch Gesamt- oder Konzernbetriebsrat) sowohl „bei Bedarf" anlässlich konkreter Meinungsverschiedenheiten als auch als ständiges betriebliches Schlichtungsorgan errichtet werden. Die Errichtung einer ständigen Einigungsstelle setzt den Abschluss einer freiwilligen Betriebsvereinbarung durch die Betriebsparteien voraus. Um eine solche freiwillige Betriebsvereinbarung handelt es sich bei dem Formular. Die ständige Einigungsstelle wird mit dem örtlichen Betriebsrat errichtet. Für die Errichtung mit dem Gesamt- oder Konzernbetriebsrat gilt nichts anderes.

Vorteil einer ständigen Einigungsstelle ist, dass bei Meinungsverschiedenheiten zwischen den Betriebsparteien nicht erst die gerichtliche Einsetzung der Einigungsstelle abgewartet werden muss. Eine gerichtliche Einsetzung ist dann erforderlich, wenn sich die Betriebsparteien nicht auf die Person des Vorsitzenden oder die Zahl der Beisitzer einigen können (§ 76 Abs. 2 BetrVG i. V. m. § 98 ArbGG, → Form. C. III. 1 Anm. 7). Das Gerichtsverfahren ist trotz der in § 98 ArbGG vorgesehenen Regelungen zur Verfahrensbeschleunigung zeit- und kostenintensiv. Ein rechtskräftiger Abschluss ist häufig erst nach mehreren Monaten zu erwarten. Die Umsetzung der geplanten Maßnahmen kann hierdurch erheblich verzögert werden. Die gerichtliche Einsetzung der Einigungsstelle wird von Betriebsräten daher nicht selten taktisch als Druckmittel genutzt (so bereits *Bauer* NZA 1992, 433; *Ehler* BB 2010, 702). Diese Möglichkeit besteht nach Einrichtung einer ständigen Einigungsstelle nicht mehr. Gerade bei häufig auftretenden Konflikten im Hinblick auf bestimmte Regelungsgegenstände kann sich die Errichtung einer ständigen Einigungsstelle daher als sinnvoll erweisen. Gleiches gilt auch für Regelungsgegenstände, bei denen es auf besondere fachspezifische Kenntnisse ankommt, beispielsweise bei der Einführung und Anwendung von komplexen EDV-Systemen (das Formular wählt dieses Beispiel → Anm. 3) oder bei der Einführung von Regelungen zur Verhütung von Arbeitsunfällen.

Eine ständige Einigungsstelle kann aber auch Nachteile mit sich bringen. Die ständige Präsenz der Einigungsstelle mit benannter Besetzung kann die Betriebsparteien dazu verleiten, Meinungsverschiedenheiten leichtfertig an diese abzugeben, ohne zuvor alle Verhandlungsmöglichkeiten ausgeschöpft zu haben (vgl. *F/E/S/T/L* § 76 Rn. 11; *Friedemann* Rn. 54, 57; Jaeger/Röder/Heckelmann/*Trappehl*/*Wolff* Kapitel 8 Rn. 6). Der Betriebsrat mag sich dazu veranlasst sehen, in den vorgeschalteten Verhandlungen weniger kompromissbereit zu sein und vorschnell das Scheitern der Verhandlungen zu erklären.

Anstelle von ständigen Einigungsstellen können auch tarifliche Schlichtungsstellen durch Tarifvertrag installiert werden (§ 76 Abs. 8 BetrVG).

2. Präambel. Der Hintergrund für die Schaffung der ständigen Einigungsstelle und deren wesentlicher Vorteil, nämlich die Herbeiführung einer schnellen Entscheidung ohne zeitliche Verzögerungen, werden in der Präambel kurz geschildert.

3. Geltungsbereich. Der (sachliche) Geltungsbereich der Betriebsvereinbarung beschreibt die Regelungsgegenstände, die in den Zuständigkeitsbereich der ständigen Einigungsstelle fallen sollen. Im Formular sind dies Angelegenheiten, welche die Einführung und Anwendung von technischen Einrichtungen zum Gegenstand haben, die dazu bestimmt sind, das Verhalten oder die Leistung der Arbeitnehmer zu überwachen (§ 87 Abs. 1 Nr. 6 BetrVG). Die ständige Einigungsstelle soll nur dann für solche Angelegenheiten unzuständig sein, wenn diese sofort und erkennbar dem Mitbestimmungsrecht nach § 87 Abs. 1 Nr. 6 BetrVG nicht unterliegen und/oder der Betriebsrat für die Wahrnehmung des Mitbestimmungsrechts nach § 87 Abs. 1 Nr. 6 BetrVG im konkreten Fall offensichtlich nicht zuständig ist (vgl. § 1 Abs. (2)). In diesen Fällen geht auch die Rechtsprechung davon aus, dass die (ständige) Einigungsstelle **offensichtlich unzuständig** ist (→ Form. C. III. 1 Anm. 7). Im Fall ihrer offensichtlichen Unzuständigkeit könnte eine Einigungsstelle auch nicht gerichtlich eingesetzt werden (§ 98 Abs. 1 S. 2 ArbGG). Dies ändert nichts an der Pflicht der Einigungsstelle, zu Beginn des Verfahrens zu prüfen, ob sie unter Heranziehung dieser Grundsätze für die jeweilige Angelegenheit zuständig ist (vgl. § 3 Abs. (1) des Formulars).

4. Besetzung der Einigungsstelle. → Form. C. III. 1 Anm. 5.

5. Vorsitzender. Aus Beschleunigungsgründen sieht das Formular vor, dass sich die Betriebsparteien bereits in der Betriebsvereinbarung auf die Person des Vorsitzenden einigen (vgl. *Schaub* NZA 2000, 1087). Der Vorsitzende sollte fundierte Kenntnisse des Arbeits- und insbesondere des Betriebsverfassungsrechts mitbringen und über Verhandlungsgeschick und Integrationskraft verfügen (→ Form. C. III. 1 Anm. 5). Vor Abschluss der Betriebsvereinbarung sollten die Betriebsparteien sichergestellt haben, dass der potentielle Vorsitzende willens ist, den Vorsitz der ständigen Einigungsstelle zu übernehmen.

6. Stellvertretender Vorsitzender. Trotz vorheriger Zusage kann der Vorsitzende aus rechtlichen oder tatsächlichen Gründen verhindert sein, den Vorsitz der Einigungsstelle im konkreten Fall zu übernehmen. Arbeitsrichter dürfen nach der aktuellen Geschäftsverteilung nicht mit der Überprüfung der Auslegung oder der Anwendung des Spruchs der Einigungsstelle befasst werden können (§ 98 Abs. 1 S. 5 ArbGG). Zudem ist eine Genehmigung der Nebentätigkeit als Vorsitzender einer (ständigen) Einigungsstelle erforderlich (§ 40 DRiG). Diese ist zu versagen, wenn die Arbeitskraft des Richters so stark in Anspruch genommen wird, dass die ordnungsgemäße Erfüllung seiner richterlichen Pflichten beeinflusst wird (§ 5 Nr. 2 BRiNV). Wird die Nebentätigkeitsgenehmigung versagt, kann der Arbeitsrichter den Vorsitz der Einigungsstelle nicht (weiter) übernehmen. Ebenso kann der Vorsitzende aus tatsächlichen Gründen (Urlaub, Krankheit, richterliche Tätigkeit, Übernahme des Vorsitzes einer anderen Einigungsstelle) nicht in der Lage sein, den Vorsitz der ständigen Einigungsstelle im konkreten Fall zu übernehmen.

Das Formular sieht daher vor, dass ein von den Betriebsparteien benannter stellvertretender Vorsitzender den Vorsitz übernimmt, sobald klar ist, dass der von den Betriebsparteien bestimmte Vorsitzende nicht in der Lage oder willens ist, einen Sitzungstermin vor Ablauf von zwei Wochen nach Anrufung der ständigen Einigungsstelle anzuberaumen. Alternativ sieht das Formular vor, dass die Person des stellvertretenden Vorsitzenden durch ein Auslosungsverfahren bestimmt wird. Die Alternative ist dann von Vorteil, wenn sich die Betriebsparteien zum Zeitpunkt des Abschlusses der freiwilligen Betriebsvereinbarung noch nicht auf die Person des stellvertretenden Vorsitzenden festlegen wollen. Zudem kann dieses Verfahren gewählt werden, wenn auch der von den Betriebsparteien benannte stellvertretende Vorsitzende aus rechtlichen oder tatsächlichen Gründen gehindert sein sollte, den Vorsitz der ständigen Einigungsstelle zu übernehmen.

7. Beisitzer. Das Formular sieht aus Gründen der Verfahrensbeschleunigung vor, dass die jeweiligen Beisitzer, die die Gesellschaft und den Betriebsrat in der Einigungsstelle vertreten, bereits in der Betriebsvereinbarung bestimmt werden (§ 2 Abs. (3) S. 1). Die Beisitzer sollten von Funktion, Ansehen und Durchsetzungskraft für die Verhandlungen geeignet sein. Zudem sieht das Formular vor, dass die Betriebsparteien die von ihnen in die Einigungsstelle entsandten Besitzer mit ausreichender Verhandlungsvollmacht ausstatten.

8. Bestellung anderer Beisitzer. Da die Beisitzer jederzeit abberufen und durch andere Beisitzer ersetzt werden können (ErfKomm/*Kania* § 76 Rn. 10), sind beide Betriebsparteien nach Maßgabe des in der Betriebsvereinbarung bestimmten Verfahrens berechtigt, mit Anrufung der ständigen Einigungsstelle auch andere Personen als Beisitzer zu benennen (§ 2 Abs. (4) des Formulars).

9. Tagung. Das Formular sieht aus Gründen der Verfahrensbeschleunigung vor, dass die Einigungsstelle auch dann tagt, wenn die nach § 2 Abs. (3) und (4) des Formulars bestimmten Beisitzer nicht an einer anberaumten Sitzung teilnehmen (§ 2 Abs. (5) des Formulars). Hiervon zu trennen ist die Frage, ob die Einigungsstelle nur dann beschlussfähig ist, wenn alle Beisitzer an der entsprechenden Sitzung teilnehmen. Das Gesetz enthält hierzu keine ausdrückliche Regelung. Eine Auffassung geht zwar davon aus, dass in Angelegenheiten der erzwingbaren Mitbestimmung der Vorsitzende und die erschienenen Mitglieder allein entscheiden, wenn Beisitzer trotz rechtzeitiger Einladung der Sitzung fernbleiben (ErfKomm/*Kania* § 76 Rn. 19). Das OVG Brandenburg hat aber entschieden, dass es für die Beschlussfassung der Mitwirkung aller ihrer Mitglieder einschließlich des unparteiischen Vorsitzenden bedarf (OVG Berlin PersV 2004, 472). Aus Gründen der Rechtssicherheit ist daher zu empfehlen, jedenfalls in den Sitzungen, in denen eine Beschlussfassung erfolgen könnte, die Teilnahme aller Beisitzer sicherzustellen.

10. Amtszeit. Um Kontinuität in der Arbeit der ständigen Einigungsstelle herzustellen, wird die Amtszeit aller Mitglieder auf **drei Jahre** festgelegt (§ 2 Abs. (6)). Ungeachtet dessen können Arbeitgeber und Betriebsrat die von ihnen bestellten Beisitzer bereits zuvor abberufen und durch andere Personen ersetzen (→ Anm. 8). Hinsichtlich der Person des Vorsitzenden (und des stellvertretenden Vorsitzenden) sieht das Formular vor, dass sich beide Betriebsparteien vor Ablauf der Amtszeit und im Falle der Amtsniederlegung über den jeweiligen Nachfolger verständigen. Kommt eine solche Einigung bis zum Ende der Amtszeit nicht zustande, soll eine Nichtbesetzung der Position dadurch vermieden werden, dass der bisherige Vorsitzende den Nachfolger verbindlich bestimmt (§ 2 Abs. (6) S. 2 und 3 des Formulars). Ob diese Bestimmung in Anbetracht der gesetzlichen Bestellungsregelungen (§ 76 Abs. 2 S. 1 und 2 BetrVG) einer gerichtlichen Überprüfung standhielte, ist allerdings fraglich.

11. Zuständigkeit und Verfahren. Die **Zuständigkeit** der ständigen Einigungsstelle wird in § 3 Abs. (1) des Formulars abschließend geregelt. Anhand dieser Bestimmung hat die Einigungsstelle **vorab zu prüfen**, ob sie für die strittige Angelegenheit zuständig ist (BAG AP

BetrVG 1972 § 87 Lohngestaltung Nr. 14; *F/E/S/T/L* § 76 Rn. 113). Verneint die Einigungsstelle ihre Zuständigkeit, so hat sie jede weitere Tätigkeit durch Beschluss einzustellen (BAG AP BetrVG 1972 § 87 Lohngestaltung Nr. 3). Dieser Beschluss, der eine Rechtsfrage enthält, unterliegt in vollem Umfang der arbeitsgerichtlichen Überprüfung (*Rieble* BB 1991, 471, 475; *Weber/Burmester* BB 1995, 2268, 2270). Bejaht das Arbeitsgericht – entgegen der Entscheidung der ständigen Einigungsstelle – deren Zuständigkeit, so stellt es die Unwirksamkeit des Beschlusses fest. In diesem Falle muss die ständige Einigungsstelle das Verfahren fortsetzen (ErfKomm/*Kania* § 76 BetrVG Rn. 22; *F/E/S/T/L* § 76 Rn. 114). Sofern die Einigungsstelle ihre Zuständigkeit bejaht, setzt sie das Verfahren weiter fort. Trifft sie einen entsprechenden Beschluss, so ist dieser nicht isoliert anfechtbar. Ist beim Arbeitsgericht ein Beschlussverfahren über die Zuständigkeit der Einigungsstelle anhängig (sog. „Vorabfeststellungsverfahren"), so ist die Einigungsstelle nach überwiegender Ansicht nicht berechtigt, das Verfahren bis zur rechtskräftigen gerichtlichen Entscheidung auszusetzen (BAG AP ArbGG 1979 § 81 Nr. 2; ErfKomm/*Kania* § 76 Rn. 22).

Über das **Verfahren** vor der Einigungsstelle enthält das Gesetz nur wenige Regelungen. Die Einigungsstelle muss ihre Beschlüsse nach mündlicher Beratung mit Stimmenmehrheit fassen (§ 76 Abs. 3 S. 2 BetrVG). Die Beschlüsse müssen in Abwesenheit der Betriebsparteien gefasst werden. Anderenfalls ist der Einigungsstellenspruch unwirksam (BAG AP BetrVG 1972 § 76 Nr. 51). Bei der Beschlussfassung hat sich der Vorsitzende zunächst der Stimme zu enthalten. Kommt eine Stimmenmehrheit nicht zustande, nimmt der Vorsitzende nach weiterer Beratung an der erneuten Beschlussfassung teil (§ 76 Abs. 3 S. 3 BetrVG). Die Beschlüsse der Einigungsstelle sind schriftlich niederzulegen, vom Vorsitzenden zu unterschreiben und Arbeitgeber und Betriebsrat zuzuleiten (§ 76 Abs. 3 S. 4 BetrVG). Ein nicht vom Vorsitzenden im Original handschriftlich unterzeichneter Einigungsstellenspruch ist unwirksam (BAG AP BetrVG 1972 § 76 Nr. 61). Die Unterzeichnung kann nicht durch die elektronische Form (§ 126a BGB) und auch nicht durch die Textform (§ 126b BGB) ersetzt werden (BAG NZA 2011, 420). Es besteht ferner Einigkeit darüber, dass die Einigungsstelle Arbeitgeber und Betriebsrat rechtliches Gehör (Art. 103 Abs. 1 GG) gewähren muss, dass die Sitzungen nicht öffentlich sind und dass die Einigungsstelle zur Aufklärung des Sachverhalts Zeugen laden und Sachverständigengutachten einholen kann (*Friedemann* Rn. 219; *Heinze* RdA 1990, 262, 263 ff.).

Weitere Einzelheiten des Verfahrens können durch Betriebsvereinbarung näher geregelt werden (§ 76 Abs. 4 BetrVG). Insoweit regelt § 3 Abs. (2) des Formulars – wiederum aus Beschleunigungsgründen – die Art und Weise der Anrufung der ständigen Einigungsstelle und das Erfordernis, hierbei Regelungssachverhalt, Regelungsgegenstand und das Begehren der anrufenden Betriebspartei zu schildern. Außerdem werden in § 3 Abs. (3) des Formulars Fristen für das erstmalige Zusammentreten der Einigungsstelle bis zur Beendigung des Einigungsstellenverfahrens vorgegeben. Es versteht sich von selbst, dass es sich hierbei um Leitlinien handelt, an die der Vorsitzende sich im Rahmen seiner Verhandlungsführung nicht halten muss. Darüber hinaus wäre es denkbar, Ladungs- und Einlassungsfristen festzulegen, Regelungen über die Vernehmung von Zeugen und die Hinzuziehung von Sachverständigen vorzugeben und die Protokollführung zu vereinbaren (vgl. Jaeger/Röder/Heckelmann/*Trappehl/Wolff* Kapitel 8 Rn. 40; *F/E/S/T/L* § 76 Rn. 94 und weiterführend *Faulenbach* NZA 2012, 953).

12. Umsetzung der Maßnahmen. In Angelegenheiten der erzwingbaren Mitbestimmung darf eine Maßnahme nicht umgesetzt werden, bevor das Verfahren vor der Einigungsstelle durch Spruch der Einigungsstelle beendet oder außerhalb des Einigungsstellenverfahrens die Zustimmung der zuständigen Arbeitnehmervertretung eingeholt wurde. Beginnt der Arbeitgeber entgegen diesem Grundsatz dennoch mit der Umsetzung der Maßnahme, drohen in Angelegenheiten der erzwingbaren Mitbestimmung Unterlassungsansprüche des Betriebsrats, die auch im Wege der einstweiligen Verfügung durchgesetzt werden können. Der Arbeitgeber ist daher darauf angewiesen, das Einigungsstellenverfahren möglichst schnell zum Abschluss zu bringen. Vor diesem Hintergrund könnte man daran denken, in § 3 des Formulars eine Regelung zu treffen, wonach der Arbeitgeber mit der Umsetzung der Maßnahmen beginnen darf, wenn das Einigungsstellenverfahren nicht innerhalb einer bestimmten Frist, z.B. innerhalb von sechs Wochen, nach Anrufung der Einigungsstelle durch Spruch beendet wird. Eine solche Regelung könnte aber dahingehend verstanden werden, dass der Betriebsrat nicht nur vorab auf die Geltendmachung und Durchsetzung eines etwaigen Unterlassungsanspruchs, sondern auch auf sein Mitbestimmungsrecht verzichtet. Nach der Rechtsprechung des BAG wäre ein Verzicht des Betriebsrats auf die Wahrnehmung erzwingbarer Mitbestimmungsrechte unzulässig (BAG NZA 2005, 892). Jedenfalls wäre eine solche Regelung in der Praxis gegenüber dem Betriebsrat kaum durchsetzbar. Der Arbeitgeber ist daher regelmäßig auf ein beschleunigtes Betreiben des Einigungsstellenverfahrens durch den Vorsitzenden angewiesen. Vor diesem Hintergrund hat es sich in der Praxis als sinnvoll erwiesen, mit dem Vorsitzenden eine Pauschale für das gesamte Verfahren zu vereinbaren (→ Anm. 13). Zudem kann auch die Besetzung der Einigungsstelle mit möglichst fachkundigen Beisitzern zur Beschleunigung des Verfahrens beitragen.

13. Kosten. Alle Kosten, die sich aus der Tätigkeit der Einigungsstelle ergeben, hat die Gesellschaft zu tragen (§ 76a Abs. 1 BetrVG).

Zu diesen Kosten gehören zunächst die **Vergütungsansprüche des Vorsitzenden und der Beisitzer, die nicht dem Betrieb angehören** (§ 76a Abs. 3 BetrVG). Vorsitzender und externe Beisitzer haben aufgrund dieser Norm einen gesetzlichen Anspruch gegen den Arbeitgeber auf Vergütung ihrer Tätigkeit. Die Vergütungshöhe ist bislang nicht durch Rechtsverordnung des Bundesministeriums für Arbeit und Sozialordnung geregelt worden. Daher besteht nach wie vor hinsichtlich der Vergütungshöhe eine erhebliche Rechtsunsicherheit (vgl. bereits *Kamphausen* NZA 1992, 55, 56 f.). Grundsätzlich sind der erforderliche Zeitaufwand, die Schwierigkeit der Streitigkeit sowie ein etwaiger Verdienstausfall zu berücksichtigen (§ 76a Abs. 4 S. 3 BetrVG). In der Praxis wird der Einigungsstellenvorsitzende i.d.R. nach **Stunden- oder Tagessätzen** vergütet. Insoweit erscheint ein Vergütungsrahmen je Stunde zwischen 150 EUR und 350 EUR als angemessen (vgl. auch den Hinweis auf den Entwurf einer Rechtsverordnung des Bundesministers für Arbeit und Sozialordnung nach dem Stand v. 13.6.1990 bei *Friedemann* Rn. 628). Bei Einigungsstellenverfahren, deren Zeitaufwand sich im Voraus abschätzen lässt, kann die Vereinbarung einer **Pauschale** für das gesamte Verfahren zweckmäßig sein. Dadurch wird ein zusätzlicher Anreiz dafür gesetzt, die Verhandlungen zügig zum Abschluss zu bringen. Die Festlegung der Vergütung nach diesen Grundsätzen erfolgt grundsätzlich durch vertragliche Vereinbarung zwischen dem Arbeitgeber und dem Vorsitzenden. Auch die Vergütung der externen Beisitzer, die niedriger zu bemessen ist als die des Vorsitzenden (§ 76a Abs. 4 S. 4 BetrVG), kann durch Vereinbarung mit dem Arbeitgeber festgelegt werden. Wird eine solche Vereinbarung nicht geschlossen, wird die Vergütung nach billigem Ermessen bestimmt, wobei ein Honorar von 70 Prozent der Vorsitzendenvergütung als angemessen angesehen wird (BAG AP BetrVG 1972 § 76a Nr. 6; für weitere Abschläge LAG Kiel LAGE BetrVG 1972 § 76a Nr. 7). Bestellt der Betriebsrat einen Rechtsanwalt als Beisitzer, so kann dieser keine höhere Vergütung, z.B. auf Basis seines üblichen Stundenhonorars, fordern, wenn keine entsprechende Vergütungsvereinbarung mit dem Arbeitgeber abgeschlossen wurde (BAG BeckRS 1990, 31022551).

Das Formular sieht in § 4 keine Regelung über die Vergütung der Mitglieder der ständigen Einigungsstelle vor. Bestimmungen hierüber in einer Betriebsvereinbarung wären nur zulässig, sofern ein Tarifvertrag eine entsprechende Öffnungsklausel enthält oder eine tarifliche Regelung nicht besteht (§ 76a Abs. 5 BetrVG). Auch in diesen Fällen mag es häufig schwierig sein, eine angemessene Vergütungshöhe für alle denkbaren Verfahrenskonstellationen im Voraus festzulegen. Soll dies geschehen, ist darauf zu achten, das Honorar des Vorsitzenden zuvor mit diesem abzustimmen.

Beisitzer, die dem Betrieb angehören, erhalten für ihre Tätigkeit keine Vergütung (§ 76a Abs. 2 BetrVG). Diese gesetzliche Regelung ist zwingend. Eine dennoch getroffene Honorarvereinbarung ist nichtig (*F/E/S/T/L* § 76a Rn. 11). Betriebsangehörige Beisitzer können insoweit die übliche Vergütung für die Arbeitszeit verlangen, die sie infolge ihrer Tätigkeit in der Einigungsstelle versäumen (s. § 4 Abs. (2) des Formulars).

Im Übrigen hat die Gesellschaft den Mitgliedern der Einigungsstelle die **Kosten für Aufwendungen** zu erstatten, die diesen wegen der Tätigkeit in der Einigungsstelle entstehen (z. B. Reisekosten, Übernachtungs- und Verpflegungskosten).

Davon zu trennen ist die Frage, ob Arbeitgeber und Betriebsrat sich vor der Einigungsstelle **anwaltlich vertreten** lassen können. Tritt ein Rechtsanwalt als Bevollmächtigter des Betriebsrats auf, sind die durch seine Beratung entstandenen Kosten nach überwiegender Ansicht nicht als Kosten der Einigungsstelle, sondern als Kosten der Betriebsratstätigkeit i. S. d. § 40 BetrVG anzusehen (so BAG NZA 1990, 107; *Ziege* NZA 1990, 926, 929 a. A. *Sowka* NZA 1990, 91, 93). Kosten der Betriebsratstätigkeit i. S. d. § 40 BetrVG muss der Arbeitgeber nur dann tragen, wenn sie erforderlich gewesen sind. Es kommt daher darauf an, ob der Betriebsrat eine anwaltliche Vertretung vor der Einigungsstelle für erforderlich halten durfte. Dies ist nach der Rechtsprechung dann der Fall, wenn der Regelungsgegenstand des Einigungsstellenverfahrens schwierige Rechtsfragen aufwirft, die zwischen den Betriebsparteien umstritten sind und kein Betriebsratsmitglied über den zur sachgerechten Interessenwahrnehmung notwendigen juristischen Sachverstand verfügt. Maßgeblich sind dabei nicht subjektive Erwägungen des Betriebsrats. Dieser muss sich vielmehr auf den Standpunkt eines vernünftigen Dritten stellen (BAG AP BetrVG 1972 § 76a Nr. 5).

Zwar müssen auch die Kosten der Einigungsstelle nur dann vom Arbeitgeber getragen werden, wenn sie für die ordnungsgemäße Erfüllung der Aufgabe der Einigungsstelle erforderlich waren (LAG Mainz BB 1991, 2375; *F/E/S/T/L* § 76a Rn. 4.). Allerdings kann der Arbeitgeber nicht mit Erfolg geltend machen, dass die Benennung eines Beisitzers durch den Betriebsrat im Einzelnen nicht erforderlich gewesen ist (LAG Hamm BeckRS 2012, 68571).

14. Inkrafttreten und Kündigung. → Form. C. II. 1, dort unter § 5.

15. Schlussbestimmungen. → Form. C. II. 1 Anm. 16.

D. Tarifvertragsrecht

I. Besondere Tarifverträge

1. Anerkennungstarifvertrag

Tarifvertrag zur Anerkennung von Tarifverträgen[1]

zwischen

...... (Name und Anschrift der Gesellschaft) „Gesellschaft“[2]

und

...... (Name und Anschrift der Gewerkschaft) „Gewerkschaft“[3]

Präambel[4]

Die Gesellschaft ist nicht Mitglied eines Arbeitgeberverbandes und hat in der Vergangenheit die Arbeitsbedingungen ihrer Mitarbeiter unternehmensintern und ohne Gewerkschaftsbeteiligung bestimmt. Die Gesellschaft folgt mit diesem Tarifvertrag dem Wunsch ihrer Mitarbeiter nach einer gewerkschaftlich abgesicherten Regelung der Arbeitsbedingungen. Gesellschaft und Gewerkschaft sind sich darin einig, dass sich dieser Firmentarifvertrag an den Konditionen der Verbandstarifverträge der Branche ...... orientieren soll. Die über Jahrzehnte entwickelten unternehmensspezifischen Regelungen, die sich zum Wohle der Gesellschaft und ihrer Mitarbeiter ausgewirkt haben, sollen beibehalten werden. Deshalb werden die Verbandstarifverträge nicht in Gänze, sondern nur zum Teil und auch nur in modifizierter Fassung übernommen.[5]

§ 1 Geltungsbereich

Dieser Tarifvertrag gilt für die Arbeiter und Angestellten der Gesellschaft im Gebiet der Bundesrepublik Deutschland.[6]

§ 2 Geltung von Tarifverträgen[7]

Auf die Arbeitsverhältnisse der Arbeiter und Angestellten der Gesellschaft finden ausschließlich die in Anlage A aufgeführten Tarifverträge in der dort aufgeführten Fassung Anwendung. Abweichungen von den in Anlage A aufgeführten Tarifverträgen sind in den folgenden Bestimmungen dieses Anerkennungstarifvertrages abschließend geregelt.[8]

§ 3 Manteltarifvertrag Arbeiter[9]

(1) Der Manteltarifvertrag für die Arbeiter der Metall- und Elektroindustrie in ...... vom ...... in der Fassung vom ......[10] (MTV ME Arbeiter) findet mit den in nachfolgenden Absätzen (2) bis (3) geregelten Maßgaben Anwendung:[11]

(2) Die individuelle regelmäßige wöchentliche Arbeitszeit beträgt 35 Stunden. Abweichend von der Regelung in Ziffer ...... MTV ME Arbeiter darf die regelmäßige wöchentliche

Arbeitszeit auf bis zu 40 Stunden pro Woche verlängert werden. Die verlängerte Arbeitszeit ist entsprechend den tariflichen Stundenlöhnen zu vergüten. Mehrarbeitszuschläge sind nicht zu zahlen.

(3) Abweichend von der Regelung in Ziffer ...... MTV ME Arbeiter wird Mehrarbeit i.S.d. MTV ME Arbeiter, die an Wochentagen (Montag bis Samstag) erbracht wird, mit den tariflichen Stundenlöhnen vergütet. Mehrarbeitszuschläge sind nicht zu zahlen.

§ 4 Lohntarifvertrag Arbeiter

(1) Die Löhne bleiben auf dem Stand vom ...... bis zum ...... unverändert.

(2) Ab dem ...... findet der Lohntarifvertrag für die Arbeiter der Metall- und Elektroindustrie (LTV ME) in ...... vom ...... mit der Maßgabe Anwendung, dass die Monatslöhne gemäß Anlage ...... des LTV ME um fünf Prozent vermindert werden. Ab dem ...... werden die Löhne im Geltungsbereich dieses Anerkennungstarifvertrages auf das Niveau des LTV ME erhöht.[12]

(3) Anstelle der tariflichen Sonderzahlung nach Ziffer ...... des LTV ME zahlt die Gesellschaft freiwillig einen Bonus an jeden Mitarbeiter, der sich nach dem Unternehmenserfolg bemisst. Die Einzelheiten werden durch Betriebsvereinbarung bestimmt. Die Mitbestimmungsrechte des Betriebsrats nach § 87 BetrVG werden durch diesen Anerkennungstarifvertrag nicht erweitert.

§ 5 Manteltarifvertrag Angestellte

(1) Auf die Arbeitsverhältnisse der Angestellten findet der Manteltarifvertrag für die Angestellten der Metall- und Elektroindustrie in ...... vom ...... in der Fassung vom ...... (MTV ME Angestellte) mit den in nachfolgenden Absätzen (2) und (3) geregelten Maßgaben Anwendung.[13]

(2) Durch Betriebsvereinbarung kann ein Arbeitszeitmodell vereinbart werden, welches von der Regelung in Ziffer ...... MTV ME Angestellte abweicht. Die Mitbestimmungsrechte des Betriebsrats gemäß § 87 BetrVG werden durch diesen Anerkennungstarifvertrag nicht erweitert.

(3) Die Gesellschaft kann mit ihren Angestellten einzelvertragliche Vereinbarungen treffen, wonach die Vergütung für Überstunden durch Zahlung einer monatlichen Pauschale abgegolten wird. Eine solche Pauschalabgeltung darf jedoch nur Vergütung für Überstunden und Mehrarbeit abgelten, die die individuelle regelmäßige wöchentliche Arbeitszeit um insgesamt höchstens ...... Stunden übersteigen.

§ 6 Gehaltstarifvertrag Angestellte

(1) Die Gehälter bleiben auf dem Stand vom ...... bis zum ...... unverändert.

(2) Ab dem ...... findet der Gehaltstarifvertrag für die Angestellten der Metall- und Elektroindustrie (GTV ME) in ...... vom ...... mit der Maßgabe Anwendung, dass die Monatsgehälter gemäß Anlage ...... des GTV ME um fünf Prozent vermindert werden. Ab dem ...... werden die Gehälter im Geltungsbereich dieses Anerkennungstarifvertrages auf das Niveau des GTV ME erhöht.[14]

(3) Anstelle der tariflichen Sonderzahlung nach Ziffer ...... des GTV ME zahlt die Gesellschaft freiwillig einen Bonus an jeden Mitarbeiter, der sich nach dem Unternehmenserfolg bemisst. Die Einzelheiten werden durch Betriebsvereinbarung bestimmt. Die Mitbestimmungsrechte des Betriebsrats nach § 87 BetrVG werden durch diesen Anerkennungstarifvertrag nicht erweitert.

§ 7 Kündigung der Tarifverträge aus Anlage A

(1) Die Parteien dieses Anerkennungstarifvertrages sind berechtigt, mit Wirkung für diesen Anerkennungstarifvertrag die Tarifverträge gemäß Anlage A oder Teile von ihnen nach Maßgabe der für den jeweiligen Tarifvertrag geltenden Kündigungsvorschriften einzeln und unabhängig voneinander zu kündigen.

(2) Werden die in der Anlage A aufgeführten Tarifverträge oder Teile von ihnen von den Tarifvertragsparteien gekündigt, so gelten sie auch zwischen den Parteien dieses Anerkennungstarifvertrages als gekündigt.[15]

§ 8 Kündigung dieses Anerkennungstarifvertrages

Dieser Anerkennungstarifvertrag kann mit einer Frist von drei Monaten zum Ende eines Kalendervierteljahres schriftlich gekündigt werden.[16]

§ 9 Salvatorische Klausel

Mündliche Nebenabreden bestehen nicht. Sollte eine Bestimmung dieses Anerkennungstarifvertrages ganz oder teilweise unwirksam sein oder werden, so wird die Gültigkeit der übrigen Bestimmungen hiervon nicht berührt. Die Parteien verpflichten sich, an die Stelle der unwirksamen Bestimmung eine dieser möglichst nahekommende wirksame Bestimmung zu setzen. Dasselbe gilt für den Fall einer tarifvertraglichen Lücke.

. . . . . .	. . . . . .
Ort, Datum	Ort, Datum
. . . . . .	. . . . . .
Unterschrift der Gesellschaft	Unterschrift der Gewerkschaft[17]

Anhang:

Tarifverträge gemäß § 2 Anerkennungstarifvertrag (Anlage A)

Anmerkungen

1. Anerkennungstarifvertrag. Unter einem Anerkennungstarifvertrag wird ein Tarifvertrag verstanden, mit dem die inhaltlichen, normativen Regelungen eines anderen Tarifvertrages übernommen werden. In der Praxis beruht der Abschluss eines Anerkennungstarifvertrages i.d.R. auf einer der folgenden Fallkonstellationen: (1.) Ein Arbeitgeber erkennt durch Firmentarifvertrag (gebräuchlich ist auch der Begriff Haustarifvertrag) die Regelungen des Verbandstarifvertrages an. Solche Anerkennungstarifverträge kommen regelmäßig auf Druck der Gewerkschaftsseite zustande, nachdem ein Arbeitgeber aus dem Arbeitgeberverband ausgetreten ist. (2.) Ein Arbeitgeber erkennt die Regelungen eines Firmentarifvertrages an, etwa weil er bestehende Betriebe im Wege des Asset Deals übernommen hat (→ Form. D. III.). (3.) Schließlich ist auch denkbar, dass eine Gewerkschaft den Tarifvertrag einer anderen Gewerkschaft gegenüber dem Arbeitgeber oder Arbeitgeberverband anerkennt. Dies ist nicht nur für sog. schwache Gewerkschaften geübte Praxis (man spricht dann auch von Anschlusstarifverträgen, vgl. BAG NZA 2006, 1112; *Weller* EWiR 2006, 605; kritisch zur Rspr. des BAG *Wank/Schmidt* RdA 2008, 269). Machen sich mehrere Gewerkschaften die Tarifzuständigkeit – zumindest für bestimmte Berufsgruppen – streitig, kommt es häufig vor, dass eine Gewerkschaft den für bestimmte Berufsgruppen geschlossenen Tarifvertrag der anderen Gewerkschaft anerkennt.

Inhaltlich ist in einem Anerkennungstarifvertrag sowohl die uneingeschränkte als auch die modifizierende Übernahme eines anderen Tarifvertrages denkbar.

Findet durch den Abschluss eines Anerkennungstarifvertrages erstmalig ein Tarifvertrag auf das Arbeitsverhältnis Anwendung, hat der Arbeitgeber den Arbeitnehmer gemäß § 3 S. 1 NachwG schriftlich zu informieren. Der erstmalige Abschluss des Anerkennungstarifvertrages ist keine Änderung eines Tarifvertrages i. S. d. § 3 S. 2 NachwG; geändert werden kann nur der Inhalt eines bereits vorhandenen Tarifwerks (BAG AP NachwG § 3 Nr. 1).

Bei dem Formular handelt es sich um einen Anerkennungstarifvertrag, mittels dessen eine Gesellschaft nach dem Austritt aus dem tarifschließenden Verband dessen Verbandstarifverträge in modifizierter Form auf Basis eines Firmentarifvertrages übernimmt. Die Präambel bezweckt, eine für die betroffenen Arbeitnehmer nachvollziehbare Begründung für den Verbandsaustritt des Arbeitgebers zu liefern. Zugleich wird auf diese Weise für die tarifschließende Gewerkschaft der Abschluss des Anerkennungstarifvertrages als Firmentarifvertrag – verbandspolitisch – erleichtert.

2. Tariffähigkeit des Arbeitgebers. Die Tariffähigkeit des Arbeitgebers ergibt sich unmittelbar aus dem Gesetz (vgl. § 2 Abs. 1 Alt. 2 TVG). Die Tariffähigkeit des einzelnen Arbeitgebers wird auch durch seine Mitgliedschaft in einem (tarifschließenden) Arbeitgeberverband nicht berührt (BAG AP BetrVG 1972 § 77 Tarifvorbehalt Nr. 12). Schließt eine ausländische Gesellschaft einen Tarifvertrag für ihre deutsche Niederlassung ab, so ist dieser nur gültig, wenn das ausländische Unternehmen nach deutschem Recht tariffähig ist (Wiedemann/*Thüsing* § 1 TVG Rn. 80, 91).

3. Tariffähigkeit und Tarifzuständigkeit der Gewerkschaft. Eine Gewerkschaft ist **tariffähig**, wenn sie folgende Merkmale aufweist: Koalitionseigenschaft, demokratische Binnenorganisation, **soziale Mächtigkeit**, (organisatorische) Leistungsfähigkeit, Tarifwilligkeit sowie Anerkennung des staatlichen Tarif-, Schlichtungs- und Arbeitskampfrechts (BAG NZA 2005, 697; BAG NZA 2006, 1112). Dabei kommt insbesondere dem Kriterium der sozialen Mächtigkeit in der Praxis eine hohe Bedeutung zu. Aufgrund der weitreichenden normativen Wirkung von Tarifvereinbarungen soll sichergestellt werden, dass die Tarifpartner auch auf Augenhöhe verhandeln. Nur bei einem ausgewogenen Kräfteverhältnis der Tarifparteien wohnt dem Tarifabschluss die notwendige Richtigkeitsgewähr inne. Nach der Rechtsprechung des BAG (BAG NZA 2011, 301) richtet sich die Mächtigkeit einer Gewerkschaft vorrangig nach der Anzahl ihrer Mitglieder. Eine aktive Beteiligung am Tarifgeschehen reicht hingegen für sich genommen nicht aus, da ihr keine „Indizwirkung" für die Mächtigkeit zukomme (weniger streng BAG NZA 2006, 1112). Erst bei Zweifeln an der durch die Mitglieder vermittelten sozialen Mächtigkeit greift das BAG auf die bisherige Tarifpraxis zur Beurteilung der Durchsetzungskraft einer Gewerkschaft zurück (vgl. Beschluss des BAG zur Tariffähigkeit der Spitzenorganisation CGZP, BAG NZA 2011, 289 ff.; BAG FD-ArbR 2012, 328793; *Neff* NZA 2011, 615). So soll vermieden werden, dass kleine Arbeitnehmervereinigungen durch den Abschluss zahlreicher Gefälligkeitsvereinbarung den Status der Tariffähigkeit erreichen.

Die **Tarifzuständigkeit** legt jede Gewerkschaft in der eigenen Satzung selbst fest (BAG AP TVG § 2 Tarifzuständigkeit Nr. 19). Die Tarifzuständigkeit, auch als Organisationsbereich bezeichnet, ist entweder branchen- oder betriebsbezogen definiert. **Branchenbezogen** ist die Tarifzuständigkeit, wenn eine Gewerkschaft ihre Zuständigkeit für alle Betriebe/Unternehmen einer bestimmten Branche (Metallindustrie, chemische Industrie o. ä.) reklamiert. Von diesem Branchenbezug umfasst sind auch Betriebe, die branchenfremde Zwecke verfolgen (z. B. Logistikbereich eines Metall verarbeitenden Unternehmens). Im Ergebnis ist die Frage, ob ein Betrieb der Tarifzuständigkeit einer bestimmten Gewerkschaft unterfällt, nach dem wirtschaftlichen Schwerpunkt des einzelnen Unternehmens (oder der Unternehmensgruppe) zu beantworten (BAG NZA 2003, 1295).

Betriebsbezogen ist der Organisationsbereich einer Gewerkschaft, wenn sie ihre Zuständigkeit nur für Betriebe reklamiert, die einen bestimmten Betriebszweck verfolgen. Nicht entscheidend ist dann, ob das Unternehmen, dem der einzelne Betrieb zugeordnet wird, schwerpunktmäßig in der entsprechenden Branche tätig ist.

Die betriebsbezogene Definition des Organisationsbereiches kann dazu führen, dass eine Gewerkschaft nur für einzelne Betriebe eines Unternehmens tarifzuständig und demnach nur zum Abschluss eines Firmentarifvertrages für diese einzelnen Betriebe berechtigt ist. Dies und die damit einhergehende Gefahr der Geltung mehrerer Tarifverträge in einem Unternehmen sind nach – mittlerweile – konsequenter Ansicht des BAG hinzunehmen (BAG AP TVG § 2 Tarifzuständigkeit Nr. 10). Insoweit hat das BAG seine frühere Auffassung ausdrücklich aufgegeben, dass auch bei betriebsbezogener Tarifzuständigkeit einer Gewerkschaft die Zuständigkeit für den Abschluss von Firmentarifverträgen von dem Schwerpunkt des Unternehmensgegenstandes abhängig sei (BAG AP TVG § 2 Tarifzuständigkeit Nr. 10).

Über die Frage der Tariffähigkeit und der Tarifzuständigkeit einer Gewerkschaft kann im arbeitsgerichtlichen Beschlussverfahren gemäß §§ 97, 2a Abs. 1 Nr. 4 ArbGG entschieden werden. Als Antragsteller kommen v. a. konkurrierende Gewerkschaften in Betracht (BAG AP TVG § 2 Tarifzuständigkeit Nr. 10). Für die DGB-Gewerkschaften ist darüber hinaus an die Schiedsstelle gemäß §§ 15, 16 der DGB-Satzung zu denken, die mit bindender Wirkung auch für die Arbeitgeberseite die Organisationsbereiche ihrer Mitgliedsgewerkschaften festlegen kann; dies jedoch nur im Wege der Auslegung und nicht durch Satzungsänderung (BAG AP TVG § 2 Tarifzuständigkeit Nr. 10; AP TVG § 2 Tarifzuständigkeit Nr. 18).

4. Präambel. Zu den allgemeinen Funktionen einer Präambel → Form. D. II. 1 Anm. 2, 5.

5. Zulässigkeit. Der Arbeitgeber kann jederzeit weitere Tarifverträge wirksam abschließen, auch wenn er bereits an einen anderen Tarifvertrag – sei es über die Mitgliedschaft in einem Arbeitgeberverband, sei es an einen allgemeinverbindlichen Tarifvertrag – gebunden ist (LAG Frankfurt a. M. BeckRS 2004, 30991838). Durch die Bindung des Arbeitgebers an mehrere Tarifverträge entsteht jedoch ein Fall der **Tarifkonkurrenz** (wenn für ein Arbeitsverhältnis mehrere Tarifverträge Anwendung finden) oder der **Tarifpluralität** (wenn für einen Betrieb, nicht aber für ein Arbeitsverhältnis mehrere Tarifverträge gelten).

Für Fälle der Tarifkonkurrenz gilt der **Grundsatz der Tarifeinheit**, wonach für das einzelne Arbeitsverhältnis (im Falle des Regelungskonfliktes) nur ein Tarifvertrag Anwendung finden kann. Nach der h. A. ist dem spezielleren Tarifvertrag der Vorrang einzuräumen (diesen Grundsatz der Tarifspezialität modifizierend *Franzen* RdA 2008, 197 ff.). Nach diesem Grundsatz der **Tarifspezialität** ist – unabhängig von Günstigkeitsgesichtspunkten – der Tarifvertrag anzuwenden, der dem Betrieb räumlich, betrieblich, fachlich und persönlich am nächsten steht und deshalb den Erfordernissen und Eigenarten des Betriebes und der darin tätigen Arbeitnehmer am besten Rechnung trägt (st. Rspr., vgl. zuletzt BAG AP TVG § 4 Tarifkonkurrenz Nr. 34; MünchHdbArbR/*Rieble/Klumpp* § 176 Rn. 16; kritisch *Kempen* NZA 2003, 415, 417). Im Falle der Tarifkonkurrenz zwischen Verbandstarifvertrag und Firmentarifvertrag ist im Ergebnis nahezu immer letzterem der Vorrang einzuräumen, da dieser einen stärkeren Bezug zu den individuellen und betrieblichen Rechtsverhältnissen hat (BAG AP TVG § 4 Tarifkonkurrenz Nr. 34). Ausdrücklich aufgegeben hat das BAG seine frühere Auffassung (BAG AP TVG § 4 Tarifkonkurrenz Nr. 29; AP TVG § 4 Tarifkonkurrenz Nr. 30), nach der auch der Anwendungskonflikt zwischen einem normativ wirkenden Tarifvertrag und einem arbeitsvertraglich in Bezug genommenen anderen Tarifvertrag einen Fall der Tarifkonkurrenz darstelle (BAG NZA 2008, 364; BAG NZA 2009, 151). Solche Fälle sind nicht mehr über die Tarifspezialität, sondern nach dem Günstigkeitsprinzip gemäß § 4 Abs. 3 TVG zu lösen (BAG NZA 2008, 364).

Nach früherer Rechtsprechung galt der Grundsatz der Tarifeinheit im Betrieb auch für die Fälle der Tarifpluralität. Auch in diesen Konstellationen kam also dem spezielleren Tarifvertrag unabhängig von Günstigkeitserwägungen der Anwendungsvorrang zu. Dieser im Wesentlichen von Praktikabilitätserwägungen getragenen Rechtsprechung stand die Literatur, insbesondere aufgrund verfassungsrechtlicher Bedenken, kritisch gegenüber (zum Diskussionsstand vgl. *Bayreuther* NZA 2008, 12; *Bepler*, FS zum 25-jährigen Bestehen der Arbeitsgemeinschaft ArbR, S. 791 ff.; *Boemke* jurisPR-ArbR 1/2008 Anm. 1; *Buchner* BB 2008, 106; *Feudner* BB 2007, 2459; *Franzen* RdA 2008, 193; *Greiner* NZA 2007, 1023; *Hromadka* NZA 2008, 384; *Hunold* NZA 2007, 1037; *Jacobs* NZA 2008, 325; *Lindemann/Simon* BB 2006, 1852; *Reichhold* RdA 2007, 321). Letztendlich schloss sich der 4. Senat den Überlegungen an und gab, nach Divergenzanfrage an den 10. Senat (BAG NZA 2010, 645 ff.), das Postulat „Ein Betrieb, ein Tarif" auf (BAG NZA 2010, 1068). Die sich aus der Rechtsprechungsänderung ergebenden Folgen für das Tarif-, Arbeitskampf-, und Betriebsverfassungsrecht, sowie mögliche Lösungskonzepte werden seitdem in Wissenschaft und Politik kontrovers diskutiert (vgl. statt vieler *Henssler* RdA 2011, 65 ff.; *Willemsen/Mehrens* NZA 2010, 1313 ff.).

In der hier beschriebenen Konstellation liegt weder ein Fall der Tarifkonkurrenz noch der Tarifpluralität vor, da die tarifschließende Gesellschaft ausschließlich an den Anerkennungstarifvertrag gebunden ist. In der Praxis muss vor Abschluss eines Anerkennungstarifvertrages sorgfältig geprüft werden, welche tarifrechtlichen Kollisionsfälle dadurch begründet werden und wie diese nach der Rechtsprechung aufzulösen sind. Gerade die geänderte Rechtsprechung des BAG zu Bezugnahmeklauseln (BAG NZA 2006, 607; BAG NZA 2007, 965; → Form. A. II. 2 Anm. 2, 4) und zur Auflösung einer Kollision zwischen einem normativ wirkenden Tarifvertrag einerseits und einem arbeitsvertraglich in Bezug genommenen Tarifvertrag andererseits (BAG NZA 2008, 364; BAG NZA 2009, 151) kann zu ungewünschten Ergebnissen führen.

6. Geltungsbereich. Die Klausel enthält Regelungen zum persönlichen und räumlichen Geltungsbereich des Anerkennungstarifvertrages. Bei dem **persönlichen Geltungsbereich** kommt eine Trennung nach Angestellten, Arbeitern und Auszubildenden in Betracht. In Frage käme daneben noch eine Regelung zum **sachlichen Anwendungsbereich**, wenn das Unternehmen in verschiedenen Branchen tätig ist. Soweit eine solche Klausel in einem Tarifvertrag fehlt, wäre durch dessen Auslegung zu ermitteln, auf welche Beschäftigten welcher Branchen oder Standorte sich der Tarifvertrag bezieht.

Im Ausland tätige Beschäftigte inländischer Einrichtungen können wirksam jedenfalls dann in den Geltungsbereich eines Tarifvertrages einbezogen werden, wenn sich ihre Arbeitsverträge nach deutschem Recht richten (BAG AP TVG § 1 Form Nr. 7).

7. Bezugnahme auf Tarifverträge. Die **Bezugnahme** auf andere Tarifverträge stellt keinen Verstoß gegen das Schriftformerfordernis aus § 1 Abs. 2 TVG dar, auch wenn nicht der gesamte Inhalt der tarifvertraglichen Willenserklärungen in einer Urkunde enthalten ist. Anders als z. B. bei § 126 BGB, der die beteiligten Parteien vor der übereilten Abgabe einer Willenserklärung schützen soll, dient § 1 Abs. 2 TVG lediglich der Klarstellung des Inhalts des Tarifvertrages (BAG AP TVG § 1 Form Nr. 7; BAG AP TVG § 1 Form Nr. 8). Diese Klarstellungsfunktion ist schon dann erfüllt, wenn durch die genaue Bezeichnung in der Bezugnahme klar bestimmbar ist, welcher Tarifvertrag gelten soll. Das Wiederholen des Inhaltes des in Bezug genommenen Tarifvertrages oder dessen Beifügung als Anlage sind daher nicht erforderlich. Formwirksam sind demnach auch **„Kettenverweisungen"**, die dann entstehen, wenn auch der in Bezug genommene Tarifvertrag seinerseits Verweisungen auf weitere Tarifverträge enthält (BAG NZA 1997, 1234). Kettenverweisungen sollten in der Praxis jedoch – wenn möglich – vermieden werden, da ansonsten die Nachvollziehbarkeit des tariflich Geregelten erheblich leiden kann. Statt einer Kettenverweisung sollte daher die direkte Inkorporation der in Frage kommenden Regelungen der Tarifverträge erfolgen.

8. Zulässigkeit abweichender Bestimmungen. Es ist ohne weiteres möglich, dass die Parteien des Anerkennungstarifvertrages andere Tarifverträge nur teilweise oder mit inhaltlichen Modifikationen per Verweisung übernehmen (BAG AP TVG § 1 Form Nr. 7).

Verweisungen sind gerade bei Anerkennungstarifverträgen sinnvoll, da i.d.R. auf die Branche zugeschnittene Verbandstarifverträge bestehen, die in vielen Bereichen ausgefeilte und für das betroffene Unternehmen vernünftige Lösungen enthalten. Dessen besondere Situation wird regelmäßig Abweichungen nur in Teilbereichen erfordern. Der Rückgriff auf die bestehenden Verbandstarifverträge verkürzt und vereinfacht so die Tarifvertragsverhandlungen des einzelnen Unternehmens. Verhandelt werden muss nur noch über die angestrebten Modifikationen der Verbandstarifverträge.

9. Aufbau des Anerkennungstarifvertrages. Zum besseren Verständnis folgt der Tarifvertrag folgendem Aufbau: Allgemeine Regelungen (Präambel, §§ 1 und 2), Abweichungen von den in Bezug genommenen Tarifverträgen (§§ 3 bis 6), untergliedert nach den persönlichen Anwendungsbereichen (Arbeiter/Angestellte) und Regelungsinhalten (Manteltarifverträge/Entgelttarifverträge) und Kündigungsregeln (§§ 7 und 8).

10. Bezeichnung von in Bezug genommenen Tarifverträgen. Eine genaue Bezeichnung ist zur Vermeidung von Missverständnissen erforderlich. Das Formular verweist statisch auf den Manteltarifvertrag in einer bestimmten Fassung. Eine solche **statische Bezugnahme** stellt keine unzulässige Delegation der den Tarifvertragsparteien verfassungsmäßig verbürgten Rechtsetzungsbefugnis auf Dritte dar. Die Parteien des Anerkennungstarifvertrages kennen bei Abschluss des Anerkennungstarifvertrages den Verbandsmanteltarifvertrag in der in Bezug genommenen Fassung und können daher beurteilen, ob dessen Regelungen eine wirtschaftlich sinnvolle und sozial gerechte Ordnung auch der Arbeitsbedingungen im Geltungsbereich des Anerkennungstarifvertrages darstellen. Auf dieser Basis üben die Parteien des Anerkennungstarifvertrages ihre Normsetzungsbefugnis selbst aus (BAG AP TVG § 1 Form Nr. 7; BAG AP TVG § 1 Form Nr. 8).

Vor diesem Hintergrund ist vielmehr eine **dynamische Bezugnahme** („**Blankettverweis**") auf andere Tarifverträge in deren jeweils geltender Fassung problematisch. Die Parteien des Anerkennungstarifvertrages übernehmen in dieser Situation pauschal auch künftige Regelungen Dritter, deren Inhalt sie zum Zeitpunkt des Abschlusses des Anerkennungstarifvertrages noch gar nicht kennen. Dies kann durchaus als unzulässige Delegation der Rechtsetzungsbefugnis der Tarifvertragsparteien verstanden werden. Auch die im Anerkennungstarifvertrag vorgesehene Möglichkeit, sich ggf. kurzfristig wieder von der Bindungswirkung der in Bezug genommenen Tarifverträge lösen zu können, ändert daran nichts. Schließlich würden die einmal in Bezug genommenen Tarifverträge jedenfalls bis zu deren Ende oder bis zum Abschluss eines neuen Anerkennungstarifvertrages gemäß § 3 Abs. 3 TVG weitergelten (BAG AP TVG § 1 Form Nr. 7). Demnach sind Blankettverweisungen auf Tarifverträge in deren jeweiliger Fassung grundsätzlich unzulässig (vgl. BAG NZA 2011, 1350, 1354). Das BAG hält solche Blankettverweisungen nur in zwei Ausnahmefällen für zulässig: (1.) Der in Bezug genommene Tarifvertrag ist von denselben Tarifvertragsparteien wie der Anerkennungstarifvertrag geschlossen worden. (2.) Der Geltungsbereich des in Bezug genommenen Tarifvertrages steht in engem sachlichem Zusammenhang zu dem Geltungsbereich des Anerkennungstarifvertrages (BAG NZA-RR 2008, 249, 251; BAG NJOZ 2011, 63, 64 f.; LAG Berlin-Brandenburg BeckRS 2012, 66009; BAG AP TVG § 1 Form Nr. 7; BAG AP TVG § 1 Form Nr. 8). Während die erste Fallgruppe im Hinblick auf die Identität der tarifschließenden Parteien überzeugt, gilt dies für die zweite Fallgruppe nicht. Eine bloße sachliche Nähe bietet noch keine Gewähr für eine Sachgerechtigkeit der inhaltlichen Ergebnisse.

Außerdem eröffnet das Kriterium der „Sachnähe" zwischen Anerkennungstarifvertrag und in Bezug genommenem Tarifvertrag einen zu großen Spielraum für Streitigkeiten über die Zulässigkeit einer Verweisungsklausel und damit des Anerkennungstarifvertrages. Die Differenzierung danach, ob die Parteien des Anerkennungstarifvertrages ihre Rechtsetzungsbefugnis – auch für die Zukunft – auf Dritte delegieren, ist klarer und stellt eine konsequente Anwendung der Prinzipien und Grenzen der Tarifautonomie dar.

11. Abweichende Regelungen zum Manteltarifvertrag der Arbeiter. Zur grundsätzlichen Zulässigkeit von Abweichungen → Anm. 8. In dem diesem Formular zugrundeliegenden Fall werden die im Verbandstarifvertrag abgestimmten Arbeitszeiten zumindest für einen vorübergehenden Zeitraum modifiziert. Um die finanziellen Belastungen des „mittelbaren Verbandsbeitritts" zu mildern, werden regelmäßig auch Vorschriften zur Vergütung von Überstunden und Mehrarbeit modifiziert. Weitere denkbare Gebiete für Abweichungen von einem Manteltarifvertrag sind solche zu Schichtarbeitszuschlägen, zum Urlaub oder zu Kündigungsfristen. Zu beachten sind selbstverständlich die sich aus zwingenden Gesetzen ergebenden Erfordernisse.

12. Abweichende Entgeltregelungen für Arbeiter. Im Rahmen der Tarifvertragsfreiheit haben die Parteien einen großen Gestaltungsspielraum. Auch die Parteien eines Anerkennungstarifvertrages sind an die Grenzen der Tarifautonomie gebunden. Die Grenze der Tarifautonomie bildet die Sittenwidrigkeit, also die Wuchergrenze, da durch Tarifverträge eine wirtschaftlich sinnvolle und sozial gerechte Ordnung der Arbeitsbedingungen hergestellt werden soll (BAG AP TVG § 1 Tarifverträge: Bau Nr. 226; BAG NZA 2002, 112; BAG AP TVG § 4 Ausschlussfristen Nr. 30; BAG AP BGB § 138 Nr. 59; *Böggemann* NZA 2011, 493 ff.). Den Maßstab zur Bestimmung der Sittenwidrigkeit bei einzelvertraglichen Vereinbarungen bildet regelmäßig der Vergleich zum „verkehrsüblichen" Tarifniveau (BAG AP BGB § 138 Nr. 52; Wucher bei Unterschreitung des Tarifniveaus um 33 Prozent vgl. BAG NZA 2009, 837). Dieser kann aber für die abweichenden Bestimmungen des Anerkennungstarifvertrages vom Verbandstarifvertrag nicht gelten. Die Parteien eines Anerkennungstarifvertrages können für sich die verfassungsrechtlich garantierte Tarifautonomie anführen, die durch eine arbeitsgerichtliche Tarifzensur nicht ausgehebelt werden darf (BAG AP BGB § 138 Nr. 59; ausführlich *Moll* RdA 2010, 321, 325 ff.).

Die vorgeschlagene Klausel sieht in § 4 Abs. (2) und § 6 Abs. (2) vor, dass das unternehmensinterne Gehaltsniveau schrittweise an das Niveau der Verbandstarifverträge angepasst wird. Dies ist **in vergleichbaren Konstellationen** häufig der Fall. § 4 Abs. (3) und § 6 Abs. (3) sehen darüber hinaus eine Abweichung für den Geltungsbereich des Anerkennungstarifvertrages für die Zahlung der verbandstarifvertraglichen jährlichen Sonderzahlung vor. Der Anerkennungstarifvertrag enthält an dieser Stelle eine großzügige Öffnungsklausel für eine betriebliche Regelung. Dabei wird jedoch klargestellt, dass hierdurch die Mitbestimmungsrechte des Betriebsrates nicht erweitert werden.

13. Abweichende Regelungen zum Manteltarifvertrag der Angestellten. → Anm. 11. Verbandstarifverträge enthalten häufig nur recht beschränkte Möglichkeiten zur Schaffung eines betrieblichen Arbeitszeitsystems, das von dem tarifvertraglichen Leitbild abweicht. Soweit Öffnungsklauseln für betriebliche Gleitzeitregeln überhaupt in den Verbandstarifverträgen vorgesehen sind, sehen diese zumeist relativ kurze Ausgleichszeiträume vor. Dadurch werden beispielsweise die von vielen Arbeitnehmern und Betriebsräten gewünschten Lebensarbeitszeitkonten ebenso wie die Vereinbarung von Vertrauensarbeitszeit ausgeschlossen. Die Vereinbarung einer weit gehenden Öffnungsklausel im Anerkennungstarifvertrag – insbesondere für den Bereich der Angestellten – ist daher nicht selten und vom Arbeitgeber angestrebt. Zu den Möglichkeiten betrieblicher Arbeitszeitsysteme → Form. C. II. 6 – 7.

Für den Arbeitgeber ist in § 5 Abs. (3) die Möglichkeit vorgesehen, eine Pauschalabgeltung für Mehrarbeit zu vereinbaren. Solche Pauschalabgeltungen werden häufig in Arbeitsverträgen vereinbart (→ Form. A. II. 1 Anm. 4 zur Wirksamkeit solcher Abreden). Durch eine entsprechende tarifvertragliche Öffnungsklausel kann jedenfalls die Wirksamkeit von einzelvertraglichen Überstundenabgeltungen gesichert werden, die tarifvertragliche Regelung insofern ein bei der AGB-Kontrolle der Arbeitsbedingungen zu beachtendes Leitbild darstellt. Es empfiehlt sich gleichwohl, in dem Tarifvertrag selbst nähere Vorgaben dazu machen, bis zu welchem Umfang die Überstundenabgeltung gestattet werden soll. Schließlich ist darauf zu achten, dass die arbeitsvertragliche Bestimmung im Übrigen dem AGB-rechtlichen Transparenzgebot genügt.

14. Abweichende Entgeltregelungen für Angestellte. → Anm. 12.

15. Kündigung der in Bezug genommenen Tarifverträge. Um die Bindung an die in Bezug genommenen Tarifverträge zu beenden, kommen zwei Wege in Betracht:

Zum einen können die Parteien den Anerkennungstarifvertrag insgesamt kündigen (→ Anm. 16). Das wird in den meisten Fällen nicht in ihrem Interesse sein, da sie bei jeder Neuverhandlung der Entgelttabellen auch die grundlegenden Normen des in Bezug genommenen Manteltarifvertrages kündigen.

Zum anderen besteht, wie in § 7 Abs. (1) vorgesehen, die Möglichkeit, die in Bezug genommenen Tarifverträge nach den dortigen Kündigungsvorschriften einzeln und separat voneinander zu kündigen. Dieselbe Wirkung ließe sich durch eine Klausel erzielen, die eine Teilkündigung der Vorschriften des Anerkennungstarifvertrages ermöglicht, aus denen sich die Geltung der jeweils in Bezug genommenen Tarifverträge ergibt; vgl. §§ 3 bis 6 des Anerkennungstarifvertrages.

Im Ergebnis führen beide Wege dazu, dass eine **Kündigung durch die Parteien des Anerkennungstarifvertrages** erfolgt und die in Bezug genommenen Tarifverträge zwischen den Parteien des Firmentarifvertrages keine Gültigkeit mehr haben. Zu beachten sind aber die **unterschiedlichen Kündigungsfristen**, die sich bei der ersten Möglichkeit nach dem Anerkennungstarifvertrag richten, bei der zweiten Möglichkeit nach den in Bezug genommenen Tarifverträgen.

Bei mehreren in Bezug genommenen Tarifverträgen, deren Kündigungsmöglichkeiten auch für die Parteien des Anerkennungstarifvertrages gelten sollen, können jeweils verschiedene Kündigungsmodalitäten (Kündigungssperrfrist, -termin, -frist; → Form. D. II. 2 Anm. 8) zu beachten sein. Weitere Verästelungen können aus Kettenverweisungen folgen (s. Anm. 7). Enthält ein inkorporierter Tarifvertrag wiederum eine Verweisung auf einen weiteren Tarifvertrag, so kann dies auch in Bezug auf den vordergründig nur inkorporierten Tarifvertrag zu verschiedenen Kündigungsmöglichkeiten führen (BAG NZA 1997, 1234).

Es ist daher empfehlenswert, wie im Formular unter § 8 vorgesehen, zusätzlich Regelungen über die Kündigung des Anerkennungstarifvertrages zu vereinbaren, um die einheitliche Kündigung zu ermöglichen.

Ohne die Klausel in § 7 Abs. (1) bestünde eine entsprechende Kündigungsmöglichkeit nicht, da es sich bei dieser Klausel im Ergebnis um eine Teilkündigung (des Anerkennungstarifvertrages) handelt. Eine solche Kündigung kann allerdings dann wirksam ausgesprochen werden, wenn sie ausdrücklich zugelassen ist (BAG NZA 2006, 1125). Die Zulässigkeit einer Teilkündigung ohne eine sie ausdrücklich gestattende Regelung ist zwar höchstrichterlich noch ungeklärt (BAG NZA 2006, 1125; *Matthes* jurisPR-ArbR 41/2006 Anm. 3), die Literatur lehnt diese Möglichkeit allerdings überwiegend ab (Däubler/*Deinert* § 4 Rn. 173; *Hümmerich/Boecken/Düwell* § 1 Rn. 54; Wiedemann/*Wank* § 4 Rn. 26). Dieser Ansicht folgt nunmehr auch das LAG Stuttgart (BeckRS 2011, 76010; → Form. D. II. 2 Anm. 10). Eine Teilkündigungsmöglichkeit, die auf die einzelnen in Bezug genommenen Tarifverträge verweist, ist durchaus üblich. Anders als bei „normalen" Tarifverträgen bündelt der Anerkennungstarifvertrag durch seine Verweisungstechnik schließlich unterschiedliche Regelungsgegenstände, bei denen auch unterschiedliche Aktualisierungsbedürfnisse bestehen.

Deutlich weiter geht § 7 Abs. (1), indem dort nicht nur die Kündigung eines der in Bezug genommenen Tarifverträge gestattet wird, sondern auch die teilweise Kündigung eines solchen inkorporierten Tarifvertrages. Dem dürfte die tarifschließende Gewerkschaft in aller Regel wohl nicht zustimmen.

Zusätzlich zu der in § 7 Abs. (1) vorgesehenen Beendigung sieht das Formular in § 7 Abs. (2) vor, dass die **Kündigung der in Bezug genommenen Tarifverträge durch deren Vertragsparteien** auch im Verhältnis zwischen den Parteien des Anerkennungstarifvertrages gelten soll. Allerdings liegt das tarifvertragliche Schicksal dann in den Händen zumindest einer fremden Partei, nämlich des Arbeitgeberverbandes, der die in Bezug genommenen Tarifverträge abgeschlossen hat. Wenn – anders als im Formular – der Anerkennungstarifvertrag andere Tarifverträge in deren jeweils geltender Fassung in Bezug nimmt, hat die Kündigung dieser inkorporierten Tarifverträge jedoch ohnehin Auswirkungen auf den Anerkennungstarifvertrag. Das BAG vertritt nämlich die Auffassung, dass durch eine (dynamische) Blankettverweisung eine „Gleichstellung" zwischen dem Anerkennungstarifvertrag und den inkorporierten Tarifverträgen erfolgen soll (BAG NZA-RR 2008, 249, 251). Folgerichtig führt die Nachwirkung der über eine Blankettverweisung inkorporierten Tarifverträge gemäß § 4 Abs. 5 TVG dazu, dass auch für die dem Anerkennungstarifvertrag unterfallenden Arbeitsverhältnisse dessen zwingende Wirkung gemäß § 4 Abs. 5 TVG entfällt (BAG NZA-RR 2008, 249).

16. Kündigung des Anerkennungstarifvertrages. Von der in → Anm. 15 diskutierten Kündigung der in Bezug genommenen Tarifverträge ist die Kündigung des Anerkennungstarifvertrages zu trennen. Soweit ein Anerkennungstarifvertrag keine eigenen Regelungen über Laufzeit und Kündigung enthält, gelten jeweils die entsprechenden Regelungen der inkorporierten Tarifverträge (BAG NZA 1997, 1234). Zu weiteren Einzelheiten Kündigungsklauseln betreffend → Form. D. II. 2 Anm. 8, 15 (vgl. auch *Kleinebrink* DB 2007, 518, 521 f.; *Oetker* RdA 1995, 82).

17. Unterschrift. → Form. D. II. 2 Anm. 2.

2. Tarifvertrag über die Bildung einer tariflichen Schlichtungsstelle

Tarifvertrag zur Bildung einer tariflichen Schlichtungsstelle[1]

zwischen

...... (Name und Anschrift der Gesellschaft) „Gesellschaft"

und

...... (Name und Anschrift der Gewerkschaft) „Gewerkschaft"[2]

§ 1 Bildung und Anrufung einer tariflichen Schlichtungsstelle

(1) Zur Beilegung der Regelungsstreitigkeiten[3] zwischen Gesellschaft und Betriebsrat oder Gesamtbetriebsrat[4] in Angelegenheiten, die der erzwingbaren Mitbestimmung nach dem BetrVG unterliegen, wird gemäß § 76 Abs. 8 BetrVG eine tarifliche Schlichtungsstelle gebildet. Die Schlichtungsstelle prüft jeweils zu Beginn des Verfahrens, ob sie nach Maßgabe des vorstehenden Satzes zuständig ist.

(2) Die tarifliche Schlichtungsstelle ist eine von Fall zu Fall zu bildende Einrichtung. Die Mitglieder der Schlichtungsstelle werden für jedes Verfahren neu bestellt.[5]

(3) Die Schlichtungsstelle kann von der Gesellschaft sowie von dem vom jeweiligen Regelungsstreit betroffenen Betriebsrat oder Gesamtbetriebsrat angerufen werden. Die Anrufung erfolgt durch ein entsprechendes Schreiben, das an die jeweils andere Partei zu richten ist. Hierbei sind der Regelungssachverhalt und der Regelungsgegenstand ausführlich darzustellen sowie das Begehren der die Schlichtungsstelle anrufenden Partei deutlich zu machen.

(4) Sofern zum Zeitpunkt des In-Kraft-Tretens dieses Tarifvertrags noch Verfahren von einer bis dahin zuständigen Einigungsstelle behandelt werden, werden diese nunmehr von der Schlichtungsstelle übernommen.[6]

§ 2 Besetzung der Schlichtungsstelle

(1) Die Schlichtungsstelle setzt sich aus jeweils zwei Beisitzern, die von der Gesellschaft und dem Betriebsrat oder Gesamtbetriebsrat bestellt wurden und einem unparteiischen Vorsitzenden zusammen.[7]

(2) Der Vorsitzende wird nach § 3 bestellt. Bei den Beisitzern soll es sich um Betriebsangehörige handeln.[8]

(3) Bei besonderer Schwierigkeit oder Bedeutung der vorgelegten Regelungsstreitigkeiten können die Parteien die Anzahl der Beisitzer einvernehmlich bis zu einer Höchstgrenze von insgesamt acht Beisitzern erhöhen. Jede Partei benennt jeweils die Hälfte der Beisitzer. Können sich die Parteien nicht über die Anzahl der Beisitzer einig werden, bleibt es bei insgesamt vier Beisitzern.[9]

(4) Die Benennung von Stellvertretern für die Beisitzer ist zulässig.[10]

(5) Kommt eine Partei ihrer Pflicht zur Benennung der Beisitzer nicht binnen vier Wochen nach Anrufung der Schlichtungsstelle nach, lebt die Zuständigkeit der Einigungsstelle wieder auf.[11]

§ 3 Bestellung des Vorsitzenden

(1) Der Vorsitzende der Schlichtungsstelle muss unparteiisch sein und wird von den Parteien gemeinsam bestellt. Für die Bestellung des Vorsitzenden werden von jeder Partei zwei Vorschläge unterbreitet. Kommt eine Einigung über den Vorsitzenden nicht zustande, wird er durch das Arbeitsgericht bestellt. Die Bestellung durch das Arbeitsgericht ist innerhalb von zwei Wochen ab dem fehlgeschlagenen Einigungsversuch zu beantragen.[12]

(2) Der Vorsitzende muss die Befähigung zum Richteramt besitzen. Vorzugsweise soll es sich um einen Berufsrichter der Arbeitsgerichtsbarkeit handeln.[13]

§ 4 Spruchverfahren

(1) Die Schlichtungsstelle entscheidet durch Beschluss.[14] Dieser wird mit der einfachen Mehrheit der Stimmen der anwesenden Mitglieder gefasst.[15] Jede Stimme hat gleiches Gewicht.

(2) Im ersten Stimmgang hat der Vorsitzende keine Stimme. Erst wenn sich im ersten Stimmgang keine Mehrheit findet, stimmt der Vorsitzende in einem zweiten Stimmgang mit ab.

(3) Bleibt ein Beisitzer dem Verfahren unentschuldigt oder aus nicht entschuldbarem Grund fern, ergeht die Entscheidung ohne ihn. Bleibt ein Beisitzer aus entschuldbarem

Grund dem Verfahren fern, wird das Verfahren vertagt. Ein Fernbleiben des Vorsitzenden führt in jedem Fall zu einer Vertagung.[16]

(4) Der gefasste Beschluss ist schriftlich niederzulegen, von dem Vorsitzenden der Schlichtungsstelle zu unterschreiben und der Gesellschaft und dem Betriebsrat zuzuleiten.

§ 5 Wirkung des Beschlusses und seine Überprüfbarkeit[17]

(1) Der Beschluss der Schlichtungsstelle ist verbindlich.

(2) Eine etwaige Ermessensüberschreitung der Schlichtungsstelle kann von den Parteien nur innerhalb von zwei Wochen, vom Tage der Zuleitung des Beschlusses an gerechnet, beim Arbeitsgericht geltend gemacht werden.

§ 6 Kosten der Schlichtungsstelle

(1) Die sachbezogenen Kosten der Schlichtungsstelle (Räumlichkeiten, Materialien) trägt die Gesellschaft.

(2) Die Beisitzer der Schlichtungsstelle, die dem Betrieb angehören, werden für ihre Tätigkeit während der Arbeitszeit unter Fortzahlung ihres Arbeitsentgelts freigestellt. Ist ihre Tätigkeit aus betrieblichen Gründen außerhalb der Arbeitszeit erforderlich, erhalten sie in entsprechendem Umfang Freizeitausgleich. Sonstige Entschädigung oder Vergütung wird nicht gewährt.

(3) Die Vergütung des Vorsitzenden und etwaiger Beisitzer, die nicht dem Betrieb der Gesellschaft angehören, tragen die Parteien je zur Hälfte. Die Vergütung eines Rechtsanwalts oder Beraters, den eine Partei für das Schlichtungsstellenverfahren hinzuzieht, trägt die jeweilige Partei selbst.[18]

§ 7 Geltungsdauer des Tarifvertrages

(1) Dieser Tarifvertrag gilt bis zum ...... Eine Nachwirkung dieses Tarifvertrages wird hiermit, mit Ausnahme des in Abs. (2) geregelten Falls, ausgeschlossen.[19]

(2) Sofern zum Zeitpunkt der Beendigung des Tarifvertrages noch Schlichtungsverfahren vor der Schlichtungsstelle laufen, gelten die Regelungen dieses Tarifvertrages für diese Verfahren solange, bis diese abgewickelt sind.[20]

§ 8 Anwendbarkeit des BetrVG

Soweit dieser Tarifvertrag keine Regelungen vorsieht, gelten ergänzend die Bestimmungen des BetrVG.[21]

§ 9 Salvatorische Klausel[22]

......	......
Ort, Datum	Ort, Datum
......	......
Unterschrift der Gesellschaft	Unterschrift der Gewerkschaft[23]

Anmerkungen

1. Tarifvertragliche Regelung. § 76 Abs. 8 BetrVG eröffnet die Möglichkeit, durch Tarifvertrag eine **tarifliche Schlichtungsstelle** zu bilden, die die betriebsverfassungsrechtliche Einigungsstelle (→ Form. C. III. 2) ersetzt. Die tarifvertragliche Schlichtungsstelle nimmt dann die Stellung eines Organs der Betriebsverfassung ein (Wiedemann/*Thüsing* § 1 Rn. 957 f.). Ein solcher Tarifvertrag kann als Haustarifvertrag zwischen dem Arbeitgeber und der Gewerkschaft sowie als Flächen- oder als firmenbezogener Verbandstarifvertrag zwischen einer Gewerkschaft und einem Arbeitgeberverband geschlossen werden.

Die Entscheidung, die betriebliche Einigungsstelle durch eine tarifliche Schlichtungsstelle zu ersetzen, sollte davon abhängig gemacht werden, ob die Nutzung einer Schlichtungsstelle im Vergleich zur Einigungsstelle Vorteile mit sich bringt. Ein Vorteil kann der Wechsel der Gegenpartei bei der Besetzung der Schlichtungsstelle sein. Nicht mehr der unmittelbar in die zu entscheidenden Fragen verstrickte Betriebsrat, sondern die von den betrieblichen Belangen losgelöste Gewerkschaft bestimmt nun bei der Besetzung der Schlichtungsstelle mit. Auch wird mit der tariflichen Schlichtungsstelle eine „Verzahnung" der tariflichen und betrieblichen Ebene bewirkt (*Brecht/Höland/Reim* RdA 2002, 28, 31). Ein anderer Vorteil ist die Möglichkeit, die Kosten statt wie bei der betriebsverfassungsrechtlichen Einigungsstelle allein dem Arbeitgeber, hälftig beiden Seiten aufzuerlegen (→ Anm. 18). Auch für die Gewerkschaft ergeben sich Vorteile. Sie kann über die Besetzung der Schlichtungsstelle ihren Einfluss im Betrieb stärker geltend machen. Die Einbeziehung der Gewerkschaft muss aber nicht vorteilhaft sein, z.B. wenn der Arbeitgeber mit seinem Betriebsrat ein positives und konstruktives Verhältnis hat, während zwischen ihm und der Gewerkschaft Spannungen bestehen.

2. Normsetzungsbefugnis der Tarifvertragsparteien. Die Tarifbestimmung über die Bildung einer tarifvertraglichen Schlichtungsstelle ist eine betriebsverfassungsrechtliche Norm. Diese gelten gemäß § 3 Abs. 2 TVG schon dann normativ und zwingend für alle Betriebe des Arbeitgebers, wenn dieser tarifgebunden ist. Einer beidseitigen Tarifbindung bedarf es also im Unterschied zu Inhaltsnormen nicht (vgl. ErfKomm/*Kania* § 76 BetrVG Rn. 33; GKBetrVG/*Kreutz* § 76 Rn. 185; Richardi/*Richardi* § 76 Rn. 148; Wiedemann/*Oetker* § 3 Rn. 163 ff.; a.A. *Rieble* RdA 1993, 140, 141).

Teilweise wird die Verfassungsmäßigkeit des § 3 Abs. 2 TVG in der Literatur bestritten, da eine Gewerkschaft, die über kein einziges Mitglied im Betrieb verfügt, betriebliche Regelungen mit Wirkung für alle im Betrieb beschäftigten Arbeitnehmer, also auch Außenseiter, schaffen kann (*Hümmerich/Boecken/Düwell* § 3 TVG Rn. 41; vgl. auch Wiedemann/*Oetker* § 3 Rn. 172 f.; *Rieble* RdA 1993, 140, 141 bis 145; a.A. ErfKomm/*Franzen* § 3 TVG Rn. 17; *Teusch* S. 86, 101, 103). So wird zum Teil verlangt, es müsse sich unter den Arbeitnehmern des Betriebes wenigstens ein Mitglied der beteiligten Gewerkschaft befinden, damit der Tarifvertrag anwendbar sei (*Rieble* RdA 1993, 140, 143). Dies dürfte in der Praxis zumeist ohnehin der Fall sein. Im Übrigen geht das BAG entsprechend des Wortlauts des § 3 Abs. 2 TVG davon aus, dass die Tarifgebundenheit nur des Arbeitgebers ausreicht (BAG AP BetrVG 1972 § 77 Nr. 23; BAG AP BetrVG 1972 GG Art. 9 Nr. 57; BAG NZA 1991, 736, 738).

Zu der Frage der Wirksamkeit eines Tarifvertrags mit betriebsverfassungsrechtlichen Normen bei **konkurrierenden Gewerkschaften** in einem Betrieb hat das LAG Nürnberg (LAGE BetrVG 2001 § 3 Nr. 1) einen neuen Ansatz gewählt (→ Form. D. I. 3 Anm. 3).

3. Zuständigkeit der Schlichtungsstelle. Die tarifliche Schlichtungsstelle verdrängt die betriebliche Einigungsstelle nach § 76 BetrVG. Allenfalls in Ausnahmefällen können Arbeitgeber und Betriebsrat eine betriebliche Einigungsstelle trotz tarifvertraglich festgelegter Schlichtungsstelle anrufen. Dies ist etwa der Fall, wenn die Schlichtungsstelle nicht handlungsfähig ist oder wenn die Tarifvertragspartner keine Möglichkeit für die Betriebspartner zur Anrufung der Schlichtungsstelle vorgesehen haben (Richardi/*Richardi* § 76 Rn. 151; Wiedemann/*Thüsing* § 1 Rn. 957 ff.; a.A. GKBetrVG/*Kreutz* § 76 Rn. 186).

Es ist allerdings nicht zwingend, dass die Schlichtungsstelle die Einigungsstelle vollumfänglich ablöst. Vielmehr kann auch eine Schlichtungsstelle **mit beschränkter Zustän-**

digkeit eingerichtet werden (BAG AP BetrVG 1972 § 77 Nr. 23; LAG Hannover NZA-RR 2005, 200; ErfKomm/*Kania* § 76 BetrVG Rn. 33). So können die Tarifvertragspartner z. B. vereinbaren, dass die Schlichtungsstelle für alle Arbeitszeitfragen i. S. d. § 87 Abs. 1 Nr. 1, 2 BetrVG zuständig ist, die übrigen Mitbestimmungsthemen jedoch der betrieblichen Einigungsstelle überlassen werden (vgl. BAG AP BetrVG 1972 § 77 Nr. 23). Wenn keine besonderen Gründe eine solche beschränkte Zuständigkeit nahe legen, sollte das Nebeneinander von Schlichtungsstelle und Einigungsstelle allerdings vermieden und der tariflichen Schlichtungsstelle sämtliche Streitigkeiten zugewiesen werden. Jede dieser Einrichtungen verursacht zeitlichen, finanziellen und personellen Aufwand. Zudem kann es Fälle geben, in denen mehrere gesetzliche Mitbestimmungstatbestände betroffen sind, so dass es dann zu Zuständigkeitsschwierigkeiten kommt. Bei der Vereinbarung der Zuständigkeitsklausel sollten daher möglichst einfache und **eindeutige** Formulierungen verwendet werden (GKBetrVG/*Kreutz* § 76 Rn. 180). Das Formular regelt die Zuständigkeit der Schlichtungsstelle für alle Fälle der erzwingbaren Mitbestimmung, also den Bereich des § 76 Abs. 5 BetrVG.

§ 76 Abs. 8 BetrVG ermöglicht eine **Erweiterung der Zuständigkeiten** der Schlichtungsstelle im Vergleich zu den Zuständigkeiten der Einigungsstelle nur insoweit, als Betriebsverfassungs- und Tarifrecht dem nicht entgegenstehen (ErfKomm/*Kania* § 76 BetrVG Rn. 33; GKBetrVG/*Kreutz* § 76 Rn. 181). Die Einigungsstelle wird lediglich vollständig oder ggf. teilweise ersetzt. Ihr eigentlicher Zuständigkeitsbereich als solcher wird aber grundsätzlich weder erweitert noch beschränkt (GKBetrVG/*Kreutz* § 76 Rn. 181; Richardi/*Richardi* § 76 BetrVG Rn. 146). Allerdings stehen Betriebsverfassungs- und Tarifrecht beispielsweise einer tarifvertraglichen Regelung nicht entgegen, nach der der Spruch der Einigungsstelle die Einigung zwischen Arbeitgeber und Betriebsrat auch in Fragen ersetzt, die nach dem BetrVG nicht der Mitbestimmung des Betriebsrates unterliegen; diese Zuständigkeitsausweitung ist entsprechend auch für eine Schlichtungsstelle möglich (GKBetrVG/*Kreutz* § 76 Rn. 181).

Schließlich hat die Schlichtungsstelle nach der Bestimmung im Formular stets vorab zu prüfen, ob sie für die strittige Angelegenheit überhaupt zuständig ist, d. h. ob es sich tatsächlich um einen Sachverhalt handelt, der der erzwingbaren Mitbestimmung unterliegt (zu den Einzelheiten der Zuständigkeitsprüfung → Form. C. III. 2 Anm. 11).

4. Schlichtungsstelle im Unternehmen und Konzern. Gemäß § 47 Abs. 6 BetrVG kann in Fällen der Zuständigkeit eines **Gesamtbetriebsrats** auch eine Einigungsstelle auf Gesamtbetriebsratsebene gebildet werden. Im Prinzip ergeben sich keine Unterschiede zwischen einer solchen und einer herkömmlichen Einigungsstelle. Auch bei Streitigkeiten zwischen dem Konzern und einem **Konzernbetriebsrat** i. S. d. § 54 BetrVG ist die Einschaltung einer Einigungsstelle möglich, wie sich unter anderem aus § 76a Abs. 2 S. 2 BetrVG ergibt. Zusammengefasst wird die Zuständigkeit der Einigungsstelle bei Streitigkeiten zwischen Arbeitgeber und Gesamt- oder Konzernbetriebsrat schließlich in § 76 Abs. 1 BetrVG. Da § 76 Abs. 8 BetrVG sich ausdrücklich auf die Einigungsstelle i. S. dieses Abs. 1 bezieht, kann die Schlichtungsstelle die Einigungsstelle grundsätzlich auch bei Streitigkeiten auf der Ebene des Gesamt- und Konzernbetriebsrates ersetzen (GKBetrVG/*Kreutz* § 76 Rn. 180). Zur Klarstellung sollte die Zuständigkeit der Schlichtungsstelle auch für Streitigkeiten zwischen Arbeitgeber und Gesamt- oder Konzernbetriebsrat ausdrücklich im Tarifvertrag bestimmt werden.

Die Bildung einer Schlichtungsstelle auf Unternehmensebene setzt voraus, dass alle Betriebe des Unternehmens vom Geltungsbereich des Tarifvertrages erfasst sind (*F/E/S/T/L* § 76 Rn. 171). Für die Bildung der Schlichtungsstelle auf Konzernebene ist notwendig, dass alle Konzernunternehmen tarifgebunden sind, der Tarifvertrag also konzerneinheitlich gilt (*F/E/S/T/L* § 76 Rn. 171; GKBetrVG/*Kreutz* § 76 Rn. 185; zu den Voraussetzungen vgl. BAG NZA 2008, 713).

5. Bildung von Fall zu Fall. Die Tarifvertragsparteien können eine ständige Schlichtungsstelle einrichten, sie können aber auch eine fallbezogene Bildung vorsehen (GKBetrVG/*Kreutz* § 76 Rn. 183). Vorteil der Bildung der Schlichtungsstelle von Fall zu Fall ist, dass keine festgefahrenen Strukturen entstehen, die es andernfalls von vornherein unattraktiv machen könnten, die Schlichtungsstelle einzuschalten. Nachteil dieser Regelung ist der erhöhte insbesondere zeitliche Aufwand, der mit der Neubildung einhergeht. Ein Mittelweg wäre, die Person des Vorsitzenden festzulegen, dessen Bestimmung üblicherweise mit dem größten Aufwand verbunden ist. Es können insoweit die Regelungen zur Bildung einer ständigen betrieblichen Einigungsstelle entsprechend übertragen werden (→ Form. C. III. 2 Anm. 5). Sind die Tarifvertragsparteien mit der Arbeit des Vorsitzenden nicht zufrieden, bestimmen sie einen neuen Vorsitzenden. Denkbar ist es auch, die Beisitzer dauerhaft (nebst Stellvertretern) zu ernennen, während für jedes neue Schlichtungsstellenverfahren ein neuer Vorsitzender bestellt wird.

Die fallbezogene betriebliche Schlichtungsstelle wird wie die von Fall zu Fall einzurichtende betriebliche Einigungsstelle grundsätzlich bei Bedarf gebildet, vgl. § 76 Abs. 1 S. 1 BetrVG. Die zur betrieblichen Einigungsstelle entwickelten Grundsätze können auf die Einrichtung einer fallbezogenen tariflichen Schlichtungsstelle übertragen werden (→ Form. C. I. 11 Anm. 3). Bedarf besteht erst nach dem Scheitern innerbetrieblicher Verhandlungs- oder Einigungsversuche. Allerdings sind an innerbetriebliche Einigungsversuche nur geringe Anforderungen zu stellen (→ Form. C. I. 11 Anm. 3).

Da die Schlichtungsstelle nach dem Formular nur anlassbezogen bei Regelungsstreitigkeiten zwischen Gesellschaft und jeweils zuständigem Betriebsratsgremium eingerichtet wird, sieht Abs. (3) die Modalitäten der Anrufung der Schlichtungsstelle vor. Durch den Zwang zur schriftlichen Anrufung wird der Startzeitpunkt des Schlichtungsverfahrens dokumentiert. Dieser Zeitpunkt kann damit auch besser als Ansatzpunkt für die Berechnung von Fristen im weiteren Verfahren genommen werden. Nach dem Formular kann die tarifschließende Gewerkschaft, die ja nicht an innerbetrieblichen Regelungsstreitigkeiten beteiligt ist, die Schlichtungsstelle nicht selbst anrufen. Dieser Umstand ist letztlich nur die Konsequenz aus der Ersetzung der betrieblichen Einigungsstelle durch die tarifliche Schlichtungsstelle, könnte aber in der Praxis auf Vorbehalte bei der tarifschließenden Gewerkschaft stoßen.

Gerade wenn der Tarifvertrag – anders als im Formular – auf Arbeitgeberseite von einem Arbeitgeberverband abgeschlossen wird, ist es sinnvoll, der tariflichen Schlichtungsstelle schon den Inhalt des Regelungsstreits deutlich zu machen und damit auch die Auswahl fachlich geeigneter Beisitzer zu ermöglichen. Eine Verpflichtung zur Darlegung des in der Schlichtungsstelle zu behandelnden Regelungsgegenstandes zum frühestmöglichen Zeitpunkt ist generell wünschenswert. Dies sollte daher bereits bei der Anrufung der Schlichtungsstelle gefordert werden.

6. Fortführung laufender Einigungsstellenverfahren. Der Tarifvertrag gilt gemäß § 4 Abs. 1 TVG unmittelbar. Mit seinem Inkrafttreten entfällt daher die Zuständigkeit der Einigungsstelle und beginnt die Zuständigkeit der Schlichtungsstelle (*Rieble* RdA 1993, 140, 146). Die Tarifvertragsparteien können aber bereits laufende Verfahren von der Zuständigkeit der Schlichtungsstelle ausnehmen, damit diese von der Einigungsstelle zu Ende geführt werden können. Bei einer solchen Fortführung muss weder neu über die Besetzung einer Schlichtungsstelle befunden werden, noch müssen sich ggf. neue Beisitzer in die Materie der Einigungsstelle einarbeiten. Im Interesse der Beschleunigung und Kostenersparnis dürfte die Fortführung bereits bestehender Einigungsstellen daher in den meisten Fällen der für die Arbeitgeberseite vorzugswürdige Weg sein.

Sofern das (auch nur temporäre) Nebeneinander von Einigungs- und Schlichtungsstelle vermieden werden soll, kann aber auch die im Formular vorgeschlagene **Fortführung der Verfahren durch die Schlichtungsstelle** vereinbart werden. Es spricht nichts gegen die

Zulässigkeit eines solchen Vorgehens, das einen erneuten Antrag zur Einleitung eines Schlichtungsverfahrens überflüssig macht und Zweifel am Schicksal des laufenden Verfahrens beseitigt.

7. Zusammensetzung der Schlichtungsstelle. Die personelle Zusammensetzung der Schlichtungsstelle entspricht der Besetzung einer Einigungsstelle nach § 76 Abs. 2 S. 1 BetrVG. Nach herrschender Ansicht folgt aus dem Zweck des betriebsverfassungsrechtlichen Einigungsstellenverfahrens, dass die dort vorgesehene Konstellation mit einem unparteiischen Vorsitzenden und paritätisch gestellten Beisitzern auch bei der Besetzung der Schlichtungsstelle **zwingend beizubehalten** ist (GKBetrVG/*Kreutz* § 76 Rn. 184; Richardi/*Richardi* § 76 Rn. 149; *Rieble* RdA 1993, 140, 149).

Da der Arbeitgeber gemäß § 76a Abs. 1 und 2 i. V. m. § 37 Abs. 2 und 3 BetrVG die mit den Beisitzern verbundenen Kosten zu tragen hat, ist es für ihn finanziell von Vorteil, wenn sich deren Anzahl in Grenzen hält. Die Benennung von zwei Beisitzern je Seite dürfte die Untergrenze in der Praxis darstellen. In aller Regel sind Einigungs- oder Schlichtungsstellen jedoch mit mindestens drei oder vier Beisitzern je Seite besetzt. Auf diese Weise wird auch am ehesten gewährleistet, dass die Gesamtgruppe weder zu klein noch zu groß für ernstliche Verhandlungen ist. Zu kleine Verhandlungsgruppen bergen die Gefahr, dass die Teilnehmer zu stark auf den eigenen Positionen beharren und daher eine Annäherung nicht möglich ist. In zu großen Gruppen fällt es zumeist schwer, die Verhandlungen zielgerichtet und zügig zu führen, da dann innerhalb der beiden Fraktionen Diskussionen entstehen können.

8. Bestimmung der Beisitzer. Die tarifvertragliche Festlegung auf Beisitzer, die nicht nur der Gewerkschaft, die dem Tarifvertrag geschlossen hat, sondern auch dem Betrieb angehören, bietet sich ebenfalls aus Kostengründen an. Denn dann haben die betrieblichen Beisitzer „nur" Anspruch auf die Fortzahlung ihres Lohns; bei betriebsfremden Beisitzern dagegen müsste ein zusätzliches Entgelt gezahlt werden, welches sich an der Vergütung des Vorsitzenden orientiert. § 76a Abs. 4 BetrVG enthält allerdings kein gesetzliches Verbot, wonach bei entsprechender vertraglicher Vereinbarung mit der Gesellschaft die Zahlung eines höheren Honorars an einen außerbetrieblichen Beisitzer als an den Vorsitzenden der Einigungsstelle unwirksam wäre (LAG Hamm NZA 2006, 878). Gerade bei einer tariflichen Schlichtungsstelle kann die Einbeziehung von Personen in die Entscheidungsfindung der Schlichtungsstelle, die die Betriebsinterna kennen, maßgeblich zur innerbetrieblichen Akzeptanz ihrer Entscheidungen beitragen. Nachteil einer solchen Regelung kann allerdings sein, dass betriebsangehörige Beisitzer in der Sache bereits gefestigte Meinungen haben und für eine einvernehmliche Lösung auf Basis neuer Vorschläge nicht mehr offen sind.

9. Erhöhung der Anzahl der Beisitzer. Eine erhöhte Anzahl an Beisitzern kann die Fachkompetenz der Schlichtungsstelle erhöhen, führt aber auch zu Mehrkosten. Eine Erhöhung über acht Beisitzer hinaus dürfte sich im Regelfall negativ auf der Effektivität der Schlichtungsstelle auswirken.

10. Benennung von Stellvertretern. Die Benennung von Stellvertretern für die **Beisitzer** ist zulässig und aus praktischen Gesichtspunkten auch empfehlenswert, um einen ungestörten Verfahrensablauf bei kurzfristigen Ausfällen wegen Krankheit usw. sicherzustellen (ErfKomm/*Kania* § 76 BetrVG Rn. 10).

11. Verzögerung der Besetzung der Schlichtungsstelle. Die fehlende Einbindung des Betriebsrats bei der Besetzung der Schlichtungsstelle bringt das Risiko mit sich, dass dieser sich nicht gegen von den Tarifvertragsparteien verursachte Verzögerungen bei der Bildung der Schlichtungsstelle wehren kann. Das gleiche Problem stellt sich für den Arbeitgeber, wenn er nicht selbst Tarifvertragspartei ist, sondern sein Arbeitgeberverband. Soweit die Tarifvertragsparteien aber nicht unmittelbar Betroffene des Schlichtungsverfahrens sind, haben sie nicht notwendigerweise ein Interesse an dessen zügiger Durchführung.

Das Fehlen jeglicher Möglichkeit zur **Verfahrensbeschleunigung** widerspricht jedoch dem Ziel einer funktionierenden Betriebsverfassung (vgl. GKBetrVG/*Kreutz* § 76 Rn. 186). Daher sollten nach Möglichkeit Verzögerungstaktiken unterbunden werden, um das Schlichtungsverfahren in angemessener Zeit durchzuführen zu können. Fehlen tarifvertragliche Regelungen zur Verhinderung eines Funktionsstillstandes der Schlichtungsstelle, besteht darüber hinaus das Risiko, dass in einem solchen Fall die Zuständigkeit der Einigungsstelle von selbst auflebt (GKBetrVG/*Kreutz* § 76 Rn. 186).

Die Regelung des möglichen Wiederauflebens der Zuständigkeit der Einigungsstelle im Tarifvertrag sollte als Druckmittel auf die Tarifvertragsparteien ausreichen. Denkbar ist daneben, das Unterlassen der Benennung von Beisitzern (oder auch das Fernbleiben dieser Beisitzer) dadurch zu sanktionieren, dass die anwesenden Mitglieder der Schlichtungsstelle alleine entscheiden können. Nachteil einer solchen Regelung ist aber, dass sie sich zu Ungunsten des Betriebsrats oder des Arbeitgebers auswirkt, ohne dass dieser das Ausbleiben der Beisitzer zu vertreten hätte oder wirkungsvoll auf die säumige Tarifvertragspartei einwirken könnte. Da dies als unzulässig angesehen werden könnte, ist die im Formular verwendete Regelung vorzuziehen.

12. Bestellung des Vorsitzenden. Der Vorsitzende wird von den Tarifvertragsparteien selbst bestimmt, nicht von den Beisitzern (vgl. GKBetrVG/*Kreutz* § 76 Rn. 50). Zwar könnten Tarifvertragsparteien diese Entscheidung auf die Beisitzer übertragen. Doch ist zweifelhaft, ob eine solche Regelung von Vorteil wäre. Denn dann hinge diese bedeutsame Vorentscheidung bereits von der individuellen Verhandlungsstärke der Beisitzer ab. Darüber hinaus könnte eine solche Delegation auf die Beisitzer das Verfahren zur Bestimmung des Vorsitzenden weiter verzögern; schließlich nimmt auch die Bestimmung der Beisitzer – sowie deren erstmaliges Zusammentreffen – einige Zeit in Anspruch.

Bei der Benennung des Vorsitzenden ist vor allem das Verfahren für den Fall zu regeln, dass **keine Einigung** zustande kommt. Die Bestellung eines Vorsitzenden durch das **Arbeitsgericht**, wie in § 76 Abs. 2 S. 2 BetrVG vorgesehen, ist mit einem gewissen Zeitaufwand verbunden. Die tarifliche Regelung soll sich ja gerade dadurch auszeichnen, dass sie Vorteile gegenüber der gesetzlichen bietet, hier z. B. eine Vereinfachung und Beschleunigung. § 98 ArbGG bezieht sich nur auf die Einigungsstelle, nicht aber auf die Schlichtungsstelle, was andeutet, dass die Tarifvertragsparteien auch einen anderen Weg als den des § 76 Abs. 2 S. 2 BetrVG wählen können (Richardi/*Richardi* § 76 Rn. 149). Da die Zulässigkeit einer solchen Abweichung aber nicht unumstritten ist, hängt es von der Risikofreudigkeit der Tarifvertragsparteien ab, ob sie ein von § 76 Abs. 2 S. 2 BetrVG abweichendes Verfahren wahlen.

Ein kürzeres Verfahren ist das **Losverfahren**. Dessen Zulässigkeit wird allerdings teilweise bezweifelt (*Rieble* RdA 1993, 140, 149). Die Losentscheidung zwischen den beiden vorgeschlagenen Kandidaten hat den praktischen Nachteil, dass die mit ihrem Vorschlag „unterlegene“ Partei in jedem Fall unzufrieden sein wird, da sie den Kandidaten der Gegenseite bereits abgelehnt hatte. Vorteilhafter ist es daher, auf einen neutralen Kandidaten zurückzugreifen.

Ein anderes Verfahren besteht darin, die Parteien den Vorsitzenden immer im **Wechsel** für jeweils eine Regelungsstreitigkeit stellen zu lassen. Da man bereits im nächsten Verfahren auf den guten Willen der Gegenseite angewiesen ist, besteht ein Anreiz, bereits jetzt eine Person auszusuchen, die für beide Seiten akzeptabel ist. Doch kann ein solches Verfahren auch ständiges Misstrauen gegenüber dem jeweiligen Vorsitzenden zur Folge haben.

Schließlich könnte auch eine Frist für die Einigung auf die Person des Vorsitzenden im Tarifvertrag vorgesehen werden, so dass nach Ablauf der Frist das gerichtliche Bestellungsverfahren betrieben werden kann. Das Risiko in diesem Falle besteht jedoch darin, dass die Parteien die Ausnutzung der Frist zur Regel statt zur Ausnahme machen und daher eine generelle Verzögerung des Schlichtungsstellenverfahrens verursacht wird. Aus diesem Grund wird im Formular auch auf eine solche Höchstfrist verzichtet; die Tarifvertragsparteien haben dann schon nach kurzer Zeit, wenn sich das Scheitern eines Einigungsversuches abzeichnet, die Möglichkeit, das gerichtliche Bestellungsverfahren einzuleiten.

13. Befähigung zum Richteramt. Die Beiziehung von Berufsrichtern, insbesondere Arbeitsrichtern, ist im Einigungsstellenverfahren üblich und bietet sich wegen der Gewährleistung von fachlichem Know-how auch im Schlichtungsstellenverfahren an.

14. Spruchverfahren. Im Hinblick auf das Schlichtungsstellenverfahren stellt sich die Frage, ob § 76 Abs. 8 BetrVG auch die Möglichkeit gewährt, dieses **abweichend vom Einigungsstellenverfahren** nach dem BetrVG zu regeln. Die in § 76 Abs. 4 BetrVG vorgesehene Ausgestaltung „weiterer Einzelheiten" des Verfahrens vor der Einigungsstelle durch Betriebsvereinbarung steht natürlich auch den Tarifvertragsparteien bei der Einrichtung einer Schlichtungsstelle zu. Doch ist diese Norm wenig aussagekräftig; sie bezieht sich nur auf die Ausgestaltung bestehender Strukturen, gibt aber keinen Aufschluss darüber, ob die Strukturen als solche abänderbar sind.

Nach einer Auffassung in der Literatur (Wiedemann/*Thüsing* § 1 Rn. 958) soll dies grundsätzlich nicht der Fall sein. Zuständigkeit und Verfahren der Schlichtungsstelle dürften nicht abweichend vom BetrVG geregelt werden (so auch Richardi/*Richardi* § 76 Rn. 147). Nach einer weit verbreiteten Ansicht sind zumindest die Vorgaben des § 76 Abs. 3 BetrVG über die Grundsätze der Beschlussfassung zwingend einzuhalten (GKBetrVG/*Kreutz* § 76 Rn. 182 m.w.N.). Zum Teil wird vertreten, nur die „wesentlichen Regelungen des Gesetzes über die Bildung der Einigungsstelle und das Verfahren vor ihr" (ErfKomm/*Kania* § 76 BetrVG Rn. 33; *F/E/S/T/L* § 76 Rn. 176) seien unverrückbar. Einigkeit besteht aber dahingehend, dass das Verfahren den herkömmlichen **rechtsstaatlichen Prinzipien** entsprechen muss (*Otto*, Arbeitskampf- und Schlichtungsrecht, § 21 Rn. 14).

Es ist vertretbar § 76 Abs. 3 BetrVG als absolut zwingend anzusehen und im Übrigen hinsichtlich der weiteren Vorgaben des § 76 BetrVG einen Gestaltungsspielraum anzunehmen, da sich weder in der Literatur noch in der Rechtsprechung klare Vorgaben herausgebildet haben. Da die Grenzen dieses Spielraums nicht pauschal bestimmbar sind, hängt es von den Umständen des Einzelfalls und auch von der Risikofreudigkeit der Tarifvertragsparteien ab, inwieweit sie diesen ausnutzen. Vorteilhaft und nach vorherrschender Ansicht auch zulässig wäre es jedenfalls, Einzelheiten des Verfahrens wie seine Dauer, Ladungsfristen und die Kosten des Verfahrens eigenständig im Tarifvertrag zu regeln (*Däubler* Tarifvertragsrecht Rn. 1045; → Form. C. III. 2 Anm. 11).

15. Einfaches oder qualifiziertes Mehrheitserfordernis. Das Abstellen auf die Mehrheit der Stimmen der Anwesenden hat zur Folge, dass Stimmenthaltungen wie Nein-Stimmen wirken. Dies zwingt die Mitglieder der Schlichtungsstelle dazu, sich zu positionieren, und fördert eine schnelle Entscheidung. Eine Regelung, nach der Enthaltungen nicht erlaubt sein sollen, wäre hingegen wohl unzulässig (GKBetrVG/*Kreutz* § 76 Rn. 111).

16. Fehlen eines Beisitzers oder des Vorsitzenden. Bleibt ein Beisitzer dem Schlichtungsverfahren fern, soll dies nicht zu einer Blockade der Verhandlung führen (können). Die Differenzierung nach der **Entschuldbarkeit** des Fernbleibens bietet sich an, um missbräuchlichem Fernbleiben im Rahmen einer Verzögerungstaktik entgegenzuwirken.

Weniger eindeutig ist das Vorgehen bei **Fehlen des Vorsitzenden.** Ohne seine Anwesenheit kann das Schlichtungsstellenverfahren nicht ordnungsgemäß durchgeführt werden. Eine entsprechende Regelung wie beim Beisitzer scheidet daher aus. Unabhängig von der

Entschuldbarkeit des Fernbleibens ist die Durchführung des Verfahrens zu verschieben. Zur Klarstellung sollte dies im Tarifvertrag ausdrücklich festgestellt werden.

17. Gerichtliche Überprüfung des Spruchs der Schlichtungsstelle. Die Rechtsweggarantie des § 76 Abs. 7 BetrVG gilt auch für Sprüche der Schlichtungsstelle. Der Spruch der Schlichtungsstelle unterliegt daher derselben gerichtlichen Kontrolle wie ein Spruch der Einigungsstelle (BAG AP BetrVG 1972 § 77 Nr. 23; BAG AP § 76 BetrVG 1972 Nr. 10; BAG AP TVG § 1 Tarifverträge: Metallindustrie Nr. 98; ErfKomm/*Kania* § 76 BetrVG Rn. 33; GKBetrVG/*Kreutz* § 76 Rn. 187). Soweit die Schlichtungsstelle nicht nur Regelungs-, sondern auch Rechtsfragen entscheidet, unterliegt ihr Spruch vollumfänglich der gerichtlichen Überprüfung (*Däubler* Tarifvertragsrecht Rn. 1410). Aber auch Entscheidungen, die sich lediglich auf Regelungsfragen beziehen, unterliegen einer arbeitsgerichtlichen Ermessenskontrolle i. S. d. § 76 Abs. 5 S. 4 BetrVG. Beschränkt ist die Kontrolle insoweit, als es um die **Zweckmäßigkeit** der getroffenen Regelung geht. Das Gericht darf nicht das Ermessen der Schlichtungsstelle durch sein eigenes Ermessen ersetzen.

Die Kontrolle der allgemeinen Rechtmäßigkeit durch das Gericht ist an keine Frist gebunden. Für die Geltendmachung einer Ermessensüberschreitung sieht § 76 Abs. 5 S. 4 BetrVG dagegen eine zweiwöchige Frist ab Zuleitung des Beschlusses vor. Angesichts der Rechtsweggarantie in § 76 Abs. 5 S. 4 BetrVG und des Umstandes, dass der vom Spruch der Schlichtungsstelle betroffene Betriebsrat nicht an der Schlichtungsstelle selbst beteiligt war, sollte die gesetzliche Frist durch tarifvertragliche Regelungen nicht verkürzt werden. Darüber hinaus ist zu bedenken, dass schon die Wahrung der gesetzlichen Zwei-Wochen-Frist je nach Regelungsgegenstand der Schlichtungsstelle ein durchaus ambitioniertes Unterfangen sein kann.

Umstritten ist, was gilt, wenn die Schlichtungsstelle zulässigerweise aufgrund des Tarifvertrags über **andere als betriebsverfassungsrechtliche Angelegenheiten** entscheidet. Teilweise wird vertreten, für solche Entscheidungen gelte eine Vermutung der Richtigkeit, so dass nur eine gerichtliche Überprüfung auf offensichtliche Unbilligkeit oder sonstige Rechtswidrigkeit in Betracht komme (D/K/K/W/*Berg* § 76 Rn. 158). Dem wird entgegengehalten, die Sprüche der Schlichtungsstelle müssten in jedem Fall in gleicher Weise gerichtlich überprüfbar sein wie Sprüche der Einigungsstelle (GKBetrVG/*Kreutz* § 76 Rn. 187; Richardi/*Richardi* § 76 Rn. 152). Die Frage stellt sich nicht, wenn eine Ausdehnung der Zuständigkeit der Schlichtungsstelle über die normale Zuständigkeit der Einigungsstelle hinaus vermieden wird, da ohnehin das Risiko besteht, dass die Ausdehnung unzulässig ist.

Zusätzlich zur gerichtlichen Überprüfung ist schließlich denkbar, tarifvertraglich zwischen Schlichtungsstelle und Arbeitsgericht eine **zweite Schlichtungsstelle** als Kontrollinstanz der ersten einzuführen. Ob diese Verlängerung des Instanzenzuges aber tatsächlich zu einer Verringerung der gerichtlichen Verfahren oder doch nur zu einer Verzögerung der Entscheidungsfindung führen würde, ist zweifelhaft. Zwar kann einer Verzögerung durch Verkürzung der jeweiligen Fristen entgegengewirkt werden, doch dürfte der Nutzen einer zweiten Schlichtungsstelle begrenzt sein.

18. Kostentragung. Die Pflicht zur Kostentragung für die Einigungsstelle ist in § 76a BetrVG geregelt. § 76a BetrVG wird von der „Öffnungsklausel" in § 76 Abs. 8 BetrVG nicht erfasst. Stattdessen besteht nach § 76a Abs. 5 BetrVG die Möglichkeit eine andere Kostentragung durch Tarifvertrag oder alternativ durch Betriebsvereinbarung zu vereinbaren (soweit bei der Betriebsvereinbarung den Tarifvorrang beachtet wird). § 76a BetrVG gilt auch dann, wenn gemäß § 76 Abs. 8 BetrVG eine Schlichtungsstelle eingerichtet worden ist (GKBetrVG/*Kreutz* § 76a BetrVG Rn. 64). Von der Möglichkeit der Abweichung ist auch die **Vergütung** des Vorsitzenden und derjenigen Beisitzer, die nicht dem Betrieb angehören, erfasst. Dabei darf auch zum Nachteil der vergütungsberechtigten Mitglieder der Einigungs- oder Schlichtungsstelle von den gesetzlichen Regelungen abgewichen werden (ErfKomm/*Kania* § 76a BetrVG Rn. 7; D/K/K/W/*Berg* § 76a BetrVG

Rn. 48; *Rieble* RdA 1993, 140, 150). Denkbar wäre insoweit beispielsweise, das Verhältnis zwischen der Vergütung des Vorsitzenden und derjenigen der Beisitzer festzuschreiben. Die Höhe der Vergütung eines Rechtsanwalts, durch den sich eine Partei in der Schlichtungsstelle vertreten lässt und der nicht als Beisitzer auftritt (→ Form. C. III. 2 Anm. 13), kann tarifvertraglich nicht geregelt werden; das wäre ein unzulässiger Vertrag zu Lasten Dritter. Allerdings ist eine Regelung sinnvoll, wonach jede Partei die Kosten eines zur Schlichtungsstelle hinzugezogenen Rechtsanwalts oder Beraters selbst trägt.

Von der gesetzlichen Regelung des § 76a BetrVG darf hingegen nicht abgewichen werden, soweit die in Abs. (1) geregelte Pflicht des Arbeitgebers, die allgemeinen, d.h. **sachbezogenen Kosten** der Einigungsstelle zu tragen, betroffen ist. Ebenso wenig kann die in § 76a Abs. 2 i.V.m. § 37 Abs. 2 und 3 BetrVG getroffene Regelung tarifvertraglich abgeändert werden. Das bedeutet, dass die betriebsangehörigen Beisitzer unter Beibehaltung ihres vollen Vergütungsanspruchs von ihrer beruflichen Tätigkeit zu befreien sind, soweit dies für die Mitarbeit in der Schlichtungsstelle erforderlich ist. Dieser Freistellungsanspruch ergibt sich aus §§ 76a Abs. 2 S. 1 Hs. 2, 37 Abs. 2 BetrVG. Zusätzlich gewähren die §§ 76a Abs. 2 S. 1 Hs. 2, 37 Abs. 3 BetrVG den betriebsangehörigen Beisitzern einen Ausgleichsanspruch für die Schlichtungsstellentätigkeit, die außerhalb ihrer üblichen Arbeitszeit durchzuführen ist.

19. Nachwirkung des Tarifvertrages. Ob eine Nachwirkung der Normen des Tarifvertrages stattfindet, ist streitig. Die Nachwirkung wird zum Teil mit dem Argument verneint, der Tarifvertrag könne nur für die Zeit seiner unmittelbaren Geltung das Organisationsrecht des BetrVG verdrängen (*F/E/S/T/L* § 76 Rn. 173). Die Gegenmeinung geht davon aus, dass auch betriebsverfassungsrechtliche Tarifnormen gemäß § 4 Abs. 5 TVG nachwirken (*Rieble* RdA 1993, 140, 147). Um Zweifel zu vermeiden, kann die Nachwirkung – von einer etwaigen Fortführung laufender Verfahren abgesehen → Anm. 24 – ausgeschlossen werden.

20. Abwicklung der laufenden Schlichtungsstellenverfahren. Relevant ist die Frage der Nachwirkung im Zusammenhang mit noch nicht abgeschlossenen Verfahren bei Ablauf der Wirkung des Tarifvertrages. Teilweise wird mit dem Argument, diese Verfahren müssten sinnvollerweise noch von der Schlichtungsstelle abgeschlossen werden, bereits eine **Nachwirkung** bejaht (*Rieble* RdA 1993, 140, 147). Aus praktischen Gesichtspunkten bietet sich die tarifvertragliche Festlegung einer solchen Fortführung auch an, da andernfalls das Verfahren vor der Einigungsstelle vollständig neu aufgerollt werden müsste. Zwar bestehen dann für gewisse Zeit Schlichtungsstelle und Einigungsstelle nebeneinander, doch verhält es sich im Gegensatz zur Ablösung der Einigungsstelle bei Beginn der Wirksamkeit des Tarifvertrags nunmehr so, dass die Tarifvertragsparteien ein Interesse daran haben, „ihr" Gremium noch fortbestehen zu lassen.

Ob die Tarifvertragsparteien berechtigt sind, diese begrenzte Fortwirkung im Tarifvertrag zu vereinbaren, ist umstritten. Für die Möglichkeit einer solchen Regelung spricht aber, dass die Tarifvertragsparteien auch schlicht die Geltungsdauer des Tarifvertrages ausdehnen könnten, um die gleiche Wirkung herbeizuführen.

Ein alternatives Vorgehen, das auf die Anordnung der Nachwirkung verzichtet, aber dennoch auf personelle Kontinuität abzielt, besteht darin, dass Arbeitgeber und Betriebsrat angehalten werden, die bisherigen Mitglieder der Schlichtungsstelle als die der – neuen und nunmehr wieder zuständigen – Einigungsstelle zu benennen (*F/E/S/T/L* § 76 Rn. 173). Eine solche „Empfehlung" ist aber vom guten Willen vor allem des Betriebsrates abhängig; der Arbeitgeber wird ohnehin daran interessiert sein, die Verfahren weiterlaufen zu lassen, sofern er selbst Tarifvertragspartei ist und über die Benennung der Beisitzer bereits seine Interessenvertretung sichern konnte.

21. **Verweis auf das BetrVG.** Der Verweis auf die Vorschriften des BetrVG im Übrigen erfolgt der Vollständigkeit halber, um Rechtssicherheit zu schaffen. Denn auch ohne diesen Verweis erfolgt aus methodischen Gründen ein Rückgriff auf das BetrVG als zugrunde liegendes Gesetz. Sollen bestimmte Vorgaben des BetrVG vermieden werden, müssen die betreffenden Fragen also abschließend im Tarifvertrag geregelt werden. Soweit die Abweichung zulässig ist, kommt ein Rückgriff dann nicht in Betracht.

22. **Salvatorische Klausel.** → Form. D. I. 1, dort unter § 9.

23. **Unterschrift.** → Form. D. II. 2 Anm. 2.

3. Tarifvertrag über unternehmenseinheitlichen Betriebsrat

Tarifvertrag über unternehmenseinheitlichen Betriebsrat[1, 2]

zwischen

. . . . . . (Name und Anschrift der Gesellschaft) „Gesellschaft"

und

. . . . . . (Name und Anschrift der Gewerkschaft) „Gewerkschaft"[3]

Präambel[4]

Die Parteien sind sich darüber einig, dass eine effektive Zusammenarbeit zwischen der Geschäftsleitung und den Mitarbeiter- und Arbeitnehmervertretungen und damit eine sachgerechte Wahrnehmung der Interessen der Mitarbeiter nur möglich ist, wenn die Struktur der Mitarbeiter- und Arbeitnehmervertretung den Entscheidungsabläufen im Unternehmen der Gesellschaft angepasst wird. Da ein Großteil der Entscheidungen in beteiligungspflichtigen Angelegenheiten zentral auf Unternehmensebene gefällt wird, vereinbaren die Parteien gemäß § 3 Abs. 1 Nr. 1 a) BetrVG die Bildung eines unternehmenseinheitlichen Betriebsrates nach den folgenden Bestimmungen. Dadurch wird zudem gewährleistet, dass auch die im Betrieb . . . . . . beschäftigten Mitarbeiter, die bislang keinen Betriebsrat gewählt haben, vertreten werden.

§ 1 Unternehmenseinheitlicher Betriebsrat

(1) Dieser Tarifvertrag gilt für sämtliche Betriebe der Gesellschaft.[5]

(2) Im Unternehmen der Gesellschaft wird ein unternehmenseinheitlicher Betriebsrat gebildet. Er ersetzt die bestehenden Betriebsräte und den Gesamtbetriebsrat. Auf den unternehmenseinheitlichen Betriebsrat finden die Vorschriften über die gesetzlichen Rechte und Pflichten des Betriebsrates und des Gesamtbetriebsrates sowie die Rechtsstellung ihrer Mitglieder Anwendung.[6]

(3) Der unternehmenseinheitliche Betriebsrat wird von allen Beschäftigten der Gesellschaft nach den Vorschriften des BetrVG gewählt.[7]

(4) Abweichend von § 38 Abs. 1 S. 1 BetrVG werden im Unternehmen der Gesellschaft . . . . . . Betriebsratsmitglieder von ihrer beruflichen Tätigkeit freigestellt. Es sind höchstens . . . . . . Teilfreistellungen zulässig.[8]

§ 2 Fortgeltung von Betriebsvereinbarungen[9]

(1) Die für einzelne Betriebe abgeschlossenen Betriebsvereinbarungen gelten mit ihrem ursprünglichen persönlichen Geltungsbereich, also jeweils mit Wirkung für die Mitarbeiter des betreffenden Betriebes, fort. Die abgeschlossenen Gesamtbetriebsvereinbarungen gelten ebenfalls mit Wirkung für ihren ursprünglichen persönlichen Geltungsbereich fort.

(2) Willenserklärungen im Hinblick auf die bestehenden Betriebs- und Gesamtbetriebsvereinbarungen, insbesondere Kündigungen, können von dem unternehmenseinheitlichen Betriebsrat abgegeben und in Empfang genommen werden.

§ 3 Eingliederung eines Betriebes und Umstrukturierungen[10]

(1) Wird ein Betrieb oder Betriebsteil in das Unternehmen eingegliedert, nimmt der unternehmenseinheitliche Betriebsrat das Mandat auch für diesen Betrieb oder Betriebsteil wahr.

(2) Wenn durch die Eingliederung mit Ablauf von 24 Monaten, vom Tage der Wahl des unternehmenseinheitlichen Betriebsrates an gerechnet, die Zahl der im Unternehmen regelmäßig beschäftigten Mitarbeiter um die Hälfte, mindestens aber um 50, gestiegen oder gesunken ist, findet eine Neuwahl des unternehmenseinheitlichen Betriebsrates statt.

(3) Bei Betriebsänderungen sind §§ 111 ff. BetrVG zu beachten. Die Zulässigkeit von Betriebsänderungen wird durch diesen Tarifvertrag nicht berührt.

§ 4 Erste Wahl des unternehmenseinheitlichen Betriebsrates[11]

(1) Die Regelungen zur Bildung des unternehmenseinheitlichen Betriebsrates sind erstmals bei der nächsten regelmäßigen Betriebsratswahl anzuwenden.

(2) Der bei der Gesellschaft gebildete Gesamtbetriebsrat bestellt zu diesem Zweck einen Wahlvorstand, der die Wahl unverzüglich einleitet und durchführt.

§ 5 Schlussbestimmungen[12]

(1) Dieser Tarifvertrag tritt am ...... in Kraft. Er kann von den Parteien mit einer Frist von sechs Monaten zum 1.3. desjenigen Jahres ordentlich gekündigt werden, in dem die regelmäßigen Betriebsratswahlen i.S.v. § 13 Abs. 1 BetrVG stattfinden. Die Kündigung bedarf der Schriftform.

(2) Eine etwaige Nachwirkung dieses Tarifvertrages wird hiermit ausgeschlossen. Nach der Beendigung dieses Tarifvertrages gilt die gesetzlich vorgesehene betriebsverfassungsrechtliche Organisation. Die zum Zeitpunkt der Kündigung gebildeten Mitarbeiter- und Arbeitnehmervertretungen bleiben im Amt und führen die Geschäfte bis zur Bekanntgabe des Wahlergebnisses eines Betriebsrates oder mehrerer Betriebsräte oder einer Mitarbeiter- und Arbeitnehmervertretung oder mehrerer Mitarbeiter- und Arbeitnehmervertretungen, die an ihre Stelle treten, fort. Das Mandat endet sechs Monate nach dem Zeitpunkt, zu dem die Kündigung wirksam wird.

(3) Mündliche Nebenabreden bestehen nicht. Sollte eine Bestimmung dieses Tarifvertrages ganz oder teilweise unwirksam sein oder werden, so wird die Gültigkeit der übrigen Bestimmungen hiervon nicht berührt. Die Parteien verpflichten sich, an die Stelle der unwirksamen Bestimmung eine dieser möglichst nahekommende wirksame Bestimmung zu setzen. Dasselbe gilt für den Fall einer vertraglichen Lücke.

......	......
Ort, Datum	Ort, Datum
......	......
Unterschrift der Gesellschaft	Unterschrift der Gewerkschaft

Anmerkungen

1. Tarifvertragliche Vereinbarung von alternativen Betriebsratsstrukturen. Als Regelungsinstrument nennt § 3 BetrVG den **Tarifvertrag.** Lediglich **subsidiär** kommt gemäß § 3 Abs. 2 BetrVG in einigen Fällen (§ 3 Abs. 1 Nr. 1, 2, 4 und 5 BetrVG) auch die Regelung durch **Betriebsvereinbarung** in Betracht.

Bei den Tarifbestimmungen gemäß § 3 BetrVG handelt es sich um „Rechtsnormen über betriebsverfassungsrechtliche Fragen" i. S. v. **§ 3 Abs. 2 TVG.** Die Bestimmungen gelten schon dann, wenn **lediglich der Arbeitgeber tarifgebunden** ist (ganz h. M., statt vieler *Franzen* RdA 2008, 193, 195). Die Arbeitnehmer sind an die tariflichen Regelungen gebunden, selbst wenn sie nicht Mitglieder der vertragsschließenden Gewerkschaft sind. Das BAG hat in seinem Beschluss vom 29.7.2009 umfassend begründet, dass die Regelungen in § 3 Abs. 1 Nr. 1 bis 3 BetrVG verfassungsgemäß sind (BAG NZA 2009, 1424 ff.; a. A. Richardi/*Richardi* § 3 Rn. 10, 37; *Giesen* BB 2002, 1480, 1484; GKBetrVG/*Franzen* § 3 Rn. 69 ff.).

Nicht geregelt wird durch das Gesetz die Frage der **Erstreikbarkeit** einer tariflichen Regelung nach § 3 BetrVG. Das BAG hat in seinem Beschluss (BAG NZA 2009, 1424 ff.) entgegen der herrschenden Meinung in der Literatur (*Buchner* NZA 2001, 633, 635; Richardi/*Richardi* § 3 Rn. 59; *Eich*, FS Weinspach, S. 17, 23; *F/E/S/T/L* § 3 Rn. 20; *Friese* ZfA 2003, 237, 259 ff.; GKBetrVG/*Franzen* § 3 Rn. 32; *Hanau/Wackerbarth*, FS Ulmer, S. 1303, 1311; *Hohenstadt/Dzida* DB 2001, 2498, 2501; H/W/G/N/R/H/*Rose* § 3 Rn. 21 ff.; *Picker* RdA 2001, 259, 278; *Reichold* NZA 2001, 857, 859; *Stege/Weinspach/Schiefer* § 3 Rn. 11; **a. A.** *Däubler* AuR 2001, 285, 288; D/K/K/W/*Trümner* § 3 Rn. 215; *Konzen* RdA 2001, 76, 86; *Plander* NZA 2002, 482, 488; *Rieble* ZIP 2001, 133, 139; *Teusch* S. 201 ff.; *Wissmann* AiB 2000, 320, 322) die grundsätzliche Erstreikbarkeit von Tarifverträgen über abweichende Betriebsratsstrukturen bejaht, sofern die streikende Gewerkschaft mit wenigstens einem Mitglied in einem der betroffenen Betriebe des Unternehmens vertreten ist. Als Begründung verweist das BAG zunächst auf die Gesetzgebungsgeschichte und deutet die Nichtaufnahme eines ausdrücklichen Streikverbots trotz entsprechender Diskussionen im Zuge der Betriebsverfassungsgesetzreform als „beredtes Schweigen" des Gesetzgebers zu Gunsten der Erstreikbarkeit (BAG NZA 2009, 1424, 1429). Darüber hinaus ist auch die Schaffung vom Gesetz abweichender Betriebsratsstrukturen eine Regelung der Arbeits- und Wirtschaftsbedingungen i. S. v. Art. 9 Abs. 3 GG und ist nach Auffassung des BAG somit auch unmittelbar im Wege des Arbeitskampfes erzwingbar. Dass der Gesetzgeber dabei gewisse einschränkende Voraussetzungen für die Regelung der Organisation der Betriebsverfassung aufgestellt hat, begrenzt nur das Kampfziel ohne die Legitimität des Arbeitskampfes für ein auf das zulässige Maß begrenztes Ziel als solches in Frage zu stellen. Schließlich besteht auch kein verfassungsrechtlicher Anspruch des Unternehmens auf Beibehaltung des gesetzlichen Mitbestimmungsmodells (BAG NZA 2009, 1424, 1429). Fraglich ist allerdings, ob dieses **Streikrecht** auch unbeschränkt für miteinander **konkurrierende Gewerkschaften** gelten kann. Bereits **vor** der ausdrücklichen **Aufgabe des Grundsatzes der Tarifeinheit** im Betrieb (BAG NZA 2010, 1068 ff.) stellte das BAG die Möglichkeit heraus, dass konkurrierende Gewerkschaften nicht daran gehindert seien, Tarifverträge zu schließen, „...... in der – andere oder gleichlautende – Betriebsnormen vereinbart werden ......" (BAG NZA 2010, 712, 716). Jede andere Auffassung führe zu einer Zwangstarifgemeinschaft, welche die Auswahlfreiheit beeinträchtige und mit Art. 9 Abs. 3 GG nicht zu vereinbaren sei. Die potentielle Gefahr, dass der Gewerkschaftskonkurrenzkampf zu Lasten der Arbeitgeber ausgetragen wird, bestand somit bezüglich dieses speziellen Regelungsbereiches auch schon vor der Aufgabe des Grundsatzes der Tarifeinheit durch das BAG. Überdies bezog sich diese ausschließlich auf die parallele Geltung tariflicher Inhaltsnormen nach §§ 3 Abs. 1, 4 Abs. 1 TVG und gerade nicht auf Regelungen zur betriebsverfassungsrechtlichen Organisation. Die gewichtigere Problematik für den Arbeitgeber ergibt sich jedoch nicht aus diesem „doppelten Streikrecht" bezüglich der Betriebsnormen nach § 3 BetrVG, sondern aus der ungelösten Frage nach der **Auflösung dieser Kollision.**

2. Gesetzliche Ermächtigung. Der **Betriebsbegriff** wird durch § 3 BetrVG für die Betriebsverfassung insoweit **dispositiv,** als Betriebsratsstrukturen losgelöst von der Organisationseinheit des Betriebes gestaltet werden können. Die in § 3 Abs. 1 BetrVG abschließend aufgeführten Tatbestände betreffen in den Ziffern 1 bis 3 abweichende Vertretungsstrukturen, in den Ziffern 4 und 5 zusätzliche betriebsverfassungsrechtliche Gremien. Werden durch Tarifverträge nach § 3 Abs. 1 Nr. 1 bis 3 BetrVG neue betriebsverfassungsrechtliche Organisationseinheiten geschaffen, so gelten diese gemäß § 3 Abs. 5 S. 1 BetrVG „als Betriebe im Sinne dieses Gesetzes". Allerdings unterliegt auch der gewillkürte Betriebsbegriff der gerichtlichen Kontrolle nach § 19 BetrVG (zu den Rechtsfolgen vgl. Anm. 4).

Gemäß § 3 Abs. 1 Nr. 1 a) BetrVG können die Tarifvertragsparteien die Bildung eines unternehmenseinheitlichen Betriebsrates vereinbaren. Diese Möglichkeit ist für Unternehmen eröffnet, die aus mehreren Betrieben im betriebsverfassungsrechtlichen Sinne bestehen. Damit kann ein unternehmenseinheitlicher Betriebsrat auch gebildet werden, wenn in dem Unternehmen ein Hauptbetrieb und mindestens ein weiterer Betriebsteil, der gemäß der Fiktion des § 4 Abs. 1 BetrVG als selbständiger Betrieb gilt, bestehen (*F/E/S/T/L* § 3 Rn. 26 m. w. N.). Gehört zum Unternehmen des Arbeitgebers ein Betrieb, der gemeinschaftlich mit einem anderen Unternehmen geführt wird (sog. **Gemeinschaftsbetrieb**), so ist streitig, ob auch dieser von dem unternehmenseinheitlichen Betriebsrat erfasst werden kann. Nach einer in der Literatur vertreten Ansicht kann auch der Gemeinschaftsbetrieb von einem unternehmenseinheitlichen Betriebsrat erfasst werden, sofern sämtliche am Gemeinschaftsbetrieb beteiligten Arbeitgeber ebenfalls Partei des Tarifvertrages über Betriebsratsstrukturen werden (D/K/K/W/*Trümner* § 3 Rn. 37; ErfKomm/*Koch* § 3 BetrVG Rn. 3). In diesen Fällen käme es dann im Rahmen von § 3 Abs. 1 Nr. 1 BetrVG ausnahmsweise zu der Bildung eines unternehmensübergreifenden Betriebsrates. Die Gegenauffassung lehnt eine solche Struktur entweder grundsätzlich ab und verweist alternativ auf § 3 Abs. 1 Nr. 3 BetrVG (GKBetrVG/*Franzen* § 3 Rn. 10; Richardi/*Richardi* § 3 Rn. 18), oder hält diese jedenfalls dann für unzulässig, wenn in dem Gemeinschaftsbetrieb ein eigener Betriebsrat gebildet wurde (*F/E/S/T/L* § 3 Rn. 27).

Ein Unternehmen verfügt bereits über einen „unternehmenseinheitlichen" Betriebsrat, wenn es aus nur einem Betrieb besteht. Kennzeichnend für den **Begriff des Unternehmens** ist im Gegensatz zum **Betrieb** als arbeitsorganisatorischer Einheit die „Einheit des Rechtsträgers". Bei Personengesellschaften (OHG, KG) und bei Kapitalgesellschaften (AG, KGaA, GmbH) ist die Gesellschaft identisch mit dem Unternehmen. Als Kapitalgesellschaften geführte Unternehmen können jeweils nur ein einziges Unternehmen bilden (BAG AP KSchG 1969 § 1 Nr. 10).

Bei einem unternehmenseinheitlichen Betriebsrat tritt an die Stelle der örtlichen Betriebsräte sowie des von ihnen gebildeten Gesamtbetriebsrates eine einheitliche Interessenvertretung für alle Arbeitnehmer des Unternehmens.

Angesichts des Zwecks der gesetzlichen Neuregelung, eine möglichst flächendeckende, effektive Vertretung aller Beschäftigten zu erreichen, ist davon auszugehen, dass ein unternehmenseinheitlicher Betriebsrat **auch für Arbeitnehmer** zuständig ist, die **in nicht betriebsratsfähigen Betrieben** des Unternehmens tätig sind (GKBetrVG/*Franzen* § 3 Rn. 9; H/W/G/N/R/H/*Rose* § 3 Rn. 44).

Da das Gesetz in § 3 Abs. 1 Nr. 1 BetrVG nur das Unternehmen nennt, nicht aber – wie Nr. 2 und 3 – den Konzern, kann ein **konzerneinheitlicher Betriebsrat** nicht durch einen Tarifvertrag nach § 3 Abs. 1 Nr. 1 a) BetrVG gebildet werden, sondern allenfalls nach § 3 Abs. 1 Nr. 3 BetrVG (D/K/K/W/*Trümner* § 3 Rn. 37). Die rechtliche Identität begrenzt somit das Flexibilisierungsinstrument nur bedingt. Allerdings sind Regelungen außerhalb des Anwendungsbereiches unzulässig und Entscheidungen dieser Institutionen unwirksam (BAG NZA 2007, 825 ff.; BAG NJOZ 2010, 1831 ff.). Ausreichend ist es jedoch, wenn mit der Umstrukturierung die Verbesserung der arbeitnehmerseitigen Interessenvertretung angestrebt wird und ein Erfolg nicht objektiv ausgeschlossen ist (*Gaul/Mückl* NZA 2011, 657, 663). Eine unternehmensübergreifende Bildung betriebsratsfähiger Organisationseinheiten obliegt somit einzig den Tarifparteien. Betriebsvereinbarungen verstoßen gegen den eindeutigen Wortlaut des § 3 Abs. 2 BetrVG und sind somit nichtig (LAG Hamm BeckRS 2006, 41893).

3. **Vertragsparteien.** Auf der Ebene eines Arbeitgeberverbandes kommen Tarifverträge nach § 3 BetrVG in der Praxis nur in zwei Konstellationen in Betracht: Entweder der Arbeitgeberverband agiert überwiegend oder ausnahmslos für Unternehmen, die einem gemeinsamen Konzern angehören, und es sollen unternehmensübergreifende Strukturen geschaffen werden, oder der Arbeitgeberverband schließt einen sog. firmenbezogenen Verbandstarifvertrag ab, also einen zwischen Arbeitgeberverband und Gewerkschaft für einen einzelnen Arbeitgeber geschlossenen Tarifvertrag. Flächentarifverträge sind bei § 3 BetrVG ohne tatsächliche Relevanz. Von manchen Stimmen der Literatur wird die Zulässigkeit von Verbandstarifverträgen zur Organisation der Betriebsverfassung sogar insgesamt in Frage gestellt (so *Eich*, FS Weinspach, S. 17, 20; *Thüsing* ZIP 2003, 693, 697; zum Streitstand zusammenfassend *Teusch* S. 167 ff.). In der Praxis sehr viel häufiger ist die Vereinbarung abweichender Betriebsratsstrukturen in einem **Firmentarifvertrag,** d. h. einem Tarifvertrag zwischen einem Arbeitgeber und einer Gewerkschaft.

Auf Arbeitnehmerseite kann jede tarifzuständige Gewerkschaft die tarifliche Bildung eines unternehmenseinheitlichen Betriebsrates vereinbaren, wobei sich die Tarifzuständigkeit nach der Satzung der Gewerkschaft richtet. Das BAG verlangt darüber hinaus, dass die tarifschließende Gewerkschaft sowohl für alle Arbeitnehmer im Betrieb zuständig als auch selbst im Betrieb vertreten ist (BAG NZA 2009, 1424, 1427 f.). Nach Ansicht des BAG verlangt der Abschluss eines Tarifvertrages über Betriebsratsstrukturen zwingend die nötige Kenntnis der Gewerkschaft von den Gegebenheiten vor Ort, die diese wiederum nur dann in ausreichendem Maße haben kann, wenn sie auch durch eigene Mitglieder in dem Betrieb vertreten ist (BAG NZA 2009, 1424, 1428). In der Praxis war höchst umstritten, wie eine Konkurrenz verschiedener tarifzuständiger Gewerkschaften bei dem Abschluss eines Tarifvertrages über Betriebsratsstrukturen nach § 3 BetrVG aufzulösen ist. Das in der Literatur hierzu vertretene Meinungsspektrum war und ist äußerst vielschichtig: Teilweise wird am Grundsatz der **Tarifspezialität** (→ Form. D. I. 1 Anm. 5) festgehalten (LAG Frankfurt a. M. BeckRS 2009, 70097; *Teusch* S. 184; *Thüsing* ZIP 2003, 693, 699; Wiedemann/*Wank* § 4 Rn. 299 h).

Sofern Tarifverträge nach § 3 BetrVG konkurrieren, fällt die Abgrenzung nach der Spezialität schwer, wenn man keine Tarifzensur betreiben will (vgl. LAG Nürnberg BeckRS 2006, 52368, ebenso Richardi/*Richardi* § 3 Rn. 58). Zudem ist die grundsätzliche Eignung des Spezialitätsprinzips bei Kollisionen von verschiedenen Normgebern sehr zweifelhaft. Auch das vereinzelt vertretene **Günstigkeitsprinzip** (*Däubler* Tarifvertragsrecht Rn. 1493) ist nicht zur Auflösung von Tarifkonkurrenzen nach § 3 Abs. 2 TVG geeignet. Dem häufig vertretenen **Quantitäts- oder Repräsentationsprinzip** zufolge soll dem Tarifvertrag Vorrang eingeräumt werden, der von der Gewerkschaft mit den meisten Mitgliedern im vom Tarifvertrag erfassten Betrieb/Unternehmen abgeschlossen wurde. (Däubler/*Zwanziger* § 4 Rn. 935; *Hanau* RdA 2008, 98, 102; *Jacobs*, Tarifeinheit und

Tarifkonkurrenz S. 308 ff.; *ders.* NZA 2008, 325, 327; *ders./Krause/Oetker/Schubert* § 7 Rn. 232; *Löwisch/Rieble* § 4 Rn. 151; H/W/K/*Henssler* § 4 Rn. 59; mit weiteren Differenzierungen *Willemsen/Mehrens* NZA 2010, 1313, 1316). Da nach § 3 Abs. 2 TVG die mitgliedschaftliche Legitimation für die Normwirkung von in Tarifverträgen enthaltenen Betriebsnormen irrelevant ist, wird dieser Auffassung ein Verstoß gegen das TVG vorgeworfen (vgl. LAG Frankfurt a. M. BeckRS 2009, 70097; LAG Nürnberg BeckRS 2008, 52368). Vertreten wird auch das sogenannte **Prioritätsprinzip** (*F/E/S/T/L* § 3 Rn. 16; GKBetrVG/*Kraft/Franzen* § 3 Rn. 34). Diesem zufolge müssen Arbeitgeber beziehungsweise Gewerkschaft zunächst ihre Absicht, in Verhandlungen über einen Tarifvertrag i. S. d. § 3 Abs. 1 BetrVG einzutreten, bekannt geben. Sollte sich auf diese Bekanntmachung hin eine im Betrieb ebenfalls vertretene Gewerkschaft auf ihre bestehende Tarifzuständigkeit berufen, könne ein Tarifvertrag wirksam nur unter deren Teilnahme an den Verhandlungen vereinbart werden. Ebenso wird das **Ablösungsprinzip** vertreten, nach welchem ein später abgeschlossener Tarifvertrag einen vorangehenden Tarifvertrag nach dessen Beendigung ersetzt (ErfKomm/*Koch* § 3 BetrVG Rn. 2) Eine letzte Auffassung geht davon aus, dass **Tarifverträge nach § 3 BetrVG wirksam nur von allen Gewerkschaften gemeinsam abgeschlossen** werden können (LAG Nürnberg BeckRS 2008, 52386; *Annuß* NZA 2002, 290, 293). Das BAG hat in seinem Beschluss vom 29.7.2009 (BAG NZA 2009, 1424 ff.) die letztgenannte Auffassung der Vorinstanz abgelehnt und entschieden, dass jedenfalls im Vorfeld die Existenz einer anderen, ebenfalls tarifzuständigen und ggf. auch im Betrieb zahlenmäßig wesentlich stärker vertretenen Gewerkschaft nicht von vorneherein den Abschluss eines Tarifvertrages nach § 3 Abs. 1 Nr. 1 bis 3 BetrVG mit einer konkurrierenden, aber möglicherweise wesentlich geringer repräsentierten Gewerkschaft ausschließt. Der nur gemeinsam mögliche Abschluss eines Tarifvertrages über Betriebsratsstrukturen verletze die konkurrierenden Gewerkschaften in ihrem Recht auf kollektive Koalitionsfreiheit aus Art. 9 Abs. 3 GG und führe zu einer „Zwangstarifgemeinschaft". Weiterhin kann eine nicht als Partei an dem Abschluss eines Tarifvertrages über Betriebsratsstrukturen beteiligte tarifzuständige Gewerkschaft den Arbeitgeber anhalten, den bestehenden Tarifvertrag zu beenden und einen neuen mit ihr abzuschließen (BAG NZA 2009, 1424, 1429). Daraus folgt, dass weder die Existenz einer konkurrierenden Gewerkschaft noch eines bereits mit dieser abgeschlossenen Tarifvertrages den (weiteren) Abschluss eines Tarifvertrages über Betriebsratsstrukturen ausschließt. Offengelassen hat das BAG allerdings die Frage, wie die entstehende Konkurrenz zweier unterschiedlicher Tarifverträge über Betriebsratsstrukturen im Unternehmen aufgelöst werden soll. Auch bei einer weiteren Entscheidung zu Betriebsnormen hat sich das BAG nicht klar positioniert. Es stellt jedoch ebenfalls die Geeignetheit des Spezialitätsprinzips in Frage und tendiert grundsätzlich zum Repräsentationsprinzip (BAG NZA 2010, 712; *Bepler* NZA 2011, Beilage zu Heft 2, 73, 77). Klar ist insoweit nur, dass es **keine Tarifpluralität** von Tarifverträgen nach § 3 Abs. 1 Nr. 1 bis 3 BetrVG geben kann. Insoweit ergibt sich auch nichts anderes aus der vom BAG vollzogenen Aufgabe des Grundsatzes der Tarifeinheit (BAG NZA 2010, 1068 ff.). Bleibt auch die rechtliche Ausgangssituation unberührt, so sind mittelbare Auswirkungen dennoch wahrscheinlich. Im tarifpluralen Betrieb steigt die Wahrscheinlichkeit, dass die anwendbaren Tarifverträge auch unterschiedliche Betriebsnormen enthalten und somit eine auflösungsbedürftige Tarifkonkurrenz entsteht. Zur Lösung bestehender Konkurrenzen kann teilweise auf die bereits in der Literatur zu deren Vermeidung im Vorfeld entwickelten Theorien zurückgegriffen werden. Es bietet sich insbesondere das **Quantitätsprinzip** an, wonach sich der Tarifvertrag über Betriebsratsstrukturen durchsetzt, der von der Gewerkschaft mit dem höchsten Repräsentationsgrad in den betroffenen Organisationseinheiten abgeschlossen wurde. Zwar ist Ausgangspunkt der Geltung der Betriebsnorm nicht unmittelbar die gewerkschaftliche Mitgliedschaft, sondern § 3 Abs. 2 TVG. Vor dem Hintergrund, dass die Abweichung vom gesetzlichen Regelungsmodell nach § 3 BetrVG Auswirkungen auf die gesamte Belegschaft hat, ist der repräsentativere zugleich auch der gewichtigere Tarifvertrag, denn dieser spiegelt zumindest die Interessen des überwiegenden Teils der Belegschaft wider. Dieses Prinzip ist auch in § 7 Abs. 2 AEntG bereits gesetzlich fixiert. Insgesamt ist die Lösung nach dem Repräsentations- bzw. Quantitätsprinzip damit vorzugswürdig (in diese Richtung auch BAG NZA 2010, 712; *Franzen* RdA 2008, 193, 199; *Braun* NZA 2010, Beilage zu Heft 3, 108). Jedoch ist auch diese Lösung nicht universal anwendbar, da der Organisationsgrad abhängig von der jeweiligen Branche stark voneinander abweichen kann. Fraglich ist zum Beispiel, ob den Tarifparteien die Dispositionsbefugnis des gesetzlichen Modells auch bei einem äußerst geringen Organisationsgrad zusteht (ablehnend *Bepler* NZA 2011, Beilage zu Heft 2, 73, 77), ebenso unbeachtet ist bisher die Frage, welche Regelung bei einem identischen Organisationsgrad Anwendung finden soll. Unbefriedigend für die Betriebsparteien ist zudem, dass nunmehr auch der von der Spartengewerkschaft erkämpfte Tarifvertrag Auslöser der Regelungssperre nach § 3 Abs. 2 BetrVG sein kann (*Gaul/Mückl* NZA 2011, 657, 658). Für den Arbeitgeber besteht bei konsequenter Anwendung der Aussagen des BAG zudem stets das Risiko, dass eine gering repräsentierte, jedoch sehr durchsetzungsstarke Spartengewerkschaft den Arbeitgeber mittels Arbeitskampf dazu zwingt, den bestehenden Tarifvertrag über Betriebsratsstrukturen wieder zu beenden. Um derartige Unsicherheiten zu vermeiden, sollte in der Praxis versucht werden, den Tarifvertrag über abweichende Betriebsratsstrukturen mit sämtlichen tarifzuständigen Gewerkschaften abzuschließen.

4. Präambel. Die Aufnahme einer Präambel in den Tarifvertrag bietet sich neben den in → Form. D. II. 1 Anm. 2–5 genannten Gründen hier besonders an, weil die tarifliche Regelung über die Bildung eines unternehmenseinheitlichen Betriebsrates gemäß § 3 Abs. 1 Nr. 1 HS 2 BetrVG nur dann zulässig ist, wenn dies die **Bildung von Betriebsräten erleichtert** oder einer **sachgerechten Wahrnehmung der Interessen der Arbeitnehmer** dient. In der Präambel sollten die Parteien begründen, warum sie die neue Betriebsratsstruktur für sachgerecht halten und inwiefern sie die Bildung von Betriebsräten erleichtert (zu den Anforderungen an die Erleichterung und Sachdienlichkeit, vgl. BAG BeckRS 2013, 71144) Die Anforderungen an die (alternativen) gesetzlichen Voraussetzungen sind insgesamt als gering zu bezeichnen (ArbG Dresden AE 2008, 300). Ebenso unerheblich ist es, wenn die Zusammenfassung zu einer Verringerung der Betriebsratsmitglieder führt (LAG Hannover BeckRS 2008, 57010).

Die Voraussetzungen des § 3 Abs. 1 Nr. 1 HS 2 BetrVG sollen nach der Gesetzesbegründung dann erfüllt sein, wenn die Entscheidungen in beteiligungspflichtigen Angelegenheiten überwiegend zentral auf Unternehmensebene gefällt werden (vgl. BT-Drucks. 14/5741 S. 34). Des Weiteren kann das Merkmal der „erleichterten Bildung von Betriebsräten" etwa dann vorliegen, wenn durch die vereinbarte Struktur auch Betriebe von einer Arbeitnehmervertretung vertreten werden, die bislang betriebsratslos waren (D/K/K/W/*Trümner* § 3 Rn. 52; *F/E/S/T/L* § 3 Rn. 29; *Hohenstatt/Dzida* DB 2001, 2498; *Kort* AG 2003, 13, 18). Eine unmittelbare tatsächliche Verbesserung der Interessenvertretung ist nach dem Wortlaut („dient") nicht erforderlich (*Gaul/Mückl* NZA 2011, 657; a.A. *Trümner/Sparchholz* AiB 2009, 98, 99) Ein solcher Fall ist hier für einen Betrieb vorgesehen, dessen Bezeichnung in der Präambel einzutragen ist.

Liegt keine der beiden Voraussetzungen vor, ist die tarifliche Regelung **unwirksam** (H/W/G/N/R/H/*Rose* § 3 Rn. 44). Ob der Tarifvertrag die erwähnten Grenzen wahrt, unterliegt gegebenenfalls der nachträglichen Überprüfung durch die Arbeitsgerichte, die hierüber im Beschlussverfahren (§§ 2a, 80 ff. ArbGG) entscheiden. Es handelt sich um eine betriebsverfassungsrechtliche Streitigkeit, obwohl es um die Wirksamkeit von Tarifverträgen geht. Antragsberechtigt sind die auf gesetzlicher Grundlage gebildeten Organe, der Arbeitgeber, die vertragsschließende Gewerkschaft und konkurrierende Gewerkschaften.

Die auf Basis eines unwirksamen Tarifvertrages nach § 3 BetrVG durchgeführte Betriebsratswahl ist nach richtiger Auffassung nicht nichtig, sondern „nur“ gemäß § 19 BetrVG anfechtbar (LAG Nürnberg BeckRS 2008, 52368 ErfKomm/*Koch* § 3 BetrVG Rn. 13; *Mückl/Koehler* NZA-RR 2009, 513, 516; unter Aufgabe seiner bisherigen Auffassung so jetzt auch *Plander*, FS Arbeitsgemeinschaft ArbR, S. 980). Die von Betriebsräten in tarifvertraglich geänderter Arbeitnehmervertretungsstruktur geschlossenen Betriebsvereinbarungen bleiben demnach wirksam.

Denkbar ist auch, dass die Betriebsratswahl aufgrund Verkennung des – zuvor selbst tarifvertraglich festgelegten – Betriebsbegriffes unwirksam ist (BAG NZA-RR 2012, 186). Es stellte sich dann aber die Frage, ob die isolierte Anfechtung der fehlerhaften Betriebsratswahl möglich ist. Das BAG hat dies zu Recht bejaht. Stünde das Anfechtungsrecht unter der Bedingung, dass auch die Betriebsratswahlen in den angrenzenden Regionen angefochten werden, wäre die Anfechtungsmöglichkeit nach § 19 Abs. 1 BetrVG insgesamt „in unzumutbarer Weise eingeschränkt und erschwert“ (BAG NZA-RR 2012, 186 Rn. 21). Problematisch ist die isolierte Anfechtung insofern jedoch, dass bis zu den nächsten regelmäßigen Betriebsratswahlen einem Teil der oder sogar allen betroffenen Arbeitnehmern die Möglichkeit genommen wird, von ihrem Recht zur Wahl eines Betriebsrates Gebrauch zu machen (BAG NZA-RR 2012, 186 Rn. 23). Zusammengefasst lässt sich zur Entscheidung des BAG sagen, dass es den Verlust des Wahlrechts für einige Arbeitnehmer und den auch damit einhergehenden Legitimationsverlust des Betriebsrates als notwendiges Übel in Kauf nimmt, um die Anfechtungsmöglichkeit effektiv auszugestalten. Trotz dieses entstehenden „Legitimations-Makels“ ist der Entscheidung des BAG zur isolierten Anfechtungsmöglichkeit insgesamt zuzustimmen.

5. Geltungsbereich. Durch den Tarifvertrag wird (→ Anm. 2) ein einheitlicher Betriebsrat für das gesamte Unternehmen geschaffen. Hieraus folgt zwingend die Geltung des Tarifvertrages für sämtliche Arbeitnehmer und Betriebe des Unternehmens.

6. Rechtliche Stellung des unternehmenseinheitlichen Betriebsrates. Der unternehmenseinheitliche Betriebsrat **ersetzt** sowohl die örtlichen **Betriebsräte** als auch den **Gesamtbetriebsrat.** Wird allerdings ein unternehmenseinheitlicher Betriebsrat unter Ausschluss eines oder mehrerer Gemeinschaftsbetriebe, an denen das Unternehmen ebenfalls beteiligt ist, errichtet, muss wegen dieser Beteiligung auf Unternehmensebene gleichwohl noch ein Gesamtbetriebsrat errichtet werden. Im Übrigen stehen dem unternehmenseinheitlichen Betriebsrat sämtliche Rechte und Pflichten zu, die sonst zwischen örtlichem Betriebsrat und Gesamtbetriebsrat nach Maßgabe von § 50 BetrVG aufgeteilt sind. Es wird somit eine „schlanke“, einstufige Vertretungsorganisation wie bei einer Gesellschaft erzielt, die überhaupt nur einen Betrieb hat. Die Repräsentation in einem eventuell vorzusehenden Konzernbetriebsrat erfolgt unmittelbar aus dem unternehmenseinheitlichen Betriebsrat heraus.

Gemäß § 3 Abs. 5 BetrVG gelten die nach § 3 Abs. 1 Nr. 1 bis 3 BetrVG neu gebildeten Organisationseinheiten als Betriebe i. S. d. BetrVG. Noch nicht abschließend geklärt ist, ob die **Fiktion** des § 3 Abs. 5 BetrVG auch **über das Betriebsverfassungsgesetz hinaus** wirkt, ob also überall dort, wo Gesetze auf den „Betrieb“ Bezug nehmen, nunmehr auf die neu gebildete Organisationseinheit abgestellt werden muss. Von besonderer Relevanz ist diese Frage für das **Kündigungsschutzrecht.** Dies würde z. B. bedeuten, dass bei der Bildung eines unternehmenseinheitlichen Betriebsrates die Sozialauswahl unternehmensbezogen durchzuführen wäre. In der Rechtsprechung und Literatur hat sich dabei inzwischen eine differenzierende Betrachtung durchgesetzt, die zwischen dem allgemeinen Kündigungsschutz nach §§ 1, 23 KSchG einerseits und dem besonderen Kündigungsschutz für betriebsverfassungsrechtliche Mandatsträger andererseits unterscheidet. Das BAG geht zunächst davon aus, dass für den Anwendungsbereich des KSchG nicht auf den betriebsverfassungsrechtlichen Betriebsbegriff und insbesondere nicht auf die nach § 3 Abs. 1 Nr. 1 bis 3 BetrVG gebildeten Organisationseinheiten zurückgegriffen werden könne, da diese gemäß § 3 Abs. 5 S. 1 BetrVG ausdrücklich als Betriebe i. S. d. BetrVG bezeichnet werden und die Fiktionswirkung damit auf den Anwendungsbereich dieses Gesetzes begrenzt bleibt (BAG NZA 2008, 33, 35). Die überwiegende Ansicht in der Literatur trennt den betriebsverfassungs- und kündigungsrechtlichen Betriebsbegriff ebenso wie das BAG streng voneinander (ErfKomm/*Koch* § 3 BetrVG Rn. 12; D/K/K/W/*Trümner* § 3 Rn. 195; *F/E/S/T/L* § 3 Rn. 77; *Leßmann/Liersch* DStR 2001, 1302; *Mückl* DB 2010, 2615, 2618; *Plander* NZA 2002, 483, 489). Zutreffend wird insoweit darauf hingewiesen, dass auch die Fiktionswirkung des § 4 Abs. 1 S. 1 BetrVG regelmäßig nicht auf den Betriebsbegriff des § 23 KSchG übertragen wird (*F/E/S/T/L* § 3 Rn. 77; *Mückl* DB 2010, 2615, 2618). Die betriebsverfassungsrechtliche Zuständigkeit des Betriebsrates und die Reichweite der Sozialauswahl können danach auseinander fallen. Dies wird für den Fall des unternehmenseinheitlichen Betriebsrates nach § 3 Abs. 1 BetrVG regelmäßig unproblematisch sein. Schwieriger sind jedoch die praktischen Folgen dieser Trennung im Falle der Bildung von Spartenbetriebsräten nach § 3 Abs. 1 Nr. 2 BetrVG (→ Form. D. I. 5) Dieser müsste z. B. bei Abschluss eines Interessenausgleiches mit Namensliste auch Arbeitnehmer in die Sozialauswahl einbeziehen, die außerhalb seines Zuständigkeitsbereiches beschäftigt werden. Die Beratungspraxis wird sich insoweit darauf einstellen müssen, dass die Schaffung abweichender Betriebsratsstrukturen nach § 3 BetrVG bis zur höchstrichterlichen Klärung auch dieser Folgefragen **rechtliche Ungewissheit** im Zusammenspiel mit dem Kündigungsschutzrecht verursachen kann. Eine Ausnahme von dieser strikten Trennung zwischen betriebsverfassungsrechtlichem und kündigungsschutzrechtlichem Betriebsbegriff wird jedoch für den Bereich des Sonderkündigungsschutzes nach § 15 KSchG gemacht. Nach der Rechtsprechung (BAG AP KSchG 1996 § 15 Nr. 57; weitergehend für die Anwendung des betriebsverfassungsrechtlichen Betriebsbegriffes insgesamt ArbG Cottbus BeckRS 2011, 69151; *von Hoyningen-Huene/Linck* § 15 Rn. 179; A/P/S/*Link* § 15 KSchG Rn. 158, 182) rechtfertigt es der besondere Schutzzweck des § 15 Abs. 4 und Abs. 5 KSchG, ausnahmsweise nur den betriebsverfassungsrechtlichen Betriebsbegriff zugrunde zu legen. Der Sonderkündigungsschutz für Betriebsratsmitglieder in seiner Ausprägung durch die Abs. 4 und 5 des § 15 KSchG dient ausschließlich dazu, die Kontinuität der personellen Zusammensetzung des Betriebsrates während seiner Amtszeit zu sichern. Dies gilt auch für nach § 3 Abs. 5 BetrVG fingierte Betriebe (*Mückl* DB 2010, 2615, 2618).

7. **Anzahl und rechtliche Stellung der Betriebsratsmitglieder.** Da das Unternehmen gemäß § 3 Abs. 5 BetrVG als Betrieb gilt, bemisst sich die Anzahl der zu wählenden Mitglieder eines unternehmenseinheitlichen Betriebsrates danach, wie viele Arbeitnehmer in dem Unternehmen der Gesellschaft beschäftigt sind. Das Unternehmen gilt als Betrieb i. S. v. **§ 9 BetrVG.** Fraglich ist, ob § 3 BetrVG unmittelbar auch erlaubt, den Betriebsrat abweichend von § 9 BetrVG zu verkleinern (ablehnend *Hohenstatt/Dzida* DB 2001, 2498, 2500). Es kommt insoweit jedoch eine analoge Anwendung von § 47 Abs. 4 BetrVG oder § 55 Abs. 4 BetrVG in Betracht.

Da der tarifvertraglich vereinbarte Betriebsrat an die Stelle des gesetzlichen Betriebsrates tritt, haben die Mitglieder des unternehmenseinheitlichen Betriebsrates **persönlich dieselbe Rechtstellung** wie Betriebsratsmitglieder. Das gilt insbesondere auch für den Kündigungsschutz nach § 15 KSchG und § 103 BetrVG.

8. **Freistellungen. § 38 Abs. 1 S. 5 BetrVG** eröffnet den Tarifparteien die Möglichkeit, „anderweitige Regelungen" über die Anzahl der in einem Betrieb freizustellenden Betriebsratsmitglieder zu treffen. Wegen des allgemeinen Begriffs **„anderweitig"** können die Tarifverträge auch eine geringere Anzahl von Freistellungen als nach dem Gesetz festlegen (BAG AP BetrVG 1972 § 38 Nr. 22). Unzulässig ist es eine Freistellung von Betriebsratsmitgliedern ganz auszuschließen, denn dies stellt keine „anderweitige" Regelung der Freistellung dar (*F/E/S/T/L* § 38 Rn. 30; GKBetrVG/*Weber* § 38 Rn. 33). Nach

Ansicht des LAG Köln sind Tarifverträge und Betriebsvereinbarungen nicht die einzigen Abweichungsmöglichkeiten. Es käme für eine anderweitige Vereinbarung ebenso eine Regelungsabrede in Betracht (LAG Köln NZA-RR 2012, 135, in Ermangelung einer höchstrichterlichen Rechtsprechung wurde die Rechtsbeschwerde zum BAG zugelassen).

9. Fortgeltung von Betriebsvereinbarungen. Nach den allgemeinen betriebsverfassungsrechtlichen Grundsätzen verlieren Betriebsvereinbarungen und Gesamtbetriebsvereinbarungen ihre Wirkung, wenn der zugrunde liegende Betrieb aufhört zu existieren, also seine Identität verliert (statt vieler BAG NZA 1991, 639; BAG NZA 2003, 670; Richardi/*Richardi* § 77 Rn. 213 ff. m. w. N.). Damit stellt sich die Frage, ob die Änderung der Betriebsstrukturen nach § 3 BetrVG zum Identitätsverlust, also zum Untergang des bisherigen Betriebes führt.

Nach Ansicht des BAG sowie der ganz überwiegenden Literaturauffassung bleiben die vormaligen Betriebsvereinbarungen grundsätzlich mit ihrem jeweiligen persönlichen Geltungsbereich in Kraft und stellen innerhalb der neuen betriebsverfassungsrechtlichen Organisationseinheiten „sektorale normative Teilordnungen" dar (BAG NZA 2008, 1259, 1260; D/K/K/W/*Trümner* § 3 Rn. 209; ErfKomm/*Koch* § 3 BetrVG Rn. 12; GKBetrVG/*Franzen* § 3 Rn. 60). Begründet wird eine solche Fortgeltung mit dem Argument, dass durch den Tarifvertrag zwar die Repräsentationsbereiche anders zugeschnitten werden, die tatsächlichen Betriebsorganisationen und damit die Bezugsobjekte der bisherigen Betriebsvereinbarungen jedoch unverändert bleiben und als organisatorisch abgrenzbare Betriebsteile eines gemäß § 3 Abs. 5 BetrVG lediglich fingierten Einheitsbetriebes fortbestehen. Dies gilt jedenfalls soweit keine weitergehenden organisatorischen Änderungen auf Betriebsebene vorgenommen und die ursprünglichen Leitungs- und Organisationsstrukturen beibehalten werden (BAG NZA 2012, 110; BAG NZA 2008, 1259, 1260; *Salamon* NZA 2009, 74, 75).

Die Regelung im Formular ist demnach **lediglich deklaratorischer Natur.** In der Praxis können rechtliche Unsicherheiten dadurch vermieden werden, dass der neue unternehmenseinheitliche Betriebsrat frühere Betriebsvereinbarungen noch einmal bestätigt.

Der Tarifvertrag weist außerdem darauf hin, welcher Arbeitnehmervertretung zukünftig das Recht zukommen wird, Willenserklärungen im Hinblick auf die (etwaige) fortgeltenden Betriebsvereinbarungen zu empfangen und abzugeben, insbesondere Kündigungen auszusprechen. Im hier vorliegenden Fall des unternehmenseinheitlichen Betriebsrates steht dieses Recht sowohl im Hinblick auf Betriebsvereinbarungen als auch im Hinblick auf Gesamtbetriebsvereinbarungen dem unternehmenseinheitlichen Betriebsrat zu.

10. Veränderungen durch Umstrukturierungen. Werden die Organisationsstrukturen des Unternehmens z. B. durch eine Spaltung oder die Zusammenlegung mit anderen Betrieben oder Betriebsteilen geändert oder wird das Unternehmen stillgelegt, bestimmen die §§ 21a und 21b BetrVG das Schicksal der betriebsverfassungsrechtlichen Vertretung der Arbeitnehmer. Diese Vorschriften sind zwingend und können durch Tarifvertrag nicht abgeändert werden (*F/E/S/T/L* § 21a Rn. 5, § 21b Rn. 4).

Das Formular stellt für den wohl häufigsten Fall der **Eingliederung** eines Betriebes oder Betriebsteiles in das Unternehmen, welches gemäß § 3 Abs. 5 BetrVG als Betrieb i. S. d. BetrVG gilt, deklaratorisch klar, dass der unternehmenseinheitliche Betriebsrat auch die eingegliederten Arbeitnehmer vertritt (§ 21a Abs. 1 S. 1 und Abs. 2 S. 2 BetrVG). Ebenso wird § 13 Abs. 2 Nr. 1 BetrVG berücksichtigt, der bei einer wesentlichen Änderung der Belegschaftsstärke zu dem in der Klausel genannten Zeitpunkt eine **Neuwahl** des Betriebsrats vorschreibt.

Schließlich enthält das Formular in Abs. (3) **deklaratorische Regelungen** zur Anwendbarkeit der §§ 111 ff. BetrVG. Betriebsräten und Gewerkschaften wird dadurch nämlich die Argumentation abgeschnitten, wonach ein Tarifvertrag nach § 3 BetrVG jedwede Änderung der Betriebsstruktur oder gar jedwede Betriebsänderung i. S. d. § 111 BetrVG ohne Zustimmung der Gewerkschaftsseite verbiete.

11. **Erstmalige Wahl.** Gemäß § 3 Abs. 4 BetrVG sind die **abweichenden Regelungen** über die Betriebsratsstruktur erstmals bei der **nächsten regelmäßigen Betriebsratswahl** (§ 13 BetrVG) anzuwenden, wenn nicht der Tarifvertrag selbst einen anderen Wahlzeitpunkt vorsieht. § 4 Abs. (1) entspricht dieser gesetzlichen Regelung.

Alternativ können sich die Parteien darauf einigen, dass eine vorgezogene Neuwahl stattfinden soll. Dann endet die Amtszeit bestehender Betriebsräte, die durch die Tarifvertragsregelung entfallen, mit Bekanntgabe des Wahlergebnisses (§ 3 Abs. 4 S. 2 BetrVG).

§ 4 Abs. (2) sieht vor, dass der bei der Gesellschaft gebildete Gesamtbetriebsrat zum Zwecke der ersten Wahl den **Wahlvorstand** bestellt. § 3 BetrVG enthält keine ausdrückliche Regelung zu der Frage, wer für die Bestellung des Wahlvorstandes zur Durchführung der erstmaligen Wahl eines unternehmenseinheitlichen Betriebsrates zuständig ist. Es ist deshalb auf die allgemeinen Bestimmungen zurückzugreifen: Grundsätzlich bestellt gemäß § 16 BetrVG der (örtliche) Betriebsrat den Wahlvorstand. Existiert dagegen kein Betriebsrat, so ist gemäß § 17 BetrVG der Gesamtbetriebsrat für die Bestellung des Wahlvorstandes zuständig. Es bestehen zwar Betriebsräte für die neue, durch den Tarifvertrag begründete „Organisationseinheit Unternehmen", die gemäß § 3 Abs. 5 BetrVG als Betrieb gilt. Es existiert jedoch noch keine Arbeitnehmervertretung. Es erscheint daher konsequent und sachgerecht, für die Wahl des unternehmenseinheitlichen Betriebsrates **§ 17 BetrVG entsprechend** anzuwenden (so für den Fall des § 3 Abs. 3 BetrVG *F/E/S/T/L* § 3 Rn. 98). Die Wahl eines unternehmenseinheitlichen Betriebsrates kann kaum sinnvoll durch mehrere, von den örtlichen Betriebsräten bestellte Wahlvorstände organisiert werden. Vielmehr muss ein Wahlvorstand für die einheitliche Durchführung, die Annahme der Vorschlagslisten, die Kontrolle des Wahlvorganges usw. zuständig sein.

Abweichend von § 14 BetrVG soll bei der Wahl eines unternehmenseinheitlichen Betriebsrates die Bildung von Wahlbezirken in den Betrieben, Nebenbetrieben und Betriebsteilen des Arbeitgebers zulässig sein (LAG Hamm BeckRS 2003, 30798824). Dies gelte jedenfalls, wenn sich der Geltungsbereich des Tarifvertrages auf alle Betriebe, Nebenbetriebe und Betriebsteile beziehe. Denn daraus ergäbe sich, dass sich die Tarifvertragsparteien der Bestimmung eines einheitlichen Betriebsbegriffes gerade enthalten hätten.

12. **Kündigung, Nachwirkung und „Übergangsmandat".** Laufzeit und Kündbarkeit von Tarifverträgen über Betriebsratsstrukturen können – je nachdem, wie weitgehend sich die Tarifpartner an die neu gewählten Strukturen binden wollen – unterschiedlich ausgestaltet werden. Unter Umständen bietet es sich auch an, die Laufzeit parallel zu dem in § 13 Abs. 1 BetrVG geregelten Vier-Jahres-Rhythmus zu regeln. Da die regelmäßigen Betriebsratswahlen in der Zeit vom 1.3. bis 31.5. stattfinden, sieht das Formular eine Kündigungsmöglichkeit zu diesem Termin vor. Es besteht dann jeweils rechtzeitig zu Beginn dieses Zeitraumes Rechtssicherheit darüber, in welchen Organisationseinheiten die neuen Betriebsräte gewählt werden müssen. Die Kündigungsfrist ist großzügig bemessen, damit den Beteiligten genügend Zeit verbleibt, um sich vor der Betriebsratswahl entweder auf eine neue anderweitige Regelung im Sinne von § 3 BetrVG zu verständigen oder Vorkehrungen für die Rückkehr zur gesetzlichen Struktur zu treffen. Dies bedeutet allerdings, dass die Tarifparteien sich nur alle vier Jahre von dem Vertrag lösen können.

Es ist in der Literatur umstritten, ob nach § 3 Abs. 1 BetrVG geschlossene Tarifverträge über Betriebsratsstrukturen nach ihrer Nachwirkung gemäß § 4 Abs. 5 TVG entfalten können. Die ganz überwiegende Meinung lehnt eine Nachwirkung ab (*F/E/S/T/L* § 3 Rn. 84; GKBetrVG/*Franzen* § 3 BetrVG Rn. 35; ErfKomm/*Koch* § 3 BetrVG Rn. 11; Richardi/*Richardi* § 3 Rn. 65; *Thüsing* ZIP 2003, 693, 704; a.A. *Teusch* NZA 2007, 124, 130). System und Zweck der tarifvertraglichen Nachwirkung gemäß § 4 Abs. 5 TVG passen nicht auf Tarifverträge über Betriebsratsstrukturen. Zum einen ließe sich die Nachwirkung wiederum nur durch eine andere Vereinbarung beenden. Als solche käme in diesem konkreten Fall aber lediglich eine andere Tarifvereinbarung in Betracht, da derartige Regelungen in anderen Vereinbarungen nicht zulässig getroffen werden können. Dies führte konsequenterweise zu einem völligen Ausschluss des einseitigen Beendigungsrechtes derartiger Tarifvereinbarungen, die dann nur noch durch einvernehmliche Aufhebungsvereinbarung beendet werden könnten. Zum anderen ist ein regelungsloser Zustand bei Beendigung des Tarifvertrages über Betriebsratsstrukturen auch ohne Nachwirkung nicht zu befürchten, da die gesetzliche Betriebsverfassung zur Verfügung steht. Im Interesse der Rechtssicherheit empfiehlt es sich jedenfalls die Frage der Nachwirkung im Tarifvertrag ausdrücklich zu regeln, sei es, dass die Nachwirkung ausgeschlossen wird und nach Beendigung des Tarifvertrages wieder die gesetzlich vorgesehene betriebsverfassungsrechtliche Struktur gilt (so das Formular), sei es, dass die Nachwirkung festgeschrieben wird.

Nicht einheitlich wird in der Literatur die Frage beurteilt, ob und ggf. in welchem Umfang der gebildete unternehmenseinheitliche Betriebsrat im Amt bleibt, sollte der Tarifvertrag über Betriebsratsstrukturen vor Ablauf der Amtszeit und ohne Nachwirkung beendet werden. Teilweise wird unter Verweis auf den Grundsatz der Kontinuität des Amtes vertreten, dass der unternehmenseinheitliche Betriebsrat bis zum Ablauf seiner regulären Amtszeit sein volles Mandat behält (*F/E/S/T/L* § 3 Rn. 84; GKBetrVG/*Franzen* § 3 Rn. 35). Dies bedeutet aber, dass der Status quo unter Umständen noch sehr lange über die Beendigung des Tarifvertrages über Betriebsratsstrukturen hinaus fortgilt, was letztlich auf eine beschränkte Nachwirkung hinausläuft. Anderen Stimmen in der Literatur zufolge soll der unternehmenseinheitliche Betriebsrat im Falle der Beendigung des ihn legitimierenden Tarifvertrages während der Amtsperiode dazu führen, dass diesem nur noch ein Übergangsmandat analog § 21a BetrVG zukommt (Richardi/*Richardi* § 3 Rn. 65; *Thüsing* ZIP 2003, 693, 704). Um im Falle eines Ausschlusses der Nachwirkung eine Unsicherheit über das Mandat des unternehmenseinheitlichen Betriebsrates zu vermeiden, sollte daher in jedem Fall eine entsprechende Regelung getroffen werden. In dem Formular ist insoweit geregelt, dass der unternehmenseinheitliche Betriebsrat bis zur Neuwahl im Amt bleibt. Sollten bis zum Ablauf der ursprünglich vorgesehenen Amtszeit des unternehmenseinheitlichen Betriebsrates keine neuen Betriebsräte gewählt worden sein, so endet dieses **„Übergangsmandat“** in entsprechender Anwendung des § 21a Abs. 1 S. 3 BetrVG spätestens sechs Monate nach Ablauf der ursprünglich vorgesehen Amtszeit.

4. Tarifvertrag über Zusammenfassung von Betrieben

Tarifvertrag über Zusammenfassung von Betrieben[1]

zwischen

. . . . . . (Name und Anschrift der Gesellschaft) „Gesellschaft“

und

. . . . . . (Name und Anschrift der Gewerkschaft) „Gewerkschaft“[2]

Präambel[3]

Die Parteien sind sich darüber einig, dass eine effektive Zusammenarbeit zwischen der Geschäftsleitung und den Mitarbeiter- und Arbeitnehmervertretungen nur durch Betriebsratsstrukturen gewährleistet wird, die der Aufteilung des Geschäftsgebiets Rechnung tragen. Ziel dieses Tarifvertrages ist es daher, die Mitarbeiter- und Arbeitnehmervertretungsstrukturen mit den Organisationsstrukturen der Gesellschaft zu harmonisieren. Dies dient der erleichterten Bildung von Betriebsräten und gewährleistet eine sachgerechte Wahrnehmung der Interessen aller Mitarbeiter, auch derjenigen in sehr kleinen Filialbetrieben.

§ 1 Geltungsbereich und Organisationsstruktur

(1) Dieser Tarifvertrag gilt für sämtliche Mitarbeiter und Betriebe der Gesellschaft.[4]

(2) Die Gesellschaft betreibt derzeit auf dem Gebiet der Bundesrepublik Deutschland eine Hauptverwaltung, ... Regionaldirektionen und . . . . . . Filialen.

(3) Eine nach Postleitzahlen geordnete Übersicht der derzeitigen Filialen und deren jeweilige Zuordnung zu den Regionaldirektionen sind diesem Tarifvertrag als Anlage beigefügt.[5]

§ 2 Zusammenfassung von Betrieben zu Regionalbetrieben

(1) Alle Filialen einer Region werden mit dem Betrieb der jeweiligen Regionaldirektion gemäß § 3 Abs. 1 Nr. 1 b) BetrVG zu einem Regionalbetrieb zusammengefasst.[6] Diese Regionalbetriebe wählen jeweils einen Regionalbetriebsrat. Die Hauptverwaltung bildet wie bisher einen eigenen Betrieb.

(2) Die gemäß Abs. (1) gebildeten Regionalbetriebsräte ersetzen jeweils alle in den Filialen und Regionaldirektionen bestehenden Betriebsräte. Auf sie finden die Vorschriften über die gesetzlichen Rechte und Pflichten des Betriebsrates sowie die Rechtsstellung ihrer Mitglieder Anwendung. Regionalbetriebsräte und der Betriebsrat der Hauptverwaltung bilden zusammen einen Gesamtbetriebsrat.[7]

(3) Neu gegründete oder erworbene Filialen werden gemäß der in der Anlage wiedergegebenen Zuordnung von Filialen zu Regionaldirektionen nach Postleitzahlen den Regionalbetrieben zu geordnet. Eine solche nachträgliche Zuordnung führt nur unter den Bedingungen des § 13 Abs. 2 BetrVG zu einer Neuwahl des Regionalbetriebsrates außerhalb des normalen Wahlturnus.

(4) Bei Betriebsänderungen sind §§ 111 ff. BetrVG zu beachten. Die Zulässigkeit von Betriebsänderungen wird durch diesen Tarifvertrag nicht berührt. Insbesondere ist die Gesellschaft zu Veränderungen der Betriebsstruktur – unter Beachtung der Bestimmungen des BetrVG und der Mitbestimmungsrechte der Betriebsräte – berechtigt. Sie hat der Gewerkschaft vorgenommene Änderungen mitzuteilen.

(5) Sofern die Gesellschaft die Änderung der organisatorischen Grundstruktur, die diesem Tarifvertrag zugrunde liegt, beabsichtigt, hat sie vor deren Umsetzung die Gewerkschaft schriftlich zur Aufnahme von Verhandlungen über die Anpassung dieses Tarifvertrages aufzufordern. Kommt es innerhalb einer Frist von vier Wochen nach dieser schriftlichen Aufforderung nicht zu einer Einigung zwischen den Parteien, sind beide Seiten zur außerordentlichen und fristlosen Kündigung dieses Tarifvertrages berechtigt.[8]

§ 3 Fortgeltung von Betriebsvereinbarungen[9]

(1) Die für einzelne Betriebe abgeschlossenen Betriebsvereinbarungen gelten mit ihrem ursprünglichen persönlichen Geltungsbereich, also jeweils mit Wirkung für die Mitarbeiter des betroffenen Betriebes, fort. Die abgeschlossenen Gesamtbetriebsvereinbarungen gelten ebenfalls mit Wirkung für ihren ursprünglichen Geltungsbereich fort.

(2) Willenserklärungen im Hinblick auf die bestehenden Betriebsvereinbarungen, insbesondere Kündigungen, können von den neuen Betriebsräten der zusammengefassten Betriebe abgegeben und in Empfang genommen werden.

§ 4 Erste Wahl der Betriebsräte der zusammengefassten Betriebe[10]

(1) Die Regelungen zur Bildung des Regionalbetriebsrates sind erstmals bei der nächsten regelmäßigen Betriebsratswahl anzuwenden.

(2) Bei der erstmaligen Wahl der nach diesem Tarifvertrag zu bildenden Betriebsräte bestellt der bei der Gesellschaft gebildete Gesamtbetriebsrat die Wahlvorstände.

§ 5 Schlussbestimmungen[11]

......	......
Ort, Datum	Ort, Datum
......	......
Unterschrift der Gesellschaft	Unterschrift der Gewerkschaft

Anlage

Region I ...... (Bezeichnung der Region)	Region II ...... (Bezeichnung der Region)	Region III ...... (Bezeichnung der Region)	Hauptverwaltung
Postleitzahlgebiete ...... (Definition der Region mittels Postleitzahlen)	Postleitzahlgebiete ...... (Definition der Region mittels Postleitzahlen)	Postleitzahlgebiete ...... (Definition der Region mittels Postleitzahlen)	
Regionaldirektion ...... (Bezeichnung und Anschrift der Regionaldirektion)	Regionaldirektion ...... (Bezeichnung und Anschrift der Regionaldirektion)	Regionaldirektion ...... (Bezeichnung und Anschrift der Regionaldirektion)	
Filiale ...... (Bezeichnung und Anschrift der Filiale)	Filiale ...... (Bezeichnung und Anschrift der Filiale)	Filiale ...... (Bezeichnung und Anschrift der Filiale)	
Filiale ...... (Bezeichnung und Anschrift der Filiale)	Filiale ...... (Bezeichnung und Anschrift der Filiale)	Filiale ...... (Bezeichnung und Anschrift der Filiale)	
Filiale ...... (Bezeichnung und Anschrift der Filiale)		Filiale ...... (Bezeichnung und Anschrift der Filiale)	
Filiale ...... (Bezeichnung und Anschrift der Filiale)			
Filiale ...... (Bezeichnung und Anschrift der Filiale)			

Anmerkungen

1. Gesetzliche Ermächtigung. Zu grundsätzlichen rechtlichen Fragen der tarifvertraglichen Vereinbarung von alternativen Betriebsratsstrukturen → Form. D. I. 3.

In Unternehmen mit mehreren Betrieben können gemäß § 3 Abs. 1 Nr. 1 b) BetrVG einzelne Betriebe zu einem Betrieb zusammengefasst werden. Hierdurch wird die zweistufige Vertretungsorganisationsstruktur durch Einzelbetriebsräte und Gesamtbetriebsrat nicht aufgegeben, d.h. die in den zusammengefassten Betrieben gebildeten Betriebsräte errichten ihrerseits gemäß §§ 47 ff. BetrVG einen **Gesamtbetriebsrat**, der originär für Angelegenheiten zuständig ist, die das Gesamtunternehmen oder mehrere (zusammengefasste) Betriebe betreffen (§ 50 Abs. 1 BetrVG). In Abgrenzung zu § 3 Abs. 1 Nr. 1a BetrVG (→ Form. D. I. 3) behandelt § 3 Abs. 1 Nr. 1b BetrVG nur die Konstellation, dass lediglich ein Teil der Betriebe des Unternehmens zu einer betriebsverfassungsrechtlichen Repräsentationseinheit zusammengefasst wird (GKBetrVG/*Franzen* § 3 Rn. 9). Da nicht alle Betriebe eines Unternehmens miteinbezogen werden müssen, bietet diese Variante insbesondere Unternehmen mit regionalen Strukturen flexible Lösungsmöglichkeiten.

Die Gestaltungsmöglichkeiten des § 3 Abs. 1 Nr. 1 b) BetrVG ergänzen die gesetzlichen Regelungen über die **Zuordnung von Betriebsteilen** zu einem Betrieb (§ 4 Abs. 1 BetrVG). Denn nach § 3 Abs. 1 Nr. 1 b) BetrVG können nicht nur Betriebe, sondern auch Betriebsteile, deren Betriebseigenschaft gemäß § 4 Abs. 1 BetrVG fingiert wird, zusammengefasst werden. Mit einer tariflichen Regelung i.S.d. § 3 Abs. 1 Nr. 1 b) BetrVG können insbesondere auch rechtliche Unsicherheiten beseitigt werden, ob ein Betriebsteil als selbständiger Betrieb i.S.d. § 4 Abs. 1 BetrVG gilt oder ob er gemäß § 4 Abs. 2 BetrVG dem Hauptbetrieb zuzuordnen ist. Im ersten Fall hat der Tarifvertrag konstitutive, im zweiten Fall lediglich deklaratorische Wirkung. § 3 Abs. 1 Nr. 1 b) BetrVG gestattet nur die Zusammenfassung nicht die Zerlegung von Betriebseinheiten. Letzteres ist nur aufgrund der § 3 Abs. 1 Nr. 2 (→ Form. D. I. 5) oder Nr. 3 (→ Form. D. I. 6) BetrVG möglich.

2. Vertragsparteien. Vertragsparteien sind in einem Haustarifvertrag, das Unternehmen und die Gewerkschaft. Es ist aber auch möglich, dass ein Arbeitgeberverband und die Gewerkschaft für ein Unternehmen einen firmenbezogenen Verbandstarifvertrag schließen (→ Form. D. I. 1 Anm. 3).

3. Präambel. Dem Tarifvertrag ist eine Präambel vorangestellt, in der die Parteien begründen, warum die neue Betriebsratsstruktur der sachgerechten Wahrnehmung der Arbeitnehmerinteressen dient und inwiefern sie die Bildung von Betriebsräten erleichtert (ausführlich zur Präambel eines Tarifvertrages → Form. D. II. 1). Die Voraussetzung einer sachgerechten Wahrnehmung der Interessen der Arbeitnehmer ist insbesondere dann erfüllt, wenn die Interessenvertretungen dort errichtet werden, wo unternehmerische Leitungsmacht konkret entfaltet und ausgeübt wird und die mitbestimmungsrechtlich relevanten Entscheidungen getroffen werden (BAG NZA-RR 2012, 186, 191). Zu den rechtlichen Folgen des Fehlens dieser Voraussetzung → Form. D. I. 3 Anm. 4.

Nach der Gesetzesbegründung (BT-Drucks. 14/5741 S. 34) soll die Zusammenfassung von Betrieben insbesondere die Möglichkeit eröffnen, Regionalbetriebsräte in Unternehmen mit bundesweitem Geschäftsstellennetz zu errichten. Sachgerecht ist die Zusammenfassung von Betrieben dann, wenn die Entscheidungen in beteiligungspflichtigen Angelegenheiten überwiegend auf der Ebene von Bezirksleitungen, Regionaldirektionen oder anderen **regional strukturierten Entscheidungsebenen** gefällt werden oder wenn das Unternehmen aus einer Vielzahl kleiner (Filial-)Betriebe besteht, die selbst jeweils die Grenze des § 1 BetrVG unterschreiten.

4. Geltungsbereich. Soweit alle im Unternehmen bestehenden Betriebe mit anderen Betrieben des Unternehmens zusammengefasst werden (zur Möglichkeit nur einen Teil der Betriebe eines Unternehmens zusammenzufassen → Anm. 1), erstreckt sich der Geltungsbereich des Tarifvertrages auf sämtliche Arbeitnehmer und Betriebe der Gesellschaft. Es können aber auch nur einige der Betriebe des Unternehmens zusammengefasst werden, während andere Betriebe ihre **betriebsverfassungsrechtliche Eigenständigkeit** behalten. In einem solchen Fall würden nur die zusammenzufassenden Betriebe mit ihren Arbeitnehmern im Geltungsbereich aufzuführen sein.

5. Organisationsstruktur. Der Tarifvertrag muss die Organisationsstruktur des Unternehmens im Einzelnen aufzeigen. Nur bei einer exakten Wiedergabe der Organisationsstruktur ist gewährleistet, dass sich aus der Vereinbarung unzweifelhaft ergibt, welche Betriebe durch den Tarifvertrag zusammengefasst werden. Es empfiehlt sich daher der Vereinbarung als **Anlage** eine Übersicht beizufügen, in der die einzelnen Filialen bezeichnet und einer Regionaldirektion zugeordnet werden. Die Aufzählung der bestehenden Betriebe und Betriebsteile sollte – sofern möglich – nach einem bestimmten Schema erfolgen, um so zugleich die Grundlage für die Einordnung neu hinzukommender Organisationseinheiten bilden zu können. Das Formular sieht z. B. eine Orientierung an Postleitzahlbereichen vor.

6. Unternehmensbezogenheit. Da das Gesetz in § 3 Abs. 1 Nr. 1 BetrVG nur das Unternehmen nennt, nicht aber – wie Nr. 2 und Nr. 3 – den Konzern, scheidet eine unternehmensübergreifende Zuordnung, etwa die Zusammenfassung von Geschäftsstellen rechtlich selbstständiger Konzernunternehmen, aus (*F/E/S/T/L* § 3 Rn. 27; *Kort* AG 2003, 13, 18). Durch den Tarifvertrag können also bis dahin nicht selbständige Betriebe oder Betriebsteile verschiedener Unternehmen nicht in der Weise zusammengefasst werden, dass erst durch die Zusammenfassung ein Einheitsbetrieb geschaffen wird. Bejaht wird allerdings zum Teil die Möglichkeit, durch einen Tarifvertrag i. S. d. § 3 Abs. 1 Nr. 1 b) BetrVG bereits bestehende **Gemeinschaftsbetriebe** mit weiteren Betrieben eines der am Gemeinschaftsbetrieb beteiligten Unternehmen zusammenzufassen (D/K/K/W/*Trümner* § 3 BetrVG Rn. 47; ErfKomm/*Koch* § 3 BetrVG Rn. 4; a. A. *Teusch* S. 108; wohl auch *F/E/S/T/L* § 3 Rn. 27, 33; *Kort* AG 2003, 13, 18). Zur unternehmensübergreifenden Bildung betriebsratsfähiger Organisationseinheiten BAG AP BetrVG 1972 § 3 Nr. 4.

7. Rechtsstellung des Betriebsrates und der Betriebsratsmitglieder. Der für die zusammengefassten Betriebe gebildete Betriebsrat ersetzt, anders als der unternehmenseinheitliche Betriebsrat (→ Form. D. I. 3), lediglich die örtlichen Betriebsräte. Es verbleibt also bei der **zwei- oder dreistufigen Vertretungsstruktur** mit Gesamt- und gegebenenfalls mit Konzernbetriebsrat. Die entsprechende Regelung im Formular ist daher nur deklaratorischer Natur.

Nach § 3 Abs. 5 BetrVG gelten die gemäß § 3 Abs. 1 Nr. 1 bis 3 BetrVG neu gebildeten Organisationseinheiten als Betriebe i. S. d. BetrVG. Die Anzahl der zu wählenden Mitglieder des neu gebildeten Betriebsrates bemisst sich danach, wie viele Arbeitnehmer insgesamt in den zusammengefassten Betrieben beschäftigt sind. Denn diese gelten nunmehr als ein einheitlicher Betrieb i. S. d. § 9 BetrVG. Eine abweichende Regelung ist nicht zulässig (→ Form. D. I. 3 Anm. 7).

8. Künftige Änderungen der Betriebsstruktur. Beim Abschluss eines Tarifvertrages nach § 3 BetrVG sollte bedacht werden, dass sich die Interessen der Gesellschaft, deren Struktur und auch die Anzahl und örtliche Lage der Betriebe und Betriebsteile ändern können. Der Tarifvertrag sollte also Regelungen dazu enthalten, wie mit neu hinzukommenden Betriebsstätten verfahren werden soll. Hier ist vorgesehen, dass neue Filialen nach der in der Anlage vorgesehenen Postleitzahlordnung den bestehenden Regionen zugeordnet werden. Deklaratorisch wird insoweit auf § 13 BetrVG verwiesen, um klarzustellen, dass nicht jede Eingliederung einer neuen Filiale auch zu Neuwahlen des Betriebsrates führt.

Außerdem sollte klargestellt werden, dass der Tarifvertrag die Zulässigkeit von Betriebsänderungen, z. B. von Betriebsspaltungen und -zusammenlegungen, nicht berührt. Andernfalls könnte daraus ein Streitfall zwischen Gesellschaft und Betriebsräten entstehen, der eine (kostspielige) Verzögerung von Restrukturierungsmaßnahmen verursachen kann.

In den Verhandlungen über den Tarifvertrag wird die Gewerkschaft wahrscheinlich nicht gewillt sein, der Gesellschaft gänzlich freie Hand bei Änderungen der Betriebsstruktur zu lassen. Aus diesem Grund sieht § 2 Abs. (5) als vermittelnde Lösung vor, dass die Gewerkschaft bei grundlegenden Änderungen der Struktur vorab zu informieren und zu Verhandlungen über eine Tarifvertragsanpassung aufzufordern ist. Um der Gewerkschaft hier keine übermäßige Verzögerungsmöglichkeit zu eröffnen, ist eine Frist vorgesehen, nach deren fruchtlosem Ablauf beide Vertragsparteien zur fristlosen Kündigung des Tarifvertrages berechtigt sind. Zu den Folgen der Kündigung → Form. D. I. 3 Anm. 12. Durch eine Klausel, durch die Gewerkschaften bei Änderungen der Betriebsstruktur einzubeziehen sind, besteht das Risiko, dass die Gewerkschaft einen Tarifsozialplan fordert (→ Form. D. I. 10.).

9. Fortgeltung von Betriebsvereinbarungen. → Form. D. I. 3 Anm. 9.

10. Erstmalige Wahl. → Form. D. I. 3 Anm. 11.

11. Kündigung, Nachwirkung und „Übergangsmandat", Anfechtung. → Form. D. I. 3, dort unter § 5. Zu Fragen der Anfechtung → Form. D. I. 3 Anm. 4.

5. Tarifvertrag über Spartenbetriebsräte

Tarifvertrag über Spartenbetriebsräte[1]

zwischen

...... (Name und Anschrift der Gesellschaft) „Gesellschaft"

und

...... (Name und Anschrift der Gewerkschaft) „Gewerkschaft"[2]

Präambel[3]

Die Parteien sind sich darüber einig, dass es einer sachgerechten Wahrnehmung der Interessen der Mitarbeiter dient, wenn die Struktur der Mitarbeiter- und Arbeitnehmervertretung den Entscheidungsabläufen in der Gesellschaft angepasst wird. Da die Geschäftstätigkeit der Gesellschaft in unterschiedliche Sparten gegliedert ist und sämtliche Entscheidungen in beteiligungspflichtigen Angelegenheiten innerhalb der Sparten gefällt werden, vereinbaren die Parteien die Bildung von Spartenbetriebsräten nach den folgenden Bestimmungen.

§ 1 Geltungsbereich und Spartenorganisation

(1) Dieser Tarifvertrag gilt für sämtliche Mitarbeiter und Betriebe der Gesellschaft.[4]

(2) Die Geschäftstätigkeit der Gesellschaft gliedert sich derzeit in die folgenden produktbezogenen Geschäftsbereiche (Sparten) auf:

- ...... (Bezeichnung der Sparte)[5]
- ...... (Bezeichnung der Sparte)
- ...... (Bezeichnung der Sparte) und
- ...... (Bezeichnung der Sparte).

(3) Für jede der in Abs. (2) genannten Sparten besteht jeweils eine Spartenleitung, die für alle Entscheidungen in betriebsverfassungsrechtlichen Angelegenheiten zuständig ist.[6]

(4) Jeder Mitarbeiter der Gesellschaft ist einer Sparte zugeordnet. Er gehört derjenigen Sparte an, deren arbeitstechnischem Zweck seine Arbeitsleistung überwiegend dient.[7] *(Alternative: Jeder Mitarbeiter der Gesellschaft ist einer Sparte zugeordnet. Die Zuordnung der bei Abschluss dieses Tarifvertrages beschäftigten Mitarbeiter ergibt sich aus der als Anlage beigefügten Aufstellung. Die Zuordnung von später eingestellten Mitarbeitern ergibt sich aus deren Anstellungsvertrag.)*

§ 2 Bildung von Spartenbetriebsräten

(1) Für jede der in § 1 Abs. (2) genannten Sparten wird jeweils ein Spartenbetriebsrat gebildet.

(2) Die Spartenbetriebsräte ersetzen alle in den Betrieben der Gesellschaft bestehenden Betriebsräte. Auf sie finden die Vorschriften über die gesetzlichen Rechte und Pflichten des Betriebsrates sowie die Rechtsstellung ihrer Mitglieder Anwendung.[8]

§ 3 Bildung eines Gesamtbetriebsrats

Die Spartenbetriebsräte bilden einen Gesamtbetriebsrat.[9]

§ 4 Fortgeltung von Betriebsvereinbarungen[10]

(1) Die für einzelne Betriebe abgeschlossenen Betriebsvereinbarungen gelten mit ihrem ursprünglichen persönlichen Geltungsbereich, also jeweils mit Wirkung für die Mitarbeiter des betreffenden Betriebes, fort. Die abgeschlossenen Gesamtbetriebsvereinbarungen gelten mit Wirkung für alle Mitarbeiter der Gesellschaft fort.

(2) Willenserklärungen im Hinblick auf die bestehenden Betriebsvereinbarungen, insbesondere Kündigungen, können von den Spartenbetriebsräten jeweils mit Wirkung für die in der Sparte beschäftigten Mitarbeiter abgegeben werden. Im Hinblick auf die Gesamtbetriebsvereinbarungen stehen dem Gesamtbetriebsrat entsprechende Rechte zu.

§ 5 Erstmalige Wahl der Spartenbetriebsräte

(1) Die Regelungen zur Bildung der Spartenbetriebsräte sind erstmals bei der nächsten regelmäßigen Betriebsratswahl anzuwenden.

(2) Bei der erstmaligen Wahl der Spartenbetriebsräte bestellt der bei der Gesellschaft gebildete Gesamtbetriebsrat die Wahlvorstände.[11]

§ 6 Anpassungspflicht[12]

(1) Dieser Tarifvertrag hindert die Gesellschaft weder am Erwerb noch der (vollständigen oder teilweisen) Veräußerung oder Schließung von Sparten.

(2) Die Parteien verpflichten sich, im Fall des Hinzukommens neuer, in § 1 Abs. (2) nicht genannter Sparten diesen Tarifvertrag unverzüglich anzupassen und die Bildung eines Spartenbetriebsrates auch für die neue Sparte zu bestimmen. Die erstmalige Wahl dieses neuen Spartenbetriebsrates findet nach In-Kraft-Treten des geänderten Tarifvertrages statt. Der Wahlvorstand wird durch den nach § 3 gebildeten Gesamtbetriebsrat bestellt.

§ 7 Schlussbestimmungen[13]

......	......
Ort, Datum	Ort, Datum
......	......
Unterschrift der Gesellschaft	Unterschrift der Gewerkschaft

Anlage

Mitarbeiter Sparte ...... (Bezeichnung der Sparte)	Mitarbeiter Sparte ...... (Bezeichnung der Sparte)	Mitarbeiter Sparte ...... (Bezeichnung der Sparte)	Mitarbeiter Sparte ...... (Bezeichnung der Sparte)
.... (Namen der Mitarbeiter und Bezeichnung des jeweiligen Betriebes, in dem die der Mitarbeiter tätig sind)	.... (Namen der der Mitarbeiter und Bezeichnung des jeweiligen Betriebes, in dem die der Mitarbeiter tätig sind)	.... (Namen der der Mitarbeiter und Bezeichnung des jeweiligen Betriebes, in dem die der Mitarbeiter tätig sind)	.... (Namen der der Mitarbeiter und Bezeichnung des jeweiligen Betriebes, in dem die der Mitarbeiter tätig sind)

Anmerkungen

1. Gesetzliche Ermächtigung. Zu grundsätzlichen rechtlichen Fragen der tarifvertraglichen Vereinbarung von alternativen Betriebsratsstrukturen → Form. D. I. 3 Anm. 1 ff.

Soweit Unternehmen und Konzerne nach **produkt- oder projektbezogenen Geschäftsbereichen** (Sparten) organisiert sind, kann durch Tarifvertrag für derartige Unternehmen und Konzerne gemäß § 3 Abs. 1 Nr. 2 BetrVG die „Bildung von Betriebsräten in den Sparten (Spartenbetriebsräte)" bestimmt werden, wenn dies der sachgerechten Wahrnehmung der Aufgaben des Betriebsrates dient. Andere als die im Gesetz genannten produkt- oder projektbezogenen Geschäftsbereiche – wie die Ausrichtung nach Kundengruppen, Absatzregion oder Marktsegmenten – scheiden als Anknüpfungspunkte für die Bildung von Spartenbetriebsräten aus. Die Bildung eines Spartenbetriebsrates kommt nur in Betracht, wenn die Spartenleitung ihre Entscheidungen so selbständig trifft, dass sie dem Spartenbetriebsrat als kompetenter Ansprechpartner und Entscheidungsträger gegenüber steht (vgl. BT-Drucks. 14/5741 S. 34; ErfKomm/*Koch* § 3 BetrVG Rn. 5; kritisch zu diesem Definitionsmerkmal *Teusch* S. 127).

Mittels eines Spartentarifvertrages kann sowohl die Belegschaft eines Betriebes aufgeteilt als auch mit den Arbeitnehmern anderer Betriebe als Einheit zusammengeführt werden (ErfKomm/*Koch* § 3 BetrVG Rn. 5). Das Formular geht von dem letztgenannten Fall aus und statuiert betriebsübergreifende Spartenbetriebsräte. Auch wenn Geschäftsbereiche der gleichen Sparte in mindestens zwei Betrieben vorhanden sind, können jeweils eigenständige Spartenbetriebsräte gebildet werden. Es besteht kein Zwang zur Zusammenfassung gleicher Sparten aus verschiedenen Betrieben (*Buchner* NZA 2001, 633, 634). Zudem besteht die Möglichkeit, innerhalb eines Unternehmens mit verschiedenen Sparten einen Spartengesamtbetriebsrat zu errichten. Spartenbetriebsräte dürfen nur so gebildet werden, dass alle Arbeitnehmer erfasst werden oder die Restbelegschaft einen betriebsratsfähigen Teil darstellt (ErfKomm/*Koch* § 3 BetrVG Rn. 5).

2. Vertragsparteien. Im Formular wird der Vertrag nur zwischen einer Gesellschaft und der Gewerkschaft abgeschlossen. Innerhalb von **Konzernen** mit Spartenorganisation kann es jedoch auch zur unternehmensübergreifenden Bildung von Spartenbetriebsräten kommen (vgl. ArbG Frankfurt NJOZ 2007, 22). In diesen Fällen müssen alle Unternehmen eines Konzerns, in denen Spartenbetriebsräte gebildet werden sollen, den Tarifvertrag unterzeichnen. Noch nicht geklärt ist die Frage, ob neben dem Unterordnungskonzern auch der Gleichordnungskonzern in die abweichende Regelung der Vertretungsorganisation mit einbezogen werden darf. Während zum Teil vertreten wird, die Bildung von Spartenbetriebsräten komme nur im Unterordnungskonzern in Betracht (*Richardi* NZA 2001, 346, 350), sprechen angesichts des Fehlens eines gesetzlichen Hinweises auf § 18 AktG (wie in § 54 BetrVG) gute Gründe für eine Einbeziehung auch des Gleichordnungskonzerns in diese Regelungsmöglichkeit (so auch D/K/K/W/*Trümner* § 3 Rn. 68; *Friese* RdA 2003, 92, 94; *Teusch* S. 125).

3. Präambel. Die ausdrückliche Erklärung, dass die neue Betriebsverfassungsstruktur einer sachgerechten Wahrnehmung der Aufgaben des Betriebsrates dient, sollte in den Tarifvertrag aufgenommen werden, da die Bildung eines Spartenbetriebsrates gemäß § 3 Abs. 1 Nr. 2 BetrVG nur unter eben dieser Voraussetzung zulässig ist. Eine solche Erklärung kann insbesondere in einer Präambel aufgenommen werden (→ Form. D. I. 3, 4 sowie ausführlich zu Präambeln von Tarifverträgen → Form. D. II. 1).

Zu den rechtlichen Folgen, wenn die Voraussetzung einer Förderung der sachgerechten Wahrnehmung der Aufgaben des Betriebsrates nicht vorliegt, → Form. D. I. 3 Anm. 4.

4. Geltungsbereich. Der Geltungsbereich des Tarifvertrages erstreckt sich auf sämtliche Arbeitnehmer des Betriebes, von denen jeder einer Sparte zugeordnet werden kann (§ 1 Abs. (4)). Sollten hingegen nicht alle Arbeitnehmer der Gesellschaft einer Sparte zuordenbar sein, besteht das Problem, ob Spartenbetriebsräte überhaupt gebildet werden können oder ob nicht zumindest der gesetzliche Betriebsrat neben den Spartenbetriebsräten weiter bestehen muss (→ Anm. 6).

5. Betriebsübergreifende Sparte. Hier ist jeweils eine Sparte zu bezeichnen. Sofern die Betriebsstätten der Gesellschaft „spartenrein" errichtet sind, bietet sich – ähnlich wie in → Form. D. I. 4 – die Aufführung aller zur Sparte gehörenden Betriebe in einer Anlage zum Tarifvertrag an. In vielen – vor allem internationalen – Gesellschaften und Konzernen ist es jedoch häufig so, dass in einem Betrieb i. S. d. § 1 BetrVG Arbeitnehmer beschäftigt werden, die unterschiedlichen Sparten zugeordnet werden. Von dieser Konstellation geht auch das Formular aus. Zum einen sind also die Spartenbetriebsräte betriebsübergreifend zuständig. Zum anderen sind ggf. mehrere Spartenbetriebsräte für einen „klassischen" Betrieb i. S. d. BetrVG zuständig.

6. Spartenleitung. Wesentliche Grundvoraussetzung für die Bildung von Spartenbetriebsräten ist das Bestehen von Spartenleitungen, die Entscheidungen – insbesondere in beteiligungspflichtigen Angelegenheiten – so selbständig treffen, dass sie als kompetenter Ansprechpartner des Betriebsrates in Frage kommen.

In der Literatur umstritten ist die Frage, ob die Bildung von Spartenbetriebsräten nur dann in Betracht kommt, wenn „starke", selbständige Spartenleitungen existieren, die **in allen beteiligungspflichtigen Angelegenheiten** entscheidungsbefugt sind (ausführlich dazu *Peix* S. 128 ff.). Damit verknüpft ist die Frage, ob die Spartenbetriebsräte immer an die Stelle der in den Unternehmen gebildeten Betriebsräte treten oder ob Betriebsräte und Spartenbetriebsräte auch nebeneinander bestehen können (vgl. *Teusch* S. 114 ff. m. w. N.). Eine **vollständige Ersetzung**, wie sie das Formular vorsieht, kommt nur dann in Betracht, wenn die Spartenleitung über alle beteiligungspflichtigen Angelegenheiten entscheiden kann. Fehlt es an einer derart weitgehenden Entscheidungszuständigkeit der Spartenleitung, so könnten Beteiligungsrechte nur in begrenztem Umfang von den Spartenbetriebsräten wahrgenommen werden und die verbleibenden Beteiligungsrechte würden weiterhin bei dem gesetzlichen Betriebsrat verbleiben. In diesem Fall müsste der Tarifvertrag eine genaue Zuständigkeitsregelung enthalten, die den **„Aktionsradius"** des jeweiligen Betriebsrates festlegt, damit es nicht zu Kompetenzüberschreitungen kommt.

Zum Teil wird in der Literatur vertreten, dass die Spartenbetriebsräte die Betriebsräte nach dem gesetzlichen Vorbild stets vollständig ersetzten (LAG Frankfurt a.M. BeckRS 2008, 54608; *F/E/S/T/L* § 3 Rn. 37, 52; *Löwisch* BB 2001, 1734, 1735; *Teusch* NZA 2007, 124, 126). Folgerichtig geht diese Ansicht davon aus, dass die Bildung von Spartenbetriebsräten nur in Betracht komme, wenn alle Arbeitnehmer des Unternehmens erfasst seien, d.h. wenn **alle Arbeitnehmer einer Sparte zugeordnet** werden können (*Löwisch* BB 2001, 1734, 1735; *Teusch* NZA 2007, 124, 127). Die Gegenansicht verneint die (zwingende) verdrängende Wirkung der Spartenbetriebsräte und geht von der **Möglichkeit einer Doppelstruktur** aus (so insbesondere D/K/K/W/*Trümner* § 3 Rn. 81; *Friese* RdA 2003, 92, 94 und 96). Dann, wenn nicht gesichert sei, dass alle wesentlichen Entscheidungen in beteiligungspflichtigen Angelegenheiten der Sparte zugewiesen sind, müsse es neben den Spartenbetriebsräten weiterhin die für die Betriebe gebildeten Betriebsräte geben, die für die übrigen Entscheidungen zuständig blieben (D/K/K/W/*Trümner* § 3 Rn. 90; Richardi/*Richardi* § 3 BetrVG Rn. 34). Im Übrigen sei ein solcher „herkömmlicher" Betriebsrat stets für solche Arbeitnehmer zu bilden, die keiner Sparte zugeordnet werden könnten.

Für eine Verdrängung der gesetzlichen Betriebsräte spricht insbesondere die systematische Anordnung der alternativen Betriebsratsstrukturen durch den Gesetzgeber in § 3 BetrVG (*Peix* S. 137). So bezeichnet das Gesetz lediglich die in § 3 Abs. 1 Nr. 4 und 5 BetrVG vorgesehenen Gremien als „zusätzliche" Arbeitnehmervertretungen. Auch § 3 Abs. 5 BetrVG weist darauf hin, dass nach dem Willen des Gesetzgebers die nach § 3 Abs. 1 Nr. 1 bis 3 BetrVG geschaffenen Arbeitnehmervertretungen an die Stelle der gesetzlichen Betriebsräte treten sollten. Die „nach Absatz 1 Nr. 1 bis 3 gebildeten betriebsverfassungsrechtlichen Organisationseinheiten" gelten danach als Betriebe i.S.d. BetrVG und der Gesetzgeber ordnet nur für diese Arbeitnehmervertretungen ausdrücklich die Anwendung der Vorschriften über die Rechte und Pflichten des Betriebsrates und die Rechtsstellung seiner Mitglieder an.

7. Zuordnung der Arbeitnehmer. Da eine vollständige Ersetzung der gesetzlichen Betriebsräte durch Spartenbetriebsräte nur in Betracht kommt, wenn alle Arbeitnehmer einer Sparte zugeordnet werden können (→ Anm. 6), sollte der Tarifvertrag einen entsprechenden Hinweis enthalten. Eine solche Zuordnung und damit die Bildung von Spartenbetriebsräten wären immer dann nicht möglich, wenn Arbeitnehmer für verschiedene Sparten tätig sind, wie dies häufig bei so genannten Overhead-Funktionen wie Finanzen, Personal und Recht der Fall ist. In solchen Fällen kann aber – entsprechend der Handhabung im Rahmen von § 613a BGB – eine Zuordnung vorgenommen werden.

Wenn die Abweichung von der gesetzlichen Betriebsverfassung sachgerecht sein soll, muss der Tarifvertrag regeln, wie die Sparten voneinander abzugrenzen sind und ob und wo innerhalb einer Sparte mehrere Spartenbetriebsräte gebildet werden sollen (*Friese* RdA 2003, 92, 101). Empfehlenswert kann es sein, im Tarifvertrag alle zum Zeitpunkt des Vertragsabschlusses im Unternehmen beschäftigten Arbeitnehmer oder Arbeitnehmergruppen zu benennen und jeweils einer Sparte zuzuweisen. In der Alternative enthält das Formular deshalb als **Anlage** eine entsprechende Übersicht.

8. Ersetzungsfunktion der Spartenbetriebsräte. Wie in → Anm. 6 dargelegt wurde, ist umstritten, ob in jedem Fall eine vollständige Ersetzung der gesetzlichen Betriebsräte durch die Spartenbetriebsräte erfolgt. Unabhängig davon, welcher der genannten Meinungen zu folgen ist, kann eine vollständige Ersetzung der gesetzlichen Betriebsräte und damit die Wahrnehmung sämtlicher im BetrVG vorgesehener Befugnisse in dem Tarifvertrag jedenfalls dann vorgesehen werden, wenn die bestehenden Spartenleitungen in allen beteiligungspflichtigen Angelegenheiten entscheidungsbefugt sind.

9. Bildung eines Gesamtbetriebsrates. Zwei oder mehr Spartenbetriebsräte haben gemäß § 47 Abs. 1 BetrVG einen Gesamtbetriebsrat zu bilden. Folgt man der Ansicht, dass neben den Spartenbetriebsräten auch gesetzliche Betriebsräte bestehen können (→ Anm. 6), so sind in diesen Gesamtbetriebsrat Mitglieder sowohl der Spartenbetriebsräte als auch der gesetzlichen Betriebsräte zu entsenden (vgl. *Peix* S. 126; zur Problematik der Bildung eines Spartengesamtbetriebsrates *Teusch* S. 113 f.).

10. Fortgeltung von Betriebsvereinbarungen. → Form. D. I. 3 Anm. 9.

11. Erstmalige Wahl. → Form. D. I. 3 Anm. 11.

12. Anpassungspflicht. Da der Tarifvertrag eine genaue Bezeichnung aller zum Zeitpunkt des Abschlusses des Vertrages im Unternehmen betriebenen Geschäftsbereiche enthält, empfiehlt es sich, eine Klarstellung aufzunehmen, dass **bestehende Sparten veräußert oder geschlossen werden dürfen sowie der Tarifvertrag beim Erwerb neuer Geschäftsbereiche angepasst** werden sollte. Sinnvoll erscheint eine Verpflichtung der Tarifvertragsparteien zur Einbeziehung der neuen Sparte in den Tarifvertrag und die Anordnung der vorgezogenen Wahl des neuen Spartenbetriebsrates.

13. Kündigung, Nachwirkung und „Übergangsmandat". → Form. D. I. 3, dort unter § 5.

6. Tarifvertrag über andere Arbeitnehmervertretungsstrukturen

Tarifvertrag über andere Arbeitnehmervertretungsstrukturen[1]

zwischen

. . . . . . (Name und Anschrift der Gesellschaft) „A-GmbH"

. . . . . . (Name und Anschrift der Gesellschaft) „B-GmbH"

. . . . . . (Name und Anschrift der Gesellschaft) „C-GmbH"

und

. . . . . . (Name und Anschrift der Gewerkschaft) „Gewerkschaft"[2]

Präambel[3]

Bis zum . . . . . . hat die A-GmbH die drei Geschäftsbereiche Automobilindustrie, Luft- und Raumfahrttechnik und Konsumgüterindustrie am Standort Düsseldorf betrieben. Mit Wirkung zum . . . . . . hat die A-GmbH ihren Geschäftsbereich Automobilindustrie auf die B-GmbH und den Geschäftsbereich Luft- und Raumfahrttechnik auf die C-GmbH übertragen. Die Arbeitsverhältnisse der in diesen Geschäftsbereichen tätigen Mitarbeiter sind gemäß § 613a BGB auf die B- oder die C-GmbH übergegangen. Sowohl bei der B- als auch der C-GmbH handelt es sich um neu gegründete, 100-prozentige Tochtergesellschaften der A-GmbH.

Der von der B-GmbH betriebene Geschäftsbereich Automobilindustrie wird ebenso wie ein Teil des bei der A-GmbH verbliebenen Geschäftsbereiches Konsumgüterindustrie an den neuen Standort Duisburg verlegt.

Der auf die C-GmbH übertragene Geschäftsbereich Luft- und Raumfahrttechnik wird an den neuen Standort Ratingen verlegt.

Am Standort Düsseldorf verbleiben nur noch die von der A-GmbH nicht nach Duisburg verlegten Teile des Geschäftsbereiches Konsumgüterindustrie.

Die Gesellschaften bilden einen Konzern i. S. v. § 18 Abs. 1 AktG. In den neu entstandenen Betrieben der B- und der C-GmbH wurde bislang kein Betriebsrat gebildet. Die Parteien sind sich darüber einig, dass eine effektive und zweckmäßige Interessenvertretung der Mitarbeiter nur möglich ist, wenn für alle Mitarbeiter der A-GmbH – unabhängig von deren Standort – eine Mitarbeiter- und Arbeitnehmervertretung gemeinsam mit den Mitarbeitern der C-GmbH in Ratingen gebildet wird, da die betriebsverfassungsrechtlich relevanten Entscheidungen für die A- und C-GmbH einheitlich durch die Geschäftsleitung in Düsseldorf getroffen werden und die Standorte Düsseldorf und Ratingen nur wenige Kilometer voneinander entfernt sind. Die Mitarbeiter der B-GmbH in Duisburg sollen hingegen eine eigene Mitarbeiter- und Arbeitnehmervertretung erhalten, da für diese ein eigener Leitungsapparat vor Ort existiert.

§ 1 Geltungsbereich[4]

Dieser Tarifvertrag gilt:

1. räumlich: für die Standorte Düsseldorf, Ratingen und Duisburg;

2. persönlich: für alle Mitarbeiter gemäß § 5 BetrVG der A-, B- und C-GmbH.

§ 2 Andere Arbeitnehmervertretungsstruktur[5]

(1) Die Mitarbeiter der B-GmbH wählen eine Mitarbeiter- und Arbeitnehmervertretung für die B-GmbH. Diese Mitarbeiter- und Arbeitnehmervertretung ist am Standort Duisburg ansässig.

(2) Eine weitere Mitarbeiter- und Arbeitnehmervertretung wird von den Mitarbeitern der A- und der C-GmbH gewählt. Diese Mitarbeiter- und Arbeitnehmervertretung ist am Standort Düsseldorf ansässig und vertritt sämtliche Mitarbeiter der A- und der C-GmbH, also auch die Mitarbeiter an den Standorten Duisburg und Ratingen.

(3) Die nach den Abs. (1) und (2) gebildeten Mitarbeiter- und Arbeitnehmervertretungen ersetzen den bei der A-GmbH bestehenden Betriebsrat.[6] Auf sie finden die Vorschriften über die gesetzlichen Rechte und Pflichten des Betriebsrates sowie die Rechtsstellung ihrer Mitglieder Anwendung.[7]

(4) Ein Gesamtbetriebsrat wird nicht errichtet.[8]

(5) Die nach den Abs. (1) und (2) gebildeten Mitarbeiter- und Arbeitnehmervertretungen errichten eine Konzernarbeitnehmervertretung, auf die die §§ 54 ff. BetrVG entsprechende Anwendung finden.[9]

§ 3 Mitgliederzahlen und Freistellungen[10]

Die Zahl der zu wählenden Mitglieder der Mitarbeiter- und Arbeitnehmervertretungen und der Freistellungen richtet sich nach den §§ 9 und 38 BetrVG.

(Alternative:

(1) Die Mitarbeiter- und Arbeitnehmervertretung am Standort Düsseldorf besteht aus . . . . . . Mitgliedern. Die Mitarbeiter- und Arbeitnehmervertretung am Standort Duisburg besteht aus . . . . . . Mitgliedern.

(2) Der Umfang der Freistellungen pro Mitarbeiter- und Arbeitnehmervertretung umfasst die Arbeitszeit von ...... Vollzeitkräften. Es sind höchstens ...... Teilfreistellungen zulässig.)[11]

§ 4 Fortgeltungen und Neuabschluss von Betriebsvereinbarungen[12]

(1) Die bei der A-GmbH vor der Umstrukturierung abgeschlossenen Betriebsvereinbarungen gelten mit ihrem ursprünglichen persönlichen Geltungsbereich, also mit Wirkung für die Mitarbeiter der A-GmbH, fort. Für die Mitarbeiter der B-GmbH und der C-GmbH gelten die Betriebsvereinbarungen seit dem Übergang ihrer Arbeitsverhältnisse individualrechtlich gemäß § 613a Abs. 1 S. 2 BGB fort.

(2) Willenserklärungen im Hinblick auf die bestehenden Betriebsvereinbarungen, insbesondere Kündigungen, können von den nach § 2 Abs. (1) und (2) errichteten Mitarbeiter- und Arbeitnehmervertretungen jeweils mit Wirkung für die von ihnen repräsentierten Mitarbeiter abgegeben und entgegengenommen werden.

(3) Von den nach § 2 Abs. (1) und (2) errichteten Mitarbeiter- und Arbeitnehmervertretungen abgeschlossene Betriebsvereinbarungen ersetzen die bestehenden Betriebsvereinbarungen, soweit sie identische Gegenstände betreffen.

(4) Die A- und C-GmbH werden mit der nach § 2 Abs. (2) errichteten Mitarbeiter- und Arbeitnehmervertretung unverzüglich die Durchführung regelmäßiger Sprechstunden der Mitarbeiter- und Arbeitnehmervertretung in Ratingen und Duisburg vereinbaren (§ 39 Abs. 1 BetrVG).

§ 5 Erstmalige Wahl[13]

(1) Die Regelungen zur Bildung von Mitarbeiter- und Arbeitnehmervertretungen sind erstmals bei der nächsten regelmäßigen Betriebsratswahl anzuwenden.

(2) Zum Zwecke der Durchführung der erstmaligen Wahl werden in Duisburg für die Mitarbeiter der B-GmbH und in Düsseldorf für die Mitarbeiter der A- und C-GmbH jeweils Versammlungen durchgeführt, auf denen die Wahlvorstände gewählt werden. Die Gewerkschaft verpflichtet sich, unverzüglich nach In-Kraft-Treten dieses Tarifvertrages zu den Mitarbeiterversammlungen einzuladen und Vorschläge für die Zusammensetzung der Wahlvorstände zu machen.

§ 6 Schlussbestimmungen[14]

(1) Dieser Tarifvertrag tritt am ...... in Kraft. Er kann von den Parteien mit einer Frist von sechs Monaten zum 1.3. desjenigen Jahres ordentlich gekündigt werden, in dem die regelmäßigen Betriebsratswahlen i. S. v. § 13 Abs. 1 BetrVG stattfinden. Im Fall der Veräußerung der B- oder C-GmbH steht den Parteien ein Recht zur außerordentlichen fristlosen Kündigung des Tarifvertrages zu. Die Kündigung bedarf der Schriftform.

(2) Eine etwaige Nachwirkung dieses Tarifvertrages wird hiermit ausgeschlossen. Nach der Beendigung dieses Tarifvertrages gilt die gesetzlich vorgesehene betriebsverfassungsrechtliche Organisation. Die zum Zeitpunkt der Kündigung gebildeten Mitarbeiter- und Arbeitnehmervertretungen bleiben im Amt und führen die Geschäfte bis zur Bekanntgabe des Wahlergebnisses eines Betriebsrates oder mehrerer Betriebsräte oder einer Mitarbeiter- und Arbeitnehmervertretung oder mehrerer Mitarbeiter- und Arbeitnehmervertretungen, die an ihre Stelle treten, fort. Das Mandat endet sechs Monate nach dem Zeitpunkt, zu dem die Kündigung wirksam wird.

(3) Mündliche Nebenabreden bestehen nicht. Sollte eine Bestimmung dieses Tarifvertrages ganz oder teilweise unwirksam sein oder werden, so wird die Gültigkeit der übrigen Bestimmungen hiervon nicht berührt. Die Parteien verpflichten sich, an die Stelle der unwirksamen Bestimmung eine dieser möglichst nahe kommende wirksame Bestimmung zu setzen. Dasselbe gilt für den Fall einer vertraglichen Lücke.

……	……
Ort, Datum	Ort, Datum
……	……
Unterschrift der A-GmbH	Unterschrift der B-GmbH
……	……
Ort, Datum	Ort, Datum
……	……
Unterschrift der C-GmbH	Unterschrift der Gewerkschaft

Anmerkungen

1. Gesetzliche Ermächtigung. Zu grundsätzlichen rechtlichen Fragen der tarifvertraglichen Vereinbarung von alternativen Betriebsratsstrukturen → Form. D. I. 3 Anm. 1.

§ 3 Abs. 1 Nr. 3 BetrVG eröffnet den Tarifvertragsparteien die Möglichkeit, über die in Nr. 1 und 2 genannten speziellen Fälle hinaus andere betriebsverfassungsrechtliche Strukturen zu schaffen. Diese Ermächtigung gilt nur für Tarifvertragsparteien; durch Betriebsvereinbarung können dagegen keine „anderen Arbeitnehmervertretungsstrukturen" bestimmt werden. Es kommen daher auch keine **„Öffnungsklauseln"** in Betracht, durch welche die Tarifvertragsparteien ihre Regelungsbefugnis an die Betriebsräte oder Arbeitnehmer delegieren. Der Wortlaut des § 3 Abs. 1 und 2 BetrVG ist insoweit eindeutig (BAG AP BetrVG 1972 § 3 Nr. 4; *Annuß* NZA 2002, 290, 293; *Thüsing* ZIP 2003, 693, 701; a. A. *Hohenstatt/Dzida* DB 2001, 2498, 2500).

Bei § 3 Abs. 1 Nr. 3 BetrVG handelt es sich um eine Generalklausel, die eine **besonders weitgehende Flexibilisierung** schafft (D/K/K/W/*Trümner* § 3 Rn. 92). Zulässig ist danach eine fast vollständige Lösung von der gesetzlichen Regelung über die Organisation der Interessenvertretungen. Das BAG hat mit überzeugenden Argumenten entschieden, dass § 3 Abs. 1 Nr. 3 BetrVG verfassungsgemäß ist (BAG NZA 2009, 1424; → Form. D. I. 3 Anm. 1).

2. Vertragsparteien im Konzern. Das Formular enthält ein Beispiel für einen Haustarifvertrag, über die Bildung **unternehmens- und standortübergreifender Arbeitnehmervertretungen in einem Konzern** (zu den verschiedenen Gestaltungsmöglichkeiten → Anm. 5).

Noch nicht abschließend geklärt ist die Frage, ob der im Rahmen von § 3 Abs. 1 Nr. 3 BetrVG verwendete Konzernbegriff nur den **Unterordnungskonzern** i. S. v. § 18 Abs. 1 AktG oder auch den **Gleichordnungskonzern** i. S. v. § 18 Abs. 2 AktG umfasst (D/K/K/W/*Trümner* § 3 Rn. 98 m. w. N.). Angesichts des Fehlens eines gesetzlichen Hinweises auf § 18 AktG (wie in § 54 BetrVG) spricht einiges für eine Einbeziehung auch des Gleichordnungskonzerns (so auch D/K/K/W/*Trümner* § 3 Rn. 98; ErfKomm/*Koch* § 3 BetrVG Rn. 6; *F/E/S/T/L* § 3 Rn. 50; *Gaul/Mückl* NZA 2011, 657).

Soll der Tarifvertrag für mehrere Unternehmen eines Unterordnungskonzerns gelten, so muss er entweder durch alle Tochtergesellschaften selbst oder durch die Konzernobergesellschaft – auf Basis rechtsgeschäftlicher Vertretungsmacht – abgeschlossen werden. Das herrschende Unternehmen wird zwar regelmäßig verpflichtet sein, seinen Einfluss auf die Leitungen der abhängigen Konzernunternehmen i. S. d. abgeschlossenen Vereinbarung geltend zu machen. Da die Tochtergesellschaften jedoch eigenständige Rechtspersonen bleiben und § 2 Abs. 1 TVG ausdrücklich nur dem Arbeitgeber, nicht aber dem Konzern als solchem Tariffähigkeit zuspricht, muss der **Abschluss durch alle Konzernunternehmen** erfolgen (*F/E/S/T/L* § 3 Rn. 14; *Hohenstatt/Dzida* DB 2001, 2498, 2501; *Thüsing* ZIP 2003, 693, 698).

3. Präambel. Voraussetzung für die Bildung anderer Arbeitnehmervertretungen i. S. v. § 3 Abs. 1 Nr. 3 BetrVG ist die wirksame und zweckmäßige Interessenvertretung der Arbeitnehmer. Die gesetzliche Regelung muss sich auf Grund der Organisation der Unternehmen oder Konzerne als nicht ausreichende Organisation der Interessenvertretung herausstellen. Es wird daher empfohlen, in einer Präambel die gesellschaftsrechtlichen und organisatorischen Strukturen der Unternehmen darzulegen, aus denen sich die Zweckmäßigkeit einer anderen Interessenvertretung ergibt (ausführlich zu Sinn und Zweck einer Präambel → Form. D. II. 1).

Der geschilderte Sachverhalt geht von dem in der Praxis häufigen Fall aus, dass eine Gesellschaft einzelne Betriebsteile ausgegliedert und auf Tochtergesellschaften übertragen sowie an andere Standorte verlegt hat. Ein Bedürfnis nach einer von den gesetzlichen Vorgaben abweichenden Struktur der Arbeitnehmervertretung wird sich in dieser Konstellation besonders oft ergeben, da die gesellschaftsrechtlich angestrebte Trennung häufig auf der betrieblichen Ebene nicht konsequent umgesetzt werden kann oder soll. Außerdem ist häufig nicht mit ausreichender Sicherheit feststellbar, ob und wie die Standorte – einzeln oder zusammengefasst – Betriebe (§ 1 Abs. 1 S. 1 BetrVG), gemeinsame Betriebe (§ 1 Abs. 1 S. 1, Abs. 2 BetrVG), betriebsratsfähige oder nicht-betriebsratsfähige Betriebsteile (§ 4 BetrVG) bilden.

4. Geltungsbereich. Bei einer nach § 3 Abs. 1 Nr. 3 BetrVG geschaffenen Vertretung muss es sich um eine Vertretung aller Arbeitnehmer handeln, die nach dem Gesetz vom Betriebsrat vertreten werden. Gewerkschaftliche Vertrauensleute erfüllen diese Voraussetzungen nicht. Auch können keine Sprecherausschüsse der Leitenden Angestellten auf diese Norm gestützt werden (GKBetrVG/*Kraft/Franzen* § 3 Rn. 23).

Umstritten ist, ob die in die alternative Struktur einbezogenen Organisationsbereiche selbst jeweils die **Betriebsratsfähigkeit** i. S. v. § 1 Abs. 1 S. 1 BetrVG besitzen müssen. Eine klare Aussage zu dieser Frage findet sich weder in § 3 Abs. 1 Nr. 3 BetrVG noch in § 3 Abs. 2 bis 5 BetrVG. Zum Teil wird vertreten, die andere Vertretung könne nur solche Betriebe betreffen, für die nach dem Gesetz an sich schon ein Betriebsrat zu errichten wäre (*F/E/S/T/L* § 3 Rn. 51). Hierfür könnte sprechen, dass die neuen Arbeitnehmervertretungen gemäß § 3 Abs. 4 S. 2 BetrVG an die Stelle der gesetzlichen Betriebsräte treten sollen. Der Wortlaut des § 3 Abs. 4 S. 2 BetrVG ist jedoch nicht zwingend. Die in Abs. 4 S. 2 enthaltene Regelung kann ebenso dahingehend verstanden werden, dass Betriebsräte, **soweit** bereits solche bestehen, entfallen. Gegen das Erfordernis einer Betriebsratsfähigkeit spricht zudem der Zweck des Reformgesetzes, durch welches § 3 BetrVG seine heutige Fassung erhielt: Die betrieblichen Bereiche ohne Repräsentationsorgan (sog. „weiße Flecken" auf der Landkarte) sollen verringert werden (BT-Drucks. 14/5741 S. 23, 26).

5. Andere Arbeitnehmervertretungsstrukturen. Im Rahmen des § 3 Abs. 1 Nr. 3 BetrVG ist eine Vielzahl von Gestaltungen denkbar. Nach der Gesetzbegründung (BT-Drucks. 14/5741 S. 34) kommen z. B. die Bildung einer konzerneinheitlichen Arbeitnehmervertretung unter gänzlichem Verzicht auf Gesamtbetriebsräte, einer Arbeitnehmervertretung für Arbeitnehmer mehrerer Unternehmen, die durch eine Just-in-time-Produktionskette miteinander verbunden sind oder einer Arbeitnehmervertretung, die moderne Erscheinungsformen in Produktion und Dienstleistung berücksichtigt (z. B. fraktale Fabrik und shop-in-shop-System), in Betracht. Denkbar sind alternative Arbeitnehmervertretungen auch bei Industrieparks oder anderen besonderen Unternehmensnetzwerken und strategischen Allianzen.

Auch für Betriebe und Unternehmen mit ständig wechselnden Arbeitnehmern (z. B. Baubetriebe, Betriebe des Verkehrsgewerbes, Beschäftigungs- und Ausbildungsgesellschaften) oder mit wechselnden Betriebsstätten (z. B. Zirkusse, Betriebe der Forstwirtschaft) kann die Vereinbarung einer vom Gesetz abweichenden Vertretungsstruktur zweckmäßig sein.

6. Zuständigkeit der Arbeitnehmervertretungen. Unklar ist, ob die tarifliche Gestaltungsbefugnis über das zur Abgrenzung der Repräsentationseinheiten Erforderliche hinausgeht, d. h. ob die Tarifvertragsparteien auch ermächtigt sind, die **Zuständigkeit** der von ihnen geschaffenen Arbeitnehmervertretungen abweichend vom Gesetz zu regeln. Insoweit lassen sich weder dem Wortlaut des Gesetzes noch der Gesetzbegründung eindeutige Hinweise entnehmen. Angesichts dieser unklaren Rechtslage empfiehlt es sich, in den Tarifvertrag keine vom Gesetz abweichenden Regelungen aufzunehmen. Eine Ausnahme besteht bei der Abweichung von den gesetzlichen Vorgaben auf vertikaler Ebene (→ Anm. 8, 9).

7. Rechtsstellung der Arbeitnehmervertretungen. Die nach § 3 Abs. 1 Nr. 3 BetrVG gebildeten Gremien treten an die Stelle der gesetzlichen Betriebsräte. Gemäß § 3 Abs. 5 S. 2 BetrVG stehen ihnen alle dem Betriebsrat gesetzlich eingeräumten Rechte, Pflichten und Befugnisse zu.

Die Mitglieder der nach § 3 Abs. 1 Nr. 3 BetrVG gebildeten Gremien haben persönlich dieselbe Rechtstellung wie Mitglieder eines Betriebsrates. Dies ergibt sich unmittelbar aus § 3 Abs. 5 S. 2 BetrVG. Es gilt insbesondere auch der Kündigungsschutz aus § 15 KSchG und § 103 BetrVG.

Einigkeit besteht darüber, dass die Tarifvertragsparteien trotz der ihnen durch § 3 Abs. 1 Nr. 3 BetrVG eingeräumten weiten Gestaltungsfreiheit auch die **materiellen Beteiligungsrechte** der tariflichen Arbeitnehmervertretungen **nicht einschränken** dürfen (vgl. § 3 Abs. 5 S. 2 BetrVG; *Annuß* NZA 2002, 290, 293; *F/E/S/T/L* § 3 Rn. 51). Dagegen sind **Erweiterungen** der Mitbestimmungsrechte der Arbeitnehmervertretungen in dem Maße zulässig, wie dies von der Rechtsprechung für Betriebsräte nach § 1 BetrVG anerkannt ist (vgl. hierzu *F/E/S/T/L* § 1 Rn. 249).

8. Mehrstufige Vertretungsstruktur. Mit Rücksicht auf den Umstand, dass der Tarifvertrag nicht lediglich eine gemeinsame Konzernarbeitnehmervertretung, sondern zwei Arbeitnehmervertretungen vorsieht, von denen eine zudem unternehmens- und standortübergreifend ist, ist eine vom gesetzlichen Vorbild abweichende zweistufige Vertretungsstruktur geregelt.

Ob den Tarifvertragsparteien durch § 3 Abs. 1 Nr. 3 BetrVG eine entsprechende Kompetenz zur Vereinbarung anderer Arbeitnehmervertretungsstrukturen nicht nur auf horizontaler, sondern auch auf **vertikaler Ebene** übertragen wurde, ist allerdings in der Literatur strittig. So wird zum Teil vertreten, die Tarifvertragsparteien könnten generell keine vom Gesetz abweichenden Regelungen über die Zuständigkeiten von Gesamt- und Konzernbetriebsräten vereinbaren. Die Ansicht stützt sich im Wesentlichen auf den Wortlaut des § 3 Abs. 5 S. 1 BetrVG. Dessen Fiktionswirkung erstrecke sich nur auf die unterste Ebene der Vertretungsstrukturen (*Thüsing* ZIP 2003, 693, 703). Der Wegfall des Gesamt- und des Konzernbetriebsrates könne nur dadurch erreicht werden, dass alle Betriebe eines Unternehmens oder eines Konzerns in einer organisatorischen Einheit zusammengefasst werden (*Thüsing* ZIP 2003, 693, 704).

Gegen eine derart enge Interpretation spricht jedoch die Begründung des Gesetzgebers, nach der die Tarifvertragsparteien in der Lage sein sollen „statt einer dreistufigen eine zweistufige oder gar nur eine einstufige Interessenvertretung vorzusehen" (BT-Drucks. 14/5741 S. 34). Insbesondere die Formulierung „vorsehen" deutet darauf hin, dass eine Veränderung der Zwei- oder Dreistufigkeit der Arbeitnehmervertretung nach dem Willen des Gesetzgebers nicht nur als Folgewirkung erreicht werden sollte.

Vielmehr wollte der Gesetzgeber den Tarifvertragsparteien mit der Regelung des § 3 Abs. 1 Nr. 3 BetrVG einen weiten Gestaltungsspielraum einräumen, der sich nicht auf die unterste Ebene beschränkt. Im Rahmen von § 3 Abs. 1 Nr. 3 BetrVG ist daher die gesamte Struktur der Arbeitnehmervertretungen, einschließlich Gesamt- und Konzernbetriebsrat, einer Regelung zugänglich ist (so auch *Annuß* NZA 2002, 290, 293; ErfKomm/*Koch* § 3 BetrVG Rn. 6; D/K/K/W/*Trümner* § 3 Rn. 93, 96; *Gaul/Mückl* NZA 2011, 657, 663; *Hohenstatt/Dzida* DB 2001, 2498, 2499).

Einerseits kann – z. B. bei kleinen mittelständischen Konzernen – die Mehrstufigkeit ganz abgeschafft und sowohl auf Gesamt- als auch auf Konzernbetriebsräte verzichtet werden. Andererseits kann der Tarifvertrag, je nach Zweckmäßigkeit, neben den Basisvertretungen ein oder zwei weitere Stufenvertretungen vorsehen.

9. Abweichungen von gesetzlichen Regelungen bei Änderung auf vertikaler Ebene. Abweichungen im Hinblick auf die Bildung und Zuständigkeit der Arbeitnehmervertretungen bei Änderungen auf der vertikalen Ebene (zum Grundsatz der Anwendbarkeit der gesetzlichen Regelungen hinsichtlich der Zuständigkeit der Arbeitnehmervertretungen → Anm. 6) sind nur insoweit im Tarifvertrag zu formulieren, als sich die Notwendigkeit einer vom Gesetz abweichenden Bestimmung bereits aus der Natur der Sache ergibt. Wenn statt einer drei- z. B. eine zweistufige Vertretungsstruktur mit Basisvertretungen und lediglich einer Arbeitnehmervertretung auf Konzernebene (Konzernarbeitnehmervertretung) gewählt wird, können in die zu bildende Konzernarbeitnehmervertretung nicht, wie in § 55 Abs. 1 BetrVG vorgesehen, Mitglieder der mittleren Stufe – Ebene des normalerweise bestehenden Gesamtbetriebsrates – entsendet werden. Auch die Zuständigkeit der Konzernarbeitnehmervertretung ist nicht durch eine Abgrenzung zur mittleren Stufe, sondern durch eine Abgrenzung zu den Basisvertretungen zu beschreiben. Dementsprechend sieht das Formular lediglich eine entsprechende Anwendbarkeit der §§ 54 ff. BetrVG vor. Soweit die gesetzlichen Regelungen das Bestehen von Gesamtbetriebsräten voraussetzen, ist jeweils an deren Stelle auf die Arbeitnehmervertretungen abzustellen.

10. Anzahl der Betriebsratsmitglieder und sonstige Abweichungen von gesetzlichen Vorgaben. Noch nicht abschließend geklärt ist die Frage, ob ein Tarifvertrag nach § 3 Abs. 1 Nr. 3 BetrVG zulässigerweise von den gesetzlichen Vorgaben abweichende Bestimmungen über Größe, Zusammensetzung, Wahl, Amtszeit und Geschäftsführung der neuen Arbeitnehmervertretung sowie über die Anzahl der Mitglieder enthalten darf.

§ 3 Abs. 5 S. 2 BetrVG verweist für die Arbeitnehmervertretungen nur hinsichtlich ihrer „Rechte und Pflichten“ und der „Rechtsstellung“ ihrer Mitglieder auf die gesetzlichen Vorschriften. Dies lässt die Schlussfolgerung zu, dass der Gesetzgeber die übrigen gesetzlichen Vorschriften des BetrVG zur Disposition der Tarifvertragsparteien stellen wollte. Von den für Betriebsräte geltenden Vorgaben sind abweichende Regelungen darum zulässig, soweit das Gesetz nichts anderes bestimmt und die tragenden Grundsätze der Betriebsverfassung beachtet werden. So ist z. B. der Grundsatz der allgemeinen, gleichen und geheimen Wahl der Mitglieder zu beachten (BAG NZA 2001, 1325, 1327 zu § 3 BetrVG a. F.; LAG Hamm BeckRS 2003, 30798824; *Annuß* NZA 2002, 290, 293; ErfKomm/*Koch* § 3 BetrVG Rn. 6; *F/E/S/T/L* § 3 Rn. 51; *Gaul/Mückl* NZA 2011, 657, 664; GKBetrVG/*Franzen* § 3 Rn. 53; *Hohenstatt/Dzida* DB 2001, 2498, 2500; a. A. *Thüsing* ZIP 2003, 693, 700, 702).

In der Alternative sieht das Formular eine von § 9 BetrVG abweichende Regelung vor. Nach der hier vertretenen Ansicht ist eine solche Regelung zulässig. Wegen des Fehlens von Rechtsprechung zu dieser Frage sollten sich die Tarifvertragsparteien bei der Aufnahme einer entsprechenden Klausel allerdings des verbleibenden rechtlichen Risikos bewusst sein: Sollte ein Arbeitsgericht eine entsprechende Regelung über die Mitgliederzahl für unzulässig halten, so würde dies zur Nichtigkeit der Gesamtvereinbarung führen (*Hohenstatt/Dzida* DB 2001, 2498, 2503). Daraus folgt jedoch nicht zwingend, dass auch die auf dem Tarifvertrag beruhende Wahl der Arbeitnehmervertretung nichtig wäre. Vielmehr ist anerkannt, dass die Wahl einer unrichtigen Anzahl von Betriebsratsmitgliedern nur zur Anfechtbarkeit der Betriebsratswahl nach § 19 BetrVG führt (BAG AP BetrVG 1972 § 19 Nr. 5). Die mit einer von § 9 BetrVG abweichenden Mitgliederanzahl gewählte Arbeitnehmervertretung bliebe also bis zu einer erfolgreichen Wahlanfechtung im Amt und könnte bis zu diesem Zeitpunkt wirksam Handlungen vornehmen (vgl. BAG AP BetrVG 1972 § 19 Nr. 20; LAG Nürnberg BeckRS 2008, 52368).

11. Anzahl der Freistellungen. Durch Tarifvertrag können gemäß § 38 Abs. 1 S. 5 BetrVG „anderweitige" Regelungen über die Freistellung vereinbart werden. Zulässig ist auch die Festlegung einer geringeren Zahl von Freistellungen (BAG AP BetrVG 1972 § 38 Nr. 22; → Form. D. I. 3 Anm. 8).

12. Fortgeltung von Betriebsvereinbarungen. Den Tarifvertragsparteien steht zur Frage der Fortgeltung bereits abgeschlossener Betriebsvereinbarungen keine Regelungsautonomie zu. Insoweit sind sie vielmehr an die gesetzlichen und richterrechtlichen Regeln gebunden; sie können also allenfalls **deklaratorische Regelungen** treffen (s. hierzu ausführlich → Form. D. I. 3 Anm. 9). Das Formular sieht hier eine Aufrechterhaltung der Betriebsvereinbarungen für die A-GmbH vor. Ob dies tatsächlich zulässig und wirksam ist, bestimmt sich danach, ob im Zuge der faktischen und betriebsverfassungsrechtlichen Umstrukturierung nach dem Tarifvertrag die Identität eines ursprünglichen Betriebes aufrecht erhalten werden kann oder nicht. Davon, und somit von der Fortgeltung der Betriebsvereinbarungen bei der A-GmbH als „sektorale normative Teilordnungen" wird hier ausgegangen.

Der dem Formular zugrunde liegende Sachverhalt enthält die Besonderheit, dass die A-GmbH zuvor einzelne Geschäftsbereiche auf die selbständigen Tochtergesellschaften übertragen hat, so dass die Arbeitsverhältnisse der betroffenen Arbeitnehmer gemäß § 613a BGB übergegangen sind. Eine unmittelbare Geltung der noch bei der A-GmbH abgeschlossenen Betriebsvereinbarungen für die Arbeitnehmer ist daher schon durch die den Betriebsübergang begleitende Umstrukturierung beendet worden. Da die ursprüngliche Identität des Betriebes der A-GmbH – für die auf die B- und C-GmbH ausgelagerten Bereiche – nicht gewahrt wurde, konnten die Betriebsvereinbarungen für die Arbeitnehmer der ausgegliederten Betriebsteile nicht kollektivrechtlich, sondern lediglich individualrechtlich gemäß § 613a Abs. 1 S. 2 BGB weiter gelten (allg. hierzu ErfKomm/*Preis* § 613a BGB Rn. 111 ff.).

Die „alten" Betriebsvereinbarungen können durch die neuen Arbeitnehmervertretungen gekündigt werden. Möglich und erstrebenswert ist auch eine **einheitliche Ablösung** ihrer Regelungen durch Abschluss neuer Betriebsvereinbarungen. Soweit die Regelungen der „alten" Betriebsvereinbarungen noch kollektivrechtlich (für die Arbeitnehmer der A-GmbH) fortgelten, ergibt sich die Ablösungswirkung aus der allgemeinen Zeitkollisionsregel: Die jüngere Norm ersetzt die ältere (vgl. nur BAG NZA 2001, 849; ErfKomm/*Kania* § 77 BetrVG Rn. 64). Die Betriebsvereinbarungen der Standortbetriebsräte haben jedoch auch Ablösungswirkung im Hinblick auf die gemäß § 613a Abs. 1 S. 2 BGB transformierten individualvertraglichen Regelungen (der Arbeitnehmer der B- und C-GmbH). Es ist anerkannt, dass der Bestand einer gemäß § 613a Abs. 1 S. 2 BGB individualvertraglich wirkenden Betriebsvereinbarung nicht weiter geschützt ist, als er bei Fortbestehen der Betriebsidentität und kollektivrechtlicher Weitergeltung geschützt wäre (BAG AP BetrVG 1972 § 77 Nr. 85; BAG AP TVG § 4 Nr. 20). Auch ungünstigere Bestimmungen können somit einheitlich von den Arbeitnehmervertretungen durch Betriebsvereinbarung für die neuen Organisationseinheiten geregelt werden.

13. Erstmalige Wahl. → Form. D. I. 3 Anm. 11.

14. Kündigung, Nachwirkung und „Übergangsmandat". → Form. D. I. 3 Anm. 12.

§ 6 Abs. (1) S. 3 des Tarifvertrages räumt den Tarifvertragsparteien zudem ein Recht zur **außerordentlichen, fristlosen Kündigung** für den Fall ein, dass eine der Tochtergesellschaften veräußert wird. Zwar verlangt § 3 Abs. 1 Nr. 3 BetrVG nicht zwingend die konzernrechtliche Verbundenheit der am Tarifvertrag beteiligten Unternehmen. Die Fortgeltung einer unternehmensübergreifenden Arbeitnehmervertretungsstruktur wird jedoch bei einer Herauslösung aus dem Konzernverbund selten erwünscht sein.

Veräußert die Gesellschaft selbst ihren Betrieb oder Teile davon im Wege der Übertragung einzelner Vermögensgegenstände, so ist der Betriebserwerber an den Firmentarifvertrag ohnehin nicht kollektivrechtlich gebunden, sofern keine Übernahmevereinbarung geschlossen wird (s. hierzu ausführlich → Form. D. III. 1). Der Einräumung eines Kündigungsrechtes bedarf es daher für diese Fälle nicht. Überträgt jedoch die Muttergesellschaft ihre Geschäftsanteile an einer der Tochtergesellschaften, ist der neue Inhaber an die von der Gesellschaft abgeschlossenen Firmentarifverträge gebunden, da ein Gesellschafterwechsel die Identität der Gesellschaft als Rechtssubjekt nicht berührt.

Die Bindung an einen Tarifvertrag über unternehmensübergreifende Betriebsratsstrukturen kann durchaus ein Hemmnis für die schnelle Durchführung der Transaktion darstellen. Hinzu kommt, dass infolge des Wegfalls der konzernrechtlichen Verbundenheit die Wirksamkeit des Tarifvertrages im Hinblick auf die von § 3 Abs. 1 Nr. 3 BetrVG geforderte Zweckmäßigkeit der Interessenvertretung regelmäßig in Frage gestellt sein wird. Aus diesen Gründen erscheint es sinnvoll, für solche Situationen ein außerordentliches Kündigungsrecht der Parteien vorzusehen.

7. Tarifvertrag über zusätzliche betriebsverfassungsrechtliche Arbeitnehmervertretungen

Tarifvertrag über zusätzliche betriebsverfassungsrechtliche Arbeitnehmervertretungen[1]

zwischen

...... (Name und Anschrift der Gesellschaft) „Gesellschaft“

und

...... (Name und Anschrift der Gewerkschaft) „Gewerkschaft“[2]

Präambel[3]

Die Gesellschaft betreibt im Raum ...... insgesamt fünf Hotels, die bis zu 70 km entfernt von einander liegen und vormals als selbständige Hotelgesellschaften betrieben wurden. Nach der Eingliederung sämtlicher fünf Hotelgesellschaften in die Gesellschaft wurde eine grundlegende Umstrukturierung von Prozessen und Abläufen durchgeführt. Infolgedessen sind nunmehr die Verwaltung (Personalmanagement, Finanzmanagement, IT, etc.) und die Sekundärbereiche (Hausmeisterdienste, Grünflächen, Reinigung, Technik) unternehmenseinheitlich organisiert. Die originären Hotelbereiche sind zwar noch lokal gegliedert. Auch für diese wird jedoch ein Großteil der Entscheidungen in beteiligungspflichtigen Angelegenheiten zentral auf Unternehmensebene gefällt.

Die Parteien sind sich darüber einig, dass eine effektive Zusammenarbeit zwischen der Geschäftsleitung und Mitarbeiter- und Arbeitnehmervertretern und damit eine sachgerechte Wahrnehmung der Interessen der Mitarbeiter nur möglich ist, wenn die Struktur der Mitarbeiter- und Arbeitnehmervertretung den Entscheidungsabläufen in der Gesellschaft angepasst wird. Dieses Ziel soll zum einen durch die Bildung eines unternehmenseinheitlichen Betriebsrates erreicht werden. Zum anderen werden gemäß § 3 Abs. 1 Nr. 5 BetrVG zusätzliche Vertretungen in den einzelnen Hotels gebildet, damit auch die lokalen Belange bei der Interessenvertretung der Mitarbeiter hinreichende Berücksichtigung finden.[4]

§ 1 Unternehmenseinheitlicher Betriebsrat[5]

§ 2 Fortgeltung von Betriebsvereinbarungen[6]

§ 3 Örtliche Interessenvertreter

(1) Zusätzlich zu den Mitgliedern des unternehmenseinheitlichen Betriebsrates wird für jedes Hotel ein Mitarbeiter als örtlicher Interessenvertreter gewählt. Die örtlichen Interessenvertreter werden jeweils von den wahlberechtigten Mitarbeitern eines Hotels gewählt. Jeder Mitarbeiter wird dem Hotel zugeordnet, in dem er den überwiegenden Teil seiner Arbeitszeit örtlich eingesetzt wird.[7]

(2) Die örtlichen Interessenvertreter werden zeitgleich mit dem unternehmenseinheitlichen Betriebsrat im vereinfachten Wahlverfahren entsprechend § 14a BetrVG gewählt.[8] Die regelmäßige Amtszeit der örtlichen Interessenvertreter beträgt vier Jahre. Endet die Amtszeit des unternehmenseinheitlichen Betriebsrates vorzeitig, endet auch die Amtszeit der örtlichen Interessenvertreter vorzeitig zu diesem Zeitpunkt.[9]

(3) Die Kosten für die Tätigkeit jedes örtlichen Interessenvertreters trägt die Gesellschaft in entsprechender Anwendung des § 40 BetrVG.[10]

(Alternative:

(3) Jedem örtlichen Interessenvertreter wird jeweils ein PC-Arbeitsplatz zur Verfügung gestellt. Soweit und solange dies erforderlich ist, kann dieser für Schreibarbeiten und ähnliche Bürotätigkeiten in Anspruch genommen werden. Für sonstige Ausgaben wird den örtlichen Interessenvertretern jeweils ein Budget von monatlich höchstens EUR . . . . . . (in Worten . . . . . . Euro) zur Verfügung gestellt.)

(4) Jeder örtliche Interessenvertreter führt sein Amt unentgeltlich als Ehrenamt. Örtliche Interessenvertreter sind ohne Minderung des Arbeitsentgelts von ihrer beruflichen Tätigkeit freizustellen, soweit und solange es zur Durchführung ihrer Aufgaben erforderlich ist. § 37 Abs. 1 bis 5 BetrVG gilt entsprechend. Es erfolgt keine Arbeitsbefreiung und Kostenerstattung für die Teilnahme an Schulungs- und Bildungsveranstaltungen.[11]

(5) Jeder örtliche Interessenvertreter unterliegt in entsprechender Anwendung des § 79 BetrVG der Geheimhaltungspflicht.[12] Der besondere Kündigungs- und Versetzungsschutz gemäß § 15 KSchG, § 103 BetrVG findet auf örtliche Interessenvertreter keine Anwendung.[13]

(6) Jeder örtliche Interessenvertreter hat das Recht, an Sitzungen des unternehmenseinheitlichen Betriebsrates teilzunehmen. Ein Stimmrecht steht ihm nicht zu.

(7) Der unternehmenseinheitliche Betriebsrat soll mit dem oder den örtlichen Interessenvertretern Angelegenheiten, die besonders die von ihm/ihnen vertretenen Mitarbeiter betreffen, beraten.

(8) Der unternehmenseinheitliche Betriebsrat kann die jeweils zuständigen örtlichen Interessenvertreter zu Besprechungen zwischen der Gesellschaft und ihm beiziehen, wenn Angelegenheiten behandelt werden, die besonders die von ihnen vertretenen Mitarbeiter betreffen.[14]

§ 4 Erstmalige Wahl des unternehmenseinheitlichen Betriebsrates und der örtlichen Interessenvertreter.[15]

(1) Die Regelungen zur Bildung des unternehmenseinheitlichen Betriebsrates und der örtlichen Interessenvertreter sind erstmals bei der nächsten regelmäßigen Betriebsratswahl anzuwenden.

(2) Der bei der Gesellschaft gebildete Gesamtbetriebsrat bestellt einen Wahlvorstand für die Wahl des unternehmenseinheitlichen Betriebsrates. Zum Zwecke der Wahl der örtlichen Interessenvertreter im vereinfachten Wahlverfahren wird ebenfalls vom Gesamtbetriebsrat entsprechend § 14a Abs. 3 BetrVG für jedes Hotel jeweils ein Wahlvorstand bestellt. Die Wahlvorstände werden die Wahlen unverzüglich einleiten und durchführen.

§ 5 Schlussbestimmungen[16]

......	......
Ort, Datum	Ort, Datum
......	......
Unterschrift der Gesellschaft	Unterschrift der Gewerkschaft

Anmerkungen

1. Gesetzliche Ermächtigung. Zu grundsätzlichen rechtlichen Fragen der tarifvertraglichen Vereinbarung von alternativen Betriebsratsstrukturen → Form. D. I. 3 Anm. 1.

Nach § 3 Abs. 1 Nr. 5 BetrVG sind die Tarifvertragsparteien zur Bildung von „zusätzlichen betriebsverfassungsrechtlichen Vertretungen" berechtigt. Diese Ermächtigung soll dazu dienen, die Zusammenarbeit zwischen Betriebsrat und Arbeitnehmern zu erleichtern. Anders als die Arbeitnehmervertretungen nach § 3 Abs. 1 Nr. 1 bis 3 BetrVG sind die zusätzlichen Arbeitnehmervertretungen nach § 3 Abs. 1 Nr. 5 BetrVG (ebenso wie die nach § 3 Abs. 1 Nr. 4 BetrVG) keine Alternative zu den Vertretungsstrukturen des BetrVG (vgl. ErfKomm/*Koch* § 3 BetrVG Rn. 7). Folglich sind die zusätzlichen Arbeitnehmervertretungen **keine Träger von Mitbestimmungs- oder sonstigen Beteiligungsrechten.** Diese Rechte verbleiben den gesetzlich vorgesehenen Gremien (s. ausführlich → Anm. 14). Zusätzliche Arbeitnehmervertretungen besitzen keine Vertretungsbefugnis gegenüber dem Arbeitgeber, sondern stellen lediglich ein **Bindeglied** zwischen den von ihnen betreuten Arbeitnehmern und dem Betriebsrat dar (D/K/K/W/*Trümner* § 3 Rn. 148; ErfKomm/*Koch* § 3 BetrVG Rn. 8; *F/E/S/T/L* § 3 Rn. 58, 61).

In der Literatur werden die zusätzlichen Vertretungen nach § 3 Abs. 1 Nr. 5 BetrVG wegen ihrer fehlenden Entscheidungskompetenzen mitunter als „Stammtische zum Meinungsaustausch unter Arbeitnehmervertretern" abgetan (*Hanau* RdA 2001, 65, 66). Eine zusätzliche Vertretung bietet sich jedoch dort an, wo der Kontakt zwischen dem Betriebsrat und den Arbeitnehmern nicht in einem hinreichenden Umfang besteht. Dadurch kann eine Zusammenarbeit zwischen dem Betriebsrat und den Arbeitnehmern durch eine verbesserte Kommunikation erleichtert werden (s. BT-Drucks. 14/5741 S. 34). So bietet es sich an, eine örtliche Interessenvertretung zu schaffen, die als Bindeglied zwischen den Interessen der lokalen Arbeitnehmer und denen des unternehmenseinheitlichen Betriebsrates fungiert. Solche **Kombinationen** von Regelungen der Nr. 1 bis 3 mit solchen der Nr. 5 sind in der Praxis gängig und zweckmäßig (→ Anm. 3).

2. Vertragsparteien. Das Formular sieht als Vertragsparteien den Arbeitgeber und die tarifzuständige Gewerkschaft vor (allgemein zu den Vertragsparteien eines Tarifvertrages nach § 3 BetrVG → Form. D. I. 3 Anm. 3).

Es können aber auch mehrere Arbeitgeber mit einer Gewerkschaft oder mehreren Gewerkschaften die Bildung von zusätzlichen Arbeitnehmervertretungen vereinbaren. Dies kommt immer dann in Betracht, wenn zugleich die gesetzlichen Betriebsräte durch unternehmensübergreifende Arbeitnehmervertretungen nach § 3 Abs. 1 Nr. 2 oder 3 BetrVG ersetzt werden (→ Form. D. I. 5 Anm. 2 , → Form. D. I. 6 Anm. 2, 5). In diesen Fällen erstreckt sich der Tätigkeitsbereich der zusätzlichen Arbeitnehmervertretungen auf die „als Betrieb" geltende neue betriebsverfassungsrechtliche Organisationseinheit.

3. Präambel. Dem Tarifvertrag ist eine Präambel vorangestellt, aus der sich ergibt, warum die Einrichtung von örtlichen Interessenvertretungen als zusätzliche Arbeitnehmervertretungen sinnvoll ist und die Zusammenarbeit zwischen Betriebsrat und Arbeitnehmern erleichtern kann (zu Sinn und Zweck einer Präambel → Form. D. II. 1).

Gerade anlässlich der Schaffung eines unternehmenseinheitlichen Betriebsrates kann die Einrichtung zusätzlicher Arbeitnehmervertretungen für die Arbeitnehmer der örtlichen Betriebsstätten sinnvoll sein. Dies gilt in besonderem Maße, wenn die örtlichen Betriebsstätten **räumlich weit von einander entfernt** liegen, eine Betriebsstätte ggf. gar nicht durch ein „eigenes" Betriebsratsmitglied im unternehmenseinheitlichen Betriebsrat vertreten ist oder die einzelnen Betriebsstätten aus strukturellen oder historischen Gründen sehr heterogene Interessen haben. Durch zusätzliche, örtlich verankerte Arbeitnehmervertretungen kann gewährleistet werden, dass der unternehmenseinheitliche Betriebsrat über die spezifischen Belange der Arbeitnehmer vor Ort unterrichtet ist. Dadurch wird der Bevorzugung einer Betriebsstätte entgegengewirkt und die Akzeptanz des unternehmenseinheitlichen Betriebsrates in der Gesamtbelegschaft erhöht. Auch im Anschluss an eine Fusion ehemaliger Wettbewerber kann die Bildung zusätzlicher Arbeitnehmervertretungen die Integration fördern. Durch die fehlende Entscheidungsbefugnis der zusätzlichen Arbeitnehmervertretungen ist die Gefahr gering, dass diese eine Spaltung der Belegschaft aufrechterhalten können. Die Kombination von Regelungen nach § 3 Abs. 1 Nr. 1 a) und Nr. 5 BetrVG sieht die Gesetzesbegründung zu § 3 Abs. 1 Nr. 5 BetrVG selbst ausdrücklich vor (BT-Drucks. 14/5741 S. 34).

4. Form der zusätzlichen Arbeitnehmervertretungen. Bei der Ausgestaltung von zusätzlichen Arbeitnehmervertretungen sind die Tarifvertragsparteien nicht etwa auf örtliche Gliederungen – wie im Formular – begrenzt. Denkbar sind auch eigene (Zusatz-) Gremien für bestimmte Arbeitnehmergruppen (z. B. Akkordarbeiter, Arbeitnehmer im Außendienst), Abteilungen, Arbeitsbereiche sowie ausländische Arbeitskräfte. In Betracht kommt beispielsweise auch eine zusätzliche Arbeitnehmervertretung für befristet Beschäftigte (Saisonarbeitnehmer in Vergnügungsparks oder Gastronomiebetrieben). Auch können besondere Vertrauensleute als Bindeglied und Informationsträger zwischen Arbeitnehmern, Arbeitgeber und Betriebsrat gewählt werden (*F/E/S/T/L* § 3 Rn. 61; ErfKomm/*Koch* § 3 BetrVG Rn. 8).

Den Gestaltungsmöglichkeiten der Tarifvertragsparteien sind allerdings durch den Wortlaut des § 3 Abs. 1 Nr. 5 BetrVG („betriebsverfassungsrechtliche Vertretungen") Grenzen gesetzt: Die Errichtung von gewerkschaftlichen Vertretungen der Arbeitnehmer auf Betriebsebene ist unzulässig (ErfKomm/*Koch* § 3 BetrVG Rn. 8; *F/E/S/T/L* § 3 Rn. 62; GKBetrVG/*Kraft/Franzen* § 3 Rn. 26; Richardi/*Richardi* § 3 Rn. 49). Auch Vertretungen für leitende Angestellte fallen nicht unter § 3 Abs. 1 Nr. 5 BetrVG.

Voraussetzung für die Bildung von zusätzlichen Arbeitnehmervertretungen ist, dass in dem Betrieb ein **Betriebsrat** oder eine nach entsprechender tarifvertraglicher Regelung geschaffene Arbeitnehmervertretung mit Mitbestimmungsrechten besteht. Fehlt es daran, kann eine zusätzliche Arbeitnehmervertretung nicht gebildet werden. Denn Zweck der *zusätzlichen* Vertretungen ist die Erleichterung der „Zusammenarbeit zwischen Betriebsrat und Arbeitnehmern" (vgl. statt vieler, Richardi/*Richardi* § 3 Rn. 52).

5. Unternehmenseinheitlicher Betriebsrat. → Form. D. I. 3, dort unter § 1.

6. Fortgeltung von Betriebsvereinbarungen. → Form. D. I. 3, dort unter § 2.

7. Bestimmung der vertretenen Arbeitnehmer und Größe der zusätzlichen Arbeitnehmervertretung. Der Tarifvertrag muss explizit regeln, welche Gruppe von Arbeitnehmern durch die zusätzliche Arbeitnehmervertretung repräsentiert werden soll. Sofern die Zuordnung der Arbeitnehmer nicht ohne weiteres möglich ist, ist zur Vermeidung von Unklarheiten eine dahingehende Regelung geboten. Bei einer Gliederung der zusätzlichen Arbeitnehmervertretung nach Betriebsstätten ist es für die Frage der Zuordnung sinnvoll, auf den Ort des überwiegenden Arbeitseinsatzes abzustellen. Auf diese Weise wird auch bei Arbeitnehmern im sog. Overhead-Bereich (z. B. Personalabteilung) eine eindeutige Zuordnung ermöglicht.

Da die zusätzlichen Arbeitnehmervertretungen die Betriebsräte nicht ersetzen und auch keine Mitbestimmungsrechte nach dem BetrVG wahrnehmen, haben die Tarifvertragsparteien bei der Festlegung ihrer Größe und Zusammensetzung einen großen Spielraum (GKBetrVG/*Franzen* § 3 Rn. 56). Dieser Spielraum erfasst auch die Regelung von innerer Organisation und Geschäftsführung. Bei größeren Gremien sollten hierzu Regelungen getroffen werden.

8. Wahl der zusätzlichen Arbeitnehmervertretungen. Bei den zusätzlichen Arbeitnehmervertretungen handelt es sich um **Wahlorgane**. Dies ergibt sich einerseits aus der Bezeichnung als „betriebsverfassungsrechtliche" Vertretungen (vgl. ErfKomm/*Koch* § 3 BetrVG Rn. 8; *F/E/S/T/L* § 3 Rn. 59), andererseits aus dem Umstand, dass für die zusätzlichen Arbeitnehmervertretungen ausdrücklich der strafrechtliche Wahlschutz des § 119 Abs. 1 Nr. 1 BetrVG gilt (D/K/K/W/*Trümner* § 3 Rn. 138). Die Arbeitnehmervertretungen müssen von den Arbeitnehmern, die sie repräsentieren sollen, gewählt werden (D/K/K/W/*Trümner* § 3 Rn. 138; ErfKomm/*Koch* § 3 BetrVG Rn. 8; *F/E/S/T/L* § 3 Rn. 63). Nicht erforderlich ist hingegen, dass die Wahl den speziellen Anforderungen des BetrVG über die Wahl der Betriebsräte genügt. Notwendig und ausreichend ist, dass die Wahl allgemeinen demokratischen Grundsätzen entspricht. Es muss sich nicht um eine schriftliche Wahl handeln. Nach einer Ansicht soll sogar eine Akklamation genügen (D/K/K/W/*Trümner* § 3 Rn. 141; *F/E/S/T/L* § 3 Rn. 63; GKBetrVG/*Kraft/Franzen* § 3 Rn. 56), auch wenn dies wesentlichen demokratischen Wahlgrundsätzen widerspricht.

Ein formalisiertes Verfahren entsprechend den Regelungen des BetrVG und der Wahlordnung ist gleichwohl sinnvoll, um die Legitimationswirkung des Wahlakts zu verstärken und eine breitere Akzeptanz durch die Arbeitnehmer zu erreichen. Da das reguläre Wahlverfahren des BetrVG jedoch langwierig und kompliziert ist, sieht das Formular eine Wahl entsprechend dem vereinfachten Wahlverfahren nach § 14a BetrVG vor.

9. Amtszeit. Die Amtszeit kann abweichend von derjenigen des Betriebsrates bestimmt werden (D/K/K/W/*Trümner* § 3 Rn. 140; ErfKomm/*Koch* § 3 BetrVG Rn. 8; *F/E/S/T/L* § 3 Rn. 60). Eine verkürzte Amtszeit ist beispielsweise sinnvoll, wenn für Saisonarbeitnehmer eine zusätzliche Vertretung eingerichtet werden soll. Die Amtszeit eines solchen Gremiums sollte in diesem Fall parallel zur Dauer einer Saison geregelt werden. Zu einer mit dem Betriebsrat übereinstimmenden Amtszeit ist hingegen zu raten, wenn die zusätzliche Arbeitnehmervertretung die möglichen Kommunikationsdefizite ausgleichen soll, die durch die Einrichtung eines unternehmenseinheitlichen Betriebsrates entstehen können. Hier sollte die Amtszeit der zusätzlichen Arbeitnehmervertretung derjenigen des Betriebsrates angepasst werden.

Da die Einrichtung einer zusätzlichen Arbeitnehmervertretung das Bestehen eines Betriebsrates oder eines alternativen Mitbestimmungsorgans voraussetzt (→ Anm. 4), endet die Amtszeit **vorzeitig**, wenn das Amt der betreffenden Hauptarbeitnehmervertretung endgültig, z. B. wegen einer erfolgreichen Wahlanfechtung, endet (D/K/K/W/*Trümner* § 3 Rn. 140; ErfKomm/*Koch* § 3 BetrVG Rn. 8; *F/E/S/T/L* § 3 Rn. 60).

10. Kostenerstattung. Uneinigkeit besteht darüber, ob die zusätzliche Arbeitnehmervertretung auch ohne eine ausdrückliche tarifvertragliche Regelung in **entsprechender Anwendung des § 40 BetrVG** einen Anspruch auf Ersatz der Kosten der Vertretungstätigkeit und auf Bereitstellung von Räumen, Sachmitteln und Büropersonal hat. Die wohl überwiegende Ansicht geht davon aus, dass der Arbeitgeber generell die Kosten der zusätzlichen Arbeitnehmervertretung analog § 40 BetrVG tragen muss (ErfKomm/*Koch* § 3 BetrVG Rn. 8; *F/E/S/T/L* § 3 Rn. 64; GKBetrVG/*Franzen* § 3 Rn. 57; D/K/K/W/*Trümmer* § 3 Rn. 143). Zum Teil wird dagegen vertreten, die strenge Kostentragungsregelung des § 40 BetrVG gelte nicht (so *Reichold* NZA 2001, 857, 859) oder lasse zumindest eine Budgetierung der Kosten zu (so *Hanau* NJW 2001, 2513, 2514).

Für die Möglichkeit einer unterschiedlichen Behandlung spricht, dass zusätzliche Vertretungen i. S. d. § 3 Abs. 1 Nr. 5 BetrVG Betriebsräten nicht gleichgestellt sind (vgl. § 3 Abs. 5 BetrVG). Gleichwohl wird ein vollständiger Ausschluss eines Kostenerstattungs- bzw. Freistellungsanspruches unzulässig sein, da es sich um eine Arbeitnehmervertretung mit einem durch Gesetz und Tarifvertrag vorgegebenen Auftrag handelt (→ Anm. 1). Daher muss eine sachgerechte Aufgabenerfüllung durch arbeitgeberseitige Bereitstellung von Mitteln gewährleistet sein. Insgesamt ist es nach hier vertretener Auffassung zulässig, eine **angemessene Budgetierung** vorzusehen. In der Alternative sieht das Formular daher eine spezielle Regelung zur Kostenerstattung vor, die für die sonstigen Ausgaben (Sachmittel außer PC-Arbeitsplatz, Aufwendungen der einzelnen Mitglieder außer Kosten der Rechtsverfolgung) ein Budget vorsieht.

11. Amtsausübung. Ebenfalls ist umstritten, ob die für die Mitglieder des Betriebsrates geltenden Vorschriften über Tätigkeit, Freistellungen und Schulungen entsprechend auf die Mitglieder der zusätzlichen Arbeitnehmervertretungen anzuwenden sind. Nach überwiegender und zutreffender Ansicht sind zusätzliche Arbeitnehmervertretungen nicht mit Betriebsräten/Betriebsratsmitgliedern gleichgestellt, weshalb insbesondere die §§ 37, 38 BetrVG nicht direkt anwendbar sind (ErfKomm/*Koch* § 3 BetrVG Rn. 8; *F/E/S/T/L* § 3 Rn. 64; GKBetrVG/*Franzen* § 3 Rn. 67; H/W/G/N/R/H/*Rose*, § 3 Rn. 90; a. A. D/K/K/W/*Trümner* § 3 Rn. 139). Nach herrschender Meinung nehmen die Mitglieder der zusätzlichen Arbeitnehmervertretungen ihre Aufgaben jedoch unter Fortzahlung der Vergütung während der Arbeitszeit wahr, so dass § 37 Abs. 1 bis 5 BetrVG entsprechend anzuwenden sind.

Ein Anspruch auf die Teilnahme an **Schulungs- und Bildungsveranstaltungen** sollte dagegen ausdrücklich ausgeschlossen werden, um zusätzliche Kosten des Arbeitgebers zu vermeiden. Einer fachlichen Weiterbildung der zusätzlichen Arbeitnehmervertreter bedarf es ohnehin nicht, da der Schwerpunkt ihrer Tätigkeit in der Verbesserung der Kommunikation zwischen Betriebsräten und Arbeitnehmern liegt.

12. Geheimhaltungspflicht. Nach dem Wortlaut des § 79 Abs. 2 BetrVG unterliegen auch die Mitglieder der nach § 3 Abs. 1 Nr. 5 BetrVG gewählten Vertretungen der Geheimhaltungspflicht. Der Tarifvertrag enthält demnach lediglich eine deklaratorische Klausel. Deren Aufnahme in den Tarifvertrag ist gleichwohl sinnvoll, um den zusätzlichen Arbeitnehmervertretungen ihre Geheimhaltungspflicht deutlich vor Augen zu führen. Außerdem wird den Betroffenen damit klar gemacht, dass sie gegenüber dem Arbeitgeber nicht nur über zusätzliche Rechte verfügen, sondern als Teil der Betriebsverfassung auch einer besonderen Verantwortung und Pflichten unterliegen.

13. Versetzungs- und Kündigungsschutz. Umstritten ist, ob der besondere Versetzungs- und Kündigungsschutz auch für die Mitglieder der zusätzlichen Arbeitnehmervertretungen gilt.

Nach dem Wortlaut des § 3 Abs. 5 BetrVG gelten die Vorschriften über die Rechtsstellung der Betriebsratsmitglieder nur für die Mitglieder eines nach § 3 Abs. 1 Nr. 1 bis 3 BetrVG gebildeten Gremiums, nicht jedoch für die zusätzlichen Vertretungen nach § 3 Abs. 1 Nr. 4 und 5 BetrVG (ErfKomm/*Koch* § 3 BetrVG Rn. 8; *F/E/S/T/L* § 3 Rn. 64; GKBetrVG/*Franzen* § 3 Rn. 67; H/W/G/N/R/H/*Rose* § 3 Rn. 83, 90; a.A. D/K/K/W/*Trümner* § 3 Rn. 139). Die Gegenansicht will eine Anwendung der Verweisungsnorm des § 3 Abs. 5 S. 2 BetrVG damit begründen, dass zusätzliche Arbeitnehmervertretungen häufig in Kombination mit Tarifverträgen nach § 3 Abs. 1 Nr. 1 bis 3 BetrVG geregelt würden, so dass es sich in diesen Fällen auch um in den neuen Organisationseinheiten gebildete Arbeitnehmervertretungen i.S.d. § 3 Abs. 5 S. 2 BetrVG handele (D/K/K/W/*Trümner* § 3 Rn. 139). Dieses Argument überzeugt nicht. Der Gesetzgeber hat in § 3 Abs. 5 BetrVG deutlich gemacht, dass nur die Mitglieder einer Arbeitnehmervertretung, die den gesetzlichen Betriebsrat ersetzt, dieselbe Rechtsstellung wie Betriebsratsmitglieder haben sollten. Arbeitnehmervertretungen, die den Betriebsrat nicht ersetzen, üben keine Mitbestimmungsrechte aus, so dass mangels einer aktiven Interessenvertretung keine Konfliktsituationen mit dem Arbeitgeber entstehen können, die einen besonderen Schutz rechtfertigen würden.

Dem steht nicht entgegen, dass in demselben Tarifvertrag, in dem eine zusätzliche Arbeitnehmervertretung begründet wird, möglicherweise auch eine Arbeitnehmervertretung gemäß § 3 Abs. 1 Nr. 1 bis 3 BetrVG errichtet wird.

Die überwiegende Ansicht geht somit zu Recht davon aus, dass der besondere Versetzungs- und Kündigungsschutz der §§ 15 KSchG, 103 BetrVG für Mitglieder der zusätzlichen Arbeitnehmervertretungen nicht gilt. Dies sollte zur Klarstellung in den Tarifvertrag ausdrücklich aufgenommen werden.

Allerdings ergibt sich für die Mitglieder einer zusätzlichen Arbeitnehmervertretung ein **relativer Kündigungsschutz**, da sie gemäß § 78 BetrVG in der Ausübung ihrer Tätigkeit nicht gestört oder behindert werden und wegen ihrer Tätigkeit nicht benachteiligt oder begünstigt werden dürfen. Eine Kündigung, die erfolgt, um ihnen die Amtsausübung unmöglich zu machen oder sie zu maßregeln, ist damit nichtig (ErfKomm/*Koch* § 3 BetrVG Rn. 8).

14. Beratungs- und Teilnahmerechte. Nach herrschender Meinung gewährt das BetrVG den zusätzlichen Arbeitnehmervertretungen keine Beteiligungsrechte.

Zu unterscheiden sind die Arbeitnehmervertretungen insoweit insbesondere von den Arbeitsgruppen nach § 28a BetrVG. Der Betriebsrat kann auf diese seine betriebsverfassungsrechtlichen Mitwirkungs- und Mitbestimmungsrechte delegieren, so dass sie sogar zum Abschluss von Betriebsvereinbarungen berechtigt sind. Zusätzlichen Arbeitnehmervertretungen können keine entsprechenden Befugnisse eingeräumt werden.

Es handelt sich bei den Arbeitsgruppen i.S.v. § 28a BetrVG und den Arbeitnehmervertretungen nach § 3 Abs. 1 Nr. 5 BetrVG um zwei Gremien mit grundsätzlich verschiedenen Aufgaben und Funktionen. Während die Arbeitsgruppen anstelle des Betriebsrates die Rechte der Arbeitnehmer gegenüber dem Arbeitgeber vertreten, werden die zusätzlichen Arbeitnehmervertretungen zur Vermittlung des Kontaktes zwischen Betriebsrat und Arbeitnehmern eingerichtet. Aus diesem Grund ist auch eine Kombination von „Arbeitsgruppen-Vertretungen" nicht denkbar (so im Ergebnis auch D/K/K/W/*Trümner* § 3 Rn. 157; *Löwisch* BB 2001, 1734, 1736; a.A. wohl *Däubler* ArbuR 2001, 285, 290).

Einigkeit besteht des Weiteren darüber, dass den zusätzlichen Arbeitnehmervertretungen nach § 3 Abs. 1 Nr. 5 BetrVG **kein Stimmrecht** im Betriebsrat zusteht. Umstritten ist jedoch, inwieweit der **Tarifvertrag** für die zusätzlichen Arbeitnehmervertretungen **Beteiligungs- und Teilnahmerechte** vorsehen kann (verneinend GKBetrVG/*Franzen* § 3 Rn. 57).

Zweck der zusätzlichen Arbeitnehmervertretung ist die Verbesserung der Kommunikation zwischen den Arbeitnehmern und dem Betriebsrat. Daher kann dem gesetzlichen

Zweck nur entsprochen werden, wenn der zusätzlichen Arbeitnehmervertretung Teilhaberechte eingeräumt werden. Dies wird bereits in § 67 Abs. 3 S. 2 BetrVG deutlich, wonach der Betriebsrat der zusätzlichen Arbeitnehmervertretung Angelegenheiten zuleiten soll, die für die von ihnen vertretenen Arbeitnehmern von Bedeutung sind (im Ergebnis zustimmend D/K/K/W/*Trümner* § 3 Rn. 149 f.). Die Grenze der Einräumung der Beteiligungs- und Teilnahmerechten findet sich dort, wo die Mitbestimmungsrechte der Betriebsratsgremien ausgehöhlt werden.

15. **Erstmalige Wahl.** → Form. D. I. 3 Anm. 11.

16. **Kündigung, Nachwirkung und „Übergangsmandat".** → Form. D. I. 3, dort unter § 5.

8. Tarifvertrag zur Beschäftigungssicherung

Tarifvertrag zur Beschäftigungssicherung[1]

zwischen

...... (Name und Anschrift der Gesellschaft) „Gesellschaft"

und

...... (Name und Anschrift der Gewerkschaft) „Gewerkschaft"[2]

Präambel

Die Gesellschaft ist wegen eines Auftragsrückgangs von 30 Prozent in den letzten zwei Jahren zur Erhaltung ihrer Wettbewerbsfähigkeit zu Einsparungen gezwungen. Dieser Tarifvertrag soll einerseits die Verringerung der Personalkosten ermöglichen und andererseits betriebsbedingte Kündigungen ausschließen.[3]

§ 1 Geltungsbereich

Der Tarifvertrag gilt für alle Mitarbeiter, die zum Zeitpunkt des In-Kraft-Tretens dieses Tarifvertrages bei der Gesellschaft beschäftigt sind.[4] Nicht erfasst werden Auszubildende und leitende Angestellte i. S. d. § 5 Abs. 3 BetrVG.

§ 2 Beschäftigungssicherung

(1) Während der Laufzeit dieses Tarifvertrages sind betriebsbedingte Kündigungen ausgeschlossen, wenn die Zahl der Mitarbeiter 1.200 unterschreitet.[5] Die Zahl 1.200 errechnet sich nach Köpfen ohne Berücksichtigung der jeweiligen Arbeitszeit[6] und abzüglich der Auszubildenden.

(2) Sinkt die Zahl der Mitarbeiter aus anderen Gründen als betriebsbedingten Kündigungen unter 1.200, so besteht keine Verpflichtung der Gesellschaft, entsprechende Neueinstellungen vorzunehmen.[7] Solche anderen Gründe sind insbesondere

- Eigenkündigungen
- Eintreten von Mitarbeitern in den Ruhestand
- Auslaufen befristeter Arbeitsverträge
- Ausspruch personen- und verhaltensbedingter Kündigungen.

(3) Für die Laufzeit dieses Tarifvertrages werden die Löhne und Gehälter um fünf Prozent des monatlichen Brutto-Betrages gekürzt.[8]

(Alternative:

(3) Für die Laufzeit dieses Tarifvertrages wird die regelmäßige tarifliche Arbeitszeit um fünf Wochenstunden mit entsprechender Entgeltreduzierung gesenkt. Teilzeitarbeitsverhältnisse sind entsprechend ihrer geringeren Arbeitszeit herabzusetzen.)[9]

§ 3 Laufzeit

(1) Dieser Tarifvertrag endet mit einer etwaigen Betriebsstilllegung.[10] In diesem Falle können betriebsbedingte Kündigungen abweichend von § 2 wirksam ausgesprochen werden mit der Maßgabe, dass bei Ausspruch der betriebsbedingten Kündigung mindestens die ordentliche Kündigungsfrist eingehalten und das Arbeitsverhältnis frühestens zum voraussichtlichen Zeitpunkt der Betriebsstilllegung beendet wird.[11]

(2) Dieser Tarifvertrag ist aus wichtigem Grund mit einer Frist von drei Monaten kündbar, wenn der Umsatz der Gesellschaft in drei aufeinander folgenden Kalendermonaten ...... EUR pro Monat unterschreitet[12] oder Betriebsteile stillgelegt werden.[13]

(3) Dieser Tarifvertrag ist ordentlich mit einer Frist von drei Monaten zum Quartalsende erstmals kündbar zum ......[14]

§ 4 Salvatorische Klausel[15]

......	......
Ort, Datum	Ort, Datum
......	......
Unterschrift der Gesellschaft	Unterschrift der Gewerkschaft[16]

Anmerkungen

1. Wirksamkeit eines tariflichen Kündigungsschutzes. Eine Beschäftigungssicherungsklausel kann wirksam in Tarifverträgen vereinbart werden. Bei dem hier vorgestellten Tarifvertrag handelt es sich um einen Firmen- oder Haustarifvertrag (→ Form. D. I. 1 Anm. 2).

Alternativ kommt eine entsprechende Vereinbarung in einer **Betriebsvereinbarung** in Betracht (→ Form. C. II. 8). Dann muss der Tarifvorrang (§ 77 Abs. 3 S. 1 BetrVG) beachtet werden (*Dieterich* RdA 2002, 1, 1 und 4; → Form. C. II. 8 Anm. 1, → Form. C. II. 6). Eine entgegen § 77 Abs. 3 S. 1 BetrVG abgeschlossene und somit unwirksame Betriebsvereinbarung kann die zuständigen Verbände zu **Unterlassungsklagen** berechtigen (BAG NZA 1989, 887; *Dieterich* RdA 2002, 1, 6). Klagebefugt ist insoweit auch die tarifschließende Gewerkschaft alleine.

Ein auf Unterlassung gerichteter Antrag muss allerdings so genau bestimmt sein, dass der Arbeitgeber der Entscheidung ohne weiteres entnehmen kann, welche konkreten Handlungen er zu unterlassen hat.

Es war insoweit fraglich, ob die klagende Gewerkschaft ihre einzelnen Mitglieder, die unmittelbar von der abweichenden betrieblichen Regelung nachteilig betroffen sind, namentlich in dem Unterlassungsantrag benennen muss (zur Geltung für nur einen bestimmten Teil der Arbeitnehmer → Anm. 5). Für die hinreichende Bestimmtheit von Klageanträgen einer Gewerkschaft ist aber die namentliche Benennung der Gewerkschaftsmitglieder jedenfalls dann nicht erforderlich, wenn die Betriebsparteien die abweichende Regelung bei sämtlichen Beschäftigten, also sowohl bei den bei der Gewerkschaft organisierten als auch bei den nicht tarifgebundenen, zur Anwendung bringen wollten (LAG Hamm BeckRS 2011, 77413).

Das BAG hat einen darüber hinausgehenden gewerkschaftlichen Folgenbeseitigungsanspruch abgelehnt. Allerdings hat das BAG auf die Möglichkeit hingewiesen, den Unterlassungsanspruch im Rahmen des einstweiligen Rechtsschutzes geltend zu machen (BAG NJW 2012, 250).

Soweit die **Regelungssperre des § 77 Abs. 3 S. 1 BetrVG** mangels vorliegenden oder auch nur üblichen Tarifvertrages (rein schuldrechtliche Geltung durch „betriebliche Übung") nicht eingreift, kann der Arbeitgeber direkt mit dem Betriebsrat/den Betriebsräten entsprechende Regelungen durch Betriebsvereinbarungen treffen. Die Anrufung der Einigungsstelle wäre dann jedoch in dem Fall, dass der Betriebsrat eine entsprechende Betriebsvereinbarung ablehnt, nicht möglich, da dies in sozialen Angelegenheiten nur bei der erzwingbaren Mitbestimmung vorgesehen ist (*Bauer/Diller* NZA 1994, 353).

Auch ohne **Öffnungsklausel nach § 77 Abs. 3 S. 2 BetrVG** bleibt den Betriebspartnern zumindest häufig die Möglichkeit, sich gemäß § 87 Abs. 1 Nr. 3 BetrVG auf eine vorübergehende Verkürzung der Arbeitszeit zu einigen. Nach h. A. gilt im Anwendungsbereich des § 87 Abs. 1 BetrVG die Sperrwirkung des § 77 Abs. 3 S. 1 BetrVG nicht („Vorrangtheorie": BAG NZA 1992, 749; BAG NZA 1992, 317; *F/E/S/T/L* § 77 Rn. 109 ff.). Eine Regelung durch die Betriebsparteien kann also gemäß § 87 Abs. 1 BetrVG erfolgen, wenn eine (abschließende) gesetzliche oder tarifliche Regelung nicht besteht. Da Tarifverträge im Allgemeinen nur die Zulässigkeit, jedoch nicht die Einzelheiten einer konkreten vorübergehenden Arbeitszeitveränderung regeln, bleibt den Betriebspartnern hier regelmäßig Spielraum. Eine im Tarifvertrag vereinbarte ausdrückliche Negativregelungen vermag das Mitbestimmungsrecht nach § 87 BetrVG ebenso nicht auszuschließen (ErfKomm/*Kania* § 87 BetrVG Rn. 16). Auch die Anrufung der Einigungsstelle ist bei fehlendem Einvernehmen zwischen Arbeitgeber und Betriebsrat hinsichtlich einer vorübergehenden Arbeitszeitverkürzung gemäß § 87 Abs. 2 BetrVG möglich.

2. Tariffähigkeit und Tarifzuständigkeit. Zur Tariffähigkeit und -zuständigkeit von Arbeitgeber und Gewerkschaft → Form. D. I. 1 Anm. 2, 3. Zur praktisch äußerst bedeutenden Frage, ob ein Beschäftigungssicherungstarifvertrag überhaupt erstreikt werden kann und ob ein Streik wegen eines bestehenden Rationalisierungsschutztarifvertrages einen Verstoß gegen die Friedenspflicht darstellt, → Form. D. I. 10 Anm. 1, 2.

3. Präambel. Zur Präambel → Form. D. II. 1. Im Zusammenhang mit einem Beschäftigungssicherungstarifvertrag, der von der Belegschaft in aller Regel Zugeständnisse fordert, kann sie dazu genutzt werden, die jeweiligen Gründe für die schwierige wirtschaftliche Situation des Arbeitgebers zu erläutern, um so dessen Akzeptanz zu erhöhen.

Das Formular enthält einen Beschäftigungssicherungstarifvertrag, der dem Erhalt der Arbeitsplätze im Austausch gegen kostensenkende Regelungen dienen soll. Der Wegfall von Arbeitsplätzen soll also vermieden werden. Gleichzeitig sollen die wirtschaftlichen Rahmenbedingungen so verbessert werden, dass das Unternehmen für die schwierige Phase, in der es sich befindet, besser gerüstet ist.

Der Beschäftigungssicherungstarifvertrag ist von sogenannten „Rationalisierungsschutztarifverträgen" und „Tarifsozialplänen" abzugrenzen: Rationalisierungsschutztarifverträge und Tarifsozialpläne (→ Form. D. I. 10) regeln den sozialverträglichen Abbau von Arbeitsplätzen meist gegen Zahlung von Abfindungen und gegebenenfalls Durchführung von Transfermaßnahmen, um das freiwillige Ausscheiden der Arbeitnehmer aus dem Unternehmen zu fördern. Abhängig von der wirtschaftlichen Situation des Unternehmens enthalten Rationalisierungsschutztarifverträge zum Teil keine Zugeständnisse zugunsten der im Unternehmen verbleibenden Arbeitnehmer. Rationalisierungsschutztarifverträge werden zudem regelmäßig in Form von Verbandstarifverträgen vereinbart.

4. Geltungsbereich. Zum Geltungsbereich → Form. D. I. 1 Anm. 6. Für kleinere Betriebe empfiehlt sich zur Klarheit die namentliche Aufnahme der betroffenen Arbeitnehmer in eine Anlage, auf die als Bestandteil des Tarifvertrages verwiesen wird. Wegen der besonderen rechtlichen Probleme, die sich ergeben, wenn nur ein Teil der Belegschaft von dem persönlichen Geltungsbereich des Tarifvertrages erfasst werden soll, → Anm. 5.

Für die **Normwirkung des Tarifvertrages** gilt bei Firmentarifverträgen nichts anderes als bei Verbandstarifverträgen. Grundsätzlich gilt daher der Firmentarifvertrag – mit Ausnahme betrieblicher und betriebsverfassungsrechtlicher Fragen (§ 3 Abs. 2 TVG) und für allgemeinverbindlich erklärter Tarifverträge (§ 5 TVG) – nur für die Arbeitnehmer, die Mitglieder der vertragsschließenden Gewerkschaft sind, §§ 4 Abs. 1, 3 Abs. 1 Alt. 1 TVG. Darüber hinaus können Firmentarifverträge ebenso wie Verbandstarifverträge auch für nichttarifgebundene Arbeitnehmer aufgrund einzelvertraglicher Bezugnahmen gelten. Zu möglichen Tarifkollisionen (Tarifkonkurrenz und -pluralität) → Form. D. I. 1 Anm. 5), zur Auslegung von einzelvertraglichen Bezugnahmeklauseln → Form. A. II. 2 Anm. 2–4.

5. Schutz vor betriebsbedingten Kündigungen. Beschäftigungssicherungsklauseln regeln immer nur den Schutz vor **betriebsbedingten** Kündigungen. Dies ergibt sich vorliegend aus der Formulierung von § 2 Abs. (1) S. 1. Auch der Ausschluss verhaltens- und personenbedingter ordentlicher Kündigungen wäre wirksam möglich und daher nicht von vornherein unzulässig (eine entsprechende Regelung enthält z. B. § 53 Abs. 3 BAT, der den Ausspruch jeglicher ordentlicher Kündigungen nach einer Beschäftigungszeit von 15 Jahren und (kumulativ) nach Vollendung des 40. Lebensjahres ausschließt). Der Verstoß gegen das tarifvertragliche Kündigungsverbot führt zur Nichtigkeit der Kündigung gemäß § 134 BGB (BAG NZA 2009, 679). Neben dem reinen Verzicht auf den Ausspruch betriebsbedingter Kündigungen sind weitere „Beschäftigungsgarantien" denkbar, etwa die Zusage der Aufrechterhaltung einer Produktionsstätte („Standortgarantie") oder der Durchführung bestimmter Investitionen („Investitionsgarantie"). Auch solche Garantien können tarifvertraglich geregelt werden. Allerdings kann die Gewerkschaft solche Zusagen nicht im Streikwege erkämpfen (LAG Hamm NZA-RR 2000, 535; *Zachert* DB 2001, 1198, 1198; *Bauer/Krieger* NZA 2004, 1019, 1022; *Wank* RdA 2009, 1, 7; → Form. D. I. 10 Anm. 1 f.). Andernfalls würde die Gewerkschaft durch Arbeitskampfmaßnahmen in die grundrechtlich geschützte Unternehmerfreiheit eingreifen. Der freiwilligen Selbstverpflichtung des Arbeitgebers stehen jedoch keine Bedenken entgegen.

Zulässig sind ferner tarifvertragliche Regelungen, in denen die ordentliche Kündigung von der Zustimmung Dritter – etwa der Gewerkschaft – abhängig gemacht wird. Kann eine Kündigung danach nur „mit Zustimmung" einer Tarifvertragspartei erfolgen, so muss diese vor dem Ausspruch der Kündigung erteilt werden; eine nachträgliche Genehmigung wirkt nicht auf den Zeitpunkt der Kündigung zurück (BAG NZA 2011, 708).

Tarifvertragliche Klauseln, aus denen sich die Unzulässigkeit betriebsbedingter Kündigungen ergibt, sind rechtlich problematisch. Durch die arbeitgeberseitige Zusage gegenüber Arbeitnehmern, keine betriebsbedingten Kündigungen auszusprechen, kann nämlich in die gesetzlich vorgeschriebene **Sozialauswahl** (§ 1 Abs. 3 KSchG) eingegriffen werden. Für die hier vorgeschlagene Klausel ist dies unerheblich, da der Tarifvertrag – mit Ausnahme der Auszubildenden und leitenden Angestellten – alle Arbeitnehmer gleichmäßig vor dem Ausspruch von betriebsbedingten Kündigungen schützt, sobald die Beschäftigtenzahl unter 1.200 sinkt. Die Klausel differenziert also nicht zwischen Arbeitnehmern derselben Hierarchieebene und hat daher keinen Einfluss auf die Durchführung der Sozialauswahl.

Ein Problem bei der Sozialauswahl kann aber z. B. dann auftreten, wenn die ordentliche betriebsbedingte Kündigung nur für solche Arbeitnehmer ausgeschlossen wird, die bereits eine bestimmte Dauer der Betriebszugehörigkeit und ein bestimmtes Lebensalter erreicht haben. Fraglich ist in diesem Fall, ob der tarifvertragliche Schutz dieser Arbeitnehmer deren Einbeziehung in die Sozialauswahl ausschließt (vgl. LAG Chemnitz NZA 2002, 905). Diese Rechtsfrage wird von den Instanzgerichten und in der Literatur äußerst kontrovers diskutiert (ausführlich s. *Bröhl* S. 211 ff.). Der wohl herrschenden Ansicht zufolge sind tarifvertraglich ordentlich unkündbare Arbeitnehmer nicht in die Sozialauswahl einzubeziehen, da eine gegenüber dem Gesetz mögliche Verschiebung bei der Sozialauswahl einen tarifvertraglich bedingten Reflex darstelle (vgl. z.B. LAG Hannover LAGE KSchG § 1 Soziale Auswahl Nr. 37; LAG Berlin NZA-RR 1999, 360; KR/*Griebeling* § 1 KSchG Rn. 665 f.; *Zwanziger* DB 2000, 2166, 2168). Die Gegenauffassung argumentiert jedoch, eine Beschränkung des gesetzlichen Kündigungsschutzes durch Tarifvertrag sei wegen Fehlens einer entsprechenden Öffnungsklausel nicht möglich. Art. 9 Abs. 3 GG erlaube es den Tarifvertragsparteien nicht, den auswahlrelevanten Personenkreis entgegen der zwingenden Vorschrift des § 1 Abs. 3 KSchG einzuschränken (vgl. z.B. ArbG Cottbus NZA-RR 2000, 580; *Adam* NZA 1999, 846, 850; A/P/S/*Kiel* § 1 KSchG Rn. 703 f.; *Rieble* NZA 2003, 1243, 1244; ErfKomm/*Oetker* § 1 KSchG Rn. 312). Innerhalb der letztgenannten Ansicht sind die Rechtsfolgen der Unwirksamkeit eines Ausschlusses aus der Sozialauswahl umstritten: Teilweise wird angenommen, dass weder den tarifgeschützten noch den sozial nachrangigen Arbeitnehmern gekündigt werden dürfe (vgl. z.B. *Wenning-Morgenthaler* BlStSozArbR 1985, 193, 194). Dies hätte zur Folge, dass der Arbeitgeber in derartigen Fällen gar keine wirksamen betriebsbedingten Kündigungen aussprechen könnte. Andere wiederum halten eine außerordentliche betriebsbedingte Kündigung der tarifvertraglich unkündbaren Arbeitnehmer für möglich (vgl. z.B. *Bröhl*, FS Schaub, S. 55), während einer dritten Auffassung zufolge der tarifvertragliche Ausschluss der ordentlichen Kündigungsmöglichkeit insoweit unwirksam ist, als er zur Kündigung eines an sich sozial schutzbedürftigeren Arbeitnehmers führt (partielle Unwirksamkeit der tarifvertraglichen Unkündbarkeitsklausel, vgl. z.B. MünchHdBArbR/*Berkowsky* § 139 Rn. 104). Das BAG hat hierzu noch nicht abschließend Stellung bezogen. Allerdings stellte es in einer jüngeren Entscheidung fest, dass durch die Ausklammerung tarifvertraglich ordentlich unkündbarer Arbeitnehmer der eingeschränkte Auswahlpool nicht zu einer grob fehlerhaften Sozialauswahl führen dürfe (BAG NZA 2008, 1120, 1123 f.). Zu beachten ist ferner, dass ein Tarifvertrag dem Arbeitgeber nicht auferlegen kann, das Arbeitsverhältnis mit einem Arbeitnehmer, für den keine Beschäftigung mehr vorhanden ist, bis zum Eintritt in dessen Ruhestand fortzusetzen. In „Ausnahmefällen" lässt die Rechtsprechung daher eine außerordentliche Kündigung mit einer Auslauffrist zu, die die tariflich ausgeschlossene ordentliche Kündigung ersetzt. Diese entspricht der hypothetisch einschlägigen Frist für eine ordentlichen Kündigung (zuletzt BAG NZA 2005, 43; LAG Düsseldorf BeckRS 2011, 78300; ErfKomm/*Franzen* § 1 TVG Rn. 68).

Bei der **Definition des persönlichen Anwendungsbereiches** eines Tarifvertrages zur Beschäftigungssicherung ist daher Vorsicht geboten. Bei der Auswahl der unkündbaren Arbeitnehmer sollten die gesetzlichen und aus der Rechtsprechung folgenden Grundsätze der Sozialauswahl jedenfalls insoweit eingehalten werden, als nicht der Eindruck einer gezielten Umgehung entstehen kann (ErfKomm/*Oetker* Rn. 313). Denn auch nach der oben zitierten wohl h.A. dürfen die Regelungen der Tarifvertragsparteien nicht darauf abzielen, bestimmte Arbeitnehmer aus der Sozialauswahl herauszunehmen, da dies einen Verstoß gegen Art. 3 und 12 GG darstelle (A/P/S/*Kiel* § 1 KSchG Rn. 706). Für die Herausnahme tariflich unkündbarer Arbeitnehmer aus der Sozialauswahl sind daher generell-abstrakte Regelungen erforderlich (A/P/S/*Kiel* § 1 KSchG Rn. 704). Für die Gewährung des besonderen Kündigungsschutzes ist also bezogen auf die so geschützte Arbeitnehmergruppe ein sachlicher Grund erforderlich.

Nachdem das BAG inzwischen entschieden hat, dass die Sozialauswahl auch dann streng betriebsbezogen zu erfolgen hat, wenn sich der Arbeitgeber ein betriebsübergreifendes Versetzungsrecht vorbehalten hat (BAG AP KSchG 1969 § 1 Soziale Auswahl Nr. 76; BAG NZA 2007, 798), können jedenfalls dann keine Probleme mehr bezüglich der Umgehung des § 1 Abs. 3 KSchG durch tarifvertragliche Regelungen auftreten, wenn bei Existenz mehrerer Betriebe nicht alle Betriebe vom Beschäftigungssicherungstarifvertrag erfasst werden. Da die Sozialauswahl selbst bei Bestehen betriebsübergreifender

Versetzungsklauseln auch in diesem Fall streng betriebsbezogen vorzunehmen ist, kann ein Arbeitnehmer aus einem der Betriebe, der nicht dem tariflichen Kündigungsschutz unterfällt, nicht geltend machen, die Sozialauswahl sei mangels Einbeziehung der tarifvertraglich geschützten Arbeitnehmer aus anderen Betrieben fehlerhaft gewesen. Gleiches gilt – wie im Formular – für Fälle, in denen der Beschäftigungsschutz nicht für alle Arbeitnehmer garantiert wird, sondern bestimmte Hierarchieebenen (beispielsweise die leitenden Angestellten) aus dem Kündigungsschutz ausgenommen werden.

6. Berechnung der für die Beschäftigungssicherung maßgeblichen Beschäftigtenzahl. § 2 Abs. (1) S. 2 dient der Klarstellung und verdeutlicht, dass es vorliegend für die Berechnung der Anzahl der beschäftigten Mitarbeiter von weniger als 1.200, welche für die Beschäftigungssicherung maßgeblich ist, nicht darauf ankommt, ob ein Arbeitnehmer Voll- oder Teilzeit arbeitet, sondern dass jeder Beschäftigte unabhängig von seiner jeweiligen Arbeitszeit als ein Mitarbeiter in die Berechnung einfließen soll (vgl. BAG AP BGB § 620 Schuldrechtliche Kündigungsbeschränkung Nr. 4).

7. Garantierte Beschäftigtenzahl. Rein vorsorglich sollte klargestellt werden, dass ein Absinken unter die garantierte Beschäftigtenzahl, etwa durch Eigenkündigungen, Ruhestand oder das Auslaufen befristeter Verträge, nicht zu einer Verpflichtung des Arbeitgebers führt, die Beschäftigtenzahl wieder entsprechend aufzustocken. Da sich tarifvertraglich kaum durchsetzen lässt, auch die Unterschreitung der Beschäftigtenzahl durch Abschluss von Aufhebungsverträgen ausdrücklich zu gestatten, stellt die vorgeschlagene Klausel in § 2 Abs. (2) stattdessen ausdrücklich darauf ab, dass der Tarifvertrag das Unterschreiten der Belegschaftsstärke von 1.200 Arbeitnehmern nur durch betriebsbedingte Kündigungen untersagt.

8. Gegenleistung für die Beschäftigungssicherung. Der Arbeitgeber wird eine Beschäftigungsgarantie in aller Regel nur zusagen, wenn die Gewerkschaft ihm eine Gegenleistung bietet, die üblicherweise in Maßnahmen zur Personalkostensenkung besteht. Die einfache finanzielle Entlastung in Gestalt einer Lohnkürzung (vgl. 1. Var. des § 2 Abs. (3) des Tarifvertrages zur Beschäftigungssicherung) dürfte der in der Praxis wohl häufigste Fall sein. „**Öffnungsklauseln**", mit denen die Tarifvertragsparteien die Betriebspartner zum Abschluss beschäftigungssichernder Betriebsvereinbarungen ermächtigen, sind in **Firmentarifverträgen** unüblich. Bei **Verbandstarifverträgen** ist schon aufgrund der heterogenen wirtschaftlichen Situation der tarifgebundenen Unternehmen ein Bedarf für beschäftigungssichernde Maßnahmen bei einzelnen Unternehmen zu erwarten. Eine Öffnungsklausel zu Gunsten der Betriebspartner ermöglicht dann auf betrieblicher Ebene die Anpassung je nach den Bedürfnissen auf Unternehmens- oder Betriebsebene (*Dieterich* RdA 2002, 1, 5).

Mit Blick auf die sog. „Leber-Entscheidung" des BAG (BAG NZA 1987, 779) werden allerdings Bedenken gegen die Zulässigkeit der Delegation der tariflichen Regelungsbefugnis auf die Betriebspartner unter zwei Gesichtspunkten geltend gemacht. Zum einen würden die Tarifvertragsparteien in unzulässiger Weise ihre aus der Tarifautonomie folgende Normsetzungsbefugnis transferieren. Diese würden sie nämlich auf die Betriebspartner übertragen. Zum anderen führe die Öffnungsklausel zu einer unzulässigen Ausweitung der tarifvertraglichen Reichweite. Die Tarifvertragsparteien seien nur für ihre Mitglieder regelungsbefugt, während Betriebsräte für (nahezu) alle Betriebsangehörigen legitimer Normgeber sind. Durch die Delegation auf die Betriebspartner könne eine Gewerkschaft also unzulässigerweise die Reichweite ihrer (normativ wirkenden) tarifvertraglichen Bestimmungen erweitern und auch auf Tarifaußenseiter ausdehnen (*Wendeling-Schröder/Schubert* NZA 2003, 772, 774; vgl. BAG NZA 1987,779, 781 f. m.w.N.). In der „Leber-Entscheidung" führt das BAG aus, Öffnungsklauseln seien zulässig. Dies ergebe sich zum einen aus § 77 Abs. 3 S. 2 BetrVG, wonach eine Betriebsvereinbarung stets wirksam vereinbart werden könne, wenn eine tarifliche Regelungssperre nicht vorliege. Dass die Regelungsbefugnis der Betriebspartner durch die Öffnungsklausel erweitert werde, sei unbedenklich. Zum anderen hätten die Tarifpartner in der streitgegenständlichen Regelung über das Ob und den Umfang der Zulässigkeit ergänzender Betriebsvereinbarungen selbst entschieden und damit ihre Tarifautonomie auch wirksam ausgeübt. Eine unbegrenzte Delegation durch Öffnungsklauseln – so das BAG – sei aber vor dem Hintergrund der Tarifautonomie bedenklich. Soweit in Tarifverträgen Öffnungsklauseln für Betriebsvereinbarungen vorgesehen werden sollen, müssen diese Vorgaben bei der Formulierung beachtet werden. Ratsam ist es daher die Voraussetzungen und Grenzen der Öffnungsklausel möglichst dezidiert zu bestimmen.

Ob der Tarifvertrag, der eine solche Öffnungsklausel enthält, auch für den betroffenen Betrieb aufgrund entsprechender Verbandszugehörigkeit tatsächlich gilt, spielt keine Rolle; die aus einer solchen Öffnungsklausel resultierenden Vorgaben und Einschränkungen sind zu beachten. Die Parteien des Verbandstarifvertrages behalten sich im Übrigen häufig die – gegebenenfalls auch nachträgliche – Genehmigung von Regelungen, die von der Öffnungsklausel Gebrauch machen, vor. Diese Genehmigung ist in der Praxis besonders für nicht tarifgebundene Arbeitgeber jedoch nur schwer zu erreichen. Werden die Voraussetzungen für die Nutzung der Öffnungsklausel festgelegt und wird den Betriebsparteien für eine abweichende Betriebsvereinbarung ein bestimmter Rahmen bereitgestellt, verstößt es nicht gegen die Tarifautonomie, wenn sich die Tarifvertragsparteien verpflichten, einer Betriebsvereinbarung zuzustimmen, die diese Vorgaben erfüllt. Die Erteilung der Zustimmung kann von der jeweils anderen Tarifvertragspartei eingeklagt werden, auch wenn die Zustimmungsverpflichtung als „Soll"-Vorschrift formuliert ist (BAG NZA 2011, 468). Bei nachträglichen Genehmigungen bzw. Versagungen derselben sind zudem die Grundsätze des Vertrauensschutzes zu beachten (BAG NZA 1999, 1059; *Dieterich* RdA 2002, 1, 5). Der Rückwirkung von Tarifverträgen sind die gleichen Grenzen gesetzt wie der Rückwirkung von Gesetzen: Eine echte Rückwirkung kommt nur in Betracht, wenn der Normadressat im Zeitpunkt des rückwirkenden In-Kraft-Tretens der Norm keinen hinreichenden Vertrauensschutz auf den Fortbestand der bisherigen Rechtslage mehr genießt (BAG NZA 2004, 444; BAG NZA 2007, 634; BAG NZA 2008, 131; BAG NZA 2008, 432).

Eine Tariföffnungsklausel kann wirksam nur von den Parteien vereinbart werden, die den Tarifvertrag abgeschlossen haben (BAG NZA 1999, 1059). Bei einem Verbandstarifvertrag sind das die vertragsschließende Gewerkschaft und der vertragsschließende Arbeitgeberverband. Dies folgt aus dem Grundsatz des **Vorrangs der Tarifautonomie**. Da der einzelne Arbeitgeber nicht Partei des Verbandstarifvertrages ist, fehlt ihm die Regelungsbefugnis zur Vereinbarung einer Öffnungsklausel und die vereinbarte Klausel wäre unwirksam. Übernimmt der Arbeitgeber jedoch in einem Firmentarifvertrag mit der Gewerkschaft die Regelungen des Verbandstarifvertrages, kann er in diesem selbstverständlich mit der Gewerkschaft abweichende Vereinbarungen treffen oder Öffnungsklauseln vereinbaren (→ Form. D. I. 1 Anm. 5).

Neben den kündigungsrechtlichen Bedenken wegen Umgehung der Sozialauswahl (→ Anm. 5; vgl. LAG Chemnitz NZA 2002, 905) ist die **individualvertragliche Vereinbarung von Beschäftigungssicherungsabreden** allerdings auch wegen des Günstigkeitsprinzips in § 4 Abs. 3 TVG problematisch. Grundsätzlich dürfen die Betriebsparteien nämlich nur zu Gunsten der Arbeitnehmer von tarifvertraglichen Regelungen abweichen. Hier stellt sich daher die Frage, ob der Vorteil des (verbesserten) Kündigungsschutzes den Nachteil der Lohneinbuße aufwiegt, so dass die betriebliche Beschäftigungssicherungsvereinbarung insgesamt als günstige Regelung zu bewerten ist. Dies kann aber nur bestimmt werden, wenn Kündigungsschutz und Lohnhöhe auch unmittelbar miteinander vergleichbar sind. Vergleichbar können nur aber nur solche Regelungen sein, die einen inneren sachlichen Zusammenhang aufweisen (so genannter **Sachgruppenvergleich**).

Abwägungen zwischen unterschiedlichen Sachgruppen wie zwischen geringerer Vergütung und erhöhtem Bestandsschutz sollen jedoch allein den Tarifvertragsparteien überlassen bleiben (BAG NZA 1989, 887; *Dieterich* RdA 2002, 1, 3; a. A. *Schliemann* NZA 2003, 122, 123, 125, der einen objektiven inneren Zusammenhang zwischen Arbeitszeit und -entgelt einerseits und Arbeitsplatzsicherung andererseits sieht und daher die Möglichkeit des Günstigkeitsvergleichs bejaht; *Federlin*, FS 50 Jahre BAG, S. 645; a. A. bei vergleichbarer Rechtslage seit 1997 der französische Cour de cassation, Soc. 17.2.1997 „Compagnie générale de géophysique c./Bloy et autres" Dr. Soc. 1997, 432, zitiert bei *Frik* NZA 1998, 525). Diese Problematik ließe sich nur durch eine tarifvertragliche Öffnungsklausel zugunsten einzelvertraglicher Abweichungen umgehen. Derartige Öffnungsklauseln kommen jedoch in der Praxis nicht vor.

Dennoch praktizierte einzelvertragliche Vereinbarungen zur Beschäftigungssicherung berechtigen die tarifschließende Gewerkschaft zu einer **Unterlassungsklage** nach § 1004 BGB analog gegen den verbandsangehörigen Arbeitgeber, der von ihrem Tarifvertrag abweicht. Auf diese Weise kann die Gewerkschaft die weitere Durchführung der einzelvertraglichen Abreden hinsichtlich der Arbeitnehmer, die ihre Mitglieder sind und für die der Tarifvertrag daher normativ gilt, untersagen (BAG NZA 1989, 887; → Anm. 1).

9. Herabsetzung der Arbeitszeit. Häufig muss der Arbeitgeber als Gegenleistung für die Reduzierung des Entgelts neben der Beschäftigungssicherung weitere Zugeständnisse machen. Zugestanden wird regelmäßig – wie in der 2. Var. zu § 2 dargestellt – eine Absenkung der Wochenarbeitszeit, die im Verhältnis der Entgeltreduktion entspricht. Diese Regelung erscheint jedoch zumindest in solchen Fällen, in denen das Arbeitsvolumen aufgrund der wirtschaftlichen Lage nicht deutlich gesunken ist, weniger ratsam als eine bloße Gehaltsreduzierung.

Die Gehaltsreduzierung bedeutet für die Arbeitnehmer – unabhängig von der Frage einer damit einhergehenden Arbeitszeitreduzierung – das **Risiko verminderter Leistungen aus der Arbeitslosenversicherung** im Falle einer trotz der Sanierungsbemühungen eintretenden nachfolgenden Arbeitslosigkeit. Die Höhe des Arbeitslosengeldanspruchs bemisst sich nach dem im Bemessungszeitraum bezogenen Arbeitsentgelt. Um diesen Nachteil abzumildern, können unter bestimmten Voraussetzungen gemäß § 150 Abs. 2 Nr. 5 SGB III Zeiten, in denen die durchschnittliche regelmäßige Wochenarbeitszeit nicht nur vorübergehend auf weniger als 80 Prozent (mindestens fünf Stunden wöchentlich) vermindert war, bei der Ermittlung des Bemessungszeitraums außer Betracht bleiben.

Eine weitere Variante zur Personalkostensenkung wäre die Erhöhung der Arbeitszeit ohne entsprechenden Lohnausgleich während der Laufzeit des Tarifvertrages. Wird dem Arbeitnehmer angeboten, anstelle der Arbeitszeitverlängerung eine Entgeltminderung bei gleichbleibender Arbeitszeit zu wählen, so hat die Wahl der Entgeltminderung für den Arbeitnehmer zur Folge, dass er als Teilzeitbeschäftigter anzusehen ist (BAG AP TVG § 1 Nr. 209).

10. Vertragsende bei Betriebsstilllegung. Der Tarifvertrag nimmt den Fall der vollständigen Betriebsschließung von der Beschäftigungssicherung aus, indem mit einer solchen Betriebsstilllegung der Tarifvertrag gegenstandslos wird.

In der Praxis dürfte die Vereinbarung einer solchen Regelung jedoch nicht leicht sein. Schließlich erklären sich Gewerkschaft und Arbeitnehmer zu ihren Opfern nur bereit, um eine Beschäftigungsgarantie zu erhalten. Wenn diese sogleich durch eine Klausel aufgeweicht wird, wonach die Laufzeit des Tarifvertrages mit einer etwaigen Betriebsstilllegung endet, dürfte die „Opferbereitschaft" schwinden und die Gewerkschaft ggf. zur Einforderung eines Rationalisierungsschutztarifvertrages beziehungsweise eines Tarifsozialplans (→ Form. D. I. 10) animiert werden.

11. Wirksame Kündigung vor Vertragsende. Zur Vermeidung diesbezüglicher Streitigkeiten wird klargestellt, dass auch vor der Betriebsstilllegung ausgesprochene Kündigungen wirksam sind, wenn sie mit ordentlicher Kündigungsfrist mit Wirkung zum Zeitpunkt der voraussichtlichen Betriebsstilllegung ausgesprochen werden. Das Abstellen auf den voraussichtlichen Termin der Betriebsstilllegung ist wegen der möglicherweise bestehenden Schwierigkeit, den Zeitpunkt der Betriebsstilllegung im Voraus zu bestimmen, sinnvoll, kann aber im Einzelfall dazu führen, dass der Arbeitgeber die Kündigung mit einer längeren als der vorgesehenen ordentlichen Kündigungsfrist aussprechen muss. Dies ist gemäß § 622 Abs. 4 BGB möglich.

Alternativ wäre auch möglich, den der Betriebsstilllegung vorausgehenden entsprechenden Beschluss als auflösende Bedingung für die Beschäftigungssicherungsvereinbarung zu vereinbaren. Zu auflösenden Bedingungen → Form. D. II. 2 Anm. 16.

12. Sonderkündigungsrecht bei schlechter Lage des Unternehmens. Da es seitens der Gesellschaft bei Abschluss des Tarifvertrages i.d.R. nicht vorhersehbar sein dürfte, wie sich die wirtschaftliche Lage weiter entwickelt, sollte für eine sich weiter verschlechternde Entwicklung Vorsorge getragen werden. Ob sich die Gewerkschaft hierauf einlässt, ist allerdings fraglich, da der von den Arbeitnehmern durch den Lohnverzicht erkaufte Bestandsschutz hierdurch weniger wert wird. Denkbar wäre daher als ausgleichendes Element auch ein Sonderkündigungsrecht der Gewerkschaft für den Fall einer messbaren Verbesserung der Wirtschaftslage. Streitigkeiten hinsichtlich des tatsächlichen Vorliegens der vereinbarten Kriterien sind allerdings vorprogrammiert, so dass in Folge einer solchen Kündigung arbeitsgerichtliche Auseinandersetzungen zu befürchten wären.

Die Orientierung am Umsatz dürfte dabei für die Gewerkschaften am ehesten akzeptabel sein, da diese Zahlen grundsätzlich vergleichsweise weniger interpretationsbedürftig sind. Letztlich hängt die Wahl der entscheidenden wirtschaftlichen Vergleichsgröße aber auch von der betroffenen Branche ab.

Sollte sich die beteiligte Gewerkschaft auf dieses Kündigungsrecht nicht einlassen, kann versucht werden, als abgeschwächte Möglichkeit wenigstens einen Nachverhandlungsanspruch zu vereinbaren. Solche Klauseln, die die Tarifvertragsparteien zu Neuverhandlungen für den Fall einer nachhaltigen Änderung der wirtschaftlichen Lage des Unternehmens (sowohl in positiver wie negativer Hinsicht) vorsehen, sind üblich. Man kann solche Klauseln auch mit einem Sonderkündigungsrecht für den Falle des Scheiterns einer Einigung innerhalb eines vorbestimmten Zeitraums versehen.

13. Kündigung aus wichtigem Grund bei Betriebsteilstilllegung. Aus Sicht des Arbeitgebers wäre eine Klausel wünschenswert, die ihn nach einer Betriebsteilstilllegung zur Kündigung nur der in diesem Betriebsteil tätigen Arbeitnehmer berechtigte. Eine solche Klausel dürfte jedoch gegenüber den Gewerkschaften nicht durchsetzbar sein, weil dies den durch den Lohnverzicht erkauften Bestandsschutz zu stark entwerten würde; im Übrigen könnte sich dann auch wieder das Problem der Sozialauswahl stellen, → Anm. 5. Die hier skizzierte Klausel sieht daher die Möglichkeit zu einer Kündigung des Tarifvertrages zur Beschäftigungssicherung vor mit der Folge, dass zwar die Zugeständnisse der Arbeitnehmer, z.B. der Lohnverzicht, entfallen, zugleich aber auch der Ausspruch von betriebsbedingten Kündigungen möglich wird.

14. Laufzeit. Angesichts der Schwierigkeit, die weitere wirtschaftliche Entwicklung vorherzusehen, und dem mit einem Kündigungsverbot trotz der Entgeltreduzierung verbundenen Kostenrisikos sollte keine zu lange Laufzeit gewählt werden. Regelmäßig dürften zwei Jahre die Höchstgrenze sein. Ausführlich zu Laufzeitklauseln → Form. D. II. 2 Anm. 13.

15. Salvatorische Klausel. → Form. D. I. 1, dort unter § 9.

16. Unterschrift. → Form. D. II. 2 Anm. 2.

9. Tarifvertrag über ein tarifliches Schlichtungsverfahren

Tarifvertrag über ein tarifliches Schlichtungsverfahren[1]

zwischen

...... (Name und Anschrift der Gesellschaft) „Gesellschaft"

und

...... (Name und Anschrift der Gewerkschaft) „Gewerkschaft"

Präambel[2]

Die Parteien[3] dieser Schlichtungsvereinbarung stimmen in dem Bestreben überein, Tarifvertragsverhandlungen erfolgreich zu führen. Im beiderseitigen Interesse sollen Arbeitskampfmaßnahmen nur als allerletztes Mittel in Betracht kommen. Um solche auch bei gescheiterten Verhandlungen möglichst zu verhindern, vereinbaren die Parteien Folgendes:

§ 1 Anrufung und Einlassung[4]

Verlangt eine Partei nach gescheiterten Tarifverhandlungen[5] gegenüber der anderen Partei[6] schriftlich[7] die Schlichtung, so findet das Schlichtungsverfahren[8] zwischen den Parteien statt. Die Tarifverhandlungen gelten als gescheitert, wenn zumindest von einer der Parteien das Scheitern schriftlich gegenüber der anderen Partei erklärt wird.

§ 2 Besetzung und Einberufung der Schlichtungsstelle[9]

(1) Die Schlichtungsstelle ist mit je zwei von der Gesellschaft und zwei von der Gewerkschaft zu bestimmenden Beisitzern[10] sowie einem unparteiischen Vorsitzenden zu besetzen. Die Parteien haben sich innerhalb einer Woche[11] nach Anrufung der Schlichtungsstelle auf einen Vorsitzenden zu einigen.[12] Gelingt eine solche Einigung nicht, so wird der Präsident des Landesarbeitsgerichtes, in dem die Gesellschaft ihren Sitz hat, um unverzügliche Benennung eines Vorsitzenden gebeten.[13]

(2) Der Vorsitzende hat die Schlichtungsstelle unverzüglich einzuberufen.

(3) Jede Partei kann die von ihr benannten Beisitzer jederzeit austauschen.[14]

§ 3 Verfahrensregelungen

(1) Die Verhandlungen der Schlichtungsstelle finden unter Ausschluss der Öffentlichkeit statt. Ausnahmen hiervon können die Anwesenden einstimmig beschließen.[15]

(2) Die Parteien sind dazu verpflichtet, die für die Verhandlungen erforderlichen Informationen beizubringen. Im Streitfall entscheidet der Vorsitzende, welche Informationen erforderlich sind.[16] Der Vorsitzende ist dazu berechtigt, Sachverständige zu laden.

(3) Der Vorsitzende führt die Verhandlungen. Über das Erfordernis und die Ausgestaltung verfahrensleitender Maßnahmen entscheidet der Vorsitzende.[17]

§ 4 Beschlussfähigkeit und Beschlussfassung

(1) Die Schlichtungsstelle ist auch dann beschlussfähig, wenn die Mitglieder trotz ordnungsgemäßer Ladung nicht vollständig erschienen sind. Dies gilt auch, wenn eine Seite

keine Mitglieder benannt hat.[18] Über die Ordnungsmäßigkeit der Ladung entscheidet der Vorsitzende.

(2) Die Schlichtungsstelle entscheidet mit der einfachen Mehrheit der abgegebenen Stimmen, soweit dieser Tarifvertrag nichts anderes vorsieht. Stimmenthaltungen oder ungültige Stimmzettel werden als nicht abgegebene Stimmen gewertet.[19]

(3) Entscheidungen der Schlichtungsstelle und des Vorsitzenden allein sind schriftlich niederzulegen und vom Vorsitzenden zu unterschreiben.[20]

§ 5 Wirkung des Schlichtungsspruches

(1) Der Schlichtungsspruch der Schlichtungsstelle ist verbindlich, wenn er einstimmig mit den Stimmen aller ihrer Mitglieder beschlossen wurde.[21, 22]

(2) Wird der Schlichtungsspruch nur mit einfacher Mehrheit gemäß § 4 Abs. (2) getroffen, gilt er lediglich als Empfehlung der Schlichtungsstelle und wird erst dann wirksam, wenn er von den Parteien schriftlich[23] genehmigt wurde.[24] Die Genehmigung ist innerhalb einer Frist von einer Woche nach der Entscheidung durch Mitteilung gegenüber der jeweils anderen Partei oder gegenüber dem Vorsitzenden zu erklären.[25]

(3) Eine solche Genehmigung ist auch im Falle des Abs. (1) zulässig, selbst wenn der Schlichtungsspruch unwirksam ist.[26]

§ 6 Friedenspflicht; Scheitern der Schlichtung

(1) Vom Beginn des auf die Einleitung des Schlichtungsverfahrens folgenden Kalendertages an besteht Friedenspflicht.[27] Die Friedenspflicht endet, wenn das Schlichtungsverfahren i.S.v. Abs. (2) und Abs. (3) gescheitert ist.

(2) Die Schlichtung gilt als gescheitert, wenn der Vorsitzende sie für gescheitert erklärt oder wenn die Schlichtungsstelle nach Ablauf von sechs Wochen nach ihrer Anrufung keine Entscheidung getroffen hat.[28] Die Schlichtungsstelle kann diese Frist einmalig durch einstimmige Entscheidung aller ihrer Mitglieder verlängern.[29]

(3) Abweichend von Abs. (2) gilt die Schlichtung nach Ablauf der Frist des § 5 Abs. (2) S. 2 als gescheitert, wenn die Schlichtungsstelle eine Entscheidung nur nach Maßgabe des § 5 Abs. (2) S. 1 getroffen hat und keine Genehmigung erteilt wurde.[30]

§ 7 Kosten des Schlichtungsverfahrens

Jede Partei trägt ihre eigenen Kosten selbst. Die übrigen Kosten trägt jede Partei zur Hälfte.[31]

§ 8 Laufzeit[32]

(1) Dieser Tarifvertrag tritt mit Wirkung vom . . . . . . in Kraft.

(2) Dieser Tarifvertrag kann erstmals zum . . . . . . mit einer Frist von einem Monat zum Ende eines Kalendervierteljahrs schriftlich gekündigt werden.[33]

§ 9 Salvatorische Klausel[34]

. . . . . .	. . . . . .
Ort, Datum	Ort, Datum
. . . . . .	. . . . . .
Unterschrift der Gesellschaft	Unterschrift der Gewerkschaft[35]

Anmerkungen

1. Vereinbarung einer tariflichen Schlichtung. Vereinbarungen über eine tarifliche Schlichtung kommen bei verschiedenen Arten von Tarifverträgen in Betracht: Grundlegend für viele tarifautonom vereinbarten Schlichtungsverfahren ist immer noch das sog. Margarethenhof-Abkommen aus dem Jahre 1954 zwischen dem BDA und dem DGB/DAG (vgl. zum Abkommen ZTR 1988, 413; MünchHdbArbR/*Ricken* § 209 Rn. 1). Teilweise Überschneidungen mit diesem Abkommen beinhaltet auch das Formular (vgl. §§ 2, 5, 6).

Da **Firmentarifverträge erstreikt** werden können (→ Form. D. I. 3 Anm. 2), kann auch ein einzelner Arbeitgeber Interesse daran haben, durch die Vereinbarung eines Schlichtungsverfahrens Arbeitskampfmaßnahmen zu verhindern oder zumindest hinauszuzögern. Dies kommt insbesondere für nicht verbandsangehörige Arbeitgeber in Betracht, die einem besonders hohen Risiko unterliegen, zur Erzwingung eines Firmentarifvertrages bestreikt zu werden.

Aber auch im Zusammenhang mit **Flächentarifverträgen** besteht wegen der durch Arbeitskämpfe entstehenden wirtschaftlichen Schäden ein großes Interesse am friedlichen Abschluss von Tarifverhandlungen – auch auf Gewerkschaftsseite (vgl. Positionspapier der Arbeitgeberverbände der Metall- und Elektroindustrie, NZA 1998, 697). In manchen Branchen gehört die Anrufung einer Schlichtungsstelle schon zum typischen Ablauf von Tarifverhandlungen.

Fehlt es an einer Vereinbarung zur Durchführung eines Schlichtungsverfahrens, kann der Arbeitskampf allerdings auch ohne Scheitern des Schlichtungsverfahrens aufgenommen werden, da der Schlichtungsversuch keine Rechtmäßigkeitsvoraussetzung für einen Arbeitskampf ist (BAG AP Art. 9 GG Arbeitskampf Nr. 108; Schaub/*Treber* § 196 Rn. 14).

Die Schlichtungsvereinbarung kann auch aus konkretem Anlass bezogen auf einen Einzelfall abgeschlossen werden, sogenannte ad hoc-Schlichtungen (ErfKomm/*Dieterich* Art. 9 GG Rn. 283; *Löwisch* XI. B. I Rn. 21; Schaub/*Treber* § 196 Rn. 12).

Da die Schlichtungsvereinbarung Rechte und Pflichten der Tarifparteien festlegt, ist sie ein **Tarifvertrag** i. S. d. § 1 Abs. 1 TVG (BAG AP TVG § 1 Friedenspflicht Nr. 2) und bedarf zu ihrer Wirksamkeit der **Schriftform**, § 1 Abs. 2 TVG (*Löwisch* XI. B. I Rn. 22). Zur Schriftform → Form. D. II. 2 Anm. 2.

Die tarifliche **Schlichtung** als eine Form der Beilegung von **Regelungsstreitigkeiten** ist daher von einer **schiedsrichterlichen Verhandlung von Streitigkeiten über bestehende Tarifklauseln**, also einer Form der Beilegung von **Rechtsstreitigkeiten,** zu unterscheiden (*Löwisch* XI. A. I. 1 Rn. 2; *Otto*, Arbeitskampf- und Schlichtungsrecht, § 20 Rn. 2 ff.). Diese kann insbesondere bei Uneinigkeiten über die Auslegung tariflicher Normen erforderlich werden. Schlichtungs- und Schiedsklauseln sind somit inhaltlich voneinander zu trennen. Trotzdem können sie in einer Vereinbarung gemeinsam geregelt werden, was in der Praxis auch häufig geschieht. Es ist auch zulässig, tarifliche Schlichtungen auf Schiedsgerichte zu übertragen (Wiedemann/*Thüsing* § 1 Rn. 954).

2. Präambel. → Form. D. II. 1.

3. Terminologie. Im Zusammenhang mit Schlichtungsverfahren werden in der arbeitsrechtlichen Literatur die Begriffe der staatlichen, der verbandlichen und der vereinbarten Schlichtung nicht immer einheitlich verwendet (vgl. ErfKomm/*Dieterich* Art. 9 GG Rn. 283 ff.; *Otto*, Arbeitskampf- und Schlichtungsrecht, § 20 Rn. 6).

Im Folgenden wird für die im Formular geregelte Einigung zweier Tarifvertragsparteien auf die Anrufung einer Schlichtungsstelle für den Fall, dass die Tarifverhandlungen nicht erfolgreich abgeschlossen werden können, der Begriff der **„vereinbarten Schlichtung"** benutzt. Bei dieser Form der Schlichtung sind die Parteien der Schlichtungsvereinbarung identisch mit den Tarifvertragsparteien, weshalb im Formular einheitlich der Begriff „Parteien" verwendet wird.

Bei der **verbandlichen Schlichtung** sind die sich um Schlichtung bemühenden Tarifvertragsparteien und die Parteien der Schlichtungsvereinbarung nicht immer identisch. Die verbandlichen Schlichtungsvereinbarungen werden häufig von den obersten Dachverbänden geschlossen, um so möglichst vielen Mitgliedern eine Grundlage für eine Schlichtung zu bieten (s. z.B. Schlichtungs- und Schiedsvereinbarung für die Metallindustrie vom 1.1.1980, abgedruckt bei *Löwisch* Anhang 5). Möglich ist auch ein Schlichtungsabkommen unter Beteiligung mehrerer Parteien auf beiden Seiten (s. z.B. die Vereinbarungen über ein Schlichtungsverfahren vom 26.4.1995 zwischen der Bundesrepublik Deutschland, der Tarifgemeinschaft deutscher Länder und der Vereinigung der kommunalen Arbeitgeberverbände einerseits und der Gewerkschaften ÖTV und DAG, diese wiederum handelnd für vier weitere Gewerkschaften andererseits, abgedruckt bei *Löwisch* Anhang 3). Diese werden auch von den untergeordneten, z.B. nur regional sich betätigenden Einheiten angerufen. Dies führt dann zu einem Auseinanderfallen der Parteien der Schlichtungsvereinbarung und der Tarifvertragsparteien, die die Schlichtung in Anspruch nehmen.

Das **staatliche**, zum Teil als Relikt der Besatzungszeit bezeichnete **Schlichtungsverfahren** ist in dem Kontrollratsgesetz (KRG) Nr. 35 geregelt, das vom alliierten Kontrollrat der Siegermächte des 2. Weltkrieges erlassen wurde und noch immer die Rechtsgrundlage für die freiwillige staatliche Schlichtung von kollektiven Streitigkeiten im Arbeitsrecht darstellt (*Lembke* RdA 2000, 223; *Otto*, Arbeitskampf- und Schlichtungsrecht, § 22 Rn. 1 ff.). Das KRG Nr. 35 ist abgedruckt in der arbeitsrechtlichen Textsammlung von *Nipperdey* unter der Nr. 520.

Die Einleitung des staatlichen Schlichtungsverfahrens setzt einen Antrag beider Tarifparteien voraus (vgl. Art. VIII KRG Nr. 35), da es wegen Art. 9 Abs. 3 GG keine staatliche Zwangsschlichtung geben darf (*Otto*, Arbeitskampf- und Schlichtungsrecht, § 22 Rn. 14). Primäres Ziel des staatlichen Schlichtungsverfahrens ist die Erzielung einer Einigung. Erst wenn diese nicht zustande kommt, wird ein Schiedsspruch gefällt. Dieser Schiedsspruch ist nur verbindlich, wenn beide Parteien ihre Zustimmung oder vor oder nach Fällung des Schiedsspruches dessen Annahme erklärt haben. Der Abschluss der Vereinbarung liegt damit auch nach durchgeführtem Schlichtungsverfahren allein in der Macht der Tarifparteien (*Lembke* RdA 2000, 223, 232).

4. Einleitung des Verfahrens. Für die Einleitung des Schlichtungsverfahrens sind mehrere alternative Verfahren denkbar:

- Für die Einleitung des Verfahrens ist die Zustimmung beider Seiten erforderlich.
- In der Praxis wohl am häufigsten ist die Variante, in der die Einleitung des Verfahrens zwar freigestellt ist, sich aber nach Einleitung des Verfahrens durch eine Seite die andere Seite darauf einlassen muss.
- Schließlich können sich die Parteien auch zur Anrufung der Schlichtungsstelle für den Fall des Scheiterns der Tarifverhandlungen verpflichten (ErfKomm/*Dieterich* Art. 9 GG Rn. 284; *Löwisch* XI. A. III. 1; Schaub/*Treber* § 196 Rn. 15).

Das Formular folgt dem üblichen Mittelweg, nach dem die **Anrufung durch nur eine Partei** genügt, um das Schlichtungsverfahren für beide Seiten verbindlich zu beginnen (vgl. *Otto*, Arbeitskampf- und Schlichtungsrecht, § 21 Rn. 9). Diese Variante bietet einen vernünftigen Interessenausgleich. Weder ist eine beiderseitige Zustimmung zu dem Verfahren erforderlich, die nach bereits gescheiterten Vorverhandlungen wohl häufig nicht erfolgen dürfte, noch wird den Parteien ein bei beidseitig fehlendem Interesse regelmäßig sinnloses Verfahren aufgezwungen. Der Arbeitgeber erhält aber die Möglichkeit, zur Vermeidung oder immerhin zur zeitlichen Verzögerung (→ Anm. 1) eines wirtschaftlich belastenden Arbeitskampfes ein Schlichtungsverfahren einseitig auszulösen. Wird das Schlichtungsverfahren von der Gewerkschaft eingeleitet, so bestehe hierin für den Arbeitgeber kein Nachteil.

Die Pflicht, sich auf das Schlichtungsverfahren einzulassen, ist wie alle anderen Pflichten aus dem Schlichtungsabkommen gerichtlich durchsetzbar (*Löwisch* XI. B. II. 8. a Rn. 53; *Otto*, Arbeitskampf- und Schlichtungsrecht, § 21 Rn. 34). Zuständig für entsprechenden Klagen und Anträge auf einstweilige Verfügung sind gemäß § 2 Abs. 1 Nr. 1 ArbGG die Arbeitsgerichte.

5. Gescheiterte Tarifverhandlungen. Voraussetzung für die Einberufung der Schlichtungsstelle ist das Scheitern von Tarifverhandlungen. In Schlichtungsvereinbarungen ist häufig explizit geregelt, dass das Scheitern der Verhandlungen – wie auch im Formular vorgesehen – an formale Voraussetzungen geknüpft ist, etwa die gemeinsame oder einseitige (schriftliche) Feststellung des Scheiterns. Es soll so vermieden werden, dass die Schlichtungsstelle zunächst die Streitfrage entscheiden muss, ob die Voraussetzungen für ihr Tätigwerden, nämlich das Scheitern der Verhandlungen, tatsächlich vorliegen. Zugleich soll mit den formalen Anforderungen durchaus bewusst eine psychologische Hürde für die Anrufung der Schlichtungsstelle geschaffen werden. Die Tarifparteien sind auch dazu berechtigt, sich in einer Schlichtungsvereinbarung darauf zu einigen, was sie als Scheitern von Verhandlungen ansehen wollen (*Otto*, Arbeitskampf- und Schlichtungsrecht, § 21 Rn. 7), so dass gegen die vorgeschlagene Regelung keine Bedenken bestehen. Ohne Vereinbarung solcher Formerfordernisse dürfte in der **Anrufung der Schlichtungsstelle** zumindest **konkludent** die **Erklärung des Scheiterns** der Verhandlungen gesehen werden. Das BAG sieht in der Durchführung eines Streiks die konkludente Erklärung des Scheiterns der Verhandlungen (vgl. nur BAG AP GG Art. 9 Arbeitskampf Nr. 108). Trotz des für die Durchführung von Arbeitskampfmaßnahmen geltenden Ultima-Ratio-Prinzips werden demnach nur minimale Anforderungen an die Feststellung des Scheiterns der Verhandlungen gestellt. Die gerichtliche Kontrolle beschränkt sich insoweit auf die Funktion einer Missbrauchskontrolle.

Die Einführung des Schriftformerfordernisses für die Einleitung des Schlichtungsverfahrens kann dazu führen, dass die Gewerkschaft einerseits einen (Warn-)Streik durchführt und damit konkludent das Scheitern der Verhandlungen erklärt, andererseits aber mangels schriftlicher Erklärung des Scheiterns der Verhandlungen für das Schlichtungsverfahren noch nicht von gescheiterten Verhandlungen ausgegangen werden darf. Diese Situation ist in der Praxis häufig auch so gewünscht. Trotz aller wirtschaftlichen Schäden, die ein Streik verursacht, kann es für die Arbeitgeberseite aus taktischen Gründen sinnvoll sein, die Gewerkschaft zunächst streiken zu lassen, bevor eine Einigung erzielt wird. Die Gewerkschaft kann dann – insbesondere in der internen Kommunikation – ausführen, das Verhandlungsergebnis sei nur dem Streikdruck zu verdanken und die gewerkschaftliche Betätigung aller Mitglieder habe sich damit wieder zum Vorteil aller ausgewirkt.

Abzuraten ist hingegen von einer Regelung, wonach das Scheitern der Verhandlungen der beidseitigen Feststellung bedarf. Das Missbrauchsrisiko, durch die Verweigerung einer entsprechenden Erklärung den weiteren Fortgang der Verhandlungen oder gar einen Arbeitskampf hinauszuzögern, liegt auf der Hand. Eine solche Schlichtungsvereinbarung wäre in der Praxis wertlos.

6. Erklärungsempfänger. Da sich bei der vereinbarten Schlichtung die Einrichtung einer ständigen Schlichtungsstelle in aller Regel nicht lohnen dürfte, ist das **Verlangen an die andere Partei** zu richten.

7. Schriftform der Anrufung. Die Vereinbarung der Schriftform hinsichtlich des Schlichtungsverlangens empfiehlt sich aus Beweisgründen.

8. Zweck und Inhalt der Schlichtung. Das Schlichtungsverfahren ist von großer praktischer Bedeutung und dient dem Zweck die Kosten und Schadensfolgen von Arbeitskämpfen zu vermeiden. Nicht nur die Allgemeinheit, sondern auch die Koalitionen selbst sind grundsätzlich an friedlichen Lösungen interessiert (ErfKomm/*Dieterich* Art. 9 GG Rn. 283; *Otto*, Arbeitskampf- und Schlichtungsrecht, § 20 Rn. 5). Während des Schlichtungsverfahrens sind Arbeitskampfmaßnahmen im Allgemeinen unzulässig (s. auch die vertragliche Regelung in § 6 Abs. (1) und → Anm. 27). Ziel der Schlichtung ist es, eine Einigung über tarifvertraglich zu regelnde Fragen zu erzielen. Gelingt dies nicht, wird der Arbeitskampf durch die Schlichtung zumindest hinausgezögert. Aufgrund der vor und während des Schlichtungsverfahrens geführten Verhandlungen dürfte auch die dann zur Beendigung der Arbeitskampfmaßnahmen erforderliche Einigung schneller zu erzielen sein; die wechselseitigen Positionen sind schließlich bereits ausgetauscht und denkbare Kompromisse bereits bekannt und diskutiert.

Das Schlichtungsverfahren unterliegt der **Dispositionsmaxime**. Daher bestimmen die Parteien, welche Inhalte tariflich geregelt werden müssen und damit auch den Inhalt der Schlichtung sowie der Entscheidung (*Otto*, Arbeitskampf- und Schlichtungsrecht, § 21 Rn. 11). Gegenstand der tariflichen Schlichtung können sowohl normative (§ 1 Abs. 1 Alt. 2 TVG) als auch schuldrechtliche Regelungen (§ 1 Abs. 1 Alt. 1 TVG) sein (*Otto*, Arbeitskampf- und Schlichtungsrecht, § 21 Rn. 12).

Gegenstand der tariflichen Schlichtung können aber nur solche Regelungsbereiche sein, die nicht der Friedenspflicht unterliegen. Schwierigkeiten kann in diesem Zusammenhang die Bestimmung derjenigen **Regelungsbereiche** bereiten, die **tarifvertraglich nicht geregelt** sind und somit auch nicht von der (relativen) Friedenspflicht erfasst werden (vgl. hierzu *Stamer* ArbRAktuell 2010, 646). Ob ein Regelungsbereich bereits abschließend erfasst ist, ist durch Auslegung zu ermitteln. Umfasst sind alle Regelungen, die in einem inneren Sachzusammenhang mit dem durch die tarifliche Regelung befriedeten Bereich stehen (BAG AP Art. 9 GG Arbeitskampf Nr. 113; BAG AP Art. 9 GG Arbeitskampf Nr. 162; ErfKomm/*Franzen* § 1 TVG Rn. 83). So ist beispielsweise ein Unterstützungsstreik regelmäßig kein Verstoß gegen die (relative) Friedenspflicht, da von den Streikenden die geltenden Tarifverträge nicht in Frage gestellt, sondern andere Streikende unterstützt werden. Da tarifvertragliche Klauseln das Ergebnis von Kompromissen sind, ist regelmäßig davon auszugehen, dass die im engen sachlichen Zusammenhang stehenden Umstände mit bedacht worden sind, so dass auch diese der Friedenspflicht unterfallen und deshalb nicht Gegenstand einer tariflichen Schlichtung sein können (*Löwisch* II. C. I. 2 Rn. 360). So kann z. B. die Forderung nach Sozialleistungen von erheblichem finanziellen Umfang mit der Friedenspflicht eines weiterlaufenden Entgelttarifvertrages unvereinbar sein (*Löwisch* II. C. I. 2 Rn. 366; → Form. D. I. 10 Anm. 2). Die **Erweiterung der zu verhandelnden Regelungsbereiche** auf solche, die der Friedenspflicht unterliegen, birgt die Gefahr, dass darin die – gar konkludente – Aufhebung der bestehenden tariflichen Regelung gesehen werden könnte (*Löwisch* XI. A. IV. 1 Rn. 13; *Otto*, Arbeitskampf- und Schlichtungsrecht, § 21 Rn. 13). Das ist – ggf. durch entsprechende Protokollerklärungen – zu vermeiden.

Jedenfalls in den Fällen, in denen dem Schlichtungsspruch keine bindende Wirkung zukommt (→ Anm. 21 ff.), können die Parteien kraft ihrer Dispositionsmaxime jederzeit auch solche Regelungsbereiche zum Gegenstand einer Schlichtung machen, die bereits **tariflich geregelt** sind. Ebenso wie Tarifvertragsparteien während der Laufzeit von Tarifverträgen jederzeit über deren Änderung verhandeln können, ist es ihnen ebenso unbenommen, solche Verhandlungen – einvernehmlich – innerhalb eines Schlichtungsverfahrens zu führen (missverständlich *Löwisch* XI. A. IV. 1 Rn. 15; a. A. *Otto*, Arbeitskampf- und Schlichtungsrecht, § 21 Rn. 13).

9. Einberufung der Schlichtungsstelle. Alternativ zu der Einberufung der Schlichtungsstelle bezogen auf den konkreten Einzelfall kommt die **Einrichtung einer ständigen Schlichtungsstelle** in Betracht. Bei der vereinbarten Schlichtung dürfte dies jedoch nicht gerechtfertigt sein, da nicht mit einer entsprechenden Auslastung zu rechnen wäre.

10. Paritätische Besetzung. Schlichtungsstellen bestehen regelmäßig aus einer bestimmten Anzahl von stimmberechtigten Beisitzern und einem Vorsitzenden. Der Rolle des Vorsitzenden kann dabei eine unterschiedliche Bedeutung zukommen: Er kann der nicht stimmberechtigte Moderator sein oder als stimmberechtigtes Mitglied der Schlichtungsstelle mit seiner Stimme den Ausschlag geben können.

Bei einer tariflichen Schlichtungsvereinbarung zwischen Arbeitgeber und Gewerkschaft empfiehlt sich zur Vermeidung von Pattsituation bei der Abstimmung die Besetzung der Schlichtungsstelle mit einem **stimmberechtigten Vorsitzenden.**

Bei Schlichtungsstellen für Verbandstarifverträge wird häufig auch eine **Besetzung** vereinbart, bei der der Vorsitzende nur die Rolle eines **nicht stimmberechtigten Moderators** auszufüllen hat. Dies ist jedoch nur vor dem Hintergrund sinnvoll, dass bei der verbandlichen Schlichtung die Beisitzer von den Parteien der Schlichtungsvereinbarung bestimmt werden, die mit den streitenden Tarifvertragsparteien nicht identisch sein müssen. Die Beisitzer gehören also nicht unbedingt den streitenden Parteien an, so dass bereits sie zu einer Befriedung und Versachlichung der festgefahrenen Verhandlungen auch unabhängig von der Person und Autorität des Vorsitzenden beitragen können.

Dies ist bei der vereinbarten Schlichtung anders, bei der es sich um eine **Fortführung der Verhandlungen mit Unterstützung durch den Vorsitzenden** handelt. Es ist deshalb notwendig, diesem auch ein Stimmrecht zuzugestehen, um ihm die erforderliche Autorität zu verleihen und durch Verhinderung einer Pattsituation ein Schlichtungsergebnis herbeizuführen. Um andererseits eine zu starke Abhängigkeit von dem Vorsitzenden zu vermeiden, ist zum Ausgleich von einer unmittelbar verbindlichen Mehrheitsentscheidung der Schlichtungsstelle abzuraten (→ Anm. 24).

Eine gänzlich andere Besetzung wird bisweilen ebenfalls genutzt: Die Besetzung der Schlichtungsstelle mit einer paritätischen Anzahl von Beisitzern für jede Seite sowie zwei „Schlichtern", von denen jede Seite jeweils einen benennen kann (vgl. *Otto*, Arbeitskampf- und Schlichtungsrecht, § 21 Rn. 5 f.).

Zwei Beisitzer je Seite dürften zur Wahrung der Interessen der Parteien ausreichen. Hierdurch wird mit insgesamt fünf Personen ein funktionsfähiges Gremium geschaffen. Gleichwohl sind die Gremien in der Praxis häufig größer.

11. Frist für Benennung des Vorsitzenden. Abgesehen von der Frist von einer Woche für die einvernehmliche Einigung auf einen Vorsitzenden enthält die Klausel mit dem Begriff der „unverzüglichen Benennung" durch den Präsidenten des LAG im Falle fehlender Einigung und dem Erfordernis der „unverzüglichen Einberufung" der Schlichtungsstelle durch den Vorsitzenden lediglich nicht konkret definierte zeitliche Vorgaben. Dies hat den Sinn, dass die Parteien das Schlichtungsverfahren nicht bereits durch ein zögerliches Verhalten bei der Benennung des Vorsitzenden unterlaufen können. Die fehlende konkrete zeitliche Befristung für die Benennung des Vorsitzenden durch den LAG-Präsidenten und für die Einberufung der ersten Sitzung basiert auf der Überlegung, dass zu strenge Fristen nicht dazu geeignet sind, die konkreten Gegebenheiten zu beachten. Es soll nicht das Risiko geschaffen werden, dass die Schlichtung an zu **strengen formalen Vorgaben** scheitern kann. Weder der Präsident des LAG noch der Vorsitzende dürften ein eigenes Interesse an der Verschleppung des Schlichtungsverfahrens haben.

12. Einvernehmliche Einigung auf einen Vorsitzenden. Die beiderseitige Einigung auf einen Vorsitzenden sollte vorrangig versucht werden, weil dies die **Akzeptanz seiner Verhandlungsführung und seiner Entscheidungen** stärkt. Den Fortgang des Schlichtungsverfahrens von dieser Einigung abhängig zu machen, wäre jedoch übertrieben und würde nur dazu führen, im Ergebnis doch ein von der beiderseitigen Zustimmung abhängiges Schlichtungsverfahren einzuführen. Hierdurch würde zu frühzeitig die Chance vergeben, die häufig sehr konstruktive und befriedende Mitwirkung des unparteiischen Vorsitzenden an den Verhandlungen zu nutzen.

13. Benennung durch einen Dritten. Eine Benennung des Vorsitzenden durch das Arbeitsgericht, wie es § 76 Abs. 2 S. 2 BetrVG für den Fall der Einigungsstelle vorsieht, kommt mangels einer entsprechenden Rechtsgrundlage nicht in Betracht. Die Bestimmung des Vorsitzenden durch einen unabhängigen Dritten auf Basis einer Vereinbarung zwischen den Parteien unterliegt aber keinen Bedenken. Der Dritte kann zur Ausübung des ihm zugestandenen Bestimmungsrechtes allerdings nicht gezwungen werden.

14. Austauschbarkeit der Parteivertreter. Bei den Beisitzern muss es sich nicht um Organe oder Mitarbeiter der Tarifvertragsparteien handeln. Im Rahmen einer vereinbarten Schlichtung ist dies jedoch zumindest für die Arbeitgeberseite zu empfehlen (→ Anm. 10). Angesichts der zu schlichtenden Tarifvertragsverhandlungen, die konkret bezogen auf das Unternehmen des Arbeitgebers geführt werden, gewährleisten nur Unternehmensangehörige die erforderliche Interessenvertretung, sowie die erforderliche Kenntnis der unternehmensinternen Gegebenheiten.

Da die Interessenvertretung durch die **Beisitzer** im Vordergrund steht und nicht die der Funktion des Vorsitzenden angenäherte schlichtende Tätigkeit, die ein außenstehender Dritter eher erfüllen würde, empfiehlt sich die Vereinbarung einer **jederzeitigen Austauschbarkeit**, um eine Verzögerung des Verfahrens wegen höchstpersönlicher Verhinderung zu vermeiden. Die Unabhängigkeit der Schlichtungsstelle wird hierdurch nicht unangemessen berührt. Zum einen handelt es sich bei der vereinbarten Schlichtung letztlich um die Fortsetzung der bislang gescheiterten Tarifverhandlungen unter anderen Umständen, so dass eine völlige Unabhängigkeit von den widerstreitenden Interessen der Parteien nicht gegeben sein muss. Zum anderen wird die gebotene Selbständigkeit der Schlichtungsstelle, die ein Loslösen von den verfahrenen anfänglichen Verhandlungen ermöglichen soll, durch den Vorsitzenden gewährleistet.

Hinsichtlich der Person des **Vorsitzenden** ist die Austauschbarkeit hingegen nicht zu empfehlen. Zum einen ist das Verfahren zu seiner Benennung langwieriger. Zum anderen ist der Schlichtungserfolg gerade von der Person des Vorsitzenden abhängig. Im Falle seines **unvorhergesehenen Ausfalls,** z. B. aufgrund von längerfristiger Krankheit, hätten die Parteien immerhin die Möglichkeit, ein erneutes Schlichtungsverfahren einzuleiten. Damit dürfte der unvorhergesehenen Verhinderung des Vorsitzenden ausreichend Rechnung getragen sein. Es ist davon auszugehen, dass die Parteien und der Präsident des LAG bei der Wahl des Vorsitzenden auf dessen Verfügbarkeit Rücksicht nehmen und diese vorab klären werden.

15. Ausschluss der Öffentlichkeit. Der Ausschluss der Öffentlichkeit ist nicht zwingend. Er entspricht aber der Praxis (beispielsweise § 6 Abs. 1 Schlichtungsabkommen für das Baugewerbe; *Otto*, Arbeitskampf- und Schlichtungsrecht, § 21 Rn. 16; eine Übersicht über die wichtigsten Schlichtungsabkommen findet sich bei *Däubler* § 17 II 4; *Knevels* ZTR 1988, 414; *Otto*, Arbeitskampf- und Schlichtungsrecht, § 20 Rn. 25). Es wäre auch nicht sinnvoll, z. B. den betroffenen Mitarbeitern oder gar Pressevertretern den Zugang zu Verhandlungen zu ermöglichen, bei denen nicht nur regelmäßig **betriebliche und betriebswirtschaftliche Interna** zur Sprache kommen, sondern darüber hinaus zwischen den Tarifvertragsparteien oft genug „außerhalb des Protokolls" gesprochen und verhandelt wird.

Sinnvoll ist es aber, Ausnahmen zu ermöglichen, damit nicht die Anwesenheit „unproblematischer Personen" wie z. B. einer Sekretärin oder Assistentin bereits zu Formfehlern führen kann. Es empfiehlt sich hierüber aus Beweisgründen ein schriftlicher Vermerk. Der Zulassung von Ausnahmen von dem Ausschluss der Öffentlichkeit haben gemäß § 3 Abs. (1) S. 2 alle Anwesenden zuzustimmen.

16. Verfahrensgestaltung. Die Parteien haben grundsätzlich die Wahl zwischen dem Dispositions- und dem Untersuchungsgrundsatz (*Otto*, Arbeitskampf- und Schlichtungsrecht, § 21 Rn. 15). Da der Schlichtungsstelle hinsichtlich der **Beibringung von Auskünf-**

ten aber keine Zwangsmittel zur Verfügung stehen, ist nur die Vereinbarung des **Dispositionsgrundsatzes** sinnvoll. Der Dispositionsgrundsatz gibt den Parteien zwar die Möglichkeit, durch das nicht ausreichende Beibringen von Informationen die Verhandlungen zu erschweren oder auch unmöglich zu machen. Dieses Problem ist aber zum einen aus dem Grund hinzunehmen, weil sie dies angesichts der fehlenden Zwangsmittel auch bei Geltung des Untersuchungsgrundsatzes könnten und zum anderen, weil sie im Ergebnis sowieso die Schlichtung scheitern lassen können (→ Anm. 21–26).

Grundsätzlich dürfen **grundlegende Verfahrensprinzipien** nicht außer Acht gelassen werden (*Otto*, Arbeitskampf- und Schlichtungsrecht, § 21 Rn. 14). Dies gilt insbesondere für den Grundsatz des **rechtlichen Gehörs.**

Es ist jedoch nicht erforderlich, aus diesem Grunde zusätzliche Klauseln aufzunehmen, die z.B. ein Anhörungsrecht der Parteien oder die Pflicht des Vorsitzenden, eine gütliche Einigung zu versuchen, festhalten. Da ohne diese Rechte und Pflichten eine Schlichtung keinen Erfolg haben kann, werden sie von dem Vorsitzenden auch ohne entsprechende Klausel gewährt und eingehalten werden.

17. Verfahrensleitung. Die vorgeschlagene weitgehende Freiheit für den Vorsitzenden soll eine an die konkreten Umstände anpassbare **flexible Verfahrensgestaltung** ermöglichen und das **Risiko späterer Formfehler** minimieren.

Zu den Aufgaben des Vorsitzenden gehört auch die Entscheidung über die Form der Zustellung von Beschlüssen. Auch hierzu könnten Vorgaben in der Praxis eher hinderlich sein, da Zustellungen i.d.R. durch einfache Übergabe an die anwesenden Vertreter und schriftlichen Vermerk darüber erfolgen können.

Ebenso steht die Entscheidung über das Führen eines Sitzungsprotokolls im pflichtgemäßen Ermessen des Vorsitzenden. Ein solches Protokoll ist dann zu empfehlen, wenn Vermerke über die Anwesenheit dritter Personen (vgl. § 3 Abs. (1) S. 2), Zustellungen oder Ähnliches aus Beweisgründen erforderlich werden.

Es gehört auch zu den Aufgaben des Vorsitzenden, darauf zu achten, dass der zulässige Regelungsgegenstand nicht überschritten wird (s. Anm. 8; *Otto*, Arbeitskampf- und Schlichtungsrecht, § 21 Rn. 13)

18. Beschlussfähigkeit. Die Regelung bezweckt, ein **Unterlaufen der Verhandlungen** zu verhindern. Zwar haben die Parteien durch das Erfordernis der einstimmigen Beschlussfassung und der beiderseitigen nachträglichen Genehmigung (→ Anm. 21–26) ohnehin die Möglichkeit, die Verhandlungen scheitern zu lassen. Es ist aber vorzugswürdig, wenn sie dies im Rahmen einer Abstimmung klar und eindeutig tun, weil dann auch die Rechtsfolge feststeht (Scheitern der Schlichtung und somit Ende der Friedenspflicht, → Anm. 27–30).

Theoretisch wäre durch die hier vorgeschlagene Regelung zwar ein „Ein-Mann-Schlichtungsspruch" allein durch den Vorsitzenden möglich, wenn überhaupt keine Beisitzer erscheinen. Von dieser Möglichkeit dürfte ein vernünftiger Vorsitzender jedoch kaum Gebrauch machen. Den Parteien entstünde durch einen solchen Spruch jedenfalls kein Nachteil, da er gemäß § 5 Abs. (2) ohne ihre nachträgliche Genehmigung nicht bindend wäre.

19. Stimmenthaltung. Auch die Regelung über die Stimmenthaltung soll dazu dienen, ein destruktives Unterlaufen der Verhandlungen zu verhindern.

20. Schriftform; Unterschrift des Vorsitzenden. Allgemein zum Schriftformerfordernis → Form. D. II. 2 Anm. 2.

Dem Schriftformerfordernis kommt der Zweck der Beweisführung zu. Streitigkeiten über den Inhalt von Entscheidungen können so vermieden werden. Zudem ist die Schriftform teilweise konstitutiv. So bedarf es für den einstimmigen Schlichtungsspruch (s. § 5 Abs. (1)) und die nachträgliche Genehmigung eines mangels Einstimmigkeit zunächst unverbindlichen

Schlichtungsspruches (s. § 5 Abs. (2)) wegen § 1 Abs. 2 TVG der Schriftform, da die Entscheidung ansonsten nicht verbindlich werden könnte (*Löwisch* XI. B. II. 6 Rn. 45, 49; *Otto*, Arbeitskampf- und Schlichtungsrecht, § 21 Rn. 20). Ersetzt die tarifliche Schlichtungsstelle die Einigungsstelle nach § 76 Abs. 8 BetrVG, so ist die Schriftform ebenfalls konstitutiv. Ein vom Vorsitzenden der Einigungsstelle nicht unterzeichneter Einigungsstellenspruch ist unwirksam und kann auch nicht geheilt werden (BAG NZA-RR 2011, 526).

21. Einstimmiger Beschluss. Die Klausel sieht vor, dass eine sofortige Verbindlichkeit des Schlichtungsspruches nur bei einem einstimmigen Beschluss aller Mitglieder in Betracht kommt. In diesem Fall ist die Verbindlichkeit gerechtfertigt (*Otto*, Arbeitskampf- und Schlichtungsrecht, § 21 Rn. 21 ff.). Die Gefahr, dass eine Seite nur mittels der Stimme des Vorsitzenden, überstimmt wird, ist in diesem Fall nicht gegeben. Trotz der Einstimmigkeit noch zusätzlich eine nachträgliche Genehmigung zu verlangen, wäre eine bloße Formalie. Dies gilt, obwohl viele Gewerkschaften vorsehen, dass der Tarifvertragsabschluss der Zustimmung eines bestimmten, satzungsmäßigen Gremiums (kleine oder große Tarifkommission u. Ä.) bedarf. In einem solchen Falle werden die von der Gewerkschaftsseite entsandten Mitglieder der Schlichtungsstelle nämlich nur dann ihre Zustimmung zum Schlichtungsergebnis geben, wenn sie sich innerhalb eines zuvor eingeräumten Verhandlungsspielraumes bewegen oder das entsprechende Gremium vor der Abstimmung in der Schlichtungsstelle Gelegenheit zur Stellungnahme hatte.

22. Wirkung des Schlichtungsspruches. Schlichtungssprüche, die in den Anwendungsbereich von § 1 Abs. 1 Alt. 2 TVG fallende Regelungen enthalten, gelten wie sonstige tarifvertragliche Bestimmungen **normativ und zwingend** (BAG AP TVG § 1 Tarifverträge: Schuhindustrie Nr. 2). Dies gilt unabhängig davon, ob die tarifvertragliche Wirkung durch Annahme des Schlichtungsspruches durch die Tarifvertragsparteien oder durch einen unmittelbaren Tarifvertragsabschluss zwischen den Parteien zustande kommt. Der bindende Schlichtungsspruch hat somit die Wirkung eines Tarifvertrages und ersetzt den Tarifvertrag wie der Spruch der Einigungsstelle die Betriebsvereinbarung im erzwingbaren Einigungsstellenverfahren (*Löwisch* XI. A. 1. 2; *Otto*, Arbeitskampf- und Schlichtungsrecht, § 21 Rn. 29 f.).

23. Schriftform für die Genehmigung. → Anm. 20.

24. Genehmigung bei Mehrheitsbeschluss. Wird die Entscheidung nur mehrheitlich getroffen, kann eine Verbindlichkeit – abgesehen vom unwahrscheinlichen Fall der vorherigen Unterwerfung unter den Schlichtungsspruch – nur mittels einer **Genehmigung** hergestellt werden (MünchHdbArbR/*Ricken* § 209 Rn. 5; *Otto*, Arbeitskampf- und Schlichtungsrecht, § 21 Rn. 22). Die Genehmigung wird sowohl durch Zugang bei der anderen Partei als auch bei der Schlichtungsstelle (dem Vorsitzenden) wirksam. Auch durch die Genehmigung erlangt der Schlichtungsspruch die Wirkung eines Tarifvertrages (*Otto*, Arbeitskampf- und Schlichtungsrecht, § 21 Rn. 30). Die Genehmigung muss von hierzu berechtigten oder entsprechend bevollmächtigten Vertretern der Parteien erklärt werden.

25. Frist für die Genehmigung. Die Frist dient der Straffung des Verfahrens. Die Parteien erhalten so rasch **Klarheit** darüber, ob die Schlichtung gescheitert ist (→ Anm. 27 ff.) oder Erfolg hatte.

26. Genehmigung bei einstimmigem Beschluss. Die zusätzliche Genehmigung ist auch im Falle des einstimmigen und damit sofort verbindlichen Schlichtungsspruches zu empfehlen.

Sie hat zum einen den Vorteil, dass durch sie **Formfehler** grundsätzlich geheilt werden können. Die vorgeschlagenen Klauseln verhindern mögliche Formfehler allerdings bereits sehr weitgehend. Des Weiteren führen Formfehler nur dann zu einer Unwirksamkeit, wenn sie für die Entscheidung kausal gewesen sein können. Etwas anderes kann allerdings bei schwerwiegenden Formfehlern gelten. Deren Heilung dürfte ihre Kenntnis seitens der Parteien voraussetzen (*Otto*, Arbeitskampf- und Schlichtungsrecht, § 21 Rn. 37).

Des Weiteren heilt die nachträgliche Genehmigung aber auch eventuelle Unwirksamkeiten aufgrund von **Kompetenzüberschreitungen** hinsichtlich des zulässigen Gegenstandes der Schlichtung, (→ Anm. 8 sowie *Otto*, Arbeitskampf- und Schlichtungsrecht, § 21 Rn. 32) weil die Parteien hierdurch erkennen lassen, dass sie den bestehenden Tarifvertrag insoweit abändern wollen. Dies setzt allerdings die Kenntnis der Parteien von der Unwirksamkeit voraus (unter Hinweis auf § 141 BGB *Otto*, Arbeitskampf- und Schlichtungsrecht, § 21 Rn. 37).

27. Friedenspflicht. Grundsätzlich folgt aus dem Verhältnismäßigkeitsgrundsatz, dass **Arbeitskampfmaßnahmen** erst ergriffen werden dürfen, wenn auch der von einer Tarifvertragspartei verlangte Schlichtungsversuch nicht zum Ziel geführt hat (*Löwisch* XI. A. III. 2 Rn. 11; ErfKomm/*Dieterich* Art. 9 GG Rn. 284; vgl. zur Friedenspflicht *Stamer* ArbRAktuell 2010, 646; → Form. D. I. 3 Anm. 3). Zusätzlich folgt dies aus dem Parteiwillen. Denn Schlichtungsabkommen, die einen Schlichtungszwang vorsehen, sind regelmäßig dahingehend zu verstehen, dass sie Kampfmaßnahmen für die Dauer des Schlichtungsverfahrens nicht zulassen (*Löwisch* XI. A. IV. 2 Rn. 16). Dabei ist regelmäßig von einem **umfassendem Verbot** auszugehen; nicht erfasst werden hingegen **vorbereitende Maßnahmen**, wie zum Beispiel die Urabstimmung (*Löwisch* XI. A. IV. 2 Rn. 19, 20).

Aus diesem Grund ist die ausdrückliche Vereinbarung der Friedenspflicht nicht notwendig. Sie ist jedoch üblich und zur Klarstellung empfehlenswert (MünchHdbArbR/*Ricken* § 209 Rn. 2).

Mit dem **Scheitern des Schlichtungsverfahrens** werden **Arbeitskampfmaßnahmen** (wieder) zulässig.

28. Befristung der Schlichtungsverhandlungen. Eine Befristung ist nicht erforderlich, aber ratsam, um zu langwierige und gegebenenfalls nicht mit der erforderlichen Ernsthaftigkeit betriebene Verhandlungen zu vermeiden. Die Befristung ist auch dazu geeignet, dem Vorsitzenden und gegebenenfalls vor ihm dem Präsidenten des LAG die Dringlichkeit der Schlichtung zu verdeutlichen. Die Befristung ist zu der alternativen Möglichkeit, eine maximale Anzahl von tatsächlichen Verhandlungsterminen anzuordnen, vorzugswürdig, da auf diesem Wege die Gestaltung der Verhandlungen nach Anzahl und Dauer flexibel und je nach den konkreten Erfordernissen gestaltet werden kann.

Die Erklärung des Scheiterns durch den Vorsitzenden verhindert ein **formales Abwarten** der Frist, wenn dieser erkennt, dass eine oder auch beide Seiten zu einer einvernehmlichen Regelung nicht bereit sind.

Nicht vereinbart werden sollte, dass die Verhandlungen auch nach einer entsprechenden Feststellung einer oder beider Parteien als gescheitert gelten. Hierdurch könnte wiederum der vorgeschlagene Weg eines Schlichtungsverfahrens, das bereits auf Antrag nur einer Partei obligatorisch durchzuführen ist, vereitelt werden.

29. Sechs-Wochen-Frist. Die hier vorgeschlagene Frist von insgesamt sechs Wochen gerechnet ab dem Verlangen einer tariflichen Schlichtung ist im Vergleich zu den bei der verbandlichen Schlichtung üblichen Fristen eher lang (z. B. Vereinbarung über ein Schlichtungsverfahren vom 26.4.1995 zwischen der Bundesrepublik Deutschland u. a. und der Gewerkschaft ÖTV u. a., abgedruckt bei *Löwisch* Anhang 3: sechs Tage nach dem erstmaligen Zusammentreten; Schlichtungsabkommen für das Baugewerbe in der Bundesrepublik Deutschland und im Land Berlin vom 12.3.1979, abgedruckt bei *Löwisch* Anhang 4: 14 Tage nach dem erstmaligen Zusammentreten). Die Frist beginnt allerdings bereits ab dem **Verlangen einer tariflichen Schlichtung**. Die Einbeziehung der für die Einberufung der nicht-ständigen Schlichtungsstelle erforderlichen Organisationsphase dient dem Zweck, auch insoweit einen zeitlichen Druck aufzubauen.

Zum Ausgleich für die vergleichsweise lange Frist fehlt es an einer Klausel, wonach das Verfahren **auszusetzen** ist, wenn die Parteien außerhalb des Schlichtungsverfahrens wieder in Tarifverhandlungen eintreten. Dies ist zusätzlich darin begründet, dass die vereinbarte Schlichtung, anders als die verbandliche Schlichtung, als **Fortführung der Tarifvertragsverhandlungen mit anderen äußeren Vorgaben** anzusehen ist, weshalb zusätzliche Tarifvertragsverhandlungen zwischen anderen, nicht der Schlichtungsstelle angehörenden Parteivertretern nicht sinnvoll wären. Aus diesem Grund sind sie auch nicht wahrscheinlich, so dass ihnen nicht durch eine Aussetzungsklausel Rechnung getragen werden muss.

Des Weiteren fehlt auch die häufig in verbandlichen Schlichtungsabkommen verwendete Klausel, wonach sich an die gescheiterte Schlichtung eine weitere, der Friedenspflicht unterliegende Verhandlungsphase zwischen den Tarifvertragsparteien anschließen muss.

Aus diesen Gründen ist die **Frist von sechs Wochen angemessen**, um stringente, aber nicht unter einem unnötigen Zeitdruck stehende Schlichtungsverhandlungen zu ermöglichen. Um der Schlichtungsstelle darüber hinaus eine Möglichkeit zu eröffnen, das Scheitern trotz unmittelbar bevorstehender Einigung zu verhindern, ist ihr die einmalige Verlängerung der 6-Wochen-Frist gestattet.

30. Befristung bei einfacher Mehrheitsentscheidung. Die Befristung nach § 6 Abs. (3) verhindert einerseits ein unsinniges Abwarten der Sechs-Wochen-Frist nach Ablauf der Frist des § 5 Abs. (2) S. 2 und andererseits, dass die Schlichtung nach § 6 Abs. (2) als gescheitert gilt, obwohl die Frist nach § 5 Abs. (2) S. 2 noch läuft. Die Regelung kann also sowohl eine Verkürzung als auch eine Verlängerung der Sechs-Wochen-Frist bewirken.

31. Kosten. Die hier vorgeschlagene Regelung entspricht der Praxis (*Otto*, Arbeitskampf- und Schlichtungsrecht, § 21 Rn. 4).

32. Laufzeit. → Form. D. II. 2.

33. Nachwirkung. Da Schlichtungsabkommen keine normativ wirkenden Bestimmungen enthalten, sondern nur schuldrechtliche Rechte und Pflichten der Tarifvertragsparteien, tritt nach ihrer Beendigung **keine Nachwirkung gemäß § 4 Abs. 5 TVG** ein (Schaub/*Treber* § 196 Rn. 12).

34. Salvatorische Klausel. → Form. D. I. 1, dort unter § 9. Da umstritten ist (vgl. Nachweise bei *Teusch* S. 152), wie weit das Verfahren vor der Schlichtungsstelle von dem Verfahren vor der Einigungsstelle abweichen darf, empfiehlt sich die Aufnahme einer sog. salvatorischen Klausel. Damit ist auch bei Aufnahme risikobehafteter Regelungen der Bestand des Vertragswerkes in seiner Gesamtheit so weit wie möglich gewährleistet.

35. Unterschrift. Zur Unterschrift → Form. D. II. 2 Anm. 2.

10. Tarifsozialplan

Tarifsozialplan[1]

zwischen

. . . . . . (Name und Anschrift der Gesellschaft) „Gesellschaft“[2]

und

. . . . . . (Name und Anschrift der Gewerkschaft) „Gewerkschaft“

Präambel[3, 4]

§ 1 Betriebsstilllegung

(1) Die Gesellschaft beabsichtigt, den Betrieb ...... zum ...... zu schließen.

(2) Zum Ausgleich und zur Milderung der wirtschaftlichen Nachteile der von der Stilllegung betroffenen Mitarbeiter schließen die Parteien nachfolgenden Tarifsozialplan.

§ 2 Geltungsbereich

(1) Dieser Tarifsozialplan gilt für alle Mitarbeiter der Gesellschaft (einschließlich Mitarbeitern, die sich in Mutterschutz oder Elternzeit befinden), die zum Zeitpunkt der Unterzeichnung dieses Tarifsozialplanes in einem ungekündigten Arbeitsverhältnis stehen und deren Arbeitsplatz von der geplanten Betriebsstilllegung betroffen ist.[5]

(2) Dieser Tarifsozialplan gilt nicht für Mitarbeiter,

- die in einem Probearbeitsverhältnis stehen,
- die die Wartezeit nach § 1 Abs. 1 KSchG noch nicht erfüllt haben,
- die in einem befristeten Arbeitsverhältnis stehen und deren Arbeitsverhältnis wegen der Befristung endet,
- deren Arbeitsverhältnis von Seiten der Gesellschaft aus personen- oder verhaltensbedingten Gründen ordentlich oder außerordentlich gekündigt wird oder deren Arbeitsverhältnis aus diesen Gründen auf sonstige Weise (z. B. durch Aufhebungsvertrag) endet oder denen gegenüber die Gesellschaft sonstige personelle Maßnahmen (z. B. Versetzung) aus diesen Gründen ergreift,
- deren Arbeitsverhältnis aufgrund einer Eigenkündigung oder eines Aufhebungsvertrages endet, ohne dass dies von Seiten der Gesellschaft im Hinblick auf die geplante Betriebsstilllegung veranlasst ist,
- die einen Anspruch auf (vorzeitige, gekürzte oder ungekürzte) Altersrente aus der gesetzlichen Rentenversicherung (§§ 35, 235 SGB VI bzw. §§ 36, 236 SGB VI) haben,
- die leitende Angestellte i. S. d. § 5 Abs. 3, 4 BetrVG sind.

(3) Abweichend von Abs. (2) finden § 4 (Leistungen bei Arbeitsplatzwechsel) und § 7 (Sonderfonds für Härtefälle) auf die in Abs. (2) Punkt 1 bis 3 genannten Mitarbeiter Anwendung. Zudem findet abweichend von Abs. (2) § 7 (Sonderfonds für Härtefälle) auf die in Abs. (2) Punkt 6 genannten Mitarbeiter Anwendung.

§ 3 Allgemeine Regelungen

(1) Entlassungen sollen nach Möglichkeit durch das Angebot der Weiterbeschäftigung auf einem freien Arbeitsplatz in einem anderen Betrieb der Gesellschaft verhindert werden.

(2) Soweit in anderen Betrieben der Gesellschaft freie Arbeitsplätze bestehen, werden diese zunächst den von der Betriebsstilllegung betroffenen Mitarbeitern angeboten. Ein solches Angebot kann auch mittels Änderungskündigung unterbreitet werden.

(3) Mitarbeiter, die ein Angebot der Gesellschaft nach Abs. (2) angenommen, selbst die Weiterbeschäftigung auf einem freien Arbeitsplatz in einem anderen Betrieb der Gesellschaft initiiert und einen entsprechenden Änderungsvertrag abgeschlossen haben oder von der Gesellschaft auf einen anderen Arbeitsplatz versetzt wurden, können Leistungen nach Maßgabe von § 4 erhalten.

(4) Mitarbeiter, die ein Angebot der Gesellschaft nach Abs. (2) nicht angenommen haben und/oder denen keine Weiterbeschäftigung auf einem anderen freien Arbeitsplatz in einem anderen Betrieb der Gesellschaft angeboten werden kann, und deren Arbeitsver-

hältnis aus diesem Grund beendet wird, erhalten eine Abfindung nach Maßgabe von § 5 und Leistungen nach § 6. Dies gilt nicht für Mitarbeiter, die vor Ausspruch der betriebsbedingten Kündigung ein Angebot der Gesellschaft auf Weiterbeschäftigung auf einem freien und zumutbaren Arbeitsplatz in einem anderen Betrieb der Gesellschaft abgelehnt haben. Die Zumutbarkeit des Arbeitsplatzes bemisst sich nach Abs. (5).

(5) Ein freier Arbeitsplatz in einem anderen Betrieb der Gesellschaft ist zumutbar, wenn

im Zeitpunkt des Angebots damit zu rechnen ist, dass der Mitarbeiter die fachlichen und persönlichen Anforderungen des anderen Arbeitsplatzes erfüllt, wobei Einarbeitungs-, Umschulungs- oder Weiterbildungsmaßnahmen, deren voraussichtliche Dauer sechs Monate nicht übersteigt, von der Gesellschaft ermöglicht werden und zu berücksichtigen sind, und

der Brutto-Monatsverdienst des Mitarbeiters für seine Tätigkeit am neuen Arbeitsplatz mindestens ...... Prozent des von ihm im letzten Monat seiner Tätigkeit am bisherigen Arbeitsplatz bezogenen Brutto-Monatsverdienstes beträgt, wobei sich der Brutto-Monatsverdienst für seine bisherige Tätigkeit und für die Tätigkeit am neuen Arbeitsplatz nach § 5 Abs. (5) bemisst und

die Weiterbeschäftigung auf dem freien Arbeitsplatz für den Mitarbeiter nicht zu einem sozialen Härtefall führt. Ein sozialer Härtefall ist gegeben, wenn der Mitarbeiter schwerbehinderte oder pflegebedürftige Angehörige betreuen muss.

§ 4 Leistungen bei Arbeitsplatzwechsel

(1) Entstehen für einen Mitarbeiter infolge eines Arbeitsplatzwechsels nach § 3 Abs. (3) höhere Fahrtkosten, so zahlt die Gesellschaft für die Dauer von ...... Monaten einen Fahrtkostenzuschuss, wenn die einfache Wegstrecke zwischen dem (unveränderten) Wohnsitz des Mitarbeiters und dem neuen Arbeitsplatz die bisherige Wegstrecke zwischen dem Wohnsitz des Mitarbeiters und dem alten Arbeitsplatz um mindestens ...... km Luftlinie übersteigt. Die Höhe des Zuschusses beträgt ...... Prozent der nachgewiesenen Mehrkosten.

(2) Verlegt ein Mitarbeiter innerhalb von ...... Monaten seit einem Arbeitsplatzwechsel nach § 3 Abs. (3) seinen Wohnsitz zu dem neuen Arbeitsplatz, erstattet die Gesellschaft entstandene und nachgewiesene Umzugskosten in Höhe von maximal ...... EUR (in Worten: ...... Euro).

§ 5 Abfindung

(1) Mitarbeiter, deren Arbeitsverhältnis wegen der Maßnahmen endet, erhalten für den Verlust ihres Arbeitsplatzes eine Abfindung nach Maßgabe der Abs. (2) bis (9) („Abfindung"). Dies gilt nicht für Mitarbeiter, die ein Angebot der Gesellschaft (auch mittels Änderungskündigung) auf Weiterbeschäftigung auf einem freien und zumutbaren Arbeitsplatz in einem anderen Betrieb der Gesellschaft abgelehnt haben, wobei sich die Zumutbarkeit des Arbeitsplatzes nach § 3 Abs. (5) bemisst.

(2) Die Abfindung setzt sich zusammen aus einem

- Grundbetrag (Abs. (3))
- Zuschlag für Unterhaltsverpflichtungen (Abs. (7))
- Zuschlag für schwerbehinderte Mitarbeiter (Abs. (8)).

(3) Der Grundbetrag der Abfindung berechnet sich nach folgender Formel:

$$\frac{\text{Lebensalter} \times \text{Betriebszugehörigkeit} \times \text{Brutto-Monatsverdienst}}{45}$$

(4) Das Lebensalter und die Betriebszugehörigkeit ermitteln sich nach den zum Zeitpunkt der Beendigung des Arbeitsverhältnisses vollendeten Jahren.

(5) Als Brutto-Monatsverdienst im Sinne dieses Sozialplans gilt die im letzten Monat vor Beendigung des Arbeitsverhältnisses bezogene Vergütung. Dazu zählen ausschließlich: Grundgehalt, Gratifikationen, Sonderzahlungen, sonstige Boni und vermögenswirksame Leistungen, wobei Gratifikationen, Sonderzahlungen und sonstige Boni anteilig zu berücksichtigen sind. Zur Vergütung zählen insbesondere nicht: Sachbezüge, Fahrtkostenzuschüsse, Vergütungen für Mehrarbeit und Zuschläge für Schicht-, Nacht-, Wochenend- und Feiertagsarbeit, Jobtickets und Zuschüsse für Kinderbetreuung. Befindet sich der Mitarbeiter zum Zeitpunkt der Beendigung des Arbeitsverhältnisses in Elternzeit, sind die Sätze 1 bis 3 mit der Maßgabe anzuwenden, dass auf den letzten Monat vor dem Beginn der Elternzeit abgestellt wird.

(6) Der Grundbetrag nach Abs. (2) ist auf nachfolgende Höchstbeträge begrenzt, die unabhängig voneinander zu ermitteln sind und von denen der niedrigste Höchstbetrag maßgeblich ist:

- Die Höhe der Grundabfindung ist auf die Summe der Brutto-Monatsverdienste begrenzt, die zwischen dem Zeitpunkt der Beendigung des Arbeitsverhältnisses und dem Zeitpunkt liegen, ab dem der Mitarbeiter einen Anspruch auf (vorzeitige, gekürzte oder ungekürzte) Altersrente aus der gesetzlichen Rentenversicherung (§§ 35, 235 SGB VI bzw. §§ 36, 236 SGB VI) und/oder eine mit ihr vergleichbare Leistung (Leistung einer Versicherungs- oder Versorgungseinrichtung oder eines Versicherungsunternehmens, wenn der Mitarbeiter von der Versicherungspflicht befreit ist, sowie Knappschaftsausgleichsleistungen und ähnliche Leistungen öffentlich-rechtlicher Art) in Anspruch nehmen kann. Die Berechnung des Brutto-Monatsverdienstes erfolgt nach Abs. (5).
- Die Grundabfindung ist auf einen Höchstbetrag von ...... EUR (in Worten: ...... Euro) begrenzt.

(7) Mitarbeiter erhalten je unterhaltsberechtigtem Kind, das auf der Lohnsteuerkarte eingetragen ist, einen Kinderzuschlag in Höhe von ...... EUR (in Worten: ...... Euro). Für einen Ehepartner oder Lebenspartner i. S. d. LPartG erhält der Mitarbeiter einen Zuschlag in Höhe von ...... EUR (in Worten: ...... Euro). Maßgebend für das Vorliegen der Voraussetzungen nach S. 1 und 2 ist der Zeitpunkt der Beendigung des Arbeitsverhältnisses. Für jedes Kind bzw. eine Ehe-/Lebenspartnerschaft wird der Zuschlag nur einmal gezahlt.

(8) Mitarbeiter, bei denen mindestens ein Grad der Behinderung von 50 i. S. d. § 69 Abs. 1 SGB IX festgestellt ist, sowie Gleichgestellte erhalten einen Zuschlag, dessen Höhe sich wie folgt ermittelt:

$$\frac{\text{Grad der Behinderung} \times \text{EUR} \ldots\ldots}{100}$$

Maßgebend für die Feststellung der Schwerbehinderung bzw. Gleichstellung ist der Zeitpunkt der Beendigung des Arbeitsverhältnisses.

(9) Der Anspruch auf Abfindung entsteht mit Ausspruch der Kündigung bzw. Abschluss des Aufhebungsvertrages und ist sofort vererblich. Verstirbt ein Mitarbeiter vor der Beendigung des Arbeitsverhältnisses, so wird die Abfindung in voller Höhe an die Erben ausgezahlt.

§ 6 Jubiläumszuwendung/Freistellung

(1) Mitarbeiter, die im Jahr ...... ohne die Betriebsstilllegung ein Dienstjubiläum begehen würden, erhalten eine Jubiläumszuwendung nach den einschlägigen Regelungen der Gesellschaft.

(2) Mitarbeiter mit einer unverfallbaren Anwartschaft auf betriebliche Altersversorgung erhalten im zeitlichen Zusammenhang mit der Beendigung des Arbeitsverhältnisses eine Unverfallbarkeitserklärung (§ 4a BetrAVG).

(3) Mitarbeiter, deren Arbeitsverhältnis endet, werden in angemessenem Umfang zur Stellensuche unter Fortzahlung ihres Verdienstes von der Arbeitsleistung freigestellt.

(4) Mitarbeiter, deren Kündigungsfrist erst nach der Betriebsstilllegung abläuft, werden grundsätzlich zum Zeitpunkt der Betriebsstilllegung unter Fortzahlung des Verdienstes von der Arbeitsleistung freigestellt. Sie können jedoch bis zum Ablauf der Kündigungsfrist mit Abwicklungsarbeiten beschäftigt werden, soweit ihnen dies zumutbar ist.

§ 7 Sonderfonds für Härtefälle

(1) Zur Milderung von besonderen Härtefällen, die auf Grund der Betriebsstilllegung eintreten, steht in einem Fonds ein Betrag in Höhe von ...... EUR (in Worten: ...... Euro) zur Verfügung.

(2) Leistungen werden auf Antrag des Mitarbeiters gewährt, worin glaubhaft zu machen ist, dass den Mitarbeitern im Vergleich zu den anderen betroffenen Mitarbeitern auf Grund des Ausscheidens aus der Gesellschaft eine besondere Härte trifft. Der Antrag muss spätestens innerhalb von ...... Monaten nach Beendigung des Arbeitsverhältnisses gestellt werden. Auf entsprechende Leistungen besteht kein Rechtsanspruch.

(3) Über den Antrag entscheidet einvernehmlich eine Kommission, die sich aus je einem Vertreter der Gesellschaft und des Betriebsrates zusammensetzt.

(4) Zum ...... wird der Fonds aufgelöst. Die übrig gebliebenen Mittel fallen dann an die Gesellschaft zurück.

§ 8 Abrechnung

(1) Sämtliche Leistungen aus diesem Tarifsozialplan sind Brutto-Beträge und sämtliche Steuer hierauf sowie die Arbeitnehmeranteile zur Sozialversicherung sind vom Mitarbeiter zu tragen. Abzug und Abführung von Steuern und/oder Sozialversicherungsabgaben bestimmen sich nach den jeweils geltenden gesetzlichen Bestimmungen.

(2) Leistungen nach § 4 Abs. (1) (Fahrtkostenzuschuss) werden ab Beginn der Weiterbeschäftigung auf dem neuen Arbeitsplatz fällig, Leistungen nach § 4 Abs. (2) (Umzugskostenersatz) werden zwei Wochen nach Nachweis der entstandenen Umzugskosten fällig.

(3) Die Abfindung nach § 5 Abs. (1) und eine etwaige Jubiläumszahlung nach § 6 Abs. (1) werden – vorbehaltlich S. 2 und Abs. (4) – mit dem ersten zum Zeitpunkt der Beendigung des Arbeitsverhältnisses folgenden Gehaltslauf zur Zahlung fällig. Die Zuschläge gemäß § 5 Abs. (7) und (8) werden jedoch nicht vor Nachweis der Berechtigung zur Zahlung fällig.

(4) Soweit der Mitarbeiter eine Kündigungsschutzklage erhebt, werden die nach § 5 zu zahlende Abfindung und eine etwaige Jubiläumszahlung nach § 6 Abs. (1) erst nach Vorliegen einer rechtskräftigen Entscheidung oder nach Klagerücknahme fällig.

(5) Soweit der Mitarbeiter wegen eines Arbeitsplatzwechsels Leistungen aus dem Sonderfonds für Härtefälle erhält, werden diese entsprechend Abs. (2) zur Zahlung fällig. Soweit der Mitarbeiter Leistungen aus dem Sonderfonds für Härtefälle wegen der Beendigung des Arbeitsverhältnisses erhält, werden diese entsprechend Abs. (3) und (4) zur Zahlung fällig.

§ 9 Anrechnung/Rückzahlung

(1) Ansprüche, Zahlungen und sonstige Leistungen aus diesem Tarifsozialplan, insbesondere Abfindungen, werden mit etwaigen sonstigen Ansprüchen des Mitarbeiters im Zusammenhang mit der Betriebsstilllegung, insbesondere aufgrund Kündigung nach § 1a KSchG, gerichtlichen oder außergerichtlichen Vergleiches, individueller oder kollektivrechtlicher Vereinbarung oder nach §§ 9, 10 KSchG bzw. § 113 BetrVG i. V. m. §§ 9, 10 KSchG oder aus sonstigem Rechtsgrund verrechnet.

(2) Etwaige zu Unrecht oder zu viel gezahlte Beträge sind zurückzuzahlen. Der Einwand der Entreicherung wird vorsorglich ausgeschlossen.

§ 10 Inkrafttreten und Laufzeit

Diese Vereinbarung tritt mit Unterzeichnung in Kraft. Sie endet, ohne dass es einer Kündigung bedarf, mit dem Abschluss der Betriebsschließung.

. . . . . .	. . . . . .
Ort, Datum	Ort, Datum
. . . . . .	. . . . . .
Unterschrift der Gesellschaft	Unterschrift der Gewerkschaft

Anmerkungen

1. Tarifsozialplan. Standortverlagerungen und Personalabbau waren lange Zeit „nur" ein betriebsverfassungsrechtliches Thema. Betriebsänderungen gemäß §§ 111 f. BetrVG begründeten die (Allein-) Zuständigkeit der Betriebsräte, die im Interessenausgleich das „Wie" der Betriebsänderung und im Sozialplan die zu leistenden Ausgleichszahlungen für die den von der Betriebsänderung betroffenen Arbeitnehmern entstehenden wirtschaftlichen Nachteile regelten. Der Betriebsrat kann zwar – ggf. besonders gestärkt durch die Möglichkeit, vor dem jeweiligen Landesarbeitsgericht eine einstweilige Unterlassungsverfügung gegen Umsetzungsmaßnahmen zu erwirken – die Umsetzung von Betriebsänderungen hinauszögern, diese jedoch nicht verhindern (zur betriebsverfassungsrechtlichen Wertung → Form. C. I. 6, 8). Der Arbeitskampf ist dem Betriebsrat ausdrücklich verboten, § 74 Abs. 2 S. 1 BetrVG.

Hierauf reagierten die Gewerkschaften, namentlich die IG Metall, indem sie zunehmend neben den Verhandlungen auf Betriebsebene die Arbeitgeber zu Verhandlungen über den Abschluss eines Haustarifvertrages mit im Wesentlichen gleichen Inhalt wie einem Sozialplan nach § 112 BetrVG aufforderten und ihre Forderung mit Streikdrohungen oder sogar Streiks durchzusetzen versuchten.

Dies warf die Frage auf, ob mit den §§ 111 f. BetrVG einschließlich des möglichen betrieblichen Einigungsstellenverfahrens als abschließende und vorrangige Spezialregelung bei Betriebsänderungen zu sehen ist, die diesen Bereich der tariflichen Regelungsmacht und damit auch dem Arbeitskampf entzieht.

Mit der Entscheidung vom 24.4.2007 (BAG NZA 2007, 987), erklärte das BAG Streiks um derartige Tarifsozialpläne für grundsätzlich zulässig. Unzulässig ist das Vorgehen der Gewerkschaften nach Ansicht des BAG nur, wenn sich die Gewerkschaftsforderungen unmittelbar gegen die unternehmerische Entscheidung richten; „bloße" finanzielle Forderungen (Abfindungshöhe, Transferleistungen etc.) unterliegen hingegen nicht der Überprüfung durch die Arbeitsgerichte. Eine Überprüfung von finanziellen Forderungen auf deren „Angemessenheit" o. ä. liefe auf eine gerichtliche Tarifzensur hinaus.

Ein Teil der Literatur stimmt der Entscheidung des BAG aus dogmatischer Sicht zu, beklagt aber zu Recht die zu formalistische Betrachtungsweise des Gerichtes (*Schneider/Sittard* ZTR 2007, 590, 594). Dabei wird vor allem kritisiert, dass das BAG in seiner Entscheidung zur Ermittlung des von der Gewerkschaft verfolgten Streikziels ausschließlich auf den offiziellen Streikbeschluss abstellt (*Gaul* RdA 2008, 13, 24; *Schneider/Sittard* ZTR 2007, 590, 594). Dies würde dem Arbeitgeber den Nachweis eines rechtswidrigen Streikziels faktisch unmöglich machen, da kaum eine Gewerkschaft so unvorsichtig sein werde, in ihren Beschlüssen ein rechtswidriges Ziel zu propagieren (*Weller* EWiR 2007, 657; *ders.* GmbHR 2007, R 241).

Ein weiterer Kritikpunkt ist die mangelnde Berücksichtigung des Grundrechtes des Arbeitgebers aus Art. 12 Abs. 1 GG (*Brecht-Heitzmann* NJW 2007, 3617, 3618; zur insoweit notwendigen Abgrenzung zwischen Berufswahl- und Berufsausübungsfreiheit *Kühling/Bertelsmann* NZA 2005, 1017, 1024 f.). Ein Lösungsvorschlag zur Herstellung praktischer Konkordanz mit dem Grundrecht der Gewerkschaft aus Art. 9 Abs. 3 GG sieht vor, einen Streik als zulässig zu werten, wenn der betroffene Betrieb Gewinn erwirtschaftet; unzulässig soll der Streik hingegen im Falle eines unrentablen Betriebes sein (*Krause* S. 96 f.; ihm folgend *Schneider/Sittard* ZTR 2007, 590, 593 mit einem Vorschlag zur Definition des Begriffes der Rentabilität des Betriebes).

Insgesamt allerdings überwiegt in der Literatur wohl die Ansicht, dass angesichts der seit langer Zeit und mit Heftigkeit ausgetragenen Kontroverse alle wesentlichen Argumente bereits ausgetauscht seien und man sich folglich mit der Entscheidung des BAG abzufinden habe („Erfurt locuta, causa finita", *Bayreuther* NZA 2007, 1017; ähnlich *Lipinski/Ferme* DB 2007, 1250). Aus Arbeitgebersicht gelte es daher, neue Mittel und Wege zu finden, um sich gegen die nunmehr von höchstrichterlicher Seite abgesegnete neue Waffe der Gewerkschaften im Kampf um Standortsicherung verteidigen zu können (vgl. *Kappenhagen/Lambrich* BB 2007, 2238, 2239; *Kock* ZIP 2007, 1775; *Lipinski/Ferme* DB 2007, 1250 ff.; *Löw* AuA 2007, 463, 464 f.; *Weller* EWiR 2007, 657 f.; *ders.* GmbHR 2007, R 241; hilfreich zu den Verteidigungsmöglichkeiten *Greiner* NJW 2010, 2977).

2. Verhältnis zwischen Arbeitskampf und betriebsverfassungsrechtlicher Beteiligung. Zwar dürfte inzwischen anerkannt sein, dass die Beteiligungsrechte des Betriebsrates aus §§ 111, 112 BetrVG keine Sperrwirkung zu Lasten eines Arbeitskampfes der Gewerkschaften entfalten. Eine abschließende Klärung der Frage, wie sich Arbeitskampfmaßnahmen ihrerseits im Einzelnen auf die Beteiligungsrechte aus §§ 111, 112 BetrVG auswirken, steht indes aus.

Nach der ständigen Rechtsprechung des BAG besteht das Betriebsratsamt in einem Arbeitskampf grundsätzlich fort. Einzelne Beteiligungsrechte unterliegen allerdings zur Wahrung der Kampfparität arbeitskampfbedingten Einschränkungen (BAG NZA 2004, 223; BAG NZA 2007, 987). In der Konfliktsituation des Arbeitskampfes soll der Betriebsrat nicht zum Nachteil des Arbeitgebers in die Chancengleichheit der Kampfparteien eingreifen, indem er sonst mögliche Abwehrmaßnahmen des Arbeitgebers vereitelt (BAG NJW 1981, 942; BAG NZA 2004, 223).

Eine Einschränkung erfahren die Mitbestimmungsrechte des Betriebsrates daher immer dann, wenn ihre Wahrnehmung unmittelbar und zwangsläufig zur Folge hätte, dass die Freiheit des Arbeitgebers, Arbeitskampfmaßnahmen zu begegnen, ernsthaft beeinträchtigt würde (BAG NZA 2004, 223). Dies betrifft nach der bisher ergangenen Rechtsprechung sowohl die Mitbestimmung bei personellen Einzelmaßnahmen – etwa die Versetzung arbeitswilliger Arbeitnehmer in einen bestreikten Betrieb gem. § 99 BetrVG (BAG NZA

2012, 571) oder den Ausspruch von Kampfkündigungen (BAG NJW 1979, 236) – als auch die Mitbestimmung in sozialen Angelegenheiten gemäß § 87 BetrVG – etwa bei einer streikbedingten vorübergehenden Verlängerung der Arbeitszeit (BAG NJW 1980, 140). Bloße Unterrichtungsansprüche des Betriebsrates entfallen indes auch während des Arbeitskampfes nicht (BAG NZA 2004, 223).

Für den Arbeitgeber nicht minder interessant dürfte es sein, wie sich Arbeitskampfmaßnahmen auf die Beteiligungsrechte des Betriebsrates aus §§ 111, 112 BetrVG auswirken. Während einschlägige Rechtsprechung aussteht, spricht sich die Fachliteratur ganz überwiegend für eine zeitweise Suspendierung der Beteiligungsrechte aus, die in die Kampfparität zwischen Arbeitgeber und Gewerkschaft eingreifen (vgl. nur *Bayreuther* NZA 2007, 1017; *Gaul* RdA 2008, 13; *Löwisch* DB 2005, 554; *Wank* RdA 2009, 1; *Willemsen/Stamer* NZA 2007, 413).

Die in der Literatur vorherrschende Ansicht nimmt dabei an, dass der Arbeitgeber, sobald Arbeitskampfmaßnahmen um tarifliche Sozialpläne eingeleitet wurden, die geplante Betriebsänderung zur Erhaltung der Kampfparität auch ohne den vorherigen Versuch oder eine erschöpfende Durchführung des Interessenausgleichsverfahrens umsetzen darf, ohne sich hierbei der Gefahr von Nachteilsausgleichsansprüchen auszusetzen (vgl. *Gaul* RdA 2008, 13, 22; *Kaiser*, FS Buchner, S. 385, 299; *Krause*, FS Otto, S. 267, 281; *Lipinski/Ferme* DB 2007, 1250, 1252; *Löwisch* DB 2005, 554, 559; *Wank* RdA 2009, 1, 6; *Willemsen/Stamer* NZA 2007, 413, 417; ErfKomm/*Kania* § 112 BetrVG Rn. 13; a. A. *F/E/S/T/L* § 112a Rn. 190). Ein Teil der Literatur will diese Einschränkung der Beteiligungsrechte indes nur dann gelten lassen, wenn der Betriebsrat mit einer künstlichen Verzögerung des Interessenausgleichsverfahrens versucht, den streikbedingten Druck auf den Arbeitgeber möglichst lange aufrecht zu erhalten (vgl. *Kaiser*, FS Buchner, S. 385, 399; *Krause*, FS Otto, S. 267, 281;). Außerdem soll während des Arbeitskampfes auch der etwaige Anspruch des Betriebsrates auf Unterlassung der Umsetzung der Betriebsänderung nicht bestehen (vgl. *Gaul* RdA 2008, 13, 22; *Kaiser*, FS Buchner, S. 385, 399).

Dem Arbeitgeber steht es selbstverständlich auch im Arbeitskampf frei, innerbetriebliche Sozialplanverhandlungen durchzuführen. Diese können sich sogar als nützlich erweisen, weil sie die Streikbereitschaft der Arbeitnehmer herabzusetzen geeignet sind. Kommt hingegen eine Einigung der Betriebspartner über einen Sozialplan nicht zustande, so befürwortet die herrschende Ansicht in der Literatur eine Suspendierung der Spruchkompetenz der Einigungsstelle gemäß § 112 Abs. 4 BetrVG (vgl. *Gaul* RdA 2008, 13, 22; *Krause*, FS Otto, S. 267, 286; *Löwisch* DB 2005, 554, 559; *Wank* RdA 2009, 1, 6; *Willemsen/Stamer* NZA 2007, 413, 417). Ein Sozialplan soll nicht gegen den Willen des Arbeitgebers aufgestellt werden können, solange über den gleichen Regelungsgegenstand – den Ausgleich und die Milderung der mit der Betriebsänderung verbundenen Folgen – Arbeitskampfmaßnahmen durchgeführt werden (vgl. *Willemsen/Stamer* NZA 2007, 413, 417). Angesichts der schlechteren Verhandlungsposition des Arbeitgebers, der an „zwei Fronten" mit unterschiedlichen Partnern verhandeln muss, sprechen gute Gründe dafür, das Zwangsschlichtungsverfahren vor der Einigungsstelle bis zum Abschluss der Verhandlungen über den Tarifsozialplan ruhen zu lassen (so auch *Kaiser*, FS Buchner, S. 385, 399).

Ein logischer Vorrang des einen oder anderen Verhandlungspartners besteht für den Arbeitgeber nicht. Je nach Lage des Falles und der jeweils verfolgten Interessen kann jedoch der vorrangige Abschluss der Verhandlungen mit der Gewerkschaft von Vorteil sein. Für den zügigen Abschluss des Tarifsozialplanes spricht etwa, dass danach i. d. R. keine oder jedenfalls nur noch geringe wirtschaftliche Nachteile verbleiben, die im Rahmen des Einigungsstellenverfahrens auszugleichen sind. Der Spielraum der Einigungsstelle erfährt durch den Abschluss des Tarifsozialplanes daher eine erhebliche Einschränkung. Denkbar ist es ferner, unter der Moderation des Einigungsstellenvorsitzenden eine dreiseitige Einigung zwischen Arbeitgeber, Gewerkschaft und Betriebsrat zu erreichen. Allerdings können Interessenkonflikte zwischen dem Betriebsrat, der die Interessen der gesamten Belegschaft vertritt, und der Gewerkschaft, die häufig eine günstigere Behandlung ihrer Mitglieder erstrebt, eine solche Einigung erschweren.

Werden Tarifsozialplan und betrieblicher Sozialplan getrennt voneinander verhandelt, sollte der Arbeitgeber in jedem Fall darauf achten, dass diese in Kongruenz gebracht werden. Idealerweise sollte in beiden Regelwerken die Anrechnung der Zugeständnisse, die im jeweils anderen Verfahren gemacht werden, vorgesehen werden.

3. Friedenspflicht. Tarifsozialpläne werden von Gewerkschaftsseite anlässlich konkreter Planungen von Einzelunternehmen (AEG, Infineon u. v. m.) gefordert. Dies führt jedoch nicht dazu, dass keine Friedenspflicht bestehen kann. Eine Reihe von Gewerkschaften haben mit Arbeitgeberverbänden sog. „Rationalisierungsschutztarifverträge" abgeschlossen. Da diese ebenfalls die Rechte von Arbeitnehmern bei Betriebsschließungen oder Personalabbau regeln, kann hier sehr wohl eine relative Friedenspflicht (zur Relativität der Friedenspflicht vgl. *Stamer* ArbRAktuell 2010, 646) bestehen, die den Streik um den „aktuellen" Tarifsozialplan rechtswidrig macht.

Die Reichweite der Friedenspflicht in solchen Fällen ist allerdings umstritten (*Bartz* ZTR 2004, 122, 125 f.; *Bayreuther* NZA 2007, 1017, 1019; *Meyer* ZTR 2005, 394, 403). Einigkeit besteht, dass kein „eins-zu-eins" Abgleich der bestehenden Vorschriften mit den beabsichtigten Regelungen erfolgen soll, sondern die Friedenspflicht über die unmittelbar geregelten Gegenstände hinausgeht (*Bayreuther* NZA 2007, 1017, 1019; *Lindemann/Dannhorn* BB 2008, 1226, 1227).

Bei der Beantwortung dieser Frage muss stets der Zweck der gesetzlichen, dem Tarifvertrag immanenten – relativen – Friedenspflicht eines Tarifvertrages beachtet werden. Diese verbietet den Tarifvertragsparteien, einen bestehenden Tarifvertrag inhaltlich dadurch in Frage zu stellen, dass sie Änderungen oder Verbesserungen vertraglich geregelter Gegenstände mit Mitteln des Arbeitskampfes erreichen wollen. Es ist gerade das Ziel von Tarifverträgen, eine Friedensordnung für deren jeweiligen Regelungsgegenstand zu treffen (BAG NJW 1983, 1750; BAG AP GG Art. 9 Arbeitskampf Nr. 85; BAG AP GG Art. 9 Arbeitskampf Nr. 113; BAG AP GG Art. 9 Arbeitskampf Nr. 162). Die sachliche Reichweite der relativen Friedenspflicht ist daher nach ganz h. M. nicht auf die Gegenstände begrenzt, die in einem (ungekündigten) Tarifvertrag eindeutig und explizit geregelt sind. Dementsprechend sind auch nicht nur solche Kampfmaßnahmen verboten, die auf eine direkte Änderung der Bestimmungen eines laufenden Tarifvertrages gerichtet sind. Vielmehr ist seit der Entscheidung des BAG vom 14.11.1958 (BAG AP TVG § 1 Friedenspflicht Nr. 4; vgl. dazu auch BAG NZA 2003, 754) davon auszugehen, dass die kampfweise Durchsetzung all derjenigen Tarifforderungen ausgeschlossen ist, die mit der tariflich geregelten Materie dergestalt in einem „inneren sachlichen Zusammenhang" stehen, dass ihre Erfüllung das wirtschaftliche Gewicht der in dem Tarifvertrag festgelegten Arbeitsbedingungen verändert (h. M.; dem BAG folgend *Bayreuther* NZA 2007, 1017; *Brox/Rüthers* S. 140; *Buchner* NZA 1996, 1177; *Gaul* RdA 2008, 13; *Hueck/Nipperdey* § 16 II S. 313 ff.; *Lindemann/Dannhorn* BB 2008, 1226; MünchHdbArbR/*Ricken* § 200 Rn. 29 f.; *Otto*, Arbeitskampf- und Schlichtungsrecht, § 7 Rn. 4; Wiedemann/*Thüsing* § 1 Rn. 885). Eine rechtliche Verknüpfung der jeweiligen Tarifregelungen ist hingegen nicht erforderlich.

In welchem Umfang der von der h. M. geforderte innere sachliche Zusammenhang zu anderen Tarifregelungen besteht, ist im Wege der Auslegung zu ermitteln, wobei auch auf den Willen der Tarifvertragsparteien abzustellen ist (Wiedemann/*Thüsing* § 1 Rn. 885). Insoweit ist nicht nur der Inhalt eines Tarifvertrages heranzuziehen, sondern auch dessen Geschäftsgrundlage zu ermitteln (*Otto*, Arbeitskampf- und Schlichtungsrecht, § 7 Rn. 4). Führt die Auslegung anhand dieser Grundsätze nicht weiter, ist der Umfang des inneren sachlichen Zusammenhanges nach den im Arbeits- und Sozialleben üblichen Anschauungen festzustellen (Wiedemann/*Thüsing* § 1 Rn. 885). Zuletzt hat das BAG die so zu interpretierende Reichweite der Friedenspflicht in seinem Urteil vom 10.12.2002 (BAG NZA 2003, 754) bestätigt. Darauf abzustellen, ob die Kampfmaßnahme auf eine direkte Änderung des laufenden Tarifvertrages gerichtet ist, wäre zu formalistisch.

Allein der innere sachliche Zusammenhang zwischen der Regelung in einem Rationalisierungsschutztarifvertrag einerseits und der angestrebten Regelung im Tarifsozialplan andererseits spricht demnach schon für das Bestehen einer relativen Friedenspflicht. Wenn eine tarifliche Vereinbarung ausdrücklich als Rationalisierungsschutztarifvertrag betitelt ist, wird man davon ausgehen müssen, dass der Wille der Tarifpartner auch auf die Vereinbarung einer umfassenden Friedenspflicht bei zukünftigen Betriebsänderungen gerichtet war (ebenso *Gaul* RdA 2008, 13, 15; *Lindemann/Dannhorn* BB 2008, 1226, 1228 f.). Ohnehin enthalten Rationalisierungsschutztarifverträge zumeist Klauseln, die eindeutig den Willen der Tarifparteien erkennen lassen, den Themenbereich „Rationalisierung" umfassend zu regeln (vgl. z.B. § 2 f. des Rationalisierungsschutzabkommens für Arbeitnehmer der Wohnwirtschaft vom 4.3.1980, § 2 der Tarifvereinbarung zur Absicherung von Arbeitsplätzen und Einkommen bei Rationalisierungsmaßnahmen in der Fassung vom 28.5.1997, abgeschlossen zwischen dem Arbeitgeberverband der Deutschen Volks- und Raiffeisenbanken und der DAG; § 1 f. des Rationalisierungsschutzabkommens für das private Versicherungsgewerbe in der ab 1.1.2008 geltenden Fassung, so auch *Lindemann/Dannhorn* BB 2008, 1226 mit weiteren Beispielen).

Richtigerweise hat daher auch das LAG Berlin die Sperrwirkung eines Rationalisierungsschutzabkommens in seiner Entscheidung vom 28.9.2007 (LAGE GG Art. 9 Arbeitskampf Nr. 78a) bejaht. Ein Rationalisierungsschutzabkommen, das den Willen der Sozialpartner zu einer abschließenden Regelung des Themas „Betriebsänderung" klar erkennen lässt, entfaltet daher umfassende Sperrwirkung gegenüber der Erstreikung von Tarifsozialplänen (*Lindemann/Dannhorn* BB 2008, 1226, 1229). Ausnahmen von diesem Grundsatz lässt die Rechtsprechung lediglich im Falle einer „ganz ungewöhnlichen, bei Abschluss der Verbandstarifverträge unvorhergesehenen und von den Regelungen offensichtlich nicht erfassten Entwicklung" (LAGE GG Art. 9 Arbeitskampf Nr. 78a) oder einer ungewollten tariflichen Regelungslücke (BAG NZA 2003, 734, 739) zu.

Sobald eine Gewerkschaft ein Unternehmen mit Streik zu einem Tarifsozialplan bedroht, ist daher der Blick in die Tarifvertragssammlung – und ggf. der schleunige Beitritt zum Arbeitgeberverband – ratsam. Nicht selten zielen die Forderungen der Gewerkschaften im Übrigen auch auf Gegenstände ab, die der Friedenspflicht aus dem Manteltarifvertrag unterliegen, bspw. die Länge der Mindestkündigungsfristen. Schon eine von der Friedenspflicht erfasste Arbeitskampfforderung genügt jedoch, um den Arbeitskampf insgesamt rechtswidrig werden zu lassen (h.M. vgl. nur BAG NJW 1955, 1373; BAG AP BGB § 328 Nr. 4; BAG NZA 2003, 754; LAG Frankfurt a.M. NZA 2003, 679; MünchHandbArbR/*Ricken* § 200 Rn. 32), so dass der Antrag auf Erlass einer einstweiligen Unterlassungsverfügung Erfolg verspricht. Das BAG begründet dies zutreffend mit dem Hinweis, dass es den Gerichten untersagt ist, eine Tarifzensur durchzuführen. Wenn die Gerichte aber beim Vorliegen sowohl rechtmäßiger als auch rechtswidriger Streikziele die Rechtswirksamkeit des Gesamtstreiks danach beurteilen müssten, welches der Ziele „wesentlich" ist, liefe dies auf eine Tarifzensur hinaus. Folglich können die Gerichte über die Rechtmäßigkeit eines Streiks nur danach entscheiden, ob sämtliche der damit verfolgten Tarifziele zulässig sind und in zulässiger Weise auch durch einen Arbeitskampf erstreikt werden dürfen.

4. Tarifsozialplanregelungen. Die inhaltlichen Regelungen des Tarifsozialplanes sind denjenigen aus → Form. C. I. 8 entnommen. Zur Kommentierung der Inhaltsnormen des Tarifsozialplanes wird daher insgesamt auf die Anmerkungen zu diesem Formular verwiesen. Tarifrechtliche Besonderheiten ergeben sich hier nicht. In der Praxis dürften jedoch die wirtschaftlichen Rahmenbedingungen eines Tarifsozialplanes für die Arbeitgeberseite im Vergleich zu einem Sozialplan nach §§ 111 ff. BetrVG deutlich nachteiliger sein. Insbesondere sehen Tarifsozialpläne in aller Regel großzügige Transfermaßnahmen vor, wie sie in → Form. C. I. 10 dargestellt sind.

Es ist allerdings zu beachten, dass – wie bei allen Tarifverträgen – auch Tarifsozialpläne zunächst nur unmittelbar für die von der Betriebsänderung betroffenen Arbeitnehmer gelten, die auch tarifgebunden, also Gewerkschaftsmitglieder sind. Eine Erstreckung der Regelungen auf nicht tarifgebundene Arbeitnehmer bedarf daher einer entsprechenden einzelvertraglichen Grundlage. Es ist insoweit jeweils genau zu prüfen, ob sich diese bereits aus bestehenden Bezugnahmeklauseln ergibt. Anderenfalls muss über entsprechende Zusagen einzelvertraglich eine entsprechende Gleichstellung gewährleistet werden. Eine solche Gleichstellung ist jedenfalls dann anzustreben, wenn der Tarifsozialplan die maßgeblichen Regelungen zum Ausgleich oder Milderung der den Arbeitnehmern durch die Betriebsänderung entstehenden wirtschaftlichen Nachteile enthält und der betriebsverfassungsrechtliche Sozialplan daneben keine oder nur eine untergeordnete Rolle spielen soll. Konzentriert sich der Arbeitgeber also z. B. bei seiner Strategie darauf, möglichst schnell einen Abschluss mit der Gewerkschaft zu erzielen, um sich dann in einem betrieblichen Einigungsstellenverfahren darauf berufen zu können, dass durch den Tarifsozialplan bereits ein ausreichender wirtschaftlicher Ausgleich existiert, ist die Geleichstellung tarifgebundener und nicht tarifgebundener Arbeitnehmer von zentraler Bedeutung.

Häufig versuchen die Gewerkschaften allerdings, in den Tarifsozialplänen besondere Leistungen nur für ihre Mitglieder vorzusehen, z. B. eine bestimmte Zusatzabfindung. Derartige (einfache) Differenzierungsklauseln sind in Tarifverträgen grundsätzlich zulässig (vgl. BAG NZA 2009, 1028). Allerdings hindern solche Klauseln den Arbeitgeber nicht daran, entsprechende Leistungen auf freiwilliger Basis den nicht tarifgebunden Arbeitnehmern ebenfalls zukommen zu lassen. Die Gewerkschaften haben in der Vergangenheit daher immer wieder versucht, genau diese faktische Gleichbehandlung zu unterbinden, in dem sie etwa zusätzlich so genannte „Spannklauseln“ vereinbart haben, wonach sich der Anspruch des tarifgebundenen Arbeitnehmers bei freiwilligen Kompensationsleistung an die nicht tarifgebundenen Arbeitnehmer jeweils entsprechend erhöhen sollte. Das BAG hat diese Spannklauseln in seinem Urteil vom 23.3.2011 inzwischen aber für unwirksam erklärt. Sie sind nicht von der Regelungsmacht der Tarifparteien gedeckt. Diese könnten eine Ungleichbehandlung zwischen tarifgebundenen und anders oder nicht organisierten Arbeitnehmern nicht zwingend festschreiben (vgl. BAG NZA 2011, 920).

Bislang nicht geklärt ist hingegen die Zulässigkeit einer typischerweise in Tarifsozialplänen vorkommenden Form der Differenzierungsklauseln, nämlich der Verpflichtung des Arbeitgebers zum Ersatz der von den (tarifgebundenen) Arbeitnehmern in einem bestimmten Zeitraum an die Gewerkschaft gezahlten Mitgliedsbeiträge. Eine, jedenfalls vollständige, Gleichbehandlung der nicht organisierten Arbeitnehmer wird hier praktisch kaum möglich sein, selbst wenn man zum Ausgleich auf Durchschnitts- oder Pauschalbeträge zurückgreift. Vor dem Hintergrund der Rechtsprechung des BAG zu den Spannklauseln lässt sich jedoch gut vertreten, dass auch eine derartige Gestaltung keinen konkreten Nachteilsausgleich, sondern lediglich eine Festschreibung der Ungleichbehandlung bezweckt und damit ebenfalls nicht mehr von der Regelungsmacht der Tarifparteien gedeckt ist.

5. Abfindungsbezogene Stichtagsklauseln. Nach der ständigen Rechtsprechung des BAG zu betrieblichen Sozialplänen haben die Betriebsparteien einen weiten Ermessensspielraum, inwieweit sie die Nachteile einer Betriebsänderung für die betroffenen Arbeitnehmer ausgleichen oder mildern wollen. Sie müssen aber den betriebsverfassungsrechtlichen Gleichbehandlungsgrundsatz des § 75 Abs. 1 BetrVG beachten (BAG NZA 2005, 302; BAG NZA 2008, 719). Die Betriebsparteien dürfen annehmen, dass Arbeitnehmer, die aufgrund einer Eigenkündigung aus dem Unternehmen ausscheiden, eine gleichwertige Arbeitsstelle gefunden haben und daher infolge der Betriebsänderung keine oder wesentliche geringere ausgleichspflichtige Nachteile erleiden. Allerdings sind solche Arbeitnehmer, deren Eigenkündigung vom Arbeitgeber veranlasst ist, mit denjenigen gleich zu behandeln, deren Arbeitsverhältnis arbeitgeberseitig gekündigt wird (BAG NZA 2008, 719). Dabei dürfen die Betriebsparteien anhand einer typisierenden Betrachtung mittels Festlegung eines Stichtages bestimmen, ob eine Eigenkündigung durch die konkrete Betriebsänderung veranlasst wurde oder nicht (BAG NZA 2011, 1302). Konkret sollte die Ausgleichspflicht an einen Zeitpunkt anknüpfen, in dem die Art und Weise der durchzuführenden Betriebsänderung für die betroffenen Arbeitnehmer feststeht (BAG NZA 2011, 1302). Dies ist im Regelfall das Scheitern der Verhandlungen über einen Interessenausgleich oder dessen Abschluss, kann aber – wie in der Alternative vorgesehen – auch der Tag des Inkrafttretens des Sozialplanes sein, wenn dieser in nahem zeitlichen Zusammenhang zum Abschluss des Interessenausgleiches steht (BAG NZA 1996, 834).

In der Fachliteratur wird teilweise vertreten, dass die Tarifparteien gegenüber den vorgenannten zur Inhaltskontrolle von betrieblichen Sozialplänen entwickelten Grundsätzen aufgrund der mit ihrer Tarifautonomie verbundenen Einschätzungsprärogative in Bezug auf die betroffenen Interessen über einen weitergehenden Gestaltungsspielraum verfügen. So sollen in Tarifsozialplänen auch Stichtagsklauseln zulässig sein, die nicht an betriebliche Gegebenheiten wie den Abschluss des Interessenausgleiches oder das Inkrafttreten des Sozialplanes anknüpfen. Abfindungsbezogene Stichtagsklauseln müssen danach nicht zwingend der Unterscheidung zwischen arbeitgeber- und selbstveranlassten Kündigungen dienen, sondern dürfen ebenso bezwecken, finanzielle Mittel für die Besserstellung älterer Arbeitnehmer zur Verfügung zu haben oder die personelle Zusammensetzung der Belegschaft zu erhalten (*Kuhn/Willemsen* NZA 2012, 593, 598). In der Praxis sind die Tarifparteien jedoch weiterhin gut beraten, die oben dargelegten Grundsätze zu den Stichtagsklauseln in betrieblichen Sozialplänen zu wahren, da das BAG diese bislang auch bei der Überprüfung von Stichtagsklauseln in Tarifsolzialplänen als Prüfungsmaßstab heranzieht (zuletzt BAG NZA 2011, 1302).

II. Einzelne Klauseln

1. Präambel[1]

Die A-AG als Produktanbieterin für elektronische Kommunikationsprodukte und -dienstleistungen und die B-Gewerkschaft verfolgen das Ziel, im Rahmen der alternierenden Telearbeit eine örtliche Flexibilisierung der Arbeitsorganisation sowohl im Unternehmens- als auch im Mitarbeiterinteresse sinnvoll zu gestalten.[2]

Telearbeit im Sinne dieses Tarifvertrages ist einfache oder qualifizierte Angestelltentätigkeit in einer von der Gesellschaft bereitgestellten Arbeitsstätte an EDV-Anlagen, die durch elektronische Kommunikationsmittel mit dem Betrieb der Gesellschaft verbunden sind. Alternierende Telearbeit bedeutet, dass die Arbeit im Wechsel sowohl an der externen Arbeitsstätte als auch am betrieblichen Arbeitsplatz ausgeführt wird.[3]

Die Einrichtung von alternierenden Telearbeitsplätzen sowie die Beschäftigung auf diesen erfolgt nach dem Prinzip der Freiwilligkeit. Dabei sind grundsätzlich solche Tätigkeiten für alternierende Telearbeit geeignet, die eigenständig und eigenverantwortlich durchführbar sind, die konkrete, messbare Ergebnisse haben und die ohne Beeinträchtigung des Betriebsablaufes bei eingeschränktem mittelbaren Kontakt zum Betrieb verlagert werden können.[4]

Die Einrichtung alternierender Telearbeitsplätze soll zu Zeit- und Kostenersparnissen für die Mitarbeiter führen. Die Mitarbeiter sollen mehr Möglichkeiten erhalten, ihren Beruf besser mit ihrer individuellen Lebensführung zu vereinbaren und ihre Arbeit eigenverantwortlich zu gestalten und auszuführen. Es sollen daher bevorzugt solchen Mitarbeitern Telearbeitsplätze eingerichtet werden, die aus sachlichen Gründen ein besonderes Interesse daran haben, zu Hause und ohne feste Arbeitszeiten zu arbeiten. Hierzu gehören beispielsweise Mitarbeiter, für die der Arbeitsweg wegen einer Behinderung eine größere Belastung darstellt sowie Erziehende, denen die Vereinbarkeit von Beruf und Familie erleichtert werden soll.[5]

Anmerkungen

1. Begriff. Das Formular enthält eine Präambel zu einem Haustarifvertrag über alternierende Telearbeit. Der Begriff „Präambel“ ist für die Einleitung eines Haustarifvertrags üblich. Alternative Bezeichnungen sind denkbar, z. B. „Vorbemerkung“, „Allgemeines“ oder „Einleitung“. Nicht verwendet werden sollte hingegen die Formulierung „Gemeinsame Erklärung“, da hierunter Absichtserklärungen außerhalb von Tarifverträgen verstanden werden (*Däubler* Tarifvertragsrecht Rn. 114).

2. Anlass für eine Präambel. Eine Präambel erscheint insbesondere in Fällen langwieriger Verhandlungen sowie bei Regelungen über neue Materien, wie der im Formular geregelten alternierenden Telearbeit, angemessen und sinnvoll. In solchen Fällen treffen die Vereinbarungen auf das Interesse der Betriebsöffentlichkeit, möglicherweise auch über diese hinaus, so dass die Tarifparteien die Präambel zur Erläuterung ihrer **betriebswirtschaftlichen Zielsetzungen** und zur Darstellung der **Unternehmenskultur** nutzen können.

Die Präambel gibt dem beteiligten Unternehmen auch die Möglichkeit darzulegen, dass die **Interessen der Belegschaft** beachtet wurden. Soweit der Tarifvertrag die Arbeitnehmer schlechter stellt, kann die Präambel dazu dienen, durch ein Aufzeigen der konjunkturellen Hintergründe um Verständnis für ein solches Vorgehen zu werben.

Bei Verbandstarifverträgen ist die Voranstellung einer ausführlichen Präambel hingegen schwieriger und daher auch unüblich, da die vom Arbeitgeberverband repräsentierten Unternehmen sich i. d. R. in unterschiedlichen Situationen befinden.

3. **Begriffsdefinition.** Begriffsdefinitionen können grundsätzlich auch außerhalb der Vertragsklauseln in einer Präambel enthalten sein. Sie dienen dem **Verständnis des Regelwerkes** und vermeiden spätere Streitigkeiten über die Bedeutung eines Begriffes. Sie sind dann ratsam, wenn Begriffe im Tarifvertrag benutzt werden, für die sich im allgemeinen Sprachgebrauch oder in der juristischen Terminologie keine allgemeingültige Definition herausgebildet hat (BAG AP TVG § 1 Nr. 134). Besser aufgehoben sind derartige Definitionen indes regelmäßig im Tarifwortlaut selbst (→ Anm. 5).

4. **Klarstellungsfunktion.** Die Tarifvertragsparteien haben im Rahmen einer Präambel die Möglichkeit festzulegen, welche inhaltlichen Voraussetzungen sie bei der Anwendung der von ihnen vereinbarten Tarifvertragsregeln beachten wollen. Gleichfalls können sie in dem Fall, dass das anzuwendende Recht es erfordert, bestimmte Voraussetzungen zu beachten, klarstellen, dass sie diese berücksichtigt haben. Für eine zu diesem Punkt beispielhafte Präambel → Form. D. I. 3.

5. **Auslegungshilfe.** Präambeln enthalten keine Regelungen, die gerichtlich durchsetzbare Rechte und Pflichten begründen. Sie stehen jedoch in engem Zusammenhang mit dem nachfolgenden tarifvertraglichen Regelwerk. Soweit sich bei dessen Durchführung Unklarheiten aufgrund mehrdeutiger Formulierungen ergeben, wird eine Auslegung erforderlich. Diese hat vom **Tarifwortlaut** auszugehen, wobei der maßgebliche Sinn der Erklärung zu erforschen ist, ohne am Buchstaben zu haften. Bei nicht eindeutigem Wortlaut ist der **wirkliche Wille der Tarifvertragsparteien** zu berücksichtigen, soweit er in den tariflichen Regelungen seinen Niederschlag gefunden hat. Abzustellen ist dabei stets auf den tariflichen Gesamtzusammenhang. Lässt dies zweifelsfreie Auslegungsergebnisse nicht zu, können ohne Bindung an eine Reihenfolge weitere Kriterien wie die **Entstehungsgeschichte** des Tarifvertrages, die Systematik der Bestimmungen, gegebenenfalls auch die **praktische Tarifübung** sowie die **Praktikabilität** der möglichen Auslegungen berücksichtigt werden (BAG AP TVG § 1 Tarifverträge Gebäudereinigung Nr. 19; BAG NJOZ 2005, 2310; BAG AP TVG § 1 Auslegung Nr. 172; BAG AP TVG § 1 Auslegung Nr. 221). Im Zweifel ist die Tarifauslegung zu wählen, die zu einer vernünftigen, sachgerechten, zweckorientierten und praktisch brauchbaren Lösung führt (ständige Rechtsprechung, zuletzt BAG AP TVG § 1 Auslegung Nr. 202).

Eine die Intentionen der Tarifvertragsparteien festhaltende Präambel dient der Sicherstellung, dass der Wille der Parteien bei einer späteren Auslegung so weit wie möglich berücksichtigt wird. Gleiches gilt für die teleologische Auslegung, also die Erforschung des Sinn und Zwecks der vertraglichen Regelungen. Hier kann die Präambel gerade in solchen Situationen eine große Hilfe leisten, in denen die Tarifverträge vor langer Zeit abgeschlossen wurden und die damals handelnden Personen nicht mehr erreichbar sind.

Für den Wortsinn können auch in der Präambel festgelegte Definitionen herangezogen werden, → Anm. 3. Dabei ist u. a. zu beachten, ob im Rahmen der der Definition lediglich Beispielsfälle oder abschließende Fallgruppen genannt werden (BAG AP TVG § 1 Nr. 134).

2. Laufzeit

Laufzeit eines Tarifvertrages[1]

§ . . . . . . In-Kraft-Treten

Dieser Tarifvertrag tritt mit seiner Unterzeichnung in Kraft.[2]

(Alternative:

Dieser Tarifvertrag tritt am . . . . . . in Kraft.)[3]

(Alternative:

Diese Vereinbarung wird wirksam, wenn sie nicht bis zum . . . . . . durch schriftliche Erklärung gegenüber der anderen Tarifvertragspartei widerrufen wird.)[4]

(Alternative:

Dieser Tarifvertrag tritt zum . . . . . . in Kraft, den Parteien wird jedoch eine Erklärungsfrist bis zum . . . . . . eingeräumt. Stillschweigen bedeutet Zustimmung.)[5]

(Alternative:

Dieser Tarifvertrag tritt in Kraft, sobald die Betriebsänderung, die Gegenstand der Betriebsvereinbarung über einen Interessenausgleich und Sozialplan der A-GmbH ist, umgesetzt wurde. Eine solche Umsetzung ist anzunehmen, wenn sämtliche der in der Anlage 1 zu diesem Tarifvertrag namentlich benannten Mitarbeiter ihre Tätigkeit in . . . . . . aufgenommen haben.)[6]

(Alternative:

Dieser Tarifvertrag tritt am . . . . . . in Kraft. Er ersetzt den „Tarifvertrag . . . . . .“ vom . . . . . . Eine Nachwirkung von Regelungen des ersetzten Tarifvertrages, für deren Materie dieser Tarifvertrag keine Regelungen vorsieht, wird ausgeschlossen.)[7]

§ . . . . . . Beendigung

Dieser Tarifvertrag kann mit einer Frist von drei Monaten zum Ende eines jeden Kalenderhalbjahrs, erstmals zum . . . . . ., gekündigt werden.[8] Im Falle seiner Kündigung wirken seine Rechtsnormen bis zum Abschluss eines neuen Tarifvertrages nach.[9]

(Alternative:

Die Bestimmungen dieses Tarifvertrages können insgesamt oder jede für sich mit einer Frist von drei Monaten zum Ende eines Kalendermonats schriftlich gekündigt werden. Abschnitt IV kann nur einheitlich und zusammen mit Abschnitt VII gekündigt werden.[10] *Abschnitt IV und VII wirken nicht nach.*[11] *Die übrigen Bestimmungen des Tarifvertrages sind unverzüglich entsprechend anzupassen.)*[12]

(Alternative:

Der Tarifvertrag hat eine Laufzeit bis zum . . . . . . ohne Nachwirkung.)[13]

(Alternative:

Der Tarifvertrag endet spätestens am . . . . . . Ab dem . . . . . . kann er mit einer Frist von drei Monaten zum Ende eines Kalendervierteljahrs gekündigt werden.[14] *Das Recht zur Kündigung aus wichtigem Grund bleibt unberührt.)*[15]

(Alternative:

Der Tarifvertrag endet mit Zweckerreichung. Die Zweckerreichung tritt ein, wenn der letzte Vertrag beendet ist, den die Tochtergesellschaft (Transfergesellschaft) auf Verlangen der Muttergesellschaft mit einem ehemaligen Mitarbeiter der Muttergesellschaft geschlossen hat.) [16]

Anmerkungen

1. Begriff. Die Laufzeit eines Tarifvertrages erstreckt sich von dem Zeitpunkt des In-Kraft-Tretens seiner Regelungen bis zu deren Beendigung. Regelungen zur Laufzeit finden sich üblicherweise in einer gemeinsamen Klausel am Ende des Tarifvertrages. Vorliegend wurden die beiden Regelungskomplexe In-Kraft-Treten und Beendigung allerdings aus Gründen der Übersichtlichkeit getrennt in zwei Paragrafen aufgeführt.

2. In-Kraft-Treten bei Unterzeichnung; Schriftformerfordernis. Tarifverträge kommen nach den Regeln für privatrechtliche Verträge zustande (§§ 126, 130 BGB; BAG AP TVG § 1 Nr. 21; *Wieland* Rn. 215) und bedürfen nach § 1 Abs. 2 TVG der Schriftform. Die nur mündliche Vereinbarung eines Tarifvertrages ist nicht wirksam möglich (§ 125 BGB). Soweit ein Tarifvertrag keine spezielle Regel enthält, tritt er in Kraft, sobald beide Parteien den Vertrag unterzeichnet haben und ein unterzeichnetes Exemplar der jeweils anderen Seite zugegangen ist. Ein sofortiges In-Kraft-Treten bei Unterzeichnung setzt die Unterzeichnung unter Anwesenden voraus; dies entspricht auch der überwiegenden Praxis (Däubler/*Deinert* § 4 Rn. 5; Wiedemann/*Thüsing* § 1 Rn. 245; *Wieland* Rn. 215). Zu beachten ist dabei, dass die Mitglieder der Verhandlungsdelegationen über eine entsprechende Vertretungsbefugnis verfügen müssen.

Der Begriff des Tarifvertrages i. S. v. § 1 Abs. 2 TVG ist weit auszulegen, so dass auch Nebenabreden, Schlichtungsvereinbarungen, Durchführungsbestimmungen, Protokollnotizen und Ähnliches, soweit sie in sachlichem Zusammenhang mit dem Tarifvertrag verabredet werden, der Schriftform bedürfen (BAG AP TVG § 1 Friedenspflicht Nr. 2). Letztlich entscheidet der Wille der Tarifvertragsparteien darüber, ob eine Abrede Bestandteil eines Tarifvertrages sein soll (Wiedemann/*Thüsing* § 1 Rn. 317). Die Schriftform gilt schließlich auch für jede Art von Änderung des Tarifvertrages (Wiedemann/*Thüsing* § 1 Rn. 318).

3. In-Kraft-Treten an einem bestimmten Datum. Das In-Kraft-Treten an einem bestimmten Datum hat den Vorteil einer einfachen und klaren Regel. Der genannte Tag beginnt um 0.00 Uhr. Denkbar und wirksam wäre auch die Vereinbarung eines zeitlich gestuften In-Kraft-Tretens verschiedener Regelungskomplexe (*Däubler* Tarifvertragsrecht Rn. 280).

Wirksam vereinbart werden kann auch ein in der Vergangenheit liegendes In-Kraft-Treten des ganzen Tarifvertrages oder einzelner Teile und Bestimmungen. Diese Vorgehensweise wird in der Praxis häufig bei Lohnerhöhungen gewählt (vgl. BAG AP TVG § 1 Rückwirkung Nr. 12; *Däubler* Tarifvertragsrecht Rn. 284; Wiedemann/*Thüsing* § 1 Rn. 167).

Die **rückwirkende** Vereinbarung von aus Sicht der Arbeitnehmer **verschlechternden Regelungen** ist nach Auffassung des BAG ebenfalls grundsätzlich möglich. Es sei davon auszugehen, dass die Tarifvertragspartei, die die Arbeitnehmer vertritt insgesamt auf ein ausgewogenes Ergebnis achte und ein Verbot der Rückwirkung die Gestaltungsmöglichkeiten der Tarifvertragsparteien ungerechtfertigt einengen würde (BAG AP TVG § 1 Rückwirkung Nr. 12; BAG AP TVG § 1 Rückwirkung Nr. 23).

Dabei sind jedoch die vom EuGH und vom BVerfG entwickelten Grundsätze für die (echte und unechte) Rückwirkung von Gesetzen zu beachten (Grundsatz des Vertrauensschutzes der Normunterworfenen; vgl. BAG AP TVG § 1 Rückwirkung Nr. 21). Nach diesen Grundsätzen ist der Normunterworfene nicht schutzwürdig, wenn er im Zeitpunkt des In-Kraft-Tretens der Norm mit einer Regelung rechnen musste, das geltende Recht unklar und verworren war oder er sich aus anderen Gründen nicht auf den Rechtsschein verlassen durfte, z. B. wegen widersprüchlicher Rechtsprechung, ernsthafte Zweifel an der Vereinbarkeit einer Bestimmung mit höherrangigem Recht oder zwingende Gründe des Gemeinwohls für eine Rückwirkung bestehen (BAG AP TVG § 1 Rückwirkung Nr. 12; ausführlich: Däubler/*Deinert* § 4 Rn. 21 ff.). Daher besteht kein grundsätzlicher Vertrauensschutz zu Gunsten der tarifgebundenen Arbeitnehmer und Arbeitgeber darauf, dass der Inhalt des Tarifvertrages während der Laufzeit keine Veränderung erfährt (BAG AP TVG § 1 Rückwirkung Nr. 12; BAG AP TVG § 1 Rückwirkung Nr. 13; BAG AP TVG § 1 Rückwirkung Nr. 21; BAG AP TVG § 1 Rückwirkung Nr. 23). Ob dies auch für bereits abgewickelte Ansprüche gelten soll, ließ das BAG offen (BAG AP TVG § 1 Rückwirkung Nr. 12).

4. In-Kraft-Treten nach Ablauf einer Widerrufsfrist. Die Klausel zum In-Kraft-Treten nach Ablauf einer Widerrufsfrist ist zulässig und auch üblich. Sie räumt beiden Seiten eine Bedenkzeit ein, vergleichbar mit einem gerichtlichen Vergleich auf Widerruf. Voraussetzung ist die im Übrigen wirksame Vertragsunterzeichnung, also insbesondere durch entsprechend bevollmächtigte Vertreter (→ Anm. 2). Der Vertrag tritt, wenn er nicht widerrufen wird, zu dem in der Klausel genannten Datum in Kraft.

5. In-Kraft-Treten nach Ablauf einer Erklärungsfrist. In dieser Klausel wird nicht ausdrücklich eine Widerrufsfrist, sondern „nur“ eine Erklärungsfrist eingeräumt. Es gilt jedoch das in Anm. 4 Gesagte entsprechend, da auch die „Erklärung“ im Sinne dieser Klausel einen Widerruf meint. Allerdings wird in der Praxis häufig der als aggressiv und feindlich empfundene Begriff des Widerrufs vermieden. Gerade nach Abschluss der Tarifverhandlungen möchten die Tarifvertragsparteien ihren Verhandlungserfolg nicht als „widerruflich“ darstellen und zwar weder gegenüber der Öffentlichkeit noch gegenüber den eigenen Mitgliedern. Ggf. müssen von den Tarifvertragspartnern intern auch noch besondere Organe (z. B. eine Tarifkommission) eingeschaltet werden, was durch die Vereinbarung einer Erklärungsfrist ermöglicht wird.

Zwar erscheint die Formulierung, dass der Tarifvertrag zu einem bestimmten Zeitpunkt in Kraft tritt, und den Parteien – nur – eine „Erklärungsfrist“ eingeräumt wird, zugegebenermaßen unklar und darum riskant. Die Üblichkeit einer solchen Klausel lässt jedoch ohne weiteres den Rückschluss auf den Willen der Parteien zu, dass der Tarifvertrag im Falle der „Erklärung“ durch eine der Parteien nicht in Kraft treten soll. Dogmatisch wäre diese Erklärungsfrist dann als auflösende Bedingung einzuordnen, § 158 Abs. 2 BGB.

Möglich, wenn auch in der Praxis kaum genutzt, ist schließlich die Vereinbarung, dass bis zum Ablauf der Erklärungsfrist die Zustimmung ausdrücklich erklärt werden muss, so dass Stillschweigen gerade nicht zum In-Kraft-Treten führt (aufschiebende Bedingung nach § 158 Abs. 1 BGB). Soweit ein Datum für das In-Kraft-Treten nicht genannt wird, tritt der Vertrag mit dem Tag der Unterzeichnung, nicht dem Tag des Ablaufes der Erklärungsfrist in Kraft (Däubler/*Reim/Nebe* § 1 Rn. 110 f.).

6. In-Kraft-Treten bei Eintritt einer Bedingung. Es handelt sich um die zulässige Vereinbarung einer aufschiebenden Bedingung (§ 158 Abs. 1 BGB). Um Rechtsklarheit zu schaffen, ist darauf zu achten, dass die Voraussetzungen für den Bedingungseintritt – hier die Umsetzung einer Betriebsänderung – klar definiert werden.

7. Ersetzung eines Tarifvertrages. Mit dem In-Kraft-Treten eines Tarifvertrages wird häufig ein vorhergehender Tarifvertrag ersetzt. Voraussetzung ist, dass der nachfolgende Tarifvertrag zwischen denselben Parteien abgeschlossen wird und die Materie des vorhergehenden Tarifvertrages neu regelt. Es gilt dann kraft des **Ordnungsprinzips** die neue Regelung (sog. Zeitkollisionsregel; BAG AP TVG § 1 Rückwirkung Nr. 12).

Im Falle der Ersetzung eines Tarifvertrages durch einen neuen Tarifvertrag ist also zu prüfen, ob der Regelungsbereich beider Verträge identisch ist. Ist der Regelungsbereich des neuen Tarifvertrages enger, so empfiehlt es sich, das Schicksal der weitergehenden alten Regeln ausdrücklich zu regeln. Auch soweit diese nicht weiter gelten sollen, ist es empfehlenswert, dies ausdrücklich zu vereinbaren, da von der Rechtsprechung jedenfalls vereinzelt vertreten wird, dass eine nur konkludente Beendigung dieser Regeln durch die Nichtberücksichtigung im neuen Vertrag nicht vermutet werden könne. Dies gelte auch dann, wenn der alte, weitergehende Tarifvertrag nur noch kraft Nachwirkung anzuwenden gewesen sei, da auch der Ausschluss dieser Nachwirkung gemäß § 4 Abs. 5 TVG vereinbart werden müsse (LAG Nürnberg NZA 1991, 279, 280; *Däubler* Tarifvertragsrecht Rn. 1468). Bei der Regelung der alten, weitergehenden Regeln kann dann gegebenenfalls auch deren Nachwirkung vertraglich ausgeschlossen werden (zur Nachwirkung s. Anm. 9 und 11). Regelt der neu in Kraft getretene Tarifvertrag demgegenüber einen bestimmten Komplex von Arbeitsbedingungen insgesamt neu, ist auch eine stillschweigende Ersetzung unproblematisch (BAG AP TVG 4 Nachwirkung Nr. 50). Die vorgeschlagene Klausel vermeidet diese Abgrenzungsschwierigkeiten in der Praxis.

Es wird sowohl klargestellt, dass der neue Tarifvertrag den alten auch insoweit ablöst, als der neue Tarifvertrag einen sachlich engeren Regelungsbereich hat, als auch, dass die aufgehobenen, nicht neu geregelten Teile nicht nachwirken.

Da der alte und der neue Tarifvertrag gleichrangig sind, kann der neue Tarifvertrag auch für die Arbeitnehmer ungünstigere Regelungen enthalten (BAG AP TVG § 1 Rückwirkung Nr. 12; *Däubler* Tarifvertragsrecht Rn. 1472; → Anm. 3).

8. Kündigung. Die Vereinbarung von Kündigungsfristen, -terminen und -sperrfristen (Mindestlaufzeit) ist zulässig und üblich. Ungeklärt ist von der Rechtsprechung, ob die Vereinbarung einer Kündigungsfrist erforderlich ist oder ob die Vereinbarung einer **ordentlichen Kündigung mit sofortiger Wirkung** möglich wäre (zust. *Wieland* Rn. 253; vgl. auch BAG AP TVG § 4 Nachwirkung Nr. 6). Selbst wenn man von dem Erfordernis einer Kündigungsfrist ausgeht, müsste diese in Anlehnung an den Rechtsgedanken des § 77 Abs. 5 BetrVG nicht mehr als drei Monate betragen (BAG AP TVG § 1 Form Nr. 8; Wiedemann/*Wank* § 4 Rn. 24).

Enthält ein Tarifvertrag keine Regelungen über die Kündigungsmöglichkeit und ist er auch nicht befristet, so ist streitig, ob er jederzeit und fristlos oder nur unter Berücksichtigung einer **dreimonatigen Kündigungsfrist** kündbar ist (BAG NZA 1997, 1234, 1238; *Däubler* Tarifvertragsrecht Rn. 1434; Wiedemann/*Wank* § 4 Rn. 24; *Wieland* Rn. 25). Daher ist im Interesse der Rechtsklarheit und -sicherheit dringend zu empfehlen, Regelungen über die Kündigungsmöglichkeit aufzunehmen und Kündigungsfristen von weniger als drei Monaten nur dann zu vereinbaren, wenn ein sachlicher Grund vorliegt.

Die Schriftform des § 1 Abs. 2 TVG gilt nicht für Kündigungserklärungen (BAG AP TVG § 1 Nr. 21; Wiedemann/*Thüsing* § 1 Rn. 319). Für diese gelten die allgemeinen Vorschriften des BGB. In der Praxis kommen mündliche Kündigungen praktisch nicht vor und sind auch aus Beweisgründen nicht zu empfehlen. Wenn der Tarifvertrag eine Schriftform vorsieht, wäre die formlos ausgesprochene Kündigung jedenfalls gemäß § 125 BGB nichtig (*Däubler* Tarifvertragsrecht Rn. 1433; Wiedemann/*Wank* § 4 Rn. 23).

9. Nachwirkung. Nach § 4 Abs. 5 TVG gelten die Rechtsnormen eines Tarifvertrages weiter, bis sie durch eine andere Abmachung ersetzt werden. Diese Abmachung kann nicht nur in Form eines neuen Tarifvertrages, sondern – unter Beachtung der allgemeinen Grenzen wie z. B. § 77 Abs. 3 BetrVG – auch im Wege einer **Betriebsvereinbarung** oder einer **einzelvertraglichen Vereinbarung** erfolgen. Sie ist auch dann wirksam, wenn sie von den vormaligen tariflichen Normen zu Ungunsten des Arbeitnehmers abweicht (BAG AP TVG § 4 Nachwirkung Nr. 16; *Frölich* NZA 1992, 1105, 1109).

Nicht in Betracht kommt hingegen ein automatisches Wiederaufleben früherer Vereinbarungen, die durch den Tarifvertrag verdrängt wurden. Diese sollen den nachwirkenden Tarifvertrag nicht „ersetzen". Möglich ist jedoch deren erneute Vereinbarung (BAG AP BAT § 4 Nr. 4 mit Anm. *Wiedemann*). Im Falle individualvertraglicher Abreden ist dabei auch an stillschweigende Abreden zu denken (BAG AP BAT § 4 Nr. 4 mit Anm. *Wiedemann*; LAG Nürnberg NZA 1991, 279, 289). Stillschweigende oder mündliche individualvertragliche Abreden beenden auch dann wirksam die Nachwirkung, wenn der nachwirkende Tarifvertrag für entsprechende Abreden die Schriftform vorgeschrieben hat, weil die Nachwirkung beendende Abreden nicht mehr unter den Tarifvertrag fallen (BAG AP BAT § 4 Nr. 4 mit Anm. *Wiedemann*).

Nachfolgende Tarifverträge gelten für die betroffenen Arbeitnehmer nur dann, wenn sie wiederum in deren Geltungsbereich fallen. Tritt also ein Arbeitgeber während der Laufzeit eines Tarifvertrages aus dem ihn vertretenden Arbeitgeberverband aus, so befreit ihn dieser Austritt nicht davon, zu Gunsten seiner Arbeitnehmer die Normen des laufenden Tarifvertrages zu beachten (§ 3 Abs. 3 TVG). Auch tritt hinsichtlich dieses Tarifvertrages gemäß § 4 Abs. 5 TVG trotz des Verbandsaustritts die Nachwirkung ein, wenn der Tarifvertrag endet (BAG NZA 1992, 700, 701; *Frölich* NZA 1992, 1105, 1106). Der Arbeitgeber muss sich jedoch weder an einen von seinem ehemaligen Arbeitgeberverband abgeschlossenen neuen Tarifvertrag halten, noch muss er Arbeitnehmer, die er erst nach Ablauf des beendeten Tarifvertrages einstellt, nach dessen Normen behandeln (BAG AP TVG § 4 Nachwirkung Nr. 16 mit Anm. *Wiedemann*).

10. Teilkündigung. Teilkündigungen sind dann möglich, wenn dies ausdrücklich vereinbart wird und aus dieser Vereinbarung klar hervorgeht, welche Teile getrennt kündbar sein sollen (BAG AP TVG § 1 Kündigung Nr. 8: offen gelassen, ob Teilkündigung auch bei fehlender Vereinbarung möglich ist; BAG NZA 1991, 353; BAG AP TVG § 4 TVG Nachwirkung Nr. 16; BAG AP BAT § 74 Nr. 2; *Däubler* Tarifvertragsrecht Rn. 1448; Wiedemann/*Wank* § 4 Rn. 26; *Wieland* Rn. 253, → Form. D. I. 1 Anm. 15 m. w. N.). Zur Schriftform der Kündigung → Anm. 8.

11. Ausschluss der Nachwirkung. Die Nachwirkung kann von den Tarifvertragsparteien wirksam ausgeschlossen werden, da sie die „Herren des Tarifwerks" sind (BAG NZA 1991, 353; *Däubler* Tarifvertragsrecht Rn. 1464). Dies sollte ausdrücklich im Tarifvertrag erfolgen. Eine Einschränkung auf Teile des Tarifvertrages ist möglich. Dabei ist jedoch die Komplexität eines tarifvertraglichen Regelwerks zu bedenken; es muss geprüft werden, ob die verbleibenden Teilregeln noch sinnvoll sind. Gleichermaßen ist zu prüfen, ob nach Beendigung eines Tarifvertrages ohne Nachwirkung die vormals durch den Tarifvertrag geregelten Arbeitsverhältnisse ausreichend durch entsprechende vertragliche Klauseln geregelt sind.

Eine konkludente Vereinbarung des Ausschlusses der Nachwirkung kann in der Verpflichtung liegen, während einer längeren Kündigungsfrist (drei Monate zum Jahresende) Verhandlungen über den Abschluss eines dem gekündigten Tarifvertrag entsprechenden neuen Tarifvertrages zu führen. Hierdurch werde dokumentiert, dass die Tarifvertragsparteien die durch Beendigung des Tarifvertrages an sich eintretenden tariflose Zeiten von vornherein nicht entstehen lassen wollen (BAG AP TVG § 4 Nachwirkung Nr. 29).

Grundsätzlich ist der Ausschluss der Nachwirkung auch durch schlüssiges Verhalten dergestalt möglich, dass beide Seiten die tarifvertraglichen Regeln nicht mehr anwenden. Praktisch denkbar ist dies jedoch nur in solchen Fällen, in denen beide Tarifvertragsparteien eine gemeinsame Leistung erbringen, wie bei der Einrichtung und Unterhaltung gemeinsamer Einrichtungen (BAG AP TVG § 4 Nachwirkung Nr. 12).

Möglich ist es schließlich auch, die Nachwirkung zu befristen oder sich über deren Ausschluss erst während des Stadiums der Nachwirkung zu einigen (*Däubler* Tarifvertragsrecht Rn. 1467; *Wieland* Rn. 336).

12. Anpassungspflicht. Diese Formulierung stellt eine zulässige Vereinbarung dar, Änderungen des Tarifvertrages zu verhandeln. Es entsteht hieraus jedoch kein vollstreckbarer Anspruch auf die Vereinbarung einer bestimmten neuen Regel, sondern lediglich ein Anspruch, Verhandlungen aufzunehmen, also mit offenem Ergebnis (BAG AP GG Art. 9 Nr. 52).

13. Beendigung zu einem festen Termin. Die Vereinbarung eines festen Termins führt dazu, dass der Tarifvertrag ausläuft, ohne dass es einer Kündigung bedarf (*Däubler* Tarifvertragsrecht Rn. 1438; *Wieland* Rn. 250). Ordentliche Kündigungen während der Laufzeit sind dann ausgeschlossen, es sei denn, aus dem Vertragstext ergibt sich ausdrücklich oder im Wege der Auslegung etwas anderes (*Wieland* Rn. 250).

Von überlangen festen Laufzeiten ist angesichts möglicher Veränderungen der äußeren Umstände regelmäßig abzuraten. Soweit einzelne Regelungen erst nach besonders kontroversen Verhandlungen möglich waren und sich die Tarifparteien davor schützen wollen, mühsam gefundene Kompromisse zu schnell wieder zur Disposition stellen zu müssen, sollte erwogen werden, nur diese Teile durch eine besonders lange Laufzeit zu schützen (→ Anm. 11). Dabei ist jedoch die verbreitete Literaturmeinung zu berücksichtigen, wonach analog § 624 BGB spätestens nach fünf Jahren eine ordentliche Kündigung auch dann möglich sein soll, wenn sie im Tarifvertrag ausgeschlossen wurde (*Wieland* Rn. 250). Zum Ausschluss der Nachwirkung → Anm. 11.

14. Kombination von festem Beendigungstermin und Kündigungsmöglichkeit. Wirksam möglich ist auch die Verbindung eines festen Beendigungstermines, der die Höchstlaufzeit des Vertrages markiert, mit Kündigungsmöglichkeiten nach Ablauf einer Kündigungssperrfrist (*Däubler* Tarifvertragsrecht Rn. 1438; Wiedemann/*Wank* § 4 Rn. 12).

15. Recht zur außerordentlichen Kündigung. Das Recht zur außerordentlichen Kündigung besteht auch ohne ausdrückliche Vereinbarung, so dass die Klausel nur deklaratorischen Charakter hat. Ein wirksamer vertraglicher Ausschluss des Rechtes auf außerordentliche Kündigung ist nicht möglich (Wiedemann/*Wank* § 4 Rn. 45). In der Praxis spielt es angesichts der hohen Anforderungen ohnehin kaum eine Rolle (ErfKomm/*Franzen* § 1 Rn. 34 ff.; *Wieland* Rn. 255).

Das Recht zur Kündigung aus wichtigem Grund für alle Parteien folgte aus dem Rechtsgedanken des § 626 Abs. 1 BGB oder aus der Rechtsnatur des Tarifvertrages als Dauerrechtsverhältnis – beide Ansätze wurden vom BAG genannt, wenn das weitere Festhalten an dem Vertrag unzumutbar ist (BAG AP TVG § 1 Friedenspflicht Nr. 4; *Däubler* Tarifvertragsrecht Rn. 1443). Seit der Schuldrechtsreform ist die außerordentliche Kündigung von Dauerschuldverhältnissen nun explizit in § 314 BGB geregelt, ohne dass damit eine inhaltliche Änderung zur bisherigen Rechtslage verbunden ist. Dies gilt sowohl bei unbefristeten als auch bei befristeten Tarifverträgen (BAG NZA 1997, 830, 833; Wiedemann/*Wank* § 4 Rn. 28). An den wichtigen Grund sind strenge Anforderungen zu stellen (BAG NZA 1997, 830, 833).

In einer Entscheidung vom 18.12.1996 (BAG NZA 1997, 830, 833) ließ das BAG die Frage offen, ob eine Veränderung der wirtschaftlichen Verhältnisse grundsätzlich als wichtiger Kündigungsgrund in Betracht kommen kann. Die Kündigung aus wichtigem Grund könne nur unter Berücksichtigung des im Kündigungsrecht herrschenden ultima-ratio-Grundsatzes wirksam ausgesprochen werden. Konkret bedeute dies, dass die Partei, die sich durch den Tarifvertrag unzumutbar belastet fühle, zunächst im Wege von Verhandlungen die Anpassung des Tarifvertrages versuchen müsse (BAG NZA 1997, 1234, 1236). Dies gelte unabhängig davon, ob der Tarifvertrag ausdrücklich eine Nachverhandlungsklausel vorsehe. Die kündigende Vertragspartei müsse dem Vertragspartner vor Ausspruch der Kündigung ein zumutbares Änderungsangebot unterbreiten. Nachfolgend präzisierte und verschärfte das BAG die Anforderungen dahingehend, dass eine

Unzumutbarkeit erst dann entstünde, wenn durch nicht vorhersehbare Umstände die weitere Bindung tendenziell die Gefahr einer **wirtschaftlichen Existenzgefährdung** in sich tragen würde (BAG NZA 1998, 1008, 1010).

Als Beispiele für solche unvorhersehbaren Entwicklungen werden in der Literatur behördlich angeordnete Betriebsschließungen oder Produktionsverbote angeführt (Wiedemann/*Wank* § 4 Rn. 59). Ein Kaufkraftschwund wird teilweise erst ab einer Größenordnung von über 40 Prozent für ausreichend erachtet (Däubler/*Deinert* § 4 Rn. 134). Unterschiedlich sind auch die Auffassungen, ob eine überraschend hohe Inflationsrate oder eine Verknappung und Verteuerung von Rohstoffen (Ölkrise) als ausreichend angesehen werden kann (*Wieland* Rn. 258; a. A. betreffend die Ölkrise: Wiedemann/*Wank* § 4 Rn. 59).

Als weiterer möglicher Kündigungsgrund werden schwere (nicht notwendig schuldhafte) Vertragsverletzungen einer Tarifvertragspartei genannt (BAG AP TVG § 1 Friedenspflicht Nr. 4; *Wieland* Rn. 256; Wiedemann/*Wank* § 4 Rn. 56).

Die Darlegungs- und Beweislast für die die Kündigung rechtfertigenden Umstände trägt dabei die kündigende Partei (Wiedemann/*Wank* § 4 Rn. 44).

Es können außerdem Gründe für die außerordentliche Kündigung wirksam vereinbart werden (*Wieland* Rn. 255). Zweifelhaft erscheint aus dogmatischer Sicht allerdings, ob angesichts der Vereinbarung dann überhaupt noch von einer außerordentlichen Kündigung oder nicht vielmehr von einer ordentlichen Kündigung mit sofortiger Wirkung gesprochen werden müsste.

Es kann wegen der hohen Anforderungen an eine außerordentliche Kündigung nur davon abgeraten werden, sich auf die Möglichkeit des Ausspruches einer außerordentlichen Kündigung bei Abschluss des Tarifvertrages zu verlassen. Deutlich empfehlenswerter ist es, keine übermäßig langen Laufzeiten des Tarifvertrages zu vereinbaren oder sich kurzfristige ordentliche Kündigungsmöglichkeiten einräumen zu lassen.

16. Beendigung durch Bedingungseintritt. Bei dieser Klausel handelt es sich um eine auflösende Bedingung (§ 158 Abs. 2 BGB). Solche Klauseln sollten zur Vermeidung von Streitigkeiten nur solche Bedingungen enthalten, deren Eintritt ohne weiteres festgestellt werden kann, damit für die Normunterworfenen Rechtsklarheit herrscht (*Däubler* Tarifvertragsrecht Rn. 1439; Wiedemann/*Wank* § 4 Rn. 18, *Wieland* Rn. 251). Im vorliegenden Fall, in dem der Tarifvertrag Regelungen enthält, die von der Mutter- auf die Tochtergesellschaft übergegangene Arbeitnehmer betreffen, ist dies zu bejahen. Jedem Arbeitnehmer ist klar, dass der Tarifvertrag jedenfalls so lange gilt, wie er einen Arbeitsvertrag mit der Tochtergesellschaft hat.

3. Ausnahmen vom ArbZG

§ . . . . . Tägliche Arbeitszeit[1]

(1) Die werktägliche Arbeitszeit[2] darf[3] über acht[4] Stunden hinaus auf bis zu 14 Stunden verlängert werden, wenn mindestens die über zehn Stunden hinausgehende Arbeitszeit aus Arbeitsbereitschaft[5] besteht.[6]

(2) Die werktägliche Arbeitszeit darf über acht Stunden hinaus auf bis zu 20 Stunden verlängert werden, wenn mindestens die über zehn Stunden hinausgehende Arbeitszeit aus Bereitschaftsdienst besteht.[7]

(3) Ohne Einwilligung der betroffenen Mitarbeiter darf die Arbeitszeit 48 Stunden wöchentlich im Durchschnitt von zwölf Kalendermonaten nicht überschreiten.[8]

(4) Mit schriftlicher Einwilligung der betroffenen Mitarbeiter darf die Arbeitszeit pro Woche 48 Stunden, jedoch nicht 60 Stunden wöchentlich im Durchschnitt von zwölf Kalendermonaten überschreiten. Mitarbeiter die von der Arbeitszeiterhöhung nach vorstehendem Abs. 4 S. 1 betroffen sind, erhalten eine, den jeweiligen Betriebsrealitäten angepasste, gesonderte arbeitsmedizinische Betreuung und Überwachung, die sicherstellt, dass die Gesundheit der Mitarbeiter durch die erhöhte Arbeitszeit nicht beeinträchtigt wird.[9] §§ 7 Abs. 7 S. 2 und 3, 16 Abs. 2 ArbZG sind zu beachten.[10]

Anmerkungen

1. Gesetzliche Grundlagen. Aufgrund des Gesetzes zu Reformen am Arbeitsmarkt („**Agenda 2010**"), das zum 1.1.2004 in Kraft getreten ist, wurde das ArbZG geändert. Die Änderungen waren erforderlich, um die Vorgaben der europäischen **Richtlinie 93/104/EG** über bestimmte Aspekte der Arbeitszeitgestaltung vom 23.11.1993 (ABl. Nr. L 307 v. 13.12.1993 S. 18–24) umzusetzen. Diese Umsetzung war zwar bereits im Rahmen der Reform des Arbeitszeitrechts 1994 erfolgt (ErfKomm/*Wank* § 1 ArbZG Rn. 4), in deren Zusammenhang erstmals die Möglichkeit abweichender Regelungen durch Tarifverträge oder Betriebsvereinbarungen in das Gesetz aufgenommen worden war. Jedoch entschied der EuGH zunächst mit Urt. v. 3.10.2000 (RdA 2001, 339 – „Simap" m. Anm. *Hergenröder*) und nachfolgend mit Urt. v. 9.9.2003 (EuZW 2003, 655 – „Jaeger" m. Anm. *Schunder*), dass es gegen diese Richtlinie verstößt, Teile des in Form persönlicher Anwesenheit im Krankenhaus geleisteten Bereitschaftsdienstes, in denen tatsächlich keine Arbeit geleistet wird, als Ruhezeit zu werten, wie es in § 5 ArbZG a. F. der Fall war.

Das ArbZG statuiert nun ein gestuftes Abweichungssystem in § 7 ArbZG. Teilweise sind erhebliche Abweichungen durch tarifliche Regelungen möglich, § 7 Abs. 2a ArbZG (→ Anm. 9). Von dieser Tarifdispositát macht die Praxis auch Gebrauch. In den Branchen, in denen ein besonderes Interesse an großzügigen Bereitschaftsdienstregelungen herrscht (z. B. Krankenhäuser, Polizei, Feuerwehr), wird in aller Regel der TVöD angewendet (vgl. bsplw. § 7.1 TVöD-B). Nachfolgend werden die Abweichungsmöglichkeiten nach § 7 Abs. 1 Nr. 1 und Abs. 2a ArbZG behandelt. Auch eine einzelvertragliche Abweichung ist in engeren Grenzen möglich, § 7 Abs. 3 ArbZG.

In Betrieben, in denen entgegen § 9 ArbZG gemäß § 10 ArbZG auch an **Sonn- und Feiertagen** gearbeitet werden kann, ist der in § 11 ArbZG vorgeschriebene **Freizeitausgleich** zu beachten. Der in § 11 Abs. 3 ArbZG angeordnete Ersatzruhetag kann jeder Werktag sein, z. B. auch ein für den Arbeitnehmer ohnehin arbeitsfreier Samstag (BAG AP ArbZG § 11 Nr. 3). Ein Ersatzruhetag verringert aber nicht die regelmäßige wöchentliche Arbeitszeit um die auf einen Wochenfeiertag entfallenden Arbeitsstunden, wenn der Wochenfeiertag für den Arbeitnehmer nach dem Dienstplan arbeitsfrei ist (BAG AP BAT § 15 Nr. 44, *Böhm/Spiertz/Sponer/Steinherr* § 15 Rn. 71). Von § 11 ArbZG abweichende tarifliche Regelungen sind gemäß § 12 ArbZG zulässig (vgl. BAG AP ArbZG § 11 Nr. 3 zu einer tarifvertraglichen Verlängerung des Ausgleichszeitraumes). Hiervon zu unterscheiden sind gegebenenfalls für die Arbeit an Sonn- und Feiertagen bestehende besondere Vergütungsregelungen.

2. Definition der werktäglichen Arbeitszeit. Wie eingangs dargelegt, richten sich die Arbeitsverhältnisse gerade in den Branchen mit einem hohen Bedarf an Bereitschaftsdienstregelungen regelmäßig nach dem TVöD, der ein Regelwerk zur Arbeitszeit enthält und z. B. die wöchentliche Arbeitszeit, Sonderformen der Arbeit wie Bereitschaftsdienst oder Bereitschaftszeiten definiert; siehe z. B. §§ 6 Abs. 1, 7 Abs. 3, 9 TVöD. Auch in sonstigen Branchen enthalten bereits existente Tarifverträge Regelungen und Definitionen zur Arbeitszeit. Diese bereits bestehenden tariflichen Regelungen bilden die Basis, auf die im Formular vorgeschlagene Tarifnorm aufbaut. Daher ist die vorgeschlagene Klausel keine in sich abgeschlossene Regelung der Arbeitszeit. Sie ist als zusätzliche tarifliche Vereinbarung zu verstehen, die lediglich die nach dem ArbZG zulässigen Abweichungen enthält, und erst im Zusammenhang mit anderen tariflichen Regelungen eine vollständige Normierung des Komplexes „Arbeitszeit" ergibt.

Die im Formular vorgestellte tarifliche Regelung von Ausnahmen vom ArbZG kann auch Bestandteil eines Firmentarifvertrages sein. Der Firmentarifvertrag ginge einem Verbandstarifvertrag nach den Grundsätzen des Tarifvorranges jedoch nur dann als spezieller vor, wenn er diesen ergänzte. Hier könnten sich Auslegungsschwierigkeiten ergeben, wenn der Firmentarifvertrag ein Großteil der Definitionen und sonstigen Regelungen des Verbandstarifvertrages zur Arbeitszeit unverändert übernimmt oder seiner Klausel zugrunde legt und der Firmentarifvertrag neben dem im Übrigen weitergeltenden Verbandstarifvertrag Anwendung findet. In diesen Fällen sollte eine entsprechende Klarstellung in dem spezielleren Firmentarifvertrag erfolgen.

Eine Klarstellung ist nicht erforderlich, wenn die Klausel, wie im Formular vorgeschlagen, in Verbandstarifverträgen verwandt wird. Dies dürfte auch der weitaus häufigere Anwendungsfall sein.

Außerhalb des Geltungsbereiches des TVöD und anderer Verbandstarifverträge ist die regelmäßige Arbeitszeit zumeist individualvertraglich geregelt und die vorgeschlagene Klausel knüpft dann an die dort verwandten Definitionen an.

3. Abweichende Vereinbarungen geringeren Umfanges. Die vorgeschlagenen Klauseln markieren jeweils die äußeren Grenzen der tariflich zulässigen Arbeitszeiten. Der Arbeitgeber kann auch kürzere Schichten anordnen, wobei das aus § 87 Abs. 1 Nr. 2 BetrVG folgende **Mitbestimmungsrecht** des Betriebsrates zu beachten ist. Im Rahmen des tariflichen Günstigkeitsprinzips (§ 4 Abs. 3 Alt. 2 TVG) sind auch abweichende vertragliche Absprachen mit Arbeitnehmern zulässig. Sinnvoll könnte dies z. B. im Rahmen von **Teilzeitarbeitsverhältnissen** sein. Die Streitfrage, ob neben einer Teilzeitbeschäftigung auch Bereitschaftsdienste angeordnet werden können, ist nach der neuen Rechtslage (s. Anm. 1) nur noch hinsichtlich Rufbereitschaften aktuell (→ Anm. 7).

4. Verlängerung von acht auf zehn Stunden werktäglich und darüber hinaus. Gemäß der Grundnorm des § 3 S. 1 ArbZG beträgt die werktägliche Arbeitszeit grundsätzlich acht Stunden. Von diesem Grundsatz abweichend erlaubt § 3 S. 2 ArbZG eine Verlängerung dieser acht Stunden auf zehn Stunden, wenn innerhalb eines bestimmten Zeitraumes ein Ausgleich erfolgt. Von § 3 ArbZG kann darüber hinausgehend nur abgewichen werden, wenn die Voraussetzungen des § 7 Abs. 1 oder Abs. 2a ArbZG vorliegen.

Die vorgeschlagene Klausel greift beide Ausnahmetatbestände auf und weicht so in zweifacher Hinsicht von der Grundnorm des § 3 S. 1 ArbZG und den dort vorgesehenen acht Stunden werktäglicher Arbeitszeit ab. Zum einen wird die tägliche Arbeitszeit – ohne dass Arbeitsbereitschaft oder Bereitschaftsdienst als Bestandteil dieser täglichen Arbeitszeit erforderlich wären – auf zehn Stunden Regelarbeit verlängert. Die in der verlängerten Arbeitszeit enthaltenen zehn Stunden Regelarbeit folgen der in § 3 S. 2 ArbZG enthaltenen Wertung, wonach die Zulässigkeit dieser Verlängerung von einem Ausgleich abhängt. Den Ausgleichszeitraum legt § 3 S. 2 ArbZG auf sechs Kalendermonate oder 24 Wochen fest, innerhalb derer eine durchschnittliche werktägliche Arbeitszeit von acht Stunden nicht überschritten werden darf. Das ArbZG gestattet den Tarifvertragsparteien, einen von § 3 S. 2 ArbZG abweichenden Zeitraum als Ausgleich zu vereinbaren, sofern dieser eine wöchentliche Arbeitszeit von 48 Stunden im Durchschnitt von zwölf Kalendermonaten nicht überschreitet, § 7 Abs. 8 ArbZG. Die Norm betrifft abweichende Regelungen nach § 7 Abs. 1 Nr. 1 ArbZG und erfasst damit beide Alternativen der Nr. 1, also sowohl Nr. 1 a) als auch Nr. 1 b). Ohne Einwilligung des Arbeitnehmers ist die Vereinbarung eines längeren Ausgleichszeitraumes nicht zulässig.

Die darüber hinausgehenden Verlängerungen der Arbeitszeit basieren auf den nunmehr gemäß § 7 ArbZG zulässigen weitergehenden tariflichen Ausnahmen. Das ArbZG unterscheidet zwischen Verlängerungen der werktäglichen Arbeitszeit mit und ohne einem späteren Ausgleich. Im ersten Fall muss die zeitweilige Ausdehnung der werktäglichen Arbeitszeit wie zuvor dargestellt kompensiert werden. Im zweiten Fall dürfen die Tarifpartner die werktägliche Arbeitszeit **auch ohne Ausgleich** über acht Stunden hinaus verlängern. Dies setzt jedoch unter anderem die Einwilligung des Arbeitnehmers und besondere Maßnahmen zum Gesundheitsschutz voraus, § 7 Abs. 2a i.V.m. Abs. 7 ArbZG (*Boerner* NJW 2004, 1559, 1560; vgl. hierzu ausführlich → Anm. 9).

5. Differenzierte Regelung hinsichtlich Arbeitsbereitschaft und Bereitschaftsdienst. Die Klausel differenziert bei der zehn Stunden übersteigenden Arbeitszeit zwischen Arbeitsbereitschaft und Bereitschaftsdienst. Eine dieser beiden Arbeitsformen muss regelmäßig und in erheblichem Umfang in die verlängerte Arbeitszeit fallen.

Für die rechtliche Bewertung ist insgesamt zwischen drei Begriffen zu differenzieren: Arbeitsbereitschaft, Bereitschaftsdienst und Rufbereitschaft. Nur letztere zählt nicht zur Arbeitszeit sondern zur Ruhezeit i.S.d. ArbZG (vgl. insgesamt ErfKomm/*Wank* § 2 ArbZG Rn. 21 ff.), während Bereitschaftsdienst und Arbeitsbereitschaft Arbeitszeit i.S.v. § 2 Abs. 1 ArbZG sind.

Unscharf ist gegenwärtig noch die **Definition der Arbeitsbereitschaft** und deren Abgrenzung zum Bereitschaftsdienst. **Arbeitsbereitschaft** liegt vor, wenn der Arbeitnehmer dem Arbeitgeber **am Arbeitsplatz** zur Verfügung stehen und sich ständig bereithalten muss, um im Bedarfsfall **von sich aus** tätig werden zu können. Das BAG beschreibt dies als „Zeit wacher Aufmerksamkeit im Zustand der Entspannung" (BAG NJOZ 2005, 3554, 3556; BAG NZA 2007, 105).

Bereitschaftsdienst ist gegeben, wenn der Arbeitnehmer verpflichtet ist, sich innerhalb oder außerhalb des Betriebes **an einem** vom Arbeitgeber **bestimmten Ort** aufzuhalten und sich **auf Anforderung** des Arbeitgebers zur Arbeitsaufnahme bereitzuhalten. Er darf jedoch ruhen oder sich anderweitig beschäftigen, solange seine beruflichen Leistungen nicht erforderlich sind. Für die arbeitszeitrechtliche Bewertung des Bereitschaftsdienstes als Arbeitszeit ist es auch ohne Belang, dass der Arbeitgeber den Arbeitnehmern einen Ruheraum zur Verfügung stellt; ebenso ist die Anzahl sowie der Umfang der tatsächlich geleisteten Arbeitseinsätze irrelevant (zuletzt BAG AP ArbZG § 7 Nr. 4). Die Einordnung des Bereitschaftsdienstes als Arbeitszeit ist letztlich auf die Rechtsprechung des EuGH zurückzuführen (vgl. hierzu zuletzt BAG NZA 2010, 1081, 1084, ErfKomm/*Wank* § 2 Rn. 23 ff.).

Rufbereitschaft zählt demgegenüber **nicht zur Arbeitszeit** i.S.d. ArbZG sondern zur Ruhezeit (*Baeck/Deutsch* § 5 Rn. 7; *Neumann/Biebl* § 7 Rn. 33; ErfKomm/*Wank* § 5 ArbZG Rn. 3; *Schliemann* NZA 2004, 513, 516; BAG NZA 2010, 1081, 1084). Rufbereitschaft liegt vor, wenn der Arbeitnehmer sich **an frei gewählter Stelle** bereitzuhalten hat, um erforderlichenfalls alsbald die Arbeit aufnehmen zu können. Für die Abgrenzung von Arbeits- (Arbeitsbereitschaft, Bereitschaftsdienst) und Ruhezeit (Rufbereitschaft) i.S.d. ArbZG ist damit die Bestimmungsmacht der Ortswahl von entscheidender Bedeutung (BAG NZA 2010, 1081, 1084). Jedoch ist zu beachten, dass auch ohne Bestimmung der Ortswahl durch den Arbeitgeber dennoch Bereitschaftsdienst und damit Arbeitszeit vorliegen kann. Dies ist der Fall, wenn der Arbeitgeber durch die Festsetzung einer zeitlich kurzen Frist (20 Minuten), innerhalb derer der Arbeitnehmer die Arbeit aufnehmen muss, den Aufenthaltsort **faktisch** bestimmt (BAG NJOZ 2002, 1926; ErfKomm/*Wank* § 2 ArbZG Rn. 30 m.w.N.).

6. Abweichende Regelung über die tägliche Arbeitszeit gemäß § 7 Abs. 1 Nr. 1 ArbZG betreffend Arbeitsbereitschaft. Gemäß dem in § 7 Abs. 1 Nr. 1 a) ArbZG aufgezeigten Rahmen kann die Arbeitszeit über zehn Stunden werktäglich verlängert werden, wenn in sie „regelmäßig und in erheblichem Umfang Arbeitsbereitschaft oder Bereitschaftsdienst fällt". Eine **obere Grenze** für die Verlängerung der **werktäglichen Arbeitszeit** enthält § 7 ArbZG nicht.

Die Begrenzung ergibt sich aber aus den in § 5 ArbZG vorgegebenen Ruhezeiten. Da sich die Ruhezeit nicht auf einen Kalendertag beziehen muss (*Neumann/Biebl* § 5 Rn. 3), kann die Arbeitszeit auf mehr als zwölf bis zu 24 Stunden verlängert werden, sofern anschließend eine Ruhezeit von mindestens elf Stunden gewährt wird (*Baeck/Deutsch* § 7 Rn. 55; *Schliemann* NZA 2004, 513, 517). Dem steht auch nicht entgegen, dass gemäß Art. 3 Arbeitszeitrichtlinie 93/104/EG dem Arbeitnehmer „pro 24-Stunden-Zeitraum eine Mindestruhezeit von elf Stunden zu gewähren ist" (so aber *Boerner* NZA 2004, 1560, 1561), denn diese Einschränkung hat der Gesetzgeber bei der Änderung des ArbZG nicht übernommen.

In Krankenhäusern und bestimmten anderen Einrichtungen kann die Ruhezeit um eine Stunde auf zehn Stunden verkürzt werden, wenn die Verkürzung während eines Ausgleichszeitraumes kompensiert wird, § 5 Abs. 2 ArbZG.

Die Grenze von 24 Stunden ergibt sich daraus, dass nur die werktägliche Arbeitszeit verlängert werden darf (*Baeck/Deutsch* § 7 Rn. 55). Schichten von 36 Stunden, wie sie insbesondere aus dem Krankenhausbereich bekannt sind, dürften daher allenfalls noch möglich sein, wenn sie durch eine nicht zur Arbeitszeit zählende Rufbereitschaft unterbrochen werden.

Arbeitsbereitschaft und Bereitschaftsdienst nehmen jedenfalls dann einen „erheblichen Umfang" der Arbeitszeit ein, wenn sie gegenüber der Vollarbeitszeit überwiegen. Wo hingegen die Untergrenze verlaufen könnte, ist problematisch. Zum Teil wird eine starre Untergrenze von 30 Prozent gefordert (ErfKomm/*Wank* § 7 ArbZG Rn. 6; *Neumann/Biebl* § 7 Rn. 18). Gegen eine starre Grenze spricht, dass sich je nach Tätigkeit die Belastung der Arbeitnehmer während der Vollarbeit und die Möglichkeit der Entspannung während der Arbeitsbereitschaft unterscheiden (*Baeck/Deutsch* § 7 Rn. 51). Für die Belastung des Arbeitnehmers ist zudem entscheidend, um wie viele Stunden sich seine Arbeitszeit verlängert. Letztlich erscheint zum Schutz sowohl der Arbeitnehmer als auch der Allgemeinheit eine Untergrenze von 25 Prozent gleichwohl angebracht. Dem entspricht auch das Verhältnis von Arbeitsbereitschaft und Vollarbeitszeit in Abs. (1) der vorgeschlagenen Klausel. Wegen der geringeren Inanspruchnahme beim Bereitschaftsdienst kann der Prozentsatz hier deutlich geringer ausfallen (ErfKomm/*Wank* § 7 ArbZG Rn. 6).

7. Abweichende Regelung über die tägliche Arbeitszeit gemäß § 7 Abs. 1 Nr. 1 ArbZG betreffend Bereitschaftsdienst. Die Regelung orientiert sich an dem bisher insbesondere im Krankenhausbereich üblichen Modell, dass sich an einen Tagdienst ein Nachtdienst sowie ein weiterer Tagdienst anschließt, jedoch ohne diesen weiteren Tagdienst. Dies wäre zum einen aufgrund der sich aus § 7 Abs. 8 S. 1 ArbZG ergebenden Begrenzung von 48 Wochenstunden in einem Ausgleichszeitraum von zwölf Kalendermonaten nicht sinnvoll, weil aufgrund dieser Vorschrift die Anzahl derart langer Schichten sehr begrenzt wäre. § 7 Abs. 1 Nr. 1 ArbZG erlaubt zum anderen nur die Verlängerung der werktäglichen Arbeitszeit und steht damit einer Verlängerung der Arbeitszeit über 24 Stunden hinaus entgegen. Insbesondere im medizinischen Bereich, in dem die bisherigen Schichtmodelle auch im Hinblick auf den **Schutz der Patienten** kritisch bewertet wurden, sind weitergehende Arbeitszeiten auch nicht empfehlenswert. § 7 Abs. 1 Nr. 1 ArbZG seinerseits stützt sich auf Art. 17 der Richtlinie 93/104/EG. Für eine erneute fehlerhafte Umsetzung gibt es keinen Anhaltspunkt.

Gemäß § 7 Abs. 1 Nr. 4 ArbZG sind entsprechende tarifliche Regelungen betreffend Arbeitsbereitschaft und Bereitschaftsdienst auch für **Nachtarbeitnehmer** (§ 6 Abs. 2 ArbZG) möglich.

Gemäß § 7 Abs. 1 ArbZG könnten die Abweichungen bei entsprechender tariflicher Grundlage („Öffnungsklausel") auch im Wege einer **Betriebsvereinbarung** geschlossen werden.

Der EuGH hat in der „Jaeger"-Entscheidung (→ Anm. 1) lediglich für den Bereitschaftsdienst festgestellt, dass dieser nicht als Ruhezeit gewertet werden könne. Die Leistung der Dienste in der Weise, dass der Arbeitnehmer lediglich ständig erreichbar ist, ohne jedoch zur Anwesenheit an einem vom Arbeitgeber bestimmten Ort verpflichtet zu sein, wurde zuvor bereits als Rufbereitschaft qualifiziert; diese kann daher weiterhin als Ruhezeit gewertet werden (→ Anm. 5). Sie darf vom Arbeitgeber jedoch nur angeordnet werden, wenn hierfür eine **entsprechende tarifliche oder vertragliche Grundlage** besteht. Ergibt sich diese nicht aus dem im Übrigen zugrunde liegenden Verbandstarifvertrag oder aus vertraglichen Abreden, sollte sie im Haustarifvertrag geschaffen werden, vgl. z.B. § 6 Abs. 5 TVöD. Eine entsprechende rechtliche Grundlage vorausgesetzt, kann die Rufbereitschaft auch gegenüber **Teilzeitarbeitnehmern** angeordnet werden, da allein aus der Teilzeitvereinbarung nicht auf einen stillschweigenden Ausschluss der Rufbereitschaft geschlossen werden kann (BAG AP BAT § 15 Nr. 20). Es empfiehlt sich trotzdem eine ausdrückliche vertragliche oder tarifliche Regelung, da das BAG eine abweichende Beurteilung je nach konkreten Lebensumständen des teilzeitbeschäftigten Arbeitnehmers nicht ausschließt (Gründe II. 4 und II. 5 des Urteils). Auch § 6 Abs. 5 TVöD sieht nun bei Teilzeitbeschäftigung eine Verpflichtung zur Rufbereitschaft nur aufgrund arbeitsvertraglicher Regelung oder mit Zustimmung des Teilzeitbeschäftigten vor.

8. Ausgleichszeitraum. Der Zeitraum, während dessen verlängerte Arbeitszeiten kompensiert werden, darf gemäß § 7 Abs. 1 Nr. 1 b) ArbZG über sechs Monate oder 24 Wochen hinaus auf bis zu zwölf Kalendermonate verlängert werden, § 7 Abs. 8 ArbZG. Dieser **zwingend einzuhaltende Ausgleichszeitraum** stellt den wesentlichen Nachteil einer tariflichen Regelung dar, die **ohne Einverständnis der Arbeitnehmer** umgesetzt werden soll.

Zusätzlich ist § 7 Abs. 9 ArbZG zu berücksichtigen, wonach sich an eine zwölf Stunden übersteigende Schicht eine Ruhezeit von mindestens elf Stunden anschließen muss.

9. Abweichende Regelung gemäß § 7 Abs. 2a und Abs. 7 ArbZG. Die Klausel stützt sich auf § 7 Abs. 2a ArbZG. Dies hat zur Folge, dass zwar die Einwilligung der Arbeitnehmer erforderlich wird, dafür aber **kein** vorgeschriebener **Ausgleichszeitraum** zu beachten ist (*Boerner* NJW 2004, 1559, 1561).

Auch bei tariflichen Abweichungen vom ArbZG auf der Grundlage des § 7 Abs. 2a ArbZG ergibt sich für eine Verlängerung der werktäglichen Arbeitszeit **keinerlei „harte" Begrenzung** durch die Vorgabe einer stundenmäßigen Begrenzung für die Dauer einer Schicht oder die Dauer der maximalen Wochenarbeitszeit (*Schliemann* NZA 2004, 513, 517, → Anm. 6). Eine Begrenzung folgt jedoch aus den „weichen" Kriterien. Es muss durch besondere Regelungen sichergestellt werden, dass die **Gesundheit der Arbeitnehmer** nicht gefährdet wird und in die Arbeitszeit muss regelmäßig und in erheblichem Umfang **Arbeitsbereitschaft** oder **Bereitschaftsdienst** fallen (zu den Begriffen → Anm. 5).

§ 7 Abs. 2a ArbZG räumt den Tarifvertragsparteien dennoch erheblichen Gestaltungsspielraum ein. Eine Beschränkung auf die in § 7 Abs. 8 ArbZG geregelte durchschnittliche wöchentliche Höchstarbeitszeit von 48 Stunden besteht nach § 7 Abs. 2a ArbZG gerade nicht. Zudem enthält § 7 Abs. 2a ArbZG keine Vorgaben dazu, auf welche Art und Weise eine Gefährdung der Gesundheit der Arbeitnehmer ausgeschlossen werden soll (so nun explizit auch BAG AP ArbZG § 7 Nr. 4).

Im rechtswissenschaftlichen Schrifttum wurden Bedenken im Bezug auf die Europarechtskonformität der Vorschrift geäußert. Hintergrund ist die gesetzliche Delegation der konkreten Ausgestaltung der besonderen Regelungen zum Gesundheitsschutz der Arbeitnehmer auf die Tarifvertragsparteien. Das BAG teilt diese Bedenken jedoch nicht und hielt auch eine Vorlage an den EuGH mangels Entscheidungserheblichkeit für entbehrlich (BAG NZA 2010, 1081, 1085; kritisch hierzu: ErfKomm/*Wank* § 7 ArbZG Rn. 18, *Herms* BB 2011, 506, 509; *Wank* ArbuR 2011, 175). Somit steht es zur Disposition der Tarifvertragsparteien, unter Wahrung der Voraussetzungen des § 7 Abs. 2a ArbZG die durchschnittliche wöchentliche Arbeitszeit auch ohne einen entsprechenden Ausgleich über die Höchstgrenze von 48 Stunden zu steigern, wobei die Ausgestaltung des erforderlichen zusätzlichen Gesundheitsschutzes den Tarifparteien überlassen bleibt. Die Gesetzesbegründung zählt lediglich beispielhaft Regelungen auf: besondere arbeitsmedizinische Betreuung, verlängerte Ruhezeiten, Beschränkung auf einen bestimmten Personenkreis (z.B. durch Begrenzungen für jüngere oder ältere Arbeitnehmer, Schwerbehinderte), bestimmte Zeiträume und Höchstgrenzen (BT-Drucks. 15/1587 S. 30 f.). Um diese Anforderungen zu erfüllen, muss der Tarifvertag jedenfalls über die allgemeinen Vorgaben des Arbeitsschutzrechtes hinausgehende Regelungen enthalten (BAG AP ArbZG § 7 Nr. 4).

Ein Gestaltungselement um den Anforderungen des § 7 Abs. 2a zu genügen, sind ausdrückliche Regelungen über **zusätzliche Gesundheitsschutzmaßnahmen.** Der Vorschlag der Einführung einer zusätzlichen arbeitsmedizinischen Überwachung eignet sich insbesondere für Unternehmen, die bereits über eine entsprechende Infrastruktur verfügen (beachte auch die gesetzlichen Vorschriften etwa § 11 ArbSchG und § 3 ASiG). Der zusätzliche Kostenaufwand für diese Unternehmen erscheint insoweit vertretbar. Alternativ kann es sich empfehlen, die Höchstgrenze mit anderen Ausgleichsmaßnahmen zu kombinieren.

Ein weiteres Gestaltungselement sind Regelungen über zusätzliche **Ausgleichszeiträume.** Diese kommen insbesondere bei 24-stündigen Anwesenheitszeiten im Betrieb in Betracht. Nach dem BAG genügte den Anforderungen an den zusätzlichen Gesundheitsschutz eine tarifliche Regelung die bestimmte, dass in unmittelbarem Anschluss an eine 24-stündige Anwesenheitszeit im Betrieb eine Freizeit gleicher Länge folgt, um so eine Kumulierung von mehreren hintereinander geschalteten Arbeitsphasen auszuschließen (BAG NZA 2010, 1081, 1085). Fraglich ist allerdings, ob einzig diese Bestimmung bereits den Anforderungen des BAG genügt. Denn die dem Urteil zugrunde liegende tarfiliche Vereinbarung enthielt noch einige weitere den Arbeitnehmer entlastende Bestimmungen. Neben dem Erfordernis an die 24-stündige Anwesenheitszeit im Betrieb eine Freizeit gleicher Länge unmittelbar anzuschließen, sah die Vereinbarung zudem noch die Gewährung von jährlich 35 weiteren 24-stündige Freizeiten in möglichst gleichmäßiger Verteilung (sog. „Fünfer-Rhythmus"), eine dreiviertelstündig bezahlte Pause innerhalb der achtstündigen Arbeitszeit, eine Begrenzung des Aufgabenbereiches während der Bereitschaftsruhe (Arbeitszeit i.S.d. ArbZG) und des Stundenumfanges während der Arbeitsbereitschaftszeit vor. Außerdem war eine jährliche Höchstgrenze von 139 24-Stunden-Diensten vereinbart (BAG NZA 2010, 1081, 1085).

Denkbar wäre daneben auch eine feste zeitliche Begrenzung für eine einzelne Schicht.

Ein Ausgleichszeitraum kann wegen der Einwilligung der Arbeitnehmer der in § 7 Abs. 8 ArbZG vorgeschlagenen maximale Wochenstundenzahl entsprechen oder die dort geregelte übersteigen. Ein **Ausgleichszeitraum von 60 Stunden wöchentlich** dürfte den Bedürfnissen der Praxis entsprechenden Raum lassen und noch kompromissfähig sein.

Gegebenenfalls einschlägige zwingende gesetzliche Arbeitsschutzbestimmungen wie z.B. § 8 MuSchG und § 8 JArbSchG sind zusätzlich zu beachten.

Soweit ersichtlich, ist es im deutschen Recht ein Novum, dass eine tarifliche Regel nur mit der jeweiligen **Einwilligung des individuell betroffenen Arbeitnehmers** wirksam werden kann. Um ihren Mitgliedern die Entscheidung zur Einwilligung zu erleichtern und ihnen damit wenigstens teilweise den Druck zu nehmen kann davon ausgegangen werden, dass sich die beteiligten Gewerkschaften nur mit solchen Regelungen einverstanden erklären werden, die sie ihren Mitgliedern ohne große Bedenken zur Einwilligung empfehlen können.

10. Arbeitgeberseitige Pflichten im Zusammenhang mit der Einwilligung. Diese nicht tarifdispositiven Pflichten ergeben sich aus §§ 7 Abs. 7 S. 2 und 3, 16 Abs. 2 ArbZG, auf die der Einfachheit halber in der Klausel lediglich verwiesen wird.

Nach § 7 Abs. 7 S. 2 ArbZG kann der Arbeitnehmer die Einwilligung mit einer Frist von sechs Monaten schriftlich **widerrufen.** Dieses Recht kann nicht ausgeschlossen werden.

Auch eine mehrfache Einwilligung und ein mehrfacher Widerruf sind möglich. Der Arbeitgeber wird lediglich durch die Sechs-Monats-Frist geschützt, die ihm die erforderlichen organisatorischen Maßnahmen ermöglichen soll. Vor den Verhandlungen im Vermittlungsausschuss war sogar nur ein Monat für die Widerrufsfrist vorgesehen. Die Verlängerung dürfte jedoch mit der Richtlinie vereinbar sein (ErfKomm/*Wank* § 7 ArbZG Rn. 26).

Nach § 7 Abs. 7 S. 3 ArbZG darf ein Arbeitnehmer wegen einer nicht erteilten Einwilligung oder des Widerrufes einer Einwilligung nicht benachteiligt werden.

Gemäß § 16 Abs. 2 ArbZG wird der Arbeitgeber dazu verpflichtet, ein **Verzeichnis** derjenigen Arbeitnehmer zu führen, die in die Verlängerung ihrer Arbeitszeit gemäß § 7 Abs. 7 ArbZG eingewilligt haben.

4. Ausnahmen vom EFZG

Ausnahmen vom EFZG[1]

§ ...... Höhe des fortzuzahlenden Arbeitsentgeltes[2] im Krankheitsfall[3]

(1) Als maßgebendes Arbeitsentgelt, nach dem sich die Höhe des gemäß § 3 EFZG[4] fortzuzahlenden[5] Arbeitsentgeltes im Krankheitsfall bestimmt, wird das Arbeitsentgelt zugrunde gelegt, das der Mitarbeiter in den 13 Wochen, die der Krankheit unmittelbar vorangegangen sind,[6] auf den Kalendertag gerechnet im Durchschnitt brutto[7] verdient hat.

(2) Arbeitsentgelt i. S. d. Abs. (1) ist die Grundvergütung. Nicht zum Arbeitsentgelt gehören:[8]

- Urlaubsgeld,
- Leistungs- und Erschwerniszulagen jeglicher Art,
- Prämien, Bonusse und Gratifikationen,
- zusätzlich für Überstunden gezahltes Entgelt,[9]
- Kostenersatzleistungen wie z. B. Tage-/Übernachtungsgelder, und sonstige Zahlungen, die Aufwendungen abgelten sollen, die während der Zeit der Arbeitsunfähigkeit nicht entstehen,
- jegliche sonstigen einmaligen Zahlungen.

Dies gilt, mit Ausnahme der einmaligen Zahlungen, auch dann, wenn die oben aufgeführten Leistungen nicht nur gelegentlich, sondern regelmäßig erfolgen.[10]

(3) Als maßgebende regelmäßige Arbeitszeit, für die der Mitarbeiter an jedem Tag seiner Arbeitsunfähigkeit Anspruch auf Entgeltfortzahlung nach Abs. (1) hat, wird die Zeit zugrunde gelegt, die der Mitarbeiter in den 13 Wochen, die der Krankheit unmittelbar vorhergegangen sind, auf den Kalendertag gerechnet im Durchschnitt gearbeitet hat.[11]

(4) Wird im Betrieb verkürzt gearbeitet und würde daher das Entgelt des Mitarbeiters im Falle seiner Arbeitsfähigkeit gemindert, ist die verkürzte Arbeitszeit für ihre Dauer als die für den Mitarbeiter maßgebende regelmäßige Arbeitszeit i. S. d. Abs. (2) anzusehen.[12]

Anmerkungen

1. Gesetzliche Ermächtigung. Die Vorschriften des EFZG sind gemäß § 12 EFZG grundsätzlich einseitig zwingend, von ihnen kann nicht zum Nachteil des Arbeitnehmers und der in § 10 EFZG aufgeführten Personen (Heimarbeiter etc.) abgewichen werden.

Einzige Ausnahmen sind gemäß § 12 i.V.m. § 4 Abs. 4 S. 1 EFZG tarifvertraglich geregelte Abweichungen von der in § 4 Abs. 1, 1a und 3 EFZG geregelten gesetzlichen Bemessungsgrundlage für die **Höhe des fortzuzahlenden Entgeltes.** Dies ermöglicht den Tarifvertragsparteien, den Besonderheiten ihrer Branche angepasste Regelungen zu treffen. Die Tarifparteien müssen hierbei allerdings stets das Gebot der Normenklarheit beachten (BAG NZA 2010, 455). Dies bedeutet insbesondere, dass bei Fallgestaltungen, die nicht eindeutig abweichend im Tarifvertrag geregelt sind, nicht auf eine ergänzende Auslegung der Tarifbestimmungen zurückgegriffen werden darf, sondern es insoweit bei den Regelungen des EFZG bleibt.

Gemäß § 4 Abs. 4 S. 2 EFZG können nicht tarifgebundene Arbeitgeber und -nehmer die Anwendung der tarifvertraglichen Regelungen i.S.d. § 4 Abs. 4 S. 1 EFZG vereinbaren. Eine solche Erstreckung des Anwendungsbereiches ungünstigerer Tarifnormen zur Entgeltfortzahlung auf die Arbeitsvertragsebene ersetzt aber nur die fehlende Tarifbindung der Arbeitsvertragsparteien i.S.d. § 3 Abs. 1 TVG. Im Übrigen müssen die Arbeitsvertragsparteien vom sachlichen, räumlichen und persönlichen Geltungsbereich des Tarifvertrages erfasst sein (ErfKomm/*Dörner* § 4 EFZG Rn. 28).

2. Höhe der Entgeltfortzahlung und mögliche Abweichung. § 4 Abs. 4 S. 1 EFZG gestattet die vom Gesetz abweichende tarifvertragliche Regelung der **Bemessungsgrundlage** für die Ermittlung der Höhe des Entgeltfortzahlungsanspruches. Diese Bemessungsgrundlage umfasst sowohl die **Berechnungsgrundlage** als auch die **Berechnungsmethode** (st. Rspr., zuletzt BAG NZA 2010, 455, 456). Die Berechnungsgrundlage betrifft zum einen den Umfang der Vergütung(-sbestandteile) als solche, also welche Entgeltsumme grundsätzlich je Zeiteinheit anzusetzen ist (**Geldfaktor**, zu den Einzelheiten → Anm. 9), zum anderen den Umfang des Zeitraumes, für den das Entgelt fortzuzahlen ist (**Zeitfaktor**, zu den Einzelheiten s. Anm. 8; vgl. auch BAG NZA 2004, 1042). Die Höhe des fortzuzahlenden Entgeltes wird im Ergebnis ermittelt, indem der ermittelte Zeitfaktor mit dem ermittelten Geldfaktor multipliziert wird (BAG RdA 2003, 48, 49). Die Wahl der zugrunde gelegten Berechnungsmethode (**Ausfall- oder Referenzprinzip**, → Anm. 6) wirkt sich sowohl auf den Geld- als auch auf den Zeitfaktor aus und darf ebenfalls durch die Tarifvertragsparteien festgelegt werden (BAG NJW 2002, 1819, 1820).

Zu beachten ist, dass in Rechtsprechung und Literatur die Begriffe Bemessungsgrundlage, Berechnungsgrundlage, Berechnungsmethode, Geldfaktor und Zeitfaktor mit unterschiedlicher Bedeutung angewandt werden.

Die Gestaltungsmacht findet dort ihre Grenze, wo der Anspruch auf Entgeltfortzahlung in seiner Substanz angetastet wird (ErfKomm/*Dörner* § 4 EFZG Rn. 23; → Anm. 11). Nicht möglich ist daher z.B. eine Abweichung vom **Grundsatz der vollen Entgeltfortzahlung** als solcher (BAG NZA 2002, 744, 745). Es muss also eine hundertprozentige Entgeltfortzahlung erfolgen, die Tarifvertragsparteien dürfen nicht festlegen, dass bei Krankheit bspw. nur 50 Prozent des Entgeltes fortgezahlt werden.

3. Zusätzlich: Vorübergehende Verhinderung gemäß § 616 BGB. In die Klausel kann neben der Entgeltfortzahlung im Krankheitsfall gemäß § 3 EFZG auch die Entgeltfortzahlung gemäß § 616 BGB aufgenommen werden. § 616 BGB betrifft Fälle, in denen der Arbeitnehmer aufgrund eines in seiner Person liegenden Grundes, aber ohne eigenes Verschulden vorübergehend gehindert ist, seine Arbeitsleistung zu erbringen. Ähnlich wie im Krankheitsfall gewährt das Gesetz dem Arbeitnehmer für diese Fehlzeiten einen Anspruch auf Entgelt. Auch dieser Anspruch kann tarifvertraglich modifiziert werden, da § 616 BGB dispositives Recht darstellt (Tschöpe/*Kappelhoff* 2 B Rn. 99). Allerdings handelt es sich bei der Norm im Gegensatz zu § 4 EFZG um allgemein dispositives Gesetzesrecht, wie der Umkehrschluss aus § 619 BGB ergibt und nicht speziell tarifdispositives Gesetzesrecht. Daher wäre im Unterschied zur Entgeltfortzahlung nach EFZG sogar eine vollständige Streichung der Entgeltfortzahlung bei vorübergehender

Verhinderung gemäß § 616 BGB zulässig (Tschöpe/*Kappelhoff* 2 B Rn. 101; Däubler/*Hensche* § 1 Rn. 475; ErfKomm/*Dörner* § 616 BGB Rn. 13).

Eine **gemeinsame Regelung** dieser beiden zwar verwandten, aber dogmatisch unterschiedlichen Fallgruppen innerhalb einer Klausel ist nicht zwingend. Zwar stellt sich in beiden Fällen die Frage, welche Vergütungsbestandteile (nicht) berücksichtigt werden sollen und welche Berechnungsmethode anzuwenden ist (auch § 616 BGB liegt grundsätzlich das Ausfallprinzip zugrunde). Es ist daher einerseits möglich, eine allgemeine, EFZG und § 616 BGB erfassende Regelung zu treffen, statt zu beiden Bereichen gleich lautende, aber separate Bestimmungen im Tarifvertrag aufzunehmen. Andererseits können derartige gemeinsame Regelungen auch nachteilig sein. Zum einen erhöht sich die Wahrscheinlichkeit, dass Besonderheiten der einzelnen Bereiche von den allgemein gehaltenen Bestimmungen nicht adäquat erfasst werden. Zum anderen kann die Vermischung beider Bereiche das Risiko von Auslegungsschwierigkeiten erhöhen. Von der Gestaltung abgesehen, muss abhängig von den Umständen des Einzelfalles entschieden werden, ob überhaupt eine besondere Regelung über die Höhe des nach § 616 BGB fortzuzahlenden Entgeltes getroffen werden soll. Dies ist vor allem dann sinnvoll, wenn in der von dem Tarifvertrag erfassten Branche derartige vorübergehende Verhinderungen in erheblichem Ausmaß vorkommen.

4. Rechtsgrundlage des Entgeltfortzahlungsanspruches. In der Klausel sollte eindeutig bestimmt werden, ob Anspruchsgrundlage für die Entgeltfortzahlung das EFZG oder womöglich der Tarifvertrag selbst sein soll. Damit erspart man sich Folgeprobleme, die aus Zweifeln über das Verhältnis der tarifvertraglichen zu den gesetzlichen Regelungen und den Anforderungen an die hinreichende Bestimmtheit der Regelung entstehen können (vgl. BAG NZA 2003, 978; BAG NZA 2010, 455, → Anm. 1).

5. Dauer der Entgeltfortzahlung. Es ist davon auszugehen, dass es den Tarifvertragsparteien nicht gestattet ist, die in § 3 Abs. 1 EFZG geregelte Dauer der Entgeltfortzahlung und die Handhabung von Mehrfacherkrankungen sowie die in § 3 Abs. 3 EFZG geregelte 4-Wochen-Frist abweichend zum Nachteil des Arbeitnehmers zu regeln (ErfKomm/*Dörner* § 4 EFZG Rn. 27). Das BAG hatte derartige zuungunsten der Arbeitnehmer abweichende Regelungen bereits im Geltungsbereich des LohnFG als unzulässig abgelehnt (BAG NZA 1988, 365). Diese zum LohnFG entwickelte Rechtsprechung scheint das BAG hinsichtlich des EFZG fortführen zu wollen, auch wenn es dies, soweit ersichtlich, bislang nur angedeutet hat (BAG NZA 2003, 978). Eine **Verkürzung der Fortzahlungsdauer** und der für Mehrfacherkrankungen relevanten Zeiträume sowie eine **Verlängerung der Wartefrist** wären daher wahrscheinlich unwirksam (so auch MünchKommBGB/*Müller-Glöge* § 4 EFZG Rn. 28; *Müller-Glöge* RdA 2006, 105, 112).

6. Änderung der Berechnungsmethode. Die Berechnungsmethode wirkt sich sowohl hinsichtlich des **Geldfaktors** als auch hinsichtlich des **Zeitfaktors** aus (dazu bereits → Anm. 2). Denn bei beiden Faktoren stellt sich die Frage, auf welche Weise ermittelt werden soll, in welchem zeitlichen Umfang der Arbeitnehmer während seiner Fehlzeit gearbeitet hätte, wenn er nicht krank gewesen wäre und wie hoch sein Entgelt in dieser Zeit gewesen wäre. Die Berechnung kann auf zwei verschiedenen Prinzipien basieren, dem Ausfall- oder dem Referenzprinzip.

Das **Lohnausfallprinzip** stellt darauf ab, was konkret im fraglichen Zeitraum geschehen wäre, also wie viel Arbeit und welche Vergütung angefallen wären. Es handelt sich um eine hypothetische, auf den Einzelfall bezogene Betrachtungsweise. Das **Referenzprinzip** dagegen funktioniert vergangenheitsbezogen, indem es darauf abstellt, was in einem vorangegangenen Zeitraum, dem Referenzzeitraum, geschehen ist und dann das Ergebnis auf den fraglichen Zeitraum der Arbeitsunfähigkeit überträgt (vgl. Wiedemann/*Thüsing* § 1 Rn. 552, 558).

Die Veränderung der Berechnungsmethode ist in § 4 Abs. 4 EFZG nicht ausdrücklich erwähnt. Schon für das durch das EFZG abgelöste LohnFG war jedoch von der Rechtsprechung ausdrücklich anerkannt, dass die Tarifvertragsparteien hinsichtlich der Berechnungsmethode des im Gesetz vorgesehenen **Lohnausfallprinzips** auf das **Referenzprinzip** übergehen konnten (BAG AP LohnFG § 2 Nr. 17). Diese Rechtsprechung hat sich in Bezug auf § 4 Abs. 4 EFZG fortgesetzt (BAG NJW 2002, 1819, 1820, BAG AP BUrlG § 7 Nr. 44). Der Gesetzgeber wollte, wie sich aus der Entstehungsgeschichte des Gesetzes ergibt, mit § 4 Abs. 4 EFZG den Tarifvertragsparteien die autonomere Regelung der Entgeltfortzahlung ermöglichen (ErfKomm/*Dörner* § 4 EFZG Rn. 26).

§ 4 Abs. 1 EFZG liegt ein **modifiziertes Ausfallprinzip** zugrunde (BAG NJW 2003, 237). Im Grundsatz ist zwar entscheidend, welche Arbeitszeit konkret wegen der Krankheit ausgefallen ist und welche Vergütung dem Arbeitnehmer konkret zugestanden hätte. Dies ist aber nur bei einer verstetigten Arbeitszeit und immer gleich bleibenden Bezügen ohne weiteres möglich. Unterliegen Arbeitszeit und Entgelthöhe dagegen Schwankungen, kann – darin liegt die Modifikation – auf einen Referenzzeitraum zurückgegriffen werden, dessen durchschnittliche Arbeitsmenge dann maßgebend ist (BAG NJW 2003, 237). Dies wird regelmäßig der Fall sein, wenn sich Arbeitszeit und (im Falle der leistungsbezogenen Vergütung) Arbeitsentgelt z. B. nicht aus den tatsächlich im Krankheitszeitraum von vergleichbaren Kollegen erbrachten Arbeitszeiten und -leistungen ableiten lässt. Im Ergebnis werden damit beide Prinzipien in Kombination miteinander angewandt (*Schaub* NZA 1999, 177, 178).

Die im Formular vorgeschlagene Verwendung des **Referenzprinzips** ist wegen der leichteren Handhabung in der betrieblichen Praxis i. d. R. vorteilhafter als die des Ausfallprinzips (ErfKomm/*Dörner* § 4 EFZG Rn. 14). Die hypothetische Betrachtungsweise, die dem Ausfallprinzip zugrunde liegt, bietet mehr Raum für Zweifelsfragen und Konflikte als die rückwärtsgewandte Betrachtungsweise des Referenzprinzips. Bei Verwendung des Referenzprinzips muss lediglich auf in der Vergangenheit liegende Daten zurückgegriffen werden. Es bedarf nicht der Spekulation, in welchem zeitlichen und sachlichen Umfang der kranke Arbeitnehmer im Zeitraum seiner Verhinderung wohl tätig geworden wäre.

Es empfiehlt sich, dabei den von der Rechtsprechung als üblich anerkannten und der Regelung in § 11 Abs. 1 S. 1 BUrlG entsprechenden Referenzzeitraum von 13 Wochen zugrunde zu legen (BAG AP LohnFG § 2 Nr. 16).

7. Bruttoverdienst. Es ist ganz h. M., dass auch im Rahmen des EFZG das Brutto-Lohnprinzip gilt, also Entgeltbeträge jeweils brutto verstanden werden. Dennoch dient es der Rechtsklarheit, dies noch einmal ausdrücklich festzulegen.

8. Abweichungen hinsichtlich des Geldfaktors. Der Geldfaktor bezieht sich auf den Inhalt des Arbeitsentgeltes. Er folgt aus der Grundvergütung sowie etwaigen zusätzlichen Vergütungsbestandteilen. Zwar sind die Tarifvertragsparteien an den Grundsatz der vollen, d. h. hundertprozentigen Entgeltfortzahlung im Krankheitsfall gemäß § 4 Abs. 1 EFZG gebunden. Davon zu unterscheiden ist aber die Ermittlung der Höhe des fortzuzahlenden Entgeltes, die § 4 Abs. 4 S. 1 EFZG weitgehend tarifdispositiv stellt. Nur die **Grundvergütung** ist zwingend in vollem Umfang bei der Berechnung des Entgeltes zu berücksichtigen (BAG NZA 2002, 744, 745). Über die Grundvergütung hinausgehende **zusätzliche Vergütungsbestandteile** können dagegen von der Berechnung ausgenommen werden (BAG NZA 2002, 744, 745). Dazu gehören bspw. Nachtarbeitszuschläge. Bei einer Mehrzahl verschiedener solcher Zuschläge dürfen nicht nur einzelne, sondern auch alle Zuschläge aus der Berechnung des fortzuzahlenden Entgeltes herausgenommen werden (BAG NZA 2002, 744, 745).

Die § 4 Abs. 1 EFZG zugrunde liegende Berechnungsmethode basiert grundsätzlich auf dem **Ausfallprinzip.** Danach kommt es hinsichtlich des Geldfaktors darauf an, welche Vergütung der Arbeitnehmer konkret im Krankheitszeitraum hätte erwarten können, wenn er nicht krank gewesen wäre. Vorteilhafter ist es dagegen, auf das **Referenzprinzip** abzustellen. Dann bestimmt sich der Geldfaktor danach, wie hoch die Vergütung des Arbeitnehmers in der Vergangenheit, genauer im Referenzzeitraum gewesen ist. Zu den Einzelheiten der Berechnungsmethode → Anm. 6.

Für den Fall, dass die Vergütung vom **Ergebnis der Arbeit** abhängig ist, sieht § 4 Abs. 1a S. 2 EFZG die Zugrundelegung des erzielbaren Durchschnittsverdienstes vor. Einer Wiedergabe des Wortlautes des § 4 Abs. 1a S. 2 EFZG bedarf es in der Klausel trotz der in → Anm. 9 genannten, mit der Nichterwähnung gesetzlicher Bestimmungen verbundenen Risiken nicht. Da als Berechnungsmethode das Referenzprinzip gewählt wurde, wird der Fall der ergebnisabhängigen Vergütung bereits von Abs. (1) der Klausel erfasst.

Trotz des weit reichenden von der Rechtsprechung gewährten Spielraumes muss berücksichtigt werden, dass diese aus Billigkeits- oder sogar verfassungsrechtlichen Erwägungen von ihren bisherigen Aussagen abweichen kann. Diese Gefahr besteht insbesondere, wenn aufgrund der Umstände des Einzelfalles die tarifvertraglichen Abweichungen zu extremen Nachteilen für den Arbeitnehmer führen. Je weitgehender daher diese Abweichungen sind, desto größer ist das Risiko, dass ein Gericht sie als unwirksam einstufen könnte.

9. Überstundenentgelt und Aufwandsentschädigungen. Die Nichteinbeziehung von Entgelten für Überstunden sowie von Leistungen für tatsächlich nicht entstandene Aufwendungen in das fortzuzahlende Arbeitsentgelt ist bereits in § 4 Abs. 1a EFZG vorgesehen. Dennoch sollten auch diese beiden Berechnungsposten ausdrücklich tarifvertraglich ausgeschlossen werden. Andernfalls könnten aufgrund der Auslassung gegebenenfalls Zweifel entstehen, ob nicht möglicherweise insoweit zugunsten des Arbeitnehmers vom Gesetz abgewichen wird. Auch die Beschränkung der tariflichen Regelung auf einen Verweis, dass in diesem Punkt die gesetzliche Regelung gelten soll, bietet sich hier nicht an. Innerhalb eines eng verknüpften Regelungskomplexes, wie der Höhe der Entgeltfortzahlung sollte eine Vermischung eigenständiger Regelungen und bloßer Verweise auf die gesetzlichen Vorschriften vermieden werden. Sonst drohen im Einzelfall Unsicherheiten hinsichtlich des Umfanges der Verweisungen und Auslegungsprobleme. Solche Unsicherheiten können durch die ausdrückliche Nennung der nicht zu berücksichtigenden Vergütungsbestandteile ohne weiteres vermieden werden.

Die in der Klausel verwendete **Formulierung** entspricht der in § 4 Abs. 1a S. 1 EFZG. Übernehmen die Tarifvertragsparteien vom Gesetzgeber verwendete Formulierungen und Begriffe, so ist davon auszugehen, dass sie ihnen die Bedeutung zukommen lassen wollten, welche ihnen im Gesetz zukommt (BAG AP TVG § 1 Fernverkehr Nr. 3). Die in § 4 Abs. 1a S. 1 EFZG enthaltene Formulierung „zusätzlich für Überstunden gezahltes Arbeitsentgelt" wird von der Rechtsprechung so ausgelegt, dass damit nicht nur Überstundenzuschläge gemeint sind, sondern auch die zusätzlich für Überstunden gezahlte Grundvergütung (BAG NJW 2003, 237, 238). Es bietet sich daher zur Vermeidung von Auslegungsschwierigkeiten an, auf die von der Rechtsprechung bereits interpretierte gesetzliche Formulierung zurückzugreifen. Da diese Vermutung aber nicht als unumstößlich gilt, ist zu beachten, dass die gesetzliche Auslegung nicht durch abweichende Formulierungen im Gesamtzusammenhang wieder in Frage gestellt wird.

10. Regelmäßig wiederkehrende Vergütungsbestandteile. Nach der Rechtsprechung können im Rahmen der Berechnung des fortzuzahlenden Entgeltes grundsätzlich alle zusätzlich zur Grundvergütung gezahlten Vergütungsbestandteile ausgeklammert werden, ohne dass es darauf ankommt, mit welcher Häufigkeit sie üblicherweise anfallen (zur Nichtberücksichtigung von Nachtschicht- und Nachtzuschlägen, die regelmäßig nicht den Lebensstandard des Arbeitnehmers prägen s. BAG NZA 2002, 744, 745). Allerdings ist nicht ausgeschlossen, dass die Rechtsprechung dies aus Billigkeitserwägungen heraus im Einzelfall anders beurteilen könnte, wenn die zusätzlich gezahlten Vergütungsbestandteile einen ganz erheblichen Teil der Gesamtvergütung des Arbeitnehmers ausmachten (→ Anm. 8).

11. Abweichungen vom Zeitfaktor. Der Zeitfaktor betrifft den Umfang der ausgefallenen Arbeitszeit, für die das Entgelt fortzuzahlen ist (BAG NJW 2003, 237, 238). Der im Rahmen der Bestimmung des Zeitfaktors zu verwendenden Berechnungsmethode liegt zunächst gemäß § 4 Abs. 1 EFZG ebenfalls das **modifizierte Ausfallprinzip** zugrunde. Wird keine tarifliche Bestimmung getroffen, ist nach dem Ausfallprinzip vorrangig auf die konkret eingeplante Arbeitszeit des erkrankten Arbeitnehmers abzustellen, die dann aufgrund der Arbeitsunfähigkeit ausgefallen ist (BAG NJW 2003, 237). Allerdings – und darin besteht die Modifizierung – ist bei Schwankungen der individuellen Arbeitszeit zur Bestimmung der „regelmäßigen" Arbeitszeit eine vergangenheitsbezogene Betrachtung zulässig (BAG NJW 2003, 237). Die Klausel beschränkt sich hinsichtlich des Zeitfaktors auf die Abänderung der Berechnungsmethode, indem sie zulässigerweise auf das **Referenzprinzip** statt auf das Ausfallprinzip abstellt (vgl. BAG NJW 2002, 1819, 1820). Zu den Einzelheiten der Berechnungsmethode und etwaigen Vorteilen des Referenzprinzips → Anm. 6.

Das BAG hat aber auch **weitergehende Abweichungen** für zulässig erachtet. Die Tarifvertragsparteien können bspw. regeln, dass sich die Entgeltfortzahlung im Krankheitsfall nicht nach der individuellen regelmäßigen Arbeitszeit des Arbeitnehmers, sondern nach dessen regelmäßiger tariflicher Arbeitszeit bestimmt (BAG AP EntgeltFG § 4 Nr. 66). Nach Ansicht des LAG Kiel (BeckRS 2012, 69250) ist es ebenfalls zulässig, anstatt der individuellen Arbeitszeit die betriebsübliche oder die gesetzliche Arbeitszeit für maßgeblich zu erklären, selbst wenn dies im Einzelfall zu einer geringeren Entgeltfortzahlung als nach dem EFZG führt. Der Gestaltungsmacht der Tarifvertragsparteien sind allerdings Grenzen gesetzt. Der Anspruch eines Arbeitnehmers auf Entgeltfortzahlung dürfe nicht in seiner Substanz angetastet werden. Grundsätzlich seien die Tarifvertragsparteien an den Grundsatz der vollen, hundertprozentigen Entgeltfortzahlung im Krankheitsfall gebunden. Letztlich kommt es bei der Regelung des Zeitfaktors auf die Besonderheiten des Einzelfalles an. In einem stark saisonalen Geschäft sollten z. B. Übergangsregelungen für den Beginn und das Ende der Saison getroffen werden, um unsachgemäße Ergebnisse zu vermeiden. Auch im Falle des Wechselschichtbetriebes sollte genau geregelt werden, inwieweit dies zu berücksichtigen ist. In der Praxis bereitet die Berücksichtigung der Wechsel- und Freischichten bei der Berechnung des fortzuzahlenden Entgeltes gleichwohl oft Probleme (ErfKomm/*Dörner* § 4 EFZG Rn. 8, 25). Fehlt es indes an einer tariflichen Regelung, bleiben die arbeitsfreien Ausgleichstage im Rahmen der Wechselschicht unberücksichtigt, was sich nachteilig für den Arbeitgeber auswirken kann.

12. Berücksichtigung von Kurzarbeit. Die Zugrundelegung der verkürzten Arbeitszeit anstelle der sonst üblichen Arbeitszeit ist bereits gesetzlich in § 4 Abs. 3 EFZG geregelt. Dennoch sollte die Norm in der Klausel selbst Erwähnung finden, wobei es sich anbietet, auf die gesetzliche Formulierung zurückzugreifen (→ Anm. 10).

5. Ausnahmen von § 622 BGB

§ . . . . . Kündigungsfristen[1, 2]

(1) Das Arbeitsverhältnis kann mit einer Frist von einer Woche zum 15. oder zum Ende eines Kalendermonates gekündigt werden.[3]

(2) Die Kündigungsfrist beträgt für gesellschafts- sowie mitarbeiterseitige[4] Kündigungen, wenn das Arbeitsverhältnis in dem Betrieb oder Unternehmen

- **drei Jahre bestanden hat, drei Wochen zum Monatsende,**
- **sechs Jahre bestanden hat, einen Monat zum Monatsende,**
- **zehn Jahre bestanden hat, zwei Monate zum Monatsende,**
- **15 Jahre bestanden hat, drei Monate zum Monatsende.[5]**

(3) Es wird eine Probezeit von neun Monaten vereinbart.[6] Während der Probezeit kann das Arbeitsverhältnis mit einer Frist von zwei Wochen gekündigt werden.

Anmerkungen

1. Gesetzliche Ermächtigung. Die in § 622 Abs. 1 bis 3 BGB enthaltenen Fristenregelungen für die ordentliche Kündigung durch den Arbeitgeber können grundsätzlich nicht **zum Nachteil des Arbeitnehmers** geändert, insbesondere die Fristen nicht verkürzt werden. Etwas anderes gilt nur, wenn einer der in § 622 Abs. 5 BGB genannten Ausnahmefälle vorliegt oder gemäß § 622 Abs. 4 S. 1 BGB eine abweichende tarifvertragliche Regelung vereinbart ist. Sowohl Verlängerungen als auch Verkürzungen der in § 622 Abs. 1 bis 3 BGB geregelten Fristen sind in einem Tarifvertrag zulässig. Das Maß der Abweichungen unterliegt keinen ausdrücklichen Einschränkungen (ErfKomm/*Müller-Glöge* § 622 BGB Rn. 19). So kann beispielsweise die Kündigungsfrist in der Probezeit auf bis zu einen Tag verkürzt werden (vgl. LAG Berlin BeckRS 2006, 40755).

Veränderbar sind dabei, wie aus dem Wortlaut des § 622 Abs. 4 S. 1 BGB („Regelungen") folgt, nicht nur die Fristen als solche, sondern alle Regelungsaspekte der Abs. 1 bis 3 des § 622 BGB wie Kündigungstermine, Dauer der Betriebszugehörigkeit usw. (A/P/S/*Linck* § 622 BGB Rn. 101; ErfKomm/*Müller-Glöge* § 622 BGB Rn. 22).

Durch die Möglichkeit der tariflichen Abweichung von den gesetzlichen Kündigungsfristen soll eine größere Sachnähe und eine leichtere Anpassung der Kündigungsfristen erreicht werden. Nach zutreffender Ansicht des Gesetzgebers war die gesetzliche Regelung für gewisse Wirtschaftsbereiche zu starr (BT-Drucks. 12/4902 S. 9).

Allerdings sind der Gestaltung verfassungsrechtliche **Grenzen** gesetzt (BAG AP GG Art. 3 Nr. 296; D/H/S/W/*Becker* Art. 3 GG Rn. 38 ff.; ErfKomm/*Müller-Glöge* § 622 BGB Rn. 28 ff.). Insbesondere sind auch die Tarifvertragsparteien nicht zu Regelungen ermächtigt, die dem Gesetzgeber selbst verboten wären (BAG AP BGB § 622 Nr. 24). Jedoch deutete das Bundesverfassungsgericht an, dass Tarifvertragsparteien unter Umständen zu weitergehenden Differenzierungen berechtigt sind als der Gesetzgeber (*Söllner* NZA 1996, 897, 903). In seiner Entscheidung vom 30.5.1990 (BVerfG NZA 1990, 721) über die Unzulässigkeit unterschiedlicher gesetzlicher Kündigungsfristen für Arbeiter und Angestellte in § 622 Abs. 2 BGB a.F. hat das Bundesverfassungsgericht ausdrücklich offen gelassen, ob und inwieweit Tarifverträge, die eine entsprechende Regelung enthielten, von Verfassungswegen Beschränkungen unterlägen. Es wies darauf hin, dass Tarifverträge im Gegensatz zu Gesetzen jeweils nur einen bestimmten Ausschnitt aus dem Gesamtspektrum der Arbeitnehmerschaft beträfen. Gleichwohl besteht wohl jedenfalls bei besonders ungewöhnlichen oder einseitigen Bestimmungen das Risiko, dass sie als unwirksam angesehen werden. Zwar tragen tarifliche Regelungen grundsätzlich die Vermutung in sich, den Interessen beider Seiten gerecht zu werden, doch gilt dies nicht uneingeschränkt (BAG AP BGB § 622 Nr. 31). § 622 Abs. 4 S. 1 BGB soll den Tarifpartnern die Möglichkeit geben, abweichend von den starren gesetzlichen Vorgaben den spezifischen Eigenheiten ihrer Branche Rechnung zu tragen (ErfKomm/*Müller-Glöge* § 622 BGB Rn. 19). Demzufolge müssen die getroffenen Regelungen einen **sachlichen Bezug zu den Gegebenheiten der Branche** haben.

Zur Möglichkeit der Bezugnahme nicht tarifgebundener Arbeitsvertragsparteien auf die abweichenden Tarifregelungen gemäß § 622 Abs. 4 S. 2 BGB → Form. D. II. 4 Anm. 1.

2. Verkürzung der Kündigungsfristen. Nach der Rechtsprechung ist bei Vorliegen entsprechender Umstände, die eine solche Regelung als zweckmäßig erscheinen lassen, nicht nur die Verkürzung der Kündigungsfristen (zu den Grundsätzen → Anm. 1), sondern sogar die Regelung einer völlig „entfristeten" Kündigung möglich (BAG AP MTL II § 55 Nr. 1; BAG AP KSchG 1969 § 1 Nr. 16; ErfKomm/*Müller-Glöge* § 622 BGB Rn. 20). Durch die Entfristung einer ordentlichen Kündigung, also die Streichung jeglicher Kündigungsfrist, wird die ordentliche Kündigung grundsätzlich auch nicht zur außerordentlichen Kündigung. Voraussetzung hierfür soll allerdings sein, dass die im Tarifvertrag enthaltene Regelung der entfristeten ordentlichen Kündigung eindeutig als solche erkennbar ist und kein wichtiger Grund i. S. d. § 626 BGB festgelegt wird (BAG AP KSchG 1969 § 1 Soziale Auswahl Nr. 16; BAG BeckRS 2005, 40111). Ist dies nicht der Fall und stellt sich die Kündigung folglich als außerordentliche dar, ist sie nur bei Vorliegen der Voraussetzungen des § 626 BGB wirksam.

Ob darüber hinaus eine Verkürzung der Fristen tatsächlich ratsam ist oder ob vielmehr eine Verlängerung vereinbart werden sollte, hängt von den Umständen des Einzelfalles ab. So wäre die im Formular enthaltene starke Verkürzung äußerst nachteilig in einer Branche, in der Arbeitnehmer nur mit Schwierigkeiten ersetzt werden können oder in der das Know-how der Arbeitnehmer von großer Bedeutung ist. Denn zu berücksichtigen ist hierbei, dass der Tarifvertrag für den Arbeitnehmer keine längeren Kündigungsfristen vorsehen darf als für den Arbeitgeber (→ Anm. 4). Sehr kurze Fristen wirken sich damit auch nachteilig auf die Planungssicherheit des Arbeitgebers aus. Es muss abgewogen werden, ob der mit der Verkürzung erzielte Gewinn an Flexibilität das Risiko des kurzfristigen Verlustes von Arbeitnehmern aufgrund von Eigenkündigungen überwiegt. Bei Arbeitnehmerkündigungen können nicht nur Überbrückungsschwierigkeiten entstehen. Beim Fehlen eines nachvertraglichen Wettbewerbsverbotes sind die Arbeitnehmer auch schneller in der Lage Wettbewerb auszuüben.

3. Ausspruch der Kündigung. Im Übrigen sind die üblichen Beschränkungen und Voraussetzungen einer Kündigung zu beachten. So bleibt das **Anhörungsrecht des Betriebsrates** nach § 102 BetrVG von den tarifvertraglichen Bestimmungen i. S. d. § 622 Abs. 4 S. 1 BGB unberührt. Die Anhörung des Betriebsrates hat stets vor Ausspruch der Kündigung zu erfolgen, so dass im Hinblick auf die dem Betriebsrat gemäß § 102 Abs. 2 S. 1 BetrVG eingeräumte Bedenkzeit von einer Woche keine praktischen Schwierigkeiten entstehen können. Da in einem Tarifvertrag wirksam aber auch sehr kurze Kündigungsfristen von nur einem Tag vereinbart werden können (ErfKomm/*Müller-Glöge* § 622 BGB Rn. 19), kann durch das Erfordernis der Anhörung des Betriebsrates eine spontane Entscheidung des Arbeitgebers verlangsamt werden.

Da eine vollständig entfristete ordentliche Kündigung nicht zu einer außerordentlichen wird (s. Anm. 2), ist auch in einem solchen Fall weiterhin die Anhörungsfrist von einer Woche gemäß § 102 Abs. 2 S. 1 BetrVG maßgebend und nicht etwa die von drei Tagen gemäß § 102 Abs. 2 S. 3 BetrVG (A/P/S/*Linck* § 622 BGB Rn. 110).

Ebenfalls von den tarifvertraglichen Bestimmungen unberührt bleiben die Vorgaben des **KSchG** (BAG NZA 2010, 889, 890; A/P/S/*Dörner/Vossen* § 1 KSchG Rn. 5; ErfKomm/*Oetker* § 1 KschG Rn. 13). Diese können nicht durch etwaige tarifvertragliche Gestaltungen umgangen werden. Entsprechendes gilt für das Schriftformerfordernis gemäß § 623 BGB (ErfKomm/*Müller-Glöge* § 623 BGB Rn. 10).

4. Regelung sowohl von arbeitgeber- als auch arbeitnehmerseitiger Kündigung. § 622 Abs. 6 BGB ist gemäß § 622 Abs. 4 S. 1 BGB nicht tarifdispositiv. Die Tarifvertragsparteien können daher für den Arbeitnehmer keine längeren Kündigungsfristen vorsehen als für den Arbeitgeber. Dieses Benachteiligungsverbot des § 622 Abs. 6 BGB ist absolut, wie der Wortlaut und auch die fehlende Möglichkeit einer abweichenden einzelvertraglichen Regelung (vgl. § 622 Abs. 5 BGB) erkennen lassen (A/P/S/*Linck* § 622 BGB Rn. 103). Da bei Unklarheiten hinsichtlich der Auslegung mithin lediglich zweifelhaft sein kann, ob für arbeitnehmerseitige Kündigungen gleiche oder aber kürzere Fristen als für arbeitgeberseitige Kündigungen gelten, sich Unklarheiten also nur zum Nachteil des Arbeitgebers auswirken können, bietet sich die ausdrückliche Gleichstellung der Fristen an.

5. Beschäftigungsdauer – Schutz älterer Arbeitnehmer. Eine Staffelung der Fristen zum Vorteil länger beschäftigter Arbeitnehmer ist nicht zwingend (ErfKomm/*Müller-Glöge* § 622 BGB Rn. 22). Die Tarifvertragsparteien sind nicht verpflichtet, entsprechend der Regelung in § 622 Abs. 2 BGB für Arbeitnehmer mit längerer Beschäftigungsdauer verlängerte Kündigungsfristen vorzusehen. Es besteht insoweit kein Differenzierungsgebot zugunsten älterer Arbeitnehmer, die regelmäßig längere Betriebszugehörigkeiten aufweisen. Die Fristen könnten also auch einheitlich für alle Arbeitnehmer gestaltet werden (ErfKomm/*Müller-Glöge* § 622 Rn. 22). Ausdrücklich hat das BAG dies allerdings nur für Kleinbetriebe festgestellt (BAG AP BGB § 622 Nr. 65). Jedenfalls zur Förderung der Akzeptanz und der sozialen Ausgewogenheit des Tarifvertrages ist, wie im Formular vorgesehen, eine Staffelung abhängig von der Beschäftigungsdauer anzuraten, zumal sehr kurze Fristen gewählt werden können. Da verlängerte Kündigungsfristen für länger beschäftigte Arbeitnehmer deren erhöhter Schutzbedürftigkeit Rechnung tragen, sind sie auch im Hinblick auf eine damit verknüpfte mittelbare Altersdiskriminierung jüngerer Arbeitnehmer nach §§ 7, 10 Nr. 1 AGG unproblematisch, soweit es sich um moderate und damit verhältnismäßige Verlängerungen handelt.

Verzichtet wurde im Formular auf eine Regelung, wonach bei der Berechnung der Beschäftigungsdauer nur Zeiten ab einem bestimmten Lebensalter berücksichtigt werden: Das LAG Berlin (NZA-RR 2008, 17) vertrat die Auffassung, dass **§ 622 Abs. 2 S. 2 BGB**, wonach nur die **Zeiten nach Vollendung des 25. Lebensjahres** des Arbeitnehmers einbezogen werden, gegen das europarechtliche Verbot der Diskriminierung wegen des Alters verstoße und daher **unanwendbar** sei (vgl. hierzu auch *Hamacher/Ulrich* NZA 2007, 657, 663; *Löw* BB 2008, 49; ErfKomm/*Müller-Glöge* § 622 BGB Rn. 9; *Schleusener* NZA 2007, 358; *Wendeling-Schröder* NZA 2007, 1399, 1403) Der **EuGH** hat in einem Vorabentscheidungsverfahren nach Art. 267 Abs. 2 AEUV diese Ansicht **bestätigt** (EuGH NZA 2010, 85 – „Kücükdeveci", vorgelegt vom LAG Düsseldorf BeckRS 2007, 48820). Das **BAG** stellte im Anschluss ebenfalls explizit die Unanwendbarkeit von § 622 Abs. 2 S. 2 BGB bei der Berechnung von Kündigungsfristen fest (BAG NZA 2010, 1409; BAG NZA 2011, 343). Die wünschenswerte gesetzgeberische Korrektur ist allerdings bislang ausgeblieben; § 622 Abs. 2 S. 2 BGB ist noch nicht unionsrechtskonform geändert (vgl. zu dem zuletzt gescheitertem Vorhaben zur Streichung des § 622 Abs. 2 S. 2: NJW Spezial 2011, 724; *Bauer/von Medem* NZA 2012, 113, 117). Für die rechtliche Bewertung ist dies jedoch irrelevant. **§ 622 Abs. 2 S. 2 BGB gilt, ist aber unanwendbar.**

6. Verlängerte Probezeit. Im Fall der Festlegung einer über sechs Monate hinausgehenden Probezeit ist zu berücksichtigen, dass das **KSchG** nach Ablauf von sechs Monaten unabhängig davon Anwendung findet, ob sich der Arbeitnehmer noch in der Probezeit befindet oder nicht. Die Probezeit hat für den über sechs Monate hinausgehenden Zeitraum nur noch Bedeutung für die **Kündigungsfrist** (vgl. Abs. (1) des Formulars), nicht jedoch für die bei Anwendbarkeit des KSchG erforderliche soziale Rechtfertigung der Kündigung (ErfKomm/*Oetker* § 1 KSchG Rn. 33).

6. Ausnahmen vom TzBfG

§ . . . . . . Befristung ohne Sachgrund[1, 2]

(1) Die kalendermäßige Befristung eines Arbeitsvertrages ohne Vorliegen eines sachlichen Grundes ist bis zur Dauer von vier Jahren zulässig.[3]

(2) Bis zu dieser Gesamtdauer von vier Jahren ist die höchstens sechsmalige Verlängerung[4] eines kalendermäßig befristeten Arbeitsvertrages zulässig.[5]

Anmerkungen

1. Gesetzliche Ermächtigung. § 14 Abs. 2 S. 1 Halbs. 1 TzBfG regelt, dass Arbeitsverträge nur auf maximal zwei Jahre befristet werden dürfen, sofern **kein sachlicher Grund** i. S. d. § 14 Abs. 1 TzBfG gegeben ist. § 14 Abs. 2 S. 1 Halbs. 2 TzBfG ergänzt, dass ein solcher Arbeitsvertrag höchstens drei Mal verlängert werden darf, wobei die Gesamtdauer des Arbeitsverhältnisses zwei Jahre nicht überschreiten darf. Gemäß § 14 Abs. 2 S. 3 TzBfG kann in einem **Tarifvertrag** die Anzahl der Verlängerungen oder die Höchstdauer der Befristung abweichend von diesen Vorgaben geregelt werden. Aus der Gesetzesbegründung ergibt sich, dass das „oder" hier als „und/oder" zu verstehen ist. Dies haben das LAG Frankfurt a. M. (NZA-RR 2011, 240) und das LAG Berlin (BeckRS 2011, 76283) bestätigt. Die Norm soll den Tarifvertragsparteien ermöglichen, **branchenspezifischen Bedürfnissen** Rechnung zu tragen (*Kliemt* NZA 2001, 296, 299; → Anm. 3).

Die Tariföffnungsklausel in § 14 Abs. 2 S. 3 TzBfG verstößt auch nicht gegen Europarecht. Nach § 5 Nr. 1 der Rahmenvereinbarung über befristete Arbeitsverhältnisse im Anhang der Richtlinie 1999/770/EG des Rates vom 28.6.1999 sind neben den Mitgliedstaaten ausdrücklich auch die Sozialpartner befugt, unter Berücksichtigung der Anforderungen bestimmter Branchen und/oder Arbeitnehmerkategorien die Maßnahmen zur Vermeidung von Missbrauch durch aufeinander folgende befristete Arbeitsverhältnisse zu treffen (LAG Berlin BeckRS 2011, 76283).

Da sich tarifvertragliche Befristungsregeln im Regelfall auf den Vertragsschluss und die Modalitäten des Zustandekommens eines Arbeitsverhältnisses beziehen, werden sie als sog. **Abschlussnormen** eingestuft (BAG AP BGB § 620 Befristeter Arbeitsvertrag Nr. 181). Diese Einstufung bedeutet, dass die tarifvertraglichen Vorgaben zur Befristung nur dann zwingend gelten, wenn sowohl Arbeitgeber als auch Arbeitnehmer bereits bei Abschluss des befristeten Arbeitsvertrags tarifgebunden waren (BAG AP BeschFG 1985 § 1 Nr. 12) und die tarifliche Befristungsnorm auch schon zu diesem Zeitpunkt galt.

Gemäß § 14 Abs. 2 S. 4 TzBfG können nicht tarifgebundene Arbeitgeber und Arbeitnehmer, wenn sie ansonsten fachlich, räumlich und persönlich von dem Tarifvertrag erfasst würden, dessen Anwendung einzelvertraglich vereinbaren. Dabei genügt es, wenn nur die spezielle Befristungsregelung in Bezug genommen wird. Da diese einzelvertragliche Bezugnahme selbst keine Befristungsabrede sondern nur deren Rechtsgrundlage enthält, gilt für sie auch nicht das Schriftformerfordernis des § 14 Abs. 4 TzBfG. Gleichwohl ist aus Nachweisgründen eine schriftliche Vereinbarung dringend zu empfehlen.

Bei Arbeitsverhältnissen, auf die der TVöD Anwendung findet, ist zu beachten, dass die Befristungsthematik in § 30 TVöD speziell geregelt ist. So muss nach § 30 Abs. 3 TVöD die Laufzeit eines sachgrundlos befristeten Arbeitsvertrages mindestens sechs Monate betragen und soll zwölf Monate nicht unterschreiten.

Arbeitsrechtsregelungen der Kirchen sind keine Tarifverträge i. S. d. § 14 Abs. 2 S. 3 TzBfG und können diesen auch nicht gleichgestellt werden (BAG NZA 2009, 1417).

2. Befristung ohne Sachgrund. Die Ermächtigungsnorm des § 14 Abs. 2 S. 3 TzBfG bezieht sich lediglich auf Befristungen **ohne Sachgrund**. Bei Befristungen **mit Sachgrund** (§ 14 Abs. 1 TzBfG) ist eine vom Gesetz abweichende Regelung **zu Ungunsten** (vgl. hierzu Anm. 3) des Arbeitnehmers gemäß § 22 Abs. 1 TzBfG mittels eines Tarifvertrages nicht möglich.

3. Höchstdauer der Befristung. Aus § 22 Abs. 1 TzBfG folgt, dass die tarifvertraglichen Regelungen i. S. d. § 14 Abs. 2 S. 3 TzBfG auch zum Nachteil des Arbeitnehmers von den Vorgaben des TzBfG abweichen dürfen. Als nachteilig für den Arbeitnehmer wird dabei die Verlängerung der Höchstdauer der Befristung ohne sachlichen Grund angesehen.

Grundsätzlich kann die Höchstdauer der Befristung durch die Tarifvertragsparteien also verkürzt oder verlängert, die sachgrundlose Befristung aber auch gänzlich ausgeschlossen werden.

Es ist fraglich, ob den Tarifparteien bei der Bestimmung der tarifdispositiven verlängerten Höchstbefristungsdauer ein unbegrenzter Entscheidungsspielraum zusteht. In diese Richtung deutet die Entscheidung des LAG Berlin (BeckRS 2011, 76283): Eine **branchenspezifische Höchstbefristungsdauer von 42 Monaten** seien mit Rücksicht auf die Gegebenheiten des Wirtschaftszweiges Wach- und Sicherheitsgewerbe **nicht zu beanstanden,** obwohl diese erheblich über der eigentlichen Obergrenze des § 14 Abs. 2 S. 1 TzBfG liege. Das LAG führt aber auch aus, dass eine Überprüfung anhand von Sachgerechtigkeitserwägungen geboten sei, um sicherzustellen, dass die Tarifparteien mit der Vereinbarung einer verlängerten Höchstbefristungsdauer nicht unter dem Deckmantel branchenspezifischer Notwendigkeiten, das gesetzliche und europarechtliche Leitbild des unbefristeten Arbeitsvertrages aushöhlen. Auch wenn auf die weite Einschätzungsprärogative der Tarifparteien hinsichtlich der sachlichen Gegebenheiten, der betroffenen Interessen und der Regelungsfolgen hingewiesen wird, ist dieser Kontrollansatz im Hinblick auf die verbotene Inhaltskontrolle von Tarifbestimmungen zumindest problematisch. Im Zweifel hätte der Gesetzgeber bei der Ausgestaltung der Tariföffnungsklausel derartige Einschränkungen unmittelbar regeln müssen.

4. Vornahme einer Verlängerung. Tarifdispositiv ist gemäß § 14 Abs. 2 S. 3 TzBfG nur die Anzahl der Verlängerungen, nicht aber die Frage, wann überhaupt eine Verlängerung i. S. d. TzBfG vorliegt (*Kliemt* NZA 2001, 296, 299). Aus diesem Grund ist arbeitgeberseitig darauf zu achten, dass **nur der Endtermin** des Arbeitsverhältnisses bei **im Übrigen unverändertem Vertragsinhalt** hinausgeschoben wird und dies noch während der Laufzeit des befristeten Arbeitsvertrages (schriftlich) vereinbart wird. Andernfalls wird aufgrund sonstiger Veränderungen nicht eine Verlängerung des bestehenden Arbeitsverhältnisses, sondern ein anderes – und dann unbefristetes! – Arbeitsverhältnis herbeigeführt (BAG NZA 2008, 883; BAG NZA 2005, 923; *Lembke* NJW 2006, 325, 329; *Kliemt* NZA 2001, 296, 299). Bei der Vornahme einer Verlängerung ist daher erhöhte Sorgfalt angebracht.

5. Verhältnis von Höchstdauer der Befristung und Verlängerung. Es ist möglich, sowohl die Höchstdauer der Befristung auszudehnen als auch gleichzeitig mehr als drei Verlängerungen zuzulassen (ErfKomm/*Müller-Glöge* § 14 TzBfG Rn. 101). Letzteres ist im Falle der Ausdehnung der Höchstdauer der Befristung auch sinnvoll. Ansonsten wäre der Arbeitgeber gezwungen, im Rahmen etwaiger Verlängerungen den neuen Endtermin gegebenenfalls in fernerer Zukunft als gewünscht anzusetzen, sofern er die vereinbarte Höchstdauer vollumfänglich auszunutzen gedenkt. Da wegen § 14 Abs. 2 S. 2 TzBfG die Verlängerung das einzige Mittel für den Arbeitgeber ist, um ein zunächst befristetes Arbeitsverhältnis auszudehnen, ohne es in ein unbefristetes umzuwandeln, ist diese Relation zwischen der Höchstdauer und der Zahl möglicher Verlängerungen von besonderer Bedeutung.

7. Ausnahmen vom BUrlG

Ausnahmen vom BUrlG[1]

§ . . . . . . Wartezeit[2]

Im ersten Beschäftigungsjahr entsteht jeglicher tariflicher, den gesetzlichen Mindesturlaub übersteigender Urlaubsanspruch erstmalig nach siebenmonatigem[3] Bestehen des Arbeitsverhältnisses (Wartezeit).

§ . . . . . . Teilurlaub[4]

(1) Im Ein- und Austrittsjahr hat der Mitarbeiter nach Ablauf der Wartezeit Anspruch auf so viele Zwölftel des ihm zustehenden tariflichen, den gesetzlichen Mindesturlaub übersteigenden Urlaubes, wie er Monate bei der Gesellschaft gearbeitet hat.[5] Dies gilt nicht, soweit dem Mitarbeiter für diese Zeit von einer anderen Gesellschaft Urlaub gewährt worden ist.

(2) Ein angefangener Monat wird als voller gerechnet, wenn das Arbeitsverhältnis mindestens zwei Wochen bestanden hat. Für eine Beschäftigung von bis zu zwei Wochen entsteht kein Urlaubsanspruch.[6]

(3) Hat der Mitarbeiter im Falle des Abs. (1) bereits Urlaub über den ihm zustehenden Umfang hinaus erhalten, so kann das gezahlte Urlaubsentgelt zurückgefordert werden.[7]

§ . . . . . . Urlaubsdauer und -abgeltung bei vertragswidrigem Verhalten

Der tarifliche Urlaubsanspruch, soweit er den gesetzlichen Mindesturlaubsanspruch übersteigt, sowie der Anspruch auf Abgeltung des tariflichen Urlaubes entfällt, wenn sich der Mitarbeiter, ohne dass ein wichtiger Grund i. S. v. § 626 BGB für die Beendigung vorliegt, unter Missachtung der geltenden Kündigungsfrist aus dem Arbeitsverhältnis löst oder die Gesellschaft das Arbeitsverhältnis aus wichtigem Grund kündigt.[8]

§ . . . . . . Übertragung des Urlaubsanspruches und Abgeltung[9]

(1) Der Urlaubsanspruch muss während des laufenden Kalenderjahres gewährt und genommen werden. Konnte der Urlaubsanspruch aus betrieblichen oder krankheitsbedingten Gründen nicht genommen werden, so erlischt er am 31.3. des folgenden Kalenderjahres. Wurde der Urlaubsanspruch in diesen Fällen innerhalb des Übertragungszeitraumes schriftlich geltend gemacht, so erlischt er erst am 30.6. des folgenden Kalenderjahres.[10] Konnte der gesetzliche Mindesturlaub wegen ununterbrochener krankheitsbedingter Arbeitsunfähigkeit nicht im laufenden Kalenderjahr genommen werden, so ist er insgesamt in das nächste Kalenderjahr zu übertragen. Der so übertragene Urlaub erlischt jedoch spätestens am 31.3. des darauffolgenden Kalenderjahres.[11]

(2) Der Anspruch auf Abgeltung des bei Beendigung des Arbeitsverhältnisses noch nicht genommenen Urlaubes verfällt, wenn er nicht innerhalb von drei Monaten nach Beendigung des Arbeitsverhältnisses der Gesellschaft gegenüber schriftlich geltend gemacht wird.[12]

Anmerkungen

1. **Gesetzliche Ermächtigung.** § 13 Abs. 1 BUrlG beschränkt die Normsetzungsbefugnis der Tarifvertragsparteien, indem der Anspruch eines Arbeitnehmers auf Urlaub (§ 1

BUrlG), der Geltungsbereich des BUrlG (§ 2 BUrlG) sowie eine Mindesturlaubsdauer von 24 Werktagen bei einer Sechs-Tage-Woche (§ 3 Abs. 1 BUrlG) als nicht tarifdispositiv qualifiziert werden. Auch darüber hinaus sind den Tarifvertragsparteien bei der Vereinbarung von für den Arbeitnehmer ungünstigeren Regelungen Schranken gesetzt. § 13 Abs. 1 BUrlG **verbietet mittelbare Eingriffe in die unantastbaren Rechte** des Arbeitnehmers. Die Befugnis der Tarifvertragsparteien zur Kodifizierung ungünstigerer Normen erfährt so eine erhebliche Einschränkung.

Dabei ist nach der Rechtsprechung des BAG sehr genau zwischen dem **gesetzlichen Mindesturlaub** und dem, den gesetzlichen Mindesturlaub überschreitenden, **tariflichen Urlaub** zu unterscheiden. Die Unabdingbarkeit der §§ 1 bis 3 Abs. 1 BUrlG betrifft nur den gesetzlichen Mindesturlaub, so dass Einschränkungen tariflicher Urlaubsansprüche wirksam geregelt werden können.

2. Entstehen des Urlaubsanspruches. Ein Arbeitnehmer erwirbt erstmalig nach Ablauf der sechsmonatigen Wartezeit gemäß § 4 BUrlG einen vollen Urlaubsanspruch. Wenn der Arbeitnehmer während oder mit dem Ablauf der Wartezeit aus dem Arbeitsverhältnis ausscheidet, erwirbt er nach § 5 Abs. 1 lit. a und b BUrlG lediglich einen Anspruch auf Teilurlaub. Dieser Anspruch auf Teilurlaub kann durch tarifliche Regelung ausgeschlossen werden (BAG AP BUrlG § 13 Nr. 14). Dies führt nicht zu einer Abweichung von den unabdingbaren §§ 1 bis 3 Abs. 1 BUrlG, da der volle Urlaubsanspruch in einem weiteren Arbeitsverhältnis erworben werden kann (st. Rspr., BAG AP BUrlG § 13 Nr. 12). Lässt man den Arbeitnehmer vor Ablauf der Wartezeit durch eine entsprechende Regelung keinen Urlaubsanspruch erwerben, so verhindert dies auch die Entstehung eines Anspruches auf Urlaubsabgeltung bei Ausscheiden des Arbeitnehmers, da ein Anspruch auf Urlaubsabgeltung einen bestehenden Urlaubsanspruch voraussetzt (*Neumann/Fenski* § 7 Rn. 98).

Dagegen kann der anteilige gesetzliche Urlaubsanspruch des Arbeitnehmers gemäß § 5 Abs. 1 lit. c BUrlG bei Ausscheiden nach Ablauf der Wartezeit aber innerhalb der ersten Hälfte des Kalenderjahres nicht durch eine tarifvertragliche Regelung ausgeschlossen oder zu Ungunsten des Arbeitnehmers gekürzt werden (BAG AP BUrlG § 13 Unabdingbarkeit Nr. 6; ErfKomm/*Gallner* § 13 BUrlG Rn. 9). Eine entsprechende tarifvertragliche Regelung würde eine mittelbare Verletzung der §§ 1 und 3 BUrlG darstellen, da es sich bei dem Anspruch nach § 5 Abs. 1 lit. c BUrlG um den gesetzlichen Mindesturlaubsanspruch handelt. Daher ist es auch unzulässig, Urlaubsansprüche von Arbeitnehmern, die nach Ablauf der Wartezeit in der zweiten Hälfte eines Kalenderjahres aus dem Arbeitsverhältnis ausscheiden, auszuschließen oder zu kürzen, indem z. B. der gesetzliche Mindesturlaubsanspruch insgesamt gezwölftelt wird (BAG AP BUrlG § 13 Nr. 15). Derartige Regelungen sind nur für den tariflichen Urlaub möglich, der den gesetzlichen Mindesturlaub überschreitet (→ Anm. 4).

Unzulässig sind zudem tarifvertragliche Regelungen, die das Entstehen von Urlaubsansprüchen während des krankheitsbedingten Ruhens des Arbeitsverhältnisses ausschließen, denn auch im ruhenden Arbeitsverhältnis entsteht grundsätzlich der Anspruch auf Urlaub (so ausdrücklich BAG NZA 2012, 1216). Dies gilt auch für das Ruhen des Arbeitsverhältnisses aus anderen Gründen z. B. während der Elternzeit, wobei insoweit ggf. spezielle Kürzungsvorschriften (z. B. § 17 BEEG) zu beachten sind. Mit Urteil vom 8.11.2012 hat der EuGH entschieden, dass, anders als bei krankheitsbedingter Arbeitsunfähigkeit, in einem Sozialplan vereinbart werden könne, dass sich bei Kurzarbeit der Anspruch des Arbeitnehmers auf bezahlten Jahresurlaub im Verhältnis zur Arbeitszeitverkürzung anteilig verringere (EuGH NZA 2012, 1273). Der EuGH vergleicht den Fall der Kurzarbeit mit dem der vorübergehenden Teilzeitbeschäftigung. In diesen Fällen lägen der Verringerung oder Suspendierung der Arbeitspflicht vertragliche Regelungen zu Grunde. Zudem sei der Arbeitnehmer in diesen Fällen – anders als der Erkrankte – durchaus in der Lage während des teilweisen oder vorübergehenden Ruhens des Arbeitsverhältnisses, Freizeitaktivitäten nachzugehen und sich zu erholen. Dies spricht dafür, künftig das Entstehen von Urlaubsansprüchen und deren Unabdingbarkeit nur auf die Fälle des krankheitsbedingten Ruhens des Arbeitsverhältnisses zu beschränken (vgl. auch *Powietzka/Christ* NZA 2013, 18).

3. Dauer der Wartezeit. Durch Tarifvertrag kann auch die Dauer der Wartezeit zu Ungunsten des Arbeitnehmers **verlängert** werden (BAG AP BUrlG § 13 Nr. 15). Die Ausdehnung darf jedoch nicht dazu führen, dass dadurch der **unabdingbare Urlaubsanspruch** selbst berührt wird. Dies ist der Fall, wenn der Arbeitnehmer nur unter sehr erschwerten Umständen im Urlaubsjahr überhaupt einen Urlaubsanspruch erwerben kann (ErfKomm/*Gallner* § 13 BUrlG Rn. 10). Eine Ausdehnung der Wartezeit bis auf neun Monate wäre daher zu weitgehend (*Neumann/Fenski* § 4 Rn. 11), eine Verlängerung auf gar zwölf Monate unzulässig, da dies dazu führen könnte, dass der Arbeitnehmer für ein volles Jahr Arbeitsleistung überhaupt keinen Urlaubsanspruch erwirbt (ErfKomm/*Gallner* § 13 BUrlG Rn. 10).

Das BAG nimmt derzeit bei der Verlängerung der Wartezeit keine Trennung zwischen gesetzlichem und tariflichem Urlaub vor und erachtet das Entstehen jeglichen Urlaubsanspruches erst nach Ablauf der Wartezeit für grundsätzlich zulässig. Nachdem das BAG aber in anderen urlaubsrechtlichen Fragen strikt zwischen beiden Urlaubsansprüchen unterscheidet (→ Anm. 4), erscheint eine **Differenzierung zwischen tariflichem und gesetzlichem Urlaub** auch im Tarifvertrag geboten. Entsprechend muss bei der Regelung einer verlängerten Wartezeit, wie im Formular vorgesehen, wiederum der gesetzliche Mindesturlaub ausgenommen werden.

4. Zwölftelung des tariflichen Teilurlaubes. Zunächst wurde vom BAG eine Zwölftelung der gesamten Urlaubsansprüche für das Ein- und Austrittsjahr als zulässig erachtet. Die Zwölftelung stehe in angemessener Beziehung zur tatsächlichen Arbeitsleistung, so dass ein Verstoß gegen §§ 1 bis 3 Abs. 1 BUrlG nicht vorliege (BAG AP BUrlG § 13 Nr. 5). Diese Rechtsprechung wurde vom BAG aber ausdrücklich aufgegeben, soweit der gesetzliche unabdingbare Urlaubsanspruch betroffen ist. Dieser sei nicht tarifdispositiv, so dass eine zu Ungunsten der Arbeitnehmer vom BUrlG abweichende Regelung sich als unwirksam erweise, sofern hierdurch der **gesetzliche Urlaubsanspruch** unterschritten werde (BAG AP BUrlG § 13 Nr. 15). Diese Rechtsprechung betrifft den **tariflichen Urlaubsanspruch** nicht, so dass insoweit eine Zwölftelung möglich ist (*Mitsch/Richter* NZA 1995, 771, 772; *Leinemann/Linck* § 13 Rn. 49; ErfKomm/*Gallner* § 13 BUrlG Rn. 9).

Die Zwölftelung kann zu Schwierigkeiten führen, wenn der Arbeitnehmer nach Gewährung des vollen Urlaubes im laufenden Urlaubsjahr ausscheidet, tatsächlich der Urlaubsanspruch aber wegen des Ausscheidens vor Ablauf des Urlaubsjahres nicht in vollem Umfang bestanden hat (*Neumann/Fenski* § 5 Rn. 4). Um diesem Problem vorzubeugen, sollte, wie in § 2 Abs. (3) des Formulars vorgesehen, ein Rückforderungsrecht des Arbeitgebers für zu viel gezahltes Urlaubsentgelt vereinbart werden.

5. Abhängigkeit von Urlaubsdauer und tatsächlicher Arbeitsleistung. Hinsichtlich des **tariflichen Urlaubsanspruches** können die Tarifvertragsparteien regeln, dass nicht auf das Bestehen des Arbeitsverhältnisses, sondern auf die **tatsächliche Beschäftigung** abzustellen ist. Auch bei längerer Krankheit tritt dann eine Zwölftelung des tariflichen Urlaubsanspruches ein (*Neumann/Fenski* § 5 Rn. 34; *Leinemann/Linck* § 13 Rn. 57). Für den **gesetzlichen Mindesturlaub** kann hingegen eine entsprechende Regelung nicht vereinbart werden, da der Urlaubsanspruch nach dem BUrlG in Entstehung und Bestand nicht von der Erbringung der Arbeitsleistung abhängig ist (BAG AP BUrlG § 13 Nr. 15; *Mitsch/Richter* NZA 1995, 771, 772).

6. Rundung. Bruchteile von Urlaubstagen können nach tariflicher Regelung auf- oder abgerundet werden, sofern der **gesetzliche Mindesturlaub** nicht von einer Abrundungsbestimmung betroffen wird (BAG NZA 1993, 79; *Busch* NZA 1196, 1246, 1248; ErfKomm/*Gallner* § 13 BUrlG Rn. 11).

7. Rückforderung des Urlaubsentgeltes. Soweit die Tarifvertragsparteien eine Zwölftelung des Urlaubsanspruches rechtlich vereinbaren können und damit den tariflichen Urlaub kürzen, sind sie auch zur Vereinbarung einer Rückerstattungsklausel von zu viel gezahltem Urlaubsentgelt befugt (ErfKomm/*Gallner* § 13 BUrlG Rn. 11; *Mitsch/Richter* NZA 1995, 771, 773; → Anm. 4).

8. Abhängigkeit der Urlaubsdauer vom Verschulden. § 7 Abs. 4 BUrlG a. F. sah ein Entfallen des Urlaubsanspruches für die Fälle vor, in denen der Arbeitnehmer durch eigenes Verschulden aus einem eine fristlose Kündigung rechtfertigenden Grund entlassen worden war. Aus der Aufhebung dieser Vorschrift leitet das BAG die Unwirksamkeit einer Bestimmung ab, die den Anspruch des ausgeschiedenen Arbeitnehmers auf Abgeltung auch des gesetzlichen Mindesturlaubes ausschließt (BAG AP BUrlG § 13 Unabdingbarkeit Nr. 6; BAG AP BUrlG § 13 Unabdingbarkeit Nr. 4 m. i. E. zust. Anm. von *Hinz*). Es begründete dies mit der Unabdingbarkeit des **gesetzlichen Mindesturlaubsanspruches** und als dessen Surrogat auch des Abgeltungsanspruches. Inzwischen hat das BAG nun jedoch im Nachgang zu der Schultz-Hoff Entscheidung des EuGH (NZA 2009, 135) mit seiner Entscheidung vom 19.6.2012 die Surrogationstheorie vollständig aufgegeben (BAG NZA 2012, 1087). Demnach handelt es sich bei dem Urlaubsabgeltungsanspruch nach Beendigung des Arbeitsverhältnisses um einen reinen arbeitsrechtlichen Geldanspruch. Dieser müsste dann konsequenterweise auch durch eine tarifliche Regelung in bestimmten Fällen ausgeschlossen werden können (kritisch ErfKomm/*Gallner* § 13 BUrlG Rn. 9). Von der Unabdingbarkeit jedenfalls nicht betroffen ist der **tarifliche Urlaubsanspruch**, dessen **Entstehung und Abgeltung** in einem Tarifvertrag für den Arbeitnehmer ungünstig abweichend von den Vorgaben des BUrlG geregelt werden kann (BAG AP BUrlG § 7 Übertragung Nr. 27; *Leuchten* NZA 1996, 565, 567; ErfKomm/*Gallner* § 13 BUrlG Rn. 14).

9. Übertragung des Urlaubes. Mit den Übertragungsvorschriften des § 7 Abs. 3 BUrlG wollte der Gesetzgeber sicherstellen, dass der Arbeitnehmer den ihm zustehenden Erholungsurlaub grundsätzlich **im laufenden Kalenderjahr** nimmt, um so den Erholungszweck des Urlaubes zu gewährleisten und eine Anhäufung des Urlaubes zu vermeiden. Diese Regelung trägt auch den Arbeitgeberinteressen Rechnung, da sie vermeidet, dass sich der Arbeitgeber mit Gesuchen monatelangen Urlaubes seiner Mitarbeiter auseinandersetzen muss. Eine Übertragung des Urlaubsanspruches auf das Folgejahr kann nach der gesetzlichen Vorstellung nur erfolgen, wenn dringende betriebliche oder in der Person des Arbeitnehmers liegende Gründe dies rechtfertigen. Nach überwiegender Auffassung im Schrifttum ist allerdings eine tarifliche Regelung zulässig, welche die Übertragung von Urlaubsansprüchen auf das Folgejahr gänzlich ausschließt (*Leinemann/Linck* § 13 Rn. 81). Zur Übertragbarkeit von Urlaubsansprüchen bei dauernder Arbeitsunfähigkeit → Anm. 11.

Gleichwohl ist eine Übertragung des Urlaubes auf das Folgejahr in vielen Fällen sachgerecht. Sie verhindert, dass der wegen des drohenden Erlöschens seines Urlaubsanspruches besorgte Arbeitnehmer seine Ansprüche, die der Arbeitgeber etwa wegen dringender betrieblicher Belange nicht gewähren kann, durchzusetzen gezwungen ist. Die hier vorgeschlagene Möglichkeit einer **Verlängerung des Übertragungszeitraumes** auf insgesamt sechs Monate kann daher sowohl für den Arbeitnehmer als auch für den Arbeitgeber zweckmäßig sein. Sie ist von der Dispositionsbefugnis der Tarifvertragsparteien nach § 13 Abs. 1 S. 1 BUrlG umfasst (BAG NZA 1996, 149, 150).

10. Formelles Anmeldungserfordernis. Die Tarifvertragsparteien können ferner in Tarifverträgen von der Regelung des § 7 Abs. 3 BUrlG derart abweichen, dass sie die weitere Übertragung des Urlaubsanspruches von einer formellen Anmeldung abhängig machen (BAG AP BUrlG § 7 Übertragung Nr. 25). Ein solches formelles Anmeldungserfordernis führt dazu, dass der Urlaub mit dem Ende des Übertragungszeitraumes **ersatzlos erlischt,** wenn ihn der Arbeitnehmer vorher nicht schriftlich geltend gemacht hat (BAG AP BUrlG § 7 Übertragung Nr. 21; ErfKomm/*Gallner* § 13 BUrlG Rn. 13).

11. Urlaubsansprüche bei dauernder Arbeitsunfähigkeit. Im Anschluss an das Urteil des EuGH in der Rechtssache Schultz-Hoff (EuGH NZA 2009, 135) hatte das BAG entschieden, dass der Urlaub bei andauernder krankheitsbedingter Arbeitsunfähigkeit des Arbeitnehmers nicht am 31. 3. des Folgejahres verfallen dürfe (BGH NZA 2009, 538; BAG NZA 2010, 810; BAG NZA 2012, 29). Nachdem zunächst unklar geblieben war, ob es dadurch zu einem zeitlich unbegrenzten Ansammeln von Urlaubsansprüchen Langzeiterkrankter kommen kann, die dann bei Beendigung des Arbeitsverhältnisses sämtlich abzugelten wären, stellte der EuGH in der Entscheidung in der Sache KHS (EuGH NZA 2011, 1333) klar, dass eine Befristung des Übertragungszeitraumes von 15 Monaten auch bei dauernder krankheitsbedingter Arbeitsunfähigkeit europarechtskonform und zulässig ist.

12. Abgeltung von Urlaubsansprüchen. Nach Aufgabe der Surrogationstheorie durch das BAG stellt der Abgeltungsanspruch für nicht genommenen gesetzlichen oder tariflichen Urlaub lediglich einen reinen Geldanspruch dar (s. Anm. 8). Konsequenterweise finden dann auch tarifliche Ausschlussfristen auf den Abgeltungsanspruch Anwendung (BAG NZA 2012, 1087).

III. Sonstige Abreden

Übernahmevereinbarung nach Betriebsübergang

Vereinbarung[1]

zwischen

...... (Name und Anschrift der Gesellschaft) „Betriebsveräußerer",

...... (Name und Anschrift der Gesellschaft) „Betriebserwerber"

und

...... (Name und Anschrift der Gewerkschaft) „Gewerkschaft[2]"

Präambel[3]

Der Betriebsveräußerer führt in ...... einen ...... Betrieb. Mit Wirkung zum ...... wird der Betriebsveräußerer sämtliche materiellen und immateriellen Betriebsmittel auf den Betriebserwerber übertragen. Die bei dem Betriebsveräußerer bestehenden Arbeitsverhältnisse werden im Wege eines Betriebsübergangs gemäß § 613a BGB auf den Betriebserwerber übergehen.

§ 1 Übernahme der Firmentarifverträge

(1) Zwischen der Gewerkschaft und dem Betriebsveräußerer wurden die folgenden Firmentarifverträge mit Geltung für alle bei dem Betriebsveräußerer beschäftigten Mitarbeiter abgeschlossen:

- Tarifvertrag ...... vom ......,
- Tarifvertrag ...... vom ...... und
- Tarifvertrag ...... vom ......

(2) Der Betriebserwerber übernimmt mit Wirkung zum ...... alle in Abs. (1) genannten Firmentarifverträge vom Betriebsveräußerer (Vertragsübernahme).

§ 2 Zustimmung zur Vertragsübernahme

Die Gewerkschaft stimmt der Übernahme der in § 1 Abs. (1) genannten Firmentarifverträge zu.

......	......
Ort, Datum	Ort, Datum
......	......
Unterschrift des Betriebsveräußerers	Unterschrift des Betriebserwerbers

......
Ort, Datum
......
Unterschrift der Gewerkschaft

Anmerkungen

1. Übernahmevereinbarung. Ein Firmentarifvertrag gilt nur bei einer **Gesamtrechtsnachfolge** ohne weiteres kollektivrechtlich fort, weil der Rechtsnachfolger dort vollkommen in die Rechtsstellung seines Vorgängers einrückt (*Schiefer/Pogge* NJW 2003, 3734, 3739). Entschieden hat die Rechtsprechung dies für den Fall der Verschmelzung nach § 20 Abs. 1 Nr. 1 UmwG (BAG AP UmwG § 20 Nr. 1). Hiernach zählt der Firmentarifvertrag zu den im Gesetz genannten, mit Wirksamwerden der Verschmelzung übergehenden Verbindlichkeiten. Der Abschluss einer Übernahmevereinbarung wird erforderlich, wenn eine Gesamtrechtsnachfolge nicht vorliegt, aber die kollektivrechtliche Weitergeltung der Firmentarifverträge sichergestellt werden soll.

In den „klassischen" Fällen des Betriebsüberganges, dem Kauf, der Pacht, der Anschlusspacht oder der Schenkung findet keine Gesamtrechtsnachfolge, sondern eine **Einzelrechtsnachfolge** statt.

Tarifnormen wirken wie Gesetze von außen auf die Arbeitsverhältnisse ein. Infolge dieser unmittelbaren und zwingenden Wirkung nach § 4 Abs. 1 TVG gehen die Rechte und Pflichten aus den Tarifnormen nicht bereits nach § 613a Abs. 1 S. 1 BGB auf den neuen Betriebsinhaber über. Daher regelt § 613a Abs. 2 bis Abs. 4 die Fortgeltung der kollektivrechtlichen Normen beim Betriebsübergang (ErfKomm/*Preis* § 613a BGB Rn. 111 ff.).

Die zum Zeitpunkt des Betriebsüberganges gültigen Normen eines Tarifvertrages gelten dabei statisch fort. Entwickeln sich die Rechte und Pflichten der bisherigen Kollektivvereinbarung nach dem Betriebsübergang weiter, ist der Arbeitnehmer davon nicht mehr betroffen (BAG AP § 613a BGB Nr. 46; BAG NZA 2002, 513; A/P/S/*Steffan* § 613a BGB Rn. 123; ErfKomm/*Preis* § 613a BGB Rn. 117). Sind allerdings in einem Tarifvertrag, der zum Zeitpunkt des Betriebsüberganges gilt, Änderungen bereits angelegt, so gelten diese auch für die fortgeltenden Normen (A/P/S/*Steffan* Rn. 123; ErfKomm/*Preis* Rn. 117; BAG NZA 2010, 41; kritisch zu diesem Urteil *Meyer* DB 2010, 1404). Auch nachwirkende Tarifnormen i. S. d. § 4 Abs. 5 TVG gelten fort. Allerdings kann die Wirkung der Normen nach dem Betriebsübergang nicht weitergehend sein als zuvor. Demzufolge ist die einjährige Veränderungssperre für diesen Fall nicht anwendbar (BAG NZA 2002, 41; *Bepler* RdA 2009, 65, 66), wenn die Nachwirkung innerhalb dieses Zeitraumes endet.

Die dogmatische Konstruktion dieser Fortgeltung ist umstritten (ausführlich hierzu *Sagan* RdA 2011, 163). Nach dem **Transformationsmodell** verlieren die Tarifnormen ihren kollektivrechtlichen Charakter und werden Inhalt des Arbeitsvertrages. Diese Auffassung vertreten große Teile der Literatur sowie die Rechtsprechung (BAG NZA 2004, 809; ErfKomm/*Preis* § 613a BGB Rn. 112; MünchKommBGB/*Müller-Glöge* § 613a Rn. 131; MünchHdbArbR/*Wank* § 102 Rn. 162; *Sagan* RdA 2011, 163 m. w. N.). Nach dem **Sukzessionsmodell** führt § 613a Abs. 1 S. 2 BGB hingegen nicht zu einer Transformation kollektiven Rechtes auf individualvertraglicher Ebene, sondern statuiert die Rechtsnachfolge des Erwerbers in die kollektivrechtliche Bindung des Veräußerers (grundlegend *Sagan* RdA 2011, 163; ErfKomm/*Preis* § 613a BGB Rn. 112). Das BAG scheint nunmehr eine Kombination beider Ansätze zu vertreten. Tarifnormen werden zwar in das Arbeitsverhältnis transformiert, behalten jedoch gleichzeitig ihren kollektivrechtlichen Charakter (BAG NZA 2010, 41). Nach dem **Sukzessionsmodell** führt § 613a Abs. 1 S. 2 BGB bereits zur kollektivrechtlichen Fortgeltung und verdrängt als lex specialis andere Rechtsgrundlagen (ErfKomm/*Preis* § 613a BGB Rn. 113). Nach dieser Auffassung bedürfte es einer Übernahmevereinbarung nur noch, wenn sich die Regelungen des übernommen Tarifvertrages auch auf andere als die übernommenen Arbeitnehmer erstrecken oder die Regelungen dynamisch fortgelten sollen.

Nach dem Transformationsmodell hingegen liegt die **kollektivrechtliche Fortgeltung** im **Ermessen des Erwerbers.** Die kollektivrechtliche Fortgeltung eines noch vom Veräußerer abgeschlossenen Firmentarifvertrages wird nicht durch den bloßen Betriebsübergang begründet (BAG NZA 2010, 51). Will der Betriebserwerber die **unmittelbare und zwingende Wirkung** der Tarifnormen von Firmentarifverträgen erreichen, so muss er eine Übernahmevereinbarung, wie sie das Formular vorsieht (oder gleich lautende Firmentarifverträge), abschließen. Mit einer solchen Vertragsübernahme tritt der Betriebserwerber als Vertragspartei an die Stelle des Betriebsveräußerers. Eine eigene konstitutive Willenserklärung ist somit erforderlich (BAG NZA 2010, 51, 52 f.).

2. Vertragsparteien. Bei der Vertragsübernahme handelt es sich um ein einheitliches Rechtsgeschäft, das der Zustimmung aller Beteiligten bedarf. Es kann als dreiseitiger Vertrag abgeschlossen werden oder als zweiseitiger Vertrag zwischen ausscheidender Partei (hier dem Betriebsveräußerer) und eintretender Partei (hier dem Betriebserwerber) unter Zustimmung des Dritten (hier der Gewerkschaft).

Das Formular sieht als Vertragsparteien sowohl den Betriebsveräußerer und den Betriebserwerber als auch die Gewerkschaft vor.

Ohne eine dem Formular entsprechende kollektivrechtliche Übernahme bleibt alleine der **Veräußerer** und nicht der Erwerber für den Ausspruch, sowie zur Entgegennahme von **Kündigungen** des Tarifvertrages zuständig (BAG NZA 2010, 41, 46). Bei einer wirksamen Kündigung des Tarifvertrages entfällt die Sperrfrist des § 613a Abs. 1 S. 2 BGB. Dies ergibt sich schon aus **§ 613a Abs. 1 S. 4 BGB.**

3. Präambel. → Form. D. II. 1.

E. Compliance im Arbeitsrecht

1. Checkliste für Compliance-Audit („Personal und Arbeitsrecht")

Checkliste für Compliance-Audit[1] („Personal und Arbeitsrecht")

	Themenbereich	Compliance – Frage	Risiko	Fragen zur Identifikation der Risiken
1.	**Personaleinsatz**[2]			
A.	**Einsatz von Fremdpersonal durch Freie-Mitarbeiter-Verträge**	Ist sichergestellt, dass es in der Gesellschaft keine **Scheinselbständigkeit** gibt?	Falls nein: • finanzielle Risiken wegen Nachentrichtung von Sozialversicherungsbeiträgen und Lohnsteuerhaftung • finanzielle Belastungen aus ungewollter Arbeitgeberstellung (und damit verbundene finanzielle Belastungen aus der Geltendmachung von Arbeitnehmerschutzrechten, wie z. B. Kündigungsschutz, und Ansprüchen auf Urlaub, Entgeltfortzahlung im Krankheitsfall) • Ordnungswidrigkeits- und Strafbarkeitsrisiko	Gibt es eine Liste, in der die freien Mitarbeiter aufgeführt sind? → **Klärung durch Personalabteilung oder Buchhaltung** Falls nein oder als ergänzender Check: Welche Abteilungen im Unternehmen erhalten und bezahlen Rechnungen von Einzelpersonen (hier könnte es sich um „versteckte" freie Mitarbeiter handeln)? Gibt es Rechnungen von natürlichen Personen, die jeden Monat über (in etwa) denselben – nicht minimalen – Betrag ausgestellt werden? → **Klärung durch Buchhaltung oder, falls Rechnungen direkt von Abteilungen bezahlt werden, Anfrage an die Abteilungen** Gibt es für die als freie Mitarbeiter beschäftigten Personen rechtlich geprüfte Vertragsformulare? Werden diese Vertragsformulare konsistent verwendet? Enthalten diese Vertragsformulare vertragliche Regelungen, welche die Risiken der Scheinselbständigkeit minimieren (z. B. Verpflichtung zur Durchführung eines sozialversicherungsrechtlichen Statusfeststellungsverfahrens)? → **Klärung durch Personalabteilung oder Rechtsabteilung** Wenn es keine durchgängig verwendeten Vertragsformulare mit entsprechenden Schutzklauseln gibt, aber natürliche Personen, die regelmäßig Rechnungen stellen, ist zu prüfen, ob sich Indizien für Scheinselbständigkeit bei diesen Personen ergeben: → **Verträge im Einzelnen durchsehen und prüfen, ob die in → Form. B. III Anm. 1 genannten Kriterien nach der Vertragsgestaltung vorliegen, die für Arbeitnehmereigenschaft sprechen.** Falls diese Kriterien zu einem Großteil erfüllt sind, spricht dies bereits sehr stark für die Arbeitnehmereigenschaft. Falls die Kriterien nicht oder nur sehr vereinzelt erfüllt sein sollten, muss die tatsächliche Handhabung untersucht werden. Hierbei sollte – neben den in → **Form. B. III Anm. 1** genannten allgemeinen Kriterien – insbesondere auf folgende Kriterien geachtet werden, die für die Arbeitnehmereigenschaft sprechen: • Abrechnung monatlich und in einem Umfang, dass von Vollzeittätigkeit auszugehen ist; • Einrichtung eines E-Mail-Accounts bei der Gesellschaft; • Visitenkarten der Gesellschaft; • Auflistung im internen Telefonverzeichnis; • Büro bei der Gesellschaft; • Nennung in Org-Charts der Gesellschaft;

Themenbereich	Compliance – Frage	Risiko	Fragen zur Identifikation der Risiken
			• Überlassung von Firmenequipment (z. B. Dienstwagen, Laptop, Blackberry, Mobiltelefon etc.); • Überlassung von Zutrittskarte/Schlüssel zu Firmengebäude; • Eingliederung in ein Team der Gesellschaft; • Reporting Line zu Mitarbeitern der Gesellschaft. → **Klärung durch Personalabteilung und Fachabteilung**
B. Einsatz von Fremdpersonal durch Verträge mit Unternehmen	(1) Ist sichergestellt, dass es in der Gesellschaft **keine unerlaubte Arbeitnehmerüberlassung** gibt, insbesondere, dass eine wirksame Erlaubnis zur Arbeitnehmerüberlassung bei einem Arbeitnehmerüberlassungsvertrag oder einem (unechten) Werk-, Dienst-, Dienstverschaffungsvertrag vorliegt?	Falls nein: Zu (1) Wenn Fremdpersonal eingesetzt wird und nicht zugleich eine wirksame Erlaubnis zur Arbeitnehmerüberlassung vorliegt, können die negativen Rechtsfolgen einer unerlaubten Arbeitnehmerüberlassung nach AÜG eintreten. Die negativen Folgen wären: • Risiko der **Haftung für den Gesamtsozialversicherungsbeitrag** (Arbeitnehmer- und Arbeitgeberanteil) und für **Lohnsteuer** für Zeiten des Einsatzes des Fremdpersonals bei der Gesellschaft • Belastungen aus **ungewollter Arbeitgeberstellung** (und damit verbunden der Geltendmachung von Arbeitnehmerschutzrechten, wie z. B. Kündigungsschutz, und Ansprüchen auf Urlaub, Entgeltfortzahlung im Krankheitsfall) • Risiko der Begehung von **Ordnungswidrigkeiten** (Bußgelder bis 500.000 EUR) • **Strafbarkeitsrisiko** bei Beschäftigung von Leiharbeitnehmern aus Drittstaaten z. B. ohne Arbeitsgenehmigung	Zu (1) Auffinden der derzeit laufenden Werk-, Dienst- und Dienstverschaffungsverträge: • Gibt es ein Vertragsverzeichnis, aus dem ersichtlich ist, welche Verträge die Gesellschaft über die Gestellung von Personal sowie über Dienst- bzw. Werkleistungen abgeschlossen hat? → **Klärung durch Buchhaltung** Ggf. ergänzend: • Lässt sich durch bestimmte Kennung in SAP-Systemen (oder ähnlichen Systemen) feststellen, welche Unternehmen an die Gesellschaft Rechnungen stellen über Personalgestellungsleistungen oder Dienst- und Werkleistungen? → **Klärung durch Buchhaltung** Liegt dem Vertrag eine gültige Erlaubnis i. S. v. § 1 AÜG der Bundesagentur für Arbeit bei? → **Klärung durch Vertragsprüfung** Liegt keine gültige Erlaubnis bei: Ggf. aktuell gültige Erlaubnis der Bundesagentur für Arbeit vorlegen lassen. → **Klärung durch Vertragspartner** oder → **Klärung durch Regionaldirektion der Bundesagentur für Arbeit**

Themenbereich	Compliance – Frage	Risiko	Fragen zur Identifikation der Risiken
	(2) Ist sichergestellt, dass es sich bei den Werk-/Dienstverträgen ohne Erlaubnis zur Arbeitnehmerüberlassung um **echte Werk-, Dienst- oder Dienstverschaffungsverträge** handelt?	Zu (2) Wenn ein Werk-, Dienst- oder Dienstverschaffungsvertrag ohne Vorliegen einer wirksamen Erlaubnis zur Arbeitnehmerüberlassung abgeschlossen wird, lassen sich die Risiken aus dem AÜG nur dann vermeiden, wenn es sich um echte Werk-, Dienst- oder Dienstverschaffungsverträge handelt. Dies beurteilt sich sowohl nach dem Inhalt des Vertrages, wie auch nach der tatsächlichen Vertragsdurchführung.	Zu (2) Prüfung, ob echte Werk-, Dienst- oder Dienstverschaffungsverträge vorliegen: **Werkvertrag:** Um ein echter Werkvertrag zu sein, muss der Vertrag i. d. R. die folgenden Elemente enthalten: • definiertes Projekt; • Festpreis, unabhängig von der Dauer des Projekts und von der Zahl des eingesetzten Personals; • Abnahme als Voraussetzung für Zahlung des Festpreises; • Werkunternehmer bestimmt, wie viele Mitarbeiter er einsetzt und wählt das Personal aus, das er einsetzt; Besteller hat kein Mitspracherecht; • Werkunternehmer schuldet einen Erfolg, ist im Fall von Schlechtleistung zur Gewährleistung verpflichtet und haftet bei Verzug oder Nichtleistung auf Schadensersatz; • Werkunternehmer haftet für seine Mitarbeiter, die seine Erfüllungsgehilfen sind; • Personal des Werkunternehmers ist nicht integriert in die Teams des Bestellers und wird vom Besteller deutlich anders behandelt als sein eigenes Personal; • Personal erhält die Weisungen vom Werkunternehmer; Anweisungen der werkbestellenden Gesellschaft dürfen nur der Konkretisierung der gewünschten Werkleistung dienen; • Werkunternehmer setzt sein eigenes Equipment ein (weniger starkes Indiz); **Dienstvertrag:** Ein echter Dienstvertrag müsste i. d. R. folgende Elemente enthalten: • genaue Beschreibung der Dienstleistung als abgrenzbare und eigenständige Leistung; • Dienstleistung muss so erbracht werden, dass die Mitarbeiter des Dienstleisters nicht in die betrieblichen Abläufe des Auftraggebers weisungsunterworfen eingegliedert sind; • Dienstleister muss die Arbeit seiner Mitarbeiter/Erfüllungsgehilfen im Einzelnen organisieren; dafür muss vertraglich und bei der tatsächlichen Durchführung sichergestellt sein, dass der Erfüllungsgehilfe seine Weisungen von einem beim Dienstleister angestellten Vorgesetzten erhält; Weisungen der dienstberechtigten Gesellschaft dürfen nicht personenbezogen erteilt werden, sondern nur der Konkretisierung der geschuldeten Dienstleistung dienen; Sowohl **gegen einen echten Werkvertrag** als auch **gegen einen echten Dienstvertrag** können folgende Punkte sprechen: • Personal des „Werk-/Dienstleisters“ erhält einen E-Mail-Account des Auftraggebers; • Ausgabe von Visitenkarten durch den Auftraggeber an das Personal des „Werk-/Dienstleisters“; • Nennung des Personals des „Werk-/Dienstleisters“ im Org-Chart des Auftraggebers; • Zuweisung eines Büros und eines Telefonanschlusses im Betrieb des Auftraggebers; • Überlassung von Firmenequipment (z. B. Dienstwagen, Laptop, Blackberry, Mobiltelefon etc.) an das Personal des „Werk-/Dienstleisters“; • Teilnahme des Personals des „Werk-/Dienstleisters“ an internen Veranstaltungen des Auftraggebers;

Themenbereich	Compliance – Frage	Risiko	Fragen zur Identifikation der Risiken
			• Überlassung von Zutrittskarte/Schlüssel zum Firmengebäude des Auftraggebers ohne besondere Kennung als Fremdpersonal an das Personal des „Werk-/Dienstleisters". Je mehr dieser Indizien vorliegen, umso mehr spricht dies für einen Scheinwerk- oder Scheindienstvertrag. Wenn die Prüfung ergibt, dass das Risiko besteht, dass es sich bei den Verträgen um Scheindienst- oder Scheinwerkverträge handeln könnte: • Gibt es eine vertragliche Absicherung in den Werk-/Dienstverträgen, wonach der Werkunternehmer bzw. Dienstleister für Risiken aus einem Scheindienst-/Scheinwerkvertrag einstehen muss (z. B. für Rechtsverfolgungskosten, falls seine Mitarbeiter auf Bestehen eines Arbeitsverhältnisses mit der Gesellschaft klagen, Freistellung von Zahlungsverpflichtungen hinsichtlich Lohn- und Sozialversicherungsabgaben bzw. auf Übernahme von Bußgeldern nach AÜG wegen illegaler Arbeitnehmerüberlassung)? → **Klärung durch Rechtsabteilung** Handelt es sich bei den eingesetzten Arbeitnehmern um Staatsangehörige aus einem anderen EU-Mitgliedsstaat, ist zusätzlich von dem Werk-/Dienstleister der Nachweis der A1-Entsendebescheinigungen zu fordern. → **Klärung durch Rechtsabteilung** **Dienstverschaffungsvertrag über freie Mitarbeiter:** Ein echter Dienstverschaffungsvertrag über die Verschaffung der Dienste freier Mitarbeiter enthält i. d. R. folgende Elemente: • Person hat im Verhältnis zum Dienstverschaffer nicht den Status eines Arbeitnehmers (für die Gesellschaft regelmäßig nicht überprüfbar); • Vertrag über Überlassung von freien Mitarbeitern zwischen Dienstverschaffer und der Gesellschaft, welche freie Mitarbeiter benötigt, muss eindeutig regeln, dass die Beschäftigten sowohl gegenüber dem Dienstverschaffer den Status eines freien Mitarbeiters haben als auch bei der Gesellschaft für selbständige Tätigkeiten eingesetzt sind; • Freier Mitarbeiter wird bei der Gesellschaft dergestalt eingesetzt, dass er tatsächlich selbständig tätig ist (→ **Form. B. III Anm. 1**); → **Klärung (soweit wie möglich) durch Rechtsabteilung mit Unterstützung Fachabteilung sowie durch Nachfrage beim Dienstverschaffer** Wenn die Prüfung ergibt, dass das Risiko besteht, dass es sich bei den Verträgen um Arbeitnehmerüberlassung oder Arbeitsvermittlung handeln könnte: • Gibt es eine vertragliche Absicherung in den Dienstverschaffungsverträgen, wonach der Dienstverschaffende für Risiken aus einer Scheinselbständigkeit des vermeintlich freien Mitarbeiters einstehen muss (z. B. für Rechtsverfolgungskosten, falls der Dienstverpflichtete auf Bestehen eines Arbeitsverhältnisses mit der Gesellschaft klagt, Freistellung von Zahlungsverpflichtungen hinsichtlich Lohn- und Sozialversicherungsabgaben bzw. Übernahme von Bußgeldern nach AÜG wegen Beschäftigung von Leiharbeitnehmern ohne erforderliche Erlaubnis)?

	Themenbereich	Compliance – Frage	Risiko	Fragen zur Identifikation der Risiken
2.	**Beschäftigung von Ausländern**[3]	Ist sichergestellt, dass der Einsatz von **ausländischen Beschäftigten** (Arbeitnehmern und Fremdpersonal) nur mit den für die Erwerbstätigkeit erforderlichen **Genehmigungen** erfolgt?	Falls nein: • Risiko der Begehung von **Ordnungswidrigkeiten** (Bußgelder bis 500.000 EUR) • Risiko, die ohne Genehmigung eingesetzten **Beschäftigten (insbesondere qualifizierte Führungskräfte) nicht mehr weiter einsetzen zu können** • **Strafbarkeitsrisiko** bei Beschäftigung von ausländischen Leiharbeitnehmern ohne Genehmigung	Welche Personen mit ausländischer Staatsangehörigkeit werden derzeit in Unternehmen der Gesellschaft eingesetzt, sei es als Arbeitnehmer oder Fremdpersonal? → **Klärung durch Personalabteilung** Wird die Staatsangehörigkeit vor Aufnahme der Beschäftigung bei diesen Beschäftigten (Arbeitnehmer und Fremdpersonal) abgefragt? → **Klärung durch Personalabteilung** Falls die Staatsangehörigkeit der Mitarbeiter nicht bekannt ist, Suche nach typisch ausländischen Namen von Nicht-EU-Staatsangehörigen und Herausfinden der Staatsangehörigkeit durch Nachfrage bei betroffenen Mitarbeitern. → **Klärung durch Personalabteilung** Wer kümmert sich um die erforderlichen Genehmigungen? Wer überprüft während der Dauer einer Beschäftigung, ob die erforderlichen Genehmigungen noch gelten? Wer überprüft bei dem Wechsel einer Tätigkeit, ob die Genehmigungen hierfür noch gelten? → **Klärung durch Personalabteilung** Gibt es in Vertragsformularen für Drittunternehmen, die Fremdpersonal in Unternehmen der Gesellschaft einsetzen, Klauseln betreffend die Verpflichtung des Drittunternehmens, sämtliche erforderlichen Genehmigungen für die Beschäftigung etwaiger Ausländer beizubringen und aufrechtzuerhalten? Wenn ja: Werden solche Vertragsformulare durchgängig verwendet? → **Klärung durch Personalabteilung**
3.	**Vermeidung von Korruption**[4]	Ist sichergestellt, dass die Beschäftigten (Arbeitnehmer und Fremdpersonal) im geschäftlichen Verkehr weder bestechen (aktiv) noch sich **bestechen** lassen (passiv)?	Falls nein: • Risiko erheblicher **finanzieller Schäden** • Risiko von erheblichen **Imageschäden** („Siemens-Fall") • Gefährdung bestehender Geschäftsbeziehungen • Strafbarkeitsrisiko	Gibt es eine Organisations-Anweisung, die den Beschäftigten umfassend Bestechung und Bestechlichkeit untersagt? Wenn ja: Ist diese Organisations-Anweisung den Beschäftigten nachweisbar bekannt gemacht? → **Klärung durch Personalabteilung** Gibt es Aufwendungen (außerhalb normaler Geschäftsessen im üblichen Rahmen), die von Beschäftigten der Gesellschaft für Kunden, Lieferanten oder ehemalige oder potentielle Geschäftspartner gemacht werden (z. B. Aufwendungen für Einladungen zu Events, für Reisen nebst Hotelunterbringung, für Geschenke etc.)? → **Aufstellung durch Buchhaltung** Falls ja: Sind diese Aufwendungen zulässig, insbesondere in Übereinstimmung mit entsprechenden Unternehmensrichtlinien? → **Klärung durch Rechtsabteilung** Gibt es Beraterverträge oder sonstige Verträge, die vergütet werden, ohne dass die geschuldeten Leistungen erbracht werden bzw. bei denen die Vergütung außer Verhältnis zu der geschuldeten Leistung steht? → **Klärung durch Vertragsprüfung und ggf. Rücksprache mit Leistungsempfänger im Unternehmen**

	Themenbereich	Compliance – Frage	Risiko	Fragen zur Identifikation der Risiken
4.	**Begünstigung von Betriebsratsmitgliedern**[5]	Ist sichergestellt, dass kein **Mitglied eines Betriebsverfassungsorgans** um seiner Tätigkeit willen **benachteiligt oder begünstigt** wird?	Falls nein: • Risiko der Verwirklichung eines **Straftatbestandes** (Freiheits- oder Geldstrafe) • Risiko eines erheblichen **Imageschadens**	Haben Mitglieder von Betriebsverfassungsorganen (insbesondere Betriebsratsmitglieder) Sonderrechte oder haben sie Prämien, Sachleistungen oder Gehaltserhöhungen erhalten, die Mitarbeiter in einer vergleichbaren Position nicht haben bzw. erhalten haben? → **Klärung durch Personalabteilung** Falls ja: Sind diese Sonderrechte/Sonderzuwendungen zulässig bzw. rechtlich begründbar? → **Klärung durch Rechtsabteilung**
5.	**AGG-konformes Handeln**[6]	Ist sichergestellt, dass im betrieblichen Alltag weitestgehender Schutz vor **AGG-widriger Behandlung** gewährleistet ist?	Falls nein: • Risiko von **Schadensersatz- und Entschädigungszahlungen** • Risiko eines **Imageschadens**	Wurden Regelungen der Gesellschaft wie Betriebsvereinbarungen, Arbeitsverträge, Einstellungskriterien, Beurteilungssysteme, Vergütungsregelungen, Beförderungsregelungen, betriebliche Altersversorgung etc. auf mögliche Benachteiligungen geprüft? → **Klärung durch Rechtsabteilung** Werden Mitarbeiter in Bezug auf die Einhaltung des AGG aus- und fortgebildet und ausreichend informiert; werden insbesondere Vorgesetzte/Personalabteilung verstärkt geschult? → **Klärung durch Personalabteilung** Wurden das AGG, § 61b ArbGG sowie die Informationen über die für Behandlung von Beschwerden zuständige Stelle in den Betrieben durch Aushang/Auslegung bzw. durch Einstellung in das Intranet bekanntgemacht? → **Klärung durch Personalabteilung** Vorgehen bei Einstellungen: Neutrale Arbeitsplatzbeschreibungen/interner neutraler Umgang mit Bewerbungsunterlagen/Absagepraktiken/Online-Bewerbungsverfahren den Anforderungen des AGG angepasst? Dokumentation von Bewerbungen und Absagen? Archivierung der Unterlagen für die drei folgenden Kalenderjahre (Dreijahresfrist beginnt mit Ablauf des Jahres, in dem der Betroffene von dem vermeintlich haftungsbegründenden Ereignis Kenntnis erlangt)? → **Klärung durch Personalabteilung**

	Themenbereich	Compliance – Frage	Risiko	Fragen zur Identifikation der Risiken
6.	**Datenschutz**[7]	Ist sichergestellt, dass **personenbezogene Daten** von Arbeitnehmern vor missbräuchlicher Verwendung geschützt sind?	Falls nein: • Risiko der Begehung von **Ordnungswidrigkeiten** • Risiko eines **Imageschadens** • Risiko der **Gefährdung der vertrauensvollen Zusammenarbeit mit dem Betriebsrat** (bei nachlässigem Umgang mit Daten)	Welche Beschäftigten (oder auch externe Dienstleister) haben Zugriff auf Personaldaten? Haben diese die besondere Datenschutzerklärung nach § 5 BDSG abgegeben? → **Klärung durch Personalabteilung** Wurde ein Beauftragter für Datenschutz bestellt? Wenn nein: Kann davon nach den Voraussetzungen des BDSG abgesehen werden? → **Klärung durch Rechtsabteilung** Falls ein Betriebsrat besteht: Gibt es eine Betriebsvereinbarung zur IT? → **Klärung durch Personalabteilung** Werden Daten von Beschäftigten an Drittunternehmen (einschließlich Konzernunternehmen) übermittelt? Werden solche Daten ins Ausland übermittelt (insbesondere an Stellen außerhalb des Europäischen Wirtschaftsraums)? → **Klärung durch Personalabteilung und/oder IT** Wenn ja: Gibt es vertragliche Vereinbarungen mit den Datenempfängern oder sonstige Vorkehrungen (z. B. Beitritt zu „Safe Harbor"), die den notwendigen Datenschutz sicherstellen? → **Klärung durch Rechtsabteilung**
7.	**Aufbewahrung von Unterlagen**[8]	Ist sichergestellt, dass die aus arbeitsrechtlicher Sicht relevanten **Unterlagen** ausreichende Zeit und in ausreichender Form aufbewahrt werden?	Falls nein: • Risiko der Verwirklichung einer **Ordnungswidrigkeit** • Risiko von **Schadensersatzzahlungen**, insbesondere Risiko, dass Gerichtsprozesse verloren werden, weil keine Unterlagen vorgelegt werden können bzw. der Beweiswert der vorgelegten Unterlagen unzureichend ist (z. B. bei rein elektronischer Aufbewahrung)	Gibt es betriebliche Regelungen, welche (arbeitsrechtlich relevanten) Unterlagen wie lange und in welcher Form aufzubewahren sind (z. B. Arbeitsverträge, Arbeitsanweisungen, Lohnsteuerkarten, Lohn- und Beitragsabrechnungen, vollstreckbare Urkunden, Unterlagen über betriebliche Altersversorgung, Meldungen an und von Krankenkassen, Unterlagen über Arbeitnehmerüberlassung oder Bewerbungskorrespondenz nach Absagen)? → **Klärung durch Buchhaltung** Falls ja: Sind diese Regelungen auf dem aktuellen Stand gesetzlicher Vorgaben und Notwendigkeiten? → **Klärung durch Rechtsabteilung** Werden diese Regelungen eingehalten? → **Klärung durch Revision**

	Themenbereich	Compliance – Frage	Risiko	Fragen zur Identifikation der Risiken
8.	**Inhaberschaft von Urheber- und Leistungsschutzrechten**[9]	Ist sichergestellt, dass die Gesellschaft sämtliche für ihren Geschäftsbetrieb relevanten **Rechte an schutzfähigen Arbeitsergebnissen** von sämtlichen Beschäftigten (Arbeitnehmer und Fremdpersonal) erhalten hat und erhält?	Falls nein: • Risiko der **Nicht-Übertragung von etwaig zum Geschäftsbetrieb notwendigen Schutzrechten**	Sind die in der Gesellschaft verwendeten Anlagen der Arbeitsverträge zu Schutzrechten auf dem neuesten Stand? Werden damit alle notwendigen Urheber- und Leistungsschutzrechte gedeckt? → **Prüfung durch Rechtsabteilung** Bei welchen Beschäftigtengruppen (Arbeitnehmer oder Fremdpersonal) ist damit zu rechnen, dass für den Geschäftsbetrieb einzelner Unternehmen der Gesellschaft relevante schutzfähige Arbeitsergebnisse entstehen? → **Klärung durch Geschäftsführung** Gibt es eine Arbeitsanweisung, dass die Schutzrechte-Anlagen allen Arbeitsverträgen der o. g. Beschäftigungsgruppen beigefügt werden, wesentlicher Bestandteil des Arbeitsvertrages werden sollen und gesondert unterzeichnet bzw. paraphiert werden müssen? Wenn ja: Wird die Einhaltung dieser Anweisung wenigstens stichprobenartig überprüft? → **Prüfung durch Personalabteilung** Wird die Rechte-Erlangung auch in den Verträgen über den Einsatz von Fremdpersonal verwirklicht? Ist in den Verträgen etwa festgelegt, dass die Gesellschaft auch in den Konstellationen des Fremdpersonaleinsatzes als Arbeitgeber i. S. v. §§ 43, 69b UrhG, § 7 DesignG und vergleichbaren gesetzlichen Regelungen gilt? → **Vorklärung durch die Abteilung, welche die Verträge verhandelt oder gefertigt hat. Dabei ist aber erfahrungsgemäß eine rechtliche Einzelfallprüfung erforderlich.**
9.	**Beachtung von Steuer- und Sozialversicherungspflicht bei Sachbezügen**[10]	Ist sichergestellt, dass alle **Sachbezüge** ordnungsgemäß behandelt werden – in lohnsteuerlicher Hinsicht (als „geldwerte Vorteile") und sozialversicherungsrechtlicher Hinsicht (als „Arbeitsentgelt")?	Falls nein: • Finanzielles Risiko von **Nachzahlungen bei Lohnsteuer und Sozialversicherung**	Welche Arten von Sachbezügen oder Vorteilen werden Arbeitnehmern gewährt (z. B. Privatnutzung von Dienstwagen, Mobiltelefon/Blackberry, Betriebskindergarten, Essenszuschüsse etc.)? → **Aufstellung der Arten von Sachbezügen durch Personalmanagement** Welche der aufgelisteten Gruppen von Sachbezügen werden versteuert? → **Klärung durch Gehaltsbuchhaltung** Ist die steuerliche Behandlung der Sachbezüge korrekt? → **Klärung durch Rechts- bzw. Steuerabteilung**

	Themenbereich	Compliance – Frage	Risiko	Fragen zur Identifikation der Risiken
10.	**Betriebliche Altersversorgung**[11]	Ist sichergestellt, dass eine **betriebliche Altersversorgung** ordnungsgemäß durchgeführt wird und insbesondere der Gleichbehandlungsgrundsatz angewandt wird?	Falls nein: • Risiko von **Nachzahlungen**	Gibt es eine arbeitgeberfinanzierte betriebliche Altersversorgung und/oder individuelle Versorgungszusagen? Wenn ja: Steht diese allen Beschäftigten offen oder sind bestimmte Gruppen ausgenommen? Wenn bestimmte Gruppen ausgenommen sind, ist dies gerechtfertigt? Werden bereits Renten gezahlt? Wenn ja: Wurden Anpassungen durchgeführt? Gibt es für einzelne Arbeitnehmer oder Arbeitnehmergruppen irgendwelche Modelle einer „deferred compensation"? Wenn ja: Wird der Gleichbehandlungsgrundsatz auch hierbei beachtet? Wurde bei der Schließung einer Versorgungsordnung bzw. eines Versorgungswerks umfassender Rechtsrat zur Wirksamkeit der Maßnahme eingeholt? Sind Leistungskürzungen der Pensionseinrichtung zu erwarten? Ist die Gesellschaft bei Leistungskürzungen für den Einstandsfall nach § 1 Abs. 1 S. 3 BetrAVG gewappnet? Wurden hierzu Handlungsstrategien festgelegt? → **Klärung durch Personalabteilung**
11.	**Betriebsverfassungsrecht**[12]	Ist sichergestellt, dass die **Mitwirkungsrechte und Mitbestimmungsrechte des Betriebsrates** ausreichend beachtet werden?	Falls nein: • Risiko von Zwangsgeldern oder Verwirklichung einer **Ordnungswidrigkeit** (bei Verletzung von Mitbestimmungsrechten) • erhöhtes Risiko von **Rechtstreitigkeiten** mit dem Betriebsrat (einschließlich einstweiliger Verfügungen) • Risiko der Unwirksamkeit von Maßnahmen gegenüber dem einzelnen Arbeitnehmer (Theorie der Wirksamkeitsvoraussetzung) • Risiko der **Gefährdung einer vertrauensvollen und sinnvollen Zusammenarbeit** mit den Gremien	Sind den Führungskräften die wichtigsten gesetzlichen Mitwirkungsrechte der Betriebsratsgremien (z. B. Informations- und Mitbestimmungsrechte bei Betriebsänderungen nach §§ 111 ff. BetrVG, Mitbestimmungsrechte bei sozialen Angelegenheiten nach § 87 BetrVG, Mitbestimmung bei personellen Einzelmaßnahmen nach §§ 99, 102 BetrVG) durch geeignete Hinweise von Personalabteilung oder Trainings bewusst gemacht worden? → **Klärung durch Personalabteilung** Gibt es definierte Abläufe zur Sicherstellung der Mitbestimmungsrechte, insbesondere bei Mehrarbeit, Wochenendarbeit etc.? → **Klärung durch Personalabteilung**

	Themenbereich	Compliance – Frage	Risiko	Fragen zur Identifikation der Risiken
12.	**Arbeitszeitrecht**[13]	Ist sichergestellt, dass die Unternehmen der Gesellschaft die relevanten Vorgaben des **Arbeitszeitgesetzes** einhalten?	Falls nein: • Risiko von **Schadensersatzzahlungen** bei Unfällen von Arbeitnehmern • Risiko der Begehung von **Ordnungswidrigkeiten** • **Strafbarkeitsrisiko** bei vorsätzlichem Verstoß gegen bestimmte Vorschriften • Risiko eines **Imageschadens** • finanzielles Risiko von **Nachzahlungen** (zzgl. Lohnsteuer und Sozialversicherung) an Arbeitnehmer bei nicht ausreichend kompensierter Nachtarbeit	Gibt es für alle Arbeitnehmer eine Zeiterfassung (auch Selbsterfassung durch die Arbeitnehmer)? Wird in geeigneter Weise kontrolliert, ob die Zeiterfassung auch tatsächlich wie vorgesehen erfolgt? → **Klärung durch Personalabteilung und ggf. Rechtsabteilung** Wenn es ein Zeiterfassungssystem gibt: Sind Arbeitszeiten mit mehr als zehn aufeinander folgenden Stunden dokumentiert? Sind weniger als elf Stunden Ruhezeit zwischen zwei Arbeitstagen dokumentiert? Sind Arbeitszeiten an Sonn- und Feiertagen dokumentiert? → **Klärung durch Personalabteilung** Falls Arbeitszeiten an Sonn- und Feiertagen dokumentiert sind: Welche Abteilungen waren betroffen und handelt es sich um einen gesetzlich erlaubten Fall der Sonn- und Feiertagsarbeit? → **Klärung durch Personalabteilung und Rechtsabteilung** Wenn es kein Zeiterfassungssystem gibt (z. B. Vertrauensarbeitszeit): Wurden Überstunden vergütet? → **Klärung durch Gehaltsbuchhaltung** Sind aufgrund geeigneter Hinweise oder Schulungen den Vorgesetzten die Kernpunkte des Arbeitszeitgesetzes bewusst (tägliche Höchstarbeit, zwingende Ruhezeiten zwischen zwei Arbeitstagen, Ruhepausen, Arbeitsverbot an Sonn- und Feiertagen)? → **Klärung durch Personalabteilung** Gibt es eine Stelle im Unternehmen (Personalmanagement?), die die erfassten Zeiten auf etwaige Problemfälle stichprobenweise oder flächendeckend kontrolliert? → **Klärung durch Personalabteilung** Wurden das Arbeitszeitgesetz sowie die weiteren in diesem Zusammenhang geltenden betrieblichen Regelungen in den Betrieben durch Aushang/Auslegung bzw. durch Einstellung in das Intranet bekanntgemacht? → **Klärung durch Personalabteilung** Findet Nachtarbeit (zumindest zwei Stunden in der Zeit von 23.00 Uhr bis 6.00 Uhr) in relevantem Umfang statt? → **Klärung durch Personalabteilung** Falls ja: Wird diese ausreichend durch freie Tage ausgeglichen bzw. ausreichend durch einen Zuschlag vergütet? → **Klärung durch Personalabteilung und Rechtsabteilung**

	Themenbereich	Compliance – Frage	Risiko	Fragen zur Identifikation der Risiken
13.	**Arbeitssicherheit**[14]	Ist sichergestellt, dass alle relevanten **arbeitssicherheitsrechtlichen Vorgaben** eingehalten werden?	Falls nein: • Risiko von **Schadensersatzzahlungen** • Risiko der Verwirklichung einer **Ordnungswidrigkeit** oder **Straftatbeständen** • Risiko eines **Imageschadens** • Risiko von Arbeitsausfällen wegen Geltendmachen von Zurückbehaltungsrechten	Welche arbeitssicherheitsrechtlichen Vorschriften sind anwendbar, insbesondere welche spezialgesetzlichen? → **Klärung durch Rechtsabteilung ggf. in Rücksprache mit Berufsgenossenschaft** Werden die Mitarbeiter bei Einstellung und später in regelmäßigen Abständen über Sicherheit und Gesundheitsschutz bei der Arbeit unterwiesen? → **Klärung durch Personalabteilung bzw. Office Management** Ist sichergestellt, dass die notwendigen Kenntnisse zur Einhaltung des Arbeitsschutzrechts an den maßgeblichen Stellen der Gesellschaft im Unternehmen vorliegen, insbesondere bei den Führungskräften? → **Klärung durch Rechtsabteilung** Sind die Dokumentationspflichten über Gefährdungsbeurteilungen und die schon im Betrieb geschehenen Unfälle erfüllt? → **Klärung durch Rechtsabteilung ggf. in Rücksprache mit Berufsgenossenschaft** Wurden Sicherheitsbeauftragte bestellt? Wurden Betriebsärzte und Fachkräfte für Arbeitssicherheit bestellt? Wurden Ersthelfer bestellt? Wurde ein Arbeitsschutzausschuss gebildet? → **Klärung durch Rechtsabteilung ggf. in Rücksprache mit Berufsgenossenschaft**
14.	**Abwerbung von Arbeitnehmern und/oder Geschäftsführern**[15]	Ist sichergestellt, dass bei der Suche nach Mitarbeitern **keine unzulässigen Abwerbepraktiken** angewendet werden?	Falls nein: • Risiko etwaiger **Unterlassungsansprüche** und **Schadensersatzzahlungen** • Risiko eines **Imageschadens** am Markt	Ist durch geeignete Hinweise ein ausreichendes Bewusstsein bei allen Führungskräften dafür geschaffen worden, dass eine Abwerbung von Mitarbeitern eines Konkurrenzunternehmens in jedem Fall dann wettbewerbswidrig ist, wenn der Mitarbeiter zum Bruch seines Vertrags mit dem Konkurrenzunternehmen verleitet wird (z. B. durch das Angebot, etwaige Vertragsstrafenzahlungen zu übernehmen, Prozesskosten zu erstatten oder sonstige aus der vorzeitigen Vertragsbeendigung erwachsenden Nachteile auszugleichen)? → **Klärung durch Personalabteilung und Rechtsabteilung**

Anmerkungen

1. Regelungsinhalt. Immer mehr Unternehmen verfügen über einen Verhaltenskodex (Code of Conduct) und verpflichten sich zu Compliance. Zusätzlich zu einer solchen Selbstverpflichtung zur Rechtstreue gibt es auch gesetzliche Verpflichtungen von Unternehmen, bestimmte Compliance-Verstöße zu vermeiden. So ist etwa der Vorstand einer Aktiengesellschaft gemäß § 91 Abs. 2 AktG verpflichtet, die Unternehmensinteressen zu wahren, indem er das Unternehmen so organisiert, dass bestandsgefährdende Risiken frühzeitig erkannt werden (ausführlich zu der Reichweite dieser Legalitätspflicht *Liese/Schulz* BB 2011, 1347, 1349 f.). Eine analoge Anwendung der Vorschrift auf andere Gesellschaftsformen, insbesondere auf die GmbH, wird diskutiert und überwiegend bejaht (MünchKommAktG/*Spindler* § 91 Rn. 42 m. w. N.). Auch die Versicherungsunternehmen und Banken (zukünftig wohl auch Pensionskassen und Pensionfonds) müssen sich den strengen Compliance-Vorgaben der sogenannten Solvency II-Richtlinie unterordnen (zu den daraus resultierenden Verpflichtungen im Einzelnen vgl. *Bürkle* CCZ 2012, 220). Bestandsgefährdende Entwicklungen können auch durch Verstöße gegen rechtliche Vorgaben ausgelöst werden. Zwar führt nicht jeder Rechtsverstoß zu einer Bestandsgefährdung des Unternehmens, jedoch ist in diesem Zusammenhang zu berücksichtigen, dass Rechtsverstöße von Unternehmen oft nicht nur punktuelle Auswirkungen, sondern weitere nachteilige Folgen nach sich ziehen können. So kann z. B. ein Rechtsverstoß zu finanziellen Nachteilen, zu einem Imageschaden und zu einem Ausschluss von öffentlichen Ausschreibungen führen, was in der Zusammenschau bestandsgefährdende Tendenzen aufweisen kann. Die Mitglieder der Geschäftsleitung werden deshalb regelmäßig an ihre Fachabteilungen herantreten und diese auffordern sicherzustellen, dass substantielle Risiken erkannt und ausgeräumt werden. Die Fachabteilungen müssen dann die in ihrem Bereich bestehenden Risiken identifizieren und bewerten. Die Checkliste für ein Compliance-Audit im Bereich „Personal und Arbeitsrecht" dient dazu, der für Compliance in diesem Bereich zuständigen Abteilung **einen Leitfaden an die Hand zu geben**, wie mit **geringem Aufwand** und **einfachen Mitteln** praxisrelevante arbeitsrechtliche Compliance-Risiken im Unternehmen identifiziert werden können. Die Checkliste beschränkt sich hierbei auf ausgewählte Themen, ohne den Anspruch auf Vollständigkeit zu erheben. Die Checkliste ist so konzipiert, dass in der ersten Spalte der Themenbereich genannt wird. In der zweiten Spalte wird durch die „Compliance-Frage" das Problemfeld schlagwortartig thematisiert. In der dritten Spalte werden die grundsätzlichen Risiken einer Non-Compliance aufgezeigt. Die Risiken können unterschiedlich sein. Typische Risiken sind Strafbarkeit von Mitgliedern der Unternehmensleitung oder von Mitarbeitern, gegen das Unternehmen gerichtete Schadensersatzansprüche, Bußgelder wegen Ordnungswidrigkeiten, Steuer- oder Sozialversicherungsnachzahlungen ohne adäquate Rückstellungen, sowie (erhebliche) Imageschäden für das Unternehmen. Am wichtigsten sind die in der vierten Spalte enthaltenen Fragen zur Identifikation der Risiken. Sie liefern eine konkrete Anleitung, wie zu verfahren ist, um Risiken zu erkennen. Durch die Fragen sollen kritische Fälle herausgefiltert werden, die dann im Einzelnen näher untersucht werden müssen. So ist es z. B. ein erster Filter für das Herausfinden von Scheinselbständigkeit, ob natürliche Personen Rechnungen stellen, denn dies ist (neben der Ein-Mann-GmbH) der Hauptausgangspunkt für ein mögliches Vorliegen von Scheinselbständigkeit. Wenn keine geprüften einheitlich verwendeten Vertragsformulare für freie Mitarbeiter verwendet werden, kann sich aus einzelnen Regelungen in dem Vertrag ein Hinweis auf Scheinselbständigkeit ergeben, z. B. bei Gewährung von Urlaub. Durch den Fragenkatalog können so die Kriterien herausgefunden werden, die für eine Scheinselbständigkeit sprechen und im Anschluss daran kann eine entsprechende Risikobewertung getroffen werden. Nicht in die Checkliste aufgenommen wurde eine Risikobewertung, da diese stets unternehmens- und einzelfallbezogen durchgeführt werden muss. Einfließen in die Risikobewertung müssen insbesondere das Entdeckungsrisiko und die konkret drohenden Sanktionen. So wird etwa die Risikobewertung der Entdeckung und Sanktionierung von unerlaubter Arbeitnehmeüberlassung in den einzelnen Branchen höchst unterschiedlich ausfallen (hohes Entdeckungsrisiko z. B. in Baubranche – geringes Entdeckungsrisiko z. B. in IT-Branche) und außerdem davon abhängen, ob das Unternehmen in diesem Zusammenhang in der Vergangenheit bereits auffällig geworden ist.

2. Einsatz von Fremdpersonal. Der Einsatz von Fremdpersonal, also von Arbeitskräften ohne einen Arbeitsvertrag mit der Gesellschaft, birgt erhebliche Risiken. Ein wesentlicher Risikofaktor besteht bei Freien-Mitarbeiter-Verträgen, denn vermeintliche freie Mitarbeiter sind häufig nur dem Anschein nach selbständig. Daneben ist insbesondere zu beachten, dass ein Werk-, Dienst- oder Dienstverschaffungsvertrag eine verdeckte Arbeitnehmerüberlassung mit weitreichenden zivil- und sozialversicherungsrechtlichen Konsequenzen sowie Sanktionen aus dem Straf- und Ordnungswidrigkeitenrecht darstellen kann (vgl. *Ohmann-Sauer* AuA 2007, 520, 521). Durch den Fragenkatalog soll eine praktische Anleitung geliefert werden, wie Scheinselbständigkeit bzw. Scheinwerk- und Scheindienstverträge in einem Unternehmen aufgespürt werden können. Hierfür müssen zunächst die kritischen Personen und Verträge identifiziert werden.

Bei **Freien-Mitarbeiter-Verträgen** besteht ein erhöhtes Risiko der **Scheinselbständigkeit**. Man sollte die Compliance-Prüfung damit beginnen, Verträge mit natürlichen Personen herauszufiltern, die Rechnungen stellen. Im Anschluss müssen die aufgefundenen Verträge auf die in der Checkliste im Einzelnen dargestellten Risikokriterien geprüft und durchgesehen werden.

Soll ein möglicherweise tatsächlich bestehendes Arbeitsverhältnis „vermieden" werden, wird bei der Vertragsgestaltung typischerweise auf Freie-Mitarbeiter-Verträge zurückgegriffen. Betriebsprüfer widmen diesen Verträgen deshalb regelmäßig hohe Aufmerksamkeit im Hinblick auf eine mögliche Scheinselbständigkeit. Obwohl letztlich die tatsächliche Vertragsdurchführung für die Abgrenzung Arbeitnehmer – Selbständiger maßgeblich ist, sollte schon bei der Vertragsgestaltung darauf geachtet werden, dass nicht bereits hierdurch verstärkt Indizien für eine Scheinselbständigkeit geschaffen werden. Es sollten deshalb durchgehend rechtlich geprüfte Vertragsformulare verwendet werden (→ Form. B. III). Die Checkliste enthält zusätzlich zu den in → Form. B. III Anm. 1 genannten allgemeinen Abgrenzungskriterien weitere wichtige spezielle Abgrenzungskriterien. Konkretisiert sich aufgrund der Prüfung anhand der Checkliste das Risiko einer Scheinselbständigkeit, muss die tatsächliche Durchführung des Vertragsverhältnisses betrachtet werden, um Gewissheit zu erlangen. Die Checkliste, die als Hilfestellung bei der Identifikation von Risiken gedacht ist, ist für eine solche Einzelfallprufung nicht konzipiert.

Wird Fremdpersonal im Rahmen eines abgeschlossenen Werk-, Dienst- oder Dienstverschaffungsvertrags bei der Gesellschaft eingesetzt, ist zunächst der jeweilige Vertrag zu prüfen. Bei **Werk- und Dienstverträgen** kann eine verdeckte Arbeitnehmerüberlassung vorliegen, wenn es sich nicht um echte Werk- oder Dienstverträge handelt, d. h. letztlich kein eigenständiges Werk erstellt bzw. keine selbständige Dienstleistung erbracht wird. Die wesentlichen Abgrenzungskritierien sind in der Checkliste aufgeführt. Auch insoweit dient die Prüfung des Werk- oder Dienstvertrags wiederum nur der Identifikation eines möglichen Risikos einer verdeckten Arbeitnehmerüberlassung, da letztendlich nicht das im Vertrag Vereinbarte, sondern die tatsächliche Durchführung des Vertrags maßgeblich ist. Einmal mehr wird daher darauf hingewiesen, dass die Checkliste keine abschließende Prüfung der Rechtsfrage ermöglicht, ob ein Werk-, Dienst- oder Dienstverschaffungsvertrag als Arbeitnehmerüberlassung zu bewerten ist. Bei Durchführung des Compliance-Audit können dahingehende Risiken aber gezielt und ohne übermäßigen Aufwand aufgespürt und dann einer Rechtsprüfung im Einzelfall zugeführt werden.

Besondere Vorsicht ist bei der Überlassung von freien Mitarbeitern (hier als **Dienstverschaffungsvertrag von freien Mitarbeitern** bezeichnet) geboten, da deren Stellung als freie Mitarbeiter der Gesellschaft auch von deren regelmäßig nicht bekannten vertraglichen Beziehung zum Dienstverschaffer abhängig ist. Hier sollte stets eine vertragliche Absicherung der Risiken einer verdeckten Arbeitnehmerüberlassung erfolgen und – sicherheitshalber – das Vorliegen einer Arbeitnehmerüberlassungserlaubnis – für den Fall, dass es sich um eine verdeckte Arbeitnehmerüberlassung handelt – geprüft werden. Da die Voraussetzungen eines echten Dienstverschaffungsvertrages über freie Mitarbeiter nur in den seltensten Fällen nachweisbar und sicher erfüllt sein dürften, wird die Gesellschaft einen Dienstverschaffungsvertrag über die Überlassung von freien Mitarbeitern nur bei Vorliegen einer Erlaubnis zur Arbeitnehmerüberlassung sowie entsprechender vertraglicher Absicherung der Risiken einer verdeckten Arbeitnehmerüberlassung schließen wollen. Bei bestehenden Verträgen, bei denen diese Voraussetzungen nicht vorliegen und nicht sicher hergestellt werden können, sollte eine Vertragsbeendigung erwogen werden.

Bei echten **Arbeitnehmerüberlassungsverträgen** sollte stets geprüft werden, ob eine gültige Erlaubnis der Bundesagentur für Arbeit vorliegt, um die unerwünschten Sanktionen des AÜG zu vermeiden. Dasselbe gilt, wenn der Abschluss eines Werk- oder Dienstvertrags verhandelt wird und nicht ausgeschlossen werden kann, dass dessen tatsächliche Durchführung eine verdeckte Arbeitnehmerüberlassung darstellen wird. Im Regelfall schließt das Vorliegen einer Erlaubnis zur Arbeitnehmerüberlassung wichtige Risiken eines Fremdpersonaleinsatzes aus. Aber auch wenn eine Erlaubnis vorliegt, ist Vorsicht geboten, da die Erlaubnis im gesetzlichen Regelfall auf ein Jahr befristet ist. Erst wenn dem Verleiher drei aufeinanderfolgende Jahre lang die Erlaubnis erteilt wurde, kann die Erlaubnis gemäß § 2 Abs. 5 S. 1 AÜG unbefristet erteilt werden. Gegebenenfalls ist zudem zu beachten, ob die Erlaubnis unter Bedingungen erteilt oder mit Auflagen verbunden wurde.

3. Beschäftigung von Ausländern. Bei der Beschäftigung von Ausländern muss die Gesellschaft sicherstellen, dass diese die für die Erwerbstätigkeit erforderlichen **Genehmigungen** erhalten haben. Die Checkliste dient dazu, ohne größeren Aufwand – und gegebenenfalls auch ohne die jeweiligen Mitarbeiter zu involvieren – herauszufinden, ob und wie viele Ausländer eingesetzt werden, und welchen Staaten die Ausländer angehören. Unerheblich ist in diesem Zusammenhang, auf welcher vertraglichen Grundlage die Ausländer beschäftigt werden (zu einzelnen Fallkonstellationen vgl. *Ohmann-Sauer* AuA 2007, 520, 523). Gerade die Kenntnis der Staatsangehörigkeit ist für die Gesellschaft von zentraler Bedeutung, da die Erteilung von Aufenthaltstiteln durch die Ausländerbehörden und die im Einzelfall gemäß § 39 AufenthG erforderliche Zustimmung der Bundesagentur für Arbeit wesentlich davon abhängt, welchem Staat der Ausländer angehört. Die Checkliste ist nicht dazu konzipiert, die Frage nach den erforderlichen Genehmigungen abschließend zu beantworten, sondern soll dazu dienen, mit einfachen Mitteln herauszufinden, ob Ausländer beschäftigt werden und welchen Staaten sie angehören. Auf der Grundlage der Ergebnisse, die die Prüfung anhand der Checkliste ergeben soll, kann die Gesellschaft die konkret benötigten weiteren Informationen einholen. Grundsätzlich lässt sich aber sagen, dass vor allem bei Mitarbeitern, die Nicht-EU-Staaten angehören, eine nähere Prüfung geboten sein dürfte, da diese regelmäßig einen Aufenthaltstitel benötigen werden.

4. Vermeidung von Korruption. Der Begriff der Korruption, für den keine allgemeingültige Definition existiert, dient hier als Oberbegriff für jene verbotenen Verhaltensweisen, bei denen unter Verstoß gegen bestimmte Regelungen Entscheidungen zum eigenen Vorteil oder zum Vorteil Dritter getroffen werden. Strafbewehrt sind dabei insbesondere Bestechlichkeit und Bestechung im geschäftlichen Verkehr (§ 299 StGB), wettbewerbsbeschränkende Absprachen bei Ausschreibungen (§ 298 StGB), Vorteilsannahme und Vorteilsgewährung (§§ 331, 333 StGB) sowie Bestechlichkeit und Bestechung (§§ 332, 334 StGB). Die Checkliste sieht einerseits die Überprüfung vor, ob die Mitarbeiter der Gesellschaft nachweisbar angewiesen wurden, im geschäftlichen Verkehr weder Dritte zu bestechen noch sich von Dritten bestechen zu lassen. Damit soll sichergestellt werden, dass weder seitens der Mitarbeiter noch bei Dritten auch nur der Verdacht entsteht, Korruption würde von der Gesellschaft in irgendeiner Form geduldet. Hinterfragt wird also die eigene Darstellung der Gesellschaft, vornehmlich im Innenverhältnis zur eigenen Belegschaft, aber auch nach außen gegenüber Dritten. Die Bedeutung der Außendarstellung dürfte zwar je nach Größe und Betätigungsfeld der Gesellschaft unterschiedlich hoch ausfallen. Dennoch sollte sich jedes Unternehmen, das sich zu Compliance verpflichtet, insoweit einer selbstkritischen Prüfung unterziehen. Die Korruptionsskandale der letzten Jahre haben gezeigt, dass auch die Verfehlungen Einzelner das gesamte Unternehmen erheblich belasten können, wenn nach außen der Eindruck entsteht, Korruption sei stillschweigend geduldet worden.

Ein weiterer Zweck ist die Aufdeckung von Korruption innerhalb der Gesellschaft. Die Checkliste setzt die Prüfung bei typischen Erscheinungsformen von Bestechungen durch und Bestechlichkeit von Mitarbeitern an. Korruptionszahlungen werden häufig als Aufwendungen verbucht. Deshalb sollte zunächst eine Aufstellung der Buchhaltung über Zahlungen für Aufwendungen angefordert werden. Aber auch Verträge, insbesondere Beraterverträge, können dazu dienen, Korruptionszahlungen zu tarnen. Auch derartige Verträge sollten deshalb herausgesucht und auf Plausibilität, Verhältnismäßigkeit und tatsächliche Leistungserbringung überprüft werden (im Übrigen vgl. hierzu → Form. E. 2 Anm. 17). Natürlich wird sich durch die in der Checkliste vorgeschlagenen Prüfungen nicht jede Form von Korruption aufdecken lassen. Dies bezweckt die Checkliste aber auch nicht. Ein wesentlicher Gesichtspunkt des Compliance-Audits ist es, dass die Überprüfung des eigenen Verhaltens nicht auf Fälle beschränkt bleibt, bei denen sich die weiteren Untersuchungsmaßnahmen bereits aus einem konkreten Anlass ergeben. Vielmehr findet die Kontrolle unabhängig von der konkreten Situation statt. Unter solchen Vorzeichen ist es unvermeidlich, sich an typischen Verhaltensweisen zu orientieren.

5. Begünstigung von Betriebsratsmitgliedern. Betriebsratsmitglieder dürfen nicht wegen ihrer Tätigkeit benachteiligt oder begünstigt werden, § 78 S. 2 BetrVG. Die **Begünstigung** von Betriebsratsmitgliedern ist ein brisantes und öffentlich diskutiertes Thema mit der Folge von hohen Imageschäden für das betroffene Unternehmen. Bei Vergütungszahlungen und anderen Zuwendungen an Betriebsratsmitglieder sind die rechtlichen Grenzen zur Betriebsratsbegünstigung oft schwer zu erkennen. Bei Betriebsratsmitgliedern können Sonderrechte und Sonderzuwendungen jeder Art unzulässige Begünstigungen darstellen. Diese sind deshalb im Einzelnen zu identifizieren und anschließend zu bewerten. Mit der in der Checkliste vorgeschlagenen Vorgehensweise wird anhand eines Vergleichs von Mitgliedern von Betriebsverfassungsorganen und Mitarbeitern in vergleichbaren Positionen hinsichtlich ihrer jeweiligen Vergütung (inklusive Sachbezüge) und eingeräumten Sonderrechten eine etwaige Besserbehandlung der Mitglieder von Betriebsverfassungsorganen aufgedeckt. In einem zweiten Schritt ist dann durch die Compliance- oder Rechtsabteilung zu prüfen, ob die Begünstigung im Hinblick auf die Umstände des Einzelfalles rechtlich zulässig ist.

6. AGG-konformes Handeln. Jedes Unternehmen sollte einen umfassenden AGG-Check durchgeführt haben, in dem die wichtigsten Regelungen wie Betriebsvereinbarungen, Arbeitsverträge, Einstellungskriterien, Beurteilungssysteme, Vergütungsregelungen, Beförderungsregelungen und betriebliche Altersversorgung auf mögliche Benachteiligungen geprüft wurden. Die Erfahrung in der Praxis zeigt, dass die Sensibilisierung für unzulässige Diskriminierung auf Seiten der Arbeitnehmer stark zugenommen hat. Teilweise wird die fehlende AGG-Compliance sogar ganz bewusst ausgenutzt (sog. „AGG-

Hopping“). Mithilfe der Checkliste kann es der Gesellschaft gelingen, etwaigen Nachholbedarf zu erkennen. Es sollte das Ziel der Gesellschaft sein, sich so unangreifbar wie möglich zu machen.

Das AGG verbietet eine Benachteiligung aus Gründen der Rasse, ethnischer Herkunft, Geschlecht, Religion oder Weltanschauung, Behinderung, Alter oder sexueller Identität (§§ 1, 7 AGG). Hierauf ist insbesondere in Bezug auf Einstellungsbedingungen/-kriterien, Beschäftigungs- und Arbeitsbedingungen und beruflichem Aufstieg zu achten. Bei Verstoß gegen das Benachteiligungsverbot drohen Schadensersatzansprüche und Entschädigungszahlungen, § 15 AGG. Darüber hinaus verpflichtet das AGG die Arbeitgeber dazu, die **erforderlichen Maßnahmen zum Schutz** vor Benachteiligung aus einem der genannten Gründe zu treffen (§ 12 Abs. 1 AGG) sowie geeignete **Maßnahmen bei Verstößen gegen das Benachteiligungsverbot zu ergreifen** (§ 12 Abs. 3 AGG). Eine ordnungsgemäße Erfüllung dieser Verpflichtungen der Gesellschaft kann hilfreich sein, um im Falle von Schadensersatzforderungen wegen Benachteiligungen, sei es durch die Gesellschaft selbst oder ihre Mitarbeiter, beweisen zu können, dass keine Pflichtverletzung seitens der Gesellschaft vorliegt. Eine Umsetzung der Vorgaben des Gesetzgebers, insbesondere im Hinblick auf Präventionsmaßnahmen ist für den Arbeitgeber beispielsweise mittels Schulungen oder Verhaltensvorgaben wie in einem Verhaltenskodex möglich. Was im Einzelfall vonnöten sein wird, ist bislang nicht abschließend geklärt und lässt sich konkret wohl nur **im Einzelfall** anhand des jeweiligen Unternehmens und dessen schon bestehenden Regelungen und Belangen beurteilen. Bei den Aufzählungen in der Checkliste handelt es sich daher lediglich um das grobe Raster der Maßnahmen, die für eine Risikobewertung erforderlich sind.

7. Datenschutz. Die Frage nach der Bestellung eines Datenschutzbeauftragten soll klären, ob den gesetzlichen Anforderungen für die Bestellung eines Datenschutzbeauftragten nachgekommen wurde (zum Erfordernis der Bestellung eines Datenschutzbeauftragten → Form. C. II. 15 Anm. 9 ff.). Die Frage nach dem Bestehen einer Betriebsvereinbarung zur IT ist besonders wichtig, denn es dürfte regelmäßig ein Mitbestimmungsrecht des Betriebsrates nach § 87 Abs. 1 Nr. 6 BetrVG bestehen. Wenn das Mitbestimmungsrecht nicht beachtet wurde, kann der Betriebsrat jederzeit damit drohen, eine einstweilige Verfügung auf Unterlassung der IT-Nutzung zu beantragen (→ Anm. 12).

Insbesondere bei der Übermittlung von Daten an eine im **Ausland** befindliche Konzernmutter oder an andere ausländische Stellen (z. B. bei der Ausgliederung von HR-Funktionen an Service Provider mit Sitz im Ausland) können sich Probleme ergeben. Zu beachten ist insbesondere, dass das BDSG bislang **kein Konzernprivileg** kennt. Auch der seit dem 25.8.2010 vorliegende „Entwurf eines Gesetzes zur Neuregelung des Beschäftigtendatenschutzes“ sah zunächst keine solche Regelung vor (BT-Drucks. 17/4230). In den neueren Fassungen des Entwurfs ist mittlerweile eine Konzernregelung aufgenommen worden, wonach Beschäftigtendaten zwischen rechtlich selbständigen Unternehmen i. S. d. § 15 AktG unter Abwägung der gegenseitigen Interessen übermittelt werden dürfen (*Wybitul* ZD 2012, 1, 2). Der Ausgang des auch Anfang 2014 noch nicht abgeschlossenen Gesetzgebungsverfahrens (vgl. hierzu *Wybitul* ZD 2013, 99) bleibt abzuwarten.

Aktuell gilt: Werden die Daten einem anderen Unternehmen des Konzerns übermittelt, ist dieses Unternehmen Dritter i. S. d. BDSG, so dass bereits die Übermittlung der personenbezogenen Daten an diesen Dritten einer Rechtfertigung bedarf.

Es empfiehlt sich, bei der Gestaltung des Einwilligungsformulars des Bewerbers in die Datenverarbeitung (→ Form. A. I. 3) einen entsprechenden Passus aufzunehmen, in dem sich der Bewerber damit einverstanden erklärt, dass Daten auch an Unternehmen, die mit der Gesellschaft i. S. d. § 15 AktG verbunden sind, übermittelt werden dürfen. Ebenso empfiehlt sich der Abschluss einer entsprechenden Betriebsvereinbarung, die die konzerninterne Übermittlung erlaubt (→ Form. C. II. 15).

In **EU-Mitgliedsstaaten** und anderen Vertragsstaaten des Abkommens des Europäischen Wirtschaftsraumes finden die §§ 28 bis 30a BDSG Anwendung, § 4b Abs. 1 BDSG. Die Übermittlung von Daten in **Nicht-EU Länder** darf nur dann erfolgen, wenn in diesen Ländern ein angemessenes Datenschutzniveau gewährleistet ist, § 4b Abs. 2 BDSG oder eine Ausnahme nach § 4c BDSG vorliegt (insbesondere wirksame Einwilligung des Betroffenen). Besonderheiten gelten für die Übermittlung von Daten in die USA. Danach dürfen Daten an ein Unternehmen mit Sitz in den USA übertragen werden, wenn sich das US-amerikanische Unternehmen den Grundsätzen des **Safe Harbor** unterworfen hat (vgl. http://export.gov/safeharbor).

8. Aufbewahrung von Unterlagen. Die ordnungsgemäße Aufbewahrung von Unterlagen liegt im wesentlichen Interesse der Gesellschaft. Hier steht vor allem die erfolgreiche Schadensabwehr und Schadensgeltendmachung im Vordergrund. Wenn Dokumente nicht ausreichend lange in geeigneter Form aufbewahrt werden, kann die Gesellschaft möglicherweise gegen sie geltend gemachte (Schadensersatz-)Ansprüche nicht erfolgreich abwehren oder auch eigene Ansprüche nicht erfolgreich geltend machen.

Teilweise ergibt sich eine Pflicht zur Aufbewahrung von Unterlagen aber auch unmittelbar aus dem Gesetz, z.B. § 257 Abs. 4 HGB, § 147 Abs. 3 AO, § 41 Abs. 1 EStG, § 28f Abs. 1 SGB IV (Lohnabrechnungen, Entgeltunterlagen), § 16 Abs. 2 ArbZG (Arbeitszeitnachweise), § 19 Abs. 2 MuSchG (Unterlagen betreffend den Mutterschutz), §§ 7 Abs. 2, 17c Abs. 1 AÜG (Unterlagen betreffend eine Arbeitnehmerüberlassung), § 19 Abs. 1 AEntG (Arbeitszeitnachweise in bestimmten Fällen von Arbeitnehmer-Entsendungen), §§ 41 Abs. 1, 50 Abs. 2 JArbSchG (Unterlagen betreffend die Beschäftigung von Jugendlichen).

9. Inhaberschaft von Urheber- und Leistungsschutzrechten. Die Gesellschaft hat ein Interesse daran, die Übertragung von Schutzrechten der durch die Arbeitnehmer erzielten Arbeitsergebnisse vertraglich zu sichern. Bei der Übertragung von Nutzungsrechten gilt der Grundsatz der **Zweckübertragungstheorie** (Schaub/*Koch* § 115 Rn. 7). Soweit bei der Einräumung eines Nutzungsrechts die Nutzungsarten nicht ausdrücklich einzeln bezeichnet sind, bestimmt sich nach dem von beiden Partnern zugrunde gelegten Vertragszweck, auf welche Nutzungsarten die Einräumung des Nutzungsrechtes sich erstreckt, § 31 Abs. 5 S. 1 UrhG. Wenn ein über den Vertragszweck hinausgehender Rechtserwerb gewünscht ist, so müssen derartige gewünschte Nutzungsrechte im Vertrag **gesondert aufgeführt** und deren Übertragung **vereinbart** sein. Um zu verhindern, dass wichtige Rechte nicht übertragen werden, weil Verträge nicht aktualisiert und im Hinblick auf einzelne Nutzungsrechte veraltet sind, ist eine regelmäßige Kontrolle erforderlich, soweit nicht nur eine allgemeine Regelung zur Einräumung von Nutzungsrechten i.V.m. der Zweckübertragungstheorie besteht. Auch einer Übertragung von Rechten an bei Vertragsschluss noch unbekannten Nutzungsarten steht das UrhG nicht mehr entgegen. Bei einer Überprüfung der bestehenden Vereinbarungen ist daher zugleich festzustellen, ob sich die Gesellschaft bei Erneuerungsbedarf der Regelungen auch die verbesserte Rechtslage zu Nutzen machen sollte und die Übertragung von Nutzungsrechte auch auf unbekannte Nutzungsarten erstrecken sollte. Ein besonderer Regelungsbedarf ist bei dem Einsatz von Fremdpersonal gegeben. Bei der Arbeitnehmerüberlassung ist zwar in § 11 Abs. 7 AÜG geregelt, dass der Entleiher als Arbeitgeber i.S.d. Gesetzes über Arbeitnehmererfindungen gilt. Damit ist aber noch keine Regelung zu den übrigen gewerblichen Rechten und zum Urheberrecht getroffen. Daher fragt die Checkliste ab, ob es vertragliche Festlegungen gibt, wonach die Gesellschaft auch in den Konstellationen des Fremdpersonaleinsatzes als Arbeitgeber i.S.v. §§ 43, 69b UrhG, § 7 DesignG und vergleichbaren gesetzlichen Regelungen gilt.

10. Beachtung von Steuer- und Sozialversicherungspflicht bei Sachbezügen. Gewährt die Gesellschaft neben der Vergütung durch Geldleistung zusätzlich Sachbezüge, gilt es sicherzustellen, dass diese Sachbezüge versteuert und etwaige Sozialversicherungsbeiträge abgeführt werden, sofern dies notwendig ist. Unter den Begriff der Sachbezüge fällt beispielsweise die Überlassung eines Dienstwagens, von Mobiltelefonen, Blackberrys, Notebooks etc., wenn dem Mitarbeiter auch die private Nutzung gestattet wird, oder die Überlassung vergünstigten Wohnraums. Die Checkliste sieht daher vor, dass die Gesellschaft zunächst feststellt, welche Sachbezüge oder Vorteile den Mitarbeitern überhaupt gewährt werden.

Die **Gesellschaft haftet** für die vom Arbeitnehmer geschuldete Lohnsteuer, wenn sie ihrer Verpflichtung zur Lohnsteueranmeldung und -abführung nicht oder nicht vollständig nachkommt bis zur Grenze der Festsetzungsverjährung, d.h. regelmäßig vier Jahre. Zwar besteht gegenüber dem Arbeitnehmer eine Regressmöglichkeit, da der Arbeitnehmer der Schuldner der Lohnsteuer ist. Einer solchen Regressmöglichkeit können aber Durchsetzungsschwierigkeiten entgegenstehen. Ebenso unterfallen Sachbezüge der **Sozialversicherungspflicht**, wenn ihnen die Zweckbestimmung einer Entlohnung des Arbeitnehmers zu entnehmen ist. Da der Arbeitgeber zur Abführung des Gesamtsozialversicherungsbeitrages verpflichtet ist, besteht die **Gefahr einer Nachzahlungspflicht** unter nur eingeschränkten Regressmöglichkeiten der Gesellschaft gegenüber dem Mitarbeiter sowie die Gefahr strafrechtlicher und bußgeldrechtlicher Konsequenzen.

11. Betriebliche Altersversorgung. Im Bereich der betrieblichen Altersversorgung ist der arbeitsrechtliche Gleichbehandlungsgrundsatz zu befolgen. Ein Verstoß gegen diesen Gleichbehandlungsgrundsatz hat zur Folge, dass im Wege der ergänzenden Vertragsauslegung die von der begünstigten Regelung ausgenommene Gruppe in diese einzubeziehen ist. Die Gleichstellung erfolgt grundsätzlich durch richterliche Anpassung nach oben (BAG NZA 1994, 125). Lediglich der Durchführungsweg bleibt dem Arbeitgeber überlassen (LAG Hamm NZA-RR 1999, 541). Bei Missachtung des Gleichheitsgrundsatzes drohen daher enorme Nachzahlungsrisiken. Neben dem allgemeinen Verbot einer willkürlichen, d.h. sachlich unbegründeten Differenzierung sind insbesondere auch die Diskriminierungsverbote des AGG sowie das Verbot der Ungleichbehandlung von Teilzeit- und Vollzeitbeschäftigten nach § 4 Abs. 1 TzBfG zu berücksichtigen.

Erhebliche Haftungsrisiken ergeben sich für die Gesellschaft aus etwaigen Schließungen oder Abänderung von Pensionszusagen bzw. Altersversorgungssystemen, falls diese rechtsfehlerhaft durchgeführt wurden, z.B. ohne Beteiligung von zuständigen Betriebsräten oder ohne gegebenenfalls notwendige Vereinbarung mit den Mitarbeitern oder unter Missachtung eines etwaigen von der Rechtsprechung geforderten Besitzstandschutzes.

Im Zusammenhang mit der betrieblichen Altersversorgung ist auch die Einstandspflicht des Arbeitgebers gemäß § 1 Abs. 1 S. 3 BetrAVG zu beachten. Diese gilt auch für Leistungskürzungen, die Pensionseinrichtungen vornehmen, derer sich die Gesellschaft zur Durchführung der betrieblichen Altersversorgung bedient (BAG NZA-RR 2013, 426, 430).

12. Betriebsverfassungsrecht. Die Gesellschaft hat die Beteiligungsrechte des Betriebsrates, d.h. **Mitwirkungsrechte** und **Mitbestimmungsrechte**, zu wahren. Führungskräfte der Gesellschaft und auch etwaiger ausländischer Konzerngesellschaften, die die Entscheidungsbefugnis über solche Maßnahmen haben, die Mitbestimmungs- oder Mitwirkungsrechte des Betriebsrats auslösen, sollten daher Kenntnisse von den wichtigsten Beteiligungsrechten haben. Dabei bieten sich insbesondere Schulungen und Fortbildungen sowie allgemeine Handlungsanweisungen durch die Gesellschaft an. Hier verkürzt zusammengefasst ein Überblick über die wichtigsten Mitwirkungs- und Mitbestimmungsrechte des Betriebsrates:

Mitwirkungsrechte:

- Kontroll- und Überwachungsrechte: §§ 75, 80 Abs. 1 Nr. 1, 96 Abs. 2 BetrVG
- Antragsrechte: § 80 Abs. 1 Nr. 2 und 7 BetrVG

- Informations- und Beratungsansprüche: §§ 80 Abs. 2, 85 Abs. 3, 89, 90, 92 Abs. 1, 97, 99 Abs. 1, 100 Abs. 2, 102 Abs. 1, 105, 106 Abs. 2, 108 Abs. 3 und 5, 111 BetrVG
- Betriebliche Bildungsmaßnahmen: § 98 Abs. 3 BetrVG

Mitbestimmungsrechte:

- **Soziale Angelegenheiten:** § 87 Abs. 1 BetrVG
- **Gestaltung von Arbeitsplatz, Arbeitsablauf und Arbeitsumgebung:** § 91 BetrVG
- **Personelle Angelegenheiten:** Ausschreibung von Arbeitsplätzen, § 93 BetrVG; Personalfragebogen, § 94 BetrVG; Auswahlrichtlinien, § 95 BetrVG; Bildungsmaßnahmen, § 98 Abs. 1, 6 BetrVG; personelle Einzelmaßnahmen, § 99 BetrVG; Mitbestimmung bei Kündigungen, §§ 102, 103 BetrVG
- **Wirtschaftliche Angelegenheiten:** Interessenausgleich, § 112 Abs. 1 S. 1 BetrVG; Sozialplan, § 112 Abs. 1 S. 2 und 4, 112a BetrVG

13. Arbeitszeitrecht. Die Gesellschaft muss die zwingenden Vorgaben des ArbZG einhalten. Vorgaben macht das Gesetz insbesondere zu den einzuhaltenden Höchstarbeitszeiten (§ 3 ArbZG), zu den Ruhezeiten und Pausen (§§ 4, 5 ArbZG), der Sonn- und Feiertagsruhe (§§ 9 ff. ArbZG) und der Lage der Arbeitszeiten im Hinblick auf die Nachtarbeit (§ 6 ArbZG). Anhand der Checkliste kann festgestellt werden, ob die Gesellschaft die notwendigen Kontrollmechanismen installiert hat, um die Einhaltung der gesetzlichen Vorgaben überwachen zu können, und ob aus arbeitszeitrechtlichen Gesichtspunkten stärkere Kontrollen oder gar Änderungen im Betriebsablauf vorgenommen werden müssen.

14. Arbeitssicherheit. S. hierzu auch ausführlich → Form. C. II. 16. Ausgangspunkt des Compliance-Audits im Hinblick auf das Arbeitssicherheitsrecht muss stets sein, die jeweils anwendbaren Vorschriften zu ermitteln. Steht fest, welche arbeitssicherheitsrechtlichen Regelungen von der Gesellschaft eingehalten werden müssen, gilt es zu überprüfen, ob innerbetrieblich anhand von Arbeitsanweisungen oder sonstigen betrieblichen Regelungen sichergestellt ist, dass die einzuhaltenden Vorschriften auch tatsächlich beachtet werden. Den Arbeitgeber können u.a. folgende arbeitsschutzrechtliche Pflichten treffen:

- allgemeine Verpflichtung, erforderliche Maßnahmen des Arbeitsschutzes zu treffen, § 3 Abs. 1 S. 1 ArbSchG, unter Beachtung der allgemeinen Grundsätze, § 4 ArbSchG;
- Durchführung und Dokumentation einer Gefährdungsbeurteilung, §§ 5, 6 ArbSchG, ggf. unter Beteiligung des Betriebsrats (BAG NZA 2004, 1175);
- ausreichende und umfassende Unterweisung der Mitarbeiter über Sicherheit und Gesundheitsschutz bei der Arbeit, § 12 Abs. 1 ArbSchG;
- spezialgesetzliche Unterweisungspflichten (z.B. § 14 Abs. 2 GefahrstoffV, § 9 BetriebssicherheitsV, § 38 StrahlenschutzVO, § 14 BiostoffV, § 12 Gentechnik-SicherheitsV, § 29 JArbSchG, § 2 MutterschutzrichtlinienV);
- Bestellung von Betriebsärzten, § 2 ASiG;
- Bestellung von Fachkräften für Arbeitssicherheit, § 5 ASiG;
- Bestellung von Sicherheitsbeauftragten, § 22 SGB VII;
- Bestellung von Ersthelfern, § 10 ArbSchG;
- Bildung eines Arbeitsschutzausschusses, § 11 ASiG.

Regelmäßig kann sich die Gesellschaft von der zuständigen Berufsgenossenschaft beraten lassen, welche Regelungen zur Arbeitssicherheit im Einzelnen zu beachten sind.

15. Abwerben von Arbeitnehmern und/oder Geschäftsführern. Unter **Abwerbung** versteht man das mittelbare oder unmittelbare Einwirken auf einen (arbeits-)vertraglich gebundenen Mitarbeiter mit dem Ziel, diesen zur Begründung eines neuen Vertragsverhältnisses zu veranlassen (LAG Mainz NZA 1993, 265; *Günther* WRP 2007, 240). Grundsätzlich ist eine Abwerbung als Teil des freien Wettbewerbs **erlaubt** (BGH NJW 2004, 2080). Das gilt auch dann, wenn die Abwerbung bewusst und planmäßig erfolgt, insbesondere von einem von der Gesellschaft beauftragten berufsmäßigen Abwerber

(Headhunter) (Piper/Ohly/Sosnitza/*Ohly* UWG § 4 Rn. 10.22). Es ist allerdings dann **wettbewerbswidrig nach § 3 UWG, wenn** wettbewerbsrechtlich unlautere Begleitumstände hinzukommen, insbesondere **unlautere Mittel** oder **Methoden** eingesetzt oder **unlautere Zwecke** verfolgt werden (BGH NJW 2004, 2080; BGH GRUR 2006, 426; BAG NZA 2013, 152, 153). Hierbei ist es nach § 4 Nr. 10 UWG unzulässig, fremde Beschäftigte planmäßig als wettbewerbliche Kampfmaßnahme in der Absicht abzuwerben, den Mitbewerber zu schädigen (vgl. Piper/Ohly/Sosnitza/*Ohly* UWG § 4 Rn. 10.23). Auch das Abwerben fremder Beschäftigter im Wege der Verleitung zum Vertragsbruch stellt eine unzulässige Wettbewerbshandlung dar (BGH GRUR 2007, 800 m. w. N), wobei unter Vertragsbruch jede Verletzung einer wesentlichen Vertragspflicht zu verstehen ist, so auch der Bruch eines nachvertraglichen Wettbewerbsverbotes oder das Hinwirken auf eine rechtswidrige Vertragsbeendigung (vgl. Piper/Ohly/Sosnitza/*Ohly* UWG § 4 Rn. 10.28). Nicht erfasst ist hingegen das **bloße Ausnutzen eines fremden Vertragsbruch**, selbst wenn der Arbeitgeber den Vertragsbruch kennt oder kennen muss (BGH GRUR 2007, 800).

Bei einer **Direktansprache mittels Telefon** am Arbeitsplatz hat der BGH in drei Urteilen eine wettbewerbswidrige Handlung in Abwägung der Interessen aller Beteiligten dann verneint, wenn die Handlungen nicht hinausgehen über eine erste Kontaktaufnahme, bei dem ein Mitarbeiter nach seinem Interesse an einer neuen Stelle befragt, diese kurz beschrieben und die Kontaktmöglichkeit mitgeteilt wird (BGH NJW 2004, 2080). Der BGH hat die Geltung dieser Grundsätze auch für die Neufassung des UWG ab 3.6.2004 bestätigt (BGH GRUR 2006, 426). Ein über eine erste Kontaktaufnahme hinausgehendes Umwerben liegt beispielsweise dann vor, wenn dem Arbeitnehmer Daten zu dessen Lebenslauf und bisherigen Tätigkeiten vorgehalten werden (vgl. BGH GRUR 2007, 800). Eine wettbewerbswidrige Handlung liegt nicht vor bei Zeitungsinseraten, Postwurfsendung oder Terminverabredungen (vgl. hierzu *Benecke/Pils* NZA-RR 2005, 561 m.w.N.).

2. Verhaltenskodex (Code of Conduct)

Verhaltenskodex (Code of Conduct) der . . . . . . (Name der Gesellschaft) „Gesellschaft“ vom . . . . . . (Datum)[1, 2, 3, 4]

I. Zielsetzung und Geltungsbereich[5]

Die . . . . . . (Gesellschaft) stellt an sich den Anspruch, ein modernes und zukunftsfähiges Unternehmen zu sein, das ausgezeichnete Leistungen erbringt und sich den Grundwerten der Gesellschaft verpflichtet fühlt. Die . . . . . . (Gesellschaft) trägt die Verantwortung dafür, eine Unternehmenskultur zu schaffen und zu erhalten, in der die relevanten gesetzlichen Bestimmungen und Vorschriften sowie ethischen Grundsätze bestmöglich gewahrt werden.

Wegen der Vielzahl von Gesetzen und behördlichen Anforderungen ist es kaum möglich, für jede denkbare Situation eine vorgefertigte Lösung anzubieten. Um aber so weit wie möglich ein Handeln nach Gesetzen und ethischen Werten zu gewährleisten, hat die . . . . . . (Gesellschaft) diesen Verhaltenskodex formuliert. Er definiert die allgemeinen Maßstäbe für das Verhalten der Mitarbeiter in geschäftlicher, rechtlicher und ethischer Hinsicht und ist maßgeblich für den Umgang mit Kollegen, Kunden und Geschäftspartnern.

Der Verhaltenskodex richtet sich an alle Mitarbeiter, einschließlich der Geschäftsleitung. Von jedem Einzelnen wird die konsequente Einhaltung dieses Verhaltenskodex und etwaiger weiterer interner Richtlinien, die für das jeweilige Aufgabengebiet relevant sind, erwartet. Bitte lesen Sie diesen Verhaltenskodex und andere für Sie maßgebliche interne Richtlinien aufmerksam durch.

Dieser Verhaltenskodex ist auch dann einzuhalten, wenn die geltenden Gesetze oder Vorschriften weniger weitreichend sind. Bitte beachten Sie jedoch, dass zugleich nicht auszuschließen ist, dass strengere Gesetze und Vorschriften gelten können, als sie in diesem Verhaltenskodex niedergelegt sind. In diesem Fall haben diese strengeren Gesetze und Vorschriften Vorrang.

Die . . . . . . (Gesellschaft) dankt Ihnen bereits jetzt dafür, dass Sie bei der Einhaltung dieses Verhaltenskodex mitwirken. Nur so können wir unseren eigenen hohen Ansprüchen im Umgang untereinander und gegenüber Kunden und Geschäftspartnern gerecht werden. Sie tragen damit dazu bei, die Grundlage für eine erfolgreiche Zukunft in diesem Unternehmen sicherzustellen.

. . . . . .

(Ort, Datum und Unterschrift der Mitglieder der Geschäftsleitung)

II. Fachspezifische Themen

1. Insiderhandel[6]

Die Mitarbeiter und die Geschäftsleitung können im Rahmen ihrer Tätigkeit Kenntnis von nicht öffentlich bekannten Informationen erlangen, die für den Handel mit Wertpapieren von Bedeutung sind. Eine Verwertung dieser Informationen kann einen Insiderhandel darstellen.

Unter Insiderhandel versteht man die rechtswidrige Nutzung oder Bekanntgabe von Insiderinformationen.

Insiderinformationen sind konkrete Informationen über nicht öffentlich bekannte Umstände, die sich auf einen Herausgeber von Insiderpapieren (Finanzinstrumente jeder Art wie z.B. Aktien, Schuldverschreibungen, Optionsscheine und Derivate) oder die Insiderpapiere selbst beziehen und von solcher Wichtigkeit sind, dass sie die Entscheidung von Anlegern beim Kauf, Verkauf und Halten von Wertpapieren erheblich beeinflussen können.

Insbesondere kann es sich bei folgenden Informationen um Insiderinformationen handeln:

- Übernahmeangebote
- Forschungserfolg des Unternehmens
- Einführung neuer Produkte
- unerwartete Gewinnsteigerungen oder Großaufträge
- unerwarteter Gewinneinbruch
- Insolvenzantrag wegen Zahlungsunfähigkeit oder Überschuldung
- Unternehmensfusionen
- Personalveränderungen
- geplante Börsengänge
- Wechsel in der Unternehmensleitung

Die geltenden Vorschriften zum Insiderhandel sind komplex. Bereits bei dem Verdacht eines Verstoßes gegen die Gesetze und Vorschriften zum Insiderhandel besteht die Gefahr einer Rufschädigung. Außerdem kann Insiderhandel strafbar sein.

Sie dürfen deshalb nicht:

- unter Verwendung von Insiderinformationen Insiderpapiere für eigene Rechnung oder für Rechnung anderer Personen erwerben oder veräußern,
- Insiderinformationen, von denen Sie Kenntnis haben, anderen Personen unbefugt mitteilen oder sonst zugänglich machen oder

- anderen Personen den Erwerb oder die Veräußerung von Insiderpapieren empfehlen oder andere Personen dazu verleiten, auf der Grundlage Ihrer Insiderinformationen mit Insiderpapieren zu handeln.

Bitte achten Sie auch darauf, dass Insiderinformationen intern immer nur an diejenigen Personen weitergegeben werden, die zur Kenntnisnahme berechtigt sind und die Insiderinformationen für ihre Tätigkeit benötigen.

In Zweifelsfragen wenden Sie sich bitte an die Rechtsabteilung vor Ort, um festzustellen, ob es sich bei Ihren Kenntnissen tatsächlich um Insiderinformationen handelt und ob es Ihnen, gegebenenfalls auch wegen strengerer Gesetze in anderen Ländern untersagt ist, mit Wertpapieren zu handeln.

2. Fairer Wettbewerb[7]

Die Gesellschaft hat großes Interesse an der Einhaltung der jeweils anwendbaren Kartell- und Wettbewerbsvorschriften, denn eine Nichteinhaltung kann gravierende Folgen für die Gesellschaft haben. So können insbesondere Bußgelder oder andere Formen von Geldstrafen gegen die Gesellschaft verhängt werden, Vereinbarungen können unwirksam sein, Dritte können möglicherweise Schadensersatzforderungen gegen die Gesellschaft geltend machen und es besteht das Risiko von Rufschädigungen und negativer Presse, wenn Rechtsverstöße publik werden.

Zur Vermeidung einer Schädigung der Gesellschaft durch Kartell- und Wettbewerbsverstöße ist deshalb insbesondere Folgendes zu beachten:

Der Abschluss von Vereinbarungen jeglicher Art oder aufeinander abgestimmte Verhaltensweisen (z.B. eine informelle Kooperation) mit Wettbewerbern oder mit Kunden, die darauf abzielen, den Wettbewerb zu beschränken oder die eine wettbewerbsfeindliche Wirkung haben, gelten als Verstöße gegen das Kartellrecht. Auch Geschäftsgespräche mit Konkurrenten können bereits als Verstöße gegen das Kartellrecht angesehen oder ausgelegt werden. Sollte eine geschäftsbezogene Diskussion mit einem Konkurrenten über eines oder mehrere der folgenden Themen geführt werden, sollten Sie sich an der Diskussion nicht beteiligen oder die Besprechung verlassen, da Besprechungen dieser Art eine wettbewerbsfeindliche Kooperation darstellen oder zumindest indizieren können:

- Absprachen zur Festlegung oder zur Kontrolle von Preisen (z.B. Mindestpreise, Mindestgebühren oder Rabatte);
- Informationsaustausch zu Preisen, Verkaufsbedingungen, Preisnachlässen und Maßnahmen zur Verkaufsförderung;
- Absprachen über territoriale Aufteilung von Märkten;
- spezifische Aufforderungen zur Angebotsabgabe;
- Absprachen über die Zuteilung von Kunden;
- Einschränkungen von Produktionen oder des Absatzes von Produkten;
- Absprachen zum Boykott bestimmter Lieferanten oder Kunden;
- Absprachen über vertikale Beschränkungen (z.B. Untersagung der Weitergabe von Rabatten).

Schriftliche Dokumente müssen immer sorgfältig formuliert werden. Unklare Aussagen, die falsch verstanden oder falsch ausgelegt werden können, müssen vermieden werden.

Führungskräfte und Mitarbeiter, die in Geschäftsbereichen tätig sind, bei denen kartellrechtliche Aspekte eine Rolle spielen, werden entsprechend geschult. Die Gesellschaft stellt zudem weitergehende und ausführliche Informationen in das Intranet ein.

3. Datenschutz[8]

Datenschutz dient dem Recht auf informationelle Selbstbestimmung des Einzelnen, d.h. dem Recht jeder Person, über die Weitergabe und Nutzung seiner personenbezogenen Daten, wie Name, postalische Anschrift, E-Mail-Adresse, Telefonnummer, finanzielle Verhältnisse usw., selbst zu bestimmen. Datenschutz ist notwendig, um eine Verletzung der grundlegenden Persönlichkeitsrechte zu verhindern.

Die Gesellschaft räumt dem Schutz persönlicher Daten hohe Priorität ein. Daher erhebt, verarbeitet (d.h. speichert, verändert, übermittelt, sperrt oder löscht) oder nutzt die Gesellschaft personenbezogene Informationen grundsätzlich nicht, es sei denn, die vollumfängliche Einhaltung geltenden Rechts wurde vorab sichergestellt. Der Umgang mit den personenbezogenen Daten muss für die betroffene Person transparent sein. Auch muss das Recht der betroffenen Person gewährleistet sein, über den Umgang mit den personenbezogenen Daten unterrichtet zu werden und eine erforderliche Korrektur der Daten verlangen zu können. Gleiches gilt für das Recht der betroffenen Person, der Verarbeitung personenbezogener Daten bei Vorliegen der gesetzlichen Voraussetzungen zu widersprechen, bzw. die Löschung oder Sperrung personenbezogener Daten zu verlangen.

In den Ländern, in denen Daten juristischer Personen im gleichen Umfang wie die Daten natürlicher Personen geschützt sind, hat die Erhebung, Verarbeitung und Nutzung dieser Daten ebenfalls unter Einhaltung des geltenden Rechts zu erfolgen.

Sie dürfen personenbezogene Daten, die Ihnen bekannt gegeben wurden oder auf die Sie im Rahmen Ihrer Tätigkeit für die Gesellschaft Zugriff haben, nur bei Vorliegen einer rechtlichen Grundlage (wozu auch die Erforderlichkeit der Speicherung oder Nutzung für die Zweckbestimmung eines Vertragsverhältnisses, bei Mitarbeiterdaten die Erforderlichkeit für die Begründung, Durchführung oder Beendigung des Beschäftigungsverhältnisses, zählen kann) oder mit Einwilligung der betroffenen Person erheben, verarbeiten oder nutzen. Dies gilt auch, wenn personenbezogene Daten zwischen Gesellschaften der Unternehmensgruppe ausgetauscht werden.

Welche konkreten Maßstäbe und Anforderungen das geltende Recht für die Nutzung personenbezogener Daten in Ihrem Verantwortungsbereich aufstellt, können Sie bei dem Datenschutzbeauftragten sowie im Rahmen von Schulungen erfahren.

4. Schutz geistigen Eigentums Dritter (z.B. Urheber-, Marken-, Design-, Patentrechte)

Die unbefugte Nutzung der geistigen Eigentumsrechte Dritter ist verboten und wird von der Gesellschaft nicht toleriert. Insbesondere untersagen Urheberrechtsgesetze die Vervielfältigung, Aufführung, Weitergabe, Lizenzierung oder Darstellung von urheberrechtlich geschützten Werken ohne die vorherige Erlaubnis des Urheberrechteinhabers. Die Erlaubnis des Urheberrechteinhabers ist auch für die Erstellung abgeleiteter Werke erforderlich. Markenrechtsgesetze schützen Namen, Logos und andere Unternehmenskennzeichen.

Sie müssen sich vergewissern, dass eine Vereinbarung mit dem Rechteinhaber vorliegt, wenn Sie dessen geistiges Eigentum nutzen. Bei Unsicherheiten und insbesondere vor der Verwendung eines Namens, Logos oder eines anderen Kennzeichens im Geschäftsverkehr sollten Sie daher mit der Rechtsabteilung vor Ort Rücksprache nehmen.

5. Einhaltung der Gesetze zur Bekämpfung von Geldwäsche[9]

Die Gesellschaft ist verpflichtet, die geltenden Gesetze zur Bekämpfung von Geldwäsche einzuhalten. Danach besteht unter anderem die Verpflichtung, den Vertragspartner zu identifizieren, zulässige Zahlungsformen zu wählen und zu ermitteln, auf welche Weise mögliche Geldwäschegeschäfte aufgedeckt werden können.

Einen Verdacht auf Geldwäsche sollten Sie sofort Ihrem zuständigen Vorgesetzten oder einem Mitglied der Geschäftsleitung melden. Dabei sollten Sie besonders auf Vorgänge achten, die Ihnen wegen einer ungewöhnlich hohen Bargeldsumme auffallen. Gleiches gilt, wenn Ihnen Transaktionsstrukturen zur Vermeidung von Meldepflichten oder zur Umgehung ordnungsgemäßer Buchführung auffallen.

6. Buchführung und Dokumentation[10]

Die Gesellschaft hat den Anspruch, dass alle Geschäftsbücher, Unterlagen, Konten und sonstigen Dokumente (im Folgenden „Dokumentation"), die für Buchführungszwecke relevant sind, den höchsten Anforderungen an Genauigkeit und Zuverlässigkeit genügen. Die Gesellschaft betreibt eine Dokumentationspflege, die alle Vorgänge genauestens ausweist, und es somit ermöglicht, Finanzabschlüsse im Einklang mit geltendem Recht und den relevanten allgemeinen Grundsätzen ordnungsgemäßer Buchführung zu erstellen.

Wenn Ihre Tätigkeit die Dokumentation der finanziellen Transaktionen der Gesellschaft umfasst, dann haben Sie dafür Sorge zu tragen, dass diese Verhaltensgrundsätze eingehalten werden. In diesem Zusammenhang stellen die wissentliche Falschdarstellung oder Auslassung wesentlicher Tatsachen Rechtsverletzungen dar. Gleiches gilt für die vorsätzliche Veranlassung anderer zur Falschdarstellung oder Auslassung wesentlicher Tatsachen.

Soweit Buchführungspflichten zu Ihrem Verantwortungsbereich gehören, wird von Ihnen erwartet, dass Sie alle Finanz- und Buchführungsgrundsätze in ihrer jeweils aktuellen Fassung kennen und in Bezug auf Verstöße gegen dieselben aufmerksam sind. Sie sind dafür verantwortlich, dass alle Barmittel, Bankkonten und andere Vermögenswerte in den offiziellen Büchern genauestens und zeitnah verbucht werden; es ist strengstens untersagt, falsche Rechnungen oder sonstige irreführende Unterlagen zu erwirken oder zu erstellen und Zahlungen auf unbekannte Bank- oder Nummernkonten zu tätigen. Die ständige Einsichtsmöglichkeit in alle Dokumente muss gewährleistet sein. Bei einer Barzahlung müssen eine unterzeichnete Quittung oder ein vergleichbarer Beleg vorgelegt werden. Erfolgt eine Scheckzahlung ist für diese ein Identitätsnachweis, eine Zweckerklärung und ein Auftrag für diese vorzulegen. Auch müssen Sie stets mit den gesellschaftsinternen und mit externen Wirtschaftsprüfern kooperieren.

7. Umgang mit den Medien[11]

Als weltweit agierendes Unternehmen hängt unser Ruf maßgeblich von der Darstellung und Wirkung nach außen, insbesondere auch von dem Umgang mit den Medien ab. Für unser Bild in der Öffentlichkeit ist es daher unverzichtbar, nach außen einheitlich aufzutreten und wahrheitsgemäße Angaben zu machen.

Alle Anfragen von Medien müssen deshalb zunächst an die PR-Abteilung weitergegeben werden. Es ist Ihnen nicht gestattet, ohne die vorherige Zustimmung durch die Gesellschaft schriftliche oder mündliche Aussagen im Namen der oder über unsere Gesellschaft gegenüber Medienvertretern zu tätigen.

Auch Veröffentlichungen, Vorträge und Interviews, die Bezug zur Gesellschaft aufweisen, sollten mit der PR-Abteilung abgesprochen werden, um ein einheitliches Bild in der Öffentlichkeit zu wahren.

Wenn Sie nach Erhalt einer Erlaubnis mit Medienvertretern oder in der Öffentlichkeit über unser Geschäft sprechen, sollten Sie stets auf Ihr gutes Urteilsvermögen vertrauen. Wenn Sie bei bestimmten Medienanfragen Bedenken haben, dann wird Ihnen unsere PR-Abteilung alle notwendigen Informationen und Hilfen zur Verfügung stellen.

III. Verhalten am Arbeitsplatz und im geschäftlichen Umfeld

1. Drogen und Alkohol[12]

Drogen- und Alkoholmissbrauch stellen eine ernsthafte Gefahr für die Gesellschaft, insbesondere für die Sicherheit, Gesundheit und Produktivität ihrer Mitarbeiter, dar.

Deshalb duldet die Gesellschaft den Besitz, Konsum und die Beschaffung von Drogen auf dem Betriebsgelände nicht. Der Begriff „Drogen“ bezieht sich auf Substanzen, deren Besitz, Konsum, Beschaffung oder versuchte Beschaffung entsprechend den örtlich anwendbaren Gesetzen verboten oder nur eingeschränkt zulässig ist. Insbesondere wird nicht toleriert, dass Mitarbeiter während der Arbeitszeit unter dem Einfluss von Drogen stehen.

Alkoholkonsum auf dem Betriebsgelände ist grundsätzlich verboten. Ausnahmen bedürfen der Freigabe durch die Geschäftsleitung und können beispielsweise für betrieblich organisierte Veranstaltungen erteilt werden. Mitarbeiter dürfen während der Arbeitszeit nicht unter Alkoholeinfluss stehen.

2. Diskriminierungs- und belästigungsfreier Arbeitsplatz[13]

Alle Mitarbeiter, Kunden und Lieferanten haben das Recht auf eine faire, respektvolle, würdevolle, höfliche und unterschiedslose Behandlung. Wir fühlen uns diesem Grundsatz verpflichtet und wollen dieses Recht in unserem Unternehmen gewährleisten.

Die Gesellschaft beachtet die Grundsätze der Chancengleichheit am Arbeitsplatz. Personalentscheidungen (z.B. hinsichtlich Einstellung, Auswahl, Schulung, Beförderung und Vergütung) basieren auf Qualifikation, Erfahrung und anderen arbeitsbezogenen Kriterien. Die Gesellschaft diskriminiert nicht aufgrund von Geschlecht, Rasse, ethnischer Herkunft, Religion oder Weltanschauung, Behinderung, Alter oder sexueller Orientierung.

Es ist Aufgabe der Gesellschaft, das Recht der Mitarbeiter auf ein Arbeitsumfeld ohne sexuelle Belästigung oder sonstige unzulässige Benachteiligung zu wahren. Jede Form der sexuellen Belästigung oder sonstigen unzulässigen Benachteiligung aufgrund des Geschlechts, der Rasse oder ethnischen Herkunft, Religion oder Weltanschauung, Behinderung, des Alters oder der sexuellen Orientierung wird nicht geduldet und hat zu unterbleiben.

Sexuelle Belästigung ist ein unerwünschtes, sexuell bestimmtes Verhalten, wozu auch unerwünschte sexuelle Handlungen und Aufforderungen zu diesen, sexuell bestimmte körperliche Berührungen, Bemerkungen sexuellen Inhalts sowie unerwünschtes Zeigen und sichtbares Anbringen von pornographischen Darstellungen gehören, das bezweckt oder bewirkt, dass die Würde der betreffenden Person verletzt wird, insbesondere wenn ein von Einschüchterungen, Anfeindungen, Erniedrigungen, Entwürdigungen oder Beleidigungen gekennzeichnetes Umfeld geschaffen wird. Sexuelle Belästigung ist rechtswidrig. Beispiele für eine unerlaubte sexuelle Belästigung sind:

1. Aufforderung zu sexuellen Handlungen oder ein Angebot derselben für Vorteile am Arbeitsplatz;

2. in die Enge treiben, Tätscheln, Kneifen oder Berühren oder anderer unerwünschter Körperkontakt mit sexuellem Inhalt;

3. öffentliche Mutmaßungen über das oder wiederholte Erkundigungen nach dem Sexualleben einer Person;

4. Witze, Bemerkungen oder Anspielungen sexuellen Inhalts über eine Person oder Männer und Frauen im Allgemeinen; oder

5. sichtbares Anbringen pornographischer Darstellungen am Arbeitsplatz.

Beispiele für sonstige unzulässige Benachteiligungen, die wegen des Bezuges auf Geschlecht, Alter, Rasse, ethnische Herkunft, Religion oder Weltanschauung, Behinderung oder sexuelle Orientierung verboten sind, sind:

1. Verletzung der Würde eines Mitarbeiters durch beleidigende oder entwürdigende Bemerkungen oder Verhaltensweisen (z.B. wegen ausländischer Herkunft);

2. Drohungen oder Andeutungen, die besagen, dass ein fortgesetztes Arbeitsverhältnis von der Duldung eines bestimmten Verhaltens abhängt;

3. einen Mitarbeiter zu entwürdigenden oder erniedrigenden Handlungen zu zwingen, wie z.B. Schikanen wegen sexueller Orientierung.

Falls Sie sexuell belästigt oder in sonstiger unzulässiger Weise benachteiligt wurden, sollten Sie dies der zuständigen Beschwerdestelle oder Personalabteilung vor Ort melden. Die Gesellschaft versichert allen Mitarbeitern, dass Beschwerden so vertraulich wie möglich behandelt werden und dass kein Mitarbeiter aufgrund einer Meldung Nachteile erleiden wird, sofern kein Missbrauch durch den Mitarbeiter vorliegt.

Es obliegt der Gesellschaft, alle angemessenen Vorkehrungen zur Verhinderung aller Art von sexuellen Belästigungen und sonstigen unzulässigen Benachteiligungen zu treffen und sofortige Maßnahmen zu ergreifen, wenn sie über eine unzulässige Benachteiligung in Kenntnis gesetzt wird.

Die Gesellschaft behält sich das Recht vor, disziplinarisch gegen Mitarbeiter vorzugehen, die andere Mitarbeiter, Kunden oder Lieferanten in unzulässiger Weise behandeln oder belästigen. Die disziplinarischen Maßnahmen können auch in dem Ausspruch einer ordentlichen oder außerordentlichen Kündigung bestehen.

3. Umgang mit Eigentum und Rechten der Gesellschaft

Nutzung von Internet, Intranet und E-Mail[14]

Internet, Intranet und E-Mail-Kommunikation sind wesentliche Hilfsmittel bei unserer täglichen Arbeit.

Die unangemessene Nutzung von Internet, Intranet, E-Mail oder Computersystemen ist nicht gestattet. Unangemessene Nutzungen sind insbesondere der unbefugte Zugriff auf das E-Mail-Konto eines anderen Nutzers, die unbefugte Übermittlung von geheimen oder vertraulichen Informationen, der Versand von anstößigen Materialien oder Nachrichten, die Übertragung von Materialien, welche Urheberrechte Dritter verletzen sowie andere rechtswidrige oder unethische Aktivitäten. Bitte stellen Sie sicher, dass Sie alle internen Vorschriften über den Umgang mit Informations- und Kommunikationstechnologie befolgen.

IT-Sicherheit[15]

Die Tätigkeit der Gesellschaft ist in erheblichem Maße von der Funktionsfähigkeit der IT-Systeme (unser Netzwerk sowie die dafür erforderliche Hardware) abhängig. Denn die Abwicklung von geschäftlichen Prozessen ist ohne diese technischen Einrichtungen nicht mehr denkbar. Es müssen alle entsprechenden Sicherheitsrichtlinien befolgt werden.

Schutz geistigen Eigentums

Die Gesellschaft verfügt über wichtige Rechte und Lizenzen an geistigem Eigentum, wie z.B. Urheberrechte, verbundene Rechte und Markenrechte. Im Umgang mit diesen geistigen Eigentumsrechten sollten Sie stets die geeigneten Schritte ergreifen, um die

Interessen der Gesellschaft zu schützen. Unerlaubte Nutzung kann zum Verlust der Eigentumsrechte oder zu einem hohen Wertverlust führen.

Nutzung von Betriebsmitteln

Die Gesellschaft stellt alle Geräte und Betriebsmittel zur Verfügung, die für eine effiziente Erfüllung der Aufgaben benötigt werden und verlässt sich darauf, dass Sie verantwortungsvoll und nicht verschwenderisch mit den überlassenen Ressourcen umgehen.

Aufbewahrung von Dokumenten und Unterlagen

Damit die Gesellschaft ihren Verpflichtungen zur Aufbewahrung nachkommen kann, müssen Sie die Dokumente und Unterlagen in Ihrem Zuständigkeitsbereich ordnungsgemäß und sorgfältig verwahren. Sie sind auch für die Vollständigkeit der Dokumentation verantwortlich und müssen Kenntnis über Datenspeicherung und -abruf bezüglich der Dokumente und Unterlagen haben, für die Sie zuständig sind.

Bitte erkundigen Sie sich für Ihren Zuständigkeitsbereich auch, welche Dokumente und Unterlagen in welcher Form (z.B. als Original oder in elektronischer Form) wie lange aufbewahrungspflichtig sind. Die Vernichtung oder Abänderung von aufbewahrungspflichtigen Dokumenten und Unterlagen vor Ablauf der Aufbewahrungsfrist kann Ermittlungen, (Steuer-)Prüfungen und die erfolgreiche Durchführung von Gerichtsverfahren wesentlich erschweren oder behindern und der Gesellschaft dadurch erheblichen Schaden zufügen.

4. Vertrauliche Informationen[16]

Die Gesellschaft vertraut Ihnen bei der Ausübung Ihrer Tätigkeit und Aufgaben täglich viele Informationen an. Informationen, die als vertrauliche Informationen gekennzeichnet oder als solche erkennbar sind („Vertrauliche Informationen"), sind zu schützen und geheim zu halten. Derselben Geheimhaltungspflicht unterliegen Informationen, die der Gesellschaft von Geschäftspartnern unter einer Geheimhaltungsverpflichtung mitgeteilt wurden.

Um die Vertraulichen Informationen zu schützen, müssen Sie Folgendes beachten:

- Vertrauliche Informationen dürfen weder während noch nach Beendigung Ihres Arbeitsverhältnisses mit der Gesellschaft an andere Personen innerhalb oder außerhalb der Gesellschaft weitergegeben werden (dazu zählen auch Kollegen oder Familienangehörige), es sei denn, dies ist zur Ausführung Ihrer Arbeit für die Gesellschaft notwendig.
- Vertrauliche Informationen dürfen nicht an öffentlichen Orten (Eingangsbereichen, Fluren, öffentlichen Transportmitteln, öffentlichen Plätzen, Toiletten etc.), an denen eine Unterhaltung mitgehört werden kann, besprochen werden (persönlich oder an einem Mobiltelefon).
- Bewahren Sie Dokumente, die Vertrauliche Informationen beinhalten, so auf, dass die Einsichtnahme durch Unbefugte ausgeschlossen ist.
- Insbesondere bei Besuchern ist darauf zu achten, dass diese keine Einsicht in Unterlagen der Gesellschaft erhalten. Besucher dürfen sich deshalb grundsätzlich nicht ohne Begleitung in den Geschäfts- und Büroräumen der Gesellschaft aufhalten.
- Versenden Sie Vertrauliche Informationen über geeignete Kommunikationsmittel, welche die Vertraulichkeit dieser Informationen garantieren.

5. Geschenke und Zuwendungen[17]

Die Gesellschaft stellt an sich den Anspruch, Transparenz im Umgang mit Kunden, Lieferanten und Behörden zu gewährleisten. Internationalen Standards zur Korruptionsbekämpfung sowie nationalen und lokalen Vorschriften zur Bekämpfung von Korruption und Bestechung soll hierbei entsprochen werden.

Geschäftsentscheidungen und Verträge sollen ausschließlich aufgrund von nachvollziehbaren, leistungs- und qualitätsbezogenen Kriterien zustande kommen. Dies kann nur verwirklicht werden, wenn jeder Mitarbeiter die Einhaltung der folgenden Regelungen mitverantwortet:

Das Anbieten von Geschenken beliebiger Art an Personen oder Unternehmen, mit denen die Gesellschaft eine Geschäftsbeziehung unterhält oder aufzubauen wünscht und welche die Geschäftsentscheidung der Person oder des Unternehmens beeinflussen oder möglicherweise beeinflussen, ist grundsätzlich verboten. Ebenso ist das Annehmen oder das Einfordern von Geschenken beliebiger Art grundsätzlich verboten.

Das Anbieten und das Annehmen von Geschenken, Zahlungen oder anderen Vorteilen ist nur erlaubt, soweit die Gesellschaft nicht entscheidet, dass derartige Vorteile der Gesellschaft gehören bzw. zur Verfügung zu stellen sind und diese im Rahmen eines ordnungsgemäßen Geschäftsverhaltens erfolgen, d.h. wenn dadurch keine geltenden Gesetze verletzt werden und diese

- allgemeine und ethisch vertretbare ortsübliche Geschäftsgepflogenheiten (z.B. kleine Geschenke von geringem Wert, so dass der Empfänger ihre Annahme nicht verheimlichen muss und er nicht in eine verpflichtende Abhängigkeit gerät, oder Essenseinladungen, die aufgrund regelmäßiger sozialer Beziehungen zwischen Geschäftspartnern erwartet werden) oder
- ein ortsübliches Trinkgeld

darstellen. Wenn Sie im Einzelfall nicht wissen, ob Ihr Verhalten zulässig ist, oder wenn Ihnen Vorteile angeboten wurden, die über einen geringen Wert hinausgehen könnten, dann sollten Sie sich damit an Ihren Vorgesetzten oder an die Rechtsabteilung wenden.

6. Umgang und Kooperation mit Behörden

Die Gesellschaft will mit den staatlichen Behörden auf der Grundlage des geltenden Rechts in vertrauensvoller Art und Weise zusammenarbeiten. Daher ist allen rechtmäßigen Anordnungen staatlicher Behörden Folge zu leisten, wobei zugleich die gesetzlichen Rechte der Gesellschaft wahrzunehmen sind.

Im gewöhnlichen Geschäftsverkehr oder im Rahmen einer formellen behördlichen Untersuchung können Behördenvertreter oder Amtsträger spezifische Anfragen an die Gesellschaft richten. Falls Sie mit behördlichen Anfragen oder Ermittlungshandlungen konfrontiert werden, müssen Sie stets und unverzüglich die Rechtsabteilung vor Ort einschalten, sich kooperativ verhalten und die einschlägigen internen Regelungen beachten.

IV. Interessenkonflikte

Interessenkonflikte können Zweifel verursachen an der Qualität der getroffenen geschäftlichen Entscheidungen und an der Integrität der Personen, die solche Entscheidungen treffen. Interessenkonflikte oder auch nur deren Anschein müssen jederzeit vermieden werden. Wenn eine solche Konfliktvermeidung nicht möglich ist, muss aktiv, offen und ehrlich damit umgegangen werden. Bei möglichen Konfliktfällen sind Sie aufgefordert, aktiv an Ihren Vorgesetzten heranzutreten und die weitere Vorgehensweise abzustimmen. Insbesondere sind folgende Interessenkonflikte zu vermeiden:

1. Nebentätigkeit[18]

Die Aufnahme jeder Nebentätigkeit ist an die Bestimmungen des Arbeitsvertrags geknüpft. Wenn der Arbeitsvertrag keine Regelungen zu einer Nebentätigkeit enthält, haben Sie die schriftliche Zustimmung der für Sie zuständigen Personalabteilung einzuholen. Die Personalabteilung wird eine Nebentätigkeit genehmigen, wenn eine solche Tätigkeit den legitimen Geschäftsinteressen der Gesellschaft nicht entgegensteht und nachweislich keinen Einfluss auf die Tätigkeit für die Gesellschaft haben kann.

Als Mitarbeiter der Gesellschaft dürfen Sie ohne Genehmigung der Gesellschaft auch keine leitende Position (z.B. als Geschäftsführer, Mitglied des Vorstands, des Aufsichtsrats oder des Beirats) bei einem anderen Unternehmen übernehmen, wenn dieses andere Unternehmen entweder mit der Gesellschaft im Wettbewerb steht oder mit der Gesellschaft Geschäfte tätigt.

2. Politische Aktivitäten[19]

Das Engagement und die Unterstützung für politische Parteien im Namen der Gesellschaft bedürfen ebenso wie Spenden oder andere Beitragsleistungen in Form von Geldleistungen oder Sachwerten im Namen der Gesellschaft der Genehmigung der Gesellschaft. Gleiches gilt für jegliche Organisation politischer Veranstaltungen auf dem Betriebsgelände oder in den Geschäftsräumen der Gesellschaft.

Es steht Ihnen selbstverständlich frei, sich privat politisch zu engagieren, soweit Sie nicht als Mitarbeiter oder Vertreter der Gesellschaft auftreten. Wenn durch ein politisches Engagement die Interessen der Gesellschaft berührt werden, ist die vorherige Zustimmung der Gesellschaft einzuholen.

V. Umsetzung des Verhaltenskodex

1. Fragen und Anleitung

Dieser Verhaltenskodex kann nicht für jede einzelne Situation eine ausführliche Verhaltensanleitung liefern. Weitere Hilfestellung bieten Ihnen ...... (zusätzliche Regelungen/ Richtlinien der Gesellschaft). Anwendung und Umsetzung der in diesem Verhaltenskodex und in den sonstigen internen Verhaltensrichtlinien dargelegten Maßstäbe im Geschäftsalltag bedürfen in einigen Fällen gegebenenfalls der Klarstellung.

Bei Unsicherheiten über richtiges Verhalten wenden Sie sich bitte an Ihren Vorgesetzten, die zuständige Fachabteilung oder an den Compliance Officer.

2. Anzeige von Verstößen („Whistleblowing")[20]

Wenn Sie Hinweise auf eine Verhaltensweise erlangen, die gegen die in diesem Verhaltenskodex oder in sonstigen Gesetzen und Verordnungen enthaltenen Regeln zum Rechnungs-, Finanz- und Bankwesen verstößt und/oder einen Straftatbestand erfüllt (z.B. Bestechungsdelikte, verbotene Insidergeschäfte, Umweltdelikte) („Verstoß"), sollten Sie Ihren Vorgesetzten oder ein Mitglied des Vorstandes oder eine andere geeignete Person des Unternehmens darüber informieren.

Wenn Sie sich in der Position eines Vorstandsmitgliedes (Executive Officer), Finanzvorstandes (Senior Financial Officer), Leiter der Buchhaltung (Principal Accounting Officer) oder eines Controllers befinden oder eine ähnliche Funktion innehaben, bezieht sich der Begriff „Verstoß" auch auf Verhaltensweisen, die in sonstiger Weise gegen Regelungen dieses Verhaltenskodexes verstoßen.

Für Hinweise steht auch eine Telefon-Hotline zur Verfügung, über die Sie im Intranet nähere Angaben finden können. Wenn Sie Hinweise geben, sollte dies unter Bekanntgabe Ihrer Identität erfolgen. Anonyme Hinweise sind zwar grundsätzlich nicht erwünscht, werden jedoch ebenfalls zur Kenntnis genommen und untersucht.

Sie sollten bei jeder Untersuchung eines angeblichen Verstoßes mitwirken. Wenn infolge der Untersuchung klar wird, dass es einen entsprechenden Verstoß gegeben hat, werden der Person, die diesen begangen hat (sowie gegebenenfalls ihrem Vorgesetzten), arbeitsrechtliche Sanktionen auferlegt. Die Sanktionen können insbesondere in einer Abmahnung oder dem Ausspruch einer ordentlichen oder außerordentlichen Kündigung bestehen.

Die Gesellschaft stellt sicher, dass die Identität eines mitwirkenden Mitarbeiters – soweit der Gesellschaft bekannt und soweit dies rechtlich zulässig ist – vertraulich behandelt wird. Angezeigte Verstöße werden zunächst ausschließlich dem Compliance Officer zur Verfügung gestellt. Dieser wird die Vorwürfe prüfen und gegebenenfalls weitere Ermittlungen durchführen. Wenn sich ein Verdacht erhärtet, informiert der Compliance Officer den Vorstand. Im weiteren Verlauf der Ermittlungen kann es erforderlich werden, die Identität eines mitwirkenden Mitarbeiters gegenüber Personen, die an den weiteren Ermittlungen beteiligt sind, insbesondere auch gegenüber ermittelnden Behörden, offenzulegen. Gleiches gilt für mögliche sich anschließende Gerichtsverfahren. Wenn ein mitwirkender Mitarbeiter Bedenken gegen eine solche Offenlegung hat, muss er dies bei Anzeige des Verstoßes mitteilen. Es wird dann ein entsprechender Vermerk in das System aufgenommen.

Die Gesellschaft stellt sicher, dass gegen einen Mitarbeiter keine Maßnahmen ergriffen werden, weil er einen Verstoß gemeldet oder bei einer Untersuchung mitgewirkt hat, sofern kein Missbrauch durch den Mitarbeiter vorliegt.

Die Gesellschaft wird die geltenden datenschutzrechtlichen Vorschriften, insbesondere die Rechte des mitwirkenden Mitarbeiters und Beschuldigten, beachten. Hinweise werden nur zum Zwecke der Ermittlung und etwaigen Ahndung von Verstößen verwendet.

Der Beschuldigte wird über Anschuldigungen zu seiner Person informiert, sobald dies die Ermittlungen nicht mehr gefährdet. Nicht mehr benötigte Daten werden innerhalb von zwei Monaten nach Abschluss der Ermittlungen gelöscht.

3. Bestandteil des Arbeitsverhältnisses[21]

Dieser Verhaltenskodex ist Bestandteil des Arbeitsverhältnisses und für den Geschäftsbetrieb der Gesellschaft unverzichtbar. Verstöße gegen verbindliche Regelungen dieses Verhaltenskodex können und werden nicht toleriert werden. Das Nichtlesen oder die Nichtanerkennung dieses Verhaltenskodex befreit Sie nicht von Ihrer Verantwortung für dessen Einhaltung.

Verstöße gegen diesen Verhaltenskodex können je nach Schwere zu arbeitsrechtlichen Konsequenzen bis hin zur außerordentlichen Kündigung des Arbeitsverhältnisses führen. Wenn ein Verstoß gegen diesen Verhaltenskodex gleichzeitig auch einen Verstoß gegen geltendes Recht darstellt, dann können auch Schadenersatzforderungen und/oder eine strafrechtliche Verfolgung drohen.

In Anbetracht der vorstehenden Ausführungen fordert die Gesellschaft Sie dazu auf, verantwortlich zu handeln und diesen Verhaltenskodex zu Ihrem eigenen Nutzen und zum Vorteil der Gesellschaft zu befolgen.

Anmerkungen

1. Allgemein. Mit der immer größer werdenden Bedeutung des Themas „Compliance" in Unternehmen werden auch Verhaltenskodizes (auch „Ethikrichtlinien" oder „Codes of Conduct") immer wichtiger. Bei der Beratung zu Verhaltenskodizes in Deutschland stellen sich in erster Line folgende Fragen: Wie kann ein Verhaltenskodex wirksamer Bestandteil des Arbeitsverhältnisses werden und welche Mitbestimmungsrechte des Betriebsrates sind zu beachten? Wurden die datenschutzrechtlichen Vorschriften beachtet? Verhaltenskodizes stammen ursprünglich aus den USA, wo sie seit der Einführung des Sarbanes-Oxley Acts (SOX) im Jahr 2002 (Public Law 107–204) „faktische" Voraussetzung für das Listing eines Unternehmens an einer amerikanischen Börse sind (*Schneider/Sitthard* NZA 2007, 654). Indes sind Verhaltenskodizes längst kein reines US-Phänomen mehr. Spätestens seitdem auch in dem Deutschen Corporate Governance Kodex mehrfach auf den Begriff Compliance Bezug genommen und teilweise sogar von einer Rechtspflicht börsennotierter Aktiengesellschaften zur Etablierung von Compliance-Systemen gesprochen wird (*Bürkle* BB 2007, 1797, 1800), sind Verhaltenskodizes auch in Deutschland ein wichtiger Bestandteil des Pflichtenkatalogs börsennotierter Unternehmen. In letzter Zeit gehen jedoch auch immer mehr nicht börsennotierte Unternehmen dazu über, Verhaltenskodizes einzuführen, da diese nicht zuletzt der Imagepflege dienen, vom Markt erwartet werden und zur Steigerung des Unternehmenswertes beitragen. Bei den meisten Verhaltenskodizes bleibt der US-amerikanische Ursprung gleichwohl unübersehbar.

Der Verhaltenskodex ist auf international agierende Unternehmen zugeschnitten, um eine Anwendung in verschiedenen Ländern zu ermöglichen. Der Verhaltenskodex ist deshalb entsprechend allgemein formuliert. Vor der Umsetzung im Ausland müsste noch die konkrete Vereinbarkeit mit dem lokalen Recht überprüft werden. Jedenfalls in den Mitgliedstaaten der EU dürften in der überwiegenden Anzahl der Fälle allenfalls geringfügige Anpassungen erforderlich sein.

2. Umsetzung. Beschließt die Geschäftsleitung einen Verhaltenskodex, so sind die Arbeitnehmer nach deutschem Recht nicht automatisch an dessen Regelungen gebunden. Es muss vielmehr eine Umsetzung des Verhaltenskodex in das Arbeitsvertragsverhältnis zwischen der Gesellschaft und dem Arbeitnehmer erfolgen. Die Gesellschaft hat hierfür grundsätzlich drei technische Möglichkeiten (vgl. *Meyer* NJW 2006, 3605; *Schreiber* NZA-RR 2010, 617, 618 f.):

- einseitige Umsetzung per Direktionsrecht,
- Umsetzung durch Arbeitsvertrag,
- Umsetzung durch Betriebsvereinbarung.

Für die Gesellschaft wäre es am einfachsten, die Regelungen des Verhaltenskodex **einseitig im Wege des Direktionsrechtes** durch Aushändigung an die Arbeitnehmer oder durch Einstellung ins Intranet umzusetzen (vgl. hierzu *Mengel/Hagemeister* BB 2007, 1386, 1387). Dies hätte insbesondere den **Vorteil** der jederzeitigen **einseitigen Abänderbarkeit** des Regelungswerkes. Eine einseitige Einführung ist allerdings wirksam nur möglich, soweit lediglich bestehende gesetzliche Verpflichtungen (z.B. zum Kartellrecht, Insiderhandel, zur Bilanzierung und Rechnungslegung, Korruptionsdelikte) erläutert oder arbeitsvertragliche Verpflichtungen (z.B. Verschwiegenheits- und Treuepflichten) unter Beachtung der Ermessensgrenzen des arbeitgeberseitigen Direktionsrechts **konkretisiert** werden. Das arbeitgeberseitige Direktionsrecht erlaubt es, Zeit, Ort, Inhalt sowie Art und Weise der vom Arbeitnehmer geschuldeten Leistung nach billigem Ermessen einseitig festzulegen, § 106 S. 1 GewO, § 315 BGB. In diesem Rahmen ist es dem Arbeitgeber grundsätzlich möglich, sein Direktionsrecht durch die Einführung von Ethikrichtlinien näher auszugestalten (vgl. *Schuster/Darsow* NZA 2005, 273). Der Arbeitgeber stößt aber mit dem Direktionsrecht auf **Grenzen**, wenn weitergehende Verpflichtungen geschaffen oder bereits bestehende günstigere arbeitsvertragliche Regelungen abgeändert werden sollen (*Schreiber* NZA-RR 2010, 617, 618). Denn das Direktionsrecht kann die Pflichten des Arbeitnehmers aus Tarifvertrag, Betriebsvereinbarung und Arbeitsvertrag allenfalls konkretisieren, aber nicht zum Nachteil des Arbeitnehmers erweitern (MünchKommBGB/*Müller-Glöge* § 611 Rn. 1017). Weiterhin können Regelungen im **außerdienstlichen und privaten Verhalten** grundsätzlich nicht Gegenstand von einseitigen Weisungen sein (vgl. *Meyer* NJW 2006, 3605). Auch die **Grundrechte** des Arbeitnehmers begrenzen das Direktionsrecht (im Einzelnen *Mengel/Hagemeister* BB 2007, 1386, 1387; vgl. hierzu auch die allgemeinen Grenzen der Gestaltungsmöglichkeiten unter → Anm. 3 sowie die einzelnen Kommentierungen). Darüber hinaus wird das Weisungsrecht dadurch eingeschränkt, dass durch einige Klauselinhalte im Verhaltenskodex das **Mitbestimmungsrecht des Betriebsrates** ausgelöst wird, sofern ein solcher besteht. Schließlich ist der Arbeitgeber bei der Ausübung des Direktionsrechts an die Grundsätze des billigen Ermessens gebunden.

Die Gesellschaft sollte sich bei einer einseitigen Einführung jedenfalls den Empfang des Verhaltenskodex schriftlich bestätigen lassen, um später die Kenntnis des Arbeitnehmers von dem Verhaltenskodex und damit die Ausübung des Direktionsrechtes beweisen zu können. Soweit in einem Verhaltenskodex Leistungszusagen enthalten sind (z. B. Jubiläumszahlungen), dürften diese als **Gesamtzusagen** aufzufassen sein, die regelmäßig nur bei wirksamem Widerrufsvorbehalt einseitig geändert oder zurückgenommen werden können (BAG NZA 2006, 1431).

Weigert sich ein Arbeitnehmer allerdings, was in der Praxis durchaus vorkommt, den Empfang des Verhaltenskodex schriftlich zu bestätigen, kann er hierzu nicht gezwungen werden. Dann muss der Arbeitgeber dafür sorgen, dass er die Übergabe anders nachweisen kann.

Bei einer Umsetzung durch **Arbeitsvertrag** ist zu unterscheiden: Soll der Verhaltenskodex bei einer Neueinstellung bei Vertragsschluss einbezogen werden, stellt diese Einbeziehung meist kein Problem dar. Soll dagegen eine vertragliche Einbeziehung in ein schon bestehendes Arbeitsverhältnis erfolgen bzw. eine Änderung eines vertraglich vereinbarten Verhaltenskodex umgesetzt werden, ist dies nur möglich, wenn der Arbeitnehmer der Vertragsänderung zustimmt. Eine Änderungskündigung wird meist nicht sozial gerechtfertigt sein, da eine einheitliche Geltung von Arbeitsbedingungen im Unternehmen kaum als dringendes betriebliches Erfordernis i. S. v. § 2 KSchG angesehen werden wird (*Schröder/Schreier* BB 2010, 2565, 2566; a. A. *Schreiber* NZA-RR 2010, 617, 620 f.). Eine Ausnahme wird allenfalls dann gelten, wenn eine gesetzliche Verpflichtung zur Einführung eines Verhaltenskodexes vorliegt (*Meyer* NJW 2006, 3605, 3608). Nach anderer Auffassung soll das wirtschaftliche Interesse das Arbeitgebers an Verhaltenskodizes ausreichen, um eine wirksame Änderungskündigung aussprechen zu können (*Schreiber* NZA-RR 2010, 617, 620 f.). Darüber hinaus ist zu beachten, dass bei einer Einbeziehung von Verhaltenskodizes durch einen Formulararbeitsvertrag eine **Inhaltskontrolle nach den §§ 305 ff. BGB** stattfindet. Hierbei ist insbesondere wegen des Transparenzgebotes nach § 307 Abs. 1 S. 2 BGB besondere Vorsicht bei der Formulierung der Klauseln geboten. Außerdem dürfen die Klauseln den Mitarbeiter nicht unangemessen benachteiligen, § 307 Abs. 2 BGB, was insbesondere bei Regelungen relevant wird, die Grundrechte wie z. B. das Persönlichkeitsrecht oder die Berufsfreiheit einschränken. Auch Klauseln mit einem dynamischen Verweis auf den „Verhaltenskodex in der jeweils geltenden Fassung" begegnen aus AGB-rechtlicher Sicht Bedenken (hierzu *Mengel/Hagemeister* BB 2007, 1386, 1387; a. A. *Schreiber* NZA-RR 2010, 617, 619 f.). Allerdings dürfte die Vereinbarkeit mit den §§ 305 ff. BGB unter zwei Voraussetzungen gegeben sein: Zunächst muss die Verweisungsklausel vorsehen, dass der Mitarbeiter über jedwede Änderung des Verhaltenskodex in Kenntnis gesetzt wird. Ferner müssen die potentiellen Gründe für eine Abänderung des Verhaltenskodex bezeichnet werden. Die Vereinheitlichung der Arbeitsbedingungen dürfte dabei kein ausreichendes

Anpassungsbedürfnis begründen; plausibel erscheint hingegen die Notwendigkeit einer Anpassung an Rechtsvorschriften, börsentechnische Bestimmungen und gewandelte ethische Vorstellungen im Geschäftsverkehr (*Schreiber* NZA-RR 2010, 617, 620).

Besteht im Betrieb der Gesellschaft ein Betriebsrat, bedarf die Einführung eines Verhaltenskodex – unabhängig davon, ob er durch Direktionsrecht oder Vertrag eingeführt wird – insoweit der vorherigen Mitbestimmung als seine Bestimmungen mitbestimmungspflichtige Gegenstände regeln (→ Anm. 4, 6 ff.).

Besteht im Betrieb der Gesellschaft ein Betriebsrat, so kann eine Umsetzung mittels **Betriebsvereinbarung** erfolgen. Soll der Verhaltenskodex nicht lediglich für einzelne Konzernunternehmen oder Betriebe eingeführt, sondern als konzerneinheitliche „Unternehmensphilosophie" umgesetzt werden, so liegt die Zuständigkeit allein beim Konzernbetriebsrat (BAG NZA 2012, 112). Für die Gesellschaft hat die Implementierung des Verhaltenskodex per Betriebsvereinbarung viele **Vorteile.** Zunächst sind die Regelungen für die Arbeitnehmer **verbindlich**, ohne dass es einer einzelvertraglichen Umsetzung bedarf und ohne dass Unsicherheiten hinsichtlich der Reichweite des Direktionsrechts eintreten. Zweitens muss die Gesellschaft bei der Umsetzung wegen des Inhalts einiger Klauseln **häufig ohnehin Mitbestimmungsrechte** des Betriebsrates **beachten.** Diese werden durch einheitliche Umsetzung mittels Betriebsvereinbarung gewahrt. Eine Betriebsvereinbarung wird darüber hinaus eine **höhere Akzeptanz** bei den Mitarbeitern haben. Auch erfolgt die Kontrolle der Regelungen nicht nach den §§ 305 ff. BGB; vielmehr wird die Betriebsvereinbarung an weniger strengen allgemeinen Prinzipien sowie an § 75 BetrVG gemessen. Allerdings hat die Einführung mittels Betriebsvereinbarung auch **Nachteile**: Der Inhalt muss mit dem Betriebsrat verhandelt werden und auch Regelungen, die nicht der Mitbestimmung unterliegen, können nicht mehr einseitig geändert werden. Es ist daher zu überlegen, die mitbestimmungspflichtigen Tatbestände durch eine Betriebsvereinbarung zu regeln und mitbestimmungsfreie Tatbestände im Wege des Direktionsrechtes einzuführen. Eine solche „zweigeteilte" Lösung ist jedoch unübersichtlich, umständlich, hat einen geringeren Marketing-Effekt und ist deshalb meist nicht gewollt.

3. Allgemeine Grenzen der Gestaltungsmöglichkeiten. Unabhängig von der Form der Umsetzung ist der Arbeitgeber verpflichtet, die Grundrechte der Arbeitnehmer zu wahren. Ein Verhaltenskodex kann den Arbeitnehmern beispielsweise nicht generell verbieten, **Freundschaften oder Liebesbeziehungen** einzugehen; eine solche absolute Regelung verstößt gegen die Würde des Menschen (Art. 1 GG) und gegen das Recht auf freie Entfaltung der Persönlichkeit nach Art. 2 Abs. 1 GG (vgl. LAG Düsseldorf NZA-RR 2006, 81). Ein solcher Verstoß liegt auch dann vor, wenn der Verhaltenskodex Freundschaften oder Liebesbeziehungen nicht generell untersagt, sondern das Verbot auf die Fälle beschränkt, in denen diese Beziehung mit jemandem geführt wird, der die eigenen Arbeitsbedingungen beeinflussen kann (LAG Düsseldorf NZA-RR 2006, 81). Von einem generellen Verbot zu unterscheiden sind Regelungen zu „ungebührlichen Vorgesetztenverhältnissen", wonach die Mitarbeiter „alle notwendigen Maßnahmen [zu] ergreifen [haben], um ungebührliche Vorgesetztenverhältnisse zu vermeiden und Personen, mit denen [...] familiäre oder enge persönliche Verbindungen [bestehen], nicht direkt oder indirekt über- oder untergeordnet zu sein". Eine solche Regelung betrifft die Ordnung im Betrieb gem. § 87 Abs. 1 Nr. 1 BetrVG und unterfällt damit der Mitbestimmungspflicht (BAG NZA 2008, 1248).

Eine in Verhaltenskodizes häufig zu findende **Verpflichtung außenstehender Dritter**, wie Familienangehöriger, ist weder durch Direktionsrecht, durch Vertrag noch durch Betriebsvereinbarung möglich. Unzulässig sind daher Wettbewerbsverbote oder Geheimhaltungs- und Verschwiegenheitsverpflichtungen für Familienangehörige des Mitarbeiters. Das Direktionsrecht ermöglicht dem Arbeitgeber nur Weisungen **im Rahmen des Arbeitsverhältnisses** und damit nur gegenüber den Arbeitnehmern. Bei der Verpflichtung anderer Personen als dem Arbeitnehmer handelt es sich um einen **unzulässigen Vertrag zu Lasten Dritter** (*Ohlendorf/Bünning* AuA 2006, 200, 202). Darüber hinaus überschreiten solche Regelungen im Falle einer Betriebsvereinbarung die Regelungskompetenz der Betriebsparteien, da der personelle Anwendungsbereich von Betriebsvereinbarungen **sich lediglich auf die Arbeitnehmer des Betriebes** i. S. d. § 5 BetrVG bezieht (Richardi/*Richardi* § 77 Rn. 73 ff.; *Wisskirchen/Jordan/Bissels* DB 2005, 2190, 2195), nicht jedoch auf außenstehende Dritte. In dem hier entworfenen Formular wurde deshalb auf derartige Regelungen verzichtet.

4. Mitbestimmungsrechte des Betriebsrates. Es besteht grundsätzlich keine Beteiligungspflicht des Betriebsrates für eine Einführung eines Verhaltenskodexes **im Ganzen** (*Schröder/Schreier* BB 2010, 2565, 2566; *Kort* NJW 2009, 129, 130). Der Betriebsrat hat allerdings bei der Einführung eines Verhaltenskodex dann mitzubestimmen, **wenn und soweit Mitbestimmungsrechte** im BetrVG durch die einzelnen Regelungen **berührt** sind (BAG NZA 2008, 1248; LAG Düsseldorf NZA-RR 2006, 81). Verpflichtet der Verhaltenskodex die Mitarbeiter dazu, Verstöße gegen sämtliche in Betracht kommenden Verhaltensregeln zu melden, so liegt darin keine „Klammer", die zu einem Mitbestimmungsrecht am Gesamtwerk führen würde (BAG NZA 2008, 1248).

An der Mitbestimmungspflichtigkeit ändert sich auch dadurch nichts, dass eine US-amerikanische Muttergesellschaft nach US-Recht dazu verpflichtet ist, eine solche Richtlinie herauszugeben. Eine solche Vorschrift kann nur dann die Mitbestimmungsrechte gemäß § 87 Abs. 1 Halbs. 1 BetrVG verdrängen, wenn ein völkerrechtlicher Transformationsakt die Regelung in das deutsche Arbeitsrecht inkorporiert. Die Anwendbarkeit des BetrVG und damit der Mitbestimmungsrechte richtet sich nach dem **Territorialitätsprinzip** (BAG BB 2000, 2098; BAG NZA-RR 2008, 333; NZA 2008,1248; zuletzt LAG München BeckRS 2010, 32441; ErfKomm/*Koch* § 1 BetrVG Rn. 5), so dass für inländische Betriebe unabhängig vom ausländischen Sitz etwaiger Mutter- bzw. zwischengeschalteter Tochterkonzerne das BetrVG mit seinen Mitbestimmungstatbeständen Anwendung findet. Demnach bemisst sich auch nach dem BetrVG, ob der lokale Betriebsrat, der Gesamtbetriebsrat oder auch der Konzernbetriebsrat zuständig ist. Bei der Einführung eines Verhaltenskodex in einem **Unternehmen mit mehreren Betrieben** handelt es sich dabei stets um eine Angelegenheit, die nicht durch einzelne Betriebsräte innerhalb ihrer Betriebe geregelt werden kann und daher die **Zuständigkeit des Gesamtbetriebsrates** begründet, § 50 Abs. 1 S. 1 BetrVG (LAG Düsseldorf NZA-RR 2006, 81). Wenn der Verhaltenskodex in einem Konzern als konzerneinheitliche „Unternehmensphilosophie" umgesetzt werden soll, dann ist gemäß § 58 Abs. 1 BetrVG der Konzernbetriebsrat zuständig (BAG NZA 2012, 112).

Mitbestimmungsrechte ergeben sich hauptsächlich aus § 87 BetrVG. Hierzu kann **generell** gesagt werden, dass Regelungen
- mit ausschließlichem **Tätigkeitsbezug/**Bezug auf das Arbeitsverhalten (BAG NZA 2004, 556),
- zur bloßen **Wiedergabe gesetzlicher Vorschriften** sowie
- zu **Zielvorgaben und Selbstverpflichtungen des Unternehmens** („Wir nehmen weder Kinder-, noch Zwangsarbeit in Anspruch"; „Wir achten auf hohe Integrität in unseren Geschäftsbüchern, Unterlagen, Berichten und Abschlüssen"; „Wir verwenden akkurate Abrechnungsverfahren"), die es sich teils selbst auferlegt und mit denen es teils das Arbeitsverhalten – etwa im Verhältnis zu Kunden – regeln will (BAG NZA 2008, 1248),

der betrieblichen Mitbestimmung wohl **nicht** unterfallen. Auch das **Privatleben** der Mitarbeiter ist der Regelungsbefugnis der Betriebsparteien entzogen (BAG NZA 2007, 453).

Dagegen sind Regelungen, die
- in regelnd ausgestalteter Weise **gesetzliche Vorgaben** umsetzen (BAG NZA 2008, 1248),
- das sonstige **Verhalten im Betrieb ohne Tätigkeitsbezug/Bezug auf das Arbeitsverhalten** (Ordnungsverhalten; vgl. hierzu auch BAG NZA 2004, 556)

zum Inhalt haben, i.d.R. **mitbestimmungspflichtig** (einen Überblick bieten *Ohlendorf/Bünning* AuA 2006, 200). Bei der Implementierung von Verhaltenskodizes sind vor allem die Mitbestimmungsrechte aus § 87 Abs. 1 Nr. 1 und Nr. 6 BetrVG einschlägig (*Schröder/Schreier* BB 2010, 2565, 2565). Allerdings ist zu einer sicheren Beurteilung der Mitbestimmungspflicht stets die konkrete Regelung **im Einzelfall** zu untersuchen. Ob das mitbestimmungspflichtige Ordnungsverhalten oder das mitbestimmungsfreie Arbeitsverhalten betroffen ist, bemisst sich nach dem objektiven Regelungsgehalt der Bestimmung und nach der Art des zu beeinflussenden betrieblichen Geschehens, nicht nach den Vorstellungen der Gesellschaft (*F/E/S/T/L* § 87 Rn. 68). Jedenfalls besteht kein Mitbestimmungsrecht bei Anweisungen, die lediglich die geschuldete Leistungspflicht konkretisieren (*Kort* NJW 2009, 129, 129). Neben § 87 BetrVG sind insbesondere Mitbestimmungsrechte nach § 94 BetrVG (Personalfragebögen) oder § 95 BetrVG, etwa bei Einführung eines Drogentestes als Auswahlrichtlinie zur Einstellung, denkbar (*Wisskirchen/Jordan/Bissels* DB 2005, 2190, 2192).

Beachtet die Gesellschaft zwingende Mitbestimmungsrechte nach § 87 BetrVG nicht, kann der Betriebsrat einen **allgemeinen Unterlassungsanspruch** geltend machen, der auch im Wege einer einstweiligen Verfügung durchgesetzt werden kann (*F/E/S/T/L* § 87 Rn. 596, 610). Daneben kann der Betriebsrat bei groben Verstößen einen **Anspruch auf Unterlassung** der betroffenen Maßnahme geltend machen, § 23 Abs. 3 BetrVG (*F/E/S/T/L* § 87 Rn. 596). Bei einem erneuten Verstoß kann der Betriebsrat dann **Ordnungsgeld** wegen zu unterlassender oder zu duldender Handlungen bzw. **Zwangsgeld** bei vorzunehmender Handlungen bis zu 10.000 EUR beantragen, § 23 Abs. 3 BetrVG. Ist angesichts der Implementierung einer konzernweiten „Unternehmensphilosophie" der Konzernbetriebsrat zuständig und verletzt der Arbeitgeber das Mitbestimmungsrecht des Konzernbetriebsrats, dann steht dem örtlichen Betriebsrat kein Unterlassungsanspruch zu (BAG NZA 2012, 112). Im Falle der notwendigen Mitbestimmung kann auch der einzelne **Arbeitnehmer** die Umsetzung bzw. Befolgung der mitbestimmungspflichtigen Regelung **verweigern** (*F/E/S/T/L* § 87 Rn. 599 ff.), da die ordnungsgemäße Beteiligung des Betriebsrats nach ständiger Rechtsprechung des BAG **Wirksamkeitsvoraussetzung** für Maßnahmen zum Nachteil des Arbeitnehmers ist (vgl. BAG NZA 2003, 570; BAG NZA 2005, 66; BAG NZA 2009, 684; a.A. Richardi/*Richardi* § 87 Rn. 104).

5. **Zielsetzung und Geltungsbereich.** Ein Vorwort, hier mit der Überschrift „Zielsetzung und Geltungsbereich" bezeichnet, ist in einem Verhaltenskodex allgemein üblich. Die hier gewählte Formulierung soll lediglich einen Eindruck davon vermitteln, wie ein solches Vorwort üblicherweise ausgestaltet ist; es sind eine Vielzahl von Gestaltungsmöglichkeiten und Formulierungen denkbar. Inhaltlich sollten **Motivation und Hintergründe** der Gesellschaft für eine derartige Regelung kurz dargestellt werden. Weiterhin sollte die Einleitung eine Aufforderung an die Mitarbeiter enthalten, den Inhalt genau zu lesen, und verdeutlichen, dass die Einhaltung der Regeln für die Gesellschaft und für sie selbst von großer Bedeutung ist.

6. **Insiderhandel.** Diese Regelung will der missbräuchlichen Verwertung von Insiderinformationen entgegenwirken und die Mitarbeiter dafür sensibilisieren, wann ein Verstoß gegen gesetzliche Vorschriften vorliegt. Die Aufzählung der untersagten Handlungen entspricht größtenteils dem Verbot des Insiderhandels nach § 14 WpHG und wiederholt deklaratorisch die gesetzliche Regelung, welche anhand von Beispielen zur Klarstellung für den Mitarbeiter konkretisiert wird. Für die Folgen eines Verstoßes gegen den Insiderhandel wird auf Straf- und Bußgeldvorschriften verwiesen, welche sich unter anderem aus §§ 38, 39 WpHG ergeben.

Ein **Mitbestimmungsrecht des Betriebsrates** scheidet bei der vorgeschlagenen Regelung aus, da es sich lediglich um einen deklaratorischen Hinweis der Gesellschaft auf das Gesetz bzw. um das Anhalten zu gesetzestreuem Verhalten handelt, was kein Mitbestimmungsrecht des Betriebsrats begründet (*Ohlendorf/Bünning* AuA 2006, 200, 201; ArbG Wuppertal NZA-RR 2005, 476). Hier ist daher kein Regelungsspielraum der Betriebsparteien nach § 87 Abs. 1 BetrVG eröffnet. Eine Mitbestimmung käme aber dann in Betracht, wenn die Gesellschaft über gesetzliche Regelungen **hinausgehende** Bestimmungen treffen würde. Eine mitbestimmungspflichtige Handlung ist beispielsweise die Einführung von Formblättern über die Mitteilung von Aktienbesitz, da die Gesellschaft eine betriebliche Verhaltensregel aufstellt (BAG NZA 2003, 166, 171). Ähnliches muss gelten, wenn bestimmte Meldepflichten oder andere Verfahrensregelungen getroffen werden, welche die Mitarbeiter zwingend einzuhalten haben. Schränkt die Regelung wiederum den privaten Wertpapierhandel ein, besteht kein Mitbestimmungsrecht des Betriebsrates, soweit das Verhalten außerhalb des Betriebes betroffen ist (vgl. *Ohlendorf/Bünning* AuA 2006, 200, 201; *Schuster/Darsow* NZA 2005, 273, 275). Außerbetriebliches Verhalten unterliegt gerade nicht der Regelungsbefugnis der Betriebsparteien (*F/E/S/T/L* § 77 Rn. 56; *Schröder/Schreier* BB 2010, 2565, 2565).

7. Fairer Wettbewerb. Das Formular weist zunächst auf die Inhalte bestehender Gesetze und Anforderungen zum Kartell- und Wettbewerbsrecht hin. Der bloße deklaratorische Hinweis der Gesellschaft auf das Gesetz bzw. das Anhalten zu gesetzestreuem Verhalten begründet **kein Mitbestimmungsrecht des Betriebsrats**. Auch insgesamt dürfte bei der hier vorgeschlagenen Regelung kein Mitbestimmungsrecht des Betriebsrates bestehen, da es sich neben dem Hinweis auf bestehende Kartell- und Wettbewerbsvorschriften lediglich um eine Erläuterung dieser Vorschriften und um eine Konkretisierung der Pflichten des Mitarbeiters gegenüber der Gesellschaft handelt, diese vor Schäden zu bewahren; Letzteres ist eine Konkretisierung einer Nebenpflicht und betrifft lediglich das mitbestimmungsfreie Arbeitsverhalten.

8. Datenschutz. Die Regelung zum Datenschutz soll sicherstellen, dass die Einhaltung des BDSG sichergestellt wird. Neben den erforderlichen Schulungen ist es zu empfehlen, die Mitarbeiter auf den Schutz fremder Daten aufmerksam zu machen und entsprechend zu sensibilisieren. Die Regelung weist dabei lediglich auf die Einhaltung der bestehenden Gesetze hin und verlangt ein gesetzeskonformes Verhalten. Mitbestimmungsrechte des Betriebsrates sind daher nicht betroffen → Anm. 4.

9. Geldwäsche. Die vorgeschlagene Regelung zur Geldwäsche wiederholt lediglich die gesetzlichen Regelungen und ist daher nicht mitbestimmungspflichtig → Anm. 4. Geldwäsche und die Verschleierung unrechtmäßig erlangter Vermögenswerte ist nach § 261 StGB **strafbar**. Der Straftatbestand wird ergänzt durch das Geldwäschegesetz (GWG), welches besondere Präventionspflichten, insbesondere Melde-, Identifizierungs- und Dokumentationspflichten für Kreditinstitute, Wirtschaftsunternehmen sowie Rechtsanwälte, Notare und Steuerberater regelt und den Strafverfolgungsbehörden so ermöglichen soll, illegale Finanzströme nachzuvollziehen.

10. Buchführung und Dokumentation. Die Regelungen zur Dokumentationspflege und insbesondere zur Dokumentation von Transaktionen beinhalten eine Konkretisierung der Tätigkeit für alle Mitarbeiter, die mit Aufgaben des Rechnungswesens befasst sind. Da die Art und Weise der vertraglich geschuldeten Arbeitspflicht hierdurch konkretisiert wird, unterfällt eine solche Regelung nicht der betrieblichen Mitbestimmung.

11. Umgang mit Medien. Die Gesellschaft hat ein Interesse daran, dass eine einheitliche Darstellung des Unternehmens in der Presse erfolgt und daher nicht jeder Mitarbeiter Aussagen gegenüber der Presse tätigt. Darüber hinaus liegt es im Interesse der Gesellschaft, sich durch falsche Aussagen oder Angaben vor Rufschädigungen zu schützen. Bei Stellungnahmen gegenüber der Presse müssen daher Absprachen und eine Koordination von einer einheitlichen Stelle ausgehen.

Ein **Mitbestimmungsrecht des Betriebsrates** besteht nach dem LAG Düsseldorf nicht bei Regelungen, welche den Mitarbeitern verbieten, ohne vorherige Zustimmung des Arbeitgebers Pressemitteilungen im Namen des Arbeitgebers abzugeben (vgl. LAG Düsseldorf NZA-RR 2006, 81). Noch die Vorinstanz hatte hierbei ein mitbestimmungspflichtiges Ordnungsverhalten angenommen (ArbG Wuppertal NZA-RR 2005, 476; dem folgend *Wisskirchen/Jordan/Bissels* DB 2005, 2190, 2191). Zwar ist das Mitbestimmungsrecht nicht deshalb zu verneinen, weil es sich um außerdienstliches Verhalten des Arbeitnehmers handelt (Richardi/*Richardi* § 87 Rn. 182), da hier gerade das Verhalten des Arbeitnehmers im Betrieb betroffen ist. Die Regelung betrifft aber lediglich das Arbeitsverhalten des Mitarbeiters. Der Arbeitnehmer hat aber schon die vertragliche Nebenpflicht, den Betriebsfrieden zu wahren und den Arbeitsablauf nicht zu stören (Schaub/*Linck* § 53 Rn. 17). Die Gesellschaft weist in ihrer Regelung lediglich auf diese vertraglichen Pflichten hin, ohne dabei eine neue oder erweiterte Verhaltenspflicht des Arbeitnehmers zu statuieren. Für ein Mitbestimmungsrecht bleibt daher wohl kein Raum.

12. Drogen und Alkohol. Die Gesellschaft hat ein Interesse daran, dass die Gesetze, die den Besitz und Konsum von Drogen verbieten, eingehalten werden. Ebenso sind Regelungen zum Alkoholverbot in der Praxis bewährt, da Alkoholeinfluss zum Leistungsnachlass und auch zur erhöhten Unfallgefahr führen kann. Eine Regelung zum Rauchverbot ist für den Arbeitgeber insbesondere wegen des Nichtraucherschutzes von Bedeutung.

Ein **Mitbestimmungsrecht des Betriebsrates** besteht hinsichtlich der Regelungen zum **Drogenkonsum** nicht, da es sich hierbei lediglich um die Regelungen gesetzlicher Vorschriften (BtMG, StGB) handelt. Bei einem **Alkoholverbot** auf dem Betriebsgelände hat der Betriebsrat allerdings ein Mitbestimmungsrecht nach § 87 Abs. 1 Nr. 1 BetrVG, da es sich nicht nur um die Konkretisierung des unmittelbaren Arbeitsverhaltens handelt, sondern das Alkoholverbot einer vorbeugenden Gefahrenabwehr dient und damit das mitbestimmungspflichtige Ordnungsverhalten betroffen ist (BAG AP BPersVG § 75 Nr. 20). Etwas anderes gilt nur, wenn der Mitarbeiter die geschuldete Arbeitsleistung nicht erbringen kann, wenn er unter Alkoholeinfluss steht (beispielsweise für Waffen tragende Beamte BVerwG BeckRS 1983, 30431888 oder für ordnungsgemäße Kundenbedienung Richardi/*Richardi* § 87 Rn. 190). Soweit es um Gründe des Arbeitsschutzes geht, besteht daneben ein Mitbestimmungsrecht aus § 87 Abs. 1 Nr. 7 (BAG AP BPersVG § 75 Nr. 20; *F/E/S/T/L* § 87 Rn. 71), § 88 sowie §§ 90, 91 BetrVG. Ein betriebliches **Rauchverbot** betrifft grundsätzlich die Frage der betrieblichen Ordnung (BAG NJW 1999, 2203), soweit nicht schon die Arbeitsleistung selbst durch das Rauchen beeinträchtigt wird oder der Arbeitgeber nicht sowieso gesetzlich verpflichtet ist, ein Rauchverbot zu erlassen. Soweit dem Arbeitgeber bezüglich der Maßnahme ein Regelungsspielraum verbleibt, kommt ein Mitbestimmungsrecht bezüglich der Ausgestaltung und Durchführung in Betracht (*F/E/S/T/L* § 87 Rn. 71). Die Betriebsparteien müssen gemäß § 75 Abs. 2 BetrVG i.V.m. Art. 2 Abs. 1 GG den **Verhältnismäßigkeitsgrundsatz** beachten (BAG NJW 1999, 2203). Hierbei sind insbesondere die seit dem Jahr 2004 durch die ArbStättV (§ 5) getroffenen Regelungen zum Nichtraucherschutz zu beachten. Der Gesetzgeber hat darin die Grundsatzentscheidung getroffen, dass die Interessen der Nichtraucher, nicht durch Passivrauchen an der Gesundheit geschädigt zu werden, regelmäßig schützenswerter sind, als die durch die allgemeine Handlungsfreiheit geschützten Interessen der Raucher. Die Gesellschaft kann ein Rauchverbot allerdings nicht durch das Ziel rechtfertigen, den Arbeitnehmern das gesundheitsschädliche Rauchen abgewöhnen zu wollen (BAG NJW 1999, 2203). Sollte die Gesellschaft beabsichtigen, im Zusammenhang mit der Regelung zu verbotenen Substanzen einen **Drogentest zur Einstellungsvoraussetzung** zu machen und dies im Verhaltenskodex zu regeln, ist zu beachten, dass dem Betriebsrat dann zusätzlich ein Mitbestimmungsrecht nach § 95 BetrVG zusteht. Hierbei handelt es sich um Auswahlrichtlinien in diesem Sinne, da einstellungsrelevante Anforderungen in allgemeiner Form festgeschrieben werden (LAG Stuttgart NZA-RR 2003, 417 f.; ArbG Wuppertal NZA-RR 2005, 476; *Wisskirchen/Jordan/Bissels* DB 2005, 2190, 2192).

13. Diskriminierung und Belästigung. Die Gesellschaft verdeutlicht hiermit den hohen Stellenwert eines diskriminierungs- und belästigungsfreien Arbeitsplatzes und -umfeldes. Angeknüpft wird im Formular an die Diskriminierungsmerkmale, die das Allgemeine Gleichbehandlungsgesetz (AGG) in § 1 nennt. Hintergrund für diese nahe am AGG orientierte Regelung ist, dass die Gesellschaft nach Auffassung der herrschenden Literaturmeinung durch die Aufnahme einer umfangreichen AGG-Regelung in einem Verhaltenskodex ihren **Organisationspflichten nach § 12 AGG** zumindest teilweise nachkommen kann (z. B. *Schneider/Sittard* NZA 2007, 654; Schleusener/*Suckow/Voigt* § 12 Rn. 9; skeptisch *Däubler/Bertzbach* § 12 Rn. 15). Die Gesellschaft ist grundsätzlich verpflichtet, erforderliche, auch präventive, Maßnahmen zum Schutz vor Benachteiligungen wegen eines in § 1 AGG genannten Grundes zu treffen (§ 12 AGG). Die Gesellschaft soll dabei in geeigneter Weise auf die Unzulässigkeit solcher Benachteiligungen hinweisen und darauf hinwirken, dass diese unterbleiben. Als Maßnahme nennt das Gesetz insbesondere die Aus- und Fortbildung. Wird der Mitarbeiter in geeigneter Weise geschult, gilt dies gar als Erfüllung der Organisationspflichten des Arbeitgebers (§ 12 Abs. 2 S. 2 AGG). Bislang wurde nicht von der Rechtsprechung geklärt, ob ein Verhaltenskodex ausreicht, um dieser gesetzlich auferlegten Verpflichtung vollumfänglich zu genügen. Der Umfang der Verpflichtung wird auch maßgeblich davon abhängen, welche Maßnahmen im konkreten Einzelfall erforderlich sind (ErfKomm/*Schlachter* § 12 AGG Rn. 2). Insbesondere für große Unternehmen wird wegen des hohen Organisationsaufwandes und der schwierigen Erreichbarkeit der Mitarbeiter daher vertreten, dass eine Einstellung wesentlicher Verhaltensregeln ins Intranet zur Wahrung der Organisationspflichten ausreicht (*Wisskirchen* DB 2006, 1491, 1496). Verhaltensrichtlinien wirken zwar nicht in gleicher Weise auf den Arbeitnehmer ein wie Schulungen oder Aus- und Fortbildungsveranstaltungen. Eine Veranstaltung verlangt das Gesetz jedoch nicht ausdrücklich. Vielmehr kann auch durch einen Verhaltenskodex eine Aus- oder Fortbildung erreicht werden. Hierzu müssen dem Mitarbeiter die Anforderungen und Folgen einer Diskriminierung und eines Verstoßes gegen das AGG nachdrücklich verdeutlicht werden. In Abs. (3) der Regelung wurden daher die Benachteiligungsgründe des AGG ausdrücklich genannt und explizit geregelt, dass eine Benachteiligung unterbleiben muss. Durch das Aufführen von Beispielen soll den Mitarbeitern veranschaulicht werden, wann eine Diskriminierung vorliegt. Weiterhin wird den Mitarbeitern signalisiert, dass die Gesellschaft keinerlei Verstöße gegen das AGG dulden wird und dass Verstöße arbeitsrechtliche Konsequenzen nach sich ziehen können. Im Ergebnis wird ein solcher Verhaltenskodex **aber wohl nicht alleine ausreichen**, um den Organisationspflichten der Gesellschaft im Hinblick auf das AGG vollständig zu genügen. Insbesondere in sensiblen Bereichen und Bereichen mit größerer Personalverantwortung muss der Arbeitgeber die Mitarbeiter wohl intensiver aus- und fortbilden (*Schneider/Sittard* NZA 2007, 654, 655), als dies durch einen Verhaltenskodex möglich ist. Allerdings wird ein solcher Verhaltenskodex bei Zweifeln über die ordnungsgemäße Organisation zu Gunsten des Arbeitgebers wirken und hat zumindest Indizwirkung, dass der Arbeitgeber die erforderlichen Maßnahmen ergriffen hat und seinen Pflichten nachgekommen ist (*Wisskirchen/Jordan/Bissels* DB 2005, 2190, 2193).

Fraglich ist, ob bei der Einführung einer derartigen Regelung ein **Mitbestimmungsrecht des Betriebsrates** nach **§ 87 Abs. 1 Nr. 1 BetrVG** besteht. Durch § 12 AGG kann das Mitbestimmungsrecht wegen des Bestehens einer gesetzlichen Vorschrift nach § 87 Abs. 1 Halbs. 1BetrVG ausgeschlossen sein (*Kort* NJW 2009, 129 132). Allerdings ist bei jeder Regelung einzeln zu prüfen, ob sie von der Ausschlussregelung des § 87 Abs. 1 Halbs. 1 BetrVG erfasst wird. So ist etwa das Verbot „unwillkommener sexueller Zudringlichkeiten oder Körperkontakte, Gesten und Aussagen sexuellen Inhalts", bereits vollumfänglich in den §§ 1, 3, 7 AGG geregelt. Die gemäß § 12 AGG gebotene Durchsetzung dieses gesetzlichen Verbots darf durch die Betriebsparteien nicht relativiert werden (BAG NZA 2008, 1248, 1255 f.). Hingegen ist das Verbot des „Zeigens oder Verbreitens von Bildern, Karikaturen oder Witzen sexueller Natur" nicht abschließend in § 3 Abs. 4 AGG geregelt, da dort nur das „unerwünschte" und nicht jegliches Zeigen oder Verbreiten von Bildern, Karikaturen oder Witzen sexueller Natur geregelt ist (BAG NZA 2008, 1248,1256). Das Verbot von „Repressalien gegen Mitarbeiter, die sich gewehrt und über sexuelle Belästigungen beschwert haben", ist schon deswegen nicht mitbestimmungspflichtig, weil hier der Arbeitgeber der Adressat der Regelung ist, darüber hinaus handelt es sich um die schlichte Wiedergabe des Maßregelungsverbots aus § 16 Abs. 1 AGG (BAG NZA 2008, 1248, 1256).

Nach **§ 13 AGG** haben die Beschäftigten ein **Beschwerderecht** bei der zuständigen Stelle des Betriebs, auf welches auch in dem Verhaltenskodex hingewiesen wird. Die Gesellschaft muss nach § 12 Abs. 5 AGG die zuständige Stelle durch Aushang, Auslegung oder mittels Einsatz der sonst üblichen Kommunikationstechniken bekanntmachen. Hierbei empfiehlt sich ein **gesonderter Aushang**, beispielsweise im Intranet, gemeinsam mit dem AGG-Text und § 61b ArbGG, da diese Vorschriften ebenfalls von der Bekanntmachungsverpflichtung des § 12 Abs. 5 AGG umfasst sind. Die Einführung und Ausgestaltung eines Beschwerdeverfahrens ist aber nicht identisch mit der Errichtung und der personellen Besetzung einer Beschwerdestelle nach § 13 Abs. 1 AGG. Von der Regelung der zuständigen Stelle und des Beschwerdeverfahrens wurde im Formular aus Praktikabilitätsgründen abgesehen. Hierfür empfiehlt sich eine separate Regelung. Ob für eine solche separate Regelung ein Mitbestimmungsrecht des Betriebsrates besteht, ist bislang noch nicht durch die Rechtsprechung geklärt (bewusst offengelassen in BAG NZA 2008 1248, 1256). Für das „Ob" der Benennung der Beschwerdestelle dürfte eine Mitbestimmung des Betriebsrates zu verneinen sein, da eine gesetzliche Verpflichtung des Arbeitgebers nach § 12 Abs. 5 i. V. m. § 13 AGG besteht (*Westhauser/Sediq* NZA 2008, 78, 79). Auch bezüglich der Auswahl und der Besetzung der Beschwerdestelle dürfte ein Mitbestimmungsrecht nicht in Betracht kommen (MünchKommBGB/*Thüsing* § 13 AGG Rn. 12; *Grobys* NJW 2006, 2950, 2952; *Walk/Shipton* BB 2010, 1917 f.; *Westhauser/Sediq* NZA 2008, 78, 79 m. w. N.). Hinsichtlich einer Regelung über die Durchführung des Beschwerdeverfahrens wird eine Mitbestimmung teilweise bejaht, etwa bei Erlass konkreter Richtlinien über die Durchführung des Beschwerdeverfahrens (*Grobys* NJW 2006, 2950, 2952; a. A. *Westhauser/Sediq* NZA 2008, 78, 79 m. w. N); so auch die Einführung eines Beschwerdeverfahrens zur Meldung von sexuellen Belästigungen (BAG NZA 2008, 1248, 1256).

14. Internet, Intranet und E-Mail. Die Regelung im Verhaltenskodex hierzu ist sehr allgemein und knapp gehalten. Verboten wird nur die unangemessene Nutzung, ohne die private Nutzung grundsätzlich zu verbieten. Zu diesem Themenkomplex empfiehlt sich eine separate Individualvereinbarung oder eine Betriebsvereinbarung, da eine umfassende Regelung – wie sie bei der Gestattung der Privatnutzung von Internet- und E-Mail zu empfehlen ist – nicht in den Rahmen eines Verhaltenskodex passt (für Lösungsvorschläge zur separaten Regelung → Form. A. IV. 5, → Form. C. II. 13). Die Regelung in dem Verhaltenskodex muss dann auf eine solche Betriebsvereinbarung abgestimmt werden und sollte auch auf die separate Regelung Bezug nehmen.

15. IT-Sicherheit/Schutz geistigen Eigentums/Nutzung von Betriebsmitteln/Aufbewahrung von Dokumenten und Unterlagen. Wie die Regelung zu Internet, Intranet und E-Mail sind auch die Regelungen zur IT-Sicherheit, zum Schutz der geistigen Eigentumsrechte der Gesellschaft, zur Nutzung von Betriebsmitteln und zur Aufbewahrung von Dokumenten und Unterlagen sehr allgemein und knapp gehalten. Die Mitarbeiter sollen lediglich auf die Problematik aufmerksam gemacht werden. Gegebenenfalls können sich separate ausführliche Regelungen zu den einzelnen Themen empfehlen. Anweisungen an die Mitarbeiter in Bezug auf die IT-Sicherheit und die Nutzung von Betriebsmitteln unterfallen dem Mitbestimmungsrecht des Betriebsrates nach § 87 Abs. 1 Nr. 1 BetrVG, falls die private Nutzung nicht ausgeschlossen ist. Im Übrigen kann sich ein Mitbestimmungsrecht des Betriebsrates auch unabhängig von der Erlaubnis der Privatnutzung aus § 87 Abs. 1 Nr. 6 BetrVG (technische Einrichtung) ergeben; insbesondere wenn IT-Tools Überwachungskomponenten enthalten.

Regelungen zum Schutz der geistigen Eigentumsrechte der Gesellschaft und zur Aufbewahrung von Dokumenten und Unterlagen kann die Gesellschaft ohne Mitwirkung des Betriebsrates treffen.

16. Vertrauliche Informationen. Eine Verschwiegenheitspflicht des Arbeitnehmers ergibt sich insbesondere aus der arbeitsvertraglichen Nebenpflicht gem. § 241 Abs. 2 BGB und aus §§ 3, 17 UWG. §§ 3, 17 UWG sind auf den Schutz von Betriebs- und Geschäftsgeheimnissen beschränkt. Betriebs- und Geschäftsgeheimnisse sind alle Tatsachen, die im Zusammenhang mit dem Geschäftsbetrieb stehen, nur einem eng begrenzten Personenkreis bekannt und nicht offenkundig sind und nach dem Willen des Arbeitgebers und im Rahmen eines berechtigten Interesses geheim gehalten werden sollen (vgl. BAG NJW 1983, 134). Die Verschwiegenheitspflicht aus arbeitsvertraglicher Nebenpflicht erweitert diesen Schutz und bezieht sich auch auf persönliche Umstände oder Verhaltensweisen des Arbeitgebers, soweit dieser durch deren Preisgabe geschädigt werden könnte, wie z. B. Äußerungen über Vermögensverhältnisse des Arbeitgebers, die seine Kreditwürdigkeit beeinträchtigen könnten (Küttner/*Kania* Verschwiegenheitspflicht Rn. 6). Durch die Klausel soll dieser bereits bestehende gesetzliche Schutz nochmals erweitert werden auf sämtliche Informationen, die als vertrauliche Informationen gekennzeichnet oder als solche erkennbar sind. Es bestehen Risiken im Hinblick auf die Rechtswirksamkeit einer solchen Klausel. Da sich jedoch gut vertreten lässt, dass die Gesellschaft ein berechtigtes Interesse an der Geheimhaltung von als vertraulich gekennzeichneten oder als vertraulich erkennbaren Informationen hat, sprechen gute Gründe dafür, dass die vorgeschlagene Klausel wirksam ist. Sie unterscheidet sich insbesondere auch von den sog. „All-Klauseln“, durch die die Arbeitnehmer zur Geheimhaltung aller ihnen bekannt gewordenen geschäftlichen und betrieblichen Tatsachen verpflichtet werden. Diese „All-Klauseln“ werden überwiegend als unwirksam nach § 138 Abs. 1 BGB bzw. in Formulararbeitsverträgen wohl auch nach § 307 Abs. 1 S. 1 BGB angesehen, da sie über das berechtigte Interesse des Arbeitgebers an der Wahrung seiner Geschäfts- und Betriebsgeheimnisse hinausgehen sollen (vgl. LAG Hamm DB 1989, 783; vgl. auch Schaub/*Linck* § 53 Rn. 54). Hinzuweisen bleibt auch auf das Risiko der Unwirksamkeit der nachvertraglichen Geltung. Jedenfalls wenn die auferlegte nachvertragliche Schweigepflicht sich nicht auf konkret festgelegte Betriebsgeheimnisse, sondern unterschiedslos auf alle Geschäftsvorgänge bezieht, wird dem Arbeitnehmer die berufliche Verwertung seiner in diesem Geschäftsbereich erworbenen Kenntnisse verwehrt. In einem solchen Fall kann die Grenze zum entschädigungspflichtigen Wettbewerbsverbot überschritten sein (LAG Kiel BeckRS 2010, 72555). Wird diese Grenze allerdings beachtet, so gilt, dass grundsätzlich keine Entschädigung für ein nachvertragliches Schweigen vereinbart werden muss (BAG BB 1982, 1792; LAG Schwerin Urt. v. 9.2.2006 – 1 Sa 394/05 – n. v.; zuletzt ArbG Düsseldorf BeckRS 2012, 66122). Ein **Mitbestimmungsrecht des Betriebsrates** nach § 87 Abs. 1 Nr. 1 BetrVG besteht hierbei nicht, da durch eine derartige Regelung lediglich das Arbeitsverhalten konkretisiert wird (*Schuster/Darsow* NZA 2005, 273, 274; *Wisskirchen/Jordan/Bissels* DB 2005, 2190, 2191; a. A. *Ohlendorf/Bünning* AuA 2006, 200, 202 in Bezug auf „All-Klauseln“).

17. Geschenke und Zuwendungen. Unternehmen haben ein großes Interesse daran, Korruption und Bestechung zu vermeiden. Durch Korruption und Bestechung machen sich zunächst die **Mitarbeiter und Verantwortlichen strafbar.** Denkbare Strafbarkeitstatbestände sind die Bestechung und Vorteilsgewährung gegenüber Amtsträgern (vgl. §§ 331 ff. StGB), Straftaten gegen den Wettbewerb (§§ 298 ff. StGB), insbesondere aber **Bestechung und Bestechlichkeit im geschäftlichen Verkehr gem. § 299 StGB** (vgl. *Zimmer/Stetter* BB 2006, 1445). Die Aufnahme einer Regelung kann neben sicherlich notwendigen anderen Maßnahmen zur Bekämpfung von Korruption und Bestechung zur Sensibilisierung der Belegschaft beitragen. Oftmals ist insbesondere die Unwissenheit Auslöser dafür, dass beispielsweise Geschenke oder Zahlungen gemacht oder angenommen werden, die strafrechtlich relevant sind. In dem Verhaltenskodex wird daher geregelt, welche Zahlungen und Annahmen von Geschenken im Geschäftsverkehr und im Umgang mit Behörden nicht erfolgen dürfen und welche hingegen erlaubt sind.

Eine **Strafbarkeit nach § 299 StGB scheidet aus, wenn** Zuwendungen **sozialadäquat** sind. Sie sind dann nicht geeignet, den Markt wettbewerbswidrig i. S. d. § 299 StGB zu beeinflussen (MünchKommStGB/*Krick* § 299 StGB Rn. 29; Schönke/Schröder/*Heine* § 299 Rn. 20). Was sozialadäquat ist, bemisst sich nach dem Umständen des Einzelfalles, insbesondere nach dem betroffenen Geschäftsbereich, der Stellung und Lebensumstände der Beteiligten sowie danach, ob dem Wert der Zuwendung objektiv die Eignung fehlt, geschäftliche Entscheidungen sachwidrig und in einer den fairen Wettbewerb gefährdenden Weise zu beeinflussen (MünchKommStGB/*Krick* § 299 StGB Rn. 29). So dürften jedenfalls **Werbegeschenke** und kleinere Aufmerksamkeiten von geringem Wert (bis 2,50 EUR bei Gegenständen ohne Werbeaufdruck und bis 5 EUR bei Gegenständen mit Werbeaufdruck, vgl. § 7 Abs. 1 HWG) regelmäßig nicht erfasst sein. Wo die genaue Grenze verläuft, hängt von den Umständen des Einzelfalles ab. Als ungefährer Anhaltspunkt dürfte im öffentlichen Dienst eine Wertgrenze von 25 EUR anzusetzen sein; in der Privatwirtschaft sind auch höhere Beträge denkbar, in Abhängigkeit von der Position des Empfängers. Angedacht werden könnte auch eine Parallele zu § 4 Abs. 5 S. 1 Nr. 1 EStG, wonach eine Freigrenze von 35 EUR bei Aufwendungen für Geschenke pro Wirtschaftsjahr und Empfänger gilt (a. A. *Fischer* § 331 Rn. 26a, der bereits bei 30 EUR die Grenze des Sozialüblichen überschritten sieht). Letztlich handelt es sich hier jedoch um einen Graubereich, der stets das Risiko einer Strafverfolgung birgt, sobald die Geringwertigkeitsgrenze überschritten wird. Nach herrschender Meinung soll auch die Einladung zu einem **„bürgerlichen Mittagessen"** nicht von § 299 StGB erfasst sein (Schönke/Schröder/*Heine* § 299 Rn. 20; *Fischer* § 331 StGB Rn. 26), wobei hierbei vor allem nach Anlass und beruflicher Stellung zu differenzieren ist, was noch erlaubt und was schon unlauter ist (*Leipold* NJW-Spezial 2007, 423). Unlauter ist die Einladung wohl dann, wenn sie erkennbar den gewöhnlichen Lebenszuschnitt des Eingeladenen überschreitet (*Fischer* § 331 StGB Rn. 26). Gestaffelte Mengenrabatte sollen sozialadäquat sein, soweit sie unter Berücksichtigung des im Wettbewerb Üblichen nicht außer Verhältnis zum Wert der Ware stehen (MünchKommStGB/*Krick* § 299 StGB Rn. 29). Trinkgelder in angemessener Höhe lösen wohl keine Strafbarkeit aus, wenn ihre Zuwendung sozial üblich ist (*Fischer* § 331 StGB Rn. 25), wohl aber sonstige **Barzuwendungen**. Zur Auslegung der strafrechtlichen Vorschriften im **Pharmabereich** orientieren sich die Gerichte an dem Kodex der FSA (Freiwillige Selbstkontrolle für die Arzneimittelindustrie) zur Zusammenarbeit mit Fachkreisen und der dazu ergangenen Leitlinie. So beschreibt Ziff. 9.2 der entsprechenden Leitlinie vom 14.8.2008 als zulässige „geringwertige" Werbegaben Gegenstände, deren Verbrauchs- oder Verkehrswert 5 EUR einschließlich Umsatzsteuer nicht überschreitet (online abrufbar unter http://www.fs-arzneimittelindustrie.de). Als Orientierungsgröße für eine noch angemessene Bewirtung nennt die Leitlinie einen Betrag von etwa 60 EUR (Ziff. 10.2 der Leitlinie).

Eine **Strafbarkeit scheidet wegen einer fehlenden Unrechtsvereinbarung i. S. d. § 299 StGB** darüber hinaus **aus, wenn** lediglich eine bereits erbrachte Leistung nachträglich honoriert werden soll (Schönke/Schröder/*Heine* § 299 Rn. 18), beispielsweise ein Essen nach Geschäftsabschluss, es sei denn, damit wird auch eine künftige Bevorzugung bezweckt (MünchKommStGB/*Krick* § 299 StGB Rn. 25). Eine Förderung des „allgemeinen Wohlwollens“ genügt wohl nicht für eine Strafbarkeit, da dann keine tatbestandsmäßige Bevorzugung erreicht werden soll (MünchKommStGB/*Krick* § 299 StGB Rn. 25). Allerdings kommt in diesen Fällen, in denen die erbrachte Leistung zeitlich vor der Vorteilsgewährung liegt, eine Unrechtsvereinbarung i. S. v. § 331 StGB in Betracht.

Als **Folge** der Korruption durch Mitarbeiter **drohen der Gesellschaft** erhebliche **finanzielle Schäden** wegen möglicher Unternehmensgeldbußen nach § 30 OWiG, die Anordnung des Verfalls des Erlangten, § 29a Abs. 2 OWiG („Drittverfall“) und erhebliche steuerliche Nachforderungen. Darüber hinaus können auch interne Aufklärungsmaßnahmen erhebliche Kosten verursachen. Korruption und Bestechung führen des Weiteren zu schweren Rufschädigungen. Im Zuge der Ermittlungsverfahren gegen die Mitarbeiter muss die Gesellschaft außerdem mit Durchsuchungen der Geschäftsräume, der Beschlagnahme von Unterlagen sowie der Vernehmung von Mitarbeitern rechnen. Schließlich können auch Vergabesperren verhängt werden und in einigen Bundesländern kann die Eintragung in ein Korruptionsregister erfolgen (allgemein zu Korruption und Arbeitsrecht sowie zu strafrechtlichen Aspekten vgl. *Zimmer/Stetter* BB 2006, 1445).

Auf Gesellschaften, die an einer US-amerikanischen Börse notiert sind oder auch nur im Hoheitsgebiet der USA wirtschaftlich tätig werden, findet zudem der **Foreign Corrupt Practices Act (FCPA)** Anwendung. Verstöße gegen den FCPA können zu Geldstrafen und Gewinnabschöpfungen („disgorgements“) bei der Gesellschaft führen, zivilrechtliche und/oder strafrechtliche Verfahren mit erheblichen Kosten verursachen sowie in den USA zu Sperrungen für die künftige Vergabe von staatlichen Aufträgen oder den Entzug von Exportlizenzen zur Folge haben. Auch Einzelpersonen drohen hohe Geld- und Gefängnisstrafen sowie zivilrechtliche Forderungen. Angestellte dürfen von solchen Geldstrafen nicht durch die Gesellschaft freigestellt werden. Da sich die Bestechungsvorschriften des FCPA nicht zu 100 Prozent mit dem deutschen Strafgesetzbuch decken, sollten Gesellschaften, die in den Anwendungsbereich des FCPA fallen, für ihre Compliance-Organisation auch die speziellen Anforderungen des FCPA berücksichtigen.

Umstritten ist, ob bei Regelungen zur Annahme und Gewährung von Geschenken ein **Mitbestimmungsrecht des Betriebsrates** nach § 87 Abs. 1 Nr. 1 BetrVG besteht. Hierbei ist unstreitig, dass die Untersagung „unzulässiger Schmiergeldzahlungen“ nicht mitbestimmungspflichtig sind, da diese bereits gesetzlich verboten sind. Der Meinungsstreit beschränkt sich deshalb auf Regelungen zur Annahme und Gewährung von zulässigen Geschenken, wie z. B. Werbegeschenke von minimalem Wert oder übliche Trinkgelder. Bei der Annahme von Geschenken handelt es sich grundsätzlich um ein Verhalten gegenüber dem Arbeitgeber, nicht gegenüber dem schenkenden Dritten, so dass ein Mitbestimmungsrecht nicht schon deshalb ausscheidet (vgl. LAG Düsseldorf NZA-RR 2006, 81; a. A. *Schuster/Darsow* NZA 2005, 273, 276; *Wisskirchen/Jordan/Bissels* NZA 2005, 2190, 2191). Das LAG Düsseldorf hat in seiner „Wal-Mart“-Entscheidung ein Mitbestimmungsrecht bezüglich des Komplexes „Verbot der Annahme von Geschenken und Zuwendungen“ bejaht. Hierin war geregelt, dass Mitarbeiter **gar keine** Geschenke oder Zuwendungen entgegennehmen dürfen, im Falle der Unmöglichkeit der Rückgabe die Geschenke in das Eigentum der Gesellschaft übergehen sollten sowie jedes Angebot von Geschenken und Zuwendungen dem Vorgesetzten zu melden war (vgl. LAG Düsseldorf NZA-RR 2006, 81). Als Begründung für die Mitbestimmungspflichtigkeit hat das LAG Düsseldorf ausgeführt, dass bei in der Wirtschaft üblichen Gelegenheitsgeschenken, mit denen verständlicherweise kein Einfluss auf das Verhalten der Mitarbeiter genommen werden könne, der Betriebsrat dahingehend ein Mitbestimmungsrecht habe, ob und in welchem Wert die Mitarbeiter diese gebräuchlichen Werbegeschenke behalten dürfen, wann diese an den Lieferanten zurückzugeben seien, wann diese an die Arbeitgeberin herauszugeben seien und in welchen Fällen der Vorgesetzte zu informieren sei (ähnlich auch GKBetrVG/*Wiese* § 87 Rn. 227, demzufolge aber eine Abgabepflicht per Betriebsvereinbarung unzulässig ist, wenn im Arbeitsvertrag keine Abgabepflicht vereinbart ist und die Annahme gebräuchlicher Werbegeschenke zulässig ist). Um ein Mitbestimmungsrecht möglichst zu vermeiden, wurden bei der Gestaltung des Formulars solche Geschenke und Zuwendungen ausgenommen, die ein ordnungsgemäßes Geschäftsverhalten darstellen, sowie übliche Trinkgelder zugelassen. Auch wurde auf die Festlegung von absoluten Wertgrenzen verzichtet, da vertreten wird, dass auch dies dem mitbestimmungspflichtigen Ordnungsverhalten unterfällt (so angedeutet LAG Düsseldorf NZA-RR 2006, 81; *Kock* MDR 2006, 673).

18. **Interessenkonflikte: Nebentätigkeit.** Die Regelung im Verhaltenskodex konkretisiert die an sich bestehende allgemeine Verpflichtung des Mitarbeiters, mit dem Arbeitgeber nicht in Wettbewerb zu treten. Der Arbeitnehmer ist in der Verwendung seiner Arbeitskraft grundsätzlich frei und kann eine Nebenbeschäftigung ausüben. Allerdings ist er durch die Interessen des Arbeitgebers an seiner ordnungsgemäßen Leistungserbringung beschränkt und darf bei erheblicher Beeinträchtigung seiner Arbeitskraft oder bei Überschneidung der Arbeitszeiten bzw. Verstoß gegen das ArbZG keine Nebenbeschäftigung ausüben. Die Nebenbeschäftigung wird hier unter einen Erlaubnisvorbehalt gestellt, was grundsätzlich zulässig ist (*Zange* AuA 2010, 706, 706; ErfKomm/*Müller-Glöge* § 626 Rn. 119; zur Individualvereinbarung vgl. BAG NZA 2002, 98; zur tarifvertraglichen Regelung vgl. BAG NZA-RR 2009, 393). Der Arbeitnehmer hat allerdings einen Anspruch auf die Erlaubniserteilung im Hinblick auf die verfassungsmäßig garantierte Berufsfreiheit aus Art. 12 GG, soweit keine Beeinträchtigung der Interessen des Arbeitgebers vorliegt (BAG AP BGB § 611 Nebentätigkeit Nr. 5).

Eine verbindliche Umsetzung durch **Betriebsvereinbarung** stößt auf Bedenken. Bei der Regelung eines Nebentätigkeitsverbots handelt es sich grundsätzlich um ein außerdienstliches privates Verhalten, welches nicht unter das Mitbestimmungsrecht des Betriebsrates fällt und der Regelungskompetenz der Betriebsparteien entzogen ist (*F/E/S/T/L* § 77 Rn. 56; Richardi/*Richardi* § 77 Rn. 104; ebenso wenig steht dem Betriebsrat ein Informationsanspruch hinsichtlich der Erteilung von Nebentätigkeitsgenehmigungen zu, vgl. *Zange* AuA 2010, 706, 707). Falls der Verhaltenskodex im Wege der Betriebsvereinbarung umgesetzt wird, ist deshalb zu empfehlen, zusätzlich eine entsprechende Regelung zur Nebenbeschäftigung bzw. zum Wettbewerbsverbot schon individualvertraglich im Arbeitsvertrag – notfalls durch Ergänzungsvereinbarung – aufzunehmen, um eine zwingende Wirkung gegenüber dem Arbeitnehmer sicherzustellen.

In dem Verhaltenskodex wurde davon abgesehen, eine Regelung in Bezug auf Dritte, etwa hinsichtlich Freunden und Familienangehörigen der Mitarbeiter, zu treffen. Dritte können nicht durch eine Regelung zwischen der Gesellschaft und dem Betriebsrat der Gesellschaft oder zwischen der Gesellschaft und dem einzelnen Mitarbeiter wirksam verpflichtet werden, da dies einen unzulässigen Vertrag zu Lasten Dritter darstellen würde. Denkbar wären jedoch Anzeigepflichten der Mitarbeiter, wenn ein Interessenkonflikt besteht oder bestehen könnte, z. B. bei Mitarbeitern in leitender Position, die für Geschäftsabschlüsse mit anderen Gesellschaften verantwortlich sind und die zu leitenden Mitarbeitern in diesen Gesellschaften verwandtschaftliche Beziehungen haben.

19. **Interessenkonflikte: Politische Aktivitäten.** Die Gesellschaft hat zur Wahrung ihres Images ein Interesse daran, nicht politischen Parteien oder Gruppen zugeordnet zu werden; eine politische Handlung, Stellungnahme oder Spende **in ihrem Namen** bedarf daher der vorherigen Genehmigung durch die Gesellschaft. Eine solche Regelung ist zulässig. Ebenso ist es der Gesellschaft möglich, eine politische Veranstaltung auf ihrem Betriebsgelände zu verbieten, da es sich um die Regelung ihrer Eigentums- und Hausrechte handelt. Eine Regelung zur **außerbetrieblichen** parteipolitischen Betätigung des Mitarbeiters steht grundsätzlich im Konflikt zum Recht des Mitarbeiters auf freie

Meinungsäußerung, Art. 5 Abs. 1 GG. Die Regelung wurde deshalb darauf beschränkt, jeglichen Bezug zur Gesellschaft zu vermeiden, bzw. die vorherige Zustimmung der Gesellschaft einzuholen, wenn ein Bezug zur Gesellschaft besteht. Eine solche Regelung ist ebenfalls zulässig. Ein Mitbestimmungsrecht des Betriebsrates dürfte in diesem Zusammenhang abzulehnen sein (so auch ArbG Wuppertal NZA-RR 2005, 476).

20. Anzeige von Verstößen („Whistleblowing"). **„Whistleblowing"** bezeichnet die Meldung eines im Unternehmen begangenen Verstoßes an Stellen inner- oder außerhalb des Unternehmens. Die Einführung von Whistleblowing-Systemen basiert auf dem Sarbanes-Oxley Act aus dem Jahr 2002. Der Sarbanes-Oxley Act sieht unter anderem vor, dass in den USA börsennotierte Unternehmen sowie Unternehmen mit Berichtspflichten gegenüber der Börsenaufsichtsbehörde SEC ein Whistleblowing-System einzuführen haben. In Whistleblowing-Systemen werden die Arbeitnehmer verpflichtet oder zumindest dazu angehalten, Fehlverhalten und Verstöße ihrer Kollegen und Vorgesetzten gegen den Verhaltenskodex anzuzeigen. Ein Bestandteil von Whistleblowing-Systemen sind regelmäßig „Whistleblower-Hotlines". Bei diesen Telefon-Hotlines und E-Mail-Meldesystemen, die auch durch Externe betrieben werden können, können sich Mitarbeiter (auch anonym) melden und Hinweise auf Verstöße geben. Daneben ist häufig noch die Möglichkeit geregelt, Verstöße direkt an den Vorgesetzten oder an die Rechtsabteilung oder ein „Compliance Department" der Gesellschaft zu melden.

Auch nicht in den USA belegene Tochtergesellschaften von an US-Börsen notierten Unternehmen unterliegen nach der Konzeption des US-Rechts den Anforderungen des Sarbanes-Oxley Acts (zum exterritorialen Anwendungswillen von Section 301 SOX s. *Mahnhold* NZA 2008, 737, 741 f; *Zimmermann* WM 2007, 1060, 1061). Werden Whistleblowing-Systeme von deutschen Unternehmen eingerichtet, müssen sie daher sowohl den Anforderungen des Sarbanes-Oxley Acts als auch deutschem Datenschutzrecht entsprechen. Hieraus ergibt sich ein nur **schwer aufzulösender Konflikt** zwischen den Transparenzanforderungen des US-Rechts und den restriktiven Regelungen des BDSG. So sieht der **Sarbanes-Oxley Act** in Section 301 SOX unter anderem die Verpflichtung vor, dass ein Whistleblowing-System eingeführt werden muss, welches sich auf den Bereich Rechnungslegung und Abschlussprüfung erstreckt, sämtlichen Mitarbeitern offen steht und **anonyme Anzeigen** zulässt. In Section 406 SOX bzw. den entsprechenden Ausführungsbestimmungen der SEC (http://law.justia.com/us/cfr/title17.html) ist des Weiteren geregelt, dass es einen an bestimmte Führungskräfte im Unternehmen gerichteten Verhaltenskodex geben muss und dass in diesem Zusammenhang gefördert werden muss, dass sämtliche Verstöße gegen Gesetze und den Verhaltenskodex gemeldet werden (*Mahnhold* NZA 2008, 737, 740, 741). Nach **deutschem Datenschutzrecht** gilt Folgendes: Bei der Meldung von Verstößen gegen Verhaltensregeln werden personenbezogene Daten (§ 3 Abs. 1 BDSG) erhoben (§ 3 Abs. 3 BDSG), verarbeitet und genutzt (§ 3 Abs. 4, 5 BDSG), insbesondere Informationen zu den gemeldeten „Delinquenten". Eine Erhebung, Verarbeitung oder Nutzung personenbezogener Daten ist im Arbeitsverhältnis, soweit hier relevant, zulässig, wenn dies für die Durchführung oder Beendigung eines Beschäftigungsverhältnisses erforderlich ist (§ 32 Abs. 1 S. 1 BDSG). Auch zur Aufdeckung von Straftaten dürfen personenbezogene Daten eines Beschäftigten unter den Voraussetzungen des § 32 Abs. 1 S. 2 BDSG (tatsächliche Anhaltspunkte für Straftatverdacht) verwendet werden. Schließlich kommt die Datenverarbeitung auch in Frage, wenn sie zur Wahrung berechtigter Interessen der verantwortlichen Stelle erforderlich ist und kein Grund zu der Annahme besteht, dass das schutzwürdige Interesse des Betroffenen an dem Ausschluss der Verarbeitung oder Nutzung überwiegt (§ 28 Abs. 1 S. 1 Nr. 2 BDSG). Bei Konzernunternehmen stellt ferner die konzerninterne Übermittlung personenbezogener Daten ein eigenes berechtigtes Interesse des übermittelnden Unternehmens dar, denn das Risiko der Rufschädigung betrifft den Konzern als Ganzen (*Wybitul* ZD 2011, 118, 121). Die

Art. 29-Datenschutzgruppe (Beratungsgremium der EU in Datenschutzfragen, das sich aus Vertretern der nationalen Datenschutzbehörden zusammensetzt) und die Arbeitsgruppe „Beschäftigungsdatenschutz" des sog. Düsseldorfer Kreises (informelle Vereinigung der Landesdatenschutzämter) haben **Grundsätze für die datenschutzgerechte Gestaltung** von Whistleblowing-Systemen aufgestellt (abrufbar unter http://ec.europa.eu/justice/data-protection/index_de.htm sowie unter http://www.datenschutz-hamburg.de). So wird unter anderem empfohlen, dass anonyme Meldungen nicht den Regelfall darstellen, sondern nur in Ausnahmefällen zulässig sein sollen. Stattdessen soll den Verstöße meldenden Mitarbeitern strikte **Vertraulichkeit** zugesichert werden. Des Weiteren wird empfohlen, den Anwendungsbereich und den Kreis der durch mögliche Anzeigen betroffenen Personen nach Möglichkeit zu begrenzen. Weitere empfohlene Einschränkungen bezüglich Speicherfristen und Datentransfer dürften nicht in Widerspruch zu den Anforderungen des Sarbanes-Oxley Acts stehen (Stellungnahme 1/2006 der Art. 29-Datenschutzgruppe WP 117 vom 1.2.2006). In dem Formular wird versucht, den Regelungen des Sarbanes-Oxley Acts zu entsprechen und zugleich den Anforderungen des europäischen und deutschen Datenschutzrechts Rechnung zu tragen.

Im Formular wurde die **Anzeigemöglichkeit** darauf **beschränkt**, dass nur die in Section 406 SOX bezeichneten Führungskräfte – entsprechend den Ausführungsbestimmungen der SEC (Title 17: Commodity and Security Exchanges § 229.406 code of ethics) – zur Anzeige sämtlicher Verstöße aufgefordert sind. Die sonstigen Mitarbeiter sind – in Anlehnung an Section 301 SOX – nur dazu aufgefordert, Verstöße gegen Regeln in Bezug auf Rechnungs-, Finanz- und Bankwesen sowie sonstige gegen das Unternehmensinteresse gerichtete Straftatbestände anzuzeigen. Zwar hat die Art. 29-Datenschutzgruppe weitere Einschränkungen empfohlen, jedoch würden diese Einschränkungen gegen die Anforderungen des Sarbanes-Oxley Acts und die Ausführungsbestimmungen der SEC verstoßen. Da die Art. 29-Datenschutzgruppe selbst anerkannt hat, dass ein über die Empfehlungen hinausgehender Anwendungsbereich erforderlich sein kann und die vorgeschlagene Regelung sich an den Vorgaben des Sarbanes-Oxley Acts und der SEC orientiert, sollte die vorgeschlagene Regelung auch datenschutzrechtlich zulässig sein.

Im Formular wurde von einer **Meldepflicht abgesehen**, da diese nach deutschem Recht nur eingeschränkt zulässig wäre und weder von den Regelungen des Sarbanes-Oxley Acts vorgeschrieben, noch von der SEC erwartet wird (*Mahnhold* NZA 2008, 737, 741). Nur in Ausnahmefällen wird die Aufgabenstellung oder eine Verantwortungsposition des Arbeitnehmers eine Pflicht begründen können (*Grau* KSzW 2012, 66, 69). Stattdessen wurde die Form einer Sollvorschrift gewählt, die sowohl nach deutschem Recht als auch nach dem Sarbanes-Oxley Act zulässig und ausreichend sein dürfte. Des Weiteren wurde auch die Einrichtung einer **Telefon-Hotline** vorgesehen, um möglichst einfach anonyme Hinweise zu ermöglichen. Eine Telefon-Hotline kann **intern** (z. B. bei der Compliance-Abteilung) oder auch **extern** (z. B. bei externen Call-Centern oder Rechtsanwälten) eingerichtet werden. Die jeweils aktuelle Telefonnummer sollte im Intranet veröffentlicht werden. Bei einer internen Telefon-Hotline sollte aus datenschutzrechtlichen Gründen eine strikte organisatorische Trennung von den restlichen Aufgaben erfolgen (quasi ein internes Call-Center). Die anfallenden Daten dürfen dabei nur zum Zwecke der Aufklärung verwendet werden. Der Hauptnachteil einer internen Lösung besteht aber darin, dass die Mitarbeiter einer internen Hotline häufig ein nur eingeschränktes Vertrauen im Hinblick auf die ordnungsgemäße Verwendung der Informationen entgegenbringen werden. Wird eine Whistleblower-Hotline durch ein **externes** Call-Center betrieben, ist darauf hinzuweisen, dass bei der Erhebung von personenbezogenen Daten strengere Voraussetzungen bestehen als bei der Erhebung der Daten durch das Unternehmen selbst. Mit dem externen Call-Center ist insbesondere ein Vertrag zur Auftragsdatenverarbeitung nach § 11 BDSG abzuschließen. Zu beachten ist bei der Datenweitergabe innerhalb des Konzerns, dass das BDSG **kein Konzernprivileg** kennt. Werden die Daten von einem anderen Unternehmen des Konzerns (als dasjenige, bei dem der Whistleblower angestellt ist) erhoben oder an ein solches weitergegeben, ist dieses Unternehmen i.d.R. auch Dritter i.S.d. BDSG, falls das Konzernunternehmen nicht als reiner Auftragsdatenverarbeiter innerhalb des Europäischen Wirtschaftsraums tätig wird (§§ 3 Abs. 8, 11 BDSG). Zusätzliche Anforderungen gelten bei Datentransfers in Staaten, die **keine EU-Mitgliedsstaaten** oder sonstige Vertragsstaaten des Abkommens des Europäischen Wirtschaftsraumes sind. Die Übermittlung von Daten in diese **Nicht-EU-Länder** darf nur dann erfolgen, wenn in diesen Ländern ein angemessenes Datenschutzniveau gewährleistet ist, § 4b Abs. 2 BDSG. Für die Datenempfänger in Argentinien, der Schweiz, Kanada, Guernsey und der Isle of Man ist dies nach Entscheidungen der EU-Kommission der Fall (vgl. *Wisskirchen/Jordan/Bissels* DB 2005, 2190, 2195). Die Datenempfänger in anderen Ländern müssen, da ein ausreichendes Datenschutzniveau nach Ansicht der EU-Kommission hier **nicht besteht**, die Einhaltung des Datenschutzniveaus auf andere Weise z.B. auf Basis einer Safe Harbor Zertifizierung (nur anwendbar bei US-Unternehmen) oder auf Grund vertraglicher Vereinbarung erreichen (vgl. *Wisskirchen/Jordan/Bissels* DB 2005, 2190, 2195; *Barthel/Huppertz* AuA 2006, 204, 208; *Räther/Seitz* MMR 2002, 520 ff.). Daneben besteht die Möglichkeit, auf Basis sog. „Binding Corporate Rules" (verbindliche Unternehmensrichtlinien) innerhalb eines Konzerns ein einheitliches und ausreichendes Datenschutzniveau sicherzustellen.

Das Formular enthält einen ausdrücklichen **Hinweis** darauf, dass auch **anonyme Anzeigen** entgegengenommen und untersucht werden. Dies ist im Hinblick auf die Vorgaben der SEC erforderlich. Um den Empfehlungen der Art. 29-Datenschutzgruppe zu entsprechen, wird die Option des Whistleblowing unter Namensnennung als vorzugswürdig herausgestellt. Gleichzeitig wird jedoch auch die Vorgabe der SEC berücksichtigt, dass es sich bei anonymen Hinweisen um gleichwertige Optionen handeln muss, denen in gleicher Weise nachgegangen wird wie Hinweisen unter Namensnennung.

Die Regelung zur **Vertraulichkeit** orientiert sich an den Vorgaben der Art. 29-Datenschutzgruppe. Danach muss den Hinweisgebern insbesondere auch deutlich gemacht werden, dass ihre Identität den Personen, die an weiteren Überprüfungen oder anschließenden Gerichtsverfahren, die als Ergebnis der Nachforschungen durch das System zur Meldung von Missständen eingeleitet wurden, beteiligt sind, enthüllt werden kann. Auch ist sicherzustellen, dass einem Mitarbeiter keine Nachteile zugefügt werden, wenn er in gutem Glauben einen Hinweis gegeben hat. Der EGMR hat am 21.7.2011 mit seiner Entscheidung „Heinisch/Deutschland" die Stellung von Hinweisgebern bei externem Whistleblowing (Gang an die Öffentlichkeit) in dieser Hinsicht gestärkt (EGMR NJW 2011, 3501). Dies gilt selbstverständlich nicht in Missbrauchsfällen, z.B. bei bewusst falschen Anschuldigungen.

Die **Löschung der Daten** innerhalb von zwei Monaten nach Abschluss der Untersuchung entspricht der Empfehlung der Art. 29-Datenschutzgruppe.

Die Grenzen einer mitbestimmungsfreien Schadensmeldepflicht sind bei der Meldepflicht von Fehlverhalten regelmäßig überschritten. Denn eine solche Meldepflicht betrifft das Verhalten der Mitarbeiter untereinander (BAG NZA 2008, 1248, 1255). Die Einführung und Ausgestaltung standardisierter Meldeverfahren, mit denen eine bestimmte Vorgehensweise festgelegt wird, unterfällt somit dem **Mitbestimmungstatbestand des § 87 Abs. 1 Nr. 1 BetrVG** (BAG NZA 2008, 1248). Bislang wurde angenommen, dass das Mitbestimmungsrecht nicht eingreift, wenn die Regelung keine **verbindliche Meldepflicht** festschreibt (vgl. *Barthel/Huppertz* AuA 2006, 204, 205; *v. Steinau-Steinrück/Glanz* NJW-Spezial 2008, 146; LAG Frankfurt a.M. BeckRS 2007, 42207). Nach dem Honeywell-Beschluss des BAG wird man allerdings davon ausgehen müssen, dass auch Regelungen, die lediglich Appellcharakter aufweisen, mitbestimmungspflichtig sein können (*Kock* ZIP 2009, 1406, 1409; BAG NZA 2008, 1248, 1254). Bei Einführung einer Telefon-Hotline kommt daneben ein Mitbestimmungsrecht nach **§ 87 Abs. 1 Nr. 6 BetrVG** in Betracht. Das ArbG Wuppertal (NZA-

RR 2005, 476) hat in der Vorinstanz des „Wal-Mart"-Urteils in dem Betreiben einer Telefon-Hotline für die Zwecke eines Whistleblower-Systems eine technische Einrichtung i.S.d. § 87 Abs. 1 Nr. 6 BetrVG gesehen. Das LAG Düsseldorf hat indes im Wal-Mart-Verfahren in zweiter Instanz offen gelassen, ob § 87 Abs. 1 Nr. 6 BetrVG aufgrund der technischen Bestandteile des Whistleblower-Systems eingreift. Die Stimmen in der Literatur deuten zum Teil auf die Anwendbarkeit von § 87 Abs. 1 Nr. 6 BetrVG hin, wenn die Benutzung einer Telefonanlage zur Meldung von Verstößen es ermögliche, die Telefondaten des Anrufers zu erfassen (vgl. *Kock* MDR 2006, 673, 676; *Simon* DB 2005, 1800, 1801). Das Mitbestimmungsrecht nach § 87 Abs. 1 Nr. 6 BetrVG besteht nämlich jedenfalls dann, wenn die technische Einrichtung die Möglichkeit birgt, eingegangene Meldungen aufzuzeichnen oder den Meldenden auf andere Art und Weise zu identifizieren. Eine Telefon-Hotline hingegen, die lediglich der Informationsübermittlung dient, stellt keine Überwachungseinrichtung in diesem Sinne dar (vgl. *Klasen/Schaefer* BB 2012, 641, 643; *Kock* MDR 2006, 673, 676). Legt der Meldende seine Identität freiwillig offen, besteht ebenfalls kein Mitbestimmungsrecht (vgl. auch § 4a BDSG). Im vorliegenden Fall lässt sich deshalb vertreten, dass kein Mitbestimmungsrecht gem. § 87 Abs. 1 Nr. 6 BetrVG in Bezug auf das Whistleblowing-System besteht.

In Deutschland gibt es weder im Datenschutzrecht noch im Arbeitsrecht eine umfängliche gesetzliche Regelung zum Whistleblowing (*Grau* KSzW 2012, 66, 66). Erst 2008 scheiterte ein entsprechendes Gesetzesvorhaben, den Informantenschutz in § 612a BGB fest zu schreiben (*Abraham* ZRP 2012, 11, 11). Im Rahmen des Antikorruptionsaktionsplan des G20-Gipfels in Seoul im Jahr 2010 hat auch Deutschland erklärt, bis Ende 2012 für einen **gesetzlichen Schutz für Whistleblower** zu sorgen (*Abraham* ZRP 2012, 11, 11).

Das Fehlen einer rechtlichen Orientierung für die Bewertung von Whistleblower-Fällen ist mit dem Urteil des EGMR vom 21.7.2011 (NJW 2011, 3501; vgl. hierzu auch *Abraham* ZRP 2012, 11 f.; *Simon/Schilling* BB 2011, 2421, 2424 f.) zumindest teilweise für diejenigen Fälle kompensiert worden, in denen sich Hinweisgeber an staatliche Stellen oder die Öffentlichkeit wenden. Danach ist die öffentliche Preisgabe von Informationen rechtmäßig, wenn die folgenden Fragen zu bejahen sind (EGMR NJW 2011, 3501, 3503 f.):

- Weisen die offengelegten Informationen einen **Gemeinwohlbezug** auf?
- Hat der Informant die **Loyalitätspflicht** gegenüber seinem Arbeitgeber gewahrt? Hat er zunächst versucht, eine innerbetriebliche Stelle zu kontaktieren oder wären innerbetriebliche Beschwerden voraussichtlich wirkungslos gewesen?
- Handelte es sich um eine **fundierte Information**? Wurde also genau geprüft, ob die Informationen genau und zuverlässig sind?
- Handelte der Informant vorrangig in der **Überzeugung, dass es im öffentlichen Interesse liegt, diese Informationen weiterzugeben** oder motivierten den Informanten vordergründig persönlicher Groll oder die Aussicht auf einen persönlichen, insbesondere finanziellen Vorteil?
- War die öffentliche Preisgabe der Informationen **verhältnismäßig**? Überwiegt das öffentliche Interesse an der konkreten Information das Interesse des Unternehmens am Schutz seines Rufs und seiner Geschäftsinteressen?

21. Bestandteil des Arbeitsverhältnisses. Die abschließende Regelung macht den Mitarbeitern deutlich, dass es sich bei dem Verhaltenskodex nicht nur um allgemeine Grundsätze, sondern um verbindliche Verhaltensrichtlinien handelt und dass Verstöße dagegen sanktioniert werden können. Solche Warnhinweise sollten deshalb aufgenommen werden (vgl. *v. Steinau-Steinbrück/Glanz* NJW-Spezial 2008, 146). Bedenken bestehen allerdings, soweit hierdurch freiwillige Verhaltenspflichten wie die Meldung von Verstößen gegen den Verhaltenskodex verbindlichen Charakter erhalten könnten (so *Wisskirchen/Körber/Bissels* BB 2006, 1567, 1571; ArbG Wuppertal NZA-RR 2005, 476, 478) und dadurch womöglich eine Mitbestimmung des Betriebsrates ausgelöst wird (so jedenfalls *Barthel/Huppertz*

AuA 2006, 204, 205; *v. Steinau-Steinrück/Glanz* NJW-Spezial 2008, 146; LAG Frankfurt a.M. BeckRS 2007, 42207; a.A. BAG NZA 2008, 1248, 1254; *Kock* ZIP 2009, 1406, 1409, der das Mitbestimmungsrecht unabhängig von Appell- oder Pflichtcharakter der Regelung für ausgelöst erachtet). Dem ist allerdings zu entgegnen, dass ein Verstoß gegen eine Vorschrift begrifflich schon nur dann vorliegen kann, wenn eine Verpflichtung zur Befolgung einer Verhaltensweise normiert ist. Wird lediglich um ein bestimmtes Verhalten gebeten, die Entscheidung, wie zu handeln ist, dem Mitarbeiter aber selbst überlassen, so liegt kein sanktionierbarer Verstoß vor. Wegen der unsicheren Rechtslage diesbezüglich wurde in den Verhaltenskodex ergänzend die Klarstellung aufgenommen, dass ein Verstoß nur dann vorliegen kann, wenn verbindliche Verpflichtungen im Verhaltenskodex geregelt wurden.

Ist der Verhaltenskodex wirksam in das Arbeitsverhältnis einbezogen und wurden die arbeitsvertraglichen Hauptpflichten bzw. nebenvertraglichen Pflichten des Mitarbeiters hierdurch konkretisiert, so stellt eine Verletzung des Verhaltenskodex grundsätzlich einen **Abmahnungs- bzw. Kündigungsgrund** dar. Welche Konsequenz der Arbeitgeber letztendlich ziehen kann, ist im Einzelfall nach der Schwere des Verstoßes und der gegebenenfalls schon zuvor erfolgten Abmahnung wegen desselben Sachverhaltes zu beurteilen. Zu beachten ist, dass es sich bei der pauschalen Sanktionsklausel – wie der hier gewählten – nicht schon um eine „vorweggenommene Abmahnung" handelt (*Mengel/Hagemeister* BB 2007, 1386, 1392), sondern bei einem Verstoß gegen den Verhaltenskodex eine solche Abmahnung noch nötig ist, soweit nicht an sich ein wichtiger Grund zur außerordentlichen Kündigung vorliegt. Ob ein hierfür notwendiger schwerwiegender Verstoß gegen arbeitsvertragliche Pflichten besteht, ist nach den allgemeinen kündigungsrechtlichen Grundsätzen zu beurteilen, kommt also vor allem bei Straftaten wie z.B. Bestechung oder Insiderhandel in Betracht.

Es besteht **kein Mitbestimmungsrecht des Betriebsrates** bei der gewählten Regelung. Es handelt sich hier gerade nicht um eine Sanktionsklausel mit Betriebsbußen und damit um ein mitbestimmungspflichtiges Ordnungsverhalten (*Ohlendorf/Bünning* AuA 2006, 200, 202), sondern um einen Ausfluss des Direktionsrechts und damit um die Konkretisierung des Arbeitsverhaltens, das nicht mitbestimmungspflichtig ist (*Schuster/Darsow* NZA 2005, 273, 277).

Falls der Verhaltenskodex allerdings mittels einer Betriebsvereinbarung umgesetzt wird, kann erwogen werden, eine Sanktionsklausel mit Betriebsbußenordnung in den Vertrag aufzunehmen, um die Durchsetzung des Verhaltenskodex effektiver zu gestalten. Zu beachten ist dann allerdings, dass der Betriebsrat auch ein Mitbestimmungsrecht bei der Festsetzung der individuellen Betriebsbuße im konkreten Einzelfall hat (Richardi/*Richardi* § 87 Rn. 226).

F. Betriebliche Altersversorgung

I. Direktzusagen

1. Arbeitgeberfinanzierte Direktzusage

Arbeitgeberfinanzierte Direktzusage[1]

Die . . . . . . („Gesellschaft") gewährt ihren Mitarbeitern sowie deren Hinterbliebenen Versorgungsleistungen nach Maßgabe der folgenden Versorgungsordnung:

§ 1 Kreis der Versorgungsberechtigten[2]

(1) Mitarbeiter erwerben mit Vollendung des 25. Lebensjahrs (Zusagezeitpunkt) eine Anwartschaft auf Leistungen der betrieblichen Altersversorgung gegenüber der Gesellschaft nach Maßgabe dieser Versorgungsordnung.

(2) Mitarbeiter, die bei Eintritt in die Gesellschaft das 55. Lebensjahr vollendet haben, sowie Aushilfskräfte oder unregelmäßig Beschäftigte sind von der Aufnahme in die Versorgungsordnung ausgeschlossen.

§ 2 Arten der Versorgungsleistungen[3]

(1) Nach Erfüllung der jeweiligen Anspruchsvoraussetzungen werden folgende Versorgungsleistungen nach Maßgabe dieser Versorgungsordnung gewährt:

- Altersrente,
- vorgezogene Altersrente,
- Invalidenrente,
- Witwenrente, Witwerrente und
- Waisenrente.

(2) Auf diese Versorgungsleistungen besteht ein Rechtsanspruch nach Maßgabe dieser Versorgungsordnung und der gesetzlichen Regelungen.

§ 3 Wartezeit[4]

(1) Mitarbeiter erhalten, sofern sie fünf Jahre ununterbrochen bei der Gesellschaft beschäftigt waren (Wartezeit), Versorgungsleistungen nach Maßgabe dieser Versorgungsordnung, wenn der Versorgungsfall eingetreten ist und sie aus den Diensten der Gesellschaft ausgeschieden sind.

(2) Ist der Versorgungsfall auf einen Arbeitsunfall im Sinne der gesetzlichen Unfallversicherung zurückzuführen, werden Versorgungsleistungen auch dann gewährt, wenn die Wartezeit noch nicht erfüllt ist.

§ 4 Eintritt des Versorgungsfalls[5]

(1) Mitarbeiter erwerben einen Anspruch auf Altersrente, wenn das Arbeitsverhältnis in dem Zeitpunkt beendet wird, ab dem ein Anspruch auf Bezug einer ungekürzten Regel-

altersrente aus der gesetzlichen Rentenversicherung möglich ist oder – bei Befreiung von der Versicherungspflicht – möglich wäre („Regelaltersgrenze").

(2) Endet das Arbeitsverhältnis vor Erreichen der Regelaltersgrenze, hat der Mitarbeiter frühestens ab Vollendung des 62. Lebensjahrs Anspruch auf vorgezogene Altersrente, wenn er eine vorgezogene Altersrente aus der gesetzlichen Rentenversicherung oder – bei Befreiung von der Versicherungspflicht – entsprechende Leistungen bezieht.

(3) Der Versorgungsfall tritt auch ein, wenn das Arbeitsverhältnis wegen Invalidität oder voller Erwerbsminderung endet.

(4) Der Bezug von Altersrente aus der gesetzlichen Rentenversicherung vor Erreichen der Regelaltersgrenze sowie Erwerbsminderung sind durch Rentenbescheid nachzuweisen.

§ 5 Berücksichtigungsfähige Dienstjahre[6]

(1) Als berücksichtigungsfähige Dienstjahre gelten die Jahre, die der Mitarbeiter nach seinem letzten Eintritt in die Gesellschaft dort bis zu seinem Ausscheiden ununterbrochen verbracht hat, längstens bis zum Erreichen der Regelaltersgrenze. Dienstjahre mit unterjährigem Eintritt in die oder Austritt aus der Gesellschaft werden anteilig berücksichtigt.

(2) Unterbrechungen der Dienstzeit infolge unverschuldeter Arbeitsverhinderung (Krankheit, Erfüllung staatsbürgerlicher Pflichten, insbesondere Wehrpflicht) bleiben bei der Berechnung der berücksichtigungsfähigen Dienstjahre außer Betracht, wenn die Tätigkeit bei der Gesellschaft nach Wegfall der Verhinderungsgründe unverzüglich wieder aufgenommen worden ist.

§ 6 Ruhegeldfähiges Einkommen[7]

(1) Als ruhegeldfähiges Einkommen gilt das zum Stichtag (. . . . . .) des jeweils berücksichtigungsfähigen Dienstjahrs (§ 5) bezogene Brutto-Monatsfestgehalt. Scheidet der Mitarbeiter vor dem Stichtag eines Dienstjahres aus dem Arbeitsverhältnis aus, gilt das zuletzt bezogene Brutto-Monatsfestgehalt als ruhegeldfähiges Einkommen.

(2) Überstunden-, Mehrarbeitsvergütung, Jubiläumsgaben, vermögenswirksame Leistungen, Gewinnbeteiligungen, Boni, Provisionen oder sonstige einmalige oder in der Höhe schwankende Zuwendungen werden bei der Ermittlung des ruhegeldfähigen Einkommens nicht berücksichtigt. Gleiches gilt entsprechend für etwaige geldwerte Vorteile aus privater Dienstwagennutzung oder aus der Teilnahme an Aktienoptionsprogrammen und ähnlichen Mitarbeiterbeteiligungssystemen.

§ 7 Höhe der Altersrente[8]

(1) Die monatliche Altersrente bestimmt sich aus der Summe der in den berücksichtigungsfähigen Dienstjahren angesammelten Kapitalbausteine („Kapitalwert"). Der Kapitalwert setzt sich aus der Summe der den berücksichtigungsfähigen Dienstjahren jeweils zugeteilten jährlichen Kapitalbausteinen gemäß nachfolgendem Abs. (2) zusammen. Durch Multiplikation des ruhegeldfähigen Einkommens des jeweiligen berücksichtigungsfähigen Dienstjahrs mit 0,25 ergibt sich der von der Gesellschaft zu leistende Jahresbeitrag. Dieser Jahresbeitrag erhöht sich gegebenenfalls um Teile des ruhegeldfähigen Einkommens, welche die im jeweiligen berücksichtigungsfähigen Dienstjahr gültige Beitragsbemessungsgrenze in der gesetzlichen Rentenversicherung übersteigen. Der so ermittelte Jahresbeitrag der Gesellschaft wird kaufmännisch auf volle fünf Euro gerundet.

(2) Der jährliche Kapitalbaustein ergibt sich durch Multiplikation dieses Jahresbeitrags mit dem dem jeweiligen Alter entsprechenden Verzinsungsfaktor aus der nachfolgenden

Umrechnungstabelle. Er wird jeweils zum 31.12. oder im Zeitpunkt des Ausscheidens des Mitarbeiters aus den Diensten der Gesellschaft zugeteilt und dem Versorgungskonto des Mitarbeiters gutgeschrieben.

Alter	Verzinsungsfaktor	Alter	Verzinsungsfaktor	Alter	Verzinsungsfaktor
25		40		55	
26		41		56	
27		42		57	
28		43		58	
29		44		59	
30		45		60	
31		46		61	
32		47		62	
33		48		63	
34		49		64	
35		50		65	
36		51			
37		52			
38		53			
39		54			

(3) Die monatliche Altersrente bestimmt sich durch Umrechnung des Kapitalwerts nach den Rechnungsgrundlagen und den anerkannten Regeln der Versicherungsmathematik im Zeitpunkt des Eintritts des Versorgungsfalls.

(4) Bei Mitarbeitern, die die Altersrente vor Erreichen der Regelaltersgrenze in Anspruch nehmen, verringert sich die Altersrente für jeden Monat des Bezugs vor Erreichen der Regelaltersgrenze für die gesamte Laufzeit um 0,3 Prozent, höchstens jedoch um 10,8 Prozent.

(5) Für Zeiten von Teilzeitbeschäftigung wird bei Zugrundelegung des Gehalts für eine Vollzeitbeschäftigung der jeweilige jährliche Kapitalbaustein im Verhältnis der tatsächlich im maßgeblichen Jahr geleisteten Arbeitszeit zu der bei Vollzeitbeschäftigung möglichen jährlichen Arbeitszeit vermindert.

§ 8 Höhe der Invalidenrente[9]

(1) Invalidenrenten werden für Mitarbeiter gewährt, die vor Erreichen der Altersgrenze aus dem Unternehmen ausscheiden und nachweisen, dass bei ihnen die Voraussetzungen einer vollen Erwerbsminderung im Sinne von § 43 SGB VI vorliegen.

(2) Für die Höhe der Invalidenrente gilt § 7 mit der Maßgabe, dass zu den tatsächlichen bei der Gesellschaft zurückgelegten Dienstjahren noch die Dienstjahre hinzugerechnet werden, die der Mitarbeiter bis zur Vollendung seines 60. Lebensjahres noch bei der Gesellschaft hätte verbringen können.

§ 9 Witwenrente/Witwerrente[10]

(1) Im Falle des Todes eines Mitarbeiters oder Versorgungsempfängers erwirbt der hinterbliebene Ehepartner oder eingetragene Lebenspartner einen Anspruch auf Witwen-/Witwerversorgung in Höhe von 60 Prozent der Invalidenrente, die dem Mitarbeiter im Zeitpunkt des Todes zugestanden hätte, wenn die Ehe oder eingetragene Lebenspartnerschaft vor Eintritt des Versorgungsfalls geschlossen worden und bis zum Tod des Hinterbliebenen bestanden hat. Ist der hinterbliebene Ehepartner oder eingetragene Lebenspartner mehr als 15 Jahre jünger als der verstorbene Mitarbeiter oder Versorgungsempfänger, so wird die Witwen- oder Witwerversorgung für jedes angefangene Jahr des Altersunterschieds über 15 Jahre um fünf Prozent, höchstens jedoch um 50 Prozent gekürzt.

(2) Bei Wiederverheiratung der Witwe/des Witwers oder des überlebenden eingetragenen Lebenspartners erlischt der Anspruch auf Witwen-/Witwerrente. *(Alternative: Die Witwe/der Witwer oder der überlebende eingetragene Lebenspartner erhält in diesem Fall eine Abfindung in Höhe von 18 monatlichen Witwen-/Witwerrenten.)*

(3) Ein Anspruch auf Witwen- oder Witwerrente besteht nicht, wenn die Ehe oder eingetragene Lebenspartnerschaft erst nach dem vollendeten 60. Lebensjahr des Mitarbeiters oder erst nach dem Eintritt des Versorgungsfalls geschlossen wurde.

§ 10 Waisenrente[11]

(1) Im Falle des Todes eines Mitarbeiters oder Pensionärs erwerben seine hinterbliebenen Kinder einen Anspruch auf Waisenrente. Die Waisenrente beträgt für Halbwaisen 15 Prozent, für Vollwaisen 30 Prozent der Invalidenrente, die dem Mitarbeiter im Zeitpunkt seines Todes zugestanden hätte. Zusammen mit der Witwen- oder Witwerrente dürfen die Waisenrenten die (fiktive) Rente des versorgungsberechtigten Mitarbeiters bei Erreichen der Regelaltersgrenze nicht übersteigen. Gegebenenfalls sind die Waisenrenten anteilig zu kürzen.

(2) Als hinterbliebene Kinder im Sinne von vorstehendem Abs. (1) gelten Kinder, die nach den gesetzlichen Bestimmungen dem Grunde nach Anspruch auf Kindergeld haben.

(3) Der Anspruch auf Waisenrente erlischt mit dem Monat, in dem für das hinterbliebene Kind kein Anspruch auf Kindergeld mehr besteht. Davon unabhängig erlischt der Anspruch auf Waisenrente spätestens mit Vollendung des 25. Lebensjahrs.

§ 11 Vorzeitiges Ausscheiden[12]

(1) Vor Eintritt eines Versorgungsfalls aus der Gesellschaft ausgeschiedene Mitarbeiter erhalten bei Eintritt eines Versorgungsfalls eine betriebliche Altersversorgung, wenn sie bei ihrem Ausscheiden das 25. Lebensjahr vollendet hatten und die Versorgungszusage für sie mindestens fünf Jahre bestanden hat.

(2) Veränderungen der Bemessungsgrundlage für die Versorgungsleistungen bleiben, soweit sie nach dem Ausscheiden des Mitarbeiters eingetreten sind, bei der Berechnung der Höhe der Versorgungsleistungen außer Betracht.

(3) Ausgeschiedenen Mitarbeitern ist auf Verlangen schriftlich bekannt zu geben, ob sie die Voraussetzungen der Unverfallbarkeit erfüllen und wie hoch ihre Altersrente bei Erreichen der Regelaltersgrenze sein wird.

§ 12 Versorgungsausgleich[13]

(1) Im Falle der Scheidung eines Versorgungsberechtigten erfolgt die Durchführung des Versorgungsausgleichs gemäß der Entscheidung des Familiengerichts. Die Gesellschaft

wird hierfür vorbehaltlich einer anderweitigen familiengerichtlichen Entscheidung die während der Ehezeit erworbene Summe der Kapitalbausteine hälftig zwischen den Eheleuten teilen. Dabei sind die Kapitalbausteine in der Höhe zu berücksichtigen, die vom ersten Tag des Monats, in dem die Ehe geschlossen worden ist, bis zum letzten Tag des Monats vor Zustellung des Scheidungsantrags erworben wurden. Dies gilt entsprechend, wenn bereits eine Versorgungsleistung bezogen wird.

(2) Der durch den Versorgungsausgleich begünstigte Ehegatte, für den ein Anrecht begründet wird („Ausgleichsberechtigter"), steht einem mit unverfallbarer Anwartschaft ausgeschiedenen Mitarbeiter gleich. Die Versorgungsleistungen des versorgungsberechtigten Mitarbeiters werden in dem Maße gekürzt wie ein Anrecht des Ausgleichsberechtigten begründet wird.

(3) Sofern für beide Eheleute Anrechte nach dieser Versorgungsordnung auszugleichen sind, erfolgt der Ausgleich nur in Höhe des Wertunterschieds nach Verrechnung.

(4) § 12 gilt entsprechend für Zusagen, die bei Aufhebung einer Lebenspartnerschaft der Teilung unterliegen.

§ 13 Pflichten des Versorgungsberechtigten[14]

(1) Die zugesagten Ansprüche auf Versorgungsleistungen dürfen nicht abgetreten, beliehen oder verpfändet werden. Dennoch erfolgte Abtretungen, Beleihungen oder Verpfändungen sind der Gesellschaft gegenüber unwirksam.

(2) Der versorgungsberechtigte Mitarbeiter hat der Gesellschaft die für die Feststellung und den Bestand des jeweiligen Versorgungsanspruchs notwendigen Angaben zu machen und entsprechende Nachweise beizubringen.

(3) Jede Änderung der persönlichen Verhältnisse, die für die Gewährung von Versorgungsleistungen von Belang sein kann, insbesondere Änderung des Familienstands, Wiederherstellung der Erwerbsfähigkeit etc. sind der Gesellschaft unverzüglich mitzuteilen und nachzuweisen.

§ 14 Anpassungsregelung[15]

Steigt nach Eintritt des Versorgungsfalls das ruhegeldfähige Einkommen aller beschäftigten Mitarbeiter der Gesellschaft durchschnittlich um mehr als . . . . . . Prozent, so werden die laufenden Rentenzahlungen um 50 Prozent dieses Prozentsatzes angehoben. *(Alternative: Laufende Versorgungsleistungen werden jährlich entsprechend § 16 Abs. 3 Nr. 1 BetrAVG um 1 Prozent angepasst.)*

§ 15 Vorbehalte[16]

(1) Die Gesellschaft behält sich vor, zugesagte Versorgungsleistungen zu kürzen oder einzustellen, wenn

a) die wirtschaftliche Lage der Gesellschaft sich nachhaltig so wesentlich verschlechtert hat, dass der Gesellschaft die Aufrechterhaltung der zugesagten Versorgungsleistungen nicht mehr zugemutet werden kann, oder

b) der Personenkreis, die Beiträge, die Leistungen oder das Rentenalter bei der gesetzlichen Sozialversicherung oder bei anderen Versorgungseinrichtungen mit Rechtsanspruch sich wesentlich ändern, oder

c) die rechtliche, insbesondere die steuerliche Behandlung der Aufwendungen, die zur planmäßigen Finanzierung der Versorgungsleistungen von der Gesellschaft gemacht

werden oder gemacht worden sind, sich so wesentlich ändern, dass der Gesellschaft die Aufrechterhaltung der zugesagten Versorgungsleistungen nicht mehr zugemutet werden kann, oder

d) der Versorgungsberechtigte Handlungen begeht, die in grober Weise gegen Treu und Glauben verstoßen und der Gesellschaft deswegen die Aufrechterhaltung der Versorgungszusage oder die Weiterzahlung der Versorgungsleistungen nicht mehr zugemutet werden kann.

(2) Im Übrigen behält sich die Gesellschaft vor, die Versorgungsleistungen zu kürzen oder einzustellen, wenn die bei Erteilung der Versorgungszusage maßgebenden Verhältnisse sich nachhaltig so wesentlich geändert haben, dass der Gesellschaft die Aufrechterhaltung der zugesagten Versorgungsleistungen auch unter objektiver Beachtung der Belange des Versorgungsberechtigten nicht mehr zugemutet werden kann.

§ 16 In-Kraft-Treten und Jeweiligkeitsklausel[17]

(1) Diese Versorgungsordnung tritt mit Wirkung zum . . . . . . in Kraft.

(2) Diese Versorgungsordnung findet auf Mitarbeiter und Versorgungsempfänger in der jeweils gültigen Fassung Anwendung.

(3) Die Versorgungsordnung steht unter dem Vorbehalt etwaiger ablösender – auch freiwilliger – Betriebsvereinbarungen.

Anmerkungen

1. Vorbemerkung. Die Direktzusage ist eine unmittelbare Versorgungszusage, d. h. der Arbeitgeber verpflichtet sich, die Versorgungsleistung selbst zu erbringen, ohne zwischengeschalteten selbständigen Versorgungsträger. Steuerlich werden die Versorgungsverpflichtungen aus einer Direktzusage durch Pensionsrückstellungen in der Bilanz berücksichtigt.

Eine Direktzusage kann individualrechtlich – z. B. durch eine vertragliche Einzelzusage oder durch betriebliche Übung – oder kollektivrechtlich – z. B. im Wege einer Betriebsvereinbarung – begründet werden.

Da die betriebliche Altersversorgung nach heute herrschender Meinung nicht nur Versorgungs-, sondern auch Entgeltcharakter hat, unterliegt sie grundsätzlich der Mitbestimmung des Betriebsrats, und zwar i. d. R. gemäß § 87 Abs. 1 Nr. 10 BetrVG.

Soweit die betriebliche Altersversorgung durch eine Unterstützungs- oder Pensionskasse erbracht wird, die auf den Betrieb, das Unternehmen oder den Konzern beschränkt ist, kommt auch ein Mitbestimmungsrecht gemäß § 87 Abs. 1 Nr. 8 BetrVG in Betracht.

Allerdings verbleibt bei einer – wie durch das Formular geregelten – arbeitgeberfinanzierten betrieblichen Altersversorgung im Rahmen einer Direktzusage für das Mitbestimmungsrecht des Betriebsrats gemäß § 87 Abs. 1 Nr. 10 BetrVG nur ein enger Anwendungsbereich. Denn die arbeitgeberfinanzierte betriebliche Altersversorgung beruht auf einer freiwilligen Grundentscheidung des Arbeitgebers. Alle Fragen, die mit der grundsätzlichen Gewährung der betrieblichen Altersversorgung zusammenhängen (also das „Ob" einer betrieblichen Altersversorgung) können daher vom Arbeitgeber ohne Beteiligung des Betriebsrats eigenständig getroffen werden. Der Arbeitgeber entscheidet somit mitbestimmungsfrei darüber, ob er überhaupt eine betriebliche Altersversorgung einführen – oder diese wieder schließen – möchte, in welcher Form diese durchgeführt wird und welcher Personenkreis einbezogen werden soll; ebenso kann der Arbeitgeber frei über die für die betriebliche Altersversorgung bereitzustellenden Mittel, also den Dotierungsrahmen, entscheiden.

Das Mitbestimmungsrecht des Betriebsrats greift hingegen bei Fragen der konkreten Durchführung der betrieblichen Altersversorgung (also beim „Wie" der betrieblichen Altersversorgung), insbesondere bei der Verteilung der vom Arbeitgeber bereitgestellten Mittel, also der Aufstellung des Leistungsplans, aus dem sich die Versorgungsansprüche der individuellen Arbeitnehmer ergeben. Das Mitbestimmungsrecht kann sich daher auf Fragen wie die Bewertung der Dienstzeiten, die Bestimmung des rentenfähigen Einkommens und die Anrechnung anderweitiger Ruhestandseinkünfte erstrecken. Besondere Bedeutung entfaltet das Mitbestimmungsrecht des Betriebsrats bei einer Änderung einer bereits bestehenden betrieblichen Altersversorgung, wenn aufgrund der generellen Kürzung des Dotierungsrahmens die zur Verfügung stehenden Mittel neu verteilt werden müssen. In der Praxis erweist sich das Mitbestimmungsrecht des Betriebsrats manchmal jedoch als „stumpfes Schwert", denn der Arbeitgeber kann – sollte eine Einigung mit dem Betriebsrat nicht zustande kommen – stets damit drohen, die betriebliche Altersversorgung nicht einzuführen oder komplett abzuschaffen.

Leistungen der betrieblichen Altersversorgung sind nach § 1 Abs. 1 S. 1 BetrAVG Leistungen der Alters-, Invaliditäts- oder Hinterbliebenenversorgung, die der Arbeitgeber einem Arbeitnehmer aus Anlass des Arbeitsverhältnisses zusagt. Entscheidendes Kriterium für die Einordnung einer Leistung als betriebliche Altersversorgung ist danach, dass der Anspruch auf die zugesagte Leistung erst mit dem Eintritt eines biometrischen Ereignisses, nämlich des Versorgungsfalls Alter, Invalidität oder Tod des Mitarbeiters ausgelöst wird. Damit wird zumindest im Hinblick auf das Kriterium „Alter" unmittelbar an ein Kriterium angeknüpft, das das im August 2006 in Kraft getretene AGG als Differenzierungskriterium grundsätzlich verbietet. Inwiefern das AGG tatsächlich Auswirkungen auf die betriebliche Altersversorgung hat, wird hier jeweils unmittelbar im Rahmen der „kritischen Bestimmungen" erörtert.

2. Kreis der Versorgungsberechtigten. Ein Mindestalter für die Zusage, wie in Abs. (1) vorgesehen, ist üblich und auch im Hinblick auf dass AGG wohl nicht zu beanstanden. Denn die gesetzliche Vermutung des § 10 S. 3 Nr. 4 AGG geht von der Zulässigkeit von Mindestaufnahmealtern aus (so auch *Rengier* NZA 2006, 1251, 1254; krit. allerdings *Höfer*, Gesetz zur Verbesserung der betrieblichen Altersversorgung, Bd. 1 Rn. 805.11). Das BAG hat nach In-Kraft-Treten des AGG bisher lediglich angedeutet, dass das Gesetz dem Arbeitgeber Spielräume bei der Gestaltung von Altersgrenzen einräumen darf (BAG NZA 2010, 408), konkret aber noch nicht Stellung bezogen. Der Ausschluss jüngerer Arbeitnehmer lässt sich damit rechtfertigen, dass in diesem Alter die Fluktuation i. d. R. höher ist und damit bei einer Aufnahme in die Versorgung verwaltungsaufwändige Kleinstrenten entstehen könnten. Auch das BetrAVG gewährt im Rahmen der Unverfallbarkeitsregelung bis zum vollendeten 25. Lebensjahr einen geringeren Schutz der Arbeitnehmer (vgl. BAG NZA 2013, 564).

Die Regelung in Abs. (2) enthält ein Höchstaufnahmealter von 55 Jahren. In der Vergangenheit wurden derartige Regelungen von der Rechtsprechung ohne weiteres für zulässig gehalten (BAG NJW 1979, 2223; BAG NZA 1987, 23). Einziges Wirksamkeitskriterium war, dass die Festsetzung der Altersgrenze nicht als sachwidrig oder willkürlich anzusehen sein durfte. Nach In-Kraft-Treten des AGG ist für die Festsetzung eines Höchsteintrittsalters nunmehr eine besondere sachliche Rechtfertigung erforderlich. Da durch Höchstaltersgrenzen sichergestellt werden soll, dass der Gesellschaft bis zum Erreichen der Altersgrenze ein ausreichender Finanzierungszeitraum verbleibt und sie daneben der Risikobegrenzung und der Vermeidung von Kleinstrenten dienen, ist eine sachliche Rechtfertigung dem Grunde nach sicherlich gegeben. Auch das BAG hat jüngst eine Höchstaltersgrenze von 15 Jahren vor Erreichen der Regelaltersgrenze in der gesetzlichen Rentenversicherung akzeptiert (BAG NZA 2013, 733, 736). Da es dem Arbeitgeber grundsätzlich frei steht, eine arbeitgeberfinanzierte Altersversorgung zuzusagen, steht ihm auch ein Gestaltungs- und Ermessenspielraum bei der Regelung der Anspruchsvoraussetzungen zu. Dabei darf er auch ein Höchstalter für die Aufnahme in ein Versorgungswerk festlegen. Die Grenze des Zulässigen ist dann überschritten, wenn während eines beträchtlichen Teils eines typischen Erwerbslebens keine Anwartschaften mehr erworben werden können oder wenn Folge des Höchstalters eine mittelbare Benachteiligung von Frauen ist (BAG NZA 2013, 733, 736)). Bei Aufnahme eines unzulässigen Höchstalters kann allerdings das Risiko bestehen, dass ein älterer Arbeitnehmer die Aufnahme in die Versorgungsordnung einklagt oder aber ihm nachträglich die vorenthaltenen Leistungen zu gewähren sind. Kritisch sieht die Instanzenrechtsprechung ein Höchstalter von 50 Jahren (LAG Düsseldorf ArbRB 2012, 237; LAG Stuttgart LAGE AGG § 10 Nr. 8; beide n. rkr.).

3. Arten der Versorgungsleistung. Abs. (1) sieht die üblichen Ruhegeldarten vor. Direktzusagen können mit – wie in Abs. (2) vorgesehen – oder ohne Einräumung eines Rechtsanspruchs erteilt werden. Der Ausschluss eines Rechtsanspruchs ist jedoch in der Praxis nur sehr selten zu finden: Denn für eine Zusage ohne Rechtsanspruch können keine steuerlich wirksamen Rückstellungen gebildet werden; zudem ist anzunehmen, dass die Rechtsprechung ihren ursprünglich im Zusammenhang mit Unterstützungskassenzusagen entwickelten Grundsatz, dass der Ausschluss eines Rechtsanspruchs nur zu einem an sachliche Gründe gebundenen Widerruf berechtigt (BAG BB 1973, 1308), auch auf Direktzusagen übertragen würde.

4. Wartezeit. Die Wartezeit von fünf Jahren in Abs. (1) deckt sich mit der zeitlichen Komponente einer unverfallbaren Anwartschaft nach § 1b BetrAVG. Längere Wartezeiten sind zulässig; sie haben dieselbe Wirkung wie die Festlegung eines Höchstalters, welches – falls der Arbeitnehmer es beim Eintritt in die Gesellschaft bereits überschritten hat – die Entstehung einer Anwartschaft verhindert (BAG NZA 2013, 733, 736). Dabei ist zu berücksichtigen, dass dienstzeitabhängige Wartezeiten unabhängig von den gesetzlichen Unverfallbarkeitsregeln zu beurteilen sind. Der Sachgrund für eine dienstzeitabhängige Wartezeit liegt nämlich nicht in der Verfallbarkeit der Versorgung bei vorzeitigem Ausscheiden, sondern in der Begrenzung des Versorgungsrisikos (*Böhm/Cisch* BB 2007, 602, 607).

5. Eintritt des Versorgungsfalls. Der Zeitpunkt des Versorgungsfalls bei der Betriebsrente muss nicht notwendigerweise mit dem Eintritt des Versorgungsfalls in der gesetzlichen Rentenversicherung übereinstimmen. Üblicherweise orientieren sich Versorgungsordnungen jedoch, wie auch hier vorgesehen, an den Regelungen für die gesetzliche Rente. Die im Formular vorgesehene Regelaltersgrenze bestimmt im Ergebnis – jedenfalls für die Dauer der stufenweisen Anhebung der gesetzlichen Altersgrenze auf das 67. Lebensjahr – eine „generell-individuelle“ feste Altersgrenze. Aufgrund des individualschützenden Charakters des AGG könnte eine kollektive Festlegung einer derartigen Altersgrenze bedenklich sein. Jedoch ergibt sich aus § 10 S. 3 Nr. 4 AGG, dass feste Altersgrenzen als Voraussetzungen für den Bezug einer Altersversorgungsleistung regelmäßig zulässig sind. Denn der europäische Gesetzgeber wollte die einzelstaatlichen Bestimmungen über die Festsetzung der Altersgrenzen für den Eintritt in den Ruhestand nicht berühren (Nr. 14 der Präambel der Richtlinie 2000/78/EG). Die gesetzliche Vermutung des § 10 S. 3 Nr. 4 AGG geht daher auch von der Zulässigkeit unterschiedlicher fester Altersgrenzen für bestimmte Gruppen bzw. Kategorien von Arbeitnehmern aus, sofern es keine geschlechtsspezifischen Unterscheidungen gibt. Dies ist – jedenfalls für die Dauer der stufenweisen Anhebung der gesetzlichen Altersgrenze auf das 67. Lebensjahr – relevant, da die feste Altersgrenze in der gesetzlichen Rentenversicherung zwar grundsätzlich für alle Arbeitnehmer angehoben wird, für andere Rentenjahrgänge aber die stufenweise Anhebung greift. Es muss daher auch im Rahmen der betrieblichen Altersversorgung zulässig sein, insofern unterschiedliche Rentenalter zu regeln. Insbesondere sind unter bestimmten Voraussetzungen auch Klauseln über eine Zwangsversetzung in den Ruhestand bei Erreichen einer bestimmten Altersgrenze in Tarifverträgen zulässig (EuGH NZA 2010, 1167, EuGH BB 2007, 2629; BAG NZA 2008, 1302).

6. Berücksichtigungsfähige Dienstjahre. Besteht keine ausdrückliche anderweitige vertragliche Regelung, kommen als berücksichtigungsfähige Dienstjahre nur die Jahre der letzten ununterbrochenen Betriebszugehörigkeit in Betracht. Im Rahmen der Vertragsfreiheit können Arbeitnehmer und Arbeitgeber jedoch vereinbaren, dass auch andere Zeiten für die Betriebsrente erheblich sein sollen. Dies können frühere Dienstzeiten beim selben oder bei einem anderen Arbeitgeber sein, aber auch Zeiten der Mutterschaft oder z. B. auch Studienzeiten. Die Regelung kann auch für Arbeitnehmer vereinbart werden, die betriebsbedingt gekündigt und innerhalb einer gewissen Frist wiedereingestellt worden sind. Ebenso können die Vertragspartner frei vereinbaren, ob diese Vordienstzeiten nur als berücksichtigungsfähige Dienstjahre für die Höhe des Betriebsrentenanspruchs oder auch für eine Wartezeiterfüllung und einen früheren Eintritt der Unverfallbarkeit relevant werden sollen. Sind letztere Wirkungen nicht gewünscht, so muss dies ausdrücklich aus der Anrechnungsabrede hervorgehen; Unklarheiten gehen zulasten des Arbeitgebers. Wird die Vordienstzeit bis zu ihrem Ende von einer Versorgungserwartung begleitet und reicht die anzurechnende Vordienstzeit unmittelbar an die neue Dienstzeit heran, so löst diese Vordienstzeit eine Vorverlagerung nicht nur der vertraglichen, sondern auch der – insolvenzgeschützten – gesetzlichen Unverfallbarkeit aus (BAG BB 1995, 2326). Möglich ist grundsätzlich auch, die Anzahl der berücksichtigungsfähigen Dienstjahre zu begrenzen (so jedenfalls für eine dienstzeitabhängige Leistungszusage BAG NZA 2013, 564).

7. Ruhegeldfähiges Einkommen. Das ruhegeldfähige Einkommen muss nicht der arbeitsvertraglich geschuldeten Vergütung entsprechen. Da Unklarheiten in der Definition des ruhegeldfähigen Einkommens jedoch zulasten des Arbeitgebers gehen – und da im Normalfall davon auszugehen ist, dass alle regelmäßig gewährten Einkommensbestandteile zum versorgungsfähigen Einkommen zählen – empfiehlt es sich, in der Versorgungsordnung diejenigen Einkommensbestandteile ausdrücklich niederzulegen, welche das ruhegeldfähige Einkommen nicht erhöhen sollen.

Sind Überstunden für einzelne Gruppen stets gleichbleibend üblich, können diese mit einem Durchschnittswert bewertet und beim ruhegeldfähigen Einkommen berücksichtigt werden.

8. Höhe der Altersrente. Das Formular sieht eine beitragsorientierte Leistungszusage anhand von Kapitalbausteinen vor.

Dass die zugesagte Betriebsrente in direktem Zusammenhang mit dem während der Dienstzeit bezogenen Einkommen steht, ist weithin üblich. Eine solche Leistungszusage kann dem Arbeitnehmer als Betriebsrente einen gewissen Prozentsatz seines Endgehalts (üblich ist als Bezugsgröße auch der Gehaltsdurchschnitt der letzten drei oder fünf Erwerbsjahre) pro Dienstjahr zusichern oder aber das Durchschnittsgehalt des gesamten berücksichtigungsfähigen Erwerbslebens zugrunde legen. Bei einer endgehaltsbezogenen Zusage kann sich erheblicher Nachfinanzierungsbedarf ergeben, weil mit jeder Einkommenserhöhung die in der Vergangenheit erworbenen Anwartschaften mit angehoben werden müssen. Hingegen wirken sich beim Kapitalbausteinsystem Gehaltssteigerungen nur für das betreffende Jahr aus, in dem sie vorgenommen werden; die Versorgungszusage bezieht sich somit insgesamt auf das im gesamten berücksichtigungsfähigen Erwerbsleben durchschnittlich erzielte Gehalt. Dies führt im Ergebnis zu einer deutlich verminderten Einstandspflicht des Arbeitgebers.

Das Grundprinzip jedes Kapitalbausteinsystems ist Folgendes: Dem Arbeitnehmer wird für jedes Jahr der Beschäftigung ein bestimmter Beitrag für seine betriebliche Altersversorgung zugesagt, dessen Höhe sich am Gehalt dieses Jahrs orientiert. Dieser Beitrag wird dann unter Berücksichtigung einer Verzinsung, einer zugesagten späteren Anpassung der Rente, von Verwaltungskosten und biometrischen Faktoren in einen Kapitalbaustein umgerechnet; die Summe aller Kapitalbausteine ergibt dann den Kapitalwert des jeweiligen Arbeitnehmers, der in eine Altersrente umgerechnet wird. Die Annahmen, welche in die Berechnung des Kapitalbausteins einfließen, können die jeweiligen betrieblichen Gegebenheiten berücksichtigen und sich so von Betrieb zu Betrieb unterscheiden. Soll z.B. eine Verzinsung von vier Prozent gewährt werden, ist der Jahresbeitrag eines 30-jährigen Mitarbeiters mit dem Faktor 4,2681 zu multiplizieren, so dass aus einem Jahresbeitrag von 1.000 EUR bis zum Eintritt des Versorgungsfalls im Alter 67 ein Kapitalbaustein von 4.268 EUR wird.

Die Regelung in Abs. (1) S. 4, welche eine Erhöhung des Jahresbeitrags für Einkommensanteile oberhalb der Beitragsbemessungsgrenze vorsieht, soll eine in diesem Bereich bestehende Versorgungslücke vermeiden: Denn für diese Einkommensbestandteile erfolgt keine Leistung aus der gesetzlichen Rentenversicherung, was durch ihre stärkere Berücksichtigung in der betrieblichen Altersversorgung ausgeglichen werden kann.

Abs. (4) enthält das in § 6 BetrAVG niedergelegte Recht auf vorzeitige Inanspruchnahme der betrieblichen Altersversorgung. Kürzungsraten bis 0,5 Prozent pro Monat sind üblich und werden auch von der Rechtsprechung des BAG gutgeheißen (BAG AP BetrAVG § 1 Auslegung Nr. 25).

9. Höhe der Invalidenrente. Invalidenrente wird gemäß dem Formular gewährt, wenn ein Fall der vollen Erwerbsminderung i.S.d. gesetzlichen Rentenversicherung vorliegt. Die Vertragsparteien können aber auch eine weiter reichende Absicherung für den Fall einer teilweiser Erwerbsminderung oder Berufsunfähigkeit vereinbaren. Die gesetzliche Rentenversicherung gewährt nur noch im Rahmen einer Bestandsschutzregelung für Beschäftigte, die vor dem 2.1.1961 geboren wurden, Renten wegen Berufsunfähigkeit (§ 240 SGB VI). Eine Versorgungszusage kann diese Lücke im Fall einer Berufsunfähigkeit i.S.d. Sozialversicherungsrechts schließen oder an den davon abweichenden versicherungsrechtlichen Berufsunfähigkeitsbegriff anknüpfen (vgl. § 2 Allgemeine Bedingungen für die Berufsunfähigkeitsversicherung). Jedenfalls sollten die Voraussetzungen für den Eintritt der Invalidität eindeutig geregelt sein. Erfolgt eine Anknüpfung an die gesetzliche Rentenversicherung ohne weitere Spezifizierung der Leistungsvoraussetzungen, so tritt der Leistungsfall auch schon bei einer teilweisen Erwerbsminderung i.S.d. gesetzlichen Rentenversicherung ein (BAG NZA-RR 2013, 256).

Die Regelung des Abs. (2) ist § 59 SGB VI nachgebildet, der für die gesetzliche Rente die Hinzurechnung der bis zum 60. Lebensjahr fehlenden Dienstjahre vorsieht.

10. Witwenrente/Witwerrente. Aus Gründen der Gleichberechtigung sind sowohl Witwen- als auch Witwerrenten vorzusehen. Fraglich ist, ob auch gleichgeschlechtlichen Lebenspartnern ein Versorgungsanspruch eingeräumt werden muss. Der BGH hatte hierzu zunächst entschieden, es liege keine Benachteiligung wegen der sexuellen Identität i.S.d. Richtlinie 2000/78/EG vor, wenn Lebenspartner i.S.d. Lebenspartnerschaftsgesetzes nach der Satzung der Versorgungsanstalt des Bundes und der Länder (VBL) anders als Verheiratete aus der Hinterbliebenenversorgung ausgeschlossen werden (BGH NJW-RR 2007, 1441). Die Satzung der VBL knüpfe an den Familienstand an und die Ehe dürfe im Hinblick auf die Fortpflanzung und Erziehung eigenen Nachwuchses bevorzugt werden. Der EuGH hat inzwischen entschieden, dass eine solche Differenzierung unzulässig sein kann, wenn die Lebenspartnerschaft nach nationalem Recht in Bezug auf die Hinterbliebenenversorgung mit der Situation von Ehegatten vergleichbar ist (EuGH NZA 2008, 459). Diese Vergleichbarkeit haben die nationalen Gerichte für die Zeit nach In-Kraft-Treten des Lebenspartnerschaftsgesetze am 1.1.2005 nun auch bestätigt (BAG NZA 2010, 216; NZA 2009, 489; BGH FamRZ 2010, 1546 zur VBLS). Damit haben ab diesem Zeitpunkt auch eingetragene Lebenspartner einen Anspruch auf Hinterbliebenenversorgung.

Zwar zulässig, aber praktisch ungebräuchlich ist die Regelung, die Rente so zu beschränken, dass sie nur beim Tod des noch aktiven Arbeitnehmers oder nur beim Tod eines ehemaligen Arbeitnehmers, der selbst bereits Rentenleistungen bezogen hat, gewährt wird. Da dies zu Wertungswidersprüchen führen kann, wird von einer solchen Regelung abgeraten.

Die (prozentuale) Höhe der Witwen-/Witwerrente orientiert sich an dem für die gesetzliche Rente für sog. „Altfälle" (Todesfall vor dem 1.1.2002) geltenden Wert. Dieser Prozentfaktor ist auch nach wie vor in der Praxis weit verbreitet, obwohl der gesetzliche Anspruch auf Witwen-/Witwerrente inzwischen auf maximal 55 Prozent (sog. große Witwenrente) reduziert wurde.

Die in Abs. (1) S. 2 sowie in den Abs. (2) und (3) vorgesehenen Einschränkungen sind üblich und wurden vom BAG in der Vergangenheit ausdrücklich anerkannt. Dabei kann eine Altersdifferenzklausel nach der bisherigen Rechtsprechung des BAG zulässigerweise nicht nur die Kürzung der Leistungen, sondern auch deren vollständiges Entfallen vorsehen (BAG BB 1972, 1372). Das BAG hatte aufgrund von Zweifeln an der Europarechtskonformität dem EuGH die Frage zur Entscheidung vorgelegt, inwieweit eine derartige Altersdifferenzklausel eine nach der Richtlinie 2000/78/EG verbotene Benachteiligung wegen des Alters beinhaltet (vgl. BAG DB 2006, 2524). Der EuGH hat hierüber am 23.9.2008 (EuGH NZA 2008, 1119) entschieden. Der EuGH hat im konkreten Fall die Klausel für zulässig erachtet. Allerdings stellte er dabei auf die Rechtslage vor Einführung des AGG ab. Zum Zeitpunkt des Versterbens des ehemaligen Arbeitnehmers war die EG-Richtlinie 2000/78, auf der das AGG unter anderem fußt, in Deutschland noch nicht umgesetzt worden. Ob diese Wertung auch bei Sachverhalten gilt, die sich nach In-Kraft-Treten des AGG abspielen, ist folglich noch nicht geklärt. Zweifelhaft ist dabei insbesondere, ob die Verhinderung von Versorgungsehen ein ausreichender Rechtfertigungsgrund für eine etwaige Ungleichbehandlung wegen des Alters ist. Nach der bisherigen Rechtsprechung des BAG darf mit Altersdifferenzklauseln dem Langlebigkeitsrisiko jüngerer Hinterbliebener Rechnung getragen werden (BAG NZA-RR 2006, 591). Ob diese Sichtweise auch nach dem In-Kraft-Treten des AGG Bestand haben wird, bleibt abzuwarten. Allerdings hatte die Generalanwältin in dem vom EuGH am 23.9.2008 entschiedenen Fall in ihrem Schlussantrag angedeutet, dass Altersabstandsklauseln – sofern sie die Hinterbliebenenleistung nur kürzen und nicht vollständig ausschließen – nicht europarechtswidrig sein sollen (ebenso LAG Mainz BeckRS 2009, 56473; LAG Köln BeckRS 2013, 71998). Man kann daher mit gutem Grund annehmen, dass der EuGH bei einer erneuten Vorlage zu dem Ergebnis kommen wird, dass dem Langlebigkeitsrisiko jüngerer Hinterbliebener in angemessenem Umfang Rechnung getragen wird, sofern kein vollständiger Ausschluss der Hinterbliebenenleistung erfolgt. Vor diesem Hintergrund sieht das Formular einen stufenweisen Abschlag für jede Altersdifferenz über 15 Jahre vor, beschränkt allerdings auf eine Maximalkürzung auf 50 Prozent.

Bei Wiederverheiratung des Witwers/der Witwe kann eine entschädigungslose Einstellung der Rente ungerechtfertigt sein; in diesem Fall soll eine Abfindungsregelung Abhilfe schaffen.

Über die im Formular enthaltenen Beschränkungen hinaus kann die Leistung einer Witwen-/Witwerrente unter die Voraussetzung einer gewissen Mindestdauer der Ehe (BAG BB 1988, 834) oder die Bedingung, dass die Eheleute beim Tod des Begünstigten nicht getrennt leben (BAG BB 1995, 1593), gestellt werden. So hat das BAG mit Urteil vom 28.7.2005 eine Mindestehendauer von 10 Jahren im Rahmen einer sog. „Spätehenklausel" (wenn die Ehe nach Vollendung des 50. Lebensjahres des originär Versorgungsberechtigten geschlossen wird) ausdrücklich für zulässig erachtet, da sie nach Ansicht des BAG auch der besseren Kalkulierbarkeit der Leistung dient und damit sachlich gerechtfertigt ist (BAG NZA-RR 2006, 591; ebenso zur Rechtslage nach In-Kraft-Treten des AGG LAG Stuttgart NZA-RR 2010, 315 und BVerwG NJW 2009, 3316). Aus demselben Grund darf auch die Leistung an einen hinterbliebenen Ehegatten ausgeschlossen werden, wenn die Ehe erst nach Beendigung des Beschäftigungsverhältnisses geschlossen wurde (BAG DB 2010, 2000). Problematisch sind hingegen Klauseln, die Hinterbliebenenrenten ausschließen, falls der begünstigte Arbeitnehmer durch Freitod stirbt; sie werden von den Landesarbeitsgerichten zwar grundsätzlich anerkannt, aber häufig als ungerecht empfunden. Höchstrichterliche Rechtsprechung liegt hierzu noch nicht vor.

11. Waisenrente. Bei der Gewährung von Waisenrenten sind eheliche und nichteheliche Kinder gleich zu behandeln.

Abs. (2) verweist für die Definition des Begriffs „hinterbliebene Kinder" auf die für die Einkommenssteuer geltende Regelung des § 32 EStG.

Auch Abs. (3) orientiert sich an § 32 EStG; wie bei dieser für das Einkommenssteuerrecht geltenden Vorschrift kann die Gewährung von Waisenrenten auch während der Ableistung eines freiwillig sozialen/ökologischen Jahrs oder auch nach Ablauf der Altersgrenzen für den Fall vorgesehen werden, dass die Waise aufgrund einer Behinderung unfähig ist, sich selbst zu unterhalten. Unabhängig davon ist vorgesehen, dass der Versorgungsanspruch spätestens mit Vollendung des 25. Lebensjahres erlischt. Grund hierfür ist, dass seit dem 1.1.2007 eine steuerliche Anerkennung als betriebliche Altersversorgung regelmäßig nur noch erfolgt, wenn dieses Höchstalter nicht überschritten wird. Bei Versorgungszusagen, die vor dem 1.1.2007 erteilt wurden, sind für das Vorliegen einer begünstigten Hinterbliebenenversorgung hingegen die Altersgrenzen des § 32 EStG in der bis zum 31.12.2006 geltenden Fassung (27. Lebensjahr) maßgeblich (BMF-Schreiben v. 24.7.2013 – IV C 3 – S 2015/11/10002, IV C 5 – S 2333/09/10005 – Rn. 287). Zu beachten ist, dass nicht in jedem Fall die Bezugsberechtigung mit der Vollendung des 25. Lebensjahres erlöschen muss, da die Kindergeldberechtigung behinderter Kinder auch über das 25. Lebensjahr hinaus bestehen bleibt. Ein Ausschluss behinderter Kinder von der Bezugsberechtigung ab dem vollendeten 25. Lebensjahr ist aber wohl trotz § 19 AGG möglich und zur Begrenzung des finanziellen Risikos auch sinnvoll. Jedenfalls muss aber aus Gründen der Gleichbehandlung auch das nicht in einer Ausbildung stehende behinderte Kind bis zum vollendeten 25. Lebensjahr bezugsberechtigt sein.

12. Vorzeitiges Ausscheiden. Die Anwartschaft bleibt beim vorzeitigen Ausscheiden des Arbeitnehmers – also beim Ausscheiden vor Eintritt des Versorgungsfalls, z.B. aufgrund von Kündigung – aufrecht erhalten, wenn sie bereits gesetzlich unverfallbar geworden ist. Abs. (1) gibt diesbezüglich die gesetzliche Regelung des § 1b BetrAVG in seiner ab dem 1.1.2009 geltenden Fassung wieder. Die Voraussetzungen der gesetzlichen Unverfallbarkeit sind in den letzten Jahren mehrfach geändert und zugunsten der Arbeitnehmer deutlich reduziert worden. Es ist damit zu rechnen, dass aufgrund von Bestrebungen auf Ebene der Europäischen Union eine weitere Verkürzung der Unverfallbarkeitsfrist erfolgen wird.

Vor dem 1.1.2001 erteilte Versorgungszusagen wurden gesetzlich unverfallbar, wenn der Arbeitnehmer beim vorzeitigen Ausscheiden das 35. Lebensjahr vollendet hatte und die Versorgungszusage zu diesem Zeitpunkt mindestens zehn Jahre oder – bei mindestens zwölfjähriger Betriebszugehörigkeit – mindestens drei Jahre bestanden hatte (§§ 1b Abs. 1 S. 1, 30f Abs. 1 S. 1 Halbs. 1 BetrAVG). Aufgrund von Übergangsvorschriften trat die gesetzliche Unverfallbarkeit auch ein, wenn der Arbeitnehmer nach Vollendung des 30. Lebensjahres ausgeschieden war und die Versorgungszusage ab dem 1.1.2001 fünf Jahre bestanden hatte (§§ 1b Abs. 1 S. 1, 30f Abs. 1 S. 1 Halbs. 2 BetrAVG); somit sind vor dem 1.1.2001 erteilte Versorgungszusagen – das Erreichen der Altersgrenze vorausgesetzt – seit dem 1.1.2006 gesetzlich unverfallbar.

Sind Leistungen der betrieblichen Altersversorgung nach dem 31.12.2000, aber vor dem 1.1.2009 zugesagt worden, so wird die Anwartschaft gesetzlich unverfallbar, wenn der Arbeitnehmer das 30. Lebensjahr vollendet und die Versorgungszusage fünf Jahre bestanden hat (§§ 1b Abs. 1 S. 1, 30f Abs. 2 S. 1 Halbs. 1 BetrAVG). Aufgrund von Übergangsvorschriften tritt gesetzliche Unverfallbarkeit auch ein, wenn die Zusage ab dem 1.1.2009 fünf Jahre bestanden hat und bei Beendigung des Arbeitsverhältnisses das 25. Lebensjahr vollendet ist (§§ 1b Abs. 1 S. 1, 30f Abs. 2 S. 1 Halbs. 2 BetrAVG). Für ab dem 1.1.2009 erteilte Zusagen ist das Mindestalter für die Unverfallbarkeit nun auf die Vollendung des 25. Lebensjahres abgesenkt worden. Die Verpflichtung in Abs. (3) ergibt sich aus § 4a BetrAVG.

13. Versorgungsausgleich. Mit Wirkung zum 1.9.2009 wurde der familienrechtliche Versorgungsausgleich umfassend reformiert. Dabei ist von besonderer Bedeutung, dass Versorgungsleistungen grundsätzlich durch eine interne Teilung ausgeglichen werden. Damit erfolgt nicht mehr ein Ausgleich über die gesetzliche Rentenversicherung. Vielmehr muss jeder Versorgungsträger nach der Scheidung eines Versorgungsberechtigten die bei ihm begründeten Anrechte zwischen den Eheleuten (intern) aufteilen. Für die Direktzusage bedeutet dies, dass der Arbeitgeber als Versorgungsträger den Versorgungsausgleich durchführen muss. Letztlich ist für die Durchführung des Versorgungsausgleichs aber die Entscheidung des Familiengerichts maßgeblich. Dieses legt – auf Vorschlag des Versorgungsträgers (§ 5 Abs. 3 VersAusglG), d.h. des Arbeitgebers – insbesondere die Höhe des zu begründenden Anrechts fest. Geteilt wird nach dem Formular nicht die zugesagte Rente, sondern deren Kapitalwert (vgl. § 45 Abs. 1 S. 1 VersAusglG) in Form der Summe der Kapitalbausteine, die in der Ehezeit erworben wurden.

Zwar eröffnet das Versorgungsausgleichsgesetz auch die Möglichkeit der Durchführung einer externen Teilung (§ 17 VersAusglG), z.B. durch Übertragung eines Anrechts auf die Versorgungsausgleichskasse (§ 15 Abs. 5 S. 2 VersAusglG). In diesen Fällen muss aber der Ausgleichswert auf den Versorgungsträger der externen Versorgung übertragen werden. Die im Formular vorgeschlagene Klausel soll dagegen einen vorzeitigen Liquiditätsabfluss vermeiden und sieht daher die interne Teilung vor. Die Aufnahme des Ausgleichsberechtigten kann allerdings zu neuen Risiken führen (z.B. wegen des Gesundheitszustandes oder einer Wiederheirat des aufzunehmenden Ausgleichsberechtigten). Um dies zu vermeiden, kann der Risikoschutz auf die Altersversorgung beschränkt werden, wenn für den Ausschluss der Invaliditäts- oder Hinterbliebenenabsicherung ein entsprechender Ausgleich geschaffen wird (§ 11 Abs. 1 S. 2 Nr. 3 Halbs. 2 VersAusglG), was in der vorgeschlagenen Formulierung jedoch nicht zum Tragen kommt. Ebenso wenig ist im Formular die Berücksichtigung von Teilungskosten vorgesehen (§ 13 VersAusglG).

14. Pflichten des Anspruchsberechtigten. Die in Abs. (1) vorgesehene Beschränkung der Arbeitnehmerrechte ist üblich und zulässig. Sie verhindert die vorzeitige Verwendung der Versorgungsmittel und sichert damit die Einhaltung des Versorgungszwecks.

Ohne ein einschlägiges Verbot können Leistungen aus der betrieblichen Altersversorgung nur verpfändet oder abgetreten werden, soweit sie die Pfändungsfreigrenzen des § 850c ZPO überschreiten, welchem sie ebenso wie Arbeitseinkommen unterliegen. Anwartschaften auf Leistungen aus der betrieblichen Altersversorgung können als künftige Forderung ohne entsprechendes Verbot zwar abgetreten, nicht aber verpfändet werden.

Die in den Abs. (2) und (3) niedergelegten Mitwirkungspflichten bewegen sich im üblichen Rahmen. Der Arbeitnehmer kann in der Direktzusage über die hier angesprochenen Informationen hinaus verpflichtet werden, alle Angaben zu machen, die für den Arbeitgeber zur ordnungsgemäßen Erfüllung seiner Verpflichtungen notwendig sind.

15. Anpassungsregelung. § 16 Abs. 1 BetrAVG verpflichtet den Arbeitgeber, alle drei Jahre eine Anpassung der laufenden Leistungen aus der betrieblichen Altersversorgung zu prüfen und hierüber nach billigem Ermessen, unter Berücksichtigung der Belange der Versorgungsempfänger und der eigenen wirtschaftlichen Lage, zu entscheiden. Diese Verpflichtung gilt als erfüllt, wenn die Anhebung der Rentenleistungen nicht geringer ist als der Anstieg der Teuerungsrate oder der Netto-Löhne von vergleichbaren Arbeitnehmergruppen im Unternehmen. Die Verpflichtung zur Prüfung und Anpassung entfällt gemäß § 16 Abs. 3 Nr. 1 BetrAVG, wenn – wie hier alternativ vorgeschlagen – der Arbeitgeber sich verpflichtet, die laufenden Leistungen jährlich um mindestens ein Prozent anzupassen.

Diese jährliche Mindestanpassung stellt für den Arbeitgeber vor allem in Zeiten hoher Inflationsraten eine erhebliche Verbesserung seiner Rechtsposition dar, da es den Anpassungsaufwand kalkulierbar macht und zugleich begrenzt. Zudem ist die Anpassung auch bei der Bildung von Rückstellungen zu berücksichtigen. Allerdings bleibt der Arbeitgeber auch dann zu einer jährlichen Anpassung verpflichtet, wenn eine Anpassung nach § 16 Abs. 1 BetrAVG aufgrund der schlechten wirtschaftlichen Lage nicht notwendig wäre.

Das Formular enthält die vertragliche Zusage einer bestimmten, nicht an die gesetzlichen Vorschriften angelehnten Anpassung. Dies ist im Rahmen der Vertragsfreiheit ohne weiteres möglich. Der Arbeitgeber ist dann mindestens an das vertraglich Zugesagte gebunden, auch wenn nach § 16 BetrAVG eine Anpassung in geringerem Umfang möglich wäre. Trotz seiner vertraglichen Zusage bleibt der Arbeitgeber weiterhin verpflichtet, im dreijährigen Turnus eine Anpassung nach § 16 BetrAVG zu prüfen; allerdings kann er die aufgrund der vertraglichen Zusage erbrachten Leistungen bei der Anpassungsprüfung aus § 16 BetrAVG gegenrechnen. Ob ein eventuell verbleibender Fehlbetrag zwischen vertraglich zugesagter und nach § 16 BetrAVG notwendiger Anpassung ausgeglichen werden muss, ist von der Rechtsprechung noch nicht entschieden, grundsätzlich wird dies jedoch zu bejahen sein.

Die Pflicht zur Prüfung einer Anpassung erfasst nur laufende Leistungen; Anwartschaften oder Kapitalleistungen müssen daher nicht angepasst werden.

16. Vorbehalte. Das Formular enthält die sog. „steuerunschädlichen Mustervorbehalte", welche die Zulässigkeit der Bildung von Rückstellungen nicht beeinträchtigen. Abs. (1) beinhaltet spezielle Vorbehalte, Abs. (2) ergänzend einen allgemein formulierten Vorbehalt. Gemeinsam ist allen Vorbehalten, dass sie auf dem Grundsatz von Treu und Glauben und dem Prinzip des Wegfalls der Geschäftsgrundlage beruhen und diese nur konkret formulieren.

Abs. (1) lit. a enthält den Notlagen-Vorbehalt. Maßgebend für seine Inanspruchnahme ist die wirtschaftliche Lage des Arbeitgebers, bei einem konzerngebundenen Unternehmen u. U. auch diejenige des Konzerns. Ein Widerruf ist nur zulässig, wenn eine begründete Aussicht auf Rettung oder Sanierung des Unternehmens besteht. Andernfalls würden die Versorgungsberechtigten zugunsten anderer Gläubiger benachteiligt (BAG BB 1993, 2090). Ein Widerruf darf stets nur soweit ausgeübt werden, wie er zur Erreichung des Sanierungsziels unerlässlich ist, z. B. dürfen Zahlungen an Versorgungsempfänger i. d. R. nur für begrenzte Zeit ausgesetzt werden.

In Abs. (1) lit. b findet sich der Sozialversicherungs-Vorbehalt. Eine wesentliche Änderung in seinem Sinne liegt der Rechtsprechung zufolge erst vor, wenn sie den Arbeitgeber erheblich belastet (BAG BB 1971, 1367). Dies ist der Fall, wenn sich der Gesamtfinanzierungsaufwand für den Arbeitgeber in unvorhersehbarer Weise um mindestens 40 Prozent erhöht. Auch die Absenkung des Rentenalters und die Umstellung auf Netto-Anpassung in der gesetzlichen Rentenversicherung können eine erhebliche Belastung des Arbeitgebers zur Folge haben.

Abs. (1) lit. c umschreibt den Rechtsvorbehalt. Denkbare Anwendungsfälle für diesen sind z. B. Änderungen der die Pensionsrückstellungen betreffenden handelsrechtlichen Vorschriften oder die Einführung steuerrechtlicher Normen, welche die Anerkennung von Aufwendungen für die betriebliche Altersvorsorge als Betriebsausgaben einschränken oder abschaffen.

Beim Treupflicht-Vorbehalt in Abs. (1) lit. d müssen nach der Rechtsprechung immer die Gesamtumstände des Einzelfalls Berücksichtigung finden (BAG BB 1990, 1910). So sollen bei Treuwidrigkeit erst nach Erfüllung der Unverfallbarkeitsfristen die zugesagten oder begonnenen Rentenzahlungen nur für die Zukunft entzogen werden können; die bereits geleistete Betriebstreue soll nicht entschädigungslos bleiben. Das Recht zur fristlosen Kündigung berechtigt für sich alleine noch nicht zum völligen Entzug aller Ruhegeldansprüche. Auch ausgeschiedene Arbeitnehmer können noch Treubruch begehen, z. B. durch ruinöse Konkurrenztätigkeit; sich im Rahmen des Üblichen haltende Konkurrenztätigkeit berechtigt hingegen noch nicht zum Widerruf.

Der allgemeine Widerrufsvorbehalt in Abs. (2) setzt voraus, dass die Änderung der bei Erteilung der Zusage maßgebenden Verhältnisse wesentlich und von nachhaltiger Wirkung ist. Dies sieht das BAG vor allem bei zwei Fallgruppen gegeben: bei der Äquivalenzstörung und bei einer planwidrigen Überversorgung. Eine Äquivalenzstörung liegt vor, wenn der Wert von Leistung (die Betriebstreue des Arbeitnehmers) und Gegenleistung (der Versorgungsleistung durch den Arbeitgeber) sich aufgrund objektiv nicht vorhersehbarer Umstände nicht mehr entsprechen. Solche Umstände hat die Rechtsprechung z. B. bei einigen Gesetzesänderungen im Bereich der betrieblichen Altersversorgung oder bei unerwarteten Teuerungsraten angenommen (BAG BB 1986, 1506); allgemeine Aussagen darüber, wann das BAG eine Äquivalenzstörung bejahen wird, lassen sich jedoch nur schwer treffen. Durch einen Widerruf dürfen in einem solchen Fall nur die Kosten kompensiert werden, die der Widerrufsgrund verursacht hat. Bei einer planwidrigen Überversorgung wird der angestrebte Versorgungsgrad überschritten; aus der zur Überwindung einer Versorgungslücke (zwischen dem früheren Netto-Einkommen des Arbeitnehmers und seiner Sozialversicherungsrente) geleisteten betrieblichen Altersversorgung wird so eine nicht gewollte Zusatzleistung. Die planwidrige Überversorgung kann absolut – wenn die Gesamtversorgung mehr als 100 Prozent des letzten Netto-Einkommens des Arbeitnehmers beträgt – oder relativ – wenn ein in der Versorgungszusage festgelegter Netto-Versorgungsgrad überschritten wird – sein; in beiden Fällen ist der Arbeitgeber berechtigt, die Versorgung dem ursprünglichen Versorgungsziel anzupassen (BAG BB 1998, 849).

17. In-Kraft-Treten und Jeweiligkeitsklausel. Die Jeweiligkeitsklausel in Abs. (2) stellt sicher, dass Änderungen der Versorgungsordnung zugunsten oder zulasten der Vorsorgeberechtigten auch für bereits ausgeschiedene Arbeitnehmer Wirkung entfalten; dies erspart das ansonsten notwendige einverständliche Aushandeln von einzelvertraglichen Änderungen mit Pensionären. Allerdings kann eine Jeweiligkeitsklausel nicht schrankenlos in erworbene Besitzstände eingreifen, sondern nur solche Änderungen abdecken, welche die Begünstigten billigerweise erwarten durften (BAG BB 1974, 279). Außerhalb der betrieblichen Altersversorgung hat das BAG zwar entschieden, dass eine unangemessene Benachteiligung dann vorliegt, wenn nahezu alle Bedingungen des Arbeitsverhältnisses von einem einseitigen Vertragsänderungsrecht des Arbeitgebers erfasst werden (BAG NZA 2009, 428). Gleichwohl wird die Änderungsmöglichkeit aufgrund einer Jeweiligkeitsklausel unter Wahrung der Besitzstände durch den Dritten Senat des BAG weitgehend anerkannt (BAG BeckRS 2013, 71113; BAG ArbRAktuell 2013, 109).

Der Vorbehalt der Betriebsvereinbarungsoffenheit in Abs. (3) führt – insbesondere in Kombination mit der Jeweiligkeitsklausel des Abs. (2) – dazu, dass auch individualrechtlich begründete Versorgungszusagen durch eine zeitlich nachfolgende Betriebsvereinbarung, also auf kollektivrechtlichem Wege, geändert werden können. Auch eine Verschlechterung der durch Gesamtzusage begründeten Rechte durch eine Betriebsvereinbarung kommt ausnahmsweise in Betracht, wenn der Arbeitgeber sich den Widerruf der Gesamtzusage vorbehalten hat (BAG NZA-RR 2011, 541).

2. Vereinbarung zur Gehaltsumwandlung

Vereinbarung zur Gehaltsumwandlung[1]

zwischen

...... (Name und Anschrift des Arbeitgebers) „Gesellschaft"

und

Herrn ...... (Name und Anschrift des Arbeitnehmers) „Mitarbeiter"

wird in Ergänzung zum Arbeitsvertrag vom ...... mit Wirkung ab dem ...... Folgendes vereinbart:

§ 1 Gehaltsverzicht[2]

Der Mitarbeiter verzichtet auf ...... EUR (in Worten: ...... Euro) brutto pro Monat.

§ 2 Versorgungszusage[3]

Die Gesellschaft gewährt dem Mitarbeiter im Gegenzug für den Gehaltsverzicht nach vorstehendem § 1 einen Anspruch auf Versorgungsleistungen i.S.d. § 1 Abs. 2 Nr. 3 des Gesetzes zur Verbesserung der betrieblichen Altersversorgung (BetrAVG) nach Maßgabe der als Anlage 1 beigefügten Vereinbarung über eine Pensionszusage.

§ 3 Bemessung gehaltsabhängiger Leistungen[4]

Für Gehaltserhöhungen sowie für die Bemessung gehaltsabhängiger Leistungen der Gesellschaft wie z.B. Weihnachtsgratifikation, Jubiläumsgelder, Pensionsansprüche aus arbeitgeberfinanzierten Versorgungszusagen, Zuschläge etc. ist das Gehalt des Mitarbeiters maßgebend, das sich ohne die Vereinbarung gemäß § 1 ergeben würde.

§ 4 Pensions-Sicherungs-Verein[5]

(1) Soweit im Hinblick auf die zugesagten Versicherungsleistungen Beiträge zum Zwecke der Insolvenzversicherung an den Pensions-Sicherungs-Verein aG zu leisten sind (§ 10 BetrAVG), trägt diese die Gesellschaft.

(2) Die Gesellschaft wird die gesetzlichen Mitteilungs- und Mitwirkungspflichten (§ 11 BetrAVG) erfüllen.

§ 5 Rückdeckungsversicherung[6]

(1) Die Gehaltsbestandteile, auf die der Mitarbeiter verzichtet, wird die Gesellschaft als Beiträge für eine abzuschließende Rückdeckungsversicherung bei der ...... (nachfolgend „Versicherungsgesellschaft") mit Versicherungsbeginn ...... verwenden.

(2) Die Versicherung dient zur Finanzierung der zugesagten Versorgungsleistungen gemäß der als Anlage 1 beigefügten Pensionszusage; auf die Leistungen aus der Rückdeckungsversicherung ist daher ausnahmslos die Gesellschaft bezugsberechtigt.

(3) Kommt die Rückdeckungsversicherung zwischen der Gesellschaft und der Versicherungsgesellschaft nicht zustande, werden dem Mitarbeiter etwa bereits einbehaltene Gehaltsbestandteile unverzüglich anlässlich der folgenden Gehaltszahlung zurückerstattet.

§ 6 Schlussbestimmungen[7]

(1) Diese Vereinbarung unterliegt deutschem Recht.

(2) Mündliche Nebenabreden bestehen nicht. Änderungen oder Ergänzungen dieser Vereinbarung einschließlich dieser Bestimmung bedürfen zu ihrer Wirksamkeit der Schriftform, es sei denn, diese wurden nachweislich zwischen den Parteien ausgehandelt. Das Schriftformerfordernis bezieht sich auch auf etwaige Ansprüche aus betrieblicher Übung.

(3) Sollte eine Bestimmung dieser Vereinbarung ganz oder teilweise unwirksam sein oder werden, so wird hiervon die Wirksamkeit der übrigen Bestimmungen der Vereinbarung nicht berührt. An die Stelle der unwirksamen Bestimmung tritt die gesetzlich zulässige Bestimmung, die dem mit der unwirksamen Bestimmung Gewollten wirtschaftlich am nächsten kommt. Dasselbe gilt für den Fall einer vertraglichen Lücke.

......	......
Ort, Datum	Ort, Datum
......	......
Unterschrift der Gesellschaft	Unterschrift des Mitarbeiters

Anmerkungen

1. Vertragliche Regelung. Der durch das Formular vereinbarte Gehaltsverzicht intendiert zusammen mit den folgenden Formularen die Gewährung einer betrieblichen Altersversorgung im Wege der Entgeltumwandlung im Sinne einer „Deferred Compensation". Diese Gestaltungsweise ist als betriebliche Altersversorgung i. S. v. § 1 Abs. 2 Nr. 3 BetrAVG gesetzlich anerkannt. Die Konstruktion ist vor allem steuerlich motiviert und führt zu einer „nachgelagerten Besteuerung" des Arbeitslohns des Arbeitnehmers.

Vor den durch das Altersvermögensgesetz eingeführten Neuregelungen bestand zudem ein erheblicher sozialversicherungsrechtlicher Anreiz für derartige Gestaltungen, da der Gehaltsanteil, auf den verzichtet wurde, nicht der Beitragspflicht in der Sozialversicherung unterfiel. Die Beitragsfreiheit wurde im Zuge des Altersvermögensgesetzes jedoch auf vier Prozent der jeweils maßgeblichen Beitragsbemessungsgrenze in der Rentenversicherung reduziert. Selbst diese Privilegierung sollte ursprünglich ab dem 1.1.2009 endgültig wegfallen und eine volle Beitragspflicht der Gehaltsbestandteile, auf die verzichtet wird, sollte eintreten.

Mit dem „Gesetz zur Förderung der zusätzlichen Altersvorsorge und zur Änderung des Dritten Buches Sozialgesetzbuch" (BGBl. I 2007 S. 2838) wurde jedoch die in § 115 SGB IV a. F. bzw. in der Sozialversicherungsentgeltverordnung verankerte Befristung der partiellen Beitragsfreiheit von Entgeltumwandlungsbeträgen aufgehoben. Für Beiträge nach § 40b EStG a. F. und für Zuführungen nach § 3 Nr. 63 EStG wird die Sozialversicherungsfreiheit jetzt ohne zeitliche Befristung festgeschrieben, und zwar ausdrücklich auch insoweit, als diese aus Entgeltumwandlung resultieren, im Rahmen des § 40b EStG a. F. allerdings beschränkt auf Sonderzahlungen, die zusätzlich zu Löhnen und Gehältern gewährt werden. Mit der Fortsetzung der Sozialversicherungsfreiheit der Entgeltumwandlung in allen Zweigen der Sozialversicherung soll – zusammen mit der entsprechenden Steuerfreiheit – eine dauerhafte Grundlage für die Förderung der betrieblichen Altersversorgung geschaffen werden (BT-Drucks. 16/6539 S. 7).

2. Gehaltsverzicht. Nachgelagerte Besteuerung bedeutet, dass der Gehaltsbestandteil, auf den der Arbeitnehmer verzichtet und der in eine betriebliche Altersversorgung umgewandelt wird, nicht gegenwärtig, sondern erst mit Eintritt des Versorgungsfalls der Besteuerung unterliegt, was i. d. R. zu einer niedrigeren Steuerbelastung führt. Diese Steuerentlastung kann der Arbeitnehmer nur erreichen, wenn er auf künftige Lohnansprüche zugunsten einer Versorgungszusage verzichtet (BMF-Schreiben v. 24.7.2013 – IV C 3 – S 2015/11/10002, IV C 5 – S 2333/09/10005 – Rn. 292 ff.). Erforderlich ist also grundsätzlich, dass ein vereinbarter Entgeltanspruch vorliegt, für den bereits eine Rechtsgrundlage besteht, der aber noch nicht erdient ist. In diesem Fall liegt kein lohnsteuerrechtlicher Zufluss von Arbeitslohn vor. So kann z. B. auf Teile des künftig fälligen regelmäßigen Brutto-Entgelts zugunsten der betrieblichen Altersversorgung verzichtet werden. Im Hinblick auf Einmalzahlungen hat das Bundesfinanzministerium inzwischen klargestellt, dass die Entgeltumwandlung aus Vereinfachungsgründen auch dann steuerlich anzuerkennen ist, wenn die Gehaltsumwandlungsvereinbarung hinsichtlich der Einmalzahlungen teilweise bereits erdiente, aber noch nicht fällig gewordene Anteile umfasst. Dies gilt auch dann, wenn eine Einmal- oder Sonderzahlung einen Zeitraum von mehr als einem Jahr betrifft (BMF-Schreiben v. 24.7.2013 – IV C 3 – S 2015/11/10002, IV C 5 – S 2333/09/10005 – Rn. 294). Dies ist beispielsweise der Fall, wenn im laufenden Geschäftsjahr auf einen zum Ende des Geschäftsjahrs fällig werdenden Bonus verzichtet wird. Der Teil des Bonus, der auf den Zeitraum des bereits abgelaufenen Geschäftsjahrs entfällt, ist streng genommen bereits erdient. Gleichwohl darf er aber steuerunschädlich in eine betriebliche Altersversorgung umgewandelt werden.

3. Versorgungszusage. Die Vereinbarung einer Direktzusage führt erst im Zeitpunkt der Zahlung der Altersversorgung zu einem lohnsteuerrechtlichen Zufluss von Arbeitslohn. Leistungen aus der Direktzusage sind als nachträgliche Einkünfte aus nichtselbständiger Arbeit gemäß § 19 EStG zu besteuern (Einzelheiten → Form. F. I. 3 Anm. 8).

4. Bemessung gehaltsabhängiger Leistungen. Das Formular sieht unter § 3 vor, dass für Gehaltserhöhungen und die Bemessung gehaltsabhängiger Leistungen weiterhin das ursprüngliche Gehalt maßgeblich ist. Man spricht in diesem Zusammenhang von einem „Schattengehalt". Derartige Vereinbarungen sind zulässig (BMF-Schreiben v. 24.7.2013 – IV C 3 – S 2015/11/10002, IV C 5 – S 2333/09/10005 – Rn. 295) und im Rahmen von Pensionszusagen durch Entgeltumwandlung üblich.

5. Pensions-Sicherungs-Verein. Das Formular sieht – rein deklaratorisch – vor, dass der Arbeitgeber die Beiträge zum Zweck der Insolvenzsicherung an den Pensions-Sicherungs-Verein (PSV) zu leisten hat. Dies entspricht der gesetzlichen Regelung des § 10 BetrAVG. In diesem Zusammenhang ist ausdrücklich klargestellt, dass der Arbeitgeber die gesetzlichen Mitteilungs- und Mitwirkungspflichten gemäß § 11 BetrAVG zu erfüllen hat. Hiernach besteht insbesondere die Verpflichtung, dem PSV die Gewährung der betrieblichen Altersversorgung innerhalb von drei Monaten nach Erteilung der Versorgungszusage mitzuteilen.

6. Rückdeckungsversicherung. Üblicherweise wird die erteilte Versorgungszusage durch den Abschluss einer Lebensversicherung („Rückdeckungsversicherung") durch den Arbeitgeber abgesichert. Um eine nachgelagerte Besteuerung zu erreichen, ist dabei wiederum erforderlich, dass der Arbeitnehmer selbst keine Ansprüche gegen das Versicherungsunternehmen aus der Rückdeckungsversicherung hat. Versicherungsnehmer und Bezugsberechtigter muss mithin der Arbeitgeber, versicherte Person der Arbeitnehmer sein (Einzelheiten → Form. F. I. 3 Anm. 9). Der Arbeitnehmer seinerseits hat nur Ansprüche gegen den Arbeitgeber aus der Pensionszusage. Um den Arbeitnehmer schlussendlich gegen das Risiko der Zahlungsunfähigkeit des Arbeitgebers bei Eintritt des Versorgungsfalls abzusichern, werden die Ansprüche aus der Rückdeckungsversicherung i. d. R. an den Arbeitnehmer verpfändet (→ Form. F. I. 3 Anm. 9).

Es ist deshalb vorgesehen, dass der Arbeitgeber verpflichtet ist, die Gehaltsbestandteile, auf die der Arbeitnehmer verzichtet, als Beiträge für eine Rückdeckungsversicherung zu verwenden. Sofern dabei nicht ein laufender, sondern ein einmaliger Gehaltsverzicht vorgesehen ist, sollte dies durch eine entsprechende Umformulierung von § 5 deutlich klargestellt werden. § 5 Abs. (1) würde für diesen Fall alternativ lauten:

Alternative:
§ 5 Rückdeckungsversicherung
(1) Die Gehaltsbestandteile, auf die der Mitarbeiter verzichtet, wird die Gesellschaft als Einmalbetrag für eine abzuschließende Rückdeckungsversicherung bei der ...... mit Versicherungsbeginn ...... verwenden.

Das Formular sieht in § 5 Abs. (3) zur sachgerechten Wahrung der Interessen des Arbeitnehmers vor, dass der von der Gesellschaft einbehaltene Betrag an den Arbeitnehmer auszubezahlen ist, falls die Rückdeckungsversicherung nicht zustande kommt. Anderenfalls würde der Arbeitnehmer auf Gehaltsbestandteile verzichten, ohne dafür eine von Anfang an privatrechtlich insolvenzgesicherte Altersversorgung zu erhalten. In diesem Zusammenhang ist allerdings zu beachten, dass die Auszahlung mit dem nächsten Gehaltsgang für den Arbeitnehmer i. d. R. nachteilige steuerliche Konsequenzen nach sich ziehen wird.

Für den Fall, dass die Rückdeckungsversicherung nicht zustande kommt, sieht die mit dem Gehaltsverzicht zusammenhängende Pensionszusage (→ Form. F. I. 3) eine aufschiebende Bedingung der Zusageerteilung vor.

7. Schlussbestimmungen. → Form. A. II. 1 Anm. 28 f.

3. Pensionszusage durch Gehaltsumwandlung

Vereinbarung über eine Pensionszusage[1]

zwischen

...... (Name und Anschrift der Gesellschaft) „Gesellschaft“

und

Herrn ...... (Name und Anschrift des Arbeitnehmers) „Mitarbeiter“

Die Gesellschaft erteilt dem Mitarbeiter in Ergänzung des Arbeitsvertrages vom ...... mit Wirkung vom ...... eine Zusage auf Leistungen der betrieblichen Altersversorgung durch Gehaltsumwandlung nach Maßgabe der folgenden Bestimmungen:

§ 1 Versorgungsleistungen[2]

Nach Erfüllung der jeweiligen Anspruchsvoraussetzungen werden folgende Versorgungsleistungen nach Maßgabe dieser Vereinbarung gewährt:

- Altersversorgung,
- vorgezogene Altersversorgung und
- Hinterbliebenenversorgung.

§ 2 Altersversorgung[3]

(1) Der Mitarbeiter erwirbt einen Anspruch auf Zahlung eines einmaligen Alterskapitals in Höhe von ...... EUR, mindestens jedoch in Höhe der Versicherungsleistung, die zum gleichen Zeitpunkt aus der im Zusammenhang mit dieser Pensionszusage von der Gesellschaft abgeschlossenen und durch Gehaltsumwandlung finanzierten Rückdeckungsversicherung („Rückdeckungsversicherung“) fällig wird, wenn sein Arbeitsverhältnis in dem Zeitpunkt beendet wird, ab dem ein Anspruch auf Bezug einer ungekürzten Regelalters-

rente aus der gesetzlichen Rentenversicherung möglich ist oder – bei Befreiung von der Versicherungspflicht – möglich wäre („Regelaltersgrenze").

(2) Mit der Zahlung des Alterskapitals erlöschen alle Ansprüche des Mitarbeiters aus dieser Pensionszusage.

§ 3 Vorgezogene Altersversorgung[4]

(1) Endet das Arbeitsverhältnis vor Erreichen der Regelaltersgrenze, hat der Mitarbeiter frühestens ab Vollendung des 62. Lebensjahrs Anspruch auf Zahlung eines vorgezogenen Alterskapitals, wenn er eine vorgezogene Altersrente aus der gesetzlichen Rentenversicherung oder – bei Befreiung von der Versicherungspflicht – entsprechende Leistungen bezieht.

(2) Die Höhe des vorgezogenen Alterskapitals hängt vom Zeitpunkt der Inanspruchnahme ab. Sie richtet sich danach, welche Versorgungsleistung zu diesem Zeitpunkt aus der Rückdeckungsversicherung fällig wird.

(3) Mit der Zahlung des vorgezogenen Alterskapitals erlöschen alle Ansprüche aus dieser Pensionszusage.

§ 4 Hinterbliebenenversorgung[5]

(1) Im Fall des Todes des Mitarbeiters vor Eintritt des Versorgungsfalls gemäß § 2 oder § 3 zahlt die Gesellschaft an die Hinterbliebenen des Mitarbeiters gemäß der nachfolgenden Rangfolge (§ 5) eine einmalige Kapitalzahlung in Höhe von . . . . . EUR, mindestens jedoch in Höhe der Versicherungsleistung, die zum gleichen Zeitpunkt aus der Rückdeckungsversicherung fällig wird.

(2) Eine Selbsttötung innerhalb von drei Jahren nach Erteilung dieser Pensionszusage schließt die Zahlung des Hinterbliebenenkapitals in der oben genannten Höhe grundsätzlich aus.

(3) Mit der Zahlung des Hinterbliebenenkapitals erlöschen alle Ansprüche aus dieser Pensionszusage.

§ 5 Rangfolge der Hinterbliebenen[6]

(1) Die Leistungen aus der Hinterbliebenenversorgung erhält bei Eintritt des Versorgungsfalls der mit dem Mitarbeiter in gültiger Ehe lebende Ehegatte. Ist kein Ehegatte vorhanden, steht die Hinterbliebenenversorgung dem mit dem Mitarbeiter in häuslicher Gemeinschaft lebenden Lebenspartner zu, wenn der Mitarbeiter der Gesellschaft diesen durch eine schriftliche Mitteilung namentlich benannt hat.

(2) Ist kein Ehegatte vorhanden und hat der Mitarbeiter der Gesellschaft keinen Lebenspartner namentlich benannt, steht der Anspruch auf die Leistungen aus der Hinterbliebenenversorgung zu gleichen Teilen den ehelichen und den rechtlich gleichgestellten kindergeldberechtigten Kindern des Mitarbeiters zu.

§ 6 Vorzeitiges Ausscheiden[7]

(1) Scheidet der Mitarbeiter vor Eintritt des Versorgungsfalls aus der Gesellschaft aus, so bleibt die Anwartschaft auf Leistungen aus dieser Pensionszusage nach Maßgabe der gesetzlichen Regelungen des § 1b Abs. 5 des Gesetzes zur Verbesserung der betrieblichen Altersversorgung (BetrAVG) erhalten.

(2) Bei Eintritt des Versorgungsfalls wegen Erreichens der Regelaltersgrenze oder Tod haben der vorzeitig ausgeschiedene Mitarbeiter oder seine Hinterbliebenen einen Anspruch in Höhe der vom Zeitpunkt dieser Zusage bis zum Ausscheiden des Mitarbeiters aus der Gesellschaft umgewandelten Gehaltsbestandteile, mindestens jedoch in Höhe der Versicherungsleistung, die zum Zeitpunkt des Eintritts eines Versorgungsfalls aus der Rückdeckungsversicherung fällig wird.

§ 7 Fälligkeit der Altersversorgung

(1) Das Alterskapital gemäß § 2 wird zum 1. des Monats gezahlt, der auf die Entstehung des Anspruchs folgt.

(2) Das vorgezogene Alterskapital gemäß § 3 wird zum 1. des Monats gezahlt, der auf den Monat folgt, in dem der Mitarbeiter die vorgezogene Altersversorgung schriftlich beantragt hat, frühestens jedoch mit dem erstmaligen Bezug der vorgezogenen Altersrente aus der gesetzlichen Rentenversicherung in voller Höhe.

(3) Das Hinterbliebenenkapital wird auf Antrag des versorgungsberechtigten Hinterbliebenen unverzüglich nach Eintritt des Versorgungsfalls gezahlt. Auf Verlangen der Gesellschaft ist die Hinterbliebeneneigenschaft durch Vorlage geeigneter Dokumente nachzuweisen.

§ 8 Lohnsteuer und Abgaben[8]

(1) Die auf die Versorgungsleistung entfallende Lohnsteuer und sonstige Abgaben sind vom jeweiligen Versorgungsempfänger zu tragen.

(2) Der Versorgungsempfänger hat unaufgefordert die Angaben zu machen, die gegebenenfalls zur Ermittlung und Abführung von Abgaben, Gebühren oder Beiträgen erforderlich sind.

§ 9 Rückdeckungsversicherung[9]

(1) Zur Finanzierung der zugesagten Versorgungsleistungen schließt die Gesellschaft eine Rückdeckungsversicherung bei der . . . . . . (nachfolgend „Versicherungsgesellschaft") ab (Versicherungsbeginn: . . . . . .). Mit der Annahme dieser Pensionszusage erklärt sich der Mitarbeiter mit dem Abschluss dieser Rückdeckungsversicherung einverstanden und verpflichtet sich, etwaige von der Versicherungsgesellschaft verlangte Auskünfte wahrheitsgemäß zu erteilen sowie sich einer eventuell notwendig erachteten ärztlichen Untersuchung zu unterziehen. Auf alle Leistungen aus der Rückdeckungsversicherung ist ausnahmslos die Gesellschaft bezugsberechtigt.

(2) Zur Sicherung der Ansprüche des Mitarbeiters und der Ansprüche seiner Angehörigen aus dieser Pensionszusage verpfändet die Gesellschaft ihre Rechte und Ansprüche aus der Rückdeckungsversicherung an den Mitarbeiter. Der Mitarbeiter erwirbt mit der Verpfändung das Recht, bei Pfandreife die Versicherungsleistungen insoweit für sich in Anspruch zu nehmen, wie dies zur Erfüllung der Pensionszusage erforderlich ist. Die Verpfändung erfolgt durch gesonderte schriftliche Vereinbarung zwischen dem Mitarbeiter und der Gesellschaft bei gleichzeitiger Anzeige an die Versicherungsgesellschaft.

(3) Sofern die Rückdeckungsversicherung zwischen der Gesellschaft und der Versicherungsgesellschaft nicht zustande kommt und dem Mitarbeiter im Hinblick auf § 5 Abs. (2) der gesonderten Vereinbarung zur Gehaltsumwandlung der Gehaltsanteil, auf den er verzichtet hat, wieder ausgezahlt wird, entstehen keinerlei Ansprüche des Mitarbeiters auf Versorgungsleistungen aus dieser Vereinbarung.

§ 10 Verfügungsbeschränkungen[10]

Verpfändungen, Abtretungen, Beleihungen sowie jede andere Verfügung über die durch die Pensionszusage eingeräumten Ansprüche durch den Mitarbeiter sind ausdrücklich ausgeschlossen, damit der Zweck der Zukunftssicherung jederzeit gewährleistet ist.

§ 11 Verhältnis zu bestehenden Zusagen

(1) Die Pensionszusage unter dieser Vereinbarung wird unabhängig von etwa schon bestehenden oder künftigen Zusagen auf betriebliche Altersversorgung erteilt.

(2) Rechte, Anwartschaften und Unverfallbarkeitsfristen aus verschiedenen Zusagen sind voneinander unabhängig. Im Übrigen gelten die gesetzlichen Bestimmungen des BetrAVG.

§ 12 Aufschiebende Bedingung[11]

Das Wirksamwerden dieser Vereinbarung steht unter der aufschiebenden Bedingung der Annahme des Antrags der Gesellschaft auf Abschluss und dem nachfolgenden Abschluss einer Rückdeckungsversicherungsvereinbarung zwischen der Gesellschaft und der Versicherungsgesellschaft.

§ 13 Versorgungsausgleich[12]

(1) Im Falle der Scheidung erfolgt die Durchführung des Versorgungsausgleichs gemäß der Entscheidung des Familiengerichts. Die Gesellschaft wird hierfür vorbehaltlich einer anderweitigen familiengerichtlichen Entscheidung den versicherungsmathematischen Barwert der Versorgungsleistung, soweit sie durch die während der Ehezeit durchgeführte Gehaltsumwandlung finanziert wurde, hälftig zwischen den Eheleuten teilen. Dies gilt entsprechend, wenn bereits eine Versorgungsleistung bezogen wird.

(2) Die Versorgungsleistungen des Mitarbeiters werden in dem Maße gekürzt wie ein Anrecht des ausgleichsberechtigten Ehegatten begründet wird zuzüglich der hälftigen Kosten der Durchführung des Versorgungsausgleichs, soweit diese angemessen sind.

§ 14 Schlussbestimmungen[13]

......	......
Ort, Datum	Ort, Datum
......	......
Unterschrift der Gesellschaft	Unterschrift des Mitarbeiters

Anmerkungen

1. Vertragliche Regelung. Die Pensionszusage ist im Zusammenhang mit dem Gehaltsverzicht (→ Form. F. I. 2) zu sehen. Es wird insofern – insbesondere hinsichtlich der steuer- und sozialversicherungsrechtlichen Motivation – auf die einführenden Anm. zu → Form. F. I. 2 verwiesen.

2. Umfang der Versorgungsleistungen. Die Pensionszusage sieht Versorgungsleistungen für den Fall des Erreichens der vertraglich definierten Regelaltersgrenze (die im Formular vorgesehene Regelaltersgrenze bestimmt im Ergebnis – jedenfalls für die Dauer der stufenweisen Anhebung der gesetzlichen Altersgrenze auf das 67. Lebensjahr – eine „generell-individuelle" feste Altersgrenze – → Form. F. I. 1 Anm. 5) eine vorgezogene Altersversorgung bei Inanspruchnahme von vorgezogener Altersrente aus der gesetzlichen

Rentenversicherung in voller Höhe (vorgezogene Altersversorgung) und ein Hinterbliebenenkapital im Falle des Todes des Mitarbeiters (Hinterbliebenenversorgung) vor. Eine Absicherung für den Fall der Invalidität ist nicht vorgesehen, um den Risikoanteil der Rückdeckungsversicherung gering zu halten und eine möglichst hohe Rendite zu erzielen.

3. Altersversorgung. Durch die Pensionszusage verpflichtet sich der Arbeitgeber, dem Arbeitnehmer mit Erreichen der Regelaltersgrenze ein einmaliges Alterskapital in Höhe eines bestimmten Betrags zu bezahlen. Die festzusetzende Summe sollte der garantierten Mindestauszahlung durch die vorgesehene Rückdeckungsversicherung bei der Versicherungsgesellschaft entsprechen. Sofern durch die Versicherungsgesellschaft höhere Erträge erwirtschaftet werden, erhöht sich die Zahlungsverpflichtung des Arbeitgebers entsprechend. Die Gesamtzahlungsverpflichtung ist in dem vorgesehenen Modell jedoch in jedem Fall durch die abzuschließende Rückdeckungsversicherung abgedeckt.

4. Vorgezogene Altersvorsorge. → Anm. 3 gilt entsprechend für die vorgezogene Altersvorsorge. Auch die für die bei Eintritt dieser Versorgungsfälle für den Arbeitgeber entstehenden Zahlungsverpflichtungen sollten durch die vorgesehene Rückdeckungsversicherung mit der Versicherungsgesellschaft vollständig abgedeckt werden. In praktischer Hinsicht bedeutet dies, dass der Arbeitgeber beim Eintritt eines Versorgungsfalls gegenüber dem Arbeitnehmer aus der Direktzusage unmittelbar zur Zahlung der Versorgungsleistungen verpflichtet ist, seinerseits jedoch wiederum einen Anspruch in entsprechender Höhe gegen die Versicherungsgesellschaft hat.

5. Hinterbliebenenversorgung. → Anm. 3, 4 gelten entsprechend. Zum Höchstalter der versorgungsfähigen Kinder für die steuerliche Anerkennung als Hinterbliebenenversorgung → Form. F. I. 1 Anm. 11.

6. Rangfolge der Hinterbliebenen. Es ist zu beachten, dass Aufwendungen für Versorgungszusagen an Arbeitnehmer, die eine Hinterbliebenenversorgung für den in eheähnlicher Gemeinschaft lebenden Partner des Versorgungsberechtigten vorsehen, nur dann im Rahmen von Pensionsrückstellungen nach § 6a EStG passiviert (oder im Rahmen eines anderen Durchführungswegs nach Maßgabe von §§ 4 Abs. 4, 4c, 4d oder § 4e EStG als Betriebsausgaben abgezogen) werden können, wenn die in Aussicht gestellten Leistungen betrieblich veranlasst sind. Die betriebliche Veranlassung einer Hinterbliebenenzusage ist unter Berücksichtigung der Umstände des jeweiligen Einzelfalls zu prüfen (BMF BStBl. I 2002 S. 706). Anhaltspunkte hierfür können eine von dem Lebenspartner schriftlich bestätigte Kenntnisnahme der in Aussicht gestellten Versorgungsleistung, eine zivilrechtliche Unterhaltspflicht des Arbeitnehmers gegenüber dem Lebenspartner, aber auch eine gemeinsame Haushaltsführung sein (BMF BStBl. I 2002 S. 706). Aus diesem Grund ist im Formular vorgesehen, dass lediglich in häuslicher Gemeinschaft lebende Lebenspartner Leistungen aus der Hinterbliebenenversorgung erhalten sollen. Es empfiehlt sich, zusätzlich eine Anlage zu der Pensionszusage aufzunehmen, in der der versorgungsberechtigte Lebenspartner namentlich mit Anschrift und Geburtsdatum genannt wird. Zu Gleichbehandlungsaspekten im Rahmen der Hinterbliebenenversorgung → Form. F. I. 1 Anm. 10.

7. Vorzeitiges Ausscheiden. Für den Fall des vorzeitigen Ausscheidens verweist das Formular auf die Regelungen des § 1b Abs. 5 BetrAVG. Da es sich um eine betriebliche Altersversorgung durch Entgeltumwandlung handelt, behält der Arbeitnehmer seine Anwartschaft unabhängig von der Zusagedauer, wenn sein Arbeitsverhältnis vor Eintritt des Versorgungsfalls endet. Für diesen Fall sieht das Formular vor, dass der ausgeschiedene Arbeitnehmer oder seine Hinterbliebenen einen Anspruch in Höhe der vom Zeitpunkt der Zusageerteilung bis zum Ausscheiden des Mitarbeiters aus der Gesellschaft umgewandelten Gehaltsbestandteile, mindestens in Höhe der Versicherungsleistungen, die zum Zeitpunkt des Eintritts des Versorgungsfalls aus der Rückdeckungsversicherung fällig werden, hat. Dies entspricht der gesetzlichen Regelung in § 2 Abs. 5a BetrAVG. Demnach hat ein vorzeitig ausgeschiedener Arbeitnehmer bei Eintritt des Versorgungsfalls einen Anspruch auf Leistungen aus den bis zum Zeitpunkt seines Ausscheidens umgewandelten Entgeltbestandteilen.

8. Lohnsteuer und Abgaben. Da es sich bei der Pensionszusage um eine Direktzusage handelt, die lediglich mittels Rückdeckungsversicherung ausfinanziert wird, sind die Leistungen aus der Pensionszusage als nachträgliche Einkünfte aus nichtselbständiger Arbeit gemäß § 19 EStG zu besteuern. Auch Kapitalzahlungen aus solchen unmittelbaren Versorgungszusagen gehören, wie sich aus § 19 Abs. 1 S. 2 EStG ergibt, zu den Einkünften aus nichtselbständiger Arbeit und sind daher grundsätzlich einkommenssteuerpflichtig. Die Einkommenssteuer wird durch Abzug vom Arbeitslohn als Lohnsteuer erhoben. Der (ehemalige) Arbeitgeber ist verpflichtet, die Lohnsteuer einzubehalten (§ 38 Abs. 3 EStG i. V. m. § 4 Abs. 2 Nr. 3 S. 3 LStDV) und an das zuständige Finanzamt abzuführen.

Die vorab geschilderte Lohnsteuerpflicht betrifft nicht nur den Arbeitnehmer, sondern erfasst gegebenenfalls auch aus der Versorgungszusage begünstigte Hinterbliebene des ehemaligen Arbeitnehmers, wenn sie Versorgungsleistungen beziehen. Dies ergibt sich unmittelbar aus § 19 Abs. 1 S. 1 Nr. 2 EStG, der Witwen- und Waisengelder ausdrücklich aufzählt.

Der Arbeitnehmer kann den Versorgungsfreibetrag nach § 19 Abs. 2 S. 1 EStG in Anspruch nehmen. Zusätzlich kann er den Arbeitnehmer-Pauschbetrag gemäß § 9a Nr. 1 Buchst. b) EStG geltend machen.

9. Rückdeckungsversicherung. Eine Rückdeckungsversicherung wird vom Arbeitgeber abgeschlossen, um Risiken aus der betrieblichen Altersversorgung abzudecken. Versicherungsnehmer und somit Vertragspartner des Versicherungsunternehmens ist der Arbeitgeber (*Höfer*, Gesetz zur Verbesserung der betrieblichen Altersversorgung, Bd. 1 Rn. 106). Der Arbeitnehmer ist zwar der Versicherte, jedoch sind nicht er oder einer seiner Hinterbliebenen hinsichtlich der Versicherungsleistungen bezugsberechtigt.

Bezugsberechtigter aus der abzuschließenden Rückdeckungsversicherung ist der Arbeitgeber. Grund sind die in → Form. F. I. 2 Anm. 1 dargestellten steuerlichen Aspekte. Es liegt daher keine Direktversicherung i. S. d. BetrAVG vor. Zur Absicherung der Ansprüche des Arbeitnehmers im Falle der Zahlungsunfähigkeit des Arbeitgebers bei Eintritt des Versorgungsfalls bestimmt § 9 Abs. (2), dass der Arbeitgeber seine Rechte und Ansprüche aus der Rückdeckungsversicherung durch gesonderte schriftliche Vereinbarung (→ Form. F. I. 4) an den Arbeitnehmer verpfändet. Die Verpfändung der Ansprüche aus der Rückdeckungsversicherung zugunsten des Arbeitnehmers lässt deren Charakter unberührt und bewirkt nicht, dass aus der Rückdeckungsversicherung eine Direktversicherung wird. Bezugsberechtigt bleibt nämlich nach wie vor der Arbeitgeber. Nur für den Fall der Insolvenz des Arbeitgebers soll der Arbeitnehmer sich aus der an ihn verpfändeten Rückdeckungsversicherung befriedigen können (zur Verwertung → Form. F. I. 4 Anm. 4). Würde hingegen die zugrunde liegende Rückdeckungsversicherung unbedingt an den Arbeitnehmer abgetreten, so würde eine Direktversicherung vorliegen, weil die unbedingte Abtretung dem Arbeitnehmer eine sofortige und unbedingte Verfügungsmacht einräumt (*Höfer*, Gesetz zur Verbesserung der betrieblichen Altersversorgung, Bd. 1 Rn. 174). Sofern die Ansprüche aus der Rückdeckungsversicherung unter der aufschiebenden Bedingung der Insolvenz des Arbeitgebers abgetreten werden, wandelt sich nach Ansicht der Finanzverwaltung die Rückdeckungsversicherung erst beim Bedingungseintritt in eine Direktversicherung um (EStR 2012 R 6a (23)). Durch diese Umwandlung der Rückdeckungsversicherung in eine Direktversicherung tritt dann ein lohnsteuerrechtlicher Zufluss in Höhe des Deckungskapitals ein (LStR 2011 40 b. 1 Abs. 3 S. 3). Da allerdings bei der aufschiebend bedingten Abtretung der Rückdeckungsversicherung das

Risiko besteht, dass die Abtretung wegen Gläubigerbenachteiligung nichtig ist (BAG DB 1978, 1843), hat sich in der Praxis die Verpfändung von Rückdeckungsversicherungen durchgesetzt.

Im Hinblick darauf, dass die zugrunde liegende Vereinbarung zur Gehaltsumwandlung (→ Form. F. I. 2) vorsieht, dass der Gehaltsanteil, auf den der Arbeitnehmer verzichtet, an ihn zurückzubezahlen ist, wenn die Rückdeckungsversicherung nicht zustande kommt, enthält § 9 Abs. (3) eine korrelierende Klausel, die sicherstellt, dass für den Fall, dass die Rückdeckungsversicherung nicht zustande kommt und das Gehalt, auf welches der Arbeitnehmer verzichtet hat, wieder an ihn zurückbezahlt wird, kein Anspruch auf Versorgungsleistungen aus der Vereinbarung besteht. Zusätzlich ist in diesem Zusammenhang in § 12 eine Bedingung aufgenommen, wonach das Wirksamwerden der Vereinbarung unter der aufschiebenden Bedingung (§ 158 Abs. 1 BGB) der Annahme des Antrags auf Abschluss und den nachfolgenden tatsächlichen Abschluss einer Rückdeckungsversicherung steht (→ Anm. 11).

10. Verfügungsbeschränkungen. Leistungen der betrieblichen Altersversorgung sind gemäß § 850 Abs. 2 ZPO wie Arbeitseinkommen nur in den in §§ 850a bis k ZPO beschriebenen Grenzen pfändbar (*Frank* VuR 2009, 58). In dem Umfang, wie die Versorgungsleistung unpfändbar ist, kann sie gemäß § 400 BGB auch nicht abgetreten werden. Der pfändbare Teil der Versorgungsleistungen kann vom Versorgungsberechtigten jedoch zur Abtretung (§§ 398 ff. BGB) oder zur Pfandrechtsbestellung (§§ 1273 ff. BGB) verwendet werden. Anwartschaften auf Leistungen der betrieblichen Altersversorgung sind als zukünftige Rechte nicht unmittelbar verpfändbar. Allerdings können schon während des Anwartschaftszeitraums alle zur Pfandrechtsbestellung notwendigen Rechtsgeschäfte vorgenommen werden, mit der Konsequenz, dass das Pfandrecht dann mit der Entstehung des Anspruchs auf die Versorgungsleistung erstarkt. Eine Abtretung von Anwartschaften ist als eine Abtretung künftiger Forderungen möglich (*Höfer*, Gesetz zur Verbesserung der betrieblichen Altersversorgung, Bd. 1 Rn. 1003).

Ein Verfügungsverbot für den Teil der über die Pfändungsfreigrenzen hinausgehenden Versorgungsleistungen ist zulässig, da er die vorzeitige Verwendung der Versorgungsleistungen verhindert und damit der Erhaltung des eigentlichen Versorgungszwecks dient.

11. Aufschiebende Bedingung. Die Versorgungszusage steht unter der aufschiebenden Bedingung des Abschlusses einer Rückdeckungsversicherung. Die Versorgungszusage gilt folglich erst mit Bedingungseintritt als erteilt. Da es sich dabei nicht um eine rein zeitbezogene Bedingung im Sinne einer Vorschaltzeit handelt, erfolgt ein tatsächliches Hinausschieben des Zusagezeitpunkts auf den Bedingungseintritt (zum vergleichbaren Fall der sog. „statusbezogenen" Bedingung vgl. BAG DB 1982, 1879). Eines weiteren formalen Zusageakts bedarf es allerdings nicht mehr. Im Gegensatz dazu liegt der Zusagezeitpunkt – und damit der Beginn des Laufs der Unverfallbarkeitsfristen – bei sog. „zeitbezogenen" und nicht mehr vom Arbeitgeber beeinflussbaren Bedingungen bereits im Zeitpunkt des Versprechens und nicht erst im Zeitpunkt des Bedingungseintritt (*Höfer*, Gesetz zur Verbesserung der betrieblichen Altersversorgung, Bd. 1 Rn. 2739).

12. Versorgungsausgleich. S. zunächst → Form. F. I. 1 Anm. 13. Im Falle einer Entgeltumwandlung richtet sich die Berechnung der während der Ehezeit erworbenen Anwartschaften und damit des Ausgleichswertes nach den in dieser Zeit entrichteten Beiträgen (§ 39 Abs. 2 Nr. 4 VersAusglG; vgl. BGH FamRZ 2012, 1549; OLG Celle FamRZ 2007, 563). Wenngleich sich die arbeitsrechtlich zugesagte Höhe der Versorgungsleistungen nur mittelbar aus der Rückdeckungsversicherung ergibt, ist zur Bestimmung des Ausgleichswertes der Wert der Rückdeckungsversicherung zu Beginn und bei Ende der Ehezeit zu vergleichen. Nur so kann eine unmittelbare Bewertung der Anwartschaft durchgeführt werden, der im Gesetz der Vorrang vor einer zeitratierlichen Bewertung eingeräumt wird (§ 45 Abs. 2 VersAusglG). Maßgeblich dürfte dabei nicht der Rückkaufswert, sondern das Deckungskapital zum jeweiligen Stichtag sein. Die Werte müssen vom Rückdeckungsversicherer angefordert werden. Allerdings ist nicht auszuschließen, dass die Rechtsprechung allein auf die arbeitsrechtliche Zusage abstellen wird. Dann wäre für den Ausgleichsbetrag der Betrag maßgeblich, der dem Mitarbeiter zugesagt wurde (s. § 2 des Formulars) und der im Verhältnis der in der Ehezeit gezahlten Beiträge zu den insgesamt zu zahlenden Beiträgen zu kürzen wäre.

Bei Durchführung der internen Teilung werden gemäß der vorgeschlagenen Klausel bei der Kürzung der Anwartschaft des ausgleichspflichtigen Mitarbeiters auch die hälftigen Kosten des Versorgungsausgleichs berücksichtigt (vgl. § 13 VersAusglG). Dies soll insbesondere gewährleisten, dass mögliche Kosten bei der Teilung der Rückdeckungsversicherung an den Mitarbeiter weitergegeben werden können.

13. **Schlussbestimmungen.** → Form. F. I. 2, dort unter § 6 sowie → Form. A. II. 1 Anm. 28 f.

4. Verpfändungsvereinbarung

Verpfändungsvereinbarung[1]

zwischen

. . . . . . (Name und Anschrift des Arbeitgebers) „Gesellschaft“

und

Herrn . . . . . . (Name und Anschrift des Arbeitnehmers) „Mitarbeiter“

wird folgende Verpfändungsvereinbarung getroffen:

§ 1 Rückdeckungsversicherung[2]

(1) Die Gesellschaft hat mit dem Mitarbeiter am . . . . . . die als Anlage 1 beigefügte Vereinbarung über eine Pensionszusage (nachfolgend „Pensionszusage“) getroffen und im Zusammenhang damit am . . . . . . als Versicherungsnehmer bei der . . . . . . eine Rückdeckungsversicherung (nachfolgend „Rückdeckungsversicherung“) abgeschlossen.

(2) Das Bezugsrecht auf die Leistungen der Rückdeckungsversicherung steht der Gesellschaft zu.

§ 2 Verpfändungserklärung[3]

(1) Zur Sicherung aller Ansprüche des Mitarbeiters aus der Pensionszusage räumt die Gesellschaft dem Mitarbeiter an der Rückdeckungsversicherung ein erstrangiges Pfandrecht auf die Leistungen der Rückdeckungsversicherung i. S. d. §§ 1273 ff. BGB, insbesondere der §§ 1279 ff. BGB, ein.

(2) Das Pfandrecht erfasst alle Rechte und Ansprüche aus der Rückdeckungsversicherung, einschließlich des Anspruchs auf Zahlung des Rückkaufswerts und der Überschussanteile.

§ 3 Pfandreife/Verwertung[4]

(1) Die Pfandreife tritt ein, wenn die Ansprüche aus der Pensionszusage fällig werden und

- ein Insolvenzverfahren über das Vermögen der Gesellschaft eröffnet oder ein Antrag auf Eröffnung des Insolvenzverfahrens mangels Masse abgelehnt wird (entscheidend ist das Datum der Eröffnung des Insolvenzverfahrens oder das Datum der Abweisung des Antrags) oder
- zwischen der Gesellschaft und den betreffenden Gläubigern ein außergerichtlicher Vergleich (Stundungs-, Quoten- oder Liquidationsvergleich) zur Abwendung eines Insolvenzverfahrens wirksam wird oder
- die Gesellschaft ihre Betriebstätigkeit vollständig einstellt und ein Antrag auf Eröffnung des Insolvenzverfahrens über das Vermögen der Gesellschaft nicht gestellt worden ist und ein Insolvenzverfahren offensichtlich mangels Masse nicht in Betracht kommt.

(2) Bei Eintritt der Pfandreife ist der Mitarbeiter berechtigt, die Pfandgegenstände zu verwerten, soweit dies zur Erfüllung seiner gesicherten Ansprüche notwendig ist.

§ 4 Anzeige der Verpfändung[5]

Die Gesellschaft zeigt die Verpfändung der Rückdeckungsversicherung der . . . . . . gesondert an.

§ 5 Schlussbestimmungen[6]

. . . . . .	. . . . . .
Ort, Datum	Ort, Datum
. . . . . .	. . . . . .
Unterschrift der Gesellschaft	Unterschrift des Mitarbeiters

Anmerkungen

1. Vertragliche Vereinbarung. Die Verpfändungsvereinbarung dient im Zusammenhang mit der Pensionszusage durch Gehaltsverzicht (→ Form. F. I. 2,→ Form. F. I. 3) der Absicherung des Arbeitnehmers für den Fall der Zahlungsunfähigkeit des Arbeitgebers zum Zeitpunkt des Eintritts des Versorgungsfalls. Zu diesem Zweck werden durch die Vereinbarung die Ansprüche des Arbeitgebers gegen die Versicherungsgesellschaft an den Arbeitnehmer verpfändet.

2. Rückdeckungsversicherung. Einzelheiten zur Rückdeckungsversicherung ergeben sich aus → Form. F. I. 2 Anm. 6,→ Form. F. I. 3 Anm. 9. Zu beachten ist, dass die Beitragsleistung an das Versicherungsunternehmen zu einem sofortigen Liquiditätsabfluss führt, der jedoch im Falle der Gehaltsumwandlung durch die entsprechend ersparte Gehaltszahlung an den Mitarbeiter kompensiert wird. Nach In-Kraft-Treten des Bilanzrechtsmodernisierungsgesetzes für Geschäftsjahre ab 2010 kann nicht mehr nur nach internationalen Rechnungslegungsstandards (insbes. IAS 19), sondern auch nach dem HGB eine Saldierung der zu bildenden Pensionsrückstellungen und des zu aktivierenden Deckungskapitals in der Bilanz erfolgen (§ 246 Abs. 2 S. 2 HGB).

3. Verpfändungserklärung. Das dem Arbeitnehmer eingeräumte Pfandrecht umfasst alle Rechte und Ansprüche aus der Rückdeckungsversicherung. Dies gilt insbesondere auch für den Anspruch auf Auszahlung des Rückkaufwerts. In der Anwartschaftsphase hat der Arbeitnehmer lediglich eine Mitberechtigung i. S. v. § 1281 S. 1 BGB. Er kann nicht alleine über die Ansprüche aus der Rückdeckungsversicherung verfügen (§ 1281 S. 2 BGB). Wenn der Versorgungsfall aus der zugrunde liegenden Direktzusage eintritt, kann der Arbeitnehmer gemäß §§ 1282 Abs. 1 S. 2, 1228 BGB nur in Höhe der fälligen Versorgungsleistungen über die verpfändete Rückdeckungsversicherung verfügen. Da im vorliegenden Fall die Höhe der Rückdeckungsversicherung der Versorgungsleistung entspricht, stehen dem Arbeitnehmer die Leistungen aus der Rückdeckungsversicherung dann jedoch in vollem Umfang zur Verfügung.

4. Pfandreife/Verwertung. Pfandreife als Voraussetzung der Verwertung tritt mit der Eröffnung des Insolvenzverfahrens über das Vermögen der Gesellschaft und wirtschaftlich gleich gelagerten Sachverhalten ein. Gemäß §§ 1273 Abs. 2, 1228 BGB ist darüber hinaus erforderlich, dass die gesicherte Forderung fällig ist; Voraussetzung für die Verwertung des Pfandrechts durch den Pfandrechtsgläubiger ist daher auch der Eintritt des Versorgungsfalles. Die Pfandreife kann gegebenenfalls auch weiter definiert werden (z. B. ein längerfristiger Zahlungsverzug, ohne dass notwendigerweise eine Insolvenz vorliegen muss). Derartige – über den Wortlaut von § 1228 Abs. 2 BGB hinausgehende – zusätzliche Voraussetzungen für den Eintritt der Pfandreife sind zulässig. Sie haben jedoch nur schuldrechtliche Wirkung, so dass eine Verwertung unter Verstoß gegen die Vereinbarung Dritten gegenüber rechtmäßig ist (Staudinger/*Wiegand* § 1228 BGB Rn. 5; Erman/*Michalski* § 1228 BGB Rn. 4). Der Pfandgläubiger macht sich bei abredewidriger Verwertung jedoch schadensersatzpflichtig.

Werden nach Insolvenzeröffnung Leistungen aus der Rückdeckungsversicherung fällig, ist aber gleichwohl der Versorgungsfall noch nicht eingetreten, ist die Versicherungsleistung allein an die Gesellschaft als Versicherungsnehmer zu leisten. Der Versorgungsberechtigte hat als Pfandrechtsgläubiger analog § 170 Abs. 1 S. 2 InsO einen Anspruch auf Befriedigung aus dem Verwertungserlös; er kann Hinterlegung gemäß §§ 191, 198 InsO verlangen (BGH DB 2013, 1105; BAG NZA-RR 2013, 86). Bei Fälligkeit der Leistungen aus der Rückdeckungsversicherung nach Eintritt der Pfandreife einschließlich der Fälligkeit der Versorgungsleistung gilt § 1282 Abs. 1 BGB. Die Auszahlung der Versicherungsleistung kann dann nur an den Pfandgläubiger (Arbeitnehmer) erfolgen. Soweit die Versicherungsleistung dem Arbeitnehmer (als Pfandgläubiger) vollständig zusteht, wird er Eigentümer des Geldes und die verpfändete Forderung erlischt samt akzessorischem Pfandrecht gemäß § 1288 Abs. 2 BGB.

Handelt es sich um eine wirksam verpfändete Rückdeckungsversicherung auf Grundlage einer Pensionszusage an einen Arbeitnehmer, die der gesetzlichen Insolvenzsicherung durch den Pensions-Sicherungs-Verein unterfällt, so ist zu beachten, dass die Ansprüche aus der Pensionszusage im Sicherungsfall auf den Pensions-Sicherungs-Verein übergehen. Der Pensions-Sicherungs-Verein wird im Insolvenzverfahren die aus der Pensionszusage resultierenden Ansprüche als unbedingte Forderungen gemäß § 9 Abs. 2 S. 3 BetrAVG anmelden. Dies gilt nach der Auffassung des BAG (abweichend von der oben dargestellten Konstellation in BAG NZA-RR 2013, 86) auch dann, wenn die Versorgungsleistung gegenüber dem Arbeitnehmer noch nicht fällig wäre, da mit Insolvenzeröffnung und Übergang auf den Pensions-Sicherungs-Verein sofortige Fälligkeit eintritt und die Anwartschaften zu kapitalisieren sind (BAG NZA 1990, 524). Mit dem gesetzlichen Forderungsübergang hinsichtlich der Pensionszusage gehen jedoch auch die bestehenden Pfandrechte als Nebenrechte an der Pensionszusage und somit die Ansprüche aus der Rückdeckungsversicherung gemäß § 9 Abs. 2 BetrAVG auf den Pensions-Sicherungs-Verein über, so dass insofern dem Pensions-Sicherungs-Verein und nicht mehr dem Arbeitnehmer die Verwertungsrechte zufallen.

5. Verpfändungsanzeige. Eine Verpfändungsanzeige ist gemäß § 1280 BGB Wirksamkeitsvoraussetzung der Verpfändung. Der Arbeitgeber muss deshalb dem Versicherungsunternehmen die Verpfändung der Ansprüche aus der Rückdeckungsversicherung anzeigen. Es handelt sich um eine unabdingbare Wirksamkeitsvoraussetzung für die Entstehung des Pfandrechts (BGH BGHZ 137, 267).

6. Schlussbestimmungen. → Form. F. I. 2, dort unter § 6 sowie → Form. A. II. 1 Anm. 28 f.

5. Treuhandvereinbarung zur Ausgliederung von Pensionsrückstellungen (Contractual Trust Arrangement)

Treuhandvereinbarung[1]

zwischen

...... (Name und Anschrift des Arbeitgebers) „Gesellschaft“

und

Trust e. V. (Name und Anschrift des eingetragenen Vereins) „Trust“

Präambel[2]

Die Gesellschaft gewährt ihren Mitarbeitern und Geschäftsführern sowie deren Hinterbliebenen („Berechtigte“) Versorgungsleistungen nach Maßgabe der Versorgungsordnung vom ...... in ihrer jeweils gültigen Fassung („Versorgungsordnung“).

Zur Insolvenzsicherung der aus der Versorgungsordnung resultierenden Verpflichtungen („Versorgungsverpflichtungen“) der Gesellschaft sollen nach den Vorschriften dieses Vertrags Vermögensgegenstände auf den Trust übertragen werden. Die Übertragung erfolgt mit der Maßgabe, dass der Trust das übertragene Vermögen treuhänderisch für die Gesellschaft verwaltet („Verwaltungstreuhand“) und außerdem treuhänderisch für die Berechtigten für den Sicherungsfall hält („Sicherungstreuhand“). Diese Vermögensübertragung auf den Trust als Doppeltreuhänder soll zugunsten der Gesellschaft die Anforderungen nach US-GAAP und IAS 19 erfüllen und saldierungsfähige „Plan Assets“ schaffen. Der Trust wird das übertragene Vermögen in Sondervermögen zur externen Kapitalanlage anlegen und sicherstellen, dass das mit der Verwahrung der von der Kapitalanlagegesellschaft für die Sondervermögen ausgegebenen Anteilscheine beauftragte Kreditinstitut für die Berechtigten jeweils separate Konten anlegt und führt.

Dies vorausgeschickt, vereinbaren die Parteien, was folgt:

§ 1 Vertragsgegenstand[3]

(1) Gegenstand dieses Treuhandvertrags ist die externe *(Optional: gegebenenfalls auch anteilige)* Ausfinanzierung und Sicherung von Versorgungsverpflichtungen sowie – im Sicherungsfall – die Befriedigung von Versorgungsverpflichtungen.

(2) Der Trust kann inhaltlich entsprechende Treuhandverträge auch mit Unternehmen, die mit der Gesellschaft i.S.v. § 15 Aktiengesetz (AktG) verbunden sind („Konzernunternehmen“), abschließen. Der Trust darf jedoch keine Treuhandverträge mit Unternehmen abschließen, die kein Konzernunternehmen i.S. dieses Treuhandvertrages sind.

§ 2 Treuhandkonto/Treuhanddepot[4]

(1) Der Trust eröffnet zugunsten der Gesellschaft (mit der Gesellschaft als Treugeber) ein auf den Trust lautendes und als offenes Treuhanddepot geführtes Wertpapierdepot („Wertpapierdepot“) und ein korrespondierendes als offenes Treuhandkonto geführtes Abrechnungskonto („Abrechnungskonto“) bei einem deutschen Kreditinstitut seiner Wahl („Bank“). Der Trust stellt dabei sicher, dass die Bank die Doppeltreuhand des Trusts zugunsten der Gesellschaft und der Berechtigten offen legt.

(2) Die Gesellschaft überträgt an den Trust Vermögensgegenstände, welche zum Zeitpunkt der Wertstellung auf dem Wertpapierdepot oder dem Abrechnungskonto wertmäßig dem versicherungsmathematisch ermittelten Barwert der aus der Versorgungsordnung resultierenden Versorgungsverpflichtungen der Gesellschaft gegenüber den Berechtigten zum ...... („Stichtag") entsprechen („Übertragene Vermögensgegenstände"). Der Trust stellt dabei sicher, dass der Saldo auf dem Abrechnungskonto stets so niedrig wie möglich ist.

(3) Der Trust vereinbart mit der Bank, dass diese zur Verwahrung und Verwaltung der Übertragenen Vermögensgegenstände und ihrer Surrogate für die jeweiligen Berechtigten separate Unterkonten entsprechend dem versicherungsmathematisch ermittelten Barwert der aus der Versorgungsordnung resultierenden Versorgungsverpflichtung der Gesellschaft gegenüber dem jeweiligen Berechtigten („Anteiliger Wert") zum Stichtag („Unterkonten") anlegt, damit eine getrennte Erfassung der Wertentwicklung der einzelnen Unterkonten gewährleistet ist.

§ 3 Treuhandvermögen[5]

(1) Die von der Kapitalverwaltungsgesellschaft („KVG") gemäß nachfolgendem § 4 Abs. (2) gegen die Übertragenen Vermögensgegenstände ausgegebenen Anteilscheine einschließlich etwa aus der externen Kapitalanlage über die KVG resultierender Wertsteigerungen oder Wertminderungen sowie deren Surrogate bilden das Treuhandvermögen („Treuhandvermögen").

(2) Der Saldo jedes Unterkontos spiegelt den Anteil eines jeden Berechtigten am Treuhandvermögen wider. Der Anteil entspricht dem nach Maßgabe der Versorgungsordnung festgestellten Anteiligen Wert an den Übertragenen Vermögensgegenständen einschließlich etwaiger Wertsteigerungen oder -minderungen aus der externen Kapitalanlage und nach Abzug der Aufwendungsumlage gemäß nachfolgendem § 11 Abs. (2) („Unterkontensaldo").

(3) Die Einrichtung und Führung der separaten Unterkonten begründet für den einzelnen Berechtigten keinen Rechtsanspruch hinsichtlich seines Unterkontos und führt nicht dazu, dass der einzelne Berechtigte unmittelbar wirtschaftliche Verfügungsmacht über den Gegenwert seines Unterkontensaldos erwirbt.

§ 4 Verwaltungstreuhand[6]

(1) Der Trust verwaltet das Treuhandvermögen, getrennt vom übrigen Vermögen des Trusts und getrennt vom Vermögen anderer etwaiger Treugeber des Trusts, treuhänderisch für die Gesellschaft („Verwaltungstreuhand") zur Ausfinanzierung und Insolvenzsicherung der Ansprüche der Berechtigten.

(2) Mit der Verwaltung und Anlage des Treuhandvermögens wird der Trust, soweit dies nach Art der Vermögensgegenstände möglich und wirtschaftlich sinnvoll ist, im Rahmen eines gesondert zu schließenden Vermögensverwaltungsvertrages eine Kapitalverwaltungsgesellschaft („KVG") i. S. d. § 17 Kapitalanlagegesetzbuchs (KAGB) oder ein Finanzdienstleistungsinstitut i. S. v. § 1 Abs. 1a des Kreditwesengesetzes (KWG) („Finanzdienstleistungsinstitut") beauftragen.

(3) Der Trust wird durch offene Ausweisung des Treuhandverhältnisses in der buchhalterischen Kontoführung in Zusammenarbeit mit der Bank eine Segmentierung des Treuhandvermögens herbeiführen, durch die sichergestellt wird, dass das Treuhandvermögen im Falle der Insolvenz des Trusts oder der Insolvenz eines anderen Treugebers („Anderer Treugeber") nicht dem Zugriff anderer Gläubiger des Trusts oder der Gläubiger Anderer Treugeber unterfällt.

§ 5 Sicherungstreuhand[7]

(1) Der Trust hält das Treuhandvermögen nicht nur als Verwaltungstreuhänder der Gesellschaft aufgrund der Regelung in § 4 dieses Treuhandvertrags, sondern zugleich als Sicherungstreuhänder jedes Berechtigten mit der Maßgabe, Versorgungsansprüche der Berechtigten aus der Versorgungsordnung abzusichern („Sicherungstreuhand"). Die Sicherungstreuhand wird bereits mit Abschluss dieses Treuhandvertrags zugunsten der Berechtigten im Wege eines echten Vertrages zugunsten Dritter gemäß § 328 Abs. 1 BGB begründet und ist unabhängig vom rechtlichen Bestand der Verwaltungstreuhand.

(2) Jeder Berechtigte kann bei Eintritt des Sicherungsfalls gemäß nachfolgendem § 8 vom Trust aus dem Treuhandvermögen Befriedigung seiner Versorgungsansprüche gegenüber der Gesellschaft nach Maßgabe der Versorgungsordnung und den Regelungen dieses Treuhandvertrags fordern. Die Berechtigten haben insoweit einen Anspruch aus einem echten Vertrag zugunsten Dritter gemäß § 328 Abs. 1 BGB aus diesem Treuhandvertrag gegen den Trust auf Befriedigung von Versorgungsansprüchen nach Maßgabe der Versorgungsordnung. Die Leistungspflicht des Trusts ist dabei auf das im jeweiligen Zeitpunkt vorhandene Treuhandvermögen beschränkt.

(3) Die Ansprüche des jeweiligen Berechtigten dürfen nicht ohne dessen ausdrückliche schriftliche Einwilligung aufgehoben oder geändert werden. § 16 Abs. (5) bleibt unberührt.

§ 6 Kapitalanlagegrundsätze[8]

Die Anlage des Treuhandvermögens durch den Trust erfolgt durch externe Kapitalanlage über die KVG oder das Finanzdienstleistungsinstitut gemäß vorstehendem § 4 Abs. (2).

§ 7 Erfüllung von Ansprüchen[9]

(1) Solange der Sicherungsfall gemäß nachfolgendem § 8 nicht eintritt, ist ausschließlich die Gesellschaft unmittelbar zur Erfüllung der fälligen Ansprüche der Berechtigten verpflichtet.

(2) Höhe und Fälligkeit der Ansprüche der Berechtigten bestimmen sich nach der Versorgungsordnung.

(3) Soweit die Gesellschaft fällige Ansprüche von Berechtigten gemäß vorstehendem Abs. (2) erfüllt, wird der Trust auf Aufforderung der Gesellschaft unverzüglich zulasten des Unterkontensaldos des jeweiligen Berechtigten den Gegenwert an die Gesellschaft erstatten, welcher dem Nominalbetrag der Zahlung – begrenzt auf den Unterkontensaldo – entspricht, die von der Gesellschaft zur Anspruchserfüllung an den Berechtigten geleistet wurde.

§ 8 Sicherungsfall[10]

(1) Der Trust hat bei Eintritt des Sicherungsfalls das Treuhandvermögen nach Maßgabe nachfolgender §§ 9 und 10 zur Befriedigung der Berechtigten zu verwenden.

(2) Der Sicherungsfall tritt ein, wenn

a) ein Insolvenzverfahren über das Vermögen der Gesellschaft eröffnet oder ein Antrag auf Eröffnung des Insolvenzverfahrens mangels Masse abgelehnt wird (entscheidend ist das Datum der Eröffnung des Insolvenzverfahrens oder das Datum der Abweisung des Antrags), oder

b) zwischen der Gesellschaft und den betreffenden Gläubigern ein außergerichtlicher Vergleich (Stundungs-, Quoten- oder Liquidationsvergleich) zur Abwendung eines Insolvenzverfahrens wirksam wird, oder

c) die Gesellschaft ihre Betriebstätigkeit vollständig einstellt und ein Antrag auf Eröffnung des Insolvenzverfahrens über das Vermögen der Gesellschaft nicht gestellt worden ist und ein Insolvenzverfahren offensichtlich mangels Masse nicht in Betracht kommt, oder

d) dem Trust eine schriftliche Mitteilung von der Zahlungsunfähigkeit der Gesellschaft zugegangen ist, verbunden mit der Vorlage eines Gutachtens eines Wirtschaftsprüfers, das die Zahlungsunfähigkeit der Gesellschaft nach Maßgabe von § 17 InsO feststellt (entscheidend ist das Datum des Eingangs der Mitteilung beim Trust), oder

e) die Gesellschaft aus sonstigen Gründen mit der Erfüllung aller fälligen Ansprüche aller Berechtigten mehr als sechs Monate in Verzug gerät.

(zusammengefasst „Sicherungsfall").

§ 9 Ansprüche im Sicherungsfall[11]

(1) Mit Eintritt des Sicherungsfalls gemäß vorstehendem § 8 werden die Ansprüche der Berechtigten gegen den Trust zur Erfüllung aus dem Treuhandvermögen durchsetzbar. Ihre Höhe und Fälligkeit bestimmen sich nach der Versorgungsordnung sowie den Regelungen in den nachfolgenden Absätzen des § 9 dieses Treuhandvertrags.

(2) Sofern der Sicherungsfall eintritt, hat der Trust Ansprüche der Berechtigten, die nach Maßgabe der Versorgungsordnung fällig sind, aus dem Treuhandvermögen entsprechend nachfolgendem § 10 zu erfüllen.

(3) Sofern der Sicherungsfall aufgrund der Eröffnung des Insolvenzverfahrens über das Vermögen der Gesellschaft eintritt, gelten die Ansprüche der Berechtigten aus der Versorgungsordnung, die gemäß § 41 Abs. 1 InsO gegenüber der Gesellschaft als fällig gelten, auch gegenüber dem Trust als fällig und sind vom Trust entsprechend nachfolgendem § 10 zu erfüllen.

§ 10 Erfüllung von Ansprüchen im Sicherungsfall[12]

(1) Im Sicherungsfall erfolgt die Erfüllung von fälligen Ansprüchen der Berechtigten durch Verwertung des entsprechenden Treuhandvermögens und Auszahlung zulasten des individuellen Unterkontensaldos an den jeweiligen Berechtigten.

(2) Die Auszahlung erfolgt unmittelbar durch den Trust und nach Einbehalt etwaiger gesetzlicher Steuern und Abgaben sowie reduziert um etwaige für den Zeitraum vor der Auszahlung angefallener und noch nicht umgelegter, d.h. in den Unterkontensalden noch nicht berücksichtigter Aufwendungen, gemäß nachfolgendem § 11 Abs. (2).

(3) Sofern der Sicherungsfall aufgrund der Eröffnung des Insolvenzverfahrens über das Vermögen der Gesellschaft eintritt, kann jeder Berechtigte Auszahlung in Höhe des Nominalbetrags der Forderung verlangen, die zur Insolvenztabelle der Gesellschaft festgestellt worden ist, jedoch begrenzt durch den individuellen Unterkontensaldo des jeweiligen Berechtigten. Das Bestehen und die Fälligkeit des Anspruchs, dessen Zahlung aus dem Treuhandvermögen verlangt wird, sind dem Trust jeweils durch Vorlage eines Auszugs aus der Insolvenztabelle nachzuweisen.

(4) Sofern der Gegenwert des individuellen Unterkontensaldos nicht ausreicht, um die fälligen Ansprüche des jeweiligen Berechtigten zu befriedigen, ist der Trust nicht berechtigt, diesen Fehlbetrag durch Entnahmen aus den individuellen Unterkontenguthaben anderer Berechtigter zu begleichen.

(5) Vor Eintritt des Sicherungsfalles nach § 8 können die Berechtigten keine unmittelbaren Ansprüche nach Maßgabe der Versorgungsordnung gegen den Trust geltend machen.

§ 11 Aufwendungserstattung[13]

(1) Der Trust wird unentgeltlich tätig. Er hat Anspruch auf Erstattung seiner zur Erfüllung seiner Verpflichtungen aus diesem Treuhandvertrag notwendigen Aufwendungen. Zu den Aufwendungen gehören auch Zahlungen, die der Trust an die KVG oder das Finanzdienstleistungsinstitut und die Bank im Rahmen der externen Kapitalanlage leistet.

(2) Die Aufwendungserstattung gemäß vorstehendem Abs. (1) erfolgt aus dem Treuhandvermögen und wird anteilig auf die einzelnen Unterkonten (d.h. entsprechend dem jeweiligen Anteil am Treuhandvermögen) umgelegt.

(3) Sofern der Trust die ihm nach diesem § 11 zustehenden Aufwendungserstattungen nicht aus dem Treuhandvermögen begleichen kann, wird die Gesellschaft den Trust von allen Verbindlichkeiten, die dieser in Folge der ordnungsgemäßen Erfüllung seines Auftrages eingeht, freistellen.

§ 12 Informationspflichten des Trusts[14]

(1) Der Trust hat die Gesellschaft zum Ende eines jeden Geschäftsjahrs der Gesellschaft unaufgefordert über das Ergebnis der Vermögensverwaltung zu unterrichten und ihr ein Verzeichnis des Treuhandvermögens zu übermitteln.

(2) Aus dem Verzeichnis des Treuhandvermögens haben sich insbesondere die individuellen Unterkontensalden der jeweiligen Berechtigten zu ergeben.

(3) Auf Aufforderung der Gesellschaft wird der Trust ein vorstehendem Abs. (1) und (2) entsprechendes Vermögensverzeichnis auch unterjährig erteilen. Der Trust hat dabei sicherzustellen, dass er die Unterkontensalden täglich vorhält und das angeforderte Vermögensverzeichnis taggenau erstellen und übermitteln kann.

§ 13 Haftung[15]

Der Trust hat seine Aufgaben als Treuhänder mit der Sorgfalt eines ordentlichen Geschäftmanns auszuführen.

§ 14 Laufzeit[16]

(1) Die Laufzeit dieses Treuhandvertrags beginnt mit seiner Unterzeichnung.

(2) Dieser Treuhandvertrag endet, sobald sämtliche Ansprüche aller Berechtigten vollständig erfüllt worden sind.

(3) Der Treuhandvertrag kann von der Gesellschaft mit einer Frist von drei Monaten schriftlich gekündigt werden. Die Kündigung durch die Gesellschaft ist nur zulässig, wenn anschließend eine gleichwertige Sicherung der Versorgungsberechtigten gewährleistet ist. Eine Sicherung gilt als gleichwertig, wenn (i) durch sie die Vermögensinteressen der Berechtigten in wirtschaftlich vergleichbarem Umfang gewahrt werden wie durch die durch diesen Treuhandvertrag vermittelte Sicherung und (ii) der durch sie vermittelte Schutz der Berechtigten vor einem Zugriff der Gesellschaft als Schuldnerin der Versorgungsansprüche auf Vermögen, welches der Sicherung der Versorgungsansprüche dient, qualitativ den Anforderungen entspricht, die im Rahmen von IFRS/IAS und US-GAAP (nur solange und soweit auch nach US-GAAP berichtet wird) zur Qualifikation von Vermögen als Plan Assets erfüllt sein müssen („Gleichwertige Sicherung").

(4) Der Trust kann diesen Treuhandvertrag mit einer Frist von sechs Monaten schriftlich kündigen. Vorstehender Abs. (3) gilt entsprechend mit der Maßgabe, dass der Trust gegenüber der Gesellschaft die Einrichtung einer Gleichwertigen Sicherung sicherzustellen hat.

(5) Der Treuhandvertrag kann von der Gesellschaft und dem Trust jederzeit einvernehmlich beendet werden, wenn anschließend eine Gleichwertige Sicherung der Versorgungsberechtigten gewährleistet ist.

(6) Im Falle einer nach vorstehendem Abs. (3) und (4) zulässigen Kündigung des Treuhandvertrags oder einer einvernehmlichen Vertragsbeendigung gemäß vorstehendem Abs. (5) wird der Trust das Treuhandvermögen spätestens zum Ende des Treuhandvertrags auf eine Gleichwertige Sicherung übertragen.

(7) Erfolgt – gleich aus welchen Gründen – eine Übertragung des Treuhandvermögens bzw. die Sicherstellung einer Gleichwertigen Sicherung gemäß Abs. (6) nicht innerhalb von 90 Kalendertagen nach Beendigung des Treuhandvertrags, ist der Trust berechtigt und – sofern eine treuhänderische Verwaltung i. S. dieses Treuhandvertrags nicht mehr gewährleistet ist – verpflichtet, das Treuhandvermögen beim zuständigen Amtsgericht oder einer anderen geeigneten Stelle i. S. v. § 198 InsO zu hinterlegen. Die Hinterlegung erfolgt zugunsten der Berechtigten, der für die Einziehung etwa anfallender Einkommensteuer jeweils zuständigen Finanzämter, der für die Einziehung etwaiger Sozialversicherungsbeiträge jeweils zuständigen Einzugsstellen, zugunsten des Pensions-Sicherungs-Vereins sowie zugunsten der Gesellschaft mit befreiender Wirkung. Soweit für diese Hinterlegung eine Verwertung des Treuhandvermögens erforderlich ist, ist der Trust hierzu berechtigt.

(8) Vorstehende Abs. (6) und (7) gelten entsprechend für den Fall der Beendigung des Treuhandvertrags wegen Auflösung des Trusts oder wegen Verlusts der Rechtsfähigkeit des Trusts.

§ 15 Beitritt von Berechtigten[17]

(1) Die Berechtigten sind, jeder einzeln und unabhängig voneinander, berechtigt, diesem Vertrag durch schriftliche Erklärung beizutreten. Im Falle eines Vertragsbeitritts besteht die Sicherungstreuhand gemäß § 5 dieses Vertrags aufgrund unmittelbaren Vertrags zwischen Trust und dem jeweiligen Berechtigten.

(2) Die Parteien dieses Vertrags bevollmächtigen den Trust zum Empfang der Beitritterklärungen von Berechtigten gemäß vorstehendem Abs. (1). Der Beitritt von Berechtigten zu diesem Vertrag wird mit Wirkung für alle Parteien dieses Vertrags mit dem Zugang der Beitrittserklärung beim Trust wirksam.

(3) Sofern die Ansprüche eines diesem Vertrag beigetretenen Berechtigten aus der Versorgungsordnung vollständig erfüllt sind, endet die Stellung dieses Berechtigten als Partei dieses Vertrags, ohne dass es einer weiteren Erklärung oder Kündigung bedarf.

§ 16 Schlussbestimmungen[18]

(1) Nach Abschluss dieses Treuhandvertrags wird die Gesellschaft dem Trust alle Berechtigten benennen und diese Benennung jährlich zum 31.12. aktualisieren.

(2) Der Treuhandvertrag unterliegt dem Recht der Bundesrepublik Deutschland. Gerichtsstand für alle Streitigkeiten aus diesem Treuhandvertrag ist . . . . . .

(3) Sämtliche Mitteilungen nach diesem Treuhandvertrag sind wie folgt zu adressieren:

a) an die Gesellschaft:

. . . . . .

. . . . . .

. . . . . .

b) an den Trust:

……

……

……

Ist für Mitteilungen zwischen den Parteien die Schriftform gefordert, so müssen sie per Einschreiben mit Rückschein oder per Boten mit Empfangsbestätigung übermittelt werden.

(4) Dieser Treuhandvertrag enthält zusammen mit etwaigen Anlagen alle Vereinbarungen und Erklärungen der vertragsschließenden Parteien in Bezug auf den Treuhandvertragsgegenstand. Alle zwischen den Parteien vor dem Abschluss dieses Treuhandvertrags getroffenen Vereinbarungen hierüber sind durch den Abschluss dieses Treuhandvertrags überholt und werden hierdurch ersetzt.

(5) Vertragsänderungen bedürfen der Zustimmung von mindestens 75 Prozent der Berechtigten. Ausgenommen sind solche Vertragsänderungen, die lediglich technische Abläufe betreffen und das Sicherheitsinteresse der Berechtigten nicht beeinträchtigen; diese erfolgen in Absprache zwischen der Gesellschaft und dem Trust, ohne dass eine Zustimmung der Berechtigten notwendig ist.

(6) Änderungen und Ergänzungen dieses Treuhandvertrags, einschließlich dieser Bestimmung, bedürfen zu ihrer Rechtswirksamkeit der Schriftform, es sei denn, diese wurden nachweislich zwischen den Parteien ausgehandelt. Mündliche Nebenabreden bestehen nicht.

(7) Sollte eine Bestimmung dieses Treuhandvertrags ganz oder teilweise unwirksam sein oder werden, so wird hiervon die Wirksamkeit der übrigen Bestimmungen dieses Treuhandvertrags nicht berührt. Die Parteien verpflichten sich, die unwirksame Bestimmung durch diejenige wirksame zu ersetzen, die dem mit der unwirksamen Bestimmung Gewollten wirtschaftlich am nächsten kommt. Dasselbe gilt für den Fall einer vertraglichen Lücke oder einer wesentlichen Änderung der diesem Treuhandvertrag zugrunde liegenden maßgeblichen Geschäftsgrundlagen.

……	……
Ort, Datum	Ort, Datum
……	……
Unterschrift der Gesellschaft	Unterschrift des Trusts

Anmerkungen

1. Vorbemerkung. Durch das Vertragswerk wird ein so genanntes Contractual Trust Arrangement (CTA) begründet. Dadurch soll ein privatrechtlicher Insolvenzschutz für die Ansprüche und Anwartschaften der aus der Versorgungsordnung der Gesellschaft berechtigten Mitarbeiter herbeigeführt werden. Es handelt sich bei dem dargestellten CTA um ein sog. „doppelseitiges Treuhandmodell". Das Vertragswerk enthält deshalb zwei Elemente: Zunächst eine Verwaltungstreuhand, die den Treuhänder verpflichtet, das auf ihn übertragene Vermögen für die Gesellschaft (die weiterhin wirtschaftliche Eigentümerin bleibt) zu verwalten. Zudem enthält der Vertrag eine Sicherungstreuhand, die den Treuhänder verpflichtet, im Sicherungsfall Leistungen an die berechtigten Mitarbeiter zu erbringen.

Die Insolvenzfestigkeit der doppelseitigen Treuhand ist inzwischen auch von der höchstrichterlichen Rechtsprechung anerkannt (vgl. BAG BeckRS 2013, 72734). Das BAG hat entschieden, dass ein CTA in Form einer sog. Doppeltreuhandkonstruktion bei Beachtung bestimmter Voraussetzungen als insolvenzfest anzusehen ist. Denn durch die CTA-Struktur wird ein Absonderungsrecht zugunsten des Treuhänders begründet, sofern die Doppeltreuhand gewisse Anforderungen erfüllt. Die ganz h. M. in der insolvenzrichterlichen Literatur ging bereits vorher von der Insolvenzfestigkeit der Doppeltreuhand aus (→ Anm. 7).

Für deutsche Tochtergesellschaften internationaler Konzerne und insbesondere auch für deutsche Konzerne, die Bilanzen nach internationalen oder US-amerikanischen Rechnungslegungsvorschriften (IFRS und US-GAAP) erstellen, entstehen aus der Bildung von Pensionsrückstellungen für Versorgungsverpflichtungen im internationalen Wettbewerb substantielle Nachteile. Denn nach den internationalen Rechnungslegungsvorschriften müssen Pensionsrückstellungen als ungedeckte Pensionsverbindlichkeiten (Unfunded Pension Liabilities) ausgewiesen werden. Dies führt zu einer Verschlechterung des Unternehmensratings, die Eigenkapitalverzinsung sinkt und erhöht damit auch die Kosten für Fremdfinanzierung. Auch um dieses Problem zu lösen, bietet sich die Etablierung eines CTA an. Bei richtiger Ausgestaltung wird das auf den Trust übertragene Vermögen gegen die Pensionsrückstellungen aufgerechnet (saldiert) und nur noch die verbleibende Differenz bilanziert. Voraussetzung dafür, dass lediglich die ungedeckten Pensionsverpflichtungen ausgewiesen werden müssen, ist, dass die auf den Trust übertragenen Deckungsmittel die von IFRS/IAS oder US-GAAP aufgestellten Anforderungen an Planvermögen (Plan Assets) erfüllen. Erforderlich für die Anerkennung ist, dass das Vermögen von einer rechtlich selbständigen Einheit gehalten wird, die von dem zusagenden Unternehmen rechtlich unabhängig ist. Das Vermögen muss ausschließlich für die Erfüllung von Versorgungsverpflichtungen reserviert und nicht an den Arbeitgeber oder seine Gläubiger gezahlt werden können, bevor nicht die Versorgungsverpflichtungen erfüllt sind. Diese Voraussetzungen werden durch das CTA bei richtiger Ausgestaltung geschaffen.

Bei der Einrichtung eines CTA müssen die Arbeitnehmer nicht beteiligt werden. Die Vereinbarung, durch die Ansprüche für die Arbeitnehmer als Dritte im Sicherungsfall begründet werden, wird nur zwischen dem Trägerunternehmen und dem Trust abgeschlossen. Eine Mitwirkung der Versorgungsberechtigten ist nicht erforderlich, da das Gesetz in § 328 BGB den Abschluss eines schuldrechtlichen Vertrages zugunsten Dritter ohne ihre Mitwirkung ausdrücklich zulässt (*Küppers/Louven* BB 2004, 337, 343).

Auch im Übrigen ergibt sich kein Beteiligungsrecht der Arbeitnehmer. Deren Pensionsanwartschaften und -ansprüche werden durch die Einrichtung des CTA nicht berührt. Denn es ist strikt zwischen dem arbeitsrechtlichen Anspruch der Begünstigten gegenüber dem Arbeitgeber und dem Sicherungsanspruch gegen den Trust zu unterscheiden. Es handelt sich dabei um zwei völlig unterschiedliche Ansprüche, die auf unterschiedlichen Anspruchs- und Rechtsgrundlagen beruhen. Sämtliche Regelungen zur Insolvenzsicherung durch den Trust betreffen ausschließlich die Frage der Bereitstellung von Vermögensmitteln zur Erfüllung der Leistungsverpflichtung und zu ihrer Absicherung für den Eintritt des Leistungsfalls, nicht aber die zugesagte Leistung selbst (*Klemm* BetrAVG 2006, 132, 134; *Rößler* BB 2010, 1405, 1408). Deren Inhalt, Ausgestaltung und Fälligkeit richten sich allein nach den jeweils zugrunde liegenden arbeitsvertraglichen Bestimmungen, die aber bei Einrichtung des CTA nicht berührt werden.

Auch der Betriebsrat ist am Abschluss der Treuhandvereinbarung nicht zu beteiligen. Ein Mitbestimmungsrecht des Betriebsrats folgt insbesondere nicht aus § 87 Abs. 1 Nr. 8 BetrVG. Der Trust stellt keine Sozialeinrichtung i. S. dieser Regelung dar. Anders als betriebliche Pensions- oder Unterstützungskassen kann ein „innerbetrieblicher" Trust nicht als derartige Sozialeinrichtung qualifiziert werden, weil der Trust keine direkten Leistungen an die Belegschaft erbringen soll. Sozialeinrichtungen i. S. d. § 87 Abs. 1 Nr. 8 BetrVG erhalten ihre Besonderheit aber gerade daraus, dass der Arbeitgeber durch sie Leistungen an die Belegschaft erbringt (vgl. BAG AP BetrVG 1972 § 87 Altersversorgung Nr. 2; AP BetrVG 1972 § 87 Sozialeinrichtung Nr. 1) und erbringen will. Die entsprechenden Leistungen müssten zudem Entgeltcharakter haben. Diese Voraussetzungen sind beim betrieblichen Trust nicht erfüllt, da die zugrunde liegende Versorgungszusage und nicht die CTA-Konstruktion den Entgeltcharakter erfüllt (vgl. hierzu *Höfer*, Gesetz zur Verbesserung der betrieblichen Altersversorgung, Bd. 1 Rn. 1142 m. w. N.). Da der Trust in der vorliegenden Gestaltung aber gerade keine Leistungen erbringt (a. A. wohl *Rößler* BB 2010, 1405, 1409, der aber im Ergebnis ebenfalls das Vorliegen einer Sozialeinrichtung ablehnt), weil der Arbeitgeber bis zum Sicherungsfall Schuldner der Versorgungsleistungen bleibt, fehlt es an diesem konstitutiven Merkmal der Sozialeinrichtung. Der Arbeitgeber will gerade keine Leistungen durch den Trust an die Belegschaft erbringen. Der Trust ist vielmehr nur ein wirtschaftliches Sicherungsmittel zur Absicherung der vom Arbeitgeber aufgrund der Versorgungszusage zu erbringenden Leistungen. Damit ist das CTA-Modell mitbestimmungsrechtlich eher mit dem (mitbestimmungsfreien) Abschluss einer Rückdeckungsversicherung zu vergleichen.

Auch eine Mitbestimmung nach § 87 Abs. 1 Nr. 10 BetrVG scheidet aus. Die Bildung und Ausgliederung eines Treuhandvermögens ist nicht eine Frage der Lohngestaltung. Die CTA-Konstruktion baut auf einer bestehenden Versorgungszusage auf, die für sich gesehen nach allgemeinen Grundsätzen dem Mitbestimmungsrecht des Betriebsrats unterliegt (→ Form. F. I. 1 Anm. 1). Die Rückdeckungskonzeption durch das CTA betrifft hingegen ausschließlich die finanztechnische Seite, also die Frage der Erfüllung der Versorgungsverpflichtungen und der Bereitstellung bzw. Separierung hinreichender Vermögensmittel.

2. Präambel. Es empfiehlt sich, in der Präambel den der Treuhandvereinbarung zugrunde liegenden Sachverhalt und die verfolgten Zwecke noch einmal ausdrücklich darzulegen. Dadurch werden für etwaige Streitfälle Auslegungshilfen gegeben, indem die Motive für den Abschluss der Treuhandvereinbarung deutlich gemacht werden. Insbesondere sollte hier aufgeführt werden, dass die Vermögensübertragung auf den Trust zugunsten der Gesellschaft die Anforderungen für eine Bilanzverkürzung nach US-GAAP und IFRS/IAS erfüllen und saldierungsfähige „Plan Assets" schaffen sollen.

3. Vertragsgegenstand. Im Rahmen von § 1 ist ausdrücklich klargestellt, dass der Trust lediglich für die Gesellschaft und für verbundene Unternehmen als Doppeltreuhänder tätig werden darf. Dadurch erfolgt eine – aus aufsichtsrechtlichen Aspekten ratsame – Abgrenzung von einem nicht nur für Konzernunternehmen tätigen Gruppen-Trust (→ Anm. 8).

4. Treuhandkonto, Treuhanddepot. Die technische Vorgehensweise zur Eröffnung des erforderlichen Depots und der Konten sollte stets so genau wie möglich spezifiziert werden, um sicherzustellen, dass der Trust die erforderlichen Depots und Konten in der erwünschten Weise einrichtet. Dabei ist festzulegen, dass die ausgewählte Bank die Doppeltreuhand des Trusts zugunsten der Gesellschaft und der Berechtigten offenzulegen hat. Dies ist ein wichtiges Kriterium zur Sicherstellung der Insolvenzfestigkeit der Treuhandkonstruktion.

Das von der Gesellschaft auf den Trust zu übertragende Vermögen richtet sich nach der zugrunde liegenden Versorgungsordnung. Diese sollte daher dem Treuhandvertrag als Anlage beigefügt werden. In Abs. (2) ist eine Regelung aufgenommen, wonach der Trust sicherzustellen hat, dass der Saldo auf dem Abrechnungskonto stets so niedrig wie möglich ist, um zu vermeiden, dass größere Summen auf dem zinsschwachen Abrechnungskonto „zwischengelagert" und nicht im Rahmen der eigentlichen Kapitalanlage investiert werden.

Abs. (3) sieht vor, dass zugunsten der jeweils aus der Versorgungsordnung Berechtigten separate Unterkonten („Unterkonten") anzulegen sind. Es handelt sich dabei lediglich um rechtlich unselbständige sog. „Pro-forma-Konten", die keinen eigenen Rechtsanspruch der Berechtigten begründen. Die damit gewährleistete getrennte Erfassung der Wertentwicklung der einzelnen Unterkonten bietet sich insbesondere dann an, wenn dem CTA eine sog. „fonds-akzessorische" Versorgungszusage zugrunde liegt, also eine Zusage, bei der der Versorgungsanspruch des Berechtigten unmittelbar an die Entwicklung einer externen Kapitalanlage (die zweckmäßigerweise über den Treuhänder durchgeführt und abgewickelt wird) gekoppelt ist.

Alternativ kann – insbesondere bei nicht fonds-akzessorischen Versorgungszusagen – vorgesehen werden, die übertragenen Vermögensmittel nicht bereits im Zeitpunkt der Übertragung auf Pro-forma-Konten zuzuweisen, sondern das Treuhandvermögen insgesamt – ohne Zuweisung an die Berechtigten – zu verwalten. In diesem Fall muss dann jedoch sichergestellt werden, dass den Berechtigten bei Eintritt des Sicherungsfalls das vorhandene Treuhandvermögen nach Abzug etwa anfallender Abwicklungskosten zugewiesen wird. Dies würde man dadurch erreichen, den versicherungsmathematisch ermittelten Barwert aller Versorgungsverpflichteten zum Stichtag des Eintritts des Sicherungsfalls festzulegen. Anschließend kann dann jedem Versorgungsberechtigten der Teilbetrag, der dem versicherungsmathematisch ermittelten Barwert seiner Versorgungsansprüche entspricht, aus dem Treuhandvermögen zugeordnet werden. Sofern dann das Treuhandvermögen (abzüglich etwaiger Kosten) zur Absicherung sämtlicher Versorgungsverpflichtungen nicht ausreicht, erfolgt eine quotale Zuordnung. Entspricht also bspw. das bei Eintritt des Sicherungsfalls vorhandene Treuhandvermögen nur 90 Prozent des versicherungsmathematisch ermittelten Barwerts der gesamten Versorgungsverpflichtungen aller Berechtigten, so erhält jeder einzelne Berechtigte vom Treuhänder auch nur 90 Prozent des Barwerts seiner Versorgungsansprüche ausbezahlt. Die für diesen Fall erforderlichen vertraglichen Bestimmungen unterscheiden sich jedoch wesentlich von den hier vorgesehenen und erläuterten Regelungen.

5. Treuhandvermögen. In § 3 wird der Begriff des Treuhandvermögens definiert. Abs. (2) der Regelung stellt klar, dass der Anteil eines jeden Berechtigten dem nach Maßgabe der Versorgungsordnung festgestellten anteiligen Wert an dem übertragenen Vermögen (einschließlich etwaiger Wertsteigerungen oder -minderungen) entspricht. Dieser Anteil eines jeden Berechtigten bildet den Unterkontensaldo, der zugunsten des Berechtigten auf seinem Pro-forma-Unterkonto ausgewiesen wird.

Aus steuerlichen Gesichtspunkten enthält Abs. (3) einen klarstellenden Hinweis, dass die Einrichtung und Führung der separaten Unterkonten für die einzelnen Berechtigten keinen Rechtsanspruch auf das Treuhandvermögen begründet. Dadurch soll klargestellt werden, dass die Übertragung des Vermögens auf den Trust nicht zu einem lohnsteuerrechtlich relevanten Zufluss bei den Berechtigten führt, weil sie keine wirtschaftliche Verfügungsmacht über das Treuhandvermögen erhalten.

Gemäß § 3 Nr. 65 S. 1 c) EStG führt das bloße Einstehen eines Dritten für die Erfüllung von Ansprüchen auf Grund bestehender Versorgungsverpflichtungen oder -anwartschaften im Fall der Eröffnung des Insolvenzverfahrens (oder in den der Eröffnung des Insolvenzverfahrens nach § 7 Abs. 1 S. 4 BetrAVG gleichgestellten Fällen) nicht zu lohnsteuerlichen Konsequenzen für die Berechtigten.

Dadurch ist nunmehr gesetzlich klargestellt, dass der Umstand, dass der Versorgungsberechtigte im Rahmen einer CTA-Konstruktion ein auf den Eintritt des Sicherungsfalls bedingtes eigenständiges Leistungsrecht erhält (s. Anm. 7), nicht zu einem lohnsteuerlichen Zufluss führt. Erst die spätere Zahlung der Versorgungsleistungen durch den Treuhänder an den Arbeitnehmer oder seine Hinterbliebenen führt zum Zufluss von Arbeitslohn, von dem der Dritte den Lohnsteuerabzug vorzunehmen hat (§ 3 Nr. 65 S. 2 bis 4 EStG).

Diese Regelung ist zu begrüßen und nur interessengerecht. Denn schließlich lassen sich aus der Insolvenzsicherung nicht neue oder höhere Ansprüche ableiten; vielmehr werden nur die bereits vorhandenen Ansprüche für den Fall der Insolvenz des Arbeitgebers geschützt. Neben den Ansprüchen von Berechtigten auf Leistungen der betrieblichen Altersversorgung werden durch CTA und ähnliche Gestaltungen auch Ansprüche von

Arbeitnehmern bei Altersteilzeitmodellen und aus Arbeitszeitkonten gesichert. Die Steuerfreistellung gilt für diese Fälle entsprechend.

Das Formular enthält keine Regelungen, wie mit dem Treuhandvermögen im Fall von Betriebsübergängen oder gesellschaftsrechtlichen Umstrukturierungen zu verfahren ist. Sofern derartige Maßnahmen wahrscheinlich oder jedenfalls nicht auszuschließen sind, ist die Aufnahme entsprechender interessengerechter Regelungen dringend zu empfehlen.

Das Formular enthält ebenfalls keine Bestimmungen zur Rückübertragung von Treuhandvermögen in Fällen einer Überdotierung des Treuhandvermögens (sog. „Overfunding"), wenn also das verfügbare Treuhandvermögen höher ist, als der Wert der abzusichernden Versorgungsverpflichtungen der Gesellschaft. Grund hierfür ist, dass sich das Formular auf den Fall einer zugrunde liegenden „fonds-akzessorischen" Versorgungszusage bezieht, so dass die (anteilige) Entwicklung des Treuhandvermögens grundsätzlich den Versorgungsanspruch des jeweiligen Berechtigten reflektiert; ein Overfunding kann in derartigen Fällen regelmäßig nicht eintreten. Für den Fall, dass der CTA-Konstruktion hingegen eine nicht fonds-akzessorische Versorgungszusage unterliegt, sollten jedoch im Interesse der Gesellschaft angemessene Rückübertragungsmöglichkeiten vorgesehen werden. Dabei ist im Hinblick auf die Anforderungen, die IFRS und US-GAAP an die Generierung von Planvermögen (Plan Assets) stellen, regelmäßig vorzusehen, dass eine Rückübertragung nur unter Berücksichtigung eines risikoadäquaten Sicherheitskorridors erfolgen darf, wenn also das Treuhandvermögen den Wert der abzusichernden Versorgungsverpflichtungen so weit übersteigt, dass auch bei negativen Entwicklungen an den Kapitalmärkten die nachhaltige Erfüllbarkeit der Versorgungsverpflichtungen gewährleistet bleibt.

6. Verwaltungstreuhand. § 4 der Treuhandvereinbarung enthält mit der sog. Verwaltungstreuhand das erste wesentliche Element der doppelseitigen Treuhand. Hier wird klargestellt, dass der Trust das Treuhandvermögen für die Gesellschaft zur Ausfinanzierung und Insolvenzsicherung der Ansprüche der Berechtigten verwaltet. Zu den Auswirkungen einer Insolvenz der Gesellschaft auf die Verwaltungstreuhand und den Fortbestand der Sicherungstreuhand → Anm. 7.

In diesem Zusammenhang ist in Abs. (3) die ausdrückliche Verpflichtung des Trusts vorgesehen, durch offene Ausweisung des Treuhandverhältnisses in der buchhalterischen Kontoführung eine Segmentierung des Treuhandvermögens herbeizuführen. Dadurch soll sichergestellt werden, dass bei der Insolvenz eines Treugebers dessen Gläubiger nicht auf das zugunsten der anderen Treugeber verwaltete Vermögen zugreifen können. Sofern der Trust jedoch dieser – rein schuldrechtlichen – Verpflichtung zur Segmentierung nicht nachkommt, können sich im Insolvenzfall eines Treugebers gleichwohl Zugriffsrechte seiner Gläubiger ergeben. Die Problematik ist jedoch in der vorgesehenen Vertragskonstellation dadurch entschärft, dass es sich bei sämtlichen Treugebern immer um mit der Gesellschaft verbundene Unternehmen handeln wird.

In § 4 Abs. (2) wird klargestellt, wie der Trust mit dem übertragenen Vermögen grundsätzlich zu verfahren hat. Es bietet sich an, dabei auf die mit der Kapitalanlagegesellschaft oder dem Finanzdienstleistungsinstitut abzuschließenden Rahmenverträge Bezug zu nehmen. Auch diese Rahmenverträge sollten gegebenenfalls dem Treuhandvertrag als Anlage beigefügt werden. Sofern der Trust weitergehende Möglichkeiten bei der Vermögensanlage bzw. der Beauftragung Dritter haben soll, ist dies durch entsprechende vertragliche Regelungen sicherzustellen.

7. Sicherungstreuhand. Zweifel an der Insolvenzfestigkeit einer Doppeltreuhandstruktur können sich durch §§ 115, 116 InsO ergeben, wonach ein Treuhandvertrag durch die Eröffnung des Insolvenzverfahrens beim Trägerunternehmen erlischt. Nach den Regelungen der InsO erlöschen Aufträge und Geschäftsbesorgungsverträge nämlich bei Eröffnung des Insolvenzverfahrens über das Vermögen des Auftraggebers. Ein Treuhandvertrag ist als

Geschäftsbesorgungsvertrag anzusehen, wenn der Treuhänder Vermögensinteressen des Treugebers wahrzunehmen hat. Konsequenz des Erlöschens des Geschäftsbesorgungsvertrags ist grundsätzlich, dass der aus dem Geschäftsbesorgungsvertrag Verpflichtete gemäß §§ 675, 667 BGB alles, was er zur Ausführung der Geschäftsbesorgung erhalten und aus der Geschäftsbesorgung erlangt hat, an den Auftraggeber herauszugeben hat.

Die zwischen der Gesellschaft und dem Trust vereinbarte Verwaltungstreuhand stellt einen derartigen Geschäftsbesorgungsvertrag dar. Der Trust verwaltet im Auftrag der Gesellschaft Vermögenswerte, die zur Sicherung der Ansprüche der Berechtigten dienen. Die durch den Treuhandvertrag begründete Verwaltungstreuhand unterliegt damit der Regelung der §§ 115 Abs. 1, 116 S. 1 InsO und erlischt mit der Eröffnung des Insolvenzverfahrens. Die ebenfalls begründete Sicherungstreuhand zwischen dem Trust und den Berechtigten hingegen erlischt in der Insolvenz der Gesellschaft nicht. Denn durch die Begründung von unmittelbaren Ansprüchen der Berechtigten gegen den Trust im Rahmen der Sicherungstreuhand durch einen echten Vertrag zugunsten Dritter i. S. d. § 328 Abs. 1 BGB wird ein eigenständiges Rechtsverhältnis zwischen dem Berechtigten und dem Trust begründet, dass nicht den Wirkungen der Insolvenz der Gesellschaft unterworfen ist und damit unabhängig vom Schicksal der Verwaltungstreuhand zwischen der Gesellschaft und dem Trust besteht. Dass die Sicherungstreuhand in der Insolvenz fortbesteht, wird mit dieser Argumentation deshalb auch seit langem von der ganz herrschenden Meinung in der Literatur angenommen (vgl. *Birkel/Odenberger* BB 2011, 2051; MünchKommInsO/*Ganter* § 47 Rn. 389; *Klemm* BetrAV 2006, 132, 134; *Küppers/Louven* BB 2004, 337 ff.; *Rolfs/Schmid* ZIP 2010, 701; *Rößler* BB 2010, 1405; *Rüger* NZI 2012, 488, 491; *Schnitker/Sittard* NZA 2012, 963, 966). Dieser Auffassung hat sich auch das BAG angeschlossen. Demnach ist die Sicherungstreuhand im Rahmen der Doppeltreuhand (wie die Sicherungsabrede bei einer Sicherungsübereignung) als ein selbständiges Rechtsgeschäft neben der Verwaltungstreuhand als ein Vertrag sui generis zu qualifizieren. Als solcher bleibt er vom Erlöschen der Verwaltungstreuhand unberührt (vgl. BAG BeckRS 2013, 72734).

In der Literatur (MünchKommInsO/*Ott/Vuia* § 116 Rn. 15; *Wiezer* S. 160, 164 f.; kritisch auch *Neumeier/Schaumann/Wiese* VersW 2006, 1518, 1521; *Thüsing* DB 2012, Nr. 5, Beilage zu Heft 38, 20) wurde jedoch vereinzelt vertreten, die Doppeltreuhand sei dann nicht insolvenzfest, wenn der Anspruch der Begünstigten über einen Vertrag zugunsten Dritter begründet wird. Auch in dieser Hinsicht ist das BAG jedoch der herrschenden Meinung gefolgt. Demnach ist eine Begründung der Sicherungstreuhand durch Vertrag zugunsten Dritter ohne weiteres möglich (vgl. BAG BeckRS 2013, 72734). Auffällig ist dabei, dass sich das BAG in seiner Urteilsbegründung überhaupt nicht mit der Frage beschäftigt, ob eine Sicherungstreuhand durch Vertrag zugunsten Dritter implementiert werden kann. Das BAG stellt vielmehr lediglich fest, dass das Sicherungstreuhandverhältnis im konkreten Fall durch echten Vertrag zugunsten Dritter i. S. v. § 328 BGB begründet worden sei.

Das Urteil des BAG ist in rechtlicher Sicht nur konsequent, wenn man bedenkt, dass eine Doppeltreuhandkonstruktion nach dem Willen des Gesetzgebers offensichtlich zur Insolvenzsicherung geeignet sein soll. Denn das Bundesministerium für Arbeit und Sozialordnung hatte die Doppeltreuhand, begründet durch einen echten Vertrag zugunsten Dritter, frühzeitig als empfehlenswerte Möglichkeit zur insolvenzrechtlichen Absicherung von Arbeitnehmeransprüchen vorgeschlagen (Bericht des Bundesministeriums für Arbeit und Sozialordnung nach § 7d Viertes Buch Sozialgesetzbuch (SGB IV) über die Vereinbarung zur Absicherung von Wertguthaben und zu Vorschlägen zur weiteren Entwicklung des Insolvenzschutzes, BT-Drucks. 14/7944 S. 23). Auf dieser Grundlage wurden schließlich auch im Rahmen des „Flexi-II-Gesetzes" (Gesetz zur Verbesserung der Rahmenbedingungen für die Absicherung flexibler Arbeitszeitregelungen), das im Wesentlichen am 1.1.2009 in Kraft getreten ist, Treuhandlösungen als „Standardmodell" der Insolvenzsicherung von

Wertguthaben auf Zeitwertkonten vorgesehen. Demnach sind für eine geeignete Insolvenzsicherung i. S. v. § 7e Abs. 2 und Abs. 3 SGB IV Wertguthaben unter dem Ausschluss der Rückführung an die Arbeitgeber von einem Dritten außerhalb des Unternehmens treuhänderisch und insolvenzgeschützt zu führen. Diese gesetzlich verankerte Sicherungsfunktion von Treuhandmodellen könnte nicht erreicht werden, wenn die Sicherungstreuhand gemäß § 115 Abs. 1 InsO gerade im Sicherungsfall der Insolvenz erlöschen würde.

Im Rahmen von § 5 Abs. (2) wird klargestellt, dass die Berechtigten bei Eintritt des Sicherungsfalls unmittelbar vom Trust aus dem Treuhandvermögen Befriedigung ihrer Ansprüche gegenüber der Gesellschaft fordern können, um das Sicherungselement der doppelseitigen Treuhand noch einmal herauszustellen und deutlich von der Verwaltungstreuhand abzugrenzen. Die Leistungspflicht des Trusts ist aufschiebend bedingt auf den Eintritt des Sicherungsfalls und auf das jeweils vorhandene Treuhandvermögen beschränkt. Vor diesem Hintergrund kann gegebenenfalls eine zusätzliche Verpflichtung der Gesellschaft zum Ausgleich einer etwaigen „Unterdeckung" aufgenommen werden, wenn z. B. das Treuhandvermögen einen bestimmten Prozentsatz des versicherungsmathematisch zu berechnenden Werts der Versorgungsverpflichtungen unterschreitet (sog. Nachschusspflicht).

In Abs. (3) wird ausdrücklich geregelt, dass diese Ansprüche der Berechtigten – vorbehaltlich der Regelungen in § 16 Abs. (5) des Formulars – nicht ohne deren ausdrückliche schriftliche Einwilligung aufgehoben oder geändert werden dürfen. Dadurch wird noch einmal klargestellt, dass weder die Gesellschaft noch der Trust einseitig in die durch den Vertrag zugunsten Dritter (§ 328 Abs. 1 BGB) begründeten Rechte der Berechtigten eingreifen dürfen. Auch diese Regelung dient der Sicherstellung der Insolvenzfestigkeit der Treuhandkonstruktion.

Gleiches gilt für die vorgesehene Verpflichtung der Gesellschaft, wonach die Verpflichtung zur Übertragung von Vermögensgegenständen auf den Trust im Wege eines echten Vertrags zugunsten Dritter gemäß § 328 Abs. 1 BGB begründet werden soll. Danach erlangen die Berechtigten einen eigenen unmittelbaren Anspruch gegen die Gesellschaft auf die Übertragung der Vermögensgegenstände auf den Trust.

8. Kapitalanlagegrundsätze. Durch die Formulierung wird im Ergebnis ein „Outsourcing" der Kapitalanlageentscheidungen herbeigeführt. Hintergrund sind aufsichtsrechtliche Aspekte. Denn lange Zeit war nicht abschließend geklärt, ob Treuhänder im Rahmen von CTAs aufsichtspflichtiges Bankgeschäft i. S. d. § 32 Abs. 1 S. 1 Kreditwesengesetzes (KWG) betreiben. § 32 Abs. 1 S. 1 KWG besagt:

„Wer im Inland gewerbsmäßig oder in einem Umfang, der einen in kaufmännischer Weise eingerichteten Geschäftsbetrieb erfordert, Bankgeschäfte betreiben oder Finanzdienstleistungen erbringen will, bedarf der schriftlichen Erlaubnis der Bundesanstalt ......".

Mit ihrem Merkblatt vom November 2005 unter dem Titel „Hinweise zur Erlaubnispflicht und zur möglichen Freistellung nach § 2 Abs. 4 KWG so genannter Contractual Trust Arrangements zur Ausgliederung von Pensionsverpflichtungen und Verpflichtungen auf Grund von Altersteilzeitmodellen" hat die Bundesanstalt für Finanzdienstleistungsaufsicht (BaFin) in diesem Zusammenhang für weitgehende Klarheit für CTA-Modelle gesorgt. In der Stellungnahme wird von der BaFin ausgeführt, dass das Treuhandunternehmen im Rahmen einer CTA-Konstruktion regelmäßig erlaubnispflichtige Bankgeschäfte betreibt, soweit es das ihm vom Trägerunternehmen übertragene Vermögen in Finanzinstrumenten gemäß § 1 Abs. 11 KWG (also in Wertpapieren, Geldmarktinstrumenten, Devisen oder Rechnungseinheiten) anlegt. In diesem Fall liegt nach Ansicht der BaFin ein Finanzkommissionsgeschäft (§ 1 Abs. 1 S. 2 Nr. 4 KWG) und ein Depotgeschäft (§ 1 Abs. 1 S. 2 Nr. 5 KWG), eventuell auch ein Garantiegeschäft (§ 1 Abs. 1 S. 2 Nr. 8 KWG) vor. Auch das Merkmal der Gewerbsmäßigkeit ist nach Ansicht der BaFin beim Treuhandunternehmen im Rahmen eines CTA regelmäßig erfüllt.

Allerdings gilt ein Unternehmen aufgrund des sog. Konzernprivilegs des § 2 Abs. 1 Nr. 7 KWG dann nicht als Kreditinstitut – und bedarf keiner Erlaubnis für seine Bankgeschäfte – wenn es diese Bankgeschäfte ausschließlich mit Mutterunternehmen (i. S. d. § 1 Abs. 6 KWG) oder mit Tochter- oder Schwesterunternehmen (i. S. d. § 1 Abs. 7 KWG) betreibt. Das Merkblatt der BaFin vom November 2005 führt diesbezüglich für CTAs ausdrücklich aus:

„Treuhandlösungen, die außerhalb des Konzerns stehende Unternehmen nicht einbeziehen, fallen (. . . . . .) unabhängig von Intention, Anlageobjekten und -umfang nicht unter die Erlaubnispflicht".

Ein Treuhänder im Rahmen einer CTA-Konstruktion bedarf demnach keiner bankrechtlichen Erlaubnis, wenn er Bankgeschäfte nur mit konzernangehörigen Unternehmen, also Mutter-, Tochter- oder Schwesterunternehmen betreibt. Mutterunternehmen gemäß § 1 Abs. 6 KWG sind Unternehmen, die als Mutterunternehmen i. S. d. § 290 HGB gelten oder die einen beherrschenden Einfluss ausüben können, ohne dass es dabei auf ihre Rechtsform und ihren Sitz ankommt. Mutterunternehmen i. S. d. § 290 HGB können ausschließlich Kapitalgesellschaften sein. Als Mutterunternehmen gemäß § 1 Abs. 6 KWG gilt – weitergehend – jedoch auch ein Unternehmen, das – unabhängig von der Rechtsform – beherrschenden Einfluss auf das Treuhandunternehmen ausüben kann. Ausreichend ist hierbei die Möglichkeit, diesen Einfluss auszuüben. Eine tatsächliche Ausübung des Einflusses ist nicht notwendig. Was im Einzelnen unter einem beherrschenden Einfluss in diesem Sinne zu verstehen ist, ist nicht abschließend geklärt. Es ist jedoch davon auszugehen, dass die Befugnis zur Besetzung der Organe des Treuhänders einen ausreichenden beherrschenden Einfluss gewährt (*Reischauer/Kleinhans* KWG § 1 Rn. 327). Dies ist durch entsprechende Ausgestaltung der Treuhandverträge und der Vereinssatzung sicherzustellen. Bezieht der Trust dann nur Tochter- und/oder Schwesterunternehmen der ihn beherrschenden Gesellschaft ein, so unterfällt er dem Konzernprivileg und damit nicht der Erlaubnispflicht.

Verwaltet der Treuhänder hingegen auch Vermögenswerte für konzernfremde Unternehmen, so unterliegt er grundsätzlich der Erlaubnispflicht nach § 32 Abs. 1 S. 1 KWG. In Einzelfällen besteht dann die Möglichkeit, von der grundsätzlich bestehenden Erlaubnispflicht nach § 32 Abs. 1 S. 1 KWG befreit zu werden. Die BaFin betont in diesem Zusammenhang in ihrem Merkblatt vom November 2005, dass es sich bei einer solchen Freistellung – welche in § 2 Abs. 4 KWG geregelt ist – stets um eine Einzelfallentscheidung handelt, welche insbesondere von den jeweiligen Umständen der Geschäftsabwicklung abhängt. Voraussetzung für eine Freistellung ist zudem, dass das Unternehmen wegen der Art der von ihm betriebenen Geschäfte nicht der Aufsicht bedarf. Das im Rahmen eines CTA-Modells betriebene Finanzkommissionsgeschäft und das Depotgeschäft betrachtet die BaFin ausweislich ihres Merkblatts vom November 2005 – und vorbehaltlich der Prüfung des Einzelfalls – unter folgenden Voraussetzungen als freistellungsfähig:

Die BaFin verlangt, dass die eigentliche Vermögensverwaltung – einschließlich der Auswahl des Vermögensverwalters – durch ein von ihr beaufsichtigtes Institut mit einer entsprechenden Erlaubnis betrieben wird; idealiter sollte dies das geschäftsführende Organ des Treuhandunternehmens sein. Andernfalls muss sich das Trägerunternehmen die Auswahl des Vermögensverwalters selbst vorbehalten oder zumindest in der vertraglichen Vereinbarung mit dem Treuhandunternehmen konkret festlegen; werden die Anlagerichtlinien durch einen Anlageausschuss formuliert, darf der Treuhänder in diesem Ausschuss (wenn überhaupt) nur in beratender Funktion tätig sein. Weiterhin sind die im Rahmen der Freistellung zulässigen Anlagen auf Fondsanteile i. S. d. § 2 Abs. 6 S. 1 Nr. 8 KWG zu beschränken.

9. Erfüllung von Ansprüchen. § 7 regelt die Erfüllung von Ansprüchen außerhalb des Sicherungsfalls. Es ist klargestellt, dass – solange der Sicherungsfall nicht eintritt –

ausschließlich die Gesellschaft unmittelbar zur Erfüllung der fälligen Ansprüche der Berechtigten nach Maßgabe der Versorgungsordnung verpflichtet ist. Dementsprechend hat der Trust der Gesellschaft geleistete Zahlungen an die Berechtigten zurückzuerstatten.

Das Formular enthält keine Regelungen, wie mit dem Treuhandvermögen im Fall von Betriebsübergängen oder gesellschaftsrechtlichen Umstrukturierungen vor Eintritt des Sicherungsfalls – und dem damit ggf. einhergehenden Übergang der Versorgungsansprüche auf einen Betriebserwerber oder eine andere Gesellschaft – zu verfahren ist. Sofern derartige Maßnahmen wahrscheinlich oder jedenfalls nicht auszuschließen sind, ist die Aufnahme entsprechender interessengerechter Regelungen dringend zu empfehlen.

10. Sicherungsfall. § 8 enthält eine Aufzählung der verschiedenen Sicherungsfälle. Es handelt sich dabei insbesondere um Fälle der Insolvenz und wirtschaftlich gleichgestellter Umstände. Zusätzlich sollte – als Indiz gegen eventuelle Anfechtungsrechte wegen Gläubigerbenachteiligung – vorgesehen werden, dass der Sicherungsfall auch dann eintritt, wenn die Gesellschaft aus sonstigen Gründen mit der Erfüllung aller fälligen Ansprüche aller Berechtigten mehr als sechs Monate in Verzug gerät (Verzögerungsfall). Die Gesellschaft muss vor diesem Hintergrund sicherstellen, dass ein effizientes System zur Verwaltung der Ansprüche der Berechtigten eingeführt wird, damit dieser Sicherungsfall nicht „versehentlich" ausgelöst wird. In der Praxis werden Sicherungs- und Verzögerungsfälle daher häufig auch vertragstechnisch eindeutig getrennt und unterschiedlich behandelt. Dies kann insbesondere auch aus steuerlichen Gründen empfehlenswert sein, da Verzögerungsfälle wohl nicht unter die Regelung des neuen § 3 Nr. 65 S. 1 c) EStG gefasst werden können.

11. Ansprüche im Sicherungsfall. Die Vorschrift regelt die Erfüllung von Ansprüchen im Sicherungsfall. Dabei ist vorgesehen, dass der Trust Ansprüche von Berechtigten, die bei Eintritt des Sicherungsfalls nach Maßgabe der Versorgungsordnung noch nicht fällig sind, entsprechend den Bestimmungen des Treuhandvertrags weiter zu verwalten hat, bis Fälligkeit eintritt.

12. Erfüllung von Ansprüchen im Sicherungsfall. § 10 der Treuhandvereinbarung regelt die Erfüllung der Ansprüche der Berechtigten im Sicherungsfall. Diese erfolgt durch Auszahlung zu Lasten des individuellen Unterkontensaldos. § 10 Abs. (3) enthält Sonderregelungen für den Fall, dass der Sicherungsfall aufgrund der Eröffnung des Insolvenzverfahrens über das Vermögen der Gesellschaft eintritt.

In § 10 Abs. (4) ist ausdrücklich klargestellt, dass der Trust nicht berechtigt ist, etwaige Fehlbeträge hinsichtlich eines Berechtigten durch Entnahmen aus dem individuellen Unterkontenguthaben eines anderen Berechtigten zu begleichen.

Erst die Erfullung der Ansprüche der Berechtigten durch den Treuhänder führt zum Zufluss von Arbeitslohn (§ 3 Nr. 65 S. 2 bis 4 EStG). Dagegen bedingt der Abschluss der zugrunde liegenden Treuhandvereinbarung, in der das Einstehen des Treuhänders für die Erfüllung der Versorgungsverpflichtungen oder -anwartschaften geregelt wird, keine (lohn-)steuerlichen Konsequenzen für die Berechtigten (s. Anm. 5), insbesondere keinen steuerpflichtigen Zufluss (§ 3 Nr. 65 S. 1 c) EStG).

13. Aufwendungserstattung. In der Vereinbarung ist ausdrücklich vorgesehen, dass der Trust unentgeltlich tätig wird. Hintergrund hierfür sind erneut die vorstehend (→ Anm. 8) angesprochenen aufsichtsrechtlichen Aspekte. Dem Trust steht lediglich eine Aufwendungserstattung zu, so dass keine Indizien für eine Gewerbsmäßigkeit geliefert werden.

14. Informationspflichten des Trusts. Der Trust hat die Gesellschaft unaufgefordert zum Ende eines jeden Geschäftsjahrs über die Vermögensverwaltung zu unterrichten und ein Verzeichnis des Treuhandvermögens zu übermitteln, aus dem sich insbesondere die individuellen Unterkontensalden der Berechtigten ergeben. Auf Aufforderung hat der

Trust dieser Verpflichtung auch unterjährig nachzukommen. Damit dies vom Trust auch geleistet werden kann, ist beim Abschluss der Vereinbarungen mit der KVG darauf zu achten, dass eine Verpflichtung der KVG zur taggenauen Abrechnung (auf Aufforderung des Trusts) aufgenommen wird.

15. Haftung. Im Formular ist lediglich vorgesehen, dass der Trust seine Aufgaben mit der Sorgfalt eines ordentlichen Geschäftsmanns durchzuführen hat. Hier können auch gewisse Haftungsbeschränkungen (z.B. Begrenzung auf Vorsatz und grobe Fahrlässigkeit) eingefügt werden.

16. Laufzeit. In Abs. (3) sind die Kündigungsmöglichkeiten der Gesellschaft geregelt. Es ist vorgesehen, dass eine Kündigung durch die Gesellschaft mit dreimonatiger Frist nur dann zulässig ist, wenn mindestens 75 Prozent der Berechtigten zustimmen. Durch diese Stärkung der Position der Berechtigten soll eine Sicherung der Insolvenzfestigkeit der Treuhandkonstruktion erreicht werden.

Weiterhin ist eine Kündigung durch die Gesellschaft nur dann zulässig, wenn ein geeigneter Nachfolgetreuhänder zur Verfügung steht. Gleiches gilt entsprechend für eine Kündigung des Treuhandvertrags durch den Trust, die mit sechsmonatiger Kündigungsfrist zulässig ist.

Nach den Regelungen des Formulars ist das Treuhandvermögen im Falle einer zulässigen Kündigung oder einer einvernehmlichen Aufhebung spätestens zum Ende des Treuhandvertrags auf eine gleichwertige Sicherung zu übertragen. Gleiches gilt entsprechend für den Fall der Beendigung des Treuhandvertrags wegen Auflösung des Trusts oder wegen Verlusts der Rechtsfähigkeit des Trusts. Auch diese Vorgaben dienen der Sicherung der Rechtsposition der Berechtigten.

Was unter einer gleichwertigen Sicherung zu verstehen ist, wird in § 14 Abs. (3) definiert. Demnach gilt eine Sicherung nur dann als gleichwertig, wenn durch sie die Vermögensinteressen der Berechtigten in wirtschaftlich vergleichbarem Umfang gewahrt werden wie durch die durch den Treuhandvertrag vermittelte Sicherung und der durch sie vermittelte Schutz der Berechtigten vor einem Zugriff der Gesellschaft als Schuldnerin der Versorgungsansprüche auf Vermögen, welches der Sicherung der Versorgungsansprüche dient, qualitativ den Anforderungen entspricht, die im Rahmen von IFRS/IAS oder US-GAAP (je nachdem, nach welchen Grundsätzen die Gesellschaft berichtet) zur Qualifikation von Vermögen als Plan Assets erfüllt sein müssen. § 14 Abs. (7) sieht als Auffangtatbestand vor, dass dann, wenn eine Übertragung auf eine gleichwertige Sicherung – aus welchen Gründen auch immer – nicht möglich ist, eine Hinterlegung beim für die Gesellschaft zuständigen Amtsgericht zu erfolgen hat. Dadurch wird noch einmal sichergestellt, dass das Treuhandvermögen nicht an die Gesellschaft zurückfließen darf, sondern auch in diesem Fall weiterhin der Sicherung der Ansprüche der Berechtigten dienen muss, um die Insolvenzfestigkeit der Treuhandkonstruktion zu garantieren.

Die im Formular vorgesehenen Kündigungs- und Beendigungsmöglichkeiten sind sehr restriktiv gehalten. Hier sind – nach Ansicht des Verfassers auch ohne Gefährdung der Insolvenzfestigkeit – auch flexiblere Regelungen denkbar. Es sollte jedoch – auch aus bilanziellen Gründen – stets sichergestellt und geregelt sein, dass im Falle einer Vertragsbeendigung eine gleichwertige Sicherung der Berechtigten gewährleistet ist. Diese gleichwertige Sicherung muss jedoch nicht wie im Formular vorgesehen zwingend durch einen Nachfolgetreuhänder erfolgen.

Um das aufsichtsrechtliche „Konzernprivileg" (→ Anm. 8) nicht in Frage zu stellen, ist es bei Konzern-CTAs zudem empfehlenswert, eine automatische Beendigung des Treuhandvertrags vorzusehen, falls bezüglich einer teilnehmenden Konzerngesellschaft vor Eintritt des Sicherungsfalls die Zugehörigkeit zum Konzern endet. Dies ist regelmäßig der Fall, wenn nicht mehr über 50 Prozent der Anteile oder Stimmrechte an der Gesellschaft von einem von der Konzernmutter abhängigen Unternehmen i.S.d. § 17 AktG oder der

Konzernmutter selbst gehalten werden. Auch für diesen Fall sollte jedoch durch entsprechende Regelungen sichergestellt werden, dass anschließend eine gleichwertige Sicherung der Versorgungsberechtigten gewährleistet ist, um die Insolvenzfestigkeit der Gesamtkonstruktion nicht zu gefährden.

17. Beitritt. § 15 sieht vor, dass die Berechtigten dem Vertrag durch schriftliche Erklärung beitreten können. Grund hierfür ist eine Verbesserung der Insolvenzfestigkeit. Wie vorstehend ausgeführt, ist die Doppeltreuhand nach der h.M. in der Literatur und Rechtsprechung auch dann insolvenzfest, wenn die Sicherungstreuhand zugunsten der Berechtigten allein im Wege eines echten Vertrags zugunsten Dritter begründet wird (s. insbesondere → Anm. 7). Zur Minimierung von Restrisiken ist es jedoch denkbar, dass die Berechtigten zumindest die Möglichkeit haben, dem Treuhandvertrag beizutreten. Dieser Beitritt einzelner Berechtigter zum Treuhandvertrag ist rechtlich von dem Beitritt der anderen Berechtigten unabhängig. Sofern nur einzelne Berechtigte beitreten, würde eine Doppeltreuhand aufgrund dreiseitigen Vertrags (zwischen der Gesellschaft, dem Trust und dem jeweiligen Beitretenden) entstehen. Auf die Drittbegünstigung käme es in Bezug auf die Beitretenden dann nicht mehr an. Soweit einzelne Berechtigte dem Treuhandvertrag nicht beitreten, würde es insofern bei der Sicherungstreuhand zugunsten Dritter verbleiben.

18. Schlussbestimmungen. In Abs. (1) ist vorgesehen, dass die Gesellschaft dem Trust ein Verzeichnis der Berechtigten zur Verfügung stellt und dieses Verzeichnis jährlich aktualisiert. Dadurch soll ermöglicht werden, den Kreis der Berechtigten stets relativ genau zu definieren, um eine Bestimmbarkeit der insolvenzgesicherten Ansprüche zu gewährleisten. Hierdurch soll auch ein Indiz gegen etwaige Anfechtungsrechte wegen Gläubigerbenachteiligung geschaffen werden.

Die vorgesehenen Änderungsmöglichkeiten sind – ebenso wie die Beendigungsmöglichkeiten (→ Anm. 16) – sehr restriktiv gehalten. Hier sind ebenfalls flexiblere Regelungen denkbar, wobei jedoch wiederum sichergestellt sein sollte, dass im Falle einer Vertragsänderung eine gleichwertige Sicherung der Berechtigten gewährleistet ist.

6. Satzung eines Trust e.V.

Satzung des . . . . . . Trust e.V.[1]

§ 1 Name, Sitz, Geschäftsjahr

(1) Der Verein führt den Namen „. . . . . . Trust". Der Verein soll im Vereinsregister eingetragen werden. Nach Eintragung in das Vereinsregister wird der Verein seinen Namen mit dem Zusatz „e.V."[2] führen.

(2) Sitz des Vereins ist . . . . . .

(3) Das Geschäftsjahr beginnt am 1.1. eines jeden Jahres und endet jeweils zum 31.12. desselben Jahres.

§ 2 Zweck[3]

(1) Zweck des Vereins ist, das ihm von der . . . . . . GmbH („Gesellschaft") übertragene Vermögen („Treuhandvermögen") nach Maßgabe dieser Satzung und des mit der Gesellschaft geschlossenen oder abzuschließenden Treuhandvertrages („Treuhandvertrag")

treuhänderisch zu verwalten und im Sicherungsfall das Treuhandvermögen gemäß dem Treuhandvertrag zur Erfüllung von gegenwärtigen und zukünftigen Ansprüchen von Mitarbeitern und Geschäftsführern der Gesellschaft („Berechtigte") aus kollektiv- oder individualrechtlichen Regelungen zur arbeitgeber- oder arbeitnehmerfinanzierten betrieblichen Altersversorgung zu verwenden.

(2) Der Verein kann daneben nach Maßgabe dieser Satzung und gegebenenfalls mit der Gesellschaft zusätzlich abzuschließender weiterer separater Treuhandverträge auch Treuhandvermögen zum Zweck der Sicherung und Erfüllung von im Rahmen von Altersteilzeitarbeitsverhältnissen entstandenen Ansprüchen auf Arbeitsentgelt von Arbeitnehmern der Gesellschaft sowie in diesem Zusammenhang entstandenen Ansprüchen auf Abführung von Sozialversicherungsbeiträgen oder der Sicherung und Erfüllung sonstiger Arbeitnehmeransprüche von Arbeitnehmern der Gesellschaft, wie etwa von Wertguthaben aus Arbeitszeitkontenmodellen, übernehmen.

(3) Der Verein verfolgt keine eigenen Erwerbsinteressen. Er wird – unbeschadet des Ersatzes seiner Aufwendungen und der Aufwendungen von Organmitgliedern – unentgeltlich tätig. Bank- und Finanzdienstleistungen werden durch den Verein nicht erbracht.

(4) Der Verein ist berechtigt, alle Geschäfte einzugehen und auszuführen und alle Maßnahmen zu ergreifen, die für die Erreichung des Vereinszwecks notwendig oder zweckdienlich sind. Der Verein wird die Verwaltung der Vermögensgegenstände, die Bestandteil des Treuhandvermögens sind, auf Kreditinstitute oder Finanzdienstleistungsinstitute i. S. d. § 1 Kreditwesengesetz (KWG) übertragen.[4]

§ 3 Mitgliedschaft[5]

(1) Mitglieder des Vereins können nur Arbeitnehmer oder Geschäftsführer der Gesellschaft sein.

(2) Die Mitgliederzahl muss mindestens ...... und darf höchstens ...... betragen.

(3) Die Mitgliedschaft beginnt, soweit der Vorstand (§ 6) nicht etwas anderes bestimmt, mit Zugang einer schriftlichen Beitrittserklärung beim Verein und einer entsprechenden Annahmeerklärung durch den Vorstand.

(4) Die Mitgliedschaft endet

a) durch Tod,

b) durch Ausscheiden aus der Gesellschaft (ausgenommen ist das Ausscheiden aus der Gesellschaft unmittelbar aufgrund eines Sicherungsfalls i. S. d. Treuhandvertrages),

c) durch Austritt aus dem Verein, der schriftlich mit dreimonatiger Frist an den Vorstand erklärt werden kann, oder

d) durch Ausschluss gemäß nachfolgendem Abs. (5).

(5) Die Mitgliederversammlung ist berechtigt, ein Mitglied bei Vorliegen wichtiger Gründe durch Beschluss aus dem Verein auszuschließen. Vor der Beschlussfassung, von der das betroffene Mitglied ausgeschlossen ist, ist dem betroffenen Mitglied Gelegenheit zur Stellungnahme zu geben.

§ 4 Organe des Vereins[6]

Organe des Vereins sind

- die Mitgliederversammlung und
- der Vorstand.

§ 5 Mitgliederversammlung[7]

(1) Innerhalb der ersten neun Monate nach Ablauf eines jeden Geschäftsjahrs findet eine ordentliche Mitgliederversammlung statt. Anschließend findet die ordentliche Mitgliederversammlung alle zwölf Monate statt. Zu den Aufgaben der Mitgliederversammlung gehören insbesondere

a) die Entgegennahme des Rechenschaftsberichts des Vorstands,

b) die Bestellung des Rechnungsprüfers,

c) die Wahl, Abberufung und Entlastung des Vorstandes,

d) die Änderung der Satzung und

e) die Auflösung des Vereins.

(2) Wenn das Interesse des Vereins es erfordert, kann eine außerordentliche Mitgliederversammlung einberufen werden. Das Interesse wird vermutet, wenn entweder der Vorstand es für notwendig erachtet oder mindestens ein Drittel der Mitglieder unter Angabe der Gründe die außerordentliche Mitgliederversammlung beim Vorstand schriftlich beantragt.

(3) Die Mitgliederversammlung wird vom Vorstand schriftlich mit einer Frist von zwei Wochen unter Bekanntgabe der Tagesordnung einberufen.

(4) Die Mitgliederversammlung ist vorbehaltlich nachfolgendem Abs. (6) beschlussfähig, wenn sie ordnungsgemäß einberufen wurde und mindestens die Hälfte der Mitglieder anwesend ist.

(5) Die Mitgliederversammlung fasst ihre Beschlüsse mit einfacher Mehrheit der anwesenden und vertretenen Mitglieder. Bei Stimmgleichheit gilt ein Antrag als abgelehnt. Stimmenthaltungen gelten als ungültige Stimmen. Die Abberufung von Vorstandsmitgliedern sowie eine Satzungsänderung oder der Beschluss über die Auflösung des Vereins bedürfen der Mehrheit von drei Viertel aller Mitglieder. Der Ausschluss von Mitgliedern gemäß § 3 Abs. (5) der Satzung bedarf einer Mehrheit von drei Viertel der abgegebenen gültigen Stimmen. Jedes Mitglied ist berechtigt, sich in der Mitgliederversammlung durch ein anderes Vereinsmitglied nach Erteilung einer schriftlichen Vollmacht vertreten zu lassen.

(6) Beschlüsse der Mitgliederversammlung können auch auf schriftlichem Wege im Umlaufverfahren gefasst werden, wenn alle Mitglieder diesem Verfahren schriftlich zustimmen. Kommt ein schriftlicher Beschluss zustande, ist dieser unverzüglich allen Mitgliedern schriftlich mitzuteilen.

(7) Den Vorsitz der Mitgliederversammlung führt der Vorsitzende des Vorstands, im Falle seiner Verhinderung sein Stellvertreter. Sind beide Vorstände verhindert, wählt die Mitgliederversammlung einen Versammlungsleiter.

(8) Über die Mitgliederversammlung ist ein schriftliches Protokoll anzufertigen. Die gefassten Beschlüsse sind hierin niederzulegen. Das Protokoll ist von den anwesenden Vorstandsmitgliedern zu unterzeichnen.

§ 6 Vorstand[8]

(1) Der Vorstand besteht aus drei Mitgliedern. Der Vorstand wird von der Mitgliederversammlung gewählt. Die Mitgliederversammlung bestimmt ein Mitglied des Vorstands zum Vorstandsvorsitzenden und ein weiteres zu seinem Stellvertreter. Die Mitglieder des Vorstands müssen Vereinsmitglieder sein.

(2) Die Amtszeit der Vorstandsmitglieder beträgt . . . . . . Jahre. Eine Verlängerung der Amtszeit kann durch die Mitgliederversammlung beschlossen werden. Eine Wiederwahl ist möglich. Die Mitgliederversammlung kann den Vorstand oder einzelne Mitglieder des Vorstands jederzeit abberufen.

(3) Das Vorstandsamt endet automatisch mit dem Ausscheiden des jeweiligen Vorstandsmitglieds aus der Gesellschaft. Ausgenommen ist das Ausscheiden aus der Gesellschaft unmittelbar aufgrund eines Sicherungsfalls i. S. d. Treuhandvertrages.

(4) Dem Vorstand obliegt die Geschäftsführung des Vereins. Er vertritt ihn gerichtlich und außergerichtlich. Die Vorstände sind grundsätzlich nur gemeinschaftlich mit einem anderen Vorstandsmitglied zur Vertretung des Vereins befugt. Die Mitgliederversammlung kann einzelne oder alle Mitglieder des Vorstandes von den Beschränkungen des § 181 BGB befreien.

(5) Der Vorstand ist für alle Angelegenheiten des Vereins zuständig, soweit sie nicht durch diese Satzung einem anderen Organ des Vereins übertragen werden. Er hat insbesondere folgende Aufgaben:

a) die Verwaltung und Verwendung des Treuhandvermögens entsprechend dem in § 2 bezeichneten Zweck,

b) die Überwachung Dritter, welche durch den Vorstand auf Grundlage des Treuhandvertrages mit der Übernahme bestimmter Aufgaben der Vermögensverwaltung beauftragt sind,

c) die Vorlage des für das abgelaufene Geschäftsjahr erstellten Rechenschaftsberichts an die Mitgliederversammlung sowie die sonstige regelmäßige Berichterstattung gegenüber der Gesellschaft,

d) die Ausführung von Beschlüssen der Mitgliederversammlung.

(6) Der Vorstand fasst seine Beschlüsse mit Stimmenmehrheit. Beschlussfassungen können auch auf schriftlichem Wege im Umlaufverfahren gefasst werden, wenn alle Vorstandsmitglieder diesem Verfahren schriftlich zustimmen.

(7) Der Vorstand ist verpflichtet, stets im Rahmen des Vereinszwecks i. S. d. § 2 der Satzung zu handeln und bei seinen Handlungen die Regelungen des Treuhandvertrags einzuhalten.

(8) Die Vorstandsmitglieder sind für den Verein ehrenamtlich tätig. Sie erhalten ihre notwendigen Aufwendungen und Auslagen erstattet.

§ 7 Einkünfte und Vermögen[9]

(1) Der Verein verwaltet das ihm treuhänderisch gemäß § 2 Abs. (1) übereignete Vermögen so, dass der Vereinszweck erfüllt wird. Erträge aus dem Treuhandvermögen oder durch Umschichtungen erworbenes Vermögen unterliegen vorbehaltlich der Regelung in Abs. (2) ebenfalls dieser Zweckbindung.

(2) Die laufenden Kosten der Verwaltung des Treuhandvermögens werden aus dessen Erträgen und, sofern diese nicht ausreichen, aus der Verwertung von Vermögen finanziert.

(3) Mitgliedsbeiträge werden nicht erhoben.

(4) Sofern bei der Gesellschaft ein Sicherungsfall i. S. d. Treuhandvertrages eintritt, führt der Verein die Abwicklung der Sicherungsrechte nach Maßgabe des im Zeitpunkt des Eintritts des Sicherungsfalls geltenden Treuhandvertrages durch.

§ 8 Rechnungslegung[10]

(1) Der Vorstand hat zum Nachweis der ordnungsgemäßen Geschäftsführung innerhalb der ersten sechs Monate eines jeden Geschäftsjahrs einen Rechenschaftsbericht für das abgelaufene Geschäftsjahr zu erstellen. Im Rechenschaftsbericht sind der Anfangs- und der Endbestand des Treuhandvermögens getrennt nach den Gesellschaften aufzuzeigen.

(2) Im Rechenschaftsbericht hat der Vorstand außerdem die Einhaltung der Bestimmungen des Treuhandvertrages zu bestätigen und den Geschäftsverlauf zu erläutern.

(3) Die Veränderungen des Treuhandvermögens während des Geschäftsjahrs sind durch Aufzeichnung der Geschäftsvorgänge sachgerecht zu dokumentieren. Die Aufzeichnungen müssen so beschaffen sein, dass ein sachverständiger Dritter jederzeit in der Lage ist, sich in angemessener Zeit ein zutreffendes Bild von den Verhältnissen des Vereins zu verschaffen. Die Form der Aufzeichnungen wird sich an der kaufmännischen Buchführung oder an geeigneten anderen Verfahren orientieren.

(4) Der Vorstand stellt die für die Gesellschaft für Zwecke der Rechnungslegung erforderlichen Informationen und Belege zeitgerecht bereit. Der Vorstand hat in Abstimmung mit den Treugebern für eine sichere Aufbewahrung der Unterlagen des Vereins (Rechenschaftsberichte, Aufzeichnungen, Belege, eingehende oder abgesandte Korrespondenzen) zu sorgen.

(5) Der Rechenschaftsbericht ist unverzüglich dem von der Mitgliederversammlung bestellten Rechnungsprüfer vorzulegen. Rechnungsprüfer kann nur eine Wirtschaftsprüfungsgesellschaft sein.

(6) Der Vorstand hat den Rechenschaftsbericht zusammen mit dem Prüfungsbericht des Rechnungsprüfers spätestens vor Ablauf der ersten sechs Monate des jeweils laufenden Geschäftsjahres der Mitgliederversammlung vorzulegen.

(7) Die Gesellschaft hat – in Absprache mit dem Verein – jederzeit die Berechtigung, Einsicht in die Unterlagen zu nehmen.

§ 9 Auflösung/Wegfall des Vereinszwecks[11]

(1) Im Falle der Auflösung des Vereins erfolgt die Liquidation durch den zur Zeit der Auflösung bestehenden Vorstand als Liquidator.

(2) Im Falle der Auflösung des Vereins muss vorhandenes Vereinsvermögen auf einen Nachfolgetreuhänder übertragen werden, der eine dem Vereinszweck entsprechende Sicherung des Treuhandvermögens gewährleistet.

(3) Sofern im Falle der Auflösung eine Übertragung des Treuhandvermögens entsprechend vorstehendem Abs. (2) nicht möglich ist, hat der Verein das Treuhandvermögen bei dem Amtsgericht, in dessen Bezirk die Gesellschaft ihren Sitz hat, zugunsten der Gesellschaft und der Berechtigten zu hinterlegen.

(4) Bei Wegfall des Vereinszwecks fällt das dann vorhandene Vermögen an die Gesellschaft. Der Vereinszweck ist erfüllt, wenn alle gemäß § 2 Abs. (1) zu sichernden Ansprüche aller Berechtigten erfüllt sind.

. . . . . .

Ort, Datum

. . . . . .

Unterschriften der Gründungsmitglieder

Anmerkungen

1. Vorbemerkung. Das Formular enthält eine Satzung für einen Treuhandverein, einen „Trust e. V.", der ausschließlich für die treuhänderische Vermögensverwaltung im Rahmen eines sog. Contractual Trust Arrangements (CTA) gegründet wird (→ Form. F. I. 5). Durch das CTA soll ein privatrechtlicher Insolvenzschutz für die Ansprüche und Anwartschaften der aus der Versorgungsordnung der Gesellschaft berechtigten Mitarbeiter herbeigeführt werden. Es handelt sich bei dem in den → Form. F. I. 5, → Form. F. I. 6 dargestellten CTA um ein sog. „doppelseitiges Treuhandmodell" (→ Form. F. I. 5 Anm. 1).

2. Rechtsform. In der Praxis hat sich als Rechtsform für den Trust der eingetragene Verein durchgesetzt. Alternativ käme zwar auch eine GmbH in Betracht, die dort jedoch zwingend bestehende Vermögensbeteiligung der Gesellschafter wird aber i. d. R. nicht gewollt sein. Unerwünscht ist häufig auch die bei der GmbH bestehende Pflicht, ein garantiertes Mindestkapital aufzubringen.

Im Hinblick darauf, dass der Zweck des Trusts auf die Vermögensverwaltung zugunsten der Gesellschaft (als Treugeber) gerichtet ist, macht dies den Trust per se nicht zu einem wirtschaftlichen Verein, der eine Konzession benötigen würde (§ 22 BGB). Dies wäre nur dann der Fall, wenn der Trust planmäßig und entgeltlich als Anbieter auf einem Markt tätig wäre. Dies soll jedoch in der dem Formular zugrunde gelegten Konstellation gerade nicht der Fall sein. Der Trust soll vielmehr ausschließlich für die Gesellschaft als Treugeber tätig werden. Differenzierter muss dieses Problem gesehen werden, falls eine Art „Gruppen-Trust" etabliert werden soll, der für verschiedene Unternehmen die Vermögensverwaltung übernimmt (zu den daraus resultierenden aufsichtsrechtlichen Aspekten und dem sog. „Konzernprivileg" → Form. F. I. 5 Anm. 8 sowie nachfolgende Alternativformulierung in → Anm. 3).

3. Vereinszweck. Die Definition des Vereinszwecks stellt noch einmal ausdrücklich klar, dass der Trust das Treuhandvermögen nach Maßgabe der Satzung und des Treuhandvertrags (→ Form. F. I. 5) treuhänderisch zu verwalten und im Sicherungsfall nach den Regelungen des Treuhandvertrags zu verwenden hat. Zur Klarstellung und Vermeidung von aufsichtsrechtlichen Problemen sollte zudem ausdrücklich aufgenommen werden, dass der Verein keinen eigenen Erwerbszweck verfolgt und weder Bank- noch Finanzdienstleistungen erbringt (dazu und zu den Voraussetzungen des sog. „Konzernprivilegs" → Form. F. I. 5 Anm. 8).

Sofern es sich um ein sog. Konzern-CTA handeln soll, das zwar die Vermögensverwaltung für verschiedene Unternehmen übernimmt, dabei aber ausschließlich die Versorgungsverpflichtungen einer Gesellschaft und der mit ihr i. S. v. § 15 AktG verbundenen Gesellschaften absichert (zu den Voraussetzungen des sog. „Konzernprivilegs" → Form. F. I. 5 Anm. 8), bietet sich im Rahmen von § 2 die folgende Formulierung an:

Alternative:

§ 2 Zweck

(1) Zweck des Vereins ist, das ihm von der . . . . . GmbH („Gesellschaft") oder von mit der Gesellschaft i. S. v. § 15 AktG verbundenen Gesellschaften („Verbundene Gesellschaften") treuhänderisch übertragene Vermögen („Treuhandvermögen") nach Maßgabe dieser Satzung und des mit der Gesellschaft geschlossenen oder abzuschließenden Treuhandvertrages treuhänderisch zu verwalten und im Sicherungsfall das Treuhandvermögen gemäß dem Treuhandvertrag zur Erfüllung von gegenwärtigen und zukünftigen Ansprüchen von Mitarbeitern und Geschäftsführern der Gesellschaft oder von Verbundenen Gesellschaften („Berechtigte") aus kollektiv- oder individualrechtlichen Regelungen zur arbeitgeber- oder arbeitnehmerfinanzierten betrieblichen Altersversorgung zu verwenden.

In § 2 Abs. (2) des Formulars ist vorgesehen, dass der Verein neben Altersversorgungsansprüchen auch weitere Arbeitnehmeransprüche absichern können soll. Dadurch wird sichergestellt, dass das Trägerunternehmen hierfür ggf. nicht einen weiteren (zusätzlichen) Verein gründen muss, was der Fall wäre, wenn der Satzungszweck allein auf die in Abs. (1) aufgezählten Versorgungsansprüche beschränkt wäre. Für die Absicherung weiterer Arbeitnehmeransprüche sind allerdings ggf. eigenständige Treuhandverträge mit dem Trust abzuschließen. Dies ist nicht nur aus Gründen der Übersichtlichkeit empfehlenswert; vielmehr sind die administrative Behandlung und die Abwicklung der verschiedenen Ansprüche im Sicherungsfall derart unterschiedlich, dass eine Behandlung in einem einzigen Treuhandvertrag bereits vertragstechnisch praktisch unmöglich ist.

4. Übertragung des Treuhandvermögens. Hier wird noch einmal klargestellt, dass der Trust im Ergebnis sämtliche Kapitalanlageentscheidungen auf Kapitalanlagegesellschaften „outsourct". Hintergrund sind aufsichtsrechtliche Aspekte (→ Form. F. I. 5 Anm. 8).

5. Mitgliedschaft. Für die Mitglieder des Trusts bestehen ab dem Zeitpunkt der Eintragung im Vereinsregister regelmäßig keine Haftungsrisiken. Nur ausnahmsweise kann nach den allgemeinen Grundsätzen der Durchgriffshaftung ein Haftungsdurchgriff auf die Vereinsmitglieder stattfinden (vgl. BGH BGHZ 54, 222). Der Beitritt zu einem eingetragenen Verein erfolgt i.d.R. durch einen Beitrittsvertrag zwischen dem Beitragswilligen und dem Verein. Die Satzung kann hier jedoch eigenständige Regelungen vorsehen (§ 58 Nr. 1 BGB). Das Formular sieht in diesem Zusammenhang vor, dass grundsätzlich ein Beitritt durch Vertrag erforderlich ist, der Vorstand jedoch etwas anderes bestimmen kann.

Die Satzung sieht hinsichtlich der Beitrittsberechtigung vor, dass lediglich Arbeitnehmer oder Geschäftsführer der Gesellschaft Vereinsmitglieder werden können. Eine derartige Regelung ist rechtlich nicht zu beanstanden. Lediglich bei sozialpolitischer oder wirtschaftlicher Mächtigkeit eines Vereins kann ausnahmsweise ein Aufnahmeanspruch bestehen (vgl. *Schmidt* Gesellschaftsrecht S. 711). Es kann in der Satzung auch vorgesehen werden, dass der Gesellschaft Vorschlagsrechte hinsichtlich der Mitgliedschaft zustehen sollen. Derartige Regelungen finden sich in Trust-Satzungen in der Praxis relativ häufig und haben seit 2005 aufgrund aufsichtsrechtlicher Entwicklungen an Bedeutung gewonnen (→ Form. F. I. 5 Anm. 8). § 3 Abs. (1) der Satzung sollte daher im Fall eines Konzern-CTA wie folgt gefasst werden:

Alternative:

§ 3 Mitgliedschaft

(1) Mitglieder des Vereins können nur Arbeitnehmer, leitende Angestellte, Mitglieder des Vorstands bzw. der Geschäftsführung der Gesellschaft oder von mit der Gesellschaft Verbundenen Gesellschaften sein. Mitglieder des Vereins werden die von der Gesellschaft vorgeschlagenen natürlichen Personen, die die vorstehenden Voraussetzungen erfüllen, sofern sie die Mitgliedschaft schriftlich beantragen und der Vorstand den Antrag annimmt. Der Vorstand ist verpflichtet, die Aufnahmeanträge der von der Gesellschaft vorgeschlagenen Personen anzunehmen. Das Recht der Gesellschaft, Mitglieder vorzuschlagen, entfällt in dem Zeitpunkt, in dem sie einen Antrag auf Eröffnung des Insolvenzverfahrens stellt. Ab diesem Zeitpunkt geht dieses Vorschlagsrecht auf den Vorstand des Vereins über.

Die Mitgliedschaft endet durch Tod, Austritt oder Ausschluss. Zudem ist vorgesehen, dass eine automatische Beendigung der Mitgliedschaft erfolgt, wenn das Vereinsmitglied aus der Gesellschaft ausscheidet. Damit jedoch bei Eintritt des Sicherungsfalls der Trust nicht mitgliedslos – und im Ergebnis handlungsunfähig – wird, ist einschränkend vorgesehen, dass diese automatische Beendigung der Mitgliedschaft nicht eintritt, wenn das Ausscheiden aus der Gesellschaft unmittelbar aufgrund eines Sicherungsfalls i.S.d. Treuhandvertrages (→ Form. F. I. 5 Anm. 10) erfolgt.

6. Vereinsorgane. Zwingende Organe des Trusts sind der Vorstand (§ 26 Abs. 1 BGB) und die Mitgliederversammlung (§ 32 BGB).

7. Mitgliederversammlung. Die Mitgliederversammlung ist das zentrale Willensbildungsorgan des Trusts. Sie bestellt den Vorstand und beruft ihn ab. Die Mitgliederversammlung ist insbesondere berechtigt, dem Vorstand Weisungen zu erteilen (BGH BGHZ 119, 379). Die Willensbildung in der Mitgliederversammlung kann grundsätzlich mit einfacher Mehrheit der abgegebenen Stimmen erfolgen (BGH BGHZ 83, 35). Satzungsänderungen erfordern jedoch eine sog. qualifizierte drei Viertel-Mehrheit. Dies bedeutet, es ist eine Mehrheit von drei Viertel der erschienenen Mitglieder erforderlich (§ 33 Abs. 1 S. 1 BGB). Noch höher sind die Anforderungen für Änderungen des Vereinszwecks: Hier ist die Zustimmung aller Mitglieder erforderlich. Sofern nicht sämtliche Mitglieder zur Beschlussfassung erschienen sind, muss die Zustimmung schriftlich erfolgen (§ 33 Abs. 1 S. 2 BGB). Da die gesetzlichen Vorschriften lediglich Mindestanforderungen darstellen, sieht das Formular in § 5 Abs. (5) abweichend von der gesetzlichen Regelung vor, dass die Abberufung von Vorstandsmitgliedern sowie eine Satzungsänderung oder der Beschluss über die Auflösung des Vereins der Mehrheit von drei Viertel aller (nicht nur der erschienenen) Mitglieder bedarf.

Das Formular sieht vor, dass einmal jährlich eine ordentliche Mitgliederversammlung abzuhalten ist. Dies kann selbstverständlich abweichend geregelt werden. § 5 Abs. (2) entspricht dem gesetzlich vorgesehenen Minderheitenschutz in § 37 Abs. 1 BGB. Ohne eine konkrete Regelung in der Satzung wäre eine außerordentliche Mitgliederversammlung immer bereits dann einzuberufen, wenn mindestens ein Zehntel der Mitglieder dies schriftlich unter Angabe des Zwecks und der Gründe verlangt.

8. Vorstand. Der Vorstand hat aus einer oder mehreren Personen zu bestehen (§ 26 Abs. 1 BGB). Das Formular sieht vor, dass der Vorstand aus drei Mitgliedern besteht, von denen eines von der Mitgliederversammlung zum Vorstandsvorsitzenden bestimmt wird. Das Formular sieht weiterhin vor, dass die Mitglieder des Vorstands Vereinsmitglieder, im Ergebnis also Arbeitnehmer oder Geschäftsführer der Gesellschaft sein müssen. Dadurch soll dem berechtigten Interesse der Gesellschaft, ihren Einfluss auf den Trust möglichst umfangreich zu sichern, Rechnung getragen werden (zu den aufsichtsrechtlichen Bedürfnissen einer Einflussmöglichkeit der Gesellschaft → Anm. 5). Allerdings muss dabei darauf geachtet werden, dass bei Würdigung der Gesamtumstände dem Verein als Personenverband weiterhin eine eigenständige Bedeutung zukommen muss. Wenn dies nicht mehr der Fall ist, der Trust vielmehr nur noch eine Sonderverwaltung der Gesellschaft darstellt, kann eine missbräuchliche Verwendung des Vereinsrechts vorliegen, was zur Konsequenz haben kann, dass der Verein nicht eintragen wird (vgl. *Küppers/Louven* BB 2004, 337 m.w.N.). Teilweise wird in der Literatur vertreten, dass selbst bei einer erfolgten Eintragung die entsprechenden Satzungsbestimmungen unwirksam sind, was dazu führen kann, dass die Löschung aus dem Vereinsregister im Wege des Amtslöschungsverfahrens nach §§ 159, 142 FGG droht, weil die Eintragung wegen des Mangels wesentlicher Eintragungsvoraussetzungen unzulässig war.

Allerdings genügt allein das Recht der Gesellschaft, den Vorstand zu bestellen, nicht für die Annahme, der Trust sei bloße Sonderverwaltung des Trägerunternehmens (vgl. *Küppers/Louven* BB 2004, 337 m.w.N.). Dementsprechend muss es auch unschädlich sein, wenn der Vorstand aufgrund satzungsmäßiger Bestimmungen im Ergebnis nur ein Arbeitnehmer oder Geschäftsführer der Gesellschaft sein kann. Denn die Gesellschaft, die im Interesse ihrer Versorgungsberechtigten ihm gehörende Vermögensmittel auf einen Trust ausgliedert, hat – abgesehen von aufsichtsrechtlichen Aspekten (→ Anm. 5) – ein legitimes Interesse daran, die zweckentsprechende Verwendung dieser Vermögensmittel durch bestimmte Satzungsvorschriften sicherzustellen und überwachen zu können. Erst wenn die Gesamtschau der Umstände zu dem Ergebnis führt, dass den Vereinsmitgliedern im Ergebnis kein Raum für eine angemessene Mitwirkung an den wesentlichen Vereinsangelegenheiten mehr gelassen wird, ist der Verein nicht als Idealverein eintragungsfähig. Als kritisch wird dabei in der Literatur eine Gestaltung angesehen, bei der die Gesellschaft als Trägerunternehmen nicht nur den Vorstand unmittelbar bestellen darf, sondern auch die Mehrheit der Mitgliederversammlung der **Unternehmensleitung** des Trägerunternehmens angehört (vgl. *Stöber* Rn. 252).

Auch wenn aufgrund der vorstehenden Bedenken eine Personenidentität zwischen der Geschäftsführung des Trägerunternehmens und dem Vorstand des Trusts unbedingt vermieden werden sollte, zeigt die Praxis, dass dieser Empfehlung nicht immer Rechnung getragen wird. Daher sollte zur Sicherheit in der Satzung vorgesehen werden, dass der Vorstand (oder einzelne Vorstandsmitglieder) vom Selbstkontrahierungsverbot des § 181 BGB befreit werden kann.

Die Bestellungskompetenz für den Vorstand liegt grundsätzlich bei der Mitgliederversammlung (§ 27 Abs. 1 BGB). Die Berufung ist jederzeit widerruflich (§ 27 Abs. 2 BGB), sofern die Satzung das Recht zum Widerruf nicht einschränkt. Bei einem aus mehreren Personen bestehenden Vorstand erfolgt die Willensbildung grundsätzlich mittels Mehrheitsbeschlusses, sofern die Satzung keine abweichenden Regelungen vorsieht (vgl. §§ 28 Abs. 1, 40 BGB). Im Innenverhältnis ist der Vorstand als Beauftragter des Vereins anzusehen. Er unterliegt deshalb regelmäßig den Weisungen der Mitgliederversammlung (BGH BGHZ, 119, 379). Im Innenverhältnis zum Verein richtet sich seine Haftung nach überwiegender Ansicht nach den arbeitsrechtlichen Grundsätzen des innerbetrieblichen Schadensausgleichs (BGH BGHZ 89, 159). Dies führt dazu, dass der Vorstand bei leichter Fahrlässigkeit i.d.R. im Innenverhältnis zum Verein nicht haftet. Bei normaler Fahrlässigkeit kommt es grundsätzlich zu einer anteiligen Haftung des Vorstands, während er bei grober Fahrlässigkeit oder Vorsatz i.d.R. voll haftet.

Der Vorstand ist zwar gesetzlicher Vertreter des Vereins, seine Vertretungsmacht kann durch die Satzung jedoch im Außenverhältnis mit Wirkung gegen Dritte beschränkt werden (vgl. § 26 Abs. 2 BGB). Dementsprechend ist in der Satzung Gesamtvertretungsbefugnis gemeinsam mit einem anderen Vorstandsmitglied vorgesehen.

9. Einkünfte und Vermögen. Die Vorschrift enthält noch einmal klarstellende Regelungen zur Verwaltung des Treuhandvermögens. Insbesondere wird klargestellt, dass nicht nur das Treuhandvermögen selbst, sondern auch Erträge aus dem Treuhandvermögen oder durch Umschichtung erworbenes Vermögen der Zweckbindung der Satzung unterliegen. § 7 Abs. (4) verweist hinsichtlich der Abwicklung der Sicherungsrechte auf die Regelungen des Treuhandvertrages.

10. Rechnungslegung. Vorschriften über die Rechnungslegung sind nicht obligatorisch, aber empfehlenswert. Dadurch wird insbesondere dem berechtigten Interesse der Gesellschaft Rechnung getragen, eine zweckentsprechende Verwendung der von ihr zur Verfügung gestellten Vermögensmittel sicherzustellen und zu kontrollieren.

11. Auflösung. Im Falle der Auflösung des Trusts ist vorgesehen, dass das Vereinsvermögen auf einen Nachfolgetreuhänder übertragen werden muss, der eine dem Vereinszweck entsprechende Sicherung des Treuhandvermögens gewährleistet. Falls eine solche Übertragung auf einen Nachfolgetreuhänder – aus welchen Gründen auch immer – nicht möglich ist, ist als Auffangtatbestand vorgesehen, dass eine Hinterlegung bei dem für die Gesellschaft zuständigen Amtsgericht zu erfolgen hat. Dadurch wird sichergestellt, dass das Treuhandvermögen nicht an die Gesellschaft zurückfließen darf, sondern auch in diesem Fall weiterhin der Sicherung der Ansprüche der Berechtigten dienen muss. Dadurch soll die Insolvenzfestigkeit der Treuhandkonstruktion garantiert werden.

Für den Fall des Wegfalls des Vereinszwecks, also der Erfüllung aller zu sichernden Ansprüche aller Berechtigten, kann das vorhandene Restvermögen an die Gesellschaft übertragen werden. Dies ist nach derzeitiger Rechtslage in Deutschland noch unproblematisch möglich. Es gibt keine gesetzliche Regelung, die die Gesellschaft verpflichten würde, etwaige Überschüsse über das zur Erfüllung der Versorgungsansprüche notwendige Vermögen zur Verbesserung dieser Versorgungsansprüche zu verwenden.

II. Direktversicherung

1. Arbeitgeberfinanzierte Direktversicherungszusage

Direktversicherungszusage[1]

Die . . . . . . („Gesellschaft“) gewährt ihren Mitarbeitern sowie deren Hinterbliebenen Versorgungsleistungen nach Maßgabe der folgenden Versorgungsordnung:

§ 1 Kreis der Versorgungsberechtigten[2]

(1) Mitarbeiter erwerben mit Vollendung des 25. Lebensjahrs (Zusagezeitpunkt) eine Anwartschaft auf Leistungen der betrieblichen Altersversorgung nach Maßgabe dieser Versorgungsordnung.

(2) Mitarbeiter, die bei Eintritt in die Gesellschaft das 55. Lebensjahr vollendet haben, sowie Aushilfskräfte oder unregelmäßig Beschäftigte sind von der Aufnahme in die Versorgungsordnung ausgeschlossen.

(3) Teilzeitbeschäftigte Mitarbeiter sind unter Erfüllung der Voraussetzungen gemäß Abs. (1) und (2) berechtigt, an dieser Versorgungsordnung teilzunehmen, sofern sie in einem auf unbestimmte Dauer abgeschlossenen Arbeitsvertrag stehen und eine sozialversicherungspflichtige Tätigkeit ausüben.

§ 2 Versorgungsberechtigung[3]

Die Versorgungsberechtigung besteht ab dem 1.1. des Folgejahres, in dem der Mitarbeiter die Voraussetzungen gemäß § 1 erfüllt hat.

§ 3 Fälligkeit der Versorgungsleistungen[4]

(1) Mitarbeiter erwerben einen Anspruch auf Altersleistung, wenn das Arbeitsverhältnis in dem Zeitpunkt beendet wird, ab dem ein Anspruch auf Bezug einer ungekürzten Regelaltersrente aus der gesetzlichen Rentenversicherung möglich ist oder – bei Befreiung von der Versicherungspflicht – möglich wäre („Regelaltersgrenze“). Dem Erreichen der Regelaltersgrenze steht die Inanspruchnahme einer vorgezogenen Altersrente aus der gesetzlichen Rentenversicherung gleich. Die Altersleistung wird am 1. des Monats fällig, der dem Erreichen der Regelaltersgrenze oder der Inanspruchnahme einer vorgezogenen Altersrente aus der gesetzlichen Rentenversicherung folgt. Die Altersleistung wird frühestens nach Vollendung des 62. Lebensjahrs gezahlt.

(2) Anspruch auf Hinterbliebenenleistung besteht beim Tod des Mitarbeiters vor Inanspruchnahme der Altersleistung.

§ 4 Art und Höhe der Versorgungsleistungen[5]

(1) Die Altersleistung wird als lebenslange Leibrente oder im Wege eines Auszahlungsplans mit Teilkapitalverrentung gezahlt, die Hinterbliebenenleistung unter gewissen Umständen als zeitlich befristete Leibrente oder im Wege eines zeitlich befristeten Auszahlungsplans mit Teilkapitalverrentung; der Mitarbeiter kann statt dessen auch eine Einmalzahlung wählen.

(2) Die Höhe der Versorgungsleistungen ist abhängig vom Alter des Mitarbeiters zum Zeitpunkt des Versicherungsbeginns oder zu den Erhöhungsterminen, vom Beitragsaufwand, von den maßgeblichen Tarifen des Versicherers und von den nach der Gewinndeklaration des Versicherers unter Berücksichtigung der steuerlichen Bestimmungen zugeteilten Überschussanteilen.

§ 5 Beitragsaufwand[6]

(1) Die Gesellschaft leistet für die Direktversicherung einen Jahresbeitrag in Höhe von ...... EUR (in Worten: ...... Euro).

(2) Für teilzeitbeschäftigte Mitarbeiter wird ein anteiliger Jahresbeitrag aufgewendet. Dabei wird bei Zugrundelegung einer regelmäßigen Vollzeitbeschäftigung der Jahresbeitrag der Gesellschaft im Verhältnis der tatsächlich im Vorjahr geleisteten Arbeitszeit zu der bei einer regelmäßigen Vollzeitbeschäftigung möglichen jährlichen Arbeitszeit vermindert. Bei unterjährigem Eintritt wird pro Monat, der in den Diensten der Gesellschaft verbracht wird, ein Zwölftel des Jahresbeitrags aufgewendet.

(3) Für Monate, in denen die Gesellschaft nicht aufgrund gesetzlicher Regelungen zur Entgeltzahlung verpflichtet ist, wird der Beitragsaufwand anteilig gekürzt. Dies gilt insbesondere für Zeiten der Elternzeit, Krankheitszeiten, die den Sechs-Wochen-Zeitraum überschreiten, und Freistellungszeiten nach dem Pflegezeitgesetz.

§ 6 Vorzeitiges Ausscheiden[7]

(1) Scheidet ein Mitarbeiter vorzeitig aus den Diensten der Gesellschaft aus, so wird die Gesellschaft die Stellung als Versicherungsnehmer der abgeschlossenen Direktversicherung im Rahmen der gesetzlichen Vorschriften auf einen neuen Arbeitgeber oder den ausgeschiedenen Mitarbeiter übertragen. Die Übertragung erfolgt nur, wenn die Zusage im Zeitpunkt des Ausscheidens nach den gesetzlichen Vorschriften unverfallbar ist.

(2) Für den Fall des Ausscheidens erklärt die Gesellschaft schon jetzt, dass sich die Anwartschaft des Mitarbeiters allein nach der von dem Versicherer auf Grund des Versicherungsvertrags zu erbringenden Versicherungsleistung bestimmt.

§ 7 Gruppenversicherungsvertrag/Rechtsanspruch[8]

(1) Die Gesellschaft wird die Direktversicherungen im Rahmen eines Gruppenversicherungsvertrags mit der ...... Lebensversicherungsgesellschaft („Versicherungsunternehmen") abschließen.

(2) Die Mitarbeiter sind verpflichtet, die zum Abschluss des Gruppenversicherungsvertrags notwendigen Auskünfte zu geben, gegebenenfalls Gesundheitsfragen zu beantworten oder sich einer ärztlichen Untersuchung zu unterziehen.

(3) Die Gesellschaft übermittelt die zum Abschluss und zur Durchführung der Direktversicherung notwendigen Daten an das Versicherungsunternehmen. Dieses wird die Daten nutzen und verarbeiten, soweit dies für den Abschluss und die Durchführung der Direktversicherung notwendig ist. Das Versicherungsunternehmen kann auch Daten an Dritte übermitteln, sofern dies zur Erfüllung seiner Aufgaben unumgänglich ist.

(4) Sämtliche Ansprüche aus dieser Direktversicherungszusage richten sich ausschließlich gegen das Versicherungsunternehmen. Ergänzend zu dieser Versorgungsordnung gelten die jeweils gültigen Bestimmungen des Direktversicherungsvertrags. Der Mitarbeiter ist berechtigt, den Direktversicherungsvertrag einzusehen.

§ 8 Verfügungsverbot[9]

(1) Die Ansprüche aus der abgeschlossenen Direktversicherung dürfen vom Mitarbeiter weder abgetreten noch verpfändet werden.

(2) Gleichwohl erfolgte Verfügungen sind der Gesellschaft und dem Versicherungsunternehmen gegenüber unwirksam und berechtigen die Gesellschaft zum Widerruf der Direktversicherungszusage.

§ 9 Bezugsberechtigung[10]

(1) Wenn der Mitarbeiter die Unverfallbarkeitsvoraussetzungen gemäß vorstehendem § 6 erfüllt hat, ist er auf die Leistung der Direktversicherung einschließlich der Überschussbeteiligung unwiderruflich bezugsberechtigt.

(2) Vom Mitarbeiter gilt im Einvernehmen mit der Gesellschaft für den Todesfall folgendes Bezugsrecht in nachstehender Rangfolge als widerruflich bestellt:

a) an den Ehegatten aus der zum Zeitpunkt des Todes bestehenden Ehe;

b) an die ehelichen und die ihnen gesetzlich gleichgestellten kindergeldberechtigten Kinder zu gleichen Teilen, so lange die Berechtigung auf Kindergeld besteht, längstens bis zum vollendeten 25. Lebensjahr;

c) an den früheren Ehegatten;

d) an einen namentlich genannten Lebensgefährten, mit dem eine gemeinsame Haushaltsführung besteht.

Eine Beleihung des Bezugsrechts durch den Mitarbeiter oder die sonstigen Bezugsberechtigten ist ausgeschlossen.

§ 10 Zahlung der Beiträge[11]

Die Beiträge zur Direktversicherung gemäß § 5 werden ausschließlich von der Gesellschaft getragen und werden jeweils zum 1.1. eines jeden Jahres fällig.

§ 11 Steuerfreiheit[12]

Die Beiträge zur Direktversicherung unterliegen im Rahmen des § 3 Nr. 63 EStG nicht der Lohnsteuer. Den Steuerfreibetrag überschreitende Beiträge sind mit dem individuellen Steuersatz zu versteuern.

§ 12 Vorbehalte[13]

(1) Die Gesellschaft behält sich vor, zugesagte Beitragszahlungen zu kürzen oder einzustellen, wenn

a) die wirtschaftliche Lage der Gesellschaft sich nachhaltig so wesentlich verschlechtert hat, dass ihr eine Aufrechterhaltung nicht mehr zugemutet werden kann, oder

b) der Personenkreis, die Beiträge, die Leistungen oder das Pensionierungsalter bei der gesetzlichen Sozialversicherung oder bei anderen Versorgungseinrichtungen mit Rechtsanspruch sich wesentlich ändern, oder

c) die rechtliche, insbesondere die steuerliche Behandlung der Aufwendungen, die zur planmäßigen Finanzierung der Versorgungsleistungen von der Gesellschaft gemacht werden oder gemacht worden sind, sich so wesentlich ändert, dass der Gesellschaft die Aufrechterhaltung der zugesagten Leistungen nicht mehr zugemutet werden kann, oder

d) der versorgungsberechtigte Mitarbeiter Handlungen begeht, die in grober Weise gegen Treu und Glauben verstoßen und deswegen der Gesellschaft die Aufrechterhaltung der Ruhegeldzusage oder die Weiterzahlung des Ruhegelds nicht mehr zumutbar ist.

(2) Im Übrigen behält sich die Gesellschaft vor, die Beitragszahlungen zu kürzen oder einzustellen, wenn die bei Erteilung der Versorgungszusage maßgebenden Verhältnisse sich nachhaltig so wesentlich geändert haben, dass der Gesellschaft die Aufrechterhaltung der zugesagten Leistungen auch unter objektiver Beachtung der Belange des Versorgungsberechtigten nicht mehr zugemutet werden kann.

§ 13 In-Kraft-Treten und Jeweiligkeitsklausel[14]

Anmerkungen

1. Vorbemerkung. Die Direktversicherungszusage ist eine mittelbare Versorgungszusage. Durch sie verpflichtet sich der Arbeitgeber, im Wege eines Vertrages zugunsten Dritter (§§ 328 ff. BGB) einen Versicherungsvertrag zugunsten des Arbeitnehmers abzuschließen und zu dotieren. Der Arbeitgeber entrichtet als Versicherungsnehmer einmalige oder laufende Beiträge an das Versicherungsunternehmen; letzteres ist verpflichtet, die Versicherungsleistung bei Fälligkeit an den Arbeitnehmer auszuzahlen. Zu unterscheiden sind bei der Direktversicherungszusage daher – wie bei jeder mittelbaren Versorgungszusage – zwei Rechtsverhältnisse: Das Valutaverhältnis zwischen dem Arbeitgeber und dem Arbeitnehmer, das die (arbeitsrechtliche) Grundverpflichtung des Arbeitgebers zur Leistung einer betrieblichen Altersversorgung enthält, und das Deckungsverhältnis zwischen dem Arbeitgeber und dem Versicherungsunternehmen, in dem die finanziellen Mittel für diese Altersversorgung zur Verfügung gestellt werden.

Versicherungsnehmer der Direktversicherung ist stets der Arbeitgeber; der Arbeitnehmer ist versicherte Person und damit – widerruflich oder unwiderruflich – bezugsberechtigt (→ Anm. 10).

Von einer Direktversicherungszusage zu unterscheiden ist eine sog. Rückdeckungsversicherung, bei der der Arbeitgeber eine von ihm eingegangene Verpflichtung der betrieblichen Altersversorgung – etwa aus einer Direktzusage oder einer Unterstützungskasse – über ein Versicherungsunternehmen durch Abschluss einer entsprechenden Versicherung finanziert. Eine solche Rückdeckungsversicherung – bei der der Arbeitgeber nicht nur Versicherungsnehmer, sondern auch alleiniger Bezugsberechtigter ist – stellt keine betriebliche Altersversorgung dar.

Die Besteuerung von Direktversicherungen ist durch das Alterseinkünftegesetz mit Wirkung zum 1.1.2005 – im Bestreben, für den gesamten Bereich der betrieblichen Altersversorgung das Prinzip der nachgelagerten Besteuerung einzuführen – grundlegend geändert worden. Für vor dem 1.1.2005 erteilte Direktversicherungszusagen (Altzusagen) besteht die Möglichkeit, Beiträge bis zur Höhe von 1.752 EUR pauschal zu einem Steuersatz von 20 Prozent zuzüglich Kirchensteuer zu versteuern (§ 40b EStG in der am 31.12.2004 geltenden Fassung i. V. m. § 52 Abs. 52b EStG). Bei Ablauf der Versicherung nach einer Versicherungsdauer von mindestens zwölf Jahren kommt eine einmalige Kapitalleistung inklusive Zinserträgen steuerfrei zur Auszahlung. Diese Regelung gilt (auch heute noch) für alle Altzusagen, die vor dem 1.1.2005 abgeschlossen wurden. Beiträge zu Direktversicherungen, die ab dem 1.1.2005 erteilt wurden (Neuzusagen), sind unter gewissen Voraussetzungen (→ Anm. 5) bis zur Höhe von vier Prozent der Beitragsbemessungsgrenze in der allgemeinen Rentenversicherung zuzüglich eines Betrages von 1.800 EUR steuerfrei (§ 3 Nr. 63 EStG). Im Gegenzug müssen die Leistungen aus der betrieblichen Altersversorgung bei Auszahlung in vollem Umfang als sonstige Leistungen versteuert werden (§ 22 Nr. 5 EStG). Zu Einzelheiten → Anm. 6, 12.

2. Kreis der Versorgungsberechtigten. Zu Abs. (1) und (2) → Form. F. I. 1 Anm. 2. Geringfügig Beschäftigten wurden in der Vergangenheit oftmals keine Versorgungszusagen erteilt; dies galt insbesondere in Gesamtversorgungssystemen. Hier wurde argumentiert, eine betriebliche Altersversorgung könne für geringfügig Beschäftigte nicht die vorgesehene Ergänzungsfunktion wahrnehmen, da sie nicht der gesetzlichen Rentenversicherungspflicht unterfielen. Schon seit den Neuregelungen der Vorschriften zur sozialversicherungsrechtlichen Behandlung geringfügiger Beschäftigungsverhältnisse mit Wirkung zum 1.4.1999 und 1.4.2003 erwerben jedoch auch geringfügig Beschäftigte (geringfügige) Ansprüche in der gesetzlichen Rentenversicherung. Seit dem 1.1.2013 sind nunmehr auch geringfügig Beschäftigte i. S. d. § 8 Abs. 1 Nr. 1 SGB IV (sog. Entgeltgeringfügigkeit) in der gesetzlichen Rentenversicherung pflichtversichert und werden nur noch auf Antrag befreit (§ 6 Abs. 1b SGB VI). Auch sind geringfügig Beschäftigte nach der seit dem 1.1.2001 geltenden Regelung des § 2 Abs. 2 TzBfG Teilzeitbeschäftigte, die nicht ohne sachlichen Grund schlechter als Vollzeitbeschäftigte gestellt werden dürfen. Soweit kein Grund für eine Differenzierung vorliegt, sollten daher auch geringfügig beschäftigte Arbeitnehmer in eine beim Arbeitgeber bestehende betriebliche Altersversorgung einbezogen werden. Dies ist weitgehend unstreitig, soweit Versicherungspflicht in der gesetzlichen Rentenversicherung besteht (*Höfer*, Gesetz zur Verbesserung der betrieblichen Altersversorgung, Bd. 1 Rn. 702 ff.; *Langohr-Plato* Rn. 1405 ff.), was seit dem 1.1.2013 für die Entgeltgeringfügigkeit der gesetzliche Regelfall ist. Die Behandlung derjenigen geringfügig beschäftigten Arbeitnehmer, die nicht der gesetzlichen Versicherungspflicht unterfallen, ist noch nicht abschließend geklärt.

Befristet beschäftigte Teilzeit-Arbeitnehmer dürfen nach § 4 Abs. 1 und 2 TzBfG ohne sachlichen Grund nicht schlechter behandelt werden als unbefristet oder in Vollzeit Beschäftigte. Als sachlicher Grund lässt sich aber anführen, dass aufgrund der begrenzten Laufzeit eines befristeten Vertrages der Aufbau einer mehr als geringfügigen – die Kosten des Vertragsschlusses deckenden – Versorgung nicht möglich ist. Zudem dürfte ein befristeter Arbeitsvertrag nur in den seltensten Fällen die Dauer von fünf Jahren – die zum Erreichen der gesetzlichen Unverfallbarkeit erforderlich ist – erreichen, so dass sich praktisch kaum Probleme ergeben dürften.

3. Allgemeine Leistungsvoraussetzungen. Im Formular wird von einer Leistung der Beiträge zum 1.1. eines jeden Jahres ausgegangen. Eine solche Stichtagsregelung bietet sich an, weil das Formular einen Jahresbeitrag vorsieht und damit eine einheitliche Zahlung und Berechnung für jeden Arbeitnehmer gewährleistet wird. Insbesondere bei monatlicher Zahlungsweise sind im konkreten Einzelfall abweichende Gestaltungen möglich.

4. Fälligkeit der Versorgungsleistungen. Zur Regelaltersgrenze → Form. F. I. 1 Anm. 5. Anders als der Versicherungsbeginn tritt die Fälligkeit der Versorgungsleistungen für jeden Mitarbeiter zu einem anderen Zeitpunkt ein, abhängig vom Zeitpunkt des rentenbedingten Ausscheidens. Die früher tarifbedingten Jahresverträge, die immer nur volle Versicherungsjahre erlaubten, sind durch Tarife mit gebrochenen Versicherungsjahren ersetzt worden, so dass eine zeitnahe Auszahlung der Leistungen aus der Direktversicherung gewährleistet werden kann. Vor der schrittweisen Anhebung der Regelaltersgrenze konnten Versorgungsleistungen nach Ansicht der Finanzverwaltung frühestens ab dem 60. Lebensjahr (nicht: Vollendung des 60. Lebensjahres) in Anspruch genommen werden. Die Finanzverwaltung hat diese Grenze für Zusagen, die ab dem 1.1.2012 erteilt werden, auf das 62. Lebensjahr angehoben (BMF-Schreiben v. 17.10.2011 – IV C 3 – S 2220/11/10002; BMF-Schreiben v. 24.7.2013 – IV C 3 – S 2015/11/10002, IV C 5 – S 2333/09/10005 – Rn. 286). Die Rechtsprechung hat bisher das vollendete 60. Lebensjahr als untere Altersgrenze anerkannt. Erfolgen die Leistungen zu einem früheren Zeitpunkt, so handelt es sich in aller Regel nicht um betriebliche Altersversorgung, sondern z.B. um Übergangsgelder oder um Leistungen der Vermögensbildung (BAG NZA 2009, 844). Ob die Rechtsprechung die (in steuerlicher Hinsicht vollzogene) Anhebung des Mindestalters auf das 62. Lebensjahr nachvollziehen wird, bleibt abzuwarten.

Das Formular sieht eine Hinterbliebenenleistung nur für den Fall vor, dass der Arbeitnehmer vor Inanspruchnahme der Altersrente verstirbt. Möglich ist aber auch eine Leistung an die Hinterbliebenen im Fall des Todes in der Rentenbezugsphase. Im Rahmen einer Direktversicherung wird dies in der Regel über eine Rentengarantiezeit abgebildet, die auch nach dem Tod über den garantierten Leistungszeitraum Zahlungen an die Hinterbliebenen gewährleistet.

5. Art und Höhe der Leistungen. Die Steuerbefreiung der Beiträge zur Direktversicherung im Rahmen von § 3 Nr. 63 EStG kann nur dann in Anspruch genommen werden, wenn die Versorgungszusage vorsieht, dass die späteren Versorgungsleistungen in Form einer lebenslangen Rente oder eines Auszahlungsplanes mit Teilkapitalverrentung erbracht werden. Die Steuerfreiheit entfällt somit, wenn die Versorgungszusage – wie bis zum 1.1.2005 bei Direktversicherungen üblich – bestimmt, dass die Auszahlung der Versorgungsleistung zwingend als Einmalkapitalzahlung zu erfolgen hat. Unschädlich für die Steuerfreiheit der Beiträge ist es dagegen nach den Richtlinien der Finanzverwaltung, wenn – wie im Formular vorgesehen – die Versorgungszusage ein Wahlrecht zwischen einer Auszahlung der Versorgungsleistungen als Einmalkapital und der Auszahlung als Rente vorsieht. Entscheidet sich der Arbeitnehmer bereits während der Ansparphase für eine Einmalkapitalauszahlung, so sind von diesem Zeitpunkt an die Beiträge mit dem individuellen Steuersatz zu versteuern (BMF-Schreiben v. 24.7.2013 – IV C 3 – S 2015/11/10002, IV C 5 – S 2333/09/10005 – Rn. 312). Soweit sich jedoch der Arbeitnehmer innerhalb des letzten Jahres vor dem altersbedingten Ausscheiden aus dem Erwerbsleben oder erst im Zeitpunkt der Auszahlung für eine Einmalkapitalleistung entscheidet, bleiben die Beiträge weiterhin nach § 3 Nr. 63 EStG steuerfrei. Neben der vollständigen Besteuerung der Kapitalleistung nach § 22 Nr. 5 EStG erfolgen keine steuerlichen Sanktionen (*Wellisch/Näth* BB 2005, 18, 19). Für die Berechnung der Jahresfrist ist auf das im Zeitpunkt der Ausübung des Wahlrechts vertraglich vorgesehene Ausscheiden aus dem Erwerbsleben abzustellen (BMF-Schreiben v. 24.7.2013 – IV C 3 – S 2015/11/10002, IV C 5 – S 2333/09/10005 – Rn. 312). Weiterhin sieht die Finanzverwaltung es auch nicht als steuerschädlich an, wenn eine Rente oder ein Auszahlungsplan – wie im Formular vorgesehen – im Hinblick auf die entfallende Versorgungsbedürftigkeit, z.B. für den Fall der Wiederverheiratung des verwitweten Ehepartners oder der Vollendung des 25. Lebensjahres einer Waise, befristet ist. Die Details müssen hier im konkreten Fall mit dem Versicherungsunternehmen abgestimmt werden.

Abs. (2) gibt einen Überblick über die Faktoren, die die endgültige Höhe der Leistung bestimmen.

6. Beitragsaufwand. Beiträge zu Direktversicherungen sind seit dem 1.1.2005 bis zu einer Höhe von maximal vier Prozent der Beitragsbemessungsgrenze in der allgemeinen Rentenversicherung zuzüglich eines Betrags von 1.800 EUR steuerfrei. Der zusätzliche Freibetrag von 1.800 EUR entfällt allerdings dann, wenn der Arbeitnehmer bereits für eine Altzusage die Pauschalbesteuerung in Anspruch nimmt, wobei es nicht darauf ankommt, ob der Dotierungsrahmen des § 40b Abs. 2 S. 1 EStG a.F. (1.752 EUR) in voller Höhe ausgeschöpft wird (BMF-Schreiben v. 24.7.2013 – IV C 3 – S 2015/11/10002, IV C 5 – S 2333/09/10005 – Rn. 320363). Bei dem steuerfreien Höchstbetrag handelt es sich um einen Jahreshöchstbetrag, der nicht zeitanteilig zu kürzen ist, wenn ein Dienstverhältnis nicht während eines ganzen Jahres besteht. Bei einem Arbeitgeberwechsel können die Höchstbeträge erneut in Anspruch genommen werden, auch wenn der

Arbeitnehmer sie in einem vorangegangenen Dienstverhältnis bereits ausgeschöpft hat. Lediglich im Falle der Gesamtrechtsnachfolge und des Betriebsübergangs nach § 613a BGB kommt dies nicht in Betracht (BMF-Schreiben v. 24.7.2013 – IV C 3 – S 2015/11/10002, IV C 5 – S 2333/09/10005 – Rn. 307).

Den Steuerfreibetrag überschreitende Beiträge des Arbeitgebers sind mit dem individuellen Steuersatz des jeweiligen Arbeitnehmers zu versteuern. Für die individuell besteuerten Beiträge kann für den Arbeitnehmer eine Förderung nach den Grundsätzen der „Riester-Rente" in Betracht kommen.

Abs. (2) S. 1 und 2 entsprechen dem in § 4 Abs. 1 S. 2 TzBfG aufgestellten Erfordernis der Proportionalität. Erfolgt die Zahlung unterjährig und zum Teil vorschüssig für das laufende Jahr, müsste im Hinblick auf die noch zu erbringende Arbeitsleistung statt auf die tatsächliche Arbeitszeit auf die vertraglich vereinbarte Arbeitszeit abgestellt werden. Abs. (2) S. 3 stellt sicher, dass bei unterjährigem Eintritt des Arbeitnehmers eine Pro-rata-Beitragsleistung erfolgt. Im Falle eines Austritts stellt sich bei einer Beitragszahlung schon zum 1.1. eines jeden Jahres – wie im Formular vorgesehen – dieses Problem nicht. Bei einer anderweitigen Regelung sollte auch das Jahr des Austritts nur anteilig berücksichtigt werden.

Für Zeiten, in denen keine gesetzliche Entgeltzahlungspflicht besteht, regelt das Formular die Möglichkeit der Kürzung der Beitragsleistung. Dies kommt insbesondere für Zeiten der Elternzeit (BAG NZA 2010, 1188) und der Krankheit ab einem Zeitraum von mehr als sechs Wochen in Betracht, aber wohl auch für Freistellungszeiten nach dem Pflegezeitgesetz. In Zeiten des Mutterschutzes dagegen müssen weiterhin Beiträge zur arbeitgeberfinanzierten Altersversorgung entrichtet werden. Das BVerfG (NZA 2011, 857) hat für die Versorgung im öffentlichen Dienst entschieden, dass auch in Zeiten des Mutterschutzes Anwartschaften auf betriebliche Altersversorgung erworben werden. Wenngleich diese Entscheidung nicht die Zahlung von Beiträgen in eine Direktversicherung betraf, sondern die Berücksichtigung von Zeiten zur Berechnung der Höhe einer Versorgungsleistung, werden diese Grundsätze wohl auch für den Erwerb von Anwartschaften infolge der Zahlung von Beiträgen in eine Direktversicherung gelten. Auch Urteile des EuGH und des BAG zu Sonderleistungen während des Mutterschutzes legen nahe, dass auch Beiträge zur arbeitgeberfinanzierten Altersversorgung zu leisten sind (EuGH NZA 1999, 1325; BAG NJW 1999, 3431; BAG NZA 1995, 429). Ein Recht, die arbeitgeberfinanzierte betriebliche Altersversorgung für die Zeiten, in denen keine gesetzliche Entgeltzahlungspflicht des Arbeitgebers besteht, mit eigenen Beiträgen fortzuführen, soll nicht bestehen; denn das entsprechende, in § 1a Abs. 4 BetrAVG normierte Recht des Arbeitnehmers bezieht sich nur auf die Entgeltumwandlung (unter Verweis auf die systematische Stellung der Regelung und die Gesetzesbegründung *Höfer*, Gesetz zur Verbesserung der betrieblichen Altersversorgung, Bd. 1 Rn. 2668.12).

7. Vorzeitiges Ausscheiden. → Form. F. I. 1 Anm. 12. Nach § 1b Abs. 1 S. 1 BetrAVG wird die Anwartschaft des Arbeitnehmers auf betriebliche Altersversorgung unverfallbar, wenn die Zusage fünf Jahre bestanden und der Arbeitnehmer das 25. Lebensjahr vollendet hat. Zu beachten ist im Zusammenhang mit der gesetzlichen Unverfallbarkeit einer Direktversicherungszusage § 1b Abs. 2 S. 3 BetrAVG, wonach der Arbeitgeber wirtschaftliche Verfügungen über den Wert der Direktversicherung – z.B. Beleihungen oder Verpfändungen – rückgängig zu machen hat; der Arbeitnehmer ist bei Eintritt des Versicherungsfalls so zu stellen, als ob die Abtretung oder Beleihung nicht erfolgt wäre. Sollte dies – aus welchen Gründen auch immer – nicht möglich sein, so ist der Arbeitgeber im Wege der Naturalrestitution schadensersatzpflichtig und muss den Arbeitnehmer so stellen, als ob die wirtschaftliche Verfügung nicht erfolgt wäre (§ 249 BGB).

Die Übertragung der Direktversicherung auf den ausscheidenden Arbeitnehmer ist üblich und gesetzlich vorgesehen. Es entspricht dem Interesse des Arbeitgebers, sich mit Beendigung des Anstellungsverhältnisses aller aus der Zusage einer betrieblichen Altersversorgung entstehenden Verpflichtungen zu entledigen. Möglich ist auch die Übertragung entweder der Direktversicherungszusage selbst (gemäß § 4 Abs. 2 Nr. 1 BetrAVG) oder des Übertragungswertes (gemäß § 4 Abs. 2 Nr. 2 BetrAVG) auf einen neuen Arbeitgeber; dies erfordert das Einvernehmen mit dem alten Arbeitgeber, dem neuen Arbeitgeber und dem Arbeitnehmer (sowie im ersten Fall die Zustimmung des Versicherungsunternehmens). Unter den Voraussetzungen des § 4 Abs. 3 BetrAVG kann der Arbeitnehmer auch einseitig die Übertragung des Übertragungswertes verlangen.

Der Wert der erworbenen Versorgungsanwartschaft ergibt sich aus dem Versicherungsvertrag (§ 2 Abs. 2. S. 2 BetrAVG, sog. versicherungsvertragliche Lösung), wenn die Überschussanteile nur zur Verbesserung der Versicherungsleistung verwendet werden, der Arbeitnehmer das Recht zur Fortsetzung der Versicherung mit eigenen Beiträgen hat, das Bezugsrecht des Arbeitnehmers spätestens drei Monate nach dem Ausscheiden unwiderruflich ist und Abtretungen, Beleihungen oder Beitragsrückstände nicht bestehen. Voraussetzung ist weiterhin, dass der Arbeitgeber die versicherungsvertragliche Lösung innerhalb von drei Monaten nach dem Ausscheiden wählt (§ 2 Abs. 2 S. 3 BetrAVG). Eine Erklärung in diesem Sinne enthält Abs. (3). Allerdings ist nicht geklärt, ob eine solche antizipierende Erklärung den Anforderungen des § 2 Abs. 2 S. 3 BetrAVG genügt. Das BAG erkennt grundsätzlich an, dass sich der Arbeitgeber arbeitsvertraglich zur Wahl einer bestimmten Lösung verpflichten kann (BAG BeckRS 2013, 68678). Ob eine solche Verpflichtung zugleich eine Erklärung gemäß § 2 Abs. 2 S. 3 BetrAVG ist, wurde in der Rechtsprechung noch nicht entschieden. Kommt die versicherungsvertragliche Lösung nicht zur Anwendung, verbleibt es beim ratierlichen Berechnungsverfahren nach § 2 Abs. 2 S. 1 BetrAVG. In diesem Fall kann die Höhe der Versorgungsanwartschaft vom Wert der Direktversicherung abweichen.

Bei der Vertragsgestaltung ist zu beachten, dass klar erkennbar zwischen der Wahl der versicherungsvertraglichen Lösung einerseits und der Übertragung der Versicherungsnehmereigenschaft andererseits unterschieden wird (BAG NZA 2012, 1117).

8. Gruppenversicherungsvertrag/Rechtsanspruch. Gruppenversicherungsverträge, wie in Abs. (1) vorgesehen, sind in der Praxis die Regel. Die Konzentration aller Direktversicherungen bei einer Lebensversicherungsgesellschaft ermöglicht es dem Arbeitgeber, den Verwaltungsaufwand in einem überschaubaren Rahmen zu halten. Dabei kann auch auf die Nennung der Versicherungsgesellschaft in der Versorgungsordnung verzichtet werden, um dem Arbeitgeber eine größere Flexibilität bei einem Wechsel des Vertragspartners zu wahren.

Die in Abs. (2) normierte Mitwirkungspflicht bewegt sich im üblichen Rahmen. Der Arbeitnehmer ist verpflichtet, alle Angaben zu machen, die der Arbeitgeber zur ordnungsgemäßen Erfüllung seiner Verpflichtungen gegenüber dem Versicherungsunternehmen benötigt. Die Zustimmung des Arbeitnehmers zum Abschluss des Versicherungsvertrags ist seit dem 1.1.2008 nicht mehr erforderlich (§ 150 Abs. 2 S. 1 Halbs. 2 VVG), weshalb im Formular eine solche Zustimmung – wie früher üblich – auch nicht mehr vorgesehen ist.

Die Übermittlung der Daten an den Versicherer ist vom Vertragszweck gedeckt. Hier geht es um die Verarbeitung der Daten eines Drittbegünstigten. Eine gesonderte datenschutzrechtliche Einwilligung des Mitarbeiters ist daher nicht erforderlich.

Die Ansprüche des Arbeitnehmers auf Leistungen der betrieblichen Altersversorgung richten sich primär gegen den selbständigen Versicherungsträger. Zu beachten ist jedoch, dass auch bei einer mittelbaren Versorgungszusage, wie der hier vorliegenden, die Grundverpflichtung des Arbeitgebers aus dem Valutaverhältnis bestehen bleibt, d.h., da der Arbeitgeber die Versorgungszusage erteilt hat, bleibt er in letzter Konsequenz – auch wenn er sich zur Durchführung der betrieblichen Altersversorgung eines selbständigen Versorgungsträgers bedient – für die Erfüllung der zugesagten Leistungen verantwortlich (§ 1 Abs. 1 S. 3 BetrAVG; vgl. BAG ZIP 2012, 2456; *Höfer*, Gesetz zur Verbesserung der betrieblichen Altersversorgung, Bd. 1 Rn. 2512). Dies gilt für die bis zur Beendigung des Arbeitsverhältnisses erworbenen Anwartschaften auch nach der Übertragung auf den Arbeitnehmer. Bei einer Direktversicherungszusage erfüllt der Arbeitgeber seine Verpflichtungen jedoch in der Regel dadurch, dass er die Direktversicherung ausreichend dotiert.

9. Verfügungsverbot. § 8 enthält ein vertragliches Abtretungsverbot gemäß § 399 Alt. 2 BGB; gegen die Wirksamkeit eines solchen vereinbarten Abtretungsverbots – auch in formularmäßiger Form – bestehen in der Regel keine Bedenken. Weder stellt ein solches Abtretungsverbot einen Verstoß gegen § 138 BGB dar, noch ist eine entsprechende Klausel unangemessen im Sinne von § 307 Abs. 2 BGB. Denn das Abtretungsverbot dient grundsätzlich der Durchsetzung legitimer Interessen, da der Arbeitgeber in aller Regel ein Bedürfnis hat, die Vertragsabwicklung mit seinen Arbeitnehmern übersichtlich zu gestalten und nicht mit zusätzlichem Verwaltungsaufwand aufgrund von Abtretungen belastet zu werden. Darüber hinaus ist es auch Vorgabe vieler Versicherungsunternehmen, dass die Ansprüche aus dem Versicherungsvertrag nicht abgetreten werden dürfen. Besondere Gründe, warum ein Abtretungsverbot aufgrund besonderer Belange des Arbeitnehmers nicht wirksam sein sollte, dürften im Regelfall nicht ersichtlich sein. Ein solches Abtretungs- und Verpfändungsverbot ist üblich; die Verfügungsrechte werden in der Regel ausgeschlossen, um den Zweck der betrieblichen Altersversorgung nicht zu gefährden. Für Verpfändungen kann nichts anderes gelten.

10. Bezugsberechtigung. Solange dem Arbeitnehmer nur ein widerrufliches Bezugsrecht an der Direktversicherung zusteht, kann der Arbeitgeber als Versicherungsnehmer dem Versicherungsunternehmen gegenüber jederzeit den Widerruf des Bezugsrechts erklären (allerdings ergeben sich aus der Grundverpflichtung aus dem Arbeitsverhältnis Einschränkungen hinsichtlich der freien Widerruflichkeit). Erfolgt ein Widerruf, muss der Arbeitgeber die Versorgungsleistung unmittelbar erbringen (§ 1 Abs. 1 S. 3 BetrAVG). Das versicherungsvertraglich unwiderrufliche oder zumindest eingeschränkt unwiderrufliche Bezugsrecht begründet für den Arbeitnehmer ein unentziehbares Recht gegen den Versicherer und gewährleistet, dass im Insolvenzfall der Anspruch gegenüber dem Versicherer nicht in die Insolvenzmasse fällt (vgl. BAG ZIP 2012, 2269; *Höfer*, Gesetz zur Verbesserung der betrieblichen Altersversorgung, Bd. 1 Rn. 148 ff.). Damit die versicherungsvertragliche Lösung zur Anwendung kommt (→ Anm. 7), muss spätestens drei Monate nach dem Ausscheiden aus dem Arbeitsverhältnis das Bezugsrecht unwiderruflich sein.

Die Regelung in Abs. (2) gibt dem Arbeitnehmer das Recht, für den Fall seines Todes eine begünstigte Person zu bestellen. Zum Erhalt der steuerlichen Anerkennung als betriebliche Altersversorgung kann nur der im Formular vorgesehene begrenzte Personenkreis benannt werden. Die Bestimmung der bezugsberechtigten Kinder richtet sich nach § 32 EStG. Danach gilt eine Altersbegrenzung auf 18 Jahre und unter bestimmten Voraussetzungen (insbesondere Berufsausbildung) auf 25 Jahre, was der durch das Steueränderungsgesetz 2007 geänderten Altersgrenze des § 32 EStG entspricht. Für die Veranlagungszeiträume vor 2007 galt die Altersgrenze von 27 Jahren, die auch heute noch für Zusagen gilt, die vor dem 1.1.2007 erteilt wurden. Als Kind kann auch ein im Haushalt des Arbeitnehmers auf Dauer aufgenommenes Kind begünstigt werden, das in einem Obhuts- oder Pflegeverhältnis zu dem Arbeitnehmer steht und in der Vereinbarung namentlich genannt ist. Ausreichend ist es auch, wenn die Voraussetzungen des § 32 EStG für dieses Kind nur beim ebenfalls im Haushalt des Arbeitnehmers lebenden Ehegatten oder Lebenspartner erfüllt sind (BMF-Schreiben v. 24.7.2013 – IV C 3 – S 2015/11/10002, IV C 5 – S 2333/09/10005 – Rn. 287). Insbesondere die Berücksichtigung des früheren Ehegatten in der Versorgungsordnung kann entfallen, da diese in der Praxis oftmals nicht gewünscht ist.

Zur Berücksichtigung der eingetragenen Lebenspartnerschaft → Form. F. I. 1 Anm. 10.

11. **Zahlung der Beiträge.** § 10 bringt zum Ausdruck, dass es sich um eine ausschließlich arbeitgeberfinanzierte Direktversicherungszusage handelt und bestimmt, wann der Arbeitgeberbeitrag fällig wird.

12. **Steuerfreiheit.** Zur Steuerfreiheit nach § 3 Nr. 63 EStG vgl. Anm. 1 und 6.

Ob es sich – mit Blick auf die Steuerfreiheit der Beiträge nach § 3 Nr. 63 EStG – um eine Alt- oder eine Neuzusage handelt, richtet sich nach dem Zeitpunkt, zu dem das Versprechen auf eine betriebliche Altersversorgung abgegeben wurde (BMF-Schreiben v. 24.7.2013 – IV C 3 – S 2015/11/10002, IV C 5 – S 2333/09/10005 – Rn. 350). Der Zeitpunkt des Abschlusses des Versicherungsvertrages ist dagegen nicht relevant.

Bei Altzusagen eröffnet das Einkommenssteuergesetz dem Arbeitnehmer die Möglichkeit, auch weiterhin die pauschale Versteuerung anzuwenden (§§ 52 Abs. 52a S. 1, Abs. 6 EStG). Auch bei einem späteren Arbeitgeberwechsel kann die Pauschalbesteuerung bei Altzusagen beibehalten werden, allerdings nur unter zwei Voraussetzungen: Zum einen muss der neue Arbeitgeber die Versorgungszusage so übernehmen, wie sie vom alten Arbeitgeber zugesagt wurde, was nur im Einvernehmen zwischen dem Arbeitnehmer, dem alten und dem neuen Arbeitgeber erfolgen kann (§ 4 Abs. 2 Nr. 1 BetrAVG). Zum anderen muss der Arbeitnehmer dem Angebot des neuen Arbeitgebers, die Beiträge weiterhin pauschal zu versteuern, spätestens bis zur ersten Beitragszahlung des neuen Arbeitgebers zustimmen (BMF-Schreiben v. 24.7.2013 – IV C 3 – S 2015/11/10002, IV C 5 – S 2333/09/10005 – Rn. 361).

Soweit die Pauschalbesteuerung weiterhin Anwendung findet, hat dies auch Auswirkungen auf die ab dem 1.1.2005 abgeschlossenen Versorgungszusagen. Nachdem der Arbeitnehmer für die Altzusage weiterhin die Vorzüge der Pauschalbesteuerung genießt, können nur Beiträge in Höhe von vier Prozent der Beitragsbemessungsgrenze in der allgemeinen Rentenversicherung steuerfrei in eine neu abzuschließende Direktversicherung eingezahlt werden. Der zusätzliche Steuerfreibetrag von 1.800 EUR kann dagegen nicht in Anspruch genommen werden.

Die vom Arbeitgeber gezahlten Versicherungsprämien sind als Betriebsausgaben absetzbar.

Steuerfreie Beiträge zu Direktversicherungen sind bis zu einer Höhe von vier Prozent der Beitragsbemessungsgrenze in der allgemeinen Rentenversicherung auch sozialversicherungsrechtlich beitragsfrei (§ 1 Abs. 1 Nr. 9 SvEV). Für den zusätzlichen Freibetrag von 1.800 EUR wurde die Steuerfreistellung dagegen in das Sozialversicherungsrecht nicht übernommen.

13. **Vorbehalte.** → Form. F. I. 1, dort unter § 14.

14. **In-Kraft-Treten und Jeweiligkeitsklausel.** → Form. F. I. 1, dort unter § 15.

2. Direktversicherungszusage zur Entgeltumwandlung

Entgeltumwandlung über Direktversicherung[1]

Die . . . . . . („Gesellschaft“) gewährt ihren Mitarbeitern sowie deren Hinterbliebenen Versorgungsleistungen nach Maßgabe der folgenden Versorgungsordnung:

§ 1 Kreis der Versorgungsberechtigten[2]

Versorgungsberechtigt nach dieser Versorgungsordnung in ihrer jeweils gültigen Fassung sind alle nach dem Gesetz zur Verbesserung der betrieblichen Altersversorgung (BetrAVG)

zur Entgeltumwandlung berechtigten Mitarbeiter der Gesellschaft, die an einer Gehaltsumwandlung interessiert sind.

§ 2 Form der Versorgung[3]

(1) Die Gesellschaft wird für versorgungsberechtigte Mitarbeiter Direktversicherungen im Rahmen eines Gruppenversicherungsvertrags mit der ...... Lebensversicherungsgesellschaft („Versicherungsunternehmen") abschließen.

(2) Die Finanzierung erfolgt durch Umwandlung laufenden Arbeitsentgelts.

(3) Für Zeiten, in denen das Arbeitsverhältnis fortbesteht, der Mitarbeiter aber keinen Anspruch auf Entgelt hat, kann der Mitarbeiter die Direktversicherung mit eigenen Beiträgen fortführen.

§ 3 Umwandlungsbetrag/Bemessung gehaltsabhängiger Leistungen[4]

(1) Umgewandelt werden können Teile des laufenden monatlichen Entgelts. Die umgewandelten Entgeltbestandteile dürfen im Jahr maximal vier Prozent der jeweiligen Beitragsbemessungsgrenze in der allgemeinen Rentenversicherung betragen.

(2) Die Entgeltumwandlung muss mindestens einen Betrag von ...... EUR pro Jahr betragen und hat in monatlich gleich bleibenden Beträgen zu erfolgen.

(3) Der Umwandlungsbetrag wird durch anteiligen monatlichen Gehaltsabzug erhoben und anschließend von der Gesellschaft durch Zahlung im jeweiligen Monat an das Versicherungsunternehmen abgeführt.

(4) Für Gehaltserhöhungen sowie für die Bemessung gehaltsabhängiger Leistungen der Gesellschaft, wie z. B. Weihnachtsgratifikation, Jubiläumsgelder, Pensionsansprüche aus arbeitgeberfinanzierten Versorgungszusagen, Zuschläge etc. ist das Gehalt des Mitarbeiters maßgebend, dass sich ohne Berücksichtigung der Entgeltumwandlung ergeben würde.

§ 4 Geltendmachung der Entgeltumwandlung

(1) Die Inanspruchnahme der Entgeltumwandlung erfolgt durch schriftlichen Antrag des Mitarbeiters (Anlage 1).

(2) In dem Antrag ist die Höhe des Entgeltumwandlungsbetrags zu bezeichnen.

(3) Der Antrag ist spätestens zwei Monate vor dem Zeitpunkt der erstmaligen Entgeltumwandlung zu stellen. An seinen Antrag ist der Versorgungsberechtigte zwölf Monate gebunden. Nach Ablauf von zwölf Monaten kann der Antrag schriftlich widerrufen werden.[5]

§ 5 Fälligkeit der Versorgungsleistungen[6]

§ 6 Art und Höhe der Versorgungsleistungen[7]

§ 7 Vorzeitiges Ausscheiden[8]

(1) Scheidet ein Mitarbeiter vorzeitig aus den Diensten der Gesellschaft aus, so beschränken sich die Versorgungsansprüche aus dieser Versorgungsordnung auf die Leistungen, die aufgrund der bis zur Vertragsbeendigung geleisteten Versicherungsprämien fällig werden.

(2) Die Gesellschaft wird die Stellung als Versicherungsnehmer der abgeschlossenen Direktversicherung auf den ausgeschiedenen Mitarbeiter oder soweit gesetzlich zulässig auf einen neuen Arbeitgeber übertragen.

§ 8 Gruppenversicherungsvertrag/Rechtsanspruch[9]

§ 9 Verfügungsverbot[10]

(1) Die Ansprüche aus der abgeschlossenen Direktversicherung dürfen vom Mitarbeiter weder abgetreten noch verpfändet werden.

(2) Gleichwohl erfolgte Verfügungen sind der Gesellschaft und dem Versicherungsunternehmen gegenüber unwirksam.

§ 10 Bezugsberechtigung[11]

(1) Der Mitarbeiter ist auf die Versicherungsleistung einschließlich der Überschussbeteiligung unwiderruflich bezugsberechtigt.

(2) Vom Mitarbeiter gilt im Einvernehmen mit der Gesellschaft für den Todesfall folgendes Bezugsrecht in nachstehender Rangfolge als widerruflich bestellt:

a) an den Ehegatten aus der zum Zeitpunkt des Todes bestehenden Ehe;

b) an die ehelichen und die ihnen gesetzlich gleichgestellten kindergeldberechtigten Kinder zu gleichen Teilen, längstens bis zum vollendeten 25. Lebensjahr;

c) an den früheren Ehegatten;

d) an den namentlich genannten Lebensgefährten, mit dem eine gemeinsame Haushaltsführung besteht.

Eine Beleihung des Bezugsrechts durch den Mitarbeiter oder die sonstigen Bezugsberechtigten ist ausgeschlossen.

§ 11 Steuerfreiheit[12]

Die Beiträge zur Direktversicherung unterliegen im Rahmen des § 3 Nr. 63 EStG nicht der Lohnsteuer, soweit nicht der Mitarbeiter die individuelle Besteuerung wählt.

§ 12 In-Kraft-Treten und Jeweiligkeitsklausel[13]

Anmerkungen

1. Vorbemerkung. Betriebliche Altersversorgung durch Entgeltumwandlung ist in jedem Durchführungsweg möglich, also auch im Wege der Direktversicherung. Näher zur Entgeltumwandlung → Form. F. I. 2 Anm. 1.

2. Kreis der Versorgungsberechtigten. § 1 bezieht sich auf die gesetzlichen Regelungen der §§ 1a Abs. 1 S. 1 und 17 Abs. 1 S. 3 BetrAVG, wonach all diejenigen Arbeitnehmer, die in der gesetzlichen Rentenversicherung pflichtversichert sind, einen Anspruch auf Entgeltumwandlung besitzen. Damit sind Vollzeit- und Teilzeitkräfte ebenso wie befristet und geringfügig Beschäftigte im Sinne des § 8 Abs. 1 Nr. 1 SGB IV erfasst, von denen letztgenannte seit dem 1.1.2013 ebenfalls in der gesetzlichen Rentenversicherung pflichtversichert sind, wenn sie nicht Versicherungsfreiheit beantragt haben (§ 6 Abs. 1b SGB VI). Kein Anspruch auf Entgeltumwandlung steht den in der gesetzlichen Rentenversicherung freiwillig Versicherten zu.

3. Form der Versorgung. Zum Abschluss von Gruppenversicherungsverträgen → Form. F. II. 1 Anm. 8; zur Finanzierung durch Umwandlung laufenden Arbeitsentgelts → Form. F. I. 2 Anm. 2. Keine Finanzierung der Direktversicherungszusage erfolgt für Zeiten, in denen die Pflichten aus dem Arbeitsverhältnis kraft Gesetzes oder kraft vertraglicher Vereinbarung suspendiert sind und folglich eine Lohnzahlungspflicht des Arbeitgebers nicht besteht, so z.B. bei der Inanspruchnahme von Elternzeit oder nach Ablauf der gesetzlichen oder tarifvertraglichen Entgeltfortzahlungsverpflichtung im Krankheitsfall. In diesen Zeiten wird der Versicherungsvertrag beitragsfrei, sofern der Arbeitnehmer nicht von seinem Recht Gebrauch macht, vom Arbeitgeber zu verlangen, die Versicherung mit eigenen Beiträgen fortzusetzen (§ 1a Abs. 4 BetrAVG; zu Einzelfragen vgl. *Langohr-Plato/Teslau* NZA 2004, 1297).

Statt der Umwandlung laufenden Arbeitsentgelts ist auch die Umwandlung von Sonderbezügen, z.B. von Weihnachts- oder Urlaubsgeld, möglich. Zu beachten ist, dass Entgeltansprüche, die auf einem Tarifvertrag beruhen, nur dann für eine Entgeltumwandlung herangezogen werden können, soweit dies durch Tarifvertrag vorgesehen oder zugelassen ist, § 17 Abs. 5 BetrAVG. Über- oder außertarifliche Entgeltansprüche können jedoch auch von tarifgebundenen Arbeitnehmern umgewandelt werden.

4. Umwandlungsbetrag. Die Obergrenze des Umwandlungsbetrags in Höhe von maximal vier Prozent der jeweiligen Beitragsbemessungsgrenze in der allgemeinen Rentenversicherung entspricht dem gesetzlichen Anspruch des Arbeitnehmers auf Entgeltumwandlung nach § 1a Abs. 1 S. 1 BetrAVG. Demzufolge hat der Arbeitnehmer keinen unbegrenzten Anspruch auf Entgeltumwandlung, sondern kann nur verlangen, dass das Entgelt bis zu dieser – für alle Arbeitnehmer gleich hohen – Obergrenze für betriebliche Altersversorgung umgewandelt wird. Arbeitgeber und Arbeitnehmer können darüber hinaus einen höheren Umwandlungsbetrag vereinbaren. Zu beachten ist jedoch, dass § 1 Abs. 1 S. 1 Nr. 9 SvEV, der auch die Beitragsfreiheit von umgewandeltem Entgelt regelt, von einer Obergrenze von vier Prozent der jeweils maßgeblichen Beitragsbemessungsgrenze in der allgemeinen Rentenversicherung ausgeht. Darüber hinausgehende Umwandlungsbeträge unterfallen somit nicht der sozialversicherungsrechtlichen Privilegierung (zu Einzelheiten → Form. F. I. 2 Anm. 1).

Das Erfordernis, jährlich einen gewissen Mindestbetrag umzuwandeln und die Entgeltumwandlung in monatlich gleichbleibenden Beträgen vorzunehmen, entspricht den gesetzlichen Vorgaben des § 1a Abs. 1 S. 4 und 5 BetrAVG sowie dem praktischen Bedürfnis, den Verwaltungsaufwand für den Arbeitgeber in einem überschaubaren Rahmen zu halten. Der einbehaltene Betrag wird im jeweiligen Monat im Anschluss an die Gehaltszahlung an das Versicherungsunternehmen abgeführt.

Zur Regelung des § 3 Abs. (4) → Form. F. I. 2 Anm. 4.

5. Jährliche Entscheidungsfreiheit des Arbeitnehmers. Die Regelung in § 4 Abs. (3), wonach der Arbeitnehmer für zwölf Monate an seinen Antrag auf Entgeltumwandlung gebunden ist, entspricht der gesetzlichen Vorgabe des § 1a Abs. 1 S. 1 BetrAVG, der von einer jährlichen Entscheidungsfreiheit des Arbeitnehmers hinsichtlich der Entgeltumwandlung ausgeht. Der Arbeitnehmer kann jährlich neu nicht nur darüber entscheiden, ob er weiterhin Entgeltumwandlung vornehmen will, sondern auch, in welcher Höhe er dies für die nächsten zwölf Monate tun will.

6. Fälligkeit der Versorgungsleistungen. → Form. F. II. 1, dort unter § 3.

7. Art und Höhe der Leistungen. → Form. F. II. 1, dort unter § 4.

Wenn der Arbeitnehmer von seinem in § 1a Abs. 3 BetrAVG verankerten Recht Gebrauch macht, dass im Rahmen der Entgeltumwandlung die Voraussetzungen für eine Förderung nach den §§ 10a, 82 Abs. 2 EStG erfüllt werden (sog. „Riester-Rente“) und daher Beiträge zur Entgeltumwandlung aus individuell versteuertem Einkommen leistet, ist Folgendes zu beachten: Dem Arbeitnehmer kann zwar auch in diesem Fall ein Wahlrecht zwischen einer Auszahlung der Versicherungsleistung als lebenslange Rente oder im Wege eines Auszahlungsplanes mit Teilkapitalverrentung und einer Einmalkapitalzahlung eingeräumt werden. Entscheidet sich der Arbeitnehmer aber zu Gunsten einer Einmalkapitalauszahlung, so verliert er damit nicht nur von diesem Zeitpunkt an für die Zukunft die „Riester-Förderung", sondern es handelt sich bei der Auszahlung des Einmalkapitalbetrages zudem um eine schädliche Verwendung der Versicherungsleistung mit der Folge, dass die bis zur Wahl der Einmalkapitalzahlung erfolgte staatliche Förderung während der Ansparphase vom Arbeitnehmer zurückzuzahlen ist (§ 93 EStG).

8. Vorzeitiges Ausscheiden. Die Regelung zum vorzeitigen Ausscheiden entspricht der gesetzlichen Vorgabe des § 1b Abs. 5 BetrAVG. Hiernach ist die Anwartschaft auf Leistungen der betrieblichen Altersversorgung durch Entgeltumwandlung sofort unverfallbar; es müssen allerdings noch zusätzliche Voraussetzungen erfüllt werden. Im Einzelnen: die Überschussanteile dürfen nur zur Verbesserung der Leistung verwendet werden; dem ausgeschiedenen Arbeitnehmer muss das Recht zur Fortsetzung der Versicherung mit eigenen Beiträgen eingeräumt werden; das Recht zur Verpfändung, Abtretung oder Beleihung durch den Arbeitgeber muss ausgeschlossen werden und dem Arbeitnehmer muss mit Beginn der Entgeltumwandlung ein unwiderrufliches Bezugsrecht eingeräumt werden. Diese besonderen Voraussetzungen müssen durch den Versicherungsvertrag abgedeckt werden. Eine rein arbeitsvertragliche Abrede zwischen Arbeitgeber und Arbeitnehmer über ein unwiderrufliches Bezugsrecht ist nicht ausreichend (*Höfer*, Gesetz zur Verbesserung der betrieblichen Altersversorgung, Bd. 1 Rn. 3059).

9. Gruppenversicherungsvertrag/Rechtsanspruch. → Form. F. II. 1, dort unter § 7.

10. Verfügungsverbot. → Form. F. II. 1 Anm. 9.

11. Bezugsberechtigung. → Form. F. II. 1 Anm. 10.
Da die Anwartschaft auf betriebliche Altersversorgung aus Entgeltumwandlung sofort unverfallbar ist, wird dem Mitarbeiter mit der Versorgungszusage ein sofortiges unwiderrufliches Bezugsrecht eingeräumt (→ Anm. 8).

12. Steuerfreiheit. → Form. F. II. 1 Anm. 1, 6.
Die Finanzverwaltung hat explizit die Steuerfreiheit in den Grenzen des § 3 Nr. 63 EStG auch für Beiträge aus Entgeltumwandlung für anwendbar erklärt. Eigene Beiträge des Arbeitnehmers aufgrund einer eigenen originären Vereinbarung mit der Versorgungseinrichtung sind hingegen vom Anwendungsbereich des § 3 Nr. 63 EStG ausgeschlossen, auch wenn sie vom Arbeitgeber an die Versorgungseinrichtung abgeführt werden (BMF-Schreiben v. 24.7.2013 – IV C 3 – S 2015/11/10002, IV C 5 – S 2333/09/10005 – Rn. 304).

Alternativ kann der Arbeitnehmer gemäß § 1a Abs. 3 BetrAVG verlangen, dass die Voraussetzungen einer staatlichen Förderung nach den §§ 10a, 82 Abs. 2 EStG („Riester-Rente") durch die Versorgungszusage erfüllt werden. Dies setzt voraus, dass die Beiträge zur Entgeltumwandlung aus individuell versteuertem Einkommen geleistet werden.

13. In-Kraft-Treten und Jeweiligkeitsklausel. → Form. F. I. 1, dort unter § 15.

III. Pensionsfonds

Pensionsfondszusage

Die . . . . . („Gesellschaft") gewährt ihren Mitarbeitern sowie deren Hinterbliebenen Versorgungsleistungen in Form einer Pensionsfondszusage[1] (Beitragszusage mit Mindestleistung gemäß § 1 Abs. 2 BetrAVG)[2] über die . . . . . Pensionsfonds AG („Pensionsfonds") nach Maßgabe dieser Versorgungsordnung:

§ 1 Kreis der Versorgungsberechtigten[3]

§ 2 Voraussetzung der Versorgungsberechtigung[4]

§ 3 Rechtsanspruch gegen den Pensionsfonds[5]

Mitarbeiter haben einen Rechtsanspruch auf die in dieser Zusage festgelegten Versorgungsleistungen gegen den Pensionsfonds.

§ 4 Leistungsarten[6]

Der Pensionsfonds gewährt Versorgungsleistungen als

- Altersrente,
- vorgezogene Altersrente,
- Witwen-/Witwerrente und
- Waisenrente.

§ 5 Allgemeine Leistungsvoraussetzungen für alle Versorgungsfälle[7]

(1) Ein Anspruch auf Versorgungsleistungen setzt voraus:

- die Beendigung des Arbeitsverhältnisses des Mitarbeiters vor oder infolge des Eintritts des Versorgungsfalls,
- einen schriftlichen Antrag des Begünstigten auf Gewährung von Versorgungsleistungen und
- eine fünfjährige ununterbrochene Beschäftigung bei der Gesellschaft (Wartezeit); diese entfällt, soweit Versorgungsleistungen auf Entgeltumwandlung beruhen. Durch Einzelvertrag kann die Anrechnung von spezifischen Zeiten der Betriebszugehörigkeit auf die Wartezeit gesondert vereinbart werden.

(2) Darüber hinaus müssen die besonderen Leistungsvoraussetzungen für die jeweilige Rentenart (§§ 6 bis 8) gegeben sein.

§ 6 Altersrente[8]

Der Mitarbeiter erwirbt einen Anspruch auf Altersrente in dem Zeitpunkt, ab dem ein Anspruch auf Bezug einer ungekürzten Regelaltersrente aus der gesetzlichen Rentenversicherung möglich ist oder – bei Befreiung von der Versicherungspflicht – möglich wäre („Regelaltersgrenze"). Dem steht die Inanspruchnahme einer vorgezogenen Altersrente aus der gesetzlichen Rentenversicherung gleich.

§ 7 Witwen-/Witwerrente[9]

(1) Der hinterbliebene Ehegatte des Mitarbeiters erwirbt beim Tod des versorgungsberechtigten Mitarbeiters einen Anspruch auf Witwen-/Witwerrente, sofern der versorgungsberechtigte Mitarbeiter nicht nach § 11 Abs. (2) hierauf verzichtet hat.

(2) Abs. (1) gilt für gleichgeschlechtliche Lebenspartner nach dem Lebenspartnerschaftsgesetz entsprechend.

(3) Abs. (1) gilt ferner entsprechend für den nichtehelichen Lebensgefährten, sofern

- dieser mit dem versorgungsberechtigten Mitarbeiter zum Zeitpunkt des Todes in einer auf Dauer angelegten eheähnlichen Lebensgemeinschaft gewohnt hat,
- dieser von dem versorgungsberechtigten Mitarbeiter in der Teilnahmeerklärung als versorgungsberechtigter Hinterbliebener namentlich mit Anschrift und Geburtsdatum benannt wurde und
- der versorgungsberechtigte Mitarbeiter die auf Dauer angelegte nichteheliche Lebensgemeinschaft gegenüber dem Pensionsfonds schriftlich bestätigt hat.

§ 8 Waisenrenten[10]

(1) Beim Tod des versorgungsberechtigten Mitarbeiters erwerben die hinterbliebenen Kinder des versorgungsberechtigten Mitarbeiters einen Anspruch auf Waisenrente, sofern der versorgungsberechtigte Mitarbeiter nicht nach § 11 Abs. (2) hierauf verzichtet hat und sofern kein Anspruch auf Witwen-/Witwerrente gemäß § 7 besteht.

(2) Als hinterbliebene Kinder im Sinne von vorstehendem Abs. (1) gelten Kinder, die nach den gesetzlichen Bestimmungen dem Grunde nach Anspruch auf Kindergeld haben.

(3) Der Anspruch auf Waisenrente erlischt, wenn die Berechtigung auf Kindergeld nicht mehr besteht, spätestens mit Vollendung des 25. Lebensjahrs.

§ 9 Beitragsaufwand[11]

(1) Die Gesellschaft leistet für jeden versorgungsberechtigten Mitarbeiter zugunsten der Pensionsfondszusage einen Jahresbeitrag in Höhe von ...... EUR. Für Teilzeitbeschäftigte wird bei Zugrundelegung einer regelmäßigen Vollzeitbeschäftigung der Versorgungsbeitrag der Gesellschaft im Verhältnis der im Vorjahr tatsächlich geleisteten Arbeitszeit zu der bei regelmäßiger Vollzeitbeschäftigung möglichen Arbeitszeit vermindert.

(2) Zusätzlich können die Mitarbeiter im Rahmen des gesetzlichen Anspruchs auf Entgeltumwandlung auch vor Eintritt der Voraussetzungen der §§ 1, 2 Beiträge für die Pensionszusage durch Entgeltumwandlung leisten. Der Maximalbeitrag der Entgeltumwandlung beträgt vier Prozent der jeweiligen Beitragsbemessungsgrenze in der allgemeinen Rentenversicherung und setzt den Abschluss einer gesonderten Entgeltumwandlungsvereinbarung zwischen der Gesellschaft und dem versorgungsberechtigten Mitarbeiter voraus.

§ 10 Berechnung der Versorgungsleistungen[12]

(1) Bemessungsgrundlage für die Versorgungsleistungen ist grundsätzlich das bis zum Eintritt des Versorgungsfalls insgesamt aufgelaufene, dem versorgungsberechtigten Mitarbeiter planmäßig zuzurechnende Versorgungskapital („Individuelles Versorgungskapital").

Dieses besteht

a) in Höhe der bis zum Eintritt des Versorgungsfalls eingezahlten Beiträge und den daraus erzielten Erträgen (Erträge aus der Vermögensanlage sowie zugehörige Wertveränderungen) und

b) soweit Beiträge als Altersvorsorgebeiträge der steuerlichen Förderung gemäß Abschnitt XI EStG unterliegen und auf diese Beiträge Zulagen an den Pensionsfonds geleistet wurden, aus diesen Zulagen und den daraus erzielten Erträgen (Erträge aus der Vermögensanlage sowie zugehörige Wertveränderungen), abzüglich der auf die eingezahlten Beiträge und Zulagen entfallenden Kosten.

(2) Zusätzlich zum Individuellen Versorgungskapital wird eine Mindestleistung garantiert („Garantiertes Mindestkapital"). Dieses besteht in Höhe der Summe der insgesamt bis zum Eintritt des Versorgungsfalls gezahlten nominalen Beiträge und Zulagen, soweit diese nicht rechnungsmäßig für einen biometrischen Risikoausgleich verbraucht wurden.

(3) Soweit Beiträge als Altersvorsorgebeiträge der steuerlichen Förderung gemäß Abschnitt XI EStG unterliegen und eine schädliche Verwendung des Altersvorsorgevermögens erfolgt, werden etwaige Rückzahlungsbeträge vorab von dem zur Verfügung stehenden Kapital gemäß Abs. (1) und (2) einbehalten und auf Kosten des versorgungsberechtigten Mitarbeiters an die Zentrale Zulagenstelle für Altersvermögen bei der Deutschen Rentenversicherung Bund abgeführt.

(4) Die jährlichen Versorgungsleistungen errechnen sich grundsätzlich durch Multiplikation des Individuellen Versorgungskapitals mit dem für das Rentenbeginnalter des versorgungsberechtigten Mitarbeiters jeweils maßgeblichen Verrentungssatz entsprechend den Versicherungsbedingungen des Pensionsfonds in der jeweils geltenden Fassung („Maßgebliche Jahresrente"). Sofern an den versorgungsberechtigten Mitarbeiter eine Altersrente gezahlt wird und der Betrag des Garantierten Mindestkapitals den Betrag des Individuellen Versorgungskapitals übersteigt, tritt das Garantierte Mindestkapital an die Stelle des Individuellen Versorgungskapitals.

§ 11 Höhe der Altersrente[13]

(1) Die Höhe der Maßgeblichen Jahresrente errechnet sich gemäß § 10 Abs. (4) durch Anwendung des für das jeweilige Rentenbeginnalter des versorgungsberechtigten Mitarbeiters maßgeblichen Verrentungssatzes.

(2) Sofern der versorgungsberechtigte Mitarbeiter auf Versorgungsleistungen für Hinterbliebene (§§ 7 und 8) bei Tod nach Beginn der Altersrente verzichtet, wird ihm auf entsprechenden Antrag eine entsprechend dem Verrentungssatz ermittelte erhöhte Altersrente gewährt. Der Antrag kann ab dem Eintritt des Versorgungsfalls, muss jedoch spätestens mit Ablauf des Monats gestellt werden, in dem der Versorgungsfall eintritt.

§ 12 Höhe der Witwen-/Witwerrente[14]

(1) Wenn ein versorgungsberechtigter Mitarbeiter vor dem Bezug einer Altersrentenleistung verstirbt, wird die Maßgebliche Jahresrente gemäß § 10 Abs. (4) durch Anwendung des für das jeweilige Rentenbeginnalter des begünstigten Ehegatten maßgeblichen Verrentungssatzes ermittelt.

(2) Wenn ein versorgungsberechtigter Mitarbeiter während des Bezuges von Altersrentenleistungen verstirbt und nicht auf Hinterbliebenenleistungen gemäß § 11 Abs. (2) verzichtet hat, erhält der begünstigte Ehegatte eine Witwen-/Witwerrente (§ 7) in Höhe von 60 Prozent der an den Verstorbenen gewährten Versorgungsleistung.

(3) War der begünstigte Ehegatte um mehr als zehn Jahre jünger als der verstorbene versorgungsberechtigte Mitarbeiter, so wird die Witwen-/Witwerrente nach Abs. (2) für jedes den Differenzbetrag von zehn Jahren übersteigende volle Jahr um zweieinhalb Prozent gekürzt.

§ 13 Höhe der Waisenrente[15]

(1) Wenn ein versorgungsberechtigter Mitarbeiter vor dem Bezug einer Altersrentenleistung verstirbt, wird das zur Verfügung stehende Individuelle Versorgungskapital zu gleichen Teilen auf die begünstigten Waisen aufgeteilt („Anteiliges Versorgungskapital"). Sofern eine begünstigte Waise bei Eintritt des Versorgungsfalls das 18. Lebensjahr noch nicht vollendet hat, wird die maßgebliche Jahresrente aus dem Anteiligen Versorgungskapital durch Anwendung des für das jeweilige Rentenbeginnalter der begünstigten Waise maßgeblichen Verrentungssatzes ermittelt. Sofern eine begünstigte Waise bei Eintritt des Versorgungsfalls das 18. Lebensjahr vollendet hat, wird die Maßgebliche Jahresrente aus dem Anteiligen Versorgungskapital durch Anwendung des für das jeweilige, um sieben Jahre verminderte, Rentenbeginnalter der begünstigten Waise maßgeblichen Verrentungssatzes ermittelt.

2) Wenn ein versorgungsberechtigter Mitarbeiter während des Bezugs von Altersrentenleistungen verstirbt und nicht auf Hinterbliebenenleistungen gemäß § 11 Abs. (2) verzichtet hat, erhält die begünstigte Waise eine Waisenrente (§ 8) in Höhe von 20 Prozent der an den verstorbenen versorgungsberechtigten Mitarbeiter gewährten Versorgungsleistung.

(3) Sind mehrere Waisen vorhanden, dürfen die Waisenrenten insgesamt einen Betrag in Höhe von 100 Prozent der an den Verstorbenen gewährten Versorgungsleistung nicht übersteigen. Andernfalls werden die Waisenrenten anteilig gekürzt.

§ 14 Unverfallbarkeit[16]

(1) Endet das Arbeitsverhältnis vor Eintritt des Versorgungsfalls, bleibt die Versorgungsanwartschaft aufrechterhalten, wenn die jeweils einschlägigen Unverfallbarkeitsfristen des BetrAVG erfüllt sind.

(2) Die Höhe der unverfallbaren Versorgungsanwartschaft besteht

- in Höhe des dem versorgungsberechtigten Mitarbeiter planmäßig zuzurechnenden Individuellen Versorgungskapitals auf der Grundlage der bis zum Ausscheiden geleisteten Beiträge (zzgl. der bis zum Eintritt des Versorgungsfalls hierauf entfallenden Erträge aus der Vermögensanlage einschließlich zugehöriger Wertveränderungen),
- mindestens jedoch in Höhe des Garantierten Mindestkapitals auf der Grundlage der bis zum Ausscheiden nominal geleisteten Beiträge und Zulagen, soweit diese nicht rechnungsmäßig für einen biometrischen Risikoausgleich verbraucht wurden.

§ 15 Fortsetzung der Versorgung mit eigenen Beiträgen[17]

(1) Wenn ein versorgungsberechtigter Mitarbeiter, dem eine Versorgung auf Grundlage einer Entgeltumwandlungsvereinbarung zugesagt wurde, aus dem Arbeitsverhältnis ausscheidet, ist dieser berechtigt, die Fortsetzung der Versorgung mit eigenen Beiträgen zu beantragen.

(2) Im Fall der Antragstellung erfolgt die Fortsetzung der Versorgung mit Eigenbeiträgen auf der Grundlage eines gesondert zwischen dem Pensionsfonds und dem versorgungsberechtigten Mitarbeiter abzuschließenden Einzelvertrages.

§ 16 Übertragung und Abfindung von Versorgungsanwartschaften[18]

(1) Unverfallbare Versorgungsanwartschaften können auf einen neuen Arbeitgeber nach den Bestimmungen des § 4 BetrAVG übertragen werden.

(2) Unverfallbare Versorgungsanwartschaften und laufende Versorgungsleistungen können, soweit nach den Bestimmungen des BetrAVG möglich, abgefunden werden.

(3) Eine Übertragung oder Abfindung in Abweichung von den Grundsätzen der Abs. (1) oder (2) ist nicht zulässig.

§ 17 Pflichten des Versorgungsberechtigten[19]

(1) Der versorgungsberechtigte Mitarbeiter hat nach Aufforderung durch den Pensionsfonds die gegebenenfalls erforderlichen Erklärungen zur Befreiung von der ärztlichen Schweigepflicht, zum Datenschutz und zur Hinterbliebenenleistung abzugeben und beizubringen.

(2) Der versorgungsberechtigte Mitarbeiter oder die versorgungsberechtigten Hinterbliebenen haben alle für die Leistungsvoraussetzungen erforderlichen Nachweise (z.B. Geburts-, Heirats-, Sterbeurkunden oder sonstige amtliche Bescheinigungen über die Bezugsberechtigung) zu führen, die für das Entstehen und Fortbestehen des Anspruchs notwendigen Angaben zu machen, die erforderlichen Unterlagen (z.B. im Zusammenhang mit der steuerlichen Förderung nach § 10a, Abschnitt XI EStG) vorzulegen und gegebenenfalls einen Lebensnachweis beizubringen. Der Wegfall der Voraussetzungen für den Bezug von Versorgungsleistungen ist dem Pensionsfonds unaufgefordert und unverzüglich schriftlich anzuzeigen.

(3) Änderungen des Namens, des Personenstands, des Wohnsitzes, der Postanschrift und der Bankverbindung hat der versorgungsberechtigte Mitarbeiter dem Pensionsfonds für die Dauer der Gewährung von Versorgungsleistungen unverzüglich schriftlich mitzuteilen.

(4) Der versorgungsberechtigte Mitarbeiter oder die versorgungsberechtigten Hinterbliebenen haben dem Pensionsfonds für die Dauer der Gewährung von Versorgungsleistungen alle Daten und Unterlagen vorzulegen, die für die Abwicklung und Durchführung der Versorgungsleistungen erforderlich sind.

(5) Soweit Beiträge als Altersvorsorgebeiträge der steuerlichen Förderung gemäß Abschnitt XI EStG unterliegen, ist der versorgungsberechtigte Mitarbeiter verpflichtet, dem Pensionsfonds die für die Ermittlung und Überprüfung des Zulageanspruchs erforderlichen Daten unverzüglich mitzuteilen.

(6) Zu Unrecht bezogene Versorgungsleistungen sind zurückzuzahlen, und zwar nach Wahl der Gesellschaft an den Pensionsfonds oder einen Dritten, den die Gesellschaft bestimmt.

§ 18 Rentenanpassung[20]

Die laufenden Versorgungsleistungen erhöhen sich gegebenenfalls um nach dem Eintritt des Versorgungsfalls anfallende Überschussanteile.

§ 19 Fälligkeit und Zahlung

(1) Der Anspruch auf Versorgungsleistungen entsteht frühestens mit dem Beginn des Monats, der dem Eintritt des jeweils maßgeblichen Versorgungsfalls folgt.

(2) Die Versorgungsleistungen werden nach Abzug etwaiger vom Pensionsfonds einzubehaltender Steuern und sonstiger Abgaben monatlich nachschüssig in Höhe von einem Zwölftel der jeweils Maßgeblichen Jahresrente erbracht. Die Zahlung erfolgt bargeldlos auf ein vom versorgungsberechtigten Mitarbeiter zu benennendes inländisches Konto. Sofern die Überweisung auf ein außerhalb der Bundesrepublik Deutschland belegenes Konto Mehrkosten gegenüber einer Überweisung auf ein inländisches Konto verursacht, gehen derartige Mehrkosten zu Lasten des versorgungsberechtigten Mitarbeiters.

(3) Der Anspruch auf Versorgungsleistungen erlischt mit Ablauf des Monats, in dem der versorgungsberechtigte Mitarbeiter stirbt oder eine der Anspruchsvoraussetzungen für den Bezug nicht mehr gegeben ist.

§ 20 Abtretung/Verpfändung/Beleihung[21]

Eine Abtretung, Verpfändung oder Beleihung der Ansprüche oder Anwartschaften auf Versorgungsleistungen an Dritte ist der Gesellschaft und dem Pensionsfonds gegenüber unwirksam.

§ 21 Vorbehalte[22]

§ 22 In-Kraft-Treten und Jeweiligkeitsklausel[23]

Anmerkungen

1. Vorbemerkung. Der Pensionsfonds ist das jüngste Instrument zur Durchführung einer betrieblichen Altersversorgung in Deutschland. Mit Wirkung ab dem 1.1.2002 wurde er als fünfter Durchführungsweg neben der Direktzusage, der Direktversicherung, der Unterstützungskasse und der Pensionskasse vom Gesetzgeber zugelassen. Mit dem Pensionsfonds sollte ein modernes und flexibles Instrument der betrieblichen Altersversorgung geschaffen werden, das sich im Vergleich zu den herkömmlichen Durchführungswegen durch eine größere Freiheit bei der Vermögensanlage auszeichnet und das zugleich durch die Möglichkeit beitragsbezogener Gestaltungen für den Arbeitgeber ein geringeres Haftungsrisiko mit sich bringt. Rechtsgrundlagen für den Pensionsfonds finden sich im Wesentlichen in §§ 1 Abs. 1 S. 2, 1b Abs. 3 BetrAVG, 112 ff. VAG sowie ergänzenden Rechtsverordnungen des Bundesfinanzministeriums und Rundschreiben der Bundesanstalt für Finanzdienstleistungsaufsicht (BaFin). Die Erwartungen hinsichtlich des Verbreitungsgrades des Pensionsfonds wurden allerdings in den ersten Jahren nach seiner Einführung nicht erfüllt; dies gab Anlass zu einer Reihe von – hauptsächlich steuer- und bilanzrechtlichen – Gesetzesänderungen, die der weiteren Verbreitung des Pensionsfonds Aufwind geben sollen (vgl. im Einzelnen *Zeppenfeld/Rößler* BB 2006, 1221).

Der Pensionsfonds ist ein externer Versorgungsträger mit eigener Rechtspersönlichkeit, der gemäß §§ 112 Abs. 2, 113 Abs. 2 Nr. 3 VAG nur in der Rechtsform einer Aktiengesellschaft einschließlich der Europäischen Gesellschaft (SE) oder eines Pensionsfondsvereins auf Gegenseitigkeit betrieben werden kann. Ein Pensionsfonds darf seinen Geschäftsbetrieb erst aufnehmen, nachdem die BaFin – deren Aufsicht er unterliegt – die entsprechende Erlaubnis erteilt hat, § 112 Abs. 2 VAG.

Wie bei der Pensionskasse und der Direktversicherung sind bei der Durchführung der betrieblichen Altersversorgung über einen Pensionsfonds zwei Rechtsverhältnisse zu unterscheiden: die im arbeitsrechtlichen Grundverhältnis zwischen Arbeitgeber und Mitarbeiter erteilte – durch das Formular geregelte – Versorgungszusage sowie der zwischen Arbeitgeber und Pensionsfonds abgeschlossene Vertrag, der die Durchführung und Abwicklung der betrieblichen Altersversorgung, insbesondere die Zahlung der Beiträge und eine eventuelle Nachschusspflicht, regelt. Dieser Vertrag kann auch vorsehen, dass die Kapitalanlage nicht durch den Pensionsfonds selbst, sondern durch einen externen Kapitalanleger erfolgt. Ergänzt wird der Vertrag zwischen Pensionsfonds und Arbeitgeber durch einen Pensionsplan, der nähere Regelungen zu Art und Finanzierung der Versorgungsleistungen, zur Überschussverteilung sowie zur Vermögensanlage regelt (vgl. § 115

VAG; hierzu näher *Bode/Grabner* S. 129). Vertragspartner des Pensionsfonds ist in der Regel ausschließlich der Arbeitgeber, der mit dem Pensionsfonds einen Vertrag zugunsten der Arbeitnehmer als Dritte im Sinne des § 328 BGB abschließt (*Höfer*, Gesetz zur Verbesserung der betrieblichen Altersversorgung, Bd. 1 Rn. 1529; teilweise a. A. *Blomeyer/Rolfs/Otto* Anh. zu § 1 Rn. 899 f.).

Der Gesetzgeber will den Verbreitungsgrad der betrieblichen Altersversorgung mit Hilfe des Pensionsfonds fördern. Deshalb wurden Pensionsfondszusagen in die steuerliche Förderung gemäß § 3 Nr. 63 EStG einbezogen; Beiträge für einen Pensionsfonds sind daher bis zu einer Höhe von vier Prozent der Beitragsbemessungsgrenze der allgemeinen Rentenversicherung beitragsfrei und unterfallen nicht der Beitragspflicht in der gesetzlichen Sozialversicherung (§ 1 Abs. 1 S. 1 Nr. 9 SvEV). Die aus diesen Beiträgen herrührenden Versorgungsleistungen werden bei Auszahlung gemäß § 22 Nr. 5 EStG als sonstige Einkünfte nachgelagert besteuert. Eine wesentliche zusätzliche steuerliche Förderung stellt die in § 3 Nr. 66 EStG vorgesehene Möglichkeit dar, Versorgungsverpflichtungen aus Direktzusagen oder Unterstützungskassen lohnsteuerfrei in unbegrenzter Höhe auf einen Pensionsfonds zu übertragen; die hierfür vom Arbeitgeber auf den Pensionsfonds übertragenen Einmalbeträge sind steuerlich anerkannte Betriebsausgaben (§§ 4d Abs. 3, 4e Abs. 3 EStG). Zur Attraktivität des Pensionsfonds trägt auch die Möglichkeit der Kombination mit der „Riester-Förderung" bei (→ Anm. 12).

2. Pensionsfondszusage in Form einer Beitragszusage mit Mindestleistung. Wie aus § 112 Abs. 1a S. 3 VAG zu erkennen ist, kann der Pensionsplan vorsehen, dass eine Pensionsfondszusage – wie im Formular geschehen – als Beitragszusage mit Mindestleistung gemäß § 1 Abs. 2 Nr. 2 BetrAVG oder als Leistungszusage (klassische Leistungszusage gemäß § 1 Abs. 1 S. 1 BetrAVG oder beitragsorientierte Leistungszusage gemäß § 1 Abs. 2 Nr. 1 BetrAVG) ausgestaltet ist. In der Praxis dürfte sich dabei die Beitragszusage mit Mindestleistung durchsetzen; sie kombiniert für den Arbeitgeber unter deutschem Recht höchstmögliche Kalkulationssicherheit und Haftungsbegrenzung. Der Arbeitgeber erfüllt seine Verpflichtung aus der Altersversorgung hierbei im Grundsatz durch Entrichtung der Beiträge an den Pensionsfonds. Die vom Pensionsfonds oder von einem von diesem beauftragten Kapitalanlageinstitut erzielte Rendite – die aufgrund der größeren Anlagefreiheit beim Pensionsfonds wesentlich höher ausfallen kann als bei den klassischen Durchführungswegen der Pensionskasse und der Direktversicherung – kommt dem Arbeitnehmer zugute; im Gegenzug trägt dieser auch das Anlagerisiko bei einer ungünstigen Entwicklung der Kapitalanlage. Allerdings schlägt dieses Risiko nicht voll auf den Arbeitnehmer durch, da im Rahmen einer Beitragszusage mit Mindestleistung gewährleistet sein muss, dass der Arbeitnehmer beim Eintritt des Versorgungsfalls mindestens eine Versorgungsleistung erhält, die der Summe der zugunsten des Arbeitnehmers eingezahlten Beiträge wertmäßig entspricht, wobei von dieser Summe die Kosten einer vor dem Eintritt des Vorsorgungsfalls gewährten Risikotragung für Invalidität und Tod abgezogen werden können. Kann der Pensionsfonds diese Mindestleistungen nicht erbringen, so muss der Arbeitgeber für sie haften. Über diese Mindestleistung hinaus trifft den Arbeitgeber jedoch keine Einstandspflicht (*Höfer*, Gesetz zur Verbesserung der betrieblichen Altersversorgung, Bd. 1 Rn. 1517.1 ff.).

Zu beachten ist in diesem Zusammenhang die Vorgabe des § 112 Abs. 1 Nr. 2 VAG, wonach bei einem Pensionsfonds die Höhe der Leistungen und die Höhe der für diese Leistungen zu entrichtenden künftigen Beiträge nicht für alle vorgesehenen Leistungsfälle durch versicherungsförmige Garantien zugesagt werden darf. Dies bedeutet, dass der Pensionsfonds bei Vereinbarung einer festen Beitragszahlung für bestimmte Leistungsfälle keine bestimmte Versorgungsleistung garantieren darf. Dies ist bei der Beitragszusage mit Mindestleistung grundsätzlich der Fall, da die Versorgungsleistung in aller Regel über die Mindestleistung hinausgehen wird, die Höhe dieser Versorgungsleistung aber in der

Zusage nicht garantiert wird (sollte die Rendite hinter der Mindestleistung zurückbleiben, so fungiert die Mindestleistung jedoch als versicherungsförmige Garantie; diesen Widerspruch hat der Gesetzgeber hingenommen; vgl. *Höfer*, Gesetz zur Verbesserung der betrieblichen Altersversorgung, Bd. 1 Rn. 1535). Sieht die Pensionsfondszusage mehrere Leistungsfälle vor – z.B. neben der Altersleistung auch Hinterbliebenen- und Invalidenleistungen –, so ist es möglich, für einige dieser Leistungsfälle eine versicherungsförmige Garantie abzugeben, solange diese nicht alle Versorgungsformen erfasst. Zu beachten ist weiterhin, dass § 112 Abs. 1 Nr. 2 VAG nur auf künftige Beiträge Anwendung findet; für einmal empfangene Beiträge darf der Pensionsfonds durchaus eine versicherungsförmige Garantie erteilen.

3. Kreis der Versorgungsberechtigten. → Form. F. II. 1, dort unter § 1.

4. Voraussetzung der Versorgungsberechtigung. → Form. F. II. 1, dort unter § 2.

5. Rechtsanspruch gegen den Pensionsfonds. Wesensmerkmal des Pensionsfonds ist gemäß § 112 Abs. 1 Nr. 3 VAG unter anderem, dass dem Arbeitnehmer ein eigener Anspruch auf Leistung gegen den Pensionsfonds eingeräumt wird. Dies bedeutet zum einen, dass der Arbeitnehmer – im Gegensatz zur Unterstützungskasse – einen formalen Rechtsanspruch auf Leistungen zur betrieblichen Altersversorgung erhält (was sich auch aus § 1b Abs. 3 S. 1 BetrAVG ergibt), zum anderen, dass der Arbeitnehmer seine Leistungsrechte direkt gegen den Pensionsfonds geltend machen kann. Dies ist Folge des echten Vertrags zugunsten Dritter, den der Arbeitgeber mit dem Pensionsfonds abschließt (→ Anm. 1). Allerdings haftet der Arbeitgeber auch beim Pensionsfonds subsidiär, falls dieser externe Versorgungsträger die Ansprüche des Arbeitnehmers nicht erfüllen kann. Im Fall einer – wie hier vorgesehenen – Beitragszusage mit Mindestleistung erschöpft sich diese Subsidiärhaftung allerdings auf die Gewährleistung der Mindestleistung im Versorgungsfall.

Der Rechtsanspruch des Arbeitnehmers gegenüber dem Pensionsfonds auf Gewährung der Versorgungsleistungen geht als abgeleitetes Recht auch auf seine Hinterbliebenen über, wenn der Arbeitnehmer verstorben ist.

6. Leistungsarten. Gemäß der gesetzlichen Definition in § 112 Abs. 1 Nr. 1 VAG muss ein Pensionsfonds im Wege des Kapitaldeckungsverfahrens Leistungen der betrieblichen Altersversorgung erbringen. Damit ist zugleich klargestellt, dass ein Pensionsfonds ausschließlich ein Instrument der betrieblichen Altersversorgung ist und nicht auch – wie z.B. ein Lebensversicherer – Leistungen für die private Vorsorge anbieten kann. Im Gegensatz zur Unterstützungskasse darf ein Pensionsfonds auch keine Notfallleistungen, z.B. bei Arbeitslosigkeit oder bei Krankheit, gewähren (*Höfer*, Gesetz zur Verbesserung der betrieblichen Altersversorgung, Bd. 1 Rn. 1527).

Gemäß § 112 Abs. 1 Nr. 4 VAG ist ein Pensionsfonds verpflichtet, lebenslange Altersleistungen zu gewähren. Eine Invaliden- oder Hinterbliebenenversorgung ist – da auch diese eine Leistung der betrieblichen Altersversorgung gemäß § 112 Abs. 1 Nr. 1 VAG darstellt – möglich, nicht aber verpflichtend. Es ist daher möglich, dass ein Arbeitgeber in seiner Pensionsfondszusage an den Mitarbeiter – wie im Formular vorgesehen – neben Altersrenten lediglich eine Hinterbliebenenversorgung, nicht aber Leistungen für den Invaliditätsfall vorsieht. Sofern gewünscht, ist aber auch eine Absicherung des Invaliditätsrisikos zulässig.

7. Allgemeine Leistungsvoraussetzungen für alle Versorgungsfälle. → Form. F. I. 1 Anm. 4. Die Wartezeit von fünf Jahren für arbeitgeberfinanzierte Leistungen deckt sich mit der zeitlichen Komponente einer unverfallbaren Anwartschaft gemäß § 1 Abs. 1 BetrAVG. Die sofortige gesetzliche Unverfallbarkeit für Leistungen, die auf Entgeltumwandlung beruhen, ergibt sich aus § 1b Abs. 5 BetrAVG.

8. Altersrente. → Form. F. I. 1 Anm. 5.

9. Witwen-/Witwerrente. Aus Gründen der Gleichberechtigung sind sowohl Witwen- als auch Witwerrenten vorzusehen.

Hinsichtlich der Begünstigung gleichgeschlechtlicher Lebenspartner nach dem Lebenspartnerschaftsgesetz → Form. F. I. 1 Anm. 10.

Die in § 7 Abs. (3) aufgestellten Erfordernisse für die Anerkennung eines nichtehelichen Lebensgefährten als Hinterbliebenen orientieren sich an den von der Finanzverwaltung aufgestellten Kriterien (BMF-Schreiben v. 25.7.2002 – IV A 6 – S 2176/28/02). Während die arbeitsrechtliche Rechtsprechung den Begriff des Hinterbliebenen weit auslegt, erkennt die Finanzverwaltung Pensionszusagen nur hinsichtlich eines engen Kreises von Hinterbliebenen steuerlich an und stellt für die steuerliche Anerkennung eines nichtehelichen Lebensgefährten unter anderem die in der Zusage aufgeführten Bedingungen auf (vgl. auch *Höfer*, Gesetz zur Verbesserung der betrieblichen Altersversorgung, Bd. 1 Rn. 879 ff.).

10. Waisenrente. → Form. F. I. 1 Anm. 11, → Form. F. II. 1 Anm. 10.

11. Beitragsaufwand. Abs. (1) sieht als Regelfall vor, dass der Arbeitgeber den Pensionsfonds dotiert. Zur Besteuerung und zu weiteren möglichen Regelungen der Arbeitgeberleistung → Form. F. II. 1 Anm. 6.

Daneben ist, wie in Abs. (2) vorgesehen, auch im Rahmen eines Pensionsfonds Entgeltumwandlung möglich. Mit der Regelung in Abs. (2) wird der Anspruch des Arbeitnehmers auf betriebliche Altersversorgung durch Entgeltumwandlung gemäß § 1a Abs. 1 S. 3 BetrAVG erfüllt. In der gesondert abzuschließenden Entgeltumwandlungsvereinbarung ist gegebenenfalls insbesondere zu regeln, auf welche Entgeltbestandteile der Arbeitnehmer verzichtet und bis zu welcher Höhe er seinen Anspruch auf Entgeltumwandlung geltend machen will.

12. Berechnung der Versorgungsleistungen. Grundlage der Versorgungsleistungen sind – entsprechend dem Charakter der Beitragszusage mit Mindestleistung – die eingezahlten Beiträge und die mit diesen erzielte Rendite. Da ein Pensionsfonds gemäß § 112 Abs. 1 Nr. 4 VAG verpflichtet ist, eine lebenslange Altersleistung zur Verfügung zu stellen (→ Anm. 13), muss das angesparte Versorgungskapital in jährliche Leistungen umgerechnet werden, wofür Abs. (4) das entsprechende Verfahren vorgibt. Durch die Regelung des Abs. (2) sowie des Abs. (4) S. 2 wird sichergestellt, dass dem Mitarbeiter zumindest die Mindestleistung, wie in § 1 Abs. 2 Nr. 2 BetrAVG definiert, verbleibt.

Abs. (1) b) stellt klar, dass im Rahmen der Pensionsfondszusage auch die Möglichkeit der „Riester-Förderung" wahrgenommen werden kann und dass auch die entsprechenden Zulagen sowie deren Rendite Teil des Versorgungskapitals sind. Soweit der Arbeitnehmer einen Anspruch auf Entgeltumwandlung hat, kann er gemäß § 1a Abs. 3 BetrAVG verlangen, dass in deren Rahmen die Voraussetzungen für eine „Riester-Förderung" gemäß den §§ 10a, 82 Abs. 2 EStG erfüllt werden, wenn die betriebliche Altersversorgung – wie vorliegend – über einen Pensionsfonds durchgeführt wird. Da Zulagen im Rahmen der „Riester-Rente" nur für Beiträge gewährt werden, die aus individuell versteuertem Arbeitslohn stammen, bedeutet dies insbesondere, dass für die zur „Riester-Rente" herangezogenen Beiträge nicht die Lohnsteuerfreiheit des § 3 Nr. 63 EStG in Anspruch genommen werden darf. Die Regelung des Abs. (3) hinsichtlich einer Einbehaltung von Rückzahlungsbeträgen bei schädlicher Verwendung des Altersvorsorgevermögens im Rahmen der „Riester-Rente" entspricht den gesetzlichen Vorgaben des § 94 EStG (näher zum Begriff der schädlichen Verwendung und dem Rückforderungsverfahren allgemein vgl. *Höfer*, Das neue Betriebsrentenrecht, Rn. 929 ff.).

13. Höhe der Altersrente. Ein Pensionsfonds ist verpflichtet, die Leistung als lebenslange Altersrente oder in Form eines Auszahlungsplans mit unmittelbar anschließender

Restverrentung gemäß § 1 Abs. 1 S. 1 Nr. 4 AltZertG zu erbringen, § 112 Abs. 1 S. 1 Nr. 4 VAG. Im vorliegenden Fall wurde die erste Alternative, die lebenslange Altersrente, gewählt. Der Gesetzgeber wollte mit dem Zwang zur lebenslangen Altersleistung sicherstellen, dass die Versorgungsleistungen des Pensionsfonds diejenigen der gesetzlichen Rentenversicherung sinnvoll ergänzen.

Das Wahlrecht in Abs. (2) ist Ausfluss der Verpflichtungen des Pensionsfonds, lediglich eine Altersrente zur Verfügung stellen zu müssen. Kann der Pensionsfonds selbst auf die Bereitstellung von Invaliditäts- oder Hinterbliebenenleistungen verzichten, so muss es ihm auch zustehen, dieses Verzichtsrecht auf den Versorgungsberechtigten selbst zu übertragen. Um den Verwaltungsaufwand möglichst gering zu halten, muss ein entsprechender Verzicht allerdings innerhalb des ersten Monats nach Eintritt des Versorgungsfalls erklärt werden.

14. Höhe der Witwen-/Witwerrente. Die in Abs. (2) vorgesehene Höhe der Witwen-/Witwerrente orientiert sich an dem bislang für die gesetzliche Rente geltenden Recht. Zur Zulässigkeit von Altersdifferenzklauseln → Form. F. I. 1 Anm. 10. Unklar ist, ob die Anknüpfung an einen Altersunterschied von nur zehn Jahren einer gerichtlichen Überprüfung anhand des AGG standhalten wird. Bislang wurde in der Instanzenrechtsprechung lediglich eine Kürzung ab einem Altersunterschied von 15 Jahren anerkannt (LAG Mainz BeckRS 2009, 56473).

15. Höhe der Waisenrente. Bei Berechnung der Waisenrente wird das anteilige Versorgungskapital versicherungsmathematisch auf die Jahre zwischen Eintritt des Todes des Mitarbeiters und dem voraussichtlichen Ende der Zahlungsverpflichtung verteilt. Die Regelung in Abs. (3) stellt sicher, dass an Hinterbliebene nicht höhere Renten gezahlt werden, als dies bei einem Versorgungsempfänger der Fall gewesen wäre.

16. Unverfallbarkeit. Abs. (1) bezieht sich auf die Unverfallbarkeitsfristen des § 1b BetrAVG. Abs. (2) wiederholt im Wesentlichen den Wortlaut des § 2 Abs. 5b BetrAVG. → Form. F. I. 1 Anm. 12.

17. Fortsetzung der Versorgung mit eigenen Beiträgen. Das Recht des Arbeitnehmers, die Versorgung mit eigenen Beiträgen fortzusetzen, ist Konsequenz der sofortigen Unverfallbarkeit aufgrund von Entgeltumwandlung, vgl. § 1b Abs. 5 S. 1 Nr. 2 BetrAVG.

18. Übertragung und Abfindung von Versorgungsanwartschaften. Die Regelung des § 16 gibt die gesetzliche Lage zu Übertragung und Abfindung von Versorgungsanwartschaften wieder. Im Einzelnen → Form. F. V. 5, → Form. F. V. 7.

19. Pflichten des Versorgungsberechtigten. Die Mitwirkungs- und Mitteilungspflichten des Arbeitnehmers bewegen sich im üblichen Rahmen und sind notwendig, damit der Arbeitgeber seine Verpflichtungen ordnungsgemäß erfüllen kann.

20. Rentenanpassung. Bei einer Beitragszusage mit Mindestleistung entfällt gemäß § 16 Abs. 3 Nr. 3 BetrAVG die Pflicht des Arbeitgebers zur Anpassung laufender Versorgungsleistungen. Dies gilt für arbeitgeberfinanzierte Beiträge ebenso wie für solche Teile der Versorgung, die durch Entgeltumwandlung finanziert wurden. § 18 geht über das gemäß §§ 1b Abs. 5, 16 Abs. 3 Nr. 3 BetrAVG gesetzlich Notwendige hinaus: Gesetzlich gefordert ist lediglich, dass in der Anwartschaftsphase sämtliche Überschüsse zugunsten des Arbeitnehmers verwendet werden, bei einer Entgeltumwandlung in Form einer Beitragszusage mit Mindestleistung müssen jedoch nicht auch im Rentenbezugszeitraum die Überschüsse zugunsten des Arbeitnehmers verwendet werden. § 18 schlägt dagegen sämtliche nach Eintritt des Versorgungsfalls anfallenden Überschussanteile der Versorgungsleistung zu.

21. Abtretung/Verpfändung/Beleihung. Die vorgesehenen Beschränkungen der Arbeitnehmerrechte sind üblich und zulässig. Sie verhindern die vorzeitige Verwendung der Versorgungsmittel und sichern damit die Einhaltung des Versorgungszweckes.

22. Vorbehalte. → Form. F. I. 1, dort unter § 14.

23. In-Kraft-Treten und Jeweiligkeitsklausel. → Form. F. I. 1, dort unter § 15.

IV. Betriebliche Altersversorgung und Betriebsübergang

1. Interne Erfüllungsübernahme von Rentenverpflichtungen und -anwartschaften von Rentnern und ausgeschiedenen Arbeitnehmern

Art. . . . . . Rentenverbindlichkeiten

§ 1 Übernahme der Rentenverbindlichkeiten[1, 2]

Der Erwerber übernimmt im Innenverhältnis zwischen den Parteien[3] alle Rentenverbindlichkeiten des Veräußerers aus den in Anlage . . . . . beschriebenen Versorgungszusagen gegenüber denjenigen Rentnern und früheren Mitarbeitern des Veräußerers, die mit unverfallbaren Anwartschaften ausgeschieden sind, wie sie zusammenfassend in Anlage . . . . . . aufgelistet sind (im Folgenden „Rentner und nicht mehr Aktive mit Anwartschaften").[4] Die übernommenen Verbindlichkeiten für Rentner und nicht mehr Aktive mit Anwartschaften werden im Folgenden als „übernommene Rentenverbindlichkeiten" bezeichnet. Alle finanziellen Verbindlichkeiten des Erwerbers im Zusammenhang mit den übernommenen Rentenverbindlichkeiten sind Teil der übernommenen Verbindlichkeiten i. S. d. Art. . . . . . . dieses Unternehmenskaufvertrages.

§ 2 Verpflichtungen des Erwerbers[5]

Im Zusammenhang mit den übernommenen Rentenverbindlichkeiten übernimmt der Erwerber die Verpflichtung und garantiert dem Veräußerer, dass er alle übernommen Rentenverbindlichkeiten gewissenhaft und vollständig erfüllen wird, insbesondere die Verpflichtung, (I) fällige Renten zu berechnen und einschließlich aller zukünftiger Rentenerhöhungen zu zahlen, (II) Rentenanpassungen gemäß § 16 BetrAVG zu berechnen und zu bezahlen, (III) einschlägige Steuern auf die Rentenzahlungen einzubehalten und abzuführen, (IV) notwendige Mitteilungen an den Pensions-Sicherungs-Verein zu machen und die entsprechenden Beiträge zur Insolvenzsicherung zu zahlen. Der Erwerber erfüllt alle vorstehend erwähnten Verpflichtungen rechtzeitig, formgerecht und in Übereinstimmung mit allen gesetzlichen und anderweitigen Erfordernissen, und im Namen und im Interesse des Veräußerers oder des Rechtsvorgängers oder -nachfolgers des Veräußerers. Falls der Erwerber die Unterstützung des Veräußerers bei der Berechnung der Rentenanpassungen gemäß § 16 BetrAVG benötigt, gibt der Veräußerer dem Erwerber kostenfrei jede angemessene Hilfe; falls der Veräußerer jedoch professionellen Rat oder Unterstützung heranziehen muss, um dem Erwerber die erbetene Hilfe zu geben, so muss der Erwerber dem Veräußerer die Kosten für diesen professionellen Rat oder Unterstützung erstatten.

§ 3 Erstattung durch den Erwerber[6]

Falls der Veräußerer durch den Erwerber übernommene Rentenverbindlichkeiten oder eine damit im Zusammenhang stehende Verbindlichkeit erfüllt oder in Anspruch genommen wird, eine solche zu erfüllen, ist der Erwerber verpflichtet, dem Veräußerer sofort die entstandenen Kosten zu erstatten und ihn in vollem Umfang freizustellen.

§ 4 Sicherheitsleistung[7]

Der Erwerber sichert die übernommenen Rentenverbindlichkeiten durch eine erstrangige Gesamtgrundschuld in Höhe von ...... EUR (in Worten: ...... Euro) an sämtlichen von ihm unter diesem Vertrag erworbenen Immobilien. Die Zahlung aus der Grundschuld wird fällig, nachdem der Veräußerer die Grundschuld gegenüber dem Erwerber gekündigt hat. Der Veräußerer kann dem Erwerber gegenüber kündigen, wenn der Erwerber mit der Zahlung von Rentenverbindlichkeiten im Rückstand ist und die ausstehenden Zahlungen in ihrer Höhe sechs Monatsraten an auszuzahlenden Rentenverbindlichkeiten entsprechen. Nachdem die Kündigung der Grundschuld wirksam geworden ist, wird die Grundschuld mit ...... Prozent per anno verzinst. Falls der Erwerber die ausstehenden Beträge der übernommenen Rentenverbindlichkeiten zahlt, bevor die Kündigung der Grundschuld wirksam wird, wird die Kündigung unwirksam. Der Erwerber ist jederzeit berechtigt, die Grundschuld oder Teile davon durch eine Bankbürgschaft in gleicher Höhe und zum gleichen Zinssatz bei einer deutschen Großbank zu ersetzen, solange die Bankbürgschaft die übernommenen Rentenverpflichtungen im gleichen Umfang sichert wie die Grundschuld. Wenn nur ein Teil der Grundschuld durch eine Bankbürgschaft ersetzt wird, behält der weiter bestehende Teil der Grundschuld den ersten Rang. In einem separaten Dokument, beigefügt als Anlage ......, beantragt der Erwerber die Anmeldung der oben beschriebenen Gesamtgrundschuld und beauftragt den Notar, den Antrag unmittelbar nach dem Übergangszeitpunkt auszuführen.

§ 5 Informationsaustausch[8]

Der Veräußerer stellt dem Erwerber alle Informationen, Akten, Dokumente und andere Unterlagen zur Verfügung, übergibt diese und gewährt Bevollmächtigungen, um den Erwerber in die Lage zu versetzen, seine Verpflichtungen gegenüber dem Veräußerer zu erfüllen. Das gleiche gilt umgekehrt auch für den Erwerber.

Anmerkungen

1. Erfüllungsübernahme. Die Einzelrechtsnachfolge im Rahmen des § 613a BGB beschränkt sich auf Arbeitsverhältnisse, die im Zeitpunkt des Betriebsübergangs noch bestehen. Die Verpflichtungen gegenüber Rentnern und mit unverfallbaren Anwartschaften ausgeschiedenen Begünstigten werden nicht vom Geltungsbereich des § 613a BGB erfasst, der in seinem Abs. 1 S. 1 ausdrücklich nur auf die „im Zeitpunkt des Übergangs bestehenden Arbeitsverhältnisse" abstellt und damit lediglich die aktiven Arbeitnehmer anspricht (*Hofer*, Gesetz zur Verbesserung der betrieblichen Altersversorgung, Bd. 1 Rn. 1173). Die Einzelrechtsnachfolge gemäß § 613a BGB hat somit keine Auswirkungen auf bereits ausgeschiedene Arbeitnehmer (Rentner und Anwärter mit unverfallbarer Anwartschaft). Im Zusammenhang mit Betriebsübergängen besteht aber in der Praxis häufig das Bedürfnis, die Versorgungsverpflichtungen gegenüber den ausgeschiedenen Arbeitnehmern (ganz oder teilweise) auf den Erwerber zu übertragen. Zwar ist eine befreiende Schuldübernahme des Erwerbers nach den Regeln der §§ 414 ff. BGB grundsätzlich möglich. Die Möglichkeiten der befreienden Schuldübernahme sind jedoch für die betriebliche Altersversorgung im Hinblick auf unverfallbare Anwartschaften und laufende Versorgungsleistungen durch das BetrAVG eingeschränkt. § 4 Abs. 2 Nr. 1 BetrAVG ordnet an, dass Pensionsverpflichtungen mit für den ursprünglichen Arbeitgeber schuldbefreiender Wirkung nur auf einen neuen Arbeitgeber im Einvernehmen mit diesem und dem Arbeitnehmer übertragen werden können. Daneben erlischt die Versorgungszusage des ehemaligen Arbeitgebers auch dann, wenn der Übertragungswert der Versorgungsanwartschaft vollständig auf einen neuen Arbeitgeber übertragen wird (§ 4 Abs. 2 Nr. 2, Abs. 6 BetrAVG).

Jedoch ist der Erwerber gegenüber den ausgeschiedenen Arbeitnehmern, auch wenn er die Betriebstätigkeit des alten Arbeitgebers fortführt, kein neuer Arbeitgeber. Zwar wollte das BAG von dem daraus resultierenden Übertragungsverbot in einer Entscheidung noch zu § 4 Abs. 1 S. 1 BetrAVG a. F. Ausnahmen für den Fall zulassen, dass der Pensions-Sicherungs-Verein (PSV) der Übertragung auf einen nicht in § 4 BetrAVG a. F. aufgeführten Verpflichtungsempfänger ausdrücklich zustimmt (BAG AP BetrAVG § 4 Nr. 1). Eine solche Zustimmung wurde vom PSV bislang aber ausnahmslos verweigert, ja sogar generell durch PSV-Merkblatt 300/M10 für nicht erteilbar erklärt. Die schuldbefreiende Übertragung von Pensionsverpflichtungen ist somit im Ergebnis nur auf einen neuen Arbeitgeber möglich. Hierfür ist i. d. R. eine dreiseitige Vereinbarung zwischen dem ehemaligen und dem neuen Arbeitgeber sowie dem betroffenen Arbeitnehmer erforderlich (vgl. § 4 Abs. 2 BetrAVG).

Das Formular sieht vor diesem Hintergrund eine Übertragung der Versorgungsverpflichtungen gegenüber Rentnern und mit unverfallbarer Anwartschaft ausgeschiedenen Arbeitnehmern im Wege der internen Erfüllungsübernahme vor. Im Außenverhältnis, dass heißt gegenüber den ausgeschiedenen Arbeitnehmern, aber auch gegenüber dem PSV, bleibt weiterhin der bisherige Arbeitgeber verpflichtet. Ein Schuldbeitritt mit Erfüllungsübernahme fällt, da der beitretende zusätzliche Schuldner nicht Arbeitgeber der versorgungsberechtigten Arbeitnehmer wird, nicht unter den Anwendungsbereich von § 4 BetrAVG, sondern richtet sich ausschließlich nach den allgemeinen zivilrechtlichen Bestimmungen der §§ 414 ff. BGB (*Langohr-Plato* Rn. 614; *Höfer*, Gesetz zur Verbesserung der betrieblichen Altersversorgung, Bd. 1 § 4 Rn. 3817 ff.). Da die versorgungsberechtigten Arbeitnehmer im Falle eines Schuldbeitritts mit Erfüllungsübernahme einen zusätzlichen Versorgungsschuldner erhalten, ist ein Schuldbeitritt in rechtlicher Hinsicht unbedenklich (BAG BB 1982, 51; BAG BB 1990, 857; *Langohr-Plato* Rn. 615 ff. m. w. N.). Im Verhältnis zu den versorgungsberechtigten Arbeitnehmern bleibt die Haftung des eigentlich verpflichteten Arbeitgebers (hier: des Veräußerers) bestehen (vgl. BAG BB 1987, 2232). Der versorgungsberechtigte Arbeitnehmer erhält zudem im Schuldbeitretenden (hier: dem Erwerber) einen zusätzlichen Versorgungsschuldner, den er auf Erfüllung seiner Ansprüche aus der Versorgungszusage in Anspruch nehmen kann. Es entsteht eine Gesamtschuld gemäß §§ 421 ff. BGB, so dass der versorgungsberechtigte Arbeitnehmer sowohl den ihm gegenüber unmittelbar verpflichteten Arbeitgeber als auch den Schuldbeitretenden in Anspruch nehmen kann.

2. Bilanz/Insolvenzsicherung. Nach früher vorherrschender Meinung sollte ein Schuldbeitritt mit Erfüllungsübernahme zu einer bilanziellen Verlagerung der Rückstellungen aus der Steuer- und Handelsbilanz des unmittelbar verpflichteten Arbeitgebers (hier: des Veräußerers) in die Handelsbilanz des Schuldbeitretenden (hier: des Erwerbers) führen. Denn nach dieser Ansicht sollte beim eigentlich verpflichteten Arbeitgeber, der im Außenverhältnis gegenüber den versorgungsberechtigten Arbeitnehmern nach wie vor unmittelbar haftet, dann auf die Bilanzierung einer Pensionsverpflichtung verzichtet werden können, wenn seine Inanspruchnahme so gut wie ausgeschlossen ist (vgl. *Langohr-Plato* Rn. 619). Da diese Voraussetzungen bei einem Schuldbeitritt mit Erfüllungsübernahme und interner Haftungsfreistellung bei wirtschaftlicher Betrachtung erfüllt seien, kam es nach dieser Ansicht zu einer Entpassivierung des eigentlich verpflichteten Arbeitgebers (hier: des Veräußerers) und der Bildung von Pensionsrückstellungen nach § 6a EStG beim Schuldbeitretenden (vgl. *Langohr-Plato* Rn. 619; *Förster* BetrAV 2001, 133 ff.).

Allerdings hat das Bundesministerium der Finanzen (BMF) den „Beitritt eines Dritten in eine Pensionsverpflichtung (Schuldbeitritt)“ mit Rundschreiben vom 16.12.2005 abweichend beurteilt. Nach Ansicht des BMF bleibt auch beim Schuldbeitritt eines Dritten der grundsätzlich verpflichtete Arbeitgeber weiterhin der Pensionsverpflichtete. Er soll daher weiterhin eine Pensionsrückstellung nach § 6a EStG auszuweisen haben. Diese

Pensionsrückstellung kann er nur dann gewinnerhöhend auflösen, wenn die Pensionsverbindlichkeit durch eine vertragliche Vereinbarung mit Zustimmung des Versorgungsberechtigten in arbeitsrechtlich zulässiger Weise auf einen Dritten übertragen und der eigentlich verpflichtete Arbeitgeber rechtlich von der Versorgungsverbindlichkeit befreit wird. Dies ist im Rahmen eines bloßen Schuldbeitritts mit Erfüllungsübernahme gerade nicht der Fall. Im dargestellten Fall bedeutet das, dass der Veräußerer weiterhin eine Pensionsrückstellung nach § 6a EStG bilden muss. Aufgrund des Schuldbeitritts ist in der Handels- und Steuerbilanz des Schuldbeitretenden (hier: des Erwerbers) eine Rückstellung für ungewisse Verbindlichkeiten zu passivieren.

Sofern eine Konzernbindung zwischen dem ursprünglich verpflichteten Arbeitgeber und dem Schuldbeitretenden besteht, kann der ursprünglich verpflichtete Arbeitgeber einen Freistellungsanspruch korrespondierend zur Verpflichtung nach § 6a EStG aktivieren, sofern zur Übernahme der Verpflichtung ein Entgelt in Höhe des Teilwerts nach § 6a EStG gezahlt wird und der ursprünglich verpflichtete Arbeitgeber dem Schuldbeitretenden den künftig entstehenden Pensionsaufwand erstattet. Unter diesen Voraussetzungen kommt nach Ansicht des BMF ausnahmsweise eine Bewertung der Verpflichtungen nach § 6a EStG auch beim Schuldbeitretenden in Betracht (vgl. BMF-Schreiben v. 16.12.2005 – IV B 2 – S 2176/103/05).

Hinsichtlich der gesetzlichen Insolvenzsicherung bleibt der Veräußerer Arbeitgeber und deshalb zu Beitragszahlungen an den PSV verpflichtet. Im Rahmen der Freistellungsvereinbarung werden die Aufwendungen hierfür – wie im Formular vorgesehen – durch den Erwerber ersetzt. Für den Fall der Insolvenz des Erwerbers besteht keine Eintrittspflicht des PSV, da der Erwerber niemals Arbeitgeber der vor dem Betriebsübergang ausgeschiedenen Arbeitnehmer war. Wird hingegen der Veräußerer insolvent, so liegt ein Sicherungsfall gemäß § 7 Abs. 1 BetrAVG vor, der zu einer Eintrittsverpflichtung des PSV führt.

3. Alternativen. Für den Fall der Einstellung der Betriebstätigkeit und Liquidation des Veräußerers eröffnet § 4 Abs. 4 BetrAVG die Möglichkeit, laufende Versorgungsleistungen oder gesetzlich unverfallbare Anwartschaften aus unmittelbaren Versorgungszusagen oder aus Unterstützungskassenzusagen auf eine Pensionskasse oder ein Unternehmen der Lebensversicherung ohne Zustimmung des Versorgungsberechtigten zu übertragen, sofern sichergestellt ist, dass die Überschussanteile ab Rentenbeginn entsprechend § 16 Abs. 3 Nr. 2 BetrAVG zur Erhöhung der laufenden Leistungen verwendet werden. Bei rechtswirksamer Übertragung der Versorgungsverpflichtungen entfallen Insolvenzsicherungspflicht und Insolvenzschutz. Die Beitragszahlungen an Pensionskassen oder Lebensversicherungsunternehmen zur Übernahme der Versorgungsverpflichtungen sind in derartigen Fällen gemäß § 3 Nr. 65 EStG steuerfrei möglich.

Darüber hinaus können die Pensionsverpflichtungen nach den Regeln der Gesamtrechtsnachfolge des UmwG auf eine „Rentnergesellschaft" ausgegliedert werden (ausführlich hierzu s. *Klemm/Hamisch* BB 2005, 2409). Zur grundsätzlichen Zulässigkeit der Ausgliederung von Pensionsverpflichtungen auf eine „Rentner-GmbH" vgl. BAG BB 2009, 329; BAG BB 2008, 609; BAG BB 2005, 2414).

Schließlich kommt gegebenenfalls eine Abfindung der Versorgungsansprüche in Betracht. § 3 BetrAVG steht der Abfindung laufender Altersversorgungsleistungen allerdings nur dann nicht entgegen, wenn die Versorgungsleistung erstmalig bereits vor dem 1.1.2005 gezahlt wurde (§§ 3, 30g Abs. 2 BetrAVG). Soweit die Betriebsrente dagegen erstmalig nach Inkrafttreten des Alterseinkünftegesetzes zum 1.1.2005 gezahlt wurde, besteht mit Ausnahme von Kleinstrenten (2014 beträgt der Grenzbetrag 27,65 EUR) ein gesetzliches Abfindungsverbot (§ 3 Abs. 1 BetrAVG).

4. Versorgungszusagen. Es empfiehlt sich, die beim Veräußererbetrieb bestehenden Versorgungszusagen abschließend in einer Anlage zum Unternehmenskaufvertrag aufzunehmen. Ebenso sollten die Rentner und die mit unverfallbarer Anwartschaft ausgeschiedenen früheren Arbeitnehmer des Veräußerers in einer Personenliste zusammengefasst und die Liste dem Unternehmenskaufvertrag als Anlage beigefügt werden. Dadurch lassen sich spätere Streitigkeiten über den erfassten Personenkreis vermeiden. Dementsprechend ist auf die Erstellung der Personenliste erhebliche Sorgfalt zu verwenden.

5. Verpflichtungen des Erwerbers. Da im Außenverhältnis der Veräußerer weiterhin verpflichtet bleibt, sieht § 2 im Innenverhältnis zwischen Veräußerer und Erwerber die Verpflichtung des Erwerbers vor, die Verpflichtungen gegenüber den ausgeschiedenen Arbeitnehmern und dem PSV so zu erfüllen, als wäre er der primär verpflichtete Schuldner. Hierzu gehören neben der Zahlung laufender Versorgungsleistungen auch die Vornahme etwaiger Rentenanpassungen gemäß § 16 BetrAVG und – ein Umstand, der nicht selten übersehen wird – die Zahlung der Insolvenzsicherungsbeiträge zum PSV. Da der Veräußerer Arbeitgeber i. S. d. Anpassungsüberprüfungspflicht gemäß § 16 BetrAVG bleibt, kommt es auf die wirtschaftliche Lage des Veräußerers an, wenn über die Vornahme von Rentenerhöhungen zu entscheiden ist. Sofern die wirtschaftliche Lage des Veräußerers besser ist als die wirtschaftliche Lage des – lediglich im Innenverhältnis – verpflichteten Erwerbers, so bestimmt die wirtschaftliche Lage des Veräußerers die Höhe der Anpassung. Ist hingegen die wirtschaftliche Lage des Erwerbers besser als die des Veräußerers, so zwingt dieser Umstand nicht zu einer höheren Anpassung. Denn zwischen Erwerber und den Pensionären des Veräußerers besteht keine arbeitsrechtliche Beziehung. Etwas anderes kann nur dann gelten, wenn zwischen Veräußerer und Erwerber eine konzernrechtliche Verflechtung besteht, die unter bestimmten Voraussetzungen zu einer „Durchgriffshaftung" gegenüber dem Erwerber führen kann. Anders ist die Situation hingegen hinsichtlich der Versorgungsverpflichtungen der Arbeitnehmer, deren Arbeitsverhältnis kraft Gesetzes übergeht (§ 613a BGB). In diesem Fall tritt der Erwerber selbstverständlich in die Anpassungsverpflichtung nach § 16 BetrAVG ein (BAG NZA 2007, 931).

6. Erstattung. Sofern der Veräußerer trotz der in § 2 des Formulars vorgesehenen Verpflichtung des Erwerbers tatsächlich in Anspruch genommen wird, trifft den Erwerber die Pflicht, den Veräußerer unverzüglich und vollständig freizustellen.

7. Sicherheitsleistung. Zur Absicherung der Verpflichtungen des Erwerbers und um den Veräußerer vor einer eventuellen späteren Zahlungsunfähigkeit des Erwerbers zu schützen, muss eine interne Erfüllungsübernahme stets Sicherheitsleistungen zugunsten des Veräußerers vorsehen. Im hier vorliegenden Fall erfolgt die Sicherungsleistung durch Einräumung einer Grundschuld an den Immobilien, die der Erwerber im Zuge des Unternehmenskaufs erworben hat. Denkbar wäre in diesem Zusammenhang selbstverständlich auch die Einräumung einer Bürgschaft durch eine Bank oder – sofern vom Veräußerer als ausreichend erachtet – die Abgabe einer Patronatserklärung durch eine Muttergesellschaft des Erwerbers.

8. Informationsaustausch. Die Klausel soll sicherstellen, dass die Vertragsparteien die zur Erfüllung ihrer Verpflichtungen notwendigen Unterlagen und Informationen von der Gegenseite erhalten.

2. Klausel zur Behandlung der Versorgungsanwartschaften aktiver Arbeitnehmer

Art. . . . . . Rentenverbindlichkeiten

§ 1 Berechnungsgrundsätze

Soweit Rentenverbindlichkeiten[1] für übergehende Mitarbeiter gemäß § 613a BGB auf den Erwerber übergehen,[2] die aus der Zeit vor dem Übergangszeitpunkt stammen, werden diese Verbindlichkeiten vom Aktuar des Veräußerers in Übereinstimmung mit den Erfordernissen von FAS 87/88 unter US-GAAP zum Stichtag des Übergangszeitpunkts berechnet (mit Einzelheiten bezüglich Zinssatz, veranschlagter Einkommensentwicklung, veranschlagter Fluktuation, veranschlagten Rentenerhöhungen, veranschlagten Erhöhungen der Lebenshaltungskosten, veranschlagtem Rentenalter, veranschlagter Erhöhung der Beitragsbemessungsgrenze in der Sozialversicherung und Sterbetafeln wie in Anlage . . . . . . niedergelegt) („Veranschlagte Rentenverbindlichkeiten").[3] Um die Veranschlagten Rentenverbindlichkeiten zu berechnen, werden die Einkommen der übergehenden Mitarbeiter zum Übergangszeitpunkt wie in Anlage . . . . . . niedergelegt zugrunde gelegt.

§ 2 Informationsaustausch

Der Aktuar des Veräußerers stellt dem Aktuar des Erwerbers innerhalb von . . . . . . Tagen nach dem Übergangszeitpunkt („Übersendungszeitpunkt") ausreichende Informationen zur Verfügung, anhand derer die Berechnung nach § 1 nachgeprüft werden kann.

§ 3 Verfahren bei Uneinigkeit

Falls der Aktuar des Erwerbers der Berechnung des Aktuars des Veräußerers nicht zustimmt und die Parteien eine diesbezügliche Uneinigkeit nicht innerhalb von . . . . . . Tagen ab dem Übersendungszeitpunkt einvernehmlich beilegen können, wird von den Parteien ein unabhängiger Aktuar bestimmt, dessen Entscheidung über die Berechnung der Veranschlagten Rentenverbindlichkeiten für die Parteien verbindlich ist. Dies lässt jedoch die Rechte und Ansprüche des Erwerbers im Falle von irreführenden Angaben und Verstößen gegen Zusicherungen im Unternehmenskaufvertrag unberührt. Die Gebühren und Auslagen eines solchen Aktuars werden von den Parteien in entsprechender Anwendung von § 91 ZPO getragen.[4]

Anmerkungen

1. Rentenverbindlichkeiten. Zutreffender wäre es, von Rentenanwartschaften und den hieraus resultierenden zukünftigen Rentenverbindlichkeiten zu sprechen. Aus Gründen der sprachlichen Vereinfachung wird in dem Formular jedoch verkürzend auf den Begriff „Rentenverbindlichkeiten" abgestellt.

2. Folgen des Betriebsübergangs. § 613a BGB ordnet als wesentliche Rechtsfolge an, dass der Erwerber in die Rechte und Pflichten der im Zeitpunkt des Übergangs bestehenden Arbeitsverhältnisse eintritt (§ 613a Abs. 1 S. 1 BGB). § 613a Abs. 1 S. 1 BGB spricht insofern ausdrücklich von bestehenden Arbeitsverhältnissen. Die Rechtsfolgen erstrecken sich daher nicht auf bereits ausgeschiedene Arbeitnehmer und Rentner. § 613a Abs. 2

BGB bestimmt, dass der Veräußerer gesamtschuldnerisch neben dem Erwerber haftet. Diese Haftung besteht jedoch nur für Verpflichtungen, die vor dem Betriebsübergang entstanden sind und innerhalb eines Jahrs nach diesem Zeitpunkt fällig werden. Diese Ansprüche sind gemäß § 613a Abs. 2 S. 2 BGB zeitanteilig zu erfüllen. In der Praxis der betrieblichen Altersversorgung bedeutet dies, dass sich die Mithaftung des Veräußerers nur auf die Arbeitnehmer erstreckt, bei denen der Versorgungsfall innerhalb eines Jahres nach dem Betriebsübergang eintritt (*Höfer*, Gesetz zur Verbesserung der betrieblichen Altersversorgung, Bd. 1 Rn. 1209). Grundsätzlich haftet der Erwerber also für die Erfüllung der bereits entstandenen und weiter anwachsenden Anwartschaften so, als hätte ein Betriebsübergang nicht stattgefunden (zur Behandlung von Betriebsvereinbarungen im Kollisionsfall → Form. F. IV. 3 Anm. 2). Dies gilt sowohl für verfallbare wie für unverfallbare Anwartschaften der übergehenden Arbeitnehmer (BAG AP BetrAVG § 1 Betriebsveräußerung Nr. 4).

3. Veranschlagte Rentenverbindlichkeit. Da der Erwerber für die vor dem Betriebsübergang begründeten Anwartschaften im Versorgungsfall so einzustehen hat, als hätte er selbst den vom Betriebsübergang betroffenen Mitarbeitern die Versorgungszusage erteilt (→ Anm. 2), besteht auf Seiten des Erwerbers ein Bedürfnis, sich vom Veräußerer wirtschaftlich entschädigen zu lassen. Diesem Umstand trägt das Formular Rechnung. Wie diese wirtschaftliche Entschädigung erfolgt, bleibt den Parteien überlassen. I. d. R. wird der Erwerber versuchen, den Kaufpreis für das Unternehmen entsprechend zu mindern, sofern die Pensionsverpflichtungen bei der Bewertung des Unternehmenswerts noch nicht entsprechende Berücksichtigung gefunden haben. Alternativ ist natürlich auch die Vereinbarung einer Ausgleichszahlung in entsprechender Höhe denkbar. Aufgrund der zwischenzeitlich weit verbreiteten privatrechtlichen Insolvenzsicherungsmodelle über sog. Contractual Trust Arrangements (CTA; → Form. F. I. 5) sind in Unternehmenskaufverträgen zunehmend auch Regelungen anzutreffen, die eine direkte Übertragung entsprechender Vermögensmittel auf ein entsprechendes CTA-Modell des Erwerbers vorsehen. Für die Bewertung der zukünftig zu erwartenden Verbindlichkeiten für Versorgungsleistungen an übergehende Arbeitnehmer stellt das Formular vorrangig auf die Berechnungsregelungen nach FAS 87/88 unter US-GAAP ab, da diese im Vergleich zu den Parametern nach § 6a EStG einen erheblich realitätsnäheren Wert ergeben. Als „Faustformel" kann man davon ausgehen, dass die sich aus einer Berechnung nach § 6a EStG ergebenden Werte derzeit um durchschnittlich 30 bis 50 Prozent zu erhöhen sind, wenn eine realistische Einschätzung der tatsächlichen zukünftigen Versorgungsverpflichtungen erfolgen soll (W/H/S/S/*Schnitker* J Rn. 778). Der Veräußerer wird dementsprechend ein Interesse daran haben, für die Berechnung des wirtschaftlichen Ausgleichs auf die Berechnungsgrundlagen von § 6a EStG zurückzugreifen.

4. Unabhängiger Aktuar. Falls sich die Parteien nicht über den Wert der veranschlagten Rentenverbindlichkeit einigen können, ist die Einschaltung eines unabhängigen Aktuars vorgesehen. Ein solcher könnte selbstverständlich bereits in der Klausel benannt werden. Seine Entscheidung soll für die Parteien bindend sein. Die Kosten des unabhängigen Aktuars sollen die Parteien nach Maßgabe von § 91 ZPO tragen.

3. Klausel zum Ausschluss übergehender Arbeitnehmer vom Versorgungswerk des übernehmenden Arbeitgebers

§ . . . . . Teilnahmeberechtigung[1]

Nicht zum Kreis der Versorgungsberechtigten zählen Mitarbeiter, die nach In-Kraft-Treten der Versorgungsordnung im Wege einer Einzel- oder Gesamtrechtsnachfolge[2] ein Arbeitsverhältnis zur Gesellschaft begründen.[3]

Anmerkungen

1. Vorbemerkung. Das Formular enthält eine Klausel zum Ausschluss von Mitarbeitern, die im Wege eines Betriebsübergangs auf einen neuen Arbeitgeber übergehen, der eine Versorgungszusage erteilt hat. Die Klausel sollte gegebenenfalls in den Vertragsformularen → Form. F. I. 1, → Form. F. II. 1,→ Form. F. III. 1 im Rahmen der Definition des Kreises der Versorgungsberechtigten eingefügt werden.

2. Schicksal einer Betriebsvereinbarung über betriebliche Altersversorgung bei Betriebsübergang. Wurden bei einem Betriebsübergang nur bei der abgebenden Gesellschaft Leistungen der betrieblichen Altersversorgung auf Grundlage einer Betriebsvereinbarung gewährt, so war früher in der Literatur umstritten, wann für die Betriebsvereinbarungen eine kollektivrechtliche, d. h. eine unmittelbare und zwingende Fortgeltung in Betracht kam und wann die individualrechtliche Fortgeltung nach § 613a Abs. 1 S. 2 BGB zur Anwendung kommen sollte. Der Wortlaut des § 613a Abs. 1 S. 2 BGB bestimmt, dass bei einem Betriebsübergang die Rechte und Pflichten eines bestehenden Arbeitsverhältnisses, die durch eine Betriebsvereinbarung geregelt sind, Inhalt des Arbeitsverhältnisses zwischen der aufnehmenden Gesellschaft und dem Arbeitnehmer werden und nicht vor Ablauf eines Jahres nach dem Zeitpunkt des Übergangs zum Nachteil des Arbeitnehmers geändert werden dürfen. Die Rechtsprechung des BAG kommt zu dem Ergebnis, dass im Falle eines Betriebsübergangs nicht zwingend § 613a Abs. 1 S. 2 BGB einschlägig sein muss, sondern dass auch eine kollektivrechtliche Fortgeltung der Betriebsvereinbarung möglich ist. Das BAG ließ in diesem Zusammenhang früh erkennen, dass bei einem Betriebsübergang unter Wahrung der Betriebsidentität von einem Eintritt der aufnehmenden Gesellschaft in bestehende Betriebsvereinbarungen als kollektivrechtliche Regelung auszugehen sei (vgl. BAG NZA 1991, 639). In weiteren Entscheidungen hat das BAG diese Rechtsansicht ausdrücklich bestätigt (vgl. BAG BB 1995, 570; BAG NZA 2010, 404). Demnach tritt die aufnehmende Gesellschaft bei Fortbestehen der Betriebsidentität in die betriebsverfassungsrechtliche Stellung der abgebenden Gesellschaft ein (BAG NZA 2010, 404). Der Regelung in § 613a Abs. 1 S. 2 BGB kommt daher die Funktion eines Auffangtatbestands zu, der Lücken im Betriebsverfassungsrecht schließen soll. Die individualrechtliche Fortgeltung einer Betriebsvereinbarung gemäß § 613a Abs. 1 S. 2 BGB (Transformation) findet deshalb nur bei Verlust der Betriebsidentität Anwendung, wenn also der Betrieb der abgebenden Gesellschaft seine Selbständigkeit verliert und untergeht, weil er in dem bestehenden Betrieb der aufnehmenden Gesellschaft eingegliedert oder mit einem anderen Betrieb der aufnehmenden Gesellschaft zu einem neuen Betrieb zusammengefasst wird. Betriebsvereinbarungen, die zwischen der abgebenden Gesellschaft und deren Betriebsrat geschlossen wurden, enden in diesem Fall. Die durch die Transformation entstandenen individualvertraglichen Regelungen bestehen in der Form einer Gesamtzusage fort, die „betriebsvereinbarungsoffen" ist und somit nach Ablauf der Jahresfrist auch durch eine verschlechternde Betriebsvereinbarung abgeändert werden kann.

Hat sowohl die abgebende als auch die aufnehmende Gesellschaft ein kollektives Versorgungswerk und ist die betriebliche Altersversorgung bei der abgebenden Gesellschaft durch eine Betriebsvereinbarung geregelt, so muss zunächst danach unterschieden werden, ob der Betrieb der abgebenden Gesellschaft unter Wahrung der Betriebsidentität im Sinne einer Beibehaltung der Organisationsstruktur und des Betriebszwecks auf die aufnehmende Gesellschaft übergeht. Bleibt die Betriebsidentität erhalten, so gilt auch eine Betriebsvereinbarung der abgebenden Gesellschaft kollektivrechtlich fort. Hier liegt nach der ständigen Rechtsprechung des BAG (vgl. BAG DB 2002, 1834) kein Fall des § 613a Abs. 1 S. 2 BGB vor, der die individualrechtliche Weitergeltung kollektivrechtlicher Normen regelt. Diese Fortgeltung gilt sowohl für den Fall, dass die aufnehmende Gesellschaft eine individualrechtliche Versorgungszusage erteilt hat, als auch für den Fall, dass das Versorgungswerk auf einer Betriebsvereinbarung beruht. Etwas anderes soll nach einer in der Literatur vertretenen Ansicht dann gelten, wenn eine einfache (lokale) Betriebsvereinbarung der abgebenden Gesellschaft bei Erhalt der Betriebsidentität auf eine Gesamt- oder Konzernbetriebsvereinbarung bei der aufnehmenden Gesellschaft trifft, die denselben Regelungsbereich zum Gegenstand hat. Die durch eine einfache (lokale) Betriebsvereinbarung geregelte Versorgung soll nach dieser Ansicht durch die höherrangige Kollektivvereinbarung der aufnehmenden Gesellschaft verdrängt werden. Die Rechtsprechung hat bisher zu dieser speziellen Frage für den Bereich der betrieblichen Altersversorgung allerdings noch nicht Stellung genommen.

Bei Verlust der Betriebsidentität kommt dagegen keine kollektivrechtliche Fortgeltung der Betriebsvereinbarungen in Betracht. Es greifen dann die Regelungen des § 613a Abs. 1 S. 2 bis 4 BGB ein. Trifft folglich bei einem Betriebsübergang, der sich unter Verlust der Betriebsidentität vollzieht, eine bei der abgebenden Gesellschaft bestehende Betriebsvereinbarung auf eine bei der aufnehmenden Gesellschaft bestehende Betriebsvereinbarung, die den gleichen Regelungsbereich zum Gegenstand hat, so ist gemäß § 613a Abs. 1 S. 3 BGB die Anwendung von S. 2 und damit die individualrechtliche Fortgeltung der bisherigen Kollektivregelungen des Veräußerers ausgeschlossen. Zur Anwendung kommt in diesem Fall allein die bei der aufnehmenden Gesellschaft bestehende Kollektivvereinbarung. Problematisch ist dies allerdings, wenn bei der aufnehmenden Gesellschaft nur eine vergleichsweise schlechtere Versorgungszusage besteht. In diesem Fall würde die uneingeschränkte Anwendung von § 613a Abs. 1 S. 3 BGB für den Bereich der betrieblichen Altersversorgung im Hinblick auf den Schutz von Besitzständen Probleme bereiten. In der Literatur werden hierzu drei Lösungsansätze vertreten. Eine Ansicht will § 613a Abs. 1 S. 3 BGB bei einem Zusammentreffen von Betriebsvereinbarungen für den Bereich der betrieblichen Altersversorgung überhaupt nicht anwenden, weil der Gesetzgeber die Problematik nicht erkannt und deshalb nicht geregelt habe (*Kemper* BB 1990, 785). Diese Ansicht wird jedoch kaum vertreten und kann im Ergebnis wohl vernachlässigt werden. Eine andere Ansicht stützt sich auf den Wortlaut der Vorschrift des § 613a Abs. 1 S. 3 BGB und geht davon aus, dass ausschließlich die Betriebsvereinbarung der aufnehmenden Gesellschaft Vorrang habe. Dies soll unabhängig davon gelten, ob diese Vorschrift günstiger oder ungünstiger ist, als die bisherigen Regelungen. Konsequenz dieser Auffassung wäre, dass eine bei der aufnehmenden Gesellschaft geltende Kollektivvereinbarung insgesamt an die Stelle der bisher bei der abgebenden Gesellschaft geltenden Regelung treten würde (*Lorenz* DB 1980, 1745; *Seiter* DB 1980, 877). Diese Auffassung berücksichtigt jedoch nicht die bis zum Betriebsübergang bereits erdienten Anwartschaften der Arbeitnehmer. Die h.M. und mit ihr das BAG (BAG NZA 2002, 520) geht davon aus, dass die bei der aufnehmenden Gesellschaft bestehenden Kollektivnormen erst ab dem Betriebsübergang eingreifen sollen. Versorgungsanwartschaften, die vor diesem Zeitpunkt erwachsen sind, müssen von der aufnehmenden Gesellschaft erhalten werden. Diese Ansicht wird vom Vertrauensschutzgedanken und von den vom BAG entwickelten Grundsätzen zur Billigkeitskontrolle ablösender Betriebsvereinbarungen getragen. Nach diesen Grundsätzen, die zur verschlechternden Ablösung von Betriebsvereinbarungen durch eine spätere Betriebsvereinbarung entwickelt wurden, darf die Ersetzung der bisher bestehenden Regelungen durch eine neue, ungünstigere kollektive Ordnung nicht unbillig sein. Der Schutz des erdienten Teils einer Anwartschaft hält nach dieser Ansicht einer Billigkeitsprüfung stand, wenn der nach dem Quotierungsprinzip gemäß § 2 BetrAVG ermittelte Teil der Anwartschaft abgesichert wird. Eine Addition von Versorgungszusagen hat allerdings nicht stattzufinden, die spätere Versorgungsleistung muss nur mindestens die Höhe der zum Zeitpunkt des Betriebsübergangs erdienten Anwartschaft erreichen (BAG NZA 2002, 520; kritisch hierzu *Höfer*, Gesetz zur Verbesserung der betrieblichen Altersversorgung, Bd. 1 Rn. 1263).

Beispiel: Ein Arbeitnehmer tritt mit 25 Jahren beim Veräußerer ein. Es gibt eine Betriebsvereinbarung über eine monatliche Betriebsrente von 100 EUR pro Dienstjahr. Als der Arbeitnehmer 45 Jahre alt ist, kommt es zu einem Betriebsübergang ohne Wahrung der Betriebsidentität. Im Betrieb des Erwerbers gilt eine Betriebsvereinbarung über eine monatliche Betriebsrente von 50 EUR pro Dienstjahr. Mit 65 Jahren geht der Arbeitnehmer in Rente.

Die Betriebsvereinbarung des Erwerbers verdrängt diejenige des Veräußerers. Auf Basis der Zusage des Erwerbers erhält der Arbeitnehmer eine Betriebsrente in Höhe von 50 EUR x 20 Dienstjahre = 1.000 EUR. Für seine Dienstzeit bis zum Betriebsübergang im Betrieb des Veräußerers hat der Arbeitnehmer eine Anwartschaft in Höhe von 100 EUR x 20 Dienstjahre = 2.000 EUR erworben. Dieser Besitzstand ist somit höher als die unter der Zusage des Erwerbers erworbene Rente. Dem Arbeitnehmer steht daher eine Rente in Höhe von 2.000 EUR zu. Die beim Erwerber erdienten 1.000 EUR müssen nicht addiert werden.

3. Ausschluss. Wurde im Rahmen eines Betriebsübergangs nur beim Erwerber eine betriebliche Altersversorgung aufgrund einer Betriebsvereinbarung gewährt, so ist der Erwerber zunächst grundsätzlich nicht verpflichtet, aus Gründen der Gleichbehandlung die übernommenen Arbeitnehmer in das bestehende Versorgungswerk zu integrieren. Es steht ihm insofern frei, die nach § 613a BGB übernommenen Arbeitnehmer in sein Versorgungswerk aufzunehmen. Es ist allerdings zu beachten, dass dies automatisch erfolgt, wenn dieses Versorgungswerk für Neuzugänge nicht geschlossen ist. Denn für die Aufnahme in ein Versorgungswerk ist es grundsätzlich ohne Bedeutung, ob ein Arbeitnehmer aufgrund eines Arbeitsvertrags neu eingestellt wird oder ob ein bestehendes Arbeitsverhältnis gemäß § 613a BGB übergeht. Daher erfolgt die Aufnahme allerdings auch nur in dem Rahmen, in dem das Versorgungswerk der aufnehmenden Gesellschaft dies allgemein vorsieht. Wenn das Versorgungswerk der aufnehmenden Gesellschaft für Neuzugänge offen ist, die durch einen Betriebsübergang übernommenen Arbeitnehmer aber nicht aufgenommen werden sollen, muss die aufnehmende Gesellschaft dies den betroffenen Arbeitnehmern gegenüber ausdrücklich erklären. Dieser Ausschluss wird durch die vorgeschlagene Klausel explizit zum Ausdruck gebracht. Es ist allerdings darauf hinzuweisen, dass der Ausschluss bereits vor dem Betriebsübergang in dem Versorgungswerk des Erwerbers enthalten sein muss.

Die Ausschlussklausel enthält einen kompletten Ausschluss von im Wege der Einzel- oder Gesamtrechtsnachfolge neu eintretenden Mitarbeitern. Dadurch wird zwar das Risiko von Doppelversorgungsansprüchen ausgeschlossen, allerdings kann sich die aufnehmende Gesellschaft nicht mehr etwaige Kollisionseffekte zur automatischen Absenkung des Versorgungsniveaus im Einklang mit der BAG-Rechtsprechung (→ Anm. 2) zu Nutze machen. Um der Arbeitgeberseite hier zumindest die Möglichkeit offen zu halten, bei späteren Restrukturierungsmaßnahmen oder Unternehmensakquisitionen Kollisionseffekte zur Absenkung des Versorgungsniveaus zu nutzen, kann im Lichte der nunmehr gefestigten Rechtsprechung zur Besitzstandswahrung bei Betriebsübergängen sinngemäß folgende Regelung aufgenommen werden:

Alternative:
Nicht zum Kreis der Versorgungsberechtigten gehören auch Mitarbeiter, die nach Inkrafttreten dieser Versorgungsordnung im Wege der Einzel- oder Gesamtrechtsnachfolge ein Arbeitsverhältnis mit der Gesellschaft begründen, für die Zeit bis zum Übergang des Arbeitsverhältnisses, sofern diese von ihrem Vor-Arbeitgeber eine Versorgungszusage erhalten haben und diese ab dem Zeitpunkt der Einzel- oder Gesamtrechtsnachfolge durch diese Versorgungsordnung wirksam abgelöst wird. Gleiches gilt entsprechend für Mitarbeiter, deren Arbeitsverhältnis nach Inkrafttreten dieser Versorgungsordnung durch Einzel- oder Gesamtrechtsnachfolge auf die Gesellschaft übergeht, sofern diese von ihrem Vor-Arbeitgeber eine Versorgungszusage erhalten haben und diese ab dem Zeitpunkt der Einzel- oder Gesamtrechtsnachfolge durch diese Versorgungsordnung nicht wirksam abgelöst wird.

Grund hierfür ist die folgende Überlegung: Wenn die Versorgungsordnung bezüglich späterer Neueintritte aufgrund Einzel- oder Gesamtrechtsnachfolge einen kompletten Ausschluss vorsehen würde, mithin also der Geltungsbereich der kollektivrechtlichen Regelung gar nicht erst eröffnet wäre, so verringerte dies zwar das Risiko von Doppelversorgungsansprüchen, allerdings könnte diese (ausgeschlossene) kollektivrechtliche Regelung auch keine Ablösungswirkung hinsichtlich etwa auf kollektivrechtlicher Ebene bei der abgebenden Gesellschaft bestehende Versorgungszusagen entfalten. Durch die aufgenommene Formulierung lässt sich nach Ansicht des Autors eine für den Arbeitgeber ideale Kombination der Nutzung der Rechtsprechungsgrundsätze des BAG zur Kollision von Versorgungsordnungen mit einer Minimierung des Risikos von Doppelversorgungen herbeiführen.

Falls entgegen der Empfehlung eine Aufnahme der übernommenen Arbeitnehmer in das Versorgungswerk der aufnehmenden Gesellschaft erfolgt, hat dies folgende Konsequenzen für den Lauf der gesetzlichen Unverfallbarkeitsfristen:

Die Zusagedauer beginnt mit der Zusage durch die aufnehmende Gesellschaft (oder mit der automatischen Aufnahme in das Versorgungswerk). Für die Dauer der Betriebszugehörigkeit im Allgemeinen ist dagegen auf den Eintritt in den Betrieb der abgebenden Gesellschaft abzustellen, d.h. Vordienstzeiten sind bei der Berechnung der Unverfallbarkeitsfrist nach § 1 b BetrAVG zu berücksichtigen. Für die Wartezeit und die versorgungsfähige Dienstzeit gilt jedoch, dass die aufnehmende Gesellschaft insofern in der Gestaltung frei ist, sie also z.B. Zeiten vor dem Betriebsübergang ausschließen darf. Sie muss also frühere Dienstzeiten bei ihrer Versorgungszusage nicht anrechnen (vgl. BAG DB 1979, 2431; BAG AP BetrAVG § 1 Betriebsveräußerung Nr. 18). Die aufnehmende Gesellschaft sollte vor diesem Hintergrund vor dem Betriebsübergang prüfen, wie die eigene Versorgungsordnung ausgestaltet ist. Sofern eine explizite Anrechnung von Vordienstzeiten von Arbeitnehmern vorgesehen ist, die im Wege eines Betriebsübergangs ein Arbeitsverhältnis mit der Gesellschaft begründen, kann gegebenenfalls noch vor dem Betriebsübergang eine Neuregelung getroffen werden.

V. Sonstige Abreden und Vereinbarungen

1. Kündigung einer Betriebsvereinbarung

[Briefkopf des Arbeitgebers]

Betriebsrat Betrieb ......

z. Hd. des *(Alternative: stellvertretenden)* Betriebsratsvorsitzenden

Herrn ......

...... (Anschrift des Betriebsrats)

...... (Datum)

Kündigung der Betriebsvereinbarung über die Gewährung von betrieblichen Altersversorgungsleistungen vom ......[1]

Sehr geehrter Herr ......,

hiermit kündigen wir die im Betreff genannte Betriebsvereinbarung fristgerecht[2] zum ......

Die Kündigung erfolgt dabei ausschließlich mit dem Ziel, nach dem Kündigungstermin neu bei der Gesellschaft eintretende Mitarbeiter[3] vom Kreis der Versorgungsberechtigten auszuschließen. Sie stellt folglich lediglich eine Schließung des bestehenden Versorgungswerks für die Zukunft dar. Für nach dem Kündigungstermin eintretende Mitarbeiter stellt die Gesellschaft keine Mittel zur betrieblichen Altersversorgung mehr zur Verfügung.

Die Versorgungsanwartschaften[4] und -rechte der Mitarbeiter, die bereits vor dem Kündigungstermin in die Gesellschaft eingetreten sind, bleiben von der Kündigung unberührt.[5] Gleiches gilt für die Ansprüche der ehemaligen Mitarbeiter, die mit unverfallbarer Anwartschaft ausgeschieden sind oder bereits eine Betriebsrente beziehen.[6, 7]

Mit freundlichen Grüßen

......

Unterschrift des Arbeitgebers

Erhalten:[8]

......

Ort, Datum

......

Unterschrift des *(Alternative: stellvertretenden)* Betriebsratsvorsitzenden

Anmerkungen

1. Vorbemerkung. Die Ausübung des Kündigungsrechts hinsichtlich einer Betriebsvereinbarung über die Gewährung betrieblicher Altersversorgungsleistungen bedarf keiner

Begründung und unterliegt keiner gerichtlichen Kontrolle. Ein Kündigungsgrund ist also nicht erforderlich. Eine Nachwirkung von Betriebsvereinbarungen über Fragen der betrieblichen Altersversorgung gemäß § 77 Abs. 6 BetrVG wird überwiegend – aufgrund deren nur teilmitbestimmten Charakters – abgelehnt (BAG NZA 2002, 1164). Allerdings ist eine Nachwirkung nur ausgeschlossen, wenn vom Arbeitgeber keine Mittel mehr zur Verfügung gestellt werden und die betriebliche Altersversorgung in einer gesonderten Betriebsvereinbarung geregelt ist (BAG NZA 2011, 598; BAG NZA-RR 2011, 541). Die Frage der Wirksamkeit der Kündigung und der Nachwirkung der Betriebsvereinbarung ist allerdings streng zu trennen von der Frage, welche Rechtsfolgen eine solche Kündigung auslöst. Das BAG hat klargestellt, dass die bisher von der Betriebsvereinbarung erfassten Arbeitnehmer aufgrund der Kündigung nicht ohne weiteres ihre unter dieser Betriebsvereinbarung erworbenen Rechte auf Leistungen der betrieblichen Altersversorgung verlieren. Vielmehr sind diese Rechte nach der vom BAG entwickelten 3-Stufen-Theorie geschützt.

2. Kündigungsfrist. Eine Betriebsvereinbarung über betriebliche Altersversorgung ist nach den allgemeinen Regelungen kündbar, d.h. eine Kündigung kann mit einer Frist von drei Monaten erfolgen, soweit nichts anderes vereinbart wurde, § 77 Abs. 5 BetrVG.

3. Rechtsfolgen der Kündigung für neu eintretende Arbeitnehmer. Die Kündigung einer Betriebsvereinbarung über betriebliche Altersversorgung hat zur Folge, dass die nach Wirksamwerden der Kündigung in das Unternehmen neu eintretenden Arbeitnehmer keine Anwartschaften und Ansprüche auf betriebliche Altersversorgung aus der Betriebsvereinbarung mehr erwerben können. Das betriebliche Versorgungswerk ist für diese Arbeitnehmer somit geschlossen. Diese Schließung sollte gegenüber den neu eintretenden Arbeitnehmern deutlich zum Ausdruck gebracht werden, z.B. durch eine entsprechende Klausel im Anstellungsvertrag (→ Form. F. V. 2).

Andernfalls besteht das Risiko, dass sich zumindest einige dieser Arbeitnehmer unter Berufung auf den Vertrauensgrundsatz in den Geltungsbereich der Betriebsvereinbarung einzuklagen versuchen.

4. Auswirkungen auf betriebliche Altersversorgung aktiver Arbeitnehmer. Die Anwartschaften aktiver Arbeitnehmer genießen bei der Kündigung einer Betriebsvereinbarung über betriebliche Altersversorgung grundsätzlich Bestandsschutz entsprechend der 3-Stufen-Theorie des BAG. Diese soll die widerstreitenden Interessen von Arbeitgeber und Arbeitnehmer im Rahmen der betrieblichen Altersversorgung ausgleichen und besagt kurz zusammengefasst, dass der Arbeitgeber umso gravierendere Gründe vorbringen muss, je intensiver er in Rechte des Arbeitnehmers auf betriebliche Altersversorgung eingreifen möchte (vgl. BAG NZA-RR 2013, 376). Dies bedeutet im Einzelnen:

Den höchsten Schutz genießt die erste Stufe des Besitzstands. Sie umfasst den bereits erdienten Teil der Anwartschaft auf Leistungen der betrieblichen Altersversorgung, wie er sich aus einer Berechnung gemäß § 2 BetrAVG ergibt, wobei unerheblich ist, ob die Anwartschaft bereits gesetzlich unverfallbar ist. Der so ermittelte Wert darf durch eine Änderung des Versorgungswerks nur unterschritten werden, wenn hierfür zwingende Gründe vorliegen.

Zwingende Gründe sind nach der Rechtsprechung des BAG solche, die auch einen Widerruf des Versorgungsversprechens durch den Arbeitgeber rechtfertigen würden, z.B. eine schwere Treupflichtverletzung seitens des Arbeitnehmers, eine planwidrig eingetretene Überversorgung oder eine gravierende Äquivalenzstörung (vgl. *Höfer*, Gesetz zur Verbesserung der betrieblichen Altersversorgung, Bd. 1 Rn. 577). I. d. R. wirkt sich die Kündigung einer Betriebsvereinbarung nur auf die Zukunft aus, so dass die 1. Stufe des Besitzstands nicht berührt wird.

Beispiel 1: Ein Arbeitnehmer tritt im Alter von 25 Jahren in das Unternehmen des Arbeitgebers ein; die Betriebsvereinbarung über betriebliche Altersversorgung sieht vor, dass als monatliche Betriebsrente mit Vollendung des 65. Lebensjahrs ein Betrag in Höhe von 10 Prozent der letzten Bezüge vor Eintritt des Versorgungsfalls zu zahlen ist. Als der Arbeitnehmer 45 Jahre alt ist, kündigt der Arbeitgeber die Betriebsvereinbarung. Zu diesem Zeitpunkt erhält der Arbeitnehmer ein monatliches Gehalt von 2.000 EUR. Die gemäß § 2 Abs. 1 BetrAVG zu berechnende unverfallbare Anwartschaft des Arbeitnehmers zum Zeitpunkt der Kündigung beträgt 2000 EUR × $^{20}/_{40}$ × 10 Prozent = 100 EUR. Dieser Betrag stellt den bereits erdienten Teilbetrag – also die 1. Stufe des Besitzstands des Arbeitnehmers – dar, der aufgrund der Kündigung der Betriebsvereinbarung nur bei Vorliegen zwingender Gründe unterschritten werden darf.

Die 2. Stufe wird nur relevant bei Versorgungssystemen, die einen variablen dienstzeitunabhängigen Berechnungsfaktor beinhalten, z.B. Endgehaltssysteme, bei denen die Betriebsrente einen gewissen Prozentsatz des zuletzt bezogenen Einkommens ausmacht. Diese Stufe berücksichtigt, dass der Arbeitnehmer mit seiner zurückgelegten Betriebszugehörigkeit zeitanteilig auch Betriebstreue für die auf den Besitzstand der 1. Stufe entfallende Dynamik erbracht hat.

Beispiel 2: Im letzten Jahr vor Inanspruchnahme der Betriebsrente bezieht der Arbeitnehmer aus Beispiel 1 ein Endgehalt von 3.500 EUR. Hätte die Betriebsvereinbarung bis zu seinem vollendeten 65. Lebensjahr weitergegolten, hätte er somit einen Anspruch auf eine Betriebsrente in Höhe von 3.500 EUR × 10 Prozent = 350 EUR gehabt. Ohne Berücksichtigung der Dynamik – der Gehaltssteigerung von 2.000 EUR auf 3.500 EUR – hätte die Betriebsrente nur 2.000 EUR × 10 Prozent = 200 EUR betragen. Die Dynamik macht also einen Unterschiedsbetrag von 150 EUR bei der Betriebsrente aus. Von dieser Dynamik hat der Arbeitnehmer durch seine Betriebstreue bis zur Kündigung der Betriebsvereinbarung schon $^{20}/_{40}$ = 75 EUR erdient. Sein Besitzstand auf 2. Stufe beträgt daher 100 EUR + 75 EUR = 175 EUR.

In die zeitanteilig erdiente Dynamik darf der Arbeitgeber nur eingreifen, soweit er hierfür triftige Gründe hat. Diese sind insbesondere dann anzunehmen, wenn eine langfristige Substanzgefährdung des Unternehmens droht. Das BAG orientiert sich bei den Anforderungen, die an einen triftigen Grund zu stellen sind, an den Grundsätzen, nach denen eine Anpassung laufender Renten gemäß § 16 BetrAVG ganz oder teilweise unterbleiben darf.

Die letzte Besitzstandsstufe umfasst den ungeschmälerten Inhalt der Versorgungszusage und schützt somit auch die künftigen Zuwächse, die der Arbeitnehmer erst nach dem Zeitpunkt der Kündigung aufgrund der ursprünglichen Zusage erdient hätte.

Beispiel 3: Die Betriebsvereinbarung aus Beispiel 1 sieht vor, dass sich die Betriebsrente des Arbeitnehmers für jeden Monat nach Vollendung des 45. Lebensjahrs um einen Festbetrag von weiteren 3 EUR erhöht. Der Arbeitnehmer hätte aufgrund der Betriebsvereinbarung, wäre sie nicht gekündigt worden, daher noch einen weiteren monatlichen Rentenbetrag von 3 EUR × 20 = 60 EUR erwerben können. Diese 60 EUR stellen die 3. Stufe seines Besitzstands dar.

In diese Stufe des Besitzstands, für den der Arbeitnehmer noch keine Betriebstreue geleistet hat, kann bereits aufgrund sachlich-proportionaler Gründe eingegriffen werden. Der Arbeitgeber muss willkürfreie, nachvollziehbare und anerkennenswerte Gründe vorbringen, die entweder auf einer wirtschaftlich ungünstigen Entwicklung des Unternehmens oder einer Fehlentwicklung der betrieblichen Altersversorgung beruhen, z.B. die Anpassung von Versorgungsregelungen an veränderte gesetzliche Rahmenbedingungen, die Verwirklichung des Gleichbehandlungsgrundsatzes oder die Umsetzung veränderter Vorstellungen der Begünstigten über die Leistungsgerechtigkeit.

5. Auswirkungen der 3-Stufen-Theorie. Kann der Arbeitgeber rechtfertigende – sachlich-proportionale, triftige oder zwingende – Gründe für die Kündigung der Betriebsvereinbarung vorbringen, besteht die Anwartschaft eines aktiven Arbeitnehmers nur noch nach Maßgabe der 3-Stufen-Theorie.

Bestehen keine Eingriffsgründe, bleibt die Versorgungsanwartschaft des aktiven Arbeitnehmers auf Rechtsgrundlage der (gekündigten) Betriebsvereinbarung erhalten und kann sogar weiter anwachsen.

Teilweise wird vertreten, rentennahe Jahrgänge – also Arbeitnehmer, bei denen der Eintritt des Versorgungsfalls in den nächsten drei Jahren zu erwarten ist – aus Vertrauensschutzgesichtspunkten ganz von den nachteiligen Folgen einer Kündigung einer Betriebsvereinbarung über betriebliche Altersversorgung auszunehmen (*Blomeyer/Rolfs/Otto* Anh. § 1 Rn. 587). Besonderen Schutz erfahren solche Arbeitnehmer allerdings bereits aufgrund der Tatsache, dass ihre Anwartschaft zum Großteil als erdienter Teilbetrag unter die 1. Stufe des Besitzstandes fällt.

Der Betriebsrat ist berechtigt, die Wirkungen der Kündigung und den Umfang der Fortgeltung der Betriebsvereinbarung zur betrieblichen Altersversorgung vom Arbeitsgericht im Beschlussverfahren feststellen zu lassen. Eine entsprechende Entscheidung entfaltet nach Ansicht des BAG auch Bindungswirkung für einen Individualrechtsstreit zwischen Arbeitgeber und Arbeitnehmer (BAG BB 2000, 516).

6. Rentner und mit unverfallbarer Anwartschaft ausgeschiedene Arbeitnehmer. Die Kündigung einer Betriebsvereinbarung erfasst nicht die Rechtspositionen von Rentnern und mit unverfallbarer Anwartschaft ausgeschiedenen Arbeitnehmern. Denn mit Ausscheiden des Arbeitnehmers beim Arbeitgeber wandelt sich die Anwartschaft auf Leistungen der betrieblichen Altersversorgung aus der Betriebsvereinbarung in eine individualrechtliche Anwartschaft um (BAG BetrAV 2011, 106). Diese kann nur aufgrund einzelvertraglicher Absprachen abgeändert werden. Etwas anderes kann nur dann gelten, wenn arbeitsvertraglich vereinbart wurde, dass die Regelungen zur betrieblichen Altersversorgung in der jeweils geltenden Fassung zur Anwendung kommen (BAG BB 2013, 308). Gleichwohl wird ein Eingriff in bereits erdiente Anwartschaften nach Maßgabe der 3-Stufen-Theorie regelmäßig unzulässig sein.

7. Ausdrückliche Nennung der intendierten Wirkung. Damit die Betriebsvereinbarung nicht nachwirkt, fordert die Rechtsprechung eine eindeutige Erklärung über das weitere Schicksal der bisher in der Betriebsvereinbarung gewährten Leistung und darüber, dass keine Mittel mehr für die betriebliche Altersversorgung zur Verfügung gestellt werden (BAG NZA 2011, 598). Auch vor dem Hintergrund oben stehender Ausführungen empfiehlt es sich stets, die beabsichtigte Wirkung der Kündigung einer Betriebsvereinbarung über die Gewährung von betrieblichen Altersversorgungsleistungen explizit in das Kündigungsschreiben aufzunehmen. Zum einen gibt der Arbeitgeber dem Arbeitsgericht im Falle einer gerichtlichen Überprüfung bereits einen Anhaltspunkt dafür, in welchem Umfang überhaupt rechtfertigende Gründe für die Kündigung vorliegen müssen. Zum anderen ist eine solche Vorgehensweise jedoch insbesondere aus unternehmenspolitischen Gesichtspunkten dringend empfehlenswert. Insbesondere wenn nämlich – wie im Beispielsfall – die Kündigung der Betriebsvereinbarung nur als Schließung des bestehenden Versorgungswerks für die Zukunft und damit für Neueintritte nach dem Kündigungstermin gelten soll, erscheint es äußerst unglücklich, die bestehende Belegschaft über diese intendierte Wirkung im Unklaren zu lassen. Dies führt in der Praxis nämlich zwangsläufig dazu, dass die aktiven Arbeitnehmer befürchten, dass in ihre Versorgungsanwartschaften eingegriffen werden soll. Dies wirkt sich in der Regel negativ auf das Betriebsklima und damit in der Regel auch auf die Produktivität aus.

8. Empfangsbestätigung. Zum Nachweis des Zugangs der Kündigungserklärung und insbesondere des Zugangsdatums empfiehlt sich die Erteilung einer Empfangsbestätigung durch den Betriebsrat.

2. Anstellungsvertragsklausel nach Schließung eines Versorgungswerks

§ . . . . . Betriebliche Altersversorgung[1]

Das bei der Gesellschaft vormals bestehende Versorgungswerk über Leistungen der betrieblichen Altersversorgung vom . . . . . . („Versorgungszusage") wurde mit Wirkung zum . . . . . . für neu eintretende Mitarbeiter geschlossen.[2] **Dem Mitarbeiter ist bekannt,**[3] **dass er aufgrund der Schließung der Versorgungszusage keine Anwartschaften oder Ansprüche aus der Versorgungszusage erwirbt.**

Anmerkungen

1. Vorbemerkung. Das Formular enthält eine Klausel zur Information neu eintretender Arbeitnehmer über die Schließung eines vormals beim Arbeitgeber bestehenden Versorgungswerks. Die Klausel sollte gegebenenfalls in → Form. A. II. 1 im Anschluss an die Vergütungsregelung (→ Form. A. II. 1, dort unter § 3) eingefügt werden.

2. Schließung. Da der Arbeitgeber in seiner Entscheidung darüber, ob er überhaupt eine betriebliche Altersversorgung einführen will, frei ist, hat der Arbeitgeber auch das uneingeschränkte Recht, die Altersversorgung für zukünftig neu eintretende Arbeitnehmer, also für neue Arbeitsverhältnisse, nicht mehr zu gewähren. Würde man diese Möglichkeit der Schließung eines Versorgungswerks für hinzukommende Arbeitnehmer aus Gleichbehandlungsaspekten ausschließen, so könnte der Arbeitgeber sich im Ergebnis nie mehr von seinem einmal gegebenen Versorgungsversprechen lösen, sondern würde mit jedem Neueintritt neu verpflichtet. Es entstünde eine Art „Endlosbindung" (*Höfer*, Gesetz zur Verbesserung der betrieblichen Altersversorgung, Bd. 1 Rn. 667). Auch das BAG hat sich gegen eine derartige Endlosbindung entschieden. Denn nach der Rechtsprechung des 3. Senats des BAG ist der Arbeitgeber bei der Dotierung der betrieblichen Altersversorgung und der Auswahl der begünstigten Personengruppe im Grundsatz frei (BAG DB 1975, 1559).

Dabei ist zu beachten, dass auf einer Betriebsvereinbarung beruhende Versorgungszusagen selbstverständlich rechtzeitig gekündigt werden müssen, wenn neu hinzukommende Arbeitnehmer nicht mehr begünstigt werden sollen. Eine derartige Kündigung ist, sofern sich aus der zugrunde liegenden Betriebsvereinbarung nichts anderes ergibt, jederzeit und ohne Angabe von Gründen möglich (BAG BB 1989, 2118; BAG AP BetrAVG § 1 Ablösung Nr. 6). Ein weitergehendes Mitbestimmungsrecht des Betriebsrats besteht bei der Schließung einer Versorgungszusage für die Zukunft nach der einschlägigen Rechtsprechung des BAG nicht (BAG DB 1975, 1559; BAG BB 1989, 2118). Zwar wird von einer Mindermeinung unter Verweis auf das generelle Mitbestimmungsrecht des Betriebsrats bei Entlohnungsgrundsätzen nach § 87 Abs. 1 Nr. 10 BetrVG in Zweifel gezogen, ob ein Versorgungswerk für ab einem Stichtag in das Unternehmen eintretende neue Arbeitnehmer mitbestimmungsfrei geschlossen werden kann (*Griebeling* NZA 1989, Beilage zu Heft 13, 26), jedoch steht diese Rechtsansicht im Widerspruch zur geltenden Rechtsprechung des BAG. Zudem würde bei einer derartigen Betrachtungsweise die Vertragsfreiheit unangemessen eingeschränkt und das – auch nach Einführung des Entgeltumwandlungsanspruchs hinsichtlich der arbeitgeberfinanzierten betrieblichen Altersversorgung noch bestehende – Prinzip der Freiwilligkeit der betrieblichen Altersversorgung nicht hinreichend beachtet. Es bleibt somit festzuhalten, dass die Schließung eines Versorgungswerks für ab einem Stichtag neu eintretende Arbeitnehmer grundsätzlich jederzeit mitbestimmungsfrei zulässig ist und auch keinen Verstoß gegen den Gleichbehandlungsgrundsatz enthält.

3. Information neu eintretender Arbeitnehmer. Trotz der vorab genannten Entscheidungsfreiheit bei der Schließung eines Versorgungswerks muss der Arbeitgeber beachten, dass den neu hinzukommenden Arbeitnehmern die Schließung der Versorgungszusage hinreichend deutlich kommuniziert wird. Andernfalls könnten sich nach dem Schließungsstichtag eingetretene Arbeitnehmer darauf berufen, dass bei ihnen ein Vertrauenstatbestand entstanden sei, der den Arbeitgeber hinsichtlich seiner Versorgungszusage binde (*Höfer*, Gesetz zur Verbesserung der betrieblichen Altersversorgung, Bd. 1 Rn. 1032). Um dies zu vermeiden, sollten neu eintretende Arbeitnehmer über die Schließung des Versorgungswerks ausdrücklich informiert werden. Aus Dokumentations- und Beweisgründen muss dies schriftlich erfolgen. In der Praxis kann dies am besten durch Aufnahme einer entsprechenden Klausel in die Anstellungsverträge der nach dem Schließungsstichtag neu eintretenden Arbeitnehmer erreicht werden. Zudem empfiehlt es sich, für eine Übergangszeit eine entsprechende Mitarbeiterinformation in betriebsüblicher Weise („schwarzes Brett" oder Ähnliches) zu veröffentlichen. Die Mitarbeiterinformation allein durch ein separates Informationsschreiben oder allein durch betriebsübliche Veröffentlichung vorzunehmen, erscheint als nicht empfehlenswert. Die Erfahrungen in der Praxis zeigen, dass das Risiko, die Information bei einzelnen Arbeitnehmern oder insgesamt zu vergessen, sehr hoch ist. Zudem ergeben sich bei einer solchen Vorgehensweise in der Praxis häufig Nachweisprobleme, weil die Informationsschreiben oder Veröffentlichungen zu einem späteren Zeitpunkt nicht mehr vorliegen. Man muss in diesem Zusammenhang bedenken, dass die betriebliche Altersversorgung ein „langlebiger" Aspekt im Rahmen eines – häufig sogar bereits beendeten – Anstellungsverhältnisses ist. Nicht selten ergeben sich Probleme erst zu einem Zeitpunkt, zu dem die Initiatoren einer Versorgungsordnung oder einer Schließung längst aus dem Unternehmen ausgeschieden sind. Dokumentationsprobleme sind dann vorprogrammiert. Diese Risiken lassen sich durch die Aufnahme einer entsprechenden Klausel im Anstellungsvertrag ausschließen. Wie lange sich neu eintretende Arbeitnehmer gegebenenfalls auf einen Vertrauenstatbestand berufen können, ist durch die Rechtsprechung nicht geklärt. In der Praxis empfiehlt es sich jedoch, eine entsprechende Information neu eintretender Arbeitnehmer für einen Mindestzeitraum von zwei bis drei Jahren vorzusehen.

3. Erlassvertrag

Erlassvertrag[1]

zwischen

. . . . . . (Name und Anschrift des Arbeitgebers) „Gesellschaft"

und

Herrn . . . . . . (Name und Anschrift des Arbeitnehmers) „Mitarbeiter"

Präambel[2]

Bei der Gesellschaft besteht eine Pensionsordnung vom . . . . . . („Versorgungsordnung"). Der Mitarbeiter und die Gesellschaft sind sich einig, dass aus der Versorgungsordnung keine Ansprüche auf Leistungen aus betrieblicher Altersversorgung entstehen sollen.

Dies vorausgeschickt vereinbaren die Parteien was folgt:

§ 1 Erlass[3]

(1) Der Mitarbeiter verzichtet auf sämtliche ihm etwa zustehenden Anwartschaften und Ansprüche aus der Versorgungsordnung und erlässt der Gesellschaft vorbehaltlos alle aus der Versorgungsordnung eventuell herrührenden Verpflichtungen.

(2) Die Gesellschaft nimmt das in vorstehendem Abs. (1) enthaltene Angebot zum Abschluss eines Erlassvertrags über etwaige Verpflichtungen der Gesellschaft aus der Versorgungsordnung und den Verzicht des Mitarbeiters auf sämtliche etwaigen Anwartschaften und Ansprüche aus der Versorgungsordnung an.

§ 2 Schlussbestimmungen[4]

(1) Diese Vereinbarung unterliegt deutschem Recht.

(2) Mündliche Nebenabreden bestehen nicht. Änderungen oder Ergänzungen dieser Vereinbarung einschließlich dieser Bestimmung bedürfen zu ihrer Wirksamkeit der Schriftform, es sei denn, diese wurden nachweislich zwischen den Parteien ausgehandelt. Das Schriftformerfordernis bezieht sich auch auf etwaige Ansprüche aus betrieblicher Übung.

(3) Sollte eine Bestimmung dieser Vereinbarung ganz oder teilweise unwirksam sein oder werden, so wird hiervon die Wirksamkeit der übrigen Bestimmungen der Vereinbarung nicht berührt. An die Stelle der unwirksamen Bestimmung tritt die gesetzlich zulässige Bestimmung, die dem mit der unwirksamen Bestimmung Gewollten wirtschaftlich am nächsten kommt. Dasselbe gilt für den Fall einer vertraglichen Lücke.

......	......
Ort, Datum	Ort, Datum
......	......
Unterschrift der Gesellschaft	Unterschrift des Mitarbeiters

Anmerkungen

1. Vertragliche Regelung. Der allgemeine Grundsatz der Vertragsfreiheit ist für den Bereich der betrieblichen Altersversorgung in vielerlei Hinsicht eingeschränkt, so auch in § 3 BetrAVG, der ein Abfindungsverbot im Sinne einer Verbotsnorm enthält. Hintergrund ist, dass der Arbeitnehmer vor dem teilweisen oder vollständigen Verlust seiner finanziellen Alterssicherung geschützt werden soll (BAG DB 1984, 727).

Vom Wortlaut her berührt dieses gesetzliche Abfindungsverbot an sich nicht die Möglichkeit einer einverständlichen verschlechternden Änderung der Versorgungszusage oder sogar des Verzichts oder des Erlasses der aus der Zusage herrührenden Verpflichtungen. Dies gilt in jedem Fall für Anwartschaften von noch betriebstreuen Mitarbeitern während des laufenden Arbeitsverhältnisses. Denn in diesem Fall wird der Regelungsbereich des § 3 BetrAVG von vornherein nicht tangiert. Gleiches gilt für laufende Betriebsrenten, die schon vor dem 1.1.2005 erstmals an den Versorgungsempfänger gezahlt wurden. Denn auch hier findet das Abfindungsverbot des § 3 BetrAVG, das an sich seit 1.1.2005 auch laufende Versorgungsleistungen erfasst, aus Vertrauensschutzgründen keine Anwendung (§ 30g Abs. 2 BetrAVG).

Im Übrigen allerdings ist das BAG der Auffassung, dass Versorgungsanwartschaften, deren Abfindung § 3 BetrAVG nicht zulässt, auch nicht wirksam erlassen oder einverständlich verschlechtert werden können (BAG AP BetrAVG § 17 Nr. 13). Begründet wird dies mit dem Wertungswiderspruch, der entstehen würde, wenn zwar nicht abgefunden, wohl aber entschädigungslos verzichtet werden dürfte.

Aus diesem Grund sollte das Formular nur verwendet werden, wenn der Erlassvertrag entweder mit einem Versorgungsberechtigten abgeschlossen werden soll, der mit einer noch nicht gesetzlich unverfallbaren Anwartschaft auf Leistungen der betrieblichen Altersversorgung ausgeschieden ist oder der noch beim Arbeitgeber beschäftigt ist. In letzterem Fall ist darauf zu achten, dass keinerlei sachlicher oder zeitlicher Zusammenhang mit einer Beendigung des Arbeitsverhältnisses besteht. Daneben kann das Formular in modifizierter Form auch Anwendung finden beim Erlass laufender Rentenleistungen, die erstmalig bereits vor dem 1.1.2005 gezahlt wurden.

2. Präambel. Es empfiehlt sich eine einführende Präambel zur kurzen Darstellung des Sachverhalts und zur Definition der maßgeblichen Versorgungsordnung. Insbesondere sollte hier, wenn der Versorgungsberechtigte bereits eine Betriebsrente bezieht, klargestellt werden, dass diese bereits vor dem 1.1.2005 erstmalig an den Versorgungsempfänger gezahlt wurde.

3. Erlass. Das Formular enthält das Angebot des Mitarbeiters auf Abschluss des Erlassvertrages und die korrespondierende Annahme durch die Gesellschaft. Es ist jedoch zu beachten, dass gegebenenfalls auch der Betriebsrat der Gesellschaft zu beteiligen ist, wenn die zugrunde liegende Versorgungsordnung auf einer Betriebsvereinbarung beruht. Dies folgt aus § 77 Abs. 4 S. 2 BetrVG, wonach ein Verzicht auf Rechte, die durch Betriebsvereinbarung eingeräumt sind, nur mit Zustimmung des Betriebsrats – der einen entsprechenden ordnungsgemäßen Beschluss zu fassen hat – zulässig ist. Die Beweislast für die ordnungsgemäße Beteiligung des Betriebsrats trägt grundsätzlich der Arbeitgeber. Eine Beweislastumkehr zu Lasten des Arbeitnehmers kommt nur dann in Betracht, wenn der Arbeitgeber inzwischen in Insolvenz gegangen ist und der Verzicht/Erlass vom Pensions-Sicherungs-Verein geltend gemacht wird (BAG NZA 2004, 331). Es empfiehlt sich deshalb, die Beteiligung des Betriebsrats und seine Zustimmung schriftlich zu dokumentieren. Dies kann z.B. durch folgende Ergänzung, die nach den Unterschriftszeilen einzufügen wäre, geschehen:

Optional:
Der Betriebsrat stimmt vorstehendem Erlassvertrag gemäß seines Beschlusses vom . . . . . . zu.

. . . . . .
Ort, Datum

. . . . . .
Unterschrift des Betriebsratsvorsitzenden

4. Schlussbestimmungen. → Form. A. II. 1 Anm. 28, 29.

4. Aufhebungsvertragsklausel (Direktzusage)

§ . . . . . . Betriebliche Altersversorgung[1]

(1) Für den Mitarbeiter besteht eine Versorgungszusage[2] vom . . . . . . („Versorgungszusage“). Die Versorgungszusage ist dieser Vereinbarung als Anlage 1 beigefügt.

(2) Der Mitarbeiter hat aus der Versorgungszusage eine unverfallbare Anwartschaft[3, 4] erworben. Die Gesellschaft wird dem Mitarbeiter die voraussichtliche Höhe dieser Anwartschaft unverzüglich nach dem Beendigungstermin mitteilen.[5]

Anmerkungen

1. Vorbemerkung. Das Formular enthält eine Klausel zur Regelung des Schicksals einer Direktzusage im Falle der einvernehmlichen Beendigung des Anstellungsverhältnisses durch Aufhebungsvertrag. Die Klausel sollte gegebenenfalls in den → Form. A. XV. 1, → Form. A. XV. 2 (z.B. → Form. A. XV. 1, dort unter § 5) eingefügt werden. → Form. A. XV. 1 Anm. 31.

2. Versorgungszusage. Die maßgebliche Versorgungszusage sollte möglichst genau bezeichnet werden. Sofern die Versorgungszusage auf einer Individualvereinbarung beruht, sollte das Datum, unter dem die Versorgungszusage erteilt wurde, eingesetzt werden. Wenn die Versorgungszusage auf einer Betriebsvereinbarung oder einer Gesamtzusage beruht, sollte diese ebenfalls so genau wie möglich beschrieben werden (z.B. durch Wiedergabe des „Titels" der Betriebsvereinbarung oder der Gesamtzusage, Datum des In-Kraft-Tretens). Es bietet sich zur Vermeidung von Missverständnissen und späteren Streitigkeiten an, eine Kopie der Versorgungszusage als Anlage zum Aufhebungsvertrag vorzusehen.

3. Unverfallbare Anwartschaft. Die Voraussetzungen für eine gesetzliche Unverfallbarkeit regelt § 1b BetrAVG. Demnach bleibt einem Arbeitnehmer, dem nach dem 31.12.2008 Leistungen der betrieblichen Altersversorgung zugesagt worden sind, seine vom Arbeitgeber finanzierte Anwartschaft im Falle des Ausscheidens beim Arbeitgeber erhalten, wenn das Arbeitsverhältnis vor Eintritt des Versorgungsfalls, jedoch nach Vollendung des 25. Lebensjahres endet und die Versorgungszusage zu diesem Zeitpunkt mindestens fünf Jahre bestanden hat.

Für vor dem 1.1.2009 (und nach dem 31.12.2000) erteilte Zusagen („Altzusagen") gilt die Übergangsregelung des § 30f Abs. 2 BetrAVG, der zufolge – entsprechend der vorherigen Fassung des § 1b Abs. 1 S. 1 BetrAVG – gesetzliche Unverfallbarkeit eintritt, wenn das Arbeitsverhältnis vor Eintritt des Versorgungsfalls, jedoch nach Vollendung des 30. Lebensjahres endet und die Versorgungszusage zu diesem Zeitpunkt fünf Jahre bestanden hat. Um zu verhindern, dass Arbeitnehmer, deren betriebliche Altersversorgung auf einer Altzusage beruht, im Hinblick auf die Erfüllung der Unverfallbarkeitsvoraussetzungen von Arbeitnehmern, denen erst ab dem 1.1.2009 eine Zusage auf Leistungen der betrieblichen Altersversorgung erteilt wird, gleichsam „überholt" werden, sieht § 30f Abs. 2 Halbs. 2 BetrAVG vor, dass die Anwartschaft auch erhalten bleibt, wenn die Zusage ab dem 1.1.2009 fünf Jahre bestanden hat und bei Beendigung des Arbeitsverhältnisses das 25. Lebensjahr vollendet ist.

Für vor dem 1.1.2001 erteilte Zusagen trat gesetzliche Unverfallbarkeit erst ein, wenn der Begünstigte im Zeitpunkt des Ausscheidens das 35. Lebensjahr vollendet und die Versorgungszusage zu diesem Zeitpunkt mindestens zehn Jahre oder bei zwölfjähriger Betriebszugehörigkeit mindestens drei Jahre bestanden hatte. Für solche Zusagen galt die Übergangsregelung des § 30f Abs. 1 BetrAVG, nach der vorstehende Unverfallbarkeitsvoraussetzungen weiterhin Anwendung fanden, die Zusage aber auch gesetzlich unverfallbar wurde, wenn sie ab dem 1.1.2001 fünf Jahre bestanden und der Arbeitnehmer im Zeitpunkt seines Ausscheidens das 30. Lebensjahr vollendet hatte. Bei einem Ausscheiden nach dem 1.1.2006 sind vor dem 1.1.2001 erteilte Zusagen somit – sofern der Arbeitnehmer auch das 30. Lebensjahr vollendet hatte – stets gesetzlich unverfallbar.

4. Verfallbare Anwartschaft. Sofern die vorstehend aufgeführten Unverfallbarkeitsvoraussetzungen im Einzelfall noch nicht vorliegen, ist eine Regelung im Aufhebungsvertrag nicht zwingend erforderlich. Sie ist jedoch immer dann dringend zu empfehlen, wenn ein Arbeitnehmer kurz vor Erfüllung der Unverfallbarkeitsvoraussetzungen durch

Aufhebungsvertrag bei seinem Arbeitgeber ausscheidet. Für diesen Fall sollte Abs. (2) der Vertragsklausel wie folgt gefasst werden:

Alternative:

(2) Der Mitarbeiter hat aus der Versorgungszusage keine unverfallbare Anwartschaft erworben. Aufgrund des Ausscheidens des Mitarbeiters vor Erfüllung der gesetzlichen Unverfallbarkeitsvoraussetzungen hat der Mitarbeiter keinerlei Anwartschaften oder Ansprüche aus der Versorgungszusage.

Dadurch wird der Arbeitnehmer im Rahmen des Aufhebungsvertrags ausdrücklich schriftlich darauf hingewiesen, dass er durch sein Ausscheiden sämtliche Anwartschaften und Ansprüche aus der Versorgungszusage verliert.

Zwar ist es grundsätzlich Aufgabe des Arbeitnehmers, sich vor Abschluss eines Aufhebungsvertrags rechtzeitig Klarheit über dessen Auswirkungen auf seine betriebliche Altersversorgung – und damit auch einen eventuellen Verlust seiner Anwartschaft – zu verschaffen. In bestimmten Situationen – insbesondere, wenn der Aufhebungsvertrag auf Veranlassung des Arbeitgebers hin geschlossen wird, wenn sich die nachteilige Wirkung des Aufhebungsvertrags auf die Versorgungszusage für den Arbeitnehmer nicht ohne weiteres erschließt und wenn hohe Versorgungseinbußen drohen – hat das BAG jedoch erhöhte Aufklärungspflichten an den Arbeitgeber gestellt (insbesondere im Zusammenhang mit der Zusatzversorgung im öffentlichen Dienst, vgl. BAG AP BetrAVG § 1 Zusatzversorgungskassen Nr. 1; BAG AP BGB § 611 Fürsorgepflicht Nr. 116). Eine Verletzung dieser Aufklärungspflicht kann einen Schadensersatzanspruch des Arbeitnehmers wegen falscher Auskunftserteilung oder unzureichender Aufklärung über die Folgen des Aufhebungsvertrags nach sich ziehen.

Um das Risiko von Schadensersatzansprüchen auszuschließen, sollte der Arbeitgeber daher den Arbeitnehmer im Rahmen des Aufhebungsvertrags in jedem Fall auf die betriebsrentenrechtlichen Konsequenzen seines Ausscheidens aufmerksam machen. Dies gilt insbesondere in Fällen, in denen ein Arbeitsverhältnis kurz vor Erfüllung der Unverfallbarkeitsfristen durch Aufhebungsvertrag beendet wird, da hier die Versorgungseinbußen für den Arbeitnehmer besonders hoch sein können.

5. Mitteilung. Gemäß § 4a Abs. 1 BetrAVG ist der Arbeitgeber verpflichtet, dem ausgeschiedenen Arbeitnehmer auf dessen Verlangen Auskunft darüber zu erteilen, ob letzterer aufgrund seiner Versorgungszusage eine unverfallbare Anwartschaft erworben hat und in welcher Höhe gegebenenfalls bei Erreichen der Altersgrenze Versorgungsleistungen zu erbringen sind (für ein Formular für eine entsprechenden Mitteilung → Form. F. V. 6). Diese Auskunftspflicht des Arbeitgebers trägt dem berechtigten Interesse des ausgeschiedenen Arbeitnehmers Rechnung, möglichst umgehend – und nicht erst Jahre später bei Eintritt des Versorgungsfalls – Kenntnis über das Bestehen und die Höhe seiner zukünftigen Ansprüche aus der Versorgungszusage zu erlangen, um eventuell ergänzende private Vorsorge für sein Alter zu treffen (vgl. BT-Drucks. 7/2843).

Zwar ist seit der Neufassung des gesetzlichen Auskunftsanspruchs des Arbeitnehmers zum 1.1.2005 ausdrücklich im Gesetz klargestellt, dass die Auskunftspflicht des Arbeitgebers nur dann eintritt, wenn der Arbeitnehmer ein entsprechendes Verlangen stellt. Gleichwohl ist es in der Praxis aber empfehlenswert, die Auskunftspflicht – auch ohne Verlangen – unverzüglich nach dem Ausscheiden des Arbeitnehmers zu erfüllen. Denn die abschließende Wertfeststellung der aufrechtzuerhaltenden Anwartschaft liegt auch im Interesse des Arbeitgebers. Der Arbeitnehmer ist zwar nach dem Wortlaut der Regelung nicht verpflichtet, einer unrichtigen Auskunft unverzüglich zu widersprechen; in der widerspruchslosen Entgegennahme einer fehlerhaften Auskunft liegt auch kein Verzicht auf den nicht ausgewiesenen Teil der Anwartschaft. Hat der Arbeitnehmer aber einen offenbaren Fehler in der Berechnung erkennen können und es trotzdem unterlassen, dessen Berichtigung zu fordern, kann der Arbeitgeber später zumindest argumentieren, der Arbeitnehmer müsse sich gegebenenfalls ein Mitverschulden anlasten lassen, das einen möglichen Schadensersatzanspruch (z.B. wegen Unterlassung einer anderweitigen privaten Vorsorge im Vertrauen auf eine erteilte Auskunft) mindere. Denn der Arbeitgeber kann erwarten, dass der ausgeschiedene Arbeitnehmer einen abweichenden Standpunkt geltend macht, wenn er die erteilte Auskunft für unzutreffend hält.

Sofern es dem Arbeitgeber möglich ist, sollte unter Rechtssicherheitsaspekten in der Praxis im Aufhebungsvertrag nicht nur aufgenommen werden, dass eine unverzügliche Mitteilung über die Höhe der Anwartschaft erfolgt. Es sollte vielmehr nach Möglichkeit bereits eine konkrete Regelung der Höhe der zukünftigen Versorgungsleistung erfolgen. Wenn der Arbeitnehmer dann den Aufhebungsvertrag unterzeichnet, sind spätere Streitigkeiten über die Richtigkeit der Berechnung der zukünftigen Versorgungsleistung (abgesehen von etwaigen Anfechtungsfällen) ausgeschlossen. Allerdings sollte sich der Arbeitgeber in diesem Fall sicher sein, dass seine Berechnung zutreffend ist, die festgeschriebene Versorgungsleistung jedenfalls nicht zu hoch ist. Denn während eine Mitteilung nach § 4a Abs. 1 BetrAVG nach ständiger Rechtsprechung lediglich eine sog. „Wissensmitteilung" darstellt (→ Form. F. V. 6 Anm. 5) – die keinen unmittelbaren Anspruch des Arbeitnehmers auf Auszahlung der mitgeteilten Höhe der Versorgungsleistung begründet, wenn sich zu einem späteren Zeitpunkt herausstellt, dass der Mitteilung eine unrichtige Berechnung zugrunde lag (vgl. BAG AP BetrAVG § 2 Nr. 3, 27) –, begründet eine konkrete Regelung in einem Aufhebungsvertrag einen eigenständigen vertraglichen Anspruch des Arbeitnehmers. Ist also der im Aufhebungsvertrag konkret ausgewiesene Betrag zu hoch, so bleibt dem Arbeitgeber gegebenenfalls nur noch eine Anfechtung wegen Irrtums gemäß § 119 BGB. Eine Irrtumsanfechtung hat aber unverzüglich nach Erlangung der Kenntnis der Anfechtungsgründe – spätestens innerhalb von zehn Jahren ab Abgabe der Willenserklärung – zu erfolgen.

5. Abfindungsverlangen des Arbeitgebers

[Briefkopf des Arbeitgebers]

Herrn . . . . . . (Name und Anschrift des Arbeitnehmers)

. . . . . . (Datum)

Abfindungsverlangen

Sehr geehrter Herr . . . . . .,

gemäß § 3 Abs. 2 des Betriebsrentengesetzes können so genannte Bagatellanwartschaften[1] auf einseitiges Verlangen des Arbeitgebers durch Zahlung einer einmaligen Abfindungszahlung abgefunden werden, wenn der bei Erreichen der vorgesehenen Altersgrenze maßgebliche Monatsbetrag der laufenden Versorgungsleistungen ein Prozent der monatlichen Bezugsgröße gemäß § 18 Sozialgesetzbuch IV nicht übersteigt. Dieser Grenzwert liegt derzeit bei . . . . . . EUR. Da Ihre Rente bei Erreichen der vorgesehenen Altersgrenze niedriger wäre als dieser maßgebliche Grenzwert, machen wir zur Reduzierung unseres Verwaltungsaufwands von dieser Abfindungsmöglichkeit Gebrauch.[2] Der für Ihre Rentenanwartschaft nach den anerkannten Regeln der Versicherungsmathematik ermittelte Abfindungsbetrag[3] beträgt . . . . . . EUR brutto. Wir werden den sich aus diesem Betrag nach Abführung der maßgeblichen Steuern[4] ergebenden Nettobetrag innerhalb von . . . . . . Bankarbeitstagen[5] auf Ihr uns bekanntes Konto mit der IBAN . . . . . ., BIC . . . . . . überweisen. Sollte sich Ihre Bankverbindung in der Zwischenzeit geändert haben, so teilen Sie uns dies bitte unverzüglich mit. Mit Zahlung der Abfindungssumme sind Ihre

Ansprüche auf Leistungen der betrieblichen Altersversorgung gegen die Gesellschaft endgültig erledigt.

Mit freundlichen Grüßen

……

Unterschrift des Arbeitgebers

Erhalten:

……

Ort, Datum

……

Unterschrift des Arbeitnehmers

Anmerkungen

1. Abfindung von Bagatellanwartschaften. Die Möglichkeit des Arbeitgebers, gesetzlich unverfallbare Anwartschaften im Falle des vorzeitigen Ausscheidens eines Arbeitnehmers ohne dessen Zustimmung abzufinden, wurde durch das Rentenreformgesetz 1999 in das BetrAVG eingeführt (vgl. BGBl. 1997 I S. 2998) und durch das zum 1.1.2005 in Kraft getretene Alterseinkünftegesetz weitgehend unverändert beibehalten. Diese – dem Formular zugrunde liegende – einseitige Abfindungsmöglichkeit ist jedoch nur bei Kleinstanwartschaften gegeben und nur unter der Voraussetzung, dass der Arbeitnehmer nicht seinen Anspruch auf Übertragung der Anwartschaft geltend macht (§ 3 Abs. 2 S. 3 BetrAVG). Eine abfindbare Kleinstanwartschaft liegt nur vor, wenn der bei Erreichen der in dem Versorgungswerk vorgesehenen Altersgrenze maßgebliche Monatsbetrag der laufenden Versorgungsleistungen ein Prozent der monatlichen Bezugsgröße gemäß § 18 SGB IV nicht überschreitet (§ 3 Abs. 2 BetrAVG). Für das Jahr 2014 beträgt dieser Grenzbetrag 27,65 EUR für Westdeutschland und 23,45 EUR für Ostdeutschland. Entsprechendes gilt für Kapitalleistungen, sofern sie 120 Prozent der Bezugsgröße nicht überschreiten. Soweit dieser Grenzbetrag überschritten wird, ist weder eine einseitige Abfindungsmöglichkeit durch den Arbeitgeber gegeben noch kann die Anwartschaft im Einvernehmen mit dem Arbeitnehmer abgefunden werden.

2. Durchsetzung des Abfindungsverlangens. Für die Durchsetzung des Abfindungsverlangens sollte es nach der hier vertretenen Auffassung nicht erforderlich sein, dass der Arbeitgeber den betroffenen Arbeitnehmer auf Zustimmung zu einem Abfindungsvertrag verklagen muss. Denn dies hätte zur Folge, dass erst mit Rechtskraft des Urteils gemäß § 894 ZPO eine Abfindungsvereinbarung zustande kommt und würde insbesondere zu Rückabwicklungsproblemen führen, wenn der Arbeitgeber erst unmittelbar vor dem Erreichen der Altersgrenze mit dem Abfindungsverlangen an den Arbeitnehmer herantritt; denn dann wären während des Prozesses auf Zustimmung zu einem Abfindungsvertrag die laufenden Renten zunächst zu bezahlen und diese geleisteten Zahlungen nach Rechtskraft des Urteils rückabzuwickeln. Es ist deshalb davon auszugehen, dass § 3 Abs. 2 BetrAVG dem Arbeitgeber ein einseitiges Gestaltungsrecht einräumt.

3. Abfindungsbetrag. Der Abfindungsbetrag bei unmittelbaren Versorgungszusagen – von welcher im Formular ausgegangen wird – richtet sich nach dem Barwert der künftigen Versorgungsleistungen (vgl. §§ 3 Abs. 5, 4 Abs. 5 BetrAVG). Maßgeblich ist dabei der Barwert für die nach dem Quotierungsprinzip gemäß § 2 BetrAVG ermittelte Versorgungsanwartschaft. Bei der Barwertberechnung sind der bei der jeweiligen Form der betrieblichen Altersversorgung vorgeschriebene Rechnungszinsfuß und die Rechnungsgrundlagen sowie die anerkannten Regeln der Versicherungsmathematik maßgebend.

4. Steuerliche Behandlung. Kapitalzahlungen aus unmittelbaren Versorgungszusagen gehören zu den Einkünften aus nichtselbständiger Arbeit gemäß § 19 Abs. 1 S. 1 Nr. 2 EStG. Sie sind daher grundsätzlich einkommenssteuerpflichtig. Allerdings kommt auf den Abfindungsbetrag in der Regel der besondere Steuersatz nach § 34 Abs. 1 und Abs. 2 Nr. 4 EStG, also die sog. „Fünftelungsregelung", zur Anwendung (vgl. EStR 2012 H 34.4; *Blomeyer/Rolfs/Otto* StR B Rn. 50 f.), da stets eine Vergütung für mehrjährige Tätigkeit im Sinne des § 34 Abs. 2 Nr. 4 EStG vorliegt (vgl. *Höfer*, Gesetz zur Verbesserung der betrieblichen Altersversorgung, Bd. 2 Rn. 869). Die Fünftelungsregelung führt dann im Ergebnis dazu, dass im Einzelfall die Progression gemildert wird, solange auf den Begünstigten nicht der Spitzensteuersatz Anwendung findet.

5. Fälligkeitstermin. Interessant an der Fünftelungsregelung gemäß § 34 EStG ist, dass die auf die Einkünfte aus mehrjähriger Tätigkeit anfallende Einkommensteuer umso geringer ist, je niedriger die nach dem geltenden Steuertarif zu versteuernden Gesamteinkünfte sind. Am günstigsten ist folglich, wenn neben der Abfindung möglichst geringe sonstige Einkünfte vorliegen. Vor diesem Hintergrund ist bei Abfindungen, die im Zusammenhang mit der Beendigung der aktiven Dienstzeit bezahlt werden sollen, unter Umständen an eine entsprechende Fälligkeitsterminierung zu denken. Diese kann dann vorsehen, dass die Auszahlung des Abfindungsbetrags beispielsweise in das auf das Erreichen des Rentenalters folgende Jahr hinausgeschoben wird. Dadurch lässt sich der individuelle Steuersatz häufig erheblich senken. Für den Bereich der Abfindung von Bagatellanwartschaften innerhalb der Grenzen des § 3 BetrAVG ist diese Möglichkeit in wirtschaftlicher Hinsicht relativ uninteressant. Allerdings kann ihr im Rahmen von Abfindungsvereinbarungen außerhalb des Anwendungsbereichs von § 3 BetrAVG (Abfindung von gesetzlich noch nicht unverfallbaren Anwartschaften, Abfindung von Versorgungsanwartschaften im laufenden Arbeitsverhältnis sowie Abfindung von laufenden Versorgungsleistungen unter der Voraussetzung, dass die Versorgungsleistung erstmals vor dem 1.1.2005 gezahlt wurde) im Einzelfall wesentliche Bedeutung zukommen.

6. Mitteilung gemäß § 4a BetrAVG

[Briefkopf des Arbeitgebers]

Herrn . . . . . . (Name und Anschrift des Arbeitnehmers)

. . . . . . (Datum)

Unverfallbare Anwartschaft auf betriebliche Altersversorgung

Sehr geehrter Herr . . . . . .,

wir bescheinigen Ihnen hiermit entsprechend § 4a BetrAVG,[1] dass Sie aus der Versorgungszusage vom . . . . . . („Versorgungszusage") eine unverfallbare Anwartschaft[2] auf Leistungen der betrieblichen Altersversorgung erworben haben.

Die Leistungen aus der Versorgungszusage werden mit Vollendung des 65. Lebensjahrs fällig.[3] Die Höhe Ihres Anspruchs bestimmt sich nach § 2 Abs. 1 BetrAVG. Demnach haben Sie einen Anspruch in Höhe des Teils der Ihnen zugesagten Versorgungsleistung, den Sie erhalten hätten, wenn Sie bis zur Vollendung des 65. Lebensjahrs bei der Gesellschaft beschäftigt geblieben wären, der dem Verhältnis der Dauer Ihrer tatsächlichen

Betriebszugehörigkeit zu der Dauer Ihrer bis zur Vollendung des 65. Lebensjahrs theoretisch erreichbaren Betriebszugehörigkeit entspricht ($^m/_n$– Faktor).[4]

Bei der Berechnung Ihrer unverfallbaren Versorgungsanwartschaft haben wir daher folgende Faktoren zugrunde gelegt:

1. Geburtsdatum: . . . . . .

2. Eintrittsdatum: . . . . . .

3. Austrittsdatum: . . . . . .

4. tatsächliche Betriebszugehörigkeit: . . . . . . Jahre

5. theoretisch mögliche Betriebszugehörigkeit (abgestellt auf die Vollendung des 65. Lebensjahrs): . . . . . . Jahre

6. $^m/_n$– Faktor (Verhältnis 4. zu 5.): . . . . . . Jahre: . . . . . . Jahre = ...)

7. maximaler Rentenanspruch (bei Vollendung des 65. Lebensjahrs ohne vorheriges Ausscheiden): . . . . . . EUR

Aus diesen Faktoren errechnen wir einen Anspruch auf monatliche Altersrente in Höhe von

. . . . . . EUR.

Bitte überprüfen Sie unsere vorstehende Berechnung auf ihre Richtigkeit hin. Sollten Sie bei der Berechnung Ihrer zukünftigen Rentenansprüche zu einem anderen Ergebnis gelangen, so teilen Sie uns dies bitte unverzüglich mit. Sofern wir von Ihnen keine anderslautende schriftliche Stellungnahme erhalten, gehen wir davon aus, dass Sie mit unserer vorstehenden Berechnung einverstanden sind.[5]

Bitte beachten Sie, dass es sich bei dieser Mitteilung lediglich um eine Auskunft über die voraussichtliche Höhe Ihrer zukünftigen Ansprüche handelt. Die tatsächliche Höhe Ihrer zukünftigen Ansprüche richtet sich allein nach den Bestimmungen der Versorgungszusage. Sollten daher Ihre tatsächlichen Ansprüche niedriger sein, als die sich aus der vorstehenden Berechnung ergebende Rentenhöhe, so ist Ihr Anspruch auf die Ihnen tatsächlich zustehenden Ansprüche begrenzt.[6]

Sollten Sie vor Vollendung des 65. Lebensjahrs Altersrente aus der gesetzlichen Rentenversicherung als Vollrente in Anspruch nehmen, so können Sie nach § 6 BetrAVG auch Versorgungsleistungen aus der Versorgungszusage vorzeitig in Anspruch nehmen. In diesem Fall muss der oben ausgewiesene zukünftige Rentenanspruch bei Eintritt des Versorgungsfalls neu berechnet werden. Gleiches gilt entsprechend beim Eintritt eines sonstigen vorzeitigen Versorgungsfalls (Tod oder Invalidität).

Wir bitten Sie zu beachten, dass bei der vorzeitigen Inanspruchnahme ein versicherungsmathematischer Abschlag zur Berücksichtigung der längeren Bezugsdauer der Versorgungsleistung zur Anwendung kommt.[7]

Bitte bestätigen Sie den Empfang dieser Auskunft durch Unterzeichnung und Rücksendung des beigefügten Doppels dieses Schreibens.

Für etwaige Rückfragen steht Ihnen Herr . . . . . . aus unserer Personalabteilung gerne zur Verfügung.

Mit freundlichen Grüßen

. . . . . .

Unterschrift des Arbeitgebers

Erhalten:

. . . . . .

Ort, Datum

. . . . . .

Unterschrift des Arbeitnehmers

Anmerkungen

1. Mitteilung. Das Alterseinkünftegesetz hat mit Wirkung vom 1.1.2005 den Auskunftsanspruch des Versorgungsberechtigten auf eine neue gesetzliche Grundlage gestellt und zugleich erweitert. Während der Arbeitgeber bis zum 31.12.2004 gesetzlich lediglich verpflichtet war, dem ausgeschiedenen Arbeitnehmer eine Auskunft darüber zu erteilen, ob dieser eine unverfallbare Anwartschaft erworben hatte und in welcher Höhe bei Erreichen der Altersgrenze Versorgungsleistungen zu erbringen waren (§ 2 Abs. 6 BetrAVG a. F.), räumt § 4a BetrAVG nunmehr auch aktiven Arbeitnehmern während des Bestehens des Arbeitsverhältnisses einen entsprechenden Anspruch ein, allerdings nur, wenn ein berechtigtes Interesse an der Auskunft besteht. An dieses berechtigte Interesse sind allerdings keine allzu hohen Anforderungen zu stellen. Es liegt z. B. bereits vor, wenn der Mitarbeiter beabsichtigt, eine ergänzende Eigenvorsorge zu betreiben und die Information benötigt, um seinen Versorgungsbedarf abzuschätzen (BT-Drucks. 15/2150 S. 54).

Neu eingeführt wurde durch das Alterseinkünftegesetz auch ein – im Formular, das die Auskunftserteilung des Arbeitgebers bei Direktzusagen behandelt, nicht zum Tragen kommender – Auskunftsanspruch hinsichtlich der Höhe des Übertragungswertes (§ 4a Abs. 1 Nr. 2 BetrAVG), sofern ein gesetzlicher Anspruch auf dessen Übertragung besteht (§ 4 Abs. 3 BetrAVG). Dies ist nur dann der Fall, wenn die betriebliche Altersversorgung im externen Durchführungsweg über einen Pensionsfonds, eine Pensionskasse oder eine Direktversicherung durchgeführt wird und der Übertragungswert die Beitragsbemessungsgrenze in der allgemeinen Rentenversicherung (einheitlich für das gesamte Bundesgebiet im Jahr 2014: 71.400 EUR) nicht übersteigt. Ergänzend gibt § 4a Abs. 2 BetrAVG dem Arbeitnehmer auch gegenüber seinem neuen Arbeitgeber und dessen Versorgungsträger einen Anspruch auf Auskunft darüber, in welcher Höhe aus dem Übertragungswert ein Anspruch auf Altersversorgung besteht. Der Arbeitnehmer kann somit das Leistungsspektrum der Versorgung beim alten Arbeitgeber mit dem des neuen Versorgungssystems vergleichen und entscheiden, ob er von seinem Recht auf Portabilität Gebrauch machen möchte.

Ob im Rahmen der Erteilung der Auskunft eine sog. Initiativpflicht des Arbeitgebers besteht oder ob die Auskunft nur auf ein entsprechendes Verlangen des Arbeitnehmers hin erteilt werden muss, war bis zur Neufassung des gesetzlichen Auskunftsanspruchs zum 1.1.2005 umstritten. Nunmehr hat das Gesetz ausdrücklich klargestellt, dass die Informationspflicht kein zwingender Automatismus ist, sondern immer ein entsprechend begründetes Verlangen des Mitarbeiters voraussetzt.

Unabhängig hiervon ist es in der Praxis jedoch empfehlenswert, die Auskunftspflicht unverzüglich nach dem Ausscheiden des Arbeitnehmers zu erfüllen, auch wenn kein entsprechendes Verlangen gestellt wird. Denn die abschließende Wertfeststellung der unverfallbaren Anwartschaft liegt auch im Interesse des Arbeitgebers. Zwar dient die Auskunft nicht dazu, einen Streit über den Inhalt des Versorgungsanspruchs zu beseitigen, sie ist aber geeignet, Meinungsverschiedenheiten über die Berechnungsgrundlage frühzeitig aufzudecken und dem ausgeschiedenen Arbeitnehmer Gelegenheit zu geben, derartige Streitigkeiten noch vor Eintritt des Versorgungsfalls zu bereinigen (vgl. BAG AP BetrAVG § 3 Nr. 27).

Daraus folgt zwar keine Verpflichtung des Arbeitnehmers, einer unrichtigen Auskunft unverzüglich zu widersprechen. Hat er aber einen offenbaren Fehler in der Berechnung erkennen können und es trotzdem unterlassen, dessen Berichtigung zu fordern, so kann er unter Umständen keinen Vertrauensschutz geltend machen. Vielmehr muss er sich gegebenenfalls ein Mitverschulden anlasten lassen, welches einen möglichen Schadensersatzanspruch (z.B. wegen Unterlassung einer anderweitigen privaten Vorsorge im Vertrauen auf eine erteilte Auskunft) mindert. Denn jedenfalls bei einer offensichtlich unrichtigen Auskunft kann der Arbeitgeber erwarten, dass der ausgeschiedene Arbeitnehmer eine abweichende Meinung geltend macht, wenn er die Auskunft für unzutreffend hält.

2. Unverfallbare Anwartschaft. Ob eine Anwartschaft auf Leistungen der betrieblichen Altersversorgung unverfallbar ist, richtet sich grundsätzlich nach § 1b BetrAVG. Vor dem Hintergrund, dass der Auskunftsanspruch dem Arbeitnehmer die Möglichkeit einräumen soll, fundierte Entscheidungen über seine Altersversorgung zu treffen, bezieht sich der Auskunftsanspruch darüber hinaus aber auch auf vertraglich unverfallbare Anwartschaften. Denn auch diese sind für den Arbeitnehmer unentziehbar (ErfKomm/*Steinmeyer* § 4a BetrAVG Rn. 4).

3. Altersgrenze. Das Formular unterstellt, dass die Leistung zur betrieblichen Altersversorgung mit Vollendung des 65. Lebensjahres fällig wird. Da allerdings die Regelaltersgrenze in der gesetzlichen Rentenversicherung schrittweise bis auf 67 Jahre angehoben wird, kann sich dies auch auf die in einer Versorgungszusage geregelte Altersgrenze auswirken. Das BAG kommt durch Auslegung zu dem Ergebnis, dass mit dem Verweis auf die Vollendung des 65. Lebensjahres in einer Versorgungszusage i.d.R. das Erreichen der gesetzlichen Regelaltersgrenze zu verstehen ist. Die Altersgrenze in der betrieblichen Altersversorgung wandert dementsprechend mit der Erhöhung der Regelaltersgrenze in der gesetzlichen Rentenversicherung mit (BAG NZA-RR 2012, 433). Doch erscheint diese Auslegung nicht für alle Versorgungszusagen zwingend. Hatten die Vertragsparteien der Altersgrenze in der Versorgungszusage eine besondere Bedeutung zugemessen (z.B. in individualvertraglichen Zusagen, in beitragsorientieren Leistungszusagen auf Grundlagen von Rentenbausteinen oder im Falle unterschiedlicher Altersgrenzen für Männer und Frauen), so kann dies bedeuten, dass trotz Erhöhung der Regelaltersgrenze in der gesetzlichen Rentenversicherung die für die betriebliche Altersversorgung maßgebliche Altersgrenze weiterhin mit Vollendung des 65. Lebensjahres erreicht ist (*Frank* BB 2013, 757 ff.).

4. Höhe der unverfallbaren Anwartschaft. Die Höhe der unverfallbaren Anwartschaft bestimmt sich im Rahmen einer Direktzusage nach dem Quotierungsprinzip (auch $^{m}/_{n}$-Verfahren oder pro-rata-temporis-Verfahren genannt) nach § 2 Abs. 1 BetrAVG. Diesem zufolge hat der Arbeitnehmer einen Anspruch in Höhe des Teils der ihm ohne das vorherige Ausscheiden zustehenden Leistung, der dem Verhältnis der Dauer der Betriebszugehörigkeit zu der Zeit vom Beginn der Betriebszugehörigkeit bis zum Erreichen der Regelaltersgrenze in der gesetzlichen Rentenversicherung entspricht (§ 2 Abs. 1 S. 1 BetrAVG); dabei ist die für die Versorgungszusage maßgebliche Altersgrenze zu beachten (→ Anm. 3). Die Höhe der unverfallbaren Anwartschaft wird in zwei Schritten ermittelt: In einem ersten Schritt wird der Anspruch auf Altersrente berechnet, welcher dem Arbeitnehmer zugestanden hätte, wenn sein Anstellungsverhältnis mit dem Arbeitgeber nicht vorzeitig beendet worden wäre, sondern bis zur Vollendung seines 65. Lebensjahrs fortbestanden hätte; der so berechnete – fiktive – Rentenbetrag ist sodann in einem zweiten Schritt im Verhältnis der tatsächlichen Betriebszugehörigkeit (= m) zur theoretisch möglichen Betriebszugehörigkeit bis zur Vollendung des 65. Lebensjahres (= n) zu kürzen.

Beispiel: Arbeitnehmer A ist im Alter von 20 Jahren beim Arbeitgeber eingetreten. Die maßgebliche Versorgungszusage sieht vor, dass die Begünstigten mit Vollendung des 65. Lebensjahrs eine Altersrente von monatlich 600 EUR erhalten. A scheidet nach Vollendung des

35. Lebensjahrs aus den Diensten des Arbeitgebers aus. Seine tatsächliche Betriebszugehörigkeit (= m) beträgt folglich 15 Jahre. Die theoretisch mögliche Betriebszugehörigkeit bis zur Vollendung des 65. Lebensjahrs (= n) beläuft sich auf 45 Jahre. Der $^{m}/_{n}$-Faktor beträgt damit 15/45. Multipliziert man die maximale monatliche Rente von 600 EUR mit diesem Faktor, so errechnet sich eine unverfallbare Anwartschaft in Höhe von 200 EUR.

Werden Versorgungsleistungen in Abhängigkeit der Dienstjahre berechnet, ist in den zugrunde liegenden Versorgungszusagen nicht selten eine Begrenzung der maximal anrechenbaren Dienstjahre geregelt. Auf die Berechnung der unverfallbaren Anwartschaft hat dies keine Auswirkungen. So kann bei einer Begrenzung auf z. B. maximal 40 anrechenbare Dienstjahre die maximale Versorgungsleistung zwar schon vor Vollendung des 65. Lebensjahres erworben sein, gleichwohl ist für das m/n-Verfahren auf die Vollendung des 65. Lebensjahres abzustellen (BAG NZA 2013, 564).

Im Rahmen einer Zusage über eine Direktversicherung oder eine Pensionskasse kann sich die Höhe der unverfallbaren Anwartschaft aus dem angesammelten Kapital ergeben (sog. versicherungsvertragliche Lösung; → Form. F. II. 1 Anm. 7). Gleiches gilt im Rahmen einer Entgeltumwandlung oder einer beitragsorientierten Leistungszusage. Diese Fälle sind jedoch nicht Gegenstand des Formulars.

5. **Aufforderung zur Überprüfung.** Wie oben bereits dargelegt, dient die Auskunft nicht dazu, einen etwaigen Streit über die Höhe der Versorgungsleistung zu beseitigen (→ Anm. 1). Gleichwohl ist die Auskunft aber geeignet, Meinungsverschiedenheiten frühzeitig aufzudecken und zu bereinigen (vgl. BAG AP BetrAVG § 3 Nr. 27). Durch die im Formular vorgesehene ausdrückliche Aufforderung, die Berechnung auf ihre Richtigkeit hin zu überprüfen, soll das Risiko minimiert werden, dass der Mitarbeiter sich zu einem späteren Zeitpunkt – z. B. erst bei Eintritt des Versorgungsfalls – mit Schadensersatzansprüchen aus Vertrauensgesichtspunkten gegen seinen Arbeitgeber wendet. Allerdings ist darauf hinzuweisen, dass die vorgesehene Fiktion, wonach beim Fehlen einer anderslautenden schriftlichen Stellungnahme das Einverständnis des Mitarbeiters mit der Berechnung als erteilt gilt, rechtlich kaum Bestand haben dürfte. Sie sollte jedoch als Argumentationshilfe im Falle einer etwaigen gerichtlichen Auseinandersetzung gleichwohl in die Auskunft aufgenommen werden.

6. **Rechtsnatur der Mitteilung.** Die Auskunft ist nach ständiger Rechtsprechung des BAG weder ein abstraktes noch ein deklaratorisches Schuldanerkenntnis (vgl. BAG AP BetrAVG § 2 Nr. 3, 27; BAG EzA BetrAVG § 2 Nr. 20). Die Auskunft stellt vielmehr eine Wissenserklärung dar, die dem Arbeitnehmer lediglich Klarheit über die Höhe der zu erwartenden Betriebsrente verschaffen soll. Als derartige Wissenserklärung entfaltet die Auskunft nach § 4a BetrAVG keine Bindungswirkung (vgl. BAG EzA BetrAVG § 2 Nr. 20). Allerdings sollte dieser Rechtscharakter der Auskunft in dem Auskunftsschreiben auch explizit herausgestellt werden. Aus diesem Grunde empfiehlt sich ein Hinweis, dass sich die tatsächliche Höhe der zukünftigen Ansprüche allein nach den Bestimmungen der Versorgungszusage richtet und die Rentenhöhe auf den dem Mitarbeiter nach der Versorgungszusage tatsächlich zustehenden Anspruch begrenzt ist.

7. **Versicherungsmathematische Kürzungsraten.** Durch die zeitratierliche Kürzung der unverfallbaren Anwartschaft nach dem $^{m}/_{n}$-Verfahren in direkter Anwendung des § 2 Abs. 1 BetrAVG (→ Anm. 4) wird ein Ausgleich dafür geschaffen, dass der Arbeitnehmer durch das vorzeitige Ausscheiden die Betriebszugehörigkeit nicht bis zur Regelaltersgrenze erbringt. Darüber hinaus wird aber durch eine vorgezogene Inanspruchnahme die Betriebsrente früher und länger in Anspruch genommen. In der Praxis üblich und von der Rechtsprechung des BAG anerkannt (BAG NZA-RR 2011, 591) ist ein Ausgleich hierfür durch versicherungsmathematische Kürzungsraten bis zu einem halben Prozent pro Monat des vorzeitigen Ausscheidens. Ein derartiger versicherungsmathematischer

Abschlag ist aber nur zulässig, soweit ein solcher in der Versorgungszusage ausdrücklich vorgesehen ist (BAG NZA 2002, 93). Der hier gegebene Hinweis (zur unverbindlichen Rechtsnatur → Anm. 6) auf den versicherungsmathematischen Abschlag muss daher bereits in der zugrunde liegenden Versorgungszusage begründet sein.

Sieht die Versorgungszusage keinen versicherungsmathematischen Abschlag vor, kann ein „untechnischer versicherungsmathematischer Abschlag" durchgeführt werden, wenn dem die Versorgungszusage nicht entgegensteht (BAG BB 2012, 2828). Ein solcher Abschlag wird von der bereits nach dem $^{m}/_{n}$-Verfahren quotierten unverfallbaren Anwartschaft vorgenommen und erfolgt analog § 2 Abs. 1 BetrAVG in der Weise, dass die Zeit zwischen dem Beginn der Betriebszugehörigkeit und der vorgezogenen Inanspruchnahme der Betriebsrente in Bezug gesetzt wird zu der Zeit vom Beginn der Betriebszugehörigkeit bis zum Erreichen der festen Altersgrenze. Es erfolgt damit eine doppelte zeitratierliche Kürzung anstelle der Kombination aus zeitratierlicher Kürzung und versicherungsmathematischem Abschlag. Einem untechnischen versicherungsmathematischen Abschlag kann aber eine Versorgungszusage entgegen stehen, wonach die Versorgungsleistung pro Lebensjahr aufsteigend gestaffelt angesammelt wird, da damit der vorgezogene Ruhestand und die damit verbundenen Abschläge abschließend geregelt sind (BAG AP BetrAVG § 2 Nr. 63).

7. Übertragungsvereinbarung gemäß § 4 BetrAVG

Übertragungsvereinbarung gemäß § 4 BetrAVG[1]

zwischen

. . . . . . (Name und Anschrift des übertragenden Arbeitgebers) „Vor-Arbeitgeber"

und

. . . . . . (Name und Anschrift des übernehmenden Arbeitgebers) „Folge-Arbeitgeber"

und

. . . . . . (Name und Anschrift des Arbeitnehmers) „Mitarbeiter"

Präambel

Der Mitarbeiter war vom . . . . . . bis zum . . . . . . Arbeitnehmer des Vor-Arbeitgebers. Er hat diesem gegenüber eine gesetzlich unverfallbare Anwartschaft auf Leistungen der betrieblichen Altersversorgung aufgrund der Versorgungszusage vom . . . . . . („Alt-Zusage") erworben („Alt-Anwartschaft").[2]

Seit dem . . . . . . besteht ein Arbeitsverhältnis zwischen dem Mitarbeiter und dem Folge-Arbeitgeber.

Mit dieser Übertragungsvereinbarung soll der Wert der Alt-Anwartschaft – in für den Vor-Arbeitgeber schuldbefreiender Art und Weise – auf den Folge-Arbeitgeber übertragen werden.[3]

§ 1 Übertragungswert

Der Wert der Alt-Anwartschaft beträgt zum . . . . . . EUR (in Worten: Euro . . . . . .) („Übertragungswert").[4]

§ 2 Übertragung des Übertragungswertes

(1) Der Vor-Arbeitgeber überträgt hiermit den Übertragungswert gemäß § 4 Abs. 2 Nr. 2 BetrAVG auf den Folge-Arbeitgeber. Der Folge-Arbeitgeber und der Mitarbeiter stimmen dieser Übertragung zu.

(2) Der Vor-Arbeitgeber verpflichtet sich, den Übertragungswert bis spätestens zum ...... auf das Konto des Folge-Arbeitgebers IBAN ......, BIC ...... zu überweisen.[5]

(3) Der Folge-Arbeitgeber zeigt dem Mitarbeiter und dem Vor-Arbeitgeber den Erhalt des Übertragungswertes unverzüglich schriftlich an.

(4) Auf gemeinsame Anweisung des Vor-Arbeitgebers und des Folge-Arbeitgebers kann die Übertragung des Übertragungswertes auch von einem externen Versorgungsträger vorgenommen werden. In diesem Fall hat der Folge-Arbeitgeber dafür Sorge zu tragen, dass der Mitarbeiter und der Vor-Arbeitgeber unverzüglich Kenntnis von der tatsächlichen Überweisung des Übertragungswertes erhalten.[6]

§ 3 Erlöschen der Alt-Zusage[7]

Zwischen dem Vor-Arbeitgeber und dem Mitarbeiter besteht Einigkeit, dass mit der (tatsächlichen) Überweisung des Übertragungswertes nach vorstehendem § 2 die Alt-Zusage erloschen ist und dem Mitarbeiter keine Anwartschaften oder Ansprüche auf Leistungen der betrieblichen Altersversorgung gegen den Vor-Arbeitgeber mehr zustehen. Zwischen dem Vor-Arbeitgeber und dem Mitarbeiter besteht weiterhin Einigkeit, dass über die Alt-Zusage hinaus keine weiteren Zusagen des Vor-Arbeitgebers auf Leistungen der betrieblichen Altersversorgung bestanden haben.

§ 4 Erteilung einer wertgleichen Zusage durch den Folge-Arbeitgeber[8]

Der Folge-Arbeitgeber erteilt dem Mitarbeiter – unter der aufschiebenden Bedingung des Eingangs des Übertragungswertes auf seinem in § 2 Abs. (2) genannten Konto – eine dem Übertragungswert wertgleiche Zusage auf Leistungen der betrieblichen Altersversorgung („Neu-Zusage“)[9] gemäß der Anlage zu dieser Vereinbarung.[10]

§ 5 Kosten der Übertragung[11]

Durch die Übertragung des Übertragungswertes eventuell entstehende Kosten werden zu gleichen Teilen vom Vor-Arbeitgeber und vom Folge-Arbeitgeber getragen.

§ 6 Schlussbestimmungen[12]

(1) Diese Vereinbarung unterliegt deutschem Recht.

(2) Mündliche Nebenabreden bestehen nicht. Änderungen oder Ergänzungen dieser Vereinbarung einschließlich dieser Bestimmung bedürfen zu ihrer Wirksamkeit der Schriftform, es sei denn, diese wurden nachweislich zwischen den Parteien ausgehandelt. Das Schriftformerfordernis bezieht sich auch auf etwaige Ansprüche aus betrieblicher Übung.

(3) Sollte eine Bestimmung dieser Vereinbarung ganz oder teilweise unwirksam sein oder werden, so wird hiervon die Wirksamkeit der übrigen Bestimmungen der Vereinbarung nicht berührt. An die Stelle der unwirksamen Bestimmung tritt die gesetzlich zulässige Bestimmung, die dem mit der unwirksamen Bestimmung Gewollten wirtschaftlich am nächsten kommt. Dasselbe gilt für den Fall einer vertraglichen Lücke.

......	......	......
Ort, Datum	Ort, Datum	Ort, Datum
......	......	......
Unterschrift Vor-Arbeitgeber	Unterschrift Mitarbeiter	Unterschrift Folge-Arbeitgeber

Anmerkungen

1. Vorbemerkung. Eine Übertragung von gesetzlich unverfallbaren Anwartschaften auf Leistungen der betrieblichen Altersversorgung auf einen neuen (vom Arbeitgeber, welcher die entsprechende Zusage erteilt hat, verschiedenen) Schuldner ist – sowohl zum Schutz des Arbeitnehmers als auch des Pensions-Sicherungs-Vereins auf Gegenseitigkeit – nur in engen Grenzen zulässig. § 4 BetrAVG schränkt diesbezüglich – als lex specialis – die allgemeinen Regelungen zur Schuldübernahme nach §§ 414, 415 BGB deutlich ein; insbesondere kommt als neuer Schuldner einer Versorgungsanwartschaft seit dem 1.1.2005 nur noch ein Folge-Arbeitgeber in Betracht. Die von § 4 BetrAVG a.F. vorgesehenen Möglichkeiten der Übertragung auch auf eine Pensionskasse, ein Unternehmen der Lebensversicherung oder einen öffentlich-rechtlichen Versorgungsträger sind mit Einführung der aktuellen Fassung des § 4 BetrAVG durch das Alterseinkünftegesetz ersatzlos entfallen. Lediglich bei Einstellung der Betriebstätigkeit und Liquidation des Unternehmens kann (wie auch bisher schon) u.U. eine Übernahme durch eine Pensionskasse oder einen Lebensversicherer im Rahmen einer so genannten „Liquidationsversicherung“ in Frage kommen (vgl. § 4 Abs. 4 BetrAVG).

§ 4 Abs. 2 BetrAVG sieht zwei Wege zur – einvernehmlichen – Übertragung vor:

Nach § 4 Abs. 2 Nr. 1 BetrAVG kann ein Folge-Arbeitgeber die vom Vor-Arbeitgeber erteilte Zusage inhaltlich unverändert übernehmen; hierbei kommt es lediglich zu einem Wechsel des Schuldners. Da der Folge-Arbeitgeber die Zusage „eins zu eins“ übernimmt, übernimmt er auch eventuelle mit der Zusage verbundene Risiken. Aus diesem Grund – und weil sich die Zusage des Vor-Arbeitgebers in der Regel nicht in die „Versorgungslandschaft“ bei einem konzernfremden Folge-Arbeitgeber einfügt – sind Übertragungen nach § 4 Abs. 2 Nr. 1 BetrAVG in der Praxis hauptsächlich bei konzerninternen Arbeitgeberwechseln anzutreffen.

Seit dem 1.1.2005 besteht nach § 4 Abs. 2 Nr. 2 BetrAVG auch die Möglichkeit, nicht die Zusage als solche, sondern nur den Wert der bislang vom Arbeitnehmer erworbenen Anwartschaft (Übertragungswert) auf den Folge-Arbeitgeber zu übertragen; dieser muss dem Arbeitnehmer sodann eine wertgleiche Zusage auf Leistungen der betrieblichen Altersversorgung erteilen. Von einer solchen Übertragung des Übertragungswertes geht auch das Formular aus. Da es sich bei § 4 Abs. 2 Nr. 2 BetrAVG um eine relativ neue Regelung handelt, sind zahlreiche Detailfragen noch ungeklärt; Rechtsprechung zu dieser Norm fehlt noch nahezu vollständig.

Gleiches gilt für den ebenfalls durch das Alterseinkünftegesetz eingeführten Anspruch des Arbeitnehmers, einseitig die Übertragung des Übertragungswerts auf einen neuen Arbeitgeber zu fordern. Dieser Anspruch besteht für nach dem 31.12.2004 erteilte Versorgungszusagen, die über einen Pensionsfonds, eine Direktversicherung oder eine Pensionskasse durchgeführt werden, wobei der Anspruch des Arbeitnehmers nur dann besteht, wenn der Übertragungswert die Beitragsbemessungsgrenze in der allgemeinen Rentenversicherung nicht übersteigt (§§ 4 Abs. 3, 30b BetrAVG). Zudem muss der Arbeitnehmer seinen Anspruch auf Übertragung innerhalb eines Jahres ab Beendigung des Arbeitsverhältnisses mit dem Vor-Arbeitgeber geltend machen.

2. Vom Vor-Arbeitgeber erteilte Zusage. Die vom Vor-Arbeitgeber erteilte Zusage – auf welcher die Anwartschaft beruht, deren Wert übertragen werden soll – sollte so genau wie möglich definiert werden. Hierdurch wird zum einen Klarheit über die Berechnungsgrundlage des Übertragungswertes geschaffen; zum anderen kann so sichergestellt werden, dass alle für eine Übertragung in Frage kommenden Zusagen erfasst werden (dass also z. B. nicht versehentlich zwar eine individualrechtliche Zusage übertragen, aber eine sich aus Kollektivrecht ergebende Zusage übersehen wird).

3. Folge-Arbeitgeber. Die Übertragung ist – außer bei Einstellung der Betriebstätigkeit oder Liquidation des Unternehmens – nur auf den zum Zeitpunkt der Übertragung aktuellen Arbeitgeber zulässig (→ Anm. 1). Dabei ist es allerdings unerheblich, ob der Arbeitnehmer zwischen seinem Ausscheiden beim Vor-Arbeitgeber und dem Beginn seines Arbeitsverhältnisses beim Folge-Arbeitgeber noch für andere Arbeitgeber tätig war; es muss sich nicht um ein „Anschluss-Arbeitsverhältnis" handeln.

Eine Übertragung von Arbeitgeber zu Arbeitgeber liegt auch vor, wenn der externe Versorgungsträger, dessen sich der Vor-Arbeitgeber zur Durchführung der betrieblichen Altersversorgung bedient hat, im Wege der Abkürzung des Zahlungsweges auf den externen Versorgungsträger überträgt, über welchen die betriebliche Altersversorgung beim Folge-Arbeitgeber abgewickelt wird.

4. Übertragungswert. Der Übertragungswert ist – zur Vermeidung späterer Streitigkeiten – genau zu beziffern. Da er sich u. U. (je nach Ausgestaltung der zugrunde liegenden Zusage) kontinuierlich verändert, ist hier der Stichtag, zu welchem der Übertragungswert berechnet wird, möglichst zeitnah zur Übertragung zu wählen.

Er unterliegt – anders als vor In-Kraft-Treten des Alterseinkünftegesetzes – nicht mehr der Parteivereinbarung, sondern ist gemäß § 4 Abs. 5 BetrAVG nach objektiven Kriterien zu bestimmen (vgl. *Reichel/Volk* DB 2005, 886, 889); maßgeblich ist dabei der Zeitpunkt der Übertragung. Bei Direktzusagen und Unterstützungskassen-Zusagen entspricht der Übertragungswert dem Barwert der Zusage zum Übertragungszeitpunkt; bei der Berechnung sind die Rechnungsgrundlagen und die anerkannten Regeln der Versicherungsmathematik maßgebend. Der dabei zugrunde zu legende Rechnungszinsfuß soll nach der überwiegenden Literaturansicht zwischen den Parteien frei vereinbart werden können (ErfKomm/*Steinmeyer* § 4 BetrAVG Rn. 19; *Höfer* DB 2004, 1426, 1429; *Reichel/Volk* DB 2005, 886, 889); die Gegenmeinung will aus Gründen der Rechtssicherheit eine Anlehnung an das Steuerrecht, also die Zugrundelegung eines Rechnungszinsfußes von sechs Prozent (nach § 6a EStG) für Direktzusagen und von fünfeinhalb Prozent (nach § 4b EStG) bei Unterstützungskassen-Zusagen (*Förster/Cisch* BB 2004, 2126, 2129; *Cisch* DB 2005 Beilage zu Heft 23, 12, 15). Bei versicherungsförmigen Durchführungswegen – also über Direktversicherungen, Pensionskassen oder Pensionsfonds durchgeführte Zusagen – ist gemäß § 4 Abs. 5 BetrAVG das bis zum Übergangszeitpunkt gebildete Kapital (inklusive Überschussanteilen) zu übertragen.

Ob eine unentgeltliche Übertragung zulässig ist, ist umstritten (*Höfer* DB 2004, 1426, 1427, will eine solche unentgeltliche Übertragung zulassen, sofern der Folge-Arbeitgeber dem Arbeitnehmer dennoch eine wertgleiche Zusage erteilt; a. A. *Blomeyer/Rolfs/Otto* § 4 Rn. 78 unter Berufung auf den Wortlaut des § 4 Abs. 6 BetrAVG). Praktisch dürfte dieses Problem kaum erheblich sein, da sich ein Folge-Arbeitgeber wohl nur zur Erteilung einer wertgleichen Zusage verpflichten wird, wenn er zugleich die Mittel zur Dotierung dieser Zusage – in Form des Übertragungswertes – erhält.

5. Überweisung des Übertragungswertes. Aus Gründen der Rechtssicherheit empfiehlt es sich, die Einzelheiten der praktischen Übertragung des Übertragungswertes vertraglich zu regeln. Diese wird regelmäßig – wie auch im Formular vorgesehen – durch Überweisung erfolgen.

6. Mitteilung. Da der Arbeitnehmer die Überweisung nicht beeinflussen kann (insbesondere wenn die Überweisung von Versorgungsträger zu Versorgungsträger erfolgt) – und somit keine Kenntnis davon hat, ab wann die vom Folge-Arbeitgeber erteilte Zusage wirksam wird (→ Anm. 8) –, ist ihm Mitteilung über den Zahlungseingang bei dem Folge-Arbeitgeber/Versorgungsträger zu machen. Diese kann entweder durch den Folge-Arbeitgeber selbst oder durch den externen Versorgungsträger erfolgen.

7. Erlöschen der Alt-Zusage. Die Alt-Zusage erlischt nach herrschender Ansicht nicht alleine durch die Erteilung der Zusage durch den Folge-Arbeitgeber, sondern erst, wenn ergänzend hierzu auch der Übertragungswert tatsächlich auf diesen übertragen worden ist (*Blomeyer/Rolfs/Otto* § 4 Rn. 78; *Reichel/Volk* DB 2005, 886, 890; *Langohr-Plato/Teslau* NZA 2004, 1353, 1354; a. A. *Höfer*, Gesetz zur Verbesserung der betrieblichen Altersversorgung, Bd. 1 Rn. 3796); wird die Zusage durch den Folge-Arbeitgeber erteilt, bevor der Übertragungswert übertragen wird, soll zunächst nur ein Schuldbeitritt des Folge-Arbeitgebers vorliegen. Da der Alt-Arbeitgeber vor diesem Hintergrund ein substantielles Interesse daran hat zu erfahren, ob der Übertragungswert tatsächlich beim Folge-Arbeitgeber eingegangen ist, sieht das Formular auch insofern eine Informationspflicht des Folge-Arbeitgebers vor.

Noch nicht geklärt ist, welche Folgen ausgelöst werden, wenn der übertragene Wert hinter dem vom Arbeitnehmer beim Vor-Arbeitgeber erworbenen Wert der Anwartschaft zurückbleibt. In der Literatur werden von einer vollständigen Unwirksamkeit der Übertragung (ErfKomm/*Steinmeyer* § 4 BetrAVG Rn. 22) bis hin zur teilweisen Schuldbefreiung des Vor-Arbeitgebers in Höhe des tatsächlich übertragenen Wertes (*Höfer*, Gesetz zur Verbesserung der betrieblichen Altersversorgung, Bd. 1 Rn. 3802) eine Vielzahl von Lösungsansätzen vertreten. Die wohl herrschende Meinung (*Blomeyer/Rolfs/Otto* § 4 Rn. 81; *Reichel/Volk* DB 2005, 886, 890; *Rolfs* NZA 2005, 745, 747) geht davon aus, dass die Übertragungsvereinbarung zwar wirksam ist, der Vor-Arbeitgeber aber nicht – auch nicht anteilig – von seiner Verpflichtung aus der Alt-Zusage frei wird. Stattdessen sollen Folge-Arbeitgeber und Vor-Arbeitgeber als Gesamtschuldner für die Erfüllung der Alt-Zusage haften, wobei der übertragene Wert aber beim Ausgleich der beiden Arbeitgeber untereinander berücksichtigt werden soll.

Ebenfalls noch ungeklärt ist, ob die Parteien ausdrücklich vereinbaren können, dass nur der Gegenwert eines Teils der beim Vor-Arbeitgeber erworbenen Anwartschaften auf den Folge-Arbeitgeber übertragen werden kann (z. B. wenn vom Alt-Arbeitgeber Zusagen über eine Direktversicherung und als Direktzusage erteilt worden sind, aber nur der Wert der Direktversicherung übertragen werden soll; vgl. *Höfer*, Gesetz zur Verbesserung der betrieblichen Altersversorgung, Bd. 1 Rn. 3798).

Das Formular sieht – zur Vermeidung einer versehentlich nur teilweisen Übertragung des Übertragungswertes – vor, dass sich Arbeitnehmer und Vor-Arbeitgeber einig darüber sind, dass nur die in der Vereinbarung genannten Anwartschaften auf betriebliche Altersversorgung bestehen. Diese Klausel kann allerdings nicht als wirksamer Verzicht des Arbeitnehmers auf einen Teil seiner Anwartschaften verstanden werden; ein solcher Verzicht wäre – zumindest, wenn die Übertragung im zeitlichen Zusammenhang mit dem Ausscheiden beim Vor-Arbeitgeber erfolgt – nach §§ 3, 17 Abs. 3 S. 1 BetrAVG unwirksam. Ebenso wenig kann diese Klausel dahingehend ausgelegt werden, dass der Arbeitnehmer gegenüber dem Folge-Arbeitgeber auf Erteilung einer tatsächlich wertgleichen Zusage verzichtet (*Rolfs* NZA 2005, 745, 748).

8. Erteilung einer wertgleichen Zusage durch den Folge-Arbeitgeber. Ob der Folge-Arbeitgeber bereits in der Übertragungsvereinbarung nach § 4 BetrAVG selbst die Neu-Zusage erteilen muss oder ob es ausreichend ist, dass er sich hier nur zu einer späteren Erteilung verpflichtet, ist nicht eindeutig geklärt (für eine verpflichtende sofortige Zusageerteilung *Blomeyer/Rolfs/Otto* § 4 Rn. 68; dagegen ErfKomm/*Steinmeyer* § 4 BetrAVG

Rn. 11). Da die Alt-Zusage aber nur erlischt, wenn sowohl der Übertragungswert gezahlt als auch die Neu-Zusage erteilt ist, wird ein Vor-Arbeitgeber in der Regel eine sofortige Zusageerteilung verlangen.

Die Zusage des Folge-Arbeitgebers muss dem Übertragungswert wertgleich sein. Dabei genügt es grundsätzlich, wenn der Übertragungswert vollständig der vom Folge-Arbeitgeber erteilten Zusage zugeführt wird. Auf Leistungsstruktur, Leistungsart und Leistungshöhe dieser Zusage kommt es dann nicht mehr an (*Förster/Cisch* BB 2004, 2126, 2130). Umstritten ist in diesem Zusammenhang allerdings, ob Folge-Arbeitgeber und Vor-Arbeitgeber denselben Zinsfuß zu verwenden haben (zu Einzelheiten der Diskussion s. *Höfer* DB 2004, 1426, 1429; *Reichel/Volk* DB 2005, 886, 889; *Blomeyer/Rolfs/Otto* § 4 Rn. 103; *Cisch* DB 2005, Beilage zu Heft 23, 12, 15).

Die vom Folge-Arbeitgeber erteilte Zusage ist – wie sich aus dem ausdrücklichen Verweis auf die Regelungen zur Entgeltumwandlung ergibt – sofort gesetzlich unverfallbar (§ 4 Abs. 2 Nr. 2 Halbs. 2 BetrAVG). Somit greift auch der Insolvenzschutz über den Pensions-Sicherungs-Verein auf Gegenseitigkeit sofort, allerdings in den ersten zwei Jahren ab Erteilung der neuen Zusage nur in Höhe der Beitragsbemessungsgrenze in der allgemeinen Rentenversicherung (§ 7 Abs. 5 S. 3 Nr. 2 BetrAVG).

Ob die Übertragung des Übertragungswertes Lohnsteuer auslöst, hängt von den Durchführungswegen ab, die für die Alt-Zusage und die Neu-Zusage gewählt werden. Handelt es sich dabei jeweils um versicherungsförmige Durchführungswege – also um Direktversicherungen, Pensionsfonds oder Pensionskassen – fällt keine Lohnsteuer an, § 3 Nr. 55 S. 1 EStG. Gleiches gilt, wenn die Alt-Zusage eine Direktzusage oder eine Unterstützungskassenzusage war und auch die Neu-Zusage in einem dieser beiden Durchführungswege erteilt wird, § 3 Nr. 55 S. 2 EStG. Eine Lohnsteuerpflicht wird dagegen – zum Zeitpunkt der Übertragung – ausgelöst, wenn die Alt-Zusage in einem versicherungsförmigen Durchführungsweg erteilt worden war, die Neu-Zusage aber als Direktzusage oder Unterstützungskassenzusage ausgestaltet ist sowie im spiegelbildlichen Fall (Altzusage als Direktzusage oder Unterstützungskassenzusage, Neu-Zusage im versicherungsförmigen Durchführungsweg). Zu Einzelfragen s. *Niermann* DB 2004, 1449, 1457 und BMF-Schreiben v. 24.7.2013 – IV C 3 – S 2015/11/10002, IV C 5 – S 2333/09/10005 – Rn. 323 ff.

9. Neu-Zusage. Erteilt der Folge-Arbeitgeber die Neu-Zusage, bevor er den Übertragungswert erhält, so ist er auch dann an diese gebunden, wenn der Vor-Arbeitgeber den Übertragungswert nicht überträgt; denn die Neu-Zusage ist eine selbstständige Versorgungszusage. Um den Folge-Arbeitgeber diesbezüglich abzusichern, ist im Formular eine bedingte Zusageerteilung vorgesehen (hierzu s. auch *Reichel/Volk* DB 2005, 886, 889).

10. Ausgestaltung der Neu-Zusage. In der Ausgestaltung der Neu-Zusage ist der Folge-Arbeitgeber grundsätzlich frei und nicht an die Ausgestaltung der Alt-Zusage gebunden (→ Anm. 8). Er kann einen anderen Durchführungsweg als der Vor-Arbeitgeber und auch andere Komponenten der Versorgung (z. B. nur eine Altersversorgung statt auch einer Invaliden- und Hinterbliebenenversorgung) wählen. Bei der Versorgung über externe Versorgungsträger können sich – z. B. aufgrund des höheren Lebensalters des Arbeitnehmers bei der Übertragung und eventueller zwischenzeitlich (im Vergleich zur Erteilung der Alt-Zusage) eingetretener Gesundheitsrisiken – auch Verschiebungen bei den Leistungen ergeben.

11. Kosten der Übertragung. Wer die eventuellen Kosten einer Übertragung des Übertragungswertes zu tragen hat, sollte – mangels gesetzlicher Festlegung – vertraglich geregelt werden. Da ein Abzug vom Übertragungswert selbst schon aufgrund des Wortlauts des § 4 BetrAVG nicht in Frage kommt, müssen die Kosten vom Vor-Arbeitgeber und/oder vom Folge-Arbeitgeber getragen werden (ErfKomm/*Steinmeyer* § 4 BetrAVG Rn. 23); naheliegend ist die im Formular auch vorgesehene hälftige Teilung.

12. Schlussbestimmungen. → Form. A. II. 1 Anm. 28 und 29.

8. Mitteilung über die Anpassung laufender Rentenleistungen

[Briefkopf des Arbeitgebers]

Herrn . . . . . . (Name und Anschrift des Versorgungsempfängers)

. . . . . . (Datum)

Mitteilung über die Anpassung laufender Rentenleistungen[1, 2]

Sehr geehrter Herr . . . . . .,

nachdem Sie am . . . . . . in den Ruhestand getreten sind, steht in diesem Jahr die turnusmäßige Überprüfung Ihrer Betriebsrente an.[3] *(Alternative: nachdem Sie seit dem . . . . . . Hinterbliebenenrente beziehen, steht in diesem Jahr die turnusmäßige Überprüfung der von Ihnen bezogenen Rente an.[4])*

Die aktuelle Höhe Ihrer Rente beträgt . . . . . . EUR.[5] Wir freuen uns, Ihnen mitteilen zu können, dass es uns möglich ist, Ihre Rente ab dem . . . . . . um . . . . . . EUR zu erhöhen, auf dann insgesamt . . . . . . EUR.[6] Damit wird Ihre Rente entsprechend dem Anstieg des Verbraucherpreisindexes in Deutschland angehoben.[7] Die Möglichkeit zur Anhebung Ihrer Rente verdanken wir der positiven wirtschaftlichen Entwicklung unseres Unternehmens[8] in den letzten Jahren.

Wir können Ihnen leider nicht garantieren, dass es uns auch bei der nächsten turnusmäßigen Überprüfung möglich sein wird, Ihre Rente anzuheben. Dies wird von der wirtschaftlichen Entwicklung in den nächsten Jahren abhängig sein.[9]

Für etwaige Rückfragen steht Ihnen Herr . . . . . . aus unserer Personalabteilung gerne zur Verfügung.

Mit freundlichen Grüßen

. . . . . .

Unterschrift des Arbeitgebers

Anmerkungen

1. Vorbemerkung. § 16 BetrAVG verpflichtet den Arbeitgeber, alle drei Jahre eine Anpassung der laufenden Versorgungsleistungen zu prüfen und hierüber nach billigem Ermessen zu entscheiden. Dabei hat er das Interesse der Versorgungsempfänger an der Anhebung ihrer laufenden Renten und sein eigenes Interesse an der Vermeidung einer übermäßigen finanziellen Belastung gegeneinander abzuwägen.

Die Verpflichtung zur Anpassungsprüfung trifft den Arbeitgeber unabhängig von dem gewählten Durchführungsweg. Auch bei Einschaltung eines externen Versorgungsträgers ist der Arbeitgeber derjenige, der für die Anpassungsprüfung und gegebenenfalls Anpassung zu sorgen hat. Im Regelfall sind jedoch die zukünftigen Anpassungen nach § 16 BetrAVG in den Beitragssatz des externen Versorgungsträgers eingerechnet.

Gegenstand der Anpassungsprüfung sind nur laufende Leistungen, also nicht Anwartschaften. Unter laufenden Leistungen werden regelmäßig wiederkehrende Leistungen verstanden, wobei nicht notwendig ist, dass die Leistungen lebenslang oder zeitlich unbegrenzt zu zahlen sind.

Von der Anpassungsprüfungspflicht sieht das Gesetz folgende Ausnahmen vor:

- Der Arbeitgeber verpflichtet sich, die laufenden Leistungen jährlich um mindestens ein Prozent anzupassen (§ 16 Abs. 3 Nr. 1 BetrAVG).
- Die betriebliche Altersversorgung wird über eine Direktversicherung oder Pensionskasse durchgeführt, sämtliche anfallenden Überschussanteile werden zur Erhöhung der laufenden Renten verwendet und zur Berechnung der garantierten Leistung wird der nach § 65 Abs. 1 Nr. 1a VAG festgesetzte Höchstzinssatz zur Berechnung der Deckungsrückstellung nicht überschritten (§ 16 Abs. 3 Nr. 2 BetrAVG).
- Der Arbeitgeber hat eine Beitragszusage mit Mindestleistung erteilt (§ 16 Abs. 3 Nr. 3 BetrAVG).
- Es liegt ein Auszahlungsplan mit monatlichen Raten vor oder eine Rente nach Vollendung des 85. Lebensjahres im Anschluss an einen Auszahlungsplan (§ 16 Abs. 6 BetrAVG).

Das Formular setzt eine arbeitgeberfinanzierte betriebliche Altersversorgung voraus. Handelt es sich um eine arbeitnehmerfinanzierte Altersversorgung, muss der Arbeitgeber die laufenden Leistungen gemäß § 16 Abs. 5 BetrAVG

- jährlich um ein Prozent anheben oder
- bei einer Durchführung über eine Direktversicherung oder Pensionskasse die Überschussanteile zur Erhöhung der laufenden Renten verwenden.

2. Form der Anpassungsmitteilung. Die Mitteilung über die Anpassung laufender Rentenleistungen muss nicht zwingend ausdrücklich oder schriftlich erfolgen. Die Mitteilung kann z.B. auch durch kommentarlose Erhöhung oder durch Unterlassung der Anpassung zum Anpassungsstichtag erfolgen. Eine schriftliche Mitteilung ist allerdings aus mehreren Gründen empfehlenswert: So können für den erhöhten Rentenbetrag bei einer Direktzusage Rückstellungen nach § 6a EStG nur gebildet werden, wenn die Rentenerhöhung schriftlich vereinbart worden ist. Zudem dient eine schriftliche Mitteilung auch Dokumentationszwecken; schließlich ist bei einer nicht ausdrücklich erfolgten Anpassungsentscheidung die Rüge der Unrichtigkeit für einen längeren Zeitraum möglich (→ Anm. 6).

3. Anpassungszeitpunkt. Der Gesetzgeber hat in § 16 Abs. 1 BetrAVG für die Anpassungsprüfung einen Drei-Jahres-Turnus vorgegeben. Die Überprüfung der laufenden Leistungen ist daher an sich erstmalig genau drei Jahre nach der erstmaligen Auszahlung der Rentenleistung und sodann alle drei Jahre vorzunehmen (sog. Anpassungsstichtage).

Der Arbeitgeber darf allerdings zur Verwaltungsvereinfachung die Anpassungsstichtage innerhalb eines Jahres zu einem zentralen Anpassungsstichtag zusammenfassen (BAG BB 2013, 1075), also z.B. alle in einem Kalenderjahr anstehenden Anpassungen einheitlich am 1.7. vornehmen. Darüber hinaus darf er auch innerhalb eines Drei-Jahres-Turnus alle Anpassungsstichtage zu einem einzigen Anpassungsstichtag bündeln und von diesem ausgehend sodann den Drei-Jahres-Turnus einhalten, sofern sich die Anpassungsentscheidung für die erstmalige Anpassung höchstens um sechs Monate verzögert (BAG NZA 2012, 1291; in der Literatur wird sogar ein Aufschieben der ersten Anpassung um elf Monate für zulässig gehalten, *Cisch/Bleeck* BB 2008, 1002, 1007; *Blomeyer/Rolfs/Otto* § 16 Rn. 75; *Höfer*, Gesetz zur Verbesserung der betrieblichen Altersversorgung, Bd. 1 Rn. 5163). Die hierdurch im Einzelfall entstehenden Nachteile sind nach der Rechtsprechung des BAG hinzunehmen; denn verzögert wird nur die erste Anpassungsentscheidung und die hieraus entstehenden Nachteile werden durch die Berücksichtigung eines entsprechend längeren Ausgleichszeitraum ausgeglichen. Umgekehrt kann die Bündelung auch dazu führen, dass der Versorgungsempfänger bereits vor dem Ablauf von drei Jahren in den Genuss der ersten Rentenanpassung kommt.

Der Arbeitgeber kann im Übrigen auch in einem kürzeren Abstand als im gesetzlich vorgegebenen von drei Jahren Anpassungen vornehmen; so kann er sich z. B. im Rahmen der Versorgungszusage verpflichten, bereits alle zwei Jahre eine Anpassung zu prüfen oder vorzunehmen. Diese sog. freiwilligen Anpassungen entbinden den Arbeitgeber jedoch nicht von seiner gesetzlichen Pflicht, im Drei-Jahres-Turnus eine Anpassungsprüfung vorzunehmen. Die zwischenzeitlich vorgenommenen freiwilligen Anpassungen werden aber selbstverständlich auf die gesetzlich vorgeschriebenen Anpassungen angerechnet.

4. Rentenart. Die Anpassungsprüfungspflicht gilt unabhängig von der Art der laufenden Leistung, also sowohl bei Altersrente als auch bei Witwen- oder Waisenrente und Invaliditätsrente. Wenn ein Versorgungsempfänger zunächst Altersleistungen erhält und sodann nach seinem Versterben seine Hinterbliebenen Leistungen erhalten, ist für die Frage des Anpassungsstichtages und die Bestimmung des Anpassungsbedarfes auf das Datum des erstmaligen Bezuges der Altersleistung abzustellen, also nicht auf den Zeitpunkt, an dem die Hinterbliebenenleistung an die Stelle der Altersleistung getreten ist (*Höfer*, Gesetz zur Verbesserung der betrieblichen Altersversorgung, Bd. 1 Rn. 5166).

Die Umstellung einer Rentenzusage auf eine Kapitalzusage, um der Anpassungsprüfungspflicht zu entgehen, bedarf eines besonderen sie rechtfertigenden Grundes, selbst wenn die zugesagten Leistungen versicherungsmathematisch den gleichen Wert haben (BAG NZA-RR 2012, 433).

5. Anpassungsbedarf. Die Belange des Versorgungsempfängers werden durch seinen Anpassungsbedarf bestimmt. Dieser richtet sich nach dem zwischen Rentenbeginn und dem Anpassungsstichtag eingetretenen Kaufkraftverlust und wird unter Heranziehung der Veränderung des Verbraucherpreisindexes für Deutschland ermittelt. Dabei wird dessen Wert für den Monat, der dem Rentenbeginn vorausging, und dem Monat, der dem Anpassungsstichtag vorausging, verglichen (BAG DB 2008, 135). Für Zeiträume vor dem 1.1.2003 ist statt des Verbraucherpreisindexes der Preisindex für die Lebenshaltungskosten von Vier-Personen-Haushalten von Arbeitern und Angestellten zugrunde zu legen (BAG NZA 2012, 454).

Zur Feststellung des Anpassungsbedarfes ist immer auf den gesamten Zeitraum zwischen Rentenbeginn und dem anstehenden Anpassungsstichtag abzustellen. Handelt es sich nicht um den ersten Anpassungsstichtag, werden bereits in der Vergangenheit vorgenommene Rentenanpassungen (auch vorzeitige und überobligatorische) in Anrechnung gebracht.

Der Arbeitgeber muss allerdings zu Recht unterlassene Anpassungen nicht nachzahlen. Zu Recht unterlassen worden ist eine Anpassung entweder, wenn die damalige wirtschaftliche Lage des Arbeitgebers tatsächlich keine Anpassung zuließ oder die Fiktionswirkung des § 16 Abs. 4 S. 2 BetrAVG greift. Dies ist der Fall, wenn

- laufende Leistungen nicht oder nicht in vollem Umfang angepasst worden sind,
- der Arbeitgeber den Versorgungsempfänger schriftlich in nachvollziehbarer Weise über die Lage des Unternehmens informiert und die Mitteilung mit dem Hinweis versehen hat, dass der Versorgungsempfänger innerhalb von drei Monaten zu widersprechen hat, wenn er mit der Anpassungsentscheidung nicht einverstanden ist und
- der Versorgungsempfänger innerhalb dieser Frist tatsächlich nicht widersprochen hat.

Im Fall einer unterbliebenen Anpassung muss die schriftliche Mitteilung hierüber so detailliert sein, dass der Versorgungsempfänger allein durch diese Mitteilung in die Lage versetzt wird, die Entscheidung des Arbeitgebers auf Plausibilität hin zu überprüfen. Der schriftlichen Mitteilung muss sich entnehmen lassen, aufgrund welcher Umstände davon auszugehen ist, dass das Unternehmen voraussichtlich nicht in der Lage sein wird, die Anpassungen zu leisten (BAG NZA 2012, 337). Erforderlich sind daher i. d. R. zumindest Angaben zum Eigenkapital der letzten drei Jahre und zur Berechnung der Eigenkapitalverzinsung. Weitere Bilanzkennzahlen können im Einzelfall notwendig sein. Darüber hinaus ist auch die Angabe der Datengrundlagen für die Bilanzkennzahlen erforderlich, nicht aber die Bekanntgabe der Bilanzen insgesamt oder sogar darüber hinausgehende Erläuterungen der Bilanzen. Zur Bewertung der wirtschaftlichen Lage reicht der bloße Hinweis, dass auch in Zukunft mit keinen besseren Ergebnissen als in der Vergangenheit zu rechnen sei, nicht aus. Ebenso ist allein der Hinweis auf eine geringe Eigenkapitalverzinsung keine hinreichende Grundlage für eine Zukunftsprognose. Vielmehr sind auch hierfür plausible Gründe anzugeben (BAG NZA 2012, 337).

Ob die Entscheidung des Arbeitgebers, die laufenden Leistungen nicht oder nicht in vollem Umfang anzupassen, sachlich richtig war, spielt dann nach Eintritt der Fiktion keine Rolle mehr; die Anpassungsentscheidung kann nach Ablauf der Widerspruchsfrist nicht mehr rechtswirksam angegriffen werden.

Ist die Anpassung der laufenden Leistungen zu Unrecht unterlassen worden und greift die Fiktionswirkung des § 16 Abs. 4 S. 2 BetrAVG nicht ein, so muss der Arbeitgeber die unterlassene Anpassung bei der nächsten Anpassungsprüfung mitberücksichtigen, wenn ihm dies wirtschaftlich zuzumuten ist (nachholende Anpassung). Anpassungen, die vor dem 31.12.1998 unterlassen worden sind, sind in jedem Fall auszugleichen und zwar auch dann, wenn die Anpassung zum damaligen Zeitpunkt wegen der wirtschaftlichen Lage zu Recht unterlassen worden ist. Eine nachholende Anpassung kommt aber jeweils nur dann in Frage, wenn die wirtschaftliche Situation des Arbeitgebers neben dem Ausgleich der vollen Teuerung in den letzten drei Jahren zusätzlich die nachholende Anpassung zulässt. Ist dies nicht der Fall, hat der Arbeitgeber eine Teilanpassung vorzunehmen, bei der es ihm offen steht, ob er zuerst die länger zurückliegenden Versorgungslücken schließt oder aber zunächst den aktuellen Anpassungsbedarf der letzten drei Jahre erfüllt (BAG BB 1996, 2573, 2575).

Hat der Arbeitgeber eine Anpassung zu Unrecht unterlassen, so hat der Versorgungsempfänger einen Ausgleichsanspruch in zwei Richtungen: Zum einen kann er verlangen, dass für seine zukünftigen Rentenleistungen die sich ergebende Lücke geschlossen wird (nachholende Anpassung). Zum anderen sind aber wegen der unrichtigen Anpassungsentscheidung in der Vergangenheit die Rentenzahlungen in jedem Monat geringer ausgefallen, als sie bei korrekter Anpassung hätten ausfallen dürfen. Daher hat der Versorgungsempfänger auch Anspruch auf Ausgleich dieser zu geringen Rentenzahlungen. Diese Nachzahlungen für die Vergangenheit werden als nachträgliche Anpassung bezeichnet. Diese ist wegen der Rückwärtsgewandtheit des Anspruches streng von der nachholenden Anpassung zu unterscheiden, welche zukunftsgerichtet ist.

6. Anpassungsverpflichtung. Der Versorgungsempfänger hat nicht in jedem Fall einen Anspruch auf Ausgleich seines Anpassungsbedarfes. Denn der Arbeitgeber ist zur Anpassung der laufenden Leistungen nur insoweit verpflichtet, als er sich diese leisten kann. Bei der Entscheidung über den Umfang der Anpassung hat der Arbeitgeber seine wirtschaftliche Entwicklung in den auf den Anpassungsstichtag folgenden Jahren zugrunde zu legen. Dabei darf durch die Anpassung laufender Rentenleistungen die wirtschaftliche Lage des Unternehmens nicht übermäßig belastet und die Wettbewerbsfähigkeit nicht gefährdet werden. Von einer solchen Gefährdung der Wettbewerbsfähigkeit ist auszugehen, wenn es dem Arbeitgeber mit einiger Wahrscheinlichkeit nicht möglich sein wird, den Teuerungsausgleich aus den Unternehmenserträgen und den verfügbaren Wertezuwächsen des Unternehmensvermögens aufzubringen (BAG DB 2008, 135, 136). Dem Arbeitgeber ist auch eine angemessene Eigenkapitalverzinsung sowie eine ausreichende Ausstattung mit Eigenkapital (BAG BB 2013, 1075) zuzugestehen, um seine Wettbewerbsfähigkeit zu sichern.

Im Rahmen der solchermaßen anzustellenden hypothetischen Überlegung ist aus der wirtschaftlichen Entwicklung des Arbeitgebers mindestens der letzten drei Jahre (sofern diese Schlüsse auf die zukünftige Entwicklung zulassen) auf eine wahrscheinliche Entwicklung für die nächsten Jahre zu schließen. Einzubeziehen sind dabei auch vorhersehbare tatsächliche Entwicklungen des Unternehmens, auch wenn diese sich noch nicht zum Anpassungsstichtag ausgewirkt haben (BAG DB 2008, 135). Ergibt die Prognose, dass ein voller Ausgleich möglich sein wird, reduziert sich das Ermessen des Arbeitgebers grundsätzlich auf Null und die Versorgungsempfänger haben einen Anspruch auf volle Anpassung. Andernfalls haben die Versorgungsempfänger einen Anspruch auf Anpassung in dem für den Arbeitgeber zumutbaren Rahmen. Zu jedem Anpassungsstichtag entsteht ein neuer Anspruch auf Anpassungsprüfung und ggf. Anpassung der laufenden Leistungen. Daher hat jede Anpassungsentscheidung auch eine befriedende Wirkung, denn ohne rechtzeitige Rüge der Unrichtigkeit vor dem folgenden Anpassungsstichtag erlischt der Anspruch des Arbeitnehmers auf Korrektur der Anpassungsentscheidung (BAG NZA-RR 2007, 374, 375). Möchte der Versorgungsempfänger die Anpassungsentscheidung des Arbeitgebers angreifen, kommt es darauf an, ob die Mitteilung über die Anpassung laufender Rentenleistungen ausdrücklich erfolgt ist (→ Anm. 2). Bei einer ausdrücklich getroffenen Anpassungsentscheidung muss diese bis zum nächsten Anpassungsstichtag außergerichtlich und bis zum übernächsten Anpassungsstichtag gerichtlich gerügt werden. Bei einer nicht ausdrücklich vorgenommen Anpassungsmitteilung kann erst zum folgenden Anpassungsstichtag das Verstreichenlassen des vorherigen Anpassungsstichtages als Ablehnung der Anpassung verstanden werden. Dementsprechend ist die Rüge bis zum übernächsten Anpassungsstichtag möglich und die Klageerhebung muss erst zum darauf folgenden Anpassungsstichtag (also bis zum neunten Jahr nach der unterlassenen Anpassung) erhoben werden (*Cisch/Bleeck* BB 2008, 1002, 1008).

Die Anpassungsentscheidung des Arbeitgebers ist insofern gerichtlich überprüfbar, als dass unter entsprechender Anwendung des § 315 Abs. 1 und Abs. 3 BGB geprüft wird, ob sich der Arbeitgeber innerhalb des ihm zustehenden Ermessens bewegt hat.

7. Anstieg des Verbraucherpreisindexes. Die Verpflichtung zur Anpassung der laufenden Leistungen gilt als erfüllt, wenn der Arbeitgeber eine Anpassung in Höhe des Anstieges des Verbraucherpreisindexes für Deutschland – wie im Formular vorgesehen – oder in Höhe des Anstiegs der Nettolöhne vergleichbarer Arbeitnehmergruppen im Unternehmen vornimmt (§ 16 Abs. 2 Nr. 1 BetrAVG). Dass sich der Arbeitgeber u. U. sogar eine höhere Anpassung leisten könnte, ist dann irrelevant. Der Arbeitgeber darf bei einer Anpassung auf den Anstieg des Verbraucherpreisindexes und bei der nächsten Anpassung auf die Nettolohnentwicklung abstellen. Etwas anderes gilt nur, wenn sich der Arbeitgeber (in der Regel in der Versorgungszusage selbst) verpflichtet hat, stets nur auf eine dieser Alternativen abzustellen.

8. Anpassungsverpflichteter. Maßgeblich für die Frage, ob eine Anpassungsverpflichtung besteht, ist grundsätzlich nur die wirtschaftliche Lage des zur Anpassungsprüfung verpflichteten Arbeitgebers. Auf die wirtschaftlichen Verhältnisse eines anderen Unternehmens kann es nur in Ausnahmefällen und nur bei konzernrechtlicher Verbindung ankommen. Voraussetzung hierfür war nach der bisherigen Rechtsprechung, dass ein Vertrauenstatbestand durch ein anderes (nicht mit dem Arbeitgeber identisches) Konzernunternehmen geschaffen worden ist oder konzernrechtliche Verflechtungen einen sog. Berechnungsdurchgriff rechtfertigten. Letzteres ist der Fall, wenn entweder ein Beherrschungs- und/oder Gewinnabführungsvertrag zwischen den Gesellschaften besteht (Vertragskonzern) oder wenn ein konzernangehöriges Unternehmen die Geschäfte des Arbeitsgebers tatsächlich dauernd und umfassend führt (qualifiziert faktischer Konzern) und in beiden Alternativen das herrschende Unternehmen bei der Leitung keine angemessene Rücksicht auf die Belange des Arbeitgebers nimmt, sondern stattdessen die Interessen anderer Unternehmen oder seine eigenen Interessen in den Vordergrund stellt und dadurch die mangelnde Leistungsfähigkeit des Arbeitgebers verursacht (BAG NZA-RR 2007, 310).

An einem Berechnungsdurchgriff im qualifiziert faktischen Konzern hält das BAG nun nicht mehr fest und schließt sich damit der Rechtsprechung des BGH an (BAG ZIP 2013,

1041). Dieser hatte in seiner neueren Rechtsprechung das Konzept einer Durchgriffshaftung durch eine sog. Existenzvernichtungshaftung ersetzt, die als Fallgruppe des § 826 BGB infolge einer missbräuchlichen Schädigung des Vermögens der Tochtergesellschaft durch die Muttergesellschaft besteht (BGH NJW 2007, 2689 – TRIHOTEL). Die Existenzvernichtungshaftung ist eine reine Innenhaftung der Muttergesellschaft gegenüber der Tochtergesellschaft.

Allerdings schließt das BAG einen Berechnungsdurchgriff nicht völlig aus, sondern fordert im Anschluss an den BGH, dass ein existenzvernichtender Eingriff vorliegt (BAG ZIP 2013, 1041). Für einen solchen ist erforderlich, dass dem Arbeitgeber Vermögenswerte entzogen werden, eine Kompensation oder Rechtfertigung des Vermögensentzugs fehlt und die Insolvenz des Arbeitgebers bzw. deren Vertiefung hervorgerufen wird. Obwohl der BGH in solchen Konstellationen mittlerweile jegliche Außenhaftung eines Konzernunternehmens gegenüber Dritten ablehnt, kann daher im Rahmen einer Anpassungsprüfung gleichwohl in seltenen Ausnahmefällen weiterhin ein Berechnungsdurchgriff erfolgen, wenngleich infolge der Rechtsprechungsänderung nunmehr sehr viel engere Grenzen hierfür bestehen.

Ein Berechnungsdurchgriff bleibt darüber hinaus außerdem im Vertragskonzern möglich sowie bei Schaffung eines Vertrauenstatbestands durch Erklärungen oder Verhaltensweisen einer anderen Gesellschaft.

9. Zukünftige Anpassung. Die Frage der Anpassung ist bei jedem Anpassungsstichtag neu zu stellen. Um dem Arbeitnehmer dies zu verdeutlichen und um klarzustellen, dass eine zukünftige Anpassung von der Entwicklung des Unternehmens abhängig ist, sieht das Formular einen entsprechenden ausdrücklichen Hinweis vor.

Die Umstellung einer laufenden Rente auf eine jährliche Erhöhung um ein Prozent, um so zukünftige Anpassungsprüfungen zu vermeiden (vgl. § 16 Abs. 3 Nr. 1 BetrAVG), ist nicht zulässig bei Zusagen, die vor dem 1.1.1999 erteilt wurden. Aber auch für nach dem 31.12.1998 erteilte Zusagen ist eine solche Änderung nur rechtmäßig, wenn sie durch tragfähige Gründe gerechtfertigt ist (BAG DB 2011, 2923).

G. Mitbestimmung auf Unternehmensebene

1. Vereinbarung über die Beteiligung der Arbeitnehmer in einer SE (Societas Europaea)

Vereinbarung[1, 2, 3] über die Beteiligung der Arbeitnehmer in der . . . . . . SE (Name der künftigen SE)

zwischen

der . . . . . . Aktiengesellschaft (Name der Gesellschaft), vertreten durch den Vorstand

„Gesellschaft"

und dem

Besonderen Verhandlungsgremium der . . . . . . Aktiengesellschaft

„Besonderes Verhandlungsgremium"[4, 5]

gemeinsam nachfolgend „Parteien"

Präambel

Die . . . . . . Aktiengesellschaft ist eine Aktiengesellschaft deutschen Rechts. Die Hauptversammlung der Gesellschaft hat am . . . . . . (Datum) beschlossen, die Gesellschaft in eine Europäische Gesellschaft (Societas Europaea, „SE") umzuwandeln.

Diese Umwandlung in eine SE entspricht dem unternehmerischen Selbstverständnis der Gesellschaft als Spitze eines europäischen Unternehmensverbundes mit internationalen Aktivitäten. Die Rechtsform der SE ermöglicht es der Gesellschaft, den Dialog mit den Arbeitnehmern, ihren Vertretungen sowie den Gewerkschaften zu allen sozialen und wirtschaftlichen Fragen zur Förderung der offenen und internationalen Unternehmenskultur nunmehr auch bei grenzüberschreitenden und internationalen Fragen erfolgreich fortzusetzen.

Vor diesem Hintergrund schließen die Parteien auf der Grundlage der Richtlinie 2001/86/EG des Rates vom 8.10.2001 zur Ergänzung des Statuts der Europäischen Gesellschaft hinsichtlich der Beteiligung der Arbeitnehmer („SE-Richtlinie") und auf der Grundlage des Gesetzes über die Beteiligung der Arbeitnehmer in einer Europäischen Gesellschaft („SEBG") diese Vereinbarung über die Beteiligung der Arbeitnehmer in der . . . . . . SE („Vereinbarung").

Teil I Geltungsbereich[6]

Diese Vereinbarung regelt die Beteiligungsrechte der Arbeitnehmer der SE, ihrer Tochtergesellschaften i.S.v. § 2 Abs. 3 SEBG und Betriebe, die innerhalb der Europäischen Union und des Europäischen Wirtschaftsraums (einzeln „Mitgliedstaat", gemeinsam „Mitgliedstaaten") beschäftigt sind. Der Begriff des Arbeitnehmers richtet sich nach § 2 Abs. 1 SEGB.

Auf nationalem Recht beruhende Beteiligungsrechte der Arbeitnehmer und ihrer Vertretungen lässt diese Vereinbarung unberührt.

Teil II SE-Betriebsrat[7]

§ 1 Errichtung und Zuständigkeit[8] des SE-Betriebsrates

(1) Zur Sicherung des Rechts der Arbeitnehmer auf Unterrichtung und Anhörung wird ein SE-Betriebsrat errichtet.

(2) Der SE-Betriebsrat ist nach Maßgabe der folgenden Bestimmungen zuständig für die Beteiligung der Arbeitnehmer in Angelegenheiten, die sich in mindestens zwei Mitgliedstaaten auswirken („grenzüberschreitende Angelegenheiten").

§ 2 Zusammensetzung und Sitzverteilung im SE-Betriebsrat[9]

(1) Der SE-Betriebsrat setzt sich aus Arbeitnehmern der SE, ihrer Tochtergesellschaften und Betriebe zusammen, die im Zeitpunkt ihrer Wahl oder Bestellung mindestens ...... (Mindestbeschäftigungsdauer) bei einer Gesellschaft des Unternehmensverbundes beschäftigt sind.

(2) Für die in jedem Mitgliedstaat beschäftigten Arbeitnehmer der SE, ihrer Tochtergesellschaften und Betriebe werden Mitglieder für SE-Betriebsrat gewählt oder bestellt. Für jeden Anteil der in einem Mitgliedstaat beschäftigten Arbeitnehmer, der 10 Prozent der Gesamtzahl der in allen Mitgliedstaaten beschäftigten Arbeitnehmer der vom Geltungsbereich dieser Vereinbarung umfassten Gesellschaften oder Betriebe oder einen Bruchteil davon beträgt, ist ein Mitglied aus diesem Mitgliedstaat in SE-Betriebsrat zu wählen oder zu bestellen. Dies gilt nicht für Mitgliedstaaten, in denen weniger als ...... (Mindestanzahl) Arbeitnehmer beschäftigt sind. Maßgeblich sind die Arbeitnehmerzahlen zum Ende des Geschäftsjahres vor der Wahl oder Bestellung.

(3) Alle zwei Jahre, vom Tage der konstituierenden Sitzung des SE-Betriebsrates an gerechnet, hat der Vorstand der SE zu prüfen, ob Änderungen bei den Arbeitnehmerzahlen in den einzelnen Mitgliedstaaten eingetreten sind. Maßgeblich sind die Arbeitnehmerzahlen zum Ende des Geschäftsjahres vor der Anpassungsprüfung. Der Vorstand der SE teilt das Ergebnis dem Geschäftsführenden Ausschuss mit. Ist danach eine andere Zusammensetzung des SE-Betriebsrates erforderlich, veranlasst dieser bei den in den jeweiligen Mitgliedstaaten zuständigen Stellen, dass sämtliche Mitglieder des SE-Betriebsrates in diesen Mitgliedstaaten unter Beachtung der Bestimmungen in § 3 neu gewählt oder bestellt werden. Mit der neuen Wahl oder Bestellung endet die Mitgliedschaft der bisherigen Arbeitnehmervertreter aus diesen Mitgliedstaaten. Wird in einem Mitgliedstaat, dem ursprünglich nach § 2 Abs. (2) ein oder mehrere Sitze im SE-Betriebsrat zustanden, während der Amtszeit des SE-Betriebsrates nicht mehr die erforderliche Mindestanzahl an Arbeitnehmern beschäftigt, so verliert dieser Mitgliedstaat automatisch und mit sofortiger Wirkung seinen oder seine Sitze, ohne dass es im Übrigen außerhalb der regelmäßigen Anpassungsprüfung zu einer Anpassung der Sitzverteilung kommt.

§ 3 Bestellung oder Wahl der Mitglieder[10]

(1) Vorbehaltlich abweichender Regelungen dieser Vereinbarung richtet sich die Bestellung oder Wahl der Mitglieder des SE-Betriebsrates nach den in den Mitgliedstaaten jeweils geltenden nationalen Verfahren zur Bestellung oder Wahl der Mitglieder eines Vertretungsorgans kraft Gesetzes i.S.d. Anhangs zu Art. 7 der SE-Richtlinie. Sehen die nationalen Rechtsordnungen kein solches Verfahren vor, richtet sich die Bestellung oder Wahl der Mitglieder des SE-Betriebsrates nach den nationalen Bestimmungen zur Wahl oder Bestellung der Vertreter im Besonderen Verhandlungsgremium.

(2) Bestellen oder wählen die Arbeitnehmer in einem Mitgliedstaat, dem nach § 2 Abs. (2) ein oder mehr Sitze zugewiesen sind, keine oder nicht genügend Mitglieder in den SE-Betriebsrat, obwohl sie hierzu die Möglichkeit hatten, so entfallen die nicht besetzten Sitze zunächst bis zu dem Zeitpunkt der Anpassungsprüfung nach § 2 Abs. (3), ohne dass es im Übrigen zu einer Anpassung der Sitzverteilung kommt. Im Rahmen der Anpassungsprüfung nach § 2 Abs. (3) soll der Geschäftsführende Ausschuss in diesen Mitgliedstaaten eine Nachwahl anregen. Ist aus demselben Mitgliedstaat ein anderes oder mehrere andere SE-Betriebsratsmitglieder bestellt oder gewählt, vertreten diese die durch den entfallenden Sitz vertretenen Arbeitnehmer aus diesem Mitgliedstaat zu gleichen Teilen. Solange in einem Mitgliedstaat kein SE-Betriebsratsmitglied bestellt oder gewählt ist, entfallen die Stimmen der in diesem Mitgliedstaat beschäftigten Arbeitnehmer ersatzlos (§ 8 Abs. (2)).

(3) Für jedes Mitglied des SE-Betriebsrates soll gemäß vorstehendem § 3 Abs. (1) ein Ersatzmitglied bestellt oder gewählt werden. Soweit in dem betreffenden Wahl- oder Bestellungsverfahren Kandidaten aufgestellt aber nicht gewählt wurden, sind diese in der Reihenfolge des Wahlergebnisses Ersatzmitglieder im SE-Betriebsrat. Anderenfalls sollen die Ersatzmitglieder direkt bestellt oder gewählt werden. Die Ersatzmitglieder vertreten die Mitglieder des SE-Betriebsrates ihres Mitgliedstaats, wenn diese an der Amtsausübung verhindert sind, und rücken als Vollmitglied in den SE-Betriebsrat nach, wenn diese aus dem Amt ausscheiden.

§ 4 Amtszeit[11]

(1) Die regelmäßige Amtszeit des SE-Betriebsrates beträgt vier Jahre. Sie beginnt mit der konstituierenden Sitzung des SE-Betriebsrates und endet mit der konstituierenden Sitzung des nachfolgenden SE-Betriebsrates.

(2) Die Wahl oder Bestellung des ersten SE-Betriebsrates erfolgt unverzüglich nach dem Abschluss dieser Vereinbarung. Die weiteren SE-Betriebsratswahlen finden künftig alle vier Jahre in der Zeit vom ...... bis zum ...... (Wahlzeitraum) statt, beginnend im Jahr ...... (Beginn der Amtszeit des zweiten SE-Betriebsrates).

(3) Die Amtszeit der Mitglieder des SE-Betriebsrates endet unbeschadet weiterer in dieser Vereinbarung oder gesetzlich vorgesehener Fälle vorzeitig

(a) durch Rücktritt;

(b) mit der Neuwahl oder -bestellung der Mitglieder in den von einer Anpassung der Sitzverteilung gemäß § 2 Abs. (3) betroffenen Mitgliedstaaten;

(c) mit der Beendigung des aktiven Arbeitsverhältnisses mit einem Arbeitgeber des Unternehmensverbundes, es sei denn, ein aktives Arbeitsverhältnis wird mit einem anderen Arbeitgeber des Unternehmensverbundes im gleichen Mitgliedstaat aufrechterhalten;

(d) mit dem Ausscheiden der Arbeitgebergesellschaft aus dem Unternehmensverbund;

(e) mit rechtskräftigem Ausspruch des Ausschlusses durch das Arbeitsgericht.

Beruht das vorzeitige Ende der Amtszeit nicht auf einem Wegfall des Sitzes in dem SE-Betriebsrat, tritt das für das vorzeitig ausscheidende Mitglied bestellte oder gewählte Ersatzmitglied für die Restdauer der Amtszeit an dessen Stelle. Scheidet auch das Ersatzmitglied vor Ablauf der Amtszeit aus dem Amt, ist in dem betreffenden Mitgliedstaat unverzüglich eine Neubesetzung des Sitzes oder der Sitze nach § 3 vorzunehmen. Bis zur Neubesetzung entfallen die Stimmen der in dem betreffenden Mitgliedstaat beschäftigten Arbeitnehmer ersatzlos (§ 8 Abs. (2)).

(4) Die Bestellung oder Wahl eines Mitgliedes oder eines Ersatzmitgliedes des SE-Betriebsrates kann angefochten werden, wenn gegen wesentliche Vorschriften zur Bestellung oder Wahl verstoßen wurde und eine Berichtigung nicht erfolgt ist, es sei denn, dass durch den Verstoß das Ergebnis der Bestellung oder Wahl nicht geändert oder beeinflusst werden konnte. Zur Anfechtung berechtigt sind die in § 37 Abs. 1 S. 2 SEBG Genannten, der SE-Betriebsrat und der Vorstand der SE. Die Klage muss innerhalb eines Monats nach der Bekanntgabe des Ergebnisses der Bestellung oder Wahl erhoben werden. Ausschließlich zuständig ist das Arbeitsgericht am Sitz der SE.

(5) Der Vorstand der SE oder der Geschäftsführende Ausschuss können beim Arbeitsgericht am Sitz der SE den Ausschluss eines Mitgliedes oder Ersatzmitgliedes aus dem SE-Betriebsrat wegen grober Verletzung seiner Pflichten aus dem Gesetz oder aus dieser Vereinbarung beantragen.

(6) Der Geschäftsführende Ausschuss teilt dem Vorstand der SE unverzüglich schriftlich die Namen, Anschriften und die Betriebszugehörigkeit der Mitglieder und der Ersatzmitglieder des SE-Betriebsrates mit.

§ 5 Konstituierung und Vertretung des SE-Betriebsrates[12]

(1) Der Vorstand der SE lädt unverzüglich nach Benennung der Mitglieder des SE-Betriebsrates zur konstituierenden Sitzung des SE-Betriebsrates ein. Der SE-Betriebsrat wählt aus seiner Mitte einen Vorsitzenden und dessen Stellvertreter.

(2) Der Vorsitzende oder im Fall seiner Verhinderung der Stellvertreter vertritt den SE-Betriebsrat im Rahmen der von ihm gefassten Beschlüsse und ist zur Entgegennahme von Erklärungen, die dem SE-Betriebsrat gegenüber abzugeben sind, berechtigt.

§ 6 Geschäftsführender Ausschuss und weitere Ausschüsse[13]

(1) Der SE-Betriebsrat bildet aus seiner Mitte einen Ausschuss von drei Mitgliedern, dem neben dem Vorsitzenden und seinem Stellvertreter noch ein weiteres Mitglied angehört. Der Ausschuss führt die laufenden Geschäfte des SE-Betriebsrates („Geschäftsführender Ausschuss“) und vertritt diesen im Rahmen der ihm durch diese Vereinbarung oder durch Beschluss des SE-Betriebsrates zugewiesenen Aufgaben.

(2) Der Geschäftsführende Ausschuss wird durch den Vorsitzenden oder im Fall seiner Verhinderung durch dessen Stellvertreter vertreten. Ist auch der Stellvertreter verhindert, wird er von seinem weiteren Mitglied vertreten. Dies gilt entsprechend für die Entgegennahme von Erklärungen, die gegenüber dem SE-Betriebsrat abzugeben sind.

(3) Zu den Aufgaben des Geschäftsführenden Ausschusses gehören insbesondere

(a) die Vor- und Nachbereitung der Sitzungen des SE-Betriebsrates;

(b) die Entgegennahme und Weiterleitung von Informationen, die der Vorstand der SE insbesondere im Rahmen der Unterrichtung und Anhörung gemäß § 10 übermittelt;

(c) die Wahrnehmung aller sonstigen Aufgaben, die dem Geschäftsführenden Ausschuss vom SE-Betriebsrat übertragen werden;

(d) die Einleitung der Wahl- oder Bestellungsverfahren der Mitglieder des SE-Betriebsrates und der Arbeitnehmervertreter im Aufsichtsrat der SE rechtzeitig vor dem Ablauf der jeweiligen Amtszeiten.

(4) Im Einvernehmen mit dem Vorstand der SE kann der SE-Betriebsrat temporäre Ausschüsse zu bestimmten Themen oder Projekten bilden.

§ 7 Sitzungen des SE-Betriebsrates[14]

(1) Der SE-Betriebsrat tritt einmal im Kalenderjahr am Sitz der SE zu einer ordentlichen Sitzung zusammen („jährliche Sitzung"). In der jährlichen Sitzung erfolgt die Unterrichtung und Anhörung des SE-Betriebsrates gemäß § 9. Den Zeitpunkt sowie die vorgesehenen Tagungsordnungspunkte stimmen der Vorsitzende des Vorstands der SE oder ein von ihm benannter Vertreter und der Vorsitzende des SE-Betriebsrates rechtzeitig vorher ab.

(2) Bei Vorliegen besonderer Gründe kann der Geschäftsführende Ausschuss im Einverständnis mit dem Vorstand der SE außerordentliche Sitzungen des SE-Betriebsrates einberufen.

(3) Die Sitzungen des SE-Betriebsrates sind nicht öffentlich.

(4) Der Vorstand der SE nimmt an der jährlichen Sitzung teil und/oder benennt unter Berücksichtigung des jeweiligen Gegenstandes der Sitzung Unternehmensvertreter zur Teilnahme. Der SE-Betriebsrat kann bis zu zwei Vertreter von in der SE oder ihren Tochtergesellschaften vertretenen Gewerkschaften zu Sitzungen einladen.

§ 8 Beschlüsse und Geschäftsordnung des SE-Betriebsrates[15]

(1) Der SE-Betriebsrat ist beschlussfähig, wenn mindestens die Hälfte seiner Mitglieder anwesend ist und diese mindestens die Hälfte der insgesamt repräsentierten Arbeitnehmer vertritt.

(2) Die Mitglieder des SE-Betriebsrates haben jeweils so viele Stimmen, wie sie Arbeitnehmer vertreten. Mehrere Mitglieder aus einem Mitgliedstaat vertreten die Arbeitnehmer dieses Mitgliedstaates anteilig. Es ist auf die Arbeitnehmerzahlen abzustellen, die für die Wahl des SE-Betriebsrates oder die Anpassungsprüfung maßgeblich waren. Nimmt ein Mitglied oder Ersatzmitglied an einer Sitzung des SE-Betriebsrates nicht teil, verfallen seine Stimmanteile.

(3) Die Beschlüsse des SE-Betriebsrates werden, soweit in dieser Vereinbarung nichts anderes bestimmt ist, mit der Mehrheit der durch die anwesenden Mitglieder repräsentierten Arbeitnehmer gefasst. Für die Wahl des Vorsitzenden und seines Stellvertreters sowie für die Verabschiedung einer Geschäftsordnung des SE-Betriebsrates ist eine Zweidrittelmehrheit der durch die anwesenden Mitglieder repräsentierten Arbeitnehmer erforderlich. Ein Beschluss über die Kündigung dieser Vereinbarung oder eines Teiles dieser Vereinbarung ist mit einer Dreiviertelmehrheit der insgesamt im SE-Betriebsrat repräsentierten Arbeitnehmer zu fassen.

(4) Zur Regelung von Verfahrensfragen, die in dieser Vereinbarung nicht geregelt sind, kann sich der SE-Betriebsrat eine schriftliche Geschäftsordnung geben.

§ 9 Jährliche Unterrichtung und Anhörung[16]

(1) Der Vorstand der SE hat den SE-Betriebsrat in der jährlichen Sitzung über die Entwicklung der Geschäftslage und die Perspektiven der SE zu unterrichten und ihn anzuhören. Dem SE-Betriebsrat sind hierzu rechtzeitig, spätestens jedoch zwei Wochen vor der jährlichen Sitzung, die folgenden Unterlagen vorzulegen:

(a) die Geschäftsberichte;

(b) die Tagesordnung aller Sitzungen des Aufsichtsrates und

(c) die Kopien aller Unterlagen, die der Hauptversammlung der Aktionäre vorgelegt werden.

Die Unterlagen können in elektronischer Form vorgelegt werden. Sie werden ausschließlich in deutscher und englischer Sprache vorgelegt.

(2) Die Entwicklung der Geschäftslage und die Perspektiven der SE i.S.v. § 9 Abs. 1 dieser Vereinbarung umfassen abschließend die folgenden grenzüberschreitenden Angelegenheiten:

(a) die gesellschaftsrechtliche Struktur sowie die wirtschaftliche und finanzielle Lage der SE;

(b) die voraussichtliche Entwicklung der Geschäftslage der SE;

(c) die Beschäftigungslage innerhalb der SE und ihre voraussichtliche Entwicklung;

(d) Investitionen (Investitionsprogramme);

(e) die grundlegenden Änderungen der Betriebsorganisation in mindestens zwei Mitgliedstaaten;

(f) die Einführung grundlegend neuer Arbeitsverfahren in mindestens zwei Mitgliedstaaten.

§ 10 Unterrichtung und Anhörung über außergewöhnliche Umstände[17]

(1) Außerhalb der jährlichen Sitzung gemäß § 9 Abs. (1) nimmt der Geschäftsführende Ausschuss die Rechte des SE-Betriebsrates auf Anhörung und Unterrichtung über außergewöhnliche Umstände wahr. Der Vorstand der SE hat den SE-Betriebsrat oder, sofern dies in der jährlichen Sitzung nicht möglich ist, den Geschäftsführenden Ausschuss rechtzeitig unter Vorlage der erforderlichen Unterlagen über außergewöhnliche Umstände, die erhebliche Auswirkungen auf die Interessen der Arbeitnehmer haben, zu unterrichten. Die Unterrichtung soll – soweit möglich – schriftlich erfolgen.

(2) Die außergewöhnlichen Umstände i.S.v. § 10 Abs. (1) dieser Vereinbarung umfassen abschließend die folgenden grenzüberschreitenden Angelegenheiten:

(a) Die Verlegung von Unternehmen, Betrieben oder Betriebsteilen, von der wenigstens in zwei Mitgliedstaaten jeweils mehr als zehn Prozent der dort beschäftigten Arbeitnehmer, mindestens aber jeweils fünf Arbeitnehmer, und insgesamt mehr als 25 Arbeitnehmer unmittelbar betroffen sind;

(b) Zusammenschlüsse oder Spaltungen von Unternehmen oder Betrieben von denen wenigstens in zwei Mitgliedstaaten jeweils mehr als zehn Prozent der dort beschäftigten Arbeitnehmer, mindestens aber jeweils fünf Arbeitnehmer, und insgesamt mehr als 25 Arbeitnehmer unmittelbar betroffen sind;

(c) die Einschränkung oder Stilllegung von Unternehmen, Betrieben oder Betriebsteilen, von der wenigstens in zwei Mitgliedstaaten jeweils mehr als zehn Prozent der dort beschäftigten Arbeitnehmer, mindestens aber jeweils fünf Arbeitnehmer, und insgesamt mehr als 25 Arbeitnehmer unmittelbar betroffen sind;

(d) Massenentlassungen i.S.v. § 17 Kündigungsschutzgesetz (KSchG) in mindestens zwei Mitgliedstaaten.

(3) Der SE-Betriebsrat bzw. der Geschäftsführende Ausschuss hat das Recht, auf Antrag innerhalb . . . . . . (Frist) nach der Unterrichtung mit dem Vorstand der SE zusammenzutreffen, um zu den außergewöhnlichen Umständen angehört zu werden. Bei Behandlung durch den Geschäftsführenden Ausschuss soll jeweils ein Mitglied des SE-Betriebsrates aus den unmittelbar betroffenen Mitgliedstaaten hinzugezogen werden. Der SE-Betriebsrat bzw. der Geschäftsführende Ausschuss ist berechtigt, innerhalb von . . . . . . (Frist) nach der Unterrichtung eine Stellungnahme zu den geplanten Maßnahmen abzu-

geben. Wenn der Vorstand der SE beschließt, nicht entsprechend der von dem SE-Betriebsrat bzw. dem Geschäftsführenden Ausschuss abgegebenen Stellungnahme zu handeln, hat der SE-Betriebsrat das Recht, innerhalb von . . . . . . (weitere Frist) ein weiteres Mal mit dem Vorstand der SE zusammenzutreffen, um über die Maßnahme zu beraten.

§ 11 Information der Arbeitnehmervertreter und Arbeitnehmer[18]

Der SE-Betriebsrat bzw. der Geschäftsführende Ausschuss informiert die Arbeitnehmervertreter der SE, ihrer Tochtergesellschaften und Betriebe über den Inhalt und die Ergebnisse der Unterrichtungs- und Anhörungsverfahren. Sind keine Arbeitnehmervertreter vorhanden, sind die Arbeitnehmer zu informieren.

§ 12 Arbeitsbedingungen des SE-Betriebsrates[19]

(1) Der Vorstand der SE gewährleistet dem SE-Betriebsrat und dem Geschäftsführenden Ausschuss unter Beachtung des Gebotes der Wirtschaftlichkeit und Angemessenheit Arbeitsbedingungen nach Maßgabe der nachfolgenden Bestimmungen, die ihnen die ordnungsgemäße Erfüllung ihrer Aufgaben ermöglichen.

(2) Die Mitglieder des SE-Betriebsrates führen ihr Amt unentgeltlich als Ehrenamt. Soweit dies zur Erfüllung ihrer Aufgaben erforderlich ist, werden sie ohne Minderung des Arbeitsentgeltes von ihrer Tätigkeit freigestellt.

(3) Der SE-Betriebsrat kann Mitglieder zur Teilnahme an Schulungs- und Bildungsveranstaltungen bestimmen, soweit diese Kenntnisse vermitteln, die für die Arbeit des SE-Betriebsrates erforderlich sind. Der SE-Betriebsrat hat die Teilnahme und die zeitliche Lage rechtzeitig dem Vorstand der SE mitzuteilen. Bei der Festlegung der zeitlichen Lage sind die betrieblichen Notwendigkeiten zu berücksichtigen.

(4) Der SE-Betriebsrat oder der Geschäftsführende Ausschuss können sich durch bis zu zwei Sachverständige ihrer Wahl unterstützen lassen, soweit dies zur ordnungsgemäßen Erfüllung ihrer Aufgaben erforderlich ist. Sachverständige können auch Vertreter der in der SE oder ihren Tochtergesellschaften vertretenen Gewerkschaften sein.

(5) Die durch die Bildung und Tätigkeit des SE-Betriebsrates und des Geschäftsführenden Ausschusses entstehenden erforderlichen Kosten wie z.B. Reisekosten und Spesen, Fortbildungskosten, Kosten von Sachverständigen und Gästen, Räumlichkeiten, Dolmetschern und Tagungstechnik trägt die SE. Die Abrechnung von Reisekosten und Spesen erfolgt gemäß den örtlichen Regelungen über die jeweiligen Arbeitgebergesellschaften.

§ 13 Tätigkeits- und Kündigungsschutz[20]

(1) Die Mitglieder und Ersatzmitglieder des SE-Betriebsrates dürfen bei der Ausübung ihrer Tätigkeit nicht behindert oder gestört werden. Sie dürfen wegen ihrer Tätigkeit weder benachteiligt noch begünstigt werden.

(2) Die Mitglieder des SE-Betriebsrates genießen den gleichen Kündigungsschutz wie Arbeitnehmervertreter nach den Gesetzen und Gepflogenheiten ihres jeweiligen Mitgliedstaates.

§ 14 Geheimhaltung und Vertraulichkeit[21]

Für die Geheimhaltung und Vertraulichkeit gilt § 41 SEBG in seiner jeweils aktuellen Fassung.

Teil III Mitbestimmung[22]

§ 15 Drittelparitätische Mitbestimmung im Aufsichtsrat der SE[23, 24]

(1) Die SE wird gemäß ihrer Satzung das dualistische System mit Vorstand und Aufsichtsrat beibehalten. Die Bestimmungen in Teil III dieser Vereinbarung regeln die Mitbestimmung der Arbeitnehmer im Aufsichtsrat der SE.

(2) Ein Drittel der satzungsgemäß insgesamt . . . . . . (Anzahl) Mitglieder des Aufsichtsrates der SE ist von den Arbeitnehmern zu bestellen („Arbeitnehmervertreter").

§ 16 Sitzverteilung und Bestellung der Arbeitnehmervertreter im Aufsichtsrat[25, 26, 27, 28]

(1) Die Verteilung der Sitze der Arbeitnehmervertreter richtet sich gemäß dem D'Hondtschen Höchstzahlverfahren nach dem jeweiligen Anteil der in den einzelnen Mitgliedstaaten beschäftigten Arbeitnehmer. Maßgeblich sind die Arbeitnehmerzahlen zum Ende des Geschäftsjahres vor der Bestellung. Eine Veränderung der Arbeitnehmerzahlen während der Amtszeit des Aufsichtsrates lässt die Sitzverteilung unberührt.

(2) Als Arbeitnehmervertreter im Aufsichtsrat der SE können ausschließlich Arbeitnehmer der SE, ihrer Tochtergesellschaften und Betriebe bestellt werden, die im Zeitpunkt ihrer Bestellung mindestens . . . . . . (Mindestbeschäftigungsdauer) bei einer Gesellschaft des Unternehmensverbundes beschäftigt sind.

(3) Die Arbeitnehmervertreter des ersten Aufsichtsrates der SE sind:

Mitgliedstaat	Arbeitnehmervertreter (Name, Vorname)	Persönliches Ersatzmitglied (Name, Vorname)

Sie gelten mit dem Inkrafttreten dieser Vereinbarung als bestellt.

(4) Die Arbeitnehmervertreter der weiteren Aufsichtsräte der SE und ihre persönlichen Ersatzmitglieder werden vom SE-Betriebsrat gewählt und bestellt.

§ 17 Amtszeit, Abberufung und Anfechtung[29, 30, 31]

(1) Die Amtszeit der Mitglieder des Aufsichtsrates richtet sich nach den Regelungen der Satzung der SE. Wiederbestellungen sind zulässig.

(2) Ist ein Arbeitnehmervertreter im Aufsichtsrat der SE in dem vertretenen Mitgliedstaat nicht mehr für die eine Gesellschaft des Unternehmensverbundes tätig, endet das Amt vor Ablauf seiner Amtszeit. In diesem Fall rückt das für den ausscheidenden Arbeitnehmervertreter bestellte persönliche Ersatzmitglied in den Aufsichtsrat nach. Rückt kein persönliches Ersatzmitglied nach, wird für die restliche Amtszeit des ausscheidenden Arbeitnehmervertreters gemäß § 16 Abs. (4) ein Nachfolger benannt. Dabei wird die Sitzverteilung zugrunde gelegt, die bei der Bestimmung des ausscheidenden Arbeitnehmervertreters maßgeblich war.

(3) Ein Arbeitnehmervertreter oder ein persönliches Ersatzmitglied kann gemäß § 37 Abs. 1 SEBG vor Ablauf seiner Amtszeit abberufen werden. Die Wahl eines Arbeitnehmervertreters oder eines persönlichen Ersatzmitglieds nach § 16 Abs. (3) kann gemäß § 37 Abs. 2

SEBG angefochten werden mit der Maßgabe, dass die Klage bei dem jeweils zuständigen Gericht am Sitz der SE innerhalb eines Monats nach Bekanntgabe des Wahlergebnisses erhoben werden muss.

§ 18 Rechte und Pflichten der Arbeitnehmervertreter

(1) Die Arbeitnehmervertreter im Aufsichtsrat der SE haben die gleichen Rechte und Pflichten wie die Vertreter der Anteilseigner.

(2) Arbeitnehmervertreter im Aufsichtsrat der SE dürfen bei der Ausübung ihrer Tätigkeit nicht behindert oder gestört werden. Sie dürfen wegen ihrer Tätigkeit weder benachteiligt noch begünstigt werden.

(3) Die Arbeitnehmervertreter im Aufsichtsrat der SE und ihre persönlichen Ersatzmitglieder genießen den gleichen Kündigungsschutz wie Arbeitnehmervertreter nach den Gesetzen und Gepflogenheiten ihres jeweiligen Mitgliedstaates.

(4) Soweit dies zur Erfüllung ihrer Aufgaben erforderlich ist, werden die Arbeitnehmervertreter im Aufsichtsrat der SE und ihre persönlichen Ersatzmitglieder ohne Minderung des Arbeitsentgeltes von ihrer Tätigkeit freigestellt.

(5) Die Arbeitnehmervertreter im Aufsichtsrat der SE können im Einvernehmen mit dem Vorstand der SE an Schulungs- und Weiterbildungsmaßnahmen teilnehmen, die für die Wahrnehmung ihrer Aufgaben als Mitglied des Aufsichtsrates der SE erforderlich sind.

(6) Die Arbeitnehmervertreter im Aufsichtsrat der SE haben das Recht, eine Verdolmetschung der Sitzungen des Aufsichtsrats der SE in ihre jeweilige Landessprache zu verlangen; dies gilt auch für die Übersetzung etwaiger Aufsichtsratsvorlagen.

§ 19 Verschwiegenheitspflicht

Die Arbeitnehmervertreter im Aufsichtsrat sowie ihre Ersatzmitglieder unterliegen der Verschwiegenheitspflicht gemäß § 41 SEBG in seiner jeweils aktuellen Fassung, soweit diese nicht bereits aus den aktienrechtlichen Regelungen zur Vertraulichkeit folgt.

§ 20 Vorstandszuständigkeit für Arbeit und Soziales

Ein Vorstandsmitglied ist für den Bereich Arbeit und Soziales zuständig.

Teil IV Schlussbestimmungen

§ 21 Geltungsdauer und Übergangsbestimmungen[34, 35]

(1) Diese Vereinbarung tritt mit Eintragung der Umwandlung der Gesellschaft in eine SE im Handelsregister in Kraft.

(2) Diese Vereinbarung wird auf unbestimmte Zeit geschlossen. Sie kann ordentlich mit einer Frist von ..... Monaten zum Monatsende gekündigt werden, erstmals jedoch mit Wirkung zum . . . . . . (Datum). Teil II und Teil III dieser Vereinbarung können unabhängig voneinander gekündigt werden (Teilkündigung).

(3) Das Recht zur außerordentlichen Kündigung aus wichtigem Grund bleibt hiervon unberührt.

(4) Der Beschluss des SE-Betriebsrates über die Kündigung dieser Vereinbarung oder eines Teils hiervon ist mit der in § 8 Abs. (3) festgelegten Mehrheit zu fassen.

(5) Jede Kündigung bedarf der Schriftform.

(6) Im Falle einer Kündigung (als Teilkündigung oder als Kündigung der gesamten Vereinbarung) führen der SE-Betriebsrat und der Vorstand der SE unverzüglich Verhandlungen über eine neue Vereinbarung. Wird bis zum Ablauf von zwei Jahren nach Ausspruch der Kündigung keine neue Vereinbarung geschlossen, tritt die gesetzliche Auffangregelung des SEBG in seiner jeweils gültigen Fassung an die Stelle dieser Vereinbarung, hinsichtlich des Teils II dieser Vereinbarung (SE-Betriebsrat) jedoch erst mit Ablauf der Amtszeit des zuletzt gewählten SE-Betriebsrates und hinsichtlich des Teils III dieser Vereinbarung (Mitbestimmung) erst mit Ablauf der Amtszeit der zuletzt bestellten Arbeitnehmervertreter. Für die gesetzliche Auffangregelung des SEBG zur Mitbestimmung ist hinsichtlich der Form und des Umfangs der Mitbestimmung auf die Verhältnisse zum Zeitpunkt der Umwandlung der AG in die SE abzustellen. Bis zur Konstituierung des nach einer neuen Vereinbarung oder der gesetzlichen Auffanglösung des SEBG zu bildenden SE-Betriebsrates hat der zuletzt nach Teil II dieser Vereinbarung gebildete SE-Betriebsrat ein Übergangsmandat.

§ 22 Wiederaufnahme der Verhandlungen bei strukturellen Änderungen[36]

Im Falle der Wiederaufnahme der Verhandlungen nach § 18 Abs. 3 SEBG werden die Verhandlungen über die Beteiligungsrechte der Arbeitnehmer vom Vorstand der SE und dem SE-Betriebsrat geführt.

§ 23 Rechtswahl, Sprache, Gerichtsstand und Schriftform[37]

(1) Soweit nicht ausdrücklich anders vereinbart, findet auf diese Vereinbarung im Rahmen der gesetzlichen Zulässigkeit deutsches Recht Anwendung.

(2) Diese Vereinbarung wird in deutscher Sprache abgefasst und geschlossen. Etwaige Übersetzungen in andere Sprachen haben lediglich informatorischen Charakter. Bei Streitigkeiten, insbesondere im Hinblick auf die Auslegung dieser Vereinbarung, ist allein die deutsche Fassung maßgeblich.

(3) Im Fall etwaiger Rechtsstreitigkeiten ist das am jeweiligen Sitz der SE zuständige Gericht anzurufen.

(4) Änderungen dieser Vereinbarung bedürfen der Schriftform. Dies gilt auch für eine Änderung dieser Schriftformklausel.

§ 24 Salvatorische Klausel

Sollte eine Bestimmung dieser Vereinbarung ganz oder teilweise unwirksam sein oder werden, so wird hiervon die Wirksamkeit der übrigen Bestimmungen nicht berührt. Anstelle der unwirksamen Bestimmung werden der Vorstand der SE und der SE-Betriebsrat innerhalb einer Frist von zwei Monaten eine gesetzlich zulässige Bestimmung vereinbaren, die dem mit der unwirksamen Bestimmung Gewollten wirtschaftlich am nächsten kommt. Erfolgt keine Einigung, entscheidet die Schlichtungsstelle. Dasselbe gilt für den Fall einer vertraglichen Lücke.

. . . . . .	. . . . . .
Ort, Datum	Ort, Datum
. . . . . .	. . . . . .
Unterschrift der Gesellschaft	Unterschrift des Besonderen Verhandlungsgremiums[40, 41]

Anmerkungen

1. Sachverhalt. Das Formular bietet einen Vorschlag zur Formulierung einer Vereinbarung über die Beteiligung der Arbeitnehmer in einer Europäischen Aktiengesellschaft, einer „SE" (Societas Europaea). Hierzu wird unterstellt, dass eine nach deutschem Recht gegründete, drittelparitätisch mitbestimmte Aktiengesellschaft mit Verwaltungssitz in Deutschland ihre Rechtsform in eine SE umwandeln will (formwechselnde Umwandlung, vgl. zu deren Gründung sowie auch zu den weiteren Modellen der Gründung einer SE durch Verschmelzung von Unternehmen sowie durch Gründung einer Holding-SE oder Tochter-SE insbesondere *Spitzbart* RNotZ 2006, 369, 387 ff.). Die formwechselnde Umwandlung ist das meistgewählte Modell zur Gründung operativer Europäischer Aktiengesellschaften. Eine solche Umwandlung hat weder die Auflösung der bestehenden Aktiengesellschaft noch die Gründung einer „neuen" juristischen Person zur Folge; die bestehende Aktiengesellschaft ändert lediglich ihre Rechtsform. Voraussetzung hierfür ist, dass es sich bei der formwechselnden Gesellschaft um eine Aktiengesellschaft handelt, die ihren Verwaltungssitz in einem Mitgliedstaat (hier: in Deutschland) und mindestens seit zwei Jahren eine dem Recht eines anderen Mitgliedstaats unterliegende Tochtergesellschaft hat.

2. SE – Societas Europaea. In Deutschland steht die übernationale Rechtsform der SE seit der Umsetzung der Verordnung 2157/2001/EG („SE-VO") und der Richtlinie 2001/86/EG („SE-RL") vom 8.10.2001 durch das SE-Ausführungsgesetz („SEAG") und das SE-Beteiligungsgesetz („SEBG") vom 22.12.2004 zur Verfügung.

Die Rechtsform der SE erfreut sich in Deutschland wachsender Beliebtheit. Neben prominenten Beispielen aus dem DAX 30 wie der Allianz SE, der BASF SE oder der E.ON SE vollziehen zunehmend auch mittelständische Unternehmen den Schritt zur Gründung einer SE. Die Gründe hierfür sind vielfältig. Sie reichen von der Vereinfachung grenzüberschreitender Sitzverlegungen und Unternehmenszusammenschlüsse bis hin zur Vereinheitlichung der Konzernstruktur und der Gestaltung der unternehmerischen Mitbestimmung. Letztere ist vor allem für Aktiengesellschaften interessant, die dem Drittelbeteiligungsgesetz oder auch gar keiner Mitbestimmung unterliegen. Ihnen bietet die Rechtsform der SE die Möglichkeit, das bestehende Mitbestimmungsniveau auch bei künftigem Unternehmenswachstum festzuschreiben.

3. Verhandlungslösung. Der europäische und deutsche Gesetzgeber haben darauf verzichtet, detaillierte Vorgaben über die inhaltliche Ausgestaltung der Beteiligungsvereinbarung zu formulieren. Nach ihrer Zielvorstellung sollen sich Arbeitgeber- und Arbeitnehmerseite in freier Verhandlung über die Ausgestaltung der Arbeitnehmerbeteiligung in der SE einigen und hierüber eine „maßgeschneiderte" Vereinbarung abschließen („**Vorrang der Verhandlungslösung**", vgl. zu den Vor- und Nachteilen *Heinze/Seifert/Teichmann* BB 2005, 2243, 2524). Die Vereinbarung erstreckt sich zum einen auf die Unterrichtung und Anhörung einer Arbeitnehmervertretung, des „SE-Betriebsrates", durch die Unternehmensleitung und zum anderen auf die Unternehmensmitbestimmung, d.h. die Vertretung der Arbeitnehmer im Aufsichts- oder Verwaltungsorgan der SE.

Die Gründung einer SE setzt zwingend voraus, dass der Arbeitnehmerseite konkrete Verhandlungen über den Abschluss einer Beteiligungsvereinbarung angeboten werden (ausführlich zum Verfahrensablauf insgesamt *Kowalksi* DB 2007, 2243, 2245). Erst wenn die Verhandlungen entweder zum Abschluss einer Beteiligungsvereinbarung geführt haben oder die sechsmonatige Verhandlungsfrist gemäß Art. 5 SE-RL, § 20 SEBG erfolglos verstrichen ist, kann die Eintragung der SE im Handelsregister erfolgen (vgl. Art. 12 Abs. 2 SE-VO). Die Dauer der Verhandlungen ist zwar auf sechs Monate begrenzt, kann jedoch einvernehmlich auf bis zu ein Jahr verlängert werden (vgl. § 20 Abs. 1 und Abs. 2 SEBG). In der Praxis ist der Abschluss einer Beteiligungsvereinbarung der absolute Regelfall. Können Arbeitgeber-

und Arbeitnehmerseite hingegen keine Einigung erzielen, hält das Gesetz – sowohl für den SE-Betriebsrat als auch für die Unternehmensmitbestimmung – eine „**Auffanglösung**" bereit (vgl. §§ 22 ff. SEBG zum SE-Betriebsrat sowie §§ 34 ff. SEBG zur Mitbestimmung; ausführlich zur Auffanglösung für die Mitbestimmung bei den unterschiedlichen Gründungsformen der SE etwa *Weiss/Wöhlert* NZG 2006, 121, wobei diese Auffanglösung bei der Mitbestimmung für den Fall der Umwandlung einer deutschen Aktiengesellschaft darin besteht, dass die Regelung zur Mitbestimmung, die bei der Aktiengesellschaft vor der Umwandlung bestand, erhalten bleibt, vgl. §§ 34 Abs. 1 Nr. 1, 35 Abs. 1 SEGB). Lediglich theoretischer Natur werden wohl Konstellationen bleiben, in denen die Arbeitnehmerseite die Nichtaufnahme oder den Abbruch der Verhandlungen beschließt. In einem solchen Fall käme es noch nicht einmal zur Geltung der Auffanglösung, so dass die SE insgesamt mitbestimmungsfrei bliebe (vgl. § 16 Abs. 1 und Abs. 2 SEBG, wobei allerdings ein solcher Beschluss zur Nicht-Aufnahme oder zum Abbruch von Verhandlungen im Fall einer Umwandlung schon gar nicht gefasst werden darf, vgl. § 16 Abs. 3 SEBG).

Die „**Absicherung" über die gesetzliche Auffanglösung** vermittelt den Arbeitnehmervertretern auf den ersten Blick eine recht starke Verhandlungsposition, da das Mitbestimmungsniveau im ungünstigsten Fall lediglich auf das gesetzlich geregelte Niveau zurückfallen kann und dieses im Grundsatz den höchsten Mitbestimmungsstandard, der in einer an der Gründung beteiligten Gesellschaft gilt, auf die SE erstreckt. Im Fall einer Umwandlung muss darüber hinaus in Bezug auf alle Komponenten der Arbeitnehmerbeteiligung zumindest das gleiche Ausmaß gewährleistet werden, das in der ursprünglichen Aktiengesellschaft bestanden hat (vgl. § 21 Abs. 6 SEBG). Die Praxis zeigt allerdings, dass auch in Fällen der Umwandlung für die Unternehmen günstigere Mitbestimmungsregelungen erreicht werden können. Diese können etwa in der Verkleinerung des Aufsichtsrates (→ Anm. 24), dessen Zusammensetzung, der Verhinderung einer „Sitzplatzreservierung" durch die Gewerkschaft oder einer „Zementierung" der Mitbestimmungsregelungen (Drittelbeteiligung statt paritätischer Mitbestimmung trotz „Anwachsens" der Arbeitnehmerzahl in der SE, vgl. ausführlich *Rieble* BB 2006, 2018 und *Habersack*, Der Konzern 2006, 108) bestehen. Häufig werden solche günstigeren Regelungen durch Zugeständnisse an anderer, weniger „schmerzhafter" Stelle ausgeglichen (etwa bei der Ausweitung und Stärkung von Informations- und Beratungsrechten des SE-Betriebsrates), so dass im Ergebnis eine für beide Seiten vorteilhafte Vereinbarung erreicht wird.

Im Vergleich zur gesetzlichen Auffanglösung bietet die Vereinbarungslösung gewichtige Vorteile. Die Verhandlungspartner können ihren vergleichsweise weitreichenden Gestaltungsspielraum nutzen, um die bisweilen rudimentären oder auslegungsbedürftigen gesetzlichen Regelungen zu präzisieren, Verfahrensvereinfachungen vorzunehmen und individuelle Lösungen zu vereinbaren. Der Abschluss einer Beteiligungsvereinbarung vereinfacht das Eintragungsverfahren und bietet angesichts des gemeinsam erzielten Konsenses Aussicht auf eine hohe Lebensdauer und Tragfähigkeit der Vereinbarung.

4. Verhandlungspartner – Gesellschaften und Besonderes Verhandlungsgremium. Als Verhandlungspartner auf Arbeitnehmerseite steht den Gesellschaften (im Fall der Gründung der SE durch eine Umwandlung allein die deutsche Aktiengesellschaft) ein international besetztes „Besonderes Verhandlungsgremium" („BVG") gegenüber, das allein für den Prozess der SE-Gründung zu bilden ist und dessen Amtszeit mit dem Abschluss der Beteiligungsvereinbarung endet.

5. Konstituierung des BVG. Unverzüglich nach Offenlegung des Umwandlungsplanes sind von Arbeitgeberseite die Arbeitnehmervertretungen und Sprecherausschüsse in den beteiligten Gesellschaften, betroffenen Tochtergesellschaften und Betrieben unaufgefordert über die Pläne zur Gründung der SE zu informieren. Für den Fall, dass keine entsprechenden Vertretungen bestehen, hat die Information unmittelbar gegenüber den Arbeitnehmern zu erfolgen (vgl. §§ 4 Abs. 2 S. 2 SEBG und 9 Abs. 1 SEBG; zum Inhalt der Information vgl.

§ 4 Abs. 3 SEBG). Zudem ist die Arbeitnehmerseite schriftlich aufzufordern, ein BVG zu bilden (vgl. § 4 Abs. 1 S. 1 SEBG). In der Praxis erfolgen Information und Aufforderung i.d.R. in einem einheitlichen Akt.

Die Größe und Zusammensetzung des BVG richtet sich nach der Anzahl der in einem Mitgliedstaat beschäftigten Arbeitnehmer sowie nach dem prozentualen Anteil der dort beschäftigten Arbeitnehmer an der Gesamtzahl der Arbeitnehmer innerhalb der Europäischen Union und des Europäischen Wirtschaftsraums (**Grundsätze der Repräsentation und Proportionalität**, vgl. § 5 Abs. 1 SEBG). Jeder Mitgliedstaat, in dem eine an der SE-Gründung beteiligte Gesellschaft, eine betroffene Tochtergesellschaft oder ein betroffener Betrieb ihren bzw. seinen Sitz hat und in dem Arbeitnehmer beschäftigt sind, erhält mindestens einen Sitz im BVG (vgl. § 7 Abs. 2 SEBG). Die Anzahl der einem Mitgliedstaat zugewiesenen Sitze erhöht sich jeweils um eins, soweit der Anteil der in diesem Mitgliedstaat beschäftigten Arbeitnehmer jeweils die Schwelle von zehn Prozent, 20 Prozent, 30 Prozent usw. aller innerhalb der Europäischen Union und des Europäischen Wirtschaftsraums beschäftigten Arbeitnehmer übersteigt. Für die Ermittlung der Arbeitnehmerzahl ist grundsätzlich auf den Zeitpunkt der Information der Arbeitnehmer über die geplante Gründung der SE abzustellen (vgl. § 4 Abs. 4 SEBG). Ändern sich während der Verhandlungen die Strukturen oder die Arbeitnehmerzahlen der beteiligten Gesellschaften, so ist die Sitzverteilung im BVG entsprechend anzupassen (vgl. § 5 Abs. 4 SEBG unter Hinweis auf MünchKommAktG/*Jacobs* § 5 SEBG Rn. 4 zu den Voraussetzungen und Rechtsfolgen solcher Veränderungen).

Die konkrete Besetzung der Sitze im BVG richtet sich sowohl hinsichtlich der persönlichen Voraussetzungen der Mitglieder als auch hinsichtlich des Besetzungsverfahrens nach den jeweiligen nationalen Bestimmungen der Mitgliedstaaten, auf die die betreffenden Sitze entfallen (vgl. §§ 6 Abs. 1, 7 Abs. 1 SEBG). Die nationale Ausgestaltung der Wahl- und Bestellungsverfahren variiert erheblich.

Gehören dem BVG mehr als zwei Mitglieder aus Deutschland an, ist von den inländischen Mitgliedern des BVG jeder dritte Sitz einem Gewerkschaftsvertreter, bei mehr als sechs Mitgliedern jeder siebte Sitz einem leitenden Angestellten vorbehalten (vgl. § 6 Abs. 3 und Abs. 4 SEBG zu dieser „Sitzplatzreservierung"). Die auf Deutschland entfallenden Sitze werden von einem speziellen Wahlgremium (vgl. § 8 SEBG) besetzt, das sich grundsätzlich aus den Mitgliedern des auf jeweils höchster Konzern- oder Unternehmensebene bestehenden Betriebsrats zusammensetzt (vgl. § 8 Abs. 2 bis 5 SEBG). Bestehen hingegen keine Arbeitnehmervertretungen, ist eine Urwahl durchzuführen (§ 8 Abs. 7 SEBG). Die Einzelheiten des Wahlverfahrens sind in den §§ 9, 10 SEBG geregelt (vgl. hierzu auch *Rieble* BB 2006, 2018; MünchKommAktG/*Jacobs* § 8 SEBG Rn. 6 ff.).

Die Wahl oder Bestellung aller Mitglieder des BVG hat innerhalb von zehn Wochen nach der in Informationserteilung über das Gründungsvorhaben zu erfolgen (vgl. § 11 Abs. 1 SEBG). Sind der Unternehmensleitung innerhalb der Zehn-Wochen-Frist alle Mitglieder des BVG benannt oder sind die zehn Wochen abgelaufen, wird unmittelbar zur **konstituierenden Sitzung des BVG** geladen (vgl. § 12 SEBG). Sind bei Ablauf der Zehn-Wochen-Frist nicht bereits alle Mitglieder des BVG bestimmt und hat die Arbeitnehmerseite die Fristüberschreitung zu vertreten, wird das Verhandlungsverfahren mit dem noch nicht voll besetzten BVG in Gang gesetzt (vgl. § 11 Abs. 2 S. 1 SEBG), ohne dass es zu einer Verlängerung der Verhandlungsfrist kommt. Nachträglich gewählte oder bestellte Mitglieder können sich zwar jederzeit an dem Verhandlungsverfahren beteiligen (vgl. § 11 Abs. 2 S. 2 SEBG), müssen aber den Verhandlungsstand akzeptieren, den sie vorfinden.

6. Geltungsbereich. Die Regelung des Geltungsbereichs der Beteiligungsvereinbarung gehört zum gesetzlich vorgeschriebenen Mindestinhalt der Beteiligungsvereinbarung (vgl. § 21 Abs. 1 Nr. 1 SEBG). Den Parteien steht die Möglichkeit offen, auch Drittstaaten in den räumlichen Geltungsbereich mit einzubeziehen. Sofern das Unternehmen dort Arbeitnehmer beschäftigt, wird der Anwendungsbereich beispielsweise häufig auch auf die Schweiz erstreckt. Zu beachten ist jedoch, dass die Beteiligungsvereinbarung für Gesellschaften einbezogener Drittstaaten nur dann verbindliche Wirkung entfaltet, wenn diese die Vereinbarung selbst unterzeichnen oder einen Dritten hierzu bevollmächtigten (KölnKommAktG/*Feuerborn* § 21 SEBG Rn. 22; SE-Komm/*Oetker* § 21 SEBG Rn. 22; Mayer/Manz/Schröder/*Evers/Hartmann* § 21 SEBG Rn. 13). Demgegenüber können Mitgliedstaaten der Europäischen Union oder des Europäischen Wirtschaftsraums nicht vom räumlichen Geltungsbereich ausgeschlossen werden. Sollen etwa Mitgliedstaaten, in denen nur eine geringe Anzahl an Arbeitnehmern beschäftigt ist, keinen eigenen Sitz im SE-Betriebsrat erhalten, so ist dies im Rahmen der Zusammensetzung des SE-Betriebsrats zu regeln (vgl. § 2 Abs. (2) dieses Formulars und → Anm. 9). Hinsichtlich des Arbeitnehmerbegriffes verweist das Formular auf die Regelung in § 2 Abs. 1 SEBG, wonach zur Bestimmung des Arbeitnehmerbegriffs zunächst auf die Rechtsvorschriften und Gepflogenheiten in den einzelnen Mitgliedsstaaten verwiesen wird. Für Deutschland ist allerdings die Sonderregelung zu beachten, dass nach § 2 Abs. 1 S. 2 SEBG auch die leitenden Angestellten i. S. d. § 5 Abs. 3 S. 2 BetrVG als Arbeitnehmer gelten. Diese sind damit z. B. auch wahlberechtigt (und wählbar) für einen SE-Betriebsrat. Leiharbeitnehmer gelten hingegen nicht als Arbeitnehmer i. S. d. § 2 Abs. 1 SEBG, könnten aber über eine entsprechende Regelung in der Beteiligungsvereinbarung mit einbezogen werden.

7. Errichtung des SE-Betriebsrates. Die Parteien sind verpflichtet, ein Verfahren zur Unterrichtung und Anhörung der Arbeitnehmer vorzusehen (vgl. § 21 Abs. 1 und Abs. 2 SEBG). Die Errichtung eines zentralen SE-Betriebsrates ist nicht zwingend, aber in der Praxis der absolute Regelfall. Alternativ ist beispielsweise die Einrichtung einer dezentralen Struktur denkbar, bei der die Unterrichtung und Anhörung gegenüber bereits bestehenden Arbeitnehmervertretungen oder bestimmten Ausschüssen erfolgt. Ein gänzlicher Verzicht auf die betriebliche Mitbestimmung in grenzüberschreitenden Angelegenheiten ist hingegen unzulässig (SE-Komm/*Oetker* § 21 SEBG Rn. 28; Mayer/Manz/Schröder/*Evers/Hartmann* § 21 SEBG Rn. 23; MünchKommAktG/*Jacobs* § 21 SEBG Rn. 12). Bei der inhaltlichen Ausgestaltung des Unterrichtungs- und Anhörungsverfahrens sind die Parteien nicht an die Regelungen der gesetzlichen Auffanglösung (vgl. §§ 22 ff. SEBG) gebunden. Im Rahmen der Verhandlungen erweisen sich diese jedoch häufig als Minimalkonsens.

8. Zuständigkeit des SE-Betriebsrates. Der grenzüberschreitende Bezug bildet die absolute Grenze der Zuständigkeit des SE-Betriebsrats. Dieser darf nicht zu einem „Ersatzbetriebsrat" für rein nationale Angelegenheiten gemacht werden. Eine klare Begriffsbestimmung des erforderlichen grenzüberschreitenden Bezugs anhand der Formulierung in § 27 SEBG bereitet in der Praxis Schwierigkeiten. Es ist unklar, ob eine Grenzüberschreitung nur dann vorliegt, wenn eine Maßnahme tatsächliche Auswirkungen in zwei Mitgliedstaaten entfaltet (es also beispielsweise zu Entlassungen in zwei Mitgliedstaaten kommt), oder auch dann, wenn sich in einem Mitgliedstaat – etwa am Sitz der SE – getroffene Entscheidungen in (lediglich) einem anderen Mitgliedstaat auswirken (vgl. zum Meinungsstand in der Literatur KölnKommAktG/*Feuerborn* § 27 SEBG Rn. 3). Das Formular regelt i. S. d. Klarheit und zur Begrenzung der Zuständigkeit des SE-Betriebsrates, dass eine grenzüberschreitende Angelegenheit nur dann gegeben ist, wenn sich die Maßnahme auch in mindestens zwei Mitgliedstaaten auswirkt.

9. Zusammensetzung und Sitzverteilung. Der SE-Betriebsrat setzt sich aus Arbeitnehmern der SE oder ihrer Tochtergesellschaften und Betriebe zusammen. Die in § 2 Abs. (1) dieses Formulars vorgesehene Mindestbeschäftigungsdauer gewährleistet eine sachgerechte Vertrautheit der Mitglieder des SE-Betriebsrates mit ihrem Arbeitgeber und den zu vertretenden Arbeitnehmerinteressen. Bei der Verteilung der Sitze im SE-Betriebsrat können die Parteien von den gesetzlichen Regelungen (insbesondere § 23 Abs. 1 SEBG) abweichen, solange die Ausgestaltung im Einzelfall von sachlichen Kriterien wie der Belegschaftsstärke und ihrer geographischen Verteilung geleitet ist. Grundsätzlich sind daher die Belegschaften proportional zu gewichten und alle Mitgliedstaaten, in dem Arbeitnehmer beschäftigt sind, bei der Sitzverteilung zu berücksichtigen. Um ein „Aufblähen" des SE-Betriebsrates zu verhindern und die Funktionsfähigkeit des Organs zu sichern, ist es allerdings zulässig, Arbeitnehmerschwellenwerte für die Entsendung eines Vertreters zu regeln oder mehrere kleine Belegschaften zu Entsendungskreisen zusammenzufassen (*Forst* D III 3 a) cc); in der Praxis sind Arbeitnehmerschwellenwerte oder die Bildung von Entsendungskreisen z.B. in den Beteiligungsvereinbarungen der BASF SE, der Allianz SE und der Nordex SE zu finden). In § 2 Abs. (2) dieses Formulares ist dementsprechend vorgesehen, dass ein Mitgliedstaat, der eine mit dem BVG zu verhandelnde Mindestbeschäftigtenzahl nicht erreicht, keinen eigenen Sitz im BVG erhält. Alternativ könnte vorgesehen werden, dass diejenigen Mitgliedstaaten, die aufgrund des vorgenannten Schwellenwertes keinen eigenen Vertreter in den SE-Betriebsrat entsenden, einen gemeinsamen Vertreter entsenden („Regionalvertreter"). Im Übrigen entspricht die vorgeschlagene Sitzverteilung den Grundsätzen zur Bildung des BVG (→ Anm. 5). Der gesetzlichen Auffanglösung folgend ist in § 2 Abs. (3) dieses Formulars eine zweijährliche Überprüfung und ggf. Neubesetzung des SE-Betriebsrates geregelt (vgl. § 25 SEBG). Das Formular stellt weiterhin klar, dass die Sitze derjenigen Mitgliedstaaten im Rahmen der Anpassungsprüfung entfallen, in denen nicht mehr die erforderliche Mindestanzahl an Arbeitnehmern beschäftigt wird.

10. Bestellung oder Wahl der Mitglieder. Im Rahmen der Regelung des Verfahrens zur Besetzung der Sitze im SE-Betriebsrat ist zu beachten, dass die Mitglieder des SE-Betriebsrates einer Legitimation durch die Arbeitnehmer bedürfen, sei es über nationale Vertretungsgremien, das BVG oder den SE-Betriebsrat selbst (*Forst* D III 3 a) bb) (1) (b); *Rieble* ZAAR Bd. 12, S. 101). Nach allerdings nicht unbestrittener Ansicht können auch Externe, z.B. Gewerkschaftsvertreter, in den SE-Betriebsrat entsandt werden, solange diese von den Arbeitnehmern bestimmt werden (*Forst* D III 3 a) bb) (1) (b); MünchKommAktG/*Jacobs* § 21 SEBG Rn. 17; a.A. KölnKommAktG/*Feuerborn* § 21 SEBG Rn. 29). Einseitige Entsendungsrechte Dritter können hingegen nicht wirksam vereinbart werden. In der Praxis verständigen sich die Parteien i.d.R. darauf, dass nur Arbeitnehmer der SE und ihrer Tochtergesellschaften in den SE-Betriebsrat entsandt werden können (vgl. § 2 Abs. (1) dieses Formulars). Hinsichtlich des Verfahrens zur Besetzung der den Mitgliedstaaten zugewiesenen Sitze wird in der Praxis wie in § 3 Abs. (1) dieses Formulares typischerweise auf die einschlägigen nationalen Vorschriften, hilfsweise auf die nationalen Vorschriften zur Bestimmung der Mitglieder des BVG, verwiesen. Im Gegensatz zur gesetzlichen Auffanglösung beinhaltet das Formular eine Regelung der Rechtsfolgen für den Fall, dass ein Mitgliedstaat keine oder nicht genügend Mitglieder in den SE-Betriebsrat entsendet (vgl. § 3 Abs. (2) dieses Formulars). Die in § 3 Abs. (3) dieses Formulares vorgesehene Bestimmung von Ersatzmitgliedern ist zweckmäßig, um einer etwaigen Handlungsunfähigkeit des SE-Betriebsrates bei Verhinderung der ordentlichen Mitglieder vorzubeugen. Die Durchführung einer separaten Wahl ist auf der Grundlage der vorgeschlagenen Verfahrensvereinfachung entbehrlich.

11. Amtszeit. Die im Formular vorgesehene Amtszeit des SE-Betriebsrates als Organ ist auf vier Jahre beschränkt. Der SE-Betriebsrat ist daher formal kein Dauerorgan, sondern wird nach Ablauf einer jeden Amtszeit jeweils neu konstituiert. Rein tatsächlich besteht allerdings jederzeit ein SE-Betriebsrat, da die jeweilige Amtszeit erst mit der Konstituierung des nachfolgenden SE-Betriebsrates endet. Im Gegensatz zur Regelung der von Mitgliedstaat zu Mitgliedstaat unterschiedlichen Amtszeit der einzelnen Mitglieder gemäß der gesetzlichen Auffanglösung ist die in der Praxis verbreitete Regelung einer Amtszeit des Gesamtorgans dazu geeignet, einen unregelmäßig gestaffelten und zeitlich auseinanderfallenden Wechsel der Mitglieder des SE-Betriebsrates zu vermeiden. Die reguläre Amtszeit der Mitglieder des SE-Betriebsrates endet mit der Amtszeit des SE-Betriebsrats, für den sie gewählt oder bestellt wurden (§ 4 Abs. (1) dieses Formulars). Darüber hinaus beinhaltet das Formular einen Katalog der Tatbestände, die zur vorzeitigen Beendigung der Amtszeit führen (§ 4 Abs. (3) dieses Formulares). Im Fall des vorzeitigen Ausscheidens eines SE-Betriebsratsmitglied kommt es zur Besetzung durch das Ersatzmitglied und – bei Ausscheiden auch des Ersatzmitgliedes aus dem Amt – zur Neubesetzung des Sitzes (§ 4 Abs. (3) dieses Formulars). Das Formular schafft Klarheit, dass die Stimmen der repräsentierten Arbeitnehmer bis zu diesem Zeitpunkt ersatzlos entfallen. Im Gegensatz zur gesetzlichen Auffanglösung sieht das Formular außerdem ein Verfahren zur Anfechtung der Wahl oder Bestellung (§ 4 Abs. (4) dieses Formulars) sowie zum gerichtlichen Ausschluss (§ 4 Abs. (5) dieses Formulars) von Mitgliedern des SE-Betriebsrates vor. Wie in der Praxis üblich erfolgt insoweit eine Anlehnung an § 37 SEBG.

12. Konstituierung und Vertretung des SE-Betriebsrates. Die Konstituierung und Vertretung des SE-Betriebsrates folgt dem Modell der gesetzlichen Auffanglösung (vgl. § 23 Abs. 2 und Abs. 3 SEBG). In der Praxis wird bisweilen auch die Wahl von zwei Stellvertretern des SE-Betriebsratsvorsitzenden vereinbart. Der Vorsitzende des SE-Betriebsrates und im Vertretungsfall sein Stellvertreter ist nicht gesetzlicher Vertreter, sondern vertritt das Gremium lediglich im Rahmen der gefassten Beschlüsse. Auch zur Entgegennahme von Erklärungen, die dem SE-Betriebsrat gegenüber abzugeben sind, ist der Vorsitzende bzw. sein Stellvertreter berechtigt.

13. Geschäftsführender Ausschuss und weitere Ausschüsse. Der Geschäftsführende Ausschuss besteht wie nach der gesetzlichen Auffanglösung aus dem Vorsitzenden des SE-Betriebsrates, seinem Stellvertreter und einem weiteren Mitglied. Er führt die laufenden Geschäfte des SE-Betriebsrates und vertritt diesen im Rahmen aller ihm durch im Gesetz oder in der Beteiligungsvereinbarung zugewiesenen Aufgaben. Die Gesellschaft hat i. d. R. ein Interesse daran, den Aufgabenkreis des Geschäftsführenden Ausschusses möglichst weit zu fassen, um im Gegenzug den Aufgabenkreis des SE-Betriebsrates als Vollgremium gering zu halten (vgl. die Zuweisung der Weiterleitung von Informationen im Rahmen der Unterrichtung und Anhörung in § 6 Abs. (3) b dieses Formulares und der Einleitung des Wahl- oder Bestellungsverfahrens der SE-Betriebsratsmitglieder sowie der Arbeitnehmervertreter im Aufsichtsrat in § 6 Abs. (3) d dieses Formulares). Im Gegenzug ist der Arbeitnehmerseite allerdings in der Praxis häufig eine Vergrößerung des Geschäftsführenden Ausschusses auf vier oder fünf Mitglieder zuzugestehen.

14. Sitzungen des SE-Betriebsrates. Nach der gesetzlichen Auffanglösung erfolgt die regelmäßige Unterrichtung und Anhörung des SE-Betriebsrates mindestens einmal im Kalenderjahr – bei Bedarf also auch häufiger – in einer gemeinsamen Sitzung (vgl. § 28 SEBG). Das Formular sieht insoweit eine Beschränkung auf eine gemeinsame Sitzung des SE-Betriebsrates und der Unternehmensleitung vor. In der Praxis wird nicht selten auch eine höhere Anzahl ordentlicher Sitzungen des SE-Betriebsrates vereinbart. Die Einberufung weiterer (außerordentlicher) Sitzungen kann nur im Einverständnis mit dem Vorstand erfolgen. Die Sitzungen des SE-Betriebsrates sind ebenso wie Sitzungen des Betriebsrats (vgl. § 30 S. 4 BetrVG) oder des Europäischen Betriebsrates (vgl. § 27 Abs. 1 S. 5 EBRG) nicht öffentlich. Das Formular stellt klar, dass die Unternehmensleitung die Sitzungsteilnahme an ihrerseits bestellte Vertreter delegieren kann (§ 7 Abs. (4) dieses Formulars). Mit der weiterhin vorgesehenen Festlegung der Teilnahmerechte von Gästen (§ 7 Abs. (4) dieses Formulars), die im Rahmen der gesetzlichen Auffanglösung nicht geregelt sind, können Streitigkeiten über die Einzelheiten der Sitzungsteilnahme vermieden werden.

15. Beschlüsse und Geschäftsordnung des SE-Betriebsrates. Mit der Regelung zur Beschlussfähigkeit des SE-Betriebsrates geht die Beteiligungsvereinbarung über die gesetzliche Auffanglösung hinaus, die für die Beschlussfähigkeit des SE-Betriebsrates die Anwesenheit der Hälfte seiner Mitglieder genügen lässt (vgl. § 24 Abs. 3 SEBG). Die Beschlussfähigkeit setzt hier eine doppelte Mehrheit der anwesenden Mitgliedern und der durch diese repräsentierten Arbeitnehmer voraus (§ 8 Abs. (1) dieses Formulares). Im Gegensatz zur gesetzlichen Auffanglösung richtet sich die Beschlussfassung im SE-Betriebsrat ausschließlich nach der Stimmgewichtung, also der Anzahl der durch ein Mitglied repräsentierten Arbeitnehmer (§ 8 Abs. (3) dieses Formulares). Für Beschlussgegenstände von besonderer Bedeutung wird ein qualifiziertes Mehrheitserfordernis festgeschrieben, damit diese nicht ohne eine breite Mehrheit im SE-Betriebsrat behandelt werden können (§ 8 Abs. (3) dieses Formulares). Für einen Beschluss über die Kündigung der Vereinbarung ist im Hinblick auf die Tragweite dieser Entscheidung sogar eine Dreiviertelmehrheit aller insgesamt – und nicht nur bei der jeweiligen Beschlussfassung – im SE-Betriebsrat vertretenen Arbeitnehmer vorgesehen. Der Erlass einer schriftlichen Geschäftsordnung (§ 8 Abs. (4) dieses Formulars) ist Ausdruck des Selbstorganisationsrechts des SE-Betriebsrates.

16. Jährliche Unterrichtung und Anhörung. Es steht den Verhandlungsparteien grundsätzlich frei, die im Rahmen der Auffanglösung vorgesehenen Beteiligungsrechte des SE-Betriebsrates zu erweitern oder zu beschränken. Diese Gestaltungsfreiheit ist jedoch nicht schrankenlos gewährleistet. So ist es den Parteien untersagt, Beteiligungsrechte des SE-Betriebsrates auch für nicht grenzüberschreitende Angelegenheiten vorzusehen. Der SE-Betriebsrat darf nicht zum „Ersatzbetriebsrat" für Mitgliedstaaten ohne eigene Arbeitnehmervertretungen gemacht werden (MünchKommAktG/*Jacobs* § 21 SEBG Rn. 17). Andererseits scheidet ein gänzlicher Verzicht auf die Unterrichtung und Anhörung in grenzüberschreitenden Angelegenheiten ebenfalls aus. In der Praxis greifen die Beteiligungsvereinbarungen typischerweise ebenso wie das Formular das gesetzliche System der regelmäßigen Unterrichtung und Anhörung in ordentlichen Sitzungen (vgl. § 28 SEBG, abgebildet in § 9 dieses Formulares) und der zusätzlichen Unterrichtung über außergewöhnliche Umstände in außerordentlichen Sitzungen (vgl. § 29 SEBG, abgebildet in § 10 dieses Formulars) auf. Die **Unterrichtung** bezeichnet die Verpflichtung des Vorstandes der SE, den SE-Betriebsrat über alle Fragen zu informieren, die einen grenzüberschreitenden Bezug aufweisen (vgl. § 1 Abs. (2) dieses Formulares und → Anm. 8). Die **Anhörung** beinhaltet den Dialog und Meinungsaustausch zwischen dem SE-Betriebsrat und dem Vorstand der SE. Beides muss so geschehen, dass eine Stellungnahme des SE-Betriebsrates im Rahmen des Entscheidungsprozesses tatsächlich noch berücksichtigt werden kann (MünchKommAktG/*Jacobs* Vorb. §§ 23–33 SEBG Rn. 12; Nagel/Freis/Kleinsorge/*Nagel* § 28 SEBG Rn. 3). Um Streitigkeiten über Einzelheiten des Unterrichtungs- und Anhörungsverfahrens vorzubeugen, lassen sich einige Einzelfragen in der Beteiligungsvereinbarung verbindlich festlegen, so zum Beispiel der Sitzungsort (§ 7 Abs. (1) dieses Formulars), das Recht zur Sitzungsteilnahme von Gästen (§ 7 Abs. (4) dieses Formulars) und die Form und Sprache der im Rahmen der Unterrichtung zur Verfügung zu stellenden Unterlagen (§ 9 Abs. (1) dieses Formulares). Der Katalog der Gegenstände der jährlichen Unterrichtung und Anhörung des SE-Betriebsrates (§ 9 Abs. (2) dieses Formulars) schränkt abweichend von der gesetzlichen Auffanglösung ab (vgl. § 28 Abs. 2 SEBG) die Gegenstände der ordentlichen Unterrichtung zunächst dahingehend ein, dass der Katalog abschließend ist. Zudem wurden die Unterrichtungsgegenstände, die nach der Auffanglösung sowohl Gegenstand der jährlichen Unterrichtung (vgl. § 28 Abs. 2 Nr. 7 bis 9 SEBG) als auch der Unterrichtung über außergewöhnliche Umstände (vgl. § 29 Abs. 1 S. 2 Nr. 1 bis 3 SEBG) sein können, aus Gründen der Klarheit aus dem Anwendungsbereich der jährlichen Unterrichtung ausgenommen. Anderenfalls ergeben sich in der praktischen Anwendung bei diesen Fällen erhebliche Schwierigkeiten in der Bestimmung des jeweils einschlägigen Unterrichtungs- und Anhörungsverfahrens.

17. Unterrichtung und Anhörung über außergewöhnliche Umstände. Die Definition der außergewöhnlichen Umstände ist auch hier in dem Formular zu Zwecken der Klarstellung abweichend von § 29 Abs. 1 S. 2 Nr. 1 bis 3 SEBG geregelt. Zunächst ist die Liste abschließend. Zudem liegt nur bei Überschreiten gewisser Schwellenwerte ein außergewöhnlicher Umstand vor. Hierdurch soll vermieden werden, dass auch bei kleineren Veränderungen oder Umstrukturierungen innerhalb der SE stets der SE-Betriebsrat zu beteiligen ist. Die Schwellenwerte sollten dabei jeweils an die Größe des Unternehmens angepasst werden. Schließlich hilft eine solche Definition, Streitigkeiten über die Zuständigkeit des SE-Betriebsrates zu vermeiden.

In verfahrenstechnischer Sicht erfolgt die Unterrichtung über außergewöhnliche Umstände nur dann gegenüber dem SE-Betriebsrat als Vollgremium, wenn diese zeitlich im Rahmen der jährlichen Sitzung des SE-Betriebsrats erfolgen kann. Im Übrigen nimmt aus Gründen der regelmäßig gegebenen zeitlichen Dringlichkeit der Unterrichtung der Geschäftsführende Ausschuss das Recht auf Unterrichtung und Anhörung wahr (§ 10 Abs. (1) dieses Formulars). Ist ein Mitgliedstaat von den außergewöhnlichen Umständen betroffen, der nicht im Geschäftsführenden Ausschuss vertreten ist, soll ein weiteres SE-Betriebsratsmitglied aus diesem Mitgliedstaat hinzugezogen werden (§ 10 Abs. (3) dieses Formulars). Das Zusammentreffen mit der Unternehmensleitung ist als Initiativrecht ausgestaltet und erfolgt daher lediglich auf Antrag des SE-Betriebsrates oder des Geschäftsführenden Ausschusses. In der Struktur der gestaffelten Anhörungen folgt das Formular der gesetzlichen Auffanglösung (§ 29 Abs. 2 und 4 SEBG), sieht aber darüber hinausgehend vor, dass mithilfe der Bestimmung von Stellungnahme- und Anhörungsfristen Klarheit hinsichtlich der zeitlichen Rahmenbedingungen geschaffen wird (§ 10 Abs. (3) dieses Formulars). Diese sind bei der Umsetzung der Maßnahme unbedingt zu beachten, da eine vorzeitige Umsetzung einen Verstoß gegen die Beteiligungsvereinbarung darstellt und ggf. mit einer einstweiligen Verfügung blockiert werden kann (KölnKomm-AktG/*Feuerborn* § 29 SEBG Rn. 12; Mayer/Manz/Schröder/*Kleinmann/Kujath* § 29 SEGB Rn. 6). Andererseits ist durch die zeitliche Staffelung der einzelnen Schritte eine Begrenzung der Gesamtdauer des Anhörungsverfahrens gegeben, so dass der SE-Betriebsrat keine weitergehende Möglichkeit hat, die Umsetzung der Maßnahmen zu verzögern.

18. Information der Arbeitnehmervertreter und Arbeitnehmer. Als Adressat der Unterrichtung und Anhörung in grenzüberschreitenden Angelegenheiten hat der SE-Betriebsrat oder der Geschäftsführende Ausschuss die Aufgabe, die im Rahmen des Unterrichtungs- und Anhörungsverfahrens gewonnenen Informationen und Ergebnisse an die Arbeitnehmervertreter oder Arbeitnehmer auf nationaler Ebene weiterzuleiten.

19. Arbeitsbedingungen des SE-Betriebsrates. Die Regelungen zu den Arbeitsbedingungen und dem Tätigkeitsschutz des SE-Betriebsrats greifen im Wesentlichen den Inhalt der §§ 31 bis 33 und 42 bis 44 SEBG auf.

20. Tätigkeits- und Kündigungsschutz. → Anm. 19.

21. Geheimhaltung und Vertraulichkeit. Aus der Beteiligung der Arbeitnehmer im Rahmen der Unterrichtung und Anhörung folgt ein Bedürfnis auf Geheimhaltung vertraulicher Informationen, die von den beteiligten Gesellschaften erteilt werden. Es bietet sich an, insoweit auf die umfangreiche gesetzliche Regelung des § 41 SEBG zu verweisen, der Verschwiegenheitspflichten der Mitglieder des SE-Betriebsrats und weiterer Personengruppen festschreibt.

22. Inhalt der Vereinbarung zur Unternehmensmitbestimmung. Auf Ebene der Unternehmensmitbestimmung muss nicht zwingend eine Vereinbarung erfolgen; ob die Parteien eine solche Regelung treffen wollen, steht ihnen daher grundsätzlich frei (vgl. SE-Komm/*Oetker* § 21 SEBG Rn. 31 zu dieser Freiwilligkeit und den entsprechenden Erfordernissen und Grenzen, wenn tatsächlich ausdrücklich von einer Regelung zur Mitbestimmung abgesehen werden soll; in diesem Fall greift auch nicht die gesetzliche Auffanglösung nach den §§ 34 bis 44 SEBG). Wird – wie im Formular unterstellt – eine Vereinbarung zur Mitbestimmung getroffen, soll insbesondere die Zahl der Arbeitnehmervertreter im Aufsichts- oder Verwaltungsorgans der SE festgelegt werden. Zudem sollen auch das zugehörige Wahl- oder Bestellungsverfahren und die Rechte der Mitglieder des Aufsichts- oder Verwaltungsorgans der SE bestimmt werden. Im Fall, dass zwischen den Parteien keine Einigung erzielt werden kann, greift anders als bei einer ausdrücklichen Nicht-Regelung der Mitbestimmung die gesetzliche Auffanglösung nach §§ 34 bis 44 SEBG. Auch im Bereich der Unternehmensmitbestimmung kann die gesetzliche Auffanglösung – ganz oder in Teilen – zwischen den Verhandlungsparteien vereinbart werden (vgl. § 21 Abs. 5 SEBG).

23. Dualistisches System der SE. Das Formular unterstellt, dass in der Satzung der zu gründenden SE nicht das monistische, sondern das dualistische System gewählt wird. Die Wahl zwischen dem monistischen und dem dualistischen System hat grundlegende Bedeutung für den Regelungsinhalt der Vereinbarung im Bereich der Unternehmensmitbestimmung. Denn beim **dualistischen System** besteht neben dem Leitungsorgan, das die Geschäfte führt, ein Aufsichtsorgan, dem vor allem Überwachungsfunktionen obliegen (vgl. Art. 19 ff. SE-VO, §§ 15 ff. SEAG). Dieses System ähnelt stark dem System einer deutschen AG mit Vorstand und Aufsichtsrat, so dass auch viele Vorschriften des deutschen Aktiengesetzes auf die dualistisch strukturierte SE anwendbar sind. Im Gegensatz hierzu existiert im **monistischen System** kein eigenständiges Aufsichtsorgan, sondern mit dem Verwaltungsrat nur ein Organ, das die Aufgaben und Befugnisse von Leitungs- und Überwachungsorgan in sich vereint (vgl. Art. 43 ff. SE-VO, §§ 20 ff. SEAG). Weiteres Organ neben dem Leitungsorgan und dem Aufsichtsorgan der SE (im dualistischen System) bzw. dem Verwaltungsrat der SE (im monistischen System) ist die Hauptversammlung der Aktionäre (vgl. Art. 38 a) SE-VO).

Die Ähnlichkeit des dualistischen Systems mit der aus dem deutschen Aktienrecht bekannten Organisationsverfassung von Vorstand und Aufsichtsrat dürfte der Grund dafür sein, dass bei SE-Gründungen in Deutschland die Wahl des dualistischen Systems deutlich überwiegt. Entgegen anderslautender Erwartungen wird die Rechtsform der SE in der Praxis nicht massenhaft dazu genutzt, die angeblich unbeliebte dualistische Leitungsstruktur loszuwerden. Den Bedürfnissen der Praxis insoweit folgend beziehen sich die nachfolgenden Ausführungen in diesem Formular allein auf das dualistische System.

24. Größe des Aufsichtsrates der SE und drittelparitätische Besetzung. Für die Größe des Aufsichtsrates einer SE gilt, dass dieser zumindest drei Mitglieder haben muss, eine höhere Zahl festgelegt werden kann, jedoch die Zahl stets durch drei teilbar bleiben muss (vgl. § 17 Abs. 1 SEAG; a.A. LG Nürnberg-Fürth NZA 2010, 547). Zudem darf die Zahl der Aufsichtsratsmitglieder – entsprechend dem Grundkapital der SE – gewisse Höchstzahlen nicht überschreiten (bei Gesellschaften mit einem Grundkapital bis zu eineinhalb Mio. EUR sind maximal neun Aufsichtsratsmitglieder zulässig, bei einem Grundkapital von mehr als eineinhalb Mio. EUR bis zu zehn Mio. EUR maximal 15 Aufsichtsratsmitglieder und bei einem Grundkapital von mehr als EUR zehn Mio. maximal 21 Aufsichtsratsmitglieder).

Ein wesentliches Motiv für die Gründung einer SE besteht insbesondere für große Unternehmen in der zahlenmäßigen Verkleinerung des Aufsichtsrates, der in der Rechtsform der Aktiengesellschaft zwingende gesetzliche Vorschriften entgegenstehen (vgl. § 7 MitbestG).

Für den Fall der SE-Gründung durch Umwandlung schreibt § 21 Abs. 6 SEBG allerdings vor, dass in der Vereinbarung „in Bezug auf alle Komponenten der Arbeitnehmerbeteiligung zumindest das gleiche Ausmaß gewährleistet werden“ muss, das in der umzuwandelnden Aktiengesellschaft besteht. Trotz des missverständlichen Wortlautes ist damit jedoch nicht die deckungsgleiche Weitergeltung aller bislang geltenden Mitbestimmungsvorschriften vorgeschrieben, sondern lediglich eine qualitativ gleichwertige Übernahme des Mitbestimmungsstatutes (vgl. MünchKommAktG/*Jacobs* § 21 SEBG Rn. 21). Danach muss zwar der relative Anteil der Arbeitnehmervertreter im Aufsichtsrat und damit das bisherige Verhältnis von Arbeitnehmer- und Anteilseignervertretern gleich bleiben, nicht jedoch auch die absolute Anzahl der Arbeitnehmervertreter (ausführlich hierzu *Habersack* AG 2006, 345; SE-Komm/*Oetker* § 21 SEBG Rn. 34, § 35 SEBG Rn. 7 ff.; MünchKommAktG/*Jacobs* § 18 SEBG Rn. 9; ebenso *Müller-Bonanni/Melot de Beauregard* GmbHR 2005, 197, *Krause* BB 2005, 1221). Im Ergebnis wird es daher auch bei einer im Wege der Umwandlung gegründeten SE zulässig sein, den Aufsichtsrat zu verkleinern.

Nach mittlerweile herrschender Ansicht kann die Größe des Aufsichtsrates allerdings nicht Gegenstand der Beteiligungsvereinbarung sein (vgl. MünchKommAktG/*Reichert/Brandes* Art. 40 SE-VO Rn. 68; *Kallmeyer* AG 2003, 197, 199; KölnKommAktG/*Paefgen* Art. 40 SE-VO Rn. 102; *Feldhaus/Vanscheidt* BB 2008, 2246, 2247; *Kiem* ZHR 173 (2009), 156, 175 ff.; *Habersack* AG 2006, 345 ff.; *ders.* ZHR 171 (2007), 613, 626 ff). Anders als das relative Verhältnis zwischen Arbeitnehmer- und Anteilseignervertretern bleibt die Festlegung der Anzahl der Aufsichtsratsmitglieder danach der Hauptversammlung als Satzungsgeberin zugewiesen. Wenngleich die Verkleinerung des Aufsichtsrates daher nicht zwingend einen Konsens mit der Arbeitnehmerseite erfordert, sollte die politische Brisanz einer solchen Satzungsänderung nicht unterschätzt werden. Nicht selten muss die Verkleinerung des Aufsichtsrates in der Praxis daher mit Zugeständnissen an anderer Stelle „erkauft" werden (→ Anm. 3).

25. Sitzverteilung. Nach der gesetzlichen Auffanglösung richtet sich die Verteilung der Sitze auf die Mitgliedstaaten nach dem jeweiligen Anteil der in den einzelnen Mitgliedstaaten beschäftigten Arbeitnehmer der SE, ihrer Tochtergesellschaften und Betriebe (vgl. § 36 Abs. 1 S. 2 SEBG). Die Sitzverteilung folgt dem d'Hondtschen Höchstzahlenverfahren. Bleiben danach – etwa weil die Anzahl an Mitgliedstaaten die zu verteilende Anzahl an Sitzen übersteigt – unberücksichtigt, ist der letzte zu verteilende Sitz einem bisher unberücksichtigten Mitgliedstaat zuzuweisen (vgl. § 36 Abs. 1 S. 3 SEBG).

Den Parteien steht es grundsätzlich frei, eine von der gesetzlichen Auffanglösung abweichende Verteilung der Sitze der Arbeitnehmervertreter auf die jeweiligen Mitgliedstaaten zu vereinbaren. Die Sitzverteilung sollte allerdings an sachliche Kriterien anknüpfen wie z. B. Arbeitnehmerzahlen, geographische Regionen, Geschäftsbereiche oder Sparten (vgl. KölnKommAktG/*Feuerborn* § 21 SEBG Rn. 55; *Seibt* AG 2005, 413). § 16 Abs. (1) dieses Formulares greift die Sitzverteilung auf die Mitgliedstaaten nach dem d'Hondtschen Höchstzahlverfahren auf, schreibt allerdings keine Mindestrepräsentanz zweier Mitgliedstaaten vor. Für Europäische Aktiengesellschaften mit einem Belegschaftsschwerpunkt in Deutschland führt dies regelmäßig dazu, dass die Arbeitnehmervertreter im Aufsichtsrat aus Deutschland zu entsenden sind. Ein praktischer Vorteil einer solchen Sitzverteilung kann darin bestehen, dass sowohl eine Verdolmetschung der Aufsichtsratssitzungen als auch eine Übersetzung der Aufsichtsratsvorlagen entbehrlich ist.

26. Persönliche Voraussetzungen. Nach § 16 Abs. (2) dieses Formulares können ebenso wie in den SE-Betriebsrat nur Arbeitnehmer der SE, ihrer Tochtergesellschaften und Betriebe als Arbeitnehmervertreter in den Aufsichtsrat gewählt werden, die bereits für eine festzulegende Mindestbeschäftigungsdauer innerhalb des Unternehmensverbundes beschäftigt sind. Die nach der gesetzlichen Auffanglösung mögliche Entsendung von Gewerkschaftsvertretern (vgl. §§ 36 Abs. 3 S. 2, 6 Abs. 2 S. 3 SEBG) ist hingegen ausgeschlossen.

Im Übrigen ist stets darauf zu achten, dass die Arbeitnehmervertreter im Aufsichtsrat der SE auch die nach dem Recht des jeweiligen Sitzstaates der SE bestehenden persönlichen Voraussetzungen erfüllen (vgl. Art. 47 Abs. 2 SE-VO; vgl. SE-Komm/*Teichmann* Art. 47 SE-VO Rn. 17 zu den Rechtsfolgen bei einem Verstoß gegen ein Bestellungshindernis); hat die SE – wie im Formular unterstellt – ihren Sitz in Deutschland, ist deshalb § 100 AktG zu beachten (vgl. ausführlich SE-Komm/*Teichmann* Art. 47 SE-VO Rn. 5 ff. und *Heinze/Seifert/Teichmann* BB 2005, 2524).

27. Erster Aufsichtsrat der SE. Gängige Praxis ist es, in der Vereinbarung die Arbeitnehmervertreter für den ersten Aufsichtsrat zu bestimmen und diese auch namentlich zu benennen. Nach § 16 Abs. (3) des Formulares gelten die Arbeitnehmervertreter im ersten Aufsichtsrat der SE bereits mit dem Inkrafttreten der Beteiligungsvereinbarung als bestellt. Auf der Grundlage von Art. 40 Abs. 2 S. 3 SE-VO sieht die Beteiligungsvereinbarung damit ein unmittelbares Entsendungsrecht der Arbeitnehmer vor, das gegenüber dem nach der gesetzlichen Auffanglösung maßgeblichen verbindlichen Vorschlagsrecht gegenüber der Hauptversammlung (vgl. § 36 Abs. 4 SEBG) eine beträchtliche Verfahrensvereinfachung darstellt. Die unmittelbare Bestellung gewährleistet, dass die Arbeitnehmervertreter im ersten Aufsichtsrat – anders als bei einer sonst erforderlichen vorläufigen gerichtlichen Bestellung – nicht nur endgültig für die volle Amtszeit bestellt sondern auch von Anfang an im Aufsichtsrat vertreten sind.

28. Verfahren zur Besetzung der weiteren Aufsichtsräte. Die Festlegung des Verfahrens, mit dem die auf die einzelnen Mitgliedstaaten entfallenden Sitze zu besetzen sind, gehört zum zwingenden Inhalt einer Beteiligungsvereinbarung (vgl. § 21 Abs. 3 S. 2 Nr. 2 SEBG). Nach der gesetzlichen Auffanglösung richtet sich die Besetzung vorrangig nach den jeweiligen nationalen Vorschriften. Nur, wenn solche Vorschriften nicht existieren, kann der SE-Betriebsrat die Arbeitnehmervertreter für den entsprechenden Mitgliedstaat bestimmen (vgl. § 36 Abs. 2 SEBG). Für Deutschland sieht § 36 Abs. 3 SEBG ein ähnliches Verfahren wie zur Bildung des BVG vor (→ Anm. 5). Die nationalen Verfahren sind jedoch sowohl zeit- und kostenaufwändig als auch schwer zu handhaben bzw. zu koordinieren.

Es empfiehlt sich daher, die Vereinbarung zu nutzen, um ein einfacheres Besetzungsverfahren festzulegen, das aus Unternehmenssicht möglichst überschaubar und kostengünstig ist. In § 16 Abs. (3) dieses Formulars ist daher eine unmittelbare Bestimmung der Arbeitnehmervertreter und ihrer persönlichen Ersatzmitglieder durch den SE-Betriebsrat vorgesehen. Zur weiteren Vereinfachung des Verfahrens wird dem SE-Betriebsrat außerdem ein unmittelbares Entsendungsrecht eingeräumt, das eine Bestellung durch die Hauptversammlung entbehrlich macht (→ Anm. 27).

29. Amtszeit der Arbeitnehmervertreter im Aufsichtsrat der SE. Die Amtszeit der Mitglieder des Aufsichtsrats richtet sich gemäß § 17 Abs. 1 dieses Formulares nach den Regelungen der Satzung der SE (vgl. Art. 46 SE-VO). Dies gilt unterschiedslos auch für die Amtszeit der Mitglieder des ersten Aufsichtsrates.

30. Ausscheiden aus dem Unternehmensverbund vor Ablauf der Amtszeit. Mit der Regelung des Ausscheidens aus dem Aufsichtsrat im Falle der Beendigung des aktiven Arbeitsverhältnisses mit einer Gesellschaft des Unternehmensverbundes macht § 17 Abs. (2) dieses Formulars eine Abberufung des betreffenden Arbeitnehmervertreters entbehrlich.

31. Abberufung der Arbeitnehmervertreter und Anfechtung ihrer Wahl. Das Formular sieht in § 17 Abs. (3) eine Regelung zur (vorzeitigen) Abberufung der Arbeitnehmervertreter im Aufsichtsrat sowie zur Anfechtung ihrer Wahl vor. Danach wird die im Rahmen der gesetzlichen Auffanglösung für inländische Arbeitnehmervertreter geltende Regelung des § 37 SEBG auf alle Arbeitnehmer erstreckt.

32. Rechte und Pflichten der Arbeitnehmervertreter im Aufsichtsrat. In der Vereinbarung sind auch die Rechte der Arbeitnehmervertreter im Aufsichtsrat zwingend festzulegen (vgl. § 21 Abs. 3 S. 2 Nr. 3 SEBG). Die vorgeschlagenen Regelungsinhalte, auch zum Kündigungsschutz und der Entgeltfortzahlung, orientieren sich an hierzu üblichen

Regelungen sowie insbesondere an den gesetzlichen Bestimmungen im SEBG (vgl. die teilweise parallelen Regelungen in § 38 Abs. 1 SEBG sowie §§ 42 bis 44 SEBG).

Das Formular schafft im Hinblick auf den Kündigungsschutz keine besondere oder zusätzliche Sicherung für die Arbeitnehmervertreter im Aufsichtsrat der SE, sondern verweist lediglich auf die jeweiligen nationalen Regelungen. Denkbar wäre hier zwar auch, eine für die Arbeitnehmervertreter aller Länder einheitliche Regelung festzulegen. Diese müsste sich dann jedoch schon rein faktisch an dem Recht des Landes mit dem höchsten Schutzniveau orientieren (SE-Komm/*Oetker* § 21 SEBG Rn. 38). Nach deutschem Recht besteht für Arbeitnehmervertreter im Aufsichtsrat kein besonderer Kündigungsschutz, der z. B. dem von Betriebsratsmitgliedern vergleichbar wäre. Das Benachteiligungsverbot vermittelt allerdings dadurch einen „relativen" Schutz, dass eine Kündigung insbesondere nicht wegen der Tätigkeit als Aufsichtsratsmitglied erfolgen darf.

Im Übrigen besteht im Hinblick auf die Festlegung der Rechte der Arbeitnehmervertreter in einer Vereinbarung erheblicher Gestaltungs- und Verhandlungsspielraum. Insbesondere an dieser Stelle bietet es sich für die Unternehmensseite an, der Arbeitnehmerseite Zugeständnisse zu machen, mit denen an anderer Stelle Erleichterungen ermöglicht werden. Das Formular gibt mit dem Recht zur Verdolmetschung in der Landessprache sowie zur Teilnahme an Schulungs- und Weiterbildungsmaßnahmen zwei hierfür im Regelfall seitens der Arbeitnehmerseite gewünschten „Vergünstigungen".

33. Verschwiegenheitspflicht. Auch wenn die Aufsichtsratsmitglieder entsprechenden gesetzlichen Verschwiegenheitsverpflichtungen unterliegen (vgl. zur Geltung der allgemeinen gesellschaftsrechtlichen Regelungen bei der Verschwiegenheit, SE-Komm/*Oetker* § 41 SEBG Rn. 11 unter Hinweis auf §§ 116, 93 Abs. 1 S. 3 AktG), empfiehlt sich in der Vereinbarung eine entsprechende Regelung, um die Bedeutsamkeit dieser Verpflichtung hervorzuheben. Es bietet sich wiederum an, insoweit auf die umfangreiche gesetzliche Regelung des § 41 SEBG zu verweisen (→ Anm. 21).

34. Inkrafttreten. Um diesbezüglich Rechtsklarheit zu gewährleisten, sieht das SEBG vor, dass der Zeitpunkt des Inkrafttretens der Vereinbarung ausdrücklich und genau bestimmt werden muss (vgl. § 21 Abs. 1 Nr. 6 SEBG). Hierzu kann von den Parteien ein festes Datum festgelegt werden; alternativ ist denkbar, den Beginn der Vereinbarung an den Eintritt eines bestimmten Ereignisses zu knüpfen. Im Formular ist – insbesondere für den unterstellten Fall der formwechselnden Umwandlung sinnvoll – festgelegt, dass die Vereinbarung mit der Eintragung der SE in das Handelsregister in Kraft tritt.

35. Laufzeit der Vereinbarung, Kündigung und Übergangsbestimmungen. Zur Festlegung der Laufzeit (vgl. § 21 Abs. 1 Nr. 6 SEBG) sind ebenfalls unterschiedliche Regelungsmöglichkeiten denkbar. Neben einer reinen Festlaufzeit kann in der Vereinbarung z. B. auch eine Festlaufzeit mit einer automatischen Verlängerungsmöglichkeit vorgesehen werden, die nur dann nicht greifen würde, wenn eine Kündigung rechtzeitig vor Ablauf der Festlaufzeit (bzw. der Verlängerungsperiode) erklärt würde. Das Formular schlägt als weitere in der Praxis oft anzutreffende Möglichkeit eine unbefristete Laufzeit mit Kündigungsmöglichkeit in Verbindung mit einer Mindestlaufzeit vor (vgl. § 21 Abs. (2) dieses Formulars). Somit wird gewährleistet, dass die Vereinbarung zumindest während der Mindestlaufzeit in Kraft bleibt. Praxisüblich sind dabei Zeiträume von vier bis sieben Jahren.

Im Falle einer Kündigung sind der SE-Betriebsrat und die Unternehmensleitung verpflichtet, Verhandlungen über eine neue Vereinbarung zu führen (vgl. § 21 Abs. (6) dieses Formulars). Die zeit- und kostenintensive Bildung eines neuen BVG ist danach entbehrlich.

Um sicherzustellen, dass die Beendigung der Vereinbarung nicht zu einem Regelungsvakuum führt, sollten die Parteien von ihrer Vertragsautonomie Gebrauch machen, um hinsichtlich der Rechtsfolgen des Auslaufens der Beteiligungsvereinbarung Klarheit zu schaffen. Sowohl die SE-Richtlinie als auch das SEBG lassen offen, ob es insoweit zur Geltung der Auffanglösung kommt oder ob eine Nachwirkung der Beteiligungsvereinbarung eintritt (zum Meinungsstand und den denkbaren Lösungsansätzen vgl. *Forst* EuZW 2011).

Nach der vorgeschlagenen Regelung wirkt die Beteiligungsvereinbarung zunächst während der Verhandlungen über eine neue Vereinbarung bis zum Ablauf von zwei Jahren nach. Erst wenn bis zum Ablauf dieses Zweijahreszeitraums keine Einigung über eine neue Beteiligungsvereinbarung erzielt werden kann, tritt die gesetzliche Auffanglösung mit dem Ende der Amtszeit des SE-Betriebsrates bzw. der zuletzt bestellten Arbeitnehmervertreter an die Stelle der (gekündigten Teile der) Vereinbarung (vgl. § 21 Abs. (6) dieses Formulars).

36. Neuverhandlungen bei strukturellen Änderungen. § 18 Abs. 3 SEBG fordert, dass auf Veranlassung der Leitung der SE oder des SE-Betriebsrates Neuverhandlungen über die Beteiligungsrechte der Arbeitnehmer stattzufinden haben, wenn strukturelle Änderungen der SE geplant werden, die geeignet sind, Beteiligungsrechte der Arbeitnehmer zu mindern. Diese Pflicht zur Neuverhandlung ist zwingend und kann auch in der Vereinbarung nicht abbedungen werden (vgl. zur Unabdingbarkeit die Gesetzesbegründung zu § 18 Abs. 3 SEBG, BR-Drucks. 438/04 S. 129; MünchKommAktG/*Jacobs* § 18 SEBG Rn. 8 zur Bewertung der Vorschrift als Ausprägung des allgemeinen Missbrauchsverbots). Das Formular beschränkt sich in § 22 daher auf die Festlegung, dass die Neuverhandlungen bei strukturellen Änderungen von der Unternehmensleitung und dem SE-Betriebsrat geführt werden (vgl. § 18 Abs. 3 S. 2 SEBG). Der mit der Bildung eines neuen BVG verbundene Zeit- und Kostenaufwand wird so vermieden. An den Verhandlungen sind auch Vertreter der Arbeitnehmer zu beteiligen, die im Zeitpunkt der Neuverhandlungen nicht vom SE-Betriebsrat vertreten werden, jedoch infolge der strukturellen Änderung bei der (fiktiven) Bildung eines neuen BVG zu berücksichtigen wären.

Welche praktischen Fälle eine strukturelle Änderung i. S. v. § 18 Abs. 3 SEBG darstellen, die zur Minderung der Beteiligungsrechte der Arbeitnehmer geeignet ist, ist nicht abschließend geklärt. Nach der herrschenden Meinung setzt eine strukturelle Änderung voraus, dass sich die gesellschaftsrechtliche Struktur der SE verändert; eine Veränderung der bloßen Organisationsstrukturen genügt demgegenüber nicht (vgl. MünchKommAktG/*Jacobs* § 18 SEBG Rn. 12; KölnKommAktG/*Feuerborn* § 18 SEBG Rn. 21).

Typische Fälle struktureller Änderungen sind beispielsweise Fusionen, Abspaltungen sowie die Veräußerung von Tochtergesellschaften oder Betrieben (vgl. ausführlich MünchKommAktG/*Jacobs* § 18 SEBG Rn. 11; *Rieble* BB 2006, 2018, 2020; *Wollburg/Banerjea* ZIP 2007, 278). Die Pflicht zur Neuverhandlung lösen strukturelle Änderungen allerdings nur dann aus, wenn sie zu einer Minderung der Beteiligungsrechte – d. h. der Unterrichtungs- und Anhörungsrechte oder der Unternehmensmitbestimmung – der Arbeitnehmer geeignet sind. Geschützt werden nicht nur diejenigen Arbeitnehmer, die bereits innerhalb der SE beschäftigt sind, sondern gerade auch die infolge der strukturellen Änderung hinzukommenden Arbeitnehmer (vgl. KölnKommAktG/*Feuerborn* § 18 SEBG Rn. 30). Ob eine Minderung der Beteiligungsrechte droht, ist im Wege eines Vorher-Nachher-Vergleichs des Niveaus der Arbeitnehmerbeteiligung vor und nach Eintritt der strukturellen Änderung zu beurteilen (vgl. MünchKommAktG/*Jacobs* § 18 SEBG Rn. 14; KölnKommAktG/*Feuerborn* § 18 SEBG Rn. 32).

Eine strukturelle Änderung, die geeignet ist, Beteiligungsrechte der Arbeitnehmer zu mindern, tritt zum Beispiel ein, wenn eine Gesellschaft mit höherem Mitbestimmungsniveau auf die SE verschmolzen oder bei einer Spaltung von der SE aufgenommen wird (vgl. Habersack/Drinhausen/*Hohenstatt/Müller-Bonanni* § 18 SEBG Rn. 10). Kein Fall der strukturellen Änderung ist demgegenüber der Erwerb oder die Veräußerung von Beteiligungen (vgl. *Grobys* NZA 2005, 84, 91) oder das bloße organische Anwachsen der Arbeitnehmerzahl über mitbestimmungsrelevante Schwellenwerte (vgl. KölnKommAktG/*Feuerborn* § 18 SEBG Rn. 35).

Anders als nach den in § 21 Abs. (6) dieses Formulares für den Fall der Kündigung vorgesehenen Übergangsbestimmungen führt das Scheitern der Verhandlungen bei strukturellen Änderungen gemäß § 19 Abs. 3 SEBG zur unmittelbaren Geltung der gesetzlichen Auffanglösung.

37. Rechtswahl. Das Formular geht davon aus, dass der Sitz der im Wege der formwechselnden Umwandlung zu gründenden SE in Deutschland liegt. Damit ist der örtliche Anwendungsbereich des SEAG und des SEBG eröffnet (vgl. §§ 1 SEAG, 3 Abs. 1 S. 1 SEBG). Diese beiden Gesetze gelten auch für alle betroffenen Tochtergesellschaften und Betriebe im Inland (vgl. §§ 1 SEAG, 3 Abs. 1 S. 2 SEBG). Die Regelung zum anwendbaren Recht dient daher allein der Klarstellung.

38. Sprache. Die Vereinbarung sieht vor, dass die deutsche Fassung im Streitfall gegenüber etwaige Übersetzungen der Vereinbarung in andere Sprachen Vorrang haben soll. Diese Regelung ist allerdings nicht zwingend; denkbar ist deshalb auch, dass von den Parteien eine andere Vertragssprache (etwa Englisch) gewählt wird; in diesem Fall muss jedoch eine deutsche Übersetzung angefertigt werden, um der Vorlagepflicht beim Handelsregister Rechnung tragen zu können (→ Anm. 41).

39. Gerichtsstand. Die im Formular vorgesehene Gerichtsstandsabrede ist nur von klarstellender Bedeutung, weil der Gerichtsstand ohnehin am Sitz der SE begründet wird (zur gerichtsstandsbegründenden Wirkung des Sitzes der SE vgl. SE-Komm/*Zimmer/Ringe* Art. 7 SE-VO Rn. 4, sowohl in internationaler Hinsicht als auch für die örtliche Zuständigkeit; diese örtliche Zuständigkeit richtet sich nach nationalem (deutschem) Recht und liegt i. d. R. auch dort, wo die SE ihren Sitz hat, vgl. § § 82 Abs. 2 ArbGG für die Arbeitsgerichtsbarkeit). Etwaige Streitigkeiten über Zustandekommen und Inhalt der Vereinbarung sind im Wesentlichen im arbeitsgerichtlichen Beschlussverfahren auszutragen (vgl. §§ 2a Abs. 1 Nr. 3 d), 80 ff. ArbGG, vgl. MünchKommAktG/*Jacobs* § 21 SEBG Rn. 26 zu den Ausnahmen).

40. Schriftform und Unterzeichnung. Die Vereinbarung bedarf der Schriftform (vgl. § 13 Abs. 1 S. 1 SEBG sowie § 21 Abs. 1 SEBG). Die Parteien für den Abschluss bilden auf Arbeitnehmerseite das BVG sowie auf Unternehmensseite die Leitung der Gesellschaft (im Fall der SE-Gründung durch Umwandlung) bzw. die geschäftsführenden und vertretungsberechtigten Leitungsorgane aller beteiligten Gesellschaften (im Fall der SE-Gründung durch Verschmelzung oder durch Gründung einer Holding- oder Tochter-SE).

Auf **Arbeitnehmerseite** erfolgt die Willensbildung zum Abschluss der Vereinbarung durch Beschlussfassung im BVG. Für einen wirksamen Beschluss ist die Mehrheit der Mitglieder des BVG erforderlich, die außerdem die Mehrheit der vertretenen Arbeitnehmer repräsentiert ist (vgl. § 15 Abs. 2 SEBG). Enthält die Vereinbarung eine Minderung der Mitbestimmungsrechte, so ist für den Beschluss sogar eine Zwei-Drittel-Mehrheit erforderlich (vgl. § 15 Abs. 3 SEBG, wobei auch zwei Drittel der vertretenen Arbeitnehmer repräsentiert sein müssen). Diese Möglichkeit zur Minderung der Mitbestimmungsrechte (vgl. § 15 Abs. 4 SEBG) besteht nur in den Fällen der Gründung einer SE durch Verschmelzung sowie durch Gründung einer Holding-SE oder Tochter-SE, nicht hingegen im Fall einer Umwandlung (vgl. § 21 Abs. 6 SEBG). Dementsprechend regelt § 15 Abs. 5 SEBG auch, dass bei einer durch Umwandlung zu gründenden SE ein solcher Beschluss schon nicht gefasst werden darf. Die Vereinbarung ist zumindest vom Vorsitzenden des BVG zu unterschreiben (vgl. § 12 Abs. 1 S. 2 SEBG; MünchKommAktG/*Jacobs* § 21 SEBG Rn. 4).

Die **Unternehmensseite** muss eine entsprechende Willensbildung in den jeweiligen Leitungsgremien herbeiführen. Haben im Fall der SE-Gründung durch Verschmelzung oder durch Gründung einer Holding- oder Tochter-SE mehrere Unternehmensleitungen zu zeichnen, gilt – mangels entsprechender Regelungen – das Einstimmigkeitsprinzip (MünchKommAktG/*Jacobs* § 21 SEBG Rn. 4; SE-Komm/*Oetker* § 21 SEBG Rn. 8). Die

Organvertreter können hierbei nach allgemeinen Grundsätzen vertreten werden, sofern sie nicht ohnehin ein einheitliches Verhandlungsorgan mit entsprechender Abschlusskompetenz gebildet haben (MünchKommAktG/*Jacobs* § 21 SEBG Rn. 5; SE-Komm/*Oetker* § 21 SEBG Rn. 8).

41. Publizität. Für die Vereinbarung gelten keine Publizitätsvorschriften; insbesondere ist die Vereinbarung nicht zu veröffentlichen oder in den Betrieben auszulegen. Die Vereinbarung ist lediglich dem **Registergericht** vorzulegen (vgl. SE-Komm/*Oetker* § 21 SEBG Rn. 13 unter Hinweis auf Art. 12 Abs. 2 SE-VO).

2. Bekanntmachung über die Zusammensetzung des Aufsichtsrates, § 97 Abs. 1 AktG

...... GmbH

HRB ......

...... (Sitz der Gesellschaft)

...... (Adresse)

Bekanntmachung[1] der ...... GmbH[2] gemäß § 97 Abs. 1 AktG[3, 4]
über die Zusammensetzung des Aufsichtsrates

Die Geschäftsführung[5] der ...... GmbH ist der Ansicht, dass die Zusammensetzung des Aufsichtsrates der ...... GmbH nicht den maßgeblichen gesetzlichen Vorschriften entspricht.[6, 7, 8]

Nach Auffassung der Geschäftsführung ist der Aufsichtsrat der ...... GmbH nach Maßgabe der §§ 1 Abs. 1 Nr. 3, 4 Abs. 1 DrittelbG i. V. m. §§ 96 Abs. 1, 101 Abs. 1 AktG drittelparitätisch zusammenzusetzen, also zu zwei Dritteln aus Vertretern der Anteilseigner und zu einem Drittel aus Vertretern der Arbeitnehmer.[9]

(Alternative 1:

Nach Auffassung der Geschäftsführung ist der Aufsichtsrat der ...... GmbH nach Maßgabe der §§ 1 Abs. 1, 6, 7 Abs. 1 MitbestG i. V. m. §§ 96 Abs. 1, 101 Abs. 1 AktG paritätisch zusammenzusetzen, also je zur Hälfte aus Vertretern der Anteilseigner und Vertretern der Arbeitnehmer. Der Aufsichtsrat setzt sich aus je ...... (Anzahl) Aufsichtsratsmitgliedern der Anteilseigner und der Arbeitnehmer zusammen.)[10]

(Alternative 2:

Nach Auffassung der Geschäftsführung besteht keine gesetzliche Pflicht, bei der ...... GmbH einen Aufsichtsrat zu bilden, da die Voraussetzungen nach den mitbestimmungsrechtlichen Vorschriften (z. B. DrittelbG und MitbestG) nicht gegeben sind.)[11]

Der Aufsichtsrat der ...... GmbH wird nach den genannten gesetzlichen Bestimmungen gebildet und zusammengesetzt *(bei Alternative 2: Der Aufsichtsrat der ...... GmbH wird aufgelöst)*, wenn nicht Antragsberechtigte nach § 98 Abs. 2 AktG innerhalb eines Monats nach Veröffentlichung dieser Bekanntmachung im elektronischen Bundesanzeiger das zuständige Gericht nach § 98 Abs. 1 AktG anrufen.[12, 13]

...... (Ort), ... (Datum der Veröffentlichung im elektronischen Bundesanzeiger)

Die Geschäftsführung der ...... GmbH

Anmerkungen

1. Bekanntmachung als Möglichkeit zur Eröffnung eines Statusverfahrens. Das Formular bezieht sich auf eine GmbH und kann als Muster einer Bekanntmachung über die Zusammensetzung des Aufsichtsrates nach § 97 Abs. 1 AktG i.V.m. § 27 EGAktG verwendet werden. Mit einer derartigen Bekanntmachung stellt das Geschäftsführungsorgan einer Gesellschaft (Vorstand bei einer Aktiengesellschaft oder Geschäftsführung bei einer GmbH) fest, dass die Zusammensetzung des Aufsichtsrates der Gesellschaft nicht (mehr) der geltenden Rechtslage entspricht. Zudem wird damit bekannt gemacht, nach welchen Vorschriften der Aufsichtsrat stattdessen richtig zu bilden ist.

Die Bekanntmachung dient der Einleitung des **Statusverfahrens** (vgl. hierzu *Oetker* ZGR 2000, 19 ff.; *ders.* ZHR 149 (1985) 575 ff.). Ein solches Statusverfahren ist von einem Geschäftsführungsorgan immer dann zwingend einzuleiten, wenn es zu der Auffassung gelangt ist, dass der Aufsichtsrat in nicht zutreffender Weise zusammengesetzt und dementsprechend anzupassen ist. Neben der Bekanntmachung nach § 97 AktG und dem gerichtlichen Verfahren nach § 98 AktG steht hierfür keine andere Verfahrensart zur Verfügung. Durch die Konzentration auf diese Verfahrensarten soll Rechtssicherheit hergestellt und gewährleistet werden (vgl. KölnKommAktG/*Mertens/Cahn* § 97 bis 99 Rn. 2 m.w.N.). Solange daher kein Statusverfahren durchgeführt ist, gilt die Zusammensetzung eines Aufsichtsrates als rechtmäßig, selbst wenn seine Zusammensetzung tatsächlich der materiellen Rechtslage widerspricht (sog. „Kontinuitätsprinzip" oder „Status quo-Prinzip" gemäß § 96 Abs. 2 AktG, vgl. *Oetker* ZHR 149 (1985), 575, 576 f.). Die Veränderung der Zusammensetzung eines Aufsichtsrates ohne Durchführung eines Statusverfahrens gemäß §§ 97 ff. AktG wäre nichtig.

Alternativ zu einer Bekanntmachung nach § 97 AktG kann das Geschäftsführungsorgan zur Einleitung des Statusverfahrens auch einen Antrag auf gerichtliche Entscheidung über die Zusammensetzung des Aufsichtsrates nach § 98 AktG veranlassen (vgl. zu dieser Alternative → Form. G. 3 sowie zur Wahl zwischen diesen Alternativen → Anm. 4 dieses Formulars).

Das Statusverfahren selbst ist **ein zweistufiger Prozess** (vgl. etwa W/H/S/S/*Seibt* F Rn. 200 und 212): In der **ersten Stufe**, die entweder durch die Bekanntmachung nach § 97 AktG oder ein gerichtliches Verfahren nach § 98 AktG einzuleiten ist, werden die für die Zusammensetzung des Aufsichtsrates maßgeblichen Vorschriften festgestellt. In der **zweiten Stufe** wird eine entsprechende Überleitung vollzogen, wobei die Zusammensetzung des Aufsichtsrates und gegebenenfalls auch die Satzung der Gesellschaft gemäß den in der ersten Stufe für die Zusammensetzung des Aufsichtsrates als maßgeblich festgestellten Vorschriften angepasst werden.

2. Betroffene Gesellschaften. Trotz der Regelung des Statusverfahrens im Aktiengesetz ist das Statusverfahren nicht nur bei Aktiengesellschaften anwendbar, sondern auch bei einer KGaA (§ 278 Abs. 3 AktG), bei allen mitbestimmten Gesellschaften (§§ 6 Abs. 2, 37 MitbestG, 1 Abs. 1 Nr. 3 S. 2 und Nr. 5 DrittelbG, § 3 Abs. 2 Montan-MitbestG, § 3 Abs. 2 MitbestErgG), bei der nicht mitbestimmten GmbH (§ 27 EGAktG) sowie beim Versicherungsverein auf Gegenseitigkeit (§ 35 VAG). Auf die dualistische Societas Europaea (SE) sind die §§ 97 ff. AktG ebenfalls anwendbar, wenn nicht die Satzung der SE abweichende Regelungen enthält (Art. 9 Abs. 1 lit. c (ii) SE-VO, § 17 Abs. 3 S. 1 SEAG). Für die monistische SE ist dagegen ein eigenständiges Statusverfahren geregelt (§ 25 SEAG), das sich jedoch an die §§ 97 ff. AktG anlehnt (vgl. hierzu etwa GKAktG/*Hopt/Roth/Peddinghaus* § 97 Rn. 77 f.; MünchKommAktG/*Habersack* § 97 Rn. 4).

3. Gründe für die Durchführung eines Statusverfahrens. Die Gründe dafür, dass in einem Unternehmen die Zusammensetzung des Aufsichtsrates nicht (mehr) der materiellen Rechtslage entspricht, sind vielfältig.

Ein Grund kann insbesondere in einer **Änderung der tatsächlichen Verhältnisse** liegen. Ein wichtiger Anwendungsfall ist die mit einem Absinken oder einem Anstieg der Arbeitnehmerzahl einhergehende **Änderung des Mitbestimmungssystems** (vgl. *Weiler* NZA 2004, 988 ff.). So ist zum einen denkbar, dass eine bislang mitbestimmungsfreie Gesellschaft durch den Anstieg der Arbeitnehmerzahl in den Anwendungsbereich eines Mitbestimmungssystems „hineinwächst". Dies ist etwa der Fall, wenn eine bislang mitbestimmungsfreie Gesellschaft erstmalig eine Arbeitnehmerzahl von 500 überschreitet und die Gesellschaft damit dem DrittelbG unterliegt und der Aufsichtsrat drittelparitätisch zu besetzen ist. Möglich ist auch, dass sich der Mitbestimmungsstatus einer bereits mitbestimmten Gesellschaft ändert, wenn z.B. die Gesellschaft durch den Anstieg der Arbeitnehmerzahl auf über 2000 aus dem Anwendungsbereich des DrittelbG „heraus-" und in den Anwendungsbereich des MitbestG „hineinwächst". Dies kann nicht nur durch natürliches Wachstum, sondern auch durch den Hinzuerwerb von Betrieben und Betriebsteilen geschehen. Soweit die Voraussetzungen für eine Zurechnung vorliegen, können die maßgeblichen Schwellenwerte auch infolge der Hinzurechnung von Arbeitnehmern von Tochtergesellschaften überschritten werden (vgl. §§ 5 Abs. 1 MitbestG, 2 Abs. 2 DrittelbG). Das Bundesarbeitsgericht hat seinen bisherigen Grundsatz „Leiharbeitnehmer wählen, aber zählen nicht" aufgegeben und zählt nunmehr auch Leiharbeitnehmer hinsichtlich Schwellenwerten nach dem BetrVG und KSchG mit (BAG NZA 2012, 221; BAG NZA 2013, 726; BAG NZA 2013, 789). Die ordentlichen Gerichte haben noch nicht entschieden, ob sie auch weiterhin der nunmehr geänderten Rechtsprechung des Bundesarbeitsgerichts folgen. Es erscheint jedoch wahrscheinlich, dass sie sich auch der Rechtsprechungsänderung anschließen (in diesem Sinne LAG Frankfurt a.M. BeckRS 2013, 70446; a.A. *Künzel/Schmid* NZA 2013, 300). Leiharbeitnehmer wären dann auch bei den Schwellenwerten zu berücksichtigen, was Auswirkungen auf das anwendbare Mitbestimmungssystem haben könnte. Ein Statusverfahren ist auch dann durchzuführen, wenn der Schwellenwert von 500 Arbeitnehmern dauerhaft nicht mehr überschritten wird und damit die Voraussetzungen für die Anwendung eines Mitbestimmungssystems gänzlich entfallen (vgl. OLG Frankfurt NZG 2011, 353). In diesem Zusammenhang ist zu berücksichtigen, dass bei einer sog. „Alt-AG" das DrittelbG auch dann anzuwenden ist, wenn in der Regel nicht mehr als 500 Arbeitnehmer beschäftigt werden. Dies gilt für Aktiengesellschaften, die vor dem 10. August 1994 eingetragen wurden und keine Familiengesellschaften sind (§ 1 Abs. 1 Nr. 1 S. 2 DrittelbG; vgl. hierzu auch OLG Düsseldorf NZG 2011, 1152).

Ein Statusverfahren ist ferner auch dann durchzuführen, wenn die **Vergrößerung oder Verkleinerung des Aufsichtsrates** wegen gestiegener oder gesunkener Arbeitnehmerzahlen gesetzlich vorgeschrieben ist, das Mitbestimmungsmodell selbst aber unverändert bleibt (§ 7 Abs. 1 MitbestG; vgl. MünchKommAktG/*Habersack* § 97 Rn. 14; GKAktG/*Hopt/Roth* § 96 Rn. 53; zur Frage, ob ein Statusverfahren auch durchzuführen ist, wenn die Änderung des Aufsichtsrates wegen einer Satzungsänderung notwendig wird vgl. W/H/S/S/*Seibt* F Rn. 196 ff.).

Ein Statusverfahren kommt ferner bei bestimmten **Umwandlungstatbeständen** in Betracht, insbesondere – bei Vorliegen weiterer Voraussetzungen – bei der Verschmelzung oder Spaltung durch Aufnahme und bei bestimmten Fällen des Formwechsels (vgl. hierzu näher *Kowalski/Schmidt* DB 2009, 551, 553 f.; GKAktG/*Hopt/Roth/Peddinghaus* § 97 Rn. 12 ff.; speziell zur Verschmelzung *Kiem/Uhrig* NZG 2001, 680; *Parmentier* AG 2006, 476 ff.; Lutter/*Decher/Hoger* UmwG § 197 Rn. 47, § 203 Rn. 14 f.; Lutter/*Joost* UmwG § 218 Rn. 15).

Für bestimmte Fallgruppen, bei denen die Voraussetzungen für ein Mitbestimmungssystem an sich wegfallen würden, sieht das Gesetz vor, dass das Mitbestimmungssystem gleichwohl beibehalten wird (sog. „**Mitbestimmungsbeibehaltung**"; vgl. § 325 Abs. 1 UmwG und Mitbestimmungs-Beibehaltungsgesetz – MitbestBeiG). Ein Statusverfahren ist dann nicht oder erst zu einem späteren Zeitpunkt durchzuführen.

Ein Statusverfahren kann aber auch dann notwendig werden, wenn die Bildung des bestehenden Aufsichtsrates auf einer **rechtlichen Fehlbeurteilung** beruhte, die nun korrigiert werden soll (vgl. im Übrigen zu einer breiten Darstellung der weiteren möglichen Anwendungsfällen des Statusverfahrens Hölters/*Simons* Aktiengesetz § 97 Rn. 11 m. w. N.; MünchKommAktG/*Habersack* § 97 Rn. 4 ff.).

4. Verhältnis des Verfahrens nach § 97 AktG zum Verfahren nach § 98 AktG. Zur Einleitung des Statusverfahrens hat das Geschäftsführungsorgan die Wahl zwischen einer Bekanntmachung nach § 97 AktG und einem gerichtlichen Antrag nach § 98 AktG (vgl. MünchKommAktG/*Habersack* § 97 Rn. 15 f. m. w. N.).

Eine Bekanntmachung nach § 97 AktG ist regelmäßig zu bevorzugen, weil die Bekanntmachung deutlich weniger aufwändig und kostengünstiger ist, um eine verbindliche Feststellung über die für die Gesellschaft maßgebliche Aufsichtsratszusammensetzung herbeizuführen. Zudem verlagert sie den Handlungsdruck auf die „Gegenseite". Denn um zu verhindern, dass die Zusammensetzung des Aufsichtsrates nach den Vorstellungen des Geschäftsführungsorgans erfolgt, muss die „Gegenseite" gegen die Bekanntmachung vorgehen und ein Gerichtsverfahren einleiten. Die unmittelbare Anrufung des zuständigen Gerichtes nach § 98 AktG durch das Geschäftsführungsorgan (vgl. zu dieser Alternative → Form. G. 3) ist natürlich denkbar, wenn sich das Geschäftsführungsorgan entweder über die ordnungsgemäße Zusammensetzung des Aufsichtsrates selbst unsicher ist oder ohnehin mit der Einleitung eines Gerichtsverfahrens durch einen Antragsberechtigten gerechnet wird. In diesem Zusammenhang können taktische Überlegungen eine Rolle spielen, ob die Herbeiführung einer Klärung beschleunigt werden soll oder nicht. Hat bereits ein anderer Antragsberechtigter einen Antrag auf gerichtliche Feststellung der Zusammensetzung des Aufsichtsrates nach § 98 AktG eingereicht, so ist für die Dauer dieses gerichtlichen Verfahrens gemäß § 98 AktG eine Bekanntmachung des Geschäftsführungsorgans ausgeschlossen (sog. „Bekanntmachungssperre"; vgl. § 97 Abs. 3 AktG). Dadurch sollen Doppelverfahren vermieden werden.

5. Pflicht des Geschäftsführungsorgans zur Einleitung eines Statusverfahrens. Ist das Geschäftsführungsorgan der Überzeugung, dass der Aufsichtsrat nicht nach den für ihn maßgebenden gesetzlichen Vorschriften zusammengesetzt ist, ist es verpflichtet, ein Statusverfahren einzuleiten (§ 97 Abs. 1 S. 1 AktG; vgl. *Nießen/Sandhaus*, NJW-Spezial 2008, Heft 22, 687). Hierzu hat eine entsprechende Willensbildung im Geschäftsführungsorgan stattzufinden, die durch **Beschluss** (mit entsprechender Mehrheit) abzuschließen ist. Kommt das Geschäftsführungsorgan dieser Verpflichtung zur Einleitung eines Statusverfahrens nicht nach, begeht es eine **Pflichtverletzung** gegenüber der Gesellschaft und macht sich schadenersatzpflichtig (§ 93 Abs. 2 AktG; vgl. MünchKommAktG/*Habersack* § 97 Rn. 28). Ein entsprechender Schaden könnte hinsichtlich der weitergezahlten Aufsichtsratsbezüge bestehen, wenn die Gesellschaft ihren Aufsichtsrat hätte verkleinern können und dies auch getan hätte (vgl. MünchKommAktG/*Habersack* § 97 Rn. 28). Im Übrigen wird sich ein Schadenersatzanspruch mangels eines bezifferbaren Schadens kaum darstellen lassen.

6. Frist für die Bekanntmachung. Das Geschäftsführungsorgan muss „unverzüglich" tätig werden, d. h. ohne schuldhaftes Zögern (§ 121 Abs. 1 S. 1 BGB) und damit unmittelbar nach der Änderung der tatsächlichen Verhältnisse, die die Änderung in der Zusammensetzung des Aufsichtsrates hervorruft. Eine genaue Prüfung der Tatsachen, eine vorherige Abstimmung mit dem Aufsichtsrat und die vorherige Einholung von Rechtsrat bleiben aber möglich. Eine Bekanntmachung kann auch bereits vor Änderung der Verhältnisse erfolgen, soweit eine solche Änderung mit hinreichender Sicherheit zu erwarten ist.

Das Geschäftsführungsorgan ist in diesem Fall berechtigt, nicht aber verpflichtet, das Statusverfahren im Hinblick auf die sich erst abzeichnende, aber noch nicht eingetretene Veränderung einzuleiten (vgl. *Kiem/Uhrig* NZG 2001, 680, 686; Marsch-Barner/Schäfer/*Vetter* § 24 Rn. 26; *Krause-Ablaß/Link* GmbHR 2005, 731, 734; a.A. für Pflicht: Köln-KommAktG/*Mertens/Cahn* §§ 97 bis 99 Rn. 3).

7. Inhalt der Bekanntmachung. Folgende Angaben müssen in einer ordnungsgemäßen Bekanntmachung enthalten sein (vgl. MünchKommAktG/*Habersack* § 97 Rn. 23; *Hüffer* § 97 Rn. 4):

- **Erklärung,** dass nach Ansicht des Geschäftsführungsorgans der Aufsichtsrat nicht nach den für ihn einschlägigen Vorschriften zusammengesetzt ist.
- **Angabe der gesetzlichen** (und ggf. satzungsmäßigen) **Vorschriften,** die nach Ansicht des Geschäftsführungsorgans für die Bildung und Zusammensetzung des Aufsichtsrates anzuwenden sind. Im Fall des § 7 Abs. 1 MitbestG ist auch die sich aufgrund der Anzahl der Arbeitnehmer ergebende Größe des Aufsichtsrates anzugeben.
- **Ankündigung,** dass eine Zusammensetzung des Aufsichtsrates gemäß den genannten Vorschriften erfolgt, wenn nicht innerhalb der Monatsfrist des § 97 Abs. 2 S. 1 AktG das zuständige Gericht angerufen wird.

Daneben sind Datum, Ort und Bezeichnung des Geschäftsführungsorgans anzugeben. Nicht erforderlich ist hingegen die ausdrückliche Benennung des für den Widerspruch gegen die Bekanntmachung zuständigen Gerichts oder die Benennung des Tages, an dem die Frist für diesen Widerspruch abläuft.

In der Praxis finden sich häufig noch Angaben zum Grund der Veränderung der Zusammensetzung, etwa Angaben über die Veränderung der Arbeitnehmerzahlen oder zu gesellschaftsrechtlichen Veränderungen, die das Statusverfahren auslösen. Von solchen zusätzlichen Angaben ist bei einer Bekanntmachung jedoch abzuraten. Mögliche Fehler bei solchen freiwilligen Angaben machen die Bekanntmachung angreifbar und stellen hierdurch ein unnötiges Risiko für die Gesellschaft dar. Es empfiehlt sich daher, von derartigen freiwilligen Angaben abzusehen (ebenso W/H/S/S/*Seibt* F Rn. 202; a.A. Erf-Komm/*Oetker* §§ 97 bis 99 AktG Rn. 5, wonach die Angabe „...... des die gesetzlichen Vorschriften verwirklichenden Lebenssachverhaltes ......“ erforderlich sein soll).

8. Form der Bekanntmachung. Die vom Geschäftsführungsorgan beschlossene und inhaltlich vollständige Bekanntmachung muss in den Gesellschaftsblättern veröffentlicht werden (§ 97 Abs. 1 S. 1 AktG; vgl. MünchKommAktG/*Habersack* § 97 Rn. 21). Soweit nicht die Satzung eine Veröffentlichung in weiteren Medien vorsieht, ist eine Veröffentlichung im **elektronischen Bundesanzeiger** ausreichend (vgl. §§ 25 AktG, 12 GmbHG; so auch *Hüffer* § 25 Rn. 3; *Noack* BB 2002, 2025, 2026; a.A. *Mimberg* ZGR 2003, 21, 28). Das Geschäftsführungsorgan kann eines seiner Mitglieder für die Ausführung der Bekanntmachung bevollmächtigen (vgl. Hölters/*Simons* Aktiengesetz § 97 Rn. 19 m.w.N.).

Parallel dazu ist die Bekanntmachung in den Betrieben der Gesellschaft einschließlich ihrer Konzernunternehmen auszuhängen (§ 97 Abs. 1 S. 1 AktG). Ein Aushang in **deutscher Sprache** ist ausreichend, selbst wenn ausländische Arbeitnehmer beschäftigt werden (vgl. Hölters/*Simons* § 97 Rn. 28 m.w.N.). Der **Aushang in sämtlichen Betrieben** umfasst alle Betriebe, in denen Arbeitnehmer ein aktives oder passives Wahlrecht zum Aufsichtsrat haben bzw. zukünftig haben werden und damit antragsbefugt nach § 98 Abs. 2 AktG wären (MünchKommAktG/*Habersack* § 97 Rn. 21). Der Aushang sollte wegen der zeitlichen Anforderungen datiert sein. Er muss erkennen lassen, dass es sich um eine Bekanntmachung des Geschäftsführungsorgans handelt (vgl. *Hüffer* § 97 Rn. 4). Ein Aushang könnte etwa am sog. „schwarzen Brett“ erfolgen oder an einem sonst der allgemeinen Kommunikation dienenden, leicht zugänglichen Ort (vgl. Hölters/*Simons* Aktiengesetz § 97 Rn. 22 m.w.N.). Eine Bekanntmachung per E-Mail oder eine Veröffentlichung im Intranet wird aufgrund des Wortlauts von § 97 AktG dagegen nicht genügen.

Diese Veröffentlichung der Bekanntmachung dient der Information derer, die einer Bekanntmachung nach § 98 Abs. 2 AktG innerhalb der Monatsfrist des § 97 Abs. 2 S. 1 AktG widersprechen könnten. Ohne diese ordnungsgemäße Veröffentlichung der Bekanntmachung wird die Widerspruchsfrist nach § 97 Abs. 2 AktG nicht in Gang gesetzt. Die Veröffentlichung im elektronischen Bundesanzeiger bildet den Anknüpfungspunkt für den Beginn des Laufs der Widerspruchsfrist (KölnKommAktG/*Mertens/Cahn* § 97 bis 99 Rn. 16 m. w. N.).

9. Grundfall – Anwendung des DrittelbG. Die Grundkonstellation betrifft den Fall, dass künftig ein drittelparitätisch zu besetzender Aufsichtsrat zu bilden ist (weil z. B. die Arbeitnehmerzahl dauerhaft auf unter 2.001 sinkt oder dauerhaft über die Grenze von 500 Arbeitnehmern steigt).

10. Alternative 1 – Anwendung des MitbestG. Alternative 1 regelt den Fall, dass ein bisher drittelparitätisch mitbestimmter Aufsichtsrat künftig paritätisch zu besetzen ist (weil z. B. die Arbeitnehmerzahl dauerhaft auf über 2.000 steigt). Da in diesem Fall die Anzahl der Aufsichtsratsmitglieder von der Anzahl der Arbeitnehmer abhängt (§ 7 Abs. 1 MitbestG), ist die genaue Anzahl der Aufsichtsratsmitglieder der Anteilseigner und der Arbeitnehmer anzugeben.

11. Alternative 2 – Wegfall des Mitbestimmungssystems. Alternative 2 regelt den Fall, dass ein bisher drittelparitätisch mitbestimmter Aufsichtsrat künftig bei einer GmbH nicht mehr gebildet werden muss (weil z. B. die Arbeitnehmerzahl dauerhaft 500 nicht mehr überschreitet) und die Gesellschaft den Aufsichtsrat daher gänzlich abschaffen will. In diesem Fall ist ein Aufsichtsrat in einer GmbH – anders als bei einer AG – nicht zwingend. Ein Aufsichtsrat kann dann freiwillig gebildet werden und sich ausschließlich aus Vertretern der Anteilseigner zusammensetzen.

12. Die angefochtene Bekanntmachung. Wird auf eine ordnungsgemäße Bekanntmachung innerhalb der Monatsfrist des § 97 Abs. 2 S. 1 AktG von einem nach § 98 Abs. 2 AktG Antragsberechtigten (→ Form. G. 3 Anm. 5) beim zuständigen Gericht (→ Form. G. 3 Anm. 6) ein Antrag auf gerichtliche Entscheidung gestellt und damit die Bekanntmachung angefochten, schließt sich hieran unmittelbar das gerichtliche Verfahren gemäß §§ 98, 99 AktG an (→ Form. G. 3 Anm. 11 ff.). Die Bekanntmachung selbst verliert unmittelbar durch die Anrufung des Gerichts jede rechtliche Bedeutung (vgl. GKAktG/*Hopt/Roth/Peddinghaus* § 97 Rn. 72, selbst dann, wenn im gerichtlichen Verfahren eine Antragsrücknahme erfolgt und eine gerichtliche Entscheidung unterbleibt). Dies gilt auch, wenn die Bekanntmachung inhaltlich nicht vollständig gewesen oder nicht ordnungsgemäß veröffentlicht worden wäre. Jede weitere Bekanntmachung ist für die Dauer des gerichtlichen Verfahrens ausgeschlossen (Bekanntmachungssperre gemäß § 97 Abs. 3 AktG). Der bestehende Aufsichtsrat selbst bleibt bis zur rechtskräftigen Entscheidung des Gerichts in seiner bisherigen Zusammensetzung im Amt (vgl. „Kontinuitätsprinzip" oder „Status quo-Prinzip" gemäß § 96 Abs. 2 AktG).

13. Die nicht angefochtene Bekanntmachung. Wird auf eine ordnungsgemäße Bekanntmachung innerhalb der Monatsfrist des § 97 Abs. 2 S. 1 AktG kein Antrag auf gerichtliche Entscheidung gestellt, wird die Bekanntmachung rechtlich bindend und ist vom Geschäftsführungsorgan entsprechend umzusetzen (vgl. den Überblick zu den Wirkungen einer nicht-angefochtenen Bekanntmachung MünchKommAktG/*Habersack* § 97 Rn. 29 ff.). Das Geschäftsführungsorgan hat insoweit eine Durchführungspflicht. Dies gilt selbst dann, wenn die bekannt gemachte Aufsichtsratszusammensetzung nicht der materiellen Rechtslage entsprechen sollte. Kommt das Geschäftsführungsorgan jedoch noch während des Laufs der Monatsfrist zu der Auffassung, dass die bekannt gegebene Aufsichtsratszusammensetzung nicht der materiellen Rechtslage entspricht, kann die Bekanntmachung noch widerrufen werden (vgl. MünchKommAktG/*Habersack* § 97 Rn. 27; Hölters/*Simons* Aktiengesetz § 97 Rn. 23).

Keine Bindung würde die Bekanntmachung nur entfalten, wenn sie inhaltlich nicht vollständig gewesen oder nicht ordnungsgemäß veröffentlicht worden wäre (vgl. MünchKommAktG/*Habersack* § 97 Rn. 26). In einem solchen Fall würde schon der Lauf der Monatsfrist des § 97 Abs. 2 S. 1 AktG nicht in Gang gesetzt. An sich müsste die Bekanntmachung daher in korrigierter Form wiederholt werden. In der Praxis bleiben solche Fälle aber nicht selten unentdeckt, so dass die Bekanntmachung trotz ihrer fehlenden Bindungswirkung umgesetzt wird. Die Bestellung der Aufsichtsratsmitglieder, die aufgrund einer solchen unwirksamen Bekanntmachung erfolgt, soll jedoch nicht nichtig sein (vgl. zum Meinungsstand MünchKommAktG/*Habersack* § 97 Rn. 26). Eine neue Bekanntmachung oder ein gerichtlicher Antrag nach § 98 AktG bleiben aber jederzeit möglich, um die Folgen der unwirksamen Bekanntmachung zu beseitigen.

Zur **Umsetzung der Bekanntmachung** steht der Gesellschaft nur ein begrenzter Zeitraum zur Verfügung. Die Amtszeit der bisherigen Aufsichtsratmitglieder endet spätestens nach Ablauf von sechs Monaten (nach dem Ende der Monatsfrist des § 97 Abs. 2 S. 1 AktG), d. h. sieben Monate nach der Bekanntmachung im elektronischen Bundesanzeiger (§ 97 Abs. 2 S. 3 AktG). Findet vorher eine Hauptversammlung oder Gesellschafterversammlung statt, endet das Amt der Aufsichtsratsmitglieder bereits mit dem Ende der Hauptversammlung oder Gesellschafterversammlung. Müssen daher zur Änderung der Zusammensetzung des Aufsichtsrates Wahlen durchgeführt werden, sind diese rechtzeitig vorzubereiten. Auch Satzungsbestimmungen, die den entsprechend der Bekanntmachung anwendbaren gesetzlichen Vorschriften widersprechen, treten außer Kraft und werden durch die gesetzlichen Vorschriften ersetzt (§ 97 Abs. 2 S. 2 AktG). Allerdings kann jede Hauptversammlung, die innerhalb der Frist von sechs Monaten (nach dem Ende der Monatsfrist des § 97 Abs. 2 S. 1 AktG) stattfindet, unter Berücksichtigung des nunmehr geltenden Mitbestimmungssystems neue Satzungsbestimmungen mit einfacher Stimmenmehrheit beschließen (§ 97 Abs. 2 S. 4 AktG). Für Unternehmen, die in den Anwendungsbereich des MitbestG „hineinwachsen", ist bei der erstmaligen Anwendung des MitbestG die Regelung des § 37 MitbestG zu beachten.

3. Antrag auf gerichtliche Entscheidung über die Zusammensetzung des Aufsichtsrates, § 98 Abs. 1 AktG

. . . . . . AG[1]

HRB . . . . . .

. . . . . . (Sitz der Gesellschaft)

. . . . . . (Adresse)

An das Landgericht . . . . . .[2]

– Kammer für Handelssachen –

. . . . . . (Adresse)

Antrag gemäß § 98 Abs. 1 AktG[3, 4, 5, 6, 7]

Der Vorstand der . . . . . . AG,

bestehend aus . . . . . . und . . . . . .,

– Antragsteller –

beantragt:

Es wird festgestellt, dass der Aufsichtsrat der . . . . . AG nach Maßgabe von §§ 96 Abs. 1, 101 Abs. 1 AktG i. V. m. §§ 1 Abs. 1 Nr. 1 S. 1, 4 Abs. 1 DrittelbG zusammenzusetzen ist.

Begründung:

Die Mitarbeiterzahl der . . . . . . AG unterschreitet dauerhaft die Zahl von 2.000 Mitarbeitern nach § 1 Abs. 1 MitbestG. Tatsächlich hat die . . . . . . AG . . . . . . (Anzahl) in der Regel beschäftigte Arbeitnehmer. Auf Basis der Personalplanung ist nicht zu erwarten, dass die . . . . . . AG die Zahl von 2.000 in der Regel beschäftigten Arbeitnehmern in absehbarer Zeit wieder überschreiten wird.

Beweis: . . . . . . (Name und ladungsfähige Anschrift des Zeugen), als Zeuge

Nach § 96 Abs. 1 AktG ist der Aufsichtsrat der . . . . . . AG daher nicht mehr nach dem Mitbestimmungsgesetz, sondern nunmehr nach den §§ 1 Abs. 1 Nr. 1 S. 1, 4 Abs. 1 DrittelbG zusammenzusetzen.

Der Vorstand der . . . . . . AG hat daher in seiner Sitzung am . . . . . . (Datum) beschlossen, ein gerichtliches Statusverfahren gemäß § 98 AktG einzuleiten.

Beweis: Niederschrift über die Sitzung des Vorstands am . . . . . . (Datum), Anlage ASt 1

. . . . . .

Vorstandsmitglied der . . . . . . AG

. . . . . .

Vorstandsmitglied der . . . . . . AG

Anmerkungen

1. Gerichtlicher Antrag als weitere Möglichkeit zur Eröffnung eines Statusverfahrens. Zur Einleitung eines Statusverfahrens (→ Form. G. 2 Anm. 1) kann beim zuständigen Gericht ein Antrag auf gerichtliche Feststellung über die Zusammensetzung des Aufsichtsrates eingereicht werden (vgl. § 98 Abs. 1 AktG). Das Formular bietet hierfür einen Formulierungsvorschlag. Voraussetzung für einen derartigen Antrag ist lediglich, dass eine Ungewissheit oder ein Streit darüber besteht, wie der Aufsichtsrat der betreffenden Gesellschaft zusammenzusetzen ist. Das gewählte Beispiel bezieht sich auf eine AG. Es geht davon aus, dass die Anzahl der in der Regel beschäftigten Arbeitnehmer unter 2.000 gesunken und die AG deshalb aus dem Anwendungsbereich des MitbestG „heraus-" und in den Anwendungsbereich des DrittelbG „hineingewachsen" ist (→ Form. G. 2 Anm. 3).

Zu den **betroffenen Gesellschaften** → Form. G. 2 Anm. 2 und zum **Verhältnis des Verfahrens nach § 98 AktG zum Verfahren nach § 97 AktG** → Form. G. 2 Anm. 4.

2. Zuständiges Gericht. Der Antrag muss beim zuständigen Gericht eingereicht werden. Die ausschließliche sachliche Zuständigkeit für das gerichtliche Statusverfahren liegt bei den Landgerichten (§ 98 Abs. 1 S. 1 AktG). Innerhalb der Landgerichte ist, falls eine solche gebildet ist, die Kammer für Handelssachen zuständig, anderenfalls die Zivilkammer (§§ 94, 95 Abs. 2 Nr. 2, 71 Abs. 2 Nr. 4 lit. b GVG). Die ausschließliche örtliche Zuständigkeit liegt bei dem Landgericht, in dessen Bezirk die Gesellschaft ihren Sitz hat (§ 98 Abs. 1 S. 1 AktG; besteht ein Doppelsitz, sollen beide Sitzgerichte zuständig sein, vgl. *Hüffer* § 98 Rn. 2). Um eine Konzentration der Verfahren und damit auch eine einheitliche Rechtsprechung zu gewährleisten, können die jeweiligen Landesregierungen durch Rechtsverordnung die Entscheidung für die Bezirke mehrerer Landgerichte einem Landgericht übertragen (vgl. § 71 Abs. 4 S. 1 GVG). Einige Bundesländer haben davon Gebrauch gemacht (vgl. dazu Bürgers/Körber/*Bürgers/Israel* § 98 Rn. 2, Schmidt/Lutter/*Drygala* § 98 Rn. 3).

3. Antragsberechtigte, Antragsfrist und Inhalt des Antrags. Die Bekanntmachung nach § 97 AktG zur Einleitung des Statusverfahrens kann nur vom jeweiligen Geschäftsführungsorgan genutzt werden. Demgegenüber kann ein gerichtlicher Antrag nach § 98 AktG auch von weiteren **Antragsberechtigten** eingereicht werden, die ein Interesse an der richtigen Zusammensetzung des Aufsichtsrates haben können. Diese sind im Gesetz abschließend benannt (vgl. § 98 Abs. 2 AktG). Generell antragsberechtigt sind danach bei einer AG:

- der Vorstand (§ 98 Abs. 2 S. 1 Nr. 1 AktG),
- jedes Aufsichtsratsmitglied (§ 98 Abs. 2 S. 1 Nr. 2 AktG),
- jeder Aktionär (§ 98 Abs. 2 S. 1 Nr. 3 AktG),
- der Gesamtbetriebsrat der Gesellschaft oder, wenn in der Gesellschaft nur ein Betriebsrat besteht, der Betriebsrat (§ 98 Abs. 2 S. 1 Nr. 4 AktG) und
- der Gesamt- oder Unternehmenssprecherausschuss oder, wenn nur ein Sprecherausschuss besteht, der Sprecherausschuss (§ 98 Abs. 2 S. 1 Nr. 5 AktG).

Bei den vorgenannten Antragsberechtigten unterstellt der Gesetzgeber ein offensichtliches Interesse an der richtigen Zusammensetzung des Aufsichtsrats. Sie sind daher ohne weitere Voraussetzungen zur Stellung eines Antrags nach § 98 Abs. 1 AktG berechtigt.

Bei einer Gruppe von weiteren Antragsberechtigten müssen hingegen noch zusätzliche Voraussetzungen vorliegen, damit die Antragsberechtigung gegeben ist. Zu dieser Gruppe gehören:

- der Gesamt- bzw. Betriebsrat sowie der Gesamt- bzw. Unternehmenssprecherausschuss bzw. der Sprecherausschuss eines anderen Unternehmens (als der Gesellschaft), dessen Arbeitnehmer nach den gesetzlichen Vorschriften, deren Anwendung streitig oder ungewiss ist, selbst oder durch Delegierte an der Wahl von Aufsichtsratsmitgliedern der Gesellschaft teilnehmen würden (§ 98 Abs. 2 S. 1 Nr. 6 und 7 AktG),
- mindestens ein Zehntel oder einhundert der Arbeitnehmer, die nach den gesetzlichen Vorschriften, deren Anwendung streitig oder ungewiss ist, selbst oder durch Delegierte an der Wahl von Aufsichtsratsmitgliedern der Gesellschaft teilnehmen würden (§ 98 Abs. 2 S. 1 Nr. 8 AktG),
- Spitzenorganisationen der Gewerkschaften und Gewerkschaften, die nach den gesetzlichen Vorschriften, deren Anwendung streitig oder ungewiss ist, ein Vorschlagsrecht hätten (§ 98 Abs. 2 S. 1 Nr. 9 und 10 AktG) sowie
- wenn die Anwendung des MitbestG streitig ist, je ein Zehntel der wahlberechtigten, in § 3 Abs. 1 Nr. 1 MitbestG bezeichneten Arbeitnehmer oder der wahlberechtigten leitenden Angestellten im Sinne des MitbestG (§ 98 Abs. 2 S. 2 AktG).

Soll mit dem Antrag auf gerichtliche Feststellung auf eine Bekanntmachung des Geschäftsführungsorgans nach § 97 AktG reagiert werden, muss der Antrag innerhalb von **einem Monat** nach der Bekanntmachung gestellt werden. Im Übrigen bestehen für einen Antrag auf gerichtliche Feststellung **keine Antragsfristen**. Unberührt bleibt jedoch die Pflicht des Geschäftsführungsorgans, „unverzüglich" nach der Änderung der Verhältnisse, die die Änderung in der Zusammensetzung des Aufsichtsrates hervorruft, tätig zu werden (vgl. zu dieser Pflicht → Form. G. 2 Anm. 5) und einen entsprechenden Antrag zu stellen (oder alternativ eine Bekanntmachung nach § 97 AktG vorzunehmen).

Für den Antrag auf gerichtliche Feststellung sind **keine besonderen Formvorschriften** zu beachten. Der Antrag kann damit schriftlich (ggf. per Telefax) oder zu Protokoll der Geschäftsstelle des zuständigen Landgerichts erklärt werden. Zu berücksichtigen ist allerdings, dass jeder Antragsteller seine Antragsberechtigung nachzuweisen hat (vgl. MünchKommAktG/*Habersack* § 99 Rn. 7 f.). Stellt – wie im Formular vorgesehen – der Vorstand einer AG den Antrag, muss dargelegt und nachgewiesen werden, dass ein Vorstandsbeschluss zur Beantragung der gerichtlichen Entscheidung gefasst worden ist. Im Formular ist hierfür die Vorlage der Niederschrift der Vorstandssitzung vorgesehen. Wenn sämtliche Vorstandsmitglieder den Antrag stellen, ist die Vorlage eines Handelsregisterauszugs ausreichend. Der (Gesamt-)Betriebsrat und der (Gesamt-)Sprecherausschuss können ihre entsprechende Legitimation etwa durch Vorlage des Protokolls zu ihrer Wahl nachweisen, Aufsichtsräte durch Vorlage eines Handelsregisterauszugs, Aktionäre durch Vorlage einer Aktienurkunde oder einer Depotbescheinigung. Zusätzlich zu dieser persönlichen Legitimation hat die Gruppe der Antragsberechtigten, bei denen für die Antragsberechtigung noch zusätzliche Voraussetzungen vorliegen müssen auch ihre sachliche Legitimation nachweisen. So müssen beispielsweise Gewerkschaften für einen Antrag dokumentieren, dass sie nach den gesetzlichen Vorschriften, deren Anwendung streitig oder ungewiss ist, ein Vorschlagsrecht hätten (vgl. § 98 Abs. 2 S. 1 Nr. 10 AktG). Ein Anwaltszwang besteht für das Verfahren vor dem Landgericht ausnahmsweise nicht (Spindler/Stilz/*Spindler* § 99 Rn. 8).

Neben dem vorrangigen § 99 Abs. 2 bis Abs. 6 AktG kommt das Gesetz über das Verfahren in Familiensachen und in den Angelegenheiten der freiwilligen Gerichtsbarkeit (**FamFG**) zur Anwendung (§ 99 Abs. 1 AktG). Der Antrag auf gerichtliche Feststellung muss auf die Änderung in der Zusammensetzung des Aufsichtsrates gerichtet sein. Zusätzlich empfiehlt es sich, in der Begründung die jeweils maßgeblichen Tatsachen möglichst umfassend vorzutragen und entsprechende Beweise anzubieten. Zu einer solchen Darstellung besteht zwar keine rechtliche Verpflichtung, da der Sachverhalt von Amts wegen zu ermitteln ist (**Amtsermittlungsgrundsatz**; § 26 FamFG). Allerdings kann in der Praxis durch die empfohlene umfassende Darstellung in der Antragsschrift das Verfahren nicht unwesentlich beschleunigt werden. Wegen des Amtsermittlungsgrundsatzes darf das Gericht seiner Entscheidung aber auch Tatsachen zugrunde legen, die die Beteiligten nicht vorgetragen haben und kann Tatsachenvortrag und Beweisangebote ignorieren, soweit es sie für irrelevant hält.

4. Verfahren. Sobald der Antrag auf gerichtliche Feststellung gestellt ist, hat das zuständige Landgericht den Antrag zunächst in den Gesellschaftsblättern, also jedenfalls im elektronischen Bundesanzeiger, bekanntzumachen (§ 99 Abs. 2 S. 1 AktG). Ein Aushang in den Betrieben der Gesellschaft ist dagegen nicht vorgesehen. Im Rahmen der Amtsermittlung (→ Anm. 3) müssen während des Verfahrens der Vorstand und der Aufsichtsrat sowie die antragsberechtigten Betriebsräte, Sprecherausschüsse, Spitzenorganisationen und Gewerkschaften gehört werden (§§ 99 Abs. 2 S. 2, 98 Abs. 2 AktG). Diese Anhörung erfolgt dadurch, dass den Antragsberechtigten Gelegenheit zur Stellungnahme gegeben wird. Dem soll bereits die Bekanntmachung im elektronischen Bundesanzeiger genügen, wenn diese zur Stellungnahme innerhalb einer bestimmten angemessenen Frist auffordert, weil die materiell Beteiligten hierdurch von dem Verfahren Kenntnis erlangen und so die Möglichkeit erhalten, sich am Verfahren zu beteiligen. Weil die Form einer Anhörung gesetzlich nicht vorgeschrieben ist, kann eine Anhörung mündlich oder schriftlich sowie innerhalb oder außerhalb eines formellen Termins durchgeführt werden (vgl. MünchKommAktG/*Habersack* § 99 Rn. 15).

Der Antrag auf gerichtliche Feststellung kann bis zur Rechtskraft der Entscheidung jederzeit vom Antragsteller zurückgenommen werden (vgl. §§ 99 Abs. 6 S. 4, Abs. 1 AktG i. V. m. § 22 Abs. 1 FamFG). Eine gerichtliche Entscheidung kann nach der **Antragsrücknahme** nicht mehr ergehen. Eine bereits ergangene Entscheidung wird wirkungslos (§ 22 Abs. 2 S. 1 FamFG). Eine Einwilligung der Gesellschaft zu einer solchen Antragsrücknahme ist nicht erforderlich, auch dann nicht, wenn die Gesellschaft schon mündlich oder schriftlich zum Antrag Stellung genommen hat (vgl. § 22 Abs. 1 FamFG). Eine Zustimmung ist nur noch dann erforderlich, wenn die Rücknahme erst nach Erlass jedoch vor Rechtskraft der Entscheidung erklärt wird (vgl. OLG Frankfurt NZG 2009, 1185).

5. Entscheidung über den Antrag. Nach Abschluss der Ermittlungen entscheidet das Landgericht durch einen zu begründenden Beschluss (§ 99 Abs. 3 S. 1 AktG). Hierbei ist grundsätzlich auf den Sachstand zum Schluss der mündlichen Verhandlung abzustellen. Für die Frage, ob und nach welchen Vorschriften der Aufsichtsrat zu bilden ist, kommt es für die Schwellenwerte darauf an, wie viele Arbeitnehmer in der Regel beschäftigt sind. Nach Auffassung des OLG Düsseldorf müsse hierüber eine zukunftsbezogene Prognose angestellt werden. Maßgeblich sei, welche Mitarbeiteranzahl zum Zeitpunkt des Abschlusses des gerichtlichen Statusverfahrens und Durchführung des Wahlverfahrens zu erwarten ist. Somit seien wenigstens die nächsten 17 bis 20 Monate der Unternehmensplanung bei der Ermittlung der fraglichen Arbeitnehmerzahl zu berücksichtigen (OLG Düsseldorf DB 1995, 277).

Beschlüsse des Landgerichts werden **rechtskräftig**, wenn sie unanfechtbar sind. Dies tritt frühestens einen Monat nach der Bekanntmachung im elektronischen Bundesanzeiger oder der Zustellung an den Antragsteller und an die Gesellschaft ein (vgl. §§ 99 Abs. 4 S. 4, 63 Abs. 1 FamFG; zu den Rechtsmitteln → Anm. 6). Eine rechtskräftige Entscheidung stellt die für die Zukunft für die Bildung des Aufsichtsrates anzuwendenden Vorschriften für jedermann verbindlich fest. Diese Entscheidung wirkt für und gegen alle, so dass auch andere Gerichte und Verwaltungsbehörden an diese Entscheidung gebunden sind („**inter-omnes-Wirkung**", vgl. § 99 Abs. 5 S. 1 und 2 AktG). Das Geschäftsführungsorgan hat die rechtskräftige Entscheidung unverzüglich zum Handelsregister einzureichen (§ 99 Abs. 5 S. 3 AktG).

Wird dem **Antrag stattgegeben**, gelten ab Rechtskraft der Entscheidung die in der Entscheidung des Gerichts für die Bildung und Zusammensetzung des Aufsichtsrates als maßgeblich benannten Vorschriften. Stimmt die Zusammensetzung des Aufsichtsrats nicht mit der Entscheidung überein, ist er nach den in ihr angegebenen gesetzlichen Vorschriften zusammenzusetzen (§ 98 Abs. 4 S. 1 AktG). Für die Anpassung besteht eine Frist von sechs Monaten ab Eintritt der Rechtskraft (§§ 98 Abs. 4 S. 2, 97 Abs. 2 AktG). Die Amtszeit der bisherigen Aufsichtsratsmitglieder endet automatisch nach Ablauf von sechs Monaten (ab dem Eintritt der Rechtskraft der Entscheidung) oder nach Beendigung einer vorher einberufenen Hauptversammlung oder Gesellschafterversammlung. Bis dahin amtieren die Aufsichtsratsmitglieder trotz Diskrepanz zwischen tatsächlicher und rechtlicher Lage rechtswirksam weiter (§ 97 Abs. 2 S. 2 bis 4 AktG, vgl. zur Umsetzung im Übrigen → Form. G. 2 Anm. 13).

Wird der **Antrag abgewiesen**, gelten die bisherigen Regeln weiter. Der bestehende Aufsichtsrat gilt in diesem Fall als richtig zusammengesetzt und muss nicht verändert werden (vgl. § 96 Abs. 2 AktG).

6. Rechtsmittel. Gegen die Entscheidung des Landgerichts ist die Beschwerde zum Oberlandesgericht statthaft (vgl. § 99 Abs. 3 S. 2 AktG). Sie ist innerhalb einer Frist von einem Monat beim Landgericht einzulegen (§§ 63 Abs. 1, 64 Abs. 1 FamFG). Die Beschwerdefrist beginnt mit der Bekanntmachung der Entscheidung im Bundesanzeiger (vgl. § 99 Abs. 4 S. 4 AktG). Für den Antragsteller und die Gesellschaft jedoch erst mit Zustellung der Entscheidung, wenn diese später erfolgt ist (§ 99 Abs. 4 S. 4 AktG). Die Beschwerde kann von jedem Antragsberechtigten erhoben werden, selbst wenn dieser Antragsberechtigte sich am Verfahren erster Instanz überhaupt nicht beteiligt hatte (MünchKommAktG/*Habersack* § 99 Rn. 19). Hierzu ist die Beschwerde durch eine von einem Rechtsanwalt unterzeichnete Beschwerdeschrift bei dem Gericht einzulegen, dessen Entscheidung angefochten wird (§ 99 Abs. 3 S. 4 AktG, § 64 Abs. 1 FamFG). Wie beim erstinstanzlichen Verfahren können die jeweiligen Landesregierungen durch

Rechtsverordnung die Entscheidung einem Oberlandesgericht oder Obersten Landesgericht übertragen, um die Konzentration der Verfahren und damit auch eine einheitliche Rechtsprechung zu gewährleisten (§ 99 Abs. 3 S. 5 AktG). Lässt das Oberlandesgericht die Rechtsbeschwerde zu, so ist gegen die Beschwerdeentscheidung des Oberlandesgerichts die Rechtsbeschwerde zum Bundesgerichtshof statthaft (vgl. § 70 FamFG).

7. **Kosten.** Die Gerichtskosten hat im Regelfall und unabhängig von der Person des Antragstellers die Gesellschaft zu tragen, auch unabhängig vom Ausgang des gerichtlichen Verfahrens (§ 23 Nr. 10 GNotKG). Die Gerichtskosten können nur ausnahmsweise ganz oder teilweise dem Antragsteller auferlegt werden, wenn dies der Billigkeit entspricht (§ 99 Abs. 6 S. 1 AktG, vgl. zu den seltenen Ausnahmefällen *Hüffer* § 99 Rn. 12). Dies wird damit begründet, dass eine gerichtliche Feststellung über die richtige Zusammensetzung des Aufsichtsrates vorwiegend im Interesse der Gesellschaft liegt. Es ist von einem Geschäftswert von 50.000 EUR auszugehen (§ 75 GNotKG). Die außergerichtlichen Kosten, also insbesondere die Anwaltskosten, sind unabhängig vom Ausgang des Verfahrens grundsätzlich von den jeweiligen Beteiligten selbst zu tragen (vgl. § 99 Abs. 6 S. 2 AktG). Davon unberührt bleibt jedoch ein etwaiger materiellrechtlicher Kostenerstattungsanspruch des Betriebsrates (§ 40 Abs. 1 BetrVG; vgl. LAG Kiel LAGE § 40 BetrVG 1972 Nr. 53; ErfKomm/*Oetker* § 99 AktG Rn. 9 m. w. N.).

H. Zweisprachige Formulare (Deutsch-Englisch)

1. Arbeitsvertrag ohne Tarifbindung

Arbeitsvertrag[1]

zwischen

...... (Name und Anschrift des Arbeitgebers) „Gesellschaft"

und

Herrn ...... (Name und Anschrift des Arbeitnehmers) „Mitarbeiter"

Employment Contract

between

...... (name and address of the employer) „Company"

and

Mr. ...... (name and address of the employee) „Employee"

§ 1 Position/Versetzung/Weisungen

(1) Der Mitarbeiter wird bei der Gesellschaft als ...... in ...... tätig. Zu seinen Aufgaben und Pflichten zählen insbesondere ......

(2) Die Gesellschaft ist berechtigt, dem Mitarbeiter jederzeit ein anderes, seinen Fähigkeiten und Qualifikationen entsprechendes, zumindest gleichwertiges Aufgaben- und Verantwortungsgebiet zu übertragen, soweit dies bei Abwägung der Interessen der Gesellschaft und des Mitarbeiters zumutbar ist.

(3) Die Gesellschaft behält sich vor, den Mitarbeiter an einen anderen Ort zu versetzen, soweit dies bei Abwägung der Interessen der Gesellschaft und des Mitarbeiters zumutbar ist.

(4) Der Mitarbeiter ist verpflichtet, die Richtlinien und Anweisungen der Gesellschaft sowie alle betrieblichen Regelungen in ihrer jeweils gültigen Fassung sowie die Anordnungen seiner Vorgesetzten zu beachten.

Sec. 1 Position/reassignment/relocation/instructions

(1) The Employee shall be employed by the Company as ...... in ...... His tasks and duties shall notably include ......

(2) The Company is entitled to reassign the Employee at any time in accordance with his abilities and qualifications to another function with at least equivalent duties and responsibilities as far as it can be reasonably expected of the Employee by balancing his interests with the interests of the Company.

(3) The Company reserves the right to relocate the Employee to another location, as far as it can be reasonably expected of the Employee by balancing his interests with the interests of the Company.

(4) The Employee is obliged to comply with the guidelines and instructions of the Company, as well as all Company regulations in their version as amended from time to time, as well as with the instructions of his superiors.

§ 2 Arbeitszeit

(1) Die regelmäßige wöchentliche Arbeitszeit beträgt ...... Stunden. Die

Sec. 2 Working time

(1) The Employee shall have a regular working time of ...... hours per week.

Lage der Arbeitszeit sowie der Pausen wird im Rahmen der gesetzlichen und betrieblichen Regelungen von der Gesellschaft bestimmt.

The timing of the working hours and breaks shall be determined by the Company within the framework of statutory and Company regulations.

(2) Der Mitarbeiter ist im Rahmen der gesetzlichen und betrieblichen Regelungen verpflichtet, auf Anordnung der Gesellschaft Überstunden zu leisten. Etwaige Überstunden werden nach Wahl der Gesellschaft durch Freizeit oder Geld ausgeglichen

(2) The Employee is obliged to work overtime at the request of the Company within the framework of statutory and Company regulations. Any overtime shall, at the discretion of the Company, be compensated by free time or money.

(*Alternative 1*:
(2) *Der Mitarbeiter ist im Rahmen der gesetzlichen und betrieblichen Regelungen verpflichtet, auf Anordnung der Gesellschaft Überstunden zu leisten. Bis zu . . . . . . Überstunden pro Monat sind mit der in § 3 Abs. (1) bestimmten Vergütung abgegolten. Alle darüber hinausgehenden Überstunden werden nach Wahl der Gesellschaft durch Freizeit oder Geld ausgeglichen.*)

(*Alternative 1*:
(2) *The Employee is obliged to work overtime at the request of the Company within the framework of statutory and Company regulations. Up to . . . . . . hours of overtime per month are covered by the remuneration set forth in sec. 3 (1). Any overtime beyond that shall, at the discretion of the Company, be compensated by free time or money.*)

(*Alternative 2:*
(2) *Der Mitarbeiter ist im Rahmen der gesetzlichen und betrieblichen Regelungen verpflichtet, auf Anordnung der Gesellschaft Überstunden zu leisten. Jegliche Überstunden sind mit der in § 3 Abs. (1) bestimmten Vergütung abgegolten.*)

(*Alternative 2*:
(2) *The Employee is obliged to work overtime at the request of the Company within the framework of legal and Company regulations. Any overtime is covered by the remuneration set forth in sec. 3 (1).*)

(3) Die Gesellschaft kann Kurzarbeit anordnen, wenn die gesetzlichen Voraussetzungen für die Gewährung von Kurzarbeitergeld erfüllt sind. (*Optional*: *Die Gesellschaft verpflichtet sich, bei der Anordnung von Kurzarbeit gegenüber dem Mitarbeiter eine Ankündigungsfrist von mindestens drei Wochen zu wahren.*) Der Mitarbeiter ist damit einverstanden, dass für die Dauer der Kurzarbeit die Vergütung dem Verhältnis der verkürzten zur regelmäßigen Arbeitszeit entsprechend reduziert wird. (*Optional*: *Durch die Kurzarbeit darf sich das Netto-Einkommen des Mitarbeiters einschließlich Kurzarbeitergeld um maximal 25 Prozent gegenüber dem individuellen Netto-Einkommen vor Einführung der Kurzarbeit reduzieren, es sei denn, der Mitarbeiter stimmt einer weitergehenden Reduzierung zu.*)

(3) The Company may impose short-time work if the statutory conditions for getting short-time benefits are fulfilled. (*Optional*: *The Company is obliged to inform the Employee of any order of short-time work to the Employee at least three weeks in advance.*) The Employee agrees that for the duration of the short-time work, remuneration shall be reduced according to the ratio of the reduced working hours to regular working hours. (*Optional*: *As a result of the short-time work, the Employee's net income, including the short-time work benefits, cannot fall below the individual net income prior to the introduction of the short-time work by more than 25 percent, unless the Employee consents to any further reduction.*)

(4) Der Mitarbeiter ist im Rahmen der gesetzlichen und betrieblichen Regelungen verpflichtet, auf Anordnung der Gesellschaft Dienstreisen zu unternehmen.

(4) At the request of the Company, the Employee is obliged to undertake business trips within the framework of statutory and Company regulations.

§ 3 Vergütung/Sonstige Zahlungen

Sec. 3 Remuneration/other payments

(1) Der Mitarbeiter erhält als Vergütung für seine Tätigkeit ein Brutto-Monatsgehalt von ...... EUR (in Worten: ...... Euro), zahlbar bargeldlos jeweils zum Monatsende auf ein vom Mitarbeiter schriftlich mitzuteilendes inländisches Bankkonto.

(1) The Employee shall receive as remuneration for his work a gross monthly salary of ...... EUR (in words: ...... euros), payable by electronic transfer at the end of each month to a German bank account, the specifics of which will be communicated by the Employee in writing.

(2) Dem Mitarbeiter ist es nicht gestattet, seine Vergütungsansprüche ohne vorherige schriftliche Zustimmung der Gesellschaft an Dritte abzutreten oder zu verpfänden. Die Zustimmung darf nur aus sachlichen Gründen verweigert werden.

(2) The Employee is not entitled to assign or pledge his remuneration claims to third parties without the Company's prior written consent. Such consent may only be withheld for objective reasons.

(3) Der Mitarbeiter verpflichtet sich, etwa zu viel bezogene Zahlungen an die Gesellschaft zurückzuerstatten.

(3) The Employee undertakes to repay the Company in full for any payments made in excess.

(4) Eine Zahlung von etwaigen Gratifikationen, Einmalzahlungen, Sonderzahlungen oder Zulagen, die jeweils nicht häufiger als halbjährlich erfolgt, weshalb diese Leistungen kein laufendes Entgelt darstellen, erfolgt stets freiwillig in dem Sinne, dass allein durch eine wiederholte Zahlung kein Rechtsanspruch des Mitarbeiters auf zukünftige entsprechende Leistungen – weder dem Grunde noch der Höhe nach – begründet wird.

(4) Any payment of bonuses, one-time payments, special payments or allowances, which takes place in each case at most semi-annually which is why this remuneration does not constitute ongoing remuneration, shall in all cases be voluntary, which means that even a repeated payment as such does not trigger any legal claim on the part of the Employee to future remuneration as such – neither on the merits nor in terms of amount.

(5) Die Gesellschaft behält sich vor, die Zusage aller nicht-freiwilligen Zahlungen im konkreten Einzelfall mit einem Widerrufsvorbehalt zu versehen.

(5) The Company reserves the right to tie any commitment to any involuntary payments to a right of revocation in the concrete case.

§ 4 Abwesenheit/Krankheit/Ärztliche Untersuchung

Sec. 4 Absence/illness/medical examination

(1) Der Mitarbeiter hat in jedem Fall einer unvorhergesehenen Abwesenheit die Gesellschaft unverzüglich über seine Arbeitsunfähigkeit oder den sonstigen Verhinderungsgrund und die voraussichtliche Dauer seiner Abwesenheit zu informieren. Dabei hat der Mitarbeiter die Gesellschaft auf vordringlich zu erledigende Aufgaben hinzuweisen.

(1) In each case of unforeseen absence, the Employee shall notify the Company immediately about his incapacity to work or any other reason for his absence, including the anticipated duration of such absence. In this connection, the Employee shall inform the Company about any tasks which require priority handling.

(2) Dauert eine Arbeitsunfähigkeit aufgrund Krankheit oder Unfall länger als drei Kalendertage, hat der Mitarbeiter eine ärztliche Bescheinigung über das Bestehen der Arbeitsunfähigkeit sowie deren voraussichtliche Dauer („Arbeitsunfähigkeitsbescheinigung") spätestens an dem auf den dritten Kalendertag der Arbeitsunfähigkeit folgenden Arbeitstag vorzulegen. Die Gesellschaft ist berechtigt, die Vorlage der Arbeitsunfähigkeitsbescheinigung auch schon ab dem ersten Tag der Arbeitsunfähigkeit zu verlangen. Dauert die Arbeitsunfähigkeit länger als in der vorgelegten Arbeitsunfähigkeitsbescheinigung angegeben, ist der Mitarbeiter verpflichtet, eine Folgebescheinigung spätestens am ersten Arbeitstag nach Ablauf der vorhergehenden Bescheinigung vorzulegen.

(2) If the Employee's incapacity to work due to illness or accident lasts longer than three calendar days, the Employee shall furnish a medical certificate attesting to the incapacity to work as well as its anticipated duration („Medical Certificate") at the latest on the working day following the third calendar day of the incapacity to work. The Company is entitled to request submission of a Medical Certificate even starting on the first day. If the incapacity to work lasts longer than stated in the submitted Medical Certificate, the Employee shall be obligated to submit a subsequent Medical Certificate no later than on the first working day after the expiration of the previous Medical Certificate.

(*Optional*:
(3) *Die Einstellung erfolgt unter dem Vorbehalt der gesundheitlichen Eignung des Mitarbeiters für seine Tätigkeit nach diesem Arbeitsvertrag. Der Mitarbeiter ist verpflichtet, sich innerhalb der ersten drei Monate nach Vertragsbeginn („Untersuchungszeitraum") durch einen Arzt seines Vertrauens auf Kosten der Gesellschaft auf seine gesundheitliche Eignung für seine Tätigkeit nach diesem Arbeitsvertrag untersuchen zu lassen. Der Mitarbeiter entbindet den Arzt von der ärztlichen Schweigepflicht, soweit dies für die Mitteilung über seine gesundheitliche Eignung notwendig ist. Ergibt die ärztliche Untersuchung die Nichteignung des Mitarbeiters, so endet der Arbeitsvertrag zwei Wochen nach Zugang der schriftlichen Mitteilung der Gesellschaft an den Mitarbeiter über die festgestellte gesundheitliche Nichteignung (Alternative:, so endet der Arbeitsvertrag mit Zugang der schriftlichen Mitteilung der Gesellschaft an den Mitarbeiter über die festgestellte gesundheitliche Nichteignung). Kommt der Mitarbeiter seiner Untersuchungspflicht nicht nach, so endet der Arbeitsvertrag zwei Wochen nach Zugang der schriftlichen Mitteilung der Gesellschaft an den Mitarbeiter über seinen Verstoß gegen die Unter-*

(*Optional*:
(3) *The Employee shall be hired subject to the provision that he is in sufficiently good health and fit for his area of work under this Contract. The Employee shall undergo a medical examination to determine his fitness for the work intended under this Contract within three months following the commencement of the Contract („Medical Examination Period") by a doctor of his choice at the expense of the Company. The Employee shall release the doctor from his doctor-patient confidentiality to the extent necessary for any reporting requirement about his medical fitness. Should the medical examination reveal that the Employee is unfit for the job, the Contract shall end two weeks after receipt of the written notification by the Company to the Employee regarding this lack of fitness (Alternative:, the Contract shall end once the written notification from the Company to the Employee about the lack of fitness for the job has been received by the Employee). If the Employee fails to submit to such medical examination, the Contract shall end two weeks after receipt of the written notification by the Company to the Employee about his violation of his duty to submit to such medical examination (Alternative:, the Contract shall end upon*

suchungspflicht (Alternative:, so endet der Arbeitsvertrag mit Ablauf des Untersuchungszeitraums).

the expiration of the Medical Examination Period).

(4) Der Mitarbeiter wird sich auch nach Ablauf der Probezeit bei Vorliegen tatsächlicher Anhaltspunkte, die Zweifel an der fortdauernden Eignung des Mitarbeiters begründen, oder wenn ein Wechsel der Tätigkeit oder des Arbeitsplatzes des Mitarbeiters beabsichtigt ist, welcher eine erneute Untersuchung erfordert, oder bei Vorliegen vergleichbarer sachlicher Gründe auf Verlangen der Gesellschaft durch einen Arzt seines Vertrauens auf Kosten der Gesellschaft auf seine gesundheitliche Eignung für die Tätigkeit nach diesem Arbeitsvertrag untersuchen lassen. Der Mitarbeiter entbindet den Arzt von der ärztlichen Schweigepflicht, soweit dies für die Mitteilung über seine gesundheitliche Eignung notwendig ist.)

(4) At the request of the Company, the Employee shall undergo a medical examination even after the end of his probationary period by a doctor of his choice at the expense of the Company to determine his fitness for work under this Contract, provided that there are actual indications giving rise to doubts in the continuing fitness of the Employee or in case of a planned change of activity or workplace of the Employee requiring a renewed medical examination or in the event of comparable objective reasons. The Employee shall release the doctor from his doctor-patient confidentiality to the extent that this is necessary for communicating his medical fitness.)

§ 5 Reisekosten/Auslagen

Die Gesellschaft erstattet dem Mitarbeiter notwendige und angemessene Auslagen und Reisekosten im Rahmen der gesetzlichen und betrieblichen Regelungen, insbesondere unter Berücksichtigung der jeweils anwendbaren steuerlichen Regelungen.

Sec. 5 Travel costs/expenses

The Company shall reimburse the Employee for any necessary and reasonable expenses and travel costs pursuant to relevant statutory and Company regulations and taking into account the applicable tax regulations as amended from time to time.

§ 6 Urlaub

(1) Der Mitarbeiter hat einen Urlaubsanspruch von insgesamt ...... Arbeitstagen pro Kalenderjahr („Jahresurlaub"). Der Jahresurlaub beinhaltet einen über den gesetzlichen Urlaubsanspruch nach dem Bundesurlaubsgesetz („gesetzlicher Mindesturlaub") hinausgehenden vertraglichen Zusatzurlaub von ...... Arbeitstagen („vertraglicher Zusatzurlaub"). Arbeitstage sind alle Tage, die am Arbeitsort weder Samstage noch Sonntage oder gesetzliche Feiertage sind. Bei der Festlegung von Zeitpunkt und Dauer des Urlaubs werden die betrieblichen Interessen und Bedürfnisse angemessen berücksichtigt. Der Mitarbeiter hat die Gesellschaft rechtzeitig über seine Urlaubspläne zu informieren. Ist der Mitarbeiter nicht das ganze Kalenderjahr

Sec. 6 Vacation

(1) The Employee is entitled to a vacation of altogether ...... working days per calendar year („Annual Vacation"). The Annual Vacation includes a contractual additional vacation period of ...... working days („Contractually Agreed Additional Vacation") which goes beyond the legal claim for vacation under the Federal Vacation Act („Legal Minimum Vacation"). Working days refer to all calendar days which at the location of employment are neither Saturdays, Sundays, nor statutory holidays. When determining the date and duration of the vacation leave, the interests and needs of the Company shall be taken into consideration to a reasonable extent. The Employee shall inform the Company about his vacation plans in due time. In the event that the Employee is not employed

über beschäftigt, so hat der Mitarbeiter für jeden vollen Monat des Bestehens des Anstellungsverhältnisses im jeweiligen Kalenderjahr Anspruch auf ein Zwölftel des Jahresurlaubs. Für den Fall, dass der dem Mitarbeiter aufgrund gesetzlicher Vorschriften zustehende, gegebenenfalls auch zeitanteilig berechnete Mindesturlaub durch vorstehende Berechnungsweise unterschritten wird, wird der dem Mitarbeiter aufgrund der gesetzlichen Vorschriften zustehende Mindesturlaub gewährt.

during the whole calendar year, the Employee shall be entitled to a claim of one-twelfth of the Annual Vacation for each full month the employment relationship exists in the relevant calendar year. In the event that the minimum vacation to which the Employee is entitled based on statutory regulations and which, if indicated, is also calculated on a pro-rated basis, falls short as a result of the calculation method described above, the Employee shall be granted the minimum vacation to which he is entitled based on the law.

(2) Der gesamte Urlaub ist grundsätzlich im laufenden Kalenderjahr zu nehmen. Eine Übertragung des Urlaubs auf das nächste Kalenderjahr erfolgt nur, wenn dringende betriebliche oder in der Person des Mitarbeiters liegende Gründe dies rechtfertigen. Der so übertragene Urlaub verfällt, wenn er nicht innerhalb der ersten drei Monate des Folgejahres („Übertragungszeitraum") genommen wird. Ist der Mitarbeiter infolge einer ärztlich nachgewiesenen, krankheitsbedingten Arbeitsunfähigkeit daran gehindert, den übertragenen Urlaub innerhalb des Übertragungszeitraums zu nehmen, besteht nur ein etwaiger Anspruch auf den gesetzlichen Mindesturlaub weitere zwölf Monate nach Ablauf des Übertragungszeitraums fort, bevor er verfällt.

(2) The entire annual vacation shall, as a rule, be taken during the current calendar year. Vacation shall be carried forward to the following calendar year only if justified either by urgent operational reasons or by reasons inherent in the person of the Employee. The vacation thus carried forward shall lapse if it is not taken within the first three months of the following year („Carry-over Period"). If the Employee cannot take the vacation that has been carried over during the Carry-over Period because of incapacity to work due to a medically proven illness, any claim to the Legal Minimum Vacation shall continue to exist for another period of twelve months following the expiration of the Carry-over Period.

(3) Genommener Urlaub wird zuerst auf den Anspruch auf gesetzlichen Mindesturlaub angerechnet.

(3) Any vacation taken is first counted against the claim to the Legal Minimum Vacation.

(4) Bei Beendigung des Arbeitsvertrages erfolgt eine Urlaubsabgeltung nur für zum Beendigungszeitpunkt nicht genommene und nicht verfallene Ansprüche auf gesetzlichen Mindesturlaub.

(4) Upon termination of the Contract, any payment in lieu of vacation shall be made only with regard to claims to the Legal Minimum Vacation that has not been taken and has not lapsed until the time of termination.

§ 7 Nebentätigkeiten

Sec. 7 Side activities

(1) Der Mitarbeiter wird der Gesellschaft seine volle Arbeitskraft widmen und deren Interessen fördern.

(1) The Employee shall devote his entire working capacity to the Company and promote its interests.

(2) Jede weitere entgeltliche oder üblicherweise entgeltliche Tätigkeit bedarf der vorherigen schriftlichen Zustimmung der Gesellschaft. Dieses Zustimmungserfor-

(2) Any additional paid activity or activity that is usually paid requires the Company's prior written consent. This requirement of consent also applies to activities

dernis gilt auch für eine unentgeltliche Tätigkeit, die nach Art oder Umfang die Interessen der Gesellschaft beeinträchtigen kann. Der Mitarbeiter hat jede beabsichtigte Tätigkeit gemäß S. 1 und 2 der Gesellschaft schriftlich unter Angabe von Ort, Art und Dauer anzuzeigen. Die Gesellschaft wird ihre Zustimmung nur verweigern, wenn die Interessen der Gesellschaft beeinträchtigt sind. Bei Vorliegen sachlicher Gründe, insbesondere einer Beeinträchtigung der Tätigkeit des Mitarbeiters für die Gesellschaft, kann eine etwaige Zustimmung jederzeit widerrufen werden.

that are not remunerated, but which, by their type or scope, might have a negative effect on the interests of the Company. The Employee shall be obliged to notify the Company in writing of any intended activity in accordance with sentence 1 and 2, specifying the location, type of activity or participation and duration. The Company shall refuse its consent only if the interests of the Company are impaired. In the event of objective reasons, in particular a negative effect of the Employee's activities on the Company, any such consent can be revoked at any time.

(3) Der Mitarbeiter hat bei Ausübung jeglicher Nebentätigkeit eine strikte Loyalitätspflicht gegenüber der Gesellschaft und i. S. d. § 15 AktG mit der Gesellschaft verbundenen Unternehmen („Verbundene Unternehmen") zu beachten und wird deren geschäftliche oder etwaige sonstige Interessen nicht beeinträchtigen.

(3) When pursuing any side activity, the Employee has a strict duty of loyalty to the Company and any of its affiliated companies within the meaning of sec. 15 of the German Stock Corporation Act Aktiengesetz – AktG („Affiliated Companies") and will not impair their business or any other interests.

§ 8 Geheimhaltung/Behandlung und Rückgabe von Gegenständen und Daten/ Löschung von Daten

Sec. 8 Confidentiality/handling and return of items and data/deletion of data

(1) Der Mitarbeiter ist verpflichtet, alle vertraulichen Angelegenheiten, insbesondere Betriebs- und Geschäftsgeheimnisse, der Gesellschaft und Verbundener Unternehmen streng geheim zu halten. Technische, kaufmännische und persönliche Vorgänge und Verhältnisse, die dem Mitarbeiter im Zusammenhang mit seiner Tätigkeit bekannt werden, gelten im Zweifel als vertrauliche Angelegenheiten. Vor der etwaigen Offenlegung derartiger Angelegenheiten ist der Mitarbeiter verpflichtet, die Zustimmung der Gesellschaft einzuholen.

(1) The Employee shall keep all confidential information, including but not limited to trade and business secrets, of the Company and its Affiliated Companies strictly confidential. When in doubt, technical, commercial and personal events and affairs of which the Employee may have become aware in connection with his activities are deemed confidential matters. Prior to disclosing such matters, the Employee shall be obliged to obtain the Company's consent.

(2) Diese Verpflichtung nach Abs. (1) gilt auch nach Beendigung des Arbeitsvertrages. Soweit der Mitarbeiter dadurch in seinem beruflichen Fortkommen unangemessen behindert werden sollte, kann er von der Gesellschaft die Einschränkung der Geheimhaltungspflicht verlangen.

(2) This obligation under paragraph (1) shall also apply after the termination of the Contract. To the extent that such confidentiality requirements unduly hinder the furthering of the Employee's career, he may demand that the Company restrict the confidentiality obligation.

(3) Alle die Gesellschaft oder Verbundene Unternehmen betreffenden Unterlagen, insbesondere alle Notizen, Präsentationen, Protokolle, Berichte, Korrespondenz und

(3) All documents relating to the Company or its Affiliated Companies – notably, all notes, presentations, minutes, reports, correspondence and similar documents, all

ähnliche Dokumente, alle Datenträger/Daten sowie Kopien oder sonstige – auch elektronische – Reproduktionen hiervon („Dienstliche Unterlagen“) müssen sorgfältig verwahrt und gegen Einsichtnahme unbefugter Dritter geschützt werden und dürfen nicht zu anderen als dienstlichen Zwecken fotokopiert, gespeichert, in anderer Weise vervielfältigt, verarbeitet, genutzt oder versendet werden. Dienstliche Unterlagen dürfen nur aufgrund einer Erlaubnis in einer betrieblichen Regelung oder mit schriftlicher Zustimmung der Gesellschaft aus den Geschäftsräumen der Gesellschaft entfernt werden. Solange keine betriebliche Regelung und keine Anordnung des Vorgesetzten dem Mitarbeiter die Entfernung von Dienstlichen Unterlagen aus den Geschäftsräumen der Gesellschaft verbietet oder in bestimmter Weise beschränkt, ist der Mitarbeiter berechtigt, die seinen Arbeitsbereich betreffenden Dienstlichen Unterlagen auch außerhalb der Geschäftsräume der Gesellschaft mit sich zu führen, soweit dies zur Ausübung seiner Tätigkeit erforderlich ist.

data carriers/data as well as copies or other reproductions thereof, including electronic data („Official Documents“) – must be properly kept and protected against access by unauthorized third parties and may not be photocopied, stored, otherwise reproduced, processed, used or forwarded for anything other than professional purposes. Official Documents may only be removed from the Company premises based on a permission granted in a Company regulation or by written consent of the Company. As long as no Company regulation and no order by the Employee's superior prohibit the Employee from removing Official Documents from the Company premises or limit such removal in a specific way, the Employee shall be entitled to take Official Documents relating to his sphere of work with him off the Company's premises as well, to the extent that this is necessary for pursuing his work.

(4) Alle dem Mitarbeiter dienstlich überlassenen Gegenstände (z.B. Handy, Laptop usw.) müssen sorgfältig behandelt werden. Sie dürfen nur mit vorheriger schriftlicher Zustimmung der Gesellschaft zu anderen als dienstlichen Zwecken verwendet werden.

(4) All items that were given to the Employee in his official capacity (such as cell phones, laptops, etc.) must be treated properly. They may be used for purposes other than those that pertain to the office only by prior written consent of the Company.

(5) Zum Zeitpunkt der Beendigung des Arbeitsverhältnisses oder einer unwiderruflichen Freistellung nach § 10 Abs. (5) wird der Mitarbeiter der Gesellschaft unaufgefordert, während des Bestehens seines Arbeitsvertrages auf Anforderung, unverzüglich alle in seinem Besitz befindlichen und in Abs. (3) und (4) genannten Unterlagen, Datenträger und Gegenstände zurückgeben. Unter den vorgenannten Voraussetzungen sind auch alle in Abs. (3) genannten Daten oder Programme, die dem Mitarbeiter im Hinblick auf seine Tätigkeit überlassen oder während seiner Tätigkeit gespeichert worden sind, der Gesellschaft auf geeigneten Datenträgern herauszugeben und anschließend zu löschen. Dem

(5) The Employee shall, without prior solicitation upon termination of the Contract or in the event of an irrevocable release from his working activities pursuant to sec. 10 para. (5), and upon request during the term of this Contract, return to the Company without delay all documents, data carriers and items in his possession which are specified in paras. (3) and (4). Under the aforementioned circumstances, all data or programs specified in para. (3) which were handed over to the Employee with regard to his activity or which were stored during his activity must also be surrendered to the Company on suitable data carriers and thereafter must be erased. The Employee is not permitted to retain back-up copies of these.

Mitarbeiter ist es nicht gestattet, Sicherungskopien hiervon zu behalten. Ferner teilt der Mitarbeiter der Gesellschaft alle Passwörter, Codes und Zugangssperren o. Ä. mit und wird von diesen selbst keinen Gebrauch mehr machen.

Furthermore, the Employee shall disclose to the Company all passwords, codes and access codes etc. and will no longer use the same.

(6) Der Mitarbeiter erkennt an, dass die in Abs. (3), (4) und (5) genannten Unterlagen, Datenträger/Daten und Gegenstände allein der Gesellschaft oder mit ihr Verbundenen Unternehmen zustehen. Der Mitarbeiter hat daran kein Zurückbehaltungsrecht.

(6) The Employee acknowledges that the documents, data carriers/data and items specified in paras. (3), (4) and (5) are the sole property of the Company or of its Affiliated Companies. The Employee has no right of retention of these.

§ 9 Schutzrechte

(1) Der Mitarbeiter überträgt der Gesellschaft ausschließliche, zeitlich, räumlich und inhaltlich unbeschränkte Nutzungs- und Verwertungsrechte für alle etwaigen nach dem Urhebergesetz schutzfähigen Arbeitsergebnisse, die der Mitarbeiter während der Dauer seines Arbeitsvertrages während seiner Arbeitszeit oder, sofern sie Bezug zu seinen arbeitsvertraglichen Aufgaben haben, auch außerhalb seiner Arbeitszeit erstellt. Die Übertragung der urheberrechtlichen Nutzungs- und Verwertungsrechte umfasst auch etwaige bei Vertragsschluss noch unbekannte Nutzungsarten. Die Übertragung der Nutzungs- und Verwertungsrechte umfasst insbesondere auch die Erlaubnis zur Bearbeitung und Lizenzvergabe an Dritte. Der Mitarbeiter verzichtet ausdrücklich auf sonstige ihm etwa als Urheber zustehende Rechte an den Arbeitsergebnissen, insbesondere auf das Recht auf Namensnennung, auf Bearbeitung und auf Zugänglichmachung des Werkes.

(2) Der Gesellschaft stehen die Arbeitsergebnisse zu, die der Mitarbeiter während der Dauer seines Arbeitsvertrages während seiner Arbeitszeit oder, sofern sie Bezug zu seinen arbeitsvertraglichen Aufgaben haben, auch außerhalb seiner Arbeitszeit erstellt und die eine patent- oder gebrauchsmusterfähige Erfindung beinhalten. Der Mitarbeiter hat diese Erfindungen der Gesellschaft unverzüglich anzuzeigen. Soweit die Gesellschaft die Erfindung in Anspruch nimmt, gehen alle

Sec. 9 Intellectual property rights

(1) The Employee shall assign to the Company the exclusive rights of use or exploitation unlimited as to term, territory and content in any and all work results the Employee produces during his term of employment during his working hours or – to the extent they are related to his duties under the Contract – also outside of his working hours, and which are eligible for protection under copyright law. The assignment of rights of use and exploitation under copyright laws shall also include any rights of use and exploitation which are unknown upon execution of the Contract. The assignment of the rights of use and exploitation shall also notably include the permission for processing and licensing to third parties. The Employee expressly waives all other rights in the work results to which he might be entitled as author, notably the right to be named as author/creator, to adaptation and to making the work accessible.

(2) The Company shall be entitled to the work results the Employee produces during his term of employment during his working hours or – to the extent they are related to his duties under the Contract – also outside of his working hours and which are eligible for protection as an invention protectable under utility model or patent law. The Employee shall immediately notify the Company of any such invention. To the extent that the Company makes use of such invention, all asset-like rights in the

vermögenswerten Rechte an der Erfindung, insbesondere Rechte nach dem Patentgesetz oder dem Gebrauchsmustergesetz, nach Maßgabe des Gesetzes über Arbeitnehmererfindungen auf die Gesellschaft über.

invention, in particular rights under the patent law or the utility model law shall pass to the Company in accordance with the German Employee Inventions Act.

(3) Soweit Arbeitsergebnisse, die der Mitarbeiter während der Dauer seines Arbeitsvertrages während seiner Arbeitszeit oder, sofern sie Bezug zu seinen arbeitsvertraglichen Aufgaben haben, auch außerhalb seiner Arbeitszeit erstellt, nicht bereits nach Abs. (1) und (2) übertragen sind, überträgt der Mitarbeiter der Gesellschaft sämtliche Rechte an diesen Arbeitsergebnissen, insbesondere Marken- und sonstige Kennzeichenrechte sowie Design-/Geschmacksmusterrechte.

(3) To the extent that work results the Employee produces during his term of employment during his working hours or – to the extent they are related to his duties under the Contract – also outside of his working hours have not already been transferred in accordance with paras. (1) and (2), the Employee shall transfer to the Company all rights to such work results, in particular trademark and other design rights as well as industrial design rights.

(4) Die Einräumung von Rechten und der Verzicht auf Rechte nach diesem § 9 sind vollumfänglich mit der in § 3 Abs. (1) geregelten Vergütung abgegolten. Das gilt nicht für Ansprüche nach Abs. (2).

(4) The granting of rights and the waiver of rights pursuant to this sec. 9 are fully covered by the remuneration pursuant to sec. 3 para. (1).This does not apply to claims under para. (2).

(5) Die Vorschriften des Arbeitnehmererfindungsgesetzes sowie § 69b UrhG bleiben unberührt.

(5) The provisions of the German Employee Inventions Act and sec. 69b of the German Copyright Act shall remain unaffected.

§ 10 Laufzeit/Kündigung/Vertragsstrafe/ Freistellung/Vorfälligkeit

Sec. 10 Term/termination/contractual penalty/release/acceleration

(1) Der Arbeitsvertrag beginnt am ...... und ist auf die Dauer der Probezeit von sechs Monaten befristet. Während der Probezeit können beide Parteien den Arbeitsvertrag unter Einhaltung einer Kündigungsfrist von zwei Wochen kündigen. Vor Beginn des Arbeitsvertrages ist die ordentliche Kündigung ausgeschlossen.

(1) The Contract shall commence on ...... and is limited to the duration of the trial period of six months. During the trial period, both Parties may terminate the Contract upon two weeks' notice. Prior to the commencement of the Contract, ordinary termination shall be excluded.

(2) Wird das Arbeitsverhältnis nach Ablauf der Befristung als unbefristetes fortgesetzt, so geht es in ein Arbeitsverhältnis auf unbestimmte Zeit zu den in diesem Arbeitsvertrag geregelten Bedingungen über. Beide Parteien können den Arbeitsvertrag unter Einhaltung der gesetzlichen Kündigungsfristen kündigen. Eine Verlängerung der für die Gesellschaft maßgeblichen Kündigungsfristen gilt auch für den Mitarbeiter.

(2) In the event that after the initial definite period the employment relationship is continued without restrictions in terms of time, it shall change into an employment relationship with an indefinite term at the conditions stated in this Contract. Both Parties may terminate the Contract by adhering to the statutory notice periods. Any extension of the notice periods applicable to the Company shall also apply to the Employee.

(Alternative:
(1) Der Arbeitsvertrag beginnt am ...... und wird auf unbestimmte Zeit geschlossen.

(2) Die ersten sechs Monate gelten als Probezeit. Während der Probezeit können beide Parteien den Arbeitsvertrag unter Einhaltung einer Kündigungsfrist von zwei Wochen kündigen. Vor Beginn des Arbeitsvertrages ist die ordentliche Kündigung ausgeschlossen. Nach Ablauf der Probezeit können beide Parteien den Arbeitsvertrag unter Einhaltung der gesetzlichen Kündigungsfristen kündigen. Eine Verlängerung der für die Gesellschaft maßgeblichen Kündigungsfristen gilt auch für den Mitarbeiter.)

(3) Die Kündigung bedarf der Schriftform.

(4) Kündigt der Mitarbeiter vor Beginn des Arbeitsvertrages, nimmt er seine Tätigkeit endgültig nicht auf oder stellt er seine Tätigkeit unter Missachtung der geltenden Kündigungsfrist endgültig ein, verwirkt er eine Vertragsstrafe. Der Mitarbeiter nimmt seine Tätigkeit endgültig nicht auf oder stellt seine Tätigkeit endgültig ein, wenn er nach Ablauf einer von der Gesellschaft zu setzenden angemessenen Frist zur Leistung seine Tätigkeit nicht erbringt. Hat der Mitarbeiter die Erbringung seiner Tätigkeit ernsthaft und endgültig verweigert, ist die Fristsetzung entbehrlich. Ebenfalls verwirkt der Mitarbeiter eine Vertragsstrafe, wenn die Gesellschaft durch vertragswidriges Verhalten des Mitarbeiters zur fristlosen Kündigung des Arbeitsvertrages veranlasst wird. Eine Vertragsstrafe ist nur verwirkt, wenn der Mitarbeiter rechtswidrig und schuldhaft gehandelt hat. Für den Fall der endgültigen Einstellung der Tätigkeit unter Missachtung der geltenden Kündigungsfrist entspricht die Höhe der Vertragsstrafe für jeden Tag der Zuwiderhandlung der Bruttovergütung, die nach § 3 Abs. (1) für einen Tag geschuldet ist, insgesamt jedoch nicht mehr als die Bruttovergütung, die nach § 3 Abs. (1) für den Zeitraum der

(Alternative:
(1) The Contract shall commence on ...... and is concluded for an indefinite term.

(2) The first six months are considered a probationary period. During the probationary period, both Parties can terminate the Contract by giving two weeks' notice. Prior to the beginning of the Contract, regular termination shall be excluded. After the expiration of the probationary period, both Parties can terminate the Contract by adhering to the statutory notice periods. Any extension of the notice periods applicable to the Company shall also apply to the Employee.)

(3) Notice of termination must be given in writing.

(4) If the Employee gives notice of termination prior to commencement of the Contract, if he ultimately does not take up his activities, or if he ultimately discontinues his activities disregarding the applicable notice period, he shall incur a contractual penalty. The Employee ultimately does not take up his activities or ultimately discontinues his activities if he does not exercise his activities after expiry of a reasonable time limit for performance to be set by the Company. If the Employee seriously and ultimately refused to exercise his activities, it is unnecessary to set a time limit. The Employee shall also incur a contractual penalty if the Company is entitled to terminate the employment con tract without notice due to behaviour in breach of contract on the part of the Employee. A contractual penalty shall be incurred only if the Employee acted unlawfully and culpably. In the event that the Employee ultimately discontinues his activities disregarding the applicable notice period, the amount of the contractual penalty for each day of violation shall correspond to the gross remuneration owed pursuant to sec. 3 para. (1) for one day; however, in total it shall not exceed the gross remuneration owed pursuant to sec. 3 para. (1) for the period of the

jeweils einschlägigen Kündigungsfrist geschuldet ist, maximal aber zwei Brutto-Monatsgehältern. Im Übrigen entspricht die Höhe der Vertragsstrafe der Bruttovergütung nach § 3 Abs. (1), die für den Zeitraum der jeweils einschlägigen Kündigungsfrist geschuldet ist, maximal aber zwei Brutto-Monatsgehältern. Die Gesellschaft behält sich die Geltendmachung weiteren Schadens vor

respectively applicable notice period, but shall be no more than two gross monthly salaries. In any other case, the amount of the contractual penalty shall correspond to the gross remuneration set forth in sec. 3 para. (1) which is owed for the period of the respectively applicable notice period, but shall be no more than two gross monthly salaries. The Company reserves the right to claim further damages.

(5) Die Gesellschaft ist im Falle der Kündigung des Arbeitsvertrages durch die Gesellschaft berechtigt, den Mitarbeiter von seiner weiteren Tätigkeit für die Gesellschaft freizustellen (*Optional*:, *wenn hierfür ein sachlicher Grund (z.B. Konkurrenztätigkeit, Geheimnisverrat, sonstige Beeinträchtigung der Vertrauensgrundlage, Wegfall des Beschäftigungsbedarfs) vorliegt*). Während der Zeit der Freistellung behält der Mitarbeiter seinen Anspruch auf die vertragliche Vergütung; er muss sich jedoch den Wert desjenigen anrechnen lassen, was er infolge des Unterbleibens der Dienstleistung erspart oder durch anderweitige Verwendung seiner Dienste erwirbt oder zu erwerben böswillig unterlässt. Das vertragliche Wettbewerbsverbot bleibt von der Freistellung unberührt. Im Fall einer unwiderruflichen Freistellung wird die Freistellungszeit auf etwaige Urlaubs- oder Freizeitausgleichsansprüche angerechnet. Die vorstehenden Regelungen gelten entsprechend für eine Kündigung durch den Mitarbeiter.

(5) In the event of termination of the Contract by the Company, the Company may release the Employee from performing further work for the Company (*Optional*: *if there is an objective reason for such release (e.g. activities for a competing enterprise, breach of confidentiality, other impairment of the basis of trust, employment is no longer needed)*). The Employee shall retain his claim to contractual remuneration for the period of release; however, the amount of what he saves as a result of not rendering the services, or earns by employing his services otherwise, or which he maliciously refrains from earning shall be set off against such remuneration. The contractual competition prohibition shall remain unaffected by the release. In the event of an irrevocable release, the release period shall be set off against any vacation or compensation for vacation owed, if any. The provisions above apply correspondingly to a notice of termination given by the Employee.

(6) Sollte der Mitarbeiter der Gesellschaft bei Ausspruch einer Kündigung durch die Gesellschaft Beträge aufgrund von Gehaltsvorschüssen oder ähnlichen Vorauszahlungen schulden, werden sämtliche Beträge sofort fällig und – unter Beachtung der Pfändungsgrenzen – aufrechenbar. Dem Mitarbeiter gewährte Darlehen gelten mit Ausspruch der Kündigung als ordentlich mit einer Frist von einem Monat gekündigt. Entsprechendes gilt bei Ausspruch einer Kündigung durch den Mitarbeiter, es sei denn, es liegt eine von der Gesellschaft zu vertretende außerordentliche Kündigung vor.

(6) If, upon notice of termination by the Company, the Employee owes the Company any amounts due to advance payments on salary, or similar advance payments, all such amounts shall fall due immediately and – observing the limits on garnishment of wages – be subject to being set off. Upon notice of termination, loans granted to the Employee shall be deemed to have been duly terminated with a notice period of one month. This applies analogously in the event of notice of termination by the Employee, except in the case of termination for cause for which the Company is responsible.

(7) Der Arbeitsvertrag endet ohne Kündigung mit Ablauf des Monats, in dem der Mitarbeiter das Alter erreicht, ab dem er erstmals einen Anspruch auf gesetzliche Regelaltersrente erwirbt.

(7) The Contract shall end without requiring notice of termination upon expiry of the month in which the Employee reaches the age as of which he qualifies for a statutory regular old-age pension.

(8) Der Mitarbeiter ist verpflichtet, die Gesellschaft unverzüglich darüber zu informieren, wenn er die gesetzlichen Voraussetzungen zum Bezug der gesetzlichen Regelaltersrente erfüllt oder wenn ihm ein Bescheid über die Feststellung einer zeitlich unbegrenzten Erwerbsminderung zugestellt wird. Er verpflichtet sich auch, die Gesellschaft auf Anfrage stets über den Stand von eigenen Anträgen auf Alters- oder Erwerbsminderungsrente zu informieren.

(8) The Employee is obliged to notify the Company immediately when he has fulfilled the legal prerequisites to receive a statutory regular old-age pension or if he is sent a notice that he has been declared unable to work for an unlimited period. He is also obliged to inform the Company, upon request, about the status of his own application for an old-age or disability pension at any time.

§ 11 Ausschlussfristen/Verjährung

Sec. 11 Forfeiture periods/statute of limitations

(1) Alle Ansprüche der Parteien aus dem Arbeitsverhältnis verfallen, wenn sie nicht innerhalb von drei Monaten schriftlich gegenüber der jeweils anderen Partei geltend gemacht werden. Dies gilt nicht bei Ansprüchen wegen Verletzung des Lebens, des Körpers oder der Gesundheit sowie bei vorsätzlichen Pflichtverletzungen. Die Ausschlussfrist beginnt, wenn der Anspruch fällig ist und der Anspruchsteller von den anspruchsbegründenden Umständen Kenntnis erlangt oder grob fahrlässig keine Kenntnis erlangt hat. Die Versäumung der Ausschlussfrist führt zum Verlust des Anspruchs.

(1) All claims of the Parties arising under the employment relationship shall be deemed forfeited unless they are asserted in writing vis-à-vis the other Party within three months. This does not apply to claims due to injury to life, body or health and in the case of intentional breaches of duty. The forfeiture period begins when the claim is due and the claimant learns about the cirumstances giving rise to the claim or through gross negligence fails to obtain knowledge. Letting the forfeiture period lapse leads to a loss of the claim.

(2) Lehnt der Anspruchsgegner den Anspruch ab oder äußert er sich nicht innerhalb von zwei Wochen nach schriftlicher Geltendmachung gemäß Abs. (1), verfällt dieser Anspruch, wenn er nicht innerhalb von drei Monaten nach der Ablehnung oder nach dem Ablauf der Äußerungsfrist gerichtlich geltend gemacht wird.

(2) If the Party opposing the claim refuses the claim or if it fails to respond within two weeks of written assertion in accordanc with para. (1), this claim lapses if it is not asserted in court within three months of the refusal or after the expiration of the response time.

(3) Die Verjährungsfrist für alle Ansprüche der Parteien aus dem Arbeitsverhältnis beträgt ein Jahr. Dies gilt nicht bei vorsätzlichen Pflichtverletzungen. Im Übrigen bleiben die gesetzlichen Vorschriften über den Eintritt der Verjährung unberührt.

(3) The limitation period for all claims by the Parties arising under or in connection with this employment relationship shall be one year. This does not apply to intentional breaches of duty. The statutory regulations governing the expiry of the limitation period shall not be affected.

(4) Die vorstehenden Regelungen gelten auch für Ansprüche der Parteien, die mit dem Arbeitsverhältnis im Zusammenhang stehen.

(4) The above regulations also apply to claims of the Parties that are in connection with the employment relationship.

§ 12 Öffnungsklausel für Betriebsvereinbarungen

Rechte und Pflichten aus dem Arbeitsverhältnis können nach Abschluss des Arbeitsvertrages durch Betriebsvereinbarung geändert werden. Es gelten vom Zeitpunkt der Änderung an ausschließlich die jeweiligen Regelungen der Betriebsvereinbarung, auch wenn sie für den Mitarbeiter ungünstiger sind.

Sec. 12 Opening clause for works council agreements

Rights and obligations arising under the employment relationship may be amended after the conclusion of the Contract by a works council agreement. Commencing with the date of amendment, the respective provisions of the works council agreement shall apply, even if they are less favourable for the Employee.

§ 13 Rechtswahl[2]

Das Arbeitsverhältnis und der Arbeitsvertrag unterliegen dem Recht der Bundesrepublik Deutschland.

Sec. 13 Governing law

The employment relationship and this Contract shall be governed by the laws of the Federal Republic of Germany.

§ 14 Schlussbestimmungen/Mitteilungspflicht/Aufhebung früherer Vereinbarungen und Anstellungsverhältnisse/Schriftform

(1) Unvollständige oder unrichtige Angaben bei der Einstellung, insbesondere im Personalfragebogen, können zur Beendigung des Arbeitsvertrages führen.

(2) Der Mitarbeiter wird der Gesellschaft alle Änderungen über die Angaben zu seiner Person, soweit sie für das Arbeitsverhältnis von Bedeutung sind, wie etwa Änderungen der Lohnsteuerklasse, der Kinderfreibeträge oder des Schwerbehindertenstatus, unverzüglich mitteilen. Der Mitarbeiter versichert, unter der jeweils angegebenen Adresse postalisch erreichbar zu sein und der Gesellschaft Änderungen der Zustelladresse unverzüglich schriftlich mitzuteilen. Aus der Nichtbeachtung dieser Verpflichtung etwa entstehende Nachteile gehen zu Lasten des Mitarbeiters.

(3) Dieser Arbeitsvertrag ersetzt alle eventuellen vorherigen Vereinbarungen zwischen den Parteien über das Arbeitsverhältnis und etwaige zuvor bestehende Anstellungsverhältnisse jeder Art. Mündliche Nebenabreden bestehen nicht. Änderungen oder Ergänzungen dieses Arbeits-

Sec. 14 Final provisions/Notification obligation/Reversal of earlier agreements and employment relationships/Written form requirement

(1) Incomplete or incorrect information provided at the time of hiring, in particular in the personnel questionnaire, can lead to the termination of the Contract.

(2) The Employee shall inform the Company, without undue delay, of any changes relating to his personal data to the extent that they are of importance for the employment relationship, such as, for example, changes in the income tax bracket, child allowances or disabled status. The Employee assures the Company that he can be contacted by post at the address provided and that he will notify the Company without undue delay and in writing of any changes to his postal address. Any adverse consequences resulting from failure to observe this obligation shall be borne by the Employee.

(3) This Contract replaces any prior agreements between the Parties with regard to the employment relationship and any previously existing employment relationships of any type. No oral side agreements exist. Changes or amendments to this Contract including this provision require written

vertrages einschließlich dieser Bestimmung bedürfen zu ihrer Wirksamkeit der Schriftform, es sei denn, diese wurden nachweislich zwischen den Parteien ausgehandelt. Das Schriftformerfordernis bezieht sich auch auf etwaige Ansprüche aus betrieblicher Übung.

form to be valid, unless it can be proven that they have been individually agreed between the Parties. The written form requirement shall also apply to any claims resulting from Company practices.

(4) Sollte eine Bestimmung dieses Arbeitsvertrages ganz oder teilweise unwirksam sein oder werden, so wird hiervon die Wirksamkeit der übrigen Bestimmungen dieses Arbeitsvertrages nicht berührt. An die Stelle der unwirksamen Bestimmung tritt die gesetzlich zulässige Bestimmung, die dem mit der unwirksamen Bestimmung Gewollten wirtschaftlich am nächsten kommt. Dasselbe gilt für den Fall einer vertraglichen Lücke

(4) Should any provision of this Contract be or become invalid in whole or in part, this shall not affect the validity of the remaining provisions of this Contract. The Parties undertake to agree to replace the invalid provision by a provision permitted by statutory law which most closely approximates the intended economic result of the invalid provision. The same shall apply for a gap in the Contract.

(5) Erfüllungsort und Gerichtsstand richten sich nach den gesetzlichen Vorschriften.

(5) Place of performance and place of jurisdiction shall be determined in line with statutory provisions.

(6) Dieser Anstellungsvertrag ist in deutscher und englischer Sprache ausgefertigt. Im Fall einer Unstimmigkeit oder eines Widerspruchs zwischen der deutschen und der englischen Fassung hat die deutsche Fassung Vorrang.[3]

(6) This Contract is drafted in both German and English. In case of discrepancies or contradictions between the German and the English version, the German version shall prevail.

. . . . . .
Ort, Datum

. . . . . .
Place, date

. . . . . .
Unterschrift der Gesellschaft/
Signature of the Company

. . . . . .
Unterschrift des Mitarbeiters/
Signature of the Employee

Empfangsbestätigung des Mitarbeiters

Der Mitarbeiter bestätigt, dass er eine von der Gesellschaft unterschriebene vollständige Ausfertigung dieses Arbeitsvertrages am . . . . . . (Datum) erhalten hat.

Confirmation of receipt by the Employee

The Employee confirms that on . . . . . . (date) he received a complete counterpart of this Contract signed by the Company.

. . . . . .
Ort, Datum

. . . . . .
Place, date

. . . . . .
Unterschrift des Mitarbeiters

. . . . . .
Signature of the Employee

Anmerkungen

1. Sachverhalt. Das Formular enthält einen Musterarbeitsvertrag nach deutschem Recht mit englischer Übersetzung. Eine derartige zweisprachige Vertragsfassung wird häufig dann verwendet, wenn das Arbeitgeberunternehmen einem internationalen Konzern angehört und der Arbeitsvertrag Führungskräften vorgelegt wird, die der deutschen Sprache nicht mächtig sind. Das Vertragsmuster beruht im Wesentlichen auf dem Formular des Arbeitsvertrages ohne Tarifbindung (→ Form. A. II. 1). Hinzugefügt sind insbesondere die Bestimmungen zum anwendbaren Recht in § 13 und zu dem maßgeblichen Vertragstext in § 14 Abs. (6).

2. Anwendbares Recht. In § 13 wird das deutsche Recht auf den Arbeitsvertrag und das Arbeitsverhältnis für anwendbar erklärt. Diese ausdrückliche Regelung empfiehlt sich zur Vermeidung von Zweifelsfragen. Zur Rechtswahl → Form. A. VIII. 1 Anm. 17.

3. Maßgebliche Sprache. Der deutsche Vertragswortlaut wird bei Auslegungsfragen und Streitigkeiten als maßgeblich bestimmt. Die Wahl des deutschen Vertragswortlauts als maßgeblich ist allerdings nicht zwingend; grundsätzlich könnte auch der englische Text für maßgeblich erklärt werden. Neben dem naheliegenden Interesse des deutschen Arbeitgebers, den maßgeblichen Vertragswortlaut in „seiner" Sprache zu vereinbaren, sprechen für die Wahl des deutschen Vertragswortlauts verschiedene Gründe. Der Arbeitgeber, der den englischen Vertragstext für maßgeblich erklärt, trägt das beweisrechtliche Risiko von Übersetzungsfehlern (*Riesenhuber* NZA 1999, 798, 799). Im Hinblick auf Auslegungsfragen empfiehlt es sich regelmäßig, derjenigen Sprache den Vorrang zu geben, deren Recht der Vertrag unterliegt, da sich Rechtsbegriffe nicht immer unter vollständiger Wahrung ihrer Bedeutung in eine andere Sprache übersetzen lassen. So können Rechtsbegriffe in der Zweitsprache entweder gar nicht existieren oder eine andere Bedeutung haben. Bei der Bestimmung des maßgeblichen Vertragstextes ist zudem zu berücksichtigen, dass vor deutschen Gerichten aufgrund gesetzlicher Bestimmung deutsch die Gerichtssprache ist, § 184 GVG. Im Falle eines Rechtsstreits vor einem deutschen Gericht wird bei einer maßgeblichen nicht-deutschen Vertragsfassung die Vorlage einer beglaubigten Übersetzung und gegebenenfalls die Einholung eines Sachverständigengutachtens erforderlich werden, wodurch das Verfahren verzögert und zusätzliche Kosten verursacht werden. Ferner stellt sich (insbesondere bei der Verwendung interner Terminologie des Arbeitgeberkonzerns im Rahmen komplexer Vergütungssysteme) das praktische Problem, dass bei einer beglaubigten Übersetzung des Vertragstextes aus der englischen in die deutsche Sprache nicht gewährleistet ist, dass die Übersetzung auch den ursprünglich gewollten Vertragsinhalt wiedergibt. Dies wird durch die zweisprachige Vertragsfassung vermieden, da bereits bei Abfassung des Vertrages eine deutsche Übersetzung angefertigt wird und dabei Verständnisprobleme und Interpretationsspielräume früh erkannt und einer eindeutigen Formulierung in deutscher Sprache zugeführt werden können. Diese kann dann im Streitfall auch von einem Gericht nachvollzogen und überprüft werden.

Grundsätzlich besteht für den Arbeitgeber jedoch keine rechtliche Verpflichtung, mit ausländischen Arbeitnehmern, die die deutsche Sprache nicht oder nicht ausreichend gut beherrschen, Arbeitsverträge in einer anderen als der deutschen Sprache abzuschließen oder dem Arbeitnehmer eine Übersetzung zur Verfügung zu stellen. Vielmehr kommt ein schriftlich geschlossener Arbeitsvertrag in deutscher Sprache mit einem ausländischen Arbeitnehmer mit seinem Gesamtinhalt zustande, auch wenn der Arbeitnehmer der deutschen Sprache ganz oder teilweise nicht mächtig ist. Der Arbeitnehmer trägt das Sprachrisiko, d.h. es geht zu seinen Lasten, wenn er den Inhalt des Arbeitsvertrages nicht versteht (LAG Stuttgart DB 1971, 245; LAG Frankfurt a.M. BB 1975, 788; LAG Hamm LAGE BGB § 611 Nr. 6; ErfKomm/*Preis* § 2 NachwG Rn. 4; *Freckmann* BB 2000, 1402, 1408; a.A. KHzA/*Braasch* Kap 1.2 Rn. 116; einschränkend Schaub/*Koch* § 27 Rn. 35). Dies ist anders bei nicht verkörperten (mündlichen oder fernmündlichen) Erklärungen: Hier geht die Sprachunkenntnis des Empfängers regelmäßig zu Lasten des Erklärenden (Palandt/*Heinrichs* § 130 Rn. 14). Auch aus dem NachwG ergibt sich keine Verpflichtung des Arbeitgebers, dem ausländischen Arbeitnehmer eine Übersetzung des deutschen

Vertragstextes oder eine Fassung in der Muttersprache des Arbeitnehmers zur Verfügung zu stellen. Mit dem Abschluss eines schriftlichen Arbeitsvertrages in deutscher Sprache würde der Arbeitgeber daher auch den Anforderungen des NachwG genügen. Nach § 2 Abs. 1 S. 1 NachwG hat der Arbeitgeber spätestens einen Monat nach dem vereinbarten Beginn des Arbeitsverhältnisses die wesentlichen Vertragsbedingungen (vgl. hierzu § 2 Abs. 1 S. 2 NachwG) schriftlich niederzulegen, die Niederschrift zu unterzeichnen und dem Arbeitnehmer auszuhändigen. Es obliegt dem sprachunkundigen Arbeitnehmer, sich eine Übersetzung des deutschen Vertragstextes zu beschaffen (*Moll/Reichel* RdA 2001, 308, 314; *Riesenhuber* NZA 1999, 798, 800).

Eine Sonderregelung gilt für ausländische Leiharbeitnehmer, denen der Verleiher auf Verlangen einen Nachweis über die wesentlichen Vertragsbestimmungen in ihrer Muttersprache erteilen muss, § 11 Abs. 2 S. 2 AÜG.

2. Dienstvertrag für den Geschäftsführer einer GmbH

Dienstvertrag für den Geschäftsführer einer GmbH[1]	**Service Contract [Dienstvertrag] for the Managing Director of a German limited liability company [Gesellschaft mit beschränkter Haftung – GmbH]**
Dienstvertrag	**Service Contract**
zwischen	between
. . . . . . GmbH (Name und Anschrift der Gesellschaft) „Gesellschaft" hier vertreten durch die Alleingesellschafterin . . . . . . AG, diese vertreten durch ihren Vorstand	. . . . . . GmbH (name and address of company) „Company" represented by its sole shareholder, ... AG, which is represented by its management board
und	and
Herrn . . . . . . (Name und Anschrift) „Geschäftsführer"	Mr. . . . . . . (name and address) „Managing Director"
§ 1 Position/Dienstsitz	**Sec. 1 Position/place of work**
(1) Der Geschäftsführer ist, gegebenenfalls zusammen mit weiteren Geschäftsführern, Geschäftsführer der Gesellschaft.	(1) The Managing Director, where applicable together with further managing directors, is the managing director of the Company.
(2) Der Dienstsitz des Geschäftsführers ist am jeweiligen Firmensitz der Gesellschaft, derzeit in . . . . . . (Ort).	(2) The Managing Director will have his place of work at the respective seat of the Company, currently in . . . . . . (location).
§ 2 Vertragsdauer/Freistellung	**Sec. 2 Term/release from duties**
(1) Das Dienstverhältnis des Geschäftsführers unter diesem Vertrag beginnt am . . . . . . (Datum) und läuft auf unbe-	(1) The Managing Director's service relationship under this Contract commences on . . . . . . (date) and is concluded for an

stimmte Zeit. Jede Vertragspartei kann den Vertrag jederzeit ordentlich kündigen mit einer Frist von ...... (Zahl) Monaten zum Monatsende, frühestens jedoch mit Wirkung zum ...... (Datum).

indefinite term. Each party to this Contract may terminate the Contract at any time by giving notice of ...... (number of) months to the end of a month, but no earlier than with effect as of ...... (date).

(2) Das Recht zur fristlosen Kündigung aus wichtigem Grund bleibt unberührt.

(2) The right to termination without notice for good cause shall remain unaffected.

(3) Jede Kündigung ist schriftlich zu erklären. Falls die Bestellung des Geschäftsführers durch Gesellschafterbeschluss widerrufen wird, gilt die Bekanntgabe des Widerrufs gegenüber dem Geschäftsführer durch die Gesellschaft zugleich als Kündigung dieses Vertrages zum nächstmöglichen Termin.

(3) Any notice of termination must be given in writing. In the event that the Managing Director's appointment is cancelled by way of shareholders' resolution, the announcement of the cancellation to the Managing Director by the Company will also be deemed a termination of this Contract effective as of the earliest possible date.

(4) Die Gesellschaft ist ab Zugang einer Kündigung – gleich von welcher Seite diese erklärt wurde – oder im Fall der Suspendierung sowie einer Beendigung des Amtes des Geschäftsführers berechtigt, den Geschäftsführer von seiner Tätigkeit freizustellen. Mit der Freistellung werden alle Urlaubsansprüche abgegolten.

(4) Upon receipt of a termination notice – regardless of which side issued it – or in the event of suspension or cancellation of the office of the Managing Director, the Company is entitled to release the Managing Director from his work. All entitlements to vacation will be compensated by the release.

§ 3 Geschäftsführung/Vertretung

Sec. 3 Management/representation

(1) Für die Führung der Geschäfte und die Vertretung der Gesellschaft gelten die folgenden Bestimmungen:

(1) The management of the business of the Company and representation of the Company are subject to the following provisions:

(a) Der Geschäftsführer führt die Geschäfte der Gesellschaft nach Maßgabe der Weisungen der jeweiligen Gesellschafterversammlung und unter Beachtung der gesetzlichen Bestimmungen sowie der Zustimmungserfordernisse, die die Satzung der Gesellschaft in ihrer jeweils gültigen Fassung oder die Gesellschafterversammlung jeweils aufstellen.

(a) The Managing Director will manage the business of the Company subject to the instructions issued by the respective shareholder's meeting and observing the statutory provisions as well as the consent requirements laid down by the Company's Articles of Association as amended from time to time or by the shareholders' meeting.

(b) Der Geschäftsführer wird bei der Vertretung der Gesellschaft die gesetzlichen Bestimmungen, die Weisungen der jeweiligen Gesellschafterversammlung und die Satzung der Gesellschaft in ihrer jeweils gültigen Fassung befolgen.

(b) When representing the Company, the Managing Director will observe the statutory provisions, the instructions issued by the respective shareholders' meeting and the Articles of Association of the Company as amended from time to time.

(2) Die Gesellschafterversammlung kann – unbeschadet ihres Rechts zur Erteilung von Weisungen – eine Geschäftsordnung für die Geschäftsführung erlassen, welche

(2) Without prejudice to its right to issue instructions, the shareholders' meeting may adopt rules of procedure for the Company's management, delimiting the respective

die Aufgabenbereiche und Verantwortlichkeiten mehrerer Geschäftsführer gegeneinander abgrenzt. Die Bestimmungen einer etwaigen Geschäftsordnung in ihrer jeweils gültigen Fassung und die Regelungen dieses Vertrages sind vom Geschäftsführer sowohl bei der Führung der Geschäfte der Gesellschaft als auch bei der Vertretung der Gesellschaft zu beachten.

duties and responsibilities of several managing directors. The provisions of any rules of procedure in their version as amended from time to time and the provisions of this Contract shall be observed by the Managing Director both in his management of the Company's business and in his representation of the Company.

§ 4 Dienstzeit/Wettbewerbsverbot/Nebenbeschäftigung

Sec. 4 Working time/non-compete covenant/side activities

(1) Der Geschäftsführer wird der Gesellschaft seine volle Arbeitskraft widmen und die Interessen der Gesellschaft nach besten Kräften fördern. Soweit es das Wohl der Gesellschaft erfordert, wird er der Gesellschaft auch über die übliche betriebliche Arbeitszeit hinaus zur Verfügung stehen und ihre Interessen wahrnehmen.

(1) The Managing Director will devote his full working capacity to the Company and promote the Company's interests to the best of his abilities. Should the best interests of the Company so require, he will also be available to the Company and serve its interests beyond normal company working hours.

(2) Der Geschäftsführer verpflichtet sich, während der Dauer dieses Vertrages weder selbständig noch unselbständig als Arbeitnehmer und auch nicht als Unternehmer oder in sonstiger Weise, weder direkt noch indirekt durch Beteiligung, in irgendeiner Form eine Konkurrenztätigkeit auszuüben oder für ein Unternehmen tätig zu sein, welches mit der Gesellschaft oder einem i.S.v. § 15 AktG mit der Gesellschaft verbundenen Unternehmen („Verbundenes Unternehmen") in direktem Wettbewerb steht.

(2) During the term of this Contract the Managing Director undertakes not to exercise any form of competitive activity, either as an independent contractor or on a dependent basis as an employee or as an entrepreneur or in any other manner, directly or indirectly by way of participating interest, nor to work for an enterprise that directly competes with the Company or with an enterprise affiliated with the Company within the meaning of sec. 15 of the German Stock Corporation Act [Aktiengesetz – AktG] („Affiliated Company").

(3) Irgendeine weitere entgeltliche Beschäftigung oder üblicherweise entgeltliche Tätigkeit sowie jegliche Beteiligung an Unternehmen bedarf der vorherigen ausdrücklichen schriftlichen Zustimmung der Gesellschafterversammlung. Bei Vorliegen sachlicher Gründe, insbesondere einer Beeinträchtigung der Tätigkeit des Geschäftsführers für die Gesellschaft, kann eine etwaige Zustimmung jederzeit widerrufen werden. Der Geschäftsführer hat bei Ausübung jeglicher Nebentätigkeit eine strikte Loyalitätspflicht gegenüber der Gesellschaft und Verbundenen Unternehmen und wird im Rahmen des Betreibens dieser Nebentätigkeiten deren geschäftliche oder etwaige sonstige Interessen nicht beeinträchtigen. Ausgenom-

(3) Any other paid activity or activity which is normally paid as well as any participating interest in enterprises requires the prior express written consent of the shareholders' meeting. Any such consent may be withdrawn at any time if there are objective reasons to do so, particularly if the Managing Director's work for the Company is impaired. When pursuing any side activity, the Managing Director has a strict duty of loyalty to the Company and the Affiliated Companies and, in the course of performing this side activity, will not impair their business interests or any other interests. The normal purchase of securities for personal asset management purposes is not subject to this obligation to consent. Membership in super-

men von der Zustimmungspflicht ist der übliche Erwerb von Wertpapieren zu Zwecken der persönlichen Vermögensverwaltung. Eine Mitgliedschaft in Aufsichts- oder Beiräten anderer Gesellschaften sowie sonstiger Institutionen, die im Zusammenhang mit dem Geschäftsgegenstand der Gesellschaft stehen oder sonst die Interessen der Gesellschaft oder eines Verbundenen Unternehmens ersichtlich berühren, bedarf ebenfalls der vorherigen ausdrücklichen schriftlichen Zustimmung der Gesellschafterversammlung.

visory or advisory boards of other companies as well as in other institutions having a connection with the Company's object of business or otherwise obviously related to the interests of the Company or of an Affiliated Company also requires the prior express written consent of the shareholders' meeting.

§ 5 Urlaub

Der Geschäftsführer hat einen Anspruch auf bezahlten Urlaub im Umfang von 30 Tagen je Kalenderjahr. Tage im Sinne dieser Regelung sind alle Kalendertage mit Ausnahme von Samstagen, Sonntagen und gesetzlichen Feiertagen am jeweiligen satzungsmäßigen Sitz der Gesellschaft. Bei unterjährigem Beschäftigungsbeginn oder -ende wird der Urlaub in diesem Kalenderjahr zeitanteilig gewährt. Den Zeitpunkt des Urlaubs bestimmt der Geschäftsführer in Abstimmung mit der Gesellschafterversammlung und ggf. mit dem oder den anderen Geschäftsführer(n) sowie unter Wahrung der Belange der Gesellschaft.

Sec. 5 Vacation

The Managing Director is entitled to paid holiday leave of 30 days per calendar year. Within the meaning of this provision, days shall mean all calendar days with the exception of Saturdays, Sundays and statutory holidays at the respective registered office of the Company. In the case of commencement or termination of employment during the course of a year, the holiday leave will be granted pro rata temporis in that calendar year. The Managing Director shall determine the timing of the vacation in coordination with the shareholders' meeting and with the other managing director(s), if any, giving due consideration to the interests and concerns of the Company.

§ 6 Vergütung

(1) Als Vergütung für seine Dienste erhält der Geschäftsführer ein Bruttojahresfestgehalt, welches . . . . . . EUR (in Worten: . . . . . . Euro) beträgt. Das vereinbarte Bruttojahresfestgehalt ist zahlbar in zwölf gleichen Raten, jeweils am Ende eines Kalendermonats sowie unter Abzug von Steuern und Sozialabgaben. Soweit die Tätigkeit des Geschäftsführers in einem Kalenderjahr unterjährig beginnt oder endet und damit das Vertragsjahr kürzer ist als das Kalenderjahr, ist das Bruttojahresfestgehalt zeitanteilig geschuldet. Etwaige Mehrarbeit und Überstunden werden nicht gesondert vergütet.

Sec. 6 Remuneration

(1) In remuneration of his services, the Managing Director will receive a gross annual fixed salary amounting to . . . . . . EUR (in words: . . . . . . euros). The agreed gross annual fixed salary is payable in twelve equal instalments each at the end of a calendar month and is subject to the deduction of tax and social insurance charges. To the extent that the Managing Director's employment commences or ends during the course of a calendar year and the contract year is thus shorter than the calendar year, the gross annual fixed salary is owed pro rata temporis. No separate remuneration will be paid for additional work and overtime.

(2) Zudem kann der Geschäftsführer bei Erreichen der von der Gesellschafterversammlung nach Rücksprache mit dem Geschäftsführer festgelegten Jahresziele eine variable Vergütung verdienen. Die jährliche variable Brutto-Vergütung beträgt bei 100-prozentigem Erreichen der festgelegten Jahresziele maximal ...... EUR (in Worten: ...... Euro). Ist ein Vertragsjahr kürzer als ein Kalenderjahr, versteht sich dieser Betrag zeitanteilig. Wenn der Geschäftsführer die festgelegten Jahresziele nicht oder teilweise nicht erreicht, entscheidet die Gesellschafterversammlung nach billigem Ermessen darüber, ob und in welcher Höhe die variable Vergütung gezahlt wird. Eine verdiente variable Vergütung ist zahlbar nach Feststellung des testierten Jahresabschlusses für das jeweilige Geschäftsjahr. Für Zeiten einer Freistellung ist die variable Vergütung nicht geschuldet. Ein etwaiger unterjährig bis zur Freistellung anteilig entstandener Anspruch auf eine variable Vergütung bleibt hiervon unberührt.

(2) Moreover, the Managing Director may earn variable remuneration if he reaches the annual targets which, after having been discussed with the Managing Director, are stipulated by the shareholders' meeting. If 100 percent of the stipulated annual targets is reached, the gross annual variable remuneration will amount to a maximum of ...... EUR (in words: ...... euros). If a contract year is shorter than a calendar year, this amount is deemed to be a pro rata temporis amount. If the Managing Director fails to reach the stipulated annual targets in part or in whole, the shareholders' meeting will decide at its reasonable discretion whether or not, and to what extent, variable remuneration will be paid. Any variable remuneration earned is due for payment after adoption of the audited financial statements for the respective financial year. The variable remuneration is not owed for periods of release. Any pro-rated claim for variable remuneration which has accrued during the course of a calendar year until the release shall remain unaffected.

§ 7 Auslagen/Firmenwagen

(1) Bei Bewirtung von Geschäftspartnern und Geschäftsreisen hat der Geschäftsführer Anspruch auf Ersatz seiner angemessenen Auslagen, soweit sie dem Geschäftsführer im Interesse der Gesellschaft entstehen. Übersteigen die aufgewendeten Auslagen den nach den steuerlichen Vorschriften zulässigen Pauschalbetrag, so hat der Geschäftsführer diese Auslagen im Einzelnen durch ordnungsgemäße Belege und Rechnungen nachzuweisen. Etwaige Bestimmungen der Geschäftsordnung zu Reisekosten sind in ihrer jeweils gültigen Fassung zu beachten. Ergänzend gelten die jeweils gültigen Richtlinien der Gesellschaft zu Reisekosten, die insoweit Bestandteil dieses Vertrages sind.

(2) Die Gesellschaft stellt dem Geschäftsführer einen PKW (Bruttolistenpreis bis zu maximal ...... EUR (in Worten: ...... Euro) oder monatliche Brutto-Leasingrate bis zu maximal ...... EUR (in Worten: ......

Sec. 7 Expenses/company car

(1) For entertaining business partners and for business trips, the Managing Director is entitled to reimbursement of his reasonable expenses to the extent these are incurred to the Managing Director in the interests of the Company. If the expenses incurred exceed the lump-sum amount allowable in accordance with tax regulations, the Managing Director must furnish proof of each of these expenses by submitting proper receipts and invoices. Any provisions of the rules of procedure on travel expenses as amended from time to time must be observed. The Company's guidelines on travel expenses as amended from time to time shall apply additionally, and, to this extent, form an integral part of this Contract.

(2) The Company will make available to the Managing Director a vehicle (gross list price up to a maximum amount of ...... EUR (in words: ...... euros) or gross monthly leasing rate up to a maximum

Euro)) zur dienstlichen und privaten Nutzung zur Verfügung. Die auf diesen Sachbezug entfallende Steuer ist von dem Geschäftsführer zu tragen. Im Falle einer Freistellung des Geschäftsführers von seiner Tätigkeit entfällt zum gleichen Zeitpunkt die Verpflichtung der Gesellschaft, dem Geschäftsführer einen PKW zur dienstlichen und privaten Nutzung zur Verfügung zu stellen. Der Geschäftsführer wird, unter Ausschluss eines Zurückbehaltungsrechts, den ihm zur Verfügung gestellten PKW bei Beendigung dieses Vertrages, im Fall einer Freistellung bei Beginn der Freistellung, ohne weitere Aufforderung im ordnungsgemäßen Zustand an die Gesellschaft zurückgeben. Ergänzend gelten die jeweils gültigen Richtlinien der Gesellschaft über die Nutzung des Firmenwagens, die insoweit Bestandteil dieses Vertrages sind.

amount of . . . . . EUR (in words: . . . . . euros)) for company and private use. The tax incurring on this remuneration in kind must be borne by the Managing Director. In the event that the Managing Director is released from his work, the Company's obligation to make available to the Managing Director a vehicle for company and private use will end at the same time. Upon termination of this Contract – or, in the event of a release, upon commencement of the release – the Managing Director will return to the Company the company car provided to him in proper condition and without prior solicitation. The right to retention is excluded. The Company's applicable guidelines on the use of the company car apply additionally, and insofar form an integral part of this Contract.

§ 8 Geheimhaltungsverpflichtung/Rückgabe/Urheberrechte

(1) Während der Laufzeit dieses Vertrages ist der Geschäftsführer verpflichtet, alle vertraulichen Informationen über das Geschäft oder besondere Angelegenheiten der Gesellschaft streng geheim zu halten und diese Informationen nicht für seinen eigenen oder den Nutzen anderer zu verwenden. Diese Geheimhaltungspflicht betrifft insbesondere die strategischen Pläne der Gesellschaft und Verbundener Unternehmen sowie durchgeführte und geplante Transaktionen der Gesellschaft und Verbundener Unternehmen, alle Informationen über Produkte und Produktenwicklungen und -planungen, Preisgestaltung, Kunden- und Lieferantenbeziehungen, sonstige Vertragsbeziehungen, Abschlüsse, Marketingstrategien, Pläne oder Analysen über Marktpotentiale und Investitionsmöglichkeiten, Informationen über Umsatz, Gewinn, Leistungsfähigkeit, Finanzierung, Geldbeschaffungspläne oder -aktivitäten, Personal und Personalplanung der Gesellschaft und Verbundener Unternehmen. Der Geschäftsführer ist insbesondere auch verpflichtet, über den Inhalt dieses Vertrages sowie über den Inhalt der diesem Vertrag zugrunde liegenden Verhandlungen Stillschweigen zu bewahren.

Sec. 8 Confidentiality undertaking/restitution/copyrights

(1) During the term of this Contract, the Managing Director is obliged to maintain strict confidentiality with regard to all confidential information on the business or special matters of the Company and not to use this information for his own benefit or the benefit of others. This confidentiality undertaking relates in particular to the strategic plans of the Company and its Affiliated Companies as well as transactions of the Company and Affiliated Companies carried out and planned, all information on products and product developments and planning, pricing, customer and supplier relationships, other contractual relationships, concluded contracts, marketing strategies, plans or studies of market potentials and investment opportunities, information on sales, profit, performance, financing, plans or activities for raising funds, human resources and human resources planning of the Company and Affiliated Companies. The Managing Director is also obliged in particular to treat as confidential the content of this Contract as well as the content of the negotiations underlying this Contract.

(2) Nach Beendigung dieses Vertrages gilt die Geheimhaltungsverpflichtung des Geschäftsführers gemäß vorstehendem Abs. (1) fort. Im Rahmen einer von ihm nach Beendigung dieses Vertrages ausgeübten beruflichen oder unternehmerischen Tätigkeit kann er sein während der Dauer der Anstellung bei der Gesellschaft erworbenes Wissen einsetzen, sofern dabei die gesetzlichen Beschränkungen – insbesondere §§ 3, 17 UWG, §§ 823, 826 BGB sowie das Bundesdatenschutzgesetz – sowie Beschränkungen aus einem etwaigen nachvertraglichen Wettbewerbsverbot beachtet werden.

(2) After termination of this Contract, the Managing Director's confidentiality undertaking will continue to apply pursuant to (1) above. He may use the knowledge gained in the course of his employment with the Company within the scope of a professional or entrepreneurial activity exercised after termination of this Contract to the extent that the statutory limitations – in particular secs. 3, 17 of the German Unfair Competition Act [Gesetz gegen den unlauteren Wettbewerb – UWG], secs. 823, 826 of the German Civil Code [Bürgerliches Gesetzbuch – BGB] as well as the Federal Data Protection Act [Bundesdatenschutzgesetz] – and any limitations due to a post-contractual non-compete covenant are strictly observed.

(3) Auf Verlangen der Gesellschaft jederzeit und spätestens bei Beendigung dieses Vertrages unaufgefordert, wird der Geschäftsführer alle in seinem Besitz befindlichen Gegenstände, die im Eigentum der Gesellschaft oder Verbundener Unternehmen stehen oder ihm von der Gesellschaft oder Verbundenen Unternehmen überlassen wurden, insbesondere auch Akten und sonstige, den Geschäftsbetrieb der Gesellschaft oder Verbundener Unternehmen betreffende Unterlagen (insbesondere alle Lieferanten- und Kundenlisten, Druckmaterial, Urkunden, Zeichnungen, Notizen, Entwürfe) sowie Kopien davon oder elektronische Speichermedien, die den Inhalt derartiger Unterlagen enthalten sowie Kopien davon, an die Gesellschaft zurückgeben. Diese Rückgabeverpflichtung gilt insbesondere auch für etwaige dem Geschäftsführer überlassene Gegenstände wie Laptop oder Mobiltelefon, auch wenn insoweit die private Nutzung gestattet war.

(3) At any time upon the Company's request and without prior solicitation upon termination of this Contract at the latest, the Managing Director will return to the Company all items in his possession which are the property of the Company or Affiliated Companies or which were provided to him by the Company or Affiliated Companies, in particular also files and other documents relating to the business operations of the Company or Affiliated Companies (in particular all lists of suppliers and customers, printed matter, deeds, drawings, notes, drafts) as well as copies of the same or electronic storage media on which the content of such documents is stored as well as copies thereof. This obligation to return property also applies in particular to any items provided to the Managing Director, such as any laptop or mobile phone, even if private use of these was permitted.

(4) Jedwede aus etwaigen Erfindungen des Geschäftsführers herrührende Ansprüche auf Schutzrechtsanmeldungen sowie jedwede Urheberverwertungsrechte aus etwaigen Schöpfungen des Geschäftsführers stehen ausschließlich der Gesellschaft zu. Davon ausgenommen sind Erfindungen und Schöpfungen, die offensichtlich in keinerlei Zusammenhang mit dem Tätigkeits-

(4) Any claims to the filing of applications for intellectual property rights arising from any inventions of the Managing Director as well as any copyright exploitation rights arising from any creation by the Managing Director will accrue exclusively to the Company, with the exception of inventions and creations which are obviously in no way connected to the Com-

bereich der Gesellschaft stehen. Eine gesonderte Vergütung des Geschäftsführers hierfür erfolgt nicht. Der Geschäftsführer ist verpflichtet, jedwede Erfindung und urheberrechtsfähige Schöpfung aus dem Tätigkeitsbereich der Gesellschaft unverzüglich der Gesellschaft, vertreten durch die Gesellschafterversammlung, zu melden und die Gesellschaft in erforderlichem Umfang bei der Erlangung von Schutzrechten zu unterstützen.

pany's area of activity. The Managing Director will receive no separate remuneration in this regard. The Managing Director is obliged to report without undue delay any invention and copyrightable creation from the Company's area of activity to the Company, represented by the shareholders' meeting, and to assist the Company in acquiring the intellectual property rights as far as required.

§ 9 Krankheit/Tod

(1) Der Geschäftsführer wird die Gesellschaft unverzüglich über jeden Fall einer unvorhergesehenen Abwesenheit und deren voraussichtliche Dauer informieren und auf vordringlich zu erledigende Aufgaben hinweisen.

(2) Im Falle unverschuldeter, die Durchführung seiner Aufgaben ausschließender Krankheit oder sonstiger unverschuldeter Verhinderung an der Erbringung seiner Dienstleistung während seiner Anstellung hat der Geschäftsführer Anspruch auf Fortzahlung seiner zeitanteiligen Vergütung gemäß § 6 Abs. (1) dieses Vertrages für die Dauer von sechs Wochen, längstens jedoch bis zur Beendigung dieses Vertrages. Etwaige aufgrund der Dienstverhinderung von den Trägern der gesetzlichen Krankenkasse oder einer privaten Krankenversicherung oder einer Unfallversicherung gewährte Leistungen werden auf die Vergütung angerechnet. Schadensersatzansprüche gegen Dritte tritt der Geschäftsführer in Höhe der geleisteten Gehaltsfortzahlung an die Gesellschaft ab.

(3) Im Falle des Todes des Geschäftsführers während der Dauer dieses Vertrages ist die zeitanteilige Vergütung gemäß § 6 Abs. (1) dieses Vertrages für den Sterbemonat und die drei darauf folgenden Kalendermonate an den Ehegatten des Geschäftsführers, ersatzweise die unterhaltsberechtigten Kinder des Geschäftsführers (letztere ggf. als Gesamtgläubiger), fortzuzahlen, längstens jedoch bis zur Beendigung dieses Vertrages.

Sec. 9 Illness/death

(1) The Managing Director will inform the Company without undue delay about any case of unforeseen absence and the anticipated duration of such absence and will draw the Company's attention to any tasks which need to be dealt with priority.

(2) In the event of non-culpable illness rendering performance of his duties impossible or any other non-culpable incapacity to perform his service during his employment, the Managing Director will be entitled to continued payment of the remuneration on a pro rata temporis basis according to sec. 6 (1) of this Contract for a period of six weeks, at most, however, until termination of this Contract. Any payments granted under statutory or private health insurance or accident insurance due to the incapacity to work will be offset against the remuneration. The Managing Director will assign to the Company claims for damages against third parties in the amount of the continued payment of salary.

(3) In the case of the Managing Director's death during the term of this Contract, the Company must continue to pay the remuneration pursuant to sec. 6 (1) of this Contract to the Managing Director's spouse, alternatively to the Managing Director's dependent children (the latter being joint and several creditors, as the case may be) on a pro rata temporis basis for the month of death and the three calendar months thereafter, at most, however, until termination of this Contract.

§ 10 Bisherige Arbeits- oder Dienstverhältnisse

Die Parteien sind sich einig, dass ein etwaiges bestehendes Arbeits- oder sonstiges Dienstverhältnis des Geschäftsführers mit der Gesellschaft oder einem Verbundenen Unternehmen mit Ablauf des dem Vertragsbeginn dieses Vertrages vorangehenden Tages endet bzw. geendet hat. Etwaige hierzu bestehende Arbeits- oder sonstige Verträge werden aufgehoben.

Sec. 10 Previous employment or service relationships

The parties agree that any existing employment or other service relationship between the Managing Director and the Company or an Affiliated Company will end or has ended upon expiry of the day preceding the commencement date of this Contract. Any employment or other contracts existing in this respect are cancelled.

§ 11 Schlussbestimmungen

(1) Die Parteien sind sich einig, dass mit Unterzeichnung dieses Vertrages alle eventuellen vorherigen, insbesondere mündlichen Vereinbarungen über die Tätigkeit des Geschäftsführers als Geschäftsführer der Gesellschaft unwirksam sind und durch diesen Vertrag ersetzt werden. Vereinbarungen außerhalb dieses Vertrages wurden nicht getroffen.

(2) Änderungen oder Ergänzungen dieses Vertrages bedürfen zu ihrer Wirksamkeit der Schriftform sowie der ausdrücklichen Zustimmung der Gesellschafterversammlung. Gleiches gilt für die Aufhebung dieses Schriftformerfordernisses. Dies gilt nicht, soweit Änderungen, Ergänzungen und/oder Nebenabreden auf einer im Einzelnen ausgehandelten Vereinbarung beruhen.

(3) Sollten einzelne Bestimmungen dieses Vertrages unwirksam sein oder werden, so berührt dies im Zweifel die Wirksamkeit der übrigen Bestimmungen nicht. Anstelle der unwirksamen Vorschrift oder zur Ausfüllung eventueller Lücken dieses Vertrages ist eine angemessene Regelung zu vereinbaren, die dem am nächsten kommt, was die Parteien nach ihrer wirtschaftlichen Zwecksetzung gewollt haben bzw. die Bestimmung, die dem entspricht, was nach Sinn und Zweck dieses Vertrages vereinbart worden wäre, hätte man die Angelegenheit von vornherein bedacht.

(4) Für alle Rechtsstreitigkeiten über die Wirksamkeit dieses Vertrages sowie über Ansprüche aus und im Zusammenhang mit diesem Vertrag gilt deutsches Recht.[2] Gerichtsstand ist der jeweilige satzungs-

Sec. 11 Final provisions

(1) The parties agree that upon the signing of this Contract any and all previous agreements, in particular oral agreements, on the activity and work of the Managing Director as managing director of the Company are invalid and superseded by this Contract. No agreements outside this Contract have been made.

(2) Changes or amendments to this Contract must be in writing and require the express consent of the shareholders' meeting in order to be valid. The same applies to the cancellation of this written form requirement. This shall not apply to changes, amendments, and/or side agreements which have been individually agreed between the Parties.

(3) Should individual provisions of this Contract be or become invalid, in cases of doubt the validity of the remaining provisions will not be affected thereby. In lieu of the invalid provision or to fill any gaps in this Contract, such reasonable provision is to be agreed which comes closest to the economic purposes pursued by the parties therewith or such provision corresponding to what would have been agreed according to the spirit and purpose of this Contract if the matter had been considered from the outset.

(4) German law applies to all legal disputes concerning the validity of this Contract as well as to all claims arising from or in connection with this Contract.[2] The place of jurisdiction is the Company's respective

mäßige Sitz der Gesellschaft. Die Geltendmachung von Ansprüchen durch den Geschäftsführer im Urkundenprozess ist nicht statthaft.

registered office. The assertion of claims by the Managing Director by means of proceedings restricted to documentary evidence [Urkundenprozess] is not permissible.

(5) Dieser Vertrag ist in deutscher und in englischer Sprache ausgefertigt. Im Falle einer Unstimmigkeit oder eines Widerspruchs zwischen der deutschen und der englischen Fassung hat die deutsche Fassung Vorrang.[3]

(5) This Contract is drafted in both German and English. In case of discrepancies or contradictions between the German and the English version, the German version shall prevail.[3]

. . . . . .
Ort, Datum

. . . . . .
Place, date

. . . . . .
Unterschrift der Gesellschaft/
hier vertreten durch die Alleingesellschafterin,
. . . . . . AG, diese vertreten durch ihren Vorstand
(Signature of the Company
represented by its sole shareholder,
. . . . . . AG which is represented by its management board)

. . . . . .
Unterschrift des Geschäftsführers/
Signature of the Managing Director

Für § 10 dieses Geschäftsführervertrages:
(In respect of sec. 10 of this Managing Director's Service Contract:)

. . . . . .
Ort, Datum
(Place, date)

. . . . . .
Unterschrift der Gesellschaft
diese vertreten durch ihre Geschäftsführung
(Signature of the Company
represented by its management)

Anmerkungen

1. Sachverhalt. Das Formular enthält das Muster eines Dienstvertrags nach deutschem Recht für den Geschäftsführer einer GmbH mit englischer Übersetzung. Eine derartige zweisprachige Vertragsfassung wird häufig dann verwendet, wenn die anstellende Gesellschaft einem internationalen Konzern angehört und der Dienstvertrag mit einem Geschäftsführer geschlossen werden soll, der der deutschen Sprache nicht mächtig sind. Das Vertragsmuster beruht im Wesentlichen auf → Form. B. I. 1., auf dessen umfangreiche Anmerkungen verwiesen wird. Hinzugefügt sind insbesondere die Bestimmungen zum anwendbaren Recht in § 11 Abs. (4) und zu dem maßgeblichen Vertragstext in § 11 Abs. (5).

2. Anwendbares Recht. → Form. H. 1 Anm. 2.

3. Maßgebliche Sprache. → Form. H. 1 Anm. 3.

3. Gesellschafterbeschluss: Bestellung eines Geschäftsführers einer GmbH

Gesellschafterbeschluss: Bestellung eines Geschäftsführers einer GmbH

Gesellschafterbeschluss[1]

Die . . . . . . AG, eingetragen im Handelsregister des Amtsgerichts . . . . . ., HRB . . . . . ., ist Alleingesellschafterin der . . . . . . GmbH, eingetragen im Handelsregister des Amtsgerichts . . . . . ., HRB . . . . . ., „Gesellschaft".

Die Alleingesellschafterin hält unter Verzicht auf alle verzichtbaren gesetzlichen und gesellschaftsvertraglichen Form- und Fristvorschriften hinsichtlich der Einberufung und Abhaltung einer Gesellschafterversammlung eine Gesellschafterversammlung der Gesellschaft ab und beschließt was folgt:

1. Herr . . . . . . (Name), geboren am . . . . . ., wohnhaft in . . . . . ., wird mit sofortiger Wirkung zum alleinigen Geschäftsführer (*Alternative: zum weiteren Geschäftsführer*) der Gesellschaft bestellt.

2. Er vertritt die Gesellschaft satzungsgemäß.

(*Alternative*: *Er vertritt die Gesellschaft stets einzeln (Optional: und ist von den Beschränkungen des § 181 BGB befreit).*)

. . . . . .
Ort, Datum

. . . . . . AG
vertreten durch die Vorstandsmitglieder

. . . . . . Vorstandsmitglied   . . . . . . Vorstandsmitglied

Shareholders' Resolution: Appointment of a Managing Director of a GmbH [German Limited Liability Company]

Shareholders' resolution

The . . . . . . AG (German Stock Corporation), registered at commercial register of the local court of . . . . . ., HRB No. . . . . . ., is the sole shareholder of . . . . . . GmbH, registered at commercial register of the local court of . . . . . ., HRB No. . . . . . ., „Company".

Waiving all statutory provisions and provisions of the articles of association with regard to the convening and holding of a shareholders' meeting of the Company, the sole shareholder holds an ordinary shareholders' meeting and resolves the following:

1. Mr. . . . . (Name), born . . . . . ., resident at . . . . . ., shall be appointed as the sole Managing Director (*Alternative: as an additional Managing Director*) of the Company with immediate effect.

2. He shall represent the Company in conformity with the Articles of Association.

(*Alternative*: *He shall at all times represent the Company by his sole signature (Optional: and is released from the restrictions of sec. 181 of the German Civil Code [Bürgerliches Gesetzbuch – BGB]).*)

. . . . . .
Place, date

. . . . . . AG
Represented by the members of the Managing Board

. . . . . . Board Member   . . . . . . Board Member

(Alternative bei mehreren Gesellschaftern, die sich nicht zu einem Verzicht auf Frist- und Formerfordernisse bewegen lassen:

Niederschrift
über eine Gesellschafterversammlung

An der . . . . . . GmbH, eingetragen im Handelsregister des Amtsgerichts . . . . . ., HRB . . . . . ., halten vom Grundkapital von . . . . . . EUR (in Worten: Euro . . . . . .)

Herr A . . . . . . einen Anteil in Höhe von . . . . . . EUR (in Worten: . . . . . . Euro),
Frau B . . . . . . einen Anteil in Höhe von . . . . . . EUR (in Worten: . . . . . . Euro),
Herr C . . . . . . einen Anteil in Höhe von . . . . . . EUR (in Worten: . . . . . . Euro)

(Namen der Gesellschafter und ihre Anteile nach nominellem Betrag).

Zur ordentlichen Gesellschafterversammlung war am . . . . . . (Datum) unter Einhaltung der satzungsgemäßen Ladungsfrist und unter Angabe der Tagesordnung geladen worden.

Auf die Ladung hin sind am . . . . . . (Datum) um . . . . . . (Uhrzeit) in . . . . . . (Ort) erschienen:

Herr . . . . . .,
Frau . . . . . .,
Herr . . . . . .

(Liste der erschienenen Gesellschafter).

Es sind somit alle Gesellschafter erschienen oder ordnungsgemäß vertreten.

Einziger Tagesordnungspunkt ist die Bestellung eines neuen Geschäftsführers.

Die Gesellschafterversammlung stimmt ab über die Bestellung von

Herrn . . . . . . (Name), geboren am . . . . . ., wohnhaft in . . . . . ., zum . . . . . . alleinigen Geschäftsführer (Alternative: zum weiteren Geschäftsführer).

Die Bestellung erfolgt mit sofortiger Wirkung.

(Alternative in the event of several shareholders who do not want to waive the time and form requirements:

Minutes
of a shareholders' meeting

To the . . . . . . GmbH, registered at commercial register of the local court of . . . . . ., HRB No. . . . . . ., with a nominal capital in the amount of . . . . . . EUR (in words: . . . . . . euros)

Mr. A . . . . . . holds a share in the amount of . . . . . . EUR (in words: . . . . . . euros),
Ms. B . . . . . . holds a share in the amount of . . . . . . EUR (in words: . . . . . . euros),
Mr. C . . . . . . holds a share in the amount of . . . . . . EUR (in words: . . . . . . euros)

(names of the shareholders and their shares according to the nominal amount).

Summons to the ordinary shareholders' meeting on . . . . . . (Datum) in compliance with the notice period as set forth in the Articles of Association and with notification of the agenda was issued.

Appearing in response to the summons on . . . . . . (date) at . . . . . . (time) in . . . . . . (location) were:

Mr. . . . . . .,
Ms. . . . . . .,
Mr. . . . . . .

(list of the shareholders who appeared).

Thus, all shareholders have appeared or are duly represented.

The sole item on the agenda is the appointment of a new Managing Director.

The shareholders' meeting shall cast votes on the appointment of

Mr. . . . . . . (Name), born . . . . . ., resident at . . . . . ., as the sole (Alternative: as additional) Managing Director.

The appointment shall become effective immediately.

Der Geschäftsführer vertritt die Gesellschaft satzungsgemäß. (Alternative: Der Geschäftsführer vertritt die Gesellschaft stets einzeln (Optional: und ist von den Beschränkungen des § 181 BGB befreit).)

The Managing Director shall represent the Company in conformity with the Articles of Association. (Alternative: The Managing Director shall at all times represent the Company by his sole signature (Optional: and is released from the restrictions of section 181 of the German Civil Code [Bürgerliches Gesetzbuch – BGB].)

Die Abstimmung ergibt Folgendes:

. . . . . . Ja-Stimmen,
. . . . . . Nein-Stimmen,
. . . . . . Enthaltungen.

The votes were as follows:

. . . . . . Yeas,
. . . . . . Nays,
. . . . . . Abstentions.

Die Abstimmung erfolgt somit einstimmig (Alternative: mit der nach der Satzung erforderlichen Mehrheit von . . . . . .).

The vote was thus unanimous (Alternative: with the majority of . . . . . . required according to the Articles of Association).

Der Geschäftsführer wird hereingerufen und über seine Bestellung informiert. Er nimmt die Bestellung an.

The Managing Director is called in and informed of his appointment. He accepts the appointment.

. . . . . .	. . . . . .	. . . . . .	. . . . . .
Unterschrift des Vorsitzenden	*Unterschrift des Protokollführers)*	*Signature of the Chairman*	*Signature of the Recording Clerk)*

Anmerkungen

1. Sachverhalt. Das Formular enthält einen Gesellschafterbeschluss zur Bestellung eines Geschäftsführers einer GmbH nach deutschem Recht mit englischer Übersetzung. Eine derartige zweisprachige Vertragsfassung wird häufig dann verwendet, wenn die anstellende Gesellschaft einem internationalen Konzern angehört oder der Beschluss vom (zukünftigen) Geschäftsführer unterzeichnet wird, wenn dieser der deutschen Sprache nicht mächtig ist. Das Vertragsmuster beruht im Wesentlichen auf → Form. B. I. 2, auf dessen umfangreiche Anmerkungen verwiesen wird.

Sachverzeichnis

Die fett gesetzten Buchstaben, römischen und arabischen Ziffern beziehen sich auf die Systematik des Formularbuches, die nachfolgenden mageren Zahlen kennzeichnen die betreffende Anmerkung.